déterrer *tr* **1.** aus≈graben; **2.** *fig* auf≈stöbern, ausfindig machen.

Unfeste Zusammensetzungen von (deutschen) Verben mit Partikeln sind durch **Paralleltilde** ≈ getrennt.

empiéter [-pje-] *tr* **1.** über≈, ein≈greifen (*sur* in *acc*); beeinträchtigen (*sur qc* etw); **2.** sich (nach u. nach) widerrechtlich an≈eignen (*sur qc* etw).

Bei Verben, Substantiven und Adjektiven, die mit bestimmten Präpositionen verbunden werden, ist die **zugehörige Präposition** angegeben.

Es werden zahlreiche Hinweise für die Verwendung des Stichworts und seiner Übersetzungen im Satzzusammenhang gegeben, z. B. durch

aviver [avive] *tr* **1.** beleben; **2.** *(Feuer)* an≈fachen, schüren; **3.** *(Schmerzen)* vermehren.

- **zusätzliche Erklärungen,**

banc [bɑ̃] *m* **1.** Bank *f;* **2.** *geol* Schicht *f;* **3.** *tech* Werkbank *f;* **4.** (Fisch-)Schwarm *m;* ...

- **Angabe des Fachgebiets** bei fachsprachlichen Begriffen,

bagage [bagaʒ] *m* **1.** *meist pl* (Reise-)Gepäck *n;* **2.** *fig* Rüstzeug *n;* Kenntnisse *f pl;* ...

- **Kennzeichnung von Wörtern mit übertragener Bedeutung** *(fig),*

bannière [banjɛr] *f* **1.** Banner *n;* Kirchenfahne *f;* **2.** *pop* Hemd *n.*

- **Kennzeichnung von Stilschichten,** die von der Hochsprache abweichen (*pop, lit* etc).

panier [panje] *m* **1.** Korb *m;* **2.** *arg* Po *m;* — *faire danser l'anse du ~* in die eigene Tasche arbeiten; *mettre tous ses œufs dans le même ~* alles auf eine Karte setzen; *le dessus du ~* das Beste, das Feinste; *fond m du ~* Ausschuß *m; robe à ~s* Reifrock; *~ à bouteilles, à linge, d'osier, à ouvrage, à pain, à papier(s), à provisions* Flaschen-, Wäsche-, Weiden-, Näh-, Brot-, Papier-, Einkaufskorb *m; ~ percé (fig)* Verschwender *m; ~-repas m* Lunchpaket *n; ~ à salc* Salatkorb *m; pop* grüne Minn

Idiomatische Ausdrücke, Beispielsätze und **zusammengesetzte Ausdrücke** sind reichlich vorhanden und drucktechnisch durch Kursivschrift abgehoben.

PONS

Französisch-Deutsch

von
Prof. Dr. Erich Weis

Gondrom

In diesem Werk erfolgt die Nennung von Waren, wie in Nachschlagewerken üblich, ohne Erwähnung etwa bestehender Patente, Gebrauchsmuster oder Warenzeichen. Fehlt ein solcher Hinweis, so heißt das nicht, daß der Warenname frei ist.

Sonderausgabe der bei Klett bis 1991 lieferbaren Ausgabe
für Gondrom Verlag GmbH, Bindlach 1996

ISBN 3-8112-1162-5

Erläuterungen

1. Schriftarten

Fettdruck	für die Stichworteinträge und für die römischen und arabischen Ziffern;
Kursivschrift	für Angaben von Wortart und Genus etc., für Erklärungen, für Bezeichnungen des Sachgebiets und der Sprachebene sowie für Anwendungsbeispiele und Redewendungen;
Grundschrift	für die deutschen Übersetzungen der französischen Stichwörter, Anwendungsbeispiele und Redewendungen.
Beispiel:	**effectif, ive** [ɛ(e)fɛktif, -iv] **I.** *a* wirklich; tatsächlich; real; **II.** *s m* **1.** Bestand *m;* **2.** *(Fabrik)* Belegschaft *f;* **3.** *mil* Truppenstärke *f;* **4.** *(Partei)* Mitgliederzahl *f;* — *puissance f effective* Nutzleistung *f;* ~ *net, réel* Iststärke *f;* ~ *du personnel* Personalstand *m;* ~ *prévu* Sollstärke *f.*

2. Stichwortanordnung und Gliederung der Stichworteinträge

Alle fettgedruckten Stichwörter sind alphabetisch angeordnet.

Die *römischen Ziffern* dienen zur Unterscheidung der verschiedenen Wortarten, denen ein Stichwort angehört, und zur Gliederung der Verben *(tr, itr, v prn).*

Beispiele: **fataliste I.** *a* fatalistisch; **II.** *s m* Fatalist *m.*
flamber I. *tr* (ab=)sengen, aus=brennen; an=kohlen; **II.** *itr* flammen, lodern.

Grundlegend verschiedene Bedeutungen eines Stichworts sind durch *arabische Ziffern* differenziert.

Beispiel: **flamme** [flam] *f* **1.** Flamme *f;* **2.** *mar* Wimpel *m;* ...

3. Tilde ~

Die Tilde ~ ersetzt:

a) den fettgedruckten Titelkopf (Hauptstichwort).

Beispiel: **frac** [frak] *m* Frack *m;* **~as** = fracas.

b) den durch | abgetrennten ersten Teil des Titelkopfes.

Beispiel: **acrobat|e** [akrɔbat] *m* Akrobat *m;* **~ie** = acrobatie.

c) in Redewendungen und Anwendungsbeispielen den vorhergehenden fettgedruckten Untertitel.

Beispiel: **advers|aire** [advɛrsɛr] *m* Gegner ... ;
~e *a* feindlich; *partie f* ~ Gegenpartei *f.*

4. Paralleltilde ≈

Unfeste Zusammensetzungen von (deutschen) Verben mit Partikeln sind durch Paralleltilde ≈ getrennt.

Beispiel: an≈wenden.

5. Geschlechtsbezeichnung

Mit der Geschlechtsbezeichnung *(m, f, n)* sind versehen:

a) die französischen Wörter, die fett gedruckt im Titelkopf oder als Untertitel erscheinen; ferner die mit einem Bindestrich zusammengesetzten Wörter

Beispiel: *cache-cache m*

und die Wörter, die den ersten Teil eines mit einer Präposition gebildeten Ausdrucks darstellen

Beispiel: *cuiller f, service m, tasse f à café.*

b) die deutschen Wörter, wobei nur das letzte von zwei oder mehreren gleichgeschlechtlichen Substantiven die Geschlechtsbezeichnung erhält.

Beispiel: Geschäftsstelle; Agentur *f;* Büro *n;* Vertretung *f*...

6. Bezeichnung der Ergänzungen des Verbs und des Adjektivs

Die Präposition bei der prädikativen Ergänzung des Verbs und der substantivischen Ergänzung des Adjektivs wird dann angegeben, wenn der Gebrauch in beiden Sprachen voneinander abweicht.

Beispiele: **agir** ... beeinflussen (*sur qn* jdn);
amuser ... die Zeit vertreiben (*qn* jdm);
âpre ... gierig (*à* nach, auf *acc*).

7. Rechtschreibung

Für die Rechtschreibung der deutschen Wörter diente als Grundlage *Duden, Rechtschreibung der deutschen Sprache und der Fremdwörter, 18. Aufl., Mannheim 1980;* für die Rechtschreibung der französischen Wörter der *Petit Robert, Dictionnaire alphabétique et analogique de la langue française, Société du Nouveau Littré, Nouvelle édition, Paris 1978.*

8. Grammatik

Als grammatikalische Ergänzung eignen sich:
„Französische Sprachlehre" von H. W. Klein und F. Strohmeyer, Ernst Klett Verlag, Stuttgart 1968; „Le Bon Usage" von Maurice Grevisse, 9. Aufl., Paul Geuthner, Paris 1969.

9. Aussprache

Zur Bezeichnung der Aussprache wurden die phonetischen Zeichen der *Association Phonétique Internationale* verwendet. Für die Umschrift der einzelnen Wörter wurde der „Petit Robert" zu Rate gezogen.
Im allgemeinen ist nur der fettgedruckte Titelkopf phonetisch umschrieben. Die auf den Titelkopf folgenden Stichwörter bleiben ohne Umschreibung, wenn sich die Aussprache nach den Grundregeln der französischen Aussprache richtet. Das gilt auch für die weiblichen Formen der Adjektive, die als Titelkopf erscheinen. Entspricht jedoch die Aussprache der auf den Titelkopf folgenden Stichwörter nicht den Grundregeln der französischen Aussprache, so ist diese entweder ganz oder in dem Teil bezeichnet, der die Abweichung aufweist.

Beispiel: **cass|erole** [kasrɔl] ... ; **~is** *m* **1.** [kasis] schwarze(r) Johannisbeerstrauch *m;* ... **2.** *fam* Kopf *m;* **3.** [-si] *(Straße)* Querrinne *f;* ...

Die *Wortbetonung* ist nicht angegeben, da die Silben eines Wortes im Satzgefüge gleich lang ausgesprochen und gleichmäßig betont werden. Nur die letzte Silbe eines alleinstehenden Wortes oder einer Wortgruppe hat einen etwas verstärkten Akzent, den anzugeben sich in einem Wörterbuch erübrigt.

10. Silbentrennung

Im Französischen trennt man nach Sprechsilben. Im einzelnen gelten folgende Regeln:

a) ein einfacher Konsonant zwischen zwei Vokalen geht zur folgenden Silbe.

Beispiel: **ca-ma-ra-de; pro-me-na-de.**

b) von zwei oder drei zwischen Vokalen stehenden Konsonanten tritt der letzte zur folgenden Silbe.

Beispiel: **ar-gent; obs-cur; res-ter.**

c) nicht getrennt werden:

1. Konsonant + l oder r.

Beispiel: **ta-ble; spec-ta-cle; é-tran-gler; af-freux; en-trer.**

2. Die nur einen Laut darstellenden Gruppen **ch, ph, gn, th.**

Beispiel: **a-che-ter; or-tho-gra-phe; cam-pa-gne; go-thi-que.**

3. Aufeinanderfolgende Vokale.

Beispiel: **cu-rio-si-té; théâ-tre; ou-vriè-re; tuer.**

4. **x** und **y** zwischen zwei Vokalen.

Beispiel: **exa-men; em-ployer.**

Liste der Abkürzungen

a	Adjektiv *adjectif*
a.	auch *aussi*
acc	Akkusativ *accusatif*
adm	Verwaltung *administration*
adv	Adverb *adverbe*
aero	Luftfahrt *aéronautique*
agr	Landwirtschaft *agriculture*
allg	allgemein *généralement*
anat	Anatomie *anatomie*
arch	Architektur *architecture*
arg	Argot *argot*
astr	Astronomie *astronomie*
attr	Attribut *adjectif, épithète*
aux	Hilfszeitwort *auxiliaire*
bes.	besonders *principalement*
biol	Biologie *biologie*
bot	Botanik *botanique*
chem	Chemie *chimie*
com	Handelswesen *commerce*
cond	Konditional *conditionnel*
conj	Konjunktion *conjonction*
d.	der, die, das, des, dem, den
dat	Dativ *datif*
dial	Dialekt *dialecte*
dim	Diminutiv *diminutif*
ea.	einander *réciproquement*
e-e, e-m, e-n, e-r, e-s	eine, einem, einen, einer, eines *(à, d')un, e*
el	Elektrizität *électricité*
ent	Insektenkunde *entomologie*
etc	und so weiter *et cœtera*
etw	etwas *quelque chose*
f	weiblich *féminin*
fam	familiär *familier*
fig	bildlich *figuré*
film	Film *cinéma*
fin	Geldwesen *finances*
gen	Genitiv *génitif*
geog	Geographie *géographie*
geol	Geologie *géologie*
gram	Grammatik *grammaire*
h	haben *avoir*
hist	Geschichte *histoire*
hum	humoristisch *humoristique*
impers	unpersönlich *impersonnel*
ind	Indikativ *indicatif*
inf	Infinitiv *infinitif*
interj	Interjektion *interjection*
inv	unveränderlich *invariable*
iron	ironisch *ironique*
irr	unregelmäßiges oder unvollständiges Verb *verbe irrégulier ou défectif*
itr	intransitiv *intransitif*
jem, jdm, jdn, jds	jemand(em, en, es) *(à, de) quelqu'un*
jur	juristisch *juridique*
ling	Linguistik *linguistique*
lit	gehoben *littéraire*
loc	Eisenbahnwesen *chemin de fer*
m	männlich *masculin*
mar	Seewesen *marine*
math	Mathematik *mathématiques*
med	Medizin *médecine*
metal	Hüttenwesen *métallurgie*
mete	Meteorologie *météorologie*
mil	Militärwesen *militaire*
min	Mineralogie, Bergbau *minéralogie, mines*
mot	Kraftfahrwesen *automobilisme*
mus	Musik *musique*
n	sächlich *neutre*
od, od	oder *ou*
opt	Optik *optique*
orn	Vogelkunde *ornithologie*
p	Person *personne*
parl	Parlament *parlement*
péj	herabsetzend *péjoratif*
pharm	Arzneimittelwesen *pharmacie*
philos	Philosophie *philosophie*
phot	Photographie *photographie*
phys	Physik *physique*
physiol	Physiologie *physiologie*
pl	Plural *pluriel*
poet	poetisch, literarisch *poétique, littéraire*
pol	Politik *politique*

pop	populär *populaire*
pp	Partizip des Perfekts *participe passé*
ppr	Partizip des Präsens *participe présent*
pred	prädikative Ergänzung *attribut*
pref	Vorsilbe *préfixe*
prn	Pronomen *pronom*
prov	Sprichwort *proverbe*
prp	Präposition *préposition*
psych	Psychologie *psychologie*
qc	etwas *quelque chose*
qn	jemanden *quelqu'un*
radio	Rundfunk *radio*
refl	reflexiv *réfléchi*
rel	Religion *religion*
s	Substantiv *substantif*
s.	siehe *voir*
S	Sache *chose*
scient	wissenschaftlich *scientifique*
s-e, s-m, s-n, s-r, s-s	seine, seinem, seinen, seiner, seines *(à, de) son, sa*
sing	Einzahl *singulier*
sport	Sport *sport*
subj	Konjunktiv *subjonctif*
tech	Technik *technique*
tele	Telefon, Telegraf, Fernsehen *téléphonie, télégraphie, télévision*
theat	Theater *théâtre*
tr	transitiv *transitif*
TV	Fernsehen *télévision*
typ	Buchdruck *typographie*
u., u.	und *et*
v	Verb *verbe*
v prn	reflexives Verb *verbe pronominal*
vet	Tierheilkunde *art vétérinaire*
vulg	vulgär *vulgaire*
vx	veraltet *vieux*
z. B.	zum Beispiel *par exemple*
zoo	Zoologie *zoologie*
zs.	zusammen *ensemble*
Zssg	Zusammensetzung *mot composé*

Liste der Lautschriftzeichen

Vokale

[i]	lit [li], lyre [lir]
[e]	blé [ble]
[ɛ]	lait [lɛ]
[a]	patte [pat]
[ɑ]	pâte [pɑt]
[ɔ]	comme [kɔm]
[o]	pot [po], gauche [goʃ]
[u]	chou [ʃu]
[y]	tulle [tyl]
[ø]	peu [pø]
[œ]	peur [pœr]
[ə]	le [lə], me [mə]

Nasale

[ɛ̃]	pain [pɛ̃], brin [brɛ̃]
[ɑ̃]	vent [vɑ̃], sans [sɑ̃]
[ɔ̃]	bon [bɔ̃]
[œ̃]	un [œ̃], brun [brœ̃]

Halbvokale

[j]	pied [pje]
[ɥ]	lui [lɥi]
[w]	loi [lwa], oui [wi]

Konsonanten

[p]	papa [papa]
[t]	tante [tɑ̃t]
[k]	sac [sak]
[b]	robe [rɔb]
[d]	vide [vid]
[g]	gare [gar]
[f]	neuf [nœf]
[v]	vent [vɑ̃]
[s]	sa [sa], caisse [kɛs]
[z]	zèbre [zɛbr], rose [roz]
[ʃ]	chat [ʃa]
[ʒ]	jeu [ʒø], garage [garaʒ]
[l]	le [lə]
[r]	rue [ry]
[m]	ma [ma]
[n]	bonne [bɔn]
[ɲ]	digne [diɲ]
[ŋ]	ping-pong [piŋpɔ̃g]

['h] bezeichnet das behauchte H (H aspiré).
Beispiel: le hêtre.

A

A [a] *m inv: A majuscule, a minuscule* großes A, kleines a.

à [a] *prp* **1.** *Ort:* nach; in; auf; an; von; *aller ~ Paris* nach P. fahren; *aller ~ l'école* in die, zur Schule gehen; *être ~ P.* in P. sein; *jeter ~ l'eau* ins Wasser werfen; *avoir qc ~ la main* etw in der Hand haben; *(Wunde)* etw an der Hand haben; *~ cent km de P.* 100 km von P. (entfernt); *se mettre ~ table* sich zu *od* an den Tisch setzen; *~ cent mètres d'ici* auf 100 m Entfernung; **2.** *Zeit:* in; zu; um; an; auf; bei; *au printemps* im Frühling; *~ demain!* bis morgen! *~ tout ~ l'heure!* bis nachher! *je viendrai ~ six heures* ich komme um 6 Uhr; *~ ces mots* bei diesen Worten; *renvoyer ~ huitaine* um acht Tage verschieben; **3.** *Ziel, Folge:* in; zu; an; *oft dat: écrire ~ un ami* e-m Freund schreiben; *tirer ~ sa fin* s-m Ende zu=gehen; *aimer ~ jouer* gern spielen; *continuer ~ travailler* weiter=arbeiten; *se mettre ~ l'ouvrage* sich an die Arbeit machen; *chambre ~ louer* Zimmer zu vermieten; **4.** *Art u. Weise, Mittel:* auf; mit; zu; bis; *~ mes frais* auf meine Kosten; *machine f ~ vapeur* Dampfmaschine *f; ~ grand-peine* mit großer Mühe; mit knapper Not; kaum; *~ cent francs la pièce* das Stück zu 100 Francs; *~ deux* zu zweien *od* zweit; *~ le voir* wenn man ihn sieht; *~ vous entendre* wenn man Sie hört; *pas ~ pas* Schritt für Schritt; **5.** *Besitz, Merkmal: il a une maison ~ lui* er hat ein eigenes Haus; *une maison ~ deux étages* ein zweistöckiges Haus *n;* **6.** *Ausrufe: au feu!* Feuer! *au secours!* Hilfe! *~ la vôtre!* auf Ihr Wohl! Prost!

abaiss|ement [abɛsmɑ̃] *m* **1.** Herablassen *n;* **2.** Verminderung *f;* **3.** *(Preis)* Herabsetzung, Senkung, Ermäßigung *f;* **4.** *(Temperatur)* Sinken *n;* **5.** *(mus)* Erniedrigung *f;* **6.** *(Gleichung)* Reduktion *f;* **7.** *(Lot)* Fällen *n;* **8.** *geog* Neigung, Senkung *f;* **9.** *fig* Erniedrigung, Demütigung *f;* — *~ du coût de la vie* Senkung *f* der Lebenshaltungskosten; **~er** [-e(ɛ)se] **I.** *tr* **1.** herab=, nieder=lassen; erniedrigen; senken; **2.** *(Preis)* senken; *(Kosten)* vermindern, herab=setzen, verringern; **3.** *(Blick)* nieder=schlagen; **4.** *(Stimme)* sinken lassen; **5.** *mus* erniedrigen; **6.** *(Gleichung)* reduzieren; **7.** *(Lot)* fällen; **8.** *fig* demütigen, erniedrigen; **II.** *v prn s' ~* **9.** sich senken; sinken; ab=nehmen; **10.** *(Nebel, a. Temperatur)* fallen; **11.** *fig* sich demütigen; sich herab=lassen; sich weg=werfen; — *s' ~ (jusqu')à faire qc* sich herab=würdigen; so weit gehen, etw zu tun.

abandon [abɑ̃dɔ̃] *m* **1.** Aufgabe; Preisgabe *f;* **2.** *fig* Hingabe, Aufopferung *f;* **3.** Verlassenheit, Hilflosigkeit; Vernachlässigung *f;* **4.** *sport* Aufgabe *f,* Verzicht *m;* **5.** *fig* Ungezwungenheit, lässige Anmut *f;* **6.** *jur* Verzicht *m,* Abtretung, Aufgabe *f;* **7.** *(Kind)* Aussetzen *n;* — *tout est à l'~* alles geht drunter u. drüber; **~né, e** [-ɔne] **I.** *a* **1.** verlassen; verwahrlost; **2.** *(Güter)* herrenlos; **3.** *(Verhalten)* ungezwungen; **4.** *(Ort)* verödet; **II.** *s m f* Verlassene(r *m) f;* **~ner I.** *tr* **1.** verlassen; im Stich lassen; **2.** auf=geben, preis=geben, verzichten (*qc* auf e-e S); **3.** *(Pflicht)* vernachlässigen; **4.** *(Kind)* aus=setzen; **5.** *jur mar* abandonnieren; **6.** *(Gegenstand)* zurück=lassen; **7.** *med sport* auf=geben; **II.** *v prn s' ~* **8.** sich hin=geben, sich überlassen; **9.** *(Benehmen)* sich gehen=lassen; sich hin=reißen lassen (*à qc* zu etw); **10.** *(Person)* sein Herz ausschütten.

abasourd|ir [abazurdir] *tr* **1.** betäuben, (ganz) benommen machen; **2.** verblüffen, verdutzen; **~issant, e** *a* verblüffend.

abâtardir [abɑ(a)tardir] **I.** *tr* bastardieren; verderben; **II.** *v prn s'~* entarten.

abat|-jour [abaʒur] *m inv* **1.** Lampen-, Blendschirm *m;* **2.** Dachfenster *n;* **~s** *m pl* Innereien; **~-son** *m inv (Kirchturm)* Schallbrett *n;* **~tage** *m* **1.** (Ab-)Schlachten; **2.** *(Baum)* Fällen *n;* **3.** *min* Abbau, Verhieb *m;* — *avoir de l'~ (fig)* Schwung haben; **~tant** *m* Tischklappe *f; ~ de W.-C.* Klosettbrille *f,* -deckel *m;* **~tement** *m* **1.** *com* Abschlag, Nachlaß *m,* Senkung *f;* **2.** Niedergeschlagenheit, Mutlosigkeit; Mattigkeit *f;* **3.** *~ à la base* Freibetrag *m; ~ des prix* Preissenkung *f;* **~teur** *m: ~ de besogne* tüchtige(r) Arbeiter *m;* **~tis** [-ti] *m* **1.** (Gänse-)Klein *n;* **2.** *fam* Arme u. Beine *pl;* **~toir** *m* Schlachthaus *n;* **~tre I.** *tr* **1.** nieder=werfen; ab=reißen, ab=schlagen; **2.** *(Baum)* fällen; **3.** *(Tier)* schlachten; erlegen; **4.** *(Mauer)* ab=tragen; **5.** *(Vogel, Flugzeug)* ab=schießen; **6.** *(Kegel)* um=legen; **7.** *(Karten)* auf=decken; **8.** niederschießen, abknallen (*qn* jdn); **9.** *fig* schwächen; nieder=drükken, deprimieren; entmutigen; **II.** *v prn s' ~* **10.** ein=stürzen, zs.=fallen, herunter=fallen; sich stürzen; nieder=prasseln (*sur* auf *acc*); **11.** *(Wind)* sich legen; **12.** *aero* ab=stürzen; **13.** *(Gewitter)* nieder=gehen; **14.** *(Vögel)* sich nieder=lassen; **15.** *fig* den Mut sinken lassen, verzagen; — ~ *son jeu* die Karten auf den Tisch legen; ~ *des kilomètres (fam)* Kilometer fressen; ~ *les tentes* die Zelte ab=brechen; *il abat de la besogne (fam)* der geht ran; ~**tu, e** [-ty] *a fig* **1.** niedergeschlagen, entmutigt; **2.** entkräftet, abgespannt.

abb|atial, e [abasjal] *a* Abts-, Abtei-; ~**aye** [abe(ɛ)i] *f* Abtei *f;* ~**é** *m* Abt; *(Priester in Frankreich)* Abbé *m;* ~**esse** *f* Äbtissin *f.*

abc [abese] *m* **1.** Abc *n;* **2.** *fig* Anfangsgründe *m pl.*

abcès [apsɛ] *m* Abszeß *m; crever l'~ (fig)* die Eiterbeule aufstechen.

abdi|cation [abdikasjɔ̃] *f* Abdankung *f;* ~**quer I.** *tr (Thron)* entsagen (*qc* dat); *fig* verzichten (*qc* auf e-e S), auf=geben; **II.** *itr* ab=danken; *fig* kapitulieren.

abdom|en [abdɔmɛn] *m* **1.** Unterleib *m;* **2.** *(Insekt)* Hinterleib *m;* ~**inal, e** *a: cavité f ~e* Bauchhöhle *f.*

abécédaire [abesedɛr] *m* Fibel *f.*

abeille [abɛj] *f* Biene *f;* ~ *mâle* Drohn(e *f) m;* ~ *ouvrière* Arbeiterin *f.*

abêt|ir [abe(ɛ)tir] **I.** *tr* verdummen; **II.** *v prn s'~ (fam)* verblöden; ~**issement** *m* Verdummung, Verblödung *f.*

abîm|e [abim] *m* **1.** Abgrund *m,* Tiefe *f;* **2.** *fig* Abgrund *m;* Kluft *f;* **3.** *fig* Welt (*de* von), Unermeßlichkeit, Unsumme *f;* — *être sur le bord de l'~* am Rande des Abgrunds stehen; ~**er I.** *tr* **1.** beschädigen, verderben; **2.** scharf kritisieren, übel zurichten; **II.** *v prn s'* ~ **3.** versinken, verloren=gehen *(a. mar);* **4.** zs.=stürzen; beschädigt werden; *fam* kaputt=gehen; **5.** *fig* sich vertiefen, sich versenken (*dans* in *acc*).

abject, e [abʒɛkt] *a* niederträchtig, gemein.

abjurer [abʒyre] *tr* ab=schwören; *(Meinung)* auf=geben.

ab|lette [ablɛt] *f zoo* Weißfisch *m;* ~**lution** *f* Waschung *f a. rel; faire ses ~s (fam)* sich waschen.

abnégation [abnegasjɔ̃] *f* Selbstverleugnung, Opferbereitschaft *f; faire ~ de soi* sich auf=opfern.

aboi [abwa] *m: être aux ~s (Jagd)* gestellt sein; *fig* in e-r verzweifelten Lage, in der Klemme sein; ~**ement** [abwamɑ̃] *m* **1.** Gebell, Bellen *n;* **2.** *fig* Geschrei, Gezeter *n.*

abol|ir [abɔlir] *tr* **1.** ab=schaffen; **2.** *fig* verschwinden lassen; ~**ition** *f* Abschaffung *f.*

abomin|able [abɔminabl] *a* abscheulich; greulich, ekelhaft; *c'est ~!* das ist (wirklich) e-e Schande; ~**ation** *f* Scheußlichkeit *f,* Greuel *m; avoir qc, qn en ~* etw, jdn verabscheuen; auf jdn sehr schlecht zu sprechen sein.

abond|amment [abɔ̃damɑ̃] *adv* in Fülle, reichlich; ~**ance** *f* **1.** Fülle *f,* Überfluß *m;* **2.** *phys* Häufigkeit *f;* — *en ~* im Überfluß; *en grande ~* in Hülle und Fülle; *parler d' ~* aus dem Stegreif reden; *parler avec ~* ausführlich sprechen *(de* über *acc);* ~**ant, e** *a* **1.** reichlich, ausgiebig; **2.** *(Regen)* heftig; ~**er** *itr* reichlich vorhanden sein; Überfluß haben (*en* an *dat*); — *il abonde dans mon sens* er ist ganz meiner Meinung.

abonn|é, e [abɔne] *m f* **1.** Abonnent, Bezieher *m;* **2.** Abnehmer, Verbraucher *m;* **3.** *(~ du téléphone)* (Fernsprech-) Teilnehmer *m;* **4.** *loc (~ au chemin de fer)* Zeitkarteninhaber *m;* ~**ement** *m* **1.** Abonnement *n,* laufende(r) Bezug *m;* **2.** *loc* Zeitkarte *f;* **3.** *theat* Abonnement *n,* Miete; **4.** *sport* Dauerkarte; **5.** (regelmäßige) Abgabe, (Pauschal-)Gebühr *f;* **6.** *tele* Anschluß *m;* — *prendre un ~* sich abonnieren (*à* auf *acc*); e-e Dauer-, Zeitkarte kaufen; *souscrire un ~* abonnieren; ~ *hebdomadaire* Wochenkarte *f;* ~**er I.** *tr* abonnieren (*qn à qc* jdn auf e-e S); **II.** *v prn s' ~ à qc (Zeitung)* etw beziehen; für etw e-e Zeitkarte kaufen; e-n *(Gas-, elektrischen)* Anschluß ein=richten lassen.

abord [abɔr] *m* **1.** *pl* Umgebung *f;* **2.** *d' ~* zuerst, zunächst; *au premier ~, de prime ~* von Anfang an, vom ersten Augenblick an; *être d'un ~ facile (fig)* zugänglich sein; ~**able** *a* **1.** zugänglich *a. fig;* **2.** *(Preis)* erschwinglich; ~**age** *m* **1.** *mar* Entern *n;* **2.** *mar aero* Zs.stoß *m;* **3.** *mar* Anlegen *n;* ~**er I.** *itr mar* landen, an=legen, längsseits kommen; vor Anker gehen; **II.** *tr* **1.** *mar* entern; **2.** kollidieren, zs.=stoßen (*qc* mit etw); **3.** *(Person)* ansprechen; **4.** *(Problem)* an=packen, in Angriff nehmen; **5.** *(Frage)* vor=nehmen, erörtern, an=schneiden; **6.** *(Arbeit)* beginnen, in Angriff nehmen; **III.** *v prn s'~* sich einander nähern.

aborigène [abɔriʒɛn] **I.** *a* einheimisch; **II.** *s pl* Ureinwohner *m pl.*

aboucher [abuʃe] **I.** *tr* **1.** *tech* zs.=schweißen; **2.** zs.=bringen (*qn avec qn* jdn mit jdm); **II.** *v prn s'~* zs.=treffen; sich besprechen, Kontakt aufnehmen (*avec qn* mit jdm).

aboul|er [abule] **I.** *tr pop* raus=rücken; **II.** *v prn s'~* (an=)kommen; *aboule!* her damit! ~**ique** *a* willenlos.

about|ir [abutir] **I.** *tr* **1.** *(toucher, confiner)* grenzen, stoßen (*à* an *acc*), reichen (*à* bis zu *dat*); *son champ aboutit au mien* sein Feld grenzt an meines; **2.** *(affluer dans, converger, finir dans)* zs.=laufen; münden; *la Weser aboutit à la Mer du Nord* die Weser mündet in die

Nordsee; **II.** *itr* **3.** *(atteindre un résultat, mener à sa fin, réussir)* führen zu; *cela aboutira à une catastrophe* das führt zu einer Katastrophe; *cela aboutit à une bagarre* es kam zu einer Schlägerei; *il a finalement abouti* er hat schließlich Erfolg gehabt; *son plan n'a pas abouti* er ist mit seinem Plan nicht durchgedrungen; *faire ~ qc* etwas zu einem guten Ende, zustande bringen; verwirklichen; *cela n'aboutit à rien* das führt zu nichts; **~issants** *m pl: connaître les tenants et les ~ (fig)* gut im Bilde sein; **~issement** *m* **1.** Ergebnis *n;* Erfolg *m;* **2.** Endpunkt *m.*

aboy|er [abwaje] *itr* **1.** bellen, an=schlagen; **2.** *fam* schreien, zetern; *fig* anbrüllen (*après qn* jdn); — *~ à la lune (fig)* sich unnütz ereifern; **~eur, euse I.** *a* bellend; **II.** *s m* Ausrufer *m.*

abracadabr|a [abrakadabra] *m (Zauberformel)* Abrakadabra *n;* **~ant, e** *a* erstaunlich, unwahrscheinlich, verblüffend.

abras|if, ive [abrazif, -iv] **I.** *a* (ab)schleifend; **II.** *s m tech* Schleifmittel *n;* **~ion** [-zjɔ̃] *f* **1.** *med* Abschabung *f;* **2.** *tech* Abschleifen *n;* **3.** *geol* Abrasion *f.*

abrég|é [abreʒe] *m* **1.** Zs.fassung *f;* **2.** (kurzer) Abriß; Auszug *m; en ~* (kurz) zs.gefaßt; auszugsweise; **~er** [-bre-] *tr* **1.** *(Wort)* ab=kürzen; **2.** *(Buch)* zs.=fassen; **3.** *(Silbe)* kürzen; **4.** *(Zeitdauer)* ab-, verkürzen; — *pour ~* um mich kurz zu fassen.

abreuv|age, ~ement [abrœvaʒ, -mɑ̃] *m* Tränken *n;* **~er I.** *tr* **1.** tränken; **2.** *fig* überschütten; überhäufen (*d'outrages* mit Beleidigungen); **II.** *v prn s'~* s-n Durst löschen (*de* mit); *(Tier)* saufen; **~oir** *m* Tränke *f.*

abréviation [abrevjasjɔ̃] *f* Abkürzung *f.*

abri [abri] *m* **1.** *(Ort)* Obdach *n;* Zufluchtsort, Unterschlupf *m;* Schutzdach *n;* **2.** Wartehalle *f;* **3.** *mil* Unterstand; Luftschutzraum, -keller *m;* — *à l' ~ de* geschützt gegen, sicher vor *dat; se mettre à l'~* sich unter=stellen; *mil* in Dekkung gehen; *~ antiaérien* Luftschutzraum, -keller *m;* **~ter I.** *tr* schützen; *(Person)* beherbergen; **II.** *v prn s'~* sich schützen (*contre, de* gegen, vor *dat*); sich unter=stellen; *mil* in Deckung gehen; **~vent** *m* Windschutz *m.*

abri|cot [abriko] **I.** *s m* Aprikose *f;* **II.** *a* aprikosenfarbig; **~cotier** [-kɔtje] *m* Aprikosenbaum *m.*

abroger [abrɔʒe] *tr jur* außer Kraft setzen.

abrupt, e [abrypt] *a* **1.** steil, abschüssig, schroff; jäh abfallend; **2.** *fig; (Charakter)* schroff; **3.** *(Frage)* unvermittelt.

abrut|i, e [abryti] **I.** *a* **1.** *fig* abgestumpft, verblödet; **2.** *fam* blöd, doof; **II.** *s m fam* Dummkopf *m;* **~ir I.** *tr* **1.** stumpfsinnig machen, verblöden; **2.** *fig* ab=stumpfen, verdummen; **II.** *v prn s'~* stumpfsinnig werden; verblöden; *s'~ de travail (fam)* sich kaputt=arbeiten; **~issant, e** *a* stumpfsinnig; **~issement** *m* Verdummung *f.*

abscisse [apsis] *f math* Abszisse *f.*

absen|ce [apsɑ̃s] *f* **1.** Abwesenheit *f;* Nichterscheinen, Ausbleiben; Fehlen, Fernbleiben *n* von der Arbeit; **2.** *jur* Verschollenheit *f;* **3.** *pl* Geistesabwesenheit, Zerstreutheit *f;* — *en l'~* in Abwesenheit (*de qn* jds); *remarquer l'~* vermissen (*de qn* jdn); *il a des ~s* er ist zeitweilig geistesabwesend; *~ de courant* Stromausfall *m; ~ illégale* unerlaubte(s) Fernbleiben *n; mil* unerlaubte Entfernung *f;* **~t, e** [-sɑ̃, -t] **I.** *a* **1.** abwesend; verreist; **2.** geistesabwesend, zerstreut, unaufmerksam; **II.** *s m f* Abwesende(r *m*), Fehlende(r *m*) *f; être ~* fehlen; nicht da sein (*de qc* bei etw); **~téisme** *m* Fernbleiben *n* von der Arbeitsstelle, Arbeitsversäumnisse *npl*; Krankfeiern *n;* **~ter, s'** *v prn* sich (kurz) entfernen; weg=gehen; verreisen; (von der Arbeit) fern=bleiben.

absid|e [apsid] *f arch* Apsis *f.*

absinthe [apsɛ̃t] *f* **1.** *bot* Wermut *m;* **2.** Absinth *m.*

absolu, e [apsɔly] *a* **1.** unumschränkt, absolut *a gram;* **2.** ausschließlich; unbedingt; vollkommen; **3.** *(Alkohol)* rein; — *dans l'~* rein theoretisch; *majorité f ~e* absolute Mehrheit *f;* **~ment** *adv* unumschränkt; unbedingt; vollständig, völlig; durchaus; absolut; *refuser ~* rundweg ab=lehnen; *c'est ~ défendu!* das ist strengstens verboten! *~ pas!* keinesfalls! *~ rien* gar nichts; **~tion** *f* Absolution *f;* **~tisme** *m* Absolutismus *m;* **~tiste** *a* absolutistisch.

absor|bant, e [apsɔrbɑ̃, -t] **I.** *a* **1.** absorbierend, aufsaugend; **2.** *fig* stark in Anspruch nehmend; **II.** *s m* Absorptionsmittel *n;* — *travail m ~* aufreibende Arbeit *f;* **~bé, e** *a fig* (ganz in Gedanken) vertieft, versunken (*dans* in *acc*); **~ber I.** *tr* **1.** auf=saugen, auf=zehren, schlucken, in sich auf=nehmen; **2.** *(Speise)* zu sich nehmen; **3.** *fig* stark in Anspruch nehmen; **4.** *chem* binden; **5.** *tech* absorbieren; **6.** *(Stoß)* auf=fangen; **7.** *(Ware)* auf=nehmen; **II.** *v prn s'~* sich versenken, sich vertiefen, auf=gehen (*dans qc* in e-r S); — *~ le pouvoir d'achat excédentaire* den Kaufkraftüberhang ab=schöpfen.

absorption [apsɔrpsjɔ̃] *f* **1.** Aufsaugen *n;* Aufnahme *f;* **2.** *fig* Verschwinden; Aufgehen *n* (*dans* in); **3.** *tech chem* Absorption *f;* — *~ de capital* Kapitalabschöpfung *f.*

absou|dre [apsudr] *tr rel* los-, frei=sprechen; die Absolution erteilen (*qn* jdm).

absten|ir, s' [apstənir] *v prn* **1.** sich enthalten (*de qc* e-r S *gen*); unterlassen, bleiben=lassen; meiden; **2.** *pol* sich der Stimme enthalten; — *il préfère ~* er will sich lieber nicht ein=mischen; **~tion** [-tɑ̃-] *f* **1.** Enthaltung; Unterlassung; Verzichtleistung *f;* **2.** Stimmenthaltung *f;* **~tionnisme** [-sjɔ-] *m* Wahlmüdigkeit *f;* **~tionniste** *m* Nichtwähler *m.*
abstinen|ce [apstinɑ̃s] *f rel* Abstinenz, Enthaltsamkeit *f* (*de qc* gen); *jour m d'~* Fasttag *m;* **~t, e** *a* abstinent, enthaltsam.
abstr|action [apstraksjɔ̃] *f* **1.** abstrakte(r) Begriff *m;* Abstraktion *f;* **2.** *péj* Hirngespinst *n;* — *faire ~* ab=sehen (*de qc* von etw), beiseite lassen (*de qc* etw); *ce sont des ~s* das ist Theorie; *~ faite de* abgesehen von; **~aire I.** *tr* abstrahieren; begrifflich erfassen; **II.** *v prn s'~* sich zurück=ziehen (*de* von); sich vertiefen, sich vergraben (*dans* in *acc*); **~ait, e** [-trɛ, -ɛt] **I.** *a* **1.** abstrakt, rein begrifflich; (nur) gedacht; **2.** *(Zahl)* abstrakt, unbenannt; **3.** *fam* schwerverständlich; **II.** *s m* Abstrakte(s) *n;* **~us, e** [-y, yz] *a* dunkel, abstrus; schwerverständlich.
absurd|e [apsyrd] *a* unsinnig, ungereimt, abgeschmackt; *c'est ~* das ist Unsinn; **~ité** *f* **1.** Ungereimtheit *f,* Widersinn *m;* Absurdität *f;* **2.** *pl* Unsinn *m.*
abus [aby] *m* **1.** Mißbrauch *m;* Übermaß *n,* Übertreibung *f;* **2.** Mißstand, Übelstand *m;* — *faire ~* Mißbrauch treiben (*de* mit); *~ de confiance* Vertrauensbruch *m;* Unterschlagung *f;* **~er** [-ze] **I.** *tr* täuschen, hintergehen; **II.** *itr* **1.** mißbrauchen (*de qc, qn* etw, jdn); aus=nutzen (*de qn* jdn); **2.** (*Befugnisse*) überschreiten; **III.** *v prn s'~* sich täuschen, sich irren; sich Illusionen hin=geben; — *je ne veux pas ~ de vous* ich will nicht zuviel von Ihnen verlangen; *j'abuse de votre temps* ich raube Ihre Zeit; **~if, ive** *a* **1.** mißbräuchlich; irreführend, falsch; **2.** übermäßig.
acabit [akabi] *m: du même ~* von derselben Art, desselben Schlags.
acacia [akasja] *m bot* Akazie *f.*
académi|cien [akademisjɛ̃] *m* Mitglied *n* e-r Akademie, *bes. der Académie française;* **~e** [-mi] *f* **1.** Akademie; **2.** Schule *f;* Unterrichts-, Schulbezirk; **3.** *(Malerei)* Akt *m;* **4.** *fam* Figur *f;* **~que** *a* akademisch *(a. Stil).*
acajou [akaʒu] *m bot* Mahagoni *n,* -baum *m.*
acanthe [akɑ̃t] *f* **1.** *bot* Bärenklau *f;* **2.** *arch* Akanthus(blatt *n*) *m.*
acar|iâtre [akarjɑtr] *a* streitsüchtig, zänkisch.
accabl|ant, e [akablɑ̃, -ɑ̃t] *a* **1.** er-, niederdrückend; **2.** *(Wetter)* schwül; **3.** *(Schmerz)* quälend; **4.** *(Hitze)* drükkend; — *preuves f pl ~es* erdrückende Beweise *m pl;* **~er** *tr* **1.** lästig werden (*qn* jdm); **2.** (*Müdigkeit*) übermannen (*qn* jdn); — *~ de reproches* mit Vorwürfen überhäufen; *accablé de dettes* stark verschuldet; *accablé de fatigue* todmüde.
accalmie [akalmi] *f* **1.** *(Regen)* kurze Beruhigung *f;* **2.** *fig* Atempause *f;* **3.** *com* Stille, geschäftlich ruhige Zeit, Flaute *f.*
accapar|ement [akaparmɑ̃] *m* **1.** Hamstern *n;* **2.** Mit-Beschlag-Belegen *n;* **~er** *tr* **1.** auf=kaufen; hamstern; **2.** an sich *(acc)* reißen, mit Beschlag belegen; **3.** *(Aufmerksamkeit)* auf sich *(acc)* ziehen; **~eur** *m* Hamsterer *m.*
accéder [aksede] *tr* **1.** Zugang haben, führen (*à* zu); **2.** *(Person)* gelangen (*à* zu); Zutritt haben (*jusqu'à qn* bei jdm); **3.** *(e-r Bedingung)* zu=stimmen; *(e-r Ansicht)* bei=pflichten; **4.** *(Bitte)* gewähren (*à qc* etw); **5.** *(e-n Antrag)* bewilligen.
accélér|ateur [akseleratœr] *m* **1.** *tech* Beschleuniger *m;* **2.** *mot* Gaspedal *n;* **~ation** *f* Beschleunigung *f;* **~é** *m film* Zeitraffer *m;* **~er I.** *tr (Arbeit, Schritte)* beschleunigen; **II.** *itr mot* Gas geben; **III.** *v prn s'~* schneller werden.
accent [aksɑ̃] *m* **1.** Akzent *m;* Betonung *f,* Tonfall *m;* **2.** *fig* Nachdruck *m;* Hervorhebung *f;* — *mettre l'~ sur qc* etw (besonders) betonen, hervor=heben, heraus=stellen; *l'~ tombe sur la première syllabe* der Ton liegt auf der ersten Silbe; **~uation** [-tya-] *f* **1.** Betonung *f;* **2.** *fig* Verstärkung, Verschärfung, Steigerung *f;* **~uer** [-tye] **I.** *tr* **1.** betonen; e-n Akzent setzen (*qc* auf *acc*); **2.** hervor=heben, unterstreichen; verstärken; **II.** *v prn s'~* **1.** klarer, deutlicher werden; zu=nehmen, sich verstärken; **2.** *(Frost)* sich verschärfen.
accept|able [aksɛptabl] *a* annehmbar; **~ation** *f* **1.** Über-, Ab-, Annahme *f;* **2.** *com* Akzept(vermerk *m*) *n;* **~er** *tr* **1.** auf=, ab=, an=nehmen; in Empfang nehmen; **2.** *(Vorschlag)* zu=stimmen (*qc* dat); **3.** *(Risiko)* eingehen; **4.** *(Wechsel)* akzeptieren; **~ion** [-sjɔ̃] *f (Wort)* Sinn *m,* Bedeutung *f;* — *~ figurée* übertragene Bedeutung *f.*
accès [aksɛ] *m* **1.** Zugang, Zutritt *m,* Zufahrt *f* (*à un port* zum Hafen, *dans un lieu* zu e-m Ort); **2.** *med* Anfall *m;* Anwandlung *f;* **3.** *(Zorn)* Ausbruch *m;* **4.** *fig* Krise, Unruhe *f;* **5.** *EDV* Zugriff *m;* — *donner ~ à* führen zu; Zutritt geben zu; *fig* den Zugang eröffnen zu.
access|ible [aksɛsibl] **1.** zugänglich, erreichbar (*à* für); **2.** verständlich; **3.** *(Preis)* erschwinglich; **4.** empfänglich (*à* für); **~ion** *f* **1.** Beitritt *m* (*à un traité* zu e-m Vertrag); **2.** *(Thron)* Besteigung *f;* **3.** *(Amt)* Einweisung *f;* — *~ à la propriété* Eigentumserwerb *m;* **~it** [-it] *m (Schule)* Auszeichnung *f;* **~oire I.** *a* ne-

bensächlich, untergeordnet; unwesentlich; Neben-; zusätzlich; **II.** *s m;* **1.** Nebensache; unbedeutende Einzelheit *f;* **2.** *tech* Zubehör(teil *m*) *n;* **3.** *pl* (Lohn-)Zulagen *f pl;* **4.** *pl theat* Requisiten *n pl;* — *frais m pl ~s* Nebenkosten *pl; ~s d'automobile(s)* Autozubehör *n;* **~oiriste** *m* **1.** Autozubehörhändler *m;* **2.** *theat* Requisiteur *m.*

accident [aksidɑ̃] *m* **1.** Unfall *m,* Unglück *n;* **2.** Zufall *m;* **3.** *(Boden)* Unebenheit *f;* **4.** *mus* Versetzungszeichen *n;* **5.** *med* Komplikation; (Krankheits-)Erscheinung *f;* **6.** *(Maschine)* Defekt *m,* Panne *f;* — *par ~* zufällig; *avoir un ~* verunglücken; *~ d'auto* Autounfall *m; ~ d'avion, de chemin de fer, de (la) circulation* Flugzeug-, Eisenbahn-, Verkehrsunfall *m; ~ du travail* Arbeitsunfall *m;* **~é, e I.** *a* **1.** *(Landschaft)* uneben, wellig, hügelig; **2.** *(Person)* verunglückt; **II.** *s m f* Verunglückte(r *m*) *f;* **~el, le** *a* zufällig; *mort f accidentelle* Unfalltod *m.*

acclam|ation [aklamasjɔ̃] *f oft pl* Zuruf; lebhafte(r), laute(r) Beifall; Applaus, Jubel *m; voter par ~* durch Zuruf wählen; **~er** *tr* zu=jubeln (*qn* jdm); applaudieren (*qn* jdm).

acclimat|ation [aklimatasjɔ̃] *f* Akklimatisierung *f;* **~er I.** *tr* **1.** akklimatisieren; **2.** *fig* ein=führen, heimisch machen; **II.** *v prn s'~* heimisch werden, sich ein=, an=passen.

accoint|ance [akwɛ̃tɑ̃s] *f péj: avoir des ~s* gute Beziehungen haben (*avec qn* zu jdm).

accol|ade [akɔlad] *f* **1.** Akkolade *f;* **2.** *hist* Ritterschlag *m;* **3.** *mus typ* geschweifte Klammer *f;* **~er** *tr* **1.** zs.=-, nebenea.= stellen, verbinden; **2.** *mil* an=schließen (*à* an *acc*); **3.** *(Reben)* auf=binden.

accommod|ant, e [akɔmɔdɑ̃, -t] *a* verträglich, gefällig; umgänglich; **~ation** *f (Auge)* Akkommodation; *biol* Anpassung *f;* **~er I.** *tr* **1.** *(Speisen)* zu=bereiten; **2.** anpassen (*aux circonstances* an die Umstände); **II.** *v prn s'~* sich ein=, an=gewöhnen; sich an=passen (*de* an *acc*); zufrieden sein; sich ab=finden (*de* mit *acc*).

accompagn|ateur, trice [akɔ̃paɲatœr, -tris] *m f* **1.** *mus* Begleiter(in *f*) *m;* **2.** Begleitperson *f;* **~ement** *m* Begleitung *f;* **~er I.** *tr* begleiten *a. mus;* mit=gehen (*qn* mit jdm); **II.** *v prn s'~ de* **1.** verbunden sein mit; mit sich bringen, im Gefolge haben; **2.** *(mus)* sich selbst begleiten (*à la guitare* auf der Gitarre).

accompl|i, e [akɔ̃pli] *a* **1.** vollendet; **2.** vollkommen; *20 ans ~s* volle 20 Jahre; **~ir I.** *tr* **1.** *(Aufgabe)* erfüllen; *(Plan)* durch=, aus=führen; *(Werk)* zustande bringen, vollbringen; *(Arbeit)* leisten; *(Befehl)* aus=führen; **2.** *(Dienstzeit)* ableisten; **II.** *v prn s'~* in Erfüllung gehen; ein=treffen; **~issement** *m* **1.** *(Wunsch)* Erfüllung; **2.** *(Tat)* Durchführung; Verwirklichung *f;* **3.** *(Dienstzeit)* (Ab-)Leistung *f.*

accord [akɔr] *m* **1.** Einvernehmen *n,* Übereinstimmung; Eintracht; Einigung *f;* **2.** Zustimmung, Billigung *f;* **3.** Vereinbarung, Übereinkunft; Verabredung, Absprache *f;* Vertrag *m;* **4.** *mus* Akkord *m;* — *d'~! (pop) d'acc* einverstanden! abgemacht! zugegeben! *d'un commun ~* einstimmig, in gegenseitigem Einverständnis; *en ~ avec* im Einverständnis mit; *conclure un ~* ein Abkommen schließen; *frapper un ~* e-n Akkord an=schlagen; *se mettre d'~* sich einig werden (*sur qc* über *acc*); *tomber d'~* zu e-r Vereinbarung kommen; einig werden (*de, sur* über *acc*); *nous sommes d'~* wir sind einig; wir sind (damit) einverstanden; *~-cadre m* Rahmenabkommen; *~ commercial, économique, monétaire, de paiement* Handels-, Wirtschafts-, Währungs-, Zahlungsabkommen *n; ~ collectif* Tarifabkommen; *~ sur les salaires* Lohnabsprache *f;* **~éon** [-eɔ̃] *m* Akkordeon *n,* Ziehharmonika *f;* **~éoniste** [-ɔn-] *m* Ziehharmonikaspieler *m.*

accorder [akɔrde] **I.** *tr* **1.** in Einklang bringen, vereinen; **2.** gewähren; **3.** vereinbaren, aus=machen; **4.** *mus* stimmen; **II.** *v prn s'~* **5.** überein=stimmen; zuea.passen; harmonieren (*à, avec* mit); **6.** sich einigen, überein=kommen; — *~ un crédit* e-n Kredit gewähren; *accordez vos violons!* werdet euch einig! *~ un délai de paiement* e-e Zahlung stunden.

accoster [akɔste] *tr* **1.** *fam* an=reden (*qn* jdn); **2.** *mar* an=legen (*qc* an e-r S).

accot|ement [akɔtmɑ̃] *m (Straße)* Bankette, Berme *f,* Rand-, Seitenstreifen *m (à, contre, sur* an *acc*).

accouch|ée [akuʃe] *f* Wöchnerin *f;* **~ement** *m* Niederkunft, Entbindung; Geburt *f;* **~er I.** *tr* entbinden; **II.** *itr* **1.** entbunden werden (*de* von), nieder=kommen (*de* mit), zur Welt bringen (*de qc* e-e S); **2.** entbinden; **3.** *fig* zustande bringen (*de qc* e-e S); **4.** *fam* heraus=rücken (*de* mit); **~eur** *m* Geburtshelfer *m.*

accouder, s' [akude] *v prn* sich (mit dem Ellbogen) auf=stützen (*sur, à* auf *acc*); **~oir** *m* (Arm-)Lehne *f.*

accoupl|ement [akupləmɑ̃] *m* **1.** *zoo* Paarung *f;* **2.** *tech* Kupplung; *radio* Kopplung; *el* Schaltung; **3.** *fig.* Verbindung *f;* **~er I.** *tr* **1.** *zoo* paaren; **2.** *tech* kuppeln; **3.** *radio* koppeln; **4.** *el* schalten; **5.** *fig* miteinander verbinden; **II.** *v prn s'~ (zoo)* sich paaren.

accour|ir [akurir] *itr (meist être)* herbei=eilen, -laufen; *(Menge)* zs.=strömen.

accoutr|ement [akutrəmɑ̃] *m* Ausstaffierung, *f;* lächerliche(r) Aufzug *m;* **~er I.** *tr* aus= staffieren, auf=, heraus=putzen; **II.** *v prn s'~* sich heraus=putzen.

accoutum|ance [akutymɑ̃s] *f* (An-)Gewöhnung *f* (*à* an *acc*); **~é, e** *a* gewohnt; *il n'y est pas ~* er ist nicht daran gewöhnt; **~er I.** *tr* gewöhnen (*à* an *acc*); **II.** *v prn s'~ à* sich gewöhnen an *acc;* vertraut werden mit.

accrédit|er [akredite] *tr* **1.** akkreditieren (*auprès de* bei); **2.** glaubwürdig erscheinen lassen; **~eur** *m com* Bürge *m;* **~if** *m com* Akkreditiv *n,* Kreditbrief *m.*

accroc [akro] *m* **1.** Riß *m;* **2.** Schwierigkeit *f,* Hindernis *n;* **3.** *fam (Regel)* Verstoß *m;* — *il y a un ~ dans l'affaire* die Sache hat e-n Haken.

accroch|age [akrɔʃaʒ] *m* **1.** *(Bild)* Befestigen; Aufhängen *n;* **2.** *tech* Ankoppeln *n;* **3.** *mot* (leichter) Zusammenstoß *m;* **4.** *fam* Auseinandersetzung *f;* **5.** *radio* Zusammenschaltung *f;* verbindende Worte *n pl;* **6.** *mil* Gefechtsberührung *f;* **7.** Blickfang *m;* **8.** Streit *m;* **~e-cœur** *m* Schmachtlocke *f;* **~er I.** *tr* **1.** *(Bild, Mantel)* auf=hängen; *~ un tableau au mur* ein Bild an die Wand hängen; **2.** *mot* an=fahren; *il a accroché un véhicule à l'arrêt* er hat einen parkenden Wagen angefahren; **3.** *(Wagen)* ankoppeln, *loc* ankuppeln; **4.** *mil (Gegner)* fesseln; **5.** *fam (einen guten Posten)* ergattern; **6.** die Aufmerksamkeit fesseln (*qn* jds); festhalten (*qn* jdn); *(Blick)* auf=fangen; **II.** *v prn; s'~* **7.** sich an=klammern *a. fig (au bras de qn, à un espoir* an jds Arm *(acc),* an e-e Hoffnung); *s'~ à qn* sich an jdn hängen; *s'~ à qc* sich an e-er S fest=halten; *sa robe s'est accrochée aux barbelés* ihr Kleid hat sich am Stacheldraht festgehakt; **8.** *(Diskussion)* ea. in die Haare geraten, sich streiten (*à propos de* über *acc*); **9.** *se l'~ (fig)* den Gürtel enger schnallen; auf e-e S verzichten, etw in den Kamin schreiben; — *ça accroche (fam)* a) das hat e-n Haken; b) die Verbindung, Zs.arbeit klappt; *ils accrochent ensemble (fam)* sie passen zs.; **~eur, se** *a* **1.** *(Person)* zäh, ausdauernd; kämpferisch; **2.** *(Werbung)* zugkräftig; **3.** *pej* aufdringlich.

accroire [akrwar] *tr nur inf: en faire ~ à qn* jdm etw weis=, vor=machen.

accroissement [akrwasmɑ̃] *m* **1.** Wachstum *n,* Zuwachs *m,* Zunahme, Vermehrung, Vergrößerung *f;* **2.** Anwachsen, Steigen *n,* Steigerung *f,* Anstieg *m;* — *taux m d'~ de la population par an* jährliche(r) Bevölkerungszuwachs *m.*

accroître [akrwatr] **I.** *tr* vergrößern, erweitern, steigern, aus=breiten; **II.** *v prn s'~* größer werden, sich verbreiten; sich vermehren.

accroupir, s' [akrupir] *v prn* sich nieder=kauern, sich ducken; (sich) nieder=hocken; *être, se tenir accroupi* kauern; hocken.

accru, e [akry] *a* **1.** *fig* verstärkt; **2.** *(Anstrengung)* vermehrt; gesteigert.

accueil [akœj] *m* Empfang *m,* Aufnahme *f; faire bon ~* gut auf=nehmen (*à qc, qn* etw, jdn); **~lant, e** *a* **1.** zugänglich, freundlich, liebenswürdig; **2.** gastfreundlich; **~lir** *tr* an=, auf=nehmen, empfangen; *être bien accueilli* Anklang finden; gut, herzlich aufgenommen werden.

acculer [akyle] *tr* in die Enge treiben; *~ qn aux extrémités* jdn zum Äußersten treiben.

accu(mul|ateur) [aky(mylatœr)] *m* **1.** *el* Akku(mulator), Sammler *m;* **2.** *(Wasser)* Speicher *m;* **~ation** *f* **1.** *(Geld, Kapital)* Anhäufung, Ansammlung *f;* **2.** *tech* Speicherung *f;* **~er I.** *tr* **1.** auf=, an=häufen; zs.=tragen; **2.** *(Energie)* speichern; **II.** *v prn s' ~* an=wachsen; sich an=sammeln; sich (ver)mehren.

accus|ateur, trice [akyzatœr] **I.** *m f* Ankläger(in *f*) *m;* **II.** *a* anklagend; **~atif** *m gram* Akkusativ, Wenfall *m;* **~ation** *f* **1.** Anklage *f;* **II.** An-, Beschuldigung *f; mettre en ~* an=klagen; *porter une ~* Klage erheben (*contre* gegen *acc*); **~é, e I.** *s m f* Angeklagte(r *m*) *f;* **II.** *a* betont, ausgeprägt, stark hervortretend; *traits m pl ~s* scharfe Gesichtszüge *m pl; ~ m de réception* Empfangsbestätigung *f;* **~er I.** *tr* **1.** an=klagen, beschuldigen, bezichtigen (*qn de qc* jdn e-r S *gen*); Anklage erheben (*qn* gegen jdn); **2.** *(Zunahme)* an=zeigen, auf=weisen; **3.** *(Umrisse)* hervor=heben, hervor=treten lassen; **II.** *v prn s'~* **4.** sich an=klagen, sich beschuldigen; **5.** hervor=treten; — *~ réception* den Empfang bestätigen (*de qc* gen).

acerb|e [asɛrb] *a (Kritik)* verletzend, scharf.

acér|é, e [asere] *a* **1.** *(Klinge)* scharf; **2.** *fig (Spott)* schneidend, scharf.

acét|ate *m* Azetat *n; ~ d'aluminium* essigsaure Tonerde *f;* **~one** *f* Azeton *n;* **~ylène** [-tilɛn] *m* Azetylen *n.*

achaland|age [aʃalɑ̃daʒ] *m* feste Kundschaft *f;* Kundenkreis *m;* **~é, e** *a: bien ~ (Laden)* mit reicher Auswahl; *(selten)* gut=gehend.

acharn|é, e [aʃarne] *a* **1.** *(Kampf)* erbittert; **2.** *(Gegner)* hartnäckig; **3.** versessen (*à* auf *acc*); zäh; **~ement** *m* Zähigkeit, Verbissenheit, Versessenheit *f;* **~er, s'** *v prn* unaufhörlich verfolgen (*sur, contre qn* jdn); verbissen kämpfen *od* arbeiten; versessen sein (*à* auf *acc*); *s' ~ à faire qc* etw eifrig betreiben, hartnäckig hinter e-r S her sein.

achat [aʃa] *m* **1.** Kauf; An-, Einkauf *m;*

2. Abnahme *f,* Bezug *m;* **3.** Erwerb *m;* Anschaffung *f;* — *faire des ~s* ein=kaufen; *contrat, pouvoir, prix m d'~* Kaufvertrag *m,* -kraft *f,* -preis *m;* ~ *au comptant, en gros, à tempérament, à terme, d'occasion* Bar-, Großein-, Abzahlungs-, Termin-, Gelegenheitskauf *m.*

achemin|ement [aʃ(ə)minmɑ̃] *m* Beförderung; (Weiter-)Leitung; Leitweg *f;* **~er I.** *tr* **1.** in Marsch setzen (*sur, vers* nach); **2.** *(Paket)* befördern; **3.** *(Nachricht, Transport)* weiter= leiten (*vers* nach); **II.** *v prn s'~* **4.** sich auf den Weg machen; s-e Schritte lenken, sich begeben (*vers* nach); **5.** *(Verhandlungen)* auf dem Wege sein (*vers* zu *dat*).

achet|er [aʃte] **I.** *tr* **1.** kaufen (*à, pour qn* für jdn); (ein=)kaufen (*à* bei); an=, ab= kaufen; *(Waren)* beziehen; *(bei e-r Versteigerung)* erstehen; **2.** *fig (Erfahrung)* erkaufen; **3.** *(Beamter)* bestechen; — ~ *en bloc* in Bausch u. Bogen kaufen; ~ *(au) comptant* bar bezahlen; ~ *bon marché* billig kaufen; ~ *à crédit* auf Kredit kaufen; ~ *au détail* im Einzelhandel, im kleinen kaufen; ~ *qc dix francs* etw für 10 Franken kaufen; ~ *en gros* im Großhandel, in großer Menge, im großen kaufen; ~ *à tempérament* auf Teil-, Ratenzahlung, ratenweise, *fam* auf Stottern kaufen; **~eur, se** *m f* Käufer(in *f*); *(Ware)* Bezieher, Abnehmer *m; être* ~ als Käufer auf=treten; *trouver* ~ e-n Abnehmer finden; ~ *d'occasion* Gelegenheitskäufer *m.*

achevé, e [aʃveʒ] *a: d'un ridicule* ~ geradezu lächerlich; **~er I.** *tr* **1.** vollenden; beenden; fertig=stellen; *(Leben, Tag)* ab=, beschließen; **2.** den Garaus machen (*qn* jdm), töten; **3.** zugrunde richten (*qn* jdn); **4.** *(Wild)* den Gnadenstoß geben; **II.** *v prn s'~* zu e-m Ende, zum Abschluß kommen; fertig werden; **achèvement** [aʃɛvmɑ̃] *m* **1.** Abschluß *m;* Fertigstellung *f;* Ausbau *m;* **2.** *fig* Vollendung *f.*

achopp|ement [aʃɔpmɑ̃] *m: pierre f d'~* Stein *m* des Anstoßes; **~er** *itr* straucheln (*sur qc* über etw *acc*).

acid|e [asid] **I.** *a* **1.** sauer, säuerlich; **2.** *fig* scharf, beißend; **II.** *s m* **1.** Säure *f;* **2.** LSD *n;* — *résistant aux ~s* säurefest, säurebeständig; ~ *carbonique* Kohlensäure *f;* ~ *chlorhydrique* Salzsäure *f;* ~ *sulfurique* Schwefelsäure *f;* **~ité** *f* **1.** saure(r) Geschmack *m;* **2.** *fig* Herbheit, Schärfe *f;* **~ulé, e** [-dyle] *a* säuerlich; *(bonbons) ~s m pl* (saure) Drops *m pl.*

acier [asje] *m* Stahl *m; d'~, en* ~ stählern; ~ *coulé, fondu* Gußstahl *m;* ~ *inoxydable* nichtrostende(r) Stahl *m;* ~ *laminé* Walzstahl *m.*

aciérie [asjeri] *f* Stahlwerk *n,* Hütte *f.*

acné [akne] *f med* Akne; Finne *f,* Pickel *m.*

acolyte [akɔlit] *m* **1.** Gehilfe; Gefährte; Helfershelfer *m;* **2.** *rel* Akoluth *m.*

acompte [akɔ̃t] *m* **1.** Abschlagszahlung; Anzahlung *f* (*sur* auf *acc*); **2.** *(auf den Lohn)* Vorschuß *m;* Rate *f;* — *par ~s* auf Raten; *donner, verser un* ~ e-e Anzahlung leisten, an=zahlen; *payer par ~s* in Raten zahlen; ~ *mensuel* Monatsrate *f.*

aconit [akɔnit] *m bot* Eisenhut *m.*

acoquiner, s' [sakɔkine] *v prn* sich ein= lassen (*à qn* mit jdm).

à-côté [akoté] *m* **1.** Nebenerscheinung *f,* nebensächliche(r) Punkt *m;* **2.** *pl* Nebeneinnahmen; **3.** *pl* zusätzliche Ausgaben *f pl.*

à-coup *m* Ruck, Stoß *m;* Stockung *f; par ~s* stoß-, ruckweise.

acoustique [akustik] **I.** *a* akustisch; **II.** *s f* Akustik, Schallehre *f.*

acquér|eur [akerœr] *m* Käufer, Erwerber *m;* **~ir** *tr* **1.** erwerben; kaufen, an= schaffen; **2.** erlangen; **3.** *(Achtung)* gewinnen; **4.** *(Gewohnheit)* an=nehmen; **5.** *(Erfahrungen)* sammeln.

acquiesc|ement [akjɛsmɑ̃] *m* Zustimmung (*à* zu *dat*); Einwilligung (*à* in *acc*); *(Urteil)* Anerkennung *f;* **~er** *tr* bei=-, zu=stimmen; ein=willigen (*à* in *acc*); ein=gehen (*à* auf *acc*).

acquis, e [aki, -iz] **I.** *a* **1.** erworben; **2.** *fig* gesichert; **3.** *(Person)* ergeben (*à qn, qc* jdm, e-r S); **II.** *s m* erworbene Kenntnisse *od* Erfahrungen *f pl;* Wissen *n;* Errungenschaften *f pl;* — *droits m pl* ~ wohlerworbene Rechte *n pl; faits m pl* ~ feststehende Tatsachen *f pl; être* ~ *à qn, à une cause* ganz zu jdm, e-r S stehen; *c'est un point* ~ das steht fest; **~ition** *f* Erwerb; Kauf *m;* Anschaffung *f;* **2.** *(Kenntnisse)* Erwerb *m,* Erlangung *f;* **3.** erworbene(s) Gut *n;* Errungenschaft *f;* — *faire l'~ de qc* etw erwerben; *prix m d'~* Anschaffungspreis *m.*

acquit [aki] *m* Quittung *f; par* ~ *de conscience* zur Beruhigung des Gewissens; pro forma; *pour* ~ Betrag (dankend) erhalten; **~tement** *m* **1.** (Be-) Zahlung, Begleichung *f;* **2.** Freispruch *m;* **~ter I.** *tr* **1.** (be-)zahlen, entrichten, begleichen; *(Rechnung)* quittieren; **2.** *jur* frei=sprechen; **II.** *v prn s'~* **3.** leisten, verrichten (*de qc* etw); **4.** *(Pflicht)* erfüllen, tun; **5.** *(e-r Verpflichtung)* nach=kommen; **6.** *(Schuld)* sich entledigen; **7.** *(Auftrag)* aus=führen.

âcre [ɑkr] *a* **1.** beißend; ätzend; **2.** *(Geschmack)* scharf; **3.** *fig* bissig, verletzend; **~té** [-krə-] *f* Schärfe; Herbheit *f a. fig.*

acrimonie [akrimɔni] *f* Bitterkeit, Schärfe *f.*

acrobat|e [akrɔbat] *m* Akrobat *m;* **~ie**

[-si] *f* **1.** Akrobatik *f;* **2.** *fig* Virtuosentum *n;* ~ *aérienne* Kunstflug *m;* ~**ique** [-tik] *a* akrobatisch.

act|e [akt] *m* **1.** Handlung, Tat *f;* **2.** *jur* Rechtsgeschäft *n;* Urkunde *f;* **3.** *theat* Akt, Aufzug *m;* **4.** *pl* Protokolle *n pl;* — *dont* ~ ausgefertigt; *dresser un* ~ schriftlich beurkunden (*de qc* etw); e-e Urkunde auf= setzen; *faire* ~ *d'autorité* ein Machtwort sprechen; *faire* ~ *de présence* kurz anwesend sein; *prendre* ~ zu Protokoll nehmen (*de qc* etw); *fig* sich merken, zur Kenntnis nehmen (*de qc* etw); ~ *d'adhésion* Beitritt *m; A~s des apôtres* Apostelgeschichte *f;* ~ *de baptême, décès, mariage, naissance* Tauf-, Toten-, Trau-, Geburtsschein *m;* ~ *constitutif* Gründungsurkunde *f;* ~*s de l'état civil* Standesamtsregister *n;* ~ *sous seing privé* Privaturkunde *f;* ~ *de dernière volonté* letztwillige Verfügung *f;* ~**eur, trice** *m f* **1.** Schauspieler(in *f*) *m;* **2.** *fig* Beteiligte(r *m*) *f;* ~**if, ive I.** *a* **1.** tätig, handelnd; eifrig, rührig, tatkräftig, aktiv; rege, munter; **2.** *chem mil* aktiv; **II.** *s m gram* Aktiv *n; com* Aktiva *n pl,* Vermögenswert *m pl; avoir à son* ~ für sich verbuchen können; *dettes f pl actives (com)* Außenstände *pl; population f active* erwerbstätige Bevölkerung *f.*

act|ion [aksjɔ̃] *f* **1.** Handlung, Tat, Tätigkeit *f;* **2.** *chem tech* Wirkung *f;* Vorgang *m;* **3.** *jur* Klage *f;* **4.** *com* Aktie *f;* Anteilschein *m;* **5.** *mil* Schlacht *f,* Gefecht *n,* Einsatz *m;* **6.** *theat* Handlung *f;* Verlauf *m;* **7.** *en* ~ *(Maschine)* in Betrieb; — *créer* od *émettre, détenir, libérer des* ~*s* Aktien aus=geben, besitzen, ein=zahlen; *entrer en* ~ ein=greifen, in Aktion treten; *être, mettre en* ~ in Betrieb sein, setzen; *intenter une* ~ Klage erheben; *souscrire à des* ~*s* Aktien zeichnen; *passons à l'*~ also los! tun wir etwas! *champ m d'*~ Wirkungsbereich *m; lot, paquet m d'*~*s* Aktienpaket *n; société f par* ~*s* Aktiengesellschaft *f;* ~ *de grâce* Danksagung *f;* ~ *nominative* Namensaktie *f;* ~ *ordinaire* Stammaktie *f;* ~ *au porteur* Inhaberaktie *f;* ~**ionnaire** [-ksjɔ-] *m* Aktieninhaber *m;* ~**ner** *tr* **1.** *tech* an=treiben, in Gang setzen; **2.** *fam* in Trab bringen (*qn* jdn); ~**iver I.** *tr* beleben; beschleunigen; fördern; *(Feuer)* schüren; **II.** *v prn s'*~ geschäftig sein; ~**iviste** *m pol* Aktivist *m;* ~**ivité** *f* **1.** Tätigkeit, Regsamkeit *f;* Fleiß *m;* **2.** Betätigung, Beschäftigung *f;* **3.** aktive(r) Dienst *m;* **4.** Wirtschaft, Konjunktur *f;* — *en pleine* ~ auf vollen Touren, in Betrieb; *en* ~ *de service* im aktiven Dienst; *mettre en* ~ in Betrieb setzen.

actu|aire [aktɥɛr] *m* Versicherungsmathematiker *m;* ~**aliser** *tr* aktualisieren, gegenwartsnah gestalten; ~**alité** *f* **1.** Zeitgemäßheit, Aktualität, Gegenwart(snähe) *f;* **2.** *(l'*~ *quotidienne)* Zeit-, Tagesgeschehen *n;* **3.** *pl film* Wochenschau; *video* Tagesschau *f; d'*~ aktuell; ~**el, le** *a* **1.** gegenwärtig; heutig; **2.** augenblicklich; **3.** aktuell, zeitgemäß; **4.** *(Frage)* brennend; **5.** *(Umstände)* bestehend, herrschend.

acuité [akɥite] *f* **1.** Schärfe *f (a. des Geistes);* **2.** *(Schmerz)* Heftigkeit *f;* **3.** *(Krise)* Zuspitzung *f;* — ~ *auditive* Schärfe *f* des Gehörs; ~ *visuelle* Sehschärfe *f.*

acuponcture [akypɔ̃ktyr] *f med* Akupunktur *f.*

adapt|able [adaptabl] *a biol* anpaßbar; ~**ateur** *m* **1.** *el* Vorsatzgerät, Verlängerungsstück *n;* **2.** *phot* Adapter *m;* (Film-, Rundfunk-)Bearbeiter *m;* ~**ation** *f* **1.** Anpassung(svermögen *n*) *f;* **2.** *(Auge)* Adaptation *f;* **3.** *theat* Bearbeitung *f* (*au théâtre, au cinéma* für das Theater, den Film); **4.** *(Rente)* Anpassung; Umstellung *f* (*à* auf); — ~ *cinématographique* Filmbearbeitung *f;* ~ *radiophonique* Funkbearbeitung *f;* ~**er I.** *tr* **1.** an= passen (*à qc* an e-e S); adaptieren; **2.** *(Plan)* anpassen (*à* dat); umstellen (*à* auf *acc*); **3.** *thèat* bearbeiten; nach= dichten; **II.** *v prn s'*~ sich an=passen (*à* an *acc*), sich ein=fügen (*à* in *acc*);

addenda [adɛ̃da] *m* Zusätze, Nachträge *m pl.*

addit|if, ive [aditif, -iv] **I.** *a math* additiv; **II.** *s m chem* **1.** Additiv *n;* **2.** Zusatz; Nachtrag *m;* ~**ion** [-sjɔ̃] *f* **1.** Zusatz *m;* Beimischung; Hinzufügung *f;* **2.** Addition *f;* Zs.zählen *n;* **3.** *(Gasthaus)* Rechnung *f;* — *faire une* ~ zs.=zählen; *garçon, l'*~*, s'il vous plaît* (Herr) Ober, bitte zahlen! ~**ionnel, le** [-sjɔ-] *a* zusätzlich; nachträglich; ~**ionner** *tr* **1.** zs.= zählen; **2.** *chem* bei=mischen, zu=setzen (*qc à qc* etw e-r S); ~**ionneuse** *f* Addiermaschine *f.*

adduction [adyksjɔ̃] *f* Zuführung, Zuleitung *f;* ~ *d'eau* Wasserversorgung *f.*

adepte [adɛpt] *m* Anhänger *m (e-r Sekte).*

adéquat, e [adekwa, -at] *a* **1.** adäquat, genau entsprechend; übereinstimmend (*à* mit); **2.** *(Begriff)* genau, treffend.

adhér|ence [aderɑ̃s] *f* **1.** *med* Verwachsung *f;* **2.** *tech* Adhäsion *f,* Haftvermögen *n;* **3.** *el* Reibungswiderstand *m;* ~**ent, e I.** *a* **1.** (an)haftend (*à* an), klebend; **2.** *anat* verwachsen (*à* mit); **II.** *s m* Anhänger *m; (Verein)* Mitglied *n;* ~**er** *itr* **1.** fest=kleben (*à* an *dat*); (an=) haften; **2.** beharren (*à* auf *dat,* bei); **3.** *(e-r Meinung)* bei=, zu=stimmen; **4.** sich zu eigen machen; **5.** *(e-m Vertrag, e-r Gesellschaft)* bei=treten; *(in e-e Partei)* ein=treten (*à* in); — ~ *à la route, au sol (mot) (Reifen)* griffig sein.

adhés|if, ive [adezif, -iv] **I.** *a* klebrig, (an-) haftend; **II.** *s m* Klebstoff *m;* Bindemittel *n; emplâtre m* ~ Heftpflaster *n;* **~ion** *f* **1.** *phys* Adhäsion *f,* Haftvermögen *n;* **2.** Beitritt(serklärung *f*) *m;* Zutritt *m* (*à* in *acc*); Mitgliedschaft *f;* **3.** Zustimmung *f; — donner son* ~ s-n Beitritt erklären.

adieu [adjø] **I.** *interj* lebe wohl! **II.** *s m pl ~x* Abschied *m; dire* ~ Lebewohl sagen (*à qn* jdm); *faire ses ~x* Abschied nehmen (*à qn* von jdm).

adipeux, se [adipø, -øz] *a anat* fettreich.

adjectif, ive [adʒɛktif, -iv] **I.** *a* adjektivisch; **II.** *s m* Eigenschaftswort, Adjektiv *n.*

adjoin|dre [adʒwɛ̃dr] **I.** *tr* **1.** *(Person)* bei=geben, zu=gesellen; hinzu=ziehen; **2.** *(Sache)* beifügen, dazutun (*à* zu *acc);* **II.** *v prn s'~ qn* jdn hinzu=ziehen; jdn zu Hilfe nehmen; **~t, e** [-ʒwɛ̃, -ɛ̃t] **I.** *a* beigeordnet, stellvertretend; **II.** *s m;* Beigeordnete(r), Stellvertreter *m; être* ~ beigeordnet sein (*à qn* jdm).

adjudant [adʒydɑ̃] *m* Hauptfeldwebel *m; ~-chef m* Oberfeldwebel *m.*

adjudicat|aire [adʒydikatɛr] *m* **1.** *(Versteigerung)* Ersteigerer; **2.** *(Ausschreibung)* Submittent *m;* **~ion** [-sjɔ̃] *f* **1.** Zuschlag *m;* **2.** Versteigerung *f;* **3.** *(Arbeiten)* Vergebung, Ausschreibung *f; — par* ~ durch Ausschreibung; *mettre en* ~ öffentlich aus=schreiben; ~ *forcée* Zwangsversteigerung *f.*

adjuger [adʒyʒe] **I.** *tr* **1.** zu=schlagen, zu=erkennen; **2.** *(Arbeiten)* vergeben; **3.** *jur* zu=sprechen (*qc à qn* jdm etw); **II.** *v prn s'~* **4.** sich an=eignen, sich zu=legen; ~ *au plus offrant* dem Meistbietenden zu=schlagen.

adjurer [adʒyre] *tr* **1.** *rel* beschwören; **2.** inständig bitten.

admettre [admɛtr] *tr* **1.** *(laisser entrer)* auf=nehmen, zu=lassen; *il a été admis au barreau* er ist als Anwalt zugelassen worden. **2.** *(tenir pour acceptable) (Meinung)* gelten lassen; an=nehmen; ein=räumen, zu=geben (*que* daß); *admettons que vous ayez raison* angenommen, Sie haben recht; **3.** *(Widerspruch)* ertragen, dulden; *il n'admet pas la contradiction* er duldet keinen Widerspruch; **4.** *(e-m Antrag)* statt=geben, entsprechen; *je ne peux ~ votre demande* ich kann Ihrem Verlangen nicht entsprechen; **5.** *n'~ aucune exception* keine Ausnahme gestatten; *la chose n'admet aucun retard* die Sache duldet keinen Aufschub.

administr|ateur, trice [administratœr, -tris] *m f* Verwalter(in *f*); Geschäftsführer(in *f*) *m;* Mitglied *n* e-s Verwaltungsrates; **~atif, ive** *a* Verwaltungs-; **~ation** *f* **1.** *l'A~* die Verwaltung, die Behörde; **2.** Geschäftsführung *f;* **3.** *med* Verabreichung *f;* **4.** *(Sakramente)* Spendung, Austeilung *f; — conseil m d'~* Verwaltungs-, Aufsichtsrat *m;* **~és** [-tre] *m pl* Bürger *m pl;* **~er** *tr* **1.** verwalten; besorgen; **2.** *(Unternehmen)* leiten; **3.** *(Recht)* sprechen; **4.** *(Zeugen)* an=führen; **5.** *(Urkunden)* vor=legen; **6.** *(Beweis)* liefern; **7.** *(Medikament)* verabreichen, ein=geben; **8.** *rel (Sakramente)* spenden, aus=teilen; **9.** *fam (Schläge)* verpassen.

admir|able [admirabl] *a* bewundernswert; prächtig; erstaunlich; wunderbar; **~ateur, trice** *m f* Bewunderer; Verehrer(in *f*) *m;* **~atif, ive** *a* bewundernd; **~ation** *f* Bewunderung *f; être en ~ devant qc* etw voll Bewunderung betrachten; **~er** *tr* bewundern; staunen (*qc* über e-e S).

admis, e [admi, -iz] *a* gebräuchlich; anerkannt; *il est* ~ er ist aufgenommen, zugelassen (*in e-r Gesellschaft, e-n Verein);* **~sibilité** [-si-] *f* Zulassung; Gültigkeit; *(Schule)* Zulassung *f* zur mündlichen Prüfung; **~sible** *a* zulässig; statthaft; annehmbar; (zum Mündlichen) zugelassen; **~sion** *f* **1.** Zulassung; *(Verein)* Aufnahme *f;* **2.** *tech* Zufuhr *f,* Eintritt, Einlaß *m;* **3.** *(Krankenhaus)* Einlieferung *f; — carte f d'~* Eintritts-, Zulassungskarte *f; condition f d'~* Aufnahmebedingung *f; examen m d'~* Aufnahmeprüfung *f.*

adolescen|ce [adɔlɛsɑ̃s] *f* Jugendalter *n;* **~t, e I.** *a* jugendlich; halbwüchsig; **II.** *s m f* Jüngling, Halbwüchsige(r) *m;* junge(s) Mädchen *n.*

adonner, s' [adɔne] *v prn* sich widmen; *(e-r Leidenschaft)* frönen; ganz auf=gehen (*à* in *dat*).

adopter [adɔpte] *tr* **1.** an Kindes Statt an=nehmen, adoptieren; **2.** *(Meinung)* übernehmen, sich zu eigen machen; **3.** *(e-m Plan)* bei=pflichten; **4.** *(Tagesordnung, Gesetz)* an=nehmen; *— faire* ~ durch=setzen, zur Annahme bringen; ~ *à l'unanimité* einstimmig an=nehmen; **~if, ive** *a* Adoptiv-; *père m* ~ Pflege-, Adoptivvater *m;* **~ion** [-sjɔ̃] *f* **1.** Adoption, Annahme *f* an Kindes Statt; **2.** Wahl, Billigung, Auf-, Über-, Annahme *f; — ~ du budget* Verabschiedung *f* des Haushaltsplans.

ador|able [adɔrabl] *a* **1.** anbetungs-, verehrungswürdig; **2.** reizend, wunderbar; **~ateur, trice** *m f* Verehrer(in *f*); Anbeter(in *f*) *m;* **~ation** *f* **1.** *rel* Anbetung *f;* **2.** Verehrung *f; être en ~ devant qn* jdn abgöttisch verehren; **~er** *tr* **1.** *rel* an=beten; **2.** verehren; vergöttern, leidenschaftlich lieben; **3.** *fam* furchtbar gern mögen.

ados [ado] *m* Böschung *f;* **~ser** *tr* an=lehnen (*à, contre* an *acc*); an=bauen.

adouc|ir [adusir] **I.** *tr* **1.** mildern; beruhigen; erträglich gestalten; erleichtern; **2.** *(Schmerz)* lindern; *(Zorn)* besänftigen; *(Farbe)* ab=schwächen; **3.** *tech* enthärten; polieren; *(Metall)* an=lassen; tempern; *(Wasser)* enthärten; **II.** *v prn s'~* *(Kälte)* nach=lassen; **~issant, e I.** *a* mildernd; **II.** *s m (Textil)* Weichmacher *m;* **~issement** *m* **1.** Milderung *f (a. Wetter);* **2.** *(Schmerz)* Linderung; **3.** *(Farbe)* Abschwächung *f;* **4.** *tech* Weichmachen, Enthärten *n;* **~isseur** *m: ~ d'eau* Wasserenthärtungsanlage *f.*

adress|e [adrɛs] *f* **1.** Anschrift, Adresse; Aufschrift *f; mettre l'~ sur une enveloppe* die Anschrift auf e-n Briefumschlag schreiben; *c'est à votre ~* das gilt Ihnen; das ist auf Sie gemünzt; *~ télégraphique* Telegrammanschrift *f;* **2.** Geschicklichkeit, Gewandtheit; Fertigkeit *f;* **~er I.** *tr* **1.** *(Brief)* richten (*à* an *acc*); (zu=) senden; **2.** schicken, verweisen (*à* an *acc*); **3.** *(Blick)* zu=werfen; **4.** *(Wort)* richten (*à* an *acc*); **5.** *(Frage)* stellen (*à qn* jdm); **6.** *(Dank)* sagen; **7.** *(Vorwurf)* machen; **8.** *(Antrag)* stellen; **II.** *v prn s'~* sich wenden, sich richten (*à* an *acc*); *s'~ à ...* Näheres bei ...; *~ toute demande de renseignements* Auskünfte (*à* durch); *~ la parole* das Wort richten (*à qn* an jdn); **~ographe** *m* Adressiermaschine *f.*

adroit, e [adrwa, -at] *a* **1.** geschickt, gewandt (*de* mit; *à* in, bei); **2.** *fig* raffiniert.

adul|ateur, trice [adylatœr, -tris] *m f* Schmeichler(in *f*) *m;* **~ation** *f* Kriecherei; Lobhudelei *f;* **~er** *tr* **1.** kriecherisch schmeicheln (*qn* jdm); **2.** *(Kind)* vergöttern; — *être adulé par qn* von jdm glühend verehrt werden.

adulte [adylt] **I.** *a* er-, ausgewachsen; **II.** *s m f* Erwachsene(r *m*) *f; âge m ~* Mannesalter *n; cours m d'~s* Lehrgang *m* für Erwachsene.

adult|ère [adyltɛr] **I.** *a* ehebrecherisch; **II.** *s m* Ehebruch *m;* **~érer** *tr* verfälschen.

adven|ir [advənir] *itr nur inf und 3. Ps. sing* sich ereignen, geschehen; *advienne que pourra* komme, was wolle.

adverb|e [advɛrb] *m* Adverb, Umstandswort *n;* **~ial, e** [-bjal] *a* adverbial.

advers|aire [advɛrsɛr] *m* Gegner, Widersacher; *sport* Konkurrent, Rivale *m;* **~e** *a* feindlich; *partie f ~* Gegenpartei *f;* **~ité** *f* Mißgeschick *n;* Not *f,* Unglück *n.*

aér|age [aeraʒ] *m* **1.** (Ent-)Lüftung, Luftzufuhr, Ventilation *f;* **2.** *min* Wetterführung *f;* **~é, e** *a* **1.** *(Raum)* luftig; **2.** *(Gewebe)* locker; — *centre m ~* Ferienlager *m* für Stadtkinder; **~er I.** *tr* **1.** durch=, aus=lüften; *min* bewettern; **2.** *(Text)* auflockern; **II.** *v prn s'~* an die frische Luft gehen; **~ien, ne** *a* **1.** luftig; **2.** oberirdisch; **3.** *fig* leichtsinnig; — *vue f ~ne* Luftbild *n;* **~ium** [-rjɔm] *m* Kindersanatorium *n.*

aéro|drome [aerɔdrom] *m* Flugplatz *m;* **~dynamique I.** *a* stromlinienförmig, aerodynamisch; **II.** *s f* Aerodynamik *f;* **~gare** *f* **1.** *(Flughafen)* Abfertigungsgebäude *n;* **2.** *(in der Stadt)* Autobusbahnhof *m* für Busse zum u. vom Flugplatz; **~glisseur** *m* Luftkissenboot, -fahrzeug *n;* **~gramme** *m* Luftpostleichtbrief *m;* **~naute** [-not] *m* Luftschiffer *m;* **~nautique I.** *a* Flugzeug-; **II.** *s f* Luftfahrt *f; industrie f ~* Flugzeugindustrie *f;* **~naval, e I.** *a: base f ~e* Seeflughafen *m;* **II.** *s f* Marinefliegerei *f;* **~nef** *m* Luftfahrzeug *n; ~ interplanétaire* Raumschiff *n;* **~port** *m* Flughafen *m;* **~porté** *a: troupes f pl ~es* Luftlandetruppen *f pl;* **~portuaire** *a* Flughafen-; **~postal, e** *a* Luftpost-; **~sol** Aerosol *n;* **~spatial, e** *a* Raumfahrt-; **~technique** *f* Luftfahrttechnik *f* **~train** *m* Luftkissen-, Schwebezug *m.*

affab|ilité [afabilite] *f* Freundlichkeit *f;* **~le** *a* freundlich, liebenswürdig, leutselig (*à, avec, envers* zu, mit, gegen); **~ulation** *f* **1.** *(Roman)* Handlung *f;* **2.** Manipulation, Verdrehung *f* von Tatsachen; Phantastereien *f pl.*

affacturage [afaktyraʒ] *m* Factoring *n.*

affad|ir [afadir] **I.** *tr* **1.** geschmacklos, schal, fade machen; **2.** *fig* verwässern; **II.** *v prn s'~* **3.** fade werden; **4.** *fig* schwach, langweilig, farblos werden.

affaibl|ir [afe(ɛ)blir] **I.** *tr* **1.** (ab=)schwächen; entkräften; erschöpfen; entnerven; **2.** vermindern; **3.** *(Gefühl)* ab=stumpfen; **4.** *(Mut)* lähmen; **5.** *(Farbe)* aus=bleichen; **II.** *v prn s'~* schwach werden; ab=nehmen; erschlaffen; verblassen; nach=lassen; ab=klingen; **~issement** *m* **1.** Schwächung; **2.** *(Kräfte)* Abnahme; Erschöpfung *f;* **3.** *(Erinnerung)* Verblassen *n* **4.** *phot* Abschwächung *f.*

affair|e [afɛr] *f* **1.** Angelegenheit, Sache *f;* **2.** *com* Geschäft *n;* Unternehmung *f;* **3.** *jur* Rechtsstreit, Prozeß *m;* **4.** *mes ~s* meine Siebensachen *f pl;* mein Hab und Gut *n; pour ~s (com)* in Geschäften; *sans ~s (Börse)* lustlos; **5.** *avoir ~ à qn* mit jdm zu tun haben, *avec qn* in Geschäftsverbindung stehen; *être dans les ~s* als Geschäftsmann tätig sein; *faire l'~ de qn* jdm gerade recht sein, gelegen kommen; *plaider une ~* e-n Prozeß führen; *se tirer d'~* sich aus der Affäre ziehen; **6.** *j'en fais mon ~* lassen Sie das meine Sorge sein! *il est hors d'~* er ist außer Gefahr; *vous faites mon ~* Sie sind mein Mann; *c'est une ~!* das ist prima! *cela fera l'~* das genügt; *c'est toute une ~* das ist recht schwierig; *c'est l'~*

d'un instant das geht im Handumdrehen; *ce n'est pas votre ~* das geht Sie nichts an; *c'est juste mon ~* das ist gerade, was ich brauche; *cela ne fait rien à l'~* das tut nichts zur Sache; *c'est son ~* das ist seine Sache; *l'~ est dans le sac* die Sache ist erledigt; *la belle ~!* Unsinn! das ist e-e Kleinigkeit! **7.** *chiffre m d'~s (com)* Umsatz *m; homme m d'~s* Geschäftsmann *m; lettre f d'~s* Geschäftsbrief *m; voyage m d'~s* Geschäftsreise *f;* **8.** *~s civiles* Zivilsachen *f pl; ~ criminelle* Kriminalfall *m; pl* Strafsachen *f pl; A~s étrangères* auswärtige Angelegenheiten *f pl;* Außenpolitik *f; ~ de temps* Frage *f* der Zeit; **~é, e** *a* stark-, vielbeschäftigt; **~er, s'** *v prn* sich eifrig zu schaffen machen; *~ autour de qn* sich eifrig um jdn bemühen; **~iste** *m* Gschaftlhuber; Geschäftemacher *m.*

affaiss|ement [afɛsmɑ̃] *m* **1.** *geol* Senkung *f;* Zs.sacken, Absinken, Sichsetzen *n;* **2.** *med* Verfall *m,* Entkräftung; *(Gesicht)* Erschlaffung *f; ~ du sol* Bodensenkung *f;* **~er, s** [-e(ɛ)se] *v prn* **1.** sich senken, ab=sinken; zs.=fallen; nach=geben; *(Boden)* sich setzen, sich senken; **2.** *(Person)* zs.=sacken, zs.=brechen.

affaler, s' [afale] *v prn s'~* zs.=sacken, sich fallen lassen *(sur une chaise* auf e-n Stuhl).

affam|é, e [afame] *a* **1.** hungrig (*de* nach); ausgehungert; **2.** begierig (*de* nach); **~er** *tr mil* aus=hungern.

affect|ation [afɛktasjɔ̃] *f* **1.** (Zweck-) Bestimmung, Zweckbindung *f;* **2.** Zuweisung, Zuteilung; *(Gebäude, Geld)* Verwendung; *(Stelle)* Einweisung *f* (*à* in *acc*); **3.** gekünstelte(s) Wesen *n;* Ziererei; Geschraubtheit; Manieriertheit *f; donner une autre ~ à qn* jdn versetzen; **~é, e** *a* geziert, geschraubt; *(Gefühl)* geheuchelt; **~er I.** *tr* **1.** an=, ein=, zu=weisen; bestimmen (*à* für); *mil* zu=teilen; **2.** beeinflussen; in Mitleidenschaft ziehen, berühren, an=gehen; betrüben; **3.** *(Form)* an=nehmen; vor=geben, sich den Schein geben; zur Schau tragen; so tun, als ob ...; **4.** *math (mit e-m Zeichen)* versehen; **5.** *med* an=greifen; *être très affecté par qc* von etw sehr mitgenommen sein; *être affecté d'une infirmité* an e-m Gebrechen leiden; **~ion** [-sjɔ̃] *f* **1.** Anhänglichkeit; Zuneigung; Liebe *f;* **2.** *med* Erkrankung *f; prendre qn en ~* jdn lieb=gewinnen; **~ionner** [-sjɔ-] *tr* e-e Vorliebe haben (*qc* für etw); **~ueux, se** [-tɥø, -øz] *a* herzlich, zärtlich, liebevoll.

afférent, e [aferɑ̃, -ɑ̃t] *a jur* entsprechend.

affermir [afɛrmir] **I.** *tr* **1.** (be)festigen, festmachen; **2.** stärken, kräftigen; **3.** *(Person)* bestärken (*dans* in *dat*); **II.** *v prn s'~* stärker, kräftiger werden.

affich|age [afiʃaʒ] *m* **1.** *(Plakat)* Anschlag, Aushang *m;* **2.** Ankleben *n* von Zetteln; **3.** *fam* Zurschaustellung *f; tableau, panneau m d'~* Anschlagtafel *f,* Schwarze(s) Brett *n; ~ du prix* Preisaushang *m;* **~e** *f* **1.** Anschlag, Aushang *m;* Plakat *n;* **2.** *theat* Besetzung *f;* **3.** *annoncer par voie d'~s* durch Aushang bekannt=geben; *apposer, coller, placarder une ~* ein Plakat an=kleben; *être tête d'~* die Hauptrolle spielen; *mettre à l'~* auf den Spielplan setzen; *tenir l'~* lange auf dem Spielplan bleiben; **4.** *~ électorale* Wahlplakat *n; ~ de prix* Preistafel *f,* -aushang *m; ~ de publicité* Werbeplakat *n; ~ de théâtre* Theaterplakat *n;* **~er I.** *itr* **1.** *(Plakat)* an=schlagen; *(Zettel)* an=kleben, an= heften; öffentlich bekannt=machen; **2.** *film* zeigen, spielen; *theat* aufführen; **3.** *(Verachtung)* deutlich zeigen; zur Schau stellen; prahlen (*qc* mit etw); **II.** *v prn s'~* sich zur Schau stellen *(avec qn* mit jdm); *défense d'~* Ankleben verboten! **~iste** *m* Gebrauchsgraphiker *m.*

affil|ée [afile] *loc adv: d'~* hinterea.; pausenlos; **~er** *tr* schärfen, schleifen, wetzen; *(Messer)* ab=ziehen; *avoir la langue bien affilée* ein gutes Mundwerk, e-e böse Zunge haben; **~iation** [-lja] *f* **1.** *(Verein)* Aufnahme; Zugehörigkeit, Mitgliedschaft *f;* **2.** Beitritt *m* (*à* zu); Anschluß *m,* Angliederung *f;* **~ié, e** [-lje] *m f* **1.** Mitglied *n;* **2.** Pflichtversicherte(r) *m;* **~ier I.** *tr* **1.** an=gliedern (*à* an *acc*); auf=nehmen (*à* in *acc*); **2.** *être affilié à un parti* Parteimitglied sein; **II.** *v prn s'~* Mitglied werden (*à* bei); sich an=schließen (*à* an *acc*); bei=treten (*à une société* e-m Verein).

affin|age [afinaʒ] *m (Metall)* Vergütung, Frischung; Reinigung *f;* **~ement** *m fig* Verfeinerung *f;* **~er I.** *tr* **1.** *tech* läutern, reinigen; **2.** veredeln, frischen; **3.** vergüten; **4.** *(Wein, Käse)* ab=lagern; **5.** *(Geschmack) fig* verfeinern, verbessern; **II.** *v prn s'~* sich verfeinern, sich läutern; *(Gesicht)* feiner werden; **~ité** *f;* **1.** Verwandtschaft; Verschwägerung; *fig* Ähnlichkeit *f;* **2.** *chem* Affinität *f.*

affirm|atif, ive [afirmatif, -iv] **I.** *a* **1.** bejahend; **2.** *(Person, Ton)* entschieden, bestimmt; **II.** *s f* Bejahung *f; dans l'affirmative* zutreffendenfalls; *répondre par l'affirmative* (die Frage) bejahen; *réponse f affirmative* positive Antwort *f;* **~ation** *f* **1.** Bejahung; Bestätigung *f;* **2.** Erklärung, Versicherung *f;* **~er I.** *tr* **1.** behaupten; bejahen, bestätigen, versichern; **2.** *(den Willen)* bekräftigen; *(Freundschaft)* unter Beweis stellen; **II.** *v pr s'~* deutlich sichtbar machen; sich klar abzeichnen.

affleurer [aflœre] **I.** *tr* aus=gleichen; (ein=)ebnen; *(Rand)* erreichen; **II.** *itr; fig* zum Vorschein kommen.
affliction [afliksjõ] *f* Betrübnis, Trübsal *f;* Kummer *m.*
afflig|eant, e [afliʒɑ̃, -ɑ̃t] *a* traurig; schmerzlich; **~er I.** *tr* **1.** betrüben; bedrücken; **2.** *(Krankheit)* heim=suchen; — *être affligé* a) betrübt sein; b) leiden (*d'une maladie* an e-r Krankheit); **II.** *v prn s'~* sich grämen; *je suis affligé* es tut mir sehr leid (*de; que* zu; daß).
afflu|ence [aflyɑ̃s] *f* **1.** An-, Zudrang, Zulauf; **2.** *(Waren)* Zustrom *m; — heures f pl d'~* Hauptgeschäftszeit, -verkehrszeit *f,* Stoßzeiten *f pl;* **~ent** *m* Nebenfluß *m;* **~er** *itr* **1.** *(Fluß)* sich ergießen (*dans* in *acc*); **2.** *(Menge)* zs.=-, herbei=strömen; **~x** [afly] *m* **1.** *(Blut)* Andrang *m;* **2.** *(Kapital)* Ansammlung *f,* Zustrom *m;* **3.** *(Menschen)* Andrang, Zulauf *m.*
affol|ant, e [afɔlɑ̃, -ɑ̃t] *a* bestürzend; erschreckend; **~é, e** *a* erschrocken, außer sich (*de* vor); **~ement** *m* Verwirrung, Erregung *f,* panische(r) Schrecken *m;* **~er I.** *tr* **1.** verwirren; erschrecken; **2.** *fam* verrückt machen; **II.** *v prn s'~* kopflos werden; beinahe den Verstand verlieren; *arg (Schule)* hetzen.
affranch|i, e [afrɑ̃ʃi] *m f* **1.** *hist* Freigelassene(r *m*) *f;* **2.** *fam* amoralische(r) Mensch *m;* **3.** *fam* Ganove *m;* **~ir I.** *tr* **1.** *(Sklaven)* frei=lassen; *fig* befreien (*qn de qc* jdn von etw); **2.** *(Brief)* frei=machen; **3.** *fam* auf=klären, auf dem laufenden halten, ins Bild setzen; **II.** *v prn s'~* sich frei machen (*de* von); **~issement** *m* **1.** Freilassung, Befreiung; **2.** *(Brief)* Freimachung *f;* Porto *n; ~ insuffisant* ungenügend frankiert.
affr|ètement [afrɛtmɑ̃] *m* Chartern; *(Bus)* Mieten *n;* **~éter** *tr (Schiff)* chartern; *(Bus)* mieten.
affreux, se [afrø, -øz] **I.** *a* schrecklich, furchtbar; abscheulich; grauenvoll; **II.** *s m fam* unsympathische(r) Mensch *m.*
affriolant, e [afrijɔlɑ̃, -ɑ̃t] *a fig* verführerisch.
affront [afrõ] *m* **1.** Beleidigung, Beschimpfung *f;* **2.** Schande, Schmach *f; faire un ~ à qn* jdn (öffentlich) beschimpfen; **~ement** *m pol* Konfrontation *f;* **~er** [-te] **I.** *tr* die Stirne, Trotz bieten (*qn* jdm); *(e-r Gefahr)* trotzen (*qc* dat); **II.** *v prn s'~* ea. gegenüber=stehen, miteinander rivalisieren.
affubler [afyble] **I.** *tr* heraus=putzen (*qn de qc* jdn mit etw); **II.** *v pr s'~* sich aus=staffieren.
affût [afy] *m* **1.** *(Jagd)* Anstand *m;* **2.** *mil* Lafette *f; tech* Stativ *n; — être à l'~* auf dem Anstand sein; *fig* auf der Lauer liegen; **~er** *tr* (an=)schärfen; schleifen.
afin [afɛ̃] *loc prp: ~ de (prp)* um zu; *~ que (conj) mit subj* damit; auf daß.
aga|çant, e [agasɑ̃, -ɑ̃t] *a* ärgerlich; *(Geräusch)* auf die Nerven gehend; **~cement** *m* Gereiztheit, Ungeduld, Nervosität *f;* Ärger *m;* **~cer** *tr* **1.** nervös machen; ärgern; **2.** necken; **~cerie** *f: faire des ~s* schäkern, flirten (*à qn* mit jdm).
agapes [agap] *f pl* Festessen *n.*
agate [agat] *f* Achat *m.*
à-gauche [agoʃ] *m: faire un ~ (Auto)* nach links abbiegen.
âge [ɑ(a)ʒ] *n* **1.** (Menschen-, Lebens-)Alter *n;* **2.** Zeit(abschnitt *m*); Epoche *f;* **3.** *à l'~ de 30 ans* mit 30, im Alter von 30 Jahren; *à mon ~* in meinem Alter; *à la fleur de l'~* in den besten Jahren; *d'~ scolaire* im schulpflichtigen Alter; *d'un certain ~, entre deux ~s* älter; in (den) mittleren Jahren, nicht mehr ganz jung; *dans un ~ avancé* im vorgerückten Alter; **4.** *avoir passé l'~* zu alt sein (*de* um zu); *être atteint par la limite d'~* die Altersgrenze erreicht haben; *être d'~ à* od *en ~ de* im richtigen Alter sein, um zu; alt genug sein, um zu; *être avancé en ~* in vorgerücktem Alter sein; **5.** *on ne lui donnerait pas son ~* er sieht nicht so alt aus, wie er ist; *quel ~ a-t-il?* wie alt ist er? *j'ai passé l'~* ich bin zu alt (dazu); *il est de mon ~* wir sind gleich alt; **6.** *bas, jeune ~* Kindes-, Jugendalter *n; grand ~* hohe(s) Alter *n; moyen* (-) *~* Mittelalter *n; ~ critique, climatérique* Wechseljahre *n pl; ~ ingrat* Flegeljahre *n pl; ~ limite* Altersgrenze *f; ~ de pierre, de bronze, de fer* Stein-, Bronze-, Eisenzeit *f; ~ de la retraite* Pensionsalter *n;* **âgé, e** [ɑ(a)ʒe] *a* alt; bejahrt; *~ de vingt ans* 20 Jahre alt.
agenc|e [aʒɑ̃s] *f* Geschäftsstelle; Agentur *f;* Büro *n;* Vertretung *f;* Korrespondenzbüro *n; ~ maritime* Schiffahrtsagentur *f; ~ matrimoniale* Heiratsvermittlung *f; ~ de placement* Stellenvermittlungsbüro *n; ~ de presse* Presseagentur *f; ~ de publicité* Anzeigenbüro *n;* Werbeagentur *f; ~ de théâtre* Theateragentur *f; ~ de voyage* Reisebüro; **~ement** *m* **1.** Einrichtung, Ausstattung; **2.** Anordnung; Aufstellung; Disposition *f;* **~er** *tr* **1.** ein=richten; an=ordnen; auf=stellen; **2.** *(Satz)* auf=bauen.
agenda [aʒɛ̃da] *m* Merk-, Notizbuch *n;* Taschenkalender *m.*
agenouiller, s' [aʒnuje] *v prn* nieder=knien.
agent [aʒɑ̃] *m* **1.** Agens *n;* wirkende Kraft *f;* Mittel *n;* **2.** *med* Träger, Erreger *m;* **3.** Agent, Bevollmächtigte(r), Vertreter *m;* **4.** Angestellte(r) *m;* **5.** Schutzmann *m; — ~ de l'administration publique* Behördenangestellte(r) *m; ~ d'assurances* Versicherungsvertreter *m; ~ de change* Wechsel-, Bör-

senmakler; Effektenhändler *m;* ~ *commercial* Handelsvertreter *m;* ~ *de maîtrise* Werkmeister *m;* ~ *immobilier* Grundstücksmakler *m.*

agglomér|ation [aglɔmerasjɔ̃] *f* **1.** geschlossene Ortschaft, (An-)Siedlung *f;* Ballungsraum *m;* **2.** *tech* Agglomeration *f; l'~ parisienne* Groß-Paris *n;* **~er I.** *tr tech* sintern; agglomerieren; **II.** *v prn s'~* sich zs.drängen; *s'~ en grumeaux* Klümpchen bilden.

agglutin|ant, e [aglytinɑ̃, -ɑ̃t] *a* bindend, klebend, backend; *(Sprache)* agglutinierend; *s m* Bindemittel *n;* **~er I.** *tr* zs.-, verkleben; **II.** *v prn s'~* zs.-, an=kleben.

aggrav|ant, e [agravɑ̃, -ɑ̃t] *a jur* erschwerend; **~ation** *f* **1.** *med* Verschlimmerung; **2.** *(Wetter)* Verschlechterung; **3.** *(Strafe)* Verschärfung *f;* **~er I.** *tr* verschlimmern; verschärfen; **II.** *v prn s'~* schlimmer werden; sich verschärfen.

agil|e [aʒil] *a* gewandt, flink; **~ité** *f* **1.** Gewandtheit *f;* **2.** *fig* Beweglichkeit *f.*

ag|ir [aʒir] **I.** *itr* **1.** handeln; **2.** (ein=)wirken (*sur* auf *acc*); **3.** vermitteln (*auprès de* bei); **4.** beeinflussen (*sur qn* jdn); **5.** *(Medikament)* wirken (*sur qn* auf jdn); — ~ *bien (mal) avec (envers, à l'égard de) qn* sich gut (schlecht) gegenüber jdm benehmen; ~ *pour qn* sich für jdn verwenden; **II.** *v prn s'~: il s'agit de* es handelt sich um; *il s'agit de moi* es betrifft mich; *il s'agit pour moi de ...* es ist mir darum zu tun, zu ... ; *il s'agit de savoir si ...* es ist die Frage, ob ... ; *de quoi s'agit-il?* wovon ist die Rede? worum dreht *od* handelt es sich? *manière f d'~* Handlungsweise *f;* **~issant, e** *a* aktiv, tätig; betriebsam; **~issements** *m pl* Umtriebe *m pl;* Machenschaften *f pl.*

agit|ateur [aʒitatœr] *m pol* Aufwiegler, Agitator *m;* **~ation** *f* **1.** (heftige) Bewegung; Aufregung; Erregung; Unruhe *f;* **2.** *pol* Hetze, Agitation; Gärung *f;* **3.** *(Menschen)* geschäftige(s) Treiben *n,* Wirbel *m;* **4.** *(Flut)* Wogen *n;* **~er I.** *tr* **1.** bewegen; er-, auf=regen; beunruhigen; **2.** *(Fahne)* schwenken; wedeln (*la queue* mit dem Schwanz); **3.** *(Baum)* schütteln; **4.** *chem* um=rühren; **5.** *(Frage)* diskutieren; besprechen; **6.** *(Volk)* auf=wiegeln; **II.** *v prn s'~* **7.** sich (hin u. her) bewegen; unruhig werden; in Erregung geraten; **8.** *(Fahne)* flattern (*sur la hampe* an der Fahnenstange); **9.** *(Blätter)* sich bewegen.

agne|au [aɲo] *m* **1.** Lamm *n;* **2.** Lamm-, Schaffell; Lammfleisch *n;* ~ *pascal* Osterlamm *n.*

agon|ie [agɔni] *f* Todeskampf *m,* Agonie *f; être à l'~* in den letzten Zügen liegen; **~isant, e I.** *a* mit dem Tode ringend; **II.** *s m f* Sterbende(r *m*) *f;* **~iser** *itr* mit dem Tode ringen.

agraf|e [agraf] *f* **1.** Haken *m;* **2.** (Heft-)Klammer *f;* **~er** *tr* **1.** zu=, ein=, an=haken; **2.** (an=)heften; **~euse** *f* Heftmaschine *f.*

agraire [agrɛr] *a* Acker-; Agrar-; *réforme f* ~ Bodenreform *f.*

agrand|ir [agrɑ̃dir] **I.** *tr* **1.** vergrößern *a. phot,* aus=dehnen, erweitern; aus=bauen; **2.** größer erscheinen lassen; **II.** *v prn s'~* sich vergrößern; größer werden; sich aus=dehnen; s-n Besitz erweitern; **~issement** *m* **1.** Vergrößerung *a. phot;* Erweiterung *f;* **2.** *(Stadt)* Sichausdehnen *n;* **3.** *(Bevölkerung)* Zunahme *f.*

agrarien, ne [agrarjɛ̃, -ɛn] **I.** *a* agrarisch; **II.** *s m* Agrarier *m.*

agré|able [agreabl] **I.** *a* angenehm; liebenswürdig; *(Nachricht)* willkommen; *(Äußeres)* gefällig; *(Speise)* wohlschmeckend; *pour vous être* ~ um Ihnen e-n Gefallen zu erweisen; **II.** *s m: joindre l'utile à l'~* das Angenehme mit dem Nützlichen verbinden; **~er I.** *tr* **1.** genehmigen; günstig auf=, entgegen=nehmen; zu=stimmen (*qc* dat); gut=heißen; **2.** *(bei e-r Kammer)* zu=lassen; **3.** *(e-m Antrag)* statt=geben (*qc* dat); — *veuillez ~, Monsieur, l'expression de mes sentiments distingués* mit vorzüglicher Hochachtung; **II.** *itr* gefallen.

agrég|at [agrega] *m* **1.** *arch* Zuschlagstoff *m;* **2.** *fig geol* Konglomerat *n;* **~ation** *f* Aggregation *f a. geol;* **~é, e** [-ʒe] *a (professeur m)* ~ Agrégé *m;* **~er** *tr* **1.** *geol* verfestigen; **2.** ein=gliedern.

agrément [agremɑ̃] *m* **1.** Zustimmung, Einwilligung, Billigung; Abmachung *f;* **2.** Zulassung *f;* **3.** Annehmlichkeit *f;* Vergnügen *n; voyage m d'~* Vergnügungsreise *f;* **~er** *tr* verzieren (*de* mit); *(Unterhaltung)* würzen.

agrès [agrɛ] *m pl* **1.** *mar* Takelwerk *n;* **2.** Turngeräte *n pl.*

agress|er [agrɛse] *tr* **1.** überfallen; **2.** belästigen; *être agressé* Belastungen, dem Streß ausgesetzt sein; **~eur** *m* Angreifer *m;* **~if, ive** *a* **1.** herausfordernd; angriffslustig, aggressiv; **2.** *com* dynamisch; **~ion** *f* **1.** *mil* Angriff; *(auf e-e Person)* Überfall *m;* **2.** Belästigung, Belastung *f;* **~ivité** *f* Angriffslust, Aggressivität *f.*

agri|cole [agrikɔl] *a* landwirtschaftlich; *machine f* ~ landwirtschaftliche Maschine *f; produits m pl ~s* landwirtschaftliche Erzeugnisse *n pl;* **~culteur** *m* Landwirt *m;* **~culture** *f* Landwirtschaft *f,* Ackerbau *m.*

agripper [agripe] **I.** *tr* ergreifen, packen; **II.** *v prn s'~* sich hängen (*à* an *acc*); sich fest=halten, sich fest=klammern (*à* an *acc*).

agronom|e [agrɔnɔm] *m: ingénieur-~ m* Diplomlandwirt *m;* **~ie** *f* Agrarwissenschaft *f;* **~ique** *a* agrarwissenschaftlich.

agrumes [agrym] *m pl* Zitrusfrüchte *f pl.*
aguerr|i, e [agɛri] *a* abgehärtet; **~ir I.** *tr* ab=härten (*à contre* gegen); **II.** *v prn s'~* sich gewöhnen (*à qc* an etw).
aguets [agɛ] *m pl: être aux ~* auf der Lauer liegen.
aguich|ant, e [agiʃɑ̃, -ɑ̃t] *a* **1.** aufreizend; **2.** verführerisch; verlockend; **~er** *tr* aufreizen, umgarnen, verlocken.
ah [ɑ] *interj* ah! oh! ach! *~ oui!* natürlich! freilich!
ahur|i, e [ayri] **I.** *a* verblüfft, verdutzt; **II.** *s m: quel ahuri!* was für ein Hornochse! **~ir** *tr* verblüffen, verdutzen; **~issement** *m* Sprachlosigkeit; Verblüffung *f.*
aid|ants [ɛdɑ̃] *m pl* mithelfende Familienangehörige *m pl;* **~e 1.** *f* Hilfe *f;* Beistand *m,* Unterstützung; Beihilfe *f;* **2.** *m f* Hilfe *f,* Helfer *m;* Hilfskraft *f,* Gehilfe *m;* Gehilfin *f;* **3.** *à l'~ de* mit Hilfe, vermittels *gen;* **4.** *appeler qn à son ~* jdn zu Hilfe rufen; *venir en ~* zu Hilfe kommen (*à qn* jdm); **5.** *~ m cuisinier* Beikoch *m; ~ f économique* Wirtschaftshilfe *f; ~-mémoire m* Zs.fassung *f;* Merkblatt *n;* Stichwörter *n pl;* **~er** [e(ɛ)de] **I.** *tr* **1.** *~ qn* jdm helfen, jdm bei=stehen; *aide-moi donc!* hilf mir doch!; *il l'aide à faire ses devoirs* er hilft ihm bei den Hausaufgaben; **2.** unterstützen *(acc); il m'a aidé de ses conseils* er hat mich mit Ratschlägen unterstützt; **3.** *~ à* fördern *(acc),* bei=tragen (zu); *il m'a aidé pour mon déménagement* er war mir beim Umzug behilflich; **4.** *~ qn à mettre, enlever son manteau* jdm in den Mantel, aus dem Mantel helfen; *~ qn à se sortir d'un mauvais pas* jdm aus der Patsche helfen *(fam);* **5.** *(Haushalt)* aus=helfen; *elle nous aide à l'occasion* sie hilft gelegentlich bei uns aus; **II.** *v prn s'~* **6.** *(de qc)* (etw) benützen, verwenden; Gebrauch machen *(von etw);* sich bedienen *(gen);* **7.** ea. helfen.
aïe [aj] *interj* au! autsch! o weh!
aïeu|l [ajœl] *m* Großvater *m;* **~le** *f* Großmutter *f;* **~ls** *m pl* Großeltern *pl;* **~x** [ajø] *pl* Vorfahren, Ahnen *pl.*
aigl|e [ɛgl] *m zoo* Adler *m; ce n'est pas un ~* er hat das Pulver nicht erfunden; **~on** [-glɔ̃] *s m* junge(r) Adler *m.*
aigr|e [ɛgr] **I.** *a* **1.** sauer; **2.** *(Stimme)* kreischend; **3.** *(Wind)* scharf; **4.** *(Kälte)* schneidend; **5.** *(Wort)* bitter; **II.** *s m: tourner à l'~* sauer werden; *fig* gereizter, schärfer werden; **~e-doux** *a* **1.** *(Früchte)* süßsauer; **2.** *fig* sauersüß; **~efin** [-grə-] *m* Schwindler, Hochstapler *m;* **~elet, te** [ɛgrəlɛ, -ɛt] *a* säuerlich; **~ette** *f (Vogel, Hut)* Federbusch *m;* **~eur** [ɛgrœr] *f* **1.** Säure *f;* **2.** *fig* Bitterkeit *f;* **~ir** [ɛgrir] **I.** *itr* sauer werden (lassen); **II.** *tr fig* (v)erbittern; **III.** *v prn s'~* sauer werden; *fig il s'est aigri* er ist verbittert.
aigu, uë [egy] **I.** *a* **1.** spitz(ig); **2.** *(Schrei)* durchdringend; **3.** *(Stimme)* gellend; **4.** *(Ton)* schrill; **5.** *(Verstand)* durchdringend, scharf; **6.** *(Schmerz)* stechend; **7.** *(Krankheit)* akut; **8.** *(Winkel)* spitz; **II.** *s m pl* hohe Töne *m pl.*
aiguill|age [e(ɛ)gɥijaʒ] *m* Weiche(nstellung) *f a. fig; poste m, cabine f d'~* Stellwerk *n;* **~e** *f* **1.** Nadel *f a. bot;* **2.** Zeiger *m;* **3.** (Berg-, Turm-)Spitze *f;* **4.** *loc* Weiche *f;* — *chercher une ~ dans une botte de foin* eine Stecknadel in einem Heuhaufen suchen; *enfiler une ~* e-e Nadel ein=fädeln; *~ aimantée* Magnetnadel *f; ~ à coudre, à repriser, à tricoter* Näh-, Stopf-, Stricknadel *f;* **~er** *tr* **1.** *loc (~ le train)* (für den Zug) die Fahrstraße legen; **2.** *fig* lenken, leiten; **~eur** *m* Weichensteller, -wärter *m; ~ du ciel* Fluglotse *m;* **~on** *m* **1.** *zoo bot* Stachel; **2.** *fig* Ansporn *m;* **~onner** *tr* **1.** *(Tier)* an=treiben; **2.** *(Menschen)* an=spornen, auf=stacheln.
aiguiser [egize, egɥize] *tr* **1.** *(Messer)* schleifen; *(Sichel)* wetzen; *(Klinge)* schärfen; **2.** *fig (Appetit)* an=regen; **3.** *(Verstand)* schärfen; **4.** *(Unruhe)* steigern.
ail [aj] *m* Knoblauch *m* (*pl aulx* [o], *bot ails); saucisson m à ~* Knoblauchwurst *f.*
ail|e [ɛl] *f* **1.** Flügel *m a. mil aero sport;* **2.** *mot* Kotflügel *m;* **3.** *arch* Flügel *m;* **4.** *tech* Flansch, Schenkel *m;* **5.** *avoir du plomb dans l'~* schwer krank, *fig* in e-r schwierigen Lage sein; *battre de l'~, fig* sich in Schwierigkeiten befinden; *rogner les ~s* die Flügel stutzen (*à qn* jdm); *~ du nez* Nasenflügel *m;* **~é, e** [e(ɛ)le] *a* geflügelt; **~eron** [ɛlrɔ̃] *m* **1.** *aero* Querruder *n;* **2.** *(Vogel)* Flügelspitze *f;* **3.** *(Hai)* Flosse *f;* **~ette** *f* **1.** *(Heizkörper)* Rippe *f;* **2.** *(Turbine)* Schaufel *f;* **~ier** *m sport* Außen-, Flügelstürmer *m.*
ailleurs [ajœr] *adv* anderswo(hin), woanders, sonst(wo); sonstwo(hin); *d'~* übrigens; überdies; *nulle part ~* nirgendwo sonst; sonst nirgends; *partout ~* sonst überall; *par ~* andererseits; übrigens, außerdem.
aim|able [ɛmabl] *a* **1.** liebenswürdig, freundlich; **2.** *(Umgang)* zuvorkommend; — *c'est très ~ à vous* es ist sehr freundlich von Ihnen; **~ant, e I.** *a* liebevoll, zärtlich; **II.** *s m* Magnet *m;* **~anté, e** *a* magnetisch; **~é, e I.** *a* geliebt; **II.** *s m f: le (la) bien-~(e)* der (die) Geliebte; **~er** [e(ɛ)me] **I.** *tr* **1.** lieben; gern haben; mögen; **2.** *(Lebensmittel)* gern essen *od* trinken; **II.** *v prn s'~* sich

(selbst) lieben; ea. lieben; ~ *(à) faire* gern tun; ~ *que* es für gut finden; wünschen, daß; ~ *mieux* lieber tun; vor=ziehen; lieber mögen; *j'aime mieux cela* das höre ich lieber; das ziehe ich vor; *j'aimerais mieux dormir* ich möchte, würde lieber schlafen.

aine [ɛn] *f anat* Leiste; Leistenbeuge *f.*

aîn|é, e [ɛne] **I.** *a* älter, ältest; erstgeboren; senior; **II.** *s m f* Ältere, Älteste(r *m*) *m f; il est mon ~ de deux ans* er ist zwei Jahre älter als ich.

ainsi [ɛ̃si] **I.** *adv* so; auf diese Weise; derart; zum Beispiel; *s'il en est ~* wenn dem so ist; *pour ~ dire* sozusagen; ~ *soit-il!* amen!; ~ *va le monde* das ist der Lauf der Welt; **II.** *conj* daher, also, folglich; ~ *que* (so)wie, und auch.

air [ɛr] *m* **1.** Luft *f; min* Wetter *n; en l'~ (a)* leer, unbegründet; *adv* in der Luft; *en plein ~* unter freiem Himmel; *changer d'~* den Wohnort, *fam* die Tapeten wechseln; *donner de l'~ à qc* etw aus=lüften; *être en l'~ (pol)* gestürzt sein; durchea. sein; unruhig sein; *(beruflich)* in der Luft hängen; *prendre l'~* Luft schöpfen; *(aero)* auf=steigen; *(du bureau)* kurz vorbeigehen (im Büro); *il n'y a pas d'~* es weht kein Lüftchen; *il y a des courants d'~* es zieht; *tout est en l'~* alles geht drunter u. drüber; *couche f d'~* Luftschicht *f; courant m d'~* Luftzug *m; hôtesse f de l'~* Stewardeß *f; paroles f pl en l'~* leere(s) Gerede *n; résistance f de l'~* Luftwiderstand *m;* **2.** Aussehen *n;* Ausdruck *m;* Art; Erscheinung *f;* Äußere(s) *n; avoir l'~ de* so aus=sehen, als ob; *avoir un ~ de famille* e-e gewisse Ähnlichkeit haben; *ne pas en avoir l'~* sich nichts an=merken lassen; *ne prenez pas ces ~s là* tun Sie doch nicht so! *cela en a tout l'~* das sieht ganz danach aus; *de quoi as-tu l'~!* wie siehst du aus! **3.** Melodie; Weise *f;* Lied *n;* Arie *f; en avoir l'~ et la chanson (fig)* wirklich sein, was man zu sein scheint; *vous n'êtes pas dans l'~* Sie singen falsch; ~ *populaire* Volkslied *n.*

aire [ɛr] *f* **1.** Tenne *f;* **2.** Fläche *f;* **3.** *math* Flächeninhalt *m;* **4.** *(Raubvogel)* Horst *m;* **5.** *fig* Bereich *m,* Gebiet *n;* — ~ *d'atterrissage et de décollage* Rollfeld *n;* ~ *de danger* Gefahrenherd *m;* ~ *de repas* Eßnische *f;* ~ *de service (Autobahn)* Raststätte *f.*

ais|ance [ɛzɑ̃s] *f* **1.** Leichtigkeit, Ungezwungenheit, (Bewegungs-)Freiheit *f;* **2.** Wohlstand *m; avec ~* ungezwungen; gewandt; *vivre dans l'~* in guten Verhältnissen leben; **~e** [ɛz] *f* **1.** *pl* Bequemlichkeit *f;* **2.** *nur in loc adv: à votre ~* wie es Ihnen beliebt! **3.** *être à l'~* sich wohl fühlen; *être mal à l' ~* sich unbehaglich fühlen; — *mettre qn à son* (od *à l'*) ~ jdm über seine Verlegenheit hinweg=helfen; *en prendre à son ~ (fam)* es sich leicht=machen; ganz ungeniert tun; *je suis bien ~ de* ich freue mich zu *(Inf.) od* über e-e S, *mettez-vous à l'~, à votre ~* machen Sie es sich bequem; legen Sie bitte ab! **~é, e** *a* **1.** leicht; **2.** *(Benehmen)* frei, ungezwungen; **3.** *(Stil)* flüssig; **4.** *(Person)* vermögend; — *je le crois aisément* ich glaube es gern.

aisselle [ɛsɛl] *f* Achsel(höhle) *f.*

ajiste [aʒist] *m f* Mitglied *n* des Jugendherbergsverbandes.

ajonc [aʒɔ̃] *m bot* Stechginster *m.*

ajour [aʒur] *m arch* (Mauer-)Öffnung *f;* **~é, e** *a arch* durchbrochen.

ajour|nement [aʒurnəmɑ̃] **1.** Verschiebung, Vertagung *f;* **2.** *(Wehrdienst)* Zurückstellung *f;* **3.** *jur* Vorladung *f;* **~ner** *tr* **1.** verschieben, vertagen (*à* auf *acc*); **2.** *jur* vor= laden; **3.** *mil* zurück=stellen (*à* bis).

ajouter [aʒute] **I.** *tr* dazu=. bei=fügen; dazu=zählen (*à qc* zu etw); **II.** *v prn s'~* hinzu=kommen (*à* zu *dat*); *ajoutons que* dazu kommt, daß; ~ *foi* Glauben schenken (*à qn, qc* jdm, e-r S).

ajust|age [aʒystaʒ] *m* Einpassung; *(Apparat)* Einstellung, Justierung *f;* **~ement** [-tə-] *m fig* Abstimmung, Anpassung *f* (*à* an *acc*); ~ *des salaires* Lohnausgleich *m;* **~er I.** *tr* **1.** ein=, an=passen; ein=richten, ein=stellen; **2.** in Ordnung bringen; **3.** richtig=stellen, berichtigen; miteinander in Einklang bringen; angleichen; abstimmen (*à* mit *dat*); **4.** *(Waage)* eichen; **5.** *(Gewehr)* zielen; **II.** *v prn s'~* passen (*à* zu, *dat*); zs.=passen; **~eur** *m* Schlosser *m.*

alambi|c [alɑ̃bik] *m* Destillierapparat, -kolben *m,* Retorte *f;* **~qué, e** [-ke] *a* spitzfindig; *(Stil)* gekünstelt.

alanguir [alɑ̃gir] **I.** *tr* schlapp, schlaff machen; schwächen, entkräften; **II.** *v prn s'~* s-e Kraft, Energie verlieren; erschlaffen.

alarm|ant, e [alarmɑ̃, ~ɑ̃t] *a* beunruhigend, beängstigend, alarmierend; **~e** *f* **1.** Alarm *m;* **2.** Unruhe, Angst *f;* Schrecken *m;* — *donner l'~* Alarm schlagen *a. fig; fausse ~* blinde(r) Alarm *m; signal m d'~ (loc)* Notbremse *f;* **~er I.** *tr* auf=, erschrecken, beunruhigen; alarmieren; **2.** *v prn s'~* in Unruhe geraten (*de* über); sich ängstigen (*de* wegen); **~iste** *a* Unruhe stiftend.

albâtre [albɑtr] *m* Alabaster *m.*

album [albɔm] *m* Album *n;* ~ *d'images* Bilderbuch *n;* ~ *de photos* Photoalbum *n;* ~ *de timbres-poste* Briefmarkenalbum *n;* **~en** [-ymɛn] *m biol* Eiweiß *n.*

alcal|i [alkali] *m* **1.** Alkali *n;* **2.** *com* Salmiakgeist *m;* **~in** *a* alkalisch.

alchim|ie [alʃimi] *f* Alchimie *f;* **~iste** Alchimist *m.*

alcool [alkɔl] *m* **1.** Alkohol *m;* **2.** Schnaps *m;* **~ique I.** *a* alkoholisch; **II.** *s m* Alkoholiker *m;* **~iser I.** *tr* Alkohol zu=setzen (*qc* e-r S *dat*); **II.** *v prn s'~ (fam)* sich ständig betrinken; **~isme** *m* Alkoholmißbrauch *m;* Alkoholvergiftung *f;* **~test, alcootest** *m* Alkoholtest *m; faire souffler qn dans un ~* jdn in ein Röhrchen blasen lassen.

aléa [alea] *m* Zufall *m;* Risiko *n;* **~toire** *a* unsicher, ungewiß; gewagt, riskant, zufallsbedingt.

alentour [alɑ̃tur] **I.** *adv* ringsum; *d'~* benachbart, umliegend, in der Umgebung; **II.** *s m pl* Umgebung; Nachbarschaft *f; aux ~s de* in der Nähe; *(zeitlich)* gegen.

alert|e [alɛrt] **I.** *s f* Alarm *m;* Aufregung *f;* **II.** *a* **1.** munter; rege; **2.** *(Beine)* flink; **3.** *(Stil)* lebendig; **4.** *(Geist)* aufgeweckt; — *en état d'~* in Alarmbereitschaft; *donner l'~* Alarm schlagen; *fausse ~* blinde(r) Alarm *m;* **~er** *tr* **1.** alarmieren; **2.** *fig* e-n Wink geben (*qn* jdm).

alés|age [alezaʒ] *m* **1.** Bohrung *f;* **2.** Zylinderdurchmesser *m;* **~er** *tr tech* aus=bohren; **~euse** *f* Bohrmaschine *f.*

algarade [algarad] *f* Auseinandersetzung *f.*

alg|èbre [alʒɛbr] *f* Algebra *f; c'est de l'~ pour moi* das sind böhmische Dörfer für mich; **~ébrique** *a* algebraisch.

algue [alg] *f bot* Alge *f.*

alib|i [alibi] *m* Alibi *n; fournir un ~* ein Alibi nach=weisen.

alién|able [aljenabl] *a jur* verkäuflich; übertragbar; **~ation** *f* **1.** *jur* Übertragung, Veräußerung *f;* **2.** *~ mentale* Geisteskrankheit *f;* **~é, e** *m f* Geistesgestörte(r *m*) *f;* **~er I.** *tr* **1.** *jur* übertragen, veräußern; **2.** *(Freiheit)* auf=geben; **3.** *(Sympathie)* verscherzen; **4.** *(Menschen)* entfremden; **II.** *v prn s'~ (Sympathien)* verlieren, verscherzen.

align|ement [aliɲmɑ̃] *m* **1.** Ausrichtung; **2.** Bauflucht, Fluchtlinie *f;* **3.** *pol* Gleichschaltung, Abstimmung (*de qc sur qc* e-r S auf e-e S); Anpassung *f;* — *mettre à l'~ (pol)* aus=richten; *~ des prix* Angleichung *f* der Preise; **~er I.** *tr* **1.** aus=richten; in e-e gerade Linie stellen; **2.** aneinanderreihen; **3.** *(Argumente)* aufzählen; **4.** *(fam) les ~ (Geld)* blechen; **5.** *(fig) ~ qc sur qc* etw an etw angleichen; etw nach etw ausrichten; **II.** *v prn s'~* **6.** sich in e-r Reihe aufstellen; sich aus=richten; **7.** *s'~ sur qc* sich e-r S anschließen; sich anpassen an etw; **8.** *(fam) tu peux toujours t'~ avec lui* mit dem schaffst du es nicht.

aliment [alimɑ̃] *m* **1.** Nahrungsmittel *n; pl* Lebensmittel *n pl;* **2.** *jur* Alimente *n pl;* **~aire** *a* **1.** Ernährungs-, Nahrungs-; Nähr-; **2.** *jur* Unterhalts-; — *produits m pl ~s* Erzeugnisse *n pl* der Nahrungsmittelindustrie; *situation f ~* Ernährungslage *f; pâtes f pl ~s* Teigwaren *f pl;* **~ation** *f* **1.** Ernährung, Verpflegung; Beköstigung *f;* **2.** *tech* Versorgung, Speisung, Beschickung *f* (*en* mit); — *magasin m d'~* Lebensmittelgeschäft *n; rayon m d'~* Lebensmittelabteilung *f; ~ en carburant* Brennstoffzufuhr *f; ~ en charbon* Kohlenversorgung *f; ~ en courant* Stromversorgung *f; ~ en eau* Wasserversorgung *f; ~ sur le secteur* Netzanschluß *m;* **~er I.** *tr* **1.** ernähren, verpflegen; *(Vieh)* füttern; **2.** versorgen; *tech* speisen; beschicken (*en* mit *dat*); *(Inflation)* ausweiten; *(Feuer)* unterhalten; **3.** *fig* Nahrung, Stoff geben (*qc* e-r S *dat*); **II.** *v prn s'~* sich ernähren (*de fruits* von Obst); Nahrung zu sich nehmen.

alinéa [alinea] *m* Absatz *m.*

alit|é, e [alite] *a: être ~* das Bett hüten müssen.

alizé, alisé [alize] *s m pl* u. *a: vents m pl ~s* Passat(wind)e *m pl.*

allait|ement [alɛtmɑ̃] *m* Stillen; *zoo* Säugen *n;* **~er** [-e(ɛ)te] *tr zoo* säugen; *(Kind)* stillen.

allant, e [alɑ̃] **I.** *a* aktiv, unternehmend; **II.** *s m* Unternehmungsgeist; Schwung *m; avoir de l'~ (fam)* auf Draht sein.

alléch|ant, e [aleʃɑ̃, -ɑ̃t] *a* verlockend; **~er** *tr* (an=)locken; ködern.

allée [ale] *f* **1.** Allee *f;* **2.** Durchgang *m (zwischen zwei Mauern);* **3.** *(Kirche)* Gang *m;* — *~ latérale* Seitengang *m; les ~s et venues* das Hin und Her; die Laufereien *f pl.*

allégation [alegasjɔ̃] *f* Vorbringen *n;* Behauptung *f.*

allége|ment [alɛʒmɑ̃] *m* **1.** Erleichterung, Entlastung *f;* **2.** *(Last)* Verringerung *f;* — *~ fiscal* Steuererleichterung *f;* **~er** *tr* **1.** *(Last)* verringern; erleichtern; **2.** *mar* leichtern; **3.** *(Steuern)* senken; **4.** *(Verantwortung)* einschränken; **5.** *(Schmerz)* lindern.

allégor|ie [alegɔri] *f* Allegorie *f;* **~ique** *a* sinnbildlich, allegorisch.

all|ègre [alɛgr] *a* **1.** fröhlich, vergnügt, frisch, munter; **2.** rüstig; **~égresse** *f* Freude *f,* Jubel *m; cris m pl d'~* Freudengeschrei *n,* Jubel *m.*

alléguer [alege] *tr* **1.** *(Grund)* vor=bringen, an=führen, vor=schützen, vor=geben; **2.** sich berufen (*qc* auf e-e S).

alléluia [aleluja] *m* Halleluja *n.*

allemand, e [almɑ̃,-ɑ̃d] **I.** *a* deutsch; **II.** *s m* (das) Deutsch(e), deutsche Sprache *f; A~, e m f* Deutsche(r *m*) *f.*

aller [ale] **I.** *tr* **1.** gehen; fahren; reisen; **2.** *geol* streichen, verlaufen; **3.** *(Art ~ à pied* zu Fuß gehen; *~ à cheval* reiten; *~ à bicyclette* rad=fahren; *~*

en auto (im) Auto fahren; ~ *en bateau, en train* mit dem Schiff, Zug fahren; ~ *en avion* fliegen; ~ *par le train à cinq heures* mit dem Fünfuhrzug fahren; ~ *son petit train* im alten Trott weiter=gehen; ~ *loin* es weit bringen; **4.** *(Richtung)* ~ *à Paris* nach Paris fahren, reisen, gehen; ~ *à la campagne* aufs Land gehen; ~ *chez le coiffeur* zum Friseur gehen; ~ *en avant* voran=schreiten; ~ *devant* voraus=gehen; ~ *à la rencontre de qn* jdm entgegen=gehen; ~ *dehors* hinaus=gehen; ~ *en justice* vor Gericht gehen; ~ *chercher* (ab=)holen; ~ *trouver* auf=suchen; ~ *voir* besuchen; ~ *sur ses 40 ans* auf die 40 zu=gehen; **5.** *(Handlung)* ~ *à son travail* an s-e Arbeit gehen; ~ *au marché* auf den Markt gehen; ~ *au feu* hitzebeständig sein; ~ *à la lessive* waschecht sein; ~ *à l'échec* e-n Mißerfolg erleiden; ~ *de pair* zs.=gehören; Hand in Hand gehen; **6.** *(Hilfszeitwort) (nahe Zukunft) je vais partir* ich reise jetzt gleich ab; ich gehe jetzt gleich weg; *le spectacle va commencer* das Schauspiel fängt gleich an; **7.** *(Verstärkung) ne va pas dire (que)* sag doch nicht (, daß); *allons, amis, courage!* los, Freunde, Mut! **8.** *(Entwicklung) son mal va croissant* sein Leiden wird immer schlimmer; **9.** *(Ausdrücke) vous allez fort (fam)* Sie übertreiben; *cette robe vous va bien* dieses Kleid steht Ihnen gut; *ces gants vont bien avec votre manteau* diese Handschuhe passen gut zu Ihrem Mantel; *la route va tout droit* der Weg führt unmittelbar (*à* nach); *il se laisse* ~ er läßt sich gehen *(in der Kleidung); il va vite en besogne* die Arbeit geht ihm von der Hand; *cela lui va comme un gant* das sitzt ihm wie angegossen; *ainsi va le monde* das ist der Lauf der Welt; *il en va ainsi lorsqu'on ...* so geht es (einem), wenn man ... ; *il y va de* es geht um; *cela va de soi* das versteht sich von selbst; *(Befinden) comment allez-vous? (fam) comment ça va?* wie geht es Ihnen? *ça va bien, mal* es geht mir gut, schlecht; *ça va* es geht (so); es genügt; *ça me va* das paßt mir; einverstanden; *je vais mieux* es geht mir besser; *(Befehlsformen) allons!* hören Sie mal! na, na! nun! auf! los! vorwärts! *allons donc!* ach was! unmöglich! wirklich! *allez!* lassen Sie nur! *allez-y!* nur zu! (nur) los! *allez-y doucement!* (nur) sachte! *allez toujours!* nur weiter! *on y va!* gleich! sofort! ich komme schon! *va!* (es ist ja) schon gut! meinetwegen! *va-t'en!* fort mit dir! raus! *allez-vous promener!* lassen Sie mich in Ruhe! **II.** *s m* **10.** Gang *m;* Gehen *n;* (Hin-)Fahrt *f,* (Hin-)Flug *m;* — *au pis* ~ schlimmstenfalls; *un (billet d')* ~ *et retour* e-e Rückfahrkarte *f; match m* ~ *(sport)* Hinspiel *n; vol m* ~ Hinflug *m; voyage m d'*~ *et retour* Hin- u. Rückreise *f;* **III.** *v prn s'en* ~ **11.** weg=, fort=gehen, -reisen, -fahren; **12.** *(Mensch)* sterben; **13.** *(Wasser)* heraus=fließen; **14.** *(Fleck)* sich entfernen lassen, heraus=gehen; — *je m'en vais vous raconter ça (fam)* ich erzähle es Ihnen gleich; *le bouton s'en va* der Knopf ist lose; *va-t'en! (fam)* hau ab!

allergi|e [alɛrʒi] *f med* **1.** Allergie *f;* **2.** *fig* Abneigung *f;* **~que** *a* **1.** *med* überempfindlich, allergisch; **2.** *fig* ablehnend; *être* ~ *à qc* etw ablehnen.

alliage [aljaʒ] *m* **1.** Legierung *f;* **2.** Mischung *f.*

alli|ance [aljɑ̃s] *f* **1.** *pol* Bund *m,* Bündnis *n;* **2.** Verbindung; Vereinigung *f;* **3.** Schwägerschaft, Verschwägerung *f;* **4.** Ehe *f;* Ehering *m;* **~é, e I.** *a* **1.** verbündet; **2.** verschwägert; **II.** *s m* **3.** Verbündete *(f m);* **4.** *m pl* angeheiratete Verwandte *m pl;* **~er I.** *tr* **1.** verbünden; **2.** verbinden; vereinigen; in Einklang bringen; **3.** *tech* legieren; **II.** *v prn s'*~ **4.** sich verbünden (*à* mit); **5.** *fig* sich verbinden, sich verknüpfen; — *s'*~ *à une famille* in e-e Familie ein=heiraten.

alligator [aligatɔr] *m zoo* Alligator *m.*

allô, allo [alo] *interj tele* hallo!

allocation [alɔkasjɔ̃] *f* **1.** Unterstützung; Zulage, Beihilfe *f;* **2.** Zuteilung, Zuweisung *f;* — ~ *de chômage* Arbeitslosenunterstützung *f;* ~ *pour enfants* Kinderbeihilfe *f;* ~*s familiales* Familienbeihilfe *f;* ~ *pour frais de représentation* Aufwandsentschädigung *f;* ~ *journalière* Tagegeld *n;* ~ *(de) logement* Wohnungsbeihilfe *f;* ~*-vieillesse f* Altersunterstützung *f.*

allocution [alɔkysjɔ̃] *f* (kurze) Anprache *f; prononcer une* ~ e-e Ansprache halten.

all|onge [alɔ̃ʒ] *f* **1.** *tech* Ansatz *m;* **2.** Fleischerhaken *m;* **3.** *(Boxen)* Reichweite *f;* **4.** *(Wechsel)* Allonge *f;* **~onger I.** *tr* **1.** verlängern; **2.** *(Beine)* (aus=)strecken; **3.** *(Zeit)* aus=dehnen; **4.** *(Tisch)* aus=ziehen; **5.** *(Soße)* verdünnen; **6.** *fam (Schlag)* verpassen; **II.** *itr* **7.** *(Tage)* länger werden; **III.** *v prn s'*~ **8.** *(Gesicht)* länger werden; **9.** *(Gummi)* sich (aus=)dehnen; **10.** *(Person)* sich aus=strecken; sich hin=legen; **11.** *fam* hinfallen; — *il a allongé cent billets (arg)* er hat e-n Hunderter hingeblättert.

allouer [alwe] *tr* **1.** genehmigen, bewilligen; zu=gestehen; **2.** *(Kredit)* ein=räumen.

allum|age [alymaʒ] *m* **1.** Anzünden *n;* **2.** *mot* Zündung; Zündanlage *f;* **3.** *radio* Einschalten *n; couper l'*~ die Zündung aus=schalten; **~er I.** *tr* **1.** *(Feuer)* ent-, an=zünden, (an=)machen; *(Zigarette)* an≈stecken; *(Brennbares)* in Brand stecken; *(Brand)* entfachen; **2.** *el* ein≈schalten; *(Licht)* (an≈)machen, *fam* an≈knipsen; **3.** *fig* an≈feuern, entflammen; **4.** *(Wunsch)* erregen; **II.** *v prn s'*~ **5.** sich entzünden, an≈gehen, Feuer fangen; hell werden; auf≈leuchten; **6.** *(Gesicht)* rot an≈laufen; **7.** *fig* auf≈flammen; **~ette** *f* **1.** Zünd-, Streichholz *n;* **2.** Blätterteigschnitte *f;* — *mince comme une* ~ dünn wie e-e Hopfenstange; *boîte f d'~s* Streichholzschachtel *f;* **~eur** *m* **1.** *mot* Verteiler *m;* **2.** (An-)Zünder *m.*

allure [alyr] *f* **1.** Gang(art *f*) *m;* **2.** Geschwindigkeit *f;* Tempo *n;* **3.** *(Person)* Aussehen *n,* Haltung *f;* Verhalten; *pl* Benehmen *n;* — *aller à toute* ~ mit voller Geschwindigkeit fahren; *cela a de l'*~ das hat Chic, Stil *m,* Klasse *f.*

allusion [alyzjɔ̃] *f* Andeutung, Anspielung *f* (*à* auf *acc*); *faire* ~ *à* an≈spielen auf *(acc).*

alluv|ial, e [alyvjal] *a geol* alluvial; *terrains m pl alluviaux* Schwemmland *n;* **~ions** *f pl* Anschwemmung *f.*

almanach [almana] *m* Almanach *m.*

aloès [alɔɛs] *m bot* Aloe *f.*

aloi [alwa] *m: de bon* ~ gut, gediegen, echt; *de mauvais* ~ unpassend; geschmacklos.

alors [alɔr] **I.** *adv* dann; in diesem Augenblick; damals; jetzt, nun; unter diesen Umständen; in diesem Fall; *jusqu'*~ bis dahin; **II.** ~ *que (conj)* während, als.

alouette [alwɛt] *f zoo* Lerche *f.*

alourd|ir [alurdir] **I.** *tr* **1.** schwer, *fig* schwerfällig machen; belasten; beschweren; **2.** *(Wetter)* bedrücken; **3.** *(Schulden)* vergrößern; **II.** *v prn s'*~ **4.** schwer(er), *fig* schwerfällig werden; **5.** *(Figur)* dick werden; **~issement** *m* **1.** Schwerfälligkeit *f;* **2.** *fig* Verschlechterung *f;* **3.** *(~ des cours)* (Kurs-)Rückgang *m.*

alp|age [alpaʒ] *m* Alm, Almwirtschaft *f;* **~inisme** *m* Bergsteigen, Klettern *n;* **~iniste** *m* Alpinist, Bergsteiger *m.*

alphab|et [alfabɛ] *m* **1.** Alphabet; Abc *n;* **2.** (Schul-)Fibel *f;* — *n'en être qu'à l'*~ erst in den Anfängen stecken; **~étique** *a* alphabetisch; **~étiser** *tr* Lesen und Schreiben beibringen (*qn* jdm).

altér|ant, e [alterɑ̃, -t] *a* durstig machend; **~ation** *f* **1.** Veränderung *f;* **2.** Verschlechterung, Verfälschung *f;* **3.** *(Wahrheit)* Entstellung *f;* **4.** *geol* Verwitterung *f;* **5.** *mus* Alterierung *f;* — ~ *de la couleur* Verfärbung *f;* **~er I.** *tr* **1.** (ver)ändern; verwandeln; (ungünstig) beeinflussen; verschlechtern; verderben; (ver)mindern; **2.** fälschen; entstellen; **3.** *(Farbe)* bleichen; **4.** *(Lebensmittel)* verfälschen; **5.** *(Gesundheit)* untergraben, zerrütten; **6.** *(Sinn)* entstellen; **7.** *(Wahrheit)* verdrehen; **8.** *mus* alterieren; **9.** durstig machen; **II.** *v prn s'*~ sich (völlig) verändern; verderben; sich zersetzen.

altercation [altɛrkasjɔ̃] *f* (heftige) Ausea.setzung *f.*

altern|ance [altɛrnɑ̃s] *f* Wechsel *m; en* ~ abwechselnd; im Wechsel (*avec* mit); **~ant, e** *a* abwechselnd; **~ateur** *m* Wechselstromgenerator *m;* **~atif, ive I.** *a* (ab)wechselnd; wechselweise; **II.** *s f* **1.** *pl* Wechsel *m;* Folge *f;* **2.** Alternative, Wahl *f;* **3.** *fig* Möglichkeit, Lösung *f,* Weg *m;* — *se trouver dans une fâcheuse alternative* vor e-r schwierigen Entscheidung stehen; **~er I.** *itr* ab≈wechseln; sich ab≈lösen (*avec* mit); aufea.≈folgen; **II.** *tr* abwechselnd an≈pflanzen.

altesse [altɛs] *f* Hoheit *f.*

alti|er, ère [altje, -ɛr] *a* hochmütig, herrisch; stolz; **~mètre** [-ti-] *m* Höhenmesser *m;* **~tude** *f geog aero* Höhe *f; prendre de l'*~ an Höhe gewinnen; ~ *de vol* Flughöhe *f.*

alto [alto] *m mus* **1.** Alt(stimme *f*) *m;* **2.** Bratsche, Altgeige *f.*

alto- [alto] : **~cumulus** *m* mittelhohe Haufenwolke *f;* **~stratus** *m* hohe Schichtwolke *f.*

altru|isme [altryism] *m* Altruismus *m;* Selbstlosigkeit, Uneigennützigkeit *f;* **~iste I.** *a* altruistisch, selbstlos, uneigennützig; **II.** *s m* Altruist *m.*

alumin|e [alymin] *f* Tonerde *f;* **~ium** [-njɔm] *m* Aluminium *n.*

alun|ir [alynir] *itr* auf dem Mond landen; **~issage** *m* Mondlandung *f.*

alvéole [alveɔl] *m* **1.** *(Wabe)* Zelle *f;* **2.** *anat* Alveole *f.*

amabilité [amabilite] *f* Liebenswürdigkeit; Freundlichkeit; Zuvorkommenheit *f; faire des ~s à qn* jdm gegenüber sehr zuvorkommend sein.

amadou [amadu] *m* Zunder *m;* **~er** [-dwe] *tr* für sich *(acc)* gewinnen (*qn* jdn).

amaigr|i, e [ame(ɛ)gri] *a* abgemagert, abgezehrt; **~ir** *tr* **1.** zehren (*qn* an jdm); **2.** *(Boden)* aus≈laugen; **3.** *tech* dünner machen; **~issement** *m* Abmagerung *f; cure f d'*~ Entfettungskur *f.*

amalgam|e [amalgam] *m;* **1.** Amalgam *n;* **2.** *fig* Mischung *f,* Zusammenschluß *m;* **~er** *tr* **1.** amalgamieren; **2.** *fig* zs.≈bringen (*à* mit), verquicken, vermengen.

amand|e [amɑ̃d] *f bot* Mandel *f;* **~ier** *m* Mandelbaum *m.*

amant, e [amɑ̃, -ɑ̃t] *m f* Geliebte(r *m*) *f;* Liebhaber *m; les ~s* die Liebenden.

amarr|age [amaraʒ] *m* **1.** *(Schiff)* Festmachen *n;* **2.** *(Raumfahrzeuge)* Andokken *n;* **~e** *f* (Halte-)Tau *n;* **~er** *tr* fest≈binden; vertäuen.

amas [amɑ] *m* **1.** Haufen *m;* **2.** *fig* Anhäufung, Ansammlung *f;* **~ser** [ama-] **I.**

tr an=, auf=häufen; e-n Vorrat an=legen (*qc* von etw); *(Geld)* zusammensparen; **II.** *v prn s'~* zs.=laufen; sich versammeln; sich an=häufen.

amateur [amatœr] *m* **1.** Liebhaber *(e-r Sache);* Freund *m;* **2.** *sport* Amateur *m;* **3.** Interessent, Abnehmer *m;* **4.** Dilettant *m; en ~* dilettantisch.

amazone [amazon] *f* Amazone *f.*

ambages [ɑ̃baʒ] *f pl: sans ~* ohne Umschweife; *parler sans ~* kein Blatt vor den Mund nehmen.

ambassad|e [ɑ̃basad] *f;* Botschaft *f;* Botschaftsgebäude *n;* **~eur** *m* Botschafter *m;* **~rice** *f* Botschafterin; Frau *f* e-s Botschafters.

ambi|ance [ɑ̃bjɑ̃s] *f* **1.** Atmosphäre *f,* Klima *n;* **2.** Stimmung *f;* **~ant, e** *a* umgebend; *influences f pl ~es* Umwelteinflüsse *m pl;* **~guïté** [ɑ̃bigɥite] *f* Zweideutigkeit *f; sans ~* unzweideutig.

ambit|ieux, se [ɑ̃bisjø, -øz] **I.** *a* ehrgeizig; begierig (*de* nach); *(Pläne)* hochfliegend; **II.** *s m* ehrgeizige(r) Mensch *m;* **~ion** *f* **1.** Ehrgeiz *m;* **2.** (Be-)Streben *n; assouvir son ~* s-n Ehrgeiz befriedigen; **~ionner** [-sjɔne] *tr* erstreben, begehren, trachten (*qc* nach etw).

ambr|e [ɑ̃br] *m* Ambra(duft *m*) *n; ~ jaune* Bernstein *m;* **~é, e** *a* ambraduftend.

ambul|ance [ɑ̃bylɑ̃s] *f mot* Sanitäts-, Krankenwagen *m;* **~ancier** *m* Fahrer *m* e-s Krankenwagens; **~ant, e** *a* umherziehend; ambulant.

âme [ɑm] *f* **1.** Seele *f;* Geist *m;* Leben; Wesen *n;* **2.** *fig* Triebfeder *f;* **3.** *(Kanone)* Bohrung *f;* **4.** *tech (Kabel)* Kern *m;* — *de toute son ~* von ganzem Herzen; mit allen Kräften; *en mon ~ et conscience* nach bestem Wissen u. Gewissen; *rendre l'~* den Geist auf=geben; *on ne voyait ~ qui vive* es war keine Menschenseele zu sehen; *une bonne ~ (fam)* e-e treue Seele *f.*

amélior|ation [ameljɔrasjɔ̃] *f* **1.** Verbesserung *f;* **2.** *(Wetter)* Besserung *f a. med;* **3.** *(Löhne)* Aufbesserung *f;* **4.** *agr* Melioration *f;* **5.** *(Leistung)* Steigerung *f;* **~er I.** *tr* **1.** (ver)bessern; mildern; reformieren; **2.** *(Boden)* meliorieren; **3.** *(Waren)* veredeln; **4.** *(Haus)* verschönern; **II.** *v prn s'~* **5.** besser werden; **6.** *(Wetter)* sich auf=klären.

amen [amɛn] **I.** *adv* amen; **II.** *s m inv* Amen *n; dire ~ à tout ce qu'on dit* zu allem ja und amen sagen.

aménag|ement [amenaʒmɑ̃] *m* **1.** Einrichtung, -teilung; Raumaufteilung *f;* **2.** Anordnung; Anlage; Ausstattung *f;* **3.** Bewirtschaftung *f; (Wald)* Nutzung; Ertragsregelung *f;* — *plan m d'~* Bebauungsplan *m; ~ régional* Landesplanung *f; ~ du territoire* Raumordnung *f; ~ urbain* Stadtplanung *f;* **~er** *tr* **1.** ein=richten; an=ordnen; **2.** *(Wald)* (zweckmäßig) bewirtschaften; nutzen; **3.** um=gestalten; erschließen, ermöglichen; **4.** *(Steuern)* senken; **5.** *(Produktion)* umstellen; **6.** *(Arbeitsplatz)* gestalten.

amend|e [amɑ̃d] *f* Geld-, Ordnungsstrafe *f; sous peine d'~* bei Strafe; *faire ~ honorable* Abbitte leisten; *fam* zu Kreuz kriechen; **~ement** *m* **1.** *agr* Bodenverbesserung, Meliorierung; Düngung *f;* **2.** *jur* Abänderung(santrag *m*) *f;* **~er** *tr* **1.** *(Boden)* meliorieren; **2.** *jur* ab=ändern.

amen|ée [amne] *f* Zuleitung, Zuführung *f;* **~er I.** *tr* **1.** heran=, herbei=, zu=führen; **2.** *tech* her=bringen; befördern; *(Flüssigkeit)* leiten; **3.** *fig* bringen (*à* zu), überzeugen, veranlassen; **4.** *(Mode)* ein=führen; **5.** *(Gespräch)* lenken (*sur* auf *acc*); **6.** *(Vergleich)* ziehen; **7.** *(Folge)* nach sich ziehen; hervor=rufen; verursachen; **8.** *(Flagge)* streichen; **9.** *(Segel)* ein=ziehen; **10.** *(Karte)* spielen; **11.** *(beim Würfeln)* würfeln; **12.** *(beim Angeln e-n Fisch)* heranziehen; **II.** *v prn s'~ (fam Person)* kommen, aufkreuzen; *~ qn à son opinion* jdn für seine Meinung gewinnen; *amène-toi! (pop)* komm her!

aménité [amenite] *f* Liebenswürdigkeit, Freundlichkeit *f; traiter qn sans ~* jdn unfreundlich behandeln.

amenuiser [amənɥize] **I.** *tr* **1.** *(Brett)* dünner machen; **2.** *(Kaufkraft)* vermindern, verringern; **II.** *v prn s'~* **3.** *(Vermögen)* geringer werden, sich verrringern; **4.** *(Chancen)* schwinden, zusammen=schrumpfen.

amer, ère [amɛr] **I.** *a* **1.** bitter; herb; **2.** *(Erinnerung)* schmerzlich; **3.** *(Spott)* beißend; **II.** *s m* **4.** Magenbitter, Bittere(r) *m;* **5.** *mar* Seezeichen *n;* **6.** *aero* Landmarke *f;* **~tume** [-tym] *f* **1.** Bitterkeit *f,* bittere(r) Geschmack *m;* **2.** herbe(r) Duft *m;* **3.** *fig* bittere(s) Gefühl *n;* Verbitterung *f;* — *ressentir de l'~* ein Gefühl der Bitterkeit haben.

amér|icain, e [amerikɛ̃, -ɛn] *a* amerikanisch; **~icaniser** *tr* amerikanisieren; **~icanisme** *m* Amerikanismus *m.*

amerr|ir [ame(ɛ)rir] *itr aero* wassern; **~issage** *m* Wasserung *f.*

ameublement [amœbləmɑ̃] *m* Möbel *n pl;* Mobiliar *n;* (Zimmer-, Wohnungs-) Einrichtung *f; maison f d'~* Möbelgeschäft *n; tissus m pl d'~* Bezugsstoffe *m pl.*

ameuter [amøte] **I.** *tr* **1.** *(Menschen)* zs.=trommeln; **2.** *fig* auf=hetzen, auf=wiegeln; **II.** *v prn s'~* sich zs.=rotten; zs.=laufen, -strömen.

ami, e [ami] **I.** *s m f* Freund(in *f*) *m; a.* Geliebte(r *m*) *f;* Kamerad(in *f*) *m;* **II.** *a* **1.** befreundet; verbündet; **2.** freundlich; — *se faire des ~s* Freunde gewinnen; *ma petite ~e* mein Schätzchen; *bonne*

~e Liebchen *n; ~ d'enfance* Jugendfreund *m;* **~able** [amjabl] *a* gütlich; *vendre à l'~* freihändig verkaufen; **~cal, e I.** *a* freundschaftlich; freundlich; herzlich; **II.** *s f* Verein(igung *f) m.*
amidon [amidɔ̃] *m chem* Stärke *f;* **~ner** *tr (Wäsche)* stärken.
aminc|ir [amɛ̃sir] **I.** *tr* **1.** verdünnen; dünner machen; verjüngen; **2.** schlanker machen *od* erscheinen lassen; **II** *v prn s'~* dünner werden.
amino-acide [aminoasid] *m chem* Aminosäure *f.*
amir|al [amiral] *m* Admiral *m;* **~auté** [-rote] *f* Admiralität *f.*
amitié [amitje] *f* Freundschaft; Zuneigung *f; prendre qn en ~, se prendre d'~ pour qn* mit jdm in freundschaftliche Beziehungen treten; jdn lieb=gewinnen; *faites-lui toutes mes ~s* richten Sie ihm meine herzlichsten Grüße aus.
ammon|iac [amɔnjak] *s u. a: gaz m ~* Ammoniak *n;* **~iaque** *f* **1.** Ammoniaklösung *f,* **2.** Salmiakgeist *m;* **~ite** *f zoo* Ammonit *m.*
amn|ésie [amnezi] *f med* Gedächtnisverlust *m;* **~istie** [-sti] *f* Amnestie *f;* **~istier** *tr* amnestieren.
amocher [amɔʃe] *tr fam* kaputt=machen, versauen, ramponieren.
amoindr|ir [amwɛ̃drir] **I.** *tr* **1.** (ver)mindern; verringern; **2.** *fig (Verdienste)* beeinträchtigen; schmälern; **3.** *(Widerstandskraft)* schwächen; **II.** *v prn s'~* geringer werden; ab=nehmen; sich vermindern; **~issement** *m* Verminderung; Verringerung; Beeinträchtigung *f.*
amoll|ir [amɔlir] **I.** *tr* **1.** aufweichen, weich machen; **2.** *fig* schwächen; **II.** *v prn s'~* schlaff werden; erschlaffen; nachlassen; **~issant, e** *a* erschlaffend; entnervend; **~issement** *m fig* Verweichlichung *f;* Erschlaffen, Nachlassen *n.*
amoncel|er [amɔ̃sle] **I.** *tr* an=, auf=häufen; auf=schichten; auf=türmen; auf=stapeln; **II.** *v prn s'~* sich auf=häufen, sich auf=türmen; **~lement** [-sɛl-] *m* Haufen, Stapel *m.*
amont [amɔ̃] *m: en ~* stromaufwärts; *(zeitlich)* zuvor, rechtzeitig; *en ~ de* oberhalb *gen; aller vers l'~* stromaufwärts gehen.
amoral, e [amɔral] *a* amoralisch.
amor|ce [amɔrs] *f* **1.** Zünder *m;* Zündhütchen *n;* **2.** Köder *m;* **3.** Anfangsstück *n (e-r Arbeit);* erste(r) Bauabschnitt; erste(r) Entwurf *m;* **4.** *fig* Beginn, Anfang, Versuch *m;* **~cer I.** *tr* **1.** an=fangen, beginnen, in Angriff nehmen, ein=leiten, in die Wege leiten; **2.** ködern; mit e-m Köder versehen; **3.** *(Verhandlungen)* in Gang bringen; anbahnen; **4.** *(Schritte)* unternehmen; **5.** *(Geschoß)* scharf machen; **6.** *fig* ködern, anlocken *(les clients* die Kunden); **II.** *v prn s'~* in Gang kommen, sich an=bahnen, sich ab= zeichnen; beginnen; *~ l'atterrissage* zur Landung an=setzen.
amorphe [amɔrf] *a* **1.** *min* amorph; **2.** *fig* energielos, schlapp, lahm.
amort|ir [amɔrtir] **I.** *tr* **1.** dämpfen *a. fig;* **2.** *mar* die Fahrt drosseln (*qc* gen); **3.** *(Fußball)* stoppen; *(Tennisball)* kurz schlagen; **4.** *(Fleisch)* mürbe machen; **5.** *(Schuld)* ab=tragen, tilgen, löschen; ab= bezahlen, amortisieren; **6.** *(Hypothek)* ab=lösen; **7.** *(Güter)* ab=buchen, ab= schreiben; **II.** *v prn s'~* **8.** schwächer werden, nach=lassen, an Kraft verlieren; **9.** *com* sich amortisieren; **~issable** *a* tilgbar, ablösbar; **~issement** *m* **1.** *com* Tilgung, Abzahlung, Abtragung, Amortisierung; Abschreibung, Abbuchung *f;* **2.** *tech* Dämpfung; **3.** *arch* Giebelbekrönung *f;* **4.** *mar* Festliegen *n; — ~ du bruit* Schalldämpfung *f; ~ pour usure* Abschreibung *f* für Abnutzung; **~isseur** *m* Stoßdämpfer *m.*
amour [amur] *m* **1.** Liebe *f;* **2.** Liebling *m;* Geliebte(r *m*) *f;* **3.** *pl* Liebschaften *f pl; — pour l'~ de Dieu* um Himmels willen; *un ~ de petit chien* ein reizendes, allerliebstes, süßes Hündchen *n; ~ du prochain* Nächstenliebe *f; ~-propre m* a) Selbstachtung *f;* b) Eigenliebe *f;* **~acher, s'** [-aʃe] *v prn* sich verlieben, sich vernarren (*de* in *acc*); **~ette** *f* **1.** Liebelei *f;* **2.** *bot* Zittergras; Maiglöckchen *n;* **~eux, se I.** *a* verliebt (*de* in *acc*); liebevoll; zärtlich; eingenommen (*de* für); **II.** *s m f* Verliebte(r*m*) *f.*
amovible [amɔvibl] *a* **1.** *(Beamter)* ver-, absetzbar; **2.** *(Mantelfutter)* ausknöpfbar; **3.** *(Rad)* auswechselbar.
ampère [ɑ̃pɛr] *m* Ampere *n.*
amphi|bie [ɑ̃fibi] *a zoo mil* amphibisch; *voiture f ~* Amphibienfahrzeug *n.* **~théâtre** *m* **1.** Amphitheater *n;* **2.** *theat* Galerie *f;* **3.** Auditorium *n,* Hörsaal *m.*
ampl|e [ɑ̃pl] *a* **1.** weit; geräumig; **2.** *(Bericht)* umfangreich; umfassend; ausführlich; *jusqu'à plus ~ informé* bis weitere Unterlagen verfügbar sind; *pour plus ~s renseignements s'adresser à* Näheres bei; **~eur** *f* **1.** Umfang *m;* Ausmaß *n;* Größe *f;* **2.** *(Kleidung)* Weite *f; — prendre de l'~* sich aus=weiten; (an=-)wachsen; **~iation** [-plija-] *pour ~* für die Richtigkeit der Abschrift; **~ificateur** *m el* Verstärker; **~ification** *f* **1.** Ausweitung, Ausbreitung, Erweiterung *f;* **2.** *el* Verstärkung *f;* **~ifier** [-fje] *tr* **1.** *el* verstärken; **2.** ausweiten, erweitern; **3.** *(Angelegenheiten)* auf=bauschen, übertreiben; **4.** *(Thema)* aus=arbeiten, entwickeln; **~itude** *f* **1.** *phys meteo* Amplitude *f;* **2.** *fig* Umfang *m,* Ausdehnung; **3.** *(Ertrag)* Schwankung *f.*

ampoul|e [ɑ̃pul] *f* **1.** *pharm* Ampulle *f;* **2.** *el* Glühlampe, -birne *f;* **3.** *med* Blase *f;* **~é, e** *a fig* geschraubt, hochtrabend.
amput|ation [ɑ̃pytasjɔ̃] *f* **1.** *med* Amputation *f;* **2.** *fig* Beschneidung, Kürzung *f;* **~é, e I.** *s m f* Amputierte(r *m*) *f;* **II.** *a* amputiert; **~er** *tr* **1.** *med* amputieren; **2.** *fig* beschneiden; **3.** *(Kredit)* kürzen *(de* um *acc).*
amulette [amylɛt] *f* Amulett *n.*
amus|ant, e [amyzɑ̃, -ɑ̃t] *a* unterhaltend; belustigend; kurzweilig; **~e-gueule** *m* Appetithappen *m;* **~ement** *m* Vergnügen *n,* Unterhaltung, Belustigung *f;* Zeitvertreib *m;* **~er I.** *tr* **1.** unterhalten, belustigen, zerstreuen; die Zeit vertreiben (*qn* jdm); **2.** täuschen; ab=lenken; auf=, hin=halten (*qn* jdn); **II.** *v prn s'~* **3.** sich unterhalten, sich zerstreuen, sich amüsieren; sich lustig machen (*de* über *acc*); **4.** die Zeit vertun; — *pour s'~* zum Spaß; **~ette** *f fam* Bagatelle *f;* Zeitvertreib *m;* **~eur** *m* Spaßmacher *m.*
amygdal|e [ami(g)dal] *f anat* Mandel *f;* **~ite** *f* Mandelentzündung *f.*
an [ɑ̃] *m* Jahr *n; dans un ~* in e-m Jahr; *en l'~* im Jahre; *par ~* jährlich; *tous les ~s* jedes Jahr, alljährlich; *aller sur ses 20 ~s* auf die 20 gehen; *avoir 20 ~s* 20 Jahre alt sein; *il s'en moque comme de l'~ quarante (fam)* das ist ihm schnuppe; *il y a un ~* vor e-m Jahr, vor Jahresfrist; *bon ~, mal ~* im Jahresschnitt; *jour m de l'~* Neujahrstag *m; l'~ dernier, passé* letztes, voriges, vergangenes Jahr.
ana|baptiste [anabatist] *m* Wiedertäufer *m;* **~chronique** [-krɔ-] *a* anachronistisch; **~chronisme** *m* Anachronismus *m;* **~logie** *f* Analogie *f;* **~logique** *a* analog; **~logue** *a* analog, ähnlich; entsprechend; vergleichbar; verwandt.
analpha|bète [analfabɛt] *m f* Analphabet(in *f*) *m;* **~bétisme** *m* Analphabetentum *n.*
ana|lyse [analiz] *f* **1.** Analyse; Zerlegung, Zergliederung *f;* **2.** Untersuchung *f;* **3.** Aufgliederung *f;* (kritischer) Bericht *m,* Beurteilung *f;* **4.** *math* Analysis *f;* — *en dernière ~* letzten Endes; nach reiflicher Überlegung; *~ du marché* Marktanalyse *f;* **~yser** *tr* **1.** analysieren, zerlegen, zergliedern; **2.** untersuchen, prüfen; bestimmen; **3.** auf=gliedern; kritisch (aus=)werten; beurteilen; **~lyste** *m* Analytiker *m;* **~lytique** *a* analytisch; *compte rendu ~* zs.fassende(r) Bericht *m.*
ananas [anana(s)] *m bot* Ananas *f.*
anarch|ie [anarʃi] *f* Anarchie, Unordnung *f;* **~ique** *a* anarchisch; **~iste I.** *s m* Anarchist *m;* **II.** *a* anarchistisch.
anatom|ie [anatɔmi] *f* Anatomie *f; fam* Körperbau *m;* **~ique** *a* anatomisch.
anc|estral, e [ɑ̃sɛstral] *a* alt(überliefert); **~êtres** [-sɛtr] *m pl* Vorfahren, Ahnen *m pl.*
anchois [ɑ̃ʃwa] *m zoo* Anschovis *f; beurre m d'~* Sardellenbutter *f.*
ancien, ne [ɑ̃sjɛ̃, -ɛn] **I.** *a* alt; *(vorangestellt)* ehemalig, früher; dienstälter; **II.** *s m* Dienstältere(r); Alte(r); *rel* Kirchenälteste(r); *les ~s* die Alten *(Griechen und Römer); ~ combattant m* (ehemaliger) Kriegsteilnehmer *m;* **~neté** *f* **1.** *(hohes)* Alter *n;* **2.** Dienstalter *n; à l'~* dem Dienstalter nach.
ancr|age [ɑ̃kraʒ] *m* Verankerung *f;* **~e** [ɑ̃kr] *f* Anker *m;* — *être, se mettre à l'~* vor Anker liegen, gehen; *jeter, lever l'~* Anker werfen, den Anker lichten; **~er I.** *tr* verankern; *être ancré (mar)* vor Anker liegen; *fig* tief eingewurzelt sein *(dans* in *dat);* **II.** *v prn s'~ (fig)* sich fest=setzen; sich ein=nisten.
andouill|e [ɑ̃duj] *f* **1.** Schlackwurst *f;* **2.** *fam* Dummkopf *m.*
androgyne [ɑ̃drɔʒin] *m* Zwitter *m.*
ân|e [ɑn] *m* **1.** *zoo* Esel *m;* **2.** *fig* Dummkopf *m;* — *à dos d'~* auf dem Esel (reitend); *en dos d'~* stark (gewölbt); *~ bâté (fam)* Vollidiot *m; dos m d'~ (Straße)* Bodenwelle *f.*
anéant|ir [aneɑ̃tir] **I.** *tr* **1.** vernichten, zugrunde richten; vertilgen; **2.** *(Feind)* auf=reiben; **3.** *(Brauch)* ab=schaffen, beseitigen, aus=rotten; **4.** *(Hoffnung)* zerstören; **5.** *(Menschen)* nieder=schmettern; erschüttern; **II.** *v prn s'~ (Hoffnungen)* zunichte werden; — *je suis anéanti* ich bin wie vor den Kopf geschlagen; **~issement** *m* Vernichtung, Zerstörung *f.*
anecdot|e [anɛkdɔt] *f* **1.** Anekdote; **2.** *pl* unwichtige Einzelheiten *f pl;* **~ique** *a* anekdotisch.
anémi|e [anemi] *f* Blutarmut, Anämie *f;* **~er, s'** *v prn* kraftlos werden; **~que** [-mik] *a* **1.** *med* blutarm; **2.** *fig* kraftlos.
anémone [anemɔn] *f bot* Anemone *f; ~ des bois* Buschwindröschen *n; ~ de mer* Seerose *f.*
ân|erie [ɑ(a)nri] *f* Eselei, Dummheit *f;* **~esse** *f zoo* Eselin *f.*
anesthési|e [anɛstezi] *f* Anästhesie *f;* **~er** [-zje] *tr* **1.** betäuben, anästhesieren (*à* mit *dat*); **2.** *fig* einschläfern, lähmen; **~que**[-zik] *a* anästhetisch; **~iste** *m f med* Narkosearzt *m,* -ärztin *f.*
anfractuosité [ɑ̃fraktɥozite] *f* Kluft, Spalte *f.*
ang|e [ɑ̃ʒ] *m* Engel *m; mon ~* mein Engel, Schätzchen; *être aux ~s* im sieb(en)ten Himmel sein; *~ gardien* Schutzengel *m;* **~élique** *a* engelhaft; himmlisch; **~élus** [-lys] *m* Angelusläuten *n.*
angine [ɑ̃ʒin] *f med* Angina *f; ~ de poitrine* Angina *f* pectoris.

anglais, e [ɑ̃glɛ, -ɛz] **I.** *a* englisch; **II.** *s m* Englisch(e) *n; A~, e m f* Engländer(in *f*) *m; filer à l'~e* sich (auf) französisch empfehlen.

angl|e [ɑ̃gl] *m* **1.** Ecke; Kante *f;* **2.** Winkel *m;* **3.** *fig* Gesichtspunkt *m; — arrondir les ~s (fig)* die Gegensätze ausgleichen; *voir qc sous un certain ~* etw unter e-m bestimmten Gesichtspunkt sehen.

angl|ican, e [ɑ̃glikɑ̃, -an] *a* anglikanisch; *Église ~e* Englische Hochkirche *f;* **~iche** *m f fam* Engländer(in *f*) *m;* **~iciser** [-size] *tr* englisch machen; **~iciste** *m* Anglist *m;* **~ophobie** *f* Ablehnung *f* alles Englischen.

angoiss|ant, e [ɑ̃gwasɑ̃, -ɑ̃t] *a* beängstigend; beklemmend; **~e** *f* Bangigkeit; Angst(-gefühl *n*); Beklemmung *f;* **~er** *tr* Angst einflößen (*qn* jdm), ängstigen; beunruhigen.

anguill|e [ɑ̃gij] *f zoo* Aal *m; il y a ~ sous roche* da steckt etw dahinter.

angul|aire [ɑ̃gylɛr] *a* Eck-; Winkel-; *dent f ~* Eckzahn *m; pierre f ~* Eckstein *m;* **~eux, se** *a* **1.** *(Form, Gesicht)* eckig; kantig; **2.** *fig* schwierig, hart.

anicroche [anikrɔʃ] *f fam* (kleine) Schwierigkeit *f,* Haken *m.*

animal, e [animal] **I.** *s m* Tier *n;* **II.** *a* **1.** tierisch; **2.** instinktiv; *espèce d'~!* du Kamel! *règne m ~* Tierreich *n; ~ domestique* Haustier *n.*

anim|ateur [animatœr] *m* **1.** Stimmungsmacher; Quizmaster; Conférencier; **2.** Gruppenleiter; Volksbildungspädagoge *m;* **3.** Initiator, Förderer, Leiter *m;* **4.** *(Unternehmen)* Seele, Triebfeder *f;* **~ation** *f* **1.** *(Straße)* lebhafte(r) Verkehr, Betrieb *m;* rege(s) Leben *n;* Betriebsamkeit *f;* **2.** Zeichentrickfilm *m;* **3.** *(~ culturelle)* Freizeitgestaltung *f; avec ~* lebhaft; *sans ~* matt; *mettre de l'~ dans qc* Leben in etw bringen; **~é, e** *a* **1.** belebt, lebendig; lebhaft; **2.** *(Streit)* heftig; **3.** *(Verkehr)* rege; **4.** *(Straße)* verkehrsreich; *— dessins m pl ~s* Trickfilm *m;* **~er I.** *tr* **1.** beleben, Leben verleihen (*qc* e-r S); beseelen; **2.** auf=muntern, an=feuern; **3.** *(Zuhörer)* mit=reißen; **4.** *(Menschen)* auf=stacheln, auf=reizen; **5.** *(Unternehmen)* in Schwung bringen; **6.** *(Diskussion)* leiten; **7.** *tech* bewegen; in Bewegung versetzen; **II.** *v prn s'~* **8.** lebendig werden; sich beleben; sich in Bewegung setzen; lebhaft(er) werden; in Eifer geraten; **9.** *(Augen)* Glanz bekommen; **~osité** *f* Erbitterung *f;* Feindseligkeit Animosität *f* (*envers qn* gegen jdn).

anis [ani(s)] *m bot* Anis *m;* **~ette** *f* Anislikör *m.*

ankylo|se [ɑ̃kiloz] *f med* Ankylose *f;* **~ser I.** *tr* steif machen; **II.** *v prn s'~* steif werden.

annal|es [anal] *f pl* Annalen *pl;* **~iste** *m* Annalist *m.*

ann|eau [ano] *m* **1.** Ring *m;* **2.** (Ketten-)Glied *n;* Öse *f;* **3.** *(Schlüssel)* Ring *m; ~ de serviette* Serviettenring *m.*

année [ane] *f* (Lebens-)Jahr *n;* Jahrgang *m; — d'~ en ~, d'une ~ à l'autre* von Jahr zu Jahr; *toute l'~* das ganze Jahr (hindurch); *être dans sa quarantième ~* im 40. Lebensjahr stehen; *souhaiter la bonne ~ à qn* jdm ein gutes neues Jahr wünschen; *fin f de l'~* Jahresende *n; ~ bissextile* Schaltjahr *n; ~ civile* Kalenderjahr *n; ~ d'épreuve* Probejahr *n; ~ d'exercice* Geschäftsjahr *n; ~ fiscale* Finanz-, Rechnungsjahr *n; ~-lumière f astr* Lichtjahr *n; ~ de service* Dienstjahr *n; ~ sous revue* Berichtsjahr *n; ~ scolaire* Schuljahr *n.*

annex|e [anɛks] **I.** *s f* **1.** Nebengebäude *n; (Hotel)* Dependance *f;* **2.** *jur* Nachtrag, Zusatz *m;* **3.** *(Schriftstück)* Anlage *f; (Brief)* Beilage *f;* **II.** *a* Neben-; zugehörig; *en ~* als *od* in der Anlage; **~er** *tr* **1.** bei=, an=fügen, bei=legen (*à* dat); **2.** *(Land)* ein=verleiben, annektieren; **~ion** *f* Einverleibung *f* Annexion *f.*

annihil|ation [aniilasjɔ̃] *f* Vernichtung *f;* **~er** *tr (Erfolge)* zunichte machen; *(Hoffnungen)* vernichten.

anniversaire [aniversɛr] **I.** *a* Gedenk-; **II.** *s m* Jahrestag; Geburtstag *m; ~ de la mort* Todestag *m.*

annonc|e [anɔ̃s] *f* **1.** Ankündigung, Bekanntmachung *f;* **2.** (Zeitungs-)Anzeige *f,* Inserat *n;* **3.** Vor-, Anzeichen *n (de qc* für etw); *mettre une ~ dans un journal* in e-r Zeitung inserieren; *~ d'expédition* Versandanzeige *f; ~ de naissance, de mariage, de décès* Geburts-, Heirats-, Todesanzeige *f; ~ publicitaire* Reklame, Werbeanzeige *f;* **~er I.** *tr* **1.** an=kündigen; an=zeigen; mit=teilen; **2.** *(Stelle)* aus=schreiben; **3.** *(Person)* melden; **4.** (öffentlich) bekannt=machen; voraus=sagen, hin=weisen (*qc* auf e-e S); **5.** *radio* an=sagen; **II.** *v prn s'~* sich an=melden; sich an=kündigen; *— s'~ bien, mal* sich gut, sich schlecht anlassen; *le temps s'annonce beau* das Wetter verspricht schön zu werden; **~eur** *m (Zeitung)* Inserent; *radio* Auftraggeber *m* e-r Werbesendung; **~iateur, trice I.** *a* ankündigend; **II.** *s m* Vorsignal *n;* **~iation** *f* Verkündigung *f* (Mariä); **~ier** *m* **1.** Anzeigenleiter *m;* **2.** *typ* Annoncensetzer *m.*

annot|ation [anɔtasjɔ̃] *f* (kritische) Anmerkung *f;* **~er** *tr* mit Anmerkungen versehen.

annu|aire [anɥɛr] *m* **1.** Jahrbuch *n;* **2.** Verzeichnis *n; — ~ du commerce* Handels-, Branchenadreßbuch *n; ~ du téléphone* Telefon-, Fernsprechbuch *n;* **~el, le** *a* **1.** jährlich; Jahres-; **2.** *bot* einjährig; *revenu m ~* Jahreseinkommen *n;* **~ité** [anɥite] *f* Jahreszahlung, -rate; Annuität *f.*

annul|aire [anylɛr] *m* Ringfinger *m;* **~ation** *f jur* **1.** Nichtigkeits-, Ungültigkeits-, Kraftloserklärung; Streichung; **2.** *(Auftrag)* Rückgängigmachung, Stornierung; **3.** *(Ehe)* Aufhebung *f;* **~er I.** *tr* **1.** *jur* für ungültig erklären; *(Urteil)* auf=heben; **2.** *(Auftrag)* annulieren, stornieren, rückgängig machen; **II.** *v prn s'~* sich auf=heben.

anoblir [anɔblir] *tr* in den Adelsstand erheben.

anod|e [anɔd] *f* Anode *f;* **~in, e** *a* **1.** unschädlich; ungefährlich; harmlos; **2.** *fig* unbedeutend; nichtssagend; **~ique** *a: courant m ~* Anodenstrom *m.*

anomal, e [anɔmal] *a* regelwidrig, unregelmäßig; anomal; **~ie** *f* Regelwidrigkeit, Unregelmäßigkeit, Anomalie *f.*

ânon [ɑnɔ̃] *m* Eselsfüllen *n;* **~ner** [-nɔn-] *tr itr* stockend, stotternd aufsagen.

anonym|at [anɔnima] *m* Anonymität *f;* **~e** *a* **1.** anonym; **2.** konventionell, unpersönlich; unbekannt; namenlos; — *société f ~* Aktiengesellschaft *f.*

anormal, e [anɔrmal] **I.** *a* anormal, abnorm; ungewöhnlich; **II.** *s m* anomale(r) Mensch *m.*

ans|e [ɑ̃s] *f* **1.** Henkel *m;* **2.** *mar* (kleine) Bucht *f.*

antagon|ique [ɑ̃tagɔnik] *a* widerstreitend; **~isme** *m* Widerstreit; Gegensatz *m;* **~iste I.** *s m* Gegner, Widersacher, Antagonist *m;* **II.** *a* antagonistisch; gegensätzlich.

antan [ɑ̃tɑ̃] *loc a litt: d'~* früher.

antarctique [ɑ̃tarktik] *a* antarktisch; *pôle m ~* Südpol *m.*

anté|cédent [ɑ̃tesedɑ̃] *m* **1.** *pl* Vorleben *n (e-r Person);* Vorgeschichte *f;* **2.** *gram* Beziehungswort *n; ~ s judiciaires* Vorstrafen *f pl;* **A~christ** *m* Antichrist *m;* **~diluvien, ne** *a fig* vorsintflutlich.

antenne [ɑ̃tɛn] *f* **1.** *radio* Antenne *f;* **2.** *zoo* Fühler *m;* **3.** *(Autobahn)* Abzweigung *f;* Verbindungsstraße *f;* — *(fam) ne pas avoir d'~s* kein Gespür haben; *je passe l'~ à* wir schalten um zu; *~ chirurgicale* Unfallstation *f; ~ collective* Gemeinschaftsantenne *f.*

antéri|eur, e [ɑ̃terjœr] *a* **1.** vorhergehend; **2.** früher; älter (*à* als); **3.** *(Phonetik)* palatal; *face f ~e* Vorderseite *f;* **~eurement** *adv* vor (*à son accident* s-m Unfall); **~orité** [-rjɔ-] *f* (zeitlicher) Vorrang *m;* Vorzeitigkeit *f.*

anthologie [ɑ̃tɔlɔʒi] *f* Anthologie *f.*

anthropo|ïde [ɑ̃trɔpɔid] **I.** *a* menschenähnlich; **II.** *s m* Menschenaffe *m;* **~logie** *f* Anthropologie *f;* **~logiste, ~logue** *m* Anthropologe *m;* **~phage** [-faʒ] *m* Menschenfresser *m.*

anti|aérien, ne [ɑ̃tiaerjɛ̃] *a* Flugabwehr-; *artillerie f ~ne* Flakartillerie *f;* **~alcoolique** *a* antialkoholisch; **~biotiques** *m pl pharm* Antibiotika *pl;* **~brouillard** *m* Nebelscheinwerfer *m;* **~cancéreux, se** *a med* krebsbekämpfend; **~chambre** *f* Vorzimmer *n;* **~char** *a* Panzerabwehr-; *barrage m ~* Panzersperre *f;* **~chrétien, ne** [-kre-] *a* antichristlich; **~cipation** [-si-] *f* Vorwegnahme, Vorausnahme *f,* Vorgriff *m; par ~* im, zum voraus; *roman m d' ~* Zukunftsroman *m; ~ de paiement* Vorauszahlung *f;* **~cipé, e** *a* Voraus-; vorzeitig, im voraus; vorweggenommen; **~ciper I.** *tr* vorweg=, voraus=nehmen; vor=greifen (*qc* auf e-e S); **II.** *itr* vor=greifen (*sur* auf *acc*); im voraus verbrauchen; über=greifen (*sur* in *acc*); *(Zukunft)* vorausschauen; **~clérical, e** *a* antiklerikal; **~colonialisme** *m* Antikolonialismus *m;* **~communisme** *m* Antikommunismus *m;* **~conceptionnel, le** *a* empfängnisverhütend; **~constitutionnel, le** *a* verfassungswidrig; **~corrosif, ive** *a* korrosionsfest; *peinture f ~corrosive* Schutzfarbe *f;* **~cyclone** [-on] *m* Hoch(druckgebiet) *n;* Antizyklone *f;* **~dater** *tr* zurück=datieren; **~dérapant, e I.** *a* rutschfest, -sicher; **II.** *s m* Gleitschutz *m;* **~détonant, e I.** *a mot* klopffest; **II.** *s m* Antiklopfmittel *n;* **~dote** *m* Gegengift, -mittel *n a. fig;* **~éblouissant, e** *a* blendfrei; **~gel** *m* Frostschutzmittel *n;* **~halo** *a phot* lichthoffrei.

antilope [ɑ̃tilɔp] *f zoo* Antilope *f.*

anti|militarisme [ɑ̃timilitarism] *m* Antimilitarismus *m;* **~militariste** *m* Antimilitarist *m;* **~-mite** *m* Mottenschutzmittel *n;* **~national, e** *a* antinational; **~nomie** *f* Antinomie *f;* **~ovulatoire** *a med* ovulationshemmend; **~parasitage** *m radio* Entstörung *f,* Abschirmen *n;* **~parasiter** *tr el* entstören, ab=schirmen; **~pathie** [-ti] *f* Antipathie, Abneigung *f (à l'égard de, envers* gegen *acc);* **~pathique** *a* unsympathisch, zuwider, widerwärtig; **~pode** [-pɔd] *m* **1.** Antipode *m;* **2.** *fig* Gegenteil *n* (*de* von); *aux ~s (fig)* weit weg; wo der Pfeffer wächst.

antiqu|aille [ɑ̃tikaj] *f meist pl* Plunder *m;* **~aire** *m* Antiquitätenhändler *m;* **~e I.** *a* **1.** antik; **2.** uralt; **3.** altmodisch; **II.** *s m* antike Kunst(werke *n pl*) *f;* **~ité** *f* **1.** *A~* Altertum *n,* Antike *f;* **2.** sehr alte Zeit *f;* **3.** hohe(s) Alter *n (Bauwerk);* **4.** *pl* Altertümer *n pl;* Antiquitäten *pl.*

anti|rabique [ɑ̃tirabik] *a med* gegen die Tollwut wirkend; **~révolutionnaire** *a* gegenrevolutionär; **~rouille** *a inv* Rostschutz-; *protection f ~* Rostschutz *m;* **~sémite** *m* Antisemit *m;* **~sémitique** *a* antisemitisch; **~septique** *a* u. *s m* antiseptisch; keimtötend(es Mittel *n*);

~thèse *f* **1.** Antithese *f;* **2.** Gegensatz *m;* **~thétique** *a* gegensätzlich; **~toxine** *f* Gegengift *n;* **~vol** *m mot* Diebstahlsicherung *f.*

antonyme [ɑ̃tɔnim] *m* Antonym *n.*

anus [anys] *m* After *m.*

anxi|été [ɑ̃ksjete] *f* Bangigkeit, Beklemmung; innere Unruhe, Angst *f;* **~eux, se** *a* **1.** bang, ängstlich, beklommen; unruhig; **2.** *être* ~ begierig sein (*de* zu).

aorte [aɔrt] *f anat* Aorta *f.*

août [u] *m* August *m; à la fin* ~ Ende August; *à la mi-~* Mitte August; *en* ~ im August.

apais|ant, e [apɛzɑ̃, -ɑ̃t] *a* beruhigend, tröstend; **~ement** *m* **1.** Beruhigung, Besänftigung; Befriedung; *(Zorn)* Beschwichtigung *f;* **2.** *(Leiden)* Erleichterung, Linderung *f;* **~er** [-e(ɛ)ze] **I.** *tr* **1.** beruhigen; besänftigen; beschwichtigen; **2.** *(schlechte Laune)* mildern; **3.** *(Schmerz)* lindern; **4.** *(Durst)* löschen; **5.** *(Hunger)* stillen; **6.** *(Sinne)* befriedigen; **7.** *(Streit)* schlichten; **II.** *v prn s'~* **8.** sich beruhigen; **9.** *(Wind, Fieber)* sich legen; **10.** *(Sturm, Lärm)* nach=lassen.

aparté [aparte] *m* **1.** *theat* beiseite Gesprochene(s) *n;* **2.** beiseite geführte(s), vertrauliche(s) Gespräch *n; en* ~ vertraulich.

apath|ie [apati] *f* Teilnahmslosigkeit, Gleichgültigkeit, Apathie *f;* **~ique** *a* gleichgültig, teilnahmslos, apathisch.

apatride [apatrid] **I.** *a* staatenlos; **II.** *s m f* Staatenlose(r *m*) *f.*

aper|cevoir [apɛrsəvwar] **I.** *tr* bemerken, erblicken, sehen, wahr=nehmen, beobachten, fest=stellen; **II.** *v prn s'~* wahr=nehmen, bemerken, gewahr werden (*de qc* e-e S); **~çu** [-sy] *m* **1.** (kurzer) Ein-, Überblick *m;* Übersicht *f;* **2.** ~ *des frais* Kostenüberschlag *m.*

apér|itif, ive [aperitif, -iv] *a* appetitanregend; **~o** [apero] *s m pop* Aperitif *m.*

apesanteur [apəzɑ̃tœr] *f phys* Schwerelosigkeit *f.*

à-peu-près [apøprɛ] *m inv* Unzulängliche(s) *n;* Halbheit *f.*

apeuré, e [apœre] *a* erschrocken, ge-, verängstigt, eingeschüchtert.

aph|asie [afazi] *f* Aphasie *f;* **~élie** *m astr* Sonnenferne *f,* Aphel *n;* **~one** [afɔn] *a* ohne Stimme, tonlos; **~orisme** *m* Aphorismus *m;* **~oristique** *a* aphoristisch; **~rodisiaque** *m* Aphrodisiakum *n;* **~teux, se** *a: fièvre f ~teuse* Maul- u. Klauenseuche *f.*

api|culteur [apikyltœr] *m* Imker *m;* **~culture** *f* Bienenzucht *f.*

apito|iement [apitwamɑ̃] *m* Mitgefühl, Erbarmen *n;* **~yer** [-twaje] **I.** *tr* rühren (*qn* jdn), Mitleid erregen (*qn* jds); **II.** *v prn s'~ sur qn* jdn bemitleiden, mit jdm Mitleid empfinden.

aplanir [aplanir] *tr* **1.** (ein=)ebnen; planieren, ab=tragen; aus=gleichen; **2.** *tech* schlichten; **3.** *fig (Schwierigkeiten)* beseitigen, beheben, aus dem Weg räumen; **4.** *(Gegensätze)* überbrücken.

aplat|ir [aplatir] **I.** *tr* **1.** ab=platten, platt *od* flach schlagen, ab=flachen; **2.** *(Haare)* glatt=streichen; **II.** *v prn s'~* **3.** *(fam)* der Länge nach hin=fallen, sich lang=legen; **4.** *fig fam* zu Kreuz kriechen (*devant* vor *dat*); — *s'~ par terre* sich flach auf den Boden legen; **~issement** *m* **1.** Abflachen *n,* Abplatten *n;* **2.** *fig fam* Demütigung *f.*

aplomb [aplɔ̃] *m* **1.** Lot-, Senkrechte *f;* **2.** *fig* (innere) Sicherheit *f,* selbstsichere(s) Auftreten *n;* **3.** Kühnheit, Dreistigkeit *f;* — *d'~* senkrecht, lotrecht; *être d'~* senkrecht, lotrecht stehen; *je ne me sens pas bien d'~ (fam)* ich bin nicht ganz auf der Höhe; *cela me remettra d'~* das wird mich wieder auf die Beine bringen; *il en a de l'~* er ist frech, unverschämt; *quel ~!* welche Unverschämtheit!

apocalyp|se [apɔkalips] *f* **1.** Apokalypse; **2.** *A~* Offenbarung *f* des Johannes; **~tique** *a* **1.** apokalyptisch; **2.** grauenvoll.

apo|cryphe [apɔkrif] *a* **1.** apokryph; **2.** nicht echt; **~gée** [-ʒe] *m* **1.** *(Mond)* Erdferne *f,* Apogäum *n;* **2.** *fig* Höhepunkt, Zenit, Gipfel *m;* **~plexie** *f* Schlaganfall *m;* **~stat** [-sta] *m rel* Apostat, Abtrünnige(r) *m a. fig;* **~stolat** [-a] *m* **1.** *rel* Apostolat *n;* **2.** *fig* Berufung *f;* **~stolique** *a* apostolisch; päpstlich; **~strophe** *f* **1.** Anrede *f;* **2.** Verweis, *fam* Anpfiff, Anranzer; **3.** Apostroph *m,* Auslassungszeichen *n;* **~stropher** *tr* hart an=fahren, *fam* an=schnauzen, an=pfeifen (*qn* jdn); **~théose** *f* **1.** Apotheose *f;* **2.** Auszeichnung, Ehrung *f;* **3.** Höhepunkt *m,* Krönung *f (e-r Veranstaltung).*

apôtre [apotr] *m* **1.** Apostel *m;* **2.** *fig* Verfechter, Vorkämpfer *m;* — *se faire l'~ de* sich ein=setzen für; *faire le bon ~* scheinheilig tun.

apparaître [aparɛtr] *itr* erscheinen; in Sicht, zum Vorschein kommen; auf=tauchen; hervor=treten; sich zeigen; sich enthüllen; *il apparaît que* es ist offensichtlich, daß; *il m'apparaît que* ich habe den Eindruck, daß; *il est apparu que* es hat sich herausgestellt, daß.

apparat [apara] *m* **1.** Prunk *m,* Gepränge *n;* **2.** ~ *critique* kritische(r) Apparat *m.*

appareil [aparɛj] *m* **1.** Apparat *m,* Gerät *n;* Vorrichtung *f;* **2.** Photoapparat *m,* Kamera *f;* **3.** *arch* Mauerverband *m;* **4.** *anat* Organe *n pl,* System *n; (bei Knochenbrüchen)* Verband *m;* **5.** *(Zahnbehandlung)* Klammer *f;* **6.** *tele aero* Apparat *m; qui est à l'~?* wer ist dort?

7. *fig pol* Apparat *m;* **8.** *fig* Aufwand, Prunk *m;* — ~ *administratif* Verwaltungsapparat *m;* ~ *digestif* Verdauungsapparat *m;* ~ *d'éclairage* Beleuchtungskörper *m,* Leuchte *f;* ~ *d'enregistrement* Aufnahmegerät *n;* ~ *du parti* Parteiapparat *m;* ~ *de projection* Projektionsapparat *m;* ~ *à sous* (Spiel-) Automat *m;* **~lage** *m* **1.** Apparatur *f;* **2.** *mar* Auslaufen *n;* **3.** *med* Prothese *f;* **~ler** *itr* die Anker lichten.

appar|emment [aparamɑ̃] *adv* anscheinend; offenbar; wahrscheinlich; **~ence** *f* **1.** *meist pl* (An-)Schein *m;* Äußere(s) *n;* äußere Erscheinung *f;* **2.** Aussehen *n;* *en* ~ scheinbar; *sauver les ~s* den Schein wahren; **~ent, e** *a* **1.** sichtbar; **2.** scheinbar; **~enté, e** *a* **1.** verwandt *a. fig;* verschwägert; **2.** *pol* nahestehend; *être* ~ *à qc* e-r S ähnlich sein; **~entement** *m pol* Listenverbindung *f;* **~enter, s'** *v prn* **1.** ein=heiraten (*à* in *acc*); sich verschwägern (*à* mit *dat*); **2.** *fig* sich an=schließen (*à* an *acc*); *(Sachen)* zuea. passen; **3.** *pol* e-e Listenverbindung eingehen (*à* mit *dat*).

apparit|eur [aparitœr] *m (Universität)* Pedell *m;* **~ion** [aparisjɔ̃] *f* **1.** Erscheinen, Auftauchen, Auftreten *n;* Erscheinung *f;* **2.** Gespenst *n,* Spuk *m;* **3.** *(Krankheit)* Ausbruch *m;* *ne faire qu'une courte* ~ sich nur kurz blicken lassen.

apparoir [aparwar] *itr: (jur) il appert que* es ist klar ersichtlich, daß.

appartement [apartəmɑ̃] *m* Wohnung *f;* — *plantes f pl d'*~ Zimmerpflanzen *f pl;* ~ *à copropriété* Eigentumswohnung *f;* ~ *en duplex* Maisonettewohnung *f;* *~-pilote, -témoin* Musterwohnung *f.*

apparten|ance [apartənɑ̃s] *f* Zugehörigkeit; Mitgliedschaft *f;* *sans* ~ *politique* parteilos; **~ir I.** *itr* **1.** gehören (*à qn, qc* zu jdm, etw); an=gehören (*à qn* jdm); **2.** zu=stehen, gebühren; **3.** sich beziehen (*à* auf *acc*), betreffen (*à qc* etw); **II.** *v prn s'*~ sein eigener Herr sein; *il vous appartient* es ist Ihre Sache (*de* zu).

app|ât [apɑ] *m* **1.** Köder *m;* **2.** *fig* Verlockung *f;* **~âter** *tr fig* verlocken, ködern.

appauvr|i, e [apovri] *a* verarmt; **~ir I.** *tr* arm machen; *(Boden)* aus=laugen; **II.** *v prn s'*~ arm werden, verarmen; *(Fähigkeiten)* verkümmern; **~issement** *m* Verarmung; Verkümmerung *f.*

appel [apɛl] *m* **1.** (Zu-)Ruf *m;* **2.** Appell, Aufruf *m;* **3.** *tele* (telefonischer, Funk-) Anruf *m;* Rufzeichen *n;* **4.** *(Namen)* Verlesen *n;* **5.** *mil* Appell *m;* Einberufung *f;* **6.** *(Kapital)* Einforderung; Aufforderung *f (zur Nach(be)zahlung);* **7.** *jur* Berufung *f;* **8.** *fig* Lockung *f,* Reiz *m;* **9.** *faire* ~ *à qn* sich an jdn wenden; *faire* ~ *de qc* gegen etw Berufung ein=legen; *juger sans* ~ in letzter Instanz entscheiden; **10.** *cour f d'*~ Berufungsgericht *n;* *vote m par* ~ *nominal* Abstimmung *f* durch namentlichen Aufruf; **11.** ~ *de détresse* Notruf *m;* ~ *local* Anruf *m* im Ortsverkehr; ~ *lumineux* Leuchtzeichen *n;* ~ *nominal* Namensaufruf *m;* ~ *d'offre* Angebotsausschreibung *f;* ~ *du regard* Augenzwinkern *n;* ~ *des témoins* Zeugenaufruf *m;* **~er** [aple] **I.** *tr* **1.** an=, herbei=, hervor=rufen; auf=rufen, vor=laden; **2.** *mil* ein=berufen; **3.** nennen, heißen; **4.** *(in ein Amt)* berufen; **5.** *(Kraft)* erfordern; **6.** *(Folge)* nach sich ziehen; **7.** *(Tiere)* lokken; **8.** *tele* an=rufen, an=läuten (*qn* bei jdm); **II.** *itr* **9.** *(Urteil)* Berufung einlegen (*de* gegen); *en* ~ appellieren (*à* an *acc*); sich berufen (*à* auf *acc*); **III.** *v prn s'*~ heißen; sich nennen; — *faire* ~ *le médecin* den Arzt holen lassen; ~ *une cause (jur)* die Parteien auf=rufen; **~latif** [apɛla-] *m* Gattungsname *m;* **~lation** *f* Bezeichnung, Benennung *f;* ~ *d'origine* Herkunftsbezeichnung *f.*

appendic|e [apɛ̃dis] *m* **1.** *anat* Blinddarm *m;* **2.** Anhang *m;* **~ite** *f* Blinddarmentzündung *f;* *être opéré de l'*~ am Blinddarm operiert werden.

appesant|ir [apəzɑ̃tir] **I.** *tr* schwerfällig werden lassen; **II.** *v prn s'*~ *sur un sujet* e-n Gegenstand breit=treten; *s'*~ *sur des détails* sich zu lange bei Einzelheiten auf=halten.

appét|issant,e [apetisɑ̃] *a* **1.** appetitlich, einladend; **2.** *fig* anziehend, verführerisch; **~it** [-ti] *m* **1.** Appetit *m* (*pour* auf *acc*); **2.** *fig* Begierde *f;* Verlangen *n* (*de* nach); — *assouvir, ouvrir l'* ~ den Appetit befriedigen, an=regen; *manger à (rester, demeurer sur) son* ~ sich (nicht) satt essen.

applaud|ir [aplodir] **I.** *tr* **1.** Beifall spenden *od* klatschen (*qn, qc* jdm, e-r S); **2.** *fig* beifällig auf=nehmen, zu=stimmen (*qc* e-r S), billigen, bei=pflichten (*qn* jdm); **II.** *itr* (Beifall) klatschen; bei=pflichten (*à qc* e-r S *dat*), billigen (*à qc* e-e S); *je l'applaudis de son choix* ich beglückwünschte ihn zu s-r Wahl; **~issement** *m* **1.** Beifall(klatschen *n*) *m;* **2.** *fig* Zustimmung *f.*

appli|cable [aplikabl] *a* **1.** an-, verwendbar (*à* auf, für *acc*); **2.** gültig (*à partir de* ab); **3.** entsprechend; **4.** *(Flächen)* kongruent, deckungsgleich; — *être* ~ *à* gelten für *acc;* **~cation** *f* **1.** Anwendung (*de qc à* e-r S auf *acc*); Verwendung; Durchführung *f;* **2.** *tech* Aufdrükken, Auftragen (*sur* auf *acc*); **3.** *(Pflaster)* Auflegen *n;* **4.** *fig* Fleiß, Eifer *m,* Aufmerksamkeit *f;* **5.** *pl* Applikation *f;* — *mettre toute son* ~ s-n ganzen Fleiß verwenden (*à* auf *acc*); *champ m d'*~

Anwendungsbereich *m; ~ par analogie* sinngemäße Anwendung *f.*

appli|que [aplik] *f arch* **1.** Auflege-, Zierstück *n;* **2.** Wandleuchte *f;* Wandarm *m; ~ à plafond* Deckenleuchte *f;* **~qué, e 1.** fleißig, strebsam; **2.** *(Wissenschaft)* angewandt; **3.** *(Spitzenmuster)* appliziert; **~quer I.** *tr* **1.** auf≈, an≈legen; *~ une échelle au mur* e-e Leiter an die Wand an≈legen od an≈lehnen; **2.** *(Salbe)* auf≈tragen; **3.** *(Stempel)* auf≈drücken; **4.** *(Heilmittel)* verabreichen; **5.** *fam (Ohrfeige)* geben, versetzen; **6.** *(Aufmerksamkeit)* richten (*à* auf *acc*); **7.** *fig* an≈wenden, verwenden; — *on ne peut ~ cette méthode* diese Methode ist nicht zu verwenden; *~ tous ses soins à* s-e ganze Sorgfalt verwenden auf *(acc);* **II.** *v prn s'~* **8.** haften (*sur, à* an *dat*); **9.** passen (*à* zu); *ce qualificatif s'applique bien à lui* diese Bezeichnung paßt gut zu ihm; **10.** *(Sache)* anwendbar sein auf *acc; la règle ne s'applique pas dans ce cas* die Regel kann man auf diesen Fall nicht anwenden; **11.** *(s'efforcer)* sich bemühen, sich an≈strengen, sich Mühe geben; *s'~ à obtenir qc* sich um e-e S bemühen; **12.** *(revendiquer)* für sich in Anspruch nehmen; **13.** *être appliqué* aufea.geklebt werden.

appoint [apwɛ̃] *m:* **1.** *faire l'~* mit abgezähltem Geld bezahlen; **2.** *d'~* zusätzlich; Zusatz-; *chauffage m d'~* Zusatzheizung *f; emploi m d'~* Nebentätigkeit *f;* **3.** *(Geld)* Zuschuß *m;* **4.** Hilfe, Unterstützung *f;* **~ements** *m pl (Beamte)* Bezüge *m pl,* Besoldung *f;* Gehalt *n,* Vergütung *f;* — *toucher des ~* Gehalt beziehen; *indication f des ~ demandés* Angabe *f* der Gehaltsansprüche; *~ à débattre* Entlohnung *f* nach Übereinkunft; *~ mensuels* Monatsgehalt *n; ~ minima* Mindestgehalt *n;* **~er** *tr* entlohnen, besolden.

appont|age [apɔ̃taʒ] *m* Landung *f* (auf e-m Flugzeugträger); **~ement** *m* Landungsbrücke *f;* **~er** *tr aero* (auf e-m Flugdeck) landen.

apport [apɔr] *m* **1.** *com* Hinterlegung *f;* Beitrag *m;* Einlage(kapital *n*) *f;* Anteil *m;* **2.** *(Heirat)* eingebrachte(s) Gut *n;* **3.** Heranführen, Herbeibringen *n; ~s en société* Gesellschaftseinlage *f;* **~er** [-te] *tr* **1.** (bei≈, mit≈)bringen; *(seinen Teil)* bei≈tragen; heran≈, herbei≈schaffen; **2.** verursachen, mit sich bringen, nach sich ziehen; **3.** *(Beweis, Erklärung)* bei≈bringen, liefern; *(Gründe)* an≈führen; **4.** *~ de l'attention* Aufmerksamkeit schenken (*à qc* e-r S); *~ son concours à qc* bei etw mit≈wirken; *~ des difficultés à qc, qn* etw erschweren; jdm Hindernisse in den Weg legen; *~ de l'empressement* Eifer an den Tag legen; *~ du soin à* Sorgfalt verwenden auf *acc; ~ un soulagement à qc* etw lindern.

appos|er [apoze] *tr* **1.** *(Marke)* auf≈kleben (*sur qc* auf e-e S); **2.** *(Plakat)* an≈schlagen, an≈kleben, an≈bringen; **3.** *(Bedingung)* hinzu≈fügen; — *~ sa signature* unterschreiben (*à qc* e-e S); **~ition** *f* **1.** *(Siegel)* Aufdrücken *n;* **2.** *gram* Beifügung, Apposition *f.*

appréci|able [apresjabl] *a* beträchtlich, erheblich; *(Hilfe)* merklich, nennenswert; beachtlich; **~ation** *f* **1.** (Ein-)Schätzung, Beurteilung; Bewertung *f;* **2.** *(Entfernung)* (Ab-)Schätzen *n; laisser qc à l'~ de qn* etw jds Ermessen überlassen; **~er** *tr* **1.** bewerten, (ab≈)schätzen; **2.** zu schätzen wissen; würdigen; beurteilen; sich e-e richtige Vorstellung machen (*qc* von etw).

appréhen|der [apreɑ̃de] *tr* **1.** (be)fürchten, darum bangen (*de*+Inf., *que (ne)* +*subj* daß); **2.** *jur* fest≈nehmen, ergreifen; **~sion** [-sjɔ̃] *f* Besorgnis, Furcht (*de* vor *dat*); *pl* Befürchtungen *f pl.*

appren|dre [aprɑ̃dr] **I.** *tr* **1.** (er)lernen (*qc* etw, *à faire qc* etw zu tun); **2.** erfahren; *(Geheimnis)* entdecken, heraus≈bekommen; hören; **3.** lehren (*qc à qn* jdn e-e S); bei≈bringen, unterrichten (*qc* in *dat*); **4.** mit≈teilen (*qc à qn* jdn über e-e S), berichten; melden; — *~ par cœur* auswendig lernen; **~ti, e** [-ti] *m f* **1.** Lehrling, -junge *m;* Lehrmädchen *n;* **2.** *fig* Neuling *m; ~ maçon, menuisier, tailleur* Maurer-, Schreiner-, Schneiderlehrling *m; ~ sorcier (fig)* Zauberlehrling *m;* **~tissage** *m* **1.** Lehre *f;* **2.** Lehrzeit *f; faire son ~* s-e Lehre durch≈machen; *faire l'~ de qc* etw erlernen.

apprêt [aprɛ] *m* **1.** *(Stoff, Papier, Leder)* Appretur, Zurichtung, Ausrüstung *f;* **2.** *(Malerei)* Grundierung(smittel *n*) *f;* **3.** *(fig) sans ~* natürlich, ungekünstelt; **~é, e** *a (Stil, Sprache)* gekünstelt, gesucht; **~er I.** *tr* **1.** zu≈, vor≈bereiten; zurecht≈legen, -machen; her≈richten, fertig≈machen; **2.** *(Stoff)* aus≈rüsten, appretieren; **II.** *v prn s'~* **3.** sich zurecht≈machen; Toilette machen; **4.** sich vor≈bereiten, sich an≈schicken, sich fertig≈machen; **5.** an≈setzen (*à* zu); *je m'apprêtais à* ich wollte gerade ...; **~euse** *f* Putzmacherin *f.*

apprivoiser [aprivwaze] **I.** *tr* **1.** *(Tier)* zähmen; **2.** *fig* ansprechbarer machen; **II.** *v prn s'~* **3.** zahm werden; **4.** *fig* umgänglich(er), gesellig(er), zutraulich(er) werden.

approbat|eur, trice [aprɔbatœr, -tris] *a* beifällig, zustimmend; **~ion** [-sjɔ̃] *f* **1.** Zustimmung, Genehmigung, Einverständnis *n;* **2.** Beifall *m;* Anerkennung *f;* — *avec ~* zustimmend; *soumettre à l'~* zur Genehmigung vorlegen.

approch|ant, e [aprɔʃɑ̃] *a* **1.** ähnlich, nahekommend, vergleichbar; **2.** *(Art)* annähernd; **~e** *f* **1.** Annäherung *f*, Herannahen *n*; **2.** *(Nacht, Winter)* Ein-, Anbruch; **3.** *mil* Anmarsch; **4.** *aero* Anflug *m*; **5.** *(Problem)* Standpunkt *m*, Betrachtungs-, Sehweise *f*; Zugang *m*; **6.** *typ* Zwischenraum *m*; **7.** *pl (Stadt)* Zufahrtstraßen *f pl*; **8.** *à l'~ de l'hiver* (zu) Anfang des Winters; *aux ~s de la cinquantaine* wenn man auf die 50 zugeht; *aux ~s de la mer* in der Nähe des Meeres; **~é, e** *a* annähernd; *valeur f ~e* Näherungswert *m*; **~er I.** *tr* **1.** näher=, vor=rücken; näher bringen *od* stellen (*qc de qc* etw an e-e S); **2.** nahe kommen; Zutritt haben (*qn* bei jdm); verkehren, Kontakt haben (*qn* mit jdm); **II.** *itr* **3.** nahe, heran=kommen (*de* dat); (hin=)gehen (*de* zu); **4.** ähneln (*de* dat); **III.** *v prn s'~ de* sich nähern, näher kommen *dat*; — *approchez (-vous)!* treten Sie näher! *~ du but, de la vérité* dem Ziel, der Wahrheit näher-, nahekommen; *le printemps approche* es geht aufs Frühjahr zu; *la nuit approche* die Nacht bricht herein.

approfond|ir [aprɔfɔ̃dir] **I.** *tr* **1.** vertiefen; *(Loch)* tiefer bohren *od* graben; **2.** *fig* (genauer, gründlicher) prüfen, tiefer ein=dringen (*qc* in e-e S), genau untersuchen; sich eingehend beschäftigen (*qc* mit etw); **II.** *v prn s'~* tiefer werden; **~issement** *m* **1.** Vertiefung *a. fig*; **2.** *fig* Verstärkung *f*.

appropri|ation [aprɔprijasjɔ̃] *f jur* Aneignung *f*; **~é, e** *a* geeignet, angemessen, sachgemäß, entsprechend, passend; **~er I.** *tr* an=passen (*à* an *acc*); **II.** *v prn s'~ qc* sich etw an=eignen.

approuv|é [apruve] *pp: lu et ~* gelesen u. genehmigt; **~er** *tr* **1.** genehmigen, billigen; **2.** bei=, zu=stimmen (*qn* jdm), einverstanden sein (*qn* mit jdm).

approvisionn|ement [aprɔvizjɔnmɑ̃] *m* **1.** Versorgung, Zufuhr, Lieferung; **2.** Bereitstellung; Ausstattung, Be-, Anschaffung *f*; **3.** *pl* Vorrat, Bestand *m*; — *~ en combustibles* Brennstoffversorgung *f*; *~ en eau* Wasserversorgung *f*, -vorrat *m*; *~ en énergie électrique* (Elektro-)Energieversorgung *f*; *~ en essence* Treibstoffversorgung *f*; *~en gaz* Gasversorgung *f*; *~ en matières premières* Rohstoffversorgung *f*; **~er I.** *tr* **1.** versorgen, beliefern; **2.** versehen (*de* mit); **3.** aus=statten; **4.** *(Konto)* auf=füllen; **5.** *(Waffe)* (durch=)laden; **II.** *v prn s'~* sich versorgen, sich ein=decken (*en* mit); — *s'~ en essence* tanken; *s'~ en marché* auf dem Markt einkaufen.

approximat|if, ive [aprɔksimatif, -iv] *a* annähernd, ungefähr; **~ion** [-sjɔ̃] *f* annähernde Schätzung *f*; Näherungswert *m*.

appu|i [apɥi] *m* **1.** Stütze; **2.** *arch* Lehne, Brüstung *f*, Riegel *m*; **3.** *tech* Auflager *n*; **4.** *(Wort)* Hervorheben *n*; **5.** *fig* Unterstützung, Hilfe *f*, Rückhalt *m*; **6.** *à l'~ de* zum Nachweis, zur Unterstützung *gen*; als Beleg für; *sans ~* hilflos; auf sich gestellt; **7.** *être l'~ de qn, servir d'~ à qn* jdm e-e Stütze sein; *prendre ~ sur qc* sich auf etw stützen; **8.** *hauteur f d'~* Brusthöhe *f*; *pièce f à l'~* Beweisstück *n*; Beleg *m*; **9.** *~-bras m*, Armlehne, -stütze *f*; *~ avant (sport)* Liegestütz *m*; *~ de caoutchouc* Gummiunterlage *f*; *~-tête m* Kopflehne *f*.

appuyer [apɥije] **I.** *itr* **1.** *(exercer une pression)* ruhen, sich stützen (*sur* auf *acc*), lasten (*sur* auf *dat*); **2.** *(Person) ~ sur le bouton, sur la sonnette* auf die Klingel, auf den Knopf drücken; *appuyez!* bitte Knopf drücken! **3.** *fig* hervor=heben, betonen; auf e-e S Nachdruck legen; **II.** *tr* **4.** *(~ qc)* auf=stützen, legen, lehnen, stellen; *~ le bras sur la table* den Arm auf den Tisch auf=stützen, *une échelle contre un mur* e-e Leiter an die Mauer an=legen *od* an=lehnen, *la tête sur l'épaule de qn* den Kopf an jds Schulter *(acc)* legen; **5.** *fig* unterstützen, bekräftigen; *(aider qn)* unterstützen, fördern, helfen, empfehlen; *~ la candidature de qn* jds Bewerbung unterstützen; *~ sur la droite, la gauche* sich nach rechts, links wenden; **III.** *v prn s'~* **6.** sich stützen, sich lehnen (*sur* auf *acc*; *à, contre* an *acc*); **7.** sich verlassen (*sur qn* auf jdn); sich berufen (*sur* auf *acc*); sich gründen (*sur qc* auf e-e S); — *~ sur le champignon (fam mot)* Gas geben; *~ sur la chanterelle (mus)* e-n Ton aus=halten; *fig* den wesentlichen Punkt heraus=greifen; die schwache Stelle treffen; *appuyez à droite, à gauche!* rechts, links heran! *cela s'appuie sur de bonnes raisons* das hat s-e guten Gründe.

âpre [ɑpr] *a* **1.** rauh; **2.** *(Weg)* uneben; **3.** *(Wind)* scharf; **4.** *(Geschmack)* herb; **5.** *(Leben)* schwer, hart; **6.** *(Kampf)* heftig; **7.** *(Wort)* barsch, streng; **8.** *(Wesen)* schroff; **9.** gierig (*à* nach, auf *acc*); *~ au gain* gewinnsüchtig; *fam* scharf aufs Geld; **~té** [ɑprəte] *f* **1.** *(Land)* Rauheit, Herbheit; **2.** *(Klima)* Härte; **3.** *(Kälte)* Strenge *f*; **4.** Heftigkeit; Verbissenheit *f*; — *~ au gain* Gewinnsucht *f*.

après [aprɛ] **I.** *prp* **1.** *zeitlich:* nach; *~ cela* danach; *~ quoi* darauf, danach; wonach; **2.** *örtlich:* nach, hinter; *l'un ~ l'autre* e-r nach dem andern; *venir ~ qn* hinter jdm her=gehen; **3.** *Rangordnung:* nach; **4.** *Beziehung:* nach, hinter ... her; auf; über; **5.** *d'~* gemäß, entsprechend *dat*; *(fam)* auf Grund von; *d'~ nature* nach der Natur; *attendre ~ qc, qn* auf etw, jdn warten; *soupirer ~* sich sehnen nach; *courir ~ qn* jdm nach=laufen; *crier ~ qn (fam)* jdn herunter=machen;

être ~ *qn, qc* hinter jdm, etw her sein; **II.** *adv* danach, darauf, nachher, später, dann; *longtemps* ~ lange danach; *peu* ~ kurz darauf; *immédiatement* ~ unmittelbar danach; *ci-*~ weiter unten, nachstehend; *et* ~ *?* und ?, u. dann? *l'instant d'*~ im nächsten Augenblick; ~ *coup* hinterher, hintendrein; nachträglich; ~ *tout* alles zs.genommen, alles in allem; *fam* na ja, schließlich; **III.** *conj:* ~ *que* nachdem; *pop:* ~ steht häufig für *à, sur, contre,* z. B. *monter* ~ *un mur, s'essuyer* ~ *la serviette;* ~*-demain* übermorgen; ~*-guerre m* Nachkriegszeit *f;* ~*-midi m, f* Nachmittag *m; cet* ~ heute nachmittag; *dans l'*~*-midi* nachmittags; im Laufe des Nachmittags; ~*-saison f* Nachsaison *f; service m* ~*-vente* Kundendienst *m.*

à-propos [apropo] *m: avec* ~ schlagfertig; *manquer d'*~ unpassend sein; *(Person)* keinen Takt, kein Fingerspitzengefühl haben; *esprit m d'*~ Schlagfertigkeit *f.*

apt|e [apt] *a* fähig, imstande (*à* zu); tauglich; geeignet; *être* ~ *à* sich eignen zu, taugen für; ~ *au travail* arbeitsfähig; ~**itude** *f* Fähigkeit, Eignung (*à* für *acc*), Tauglichkeit *f* (*à* zu *dat*); *pl* Begabung *f;* — *justifier son* ~ s-e Befähigung nach⸗weisen; *certificat m d'*~ Befähigungsnachweis *m;* ~ *professionnelle* berufliche Eignung *f;* ~ *au travail* Arbeitsfähigkeit *f.*

aqua|planing [akwaplaniŋ] *m mot* Aquaplaning *n;* ~**relle** *f* Aquarell *n;* ~**rium** [akwarjɔm] *m* Aquarium *n;* ~**tique** *a* im Wasser wachsend *od* lebend; Wasser-.

aqueduc [akdyk] *m* Aquädukt *m.*

aquilin [akilɛ̃] *a nur m* Adler-; *nez m* ~ Adlernase *f.*

arab|e [arab] **I.** *a* arabisch; **II.** *s m* (das) Arabisch(e); ~**esque** [-bɛsk] *f* Arabeske *f; (Unterschrift)* Schnörkel *m;* ~**ique** *a* arabisch.

arable [arabl] *a: terre f* ~ Ackerboden *m.*

arach|ide [araʃid] *f* Erdnuß.

araignée [are(ɛ)ɲe] *f* Spinne *f; il a une* ~ *dans le plafond (fam)* bei ihm ist e-e Schraube locker; *f; toile f d'*~ Spinnengewebe *n.*

aratoire [aratwar] *a: instruments m pl* ~*s* landwirtschaftliche Geräte *n pl.*

arbal|ète [arbalɛt] *f* Armbrust *f;* ~**étrier** [-letrije] *m* **1.** *arch* Bindersparren *m;* **2.** Armbrustschütze *m.*

arbitr|age [arbitraʒ] *m* **1.** Schiedsspruch *m;* **2.** *(Arbeitsrecht)* Schlichtung *f;* **3.** Schiedsgerichtsbarkeit *f;* **4.** *com* Arbitrage *f;* **5.** *sport* Schiedsrichteramt *n;* ~**aire I.** *a* willkürlich; **II.** *s m* Willkür *f;* ~ *légal* freie(s) richterliche(s) Ermessen *n;* ~**al, e** *a* schiedsgerichtlich; *jugement m* ~ Schiedsspruch *m; tribunal m* ~ Schiedsgericht *n;* ~**e** *m* **1.** Schiedsrichter *a. sport; (Boxen)* Ringrichter *m;* **2.** Schlichter *m; libre* ~ freie(r) Wille *m;* ~**er** *tr* **1.** durch Schiedsspruch entscheiden; schlichten; **2.** *com* ein Arbitragegeschäft abwickeln; **3.** *pol* den Ausschlag geben (*qc* bei etw); **4.** ~ *un match de football* bei e-m Fußballspiel Schiedsrichter sein.

arbor|er [arbɔre] *tr* **1.** *(Fahne)* auf⸗pflanzen, *mar* hissen; **2.** *(Abzeichen)* an⸗stecken; (deutlich) zeigen, zur Schau stellen.

arb|re [arbr] *m* **1.** *bot* Baum *m;* **2.** *tech* Welle *f;* — *les* ~*s lui cachent la forêt* er sieht den Wald vor (lauter) Bäumen nicht; ~ *à cames* Nockenwelle *f;* ~ *de commande, moteur* Antriebswelle *f;* ~ *fruitier* Obstbaum *m;* ~ *généalogique* Stammbaum *m;* ~ *de Noël* Weihnachtsbaum *m;* ~**risseau** *m* Bäumchen *n,* (großer) Strauch *m;* ~**uste** *m* Strauch, Busch *m;* ~ *épineux* Dornbusch *m.*

arc [ark] *m* Bogen *m; avoir plusieurs cordes à son* ~ *(fig)* mehrere Eisen im Feuer haben; *tirer à l'*~ mit dem Bogen schießen; ~*-boutant m* Strebe-, Schwibbogen *m;* Strebe(pfeiler *m*) *f;* ~**bouter I.** *tr* (durch Streben) ab⸗stützen, ab⸗fangen, ab⸗steifen, verstreben; **II.** *v prn s'*~ sich (gewaltig) stützen (*contre qc* auf e-e S); sich stemmen (*contre qc* gegen etw); — ~*-en-ciel m* Regenbogen *m;* ~ *en plein cintre* Rundbogen *m;* ~ *ogival, en ogive* Spitzbogen *m;* ~**ade** *f* **1.** Arkade *f;* Bogen-, Laubengang *m;* **2.** *anat* Bogen *m;* **3.** *(Brille)* Steg *m;* — ~ *sourcilière* Augenbrauenbogen *m.*

arch|aïque [arkaik] *a* archaisch; altertümlich; ~**ange** [-kɑ̃ʒ] *m* Erzengel *m;* ~**e** [arʃ] *f* **1.** *(Bibel)* Arche *f;* **2.** Brükkenjoch *n;* **3.** ~ *d'alliance (rel)* Bundeslade *f;* ~**éologie** [arke-] *f* Archäologie *f;* ~**éologique** *a* archäologisch; ~**éologue** *m* Archäologe *m;* ~**er** [arʃe] *m* Bogenschütze *m;* ~**et** [-ʃɛ] *m* **1.** *mus* Bogen *m;* **2.** *tech* Bügel *m;* ~**étype** [arketip] *m* Archetypus *m,* Urbild *n;* ~**evêché** [arʃəveʃe] *m* **1.** Erzbistum *n;* **2.** erzbischöfliche(s) Palais *n;* ~**evêque** [arʃəvɛk] *m* Erzbischof *m.*

archi|- [arʃi] *(préf der höchsten Steigerung)* Erz-, Haupt-, Ober-; über-; ~**comble** *a fam* brechend voll; ~**diacre** *m* Archidiakon *m;* ~**duc,** ~**duchesse** *m f* Erzherzog(in *f*) *m;* ~**épiscopal, e** *a* erzbischöflich; ~**épiscopat** *m* erzbischöfliche Würde *f;* ~**pel** *m geog* Archipel *m;* ~**tecte** *m* Architekt *m;* ~ *décorateur m* Innenarchitekt *m;* ~ *paysagiste m* Landschaftsarchitekt *m;* ~**tecture** *f* **1.** Architektur; Baukunst *f;* **2.** Bauform *f;* **3.** *fig* Aufbau *m;* ~**trave** *f arch* Architrav *m;* ~**ves** *f pl* **1.** Archiv *n;*

Urkunden(-sammlung *f*) *f pl;* **2.** *(Behörde)* Registratur *f;* **~viste** *m* Archivar *m.*
arçon [arsɔ̃] *m* Sattelbogen *m; cheval m d'~s (sport)* Pferd *n (Gerät).*
arctique [arktik] **I.** *a* arktisch; **II.** *s m* Arktis *f.*
ard|ent, e [ardɑ̃, -ɑ̃t] **1.** brennend; glühend; *(Haar) blond ~* feuerrot; **2.** *(Fieber)* hitzig; **3.** *fig* heftig, leidenschaftlich; lebhaft; eifrig (*à* bei), feurig *(a. Pferd),* heißblütig; **4.** *(Wunsch)* sehnlich; *être sur des charbons ~s (fig)* (wie) auf glühenden Kohlen sitzen; *chapelle f ~e* von brennenden Kerzen umgebene(r) Sarg *m; miroir, verre m ~* Brennspiegel *m,* -glas *n;* **~eur** *f* **1.** Glut; Hitze *f;* **2.** *fig* Leidenschaft; Heftigkeit; Sehnsucht *f;* Feuer *n,* Energie *f,* Eifer *m.*
ardillon [ardijɔ̃] *m (Schnalle)* Dorn *m.*
ardois|e [ardwaz] *f* **1.** Schiefer *m;* **2.** *(tablette f d'~)* Schiefertafel *f; — avoir une ~ chez qn (fig)* bei jdm in der Kreide stehen; *crayon m d'~* Griffel *m.*
ardu, e [ardy] *a (Aufgabe)* schwierig, schwer.
ar|e [ar] *m* Ar *n;* **~éage** *m* Vermessung *f* in Ar.
arène [arɛn] *f* **1.** Arena, Kampfbahn *f;* **2.** *pl hist* Amphitheater *n;* Stierkampfarena *f; — descendre dans l'~ (fig)* den Kampf auf=nehmen.
arêt|e [arɛt] *f* **1.** *bot* Granne *f,* Bart *m;* **2.** *(Fisch)* Gräte *f;* **3.** *arch* (Dach-)Grat *m,* Kante *f;* **4.** *geog* (Gebirgs-)Rücken, Grat, Kamm *m; à ~ vive* scharfkantig.
argent [arʒɑ̃] *m* **1.** Silber *n;* **2.** Geld *n;* **3.** *d'~* silbern; silberglänzend; **4.** *avoir de l'~ sur soi* Geld bei sich haben; *en avoir pour son argent* auf seine Kosten kommen; *être à court d'~* knapp bei Kasse sein; *payer en ~ comptant* bar bezahlen; *prélever de l'~* Geld ab=heben; *prendre qc pour de l'~ comptant* etw für bare Münze nehmen; **5.** *il en a pour son ~* er kann damit zufrieden sein; **6.** *marché m, rareté f de l'~* Geldmarkt *m,* -knappheit *f; vif-argent m* Quecksilber *n a. fig; ~ en caisse* Kassenbestand *m; ~ au comptant* Bargeld *n; ~ liquide* Bargeld *n; ~ de poche* Taschengeld *n;* **~é, e** *a* **1.** versilbert; **2.** *(Ton)* silberhell; *je ne suis plus très ~* ich habe nicht mehr viel Geld; **~er I.** *tr* **1.** versilbern; mit e-r Silberschicht belegen; **2.** (*~ les cheveux* den Haaren) e-n Silberglanz verleihen; **II.** *v prn s'~* silbergrau werden; **~erie** *f* Silbergeschirr *n;* **~in, e** *a* silbern; silberhell.
argil|e [arʒil] *f min* Ton, Letten *m;* **~eux, se** *a* tonig, lettig.
argot [argo] *m* Argot *n;* Gauner-, Standessprache *f;* **~ique** [-ɔt-] *a* Argot-.
argu|er [arg(ɥ)e] **I.** *tr* schließen, folgern (*de* aus); **II.** *itr* vor=bringen, an=führen (*de qc* etw); als Vorwand benutzen (*de qc* etw); **~ment** [argymɑ̃] *m* **1.** Beweis(grund *m,* -mittel *n*) *m,* Argument *n;* **2.** *(Buch)* Zs.fassung; Inhaltsangabe *f;* **~mentation** *f* Beweisführung; Schlußfolgerung; Dialektik *f;* **~menter** *itr* **1.** argumentieren; **2.** palavern.
arid|e [arid] *a* **1.** trocken, dürr; unfruchtbar; **2.** *fig* trocken, nüchtern; **3.** *(Thema)* undankbar; uninteressant; **~ité** *f* **1.** Trockenheit; Dürre *f;* **2.** *fig* Trockenheit; Leere; **3.** *(Geist)* Sterilität *f.*
aristo(crat|e) [aristo(-tɔkrat)] *m f* Aristokrat(in *f*) *m;* **~ie** [-si] *f* Aristokratie *f;* **~ique** [-tik] *a* aristokratisch.
arithmétique [aritmetik] **I.** *a* arithmetisch; **II.** *s f* Arithmetik *f.*
arlequin [arləkɛ̃] *m* Hanswurst *m.*
armat|eur [armatœr] *m mar* Reeder *m;* **~ure** *f* **1.** Gestänge, Gerüst *n a. fig;* Verstärkung; **2.** *(Kabel)* Armierung, Bewehrung *f;* **3.** *(Kondensator)* Belag *m;* **4.** *(Apparat)* Armatur *f;* **5.** *mus* Vorzeichen *n (pl)* **6.** *fig* Grundlage, Stütze *f.*
arm|e [arm] *f* **1.** Waffe; **2.** Waffengattung *f;* **3.** Gewehr *n;* **4.** *pl* Wappen *n; — déposer les ~s* die Waffen strecken; *faire ses premières ~s (fig)* s-e Laufbahn beginnen; *mettre bas les ~s* die Feindseligkeiten ein=stellen; *place f d'~s* Paradeplatz *m; ~ absolu (fig)* totsichere(s) Mittel *n; ~s atomiques, nucléaires* Atom-, Kernwaffen *f pl;* **~é, e** *a* **1.** bewaffnet (*de* mit); **2.** *fig* versehen (*de* mit); **3.** *tech* armiert; bewehrt; **4.** *mar* ausgerüstet; **5.** *(Revolver)* gespannt; durchgeladen; — *béton m ~* Eisenbeton *m;* **~ée** *f* **1.** Armee; **2.** *fig* Menge, Schar *f; — (~ de terre)* Heer *n; ~ de l'air* Luftwaffe *f; ~ de mer* Marine *f; ~ permanente* stehende(s) Heer *n; ~ du salut* Heilsarmee *f;* **~ement** *m* **1.** Bewaffnung; Bestückung *f;* **2.** *pl* Rüstung *f;* **3.** *mar* Ausrüstung; Reederei *f; ~ atomique* atomare Bewaffnung *f;* **~er I.** *tr* **1.** bewaffnen (*de* mit); aus=rüsten, bestücken; **2.** *fig* versehen (*de* mit); stärken; **3.** *(Pistole, Feder)* spannen; *(Feuerwaffe)* durchladen; **4.** *(Schiff)* ausrüsten; **5.** *tech* armieren, verstärken, beschlagen; **II.** *itr* **6.** *(Land)* aufrüsten; **III.** *v prn s'~* **7.** sich (be)waffnen, *fig* sich wappnen (*de* mit); — *~ qn chevalier* jdn zum Ritter schlagen; *s'~ de tout son courage* s-n ganzen Mut zs.=nehmen; *s'~ contre un danger* sich gegen e-e Gefahr schützen; *s'~ de patience* sich mit Geduld wappnen; **~istice** *m* Waffenstillstand *m.*
armoir|e [armwar] *f* Schrank *m; ~-classeur f* Registraturschrank *m; ~ frigorifique* Kühlschrank *m; ~ à linge, à vêtements* Wäsche-, Kleiderschrank *m; ~ à outils* Werkzeugkasten, -schrank *m; ~ à*

pharmacie Hausapotheke *f;* **~ies** [-ri] *f pl* Wappen *n.*
armur|e [armyr] *f* **1.** Rüstung *f;* Panzer *m;* **2.** *fig* Schutz, Schirm *m;* **3.** *el* Bewehrung *f (e-s Kabels);* **4.** *mus* Vorzeichen *n (pl);* **5.** *(Textil)* Bindung *f;* **6.** Baumschutz *m;* **~erie** *f* Waffenfabrik *f;* Waffenhandel *m;* **~ier** *m* Waffenhändler, -fabrikant; *mil* Waffenmeister *m.*
arnaque [arnak] *m arg* Betrug *m.*
arnica [arnika] *f bot* Arnika *f.*
aromat|e [arɔmat] *m* (stark) duftende pflanzliche Substanz *f;* **~ique** *a* würzig, aromatisch; **~iser** *tr* würzen.
arôme [arom] *m* Aroma *n,* Wohlgeruch, Duft *m.*
arpent [arpɑ̃] *m* Morgen *m (Maß);* **~age** *m* Vermessung *f;* **~er** *tr* **1.** aus=, vermessen; ab=stecken; **2.** *fig* mit großen Schritten durchmessen; hin u. her gehen (*qc* in e-r S); **~eur** *m* Geometer *m.*
arp|ète, arpette [arpɛt] *f* Lehrmädchen *n (bei e-r Schneiderin);* **~ion** [-pjɔ̃] *m fam* Fuß *m.*
arqu|é, e [arke] *a* gebogen, geschweift; gewölbt; **~er I.** *tr tech* biegen, wölben; **II.** *itr* **1.** sich durch=biegen, krumm werden; **2.** *(fam) ne plus pouvoir ~* nicht mehr gehen können.
arrach|age [araʃaʒ] *m (Unkraut)* Ausreißen, Jäten; *(Kartoffeln)* Roden; *(Baumstumpf)* Ausroden *n;* **~é** *m (Gewichtheben)* Reißen *n; à l'~* unter Aufbietung aller Kräfte; **~ement** *m* **1.** Ausreißen; Herausziehen *n;* **2.** Trennung *f,* Abschied *m,* Losreißen *n; ~ des adieux* Abschiedsschmerz *m;* **~e-pied** *loc adv: d'~* unablässig, ununterbrochen, in einem fort; **~er I.** *tr* **1.** entreißen, fort=, weg=, ab=nehmen; **2.** (her-) aus=reißen; *(Kartoffeln)* roden, ernten; *(Zahn)* ziehen; *(Nagel)* heraus= ziehen; *(Haare)* aus=raufen, aus=reißen, aus=zupfen; *(Federn)* aus=rupfen; *(Plakat)* ab=reißen; **3.** *(Versprechen)* ab=nötigen; **4.** *(Lächeln)* entlocken; **5.** *(Geständnis)* erpressen; **6.** *(Entscheidung)* erzwingen; **II.** *v prn s'~ de, à* sich los=reißen von, aus; *s'~ les cheveux* sich die Haare raufen; *s'~ les yeux* ea. die Augen aus=kratzen; **~eur** *m: mentir comme un ~ de dents* lügen, daß sich die Balken biegen.
arraisonn|ement [arɛzɔnmɑ̃] *m (Schiff)* Überprüfung *f;* **~er** *tr mar* überprüfen.
arrang|eant e [arɑ̃ʒɑ̃] *a* entgegenkommend; gefällig; **~ement** *m* **1.** Anordnung; Einrichtung; Aufstellung; Zs.stellung *f;* **2.** *jur* Abmachung *f,* Übereinkommen *n,* Vergleich *m;* Abkommen *n;* **3.** *mus* Bearbeitung *f; faire un ~* ein Abkommen treffen; *terminer un procès par un ~* e-n Prozeß gütlich bei=legen; **~er I.** *tr* **1.** (an=)ordnen; ein=richten; zs.=stellen; zurecht=legen, -setzen, -stellen; *(Haar)* zurecht=machen; **2.** organisieren; in die Wege leiten; vor=bereiten; **3.** (wieder) in Ordnung bringen; reparieren; *(Text)* überarbeiten; *(Theaterstück)* bearbeiten; **4.** *(Zs.kunft)* vermitteln; *(Streit)* bei=legen, schlichten; zufrieden=stellen; **5.** *fam* herunter=reißen, übel behandeln; **II.** *v prn s'~* **6.** sich zurecht=machen *(a. Frisur, Kleidung);* **7.** es sich bequem machen; sich ein=richten; Mittel u. Wege finden (*pour* um); **8.** *jur* einig werden, ein Abkommen treffen, sich vergleichen; **9.** *(mit Gläubigern)* sich ausea.= setzen; **10.** sich ab=finden (*de* mit), zufrieden sein (*de* mit); **11.** *~ qn de la belle manière (fam)* jdn arg, übel, schön zu=richten; *cela m'arrange tout à fait* das paßt mir gut; damit bin ich einverstanden; so ist es mir recht; *cela s'arrangera* das wird schon gehen; *ça m'arrangerait* das würde mir passen; *il s'est fait ~ (fam)* er hat sich übers Ohr hauen lassen; *les choses ont l'air de s'~* die Lage scheint besser zu werden; **~eur** *m mus* Bearbeiter *m.*
arrérages [arera3] *m pl* fällige Rente *f.*
arrestation [arɛstasjɔ̃] *f* Verhaftung; Festnahme *f; mettre en (état d') ~* verhaften.
arrêt [arɛ] *m* **1.** Anhalten; Stillstehen *n;* Halt; Aufenthalt *m;* Fahrtunterbrechung *f;* **2.** *(Autobus)* Haltestelle *f;* **3.** *(Maschine)* Störung, Panne; Außerbetriebsetzung; Stilllegung *f; mot* Ausfall *m;* **4.** Urteil *n,* Entscheidung *(der letzten Instanz);* Verfügung *f;* **5.** *tech* Anschlag *m;* Arretierung *f;* **6.** *fig (Wettkampf)* Abbruch *m; (Arbeit)* Unterbrechung; Pause *f,* Stillstand *m; ~ momentané* vorübergehend außer Betrieb; **7.** *sans ~* unaufhörlich; **8.** *mandat m d'~* Haftbefehl *m; signal m d'~* Haltesignal *n; ~ de circulation* Verkehrsstockung *f; ~ du cœur* Herzschlag *m; ~ par défaut* Versäumnisurteil *n; ~ facultatif* Bedarfshaltestelle *f; ~ du travail* Arbeitsruhe, -pause, -niederlegung *f;* **~é, e** [-e(ɛ)te] **I.** *a* abgemacht, fest, sicher; unerschütterlich; **II.** *s m* **1.** Erlaß *m;* Verfügung *f;* Beschluß *m;* **2.** *com* Abschluß *m;* — *c'est une chose ~e* das ist abgemachte Sache; **~er I.** *tr* **1.** an=, auf=halten; stoppen; unterbrechen; außer Betrieb setzen, ab=stellen, ab=schalten; still=legen (stillegen), ein=stellen; fest=machen, befestigen; **2.** *(Wasser)* ein=dämmen, stauen; **3.** *(Blut)* stillen; **4.** *(Kampf)* ab=brechen; **5.** *jur* verhaften, fest=nehmen; **6.** *(Blick)* heften (*sur* auf *acc*); **7.** *(Aufmerksamkeit)* richten (*sur* auf *acc*), fesseln; **8.** *(Wahl)* treffen; **9.** *(Entscheidung)* fällen; **10.** *(Zeitpunkt, Strecke)* fest=legen, bestimmen; beschließen; **11.** *(Konto)* (ab=)schließen; **II.** *itr* **12.** an=

halten, stehen=bleiben; *(mit e-r Tätigkeit)* auf=hören; *arrête de pleurer* hör auf zu weinen; **III.** *v prn s'~* **13.** stehen=bleiben; stoppen; (inne=)halten; **14.** *(Kleid)* reichen, gehen (*à* bis an *acc*); **15.** *(Zeit)* still=stehen.

arrhes [ar] *f pl* Auf-, Angeld *n;* Anzahlung *f.*

arrière [arjɛr] **I.** *adv: en ~* rückwärts; zurück; **II.** *prp: en ~ de* hinter *dat, acc;* **III.** *a invar* Rück-, Hinter-; **IV.** *s m* **1.** hintere(r) Teil *m;* Rückseite *f;* **2.** *mar aero* Heck *n;* **3.** *sport* Verteidiger *m;* **4.** *mil* rückwärtige(s) Gebiet *n;* **5.** *pl* rückwärtige Verbindungen *f pl;* **6.** *à l'~* hinter; *(Auto)* im Fond; *mar* achtern; **7.** *faire un pas en ~* zurück=treten; *faire machine* od *marche ~* rückwärts fahren; *fig* einen Rückzieher machen; *être en ~ sur son temps* hinter s-r Zeit zurück sein; *rester en ~* zurück=bleiben; **8.** *feu m ~* Rücklicht *n; marche f ~ (mot)* Rückwärtsgang *m; siège m ~* Rücksitz *m; vent m ~* Rückenwind *m;* **9.** *~-bâtiment m* Hintergebäude *n; ~-cour f* Hinter-, Lichthof *m; ~-goût m* Nachgeschmack *m a. fig; ~-grand-mère f* Urgroßmutter *f; ~-grand-père m* Urgroßvater *m; ~-pensée f* Hintergedanke *m; ~-plan m* Hintergrund *m a. fig; passer, reléguer à l'~* in den Hintergrund treten, drängen; *~-saison f;* Spätherbst *m.*

arriéré, e [arjere] **I.** *a* **1.** *(Ideen, Zahlung)* rückständig; **2.** *(Kind)* zurückgeblieben; **II.** *s m* Rückstand *m; faire rentrer des ~s* Rückstände ein=treiben.

arrimer [arime] *tr* **1.** (ver)stauen; *(mit Seilen)* festbinden; **2.** *(Raumschiff)* koppeln *(avec* mit *dat).*

arriv|age [arivaʒ] *m com* Anlieferung *f;* Wareneingang *m; pl* eingegangene Waren *f pl;* **~ant, e** *m f* Ankommende(r *m) f;* Ankömmling *m;* **~ée** *f* **1.** Ankunft *f;* Eintreffen *n; (vor e~m Gebäude)* Auffahrt; *loc* Einfahrt *f; (Brief)* Eingang; *(Ereignis)* Eintritt *m; fig* Erscheinen, Kommen *n;* **2.** *tech* Zufuhr, Zuführung *f;* Zufluß, Zulauf *m;* **3.** *(Fahrplan)* Ankunft *f;* „an"; **4.** *sport* Ziel *n; à mon ~* bei meiner Ankunft; *gare f d'~* Ankunftsbahnhof *m; ligne f d'~* Ziellinie *f; ~ tête-à-tête (sport)* tote(s) Rennen *n;* **~er** *itr* **1.** an=kommen, ein=treffen; *(Zug)* ein=fahren; *mar* ein=laufen; **2.** gelangen (*à* zu); kommen (*à* an *acc*); reichen (*à* bis); *(Ziel)* erreichen (*à qc* etw), **3.** *(Nacht)* herein=brechen; *(Zeit)* kommen; *(Flüssigkeit)* zu=fließen; *(Luft)* ein=strömen; **4.** kommen (*à qc* zu etw); Erfolg haben, s-n Weg machen; **5.** *(Ereignis)* sich ereignen, ein=treffen, geschehen; vor=kommen; zu=stoßen, begegnen *dat;* **6.** *en ~ à faire qc* schließlich etw tun; *y ~* etw fertig=bringen; *fam (mit dem Geld)* aus=kommen; *~ à échéance* fällig werden; *~ à l'heure (loc)* fahrplanmäßig ein=treffen; pünktlich kommen; *~ à bon port* unversehrt ein=treffen; *~ en retard (loc)* mit Verspätung ein=treffen; zu spät kommen; *n'~ à rien* es zu nichts bringen, zu nichts kommen; **7.** *j'arrive à* es gelingt mir zu; ich komme dazu, zu; *l'automobile arrive droit sur nous* das Auto fährt direkt auf uns *(acc)* zu; *s'il n'arrive rien d'ici là* wenn (bis dahin) nichts dazwischenkommt; *cela peut ~ à tout le monde* das kann jedem passieren; *il arrive que* es trifft sich, es ergibt sich, daß; *(mit subj)* es könnte sein, daß; **~isme** *m* Strebertum *n;* **~iste** *m* Streber *m.*

arrog|ance [arɔgɑ̃s] *f* Anmaßung, Arroganz *f,* Hochmut *m;* hochfahrende(s) Wesen *n;* Dünkel *m;* **~ant, e** *a* anmaßend, arrogant; überheblich; **~er, s'** [arɔʒe] *v prn* sich an=maßen; sich widerrechtlich zu=eignen; sich heraus=nehmen.

arrond|i, e [arɔ̃di] **I.** *a* rund(lich); abgerundet; **II.** *s m* abgerundete Form; Rundgang *f;* **~ir I.** *tr* **1.** ab=, auf=runden (*à* auf *acc*); **2.** *tech* e-e Rundung geben (*qc* e-r S *dat*), ab=runden; **3.** *mar* umfahren; **II.** *v prn s'~* rund werden, sich ab=runden; sich vergrößern; *~ sa fortune* sein Vermögen vergrößern; **~issement** *m* **1.** *(Lippen)* Rundung *f;* **2.** *(Frankreich)* Arrondissement *n; (Stadt)* Bezirk *m.*

arros|age [arozaʒ] *m* **1.** Besprengen; Begießen *n; (Feld)* Berieselung *f;* **~er** *tr* **1.** begießen; besprengen; berieseln; bewässern; bespritzen (*de* mit *dat*); **2.** *(mit Blut)* tränken; *(mit Tränen)* benetzen; *(Fluß)* durchfließen, fließen (*Paris* durch P.); *(Braten, Beförderung)* begießen; **3.** *fig fam* Bestechungsgelder geben (*qn* jdm); **~eur** *m* Rasensprenger *m;* **~euse** *f* Sprengwagen *m; ~-balayeuse f* Spreng- und Kehrmaschine *f;* **~oir** *m* Gießkanne *f.*

arsenal [arsənal] *m* **1.** *(Kriegsschiffe)* Werft *f;* **2.** *fig* Arsenal *n;* **3.** *pej* Menge, Fülle *f.*

arsenic [arsənik] *m chem* Arsen *n; ~ blanc* Arsenik *n.*

arsouille [arsuj] *m pop* versoffene(s) Subjekt *n.*

art [ar] *m* Kunst; Kunstfertigkeit; Geschicklichkeit *f;* Kunstgriff *m;* — *les beaux-~s* die schönen Künste; *école f des ~s et métiers (Art)* technische Hochschule *f; œuvre f d'~* Kunstwerk *n; ~s décoratifs* Kunstgewerbe *n; ~s ménagers* Hauswirtschaft *f; ~ populaire* Volkskunst *f.*

art|ère [artɛr] *f* **1.** *med* Schlagader, Arterie *f;* **2.** *fig* Verkehrsader *f;* **3.** *el* Speisekabel *n;* **~ériel, le** *a med* arteriell; **~ériosclérose** *f* Arterienverkalkung *f.*

arthrit|e [artrit] *f med* Arthritis, Gelenkentzündung *f;* **~ique** *a med* arthritisch; **arthrose** [artroz] *f med* Arthrose *f.*
artichaut [artiʃo] *m bot* Artischocke *f; avoir un cœur d'~ (fig fam)* ein Herz für viele haben.
articl|e [artikl] *m* **1.** Artikel, Abschnitt, Paragraph *m;* **2.** (Zeitungs-)Artikel *m;* **3.** (Handels-)Artikel *m,* Ware *f;* **4.** *gram* Artikel *m,* Geschlechtswort *n;* **5.** *faire l'~* s-e Ware zur Geltung bringen; *fig* Reklame machen (*de qn* für jdm); *~ de bureau* Bürobedarfsartikel *m; ~ de consommation courante* Artikel *m* des täglichen Bedarfs; *~ d'écoulement facile* leicht verkäufliche(r) Artikel *m; ~ de fond* Leitartikel *m; ~s de ménage* Haushaltwaren *f pl; ~s de Paris* Galanteriewaren *f pl;* Modeartikel *m pl,* -waren *f pl.*
articul|aire [artikylɛr] *a med* Gelenk-; **~ation** *f* **1.** *med* Gelenk *n;* **2.** *tech* Gelenkverbindung *f;* **3.** *fig* Gliederung, Gruppierung *f;* **4.** *(Phonetik)* Artikulation, Lautbildung *f;* **~é, e** *a* **1.** gegliedert; **2.** *tech* beweglich; verstellbar; **~er I.** *tr* **1.** gliedern; inea.≈fügen; **2.** *(Laut)* artikulieren; deutlich aus≈sprechen; **3.** *fig (Wort)* hervor≈bringen; *jur* Punkt für Punkt vor≈tragen; **4.** *tech* beweglich verbinden; **II.** *v pn s'~* **5.** durch Gelenk verbunden sein (*avec, sur* mit *dat*); **6.** *fig. (Gedanken)* miteinander verknüpft sein.
artific|e [artifis] *m* **1.** Kunstgriff *m,* Kniff *m;* **2.** *(tech) pièce f d'~* Feuerwerkskörper *m;* **~iel, le** *a* **1.** künstlich; Kunst-; **2.** *fig* gekünstelt, unnatürlich; **~ier** *m* Feuerwerker *m.*
artill|erie [artijri] *f mil* Artillerie *f;* **~eur** *m* Artillerist *m.*
artimon [artimɔ̃] *m: mât m d'~* Besanmast *m.*
artisan [artizɑ̃] *m* **1.** Handwerker *m;* **2.** *fig* Urheber, Schöpfer *m;* **~al, e** *a* handwerklich; **~at** [-na] *m* Handwerk *n;* Handwerker *m pl; ~ de construction* Bauhandwerk *n.*
artist|e [artist] **I.** *a* künstlerisch; **II.** *s m f* Künstler(in *f*) *m; ~ de cirque* Artist *m; ~ dramatique* Schauspieler *m; ~ peintre* Kunstmaler *m; ~ publicitaire* Gebrauchsgraphiker *m;* **~ement** *adv* kunstvoll; **~ique** *a* künstlerisch; Kunst-.
arum [arɔm] *m bot* Aron(s)stab *m.*
aryen, ne [arjɛ̃, -ɛn] **I.** *a* arisch; **II.** *s m f* Arier(in *f*) *m.*
as [as] *m* **1.** *(Würfel)* Eins *f;* **2.** *(Karten)* As *n;* **3.** *sport* Kanone *f; fam* Phänomen *n; — être (plein) aux ~ (pop)* Geld wie Heu haben; *(fam) être ficelé (fichu, foutu) comme l'~ de pique* schlecht gekleidet *od* gebaut sein.
ascend|ance [asɑ̃dɑ̃s] *f* **1.** *(Verwandtschaft)* aufsteigende Linie *f;* **2.** *astr* Aszendenz *f;* **3.** *aero* Aufwind *m;* **~ant, e I.** *a* aufsteigend; *a. fig;* **II.** *s m* **1.** *astr* Aufgang(spunkt) *m;* **2.** Blutsverwandte(r) in aufsteigender Linie, Aszendent *m;* **3.** *fig* Einfluß *m* (*sur qn* auf jdm); Autorität *f* (*sur* über *acc*); *prendre un grand ~* e-n großen Einfluß gewinnen (*sur* auf *acc*).
ascens|eur [asɑ̃sœr] *m* Aufzug, Fahrstuhl, Lift *m;* **~ion** *f* **1.** (Berg-)Besteigung *f;* **2.** *(Bahn)* Aufsteigen *n;* **3.** *fig* Aufstieg *m;* **4.** *l'A ~* (Christi) Himmelfahrt *f;* **~tionnel, le** *a* aufsteigend; *vitesse f ~le* Steiggeschwindigkeit *f.*
asc|èse [asɛz] *f* Askese *f;* **~ète** *m* Asket *m;* **~étique** *a* asketisch; **~étisme** *m rel* Askese *f.*
asep|sie [asɛpsi] *f* Asepsis *f;* **~tique** *a* keimfrei, aseptisch; **~tiser** *tr med* keimfrei machen.
asexué, e [asɛksɥe] *a biol* geschlechtslos.
asiatique [azjatik] **I.** *a* asiatisch; **II.** *A~ s m f* Asiat(in *f*) *m.*
asile [azil] *m* **1.** *pol* Asyl *n;* **2.** Zufluchtsort *m;* **3.** *~ (d'aliénés)* Irrenanstalt *f; ~ de vieillards* Altersheim *n.*
asocial, e [asɔsijal] *a* asozial.
aspect [aspɛ] *m* **1.** Anblick *m;* Aussehen, Äußere(s) *n;* **2.** *fig* Gesichtspunkt; Blickwinkel *m;* **3.** *gram astr* Aspekt *m; — changer d'~* e-e andere Gestalt an≈nehmen; *envisager qc sous tous les ~s* etw von allen Seiten betrachten; *la chose prend un autre ~* die Sache bekommt ein anderes Gesicht.
asperg|e [aspɛrʒ] *f* **1.** *bot* Spargel *m;* **2.** *fam fig* Hopfenstange *f; — pointes f pl d'~* Spargelspitzen *f pl;* **~er** *tr* besprengen, benetzen; bespritzen; *(Braten)* begießen.
aspérité [asperite] *f* Rauheit *a. fig; (Weg)* Unebenheit *f; plein d'~s* rauh.
aspers|ion [aspɛrsjɔ̃] *f* Besprengen; Bespritzen *n;* **~oir** *m* Weihwedel *m.*
asphalt|age [asfaltaʒ] *m* Asphaltierung *f;* **~e** *m* **1.** Asphalt(belag) *m;* **2.** *fam* Asphaltstraße *f,* -pflaster *n;* **~er** *tr* asphaltieren.
asphyx|iant, e [asfiksjɑ̃, -ɑ̃t] *a* erstikkend; **~ie** [-ksi] *f* **1.** *med* Ersticken *n;* **2.** *fig (Wirtschaft)* Absterben, Zugrundegehen *n;* **~ié, e** [-ksje] **I.** *a* erstickt *a. fig;* **II.** *sm f* Erstickende(r *m*) *f;* **~ier I.** *tr* **1.** ersticken; **2.** *fig* abwürgen; **II.** *v prn s'~* **3.** *s'~ au gaz* sich mit Gas das Leben nehmen; **4.** *fig. (Wirtschaft)* dahinsiechen; langsam zugrunde gehen.
aspir|ant, e [aspirɑ̃, -ɑ̃t] **I.** *a* (an)saugend; Saug-; **II.** *s m f* **1.** Bewerber(in *f*) *m;* **2.** *mil* (Offiziers-)Anwärter; Fahnenjunker; Seekadett *m;* **~ateur** *m* **1.** Staubsauger *m;* **2.** *tech* Absaugvorrichtung *f;* **~ation** *f* **1.** *tech* Ab-, Ansaugen *n;* **2.** Atemholen, Einatmen *n;* **3.** *gram*

Aspirieren *n;* **4.** *fig* Streben *n,* Sehnsucht *f,* Verlangen *n,* Drang; **5.** *psychol* Anspruch *m;* **~er I.** *itr* streben, trachten (*à* nach); (hin≈)zielen (*à* auf *acc;* nach); sich sehnen (*à* nach); es abgesehen haben (*à qc* auf e-e S); sich bewerben (*à qc* um etw); **II.** *tr* ein≈atmen; *tech* an≈, (ab≈)saugen; *gram* aspirieren; **~ine** *f* Aspirin *n; comprimé m d'~* Aspirintablette *f.*

assag|ir [asaʒir] **I.** *tr* **1.** vernünftig, klüger machen; **2.** ruhiger werden lassen; **3.** *(Leidenschaft)* zügeln, im Zaum halten; **II.** *v prn s'~* vernünftiger, klüger, ausgeglichener werden; **~issement** *m* Mäßigung; Ausgeglichenheit; vernünftige Haltung *f.*

assaill|ant, e [asajɑ̃, -ɑ̃t] **I.** *a* angreifend; **II.** *s m* Angreifer *m;* **~ir** *tr* **1.** (plötzlich) an≈greifen; her≈fallen (*qn* über jdn); überfallen; sich stürzen, ein≈stürmen (*qn* auf jdn); **2.** *fig* bestürmen, bedrängen (*de questions* mit Fragen); **3.** *être assailli de soucis* von Sorgen gequält sein.

assain|ir [ase(ɛ)nir] *tr* **1.** *(Währung, Markt)* sanieren; **2.** *(Land)* meliorieren; **3.** *(Klima) fig* verbessern; **~issement** *m* **1.** *(altes Stadtviertel)* Sanierung *f;* **2.** Entwässerung *f;* **3.** *fig* Besserung *f.*

assaisonn|ement [asɛzɔnmɑ̃] *m (Küche)* Würze *f;* Würzen *n;* **~er** *tr* **1.** würzen; schmackhaft machen; *(Salat)* an≈machen, an≈richten; **2.** *fig (Unterhaltung)* würzen; — *(fam) note f assaisonnée* gepfefferte Rechnung *f.*

assassin, e [asasɛ̃, -in] **I.** *s m* Mörder *m;* **II.** *a* mörderisch; Mörder-; **~at** [-ina] *m* **1.** Mord *m* (*de* an *dat*); **2.** *fig* Vernichtung *f;* **~er** *tr* **1.** (er)morden, um≈bringen; **2.** *fig* schikanieren; **3.** *fam* zuviel Geld verlangen (*qn* von jdm); — *~ de reproches* mit Vorwürfen überhäufen, -schütten.

assaut [aso] *m* **1.** Angriff, (An-)Sturm; *mil* Sturmangriff (*de* auf *acc*); **2.** *(Fechten)* Gang *m;* **3.** *fig* Toben, Stürmen *n;* — *faire ~ de qc* sich (selbst) in e-r S überbieten; *avec qn* jdn in etw *(dat)* zu überbieten suchen.

assèchement [asɛʃmɑ̃] *m* Trockenlegung; Entwässerung; Austrocknung *f;*

assécher [aseʃe] *tr* trocken≈legen; aus≈trocknen.

assembl|age [asɑ̃blaʒ] *m* **1.** Zs.stellung, -setzung, -fügung; Vereinigung *f;* **2.** *tech* Verband *m,* Verbindung, Fügung *f;* Zs.bau *m,* Montage *f;* **~ée** *f* **1.** Versammlung *f;* **2.** Gesellschaft *f;* Konvent *m;* Publikum *n;* — *assister à une ~* e-r Versammlung bei≈wohnen; *convoquer, tenir une ~* e-e Versammlung ein≈berufen, ab≈halten; *présider une ~* bei e-r Versammlung den Vorsitz führen; *~ générale* General-, Hauptversammlung *f; ~ plénière* Vollversammlung *f;* **~er I.** *tr* **1.** zs.≈fügen, -stellen, -setzen; zs.≈bauen, montieren; **2.** *(Personen)* versammeln, zs.≈berufen; *mil* zs.≈ziehen; **II.** *v prn s'~* sich versammeln; zs.≈kommen, -treten.

assener [as(ə)ne] *tr:* **1.** *~ un coup* e-n Schlag versetzen; **2.** *~ des arguments à qn* jdn mit Argumenten mundtot machen.

assentiment [asɑ̃timɑ̃] *m* Einwilligung, Zustimmung, Billigung *f; donner son ~ à* ein≈willigen in *acc;* s-e Zustimmung geben zu *dat; il fit un signe d'~* er nickte zustimmend.

asseoir [aswar] *irr* **I.** *tr* **1.** *(Person, a. Tier)* (nieder≈)setzen; **2.** *(Haus)* bauen (*sur* auf *acc*); **3.** *(Standbild)* errichten; **4.** *mil (Lager)* auf≈schlagen; **5.** *(Macht)* festigen; **6.** *(Ruf)* gründen *(sur* auf *dat);* **II.** *v prn s'~* sich (nieder≈)setzen (*sur* auf *acc*), Platz nehmen; sich nieder≈lassen; — *s'~ auprès de qn* sich zu jdm setzen; *je m'assieds dessus (fam)* ich pfeife darauf; *on me fit ~* man gab mir e-n Stuhl; *cela m'a assis (fam)* da blieb mir die Luft weg; *pp:* **assis, e** [asi, -iz] **1.** sitzend; errichtet, aufgebaut; **2.** *fig* fest begründet, gesichert, ausgewogen; — *être assis* sitzen; *fig* beruhen (*sur* auf *dat*); *rester assis* sitzen bleiben; *voter par assis et levé* durch Aufstehen u. Sitzenbleiben ab≈stimmen; *place f assise* Sitzplatz *m.*

assermenté, e [asɛrmɑ̃te] *a* ver-, beeidigt.

assertion [asɛrsjɔ̃] *f* Behauptung *f.*

asserv|ir [asɛrvir] **I.** *tr* **1.** unterjochen, knechten, unterwerfen; **2.** *fig* beherrschen; **II.** *v prn s'~* sich unterwerfen; sich in Abhängigkeit begeben (*à* von); *(qn, qc)* sich (jdn, etw) abhängig machen; *être ~i* beherscht werden *(à* von *dat);* **~issement** *m* **1.** Unterjochung, Unterwerfung; Knechtschaft; (sklavische) Abhängigkeit *f (à* von *dat);* **2.** *tech* Steuergerät *n;* Steuerung *f.*

assesseur [asɛsœr] *m jur* Beisitzer *m.*

assez [ase] *adv* **1.** genug, genügend, ausreichend, zur Genüge; **2.** *(abschwächend)* ziemlich, leidlich; — *avoir ~ et plus qu'il n'en faut* mehr als genug haben; *j'en ai ~ (fam)* ich hab' es satt; ich hab' genug; *juste ~* gerade genug; in ausreichender Menge; *pas ~* zu wenig; *~ bien* befriedigend; ziemlich gut; gut genug; *~ grand pour* groß genug, um zu.

assid|u, e [asidy] *a* **1.** *(Person)* gewissenhaft, pünktlich; regelmäßig; fleißig, emsig, eifrig; **2.** *(Arbeit)* ausdauernd, beharrlich, beständig; — *être ~ auprès de qn* sich sehr um jdn bemühen; **~uité** [-dɥi-] *f* **1.** Pünktlichkeit, Regelmäßigkeit *f;* Fleiß, Eifer *m;* Stetigkeit *f;* **2.** *pl* *pej* Aufdringlichkeit *f;* ~**ûment** [-dy-] *adv* **1.** pünktlich; fleißig, beharrlich; **2.** ununterbrochen, unablässig.

assiég|eant, e [asjeʒɑ̃, -ɑ̃t] **I.** *a* belagernd; **II.** *s m* Belagerer *m;* ~**er** *tr* **1.** belagern; **2.** *(Überschwemmung)* ein≈schließen, umgeben; **3.** *(Menge)* sich drängen (*qn* um jdn); **4.** belästigen (*qn* jdn); **5.** *(Krankheit)* quälen, bedrücken.

assiett|e [asjɛt] *f* **1.** Teller *m;* **2.** *(~ anglaise)* kalte Platte; **3.** *(Reiter)* Sitz *m;* **4.** *mar* Trimm *m;* **5.** *tech* Unterlage *f,* Unterbau *m;* **6.** Bemessungs-, Berechnungsgrundlage; Steuerveranlagung *f;* **7.** Gleichgewicht *n;* **8.** Grundlage *f;* — *ne pas être, ne pas se sentir dans son* ~ (körperlich) nicht auf der Höhe sein; *période f d'*~ Veranlagungszeitraum *m;* ~ *au beurre (fig)* Futterkrippe; ~ *plate, creuse* flache(r), tiefe(r) Teller *m;* ~**ée** *f* Tellervoll *m.*

assign|ation [asiɲasjɔ̃] *f* **1.** An-, Zuweisung *f;* **2.** *jur* Vorladung *f;* ~**er** *tr* **1.** an≈, zu≈weisen (*qc à qn* jdm etw); **2.** bestimmen, fest≈setzen; **3.** *jur* vor≈laden.

assimil|able [asimilabl] *a* **1.** vergleichbar (*à qc* e-r S); **2.** *biol* assimilierbar; ~**ation** *f* **1.** *jur* Gleichstellung *f* (*à* mit); **2.** *biol* Assimilation *f;* **3.** *fig* geistige Verarbeitung, Aneignung *f;* **4.** *(Menschen)* Assimilierung *f,* völlige(s) Aufgehen *n* (*à* in *dat*), Eingliederung *f* (*à* in *acc*); *(faculté f d'~)* Aufnahmefähigkeit *f;* ~**er I.** *tr* **1.** vergleichen (*à* mit); **2.** *biol* assimilieren; verdauen; **3.** *fig* sich an≈eignen, ein≈ *od* einverleiben; ein≈gliedern; (geistig) verarbeiten; **II.** *v prn s'*~ sich an≈gleichen; sich assimilieren; auf≈gehen *(à* in *dat).*

assis, e [asi, -iz] *s. asseoir;* ~**e** *f* **1.** *(Mauer)* Steinschicht, -lage *f;* **2.** Grundplatte *f,* Fundament *n;* **3.** *geol* Schicht, Stufe *f;* **4.** *pl fig* Grundlage; Basis *f;* **5.** *pl* Tagung *f,* Kongreß *m;* — *tenir les ~s* tagen; *cour f d'~s* Schwurgericht *n.*

assist|ance [asistɑ̃s] *f* **1.** Anwesende *m pl,* Zuhörerschaft *f,* Publikum *n;* **2.** Unterstützung *f,* Beistand *m,* Fürsorge *f;* **3.** Mitwirkung, Mithilfe *f;* — *donner, prêter son* ~ *à qn* jdm helfen, Beistand leisten; ~ *médicale* Krankenfürsorge *f;* ~ *publique* öffentliche Fürsorge *f;* ~**ant, e** *m f* **1.** Gehilfe *m,* Gehilfin *f;* Assistent(in *f*) *m;* **2.** *pl* Anwesende *m pl; médecin m* ~ Assistenzarzt *m;* ~*e sociale* Sozialfürsorgerin *f;* ~**é, e I.** *a* öffentlich unterstützt; **II.** *s m* Unterstützungsempfänger *m;* ~**er I.** *itr: à* bei≈wohnen *dat;* zugegen sein bei; teil≈nehmen an *dat;* mit≈erleben; **II.** *tr: qn* jdm helfen, jdn unterstützen, jdm behilflich sein; jdm bei≈stehen.

associ|ation [asɔsjasjɔ̃] *f* **1.** Verbindung; Vereinigung *f,* Verein, Verband *m,* Gesellschaft *f;* **2.** Zusammenschluß *m;* Beteiligung *f (à* an *dat);* **3.** *fig* Assoziation, Verknüpfung *f;* ~ *affiliée* Zweiggesellschaft *f;* ~ *de couleurs* Farbenzs.stellung *f;* ~ *d'idées* Gedankenverbindung, Ideenassoziation *f;* ~ *d'intérêts* Interessengemeinschaft *f;* ~ *professionelle* Berufs-, Fachverband *m;* ~ *reconnue d'utilité publique* gemeinnützige(r) Verein *m;* ~**é, e** *m f* Gesellschafter(in *f*), Teilhaber(in *f*), Partner(in *f*) *m;* ~ *commanditaire* stille(r) Teilhaber *m.*

assoiffé, e [aswafe] durstig; *fig* begierig *(de* auf *acc);* ~ *de plaisirs* vergnügungssüchtig; ~ *de sang* blutdürstig.

assombri|r [asɔ̃brir] verdunkeln; verdüstern; verfinstern *a. fig;* — *s'*~ düster, trübe werden *a. fig;* nach≈dunkeln; ~**issement** *m* Verdunk(e)lung; Verdüsterung *f.*

assomm|ant, e [asɔmɑ̃, -ɑ̃t] **1.** *fam (Sache)* unangenehm, lästig, gräßlich; langweilig; ermüdend; **2.** *(Hitze)* drükkend; **3.** *(Person)* unerträglich; lästig; — *il est* ~ er geht mir auf die Nerven; ~**er 1.** nieder≈schlagen; **2.** *(Vieh)* schlachten; **3.** *(durch Hitze)* betäuben; **4.** *fig* überwältigen, verwirren, aus der Fassung bringen; belästigen (*de* mit), plagen, peinigen; zu Tode langweilen; — ~ *à coups de bâton* mit dem Stock zusammen≈schlagen; *il est assommé (fig)* er ist ganz niedergeschlagen; ~**eur** *m* Schlächter; Totschläger *m;* ~**oir** *m* **1.** Totschläger *m (Instrument);* **2.** Fuchsfalle; **3.** *fam* Kneipe *f;* — *coup m d'*~ schwere(r) Schicksalsschlag *m.*

Assomption [asɔ̃psjɔ̃] *f* Mariä Himmelfahrt *f (15. August).*

assonance [asɔnɑ̃s] *f* Assonanz *f,* Gleichklang; unreine(r) Reim *m.*

assort|i, e [asɔrti] *a* **1.** (zs.)passend; entsprechend, im (rechten) Verhältnis (stehend) (*à* zu); **2.** versehen (*de* mit); **3.** *fromages m pl ~s* diverse Käsesorten *f pl; magasin m bien* ~ Geschäft *n* mit großer Auswahl; ~**iment** *m* **1.** Zs.stellung *f;* **2.** *com* Satz *m,* Garnitur *f,* Service *n;* Vorrat *m;* Auswahl *f;* **3.** *(Bücher)* Sortiment *n;* **4.** *(Küche)* bunte Platte *f;* ~**ir I.** *tr* **1.** (passend) zs.≈stellen; *(Farben)* aufea. ab≈stimmen; (paarweise) vereinigen; **2.** *(Geschäft)* (mit Waren) versehen *(de* mit *dat);* **II.** *itr* **3.** zs.≈passen; abgestimmt sein (*à, avec* auf *acc*); **III.** *v prn s'*~ **4.** zuea. passen, zs.≈passen; gut stehen (*à* zu); aufea. abgestimmt sein; **5.** sich versehen (*de* mit), versehen, ausgestattet sein (*de* mit).

assoup|ir [asupir] **I.** *tr* **1.** ein≈schläfern; **2.** *fig* lindern, beruhigen, dämpfen; **II.** *v prn s'*~ **3.** ein≈schlummern ein≈nicken; **4.** *fig* sich beruhigen, nach≈lassen, sich legen; abklingen; ~**issement** *m* **1.** Einschlummern *n;* Schläfrigkeit *f;* **2.** *fig* Beruhigung; Betäubung, Milderung *f;* Nachlassen *n.*

assoupl|ir [asuplir] **I.** *tr* **1.** geschmeidig, biegsam machen; auf=lockern; **2.** *(Menschen)* gefügig machen; **3.** *(Maßnahmen)* mildern, ab=schwächen; **II.** *v prn s'~* **4.** weich, geschmeidig, *(fig)* gefügig werden; **5.** *(Regelung)* gemildert werden; **~issement** *m* **1.** Geschmeidigmachen *n;* **2.** *(Glieder)* Lockerung *f;* **3.** *(Charakter)* Umgänglichmachen *n;* **4.** *(Maßnahmen)* Abschwächung, Lockerung *f.*

assourd|ir [asurdir] **I.** *tr* **1.** betäuben; **2.** *(Geräusch)* dämpfen; **3.** *(Ton, Farbe)* ab=schwächen; **II.** *v prn s'~* **4.** *(Geräusch)* schwächer werden; **5.** *(Laut)* stimmlos werden; **~issant, e** *a* (ohren-)betäubend; **~issement** *m* **1.** Betäubung *f;* **2.** Dämpfung, Abschwächung *f.*

assouv|ir [asuvir] **I.** *tr* **1.** *(Hunger)* stillen; **2.** *fig (Neugier)* befriedigen; **3.** *(Zorn)* kühlen; **II.** *v prn s'~* **4.** gestillt werden; **5.** *(Neugier)* befriedigt werden; **~issement** *m* **1.** Sättigung; Stillung *f;* **2.** Befriedigung *f.*

assujett|i, e [asyʒe(ɛ)ti] **I.** *s m pl* Steuerpflichtige, Pflichtversicherte *m pl;* **II.** *a: être ~* unterstehen (*à qc* dat); unterliegen; verpflichtet sein (*à qc* zu etw); *être ~ à un travail* an e-e Arbeit gebunden sein; *~ à l'assurance, à des cotisations, aux droits de douane, à l'impôt sur le revenu, à la taxe* versicherungs-, beitrags-, zoll-, einkommensteuer-, abgabenpflichtig; **~ir I.** *tr* **1.** unterwerfen; **2.** *(Volk)* unterjochen; **3.** verpflichten (*à* zu), auf=erlegen (*qc à qn* jdm etw); **4.** *(Sache)* befestigen, fest=machen; **II.** *v prn s'~* **5.** sich unterwerfen; **6.** sich beugen, sich fügen, sich an=passen, sich (streng) halten (*à* an *acc*); **~issant, e** *a* *(Aufgabe)* fordernd; stark in Anspruch nehmend; **~issement** *m* **1.** Unterwerfung; Abhängigkeit *f;* Zwang *m,* Gebundenheit *f;* **2.** Verpflichtung, Bindung *f;* Zwang *m;* **3.** Versicherungs-, Steuerpflicht *f.*

assumer [asyme] *tr (Last)* auf sich *(acc)* nehmen; *(Amt, Aufgabe, Rolle, Verantwortung)* übernehmen.

assur|able [asyrabl] *a* versicherbar, versicherungsfähig; **~ance** *f* **1.** Selbstvertrauen *n;* Sicherheit; Bestimmtheit *f;* **2.** Überzeugung *f;* (festes) Vertrauen *n;* **3.** Zusicherung, Garantie, Bürgschaft *f;* **4.** Versicherung *f* (*contre* gegen); **5.** *plein d'~* zuversichtlich; selbstsicher; **6.** *avoir de l'~* (selbst)sicher auf=treten; *contracter une ~* e-e Versicherung ab=schließen; *soutenir avec ~* mit Sicherheit behaupten; *veuillez agréer l'~ de mes sentiments respectueux* mit vorzüglicher Hochachtung; **7.** *agent m d'~* Versicherungsagent *m; compagnie f d'~s* Versicherungsgesellschaft *f; contrat m d'~* Versicherungsvertrag *m; police f d'~* Versicherungspolice *f; prime f d'~* Versicherungsprämie *f; ~ (contre les) accidents* Unfallversicherung *f; ~ automobile* Kraftfahrzeugversicherung *f; ~ bagages* Reisegepäckversicherung *f; ~ contre l'incendie* Feuerversicherung *f; ~-maladie f* Krankenversicherung *f; ~ tous risques* Vollkaskoversicherung *f; ~-transports f* Transportversicherung *f; ~-vie f, ~ sur la vie* Lebensversicherung *f; ~-vieillesse f* Altersversicherung *f; ~-vol f, ~ contre le vol* Diebstahlversicherung *f;* **~é, e I.** *sm f* Versicherte(r *m*) *f;* Versicherungsnehmer *m;* **II.** *a* sicher, gewiß; gesichert (*contre* gegen); *être ~* versichert sein (*contre* gegen *acc*); **~ément** *adv* bestimmt; ganz sicher; **~er I.** *tr* **1.** *(fixer, consolider qc)* fest=machen, befestigen; **2.** *(garantir)* zu=sichern; **3.** *(prendre une assurance pour qc)* versichern; e-e Versicherung ab=schließen; **4.** *(procurer, pourvoir à)* beschaffen, besorgen, sorgen für; *~ une permanence* den Bereitschaftsdienst übernehmen; *~ l'avenir de qn* jdn sicher=stellen. **5.** *(affirmer qc)* behaupten, versichern (*que* daß); *~ qn que* jdm versichern, daß; *assurez-le de ma sympathie* versichern Sie ihn meiner Sympathie; **II.** *v prn s'~* **6.** e-e ruhige Haltung ein=nehmen; **7.** *(se prémunir)* sich *(gegen e-e S)* versichern, sichern, schützen; *(beim Bergsteigen)* sich durch ein Seil sichern; *assurez-vous que la porte est fermée* sehen Sie nach, ob die Tür auch geschlossen ist; *d'un coup d'œil elle s'était ~ée que* mit einem Blick hatte sie sich überzeugt, daß; **~eur** *m* Versicherer *m.*

astér|isque [asterish] *m typ* Sternchen *n;* **~oïde** *m* Planetoid, Asteroid *m.*

asthén|ie [asteni] *f* Kraftlosigkeit, Schwäche, Asthenie *f;* **~ique** *a* asthenisch.

asthm|atique [asmatik] **I.** *a* asthmatisch, kurzatmig; **II.** *s m f* Asthmatiker(in *f*) *m;* **~e** [asm] *m med* Asthma *n.*

asticot [astiko] *m* **1.** *zoo* (Fleisch-)Made *f;* **2.** *fam fig* Kerl *m;* **~er** [-kɔte] *tr fam* ärgern; schikanieren.

astiqu|age [astikaʒ] *m* Putzen, Wichsen, *fam* Wienern *n;* **~er** *tr* putzen, wichsen; polieren; *fam* wienern.

astrakan [astrakɑ̃] *m* Persianer *m* *(Pelz).*

astr|al, e [astral] *a* astral; *influence f ~e* Einfluß *m* der Sterne; **~e** *m* Gestirn *n,* Stern *m a. fig; beau comme un ~* bezaubernd schön.

astreignant, e [astrɛɲɑ̃, -ɑ̃t] *a* mühselig, anstrengend; **astreindre** [astrɛ̃dr] **I.** *tr* zwingen, nötigen (*qn à qc* jdn zu etw); **II.** *v prn s'~* sich zwingen (*à faire* *qc* etw zu tun); sich unterziehen (*à qc* e-r S.).

astringent, e [astrɛ̃ʒɑ̃] **I.** *a med* zs.ziehend; **II.** *s m* adstringierende(s) Mittel *n.*

astro|logie [astrɔlɔʒi] *f* Astrologie *f;* **~logique** *a* astrologisch; **~logue** *m* Astrologe *m;* **~naute** *m f* Astronaut(in *f*) *m;* **~nautique** *f* (Welt-)Raumfahrt *f;* **~nef** [-nɛf] *m* Raumschiff *n;* **~nome** *m* Astronom *m;* **~nomie** *f* Astronomie *f;* **~nomique** *a* astronomisch; **~physique** *f* Astrophysik *f.*

astuc|e [astys] *f* **1.** Schlauheit, Verschlagenheit *f;* **2.** Scherz *m; plein d'~* schlau, listig; **~ieux, se** *a* schlau, verschlagen; einfallsreich, raffiniert.

asymétr|ie [asimetri] *f* Asymmetrie *f;* **~ique** *a* asymmetrisch.

atchoum! [atʃum] *interj* hatschi!

atelier [atəlje] *m* **1.** Werkstatt; Arbeitsstätte *f;* **2.** Atelier *n;* **3.** Arbeiter *m pl;* Arbeitsgruppe *f;* **4.** *pl* Werk *n,* Fabrik, Betriebsanlage *f; chef m d'~* Werkmeister *m; ~ de montage* Montagehalle; *~ de réparations* Reparaturwerkstätte *f.*

atermo|iement [atɛrmwamɑ̃] *m* **1.** *jur* (Zahlungs-)Aufschub *m;* **2.** *pl* Ausflüchte *f pl;* **~yer** [-mwaje] *itr* die Dinge hin=ziehen, Zeit zu gewinnen suchen.

athé|e [ate] **I.** *s* Atheist, Freidenker *m;* **II.** *a* atheistisch; **~isme** *m* Atheismus *m.*

athén|ée [atene] *m (Belgien)* höhere Schule *f;* **~ien, ne** *a* athenisch.

athl|ète [atlɛt] *m* Leichtathlet(in *f*), Wettkämpfer(in *f*) *m;* **~étique** *a* athletisch; kräftig; **~étisme** *m* (Leicht-)Athletik *f.*

atlantique [atlɑ̃tik] *a* atlantisch.

atlas [atlas] *m anat geog* Atlas *m.*

atmosph|ère [atmɔsfɛr] *f* **1.** Atmosphäre *a. fig,* Lufthülle *f;* **2.** *fig* Stimmung *f;* **~érique** [-ferik] *a* atmosphärisch; *conditions f pl ~s* Witterungsverhältnisse *n pl; perturbations f pl ~s* atmosphärische Störungen *f pl; pression f ~* Luftdruck *m.*

atoll [atɔl] *m geog* Atoll *n.*

atom|e [atom] *m* **1.** Atom *n;* **2.** Kern-, Atomenergie *f;* **3.** *fig* Kleinigkeit *f,* Körnchen *n; un ~ de ...* ein bißchen ...; **~ique** *a* atomar; Atom-; *bombe f ~* Atombombe *f; énergie f ~* Atomenergie *f; noyau m ~* Atomkern *m; physique f ~* Atomphysik *f;* **~isation** *f* **1.** *(Flüssigkeit)* Zerstäubung; **2.** *fig* Atomisierung, Auflösung *f* in kleinste Teile; **~iser** *tr* **1.** atomisieren; in kleinste Teile auf=lösen; **2.** zerstäuben; **3.** völlig vernichten, auslöschen; **~iseur** *m* Zerstäuber *m.*

aton|e [atɔn] *a* **1.** schlaff, abgespannt; **2.** *(Augen)* ausdruckslos; **3.** *(Silbe)* unbetont; **~ie** *f* **1.** *med* Schwäche; Erschlaffung *f;* **2.** *fig* Teilnahmslosigkeit *f.*

atout [atu] *m* Trumpf *a. fig m; tenir, avoir tous les ~s en main (fig)* alle Trümpfe in der Hand haben; *jouer ~* Trumpf aus=spielen.

âtre [ɑtr] *m* Herd *m;* Feuerstelle *f,* Kamin *m.*

atroc|e [atrɔs] *a* furchtbar, entsetzlich, schrecklich, abscheulich; **~ité** *f* **1.** Entsetzlichkeit; Scheußlichkeit *f;* **2.** *pl* Greuel *m pl,* Freveltaten *f pl;* **3.** *pl fam* schauderhafte Dinge, Greuelmärchen *n pl.*

atrophi|e [atrɔfi] *f* **1.** *med* Atrophie *f;* **2.** *fig* Verkümmerung *f;* **~er** [-fje] **I.** *tr* verkümmern lassen; **II.** *v prn s'~* verkümmern.

attabler, s' [atable] : *v prn* sich an den Tisch setzen.

attach|ant, e [ataʃɑ̃, -ɑ̃t] *a (Buch)* fesselnd; *(Person)* anziehend; *(Gespräch)* spannend; **~e** *f* **1.** Befestigung; Leine; Kette; Schnur *f;* Band *n;* Lasche *f;* Haken *m;* Klammer; Büro-, Heftklammer *f;* **2.** *pl* Hand-, Fußgelenke *n pl;* **3.** *pl fig* Beziehungen; (Ver-)Bindungen *f pl; mettre à l'~* an die Kette legen; *port m d'~* Heimathafen *m;* **~é** *m pol* Attaché *m;* **~é-case** [-kez] *m* Aktenkoffer *m;* **~ement** *m* Zuneigung; Anhänglichkeit *f;* Festhalten *n;* **~er** **I.** *itr fam (Essen)* an=brennen, -backen, -hängen (*à la casserole* am Topf); **II.** *tr* **1.** *(fixer, lier)* befestigen, fest=binden (*à qc* an e-e S); fest=stecken; an=nageln; an=nähen; *(avec de la colle)* an=kleben; *attachez vos ceintures* bitte anschnallen; **2.** ver-, an=knüpfen; *(Hund, Tier)* an=ketten, an die Kette legen; **3.** *fig (constituer un lien)* verbinden; **4.** *(fixer l'attention)* fesseln; *une lecture attachante* eine fesselnde Lektüre; *~ son regard* den Blick heften (*sur* auf *acc*); *(Wünsche)* richten (*sur* auf *acc*); **5.** *(attribuer, conférer)* bei=messen, zu=schreiben; *je n'y attache aucune importance* ich messe der S keine Bedeutung bei; **6.** *(faire dépendre)* ab=hängen lassen (*à* von); **III.** *v prn s'~* **7.** (an=)haften; *il s'attache trop aux détails* er bleibt zu sehr im einzelnen stecken; **8.** sich fest=klammern; verbunden sein (*à* mit); *(Meinung)* beharren (*à* auf *dat*); *(Ziel)* verfolgen (*à* acc); **9.** *s'~ à qn* jdn lieb=gewinnen, sich an jdn an=schließen; *s'~ aux pas de qn* sich an jds Fersen *(dat)* heften; **10.** *s'~ à faire qc* sich bemühen, etw zu tun.

attaqu|able [atakabl] *a* **1.** angreifbar; **2.** *(Meinung)* anfechtbar; **~ant** *m* Angreifer *m;* **~e** *f* **1.** Angriff *m;* **2.** *med* Anfall *m;* **3.** *mus* Einsatz *m;* **4.** *fig* Attacke *f;* — *être d'~ (fam)* in Form sein; *fausse ~* Finte *f; ~ aérienne* Luftangriff *m; ~ d'apoplexie* Schlaganfall *m; ~ imprévue*

Überfall *m;* ~ *à main armée* bewaffnete(r) Überfall *m;* ~ *de nerfs* Nervenschock *m;* ~**er I.** *tr* **1.** angreifen; an≈fallen; **2.** *(Urteil)* an≈fechten; **3.** *(en justice)* (gerichtlich) belangen; **4.** *(Musikstück)* zu spielen beginnen; **5.** *(Arbeit)* in Angriff nehmen, anpacken; **6.** *(Thema)* an≈schneiden; **7.** *fam* herfallen, sich hermachen (*qn* über etw); **8.** *med* herfallen; **9.** *chem* an≈fressen, ätzen; **II.** *v prn s'*~ **10.** sich heran≈wagen (*à qc* an e-e S.); **11.** den Kampf auf≈nehmen (*à qc* mit etw); ankämpfen (*à qc* gegen etw).

attard|é, e [atarde] *a* **1.** verspätet; **2.** *fig* rückständig, überholt; **3.** *(Kind)* zurückgeblieben; ~**er I.** *tr* aufhalten (*qn* jdn); **II.** *v prn s'*~ sich verspäten, sich auf≈halten (*à* mit, bei); *(Thema)* verweilen (*à, sur* bei *dat*).

attein|dre [atɛ̃dr] **I.** *tr* **1.** *(Ziel)* erreichen; ein≈holen; **2.** *(mit e-m Gegenstand)* treffen; **3.** *(Krankheit)* befallen, heim≈suchen; **4.** *(dem Ruf)* schaden; erschüttern; **5.** *(Ruhe)* stören; **6.** *fig* verletzen; **7.** *(Preis)* erzielen; **8.** *(Summe)* aus≈ machen; **II.** *itr* gelangen (*à, jusqu'à* zu, bis zu); mit Mühe erreichen; ~ *qn au vif* jdn tief verletzen; ~ *à son but* sein Ziel erreichen; ~**t, e** [atɛ̃, -ɛ̃t] *a (von e-r Krankheit)* befallen, betroffen; ~**te** *f* **1.** Beeinträchtigung; Verletzung; Gefährdung *f;* **2.** *med* Anfall *m,* Befallenwerden *n* (*de* von); **3.** *hors d'*~ unerreichbar; außer Reich-, Schußweite; *porter* ~ *à qc* etw beeinträchtigen; *(Ehre)* an≈tasten; *(dem Ansehen)* schaden; *résister aux* ~*s du froid* der Kälte standhalten.

attel|age [atlaʒ] *m* **1.** Anspannen; *(Pferde)* Gespann *n;* **2.** *loc* Kupplung *f;* ~**er** [atle] **I.** *tr* **1.** ein≈, an≈spannen *(à* an *acc); (Wagen)* bespannen; **2.** *(Anhänger)* (an≈)kuppeln; **II.** *v prn* an≈hängen; *s'*~ sich hinein≈knien *(à* in *acc),* sich machen *(à* an *acc).*

attenant, e [at(ə)nɑ̃, -ɑ̃t] *a* angrenzend; *(Zimmer)* anstoßend; *être* ~ an≈grenzen *(à* an *acc).*

attend|ant [atɑ̃dɑ̃] *adv: en* ~ inzwischen, einstweilen; *en* ~ *que (conj)* bis; ~**re** [atɑ̃dr] **I.** *tr* warten (*qn* auf jdn); erwarten (*qc de qn* etw von jdm, *qn* jdn); *(Ende)* ab≈warten; *(Ereignis)* erwarten; *com* entgegen≈sehen (*qc* dat); *fam* ungeduldig warten (*après qn* auf jdn); **II.** *itr* (ab≈)warten; **III.** *v prn s'*~ *à qc* mit etw rechnen; etw erwarten *od* erhoffen; auf e-e S gefaßt sein; *aller* ~ *qn à la gare* jdn vom Bahnhof ab≈holen; *(se) faire* ~ (auf sich) warten lassen; ~ *beaucoup de qn* viel von jdm erwarten, sich viel von jdm versprechen; *attendez!* e-n Augenblick! hören Sie mal! *attendez (à) demain* warten Sie bis morgen; *on peut s'*~ *à tout* man kann sich auf alles gefaßt machen; *le résultat ne se fit pas* ~ die Folgen blieben nicht aus; ~**u I.** *prp* mit Rücksicht auf *acc;* in Anbetracht *gen;* **II.** *s m pl jur* Gründe *m pl (für ein Urteil);* **III.** *conj:* ~ *que* in Anbetracht dessen, daß.

attendr|ir [atɑ̃drir] **I.** *tr* **1.** *(Fleisch, Gemüse)* weich, mürbe machen; **2.** *fig* erweichen; rühren; **II.** *v prn s'*~ weich *od* mürbe werden; *fig* gerührt werden (*sur qc* von etw); Mitleid haben (*sur* mit *dat*); ~**issant, e** *a* rührend; ~**issement** *m* Rührung *f,* Mitleid *n.*

attent|at [atɑ̃ta] *m* **1.** Attentat *n,* Anschlag *m;* **2.** *jur* Angriff *m* (*à* auf *acc*); *(Freiheit)* Beeinträchtigung, Verletzung *f;* ~ *aux mœurs* Sittlichkeitsvergehen *n;* ~ *à la pudeur* unzüchtige Handlung *f;* ~**er** *itr* e-n Anschlag machen (*à qn* auf jdn); sich vergreifen (*à qn* an jdm); beeinträchtigen, an≈ tasten (*à qc* e-e S); ~ *à la vie de qn* jdm nach dem Leben trachten.

attent|e [atɑ̃t] *f* **1.** *fig* Erwartung, Hoffnung; **2.** Wartezeit *f;* **3.** Warten *n* (*de qn, qc* auf jdn, etw); — *contre toute* ~ wider alles Erwarten; *dans l'*~ *de qc* in Erwartung *gen; (aero) circuit m d'*~ Warteraum *m; salle f m d'*~ Wartesaal *m, (Arzt-)* -zimmer *n;* ~**if, ive** *a* **1.** aufmerksam; **2.** bedacht; rücksichtsvoll (*à* auf *acc*); ~**ion** [atɑ̃sjɔ̃] *f* **1.** Aufmerksamkeit; **2.** *pl* Zuvorkommenheit; Höflichkeit; Rücksicht *f; interj* Achtung! Vorsicht! — *avoir des* ~*s pour qn* gegenüber jdm sehr zuvorkommend sein; *attirer l'*~ *sur qc* auf e-e S aufmerksam machen; *faire* ~ acht≈geben (*à* auf *acc*); ~**ionné, e** [-sjɔ-] *a* zuvorkommend; rücksichtsvoll; ~**isme** *m pol* abwartende Haltung *f;* ~**iste** *m* jem, der e-e abwartende Haltung einnimmt.

atténu|ant, e [latenɥɑ̃, -ɑ̃t] *a (jur) circonstances f pl* ~*es* mildernde Umstände *m pl;* ~**ation** *f jur* Milderung; *(Schmerz)* Linderung; Verminderung; *chem* Verdünnung; *phot* Abschwächung *f;* ~**er** *tr (Schmerzen)* lindern; *chem* verdünnen; vermindern; dämpfen; *fig* ab≈schwächen; *jur* mildern.

atterr|ant,e [atɛrɑ̃] *a* niederschmetternd; ~**er** *tr* nieder≈schmettern, überwältigen; ~**ir** *itr* **1.** *aero* landen (sur, auf *dat*); **2.** *mar* anlegen; ~**issage** *m* **1.** *aero* Landen *n,* Landung *f;* **2.** *mar* Landen, Anlegen *n;* — ~ *forcé* Notlandung *f;* ~ *sans visibilité* Blindlandung *f;* ~**issement** *m geol* Anschwemmung *f;* ~**isseur** *m aero* Fahrwerk, -gestell *n.*

attest|ation [atɛstasjɔ̃] *f* **1.** Bescheinigung *f;* Zeugnis *n;* **2.** mündliche(s) Zeugnis *n,* Beweis *m (de* für *acc);* ~ *sous serment* eidesstattliche Versicherung *f;* ~**er 1.** bescheinigen, bestätigen, bezeugen; beurkunden; **2.** ein Beweis sein für.

attiéd|ir [atjedir] **I.** *tr* **1.** temperieren, lauwarmmachen; **2.** *fig* ab=kühlen; erkalten lassen; **II.** *v prn s'~* lau werden; sich abkühlen *a. fig.*

attifer [atife] **I.** *tr fam* heraus=putzen (*de* mit); ausstaffieren (*de mit);* **II.** *v prn s'~* sich in Schale werfen.

attiger [atiʒe] *itr fam* übertreiben.

attique [atik] **I.** *a* attisch; **II.** *s m arch* Attika *f.*

attir|ail [atiraj] *m* Ausrüstung *f;* Gerät, Zubehör *n; fam* Kram *m,* Drum u. Dran *n;* **~ance** *f fig* Anziehungskraft *f;* Reiz *m;* Verlockung *f;* **~ant, e** *a (Person)* anziehend; *(Vorschlag)* verlockend; **~er I.** *tr* **1.** an=ziehen; (an=)locken; **2.** nach sich ziehen; **3.** verschaffen (*qc à, sur qn* jdm etw); **II.** *v prn s'~* sich (gegenseitig) an=ziehen; *fig* sich zu=ziehen, auf sich lenken; *(Achtung)* gewinnen; *~ l'attention* Aufsehen erregen; *~ qn par des promesses* jdn durch Versprechungen ködern; *s'~ des ennuis* sich Unannehmlichkeiten zuziehen.

attiser [atize] *tr (Feuer)* an=fachen, schüren *a. fig.*

attitré, e [atitre] *a* festangestellt; *(Lieferant)* ständig; regelmäßig; *client, hôte m ~* Stammkunde, -gast *m.*

attitude [atityd] *f* **1.** Haltung *f;* **2.** Einstellung *f;* Verhalten, *péj* Getue *n.*

attouchement [atuʃmɑ̃] *m* Berührung *f; pl pej* Zärtlichkeiten *f pl.*

attract|if, ive [atraktif, -iv] *a* **1.** anziehend; **2.** *(Preis)* verlockend, attraktiv; *force f attractive* Anziehungskraft *f;* **~ion** [-ksjɔ̃] *f* **1.** *phys* Anziehung(skraft); *a. fig;* **2.** Sehenswürdigkeit *f;* **3.** *pl theat* Zugnummern, Attraktionen, Varietédarbietungen *f pl;* — *~ terrestre* Erdanziehung *f.*

attrait [atrɛ] *m* **1.** Anziehung *f;* Reiz, Zauber *m;* **2.** *pl (Frau)* Reize *f pl.*

attrap|ade [atrapad] *f fam* **1.** Rüffel *m;* **2.** Streit *f;* **~e** *f* Falle *f pl;* Scherzartikel *m pl; ~-mouches m inv* Fliegenfänger *m; ~-nigaud m* Bauernfängerei *f;* **~er I.** *tr* **1.** fangen; erwischen; **2.** *Zug)* erreichen; **3.** *(Gespräch)* auf=fangen, auf=schnappen; **4.** *(Krankheit)* sich zu=ziehen; **5.** *fig* erfassen; nach=machen; **6.** aus=schelten; *pop* an=ranzen; **7.** *fig* herein=legen, täuschen; verführen; **II.** *v prn s'~* **8.** *med* sich übertragen, ansteckend sein; **9.** sich streiten (*avec* mit); sich in den Haaren liegen.

attrayant, e [atrɛjɑ̃, -ɑ̃t] *a* anziehend; reizend; (ver)lockend.

attribu|able [atribɥabl] *a: être ~ à qc* e-r S zuzuschreiben sein; **~er I.** *tr* **1.** zu=sprechen, zu=erkennen; zu=schreiben (*à qn* jdm); **2.** *(Bedeutung)* bei=messen; **3.** *(Rolle)* zu=weisen; **4.** *(Betrag)* zu=teilen; **5.** *(Schuld)* zu=schieben; **6.** *(Arbeiten)* vergeben; **II.** *v prn s'~* sich zu=schreiben, für sich in Anspruch nehmen; sich an=maßen; **~t** [-by] *m* **1.** Eigenschaft *f;* Attribut; Kennzeichen, Merkmal *n;* **2.** *gram* Prädikatsnomen *n;* **~tif, ive** *a* **1.** zuerkennend; **2.** *gram* attributiv; **~tion** *f* **1.** Zuweisung; Zuerkennung, Zuteilung; Zuwendung *f;* **2.** *(Kredit)* Gewährung; *(Arbeiten)* Vergebung; *(Preis)* Verleihung *f;* **3.** *pl* Kompetenzen *f pl;* Geschäftsbereich *m,* Wirkungsfeld *n; pour ~* zuständigkeitshalber; *cela sort de mes ~s* dafür bin ich nicht zuständig.

attrist|ant, e [atristɑ̃, -ɑ̃t] *a* **1.** traurig, betrüblich; **2.** düster, niederdrückend; **~er I.** *tr* betrüben, traurig stimmen; **II.** *v prn s'~* traurig werden (*de, sur* wegen *gen*).

attroup|ement [atrupmɑ̃] *m* Auflauf *m;* Zusammenrottung *f;* **~er, s'** *v prn* zs.=laufen, sich zs.=rotten.

atypique [atipik] *a* atypisch.

aubade [obad] *f* Morgenständchen *n.*

aubaine [obɛn] *f fig* Glücksfall; unerwartete(r) Vorteil; gute(r) Fund *m.*

aube [ob] *f* **1.** (Morgen-)Dämmerung *f;* **2.** *fig* Anfang, Beginn *m;* **3.** *(Turbine)* Schaufel(rad *n*) *f.*

aubépine [obepin] *f bot* Weiß-, Hagedorn *m.*

auberg|e [obɛrʒ] *f* Wirtshaus *n,* Gastwirtschaft *f; ~ de (la) jeunesse* Jugendherberge *f;* **~ine** *f* Aubergine *f;* **~iste** *m* (Gast-)Wirt *m.*

aucun, e [okœ̃, -yn] *a prn* **1.** *(verneinend)* keine(r), niemand, nicht ein einziger; kein(e, r), keinerlei; **2.** *(bejahend)* irgendein(e, r); *je n'ai ~ droit à cela* ich habe kein Recht darauf *(acc); sans ~e exception* ohne jede Ausnahme; **~ement** [-ynmɑ̃] *adv (mit ne beim Verb)* keineswegs, durchaus nicht; in irgendeiner Weise; im mindesten.

audac|e [odas] *f* **1.** Kühnheit; Keckheit *f;* **2.** Unverschämtheit, Dreistigkeit *f;* **~ieux, se** *a* **1.** kühn; draufgängerisch; **2.** keck; frech; **3.** *(Lüge)* unverschämt; **4.** *(Kleid)* gewagt.

au(-)deçà, au-dedans, au-dehors, au-delà, au-dessous, au-dessus, au-devant *s. deçà etc.*

aud|ibilité [odibilite] *f* Hörbarkeit *f;* **~ible** *a* hör-, vernehmbar; **~ience** *f* **1.** Audienz; Unterredung *f;* **2.** *jur* Sitzung *f,* Gerichtstag, Termin *m;* **3.** *radio video* Zuhörerschaft *f;* Rundfunk-, Fernsehpublikum *n;* **4.** Beachtung *f,* Anklang *m;* — *tenir, ouvrir, fermer une ~* e-e Sitzung ab=halten, eröffnen, schließen; *trouver ~ auprès de qn* bei jdm Gehör, Anklang finden; *salle f d'~* Sitzungssaal *m;* **~iencier:** *huissier m ~* Gerichtsdiener *m;* **~iomètre** *m* Audiometer *n;*

~iovisuel, le *a* audiovisuel; **~iteur, trice** *m f* **1.** Hörer(in *f*) *m; pl* Zuhörer(innen *f pl*) *m pl;* **2.** *com* Revisor *m;* **3.** *~ à la Cour des Comptes* Auditor *m;* **~itif, ive** *a* auditiv; *appareil m de correction auditive* Hörapparat *m; nerf m ~* Hörnerv *m;* **~ition** *f* **1.** Hören *n;* **2.** *(Tonband)* Ab-, Anhören *n;* **3.** *(Zeugen)* Vernehmung *f;* **4.** *radio* Empfang *m,* Übertragung *f;* **5.** Vorsingen, -spielen, -sprechen *n; erreur f d'~* Hörfehler *m;* **~itionner I.** *itr* vorsprechen, -singen, -spielen; **II.** *tr (Vortrag)* anhören; **~itoire** *m* Zuhörer *m pl;* Zuhörerschaft *f;* Publikum *n;* **~itorium** [-ɔrjɔm] *m radio* Sendesaal *m,* Studio *n.*

aug|e [oʒ] *f* **1.** Behälter *m; tech* Mulde *f; agr* Trog *m;* **2.** *(Maurer)* Speiskasten *m;* **3.** *(Wasserrad)* Becher *m;* Rinne *f;* **4.** *geol* Trogtal *n;* **~et** [-ʒɛ] *m* Näpfchen *n (für Vögel).*

augment|ation [o(ɔ)gmɑ̃tasjɔ̃] *f* **1.** Vermehrung; Erhöhung; Steigerung *f;* **2.** Erweiterung; Vergrößerung *f;* **3.** Zunahme *f;* Zuwachs, Anstieg *m;* Verteuerung *f;* Aufschlag *m;* **4.** Zuschlag *m;* Zulage *f; ~ de la circulation, du trafic* Verkehrszunahme *f; ~ de la population* Bevölkerungszunahme *f; ~ de la pression* Druckanstieg *m; ~ de(s) prix* Preissteigerung; Teuerung *f; ~ de la production* Produktionssteigerung *f; ~ de salaire* Lohnerhöhung *f; ~ du taux d'escompte* Diskonterhöhung *f; ~ de traitement* Gehaltserhöhung *f; ~ des ventes* Absatzsteigerung *f;* **~er I.** *tr* **1.** vermehren, vergrößern; erhöhen; *(Werk)* erweitern; *(Preis)* herauf≈setzen, auf≈schlagen (*de* um); *(Gehalt)* auf≈bessern; *(Qualität)* verbessern; *(Energie)* steigern; *(Kräfte)* vermehren; **2.** *~ qn* jdn auf≈bessern, jdm e-e Gehaltserhöhung gewähren; **II.** *itr* **3.** größer werden; zu≈nehmen; **4.** *(Preis)* steigen; *(Waren)* teurer werden; *(Zahl)* wachsen, sich erhöhen.

augur|e [o(ɔ)gyr] *m* Vorbedeutung *f,* Vorzeichen *n; être de bon ~* Glück verkünden *od* bedeuten.

auguste [o(ɔ)gyst] **I.** *a* erhaben; **II.** *s m (Zirkus)* dumme(r) August *m.*

aujourd'hui [oʒurdɥi] *adv* heute, heutzutage; *(d')~ en huit* heute in acht Tagen; *à partir d'~* von heute an, ab; *jusqu'(à) ~* bis heute; *d'~* heutig, von heute; *ce n'est pas d'~ que je le connais* ich kenne ihn nicht erst seit heute.

au(l)ne [on] *m bot* Erle *f.*

aumôn|e [o(ɔ)mon] *f* Almosen *n; demander l'~* um e-e milde Gabe bitten; *donner, faire l'~* ein Almosen geben, **~ier** *m* Anstaltsgeistliche(r); *mil* Militär-, Feldgeistliche(r) *m.*

aune [on] *f* Elle *f.*

auparavant [oparavɑ̃] *adv* vorher; zuvor.

auprès [oprɛ] *prp: ~ de* **1.** neben, (dicht) bei; im Vergleich zu; **2.** *fig* bei; *faire des démarches ~ de qn* bei jdm Schritte unternehmen.

aur|a [ora] *f med fig* Aura *f;* **~éole** [oreɔl] *f* **1.** Heiligen-, Glorienschein, Nimbus *m a. fig;* **2.** *astr* Hof *m;* **~éoler** *tr* mit e-m Nimbus umgeben; **~iculaire** [o(ɔ)-] **I.** *a: confession f ~* Ohrenbeichte *f; témoin m ~* Ohrenzeuge *m;* **II.** *s m* kleine(r) Finger *m;* **~icule** *f bot* Aurikel *f;* **~ifère** *a* goldhaltig; **~ochs** [o(ɔ)rɔk(s)] *m* Auerochse *m;* **~ore** [ɔrɔr] *f* **1.** Morgenröte *f;* Tagesanbruch *m;* **2.** *~ boréale, australe* Polarlicht; Nord-, Südlicht *n.*

auscult|ation [o(ɔ)skyltasjɔ̃] *f med* Abhorchen *n;* **~er** *tr* auskultieren, ab≈horchen.

auspices [o(ɔ)spis] *m pl* Auspizien *n pl;* Vorzeichen *n pl; sous les ~s de qn* unter jds Schirmherrschaft; *sous des ~s favorables* unter günstigen Umständen.

aussi [osi] **I.** *adv* auch; gleichfalls; überdies; so; **II.** *conj* daher auch, deswegen, deshalb, darum; *~ ... que* (eben)so ... wie; *~ bien* genausogut; übrigens; ohnehin; *mais ~* überdies; **~tôt I.** *adv* sofort, sogleich; alsbald; **II.** *~tôt (que) conj* sobald (als); **III.** *prp* gleich, sofort nach *dat; aussitôt après mon départ* gleich nach meiner Abreise.

aust|ère [o(ɔ)stɛr] *a* **1.** streng, hart; **2.** *(Raum)* nüchtern; *(Gebäude)* schmucklos; **~érité** *f* **1.** Härte, Strenge *f;* Ernst *m;* **2.** Schmucklosigkeit; *(Stil)* Trockenheit *f.*

austral, e [o(ɔ)stral] *a* südlich; Süd-; *hémisphère m ~* Südhalbkugel *f.*

autant [otɑ̃] **I.** *adv* ebenso(viel); ebensosehr; das gleiche, dasselbe; **II.** *conj ~ que* ebenso ... wie; *(pour) ~ que (conj, meist mit Ind.)* soviel; soweit; insofern; *pour ~ que je sache* soviel ich weiß; *d'~* ebensoviel; *d'~ (plus) que* um so mehr als; zumal, da; *d'~ moins* um so weniger; *d'~ mieux* um so besser; *d'~ plus grand* um so größer; *~ faire cela* man kann genausogut das machen; *~ dire* man kann also sagen; das heißt *od* bedeutet; *~ que possible* soviel als, soweit wie möglich; möglichst; *~ ... ~* so(viel) ... so(viel; *~ de têtes, ~ d'avis* soviel Köpfe, soviel Sinne; *~ de fois* ebensooft; *tout ~* gleichviel.

autarcie [otarsi] *f* Autarkie, Selbstversorgung *f.*

autel [o(ɔ)tɛl] *m* Altar *m.*

auteur [otœr] *m* Verfasser, Autor; *jur* Verursacher, Urheber *m; droit m d'~* Urheberrecht *n; femme f ~* Verfasserin *f.*

authent|icité [o(ɔ)tɑ̃tisite] *f* Glaubwürdigkeit, Echtheit; Zuverlässigkeit *f;* **~ifier** *tr jur* beglaubigen, (öffentlich) beurkunden; **~ique** *a* **1.** authentisch, glaubwürdig; **2.** *(Gefühle)* echt; **3.** *jur* öffentlich beglaubigt.

auto [oto] **1.** *f* Auto *n,* (Kraft-)Wagen *m;* **2.** *in Zssgen:* selbst-, Selbst-; *aller en ~* mit dem Auto fahren (*à* nach); *accident m d'~* Autounfall *m;* **~biographie** *f* Autobiographie *f;* **~biographique** *a* autobiographisch; **~bus** [otobys] *m* Autobus *m;* **~car** *m* Überlandautobus *m; ~ d'excursion* Reiseomnibus *m;* **~censure** *f (Kino)* Selbstkontrolle *f;* **~chenille** *f* Raupenfahrzeug*n;* **~chtone** [ɔ(o)tɔktɔn] **I.** *a* eingeboren, autochthon; **II.** *s m f* Eingeborene(r *m*) *f;* **~clave** *m* Autoklav *m;* **~collant** *m* Aufkleber *m;* **~couchette** *a inv loc train m ~* Autoreisezug *m;* **~crate** *m* Autokrat *m;* **~cratie** [-si] *f* Autokratie *f;* **~cratique** *a* autokratisch; **~critique** *f pol* Selbstkritik *f;* **~dafé** *m* Autodafé *n;* **~défense** *f* Selbstverteidigung *f;* **~détermination** *f* Selbstbestimmung *f;* **~didacte** *m* Autodidakt *m;* **~discipline** *f* Selbstdisziplin *f;* **~drome** [-drom] *m* Autorennbahn *f;* **~-école** *f* Fahrschule *f;* **~financement** *m* Selbst-, Eigenfinanzierung *f;* **~gène** *a* autogen; *soudure m ~* Autogenschweißung *f; training m ~* autogene(s) Training *n;* **~graphe I.** *a* eigenhändiggeschrieben; **II.** *s m* Original *n;* Autograph; Autogramm *n;* **~mate** *m* Automat *m;* mechanische(s) Spielzeug *n;* **~mation** *f* Automation *f;* **~matisation** *f* Automatisierung *f;* **~matique I.** *a* **1.** automatisch, selbsttätig; mechanisch *a. fig;* **2.** *fig* zwangsläufig, automatisch; **II.** *s m (tele)* Selbstwähler *m;* **~mitrailleuse** *f mil* Straßenpanzerwagen; Spähwagen *m.*

automn|al, e [o(ɔ)tɔ(m)nal] *a* herbstlich; **~e** [otɔn] *m* Herbst *m; en, à l'~* im Herbst.

automobil|e [o(ɔ)tɔmɔbil] **I.** *a* selbstfahrend; Automobil-; Auto-; **II.** *s f* Auto(mobil) *n,* Kraftwagen *m; accident m d'~* Autounfall *m; circulation f ~* Kraftfahrzeugverkehr *m; club m ~* Automobilklub *m; industrie f ~* Automobilindustrie *f; salon m de l'~* Automobilausstellung *f;* **~isme** *m* Automobilsport *m;* **~iste** *m* Autofahrer *m.*

auto|moteur, trice [o(ɔ)tɔmɔtœr, -tris] **I.** *a* selbstfahrend; Selbstfahr-; **II.** *s m* Motorschiff *n; loc f* Triebwagen *m;* **~nome** [-nɔm] *a* autonom; selbständig, unabhängig; **~nomie** *f* **1.** Autonomie; Selbständigkeit; Unabhängigkeit *f;* **2.** Fahr-, Flugbereich; Aktionsradius *m;* **~nomiste** *m pol* Autonomist *m;* **~pompe** *f* **1.** Motorspritze *f;* **2.** Wasserwerfer *m;* **~portrait** *m* Selbstbildnis *n;* **~propulsé, e** *a* mit Eigenantrieb; **~psie** [-tɔpsi] *f* Autopsie *f;* **~radio** *m* Autoradio *n;* **~rail** *m* Triebwagen *m;* **~route, ~strade** [-strad] *f* Autobahn *f;* **~routier, ère** *a* Autobahn-; **~satisfaction** Selbstzufriedenheit *f;* **~stop** *m: faire de l'~* per Anhalter reisen; **~stoppeur, se** *m f* Autostopper(in *f*) *m;* **~suggestion** *f* Autosuggestion *f.*

autori|sation [ɔ(o)tɔrizasjɔ̃] *f* **1.** Genehmigung, Einwilligung, Zustimmung *f;* **2.** Ermächtigung; Erlaubnis *f; sans ~* unberechtigt; unbefugt; *accorder, demander une ~* e-e Genehmigung erteilen, beantragen; *donner son ~* s-e Zustimmung erteilen; *~ écrite* schriftliche Ermächtigung *f; ~ d'exportation, d'importation* Aus-, Einfuhrgenehmigung *f; ~ de séjour* Aufenthaltserlaubnis *f;* **~sé, e** *a* **1.** berechtigt, befugt; qualifiziert; **2.** ermächtigt; genehmigt, zugelassen; *dans les milieux ~s* in den maßgebenden, offiziellen Kreisen; *je me crois ~ à dire* ich glaube sagen zu dürfen; *~ à signer* zeichnungsberechtigt; **~ser I.** *tr* **1.** *(renforcer, justifier) (litt)* begünstigen, rechtfertigen; *je le tiens de milieux ~sés* ich habe es von maßgebender Seite erfahren; **2.** *(habiliter)* ermächtigen, bevollmächtigen; *~ qn à signer un contrat* jdn zum Abschließen eines Vertrags ermächtigen; die Erlaubnis geben (*à* zu), gestatten (*qc* e-e S); *les questions ne sont pas ~sées* Fragen sind nicht gestattet; **3.** *(Sache) (donner la possibilité de)* rechtfertigen, ermutigen, veranlassen; *ces faits m'autorisent à conclure que* daraus kann ich schließen, daß; **II.** *v prn s'~ de qc* **4.** sich berufen, sich stützen auf *acc;* sich rechtfertigen mit; *m'autorisez-vous à parler en votre nom?* darf ich in Ihrem Namen sprechen? **~taire** *a* autoritär; diktatorisch; herrisch, herrschsüchtig; gebieterisch; **~tarisme** *m* autoritäre Staatsform *f;* herrschsüchtige(s) Wesen *n;* **~té** *f* **1.** Machtbefugnis, Gewalt, Macht; Herrschaft; Machtvollkommenheit *f;* **2.** Behörde, Obrigkeit, Amtsgewalt *f;* **3.** Einfluß *m,* Autorität *f,* Gewicht, Ansehen *n;* **4.** *(jur) ~ de la chose jugée* Rechtskraft *f;* **5.** *(Person)* Autorität *f,* Gewährsmann, Zeuge *m; — de sa propre ~* eigenmächtig; *avoir ~ sur qn* über jdn Gewalt haben; *faire ~* Geltung haben, maßgebend sein; als Autorität gelten; *~ administrative* Verwaltungsbehörde *f.*

autour [otur] **I.** *s m* Hühnerhabicht *m;* **II.** *adv* (rings)umher *od* herum; **III.** *prp: ~ de* um ... herum; ringsum; ungefähr, gegen, etwa; *s'attacher une ceinture ~ des reins* sich e-n Gürtel um=binden; *se disposer ~ de qn* sich um jdn auf=stellen; *faire un circuit ~ de la ville* um die Stadt herum=fahren; *tourner ~ de la* *question* um die Frage herum=gehen; *il a ~ de 40 ans* er ist etwa 40 (Jahre alt); *il gagne ~ de* er verdient ungefähr.

autre [otr] **1.** *a prn* andere(r, s); sonstige(r, s); weitere(r, s); *d'un ~ côté* andererseits; *de l'~ côté* jenseits; auf der anderen Seite *a. fig; d'~ part* andererseits; *de part et d'~* auf beiden Seiten; *il n'y a d'~ remède que* es gibt kein anderes Mittel als; *une ~ fois, un ~ jour* ein andermal; *un ~ jour* an e-m andern Tag; *l'~ fois* das letzte Mal; *l'~ jour* neulich; vor kurzem; *de temps à ~* von Zeit zu Zeit; dann u. wann; *prendre qn pour un ~* jdn für e-n andern halten; *tant d'~s* so viele andere; *qui d'~?* wer, wen sonst? *quelqu'un d'~* jemand anders; *tout ~* jeder andere; *aucun ~, nul ~, personne (d') ~* kein anderer; sonst niemand; niemand anders; *nous ~s* wir; *à d'~s! (fam)* den Bären können Sie andern auf=binden! *entre ~s (choses)* unter anderem; **2.** *l'un ..., l'~* der eine ..., der andere; *l'un et l'~* der eine wie der andere; beide; *c'est (tout) l'un ou (tout) l'~* entweder das e-e oder das andere; *ni l'un ni l'~* weder der eine noch der andere; keiner (von beiden); *l'un l'~* einander; *d'un jour à l'~* von e-m Tag auf den andern; *marcher l'un après l'~, l'un avec l'~, l'un à côté de l'~* hinterea., nebenea. gehen, laufen, marschieren; **3.** *c'est (tout) ~ chose* das ist etwas (ganz) anderes; *parlons d'~ chose* reden wir von etw anderem; *rien (d')~* nichts anderes; *il n'en fait jamais d'~s* er kann nicht aus s-r Haut; *il en sait bien d'~s* er ist mit s-m Latein noch nicht zu Ende; *j'en ai vu bien d'~s* das ist noch gar nichts; *parler de choses et d'~s* von diesem u. jenem reden; **~fois** *adv* früher, ehemals, einst; **~ment** *adv* anders; sonst; *~ dit* anders ausgedrückt; *il n'en est pas ~ avec moi* es geht mir ebenso; *cela n'est pas ~ utile* das ist nicht besonders nützlich; *bien ~, tout ~* weit (mehr); *ceci est tout ~ important* das ist (noch) viel wichtiger; *elle est ~ (plus) belle que sa sœur* sie ist unvergleichlich viel schöner als ihre Schwester.

autruche [otryʃ] *f orn* Strauß *m; avoir un estomac d'~* alles vertragen können; *pratiquer la politique de l'~* Vogel-Strauß-Politik treiben.

autrui [otrɥi] *prn* ein anderer; andere *pl; agir pour le compte d'~* für fremde Rechnung handeln; *s'approprier le bien d'~* sich fremdes Gut an=eignen.

auvent [ovɑ̃] *m* Vordach, Wetterdach *n.*

auxiliaire [ɔ(o)ksiljɛr] **I.** *a* Hilfs-; Neben-, Zweig-; mitwirkend; helfend; **II.** *s m f* Helfer(in *f*), Gehilfe *m,* Gehilfin, Hilfe; Hilfskraft *f; m* Hilfszeitwort *n.*

avach|ir [avaʃir] **I.** *tr* energie-, willenlos machen; **II.** *v prn; s'~* **1.** die Form verlieren; **2.** sich gehen=lassen; träge werden; **~issement** *m* Erschlaffung; Energielosigkeit *f.*

aval [aval] *m* **1.** Wechselbürgschaft *f,* Aval *n; fig* Unterstützung *f;* **2.** Talrichtung *f; en ~* strom-, fluß-, talabwärts; *en ~ de* unterhalb *gen; être en ~ de qc* auf etw folgen; *ski ~* Talski *m;* **~iser** *tr* **1.** e-e Wechselbürgschaft übernehmen (*qc* für etw); **2.** *fig* gutheißen, billigen; **~iste** *m* Wechselbürge *m.*

avalanch|e [avalɑ̃ʃ] *f* Lawine *f; ~ de paroles* Flut *f* von Worten; **~eux, se** *a* lawinengefährdet.

aval|er [avale] *tr* **1.** (ver-, hinunter=) schlucken; verschlingen *a. fig;* **2.** *(Getränk)* hinunter= stürzen; **3.** *(Arznei)* ein=nehmen; **4.** *fig* ein=stecken, hin=nehmen; — *faire ~ qc à qn* jdm etw weis=machen; jdn dazu bringen, e-e Sache einzustecken, hinzunehmen; *~ des couleuvres (fig)* Kränkungen ein=stekken; *~ d'un seul coup, d'un trait* in e-m Zug aus=trinken; *~ sa langue* stumm wie ein Fisch sein; schrecklich gähnen; *~ les mots* die Wörter verschlucken; *~ une pilule* e-e (bittere) Pille schlucken; *~ de travers* sich verschlucken.

avanc|e [avɑ̃s] *f* **1.** *mil* Vormarsch *m,* Vordringen *n;* **2.** Vorsprung; **3.** *(Rennen)* Vorlauf; **4.** *com* Vorschuß *m,* Vorauszahlung *f;* **5.** *pl* Annäherungsversuche *m pl;* **6.** *à l'~, d'~, en ~, par ~* im voraus, vorher; zu früh; *avoir de l'~ sur qn* jdm voraus sein; **7.** *arriver avec cinq minutes d'~* 5 Minuten zu früh an=kommen; *calculer à l'~* voraus=berechnen; *commander d'~* voraus= bestellen; *payer d'~* voraus=bezahlen; *faire une ~ à qn* jdm e-n Vorschuß geben; **8.** *ma montre a de l'~* meine Uhr geht vor; *la belle ~!* was nützt das? **9.** *paiement m d'~* Vorausbezahlung *f; ~ de caisse* Barvorschuß *m; ~ des frais* Kostenvorschuß *m;* **~é, e** *a* **1.** vorspringend; *(Posten)* vorgeschoben; **2.** *fig* fort-, vorgeschritten; **3.** *(Gedanken)* fortschrittlich; *(Ereignis)* vorzeitig; **4.** *(Früchte)* überreif; *(Fleisch)* (leicht) angegangen; *à une heure ~e* in vorgerückter Stunde; *être d'un âge ~* in vorgerücktem Alter, bejahrt sein; *me voilà bien ~!* nun bin ich so klug wie zuvor! **~ée** *f* **1.** *arch* Vorsprung *m;* **2.** *(Ski) position f d'~* Vorlage *f;* **~ement** *m* **1.** *arch* Vorsprung; **2.** *(Arbeit)* Fortgang *m;* Fortschritt *m;* **3.** *(Beamter)* Beförderung *f;* Aufrücken *n; obtenir de l'~* befördert werden; **~er** [avɑ̃se] **I.** *tr* **1.** vor=rükken, -schieben, -strecken, näher schieben; **2.** *(Uhr)* vor=stellen; *(Vorgang)* beschleunigen; *(Zeitpunkt)* vor=verlegen; **3.** *(Plan)* vor=bringen; behaupten; **4.** *(Arbeit)* fördern, voran=treiben; forcieren; beschleunigen; **5.** *(Geld)* vor=

schießen, vor≈strecken; **II.** *itr* **6.** vor≈rücken, näher kommen; vorwärts gehen; weiter≈gehen *od* -kommen; **7.** *(Fels)* vor≈springen; vor≈stehen; übergreifen; überragen; *(Uhr)* vor≈gehen; **8.** *(Arbeit)* Fortschritte machen, voran≈kommen; **III.** *v prn s'~* **9.** näher kommen, zu≈gehen (*vers* auf *acc*); sich nähern; **10.** *(Gebäude)* vor≈springen; **11.** *(Zeit)* vor≈rücken; **12.** *fig* sich vorwagen; vorpreschen; — *s'~ jusqu'à prétendre* so weit gehen zu behaupten; *s'~ trop* sich zu weit vor≈wagen; zu weit gehen; *le jour s'avance* der Tag geht zu Ende.

avanie [avani] *f* Schimpf *m*, Beschimpfung *f*.

avant [avɑ̃] **I.** *prp* **1.** *(zeitlich)* vor; eher als; *~ la fin de l'année* vor Jahresende; *~ une heure* innerhalb e-r Stunde; *~ peu* binnen kurzem, in Kürze, (sehr) bald; *une heure ~* e-e Stunde vorher; **2.** *(Reihenfolge)* vor; *la maison ~ l'église* das Haus, das vor der Kirche kommt; *~ tout* vor allem; zunächst; *il était à dix pas en ~ de nous* er war 10 Schritte vor uns; **3.** *(mit Inf.) réfléchis bien ~ de parler* überlege wohl, ehe du redest; **II.** *conj:* **4.** *~ que (mit subj)* bevor, ehe; **III.** *adv* **5.** *(zeitlich)* vorher, zuvor, früher; *quelques jours ~* einige Tage vorher; *comme ~* wie zuvor *od* vorher; *bien ~ dans la nuit* spät in der Nacht; **6.** *(Richtung, Bewegung) en ~* vorwärts, voran, voraus; *mettre qn en ~* jdn in den Vordergrund stellen; heraus≈stellen; *mettre qc en ~* etw vor≈bringen; **7.** *(Ansicht)* vertreten; *regarder en ~* vorwärts in die Zukunft blicken; **IV.** *a inv* **8.** Vorder-; *roue f ~* Vorderrad *m; pneu m ~* Vorderreifen *m;* **V.** *s m* **9.** Vorderteil *n;* **10.** *mar* Bug; **11.** *(Fußball)* Stürmer *m;* — *aller de l'~* (tüchtig) vorwärts≈, voran≈kommen *a. fig; fig (Sache)* energisch an≈greifen, an≈packen; *se heurter par l'~* frontal zusammenstoßen; *montez à l'~* steigen Sie vorn ein; *siège m ~* Vordersitz *m;* **~-bras** *m inv* Unterarm *m;* **~-centre** *m (Fußball)* Mittelstürmer *m;* **~-cour** *f* Vorhof *m;* **~-coureur** *nur m: signe m ~* Vorzeichen *n;* **~-dernier, ère I.** *a* vorletzte(r); **II.** *s m f* Vorletzte(r *m*) *f;* **~-garde** *f* **1.** Vorhut *f;* **2.** *fig* Vorkämpfer *m pl; être à l'~ de* an der Spitze *gen* stehen; **~-goût** *m fig* Vorgeschmack *m;* **~-guerre** *m* od *f* Vorkriegszeit *f; conditions f pl d'~* Vorkriegsverhältnisse *n pl; prix m d'~* Vorkriegspreis *m;* **~-hier** [avɑ̃tjɛr] *adv* vorgestern; **~-poste** *m mil* Vorposten *m;* **~-première** *f theat* Voraufführung *f;* **~-projet** *m* Vorentwurf *m;* **~-propos** *m inv* Vorwort *n*, Vorrede *f;* **~-scène** *f* Proszeniumsloge *f;* **~-train** *m* **1.** *(Wagen)* Vordergestell *n;* **2.** *(Tier)* Vorderteil *n;* **~-veille** *f* vorgestrige(r) Tag *m; l'~* zwei Tage zuvor.

avantag|e [avɑ̃taʒ] *m* **1.** Vorteil; Nutzen; Gewinn *m;* **2.** Vorsprung *m;* Überlegenheit *f;* (Plus-)Punkt *m;* **3.** *(Tennis)* Vorteil *m;* **4.** *pl* Vergünstigungen, Leistungen *f pl*, Bezüge *m pl;* — *à l'~ de qn* zu jds Vorteil; vorteilhaft für jdn; *bénéficier d'un ~* im Vorteil sein; *habillé à son ~* vorteilhaft gekleidet; *faire valoir ses ~s* s-e Vorzüge zur Geltung bringen; *se montrer, paraître à son ~* sich von seiner besten Seite zeigen; *tirer ~ de qc* aus etw Vorteil ziehen; *cela présente beaucoup d'~s* das bietet viele Vorteile; *vous avez sur lui cet ~* Sie haben ihm voraus, Sie sind ihm darin überlegen (*que* daß); *~s sociaux* Sozialleistungen *f pl;* **~er** *tr* **1.** bevorzugen, begünstigen; **2.** *(Kleid)* vorteilhaft sein (*qn* für jdn), gut stehen (*qn* jdm); **~eux, se** *a* **1.** vorteilhaft; günstig; lohnend; **2.** *(Mensch)* eingebildet, *(Ton)* anmaßend; — *présenter qc sous un jour ~* etw in günstigem Licht erscheinen lassen.

avar|e [avar] **I.** *a* geizig; knauserig (*de* mit); **II.** *s m f* Geizhals *m; être ~* geizen (*de* mit); *~ de ses paroles* wortkarg; **~ice** *f* Geiz *m; Knauserei f.*

avari|e [avari] *f* **1.** *mar* Seeschaden *m*, Havarie *f;* **2.** Transportschaden *m a. aero;* Beschädigung *f; franc d'~* unbeschädigt; **~é, e** [avarje] *a* **1.** *mar aero* schadhaft, beschädigt **2.** *(Ware)* defekt; **3.** *(Früchte)* verdorben.

avatar [avatar] *m* **1.** Verwandlung; Veränderung *f;* **2.** *pl fam* Schwierigkeiten *f pl.*

à vau-l'eau [avolo] *loc prp* stromabwärts; bergab; *aller ~* mißlingen, fehl≈schlagen.

Avé, ~ Maria [ave, ~ marja] *m (Gebet)* Ave-Maria *n.*

avec [avɛk] **I.** *prp* **1.** *(Begleitung)* mit; *vivre ~ qn* mit jdm zs.≈leben; *ils sont toujours l'un ~ l'autre* sie sind immer zs., beiea.; *vous venez ~ ? (fam)* kommen Sie mit? *être d'accord ~ qn* mit jdm gleicher Meinung, einig sein; *se marier ~ qn* jdn heiraten; *~ le jour* bei Tagesanbruch; *~ la nuit* bei Einbruch der Dunkelheit; *et ~ cela?* sonst noch etwas? **2.** *(Beziehung) être en relations ~ qn* mit jdm in Verbindung stehen; *~ elle on ne sait jamais* bei ihr weiß man nie (, woran man ist); *être bien, mal ~ qn* mit jdm gut, schlecht stehen; *prendre des leçons ~ qn* Stunden bei jdm nehmen; **3.** *(Gegensatz) la guerre ~* der Krieg mit; *~ tout cela* trotz all(e)dem; **4.** *(Ursache)* infolge *gen;* **5.** *(Mittel) ~ de la patience* mit Geduld; *~ telle somme* mit e-r bestimmten Summe; *~ le temps* im Lauf, mit der Zeit; **6.** *(Art u.*

Weise) ~ *joie* mit Freude, freudig; *agir* ~ *prudence* mit Vorsicht, vorsichtig handeln, zu Werke gehen; **7.** *(Trennung) divorcer d'*~ *qn* sich von jdm scheiden lassen; sich von jdm trennen; sich mit jdm überwerfen; **8.** *(bei Speisen) déjeuner* ~ *du chocolat* Schokolade frühstücken; **II.** *adv* **9.** *fam* (da)mit, obendrein, dazu; *il est parti* ~ er ist damit fort; *et du jambon* ~ und Schinken dazu.

aveline [avlin] *f* Lambertshaselnuß *f.*

avenant, e [avnɑ̃, -ɑ̃t] **I.** *a* freundlich; zuvorkommend; **II.** *s m (Versicherung)* Nachtrag; Zusatzvertrag *m; à l'*~ (dem-) entsprechend; *et tout à l'*~ u. so alles weitere.

avènement [avɛnmɑ̃] *m* **1.** *rel* Kommen; Erscheinen *n;* **2.** *(Herrscher)* Thronbesteigung *f;* **3.** *fig* Beginn *m.*

avenir [avnir] *m* **1.** Zukunft *f;* **2.** Nachwelt *f;* — *à l'*~ in Zukunft; *dans un proche* ~, *un* ~ *prochain* in naher Zukunft; *avoir un brillant* ~ *devant soi* glänzende (Zukunfts-)Aussichten haben; *projets m pl d'*~ Zukunftspläne *m pl.*

Avent [avɑ̃] *m* Advent *m.*

aventur|e [avɑ̃tyr] *f* **1.** unerwartete(s) Ereignis *od* Erlebnis *n;* **2.** (Liebes-) Abenteuer *n;* — *à l'*~ auf gut Glück, aufs Geratewohl; *d'*~, *par* ~ zufällig; *dire la bonne* ~ *à qn* jdm die Zukunft voraus=sagen; *diseuse f de bonne* ~ Wahrsagerin *f; roman m d'*~*s* Abenteuerroman *m;* **~é, e** *a* gewagt; riskant; unsicher; **~er I.** *tr* wagen; aufs Spiel setzen; **II.** *v prn s'*~ etw wagen; es wagen, riskieren (*à faire qc* etw zu tun); sich ein=lassen (*dans* auf *acc*); sich wagen (*dans* in *acc*); *(fig) s'*~ *sur un chemin, un terrain glissant* sich auf dünnes Eis wagen; *s'*~ *trop loin* sich zu weit vor=wagen; **~eux, se** *a* **1.** abenteuerlich, waghalsig; **2.** gewagt; **~ier, ère** *m f* Abenteurer(in *f*) *m;* Glücksritter *m.*

avenu, e [avny] *a: nul et non* ~ null u. nichtig; **~e** *f* **1.** Zugang *m;* Allee; (breite) Zufahrts-, Zugangsstraße *f;* **2.** *fig* Weg *m.*

avér|é, e [avere] *a* wahr, unzweifelhaft, erwiesen; **~er, s'** *v prn* sich bewahrheiten; sich heraus=stellen, sich erweisen.

avers [avɛr] *m (Münze)* Vorderseite *f;* **~e** [avɛrs] *f* **1.** Platzregen, (Regen-) Guß, Regenschauer *m;* **2.** *fig* Flut *f; recevoir une* ~ in e-n Regenguß geraten; **~ion** [-sjɔ̃] *f* Abneigung, Antipathie *f;* Widerwille(n), Abscheu *m* (*de* vor *dat*); *avoir qn en* ~ jdn nicht leiden können.

avert|i, e [avɛrti] *a* **1.** erfahren; vorsichtig, klug, gewitzigt; **2.** auf dem laufenden, vertraut (*de* mit); **3.** *(fam) tenez-vous pour* ~ lassen Sie es sich gesagt sein; **~ir** *tr* **1.** benachrichtigen, unterrichten (*qn de qc* jdn von etw); **2.** e-n Wink geben (*qn* jdm); warnen *(de* vor *dat);* **~issement** *m* **1.** Benachrichtigung, Mitteilung, Nachricht; *com* Anzeige *f;* **2.** Wink, Fingerzeig *m;* Warnung *f;* **3.** Verwarnung *f,* Verweis *m;* **4.** *(Buch)* Vorrede *f;* Vorwort *n;* **5.** *jur* Aufforderung *f* zur Steuerzahlung *f; négliger un* ~ e-e Warnung in den Wind schlagen; ~ *de tempête* Sturmwarnung *f;* **~isseur** *s m* **1.** Warnanlage *f;* **2.** Meldegerät *n;* Hupe *f,* Horn *n; concert m d'*~*s* Hupkonzert *n;* ~ *d'incendie* Feuermelder *m.*

aveu [avø] *m, pl* ~*x* **1.** Geständnis; (Schuld-)Bekenntnis *n;* **2.** *jur* Zustimmung, Einwilligung *f; de l'*~ *de tout le monde* nach einstimmigem Urteil; *arracher un* ~ ein Geständnis erpressen (*à qn* von jdm); *faire des* ~*x* ein Geständnis ab=legen (*de* über *acc*); *c'est un homme sans* ~ er ist zu allem fähig.

aveugl|ant, e [avœglɑ̃, -ɑ̃t] *a* **1.** blendend; *(Sonne)* grell; **2.** *fig* in die Augen fallend; **~e I.** *a* **1.** blind *a. fig;* **2.** verblendet; seiner Sinne nicht mächtig; **II.** *s m f* Blinde(r *m*) *f; en* ~ blind(-lings); ohne Überlegung; *juger d'une chose comme un* ~ *des couleurs* über etw ohne Kenntnis urteilen; *chien m d'*~ Blindenhund *m;* **~-né, e;** ~ *de naissance* **I.** *a* blindgeboren; **II.** *s m f* Blindgeborene(r *m*) *f;* **~ément** *adv* blindlings; **~ement** *m fig* Blindheit; Verblendung *f,* Wahn *m;* **~er I.** *tr* **1.** blenden *(a. durch Licht);* **2.** *fig* verblenden, mit Blindheit schlagen; **3.** *mar* kalfatern; *(Leck)* verstopfen; ab=dichten; **II.** *v prn s'*~ *sur qc* für etw blind sein; etw nicht (ein=)sehen wollen; sich über e-e S, in e-r S täuschen; **~ette** *loc adv: à l'*~ blind(lings); von ungefähr; *agir à l'*~ ohne Überlegung handeln; *aller à l'*~ im dunkeln tappen.

aveul|ir [avølir] **I.** *tr* schlapp, willenlos machen; **II.** *v prn s'*~ energielos werden; **~issement** *m* Energielosigkeit, Willenlosigkeit *f.*

aviat|eur, trice [avjatœr, -tris] *m* Flieger(in *f*) *m;* **~ion** [-sjɔ̃] *f* Luftfahrt *f,* Flugwesen *n,* Fliegerei *f;* ~ *civile* Zivilluftfahrt *f;* ~ *commerciale* Verkehrsluftfahrt *f;* ~ *sportive* Sportfliegerei *f.*

avicult|eur [avikyltœr] *m* Vogel-, Geflügelzüchter *m;* **~ure** *f* Vogel-, Geflügelzucht *f.*

avid|e [avid] *a* gierig (*de* nach); begierig (*de* auf *acc,* nach); *être* ~ *de qc* auf e-e S begierig, erpicht sein; ~ *d'apprendre* lernbegierig; ~ *d'argent* geldgierig; **~ement** *adv* begierig; **~ité** *f* Gier; Begierde *f.*

avil|ir [avilir] **I.** *tr* **1.** erniedrigen, herab=würdigen; **2.** entwerten; **II.** *v prn s'*~ **1.** sich erniedrigen, sich entwürdigen, sich weg=werfen; **2.** *(Waren)* im Wert, Preis sinken; **~issant, e** *a* erniedrigend; herabwürdigend; *(Verhalten)* unwürdig, gemein; **~issement** *m* **1.** Erniedrigung; Entwürdigung *f;* **2.** *(Geld)* Entwertung *f.*

aviné, e [avine] *a* betrunken; *(Atem)* nach Wein riechend; *voix f ~e* Säuferstimme *f.*

avion [avjõ] *m* Flugzeug *n; par ~* mit, per Luftpost; *monter en ~* in ein, ins Flugzeug steigen; *prendre l'~* das Flugzeug benutzen; fliegen; *équipage m d'un ~* Flugzeugbesatzung *f; passagers m pl d'un ~* Fluggäste, Flugzeugpassagiere *m pl; ~-cargo m* Frachtflugzeug *n; ~-citerne m* Tankflugzeug *n; ~ commercial* Verkehrsflugzeug *n; ~-école m* Schulflugzeug *n; ~ à grand rayon d'action* Langstreckenflugzeug *n; ~ de ligne* Linienflugzeug *n; ~ à réaction* Düsenflugzeug *n; ~ de sauvetage en mer* Seenotflugzeug *n; ~ supersonique* Überschallflugzeug *n; ~-taxi m* Lufttaxi *n; ~ de tourisme* Sportflugzeug *n; ~ de transport* Transportflugzeug *n.*

aviron [avirõ] *m* **1.** Ruder *n,* Riemen *m;* **2.** Rudersport *m; faire de l'~ (sport)* rudern.

avis [avi] *m* **1.** Ansicht, Meinung; Auffassung *f;* **2.** Stellungnahme *f,* Gutachten *n;* **3.** Benachrichtigung, Mitteilung, Verständigung *f;* **4.** Ankündigung, Bekanntmachung, Anzeige *f; com* Avis *m* od *n;* **5.** *à mon ~* meiner Meinung nach; *après ~* nach Stellungnahme; *de l'~ de tous, de tout le monde* nach allgemeiner Ansicht; *jusqu'à nouvel ~* bis auf weiteres; *pour ~* mit der Bitte um Stellungnahme; *sans autre ~* ohne weitere Benachrichtigung; *sans ~ préalable* ohne vorherige Benachrichtigung; *sauf ~ contraire* sofern keine gegenteilige Mitteilung vorliegt; *suivant ~ (com)* laut Bericht; **6.** *changer d'~* s-e Meinung ändern; *dire, donner, exprimer, faire connaître son ~* s-e Auffassung, Meinung äußern; *donner ~ de qc* etw bekannt=machen; *prendre l'~ de qn* jds Rat ein=holen; jdn zu Rate ziehen; **7.** *les ~ sont partagés* die Meinungen sind geteilt; *son ~ l'a emporté, a prévalu* s-e Ansicht ist durchgedrungen, hat sich durchgesetzt; **8.** *~ d'arrivée (com)* Empfangs-, Eingangsbestätigung *f; ~ de crédit* Gutschriftanzeige *f; ~ de débit* Lastschriftanzeige *f; ~ d'expédition* Versandanzeige *f; ~ des experts* Sachverständigengutachten *n; ~ au lecteur* Vorwort *n; ~ au public* (öffentliche) Bekanntmachung *f; ~ de réception* Empfangs-, Rückschein *m;* **~é, e** [-ze] *a* klug; vorsichtig; **~er I.** *tr* an=kündigen (*qn de qc* jdm etw); an=zeigen; benachrichtigen; *com* avisieren; **II.** *itr* überlegen, nach=denken (*à* über *acc*); sorgen (*à* für); **III.** *v prn s'~* **1.** bemerken, wahr=nehmen, gewahr werden (*de qc* gen); **2.** auf den Gedanken kommen, darauf verfallen (*de* zu); *s'~ de faire qc* sich unterstehen, es sich ein=fallen lassen, etw zu tun; *~ aux moyens* auf Mittel und Wege sinnen; *il est temps d'~* es ist Zeit, sich darum zu kümmern, e-n Ausweg zu finden; *de quoi s'avise-t-il?* was fällt ihm ein? *on ne s'avise jamais de tout* man kann nie an alles denken.

avitaminose [avitaminoz] *f med* Vitaminmangel *m.*

aviver [avive] *tr* **1.** beleben; **2.** *(Feuer)* an=fachen, schüren; **3.** *(Schmerzen)* vermehren.

avocat, e [avɔka] *m f* **1.** Rechtsanwalt *m,* -wältin *f;* (plädierender) Anwalt; Verteidiger(in *f*) *m;* **2.** Fürsprecher(in *f*) *m; ~-conseil* Rechtsbeistand *m; ~ général* Vertreter *m* des Generalstaatsanwalts; *m; ~ d'office* Pflichtverteidiger *m.*

avoine [avwan] *f bot* Hafer *m; flocons m pl d'~* Haferflocken *f pl.*

avoir [avwar] **I.** *tr* **1.** haben, besitzen; *~ de l'argent* Geld haben; *n'~ pas le sou, pas un centime, (pop) pas un radis* keinen Pfennig haben; *~ de quoi* wohlhabend sein; *~ de quoi vivre* genug zum Leben haben; **2.** *(Gegenstand)* haben, halten; *~ une canne à la main* e-n Stock in der Hand halten; *~ des marchandises en magasin* Waren führen; **3.** *(Kleidung)* tragen; *~ un veston gris* e-e graue Jacke tragen; **4.** *(Zugehörigkeit) ~ les cheveux blonds* blonde Haare haben; *~ l'oreille fine* gut hören; ein gutes Gehör haben; **5.** *(Umfang) le mur a deux mètres de haut* die Mauer ist 2 m hoch; **6.** *(Eigenschaften) ~ le cœur sur la main* offenherzig sein; *~ du courage* Mut haben, mutig sein; *~ qualité pour* berechtigt, befugt sein zu; **7.** *(Empfindungen, Bedürfnisse) ~ besoin* nötig haben, brauchen (*de qc, de qn* etw, jdn); *~ envie* Lust haben (*de* zu); *~ grand besoin d'argent* in Geldverlegenheit sein; *~ faim, soif* hungrig, durstig sein; Hunger, Durst haben; *j'ai froid* ich friere, mir ist kalt; *j'ai chaud* mir ist warm; *~ l'estomac, le ventre creux* e-n leeren Magen haben; e-n Wolfshunger haben; *~ mal à la tête* Kopfweh haben; *~ confiance en qn* Vertrauen zu jdm haben; *~ tendance à faire qc* dazuneigen, etw zu tun; *j'ai à cœur de* es liegt mir am Herzen zu; **8.** *(Beziehung) ~ commerce avec qn* mit jdm verkehren; *n'~ qu'à faire* nur zu tun brauchen; *n'~ que faire de qc* etw nicht brauchen; **9.** *(Zeit, Wetter) ~ le temps* Zeit haben; *~ du beau temps* schönes Wetter haben; *~ 16 ans* 16 Jahre (alt) sein; *~ lieu* statt=finden; **10.** *(be-*

kommen) ~ *la parole* das Wort haben; ~ *le prix* den Preis erhalten; ~ *qn (fam)* jdn erwischen; herein=legen; überzeugen; besiegen; *il nous aura* er wird uns in die Tasche stecken; **11.** *qu'est-ce qu'il a?* was fehlt ihm? was hat er? *(mit prp) en* ~ *(pop)* mutig sein; *en* ~ *assez, (fam) marre* es satt haben; *en* ~ *plein le dos* die Nase voll haben; *en* ~ *à qn* es auf jdn abgesehen haben; *en* ~ *dans l'aile* etwas abbekommen haben; *contre, à qui en a-t-il?* wer hat ihm etwas getan? *j'en ai par-dessus la tête* es hängt mir zum Hals raus; ~ *pour but* zum Ziel haben; ~ *pour ami, ennemi* zum Freund, Feind haben; **12.** *(mit y) il y a* es gibt, es ist (sind) vorhanden; *il y avait beaucoup de monde* es waren viele Leute da; *il n'y a pas de quoi* gern geschehen! keine Ursache! *qu'est-ce qu'il y a?* was ist los? *y a-t-il loin d'ici?* ist es weit von hier? *combien de temps y a-t-il qu'il est arrivé?* seit wann ist er da? *il y a deux ans* vor 2 Jahren; es ist 2 Jahre her; **II.** *s m* **13.** Vermögen, Hab u. Gut *n;* Besitz *m;* **14.** Guthaben *n,* Aktiva *n pl; com* Haben *n; bloquer l'*~ das Guthaben sperren; *porter une somme à l'*~ *de qn* jdm e-e Summe gut=schreiben; *doit et* ~ Soll u. Haben *f;* ~ *en banque* Bankguthaben *n;* ~ *sur compte d'épargne* Sparguthaben *n;* ~ *en espèces* Barguthaben *n;* ~ *social* Gesellschafts-, Vereinsvermögen *n;* ~ *en titres* Effektenbesitz *m.*

avoisin|ant, e [avwazinɑ̃, -ɑ̃t] *a* benachbart, angrenzend; **~er** *tr* **1.** an=grenzen (*qc* an e-e S); **2.** *fig* nahe=kommen, sich nähern (*qc* dat).

avort|ement [avɔrtəmɑ̃] *m* **1.** Abtreibung *f;* **2.** *fig* Mißlingen, Fehlschlagen *n; pratiquer l'*~ ab=treiben; *med* e-e Schwangerschaftsunterbrechung vor=nehmen **~er** *itr* **1.** e-e Fehlgeburt haben; **2.** *(Tier)* verwerfen; **2.** *fig* mißlingen, fehl=schlagen, scheitern; *faire* ~ zum Scheitern bringen; **~on** *m* Mißgeburt *f,* Kümmerling. *m.*

avou|é [avwe] *m* (nicht plädierender) Anwalt *m;* **~er I.** *tr* (ein=)gestehen, zu=geben; bekennen; **II.** *v prn s'*~ *coupable* sich schuldig bekennen; *s'*~ *vaincu* sich geschlagen geben.

avril [avril] *m* April *m; faire un poisson d'*~ *à qn* jdn in den April schicken.

ax|e [aks] *m* **1.** Achse *f;* **2.** *tech* Bolzen *m;* **3.** *fig (Straße)* Achse *f;* **4.** *fig pol* Generallinie *f;* ~ *d'atterrissage* Einflugschneise *f;* **~s** *de coordonnées (math)* Koordinatensystem *n;* **~er** *tr fig* aus=richten (*sur* auf *acc*); **~ial, e** *a* axial; Achsen-; **~iome** [-om] *m* Axiom *n,* Grundsatz *m.*

ayant [ɛjɑ̃] *ppr avoir;* ~ **cause** *m* Rechtsnachfolger *m;* ~ **droit** *m* Empfangs-, Bezugsberechtigte(r) *m.*

azalée [azale] *f bot* Azalee *f.*

azimut [azimyt] *m* Azimut *m* od *n; tous* ~*s, dans tous les* ~*s* nach allen Seiten; weltweit; auf allen Gebieten; umfassend; *(Treue)* bedingungslos.

azot|ate [azɔtat] *m chem* Nitrat *n;* **~e** *m chem* Stickstoff *m;* **~é, e** *chem* stickstoffhaltig; **~ique** *a chem acide m* ~ Salpetersäure *f.*

azur [azyr] *m* Azur *m;* Azurblau *n;* **~é, e** *a* azur-, himmelblau.

azyme [azim] *a pain m* ~ ungesäuerte(s) Brot *n; Fête f des A*~*s* Passahfest *n.*

B

baba [baba] **I.** *s m* Rosinenkuchen *m;* **II.** *a inv: (fam) rester* ~ ganz verblüfft, verdutzt sein.
babeurre [babœr] *m* Buttermilch *f.*
babill|age [babijaʒ] *m* **1.** Geplauder *n;* **2.** *(Kind)* Geplapper *n;* **3.** *(Vogel)* Gezwitscher *n;* **~er** [-je] *itr* **1.** schwatzen; **2.** *(Kinder, Frauen)* plappern, schnattern; **3.** *(Vögel)* zwitschern.
babi|nes [babin] *f pl (Hund)* Lefzen; *fam* Lippen *f pl; s'en lécher les* ~ *(fam)* sich die Finger *(nach etwas)* lecken; **~ole** [-bjɔl] *f fam* Kleinigkeit, Lappalie *f.*
bâbord [babɔr] *m mar* Backbord *n.*
babouche [babuʃ] *f* Schlappen, Pantoffel *m.*
babouin [babwɛ̃] *m* Pavian *m.*
bac [bak] *m* **1.** Trog, Bottich; Kasten *m;* Schale *f; (Akku)* Behälter *m;* ~ *à glace* Gefrierfach *n (im Eisschrank);* ~ *de stockage* Vorratsbehälter *m;* **2.** Fähre *f; passer qn en* ~ jdn über=setzen.
bac(calauréat) [bak(alɔrea)] *m* (französische) Reifeprüfung *f.*
baccara [bakara] *m (Spiel)* Bakkarat *n.*
bacchan|al [bakanal] *s m fam* (Höllen-)Lärm *m;* **~ale** *f fig fam* (Sauf-)Gelage *n;* **~te** [bakɑ̃t] *f* Bacchantin *f; pl pop* Schnurrbart *m.*
bâch|e [bɑʃ] *f* **1.** (Wagen-)Plane *f;* **2.** *tech* (Wasser-)Reservoir *n,* Behälter *m;* **3.** *(Gärtnerei)* Glaskasten *m;* **~er** *tr* mit e-r Plane bedecken.
bachelier, ère [baʃəlje, -ɛr] *m f* Abiturient(in *f*) *m.*
bachot [baʃo] *m* **1.** kleine Fähre *f;* **2.** *fam* Reifeprüfung *f;* **~age** [-ʃɔtaʒ] *m* **1.** *fam* Büffelei *f; boîte f à* ~ *(fam)* Presse *f;* **2.** *sport* scharfe(s) Training *n;* **~er** *tr fam* **1.** *(für e-e Prüfung)* büffeln; **2.** *sport* scharf trainieren.
bacille [basil] **1.** *med* Bazillus *m;* **2.** *zoo* Stabheuschrecke *f.*
bâcl|age [bɑklaʒ] *m fam* Pfuscherei *f;* **~er** *tr* **1.** *fam (Arbeit)* (hin=)pfuschen; **2.** *(Angelegenheit)* übers Knie brechen.
bactéri|cide [bakterisid] *a* keimtötend; **~e** [-ri] *f* Bakterie *f;* **~en, ne** [-rjɛ̃, -ɛn] *a* Bakterien-; **~ologie** [-rjɔ-] *f* Bakteriologie *f;* **~ologiste** *m* Bakteriologe *m.*
bad|aud, e [bado, -od] *m f* Gaffer *m; être* ~ gaffen, Maulaffen feil=halten; **~auderie** *f* Gafferei *f;* **~erne** *f fam* (alter) Trottel *m.*
badigeon [badiʒɔ̃] *m* **1.** Tünche *f a. fig;* **2.** Tinktur *f (zum Pinseln);* **~ner** *tr* **1.** tünchen, weißen; **2.** *med* bepinseln; **3.** *hum* an=malen, schminken; **~neur** *m* Anstreicher *m.*
badin, e [badɛ̃, -in] **I.** *a* scherzhaft, launig, spaßhaft; **II.** *s m aero* Fahrtmesser *m;* **~age** *m* Scherzen *n;* **~e** *f* (Reit-)Gerte *f;* **~er** *itr* scherzen, spaßen; *il ne badine pas* er versteht keinen Spaß.
baf|fe, baffre, bâfre [baf(r), bɑfr] *f pop* Ohrfeige *f;* **~ouer** [-fwe] *tr* lächerlich machen, (ver)höhnen; **~ouillage** [-fuj-] *m* **1.** *fam* Gefasel *n;* **2.** *mot arg* Kotzen *n;* **~ouille** *f fam* Schrieb *m;* **~ouiller** *itr* **1.** stammeln, stottern; **2.** faseln; **3.** *mot pop* kotzen.
bâfrer [bɑfre] *itr pop* sich voll=fressen.
bagag|e [bagaʒ] *m* **1.** *meist pl* (Reise-)Gepäck *n;* **2.** *fig* Rüstzeug *n;* Kenntnisse *f pl;* — *avec armes et* ~*s* mit Sack und Pack; *faire enregistrer ses* ~*s* sein Gepäck auf=geben; *plier* ~ *(fam)* sich davon=machen; *retirer ses* ~*s* sein Gepäck (von der Gepäckaufbewahrung) (ab-)holen; *bulletin m de* ~*s* Gepäckzettel, -schein *m; consigne f des* ~*s* Gepäckaufbewahrung *f; enregistrement m des* ~*s* Gepäckaufgabe *f;* ~*s à main* Handgepäck *n;* **~iste** *m (Hotel)* Gepäckträger, Hoteldiener *m.*
bagarr|e [bagar] *f* **1.** Krawall *m;* Schlägerei *f;* **2.** *fam fig* harte(s) Ringen *n;* **~er I.** *itr* **1.** *fam* kämpfen, streiten; **2.** *fig* sich heftig einsetzen (*pour* für); **II.** *v prn se* ~ sich prügeln (*avec qn* mit jdm); **~eur** *m* Kampfhahn *m.*
bagatelle [bagatɛl] *f* **1.** Kleinigkeit, Bagatelle *f;* **2.** Liebschaft *f;* — *être porté sur la* ~ *(pop)* ein Schürzenjäger sein; *perdre son temps à des* ~*s* mit nebensächlichen Dingen seine Zeit verlieren.
bagn|ard [baɲar] *m* Sträfling *m;* **~e** *m* Zuchthaus *n* mit Zwangsarbeit *(bis 1946);* **~ole** [-ɲɔl] *f fam (Auto)* (alter) Kasten *m,* Mühle *f;* Auto *n; (grosse* ~*)* Straßenkreuzer *m.*
bagou(t) [bagu] *m* Zungenfertigkeit *f; avoir du* ~ *(fam)* ein gutes Mundwerk haben.
bagu|e [bag] *f* **1.** (Finger-)Ring *m;* **2.** *tech* Buchse *f;* (Schleif-)Ring *m* **3.** *(Zigarre)* Bauchbinde *f;* — *porter une* ~ *au doigt* e-n Ring am Finger tragen; ~ *de fiançailles* Verlobungsring *m;* **~enauder** *itr fam* bummeln, sich herum=treiben; **~er** *tr* **1.** *(Vogel)* beringen; **2.** *(Baum)* ringeln; **3.** *(Zigarre)* mit e-r

Bauchbinde versehen; **4.** *(Schneiderei)* an≈, zs.≈heften; **~ette** *f* **1.** (dünner) Stab *m,* Stäbchen *n;* Gerte, Rute *f;* **2.** (Profil-, Zier-)Leiste *f;* **3.** *mus* Taktstock *m;* **4.** Zeigestock *m;* **5.** lange(s), dünne(s) Brot *n;* **6.** *(Strumpf)* Ziernaht *f;* — *mener qn à la ~* jdn an der Kandare haben; *(fig) tout marche à la ~ (fam)* alle spuren; *~ magique, de fée* Zauberstab *m; ~ de sourcier, divinatoire* Wünschelrute *f.*

bah [bɑ] *interj* pah! ach was! Unsinn!

bahut [bay] *m* **1.** Anrichte *f;* Truhe *f;* **2.** Mauerbekrönung *f;* **3.** *(Schule)* Penne *f;* **4.** *arg* Taxi, Auto *n;* schwere(r) Brummer *m.*

bai, e [bɛ] **I.** *a (Pferd)* (rot)braun; **II.** *s m* Braune(r) *m;* **~e** *f* **1.** Bucht, Bai *f;* **2.** (Wand-, Mauer-) Öffnung *f;* breite(s) Fenster *n;* **3.** *tech* Rahmen *m;* Gestell *n;* — *~ de fenêtre, de porte* Fenster-, Türöffnung *f; ~s d'un parking* Parkstreifen *m pl;* **4.** Beere *f.*

baign|ade [bɛɲad] *f* Baden; Bad *n;* Badeplatz *m;* **~er** [beɲe] **I.** *tr* **1.** baden; **2.** *(Pferd)* in die Schwemme reiten; **3.** *(Reisfeld)* bewässern; **4.** *(Fluß)* durchfließen, durchströmen; vorbei≈fließen (*qc* an e-r S); bespülen; **5.** benetzen (*de* mit); **6.** *fig* ganz ein≈tauchen; überstrahlen, überglänzen; **II.** *itr* eingetaucht sein; *(in e-r Flüssigkeit)* liegen, schwimmen; **III.** *v prn se ~* (sich) baden; *~ dans son sang* in s-m Blut schwimmen; *baigné de larmes* tränenüberströmt; *baigné de soleil* sonnenüberflutet; *baigné de sueur* in Schweiß gebadet; **~eur, se** *m f* **1.** Badende(r *m*) *f;* **2.** *m* (Zelluloid-)Babypuppe *f;* **~oire** *f* **1.** Badewanne *f;* **2.** *theat* (Parterre-)Loge *f.*

bail [baj] *m, pl baux* **1.** Miete, Pacht; Vermietung *f;* **2.** Pacht-, Mietvertrag *m;* — *donner à ~* verpachten; *prendre une maison à ~* ein Haus mieten; *c'est un ~! fam* das ist e-e lange Zeit! **~ler** *tr: vous me la baillez belle, bonne* Sie wollen mir (wohl) e-n Bären auf≈binden; **~leur, leresse** [bajœr, bajrɛs] **1.** *m f* Vermieter(in *f*), Verpächter(in *f*); **2.** *~ de fonds* Geldgeber(in *f*) *m.*

bâill|ant, e [bɑjɑ̃, -ɑ̃t] *a* **1.** *(Abgrund)* gähnend; **2.** *(Tür)* halboffen; **3.** *(Spalt)* klaffend; **~ement** *m* **1.** Gähnen *n;* **2.** Klaffen *n;* **~er** *itr* **1.** gähnen (*de* vor, aus); **2.** *(Tür)* klaffen; **3.** *(Kragen)* nicht richtig anliegen; **~on** *m* Knebel *m;* — *mettre un ~ à qn (fig)* jdm den Mund stopfen; **~onner** *tr* **1.** knebeln *a. fig;* **2.** *fig* mundtot machen.

bain [bɛ̃] *m* Bad *n; pl* Badeanstalt *f; envoyer qn au ~ (fam)* jdm die kalte Schulter zeigen; *être, tremper dans le ~ (pop)* Bescheid wissen; *prendre un ~ de foule (fam)* sich unter das Volk mischen; *~ d'air, de soleil* Luft-, Sonnenbad *n; ~-marie m tech* Wasserbad *n; ~ de siège, de pieds* Sitz-, Fußbad *n.*

baïonnette [bajɔnɛt] *f* Seitengewehr *n; douille f à ~* Bajonettfassung *f.*

bais|emain [bɛzmɛ̃] *m* Handkuß *m;* **~er** [be(ɛ)ze] **I.** *tr* **1.** *lit* küssen (*qn à, sur* jdn auf); **2.** *pop* schlafen (*qn* mit jdm); **II.** *s m* Kuß *m; pop se faire ~* beschissen werden; sich erwischen lassen; *on n'y baise rien (arg Schule)* es ist nicht zu kapieren.

baiss|e [bɛs] *f* **1.** Sinken, Fallen *n;* Verminderung *f;* Rückgang; **2.** *com* (Preis-) Sturz *m,* Sinken *n; (Börse)* Baisse *f;* **3.** *mar* Ebbe *f;* — *les cours sont en ~* die Kurse fallen; *~ des prix* Preissenkung *f,* -rückgang, -abbau *m; ~ de production, de température* Produktions-, Temperaturrückgang *m;* **~er** [be(ɛ)se] **I.** *tr* **1.** niedriger hängen, setzen, stellen, machen; **2.** *(Vorhang)* herab≈, herunter≈ lassen; **3.** *(Autofenster)* herunter≈ lassen; **4.** *(Radio)* leiser (ein≈)stellen; **5.** *mus* tiefer stimmen; **6.** *(Licht)* ab≈blenden; **7.** *(Augen)* nieder≈schlagen; **8.** *(Preis)* herunter≈, herab≈setzen, senken; **II.** *itr* **1.** sich vermindern; **2.** fallen, sinken; **3.** ab≈nehmen; schwächer werden; nach≈lassen; **4.** *mus* tiefer werden; **5.** *(Preis)* zurück≈gehen; **III.** *v prn se ~* sich beugen, sich bücken, sich neigen; sich senken; — *~ les prix* die Preise senken *od* drücken; **~ier** *m* Baissespekulant *m.*

bajo|ue [baʒu] *f* **1.** *(Schwein, Kalb)* Backe *f;* **2.** *(Mensch)* Hängebacke *f;* **~yer** [baʒwaje] *m* **1.** Schleusenwand; **2.** *(Fluß)* Ufermauer *f.*

bakélite [bakelit] *f* Bakelit *n.*

bal [bal] *m* **1.** Ball *m;* Tanzvergnügen *n;* **2.** *(salle f de ~)* Ballsaal *m;* — *ouvrir le ~* den Ball eröffnen; *~ costumé, masqué* Kostüm-, Maskenball *m;* **~ade** *f fam* Sparziergang, Bummel *m;* **~ader** **I.** *tr fam (Kind)* spazieren≈führen; **II.** *v prn se ~ (fam)* spazieren≈gehen; herum≈bummeln; *envoyer qn ~* jdn weg≈schicken; *fam* jdn zum Teufel, Kukuck schicken; *se ~ en auto* im Auto spazieren≈fahren; **~adeur, se** **1.** *m f* Bummler(in *f*) *m;* **2.** *f* Handlampe *f;* **3.** *f (Fahrzeug)* Anhänger *m.*

balafr|e [balafr] *f* Hiebwunde; Schmarre *f;* Schmiß *m;* **~er** *tr* e-n Schmiß bei≈bringen (*qn* jdm).

balai [balɛ] *m* **1.** (Kehr-)Besen *m;* **2.** *el* Bürste *f;* — *donner un coup de ~* aus≈kehren; *manche m à ~* Besenstiel *m.*

balan|ce [balɑ̃s] *f* **1.** Waage *f a. astr;* **2.** *com* Bilanz *f;* Abschluß; Saldoauszug *m;* **3.** *pol* Gleichgewicht *n;* — *faire pencher la ~ (fig)* den Ausschlag geben; *~ du commerce extérieur* Außenhandelsbilanz *f; ~ de cuisine* Küchenwaage *f;* **~cé, e** *a: être bien ~ (Person)* gut gebaut sein; ~**celle** *f* Hollywoodschaukel *f;* ~**cement** *m* **1.** Schaukeln, *(Hüften)* Wiegen; *(Arme)* Schlenkern *n;* **2.** *fig* Ausgewogenheit, Harmonie *f;* Ebenmaß *n;* ~**cer I.** *itr* **1.** *fig (Mensch)* schwanken, **2.** *(Sache)* in der Schwebe sein; **II.** *tr* **3.** *(remuer qc)* schaukeln; hin- u. her=bewegen; ~ *les jambes* mit den Beinen baumeln; ~ *la tête* mit dem Kopf wackeln; ~ *les hanches* sich in den Hüften wiegen; ~ *un objet* e-en Gegenstand (weg=, hin=)schmeißen; **4.** *fig (se débarasser de)* sich e-r S *(gen)* entledigen; *(e-en Angestellten)* entlassen; *(e-e Frau)* sitzen=lassen; **5.** *(équilibrer)* ins Gleichgewicht bringen, im Gleichgewicht halten; **6.** *(Gemälde, Satz)* ab=runden, harmonisch gestalten; **7.** *(Kräfte)* aus=gleichen, auf=wiegen; gleich=kommen *(e-r S (dat);* **8.** *(Ausgaben)* decken; **9.** *com* be-, aus=gleichen; ab=rechnen; die Bilanz ziehen *(e-r S);* ~ *un compte* ab=rechnen; e-e Rechnung begleichen; **10.** *(comparer) (Vorteile)* gegenea. ab=wägen, prüfen, vergleichen; **III.** *v prn se* ~ **11.** sich wiegen, sich hin= u. her=bewegen; **12.** *(fig)* sich aus=gleichen, sich die Waage halten; — *(fam) je m'en balance* das ist mir egal; ~**cier** *m* **1.** *(Uhr)* Pendel *n;* **2.** *(Seiltänzer)* Balancierstange *f;* ~**çoire** *f* **1.** Schaukel; **2.** Wippe *f.*

balay|age [balɛjaʒ] *m* **1.** Fegen, Auskehren *n;* **2.** *radio* Abtastung *f;* **3.** *mot* Spülung *f;* ~**er** [-e(ɛ)je] *tr* **1.** *(Zimmer)* (aus=)kehren; *(Straße)* fegen; **2.** *(Wind)* (hin=)fegen (*qc* über e-e S); **3.** *(Lichtstrahl)* hin=gleiten (*qc* über e-e S); **4.** *(Hindernis)* beseitigen; **5.** *(Sorgen)* verjagen; **6.** *(Einwand)* vom Tisch fegen; **7.** reinigen; *fam* entlassen (*qn* jdn); ~**ette** *f* Handfeger, Kehrwisch *m;* ~**eur, se** *m f* Straßenkehrer *m; f* (Straßen-)Kehrmaschine *f;* ~**ures** *f pl* Kehricht *m.*

balbuti|ement [balbysimɑ̃] *m* **1.** Stottern, Stammeln *n;* **2.** *meist pl fig* allererste Anfänge *m pl;* ~**er** [-sje] *itr tr* **1.** stottern, stammeln; **2.** *fig* in den Kinderschuhen stecken.

balcon [balkɔ̃] *m* **1.** Balkon *m a. theat;* **2.** *theat* erste(r) Rang *m.*

baldaquin [baldakɛ̃] *m* Baldachin; Bett-, Thron-, Altarhimmel *m.*

Bâle [bɑl] *f* Basel *n.*

balein|e [balɛn] *f* **1.** *zoo* Wal(fisch) *m;* **2.** Fischbein *n;* — *rire comme une* ~ aus vollem Halse lachen; ~**ier** *m* Walfänger *m.*

balèze [balɛz] *a pop* vierschrötig.

balis|age [balizaʒ] *m* **1.** *aero* Befeuerung; **2.** *mar* Betonnung *f;* Baken *f pl; (Kanal)* Fahrwassermarkierung; **3.** *(Straße)* Warnbeschilderung *f;* ~**e** *f* Bake, Boje *f; mar* See-, *aero* Markierungszeichen *n;* ~**er** *tr* **1.** *aero* befeuern; **2.** *mar* betonnen; **3.** *(Straße)* durch Leitpfosten abgrenzen.

balistique [balistik] **I.** *s f* Ballistik *f;* **II.** *a* ballistisch.

baliverne [balivɛrn] *f meist pl* Albernheit *f,* Kindereien, Possen *f pl;* ~*s que tout cela!* alles Unsinn!

Balkans, les [balkɑ̃] *m pl* Balkan *m;*

balkanisation *f* Balkanisierung *f.*

ballade [balad] *f* Ballade *f.*

ball|ant, e [balɑ̃, -ɑ̃t] **I.** *a (Beine)* baumelnd; *(Arme)* schlenkernd; **II.** *s m* **1.** *(Fahrzeug)* Schwanken *n;* **2.** *mar (Tau)* Durchhang *m;* — *marcher les bras* ~*s* im Gehen mit den Armen schlenkern; ~**ast** [-ast] *m* **1.** *(Straße)* Schotter *m;* **2.** *loc* Bettung *f;* **3.** *mar* Ballasttank; *(U-Boot)* Tauchtank *m.*

balle [bal] *f* **1.** Ball *m;* Ballspiel *n; jouer à la* ~ Ball spielen; *prendre, saisir la* ~ *au bond (fig)* die Gelegenheit beim Schopf ergreifen; *à vous la* ~*!* Sie sind dran! ~ *de golf, de ping-pong, de tennis* Golf-, Tischtennis-, Tennisball *m;* **2.** Geschoß *n,* Kugel *f; être atteint, blessé, frappé par une* ~ von e-r Kugel getroffen werden; ~ *de fusil, de revolver* Gewehr-, Revolverkugel *f;* **3.** *com* Ballen *m; mettre en* ~*(s)* in Ballen packen; **4.** Spreu *f;* **5.** *pop (Geld)* ~*s* alte Franken *m pl;* **6.** *fam* Gesicht *n; avoir une bonne* ~ sympathisch aussehen.

ball|er [bale] *itr* hin- u. her=pendeln, baumeln; ~**erine** *f* Ballettänzerin; Ballerina *f;* ~**et** [-lɛ] *m* Ballett *n; maître m de* ~ Ballettmeister *m.*

ball|on [balɔ̃] *m* **1.** (großer) Ball; Fußball *m;* — *donner un coup de tête au* ~ köpfen; *être rapide sur le* ~ schnell am Ball sein; *frapper le* ~ *du poing* fausten; *passer le* ~ den Ball ab=geben; *pousser le* ~ *dans le but, dans les filets* den Ball ins Tor, Netz stoßen; *maîtrise f du* ~ Ballbeherrschung *f;* ~ *de basket-ball, de foot-ball, de hand-ball* Korb-, Fuß-, Handball *m;* ~ *d'entraînement (Boxen)* Punchingball *m;* **2.** Ballon *m; monter en* ~ mit e-m Ballon auf=steigen; *pneu m* ~ Ballonreifen *m;* ~ *d'essai* Versuchsballon *m a. fig;* ~*-sonde m* Registrierballon *m;* **3.** *geog* Kuppe *f; le B*~ *d'Alsace* der Elsässer Belchen *m;* **4.** bauchige(s) Trinkglas *n;* **5.** *chem* Glaskolben, -ballon *m;* ~**onnement** *m med* Blähung *f;* ~**onné** *a* med aufgebläht; *(Kleid)* aufgebauscht; ~**ot** [-lo] *s m* **1.** *(Bücher)* Packen *m;* **2.** *fam* Dummkopf *m;* ~**ottage** [-lɔ-] *m pol* unentschiedene Wahl *f; scrutin m de* ~ Stichwahl *f;* ~**ottement** *m* Schaukeln *n;* ~**otter I.** *tr* hin- u. her=schütteln, -werfen; schaukeln; ~ *qn* jdn zwischen Furcht u. Hoffnung schweben lassen; **II.** *itr* hin- u. her=rutschen; *être ballotté entre des senti-*

ments contraires von widerstreitenden Gefühlen hin- u. hergerissen werden; **~ottine** *f (Küche)* kleine Galantine *f.*

bal(l)uchon [balyʃɔ̃] *m fam* Bündel *n; faire son ~* sein Bündel schnüren.

balnéaire [balneɛr] *a: station f ~* Seebad *n.*

balourd, e [balur, -urd] **I.** *a* schwerfällig, plump; ungewandt; ungeschickt; **II.** *s m* **1.** Tölpel, Tolpatsch *m;* **2.** *tech* Unwucht *f;* **~ise** *f* Ungeschicklichkeit; Schwerfälligkeit, Tolpatschigkeit *f.*

balsam|ine [balzamin] *f bot* Springkraut *n;* **~ique** *a* balsamisch.

balustr|ade [balystrad] *f* Geländer *n;* Brüstung *f.*

bambin, e [bɑ̃bɛ̃, -in] *m fam* kleine(r) Junge *m.*

bamboch|er [bɑ̃bɔʃe] *itr* ein tolles Leben führen; **~eur** *m fig* Nachtschwärmer *m.*

bambou [bɑ̃bu] *m* Bambus(stab) *m;* — *(pop) avoir le coup de ~* bekloppt, totmüde sein.

bamboula [bɑ̃bula] *f: (pop) faire la ~* tüchtig feiern.

ban [bɑ̃] *m* **1.** *pl* Aufgebot *n;* **2.** Trommelwirbel; Tusch *m;* **3.** *fam* Beifall *m;* **4.** *mettre qn au ~ de la société* jdn gesellschaftlich ächten, jdn schneiden; **~al, e** *a* **1.** gemeinnützig; **2.** *fig* gewöhnlich, alltäglich, abgedroschen; *article m ~* Artikel *m* des täglichen Bedarfs; *propos m ~* Gemeinplatz *m;* **~alisation** *f* allgemeine Verbreitung *f;* **~aliser** *tr* zu e-m Gemeinplatz machen; der Allgemeinheit zur Verfügung stellen; **~alité** *f* Abgedroschenheit, Alltäglichkeit, Plattheit *f; débiter des ~s* abgedroschenes Zeug reden.

banan|e [banan] *f* **1.** Banane *f;* **2.** *fig mil fam* Auszeichnung *f;* **3.** *fiche f ~* Bananenstecker *m;* **4.** *(Auto)* Stoßstangenhorn *n;* **~ier** *m* Bananenstaude *f,* -dampfer *m.*

banc [bɑ̃] *m* **1.** Bank *f;* **2.** *geol* Schicht *f;* **3.** *tech* Werkbank *f;* **4.** (Fisch-)Schwarm *m;* — *~ des accusés* Anklagebank *f; ~ d'argile* Tonschicht *f; ~ de brume* Nebelbank *f; ~ d'essai* Prüf-, Bremsstand; *fig* Prüfstein *m;* Erstling(swerk *n*) *m; ~ de glace* Eisbank *f,* -feld *n; ~ de harengs* Heringsschwarm *m; ~ d'huîtres* Austernbank *f; ~ de nuages* Wolkenbank *f; ~ de sable* Sandbank *f; ~ de tourneur* Drehbank *f;* **~able** *a* bankfähig; **~aire** *a* Bank-.

banc|al, e [bɑ̃kal] *pl ~als* **I.** *a* **1.** krummbeinig; hinkend; **2.** *(Gegenstand)* wack(e)lig; **3.** *fig* falsch, unlogisch; **II.** *s m* krummbeinige(r) Mensch *m;* **~o** [-ko] : *faire ~ (Bakkarat)* die Bank halten; **~roche** *a* **1.** *fam* krummbeinig; **2.** *fig* gewunden, schief.

band|age [bɑ̃daʒ] *m* **1.** Verband *m,* Bandage *f;* **2.** *(Rad)* Beschlag; Reifen *m;* **3.** *(Autoreifen)* Decke *f;* — *appliquer un ~* e-n Verband an=legen; *~ herniaire* Bruchband *n;* **~agiste** *m* Bandagist *m.*

band|e [bɑ̃d] *f* **I. 1.** Band *n;* Binde *f;* Streifen; **2.** *phot* Film(streifen) *m;* **3.** *(Billard)* Bande *f;* **4.** *tech* Bandeisen *n;* Leiste; Schiene; Einfassung *f;* **5.** *com* Streifband *n;* **6.** *mar* Schlagseite; Krängung *f;* **7.** *radio* Band *n,* Bereich *m;* **8.** *par la ~ (fig fam)* auf Umwegen; *enregistrer sur ~ magnétique* auf (Ton-)Band auf=nehmen; *obtenir qc par la ~ (fam)* etw hintenherum erreichen; **9.** *~ collante* Klebstreifen *m; ~ élastique* Gummizug *m; ~ enregistrée* besprochene(s) Band *n; ~ d'espaces verts, de verdure* Grünstreifen, -gürtel *m; ~ de fréquence* Wellenbereich *m; ~ isolante, isolatrice* Isolierband *n; ~ magnétique* Tonband *n; ~ de papier* Papierstreifen *m; ~ perforée* Lochstreifen *m; ~ de terrain* Geländestreifen *m; ~ transporteuse* Förder-, Transportband *n;* **II. 1.** Schar *f,* Haufen *m,* Bande *f;* Schwarm *m; fam* Clique *f;* **2.** *(Wölfe)* Rudel *n; (Büffel)* Herde *f; (Vögel)* Zug, Flug *m; (Rebhühner)* Kette *f;* **3.** *en, par ~s* scharen-, haufenweise; *(Tiere)* rudelweise; **4.** *(pop) ~ de lâches!* feige Bande! *faire ~ à part* sich ab=sondern; *chef, meneur m de la ~* Bandenführer *m; ~ de voleurs* Diebesbande *f;* **~eau** *m* **1.** Binde *f;* (Stirn-, Mützen-, Haar-)Band *n;* **2.** *arch* Leiste *f,* Sohlgesims *n;* **3.** Anzeigenstreifen *m;* — *avoir un ~ sur les yeux (fig)* mit Blindheit geschlagen sein; **~elette** *f* Bändchen *n;* **~er** *tr* **1.** *(Augen, Wunde)* verbinden; **2.** *(Feder)* spannen; **3.** *(Muskeln)* straffen; **~erole** *f* **1.** Wimpel *m;* **2.** Spruchband *n;* **~it** [-di] *m* Bandit; Gauner *m;* **~othèque** *f* Magnetbandarchiv *n;* **~oulière** *f* Trag-, Schulterriemen *m; porter un appareil photographique en ~* e-n Fotoapparat umgehängt tragen.

bang [bɑ̃g] **I.** *s m* (Überschall-)Knall *m;* **II.** *interj* päng.

banjo [bɑ̃ʒo] *m mus* Banjo *n.*

banlieu|e [bɑ̃ljø] *f* Stadtrandgebiet *n;* Vorortzone *f,* Vororte *m pl; grande ~* Einzugsgebiet *n (von Paris); train m de ~* Vorortzug *m;* **~sard** [-zar] *m* Vorortbewohner *m.*

bannière [banjɛr] *f* **1.** Banner *n;* Kirchenfahne *f;* **2.** *pop* Hemd *n.*

bann|ir [banir] *tr* **1.** verbannen; *jur* des Landes verweisen; **2.** fort=jagen; entfernen; *~ de la mémoire* aus dem Gedächtnis tilgen; **~issement** *m jur* Verbannung *f.*

banqu|e [bɑ̃k] *f* **1.** Bank *f;* Bankgeschäft *n,* Bankwesen *n;* **2.** *avoir un compte en ~* ein Bankkonto haben; *déposer de l'argent dans une/à la ~* Geld auf die

Bank legen; *se faire ouvrir un compte à la* ~ sich ein Bankkonto ein=richten; **3.** *billet m de* ~ Banknote *f; crédit m en* ~ Bankkredit *m; frais m pl de* ~ Bankspesen *pl;* ~ *d'affaires* Investitionsbank *f;* ~ *agricole* Landwirtschaftsbank *f;* ~ *commerciale, de commerce* Geschäftsbank *f;* ~ *de dépôts* Depositenkasse *f;* ~ *de données* Datenbank *f;* ~ *d'émission* Notenbank *f;* ~ *d'épargne* Sparkasse *f;* ~ *d'escompte* Diskontbank *f;* ~ *des mots* Wortbank *f;* ~ *de prêts* Darleh(e)nskasse *f;* ~ *du sang* Blutbank *f;* ~ *de virement* Girokasse *f;* **~eroute** *f* Bankrott *m;* **~eroutier** *m* Bankrotteur *m;* **~et** [-kɛ] *m* Bankett; Festessen *n;* **~eter** *itr* tafeln; schmausen; **~ette** *f* **1.** Bank *f;* **2.** *(Böschung)* Absatz *m,* Berme *f;* — *jouer devant les ~s (theat)* vor leerem Haus spielen; **~ier** *m* **1.** Bankier *m;* **2.** *(Spiel)* Bankhalter *m;* **~ise** *f* Packeis *n.*

baobab [baɔbab] *m* Affenbrotbaum *m.*

bapt|ême [batɛm] *m* Taufe *f; conférer le* ~ taufen *(à qn* jdn); *nom m de* ~ Taufname *m;* **~iser** *tr* **1.** taufen; e-n Spitznamen geben *(qn* jdm); benennen; **2.**: ~ *le vin* Wasser in den Wein gießen; **~ismal, e** a: *eau f ~e* Taufwasser *n;* **~istère** *m* Taufkapelle *f.*

baquet [bakɛ] *m* Kübel, Zuber, Bottich *m.*

bar [bar] *m* **1.** Bar(tisch *m*); Stehbierhalle *f;* **2.** Seebarsch *m;* **3.** *phys* Bar *n.*

baragouin [baragwɛ̃] *m* Kauderwelsch *n;* **~er** [-gwine] *fam tr (Sprache)* radebrechen.

baraka [baraka] *f: avoir la* ~ *(fam)* Schwein, Dusel haben.

baraqu|e [barak] *f* **1.** Baracke; Bude *f;* **2.** *fig pop* Bruchbude *f;* Saftladen *m;* — *(pop) casser la* ~ e-n tollen Erfolg haben; ~ *de forains* Jahrmarktsbude *f;* ~ *d'habitation* Wohnbaracke *f;* **~é, e** *fam (Mann)* groß und kräftig; *(Frau)* gut gebaut; — *elle est bien* ~ sie hat e-e gute Figur; **~ement** *m* Barackenlager *n;* Baracken *f pl.*

barat|erie [baratri] *f mar* Baratterie *f;* **~in** *m pop* faule Ausrede, Schwindel, Schmus *m; faire du* ~ *à qn* jdn ein=seifen *fig;* **~iner I.** *itr fam* schöne Worte machen, dummes Zeug reden; **II.** *tr* einreden *(qn* auf jdn); zu beschwatzen versuchen; **~ter** *tr* buttern.

barbant, e [barbɑ̃, -ɑ̃t] *a fam* langweilig.

barbaque [barbak] *f pop* Fleisch *n.*

barbar|e [barbar] **I.** *a* barbarisch; unzivilisiert, ungesittet; unmenschlich; grausam, roh; **II.** *s m* Barbar; Rohling *m;* **~ie** *f* Barbarei; Kulturlosigkeit; Roheit; Grausamkeit *f;* **~isme** *m* sprachliche(r) Schnitzer *m.*

barb|e [barb] *f* **1.** Bart(haar *n*) *m;* **2.** *(Ähre)* Granne *f;* **3.** *(Papier)* rauhe(r) Rand *m;* **4.** *tech* Gußnaht *f;* — *à la* ~ *de qn* in jds Gegenwart, vor jds Nase; jdm zum Trotz; *avoir de la* ~ e-n Bart haben; *se (faire) faire la* ~ sich rasieren (lassen); *rire dans sa* ~ *(fig)* sich ins Fäustchen lachen; *(pop) la ~! quelle ~! (fam)* das ist todlangweilig; jetzt langt's aber! *pour la* ~ *ou les cheveux?* Rasieren oder Haarschneiden? *brosse f, savon m à* ~ Rasierpinsel *m,* -seife *f;* ~ *en pointe* Spitzbart *m;* **~eau** *m* **1.** *zoo* Flußbarbe *f;* **2.** *pop* Zuhälter *m;* **~ecue** [barbəkju] *m* Holzkohlengrill *m;* **~elé, e** *a: fil m de fer* ~ Stacheldraht *m;* **~er** *tr fam* langweilen; **~iche** *f* Kinnbärtchen *n;* **~illon** [-jɔ̃] *m* **1.** *(Hahn)* Kehllappen *m f;* **2.** *zoo* Bartfaden *m;* **3.** *(Angel)* Widerhaken *m;* **~on** *m fam* alte(r) Knacker *m.*

barbot|age [barbɔtaʒ] *m* **1.** Plätschern *n;* **2.** *tech* Tauchbad *n;* **~er I.** *itr* (herum=)plätschern; *(im Schlamm)* (herum=)waten; **II.** *tr pop* stibitzen, klauen; **~euse** *f* Spielhöschen *n pl.*

barbouill|age [barbujaʒ] *m* (Mauer-)Anstrich *m; (Malerei)* Kleckserei *f;* **~er I.** *tr* **1.** ver-, beschmieren, besudeln; **2.** *(Leinwand)* beklecksen; *(Papier)* bekritzeln; **3.** *(Wand)* an=streichen; **4.** *fig fam (den Magen)* um=drehen, verderben; **II.** *v prn se* ~ sich eintrüben *(Wetter); avoir le cœur barbouillé* sich unwohl fühlen; **~eur, se** *m f fig* Kleckser *m.*

barbouze [barbuz] *m pop* Geheimpolizist *m.*

barbu, e [barby] *a* **1.** bärtig; behaart; **2.** mit Grannen versehen.

barc|arolle [barkarɔl] *f mus* Barkarole *f;* **~asse** *f* Barkasse *f.*

bard|a [barda] *m arg* **1.** *mil* Gepäck *n;* **2.** *fam* Kram, Krempel *m;* **~eau** *m* (Dach-)Schindel *f; toil m de ~x* Schindeldach *n;* **~er 1.** *(Küche)* mit Speckscheiben umwickeln; spicken; **2.** *être bardé de décorations* ordengeschmückt sein; **3.** *pop: ça va* ~ das wird was absetzen.

barème [barɛm] *m* Tabelle; (Lohn-)Skala *f;* Tarif(ordnung *f*) *m;* Preistafel *f;* — ~ *de conversion* Umrechnungstabelle *f;* ~ *de l'impôt* Steuertabelle *f;* ~ *des tarifs de chemin de fer* Eisenbahntarif *m;* ~ *des frets* Frachttarif *m.*

barge [barʒ] *f* **1.** *zoo* Uferschnepfe *f;* **2.** Schleppkahn *m.*

baril [bari(l)] *m* (kleines) Faß *n;* ~ *de goudron, de harengs, de poudre* Teer-, Herings-, Pulverfaß *n;* **~let** [-rijɛ] *m* **1.** Fäßchen *n;* **2.** *(Uhr)* Federgehäuse *n;* **3.** *(Revolver)* Trommel *f;* **4.** *(Schloß)* Zylinder *m.*

bariol|age [barjɔlaʒ] *m* Farbengemisch *n;* **~é, e** *a* bunt(scheckig).

barman [barman] *m* Barmixer *m.*
baro|mètre [barɔmɛtr] *m* Barometer *n; le ~ monte, descend, est au beau fixe, à la pluie, au variable* das Barometer steigt, fällt, steht auf schön, auf Regen, auf veränderlich; **~métrique** *a: pression f ~* Luftdruck *m.*
baron, ne [barɔ̃, -ɔn] *m f* Baron(in *f*) *m.*
baroque [barɔk] **I.** *a* **1.** seltsam, wunderlich; eigenartig; verschnörkelt; **2.** *arch* barock; **II.** *s m* Barock *n* od *m.*
barou|d [barud] *m fam* Kampf *m;* **~deur** *m* kampflustige(r) Mensch *m;* **~f, ~fle** *m pop* Spektakel, Klamauk, Krawall *m.*
barqu|e [bark] *f* Barke *f;* Kahn *m,* Boot *n; — mener, conduire la ~ (fig)* den Ton an=geben; *il mène bien sa ~* er versteht sein Geschäft; *~ à rames, à voiles, de pêcheur* Ruder-, Segel-, Fischerboot *n;* **~ette** *f* **1.** Kahn *m;* **2.** Löffelbiskuit *m.*
barr|age [baraʒ] *m* **1.** (Ab-)Sperrung; (Straßen-)Sperre *f;* **2.** Talsperre *f;* Stauwerk, -wehr *n;* Damm *m;* **3.** *psych* Sperre *f; — établier un ~* e-e Sperre errichten; *faire ~ à qn* jdm Hindernisse in den Weg legen; *match m de ~* Ausscheidungsspiel *n; ~ optique immatériel* Lichtschranke *f; ~ de retenue* Staubecken *n; ~ de rue* Straßensperre *f.*
barre [bar] *f* **1.** Stab *m;* (Quer-) Stange *f;* Querleiste; *el* Schiene *f;* **2.** *jur* Gerichtsschranke *f;* **3.** (Metall-)Barren *m;* **4.** *mar* Barre, Sandbank *f;* Brandungsgürtel *m;* **5.** Ruder *n;* **6.** (Quer-)Strich *m;* **7.** *mus* Taktstrich; *m;* **8.** *sport* Reckstange *f; (Barren)* Holm *m; (Hochsprung)* Latte *f; — avoir le coup de ~ (fam)* plötzlich todmüde werden; *avoir ~ (s) sur qn* auf jdn großen Einfluß haben; *prendre, tenir la ~ (fig)* das Ruder fest in die Hand nehmen, in der Hand halten; *c'est de l'or en ~ (fig fam)* das ist Gold wert; *~ fixe* Reck *n; ~s parallèles (sport)* Barren *m;* **~é, e 1.** *(Straße)* gesperrt; *(Tür)* verriegelt; **2.** *(Scheck)* gekreuzt; **~eau** *m* **1.** (Gitter-)Stab *m;* **2.** *(Leiter)* Sprosse *f;* **3.** *jur* Anwaltsstand *m;* die Anwälte; *être inscrit au ~* Anwalt sein.
barr|er [bare] **I.** *tr* **1.** *(Straße)* (ver)sperren; **2.** *(Scheck)* kreuzen; **3.** *(Wort)* (aus=)streichen; **II.** *v prn se ~ (pop)* verschwinden, ab=hauen, verduften; *— ~ le passage, la route à qn* jdm den Weg versperren; *fig* jdm Steine in den Weg legen; **~ette** *f* **1.** Barett *n;* Kardinalshut *m;* **2.** Anstecknadel; (Ordens-, Haar-) Spange *f;* **~eur** *m mar* Rudergänger *m;* **~icade** *f* Barrikade; (Straßen-) Sperre *f;* **~icader I.** *tr (Straße)* versperren; *(Tür)* verrammeln; **II.** *v prn se ~* sich verbarrikadieren; *— ~ sa porte (fig)* für niemand(en) zu sprechen sein; **~ière** *f* Schranke *f;* Schlagbaum *m;* Absperrung, Barriere *f a. fig; ~ de dégel* Straßensperre *f (im Frühjahr); ~s douanières* Zollschranken *f pl; ~s raciales* Rassenschranken *f pl.*
barrique [barik] *f* Faß *n,* Tonne *f (meist 225 l); être gros comme une ~ (fig)* dick wie e-e Tonne sein; *être plein comme une ~ (pop)* (sternhagel)voll sein.
barr|ir [barir] *itr (Elefant)* trompeten.
bary|e [bari] *f* Mikrobar *n;* **~ton** *m* Bariton *m.*
bas, se [bɑ, bɑ(a)s] **I.** *a* **1.** niedrig, nieder; tief(liegend); **2.** *(Wasser)* seicht, flach; **3.** *(Stimme)* tief, leise; **4.** *(Himmel)* trübe, mit Wolken bedeckt; **5.** *geog* Unter-; Nieder-; tiefer gelegen; **6.** *(Kopf, Ohren)* hängend; **7.** *(Wert)* gering; **8.** *(Preis)* niedrig; **9.** *(Kurs)* flau; **10.** *(Rang)* untergeordnet; **11.** jung, unmündig; **12.** *hist* Spät-; **13.** *à ~ prix* billig, wohlfeil; *à voix ~se* leise; *au ~ bout* am unteren Ende (*de* gen); *en ~ âge* in zartem Alter; *en ce ~ monde* in dieser Welt, auf Erden; **14.** *s'en aller l'oreille ~se (fig)* betreten abziehen; *avoir la vue ~se* kurzsichtig sein *a. fig; faire main ~se sur qc* sich an e-r S vergreifen; *le jour est ~* der Tag geht zu Ende; *le soleil est ~* die Sonne steht tief; **15.** *coup m ~ (sport)* Tiefschlag *m; fig* Gemeinheit *f; marée f ~se* Ebbe *f; ville f ~se* Unterstadt *f; ~-côté m arch* Seitenschiff *n;* Straßenrand; Fuß-, Gehweg *m; ~-fond m* Niederung; *(Fluß, Meer)* Untiefe *f; pl fig (e-r Stadt)* Armenviertel *n; (der Gesellschaft)* Abschaum *m; ~-latin m* Spätlatein *n; ~se pression f (Wetter)* Tiefdruck *m; ~-ventre m* Unterleib *m;* **II.** *adv* nieder, niedrig; tief; **1.** *à ~ de* her-, hinunter von; *en ~* unten; hinunter; *d'en ~* von unten; *en ~ de, au ~ de* am Fuße *gen;* von ... herab; *par en ~* nach unten zu; **2.** *chanter trop ~* zu tief singen; *couler ~ (itr)* unter=gehen; *tr* versenken; *être tombé ~ (fig)* auf einem Tiefpunkt angelangt sein; *être à ~* am Boden liegen; *fig (Pläne)* ins Wasser gefallen sein; *(Person)* erledigt sein; *mettre ~* weg=, nieder=legen; *fig* beiseite schieben; *(Waffen)* nieder=legen, *fig* sich für besiegt erklären; *(Tier)* Junge werfen; *mettre chapeau ~* den Hut ziehen; *fig* jds Überlegenheit an=erkennen; *mettre, jeter à ~* nieder=werfen, zerstören, vernichten; *mettre plus ~* tiefer hängen; *se précipiter la tête en ~* sich kopfüber hinunter=stürzen; *tomber ~ (Kurs)* zs.=brechen; *(Thermometer)* unter Null sinken; *fig* sehr herunter=kommen, auf den Hund kommen; *tomber en ~ de l'échelle* von der Leiter herunter=fallen; *plus ~* weiter unten; später; nachher; *chapeau ~!* Hut ab! *~ les mains, ~ les pattes! (fam)* Hände, Finger weg! **III.** *s m* **1.** untere(r) Teil *m,*

untere(s) Ende *n;* **2.** *(Druckseite, Berg)* Fuß *m;* **3.** *(Kleid)* untere(r) Rand, Saum *m;* **4.** *mus* untere Lage *f;* — *au* ~ *de* am unteren Ende *gen; du* od *de haut en* ~ von oben bis unten; *fig* von oben herab; *par le* ~ von unten her; *regarder qn de* ~ *en haut* jdn von Kopf bis Fuß betrachten; *des hauts et des* ~ ein Auf u. Ab; **IV.** *s m* Strumpf *m; mettre, enlever ses* ~ seine Strümpfe an=, aus=ziehen; *une maille de mon* ~ *a filé* ich habe e-e Laufmasche; ~ *sans couture* nahtlose(r) Strumpf *m;* ~ *de laine* Woll-, *fig* Sparstrumpf *m.*

basalte [bazalt] *m* Basalt *m.*

basan|e [bazan] *f* (braunes) Schafleder *n;* **~é, e** *a* sonn(en)verbrannt.

bascul|ant, e [baskylɑ̃, -ɑ̃t] *a* kippbar; schwenkbar; umlegbar; **~e** *f* **1.** Brük-ken-)Waage; Wippe, Kippe *f;* **2.** Schaukel *f; cheval m à* ~ Schaukelpferd *n; fauteuil à* ~ Schaukelstuhl *m; politique f de* ~ Schaukelpolitik *f;* **~er I.** *tr* **1.** (um=)kippen; **2.** *(Telefongespräch)* um=legen; **II.** *itr* **3.** umstürzen; **4.** *(Person)* das Übergewicht bekommen; **5.** *(Wetter)* umschlagen; **6.** *fig* sich völlig verändern; **7.** *(Mehrheit)* umfallen, umschwenken, übergehen (*dans* zu); ~ *du côté du plus fort* sich auf die Seite des Stärkeren schlagen.

bas|e [bɑz] *f* **1.** Grundlage *f;* **2.** *(Geometrie)* Grundfläche, Grundlinie *f;* Unterbau *m,* Basis *f;* **3.** *(Säule)* Fuß; Untersatz, Sockel *m;* **4.** *math* Grundzahl *f;* **5.** *mil* Basis; Bereit-, Ausgangsstellung *f;* Stützpunkt *m;* **6.** *chem* Base *f;* Grundbestandteil *m;* **7.** *mus* Grundton *m;* **8.** *fig* Grundlage, Basis *f,* Fundament *n;* **9.** *pol* Basis; Zelle *f;* **10.** *sur la* ~ *de* auf Grund *gen; établir, poser, jeter les* ~*s* die Grundlagen legen; *être à la* ~ *de qc* e-r Sache zugrunde liegen; *prendre qc pour* ~ etw zugrunde legen; *servir de* ~ *à un calcul* e-r Berechnung als Grundlage dienen; **11.** *abattement m à la* ~ Freibetrag *m (Steuer); industries f pl de* ~ Grundstoffindustrie *f; prix m de* ~ Grundpreis *m; produit m de* ~ Grundstoff *m; salaire m de* ~ Grundlohn *m;* ~ *de calcul* Berechnungs-, Kalkulationsgrundlage *f;* ~ *d'imposition* Besteuerungsgrundlage *f;* ~ *juridique, légale* Rechtsgrundlage *f;* ~ *de lancement (Raketen)* Abschußbasis *f;* **~é, e** *a mil* stationiert; **~er I.** *tr fig* stützen, aufbauen (*sur* auf *acc*); **II.** *v prn se* ~ *sur* beruhen, sich stützen auf *acc;* **~ilic** [baz-] *m* **1.** *zoo* Basilisk *m;* **2.** *bot* Königskraut *n;* **~ilique** *f arch* Basilika *f;* **~ique** *a* basisch.

basket-ball [baskɛtbol] *m* Korbball *m.*

basque [bask] **I.** *a* baskisch; *béret m* ~ Baskenmütze *f;* **II.** *s f* (Rock-)Schoß *m; être toujours pendu aux* ~*s de qn (fam)* jdm nicht von den Fersen gehen.

basse [bɑ(a)s] *f* **1.** Baß *m;* Baßstimme *f;* Bassist *m; (Klavier)* Baßsaite; -geige *f;* **2.** ~*-cour f* Hühnerhof *m;* **~ment** *adv* gemein, niederträchtig.

bassesse [basɛs] *f (Gefühle, Gedanken)* Niederträchtigkeit, Erbärmlichkeit; *(Handlung)* Gemeinheit *f.*

basset [basɛ] *m* Dachshund, Dackel *m.*

bassin [basɛ̃] *m* **1.** (Fluß-, Kohlen-)Becken, Bassin *n;* **2.** *mar* Hafenbecken *n,* Binnenhafen *m;* **3.** *geog anat* Becken *n;* **4.** Mulde *f;* flache(s) Sohlental *n;* ~ *d'un fleuve* Stromgebiet *n;* ~ *de la fontaine* Brunnenbecken *n;* ~ *houiller* Steinkohlenbecken *n;* ~ *hygiénique* Bettschüssel *f;* ~ *minier* Bergbaugebiet *n;* **~e** *f* Wanne *f;* **~er** *tr* **1.** an=feuchten; besprengen; **2.** *fam* langweilen; **~et** [-nɛ] *m* Nierenbecken *n.*

bass|iste [bɑ(a)sist] *m* Bassist, Cellist *m;* **~on** *m* Fagott(ist, -bläser *m) n.*

bast|ingage [bastɛ̃gaʒ] *m* Reling *f;* **~ion** [-stjɔ̃] *m* Bastion *f,* Bollwerk *n a. fig;* **~onnade** *f* Tracht *f* Prügel.

bastringue [bastrɛ̃g] *m fam* **1.** Tanzdiele *f;* **2.** *fig pop* Heidenlärm *m;* **3.** *pop* Krimskrams *m.*

bât [bɑ] *m* Packsattel *m; c'est là que le* ~ *le blesse* da drückt ihn der Schuh.

bataclan [bataklɑ̃] *m fam* Kram, Plunder *m; et tout le* ~ und was sonst noch dazugehört.

bataill|e [bataj] *f* **1.** Schlacht *f;* **2.** Schlägerei *f;* **3.** *fig* Kampf *m; avoir les cheveux en* ~ zerzauste Haare haben; *champ m de* ~ Schlachtfeld *n; cheval m de* ~ *(fig)* Steckenpferd; ~ *de boules de neige* Schneeballschlacht *f;* ~ *électorale* Wahlschlacht *f;* **~er** *itr* **1.** *fig* sich herum=streiten; **2.** *fam* sich ab=mühen, sich ab=rackern, sich plagen (*pour* um zu); **~eur, se** *a* streitsüchtig, rauflustig; **~on** *m* **1.** *mil* Bataillon *n;* **2.** *fig: un* ~ *de* e-e Unzahl *gen.*

bâtard, e [bɑ(a)tar, -ard] **I.** *a* Bastard-; unecht; nicht reinrassig; **II.** *s m f* uneheliche(s) Kind *n.*

bateau [bato] *m* **I. 1.** Schiff *n;* (großer) Dampfer *m; mar* Boot *n; mil* Ponton *m;* **2.** *(fam) monter un* ~ *à qn* jdm e-n Bären auf=binden; *prendre le* ~ mit dem Schiff fahren; **II.** *s m* abgedroschene(s) Thema *n;* — ~*-citerne m* Tanker *m;* ~ *à moteur* Motorschiff *n;* ~*-mouche m* Vergnügungsdampfer *m (auf der Seine);* ~ *de pêche* Fischdampfer *m;* ~ *de plaisance* Segeljacht *f;* ~ *de sauvetage* Rettungsboot *n;* Seenotkreuzer *m;* ~ *à vapeur* Dampfer *m,* Dampfschiff *n;* ~ *à voiles* Segelschiff *n.*

batel|eur [batlœr] *m* Gaukler *m;* **~ier** [-təlje] *m* **1.** (Fluß-)Schiffer *m;* **2.** Fährmann *m;* ~**lerie** [-tɛlri] *f* (Fluß-)Schifffahrt *f.*

bath [bat] *a invar pop* prima, Klasse, großartig.

bât|i, e [bɑ(a)ti] **I.** *a (Gelände)* bebaut; **II.** *s m* **1.** Rahmen *m;* Gestell *n;* Unterbau, Bock *m;* **2.** *(Textil)* Heftstich, -faden *m;* **3.** *(Tür)* Zarge *f;* — *bien* ~ gut gewachsen; ~**iment** *m* **1.** Gebäude *n,* Bau *m;* **2.** Bauhandwerk, -fach *n;* **3.** *mar (großes)* Fahrzeug, Schiff *n;* — *entreprise f de* ~ Bauunternehmen *n; ouvrier m du* ~ Bauhandwerker *m;* ~ *administratif* Verwaltungsgebäude *n;* ~ *marchand* Handelsschiff *n;* ~**ir I.** *tr* **1.** (er)bauen; errichten; **2.** gründen; **3.** *(Programm)* entwerfen; **4.** *(Theorie)* auf=stellen; **5.** *(Satz, Maschine)* konstruieren; **6.** *(Kleid)* heften; **II.** *v prn se* ~ sich bauen; aufgebaut werden; *il s'est bâti* man hat gebaut; *terrain m à* ~ Baugelände *n;* ~**isse** *f* **1.** Mauerwerk; **2.** Bauwerk *n;* ~**isseur** *m* **1.** Erbauer; **2.** *fig* Gründer *m.*

batifol|age [batifɔlaʒ] *m fam* **1.** Herumtoben *n;* **2.** Kinderei *f;* ~**er** *itr fam* **1.** herumtoben; **2.** schäkern.

batiste [batist] *f* Batist *m.*

bâton [bɑ(a)tõ] *m* **1.** Stock; Stab; Knüppel, Prügel *m;* **2.** Stäbchen *n;* Pfahl *m,* Stange *f;* **3.** Schistock *m;* — *mener une vie de* ~ *de chaise (fig)* ein sehr ungeregeltes Leben führen; *mettre des* ~*s dans les roues* Knüppel zwischen die Beine werfen; *parler à* ~*s rompus* vom Hundertsten ins Tausendste kommen; *retour m de* ~ *(fam)* unangenehme Überraschung *f;* ~ *de craie* Stück *n* Kreide; ~ *de rouge (à lèvres)* Lippenstift *m;* ~**ner** *tr* (durch=)prügeln; ~**net** [-nɛ] *m* Stäbchen *n;* ~**nier** *m* Präsident *m* der Anwaltskammer.

batt|age [bataʒ] *m* **1.** *(Teppich)* Klopfen; *(Getreide)* Dreschen; *(Pfahl)* Einrammen *n;* **2.** *fig fam* Rummel *m,* Geschrei *n;* übertriebene Reklame *f;* — *faire beaucoup de* ~ viel Aufheben(s) machen (*autour de* um); ~**ant, e I.** *a: le cœur* ~ mit klopfendem Herzen; *mener qc tambour* ~ etw rasch u. einwandfrei erledigen; *pluie f* ~*e* Platzregen *m; porte f* ~*e* Flügeltür *f;* **II.** *s m* **1.** Tür-, Fensterflügel; **2.** *(Glocke)* Klöppel *m;* **3.** *mar* flatternde(s) Fahnentuch *n;* **4.** *sport* Kämpfer *m;* — *à deux* ~*s* zweiflügelig; ~**e** *f* **1.** Schlägel; *(Steinmetz)* Klöpfel *m;* **2.** Handramme *f;* **3.** Schlagholz *n;* ~**ement** *m* **1.** Schlagen, Klopfen; **2.** *(Hände)* Klatschen; **3.** *(Regen)* Peitschen; **4.** *(Füße)* Stampfen; **5.** *(Tanz)* Battement; **6.** *(Augenlider)* Zukken *n;* **7.** *phys* Schwebung, Überlagerung; **8.** *arch* Schlagleiste *f;* **9.** Zeitraum *m;* Pause *f;* ~ *du pouls* Pulsschlag *m;* ~**erie** *f* **1.** *mil el* Batterie *f;* Akku(mulator), Sammler *m;* **2.** Schlagzeug *n;* **3.** *tech (gleichartige Dinge)* Batterie *f;* — ~ *de chauffage* Heizbatterie *f;* ~ *de cuisine* Küchengeschirr *n; fig pop* Klempner-, Blechladen *m (Orden);* ~ *de projecteurs* Scheinwerferbatterie *f;* ~ *sèche* Trockenbatterie *f;* ~ *de tests* Testreihe *f;* ~**eur** *m* **1.** Drescher; **2.** *(Jagd)* Treiber; **3.** Schlagzeugspieler *m;* **4.** *(~ électrique)* Mixer *m;* **5.** Ramme *f;* ~**euse** *f* Dreschmaschine *f;* ~**oir** *m fig fam* Pranke *f.*

batt|re [batr] **I.** *tr* **1.** schlagen *a. fig sport,* prügeln; **2.** *(Eisen)* schmieden, hämmern; **3.** *(Eier)* rühren; **4.** *(Erde)* fest=stampfen; rammen; **5.** *(Getreide)* dreschen; **6.** *(Karten)* mischen; **7.** *(Teppich)* klopfen; **8.** *(Ufer)* bespülen; **9.** *(Feind)* schlagen, besiegen; — ~ *qn à coups de poing, de pied, de bâton* jdn mit Faustschlägen bearbeiten, mit dem Fuß treten, mit dem Stock schlagen; ~ *la mesure* den Takt schlagen; ~ *le pavé* umher=schlendern; umher=irren; ~ *son plein* auf dem Höhepunkt, in vollem Schwang sein; ~ *un record* e-n Rekord schlagen; ~ *la semelle* mit den Füßen stampfen; ~ *les vitres (Hagel)* an das Fenster schlagen; **II.** *itr* **1.** schlagen, klopfen, pochen; **2.** *(Maschine)* in Gang sein, gehen, laufen; — ~ *des ailes* flattern, mit den Flügeln schlagen; ~ *de l'aile (fig)* auf der Nase liegen; in schlechter Verfassung sein; *(Geschäft)* schlecht=gehen; ~ *des mains* in die Hände klatschen; ~ *des paupières* blinzeln; ~ *pavillon français* unter französischer Flagge segeln; *le cœur lui bat* er hat Herzklopfen; *la pluie bat contre les vitres* der Regen schlägt an die Fenster; **III.** *v prn se* ~ sich schlagen; mitea. kämpfen; sich balgen; (herum=)streiten (*avec* mit); — *prêt à se* ~ kampfbereit; *se* ~ *les flancs pour qc (fig)* wegen e-r S umsonst alle Hebel in Bewegung setzen; *se* ~ *avec qn à coups de poing* sich mit jdm herum=raufen, -prügeln; *je m'en bats l'œil (pop)* ich pfeife darauf; ~**u, e** *a* **1.** geschlagen; verprügelt; gepeitscht; **2.** besiegt; **3.** *(Erde)* gestampft; *(Weg)* ausgetreten; — *avoir les yeux* ~*s* schwarze Ringe um die Augen haben; *suivre les chemins* ~*s (fig)* im alten Geleise, *fam* Trott bleiben; *crème f* ~*e* Schlagsahne *f;* ~ *de la mer, des vents, d'orages* meer-, wind-, sturmgepeitscht; ~**ue** *f* Treibjagd *f.*

baudet [bodɛ] *m fam* Esel *m a. fig*

bauge [boʒ] *f;* **1.** *(Wildschwein)* Suhle *f;* **2.** *(Eichhörnchen)* Nest *n;* **3.** *fig* Schweinestall *m.*

baume [bom] *m* Balsam *a. fig.*

bauxite [bo(ɔ)ksit] *f min* Bauxit *m.*

bavard, e [bavar, -ard] **I.** *a* schwatzhaft, geschwätzig; **II.** *s m f* Schwätzer *m,*

Klatschbase *f;* ~**age** *m* Geschwätz; Gerede *n;* ~**er** *itr* schwatzen; klatschen.

bav|e [bav] *f* **1.** Speichel; Geifer *a. fig;* Schaum *m (um den Mund);* **2.** *(Schnecke)* Schleim *m;* ~**er** *itr* **1.** Speichel, Schleim ab=sondern; **2.** *(Kind) fam* sabbern; **3.** *fig* (be)geifern, Schmutz werfen (*sur qc* auf e-e S); — *en* ~ *(pop)* es schwer haben, sich plagen, schuften; leiden müssen; ~**ette** *f* **1.** Lätzchen *n;* (Brust-)Latz *m;* **2.** *(Küche)* untere(s) Lendenstück *n;* — *tailler une* ~ e-n kleinen Schwatz halten; ~**eux, se** *a* **1.** sabbernd; geifernd; **2.** *(Omelett)* teigig, breiig; **3.** *typ* zs.fließend, unscharf; ~**oir** *m* Lätzchen *n;* ~**ure** *f* **1.** *tech* Gußnaht *f,* Bart *m;* **2.** *typ* unsaubere Stelle *f;* **3.** *sans* ~ *(s) (fig fam)* untadelig, einwandfrei; *(Glück)* vollkommen.

bayer [baje] *itr:* ~ *aux corneilles* Maulaffen feil=halten.

baz|ar [bazar] *m* Basar *m;* Kaufhalle *f; fig quel* ~*!* was für ein Durcheinander! *tout le* ~ *(pop)* der ganze Kram; *de* ~ billig; ~**arder** *tr fam* **1.** verramschen, verscheuern; **2.** weg=schmeißen.

béant, e [beɑ̃, -ɑ̃t] *a* offen; *(Wunde)* klaffend; *(Mund)* offenstehend; *fig* sprachlos (*de* vor *dat*).

béat, e [bea, -at] *a* albern; einfältig, kindlich; ~**ification** *f* Seligsprechung *f;* ~**ifier** *tr* selig=sprechen; ~**itude** *f* **1.** Glückseligkeit *f;* **2.** *rel* Seligkeit *f.*

beau, bel, belle [bo, bɛl] *a* **1.** *(Mensch, Tier, Pflanze)* schön, hübsch; stattlich; wohlgestaltet; *un* ~ *physique* ein schönes Äußeres; *une belle fille (fam)* ein hübsches, fesches Mädchen; *il est bel homme* er ist ein stattlicher Mann; *dévorer, manger à belles dents* gierig verschlingen; *cela vous fait une belle jambe* das nützt Ihnen nicht viel; *porter* ~ den Kopf hoch tragen *a. fig;* **2.** *(Kleidung) fam* elegant, schick; *se faire* ~ sich hübsch an=ziehen; sich fein, schön machen; **3.** *(Natur)* schön, herrlich, lieblich; **4.** *(Wetter)* schön, heiter, ruhig, klar; *un* ~ *soleil* strahlende Sonne *f; avoir* ~ *temps* schönes Wetter haben; *il fait* ~ es ist schön(es Wetter); *un* ~ *jour* od *matin* e-s schönen Tages; *la mer est belle* das Meer ist ruhig; *(fig) à la belle étoile* unter freiem Himmel; **5.** *(zeitlich) il y a* ~ *temps* es ist schon lange her; es ist geraume Zeit verflossen (*que* seitdem); **6.** *(geistig)* schön, glänzend, großartig; geschickt, gewandt; beachtlich; *(Eigenschaften)* bewundernswert; *bel esprit m* geistreiche(r), geistig interessierte(r) Mensch *m;* **7.** *(Verhalten)* passend, schicklich, einwandfrei; *il n'est pas* ~ *(de)* es schickt sich nicht (zu); **8.** günstig, angenehm, vorteilhaft, blühend; interessant; *belle santé f* blühende Gesundheit *f; belle occasion f* günstige Gelegenheit *f; avoir* ~ *jeu avec* leichtes Spiel haben mit; *l'avoir belle* e-e günstige Gelegenheit haben; es gut treffen; *il fait* ~ es ist tröstlich, angenehm, erfreulich (*de* zu); *donner* ~ *jeu à qn* es jdm leicht machen; **9.** *(Umfang, Gewicht, Menge)* schön, hoch, groß, beträchtlich, bedeutend; **10.** *(Tier)* fett; **11.** *une belle somme (d'argent)* e-e schöne, beträchtliche Summe (Geldes); **12.** *(ironisch)* schön, übel, seltsam; *de belles paroles* schöne *od* leere Worte, bloße Redensarten *f pl; vous avez fait du* ~ *travail* da haben Sie was Schönes angerichtet; *tout cela est bel et bon* das ist alles schön u. gut; *il en fait de belles (fam)* er macht schöne Geschichten; *l'échapper belle* mit knapper Not davon=, entkommen; *avoir* ~ *faire qc* vergeblich etw tun; *il a* ~ *faire des efforts* er mag sich noch so sehr an=strengen; *vous avez* ~ *dire* Sie haben gut reden *od* lachen; **13.** *(Verstärkung) au* ~ *milieu* mittendrin (*de* in *dat*); *mourir de sa belle mort* e-s natürlichen Todes sterben; **II.** *s* **1.** *m* das Schöne *n;* **2.** *f (Spiel)* entscheidende Partie *f,* Entscheidungsspiel *n;* — *acheter du* ~ gute Qualität kaufen; *faire le* ~ *(Hund)* Männchen machen; *c'est du* ~*! (fam)* das ist e-e schöne Leistung! *le temps se met au* ~ es wird schönes Wetter; **III.** *adv voir tout en* ~ alles durch e-e rosa Brille, rosig sehen; *bel et bien* bestimmt, unzweifelhaft; rundweg; *tout cela est bel et bien, mais* das ist alles gut u. schön, aber; *de plus belle* von neuem; noch stärker; *de plus en plus* ~ immer besser; ~**x-arts** [-zar] *m pl* schöne Künste *f pl;* ~**-fils** *m* Schwiegersohn; Stiefsohn *m;* ~**-frère** *m* Schwager; Stiefbruder *m;* ~**x-parents** *m pl* Schwiegereltern *pl;* ~**-père** *m* Schwieger-, Stiefvater *m.*

beauté [bote] *f* Schönheit; schöne Frau *f; de toute* ~ wunderschön (*pour* in bezug auf *acc*); einmalig, ungewöhnlich; *être en* ~ besonders hübsch aus=sehen *(Frau); se faire une* ~ *(fam)* sich schminken; *terminer une épreuve en* ~ *(fam)* e-e Prüfung mit Glanz bestehen; *concours m de* ~ Schönheitskonkurrenz *f; crème f de* ~ Schönheitskrem *f, a. m; institut m de* ~ Schönheitssalon *m; produits m pl de* ~ Schönheitsmittel *n pl,* Kosmetika *n pl; reine f de* ~ Schönheitskönigin *f.*

beaucoup [boku] *adv* **1.** viel(e) *(de);* recht, sehr viel; ~ *de monde* viele Leute; *c'est* ~ *pour son âge* das ist viel für sein Alter; *c'est un peu* ~ *(fam)* das ist ein bißchen viel; *il y en a* ~ *qui* ... es gibt viele, die ...; **2.** sehr; *merci* ~ danke sehr, vielmals; *aimer* ~ sehr, leidenschaftlich gern haben; *s'intéresser* ~ *à* *qc* an e-r S sehr, lebhaft interessiert sein; **3.** lange; *cela ne durera pas* ~ es dauert nicht lange; **4.** viel, weit; ~ *meilleur, plus* weit besser, viel mehr; ~ *trop* viel zuviel; **5.** *de* ~: *il s'en faut de* ~ es fehlt viel daran; noch lange nicht; *dépasser de* ~ bei weitem übertreffen; **6.** *à* ~ *près* bei weitem nicht.

bébé [bebe] *m* kleine(s) Kind, Baby *n; emmailloter un* ~ ein Kind wickeln; *faire le* ~ *(fam)* sich kindisch benehmen.

bébête [bebɛt] **I.** *a fam* dumm, einfältig; **II.** *sm: gros* ~ Dummerchen *n.*

bec [bɛk] *m* **1.** *(Vogel, fam Mensch)* Schnabel *m;* **2.** *(Feder)* Spitze *f;* **3.** *(Kanne)* Tülle, *fam* Schnauze *f;* **4.** *(Pfeife, mus)* Mundstück *n;* **5.** *tech* Nase *f;* Brenner *m;* — *avoir le* ~ *bien affilé* ein gutes Mundwerk haben; *avoir* ~ *et ongles (fig)* Haare auf den Zähnen haben; *en avoir jusqu'au* ~ *(fam)* voll, satt sein; *laisser qn le* ~ *dans l'eau* jdn im ungewissen lassen; *tomber sur un* ~ *(pop)* auf ein unerwartetes Hindernis stoßen; *prise f de* ~ *(fam)* Streit *m;* ~*-de-lièvre m med* Hasenscharte *f.*

béc|ane [bekan] *f fam* Fahrrad *n;* ~**arre** *m mus* Auflösungszeichen *n;* ~**asse** *f* **1.** (Wald-)Schnepfe *f;* **2.** *fig fam* (dumme) Gans *f;* ~**assine** *f* **1.** *zoo* Sumpfschnepfe *f;* **2.** *fig* Gänschen *n.*

bêch|age [bɛʃaʒ] *m* Umgraben *n;* ~**e** [bɛʃ] *f* Spaten *m;* ~**er** [be(ɛ)ʃe] **I.** *tr* (um=)graben; *fig fam* durch=hecheln (*qn* jdn); **II.** *itr fig* eingebildet sein; ~**eur** *m* hochnäsige(r) Kerl *m;* ~**euse** *f* eingebildete Person *f.*

béch|amel [beʃamɛl] *f* Bechamelsoße, -tunke *f.*

bécot [beko] *fam* Küßchen *n;* ~**er** [-kɔte] *tr fam* ab=küssen, ab=knutschen.

bequ|ée [bɛke] *f: donner la* ~ *à un bébé* e-n Säugling füttern; ~**etance** *f pop* Futter, Essen *n;* ~**eter, béqueter** *tr* **1.** *(Vögel)* picken; **2.** *fam* futtern.

bedaine [bədɛn] *f fam* Wanst *m.*

bedeau [bədo] *m* Küster *m.*

bedon [bədɔ̃] *m fam* (Schmer-)Bauch *m;* ~**ner** [-dɔne] *itr* e-n Bauch an=setzen.

Bédouin, e [bedwɛ̃, -in] *m* Beduine *m.*

bé|e [be] *a f: être bouche* ~ *devant qn* jdn an=staunen, rückhaltlos bewundern; *rester bouche* ~ Mund u. Nase auf=sperren; ~**er** [bee] *itr:* ~ *d'admiration* vor Verwunderung den Mund weit auf=sperren.

beffroi [bɛfrwa] *m* Uhr-, Rathausturm *m.*

bég|aiement [begɛmɑ̃] *m* Stottern *n;* ~**ayer I.** *tr* (daher=) stottern; stammeln; **II.** *itr* stottern, ~**onia** [begɔnja] *m bot* Begonie *f.*

bègue [bɛg] **I.** *s m f* Stotterer *m;* **II.** *a: être* ~ stottern.

bég|ueule [begœl] **I.** *s f* prüde Frau *f;* **II.** *a* prüde, zimperlich; ~**uin** [-gɛ̃] *m avoir un* ~ *pour qn (fam)* in jdn vernarrt sein; *faire un* ~ e-e Eroberung machen.

beige [bɛʒ] *a* beige; sandfarben.

beign|e [bɛɲ] *f pop* Ohrfeige *f;* ~**et** [-ɲɛ] *m* Krapfen *m.*

bel [bɛl] *s. beau.*

bêl|ement [bɛlmɑ̃] *m (Schaf)* Blöken; *(Ziege)* Meckern *n;* ~**er** *itr* **1.** blöken; meckern; **2.** *fam* mit zitternder Stimme singen.

belette [bəlɛt] *f zoo* Wiesel *n.*

bél|ier [belje] *m* **1.** *zoo astr* Widder *m;* **2.** *tech* Rammbär *m.*

bell|adone [bɛladɔn] *f bot* Tollkirsche *f;* ~**âtre** *m* Geck *m.*

belle [bɛl] *s. a. beau;* **1.** *s f* Schöne *f;* **2.** Entscheidungsspiel *n; la* ~ *au bois dormant* Dornröschen *n;* ~**-fille** *f* Schwiegertochter; Stieftochter *f;* ~**s-lettres** *f pl* Belletristik, schöne Literatur *f;* ~**-mère,** *fam* ~**-maman** *f* **1.** Schwiegermutter *f;* **2.** Stiefmutter *f;* ~**-sœur** *f* Schwägerin; Stiefschwester *f.*

belli|cisme [bɛlisism] *m* kriegerische Gesinnung *f;* ~**ciste** *m* Kriegstreiber *m;* ~**gérant, e I.** *a* kriegführend; **II.** *s m pl* kriegführende Mächte *f pl;* ~**queux, se** *a* **1.** kriegerisch; **2.** streit-, kampflustig.

bel|ote [bəlɔt] *f Art* Kartenspiel *n;* ~**védère** [bɛl-] *m* Aussichtsturm *m,* -platte *f.*

bémol [bemɔl] *m mus* Erniedrigungszeichen *n.*

ben [bɛ̃] *adv s. bien.*

bénédic|ité [benedisite] *m* Tischgebet *n (vor Tisch);* ~**tin** [-dik-] *m* Benediktiner *m;* ~**tine** *f* **1.** Benediktinerin *f;* **2.** Benediktiner(likör) *m;* ~**tion** [-ksjɔ̃] *f* Segen *m;* Einsegnung, Einweihung *f; c'en est une* ~ das ist ein wahrer Segen; ~ *nuptiale* kirchliche Trauung *f.*

bénéfic|e [benefis] *m* **1.** Vorteil, Nutzen *m* (*pop* **bénef** [benɛf]); **2.** *jur* Vorrecht *n;* **3.** *com* Ertrag, Überschuß, Profit *m;* Gewinn *m;* — *au* ~ *de* zugunsten *gen; être intéressé aux* ~*s* am Gewinn beteiligt sein; *rapporter des* ~*s* Gewinn ab=werfen; *marge f de* ~ Gewinnspanne *f; participation f aux* ~*s* Gewinnbeteiligung *f;* ~**iaire** [-sjɛr] **I.** *a* Gewinn-; einträglich, gewinnbringend; **II.** *s m* Begünstigte(r), Berechtigte(r); *(Wechsel)* Nehmer; Remittent *m;* — *être* ~ Gewinn erwirtschaften; ~ *d'une annuité, d'une rente* Rentenempfänger *m;* ~**ier** *tr* Vorteil, Nutzen ziehen (*de, sur* aus); *(Gehalt)* beziehen; *il en a* ~*ié* es ist ihm zugute gekommen.

béné|fique [benefik] *a* **1.** *(Astrologie)*

günstig; **2.** wohltuend; **~volat** *m* ehrenamtliche Tätigkeit; Freiwilligkeit *f;* **~vole** [-vɔl] *a (Hilfe, Dienst)* freiwillig; unbezahlt, ehrenamtlich.
ben|êt [bənɛ] **I.** *s m* Dummkopf *m;* **II.** *a m* dumm.
béni-oui-oui [beni-] *m fam* Jasager *m.*
bén|ignité [beniɲite] *f fam (Krankheit)* Gutartigkeit *f;* **~in, igne** [-nɛ̃, -niɲ] *a* gutartig *a. med,* harmlos; *(Strafe)* mild; **~ir** *tr* **1.** den Segen sprechen (*qc* über e-e S); (ein=)weihen; **2.** preisen, loben; **~it, e** [-i, -it] *a* gesegnet, geweiht; *eau ~e f* Weihwasser *n;* **~itier** [-itje] *m* Weihwasserkessel *m.*
benjamin, e [bɛ̃ʒamɛ̃, -in] *m f* jüngste(s) Kind *n.*
benne [bɛn] *f tech* Wagenkasten; *~ basculante* Kippwagen *m.*
benzol [bɛ̃zɔl] *m* Benzol *n.*
béotien, ne [beɔsjɛ̃, -ɛn] **I.** *a* banausisch, amusisch; *être ~* nichts verstehen (*en* von); **II.** *s m f* Kulturbanause *m.*
béquille [bekij] *f* **1.** Krücke; *fig* Stütze, Hilfe *f;* **2.** *tech* Sporn, Ständer *m;* **3.** Türklinke *f;* Drücker *m.*
ber|bère [bɛrbɛr] **I.** *a* Berber-; **II.** *B~ m* Berber *m;* **~cail** [-aj] *m fig* Schoß *m* der Kirche, Familie *f;* **~ceau** [-so] *m* **1.** Wiege *f;* **2.** *fig* Geburtsstätte, Kindheit *f;* **3.** Anfang, Beginn *m;* **4.** *arch* Tonne *f;* Laubengang *m; voûte f en ~* Tonnengewölbe *n;* **~cer I.** *tr* **1.** wiegen, schaukeln; **2.** *fig (Schmerz)* stillen; **3.** trösten; **II.** *v prn: se ~ de faux espoirs* sich in falschen Hoffnungen wiegen; *~ qn de vaines promesses* jdn mit leeren Versprechungen hin=halten; **~ceur, se I.** *a* wiegend, einlullend; **II.** *s f* Wiegenlied *n.*
béret [berɛ] *m* (Basken-)Mütze *f.*
berg|e [bɛrʒ] *f* **1.** Böschung *f;* (steiles) (Fluß-)Ufer *n;* **2.** *arg* Jahr *n;* **~er** *m* Schäfer *m; chien m de ~* Schäferhund *m;* **~ère** *f* **1.** Schäferin *f;* **2.** Polstersessel *m;* **~erie** *f* Schafstall *m;* **~eronnette** [-rɔnɛt] *f orn* Bachstelze *f.*
berlin|e [bɛrlin] *f* **1.** *mot* viertürige Limousine *f;* **2.** *min* Förderwagen *m;* **~got** [-lɛ̃go] *m* **1.** Karamelbonbon *m* od *n;* **2.** *(für Milch)* tetraedrische Tüte *f.*
berlue [bɛrly] *f: avoir la ~ (fam)* Gespenster sehen; *fig* sich täuschen.
berme [bɛrm] *f* Berme, Bankette *f.*
bern|ache, ~acle [bɛrnaʃ, -akl] *f zoo* **1.** Ringelgans *f;* **2.** Entenmuschel *f;* **~ard-l'(h)ermite** *m* Einsiedlerkrebs *m;* **~e** *f: mettre le pavillon en ~* halbmast flaggen; **~er** *tr* prellen; foppen; an der Nase herumführen; **~ique** *interj fam* weit gefehlt! nichts da!
béryl [beril] *m min* Beryll *m.*
berzingue [bɛrzɛ̃g] *adv: à tout ~ (arg)* wie ein geölter Blitz.
bésef, bézef [bezef] *adv pop* viel.
besogn|e [bəzɔɲ] *f* Arbeit *f; abattre de la ~* tüchtig arbeiten; *aller vite en ~* schnell voran=machen; **~er** *itr* schwer arbeiten; sich ab=mühen; **~eux, se** *a* bedürftig; *(Person)* schlechtbezahlt.
besoin [bəzwɛ̃] *m* **1.** Bedürfnis *n;* Verlangen (*de* nach); Mangel *m;* **2.** *com pl* Bedarf (*en* an) *m;* — *aller faire ses petits ~s (fam)* aufs Klo gehen; *avoir ~ de qn, qc* jdn, etw nötig haben, brauchen; *couvrir les ~s* den Bedarf decken; *être dans le ~* bedürftig sein, Mangel haben; *pourvoir aux ~s de qn* jds Bedürfnisse befriedigen; *je n'ai pas ~ de vous dire que* ich brauche Ihnen nicht zu sagen, daß; *au ~, si ~ est, en cas de ~, s'il en est ~* im Notfall; *est-il ~ de vous dire* ich brauche Ihnen wohl kaum zu sagen (*que* daß); *~ en capital* Kapitalbedarf *m; ~s en énergie* Energiebedarf *m; ~ en matières premières* Rohstoffbedarf *m.*
best|ial, e [bɛstjal] *a* tierisch; viehisch; roh; **~ialité** *f* (viehische) Roheit; *jur* Sodomie *f;* **~iaux** [-tjo] *m pl* Vieh *n; être entassés, parqués comme des ~* wie Vieh zs.gepfercht sein; **~iole** *f* Tierchen *n.*
bêta, ~sse [bɛta, -as] *m f* Dummkopf *m;* dumme Person *f; gros ~!* Dummerchen!
bétail [betaj] *m* Vieh *n; gros, petit* od *menu ~* Groß-, Kleinvieh *n; têtes f pl de ~* Stück *n pl* Vieh.
bêt|e [bɛt] **I.** *s f* Tier *n;* **II.** *a* dumm, einfältig; — *~ comme ses pieds (fam)* strohdumm; *chercher la petite ~* übergenau, peinlich genau sein; *faire la ~* sich dumm stellen; *c'est ma ~ noire* das/der ist mir ein Dorn im Auge; *c'est un travail ~ comme chou* das ist kinderleicht; *~s à cornes* Hornvieh *n;* **~ement** *adv* dumm; blöde; *dire qc tout ~* etw klar und einfach sagen; **~ifier** *itr* dummes Zeug reden; **~ise** [bɛtiz] *f* **1.** Dummheit *f;* dumme(s) Zeug *n,* Unsinn; *m;* **2.** *fig* Kleinigkeit, Lappalie *f.*
béton [betɔ̃] *m* Beton *m;* — *faire le ~ (Fußball)* mauern; *~ armé* Eisen-, Stahlbeton *m; ~ de parement* Sichtbeton *m; ~ précontraint* Spannbeton *m;* **~ner I.** *tr* betonieren; **II.** *itr (Fußball)* mauern; **~nière** *f* Betonmischer *m.*
bette [bɛt] *f bot* Mangold *m;* **~rave** *f* Rübe *f; ~ fourragère, sucrière* Futter-, Zuckerrübe *f.*
beugler [bøgle] **1.** *fam* grölen, johlen; **2.** *(Rinder)* brüllen.
beurr|e [bœr] *m* Butter *f;* — *compter pour du ~ (fam)* überhaupt nicht zählen; *faire son ~* sein Schäfchen ins trokkene bringen; *c'est du ~ (fam)* das ist kinderleicht; *on y entre comme dans du ~* das ist butterweich; *ça ne met pas de ~ dans les épinards (fam)* das

macht den Kohl nicht fett; *œil m au ~ noir* blaue(s) Auge *n; petit ~* Butterkeks *m; ~ d'anchois* Sardellenbutter *f;* **~er** *tr* mit Butter bestreichen; **~ier** *m* Butterdose *f.*

beuverie [bœvri] *f* Sauferei *f.*

bévue [bevy] *f* Versehen *n;* Mißgriff; Schnitzer *m; commettre une ~* e-n Bock schießen.

biais [bjɛ] *m* **1.** schräge Fläche *f;* **2.** *fig* Aus-, Umweg *m; — de, en ~* schräg; schief, von der Seite; *par le ~ de* auf dem Umweg über *acc; par quel ~ le prendre?* auf welche Weise kann man ihm bei=kommen? **~er** *itr* Winkelzüge, Umwege machen.

bibelot [biblo] *m meist pl* Nippsachen *f pl.*

biberon [bibrɔ̃] *m* **1.** *(für Säuglinge)* Fläschchen *n;* **2.** *(für Kranke)* Schnabeltasse *f; élever au ~* mit der Flasche auf=ziehen; **~ner** *itr fam* gern einen heben.

bi|bi [bibi] *m* **1.** *fam* (Damen-)Hütchen *n;* **2.** *(pop) c'est à ~* das gehört mir, meiner Wenigkeit; **~biche** *f fam* mein Herzchen; **~bine** *f fam* Gesöff *n.*

Bibl|e [bibl] *f* Bibel *f; papier m b~* Dünndruckpapier *n;* **~ique** *a* biblisch.

biblio|- [biblijɔ-] in *Zssgen* Buch-, Bücher-; **~bus** [-bys] , **~car** *m* fahrbare Leihbücherei *f;* **~graphie** *f* Bibliographie *f;* **~graphique** *a* bibliographisch; *référence f ~* Quellennachweis *m;* **~mane** *m* Büchernarr *m;* **~phile** *m* Bücherfreund *m;* **~thécaire** *m f* Bibliothekar(in *f*) *m;* **~thèque** *f* **1.** Bücherschrank *m,* -regal *n;* **2.** Bibliothek, Bücherei *f; — ~ de gare* Bahnhofsbuchhandlung *f; ~ de prêt* Leihbücherei *f; ~ specialisée* Fachbibliothek *f.*

bic [bik] *m* WZ Kugelschreiber *m.*

bi|carbonate [bikarbɔnat] *m: ~ de sodium,* Natron *n;* **~centenaire** *m* Zweihundertjahrfeier *f;* **~ceps** [-sɛps] *m* Bizeps *m.*

bich|e [biʃ] *f* Hirschkuh *f; ma petite ~* mein Schätzchen; **~er** *itr pop: ça ~e* es geht gut; **~on** *m* **1.** Malteser *(Hund);* **2.** *fam* Liebling *m (Kind);* **~onner I.** *tr* **1.** kräuseln; *(Kind)* heraus=putzen; **2.** *fig* verhätscheln; **II.** *v prn se ~* sich herausputzen, sich in Schale werfen.

bi|colore [bikɔlɔr] *a* zweifarbig; **~concave** *a* bikonkav; **~convexe** *a* bikonvex; **~coque** [-kɔk] *f fam* Bruchbude *f;* **~corne** *m* Zweispitz *m;* **~cot** [-o] *m arg péj* Araber *m;* **~cyclette** *f* (Fahr-) Rad *n; aller, monter à (en) ~* rad=fahren, radeln.

bidasse [bidas] *m fam* Landser *m.*

bid|e [bid] *m pop* Bauch *m; faire, ramasser un ~ (theat)* e-n Reinfall erleben; **~et** [-dɛ] *m* **1.** (kleines) Reitpferd *n;* Klepper *m;* **2.** Bidet *n;* **~oche** [-dɔʃ] *f pop* Fleisch *n;* **~on** *m* **1.** Kanne *f;* Kanister *m;* **2.** *pop* Bauch *m;* **3.** *fam fig* Bluff, Schwindel *m; — offre f ~* Scheinangebot *n; ~ d'essence, d'huile* Benzin-, Ölkanister *m;* **~onner, se** *v prn fam* sich totlachen *pop* laut lachen; **~onville** *f* Barackenviertel, Elendsquartier *n;* **~ule** *m fam* Dingsda *n.*

biell|e [bjɛl] *f tech* Pleuelstange *f.*

bien [bjɛ̃] **I.** *adv a inv* **1.** *(Art u. Weise)* gut, wohl; schön; recht; weit; viel; sehr; *— aller, se porter ~* sich wohl befinden; *être ~ avec qn* sich mit jdm gut stehen; *voilà qui commence ~!* das fängt ja schön, gut an! *tout lui va ~* alles steht ihm (ihr) gut; *c'est ~ simple* das ist ganz einfach; *il ne se sent pas ~* er fühlt sich nicht wohl; *les gens ~* die feinen Leute, die Oberschicht; *un homme ~* ein ordentlicher Mensch; *~ autrement* ganz anders; **2.** *(Quantität)* sehr, viel, recht, wirklich; allerdings; gern; ungefähr, etwa; ausdrücklich; *— se donner ~ de la peine* sich (sehr) viel Mühe geben; *je voudrais ~ savoir* ich möchte gern wissen; *~ des gens* (sehr) viele Leute; *~ d'autres* zahlreiche, viele andere; *~ entendu* selbstverständlich; *il y a ~ une heure* es ist wohl, ungefähr e-e Stunde her; **II.** *conj: ~ que (mit subj, selten Ind., cond)* obwohl, obgleich; *si ~ que* so daß; *quand ~ même* selbst wenn; sogar wenn; *ou ~* oder aber; *aussi ~ que* ebenso wie; **III.** *(Ausdrücke) eh (od hé) ~!* nun! *~ plus* noch mehr; *tant ~ que mal* so gut wie möglich; wohl oder übel; **IV.** *s m* **1.** Gute(s); Wohl; Beste *n;* **2.** Gut *n,* Habe *f,* Vermögen *n; — faire du ~ à qn* jdm Gutes tun; *mener une entreprise à ~* ein Unternehmen zum Erfolg führen; *vouloir du ~ à qn* es mit jdm gut meinen; *~-aimé, e a* vielgeliebt; *s m f* Liebling *m;* Geliebte(r *m*) *f;* **V.** *~s de consommation* Verbrauchsgüter *n pl; ~s économiques* Wirtschaftsgüter *n pl; ~-être m* Wohlbefinden *n;* Wohlstand *m; ~ foncier* Grundstück *n; pl* Liegenschaften *pl; ~-fondé m jur* Stichhaltigkeit *f; ~-fonds m* Grundstück *n; pl* Liegenschaften *pl; ~s immatériels* geistige Güter *n pl; ~s immobiliers, immeubles* Immobilien *pl,* unbewegliche(s) Vermögen *n; ~s de production* Produktionsgüter *n pl; ~ public* Gemeinwohl *n; ~s réels* Sachwerte *m pl.*

bien|faisance [bjɛ̃fəzɑ̃s] *f* Wohltätigkeit *f;* **~faisant, e** *a* wohltuend; günstig; **~fait** *m* Wohltat *f; pl* Errungenschaften *f pl;* **~faiteur, trice** [-fɛ-] *m f* Wohltäter(in *f*) *m;* **~heureux, se** [bjɛ̃n-] **I.** *a lit* glücklich, glückselig; *rel* selig; **II.** *s m* Selige(r) *m; dormir comme un ~* den Schlaf des Gerechten schlafen; **~nal, e** [bjɛnal] *a* zweijährig; **~séance** *f* Anständigkeit *f; pl* gute Sitten *f pl;* **~tôt**

bald; *à ~!* auf baldiges Wiedersehen! *cela est ~ dit* das ist leicht gesagt; **~veillance** *f* Wohlwollen *n;* **~veillant, e** *a* wohlwollend; **~venu, e I.** *a* willkommen; **II.** *s m f: soyez le (la) ~(e)* seien Sie willkommen! *souhaiter la ~e à qn* jdn willkommen heißen; *discours m de ~e* Begrüßungsansprache *f.*

bière [bjɛr] *f* **1.** Bier *n; — ce n'est pas de la petite ~ (fig fam)* das ist nicht von Pappe; *~ blonde, brune* helle(s), dunkle(s) Bier *n; ~en bouteille, en fût* Flaschen-, Faßbier *n; ~ forte* Starkbier *n;* **2.** Sarg *m; mettre en ~* ein=sargen.

bif|fer [bife] *tr* aus=, durch=streichen; *~fez les mentions inutiles* Nichtzutreffendes streichen; **~teck** [-tɛk] *m* Beefsteak *n; — ~ saignant, à point, bien cuit* wenig, halb-, gut durchgebratene(s) Beefsteak *n; (fam fig) défendre, gagner son ~* s-e Interessen verteidigen; s-e Brötchen verdienen.

bifur|cation [bifyrkasjɔ̃] *f* Abzweigung; Gabelung *f a. fig;* **~quer** *itr* **1.** abbiegen *(vers, sur* nach*);* sich gabeln, ab=zweigen; **2.** *fig fam* umsatteln, überwechseln (*vers la politique* zur Politik).

biga|me [bigam] **I.** *a* in Doppelehe lebend; **II.** *s m* Bigamist *m;* **~mie** *f* Bigamie *f.*

bigarr|é, e [bigare] *a* **1.** bunt (gemustert); **2.** *fig* buntscheckig; **3.** *(Gesellschaft)* gemischt; *grès m ~* Buntsandstein *m;* **~ure** *f* **1.** Buntheit *f;* **2.** *fig* Buntscheckigkeit *f.*

bigler [bigle] **I.** *itr fam* **1.** schielen; **2.** kurzsichtig sein; **II.** *tr fam* ein Auge werfen *(qc* auf etw*).*

big|ophone [bigɔfɔn] *m pop* Quasselstrippe *f;* **~orner** *tr pop* kaputt=machen; beschädigen.

bigot, e [bigo, -ɔt] **I.** *a* frömmelnd, bigott; **II.** *s m f* Frömmler *m;* Betschwester *f;* **~erie** *f* Frömmelei *f.*

bigoudi [bigudi] *m* Lockenwickel *m.*

bigre [bigr] *m interj fam* Donnerwetter! **~ment** [-grə-] *adv fam* verflixt, sehr.

bijou [biʒu] *m pl ~x* **1.** Juwel, Kleinod *n; pl* Schmuck *m;* **2.** *(fam fig) mon ~* mein Schatz; *mettre, porter des ~x* Schmuck an=legen, tragen; **~terie** *f* **1.** Juweliergeschäft *n;* **2.** Schmuckwarenhandel *m,* -industrie *f;* **3.** Schmuck *m; ~ fantaisie* Modeschmuck *m;* **~tier** *m* Juwelier *m.*

bilan [bilɑ̃] *m* **1.** Bilanz *f,* (Jahres-)Abschluß *m;* Schlußabrechnung *f;* **2.** *fig* Endergebnis *n; — déposer son ~* den Konkurs an=melden; *dresser, établir, arrêter un ~* e-e Bilanz auf=stellen; *~ annuel, de fin d'année* Jahresabschluß *m; ~ du commerce extérieur* Außenhandelsbilanz *f.*

bilatéral, e [bilateral] *a* zweiseitig, bilateral.

bilboquet [bilbɔkɛ] *m Art* Spiel *n.*

bil|e [bil] *f* Galle *f; — décharger sa ~ sur qn* seine schlechte Laune an jdm aus=lassen; *se faire de la ~ pour qn (pop)* sich um jdn Sorgen machen; **~er** *v prn: ne pas se ~ pour qn* sich wegen jdm keine Sorge machen; **~eux, se** *a pop* beunruhigt, besorgt; **~iaire** *a* Gallen-; *calculs m pl ~s* Gallensteine *m pl;* **~ieux, se** *a* **1.** gallig; **2.** leicht aufbrausend.

bilingue [bilɛ̃g] *a* zweisprachig.

bill|ard [bijar] *m* **1.** Billard(spiel) *n,* -tisch, -saal *m;* **2.** *pop* Operationstisch *m; — faire une partie de ~* e-e Partie Billard spielen; *c'est du ~ (fam)* das ist kinderleicht.

bill|e [bij] *f* **1.** Billardkugel; Murmel; (kleine) Kugel *f;* **2.** (Holz-)Klotz *m;* **3.** *pop* Gesicht *n;* **4.** *arg* Birne *f; — (fig) reprendre ses ~s* nicht mehr mitmachen; abspringen; *roulement m à ~s* Kugellager *n; stylo m à ~* Kugelschreiber *m;* **~et** [-jɛ] *m* **1.** Eintrittskarte; **2.** Fahrkarte *f,* -schein *m;* **3.** (Geld-)Schein *m,* (Bank-)Note *f;* **4.** *com* Schuldschein, Wechsel *m;* **5.** Schein, Zettel *m;* (Lotterie-)Los *n;* **6.** Briefchen *n,* kurze Mitteilung *f; — prendre un ~* e-e Karte lösen; *je vous donne* od *fiche mon ~ que (fam)* ich schwöre Ihnen, daß; *~ d'aller et retour* Hin- u. Rückfahrkarte *f; ~ de banque* Banknote *f; ~ circulaire, de correspondance* Rundreise-, Umsteigefahrschein *m; ~ collectif, de groupe* Sammelfahrschein *m; ~ de couchette* Liegewagenkarte *f; ~ bon dimanche, d'enfant* Sonntags-, Kinderfahrkarte *f; ~ d'entrée* Eintrittskarte *f; ~ de faveur* Freikarte *f; ~ de fin de semaine, de week-end* Wochenendfahrkarte *f; ~ gagnant, non gagnant* Lotteriegewinn, Treffer *m;* Niete *f; ~ à ordre* Solawechsel *m; ~ de théâtre* Theaterkarte *f;* **~ion** [biljɔ̃] *m* Billion *f;* **~ot** [bijo] *m* (Holz-)Block, Klotz *m.*

bimbeloterie [bɛ̃blɔtri] *f* Herstellung *f,* Vertrieb *m* von Nippsachen.

bi|mensuel, le [bimɑ̃sɥɛl] *a* zweimal im Monat (erscheinend); **~moteur I.** *a m u.* **II.** *s m* zweimotorig(es Flugzeug *n*).

bin|aire [binɛr] *a* binär; **~er** *tr* hacken; **~ette** *f* **1.** (Häufel-)Hacke *f;* **2.** *pop* Rübe *f,* Gesicht *n;* **~oculaire** *a* binokular; **~ôme** *m math* Binom *n.*

bio|chimie [bjɔʃimi] *f* Biochemie *f;* **~dégradable** *a* biologisch abbaubar; umweltfreundlich; **~graphe** *m* Biograph *m;* **~graphie** *f* Lebensbeschreibung, Biographie *f;* **~graphique** *a* biographisch; **~logie** *f* Biologie *f;* **~logique** *a* biologisch; **~logiste** *m* Biologe *m;* **~physique** *f* Biophysik *f;* **~sphère** *f* Biosphäre *f.*

bi|parti, e; ~partite [biparti, -tit] *a*

(Vertrag) zweiseitig; **~place** *a* zweisitzig.

biqu|e [bik] *f fam* Ziege *f; vieille ~ (pop)* alte Schachtel *f (Frau);* **~et, te** [-kɛ, -ɛt] *m f* Zicklein *n.*

birbe [birb] *m pop: vieux ~* alte(r) Knakker *m.*

bis, e [bi, biz] *a* graubraun; *pain ~* Graubrot *n.*

bis [bis] *adv* noch einmal; *mus* da capo; *(bei Hausnummern)* a; *pref:* zweimal, doppel(t); **~aïeul, e** [-z-] *s m f* Urgroßvater *m,* -mutter *f;* **~bille** [bizbij] *f fam* Zank, Zwist *m;* **~cornu, e** *a* **1.** bizarr, seltsam; **2.** *fig fam* verschroben; **~cotte** *f* Zwieback *m;* **~cuit** *m* **1.** Keks *m* od *n;* Biskuit *m;* **2.** Biskuitporzellan *n;* — *~ pour chiens* Hundekuchen *m; ~ à la cuiller* Löffelbiskuit *m;* **~cuiterie** *f* Keksfabrik *f.*

bis|e [biz] *f* **1.** Nord(ost)wind *m;* **2.** *fam* Kuß, *m;* **~eau** [-zo] *m* Fase, schräge Kante *f; en ~* abgeschrägt; **~eauter** *tr* **1.** ab=schrägen; *(Holz)* ab=fasen, ab=kanten; schräg schleifen; facettieren; **2.** *(Karten)* zinken; **~er** *tr fam* e-n Kuß geben (*qn* jdm).

bison [bizɔ̃] *m zoo* Bison *m.*

bisqu|e [bisk] *f* **1.** Krebssuppe *f;* **2.** *pop* Ärger *m;* schlechte Laune *f;* **~er** *itr pop* platzen, sich ärgern; *faire ~ qn* jdn auf die Palme bringen.

biss|er [bise] *tr theat* wiederholen (lassen) (*qn, qc* jdn, etw); **~extil, e** [-sɛks-] : *année f ~e* Schaltjahr *n;* **~exué, e** [-sɛksɥe] *a* zweigeschlechtlich.

bistr|e [bistr] *a inv* schwarzbraun; **~é,e** *a* braungebrannt; **~ro(t)** [-tro] *m fam* Kneipe *f.*

bit [bit] *EDV* Bit *n.*

bit(t)ure [bityr] *f: à toute ~* in aller Eile; *f: (pop) prendre une ~* sich besaufen.

bitum|e [bitym] *m* **1.** Bitumen *n;* **2.** Asphalt *m;* **~ineux, se** *a* bituminös; *schiste m ~* Ölschiefer *m.*

biv|ouac [bivwak] *m* Biwak *n;* **~ouaquer** *itr* biwakieren.

bizarre [bizar] *a* seltsam, sonderbar, wunderlich; **~rie** [-rri] *f* Seltsamkeit, Wunderlichkeit *f.*

bizut(h) [bisy] *m arg* Student *m* im 1. Jahr.

blabla(bla) [blabla(bla)] *m fam* Gequatsche *n.*

black|bouler [blakbule] *tr: se faire ~ (pol)* eine (Wahl-)Niederlage erleiden; *(im Examen)* durchfallen; **~-out** [-aut] *m inv* **1.** *faire le ~* e-e Nachrichtensperre verhängen; **2.** *mil* Verdunkelung *f.*

blafard, e [blafar, -ard] *a* fahl; bleich.

blagu|e [blag] *f* **1.** Tabaksbeutel *m;* **2.** *fig fam* Spaß, Scherz, Ulk *m;* **3.** Possen, Streich *m;* **4.** Schnitzer *m,* Dummheit *f;* — *sans ~?* wirklich? (das ist ja) allerhand! *~ à part* Scherz beiseite; *faire une ~* e-e Dummheit machen; e-n Streich spielen *(à qn* jdm*); raconter des ~s à qn* jdm Witz erzählen; jdm blauen Dunst vor=machen; *sale ~* üble(r) Streich *m;* **~er I.** *itr fam* auf=schneiden; schwindeln; scherzen; **II.** *tr* auf=ziehen, verspotten, sich lustig machen (*qn* über jdn); **~eur, se I.** *a fam* spöttisch; **II.** *s m* Spaßvogel, Witzbold *m.*

blair [blɛr] *m pop* Zinken *m;* **~eau** *m* **1.** *zoo* Dachs *m;* **2.** (Rasier-, Maler-)Pinsel *m;* **~er** *tr: ne pas pouvoir ~ qn* jdn nicht riechen können.

blâm|e [blɑm] *m* Tadel; Verweis *m;* **~er** *tr* tadeln *(qn de* od *pour qc* jdn wegen etw); e-n Verweis erteilen (*qn* jdm); mißbilligen.

blanc, blanche [blɑ̃, blɑ̃ʃ] **I.** *a* **1.** weiß; *(Haut)* hell; *(vor Angst)* bleich **2.** sauber, rein; **3.** *(Blatt)* unbeschrieben, unausgefüllt; **4.** *(Waffe)* blank; **5.** *(Nacht)* schlaflos; *(Stimme)* tonlos; **6.** *(Wahl)* unentschieden; ergebnislos; **II.** *s m f* **7.** *(Rasse)* Weiße(r *m*) *f;* **8.** *s m* Weiß(e) *n;* weiße Farbe *f;* **9.** Weißwein *m;* **10.** Zwischenraum *m,* leere Stelle *f;* **11.** Eiweiß *n;* **12.** *bot* Mehltau *m;* **13.** *com* Weißwaren *f pl;* Kochwäsche *f;* **14.** *aborder qn de but en ~* jdn mir nichts dir nichts an=reden; *battre des ~s en neige* Eiweiß zu Schnee schlagen; *chauffer à ~ (tech)* auf Weißglut erhitzen; *fig* bis zur Weißglut reizen; *devenir ~ comme un linge* weiß wie Kreide werden; *donner à qn carte blanche* jdm freie Hand lassen; *laisser en ~* offen, unausgefüllt, unbeschrieben lassen; *montrer patte blanche* sich als zuverlässig erweisen, sich legitimieren; *regarder qn dans le ~ des yeux* jdn scharf an=sehen; *saigner qn à ~* jdn zum Weißbluten bringen; *fig* jdn aus=saugen; **15.** *chèque m en ~* Blankoscheck *m; examen m ~* Probeprüfung *f; magasin m de ~* Wäschegeschäft *n; pain m ~* Weißbrot *n; signature f en ~* Blankounterschrift *f; viande f blanche* Geflügel-, Kaninchen-, Kalbfleisch *n; ~-bec m* Grünschnabel *m; ~ de poulet* Hühnerbrust *f; ~ d'œuf* Eiweiß *n; ~-seing m* (Blanko-)Vollmacht *f.*

blanch|âtre [blɑ̃ʃɑtr] *a* weißlich; **~e** *f s. blanc; ~-neige f* Schneewittchen *n;* **~eur** *f* Weiß(e *f*) *n;* **~i, e** *a* gebleicht; *(Haar)* ergraut; *(Wand)* geweißt; *je suis ~* es wird für mich gewaschen; **~iment** *m* **1.** Weißen, Tünchen *n;* **2.** Bleichen *n;* **~ir I.** *tr* **1.** weißen; **2.** weiß machen; auf=hellen; **3.** *(Wäsche)* waschen, reinigen (*qn* für jdn); **4.** *(Metall)* blank putzen; **5.** *(Gemüse, Stoff)* bleichen; **6.** *tech* glatt=hobeln; **7.** *fig* rein=waschen (*qn* jdn); **II.** *itr* weiß, bleich werden; *(Haar)* ergrauen; *(Tag)* grauen; **III.** *v*

prn se ~ sich weiß machen; *fig* sich rein=waschen; **~issage** *m (Wäsche)* Waschen *n; envoyer du linge au* ~ Wäsche in die Wäscherei geben; *note f de* ~ Wäscherechnung; **~isserie** *f* Wäscherei, Waschanstalt *f*, -salon *m;* **~isseur, se** *m f* Wäscher (in *f*), *m.*
blanquette [blɑ̃kɛt] *f (~ de veau)* Kalbsblanquette *f.*
blase, blaze [blɑz] *m arg* **1.** Name *m;* **2.** Zinken *m.*
blas|é, e [blɑ(a)ze] **I.** *a* blasiert; **II.** *s m* blasierte(r) Mensch *m;* **~er** *tr* übersättigen, ab=stumpfen; **~on** *m* Wappen(kunde *f*) *n.*
blasph|émateur, trice [blasfematœr, -tris] *m f* Gotteslästerer *m;* **~ématoire** gotteslästerlich; **~ème** *m* Gotteslästerung *f;* **~émer** *tr itr* (Gott) lästern.
blatte [blat] *f zoo* Schabe *f.*
blé [ble] *m* Getreide; Korn *n*, Weizen *m;* — *manger son* ~ *en herbe* sein Geld im voraus aus=geben; *champ m de* ~ Getreidefeld *n; récolte f du* ~ Getreideernte *f.*
bled [blɛd] *m fam* Nest, Kaff *n.*
blêm|e [blɛm] *a* (sehr) bleich, (leichen-) blaß; *(Licht)* fahl; **~ir** [blemir] *itr* bleich, fahl werden; erbleichen, -blassen (*de* vor).
blennorragie [blɛnɔraʒi] *f med* Gonorrhö(e) *f*, Tripper *m.*
bless|ant, e [blɛsɑ̃, -ɑ̃t] *a* verletzend, beleidigend; **~é, e I.** *a* **1.** verwundet; verletzt *(dans un accident d'auto* bei e-m Autounfall); **2.** *fig* beleidigt; **II.** *s m* Verletzte(r); Verwundete(r) *m;* ~ *grave, léger* Schwer-, Leichtverletzte(r) *m;* **~er** *tr* **1.** verletzen, verweunden; **2.** wund reiben, drücken; **3.** *fig* unangenehm berühren, weh tun (*qn* jdm); **4.** *fig* beleidigen, kränken; — ~ *légèrement, grièvement, mortellement* leicht, schwer, tödlich verletzen; ~ *qn au vif* jdn zutiefst verletzten; **~ure** *f* **1.** Wunde, Verwundung, Verletzung *f;* **2.** *fig* Beleidigung *f.*
blet, te [blɛ, -ɛt] *a (Obst)* überreif, teigig.
bleu, e [blø] **I.** *a* **1.** blau; **2.** *fig* wütend; **3.** *(Angst)* schrecklich **II.** *s m* **1.** Blau *n;* **2.** blaue(r) Fleck; **3.** *fam* Rekrut; Neuling *m;* **4.** herbe(r), schlechte(r) Rotwein *m;* **5.** Blaupause *f;* **6.** Monteuranzug, *pop* blaue(r) Anton *m;* **7.** *tirant sur le* ~ mit e-m Stich ins Blaue; *être* ~ *de froid* blau vor Kälte sein; *passer qc au* ~ etw übergehen, nicht berücksichtigen; *j'en suis tout* ~ *(fam)* ich bin ganz platt; **8.** *bifteck m* ~ rasch angebratene(s) Beefsteak *n; carpe f au* ~ Karpfen *m* blau; *peur f* ~*e (fam)* Todesangst *f;* ~ *clair, foncé, gris, horizon, pâle* hell-, dunkel-, grau-, himmel-, blaßblau; **~âtre** *a* bläulich; **~et, bluet** [bløɛ, blyɛ] *m bot* Kornblume *f;* **~ir I.** *tr* blau machen, an=laufen lassen; **II.** *itr* blau werden, an=laufen.
blind|age [blɛ̃daʒ] *m* **1.** *mil mar el* Panzerung *f;* **2.** *tech* Verkleidung *f;* **3.** *el* Abschirmung, Entstörung *f;* **~é, e I.** *a* **1.** gepanzert; **2.** abgeschirmt; **3.** *fig* immun; **II.** *s m* Panzerwagen *m;* **~er** *tr* **1.** panzern; **2.** *el* ab=schirmen; **3.** *fam fig* immun machen; schützen; **4.** *(Schacht)* verschalen.
bloc [blɔk] *m* **1.** Block *m;* **2.** (Holz-) Klotz; Klumpen *m;* **3.** *geol* Scholle *f;* **4.** Anlage *f*, Block *m;* **5.** *fam* Kittchen *n;* **6.** *à* ~ gänzlich, vollständig; *en* ~ im ganzen; in Bausch u. Bogen; *tout d'un* ~ aus e-m Stück; *faire* ~ e-n Block bilden; *travailler à* ~ *(fam)* wie ein Pferd arbeiten; *gonflé à* ~ *(Reifen)* vollgepumpt; *fig pop* voller Energie; **7.** ~ *de caisse* Kassenblock *m;* ~ *à dessin* Zeichenblock *m;* ~ *de granit, de marbre* Granit-, Marmorblock *m;* ~ *erratique* Findling *m (Stein);* ~ *d'habitations* Häuserblock *m;* ~ *moteur* Motorblock *m;* ~*-notes m pl* Notizblock *m;* ~ *s sanitaires* Wasch- und Toilettenanlagen *fpl;* **~age** *m* **1.** Blockieren, Absperren *n;* Verriegelung; Verblockung *f;* **2.** *com* Sperre, Sperrung *f*, Stopp *m;* ~ *des importations* Einfuhrstopp *m;* ~ *des salaires et des prix* Lohn- u. Preisstopp *m;* **~us** [-kys] *m* Blockade, Sperre *f.*
blond, e [blɔ̃, -ɔ̃d] **I.** *a* **1.** blond; **2.** *(Bier, Tabak)* hell; *(Ähren)* goldgelb; **II.** *s m* **1.** (Hell-) Blond *n;* **2.** blonde(r) Mann *m;* **3.** *s f* Blondine *f; fam* helle(s) Bier *n;* **~asse** *a* strohblond; **~in, e** *m f* Blondkopf *m*, Blondine *f;* **~ir I.** *itr* heller, blond, gelblich, golden werden **II.** *tr* **1.** blond, hell färben; **2.** *(Küche)* leicht bräunen.
bloquer [blɔke] **I.** *tr* **1.** blockieren, sperren; verriegeln; **2.** *arch* mit Bruchsteinen aus=füllen; **3.** *tech* fest=stellen, -klemmen, -bremsen; **4.** *(Fußball)* stoppen; **5.** *(Kredit)* sperren; **6.** zusammenfassen, -legen (*sur un seul jour* auf e-n Tag); **II.** *v prn: se* ~ sich fest= fahren; klemmen.
blottir, se [blɔtir] *v prn* sich ducken, sich kauern; sich kuscheln, sich pressen, sich schmiegen (*contre* an *acc*).
blous|e [bluz] *f* **1.** Kittel *m;* (Damen-) Bluse *f;* ~ *de travail* Arbeitskittel *m;* **~er I.** *itr* sich bauschen; **II.** *tr fig fam* täuschen, herein=legen; **~on** *m* **1.** Blouson *n;* kurze, lose Jacke, Joppe *f;* **2.** ~ *noir* Halbstarke(r) *m.*
bluet [blyɛ] *m s. bleuet.*
bluff [blœf] *m* Bluff *m*, Täuschung *f;* **~er** *tr itr fam* bluffen, täuschen.
boa [bɔa] *m zoo (Mode)* Boa *f.*
bob|ard [bɔbar] *m fam* Schwindel *m;* Falschmeldung, (Zeitungs-)Ente *f;* **~ine** *f* **1.** Trommel, Spule, Rolle *f;* **2.** *pop*

Kopf *m;* — *il en fait une* ~ er guckt mürrisch drein; ~ *de film, de pellicules* Filmspule *f,* Rollfilm *m;* **~iner** *tr* (auf=) spulen, -wickeln; **~o** [bobo] *m fam* Wehwehchen *n;* **~(sleigh)** [-slɛg] *m sport* Bob *m.*

bocal [bɔkal] *m* Glasbehälter *m (mit weiter Öffnung);* Einmachglas; Fischglas *n.*

boche [bɔʃ] *m pop péj* Deutsche(r) *m.*

bock [bɔk] *m* **1.** Glas Bier, Seidel *n;* **2.** ~ *à injections (med)* Irrigator *m.*

bœuf [bœf, pl bø] **I.** *s m* **1.** Ochs(e) *m;* Rind; Ochsen-, Kuh-, Rindfleisch *n;* **2.** *fig fam* Bulle *m;* **II.** *a pop* großartig, toll; gewaltig; — *mettre la charrue avant les ~s* das Pferd beim Schwanz auf=zäumen; *travailler comme un* ~ wie ein Pferd arbeiten; *filet m de* ~ Ochsenlende *f,* Rinderfilet *n; langue f de* ~ Ochsenzunge *f; succès m* ~ tolle(r) Erfolg *m; queue f de* ~ Ochsenschwanz *m;* ~ *(à la) mode* garnierte(r) Rinderbraten *m;* ~ *rôti* Rinderschmorbraten *m.*

boh|ème [bɔɛm] *m* Bohemien *m;* **~émien** *m* Zigeuner *m.*

boire [bwar] **I.** *tr itr* **1.** trinken; sich (gern) betrinken; bechern, zechen; *(Tier)* saufen; **2.** *(Löschpapier)* auf=saugen; **3.** *fig* auf=nehmen, verschlingen; **4.** *(Beleidigung)* schlucken, ein=stecken; **II.** *s m* Trinken *n;* **III.** *v prn se* ~ trinkbar sein; sich trinken lassen; — ~ *du café, de l'eau, du lait, du vin* Kaffee, Wasser, Milch, Wein trinken; ~ *un coup (fam)* einen heben; ~ *dans le creux de la main, dans un verre, à même la bouteille* aus der hohlen Hand, aus e-m Glas, aus der Flasche trinken; ~ *à la santé de qn* auf jds Gesundheit *(acc)* trinken; *c'est la mer à* ~ da ist kein Ende abzusehen.

bois [bwa(ɑ)] *m* **1.** Gehölz; Wäldchen *n;* Wald *m;* **2.** Holz *n;* **3.** (Hirsch-)Geweih *n;* **4.** *pl* Holzblasinstrumente *n pl;* **5.** Holzschnitt *m;* **6.** *de* ~ hölzern, aus Holz; *être du* ~ *dont on fait les flûtes (fig)* aus weichem Holz geschnitzt, sehr umgänglich sein; *faire flèche de tout* ~ *(fig)* alle Register ziehen; *montrer visage de* ~ keine Miene verziehen; *je touche du* ~ toi, toi, toi! unberufen! *je vous montrerai de quel* ~ *je me chauffe* ich werde euch (Ihnen) zeigen, was ich kann; **7.** *charbon m de* ~ Holzkohle *f; sciure f de* ~ Sägemehl *n;* ~ *d'acajou, de bouleau, de chêne, de hêtre, de sapin, de tilleul* Mahagoni-, Birken-, Eichen-, Buchen-, Tannen-, Lindenholz *n; n;* ~ *de chauffage, à brûler* Brennholz *n;* ~ *de construction* Bauholz *n;* ~ *contreplaqué* Sperrholz *n;* ~ *de lit* Bettgestell *n;* ~ *de sciage* Schnittholz *n;* **~é, e** *a* bewaldet; **~er** *tr* auf=forsten; **~erie** *f* Holzverkleidung, Holztäfelung *f.*

boisseau [bwaso] *m* Scheffel *m; mettre qc sous le* ~ etw verheimlichen.

boisson [bwasɔ̃] *f* Getränk *n;* — *être pris de* ~ betrunken sein; *débit m de* ~ Ausschank *m;* ~ *rafraîchissante* Erfrischungsgetränk *n.*

boîte [bwat] *f* **1.** Schachtel *f;* **2.** Büchse; Dose *f;* **3.** Kasten *m;* **4.** *tech* Kapsel *f;* Gehäuse *n;* **5.** Briefkasten *m;* **6.** *fam péj* Laden *m;* **7.** *(Schule)* Penne *f;* **8.** *pop* Kittchen *n;* **9.** *fermer sa* ~ *(pop)* die Klappe halten; *mettre qn en* ~ *(fam)* sich über jdn lustig machen; *retirer les lettres de la* ~ den Briefkasten leeren; **10.** ~ *d'allumettes* Streichholzschachtel *f;* ~ *en carton* Pappschachtel *f;* Schutzkarton *m;* ~ *à cigares* Zigarrenkiste *f;* ~ *à conserve* Konservendose *f;* ~ *crânienne* Hirnschale *f;* ~ *à fiches* Zettelkasten *m;* ~ *à gants* Handschuhkasten *m;* ~ *de nuit* Nachtlokal *n;* ~ *à ordures* Abfalleimer; Müllkasten *m;* ~ *à outils* Werkzeugkasten *m;* ~ *à ouvrage* Nähkasten *m;* ~ *postale* Postschließfach *n;* ~ *à poudre* Puderdose *f;* ~ *de prise de courant* Steckdose *f;* ~ *à sable* Sandkasten *m;* ~ *à savon* Seifendose *f;* ~ *de secours, à pansements* Verband(s)kasten *m;* ~ *à sel* Salzfaß *n;* ~ *de vitesse* Getriebe *n.*

boit|er [bwate] *itr* **1.** hinken *a. fig;* humpeln; **2.** *(Tisch)* wackeln; **3.** *fig* hapern; — ~ *du pied droit* auf dem rechten Fuß hinken; **~eux, se I.** *a* **1.** hinkend *a. fig;* humpelnd; lahm; **2.** *(Möbelstück)* wack(e)lig; **3.** *fig* schief; *(Satz)* holp(e)rig; **II.** *s m f* Hinkende(r *m) f.* **~iller** *itr* leicht hinken.

boîtier [bwatje] *m tech* Gehäuse *n;* Kasten *m.*

bol [bɔl] *m* **1.** Schale *f;* **2.** *fam* Chance *f;* — *fam fig avoir du* ~ Schwein haben; *(fam) en avoir ras le* ~ die Nase voll haben; *(fam) ne te casse pas le* ~ mach dir keine Sorgen; *prendre un* ~ *d'air* frische Luft schnappen; **~éro** [-lero] *m* Bolero (-jäckchen *n) m;* **~ide** *m* Rennwagen *m; passer comme un* ~ vorbei=flitzen, -sausen.

bomb|ance [bɔ̃bɑ̃s] *f: faire* ~ schlemmen, schwelgen; **~ardement** *m* Bombardierung *f;* **~arder** *tr* **1.** beschießen; **2.** *aero* bombardieren *a. fig;* mit Bomben belegen; **3.** bewerfen (*de* mit); **4.** *fig fam* auf e-n Posten katapultieren (*qn* jdn); **~ardier** *m* **1.** Bombenflugzeug *n,* Bomber *m;* **2.** Bombenschütze *m.*

bomb|e [bɔ̃b] *f* **1.** Bombe *f, a.* (Glas-) Ballon *m;* **2.** Spraydose *f;* **3.** Sensationsnachricht *f;* — *arriver, tomber comme une* ~ *(fam)* plötzlich, unvermutet hereingestürzt kommen; *éclater comme une* ~ *(fig)* wie e-e Bombe platzen; *faire la* ~ *(pop)* flott leben; *attentat m à la* ~ Bombenattentat *n;* ~ *A,* *atomique* Atombombe *f;* ~ *glacée* Eisbombe *f;* ~ *H, à hydrogène* Wasserstoffbombe *f;* ~ *au plastic* Plastikbombe *f;* ~**é, e** *a* **1.** gewölbt; **2.** *(Glas)* bauchig; ~**er I.** *tr* wölben; aus=bauchen; **II.** *itr* **1.** sich wölben; **2.** *(Holz)* sich werfen; **3.** *(Fahrzeug)* rasen.

bon, bonne [bɔ̃, bɔn] **I.** *a adv* **1.** gut; einwandfrei, richtig, genau; **2.** günstig; angenehm; glücklich; **3.** lustig, witzig; **4.** brav, gutmütig; liebenswürdig; lieb; ordentlich; **5.** tüchtig, beträchtlich; **6.** geeignet, geschickt, brauchbar (*pour* für); **7.** gültig (*pour* für); **8.** fertig, bereit (*à* zu, für); **II.** *s m* **9.** Gute(s) *n;* Gute(r) *m, pl* Gute(n) *m pl;* **10.** Nutzen, Vorteil *m;* **11.** *com* Anweisung *f,* Gutschein *m;* **12.** ~ *an, mal an* im Jahres(durch)schnitt; *assez* ~ ausreichend; *de* ~ *cœur* herzlich gern; *de bonne foi* aufrichtig; gutgläubig; *de bonne heure* früh(zeitig); ~ *marché* billig; *de* ~ *matin* sehr früh; *à* ~ *port* sicher; *pour de* ~, *tout de* ~ wirklich, ernstlich; *sauf bonne fin* unter üblichem Vorbehalt; **13.** *arriver* ~ *premier* mit großem Vorsprung, als erster an=kommen; *avoir bonne main* e-e glückliche Hand haben; *en conter, en dire de bonnes* schöne Geschichten erzählen; *croire, juger* ~ für gut erachten; *être en* ~*s termes avec qn* mit jdm gut stehen; *faire* ~ *poids* gut wiegen; *sentir* ~ gut riechen; *tenir* ~ stand=halten; **14.** *bonne année!* glückliches Neujahr! *à la bonne heure!* so ist's recht! das ist schön! *comme* ~ *vous semble* wie es Ihnen beliebt, nach Ihrem Gutdünken; *j'y mettrai* ~ *ordre* das werde ich schon in Ordnung bringen; *il n'est* ~ *à rien* er ist zu nichts zu gebrauchen; *c'est* ~ *à savoir* das muß man sich merken; *il fait* ~ es ist schönes Wetter; es ist angenehm (*Inf.* zu); *vous en avez de bonnes!* Sie scherzen! *à quoi* ~*?* wozu? **15.** ~ *à boire, à manger* trink-, eßbar; ~ *de commande* Bestellschein *m;* ~ *de livraison* Lieferschein *m;* ~ *mot m* Witz *m;* ~ *au porteur* auf den Inhaber lautende(r) Gutschein *m;* ~ *à tirer* druckreif; ~ *du Trésor* Schatzanweisung *f;* ~ *à tout* Allzweck-.

bon|ace [bɔnas] *f mar* Windstill *f;* ~**asse** *a* zu gut(mütig); ~**bon** *m* Bonbon *m* od *n;* ~**bonnière** *f;* **1.** Bonbonniere *f;* **2.** kleine, elegante Wohnung *f.*

bond [bɔ̃] *m* Sprung, Satz *m; du premier* ~ auf Anhieb; sofort; *faire faux* ~ sein Wort brechen; versetzen (*à qn* jdn); *saisir la balle au* ~ *(fig)* die Gelegenheit beim Schopf ergreifen; ~**e** *f* Spundloch *n;* ~**é, e** *a* überfüllt; ~**ieuserie** *f pej pl* Devotionalien *pl;* ~**ir** *itr* **1.** ab=-, auf=prallen; **2.** (auf=)springen; **3.** hüpfen (*de joie* vor Freude); **4.** in die Höhe fahren; **5.** *(Wellen)* auf=schlagen; — *il me fait* ~ er macht mich rasend; ~**issant, e** *a* hüpfend, springend.

bonheur [bɔnœr] *m* Glück *n;* — *au petit* ~ auf gut Glück; *par* ~ glücklicherweise; *porter* ~ Glück bringen.

bonhom|ie [bɔnɔmi] *f* Gutmütigkeit *f;* ~**me,** *pl bonshommes* **I.** *s m* gutmütige(r) Mensch, gute(r) Kerl, Knirps, kleine(r) Mann; *(vieux* ~*)* Alte(r) *m;* **II.** *a* gutmütig; — *aller, poursuivre son petit* ~ *de chemin* gemächlich s-n Weg gehen; *dessiner des bonshommes* Männchen malen; ~ *de neige* Schneemann *m.*

boni [bɔni] *m* **1.** Überschuß, Mehrbetrag *m;* **2.** Zulage, Prämie *f;* ~**che** *f pop* Minna *f;* ~**fication** *f* Verbesserung; *com* Vergütung *f;* Bonus; Preisnachlaß, Rabatt *m;* ~ *d'intérêts, de prime* Zinszuschüsse *mpl;* Prämienrückvergütung *f;* ~**fier I. 1.** verbessern; **2.** *com* vergüten; **II.** *v prn se* ~ besser werden; sich bessern; ~**ment** *m* **1.** prahlerische Anpreisung; Reklame *f;* **2.** *fam* Quatsch, Schwindel *m;* — *pas de* ~*s!* mach mir (doch) nichts vor!

bonjour [bɔ̃ʒur] *m interj* guten Tag! guten Morgen! *souhaiter, donner le* ~ *à qn* jdm e-n guten Tag wünschen; *simple comme* ~ kinderleicht.

bonne [bɔn] **I.** *f* Hausgehilfin *f;* ~ *à tout faire* Mädchen *n* für alles; ~ *d'enfants* Kindermädchen *n;* **II.** *a f s. bon;* ~*-maman f* Oma *f;* ~**ment** *adv: tout* ~ einfach, wahrhaftig, wahrlich.

bonnet [bɔnɛt] *m* **1.** Mütze; Kappe *f;* **2.** *(Wiederkäuer)* Netzmagen *m;* **3.** *(Büstenhalter)* Schale *f;* — *avoir la tête près du* ~ leicht auf=brausen; *jeter son* ~ *par-dessus les moulins* sich über alles hinweg=setzen; *prendre qc sous son* ~ etw auf seine Kappe nehmen; *c'est blanc* ~ *et* ~ *blanc* das ist Jacke wie Hose; *gros* ~ *(fig)* hohe(s) Tier *n;* ~ *de bain* Bademütze *f;* ~**erie** [-nɛtri] *f* Trikotagen *f pl;* Wirk- u. Strickwarenindustrie *f;* ~**ier, ère** [-ntie, -ɛr] *m f* **1.** Wirk- und Strickwarenhändler(in *f*), -fabrikant; **2.** Wirker *m.*

bonsoir [bɔ̃swar] *m* guten Abend! gute Nacht! *souhaiter, donner le* ~ *à qn* jdm e-n guten Abend wünschen.

bonté [bɔ̃te] *f* **1.** Güte *f;* **2.** *pl* erwiesene Freundlichkeit; **3.** *(Frau)* Gunst *f;* — *ayez la* ~ *de ...* seien Sie so gut u. ... ; ~ *divine!* ach du meine Güte! ~ *du cœur* Herzensgüte *f.*

boomerang [bumrɑ̃g] *m* Bumerang *m; faire* ~ *(fig)* sich als Bumerang erweisen.

bor|ax [bɔraks] *m* Borax *m;* ~**borygme** [-bɔrigm] *m* Magenknurren *n.*

bord [bɔr] *m* **1.** *(Straße, Wald, Brunnen)* Rand *m; (Tisch)* Kante; **2.** Küste *f,* Ufer *n;* **3.** *(Kleid)* Saum *m,* Borte; Einfassung; **4.** *(Hut)* Krempe *f;* **5.** *mar* Bord *m;* Schiff *n; — au ~ de* am Rande *gen;* neben *a. fig; ~ à ~* Seite an Seite; dicht nebenea.; *à ~ de sa voiture* in, mit s-m Auto; *aller, rester à ~* an Bord gehen, bleiben; *être au ~ de* im Begriff sein zu; *être au ~ des larmes* den Tränen nahe sein; *être du ~ de qn* derselben Partei wie jem an≈gehören; die gleiche Meinung wie jem haben; *être sur les ~s de qc* von etw leicht angehaucht sein; *être plein (à) ras ~* randvoll sein; *jeter pardessus ~* über Bord werfen; *virer de ~ (mar)* wenden; *fig* umschwenken; *livre m de ~ (mar)* Logbuch *n; tableau m de ~* Armaturenbrett *n;* **~ée** *f mar* Breitseite *f; — tirer une ~ (mar)* lavieren; *(fam) une ~ d'injures* ein Hagel von Schimpfworten; **~el** *m* Bordell *n; quel ~ ici!* was für e-e Unordnung, ein Saustall!

bord|er [bɔrde] *tr* **1.** ein≈fassen, besetzen, säumen; bördeln; **2.** sich entlang≈ziehen (*qc* an e-r S); *— ~ un lit* das Bettlaken ein≈schlagen; **~ereau** [-də-] *m* Verzeichnis *n;* Liste, Aufstellung *f;* Begleitschein *m; — ~ de caisse* Kassenzettel *m; ~ d'envoi, d'expédition* Begleitschein *m; ~ de versement* Einzahlungsschein *m;* **~ure** *f* **1.** Rand *m;* **2.** Saum *m;* Borte, Einfassung, Verbrämung; Umrandung; Zierleiste *f;* (Hut-) Rand *m;* Rabatte *f; — en ~ de* am Rande *gen,* entlang *dat; en ~ de mer, de la côte* an der Küste; *~ guide-roue* Leitplanke *f.*

bor|e [bɔr] *m chem* Bor *n;* **~éal, e** *a* nördlich; Nord-.

borgne [bɔrɲ] **I.** *a* **1.** einäugig; **2.** *(Hotel)* zweideutig; **II.** *s m f* Einäugige(r *m) f.*

borique [bɔrik] *a chem: acide m ~* Borsäure *f.*

born|e [bɔrn] *f* **1.** Grenz-, Mark-, Eckstein *m;* **2.** *el* Klemme *f;* **3.** *fam* Kilometer *m;* **4.** *pl* Grenzen; **5.** *fig pl* Schranken *f pl; — sans ~s* grenzenlos; *dépasser les ~s* zu weit gehen; *rester planté comme une ~* wie angewurzelt da≈stehen; *se tenir dans des ~s* sich in Grenzen halten; *~ kilométrique* Kilometerstein *m; ~ lumineuse* Leuchtpfosten *m (e-r Verkehrsinsel);* **~é, e** *a* begrenzt, beschränkt *a. fig;* engstirnig, borniert; **~er I.** *tr* **1.** ab≈, begrenzen; **2.** beschränken *a. fig;* **II.** *v prn se ~* sich begnügen (*à* mit), sich beschränken (*à* auf *acc*).

bosquet [bɔskɛ] *m* Wäldchen *n;* Baumgruppe *f.*

boss|e [bɔs] *f* **1.** Beule *f;* **2.** Buckel, Höcker *m;* **3.** Unebenheit, Erhebung *f;* **4.** erhabene Arbeit *f,* Relief *n;* Modellfigur *f; — (fam) avoir la ~ de* begabt sein für; *se faire une ~* e-e Beule bekommen; *rouler sa ~ (fam)* immer auf Achse sein; *ne rêver que plaies et ~s* streitsüchtig sein; **~eler** *tr* **1.** bossieren; **2.** durch Beulen verunstalten; **~er** *itr pop* schuften; **~eur, se** *m f pop* Arbeitstier *n;* **~u, e I.** *a* **1.** buck(e)lig; verwachsen; **2.** krumm; **II.** *s m f* Bucklige(r *m) f; rire comme un ~* sich vor Lachen den Bauch halten.

bot, e [bo, bɔt] *a: pied m ~* Klumpfuß *m.*

bot|anique [bɔtanik] **I.** *a* botanisch; **II.** *s f* Botanik *f:* **~aniste** *m* Botaniker *m.*

bott|e [bɔt] *f* **1.** Bündel, Büschel *n;* **2.** (Schaft-) Stiefel *m;* **3.** *(Fechten)* Stoß, Ausfall *m; — avoir du foin dans ses ~s* Geld wie Heu haben; *(pop) lécher les ~s de qn* vor jdm katzbuckeln; *lier, mettre en ~s* bündeln; *se quereller à propos de ~s* sich wegen nichts u. wieder nichts streiten; *~ en caoutchouc* Gummistiefel *m; ~ de foin, de paille* Bund *n* Heu, Stroh; *~s de sept lieues* Siebenmeilenstiefel *m pl; ~ de radis* Bund *n* Radieschen: **~eler** *tr* bündeln; **~er** *tr (Fußball)* schießen (*un but* ein Tor); *— ~ le derrière, les fesses à qn (pop)* jdm in den Hintern treten; *(fam) ça me botte* das paßt, gefällt mir gut; *chat m botté* gestiefelte(r) Kater *m;* **~ier** *m* Schuhmacher *m.*

Bottin [bɔtɛ̃] *m* Telefonbuch, Fernsprechverzeichnis *n.*

botulisme [bɔtylism] *m* Wurst-, Fleischvergiftung *f.*

bouc [buk] *m* **1.** (Ziegen-)Bock; **2.** Spitz-, Kinnbart *m; — ~ émissaire* Sündenbock *m;* **~an** *m fam* Lärm, Radau *m;* **~aner** *tr* **1.** räuchern; **2.** *(Gesicht)* gerben.

bouche [buʃ] *f* **1.** Mund *m;* **2.** *(Tier)* Maul *n;* Schnauze *f;* Rachen *m;* **3.** Öffnung *f,* Eingang *m;* Loch *n;* **4.** *(Vulkan)* Schlund *m;* **5.** *meist pl (Fluß)* Mündung *f;* **6.** *tech* Mundstück *n; — de ~ en ~* von Mund zu Mund; *avoir mauvaise ~* e-n schlechten Geschmack im Munde haben; *s'embrasser à ~ que veux-tu* sich abknutschen; *faire la petite, la fine ~* sich zieren, sehr wählerisch sein; *faire venir l'eau à la ~* den Mund wäßrig machen; *fermer la ~ à qn* jdm den Mund stopfen; *garder qc pour la bonne ~* etw bis zuletzt auf≈sparen; *rester ~ cousue* den Mund nicht aufmachen; *l'eau en vient à la ~* da läuft e-m das Wasser im Munde zs.; *coins m pl de la ~* Mundwinkel *m pl; fine ~* Feinschmecker *m; provisions f pl de ~* Mundvorrat, Proviant *m; ~-à-~ m (med)* Mund-zu-Mund-Beatmung *f; ~ d'eau* Wasseranschluß *m; ~ d'incendie* Hydrant *m; ~ inutile* unnütze(r) Esser *m; ~-trou m fig* Lückenbüßer; *(Zeitung)* Füller *m;* **~é, e** *a* **1.** verstopft; **2.** *(Wetter)* trübe; *(Himmel)* bedeckt; **3.** *(Fla-*

sche) verkorkt; **4.** *être* ~ *(fig fam)* beschränkt, bekloppt sein; *(Beruf)* keine Aussicht auf Anstellung bieten; **~ée** *f* **1.** Bissen, Mundvoll *m;* **2.** gefüllte(s) Schokoladebonbon *n;* — *ne faire qu' une* ~ *de qc* mit etw schnell fertig werden; *(fam) mettre les ~s doubles* doppelte Arbeit leisten; *il l'a obtenu pour une* ~ *de pain* er hat es für ein Butterbrot bekommen; ~ *à la reine* Königinpastete *f;* **~er I.** *tr* **1.** ver-, zu=stopfen; zu=machen; **2.** *(Flasche)* verkorken; **3.** *(Augen)* zu=halten; **4.** *arch* zu=mauern; zu=schmieren; **5.** *tech* ab=dichten; **6.** *(Weg, Aussicht)* versperren; blockieren; **7.** *fig (Zukunft)* verbauen; **II.** *v prn; se* ~ *le nez* sich die Nase zu=halten; *se* ~ *les yeux, les oreilles* nichts sehen, hören wollen; **III.** *s m* **1.** Fleischer, Metzger, Schlachter *m;* **2.** *fig* Bluthund *m;* **~ère** *f* Fleischers-, Schlachters-, Metzgersfrau *f;* **~erie** *f* **1.** Fleischerei, Metzgerei, Schlachterei *f;* Schlachter-, Fleischer-, Metzgerladen *m;* **2.** *fig* Gemetzel *n;* ~-*charcuterie f* Fleisch- und Wurstwarengeschäft *n.*

bouchon [buʃɔ̃] *m* **1.** Verschluß *m;* Pfropfen, Stöpsel *m;* **2.** Korken; Zapfen; Spund *m;* **3.** Verkehrsstau(ung *f*); **4.** *(an der Angel)* Schwimmer *m;* — *faire sauter le* ~ den Pfropfen knallen lassen; ~ *de paille* Strohwisch *m.*

boucle [bukl] *f* **1.** Schnalle; Spange *f;* Ring *m;* Schlaufe, Öse *f;* Bügel *m;* **2.** (Haar-)Locke *f;* **3.** *(Fluß)* Windung, Schleife *f;* **4.** *aero* Überschlag *m;* — ~ *de ceinture* Gürtelschnalle *f;* ~ *d'oreille, de rideau* Ohr-, Vorhangring *m;* **~er I.** *tr* **1.** an=, zu=schnallen; **2.** *fam* ein=sperren, -schließen; **3.** in Locken legen; **4.** *fam* ab=schließen, beenden; **5.** *pop (Laden)* schließen; **6.** *(Stadtviertel)* abriegeln; — ~ *la boucle* zum Ausgangspunkt zurückkehren; wieder am Ausgangspunkt stehen; **II.** *itr* **7.** sich lokken, sich ringeln; e-e Schleife ziehen; **8.** *aero* e-n Überschlag machen; **9.** *arch* sich wölben; — ~ *une affaire (fam)* e-e Sache erledigen, ab=schließen; ~ *son budget (fam)* über die Runden kommen; mit s-m Gehalt auskommen; ~ *sa malle* seinen Koffer packen; **~ier** [-klije] *m* **1.** Schild *m a. fig;* **2.** *tech* Vortriebsschild *m;* **3.** *fig* Schutz *m.*

bouddh|ique [budik] *a* buddhistisch; **~isme** *m* Buddhismus *m;* **~iste I.** *s m f* Buddhist(in *f*) *m;* **II.** *a* buddhistisch.

boud|er [bude] **I.** *tr* schmollen (*qn* mit jdm); die kalte Schulter zeigen (*qn* jdm); ablehnen (*qc* etw); **II.** *itr* schlecht gelaunt sein; *ne pas* ~ *(à la besogne) (fam)* sich tüchtig ins Zeug legen; **~erie** *f;* **1.** Schmollen *n;* **2.** *fig* Ablehnung *f;* **~eur, se I.** *a* schmollend; **II.** *s m f* Trotzkopf *m.*

boud|in [budɛ̃] *m* **1.** Blutwurst *f;* **2.** *arch* Wulst, Rundstab *m;* **3.** *fam (Mädchen)* Vogelscheuche *f;* **4.** *pl fam fig* Wurstfinger *m pl;* — *en* ~ spiralförmig; *s'en aller en eau de* ~ im Sande verlaufen; *(fam) faire du* ~ schmollen; *ressort m à* ~ Spiralfeder *f;* **~iné, e** *a* eingezwängt; *doigts m pl ~s* (Brat)Wurstfinger *m pl;* **~iner** *tr* **1.** *tech* strangpressen; *text* vorspinnen; **2.** *ça boudine* das sitzt zu eng; **~oir** *m* Boudoir *n.*

bou|e [bu] *f* **1.** Schmutz; Dreck; Schlamm *m;* **2.** *geol* (Schlamm-)Ablagerung *f;* — *traîner qn dans la* ~ jdn in den Schmutz ziehen; *bain m de* ~ Schlammbad *n;* **~ée** [bwe] *f* Boje, Bake *f;* ~ *de sauvetage* Rettungsboje *f,* -ring *m; fig* letzte Rettung *f;* **~eux, se** [buø, -øz] **I.** *a* schmutzig, dreckig; schlammig; *typ* unsauber; **II.** *s m fam* Müllmann *m.*

bouff|ant, e [bufɑ̃] *a* bauschig; *manche f ~e* Puffärmel *m;* **~arde** *f fam* (Tabaks-)Pfeife *f;* **~e I.** *a* komisch; **II.** *s m* **1.** *theat* Buffo *m;* **2.** *s f pop* Fraß *m;* Fresserei *f;* **~ée** *f* **1.** Hauch; Dunst *m;* (Rauch-)Wolke *f;* Qualm; Schwall; **2.** *(Raucher)* Zug *m;* **3.** *fig* Anfall *m;* Anwandlung *f;* — *par ~s* stoß-, ruckweise; *tirer des ~s de sa pipe* qualmen, paffen; ~ *d'air* Luftstoß *m;* ~ *de chaleur (med)* fliegende Hitze *f;* ~ *de parfum* Duftwolke; ~ *de vent* Windstoß *m;* **~er I.** *itr* sich bauschen; **II.** *tr (pop)* fressen; *(pop) avoir envie de* ~ *qn* jdn vor Wut erwürgen können; **III.** *v prn (pop) se* ~ *le nez* sich in den Haaren liegen; **~i, e** *a* **1.** *fig* aufgeblasen; **2.** *(Gesicht)* aufgedunsen; **3.** *(Augen)* geschwollen; **~ir** *tr itr* auf-, an=schwellen (lassen); **~issure** *f med* Aufgedunsenheit, Aufgeschwemmtheit *f;* **~on, ne I.** *a* komisch, närrisch; **II.** *s m* Possenreißer; Clown *m;* **~onnerie** *f* **1.** Possenhaftigkeit *f;* **2.** *pl* derbe Späße *m pl.*

boug|e [buʒ] *m* **1.** elende(s) Loch *n (Wohnung);* Spelunke *f;* **2.** *(Faß)* Bauch *m;* **~eotte** *f: (fam) avoir la* ~ kein Sitzfleisch haben; ewig auf Achse sein; **~er I.** *itr* sich rühren, sich regen, sich bewegen; *pol* aufmüpfig werden; **II.** *tr* bewegen (*le bras* den Arm); *ça bouge* es gärt; *ne pas* ~ *(fam)* sich nicht rühren; *(Preise)* stabil bleiben; **III.** *v prn fam: se* ~ etwas unternehmen; sich in Bewegung setzen, sich rühren.

bougie [buʒi] *f* **1.** (Wachs-, Stearin-, *mot* Zünd-)Kerze *f;* **2.** *med* Sonde *f,* Katheter *m.*

bougn|a(t) [buɲa] *m pop* Kohlenhändler *m;* **~oule** [-ɲ-] *m (pop)* Nordafrikaner *m.*

bougon, ne [bugɔ̃, -ɔn] **I.** *a fam* mürrisch, sauertöpfisch, miesepetrig; **II.** *s m*

Nörgler *m;* ~**ner** *itr fam* brummen, murren.

bougr|e, ~esse [bugr, -grɛs] **I.** *s m f pop* Kerl *m;* **II.** *interj* verflixt! *bon* ~ gute(r) Kerl *m; pauvre* ~ arme(r) Teufel *m;* ~ *de temps* Hunde-, Sauwetter *n;* ~ *d'imbécile!* Dummkopf! ~**ement** [-grə-] *adv pop* verdammt, verflixt.

boui|-boui [bwibwi] *m fam* (miese) Kneipe *f;* ~**f** *m fam* Schuster *m.*

bouill|abaisse [bujabɛs] *f* Fischsuppe *f (in der Provence);* ~**ant, e** *a* **1.** kochend; siedend; heiß; **2.** *fig* aufbrausend; hitzig; erregt; heftig; — ~ *de colère, de fureur* zorn-, wutschnaubend; ~**asse** *f fam* Dreck *m;* ~**e** *f pop* Kopf *m;* Gesicht *n;* ~**i, e I.** *a* gekocht; **II.** *s m* gekochte(s) Rind-, Hammelfleisch *n;* ~**ie** *f* Brei; Papp *m;* — *en* ~ verkocht; *mettre en* ~ *(fam)* zu Brei schlagen; ~ *d'avoine,* Haferbrei *m;* ~**ir I.** *itr* kochen; sieden; **II.** *tr* kochen; *(Wasser)* ab=kochen; — *faire* ~ *à petit feu* auf kleiner Flamme (ab=)kochen; *faire* ~ *(fig)* rasend machen; ~ *de colère, d'impatience* vor Wut kochen, vor Ungeduld vergehen; ~**oire** *f* Wasserkessel *m;* ~**on** *m* **1.** (Fleisch-) Brühe, Bouillon *f;* **2.** (Luft-) Blase; **3.** *typ* Remittenden *f pl;* **4.** *(Kleid)* Bausch *m,* Falte; — *à gros* ~*s* sprudelnd; *boire, prendre un* ~ e-e Tasse Brühe trinken; *(beim Baden)* Wasser schlucken; *fig fam* viel Geld verlieren; *saigner à gros* ~*s* heftig bluten; ~ *de culture* Nährlösung *f, fig* -boden *m;* ~ *de légumes, de tortue* Gemüse-, Schildkrötensuppe *f;* ~**onnant, e** *a* sprudelnd, brodelnd; ~**onner** *itr* **1.** sprudeln, (auf=)wallen; **2.** schäumen, auf=brausen; gären; **3.** *(Zeitung)* unverkauft liegen=bleiben; ~**otte** *f* Wärmflasche *f.*

boulang|e [bulɑ̃ʒ] *f fam* Bäckerhandwerk *n;* ~**er, ère** *s m f* Bäcker(sfrau *f*) *m; a: garçon m* ~ Bäckergeselle *m;* ~**er** *tr:* ~ *de la farine* Mehl verbacken; ~**erie** *f* Bäckerei *f;* Bäckerladen *m;* ~-*pâtisserie* Brot- und Feinbäckerei *f.*

boule [bul] *f* **1.** Kugel *f;* Ball *m;* **2.** *pop* Kopf *m;* **3.** *avoir une* ~ *dans la gorge (fam)* e-n Kloß im Halse haben; *avoir les nerfs en* ~ mit den Nerven herunter, wütend, reizbar sein; *avoir la* ~ *à zero* ganz kurz geschnittene Haare haben; *faire* ~ *de neige (fig)* lawinenartig anwachsen; *(Nachricht)* sich wie ein Lauffeuer verbreiten; um sich greifen; *faire des yeux en* ~ *de loto* große Augen machen; *se mettre en* ~ sich zs.=rollen; *fig* wütend werden; *perdre la* ~ *(fam)* durchdrehen, spinnen; **4.** ~ *de fil* Garnknäuel *n;* ~ *de gomme* Hustenbonbon *m* od *n;* ~ *de neige* Schneeball *m;* ~ *à thé* Tee-Ei *n; jeu m de* ~*s* Kugelspiel *n.*

bouleau [bulo] *m* Birke *f.*

bouledogue [buldɔg] *m zoo* Bulldogge *f.*

boul|er [bule] *tr fam radio* zu schnell sprechen; *(pop) envoyer* ~ zum Teufel jagen; hinaus= komplimentieren; ~**et** [-ɛ] *m: (~ de charbon)* Eierkohle *f; tirer à* ~*s rouges sur qn (fig)* jdn schonungslos an=greifen; *traîner un* ~ *(fig)* e-n Klotz am Bein haben; ~**ette** *f* **1.** Kügelchen *n;* **2.** Bulette *f,* gebratene(s) Fleischklößchen *n;* **3.** *faire une* ~ *(fam)* e-n Bock schießen.

boulevard [bulvar] *m* Boulevard *m.*

bouleversant, e [bulvɛrsɑ̃] *a* erschütternd; ~**ement** *m* **1.** Umwälzung; (völlige) Umgestaltung; Umschichtung *f;* **2.** *fig* Erschütterung *f;* ~**er** *tr* **1.** völlig durchea.=bringen, -werfen; um=schichten, völlig verändern; **2.** *fig* zerrütten, auf=wühlen, aus der Fassung bringen; erschüttern.

boul|imie [bulimi] *f* Heißhunger *m a. fig;* ~**iste** *m* Boulespieler *m;* ~**odrome** *m* Bouleplatz *m;* ~**on** (Schrauben-)Bolzen; *f;* ~**onner I.** *tr* verbolzen; an=schrauben; **II.** *itr pop* schuften; ~**ot, te** [-o, -ɔt] **I.** *a* rund(lich); klein u. dick; **II.** *s m f* kleine(r) Dicke(r *m*) *f; m fam* Arbeit *f; aller au* ~ zur Arbeit gehen; *être* ~ nichts als die Arbeit kennen; ~**otter** *tr fam* essen.

boum [bum] **I.** *interj* bum(s)! **II.** *s m: être en plein* ~ *(fam)* alle Hände voll zutun haben; ~**er** *itr: ça boume?* alles in Ordnung?

bouqu|et [bukɛ] *m* **1.** (Baum-)Gruppe *f;* **2.** (Blumen-)Strauß *m;* **3.** *(Wein)* Blume *f,* Bukett *n;* **4.** *(Feuerwerk)* Bukett *n;* **5.** *cueillir, faire un* ~ *de fleurs* e-n Blumenstrauß pflücken, binden; *voilà le* ~*! (fam)* das ist der Gipfel! das hat gerade noch gefehlt! *ça, c'est le* ~ *(fam)* das ist ein starkes Stück; ~**etière** *f* Blumenmädchen *n;* ~**etin** *m zoo* Steinbock *m;* ~**in** *m* **1.** *fam* Schmöker *m;* **2.** *zoo* Rammler *m;* **3.** *(Pfeife)* Mundstück *n;* ~**iner** *itr* **1.** *fam* schmökern; **2.** *(Hase, Kaninchen)* sich paaren; ~**iniste** *m* Antiquar *m (am Seineufer).*

bourb|e [burb] *f* Schlamm, Morast *m;* ~**eux, se** *a* schlammig, morastig; ~**ier** *m* **1.** Schlamm-, Sumpfloch *n;* **2.** *fig* Klemme *f; tomber dans un* ~ in e-n Sumpf, *fig* in e-e üble Geschichte geraten; ~**illon** [-jɔ̃] *m med* Eiterpfropf *m.*

bourd|e *f fam* grobe(r) Fehler, Schnitzer *m;* ~**on** *m* **1.** Hummel *f;* **2.** große Glokke *f;* **3.** *faux* ~ Drohn(e *f*) *m; avoir le* ~ trüben Gedanken nachhängen; ~**onnement** *m* **1.** Brummen, Summen *f;* **2.** *(Motor)* Dröhnen *f;* **3.** Stimmengewirr *n;* ~ *d'oreilles* Ohrensausen *n;* ~**onner** *itr* **1.** summen, brummen; **2.** surren; dumpf dröhnen; **3.** *(Ohren)* sausen.

bourg [bur] *m* Marktflecken *m;* ~**ade**

[-gad] *f* kleine(r) Marktflecken *m;* **~eois, e** [burʒwa] **I.** *s m f* **1.** Bürger(in *f*) *m;* **2.** Spieß(bürg)er *m;* **3.** *f pop* (Ehe-) Frau, Gattin *f;* **II.** *a* **4.** bürgerlich; **5.** spießig, kleinstädtisch; *petit ~* Kleinbürger *m;* **~eoisie** *f* Bürgertum *n;* Bürgerschaft *f.*

bourg|eon [burʒɔ̃] *m* Knospe *f; (Weinstock)* Auge *n;* **~eonner** *itr* **1.** knospen; **2.** Pickel bekommen; **~mestre** [-gmɛstr] *m* Bürgermeister *m.*

bourlinguer [burlɛ̃ge] *itr* **1.** *mar* gegen Wellen u. Wind kämpfen; **2.** *fam* ein unstetes Leben führen; viel herum=kommen.

bourr|ade [buraʃ] *f* Rippenstoß; Puff; Klaps *m;* **~age** *m* **1.** Füllen, Stopfen *n;* **2.** Stopfmaterial *n;* — *~ de crâne* propagandistische Bearbeitung; Indoktrinierung; *(Schule)* Überfütterung *f* mit Wissensstoff; **~asque** *f* (jäher) Windstoß *m;* **~atif, ive** *a fam* schwer verdaulich; **~e** *f* **1.** Füll-, Wollhaar *n;* **2.** *text* Spinnereiabfälle *m pl;* **3.** *(Kissen)* Füllung *f;* **4.** *bot* Flaum *m;* — *de première ~ (fam)* erstklassig; *(fam) être à la ~* sich verspäten. **~é, e** *a* **1.** vollgestopft, -gepfropft; (an)gefüllt, gespickt (*de* mit); **2.** *fam* besoffen; **~eau** *m* **1.** Henker, Scharfrichter *m;* **2.** *fig* Peiniger *m;* — *~ des cœurs* Herzensbrecher *m; ~ de travail (fig)* Arbeitstier *n;* **~elé, e** *a: ~ de remords* von Gewissensbissen gepeinigt; **~elet** [-ɛ] *m* **1.** Wulst *m;* **2.** *(an Türe und Fenster)* Dichtungsband *n;* — *~ de graisse* Fettwulst *m;* **~elier** [-rəlje] *m* Sattler *m;* **~ellerie** [-rɛlri] *f* Sattlerei *f;* **~er I.** *tr* **1.** (voll=)stopfen, füllen; *(Koffer)* voll=pfropfen, -stopfen *a. fig;* **2.** *(Kind)* überfüttern; **3.** *fam (~ de coups)* verdreschen; **II.** *v prn se ~ de qc* sich mit etw vollstopfen; *fam* sich den Bauch vollschlagen; — *~ le crâne de qn* jdn bearbeiten, indoktinieren; jdn irreführen; *(Schule)* mit Wissensstoff überfüttern; **~ichon** *m: se monter le ~* sich etw ein=bilden; **~u, e** *a* **1.** mürrisch, barsch, schroff; **2.** *lait m ~* kuhwarme Milch *f; vin m ~* neue(r) (Weiß-) Wein *m.*

bourr|icot [buriko] kleine(r) Esel *m;* **~in** *m fam* Gaul *m* **~ique** *f* **1.** Eselin *f;* **2.** *fig pop* Dummkopf *m;* — *(fam) faire tourner qn en ~* jdn verrückt machen; *soûl comme une ~* sternhagelvoll.

bours|e [burs] *f* **1.** (Geld-)Börse *f,* Geldbeutel *m;* Geld *n;* **2.** Stipendium *n;* **3.** *(Jagd)* Kaninchengarn *n;* **4.** *com* Börse *f;* **5.** *med (~ séreuse)* Schleimbeutel *m; pl* Hodensack *m;* **6.** *sans ~ délier* ohne e-n Pfennig auszugeben; *avoir la ~ bien garnie* gut bei Kasse sein; *faire ~ à part, commune* getrennte, gemeinsame Kasse führen, machen; *tenir les cordons de la ~* über das Geld verfügen; **7.** *bulletin m de la ~* Börsen-, Kursbericht *m; ~ des valeurs* Wertpapier-, Effektenbörse *f;* **~icoter** *itr* ein wenig an der Börse spekulieren; **~icoteur, ~icotier** *m* kleine(r) Börsenspekulant *m;* **~ier, ière I.** *a* Börsen-; **II.** *s m f* **1.** Stipendiat(in *f*) *m;* **2.** Börsianer *m.*

bours|ouflé, e [bursufle] *a* **1.** *(Gesicht)* aufgedunsen; **2.** *(Stil)* geschwollen, schwülstig; **3.** *(Farbe)* aufgequollen; **~oufler I.** *tr* an=schwellen, auf=quellen lassen; **II.** *v prn se ~* sich werfen, auf=quellen, blasig werden; **~ouflure** *f* **1.** Aufblähung; Aufwölbung *f;* **2.** *(Glas)* Schliere *f;* **3.** *(Gesicht)* Schwellung *f;* **4.** *(Stil)* Schwulst *m.*

euscul|ade [buskylad] *f* **1.** Gedränge *n* **2.** Durcheinander *n;* Hast *f;* **~er I.** *tr* **1.** in Unordnung bringen; **2.** an=rempeln; herum=stoßen; **3.** drängen, *fam* hetzen; **II.** *v prn se ~* sich drängeln, hasten; *être bousculé* gehetzt, sehr beschäftigt sein.

bous|e [buz] *f* (Kuh-)Mist, Fladen *m;* **~eux** *m fam pej* Bauer *m;* **~ier** *m zoo* Mistkäfer *m;* **~illage** [-j-] *m* **1.** Pfuscharbeit *f;* **2.** Beschädigung *f;* **~iller** *tr* **1.** stark beschädigen, kaputt=machen; **2.** *(Arbeit)* verpfuschen, versauen; **3.** *(Person)* umbringen; **~eur, se** *m f* Pfuscher(in *f*) *m;* **~sole** [-sɔl] *f* Kompaß *m;* — *perdre la ~ (fig fam)* den Kopf verlieren; **~tifaille** *f pop* Fressen *n.*

bout [bu] *m* **1.** *(räumlich)* Ende *n,* Spitze; **2.** *(Stock)* Zwinge *f,* Knauf *m;* **3.** *(petit ~)* Knirps *m;* **4.** *(Zigarre)* Stummel; **5.** *(Kerze)* Stumpf *m;* **6.** *(zeitlich)* Ende *n;* Ab-, Verlauf *m;* Stück(chen), Endchen *n;* **7.** *~ à ~* aneinander; *à ~* am Ende; *au ~ de* nach (Ablauf von); *tout au ~* am äußersten Ende; *à ~ portant* aus nächster Nähe; *à tout ~ de champ* bei jeder Gelegenheit; *au ~ du compte* schließlich; *d'un ~ à l'autre, de ~ en ~* von Anfang bis zu Ende; von oben bis unten; durch u. durch; durchweg; von e-m Ende zum andern; **8.** *(fam) en connaître un ~* etw davon verstehen; *être au ~ de, à ~ de* am Ende sein *gen; faire un ~ de conduite à qn* jdn ein Stück begleiten; *faire un ~ de lecture* ein bißchen lesen; *joindre les deux ~s* mit seinem Geld aus=kommen; *manger du ~ des dents* ohne Appetit, widerwillig essen; *mener qn par le ~ du nez* jdn an der Nase herum=führen; *mettre les ~s (pop)* ab=hauen, durch=brennen; *mettre ~ à ~* anea.=fügen; *prendre qc par le bon ~* etw richtig an=fangen; *ne pas remuer le ~ du petit doigt* keinen Finger rühren; *répondre du ~ des lèvres* von oben herab antworten; unwillig, lässig antworten; *rire du ~ des dents* gezwungen lachen; *savoir qc sur le ~ du doigt* etw ausgezeichnet, aus dem Effeff verstehen; etw auswendig können; *tenir le bon* ~ im Vorteil sein; *fam* fast fertig sein *(mit e-r Arbeit); venir à ~ de qc* mit etw fertig werden; etw zustande bringen; **9.** *j'ai le mot sur le ~ de la langue* das Wort schwebt mir auf der Zunge; **10.** *haut, bas ~ de table* obere(s), untere(s) Tischende *n; ~ du doigt, du nez* Finger-, Nasenspitze *f; ~ d'oreille* Ohrläppchen *n.*

bout|ade [butad] *f* Geistesblitz; Scherz *m;* **~e-en-train** [butɑ̃trɛ̃] *m fam inv* Betriebsnudel *f;* **~efeu** *m fam* Rädelsführer, Unruhestifter *m.*

bouteill|e [butɛj] *f* Flasche *f; — avoir de la ~ (Wein)* abgelagert sein; *(Person)* erfahren sein; *(Beziehungen)* seit vielen Jahren bestehen; *prendre de la ~ (fam)* älter, erfahrener werden; *c'est la ~ à l'encre (fam)* das ist e-e undurchsichtige Geschichte; *bière f en ~s* Flaschenbier *n; ~ de bière, de vin* Flasche *f* Bier, Wein; *~ à bière, à eau, à vin* Bier-, Wasser-, Weinflasche *f; ~ isolante* Thermosflasche *f.*

boutiqu|e [butik] *f* **1.** *(kleiner)* Laden *m;* **2.** *(Mode)* elegante(r) Laden *m,* Boutique *f;* **3.** *fam pej* schlecht geführte(s) Lokal *n; toute la ~ (pop)* der ganze Kram; **~ier, ère** *m f* Ladeninhaber(in *f*), Krämer *m.*

boutoir [butwar] *m* **1.** *(Schwein)* Rüssel *m;* **2.** *coup m de ~ (fig)* verletzende Äußerung *f.*

bouton [butɔ̃] *m* **1.** Knospe *f;* **2.** *med* Pickel, *pl* Ausschlag; **3.** *(Kleider, Tür, Schublade, Klingel)* Knopf *m;* **4.** *tech* Taste *f; el* (Licht-)Schalter *m;* **5.** *appuyer sur un ~* e-e Taste drücken; *avoir des ~s sur le visage* Pickel im Gesicht haben; *coudre un ~* einen Knopf an=nähen; *tourner le ~* das Licht an=, aus=knipsen; *radio* an=, ab=stellen; *le ~ a sauté* der Knopf ist abgegangen; **6.** *~ de chemise, de col, de culotte, de manchette* Hemden-, Kragen-, Hosen-, Manschettenknopf *m; ~ d'or* Butterblume *f; ~ à pression, ~-pression m, ~-poussoir* Druckknopf *m; ~ de rose* Rosenknospe *f; ~ de sonnette* Klingelknopf *m;* **~ner I.** *itr* **1.** knospen; **2.** sich zu=knöpfen lassen; **3.** Pickel bekommen; **II.** *tr* zu=knöpfen; **III.** *v prn se ~* s-e Jacke *etc* zuknöpfen; zugeknöpft werden; **~neux, se** *a* pickelig; **~nière** *f* Knopfloch *n; avoir une fleur à la ~* e-e Blume im Knopfloch tragen.

bovin, e [bɔvɛ̃] **I.** *a* **1.** Rind(er)-; **2.** *fam fig (Blick)* ausdruckslos; **II.** *s m pl com* Rinder(bestand *m*) *n pl.*

box [bɔks] *m* **1.** Einzelgarage, Box *f;* **2.** abgeteilte(r) Raum *m (Krankenhaus);* **3.** *~ de l'accusé* Anklagebank *f;* **~e** *f* Boxen *n,* Boxsport *m; combat, match m de ~* Boxkampf *m; gants m pl de ~* Boxhandschuhe *m pl;* **~er I.** *itr* boxen; **II.** *tr fam* mit Fäusten traktieren; **~eur** *m* Boxer *m; ~ poids lourd* Schwergewichtsboxer *m.*

boy|au [bwajo] *m* **1.** (Tier-, *fam* menschlicher) Darm *m;* **2.** *(Rad)* Schlauch *m;* **3.** enge(r) Durchgang *m; — corde f à ~* Darmsaite *f m;* **~cottage** [bɔjkɔtaʒ] *m* Boykott *m;* **~cotter** *tr* boykottieren; **~-scout** [bɔjskut] *m* Pfadfinder *m.*

bracelet [braslɛ] *m* Armband *n; ~-montre m* Armbanduhr *f.*

braconn|age [brakɔnaʒ] *m* Wilddieberei *f;* **~er** *itr* wildern; **~ier** *m* Wilddieb *m.*

brad|er [brade] *tr* **1.** *com* verramschen, verschleudern; **2.** *fam fig* zu billig abgeben, verschenken; **~erie** [-dri] *f* (Straßen-)Verkauf *m* zu herabgesetzten Preisen; **~eur** Ausverkäufer *m.*

braguette [bragɛt] *f* Hosenlatz, -schlitz *m.*

brai [brɛ] *m* Pech *n.*

braill|ard, e [brajar, -rd] **I.** *a fam* ewig schreiend; **II.** *s m f* Schreihals *m;* **~er I.** *itr fam* schreien, kreischen, johlen; *(Hund)* jaulen; **II.** *tr (ein Lied)* grölen.

brai|ment [brɛmɑ̃] *m (Esel)* Jahen *n;* **~re 1.** *(Esel)* iahen; **2.** *fam* plärren; **~se** *f* **1.** (Holz-)Kohle(nglut) *f;* **2.** *pop* Geld *n; — avoir des yeux de ~* feurige Augen haben; *être sur la ~ (fig)* auf glühenden Kohlen sitzen; **~ser** *tr* schmoren.

bramer [brame] *itr* **1.** *(Hirsch)* röhren; **2.** *fig* brüllen, plärren; weinen (*après* um).

brancard [brɑ̃kar] *m* **1.** Kranken-, Tragbahre *f;* **2.** *pl* Gabeldeichsel *f;* **~cardier** *m* Krankenträger *m.*

branch|age [brɑ̃ʃaʒ] *m* Astwerk, Gezweig; Reisig *n;* **~e** *f* **1.** Ast, Zweig *m;* Seitenwurzel *f;* **2.** *com* Zweig *m,* Branche, Sparte *f;* **3.** *tech (Zirkel)* Schenkel *m;* **4.** *(Hirsch)* Stange *f;* **5.** *(Leuchter, Fluß)* Arm *m;* **6.** *(Brille)* Bügel *m;* **7.** *(Kompaß)* Bein *n;* **8.** *(Familie)* Zweig *m,* Linie *f;* **9.** *(Wissenschaft)* Disziplin *f,* Fach *n;* **10.** *au courant de la ~ (com)* branchenkundig; *être comme l'oiseau sur la ~ (fig)* sich in einer prekären Lage befinden; *scier la ~ sur laquelle on est assis* den Ast ab=sägen, auf dem man sitzt; *(ma) vieille ~!* alter Junge! **11.** *~-clef f* Schlüsselindustrie *f; ~ d'exploitation* Erwerbszweig *m; ~ de raccordement* Anschlußgleis *n;* **~é, e 1.** *tele* angezapft; **2.** *el* angeschlossen, angeschaltet; **3.** *fig* ausgerichtet (*sur* auf); *vous êtes ~? (fam)* ist der Groschen gefallen? **~ement** *m tech* Anschluß *m; loc (~ de voie)* Weiche *f; ~ direct sur le secteur* Netzanschluß *m;* **~er** *tr (Gerät) el* anschalten, an=schließen; *fam fig* zusammenbringen, in Verbindung setzen (*qn sur qn* jdn mit jdm); *— ~ sur le* *réseau de la ville* an das städtische Netz an≈schließen; **~ies** [-ʃi] *f pl (Fisch)* Kiemen *f pl.*

brand|ir [brɑ̃dir] *tr* **1.** schwingen; schwenken; **2.** *fig* drohen (*qc* mit etw); **~on** *m* **1.** Strohfackel *f;* **2.** *~ de discorde (fig)* Unruhestifter *m;* Ursache *f* e-s Streites.

branl|ant, e [brɑ̃lɑ̃, -ɑ̃t] *a* **1.** wack(e)lig; **2.** *fig* wankend; **~e** *m* **1.** *(Glocke)* Schwingen *n;* **2.** *donner le ~ à qc, mettre qc en ~* etw in Gang bringen; den Auftakt zu etw geben; *se mettre en ~* sich in Bewegung setzen, sich an≈schikken; *~-bas m inv fig* Aufregung *f,* Durcheinander *n,* Umtrieb *m;* **~er I.** *tr* wackeln (*la tête* mit dem Kopf); **II.** *itr* wanken, schwanken, wackeln; *~ dans le* (od *au*) *manche* nicht fest am Stiel sitzen; *fig* unsicher sein; wack(e)lig, auf der Kippe stehen.

braqu|age [brakaʒ] *m mot* Einschlagen *n* der Vorderräder; *rayon m de ~ (mot)* Wendekreis *m;* **~e I.** *s m* Hühnerhund *m;* **II.** *a fam* verrückt, plemplem; **~er** *tr* **1.** *(Blick, Waffe)* richten (*sur* auf *acc*); **2.** *mot (Steuer)* ein≈schlagen; *~ qn contre qc, qn (fig)* jdn gegen etw, jdn auf≈bringen, -hetzen; *être ~é* eingestellt sein (*contre* gegen); **~et** [-ɛ] *m (Fahrrad): changer de ~ (Gang)* um≈schalten.

bras [bra] *m* **1.** Arm, *anat* Oberarm *m;* **2.** *fig* Arbeitskraft *m;* **3.** *fig* Macht, Gewalt *f;* **4.** *(Polyp)* Fangarm *m;* **5.** *(Lehnstuhl)* (Arm-)Lehne *f;* **6.** *(Pumpe)* Schwengel *m;* **7.** *tech* Arm, Flügel, Hebel, Ausleger, Träger *m;* **8.** *pl mar* Brassen *f pl;* **9.** *~ dessus ~ dessous* Arm in Arm; *à ~* mit Muskelkraft; *à pleins ~* mit voller Kraft; *à tour de ~, à ~ raccourcis* mit aller Gewalt; *à ~-le - corps* mitten um den Leib; *à ~ ouverts* mit offenen Armen; *à ~ tendu* mit ausgestrecktem Arm; *en ~ de chemise* in Hemdsärmeln; **10.** *avoir le ~ long (fig)* e-n langen Arm, weitreichenden Einfluß haben; *avoir qn, qc sur les ~* jdn, etw auf dem Hals haben; *avoir les ~ rompus* wie gerädert sein; *couper ~ et jambes à qn (fig)* jdn völlig erledigen, vollkommen fertigmachen; *donner, offrir le ~ à qn* jdm den Arm geben, an≈bieten; *rester les ~ croisés (fig)* die Hände in den Schoß legen; *saisir qn par le ~* jdn am Arm packen; *ne vivre que de ses ~* nur von seiner Hände Arbeit leben; *les ~ m'en tombent* ich bin wie vor den Kopf geschlagen, vom Donner gerührt; **11.** *~ de levier* Hebelarm *m; ~ de mer, de rivière* Meeres-, Flußarm *m.*

bras|er [braze] *tr* (hart-)löten; **~ero** [brɑ(a)zero] *m* offene(r) Wärmeofen *m;* **~ier** *m* **1.** (Feuers-)Glut; Feuersbrunst *f;* **2.** *fig* Hölle *f;* **~iller** *itr (Meer)* leuchten, funkeln.

brass|age [brasaʒ] *m* **1.** *(Bier)* Brauen; Maischen *n;* **2.** *(Metall)* Umrühren; **3.** *(Luft)* Umwälzen *n;* **4.** *fig* Durcheinanderwürfeln, Mischen *n; — salle f de ~* Sudhaus *n;* **~ard** *m* Armbinde *f,* -schutz *m; ~ de deuil* Trauerflor *m;* **~e** *f (Schwimmen)* Stoß *m; nager (à) la ~* brust≈schwimmen; **~ée** *f* Armvoll *m;* **~er** *tr* **1.** *(Bier)* brauen; maischen; **2.** durchea.≈, (um≈)rühren; **3.** *(Blätter)* umher≈wirbeln; **4.** *(Luft)* umwälzen; *— ~ beaucoup d' affaires* viele Geschäfte gleichzeitig betreiben; *~ de l'argent* mit großen Summen um≈gehen; **~erie** *f* **1.** (Bier-)Brauerei *f;* **2.** Braugewerbe *f;* **3.** Bierlokal *n;* **~eur** *m* **1.** Bierbrauer *m;* **2.** Brustschwimmer *m; ~ d'affaires* gewandte(r) Geschäftsmann *m;;* **~ière** *f* **1.** (Baby-)Jäckchen *n;* **2.** Leibchen *n; — ~ de sauvetage* Schwimmweste *f.*

brav|ache [bravaʃ] *m* Prahlhans *m;* **~ade** *f* **1.** Herausforderung *f;* **2.** Trotz *m;* **3.** Prahlerei *f;* **~e I.** *a* **1.** *(nachgestellt)* tapfer, mutig, beherzt; mannhaft; wakker, tüchtig; **2.** *(vorangestellt)* brav, bieder; rechtschaffen; **II.** *s m* tapfere(r) Mann, Held *m; mon ~! (fam)* mein Lieber! **~ement** *adv* tapfer; wacker; **~er** *tr* trotzen (*qn* jdm); die Stirne bieten (*qn* jdm); sich hinwegsetzen (*qc* über etw); **~o I.** *interj* bravo! **II.** *s m pl* Beifall *m;* **~oure** *f* Tapferkeit *f; air, morceau m de ~* Bravourarie *f; fig* Glanzstück *n.*

brebis [brəbi] *f* **1.** (Mutter-)Schaf *n;* **2.** *~ galeuse (fig)* räudige(s) Schaf *n.*

brèche [brɛʃ] *f* **1.** Scharte; Bresche *f;* **2.** Öffnung, Lücke *f,* Spalt *m; — battre en ~* e-e Bresche zu schlagen versuchen (*qc* in etw); *fig (Argumente)* zu erschüttern versuchen; *être toujours sur la ~* immer im Einsatz *od* tätig sein; *faire une ~* e-e Bresche schlagen; *fig* ein großes Loch reißen (*dans sa fortune* in sein Vermögen).

bredouill|e [brəduj] *a: être ~* mit leeren Händen da≈stehen; *revenir ~ (de la chasse, de la pêche)* ohne Beute, ohne etw gefangen zu haben, unverrichteter Dinge zurück≈kehren; **~ement** *m* Gestammel *n;* **~er** *tr itr* undeutlich sprechen; *(ein paar Worte)* stammeln.

bref, brève [brɛf, brɛv] **I.** *a* **1.** kurz **2.** *d'un ton ~* in barschem Ton; **II.** *s m rel* Breve *n; f* kurze Silbe *od* Note *f;* **III.** *adv* kurz u. gut; mit e-m Wort; *— à ~ délai* kurzfristig; *dans le plus ~ délai* baldigst, baldmöglichst; *pour être ~* um es kurz zu machen; *être ~* sich kurz fassen

breloque [brəlɔk] *f: porter qc en ~* etw als Anhänger tragen; *battre la ~ (fam)* dummes Zeug, Blech reden.

brème [brɛm] *f* **1.** *(Fisch)* Brasse *f*, Brassen *m;* **2.** *arg* (Spiel-)Karte *f.*
bret|elle *f* **1.** *(Damenwäsche)* Träger *m; pl* Hosenträger *m pl;* **2.** Schulter-, Gewehrriemen *m;* **3.** Autobahnzubringer; Verbindungsast *m;* Spange *f;* **~on, ne** *a* bretonisch.
breuvage [brøvaʒ] *m* Getränk *n;* Trank *m.*
brève *s. bref.*
brevet [brəvɛ] *m* **1.** Diplom, Zeugnis *n;* **2.** *(~ d'invention)* Patent *n;* **3.** *fig* Garantie *f;* — *demander un ~* e-e Erfindung zum Patent an=melden; *bureau m des ~s* Patentamt *n; ~ de nomination* Ernennungsurkunde *f;* **~able** *a* patentfähig; **~é, e [brəvte]** *a* **1.** patentiert; **2.** Diplom-; **~er** *tr* patentieren.
bribe [brib] *f meist pl* Brocken *m a. fig;* Stückchen *n;* Rest *m*, Überbleibsel *n pl.*
bric [brik] : *de ~ et de broc (adv)* von überallher; bald da, bald dort; *~-à-brac m invar* Trödel (-kram) *m*, Gerümpel *n.*
bricheton [briʃtõ] *m pop* Brot *n.*
bricol|age [brikɔlaʒ] *m* **1.** Basteln *n;* **2.** Pfuscharbeit *f;* **~e** *f fam fig* Kleinigkeit *f;* **~er I.** *tr* herum=basteln (*qc* an etw); zusammenbasteln; **II.** *itr* basteln; **~eur, se** *m f* Bastler(in *f*) *m.*
brid|e [brid] *f* **1.** Zügel, Zaum(zeug *n*) *m;* **2.** *(Hut)* Kinnband *n;* **3.** Schlaufe *f;* Riegel *m;* **4.** *tech* Flansche *f*, Bügel *m;* **5.** *à ~ abattue, à toute ~* spornstreichs; *avoir la ~ sur le cou* sich selbst überlassen sein; *lâcher la ~ à qc, à qn* e-r S, jdm die Zügel schießen lassen; e-r S freien Lauf lassen; *laisser la ~ sur le cou de qn (fig)* jdm freie Hand lassen; *prendre les ~s (fig)* die Zügel in die Hand nehmen; *tenir en ~ (fig)* im Zaum halten; *tourner ~* um=kehren; *fig* seine Meinung ändern; **~er** *tr* **1.** (auf=) zäumen; **2.** *fig* zügeln, im Zaum halten; **3.** *(Kleidung)* zu eng sein (*qn* jdm); *avoir les yeux bridées* Schlitzaugen *n pl* haben.
bridg|e [bridʒ] *m* **1.** *(Kartenspiel)* Bridge *n;* **2.** *(Zahn)* Brücke *f;* — *jouer au ~* Bridge spielen; **~eur, se** Bridgespieler(in *f*) *m.*
brie [bri] *m* Brie(käse) *m.*
brief|er [brife] *tr* informieren; **~ing** *m* **1.** *aero mil* Einsatzbesprechung *f;* **2.** Lagebesprechung *f.*
briève|ment [brijɛvmõ] *adv* kurz; **~té** *f* Kürze *f.*
brigad|e [brigad] *f* **1.** Brigade *f;* **2.** Trupp *m*, Rotte, Kolonne *f; chef m de ~* Kolonnenführer *m;* **~ier** *m* **1.** *mil* Obergefreite(r) *m;* **2.** Vorarbeiter, Rottenführer *m;* **3.** (Gendarmerie-) Unteroffizier *m.*
brigand [brigõ] *m fig* Schurke *m; petit ~* kleine(r) Schlingel *m;* **~age** *m* Straßenraub *m.*
briguer [brige] *tr* trachten (*qc* nach etw); sich bewerben, sich bemühen (*qc* um etw).
brill|amment [brijamõ] *adv* glänzend *a. fig;* **~ant, e I.** *a* **1.** glänzend *a. fig*, leuchtend, strahlend; schimmernd; *(Augen)* funkelnd; **2.** *fig* prächtig; glanzvoll; herrlich; **II.** *s m* **1.** Glanz *m;* **2.** *fig* Pracht *f;* **3.** Brillant *m;* — *être ~* in bester Verfassung sein, eine glänzende Figur machen; **~ine** *f* Brillantine *f;* **~er** *itr* **1.** glänzen, leuchten, strahlen, schimmern, funkeln, glitzern, gleißen; *(Sonne)* scheinen; **2.** *fig* sich aus=zeichnen, hervor=ragen; brillieren, glänzen; — *~ par son absence* durch Abwesenheit glänzen; *faire ~ (fig)* groß herausstellen (*qn* jdn).
brim|ade [brimad] *f* Schikane *f;* **~baler** [brɛ̃-] *tr* hin- und herschwanken lassen; bimmeln (lassen), läuten; **~er** *tr* schikanieren.
brin [brɛ̃] *m* **1.** Stengel, Halm *m;* **2.** Fädchen *n*, Faser; Litze(ndraht *m*), Ader *f;* Strang *m*, Trumm *n;* **3.** *fam* Stückchen, bißchen *n;* — *ne pas avoir un ~ d'espérance* keinen Funken Hoffnung haben; *faire un ~ de toilette* sich ein wenig zurecht=machen; *il n'y a pas un ~ de vent* es weht kein Lüftchen; *un beau ~ de fille (fam)* ein hübsches Ding; *~ d'herbe, de paille* Gras-, Strohhalm *m;* **~dille** [-ij] *f* dünne(r) Zweig *m; pl* Reisig *n;* **~gue** [brɛ̃g] *f* **1.** *une grande ~ (fam)* e-e Hopfenstange *f;* **2.** *faire la ~* in Saus und Braus leben; **~guebale(r)** *s. brimbale(r).*
brio [brijo] *m fig* Feuer *n; jouer avec ~* virtuos spielen; **~che** [brijɔʃ] *f* **1.** *(Küche)* Brioche *f;* **2.** *faire une ~ (fam)* e-n Fehler machen; *prendre de la ~* ein Bäuchlein ansetzen.
briqu|e [brik] *f* **1.** Back-, Ziegelstein *m;* **2.** Brikett *n;* **3.** *(pop) bouffer des ~s* Kohldampf schieben; *n; maison f de ~(s)* Backsteinhaus *n;* **~er** *tr fam* reinigen, putzen; blankreiben; **~et** [-ɛ] *m* Feuerzeug *n; ~ à essence, de poche* Benzin-, Taschenfeuerzeug *n.* **~eterie** [-kɛtri] *f* Ziegelei *f;* **~ette** [-kɛt] *f* Brikett *n; (pop) c'est de la ~* das ist e-e Lappalie.
bris [bri] *m: assurance f contre le ~ des glaces* Glasversicherung *f;* **~ant, e** [-zõ] *m* Felsenriff *n;* **~e** [briz] Brise *f*, leichte(r) Wind *m;* — *~-bise m inv* Scheibengardine *f; ~-fer, ~-tout m inv* Tölpel, Tolpatsch *m; ~-glace m inv* Eisbrecher *m; ~-lames m inv* Wellenbrecher *m; ~-soleil* Sonnenblende *f; ~-vent m inv* Windschirm *m;* **~é, e** *a* zerbrochen; geknickt *a. fig; fig* gebrochen; *(Leben)* verpfuscht; *~ de fatigue* wie gerädert **~ées** *f pl (Jagd)* Bruch *m;* — *aller, marcher sur les ~ de qn (fig)* jdm ins Gehege kommen; **~er I.** *tr* **1.** zer-

brechen, zerschlagen, zertrümmern, zerkleinern; *(Tür)* ein=schlagen, auf=brechen; *(Zweig)* knicken; **2.** *fig* vernichten, zerstören, schwächen; ermüden, erschöpfen; **3.** *(Rede, Unterhaltung)* ab=brechen; **II.** *itr* **4.** *(Person)* brechen *(avec qn* mit jdm); **5.** *mar* zerschellen (*contre* an *acc*); branden (*à* an *acc*); **III.** *v prn se* ~ **6.** (zer)brechen; zersplittern; **7.** branden; **8.** zerschellen (*contre* an *acc*); in Trümmer gehen; **9.** *fig* zs.=brechen; **10.** *(Bemühungen)* scheitern (*sur qc* an etw); — *brisons là (-dessus)!* genug davon! Schluß damit! **~eur, se** *m f: ~ de grève (fig)* Streikbrecher *m;* **~ure** [-zyr] *f* **1.** Bruch, Sprung, Knick *m;* **2.** Scharniergelenk *n.*

britannique [britanik] *a* britisch.

broc [bro] *m* Kanne *f,* Krug *m.*

brocant|e [brɔkɑ̃t] *f fam* Antiquitätenhandel *m;* **~eur, se** *m f* Trödler(in *f*) *m.*

broch|age [brɔʃaʒ] *m (Textil)* Heften; *(Buch)* Broschieren *n;* **~e** *f* **1.** Brosche, Vorstecknadel *f;* **2.** Bratspieß *m;* **3.** *(Textil)* Spindel *f;* **4.** *tech* Dorn, Stift, Bolzen, Daumen, Zapfen *m;* **5.** *(Schuster)* Pfriem *m;* **6.** *pl (Eber)* Hauer *m pl;* — *faire cuire en* (od *à la*) ~ am Spieß braten; **~er** *tr* **1.** durchwirken, plattieren; **2.** *(Buch, Textil)* broschieren; zs.=heften; *brochant sur le tout* dazu noch; obendrein; **~et** [-ɛ] *m* (See-)Hecht *m;* **~ette** *f* **1.** kleine(r) Bratspieß *m;* **2.** (Ordens-)Spange, Schnalle *f;* **3.** *une ~ de garçons* e-e Gruppe junger Leute; **~euse** *f* Heftmaschine *f;* **~ure** *f* Broschüre *f.*

brocoli [brɔkɔli] *m bot* Spargelkohl *m.*

brod|equin [brɔdkɛ̃] *m* Schnürstiefel *m;* **~er** *tr* **1.** sticken; **2.** *fam* hinzudichten, erfinden; — *brodé d'or* goldgestickt; **~erie** *f* Stickerei *f;* **~eur, se** *m f* Sticker(in *f*) *m.*

brom|e [brom] *m chem* Brom *n;* **~ure** *m: ~ d'argent* Silberbromid, Bromsilber *n.*

bron|che [brɔ̃ʃ] *f* Bronchie *f,* Luftröhrenast *m;* **~cher** *itr fig* e-n Fehler machen *(in e-m Vortrag);* — *sans ~* ohne mit der Wimper zu zucken; ohne Murren; **~chique** *a* Bronchial-; Luftröhren-; **~chite** *f* Bronchitis *f;*

bron|zage [brɔ̃zaʒ] *m* **1.** *tech* Bronzieren *n;* **2.** *(Haut)* Bräune *f;* **~ze** [brɔ̃z] *m* Bronze *f; de* ~ **1.** bronzen; **2.** *fig* gefühllos; — *âge m du ~* Bronzezeit *f;* **~zé, e** *a* (sonnen-)gebräunt; **~zer I.** *tr* **1.** *tech* bronzieren; **2.** *(Haut)* bräunen; **II.** *v prn (se)* ~ braun werden.

bross|e *f* [brɔs] **1.** Bürste *f;* **2.** Pinsel *m;* — *donner un coup de ~* ab=bürsten (*à qc* etw); *~ à chapeaux, à chaussures, à cheveux, à habits, à dents, à ongles* Hut-, Schuh-, Haar-, Kleider-, Zahn-, Nagelbürste *f;* **~er** *tr* **1.** (ab=, aus=)bürsten; **2.** *~ un tableau de la situation (fig)* e-n groben Überblick über die Lage geben; **II.** *v prn se ~* sich abbürsten; — *se ~ les dents* sich die Zähne putzen; *(fam) tu peux te brosser* da kannst du lange warten.

brou|et [bruɛ] *m* unappetitliche Suppe *f;* **~ette** *f* Schubkarren *m;* **~etter** *tr* karren; **~haha** [bruaa] *m* Lärm *m,* Getöse; (Stimmen-)Gewirr *n.*

brouill|age [brujaʒ] *m radio* Störung *f; émetteur m de ~* Störsender *m;* **~amini** *m fig fam* Durcheinander *n,* Wirrwarr *m;* **~ard** *m* **1.** Nebel *m;* **2.** *com* Kladde *f;* — *avoir un ~ sur* od *devant les yeux (fig)* e-n Schleier vor den Augen haben; *être dans le ~* nicht klar=sehen; *il fait du ~* es ist neblig; **~asser** *v impers* nieseln; **~e** *f* Zwist, Streit *m;* Zerwürfnis *n;* **~é, e** *a* **1.** *(Wetter)* trübe; *(Himmel)* verhangen; **2.** *(Teint)* blaß; unrein; **3.** *(Flüssigkeit)* trübe; — *être ~ avec qn* mit jdm böse, zerstritten, *fam* verkracht sein; *être ~ avec les mathématiques* mit der Mathematik auf Kriegsfuß stehen; *œufs m pl ~s* Rührei(er) *n (pl);* **~er I.** *tr* **1.** *(Ordnung, Plan, Papiere, Fäden)* durchea.=bringen; **2.** *(Spur)* verwischen; **3.** *(Gedanken)* in Verwirrung bringen; **4.** *(Radiosendung)* stören; — *~ des amis* Freunde entzweien; *~ le teint* e-n unreinen Teint verursachen; **II.** *v prn se ~* **1.** trübe, farblos, undeutlich werden; **2.** *(Fenster, Brillengläser)* beschlagen; **3.** *(Haut, Teint)* unsauber werden; **4.** *(Himmel)* sich beziehen; **5.** *(Gedanken)* durcheina.=geraten, in Verwirrung geraten; — *se ~ avec qn* sich mit jdm überwerfen ; **~eur** *m* Störsender *m;* **~on, ne I.** *a* verwirrt; verworren, konfus; **II.** *s m* (Roh-)Entwurf *m,* Skizze *f,* Konzept *n; com* Kladde *f;* — *faire le ~ de* e-n ersten Entwurf machen *gen.*

brouss|aille [brusaj] *f meist pl* Gestrüpp, Buschwerk; Dickicht *n; en ~ (Haare)* struppig; **~ailleux, se** *a* **1.** mit Buschwerk, Gestrüpp bedeckt; **2.** *(Haare)* struppig.

brout [bru] *m* Treibreis *n,* Schößling *m;* **~er I.** *tr* ab=weiden, -fressen; **II.** *itr* **1.** grasen, weiden; **2.** *(Werkzeug, Motor)* unregelmäßig arbeiten; **~ille** [-ij] *f meist pl* Kleinigkeiten, Bagatellen, Lappalien; Belanglosigkeiten *f pl.*

broy|er [brwaje] *tr* **1.** zerkleinern, zerstoßen, zerreiben, zerdrücken, zerquetschen; zermalmen; **2.** schroten; **3.** *~ du noir (fig)* alles schwarz sehen; **~eur** *m* Müllwolf *m;* Mahlwerk *n.*

brr [brr . .] *interj (Furcht)* hu! *(Kälte)* brr.

bru [bry] *f* Schwiegertochter *f.*

brui|ne [brɥin] *f* Nieseln *n,* Sprühregen *m;* **~ner** *v impers* nieseln; **~t** *m* **1.** Geräusch *n;* Lärm *m;* **2.** Krachen; Donnern, Rollen; Dröhnen; **3.** *tech* Rauschen; **4.** *fig* Gerücht; Aufsehen *n;* — *sans* ~ geräuschlos; leise, sacht; *faire du* ~ *(fig)* von sich reden machen; *faire grand* ~ *(fig)* Aufsehen erregen; Staub auf=wirbeln; viel Aufhebens machen (*de* von); *ne pas faire grand* ~ nicht viel Wesens machen; *faire courir un* ~ ein Gerücht in Umlauf setzen *od* verbreiten; *le* ~ *court* es geht das Gerücht; *isolé contre le* ~ schalldicht; *sans* ~ lautlos; *fig* ohne viel Aufhebens zu machen; *sensible au* ~ geräuschempfindlich; ~ *infernal* ohrenbetäubende(r) Lärm *m;* ~*s parasites* Stör-, Nebengeräusche *n pl;* ~ *du tonnerre* Grollen *n* des Donners ~ *parasite* Nebengeräusch *n;* ~**tage** *m radio* Geräuschkulisse *f.*

brûl|ant, e [brylɑ̃] *a* **1.** brennend *a. fig;* glühend; siedend, kochend heiß; **2.** *fig* lebhaft, leidenschaftlich, feurig; *de* ~*e actualité* von brennende(r) Aktualität; *question f* ~*e* akute, brennende Frage *f; terrain m* ~ *(fig)* heiße(s) Eisen *n;* ~**é, e I.** *a* **1.** verbrannt; **2.** *(Speise)* angebrannt; *(Lampe)* durchgebrannt; ~ *par le soleil* von der Sonne ausgedörrt, verbrannt; *(fig fam) être* ~ entlarvt, aufgeflogen sein; *(allg)* diskretitiert sein; **II.** *s m: avoir un goût de* ~ angebrannt schmecken; *cela sent le* ~ es riecht angebrannt; *fig* es ist brenzelig, es steht faul damit; *odeur f de* ~ Brandgeruch *m;* ~**e-gueule** *m* Stummelpfeife *f;* ~**e -pourpoint** *loc adv: à* ~ ins Gesicht hinein, geradeheraus; mir nichts, dir nichts; ~**er I.** *itr* **1.** *(Haus)* abbrennen, (ver)brennen; **2.** in Flammen stehen; **3.** *(Suppe)* an=brennen; **4.** *(Gras)* verdorren; **5.** *fig* glühen, lodern; — ~ *de curiosité, d'impatience* vor Neugierde, vor Ungeduld brennen; ~ *de faire qc* darauf brennen etw zu tun; *les mains lui brûlent* es brennt ihm auf den Nägeln; *les pieds lui brûlent* der Boden brennt ihm unter den Füßen; **II.** *tr* **6.** (an=, ab=, ver)brennen; verfeuern; **7.** *(Speise)* anbrennen lassen; **8.** *(Sonne)* verbrennen, versengen; ausdörren; **9.** *(Wald, Haus)* in Brand stecken; *(Wolldecke)* (ver)sengen; *(Säure)* zerfressen, an=greifen; **10.** *(Kaffee)* rösten; *(Branntwein)* brennen; — ~ *la défense (Fußball)* die Verteidigung stehen lassen; ~ *une étape (fig)* e-e Stufe überspringen, rasch voran=kommen; *(theat)* ~ *les planches* hinreißend spielen; ~ *un signal* ein Signal überfahren; **III.** *v prn se* ~ sich (ver-) brennen; *se* ~ *les ailes, les doigts (fig)* sich die Finger verbrennen; *se* ~ *la cervelle* sich e-e Kugel durch den Kopf jagen; *se* ~ *avec de l'eau bouillante* sich verbrühen; ~**eur** *m tech* Brenner *m;* ~**ure** *f* **1.** Verbrennung, Brandwunde *f;* **2.** Brennen; Versengen *n; faire une* ~ ein Loch brennen (*à* in *acc*); ~ *d'estomac* Sodbrennen *n.*

brum|e [bryme] *f* (leichte(r) Nebel; Dunst *m;* ~**eux, se** *a* **1.** neblig; dunstig; **2.** *fig* unklar, verworren; ~**isateur** *m* Zerstäuber *m.*

brun, e [brœ̃, bryn] **I.** *a* braun; brünett; dunkelhaarig; **II.** *s m* **1.** braune Farbe *f;* **2.** Dunkelhaarige(r) *m;* **3.** *f* Brünette *f;* **4.** dunkle(s) Bier *n;* ~ *clair, foncé* hell-, dunkelbraun; ~**âtre** *a* bräunlich; ~**ette** *f* Brünette *f;* ~**i, e** *a* **1.** (sonnen-)gebräunt; **2.** poliert; ~**ir I.** *tr* **1.** bräunen; braun färben *od* machen, beizen; **2.** *(Metall)* polieren; **II.** *itr* braun werden; ~**issement** *m (Haare)* Nachdunkeln; *(Haut)* Braunwerden *n.*

brusqu|e [brysk] *a* **1.** grob, barsch, brüsk, schroff; heftig; **2.** unerwartet, plötzlich; ~**er** *tr* **1.** beschleunigen, überstürzen, übereilen; **2.** *fig* rauh, barsch an=fahren (*qn* jdn); ~ *une affaire* e-e Sache übers Knie brechen; ~ *un voyage* sich kurz zu e-r Reise entschließen; *ne rien* ~ nichts überstürzen; ~**erie** *f* Barschheit, Schroffheit *f.*

brut, e [bryt] *a* **1.** roh, unver-, unbearbeitet; **2.** *tech* ungebrannt, unaufbereitet; ungehobelt; **3.** *com* brutto; — *acier m* ~ Rohstahl *m; matière f* ~*e* Rohstoff *m; pétrole m* ~ Rohöl *n; poids m* ~ Bruttogewicht *n;* ~**al, e** *a* **1.** brutal, rücksichtslos, gewalttätig; grob, roh, **2.** plötzlich, unerwartet; ~**aliser** *tr* brutal, grob, roh behandeln; ~**alité** *f* Grobheit, Roheit; Gewalttätigkeit, Rücksichtslosigkeit; Brutalität *f; pl* flegelhafte(s) Benehmen *n;* Gewalttätigkeiten *f pl;* ~**e** *f fig* Rohling, brutale(r) Mensch.

bruy|amment [brɥijamɑ̃] *adv* geräuschvoll, laut; ~**ant, e** *a* lärmend, laut, geräuschvoll; *(Lachen)* schallend; ~**ère** *f* **1.** Heidekraut *n,* Erika *f;* **2.** Heide *f; coq m de* ~ Auerhahn *m.*

buanderie [byɑ̃dri] *f* Waschküche *f.*

bubonique [bybɔnik] *a: peste f* ~ Beulenpest *f.*

buccal, e [bykal] *a* Mund-; *cavité f* ~*e* Mundhöhle *f.*

bûch|e [byʃ] *f* **1.** (Holz-)Scheit *n,* Klotz *m;* **2.** *fig fam* Dummkopf *m;* — *(fam) ramasser une* ~ hin=fallen; ~ *de Noël* mit Creme gefüllte Biskuitrolle *f;* ~**er I.** *s m* **1.** Holzstall *m,* -lege *f;* **2.** Holzstoß, Scheiterhaufen *m;* **II.** *tr fam* ochsen, büffeln; ~ *son examen* auf seine Prüfung büffeln; ~**eron** *m* Holzhauer, -fäller *m;* ~**ette** *f* (Holz-)Span *m;* Stückchen *n* Holz; ~**eur, se** *m f* Ochser, Büffler(in *f*) *m.*

budg|et [bydʒɛ] *m* **1.** Haushalt(splan); Etat *m;* Budget *n;* **2.** Finanzplan *m;* **3.** finanzielle Mittel *n pl;* — *boucler son* ~ mit seinem Geld aus=kommen; *cela dépasse mon* ~ das übersteigt meine

Mittel, meinen Etat; ~ *annexe* Nachtrags-, Zusatzhaushalt *m;* ~ *de publicité* Werbefonds *m;* ~*-vacances m* Urlaubskasse *f;* **~étaire** *a* etatmäßig; *année f* ~ Haushaltsjahr *n;* **~eter** *tr* planen, veranschlagen.

buée [bɥe] *f* Dunst; Beschlag *m; tech* Schwitzwasser *n.*

buffet [byfɛ] *m* **1.** Speise-, Geschirrschrank *m;* Anrichte *f;* **2.** kalte(s) Büfett *n;* **3.** (~ *de la gare)* Bahnhofswirtschaft *f;* **4.** *fam* Bauch *m;* — *danser devant le* ~ *(fam)* nichts zu beißen haben.

buffle [byfl] *m zoo* Büffel(leder *n*) *m.*

building [b(ɥ)ildiŋ] *m* Hochhaus *n.*

buis [bɥi] *m* Buchsbaum *m;* **~son** *m* Gebüsch *n;* Busch *m,* Strauchwerk *n;* **~sonneux, se** *a* buschig; **~sonnier, ère** *a: faire l'école* ~ die Schule schwänzen.

bulb|e [bylb] *m* **1.** *bot (a. f) arch* Zwiebel; Knolle *f;* **2.** *anat* Knoten *m,* Verdickung *f;* ~ *de tulipe* Tulpenzwiebel *f.*

bull|dozer [buldɔzœ(ɛ)r] *m* Planierraupe *f;* **~e** [byl] *f* **1.** (Luft-)Blase *f a. anat;* **2.** *rel hist* Bulle *f;* ~ *d'air, d'eau, de savon,* Luft-, Wasser-, Seifenblase *f;* **~etin** *m* **1.** Zettel, Schein *m;* **2.** Bescheinigung *f,* Attest *n;* **3.** *pol* (Wahl-)Stimme *f;* **4.** *radio* Nachrichtensendung *f;* **5.** (Schul-)Zeugnis *n;* **6.** *compter, dépouiller les* ~*s* die Stimmen aus=zählen; ~ *de bagages* Gepäckschein *m;* ~ *blanc* leere(r) Stimmzettel *m;* ~ *de la bourse* Börsenbericht *m;* ~ *de commande* Bestellschein *m;* ~ *de consigne* Gepäck(hinterlegungs)schein *m;* ~ *d'enneigement* Schneebericht *m;* ~ ~ *de livraison* Lieferschein *m;* ~ *météorologique* Wetterbericht *m;* ~ *de naissance* Geburtsschein *m;* ~*s nuls, valables* ungültige, gültige Stimmen *f pl;* ~ *officiel* Gesetz-, Amtsblatt *n;* ~ *de vote* Stimmzettel *m.*

bur|aliste [byralist] *m f* Tabakwarenhändler(in *f*) *(österr.)* Trafikant *m;* **~eau** *m pl* ~*x* **1.** Schreibtisch *m;* **2.** Büro *n,* Kanzlei, Dienststelle *f,* Amt *n,* Abteilung *f;* Amts-, Geschäftszimmer *n;* **3.** Agentur; *theat* Kasse *f;* Schalter *m;* **4.** Büropersonal *n;* **5.** geschäftsführende(r) Ausschuß, Vorstand *m;* **6.** *pendant les heures de* ~ während der Geschäftszeit; *être sur le* ~ *(fig fam)* in Bearbeitung sein; **7.** *heures f pl de* ~ Bürostunden *f pl;* ~ *de change* Wechselstube *f;* ~ *des chèques postaux* Postscheckamt *n;* ~ *comptable* Buchhaltung *f;* ~ *de construction* Baubüro *n;* ~ *d'enregistrement des bagages* Gepäckabfertigung *f;* ~ *de l'état civil* Standesamt *n;* ~ *d'informations* Auskunftsbüro *n,* -stelle *f;* ~ *de location* Tageskasse *f;* ~ *des objets trouvés* Fundbüro *n;* ~ *de placement* Arbeitsnachweis *m;* Stellenvermittlung *f;* ~ *de poste* Postamt, *(dans la gare)* Bahnpostamt *n;* ~ *de publicité* Reklamebüro *n;* ~ *de renseignements* Auskunftstelle, Auskunftei *f;* ~ *de tabac* (staatlicher) Tabakladen *m;* ~ *de tourisme* Verkehrsamt *n;* ~ *de voyages* Reisebüro, Verkehrsamt *n;* **~eaucrate** *m* Bürokrat *m;* **~eaucratie** [-krasi] *f* Bürokratie *f;* **~eaucratique** *a* bürokratisch.

burette [byrɛt] *f* (Essig-, Öl-)Kännchen.

burin [byrɛ̃] *m* (Grab-)Stichel, Meißel *m; fait au* ~ gestochen; **~er** *tr* meißeln, gravieren.

burlesque [byrlɛsk] *a* burlesk, possenhaft.

burnous [byrnu(s)] *m* Burnus *m.*

bus [bys] *m* (Auto-)Bus *m;* **~e** [byz] *f* **1.** *orn* (Mäuse-)Bussard; **2.** *fig fam* Dummkopf *m;* **3.** Düse *f;* ~ *d'injection* Einspritzdüse *f;* **~qué, e** [byske] *a: nez m* ~ Adlernase *f.*

buste [byst] *m* **1.** Büste *f;* **2.** Oberkörper *m;* **3.** *(portrait m en* ~*)* Brustbild *n.*

but [by, byt] *m* **1.** Ziel; *(Fußball)* Tor *n;* **2.** *fig* Absicht *f,* Zweck *m;* — *dans le* ~ *de* in der Absicht zu; *de* ~ *en blanc* geradeheraus, unüberlegt; unvorbereitet; *dépasser le* ~ über das Ziel hinaus=schießen; *envoyer le ballon dans les* ~*s* das Leder ins Netz jagen; *en être à un* ~ *partout* 1 : 1 (eins zu eins) stehen; *gagner par trois* ~*s un* 3 : 1 (drei zu eins) gewinnen; *manquer le* ~ das Ziel verfehlen; vorbei=schießen; *poursuivre un* ~ ein Ziel, e-e Absicht verfolgen; *toucher au* ~ das Ziel erreichen; *viser au* ~ zielen; *gardien m de* ~ Torwart *m;* **~ane** *m* Butan(gas) *n;* **~é, e** *a* eigensinnig; **~ée** *f* **1.** Widerlager *n;* **2.** *tech* Anschlag *m;* **~er I.** *tr* **1.** (ab=)stützen; **2.** *fig* halsstarrig machen; **II.** *itr* **3.** stoßen (*contre qc* an, e-e S); stolpern; **4.** *(Fußball)* Tore schießen; **III.** *v prn se* ~ stoßen (*contre un mur* auf *od* an e-e Wand; *à un obstacle* auf ein Hindernis); *fig* versessen sein, beharren (*à* auf *acc*); **~eur** *m* Torschütze *m;* **~in** *m* **1.** Beute *f;* **2.** *fig* Ausbeute *f;* **~iner** *tr itr* **1.** *(Biene)* Honig sammeln; **2.** *(Informationen)* sammeln; **~oir** *m* Prellbock; Prellstein *m;* **~or** [-tɔr] *m* **1.** *orn* Rohrdommel *f;* **2.** *fig fam* Flegel *m.*

butt|e [byt] *f* (Erd-)Hügel; *être en* ~ *à* ausgesetzt sein *dat;* **~er** *tr* **1.** *agr* häufeln; hacken; **2.** *arg* umlegen.

buv|able [byvabl] *a* **1.** trinkbar; **2.** *(fam fig) n'être pas* ~ ungenießbar, unmöglich sein; **~ard** *m (papier m* ~*)* Löschblatt, Löschpapier *n;* **~ette** *f* **1.** Kneipe, Schenke *f;* **2.** Erfrischungsraum *m;* Kantine; **3.** *(Bad)* Trinkhalle *f;* **~eur, se** *m f* Trinker(in *f*) *m.*

byzantin, e [bizɑ̃tɛ̃, -in] *a* **1.** byzantinisch; **2.** *discussions f* ~*es* überflüssige Auseinandersetzung *f.*

C

ça [sa] *prn s. cela.*
çà [sa] **I.** *adv:* ~ *et là* hier u. da; **II.** *interj ah!* ~ verflixt; *(Erstaunen)* wirklich!
cabal|e [kabal] *f* **1.** *rel* Kabbala; Kabbalistik *f* **2.** Intrige *f,* Ränke *m pl;* **~istique** *a fig* geheimnisvoll; unverständlich.
caban [kabɑ̃] *m* Ölzeug *n,* -mantel *m;* Segeljacke *f;* **~e** [-ban] *f* **1.** Hütte *f;* **2.** (kleiner) Stall *m;* **3.** *fam* Knast *m;* — ~ *à lapins* Kaninchenstall *m; fig fam* miserable Unterkunft *f;* **~on** *m* **1.** Hüttchen *n;* **2.** Gummizelle *f;* **3.** *(Provence)* (kleines) Landhaus *n.*
cabaret [kabarɛ] *m* **1.** Kabarett *n;* **2.** *(früher)* Wirtshaus *n,* Schenke *f.*
cab|as [kabɑ(a)] *m* Einkaufskorb *m,* -tasche *f;* **~estan** [-ɛstɑ̃] *m* Spill *n;* (Schiffs-, Anker-)Winde *f;* **~illaud** [-jo] *m* Kabeljau *m.*
cabin|e [kabin] *f* **1.** (Schiffs-, Bade-)Kabine; **2.** *mar* Kajüte, Koje *f;* **3.** *mot* Führerhaus *n;* — ~ *(d'aiguillage) (loc)* Stellwerk *n;* ~ *des passagers* Fluggastraum *m;* ~ *téléphonique* (öffentliche) Fernsprechzelle *f;* ~ *téléphérique* Kabine *f* e-r Drahtseilbahn; **~et** [-ɛ] *m* **1.** (kleines) Nebenzimmer *n;* **2.** Arbeits-, Sprech-, Studierzimmer *n;* **3.** Kabinett *n,* Sammlung *f;* **4.** *pol* Kabinett *n;* Regierung *f;* **5.** *(Arzt)* Praxis *f;* Patienten *mpl; (Anwalt)* Klientel *f; chef m de* ~ Kabinettschef *m;* ~ *de consultation* Sprechzimmer *n;* ~ *de toilette* Waschraum *m;* Ankleidezimmer *n;* ~ *de travail* Arbeits-, Studier-, Herrenzimmer *n.*
câbl|age [kɑ(a)blaʒ] *m* **1.** Verkabelung, Verdrahtung; Leitungsführung *f;* **2.** *tele* Kabeln *n;* **~e** [kɑ(a)bl] *m* **1.** Tau, dicke(s) Seil *n;* Trosse *f;* Kabel *n;* Leine *f;* **2.** *el* Draht *m,* Leitung *f;* **3.** *tele* Kabel *n;* — ~ *de raccordement* Anschlußkabel *n;* ~ *de remorque* Schleppseil *n;* ~ *téléphonique* Fernsprechkabel *n,* -leitung *f;* ~ *à haute tension* Hochspannungskabel *n;* **~er** *tr* **1.** *el* verkabeln; verseilen; **2.** *(Nachricht)* kabeln, drahten; **~ogramme** *m* Kabeltelegramm *n.*
caboch|ard, e [kabɔʃar, -rd] **I.** *a fam* quer-, dickköpfig; halsstarrig; **II.** *s m f* Quer-, Dickkopf *m;* **~e** *f* **1.** (Schuh-)Nagel *m;* **2.** *fam* Birne *f,* Kopf *m.*
caboss|e [kabɔs] *f* Kakaoschote *f;* **~er** *tr (Auto)* verbeulen, *fam* ramponieren.
cabot [kabo] *m* **1.** *fam* Köter, Hund *m;* **2.** *mil fam* Gefreite(r) *m;* **~age** [-ɔt-] *m* Küstenschiffahrt *f;* **~eur** *m* Küstenfahrer *m (Mann, Schiff);* **~in, e** *m f* **1.** Schmierenkomödiant(in *f*) *m;* **2.** *fig* (Schau-)Spieler, Komödiant *m;* **~inage** *m fam* Komödiantentum *n; fig* Schauspielerei *f.*
caboulot [kabulo] *m fam* Kneipe *f.*
cabr|er [kɑbre] **I.** *tr* **1.** *aero* über=ziehen; **2.** *fig (Person)* auf=reizen (*qn* jdn); **II.** *v prn se* ~ **3.** *(Pferd)* sich bäumen; **4.** *fig* sich auf die Hinterbeine stellen; sich sträuben (*contre* gegen); **~i** *m* Zicklein *n;* **~iole** [-brijɔl] *f* **1.** Luftsprung *m;* **2.** *(Reiter)* Kapriole *f;* **~ioler** *itr* Luftsprünge machen; **~iolet** [-ɛ] *m* **1.** Kabriolett *n a. mot;* **2.** (Schuh-)Leisten *m.*
caca [kaka] *m (Kindersprache u. fig)* Kacke *f; faire* ~ kacken; **~h(o)uète** [-w(ɥ)ɛt] *f* Erdnuß *f;* **~o** *m* Kakao(bohne *f*) *m;* ~ *en poudre* Kakaopulver *n;* **~toès** [-tɔɛs] *m orn* Kakadu *m;* **~tois** *m mar* Oberbramsegel *n;* -mast *m.*
cach|alot [kaʃalo] *m zoo* Pottwal *m;* **~e** *m phot* Kopiermaske *f;* — *~-cache m inv* Versteckspiel *n; jouer à* ~ Versteck(-en) spielen; *~-col m inv* Halstuch *n,* Schal *m; ~-nez m inv* Wollschal *m; ~-pot m inv* Übertopf *m; ~-radiateur m inv* Heizkörperverkleidung *f; ~-sexe m* knappes Höschen *n; ~-tampon, ~-mouchoir m inv* Suchen *n* e-s versteckten Gegenstandes *(Kinderspiel);* **~emire** *m* Kaschmir(schal) *m.*
cacher [kɑʃe] **I.** *tr* **1.** verstecken, verbergen; **2.** ver-, zu=decken; **3.** *fig* verheimlichen; geheim=halten, verschweigen; **II.** *v prn se* ~ *de qn* jdm etw verheimlichen; *ne pas se* ~ *de qc* kein Hehl aus etw machen.
cach|et [kaʃɛ] *m* **1.** (Privat-)Siegel; Petschaft *n;* **2.** Stempel *m;* **3.** *(Unterrichtsstunde)* Honorar *n; theat* (einmalige) Gage *f;* **4.** *pharm* Tablette *f;* **5.** *fig* Stempel *m,* Gepräge *n; (~ à part)* besondere Note *f;* **6.** *appliquer, apposer, mettre un* ~ versiegeln (*sur qc* etw); mit e-m (Dienst-)Stempel versehen; ~ *d'aspirine* Aspirintablette *f;* ~ *de la poste* Poststempel *m;* **~eter** *tr* (ver)siegeln; *(Briefumschlag)* zukleben; **~ette** *f* (kleines) Versteck *n; en* ~ heimlich; *en* ~ *de qn* hinter jds Rücken; **~exie** [-ʃɛksi] *f med* Kräfteverfall *m;* **~ot** [-o] *m* dunkle Zelle *f;* strenge(r) Arrest *m;* Gefängnis *n;* **~otterie** [-ʃɔtri] *f* Heimlichtuerei *f;* **~ottier, ère** *m f* Heimlichtuer, Geheimniskrämer *m;* **~ou I.** *a* tabakbraun; **II.** *s m Art* Bonbon; Cachou *n.*

cacique [kasik] *m arg* Primus *m* beim Concours der École Normale Supérieure.
caco|phonie [kakɔfɔni] *f* Mißklang *m.*
cact|(ac)ées [kakt(as)e] *f pl* Kakteen *f pl;* **~us** [-tys] *m* **1.** Kaktus *m;* Opuntie *f;* **2.** *(fam) il a trouvé des ~* er ist auf Schwierigkeiten gestoßen.
cadastr|al, e [kadastral] *a* Kataster-, Grundbuch-; **~e** *m* Kataster, Grundbuch *n;* **~er** in das Grundbuch ein=tragen.
cadav|érique [kadaverik] *a* Leichen-; **~re** *m* **1.** Leiche *f,* Leichnam; Kadaver *m;* **2.** *fam* geleerte Flasche *f.*
caddie [kadi] *m* **1.** Golfjunge *m;* **2.** Einkaufswagen, -korb *(im Selbstbedienungsladen);* **3.** *loc* Kofferkuli *m.*
cadeau [kado] *m* (kleines) Geschenk *n;* — *envoyer une babiole en ~* e-e Kleinigkeit als Geschenk schicken; *faire ~ de qc à qn* jdm etw schenken; *~ de fin d'année, de noce, de Noël, publicitaire* Neujahrs-, Hochzeits-, Weihnachts-, Reklamegeschenk *n.*
cadenas [kadna] *m* Vorhängeschloß *n;* **~ser** [-se] *tr* mit e-m Vorhängeschloß verschließen.
cadenc|e [kadɑ̃s] *f* **1.** Rhythmus, Takt *m;* **2.** *mus* Kadenz *f;* **3.** *(Marsch)* Tempo *n;* Geschwindigkeit *f;* **4.** *tech* Tempo *n,* Leistung, Produktion *f;* — *en ~* im Takt; *marquer, perdre la ~* den Takt schlagen; aus dem Takt, Tritt kommen; *~ journalière* Tagesleistung *f;* *~ de route* Marschtempo *n;* **~é, e** *a* rhythmisch; *(au) pas m ~* (im) Gleichschritt *m;* **~er** *tr fig* **1.** rhythmisch gliedern; **2.** *(~ son pas)* Schritt, Tritt halten.
cadet, te [kadɛ, -ɛt] **I.** *a* jünger, jüngste *(von Geschwistern);* **II.** *s m f* **1.** jüngere(r) Sohn *m,* jüngere Tochter; Jüngste(r *m*); **2.** *mil* Kadett *m;* **3.** *sport* 15-17jährige(r) Spieler *m;* **4.** Golfjunge *m;* — *il est mon ~ de . . .* er ist . . . jünger als ich; *c'est le ~ de mes soucis (fam)* das ist meine geringste Sorge.
cadr|age [kɑ(a)draʒ] *m tele phot* Bildeinstellung *f;* **~an** [ka-] *m* **1.** Zifferblatt *n;* Skalenscheibe; **2.** *radio* Skala; Nummern-, Wählscheibe; **3.** *(~ solaire)* Sonnenuhr *f;* — *faire le tour du ~ (fig fam)* 12 Stunden schlafen; *~ lumineux* Leuchtzifferblatt *n;* **~e** *m* **1.** (Bilder-, Fenster-, Tür-, Fahrrad-)Rahmen *m;* **2.** (Ein-)Fassung *f;* Gestell *n;* **3.** *fig* Rahmen *m;* Anlage *f;* Plan, Entwurf; Bereich *m;* Umgebung *f;* Kreis *m;* **4.** *mil* Kader *m;* Stammpersonal *n;* **5.** *(Verwaltung, Unternehmen)* Vorgesetzte, leitende Männer *m pl;* (Führungs-)Stab *m;* **6.** *pl* Stellenplan *m;* **7.** große Kiste *f;* Container *m;* **8.** *mar* Hängematte *f;* **9.** *dans le ~ de qc* im Rahmen *gen; hors ~* außerplanmäßig, überzählig; *être rayé des ~s* entlassen werden; *sortir du ~ de ses fonctions* seine Befugnisse überschreiten; **10.** *loi-~ f* Rahmengesetz *n;* *~ à fond mobile* Wechselrahmen *m;* *~ moyen, supérieur* mittlere Führungskraft *f;* leitende(r) Angestellter *m;* **~er I.** *itr* überein=stimmen (*avec* mit), passen (*avec* zu); **II.** *tr (Bild)* einstellen; *faire ~* in Übereinstimmung bringen, passend machen.
caduc, uque [kadyk] **1.** veraltet, unmodern, überholt; **2.** *bot zoo* abfallend; **3.** *jur* ungültig, nichtig; unwirksam; **~ée** [-se] *m* Äskulapstab *m;* **~ité** *f* **1.** Veraltetsein *n;* **2.** *jur* Unwirksamkeit *f.*
cæc|al, e [sekal] *a* Blinddarm-; *appendice m ~* Wurmfortsatz *m;* **~um** [-ɔm] *m anat* Blinddarm *m.*
cafard, e [kafar, -ard] *s m f* **1.** Heuchler (-in *f*), Frömmler(in *f*); **2.** *fam (Schule)* Petzer *m;* **3.** *m zoo* Küchenschabe *f;* **4.** *(fam) j'ai le ~* mich ekelt alles an; **~er I.** *itr fam (Schule)* an=geben, petzen; **II.** *tr* verpetzen; **~eur, se** *m f* Petzer *m,* Petze *f;* **~eux, se** *a fam* trübsinnig, melancholisch; *(Wetter)* trübselig.
caf|é [kafe] **I.** *s m* **1.** Kaffee *m;* **2.** Café, Kaffeehaus *n;* **II.** *a* kaffeebraun; — *brûler, griller, torréfier du ~* Kaffee rösten; *inviter qn à prendre le ~* jdn zum Kaffee ein=laden; *cuiller f, service m, tasse f à ~* Kaffeelöffel *m,* -service *n,* -tasse *f;* *garçon m de ~* Kellner *m;* *grain m de ~* Kaffeebohne *f;* *marc m de ~* Kaffeesatz *m;* *tasse f de ~* Tasse *f* Kaffee; *~ complet* Kaffeegedeck *n;* *~ décaféiné* koffeinfreie(r) Kaffee *m;* *~ filtre* Filterkaffee *m;* *~ glacé* Eiskaffee *m;* *~ au lait, ~ crème* Milchkaffee *m,* Melange; *~ noir, nature* schwarze(r) Kaffee; *~-restaurant m* Restaurant u. Café *n;* *c'est un peu fort de ~ (pop)* das ist starker Tabak, ein starkes Stück, die Höhe; **~é-bar** *m* kleine(s) Café *n;* **~éine** [-fein] *f* Koffein *n;* **~éiné, e** *a* koffeinhaltig; **~é-tabac** *m* Tabakladen *m* mit Café; **~(e)tan** *m* Kaftan *m;* **~étéria** *f* Cafeteria *f;* **~etier, ère** [kaftje, -ɛr] *m f* **1.** Inhaber(in *f*) *m* e-s Cafés; **2.** *f* Kaffeekanne *f;* **3.** *f fam* Kopf *m;* — *cafetière électrique* Kaffeemachine *f.*
cafouiller [kafuje] *itr* **1.** *fam* sich verheddern; **2.** *fam* schlecht funktionieren; **3.** *mot fam* stottern.
cag|e [kaʒ] *f* **1.** Käfig *m;* *(Vögel)* Bauer *n* od *m;* **2.** *arch* Außenmauern *f pl;* **3.** *tech* Gehäuse; Gerüst; Gitter *n;* **4.** *fam* Kittchen *n,* Knast *m;* **5.** *pop* Kabuff *n;* **6.** *(Fußball)* Tor *n;* — *~ d'ascenseur* Aufzugschacht *m;* *~ d'escalier* Treppenhaus *n;* *~ d'extraction (min)* Förderkorb *m;* *~ à lapins* Kaninchenstall *m;* **~eot** [-o] *m* Steige, Lattenkiste *f;*

~**ibi** *m fam* Rumpelkammer *f*, Kabuff *n*.
cagn|a [kaɲa] *f arg mil* Unterstand *m; fam* Bude *f;* ~**eux, se** *a* X-beinig; *jambes f pl ~euses* X-Beine *n pl;* ~**otte** *f* **1.** (Spiel-)Kasse *f;* **2.** Sparschwein *n*.
cagot, e [kago, -ɔt] **I.** *a* scheinheilig; **II.** *s m f* Frömmler, Mucker *m*.
cagoule [kagul] *f* **1.** (Mönchs-)Kutte *f;* **2.** Kapuze *f* mit Augenschlitzen; **3.** Kopfschützer *m*.
cahier [kaje] *m* **1.** (Schreib-)Heft *n;* **2.** Verzeichnis *n;* **3.** *typ* Lage *f* Papier; Bogen (-satz) *m; ~ de brouillon, de devoirs, d'écolier* Konzept-, Übungs-, Schulheft *n*.
cahin-caha [kaɛ̃kaa] *adv fam* mit Mühe und Not; soso lala; zur Not.
cah|ot [kao] *m* **1.** Stoß, Ruck *m (e-s Wagens);* **2.** *pl (Weg)* Unebenheit *f;* ~**otage,** ~**otement** [-ɔt-] *m* Rütteln, Stoßen *n;* ~**otant, e** *a (Weg)* holp(e)rig; *(Fahrzeug)* rüttelnd; ~**oter I.** *tr* stoßen, rütteln; *fig* hin u. her werfen; **II.** *itr* rumpeln; ~**ute** [kayt] *f* (elende) Hütte *f*.
caïd [kaid] *m* **1.** *fam* (Banden-)Führer *m;* **2.** *arg* Könner *m*, As *n*.
caïeu [kajø] *m* Brutzwiebel *f*.
caill|asse [kajas] *f* Schotter *m;* ~**e** [kaj] *f* **1.** *orn* Wachtel *f;* **2.** *fam* Schätzchen *n; il l'a eu à la ~ (pop)* er war sehr enttäuscht; ~**é** *m* dicke Milch, Sauermilch *f;* ~**ebotis** [~bɔti] *m* Lattenrost *m;* ~**er I.** *tr* gerinnen lassen; **II.** *v prn se ~* gerinnen; *(fig fam) on se caille ici* hier erfriert man ja; ~**ette** *f zoo* Labmagen *m;* ~**ot** [-jo] *m* (Blut-)Klümpchen *n;* ~**ou** [-ju] *m* **1.** Kiesel(stein); **2.** *pl* Splitt *m;* **3.** *pop* Birne *f*, Kopf *m;* **4.** *pl fam* Edelsteine, Diamanten *m pl; — n'avoir plus de mousse sur le ~ (pop)* e-e Glatze haben; ~**outage** *m* Beschotterung *f;* Schotter *m;* ~**outer** *tr* beschottern; ~**outeux, se** *a* steinig; ~**outis** [-i] *m* Schotter *m*.
caïman [kaimɑ̃] *m zoo* Kaiman *m*.
caiss|e [kɛs] *f* **1.** Kiste *f*, Kasten *m;* **2.** Kasse; Zahlstelle *f;* **3.** *mot* Karosserie *f;* **4.** *mus* Trommel *f;* Körper *m (der Streichinstrumente);* **5.** *agr* Kübel *m;* **6.** *battre la (grosse) ~ (fig)* die Werbetrommel rühren; *faire l'état de la ~* Kasse(nsturz) machen; *tenir la ~* die Kasse führen; **7.** *avance f de ~* Kassenvorschuß *m; bon m de ~* Kassenanweisung *f; bordereau m de ~* Kassenzettel *m; espèces f pl en ~* Barbestand *m; grosse ~* Pauke *f; livret m de ~ d'épargne* Sparkassenbuch *n; vérification f de ~* Kassenprüfung *f;* **8.** *~ d'assurance-maladie* Krankenkasse *f; ~ à claire-voie* Lattenkiste *f; ~ de dépôts* Depositenkasse *f; ~ enregistreuse* Registrierkasse *f; ~ d'épargne* Sparkasse *f; ~ à fleurs* Blumenkasten *m; ~ à outils* Werkzeugkasten *m;* ~**ier, ère** *m f* Kassierer(in *f*); Kassenbeamter, -verwalter *m;* ~**on** *m* **1.** *arch* Füllung *f;* **2.** *(Decke)* Kassette *f;* **3.** *tech* Senkkasten; **4.** *(pop) se faire sauter le ~* sich e-e Kugel durch den Kopf jagen.
cajol|er [kaʒɔle] *tr* liebkosen; *(Kind)* hätscheln; ~**erie** *f* Liebkosung, Schmeichelei *f;* ~**eur, se I.** *a (Kind)* anschmiegsam; schmeichlerisch; **II.** *s m f* Schmeichler *m*, Schmeichelkatze *f*.
cake [kɛk] *m* englische(r) Teekuchen *m*.
cal [kal] *m* Schwiele *f*.
calage [kalaʒ] *m tech* Verkeilung *f; ~ de l'allumage* Zündeinstellung *f*.
calam|ine [kalamin] *f* Verbrennungsrückstände *m pl; enlever la ~ d'une bougie de moteur* e-e verrußte Zündkerze reinigen; ~**iné, e** *a (Zündkerze)* verrußt; ~**ité** *f* allgemeine(s) Unglück; Elend *n;* (große) Not; Katastrophe *f*.
calandr|age [kalɑ̃draʒ] *m (Textil)* Kalandern *n;* ~**e** *f mot* Kühlerhaube *f;* ~**er** *tr* kalandern.
calanque [kalɑ̃k] *f* kleine Bucht *f (am Mittelmeer)*.
calc|aire [kalkɛr] **I.** *a* kalkhaltig; **II.** *s m* Kalk(stein) *m;* ~**ification** [-si-] *f med* Verkalkung *f;* ~**iner** *tr* **1.** *(Kalkstein)* brennen, kalzinieren; **2.** *(Braten)* verbrennen; **3.** *(Erde)* aus=dörren; ~**ite** *f min* Kalkspat *m;* ~**ium** [-sjɔm] *m chem* Kalzium *n*.
calcul [kalkyl] *m* **1.** Rechnen *n;* (Be-, Aus-, Er-)Rechnung *f;* **2.** *fig* Plan *m*, Erwartung, Berechnung *f;* **3.** *com* Kalkulation *f;* **4.** *med* (Gallen-, Nieren-) Stein *m;* **5.** *faire des ~s* Berechnungen an=stellen; *faire une erreur de ~* e-n Rechenfehler machen; *faire à qn le ~ de qc* jdm etw vor=rechnen; *se tromper dans ses ~s (fig)* sich verrechnen; die Rechnung ohne den Wirt machen; **6.** *base f de ~ (com)* Kalkulationsbasis *f; erreur f de ~* Rechenfehler *m; règle f à ~* Rechenschieber *m;* **7.** *~ des bénéfices* Gewinnermittlung *f; ~ différentiel, infinitésimal* Differential-, Infinitesimal-, Integralrechnung *f; ~ des frais* Kostenberechnung *f; ~ mental* Kopfrechnen *n; ~ des probabilités* Wahrscheinlichkeitsrechnung *f; ~ de rentabilité* Rentabilitätsberechnung *f;* ~**able** *a* berechenbar; ~**ateur, trice I.** *a* (be)rechnend; **II.** *s m f* **1.** Rechner(in *f*); Kalkulator; **2.** berechnende(r) Mensch *m;* **3.** *~ électronique* Elektronenrechner *m;* **4.** *f (Büro)* Rechenmaschine *f;* ~**er I.** *tr* **1.** (aus=, be-, er-)rechnen; (aus=)kalkulieren; **2.** *fig* erwägen, prüfen, überlegen; **II.** *itr* (mit dem Geld) rechnen; *~ de tête, mentalement* im Kopf rechnen.
cal|e [kal] *f* **1.** *tech* Keil *m;* Unterlage *f; (~ de roue)* Bremsklotz, -schuh *m;* **2.** Schiffs-, Kiel-, Laderaum *m;* **3.** (Lade-)

Rampe *f;* Dock *n;* — *être à fond de ~ (fig fam)* völlig blank sein; *mettre sur ~* auf Stapel legen; *~ de construction* Helling *f* od *m; ~ sèche* Trockendock *n;* **~é, e** *a* **1.** verkeilt; **2.** *(fig pop) être ~* was los=haben; beschlagen sein (*en* in *dat*); **3.** *c'est trop ~ pour moi* das ist für mich zu schwierig; **~ebasse** [-as] *f bot* Kalebasse *f,* Flaschenkürbis *m;* **~èche** *f* Kalesche *f;* **~eçon** *m* Unterhose *f;* **~éfaction** *f phys* Erwärmung, Erhitzung *f;* **~embour** [-lɑ̃bur] *m* Wortspiel *n;* **~embredaine** [-lɑ̃brədɛn] *f* dumme Reden *f pl;* **~endes** [-lɑ̃d] *f pl: renvoyer aux ~ grecques* auf den Nimmerleinstag verschieben; **~endrier** *m* **1.** Kalender *m;* **2.** Termine *m pl,* Timing *n,* Zeitplan *m;* — *~ mural* Wandkalender *m; ~ de poche* Taschenkalender *m;* **~epin** [kalpɛ̃] *m* **1.** Notizbuch *n;* **2.** *arch* Werkzeichnung *f;* **~er I.** *tr* **1.** unterlegen; an=lehnen (*contre* an *acc*); fest auf=legen (*sur* auf *acc*); **2.** *tech* verkeilen, verriegeln; verklemmen, blockieren; **3.** *mot* ab=würgen; **4.** *(Kügelchen)* schnellen; **II.** *itr* **5.** *mot* stehen=bleiben; **6.** *fig fam* auf=geben; **7.** satt machen; **8.** *(Schiff)* Tiefgang haben; **III.** *v prn se ~* **9.** *mot* stehen=bleiben; **10.** es sich bequem machen *(dans un fauteuil* in e-m Sessel); — *se les ~ (fig pop)* tüchtig essen; **~(e)ter** *itr arg* ab=hauen, türmen, stiften gehen.

calf|at [kalfa] *m* Kalfaterer *m;* **~ater** *tr mar* kalfatern; **~eutrer** [-ø-] **I.** *tr (Fenster-, Türritzen)* abdichten; **II.** *v prn se ~ (chez soi)* in der Stube, am Ofen hokken.

calibr|age [kalibraʒ] *m* **1.** Kalibrieren *n,* Eichung *f;* **2.** *min* Klassierung *f;* **3.** Sortierung *f;* **~e** *m* **1.** Durchmesser *m;* **2.** *mil tech* Kaliber *n;* Bohrung *f;* **3.** *tech* (Schub-)Lehre; Schablone *f;* **4.** *fig fam* Format, Kaliber *n,* Schlag *m;* **~er** *tr* **1.** kalibrieren, eichen; **2.** *min* klassieren; **3.** *(Früchte)* klassifizieren; **~eur** *m* Kaliber *n.*

calic|e [kalis] *m* **1.** (Blüten-, Abendmahls-) Kelch *m;* **2.** *fig boire le ~ jusqu'à la lie* den Kelch bis zur Neige leeren; **~ot** [-ko] *m* Kaliko *m.*

calif|at [kalifa] *m* Kalifat *n;* **~e** *m* Kalif *m;* **~ourchon** *loc adv: à ~* rittlings.

câlin, e [kalɛ̃, -in] **I.** *a* **1.** zärtlich; **2.** schmeichelnd, schmusend; **II.** *s m f* Schmeichler, Schmuser *m,* Schmeichelkatze *f;* **~er** *tr* liebkosen, hätscheln; **~erie** *f* Zärtlichkeit; Schmuserei *f.*

calisson *m* Marzipanschnittchen *n.*

call|eux, se [kalø, -øz] *a* schwielig; **~igraphie** *f* Kalligraphie *f;* **~osité** *f* Schwiele *f.*

calm|ant, e [kalmɑ̃, -ɑ̃t] **I.** *a* beruhigend; schmerzstillend; **II.** *s m* Beruhigungs-, schmerzstillende(s) Mittel *n;* **~ar** *m zoo* Kalmar *m;* **~e I.** *a* ruhig, still; **II.** *s m* **1.** Ruhe, Stille *f;* **2.** *fig* innere Ruhe *f;* **3.** *com* Flaute *f;* — *conserver, garder son ~* seine Ruhe bewahren; **~er I.** *tr* **1.** beruhigen; **2.** *(Schmerz)* stillen, mildern, lindern; **3.** *(Person)* besänftigen; **II.** *v prn se ~* **1.** *(Sturm)* sich legen, sich beruhigen; nach=lassen; ab=flauen; **2.** *(Leidenschaft)* sich ab=kühlen.

calomni|ateur, trice [kalɔmnjatœr, tris] **I.** *s m f* Verleumder(in *f*) *m;* **II.** *a* verleumderisch; **~e** [-ni] *f* Verleumdung *f;* **~er** [-nje] *tr* verleumden; **~eux, se** *a* verleumderisch.

calori|e [kalɔri] *f* Kalorie *f;* **~fère I.** *a* Heiz-; **II.** *s m* Heizung(sanlage) *f;* **~fique** *a* wärmeerzeugend; *pouvoir m ~* Heizwert *m; source f ~* Wärmequelle *f;* **~fuge I.** *s m* Wärmeschutz(stoff) *m;* **II.** *a* wärmeisolierend; **~fuger** *tr* isolieren, dämmen; **~mètre** *m* Kalorimeter *n.*

calot [kalo] *m* **1.** *mil* Feldmütze *f;* **2.** große Murmel *f;* **~in** *m pop* Pfaffenknecht *m;* **~te** [-lɔt] *f* **1.** runde(s) Käppchen *n;* **2.** *fig* Pfaffen *m pl,* Klerus *m; pol fam* Schwarze(n) *m pl;* **3.** *(Hut)* Kopf *m;* **4.** *arch* Kalotte *f;* **5.** *(~ du crâne)* Schädeldach *n;* **6.** *fam* Ohrfeige *f,* Klaps *m;* **7.** *~ glaciaire* Polkappe *f;* **~ter** *tr fam* ohrfeigen; *arg* klauen.

calqu|e [kalk] *m* **1.** Pause *f;* **2.** *fig* Abklatsch *m;* genaue Nachahmung *f;* — *prendre un ~* e-e Pause herstellen; **~er** *tr* **1.** durch=pausen, -zeichnen; **2.** *fig* nach=ahmen, kopieren; *papier m à ~* Pauspapier *n.*

calter [kalte] *s. cal(e)ter.*

calumet [kalymɛ] *m* Kalumet *n; ~ de la paix* Friedenspfeife *f.*

cal|vados [kalvados] *m* Apfelschnaps, -branntwein *m;* **~vaire** *m* **1.** *(Kunst)* Passion; Kreuzigung *f;* Kalvarienberg *m;* **2.** *fig* Leidensweg *m;* **~viniste I.** *s m* Kalvinist, Reformierte(r) *m;* **II.** *a* kalvinistisch; **~vitie** [-visi] *f* Kahlköpfigkeit *f.*

camar|ade [kamarad] *m f* **1.** Kamerad(in *f*), Gefährte *m,* Gefährtin *f;* **2.** *pol* Genosse *m,* Genossin *f;* — *~ d'école* Schulkamerad, -freund, Mitschüler *m; ~ d'enfance* Jugendfreund *m; ~ de jeu* Spielkamerad *m;* **~aderie** *f* Kameradschaft *f;* **~illa** [-rija] *f pol* Kamarilla *f.*

cambr|é, e [kɑ̃bre] *a* **1.** *(Fuß)* gewölbt; **2.** *(Kreuz)* hohl; — *bien ~* wohlgestaltet; **~er I.** *tr* biegen, beugen, krümmen, wölben; **II.** *v prn se ~* sich auf=richten; den Körper straffen; die Brust wölben; **~iolage** [-brijɔlaʒ] *m* Einbruch(sdiebstahl) *m;* **~ioler** *tr* ein=brechen *(qc* in *acc);* **~ioleur** *m* Einbrecher *m;* **~ousse** *f fam* flache(s) Land *n;* **~ure** *f* Wölbung *f.*

cambus|e [kɑ̃byz] *f* **1.** *mar* Kombüse *f;* **2.** Bruchbude *f;* **~ier** *mar* Bottler *m.*
cam|e [kam] *f* **1.** *tech* Nocken *m,* Kurvenscheibe *f; arbre m à ~s* Nockenwelle *f;* **2.** *arg* Koks *m;* Rauschgift *n;* **~ée** *m* Kamee *f;* **~éléon** [-meleɔ̃] *s m zoo* Chamäleon *n a. fig;* **~élia** [-melia] *m bot* Kamelie *f.*
camelot [kamlo] *m* Straßenhändler; *~ du roi* aktive(r) Royalist *m;* **~e** [-ɔt] *f* **1.** *fam* Ramsch(ware *f*), Schund *m;* **2.** *fam* Kokain *n,* Koks *m.*
camer, se [kame] *v prn fam* fixen, Rauschgift nehmen.
camér|a [kamera] *f* (Film-)Kamera *f;* — *braquer une ~ sur qn* e-e Kamera auf jdn richten; *f ~ à film étroit* Schmalfilmkamera *f; ~ de télévision* Fernsehkamera *f;* **~aman** Kameramann *m;* **~iste** *f* **1.** Kammerfrau *f;* **2.** *fam* (Zimmer-)Mädchen *n.*
camion [kamjɔ̃] *m* **1.** *mot* Lastauto, -(kraft)wagen; Lkw *m;* **2.** *tech* Farbentopf *m;* **3.** kleine Stecknadel *f;* — *~-atelier m* Werkstattwagen *m; ~-citerne m* Tankwagen *m; ~ de déménagement* Möbelwagen *m; ~-dépanneur m* Abschleppwagen *m; ~ à remorque* Lastzug *m; ~ (à) semi-remorque* Sattelschlepper *m;* **~nage** *m* **1.** Straßentransport *m;* **2.** Rollgeld *n; (entreprise f* de *~)* Rollfuhrunternehmen *n;* **~ner** *tr* mit dem Lastwagen transportieren, ab=rollen; **~nette** *f* Lieferwagen *m;* **~neur** *m* **1.** Lastwagenfahrer *m;* **2.** Rollfuhrunternehmer *m.*
camisole [kamizɔl] *f ~ de force* Zwangsjacke *f.*
camomille [kamɔmij] *f bot* Kamille *f.*
camoufl|age [kamuflaʒ] *m* **1.** *mil* Tarnung *a. fig;* **2.** Verschleierung *f;* — *peinture f de ~* Tarnanstrich *m; vêtement m de ~* Tarnanzug *m;* **~er** *tr* **1.** tarnen; verdunkeln; **2.** verschleiern; *(Absicht)* verbergen; verdecken.
camp [kɑ̃] *m* **1.** (Truppen-, Zelt-)Lager *n;* Camping-, Zeltplatz *m;* **2.** *fig* Partei *f,* Lager *n; (Spiel)* Mannschaft *f;* — *en ~ volant* für kurze Zeit; provisorisch; *établir le ~* das Lager auf=schlagen; *(fam) ficher, (pop) foutre le ~* verduften; ab=hauen; *partagé en deux ~s* in zwei Lager gespalten; *fiche-moi le ~! (pop)* hau ab! *lit m de ~* Feldbett *n; ~ d'aviation* (Militär-)Flugplatz *m; ~ de concentration* Konzentrationslager *n* (KZ); *~ d'entraînement* Truppenübungsplatz *m; ~ de jeunes* Jugendlager *n; ~ de prisonniers* Gefangenenlager *n; ~ de réfugiés* Flüchtlingslager *n; ~ de vacances* Ferienlager *n;* **~agnard I.** *a* ländlich; **II.** *s m f* Landbewohner; Bauer *m,* Bäuerin *f;* **~agne** *f* **1.** (offenes) Gelände, flache(s) Land; Feld; Landhaus *n;* Flur *f; pl* Ländereien *f pl;* **2.** *mil* Feldzug *m a. com;* **3.** *com* Kampagne; Saison *f;* Wirtschaftsjahr *n;* **4.** *à la ~* auf dem Lande; aufs Land; *dans la ~* im Gelände; *en rase ~* in offenem Gelände; auf freiem Feld; *en tenue de ~* feldmarschmäßig; **5.** *battre la ~* umher=streifen; *(Polizei)* das Gelände durchkämmen; *fig* Unsinn reden; *entrer en ~* ins Feld rücken; *fig* ein Unternehmen starten; *faire ~ (mil)* im Felde stehen *od* sein; *fig* ein=treten (*pour qn* für jdn); *se mettre en ~* alle Hebel in Bewegung setzen; *vivre à la ~* auf dem Lande leben; **6.** *maison f de ~* Landhaus *n,* -sitz *m; partie f de ~* Ausflug *m* aufs Land, Landpartie *f; ~ électorale* Wahlfeldzug *m; ~ d'information, de presse, de propagande* Informations-, Presse-, Propagandafeldzug *m; ~ de publicité, publicitaire* Werbefeldzug *m.*
campanule [kɑ̃panyl] *f bot* Glockenblume *f.*
camp|é, e [kɑ̃pe] *a: bien ~ (fam)* kräftig gebaut; *personnage m bien ~ (theat)* gut gezeichneter Charakter *m;* lebendig dargestellte Rolle *f; nous voilà bien ~s!* da haben wir's! **~ement** *m* **1.** *mil* Feldlager *m;* **2.** Lager(platz *m*) *n;* **3.** Vorkommando *n;* **4.** *fig* unordentliche(r) Raum *m;* — *être en ~* kampieren; *matériel m de ~* Lager-, Zeltausrüstung *f;* **~er I.** *itr* **1.** das Lager auf=schlagen; lagern, kampieren, zelten; **2.** *fig* kampieren, sich auf=halten, wohnen, sein; **II.** *tr* **3.** zelten lassen; **4.** wirkungsvoll erzählen *od* dar=stellen; **III.** *v prn se ~* sich auf=pflanzen (*devant* vor *dat*); sich (breitbeinig) auf=stellen; **~eur, se** *m f* Zeltler(in *f*), Camper(in *f*) *m;* **~ing** [-piŋ] *m* Zelten, Camping *n; faire du ~* zelten; **~os** [-po] *m (fam) avoir ~* frei haben; *donner ~ à qn* jdm frei=geben.
camphre [kɑ̃fr] *m pharm* Kampfer *m.*
camus, e [kamy, -yz] *a: nez m ~* Sattelnase *f.*
canaill|e [kanaj] **I.** *s f* Gesindel, Pack *n;* Kanaille *f,* Schuft *m;* **II.** *a* pöbelhaft, ordinär; **~erie** *f* Schuftigkeit *f;* Schurkenstreich *m.*

canal [kanal] *m* **1.** Kanal *m a. fig;* **2.** *geog* Kanal, Meeresarm *m;* **3.** (Wasser-, Gas-)Leitung; Zuführung *f;* **4.** Rinne, Gosse; (Säulen-)Rille *f;* **5.** *anat bot* Kanal, Gang *m,* Röhre *f;* **6.** *video* Kanal *m;* **7.** *par le ~ de* durch; auf dem Wege über *acc; ~ aérodynamique* Windkanal *m; ~ de dessèchement, de drainage* Entwässerungskanal *m; ~ biliaire (anat)* Gallengang *m; ~ d'irrigation* Bewässerungskanal *m; ~ de navigation* Schiffahrtskanal *m;* **~isation** *f* **1.** Kanalisation *f;* **2.** Leitung(snetz *n*); (Rohr-)Leitung *f;* **3.** Verlegen *n* von Leitungen; **~iser** *tr* **1.** *(Fluß)* kanalisieren,

schiffbar machen; **2.** *fig* lenken, dirigieren; **3.** zs.=fassen, zentralisieren.
canapé [kanape] *m* **1.** Couch *f*, Sofa *n;* **2.** in Butter geröstete Brotschnitte *f;* — *~-lit m* Schlaf-, Bettcouch *f.*
canard [kanar] *s m* **1.** *zoo* Ente *f;* Erpel, Enterich *m;* **2.** Schnabeltasse *f;* **3.** in ein Getränk eingetauchte(s) Stück *n* Zukker; **4.** (Zeitungs-)Ente *f; arg* Käseblatt *n;* **5.** *mus* falsche Note *f;* — *mon petit ~* mein Kleines; *il fait un froid de ~ (fam)* es ist hundekalt; *~ sauvage* Wildente *f;* **~eau** *m* junge Ente *f;* **~er I.** *tr* ab=knallen (*qn* jdn); **II.** *itr* falsch singen *od* spielen.
cana|ri [kanari] *m zoo* Kanarienvogel *m;* **~sson** *m fam* (alter) Gaul *m.*
cancan [kɑ̃kɑ̃] **1.** Klatsch *m*, Geschwätz *n;* **2.** Cancan *m (Tanz);* **~er** [-kane] *itr* **1.** *(Ente)* schnattern; **2.** klatschen, tratschen; **~ier, ère I.** *a* klatschhaft, -süchtig; **II.** *s m f* (übler) Schwätzer *m*, Klatschbase *f.*
canc|er [kɑ̃sɛr] *m* **1.** *zoo* (Taschen-) Krebs *m;* **2.** *med* Krebs *m;* **3.** *fig* Krebsschaden *m;* **4.** *(astr)* Krebs *m;* — *~ de l'estomac, du sein* Magen-, Brustkrebs *m;* **~éreux, se I.** *a* krebsartig, -krank; **II.** *s m f* Krebskranke(r *m*) *f;* **~érigène** *a* krebserregend; **~érologie** *f* Krebsforschung *f* **~érologue** *m* Krebsforscher *m.*
cancr|e [kɑ̃kr] *m* **1.** *zoo* Taschenkrebs *m;* **2.** *fig fam* schlechte(r) Schüler *m;* **~elat** [-krəla] *m zoo* Küchenschabe *f.*
cand|élabre [kɑ̃delabr] *m* Armleuchter, Kandelaber *m;* **~eur** *f* Arglosigkeit, Treu-, Offenherzigkeit; Naivität *f;* **~i** *a m* kandiert, Kandis-; *sucre m ~* Kandiszucker *m;* **~idat, e** [-da] *m* Kandidat(in *f*), Bewerber(in *f*) (*à* um), Anwärter(in *f*) (*à* auf *acc*); Prüfling *m;* — *être ~ à un poste* sich um e-e Stelle bewerben; *à un examen* sich zu e-r Prüfung melden; *se porter ~ (parl)* kandidieren; *liste f des ~s* Kandidatenliste *f;* **~idature** *f* Kandidatur, Bewerbung *f*, Antrag *m* (*à* auf); — *poser sa ~ (pol)* kandidieren; sich als Kandidat auf=stellen lassen (*à* für); sich bewerben (*à un poste* um e-e Stellung); **~ide** *a* aufrichtig, offenherzig; naiv.
can|e [kan] *f zoo* (weibliche) Ente *f;* **~er** *itr fam* kneifen, e-n Rückzieher machen; **~eton** *m zoo* Entchen *n;* **~ette** *f* (Bier-)Flasche *f;* **~evas** [-va] *m* **1.** Gitterleinen *n*, Packleinwand *f;* **2.** Segeltuch *n;* **3.** *fig* Disposition *f*, Gedankenschema *n;* Entwurf *m;* **4.** *(geog)* Gradnetz *n.*
caniche [kaniʃ] *m zoo* Pudel *m.*
canicul|aire [kanikylɛr] *a: chaleur f ~* Gluthitze *f;* **~e** *f* **1.** Hundsstern *m;* **2.** Hundstage *m pl.*
can|if [kanif] *m* Taschenmesser *n;* — *(fig fam) donner un coup de ~ dans le contrat* fremdgehen; **~in, e I.** *a* Hunde-; **II.** *s f* Eckzahn *m;* — *exposition f ~e* Hundeausstellung *f; race f ~e* Hunderasse *f;* **~iveau** *m* **1.** Rinnstein *m;* Gosse *f;* **2.** Leitungs-, Kabelkanal *m.*
cann|a [kana] *m bot* (indisches) Blumenrohr *n;* **~age** *m* Rohrgeflecht; Rohrflechten *n;* **~e** *f* **1.** *bot* Rohr *n;* **2.** Spazierstock *m;* **3.** *~ à pêche* Angelrute *f;* *~ à sucre* Zuckerrohr *n;* **~é, e** *a* Rohr-; *chaise f ~e* Stuhl *m* mit Rohrgeflecht; **~eler** [kanle] *tr arch* kannelieren, aus=kehlen, riefe(l)n; **~elier** [-nə-] *m* Zimtbaum *m;* **~elle** *f* Zimt *m;* **~elure** [-nlyr] *f arch* Riefelung, Hohlkehle, Rille *f;* **~er** *tr* mit e-m Rohrgeflecht versehen.
cann|ibale [kanibal] **I.** *s m* Kannibale, Menschenfresser *m;* **II.** *a* kannibalisch; **~ibalisme** *m* Kannibalismus *m.*
cano|ë [kanɔe] *m* Kanu *n; faire du ~* Kanu fahren; **~éiste** *m f* Kanufahrer(in *f*), Kanute *m.*
canon [kanɔ̃] *m* **1.** Kanone *f*, Geschütz *n;* **2.** *(Feuerwaffe)* Lauf *m*, Rohr *n a. allg;* **3.** *tech* Pinole *f;* **4.** *pop* Glas *n* Wein; **5.** *rel mus typ* Kanon *m;* **6.** *allg* Regel, Richtschnur *f;* — *tirer un coup de ~* e-n Kanonenschuß ab=feuern; *droit m ~* kanonische(s) Recht *n;* **~ique** *a rel* kanonisch; **~isation** *f rel* Heiligsprechung *f;* **~iser** *tr rel* heilig=sprechen; **~nade** [-nɔ-] *f mil* Kanonade *f*, Geschützfeuer *n*, Kanonendonner *m;* **~ner** *tr mil* mit Geschützfeuer belegen; **~nier** *m* Kanonier *m;* **~nière** *f mar* Kanonenboot *n.*
canot [kano] *m* Boot *n*, Kahn *m;* — *~ automobile, à moteur* Motorboot *n; ~ pliant* Faltboot *n; ~ pneumatique* Schlauchboot *n; ~ à rames* Ruderboot *n; ~ de sauvetage* Rettungsboot *n; ~ à voiles* Segelboot *n;* **~age** [-nɔ-] *m* Bootfahren, Rudern *n;* **~er** *itr* rudern; **~ier** *m* **1.** Bootfahrer, Ruderer *m;* **2.** Kreissäge *f (Strohhut).*
cant|al [kɑ̃tal] *m Art* Hartkäse *m;* **~aloup** [-alu] *m* Warzenmelone *f;* **~ate** *f mus* Kantate *f;* **~atrice** *f* (Berufs-)Sängerin *f.*
cant|ine [kɑ̃tin] *f* **1.** Kantine *f;* Speisesaal *m;* **2.** (Metall-)Kiste *f;* — *~ d'entreprise* Werk(s)kantine *f; ~ médicale* Sanitätskasten *m;* **~inier, ère** *m f* Kantinenwirt(in *f*) *m;* **~ique** *m rel* Lobgesang *m;* Kirchenlied *n*, Choral *m; ~ des ~s* Hohelied *n.*
canton [kɑ̃tɔ̃] *m* **1.** *(loc, Straße)* (Block-, Strecken-)Abschnitt *m;* **2.** *(Schweiz, Frankreich)* Kanton *m;* **~ade** [-tɔ-] *f theat: parler à la ~* in die Kulissen sprechen; *crier à la ~* in den Raum rufen; **~al, e** *a* kantonal; **~nement** *m* **1.** *mil* Einquartierung *f;* Quartier *n;* Ortsunterkunft; Unterbringung *f;* **2.** *loc*

Streckenblock *m;* **3.** *jur* Abgrenzung *f;* Schongebiet *n;* — *faire changer de* ~ um≈quartieren; **~ner I.** *tr* **1.** *mil* ein≈quartieren, unterbringen; **2.** *fig* beschränken, begrenzen; **II.** *itr* Quartier beziehen; **III.** *v prn se* ~ sich ab≈sondern, sich zurück≈ziehen (*dans, en* in *acc*); *fig* sich beschränken (*dans* auf *acc*); **~nier** *m* Straßenwärter; *loc* Streckenwärter *m.*

canul|ant, e [kanylɑ̃, -ɑ̃t] *a fam* langweilig, ermüdend; **~ar(d)** [-lar] *m* Streich, Ulk *m;* **~e** *f med* Kanüle *f,* Röhrchen *n,* Hohlnadel *f;* — *c'est une vraie* ~ *(fam)* der geht e-m auf die Nerven; **~er** *tr fam* löchern; lästig fallen (*qn* jdm).

canyon [kanjɔ̃] *m* Cañon *m.*

caolin [kaɔlɛ̃] *m s. kaolin.*

caoutchou|c [kautʃu] *m* **1.** Kautschuk *m;* **2.** *bot* Gummibaum *m;* **3.** Gummiband *n;* **4.** Gummi-, Überschuh *m;* — *gant m en* ~ Gummihandschuh *m;* ~ *mousse* Schaumgummi *m* od *n;* **~ter** *tr* gummieren; **~teux, se** *a* gummiartig.

cap [kap] *m* **1.** *geog* Kap, Vorgebirge *n;* **2.** *mar aero* Kurs *m;* **3.** *de pied en* ~ von Kopf bis Fuß; vom Scheitel bis zur Sohle; *changer de* ~ den Kurs, die Richtung ändern; *doubler, franchir le* ~ *(fig)* e-e Schwierigkeit überwinden; über e-e S hinaus≈gehen *od* hinaus sein; *mettre le* ~ *sur (mar)* Kurs nehmen auf *acc; aero* an≈steuern (*sur qc* e-e S).

capa|ble [kapabl] *a* **1.** fähig, imstande (*de* zu); **2.** tüchtig, geschickt, gescheit; tauglich (*de* für); **3.** *jur* handlungsfähig; **4.** *math* zugehörig (*de* zu); — ~ *de tout* zu allem fähig; *être* ~ *de* vermögen, können; ~ *de gagner sa vie* erwerbsfähig; ~ *de produire (com)* leistungsfähig; ~ *de travailler* arbeits-, einsatzfähig; **~cité** *f* **1.** Fassungsvermögen *n;* Raum-, Kubikinhalt *m;* **2.** *fig* Fähigkeit, Eignung, Tüchtigkeit; Tauglichkeit, Qualifikation *f;* **3.** *jur* Rechtsfähigkeit *f;* **4.** *el* Kapazität *f;* **5.** *tech* Leistungsfähigkeit *f,* Potential *n;* **6.** *avoir* ~ *pour faire qc* befähigt, *jur* befugt sein, etw zu tun; *avoir beaucoup de* ~ ein sehr fähiger Kopf sein; *manquer de* ~ *pour* keine Begabung haben für, unfähig sein zu; **7.** ~ *admissible* Belastbarkeit *f;* ~ *de charge(ment)* Trag-, Ladefähigkeit *f;* ~ *de concurrence, concurrentielle* Wettbewerbs-, Konkurrenzfähigkeit *f;* ~ *de contracter, de disposer* Geschäftsfähigkeit *f;* ~ *d'ester en justice* Prozeßfähigkeit *f;* ~ *industrielle* Industriekapazität *f;* ~ *de production* Produktionskapazität *f;* ~ *de travail* Arbeitsfähigkeit *f,* -leistung *f.*

cap|e [kap] *f* **1.** Cape *n,* Umhang *m;* **2.** *(Zigarre)* Deckblatt *n;* — *rire sous* ~ sich ins Fäustchen lachen; **~eline** *f* breitrandige(r) (Damen-) Hut *m.*

capharnaüm [kafarnaɔm] *m* Rumpelkammer *f.*

capillaire [kapilɛr] **I.** *a* haarfein; Haar-; *phys* Kapillar-; **II.** *s m bot* Frauenhaar *n;* — *lotion f* ~ Haarwasser *n; racine f* ~ *(anat)* Haarwurzel *f.*

capilotade [kapilɔtad] *f mettre en* ~ *(fam)* kurz u. klein, zu Brei schlagen; *j'ai les reins en* ~ ich bin ganz gerädert.

capitaine [kapitɛn] *m* **1.** *mil* Hauptmann; *mar (~ de vaisseau)* Kapitän *m* (zur See); **2.** (Schiffs-, Industrie-)Kapitän *m;* **3.** *sport* Mannschaftsführer *m.*

capital, e [kapital] **I.** *a* **1.** wesentlich, hauptsächlich, entscheidend; Haupt-; **2.** *jur* todeswürdig; Todes-; Kapital-; **II.** *s m* **3.** Kapital *n; pl* (Geld-)Mittel, Gelder *n pl;* Vermögen *n;* Fonds *m;* **4.** *f* Hauptstadt *f;* **5.** *f* Großbuchstabe *m;* **6.** *immobiliser, investir un* ~ ein Kapital fest≈legen, an≈legen; *accumulation f des capitaux* Kapitalanhäufung *f; besoins m pl en* ~ Kapitalbedarf *m; crime m* ~ Kapitalverbrechen *n; fuite f des capitaux* Kapitalflucht *f; impôt m sur le* ~ Kapital-, Vermögenssteuer *f; lettre f* ~*e* Großbuchstabe *m; en lettres f pl* ~*es* in Blockschrift *f; manque m, pénurie f de capitaux* Kapitalmangel *m,* -knappheit *f; marché m des capitaux* Kapitalmarkt *m; péché m* ~ Todsünde *f; peine f* ~*e* Todesstrafe *f; placement m de* ~ Kapitalanlage *f; sentence f* ~*e* Todesurteil *n;* **7.** ~ *d'apport* Einlage-, Stammkapital *n;* ~ *commercial, social* Geschäfts-, Gesellschaftskapital *n;* ~ *engagé, investi* Anlagekapital *n;* ~ *d'exploitation, de roulement* Betriebskapital *n;* ~ *foncier* Grundvermögen *n;* ~ *de fondation* Gründungskapital *n;* ~ *initial* Anfangs-, Stammkapital *n;* ~ *d'investissement* Anlagekapital *n;* ~ *mobilier* Kapitalvermögen *n;* **~isation** *f* **1.** Kapitalisierung *f,* **2.** Kapitalbildung *f;* **~iser I.** *tr* kapitalisieren, in Kapital verwandeln; **II.** *itr* Kapital bilden; **~isme** *m* **1.** Großkapital *n;* **2.** Kapitalismus *m;* **~iste I.** *s m* Kapitalist *m;* **II.** *a* kapitalistisch.

capit|eux, se [kapitø] *a* **1.** *(Wein)* berauschend; **2.** *fig* verlockend, hinreißend; **~onnage** *m* Polsterung *f;* Polstern *n;* **~onner** *tr* (aus≈)polstern.

capitul|aire [kapitylɛr] *a rel* Kapitel-; *lettre f* ~ *(typ)* Initiale *f;* **~ard** *m* Feigling, Miesmacher *m;* **~ation** *f mil* Kapitulation *f a. fig;* **~er** *itr mil* kapitulieren *a. fig;* aufgeben.

capon, ne [kapɔ̃, -ɔn] *m f fam* Feigling; *(Schule)* Petzer(in *f*) *m.*

caporal [kapɔral] *m* **1.** *mil* Gefreite(r) *m;* **2.** *pop* Tabak *m* zweiter Güte; **~-chef** *m* Obergefreite(r) *m.*

capot [kapo] **I.** *s m* **1.** *mar* Persenning

f; **2.** *mot* Motorhaube; **3.** *aero* Triebwerkverkleidung *f;* **II.** *a inv (Spiel) être ~* keinen Stich machen; **~age** [-pɔ-] *m* **1.** *aero* Kopfstand *m;* **2.** *mot* Überschlagen *n;* **3.** Verkleidung, Haube *f;* — *~ du moteur* Motorabdeckung; Triebwerkverkleidung *f;* **~e** *f* **1.** (Kapuzen-)Mantel *m;* **2.** *arch* Haube *f;* **3.** *mot* Verdeck *n;* — *relever la ~* das Verdeck auf≈klappen; *~ anglaise (fam)* Kondom *n* od *m;* **~er I.** *tr* mit e-m Verdeck versehen; zudecken; **II.** *itr* **1.** *mar* kentern; **2.** *mot aero* sich überschlagen.

câpre [kapr] *f* Kaper *f (Gewürz).*

capric|e [kapris] *m* **1.** Laune(nhaftigkeit), Grille *f;* **2.** plötzliche Verliebtheit *f* (*pour qn* in jdn); **3.** *fig* Veränderlichkeit, Unbeständigkeit *f;* **4.** *mus (Kunst)* Capriccio *n;* — *par ~* aus e-r Laune heraus; *avoir un ~ pour qn (fam)* an jdm e-n Narren gefressen haben; **~ieux, se I.** *a* **1.** launisch, launenhaft; **2.** eigenwillig; **3.** wandelbar, veränderlich; abwechslungsreich; **II.** *s m f* launische(r), eigenwillige(r) Mensch *m;* **~orne** [-kɔrn] *m* **1.** *zoo* Eichenbock *m;* **2.** *C~ (astr)* Steinbock *m.*

capsul|aire [kapsylɛr] *a* kapselförmig; Kapsel-; **~e** *f* **1.** Kapsel *f a. anat;* **2.** *mil (~ fulminante)* Zündhütchen *n;* **3.** *chem* (Reib-, Abdampf-)Schale *f;* **4.** *(Raumfahrzeug)* Kapsel *f;* — *~ d'une bouteille de bière* Bierflaschenkapsel *f; ~ microphonique* Mikrophonkapsel *f; ~ séminale (bot)* Samenkapsel *f; ~ surrénale* Nebenniere *f;* **~er** *tr (Flasche)* verkapseln.

capt|age [kaptaʒ] *m* **1.** *(Signale)* Auffangen; **2.** *(Quelle)* Fassen *n;* **3.** *tech* Absaugung *f;* **~er** *tr* **1.** *(Vertrauen)* erschleichen; **2.** *(Quelle)* fassen; **3.** *(el. Strom)* entnehmen; **4.** *tech (Rauch, Staub)* auf≈saugen; **5.** *radio* auf≈fangen; **~ieux, se** [-psjø, -øz] *a (Frage)* verfänglich; **~if, ive** [-tif, -iv] **I.** *a* **1.** gefangen; *(Land)* erobert; **2.** *fig* gefesselt (*de qc* von etw); **II.** *s m f* Gefangene(r *m*) *f; ballon m ~* Fesselballon *m;* **~ivant, e 1.** *(Buch) fig* fesselnd, spannend; **2.** *(Frau)* bezaubernd; faszinierend; **~iver** *tr fig* für sich ein≈nehmen; fesseln, erobern, gewinnen; **~ivité** *f* Gefangenschaft *f; tenir en ~* gefangen≈halten; **~ure** *f* **1.** Fang *m,* Beute *f;* **2.** *mar* Aufbringen *n;* **3.** *(Zoll)* Beschlagnahme *f;* **4.** *(Polizei)* Festnahme; *mil* Gefangennahme *f;* **5.** *phys* Einfangen *n;* **~urer** *tr* **1.** *(Tier)* fangen; *(Mensch)* festnehmen, fassen; **2.** *mar* auf≈bringen; **3.** *mil* gefangen≈nehmen; *(Material)* erbeuten; **4.** *(Zoll)* beschlagnahmen.

capuch|e [kapyʃ] *f* Kapuze *f;* **~on** *m* **1.** Kapuze *f;* **2.** *tech* Kappe *f;* **3.** *(Schornstein)* Haube *f.*

capucin [kapysɛ̃] *m* **1.** Kapuziner(mönch) *m;* **2.** *fam* Hase *m;* **~e** *f bot* Kapuzinerkresse *f.*

caqu|e [kak] *f* (Herings-)Tonne *f;* **~er** in Tonnen packen; **~et** [-ɛ] *m* **1.** *(Huhn)* Gackern *n;* **2.** *fig fam* Geschwätz *n;* — *rabattre le ~ de qn* jdm den Mund stopfen; **~etage** [-ktaʒ] *m* **1.** Gackern *n;* **2.** *pl* Gerede, Geschwätz *n;* **~eter** *itr* **1.** gackern; **2.** *fig fam* klatschen.

car [kar] **I.** *conj* denn; **II.** *s m* (Reise-, Gesellschafts-)Omnibus *m; ~-ferry* Autofähre *f.*

carab|e [karab] *m zoo ~ doré* Gold(lauf)käfer *m;* **~in** *m fam* Medizinstudent *m;* **~ine** *f* Karabiner, Stutzen *m; ~ à air comprimé* Luftgewehr *n;* **~iné, e** *a* **1.** *fam* heftig, scharf, gepfeffert; **2.** *mar (Wind)* böig.

caracoler [karakɔle] *itr (Pferd)* tänzeln.

caract|ère [karaktɛr] *m* **1.** Buchstabe *m;* (Schrift-)Zeichen *n; pl* Schrift; *typ* Letter, Type *f;* **2.** Charakter *m,* Gemütsart; Eigenschaft, Fähigkeit; Charakterstärke, Festigkeit *f,* Mut *m;* **3.** Wesen *n,* hervorstechende(r) Zug *m;* Art, Natur *f,* Merkmal *n;* **4.** *avoir ~ pour faire qc* die Berechtigung haben etw zu tun; *avoir ~ obligatoire* verbindlich sein; *écrire en gros, en petits ~s* mit großen, kleinen Buchstaben schreiben; *~ distinctif* Unterscheidungsmerkmal *n; ~s romains* Antiqua *f;* **~ériel, le I.** *a* **1.** charakterlich; **2.** verhaltensgestört; **II.** *s m f* schwererziehbares Kind *n;* **~ériser I.** *itr* **1.** charakterisieren, kenn-, aus≈zeichnen; **2.** (genau) bestimmen; **II.** *v prn se ~ par* gekennzeichnet sein durch; **~éristique I.** *a* charakteristisch, typisch, kenn-, bezeichnend (*de* für *acc*); **II.** *s f* **1.** (Kenn-)Zeichen, Merkmal *n;* Besonderheit, besondere Eigenschaft; Charakteristik *f;* **2.** *math* Zeichen, Symbol *n; (Logarithmus)* Kennziffer; Maßzahl *f; (courbe f ~)* Kennlinie *f;* **3.** *pl tech* Daten *n pl;* **~érologue** *m* Charakterologe *m.*

carafe [karaf] *f* **1.** Karaffe *f;* **2.** *pop* Dez, Kopf *m;* — *laisser en ~* im Stich lassen; *rester en ~ (Auto)* liegen≈bleiben; vergessen werden; *(Redner)* stecken≈bleiben.

caramb|olage [karɑ̃bɔlaʒ] *m* **1.** *fig fam* Zs.stoß *m;* **2.** *(Billard)* Karambolage *f;* **~oler I.** *itr (Billard)* karambolieren; **II.** *tr fam* zs.≈stoßen, (*qc* mit etw); aufea.≈prallen (*qc* auf etw); **~ouill(ag)e** [-uj(aʒ)] *f (m)* (Kredit-) Schwindel *m;* **~ouilleur** *m* (Kredit-)Schwindler *m.*

caram|el [karamɛl] *m* **1.** Karamel *m;* **2.** Karamelbonbon *n od m;* **~éliser** *itr* **1.** mit Karamel süßen *od* färben; **2.** *(Braten)* e-e braune Kruste bekommen.

carap|ace [karapas] *f* **1.** *zoo* Panzer *m a. fig;* **2.** Schutzschild *m;* **~ater, se** *v prn (fam)* sich aus dem Staube machen.

carat [kara] *m* Karat *n; à 18 ~s* 18karätig.

caravan|e [karavan] *f* **1.** (Fahrzeug-)Karawane; *fig* (Reise-)Gesellschaft, Gruppe *f;* **2.** *mot* Wohnwagen *m;* **~ier** *m* **1.** Führer *m* der Lasttiere e-r Karawane; **2.** Wohnwagentourist *m;* **~(n)ing** [-iŋ] *m* Reisen *n* mit Wohnwagen; **~sérail** [-aj] *m* Karawanserei *f.*

caravelle [karavɛl] *f mar hist aero* Karavelle *f.*

carb|et [karbɛ] *m (Antillen)* Bauernhütte *f;* **~ochimie** *f* Kohlechemie *f;* **~oduc** *m* Rohrleitung *f* für Kohlenstaub; **~oglace** *f WZ* Trockeneis *n.*

carbon|ate [karbɔnat] *m* Karbonat, kohlensaure(s) Salz *n;* — *~ de potassium* Kaliumkarbonat *n; ~ sodium* Soda *f;* kohlensaure(s) Natrium *n;* **~ater** *tr chem* karbonisieren; **~e** *m* **1.** *chem* Kohlenstoff *m;* **2.** *(papier ~)* Kohle-, Durchschlagpapier *n; oxyde m de ~* Kohlenoxyd *n;* **~ifère I.** *a* kohlehaltig; **II.** *s m geol* Karbon *n,* Steinkohlenformation *f;* **~ique** *a: acide m ~* Kohlensäure *f;* **~isation** *f* Verkohlung; Verkokung *f;* **~iser** *tr* verkohlen; *(Speisen)* verbrennen lassen; **~(n)ade** *f* auf Kohlenrost gebratenes Fleisch *n.*

carbur|ant [karbyrɑ̃] **I.** *a* kohlenwasserstoffhaltig; **II.** *s m* Brenn-, Kraft-, Treibstoff *m;* — *consommation f de ~* Brennstoffverbrauch *m; ravitaillement m en ~* Brennstoffversorgung *f;* **~ateur** *m mot* Vergaser *m;* **~ation** *f* **1.** (Auf-)Kohlung *f;* **2.** *mot* Vergasung *f;* **~e** *m* Kohlenstoffverbindung *f;* Karbid *n; ~ de calcium* Kalziumkarbid *n; ~ d'hydrogène* Kohlenwasserstoff *m;* **~é, e** *a* kohlenstoffhaltig; **~er I.** *tr* **1.** auf=kohlen; **2.** *mot* vergasen; **II.** *itr pop* funktionieren; *ça carbure* das haut hin.

carc|an [karkɑ̃] *m* **1.** *hist* Halseisen *n;* **2.** *fam* Schindmähre *f;* **3.** lange(s) u. dürre(s) böse(s) Weib *n;* **4.** (Hals-)Kette *f;* **5.** *fig* Zwang *m;* **~asse** [-kas] *f* **1.** Gerippe *n;* **2.** Tierkörper *m; (Geflügel)* Rumpf *m;* **3.** *fam* Korpus *m;* **4.** *tech* Gestell, Gerüst, Gehäuse *n;* **5.** *(Reifen)* Karkasse *f;* **6.** (Schiffs-)Rumpf *m;* **~inome** [-sinɔm] *m* Karzinom *n.*

card|an *m tech* Kardangelenk *n; arbre m à ~* Kardan-, Gelenkwelle *f;* **~e** *f* **1.** (eßbare) Rippe *f* der spanischen Artischocke; **2.** Krempel *m,* Kardätsche *f;* **~er** *tr (Wolle)* krempeln, kardätschen, streichen; **~iaque I.** *a* Herz-; herzleidend; **II.** *s m f* Herzkranke(r *m*) *f; m* (herz)stärkende(s) Mittel *n;* **~igan** *m* Strickjacke *f;* **~inal, e I.** *a* hauptsächlich; Haupt-, Kardinal-; **II.** *s m rel orn* Kardinal *m;* — *autel m ~* Hauptaltar *m; nombre m ~ (gram)* Kardinal-, Grundzahl *f; point m ~* Himmelsrichtung *f; vertu f ~e* Kardinaltugend *f;* **~inalat** [-a] *m* Kardinalswürde *f;* **~iogramme** [-djɔ-] *m med* Kardiogramm *n;* **~iographe** *m* Kardiograph *m;* **~iologue** *m* Herzspezialist *m.*

carême [karɛm] *m* **1.** Fasten(zeit *f*) *n;* **2.** *pl* Fastenpredigten *f pl;* — *arriver comme marée en ~* wie gerufen kommen; *il a une face de ~* der sieht aus wie das Leiden Christi.

car|énage [karenaʒ] *m* **1.** *mar* Kielholen *n;* **2.** *tech* Verkleidung *f* **3.** *(Auto)* Bodenschutz *m;* **~ène** *f mar* Kiel *m;* **~éné, e** *a* stromlinienförmig; **~éner** *tr* **1.** *(den Kiel)* reinigen, aus=bessern; **2.** *mot aero* e-e Stromlinienform geben (*qc dat*).

caren|ce [karɑ̃s] *f* **1.** Fehlen *n,* Mangel *m;* Versagen *n;* **2.** *(Versicherung)* Karenz-, Wartezeit *f;* — *maladie f par ~* Mangelkrankheit *f; ~ en vitamines* Vitaminmangel *m;* **~tiel, le** [-sjɛl] *a: trouble m ~ (med)* Mangelerscheinung *f.*

caress|ant, e [karɛsɑ̃, -ɑ̃t] *a* **1.** einschmeichelnd, liebkosend; **2.** zärtlich; anschmiegsam; **~e** *f* Streicheln *n;* Liebkosung *f;* **~er I.** *tr* **1.** streicheln, liebkosen; schmeicheln (*qn* jdm); **2.** *(Hoffnung)* hegen; *(e-m Traum)* nach=hängen; **3.** *(Stoff)* befühlen; **II.** *v prn se ~* ea. liebkosen; *~ qn du regard* jdn zärtlich anblicken.

carg|aison [kargɛzɔ̃] *f* (Schiffs-)Ladung, Fracht *f;* — *fig fam toute une ~* e-e ganze Menge; **~o** [-go] *m* Frachtdampfer, Frachter *m;* — *~ frigorifique* Kühlschiff *n; ~ mixte* Frachter *m* mit Passagierkabinen; **~ue** [karg] *f mar* Geitau *n.*

cari [kari] *m* Curry *m* (od *n*) *(Gewürz);* Curryfleisch *n;* **~atide** [-rjatid] *f arch* Karyatide *f.*

caricatur|al, e [karikatyral] *a* karikaturenhaft; **~e** *f* **1.** Karikatur *f,* Zerrbild *n;* **2.** *fig fam* Schießbudenfigur *f;* **~er** *tr* karikieren; *fig* verzerren; **~iste** *m* Karikaturist *m.*

cari|e [kari] **1.** Karies *f,* (Knochen-)Fraß *m,* (Zahn-, Holz-)Fäule *f;* **2.** (Getreide-)Brand *m; ~ dentaire* Zahnfäule *f;* **~er** [-rje] **I.** *tr* mit Karies an=stecken; **II.** *v prn se ~* faul, *(Zahn)* hohl werden.

carillon [karijɔ̃] *m* **1.** Glockenspiel *n;* **2.** Geläute, Läuten *n;* **3.** (Tür-)Klingel *f;* **4.** *fam* Lärm *m;* **~né, e** [-jɔ-] *a*: *fête f ~e (rel)* hohe(s) Fest *n;* **~ner I.** *tr* **1.** *(Fest)* ein=läuten; **2.** *fig* aus=posaunen; **II.** *itr* **3.** ein Glockenspiel ertönen lassen; **4.** Sturm läuten (*à la porte* an der Tür); **~neur** *m* Glöckner *m.*

carl|in [karlɛ̃] *m zoo* Mops *m;* **~ingue** [-lɛ̃g] *f* **1.** *mar* Kielschwein *n;* **2.** *aero* Rumpf *m.*

carm|e [karm] *m* Karmeliter *m;* **~el** *n* Karmeliterkloster *n;* **~élite** *f* Karmeliterin *f;* **~in I.** *s m* Karmin *n;* **II.** *a* kar-

minrot; **~iné, e** *a (Lippen)* karminrot.
carn|age [karnaʒ] *m* Gemetzel, Blutbad *n;* **~assier, ère I.** *a* fleischfressend; **II.** *s m* **1.** *pl* Raubtiere *n pl;* **2.** *f* Reißzahn *m;* **3.** *f* Jagdtasche *f;* **~ation** *f* Teint *m;* Fleischfarbe *f;* **~aval** *m* **1.** Karneval, Fasching *m;* **2.** *fig* Schießbudenfigur *f;* **~avalesque** *a* Karnevals-, Faschings-; grotesk; **~e** *f* **1.** *fam* schlechte(s) Fleisch *n;* **2.** *fam* Ekel *n;* **3.** Klepper *m,* Schindmähre *f;* **~é, e** *a bot* fleischfarben; *régime m* ~ Fleischdiät *f;* **~et** [-ɛ] *m* **1.** Notizbuch *n;* **2.** *mot* Carnet *n;* — *~ de bord* Bord-, Fahrtenbuch *n; ~ de camping* Campingausweis *m; ~ de chèques* Scheckbuch *n; ~ de commandes* Auftragsbuch *n,* -bestand *m; ~ de notes* Notizbuch; *(Schule)* Zeugnisheft *n; ~ de route* Fahrtenbuch *n; ~ à souches* Quittungsheft *n;* Abreißblock *m; ~ de tickets* Fahrscheinheft *n; ~ de timbres* Briefmarkenheft *n;* **~ier** *m* (kleine) Jagdtasche *f;* **~ivore I.** *a* fleischfressend *a. bot;* **II.** *s m pl* Fleischfresser *m pl.*
carolingien, ne [karɔlɛ̃ʒjɛ̃, -ɛn] *a hist* karolingisch.
carotide [karɔtid] *f* Halsschlagader *f.*
carott|e [karɔt] **I.** *s f* **1.** Mohrrübe, Möhre, Karotte *f;* **2.** *min* Bohrkern *m;* **3.** Schild *n* der Tabakläden; **II.** *a (Haare)* feuerrot; — *jouer la ~ (Karten)* mit kleinen Einsätzen spielen; nichts riskieren; *~ (de tabac)* Rolle *f* (Kau-)Tabak; **~er I.** *tr fam* beschwindeln, be-, ergaunern; **II.** *itr fam* heimlich beiseite schaffen (*sur qc* etw); *~ sur le poids* beim Wiegen beschummeln; **~eur** *m fam* Schwindler, Gauner *m.*
caroub|e [karub] *f bot* Johannisbrot *n;* **~ier** *m* Johannisbrotbaum *m.*
carp|e [karp] **1.** *m anat* Handwurzel *f;* **2.** *f* Karpfen *m;* — *bâiller comme une ~ (fam)* herzhaft gähnen; *muet comme une ~* stumm wie ein Fisch; *saut m de ~* Hechtsprung *m;* **~ette** *f* **1.** junge(r) Karpfen *m;* **2.** kleine(r) Teppich *m,* Brücke *f;* **~ien, ne** *a* Handwurzel-.
carquois [karkwɑ] *m* Köcher *m.*
carr|are [karar] *m* karrarische(r) Marmor *m;* **~e** *f* **1.** Schnittfläche *f;* **2.** Kante *f;* **3.** *(Brett)* Dicke *f;* **~é, e** [ka(ɑ)re] **I.** *a* **1.** quadratisch; *fam* viereckig; Quadrat-; **2.** *(Gesicht)* eckig; *(~ aux épaules)* breitschulterig; **3.** *fig* offen, gerade; klar, deutlich; **II.** *s m* **4.** Quadrat, *fam* Viereck *n;* **5.** *(Küche)* Karree, (Rippen-)Stück *n;* (Speck-)Brocken *m;* **6.** *tech* Vierkant *m;* **7.** *loc* Haltesignal *n;* **8.** *mar* Offiziersmesse *f;* **9.** Papierformat 56×45 cm; **10.** (Garten-)Beet *n;* **11.** *(Poker)* Viererpasch *m;* **12.** (quadratisches) Hals-, Kopftuch *n;* **13.** *en, au ~* im Quadrat; **14.** *élever au ~* quadrieren, ins Quadrat erheben; *extraire, tirer une racine ~e* e-e (Quadrat-)Wurzel ziehen; **15.** *fer m ~* Vierkanteisen *n; mètre m ~* Quadratmeter *m* od *s; mot m ~* magische(s) Quadrat *n (Rätsel); racine f ~e* Quadratwurzel *f; tête f ~e* Querkopf; Mann *m* von entschlossenem Charakter; **~eau** *m* **1.** (Stein-) Platte, Fliese, Kachel *f;* **2.** Platten-, Fliesenfußboden *m;* **3.** Fensterscheibe *f;* **4.** Karo *(Muster u. Kartenfarbe);* Viereck *n;* **5.** *fam* Brille *f;* **6.** *min* Grubenhalde *f;* **7.** *à ~x* kariert, gewürfelt; **8.** *coucher sur le ~* auf dem Erdboden schlafen; *se garder, se tenir à ~ (fam)* auf der Hut sein; *jeter sur le ~* zu Boden, auf die Straße werfen; *tomber, rester sur le ~* (tot *od* verwundet) auf der Strecke bleiben; **9.** *~ de ciment, de sol* Zement-, Bodenplatte *f; ~ de plâtre* Gipsdiele *f;* **~ée** *f arg* Bude *f,* Zimmer *n;* **~efour** *m* **1.** (Straßen-) Kreuzung, Ecke *f;* Kreuzweg *m;* **2.** *fig* Scheideweg; Ort *m* der Begegnung; **3.** **~elage** [karlaʒ] *m* Stein-, Platten-, Fliesenbelag; Fliesenfußboden *m;* **~eler** *tr* mit Steinplatten, Fliesen aus=legen; **~elet** [-ɛ] *m* **1.** Polsterer-, Packnadel *f;* **2.** *tech* Vierkantfeile *f;* vierkantige(s) Lineal *n;* **3.** viereckige(s) Fischnetz *n;* **4.** *zoo* Scholle *f;* **~eleur** *m* Platten-, Fliesenleger *m;* **~ément** *adv* **1.** rechtwinklig; **2.** *fig* offen, geradeheraus, *fam* glattweg, rundweg; **~er I.** *tr* **1.** viereckig machen; **2.** *math* quadrieren, ins Quadrat erheben; **II.** *v prn se ~ (fam)* es sich bequem machen (*dans un fauteuil* in e-m Sessel).
carri|er [karje] *m* Steinbrucharbeiter, -besitzer *m;* **~ère** *f* **1.** Steinbruch *m;* **2.** Laufbahn *f,* Beruf, beruflicher Werdegang *m,* Karriere *f;* **3.** *donner (libre) ~* freien Lauf, die Zügel schießen lassen (*à qc* dat); *embrasser, suivre une ~* e-e Laufbahn ein=schlagen; e-n Beruf wählen *od* aus=üben; **4.** *fonctionnaire, militaire m de ~* Berufsbeamte(r), -soldat *m; ~ d'ardoise, de marbre* Schiefer-, Marmorbruch *m; ~ de sable* Sand-, Kiesgrube *f;* **~ériste** *m* Karrieremacher *m;* **~ole** *f* Karren *m.*
caross|able [karɔsabl] *a* befahrbar; — *chemin m ~* Fahrweg *m;* **~e** *m* Karosse, (Staats-) Kutsche *f; être la cinquième roue du ~* das fünfte Rad am Wagen sein; **~er** *tr* mit e-r Karosserie versehen; **~erie** *f mot* Karosserie *f;* **~ier** *m* Karosserieschlosser, Autospengler *m.*
carr|ousel [karuzɛl] *m* Karussell *n; (Flughafen)* Gepäckausgabe *f;* **~ure** *f* (Schulter-)Breite; *(Kleidung)* Weite *f;* **~y** *m s. cari.*
cart|able [kartabl] *m* Schulmappe *f; (~ à bretelles)* Schulranzen *m;* **~e** *f* (Land-, Spiel-, Speise-, Post-, Visiten-)Karte *f;* Ausweis *m;* **1.** *à la ~* nach der Karte;

nach Wahl; **2.** *avoir ~ blanche* freie Hand, Vollmacht haben; *distribuer, donner les ~s* die Karten geben; *faire (perdre) la ~* die meisten (wenigsten) Stiche haben; *jouer sa dernière ~ (fig)* s-e letzte Karte aus=spielen; *jouer ~s sur table (fig)* mit offenen Karten spielen; *tirer les ~s* Karten legen; **3.** *à qui la ~?* wer spielt aus? *c'est la ~ forcée* es bleibt keine andere Wahl; **4.** *jeu m de ~s* Kartenspiel *n; tireuse f de ~s* Kartenlegerin *f; tour m de ~s* Kartenkunststück *n;* **5.** *~ d'abonnement (loc)* Zeitkarte *f; ~ d'accès à bord (aero)* Bordkarte *f; ~ d'admission d'entrée* Eintrittskarte *f; ~ de chemin de fer* (Eisenbahn-)Fahrkarte *f; ~ de circulation (loc)* Netz-, Bezirkskarte *f; ~ de crédit* Kreditkarte *f; ~ de débarquement, d'embarquement* Lande-, Einschiffungskarte *f; ~ d'échantillons* Musterkarte *f; ~ au, à l'échelle de 1 : 100.000* Karte *f* im Maßstab ...; *~ de félicitation(s)* Glückwunschkarte *f; ~ géographique* Landkarte *f; ~ grise* Kraftfahrzeugschein *m; ~ d'identité* Personalausweis *m;* Kennkarte *f; ~ d'invitation* Einladungskarte *f; ~ du jour* Tageskarte *f,* Tagesmenü *n; ~-lettre f* Kartenbrief *m; ~ météorologique* Wetterkarte *f; ~ murale* Wandkarte *f; ~ perforée* Lochkarte *f; ~ postale (illustrée)* (Ansichts-)Postkarte *f; ~-réponse f* Antwortkarte *f; ~ routière* Straßenkarte *f; ~ touristique* Tourenkarte *f; ~ de travail* Arbeitskarte *f; ~ des vins* Weinkarte *f; ~ (de visite)* Visitenkarte *f;* **~el** *m* **1.** *com* Kartell *n;* **2.** *pol* Block *m;* Zusammenschluß *m;* **3.** Wanduhr *f; ~ de prix, de production* Preis-, Produktionskartell *n;* **~elisation** [-tɛl-] *f* Kartellbildung *f.*

cartilage [kartilaʒ] *m anat* Knorpel *m.*

carto|graphe [kartɔgraf] *m* Kartograph *m;* **~graphie** *f* Kartographie *f;* **~graphique** *a* kartographisch; **~mancie** *f* Kartenlegen *n;* **~mancien, ne** *m f* Kartenleger(in *f*) *m.*

carton [kartɔ̃] *m* **1.** Karton *m;* Pappe *f;* Pappdeckel *m;* **2.** (Papp-)Schachtel *f;* **3.** *(Kunst)* Karton *m;* **4.** Nebenkarte *f;* **5.** (Schieß-)Scheibe *f;* **6.** *(Papier)* Viertelbogen *m;* **7.** *(fam) faire un ~ sur qn* jdn aufs Korn nehmen; *(pop) taper le ~* Karten spielen; **8.** *~ bitumé* (Bitumen-)Dachpappe *f; ~ à chapeaux, à chaussures* Hut-, Schuhschachtel *f; ~ (à dessin)* (große) Zeichenmappe *f; ~ goudronné* Teerpappe *f; ~-pâte m* Papp-, Papiermaché *n;* **~nage** [-tɔ-] *m* Kartonagen(industrie *f*) *f pl;* Pappeinband *m;* Kartonverpackung *f;* **~ner** *tr (Buch)* kartonieren.

cartouch|e [kartuʃ] **1.** *f mil tech* Patrone; *mil* Kartusche *f; tech* Einsatz *m;* Kassette *f;* Bandspeicher *m; (Drehbleistift)* Mine *f;* **2.** *f (Zigaretten)* Stange *f;* **3.** *m (Kunst)* Kartusche *f; ~ de rechange* Ersatzmine, -patrone *f;* **~ière** *f* Patronentasche *f.*

car|vi [karvi] *m bot* Gartenkümmel *m;* **~yatide** *s. cariatide.*

cas [kɑ] *m* **1.** Fall *m,* Sache, Lage *f,* Umstände *m pl;* **2.** *gram* Kasus *m;* **3.** *au ~ où (cond)* im Falle, daß; falls; *dans le ~ présent* im vorliegenden Falle; *en aucun ~* auf keinen Fall; *en ~ de besoin* notfalls; *en ce ~* in diesem Fall; *en tout ~, dans tous les ~* auf jeden Fall; *en ~ de doute* im zweifelsfall; *en ~ d'urgence* in dringenden Fällen; *en ~ d'empêchement* im Verhinderungsfalle; *le ~ échéant* gegebenenfalls; **4.** *faire (grand) ~ de* (großen) Wert legen auf *acc; ne faire nul ~ de* sich nichts machen aus; **5.** *~ de conscience* Gewissensfrage *f; ~ de dommage* Schadensfall *m; ~ exceptionnel* Ausnahmefall *m; ~ extrême, limite* Grenz-, Extremfall *m; ~ fortuit* Zufall *m; ~ litigieux* Streit-, Rechtsfall *m; ~ de nécessité* Notstand *m; ~ type* Musterfall *m.*

casanier, ère [kazanje, -ɛr] **I.** *a* häuslich; **II.** *s m f* häusliche(r) Mensch; Stubenhocker *m.*

casaque [kazak] *f* Jockei-, Livreejacke *f;* Kasack *m,* Kittelbluse *f; — tourner ~ (fig)* die Farbe, Partei wechseln.

casbah [kazba] *f* Kasba *f.*

casca|de [kaskad] *f* **1.** Wasserfall *m;* Kaskade *f;* **2.** *fig* Flut *f,* Schwall *m;* **3.** *(Beifall)* Sturm *m; — en ~* aufeinanderfolgend; **~der** *itr* (in Kaskaden) herab=stürzen; **~deur** *m film* Double *n;* Stuntman; *(Zirkus)* Kaskadeur *m.*

case [kɑ(a)z] *f* **1.** Hütte *f;* **2.** Fach *n;* **3.** (Schach-, Damebrett) Feld *n; — avoir une ~ en moins* nicht alle Tassen im Schrank haben.

casé|eux, se [kazeø, -øz] *a* käsig; **~ification** *f* Kaseinbildung *f;* **~ifier** *tr (Milch)* käsen lassen; **~ine** *f* Kasein *n.*

cas|emate [kazmat] *f mil* Kasematte *f;* Unterstand, Bunker *m;* **~er** [kɑ(a)-] **I.** *tr* **1.** *(Papier, Wäsche)* (ein=)ordnen, *(Briefe)* ab=legen; unter=bringen *a. fig,* verstauen; **2.** *(Mädchen)* verheiraten, unter die Haube bringen; **II.** *v prn se ~* ein Unterkommen, ein Zimmer, e-e Stelle finden; *~ qn dans un emploi* jdm e-e Stelle verschaffen; *être casé* versorgt sein; *elle a trouvé à se ~* sie hat e-n Mann geangelt; **~erne** *f mil* **1.** Kaserne *f;* **2.** *fam* Mietskaserne *f;* **~ernement** *m* **1.** Kasernierung *f;* **2.** Kasernenbereich *m* (od *n*); Truppenunterkunft *f;* **~erner** *tr* kasernieren; **~ier** *m* **1.** Regal *n;* **2.** Fächer-, Aktenschrank *m;* **3.** *(Büro)* Ablegefach *n;* **4.** Kartei *f;* **5.** *(Bahnhof)* Schließfach *n;* **6.** (Hummer-)Reuse *f;* — ~ *à bouteilles* Flaschenständer *m;* ~ *à couverts* Besteckkasten *m;* ~ *à disques* Plattenständer *m;* ~ *judiciaire (jur)* Strafregister *n;* ~**imir** *m* Kaschmir *m (Gewebe);* ~**ino** *m* Spielbank *f;* Kasino *n.*

cash [kaʃ] **I.** *adv payer* ~ bar bezahlen; **II.** *(com)* ~ *and carry* Cash and carry; ~ **flow** *m* Cash-flow *m.*

casqu|e [kask] *m* **1.** Helm *m; aero* Haube *f;* **2.** *orn* Höcker *m;* **3.** *radio* Kopfhörer *m;* — ~ *colonial* Tropenhelm *m;* ~ *de motocycliste* Sturzhelm *m;* ~ *de pompier* Feuerwehrhelm *m;* ~ *de protection* Schutzhelm *m;* ~ *de scaphandrier* Taucherhelm *m;* ~**é, e** *a* behelmt; ~**er** *itr pop* blechen; ~**ette** *f* (Schirm-) Mütze *f;* ~ *d'aviateur, de marin, d'officier* Flieger-, Matrosen-, Offiziersmütze *f;* ~ *à visière* Schirmmütze *f.*

cass|able [kasabl] *a* zerbrechlich; ~**ant, e 1.** brüchig, spröde; **2.** *fig* schneidend, schroff; herrisch; — *(pop) ce n'est pas* ~ dabei reißt man sich kein Bein aus; ~**ation** *f* **1.** *jur* Aufhebung *f (e-s Urteils);* **2.** *mil* Degradierung *f; se pourvoir, plaider, recourir en* ~ Nichtigkeitsklage erheben; Revision ein=legen; ~**e** *f* **1.** Zerbrechen *n;* Bruch(stelle *f) m;* zerbrochene(s) Geschirr *n,* Scherben *f pl;* **2.** *allg* Verlust, Schaden *m;* **3.** *(Auto)* Schrott *m;* **4.** *arg* Einbruch *m;* **5.** *tech* Gießgrube *f; typ* Setzkasten *m;* **6.** *bot* Kassia *f;* **7.** *payer la* ~ für den Schaden, für die Folgen auf=kommen; *vendre à la* ~ zum Schrottwert verkaufen; **8.** *je ne réponds pas de la* ~ *(fig)* ich wasche meine Hände in Unschuld; ich lehne jede Verantwortung ab; ~*-cou s m inv* gefährliche(r) Weg *m,* gefährliche Durchfahrt, Strecke, Treppe *f; fam* tollkühne(r) Mensch *m; interj (Spiel)* es brennt! *crier* ~*-cou à qn* jdn warnen; ~*-croûte m inv* Imbiß *m;* Vesper *n,* Stulle *f;* ~*-gueule a inv fam* gefährlich; gewagt; *(Person)* verwegen; waghalsig; *s m fam* gefährliche(s) Unternehmen *n; pop* Krieg *m;* ~*-noisettes,* ~*-noix m inv* Nußknacker *m;* ~*-pattes m inv fam* Rachenputzer, starke(r) Schnaps *m;* ~*-pieds m inv fam* aufdringliche(r) Mensch *m;* Nervensäge *f;* ~*-pierre(s) m inv tech* Steinbrecher *m; bot* Steinbrech *m;* ~*-pipes m inv* Schießbude *f; fam* Krieg *m;* ~*-tête m inv* Totschläger *m,* Keule *f; fig* ohrenbetäubende(r) Lärm *m; fig* harte Nuß *f;* Problem, Rätsel *n;* ~**é, e** *a fig* gebrochen; *(Stimme)* schwach; *(Mensch)* gebrechlich, verbraucht; ~**ement** *m:* ~ *de tête* geistige Ermüdung, Abgespanntheit *f;* Kopfzerbrechen *n.*

casser [kase] **I.** *tr* **1.** (zer-, durch=, auf=) brechen; zerschlagen, zerreißen; zermürben, auf=reiben; **2.** *jur* auf=heben, für ungültig erklären; *(Testament)* um=stoßen; **3.** *mil* degradieren; entlassen, ab=setzen; (des Amtes) entheben; **4.** *fam* (Geldschein *od* -stück) an=brechen; **5.** *(Verlöbnis)* lösen; **6.** *(Arbeit)* schlampig erledigen; **7.** *(Holz)* hacken; **8.** *(Nuß)* (auf=)knacken; **9.** *(Ei)* auf=schlagen; **II.** *itr* **10.** zerbrechen; zersplittern; **11.** *(Zweig)* knacken; **12.** *(Faden)* (zer)reißen; **13.** *arg* einbrechen; **III.** *v prn se* ~ **14.** zerbrechen, zersplittern; **15.** *fam* kaputtgehen; **16.** *à tout* ~ maßlos, unerhört, toll; *(Preis)* höchstens; *se* ~ *le cou, la figure, la gueule, la tête (pop)* herunter=fallen, -stürzen; sich verprügeln; ~ *le cou à une bouteille* e-r Flasche den Hals brechen; ~ *une* od *la croûte (fam)* e-n Imbiß zu sich nehmen; *se* ~ *les dents sur qc* sich an e-r S die Zähne aus=beißen; ~ *la figure, la gueule à qn (fam)* jdn halb tot=schlagen; ~ *la marmite* s-n Interessen schaden; *se* ~ *le nez (fig)* scheitern; *à la porte de qn* niemand zu Hause finden; abgewiesen werden; ~ *les oreilles à qn* jdm in den Ohren liegen; ~ *les pieds à qn* jdn belästigen, langweilen; jdm auf den Wecker fallen; ~ *sa pipe (fam)* ins Gras beißen; ~ *la tête (fam)* betäuben, verwirren (*à qn* jdn); *se* ~ *la tête (fig)* sich den Kopf zerbrechen, *contre les murs* jede Hoffnung auf=geben; völlig verzweifeln; ~ *les vitres* die Scheiben ein=werfen; *fig* rücksichtslos handeln, seine Meinung unverblümt sagen; *ne pas se* ~ *(fam)* sich nicht viel Mühe geben; sich kein Bein aus=reißen; **17.** *(fam) tu nous les casses* du gehst mir auf die Nerven; *cela me casse bras et jambes* das ist mein Untergang; *je me casse* ich haue ab; *il ne s'est pas cassé* er hat sich kein Bein ausgerissen; *ça ne casse rien (pop)* das ist nichts Besonderes.

cass|erole [kasrɔl] *f* **1.** Tiegel *m,* Schmorpfanne, Kasserolle *f;* **2.** *theat* Scheinwerfer *m;* **3.** Klavier *n;* — *passer à la* ~ *(fam)* dran glauben müssen; ~**ette** *f* Kassette *f;* ~**eur** *m* **1.** Radikale(r) *m;* **2.** Schrotthändler *m;* **3.** *pop* Einbrecher *m;* — ~ *d'assiettes (fam)* Krakeeler *m;* ~**is** *m* **1.** [kasis] schwarze(r) Johannisbeerstrauch *m;* schwarze Johannisbeere *f;* Johannisbeerlikör *m;* **2.** *fam* Kopf *m;* **3.** [-si] *(Straße)* Querrinne *f;* ~**oulet** [-ɛ] *m* Ragout *n* aus Schweine- *od* Hammelfleisch u. weißen Bohnen; ~**ure** *f* **1.** Bruch(-stelle *f) m a. fig;* **2.** Falte *f;* **3.** *geol* Kluft *f;* **4.** *fig* Einschnitt, Wendepunkt *m;* **5.** *tech (Metall)* Riß *m.*

cast|agnette [kastaɲɛt] *f* Kastagnette *f;* ~**e** *f* Kaste; Klasse *f; esprit m de* ~ Kastengeist *m;* ~**el** *m* Schlößchen *n;* ~**il-**

lan, e [-j-] *a* kastilisch; **~or** *m zoo* Biber(pelz) *m.*
castration *f* [kastrasjõ] Kastration *f.*
cata|clysme [kataklism] *m* **1.** (Erd-)Umwälzung *f;* **2.** *fig* Umsturz *m,* Katastrophe *f;* **~combes** [-kõb] *f pl* Katakomben *f pl;* **~falque** *m* Katafalk *m.*
catal|an, e [katalɑ̃, -ɑn] *a* katalanisch.
cata|lepsie [katalɛpsi] *f med* Starrsucht *f;* **~logue** *m* **1.** Katalog *m;* **2.** Liste *f,* Verzeichnis *n;* — *prix m de* ~ Listenpreis *m;* ~ *alphabétique par matières* Schlagwortkatalog *m;* ~ *analytique* Stichwortkatalog *m;* ~ *par auteurs m* Verfasserkatalog *m;* ~ *sur fiches* Zettelkatalog *m;* ~ *par matières* Sachkatalog *m;* **~loguer** *tr* **1.** katalogisieren; listen-, karteimäßig erfassen; verzetteln; **2.** *fig fam pej* einschätzen (*qn* jdn); **~lyse** [-liz] *f chem* Katalyse *f;* **~lyser** *tr* **1.** katalysieren; **2.** *fig fam* zs.fassen, konzentrieren; **~lyseur** *m chem* Katalysator *m;* **~phote** [-fɔt] *m WZ (Fahrrad)* Rückstrahler *m,* Katzenauge *n;* **~plasme** *m* Kataplasma *n,* Breiumschlag *m;* **~pultage** *m* Katapultstart *m;* **~pulte** *f aero* Katapult *m* od *s;* **~pulter** *tr* **1.** katapultieren, (ab=)schleudern; **2.** *fig fam (in e-e Stellung)* hineinkatapultieren; **~racte** *f* **1.** Katarakt, (großer) Wasserfall *m;* **2.** *med* (grauer) Star *m;* — *opérer qn de la* ~ jdn am Star operieren.
catarrh|al, e [kataral] *a med* katarrhalisch; **~e** *m* Katarrh *m;* **~eux, se** *a* an Katarrh leidend.
catastroph|e [katastrɔf] *f* Katastrophe *f,* schwere(s) Unglück *n;* — ~ *ferroviaire* Eisenbahnunglück *n;* ~ *naturelle* Naturkatastrophe *f;* **~é, e** *a fam* ganz niedergeschlagen, fertig; **~ique** *a* katastrophal; *fam* schrecklich, furchtbar.
catch [katʃ] *m* Freistilringen *n;* **~eur** *m* Freistilringer *m.*
catéch|iser [kateʃize] *tr* **1.** den Katechismus lehren; **2.** *fam* instruieren; indoktrinieren; **~isme** *m* Katechismus(unterricht) *m;* **~iste** *m* Katechet *m;* **~umène** [-kymɛn] *m rel* Katechumene; *fig* Anwärter *m.*
catégor|ie [kategɔri] *f* Kategorie, Klasse, Gruppe, Gattung, Art *f;* — *de première* ~ erster Qualität; *se classer dans une* ~ in e-e Kategorie fallen; ~ *d'âge* Altersgruppe *f;* ~ *d'impôts* Steuerklasse *f;* ~ *de salaires* Lohngruppe *f;* **~ique** *a* kategorisch; *fig* bestimmt, entschieden.
cath|édrale [katedral] *f* Kathedrale, Bischofskirche *f;* Münster *n;* Dom *m;* **~erinette** *f* Mädchen *n,* das mit 25 noch nicht verheiratet ist; **~éter** [-etɛr] *m med* Katheter *m;* **~ode** [-tɔd] *f el* Kathode *f;* **~odique** *a: rayons m pl ~s* Kathodenstrahlen *m pl;* **~olicisme** *m* Katholizismus *m,* katholische Religion *f;* **~olicité** *f* katholische(r) Charakter *m;* katholische Christenheit *od* Welt *f;* **~olique I.** *a* katholisch; **II.** *s m f* Katholik(in *f*) *m;* — *pas très* ~ *(fam)* nicht ganz astrein; verdächtig.
cat|i [kati] *m (Stoff)* Preßglanz *m;* **~imini** *loc adv: en* ~ heimlich; **~in** *f fam* Nutte *f;* **~ir** *tr (Tuch)* pressen.
cauchemar [koʃmar] *m* **1.** Alp(drücken *n,* -traum) *m;* **2.** *fig fam* Greuel, Graus *m.*
caudal, e [kodal] **I.** *a* Schwanz-; **II.** *s f (nageoire f ~e)* Schwanzflosse *f;* — *plume f ~e* Schwanzfeder *f.*
caus|al, e [kozal] *a* kausal, ursächlich; **~alité** *f* Kausalität *f,* ursächliche(r) Zs.hang *m;* **~ant, e** *a fam* gesprächig; redselig; **~atif, ive** *a* kausativ; **~e** [koz] *f* **1.** Ursache *f,* (Beweg-)Grund, Anlaß *m,* Veranlassung; **2.** Sache, Angelegenheit *f;* **3.** Rechtssache *f,* Prozeß, (Rechts-)Fall; Rechtsgrund(lage *f*) *m;* **4.** *à* ~ *de* wegen, um … willen; *à* ~ *de moi* meinetwegen; *en connaissance de* ~ mit vollem Bedacht, mit Sachkenntnis; *en tout état de* ~ unter allen Umständen, auf jeden Fall; *et pour* ~ aus gutem Grund; *pour* ~ *de santé* aus Gesundheitsgründen; **5.** *avoir gain de* ~ gewonnenes Spiel haben; *être (la)* ~ *de qc* etw verursacht, bewirkt haben; *être en* ~ *(jur)* in e-n Prozeß verwickelt sein; *allg* zur Debatte stehen; *n'être pas en* ~ nicht betroffen sein; *faire* ~ *commune* gemeinsame Sache machen (*avec* mit); *mettre qn hors de* ~ jdn von jedem Verdacht freisprechen; *plaider la* ~ *de qn* sich für jdn ein=setzen; *remettre en* ~ in Frage stellen; **6.** ~ *de divorce* Scheidungsgrund *m;* ~ *d'erreurs* Fehlerquelle *f.*
caus|er [koze] **I.** *tr* **1.** verursachen, bewirken; hervorrufen; **2.** *(Verwirrung)* stiften; **II.** *itr* **3.** sich unterhalten, plaudern (*avec qn* mit jdm, *de qc (fam)* über e-e S); **4.** sprechen (*de qc* über e-e S); **5.** klatschen, tratschen, es aus=plaudern; — *(fam)* ~ *de la pluie et du beau temps* über gleichgültige Dinge sprechen; *(c'est) assez ~é* (es ist) genug geredet (worden); **~erie** *f* Plauderei *f;* (zwangloser) Vortrag *m;* **~ette** *f fam* Geplauder, Plauderstündchen *n; faire la* ~ e-n Schwatz halten; **~eur, se I.** *a* redselig; **II.** *s m f* Plaud(e)rer *m;* Schwätzer *m,* Klatschbase *f; f* kleine(s) Sofa *n.*
causse [kos] *m* dürre Kalkhochfläche *f.*
caust|icité [kostisite] *f* **1.** *chem* ätzende Wirkung *f;* **2.** *fig* Bissigkeit, ätzende Schärfe *f;* **~ique I.** *a* ätzend; *fig* bissig, beißend; **II.** *s* **1.** *m f* sarkastische(r) Mensch *m;* **2.** *m* Ätz-, Beizmittel *n;* **3.** *f phys* Brennfläche, -linie *f.*
caut|eleux, se [kotlø] *a* verschlagen,

abgefeimt; mißtrauisch; schlau; **~ère** *m med* Kauter *m; — (fig) c'est un ~ sur une jambe de bois* das hat keinen Zweck; **~érisation** *f med* Kauterisation *f;* Abätzen *n;* **~ériser** *tr (Wunde)* (aus=)brennen.
caution [kosjɔ̃] *f* **1.** Kaution, Sicherheit, Bürgschaft *f;* Pfand *n;* **2.** Bürge *m;* **3.** Garantie, Versicherung *f; — sous ~* gegen Bürgschaft; *sujet à ~* verdächtig; nicht verbürgt; *être ~ de qc* für etw bürgen; *se porter ~ pour qn, se rendre ~ de qn* (sich *(acc)* für jdn ver)bürgen; *verser une ~* e-e Kaution stellen; **~nement** [-sjɔn-] *m* Bürgschaft(sleistung); Kaution(ssumme) *f; fournir un ~* e-e Kaution stellen; **~ner** *tr* **1.** (sich *(acc)* ver)bürgen (*qn* für jdn); **2.** *fig* stützen (*par* durch).
caval|cade [kavalkad] *f* **1.** Kavalkade *f, fam* Aufzug *m;* **2.** (lärmende) Schar *f;* **~cader** *itr* **1.** e-n Spazierritt machen; **2.** *fam* herum=laufen, -rennen; **~e** *f poet* Stute *f;* **~er I.** *tr fam* auf die Nerven gehen; an=öden; **II.** *itr* od *se ~* ab=hauen, sich davon=machen; **~erie** *f* **1.** Kavallerie, Reiterei *f;* **2.** Pferdebestand *m;* **~ier, ère I.** *a* ungehörig, überheblich; **II.** *s m f* **1.** Reiter(in *f*); **2.** *m* Kavallerist; **3.** Tanzpartner(in *f*) *m;* Tänzer(in *f*) *m;* Kavalier; Herr, Begleiter *(e-r Dame);* **4.** *(Schach)* Springer *m;* **5.** *m* Papierformat *n* 62×46 cm; **6.** *tech* Reiter *m; — faire ~ seul (beim Pferderennen)* mit Vorsprung an der Spitze liegen; *fig* auf eigene Faust handeln; *allée, piste f ~ière* Reitweg *m; saut m du ~* Rösselsprung *m.*
cavatine [kavatin] *f mus* Kavatine *f.*
cav|e [kav] **I.** *a (Wangen)* hohl, eingefallen; **II.** *s f* **1.** Keller; Wein(vorrat) *m;* **2.** Kellerlokal *n;* **3.** Spielgeld *n; — aller de la ~ au grenier (fig)* vom Hundertsten ins Tausendste kommen; von e-m Extrem ins andere fallen; *avoir du vin en ~* Wein im Keller haben; *mettre en ~* ein=kellern; *~ à charbon, à provision, à vin* Kohlen-, Vorrats-, Weinkeller *m; ~ à liqueurs* Hausbar *f;* **~eau** *m* **1.** Gruft *f;* **2.** Kabarett *n;* **~er** *tr itr (Geld beim Spiel)* ein=setzen; aufs Spiel setzen; **~erne** [-vɛrn] *f* **1.** Höhle *f;* **2.** *med* Kaverne *f;* **~erneux, se** *a med* kavernös; *corps m ~ (anat)* Schwellkörper *m; voix f ~erneuse* Grabesstimme *f;* **~iar** [-vjar] *m* Kaviar *m;* **~iarder** *tr fam (von der Zensur)* (durch=)streichen, unleserlich machen; überdrucken; **~iste** *m (Hotel)* Kellermeister *m;* **~ité** *f* **1.** Höhlung *f,* Hohlraum *m,* Mulde *f;* **2.** *anat* Hohlraum *m; (Augen)* Höhle *f;* **3.** *tech* Resonator *m; — ~ abdominale* Bauchhöhle *f; ~ buccale* Mundhöhle *f.*
cawcher, ère [kaʃɛr] *a* koscher.
cayeu [kajø] *m s. caïeu.*
ce(t), cette, *pl* **ces** [sə (sɛt); sɛt; sɛ(e)] **I.** *prn a* **1.** diese(r, s); jene(r, s); **2.** *(verächtl., iron., bewund.)* so ein(e)! **3.** *(erstaunt)* was für ein(e) ...! *~ matin* heute morgen; *~ ...-ci* dieser (hier); *~ ...-là* der, jener (da, dort); **II.** *prn s m* **4.** es, das; *~ qui, ~ que* (das,) was; *fam* wie; *c'est-à-dire* das heißt; nämlich; *qu'est-~ à dire?* was soll das heißen? *~ disant* mit diesen Worten; *hier à cette heure-ci* gestern um die gleiche Zeit; *ne serait-ce qu'une fois* u. sei es auch nur einmal; *c'en est fait de nous* wir sind am Ende; mit uns ist es aus; *~ n'est pas que* nicht (etwa), daß; *pour ~ faire* zu d(ies)em Zweck; *~ (me) semble* wie es scheint, es scheint so, dem Anschein nach; *si ~ n'est que* es sei denn, außer; wenn; *c'est à lui de* er ist an der Reihe zu; *c'est pourquoi* deshalb, darum; *c'est que* so *od* dann ist es, weil; nämlich; **5.** *(Hervorhebung) c'est ... qui, que: c'est lui qui me l'a raconté* er hat es mir erzählt; *c'est moi* ich bin es; **6.** *sur ~* daraufhin; *le temps, c'est de l'argent (prov)* Zeit ist Geld.
ceci [səsi] *prn* dies(es) (hier); das.
céc|ité [sesite] *f* Blindheit *f a. fig; ~ des neiges* Schneeblindheit *f;* **~ogramme** [-ko-] *m* Blindensendung *f.*
céd|ant, e [sedɑ̃, -ɑ̃t] *s m f* Zedent *m;* **~er I.** *itr* **1.** nach=geben (*à qn* jdm); *~ sur un point* in e-m Punkt nach=geben; **2.** weichen (*à qn* vor jdm); nach=lassen; **3.** *(Eis)* brechen; **4.** *(seinen Pflichten)* erliegen; *ses nerfs ont cédé* s-e Nerven haben versagt; *ne le ~ en rien à qn* jdm in nichts nach=stehen; **5.** gehorchen *(seinen Impulsen* od *Gefühlen);* **II.** *tr* **1.** *(Stellung, Position)* auf=geben; ab=treten, überlassen *(qc à qn* e-e S jdm); *— ~ sa place à qn* jdm s-n Platz ab=treten; **2.** *(com)* übertragen; **3.** *jur* zedieren; **4.** *(Haus)* verkaufen, abgeben; *— ~ du terrain* zurück=weichen; *~ le terrain (mil)* sich zurück=ziehen *(à qn* vor jdm*); fig* zurück=treten, weichen; *~ le pas à qn* jdm den Vortritt lassen; *~ le passage à qn* jdn vorbei=lassen; *il ne le lui cède en rien* er steht ihm in nichts nach; **~ille** [-ij] *f* Cedille *f.*
cédex [sedɛks] *m* Abholpostamt *n* für Wirtschaftsunternehmer; *Art* Postfach *n.*
cèdre [sɛdr] *m* Zeder(nholz *n*) *f.*
cégé|simal, e [seʒezimal] *a* Zentimeter-Gramm-Sekunden-; **~tiste I.** *a* C.G.T.-; gewerkschaftlich; **II.** *s m* C.G.T.-Gewerkschaftler *m.*
ceindre [sɛ̃dr] *tr lit* um=gürten, umwinden.
ceintur|e [sɛ̃tyr] *f* **1.** Gürtel, Gurt, Bund *m,* Binde *f;* **2.** Taille; Gürtellinie *f;* Bund *m;* **3.** *allg* Einfassung *f,* Ring, Gürtel *m;* **4.** *ne pas arriver à la ~ de qn (fig)* jdm nicht das Wasser reichen können; *se*

mettre, se serrer la ~ (fam) sich den Gürtel enger schnallen; **5.** *~ de natation* Schwimmgürtel *m; ~ de sauvetage* Rettungsring *m; ~ de sécurité (aero)* Anschnallgurt *m; (mot)* Sicherheitsgurt *m; ~ verte* Grüngürtel *m (e-r Stadt); ~***er** *tr* (um)gürten; e-n Gürtel um=schnallen (*qn* jdm); *(Taille)* umfassen; umklammern; *~***on** *m mil* Koppel *n.*

cela [s(ə)la] *prn* das (da, dort); es; *fam péj* so e-r, so e-e, so was, so welche; — *après ~ (fam)* nachher, danach; *avec (tout) ~* trotz(alle)dem; *avoir ~ de bon que* das für sich haben, daß; *comme ~* so; soso; *comment ~?* wieso (denn)? ist es möglich? *comment ~ va-t-il?* wie geht's? *c'est (bien) ~* so ist es; *n'est-ce que ~?* weiter nichts? das ist alles? *il ne manquait plus que ~!* das fehlte (gerade) noch! *pas, point de ~!* nichts davon! das wäre noch schöner! *pour ~* was das betrifft; *à ~ près* bis auf das; *qu'à ~ ne tienne* daran soll es nicht liegen.

célébr|ant [selebrɑ̃] *m rel* Zelebrant *m; ~***ation** *f* Feier(n *n*); Abhaltung *f;* — *~ de l'anniversaire* Geburtstagsfeier *f; ~ du mariage* Eheschließung, Trauung *f; ~***er** *tr* **1.** feiern, festlich begehen; *rel* zelebrieren; **2.** *(Spiele)* ab=halten; **3.** *(Trauung)* vollziehen; **4.** preisen, rühmen, heraus=streichen; *~***ité** *f* Berühmtheit *f a. Person; les ~s du monde politique* die Prominenten in der Politik.

célèbre [selɛbr] *a* berühmt; weithin bekannt.

céleri [sɛlri] *m* Sellerie *m* (od *f*).

célérité [selerite] *f* Geschwindigkeit, Schnelligkeit *f.*

céleste [selɛst] *a* himmlisch *a. fig;* Himmel(s)-; *bleu ~* himmelbau; *corps m ~* Himmelskörper *m.*

célibat [seliba] *m* Ehelosigkeit *f; rel* Zölibat *n; ~***aire I.** *a* ledig, unverheiratet; **II.** *s m f* Junggeselle *m,* -gesellin; Unverheiratete(r *m*) *f.*

celle [sɛl] *prn s. celui.*

cell|ier [selje] *m* (Vorrats-)Kammer *f (Wein); ~***ophane** *f WZ* Cellophan *n; ~***ulaire** *a anat bot* Zell-, Zellular-; *béton m ~* Porenbeton *m; tissu m ~* Zellgewebe *n; voiture f ~* Zellenwagen *m, arg* grüne Minna *f; ~***ular** *m: chemise f en ~* Netzhemd *n; ~***ule** *f* **1.** Zelle *f a. pol;* **2.** *mil* Einzelhaft *f;* **3.** *biol el aero* Zelle *f; ~ germinale* Keimzelle *f; ~ solaire* Sonnenzelle *f; ~***ulite** *f* Bindegewebsentzündung *f; ~***uloïd** *m* Zelluloid *n; ~***ulose** *f* Zellulose *f,* Zellstoff *m.*

Celt|e [sɛlt] *s m f* Kelte *m,* Keltin *f;* **c~ique I.** *a* keltisch; **II.** *s m* (das) Keltisch(e).

celui, celle, *pl ceux, celles* [səlɥi, sɛl, sø, sɛl] *prn* der, die, das(jenige); *~-ci* diese(r, s) (hier); *~-là* jene(r, s) (dort, da).

cément [semɑ̃] *m* **1.** *tech* Einsatzmittel *n;* **2.** Zahnzement *m; ~***er** *tr* zementieren.

cénacle [senakl] *m fig* Kreis *m,* Gruppe *f.*

cendr|e [sɑ̃dr] *f* Asche *f;* — *les ~s* die sterblichen Überreste; *couver sous la ~ (fig)* unter der Oberfläche weiter=schwelen; *réduire en ~s* ein=äschern; *mercredi m des ~s* Aschermittwoch *m; ~s volantes* Flugasche *f; ~***é, e** *a* aschfarben, fahl; *blond ~* aschblond; *~***ée** *f* **1.** *(Jagd)* Vogeldunst *m;* **2.** *sport* Aschenbahn *f; ~***er** *tr* **1.** aschgrau färben; **2.** mit Asche bestreuen; *~***eux, se** *a* **1.** voll Asche; **2.** aschgrau; *~***ier** [-drije] *m* Aschenbecher *m; ~***illon** [-drijɔ̃] *f* Aschenbrödel, -puttel *n fig.*

Cène [sɛn] *f rel* Abendmahl(sfeier *f*) *n.*

céno|bite [senɔbit] *m* Klostermönch *m;* — *vivre en ~ (fig)* asketisch, zurückgezogen leben; *~***taphe** *m* Zenotaph *n.*

cens [sɑ̃s] *m hist* Zensus, Zins *m; ~***é, e** *a: il est ~ responsable* man nimmt an, daß er verantwortlich ist; *nul n'est ~ ignorer la loi* Unkenntnis des Gesetzes schützt nicht vor Strafe; *~***eur** *m* **1.** Zensor *m;* **2.** *(Schule)* Aufseher *m;* **3.** *com (Gesellschaft)* Rechnungsprüfer *m;* **4.** *fig* strenge(r) Kritiker, Sittenrichter *m; ~***ure** *f* **1.** Tadel, Verweis *m;* **2.** Zensur(behörde, -stelle) *f;* — *motion f de ~ (pol)* Mißtrauensantrag *m; ~ cinématographique* Filmzensur, -kontrolle *f; ~***urer** *tr* **1.** zensieren; *(Stellen)* streichen; **2.** *(Beamte)* e-n Verweis erteilen; **3.** *litt* kritisieren; **4.** *rel* verurteilen, verdammen.

cent [sɑ̃] **I.** *a* hundert; **II.** *s m* Hundert *n;* — *pour ~* Prozent *n; ~ pour ~ (fig)* typisch, hundertprozentig; *être aux ~ coups* nicht wissen, wo e-m der Kopf steht; vor Unruhe, vor Aufregung außer sich sein; *gagner des mille et des ~s (fam)* e-n Haufen Geld verdienen; *il y a ~ à parier contre un* ich wette hundert gegen eins; *~***aine** *f* **1.** Hundert *n;* **2.** *math* Hunderter *m;* **3.** Alter *n* von hundert Jahren; *par ~s* zu Hunderten; in großer Menge; *une ~ de* etwa hundert; *~***aure** *m* Zentaur *m; ~***enaire I.** *a* hundertjährig; *allg* uralt; **II.** *s m* **1.** Hundertjährige(r); **2.** 100. Jahrestag *m,* hundertjährige(s) Jubiläum *n,* Hundertjahrfeier *f; ~***ésimal, e** *a* hundertteilig, -gradig; — *degré m ~* Celsiusgrad *m; ~***ième I.** *a* hundertste(r, s); **II.** *s f theat* hundertste Vorstellung *f; m* Hundertstel *n; ~***igrade** *m (Thermometer)* Zentigrad *m; ~***ime** *m* Centime *m; n'avoir pas un ~* keinen Pfennig haben; *~***imètre** *m* Zentimeter(maß *n*) *m* od *n; 20 ~s en longueur* 20 cm Länge.

centr|age [sɑ̃traʒ] *m tech* Zentrierung; *aero* Trimmung *f; ~***al, e I.** *a* im Mittelpunkt gelegen; zentral; **II.** *s m* **1.** (Telephon-)Zentrale, Fernsprechvermittlung *f*, -amt *n;* **2.** *s f* Zentrale *f; (~e électrique)* Kraftwerk; Elektrizitätswerk *n;* **3.** *gare f ~e* Hauptbahnhof *m; ~e f d'achat* Einkaufszentrale *f; ~e f atomique, nucléaire* Atomkraftwerk *n; grande ~e f électrique* Großkraftwerk *n; ~e f hydraulique, hydro-électrique* Wasserkraftwerk *n; ~e f thermique* Wärmekraftwerk *n;* **~alisation** *f* Zentralisierung *f;* **~aliser** *tr* zentralisieren; zs.=fassen, -ziehen; **~e** *m* **1.** Mittelpunkt *m*, Mitte *f*, Zentrum *n;* **2.** *pol* Mittelpartei(en *pl*) *f;* **3.** *sport (avant- ~)* Mittelstürmer *m;* **4.** Institut *n;* Stelle; Anstalt *f;* **5.** *en plein ~ de* mitten in; *être au ~ de l'actualité* im Mittelpunkt des allgemeinen Interesses stehen; *grands ~s* große Städte *f pl;* **6.** *~ d'accueil* Beratungs-, Informationsstelle *f;* Auffanglager *n; ~ d'achat* Einkaufszentrum *n; ~ d'affaires* Geschäftszentrum *n; ~ anticancéreux* Institut *n* für Krebsforschung; *~ de chèques postaux* Postscheckamt *n; ~ commercial* Einkaufszentrum *n; ~ d'études* Forschungsinstitut *n; ~-européen, ne* mitteleuropäisch; *~ de gravité* Schwerpunkt *m; ~ industriel, commercial* Industrie-, Handelszentrum *n; ~ d'information* Auskunftsstelle *f; ~ de recherches* Forschungsstätte *f; ~ de transbordement* Umschlagstelle *f; ~ de transmissions* Nachrichtenstelle *f; ~ ville* Stadtmitte *f;* **~er** *tr* **1.** *tech* zentrieren, ein=mitten; *aero* trimmen; **2.** *sport (Ball)* in die Mitte flanken; **3.** *phot* in den Bildmittelpunkt legen; **4.** *(fig) être centré sur* sich drehen um; sich befassen mit; **~ifuge** *a phys* zentrifugal; Flieh-; **~ifuger** *tr* schleudern; **~ifugeur, se** *s m f* Zentrifuge *f;* **~ipète** *a phys* zentripetal; **~iste** *m pol* Zentrumsanhänger *m.*

centuple [sɑ̃typl] *a* hundertfach; **~r I.** *tr* verhundertfachen; **II.** *itr* sich verhundertfachen.

cep [sɛp] *m* Reb-, Weinstock *m;* **cépage** [sepaʒ] *m* Rebenart *f;* **cèpe, ceps** [sɛp] *m (~ de Bordeaux)* Steinpilz *m;* **cépée** [sepe] *f* Schößlinge *m pl.*

cependant [s(ə)pɑ̃dɑ̃] *adv* indessen; mittlerweile, unterdessen.

céram|e [seram] *s m* (antike) Terrakottavase *f; a: grès m ~* Steinzeug *n;* **~ique I.** *a* keramisch; **II.** *s f* Keramik *f;* **~iste** *s m f* Keramiker(in *f*).

cérat [sera] *m pharm* Wachssalbe *f.*

cerbère [sɛrbɛr] *m* Zerberus *m a. fig.*

cerceau [sɛrso] *m* **1.** Faßband *n;* Reif(en) *m;* **2.** *pl (Raubvogel)* Schwungfedern *fpl.*

cercl|age [sɛrklaʒ] *m (Fässer)* Bereifen, Binden *n;* **~e** *m* **1.** Kreis *m (Fläche* od *Linie);* **2.** Kreis, Ring *m (autour de qn, qc* um jdn, etw); **3.** *fig* Kreis, Zirkel *m*, Gesellschaft *f*, Klub *m*, Kränzchen *n;* **4.** *fig* Bereich, Umfang *m;* **5.** *en ~s (Wein)* im Faß; **6.** *décrire un ~* e-n Kreis beschreiben; *faire, former (un) ~ autour de* sich scharen um; **7.** *aire f, arc, secteur, segment m de ~*Kreisinhalt, -bogen, -ausschnitt, -abschnitt *m;* **8.** *~ (d'études)* Arbeitsgemeinschaft *f; ~ militaire* Kasino *n; ~ polaire* Polarkreis *m; ~ des tropiques (geog)* Wendekreis *m; ~ vicieux* Teufelskreis *m;* **~é, e** *a (Brille)* mit Rand; **~er** *tr (Faß)* bereifen, binden.

cercueil [sɛrkœj] *m* Sarg *m; du berceau au ~* von der Wiege bis zur Bahre.

céréale [sereal] *s f* Getreideart *f; meist pl* Getreide *n.*

cérébral, e [serebral] *a* **1.** *anat* Gehirn-; Geistes-; **2.** geistig; — *c'est un ~* er ist ein Verstandesmensch; *travail m ~* Geistesarbeit *f.*

cérémon|ial [seremɔnjal] *m* Zeremoniell; *pol* Protokoll *n;* **~ie** *f* Zeremonie, Förmlichkeit *f; sans ~s* ohne Umstände; *habit m de ~* große(r) Gesellschaftsanzug *m; visite f de ~* Höflichkeitsbesuch *m;* **~ieux, se** *a* zeremoniös, förmlich.

cerf [sɛr] *m zoo* Hirsch *m; ~-volant* [sɛrvɔlɑ̃] *m* **1.** Hirschkäfer *m;* **2.** *(Papier-)*Drachen *m;* — *lancer un ~* e-n Drachen steigen lassen; **~euil** [-fœj] *m bot* Kerbel *m.*

ceris|aie [s(ə)rizɛ] *f* Kirschplantage *f;* **~e** *s f* Kirsche *f; a: (rouge) ~ (inv)* kirschrot; *avoir la ~ (pop)* Pech haben; *devenir rouge comme une ~* knallrot werden; **~ier** *m* Kirschbaum(holz *n*) *m.*

cern|e [sɛrn] *m* **1.** Ring *m (um die Augen);* **2.** *(Mond)* Hof *m;* **3.** *bot* Jahresring *m;* **~é, e** *a: avoir les yeux ~s* Ringe, Schatten *m pl* um die Augen haben; **~er** *tr* **1.** umringen, -stellen; umzingeln, ein=kreisen, -schließen; blockieren; **2.** (kreisförmig) umgeben; e-n Ring machen (*qc* um etw); **3.** *mil* ein=kesseln; **4.** *(Nuß)* entkernen; **5.** *fig (Problem)* klar erkennen.

certain, e [sɛrtɛ̃, -ɛn] *a (nachgestellt)* gewiß, sicher, zuverlässig; bestimmt, festgesetzt; *(Konturen)* scharf, fest; *(vorgestellt) un ~ ...* ein gewisser ... *a. péj; ~s, ~es* gewisse; *d'un ~ âge* mittleren Alters; *j'en suis ~* ich bin dessen sicher; *au bout d'un ~ temps* nach e-r gewissen Zeit; *dans ~s cas* in gewissen, manchen Fällen; *c'est chose ~e* das ist sicher; *il est ~ que* es steht fest, daß; **~ement** *adv* sicherlich; **certes** [sɛrt] *adv* sicher, gewiß.

certificat [sɛrtifika] *m* Zeugnis *n*, Bescheinigung *f*, Attest *n;* Ausweis *m; délivrer, produire un ~* ein Zeugnis, e-e Bescheinigung aus=stellen, vor=legen; *~ d'aptitude professionnelle* Befähigungsnachweis *m; ~ d'assiduité* Fleißzeugnis *n;* Teilnahmebescheinigung *f; ~ de baptême* Taufschein *m; ~ de bonne vie et mœurs* Führungs-, Sitten-, Leumundszeugnis *n; ~ de décès* Totenschein *m; ~ d'emploi* Beschäftigungsnachweis *m; ~ d'exportation* Ausfuhrbescheinigung *f; ~ d'immatriculation* Anmelde-, Aufnahmebescheinigung *m; ~ de livraison* Lieferschein *m; ~ de maladie* Krankheitsbescheinigung *f; ~ de mariage* Trauschein *m; ~ médical* ärztliche(s) Attest *n; ~ de nationalité* Staatsangehörigkeitsausweis *m; ~ de nomination* Ernennungsurkunde *f; ~ d'origine (com)* Ursprungs-, Herkunftsbescheinigung *f; ~ de travail* Arbeitsbescheinigung *f; ~ de vaccination* Impfschein *m.*

certi|fier [sertifje] *tr* **1.** bestätigen; bescheinigen (*qc à qn* jdm etw); **2.** beglaubigen; — *copie f certifiée conforme* beglaubigte Abschrift; *professeur m certifié* Gymnasiallehrer *m;* **~tude** *f* Gewißheit, Zuverlässigkeit; Sicherheit; Beständigkeit *f.*

céru|men [serymɛn] *m* Ohrenschmalz *n;* **~se** [-ryz] *f chem* Bleiweiß *n.*

cerv|eau [sɛrvo] *m* **1.** *anat* Gehirn *(als Organ);* Großhirn *n;* **2.** *fig* Gelehrte(r); Spezialist, Techniker; bedeutende(r) Kopf *m;* **3.** *fig (Unternehmen)* Mittelpunkt *m,* Zentrale *f;* **4.** *~ électronique* Elektronengehirn *n;* **5.** *avoir le ~ dérangé, brouillé, timbré (fam)* nicht ganz richtig im Oberstübchen sein; *se creuser le ~ (fig)* sich den Kopf zerbrechen; **6.** *rhume m de ~* Schnupfen *m;* **~elas** [-vəla] *m* Zervelat-, Schlackwurst *f;* **~elet** [-vəlɛ] *m* Kleinhirn *n;* **~elle** *f* **1.** Gehirn *n,* Hirnmasse *f;* **2.** *(Speise)* Hirn *n;* **3.** *fig* Hirn *n,* Verstand *m;* **4.** *se creuser la ~ (fig)* sich den Kopf zerbrechen; *se mettre qc dans la ~* sich etw in den Kopf setzen; **5.** *cela me trotte par la ~ (fam)* das geht mir im Kopf herum; **~ical, e** *a vertèbre f ~e* Halswirbel *m.*

césarienne [sezarjɛn] *f (med)* Kaiserschnitt *m.*

cess|ation [sɛsasjɔ̃] *f* Aufhören *n,* Beendigung, Aufhebung, Einstellung *f;* Fortfall *m;* — *~ de l'exploitation* Betriebseinstellung *f; ~ des hostilités (mil)* Einstellung *f* der Feindseligkeiten; *~ du travail* Arbeitseinstellung, -niederlegung *f;* **~e** [sɛs] *f sans ~* unaufhörlich; rastlos; *je n'aurai pas de cesse que* ich werde nicht rasten noch ruhen bis; **~er I.** *itr* **1.** auf=hören, ein Ende nehmen; *la pluie a ~é* es hat aufgehört zu regnen; **2.** *(Seuche)* erlöschen; **3.** *(Fieber)* sinken; — *faire ~ qc* e-r S ein Ende machen; **II.** *tr* **4.** *(Reden, Lärm, Bitten)* ein=stellen; **5.** *(Amt, Stellung)* auf=geben; **6.** *(Arbeit)* beendigen; **7.** *(Zahlungen)* aus=setzen; **8.** *(Kampf)* ab=brechen; **9.** *(Produktion)* ein=stellen; **III.** *~ de (inf)* auf=hören zu *(inf); ~ d'être en vigueur* außer Kraft treten; *~ d'avoir force légale (jur com)* ab=laufen; *ne pas ~ de faire qc* unaufhörlich etwas tun; *il ne cesse de se plaindre* er klagt unaufhörlich; *faire ~ qc* mit e-er S ein Ende machen; *faire ~ une interdiction* ein Verbot auf=heben; *cessez-le-feu m inv* Feuereinstellung, Waffenruhe *f;* **~ion** *f* Zession, Überlassung, Abtretung, Übertragung *f;* **~ionnaire** *m jur* neue(r) Fahrzeughalter *m.*

c'est-à-dire *s. ce.*

césure [sezyr] *f poet mus* Zäsur *f.*

cétacés [setase] *m pl* Wale *m pl (als Ordnung).*

chacal [ʃakal] *m zoo* Schakal *m.*

chacun, e [ʃakœ̃, -yn] *prn s* jede(r, s); — *vous avez fait ~ votre devoir* jeder von euch hat seine Pflicht getan; *~ (à) son tour* e-r nach dem andern.

chafouin, e [ʃafwɛ̃, -fwin] *a: visage m ~* Fuchsgesicht *n.*

chagrin, e [ʃagrɛ̃, -in] **I.** *a* bedrückt, betrübt, traurig (*de* über *acc*); **II.** *s m* **1.** Kummer *m,* Leid *n,* Gram *m;* Verdrießlichkeit *f;* **2.** *s m* Chagrin(leder) *n;* — *à mon grand ~* zu meinem großen Leidwesen; *avoir, ressentir du ~* Kummer haben; *avoir le cœur gonflé, gros, plein de ~* sehr niedergeschlagen sein; *causer, donner du ~* Kummer bereiten; *mourir de ~* an gebrochenem Herzen sterben; *~ d'amour* Liebeskummer *m;* **~er** *tr* **1.** betrüben, bekümmern; **2.** *(Leder)* chagrinieren.

chah, schah, shah [ʃa] *m* Schah *m.*

chahut [ʃay] *m fam* Radau; Unfug; Krawall *m;* — *faire du ~* Krach machen, krakeelen; randalieren; **~er** *fam* **I.** *itr* randalieren; johlen; Unfug treiben; **II.** *tr* aus=pfeifen; *(Redner)* dauernd unterbrechen; **~eur, se** *a* aufsässig.

chai [ʃɛ] *m* Wein-, Spirituosenlager *n.*

chaîn|age [ʃɛnaʒ] *m* **1.** Verkettung *f;* **2.** Vermessung *(mit der Meßkette); arch* Verankerung *f;* **~e** *f* **1.** Kette *f;* **2.** Reihe *f;* **3.** *tech* Fließband *n; (Weberei)* Kette *f;* Zettel *m;* **4.** *arch* (Eisen-)Klammer *f;* **5.** *fig* Fessel *f,* Bande *n pl;* (ursächliche) Verkettung, Verbindung *f;* **6.** *radio* Sender(netz *n*) *m;* Programm *n; sur la première ~* im ersten Programm; **7.** *faire la ~* e-e Kette bilden; *mettre à la ~* an die Kette legen; **8.** *réaction f en ~* Kettenreaktion *f; travail m à la ~* Band-, Fließarbeit *f;* **9.** *~ d'ancre* Ankerkette *f; ~ de bicyclette* Fahrradkette *f; ~ de fabrication* Fertigungsstraße *f; ~ d'hôtels* Hotelkette *f; ~ de montagnes* Bergkette *f,* Gebirgszug *m; ~ radar* Radarnetz *n; ~ de radiodiffusion*

Sender(gruppe *f*) *m;* **~er** *tr* **1.** mit der Kette messen; **2.** *arch* verklammern; ab=steifen; **~ette** *f* Kettchen *n; point m de ~* Kettenstich *m;* **~on** *m* **1.** Kettenglied *n a. fig;* **2.** Bergkette *f.*

chair [ʃɛr] *f* **1.** (lebendes, rohes *od* Frucht-) Fleisch *n;* **2.** *pl (Malerei)* Fleisch *n,* Körper *m;* **3.** *en ~ et en os* leibhaftig; *en pleine ~* tief ins Fleisch; *ni ~ ni poisson* weder Fisch noch Fleisch; *bien en ~* wohlbeleibt, gut beieinander; **4.** *couleur f (de) ~* Fleischfarbe *f; avoir la ~ de poule* e-e Gänsehaut haben; *hacher menu comme ~ à pâté (fam fig)* Hackfleisch machen (*qn* aus jdm); *~ de mouton* Hammelfleisch *n;* **~e** *f* **1.** Kanzel *f;* **2.** Lehrstuhl *m;* Katheder *n* od *m; — monter en ~* die Kanzel besteigen; *~ de saint Pierre* Stuhl *m* Petri.

chais|e [ʃɛz] *f* **1.** Stuhl *m;* **2.** *tech* Bock *m,* Gestell *n;* **3.** *être assis entre deux ~s (fig)* zwischen zwei Stühlen sitzen; **4.** *~ à bascule* Schaukelstuhl *m; ~ cannée* Rohrstuhl *m; ~ de dactylo* Schreibmaschinenstuhl *m; ~ de jardin, de cuisine* Garten-, Küchenstuhl *m; ~ longue* Liegestuhl *m; ~ pliante* Klappstuhl *m.*

chaland [ʃalɑ̃] *m* (flacher) Lastkahn *m.*

châle [ʃɑl] *m* Umschlag(e)tuch *n,* Schal *m.*

chalet [ʃɑlɛ] *m* Schweizerhaus *n;* Sennhütte *f; — ~ de nécessité* Bedürfnisanstalt *f.*

chaleur [ʃalœr] *f* **1.** Wärme, Hitze *f a. fig;* **2.** *(Tier)* Brunst *od* Brunft *f;* **3.** *fig* Eifer *m,* Feuer *n,* Glut *f;* **4.** *dans la ~ de* in der Hitze, im Eifer *gen;* **5.** *être en ~* brünstig sein; *il fait une grande ~* es ist sehr heiß; *~ blanche, rouge* Weiß-, Rotglut *f;* **~eux, se** *a fig* warm(herzig), herzlich, feurig; hinreißend.

châlit [ʃɑli] *m* Bettstelle *f,* -gestell *n.*

challeng|e [ʃalɑ̃ʒ] *m sport* **1.** Titel-, Pokalkampf *m;* **2.** Wanderpreis *m;* **~er, ~eur** [ʃalɑ̃ʒœr] *m sport fig* Herausforderer *m.*

chaloir [ʃalwar] *nur in: peu m'en chaut* das interessiert mich nicht, wenig.

chaloupe [ʃalup] *f mar* Schaluppe *f.*

chalumeau [ʃalymo] *m* **1.** (Stroh-)Halm *m;* **2.** (Schilf-)Rohr *n;* Leimrute *f;* **3.** *mus* Schalmei, Pfeife *f;* **4.** *tech (~ de découpage)* Schneidbrenner *m.*

chalut [ʃaly] *m* (Grund-) Schleppnetz *n;* **~ier** *m* Schleppnetzfischer; Trawler *m.*

cham|ade [ʃamad] *f: battre la ~ (fig)* heftig klopfen *(Herz);* **~ailler, se** [-aje-] *v prn fam* sich (laut) zanken; **~aille(rie)** *f meist pl* Gezänk *n,* Zank *m;* **~ailleur, se I.** *a* streitsüchtig, zänkisch; **II.** *s m f* streitsüchtige(r) Mensch *m.*

chamarr|er [ʃamare] *tr* (übertrieben) heraus=putzen; aus=staffieren; *fig* verbrämen; überladen; **~ures** *f pl* (geschmackloser) Putz *m;* Verzierung *f; pej* Kitsch *m.*

chambard [ʃɑ̃bar] *m fam* Spektakel, Krawall, Krach *m;* **~ement** *m fam* Umwälzung *f,* Umsturz *m;* **~er** *tr fam fig* auf den Kopf stellen; *(Pläne)* über den Haufen werfen; *(Ordnung)* umstürzen.

chamb|ellan [ʃɑ̃bɛlɑ̃] *m hist* Kammerherr *m;* **~ouler** *tr pop* durcheinanderbringen.

chambr|anle [ʃɑ̃brɑ̃l] *m* Tür-, Fensterstock *m;* **~e** *f* **1.** Zimmer *n;* **2.** Raum *m,* Kammer *f a. pol jur com tech;* **3.** *(~ à coucher)* (Schlaf-)Zimmer *n;* **4.** *mil* Stube; *mar* Kajüte *f;* **5.** *consigner à la ~* mit Stubenarrest bestrafen; *faire la ~* das Zimmer machen *od* auf=räumen; *faire ~ à part* getrennt schlafen; *garder la ~* das Zimmer hüten; *travailler en ~* Heimarbeit verrichten; **6.** *stratège m en ~* Biertischstratege *m;* **7.** *~ d'agriculture* Landwirtschaftskammer *f; ~ à air (mot)* Schlauch *m; ~ d'amis* Gästezimmer *n; ~ de bonne* Mädchenzimmer *n; ~ de commerce* Handelskammer *f; ~ de compensations* Verrechnungsstelle *f; ~ correctionnelle* Strafkammer *f; ~ des députés* Abgeordnetenhaus *n; ~ d'enfants* Kinderzimmer *n; ~ forte* Stahlkammer *f,* Tresor *m; ~ frigorifique* Kühlraum *m; ~ garnie, meublée* möblierte(s) Zimmer *n; ~ à un lit* Einbettzimmer *n; ~ de métiers* Handwerkskammer *f; ~ de poupées* Puppenstube *f;* **~ée** *f mil* Stube(ngemeinschaft) *f;* **~er** *tr* **1.** *fig* isolieren *(qn jdn);* **2.** *(Wein)* temperieren.

cham|eau [ʃamo] *m* **1.** Kamel *n;* **2.** *fam fig* Schuft *m;* Luder *n; poil m de ~* Kamelhaar *n;* **~elier** [-mə-] *m* Kameltreiber *m;* **~ois I.** *s m zoo* **1.** Gemse *f;* **2.** Gems-, Wild-, Fensterleder *n;* **II.** *a* gemsfarben; *— (peau f de) ~* Waschleder *n.*

champ [ʃɑ̃] *m* **1.** Acker *m;* Feld *n a. phys tech fig;* **2.** *opt* Gesichtsfeld *n;* Sehweite; **3.** *phot film* Bildfläche *f;* Einstellung *f;* Blickfeld *n;* **4.** Feld, Gelände *n,* (freier) Platz *m;* **5.** *fig* Gebiet *n,* Spielraum, Bereich *m;* **6.** *à tout bout de ~* bei jeder Gelegenheit; immer wieder; *à travers ~s* querfeldein; *en plein ~* auf freiem Felde; **7.** *donner libre ~ à son imagination* seiner Phantasie freien Lauf lassen; *laisser le ~ libre à qn* jdm freie Hand lassen; *prendre du ~* Abstand gewinnen; *sport* e-n Anlauf nehmen; **8.** *~ d'activité* Wirkungs-, Arbeitsfeld *n,* Aufgabenkreis, Geschäftsbereich *m; ~ d'application* Anwendungsbereich *m; ~ d'atterrissage* Landeplatz *m; ~ de course(s)* Rennbahn *f; ~ de foire* Messegelände *n;* Festplatz *m;* ~ *magnétique* Magnetfeld *n;* ~ *de tir* Schießplatz, -stand *m;* Schußfeld *n;* ~ *visuel* Gesichts-, Sehfeld *n.*

champagn|e [ʃɑ̃paɲ] *m* Champagner *m; fine* ~ *f* Weinbrand *m (aus der Charente);* **~iser** *tr (Wein)* zu Sekt verarbeiten.

champêtre [ʃɑ̃pɛtr] *a* ländlich; *garde m* ~ Feldhüter, -schütz *m.*

champignon [ʃɑ̃piɲɔ̃] *m* **1.** Pilz *m;* **2.** *tech* (Schienen-)Kopf *m;* **3.** *mot fam* Gaspedal *n;* **4.** *med* Pilz *m;* — *appuyer sur le* ~ *(fam)* Gas geben; *pousser comme un* ~ sehr schnell wachsen; *ville f* ~ rasch wachsende Stadt *f;* ~ *vénéneux* Giftpilz *m.*

champion, ne [ʃɑ̃pjɔ̃, -ɔn] *m f* **1.** *sport* Meister(in *f*) *m;* **2.** Sieger(in *f*) *m;* **3.** *fig* (Vor-)Kämpfer, Verteidiger *m;* — *c'est* ~ *(fam)* das ist toll; *grand* ~ (Sport-) Kanone *f;* ~ *d'Europe, du monde* Europa-, Weltmeister *m;* ~ *olympique* Olympiasieger *m;* **~nat** [-a] *m* Meisterschaft(skampf *m*) *f;* — *gagner le* ~ *de tennis* die Tennismeisterschaft erringen.

chan|çard [ʃɑ̃sar] *m fam* Glückspilz *m;* **~ce** [ʃɑ̃s] *f* **1.** glückliche(r) Zufall *m;* Glück *n;* **2.** *pl* Aussichten *f pl;* **3.** *avoir de la* ~ Glück haben; *(n'avoir) pas de* ~ kein Glück (haben); *avoir peu de* ~*s* wenig Aussicht haben (*de* zu); *courir sa* ~ es darauf ankommen lassen; **4.** *bonne* ~*!* viel Glück! *il y a neuf* ~*s sur dix* es ist ziemlich sicher; *il y a une* ~ *sur deux* es steht 50 : 50; *la* ~ *a tourné* das Blatt hat sich gewendet; ~*s de réussite* Erfolgsaussichten *f pl;* **~celant, e** *a* **1.** (sch)wankend *a. fig;* zittrig; **2.** *fig* unbeständig; **~celer** *itr* (sch)wanken *a. fig;* **~celier** [-sə-] *m pol* Kanzler *m;* **~cellerie** *f* (Staats-)Kanzlei *f; (in Frankreich)* Justizministerium *n;* **~ceux, se** *a* vom Glück begünstigt; *n'être pas* ~ ein Pechvogel sein.

chancr|e [ʃɑ̃kr] *m* **1.** *bot* Baumkrebs *m;* **2.** *fig* Krebsgeschwür *n;* — ~ *induré, mou (med)* harte(r), weiche(r) Schanker *m; il mange comme un* ~ *(vulg)* er frißt wie ein Scheunendrescher.

chand|ail [ʃɑ̃daj] *m* Pullover *m;* **Chandeleur** [ʃɑ̃dlœr] *la* ~ Lichtmeß *f;* **~elier** [-də-] *m* **1.** (Kerzen-)Leuchter *m;* **2.** *mar* Dolle; **3.** *tech* Stütze *f;* — ~ *à sept branches* siebenarmige(r) Leuchter *m;* **~elle** *f* **1.** (Talg-)Kerze *f;* **2.** *pop* Rotz *m (an der Nase);* **3.** *(Fußball)* Steilschuß *m,* Kerze *f;* **4.** *(Turnen)* Kerze *f,* Kopfstand *m;* **5.** *brûler la* ~ *par les deux bouts (fig)* sein Geld zum Fenster hinaus=werfen; seine Kräfte vergeuden; *devoir une fière* ~ *à qn (fam)* jdm zu großem Dank verpflichtet sein; *monter en* ~ das Flugzeug hoch=reißen; *(Ball)* steil in die Höhe fliegen; **6.** *j'ai vu des* (od *mille, trente-six*) ~*s* mir ist Hören u. Sehen vergangen; *le jeu ne vaut pas la* ~ das ist nicht der Mühe wert.

chanfrein [ʃɑ̃frɛ̃] *m arch* Schrägkante *f;* **~er** [-e(ɛ)ne] *tr arch tech* ab=schrägen, -fasen, -kanten.

chang|e [ʃɑ̃ʒ] *m* **1.** Tausch *m;* **2.** (Geld-) Wechsel *m;* **3.** Wechselbank *f;* **4.** Kurs *m;* Währung; Umrechnung; Wechselprovision *f;* Zuschlag *m;* **5.** *donner le* ~ *à qn (fig)* jdm Sand in die Augen streuen; **6.** *agent m de* ~ Börsenmakler *m; bénéfice m sur (le)* ~ Kursgewinn *m; bureau m de* ~ Wechselstube *f; contrôle m des* ~*s* Devisenüberwachung *f; cours m de* ~ Wechsel-, Devisenkurs *m; lettre f de* ~ Wechsel *m; marché m des* ~*s* Devisenmarkt *m; office m des* ~*s* Devisenbewirtschaftungsstelle *f; taux m du* ~ (Wechsel-)Kurs *m;* ~ *du jour* Tageskurs *m;* **~eant, e** *a* **1.** *(Wetter)* veränderlich; wechselhaft; unbeständig; **2.** *(Person)* launenhaft; **3.** *(Farbe)* schillernd.

changement [ʃɑ̃ʒmɑ̃] *m* **1.** (Ver-)Änderung *f;* Wechsel; Wandel *m;* **2.** Umgestaltung *f;* Austausch *m,* Auswechslung *f;* **3.** *loc* Umsteigen *n;* **4.** *sans* ~ unverändert; *sans* ~ *de train* ohne umzusteigen; **5.** *apporter, subir des* ~*s* Veränderungen herbei=führen, erfahren; **6.** ~ *d'adresse* Wohnungs-, Anschriftsänderung *f;* ~ *d'air* Luftveränderung *f;* ~ *de couleur* Verfärbung *f;* ~ *de direction* Fahrtrichtungsänderung *f;* ~ *de domicile* Wohnsitzwechsel *m;* ~ *d'emploi* Arbeitsplatzwechsel *m;* ~ *de marée* Flutwechsel *m;* ~ *en mieux, en mal* Wendung *f* zum Bessern, Schlechtern; ~ *de programme* Programmänderung *f;* ~ *de temps* Witterungsumschlag *m;* ~ *de vitesse* Gangschaltung *f.*

chang|er [ʃɑ̃ʒe] **I.** *itr* **1.** sich (ver)ändern; wechseln; — *le temps va* ~ das Wetter ändert sich; ~ *subitement (Wetter)* um=schlagen; *il a beaucoup* ~*é* er hat sich sehr verändert; *il a* ~*é en bien* er hat sich gebessert, *à son avantage* er hat sich zu s-m Vorteil verändert; *le directeur a* ~*é* der Direktor hat gewechselt; **II.** *tr* **2.** *(Ware)* um=tauschen; ersetzen; **3.** verwandeln (*en* in *acc*); (ab=, ver)ändern; um=gestalten; **4.** *(Stimme)* verstellen; **5.** *(Geld)* tauschen, ein=wechseln, um=rechnen; *(Buch)* ein=tauschen (*pour, contre* für, um); *(tech) (Reifen)* aus=wechseln; *(Wäsche, Platz)* wechseln; **6.** *(Kind)* trocken=legen; — *je ne changerais pas ma place contre la sienne* ich möchte mit ihm nicht tauschen; *cela ne change rien à mes intentions* das ändert nichts an meinem Vorhaben; **7.** *(expressions)* ~ *d'adresse, de résidence* die Adresse, die Wohnung *od* den Wohnort wechseln; *il a changé* *d'adresse* er ist umgezogen; ~ *d'avis* s-e Meinung ändern; ~ *de cap (a. fig)* den Kurs ändern; ~ *de conversation, de disque (pop)* dem Gespräch e-e andere Wendung geben; ~ *de couleur* sich verfärben; ~ *d'habits, de vêtements* sich um=kleiden; ~ *de direction* e-e andere Richtung ein=schlagen; ~ *de train* um=steigen; ~ *de vitesse* um=schalten; *cela vous ~e* das macht für Sie e-n Unterschied aus; *et pour* ~ (ironisch) u. wie üblich; **III.** *v prn se* ~ **8.** sich um=kleiden, die Kleider wechseln; **~eur** *m com* (Geld-)Wechsler *m;* ~ *de disques* Wechselachse *f.*

chanoine [ʃanwan] *m* Domherr *m.*

chanson [ʃɑ̃sɔ̃] *f* **1.** Lied *n;* **2.** *(Vögel)* Gesang *m; (Grille)* Zirpen; *(Wind)* Rauschen *n;* — *la même* ~ dieselbe Leier; *~s que tout cela!* alles Unsinn! *le ton fait la* ~ der Ton macht die Musik; ~ *d'amour, à boire, d'enfants, de marche, populaire* Liebes-, Trink-, Kinder-, Marsch-, Volkslied *n;* ~ *de geste (hist)* Heldenlied *n;* **~nette** *f* Liedchen, Couplet *n;* **~nier** *m* Kabarettsänger *m.*

chant [ʃɑ̃] *m* **1.** Gesang *m;* **2.** Melodie *f,* Lied *n,* Weise *f;* **3.** Singen; *(Grille)* Zirpen; *(Nachtigall)* Schlagen; *(Hahn)* Krähen; *(Vögel)* Zwitschern *n;* **4.** *de* ~ hochkantig; **5.** *au* ~ *du coq* beim ersten Hahnenschrei; **6.** *entonner, interpréter, écouter un* ~ e-n Gesang an=stimmen, vor= tragen; e-m Gesang zu=hören, lauschen; **7.** *leçon f de* ~ Gesangsunterricht *m; professeur m de* ~ Gesangslehrer *m;* ~ *à une seule voix, à plusieurs voix* einstimmige(r), mehrstimmige(r) Gesang *m;* **~age** *m* Erpressung *f; faire du* ~ erpressen *itr;* **~ant, e** *a* **1.** singend; sangbar; **2.** melodisch; **3.** *pej* leiernd; — *café m* ~ Konzertcafé, Kabarett *n; société f ~e* Gesangverein *m.*

chant|er [ʃɑ̃te] **I.** *itr* **1.** singen; **2.** *(Vögel)* zwitschern; *(Lerche)* trillern; *(Nachtigall)* schlagen; *(Hahn)* krähen; *(Grille)* zirpen; **3.** *(Quelle)* murmeln, rauschen; *(Wasser)* singen, summen; **4.** *(Tür)* knarren, quietschen; **5.** vor Schmerz schreien; **II.** *tr* **6.** (be-)singen; singend sprechen; **7.** bejubeln; preisen; rühmen; **8.** *fam* erzählen, sagen; **9.** *arg* verpfeifen, verraten; **10.** *faire* ~ erpressen *tr;* ~ *en duo, en quatuor* ein Duett, Quartett singen; ~ *juste, faux* richtig, falsch singen; ~ *à livre ouvert, à première vue* vom Blatt singen; ~ *à pleins poumons, à pleine voix* aus voller Kehle, aus vollem Halse singen; **11.** *que me chantez-vous là? (fam)* was erzählen Sie mir da? *si cela vous chante* wenn Sie Lust dazu haben; *c'est comme si on chantait (fam)* es ist alles in den Wind gesprochen; *je le ferai* ~ *sur un autre ton* ich werde andere Saiten bei ihm auf=ziehen; **~erelle** *f appuyer sur la* ~ *(fam)* den Finger auf die Wunde legen; **~eur, se** *m f* Sänger(in *f*) *m;* Brettlsängerin *f;* — *maître m* ~ Meistersinger; *fam* Erpresser *m; oiseau m* ~ Singvogel *m;* ~ *de charme* Schnulzensänger *m;* ~ *de concert, d'opéra* Konzert-, Opernsänger *m;* ~ *des rues* Straßensänger *m.*

chant|ier [ʃɑ̃tje] *m* **1.** *tech* Gestell *n;* **2.** (Holz-, Kohlen-)Lager *n;* **3.** Bauhof, Zimmerplatz *m;* Baustelle; Werkstatt *f;* Arbeitsplatz *m;* **4.** *sur le* ~ in Arbeit; **5.** *mettre en* ~ *(e-e Arbeit)* in Angriff nehmen; *être en* ~ *(fig)* in Bearbeitung sein; **6.** ~ *(en activité)!* Baustelle (in Betrieb)! *quel ~!* was für ein Durcheinander! **7.** *chef m de* ~ Bauführer *m; mise f en* ~ Baubeginn *m* (*de* für); *~-école m* Lehrwerkstätte *f;* ~ *naval* (Schiffs-)Werft *f;* **~onner** *tr* trällern, summen; **~ourner** *tr tech* aus=schweifen; aus=sägen; *scie f à* ~ Laub-, Wippsäge *f;* **~re** *m* Kantor; *fig* Sänger *m.*

chanvre [ʃɑ̃vr] *m* Hanf *m.*

chao|s [kao] *m* **1.** Chaos *n;* **2.** *geog* Felsenmeer *n;* **~tique** [-ɔ-] *a* chaotisch; verworren.

chapard|er [ʃaparde] *tr fam* stibitzen, mausen; **~eur** *m fam* Dieb, Langfinger *m.*

chap|e [ʃap] *f* **1.** *rel* Chorrock; **2.** *tech arch* Deckel *m,* Kappe, Haube *f;* **3.** *(Reifen)* Profil *n;* **~eau** *m* **1.** Hut *m (a. der Pilze);* **2.** *tech* Haube, Kappe *f,* Deckel, Aufsatz *m;* **3.** *donner un coup de* ~ *à qn* vor jdm den Hut (ab=)ziehen, ab=nehmen; *enfoncer son* ~ s-n Hut (tief) in die Stirn drücken; *mettre, garder, enlever* od *ôter son* ~ s-n Hut auf=setzen, auf=behalten, ab=nehmen; **4.** ~! Hut ab! **5.** ~ *chinois* Schellenbaum *m;* ~ *de feutre, de paille* Filz-, Strohhut *m;* ~ *d'homme, de femme* Herren-, Damenhut *m;* ~ *de roue* Radkappe *f;* **~eauter** *tr* **1.** *fam* e-n Hut auf=setzen (*qn* jdm); **2.** *(fig)* ~ *qc* e-r S übergeordnet sein; etw kontrollieren, leiten; — *bien chapeauté* mit e-m Hut.

chapel|ain [ʃaplɛ̃] *m* Kaplan *m;* **~et** [-plɛ] *m* **1.** Rosenkranz *m;* **2.** *fig* Reihe, Kette *f,* Kranz *m;* **3.** *arch* Eierstab *m;* **4.** *tech* Becherwerk *n;* — *réciter son* ~ den Rosenkranz beten; **~ier, ère** [-pə-] **I.** *a* Hut-; **II.** *s m f* Hutmacher(in *f*) *m;* **~le** *f* **1.** Kapelle *f a. tech;* **2.** *rel* Meßgeräte *n pl;* **3.** *fig* Clique, Gruppe *f;* **~lerie** *f* Hutfabrik *f,* -geschäft *n;* Hüte *m pl;* **~ure** *f* Paniermehl *n.*

chaperon [ʃaprɔ̃] *m* **1.** *arch* Mauerabdeckung *f;* **2.** Anstandsdame *f;* **3.** *le petit* ~ *rouge* Rotkäppchen *n;* **~ner** [-prɔ-] *tr* **1.** *(Mauer)* abdecken; **2.** (als Anstandsdame) begleiten.

chapit|eau [ʃapito] *m* **1.** *arch* Kapitell

n; **2.** *(Destillierkolben)* Helm *m;* **3.** Zirkus(zelt *n*) *m;* **~re** *m* **1.** *(Buch, rel)* Kapitel *n;* **2.** *fig* Gegenstand, Punkt *m;* **3.** *(salle f du ~)* Kapitelsaal *m;* — *sur ce ~* in dieser Hinsicht; *avoir voix au ~* ein Wörtchen mitzureden haben; *être strict sur le ~ de* sehr streng sein in bezug auf; **~rer** *tr* **1.** *fam* ab=kanzeln, die Leviten lesen (*qn* jdm) **2.** Instruktionen erteilen (*qn* jdm); **3.** in Kapitel einteilen.

chaque [ʃak] **I.** *a* jede(r, s); *à ~ instant* alle Augenblicke; *~ fois qu'il est établi que* wenn festgestellt wird, daß; **II.** *prn (nachgestellt) cent francs ~* 100 Francs das Stück.

char [ʃar] *m* **1.** *mil* Panzer *m;* **2.** Karren, Wagen *m;* — *~ amphibie* Schwimmpanzer *m; ~ à bœufs* Ochsenkarren *m; ~ à foin* Heuwagen *m; ~ funèbre* Leichenwagen *m; ~ de reconnaissance* Panzerspähwagen *m;* **~abia** [-rabja] *m* Kauderwelsch *n;* **~ade** *f* Scharade *f;* **~ançon** [-rɑ̃sɔ̃] *m* Rüsselkäfer; Kornwurm *m.*

charbon [ʃarbɔ̃] *m* **1.** Kohle *f;* **2.** (Getreide-) Brand *m;* **3.** *med* Milzbrand *m;* — *être sur des ~s ardents* auf glühenden Kohlen sitzen; *~ de bois* Holzkohle *f; ~ à dessiner* Zeichenkohle *f; ~(s) (pour foyers) domestique(s)* Hausbrandkohle *f;* **~nage** [-bɔn-] *m* Kohlenbergwerk *n,* Zeche *f;* **~ner I.** *tr* mit Kohle zeichnen; schwärzen; **II.** *itr* rußen; **~nier, ère I.** *a* Kohlen-; **II.** *s m* **1.** Köhler *m;* **2.** Kohlenhändler *m;* **3.** Kohlendampfer *m;* **4.** *f* (Kohlen-)Meiler *m.*

charcut|er [ʃarkyte] *tr fam* ungeschickt operieren; *se ~ (le doigt) fam* sich (in den Finger) schneiden; **~erie** *f* (Schweine-)Fleisch- u. Wurstwaren *f pl (a. Geschäft);* **~ier** [-tje] *m* Fleischer, Schlachter, Metzger *m.*

chardon [ʃardɔ̃] *m bot* Distel *f;* **~neret** [-dɔnrɛ] *m zoo* Distelfink, Stieglitz *m.*

charg|e [ʃarʒ] *f* **1.** Last, Bürde; Fuhre; Fracht; Belastung *f a. com;* **2.** Beanspruchung *f;* Arbeitsaufwand *m;* **3.** *mil el* Ladung *f,* Laden *n;* **4.** Auftrag *m;* Amt *n,* Dienst *m,* Stellung *f;* **5.** Abgabe, Gebühr, Steuer *f;* Aufwendungen *f pl;* Aufwand *m;* Kosten *pl;* **6.** Auflage; Verantwortung, Verpflichtung *f* (*de* für); **7.** *jur* Anklage(punkt *m*) *f;* **8.** *mil* Sturmangriff *m;* Jagd, Verfolgung *f;* **9.** Karikatur, Übertreibung *f;* **10.** *chem* Füllstoff *m;* **11.** *tech* Satz *m,* Gicht, Schicht, Füllung, Beschickung *f;* **12.** *à la ~ de, que* zu Lasten von; unter der Bedingung, daß; *à ~ de revanche* auf Gegenseitigkeit; *en ~ (el)* unter Belastung; **13.** *avoir ~ de* den Auftrag haben zu; verantwortlich sein für; *être à la ~ (com)* zu Lasten gehen (*de qn* e-r Person); *être à la ~ de qn* von jdm unterhalten werden; *com* zu jds Lasten gehen; *être à ~ à qn* jdm zur Last fallen; *occuper une ~* ein Amt bekleiden; *prendre en ~* die Verantwortung übernehmen (*qc* für etw); *(etw)* in die Hand nehmen; übernehmen; *revenir à la ~* den Angriff erneuern; *fig* es noch einmal versuchen; **14.** *essai m de ~* Belastungsprobe *f; femme f de ~* Haushälterin *f; témoin m à ~* Belastungszeuge *m;* **15.** *~s d'exploitation* Betriebskosten *pl; ~ explosive* Sprengladung *f; ~ fiscale* Steuerlast *f; ~ maxima admissible* höchstzulässige Belastung *f; ~ s du ménage* Haushaltskosten *pl; ~ de pointe* Spitzenbelastung *f; ~ de la preuve* Beweislast *f; ~ propulsive* Treibladung *f (e-r Rakete); ~ publique* öffentliche(s) Amt *n; ~s salariales* Lohnkosten *pl; ~ de travail* Arbeitsbelastung *f; ~ utile* Nutzlast *f;* **~é, e I.** *a* **1.** belastet, beladen, überhäuft (*de* mit); **2.** *fig (Stil)* überladen; **3.** *(Wetter)* bedeckt; **4.** *(Zunge)* belegt; **5.** *(Augen)* geschwollen; **6.** *(Flüssigkeit)* trübe; **7.** *(Wein)* schwer; **8.** *(Farben)* satt; **9.** *(Preis)* überhöht; **10.** *lettre f ~e* Wertbrief *m;* **II.** *s m: ~ d'affaires (pol)* Geschäftsträger *m; ~ de cours* Lehrbeauftragte(r) *m;* **~ement** *m* **1.** (Be-, Ver-) Laden *n;* **2.** Fracht, Ladung *f;* **3.** *tech* (Be-)Gichtung *f;* **4.** *(Waffe)* Laden *n;* **5.** *(Photoapparat)* Einlegen *n* des Films; **6.** *capacité f de ~* Ladefähigkeit *f,* -raum *m; frais m pl de ~* Verladungskosten *pl,* -gebühr *f.*

charg|er [ʃrʒe] **I.** *tr* **1.** (be-, auf=)laden; **2.** *(Gewehr)* laden; **3.** *(Wagen)* beladen; **4.** *(Batterie)* auf=laden; **5.** *(Kamera) (den Film)* ein=spannen *od* ein=legen; **6.** *(Schiff)* befrachten; **7.** *(Magen)* überladen; **8.** *(Gedächtnis)* belasten (*de* mit); **9.** *(Brief)* als Wertbrief auf=geben; **10.** *(Hochofen)* beschicken; **11.** *(Wendungen) ~ du foin sur une voiture* Heu auf=laden; *~ qn d'injures* jdn beschimpfen; *~ qn de reproches* jdn mit Vorwürfen überhäufen; *il a la langue chargée* er hat e-e belegte Zunge; **12.** *(fig jur) ~ qn* jdn belasten, gegen jdn aus=sagen; **13.** *(donner une mission)* beauftragen; betrauen (*qn de qc* jdn mit etw); — *~ qn d'une tâche* jdn mit e-r Arbeit beauftragen; *je suis chargé de* ich bin beauftragt, zu; *on l'a chargé d'une trop grande responsabilité* man hat ihm e-e zu große Verantwortung aufgebürdet; **14.** *(exagérer) (Preis)* zu hoch an=setzen; *(Porträt)* karikieren; *(Farbe, Schwärze)* zu dick auf=tragen *a. fig;* **15.** *(attaquer) ~ l'ennemi* den Feind an=greifen; stürmen; *(Sport) ~ un adversaire* e-n Gegner (an=)rempeln, vom Ball ab=drängen; **II.** *v prn se ~ de qn* für jdn sorgen, sich um jdn kümmern; sich belasten (*de* mit); *se ~ d'une faute* e-e Schuld auf sich *(acc)* laden *od* nehmen; *se* ~ *de qc* e-e S übernehmen; auf sich nehmen; in die Hand nehmen; *de qn* sich jds annehmen; *je me charge de le convaincre* ich nehme es auf mich, ihn zu überzeugen; *je me charge du reste* das Weitere besorge ich; *je m'en charge* das übernehme ich; **~eur** *m* **1.** *mar* Befrachter *m;* **2.** *tech* Beschikkungs-, Ladevorrichtung *f;* **3.** *mil* Magazin *n;* Ladeschütze *m;* **4.** *el* Sammlerladegerät *n;* **5.** *phot* Kassette *f;* **6.** *(Recorder)* Band-, Endloskassette *f;* **~euse** *f* Lade-, Beschickungsvorrichtung *f.*

chariot [ʃarjo] *m* **1.** Last-, Rollwagen *m;* Fuhrwerk *n;* Karren *m;* **2.** *(Supermarkt)* Korbwagen *m;* **3.** *(Bahnhof)* Kofferkuli *m;* **4.** *film* Kamerawagen *m;* **5.** *min* Förderwagen *m;* **6.** *tech* Fahrgestell, Laufwerk *n;* Laufkatze *f;* **7.** *(Schreibmaschine)* Wagen, Schlitten *m;* **8.** *astr le Grand, Petit C~* der Große, Kleine Wagen; **9.** *~ à bagages* Gepäckkarren *m;* *~ électrique* Elektrokarren *m;* *~ (élévateur) à fourche* Gabelstapler *m;* *~ à ridelles* Leiterwagen *m.*

charit|able [ʃaritabl] *a* barmherzig, mildtätig; **~ablement** *adv* aus Barmherzigkeit; **~é** *f* **1.** *rel* Nächstenliebe *f;* **2.** Barmherzigkeit, Mildtätigkeit; Güte, Gefälligkeit; Nachsicht *f;* — *demander la ~ à qn* jdn um ein Almosen bitten; *faire la ~* Almosen geben.

charivari [ʃarivari] *m* Krach, Spektakel, Lärm *m.*

charlatan [ʃarlatɑ̃] *m* Quacksalber, Kurpfuscher; Scharlatan *m;* **~isme** *m* Kurpfuscherei; Scharlatanerie *f.*

charm|ant, e [ʃarmɑ̃, -ɑ̃t] *a* bezaubernd, entzückend, reizend *a. ironisch; c'est ~!* das ist ja reizend! *prince m ~* Märchenprinz *m;* **~e** *m* **1.** Zaubermittel *n,* -formel *f,* -spruch *m;* **2.** *fig* Zauber, Reiz, Scharm *m,* Anmut *f;* **3.** *pl (Frau)* Reize *m pl;* **4.** Hage-, Weißbuche *f;* — *être sous le ~ de qn* in jds Banne stehen; *faire du ~ à qn* jdn zu gewinnen versuchen; *se porter comme un ~ (fam)* in ausgezeichneter Verfassung sein; *rompre le ~* den Bann brechen; *chanson f de ~* schmalzige(s) Lied *n;* *~ de la nouveauté* Reiz *m* der Neuheit; **~er** *tr* **1.** *(Schlange)* beschwören; **2.** bezaubern *a. fig; fig* ein=, gefangen=nehmen; **3.** sehr erfreuen; **4.** *(e-n Abend)* angenehm gestalten; — *je suis charmé de faire sa connaissance* ich freue mich sehr, s-e (ihre) Bekanntschaft zu machen; **~eur, se I.** *m f* Charmeur *m; f* Charmeuse *f (Kunstseide);* *~ de serpents* Schlangenbeschwörer *m;* **II.** *a (Lächeln)* bezaubernd, einschmeichelnd; **~ille** [-ij] *f* Hagebuchenallee *f; allg* Laubengang *m.*

charn|el, le [ʃarnɛl] *a* körperlich; fleischlich; sinnlich; irdisch; **~ier** *m* Massengrab *n;* **~ière** *f* **1.** Scharnier *n;* **2.** *mil* Nahtstelle *f;* **3.** (Briefmarken-)Falz; **4.** *fig* Angel-, Wendepunkt *m;* — *former la ~* verbinden (*entre* zwischen *dat*); **~u, e** *a* fleischig *a. bot; parties f pl ~es* Weichteile *m pl; fam* Hinterteil *n.*

charogne [ʃarɔɲ] *f* **1.** Aas *n;* **2.** *(Mensch) pej* Kadaver *m;* **3.** *pop* Scheißkerl *m; (Frau)* Miststück *n.*

charpent|e [ʃarpɑ̃t] *f* **1.** Gebälk, Fachwerk *n;* **2.** Gerüst, Gerippe *n a. fig;* **3.** *tech* Gestell, Skelett *n,* Rahmen *m;* — *avoir une ~ robuste* kräftig gebaut sein; *bois m de ~* Bauholz *n; construction f en ~* Fachwerkbau *m;* *~ métallique* Eisenkonstruktion *f;* *~ osseuse* Knochengerüst *n;* **~é, e** *a* **1.** gezimmert; **2.** *anat* gebaut; **3.** *(Werk)* klar aufgebaut; **~er** *tr* **1.** *(Holz)* behauen, zimmern; **2.** *fig* aufbauen; **~ier** *m* Zimmermann *m.*

charpie [ʃarpi] *f mettre qc en ~ (fig)* etw zerfetzen; *qn* jdn windelweich schlagen; *viande f en ~* zerkochte(s) Fleisch *n.*

charret|ée [ʃarte] *f* Fuhre *f;* **~ier, ère I.** *a: chemin m ~* Fahrweg *m; porte f ~ière* Torweg *m; voie f ~ière* Spurweite *f;* **II.** *s m* Fuhrmann, Kutscher *m;* — *jurer comme un ~* fürchterlich fluchen; **~te** [-rɛt] *f* (zweirädriger) Wagen, Karren *m;* *~ à bras* Handkarren *m.*

charr|iage [ʃarjaʒ] *m* **1.** Fahren *n;* Anfuhr *f;* **2.** *geol* Überschiebung *f;* **~ier I.** *tr* **1.** transportieren; (an=, ab=)fahren; **2.** *(Fluß)* mit sich führen; **3.** *pop* auf den Arm nehmen; **II.** *itr* **4.** *(Eis)* treiben; **5.** *fig* es zu weit treiben; scherzen; **~on** *m* Stellmacher, Wagner *m;* **~oyer** *tr* (auf Wagen) transportieren; **~ue** *f* Pflug *m;* — *mettre la ~ avant les bœufs* das Pferd beim Schwanz auf=zäumen.

chart|e [ʃart] *f* Urkunde, Charta *f;* *~-partie f mar* Charte partie *f;* **~er** [ʃartɛr] *m aero* Charterflug *m;* **~reux, se** *s m* **1.** Kartäusermönch *m;* **2.** *f* Kartäuserkloster *n;* **3.** Chartreuse *f (Likör, WZ).*

chas [ʃɑ] *m* Nadelöhr *n;* — *passer un fil dans le ~ d'une aiguille* e-n Faden einfädeln.

chass|e [ʃas] *f* **1.** Jagd *f,* -revier *n,* -beute, -gesellschaft *f;* **2.** *mil* Jagdfliegerei *f;* **3.** *fig* Jagd *f,* Jagen, Haschen *n* (*à* nach); **4.** *tech* Spielraum; **5.** *mot* Nachlauf *m;* **6.** *(~ d'eau)* Wasserspülung *f;* **7.** *en ~* brünstig; *(Hündin)* läufig; **8.** *donner, faire la ~ à* Jagd machen auf *acc; fig* verfolgen; nach=jagen *dat; partir en ~* auf die Jagd gehen; **9.** *avion m de ~* Jagdflugzeug *n; chien m de ~* Jagdhund *m; fusil m de ~* Jagdgewehr *n; permis m de ~* Jagdschein *m;* *~ à courre* Hetzjagd *f;* *~-mouches m inv* Fliegenwedel *m,* -netz *n;* *~-neige m inv* Schneepflug *m;* **~é** *m (Tanz)* Chassé *n;* *~-croisé m* Stellentausch *m; fig* Hin u. Her *n;*

(Tanz) Kreuzchassé *n;* **~elas** [-slɑ(a)] *m* Gutedel *m (weiße Traubensorte).*

chas|er [ʃase] **I.** *tr* **1.** (hinaus=, ver-, weg=)jagen (*à* auf, mit); **2.** (ab=, ver-, aus=, vor sich her) treiben; **3.** *mar* verfolgen; **4.** *(Nagel)* ein=schlagen; **5.** *(Arbeiter)* entlassen; **6.** *(Sorgen, Langeweile)* vertreiben; **7.** *(Wolken)* verjagen; **II.** *itr* **8.** *mot* schleudern, rutschen; **9.** *(Wolke)* treiben, (her-)auf=ziehen (*de* aus); **10.** *typ* Zeilen aus=bringen; **~eresse** *f poet* Jägerin *f;* **~eur, se** *m f* **1.** Jäger(in *f*) *a. aero mil fig;* **2.** (Hotel-)Boy *m;* **3.** *mar* Walfänger *m;* — *~ d'autographes* Autogrammjäger *m; ~ de sous-marins* U-Boot-Jäger *m.*

châss|e [ʃɑs] *f* **1.** Reliquienschrein *m,* Reliquiar *n;* **2.** *(Brille)* Fassung *f;* **3.** *pl arg* Augen *n pl;* **~is** [ʃɑ(a)si] *m* **1.** (Ein-)Fassung *f;* (Fenster-, Tür-)Rahmen; (Fenster-)Flügel *m;* **2.** Mistbeetfenster *n;* **3.** *phot* Kassette *f;* **4.** *mot* Fahrgestell *n a. fig fam;* **5.** *theat* Kulisse *f.*

chaste [ʃast] *a* keusch; *fig* dezent; **~té** *f* Keuschheit *f.*

chasuble [ʃazybl] *f* Meßgewand *n,* Kasel *f.*

chat [ʃa] *m* **1.** Katze *f;* Kater *m;* **2.** *(Kinderspiel)* Fangen *n;* **3.** *avoir un ~ dans la gorge (fam)* e-n Frosch im Halse haben, heiser sein; *avoir d'autres ~s à fouetter* wichtigere Dinge im Kopf, andere Sorgen haben; *jouer à ~* Fangen spielen; **4.** *il n'y a pas de quoi fouetter un ~* das ist nicht der Rede wert; *pas un ~* keine lebende Seele; **5.** *~ botté* gestiefelte(r) Kater *m; ~ domestique* Hauskatze *f; ~-huant m orn* Waldkauz *m.*

châtai|gne [ʃɑ(a)tɛɲ] *f* **1.** (Eß-)Kastanie *f;* **2.** *arg* Faustschlag *m;* **~gnier** *m* (Eß-)Kastanienbaum *m;* **~n, e** [-tɛ̃, ɛn] *a inv* dunkelblond.

château [ʃɑto] *m* **1.** Schloß *n;* **2.** *(im Bordelais)* Weingut *n;* **3.** *mar (~ central)* Aufbauten *pl;* — *faire, bâtir des ~x en Espagne* Luftschlösser bauen; *c'est la vie de ~ (fam)* das ist ein herrliches Leben; *~ de cartes* Kartenhaus *n a. fig; ~ d'eau* Wasserturm *m; ~ fort* Burg *f.*

châtelain, e [ʃɑ(a)tlɛ̃, -ɛn] *m f* Schloßherr(in *f*) *m.*

châti|er [ʃɑ(a)tje] *tr* **1.** strafen, züchtigen; **2.** *fig* geißeln; **3.** *(Stil)* feilen, glätten; **4.** *rel* kasteien; **~ment** [-ti-] *m* Züchtigung; Strafe; Sühne *f.*

chat|ière [ʃatjɛr] *f* **1.** Katzenloch *n (in der Tür);* **2.** *arch* Ziegel *m* mit Entlüftungshaube; **~oiement** *m* Schillern *n;* **~on** *m* **1.** *zoo bot* Kätzchen *n;* **2.** Fassung *f (e-s Edelsteins);* gefaßte(r) Edelstein *m;* **~ouilles** *f pl (fam) faire des ~ à qn* jdn kitzeln; **~ouillement** [-uj-] *m* Kitzeln *n;* Kitzel *m;* **~ouiller** *tr* kitzeln; schmeicheln (*qn* jdm); **~ouilleux, se** *a* **1.** kitz(e)lig; **2.** *fig* empfindlich; **~oyant, e** *a* schillernd; **~oyer** *itr* schillern.

châtr|é [ʃɑ(a)tre] *m* Kastrat *m;* **~er** *tr* **1.** kastrieren; **2.** *fig (Buch)* zs.=streichen.

chatt|e [ʃat] *f* (weibliche) Katze *f;* **~ée** *f* Wurf *m* Katzen; **~eries** *f pl* **1.** Leckerbissen *m pl;* **2.** Zärtlichkeiten *f pl; faire des ~s à qn* zu jdm zärtlich sein; **~erton** [-tɛrtɔn] *m el* Isolierband *n.*

chaud, e [ʃo, -od] **I.** *a* **1.** warm, heiß; **2.** *fig* hitzig, lebhaft, heftig, leidenschaftlich; **3.** *(Problem)* brennend; **4.** *(Herbst)* heiß; **5.** *(Stil)* lebendig; **6.** *(Nachricht)* brühwarm, frisch; **II.** *s m* **7.** Wärme, Hitze *f;* **8.** *au ~* im Warmen; **9.** *avoir la tête ~e* leicht auf=brausen, ein Hitzkopf sein; *mettre, tenir au ~* warm stellen, halten; *pleurer à ~es larmes* bitterlich weinen; *prendre un ~ et froid* sich verkühlen; **10.** *cela coûte ~ (fam)* das ist teuer; *cela ne fait ni ~ ni froid* das ist gleichgültig; *il fait ~* es ist warm; *il n'est pas très ~* er ist davon nicht sehr begeistert; *~e-pisse f pop* Tripper *m;* **~ière** *f* (großer) Kessel *m; ~ à vapeur* Dampfkessel *m;* **~ron** *m* **1.** (Wasser-, Tee-, Koch-)Kessel *m;* **2.** *fig fam* Klimperkasten *m;* **~ronnier** *m* Kupfer-, Blechschmied *m.*

chauff|age [ʃofaʒ] *m* Heizung, Feuerung; *tech* Erwärmung *f;* — *bois m de ~* Brennholz *n; ~ à air chaud, à eau chaude* Warmluft-, Warmwasserheizung *f; ~ central* Zentralheizung *f; ~ au gaz, au mazout* Gas-, Ölheizung *f; ~ urbain* Fernheizung *f;* **~ard** *m fam* Verkehrsrowdy *m;* **~e** *f* Heizen *n,* Heizung *f;* — *plaque f de ~* Heizplatte *f; surface f de ~* Heizfläche *f; ~-assiette(s) m* Tellerwärmer *m; ~-bain m* Badeofen *m; ~-eau m inv* Warmwasserbereiter, Boiler *m; ~-plats m inv* Warmhalteplatte *f;* **~er I.** *tr* **1.** (er)wärmen, (er)hitzen; warm, heiß machen, (an=)heizen; **2.** *fig* in Schwung bringen; auf=stacheln; büffeln, pauken (*qn* mit jdm); **II.** *itr* **3.** warm, heiß werden; heizen; **4.** *loc mar* unter Dampf stehen; **5.** *tech mot* (sich) heiß laufen; **6.** *fig fam* sich erhitzen, ereifern; *ça chauffe (pop)* das gibt was, setzt was ab; **III.** *v prn se ~* **7.** heizen (*au bois* mit Holz); **8.** sich wärmen (*au soleil* an der Sonne); — *il montre de quel bois il se chauffe* er zeigt, was an ihm ist; **~erie** *f tech* Kesselhaus *n;* **~eur** *m* **1.** *mot* Chauffeur, Fahrer *m;* **2.** *(Kessel)* Heizer *m;* — *~ de poids lourd* LKW- Fahrer *m; ~ de taxi* Taxifahrer *m.*

chaul|age [ʃolaʒ] *m* Kalkdüngung *f;* **~er** *tr* **1.** *agr* kalken; **2.** *(Mauer)* weißen.

chaum|e [ʃom] *m* **1.** Halm *m;* **2.** Stoppel(feld *n*) *f;* **3.** Dachstroh; *(toit de ~)*

Strohdach *n;* ~**ière** *f* Strohhütte *f.*

chauss|ant, e [ʃosɑ̃, -ɑ̃t] *a (Fußbekleidung) être* ~ gut sitzen; ~**e** *f* **1.** Abflußrohr *n;* **2.** Seihbeutel *m;* — ~*-pied m* Schuhanzieher, -löffel *m;* ~*-trape f* Fallgrube; *fig* Falle *f;* ~**ée** *f* **1.** (Fahr-) Damm *m,* Fahrbahn, Straßendecke *f;* **2.** Damm, Deich *m;* **3.** *geog* (langes) Riff *n;* ~**er I.** *tr* **1.** *(Schuhe, Strümpfe)* an=ziehen (*qn* jdm); **2.** Schuhe machen (*qn* für jdn); **3.** *(Pflanzen)* häufeln; **4.** *(Brille)* auf die Nase setzen; **5.** *(Auto)* bereifen; *être chaussé de neuf* neu bereift sein; **II.** *itr* **6.** *(Schuhe)* ~ *bien* gut sitzen, aussehen; **III.** *v prn se* ~ **7.** die Schuhe, Strümpfe an=ziehen; — *se* ~ *d'une opinion* sich auf e-e Ansicht versteifen; ~ *du 38* Schuhgröße 38 tragen; ~**ette** *f* Socke *f;* ~**eur** *m* Schuhfabrikant, -warenhändler *m;* ~**on** *m* **1.** (leichter) Hausschuh *m;* **2.** Babysocke *f;* **3.** Ballettschuh; **4.** *(Gebäck)* Strudel *m;* ~**ure** *f* Schuhwerk *n;* Schuh (-industrie *f,* -handel) *m;* — *trouver* ~ *à son pied (fig)* das Passende, die (den) Richtige(n) finden; *brosse f à* ~*s* Schuhbürste *f;* ~*s de cuir, de caoutchouc, de sport* Leder-, Gummi-, Sportschuhe *m pl;* ~*s de football, de ski* Fußball-, Schistiefel *m pl;* ~*s de gymnastique* Turnschuhe *m pl.*

chauv|e [ʃov] **I.** *a* kahl(köpfig); *(Baum)* unbelaubt, kahl; **II.** *s m* Kahlkopf *m;* ~*-souris f* Fledermaus *f;* ~**in, e I.** *a* chauvinistisch; **II.** *s m f* Chauvinist(in *f*); Hurrapatriot *m;* ~**inisme** *m* Chauvinismus *m.*

chaux [ʃo] *f* Kalk *m;* — *bâtir à* ~ *et à sable* solide, stabil bauen; *être bâti à* ~ *et à sable (fig)* kerngesund sein.

chavir|ement [ʃavirmɑ̃] *m mar* Kentern *n;* ~**er I.** *itr* **1.** *mar* kentern, um=schlagen; **2.** *allg* (um=)kippen; schwanken; **3.** *fig* scheitern, versagen, zs.=brechen; **II.** *tr* **4.** um=werfen, um=kippen; **5.** *fig* aufwühlen (*qn* jdn).

chef [ʃɛf] *m* **1.** Führer, Chef *m,* (Ober-) Haupt *n;* Vorgesetzte(r), Vorsteher *m;* **2.** *mil* Führer, Kommandeur, Chef *m;* **3.** Häuptling *m;* **4.** *(~ de cuisine)* Küchenchef *m;* **5.** *fig* Hauptpunkt, (wesentlicher) Gegenstand *m (e-r Besprechung, Anklage);* **6.** *au premier* ~ in erster Linie; *de ce* ~ aus diesem Grunde; *de son propre* ~ von sich aus, eigenmächtig; **7.** *médecin m* ~ Oberarzt *m; qualités f pl de* ~ Führereigenschaften *f pl;* **8.** ~ *d'atelier* Werkmeister; Werkstattleiter *m;* ~ *de bureau* Bürovorsteher *m;* ~ *comptable* Oberbuchhalter *m;* ~ *d'entreprise* Betriebsführer; Unternehmer *m;* ~ *d'équipe* Vorarbeiter, Vormann, Polier; *loc* Bautruppführer *m;* ~ *d'État* Staatschef *m,* -oberhaupt *n;* ~ *d'exploitation* Betriebsleiter *m;* ~ *de famille* Familienoberhaupt *n;* Haushaltungsvorstand *m;* ~ *de gare* Bahnhofsvorsteher *m;* ~*-lieu m* Hauptort *m;* ~ *de magasin* Lagerverwalter *m;* ~*-mécanicien m* Werkmeister *m;* ~*-d'œuvre* [ʃɛdœvr] *m* Meisterstück, -werk *n;* ~ *d'orchestre* Dirigent; Kapellmeister *m;* ~ *du personnel* Personalchef *m;* ~*-pilote m* Fluglehrer; Chefpilot *m;* ~ *de production* Produktionsleiter *m;* ~ *de publicité* Werbeleiter *m;* ~ *de réception* Empfangschef *m;* ~ *de section* Abteilungsleiter; *mil* Zugführer; Bahnmeister *m;* ~ *de sécurité (loc)* Fahrdienstleiter *m;* ~ *de service* Abteilungsleiter; Sachbearbeiter; Referent; *loc* Amtsvorsteher; *(Zeitung)* Chef *m* vom Dienst; ~ *de station (radio)* Sendeleiter *m; loc* Fahrdienstleiter; Vorsteher *m* e-s kleinen Bahnhofs; ~ *de train (loc)* Zugführer *m;* ~ *de vente* Verkaufs-, Vertriebsleiter *m;* ~**taine** *m f (Pfadfinder)* Führer(in *f*) *m.*

cheik [ʃɛk] *m* Scheich *m.*

chelem [ʃlɛm] *m (Bridge)* Schlemm *m.*

chemin [ʃ(ə)mɛ̃] *m* **1.** Weg *a. fig* (*de* nach, zu), Pfad *m;* **2.** Wegstrecke; *mar* zurückgelegte Strecke *f;* **3.** Läufer *m (Teppich);* **4.** *en* ~, ~ *faisant* unterwegs; *par voie et par* ~ mit allen Mitteln; **5.** *aller son (droit)* ~ sich nicht beirren lassen; *aller son (petit bonhomme de)* ~ gemächlich seinen Weg gehen; *s'arrêter à mi-*~ *(fig)* auf halbem Wege stehen=bleiben; *s'écarter du droit* ~ *(fig)* auf Abwege geraten; *emprunter un* ~ e-n Weg benutzen; *être en bon* ~ *(fig)* auf dem besten Wege sein; *faire du* ~ e-e tüchtige Strecke zurück=legen; *faire son* ~ *(fig)* seinen Weg gehen, Erfolg haben; *se frayer, s'ouvrir un* ~ sich e-n Weg bahnen; *se mettre en* ~ sich auf den Weg machen; *prendre le* ~ *de* ... der Weg nach ... einschlagen; *rebrousser* ~ um=kehren; **6.** ~ *de (la) croix* Kreuz-, Leidensweg *m (Christi);* **7.** *chemin m de fer* Eisenbahn *f; par* ~ mit der Bahn; *prendre le* ~ mit der Bahn fahren; *le* ~ *dessert cette localité* dieser Ort hat Eisenbahnverbindung *f;* ~ *aérien* Schwebebahn *f;* ~ *à crémaillère* Zahnradbahn *f;* ~ *funiculaire* (Draht-) Seilbahn *f;* ~ *métropolitain* Stadtbahn *f;* ~ *à voie étroite* Schmalspurbahn *f;* **8.** ~ *de freinage* Bremsweg *m;* ~ *de halage* Treidelpfad *m;* ~ *de roulement (aero)* Rollbahn *f;* ~ *rural* Feldweg *m.*

chemin|eau [ʃəmino] *m* Landstreicher, *fam* Tippelbruder *m;* ~**ée** *f* **1.** Kamin(einfassung *f*), Schornstein *m;* **2.** *geol* Schlot, Eruptionskanal *m;* — ~ *d'usine* (Fabrik-) Schornstein *m;* ~**ement** *m* **1.** Marsch, Gang *m;* **2.** *fig* Fortgang *m;* ~**er** *itr* **1.** (langsam) gehen; dahin=gehen, -schreiten; e-n Weg zurück=legen; **2.** *fig (Gedanken)* im Kopf herum=gehen; **~ot** [-o] *m* Eisenbahner *m.*

chemis|e [ʃ(ə)miz] *f* **1.** Hemd; *(Damenwäsche)* Unterhemd *n;* **2.** Aktendeckel *m;* Sammelmappe; Buchhülle *f,* -umschlag *m;* **3.** *tech* Mantel, Überzug *m,* Verkleidung *f;* **4.** *tech* Zylinderbuchse *f;* — *en bras de* ~ in Hemdsärmeln; *changer d'opinion comme de* ~ s-e Meinung wie das Hemd wechseln; *il s'en soucie comme de sa première* ~ *(fam)* es ist ihm völlig piepe; *nègre m en* ~ Reisauflauf *m* mit Schokoladecreme und Schlagsahne; ~ *d'homme, de nuit, de sport* Ober-, Nacht-, Sporthemd *n;* **~erie** *f* (Herren-) Wäschegeschäft *n,* -fabrik(ation) *f;* **~ette** *f* kurzärmeliges Sporthemd *n;* kurzärmelige Bluse *f;* **~ier, ère** *m f* **1.** Wäschefabrikant(in *f*), -händler(in *f*) *m;* **2.** *m* Hemdbluse *f.*

chên|aie [ʃɛnɛ] *f* Eichenwäldchen *n;* **~e** *m* Eiche *f, (bois m de* ~*)* Eichenholz *n;* ~*-liège m* Korkeiche *f.*

chena|l [ʃ(ə)nal] *m* **1.** *mar* Fahrrinne *f;* **2.** Mühlbach; Kanal *m;* **~pan** *m* Strolch *m.*

chenet [ʃ(ə)nɛ] *m* Feuerbock *m.*

chenil [ʃ(ə)ni(l)] *m* Hundehütte *f,* -zwinger *m;* **~lard** *m* Planierraupe *f;* **~le** [-ij] *f* **1.** Raupe; Seidenbordüre *f;* **2.** *mot* Raupenkette *f.*

chenu, e [ʃ(ə)ny] *a* schneeweiß, weißhaarig.

cheptel [ʃɛptɛl] *m* **1.** Viehpacht *f;* **2.** *(Statistik)* Viehbestand *m;* — ~ *bovin, chevalin* Rinder-, Pferdebestand *m;* ~ *mort* tote(s) Inventar *n.*

chèque [ʃɛk] *m* Scheck *m* (*de* über); — *émettre, libeller, tirer un* ~ e-n Scheck aus=stellen (*sur* auf *acc*); *toucher un* ~ e-n Scheck ein=lösen; *carnet m de* ~*s* Scheckbuch *n; formule f de* ~ Scheckformular *n;* ~ *bancaire* Bankscheck *m;* ~ *barré* gekreuzte(r) Scheck *m;* ~ *en blanc* Blankoscheck *m;* ~ *à ordre* auf den Namen lautende(r) Scheck *m;* ~ *payable au comptant* Barscheck *m;* ~ *au porteur* Inhaber-, Überbringerscheck *m;* ~ *postal* Postscheck *m;* ~ *sans provision* ungedeckte(r) Scheck *m;* ~ *de voyage* Reisescheck *m;* **chéquier** [ʃekje] *m* Scheckbuch *n.*

cher, ère [ʃɛr] **I.** *a* **1.** lieb, wert; **2.** teuer, kostspielig; *(Zeit)* kostbar; **II.** *adv coûter, vendre, acheter, payer* ~ teuer sein, verkaufen, kaufen, bezahlen; *ne pas donner* ~ *de qc* e-r S keinen großen Wert bei=messen; *il me le payera* ~ das soll er mir büßen; *il fait* ~ *vivre ici* das Leben ist hier teuer; *(fam) je l'ai eu pour pas* ~ ich habe nicht viel dafür bezahlt.

cherch|é, e [ʃɛrʃe] *a* gekünstelt; **~er I.** *tr* **1.** suchen (*qn, qc* jdn, etw); (auf=)suchen (*à* zu); **II.** *itr* **2.** streben (*qc* nach etw), sich bemühen (*qc* um etw); **3.** *aller, venir* ~ (ab=)holen; *faire, envoyer* ~ holen lassen, schicken nach; **4.** ~ *aventure* auf Abenteuer aus=gehen; ~ *fortune* sein Glück suchen; ~ *un problème, des mots croisés* e-e Aufgabe, ein Kreuzworträtsel lösen; ~ *querelle* Streit suchen (*à qn* mit jdm); ~ *la petite bête* ein Kleinigkeitskrämer sein; *qu'allez-vous* ~ *là? (pop)* wie kommen Sie (denn) darauf? *ça va* ~ *dans les mille francs* das kostet an die 1000 Franken; **~eur, se** *s m f* **1.** Forscher(in *f*) *m;* **2.** ~ *de champignons* Pilzsucher *m;* **3.** *fusée f à tête chercheuse* Rakete *f* mit Suchkopf.

chère [ʃɛr] *f: faire bonne* ~ gut essen; *fig* gut leben.

chér|i, e [ʃeri] *m f* Liebling *m;* **~ir** *tr* **1.** zärtlich, innig lieben; hängen (*qn* an jdm); **2.** großen Wert legen (*qc* auf e-e S), schätzen; **~ot** [-o] *a fam* teuer.

cherrer [ʃɛre] *itr arg* **1.** laufen, rennen; **2.** dick auftragen, übertreiben.

cherté [ʃɛrte] *f* hohe(r) Preis *m* (*de* für); Teuerung *f;* ~ *de la vie* hohe Lebenshaltungskosten *pl.*

chérubin [ʃerybɛ̃] *m* **1.** Cherub *m;* **2.** *(Kunst)* Engelsköpfchen *n;* *(Kind)* Pausback *m.*

chétif, ive [ʃetif, -iv] *a* **1.** schwächlich; *allg* ärmlich, armselig; **2.** *fig* kümmerlich, dürftig.

cheval [ʃ(ə)val] *m, pl -aux* **1.** Pferd *n;* **2.** *tech* Pferdestärke *f* (PS); **3.** *à* ~ zu Pferde, rittlings; *allg* querüber, übergreifend (*sur* auf *acc*); *fig* geharnischt, derb; **4.** *aller à* ~*, faire du* ~ reiten; *être à* ~ *sur* rittlings sitzen, *fig* herum=reiten auf *dat;* gleichzeitig betreiben; *être à* ~ *sur les règles, les principes* ein Prinzipienreiter sein; *monter à* ~ aufs Pferd steigen; *monter sur ses grands chevaux* sich aufs hohe Roß setzen; auf=fahren, -brausen; **5.** *culotte f de* ~ Reithose *f;* *fièvre f de* ~ hohe(s) Fieber *n; remède m de* ~ Roßkur *f;* ~ *alezan* Fuchs *m;* ~ *d'arçons m* Pferd *n (Turngerät);* ~ *à bascule* Schaukelpferd *n;* ~ *de bât* Packpferd *n; fig* Packesel *m;* ~ *de bataille* Streitroß; *fig* Steckenpferd; Schlagwort; Hauptargument *n;* ~ *blanc* Schimmel *m;* ~ *de course* Rennpferd *n;* ~ *de labour* Ackergaul *m;* ~ *marin* Seepferdchen *n (Fisch);* ~ *(de) pur sang* Vollblut(pferd) *n;* **~eresque** *a* ritterlich; **~erie** *f* Rittertum *n,* Ritterschaft *f;* **~et** [-lɛ] *m* **1.** Bock *m,* Gestell, Gerüst *n;* **2.** Staffelei *f;* **3.** *(Geige)* Steg *m;* **~ier** *m;* **1.** Ritter *m;* **2.** *orn* Strandläufer *m;* — ~ *d'industrie* Hochstapler *m;* **~ière** *f* Siegelring *m;* **~in, e** *a* Pferde-; — *boucherie f* ~*e* Roßschlachterei, Pferdemetzgerei *f; race f* ~*e* Pferderasse *f.*

chevauch|ée [ʃəvoʃe] *f* (Spazier-)Ritt *m;* **~ement** *m* **1.** Übereinandergreifen *n,* Überlappung *f;* **2.** *geol* Überschiebung *f;* **3.** *(Aufgabenbereich)* Überschneidung *f;* **~er I.** *tr* rittlings sitzen (*qc* auf e-r S); **II.** *itr* **1.** übereinander⸗greifen, sich überlappen; *fig* sich überschneiden; **2.** reiten.

chevêche [ʃəvɛʃ] *f orn* Steinkauz *m.*

chevelu, e [ʃəvly] *a,* behaart *a. bot,* (lang-)haarig; *cuir m* ~ Kopfhaut *f;* **~re** *f* **1.** (Kopf-) Haar *n;* Haarwuchs *m;* **2.** Schweif *m (e-s Kometen).*

chevet [ʃ(ə)vɛ] **1.** Kopfende *n (e-s Bettes);* **2.** *arch* Apsis *f;* — *au ~ de qn* an jds Bett; *lampe f de ~* Nachttischlampe *f; livre m de ~* Lieblingsbuch *n.*

cheveu [ʃ(ə)vø] *m, pl ~x* **1.** (Kopf-)Haar *n (des Menschen);* **2.** Sprung *m (im Porzellan);* **3.** *à un ~ près* um Haaresbreite; *aux ~x courts, longs* kurz-, langhaarig; **4.** *s'arracher les ~x* sich die Haare raufen; *avoir mal aux ~x* Katzenjammer haben; *couper, fendre les ~x en quatre* Haarspalterei treiben; *ne pas se faire de ~x (blancs)* sich keine grauen Haare wachsen lassen; *se prendre aux ~x* sich in die (den) Haare(n) geraten (liegen); *saisir l'occasion aux ~x* die Gelegenheit beim Schopf ergreifen; *ne tenir qu'à un ~* am seidenen Faden hängen; *ne pas toucher un ~ à qn* jdm kein Haar krümmen; *tiré par les ~x (fig)* an den Haaren herbeigezogen, weit hergeholt; **5.** *il y a un ~ (pop)* die Sache hat e-n Haken; *cela fait dresser les ~x* da stehen e-m die Haare zu Berge; *cela vient comme un ~ sur la soupe (fam)* das paßt wie die Faust aufs Auge; **6.** *brosse f à ~x* Haarbürste *f; chute f des ~x* Haarausfall *m; couleur f des ~x* Haarfarbe *f; épingle f à ~x* Haarnadel *f; mèche, touffe f de ~x* Haarsträhne *f,* -büschel *n;* ~ *d'ange* Engelshaar *n;* Fadennudel *f;* eingemachte Zitronenschalen *f pl;* ~ *d'or* Goldrand *m (an Porzellan).*

chevill|e [ʃ(ə)vij] *f* **1.** Zapfen, Pflock, Dübel, Bolzen; Stöpsel *m;* **2.** Wirbel *m (an Saiteninstrumenten);* **3.** *anat* Knöchel *m;* **4.** *poet* Flickwort, Füllsel *n;* — *ne pas arriver à la ~ de qn* jdm nicht das Wasser reichen können; *(fam) être en ~ avec qn* mit jdm auf gutem Fuß stehen; ~ *de bois* Holzdübel, -nagel *m;* ~ *ouvrière (fig)* Haupttriebfeder *f;* **~er** *tr* verzapfen, dübeln; *avoir l'âme ~ée au corps* ein zähes Leben haben.

cheviotte [ʃəvjɔt] *f* Cheviot(wolle *f*) *m.*

chèvre [ʃɛvr] *f* **1.** Ziege, Geiß *f;* **2.** Hebebock *m,* Sägebock *m;* — *ménager la ~ et le chou* es mit keinem verderben (wollen); *lait, fromage m de ~* Ziegenmilch *f,* -käse *m;* **~feuille** [-vrə-] *m bot* Geißblatt *n.*

chevr|eau [ʃəvro] *m, pl ~x* **1.** Zicklein, Geißlein *n;* **2.** Ziegenleder *n;* **~ette** *f* **1.** *zoo* Zicklein *n;* Ricke *f;* **2.** kleine(r) Feuerbock *m (Gerät);* **~euil** [-œj] *m* Reh *n (als Art),* Rehbock *m;* **~ier, ère** *m f* Ziegenhirt(in *f*) *m;* **~on** *m* **1.** (Dach-) Sparren *m;* **2.** *mil* Winkel *m (Abzeichen);* **3.** Fischgrätenmuster *n;* **~onné, e** *a fig* dienst-, berufserfahren; routiniert; **~otant, e** *a (Stimme)* zitternd; **~oter** *itr* **1.** *(Ziege)* meckern; **2.** mit zittriger Stimme reden; **~otin** *m* **1.** Rehkitz *n;* **2.** Ziegenleder *n,* -käse *m;* **~otine** *f* Rehposten *m.*

chez [ʃe] *prp* **1.** *(nur in Verbindung mit Personen)* bei, in, zu; — *il était ~ lui* er war daheim, zu Hause; *je vais ~ le coiffeur* ich gehe zum Frisör; *de ~* von ... her: *je viens de ~ moi* ich komme von zu Hause; **2.** *(räumlich): ~ les Anglais* bei den Engländern; *il est de ~ nous* er ist aus unserer Gegend; **3.** *(zeitlich): ~ les Romains* bei den Römern; **4.** *(betreffend): l'instinct ~ les animaux* der Instinkt bei den Tieren; *il passe ~ eux pour...* er gilt in ihrem Kreis, bei ihnen für ... ; *fig: ~ lui c'est une habitude* das ist e-e Gewohnheit bei ihm; *~ Molière* bei M., in M.s Werken; *transporter ~ (fig)* übertragen auf *acc; ~-soi, ~-moi etc s m* Zuhause, Heim *n.*

chia|dé, e [ʃjade] *a arg* kompliziert, schwierig; sorgfältig ausgearbeitet; **~der** *tr itr arg* büffeln; **~ler** *itr fam* heulen, flennen; **~nt,** e *a pop* beschissen; **~sse** *f* **1.** (Fliegen-) Dreck *m;* **2.** *pop* Dünnschiß; *fig* Schiß *m.*

chic [ʃik] **I.** *s m* Schick *m;* **II.** *a inv* **1.** schick, *fam* piekfein; famos; **2.** *fig* fein, großzügig, *fam* nobel; — *de ~* ohne Vorbild *(Malerei);* ohne Entwurf *(Schreiben); interj fam: ~ alors!* fabelhaft! *il a le ~ pour faire qc* er hat ein besonderes Geschick etw zu tun.

chican|e [ʃikan] *f* **1.** Schikane *f,* Spitzfindigkeiten *f pl,* Kniffe *m pl;* Streit *m,* Händel *m pl;* **2.** Zickzackweg *m;* Hindernis *n;* — *chercher ~* Händel suchen (*à qn* mit jdm); **~er I.** *tr* **1.** sich (ohne Grund) herum⸗streiten (*qn sur qc* mit jdm wegen e-r S); streitig machen (*qc à qn* jdm etw); **2.** schikanieren, mit Kleinigkeiten plagen; **II.** *itr* herumnörgeln (*sur qc* an etw); **III.** *v prn se ~ sich* (herum⸗)streiten; **~erie** *f* Schikane *f;* **~eur, se; ~ier, ère I.** *s m f* Schikanierer(in *f*) *m;* Krittler, Nörgler *m;* **II.** *a* streitsüchtig, schikanös.

chich|e [ʃiʃ] *a* **1.** knauserig; *(Sachen)* armselig, dürftig; **2.** *(pois m ~)* Kichererbse *f;* **3.** *interj fam* ich nehme dich beim Wort! wollen wir wetten? *je suis ~ de faire ce travail* ich bin imstande und tue die Arbeit; *vivre chichement* ein kümmerliches Leben führen; **~i** *m* falsche Locken *f pl; — ne fais pas tant de ~s!* mach nicht so viel Umstände! **~iteux, se** *a fam* umständlich; pinselig; geziert.

chico|n [ʃikɔ̃] *m fam* Römische(r) Salat *m;* **~rée** [-kɔre] *f bot* Wilde Zichorie, Wegwarte; Endivie *f;* **~t** [-o] *m* (Baum-, Zahn-)Stumpf *m;* **~tin** *m c'est amer comme ~* das ist schrecklich bitter.

chiée [ʃje] *f (pop) une ~ de* ein Haufen ...

chien [ʃjɛ̃] *m* **1.** Hund *m (a. min, Weberei);* **2.** *(Gewehr)* Hahn *m;* **3.** *pl* Pony(frisur *f*) *n;* **4.** *entre ~ et loup* in der (Abend-)Dämmerung; **5.** *arriver, venir comme un ~ dans un jeu de quilles* ungelegen kommen; *avoir du ~ (fig fam)* Charme, *(Frau)* Sexappeal, *(Künstler)* Talent haben; *être couché en ~ de fusil* mit angezogenen Beinen liegen; *rompre les ~s* das Gespräch kurz ab=brechen; **6.** *(fam) je lui garde un ~ de ma chienne* das soll er mir büßen; *il n'attache pas ses ~s avec des saucisses* er dreht den Pfennig zehnmal um, ehe er ihn ausgibt; *j'ai un mal de ~, je suis malade comme un ~* mir ist hundeelend; *il est ~ (fam)* er ist knickerig; *nom d'un ~!* verdammt!; **7.** *exposition f de ~s* Hundeausstellung *f; temps m de ~* Hundewetter *n; travail m de ~* mühsame, undankbare Arbeit *f; vie f de ~* Hundeleben *n;* **8.** *~ d'aveugle, de berger, de chasse, policier, sanitaire* Blinden-, Schäfer-, Jagd-, Polizei-, Sanitätshund *m; ~-loup* Wolfshund *m; ~ méchant* bissige(r) Hund *m.*

chien|dent [ʃjɛ̃dɑ̃] *m* **1.** *bot* Quecke *f;* **2.** *fig fam* Haken *m,* Schwierigkeit *f; — voilà le ~ (fig fam)* da hapert es; **~lit, chie-en-lit** [ʃjɑ̃li] *f* **1.** *fam* Tumult *m;* Durcheinander *n;* **2.** Pöbel *m;* **~ne** [ʃjɛn] *f* Hündin *f.*

chier [ʃie] *itr vulg* scheißen, kacken; — *(vulg) se faire ~* sich langweilen; *ça me fait ~ (fam)* das stinkt mir; *tu me fais ~* du gehst mir auf die Nerven; **~ie** [ʃiri] *f arg* Schweinerei *f.*

chiff|e [ʃif] *f c'est une ~* er ist ein Waschlappen; **~on** *m* **1.** Lumpen, Lappen *m;* **2.** Fetzen *m (Papier); — parler ~s* über Mode reden; *~ à nettoyer, à poussière* Putz-, Staublappen *m;* **~onné, e** *a* **1.** zerknittert; zerknüllt; **2.** *(Gesicht)* unregelmäßig, aber ansprechend; ermüdet, runzelig; **~onner I.** *tr* **1.** *(Kleider)* zerdrücken, zerknittern; **2.** *(Papier)* zerknüllen: *— le ton aigre me chiffonne* der scharfe Ton geht mir gegen den Strich; **II.** *v prn se ~* knittern; **~onnier, ère** *m f* **1.** Lumpensammler(in *f*) *m;* **2.** *m* Aufsatzkommode *f; — se battre comme des ~s* aufeinander ein=dreschen; *il est mis comme un ~* er ist schlampig angezogen.

chiffr|age, ~ement [ʃifraʒ] *m* **1.** Chiffrieren, Verschlüsseln *n;* **2.** Taxieren, (Ab-) Schätzen *n;* **~e** *m* **1.** Ziffer; **2.** (Gesamt-) Zahl *f;* **3.** *com* Betrag, Preis *m,* Summe *f;* **4.** Monogramm *n;* **5.** Chiffre, Geheimschrift, Zahlenkombination; *mil* Chiffrierabteilung *f;* **6.** Bezifferung *f* (der Baßnoten); **7.** *en ~s* in Ziffern; zahlenmäßig; *en ~s ronds* abgerundet, in runden Zahlen; **8.** *écrire en ~* chiffrieren, verschlüsseln; in Ziffern schreiben; **9.** *~ d'affaires* Umsatz *m; ~ de production* Produktionsziffer *f; ~-record m* Rekordziffer *f;* **~er I.** *tr* **1.** numerieren; **2.** chiffrieren, verschlüsseln; **3.** *com* be-, ausrechnen; taxieren; **4.** mit e-m Monogramm versehen; **5.** *mus* beziffern; **II.** *itr* u. *se ~* sich belaufen (*à, par* auf *acc*); *— se ~ par milliers* in die Tausende gehen; *les dépenses commencent à ~* die Ausgaben beginnen sich zu summieren.

chignon [ʃiɲɔ̃] *m* **1.** (Haar-)Knoten *m;* **2.** *fam* Bandsalat *m; — se crêper le ~* sich in den Haaren liegen.

chim|ère [ʃimɛr] *f* Hirngespinst; Trugbild *n;* **~érique** *a (Plan)* utopisch; *(Hoffnung)* trügerisch.

chimi|e [ʃimi] *f* Chemie *f; — ~ alimentaire* Nahrungsmittelchemie *f; ~ biologique* Biochemie *f;* **~othéraphie** *f med* Chemotherapie *f;* **~que** *a* chemisch; *produits m pl ~s* Chemikalien *pl;* **~ste** *m f* Chemiker(in *f*) *m.*

chimpanzé [ʃɛ̃pɑ̃ze] *m zoo* Schimpanse *m.*

chinchilla [ʃɛ̃ʃila] *m zoo* Chinchilla *f* od *s.*

chine [ʃin] *m* Chinapapier *n;* **~ois, e I.** *a* chinesisch; *— c'est un peu ~ (fam)* das ist recht kompliziert; **II.** *s m* **1.** Chinesisch(e) *n;* **2.** Kumquat *f* in Schnaps; *— c'est du ~ pour moi* das sind böhmische Dörfer für mich; **~oiserie** *f* **1.** *fig* Kleinlichkeit *f;* **2.** *pl* Chinoiserien *f pl.*

chiner [ʃine] **I.** *tr* **1.** *(Textil)* chinieren; **2.** *fam* foppen, aufziehen (*qn* jdn); **II.** *itr le chiffonnier va ~* der Trödler geht von Haus zu Haus; **III.** *vente à la chine* Hausierhandel *m.*

chiot [ʃjo] *m* Welpe, junge(r) Hund *m;* **~tes** [ʃjɔt] *f pl pop* Scheißhaus *n,* Abtritt *m.*

chip|er [ʃipe] *tr fam* stibitzen, mausen; **~ie** *f* Biest, Luder *n;* (Haus-)Drachen *m;* **~olata** *f Art* Würstchen *n;* **~otage** *m* Knausern; Feilschen *n;* **~oter I.** *itr* **1.** knausern (*sur* an *dat*); herummeckern; **2.** widerwillig essen; im Essen herumstochern; **3.** widerwillig arbeiten; **II.** *v prn se ~ (fam)* sich herum=streiten.

chiqu|e [ʃik] *f* **1.** Priem *f,* Kautabak *m;* **2.** *zoo* Sandfloh *m;* **3.** *fam* dicke Backe *f; — avaler sa ~ (pop)* ab=kratzen, sterben; *couper la ~ à qn (pop)* jdm ins

Wort fallen; *ça ne vaut pas la ~ (pop)* das ist kein Pfifferling wert; *ça me coupe la ~ (pop)* da bleibt mir die Spucke weg; **~é** *s m (pop) faire du ~* so tun, als ob; an=geben, dick auf=tragen; *c'est du ~* das ist bloß Angabe; **~enaude** [-knod] *f* Nasenstüber; Schneller, Schnipser *m;* **~er** *itr* priemen.

chiro|mancie [kirɔmɑ̃si] *f* Handliniendeutung *f;* **~mancien, ne** *m f* Handleser(in *f*) *m;* **~practeur** *m* Chiropraktiker *m;* **~praxie** *f med* Chiropraktik *f.*

chirurg|ical, e [ʃiryrʒikal] *a* chirurgisch; **~ie** *f* Chirurgie *f;* *~ dentaire* Zahnheilkunde *f;* **~ien** *m* Chirurg *m;* *~-dentiste* Zahnarzt *m.*

chitine [kitin] *f biol* Chitin *n.*

chiure [ʃjyr] *f* Fliegendreck *m.*

chlor|al [klɔral] *m chem* Chloral *n;* **~ate** *m chem* Chlorat *n;* **~e** *m chem* Chlor *n;* **~hydrique** *a: acide m ~* Salzsäure *f,* Chlorwasserstoff *m;* **~ique** *a: acide m ~* Chlorsäure *f;* **~oforme** [-rɔ-] *m* Chloroform *n;* **~oformer** *tr* **1.** *med* chloroformieren; **2.** *fig* ein=schläfern; **~ophylle** [-rɔfil] *f bot* Chlorophyll, Blattgrün *n;* **~ose** *f med* Bleichsucht *f;* **~otique** *a* bleichsüchtig; **~ure** *m chem* Chlorid *n;* *~ de chaux* Chlorkalk *m;* *~ de sodium* Natriumchlorid, Kochsalz *n.*

choc [ʃɔk] **I.** *m* **1.** Stoß, Aufprall, Zs.stoß *m a. mil; fig* Aufea.prallen *n;* **2.** Erschütterung *f a. med;* (Schicksals-) Schlag *m;* **3.** *med* Schock *m; (Gläser)* Anstoßen *n;* **4.** *de ~* dynamisch, fortschrittlich; *(Mensch)* unternehmend, aktiv; *(Sache)* sensationell; neuartig; — *effet m de ~* Schockwirkung *f;* *~ nerveux* Nervenschock *m;* *~ en retour* Rückstoß *m, fig* -wirkung *f;* **II.** *a* aufsehenerregend, sensationell; *prix m ~* sensationelle(e) Preis *m.*

chocolat [ʃɔkɔla] **I.** *m* Schokolade *f; pl* Pralinen *f pl,* Konfekt *n;* **II.** *a* schokoladenfarben; — *tablette f de ~* Tafel *f* Schokolade; *gâteau m, glace f au ~* Schokoladenkuchen *m,* -eis *n;* *~ à croquer, au lait, aux noisettes* Eß-, Milch-, Nußschokolade *f; (fam) je suis ~* ich gucke in die Röhre; **~erie** *f* Schokoladenfabrik *f.*

chocottes [ʃɔkɔt] *f pl (fam) avoir les ~* Schiß, Angst haben.

chœur [kœr] *m mus arch rel* Chor *m a. fig;* — *en ~* im Chor, einstimmig; gemeinsam; *stalles f pl de ~* Chorgestühl *n;* *~ d'enfants* Kinderchor *m;* *~ parlé* Sprechchor *m;* *~ à trois voix* dreistimmige(r) Chor *m.*

choir [ʃwar] *itr nur inf* fallen; *laisser ~ qn, qc (fam)* jdn, etw im Stich, fallen=lassen.

choi|si, e [ʃwazi] *a* auserwählt, (aus)gewählt, ausgesucht; **~sir** *tr* **1.** (aus=)wählen; **2.** sich entscheiden (*qc* für etw); e-e Wahl treffen; — *~ une carrière* e-e Laufbahn ein=schlagen; **~x** [ʃwa] *m* **1.** Wahl; Auswahl *f;* **2.** *au ~* zur Auswahl; nach Wahl; *de ~* ausgewählt, ausgesucht, erstklassig; *de tout premier ~* allererster Wahl; *sans ~* unterschiedslos; **3.** *n'avoir pas le ~* keine Wahl haben; *faire un bon, mauvais ~* e-e gute, schlechte Wahl treffen; *faire ~ de qn* jdn aus=(er)wählen; *porter son ~ sur qn, qc* sich jdn, etw aus=suchen, -wählen; **4.** *grand ~ de marchandises* große Auswahl *f* an Waren *(dat);* *~ de la profession* Berufswahl *f.*

chol|écystite [kɔlesistit] *f* Gallenblasenentzündung *f;* **~éra** *m* Cholera *f;* **~estérine** *f* Cholesterin *n.*

chôm|age [ʃomaʒ] *m* Arbeits-, Erwerbslosigkeit *f;* — *en ~* arbeitslos; *être au ~ (fam)* stempeln (gehen); Arbeitslosenunterstützung beziehen; *allocation, indemnité f de ~* Arbeitslosenunterstützung *f; assurance f ~* Arbeitslosenversicherung *f;* *~ partiel* Kurzarbeit *f;* **~er** **I.** *itr* **1.** arbeitslos sein, *fam* stempeln (gehen); **2.** *tech* still=stehen; **3.** feiern, nicht arbeiten, **4.** *(Geld)* totes Kapital sein; ermangeln (*de qc* gen); **II.** *tr (e-n Heiligen, ein Fest)* feiern; — *ne pas ~ (fam)* sich ab=rackern, schuften; *on chôme* die Arbeit ruht; *jour m chômé* Tag *m,* an dem nicht gearbeitet wird; **~eur, se** *m f* Arbeitslose(r *m*) *f;* *~ partiel* Kurzarbeiter *m.*

chop|e [ʃɔp] *f* Krug *m,* Seidel *n;* **~er** *tr fam* **1.** stibitzen, stehlen; **2.** erwischen, schnappen; — *~ un rhume* e-n Schnupfen erwischen; **~ine** *f* Flasche *f* Wein.

choqu|ant, e [ʃɔkɑ̃, -ɑ̃t] *a* auffällig; anstößig; **~er** **I.** *tr* **1.** *(Gläser)* (an=)stoßen; **2.** *fig* mißfallen (*qn* jdm); Anstoß erregen (*qn* bei jdm); verletzen, beleidigen; **II.** *v prn se ~* **3.** aneinanderstoßen; aufea.=prallen; **4.** *fig* Anstoß nehmen (*de* an *dat*); **5.** *être choqué* schockiert sein *(par* über *acc).*

chor|al, e [kɔral] **I.** *a* Chor-; **II.** *s m* Choral *m,* Kirchenlied *n; f* Gesangverein *m;* **~égraphe** *m* Choreograph *m;* **~égraphie** *f* Choreographie; Tanzkunst *f;* **~iste** *m f* Chorsänger(in *f*) *m;* **~us** [-ys] *m: faire ~* bei=stimmen, bei=pflichten (*avec qn* jdm).

chose [ʃoz] *f* **1.** Ding *n,* Sache, Angelegenheit *f;* **2.** Sachlage *f;* Umstand *m;* **3.** (Rechts-)Sache *f;* **4.** *fam* Dings(da) *n;* **5.** *autre ~* etw anderes; *avant toute ~* vor allem; *bien des ~s* viele Grüße *(Briefende); chaque ~ en son temps!* alles zu seiner Zeit! *~ étrange!* sonderbar! eigenartig! *par la force des ~s* zwangsläufig; *maintes ~s* manches; *la même ~* dasselbe; *pas grand-~, peu de ~* nicht viel, nichts Besonderes; **6.** *quelque ~* etwas; *quelque ~ comme* ungefähr, etwa (wie); *quelque ~ que* was ... auch (immer); **7.** *acquérir l'autorité de la ~ jugée* Rechtskraft erlangen; *aller au fond des ~s* den Dingen auf den Grund gehen; *appeler les ~s par leur nom* die Dinge beim Namen nennen; *être qc à qn* jdm etw sein, bedeuten; *être pour qc dans* seine Hand im Spiel haben bei; *parler de ~s et d'autres* von diesem u. jenem sprechen; *prendre qc (fam)* etw *(Schläge)* ab=kriegen; *se sentir tout ~ (a. fam)* völlig sprachlos sein; ein komisches Gefühl haben, sich nicht wohl fühlen; **8.** *il semble tout ~ (fam)* er sieht komisch, ganz verstört aus; *c'est quelque ~* das ist unglaublich; *il y a qc comme une semaine* es ist so ungefähr e-e Woche her; *c'est ~ faite* die Sache ist erledigt; *il y a qc entre eux* sie sind mitea. böse; sie haben etw. mitea.; *les ~s n'iront pas loin* das dauert nicht lange; *voilà où en sont les ~s* so liegen die Dinge; **9.** *état m des ~s* Sachverhalt *m; M. ~* Herr Dings(kirchen), Soundso; *un pas grand-~ (fam fig)* ein kleines Licht *(Person); ~ publique* Gemeinwohl, -wesen *n,* Staat *m; la ~ en soi* das Ding an sich.

chou [ʃu] *m pl ~x* **1.** Kohl *m;* **2.** Kraut *n;* **3.** *(~ à la crème)* Windbeutel *m* mit Creme; Mohrenkopf *m;* **4.** *fig* Schätzchen *n,* Liebling *m;* **5.** *aller planter des* (od *ses*) *~x* sich aufs Land zurück=ziehen; *être dans les ~x (fam)* in der Tinte sitzen; unter ferner liefen sein; *faire ses ~x gras de (fam)* s-n Reibach machen; *rentrer dans le ~ à qn* sich auf jdn stürzen; **6.** *il a fait ~ blanc (fam)* das ist ihm danebengegangen; *bête comme ~ (fam)* kinderleicht; **7.** *feuille f de ~ (fig fam)* Käseblatt *n; tête f de ~* Kohlkopf; **8.** *~ blanc* Weiß-, Kopfkohl *m; ~ de Bruxelles* Rosenkohl *m; ~-fleur m* Blumenkohl *m; ~ de Milan* Wirsingkohl *m; ~-navet m* Kohl-, Steckrübe *f; ~ rave* Kohlrabi *m; ~ rouge* Rotkohl *m;* **~cas** [-ɑ(a)] *m orn* Dohle *f;* **~chou, oute** *m f fam* Liebling *m;* **~chouter** *tr fam* verhätscheln; **~croute** *f* Sauerkraut *n;* **~ette** [ʃwɛt] **I.** *s f zoo* Eule *f;* **II.** *a fam* nett, pfundig; fesch, toll; *~!* prima! **~ïa** *m: (fam) un ~* ein wenig; **~pette** *f fam* (Haar-)Schleife *f.*

choyer [ʃwaje] *tr* (ver)hätscheln, auf Händen tragen.

chrétien, ne [kretjɛ̃, -ɛn] **I.** *a* christlich; **II.** *s m f* Christ(-in *f*) *m;* **~té** *f* Christenheit *f.*

Christ,(le) [krist] Christus *m;* **~ianisme** *m* Christentum *n.*

chrom|age [kromaʒ] *m* Verchromung *f;* **~atique** *a* **1.** chromatisch; Farb(en)-; **2.** *mus* chromatisch; **~e** *m* Chrom *n;* **~é, e** *a* chromhaltig, verchromt; *acier m ~* Chromstahl *m;* **~er** *tr* verchromen; **~o(lithographie** *f)* *m* Farben(stein)druck *m;* **~osome** *m biol* Chromosom *n;* **~osphère** *f astr* Chromosphäre *f.*

chron|ique [krɔnik] **I.** *a med* chronisch; **II.** *s f* **1.** Chronik *f;* **2.** *(Zeitung)* Bericht *m,* Rundschau *f;* **~iqueur** *m* **1.** Chronist *m;* **2.** Bericht(erstatt)er *m;* **~o** *f fam* (Stopp-)Uhr *f;* **~ologique** *a* chronologisch; **~ométrage** *m* Zeitmessung *n,* -studie *f;* **~omètre** *m* Chronometer *m* od *n,* Präzisionsuhr *f; (~ à déclic)* Stoppuhr *f;* **~ométrer** *tr sport* die Zeit ab=nehmen (*qc* von etw), stoppen; **~ométreur** *m* Zeitnehmer *m.*

chrys|alide [krizalid] *f zoo* (Insekten-)Puppe *f;* — *sortir de sa ~* sich entpuppen; *fig* bekannt werden; **~anthème** [-zɑ̃tɛm] *m bot* Chrysantheme *f.*

chuchot|ement [ʃyʃɔtmɑ̃] *m* Flüstern, Getuschel *n;* **~er** *itr tr* flüstern, tuscheln, munkeln; — *~ qc à l'oreille de qn* jdm etw ins Ohr flüstern; **~erie** *f meist pl* Geflüster *n;* Geheimnistuerei, -krämerei *f.*

chuint|ant, e [ʃɥɛ̃tɑ̃, -ɑ̃t]: *a* u. *s f (consonne f) ~e* sch-Laut, Zischlaut *m;* **~ement** *m* Zischen, Pfeifen *n;* (fehlerhaftes) Aussprechen *n* des s als sch; **~er** *itr* **1.** *(Eule)* schreien; **2.** *(Dampf)* zischen; **3.** s wie sch aus=sprechen.

chut [ʃ(y)t] *interj* pst! still!

chut|e [ʃyt] *f* **1.** Fall *a. phys fig;* Sturz *m a. fig;* **2.** Fallen *n,* Einsturz *m;* **3.** Umsturz; Untergang *m;* **4.** *theat* Durchfall(en *n*) *m;* **5.** Abfall *m a. phys el;* **6.** Ende *n;* Schlußkadenz *f;* Tonfall *m;* Pointe *f;* **7.** *point m de ~* Aufschlag *m* (e-s Geschosses); *vitesse f de ~ (phys)* Fallgeschwindigkeit *f;* **8.** *~ de cheval, de bicyclette* Sturz *m* vom Pferd, vom Fahrrad; *~ des cheveux* Haarausfall *m; ~ des cours* Kurssturz *m; ~ d'eau* Wasserfall *m; ~ du jour* Einbruch *m* der Nacht; *~ de neige* Schneefall *m; ~s de pluie* Regenfälle *m pl; ~ de pierres* Steinschlag *m; ~ des prix* Preissturz *m; ~ des reins (anat fam)* Kreuz *n; ~ du rideau (theat)* Fallen *n* des Vorhangs; *~ de température* Temperatursturz *m;* **~er** *itr* **1.** *fam* fallen; **2.** *fig* durch=fallen; **3.** *(Bridge)* Unterstiche machen.

ci [si] **I.** *adv* hier; hierher; *(Rechnung)* für, macht zusammen; *(Verstärkung) ces jours-~* diese(r) Tage; **II.** *prn: faire ~ et ça (fam)* dies u. jenes tun; *comme ~ comme ça (fam)* soso lala; *~-annexé* als Anlage; *~-après* weiter unten; *~-contre* gegenüber; neben-, gegenüberstehend; umseitig; *~-dessous* hier, weiter unten; untenstehend; *~-dessus* hier, weiter oben; obenstehend; *~-devant* vorher, ehemals; ehemalig; *~-gît* hier ruht; *~-inclus, e; ~-joint, e* beiliegend; anbei.

cib|iche [sibiʃ] *f arg* Zigarette *f;* **~le** *f* **1.** (Schieß-)Scheibe *f;* **2.** *fig* Zielscheibe *f;* **3.** *(Werbung)* Zielgruppe *f;* **4.** *(langue ~)* Zielsprache *f;* — *prendre pour ~ (fig)* als Zielscheibe nehmen; *tirer à la ~* nach der Scheibe schießen; *tir m à la ~* Scheibenschießen *n;* **~oire** *m rel* Ziborium *n;* **~oule** *f bot* Winterlauch *m;* **~oulette** *f bot* Schnittlauch *m;* **~oulot** [-o] *m fam* Birne *f,* Kopf *m.*

cicatri|ce [sikatris] *f* Narbe *f;* **~sation** *f* Narbenbildung, Vernarbung, Heilung *f a. fig;* **~ser I.** *tr (Wunden)* heilen; *fig* vergessen lassen; **II.** *itr* u. *se ~* (ver-, zu)heilen, vernarben *a. fig.*

cicér|o [sisero] *m typ* Cicero *f;* **~one** [-rɔn] *m* Fremdenführer *m.*

cidr|e [sidr] *m* Apfelwein, Most *m;* **~erie** *f* Mosterei *f.*

ciel [sjɛl] *m pl cieux, (Malerei) ~s* **1.** Himmel(sraum *m;* -gewölbe *n) m a. rel fig;* **2.** Himmelsstrich *m,* Klima *n;* **3.** *(~ de lit)* Betthimmel *m;* **4.** *à ~ ouvert (min)* über Tage, im Tagebau; *dans le ~* am Himmel; **5.** *être au septième ~* im siebenten Himmel sein; *tomber du ~ (fig)* wie gerufen kommen; *avoir l'air de tomber du ~* sprachlos sein, aus allen Wolken fallen.

cierge [sjɛrʒ] *m* **1.** *rel* (große Wachs-) Kerze *f;* **2.** *bot* Säulenkaktus *m;* — *droit comme un ~* kerzengerade.

cigale [sigal] *f zoo* Zikade *f.*

cigar|e [sigar] *m* Zigarre *f;* — *bague f de ~* Bauchbinde *f; boîte f de ~s* Zigarrenkiste *f;* **~ette** *f* Zigarette *f; ~ à bout filtre* Filterzigarette *f.*

cigogne [sigɔɲ] *f zoo* Storch *m.*

ciguë [sigy] *f* **1.** *bot* Schierling *m;* **2.** Schierlingsgift *n.*

cil [sil] *m* **1.** Wimper *f;* **2.** *pl bot* Wimpern, Flimmer(härchen) *pl; battre des ~s* mit den Wimpern zucken; **~lement** [sijmɑ̃] *m* Blinzeln *n;* **~ler** [sije] *itr* blinzeln (*qc* mit etw); *personne n'ose ~ devant lui* niemand wagt in seiner Gegenwart zu mucksen.

cim|aise [simɛz] *f arch* Hohlkehle; Abschluß-, Gesimsleiste *f;* Karnies *n;* **~e** *f* **1.** Gipfel *m a. fig;* **2.** *(Baum)* Wipfel *m.*

ciment [simɑ̃] *m* **1.** Zement *m;* **2.** *fig* Kitt *m; ~ armé* Eisen-, Stahlbeton *m;* **~er** *tr* **1.** zementieren; **2.** *fig* festigen; zusammenkitten; **~erie** *f* Zementfabrik *f.*

cim|etière [simtjɛr] *m* Friedhof *m;* **~ier** *m* **1.** Helmstutz *m;* **2.** *(Hirsch)* Ziemer *m.*

cin|abre [sinabr] *m* Zinnober(rot *n*) *m.*

ciné [sine] *m fam* Kino *n; ~-club m* Filmklub *m;* **~aste** *m* Filmfachmann *m; pl* Filmschaffende *m pl;* **~ma** *m* **1.** Kino, Lichtspiel-, Filmtheater *n;* **2.** (Film-) Vorführ(ungs)raum *m;* **3.** Film *m,* Filmkunst *f;* **4.** *être dans le ~* im Filmgeschäft tätig sein; *faire du ~* in e-m Film mit=spielen; *c'est du ~ (fam)* das ist nur Theater; **5.** *industrie f du ~* Filmindustrie *f; ~ en couleurs f* Farbfilm *m; ~ muet, sonore, parlant* Stumm-, Tonfilm *m;* **~mascope** *m* Breit(lein)wand *f; film m en ~* Breitwandfilm *m;* **~mathèque** *f* Filmarchiv *n;* **~matographie** *f* Filmtechnik *f;* **~matographique** *a* kinematographisch; Film-; *adaptation f ~* Verfilmung *f;* **~tique I.** *a phys* kinetisch; **II.** *s f* Kinetik *f.*

cingl|ant, e [sɛ̃glɑ̃] *a* **1.** *(Wind)* schneidend; **2.** *fig* hart, streng; *(Worte)* verletzend, schneidend; **~é, e** *a fam* bekloppt, verrückt; **~er I.** *tr* **1.** *(~ de coups de fouet)* peitschen; **2.** *(Regen) ~ les vitres* an die Scheiben prasseln; **3.** *~ qn de son ironie* jdn mit ironischen Bemerkungen verletzten; **II.** *itr mar* e-n Kurs steuern *(vers* auf *acc).*

cinq [sɛ̃(k)] **I.** *a* fünf; **II.** *s m inv* der Fünfte; *s m* Fünf (-er *m*) *f;* — *en ~ sec (pop)* im Nu, im Handumdrehen; *c'est aujourd'hui le ~* heute haben wir den Fünften; *voyez la page ~* siehe S. 5; *le ~ est gagnant* Nummer fünf gewinnt; *je reviens dans ~ minutes* ich bin gleich wieder zurück; **cinquième** [-kjɛm] **I.** *a* fünfte(r, s); **II.** *s m* Fünftel *n;* fünfte(r) Stock *m; f* 5. Klasse *f; s m f* Fünfte(r *m*) *f;* **~uièmement** *adv* fünftens.

cinquant|aine [sɛ̃kɑ̃tɛn] *f* **1.** (etwa) fünfzig; **2.** 50. Lebensjahr *n;* — *d'une ~ d'années* in den Fünfzigern; **~e** *a* fünfzig; **~enaire I.** *s m* Fünfzigjahrfeier *f; m f* Fünfzigjährige(r *m*) *f;* **II.** *a* fünfzigjährig; **~ième I.** *a* fünfzigste(r, s); **II.** *s m* Fünfzigstel *n;* — *je n'en ai pas encore fait le ~* ich habe beinahe noch nichts gemacht.

cintr|e [sɛ̃tr] *m* **1.** *arch* Bogen *m,* Wölbung *f;* **2.** *theat* Schnürboden; **3.** Kleiderbügel *m; arc m en plein ~* Rundbogen *m;* **~é, e** *a* **1.** *(Jacke)* tailliert; **2.** geschweift, gerundet, gewölbt *(Rükken);* **~er** **1.** biegen *a. tech;* **2.** *arch* (über)wölben, schweifen; **3.** taillieren.

cir|age [siraʒ] *m* **1.** Bohnern *n;* **2.** Schuhkreme, -wichse *f;* — *être dans le ~ (arg aero)* in e-r Waschküche fliegen; *fig fam* geistig weggetreten sein.

circon|cire [sirkɔ̃sir] *tr (rituell)* beschneiden; **~cision** *f* Beschneidung *f;* **~férence** *f* **1.** *math* (Kreis-)Umfang *m,* Kreislinie *f;* **2.** Umkreis, Umfang *m;* **~flexe** [-flɛks] *a* u. *s m (accent m ~)* Zirkumflex *m;* **~locution** *f meist pl* Umschweife *pl;* **~scription** [-skrip-] *f* **1.** Distrikt, Kreis *m;* **2.** *math* Umschreiben *n;* **3.** *tele* Anschlußbereich *m; ~ électorale* Wahlkreis *m;* **~scrire** *tr* **1.** *(Thema)* be-, ab=grenzen; **2.** *(Feuer)* eindämmen; **3.** *math* um-, beschreiben; **~spect, e** [-spɛ(kt), -ɛkt] *a* um-, vorsichtig; zurückhaltend; **~spection** [-spɛk-] *f* Um-, Vorsicht *f*, Bedacht *m;* Zurückhaltung *f;* **~stance** *f* **1.** Umstand *m;* Lage, Gegebenheit *f;* **2.** Gelegenheit *f;* **3.** *pl* Verhältnisse *n pl*, Umstände *m pl;* **4.** *de ~* Gelegenheits-; angemessen, angepaßt; *en la ~* in vorliegendem Falle; *en toute ~* bei jeder Gelegenheit; *par suite de ~s imprévues* infolge unvorhergesehener Umstände; **5.** *si les ~s l'exigent* falls es die Umstände erfordern; *~s aggravantes, atténuantes (jur)* erschwerende, mildernde Umstände *m pl;* **~stancié, e** *a* ausführlich, eingehend; **~stanciel, le** *a gram* adverbial; Umstands-; **~venir** *tr* beeinflussen, *fam* herumkriegen; **~volution** *f meist pl* **1.** (Gehirn-, Darm-)Windung *f;* **2.** Spirale *f*.

circuit [sirkɥi] *m* **1.** Umkreis, Umfang *m;* Kreisbewegung *f*, -lauf *m;* **2.** Rundfahrt *f*, -flug *m*, -reise *f;* Umweg *m a. fig;* **3.** *sport* Rennstrecke *f*, Ring *m;* **4.** *el (~ électrique)* Stromkreis *m*, Leitung; Schaltung *f;* **5.** *com* (Wirtschafts-)Kreislauf *m;* **6.** *en ~* eingeschaltet; *hors ~* ausgeschaltet; **7.** *mettre en ~, hors ~* ein=, aus=schalten; **8.** *~ de distribution* Vertriebsweg *m;* *~ imprimé* gedruckte Schaltung *f;* *~ routier* Ringtangente *f;*

circul|aire [sirkylɛr] **I.** *a* kreisförmig; Kreis-; **II.** *s f (lettre ~)* Rundschreiben *n*, -erlaß; Umlauf *m;* — *jeter un regard ~* seinen Blick schweifen lassen (*sur* über *acc*); *scie f ~* Kreissäge *f;* *voyage m ~* Rundreise *f;* **~ation** *f* **1.** *(Straße)* Verkehr *m;* **2.** *(Geld)* Umlauf *m;* **3.** *(~ sanguine)* (Blut-) Kreislauf *m*, Zirkulation *f;* **4.** *tech* Strömen *n*, Umlauf *m;* **5.** *détourner la ~* den Verkehr um=leiten; *livrer à la ~ (Straße)* dem Verkehr übergeben; *mettre en ~* in Umlauf setzen; *retirer de la ~* aus dem Umlauf ziehen; *~ interdite!* kein Durchgang! keine Durchfahrt! **6.** *accident m de (la) ~* Verkehrsunfall *m;* *contrôle m de la ~* Verkehrskontrolle *f;* *délai m de ~ (com)* Laufzeit *f;* *libre ~* Freizügigkeit *f;* *sécurité f de la ~* Verkehrssicherheit *f;* *sens m de ~* Fahrtrichtung *f;* *voie, route f à grande ~* Fernverkehrsstraße *f;* **7.** *~ aérienne* Luftverkehr *m;* *~ automobile* Autoverkehr *m;* *~ des capitaux* Kapitalverkehr *m;* *~ à droite* Rechtsverkehr *m;* *~ ferroviaire* Eisenbahnverkehr *m;* *~ individuelle* Individualverkehr *m;* *~ de la monnaie* Geldumlauf *m;* *~ des piétons* Fußgängerverkehr *m;* *~ à sens unique* Einbahnstraße *f;* *~ des trains* Zugverkehr *m;* *~ de transit* Durchgangsverkehr *m;* *~ des voyageurs, des personnes* Reise-, Personenverkehr *m;* **~atoire** *med* Kreislauf-; *troubles m pl ~s* Kreislaufstörungen *f pl;* **~er** *itr* **1.** *(Blut)* zirkulieren, kreisen; **2.** *(Saft)* steigen; **3.** *(Luft)* strömen; **4.** *(Menschen, Fahrzeuge)* verkehren, sich hin u. her bewegen, fahren; **5.** *(Geld)* um=laufen, im Umlauf sein; **6.** *el (Strom)* fließen; **7.** *(Gerücht)* sich verbreiten, um=gehen; **8.** *faire ~* in Umlauf bringen *od* setzen; **9.** *(Nachrichten)* verbreiten; **10.** *(Speisen)* herum=, weiter=reichen; — *~ez!* weitergehen!

circumnavigation [sirkɔmnavigasjɔ̃] *f* Umschiffung, Umseglung *f*.

cir|e [sir] *f* **1.** (Bienen-, Baum-, Bohner-) Wachs *n;* **2.** *med* Augenbutter *f;* Ohrenschmalz *n;* **3.** *~ à cacheter* Siegellack *m;* **~é, e I.** *a; toile f ~ée* Wachstuch *n;* **II.** *s m mar* Ölzeug *n;* **~er** *tr* wachsen, bohnern; polieren; *(Schuhe)* wichsen, putzen; **~eur** *m* Stiefelputzer *m;* **~euse** *f* Bohnerbürste *f*.

cir|que [sirk] *m* **1.** Zirkus *m;* Arena *f;* **2.** (Tal-)Kessel *m;* **3.** *fam* Affentheater *n;* *fig fam ~ ambulant* Wanderzirkus *m;* **~rhose** [-roz] *f med* (Leber-)Zirrhose *f;* **~ro-stratus** [-ys] *m inv meteo* Zirrostratus *m f;* **~rus** [-ys] *m inv meteo* Zirrus *m*, Federwolke *f*.

cis- [sis, -z vor Vokal] *pref geog* zis-, Zis-; diesseits *gen*.

cis|aille [sizaj] *f meist pl* Hecken-, Blechschere *f;* *~s à volaille* Geflügelschere *f;* **~aillement** *m* **1.** *tech* Abscheren *n;* **2.** Straßen-, *loc* Gleiskreuzung *f;* **~ailler** *tr tech* ab=scheren; (ab=, be)schneiden; **~eau** *m* **1.** *tech* Meißel *m;* **2.** *(paire f de) ~x* Schere *f;* **3.** *sport pl* Schere *f;* *~x à ongles, à papier* Nagel-, Papierschere *f;* **~eler** *tr* **1.** ziselieren; **2.** *fig* (aus=)feilen; **~elet** [-ɛ] *m* (Grab-)Stichel *m;* **~eleur** *m* Ziseleur *m;* **~elure** *f* Ziselieren *n;* gestochene *od* getriebene Arbeit *f*.

cistercien, ne [sistɛrsjɛ̃, -ɛ̃n] **I.** *a rel* zisterziensisch; **II.** *s m* Zisterzienser(mönch) *m*.

citad|elle [sitadɛl] *f* **1.** Zitadelle *f;* **2.** *fig* Festung; Hochburg *f;* **~in, e I.** *s m f* Städter(in *f*) *m;* **II.** *a* städtisch.

cit|ation [sitasjɔ̃] *f* **1.** Zitat *n;* **2.** *jur* Vorladung *f;* **3.** *mil* ehrenvolle Erwähnung *f;* — *prendre, relever une ~ dans un livre* e-e Stelle aus e-m Buch an=führen; *~ en justice* Vorladung *f* vor Gericht; **~é** *f* **1.** Stadt; Innenstadt, *(Paris)* Cité; Altstadt *f;* **2.** Siedlung *f;* **3.** *avoir droit de ~* das Bürgerrecht besitzen; *fig* dabei sein, dazu=gehören; **4.** *~ des abeilles, des fourmis* Bienen-, Ameisenstaat *m;* *~ dortoir* Schlafstadt *f;* *~-jardin f* Gartenstadt *f;* *~ lacustre* Pfahlbausiedlung *f;* *~-modèle f* Musterstadt *f;* *~ satellite* Trabantenstadt *f;* *~ ouvrière* Arbeitersiedlung *f;* *~ universitaire* Studentenwohnheime *n pl;* **~er** *tr* **1.** zitieren, an=führen; an=geben; *(Namen)* nennen; **2.**

jur vor=laden; **3.** *mil* ehrenvoll erwähnen.

citerne [sitɛrn] *f* **1.** Zisterne *f;* **2.** Tank *m;* — *bateau-~ m* Tanker *m; camion-~ m* Tankwagen; *wagon-~ m* Kesselwagen *m.*

cithar|e [sitar] *f* Zither *f;* **~iste** *m f* Zitherspieler(in *f*) *m.*

citoyen, ne [sitwajɛ, -ɛn] *m f* (Staats-)Bürger(in *f*) *m; drôle m de ~ (fam)* komische(r) Kauz *m.*

citr|ate [sitrat] *m chem* Zitrat *n;* **~ique** *a: acide m ~* Zitronensäure *f;* **~on I.** *s m* Zitrone *m;* **II.** *a inv* zitronengelb; — *presser qn comme un ~ fig* jdn aus=quetschen, aus=nehmen; *écorce f de ~* Zitronenschale *f; glace f au ~* Zitroneneis *n; jus m de ~* Zitronensaft *m; rouelle, tranche f de ~* Zitronenscheibe *f; ~ pressé* Zitrone *f* naturell, Zitronenwasser *n;* **~onnade** *f* Zitronenwasser *n,* -limonade *f;* **~onné, e** *a (Tee etc)* mit Zitrone; **~onnier** *m bot* Zitronenbaum *m,* -holz *n;* **~ouille** [-uj] *f* Kürbis *a. fig pop.*

civ|e, ~ette [siv, -vɛt] *f bot* Schnittlauch *m;* **~et** [-vɛ] *m ~ de lièvre* Hasenpfeffer *m;* **~ette** *f zoo* Zibetkatze *f;* **~ière** *f* Tragbahre *f; charger qn sur une ~* jdn auf e-e Tragbare legen.

civil, e [sivil] **I.** *a* **1.** bürgerlich; **2.** *jur* zivil; **3.** weltlich; gesittet; **II.** *s m* **4.** Zivilist *m;* — *au ~* zivilrechtlich; *dans le ~* im bürgerlichen Leben; *en ~* in Zivil; *année f ~e* Kalenderjahr *n; droit m ~* bürgerliche(s) Recht *n; pl* bürgerliche(n) Rechte *n pl; état m ~* Personenstand *m;* Standesamt *n; mariage m ~* standesamtliche Trauung *f; officier m de l'état ~* Standesbeamte(r) *m; procès m ~* Zivilprozeß *m; registre m de l'état ~* Personenstandsregister *n;* **~ement** *adv* **1.** zivilrechtlich; **2.** *(Trauung)* standesamtlich; nichtkirchlich; **3.** höflich; *~ responsable* haftpflichtig; **~isateur, trice** *a* zivilisatorisch; **~isation** *f* **1.** Zivilisierung *f;* **2.** Zivilisation, Kultur, Gesittung *f;* — *aire f de ~* Kulturraum *m;* **~iser I.** *tr* bilden, zivilisieren; **II.** *v prn se ~* gesittet(er) werden; sich ein gutes Benehmen aneignen; **~ité** *f* Höflichkeit *f;* — *veuillez agréer, Monsieur, l'expression de mes ~s empressées* mit verbindlichen Empfehlungen.

civique [sivik] *a* (staats)bürgerlich; *courage m ~* Zivilcourage *f; dégradation f ~* Aberkennung *f* der bürgerlichen (Ehren-)Rechte; *instruction f ~* staatsbürgerliche(r) Unterricht *m.*

clabaud [klabo] *m* Kläffer *m;* **~er** *itr* **1.** *(Jagdhund)* kläffen; **2.** *fig* schlecht sprechen (*sur qn* von jdm); **~erie** *f* Zetergeschrei *n.*

cla|c [klak] *interj* klapp; **~foutis** [-futi] *m* Süßspeise *f* mit Kirschen.

claie [klɛ] *f* **1.** Gitter *n,* Rost *m, tech* Horde *f;* **2.** Hürde *f;* **3.** Wurfsieb; Flechtwerk, Weidengeflecht *n; ~ de portage* Tragesack *m.*

clair, e [klɛr] **I.** *a* **1.** hell, glänzend; klar, sauber; **2.** deutlich; *(nach Farben)* hell-; *(Flüssigkeit)* durchsichtig; **3.** *(Stoff, Rasen)* locker, dünn; *(Haar)* schütter; *(Wald)* licht; **4.** *(Ei)* unbefruchtet; **5.** *fig* klar, einleuchtend, eindeutig, sicher; **II.** *adv* **6.** *je vois ~* ich sehe gut; **7.** *il fait déjà ~* es ist schon hell; **III.** *s m* **8.** Helle *f,* Schein *m;* **9.** *pl (Malerei)* Lichter *n pl;* **10.** *au ~ de (la) lune* bei Mondschein; *en ~* in Klarschrift; *le plus ~* der größte, wichtigste Teil (*de* von); *parler haut et ~ fig* deutlich sprechen; *semer ~* dünn säen; *tirer au ~ (fig)* klar=stellen; *il fait ~ de lune* der Mond scheint; *j'y vois ~* ich bin im Bilde; *texte m en ~* Klartext *m;* **~et** *m* Bleichert *m (heller Rotwein);* **~e-voie** *f* **1.** Gitter *n,* (Gitter-)Zaun *m;* **2.** *arch* Oberlicht *n;* — *à ~* durchbrochen; mit Zwischenräumen; *porte f à ~* Gittertür *f;* **~ière** *f* Lichtung *f;* **~on** *m mus* Horn *n;* Hornist *m;* **~onnant, e** *a (Stimme)* schmetternd; **~onner** *tr fig* aus=posaunen; **~semé, e** [-sə-] *a* **1.** dünngesät; **2.** *(Haar)* licht, spärlich *a. fig;* **~voyance** *f* Scharfblick *m;* **~voyant, e** *a* (klar)sehend; weit-, scharfblickend *a. fig.*

clam|eaux [klamo] *m pl arch* Krampe *f,* Klammer(haken *m*) *f;* **~er** *tr* (hinaus=)schreien; **~eur** *f* Geschrei *n;* Lärm *m; (Sturm)* Heulen *n.*

clamser [klamse] *itr pop* ab=kratzen.

clan [klɑ̃] *m* **1.** Klan *m;* Sippe *f;* Stamm *m;* **2.** *fig* Clique *f,* Klüngel *m.*

clandestin, e [klɑ̃dɛstɛ̃, -in] *a* heimlich, geheim; unerlaubt; *passager m ~* blinde(r) Passagier *m;* **~ité** *f* Heimlichkeit *f; dans la ~ (pol)* im Untergrund.

clap|et [klapɛ] *m* **1.** *tech* Klappe *f,* Klappenventil *n;* **2.** *ferme ton ~! (fam)* halt die Klappe! **~ier** *m* **1.** Kaninchenbau, -stall *m;* **2.** *med* Eiterherd *m;* **~ir** *itr (Kaninchen)* pfeifen.

clapot|age, ~ement, ~is [kapɔtaʒ, -mɑ̃, -i] *m* Plätschern, Klatschen *n;* **~er** *itr (Wasser)* plätschern.

clapp|ement [klapmɑ̃] *m* Schnalzen *n,* Schnalzer *m;* **~er** *itr: ~ de la langue* mit der Zunge schnalzen.

claqu|age [klakaʒ] *m* **1.** *sport* Überanstrengung *f;* **2.** *el* Durchschlag *m; ~ musculaire* Muskelzerrung *f;* **~ant, e** *a fam* sehr anstrengend; **~e** *f* **1.** Klaps *m;* Ohrfeige *f;* **2.** *(Schuh)* Oberleder *n;* **3.** *theat* Claque *f;* **4.** *m (chapeau m ~) m* Klappzylinder *m;* — *j'en ai ma ~ (fam)* ich habe die Nase voll; *tête f à ~* Backpfeifengesicht *n;* **~é, e** *a (fam) être ~* fix und fertig sein; **~ement** *m* **1.** *(Peitsche)* Knall(en *n*) *m;* **2.** *(Zähne)* Klappern; **3.** *(Zunge)* Schnalzen; **4.** *(Hände)* Klatschen; **5.** *(Tür)* Schlagen *n;* **~emurer I.** *tr lit* ein=sperren, -kerkern; **II.** *v prn se* ~ sich ein=schließen; **~er I.** *itr* **1.** *(Peitsche)* knallen; **2.** *(Zähne)* klappern; **3.** *theat* klatschen; **4.** *(Tür, Fensterladen)* schlagen; **5.** *pop* ab=kratzen, sterben; **6.** *(~ dans la main)* in die Brüche gehen; **II.** *tr* **7.** ohrfeigen; **8.** *(Tür)* zuschlagen; **9.** *fam (körperlich)* fertig=machen; **10.** *pop (Vermögen)* verjubeln, verjuxen; **III.** *v prn se* ~ **11.** sich überanstrengen; — *se ~ un muscle* e-n Muskelriß bekommen; *faire ~ sa langue* mit der Zunge schnalzen; *faire ~ la porte* die Tür zu=schlagen; *~ du bec (vulg)* Kohldampf schieben; *~ des mains* in die Hände klatschen; **~ette** *f* **1.** *(Filmaufnahme)* Klappe *f;* **2.** *pl* Steptanz *m;* **~eur** *m theat* Claqueur *m.*

clarifi|ant [klarifjɑ̃, -ɑ̃t] *m* Klärmittel *n;* **~cation** [-fi-] *f* (Ab-)Klärung *f a. fig; installation f de ~* Kläranlage *f;* **~er** [-fje] *tr* **1.** *(Flüssigkeit)* (ab=)klären; **2.** *fig* auf=hellen, erläutern, verständlich machen, klären.

clarin|e [klarin] *f* Kuhglocke, -schelle *f;* **~ette** *f mus* Klarinette *f;* **~ettiste** *m* Klarinettist *m.*

clarisse [klaris] *f rel* Klarissin *f.*

clarté [klarte] *f* **1.** Helle *f,* Licht *n;* Helligkeit *f;* **2.** *fig* Klarheit, Deutlichkeit, Verständlichkeit *f;* — *~ de l'image (phot)* Bildschärfe *f; ~ du jour* Tageslicht *n.*

class|e [klas] *f* **1.** Klasse *f,* Stand *m,* (Volks-)Schicht *f;* **2.** (Rekruten-)Jahrgang *m;* **3.** (Schul-)Klasse, (Unterrichts-)Stunde, Schule *f;* Klassenzimmer *n;* **4.** *allg* Klasse *f a. zoo; de grande ~* von großem Format; **5.** *de première ~* ersten Ranges; erster Klasse, erstklassig; *com* erster Güte; **6.** *aller, être en ~* zur Schule gehen; *avoir de la ~ (fam)* Format haben; *être de la ~* seine (Militär-)Dienstzeit (bald) hinter sich haben; *faire la ~* Unterricht erteilen; *faire ses ~s* die Schule besuchen; seiner Militärdienstpflicht genügen; *redoubler, sauter une ~* e-e Klasse wiederholen, überspringen; **7.** *camarade m de ~* Klassenkamerad *m; haine f de(s) ~s* Klassenhaß *m; livre m de ~* Schulbuch *n; lutte f des ~s* Klassenkampf *m; petites, hautes ~s* Unter-, Oberklassen *f pl; rentrée f des ~s* Schulbeginn *m (nach den Ferien); salle f de ~* Klassenzimmer *n;* **8.** *~ d'âge* Altersklasse *f; ~ cabine, de luxe, touriste* Kabinen-, Luxus-, Touristenklasse *f; ~s creuses* geburtenschwache Jahrgänge *m pl; ~ de dessin, de musique* Zeichen-, Musiksaal *m; ~ dirigeante* herrschende Klasse *f; ~ économique* Economy-Klasse *f; ~ d'histoire* Geschichtsstunde *f; ~ d'imposition* Steuerklasse *f; ~ moyenne* Mittelstand *m; ~ ouvrière* Arbeiterklasse *f; ~ des salaires* Lohnklasse, -gruppe *f;* **~ement** *m* **1.** Ablegen, Einordnen, Sortieren *n;* **2.** Eingruppierung, Einteilung, Anordnung, Klassifizierung; Aufstellung *f;* **3.** Reihenfolge; Wertung; *sport* Rangliste *f;* — *être premier au ~* an erster Stelle stehen; **~er I.** *tr* **1.** an=, ein=ordnen, ein=reihen, klassifizieren; ein=teilen, sortieren; auf=stellen; **2.** *(Akten)* ablegen; *(Sache)* ab= schließen, als erledigt an=sehen; **3.** *~ parmi* rechnen, zählen zu; **4.** *~ qn* jdn ungünstig beurteilen; **5.** *~ comme monument historique* unter Denkmalschutz stellen; *~ par ordre alphabétique, chronologique, de grandeur* alphabetisch, chronologisch, der Größe nach ordnen; **II.** *v prn se ~: il s'est classé deuxième* er hat sich als zweiter plaziert; *il ne s'est même pas classé* er hat sich nicht einmal klassifiziert; **~ette** *f* Aktenkoffer *m* mit Hängeakten; **~eur** *m* **1.** Briefordner, Schnellhefter *m;* **2.** Ringbuch *n;* **3.** Aktenschrank; Ablagekasten *m;* — *~ à rideau* Rollschrank *m;* **~icisme** *m* Klassizismus *m;* Klassik *f;* **~ificateur** *m* Klassierer *m;* **~ification** *f* Klassifikation, Einteilung, Eingruppierung; Einstufung, Aufschlüsselung *f;* **~ifier** *tr* klassifizieren, ein=teilen; **~ique I.** *a* **1.** klassisch; klassizistisch; **2.** mustergültig; herkömmlich; Schul-; **II.** *s m* Klassiker; Klassizist *m;* — *armes f pl ~s* konventionelle Waffen *f pl.*

clause [kloz] *f* Klausel *f,* Vorbehalt *m;* Bestimmung, Bedingung *f;* — *~ d'arbitrage* Schiedsgerichtsklausel *f; ~ attributive de juridiction* Gerichtsstand(s)klausel *f.*

claustr|al, e [klostral] *a* klösterlich; **~ation** *f* Abgeschlossenheit *f; fig* zurückgezogene(s) Leben *n;* **~er I.** *itr* ein=sperren; ein=schließen; **II.** *v prn se ~ chez soi* sich ganz zurück=ziehen; **~ophobie** *f* Klaustrophobie *f; fam* Platzangst *f.*

clav|ecin [klavsɛ̃] *m mus* Cembalo *n;* **~eciniste** *m f* Cembalospieler(in *f*) *m;* **~ette** *f tech* Keil *m;* **~icule** *f anat* Schlüsselbein *n;* **~ier** *m* **1.** Schlüsselring *m;* **2.** *mus* Klaviatur *a. fig,* Tastatur *f (a. Schreibmaschine);* **3.** *typ* Taster *m;* **4.** (Stimm-)Umfang *m.*

clayonnage [klɛjɔnaʒ] *m* Flechtwerk *n.*

clé, clef [kle] *f* **1.** Schlüssel *m; a. mus fig;* **2.** *tech* Schraubenschlüssel; Dübel *m;* Kücken *n,* Splint *m;* **3.** *el* Taste *f,* (Hebel-, Kipp-)Schalter; **4.** (Dosen-)Öffner; **5.** *(Geige)* Wirbel *m;* **6.** *(Klarinette)* Klappe *f;* **7.** *fig* Zugang *m,* Erklärung, Lösung *f;* **8.** *à la ~ (fig)* in Aussicht; noch dazu, zusätzlich; *sous ~* unter Verschluß; eingesperrt; **9.** *donner* *un tour de ~* ab=schließen (à *acc*); *fermer à ~* zu=schließen; *laisser la ~ sur la porte* den Schlüssel stecken=lassen; *occuper une position ~* e-e Schlüsselstellung ein=nehmen; *prendre la ~ des champs* das Weite suchen, aus= rücken; **10.** *fausse ~* Nachschlüssel *m; industrie f ~* Schlüsselindustrie *f; trousseau de ~s* Schlüsselbund *m* od *n; ~ anglaise (tech)* Engländer, Universalschlüssel *m; ~ de contact* Zündschlüssel *m; ~ à écrous, à vis* Schraubenschlüssel *m; ~s en main* schlüsselfertig; *~s de voiture* Autoschlüssel *m pl; ~ de voûte (arch)* Schlußstein *m a. fig.*

clém|atite [klematit] *f bot* Klematis *f;* **~ence** *f* Milde; Großmut, Gnade *f;* **~ent, e** *a* **1.** *(Urteil)* milde; gnädig, großmütig; **2.** *(Klima)* mild; **~entine** *f bot* Klementine *f.*

cleptoman|e [klɛptɔman] *m f* Kleptomane *m,* -manin *f;* **~ie** *f* Kleptomanie *f.*

cler|c [klɛr] *m* **1.** Kleriker, Geistliche(r) *m;* **2.** Schreiber, Kanzlist *m;* — *faire un pas de ~ (fig)* e-n Bock schießen; **~gé** *m* Klerus *m,* Geistlichkeit *f.*

clérical, e [klerikal] *pl-aux* **I.** *a* geistlich; *pol* klerikal; **II.** *s m pol* Klerikale(r) *m;* **~isme** *m pol* Klerikalismus *m.*

clic-clac [klikklak] **I.** *interj* (klipp,) klapp! **II.** *s m* Klappen, Knallen *n.*

clich|age [kliʃaʒ] *m* Stereotypie *f,* Klischieren *n;* **~é** *m* **1.** *typ* Klischee *n,* Stereotype *f,* Druck-, Bildstock *m;* **2.** *phot* Negativ *n;* **3.** *fig* abgedroschene Redensart *f,* Gemeinplatz *m.*

client, e [klijɑ̃, -ɑ̃t] *m f* **1.** *jur* Klient(in *f*) *m;* **2.** *med* Patient(in*f*) *m;* **3.** *com* Kunde *m,* Kundin *f;* Abnehmer(in *f*); **4.** *(Hotel)* Gast *m;* — *faire un nouveau ~* e-n neuen Kunden gewinnen; *~ fidèle* od *régulier, de passage* Dauer-, Laufkunde *m;* **~èle** *f* **1.** *jur* Klientel *f;* **2.** *med* Patienten *m pl,* Praxis *f;* **3.** *(Hotel)* Gäste *m pl;* **4.** *com* Kundschaft *f,* Kundenkreis; Auftraggeber *m;* Abnehmer(gruppe *f*) *m pl;* **5.** *fig* Anhänger, Freunde(skreis *m*) *m pl;* — *avoir une grosse ~* e-n großen Kundenkreis haben; *~ d'habitués* Stammkundschaft *f; ~ de passage* Laufkundschaft *f;* **~-roi** *m* König *m* Kunde.

clign|ement [kliɲmɑ̃] *m* **1.** Blinzeln *n; ~ d'yeux* Augenzwinkern *n;* **2.** *(Lichter)* Blinken *n;* **~er I.** *tr (des yeux)* blinzeln; (mit den Augen) zwinkern; *sans ~ (des yeux)* ohne mit der Wimper zu zucken; **II.** *itr* **1.** *(Augen)* blinzeln; **2.** *(Licht)* blinken; **~otant, e** [-ɲɔ-] **I.** *a* blinzelnd; *(Licht)* blinkend; **II.** *s m* **1.** *mot* Blinklicht *n;* **2.** *fig* Warnzeichen *n;* — *mettez votre ~* schalten Sie Ihr Blinklicht ein; **~otement** *m* Blinzeln; *(Licht)* Blinken *n;* **~oter** *itr (Licht)* blinken.

climat [klima] *m* **1.** *geog* Klima *n a. fig;* **2.** *fig* Atmosphäre *f,* Milieu *n;* **~ique** *a* klimatisch; *station f ~* Luftkurort *m;* **~isation** *f* Klimatisierung *f;* **~isé, e** *a* mit Klimaanlage; **~iseur** *m* Klimaanlage *f.*

clin [klɛ̃] *m: ~ d'œil* Blinzeln *n; en un ~ d'œil* im Augenblick, im Nu.

clin|icien [klinisjɛ̃] *s m* u. *a: médecin m ~* praktizierende(r) Arzt *m;* **~ique I.** *a med* klinisch; **II.** *s f* **1.** (Privat-)Klinik *f;* **2.** Klinikum *n; ~ pédiatrique* Kinderklinik *f.*

clinquant [klɛ̃kɑ̃] **I.** *s m* **1.** *m* Flitter(gold *n*) *m;* Talmi; **2.** *fig* Flitterwerk *n,* -kram *m;* **II.** *a* kitschig; überladen.

clip [klip] *m* Klipp *m.*

cliqu|e [klik] *f* **1.** Clique, Sippschaft *f,* Gelichter *n;* **2.** *mus mil* Clairons *n pl* und Trommeln *f pl;* — *prendre ses ~s et ses claques (fam)* ab=hauen, türmen; **~et** [-kɛ] *m tech* (Sperr-)Klinke; (Bohr-)Knarre *f;* **~eter** *itr* klirren, klappern; **~etis** [-ti] *m* Geklirr, Klirren, Gerassel, Rasseln; *mot* Klopfen *n.*

clitoris [klitɔris] *m anat* Kitzler *m.*

cliv|age [klivaʒ] *m* **1.** *min* Spalten *n;* **2.** Spaltung *f;* **~er** *tr min* spalten.

cloaque [klɔak] *m* Kloake *f a. zoo;* Pfuhl *m.*

cloch|ard [klɔʃar, -ard] *m fam* Penn(brud)er *m;* **~e** *f* **1.** Glocke *f a. tech;* **2.** Glasglocke *f,* -sturz *m;* **3.** Glokkenhut *m;* **4.** Isolator *m;* **5.** *arg* Flasche *f,* unfähige(r) Mensch *m;* **6.** *déménager à la ~ de bois (fam)* heimlich und ohne zu zahlen aus=ziehen; *(fam) se faire sonner les ~s* abgekanzelt werden; *se taper la ~ (arg)* sich toll u. voll fressen; **7.** *j'ai entendu divers sons de ~s* ich habe verschiedene Meinungen gehört; **8.** *coup m de ~* Glockenschlag *m; ~ à fromage* Käseglocke *f; ~-pied: sauter à ~-pied* auf e-m Bein hüpfen; *~ à plongeur* Taucherglocke *f;* **~er I.** *s m* Glocken-, Kirchturm *m; esprit m de ~* Lokalpatriotismus *m;* **II.** *itr: il y a quelque chose qui cloche* da stimmt etwas nicht; **~eton** *m;* Türmchen *n;* **~ette** *f* Glöckchen *n;* Klingel, Schelle *f.*

cloison [klwazɔ̃] *f* **1.** *arch* Zwischenwand *f,* Verschlag *m;* **2.** *anat bot fig* Scheidewand *f;* **3.** *mar* Schott *n;* **4.** *fig* Schranke *f; ~ des fosses nasales* Nasenscheidewand *f;* **~nage,** [-zɔ-] **~nement** *m* **1.** Zwischenwände *f pl;* **2.** *fig* Abkapselung; Abschirrmung *f;* **~ner** *tr* **1.** (durch Zwischenwände) teilen; **2.** *mar aero* ab=schotten; **3.** *fig* abkapseln; in Grüppchen aufsplittern.

cloîtr|e [klwatr] *m* **1.** *arch* Kreuzgang *m;* **2.** Kloster(leben) *n;* **~er I.** *tr* in ein Kloster stecken **II.** *v prn se ~* zurückgezogen leben.

clop|e [klɔp] *m fam* Zigaretten-, Zigarrenstummel; Sargnagel *m;* **~in-clopant**

[-pɛ̃klɔpɑ̃] *adv fam* humpelnd, hinkend; **~iner** [-pine] *itr fam* humpeln, hinken; **~inettes** *f pl des ~! (fam)* kommt nicht in Frage! **~orte** *m zoo* Kellerassel *f.*

cloqu|e [klɔk] *f fam* (Brand-)Blase; *f;* **~é, e** *a: étoffe f ~* Cloqué *m.*

clore [klɔr] *tr* **1.** (ab=, zu=)schließen; ab=, versperren; **2.** ein=fried(ig)en; *(mit e-m Zaun, e-r Mauer)* umgeben; **3.** *(Rede)* ab=schließen, beenden; **4.** *(Brief)* zukleben; **5.** *(Sitzung)* schließen; — *~ le bec à qn (fam)* jdn den Mund stopfen.

clos, e [klo, -oz] **I.** *a* verschlossen; geschlossen, beendet; *(Angelegenheit)* erledigt; *(mit e-r Hecke)* umgeben; **II.** *s m* (Obst-)Garten; Weinberg *m;* Gut *n;* — *à huis ~* hinter verschlossenen Türen; unter Ausschluß der Öffentlichkeit; *à la nuit ~e (fig)* nach Einbruch der Dunkelheit; *trouver porte ~e* vor verschlossener Tür stehen.

clôtur|e [klotyr] *f* **1.** Einfriedigung; (Umfassungs-)Mauer *f;* Zaun *m;* **2.** *fig* Schließung *f;* Ende *n,* (Ab-)Schluß *m; (séance f de ~)* Schlußsitzung *f;* **3.** *rel* Klausur *f;* — *en ~* bei Börsenschluß *m; demander la ~ (des débats)* Schluß der Debatte beantragen; *~!* Schluß der Debatte! *~ du bilan, des comptes, de l'exercice* Bilanz-, Rechnungs-, Jahresabschluß *m; ~ à claire-voie, en fil de fer* Gitter-, Drahtzaun *m; ~ des magasins* Ladenschluß *m;* **~er** *tr* **1.** ein=friedigen, ein=fassen; **2.** *fig* (ab=)schließen *a. com;* beendigen; *(Sitzung)* schließen.

clou [klu] *m* **1.** Nagel, Stift; **2.** *mar* Spieker *m;* **3.** *fam* Furunkel *f;* **4.** *fig* Hauptattraktion *f,* Höhepunkt *m;* **5.** *fam* Leihhaus *n;* **6.** *(Auto, Fahrrad)* Klapperkasten *m;* **7.** *enfoncer, planter un ~* e-n Nagel ein=schlagen (*avec* mit); *river son ~ à qn (fig fam)* jdm den Mund stopfen; *cela ne vaut pas un ~* das ist keinen Pfifferling wert; *il est maigre comme un ~* er ist spindeldürr; *traversez dans les ~s! prenez les ~s! (fam)* (Fußgänger-)Überweg, Zebrastreifen benutzen! *des ~s! (pop)* das fehlte noch! denkste! **8.** *~ d'épingle* Drahtstift *m; ~ (de girofle)* (Gewürz-)Nelke *f; ~ de tapissier* Polsternagel *m;* **~er** *tr* **1.** (an=, zu=)nageln; **2.** *mar* spiekern; **3.** fest=nageln; — *être cloué à Paris (fig)* in Paris angebunden, festgehalten sein; *~ le bec à qn (fig fam)* jdm den Mund stopfen; *~ au lit* ans Bett fesseln; **~ter** *tr* mit Nägeln beschlagen; *passage m ~té* (Fußgänger-)Überweg *m;* Zebrastreifen *m.*

clown [klun] *m* Clown *m;* **~erie** *f* Posse *f,* Spaß *m; pl* Faxen *f pl;* **~esque** *a* possenhaft.

club [klœb] *m* **1.** Klub; Verein *m;* **2.** Klubsessel *m;* **3.** Golfschläger *m;* — *~ du livre, du disque* Buch-, Schallplattenklub *m.*

coaguler [kɔagyle] *itr tr* gerinnen (lassen).

coali|sé, e [kɔalize] **I.** *a* verbündet; **II.** *s m* Verbündete(r) *m;* **~ser I.** *tr* zu Verbündeten machen; vereinigen; **II.** *v prn se ~* sich verbünden; **~tion** *f* Bündnis *n,* Koalition *f; ~ électorale* Wahlbündnis *n; ~ gouvernementale* Regierungskoalition *f.*

coass|ement [kɔasmɑ̃] *m* Quaken *n;* **~er** *itr (Frosch)* quaken.

coauteur [kootœr] *m* **1.** Mitverfasser *m;* **2.** *jur* Mittäter *m.*

cob|alt [kɔbalt] *m min* Kobalt *n;* **~aye** [-baj] *m zoo* Meerschweinchen; *(fig fam) servir de ~* als Versuchskaninchen dienen; **~ra** [-bra] *m f zoo* Kobra *f.*

coca [kɔka] *m* od *f bot* Koka *f;* **~ïne** [-kain] *f* Kokain *n.*

cocagne [kɔkaɲ] *f mât m de ~* Klettermast *m (mit aufgehängten Preisen); pays m de ~* Schlaraffenland *n.*

cocard|e [kɔkard] *f* **1.** Kokarde; **2.** Schleife *f;* **~ier, ère** *a* chauvinistisch.

cocasse [kɔkas] *a fam* drollig, spaßig, ulkig; **~rie** *f* Drolligkeit, Spaßhaftigkeit *f.*

cocc|inelle [kɔksinɛl] *f zoo* Marienkäfer *m;* **~yx** [kɔksis] *m anat* Steißbein *n.*

coch|e [kɔʃ] **1.** *m* Postkutsche *f;* **2.** *f* Kerbe *f; tech* Einschnitt *m;* — *manquer le ~ (fig fam)* die Gelegenheit verpassen; *marquer d'une ~* abhaken; *mouche f du ~ (fig)* G(e)schaftlhuber, Wichtigtuer *m;* **~enille** [-ij] *f zoo* Schildlaus *f;* **~er I.** *s m* Kutscher *m;* **II.** *tr (Namen)* abhaken, an=merken, an=kreuzen; **~ère** *a: porte f ~* Hof-, Haustor *n;* Einfahrt *f.*

cochon [kɔʃɔ̃] *m* **1.** Schwein *n;* **2.** Schweinefleisch *n;* **3.** *vulg fig* (Dreck-)Schwein *n,* Schweinigel *m;* — *avoir des yeux de ~ (fig fam)* Schweinsäuglein haben; *jouer un tour de ~ à qn* jdm e-n üblen Streich spielen; *amis, camarades m pl comme ~s (vulg)* dicke Freunde *m pl; ~ d'Inde* Meerschweinchen *n; ~ de lait* (Span-)Ferkel *n; ~ de mer (zoo)* Tümmler *m;* **~, ne** [-ʃɔn] *a* **1.** Schweine-; **2.** *vulg fig* säuisch, schmutzig, unanständig; **~naille** [-aj] *f (fam)* Schweinerne(s) *n;* **~ner I.** *itr (Sau)* ferkeln; **II.** *tr* **1.** *(Arbeit)* hin=pfuschen; **2.** verdrekken, beschmutzen; **~nerie** *f fam fig* **1.** Schweinerei *f;* **2.** Dreck, Schund *m;* **~net** [-nɛ] *m* Zielkugel *f (im Boulespiel).*

cock|pit [kɔkpit] *m aero* Cockpit *n;* **~tail** [-tɛl] *m* **1.** Cocktail(party *f*) *m;* **2.** *fig* Gemisch *n* (*de* von).

coco [kɔko] *m* **1.** *(noix f de ~)* Kokosnuß *f;* **2.** *(Kindersprache)* Ei *n;* **3.** *fam (joli ~)* saubere(r) Kunde *m;* (nettes)

Früchtchen *n;* **4.** Goldkind *n,* Liebling *m;* **5.** *pop* Bauch, Magen *m;* **6.** *pej* Kommunist, Rote(r) *m;* **7.** *f arg* Kokain *n;* **~n** *m zoo* Kokon *m; s'enfermer dans son ~ (fig)* sich ein=spinnen; **~nner** *itr zoo* sich verpuppen; **~rico** *m* Kikeriki *n;* **~ter** *itr pop* stinken; **~tier** [-kɔ-] *m* Kokospalme *f.*

cocotte [kɔkɔt] *f* **1.** *(Kindersprache)* Huhn *n;* **2.** *fam* Schätzchen *n,* Liebling *m;* **3.** Kokotte *f;* **4.** Schmortopf *m; ~ minute WZ* Schnellkochtopf *m.*

coc|tion [kɔksjɔ̃] *f* Kochen *n;* **~u** *m fam* betrogene(r) Ehemann *m;* **~ufier** *tr fam* betrügen, Hörner auf=setzen *(qn* jdm).

cod|age [kɔdaʒ] *m* Kodieren; Chiffrieren, Verschlüsseln *n;* **~e** [kɔd] *m* **1.** Gesetzbuch *n;* **2.** Kode, Telegraphen-, Chiffrierschlüssel *m;* **3.** *fig* Gesetze *n pl,* Kodex *m (der Höflichkeit, des guten Tones);* **4.** *~ postal* Postleitzahl *f;* **5.** *être en ~ (mot)* abgeblendet haben; *se mettre en ~* ab=blenden; *c'est dans le ~ (fam)* das ist gesetzlich; **6.** *(phares) ~* Abblendlicht *n; ~ civil* Bürgerliche(s) Gesetzbuch *n; ~ de commerce* Handelsgesetzbuch *n; ~ pénal* Strafgesetzbuch *n; ~ de procédure civile* Zivilprozeßordnung *f; ~ de la route* Straßenverkehrsordnung *f;* **~er** *tr* kodieren, verschlüsseln; **~eur** *m* Verschlüssler *m;* **~ex** [-ɛks] *m* (franz.) Arzneibuch *n;* **~icille** [-il] *m jur* Kodizill *n;* **~ification** *f jur* Kodifizierung *f;* **~ifier** *tr* **1.** *jur* kodifizieren; **2.** systematisch erfassen.

coéducation [kɔedykasjɔ̃] *f* Koedukation *f.*

coefficient [kɔe(ɛ)fisjɑ̃] *m* **1.** *math* Koeffizient *m;* **2.** *allg* Bei-, Richtwert; Faktor; Satz *m; — à fort ~ de travail* arbeitsintensiv; *~ du coût de la vie* Lebenshaltungskoeffizient *m; ~ d'erreur* Fehlerquote *f; ~ de sécurité* Sicherheitsfaktor, -grad *m.*

coerc|ible [kɔɛrsibl] *a phys* komprimierbar; **~itif, ive** *a jur* zwingend; Zwangs-; **~ition** *f* Zwang *m.*

cœur [kœr] *m* **1.** *anat* Herz *n a. fig;* **2.** Mut *m;* **3.** Kern(stück *n*) *m,* Innere(s) *n;* **4.** *(Kartenspiel)* Herz(en *pl*) *n;* **5.** *fam* Herz(chen) *n;* **6.** *à ~ joie* nach Herzenslust; *à ~ ouvert* offen(herzig), freimütig; *au ~ de* mitten in; in der Mitte, im Herzen *gen; avec ~* eifrig; *de bon ~* gern; *de gaieté de ~* herzlich gern; *de tout ~* von ganzem Herzen; *par ~* auswendig; *sans ~* herzlos; **7.** *aller au ~* zu Herzen gehen, herzergreifend sein; *avoir à ~ de* es sich angelegen sein lassen zu; *avoir le ~ gai* fröhlich sein; *avoir le ~ gros, serré* niedergeschlagen sein; *avoir la rage au ~* voller Wut sein; *avoir qc sur le ~* sich noch immer über etw ärgern; *avoir du ~ à l'ouvrage* ganz bei der Sache sein; *avoir le ~ sur la main* großzügig sein; *prendre à ~* ins Herz schließen; *presser, serrer qn sur son ~* jdn an sein Herz drücken; *savoir par ~* auswendig wissen; *fam* in- u. auswendig kennen; *soulever le ~* Ekel erregen; *tenir à ~* am Herzen liegen; **8.** *si le ~ vous en dit* wenn Sie (gern) wollen; *j'ai le ~ gros* das Herz ist mir schwer; *j'ai mal au ~* mir ist übel; *je veux en avoir le ~ net* ich will wissen, woran ich bin; *cela me tient à ~* daran ist mir viel gelegen; *je n'ai pas eu le ~ de (inf)* ich habe es nicht fertiggebracht zu *inf; j'ai mal au ~* mir wird übel; *ça me soulève le ~* da dreht sich mir der Magen um; **9.** *as m de ~* Herzas *n; homme m de ~* herzhafte(r), beherzte(r) Mensch *m; mal m au ~* Übelkeit *f; maladie f de ~* Herzkrankheit *f,* -leiden *n; ~ d'or* Prachtkerl *m,* treue Seele *f; ~ de poule* Hasenfuß *m,* Memme *f.*

coexist|ence [kɔɛgzistɑ̃s] *f* Koexistenz *f;* **~er** *itr* koexistieren, gleichzeitig, zugleich vorhanden sein.

coffr|age [kɔfraʒ] *m arch* Verschalung *f;* **~e** *m* **1.** Truhe *f;* Kasten; Behälter *m;* **2.** *mot* Kofferraum *m;* **3.** *(~-fort)* Panzerschrank, Tresor *m; — avoir du ~ (pop)* kräftig gebaut, widerstandsfähig sein; *~ à outils* Werkzeugkasten *m;* **~er** *tr* **1.** *tech* verschalen; **2.** *fam* ein=sperren; **~et** *m* [-frɛ] (Schmuck-)Kästchen *n;* Schatulle; Kassette *f; ~ à cigares, à cigarettes* Zigarren-, Zigarettenkästchen *n.*

co|gérer [kɔʒere] *tr* mitverwalten, mitbestimmen; **~gestion** *f droit m de ~* Mitbestimmungsrecht *n.*

cogn|ac [kɔɲak] *m* Kognak *m;* **~e** *m fam pej* Schupo, Bulle *m;* **~ée** *f* Axt *f;* **~ement** *m mot* Klopfen *n;* **~er I.** *tr* **1.** (an=)stoßen *(contre qc* an etw); **2.** *pop* verdreschen, (ver)prügeln; — *~ du coude* mit dem Ellbogen stoßen; **II.** *itr* **3.** (an=)klopfen *(à* an *acc*); **4.** *mot* klopfen; **5.** *arg* stinken; **6.** *fig* stoßen *(à une difficulté* auf e-e Schwierigkeit); **III.** *se ~ contre qc* an e-e S stoßen; *se ~ la tête contre les murs (fig fam)* mit dem Kopf durch die Wand wollen; *~ du poing sur la table* mit der Faust auf den Tisch schlagen.

cohabit|ation, [kɔabitasjɔ̃] *f* **1.** Zusammenleben *n;* **2.** *jur* eheliche Gemeinschaft *f;* **~er** *itr* zs.=wohnen *(avec* mit).

cohér|ence [kɔerɑ̃s] *f* Zs.hang *m,* Konsistenz, Kohärenz *f;* **~ent, e** *a* zs.hängend.

cohés|if, ive [kɔezif, -iv] *phys* kohäsiv; **~ion** *f* **1.** *phys* Kohäsion *f;* **2.** *fig* Zs.halt, -hang *m.*

coh|orte [kɔɔrt] *f fam* Haufen *m,* Gruppe, Horde *f;* **~ue** [kɔy] *f* (Menschen-) Menge *f;* Gedränge, Gewühl *n.*

coi, te [kwa, -at] *a se tenir ~* sich ruhig verhalten; still sein.

coiff|e [kwaf] *f* **1.** (Trachten-)Haube *f;* **2.** *anat* Glückshaube *f (Neugeborener);* **3.** *bot* Wurzelhaube *f;* **4.** *tech* Haube, Kappe *f; — ~ (de chapeau)* Hutfutter *n; ~ protectrice, de protection (tech)* Abdeckung, Schutzkappe *f;* **~é, e** *a* bedeckt; frisiert; *~ de qc* auf e-e S versessen, von etw eingenommen, *de qn* in jdn vernarrt sein; *être né ~* ein Glückspilz sein; **~er I.** *tr* **1.** *(Kopfbedeckung)* auf=setzen (*qn de qc* jdm etw); **2.** *~ qn bien* jdm gut stehen; **3.** frisieren; **4.** *fig* an der Spitze stehen (*qc* von etw); **II.** *v prn se ~* **5.** sich frisieren; **6.** aufsetzen (*d'une casquette* e-e Mütze); **7.** *se ~ de qn (fam)* sich in jdn vergaffen; *~ sainte Catherine* mit 25 Jahren keinen Mann haben, sitzen=bleiben; **8.** *~ sur le poteau (sport fig)* um e-e Nasenlänge schlagen; **~eur, se** *m f* Friseur *m,* Friseuse *f; f* Frisiertisch *m; ~ pour dames, pour hommes* Damen-, Herrenfriseur *m;* **~ure** *f* **1.** Kopfbedeckung *f,* -putz *m;* **2.** Frisur, Haartracht *f; — salon m de ~* Frisiersalon *m.*

coin [kwɛ̃] *m* **1.** *tech* Keil *m;* **2.** Ecke *f;* Winkel *m a. fig;* **3.** *fig* Gegend *f,* abgelegene(r) Ort *m;* **4.** *(meuble m de ~)* Eckschrank *m;* **5.** *(place f de ~)* Eckplatz *m;* **6.** Prägestempel *m;* **7.** *fig* Stempel *m,* Gepräge *n;* **8.** *au ~ du feu (fig)* am häuslichen Herd; *au ~ de la rue* an der Straßenecke; *en forme de ~* keilförmig; **9.** *être marqué au ~ de la vérité* den Stempel der Wahrheit tragen; *ne pas quitter le ~ de son feu* immer zu Hause sitzen; *regarder du ~ de l'œil* von der Seite an=sehen; *tourner le ~* um die Ecke biegen; *ne voir qu'un ~ du tableau* nur eine Seite der Sache sehen; *(fam fig) ça t'en bouche un ~* da bist du platt; **10.** *le petit ~ (fam)* das Örtchen, die Toilette; *~s de la bouche, de l'œil* Mund-, Augenwinkel *m pl; ~ du bricoleur, du philatéliste* Bastel-, Briefmarkenecke *f; ~ de repas* Eßplatz *m;* **~çage** *m* Verkeilen *n;* **~cement** *m* Verkeilung; Hemmung; Verklemmung *f;* **~cer I.** *tr* **1.** (ver-, fest=)keilen; *fam* ein=klemmen; **2.** *fig* in die Enge treiben; **3.** *fam* fest=halten; *(Dieb)* stellen; **II.** *v prn se ~* sich verklemmen; *je me trouve coincé* ich sitze in der Klemme.

coïncid|ence [kɔɛ̃sidɑ̃s] *f* **1.** *math* Kongruenz *f;* **2.** *fig* Zs.treffen *n,* Zufall *m;* **~ent, e** *a math* kongruent, deckungsgleich; **~er 1.** *math* sich decken, kongruent sein; **2.** *fig* zs.=fallen, gleichzeitig sein (*avec* mit); **3.** überein=stimmen (*avec* mit).

coing [kwɛ̃] *m bot* Quitte *f; jaune comme un ~ (fam)* quitte(n)gelb.

coït [kɔit] *m* Koitus, Beischlaf *m.*

cok|e [kɔk] *m* Koks *m;* **~éfaction** *f tech* Verkokung *f;* **~erie** *f tech* Kokerei *f.*

col [kɔl] *m* **1.** Kragen *m;* **2.** (Flaschen-)Hals *m;* **3.** *geog* Paß *m;* **4.** *anat* Hals *m;* **5.** *faux ~ (fam) (Bier)* Stehkragen *m; — ~-bleu m (fam)* Matrose *m,* Teerjakke *f; ~ de chemise* Hemdkragen *m; ~ Danton* Schillerkragen *m; ~ du fémur (anat)* Oberschenkelhals m; *~ de fourrure* Pelzkragen *m; ~ roulé* Rollkragen *m; ~ de l'utérus (anat)* Gebärmutterhals *m.*

cola [kɔla] *s. kola.*

colchique [kɔlʃik] *m bot* Herbstzeitlose *f.*

coléoptère [kɔleɔptɛr] *m zoo* Käfer *m.*

col|ère [kɔlɛr] *f* Zorn *m,* Wut *f,* Ärger *m; — avoir des ~s* Wutanfälle haben; *entrer, se mettre en ~* zornig, wütend werden; in Wut geraten; *être en ~* zornig sein; *passer sa ~ sur qn* seine Wut an jdm aus=lassen; *piquer, prendre une ~ (fam)* wütend, rasend werden; *seriez-vous en ~?* sind Sie mir vielleicht böse?; *la ~ lui monte au visage* die Zornesröte steigt ihm ins Gesicht; *accès m de ~* Zorn-, Wutausbruch *m;* **~éreux, se; ~érique** *a* jähzornig.

coli|bacille [kɔlibasil] *m biol* Kolibakterium *n;* **~bri** *m orn* Kolibri *m;* **~fichet** [-fiʃɛ] *m* Besatzartikel *m; pl* Flitterkram; *fam* Kinkerlitzchen *pl;* **~maçon** *m zoo* Schnecke *f; escalier m en ~* Wendeltreppe *f.*

colin [kɔlɛ̃] *m zoo* Seehecht *m; ~-maillard m: jouer à ~* Blindekuh spielen.

colique [kɔlik] *f* **1.** Kolik *f;* **2.** Durchfall *m; — avoir la ~* Durchfall haben; *(pop)* Angst, *vulg* Schiß haben; *(fam fig) quelle ~!* wie widerlich! *~ hépatique, néphrétique* Gallen-, Nierenkolik *f; ~s utérines* Nachwehen *pl.*

colis [kɔli] *m* Gepäck-, Frachtstück; *(~ de détail)* Stückgut *n; — ~ (postal)* (Post-)Paket *n; faire, ficeler un ~* ein Paket machen; *~-avion m* Luftpostpaket *n; ~ contre remboursement* Nachnahmepaket *n; ~ aver valeur déclarée* Wertpaket *n.*

collabor|ateur, trice [kɔlabɔratœr, -tris] *m f* **1.** Mitarbeiter(in *f*) *m;* **2.** *pol* Kollaborateur *m;* **~ation** *f* Mitarbeit, Zs.arbeit *f; en ~ avec* unter Mitarbeit *gen,* in Zs.arbeit mit; **~er** *itr* mit=arbeiten (*à* an *dat); zs=arbeiten (*avec* mit); Mitarbeiter sein *(d'un journal* bei e-r Zeitung).

coll|age [kɔlaʒ] *m* **1.** *(Papier)* Leimen; An-, Aufkleben *n;* (Boden-)Haftung *f;* **2.** *(Wein)* Klären *n;* **3.** *(Kunst)* Collage *f;* **4.** *fam* wilde Ehe *f;* **~ant, e I.** *a* **1.** klebrig; Kleb(e)-; **2.** *(Kleidung)* hauteng, enganliegend; **3.** *fam* auf-, zudringlich, lästig; **II.** *s m* Strumpfhose *f;* Klebeband *n.*

collat|éral, e [kɔlateral] **I.** *a* Seiten-, Neben-; **II.** *s m f (parents m pl collatéraux)* Seitenverwandte *m pl; ligne f ~e (jur)* Seitenlinie *f; nef f ~e (arch)* Seitenschiff *n; rue f ~e* Neben-, Seitenstraße *f;* **~ion** [-sjɔ̃] *f* **1.** *(Titel)* Verleihung *f;* **2.** Kollationieren *n (von Texten);* **3.** Imbiß *m;* **~ionner** *tr* kollationieren; *(Texte)* (nach=)prüfen.

colle [kɔl] *f* **1.** Klebstoff, Kleister, Leim *m;* **2.** *arg (Schule)* Fangfrage *f;* Nachsitzen *n,* Arrest *m;* **3.** *enduire de ~* mit Leim bestreichen; *poser une ~ (arg) (Schule)* e-e Fangfrage stellen; *vivre à la ~ (fam)* in wilder Ehe leben; *faites chauffer la ~!* da hat's gescheppert! **4.** *pot m de ~* Kleistertopf *m;* **5.** *~ de bureau* Büroklebstoff *m; ~ d'amidon, de pâte* Mehl-, Stärkekleister *m; ~ forte* (Tischler-)Leim *m; ~ de porcelaine* Porzellankitt *m; ~ transparente* Alleskleber *m.*

collect|e [kɔlɛkt] *f* **1.** Kollekte *a. rel,* Geld-, Spendensammlung *f;* **2.** Einsammeln; Erfassen *n;* — *faire une ~* e-e Sammlung veranstalten; *~ des pommes de terre* Kartoffelernte *f;* **~er** *tr* (ein=)sammeln; **~eur** *m* **1.** *arch tech* Sammel-, Hauptkanal *m;* **2.** *el* Kollektor *m;* **3.** *(Tanker)* Laderohr *n;* **4.** Einzugsbeauftragte(r) *m (für Beiträge);* **5.** *(Kapital)* Sammelstelle *f;* **~if, ive I.** *a* zs.fassend; gemeinsam; **II.** *s m* Sammelbegriff *m; pol jur* Kollektiv *n;* — *faire une démarche ~ive* e-n gemeinsamen Schritt unternehmen; *billet m ~* Sammelfahrschein *m; voyage m ~* Gesellschaftsreise *f;* **~ion** [-sjɔ̃] *f* **1.** Zs.stellung, Sammlung *f;* **2.** *(Buch)* Reihe *f;* **3.** *fig toute une ~* e-e ganze Menge *f;* **4.** *com* (Muster-)Kollektion *f;* — *faire ~ de* sammeln, e-e Sammlung an=legen von; *~ de disques, de timbres* Schallplatten-, Briefmarkensammlung *f; ~ de mode* Modekollektion *f;* **~ionner** [-sjɔ-] *tr* sammeln; *(fam) il collectionne les échecs* die Mißerfolge häufigen sich bei ihm; **~neur, se** *m f* Sammler(in *f*) *m;* **~ivisation** *f* Kollektivierung *f* **~iviser** *tr* kollektivieren, in Gemeineigentum über=führen; **~ivisme** *m pol* Kollektivismus *m;* **~iviste I.** *a* kollektivistisch; **II.** *s m f* Kollektivist(in *f*) *m;* **~ivité** *f* **1.** Kollektiv *n;* Gesamtheit, Gruppe, Gemeinschaft *f;* **2.** *~s locales* Gebietskörperschaften *f pl.*

coll|ège [kɔlɛʒ] *m* Kollegium; Kolleg *n; (früher)* (städtische) höhere Schule *f; ~ électoral* Wählerschaft *f;* Wahlmännerkollegium *n;* **~égial, e** *a* **1.** Stifts-; *église f ~e* Stiftskirche *f;* **2.** kollegial, kollektiv; *direction f ~e* leitende(s) Gremium *n;* **~égien, ne** *s m f* Gymnasiast(in *f*) *m;* **~ègue** [-ɛg] *m f* Kollege *m,* Kollegin *f.*

coll|er [kɔle] **I.** *itr* **1.** *(adhérer)* kleben, haften; — *sa chemise lui colle au corps* sein Hemd klebt ihm am Körper; *la boue colle aux chaussures* Schmutz klebt an den Schuhen; **2.** *(Kleidung)* eng an=liegen, gut sitzen; **3.** *fig ~ au texte* wortgetreu übersetzen; **4.** *qu'est-ce qui ne colle pas?* was ist denn (da) nicht in Ordnung? *ça colle* das klappt! **II.** *tr* **5.** (an=, auf=-, zs.=)kleben, leimen, kleistern; *~ un timbre sur une enveloppe* e-e Briefmarke auf einen Umschlag kleben; **6.** *(appuyer)* drücken, pressen (*contre* an, gegen *acc; sur* auf *acc*); *~ son front à la vitre* s-e Stirn an die Fensterscheibe drücken; **7.** *(Blick)* heften (*sur qn, qc* auf jdn, e-e S); **8.** *fig fam* aufbürden, aufhalsen; verkaufen, *fam* an=drehen *(qc à qn jdm e-e S); (Ohrfeige)* geben; *(Schlag)* versetzen; *~ un pain à qn (vulg)* jdm e-e kleben; **9.** *fig fam* zum Schweigen bringen (*qn* jdn), den Mund stopfen (*qn* jdm); **10.** (*ins Gefängnis*) stecken; **11.** *arg (Schule)* e-e Fangfrage stellen *dat;* nach=sitzen, durch=fallen lassen; **12.** *(Papier)* leimen; *photo (Bild)* auf=ziehen; *typ (Dekkel)* überziehen; **13.** *(Wein)* klären; **14.** *~ qc dans* e-e S ein=kleben in *acc; ~ qc dessus* e-e S darüber=kleben **15.** *~ qn (fig fam)* wie e-e Klette an jdm hängen; **III.** *v prn se ~* **1.** zusammen=kleben; **2.** sich an=drücken, sich an=pressen (*à, contre* an *acc*); **3.** sich eng an=schließen, sich an=schmiegen; **4.** *(Blick)* sich heften; **5.** *fam (Kleid)* anziehen; *fam se ~ du rouge à lèvres* sich die Lippen anmalen; **6.** *fam* in wilder Ehe zs.=leben; **~erette** *f* **1.** Halskrause; *(Blume, Kerze)* Manschette *f;* **2.** *bot (Dolde)* Hülle *f; (Pilze)* Ring *m;* **3.** *tech* Bund, Rand, Flansch *m;* **~et** [-ɛ] *m* **1.** *(Hammel, Kalb)* Nacken, Kamm *m;* **2.** Zahnhals *m;* **3.** *(Jagd)* Schlinge *f;* — *prendre qn au ~* jdn am Kragen, am Schlafittchen packen; *~ monté (fig)* steif, förmlich; **~eter, se** [kɔlte] *v prn* **1.** sich (ständig) in den Haaren liegen; **2.** *fig* sich herum=schlagen (*avec* mit); **~eur** *m (~ d'affiches)* Plakatankleber *m.*

collier [kɔlje] *m* **1.** Halsband *n,* -kette; Ordenskette *f;* **2.** *(Hund)* Halsband *n;* **3.** *(Zugtiere)* Kum(me)t, Joch *n a. fig:* **4.** *(Rind)* Halsstück *n;* **5.** *orn zoo* (Hals-)Ring *m;* **6.** *arch* Perlstab *m;* **7.** *tech* Ring *m,* Schelle *f;* — *donner un coup de ~, tirer à plein ~ (fig)* sich ins Zeug legen; *~ de perles* Perlenschnur *f.*

colli|mateur [kɔlimatœr] *m astr mil* Kollimator *m; prendre qn dans le ~* (fig) jdn aufs Korn nehmen; **~ne** *f* Hügel *m;* **~sion** *f* Zs.stoß *m,* Kollision *f,* Aufea.prallen *n a. fig; entrer en ~* zs=stoßen (*avec une moto* mit e-m Motor-

rad); ~ *en chaîne* Massenkarambolage *f;* ~ *d'intérêts* Interessenkollision *f.*
collo|cation [kɔlɔkasjɔ̃] *f* **1.** *jur (Zwangsversteigerung)* Rangordnung *f;* **2.** *ling* Syntagma *n;* **~ïdal, e** [-lɔi-] *a chem* kolloidal; **~que** *m* Kolloquium, Symposium *n.*
coll|usion [kɔlyzjɔ̃] *f* heimliche(s) Einverständnis *n,* Durchstecherei *f;* **~utoire** *m pharm* Mundwasser *n;* **~yre** [-lir] *m pharm;* ~ *liquide, mou* Augentropfen *m pl,* -salbe *f.*
colmat|age [kɔlmataʒ] *m* **1.** Aufschüttung, Aufschlämmung *f (des Bodens);* **2.** Verschlammung *f (von Gräben, Rohren);* **3.** *mil* Begradigung, Schließung *f* e-r Frontlücke; **~er I.** *tr* **1.** *(Boden)* auf=schütten, auf=schlämmen; **2.** *mil (Bresche)* schließen; **3.** verstopfen, ab=dichten; **II.** *v prn se* ~ *(Gräben, Rohre)* verschlammen.
colomb|age [kɔlɔ̃baʒ] *m arch* Fachwerk *n; maison f à* ~ Fachwerkhaus *n;* **~e** *f* **1.** *poet* Taube *f;* **2.** *fig* unschuldige(s) Mädchen *n;* **3.** *arch* Ständer *m;* **~ophile** [-bɔfil] *m* Brieftaubenzüchter *m.*
colon [kɔlɔ̃] *m* **1.** Kolonist, (An-)Siedler *m;* **2.** *arg mil* Oberst *m;* **3.** Kind *n* in e-r Ferienkolonie; **4.** *fig fam ben mon* ~ da bist du platt; **~el** *m mil* Oberst *m;* **~ial, e I.** *a* Kolonial-; **II.** *s m* Kolonialsoldat *m;* **~ialisme** *m* Kolonialismus *m;* **~ie** *f* Kolonie; Niederlassung, Ansiedlung *f;* — ~ *d'abeilles* Bienenvolk *n;* ~ *de vacances* Ferienkolonie *f;* **~isateur, trice I.** *a* kolonisierend; Kolonial-; **II.** *s m* Kolonisator *m;* **~isation** *f* Kolonisierung *f;* **~iser** *tr* kolonisieren.
côlon [kolɔ̃] *m anat* Grimmdarm *m.*
colonn|ade [kɔlɔnad] *f* Säulenreihe *f,* -gang *m;* **~e** *f* **1.** *arch* Säule *f a. fig;* **2.** (Bett-)Pfosten *m;* **3.** (senkrechte) Reihe, Kolumne *(von Wörtern* od *Zahlen); typ* Spalte, Kolumne *f;* **4.** *mil* Kolonne *f;* **5.** *sur deux ~s* zweispaltig; *en quatrième* ~ in der 4. Spalte; **6.** *défiler en* ~ *par huit* in Achterreihen vorbei=marschieren; *se former en* ~ sich in Marschordnung auf=stellen; **7.** ~ *d'affichage, d'affiches, Morris* Anschlag-, Litfaßsäule *f;* ~ *des petites annonces* Inseratenteil *m;* ~ *barométrique, de mercure* Quecksilbersäule *f;* ~ *d'eau, de fumée, de feu* Wasser-, Rauch-, Feuersäule *f;* ~ *réclame* Reklamespalte *f;* ~ *vertébrale (anat)* Wirbelsäule *f;* **~ette** *f* kleine Säule *f.*
colophane [kɔlɔfan] *f* Kolophonium *n.*
color|ant, e [kɔlɔrɑ̃, -ɑ̃t] **I.** *a* färbend; **II.** *s m* u. *a: matière f ~e* Farbstoff *m;* **~ation** *f* Färben *n;* Färbung *f;* **~é, e** *a* gefärbt; farbkräftig, farbenfroh; dunkel-, hochrot; *(Stil)* farbig; *avoir le teint* ~ e-e gesunde Gesichtsfarbe haben; **~er I.** *tr* färben; **II.** *v prn se* ~ **1.** sich färben (*de* mit); **2.** gemischt sein *(d'inquiétude* mit Unruhe); **~iage** *m* **1.** Kolorierung *f;* **2.** (Aus-)Malen *n;* **~ier** *tr* **1.** ausmalen; **2.** kolorieren; **~is** [-ri] *m* **1.** Kolorit *n,* Farbgebung *f;* **2.** *fig (Stil)* Farbigkeit *f;* **~iste** *m* Kolorist *m.*
coloss|al, e [kɔlɔsal] *a* kolossal, riesenhaft, gewaltig; **~e** *m* Koloß *m; fig* Riese, Gigant *m.*
colport|age [kɔlpɔrtaʒ] *m* **1.** *com* Hausieren *n;* Hausierhandel *m;* **2.** Verbreitung *f (von Nachrichten);* **~er** *tr* hausieren (*qc* mit etw); *(Nachricht)* verbreiten; **~eur, se** *m f* Hausierer(in *f*) *m.*
coltiner [kɔltine] **I.** *tr (Lasten)* tragen; **II.** *v prn se* ~ *(fam)* sich auf=laden, -halsen.
columbarium [kɔlɔ̃barjɔm] *m* Urnenhalle *f.*
colza [kɔlza] *m bot* Raps *m.*
coma [kɔma] *m med* Koma *n,* tiefe Bewußtlosigkeit *f;* **~teux, se** *a* komatös.
combat [kɔ̃ba] *m* **1.** Kampf *m,* Gefecht *n;* Zs.stoß *m,* Schlägerei *f;* **2.** *fig* (innerer) Kampf, (Wett-)Streit *m* (*de* um); *au fort du* ~ in der Hitze des Gefechts; **3.** *prêt au* ~ kampfbereit; **4.** *accepter le* ~ sich zum Kampf stellen; *livrer* ~ e-n Kampf liefern; *mettre hors de* ~ kampfunfähig machen; **5.** ~ *aérien* Luftkampf *m;* ~ *de boxe* Boxkampf *m;* ~ *de coqs* Hahnenkampf *m;* ~ *naval* Seeschlacht *f;* ~ *de rues* Straßenschlacht *f;* **~if, ive** *a* kämpferisch; kampflustig; *esprit m* ~ Kampfgeist *m;* **~ivité** *f* Kampflust *f,* -geist *m; mil* Kampfkraft *f;* **~tant, e I.** *a* kämpfend; Kampf-; **II.** *s m* **1.** Kämpfer, Kämpfende(r); Kriegsteilnehmer, Frontsoldat *m;* **2.** Streitende(r); *fig* Streiter *m;* **3.** *orn* Kampfhahn *m;* — *troupes f pl ~es* kämpfende Truppe *f;* **~tre I.** *tr* **1.** (be)kämpfen; fechten, streiten (*qn* mit jdm); **2.** *fig* zu widerlegen, bemeistern, beherrschen suchen; **II.** *itr* (an=) kämpfen (*contre* gegen); ~ *de qc avec qn* mit jdm in etw wetteifern; **III.** *v prn se* ~ mitea. kämpfen, streiten, in Streit liegen.
combien [kɔ̃bjɛ̃] *adv (de)* wie viel(e)(?) wie (sehr), in welchem Maße(?); *à ~?* wie hoch? ~ *y a-t-il de ... à?* wie weit ist es von ... bis? ~ *cela? ça fait ~? (pop)* was kostet das? *le* ~ *êtes vous?* der wievielte sind Sie? ~ *de fois* wie oft? *le* ~ *sommes-nous? (fam)* den wievielten haben wir? ~ *de temps?* wie lange? *tous les* ~ *passe l'autobus? (pop)* wie oft fährt der Autobus?
combin|aison [kɔ̃binɛzɔ̃] *f* **1.** Kombination, Anordnung; Zs-stellung, Verbindung *a. chem;* Verkettung *f* (von Umständen); **2.** *fig* Mittel *n,* Trick *m;* **3.** *pl* krumme Touren *f pl;* **4.** *math* Kombination *f;* **5.** *(Kleidung)* Overall *m,* (Arbeits-)Kombination *f; (für Frauen)* Un-

terkleid *n*, -rock *m;* **6.** ~ *chimique* chemische Verbindung *f;* ~ *de mécanicien* Monteuranzug *m;* ~ *ministérielle* Zusammensetzung *f* der Regierung; ~ *de pilote* Fliegerkombination *f;* **~ard, e I.** *a pop* schlau, verschlagen; **II.** *s m* Pfiffikus *m;* **~at** [-a] *m com* Kombinat *n;* **~e** *f* **1.** *fam* Kniff, Trick, Dreh *m*, Masche *f;* **2.** Unterkleid *n; par* ~ durch Beziehungen, mit Vitamin B; *connaître la* ~ den Rummel kennen; *être dans la combine* Bescheid wissen; **~é I.** *s m* **1.** *chem* Verbindung *f (Produkt);* **2.** *tele* Hörer; Rundfunkempfänger *m* mit Plattenspieler; **3.** *(Ski)* alpine Kombination *f; sport* kombinierte(r) Wettkampf *m;* **4.** Korselett *n;* **II.** *a chem* gebunden; *mil* zs.wirkend; **~er I.** *tr* **1.** kombinieren, an=ordnen; zs.=stellen, vereinigen; arrangieren, organisieren; **2.** *fig* berechnen, aus=denken; **3.** *chem* verbinden; **II.** *v prn se* ~ **4.** sich verbinden (*avec, à* mit) *a. chem.*

comble [kɔ̃bl] **I.** *s m* **1.** Dach(stuhl *m*) *n; pl* Dachgeschoß *n;* **2.** *fig* Gipfel, Höhepunkt *m;* **3.** *fig* gehäufte(s) Maß, Übermaß *n;* **II.** *a* **4.** (über)voll, überfüllt; *(Raum)* voll besetzt; — *de fond en* ~ von unten bis oben *a. fig; pour* ~ zu allem Überfluß; um das Maß vollzumachen; *être au* ~ *de la joie* sich wie ein Schneekönig freuen; *loger sous les* ~*s* unter dem Dach wohnen; *c'est le* ~*!* *(fam)* das ist die Höhe!; *la mesure est à son* ~ das Maß ist voll; ~ *à la Mansart* Mansardendach *n;* **~r 1.** *(Graben)* auf=füllen, zu=schütten; **2.** *(Lücke)* schließen; *(Defizit)* aus=gleichen, decken; **3.** *(Bedürfnis)* befriedigen; *(Wünsche)* erfüllen; **4.** ~ *qn de qc* jdn mit etw *(Ehren, Gunst)* überhäufen; ~ *la mesure* das Maß voll=machen; ~ *une vacance* e-e Stelle besetzen; **5.** *vous me comblez* Sie sind zu gütig; *je suis comblé* ich bin überglücklich; *il a comblé son retard* er hat seinen Rückstand aufgeholt.

combustible [kɔ̃bystibl] **I.** *a* (ver)brennbar; leicht entzündlich *a. fig* **II.** *s m* Brennstoff *m; ravitaillement m en* ~ Brennstoffversorgung *f;* ~ *nucléaire* Kernbrennstoff *m;* **~ion** [-stjɔ̃] *f* Verbrennung *f a. chem*, Verbrennen *n; moteur m à* ~ *interne* Verbrennungsmotor *m.*

coméd|ie [kɔmedi] *f* **1.** Komödie *f*, Lustspiel *n;* **2.** Schein *m*, *fam* Mache *f;* Scherz, Ulk *m;* — *jouer la* ~ Theater, *fig* Komödie spielen; *(fam) c'est de la* ~ das ist nur Mache; ~ *de caractère* Charakterkomödie *f;* ~ *d'intrigue* Intrigenstück *n;* ~ *larmoyante* Rührstück *n;* ~ *lyrique* komische Oper *f;* ~ *pastorale* Schäferspiel *n;* **~ien, ne** *s m f* Schauspieler(in *f*); *quel* ~*!* was für ein Heuchler!

comestible [kɔmɛstibl] **I.** *a* eßbar; **II.** *s m pl* Lebensmittel *n pl*, Delikatessen *f pl; boutique f de* ~*s* Lebensmittelgeschäft; Feinkosthaus *n.*

com|étaire [kɔmetɛr] *a* Kometen-; **~ète** *f* **1.** Komet *m;* **2.** *(Buchbinder)* Kapitalband *n;* — *tirer des plans sur la* ~ *(fig fam)* Luftschlösser bauen.

comi|ce [kɔmis] *m* ~ *agricole* landwirtschaftlicher Verband *m;* **~que I.** *a* **1.** komisch, komödienhaft; Lustspiel-; **2.** *allg* scherzhaft, lustig; ulkig, drollig; **II.** *s m* **1.** Komik *f*, das Komische, Eigenartige, Lächerliche; **2.** Lustspieldichter; **3.** *theat* Komiker *m;* Komische(s) Fach *n;* **4.** *allg* Witzbold *m;* — *auteur m* ~ Lustspieldichter *m;* ~ *de situation* Situationskomik *f.*

comité [kɔmite] *m* Komitee *n*, Ausschuß *m*, Kommission *f;* — *en petit* ~ *(fam)* in kleinem, engstem Kreis; ~ *d'action* Aktionskomitee *n;* ~ *de conciliation* Schlichtungsausschuß *m;* ~ *consultatif* Beirat *m;* ~ *de direction* Vorstand *m;* ~ *électoral* Wahlausschuß *m;* ~ *d'entreprise* Betriebsrat *m;* ~ *d'experts* Sachverständigenausschuß *m;* ~ *de gestion* Verwaltungsausschuß *m;* ~ *de grève* Streikkomitee *n;* ~ *de normalisation* Normenausschuß *m;* ~ *du personnel* Personalvertretung *f;* ~ *de réclamation* Beschwerdeausschuß *m;* ~ *de rédaction* Redaktionsausschuß *m.*

command|ant [kɔmɑ̃dɑ̃] *s m mil* Kommandant, Kommandeur, Major; *mar* Kapitän; *aero (~ de bord)* Flugkapitän *m;* — ~ *de corps d'armée* kommandierende(r) General *m;* ~ *de bataillon, de régiment, de division* Bataillons-, Regiments-, Divisionskommandeur *m;* ~ *de place* Ortskommandant *m.*

command|e [kɔmɑ̃d] *f* **1.** *com* Bestellung *f*, Auftrag(serteilung *f*) *m;* **2.** *tech* Antrieb *m;* **3.** *mot aero* Steuerung *f*, Steuerwerk *n;* **4.** Betätigung, Bedienung *f;* **5.** *de* ~ *(com)* bestellt; *(Lächeln)* gezwungen; Schein-; **6.** *sur* ~ auf Bestellung; *fig* auf Befehl; **7.** *faire, passer une* ~ *à qn* e-n Auftrag an jdn vergeben; *tenir les* ~*s* die Zügel in der Hand haben; *il est passé aux* ~*s de la maison* er hat die Leitung des Unternehmens übernommen; **8.** *arbre m de* ~ Antriebswelle *f; bouton m de* ~ Bedienungsknopf *m; bulletin, numéro m de* ~ Bestellzettel *m*, -nummer *f; carnet m de* ~*s* Bestellbuch *n; confirmation f de* ~ Auftragsbestätigung *f; levier m de* ~ Betätigungshebel *m; livre m des* ~*s* Bestellbuch *n;* **~ement** *m* **1.** Gebot *n*, Vorschrift *f;* **2.** *mil* Befehl(sgewalt *f*) *m* (*de, sur* über); Kommando *n;* **3.** *(~ de payer) jur* Zahlungsbefehl *m;* — *prendre le* ~ das Kommando, *sport* die Führung übernehmen; *haut* ~ Oberkommando *n; les dix ~s* die zehn Gebote *n pl.*

command|er [kɔmɑ̃de] **I.** *itr* **1.** befehlen, gebieten; herrschen (*à qn* über jdn); *c'est moi qui commande ici!* hier habe ich zu befehlen!; **2.** *fig (Triebe)* beherrschen (*à qc* e-e S); **II.** *tr* **3.** *com* bestellen, in Auftrag geben; **4.** befehlen, gebieten, an≈ordnen, vor≈schreiben; **5.** *mil* befehligen, kommandieren; **6.** (an≈) führen, leiten, die Führung haben *gen;* **7.** herrschen (*qc* über e-e S) *a. fig;* kontrollieren *(l'accès à qc* den Zugang zu etw); **8.** verlangen, erfordern, erzwingen; **9.** *tech* steuern; antreiben; betätigen; *les circonstances commandent ...* die Umstände verlangen ...; **III.** *v prn se ~ (fig)* sich beherrschen; — *pièces f qui se commandent* inea.gehende Zimmer *n pl; la sympathie ne se commande pas* Sympathie läßt sich nicht erzwingen; **~eur** *m* **1.** *hist.* Komtur *m;* **2.** Kommandeur *m (Ordensklasse);* **~itaire** *m com* Kommanditist *m;* **~ite** *f* **1.** *(société f en ~ simple)* Kommanditgesellschaft *f;* **2.** Einlage *f;* **3.** *société f en ~ (par actions)* Kommanditgesellschaft *f* (auf Aktien); **~ité** *m* Komplementär *m;* **~iter** *tr* Geld stecken (*une entreprise* in ein Unernehmen); **~o** *m mil* Kommando *n.*

comme [kɔm] **I.** *adv* wie, als; so wie, gleichsam; — *hardi ~ un lion* kühn wie ein Löwe; *un homme ~ vous* ein Mensch wie Sie; *il pense ~ moi* er denkt wie ich; *il était ~ mort* er war wie tot; *tout ~* ganz wie; gleich, einerlei; *~ il est grand!* wie groß er ist! *~ cela, ça* so, auf diese Weise; *~ ci ~ ça (fam)* soso (lala); *~ s'il en pleuvait (fam)* haufen-, massenweise; *~ qui dirait* so etwa(s wie); gleichsam; *~ de raison* ordnungsgemäß; *~ si* als ob; *~ si de rien n'était* als wenn *od* ob nichts (geschehen) wäre; *~ tout* durchaus, überaus; **II.** *conj (zeitlich)* (gerade) als, während; *(begründend)* da (ja), weil, in Anbetracht daß; — *~ j'entre dans la pièce* als ich (gerade) ins Zimmer trete; *~ j'avais faim* da ich Hunger hatte; *~ il faut* wie es sich gehört; *fam (Person)* fein.

commémor|atif, ive [kɔmemɔratif] *a* Gedächtnis-, Gedenk-; *plaque f ~ative* Gedenktafel *f;* **~ation** *f* Gedächtnisfeier *f; en ~ de* zum Andenken an *acc;* **~er** *tr* (mit e-r Feier) gedenken *gen; (Tag)* feierlich begehen.

commen|çant, e [kɔmɑ̃sɑ̃] *m f* Anfänger(in *f*) *m;* **~cement** *m* Anfang, Beginn; Ursprung *m;* — *au ~* am Anfang, anfangs, anfänglich; *depuis le ~* von Anfang an; seit Beginn; *du ~ à la fin* von Anfang bis zu Ende; *dès le ~* von Anfang an; **~cer I.** *tr* **1.** an≈fangen, beginnen; **2.** den Auftakt bilden (*qc* zu etw); ein≈leiten; am Anfang stehen (*qc* gen); **3.** die Anfangsgründe bei≈bringen, den ersten Unterricht erteilen (*qn* jdm); **4.** *(Reise)* an≈treten; *(Brot)* an≈schneiden; **II.** *itr* **5.** an≈fangen, beginnen (*à, de* zu *inf*); **6.** ein≈setzen (*par qc* mit etw); **7.** *(Arbeit)* an≈laufen; — *~ à, de faire qc* an≈fangen, sich an≈schicken, etw zu tun; *~ par faire qc* zunächst etw tun; *il commence à pleuvoir* es fängt an zu regnen.

commens|al, e [kɔmɑ̃sal] *m f* Tischgenosse *m,* -genossin *f;* Gast *m;* **~urable** *a math* kommensurabel.

comment [kɔmɑ̃] **I.** *adv* wie? wie! *~ cela?* wieso? *~ donc!* na also! *~ faire?* was tun? *n'importe ~* gleich, einerlei wie; *mais ~ donc!* selbstverständlich! *voici ~* so, folgendermaßen; **II.** *s m* Wie *n,* Art u. Weise *f.*

comment|aire [kɔmɑ̃tɛr] *m* Kommentar *m,* Auslegung, Erklärung *f; pl* Gerede *n;* Begleittext *m (zu e-m Kulturfilm); point de ~!* keine Widerrede! *cela se passe de ~s* das versteht sich von selbst; Kommentar überflüssig!; **~ateur, trice** *m f* Kommentator (in *f*) *m; ~ à la radio* Rundfunkkommentator *m;* **~er** *tr* kommentieren, aus≈legen, erklären.

commérage [kɔmeraʒ] *m (meist pl)* Geschwätz *n,* Klatsch, *fam* Tratsch *m.*

commer|çant, e [kɔmɛrsɑ̃] **I.** *a* handeltreibend; Handels-; **II.** *s m* Handeltreibende(r), Kaufmann *m;* Geschäftsmann *m,* -frau *f; pl* Kauf-, Geschäftsleute *pl;* — *rue f ~e* Geschäftsstraße *f; ~ ambulant* Straßenhändler *m;* **~ce** *m* **1.** Handel *m;* **2.** Geschäft *n,* Laden *m;* **3.** *fig* Umgang, Verkehr *m;* **4.** *suivant les usages du ~* handelsüblich; *être, se trouver dans le ~* im Handel tätig sein; *(Waren)* im Handel (befindlich) sein; *faire du ~* Handel treiben; *faire ~ de qc* mit etw handeln; *se mettre dans le ~* Kaufmann werden; *ouvrir un ~* ein Geschäft eröffnen; *tenir ~* e-n Laden besitzen; **5.** *balance f du ~ extérieur* Außenhandelsbilanz *f; chambre f de ~* Handelskammer *f; code m de ~* Handelsgesetzbuch *n; effets m pl de ~* Wertpapiere *n pl; employé m de ~* kaufmännische(r) Angestellte(r) *m; fonds m de ~* Geschäft *n; livres m pl de ~* Geschäftsbücher *n pl; maison f de ~* Handelshaus *n; registre m du ~* Handelsregister *n; tribunal m de ~* Handelsgericht *n;* **6.** *~ ambulant* ambulante(s) Gewerbe *n; ~s concentrés* Warenhäuser *n pl; ~ de détail, petit ~* Kleinhandel *m;* Einzelhandelsgeschäft *n; ~ d'exportation* Ausfuhrhandel *m; ~ extérieur* Außenhandel *m; ~ de , en gros* Großhandel *m; ~ d'importation* Einfuhrhandel *m; ~ intérieur* Binnenhandel *m; ~ maritime, d'outremer* See-, Überseehandel *m; ~*

mondial Welthandel *m;* ~ *de transit* Transithandel *m;* ~**cer** *itr* Handel treiben (*avec qn* mit jdm); ~**cial, e I.** *a* kaufmännisch, Handels-; **II.** *s f* Kombiwagen *m;* ~**cialisation** *f* Kommerzialisierung; Vermarktung *f;* Vertrieb, Verkauf *m; circuits m pl de* ~ Absatzwege *m pl;* ~**cialiser** *tr* vermarkten, kommerzialisieren.

commère [kɔmɛr] *f vx* Klatschbase *f.*

commett|ant [kɔmɛtɑ̃] *m allg* Auftraggeber; *com* Kommittent; ~**re I.** *tr* **1.** *(Verbrechen, Irrtum)* begehen, sich zuschulden kommen lassen; **2.** *(Dummheit)* machen; **3.** *jur* ein≈setzen, ernennen (*qn à qc* jdn zu etw); **4.** beauftragen, betrauen (*qn à qc* jdn mit etw); **II.** *v prn se* ~ **5.** sich einlassen (*avec qn* mit jdm); — ~ *une erreur de calcul* sich verrechnen.

comminatoire [kɔminatwar] *a jur* strafantrohend; drohend; Droh-.

commis [kɔmi] *m* (Verwaltungs-, Bank-, kaufmännischer) Angestellte(r *m*) *f;* Verkäufer *m;* ~ *voyageur* Handels-, Geschäftsreisende(r) *m;* ~**ération** *f* Mitleid, Erbarmen *n.*

commiss|aire [kɔmisɛr] *m* **1.** Kommissar, Beauftragte(r), Bevollmächtigte(r) *m;* **2.** Heeres-, Marineverwaltungsbeamte(r), Zahlmeister *m;* **3.** (Fest-)Ordner *m;* **4.** *sport* Kampfrichter *m;* — ~ *aux comptes* Rechnungs-, Wirtschaftsprüfer *m;* ~ *(de police)* Polizeikommissar *m;* ~*-priseur m* Auktionator, Versteigerer *m;* ~**ariat** [-rja] *m* **1.** Kommissariat, Amt *n* e-s Kommissars; **2.** ~ *(de police)* Polizeirevier *n;* ~**ion** *f* **1.** *pol com* Kommission *f;* Ausschuß; **2.** Auftrag *m,* Bestellung; Besorgung *f;* **3.** *com* Kommissionsgeschäft *n;* **4.** *com* Provision *f;* — *avoir* ~ *de faire qc* beauftragt sein, etw zu tun; *être membre d'une* ~ in e-m Ausschuß sitzen; *faire une* ~ *pour qn* etw für jdn besorgen; *faire les* ~*s* die täglichen Einkäufe machen; einkaufen gehen; ~ *d'arbitrage, de conciliation* Schiedsgericht *n,* Schlichtungsausschuß *m;* ~ *d'enquête* Untersuchungskommission *f;* ~ *d'examen* Prüfungskommission *f,* -ausschuß *m;* ~ *des normes* Normenausschuß *m;* ~**ionnaire** [-sjɔ-] *m com* Kommissionär *m;* — ~ *chargeur* Spediteur *(für Schiffstransporte);* Schiffsmakler *m;* ~ *expéditeur* Spediteur *m (für Landtransporte);* ~ *messager* bahnamtliche(r) Fuhrunternehmer *m;* ~ *de roulage, de transport, de voiture* Spediteur, Fuhrunternehmer *m;* ~**ionner** *tr* beauftragen, bevollmächtigen; ~**ure** *f (anat)* ~ *des lèvres* Mundwinkel *m.*

commod|e [kɔmɔd] **I.** *a* bequem; mühelos; *(Mensch)* umgänglich, gefällig; (zu) nachsichtig; **II.** *s f* Kommode *f;* ~**ité** *f* **1.** Bequemlichkeit *f;* **2.** *pl* Annehmlichkeiten *f pl,* Komfort *m; pl* öffentliche Einrichtungen *f pl.*

commotion [kɔmo(ɔ)sjɔ̃] *f allg fig med* Erschütterung *f;* ~ *cérébrale* Gehirnerschütterung *f.*

commuer [kɔmɥe] *tr jur (Strafe)* um≈wandeln (*en* in *acc*).

commun, e [kɔmœ̃, -yn] **I.** *a* **1.** gemeinsam, -schaftlich; Gemein-; allgemein; häufig; **2.** gewöhnlich, alltäglich; **3.** üblich; gemein, ordinär, platt; **4.** *zoo bot* gemein; **II.** *s m* **5.** große Mehrheit, -zahl *f;* (gemeines) Volk *n;* **6.** *pl* Wirtschaftsräume *m pl;* Nebengebäude *n pl;* **7.** *d'un* ~ *accord* einmütig; *d'une* ~*e voix* einstimmig; *en* ~ gemeinsam, miteinander, zusammen; **8.** *avoir qc de* ~ *avec qn* etw mit jdm gemein haben; *faire cause* ~*e* gemeinsame Sache machen (*avec* mit); **9.** *fosse f* ~*e* Massengrab *n; homme m du* ~ Mann aus dem Volke; Durchschnittsmensch *m; intérêt m* ~ Gemeinwohl *n,* -nutz *m; lieu m* ~ Gemeinplatz *m; maison f* ~*e* Gemeindehaus *n (Schule u. Rathaus); sens m* ~ gesunde(r) Menschenverstand *m; vie f* ~*e* Zs.leben *n;* gemeinsame(r) Haushalt *m; voix f* ~*e* Stimme des Volkes, öffentliche Meinung *f;* ~**al, e** [kɔmynal] *a* kommunal, Gemeinde-; ~**auté** *f* **1.** Gemeinschaft, -samkeit *f;* **2.** Allgemeinheit *f;* Gemeinwesen *n;* **3.** *rel* Orden *m,* Bruderschaft *f;* Kloster *n;* **4.** *(Ehe)* gemeinsame(r) Besitz *m;* **5.** *posséder qc en* ~ etw gemeinsam besitzen; **6.** ~ *d'acquêts (Ehe)* Zugewinngemeinschaft *f;* ~ *des biens (jur)* Gütergemeinschaft *f;* ~ *conjugale* eheliche Gemeinschaft *f;* ~ *européenne* Europäische Gemeinschaft *f;* ~ *d'habitation* Wohngemeinschaft *f;* ~ *d'héritiers* Erbengemeinschaft *f;* ~ *d'intérêts* Interessengemeinschaft *f;* ~ *religieuse* Religionsgemeinschaft *f;* ~ *scolaire* Schulgemeinde *f;* ~**e** *f* Gemeinde *f;* ~**ément** *adv* allgemein, gemeinhin, (für) gewöhnlich.

communiant, e [kɔmɥnjɑ̃] *m f rel* Kommunikant(in *f*) *m; premier, ère* ~*(e)* Erstkommunikant(in *f*) *m.*

commun|icable [kɔmynikabl] *a* **1.** mitteilbar; **2.** *(Wasserwege)* verbindbar; **3.** *med jur* übertragbar; ~**icant, e** *a* **1.** *phys* kommunizierend; **2.** *(Zimmer)* ineinandergehend; ~**icatif, ive** *a* **1.** mitteilsam; **2.** *(Lachen, Gähnen)* ansteckend; ~**ication** *f* **1.** Mitteilung, Bekanntgabe *f;* kurze(r) Bericht *m;* **2.** Verbindung *f,* Beziehungen *f pl,* Verkehr *m;* **3.** *tele* Verbindung *f,* Anschluß *m;* Telefongespräch *n;* **4.** Verbindungsweg *m;* **5.** *mil* Nachschubweg *m,* rückwärtige Verbindung *f;* **6.** *jur* Einsichtnahme *f;* **7.** *med.* Ansteckung *f;* **8.** *avoir* ~ *de qc* von etw Kenntnis haben; *donner une* *mauvaise ~ (tele)* falsch verbinden; *entrer en ~ avec qn* mit jdm in Verbindung treten; *établir la ~* e-e Verbindung her=stellen; *être en ~ avec qn* mit jdm in Verbindung stehen; *se mettre en ~ avec qn* sich mit jdm in Verbindung setzen; **9.** *lignes f pl de ~* Verbindungslinien *f pl; porte f de ~* Verbindungstür *f; voie f de ~* Verkehrsweg *m; ~ d'idées* Gedankenaustausch *m; ~ radiophonique* Funkverbindung *f; ~ téléphonique* Fernsprechverbindung *f*, -verkehr *m*.

communi|er [kɔmynje] *itr* **1.** kommunizieren, zum Abendmahl gehen; **2.** *fig* in enger Verbindung stehen; **~ion** *f* **1.** *rel* (Glaubens-, Kirchen-)Gemeinschaft *f;* **2.** *fig* Gemeinsamkeit *f*, Seelenbündnis *n;* **3.** *rel* Kommunion *f;* Abendmahl *n; faire sa première ~* zur ersten hl. Kommunion gehen.

communi|qué [kɔmynike] *m* Kommuniqué *n*, (amtliche) Mitteilung *f;* Verlautbarung *f;* Bericht *m; ~ final* Schlußkommuniqué *n; ~ publicitaire (radio)* Werbedurchsage *f;* **~iquer I.** *tr* **1.** mit=teilen, eröffnen; **2.** *phys med allg* übertragen; *~ qc à qn* jdn von etw in Kenntnis setzen; **II.** *itr* **3.** in Verbindung stehen, (mitea.) verbunden sein; **4.** *(Zimmer)* inea.=gehen; *~ avec qn* mit jdm Nachrichten aus=tauschen; **III.** *v prn se ~ (med)* **5.** übertragbar, ansteckend sein; **6.** *(Nachrichten)* aus=tauschen; **7.** *(Feuer)* sich ausbreiten *(à* auf *acc); se ~ qc* einander etw mitteilen; *faire ~* mitea. verbinden; **~isant, e** *a* prokommunistisch; *f* **~isme** *m* Kommunismus *m;* **~iste I.** *s m f* Kommunist(in *f*) *m;* **II.** *a* kommunistisch.

commut|able [kɔmytabl] *a* umwandelbar; umschaltbar; **~ateur** *m el* Kommutator; (Um-, Ein-, Aus-, Licht-)Schalter *m; tourner le ~* das Licht an-, aus=knipsen; **~atif, ive** *a justice f ~ative* ausgleichende Gerechtigkeit *f;* **~ation** *f* **1.** Vertauschung; (Um-, Ver-)Wandlung *f;* **2.** *el* (Um)Schaltung; Vermittlung *f;* **3.** *~ de peine (jur)* Strafumwandlung *f*.

compact [kõpakt] *a* **1.** kompakt, dicht, fest; **2.** dichtgedrängt; **3.** *typ* enggedruckt *f;* — *voiture f ~e* Kompaktwagen *m*.

compagn|e [kõpaɲ] *f* **1.** Gefährtin; Kameradin, Begleiterin, Genossin; Lebensgefährtin *f;* **2.** *fig* Begleiterscheinung *f;* **~ie** *f* **1.** Gesellschaft, Begleitung *f;* **2.** Gesellschaft *f*, Vereinigung *f;* **3.** Handelsgesellschaft; **4.** *mil* Kompanie *f;* **5.** *(Wild)* Rudel *n;* **6.** *(Rebhühner)* Kette *f;* **7.** *avec la seule ~ de* nur in Begleitung *gen; de ~* zusammen; *de, en ~* in Gesellschaft, Begleitung; *sans ~* ohne Begleitung, allein; *être d'une ~ agréable* ein angenehmer Gesellschafter sein; *fausser ~ à qn* jdn im Stich lassen; *tenir ~* Gesellschaft leisten; (*à qn* jdm); *bonsoir la ~! (pop)* guten Abend zusammen! **8.** *~ affiliée, associée (com)* Zweig-, Tochtergesellschaft *f; ~ d'assurance contre l'incendie, sur la vie* Feuer-, Lebensversicherungsgesellschaft *f; ~ d'aviation, aérienne* Luftverkehrs-, Fluggesellschaft *f; ~ de chemins de fer* Eisenbahngesellschaft *f; ~ d'électricité* Elektrizitätsgesellschaft *f; ~ de Jésus* Jesuitenorden *m; ~ maritime, de navigation* Schiffahrtsgesellschaft *f;*

compagnon [kõpaɲõ] *m* **1.** Begleiter, Gefährte, Genosse; Kollege, Kamerad *m;* **2.** (Maurer-)Geselle *m;* **3.** *fig* Begleiterscheinung *f;* — *être le ~ de qc* mit etw Hand in Hand gehen; *~ d'enfance* Jugendgefährte *m; ~ d'études, de travail* Studien-, Arbeitskamerad *m; ~ de voyage* Reisegefährte *m;* **~nage** [-ɲɔ-] *m* Gesellenzeit *f*, Wanderjahre *n pl*.

compar|able [kõparabl] *a* vergleichbar (*à, avec* mit); **~aison** *f* **1.** Vergleich(ung *f*) *m;* Gegenüberstellung *f;* **2.** *en ~ de, par ~ à* im Vergleich zu, verglichen mit; *hors de ~, sans ~* unvergleichlich; **3.** *établir une ~* e-n Vergleich ziehen; *faire la ~* (sich) vergleichen (lassen) (*avec* mit); *mettre qc en ~ avec* von etw e-n Vergleich ziehen zu; *ne pas soutenir la ~* den Vergleich nicht aus=halten; damit nicht zu vergleichen sein; **4.** *point, terme m de ~* Vergleichspunkt, -maßstab *m;* **~aître** [-rɛtr] *itr jur* erscheinen (*en justice* vor Gericht); *~ par avoué* sich durch e-n Anwalt vertreten lassen; **~atif, ive I.** *a* vergleichend; **II.** *s m gram* Komparativ *m;* **~ativement** *adv* vergleichsweise; *~ à* im Vergleich mit, zu; **~é, e** *a (Wissenschaft)* vergleichend; **~er** *tr* vergleichen (*à, avec* mit), gegenüber=stellen; gleich=setzen (*à* mit); *les deux cas ne sauraient se ~* die beiden Fälle lassen sich nicht vergleichen; **~se** [-pars] *m f* **1.** *theat* Komparse *m f*, Statist(in *f*) *m a. fig;* **2.** *allg* Nebenperson *f*.

compartiment [kõpartimɑ̃] *m* **1.** *(Raum, Fläche)* Abteilung *f*, Fach, Feld *n;* **2.** *loc* Abteil *n;* **3.** Gebiet *n; ~ (non-) fumeurs* (Nicht-)Raucherabteil *n;* **~age** *m* **1.** Einteilung *f* in Fächer *od* Felder; **2.** Ab-, Einkapselung *f;* **~er** *tr* **1.** in Fächer, Felder ein=teilen, **2.** abkapseln, abgrenzen.

compas [kõpa] *m* **1.** Zirkel *m;* **2.** *mar aero* Kompaß *m;* — *au compas (fam)* peinlich genau; *(pop) allonger le ~* tüchtig aus=greifen; *(pop) avoir le ~ dans l'œil* ein gutes Augenmaß haben; **~sé, e** *a fig* steif, gezwungen; **~ser** *tr* mit dem Zirkel ab=greifen, ab=stecken; **~sion** *f* Mitleid, Mitgefühl *n (pour* mit *dat)*.

compat|ibilité [kõpatibilite] *f* Vereinbarkeit; Verträglichkeit *f;* **~ible** *a* ver-

einbar; verträglich; **~issant, e** *a* mitfühlend, teilnahmsvoll.
compatriote [kõpatrijɔt] *m f* Landsmann *m*, -männin *f*, *pl* -leute *pl*.
compend|ieusement [kõpɑ̃djøzmɑ̃] *adv* **1.** zs.gefaßt, in Kürze; **2.** *(fälschlich)* ausführlich; **~ium** [-pɛ̃djɔm] *m* Kompendium *n*.
compens|able [kõpɑ̃sabl] *a* kompensierbar; **~ateur, trice I.** *a* ausgleichend; **II.** *s m phys tech* Kompensator *m*; **~ation** *f* **1.** Ausgleich(ung *f*); Ersatz *m*; Entschädigung *f*; **2.** *com* Vergütung, Auf-, Verrechnung *f*, Clearing *n*; **3.** *phys tech* Kompensation *f*; **4.** *en ~ de* als Ersatz (für); **5.** *caisse f de ~* Ausgleichskasse *f*; *~ des charges* Lastenausgleich *m*; **~er I.** *tr* **1.** aus=gleichen; *phys tech* kompensieren; vergüten, ersetzen, auf=wiegen; **2.** *com* auf=, verrechnen; **II.** *v prn se ~* *(Fehler)* sich (gegenseitig) auf=heben, sich ausgleichen.
compére [kõpɛr] *m* Helfershelfer; Komplize *m*; *~-loriot m med* Gerstenkorn *n*.
compét|ence [kõpetɑ̃s] *f* **1.** *jur* Kompetenz, Zuständigkeit; Amtsbefugnis *f*, Geschäftsbereich *m*; zuständige(s) Gericht *n*; **2.** *fig* Fach-, Sachkenntnis; (Urteils-)Fähigkeit *f*; **3.** *fam* Sachkundige(r) *m*, Kapazität *f*; **4.** *ling* Kompetenz *f*; — *décliner la ~ d'un tribunal* die Zuständigkeit e-s Gerichtes bestreiten; *être, relever de la ~ de qn* in jds Zuständigkeit liegen; *cela sort de sa ~* dafür ist er nicht zuständig; davon versteht er nichts; *~ judiciaire* Gerichtsstand *m*; **~ent, e 1.** *jur* zuständig; **2.** *fig* kompetent, sachverständig, fachkundig; **~iteur, trice** *m f* Mitbewerber(in *f*) *m*; *(à* um *acc)*; **~ition** *f* Wettbewerb *m*, Konkurrenz *f*; *sport* Wettkampf *m*; — *entrer en ~ avec qn* mit jdm konkurieren; *~ électorale* Wahlkampf *m* **~itivité** *f* Wettbewerbsfähigkeit *f*.
compil|ateur [kõpilatœr] *m* Kompilator *m*; **~ation** *f*, Kompilation *f*; **~er** *tr* kompilieren, zs.=stellen; *(Buch)* zs.=stoppeln.
complai|nte [kõplɛ̃t] *f* **1.** Klagelied *n*; **2.** *jur* Besitzklage *f*; **~re** [-plɛr] **I.** *itr lit* gefällig sein *(à qn* jdm); **II** *v prn se ~* Gefallen finden *(à* zu; *en* in *dat*, *dans* an *dat*); **~sance** *f* **1.** Gefälligkeit, Bereitwilligkeit *f*; Entgegenkommen *n*; **2.** *pej* zu große Nachsicht, Schwäche *f*; **3.** Selbstgefälligkeit *f*; — *avoir des ~s pour un homme* sich mit e-m Mann einlassen; *avoir la ~ de* die Güte haben zu; **~sant, e** *a* **1.** gefällig, entgegenkommend; **2.** nachsichtig; **3.** selbstgefällig.
complément [kõplemɑ̃] *m* **1.** Ergänzung *f*; **2.** *math astr mus* Komplement *n*; **3.** *gram* Ergänzung; nähere Bestimmung *f*, Attribut *n*; **4.** Zulage *f*; — *~ d'appointements* Gehaltszulage *f*; *~ circonstanciel* adverbiale Bestimmung *f*; *~ direct* Akkusativobjekt *n*; *~ indirect* präpositionale(s) Objekt *n*; **~aire** *a* (sich) ergänzend, Ergänzungs-; *math phys* Komplementär-; *couleurs f pl ~s* Komplementärfarben *f pl*.
compl|et, ète [kõplɛ, -ɛt] **I.** *a* **1.** vollständig, -zählig; **2.** *(Wagen, Hotel)* voll, besetzt; *(Theater)* ausverkauft; **3.** *fig* vollkommen, vollendet; umfassend; *(Freude)* ungetrübt; *(Reform)* durchgreifend; *(Liste)* voll; **II.** *s m* Anzug *m*; — *au (grand) ~* vollständig, -zählig; *(Wagen)* besetzt; *c'est ~!* das fehlte gerade noch! *œuvres f pl ~ètes* sämtliche Werke *n pl*; *pain m ~* Vollkornbrot *n*; *~-veston m* Sakko(anzug) *m*; **~ètement** *adv* völlig, ganz, vollständig; **~éter I.** *tr* ergänzen, vervollständigen, komplettieren; **II.** *v prn se ~* einander ergänzen; *ma collection se complète* meine Sammlung wird vollständig.
complex|e [kõplɛks] **I.** *a* zs.gesetzt, verwickelt, kompliziert; *math* komplex; **II.** *s m* **1.** *psych* Komplex *m*; **2.** *geog* Bereich, Komplex *m*; **3.** *chem* Komplex *m*; — *~ d'infériorité* Minderwertigkeitskomplex *m*; *~ industriel* Industriekomplex *m*; **~ion** [-ksjõ] *f* **1.** Körperbeschaffenheit; **2.** Charakteranlage *f*; Naturell *n*; **~ité** [-ksi-] *f* Zs.gesetztheit; Kompliziertheit; Vielschichtigkeit *f*.
complic|ation [kõplikasjõ] *f* **1.** Komplikation *a. med*, Verwicklung, Verwirrung; Schwierigkeit; **2.** Kompliziertheit *f*, verwickelte(r) Aufbau *m*; **~e** [-plis] **I.** *a* mitschuldig; **II.** *s m f* Mitschuldige(r *m*) *f*; *jur* Mittäter(in *f*), Komplize; Teilnehmer(in *f*); Helfershelfer(in *f*) *m*; *être ~ de* mitschuldig sein an *dat*; teil=nehmen an *dat*; **~ité** *f* Mitschuld *f*; (geheimes) Einverständnis *n*; *jur* Mittäterschaft; *~ par assistance (jur)* Beihilfe *f*.
compliment [kõplimɑ̃] *m* **1.** Kompliment *n*, Artigkeit, Schmeichelei *f*; **2.** Empfehlung *f*, Gruß *m*; — *faire des ~s à qn* jdm Komplimente machen, Artigkeiten sagen; *mes ~s!* herzlichen Glückwunsch! *mes ~s à ...* grüßen Sie ... von mir! meine Empfehlung an *acc*; *point de ~s!* keine Umstände! **~er** *tr* Komplimente machen *(sur sa bonne mine* zu seinem guten Aussehen); beglückwünschen *(pour qc* zu etw); **~eur, se I.** *s m f* Schmeichler(in *f*) *m*; **II.** *a* schmeichelhaft.
compliqu|é, e [kõplike] *a* kompliziert *a. med*, verwickelt; *(Mensch)* schwierig; **~er** *tr* komplizieren; kompliziert, verwickelt, schwierig machen; verwirren; *une chose se complique de qc* es kommt (noch) etw zu e-r S hinzu.
complot [kõplo] *m* **1.** Komplott *n*, Anschlag *m*, Verschwörung *f*; Ränke *m pl*; **2.** Geheimnis *n*; — *être du* od *dans le ~*

mit im Komplott sein; *mettre qn dans le* ~ jdn ins Vertrauen ziehen; **~er** [-plɔ-] **I.** *tr* sich verschwören (*contre la vie de qn* gegen jds Leben); planen, heimlich verabreden; *(e-e Überraschung)* aushecken; **II.** *itr* ein Komplott schmieden.

componction [kɔ̃pɔ̃ksjɔ̃] *f* **1.** *rel* Zerknirschung *f;* **2.** Ernst *m,* Würde *f;* **3.** *pej* Gespreiztheit, Geschraubtheit *f.*

comport|e [kɔ̃pɔrt] *f* Zuber *m (bes. für Weintrauben);* **~ement** *m psych tech chem* Verhalten; Benehmen *n;* **~ementaliste** *m* Verhaltensforscher *m;* **~er I.** *tr* **1.** umfassen, bestehen (*qc* aus etw); **2.** mit sich bringen, nach sich ziehen, zur Folge haben; erfordern; **II.** *v prn se* ~ **3.** sich betragen, sich benehmen, sich auf=führen, sich verhalten *a. chem* (*avec* gegen); **4.** *(Auto)* funktionieren, ein gutes Fahrverhalten zeigen.

compos|ant, e [kɔ̃pozɑ̃] **I.** *a: corps m* ~ Bestandteil ; Komponente *f;* **II.** *s f math phys fig* Komponente *f;* **~é, e I.** *a* **1.** zs.gesetzt *bes. gram,* zs.gestellt, aufgebaut (*de* aus *dat*); **2.** *typ* abgesetzt; **3.** *(Wesen)* studiert, gekünstelt, steif; **II.** *s m* **4.** Zs.setzung *f;* **5.** *chem* Verbindung *f;* **6.** *gram* Zusammensetzung *f,* Kompositum *n;* **7.** *fig (Person)* Mischung *f;* — *être* ~ *de* zs.gesetzt sein aus; ~ *azoté, oxygéné* Stickstoff-, Sauerstoffverbindung *f;* **~er I.** *itr* **1.** *typ* setzen **2.** sich ab=finden, sich vergleichen, e-n Vergleich ab=schließen (*avec qn* mit jdm); **3.** Rechnung tragen (*avec qc* e-r S *dat*); **4.** *(Schule)* e-e Prüfungsarbeit machen; **II.** *tr* **5.** *typ (Buch)* setzen; *machine à* ~ *(typ)* Setzmaschine *f;* **6.** zs.=setzen, -stellen, bilden (*de* aus); **7.** *(créer)* verfassen, schreiben, dichten; komponieren, vertonen, in Musik setzen; **8.** an=ordnen; **9.** *(Sache)* aus=machen, bilden; **10.** verschaffen, bringen; **11.** *fig* ein=richten, ein=stellen, kombinieren; **12.** *(Worte, Haltung)* ein=studieren, den Umständen an=passen; **13.** *tele (Nummer)* wählen; **III.** *v prn se* ~ **14.** sich (nach u. nach) beschaffen, sich ein=richten; **15.** *(Sache) se* ~ *de* zs.gesetzt sein aus, bestehen aus; **~ite** *a* zs.gesetzt; *fig* vielseitig; *arch* Komposit(en)-; **~iteur, trice** *m f* **1.** Komponist(in *f*) *m;* **2.** *typ* Setzer *m;* **3.** *amiable* ~ *(jur)* Vermittler, Schlichter *m;* **~ition** *f* **1.** Zs.setzung, -stellung; Abfassung, Verfertigung, Ausarbeitung *f;* **2.** Komposition *f,* Musikstück *n;* Vertonung; Tonkunst, Komposition(slehre) *f;* **3.** *(bildende Kunst)* Gliederung, Anordnung *f;* **4.** (Schul-)Aufsatz *m;* Klassen-, Prüfungsarbeit *f;* **5.** jur Vergleich *m,* Übereinkommen *n;* Abfindung *f;* **6.** *typ* (Schrift-)Satz *m;* Setzen *n;* — *entrer en* ~ auf e-n Vergleich eingehen; ~ *photographique* Lichtsatz *m.*

compost [kɔ̃pɔst] *m* Kompost *m;* **~er** *tr* **1.** mit Kompost düngen *od* versetzen; **2.** *(Fahrkarte)* lochen; entwerten; **~eur** *m* **1.** *typ* Winkelhaken *m;* **2.** Datumsstempel *m;* **3.** Entwerter *m.*

compot|e [kɔ̃pɔt] *f* Kompott *n; (fam) j'ai le visage en* ~ mein Gesicht ist ganz zerschlagen, tut mir schrecklich weh; **~ier** *m* Obstschale; Kompottschüssel *f.*

compound [kɔ̃pund] *a inv tech* Kompound-, Verbund-; *moteur m* ~ Verbundmotor *m.*

compréhens|ible [kɔ̃preɑ̃sible] *a* verständlich, begreiflich, faßlich; **~if, ive** *a* **1.** verständnisvoll; **2.** umfassend; **~ion** *f* **1.** Auffassungsgabe *f,* -vermögen, Begriffsvermögen *n,* -fähigkeit *f;* **2.** Verständnis *n;* **3.** Verständlichkeit *f;* **4.** *(Logik)* Begriffsinhalt, -umfang *m.*

comprendre [kɔ̃prɑ̃dr] *tr* **1.** umfassen, enthalten; ein=beziehen (*en, dans* in *acc*), mit=rechnen, -zählen (*en, dans* zu); **2.** verstehen, begreifen, (er)fassen; einsehen; entnehmen; — *ne rien* ~ *à* nicht klug werden aus; *avoir compris* verstanden haben; *faire* ~ *qc à qn* jdm etw verständlich, begreiflich machen; *se faire* ~ sich verständlich machen; *cela se comprend* das versteht sich; *je commence à* ~ mir geht ein Licht auf; *si je comprends! (fam)* na und ob!

comprenette [kɔ̃prənɛt] *f fam: n'avoir pas la* ~ *facile* schwer von Begriff sein.

compress|e [kɔ̃prɛs] *f med* Kompresse *f,* Umschlag *m;* **~eur** *s m phys tech* Kompressor, Verdichter *m; rouleau m* ~ Straßenwalze *f;* **~ible** *a* **1.** *phys* kompressibel; **2.** zs.preßbar; **3.** *fig (Ausgabe)* reduzierbar; **~if, ive** *a tech med bandage m* ~ Druckverband *m;* **~ion** *f* **1.** Kompression *f;* **2.** Einschränkung, Einsparung *f;* — ~ *des dépenses* Ausgabendämpfung *f;* ~ *du personnel* Personalabbau *m;* ~ *des prix* Preisdrückerei *f.*

comprim|able [kɔ̃primabl] *a* zs.drückbar; **~é, e I.** *a: air m* ~ Preßluft *f;* **II.** *s m pharm* Tablette *f;* **~er** *tr* **1.** *phys* komprimieren, verdichten; **2.** zs.=drükken, (-)pressen; *(Brust)* ein=schnüren; **3.** *(Ausgaben)* reduzieren, vermindern; **4.** *fig (Tränen, Aufstand)* unterdrücken.

compris, e [kɔ̃pri, -iz] *a inv vor s tout* ~ alles eingeschlossen, alles inklusive; *y* ~ einbegriffen, inklusive, mit; *non* ~ nicht einbegriffen, nicht mitgerechnet, exklusive, ohne; *prix m tout* ~ Inklusiv-, Pauschalpreis *m.*

comprom|ettant, e [kɔ̃prɔmɛtɑ̃, -ɑ̃t] *a* kompromittierend; — *ce n'est pas* ~ das verpflichtet zu nichts; **~ettre I.** *tr* **1.** kompromittieren, bloß=stellen; gefährden, in Gefahr bringen, aufs Spiel setzen; in Verlegenheit bringen, Unannehmlichkeiten machen (*qn* jdm); **2.** kompromittieren; *(Frau)* ins Gerede bringen; **II.** *itr* e-n Kompromiß, *jur* Schiedsvertrag schließen (*sur* über *acc*); **III.** *v prn se* ~ **3.** s-n Ruf aufs Spiel setzen; **4.** *se* ~ *avec qn* sich mit jdm in Geschäfte einlassen; **~is** [-mi] *m* **1.** Kompromiß *m* od *n*, Vergleich *m;* **2.** *jur* Schiedsvertrag *m;* **3.** *fig* Mittelding *n* (*entre* zwischen *acc*); — *faire un* ~ e-n Kompromiß schließen; **~ission** *f meist pl* faule Kompromisse *mpl.*

compt|abiliser [kõtabilize] *tr* (ver-)buchen; **~abilité** *f* **1.** Rechnungswesen *n;* **2.** Rechnungslegung, Buchführung; Buchhaltung *f;* — *gérer, tenir une* ~ Bücher führen; *livres m pl de* ~ Geschäftsbücher *n pl; service m de la* ~ Buchhaltungsabteilung *f;* **~able I.** *a* **1.** rechnungspflichtig, -führend; *(finanziell)* verantwortlich (*de qc à, envers qn* jdm für etw); **2.** anrechnungsfähig; **II.** *s m* Rechnungs-, Kassenführer; Buchhalter *m;* — *expert-~ m* Wirtschafts-, Buchprüfer *m; pièce f* ~ Beleg *m;* **~age** *m* Zählen, Rechnen *n;* ~ *de la circulation* Verkehrszählung *f;* **~ant, e I.** *a inv* bar; **II.** *s m* Bargeld *n;* — *au* ~ gegen bar, gegen Kasse; *acheter (au)* ~ gegen bar kaufen; *payer* ~ bar (be)zahlen; *prendre pour (de l') argent* ~ *(fig)* für bare Münze nehmen; *(fam) c'est de l'argent* ~ das ist todsicher; *achat m au* ~ Bar(ein)kauf *m; paiement m au* ~ Barzahlung *f.*

compte [kõt] *m* **1.** Zählen *n;* (Be-)Rechnung *f;* Betrag *m;* **2.** *com* Konto *n;* Abrechnung *f;* **3.** Rechnungslegung *f,* Rechenschaftsbericht *m;* **4.** *à bon* ~ billig; preiswert; *au bout du, en fin de* ~ am Ende, letzten Endes, schließlich; *tout* ~ *fait* alles in allem, genaugenommen; *en règlement de votre* ~ zum Ausgleich Ihrer Rechnung; *pour le* ~ *de qn* für jds Rechnung; *fig* was jdn betrifft; *pour son* ~ für sich (selbst); *sur mon* ~ über mich, von mir; **5.** *aller au tapis pour le* ~ *(sport)* zum Auszählen auf die Bretter gehen; *arrêter un* ~ ein Konto abschließen; *avoir un* ~ *en banque* ein Bankkonto haben; *(en) avoir (pour) son* ~ genug, sein Teil weghaben; *avoir un* ~ *à régler avec qn* mit jdm ein Hühnchen zu rupfen haben; *n'avoir de ~s à rendre à personne* niemandem Rechenschaft schuldig sein; *balancer, équilibrer, solder un* ~ ein Konto aus=, ab=gleichen; *demander des ~s* Rechenschaft verlangen; *faire le* ~ *de qc* etw zs.=rechnen, -zählen; *mettre qc sur le* ~ *de qn* jdm etw zur Last legen, *fam* in die Schuhe schieben; *ouvrir un* ~ ein Konto eröffnen (*auprès de* bei); *passer en* ~ *(com)* in Rechnung stellen; *fig* an=rechnen; *passer, mettre en* od *sur* ~ auf e-m Konto verbuchen; *prendre sur son* ~ auf seine Rechnung, *fig* seine Kappe nehmen; *rendre* ~ dar=legen; berichten (*de qc* über *acc,* von); Rechenschaft ab=legen (*de qc à qn* jdm über e-e S); *se rendre* ~ sich Rechenschaft ab=legen (*de qc* über e-e S); sich klar=machen; *rendre ses ~s* Rechenschaft ab=legen (*de* über *acc*) *a. fig; tenir* ~ entschädigen (*de qc à qn* jdn für etw); *fig* in Erwägung ziehen, erwägen, berücksichtigen, bedenken; zugute halten, an=rechnen; (viel) Aufhebens machen (*de qc* von etw); *travailler à* od *pour son* ~ auf eigene Rechnung arbeiten; **6.** *le* ~ *n'y est pas* die Rechnung stimmt nicht; *le* ~ *est exact* die Rechnung stimmt; **7.** *ayant m* ~, *titulaire m d'un* ~ Kontoinhaber *m; bordereau, relevé m de* ~ Kontoauszug *m; numéro m de* ~ Kontonummer *f; paiement m à* ~ Abschlagszahlung *f;* **8.** ~ *bancaire,* ~ *en banque* Bankkonto *n;* ~ *de chèques postaux* Postcheckkonto *n;* ~ *courant* Kontokorrent *n;* laufende, offene Rechnung *f;* ~ *d'épargne* Sparkonto, -guthaben *n; ~s de l'exercice* Jahres-, Geschäftsabschluß *m; ~-gouttes, ~-pas, ~-tours m inv* Tropfen-, Schritt-, Umdrehungszähler *m;* ~ *des (profits et) pertes* (Gewinn- u.) Verlustrechnung *f;* ~ *de virement* Girokonto *n.*

compt|er [kõte] **I.** *itr* **1.** *(calculer)* zählen, rechnen; — ~ *jusqu'à cent* bis hundert zählen; ~ *sou à sou (fig)* mit jedem Pfennig rechnen; *à* ~ *de* von ... an; *sans* ~ mit vollen Händen; **2.** *(avoir de l'importance)* etw sein, bedeuten, vor=stellen; zählen, in Anschlag kommen; — ~ *pour du beurre (fam)* nicht mit=reden dürfen; *cela ne compte pas* das hat nichts zu bedeuten; **3.** zählen (*parmi, pour, au nombre* od *au rang de* zu); **4.** *(escompter)* (fest) rechnen (*sur* mit *dat*), sich verlassen (*sur* auf *acc*); — *on ne peut pas* ~ *sur lui* man kann sich auf ihn nicht verlassen; **II.** *tr* **5.** zählen (*par* nach); **6.** berechnen, in Rechnung stellen, auf die Rechnung setzen; mit=rechnen; **7.** zugute halten, an=rechnen; *(Diktat)* ~ *qc comme faute* e-e S als Fehler an=rechnen (*à qn* jdm); **8.** achten (*pour* für); **9.** zählen (*parmi, pour, au nombre* od *au rang de* zu); **10.** aus=zahlen (*une somme à qn* jdm e-n Betrag); **11.** *fig* bringen; vor=zählen, -rechnen, zu=messen; **12.** *(comporter) (Jahre)* zählen, alt sein; **13.** *(Einwohner)* haben; **14.** *mit Inf.* (zu tun) gedenken, vor=haben, hoffen; **15.** *à pas ~és* gemessenen Schrittes; *tout bien ~é et rabattu* nach genauer Prüfung; **16.** ~ *plusieurs années de service* mehrere Dienstjahre hinter sich haben; ~ *par bref (com)* e-n Überschlag machen, überschlägig rechnen; **~eur** *m* Zähler *m,* Zählwerk *m,* Meßuhr *f; — à eau* Wasseruhr *f; ~ d'électricité* Stromzähler *m; ~ à gaz* Gasuhr *f; ~ de taxi(mètre)* Taxameteruhr *f; ~ (de vitesse)* Geschwindigkeitsmesser, Tachometer *m;* **~ine** *f* Abzählvers *m;* **~oir** *m* **1.** Ladentisch *m;* **2.** Büfett *n, fam* Theke *f.*

compuls|er [kõpylse] *tr* **1.** nach=schlagen, -sehen (*qc* in e-r S); *(Buch, Papiere)* durch=sehen; **2.** *jur* Einsicht nehmen (*qc* in e-e S).

comte [kõt] *m* Graf *m;* **~é** *m* Grafschaft *f;* **~esse** *f* Gräfin *f.*

concass|age [kõkasaʒ] *m* **1.** *tech (Getreide)* Schroten; **2.** *(Steine)* Brechen *n;* **~er** *tr* **1.** zerstoßen, -kleinern, -stampfen; **2.** *(Getreide)* schroten; **3.** *(Steine)* brechen.

concave [kõkav] *a opt* konkav; *miroir m ~* Hohlspiegel *m.*

concéder [kõsede] *tr (Rechte)* verleihen, bewilligen; zu=gestehen, ein=räumen *a. fig.*

concentr|ation [kõsɑ̃trasjõ] *f* **1.** Konzentration, Sammlung *(von Strahlen);* Ansammlung *f;* **2.** *mil* Aufmarsch *m,* Massierung, Zs.ziehung *f;* **3.** Eindickung *(von Flüssigkeiten); min* Anreicherung *f;* **4.** *fig* Konzentration, Sammlung; Zs.fassung; Gruppierung; *(Menschen)* Zs.ballung *f;* **5.** *camp m de ~* Konzentrationslager, KZ *n; faculté f de ~* Konzentrationsfähigkeit *f; ~ des efforts* Schwerpunktbildung *f;* **~é, e I.** *a chem* konzentriert *a. fig;* **II.** *s m chem geol* Konzentrat *n; — fourrage m ~* Kraftfutter *n; lait m ~* Kondensmilch *f; ~ de tomates* Tomatenmark *n;* **~er I.** *tr* **1.** *opt* sammeln; **2.** zs.=ziehen *a. mil pol;* zs.=fassen; **3.** *fig* richten, häufen (*sur* auf *acc*); **4.** *(Gedanken)* zs.=nehmen; **5.** *(Ärger)* hinunter=schlucken; **6.** *chem* konzentrieren, verdichten; ein=dicken, an=reichern; **7.** *(Menschen)* zs.=ballen; **II.** *v prn se ~* **8.** sich (an=)sammeln, sich konzentrieren; **9.** *mil* auf=marschieren, sich versammeln; **10.** *(Strahlen)* gebündelt werden.

concept [kõsɛpt] *m* Begriff *m; fig* Idee *f;* **~eur** *m* Planer *m;* **~ion** [-psjõ] *f* **1.** *med* Empfängnis *f;* **2.** Vorstellung *f,* Gedanke, Einfall *m,* Erfindung; **3.** Planung, Gestaltung; Bauart *f; — ~ d'ensemble* Gesamtplanung *f; ~ fondamentale* Grundbegriff *m; ~ du monde* Weltanschauung *f;* **~uel, le** *a* begrifflich; *analyse f ~uelle* Begriffsanalyse *f.*

concern|ant [kõsɛrnɑ̃] *prp* betreffend, betreffs, bezüglich *gen;* **~er** *tr* betreffen, an=gehen; *— en, pour ce qui ~e* bezüglich, hinsichtlich *gen; en ce qui me ~e* was mich betrifft.

concert [kõsɛr] *m* **1.** *mus* Konzert *n a. fig;* **2.** Übereinstimmung *f,* Einvernehmen, Einverständnis *n; — ~ de reproches* Flut *f* von Vorwürfen; *de ~* im Einverständnis; (wie) verabredet; zusammen; *salle f de ~* Konzertsaal *m; ~ à la demande (radio)* Wunschkonzert *n; ~ spirituel* Kirchenkonzert *n;* **~ant, e** *a mus* konzertant; **~er I.** *tr* verabreden, absprechen; vor=bereiten; **II.** *v prn se ~* beraten (*sur* über *acc*); sich besprechen (*avec qn* mit jdm); **~iste** *m f mus* Ausführende(r *m) f;* **~o** *m* Konzert(stück) *n; ~ pour violon* Violinkonzert *n.*

concess|ible [kõse(ɛ)sibl] *a (Recht)* verleihbar; **~ion** *f* **1.** *jur* Verleihung, Bewilligung, Einräumen *f;* **2.** *allg* Zugeständnis *n;* Abtretung, Überlassung *f;* **3.** Konzession; Vergebung *f (von öffentlichen Arbeiten);* **4.** Familiengrab *n; — accorder une ~* e-e Konzession erteilen; *faire des ~s à qn* jdm Zugeständnisse machen; *~ à perpétuité* Erbbegräbnis *n;* **~ionnaire** *s m* Konzessionär, Lizenzinhaber; *com* Vertragshändler *m; seul ~* Alleinvertreter *m.*

concev|able [kõs(ə)vabl] *a* **1.** vorstellbar; **2.** begreiflich; **~oir** *tr* **1.** begreifen, auf=, erfassen; verstehen; **2.** sich vor=stellen, aus=denken, ersinnen; **3.** *(Plan, Vertrauen)* fassen; **4.** *(Hoffnung, Verdacht)* schöpfen; **5.** ergriffen werden von *(Liebe, Haß);* **6.** *tech* entwerfen; **7.** *med* empfangen; *— ~ de l'amitié pour qn* jdn lieb=gewinnen; *conçu en ces termes* mit folgendem Wortlaut.

concierge [kõsjɛrʒ] *m f* Portier(frau *f*), Pförtner(in *f*), Hausmeister(in *f*) *m.*

concil|e [kõsil] *m rel* Konzil *n;* **~iabule** [-ljabyl] *m (meist) pl* Getuschel *n;* **~iant, e** *a* versöhnlich, verträglich; **~iateur, trice I.** *a* versöhnlich; vermittelnd; **II.** *s m* Vermittler, Schlichter *m;* **~iation** *f* **1.** Ver-, Aussöhnung *f;* **2.** Vermittlung, *jur* Schlichtung *f,* Vergleich *m;* **~ier I.** *tr (Gegensätze)* aus=gleichen; *fig* in Einklang, Übereinstimmung bringen; **II.** *v prn se ~* sich verschaffen, erwerben; gewinnen (*qc, qn* etw, jdn für sich).

conci|s, e [kõsi, -iz] *a* kurz(gefaßt), bündig, knapp, gedrängt; **~sion** [-zjõ] *f* Knappheit (des Stils), Gedrängtheit, Bündigkeit, Kürze *f;* **~toyen, ne** *m f* Mitbürger(in *f*) *m.*

conclu|ant, e [kõklyɑ̃, -ɑ̃t] *a* überzeugend; treffend, triftig, schlagend, bündig; *(Schluß)* zwingend; **~re I.** *tr* **1.** *(Vertrag)* (ab=)schließen; *(Geschäft)* tätigen; **2.** *allg* vollenden, (be)enden, zum Schluß bringen *od* kommen (*qc* mit etw); **3.** den Schluß ziehen, folgern, schließen (*qc de qc* etw aus etw, *de qc à qc* von e-r S auf e-e S); **II.** *itr* **4.** sich entscheiden, sich aus=sprechen (*à* für); **5.** schließen (*à qc* auf etw); **6.** erkennen (*à* auf *acc*); *— ~ un mariage* e-e Ehe ein=gehen *od* schließen; *marché ~!* abgemacht! ~**sion** *f* **1.** Abschluß *m (e-s Vertrages);* **2.** (Ehe-)Schließung *f;* **3.** (Ab-)Schluß *m;* **4.** (End-)Ergebnis *n;* **5.** Schlußfolgerung *f;* **6.** *pl jur* (Schluß-) Antrag *m.*

concombre [kõkõbr] *m* Gurke *f; salade f de ~s* Gurkensalat *m.*

concomitant [kõkɔmitɑ̃] *a* begleitend; Begleit-; *faits m pl ~s* Begleitumstände *m pl.*

concord|ance [kõkɔrdɑ̃s] *f* **1.** Übereinstimmung *a. gram;* **2.** *geol rel* Konkordanz *f; ~ des temps (gram)* Zeitenfolge *f;* **~ant, e** *a* übereinstimmend; **~at** [-da] *m* **1.** *rel* Konkordat *n;* **2.** *jur* Vergleich *m;* **~e** *f* Eintracht *f;* **~er** *itr* überein=stimmen; *faire ~* in Übereinstimmung bringen.

concour|ir [kõkurir] *itr* **1.** zs.=, mit=wirken, bei=tragen (*à* zu); **2.** sich (gemeinsam) bewerben (*pour* um), konkurrieren; an e-m Wettbewerb teil=nehmen; **3.** (gleichen) Anspruch haben (*pour* auf *acc*); **4.** *math* in e-m Punkt zs.=laufen, konvergieren; **~s** [-kur] *m* **1.** Zs.treffen *n (von Umständen);* **2.** *(Menschen)* Auflauf, Andrang *m;* **3.** Mitwirkung, -arbeit; finanzielle Beteiligung; Beihilfe *f;* **4.** Wettbewerb, -streit; *sport* Wettkampf *m;* **5.** (Leistungs-)Schau, Ausstellung *f;* Preisausschreiben *n;* **6.** *(Prüfung)* Concours *m;* **7.** *jur* Konkurrenz *f;* **8.** *avec le ~ de* unter Mitwirkung *gen; hors ~* außer Wettbewerb; **9.** *mettre au ~ (Stelle)* aus=schreiben; *se présenter à un ~* sich zu e-m Concours melden; *prêter son ~* mit=wirken; **10.** *~ agricole* landwirtschaftliche Ausstellung *f; ~ de beauté* Schönheitswettbewerb *m; ~ d'étalages, de vitrine* Schaufensterwettbewerb *m; ~ hippique* Pferdeschau *f;* Reit- und Fahrturnier *n.*

concr|et, ète [kõkrɛ, -ɛt] *a* konkret, anschaulich; sachlich; **~étiser I.** *tr* Wirklichkeit werden lassen; Gestalt gewinnen lassen; formulieren; **II.** *v prn se ~* (feste) Gestalt an=nehmen.

concubinage [kõkybinaʒ] *m* wilde Ehe *f.*

concupisc|ence [kõkypisɑ̃s] *f* Sinneslust, Sinnlichkeit, Begierde *f;* **~ent, e** *a* begehrlich.

concurr|emment [kõkyramɑ̃] *adv* **1.** in Wettbewerb (*avec* mit); **2.** gemeinschaftlich, gleichzeitig; *jur* mit gleichen Ansprüchen; **~ence** *f* **1.** *com allg* Konkurrenz *f,* Wettbewerb *m;* **2.** *jur* Gleichberechtigung *f;* **3.** *jusqu'à ~ de* bis zur Höhe, bis zum Betrag von; **4.** *entrer en ~ avec qn* mit jdm in Konkurrenz treten; *soutenir la ~, tenir tête à la ~* der Konkurrenz die Spitze bieten; konkurrenzfähig sein; **5.** *prix m défiant toute ~* konkurrenzlose(r) Preis *m; ~ déloyale* unlautere(r) Wettbewerb *m; ~ vitale* Kampf ums Dasein, Lebenskampf *m;* **~encer** *tr* konkurrieren, Konkurrenz machen, in Wettbewerb treten *od* stehen (*qn* mit jdm); **~ent, e I.** *a* **1.** zs.wirkend; **2.** in Wettbewerb stehend, konkurrierend; **II.** *s m* Mitbewerber, Konkurrent *m;* **~entiel, le** *a com* konkurrenzfähig; Konkurrenz-.

concussion [kõkysjõ] *f jur* Erhebung *f* überhöhter Gebühren.

condamn|able [kõdanabl] *a* verdammungswert, verwerflich; strafbar; **~ation** *f* **1.** *jur* Ver-, Aburteilung *f* (*pour* wegen), Strafurteil *n;* Strafe *f;* **2.** *allg* Mißbilligung, Verwerfung, Verurteilung, Verdammung *f;* **3.** *passer ~ (fig)* sein Unrecht ein=gestehen; *~ à mort* Todesurteil *n;* **~é, e** *s m f* Verurteilte(r *m*) *f;* **~er** *tr* **1.** *jur* ver-, ab=urteilen (*à* zu *inf*); **2.** *allg* verwerfen, ab=lehnen, mißbilligen, verdammen; **3.** *med* auf=geben; **4.** *(Fenster, Tür)* zu=stellen, ver-, zu=nageln, zu=mauern; — *~ sa porte* nicht zu sprechen sein (*à qn* für jdn).

condens|ateur [kõdɑ̃satœr] *m phys tech* Kondensator *m;* **~ation** *f phys* Verdichtung *a. fig,* Kondensation *f; eau f de ~* Kondenswasser *n;* **~é** *m* **1.** *phys* Kondensat *n;* **2.** *(Buch)* Zs.-, Kurzfassung *f;* **~er I.** *tr* **1.** *phys* verdichten, kondensieren; nieder=schlagen; **2.** *fig* zs.=drängen, -fassen; *lait m ~é* kondensierte, Kondensmilch *f;* **II.** *v prn se ~* sich niederschlagen; **~eur** *m phys tech* Kondens(at)or *m.*

condescend|ance [kõdɛsɑ̃dɑ̃s] *f* **1.** Nachsicht *f,* Entgegenkommen *n;* **2.** Herablassung *f;* **~ant, e** *a* herablassend; **~re** *itr* sich herab=lassen (*à zu inf*).

condiment [kõdimɑ̃] *m* Gewürz *n;* Würzstoff *m;* Würze *f a. fig.*

condisciple [kõdisipl] *m* Mitschüler, Schul-, Studienkamerad *m.*

condition [kõdisjõ] *f* **1.** Lage, Situation *f;* **2.** Zustand *m,* Beschaffenheit, Verfassung; *sport* Kondition *f;* **3.** Rang, Stand *m,* Stellung *f;* **4.** Grundlage, Voraussetzung, Bedingung *f;* **5.** *com (Waren)* Zustand *m;* Kondition *f;* **6.** *pl* Umstände *m pl,* Verhältnisse *n pl;* **7.** *à (la) ~ de* od *que* unter der Bedingung, daß; *à cette ~* unter dieser Bedingung; *à, sous ~* unter Vorbehalt (der Rückgabe); *dans ces ~s* unter diesen Umständen; *en ~ (sport)* in Form; *en bonne, mauvaise ~ (com)* in gutem, schlechtem Zustand; *sans ~* ohne Vorbehalt, bedingungslos; **8.** *envoyer à ~* zur Ansicht senden; *faire une ~* e-e Bedingung stellen; *mettre des ~s à* Bedingungen knüpfen an *acc; mettre en ~ (sport)* in Form bringen; fit machen; *fig* manipulieren, bearbeiten; **9.** *~s d'assurance* Versicherungsbedingungen *f pl; ~s atmosphériques* Wetterlage *f; ~s de circulation* Verkehrsverhältnisse *n pl; ~s de livraison* Lieferungsbedingungen *f pl; ~s de paiement* Zahlungsbedingungen *f pl; ~s de tarif* Tarifbestimmungen *f pl; ~s de travail* Arbeitsverhältnisse *n pl;* **~né, e** [-sjɔ-] *a* **1.** bedingt; beschaffen; **2.** *tech* ausgestattet; **3.** *com (Ware)* abgepackt, verpackt; **4.** *air m ~* Klimaanlage *f;* **5.** *être ~ de manière à (inf)* so beschaffen sein, daß; **~nel, le I.** *a* **1.** bedingt; **2.** *gram* bedingend, Bedingungs-; **II.** *s m* Konditional(is) *m;* **~nement** *m (Textil, Getreide)* Konditionieren *n; com* Verpackung, Aufmachung, Beschaffenheit *f; ~ de l'air* Klimatisierung *f;* **~ner** *tr* **1.** bedingen; **2.** *(Seide, Getreide)* konditionieren; **3.** *com* ab-, verpacken; **4.** *tech* klimatisieren; **5.** *fig* manipulieren, präparieren (*qn* jdn).

condoléance [kɔ̃dɔleɑ̃s] *f meist pl* Beileid *n; faire, offrir, présenter ses ~s* sein Beileid bezeigen *od* aus=sprechen.

condom [kɔ̃dɔm] *m* Kondom *n;* **~inium** [-ɔminjɔm] *m pol* Kondominium *n.*

condor [kɔ̃dɔr] *m orn* Kondor *m.*

conduct|ance [kɔ̃dyktɑ̃s] *f el* Konduktanz *f,* Leitwert *m;* **~eur, trice I.** *s m f* **1.** Führer, Leiter(in *f*); *(Fahrzeug)* Fahrer *m;* **2.** *phys* Leiter *m;* **II.** *a* leitend; — *~ d'alimentation* Stromzuführung, Speiseleitung *f; ~ de camion* Lastwagenfahrer *m; ~ du dragueur* Baggerführer *m; ~ de train* Lokomotivführer *m; ~ de travaux* Bauführer *m;* **~ible** *a phys* leitfähig.

condui|re [kɔ̃dɥir] **I.** *tr* **1.** führen, leiten; an=führen, vor=stehen *dat;* **2.** lenken *a. mot,* fahren; *mot* steuern; **3.** *(Weg)* führen (*à* zu *dat*); *(Person)* bringen (*à la misère* ins Elend); **4.** veranlassen; **5.** *(Ware)* transportieren, bringen, schaffen; **6.** *(Orchester)* dirigieren; **7.** *phys* leiten; **II.** *v prn se ~* **8.** sich benehmen, sich betragen; **9.** *~ qn au désespoir* jdn zur Verzweiflung bringen, treiben; *~ qc à sa fin* etw beenden; *~ par la main* an der Hand führen; *permis m de ~* Führerschein *m;* **~t** *m* **1.** Rinne *f,* Rohr, Röhre *f;* **2.** *anat* Gang *m;* **3.** *~ auditif* Gehörgang *m; ~ d'eau* Wasserleitung *f; ~ à gaz* Gasleitung *f; ~ lacrymal* Tränenkanal *m; ~ respiratoire* Luftröhre *f; ~ urinaire* Harnröhre *f;* **~te** *f* **1.** Führung, Leitung, Aufsicht *f;* Geleit *n,* Begleitung *f;* **2.** Betragen, Benehmen; *(Psychologie)* Verhalten(sweise *f*) *n;* **3.** Aus-, Durchführung *f;* **4.** (Leitungs-) Rohr, Rohr-, Wasserleitung; Zuleitung *f;* **5.** *mot* Lenken, Fahren, Steuern *n; mot* Steuerung *f;* **6.** *faire la ~ à qn (fam)* jdn begleiten; *manquer de ~* sich schlecht betragen *od* benehmen; **7.** *certificat m de bonne ~* Führungszeugnis *n;* **8.** *~ de carburant, d'essence* Kraftstoff-, Benzinleitung *f; ~ d'eau* Wasserleitung *f; ~ de gaz* Gasleitung *f.*

cône [kon] *m* **1.** *math allg* Kegel *m;* **2.** *bot anat pharm* Zapfen *m;* **3.** *tech* Konus, Kegel *m; — en (forme de) ~* kegelförmig; *~ de débris, de déjection* Schuttkegel *m,* -halde *f; ~ de sapin, de pin* Tannen-, Kiefernzapfen *m.*

confection [kɔ̃fɛksjɔ̃] *f* **1.** Ver-, Anfertigung, Herstellung, Ausführung *f;* **2.** Konfektion, Fertigkleidung *f;* Bekleidungsindustrie *f; — magasin m, maison f de ~(s)* Konfektionsgeschäft *n; vêtements m pl de ~ (s)* Konfektionskleidung *f;* **~ner** *tr* her=stellen; ver-, an=fertigen, fabrizieren; *(Gericht)* zubereiten; **~neur, se** *m f* Konfektionsschneider(in *f*) *m.*

confédér|ation [kɔ̃federasjɔ̃] *f* **1.** Bündnis *n;* Bund *m;* **2.** (Staaten-)Bund; Bundesstaat *m;* **~er** *tr* verbünden.

confér|ence [kɔ̃ferɑ̃s] *f* **1.** Konferenz; Besprechung, Beratung; Verhandlung *f;* Gespräch *n;* **2.** (öffentlicher) Vortrag *m;* Vorlesung *f;* **3.** *être en ~* bei e-r Sitzung sein; *faire, donner une ~* e-n Vortrag, e-e Vorlesung halten; *la ~ piétine, est arrivé au point mort* die Konferenz ist an e-m toten Punkt angelangt; **4.** *maître m de ~s* Dozent *m; salle f de ~s* Konferenzraum, Hörsaal *m;* **5.** *~ de la paix* Friedenskonferenz *f; ~ avec* od *accompagnée de projections lumineuses* Lichtbildervortrag *m; ~ de presse* Pressekonferenz *f; ~ au sommet* Gipfelkonferenz *f;* **~encier, ère** *m f* Vortragende(r *m*) *f;* **~er I.** *tr (Recht)* verleihen, übertragen, erteilen, gewähren *a. fig;* **II.** *itr* konferieren, sich besprechen, beraten, verhandeln (*de qc avec qn* mit jdm über e-e S).

confess|e [kɔ̃fɛs] *f: aller à ~* zur Beichte gehen; **~er I.** *tr* **1.** *(Sünde)* beichten; *(Glauben)* bekennen; **2.** (ein=)gestehen, zu=geben; **3.** die Beichte ab=nehmen (*qn* jdm); *allg* aus=fragen, -forschen, aus=horchen; **II.** *v prn se ~* beichten (*de qc* e-e S); **~eur** *m* **1.** *rel* Beichtvater *a. fig;* **2.** *~s (rel)* Bekenner *m pl;* **~ion** *f* **1.** Bekenntnis, (Ein-)Geständnis *n a. jur;* Beichte *f;* **2.** *rel* Konfession *f;* Bekenntnis *n; — faire sa ~* die Beichte ab=legen, beichten; *sceau, secret m de la ~* Beichtgeheimnis *n; ~ auriculaire, privée* Ohrenbeichte *f; ~ (de foi)* Glaubensbekenntnis *n;* **~ional** [-sjɔ-] *m* Beichtstuhl *m.*

confetti [kɔ̃fɛ(e)ti] *m pl* Konfetti *pl.*

confian|ce [kɔ̃fjɑ̃s] *f* **1.** Ver-, Zutrauen *n* (*en, dans* zu); Zuversicht *f;* **2.** *(~ en soi)* Selbstvertrauen *n,* -sicherheit *f; — avoir ~* Vertrauen haben (*dans, en* zu); *avoir la ~ de qn* jds Vertrauen genießen; *donner sa ~, faire ~ à qn* jdm sein Vertrauen schenken; *inspirer (la) ~* Vertrauen erwecken; *jouir de l'entière* ~ volles Vertrauen genießen; *mettre, placer sa* ~ *en* sein Vertrauen setzen auf *acc; perdre* ~ das Vertrauen verlieren; *prendre* ~ *en qn* Zutrauen zu jdm fassen; *abus m de* ~ Vertrauensmißbrauch *m; digne de* ~ vertrauenswürdig; *homme m de* ~ Vertrauensmann *m; maison f de* ~ solide(s), reelle(s) Geschäft *n; place f, poste m de* ~ Vertrauensstellung *f; question f de* ~ *(pol)* Vertrauensfrage *f;* **~t, e** *a* vertrauend (*dans, en* auf *acc*), vertrauensvoll, -selig.

confi|dence [kɔ̃fidɑ̃s] *f meist pl* Herzensergüsse *m pl; — vous êtes seul dans la* ~ Sie allein kennen das Geheimnis; *mettre qn dans la* ~ jdn ins Vertrauen ziehen; **~dent, e** *m f* Vertraute(r *m*) *f a. theat;* **~dentiel, le** *a* vertraulich; **~er** [-fje] **I.** *tr* **1.** an≈vertrauen *a. fig;* **2.** übergeben, -tragen, -lassen; **II.** *v prn* **3.** *se* ~ *à qn* sich jdm an≈vertrauen *od* eröffnen; **4.** *se* ~ *en* sich verlassen auf, sich stützen auf *acc.*

confin|ement [kɔ̃finmɑ̃] *m* Abgeschiedenheit; Abkapselung; *jur* Einzelhaft *f;* **~er I.** *itr* grenzen (*à, avec* an *acc*) *a. fig;* **II.** *tr* ein≈sperren; **III.** *v prn se* ~ sich zurück≈ziehen; sich vergraben (*dans* in *dat*); *air m ~é* verbrauchte Luft *f;* **~s** [-fɛ̃] *m pl* Grenzen *f pl a. fig;* äußerste(s) Ende *n; aux* ~ *de* an der äußersten Grenze; am Rande; *fig* an der Grenze zu.

confire [kɔ̃fir] *tr* **1.** ein≈machen, *(in Zukker, Essig)* ein≈legen; **2.** *(Leder)* beizen.

confirm|atif, ive [kɔ̃firmatif, -iv] *a* bestätigend, bekräftigend; **~ation** *f* **1.** Bestätigung, Bekräftigung *f;* **2.** Firm(el)ung; Konfirmation, Einsegnung *f; — en* ~ *de* zur Bestätigung *gen;* ~ *de commande (com)* Auftragsbestätigung *f;* **~er I.** *tr* **1.** bestärken, bekräftigen, bestätigen; **2.** firmeln; konfirmieren, ein≈segnen; **II.** *v prn se* ~ **3.** sich bestätigen; sich als richtig herausstellen.

confisc|able [kɔ̃fiskabl] *a* konfiszier-, einziehbar; **~ation** *f* Konfiskation, Beschlagnahme, Einziehung *f.*

confis|erie [kɔ̃fizri] *f* Süßwaren(industrie, -handlung *f*) *f pl;* Konditorei *f;* **~eur** *m* Süßwarenfabrikant, -händler, -geschäft *n.*

confisquer [kɔ̃fiske] *tr* konfiszieren, ein≈ziehen; *fam* weg≈nehmen; mit Beschlag belegen (*qn* jdn).

confit, e [kɔ̃fi, -it] **I.** *a* **1.** *(Küche)* eingemacht, eingelegt; **2.** *fig* durchdrungen (*dans* von); **II.** *s m* **1.** in Fett eingelegte(s) Fleisch *n;* **2.** *tech* Beize *f; — ~ en douceur, en dévotion (fig)* zuckersüß; bigott; **~ure** *f* Marmelade, Konfitüre *f.*

conflagration [kɔ̃flagrasjɔ̃] *f* Umwälzung *f,* Umsturz *m.*

conflit [kɔ̃fli] *m* Konflikt *m,* Ausea.setzung *f,* Streit(igkeit *f*) *m; — entrer en* ~ *avec qn* mit jdm in Streit geraten; ~ *des classes* Klassenkampf *m;* ~ *d'intérêts* Interessenkonflikt *m;* ~ *du travail* Arbeitskampf, -konflikt *m.*

conflu|ence [kɔ̃flyɑ̃s] *f* Zs.fließen *n a. med;* **~ent, e I.** *a* zs.fließend; **II.** *s m geog* Zs.fluß *m;* **~er** *itr* **1.** *(Flüsse)* zs.≈fließen (*avec* mit); *allg* zs.≈strömen; **2.** *fig* zu≈streben (*à* auf *acc*); gerichtet sein (*à* auf *acc*).

confondre [kɔ̃fɔ̃dr] **I.** *tr* **1.** verwechseln (*qn avec* jdn mit); durcheinanderbringen *a. fig;* **2.** verschmelzen, vermischen, vereinigen; verwischen; **3.** verwirren, aus dem Konzept bringen, ratlos machen, verblüffen, bestürzen; **4.** beschämen, demütigen; zuschanden machen, vereiteln, zerschlagen, vernichten; **5.** *jur* der Schuld *od* Lüge überführen; **II.** *v prn se* ~ **6.** verschmelzen, verschwimmen; ineinander übergehen; **7.** *se* ~ *en* sich überbieten an *dat,* überströmen, *fam* sich überschlagen vor *dat.*

conform|ation [kɔ̃fɔrmasjɔ̃] *f* Gestalt(ung) *f,* Bau *m;* **~e** *a* übereinstimmend, gleichlautend; — ~ *à* in Übereinstimmung mit, gemäß, entsprechend, angemessen *dat; pour copie* ~ *(jur)* für die Richtigkeit der Abschrift; *certifié* ~ beglaubigt; *être* ~ überein≈stimmen (*à qc* mit etw); ~ *à l'horaire* fahrplanmäßig; ~ *aux usages locaux, commerciaux* orts-, handelsüblich; **~ément** *adv* gemäß, entsprechend (*à* dat); **~er I.** *tr* an≈passen, an≈gleichen (*à* an *acc*); **II.** *v prn se* ~ *à* sich richten nach; Folge leisten *dat;* **~isme** *m* Konformismus*m;* **~iste** *m* Jasager *m;* **~ité** *f* Übereinstimmung, Gleichförmigkeit *f; — en* ~ *avec* in Übereinstimmung mit; *en pleine* ~ *de vues* in voller Übereinstimmung der Auffassungen.

confort [kɔ̃fɔr] *m* Komfort *m,* Bequemlichkeit, Behaglichkeit *f; grand* ~ *(com)* mit allem Komfort; **~able** *a* **1.** komfortabel, behaglich, wohnlich (eingerichtet); **2.** *fig (Einkommen)* ansehnlich, beträchtlich; *(Vorsprung)* beachtlich; **~ablement** *adv* **1.** bequem, behaglich; **2.** *fig.* reichlich.

confratern|el, le [kɔ̃fratɛrnɛl] *a* kollegial; **~ité** *f* kollegiale(s) Verhältnis *n.*

confr|ère [kɔ̃frɛr] *m* (Berufs-)Kollege *m;* **~érie** *f rel* Bruderschaft *f.*

confront|ation [kɔ̃frɔ̃tasjɔ̃] *f jur* Gegenüberstellung *f;* **~er** *tr jur* gegenüber≈ stellen, konfrontieren (*avec* mit); *(Handschriften)* vergleichen.

confus, e [kɔ̃fy, -yz] *a* **1.** (ver)wirr(t), verworren, ungeordnet; *(Bild)* undeutlich, unscharf; **2.** *fig* unklar, dunkel, verworren; **3.** *(Person)* verwirrt, verlegen, betreten, betroffen, beschämt (*de* über *acc*); **~ément** *adv* **1.** undeutlich; verschwommen; **2.** *fig* vage, dunkel; **3.** *(Stil)* verworren; **~ion** *f* **1.** Verwirrung, Verworrenheit *f;* Durcheinander *n,* Unordnung; **2.** Verwechslung *f,* Irrtum *m;* **3.** *(Personen)* Verwirrung, Verlegenheit, Betroffenheit *f;* **4.** *jur* Vereinigung *f;* — *à ma* ~ zu meiner Schande.

congé [kɔ̃ʒe] *m* **1.** Urlaub(szeit *f,* -sschein) *m;* schulfreie Zeit *f;* **2.** Entlassung; Kündigung *f;* **3.** *com* Passier-, Zollschein *m;* **4.** *mar* Schiffszertifikat *n;* **5.** *aller en* ~ auf, in Urlaub gehen; *avoir* ~, *être en* ~ Urlaub *od* schulfrei haben; *donner* ~ *à qn* jdn beurlauben; jdm frei=geben; *donner son* ~ *à qn* jdn entlassen; jdm kündigen; *prendre* ~ Abschied nehmen, sich verabschieden; sich zurück=ziehen (*de qn* von jdm); *recevoir son* ~ entlassen werden; **6.** *après-midi m de* ~ freie(r) Nachmittag *m; demande f de* ~ Urlaubsgesuch *n;* **7.** ~ *annuel* Jahresurlaub *m;* ~ *de convalescence, de détente* Genesungs-, Erholungsurlaub *m;* ~ *de maladie* Krankheitsurlaub *m;* ~ *de maternité* Mutterschaftsurlaub *m;* ~ *payé* bezahlte(r) Urlaub *m;* **~diement** [-di-] *m* **1.** Entlassung *f;* **2.** Verabschiedung *f;* **~dier** [-dje] *tr* **1.** entlassen; **2.** verabschieden.

cong|élateur [kɔ̃ʒelatœr] *m* **1.** Gefrierfach *n;* **2.** Tiefkühltruhe *f;* **~élation** *f* **1.** Gefrieren; Dick-, Steifwerden *n;* **2.** *(Lebensmittel)* Einfrieren *n;* **3.** Erfrieren *n;* — *point m de* ~ Gefrierpunkt; *(Öl)* Stockpunkt *m;* **~eler** [-ʒle] **I.** *tr* **1.** zum Gefrieren bringen; ein=dicken, gerinnen lassen; *(Lebensmittel)* einfrieren; **2.** *(Glieder)* erfrieren lassen; **II.** *v prn se* ~ gefrieren (*à* bei).

congén|ère [kɔ̃ʒenɛr] **I.** *a* gleichartig *a. biol;* **II.** *s m f* Artgenosse *m;* **~ital, e** *a med* angeboren.

congère [kɔ̃ʒɛr] *f* Schneeverwehung *f.*

congest|if, ive [kɔ̃ʒɛstif, -iv] *a med* Kongestions-; **~ion** [-stjɔ̃] *f med* Blutandrang *m;* Hyperämie *f;* ~ *cérébrale* Gehirnschlag *m;* **~ionner** [-tjɔ-] *tr* **1.** Blutandrang verursachen (*qc* in etw); **2.** *(Gesicht)* hochrot färben; **3.** *(Straße)* verstopfen.

conglomér|at [kɔ̃glɔmera] *m geol* Konglomerat *n a. fig.*

congratul|ation [kɔ̃gratylasjɔ̃] *f meist pl* (herzliche) Gratulation *f,* Glückwunsch *m;* **~er** *tr:* ~ *qn sur qc* jdm (überschwenglich) zu etw Glück wünschen, jdm gratulieren.

congre [kɔ̃gr] *m* Meeraal *m.*

congrég|aniste [kɔ̃greganist] **I.** *s m f rel* Ordensbruder *m,* -schwester *f;* **II.** *a* Kongregations-, Ordens-; **~ation** *f rel* Kongregation *f.*

congr|ès [kɔ̃grɛ] *m* Kongreß *m a. pol,* Tagung *f;* ~ *de parti* Parteikongreß, Parteitag *m;* **~essiste** *m f* Kongreß-, Tagungsteilnehmer(in *f*) *m;* **~u, e** *a: en être réduit à la portion* ~*e* vom Existenzminimum leben müssen; **~uence** [-gryɑ̃s] *f math* Kongruenz *f;* **~uent, e** *a math* kongruent.

coni|cité [kɔnisite] *f* Kegelform, -gestalt *f;* **~fère** *m bot* Nadelbaum *m; pl* Koniferen *f pl,* Nadelhölzer *n pl;* **~que** *a* konisch, kegelförmig; verjüngt; Kegel-; — *section f* ~ *(math)* Kegelschnitt *m.*

conjectur|al, e [kɔ̃ʒɛktyral] *a* auf Vermutungen beruhend, mutmaßlich; **~e** *f* Mutmaßung, Vermutung *f; faire, former des* ~*s* Vermutungen an=stellen (*sur* über *acc*); **~er** *tr* vermuten, mutmaßen; Vermutungen an=stellen (*sur* über *acc*).

conjoint, e [kɔ̃ʒwɛ̃] **I.** *a* gemeinsam, verbunden *a. math gram;* **II.** *s m f* Ehegatte *m,* -gattin *f; m pl* Eheleute *pl;* **~tement** *adv* gemeinsam.

conjonct|if, ive [kɔ̃ʒɔ̃ktif] *a* **1.** (ver)bindend, Binde-; *tissu m* ~ *(anat)* Bindegewebe *n;* **2.** *proposition f* ~*ive* Konjunktionalsatz *m;* **~ion** [-sjɔ̃] *f* **1.** Verbindung, Vereinigung *f;* **2.** *gram* Konjunktion *f,* Bindewort *n;* **3.** *astr* Konjunktion *f;* **~ive** *f anat* Bindehaut *f;* **~ivite** *f* Bindehautentzündung *f;* **~ure** *f* **1.** Lage *f* (der Dinge); Umstände *m pl;* Aussichten *f pl;* **2.** *com* Konjunktur, Geschäftslage *f;* — *sensible à la* ~ konjunkturempfindlich; *analyse, étude f de la* ~ Konjunkturforschung *f;* ~ *économique* Wirtschaftslage *f; fluctuations f pl, redressement, retournement m de la* ~ Konjunkturschwankungen *f pl,* -belebung *f,* -umschwung *m.*

conjug|able [kɔ̃ʒygabl] *a gram* konjugierbar (*à tous les temps* in allen Zeiten); **~aison** *f* **1.** *gram* Konjugation, Abwandlung *f;* **2.** *zoo* Konjugation *f;* **~al, e** *a* ehelich, Ehe-; *chambre f* ~*e* Elternschlafzimmer *n; lit m* ~ Ehebett *n;* **~ué, e** *a* **1.** *anat bot* gepaart; **2.** *math* konjugiert, zugeordnet; **3.** *tech* verbunden, gekoppelt; **4.** *allg* zs.gefaßt, vereinigt, gemeinsam; **~uer** *tr* **1.** (mitea.) verbinden, vereinigen; **2.** *gram* konjugieren, ab=wandeln.

conjur|ateur [kɔ̃ʒyratœr] *m* (Geister-) Beschwörer *m;* **~ation** *f* **1.** Verschwörung *f;* **2.** (Geister-)Beschwörung *f; monter une* ~ e-e Verschwörung an=zetteln; **~é** *m* Verschworene(r) *m;* **~er** **I.** *tr* **1.** *(Geister)* beschwören; **2.** *(Gefahr)* ab=wenden; **3.** inständig bitten, beschwören; **II.** *v prn se* ~ sich verschwören (*contre* gegen *acc*).

connaiss|able [kɔnɛsabl] *a* erkennbar, kenntlich, zu erkennen(d); **~ance** *f* **1.** Erkenntnis(vermögen *n*) *f;* **2.** Kenntnis *f,* Wissen *n;* **3.** Bewußtsein *n;* **4.** Bekanntschaft; Bekannte(r *m*) *f;* **5.** *jur* Zuständigkeit *f;* **6.** *pl* Kenntnisse *f pl,* Wissen *n;* **7.** *à ma* ~ meines Wissens, soviel ich weiß; *en* ~ *de cause* in Kenntnis der Sachlage; mit Sachkenntnis; *sans* ~ ohne Bewußtsein; bewußt-, besinnungslos; **8.** *avoir* ~ *de qc* über e-e S informiert sein; von etw Kenntnis haben *od* erlangen; *avoir toute sa* ~ bei vollem Bewußtsein sein; *donner* ~ *de qc à qn, porter qc à la* ~ *de qn* jdm etw mit=teilen, jdn von etw unterrichten; *faire* ~ sich mitea. bekannt machen; *faire, lier* ~ *avec qn, faire la* ~ *de qn* jds Bekanntschaft machen, jdn kennen=lernen; *faire faire la* ~ *de qn à qn* jdn mit jdm bekannt machen; *perdre* ~ das Bewußtsein, die Besinnung verlieren, ohnmächtig werden; *porter à la* ~ *du public* öffentlich bekannt=machen; *prendre* ~ *de qc* etw zur Kenntnis nehmen; etw prüfen; *reprendre* ~ das Bewußtsein wieder=erlangen, wieder zu sich kommen; *venir à la* ~ *de qn* jdm zu Ohren kommen; **9.** *une personne de ma* ~, *une de mes* ~*s* ein Bekannter, e-e Bekannte von mir; ~ *des choses* Sachkenntnis *f;* ~ *des hommes* Menschenkenntnis *f;* ~*s professionnelles* Fachkenntnisse *f;* ~**ement** [-ɛs-] *m* Seefrachtbrief *m,* Konnossement *n;* ~**eur, se I.** *s m f* Kenner(in *f*) *m;* **II.** *a* Kenner-; — *d'un air* ~ mit Kennermiene; *être* ~ *en vins* Weinkenner sein.

connaître [kɔnɛtr] **I.** *tr* **1.** kennen, wissen; **2.** können, verstehen; sich bewußt sein *gen;* bekannt sein (*qc* mit e-er S); **3.** kennenlernen; (*Schicksal)* erleben; erfahren; ~ *de qc (jur)* über e-e S erkennen, in e-er S entscheiden, *allg* urteilen; *(litt)* erkennen, ein=sehen; **II.** *se* ~ *à, en* **4.** sich verstehen auf *acc,* sich aus=kennen in *dat; s'y* ~ sich darin aus=kennen; **5.** *faire* ~ mit=teilen, bekannt=geben, -machen; *se faire* ~ sich bekannt, sich e-n Namen machen; sich zu erkennen geben; *la* ~ *(pop)* Bescheid wissen, auf der Höhe sein; *ne plus* ~ *qn* jdn ignorieren, jdn schneiden; *ne rien y* ~ nichts davon verstehen; ~ *sur le bout des doigts, comme le fond de sa poche* in- u. auswendig, wie s-e Westentasche kennen; ~ *son métier* sein Geschäft, Handwerk verstehen; ~ *son monde (fam)* seine Pappenheimer kennen; ~ *de nom* dem Namen nach kennen; ~ *de vue* vom Sehen kennen; **6.** *j'ai appris à le connaître* ich habe ihn kennengelernt, kenne seine Schliche; *il a connu la faim* er hat schon Hunger gelitten *od* am eigenen Leibe erfahren; *je ne lui connaissais pas ce défaut* ich wußte nicht, daß er diesen Fehler hat(te).

connect|er [kɔnɛkte] *tr allg tele* verbinden; *el* (ein=)schalten, an=schließen, koppeln.

connerie [kɔnri] *f arg* Dämlichkeit, Dummheit *f,* Quatsch, Mist *m.*

connex|e [kɔnɛks] *a* verbunden, zs.hängend; ~**ion** *f* Verbindung, *f,* Anschluß *m;* ~**ité** *f* Zs.hang *m,* Verbindung *f.*

conniv|ence [kɔnivɑ̃s] *f être de* ~ *avec qn* mit jdm unter einer Decke stecken.

connu, e [kɔny] **I.** *a* bekannt *a. math;* **II.** *s m* Bekannte(s) *n;* ~! *(fam)* so'n Bart!

conquér|ant, e [kɔ̃kerɑ̃, -ɑ̃t] **I.** *a* eroberungslustig; *fam* draufgängerisch; *(Miene)* siegessicher; **II.** *s m* Eroberer *m;* ~**ir** *tr* **1.** erobern *a. fig;* **2.** (für sich) ein=nehmen; **3.** erringen, gewinnen, erwerben.

conquête [kɔ̃kɛt] *f* **1.** Eroberung *f a. fig fam;* **2.** Errungenschaft *f;* — *faire la* ~ erobern (*de qc* etw); für sich gewinnen (*de qn* jdn).

consacr|é, e [kɔ̃sakre] *a* **1.** *rel.* geweiht; **2.** *(Ausdruck)* üblich; ~**er** *tr* **1.** *rel* (ein=) weihen, konsekrieren, **2.** *fig* rechtfertigen; **3.** *(Zeit)* widmen, verwenden (*à* für, zu); **4.** *(Erinnerung)* festhalten, verankern (*par* in *dat*); *(neue Wörter)* sanktionieren.

consanguin, e [kɔ̃sɑ̃gɛ̃, -in] *a* u. *s m f: frère m* ~ Halbbruder *m;* ~**ité** *f* Blutsverwandtschaft *f.*

conscien|ce [kɔ̃sjɑ̃s] *f* **1.** Bewußtsein *n;* **2.** (~ *morale)* Gewissen *n;* **3.** Gewissenhaftigkeit *f;* **4.** *en (toute)* ~ nach bestem Wissen und Gewissen; *par acquit de* ~ um sein Gewissen zu beruhigen; *sans* ~ gewissenlos; **5.** *avoir* ~ *de qc* sich e-r S bewußt sein; *avoir bonne* ~ ein gutes Gewissen haben; *avoir qc sur la* ~ etw auf dem Gewissen haben; *décharger, libérer, soulager sa* ~ sein Gewissen entlasten; *se donner bonne* ~ sein Gewissen beschwichtigen; *faire son examen de* ~ sein Gewissen prüfen *od* erforschen; *mettre beaucoup de* ~ *dans son travail* s-e Arbeit sehr sorgfältig aus=führen; *perdre* ~ das Bewußtsein verlieren; *de qc* sich e-r S nicht mehr bewußt sein; *prendre* ~ *de* sich bewußt werden *gen;* **6.** *cas m de* ~ Gewissensfrage *f; examen m de* ~ Gewissenserforschung *f; liberté f de* ~ Gewissensfreiheit *f; prise f de* ~ 1. Bewußtwerdung *f;* 2. Selbstverständnis *n;* ~ *du, de son devoir* Pflichtbewußtsein *n;* ~**cieux, se** *a* gewissenhaft; ~**t, e** [-sjɑ̃, -ɑ̃t] *a* bewußt; *je suis* ~ *de mon erreur* ich bin mir meines Irrtums bewußt.

conscri|ption [kɔ̃skripsjɔ̃] *f mil* Aushebung *f;* ~**t** [-i] *m* Rekrut *m.*

consécration [kɔ̃sekrasjɔ̃] *f* **1.** *rel* Konsekration, Weihe *f;* **2.** *fig* Bestätigung, Sanktionierung *f* (*par* in *dat*).

consécut|if, ive [kɔ̃sekytif, -iv] **1.** aufea.-, nachfolgend; **2.** folgend (*à* aus);

proposition f ~ive Konsekutiv-, Folgesatz *m;* **~ivement** *adv* nach-, hinterea.

conseil [kõsɛj] *m* **1.** Rat(schlag) *m;* Berat(schlag)ung, Überlegung *f;* **2.** Ratgeber, Berater *m;* **3.** Rat *m,* beratende Versammlung *f;* **4.** *sur mon ~* auf meinen Rat; **5.** *demander ~ à qn* jdn um Rat fragen; *prendre ~ de qn* jdn zu Rate ziehen; auf jdn hören; *tenir ~* e-e Sitzung ab=halten; **6.** *c'est un homme de bon ~* er weiß immer Rat; *la nuit porte ~* guter Rat kommt über Nacht; **7.** *~ administratif, d'administration* Verwaltungsrat *m,* Kuratorium *n,* Vorstand *m; ~ de cabinet* Ministerrat *m; ~ de direction* Vorstand *m; ~ d'entreprise* Betriebsrat *m; ~ de l'Europe* Europarat *m; ~ de famille* Familienrat *m; ~ juridique* Rechtsbeistand *m; ~ des ministres* Ministerrat *m; ~ municipal* Stadt-, Gemeinderat *m; ~ des parents* Elternbeirat *m; ~ des prud'hommes* Arbeitsgericht *n; ~ de surveillance (com)* Aufsichtsrat *m;* **~ler** *tr* beraten; (an=)raten (*qc à qn* jdm etw); e-n Rat geben, e-n Ratschlag erteilen (*qn* jdm); *prix m conseillé* empfohlene(n) Preis *m;* **~ler, ère** *m f* Berater(in *f*), Ratgeber(in *f*); Rat *m,* Rätin *f;* — *~ économique* Wirtschaftsberater *m; ~ d'État* Staatsrat *m (Person); ~ fiscal* Steuerberater *m; ~ juridique* Rechtsberater *m; ~ municipal* Stadtrat(smitglied), Stadtverordnete(r) *m; ~ d'orientation professionnelle* Berufsberater *m; ~ rapporteur* Referent *m.*

consent|ant, e [kõsɑ̃tɑ̃, -ɑ̃t] *a* einwilligend, zustimmend; *être ~* ein=willigen, zu=stimmen; **~ement** *m* Einwilligung, Zustimmung, Zusage; Übereinstimmung *f;* — *du ~ de* mit Einwilligung *gen;* nach der übereinstimmenden Ansicht, Meinung *gen; par ~ mutuel* in gegenseitigem Einverständnis; **~ir I.** *itr* ein=willigen (*à* in *acc*), s-e Einwilligung geben (*à* zu), zu=stimmen, zu=sagen, bei=pflichten; **II.** *tr* gut=heißen, billigen; *~ à tout* zu allem ja und amen sagen.

conséquen|ce [kõsekɑ̃s] *f* **1.** Folge(rung, -erscheinung) *f,* Schluß *m,* Konsequenz *f;* **2.** folgerichtige(s) Denken *n,* Folgerichtigkeit; Bedeutung, Wichtigkeit *f;* **3.** *de ~* von Wichtigkeit; *en ~* folglich, demnach, (dem)entsprechend, infolgedessen; *en ~ de* entsprechend, zufolge, gemäß *dat,* infolge *gen; sans ~* unwichtig; **4.** *avoir pour ~* zur Folge haben; *être de ~, tirer à ~* Folgen haben; wichtig, von Bedeutung sein; *tirer la ~ de qc* aus etw die Lehre zu ziehen; **~t, e** [-kɑ̃, -ɑ̃t] *a* **1.** folgerichtig, konsequent; **2.** relevant, wichtig; — *par ~* folglich, infolgedessen.

conserv|ateur, trice [kõsɛrvatœr, -tris] **I.** *s m f* **1.** *(Museum)* Kustos, Konservator *m;* **2.** *pol* Konservative(r) *m;* **3.** Konservierungsmittel *n;* **II.** *a* konservativ; *~ de bibliothèque* Bibliothekar *m; ~ des hypothèques* Grundbuchbeamte(r) *m;* **~ation** *f* **1.** Erhaltung, Bewahrung *f;* **2.** *(Lebensmittel)* Konservierung, Haltbarmachung *f;* Einmachen, -kochen *n;* **3.** *instinct m de ~* Selbsterhaltungstrieb *m; ~ des eaux et forêts* Forstverwaltung *f; ~ des hypothèques* Grundbuchamt *n;* **~atisme** *m pol* Konservativismus *m;* **~atoire** *s m mus (~ de musique)* Konservatorium; **~e** *f* **1.** Konserve *f;* Eingemachte(s) *n;* **2.** *theat arg* Repertoirestück *n;* **3.** Musikkonserve *f;* **4.** *typ* Stehsatz *m;* **5.** *de ~* gemeinsam; **6.** *mettre en ~* ein=dosen; *boîte f à, de ~* Konservenbüchse, -dose *f; industrie f de la ~* Konservenindustrie *f; lait m, légumes m pl, viande f en ~* Büchsenmilch *f,* -gemüse, -fleisch *n; ~ de fruits, de légumes, de poisson, de viande* Obst-, Gemüse-, Fisch-, Fleischkonserve *f;* **~er I.** *tr* **1.** erhalten, (auf=)bewahren, konservieren; **2.** *(Geheimnis)* hüten; **3.** *(Haltung)* (bei=, zurück=)behalten; **4.** *(Lebensmittel)* konservieren; **II.** *v prn se ~* sich (gut, in s-r Stelle) halten; — *cela ne se conserve pas* das hält sich nicht; *~ sa tête* geistig noch ganz frisch sein; **~erie** [-vəri] *f* Konservenindustrie, -fabrik *f.*

considér|able [kõsiderabl] *a* beachtenswert, beachtlich, beträchtlich, ansehnlich; angesehen, bedeutend, namhaft; **~ation** *f* **1.** Betrachtung, Erwägung, Überlegung *f;* **2.** (Beweg-)Grund *m;* Berücksichtigung, Beachtung, Rücksicht *f;* **3.** (Hoch-)Achtung, Wertschätzung *f,* Ansehen *n;* **4.** *pl* Betrachtungen *f pl,* Gedanken *m pl,* Meinungen *fpl* (*sur* über *acc*); **5.** *en ~ de* in Anbetracht *gen,* mit Rücksicht auf *acc;* **6.** *faire entrer en ~* in Erwägung ziehen, Rücksicht nehmen auf *acc; ne pas entrer en ~* nicht in Betracht kommen; *prendre en ~* in Erwägung ziehen; *ne pas être pris en ~* außer Betracht bleiben; **7.** *agréez l'assurance de ma ~ distinguée* mit vorzüglicher Hochachtung; **~er I.** *tr* **1.** erwägen, überlegen, bedenken; **2.** sich befassen (*qc* mit etw); **3.** (be)achten, betrachten, an=sehen (*comme* als); berücksichtigen; **4.** aufmerksam betrachten (*qn* jdn); **II.** *v prn se ~* sich halten für; — *vous considérez-vous comme responsable de l'accident?* tragen Sie Ihrer Meinung nach die Schuld an dem Unfall? *tout bien considéré* alles wohl erwogen.

consign|ataire [kõsiɲatɛr] *m* **1.** Ver-, Bewahrer *m;* **2.** *com* Konsignatar *m;* **~ation** *f* **1.** *jur com* Hinterlegung *f;* **2.** Konsignation *f;* — *commerce m de ~* Konsignations-, Kommissionsgeschäft *n; marchandise f en* ~ Konsignationsware *f;* **~e** *f* **1.** *mil* Instruktion, (An-)Weisung *a. allg;* Dienst-, Wachvorschrift *f;* **2.** *mil* Stubenarrest *m; (Schule)* Nachsitzen *n;* **3.** *loc* Gepäckaufbewahrung *f;* **4.** (Flaschen-)Pfand *n;* — *manger la* ~ *(fam)* e-e Weisung nicht beachten; e-e Abmachung vergessen; *mettre à la* ~ in die Gepäckaufbewahrung geben; *bulletin m de* ~ Gepäckaufbewahrungsschein *m;* ~ *automatique (loc)* Schließfach *n;* **~er** *tr* **1.** *jur com* hinterlegen, konsignieren, in Kommission geben; **2.** zur Aufbewahrung (über)geben; **3.** (schriftlich) nieder=legen, verzeichnen, auf=führen; **4.** *mil* mit Stuben-, Hausarrest, Ausgehverbot bestrafen; *(Schule)* nach=sitzen lassen; **5.** den Zutritt verbieten (*qn* jdm); **6.** Pfand, Einsatz verlangen (*qc* für etw); — ~ *sa porte à qn* jdn nicht empfangen; ~ *au procès-verbal* zu Protokoll geben.

consist|ance [kõsistɑ̃s] *f* **1.** Konsistenz, Dickflüssigkeit; Festigkeit *f (e-s Körpers);* **2.** *fig* solide Grundlage *f;* — *sans* ~ *(Mensch)* haltlos; *(Gerücht)* unbestätigt; *prendre de la* ~ *(Person)* an Profil gewinnen; *fig* sich bestätigen; *(Flüssigkeit)* steif werden; **~ant, e** *a* dickflüssig; fest; *(Argument)* stichhaltig; **~er** *itr* bestehen (*en, dans* in *dat,* aus); beruhen (*à* auf *dat); le tout* ~*e à* es kommt darauf an, zu; **~oire** *m rel* Konsistorium *n.*

consol|ant, e [kõsɔlɑ̃] *a* tröstlich, trostreich; **~ateur, trice I.** *s m f* Tröster, Trostspender(in *f*) *m;* **II.** *a* trostreich, tröstlich; **~ation** *f* Trost *m,* Tröstung *f; prix m de* ~ Trostpreis *m;* **~e** *f* **1.** Konsole *f,* Wandbrett *n,* -arm *m;* **2.** Konsoltisch *m;* **3.** *arch* Kragstein *m;* **4.** *(Sprachlabor)* Pult *n;* **~er I.** *tr* trösten; *(Schmerz)* lindern; **II.** *v prn se* ~ *de qc* über e-e S hinweg=kommen; **~idation** *f* **1.** *arch* Verstärkung, Stützung *f;* **2.** *(Finanzen)* Stärkung, Festigung, Sicherung, Fundierung, Konsolidierung *f a. fig;* **3.** *med* Verheilung *f;* **~idé, e I.** *a (Staatspapiere)* fundiert; **II.** *s m pl* Konsols *m pl;* **~ider** *tr* **1.** *tech fig* (be-)festigen, sichern; verstärken; **2.** *(Finanzen)* fundieren, konsolidieren.

consomm|able [kõsɔmabl] *a* genießbar; **~ateur, trice** *s m f* **1.** *com* Verbraucher(in *f*), Konsument; Gast *m (in e-m Lokal);* **2.** *rel* Vollender *m;* — ~ *final* Endverbraucher *m;* **~ation** *f* **1.** Verbrauch *a. tech mot;* Konsum; Absatz *m;* Abnutzung *f,* Verschleiß *m;* **2.** Verzehr *m (in e-m Lokal);* Getränk *n;* **3.** *jur (Straftat)* Vollendung; *(Ehe)* Vollziehung *f;* **4.** *jusqu' à la* ~ *des siècles* bis an das Ende der Zeiten; **5.** *biens m pl de* ~ Verbrauchsgüter *pl; industrie f des biens de* ~ Verbrauchsgüterindustrie *f; société f de* ~ Konsumgesellschaft *f;* **6.** ~ *de* od *en combustible* Brennstoff-, Kraftstoffverbrauch *m;* ~ *de courant* Stromverbrauch, -bedarf *m;* ~ *d'essence, d'huile* Benzin-, Ölverbrauch *m* **~é, e I.** *a* vollendet, vollkommen, perfekt; Erz-; **II.** *s m* Kraftbrühe *f;* **~er** *tr* **1.** ver-, auf=brauchen, ver-, auf=zehren; **2.** *(von Sachen)* verbrauchen, erfordern, *fam* verschlingen, schlucken; **3.** *(im Gasthaus)* verzehren, trinken; **4.** *jur (Straftat)* vollenden; *(Ehe)* vollziehen.

consomption [kõsõpsjõ] *f med* Auszehrung *f.*

conson|ance [kõsɔnɑ̃s] *f* **1.** *mus* Konsonanz *f;* **2.** *(Sprache)* Klang *m;* **3.** *(Wörter)* Gleichklang *m;* **~ant, e** *a mus* gleichklingend; **~antique** *a* konsonantisch; **~ne** *f* Konsonant, Mitlaut *m.*

consort [kõsɔr] *m* **1.** *prince m* ~ Prinzgemahl *m;* **2.** *pl jur* Mittäter *m pl; et* ~*s (péj)* und Konsorten; **~ium** [-sjɔm] *m com* Konsortium *n.*

conspir|ateur, trice [kõspiratœr] *m f* Verschwörer *m,* Verschworene(r *m*) *f;* **~ation** *f* Verschwörung *f; c'est la* ~ *du silence* alle haben sich verschworen, den Mund zu halten; **~er** *itr* **1.** sich verschwören, konspirieren (*contre* gegen); **2.** *fig* mit bei=tragen (*à* zu).

conspuer [kõspɥe] *(Redner)* aus=pfeifen, niederschreien.

const|amment [kõstamɑ̃] *adv* beständig, immer wieder; andauernd; **~ance** *f* Beharrlichkeit, Ausdauer; Beständigkeit *f; avec* ~ beständig, beharrlich; **~ant, e I.** *a* **1.** standhaft; beharrlich, ausdauernd; beständig, stet(ig), dauerhaft; **2.** feststehend, sicher, gewiß; **3.** *math* konstant; — *il est* ~ *que* es steht fest, daß; **II.** *s f* **1.** *math* Konstante *f;* **2.** *fig* feste Größe *f,* gleichbleibende(r) Faktor *m;* **~at** [-a] *m jur* amtliche(s) Protokoll *n;* **~atation** *f* Feststellung; Bestätigung; *jur* Beurkundung *f;* **~ater** *tr* **1.** fest=stellen, konstatieren; bestätigen; **2.** *jur* beurkunden.

constell|ation [kõstɛlasjõ] *f astr* Sternbild *n;* Konstellation *f; sous une heureuse* ~ unter e-m guten Stern; **~é, e** *a* übersät (*de* mit *dat*); **~er** *tr* be-, übersäen; *(Brust)* bedecken.

constern|ation [kõstɛrnasjõ] *f* Bestürzung, Betroffenheit *f;* **~er** *tr* bestürzen, in Bestürzung versetzen; erschüttern.

constip|ation [kõstipasjõ] *f med* Verstopfung *f;* **~é, e 1.** *med* hartleibig; **2.** *il a l'air* ~ er benimmt sich steif; **~er** *tr med* Verstopfungsursachen (*qn* bei jdm).

constitu|ant, e [kõstitɥɑ̃, -ɑ̃t] **I.** *a* **1.** (e-n Bestandteil) bildend; **2.** *pol* konstituierend, verfassunggebend; **II.** *s m pol* Mitglied *n* e-r verfassunggebenden Versammlung; *s f* u. *assemblée f* ~*e* verfassunggebende Versammlung *f; partie f*

~e Bestandteil *m;* **~é, e** *a* **1.** *pol* von der Verfassung vorgesehen; durch Gesetz bestellt; **2.** *bien ~ (Mensch)* wohlproportioniert; **~er I.** *tr* **1.** aus=machen, bilden, dar=stellen; **2.** (be)gründen, ins Leben rufen, schaffen, er-, ein=richten; **3.** *(Rente)* aus=setzen, an=weisen; **II.** *v prn se ~* auf=treten, sich hin=stellen als, sich konstituieren (*en* als), sich auf=werfen zu *a. jur;* — *se ~ qc* sich etw schaffen; *se ~ prisonnier* sich (der Polizei) stellen; *mil* sich gefangen geben; **~tif, ive** [-ty-] *a* **1.** grundlegend, wesentlich; **2.** *jur* (rechts)begründend; — *éléments m pl ~s* Grundbestandteile *m pl; titre m ~* Rechtstitel *m;* **~tion** *f* **1.** Bildung, Einsetzung, Einrichtung *f;* **2.** Beschaffenheit *f,* Zustand *m;* **3.** *jur (Rente)* Aussetzung *f;* **4.** *pol* Verfassung *f,* (Staats-)Grundgesetz *n;* **5.** *(Mensch)* Konstitution *f;* **6.** Aufbau *m,* Struktur, Gliederung *f;* — *~ d'une discothèque* Aufbau *m* e-r Diskothek; **~tionnel, le** *a med pol* konstitutionell; *pol* verfassungsmäßig.

construct|eur [kõstryktœr] **I.** *s m* **1.** Erbauer, Baumeister, Konstrukteur *m;* **2.** *fig* Begründer *m;* **II.** *a: ~ mécanicien* Maschinenbauer *m; ~ d'avions* Flugzeugkonstrukteur *m;* **~if, ive** *a* **1.** konstruktiv; **2.** kreativ; **~ion** [-ks-] *f* **1.** *arch* Konstruktion, Erbauung *f,* Bauen *n;* Bauart, -weise, Herstellung *f;* **2.** *arch* (fertiger) Bau *m;* Bauwerk *n,* Anlage *f;* **3.** *fig (Roman)* Anlage *f,* Aufbau *m;* **4.** *math gram* Konstruktion *f a. fig;* **5.** *en ~* im Bau (befindlich); **6.** *entrepreneur m de ~* Bauunternehmer *m; entreprise f de ~* Baugeschäft *n; frais m pl de ~* Baukosten *pl;* **7.** *~ aéronautique* Flugzeugbau *m; ~ en béton armé* Stahlbetonbau *m; ~ brute* Rohbau *m; ~ en préfabriqué* Fertigbau *m; ~ de logements* Wohnungsbau *m; ~ navale* Schiffsbau *m; ~ des routes* Straßenbau *m; ~ en série* Serien-, Montagebau *m,* Serienanfertigung *f.*

construire [kõstrɥir] *tr* **1.** *arch* (er)bauen, errichten; **2.** *tech* konstruieren, her=stellen; entwerfen; **3.** *(Weg)* an=legen; **4.** *gram (Satz)* bilden; **5.** *fig (sein Leben)* ein=richten; **6.** *(System)* auf=bauen; **7.** *(Werk)* zs.=stellen, gestalten, anlegen.

consul [kõsyl] *m hist jur* Konsul *m; ~ général* Generalkonsul *m;* **~aire** *a* **1.** konsularisch, Konsular-; **2.** *jur juge m ~* Handelsrichter *m;* **~at** [-la] *m hist jur* Konsulat *n.*

consult|ant, e [kõsyltɑ̃, -ɑ̃t] *a: avocat m ~* Rechtskonsulent *m; médecin m ~* beratende(r) Arzt *m;* **~atif, ive** *a pol* beratend; *avoir voix ~ative* beratende Stimme haben; *comité m ~* beratende(r) Ausschuß *m;* **~ation** *f* **1.** Konsultation, Beratung *f;* **2.** *med* Sprechstunde *f;* **3.** *pol* Befragung, Besprechung *f;* **4.** *med jur* Gutachten *n;* **5.** *(Werk)* Nachschlagen *n;* — *cabinet m, heure f de ~* Sprechzimmer *n,* -stunde *f; ~ des nourrissons* Mütterberatung(sstelle) *f; ~ populaire* Volksbefragung *f;* **~er I.** *tr* **1.** um Rat fragen, befragen, sich beraten lassen (*qn* von jdm), zu Rate ziehen, konsultieren; *(Sachverständigen)* hinzuziehen; **2.** nach=sehen, -schlagen (*qc* in etw); **II.** *itr* **3.** beratschlagen, sich beraten (*avec* mit); **4.** *med* Sprechstunde haben; **III.** *v prn se ~* miteinander beraten; — *~ les livres* Einsicht in die Bücher nehmen; *~ l'horaire des trains* im Fahrplan nachsehen.

consumer [kõsyme] **I.** *tr* **1.** *(Feuer)* verzehren; **2.** *(Rost)* fressen; **3.** auf=, verbrauchen; **4.** *fig* auf=reiben, *fam* kaputt=machen; **5.** *(Kräfte)* auf=zehren; **II.** *v prn se ~* sich verzehren, sich auf=reiben (*de* in).

contact [kõtakt] *m* **1.** Berührung *f,* Kontakt *m a. el;* **2.** Fühlung(nahme), Beziehung *f;* **3.** *entrer en ~ avec* in Verbindung treten mit; *établir le ~ (el)* ein=schalten; *être en ~* Kontakt haben; *mettre le ~* die Zündung einschalten; *prendre ~ avec* die Verbindung auf=nehmen mit; **4.** *clé f de ~* Zündschlüssel *m; point m de ~ (fig)* Berührungspunkt *m; prise f de ~* Fühlungnahme *f; verres m pl de ~* Kontaktlinsen *f pl; ~ à fiches* Steckkontakt *m;* **~er** *tr* Fühlung nehmen, sich in Verbindung setzen (*qn* mit jdm).

contag|ieux, se [kõtaʒjø] *a* ansteckend *a. fig,* übertragbar; **~ion** *f* **1.** *med* Infektion; Ansteckung *a. fig,* Übertragung *f;* **2.** ansteckende Krankheit, Seuche *f.*

contain|er [kõtɛnɛr] *m loc* Behälter, Container *m* **~érisation** *f com* Verladung, Beförderung *f* in Containern; **~ériser** *tr* in Containern verladen; in Containern befördern.

contamin|ation [kõtaminasjõ] *f* **1.** *med* Verseuchung; Infektion *f;* **2.** *fig* Ansteckung *f;* **3.** *ling* Kontamination *f;* — *~ atomique* radioaktive Verseuchung *f;* **~er 1.** *med* infizieren, verseuchen, an=stecken; **2.** *fig* anstecken.

conte [kõt] *m* (erfundene) Geschichte, Erzählung *f,* Märchen *n;* — *débiter des ~s sur qn* über jdn (schlimme) Geschichten erzählen; *voilà un beau ~, de beaux ~s!* wer das glaubt! *faiseur m de ~s* Aufschneider, Angeber *m; livre m de ~s* Märchenbuch *n; ~ à dormir debout* Ammenmärchen *n; ~ de fée* Märchen *n.*

contempl|ateur [kõtɑ̃platœr] *m* Betrachter, Beschauer *m a. fig;* **~atif, ive** *a* beschaulich; **~ation** *f* **1.** Betrachtung, Anschauung *f;* **2.** Beschaulichkeit; (mystische) Versenkung *f;* **~er** *tr* **1.** be-

trachten, be-, an=schauen; **2.** nach=denken über *acc.*
contemporain, e [kɔ̃tɑ̃pɔrɛ̃, -ɛn] **I.** *a* zeitgenössisch; **II.** *s m f* Zeit-, Altersgenosse *m; être ~ de* zur gleichen Zeit wie, zur Zeit *gen* gelebt haben.
conten|ance [kɔ̃tnɑ̃s] *f* **1.** Fassungsvermögen *n*, -kraft *f;* **2.** Flächeninhalt *m*, Oberfläche *f;* **3.** *fig* Fassung, Haltung *f;* Benehmen, Auftreten *n; — faire bonne ~* die Haltung bewahren; *faire perdre ~ à qn* jdn aus der Fassung bringen; *perdre ~* die Fassung verlieren; **~eur** *m* **1.** kleine(r) Behälter *m;* **2.** Container *m;* **~ir I.** *tr* **1.** enthalten, (um)fassen; in sich schließen, ein=schließen; **2.** e-e Oberfläche haben von *dat;* **3.** in Schranken halten, zurück=halten; zügeln, im Zaum halten; **II.** *v prn se ~* sich beherrschen; sich zurückhalten; **~u, e I.** *a fig* beherrscht; zurückhaltend; **II.** *s m* Inhalt *m a. fig;* Ladung *f; fig* Gehalt *m.*
content, e [kɔ̃tɑ̃, -ɑ̃t] **I.** *a* zufrieden, einverstanden (*de* mit); froh, heiter; erfreut (*de* über *acc*); *~ de peu* genügsam; **II.** *s m; être ~ de* sich freuen über *acc; manger son ~* sich satt essen; *j'en ai mon ~* mein Bedarf ist gedeckt; **~ement** *m* Zufriedenheit; Befriedigung, Genugtuung *f; ~ de soi-même* Selbstzufriedenheit *f;* **~er I.** *tr* zufrieden=stellen, befriedigen, es recht machen *dat;* **II.** *v prn se ~* zufrieden sein, sich begnügen, sich ab=finden; sich bescheiden (*de* mit).
contentieux, se [kɔ̃tɑ̃sjø] **I.** *a jur* streitig; **II.** *s m* **1.** Streit-, Prozeßsachen *f pl;* **2.** Rechtsabteilung *f.*
conter [kɔ̃te] *tr* erzählen, berichten; her=sagen; *— en ~ à qn* jdm etw weis=machen; *il ne s'en laisse pas ~* er läßt sich keinen Bären aufbinden.
contest|able [kɔ̃tɛstabl] *a* anfechtbar, bestreitbar; **~ataire I.** *a* rebellisch, aufsässig; Protest-; **II.** *s m* Protestler *m;* **~ation** *f* **1.** Bestreiten *n*, Anfechtung *f;* **2.** *pol* Protest *m;* Diskussion *f;* Streit *m;* **3.** *sans ~* unbestreitbar; *élever une ~* e-n Einwand erheben (*sur* gegen); *entrer en ~ à avec qn* mit jdm in Streit geraten; *prêter à ~* Anlaß zu e-m Protest geben; **~e** *adv: sans ~* unbestritten; **~é, e** *a* umstritten; **~er I.** *tr* bestreiten, streitig machen, an=fechten; in Abrede stellen, leugnen; ab=, zurück=weisen; **II.** *itr* **1.** (sich) streiten; **2.** *pol* protestieren.
conteur, se [kɔ̃tœr, -øz] *s m f* Erzähler (in *f*); Märchenerzähler(in *f*), -dichter (in *f*) *m.*
context|e [kɔ̃tɛkst(ə)] *m* **1.** Kontext, Zusammenhang *m;* **2.** Hintergründe *m pl*, Lage *f*, Bedingungen *f pl*, Gesamtumstände *m pl;* **~ure** *f* **1.** *anat bot* Gewebe *n a. tech;* **2.** *(Stoff)* Bindung *f;* **3.** *fig* Aufbau *m*, Gefüge *n.*
contigu, ë [kɔ̃tigy] *a* angrenzend (*à* an *acc*); Neben-; *idées f pl ~ës* verwandte Ideen *f pl;* **~ïté** [-gɥite] *f* Angrenzen, Anstoßen *n.*
contin|ence [kɔ̃tinɑ̃s] *f (sexuelle)* Enthaltsamkeit *f;* **~ent** *m* Erdteil, Kontinent *m*, Festland *n;* **~ental, e** *a* festländisch, kontinental; Kontinental-.
conting|ences [kɔ̃tɛ̃ʒɑ̃s] *f pl* Zufälligkeiten *f pl*, Banalitäten *f pl;* **~ent, e I.** *a* **1.** zufällig, ungewiß; **2.** *(Teil)* zustehend; **3.** unwesentlich; **II.** *s m* **1.** Anteil *m;* **2.** Quote *f*, Kontingent *n; pl* Soll *n;* **3.** *mil* Jahrgang *m* Wehrdienstpflichtiger; **~entement** *m* Kontingentierung, Zuteilung *f;* **~enter** *tr* kontingentieren, bewirtschaften, zu=teilen.
continu, e [kɔ̃tiny] *a* zs.hängend, fortlaufend, kontinuierlich; anhaltend, ununterbrochen; *— courant m ~ (el)* Gleichstrom *m; journée f ~e* Durcharbeitszeit *f; poêle f à feu ~* Dauerbrandofen *m;* **~ateur, trice** [-nɥa-] *m f* Fortsetzer(in *f*) *m;* **~ation** *f* Fortsetzung, Weiterführung; Fortdauer *f;* Fortgang *m; — ~ de la course, de l'emploi* Weiterfahrt, -beschäftigung *f;* **~el, le** [-nɥɛl] *a* fortdauernd, -laufend, -während; anhaltend, beständig; **~er** [-nɥe] **I.** *tr* **1.** fort=setzen, fort=, weiter=führen; **2.** verlängern, aus=dehnen; **II.** *itr* **3.** fort=fahren, weiter=gehen, weiter=machen; **4.** sich fort=setzen, sich erstrecken; **5.** an=dauern, -anhalten; s-n Fortgang nehmen; *~ à* od *de faire qc* etw weiterhin tun; *il continue à* od *de pleuvoir, neiger* es regnet, schneit immerzu, hört nicht auf zu regnen, schneien; *continuez!* machen Sie weiter! **~ité** [-nɥite] *f* **1.** Kontinuität *f;* Stetigkeit; Fortdauer *f*, -bestand *m;* **2.** Anhalten *n*, Fortsetzung *f.*
contondant, e [kɔ̃tɔ̃dɑ̃, -ɑ̃t] *a* stumpf; *instrument m ~* Schlagwerkzeug *n.*
contorsion [kɔ̃tɔrsjɔ̃] *f* **1.** Verrenkung, Verzerrung *f;* **2.** *pl fig* vergebliche Anstrengungen *f pl; (Kinder)* Gezappel n; **~ner, se** [-sjɔ-] *v prn* sich verrenken; **~niste** *m* Schlangenmensch *m.*
contour [kɔ̃tur] *m* Umriß *m;* Kontur *f;* **~né, e** *a* **1.** schief, krumm; **2.** *fig (Stil)* geschraubt, gewunden; **~nement** *m*, *route f de ~* Umgehungsstraße *f;* **~ner** *tr* **1.** herum=gehen um; umgehen; *(Straße)* herum=führen; **2.** *fig (Schwierigkeit)* umgehen; **3.** im Umriß entwerfen, umreißen; **4.** verdrehen, verbiegen.
contracept|if, ive [kɔ̃trasɛptif, -iv] *a med* empfängnisverhütend; **~ion** [-sjɔ̃] *f* Empfängnisverhütung *f.*
contract|ant, e [kɔ̃traktɑ̃, -ɑ̃t] **I.** *a* vertragschließend; **II.** *s m* Kontrahent *m;* **~e** *gram* zs.gezogen; **~é, e** *a* **1.** *(Person)* verkrampft; **2.** *(Gesichtszüge)* verzerrt; **~er I.** *tr* **1.** zs.=ziehen, verkürzen; **2.** *(Gewohnheit, Geschmack)* an=nehmen; **3.** *(Kredit)* auf=nehmen; **4.** *jur*

(Vertrag) (ab=)schließen, ein=gehen; **II.** *v prn se* ~ **5.** sich zs.=ziehen; zs.= schrumpfen; **6.** *(Gesicht)* sich verziehen, sich verkrampfen; — ~ *une amitié* Freundschaft schließen; ~ *une assurance* e-e Versicherung ab=schließen; ~ *des dettes* Schulden machen; ~ *un emprunt, un prêt* e-e Anleihe, ein Darlehen auf=nehmen; ~ *une maladie* sich e-e Krankheit zu=ziehen; ~ *mariage* e-e Ehe schließen *od* ein=gehen; ~ *une obligation* e-e Verpflichtung auf sich *(acc)* nehmen, e-e Verbindlichkeit ein=gehen; **~ion** [-sjɔ̃] *f* **1.** Zs.ziehung *f;* **2.** *tech* Schrumpfung *f;* **3.** *(Züge)* Verzerrung *f;* **4.** *gram* Kontraktion *f;* **~uel, le** [-tɥɛl] **I.** *a* vertraglich, vertragsmäßig, -gemäß; **II.** *s m* Hilfspolizist *m* zur Überwachung des ruhenden Verkehrs; *f* Politesse *f;* **~ure** *f* **1.** (Muskel-)Krampf *m;* **2.** *arch* Verjüngung *f;* **~urer** *tr* **1.** e-n (Muskel-)Krampf verursachen *od* bewirken (*qc* in e-r S); **2.** *arch* verjüngen.

contradict|eur [kɔ̃tradiktœr] *m* Widerspruchsgeist *(Person);* Oppositionsredner *m;* **~ion** [-sjɔ̃] *f* **1.** Widerrede *f,* Widerspruch *m;* **2.** Gegensatz *m;* Unvereinbarkeit *f;* — *être en* ~ *avec qc* mit etw im Widerspruch stehen; *esprit m de* ~ Widerspruchsgeist *m;* **~oire** *a* **1.** (sich) widersprechend; widerspruchsvoll; **2.** *jur* kontradiktorisch.

contrain|dre [kɔ̃trɛ̃dr] **I.** *tr* **1.** zwingen, nötigen; **2.** erzwingen (*qc* etw); **II.** *v prn se* ~ sich dazu zwingen (*à* zu); **~t, e** [-trɛ̃, -ɛ̃t] *a fig* gezwungen; gekünstelt, steif, unnatürlich; **~te** *f* **1.** Zwang *m;* Nötigung *f,* Druck *m;* Be-, Einschränkung *f;* **2.** *jur* Gewalt(anwendung) *f,* Zwangsmittel *n;* **3.** *tech* Spannung, Beanspruchung *f;* — *travailler sous la* ~ unter Zwang arbeiten; *user de* ~ Zwang an= wenden; *mesure f, moyen m de* ~ Zwangsmaßnahme *f,* -mittel *n.*

contraire [kɔ̃trɛr] **I.** *a* **1.** gegensätzlich; entgegengesetzt; **2.** nachteilig, schädlich; **II.** *s m* **3.** Gegenteil *n,* Gegensatz *m;* — *au* ~ im Gegenteil; im Gegensatz (*de* zu); *dans le* od *en cas* ~ andernfalls; *en sens* ~ im entgegengesetzten Sinn; in entgegengesetzter Richtung; *sauf avis* ~ *(com)* vorbehaltlich gegenteiliger Mitteilung; *aller au* ~ *de qc* sich e-r S widersetzen, gegen e-e S sein; *faire tout le* ~ genau das Gegenteil tun; *je ne dis pas le* ~ ich streite es nicht ab, leugne es nicht; *preuve f du* ~ Gegenbeweis *m;* ~ *au but* zweckwidrig; ~ *aux règlements* vorschriftswidrig.

contralto [kɔ̃tralto] *m mus* Altstimme *f.*

contrar|iant, e [kɔ̃trarjɑ̃, -ɑ̃t] *a* **1.** streit-, zanksüchtig; **2.** *(Sache)* widerwärtig, unangenehm, ärgerlich; **~ié, e** *a* **1.** verstimmt, ärgerlich (*de* über *acc*); **2.** verhindert; *(Plan)* durchkreuzt; **~ier** *tr* **1.** entgegen=wirken (*qn* jdm); stören, (be)hindern; *(Plan)* durchkreuzen; **2.** (ver)ärgern, verdrießen; **3.** *(Farben)* kontrastieren lassen; **~iété** *f* **1.** Unannehmlichkeit *f,* Ärger *m;* **2.** Verärgerung, Verstimmung *f.*

contrast|e [kɔ̃trast] *m* Kontrast, Gegensatz *m;* — *être en* ~ im Gegensatz stehen; *effet m de* ~ Kontrastwirkung *f;* **~é, e** *a* kontrastierend; kontrastreich; **~er I.** *itr* kontrastieren, e-n Kontrast bilden; ab=stechen (*avec* gegen); **II.** *tr* (ea.) scharf gegenüber=stellen.

contrat [kɔ̃tra] *m* **1.** *com jur* Vertrag *m;* (mündliche) Abmachung, Vereinbarung *f;* **2.** *fig* Versprechen *n;* **3.** *dresser, rédiger un* ~ e-n Vertrag auf=setzen, ab= fassen; *s'engager par* ~ sich vertraglich verpflichten; *passer un* ~ e-n Vertrag schließen; **4.** *rupture f de* ~ Kontrakt-, Vertragsbruch *m;* **5.** ~ *d'assurance* Versicherungsvertrag *m;* ~ *collectif* Kollektiv-, Tarifvertrag *m;* ~ *d'épargne logement* Bausparvertrag *m;* ~ *de location, louage* Mietvertrag *m;* ~ *de mariage* Ehevertrag *m;* ~ *social (pol)* Gesellschaftsvertrag *m;* ~ *de société* Gesellschafts-, Gründungsvertrag *m;* ~ *de travail* Arbeitsvertrag *m;* ~ *de vente* Kaufvertrag *m.*

contravention [kɔ̃travɑ̃sjɔ̃] *f* **1.** *jur* Übertretung, Zuwiderhandlung *f;* **2.** gebührenpflichtige Verwarnung *f; fam* Strafzettel *m;* — *dresser une* ~ *à qn* jdn gebührenpflichtig verwarnen.

contre [kɔ̃tr] **I.** *prp* **1.** *(räumlich)* gegen, an, neben; **2.** *(feindlich)* gegen, wider; **3.** *(Richtung)* entgegen *dat;* im Widerspruch zu, trotz; **4.** *(im Austausch)* gegen; **5.** *in Zssgn meist:* Gegen-; gegen-; *se battre* ~ *qn* sich mit jdm schlagen; *presser qn* ~ *sa poitrine* jdn an die Brust drücken; **II.** *adv* dagegen; *être* ~ dagegen sein; *là-*~ dagegen; *par* ~ ander(er)seits, dagegen; *tout* ~ dicht daneben; **III.** *s: le pour et le* ~ das Für u. [das] Wider; *(Fechten)* Gegenstoß; *(Billard)* Anschlag *m; (Karten)* Kontra *n; fig* Antwort *f,* Gegenrede *f; il y a du pour et du* ~ darüber läßt sich streiten; **~-amiral** *m* Konteradmiral *m;* **~-attaque** *f* Gegenangriff *m;* **~balancer** *tr* **1.** ein Gegengewicht bilden (*qc* zu etw), die Waage halten (*qc* dat); **2.** *fig* auf= wiegen, aus=gleichen; — *je m'en contrebalance! (pop)* ich pfeif drauf! **~bande** *f* Schleichhandel, Schmuggel(ware *f*) *m;* — *faire de la* ~ schmuggeln; *introduire qc en* ~ etw einschmuggeln; *marchandise f de* ~ Schmuggelware *f;* ~ *de devises* Devisenschmuggel *m;* **~bandier, ère** *m f* Schmuggler(in *f*) *m,* Schleichhändler *m;* **~bas:** *en* ~ *(de) (adv)* unterhalb, (in) tiefer(er Lage); hinunter; **~basse** *f* **1.** (Kontra-)Baß *m,* Baßgeige *f;* **2.** (Kontra-)Bassist *m;* **~braquer** *itr (Auto)* dagegensteuern; **~carrer** *tr* entgegen=wirken, -arbeiten (*qn* jdm); **~cœur** *m à ~* mit Widerwillen, widerwillig; **~coup** *m* Rückschlag *m,* -wirkung; Folge *f;* **~-courant** *m; à ~* stromaufwärts; **~-culture** Subkultur *f;* **~danse** *f* **1.** Kontertanz *m;* **2.** *fam* Strafzettel *m;* **~dire I.** *tr* widersprechen (*qn* jdm); bestreiten; durchkreuzen; nicht entsprechen; **II.** *v prn se ~* einander, sich widersprechen; **~dit** *m sans ~* unbestritten.

contrée [kɔ̃tre] *f* Gegend, Landschaft *f.*

contre|-écrou [kɔ̃trekru] *m tech* Gegenmutter *f;* **~-espionnage** *m* (Spionage-)Abwehr *f;* **~façon** *f* Fälschung *f;* **~faire** *tr* **1.** nach=machen, -ahmen; **2.** ver-, entstellen, verunstalten; **3.** fälschen; falsch darstellen; **~fait, e** *a* mißgestaltet; **~-feu** *m* **1.** Kaminplatte *f;* **2.** *pol* Gegenangriff *m;* **~-ficher, se** *v prn pop* sich lustigmachen (*de* über); **~fort** *m* **1.** *arch* Strebepfeiler *m,* Widerlager *n;* **2.** *geog* Ausläufer *m (e-s Gebirges),* Vorberge *m pl;* **~-indiquer** *tr être contre-indiqué (fig)* nicht empfehlenswert sein; **~-jour** *m à ~* gegen das Licht; *(Bild)* im Gegenlicht; **~maître, esse** *m f* Werkmeister, Vorarbeiter(in *f*); (Maurer-)Polier *m;* **~-manifestation** *f* Gegendemonstration *f;* **~marque** *f* Kontrollkarte *f;* **~-offensive** *f mil* Gegenangriff *m,* -offensive *f;* **~-ordre** *s. contrordre;* **~partie** *f* **1.** *com* Gegenwert *m,* -posten *m;* **2.** entgegengesetzte Meinung *f;* **3.** Entschädigung *f,* Ausgleich *m* (*de* für *acc*); *en ~* zum Ausgleich; als Entschädigung; **~-pente** *f* Gegenhang; steilste(r) Hang *m;* **~-performance** *f sport* schlechte Leistung *f;* **~-petterie, ~pèterie** [-pɛtri] *f* Schüttelreim *m;* **~-pied** *m fig* Gegenteil *n;* — *à ~* verkehrt; *être à ~ (sport)* auf dem falschen Fuß stehen; *prendre le ~* das Gegenteil sagen *od* tun; **~-plaqué** *m* Sperrholz *n;* **~poids** *m* **1.** *tech* Gegengewicht *n a. fig;* **2.** Ausgleich *m;* — *servir de ~ à* das Gegengewicht bilden zu; **~-poil** *m à ~* gegen den Strich; *prendre à ~ (fig fam) (Sache)* verkehrt an=fangen; *(Person)* falsch an=fassen; **~point** *m mus* Kontrapunkt *m;* — *fournier un ~ à qc* den Hintergrund für etw bilden; **~poison** *m* Gegengift *n* (*de* gegen *acc*); **~-propagande** *f* Gegenpropaganda *f;* **~proposition** *f* Gegenvorschlag *m.*

contrer [kɔ̃tre] **I.** *itr (Kartenspiel)* Kontra sagen; *fam* Kontra geben; **II.** *tr* **1.** entgegen=treten (*qn* jdm); scharf kritisieren; **2.** *(Boxen)* kontern.

contre|-rail [kɔ̃trəraj] *m loc* Leitschiene *f;* **C~-Réforme** *f hist rel* Gegenreformation *f;* **~-révolution** *f* Gegenrevolution *f;* **~-révolutionnaire** *a* gegenrevolutionär; **~sens** [-sɑ̃s] *m* **1.** Gegensinn *m,* -richtung *f;* **2.** Sinnwidrigkeit *f;* Wider-, Unsinn *m;* — *à ~* in entgegengesetztem Sinne; sinnwidrig, verkehrt; **~signer** *tr* gegen=zeichnen; **~temps** *m* (störendes) Ereignis, Hindernis *n;* Zwischenfall *m; à ~* ungelegen; zur Unzeit; im ungünstigen Augenblick; **~-valeur** *f* Gegenwert *m;* **~venir** *itr* übertreten (*à acc*); zuwiderhandeln; **~vent** *m* (äußerer) Fensterladen *m;* **~-visite** *f* vertrauensärztliche Untersuchung *f; (Krankenhaus)* Nachmittagsvisite *f;* **~-voie** *f circulation f à ~* Gegenverkehr *m.*

contribu|able [kɔ̃tribɥabl] *m* Steuerpflichtige(r), -zahler *m,* **~er** *itr* s-n Beitrag zahlen; bei=steuern, -tragen, mit=helfen (*à* zu, an); **~tion** *f* **1.** Beitrag *m* (*à* zu); **2.** Steuer, Umlage, Abgabe *f;* **3.** *pl* Steuerbehörde *f;* — *apporter sa ~* s-n Beitrag leisten (*à* zu); *lever, percevoir une ~* e-e Steuer erheben; *mettre qn à ~* jds Dienste in Anspruch nehmen.

contrit, e [kɔ̃tri, -it] *a* zerknirscht; reumütig; **~ion** [-sjɔ̃] *f rel* Zerknirschung *f.*

contrôl|able [kɔ̃trolabl] *a* kontrollier-, nachprüfbar; **~e** *m* **1.** Kontrolle, (Nach-, Über-)Prüfung, Überwachung, Beaufsichtigung, Aufsicht *f;* **2.** Kontrollbüro *n;* (Kontroll-)Stempel *m;* **3.** *fig* Kontrolle *f,* Herrschaft, Gewalt *f; être soumis au ~* der Kontrolle unterliegen; **4.** *commission f de ~* Kontrollkommission *f; talon m de ~* Kontrollabschnitt *m;* **5.** *~ (des billets)* Fahrkartenkontrolle *f; ~ des changes* Devisenkontrolle *f; ~ de la circulation* Verkehrsüberwachung *f; ~ douanier, de douane* Zollkontrolle *f; ~ des naissances* Geburtenkontrolle *f; ~ des passeports* Paßkontrolle *f; ~ des prix* Preisüberwachung *f; ~ du volume* Lautstärkeregler *m;* **~er I.** *tr* **1.** kontrollieren, (nach=, über)prüfen; **2.** beaufsichtigen, überwachen, revidieren; **3.** beherrschen, in der Gewalt haben; **4.** *(Edelmetall)* stempeln; **II.** *v prn se ~* sich beherrschen; **~eur, se** *m f* **1.** Kontrolleur, Aufseher *m;* **2.** *loc* Schaffner; Überprüfer; Überwacher *m;* **3.** *tech* Kontrollgerät *n;* — *~ de la navigation aérienne* Luftlotse *m; ~ de pression* Luftdruck-, Reifenprüfer *m; ~ de tonalité* Klangregler *m;* **~ographe** *m (LKW)* Fahrtenschreiber *m.*

contr|ordre [kɔ̃trɔrdr] *m* Gegenbefehl *m;* Abbestellung *f;* **~ouvé, e** *a* erfunden; **~overse** *f* Meinungsstreit *m;* **~oversé, e** *a* umstritten.

contumace [kɔ̃tymas] *f jur par ~* in Abwesenheit.

contus, e [kɔ̃ty, -yz] *a med* gequetscht;

~ion *f* Quetschung, Prellung *f;* **~ionner** *tr* quetschen.
conurbation [kɔnyrbasjõ] Konurbation, Stadtlandschaft *f.*
convainc|ant, e [kõvɛ̃kɑ̃, -ɑ̃t] *a* überzeugend; **~re** *tr* **1.** überzeugen (*qn de qc* jdn von etw); **2.** *(e-s Verbrechens)* überführen (*de qc* gen); — *convaincu que* in der Überzeugung daß.
conval|escence [kõvalɛsɑ̃s] *f* Genesung; Rekonvaleszenz *f; (congé m de ~)* Genesungsurlaub *m; en ~* auf dem Wege der Genesung; **~escent, e I.** *a* genesend; **II.** *s m f* Genesende(r *m*) *f,* Rekonvaleszent(in *f*) *m.*
conven|able [kõvnabl] *a* **1.** angemessen, passend, angebracht; **2.** anständig, schicklich; *(Person)* von gutem Benehmen; — *il est ~* es schickt sich; **~ance** *f* **1.** *lit* Übereinstimmung, Harmonie *f;* **2.** *pl* Anstand *m,* Konventionen *f pl;* Schicklichkeit *f;* **3.** *à ma ~* nach meinem Ermessen, wie es mir paßt; *à votre ~* (ganz) nach Ihrem Belieben; **4.** *être à la ~ de qn* jds Anforderungen entsprechen; **5.** *mariage m de ~* Vernunftehe *f;* **~ir I.** *itr* **1.** *(mit avoir)* zs.=passen, passen (*à* zu), harmonieren (*à* mit); **2.** entsprechen, angemessen sein; gefallen, an=stehen; **3.** *(Arznei)* zuträglich sein; **4.** *(meist mit être)* überein=stimmen (*sur* in, über *acc*); **5.** *~ de* überein=kommen über *acc,* verabreden, ab=machen, vereinbaren, sich verständigen über *acc;* **6.** (zu)gestehen, zu=geben, an=erkennen (*de qc* etw); **II.** *v imp* **7.** *il est expressément convenu* es gilt als ausdrücklich vereinbart; *il convient* es empfiehlt sich; es ist angebracht; *c'est convenu* abgemacht! *j'en conviens* ich gebe es zu.
convention [kõvɑ̃sjõ] *f* **1.** Übereinkommen *n,* Abmachung, Vereinbarung *f;* Abkommen *n,* Absprache *f;* **2.** Bestimmung, Klausel *f;* **3.** *allg* Übereinkunft *f;* Prinzip *n;* Übereinstimmung *f;* **4.** Regeln *f pl,* Normen *f pl;* Konventionen *f pl;* — *de ~* vertragsgemäß, verabredet; konventionell, hergebracht, üblich; *~ collective de travail* Tarifvertrag *m; ~ commerciale* Handelsabkommen *n; ~ de prix* Preisvereinbarung *f;* **~né, e** *a médecin m ~* Kassenarzt *m;* **~nel, le** *a* **1.** auf (e-r) Vereinbarung beruhend, vertragsmäßig; **2.** herkömmlich, üblich; konventionell; **~nement** *m* vertragliche Bindung *f.*
conventuel, le [kõvɑ̃tyɛl] *a* klösterlich.
convenu, e [kõvny] *a* vereinbart, abgemacht; *c'est ~, comme ~* wie abgemacht; *au prix ~* zum vereinbarten Preis.
converg|ence [kõvɛrʒɑ̃s] *f* **1.** *math phys* Konvergenz; **2.** *fig (Standpunkte)* Übereinstimmung; **3.** *(Kräfte)* Zs.fassung *f;* **~ent, e** *a* **1.** konvergent; **2.** *fig* sich annähernd, auf ein Ziel zustrebend; **~er** *itr* **1.** konvergieren, (in e-m Punkt) zs.=laufen; **2.** *fig* sich konzentrieren (*sur* auf *acc*), gemeinsam streben (*vers* nach).
convers|ation [kõvɛrsasjõ] *f* Unterhaltung *f,* Gespräch *n,* Konversation *f;* — *changer de ~* das Thema wechseln, von etw anderem sprechen; *entrer en ~ avec qn* sich mit jdm in ein Gespräch ein=lassen; *faire la ~ avec, (fam) à qn* mit jdm schwatzen; *la ~ tourne, roule sur* das Gespräch dreht sich um; *il a de la ~* er versteht interessant zu plaudern; *~ téléphonique* Telefongespräch *n;* **~er** *itr* sich unterhalten (*avec qn* mit jdm); **~ion** *f* **1.** Ver-, Umwandlung, Veränderung *f;* **2.** *(Regierung)* Umbildung *f;* **3.** Bekehrung, Sinnesänderung *f;* **4.** *math gram* Umkehrung *f;* **5.** *mil* Schwenkung *f;* **6.** *com* Konversion, Konvertierung, Umwandlung *f;* **7.** *tech* Konversion *f;* — *~ de dettes* Umschuldung *f.*
convert|i, e [kõvɛrti] **I.** *s m f* Konvertit(in *f*) *m;* **II.** *a* **1.** bekehrt; konvertiert; **2.** *com* umgerechnet (*en* in); — *prêcher un ~ (fig)* offene Türen einrennen; *nouveau ~* Neubekehrte(r) *m;* **~ibilité** *f com* Konvertierbarkeit *f;* **~ible** *a* konvertierbar, umtauschbar; einlösbar, umwandelbar *a. tech;* **~ir I.** *tr* **1.** um-, verwandeln, machen (*qc* zu etw); **2.** bekehren, bessern; **3.** *com* (ein=)wechseln, um=rechnen, -setzen; um=schulden; **4.** *el* um=formen; **II.** *v prn se ~* **5.** *rel* konvertieren; sich bekehren; **6.** sich verwandeln (*en or* in Gold); **7.** *il s'est converti à votre avis* er hat sich Ihrer Auffassung angeschlossen; *~ en argent* zu Geld machen; **~isseur** *m* **1.** *tech* Konverter *m;* **2.** *el* Umformer *m.*
convexe [kõvɛks] *a* konvex.
conviction [kõviksjõ] *f* **1.** Überzeugung *f;* **2.** Ernsthaftigkeit *f;* **3.** *pl* Ansichten, Auffassungen *f pl.*
convi|é, e [kõvje] *s m f* (geladener) Gast *m;* **~er** *tr* **1.** ein=laden (*à* zu); **2.** *fig* auf=fordern, veranlassen; **3.** *fig* (ver)locken (*à* zu *inf*); **~ve** [-viv] *m f* Gast *m.*
convocation [kõvɔkasjõ] *f* **1.** Einberufung(sschreiben *n*); Ladung *f;* **2.** *jur* Vorladung *f;* — *se rendre à une ~* e-r Vorladung Folge leisten.
convoi [kõvwa] *m* **1.** (Wagen-)Kolonne *f;* **2.** Leichenzug *m;* **3.** *loc* Zug *m;* **4.** *mil* Geleit *n,* (Truppen-, Gefangenen-) Transport; *mar* Konvoi, Geleitzug *m;* **~ter** *tr* (heftig) begehren, gierig sein (*qc* nach etw); **~tise** *f* Begehrlichkeit, Gier *f;* Begehren *n* (*de* nach).
convoquer [kõvɔke] *tr* **1.** zs.=, ein=berufen; **2.** kommen lassen, *jur* vor=laden.
convoy|er [kõvwaje] *tr mil mar* begleiten, geleiten, eskortieren; **~eur** *m* **1.**

mar mil Geleitschiff *n;* **2.** *loc* Begleiter *m;* **3.** *tech* Förderer *m;* Vibrationsrinne *f;* **4.** *mot* Beifahrer *m.*
convuls|er [kɔ̃vylse] *tr* krampfhaft verzerren; **~if, ive** *a* krampfhaft, konvulsivisch, zuckend; **~ion** *f* **1.** Krampf *m,* Zuckung *f a. fig;* **2.** *fig* Umwälzung *f; fig pl* Erschütterungen *f pl;* **~ionner** *tr fig* erschüttern; — *visage m convulsioné* verzerrte(s) Gesicht *n.*
coop|é [kɔɔpe] *f* **1.** *(a. coop)* Konsumverein *m;* **2.** *C~* Entwicklungshilfe *f;* **3.** *(Firmenname für ein)* Kaufhaus *n;* **~érant** *m* Entwicklungshelfer *m;* **~érateur, trice** [kɔ(ɔ)p-] *m f* Mitarbeiter(in *f*) *m;* **~ératif, ive** *a* mitwirkend; genossenschaftlich; — *être très ~* aktiv mitarbeiten; *société coopérative* u. **~érative** *s f* Genossenschaft *f;* — *~ d'achat* Einkaufsgenossenschaft *f; ~ de consommation* Konsumverein *m; ~ laitière, de vente, vinicole* Molkerei-, Absatz-, Winzergenossenschaft *f;* **~ération** *f* Mitwirkung, Zs.arbeit *f;* genossenschaftliche(r) Zs.schluß *m;* **~érer** *itr* mit=arbeiten, mitwirken (*à* an *dat,* bei); bei=tragen (*à* zu); zs.=arbeiten; **~tation** [kɔɔpt-] *f* Zu-, Ergänzungswahl *f;* **~ter** *tr* kooptieren, zuwählen.
coord|inateur, trice [kɔɔrdinatœr] **I.** *a* koordinierend; **II.** *s m f* Koordinator *m;* **~ination** *f* **1.** Zuordnung, Koordination *f;* **2.** *gram* Beiordnung *f;* **~onné** *m* kombinierte(r) Anzug *m;* **~onnées** *f pl* **1.** *math* Koordinaten *f pl; ~ du plan directeur* Planquadratzahl *f;* **2.** *fam* persönliche Daten *pl;* nähere Angaben *f pl;* **~onner** *tr* koordinieren; aufeinander ab=stimmen; kombinieren.
copa|hu [kɔpay] *m* Kopaivabalsam *m;* **~in** *m,* **copine** [kɔpɛ̃, -in] *f pop* Kumpel, Kamerad(in *f*) *m.*
copeau [kɔpo] *m pl -x* (Hobel-)Span *m.*
copin|e [kɔpin] *f s copain;* **~er** *itr fam* zusammen=leben, -zechen, -sein; schwätzen, plaudern; **~erie** *f fam* **1.** Kameradschaft; *pej* plumpe Anbiederung *f;* **2.** Clique *f.*
cop|iage [kɔpjaʒ] *m (Schule)* Abschreiben *n;* **~ie** *f* **1.** Durchschlag *m;* Abschrift *f;* Kopie *f;* **2.** Nachbildung, -ahmung *f;* **3.** *(Schule)* Klassenarbeit *f;* **4.** *typ* Satzvorlage *f,* Manuskript *n;* **5.** *(Zeitung)* Exemplar *n;* — *pour ~ conforme* für die Richtigkeit der Abschrift; *~ certificé conforme* beglaubigte Abschrift *f;* **~ier** [-pje] *tr* **1.** ab=schreiben (*sur qn, qc* von jdm, etw); **2.** kopieren; nach=bilden, -ahmen; **3.** *tech* überspielen; — *(fam) vous me la copierez!* das ist doch allerhand! **~ieur** *m* **1.** Abschreiber *m;* **2.** *(Gerät)* Kopierer *m;* **~ieux, se** *a* reichlich; **~iste** *m* **1.** Abschreiber *m;* **2.** Nachahmer *m.*
copro|duction [kɔprɔdyksjɔ̃] *f film* Gemeinschaftsproduktion *f;* **~priétaire** *m* Miteigentümer *m;* **~priété** *f* Mitbesitz *m; appartement m en ~* Eigentumswohnung *f.*
copul|atif, ive [kɔpylatif, -iv] *a gram anat* verbindend; **~ation** *f biol* Kopulation *f;* **~e** *f gram* Kopula *f,* Satzband *n.*
coq [kɔk] *m* **1.** *zoo* Hahn *m;* **2.** *(~ de clocher)* Wetterhahn *m;* **3.** (Schiffs-)Koch *m;* **4.** *avoir des jambes de ~ (fig)* Spatzenbeine haben; *vivre comme un ~ en pâte* wie e-e Made im Speck, wie Gott in Frankreich leben; **5.** *combat m de ~* Hahnenkampf *m; poids m ~ (Boxen)* Bantamgewicht *n; fier comme un ~* stolz wie ein Spanier; *rouge comme un ~* hochrot; **6.** *~-à-l'âne m inv: faire des ~* vom Hundertsten ins Tausendste kommen; *~ de bruyère* Auerhahn *m; ~ de combat* Kampfhahn *m;* **~uard** [-kar] *m* **1.** *meist pl* Augen *n pl;* **2.** *pop* blaue(s) Auge *n;* Schlag *m* aufs Auge.
coque [kɔk] *f* **1.** (Eier-, Nuß-, Mandel-) Schale *f;* **2.** *mar aero* Rumpf *m;* **3.** *(Auto)* selbsttragende Karosserie *f;* **4.** (Haar-)Tolle *f;* **5.** *zoo* Herzmuschel *f;* — *œuf m à la ~* weichgekochte(s) Ei *n;* **~licot** [-o] *m* (Klatsch-)Mohn *m; rouge ~* knallrot; **~luche** *f med* Keuchhusten *m;* — *(fig) être la ~ de qn* jds Schwarm sein; **~rico** *m* Kikeriki *n.*
coquet, te [kɔkɛ, -ɛt] **I.** *a* **1.** *(Person)* kokett, gefallsüchtig; **2.** *(Person, Sachen)* adrett, schmuck, hübsch; **3.** *(Wohnung)* gemütlich; **4.** anschaulich, beträchtlich; — *une ~te somme* ein hübsches Sümmchen; **II.** *s f* kokette Frau *f,* kokettes Mädchen *n;* **~ier** *m* Eierbecher *m;* **~terie** [-kɛtri] *f* **1.** Koketterie, Gefall-, Putzsucht *f;* **2.** Eitelkeit *f;* **3.** Eleganz *f;* **4.** Kokettieren *n,* Flirt *m;* — *avoir la ~ de qc* mit etw kokettieren; *être en ~ avec qn* mit jdm flirten.
coquill|age [kɔkijaʒ] *m* Muschel *f; pl* Weich-, Schaltiere *n pl;* **~ard** *m arg* Auge *n; je m'en tamponne le ~ (fam)* ich mache mir e-n Dreck daraus; **~e** *f* **1.** *zoo* Schale; Muschel *f;* (*~ d'escargot*) (Schnecken-)Haus *n;* **2.** (Eier-, Nuß-, Mandel-)Schale *f;* **3.** Satzfehler, Zwiebelfisch *m;* **4.** *tech* Schale *f;* — *rentrer dans sa ~ (fig)* sich zurück=ziehen; *~ de beurre* Butterröllchen *n; ~ de noix* Nußschale *f; fam* kleine(s) Boot *n;* **~ier, ère** [-kije, -ɛr] *a geol* muschelhaltig; *calcaire m ~* Muschelkalk *m.*
coquin, e [kɔkɛ̃, -in] **I.** *s m f* Spitzbube; Schelm *m;* **II.** *a* spitzbübisch, schelmisch; **~erie** *f* **1.** Spitzbüberei *f;* **2.** Pfiffigkeit *f.*
cor [kɔr] *m* **1.** *mus* Horn *n;* Hornist *m;* **2.** *(~ au pied) med* Hühnerauge *n;* — *à ~ et à cri* laut, lärmend, mit Getöse; *(cerf m) dix ~s m* Zehnender *m; ~ (de chasse)* Jagd-, Waldhorn *n;* **~ail** [-aj] *m*

pl -aux **1.** Koralle *f;* **2.** Korallenrot *n;* — *(fig) couleur f* ~ korallenfarbig; **~allien, ne** [-aljɛ̃, -ɛn] *a récif m* ~ Korallenriff *n;* **C~an, le** der Koran.

corb|eau [kɔrbo] *m pl -x* **1.** *zoo* Rabe *m;* **2.** *arch* Kragstein *m;* **~eille** [-ɛj] *f* **1.** (henkelloser) Korb *m;* **2.** *(Börse in Paris)* Maklerraum *m;* **3.** Balkonloge *f;* **4.** *(rundes* od *ovales)* Blumenbeet *n;* — ~ *de mariage* Brautgeschenke *n pl;* ~ *d'osier, à ouvrage, à pain, à papier* Weiden-, Näh-, Brot-, Papierkorb *m;* **~illard** [-jar] *m* Leichenwagen *m.*

cord|age [kɔrdaʒ] *m* Seilerware *f;* Tau(werk) *n;* **~e** *f* **1.** Seil *n,* Strick *m,* Leine, Schnur *f;* **2.** *mus* Saite *f;* **3.** *math* Sehne *f;* **4.** *(Galgen)* Strang *m;* **5.** *pl (Tennisschläger)* Bespannung *f;* **6.** *(Rennbahn)* Innenseite *f;* **7.** *avoir plusieurs, plus d'une* ~ *(s) à son arc* mehrere, zwei Eisen im Feuer haben; *se mettre la* ~ *au cou* sich (mutwillig) ins Verderben stürzen; *hum* heiraten; *montrer la* ~ *(Kleidung)* fadenscheinig, *(Person)* abgerissen, ruiniert sein; *passer la* ~ *autour du cou de qn* jdm den Strick um den Hals legen; *tirer sur la* ~ jds Geduld strapazieren; e-n Vorteil ausnützen; *toucher la* ~ *sensible* den wunden Punkt berühren; **8.** *il ne vaut pas la* ~ *pour le pendre* er ist keinen Schuß Pulver wert; *ce n'est pas dans mes ~s (fig fam)* das ist nicht mein Gebiet *n;* **9.** *danseur m de* ~ Seiltänzer *m;* *instrument m à ~s* Saiteninstrument *n;* *orchestre m à ~s* Streichorchester *n;* *usé jusqu'à la* ~ fadenscheinig; abgenützt; *(Kleidung)* abgewetzt; *fig* abgedroschen; **10.** ~ *d'acier, en boyau* Stahl-, Darmsaite *f;* ~ *à linge* Wäscheleine *f;* ~ *à sauter* Sprungseil *n;* *~s vocales (anat)* Stimmbänder *n pl;* **~eau** *m pl -x* Meßschnur; Leine *f;* *tiré au* ~ schnurgerade; **~ée** *f (Bergsport)* Seilschaft *f;* **~elette** *f* dünne Schnur *f;* **~elier** *m rel* Franziskaner *m;* **~elière** *f* Kordel *f;* **~er** *tr* **1.** verschnüren; **2.** *(Tennisschläger)* Saiten auf=ziehen *(qc* auf etw); **~ial, e** [-djal] **I.** *a* **1.** *pharm* herzstärkend; **2.** freundlich, herzlich; **II.** *s m* herzstärkende(s) Mittel *n;* **~ialement** *adv* herzlich; *(Brief)* ~ *vôtre* mit herzlichen Grüßen; **~ialité** *f* Herzlichkeit *f.*

cordon [kɔrdɔ̃] *m* **1.** Kordel, Schnur; Litze *f;* **2.** *(Haustür)* Klingelzug *m;* **3.** Hut-, Gardinenschnur *f;* **4.** (breites) Ordensband *n;* **5.** (Posten-)Kette; Absperrung *f,* Sperrgürtel *m;* **6.** *(Gegenstände)* Reihe *f;* **7.** *délier, dénouer les ~s de la bourse* Geld heraus=rücken; *~-bleu m (fam)* gute(r) Koch; gute Köchin *f;* ~ *littoral* Küstenstreifen *m;* ~ *ombilical* Nabelschnur *f;* ~ *prolongateur* Verlängerungskabel *m;* ~ *de raccordement (tele)* Verbindungsschnur *f;* ~ *sanitaire* Sperrgürtel *m;* ~ *de souliers* Schnürsenkel *m;* **~onnerie** *f* Schuhwarenfabrikation *f,* -handel *m;* Schuhgeschäft *n;* **~onnet** [-nɛ] *m* **1.** dünne Schnur *f;* **2.** Knopflochseide *f;* **~onnier** *m* Schuhmacher, Schuster *m.*

coreligionnaire [kɔrəliʒjɔnɛr] *m* Glaubens-, *allg* Gesinnungsgenosse *m.*

coriace [kɔrjas] *a* **1.** lederartig, zäh *a. fig;* **2.** *fig* hartnäckig; starrköpfig.

cor|iandre [kɔrjɑ̃dr] *f bot* Koriander *m;* **~icide** *m* Hühneraugenmittel *n;* **~indon** *m min* Korund *m;* **~inthien, ne I.** *a* korinthisch; **II.** *s m* korinthische Säulenordnung *f.*

cormoran [kɔrmɔrɑ̃] *m orn* Kormoran *m.*

corn|ac [kɔrnak] *m* Elefantenführer *m;* **~aline** *f min* Karneol *m;* **~ard, e** *a med (Tier)* dämpfig; — *mari m* ~ betrogene(r) Ehemann *m;* **~e** *f* **1.** Horn *n;* **2.** *(Papier)* Eselsohr *n;* **3.** *mar* Gaffel *f;* **4.** *(~ à chaussures)* Schuhlöffel *m;* **5.** Zacke, Ecke, Spitze *f;* **6.** *(Schnecke)* Stielauge *n;* **7.** *prendre le taureau par les ~s* den Stier an den Hörnern pakken; **8.** *bêtes f pl à ~s* Hornvieh *n;* ~ *d'appel* Signalhorn *n;* ~ *de brume* Nebelhorn *n;* **~é, e I.** *a* horn(art)ig; Horn-; **II.** *s f (Auge)* Hornhaut *f;* *greffe f de la ~e* Hornhautübertragung *f;* **~eille** [-ɛj] *f zoo* Krähe *f;* **~emuse** [-nəmyz] *f mus* Dudelsack *m.*

corn|er [kɔrne] **I.** *itr* **1.** ~ *aux oreilles de qn* jdm in die Ohren brüllen; **2.** *les oreilles me cornent* ich habe Ohrensausen; **II.** *tr* **3.** *(Papier)* um=knicken; *(Buchseite)* ein Eselsohr machen *(qc* in etw); **4.** *fig* aus=posaunen; **III.** *s m* [kɔrnɛr] *(Fußball)* Eckball *m;* **~et** [-nɛ] *m* **1.** *mus* Horn *n;* **2.** *(Papier, Waffel)* Tüte *f;* **3.** Würfelbecher *m;* **4.** (Nasen-) Muschel *f;* — *(fam) se mettre qc dans le* ~ etw essen; **~ette** *f* (Schwestern-) Haube *f.*

corn|iaud [kɔrnjo] **I.** *m* **1.** *(Hund)* Promenadenmischung *f;* **2.** *fam* Dummkopf *m;* **II.** *a* doof, dämlich; **~iche** *f* **1.** *arch* Gesims; **2.** Kranzleiste *f;* **3.** in e-e Felswand gebaute Straße *f;* **~ichon** *m* **1.** Essiggurke *f;* **2.** *fam* blöde(r) Kerl *m;* **~ier, ère I.** *a* Eck-; **II.** *s f tech* Winkeleisen *n;* **~u, e I.** *a* **1.** gehörnt; **2.** *arch* mit vorspringenden Ecken; **II.** *s f chem tech* Retorte *f.*

coroll|aire [kɔrɔlɛr] *m* Folge(satz *m) f;* **~e** *f bot* Blütenkrone *f.*

coron [kɔrɔ̃] *m* Bergarbeitersiedlung *f,* -haus *n;* **~aire** [-rɔ-] *a: artères f pl* ~ Kranzarterien *f pl.*

corpor|al [kɔrpɔral] *m pl-aux rel* Korporale *n;* **~atif, ive** *a* korporativ, ständisch; **~ation** *f* **1.** *früher* Zunft, Gilde; Körperschaft *f;* **2.** Korporation *f;* —

~ *professionnelle* Berufsgenossenschaft *f*, Fachverband *m;* **~el, le** *a* körperlich, leiblich; *punition f ~elle* Prügelstrafe *f.*
corps [kɔr] *m* **1.** Körper, Leib, Rumpf *m a. mar;* **2.** Leichnam *m*, Leiche; Person *f;* **3.** Substanz *f*, Stoff *m;* Konsistenz; Hauptsache *f*, -(bestand)teil, -inhalt *m;* **4.** Korps *n*, Körperschaft; Gruppe *f;* **5.** Zs.stellung, Sammlung *f (Buch);* **6.** *(Urkunde)* Text; **7.** *arch* Rohbau; **8.** *typ* Schriftkegel; Grad *m;* **9.** *tech* Körper; Schaft; Mantel *m*, Hülse *f*, Gehäuse; Hauptgestell *n;* **10.** *(Ventil)* Einsatz; **11.** *(Pumpe)* Stiefel; **12.** *(Baum)* Stamm *m;* **13.** *(Kleidungsstück)* Vorder- und Rükkenteil *m;* **14.** ~ *à* ~ *(adv)* Mann gegen Mann; *s m* Handgemenge *n;* ~ *et biens (mar)* mit Mann u. Maus; *à son* ~ *défendant* in Notwehr; wider Willen, ungern; *à* ~ *perdu* blindlings; ~ *et âme* [kɔrzeam] mit Leib und Seele; **15.** *faire* ~ *(avec)* e-e Einheit bilden (mit); *prendre* ~ *(fig)* Gestalt an=nehmen; *prendre du* ~ dicker werden; **16.** *esprit m de* ~ Korpsgeist *m; les grands* ~ *de l'Etat, les* ~ *constitués* die obersten Behörden *f pl*, die Staatsorgane *n pl; séparation f de* ~ *et de biens (jur)* Trennung *f* von Tisch u. Bett; **17.** ~ *de ballet* Ballett(truppe *f*) *n;* ~ *céleste* Himmelskörper *m;* ~ *diplomatique* diplomatische(s) Korps *n;* ~ *électoral* Wählerschaft *f;* ~ *enseignant* Lehrkörper *m*, Lehrerkollegium *n;* ~ *législatif* gesetzgebende Versammlung *f;* ~ *de logis* Hauptgebäude *n;* ~ *médical* Ärzteschaft *f;* ~ *politique* (Gesamtheit *f* der) Staatsbürger *m pl;* ~ *des sapeurs-pompiers* Feuerwehr *f.*
corpu|lence [kɔrpylɑ̃s] *f* Korpulenz, (Wohl-)Beleibtheit, Fettleibigkeit *f;* **~lent, e** *a* korpulent, dick, stark; **~s** *(Gesetze, ling)* Korpus *n;* **~scule** *m* **1.** *phys* Korpuskel, Teilchen *n;* **2.** *biol* Körperchen *n.*
correct, e [kɔrɛkt] *a* **1.** korrekt, fehler-, einwandfrei, richtig; **2.** *(Preis)* annehmbar, normal; *(Schularbeit)* durchschnittlich, ausreichend; **~eur** *m* **1.** *typ tech* Korrektor; **2.** *tele* Entzerrer *m;* **3.** *(Schule)* Prüfende(r) *m;* ~ — *de volume* Schwundregler *m;* **~if, ive I.** *a* Berichtigungs-; **II.** *s m* **1.** Korrektiv *n;* **2.** *pharm* Milderung; Änderung *f; gymnastique f ~ive* Ausgleichsgymnastik *f;* **~ion** [-ksjɔ̃] *f* **1.** Korrektur, Verbesserung, Berichtigung *f;* **2.** Korrektheit *f*, korrekte(s) Benehmen *n;* **3.** *typ tech* Korrektur *f;* **4.** Tracht *f* Prügel; — *maison f de* ~ Besserungsanstalt *f;* **~ionnel, le I.** *a: délit m* ~ Vergehen *n; peine f ~le* Polizei-, Ordnungsstrafe *f; police f ~le* Ordnungspolizei *f;* **II.** *s f* Strafkammer *f (beim tribunal d'instance).*
corrélat|if, ive [kɔrelatif, -iv] **I.** *a* korrelat (-iv); **II.** *s m* Korrelat *n*, Wechselbegriff *m;* **~ion** *f* Wechselbeziehung *f (de* zwischen *dat).*
correspond|ance [kɔrɛspɔ̃dɑ̃s] *f* **1.** Briefwechsel, Schriftverkehr *m;* Korrespondenz *f;* **2.** *loc* Anschluß(zug) *m (pour* nach *dat*); *pl* (Verkehrs-)Verbindungen *f pl;* **3.** Entsprechung, Übereinstimmung *f;* **4.** *dépouiller sa* ~ s-e Post durchsehen; *faire la* ~ den Schriftwechsel führen; *prendre la* ~ umsteigen; **5.** *bulletin, (carnet m) de* ~ Zeugnis(heft) *n; cours m par* ~ Fernunterricht *m; manuel m de* ~ Briefsteller *m; service m de* ~ Zubringerdienst *m;* **~ancier, ière** *m f* Handelskorrespondent(in *f*) *m;* **~ant, e I.** *a* entsprechend; **II.** *s m* **1.** Korrespondent; Briefpartner *m;* **2.** Geschäftsfreund *m;* **3.** Pressevertreter, Berichterstatter *m;* **4.** korrespondierende(s) Mitglied *n (e-r Akademie);* — *n'avoir pas de* ~ keine Entsprechung haben; **~re** *itr* **1.** (sich) entsprechen, überein=stimmen (*à* mit); passen (*à* zu); **2.** *(Zimmer)* mitea. verbunden sein; **3.** korrespondieren, in (Geschäfts-)Verbindung, Briefwechsel stehen (*avec* mit *dat*); **4.** Anschluß haben (*avec* an *acc*).
corrida [kɔrida] *f* **1.** Stierkampf *m;* **2.** *fam* Durcheinander *n*, Trubel *m;* Gedrängel *n.*
corridor [kɔridɔr] *m* Gang, Flur, Korridor *m.*
corrig|é [kɔriʒe] *m (Schule)* Musterlösung; verbesserte Arbeit *f;* **~er I.** *tr* **1.** korrigieren (ver-) bessern, berichtigen, richtig=stellen; **2.** *(harte Worte)* mildern; **3.** *(Nachteile)* ausgleichen; **4.** abgewöhnen (*qn de qc* jdm etw); **5.** züchtigen, (be)strafen; **6.** *typ* korrigieren; **II.** *v prn se* ~ sich bessern; *de qc* sich *dat* etw ab=gewöhnen.
corrobor|ant, e [kɔrɔbɔrɑ̃, -ɑ̃t] *a* bestätigend; **~ation** *f* Bekräftigung, Erhärtung *f;* **~er** *tr* (ver)stärken, bekräftigen, bestätigen, erhärten.
corro|dant, e [kɔrɔdɑ̃, -ɑ̃t] **I.** *a* ätzend; **II.** *s m* Ätzmittel *n;* **~der** *tr* **1.** ätzen; zerfressen; **2.** *geol* aus=waschen; **3.** *fig* nagen (*qc* an e-r S); zersetzen.
corromp|re [kɔrɔ̃pr] **I.** *tr* **1.** *(Person)* verderben; *(Beamte)* bestechen; **2.** verfälschen, entstellen; **3.** *(Fleisch)* zersetzen; **II.** *v prn se* ~ **4.** verderben; **5.** faulen, verwesen, sich zersetzen; **6.** *fig* verderbt werden; **~u, e** *a* **1.** *(Geschmack)* verdorben; **2.** *(Meinung)* korrumpiert; **3.** *(Beamter)* bestochen.
corros|if, ive [kɔrozif, -iv] **I.** *a* **1.** ätzend, fressend; **2.** *fig* bösartig, giftig; **II.** *s m* Ätzmittel *n;* **~ion** [-zjɔ̃] *f* Ätzen *n; geol tech* Korrosion *f; résistant à la* ~ korrosionsfest.
corroy|age [kɔrwajaʒ] *m* Zurichten *(Leder) n;* **~er** *tr* **1.** *(Leder)* zu=richten; **2.** *(Stahl)* raffinieren; **3.** *(Brett)* schruppen.

corrupt|eur, trice [kɔryptœr, -tris] **I.** *s m f* Verderber(in *f*) *m;* **II.** *a* verderblich, schädlich; **~ible** *a* **1.** verderblich; **2.** bestechlich; **~ion** [-psjɔ̃] *f* **1.** Korruption, Verderbtheit *f;* **2.** Bestechung *f;* **3.** Verwesung; Fäulnis, Zersetzung *f;* — *~ électorale* Wahlbestechung *f.*

cors|age [kɔrsaʒ] *m* **1.** *(Kleid)* Oberteil *n;* **2.** Bluse *f;* **~aire** *s m* **1.** Kaper(schiff *n*) *m;* **2.** Freibeuter *m;* **3.** *pantalon m ~* Kniebundhose *f.*

cors|é, e [kɔrse] *a* **1.** scharf gewürzt; *(Wein)* vollmundig; **2.** *fig fam* saftig, gepfeffert; **~elet** [-səlɛ] *m* **1.** *(Insekten)* Brustschild *m;* **2.** Mieder *n;* **~er** *tr* **1.** *(Essen)* würzen; **2.** *fig* pikant, spannender machen; — *cela se corse* es wird spannender, schwieriger; **~et** [-sɛ] *m* Korsett *n;* **~eter** [-səte] *tr* **1.** in ein Korsett schnüren; **2.** *fig* in e-n engen Rahmen spannen.

corso [kɔrso] *m ~fleuri* Blumenkorso *m.*

cort|ège [kɔrtɛʒ] *m* **1.** Gefolge *a. fig,* Geleit *n;* **2.** *fig* Begleiterscheinung *f;* — *~ funèbre* Leichenzug *m; ~ nuptial* Hochzeitszug *m.*

corv|ée [kɔrve] *f* **1.** *hist* Fron *f;* **2.** *mil* Arbeitskommando *n,* Stuben-, Strafdienst *m;* **3.** *fig* undankbare Arbeit, Last *f;* — *être de ~ (fam)* dran sein; **~ette** *f mar hist* Korvette *f.*

cory|phée [kɔrife] *m* **1.** *theat* Chor-, Ballettleiter *m;* **2.** *fig* Parteiführer, Chef *m;* **~za** [-za] *m med* Schnupfen *m.*

cosaque [kɔzak] *m* Kosak *m.*

co|sécante [kɔsekɑ̃t] *f math* Kosekante *f;* **~sinus** [-sinys] *m math* Kosinus *m.*

cosm|étique [kɔsmetik] **I.** *a* kosmetisch; **II.** *s f* Kosmetik *f;* **~ique** *a* kosmisch; Welt(all)-.

cosmo|gonie [kɔsmɔgɔni] *f* Kosmogonie *f;* **~graphie** *f* Kosmographie *f;* **~graphique** *a* kosmographisch; **~logie** *f* Kosmologie *f;* **~naute** *m f* Kosmonaut (in *f*) *m;* **~polite** [-pɔ-] **I.** *s m* Kosmopolit, Weltbürger *m;* **II.** *a* kosmopolitisch; **~politisme** *m* Weltbürgertum *n.*

cosmos [kɔsmos] *m* Kosmos *m,* Weltall *n.*

coss|ard [kɔsar] *m pop* Faulpelz *m;* **~e** *f* **1.** *bot* Hülse, Schote; **2.** *tech* Kausche, Klemme *f;* **3.** *pop* (Stink-)Faulheit *f;* **~u, e** *a fig* reich, begütert; *(Mobiliar)* luxuriös; *(Haus)* stattlich.

cost|al, e [kɔstal] *a* Rippen-; **~ard** *m pop* (Herren-)Anzug *m;* **~aud, e I.** *a pop* stämmig, untersetzt; robust; *(Dinge)* solide, haltbar; **II.** *s m* stämmige(r) Kerl *m.*

costum|e [kɔstym] *m* **1.** Anzug *m;* **2.** Kostüm *n;* (Volks-, Berufs-, Amts-) Tracht *f;* — *en ~ d'Adam, d'Eve* splitterfasernackt; im Adamskostüm; *se faire faire un ~ sur mesure* sich e-n Maßanzug machen lassen; *~ de bain* Badeanzug *m; ~ de confection* Konfektionsanzug *m; ~ de garçonnet, pour le ski, de sport* Knaben-, Ski-, Sportanzug *m; ~ de paysanne* Dirndl(kleid) *n; ~ régional* (Volks-)Tracht *f; ~ tailleur* Schneiderkostüm *n; ~ de ville* Straßenanzug *m;* **~er** *tr* (ver)kleiden; kostümieren; *bal m ~é* Kostümball *m;* **~ier, ère** *m f* **1.** Kostümhändler, -verleiher *m;* **2.** *theat* Gewandmeister *m;* Kostümbildnerin *f.*

cot|ation [kɔtasjɔ̃] *f* **1.** *com* (Kurs-)Notierung *f;* **2.** *(Prüfung)* Bewertung *f;* **~e** *f* **1.** Kennziffer, Katalognummer, Signatur *f,* Aktenzeichen *n;* **2.** *geog* Kartenpunkt *m;* Höhe(-nziffer) *f;* **3.** (Steuer-) Anteil *m;* Quote *f;* **4.** *com* (Börsen-, Kurs-)Notierung *f,* Kurszettel, Marktbericht *m;* **5.** *tech* Maßzahl, Zeigerablesung, Abmessung *f,* Stand *m;* **6.** *(Schule)* Note, Zensur *f;* **7.** *avoir la ~, une grosse ~* gut angeschrieben, sehr geschätzt sein *(auprès de qn* bei jdm); *sa ~ baisse* sein Stern ist im Sinken; **8.** *~ d'alerte* Hochwassermarke *f; fig* kritischer Punkt *m; ~ d'altitude* Höhenangabe *f; ~ barométrique, du thermomètre* Barometer-, Thermometerstand *m; ~ de clôture* Schlußnotierung *f.*

côte [kot] *f* **1.** *anat* Rippe *f a. fig bot tech;* **2.** (Ab-)Hang *m,* Steigung *f (e-r Straße);* **3.** Küste *f,* Gestade *n;* **4.** *(Fleisch)* Kotelett *n;* **5.** *~ à ~* Seite an Seite; *avoir les ~s en long (fig fam)* ein Faulpelz sein; *être à la ~ (fig)* auf dem trock(e)nen sitzen; *se tenir les ~s de rire* sich vor Lachen den Bauch halten; *fausse ~* falsche Rippe *f; fracture f des ~s* Rippenbruch *m; ~ de bœuf* Rumpsteak *n; ~ escarpée* Steilküste *f; ~ de porc, de veau* Schweine-, Kalbskotelett *n.*

côté [kote] *m* **1.** Seite *f a. fig;* **2.** Richtung *f;* **3.** *math (Figur)* Seite *f; (Winkel)* Schenkel *m;* **4.** *(Genealogie)* Linie *f;* **5.** *à ~ (adv)* zur Seite; nebenan; nebenher; verkehrt; schlecht; *s m* Nebenarbeit, -einnahme *f;* sekundäre(r) Gesichtspunkt *m; à ~ de* nahe bei, neben *a. fig;* außerhalb *gen;* im Vergleich zu; auf gleicher Stufe mit; *de ~* schräg; quer; zur Seite; beiseite; *de ~ et d'autre* (von) da u. dort; *de ce ~ (fig)* in dieser Hinsicht; *de chaque ~* auf beiden Seiten; *de l'autre ~* auf die, der andere(n) Seite; *de mon ~* meinerseits; auf meine(r) Seite; *de tous ~s* von, auf allen Seiten, überall(her, -hin); *d'un ~, d'un autre ~* einer-, and(e)rerseits; *du ~ de* (nahe) bei; in Richtung auf; auf die (der) Seite *gen; fam* hinsichtlich; **6.** *donner à ~ (fig)* sein Ziel verfehlen; *laisser de ~* liegen=lassen, lassen, auf=geben; vernachlässigen; *mettre de* ~ auf die Seite legen, sparen; *fig* zurück=treten lassen; *passer à* ~ *de* ab=weichen von; vorbei=gehen an *dat; (e-r Frage)* aus=weichen; *prendre qc par le bon* ~ etw von der guten Seite nehmen; *regarder de* ~ von der Seite, schief an=sehen; **7.** *regard m de* ~ Seitenblick *m;* ~ *(de l')envers, (de l')endroit (Stoff)* linke, rechte Seite *f;* ~ *frontal, opposé, postérieur* Stirn-, Gegen-, Rückseite *f.*

coteau [kɔto] *m pl -x* Anhöhe *f;* Hang *m.*

côtel|é, e [ko(ɔ)tle] *velours m* ~ Cord-, Rippensamt *m;* **~ette** *f* Kotelett *n.*

cot|er [kɔte] *tr* **1.** markieren; bezeichnen, numerieren; **2.** ein=stufen, bewerten, *fig* (hoch)schätzen; *com* aus=zeichnen; **3.** (auf der Börse) notieren; besteuern; **4.** *tech* die Maße ein=zeichnen (*qc* in e-e S); die Höhe, den Pegel an=geben (*qc* e-r S); **5.** *(Schule)* zensieren, bewerten; — *être coté à la bourse* an der Börse notiert werden; *être bien coté par qn* bei jdm gut angeschrieben sein; **~erie** *f* Clique *f,* Klüngel *m.*

cothurne [kɔtyrn] *m theat hist* Kothurn *m.*

côtier, ère [ko(ɔ)tje, -ɛr] **I.** *a* Küsten-; **II.** *s m* Küstenfahrzeug *n; navigation f côtière* Küstenschiffahrt *f.*

cotillon [kɔtijɔ̃] *m* **1.** *fig fam* Weibervolk *n;* **2.** Kotillon *m (Tanz);* — *aimer le* ~ *(fam)* jeder Schürze nachlaufen.

cotis|ant [kɔtizɑ̃, -ɑ̃t] *m* zahlende(s) Mitglied *n;* **~ation** *f* Beitrag; Anteil *m;* Umlage *f;* ~ *patronale, ouvrière* Arbeitgeber-, Arbeitnehmeranteil *m;* **~er I.** *itr* s-n Beitrag entrichten *(à* an *acc);* **II.** *v prn se* ~ Geld zs.=legen.

coton [kɔtɔ̃] *m* **1.** Baumwolle *f;* Baumwollgarn *n;* **2.** *allg* Flaum *m;* **3.** *(~ hydrophile)* (Verband-) Watte *f;* **4.** *en* ~ baumwollen; *avoir du* ~ *dans les oreilles* Watte in den Ohren haben, nicht hören wollen; *élever dans du* ~ verhätscheln, verzärteln; **5.** *c'est* ~ *(fam)* das ist verzwickt; *j'ai les jambes en* ~ *(fig)* ich habe weiche Knie; *il file un mauvais* ~ *(fam)* es steht schlecht mit ihm; **6.** ~ *à broder, à repriser* Stick-, Stopfgarn *n;* ~ *brut* Rohbaumwolle *f;* ~ *de verre* Glaswolle *f;* **~nade** [-tɔ-] *f* Baumwollzeug *n,* -stoff, *m;* **~ner I.** *tr* wattieren; **II.** *v prn se* ~ *(Obst)* teigig, weich werden; **~neux, se** *a* **1.** flaumig; flockig; **2.** *(Geräusch)* dumpf; **3.** *(Obst)* weich, teigig; **4.** *(Bild)* mit weichen Konturen; **5.** *(Landschaft)* nebelverhangen; **6.** *(Stil)* kraftlos; **~nier, ère I.** *a* Baumwoll-; **II.** *s m* Baumwollstaude *f; industrie f ~nière* Baumwollindustrie *f.*

côtoyer [ko(ɔ)twaje] *tr* **1.** ~ *qc* an e-r S entlang=gehen *od* fahren, sich an e-r S entlang=ziehen; *(Schiff)* die Küste entlang=fahren; **2.** ~ *qn* mit jdm zusammen=kommen, in Berührung kommen; **3.** *fig* kreuzen, streifen (*qc* an etw).

cott|age [kɔtaʒ] *m* kleine(s) Landhaus *n;* **~e** *f* ~ *à bretelles* Latz-, Arbeitshose *f;* ~ *de mailles* Panzerhemd *n.*

cou [ku] *m* Hals *m;* — *au* ~ am, um den Hals; *jusqu'au* ~ bis zum Hals; *attacher par le* ~ am Hals fest=binden; *se casser, se rompre le* ~ sich den Hals, das Genick brechen; *prendre ses jambes à son* ~ *(fam)* die Beine unter den Arm nehmen, Hals über Kopf davon=rennen; *sauter, se jeter au* ~ *de qn* jdm um den Hals fallen; *tordre le* ~ den Hals um=drehen (*à qn* jdm); ~ *de taureau* Stiernacken *m.*

couac [kwak] *m* falsche(r) Ton *m.*

couard, e [kuar, -rd] **I.** *a* feige, ängstlich; **II.** *s m f* Feigling *m,* Memme *f;* **~ise** *f* Feigheit *f.*

couch|age [kuʃaʒ] *m* Übernachtung; Unterbringung, Unterkunft *f; sac m de* ~ Schlafsack *m;* **~ant I.** *a: chien m* ~ Vorstehhund *m; soleil m* ~ untergehende Sonne *f;* **II.** *s m* Westen; Abend *m;* untergehende Sonne *f;* **~e** *f* **1.** Lager, Bett *n;* **2.** *(meist pl)* Niederkunft *f,* Wochenbett *n;* **3.** Windel *f;* **4.** Mistbeet *n;* **5.** Lage, Schicht *f a. geol; min* Flöz *n;* **6.** *tech* Belag, Überzug, Anstrich *m a. fig,* Unterlage *f;* **7.** *en tenir, avoir une* ~ *(pop)* bekloppt, doof sein; **8.** *fausse* ~ Fehlgeburt *f;* **9.** *~s annuelles (Baum)* Jahresringe *m pl;* ~ *de fond* Grundierung *f;* ~ *protectrice* Schutzschicht *f;* ~ *sociale* Gesellschaftsschicht *f;* ~ *de terre* Erdschicht *f.*

couch|er [kuʃe] **I.** *tr* **1.** ~ *qn* zu Bett bringen, betten; lang hin=legen; **2.** ~ *qn* jdn bei sich unterbringen, für die Nacht beherbergen; **3.** flach hin=legen; *(Getreide)* umlegen; **4.** *(Schicht)* auf=tragen; **5.** ~ *qc (par écrit)* etw schriftlich niederlegen; *(in e-e Liste)* eintragen; nieder=, ein=schreiben; **II.** *itr* **6.** schlafen; übernachten, nächtigen; **III.** *s m* **7.** Schlafen-, Zubettgehen; Nachtlager; Schlafen *n;* **8.** *astr* Untergang *m;* **IV.** *v prn se* ~ **9.** zu Bett gehen, sich hin=, nieder=legen; **10.** sich nieder=beugen; **11.** *(Sonne)* unter=gehen; **12.** *aller se* ~ schlafen gehen; *être ~é* liegen; ~ *sur le carreau (fam)* um=legen, töten; ~ *sur la dure* auf der bloßen Erde schlafen; ~ *dans le foin, sous la tente* im Heu, im Zelt schlafen; ~ *qn en joue* auf jdn zielen; ~ *qn sur une liste* jdn in e-e Liste ein=tragen; *se* ~ *comme les poules* mit den Hühnern zu Bett gehen; **13.** *allez vous ~!* lassen Sie mich in Ruhe! *il est déjà couché* er ist schon schlafen gegangen; ~ *de soleil, de lune* Sonnen-, Monduntergang *m;* **~ette** *f* **1.** *loc* Liegeplatz *m;* **2.** *mar* Koje *f;* — *voiture f ~s (loc)* Liegewagen *m;* **~eur, se** *m f* *c'est un mauvais* ~ mit ihm ist nicht gut Kirschen essen.

couci-couci, couci-couça [kusikusi, -a] *adv fam* so lala, nicht besonders.

coucou [kuku] **I.** *s m* **1.** Kuckuck *m;* **2.** Kuckucksuhr *f;* **3.** *bot* Primel; gelbe Narzisse *f;* **4.** *(vieux ~) fam* alte Mühle, Kiste *f;* **II.** *interj* kuckuck.

coud|e [kud] *m* **1.** Ellbogen *m;* **2.** *fig* Knick *m,* Krümmung, Biegung *f,* Winkel *m;* **3.** *(Rohr)* Knie(stück) *n, tech* Krümmer *m,* Winkelstück *n,* Kröpfung *f;* **4.** ~ *à* ~ Seite an Seite, dicht nebeneinander; *fig* Hand in Hand; **5.** *jouer des ~s (fig)* die Ellbogen gebrauchen; *lever, hausser le ~ (pop)* e-n heben, viel trinken; *pousser qn du ~* jdn mit dem Ellbogen an≈stoßen; *se serrer les ~s (fig)* zusammen≈halten; *il ne se mouche pas du ~* es fehlt ihm nicht an Selbstbewußtsein; **~ée** *f avoir les ~s franches* Handlungs-, Bewegungs-, Ellbogenfreiheit haben.

cou-de-pied [kudpje] *m anat* Spann *m.*

coud|er [kude] *tr* (knieförmig) (um≈)biegen, krümmen; *tech* kröpfen; **~oiement** *m* Anstoßen *n* mit dem Ellbogen; *fig* Umgang *m;* **~oyer** *tr* **1.** *qn* jdn mit dem Ellbogen an≈stoßen; Seite an Seite gehen (*qn* mit jdm); **2.** *fig* in Berührung kommen (*qn* mit jdm); **3.** ~ *qc* an etw grenzen, etw streifen.

coudr|e [kudr] *tr* **1.** (an≈, zs.≈)nähen; **3.** *(Buch)* heften; — ~ *à la main, à la machine* mit der Hand, mit der Maschine nähen; *machine f à* ~ Nähmaschine *f;* **~ier** *m* Hasel(nuß)strauch *m.*

couenne [kwan] *f* **1.** (Speck≈) Schwarte *f;* **2.** *arg* Haut *f;* **3.** *pop* Dummkopf *m.*

couette [kwɛt] *f* **1.** Federbett *n;* **2.** mit e-m Band zs.gehaltener Haarschopf *m.*

couff|e [kuf] *f,* **~in** *m* (großer) Korb *m.*

couic [kwik] *interj* quiek! — *faire ~ à qn (pop)* jdn kaltmachen; *(pop) je ne pige que* ~ ich höre immer nur Bahnhof.

couill|e [kuj] *f vulg* Hode(n *m*) od *f;* ~ *molle* Waschlappen *m;* **~on** *m pop* Dussel, (Einfalts-)Pinsel *m;* **~onnade** *f pop* Dummheit *f;* **~onner** *tr pop* betrügen, übers Ohr hauen.

couiner [kwine] *itr fam* quietschen.

coul|age [kulaʒ] *m* **1.** *(Faß)* Lecken *n;* **2.** *(Metall)* Gießen *n,* Guß *m;* **3.** *com* Lekkage *f;* Verlust *m* durch Vergeudung *od* Veruntreuung; **~ant, e I.** *a* **1.** *(Wein)* süffig; *(Stil)* flüssig; **2.** *(Mensch)* umgänglich, nachsichtig; **II.** *s m* **3.** Schiebering *m;* **4.** *bot* Ranke *f;* — *nœud m* ~ Schlinge *f;* **~e** *f être à la ~ (pop)* alle Schliche kennen; **~é** *m* **1.** *mus* Bindung *f;* **2.** *tech* Guß (-stück *n*) *m;* **~ée** *f* **1.** *tech* Gießen *n,* Guß *m;* Schmelzmasse *f;* Abstich *m;* **2.** *geol* Erguß *m;* **3.** *fig* Strom *m,* Flut *f;* — ~ *de lave (geol)* Lavastrom *m.*

couler [kule] **I.** *itr* **1.** fließen, (ent)strömen, rinnen; (aus≈)strahlen; **2.** *(Faß)* lecken, undicht sein, aus≈laufen; **3.** *(Gas)* entweichen; **4.** *(Nase, Käse)* laufen; **5.** *(Kerze)* tropfen; **6.** *(Schiff)* sinken; **7.** *(Blüte)* ab≈fallen; **8.** *(Zeit)* verrinnen; **9.** *(im Gespräch)* hinweg≈gehen (*sur* über *acc*); **10.** (ab≈, herunter≈)gleiten; **11.** *fig* her≈kommen, aus≈gehen (*de* von); **II.** *tr* **12.** *(Flüssigkeit)* (durch≈)seihen; laufen *od* gleiten lassen; **13.** *(Zeit)* verstreichen lassen; **14.** *(Schiff)* versenken; **15.** *(Zettel)* zu≈stecken; **16.** *(Wort)* zu≈flüstern; **17.** *(Blick)* (zu≈)werfen; **18.** *mus* schleifen; **19.** *fam* fertigmachen, zugrunde richten; **III.** *v prn se* ~ **20.** sich ein≈schleichen; schlüpfen (*dans la foule* durch die Menge); **21.** sich ruinieren; — *se la ~ douce (fam)* es sich wohl sein lassen; *laisser ~ les rênes* die Zügel schießen lassen; ~ *à fond* od *bas (tr)* völlig zugrunde richten; *(Schiff)* versenken; *itr (Schiff)* sinken, wegsakken; *fig* verloren≈gehen; ~ *de source* von selbst kommen; sich von selbst verstehen.

couleur [kulœr] *f* **1.** Farbe *f;* **2.** Farbstoff *m;* **3.** *fig* Farbe, Schattierung, Seite *f;* **4.** *fig pol* Färbung, Richtung *f;* **5.** *pl* Farben *f pl;* Fahne *f;* **6.** *de* ~ farbig; *en* ~ Bunt-; *haut en* ~ hochrot; *fig* farbenprächtig; kraftvoll; *sans* ~ farblos; *sous ~ de* unter dem Vorwand, zu . . . ; **7.** *appliquer, coucher, étaler la* ~ die Farbe auf≈tragen; *en faire voir à qn de toutes les ~s* jdm arg mit≈spielen; jdn nach Strich u. Faden herein≈legen; *prendre ~ (fig)* Gestalt annehmen; *voir tout ~ de rose* alles durch e-e rosarote Brille sehen; **8.** *boîte f de ~s* Mal-, Farb(en)kasten *m; film m en ~s* Farbbfilm *m; télévision f en ~s* Farbfernsehen *n;* **9.** ~ *à l'eau* Wasserfarbe *f;* ~ *à l'huile* Ölfarbe *f;* ~ *locale* Lokalfarbe *f;* ~ *(à) pastel* Pastellfarbe *f,* -stift *m;* ~ *protectrice* Schutzfarbe *f.*

couleuvre [kulœvr] *f zoo* Natter *f;* — *avaler des ~s* s-n Ärger hinunter≈schlucken; Beleidigungen ein≈stecken; ~ *à collier* Ringelnatter *f.*

coulis [kuli] **I.** *s m* ~ *de tomate* Tomatenpürree, -mark *n;* **II.** *a: vent m* ~ Zugluft *f;* **~sant, e** [-sɑ̃, -ɑ̃t] *a porte f ~e* Schiebetür *f;* **~se** *f* **1.** *tech* Rinne, Fuge *f,* Falz *m,* Führung(sleiste) *f;* **2.** *theat* Kulisse *f; meist pl* (Raum *m* hinter den) Kulissen *f pl a. fig pol;* **3.** *(Börse)* Kulisse *f;* Freiverkehr *m;* **4.** durchgezogne(s) Gummiband *n;* — *dans la ~ (fig)* hinter den Kulissen; *porte, fenêtre f à* ~ Schiebetür *f,* -fenster *n;* **~ser I.** *tr* mit e-m Falz versehen; **II.** *itr* in e-r Führung gleiten, sich (ver-) schieben lassen; **~sier** *m* Freiverkehrsmakler *m.*

couloir [kulwar] *m* **1.** *arch loc* (Durch-)

Gang; Flur *m;* **2.** *theat parl* Wandelgang *m;* **3.** *geol* Rinne; **4.** *min* Rutsche *f;* — *voiture f à ~ central, latéral* Wagen *m* mit Mittel-, Seitengang *m;* ~ *aérien* Luftkorridor *m,* Flugschneise *f;* ~ *d'avalanche* Lawinengraben *m;* ~ *de basse pression (Wetter)* Tiefdruckrinne.

coup [ku] *m* **1.** Schlag, Stoß; Hieb; Stich; Schuß, Wurf; Knall *m;* **2.** Strick *m;* **3.** Zug, Schluck *m;* **4.** *tech* Hub *m;* **5.** *à ~s de* mit (Hilfe *gen*); *à ce ~, pour le ~* (für) diesmal; *au premier ~* auf Anhieb; *à ~ sûr* ganz gewiß, bestimmt, sicher; *à tout ~, à tous les ~s* jedesmal; bei jeder Gelegenheit; *au ~ de midi* Schlag zwölf Uhr; *au ~ par ~* jeweils; ad hoc; *après ~* hinterher, wenn es zu spät ist; *du ~* darauf; infolgedessen; *sans ~ férir* ohne Schwertstreich; *sous le ~ de* benommen, unter der Einwirkung von; *~ sur ~* Schlag auf Schlag, ununterbrochen; *sur le ~* sofort; *tout à ~* plötzlich; *(tout) d'un ~* auf einmal; **6.** *accuser le ~* sich anmerken lassen; *donner un ~ de balai, brosse, peigne à qc* etw ein bißchen aus=fegen, ab=bürsten, überkämmen; *donner un ~ de chapeau à* den Hut ab=nehmen *od* ziehen vor; *(fam) donner le ~ de griffe à qn* jdm e-n Schlag versetzen; *donner un ~ de main, d'épaule à qn* jdm behilflich sein; *(fam) ne plus être dans le ~* nicht auf dem laufenden sein; nicht mehr „in" sein; *(fam) en mettre un ~* sich ins Zeug legen; *monter le ~ à qn* jdn aufhetzen; *(fam) en prendre un ~* etw abbekommen; *tenir le ~* aus=, stand=halten; *tomber sous le ~ de la loi* unter die Bestimmungen des Gesetzes fallen; *valoir le ~* der Mühe wert sein; **7.** *~ d'aile* Flügelschlag *m;* ~ *balancé (Boxen)* Schwinger *m;* ~ *de barre à droite, gauche (pol)* Rechts-, Linksruck *m;* ~ *bas (Boxen)* Tiefschlag *m a. fig;* ~ *de chance* Glücksfall *m;* ~ *de couteau, d'épingle* Messer-, Nadelstich *m;* ~ *dur (fig)* schwere(r), harte(r) Schlag *m;* schwierige Sache *f;* ~ *d'envoi (sport)* Anstoß *m; fig* Eröffnung *f* (e-r Sitzung); ~ *d'essai* erste(r) Versuch, Probeschuß *m;* ~ *d'État* Staatsstreich *m;* ~ *de feu* Schuß; *fig* Hochbetrieb *m;* ~ *de fil (fam)* Anruf *m;* ~ *de force* Gewaltstreich *m;* ~ *de foudre, de tonnerre* Blitz-, Donnerschlag; *fig* Blitz *m* aus heiterem Himmel; Liebe *f* auf den ersten Blick; ~ *franc (sport)* Freistoß *m (en faveur de* für *acc);* ~ *de grâce* Gnadenstoß *m;* ~ *de main (mil)* Handstreich; *fam* Dreh *m;* Hilfe *f;* ~ *de maître (fig)* Meisterstück *n;* ~ *d'œil* (flüchtiger) Blick; *fig* Überblick *m;* ~ *de pied* Fußtritt *m;* ~ *de pierre* Steinwurf *m;* ~ *de pinceau* Pinselstrich *m;* ~ *de poing* Faustschlag *m;* ~*-de-poing m* Schlagring *m;* ~ *de sifflet* Pfiff *m;* ~ *de soleil* Sonnenbrand, -stich *m;* ~ *de sonde* Stichprobe *f; fig pol* Sondierung *f;* ~ *de sonnette* Klingelzeichen *n;* ~ *du sort* Schicksalsschlag *m;* ~ *de téléphone* Anruf *m;* ~ *de théâtre (theat)* Knalleffekt *m,* überraschende Wendung *f; allg* unerwartete(s) Ereignis *n;* ~ *de vent* Windstoß *m.*

coupable [kupabl] **I.** *a* schuldig, schuldhaft; strafbar, -würdig; pflichtwidrig; **II.** *s m* Schuldige(r), Täter *m;* — *se rendre ~ de qc* sich *(dat)* etw zuschulden kommen lassen.

coup|age [kupaʒ] *m (Wein)* Verschneiden *n;* ~**ant, e** *a* scharf(kantig), schneidend *a. fig.*

coupe [kup] *f* **1.** Pokal *a. sport,* Kelch *m;* Schüssel, Schale *f; sport* Pokalspiel *n;* Meisterschaft *f;* **2.** (Ab-, Zu-)Schneiden *n;* (Zu-)Schnitt *m;* **3.** *(Holz)* Fällen *n,* Einschlag *m;* **4.** *geol* Profil *n; allg* Schnittfläche, -zeichnung *f;* **5.** *gram* Zäsur *f;* **6.** *(Spielkarten)* Abheben *n;* **7.** *(Anzug)* Schnitt *m;* **8.** *tech* Span(breite *f*) *m;* **9.** *boire la ~ jusqu'à la lie (fig)* den Kelch bis zur Neige leeren; *faire des ~s sombres (fig)* gründlich auf=räumen; *(Artikel)* zs.=streichen (*à qc* etw); einschneidende Reduzierungen vornehmen *(dans le personnel* beim Personal); *mettre qn en ~ réglée (fig)* jdn regelmäßig schröpfen; **10.** *~ des cheveux* Haarschneiden *n,* -schnitt *m;* ~ *blanche* Kahlschlag *m;* ~*-cigare m inv* Zigarrenabschneider *m;* ~*-circuit m inv el* Unterbrecher *m;* Sicherung *f;* ~*-feu m inv (Wald)* Schneise *f;* Brandschutz *m;* ~*-file m inv* Passierschein; Presseausweis *m;* ~*-gorge m inv fig* Räuberhöhle *f;* ~*-légumes m inv* Wiegemesser *n;* ~*-ongles m inv* Nagelschere *f;* ~*-papier m inv* Brieföffner *m;* ~ *verticale* Querschnitt *m.*

coupé [kupe] **I.** *s m mot* Kupee *n;* **II.** *a* **1.** geschnitten; **2.** *(Gelände)* durchschnitten; **3.** *(Wappen)* geteilt; **4.** *tech* unterbrochen; **5.** *(Straße)* unpassierbar; — ~ *en deux* halbiert; ~ *en petits carrés* gewürfelt; *fleures ~es* Schnittblumen *fpl;* ~**e** *f mar (échelle f de ~)* Fallreep *n.*

couper [kupe] **I.** *tr* **1.** (ab=, durch=, zer)schneiden; **2.** ab=, unterbrechen; unterbinden, trennen; *el* ab=, aus=schalten; *tele* trennen, unterbrechen; **3.** *(Holz)* fällen, schlagen, (ab=)hauen; ab=hacken; *(Stein)* behauen; **4.** *(Buch)* auf=schneiden; **5.** *(Tier)* kastrieren; **6.** *(Kleidungsstück)* zu=schneiden; **7.** *(Getränk)* mischen; verschneiden; **8.** *(Kartenspiel)* kupieren; ab=heben; **9.** *mar* kappen; **10.** *(Reise)* unterbrechen; **11.** *(Weg)* kreuzen *a. loc;* **12.** *(Straße)* sperren; **13.** *(Gelände)* durchqueren; **14.** *(Fieber)* kupieren; **15.** *(Tennisball)* schneiden; **II.** *itr il n'y coupera pas* da wird er daran glauben müssen; ~ *court à qc* etw ein Ende machen; ~ *à travers champ* querfeldein gehen; **III.** *v prn se* ~ **16.** sich schneiden *(au doigt* in den Finger); **17.** *se* ~ *de qn* sich jdm entfremden; **18.** *(Straßen)* sich kreuzen; **19.** *fam* sich verraten; — ~ *bras et jambes à qn (fig)* jdn lahm=legen; ~ *les cheveux en quatre* Haarspalterei treiben; ~ *en deux* durch=schneiden; ~ *l'herbe sous les pieds de qn* jdm den Wind aus den Segeln nehmen; ~ *la parole à qn* jdm ins Wort fallen; ~ *le sifflet à qn (fam)* jdn zum Schweigen bringen; ~ *dans le vif* ins Fleisch schneiden; *fig* einschneidende Maßnahmen treffen; ~ *les vivres à qn* jdm den Geldhahn abdrehen; *coupez! (film)* aus! stopp! *coupez la lumière!* Licht aus! *ça te la coupe (pop)* da bist du sprachlos; da bleibt dir die Spukke weg.

couper|et [kuprɛ] *m* **1.** Hackmesser *n;* **2.** Fallbeil *n;* **~ose** [-oz] *f med* Kupferausschlag *m.*

coupeur, se [kupœr, -øz] *m f (Konfektion)* Zuschneider(in *f*); — ~ *de cheveux en quatre* (fig) Haarspalter *m.*

coupl|age [kuplaʒ] *m tech* Kupp(e)lung; *el* Schaltung; *radio* Kopp(e)lung *f;* **~e** *m* **1.** Paar; Ehepaar *n;* **2.** Spant *n,* Schiffsrippe *f;* **3.** *tech* (Dreh-)Moment, Kräftepaar; **4.** *el* Element *n;* **~emètre** *m* Drehmomentmesser *m;* **~er** *tr* **1.** *(Hunde)* koppeln; **2.** *tech* (ver)kuppeln; *el* schalten; *radio* koppeln; **~et** [-plɛ] *m* Strophe *f;* Couplet, Lied *n;* **~eur** *m* **1.** *el* Schalter *m;* **2.** *tech* Kupplung *f.*

coup|ole [kupɔl] *f auch* Kuppel *f; la C~ (fam)* die Académie Française; **~on** *m* **1.** Stoffrest; **2.** *com* Kupon, Anteil-, Zinsschein, Dividendenabschnitt *m;* **3.** Abschnitt, Gutschein *m;* — *~-réponse m* Antwortschein *m;* **~ure** *f* **1.** Schnitt(wunde *f*) *m;* **2.** *(Gelände)* Einschnitt; *agr* Abzugsgraben *m;* **3.** Banknote *f;* **4.** Zeitungsausschnitt *m;* **5.** *(Text, film)* Kürzung, Streichung *f;* **6.** *el tele* Unterbrechung, Abschaltung; *(Gas, Wasser)* Absperrung *f,* Abstellen *n;* — ~ *verte* Grünanlage, -zone *f,* -streifen *m.*

cour [kur] *f* **1.** Hof(raum) *m;* **2.** (Fürsten-)Hof, Hofstaat *m,* -haltung *f;* **3.** Gerichtshof *m;* — *faire la* ~ *à qn* jdm den Hof machen; ~ *d'appel* Appellationsgericht *n;* ~ *d'assises* Schwurgericht *n;* ~ *de cassation* Kassationshof *m;* ~ *des comptes* Rechnungshof *m;* ~ *intérieure* Innenhof, Lichtschacht *m;* ~ *de récréation* Schulhof *m.*

courag|e [kuraʒ] *m* **1.** Mut *m,* Unerschrockenheit *f;* **2.** Beherztheit, Entschlossenheit *f;* Einsatzwille *m;* **3.** Festigkeit, Höhe *f;* — *avec* ~ mutig; unerschrocken; tapfer; *sans* ~ mutlos; *ne pas avoir le* ~ *de* es nicht übers Herz bringen zu; *perdre* ~ den Mut sinken lassen; *prendre son* ~ *à deux mains (fam)* sich ein Herz fassen; **~eux, se** *a* **1.** mutig, beherzt; **2.** einsatzfreudig, eifrig.

cour|amment [kuramɑ̃] *adv* **1.** *(Sprechen)* fließend; geläufig; **2.** gewöhnlich; **~ant, e I.** *a* **1.** laufend; **2.** *(Wasser)* fließend; **3.** oft, häufig, gängig, gangbar, gewöhnlich, üblich; **II.** *s m* **4.** Strömung *f;* (~ *d'air)* (Luft-) Zug *m;* **5.** *el* Strom *m;* **6.** laufende(r) Monat *m;* **7.** *fig* (Ab-, Ver-)Lauf, (Fort-)Gang *m;* **8.** *(Personen)* Strom *m;* **9.** *fig (Meinung)* Strömung, Richtung *f;* **10.** *dans le* ~ *mois* im Laufe des Monats; *du 15* ~ vom 15. d. M(onats); *fin f* ~ per Ende d. M. (dieses Monats); **11.** *couper, interrompre le* ~ den Strom ab=schalten; *être au* ~ *(de)* auf dem laufenden sein (mit); Bescheid wissen (über *acc*); keine Rückstände haben; *être de pratique* ~*e* üblich sein; *être de vente* ~*e* ein gangbarer Artikel, leicht verkäuflich sein; *se mettre au* ~ sich ins Bild setzen, sich orientieren *(de* über); *tenir au* ~ auf dem laufenden halten; laufend Bericht erstatten *dat;* **12.** *c'est tout à fait* ~ das ist gang u. gäbe; *il y a un* ~ *d'air* es zieht; *le* ~ *passe* der Strom ist eingeschaltet; **13.** *consommation, économie f de* ~ Stromverbrauch *m,* -ersparnis *f; coupure f de* ~ Stromunterbrechung, -sperre *f; marque f* ~*e* gangbare Sorte *f; prise f de* ~ *(el)* Steckdose *f,* Anschluß *m; prix* ~ Marktpreis *m;* ~ *des affaires* laufende Geschäfte *n pl;* Geschäftsgang *m;* ~ *alternatif* Wechselstrom *m;* ~ *ascendant* Aufwind *m;* ~ *continu* Gleichstrom *m;* ~ *d'eau* Wasserlauf *m;* ~ *marin* Meeresströmung *f;* ~ *de population* Bevölkerungsbewegung *f;* ~ *de secteur* Netzstrom *m;* ~ *de basse, de haute tension* Schwach-, Starkstrom *m;* **~ante** *f fam* Durchfall *m.*

courbat|u, e [kurbaty] *a (Mensch)* wie gerädert, ganz zerschlagen; **~ure** *f* Kreuzschmerzen *m pl;* Muskelkater *m;* **~urer** *tr* Muskelkater verursachen *dat;* *être courbaturé* wie gerädert sein.

courb|e [kurb] **I.** *a* gekrümmt, gebogen, krumm; geschwungen; **II.** *s f* **1.** Krümmung, Wendung, Biegung; gekrümmte Linie *f;* **2.** *(Straße)* Kurve, Kehre *f;* **3.** *(Schultern)* Wölbung *f;* **4.** *math* Kurve *f;* — ~ *en épingle à cheveux* Haarnadelkurve *f;* ~ *de la production, des prix, de température* Produktions-, Preis-, Temperaturkurve *f;* **~er I.** *tr* krümmen, biegen, beugen; **II.** *v prn se* ~ krumm werden; sich biegen; *(Person)* sich beugen, sich bücken; *fig* sich beugen *(devant une injustice* e-r Ungerechtigkeit); — ~ *la tête, le front devant qn* sich jdm fügen, unterordnen; **~ette** *f (Pferd)* Bogensprung *m;* — *faire des ~s* katzbukkeln *(devant qn* vor jdm); **~ure** *f* Krümmung, Biegung; Wölbung *f.*

cour|ette [kurɛt] *f* kleine(r) Hof *m;* **~eur, se** *s m f* **1.** (guter) Läufer; Wettläufer, Rennfahrer *m;* **2.** Rennpferd *n;* **3.** *~ de bals* häufiger Besucher *m* von Bällen; *elle est coureuse* sie ist ein leichtes Mädchen; **4.** *~ automobile, cycliste, motocycliste* Auto-, Rad-, Motorradrennfahrer *m; ~ de demi-fond* Mittelstreckenläufer *m; ~ de dots* Mitgiftjäger *m; ~ de fond* Langstreckenläufer *m; ~ de haies* Hürdenläufer *m; ~ de jupons* Schürzenjäger *m; ~ de vitesse* Kurzstreckenläufer *m;* **~ge** *f* **1.** *bot* Kürbis *m;* **2.** *quelle ~!* was für e-e dumme Gans!

courir [kurir] **I.** *itr* **1.** laufen, rennen, eilen; **2.** an e-m Wettlauf, -rennen teil=nehmen; **3.** dahin=jagen, -gleiten; sich übereilen, sich stürzen (*à* auf *acc, fig* in *acc*); **4.** *(Zeit)* verfließen, enteilen, entschwinden; **5.** um= gehen, im Schwange sein; **6.** umher=schweifen, sich herum=treiben; **7.** *fig* streben, nach=laufen, -jagen (*après* nach); **8.** herum=kommen; **9.** *(Fluß)* fließen; **10.** *(Wind)* wehen; **11.** *geog* verlaufen; **12.** *(Gerücht)* um=gehen; **13.** *(Knoten)* lose sein; **14.** *mar* fahren; **II.** *tr* **15.** jagen, verfolgen; **16.** durchstreifen; **17.** (eifrig) besuchen; **18.** *(Glück)* versuchen; **19.** *(Gefahr)* auf sich nehmen; **20.** *~ qc* sehr auf etw aus sein; hinter etw her sein; *sport ~ le grand prix* am großen Preis teilnehmen; *en courant* in Eile; *par le temps qui court* unter den gegenwärtigen Umständen; *(fam) laisser ~* laufen lassen; *~ le cachet* e-m Engagement, Privatstunden nach= jagen; *~ un danger* sich e-r Gefahr aus=setzen; *~ à sa fin* aufs Ende zu=gehen; *~ le cent mètres* am 100-m-Lauf teil=nehmen; *~ à sa perte, à sa ruine* ins Verderben rennen; *~ au plus pressé* das Dringendste zuerst erledigen; *~ un risque* ein Risiko ein=gehen; *~ le risque de* Gefahr laufen zu; *(fam) ~ sur le système* auf die Nerven gehen; **21.** *les intérêts courent à partir de* ... die Verzinsung beginnt am ... ; *vous pouvez ~!* das schaffen Sie nie! denkste! *le mois qui court* der laufende Monat; *le voleur court encore* der Dieb ist noch nicht gefaßt; *(fam) il lui court après* er läuft ihm nach.

couronn|e [kurɔn] *f* **1.** Kranz *m;* **2.** Krone *f;* **3.** Tonsur *f;* **4.** *(~ dentaire)* (Zahn-)Krone *f;* **5.** *tech* Krone *f,* Kranz, Ring *m;* Rad *n;* **6.** *~ solaire* (Sonnen-) Korona *f;* **7.** *~ d'épines* Dornenkrone *f; ~ d'épis* Erntekranz *m; ~ de mariée* Brautkranz *m; ~ mortuaire* (Toten-) Kranz *m; ~ de roue* Radkranz *m;* **~é, e** *a* **1.** gekrönt *a. fig;* **2.** umgeben; bedeckt (*de* mit); — *~ de succès* von Erfolg gekrönt; **~ement** *m* **1.** Krönung *f a. fig;* **2.** *arch* Bekrönung *f;* **~er I.** *tr* **1.** krönen; **2.** *(Person)* bekränzen; **3.** *fig* mit e-m Preis aus=zeichnen; **4.** *~ qc (fig)* etw krönen, vollenden; **5.** den Abschluß bilden; *arch* bekrönen; **II.** *v prn se ~* sich bedecken, überziehen (*de* mit); *(Pferd)* sich am Knie verletzen; — *la fin couronne l'œuvre* Ende gut, alles gut.

courre [kur] *tr: chasse f à ~* Hetzjagd *f.*

courrier [kurje] *m* **1.** Kurier *m;* **2.** Postwagen *m,* -schiff, -flugzeug *n;* **3.** Briefe *m pl,* Post(sachen *f pl*), Korrespondenz *f;* **4.** *(Zeitung)* Bericht *m,* Chronik *f;* **5.** *par le même ~, par prochain ~* mit gleicher, mit der nächsten Post; *par retour du ~* postwendend; **6.** *dépouiller le ~* die Post durchsehen; *expédier, faire son ~* die Post auf=geben, erledigen; *mettre le ~ à la boîte* die Post in den Briefkasten werfen; **7.** *levée f du ~* Leerung *f;* **8.** *~ aérien m* Luftpost *f; ~ des auditeurs (radio)* Hörertribüne, -post *f; ~ des lecteurs (Zeitung)* Briefkasten *m,* Leserbriefe *mpl; ~ de la mode, des sports, des spectacles* Mode-, Sport-, Theaterbericht *m;* **courriériste** *m (Zeitung)* (Tages-)Berichterstatter *m.*

courroie [kurwa] *f* **1.** Riemen; Gurt *m;* **2.** *mot* Keilriemen *m;* — *~ de transmission (tech)* Treibriemen *m; ~ de transport* Förderband *n.*

courrou|cer [kuruse] **I.** *tr* (heftig) erzürnen; in Harnisch bringen; **II.** *v prn se ~* sich ereifern; *fig (Elemente)* wüten, toben; **~x** [-ru] *m lit* Zorn *m;* Wüten *n (der Elemente).*

cours [kur] *m* **1.** Strömung *f,* Lauf *m;* **2.** *mar: au long ~* auf große Fahrt; **3.** *fig* Ab-, Verlauf *m;* **4.** Kurs(us), Lehrgang *m;* Vorlesung *f;* Studien *f pl;* Lehrbuch *n;* **5.** *(Gestirn)* Umlauf *m;* **6.** *com* Kurs *m,* Notierung *f;* Preis *m;* **7.** *au ~ de* im Verlauf *gen, com* zum Kurs von; *dans le ~ de l'année* im Laufe des Jahres; *en ~ de construction* im Bau (befindlich); *en ~ de route* unterwegs; **8.** *avoir ~* gangbar, gebräuchlich sein; *avoir, suivre son ~* s-n Gang gehen, vor sich gehen; *donner libre ~ à* freien Lauf lassen *dat;* **9.** *les ~ baissent, montent, s'effritent, fléchissent, se maintiennent* die Kurse fallen, ziehen an, bröckeln ab, geben nach, bleiben fest; **10.** *baisse f, chute f, cote f, fluctuations f pl des ~* Kursrückgang, -sturz *m,* -notierung *f,* -schwankungen *f pl; ~ acheteur, vendeur* Geld-, Briefkurs *m; ~ de(s) change(s)* Wechselkurs *m; ~ par correspondance* Fernkurs *m; ~ d'eau* Wasserlauf *m; ~ du jour* Tageskurs *m; ~ magistral* Hauptvorlesung *f; ~ sur le marché mondial* Weltmarktpreise *f; ~ du* *marché* Marktpreis *m; ~ d'ouverture, de clôture* Eröffnungs-, Schlußkurs *m; ~ de promotion* Fortbildungskurs *m; ~ du soir* Abendkurs *m; ~ de vacances* Ferienkurs *m.*

cours|e [kurs] *f* **1.** (Wett-)Lauf *m,* (Wett-) Rennen *n;* **2.** Gang *m,* Fahrt; Bewegung *f;* **3.** Besteigung, Bergtour *f;* **4.** Gang *m,* Besorgung *f;* **5.** *(Zeit, Gestirne)* Lauf *m;* **6.** Laufbahn, Karriere *f;* **7.** Pferderennen *n;* **8.** *tech* Hub *m;* **9.** *mar* Kaperfahrt *f;* **10.** *(fam) je ne suis pas dans la ~* ich bin nicht auf dem laufenden; *aller faire des ~s* Besorgungen erledigen; Einkäufe machen *(dans les magasins* in den Läden); **11.** *auto f de ~* Rennwagen *m; champ m de ~s* Rennbahn *f; cheval m de ~* Rennpferd *n; parcours m, piste f de ~* Rennstrecke *f; prix m de la ~ (Taxi)* Fahrpreis *m; ~ d'automobiles* Auto(mobil)rennen *n; ~ cycliste* Radrennen *n; ~ de (demi-)fond* (Mittel-), Langstreckenlauf *m; ~ de(s) haies* Hürdenlauf *m; ~ de cent mètres* 100-Meter-Lauf *m; ~ de moto* Motorradrennen *n; ~ de natation* Wettschwimmen *n; ~ parcourue* Fahrstrecke *f; ~ de relais* Staffellauf *m; ~ en sac* Sackhüpfen *n; ~ à* od *en skis* Schilauf *m,* -fahren *n;* **~ier, ère** *s m f* Laufjunge *m,* -mädchen *f;* **~ive** *f mar* Laufgang *m.*

court, e [kur, -rt] **I.** *a* **1.** *(räumlich, zeitlich)* kurz; **2.** unzureichend; **II.** *adv* **3.** kurz; schnell; plötzlich; **III.** [kur] *s m* **4.** Tennisplatz *m;* **5.** *à ~ terme* kurzfristig; *à ~ d'arguments* (um Argumente) verlegen; *de ~e durée* kurzlebig; von kurzer Dauer *(fam); pour (le) faire ~* um es kurz zu machen; *tout ~* ganz einfach; sonst nichts; **6.** *avoir la vue ~e* kurzsichtig sein *a. fig; couper ~ (Rede)* kurz ab=brechen; Einhalt gebieten (*à qc* dat); *demeurer, rester ~ (in der Rede)* stekken=bleiben; nichts mehr zu antworten wissen; *être (à) ~ d'argent* knapp bei Kasse sein; *être pris de ~* in Zeitnot sein; *prendre au plus ~* den kürzesten Weg ein=schlagen; *prendre qn de ~* jdn überraschen, in Verlegenheit bringen; *tourner ~ (Wagen)* auf engem Raum wenden *itr; fig* auf etw anderes über=springen; plötzlich auf=hören; **7.** *~-circuit m el* Kurzschluß *m; réaction f en ~* Kurzschlußreaktion *f; ~-circuiter tr* kurzschließen; *~ métrage m* Kurzfilm *m; ~-vêtu, e a* mit kurzem Kleid.

court|age [kurtaʒ] *m* Maklergeschäft *n,* -gebühr *f;* **~aud, e** *a* u. *s m f* untersetzt(e), stämmig(e Person *f*); **~epointe** *f* Steppdecke *f;* **~ier, ère** *s m f* Makler, Agent, Vermittler(in *f*) *m; — ~ d'assurances* Versicherungsagent *m; ~ en immeubles* Grundstücksmakler *m; ~ maritime* Schiffsmakler *m;* **~isan** [-tizɑ̃] *m* Höfling *m;* **~isane** [-zan] *f* Kurtisane *f;* **~iser** *tr* den Hof machen (*qn* jdm); umschmeicheln (*qn* jdn); **~ois, e** *a* ritterlich, höflich; **~oisie** *f* Ritterlichkeit; Höflichkeit *f.*

couru, e [kury] *a* gesucht, gefragt; — *être ~* großen Zulauf haben; *c'est ~! (fam)* das ist klar!

cous|cous [kuskus] *m* Kuskus *m;* **~ette** [-zɛt] *f fam* Nähmädchen *n;* **~euse** *f* Näherin *f; (Buchbinderei)* Hefterin *f;* Fadenheftmaschine *f.*

cousin, e [kuzɛ̃, -in] **1.** *m f* Vetter, Cousin *m;* Kusine, Base *f;* **2.** *m* (Stech-) Mücke *f;* — *n'être pas ~s* sich nicht vertragen; nicht ähnlich sein; *~ germain* Vetter *m* ersten Grades; *pl* Geschwisterkinder *n pl;* **~age** *m fam* Vetternschaft *f;* **~er** *itr* sich gut verstehen.

coussin [kusɛ̃] *m* Kissen, Polster *n; véhicule m sur ~ d'air* Luftkissenfahrzeug *n; ~ de fauteuils* Sofakissen *n;* **~et** [-nɛ] *m* **1.** kleine(s) Kissen *n;* **2.** *arch* Kämpfer *m;* **3.** *tech* Lager *n; ~ à billes* Kugellager *n.*

cousu, e [kuzy] *a* **1.** genäht; **2.** besetzt, bedeckt (*de* mit); — *être (tout) ~ d'or* im Gelde schwimmen; *~ main* handgenäht; *c'est du ~ main (pop)* das ist ganz große Klasse.

coût [ku] *m* Kosten *pl,* Ausgabe *f;* Preis *m;* — *indice m du ~ de la vie* Lebenshaltungsindex *m; ~ marginal* Grenzkosten *pl; ~ de production* Produktionskosten *pl; ~ de la vie* Lebenshaltungskosten *pl;* **~ant** *a: au prix ~* zum Selbstkostenpreis *m.*

cout|eau [kuto] *m pl -x* **1.** Messer *n;* **2.** *(Waage)* Schneide *f;* — *être à ~(x) tiré(s)* sich spinnefeind sein; *mettre le ~ sous la gorge à qn (fig)* jdm das Messer an die Kehle, die Pistole auf die Brust setzen; *~ de cuisine, à dessert, à fromage, à pain, de poche* Küchen-, Dessert-, Käse-, Brot-, Taschenmesser *n;* **~elas** [kutla] *m* große(s) Küchenmesser *n;* **~elier** [-tə-] *m* Messerschmied; Stahlwarenhändler *m;* **~ellerie** [-tɛlri] *f* **1.** Messerschmiede(handwerk *n*) *f;* **2.** Stahlwaren(handlung *f*) *f pl.*

coût|er [kute] *itr tr* **1.** (etw) kosten; **2.** Ausgaben, Mühe verursachen (*qn* jdm); nicht leicht sein (*qn* für jdn); Überwindung kosten (*qn* jdm); — *~ cher, gros* teuer sein, viel Geld kosten; *il m'en coûte de* es kostet (mich) zu ...; *coûte que coûte* koste es, was es wolle; um jeden Preis; *rien ne lui coûte* es fällt ihm alles leicht; *il n'y a que le premier pas qui coûte* aller Anfang ist schwer; **~eux, se** *a* kostspielig, teuer.

coutil [kuti] *m* Drell, Drillich, Zwillich *m.*

coutum|e [kutym] *f* **1.** Brauch *m,* Sitte, Gewohnheit *f;* **2.** *pl jur* Gewohnheitsrecht *n;* — *(comme) de ~* gewohnheitsmäßig; gewöhnlich, üblich; *selon sa ~*

wie gewohnt; *avoir ~ de* pflegen zu; **~ier, ère** *a* gewohnheitsmäßig, herkömmlich; üblich; — *il est ~ du fait* er hat die (An-)Gewohnheit; *droit m ~* Gewohnheitsrecht *n*.

couturle [kutyr] *f* **1.** Nähen, Schneidern *n*, (Damen-)Schneiderei; Näharbeit; Nähstube *f;* Handarbeitsunterricht *m;* **2.** Naht *f a. tech*, Saum *m;* Fuge *f;* **3.** Narbe *f;* **4.** *sans ~* nahtlos; **5.** *battre à plate ~ (fam)* haushoch schlagen (*qn* jdn); *(Heer)* völlig auf≈reiben; *examiner sur toutes les ~s (fig)* auf Herz u. Nieren prüfen; *haute ~* Haute Couture *(in Paris); magasin m de ~* Damenkonfektionsgeschäft *n;* **~é, e** *a* (mit Narben) bedeckt; **~ier** *m* Modeschöpfer *m;* **~ière** *f* **1.** Näherin, Schneiderin *f;* **2.** *theat* Kostümprobe *f;* — *aller faire un essayage chez sa ~* zur Anprobe zur Schneiderin gehen.

couvlain [kuvɛ̃] *(Bienen) m* Brut *f;* **~ée** *f* **1.** Nestvoll *n* Eier *od* Junge; **2.** *(Vögel)* Brut *f;* **3.** *fam* Stallvoll *m* Kinder; **~ent** [-vɑ̃] *m* Kloster *n; entrer au ~* ins Kloster gehen; **~er I.** *tr* **1.** (be-, aus≈) brüten; **2.** *fig* aus≈hecken, an≈zetteln; **3.** *(Krankheit)* in sich tragen; **4.** *(Plan)* heimlich hegen; **5.** *fig ~ qn* jdn verhätscheln, verzärteln; **II.** *itr* **6.** *(Feuer)* schwelen *a. fig;* **7.** sich an≈spinnen, im Gange sein; gären *fig;* — *~ des yeux* kein Auge wenden von; *il faut laisser ~ cela (fam)* das muß man der Zeit überlassen; **~ercle** [-vɛrkl] *m* Deckel *m*, Kappe, Haube *f*.

couvert, e [kuvɛr, -rt] **I.** *a* **1.** *(Himmel)* bedeckt; *(mit e-r Decke)* zugedeckt; **2.** *(Stimme)* belegt; **3.** *(Bahnsteig)* überdacht; **4.** *(Gelände)* nicht einsehbar; **5.** *(Anleihe)* voll gezeichnet; **II.** *s m* **6.** *(Tisch)* Gedeck; (Eß-)Besteck *n;* **7.** Blätterdach *n;* **8.** *mil* Deckung *f;* **9.** *fig* Deckmantel *m;* **10.** *à ~* unter Dach u. Fach; geschützt; *com* gedeckt; *sous le ~ de* unter dem Schein, Vorwand, Deckmantel *gen;* unter der Adresse *gen;* im Auftrag *gen;* **11.** *mettre à ~* sichern, in Sicherheit bringen; *mettre le ~* den Tisch decken; *se mettre à ~* Schutz suchen; *rester ~* den Hut auf≈behalten; *le vivre et le ~* Verpflegung u. Unterkunft *f;* **~ure** *f* **1.** Decke *f*, Überzug *m;* Bettdecke *f;* **2.** *arch* Dachhaut, Bedachung *f;* **3.** *com* Deckung, Sicherheit *f;* **4.** *fig* Deckmantel *m*, Tarnung *f;* **5.** *(Zeitung)* Titelseite *f;* (Buch-)Deckel; Einband; (Heft-)Umschlag *m;* **6.** *mil* Deckung, Abschirmung *f;* **7.** *sans ~ (com)* ungedeckt; *sous ~ de* unter dem Schein, Deckmantel *gen;* **8.** *donner ~* Versicherungsschutz bieten; *tirer la ~ à soi (fig fam)* den Rahm ab≈schöpfen; **9.** *~ en ardoise* Schieferdach *n; ~ des besoins* Bedarfsdeckung *f; ~ chauffante* Heizdecke *f; ~ de cellophane* Zellophanumschlag *m; ~ en chaume* Strohdach *n; ~ de fascicule* Aktendeckel *m; ~ de laine* Wolldecke *f; ~ or (com)* Golddeckung *f; ~ de protection* Schutzumschlag *m; ~ de voyage* Reisedecke *f*.

couveuse [kuvøz] *f* **1.** Bruthenne *f;* **2.** *(~ artificielle)* Brutapparat *m;* **3.** *med* Brutkasten *m;* **4.** *pile f ~ (Atom)* Brüter *m*.

couvre-chef [kuvrʃɛf] *m hum* Kopfbedeckung *f;* **~-feu** *m* Zapfenstreich *m;* Sperrstunde *f;* **~-lit** *m* Tages(bett)dekke *f;* **~-pied(s)** *m* (Parade-)Bettdecke *f*.

couvreur [kuvrœr] *m* Dachdecker *m*.

couvrir [kuvrir] **I.** *tr* **1.** (be-, zu≈)decken, ein≈hüllen, überziehen (*de* mit); **2.** überhäufen, -schütten; **3.** (warm) an≈ziehen, (be)kleiden; **4.** verteidigen, sichern; *(Rückzug)* decken, schützen (*de* vor *dat*); **5.** *(Ausgaben)* decken; *(Unkosten)* ersetzen, vergüten; *(Risiko)* absichern; *(Versteigerung)* überbieten; **6.** *(Entfernung)* zurück≈legen; **7.** übertönen; **8.** *(männl. Tier)* belegen, bespringen; *(Bulle)* decken; *(Hengst)* beschälen; **9.** *(Dach)* ein≈decken; *(durch Bäume)* beschatten; **10.** *mil* sichern, ab≈schirmen; **II.** *v prn se ~* **11.** sich be-, zu≈decken; **12.** e-n Hut auf≈setzen; **13.** *(Himmel)* sich bewölken, sich beziehen; **14.** *~ qn des frais* jdm die Unkosten vergüten; *~ les frais de production* die Herstellungskosten decken; *~ son jeu* sich nicht in die Karten sehen lassen; *(se) ~ de ridicule* (sich) lächerlich machen; *se ~ de sang* sich mit Blut beflecken; **15.** *cela couvre une énigme* dahinter steckt ein Geheimnis; *il couvre ses collaborateurs* er deckt seine Mitarbeiter.

crabe [krab] *m* Taschenkrebs *m*, Krabbe *f;* — *marcher en ~* seitwärts gehen; *panier m de ~s* untereinander streitende Gruppe *f*.

crac [krak] *interj* krach! bums!

crachlat [kraʃa] *m* **1.** Speichel *m*, Spukke *f;* **2.** *fam* Ordensstern *m;* — *se noyer dans un ~ (fam fig)* über die eigenen Füße stolpern; **~é, e** *a: c'est lui tout ~ (fam)* das ist er, wie er leibt u. lebt; **~ement** *m* **1.** (Aus-)Speien *n;* **2.** *el* Funkensprühen *n;* **3.** *radio* Knistern, Knakken *n;* Nebengeräusche *n pl; ~ de sang* Blutspeien *n;* **~er I.** *tr* **1.** (aus≈)speien, (aus≈)spucken; **2.** *pop (Geld)* blechen, aus≈spucken; **3.** *fam* um sich werfen, heraus≈platzen (*qc* mit etw); **II.** *itr* **4.** (aus)spucken *(par terre* auf die Erde); anspucken (*sur qn* jdn); **5.** *~ sur qn, qc* s-e Verachtung an jdm, etw auslassen; **6.** *radio* knistern; **7.** *(bes. Feder)* klecksen, spritzen; **~in** *m* Sprühregen *m;* **~oir** *m* Spucknapf *m; tenir le ~ (fam fig)* das große Wort führen; **~oter** *itr* **1.**

immer ein wenig spucken; **2.** *(Motor)* knattern; **3.** *(Füllfeder)* klecksen.
crack [krak] *m fig fam* As *n,* Kanone, Koryphäe *f;* **~ing** [-iɲ] *m chem* Krakken *n.*
cracra [krakra] *a inv fam* schmutzig, schmuddelig.
craie [krɛ] *f* Kreide *f; bâton m de ~* Stück *n* Kreide.
crain|dre [krɛ̃dr] *tr* **1.** (be)fürchten, sich fürchten, Angst haben, sich scheuen (*qn, qc* vor jdm, etw); **2.** nicht vertragen (können); **3.** empfindlich sein (*l'eau* gegen das Wasser); — *~ pour* bangen, zittern um; *se faire ~* sich Respekt verschaffen; *craint l'humidité (com)* vor Nässe zu schützen; **~te** *f* **1.** Furcht, Scheu *f;* **2.** Respekt *m,* Ehrfurcht *f;* — *dans la ~ que, de ~ que ... ne* (be)fürchtend, daß; *~ de Dieu* Gottesfurcht *f; n'ayez ~* keine Sorge; **~tif, ive** *a* furchtsam, ängstlich.
cram|er [krame] *tr itr (fam)* (leicht) an⸗brennen, -sengen; — *ça sent le cramé* das riecht nach Angebranntem; *toute la bicoque a cramé (fam)* die ganze Bude ist abgebrannt; **~oisi, e I.** *a* karm(es)inrot; *fam* puterrot; **II.** *s m* Karm(es)in(rot) *n.*
cramp|e [krɑ̃p] *f med* Krampf *m; ~ d'estomac* Magenkrampf *m;* **~on** *m* **1.** *arch* Klammer *f;* **2.** *(Schuhe)* Stollen *m;* **3.** *(Bergsport)* Steigeisen *n;* **4.** *bot* Haftwurzel *f;* **5.** *(fam) il est ~* man wird ihn nicht los; **~onner I.** *tr* **1.** verklammern; **2.** *qn (fam)* sich an jdn hängen, jdm lästig fallen; **II.** *v prn se ~* sich an⸗klammern (*à* an *acc*) *a. fig;* — *se ~ à la vie, à un espoir* sich ans Leben, an e-e Hoffnung klammern.
cran [krɑ̃] *m* **1.** Kerbe *f,* Einschnitt *m,* Raste, Einkerbung *f; (Riemen)* Loch *n;* **2.** *pl (Frisur)* Wellen *f pl;* — *il est à ~* er ist sehr gereizt; *il a du ~ (fam)* er hat Mumm; er bewahrt kaltes Blut; *monter, descendre d'un ~ (fig)* eine Stufe steigen, sinken; *serrer sa ceinture d'un ~ (fig)* den Riemen enger schnallen; *~ d'arrêt (Gewehr)* Sicherung *f; ~ de mire (Gewehr)* Kimme *f.*
crân|e [krɑ(a)n] **I.** *s m anat* Schädel *m;* **II.** *a fam* prahlerisch; — *se briser, se fendre le ~* sich den Schädel ein⸗schlagen; *fracture f du ~* Schädelbruch *m; ~ chauve* Glatze, *fam* Platte *f;* **~er** *itr fam* an⸗geben; **~erie** *f* Prahlerei, *fam* Angeberei; Kühnheit *f;* **~eur, se** *m f* Angeber(in *f*) *m;* **~ien, ne** *a* Schädel-; *boîte f ~ne* Hirnschale *f.*
crap|aud [krapo] *m* **1.** *zoo* Kröte *f; (fauteuil ~)* niedrige(r) Sessel *m;* **2.** *mus* Stutzflügel *m;* **3.** *(Diamant)* Fehler *m;* — *laid comme un ~* häßlich wie die Nacht.
crapul|e [krapyl] *f* üble Figur *f;* Lump *m;* **~eux, se** *a* zwielichtig; schändlich; gemein.
craqu|age [krakaʒ] *m chem* Kracken *n;* **~e** *f fam* Aufschneiderei, Lüge, Angabe *f;* **~elé, e I.** *tr a* rissig; **II.** *s m* Craquelé *n;* **~eler I.** *tr* rissig machen; **II.** *v prn* feine Risse bekommen; **~elure** *f* Haarrisse *m pl;* **~ement** *m* **1.** Krachen, Knacken, Knarren *n;* **2.** *fig* Riß *m;* **~er I.** *tr* **1.** *chem* kracken; **2.** *(Streichholz)* anstreichen; **II.** *itr* **3.** krachen, knacken, knarren; **4.** *(Naht)* platzen; bersten; **5.** *fig* ins Wanken geraten; **6.** *plein à ~* brechend voll; **~ètement** *m* Knistern; *(Storch)* Klappern *n;* **~eter** *itr* knistern; *(Storch)* klappern.
crass|e [kras] **I.** *s f* **1.** Schmutz(schicht *f*), dicke(r) Dreck *m;* **2.** *fig* Gemeinheit *f;* **3.** *tech* Krätze *f;* **II.** *a f ignorance f ~* krasse Unwissenheit *f;* **~eux, se** *a* schmutzig, dreckig, schmierig; **~ier** *m tech* Schlackenhalde *f.*
cratère [kratɛr] *m (Vulkan)* Krater *m.*
crav|ache [kravaʃ] *f* Reitpeitsche *f;* **~acher I.** *tr* mit der Reitpeitsche antreiben; *(Person)* peitschen; **II.** *itr fam* sich am Riemen reißen, sich tüchtig an⸗strengen; **~ate** [-vat] *f* **1.** Krawatte *f,* Schlips, Binder *m;* **2.** Ordensband *n;* — *s'en jeter un derrière la ~ (fam)* sich e-n hinter die Binde gießen *od* kippen; *épingle f de ~* Krawattennadel *f;* **~ater** *tr* **1.** *qn* jdm e-e Krawatte um⸗binden; **2.** *pop* jdn herein⸗legen; **3.** *qn* jdn in den Würgegriff nehmen; **4.** *pop* verhaften; bestehlen.
crawl [krol] *m sport* Kraul *n; nager, (fam) faire le ~,* **~er** *itr* kraulen; **~eur** *m* Krauler *m.*
cray|eux, se [krɛjø, -øz] *a* kreidig; **~on** *m* **1.** Bleistift; Farb-, Zeichenstift *m;* **2.** *(dessin m au ~)* Bleistiftzeichnung; Skizze *f,* Entwurf *m;* — *taille-~ m* Bleistiftspitzer *m; ~ à bille* Kugelschreiber *m; ~ à copier, de couleur* Kopier-, Farbstift *m; ~-feutre* Filzschreiber *m; ~ noir (pour les yeux)* Augenbrauenstift *m; ~ de rouge à lèvres* Lippenstift *m;* **~onnage** *m* **1.** Bleistiftzeichnung *f;* **2.** Kritzeln *n;* **~onner** *tr* **1.** skizzieren, entwerfen *a. fig;* **2.** kritzeln; *pop crayonne! (mot)* gib Gas! **~onneur** *m* schlechte(r) Zeichner *m.*
créanc|e [kreɑ̃s] *f* **1.** (Schuld-) Forderung *f; pl* Außenstände *m pl;* **2.** *donner, trouver ~* Glauben schenken, finden; **3.** *lettre(s) f (pl) de ~ (pol)* Beglaubigungsschreiben *n;* **~ier, ère** *m f* Gläubiger(in *f*) *m; désintéresser, satisfaire les ~s* die Gläubiger befriedigen.
créat|eur, trice [kreatœr, -tris] **I.** *s m* **1.** Schöpfer(in *f*), Erfinder(in *f*) *m;* **2.** *theat* erste(r) Darsteller *m (e-r Rolle);* **3.** *com* Hersteller(in *f*) *m;* **II.** *a* schöpferisch, erfinderisch; **~if, ive** *a* kreativ; erfinde-

risch; *force f ~ive* Schöpferkraft *f;* **~ion** [-sjɔ̃] **1.** *f* Erschaffung, Schöpfung *f;* **2.** Erfindung; Gründung, Er-, Einrichtung, Schaffung, Bildung *f;* **3.** *theat* erste Darstellung *(e-r Rolle);* Uraufführung *f;* **4.** *(Scheck)* Ausstellung; **5.** *(Ware)* Herstellung *f;* **6.** *(Mode)* Kreation *f;* — *~ de capitaux (com)* Kapitalschöpfung *f; ~ d'emplois nouveaux* Schaffung *f* neuer Arbeitsplätze; **~ivité** *f* Kreativität *f;* **~ure** *f* **1.** Geschöpf *n,* Kreatur *f;* **2.** *(~ humaine)* Mensch *m,* Wesen *n;* **3.** Günstling, Schützling *m;* **4.** *pej* Weibsbild *n.*

crécelle [kresɛl] *f* **1.** Klapper *f;* **2.** *fig fam* Klatschbase *f;* — *voix f de ~* kreischende Stimme *f;* **~erelle** [krɛsrɛl] *f orn* Turmfalke *m.*

crèche [krɛʃ] *f* **1.** Krippe *f;* **2.** Kinderkrippe *f;* **3.** Bude *f; fam* **crécher** *itr fam* hausen, wohnen.

crédence [kredɑ̃s] *f* Kredenz, Anrichte *f;* **~ible** *a* glaubwürdig; **~it** [-di] *m* **1.** *com* Kredit *m;* (Gut-)Haben *n;* **2.** *pl* (Haushalts-)Mittel *n pl;* Ansehen *n;* **3.** *à ~* auf Kredit *od* Borg; *à porter au ~ du compte* zur Gutschrift auf das Konto; *à valoir sur mon ~* a conto meines Guthabens; **4.** *accorder du ~, faire ~* Kredit gewähren; Glauben schenken (*à qn* jdm); *avoir du ~* Kredit haben *od* genießen; *dépasser le ~* den Kredit überschreiten; *jouir de ~* sehr angesehen sein; *ouvrir un ~ en faveur de qn jusqu'à concurrence de* zugunsten jds e-n Kredit bis zur Höhe von ... eröffnen *od* ein≈räumen; *passer, porter au ~ de qn* jdm gut≈schreiben; **5.** *avis m de ~* Gutschriftanzeige *f; banque f de ~* Kreditbank *f; octroi m d'un ~* Kreditgewährung *f; ouverture f d'un ~* Krediteröffnung *f; restriction f du ~* Krediteinschränkung *f;* **6.** *~-bail m* Leasing *n; ~ en banque* Bankguthaben *n; ~ à la consommation, à la production* Konsumptiv-, Produktivkredit *m; ~ foncier* Bodenkredit(anstalt *f*) *m; ~ municipal* Städtische(s) Leihamt *n;* **~ité** *m* Kreditnehmer *m;* **~iter** *tr* kreditieren, gut≈schreiben (*qn de qc* jdm etw); *~ un compte de* ... e-m Konto ... gutschreiben; **~iteur, trice I.** *s m f* Kreditor *m;* **II.** *a: garder un solde ~ dans son compte* e-n Kreditsaldo unterhalten; *intérêts m pl ~s* Habenzinsen *m pl.*

credo [kredo] *m* Glaubensbekenntnis; Kredo *n.*

crédule [kredyl] *a* leichtgläubig; **~ité** *f* Leichtgläubigkeit *f.*

créer [kree] **I.** *tr* **1.** *rel* (er)schaffen; **2.** erfinden; her≈stellen, ins Leben rufen; (be)gründen, er-, ein≈richten, auf≈bauen, machen; **3.** *(Modelle, theat Rolle)* kreieren; **4.** *com (Wechsel)* aus≈stellen; **5.** *(Ware)* her≈stellen; **6.** *(Aktien)* begeben; **7.** *(Absatzmarkt)* erschließen; **8.** *(Hypothek)* bestellen; **9.** *theat (Stück)* auf≈führen; — *~ des ennuis à qn* jdm Unannehmlichkeiten verursachen.

crémaillère [kremajɛr] *f pendre la ~ (fam)* den Einstand *od* Einzug (in e-e neue Wohnung) feiern; *chemin m de fer à ~* Zahnradbahn *f.*

crémation [kremasjɔ̃] *f* Leichenverbrennung *f;* **~oire** *a: four m ~,* **~orium** [-atɔrjɔm] *m* Verbrennungsofen *m,* Krematorium *n.*

crème [krɛm] *f* **1.** Sahne *f,* Rahm *m;* Süßspeise, Creme *f;* **2.** (dickflüssiger) Likör *m;* **3.** (Haut-)Creme *f;* **4.** *fig* das Beste, die Besten; die Auslese, Spitze; **5.** *couleur f ~* Cremefarbe *f; ~ aux amandes* Mandelkrem *f; ~ d'avoine* Haferschleim *m; ~ de beauté* Schönheitscreme *f; ~ pour chaussures* Schuhcreme *f; ~ fouettée* Schlagsahne *f; ~ glacée* Eiskrem *f; ~ grasse* Fettcreme *f; ~ de jour, de nuit* Tages-, Nachtcreme *f; ~ à raser* Rasiercreme *f; ~ solaire* Sonnencreme *f; ~ de tartre (chem)* Weinstein *m.*

crémer [kreme] *itr* Rahm an≈setzen; **~erie** [krɛmri] *f* Milchgeschäft *n; changer de ~ (fam)* das Lokal wechseln; **~eux, se** *a* sahnig; sämig; **~ier, ère** *m f* Milchhändler(in *f*).

créneau [kreno] *m pl -x* **1.** Zinne *f;* **2.** Schießscharte *f;* **3.** *tech* Einkerbung *f;* **4.** *(Straßenverkehr)* Parklücke *f;* Lücke *f* zum Einfädeln; **5.** *radio* Sendezeit *f* (für Parteien); **6.** *com* Marktlücke *f;* **7.** *quels sont vos ~x?* wann haben Sie noch Zeit? **~elé, e** [krɛ(e)nle] *a* **1.** *bot* gezackt; **2.** zinnenbewehrt; **~eler** *tr* **1.** mit Schießscharten *od* Zinnen versehen; **2.** auszacken; *(Münze)* rändeln; **~elure** *f* **1.** Verzahnung *f;* Zacken *f pl;* **2.** *anat bot* Kerbung *f;* **3.** Zinnen *f pl.*

crêpage [krɛpaʒ] *m* **1.** Kräuseln; *(Haar)* Toupieren *n;* **2.** *(fam fig) ~ de chignon* Gezänk *n* (unter Frauen); **~e** *m* **1.** Krepp *m;* **2.** (Trauer-)Flor *m;* **3.** *f* Eierkuchen *m;* **~elé, e** *a* kraus, gekräuselt; **~er I.** *tr* **1.** *(Haare)* toupieren; **2.** (Stoff) kreppen; **II.** *v prn se ~ le chignon (fam)* sich in den Haaren liegen.

crépi [krepi] *m arch* (Ver-, Rauh-)Putz, (Rauh-)Bewurf *m.*

crépir [krepir] *tr arch* verputzen, bewerfen; **~issage** *m arch* Rauhputz, Bewurf *m;* **~itation** *f,* **~itement** *m* Knistern, Prasseln *n;* **~iter** *tr* knistern, (p)rasseln; **~u, e** *a* kraus; gekräuselt.

crépusculaire [krepyskylɛr] *a* **1.** dämmerig, **2.** *fig* ver-, untergehend; **~e** *m* (Abend-)Dämmerung *f; au ~* in der Abenddämmerung.

crescendo [kreʃɛndo] *m mus: aller en ~* (an Lautstärke) zu≈nehmen.

cresson [kre(ɛ)sɔ̃] *m bot* Kresse *f; n'avoir plus de ~ sur la fontaine (fam)* e-e Glatze haben; ~ *de fontaine* Brunnenkresse *f*.

crétacé, e [kretase] **I.** *a* kreidig, kreidehaltig; **II.** *s m geol* Kreide(zeit) *f*.

crêt|e [krɛt] *f* **1.** *zoo* Kamm *m*, Haube, Krone *f;* **2.** (Berg-, Wogen-)Kamm, Grat, Höhenrücken *m;* **3.** *(Dach)* First *m; (Mauer)* Krone *f;* **4.** (Helm-)Zierat *m; — puissance f de ~* Spitzenleistung *f*.

crétin, e [kretɛ̃, -in] **I.** *s m f* **1.** Schwachsinnige(r *m*) *f;* **2.** *fig* Depp, Idiot *m;* **II.** *a* dämlich, blöd; **~erie** *f* Dummheit *f;* **~iser** *tr* verdummen; **~isme** *m* **1.** *med* Kretinismus *m;* **2.** *fam fig* Idiotie *f*.

creton|ne [krətɔn] *f* Cretonne *f*.

creus|er [krøze] **I.** *tr* **1.** (aus=)höhlen, (um=)graben, hohl machen; aus=kehlen; (aus=) baggern; (aus=)bohren; **2.** *min* schürfen; *(Stollen)* vor=treiben, ab=teufen; **3.** *(Furche)* ziehen; **4.** *fig* vertiefen; aus=höhlen; ergründen, erforschen, gründlich prüfen; sich eingehend befassen mit; **5.** *qn (fam)* hungrig machen; **II.** *v prn se ~* **6.** hohl werden; **7.** *(Abgrund)* sich auf=tun; **8.** brüten (*sur un problème* über e-m Problem); *(Unterschied)* sich vertiefen; *— se ~ la cervelle, la tête (fig)* sich den Kopf zerbrechen; *~ sa fosse, sa tombe (fig)* sich sein Grab schaufeln; *le grand air creuse* frische Luft zehrt; **~et** [-zɛ] *m* **1.** Schmelztiegel *m a. fig;* **2.** *fig* Prüfstein *m*.

creux, se [krø, -øz] **I.** *a* **1.** hohl; **2.** *(Augen)* tief(liegend); **3.** *(Jahrgang)* (geburten-)schwach; **4.** *(Börse)* lustlos; **5.** *(Magen, Stimme)* hohl; **6.** *(Wangen)* eingefallen; **7.** *fig* inhalts-, gehaltlos, sinnentleert; **II.** *s m* **8.** Höhlung, Vertiefung, Mulde, Kuhle *f;* Hohlraum *m;* **9.** *avoir le nez ~ (fam)* e-n guten Riecher haben; *j'ai un ~ à, dans l'estomac* mir knurrt der Magen; **10.** *assiette f creuse* tiefe(r) Teller *m; chemin m ~* Hohlweg *m; heures f pl creuses* stille Zeit, Flaute *f; ~ de l'estomac* Herzgrube *f; ~ d'une lame* Wellental *n; le ~ de la main* die hohle Hand *f*.

crev|aison [krəvɛzɔ̃] *f* **1.** Platzen, Bersten *n;* **2.** *mot* Reifenpanne *f;* geplätzte(r) Reifen *m;* **~ant, e** *a fam* **1.** sehr anstrengend; **2.** zum Totlachen; *— c'est ~* das macht einen fertig; **~asse** *f* **1.** (Gletscher-) Spalte *f;* **2.** Riß *m;* **3.** *pl* (Haut) Schrunden *pl;* **~assé, e** *a* rissig; *avoir les mains, lèvres ~es* aufgesprungene Hände, Lippen haben; **~asser I.** *tr* auf=springen lassen; rissig, schrundig machen; **II.** *v prn se ~* rissig werden, auf=springen.

crève [krɛv] *f avoir la ~ (pop)* auf dem letzten Loch pfeifen; e-e schöne Erkältung haben; *~-cœur m inv* Jammer *m; ~-la-faim m inv* Hungerleider *m*.

crev|é, e [krəve] *a* **1.** zerplatzt, ge-, zersprungen, geborsten; **2.** *(Tier)* verendet, krepiert; **3.** *(fam fig) être ~* vollkommen kaputt sein; **~er I.** *tr* **1.** platzen lassen; **2.** *(Augen)* aus=stechen; *(Geschwür)* auf=stechen; **3.** *(Pferd)* zuschanden reiten; **4.** *arg* ab=murksen, um=bringen; *fig (Herz)* zerreißen; **II.** *itr* **5.** bersten, platzen *a. fig* (*de* vor *dat*), zerspringen; aus der Haut fahren wollen (*de* vor); **6.** *vulg* krepieren, verrekken; **7.** *mot* e-e (Reifen-)Panne, e-n Plattfuß haben; **III.** *v prn* **8.** *se ~ au travail (fam)* sich abschinden; **9.** *se ~ les yeux* sich die Augen verderben; **10.** *faire ~ (Reis)* quellen lassen; *(Tier)* verrekken, *(Pflanze)* ein=gehen lassen; **11.** *~ d'ennui* vor Lange(r)weile sterben; *~ de faim, de soif* verhungern, verschmachten; *~ de rire* vor Lachen platzen; *~ de santé* vor Gesundheit strotzen; *cela crève les yeux (fig)* das springt in die Augen; *il fait une chaleur à ~* es ist eine Bruthitze; **~ette** *f* Garnele, Krabbe *f*.

cri [kri] *m* **1.** Schrei, (Aus-)Ruf *m;* **2.** *(~ de détresse)* Notschrei *m;* **3.** (Tier-) Stimme *f;* **4.** *(Seide)* Knistern *n;* **5.** *à grands ~s* mit lautem Geschrei; *fig* eindringlich; **6.** *jeter, pousser un ~* e-n Schrei aus=stoßen; **7.** *dernier ~* letzte(r) Schrei *m;* (aller)neueste Mode *f; ~ primal* Urschrei *m;* **~ailler** [krijaje] *itr* **1.** zetern, keifen; quarren, plärren; **2.** *(Gans)* schnattern; **~aillerie** *f* Gezeter, Gekeif; Geplärr(e) *n;* **~ant, e 1.** *fig* himmelschreiend; **2.** offensichtlich, eindeutig; *(Beweis)* schlagend; **~ard, e** *a* **1.** kreischend, gellend; *radio* plärrend; **2.** *(Farbe)* grell; **3.** *(Schulden)* drükkend.

cribl|e [kribl] *m* Sieb *n; passer au ~* durchsieben; *fig* genau prüfen; **~er I.** *tr* **1.** (durch)sieben; *(Früchte)* sortieren; **2.** durchbohren, -löchern; **3.** *fig* überschütten (*de* mit); *(mit Vorwürfen)* überhäufen; *(mit Fragen)* löchern; **II.** *itr arg* schreien, rufen; *— être criblé de dettes* bis über die Ohren in Schulden stecken.

cric [krik] *m(~ d'automobile)* Wagenheber *m*.

cricket [krikɛ] *m* Kricket *n (Spiel)*.

cri-cri [krikri] *m inv zoo* Heimchen *n*.

cri|ée [krije] *f (vente f à la ~)* (öffentliche) Versteigerung *f;* **~er I.** *itr* **1.** (auf=) schreien *a. fig;* (aus)rufen; **2.** *(Rad)* quietschen; **3.** kreischen, knirschen; *(Feder)* kratzen; **4.** *(Baby)* weinen, plärren; **5.** *~ après* anschreien; **II.** *tr* **6.** *~ qc* über *acc*, nach etw schreien; etw hinaus=schreien, hinaus=posaunen; zu=rufen (*qc à qn* jdm etw); **7.** *(Möbel)* öffentlich versteigern; **8.** *(Zeitungen)* aus=rufen; **9.** *~ au feu, au secours* Feuer, um Hilfe rufen; ~ *misère* sein Leid klagen; ~ *vengeance* nach Rache schreien; *cela se crie sur les toits* die Spatzen pfeifen es von den Dächern; **~eur, se** *m f* Ausrufer *m;* ~ *de journaux* Zeitungsverkäufer *m.*

crime [krim] *m* Verbrechen *n a fig;* Missetat *f,* Frevel *m;* — *faire un* ~ *à qn de qc* jdm etw als Verbrechen zur Last legen; *commettre un* ~ ein Verbrechen begehen; ~ *de guerre* Kriegsverbrechen *n;* ~ *contre les mœurs* Sittlichkeitsverbrechen *n.*

crimin|alité [kriminalite] *f* Kriminalität *f;* **~el, le I.** *a* verbrecherisch, kriminell; sünd-, frevelhaft; strafbar; **II.** *s m f* Verbrecher(in *f*) *m;* — *acte m* ~ strafbare Handlung, Straftat *f; procès m* ~ Strafprozeß *m;* ~ *d'habitude* Gewohnheitsverbrecher *m;* ~ *de la route* Verkehrssünder *m;* **~ologie** *f* Kriminalwissenschaft *f.*

crin [krɛ̃] *m* Mähnen-, Schwanzhaar; Roßhaar *n;* — *à tous ~s (fig)* leidenschaftlich; mit Leib u. Seele; *il est comme un* ~ er ist sehr gereizt; **~crin** *m fam* schlechte Geige *f;* **~ière** [krin-] *f* Mähne *f;* **~oline** *f (Mode)* Krinoline *f.*

criqu|e [krik] *f* **1.** kleine Bucht *f;* **2.** *(Eisen, Stahl)* Riß *m;* **~et** [-kɛ] *m* Feldheuschrecke *f;* ~ *pèlerin* Wanderheuschrecke *f.*

crise [kriz] *f med allg* Krise, Krisis *f;* — *à l'abri de la* ~ krisenfest; *déclencher, traverser une* ~ e-e Krise hervor=rufen, durch=machen; ~ *économique (mondiale)* (Welt-)Wirtschaftskrise *f;* ~ *énergétique* Energiekrise *f;* ~ *de l'habitat, du logement* Wohnungsnot *f;* ~ *ministérielle* Kabinetts-, Regierungskrise *f;* ~ *monétaire* Währungskrise *f;* ~ *de nerfs, nerveuse* Nervenzs.bruch *m,* -krise *f;* ~ *de vente* Absatzkrise *f.*

crisp|ation [krispasjɔ̃] *f* **1.** *(Leder)* Zs.schrumpfen *n;* **2.** *med* Verkrampfung *f;* — *donner des ~s à qn* jdn ärgern, *fam* auf die Palme bringen; **~er** *tr* **1.** (krampfhaft) zs.=ziehen, verkrampfen, verzerren; **2.** kräuseln; **3.** *fam* wütend machen.

crisser [krise] *itr* knirschen (*des dents* mit den Zähnen).

cristal [kristal] *m pl -aux* **1.** Kristall(glas *n*) *m* u. *n; pl* Kristallwaren, -sachen *f pl;* **2.** *fam* Soda *f* od *n;* ~ *de roche* Bergkristall *m;* **~lerie** *f* Kristallfabrik(ation) *f;* **~lin, e I.** *a* **1.** *min* kristallin(isch); **2.** *fig* kristallklar; **II.** *s m anat* Linse *f;* **~lisation** *f* **1.** *chem* Kristallisation *f;* **2.** *pl* Kristalle *n pl;* **3.** *fig m;* **~lisé, e** *a* Kristallisations-; kristallisiert; *sucre m* ~ Kristallzucker *m;* **~liser I.** *tr* kristallisieren; *fig* zs.=fassen; **II.** *itr* u. *se* ~ sich kristallisieren; *fig* sich zs.=schließen; Gestalt an=nehmen; fixiert sein *(autour de* auf *acc);* **~lisoir** *m* flache Glasschale *f;* **~lographie** *f* Kristallographie *f.*

critère [kritɛr] *m* Kriterium *n.*

critérium [kriterjɔm] *m* **1.** *(Radsport)* Kriterium *n;* **2.** *sport* Ausscheidungskampf *m;* **3.** *(Pferderennen)* Rennen *n* der gleichaltrigen Pferde.

critiqu|able [kritikabl] *a* tadelnswert; **~e I.** *a* kritisch; entscheidend, ernst; **II.** *s m* **1.** (Kunst-, Literatur-)Kritiker; kritische(r) Geist *m;* **2.** *f* Kritik *f;* Besprechung, Rezension *f;* **3.** *avoir l'esprit* ~ e-n kritischen Verstand haben; *formuler des ~s* Kritik üben; *prêter à la* ~ Anlaß zur Kritik geben; **4.** ~ *littéraire* Buchbesprechung *f;* **~er** *tr* kritisieren; **~eur, se** *m f* Krittler(in *f*), Kritikaster *m.*

croass|ement [krɔasmɑ̃] *m* Krächzen *n;* **~er** *itr (Rabe)* krächzen.

croc [kro] *s m* **1.** Haken; Enter-, Bootshaken *m;* **2.** *zoo* Fang-, Hakenzahn *m;* — *(fam) avoir les ~s* Kohldampf schieben; *mettre, pendre au* ~ *(fig)* an den Haken, Nagel hängen; *moustaches f pl en* ~ aufgezwirbelte(r) Schnurrbart *m;* ~ *de boucherie* Fleischerhaken *m;* ~-*-en-jambe* [-kɑ̃ʒɑ̃b] *m* Beinstellen *n a. fig; donner, faire un* ~ *à qn* jdm ein Bein stellen.

croch|e [krɔʃ] *s f mus* Achtelnote; *double* ~ Sechzehntelnote *f;* **~-patte, ~-pied** cf. *croc-en-jambe;* **~et** [-ʃɛ] *m* **1.** (kleiner) Haken *m,* Häkchen *n; (~ de serrurier)* Sperrhaken; **2.** Dietrich *m;* **3.** Häkelnadel *f;* **4.** *typ* eckige Klammer *f;* **5.** *zoo pl* Giftzähne *m pl;* **6.** (Gebiß-)Klammer *f;* **7.** (Boxen) Haken *m;* **8.** *fig* Umweg; Abstecher *m; (Weg)* scharfe Biegung *f;* **9.** *être, vivre aux ~s de qn* auf jds Kosten leben; *faire un* ~ *(fig)* e-n Haken schlagen, aus=biegen; *porter à qn un* ~ *à la machoire* jdm e-n Kinnhaken versetzen; **10.** ~ *de boucherie* Fleischerhaken *m;* ~ *à feu* Schürhaken *m,* -eisen *n;* **~eter** [-ʃte] *tr* mit e-m Dietrich öffnen; häkeln; **~u, e** *a* krumm, gekrümmt; — *avoir les mains ~ues (fig)* habgierig sein; *nez m* ~ Hakennase *f.*

crocodil|e [krɔdɔdil] *m zoo* Krokodil *n;* — *larmes f pl de* ~ Krokodilstränen *f pl; sac m en* ~ Krokotasche *f.*

crocus [krɔkys] *m bot* Krokus *m.*

croire [krwar] **I.** *itr* **1.** *(absolument)* glauben; **2.** *rel* gläubig sein; — ~ *à, en qc, en qn* an e-e S, an jdn glauben; Vertrauen haben (*à, en* zu); für wahr, für möglich halten; **II.** *tr* **3.** glauben (*qc, qn, que* e-e S, jdm, daß); — *je le crois sans peine* das glaube ich gern; *je ne te crois pas* ich glaube (es) dir nicht; **4.** *(penser, s'imaginer)* meinen, denken; an=nehmen, vermuten; — *je ne le crois pas capable de cela* das glaube ich nicht von ihm; *je croyais le connaître* ich glaubte ihn zu kennen; **5.** an=sehen als, halten für; — *je le crois honnête* ich halte ihn für ehrlich; **6.** das Gefühl haben, der Ansicht sein (*Inf.*, daß); **III.** *v prn se* ~ **7.** *(croire à tort que)* sich *(dat)* e-e S ein=bilden; — *il se croit un génie* er hält sich für ein Genie; *il se croit très malin* er bildet sich ein, er sei sehr gescheit; *il se croit persécuté* er leidet an Verfolgungswahn; **8.** *se* ~ *qn, s'en* ~ *(fam)* von sich überzeugt sein; **9.** ~ *en Dieu* an Gott glauben; **10.** *donner à* ~ vermuten lassen; *ne pas en* ~ *ses yeux, ses oreilles* s-n Augen, s-n Ohren nicht trauen; *à l'en* ~ wenn man ihn (sie) hört; *faire* ~ *qc à qn* jdm etw ein=reden, jdn von etw überzeugen; *en faire* ~ *à qn* jdm etw weis=machen; ~ *en soi* Selbstvertrauen haben; **11.** *à ce que je crois* meines Erachtens, meiner Ansicht nach; *je crois bien* das glaube ich schon; freilich! *je vous crois* ganz meine Meinung! das ist klar; *je crois que oui* ich glaube ja; *si vous m'en croyez* glauben Sie mir! *il est à* ~ man könnte meinen; *il se croit obligé de* er hält es für seine Pflicht zu; *tout porte à* ~ *que* alles deutet darauf hin, daß; *c'est à n'y pas* ~ das ist nicht zu glauben, das ist unglaublich.

crois|ade [krwazad] *f* Kreuzzug *m*, **~é, e I.** *a* gekreuzt, Kreuz-; *(Beine)* übereinandergeschlagen; *(Anzug)* zweireihig; **II.** *s m* **1.** *hist* Kreuzfahrer *m;* **2.** Köper *m (Stoff);* **3.** *zoo* Kreuzung *f;* — *faire des mots ~s* Kreuzworträtsel lösen; *rester les bras ~s* die Hände in den Schoß legen; *feu m* ~ Kreuzfeuer *n;* **~ée** *f* **1.** *(Straßen)* Kreuzung *f;* **2.** Fensterkreuz *n;* **3.** *arch* ~ *d'ogives* Kreuzrippe *f;* **~ement** *m* **1.** (Straßen-, Rassen-)Kreuzung; Kreuzungsstelle *f;* **2.** *(Fahrzeuge)* Begegnung *f*, Vorbeifahren *n;* Überlappung, Überschneidung *f;* **3.** *(Pflanzen; Tiere)* Kreuzung; *(Menschen)* (~ *de races)* Rassenmischung *f;* **4.** *(Arme)* Verschränken; *(Beine)* Übereinanderschlagen *n;* ~ *à niveau* schienengleiche(r) Übergang *m;* **~er I.** *tr* **1.** kreuzen; **2.** *(Menschen)* über den Weg laufen, begegnen, in die Quere kommen *dat;* **3.** *(Beine, Kleidungsstück)* überea.=schlagen; **4.** über-, durchqueren; **5.** *(Gewebe)* köpern; *(Faden)* zwirnen, zs.=drehen; **II.** *itr* **6.** *mar* kreuzen; **7.** *(Kleidung)* sich überea.=schlagen lassen; **III.** *v prn se* ~ **8.** sich kreuzen *(a. Briefe, Tiere);* **9.** *(Linien)* sich schneiden; **10.** ea. begegnen; ea. in die Quere kommen; *(se)* ~ *les bras* die Arme unterschlagen; *fig* die Hände in den Schoß legen; **~eur** *m mar* Kreuzer *m;* **~ière** *f* **1.** *mar* Kreuzen *n*, Kreuzfahrt *f;* **2.** *aero* Flug *m;* — *être en* ~ kreuzen; *vitesse f de* ~ Reisegeschwindigkeit *f;* **~illon** [-jɔ̃] *m* **1.** *(Fenster)* Querholz *n*, Sprosse *f;* **2.** Drehkreuz *n;* **3.** *(Kirche)* Querschiff *n.*

croiss|ance [krwasɑ̃s] *f* Wachstum; (An-)Wachsen *n;* Wuchs *m;* — *taux m de* ~ Wachstumsrate *f;* ~ *démographique* Bevölkerungszuwachs *m;* ~ *économique* Wirtschaftswachstum *n;* **~ant** *m* **1.** Mondsichel *f;* **2.** *(Wappen, Gebäck)* Hörnchen *n;* **3.** *(Islam)* Halbmond *m;* — *en (forme de)* ~ sichel-, halbmondförmig.

croître [krwatr] *itr* **1.** wachsen, zu=nehmen (*en* an *dat*); **2.** größer (dicker, höher, länger) werden; **3.** sich entwickeln, gedeihen; **4.** *(Wasser)* steigen; — *ne faire que* ~ *et embellir* immer größer u. schöner werden; *fig* prächtig gedeihen; ~ *comme un champignon* tüchtig wachsen.

croix [krwa] *f* **1.** Kreuz *n a. fig;* **2.** *en* ~ über Kreuz, kreuzweise; **3.** *mettre les jambes en* ~ die Beine überschlagen; *faire le signe de la* ~ das Kreuzeszeichen machen; *mettre la* ~ *sur qc (fig)* etw endgültig begraben; **4.** *il faut faire une* ~ *(à la cheminée)* das muß man im Kalender rot an=streichen; **5.** *chemin m de* ~ Leidens-, Kreuzweg *m; la C~-Rouge* das Rote Kreuz; ~ *de Saint-André* Andreaskreuz *n.*

croqu|ant, e [krɔkɑ̃] **I.** *a* knusprig; **II.** *s f (a. m)* Krokantkuchen *m;* **~e-au-sel** [-kosɛl] : *à la* ~ (nur) mit Salz; **~e-mitaine** *m* Butzemann, Schwarze(r) Mann *m;* **~e-monsieur** *in inv* Schinkentoast *m* mit Käse; **~e-mort** *m fam* Leichenträger *m;* **~enot** [-o] *m fam* Schuh *m;* **~er I.** *itr* krachen, knirschen; **II.** *tr* **1.** knabbern, knuspern (*qc* an e-r S); hinunter=schlingen; **2.** skizzieren; *fig* (das Wesentliche) fest=halten, wieder=geben; **3.** *sport* krockieren; **4.** *(Geld)* verprassen; **5.** *(joli) à* ~ zum Anbeißen (hübsch); **~et** [-kɛ] *m* Krocket(spiel) *n;* **~ette** *f (Küche)* Krokette *f;* **~ignolet, te** [-lɛ, -lɛt] *a fam* reizend, süß; **~is** [-ki] *m* Skizze *f*, Entwurf *m;* — *porter sur un* ~ in e-e Skizze ein=zeichnen; ~ *au crayon* Bleistiftskizze *f;* ~ *à la plume* Federzeichnung *f.*

cross(-country) [krɔskuntri] *m sport* Geländelauf *m.*

cross|e [krɔs] *f* **1.** *rel* Krummstab *m;* **2.** (Gewehr-)Kolben; (Hockey-)Schläger *m;* **3.** *tech* Kreuzkopf *m;* Krücke *f;* **4.** *(Aorta)* Bogen *m;* — *chercher des ~s à qn (pop)* mit jdm Streit suchen; *mettre la* ~ *en l'air (fam fig)* sich weigern zu kämpfen.

crotale [krɔtal] *m* Klapperschlange *f.*

crott|e [krɔt] *s f* **1.** *zoo* Kot *m;* **2.** *interj* verflixt! — ~ *de bique* Plunder *m;* ~ *(de chocolat)* Praline *f;* **~é, e** *a* beschmutzt, schmutzig; **~in** *m* Pferdeäpfel *m pl;* Mist *m.*

croul|ant, e [krulɑ̃, -ɑ̃t] *a* baufällig; *fig* altersschwach; — ~ *de sommeil* zum Umfallen müde; *les ~s (fam)* die Alten; **~er** *itr* **1.** (ein=)stürzen; **2.** *fig* zs.=stürzen, -brechen; **3.** *(Pläne)* scheitern; — *se laisser ~ à terre* sich zu Boden fallen lassen.

croup [krup] *m* Kehlkopfdiphterie *f;* **~e** *f* **1.** Kruppe *f,* Kreuz *n (des Pferdes);* **2.** *fam* Hintern *m (bes. e-r Frau);* **3.** Bergrücken *m;* **4.** *arch* Walm *m;* — *monter en ~* hinten auf=sitzen; **~etons** [-ptɔ̃] *adv: à ~* hockend, kauernd; *se tenir à ~* (nieder=)kauern; **~i, e** *a (Wasser)* faulig; **~ier** *m* Croupier *m;* **~ière** *f (Pferd)* Schwanzriemen *m; tailler des ~s à qn (fig)* jdm Schwierigkeiten machen; **~ion** *m orn* Bürzel, Sterz *m;* **~ir** *itr (Wasser)* stagnieren; faulig, stinkend werden; ~ *dans la saleté* im Schmutz verkommen.

croust|ade [krustad] *f* Überbackene(s) *n;* **~illant, e** [-jɑ̃] *a* **1.** knusprig; **2.** *fig* pikant, schlüpfrig; **~iller** *itr* knusprig sein.

croût|e [krut] *f* **1.** Kruste; *(Käse, Brot-)* Rinde *f;* Stück *n* Brot; Imbiß; *fam* Lebensunterhalt *m,* Brot *n;* **2.** *med* Schorf, Grind *m;* **3.** Schinken *m,* schlechte(s) Gemälde *n;* **4.** *fam* verknöcherte(r) Mensch, Dummkopf *m;* **5.** *tech* Belag *m,* Schicht *f;* — *casser la ~ (pop)* essen, futtern; *(fam) gagner sa ~* s-n Lebensunterhalt verdienen; ~ *terrestre* Erdrinde *f;* **~er** *itr fam* futtern; **~on** *m* **1.** Stück *n* Brotrinde, -kruste; Kanten, Knust *m;* **2.** geröstete(r) Brotbrocken *m;* **3.** *fig fam* verknöcherte(r) Alter *m.*

croy|able [krwajabl] *a* glaubhaft, -würdig; **~ance** *f* Glaube(n) *m* (*en Dieu* an Gott; *à qc* an e-e S); Glaubwürdigkeit; Überzeugung *f;* **~ant, e I.** *a* gläubig; **II.** *s m f rel* Gläubige(r *m*) *f.*

cru [kry] **I.** *m (Wein)* **1.** Weinberg *m;* Anbaufläche *f;* Wein *m;* **2.** *du ~* (ein)heimisch; *de son ~* von ihm selbst; auf seinem Boden, *fam* Mist gewachsen; **3.** *grand ~* edle(r) Wein *m; vin m du ~* Landwein *m;* **II. cru, e** *a* **1.** roh, ungekocht; **2.** *(Farbe, Ton)* grell; **3.** *fig* roh, schonungslos, hart, derb; **4.** *(Wahrheit)* nackt; **5.** *tech* roh, unbearbeitet, unverarbeitet; **6.** *(Ziegel)* ungebrannt; **III.** *s m le ~ et le cuit* Rohe(s) *n* und Gekochte(s) *n;* **IV.** *adv: je vous le dit tout ~* ich sage es Ihnen rund heraus.

cruauté [kryote] *f* Grausamkeit; Roheit *f.*

cruch|e [kryʃ] *f* **1.** Krug *m,* Kruke *f;* **2.** *quelle ~!* was für eine dumme Gans! ~ *à eau* Wasserkrug *m.*

cruci|al, e [krysjal] *a pl -aux fig* wichtig; entscheidend; grundlegend; **~fié** *m* Gekreuzigte(r) *m;* **~fier** *tr* kreuzigen; **~fix** [-fi] *m* Kruzifix *n;* **~fixion** [-ksjɔ̃] *f* Kreuzigung *f;* **~verbiste** *m* Kreuzworträtselfreund *m.*

crudité [krydite] *f* **1.** *meist pl* Rohkost *f;* **2.** Schonungslosigkeit, Rohheit *f;* — ~ *des couleurs, des tons* grelle Farben *f pl,* Töne *m pl.*

crue [kry] *f* Hochwasser *n; être en ~* Hochwasser führen.

cruel, le [kryɛl] *a* **1.** grausam, unmenschlich; unerbittlich; **2.** schmerzlich; qualvoll; **3.** *(Tier)* blutgierig, -rünstig; **4.** *(vorangestellt)* ärgerlich; ~ *embarras m* tödliche Verlegenheit *f;* **~lement** *adv fam* sehr, übermäßig; äußerst.

crûment [krymɑ̃] *adv* ungeschminkt, unverblümt; schonungslos; derb; *éclairer ~* grell beleuchten.

crustacés [krystase] *m pl* Krustentiere *n pl.*

crypt|e [kript] *f arch rel* Krypta *f;* **~ographique** *a: caractères m pl ~s* Geheimschrift *f.*

cub|age [kybaʒ] *m* (Messung *od* Berechnung *f* des) Rauminhalt(s) *m;* **~ature** *f* Kubatur *f;* **~e I.** *s m* **1.** *math* Würfel *m;* Kubikzahl *f;* **2.** *(bouillon-~)* Suppen-, (Fleisch-)Brühwürfel *m;* **II.** *a* Kubik-; — *élever au ~* zur dritten Potenz erheben; *jeu m de ~s* Bauklötzchen *n pl; mètre m ~* Kubikmeter *m* od *s;* **~er I.** *tr* **1.** kubieren, zur dritten Potenz erheben; **2.** den Rauminhalt messen *od* berechnen (*qc* e-r S *gen*); **II.** *itr* **3.** e-n Rauminhalt von ... haben; *(fam) cela cube* das ist eine ganze Menge; das läppert sich zusammen; **~ique** *a* würfelförmig, kubisch; *racine f ~* Kubikwurzel *f;* **~itus** [-ys] *m anat* Elle *f.*

cueill|ette [kœjɛt] *f* **1.** Obsternte *f; (Obst, Blumen)* Pflücken *n;* **2.** Sammeln *n;* **~ir** *tr* **1.** *(Obst, Blumen)* pflücken; (ein=)sammeln, lesen; **2.** *fig* genießen; **3.** *(Kuß)* rauben; **4.** *fam* fest=nehmen, schnappen (*un voleur* e-n Dieb); **5.** abholen (*qn* jdn).

cuiller, cuillère [kɥijɛr] *f* **1.** Löffel *m a. tech;* Kelle *f;* **2.** *(Fischfang)* Blinker *m;* **3.** *ne pas y aller avec le dos de la ~* tüchtig zulangen; *fig* kein Blatt vor den Mund nehmen; *faire qc en deux coups de ~ à pot* etw in Windeseile erledigen; *serrer la ~ (pop)* die Flosse drücken; **4.** *biscuit m à la ~* Löffelbiskuit *m; ~ à soupe,* Suppen-, Eßlöffel *m; ~ à café,* Kaffeelöffel *m; ~ à dessert* Dessertlöffel *m; ~ à pot* Suppenkelle *f;* **~ée** [kɥijəre] *f* Löffel *m* voll.

cuir [kɥir] *m* **1.** Leder *n; (Tier)* Haut *f;* **2.** *fam* falsche Bindung *f;* **3.** ~ *chevelu* Kopfhaut *f;* **4.** *entre ~ et chair* heimlich, im stillen; ~ *synthétique* Kunstleder *n.*

cuirass|e [kɥiras] *f* **1.** *hist* Harnisch, Brustpanzer *m;* **2.** *zoo mar* Panzer *m a.*

fig; **3.** *défaut m de la* ~ ungeschützte Stelle *f; fig* wunde(r) Punkt *m;* **~é, e I.** *a* **1.** gepanzert, Panzer-; **2.** *fig* gewappnet, gefeit (*contre* gegen); **II.** *s m* Panzerkreuzer *m,* Schlachtschiff *n; division f ~e* Panzerdivision *f;* **~er I.** *tr* panzern; **II.** *v prn se* ~ sich wappnen (*contre* gegen).

cuire [kɥir] *tr itr* **1.** kochen, sieden; bakken; braten; **2.** *(Ziegel, Porzellan)* brennen; **3.** brennen, weh tun; **4.** *fig* (in der Sonne) braten; **5.** *être dur à* ~ *(fig)* hartgesotten sein; ~ *dans son jus (fam)* im eigenen Saft schmoren; **6.** *il m'en cuit* es tut mir leid, reut mich; *les yeux me cuisent* die Augen brennen mir; *on cuit la-dedans* hier herrscht eine Bruthitze.

cuis|ant [kɥizɑ̃] *a* **1.** *(Schmerz)* stechend, brennend; **2.** *(Bemerkung)* beißend; — *essuyer un échec* ~ e-e schwere Schlappe erleiden; **~ine** *f* **1.** Küche *f;* **2.** Kochen *n,* Kochkunst; Kost *f;* **3.** Küchenpersonal *n;* **4.** *fig fam* Praktiken *fpl;* Schwindel *m;* **5.** *faire la* ~ kochen; **6.** *chaise f, couteau m, table f de* ~ Küchenstuhl *m,* -messer *n,* -tisch *m; livre m de* ~ Kochbuch *n;* **7.** ~ *de poupée* Puppenküche *f;* **~iner I.** *tr* **1.** kochen, zu=bereiten; **2.** *fig fam qn* jdn aus=quetschen, geschickt aus=fragen; **II.** *itr elle cuisine bien* sie kocht gut; **~inier, ère** *s m f* Koch *m,* Köchin *f; f* Küchen-, Kochherd *m; ~inière à gaz, électrique* Gas-, Elektroherd *m.*

cuiss|ardes [kɥisard] *f pl* hohe Anglerstiefel *m pl;* **~e** *f* (Ober-)Schenkel *m;* Keule *f,* Schlegel *m;* ~ *de grenouille* Froschschenkel *m;* **~eau** *m* (Kalbs-) Keule *f;* **~on** *f* **1.** Kochen, Sieden, Bakken *n;* **2.** *tech* Brennen *n;* **~ot** [-so] *m* (Wild-)Keule *f.*

cuist|ance [kɥistɑ̃s] *f fam* Küche *f; faire la* ~ kochen; **~ot** *m fam mil* Küchenbulle *m;* **~re** *m* Pedant *m.*

cuit, e [kɥi, -it] *a* **1.** gekocht, gesotten, gebacken, gebraten; **2.** *tech* gebrannt; **3.** *fam* ruiniert, verloren; — *il est* ~ jetzt ist er erledigt; *c'est du tout* ~ das kann nicht schief=gehen; **~e** *f* **1.** *(Töpferei)* Brennen *n,* Brand *m;* Eindicken *n;* **2.** *fam* Rausch *m;* — *il a sa* ~ er ist wieder mal besoffen; **~er, se** *v prn fam* sich besaufen.

cuivr|e [kɥivr] *m* **1.** Kupfer *n;* **2.** *pl* Kupfergeschirr *n;* **3.** Blechinstrument *n;* **4.** Kupfer(-stich *m*) *n;* **~é, e** *a* **1.** kupferrot; **2.** *(Stimme)* metallisch, klangvoll; **~er** *tr* **1.** verkupfern; **2.** kupferrot färben.

cul [ky] *m* **1.** *pop* Hintern, Po(po); *vulg* Arsch *m;* **2.** *fig fam* blöde(r) Hund *m;* **3.** *(Flasche)* Boden *m;* **4.** *mar* Gatt *n;* — *en avoir plein le* ~ *(vulg)* die Schnauze voll haben; *être comme* ~ *et chemise* unzertrennlich sein; *en tomber sur le* ~ platt sein; *~-de-jatte m* Krüppel *m* ohne Beine; *~-de-poule: bouche f en* ~ Schmollmund *m; ~-de-sac m* Sackgasse *f;* **~asse** [-las] *f* **1.** *(Gewehr)* Verschluß *m;* **2.** *mot* Zylinderkopf *m.*

culbut|e [kylbyt] *f* **1.** Purzelbaum, Überschlag *m;* **2.** *(Schwimmen)* Wende *f;* **3.** *allg* Sturz; *fig* Ruin *m,* Pleite *f;* — *faire la* ~ kopfüber hinunter=stürzen; Pleite machen; **4.** *com* e-n Gewinn von 100 Prozent machen; **~er I.** *tr* **1.** um=werfen; über den Haufen rennen; **2.** *fig* auf den Kopf stellen; *mil* überrennen; **3.** *tech* (um=)kippen *a. itr,* aus=schütten; **II.** *itr* **4.** sich überschlagen; **5.** *mar* kentern; — *ne pas* ~*!* nicht kanten! nicht stürzen! **~eur** *m tech* Kipper, Wipper; Kipphebel *m; interrupteur m à* ~ Kippschalter *m.*

cul|ée [kyle] *f (Brücke)* Widerlager *n;* **~inaire** *a* kulinarisch; *art m* ~ Kochkunst *f.*

culmin|ant, e [kylminɑ̃, -ɑ̃t] *a: point m* ~ *(astr)* Kulminationspunkt *m; geog* höchste(r) Punkt; *fig* Höhepunkt *m;* **~ation** *f astr* Kulmination *f;* **~er** *itr* **1.** *astr* kulminieren; **2.** *geog* die größte Höhe erreichen; **3.** *fig* s-n Höhepunkt erreichen, gipfeln.

culot [kylo] *m* **1.** Bodensatz; **2.** (Lampen-, Glühbirnen-)Sockel *m;* **3.** Frechheit, Unverfrorenheit, Dreistigkeit *f;* — *il a du* ~ er ist ganz schön frech; *quel* ~*!* was für eine Unverschämtheit! **~te** [-lɔt] *f a. pl* **1.** Kniehose; kurze Hose *f;* Schlüpfer *m;* **2.** *(Rind)* obere(r) Teil *m* der Keule; **3.** *(Spiel)* beträchtliche(r) Verlust *m;* Pech(strähne *f*) *n;* **4.** *porter la* ~ *(fig)* die Hosen an=haben; *prendre une* ~ Pech (im Spiel) haben; ~ *de golf* Knickerbocker *pl,* Golfhose *f;* ~ *de gymnastique* Turnhose *f;* **~ter** *tr* schwärzen; ~ *qn* jdm die Hose an=ziehen; **~tier, ère** *m f* Hosenschneider *m;* Hosennäherin *f.*

culpabilité [kylpabilite] *f* Schuld *f; sentiment m de* ~ Schuldgefühl *n.*

cult|e [kylt] *m* **1.** Kult *m;* **2.** Religion(sausübung), Konfession *f;* **3.** Kultus, Gottesdienst *m;* **4.** Verehrung *f,* Kult *m;* — ~ *de la personnalité* Personenkult *m;* **~ivable** *a* anbaufähig; **~ivateur** *s m* **1.** Landwirt; **2.** Kultivator *m (Gerät);* **~ivé, e** *a* **1.** bebaut; **2.** *fig* gebildet; — *surfaces f pl ~es* Anbaufläche *f;* **~iver I.** *tr* **1.** be-, an=bauen, (an=) pflanzen; *(Feld)* bestellen, kultivieren; **2.** *fig* entwickeln, bilden, vervollkommnen; **3.** *(Freundschaft)* pflegen; häufigen Umgang pflegen *od* suchen, verkehren (*qn* mit jdm); *fam* sich warm=halten (*qn* jdn); **II.** *v prn se* ~ sich weiterbilden; **~uel, le** [-tɥɛl] *a* kultisch, gottesdienstlich; **~ural, e** [-ty-] *a pl*

-aux landwirtschaftlich; **~ure** *f* **1.** Anbau *m*, Zucht, (*a.* Bakterien-)Kultur; Bestellung; Bewirtschaftung, Wirtschaft *f;* Akker-, Kulturland *n;* **2.** *fig* Pflege, Bildung; Kultur *f;* **3.** ~ *physique* Körperkultur *f;* **4.** ~ *florale* Blumenzucht, -kultur *f;* ~ *générale* Allgemeinbildung *f;* ~ *maraîchère* Gemüsebau *m;* ~ *de la vigne* Weinbau *m;* **~urel, le** *a* kulturell, Kultur-; *biens m pl ~s* Kulturgüter *n pl; vogage m* ~ Bildungsreise *f.*

cumin [kymɛ̃] *m* Kümmel *m.*

cumul [kymyl] *m jur* Kumulierung *f;* (~ *de charges)* Ämterhäufung *f;* (~ *de traitements)* Doppelverdienertum *n;* **~able** *a (Feiertage)* zusammenlegbar; **~ard** *m fam* Doppelverdiener *m;* **~atif, ive** *a* kumulativ; **~er** *tr itr* (an=)häufen; mehrere Ämter gleichzeitig bekleiden; Doppelverdiener sein; **~us** [-ys] *m* Haufenwolke *f.*

cunéiforme [kyneifɔrm] *a: écriture f* ~ Keilschrift *f.*

cupid|e [kypid] *a* habsüchtig; gierig (*de* nach *dat*); **~ité** *f* Habgier, Habsucht *f.*

cupr|ifère [kyprifɛr] **I.** *a* kupferhaltig; **II.** *s f pl* Kupferwerte *m pl;* **~ique** kupferhaltig.

curab|ilité [kyrabilite] *f* Heilbarkeit *f;* **~le** *a* heilbar.

curat|elle [kyratɛl] *f jur* Pflegschaft *f;* **~eur, trice** *m f* Pfleger *m;* **~if, ive** *a* heilend; Heil-; *méthode f ~ive* Heilmethode *f.*

cur|e [kyr] *f* **1.** *med* Kur; Heilung *f*, Heilverfahren *n;* **2.** Pfarrstelle, Pfarre(i) *f;* Pfarramt; Pfarrhaus *n;* — *n'en avoir* ~ sich nicht kümmern (*de* um); *faire, suivre une* ~ e-e Kur gebrauchen, machen, an=wenden, sich e-r Kur unterziehen; ~ *d'amaigrissement* Abmagerungskur *f;* ~ *de raisin* Traubenkur *f;* ~ *thermale* Badekur *f;* **~é** *m (kath.)* Pfarrer *m;* **~e-dent** *m* Zahnstocher *m;* **~ée** *f* **1.** *(Jagd)* Stück *n* erlegtes Wild für die Hunde; **2.** ~ *des places (fig)* Stellenjägerei *f;* **~e-ongles** *m inv* Nagelreiniger *m;* **~e-oreille** *m* Ohrlöffel *m;* **~e-pipe** *m* Pfeifenreiniger *m;* **~er I.** *tr (Graben)* säubern, reinigen; aus=schlämmen; aus=baggern; **II.** *v prn se* ~ *les dents* sich die Zähne putzen; in den Zähnen stochern; **~eter** *tr med* aus=kratzen, -schaben; **~ette** *f* **1.** *med* Kürette *f;* **2.** *min* Kratz-, Schabeisen *n;* **~ial, e** *a* pfarramtlich, Pfarr-; — *maison f ~e* Pfarrhaus *n;* **~ie** *f rel* Kurie *f;* **~iste** *m* Kurgast *m.*

curi|eux, se [kyrjø, -øz] **I.** *a* **1.** wissensdurstig, wißbegierig; **2.** neugierig; **3.** merkwürdig, sonderbar, eigenartig, seltsam; **II.** *s m* Neugierige(r *m*) *f*, Schaulustige(r *m*) *f;* — *je suis* ~ *de savoir si* ich bin gespannt, ob; *être* ~ *de (inf)* daran interessiert sein, zu *inf;* **~osité** [-oz-] *f* **1.** Neugier(de) *f;* **2.** Wißbegierde *f;* **3.** *pl* Sehenswürdigkeiten *f pl;* **4.** *pl* Raritäten *f pl.*

curriculum (vitae) [kyrikylɔm vite] *m (geschriebener)* Lebenslauf *m.*

curs|eur [kyrsœr] *m* Läufer, Schieber, Schiebering *m; (Waage)* Laufgewicht *n;* **~if, ive I.** *a (Schrift)* kursiv; *(Sprache, Stil)* flott, flüssig; **II.** *s f* Kursive *f.*

custode [kystɔd] *f* **1.** *rel* kleine(s) Ziborium *n;* Altarvorhang *m;* **2.** *(Wagen)* Seitenlehne *f* im Fond; — *glaces f pl de* ~ *(Auto)* Heckscheibe *f.*

cuv|age *m*, **~aison** *f* [kyvaʒ, -ɛzɔ̃] *(Wein)* Gärenlassen *n;* **~e** [kyv] *f* **1.** *(Wein)* Bütte *f*, Gärbottich *m;* **2.** *allg* Bottich, Zuber *m*, Wanne *f;* Trog *m;* **3.** ~ *à mazout* (Heiz-)Öltank *m;* **~ée** *f* **1.** Inhalt *m* e-s Gärbottichs; **2.** Ertrag *m* e-s Weinbergs; **3.** Weinsorte *f;* **~eler** *tr arch* verschalen, aus=kleiden; **~er I.** *itr (Wein)* in der Bütte gären; *fig* stärker werden; **II.** *tr* ~ *son vin (fam)* seinen Rausch aus=schlafen; ~ *sa colère* s-n Zorn verrauchen lassen; **~ette** *f* **1.** Schale; Waschschüssel *f;* Ausguß-, Klosett-, Pißbecken *n;* **2.** *geog* Kessel *m.*

cyan|amide [sjanamid] *f* (~ *calcique)* Kalkstickstoff *m;* **~hydrique** *a: acide m* ~ Blausäure *f;* **~ure** *m* Zyanid *n;* ~ *de potassium* Zyankali *n.*

cybernétique [sibɛrnetik] *f* Kybernetik *f.*

cycl|able [siklabl] *a: piste f* ~ Radfahrweg *m;* **~amen** [-ɛn] *m bot* Alpenveilchen *n;* **~e** *m* **1.** Zyklus, Kreis; **2.** *lit* Sagenkreis *m;* **3.** *astr el* Periode *f;* **4.** *phys* Schwingungszahl *f;* **5.** Kreislauf *m;* **6.** *pl* Fahrräder *n pl;* — ~ *biologique de l'eau* biologischer Wasserkreislauf *m;* ~ *conjoncturel* Konjunkturzyklus *m;* ~ *à deux, quatre temps (mot)* Zwei-, Viertaktprozeß *m;* **~ique** *a* **1.** zyklisch; **2.** *chem* ringförmig; **~isme** *m* Radsport *m;* **~iste I.** *a* Rad-; **II.** *s m f* Radfahrer(in *f*) *m;* *course f* ~ Radrennen *n;* **~omoteur** *m* Motorfahrad, Mofa *n;* **~omotoriste** *m f* Mofafahrer(in *f*) *m;* **~one** [-on] *m* **1.** Wirbelsturm *m;* **2.** Tiefdruckgebiet *n;* **~otron** *m phys* Zyklotron *n.*

cygne [siɲ] *m zoo* Schwan *m.*

cylindr|e [silɛ̃dr] *m* **1.** *math tech mot* Zylinder *m;* **2.** (Garten-, Straßen-, Druck-)Walze *f;* — *à deux ~s (mot)* Zweizylinder-; ~ *à vapeur* Dampfwalze *f;* **~ée** *mot* Hubraum *m;* **~er** *tr* walzen; **~ique** *a* zylindrisch, walzenförmig.

cymbal, e [sɛ̃bal] *f mus pl* Becken *n pl;* **~ier** *m* Beckenschläger *m.*

cyn|égétique [sineʒetik] **I.** *a* Jagd-; **II.** *s f* Jägerei *f;* **~ique I.** *a* zynisch; **II.** *s m* Zyniker *m;* **~isme** *m* Zynismus *m.*

cypr|ès [siprɛ] *m bot* Zypresse *f;* **~in** *m zoo* ~ *doré* Goldkarausche *f.*

D

D [de]: *système m D (fam)* Wendigkeit *f;* Schliche, Kniffe *m f.*
dab(e) [dab] *m arg* Vater *m.*
dactylo [daktilo] *f* Schreibkraft *f, fam* Tippfräulein *n; êtes-vous ~?* können Sie maschineschreiben? **~gramme** *m* maschinegeschriebene(s) Manuskript *n;* **~graphe** *m f* Maschineschreiber(in *f*) *m;* **~graphie** *f* Maschineschreiben *n;* **~graphier** mit der Maschine schreiben; **~graphique** *a* maschinenschriftlich.
dad|a [dada] *m* **1.** *(Kindersprache)* Hottehü *n (Pferd);* **2.** *fig fam* Steckenpferd *n; — le voilà parti sur son ~* da reitet er sein Steckenpferd; **~ais** *m* Tölpel *m.*
dahlia [dalja] *m bot* Dahlie *f.*
daigner [dɛ(e)ɲe] *tr* die Güte haben (zu).
daim [dɛ̃] *m* Damhirsch(leder *n*).
dais [dɛ] *m* Baldachin; Thron-, Altarhimmel *m.*
dall|e [dal] *f* **1.** Steinplatte; Fliese *f;* **2.** *arg* Gurgel *f; — (arg) que ~!* nicht die Bohne! *avoir la ~ en pente (fam)* einen heben; *je n'entrave que ~ (arg)* ich verstehe nur Bahnhof; *~ funéraire* Grabplatte *f;* **~er** *tr* mit Steinplatten, Fliesen belegen.
daltonien, ne [daltɔnjɛ̃, -ɛn] *a* farbenblind.
damas [dama] *m* Damast *m (Stoff).*
dam|e [dam] **I.** *f* **1.** Dame, Frau; *jur pop* Ehefrau *f;* **2.** *(Karten-, Damespiel)* Dame; *(Schach)* Königin *f; (Kegelspiel)* König *m;* **3.** *tech* Ramme *f;* **II.** *interj* ach, doch; allerdings; *coiffeur m pour ~s* Damenfriseur *m; (jeu m de) ~s* Damespiel *n; ~-jeanne f* Korbflasche *f,* Ballon *m;* **~er** *tr ~ le pion à qn (fam fig)* jdn überrunden; **~ier** *m* Damebrett; Schachbrettmuster *n.*
damn|ation [danasjɔ̃] *f* (ewige) Verdammnis *f;* **é, e I.** *a* verdammt; *fam* verflixt, verteufelt; **II.** *s m* Verdammte(r) *m; souffrir comme un ~* Höllenqualen aus=stehen; **~er** [dane] *tr* verdammen.
dancing [dɑ̃siŋ] *m* Tanzdiele, -bar *f.*
dandin|ement [dɑ̃din(ə)mɑ̃] *m* Schlenkern *n;* **~er I.** *tr (Beine)* schlenkern; **II.** *itr* u. *se ~* watscheln; mit den Hüften wackeln.
danger [dɑ̃ʒe] *m* Gefahr *f; — en ~* in Gefahr, *hors de ~* außer Gefahr; *courir le ~ de* Gefahr laufen zu; *mettre en ~* gefährden; *il n'y a pas de ~* es ist nichts zu befürchten; *quel ~ y a-t-il?* was ist dabei? *~ d'accident* Unfallgefahr *f; ~ de contagion, d'infection* Ansteckungsgefahr *f; ~ de foudre* Blitzgefahr *f; ~ d'incendie* Feuersgefahr *f; ~ de mort* Lebensgefahr *f; ~ de verglas* Glatteisgefahr *f;* **~eux, se** [dɑ̃ʒrø, -øz] *a* gefährlich, gefahrvoll.
danois [danwa] *s zoo* (deutsche) Dogge *f.*
dans [dɑ̃] **1.** *(räuml. u. fig)* in *(auf die Fragen wo? u. wohin?); — ~ un endroit* an e-m Ort(e); *~ la rue* auf der Straße; *~ Molière* bei Molière *boire, manger ~* trinken, essen aus; *choisir ~ qc* aus etw aus=wählen; *avoir foi ~* vertrauen auf *acc,* Vertrauen haben zu; **2.** *(zeitl.)* in, innerhalb, während; *— ~ huit jours* in acht Tagen; *~ les quinze jours* binnen 14 Tagen; *~ les trois jours après (la) réception (com)* innerhalb dreier Tage nach Empfang; **3.** *(Art u. Weise) ~ ces circonstances* unter diesen Umständen; *~ un accident* bei e-m Unfall; *~ l'ensemble* im ganzen; *~ le but* mit dem Ziel, in der Absicht; **4.** *(Annäherung) cela coûte ~ les deux mille francs* das kostet annähernd 2000 Franken.
dans|ant, e [dɑ̃sɑ̃, -ɑ̃t] *a* Tanz-; *soirée f ~e* Tanzabend *m; thé m ~* Tanztee *m;* **~e** *f* **1.** Tanz *m;* **2.** Tanzmusik *f; — (pop) donner la ~ à qn* jdn verprügeln; *entrer en ~ (fam) fig* an=fangen, los=legen; *ouvrir, commencer la ~* den Tanz, *fig* den Reigen eröffnen; *leçon f de ~* Tanzstunde *f; orchestre m de ~* Tanzorchester *n; professeur m de ~* Tanzlehrer *m;* **~er** *tr itr* **1.** tanzen; **2.** *(Licht)* flimmern; *— ne pas savoir sur quel pied ~* in der Klemme, ratlos sein; **~eur, se** *m f* Tänzer(in *f*) *m; — être bon ~, bonne ~euse* ein guter Tänzer, e-e gute Tänzerin sein; *couple m de ~s* Tanzpaar *n; ~ de ballet* Ballettänzer *m; ~ de corde* Seiltänzer *m.*
dard [dar] *m zoo* Stachel *m;* **~er** *tr (Blikke)* werfen (*sur qn* auf jdn); *le soleil darde ses rayons* die Sonne brennt unbarmherzig herunter.
dare(-)dare [dardar] *adv fam* in aller Eile.
dartre [dartr] *f med* Schuppenflechte *f.*
dat|a [data] Unterlagen *f pl,* Ergebnisse *n pl,* Meßwerte *m pl;* **~age** *m* Datierung, Datumsangabe *f.*
dat|ation [datasjɔ̃] *f* Datierung, Altersbestimmung *f;* **~e** *f* **1.** Datum *n,* Zeit(punkt *m*) *f;* **2.** *com* Laufzeit *f,* Termin *m;* **3.** *à longue, à courte ~* lang-,

kurzfristig; *de fraîche* ~ neu; *de longue* ~ seit langem; *en ~ du, à la ~ du* vom; am; *en ~ de ce jour* unter dem heutigen Datum; *de vieille* ~ alt, langjährig; **4.** *faire* ~ Epoche machen; *mettre la* ~ das Datum ein=setzen; *porter une* ~ datiert sein; *prendre* ~ das Datum, den Tag fest=setzen *od* bestimmen; à quelle ~? an welchem Tag? **5.** *timbre m à* ~ Datum(s)stempel *m;* ~ *de l'échéance* Fälligkeitsdatum *n;* ~ *d'émission* Ausstellungsdatum *n;* ~ *limite* (Schluß-)Termin *m;* ~ *de livraison* Liefertermin *m;* ~ *de naissance* Geburtsdatum *n;* ~ *de parution* Erscheinungsdatum *n;* ~ *de la poste* Datum *n* des Poststempels; **~er I.** *tr* datieren; **II.** *itr* stammen, datieren aus; veralten; *il ne date pas d'hier* er ist nicht von gestern; **~eur** *m* Datumsstempel *m;* **~if, ive I.** *a (Vormund)* bestellt; **II.** *s m* Dativ, Wemfall *m.*

datt|e [dat] *f* Dattel *f;* **~ier** *m* Dattelpalme *f.*

daube [dob] *f* Schmoren *n; bœuf m en* ~ Rinderschmorbraten *m.*

dauphin, e [dofɛ̃, -in] *m* **1.** *zoo* Delphin; **2.** *m fig* Nachfolger *m,* -in *f.*

davantage [davɑ̃taʒ] *adv* (noch) mehr; *(zeitl.)* (noch) länger; *je veux en avoir* ~ ich will noch mehr davon; *je ne m'attarderai pas* ~ ich bleibe nicht länger.

de [d(ə)] *prp* **1.** *(Genitiv)* von, von ... her, von ... an, aus; zufolge, wegen; aus; mit; nach; vor; für; **2.** *(räumlich) près* ~ nahe bei; ~ *près* aus der Nähe; **3.** *(zeitlich)* ~ *jour* bei Tage; tagsüber; ~ *nuit* nachts; *le rendez-vous du dimanche* die Verabredung am Sonntag; **4.** *(Ursache) mourir* ~ *faim* vor Hunger sterben; verhungern; *fier* ~ *son succès* stolz auf s-n Erfolg; *amour m* ~ *Dieu* Liebe zu Gott; **5.** *(Mittel) frapper d'un bâton* mit e-m Stock schlagen; *répondre* ~ *qn* für jdn einstehen, bürgen; **6.** *(Richtung)* ~ *ce côté-ci* von dieser Richtung; *montrer du doigt* mit dem Finger zeigen; **6.** *(Dimension) long* ~ *dix mètres* zehn Meter lang; **7.** *(Urheber beim Passiv) aimé de tous* von allen geliebt.

dé [de] *m* **1.** *(~ à coudre)* Fingerhut *m a. bot;* **2.** *(~ à jouer) (Spiel)* Würfel *m;* **3.** *arch* Steinblock *m;* **4.** *jouer aux ~s* würfeln; *c'est un coup de ~(s)* das ist Glückssache; *les ~s sont jetés (fig)* die Würfel sind gefallen.

débâcle [debakl] *f* **1.** Eisgang, -bruch *m;* **2.** *fig* Zs.bruch *m,* Katastrophe *f;* Durcheinander *n.*

débagouler [debagule] *tr fam (Geschwätz)* verzapfen.

déball|age [debalaʒ] *m* Auspacken *n a. fig;* **~er** *tr* aus=packen *a. fig; (Geheimnisse)* ausplaudern.

débandade [debɑ̃dad] *f* Auflösung; Unordnung *f; tout va à la* ~ alles geht drunter und drüber; **~er I.** *tr* **1.** den Verband, die Binde ab=nehmen (*qc* von etw); **2.** in die Flucht schlagen; **II.** *v prn se* ~ sich (auf=)lösen.

débarbouiller [debarbuje] *tr* das Gesicht (*un enfant* e-m Kind) waschen.

débarcadère [debarkadɛr] *m mar* Landungsbrücke *f,* Pier *m.*

débard|er [debarde] *tr* ab=laden, löschen; *(Holz, Steine)* ab=transportieren; **~eur** *s m* Transport-, Dockarbeiter *m.*

débarqu|ement [debarkəmɑ̃] *m* **1.** Ausladen *n,* Löschung; Landung, Ausschiffung *f;* **2.** *(quai de ~)* Ankunftsbahnsteig *m;* **~er I.** *tr* **1.** aus=laden, löschen; aus=schiffen; **2.** *fig* aus=booten; **II.** *itr* an Land gehen; aus=steigen (*de* aus); von Bord gehen; *il débarque (fam)* er ist nicht auf dem laufenden.

débarras [debara] *m* Rumpelkammer *f,* Abstellraum *m;* **~ser** [-se] **I.** *tr* frei machen, (ab=, weg=)räumen, entrümpeln; ~ *qn de qc* jdm etw ab=nehmen; **II.** *v prn se* ~ sich entledigen *(de gen),* sich vom Halse schaffen (*de qc* etw).

débat [deba] *m* Debatte *bes. parl (meist pl),* Diskussion; *jur* Verhandlung *f; intervenir dans les ~s* in die Debatte ein=greifen.

débattre [debatr] **I.** *tr* **1.** debattieren, diskutieren, verhandeln (*qc* über e-e S); **2.** be-, durchsprechen; **II.** *v prn se* ~ **3.** zappeln, um sich schlagen; **4.** *fig* sich sträuben; sich (ab=) mühen, sich herum=schlagen (*contre qc* mit etw).

débauch|age [deboʃaʒ] *m* Entlassung *f,* (Personal-)Abbau *m; pol* Abwerbung *f;* **~e** *f* Ausschweifung; Verschwendung; **~é** *m* Wüstling *m;* **~er** *tr* **1.** von der Arbeit ab=halten; **2.** entlassen, ab=bauen; **3.** zu e-m unsoliden Lebenswandel verleiten.

débecter [debɛkte] *tr pop* an=kotzen.

débet [debɛ] *m com* Soll, Debet *n.*

débil|e [debil] *a* **1.** schwächlich; **2.** *fig* kraftlos, schwach; **~ité** *f* Schwäche *f;* ~ *mentale* Schwachsinn *m.*

débin|e [debin] *f pop* Klemme; Not *f,* Elend *n;* **~er I.** *tr pop* an=schwärzen, verleumden; klatschen (*qn* über jdn); **II.** *v prn se* ~ *(pop)* ab=hauen.

débit [debi] *m* **1.** Soll, Debet *n;* **2.** Absatz *m;* **3.** Geschäft *n,* Laden *m;* Verkaufsstelle *f* **4.** Ausschank *m;* **5.** *tech* (Arbeits-, Produktions-)Leistung, Kapazität *f;* **6.** Redefluß *m,* Sprechtempo *n;* **7.** *à votre* ~ zu Ihren Lasten; *d'un* ~ *facile* (leicht) absetzbar; **8.** *avoir un bon* ~, *être de bon* ~ guten Absatz finden; **9.** ~ *de tabac* Tabakgeschäft *n;* **~ant** *m* (Klein-)Händler; Schankwirt *m;* **~er** *tr* **1.** *com* belasten (*qn de qc* jdn mit etw); **2.** vertreiben, (im kleinen) verkaufen, aus= schenken; **3.** *tech* produzieren; *(Wassermenge)* liefern; **4.** *(Holz)* zu=, verschneiden; **5.** *(Gemeinplätze)* von sich geben, verzapfen; ~ *un compte* ein Konto belasten (*de qc* mit etw); **~eur, trice** *m f* Schuldner(in *f*) *m.*

déblai [deblɛ] *m (Erde, Schutt)* **1.** Wegräumen, -schaffen *n;* **2.** Erdaushub *m;* Einschnitt *m;* **~ement** *m* Aufräumungsarbeiten *f pl.*

déblatérer [deblatere] *itr:* ~ *contre qn* auf jdn schimpfen, *fam* gegen jdn los=ziehen.

déblayer [deblɛje] *tr* **1.** ab=, weg=räumen, weg=schaffen; **2.** aus=heben, ab=tragen; **3.** *(Raum)* frei=machen; **4.** ~ *le terrain (fig)* den Weg, die Bahn frei=machen.

déblo|cage [deblɔkaʒ] *m com* Freigabe *f;* **~quer I.** *tr* **1.** *com* frei=geben; *tech* die Arretierung lösen (*qc* e-r S *gen); **II.** *itr fam* Unsinn reden.

déboi|re [debwar] *m* Enttäuschung *f;* Verdruß *m;* **~ser** *tr* ab=holzen.

déboît|ement [debwatmɑ̃] *m med* Aus-, Verrenkung *f;* **~er I.** *itr med* aus=, verrenken; **II.** *itr mot* aus=scheren.

débonnaire [debɔnɛr] *a* (zu) gutmütig, (zu) nachsichtig.

débord|ant, e [debɔrdɑ̃] *a* überschwenglich, übermäßig; überschäumend; **~é, e** *a (Person)* überlastet (*de* mit); **~ement** *m* **1.** Überschwemmung *f;* **2.** *fig* Flut *f,* Überschwang; Ausbruch *m (e-r Leidenschaft);* **~er I.** *itr* **1.** über=fließen, -laufen; über die Ufer treten; **2.** *(am Rand)* über=stehen; **II.** *tr* **3.** überragen, hinaus=gehen *a. fig (qc a. de qc* über e-e S); über=stehen (*qc* über e-e S); **4.** den Saum ab=trennen (*qc* von etw); **5.** *(Boot)* ab=stoßen; *faire ~ le vase (fig)* das Maß voll=machen; *se ~ en dormant* sich beim Schlafen auf=decken.

débouch|é [debuʃe] *m* **1.** Ausgang *m (e-s Engpasses);* Einmündung *(e-r Straße);* **2.** Absatzmarkt *m,* -gebiet *n; créer de nouveaux ~s* neue Absatzmärkte erschließen; *~s professionnels* Berufsmöglichkeiten *f pl;* **~er I.** *tr (Flasche)* entkorken; *(Straße)* frei machen; **II.** *itr* (heraus=kommen (*de qc* aus etw); münden (*dans* in *acc*); hinführen (*sur* zu).

déboucler [debukle] *tr* auf=, los=schnallen.

déboul|er [debule] **I.** *itr* **1.** *(Hase, Kaninchen)* (plötzlich) davon=laufen; **2.** *(Steine)* herunter=purzeln; **II.** *tr (fam)* ~ *l'escalier* die Treppe hinunterpurzeln **~onner** *tr* **1.** die Bolzen los=schrauben (*qc* e-r S); **2.** *fig (Person)* hinaus=ekeln; ab=schießen.

débourrer [debure] *tr (Pfeife)* reinigen.

débours *(meist pl)* [debur] *m com* Ausgabe *f;* Auslagen *f pl; rentrer dans ses ~* s-e Auslagen zurückerstattet bekommen; **~er** *tr (Geld)* aus=geben; aus=legen.

debout [dəbu] **I.** *adv* aufrecht; stehend, auf den Beinen; auf, aufgestanden; **II.** *interj* auf! los! — *dormir ~ (fig)* vor Müdigkeit um=fallen; *être ~* stehen; auf=sein; *mettre ~* auf=richten, aufrecht stellen; *fig* auf die Beine bringen; *rester ~* stehen bleiben; auf=bleiben; *tenir ~ (fig)* Hand u. Fuß haben; *place f ~* Stehplatz *m; vent m ~* Gegenwind *m.*

débout|é [debute] *m jur* Abweisung *f;* **~er** *tr:* ~ *qn de sa demande* jds Klage abweisen; **~onner I.** *tr* **1.** auf=knöpfen; *rire à ventre déboutonné* hemmungslos lachen; **II.** *v prn se ~* sein Herz aus=schütten (*avec qn* bei jdm).

débraillé, e [debraje] *a* **1.** nachlässig, unordentlich, schlampig; **2.** *fig* zu frei, locker.

débray|age [debrɛjaʒ] *m* **1.** *fig* Arbeitsniederlegung *f;* **2.** *tech* Auskuppeln *n;* **~er I.** *tr tech* aus-, entkuppeln; **II.** *itr* die Arbeit nieder=legen.

débrid|é e [debride] *a fig* zügellos; entfesselt; . **~er** *tr* **1.** ab=zäumen; **2.** *med* ein=schneiden; — *sans ~* pausenlos, in einem fort.

débris [debri] *m (pl)* Trümmer *pl,* Scherben; (Über-)Reste *a. fig.*

débrouill|ard, e [debrujar, -rd] **I.** *a fam* pfiffig, schlau; **II.** *s m f* Pfiffikus *m;* **~er I.** *tr* **1.** entwirren; **2.** *fig* auf=, erklären; **II.** *v prn se ~* sich zu helfen wissen.

débusquer [debyske] *tr* **1.** *(aus e-r Stellung)* vertreiben; **2.** *(Wild)* auf=jagen, -scheuchen.

début [deby] *m* **1.** Anfang, Beginn *m;* **2.** *pl theat* Debüt, erstes Auftreten *n; au ~ de ...* am Anfang *gen; au ~ de l'année* zu Anfang des Jahres; *dès le ~* von Anfang an; *du ~ (jusqu') à* er steht am Anfang; *appointements m pl de ~* Anfangsgehalt *n;* **~ant, e** [-tɑ̃, -ɑ̃t] *m f* Anfänger(in *f*), Neuling *m;* **~er I.** *tr* an=fangen, beginnen; **II.** *itr* den Anfang machen; *fig* (zum erstenmal) an die Öffentlichkeit treten; *theat* zum erstenmal auf=treten.

deçà [dəsa] **I.** *adv lit ~ (et) delà* bald hier(hin), bald da(hin); **II.** *prp en ~ de* diesseits.

décacheter [dekaʃte] *tr* öffnen, aufmachen; entsiegeln.

décad|e [dekad] *f* Dekade *f;* **~ence** *f* Verfall *m;* Entartung, Dekadenz *f;* **~ent, e** *a* dekadent, entartet.

décaféiné, e [dekafeine] *a* koffeinfrei.

décal|age [dekalaʒ] *m tech* Verschiebung *a. fig,* Staffelung *f;* Spanne *f; ~ des prix* Preisspanne, -unterschied *m;* **~er** *tr* **1.** den Keil, Hemmklotz weg=nehmen (*qc* von etw); **2.** verschieben *a. fig;* verlegen.

décalqu|age, ~e [dekalk(aʒ)] *m* (Ab-, Durch-)Pausen *n;* Pause *f;* **~er** *tr* durchpausen.

décamper [dekɑ̃pe] *itr fam* sich aus dem Staub machen.

décan|tation [-kɑ̃-] *f* (Ab-)Klärung *f; bassin m de* ~ Klärbecken *n;* **~ter I.** *tr* (ab=)klären *a. fig;* **II.** *v prn se* ~ sich abklären.

décap|ant [dekapɑ̃] *m* Beizmittel *n;* **~er** (ab=)beizen; entrosten; **~iter** *tr* **1.** enthaupten; **2.** *fig* führerlos machen; **~otable** [-pɔtabl] *a* mit zurückklappbarem Verdeck; *voiture f* ~ Kabriolett *n;* **~oter** *tr (une voiture)* das Verdeck (e-s Wagens) zurück=klappen.

décar|casser, se [dekarkase] *v prn pop* sich ab=rackern, sich an=strengen; **~tellisation** *f com* Entflechtung *f.*

décathlon [dekatlɔ̃] *m sport* Zehnkampf *m;* **~ien** [-tlɔnjɛ̃] *m* Zehnkämpfer *m.*

décatir [dekatir] *tr* **1.** *(Stoff)* dekatieren, krimpen; **2.** *fig fam* die Frische nehmen *(qc dat).*

décavé, e [dekave] *a* ruiniert; erschöpft.

décéder [desede] *itr* versterben, -scheiden.

dé|celable [deslabl] *a* erkennbar; nachweisbar; **~celer** *itr* **1.** enthüllen, auf=decken, verraten; **2.** *tech* nach=weisen; **~célération** *f* **1.** Verlangsamung *f;* **2.** *tech* Verzögerung *f.*

décembre [desɑ̃br] *m* Dezember *m.*

décen|ce [desɑ̃s] *f* Anstand *m,* Schicklichkeit *f;* **~nie** *f* [deseni] Jahrzehnt *n;* **~t, e,** *adv* **décemment** [-sa-] *a* **1.** schicklich, (wohl-)anständig, sittsam; taktvoll; **2.** annehmbar.

décentr|alisation [desɑ̃tralizasjɔ̃] *f* Dezentralisierung; Entflechtung; Verlagerung *f;* **~aliser** *tr* dezentralisieren, entflechten.

déception [desɛpsjɔ̃] *f* Enttäuschung *f.*

décerner [desɛrne] *tr* **1.** *(Preis)* zuerkennen; **2.** *jur* an=ordnen.

décès [desɛ] *m* Ableben *n;* Todesfall *m; fermé pour cause de* ~ wegen Todesfalls geschlossen; *faire-part m de* ~ Todesanzeige *f.*

décev|ant, e [desvɑ̃, -ɑ̃t] *a* trügerisch; **~oir** *tr* enttäuschen.

déchaîner [deʃɛ(e)ne] **I.** *tr fig* entfesseln, hervorrufen; **II.** *v prn se* ~ los-, aus=brechen; toben, wüten; *être déchaîné* außer Rand u. Band sein.

déchanter [deʃɑ̃te] *itr fig fam* klein bei=geben.

décharg|e [deʃarʒ] *f* **1.** *jur com allg* Entlastung *f;* **2.** Quittung *f;* **3.** *mil* Salve *f;* **4.** *el* Entladung *f;* — donner ~ e-e Quittung ausstellen; Entlastung erteilen; *témoin m à* ~ Entlastungszeuge *m;* ~ *(publique)* Schuttabladeplatz *m;* Mülldeponie *f;* **~ement** [-ʒə-] *m* Ent-, Ab-, Ausladen; *mar* Löschen *n;* **~er I.** *tr* **1.** ab=, aus= entladen, *mar* löschen; **2.** *fig a. jur com* entlasten, erleichtern, befreien *(de* von); *(sein Herz)* aus=schütten; **3.** *com (Konto)* entlasten; quittieren; **4.** *mil* entladen; (ab=)schießen (*sur, contre qn* auf jdn); **II.** *itr* ab=färben; **III.** *v prn se* ~ *(fig)* ab=wälzen (*de qc sur qn* etw auf jdn); *(Batterie)* sich entladen; — ~ *d'(une) accusation (jur)* frei= sprechen; ~ *d'une obligation* e-r Verpflichtung entbinden.

décharné, e [deʃarne] *a* abgezehrt; abgemagert.

déchauss|é, e [deʃose] *a* **1.** barfuß; **2.** freigelegt; schadhaft; *(Zahn)* ohne Zahnfleisch; **~er I.** *tr* **1.** die Schuhe, Strümpfe aus=ziehen; **2.** *(Zahn, Baumstamm)* bis zur Wurzel frei=legen; **II.** *v prn se* ~ die Schuhe aus=ziehen; *(Zähne)* lose werden.

dèche [dɛʃ] *f pop* Not, Klemme *f; tomber dans la* ~ in Not geraten.

déchéance [deʃeɑ̃s] *f* **1.** Verfall, Niedergang *m;* **2.** *jur* Aberkennung; *(Herrscher)* Absetzung *f.*

déchet [deʃɛ] *m meist pl* Abfall *m,* -produkt *n;* Verlust *m;* *~s atomiques* Atommüll *m;* *~s de viande* Fleischabfälle *m pl.*

déchiffr|able [deʃifrabl] *a* entzifferbar; **~er** *tr* **1.** dechiffrieren; *allg* entziffern, heraus=bekommen; **2.** *mus* vom Blatt lesen *od* singen *od* spielen; **3.** *(Rätsel)* lösen; *(Person)* durchschauen.

déchiquet|é, e [deʃikte] *a* **1.** *bot* gezackt; **2.** *geog* zerklüftet; **~er** *tr* **1.** zerstückeln, -fetzen, -kleinern, -schneiden; **2.** in Stücke reißen.

déchir|ant, e [deʃirɑ̃] *a* herzzerreißend; markerschütternd; **~er I.** *tr* **1.** zerreißen *a. fig;* **2.** auf=reißen; zerfetzen; **3.** *fig* keinen guten Faden lassen (*qn* an jdm); **4.** *(Vertrag)* brechen; *(Land)* zerrütten, spalten; **II.** *v prn se* ~ (zer-, auf-, ein-)reißen; ~ *qn à belles dents* an jdm kein gutes Haar lassen; ~ *en deux* entzwei=reißen; **~ure** *f* Riß *m.*

déchu, e [deʃy] *a* **1.** heruntergekommen; verfallen; **2.** abgesetzt; *ange m* ~ gefallene(r) Engel *m.*

décid|é, e [deside] *a* **1.** entschieden, bestimmt; **2.** entschlossen; **3.** ab-, ausgemacht; *c'est (une) chose ~e* das ist beschlossene Sache; **~ément** *adv* entschieden; sicher; wahrhaftig; **~er I.** *tr* **1.** entscheiden; fest=setzen, -legen; **2.** beschließen (*de* zu); bestimmen, veranlassen (*qn à qc* jdn zu etw); **II.** *itr* ~ *de qc* über e-e S entscheiden, etw bestimmen; *être décidé à* entschlossen sein zu; **III.** *v prn se* ~ sich entscheiden (*à* zu, *pour* für).

décim|al, e [desimal] **I.** *a* Dezimal-; **II.** *s f math* Dezimale *f;* **~e** *m (Steuer)* Zuschlag *m* von 10%; **~ètre** *m* Dezimeter *m* od *n.*

décis|if, ive [desizif, -iv] *a* **1.** entscheidend, ausschlaggebend; **2.** *(Ton)* bestimmt; **~ion** *f* **1.** Entscheidung *f;* **2.** Ent-, Beschluß *m;* **3.** Entschiedenheit, Festigkeit *f;* **4.** *sans* ~ unentschieden; **5.** *prendre une* ~ e-e Entscheidung treffen; e-n Beschluß fassen; *se réserver la* ~ sich die Entscheidung vor=behalten; ~ *à la majorité des voix* Mehrheitsbeschluß *m.*

déclamer [deklame] *tr* deklamieren.

déclar|ation [deklarasjõ] *f* **1.** Erklärung; Aussage *f;* **2.** (An-)Meldung, Anzeige *f;* **3.** *(~ d'amour)* Liebeserklärung *f;* **4.** *faire sa ~ d'arrivée, de départ* sich an=, ab=melden; **5.** *délai m de* ~ Anmeldefrist *f;* ~ *d'accident* Unfallmeldung *f;* ~ *en douane* Zollerklärung *f;* ~ *d'impôts* Steuererklärung *f;* **~er I.** *tr* **1.** erklären, bekennen; **2.** an=geben, nennen; (an=) melden; **II.** *v prn se* ~ **3.** sich aus=lassen, sich aus=sprechen (*sur* über *acc*); Stellung nehmen (*sur* zu); **4.** *(Krankheit, Brand)* aus=brechen; zum Vorschein kommen, in Erscheinung treten; **5.** e-e Liebeserklärung machen; **6.** ~ *coupable* für schuldig erklären; ~ *la séance ouverte* die Sitzung für eröffnet erklären; *rien à ~?* nichts zu verzollen?

déclass|é, e [deklase] **I.** *a (sozial)* gesunken, deklassiert; **II.** *s m f* Deklassierte(r *m*) *f;* **~er** *tr* **1.** aus=sortieren, -rangieren; **2.** in Unordnung bringen; **3.** *sport* deklassifizieren.

déclench|ement [deklɑ̃ʃmɑ̃] *m* Auf-, Ausklinken *n;* Auslösung *f;* **~er I.** *tr* **1.** aus=klinken, -rücken, -kuppeln, -schalten, -lösen; **2.** *fig* in Gang bringen, aus= lösen; **3.** *(Wirtschaft)* an=kurbeln; **II.** *v prn se* ~ in Gang kommen; **~eur** *m tech* Auslöser, Schalter *m;* (~ *automatique) (phot)* Selbstauslöser *m.*

déclic [deklik] *m* Ausklinkvorrichtung *f;* Klicken *n.*

declin [deklɛ̃] *m* **1.** Sinken *(der Sonne); (Tag, Mond)* Abnehmen; **2.** *fig* Nachlassen *n,* Verfall, Niedergang *m,* Ende *n;* *être sur son* ~ s-m Ende zu=gehen; **~aison** [-kli-] *f astr gram* Deklination; **~er I.** *itr astr* **1.** sich neigen, sinken; **2.** ab=weichen; nach=lassen, verfallen; **II.** *tr gram* **3.** deklinieren; **4.** *(s-n Namen)* nennen; **5.** *jur* ab=lehnen.

déclivité [deklivite] *f* Hang *m,* Neigung *f.*

décocher [dekɔʃe] *tr* **1.** *(Pfeil)* ab=schießen; **2.** *(Schlag)* versetzen; *(Bemerkung)* fallenlassen.

décoiffer [dekwafe] *tr* die Haare in Unordnung bringen (*qn* jdm), zerzausen (*qn* jdn).

décoll|age [dekɔlaʒ] *m aero* Abflug; Aufstieg, Start *m; au* ~ beim Start; *piste f de* ~ Startbahn *f;* **~ement** *m med* Ablösung *f;* ~ *de la rétine* Netzhautablösung *f;* **~er I.** *tr* ab=lösen; *allg* trennen; **II.** *itr fig fam* **1.** weg=gehen, ab=hauen; **2.** sich trennen; **3.** *aero* auf=steigen, starten; **4.** *com* e-n Aufschwung nehmen; **5.** *pop* mager werden; **III.** *v prn se* ~ ab=gehen, sich ab=lösen, aus dem Leim gehen; **~eté, e I.** *a* ausgeschnitten; **II.** *s m* (Kleid-)Ausschnitt *m,* Dekolleté *n;* **~eter I.** *tr* **1.** dekolletieren; **2.** *tech* ab=stechen; **II.** *v prn se* ~ ein Dekolleté tragen.

décoloniser [dekɔlɔnize] *tr* entkolonisieren.

décolor|ant [dekɔlɔrɑ̃] *m* Bleichmittel *n;* **~é, e** *a* farblos, blaß *a. fig;* verschossen, verblaßt; **~er I.** *tr* bleichen; **II.** *v prn se* ~ verblassen, verschießen.

décombres [dekɔ̃br] *m pl* Schutt *m,* Trümmer *pl; min* Abraum *m.*

décommander [dekɔmɑ̃de] **I.** *tr* ab=bestellen, ab=sagen; ab=schreiben (*qn* jdm); **II.** *v prn se* ~ ab=sagen, -schreiben.

décompos|er [dekɔ̃poze] **I.** *tr* **1.** (in s-e Bestandteile) zerlegen; auf= lösen, zersetzen *a. fig;* **2.** *(Gesicht)* verzerren; **3.** *fig* auf=, zergliedern, analysieren; **II.** *v prn se* ~ zerfallen, sich in s-e Bestandteile auf=lösen; verwesen; **~ition** *f* **1.** Zerlegung, -setzung *f;* Ver-, Zerfall *m;* **2.** Auflösung *a. fig;* Fäulnis, Verwesung; Verwitterung *f;* **3.** *fig* Analyse, Aufschlüsselung, Aufgliederung *f.*

décompt|e [dekɔ̃t] *m* **1.** Ab-, Auf-, Verrechnung *f;* **2.** Abzug *m; faire le ~ de qc* etw in Abzug bringen; **~er** *tr* ab=ziehen, ab=, verrechnen.

déconcentration [dekɔsɑ̃trasjɔ̃] *f com* Entflechtung; Verlagerung *f (des Schwergewichts).*

déconcert|ant, e [dekɔsɛrtɑ̃, -ɑ̃t] *a* verwirrend; beunruhigend; **~é, e** *a* verwirrt; außer Fassung; **~er I.** *tr fig* verwirren, verunsichern; außer, aus der Fassung bringen; **II.** *v prn se* ~ aus der Fassung geraten.

déconfit, e [dekɔ̃fi, -it] *a* tief enttäuscht; sprach-, fassungslos; **~ure** *f* **1.** Pleite *f;* **2.** *fig* Ruin, Zs.bruch *m.*

décongestion [dekɔ̃ʒɛstjɔ̃] *f fig* Auflokkerung, Entlastung *f;* **~ner** [-tjɔ] *tr (Verkehr)* entlasten.

déconner [dekɔne] *itr pop* Mist machen.

décon|seiller [dekɔ̃se(ɛ)je] *tr* ab=raten *(qc à qn* jdm von etw*);* **~tenancer I.** *tr* außer, aus der Fassung bringen; **II.** *se* ~ die Fassung verlieren; **~tracté, e** *a* **1.** *(Gesicht, Lage)* entspannt; **2.** *fig fam* zwanglos; lässig; **~tracter** *tr (Muskel)* entspannen.

décor [dekɔr] *m* **1.** Verzierung *f,* Schmuck, Zierat, Dekor *m;* **2.** *theat* Dekoration, Ausstattung *f;* **3.** Umgebung, Landschaft *f;* **4.** *fig* Rahmen *m; — en-*

trer dans le ~ (fam mot) von der Fahrbahn ab=kommen; ~ *mural* Wandschmuck *m;* ~**ateur** *m* Dekorateur; Bühnenbildner *m;* ~**atif, ive** *a* Dekorations-; dekorativ; ~**ation** *f* **1.** Dekoration, Ausschmückung, Ausstattung *f;* **2.** Orden *m,* Ehrenzeichen *n;* ~ *d'étalage* Schaufensterdekoration *f;* ~**er** *tr* (aus=) schmücken, (ver)zieren, dekorieren; ~**tiquer** *tr (Baum)* entrinden.

découdre [dekudr] **I.** *tr* **1.** *(Genähtes)* auf=trennen; **2.** *fig fam* ausea.=reißen; **3.** *en ~ (fam)* sich schlagen, kämpfen; **II.** *se ~ (Naht)* auf=platzen, -gehen.

découler [dekule] *itr fig* her=kommen, -rühren (*de* von), sich ergeben (*de* aus).

découp|age [dekupaʒ] *m* **1.** *(Geflügel)* Zerlegen, Tranchieren *n;* **2.** *(Bild)* Ausschneiden *n;* **3.** *tech* Ab-, Aus-, Aufschneiden, Stanzen *n;* **4.** *film* (Roh-) Drehbuch *n;* **5.** *pl* Ausschneidebogen *m;* ~**er I.** *tr* **1.** zer-, aus=schneiden (*dans* aus); **2.** *(Braten)* vor=schneiden; *(Geflügel)* tranchieren; **3.** *tech* stanzen, lochen; **II.** *v prn se ~* sich ab=heben; ~**lé, e** *a (Person)* gut gebaut, kräftig; ~**ure** *f* **1.** (Zeitungs-)Ausschnitt *m;* **2.** *gezackte(r) Rand m.*

décourag|ement [dekuraʒmɑ̃] *m* Mutlosigkeit *f;* ~**er I.** *tr* entmutigen; **II.** *v prn se ~* den Mut verlieren.

décousu, e [dekuzy] *a fig* unzs.hängend, zs.hanglos.

découv|ert, e [dekuvɛr, -rt] **I.** *a (Gelände, Wagen)* offen; **II.** *s m com* ungedeckte(r) Betrag *m,* Kontoüberziehung; **III.** *s f* Ent-, Aufdeckung *f;* — *aller à la ~e* auf Erkundung, *fig* auf die Suche gehen; *mettre un compte à ~* ein Konto überziehen; *voyage m de ~e* Entdeckungsreise *f;* ~**rir I.** *tr* **1.** auf=decken, frei=legen; **2.** *fig* enthüllen; **3.** entdecken; heraus=bekommen, ermitteln; **II.** *itr (Meer)* **4.** zurückweichen; **III.** *v prn se ~* **5.** sich auf=decken, sich entblößen; **6.** den Hut ab=nehmen; **7.** *(Wetter)* sich auf=klären; ~ *son jeu* s-e Karten auf=decken *a. fig;* ~ *le pot aux roses* hinter die Schliche kommen.

décrasser [dekrase] *tr* **1.** säubern, reinigen, aus=waschen; **2.** *fig* Manieren bei=bringen (*qn* jdm).

décrép|ir [dekrepir] *tr arch* den Putz entfernen (*qc* von etw); **it, e** [-i, -it] *a* verfallen, altersschwach; ~**itude** *f* (völliger) Verfall *m,* Altersschwäche *f;* schlechte(r) Zustand *m.*

décret [dekrɛ] *m* Dekret *n,* Beschluß; Erlaß *m,* Verordnung, Verfügung *f;* ~*-loi m* Notverordnung *f.*

décréter [dekrete] *tr* beschließen, verordnen, verfügen.

décrire [dekrir] *tr* beschreiben *a. math,* dar=stellen, schildern.

décroch|age, ~ement [dekrɔʃaʒ, -mɑ̃] *m* **1.** Abhängen, Loshaken *n;* **2.** *fig* Loslösung *f,* Abbruch; Bruch *m;* **3.** *(mouvement m de ~)* Absetzbewegung *f;* ~**er I.** *tr* **1.** vom Haken nehmen; **2.** *tele (den Hörer)* ab=nehmen; **3.** *fam (Stellung)* ergattern; **II.** *itr* **4.** *mil* sich ab=setzen; **5.** *fig* sich loslösen; sich frei=machen (*de* von).

décroissance [dekrwasɑ̃s] *f* Abnahme *f.*

décroître [dekrwatr] *itr* **1.** ab=nehmen; **2.** kürzer, schwächer werden; **3.** *(Hochwasser)* fallen.

décrotter [dekrɔte] *tr* sauber machen; *(Schuhe)* putzen.

déculotter [dekylɔte] *tr fam* die Hose aus=ziehen (*qn* jdm).

décupl|e [dekypl] **I.** *a* zehnfach; **II.** *s m* Zehnfache(s) *n;* ~**er I.** *tr* verzehnfachen; (beträchtlich) steigern; **II.** *itr* sich verzehnfachen; (beträchtlich) steigen.

dédaign|er [dedɛ(e)ɲe] *tr* ver-, mißachten; verschmähen; ~**eux, se** *a* voll(er) Verachtung (*de* für); verächtlich, geringschätzig.

dédain [dedɛ̃] *m* Verachtung, Geringschätzung *f; avec ~* verächtlich.

dédale [dedal] *m* Labyrinth *n.*

dedans [dədɑ̃] *adv* (dr)innen; hinein; **1.** *en ~ (de)* in(nerhalb *gen*); *au ~ de* in; *là ~* da drinnen; **2.** *donner ~* herein=fallen; *mettre, ficher, foutre ~ (fig fam)* herein=legen; *rentrer ~ à qn (fam)* auf jdn ein=schlagen, auf jdn los=gehen.

dédic|ace [dedikas] *f (Buch)* Widmung *f;* ~**acer** *tr (Buch)* mit e-r Widmung versehen; ~**atoire** *a* Widmungs-; **dédier** [dedje] *tr* weihen, widmen.

dédi|re [dedir] *v prn: se ~* sein Wort zurück=nehmen; widerrufen (*de qc* etw); ~**t** [-di] *m com* Abstands-, Reugeld *n.*

dédommager [dedɔmaʒe] *tr* entschädigen (*de qc* für etw); Schadenersatz leisten (*qn* jdm).

dédouan|ement [dedwanmɑ̃] *m* Verzollung *f;* ~**er** *tr* **1.** verzollen; zollamtlich ab=fertigen; **2.** *fig fam* weiß=waschen, rehabilitieren.

dédoubler [deduble] **I.** *tr* **1.** halbieren; **2.** das Futter heraus=trennen (*qc* aus etw); **3.** *loc* e-n Vorzug fahren lassen (*un train* zu e-m Zug); **II.** *v prn se ~ (fig)* an Bewußtseinsspaltung leiden.

déduction [dedyksjɔ̃] *f* **1.** *com* Abzug *m;* **2.** Schlußfolgerung *f;* — *~ faite des frais* nach Abzug der Kosten.

déduire [dedɥir] *tr* **1.** *com* ab=ziehen; **2.** ab=leiten, folgern; *on peut en ~ que* daraus kann man folgern, ableiten, daß.

déesse [deɛs] *f* Göttin *f.*

défaill|ance [defajɑ̃s] *f* **1.** Ohnmacht, Schwäche(anfall *m*) *f;* **2.** Versagen *n,* Fehlleistung *f;* **3.** Verzug *m,* Nichterfüllung *f;* ~ *de mémoire* Gedächtnis-

schwäche *f;* ~**ir** *tr* schwach, ohnmächtig werden.
défaire [defɛr] **I.** *tr* **1.** ab=, auf=machen, ausea.nehmen, auf=trennen, -lösen; **2.** aus=packen; **3.** befreien (*qn de qc* jdn von etw); **4.** *(Feind)* schlagen, besiegen; **5.** in Unordnung bringen; **II.** *v prn se* ~ sich (auf=)lösen, auf=gehen; *se* ~ *de qc, qn* sich e-r S, e-r Person *gen* entledigen *gen;* sich etw, jdn vom Halse schaffen; etw, jdn los=werden; jdn entlassen; *(Gewohnheit)* ab=legen.
défait, e [defɛ, -ɛt] *a* aufgelöst; in Unordnung; *(Heer)* geschlagen; ~**e** *f* Niederlage *f; infliger, essuyer* od *subir une* ~ e-e Niederlage bei=bringen, erleiden; ~ *électorale* Wahlniederlage *f.*
défaut [defo] *m* **1.** Fehlen *n;* **2.** Fehler, Mangel *m (de qc* an etw); **3.** *jur* Nichterscheinen *n;* **4.** *à* ~ *de* mangels, in Ermangelung *gen; par* ~ *(jur)* in Abwesenheit; *sans* ~*(s)* fehlerfrei, makellos; **5.** *être en* ~ im Unrecht sein; *faire* ~ fehlen, nicht da=sein, aus=bleiben; *jur* nicht anwesend sein; **6.** *ma mémoire est en* ~ mein Gedächtnis läßt mich im Stich; *c'est là son moindre* ~ das ist der geringste s-r Fehler; ~ *de fabrication, de forme, de tissage* Fabrikations-, Form-, Webfehler *m.*
défav|eur [defavœr] *f* Ungnade *f; être en* ~ *auprès de qn* bei jdm schlecht angeschrieben sein; ~**orable** [-vɔ-] *a* **1.** ungünstig; abträglich; **2.** *(Person)* nicht gut gesinnt, *fam* nicht gut, schlecht zu sprechen (*à* auf *acc*); ~**oriser** *tr* benachteiligen.
défect|ion [defɛksjõ] *f mil pol* Abfall *m; faire* ~ fernbleiben; *(aus e-r Partei)* austreten; ~**ueux, se** [-tɥø, -øz] *a* fehler-, mangelhaft; unvollkommen; schadhaft; ~**uosité** [-tɥo-] *f* Fehlerhaftigkeit; Unvollkommenheit *f.*
défendre [defɑ̃dr] **I.** *tr* **1.** verteidigen *a. jur;* **2.** *(Ansicht)* vertreten; **3.** verbieten, untersagen; **II.** *v prn se* ~ **4.** sich zur Wehr setzen, sich wehren (*de* gegen); *ne pouvoir se* ~ *de* nicht umhin= können; **5.** *(pop) il se défend bien* er schlägt sich ganz gut durch; *ça se défend (fam)* das hat etw für sich.
défens|e [defɑ̃s] *f* **1.** Verteidigung, Abwehr *f;* **2.** *zoo* Stoßzahn, Hauer *m;* **3.** *sans* ~ schutzlos; ~ *d'afficher* Ankleben verboten! ~ *d'entrer* Zutritt verboten! ~ *de fumer* Rauchen verboten! ~ *de passer* kein Durchgang! keine Durchfahrt! ~ *de stationner* Parkverbot; *légitime* ~ Notwehr *f;* ~**eur** *m* Verteidiger *m;* ~**if, ive I.** *a* defensiv; Verteidigungs-; **II.** *s f* Defensive; *sur la* ~ in Verteidigungsstellung.
déférer [defere] **I.** *tr* bringen *(à, devant* vor *acc);* **II.** *itr* willfahren, nach=geben, sich fügen (*à qn* jdm); — ~ *à la justice* vor Gericht bringen.
déferler [defɛrle] *itr* **1.** *(Wellen)* branden, sich brechen; **2.** *(Menge)* strömen.
défi [defi] *m* Herausforderung *f; mettre qn au* ~ *de faire qc* wetten, daß jem etw nicht (tun) kann *od* tut; *je relève le* ~ ich nehme die Herausforderung an; ~**ance** [-fjɑ̃s] *f* Argwohn *m,* Mißtrauen *n;* ~**ant, e** *a* mißtrauisch, argwöhnisch.
défic|eler [defisle] *tr (Paket)* auf=schnüren; ~**it** [-it] *m* Defizit *n,* Fehlbetrag *m; se solder par un* ~ mit e-m Defizit ab=schließen; ~**itaire** *a: balance f commerciale* ~ passive Handelsbilanz *f; solde m* ~ Verlustsaldo *m.*
défier [defje] **I.** *tr* heraus=fordern (*à* zu); trotzen, die Stirn bieten (*qn,* jdm, *qc* e-r S *dat*); **II.** *v prn se* ~ mißtrauen (*de qn* jdm).
défigurer [defigyre] *tr* entstellen, verunstalten; *(Tatsachen)* entstellen, verzerren.
défil|é [defile] *m* Engpaß *m;* Vorbeimarsch *m (devant* an*);* ~**er I.** *itr* **1.** auf=, vorbei=marschieren, vorbei=fahren; **2.** *(Bilder)* vorbei=ziehen; **II.** *v prn se* ~ *(pop)* sich aus dem Staube machen.
défin|ir [definir] **1.** *tr* definieren, ab=grenzen, bestimmen, kennzeichnen; **2.** fest=setzen, -legen; ~**itif, ive** *a* endgültig, abschließend, definitiv; ~**ition** *f* Definition, Erklärung; Bestimmung, Charakterisierung *f; par* ~ zwangsläufig.
déflagration [deflagrasjõ] *f* Explosion *f.*
déflation [deflasjõ] *f com* Deflation *f.*
défoncer [defɔ̃se] *tr (Straße)* unbefahrbar machen; *(Straßendecke)* aufreißen; *(Tür)* ein=schlagen.
déform|ation [defɔrmasjõ] *f* **1.** *fig* Entstellung, Verunstaltung, Verzerrung *f;* **2.** *tech* Formveränderung; Verformung; Verbiegung *f;* ~ *professionnelle* Berufsblindheit *f;* ~**er I.** *tr* **1.** deformieren; entstellen, verunstalten, verzerren; **2.** *tech* verformen; **3.** *(Geschmack)* verbilden; **II.** *v prn se* ~ sich verziehen, sich verbiegen; *(Kleidung)* die Fasson, Form verlieren.
défraîch|i, e [defrɛʃi] *a* abgenutzt, abgetragen; ~**ir** *v prn se* ~ den Glanz, die Frische verlieren.
défrayer [defrɛ(e)je] *tr* **1.** *(Person)* frei=halten; *être défrayé de tout* alles frei haben; **2.** ~ *la conversation* die Kosten der Unterhaltung bestreiten.
défricher [defriʃe] *tr* urbar machen, roden; ~ *du terrain vierge* Neuland erschließen.
défringuer, se [defrɛ̃ge] *v prn pop* sich aus=pellen.
défriser [defrize] *tr:* ~ *la coiffure* die Frisur zerstören; *ça te défrise? (pop)* ärgert dich das?

défroqu|e [defrɔk] *f* abgelegte Kleidung *f;* **~er, se** *v prn* das Priestergewand ab=legen.
défrusquer, se [defryske] *v prn pop* sich auspellen.
défunt, e [defœ̃, -œ̃t] **I.** *a* **1.** verstorben; **2.** *fig* vergangen; **II.** *s m f* Verstorbene(r *m*) *f.*
dégag|é, e [degaʒe] *a* **1.** losgelöst, frei, ungezwungen; **2.** *(Himmel)* wolkenlos; **~ement** *m* **1.** Freimachen, Beseitigen *n,* Räumung *f;* **2.** *(Wort, Pfand)* Einlösen; *(Versprechen a.)* Entbinden *n;* **3.** *chem* Freiwerden, Entweichen *n,* Abgabe *f;* **4.** *arch* Flur, Gang; freie(r) Platz *m;* **5.** *(Fußball)* Schuß *m* ins Feld; ~ *de chaleur* Wärmeabgabe, -entwicklung *f;* **~er I.** *tr* **1.** *(Pfand)* ein=lösen; **2.** räumen, frei=machen; *(Hindernis)* beseitigen; **3.** *chem* entwickeln, aus=strömen, entweichen lassen; **4.** *allg* (los=)lösen, heraus=nehmen, frei=, bloß=legen; befreien; *(Hauptgedanken, Tatsache)* heraus=stellen; **II.** *v prn se* ~ **5.** sich *(e-r Verpflichtung)* entziehen; sich los=lösen, sich trennen, sich los=, frei=machen (*de* von); **6.** *fig* in den Vordergrund treten; sich zeigen, sich ergeben; **7.** *(Dampf)* entweichen, aus=strömen *a. fig,* sich entwickeln; **8.** ~ *la taille* die Figur (gut) zur Geltung kommen lassen; *dégagez la porte* gehen Sie von der Türe weg.
dégain|e [degɛn] *f fam* lächerliche(s) Benehmen *n;* **~er** *tr (Revolver)* aus der Tasche ziehen.
déganter [degɑ̃te] *v prn: se* ~ s-e Handschuhe ausziehen.
dégarn|i, e [degarni] *a* **1.** entblößt; **2.** *(Kopf, Baum)* kahl; **3.** *(Zimmer)* ausgeräumt, leer; **~ir I.** *tr* **1.** *(Schmuck, Einrichtung, Besatz)* entfernen (*qc* von, aus etw); weg=nehmen; **2.** *(Zimmer)* aus=räumen; **II.** *v prn se* ~ *(Kopf)* kahl werden; *(Baum)* die Blätter verlieren.
dégât [dega] *m* Schaden *m,* Verwüstung *f; causer des ~s* Schaden an=richten; *~s matériels* Sachschaden *m.*
dégel [deʒɛl] *m* **1.** (Auf-)Tauen *a. fig;* Tauwetter *n;* **2.** *fig* Aufschwung *m; le temps est au* ~ wir haben Tauwetter; **~er** *tr* **1.** auf=tauen *a. fig;* auf=wärmen; **2.** *(Kredite)* freigeben; **3.** *il dégèle* es taut.
dégénér|er [deʒenere] *itr* degenerieren, entarten, aus=arten (*en* in acc); **~escence** [-rɛsɑ̃s] *f* Entartung *f.*
dégingandé, e [deʒɛ̃gɑ̃de] *a* schlottrig.
dégivr|age [deʒivraʒ] *m mot* Entfrostung; *aero* Enteisung *f;* **~er** *tr (Kühlschrank)* abtauen; *aero* enteisen.
déglinguer, se [deglɛ̃ge] *v prn fam* kaputt=gehen.
dégobiller [degɔbije] *tr itr pop* kotzen.
dégoiser [degwaze] *fam* **I.** *tr* aus=schwatzen; **II.** *itr (Unsinn)* verzapfen; quatschen.
dégommer [degɔme] *fig fam* hinaus=werfen.
dégonfler [degɔ̃fle] **I.** *tr* **1.** die Luft ab=lassen (*qc* aus etw); **2.** *(Preise)* drücken; *(wichtige Sache)* herunterspielen; **II.** *se* ~ *(Reifen)* Luft verlieren; **4.** *(fam)* Angst kriegen; *ne te dégonfle pas!* sei kein Feigling!
dégouliner [deguline] *itr fam* (herunter=)rinnen, tröpfeln.
dégourd|i, e [degurdi] **I.** *a (Mensch)* aufgeweckt, gewitz(ig)t; **II.** *s m f* aufgeweckte(r) Junge *m;* schlaue Person *f;* **~ir I.** *tr* **1.** *(steif gewordene Glieder)* auf=lockern; **2.** aufgeweckter machen; **II.** *v prn se* ~ *les jambes* die Beine vertreten.
dégoût [degu] *m* Ekel *m* (*de* vor); Überdruß *m;* Abscheu *m; cela me donne du* ~ das ekelt mich an; **~ant, e** *a* **1.** ekelhaft, eklig, widerlich; **2.** widerwärtig, empörend; **~é, e I.** *a* angeekelt; wählerisch; *n'être pas* ~ nicht wählerisch sein; **II.** *s m: faire le* ~ *(fig)* zimperlich tun; **~er I.** *tr* an=widern, -ekeln; ~ *qn de qc* jdm etw verleiden; **II.** *v prn se* ~ *de* überdrüssig werden *gen,* (es) satt bekommen; *ça me dégoûte (fam)* das hängt mir zum Halse heraus.
dégoutter [degute] *itr* (herab=)tropfen.
dégrad|ation [degradasjɔ̃] *f* **1.** Degradierung *f;* **2.** *fig* Herabwürdigung, Erniedrigung; Verschlechterung *f;* **3.** *arch* Beschädigung *f,* Verfall *m;* **~er** *tr* **1.** degradieren; **2.** *fig* herabsetzen, -würdigen; beschädigen; **3.** *(Farben)* schattieren, tönen.
dégrafer [degrafe] *tr* los=, auf=haken.
dégraiss|age [degrɛsaʒ] *m* chemische Reinigung *f;* Fleckenentfernen *n;* **~er** *tr* (chemisch) reinigen.
degré [dəgre] *m* **1.** Stufe *f,* Grad *m;* **2.** Stadium *n;* **3.** *jur* Instanz *f;* — *au dernier* ~ im höchsten Grade *od* Maße; *de* ~ *en* ~ von Stufe zu Stufe; *par ~(s)* stufenweise, nach und nach, allmählich; *par dix ~s de froid* bei 10 Grad Kälte; *baisser d'un* ~ um einen Grad fallen; ~ *de chaleur, de froid* Wärme-, Kältegrad *m;* ~ *de latitude, de longitude* Breiten-, Längengrad *m;* ~ *de parenté* Verwandtschaftsgrad *m.*
dégressif, ive [degrɛsif, -iv] *a* abnehmend, degressiv; abgestuft.
dégr|èvement [degrɛvmɑ̃] *m* (~ *d'impôt)* Steuernachlaß *m,* -ermäßigung, -senkung *f;* **~ever** [-grə-] *tr* die Steuer ermäßigen (*qn* jdm).
dégringol|ade [degrɛ̃gɔlad] *f fam* **1.** Hinunterpurzeln *n;* **2.** *fig* Kurssturz, Niedergang, Zs.bruch *m;* — ~ *des prix* Preissturz *m;* **~er I.** *tr* hinunter=rennen, -stürzen; **II.** *itr* (hinunter=)purzeln, -fal-

len; *fig* zs.=brechen; *(Aktien)* stark fallen.

dégriser [degrize] *tr* **1.** *(e-n Betrunkenen)* nüchtern machen; **2.** *fig* ernüchtern.

dégross|ir [degrosir] **I.** *tr* **1.** vor=bearbeiten; grob behauen; **2.** *fig* roh entwerfen; **3.** *(Menschen)* Schliff beibringen (*qn* jdm); **II.** *v prn se ~ (fig)* Schliff bekommen.

dégrouiller, se [degruje] *v prn pop* (sich) (be)eilen, schnell machen.

déguenillé, e [degnije] *a* zerlumpt.

déguerpir [degɛrpir] *itr* sich aus dem Staube machen, *fam* ab=hauen, türmen.

dégueul|asse [degœlas] *a pop* ekelhaft, widerlich; **~er** *tr pop* kotzen.

déguis|ement [degizmɑ̃] *m* **1.** Verkleidung *f;* **2.** *fig* Verstellung *f;* **~er I.** *tr* **1.** verkleiden (*en* als); **2.** *fig* verstellen, verschleiern, verbergen; **II.** *v prn se ~ en courant d'air (pop)* sich in Luft auflösen.

degust|ation [degystasjɔ̃] *f* Kosten, Probieren *n (e-s Getränks);* Kostprobe *f;* **~er** *tr* **1.** *(Getränk)* probieren, kosten; **2.** *pop* durch=machen, ertragen.

dehors [dəɔr] **I.** *adv* (dr)außen; hinaus; **II.** *interj* hinaus! *de ~* von (dr)außen; *en ~* (dr)außen; nach außen, auswärts; *en ~ de ...* außerhalb *gen;* außer *dat; mettre qn ~* jdn hinaus= werfen; *ne pas se pencher au, en ~* nicht hinauslehnen! **III.** *s m* Äußere(s) *n.*

déjà [deʒa] *adv* schon, bereits; *fam (in Fragen)* (gleich) noch, doch (gleich).

déjection [deʒɛksjɔ̃] *f pl* Exkremente *pl.*

déjeuner [deʒœne] **I.** *itr* frühstücken; zu Mittag essen; **II.** *s m* Frühstück; Mittagessen *n; prendre le ~* zu Mittag essen; *petit ~* (erstes) Frühstück *n; ~ d'affaires* Arbeitsessen *n; (fig) être un ~ de soleil* nicht von langer Dauer, kurzlebig sein.

déjouer [deʒwe] *tr* vereiteln; e-n Strich durch die Rechnung machen (*qn* jdm).

delà [dəla] *adv: au ~ de (prp)* jenseits; über ... hinaus.

délabr|ement [delabrəmɑ̃] *m* **1.** Baufälligkeit *f;* **2.** *fig* Zerrüttung *f;* **~é, e** *a (Haus)* baufällig; *(Gesundheit)* zerrüttet.

délacer [delase] *tr* auf=schnüren, -machen.

délai [delɛ] *m* **1.** Aufschub *m;* **2.** Frist *f,* Termin *m; — à bref ~* kurzfristig; *dans le ~ de 8 jours* innerhalb 8 Tagen; *dans le plus bref ~* in kürzester Zeit; *sans ~* unverzüglich, sofort; fristlos; *accorder, demander un ~* e-n Aufschub gewähren, verlangen; *~ d'attente* Wartezeit *f; ~ de construction* Bauzeit *f; ~ d'échéance (com)* Verfallzeit *f; ~ de déclaration* Anmeldefrist *f; ~ de livraison* Lieferfrist *f; ~ de préavis* Kündigungsfrist *f; ~ de prescription* Verjährungsfrist *f; ~ de validité* Gültigkeitsdauer *f.*

délaisser [delese] *tr* **1.** auf=geben; verlassen; im Stich lassen, sitzen=lassen; **2.** *jur* verzichten (*qc* auf e-e S); ab=treten, überlassen.

délass|ement [delɑ(a)smɑ̃] *m* Erholung, Entspannung *f;* **~er I.** *tr* erfrischen, entspannen; **II.** *v prn se ~* sich erholen, sich entspannen.

délat|eur, trice [delatœr, -tris] *m f* Denunziant(in *f*) *m.*

délavé, e [delave] *a (Farbe)* verwaschen.

délayer [dele(ɛ)je] *tr* **1.** auf=lösen, verdünnen; **2.** *fig* weitschweifig dar=stellen.

délég|ation [delegasjɔ̃] *f* **1.** Auftrag *m,* **2.** *com* Anweisung; Übertragung *f (e-r Befugnis, Schuld);* **3.** Delegation, Abordnung; Entsendung *f; par ~ (de)* im Auftrage *(gen);* **~ué, e** [-ge] *m f* Abgeordnete(r *m*), Delegierte(r *m*); Beauftragte(r *m*) *f; ~ du personnel* Personalvertreter *m;* **~uer** *tr* **1.** beauftragen; delegieren, ab=ordnen; **2.** *(Befugnis)* übertragen.

délester [delɛste] *tr aero* Ballast ab=werfen.

délibér|ant, e [deliberɑ̃, -ɑ̃t] *a (Versammlung)* beratend; **~ation** *f* **1.** Beratung *f;* Beschluß *m;* **2.** *fig* Überlegung *f; mettre en ~* zur Beratung stellen; **~er** *itr* beraten (*de* über *acc*).

délicat, e [delika, -at] *a* **1.** *(Speise)* köstlich; **2.** *(Mensch)* zart (-fühlend); fein(fühlig); **3.** *(Frage)* heikel; **4.** *(Gesundheit)* schwach, schwächlich; *(Schlaf)* leise, leicht; **5.** *(Person)* anspruchsvoll; **~esse** *f* **1.** Zartheit, Feinheit, Empfindlichkeit *f;* **2.** Feinfühligkeit *f,* Fingerspitzengefühl *n,* Takt *m.*

délic|e [delis] *m* **1.** Wonne, Lust *f;* **2.** *pl f* Freuden *f pl,* Genüsse *m pl;* **~ieux, se** *a* köstlich; wonnig; angenehm.

déli|é, e [delje] *a* **1.** dünn, fein; **2.** *fig* scharfsinnig; **~er** *tr* **1.** los=, auf=binden, lösen; **2.** *fig* entbinden, entheben (*de qc gen*).

délimiter [delimite] *tr* ab=, umgrenzen.

délinquan|ce [delɛ̃kɑ̃s] *f* Kriminalität *f;* **~t, e** *m f* Straffällige(r *m*) *f.*

délir|ant, e [delirɑ̃, -ɑ̃t] *a* **1.** *fig* wahnsinnig; **2.** *med* phantasierend; **~e** *m* **1.** Delirium *n,* (Fieber-)Wahn *m;* **2.** *fig* Raserei *f,* Taumel, Rausch; Wahnsinn *m;* **~er** *itr* **1.** *med* phantasieren; **2.** *fig* rasen, außer sich sein (*de* vor); **3.** Unsinn reden.

délit [deli] *m* **1.** Delikt, Vergehen *n; en* **2.** *flagrant ~* auf frischer Tat; **3.** *~ de fuite* Fahrerflucht *f.*

délivr|ance [delivrɑ̃s] *f* **1.** Freilassung, Befreiung *f;* **2.** Aus-, Zustellung *f;* **3.**

med Entbindung *f;* **~er** *tr* **1.** frei=lassen, befreien (*de* aus, von); erlösen; **2.** ab=liefern, aus=händigen, aus=stellen.

déloger [delɔʒe] **I.** *itr (aus e-r Wohnung)* aus=ziehen; *fam* abhauen; **II.** *tr* aus=quartieren; verdrängen.

déloy|al, e [delwajal] *a* **1.** unredlich; treulos; **2.** *com* unfair; unreell; **~auté** *f* Unredlichkeit, Treulosigkeit *f.*

déluge [delyʒ] *m* **1.** Sintflut *f;* Wolkenbruch *m;* **2.** *fig* Hagel *m,* Flut *f; remonter au ~ (fig)* weit aus=holen.

déluré, e [delyre] *a* **1.** gewitz(ig)t, fix, flink, gewandt; **2.** herausfordernd.

démagog|ie [demagɔʒi] *f* Demagogie *f;* **~ique** *a* demagogisch; **~ue** [-gɔg] **I.** *s m* Demagoge *m;* **II.** *a* demagogisch.

demain [dəmɛ̃] *adv* morgen *a. fig; à ~* bis morgen; *~ en huit (quinze)* morgen in acht (vierzehn) Tagen.

demande [dəmɑ̃d] *f* **1.** Bitte *f;* **2.** Gesuch *n,* Eingabe *f,* Antrag *m;* **3.** Verlangen, Begehren *n;* **4.** Frage *f;* **5.** *com* Nachfrage (*de* nach) *f;* **6.** *l'offre et la ~* Angebot u. Nachfrage; *à la ~ générale* auf allgemeinen Wunsch; *sur ~* auf Anfrage; **7.** *faire, formuler, présenter une ~* e-e Bitte äußern; *refuser, repousser, rejeter une ~* e-e Bitte ab=schlagen; *répondre à une ~* e-r Bitte entsprechen; **8.** *~ en dommages-intérêts* Schadenersatzanspruch *m; ~ d'emploi* Stellengesuch *n; ~ en mariage* (Heirats-)Antrag *m; ~ de salaire* Lohnforderung *f.*

demand|er [dəmɑ̃de] *tr* **1.** *~ qc à qn* jdn um e-e S bitten *od* ersuchen, e-e S von jdm verlangen; *il m'a ~é de l'argent* er hat Geld von mir verlangt; *~ à faire qc* bitten, e-e S tun zu dürfen; *~ la parole* ums Wort bitten. **2.** jdn nach e-r S fragen, sich bei jdm nach e-r S erkundigen; *je ne t'ai pas ~é ton avis* ich habe dich nicht nach deiner Meinung gefragt; **3.** *~ qn* jdn sprechen wollen, verlangen; *~ après qn* sich nach jdm erkundigen; **4.** *(Preis, sein Recht)* fordern, verlangen; *~ que* od *à ce que (subj)* daß *ind;* **5.** *(Arbeitskräfte)* suchen; *(Genehmigung)* ein=holen; *(Telefongespräch)* an=melden; *(Stellung)* sich um e-e S bewerben; **6.** *(Person)* zu=muten, ab=verlangen; *(Sache)* erfordern, in Anspruch nehmen; *cela demandera du temps* es wird viel Zeit in Anspruch nehmen; **7.** *jur* klagen; *~ acte de qc* etw beglaubigen lassen; *~ qn (en mariage)* um jds Hand an=halten; *~ à réfléchir* sich Bedenkzeit erbitten; *~ des renseignements* um Auskunft bitten; Auskünfte ein=holen; *~ trop à qn* jdn überfordern; *je ne ~e pas mieux!* mit dem größten Vergnügen! sehr gern! *il ne ~e que ça* das ist alles, was er will; *on vous ~e au téléphone* Sie werden am Telefon verlangt; *on ~e tout de suite (com)* für sofort gesucht.

demand|eur, se *s m f* Frager(in *f*); Antragsteller(in *f*) *m; tele* Anrufende(r *m*) *f;* **~eur, eresse** [-dœr, -drɛs] *m f jur* Kläger(in *f*) *m.*

démang|eaison [demɑ̃ʒɛzɔ̃] *f* **1.** Jucken *n,* Juckreiz *m;* **2.** *fig* Gelüst *n* (*de* nach); **~er** *tr itr* jucken *a. fig.*

démant|eler [demɑ̃tle] *tr* **1.** *(Festung)* schleifen, ab=tragen; **2.** *fig* zerstören; **~ibuler** *tr fam* kaputtmachen, zerschlagen.

démaquill|age [demakijaʒ] *m* Abschminken *n;* **~er** *tr* ab=schminken.

démarcation [demarkasjɔ̃] *f* **1.** (Grenz-)Ziehung, Abgrenzung *f;* **2.** *fig* Grenze *f.*

démarche [demarʃ] *f* **1.** Gang(art *f*); **2.** *fig* Schritt *m,* Maßnahme; Methode *f; faire des ~s* Schritte unternehmen.

démarquer [demarke] *tr* **1.** das Zeichen entfernen (*qc* von, aus etw); **2.** *(geistiges Eigentum)* plagiieren.

démarr|age [demaraʒ] *m* **1.** *mot* Start *m,* Anfahren *n;* **2.** *fig* Anfang, Beginn *m;* **~er I.** *tr* **1.** *mar* von den Tauen los=machen; **2.** *fig fam* in die Wege leiten, an=fangen; **II.** *itr* **3.** *mot* an=springen; **4.** *allg* starten; an=, ab=fahren; **5.** *fig fam* weg=gehen; **6.** in Gang, in Schwung kommen, an=laufen.

démasquer [demaske] *tr* **1.** demaskieren; *allg* frei=legen; **2.** *fig* entlarven.

démêl|é [deme(ɛ)le] *m* Streit, Zank *m;* Händel *m pl;* **~er** *tr* **1.** entwirren; auf=klären, Ordnung bringen (*qc* in etw); **2.** unterscheiden, erkennen; **3.** *(Haare)* aus=kämmen.

démembr|ement [demɑ̃brəmɑ̃] *m* (Auf-)Teilung *f (e-s Landes);* **~er** *tr* zergliedern, zerstückeln; auf=teilen.

déménag|ement [demenaʒmɑ̃] *m* Um-, Auszug *m; voiture f de ~* Möbelwagen *m;* **~er I.** *tr* aus-, um=räumen; fort=schaffen; **II.** *itr* aus-, um= ziehen; *(fam) tu déménages!* du spinnst! **~eur** *m* Möbeltransporteur, -packer *m.*

démence [demɑ̃s] *f* Wahnsinn *m a fig.*

démener, se [dem(ə)ne] *v prn* **1.** herum=toben; **2.** *fig* sich ab=plagen, -rakkern.

dément, e [demɑ̃, -ɑ̃t] **I.** *a* wahnsinnig; verrückt; **II.** *s m* Wahnsinnige(r *m*) *f;* **~i** *m* Dementi *n;* **~ir** *tr* dementieren, widerlegen; in Abrede stellen, widersprechen (*qn* jdm).

démesuré, e [deməzyre] *a* **1.** übermäßig; **2.** *fig* unmäßig, maßlos.

démettre [demɛtr] **I.** *tr* **1.** ver-, aus=renken; **2.** *fig* ab=setzen, entfernen (*de* aus); **II.** *v prn se ~ de qc (Amt)* etw nieder=legen.

démeubler [demœble] *tr (Zimmer)* aus=räumen.

demeur|ant [dəmœrɑ̃] *adv: au ~* übrigens, im übrigen; **~e** *f* **1.** Wohnung *f,*

Wohnsitz *m;* **2.** *jur* Verzug, Rückstand *m;* **3.** *à* ~ auf die Dauer; ständig; **4.** *mettre en* ~ *(jur com)* auf=fordern, mahnen; ~**er** *itr* **1.** wohnen, sich auf=halten; **2.** (übrig=, zurück=)bleiben; verharren *(dans* auf, in *acc);* **3.** ~ *en chemin (fig)* auf halbem Wege stehen=bleiben; ~*ons-en là* reden wir nicht weiter darüber!

demi, e [dəmi] **I.** *a* halb; Halb-; **II.** *s m* **1.** Halbe(s) *n;* Halbe(r), halbe(r) Liter *m (Bier);* **2.** *(Fußball)* Läufer *m;* **III.** *f* Hälfte, halbe Stunde *f; à la* ~*e* um halb; ~**-bas** *m* Kniestrumpf *m;* ~**-cercle** *m* Halbkreis *m;* ~**-finale** *f sport* Vorentscheidung, Zwischenrunde *f;* ~**-frère** *m* Halbbruder *m;* ~**-gros** *m* Kleinhandel *m* im Großen; ~**-heure** *f* halbe Stunde *f;* ~**-jour** *m inv* Zwielicht *n;* ~**-monde** *m* Halbwelt *f;* ~**-mot:** *à* ~ andeutungsweise; ~**-reliure** *f* Halbfranz-, -lederband *m;* ~**-saison** *f; de* ~ Übergangs-; ~**-sœur** *f* Halbschwester *f;* ~**-ton** *m mus* halbe(r) Ton *m;* ~**-tour** *m mil* Kehrtwendung *f; faire* ~ kehrt=machen.

démission [demisjɔ̃] *f* **1.** Rücktritt *m,* Abdankung *f;* **2.** *fig* Verzicht *m; donner sa* ~ s-n Rücktritt erklären; ~**ner** *itr* **1.** s-n Rücktritt erklären, zurück=treten, ab=danken; **2.** *fig fam* (es) auf=geben.

démocrat|e [demɔkrat] **I.** *s m f* Demokrat (-in *f*) *m;* **II.** *a* demokratisch; ~**ie** [-si] *f* Demokratie *f;* ~**ique** *a* demokratisch.

démoder, se [demɔde] *v prn* aus der Mode kommen, unmodern werden.

démograph|e [demɔgraf] *m* Bevölkerungsstatistiker *m;* ~**ie** *f* Demographie *f;* ~**ique** *a accroissement m* ~ Zunahme *f* der Bevölkerung.

demoiselle [dəmwazɛl] *f* **1.** Fräulein *n;* **2.** alleinstehende Frau *f;* **3.** *zoo* Libelle; **4.** *tech* Ramme *f;* ~ *d'honneur* Ehren-, Brautjungfer *f.*

démol|ir [demɔlir] *tr* **1.** ab=, nieder=reißen; **2.** *fig* vernichten, (um=)stürzen; **3.** *(Gesundheit)* zugrunde richten; ~**ition** *f* **1.** Abbruch *m,* Zerstörung *f;* **2.** Ab-, Niederreißen *n;* **3.** *pl* Trümmer *pl.*

démon [demɔ̃] *m* Dämon; böse(r) Geist, Teufel *m;* ~**iaque** [-mɔnjak] *a* dämonisch.

démonstrat|eur, trice [demɔ̃stratœr, -tris] *m f* Vorführer *m,* Vorführdame *f;* ~**if, ive** *a* **1.** demonstrativ; **2.** *gram* hinweisend; **3.** *(Person)* überschwenglich; ~**ion** *f* **1.** Beweis(führung *f*) *m;* **2.** Vorführung *f (e-s Gerätes);* **3.** Demonstration *f.*

démont|able [demɔ̃tabl] *a* zerlegbar; auseinander-, abnehmbar; ~**age** *m* **1.** Abbau, -bruch *m;* **2.** Demontage; Zerlegung *f;* ~**er** **I.** *tr* **1.** ab=werfen; ausea.=nehmen, aus=bauen, demontieren; **2.** *fig* aus der Fassung bringen, verwirren, verunsichern; **II.** *v prn se* ~ **3.** auseinanderfallen; **4.** *fig* die Fassung verlieren.

démontrer [demɔ̃tre] *tr* **1.** be-, erweisen, dar=legen; **2.** demonstrieren, veranschaulichen, vor=führen, aufzeigen.

démoraliser [demɔralize] *tr* demoralisieren.

démordre [demɔrdr] *tr* **1.** *fig* auf=geben, verzichten (*de qc* auf e-e S); **2.** *ne pas* ~ sich fest=beißen, beharren (*de qc* auf e-r S); *il n'en démord pas* er läßt sich nicht davon abbringen.

démouler [demule] *tr (Kuchen)* aus der Form nehmen.

démunir [demynir] *tr* wegnehmen, berauben (*de* gen); *être démuni d'argent* ohne e-n Pfennig Geld sein.

dénat|alité [denatalite] *f* Geburtenrückgang *m;* ~**ionaliser** *tr* **1.** aus=bürgern, **2.** reprivatisieren.

denatur|aliser [denatyralise] *tr* aus=bürgern; *tr* ~**er** **1.** *chem* denaturieren; **2.** *(Tatsache)* verfälschen; **3.** *fig* entstellen, verderben.

dénicher [deniʃe] *tr* **1.** aus dem Nest nehmen; **2.** *fig (Bande)* aus=heben; auf=stöbern, ausfindig machen.

déni|er [denje] *tr* ab=leugnen, -streiten; verweigern; ~**grer** *tr* an=schwärzen, verleumden, herab=würdigen.

dénominat|eur [denɔminatœr] *m math* Nenner *m;* ~**ion** [-sjɔ̃] *f* Benennung, Bezeichnung *f;* **dénommer** *tr* benennen.

dénonc|er [denɔ̃se] *tr* **1.** *(Vertrag)* (auf=) kündigen; **2.** *jur* an=zeigen; denunzieren, ~**iateur, trice** *m f* Denunziant(in *f*), Angeber(in *f*) *m;* ~**iation** *f* Anzeige; Denunziation *f.*

dénoter [denɔte] *tr* hin=deuten, schließen lassen (*qc* auf e-e S).

dénou|ement [denumɑ̃] *m* Ausgang *m,* Ende *n,* (Auf-)Lösung *f bes. poet theat;* ~**er** **I.** *tr* **1.** auf=knoten, -binden; *fig* **2.** (auf=)lösen, entwirren; **II.** *v prn se* ~ **3.** sich auf=lösen; **4.** *theat* enden, aus=gehen.

dénoyauter [denwajote] *tr (Obst)* entsteinen, -kernen.

denrée [dɑ̃re] *f* Eßware *f, pl* Lebensmittel *n pl;* ~*s alimentaires* Nahrungsmittel *n pl.*

dens|e [dɑ̃s] *a* dicht, fest, kompakt; ~**ité** Dichte *f a. fig;* ~ *de la population* Bevölkerungsdichte *f;* ~ *du trafic* Verkehrsdichte *f.*

dent [dɑ̃] *f* **1.** Zahn *m;* **2.** Zacken *m,* Zinke *f;* **3.** *jusqu'aux* ~*s* bis an die Zähne *(bewaffnet); n'avoir rien à se mettre sous la* ~ nichts zu beißen haben; *avoir les* ~*s longues* ehrgeizig, anspruchsvoll sein; *avoir, garder une* ~ *contre qn* e-n Pik auf jdn haben; *claquer des* ~*s de* *froid* vor Kälte mit den Zähnen klappern; *craquer, crisser, grincer des ~s* mit den Zähnen knirschen; *ne pas desserrer les ~s* den Mund nicht auf=tun; *extraire, arracher une ~* e-n Zahn ziehen; *faire ses ~s* Zähne bekommen; *se laver les ~s* sich die Zähne putzen; *manger du bout des ~s* widerwillig, mit langen Zähnen essen; *mordre à belles ~s* tüchtig drauflos=essen; *rire du bout des ~s* gezwungen lachen; **4.** *brosse f à ~s* Zahnbürste *f; mal m de ~s* Zahnschmerzen *m pl; ~s artificielles* Zahnersatz *m; ~ canine, œillère* Eck-, Augenzahn *m; ~ incisive* Schneidezahn *m; ~ de lait,* Milchzahn *m; ~-de-lion f bot* Löwenzahn *m; ~ molaire* Back(en)zahn *m; ~ de sagesse* Weisheitszahn *m;* **~aire** *a* Zahn-; *soins m pl ~s* zahnärztliche Behandlung *f;* **~al, e I.** *a gram* dental; **II.** *s f* Zahnlaut *m;* **~é, e** *a* gezahnt; *roue f ~e* Zahnrad *n;* **~elé, e** *a* gezackt, gezahnt; **~elle** *f* Spitze *f;* **~ier** *m (künstl.)* Gebiß *n;* (Zahn-)Prothese *f;* **~ifrice** *m* Zahnpflegemittel *n,* -pasta *f; a: eau f ~* Mundwasser *n; tube m de ~* Tube *f* Zahnpasta *f;* **~iste** *m* Zahnarzt *m; cabinet m de ~* Zahnarztpraxis *f.*

denud|é, e [denyde] *a* entblößt; kahl; *(Draht)* blank; **~er I.** *tr* entblößen; bloß=, frei=legen; entblättern; **II.** *v prn se ~* kahl werden.

dénu|é, e [denɥe] *a* beraubt (*de* gen); mittellos; *~ de qc* ohne etw; **~ement** [-nymɑ̃] *m* Mittellosigkeit, Not *f.*

dépann|age [depanaʒ] *m mot* Reparatur; Pannenhilfe *f; service m de ~* (Auto-)Reparaturwerkstatt *f;* Abschleppdienst *m; voiture f de ~*Abschleppwagen *m;* **~er** *tr* **1.** *mot* reparieren, instandsetzen *a. allg;* **2.** *fam* aus der Patsche, Verlegenheit helfen (*qn* jdm); **~eur** *m* Autoschlosser, Mechaniker *m;* **~euse** *f* Abschleppwagen *m.*

dépareill|é, e [depare(ɛ)je] *a* unvollständig; nicht zs.gehörig; **~er** *tr* **1.** *(Zs.gehöriges)* ausea.=bringen, trennen; **2.** unvollständig machen.

déparer [depare] *tr* entstellen, verschandeln.

départ [depar] *m* **1.** Aufbruch *m,* Abreise, Abfahrt *f;* **2.** *aero* Abflug, Start; *sport* Start *m;* **3.** *com* Versand, Abgang *m;* Verschiffung *f;* **4.** *fig* Abtreten *n;* **5.** *fig* Beginn *m,* Einsetzen *n,* Eröffnung *f;* **6.** *mus* Einsatz *m;* **7.** *au ~ (fig)* zu Beginn, am Anfang; *à son ~* bei s-r Abreise; *dès le ~* von Anfang an; *~ ... arrivée ... (loc)* ab ... an ...; *~ usine (com)* ab Werk; **8.** *faire le ~* sondern, scheiden; *prendre le ~* starten; **9.** *date f de ~* Abfahrtsdatum *n; faux ~, ~ manqué* Fehlstart *m; heure f de ~* Abfahrts-, Startzeit *f; point m de ~* Ausgangspunkt *m; port m de ~* Abgangshafen *m; quai m de ~* Abfahrtsbahnsteig *m;* **~ement** *m* **1.** *(Frankreich)* département *n;* **2.** Abteilung *f,* Verwaltungszweig *m;* Ministerium *n;* **3.** Ressort *n,* (Geschäfts-)Bereich *m;* **~emental, e** *a* Departements-.

dépass|ement [depasmɑ̃] *m* **1.** Überholen *n;* **2.** *(Kredit, Termin)* Überschreitung *f;* **~er I.** *tr* **1.** überholen, hinaus=gehen, -kommen (*qc* über e-e S); **2.** hervor=ragen (*qc* aus etw), hinaus=ragen (*qc* über e-e S); **3.** größer, länger sein (*qc* als etw); **4.** *fig* überschreiten, -steigen; hinaus=gehen (*qc* über e-e S); übertreffen, -holen; über den Kopf wachsen (*qn* jdm); **II.** *v prn se ~* **5.** anea. vorbeigehen, einander überholen; **6.** sich selbst übertreffen; — *~ qn de la tête* jdn um Haupteslänge überragen; *cela me dépasse* da komme ich nicht (mehr) mit.

dépays|er [depe(ɛ)ize] *tr* verstören; *je me trouve ~é* ich fühle mich fremd, nicht zu Hause.

dépêch|e [depɛʃ] *f* Depesche *f; (~ télégraphique)* Telegramm *n;* **~er I.** *tr* **1.** beschleunigen; **2.** (schnell) ab=schicken; *fam* schnell fertig werden (*qc* mit etw); schnell ab=fertigen (*qn* jdn); — *~ qn auprès de qn* schnell jdn zu jdm schicken; **II.** *v prn se ~* sich beeilen.

dépeigner [depe(ɛ)ɲe] *tr* die Frisur in Unordnung bringen, die Haare zerzausen (*qn* jdm).

dépeindre [depɛ̃dr] *tr* schildern, beschreiben.

dépenaillé, e [depnaje] *a* zerlumpt; zerschlissen.

dépend|ance [depɑ̃dɑ̃s] *f* **1.** Abhängigkeit *f;* **2.** Nebengebäude *n;* **~ant, e** *a* abhängig, untergeordnet; **~re I.** *tr (Aufgehängtes)* herunter=nehmen; **II.** *itr* **1.** ab=hängen; abhängig, unterworfen, unterstellt sein; **2.** gehören (*de qc* zu etw); **3.** *fig* ab=hängen, die Folge sein (*de qc* von etw); bedingt sein (*de qc* durch etw); — *cela dépend (fam)* das kommt darauf an, je nachdem; *cela dépend de vous* das liegt an Ihnen.

dépens [depɑ̃] *m pl* **1.** Ausgaben *f pl,* Kosten *pl;* **2.** Gerichtskosten *pl;* — *aux ~ de* auf Kosten *gen; à ses (propres) ~* auf eigene Kosten; **~e** [-pɑ̃s] *f* **1.** Ausgabe, -lage *f,* Aufwand *m,* Aufwendung; Verausgabung *f;* **2.** *(Brennstoff)* Verbrauch *m;* **3.** *pl* (Un-)Kosten *pl,* Kostenaufwand *m;* **4.** *entraîner des ~s* Kosten verursachen; *faire face, pourvoir aux ~s* die Kosten bestreiten, auf=bringen; *se mettre en ~* sich in Unkosten stürzen; *fig* sich gewaltig an=strengen; *réduire les ~s* die Kosten ein=schränken; *ne pas regarder à la ~* nicht auf die Kosten sehen; es sich etw kosten lassen;

rembourser qn de ses ~s jdm die Auslagen zurück=erstatten; **5.** *menues ~s* kleine Ausgaben *f pl; ~s accessoires* Nebenkosten *pl; ~ d'eau, d'énergie, de courant* Wasser-, Energie-, Stromverbrauch *m; ~s d'entretien* Unterhalt(ung)skosten *pl; ~s d'exploitation* Betriebsunkosten *pl; ~s de salaires* Lohnaufwand *m; ~s supplémentaires* Mehrkosten *pl; ~ de travail* Arbeitsaufwand *m;* **~er I.** *tr* aus=geben, verausgaben; **II.** *v prn se ~* sich viel Mühe geben; sich anstrengen; **~ier, ère** *a* verschwenderisch.

dépér|ir [deperir] *itr* **1.** dahin=siechen; **2.** verfallen, baufällig werden; **3.** ab=nehmen, dahin=schwinden; **4.** zugrunde gehen, zum Erliegen kommen.

dépêtrer [depe(ɛ)tre] **I.** *tr fig* befreien (*de qc* von, aus etw); **II.** *v prn se ~* los=kommen (*de qc* von etw); *se ~ de qn* jdn los=werden.

dépeupl|ement [depœpləmɑ̃] *m* Entvölkerung *f;* **~er** *tr* **1.** entvölkern; **2.** den Fisch-, Wildbestand vernichten (*qc* in etw).

dépi|auter [depjote] *tr fam* die Haut ab=ziehen (*qn* jdm); **~ler** *tr* enthaaren.

dépister [depiste] *tr* **1.** *(Krankheit)* erkennen, feststellen; **2.** auf=spüren; **3.** von der Fährte ab=bringen; **4.** *fig* irre=führen.

dépit [depi] *m* Verdruß, Ärger; Unwille(n) *m; en ~ de ...* trotz, ... *(dat)* zum Trotz; ohne Rücksicht auf *acc; en ~ du bon sens* gegen alle Vernunft; **~er** [-te] *tr* verdrießen, ärgern.

déplac|é, e [deplase] *a* **1.** nicht am Platz *a. fig,* an der verkehrten Stelle; **2.** *fig* unpassend, unangebracht; **~ement** *m* **1.** Umstellung, Umbesetzung *f;* **2.** Verschiebung; Ortsveränderung *f;* **3.** *mar* (Wasser-)Verdrängung *f;* **4.** *(Beamter)* Versetzung *f;* — *frais m pl de ~* Reisekosten *pl; ~ d'affaires* Geschäftsreise *f; ~ d'agrément* Vergnügungsreise *f;* **~er I.** *tr* **1.** um=stellen, verschieben, verrücken; **2.** *(Beamten)* versetzen; **3.** *(Betrieb)* verlegen; **4.** *mar* verdrängen; **5.** *(Problem)* verlagern; **6.** *(Tagung)* verlegen; **II.** *v prn se ~* sich verschieben, sich bewegen, (ver)reisen.

déplai|re [deplɛr] **I.** *tr* mißfallen; **II.** *v prn se ~* sich nicht wohlfühlen (*à, en, dans* in, bei *dat*); *je me déplais à la ville* es gefällt mir in der Stadt nicht; **~sant, e** *a* unangenehm; *(Person)* unsympathisch.

déplâtrer [deplatre] *tr* den Gips entfernen (*qc* von etw).

dépli|ant [deplijɑ̃] *m* Faltprospekt *m;* Faltblatt *n;* **~er** *tr* ausea.=falten, auf=klappen.

déplisser [deplise] *tr* die Falten entfernen (*qc* aus etw); glätten.

déplor|able [deplɔrabl] *a* **1.** beklagens-, bedauernswert; verheerend; **2.** *fam* jämmerlich, erbärmlich; **~er** *tr* beklagen; *fam* bedauern.

déployer [deplwaje] *tr* **1.** aus=breiten, entfalten *a. mil;* **2.** auf=wenden; **3.** zeigen, an den Tag legen; zur Schau stellen; — *rire à gorge déployée* aus vollem Halse lachen.

déplum|er [deplyme] *v prn: se ~ (fam)* kahl werden; *(Vogel)* seine Federn verlieren.

déporter [depɔrte] *tr* **1.** *(Auto)* zur Seite drücken; hinaustragen (*dans un virage* aus e-r Kurve); **2.** deportieren; verschleppen.

dépos|er [depoze] **I.** *tr* **1.** hin=, nieder=, ab=, weg=legen, ab=stellen; lassen (*à* bei); **2.** ab=, weg=nehmen; **3.** *fig* ab=legen; **4.** *(Amt)* nieder=legen; **5.** *(mit dem Auto)* ab=setzen; **6.** *(Patent)* an=melden; **7.** *(Gesetzentwurf)* ein=bringen; **8.** ab=geben (*chez* bei); **9.** *(Kuß)* drücken (*sur* auf *acc*); **10.** *com* hinterlegen, deponieren; in Ver-, Aufbewahrung geben; **11.** *(Anzeige)* erstatten; **II.** *itr* **12.** *jur* aus=sagen; **13.** e-n Niederschlag bilden; **14.** *~ son bilan* Konkurs an=melden; *~ dans la boîte aux lettres* in den Briefkasten werfen; *~ à la consigne, au vestiaire* in der Gepäckaufbewahrung, an der Garderobe ab=geben; *~ une demande (jur)* e-e Klage ein=reichen; *~ à la poste* auf die Post bringen; *défense de ~ des ordures* Müll-, Schuttabladen verboten! **~itaire** *m f* **1.** *com* Verwahrer; *com* Auslieferer *m;* **2.** Mitwisser(in *f*) *m;* **~ition** *f* (Zeugen-)Aussage *f; ~ de croix (Kunst)* Kreuzabnahme *f.*

déposséder [depɔsede] *tr* enteignen (*qn de qc* jdm etw); berauben (jdn e-r S).

dépôt [depo] *m* **1.** Verwahrung, Aufbewahrung, Hinterlegung, Ablage *f;* **2.** (Spar-)Einlage *f;* **3.** Depot *n;* (Waren-)Auslieferungslager *n,* Niederlage *f;* Speicher *m,* Lager(raum *m*), Magazin *n;* **4.** Anmeldung *(e-s Patents);* Abgabe *f (e-r Erklärung);* **5.** *chem* Niederschlag, Bodensatz, Rückstand *m;* **6.** *geol med* Ablagerung *f,* Sediment *n;* **7.** Polizeigewahrsam *m;* **8.** *(~ d'ordures)* Schuttabladeplatz, Mülldeponie *f;* **9.** *prendre en ~* in Verwahrung nehmen; **10.** *banque f de ~* Depositenbank *f; mise f en ~* Hinterlegung; Verwahrung *f; récépissé m de ~* Hinterlegungsschein *m; ~ des bagages (loc)* Handgepäckraum *m; ~ en banque* Bankguthaben *n; ~ d'épargne* Spareinlage *f; ~ de rouille* Rostansatz *m.*

depotoir [depɔtwar] *m* Müllabladeplatz *m.*

dépouill|e [depuj] *f* abgeworfene *od* abgezogene Haut *f,* Balg *m; la ~ mortelle* die sterblichen Überreste *m pl;* **~e-**

ment *m* **1.** Durchsicht, (genaue) Prüfung *f;* **2.** *math* Auswertung *f;* — *procéder au* ~ *du scrutin* zur Stimmzählung schreiten; ~ *du courrier* Durchsicht *f* der Post; ~**er** *tr* **1.** das Fell ab=ziehen (*qc* e-r S *dat*); **2.** berauben; **3.** *(Bücher, Akten)* prüfen; *(Buch)* Auszüge machen (*qc* aus etw); **4.** *(Stimmen)* (aus=)zählen; *(Statistik)* auf=bereiten; aus=werten; **5.** *(Post)* durch=sehen.

dépourvu, e [depurvy] *a* mittellos; entblößt; ~ *de* ohne; *au* ~ unversehens; unvorbereitet; *prendre au* ~ überraschen.

dépravation [depravasjɔ̃] *f fig* Verderbtheit *f.*

dépréc|iation [depresiasjɔ̃] *f* Wertminderung, Entwertung *f;* ~**ier I.** *tr* entwerten, unterschätzen; herab=setzen, -würdigen; **II.** *v prn se* ~ s-n Wert verlieren.

déprédation [depredasjɔ̃] *f* **1.** Verwüstung *f;* **2.** Veruntreuung *f.*

dépression [depresjɔ̃] *f* **1.** *geog* Bodensenkung, Senke *f;* **2.** *(Meteorologie)* Tief(druckgebiet) *n;* **3.** *fig* Niedergeschlagenheit; **4.** *com* Flaute, Depression *f.*

déprimer [deprime] *tr fig* nieder=drükken, deprimieren.

depuis [depɥi] **I.** *prp* seit, von ... an; *(räuml. u. Reihenfolge)* von (... her); *(Preis)* von ... an; *com* ab; **II.** *adv* seitdem, von da an; ~ ... *jusqu'à* von ... bis; ~ *longtemps* seit langem; ~ *lors* seitdem, seit der Zeit; von dieser Zeit an, von da an; ~ *peu* seit kurzem; ~ *quand?* seit wann? wie lange? ~ *toujours* seit, von je(her); ~ *que (conj)* seitdem *conj.*

déput|ation [depytasjɔ̃] *f* Abordnung *f;* ~**é** *m* Abgeordnete(r) *m;* ~**er** *tr* ab=ordnen; entsenden.

der [dɛr] *s m f pop* (der, die, das) Letzte.

déraciner [derasine] *tr* **1.** entwurzeln *a. fig;* **2.** *fig (Übel)* aus=rotten (*qc de* etw in).

déraill|ement [derajmɑ̃] *m* **1.** *loc* Entgleisung *f;* **2.** *fig* (Gedanken) Abgleiten *n;* ~**er** *tr* **1.** *loc fig* entgleisen; **2.** *fam* faseln; phantasieren; *faire* ~ zum Entgleisen bringen; ~**eur** *m (Fahrrad)* Gangschaltung *f.*

dérang|ement [derɑ̃ʒmɑ̃] *m* **1.** Unordnung, Verwirrung *f;* **2.** *tele* Störung *f;* — *en* ~ gestört; ~ *de service* Betriebsstockung *f; épargner un* ~ *à qn* jdm e-n Weg ersparen; ~**er I.** *tr* **1.** in Unordnung, durchea.=bringen, verwirren, stören; **2.** ungelegen kommen (*qn* jdm); **II.** *v prn se* ~; *ne vous dérangez pas* bemühen Sie sich nicht! *étre dérangé (fam)* Durchfall, *fam* Durchmarsch haben; *il a l'esprit dérangé* er ist geistig unterbeltet.

dérap|age [derapaʒ] *m* **1.** *mot* Schleudern; *aero fam* Abschmieren *n;* **2.** *fig* Aus-dem-Geleise-Geraten, Außer-Kontrolle-Geraten, Ausbrechen *n;* ~**er** *itr* **1.** *(Anker)* sich los=reißen; **2.** *mot* schleudern, (aus=)rutschen; **3.** *aero* ab=rutschen.

dératé, e [derate] *m: courir comme un (chien)* ~ wie ein Wilder laufen.

dérégl|é, e [deregle] *a* unregelmäßig; in Unordnung; gestört; ~**er I.** *tr* in Unordnung bringen; **II.** *v prn se* ~ *(Maschine)* unregelmäßig laufen; *(Uhr)* falsch gehen; **dérèglement** [derɛgləmɑ̃] *m (Uhr)* unregelmäßige(r) Gang *m.*

déri|der [deride] *tr fig* auf=heitern, heiter machen *od* stimmen; ~**sion** *f* Spott *m,* Verspottung *f,* Hohn *m; tourner en* ~ ins Lächerliche ziehen; *c'est une* ~ das ist ja lachhaft; ~**soire** *a* lächerlich, lachhaft; *prix m* ~ Spottpreis *m.*

dériv|ation [derivasjɔ̃] *f* **1.** Ab-, Umleitung, Abzweigung *f;* **2.** *mar aero* Abtrift *f;* **3.** *el* Neben(an)schluß *m,* Zweigleitung *f;* ~**e** *f mar aero* Abtrift *f; en* ~ treibend; *aller à la* ~ *(fig)* sich treiben lassen; *(Geschäft)* bergab gehen; ~**é** *m* **1.** *chem* Derivat *n;* **2.** *gram* abgeleitete(s) Wort *n;* ~**ée** *f math* Ableitung *f;* ~**er I.** *itr* **1.** (vom Ufer) ab=treiben; **2.** (vom Thema) abschweifen; **3.** *mar aero* abgetrieben werden; **II.** *tr* **4.** ab=, um=leiten; **5.** *el* ab=zweigen; **6.** *tech* entnieten.

derm|atologiste [dɛrmatɔlɔʒist] *m* Hautarzt *m;* ~**atose** *f* Hautkrankheit *f.*

dern|ier, ère [dɛrnje, -ɛr] *a* letzte(r, s); äußerste(r, s); höchste(r, s); unterste(r, s), niedrigste(r, s), geringste(r, s); vorige(r, s), vergangene(r, s); — *ces* ~*ières années* in den letzten Jahren; *en* ~*ière analyse* letzten Endes; *à la* ~*ière extrémité* in äußerster Not; *en* ~ *(lieu)* zuletzt, an letzter Stelle; *c'est le* ~ *homme que* ... er wäre der letzte, den ...; *le jugement* ~ das Jüngste Gericht; ~*-né m* Nesthäkchen *n; le* ~ *venu* der zuletzt Gekommene; ~**ièrement** *adv* neulich, kürzlich.

dérober [derɔbe] **I.** *tr* **1.** stehlen, entwenden; **2.** *fig* rauben, entziehen, nehmen; **3.** verschleiern, verheimlichen; **II.** *v prn se* ~ **4.** sich entziehen; sich weg=stehlen; **5.** *fig* aus dem Weg gehen, aus=weichen; sich verbergen; **6.** *(Beine)* den Dienst versagen; ~ *à la vue* den Blicken entziehen.

dérouiller [deruje] *tr* **1.** entrosten; **2.** *fig* wieder gelenkig machen; **3.** *pop* verdreschen, -sohlen.

déroul|ement [derulmɑ̃] *m* **1.** Abwikkeln, Abspulen *n;* **2.** Verlauf, Ablauf *m;* ~**er I.** *tr* **1.** ab=rollen; ab=wickeln; ab=spulen, -haspeln; **2.** *(Film)* ab=laufen lassen; **3.** *fig* ablaufen, abrollen, an sich vorbeiziehen lassen; **II.** *v prn se* ~ **4.**

(Drama) ab=rollen; sich ab=spielen; verlaufen; **5.** *(Gebirge)* sich hinziehen.

dérout|e [derut] *f* wilde Flucht *f;* Zs.bruch *m;* Durcheinander *n; mettre en* ~ in die Flucht schlagen; *fig* durchea.= bringen; **~er** *tr* **1.** *fig* irre=führen, verwirren; **2.** *mar* den Kurs ändern (*qc* e-r S *gen*).

derrick [dɛrik] *m* Bohrturm *m.*

derrière [dɛrjɛr] **I.** *prp* hinter; *regarder* ~ *soi* sich um=sehen, -schauen; *nous sommes* ~ *vous (fig)* wir stehen hinter Ihnen; **II.** *adv* hinten; nach hinten; **III.** *s m* Hinterteil *n, fam* Hintern *m; donner qn un coup de pied au* ~ jdn ins Hinterteil treten.

dès [dɛ] *prp* von ... an *(a. räuml.);* seit; schon (in, an *etc*); ~ *avant* schon vor; ~ *lors* seitdem, seit dieser Zeit, von dieser Zeit an; infolgedessen; ~ *le debut* von Anfang an; ~ *que (conj)* sobald (als), sowie; da (ja).

désabusé, e [dezabyze] *a* enttäuscht.

désaccord [dezakɔr] *m* Uneinigkeit, Meinungsverschiedenheit *f;* Zerwürfnis *n; être, se trouver en* ~ *avec qn sur qc* mit jdm über e-e S nicht einig sein.

désagré|able [dezagreabl] *a* unangenehm; unliebsam, unerfreulich; **~ment** *m* Unannehmlichkeit *f.*

désalter|ant, e [dezalterɑ̃] *a* durststillend; **~er** *tr* den Durst stillen; *je me désaltére* ich stille meinen Durst.

désappoint|é, e [dezapwɛ̃te] *a* enttäuscht; **~ement** *m* Enttäuschung *f.*

désappr|ouver *tr* mißbilligen, tadeln.

désarçonner [dezarsɔne] *tr* **1.** aus dem Sattel werfen; **2.** *fig fam* aus der Fassung bringen.

désarm|é, e [dezarme] *a* waffenlos, ohne Waffen; *fig* wehrlos; **~er I.** *tr* **1.** entwaffnen *a. fig;* **2.** *fig* besänftigen, beschwichtigen; **II.** *itr* ab=rüsten; *ne pas* ~ nicht nachgeben.

désarroi [dezarwa] *m* **1.** Unordnung *f;* **2.** *fig* Durcheinander *n,* Verwirrung *f.*

désastr|e [dezastr] *m* Katastrophe *f;* Unheil *n;* Zs.bruch; (völliger) Bankrott *m;* **~eux, se** *a* katastrophal, vernichtend; verheerend.

désavantag|e [dezavɑ̃taʒ] *m* Nachteil *m; tourner au* ~ *de qn* für jdn schlecht aus=gehen; **~er** *tr* benachteiligen; **~eux, se** *a* nachteilig, unvorteilhaft.

désav|eu [dezavø] *m* Widerruf(ung *f*) *m;* **~ouer** [-vwe] *tr* **1.** widerrufen; **2.** (ab=, ver)leugnen, in Abrede stellen, nicht an=erkennen; **3.** widersprechen (*qn* jdm); mißbilligen; **4.** desavouieren; **5.** *(Freund)* im Stich lassen.

descen|dant, e [desɑ̃dɑ̃] **I.** *a* absteigend; *(Straße)* abschüssig; **II.** *s m f* Nachkomme, Abkömmling *m;* **~dre I.** *itr* **1.** herab=, hinab=, herunter=, hinunter=steigen, -gehen, -fahren, -fliegen; **2.** gehen (*jusqu'à* bis zu) *a. fig;* **3.** *(Fluß)* hinab=fließen; **4.** aus=, ab=steigen, ein=kehren (*chez* bei); *(feindlich)* ein=fallen; **5.** *sport* vor=dringen (*vers* auf *acc*); *fig* sich herab=lassen; **6.** hinab=reichen, hinab=führen, abwärts führen; **7.** *(Thermometer, Fluß, Preis)* fallen; *(Berg)* ab=fallen; *chem* sich nieder=schlagen; *aero* nieder=gehen, landen; **8.** *mot* zurück=schalten auf *acc;* **9.** ab=stammen (*de* von); **II.** *tr* **10.** hinunter=, herunter=bringen, -schaffen, -nehmen, -fahren; **11.** *(Fahrgestell)* aus=fahren; **12.** zu Boden schlagen *od* strecken (*qn* jdn); **13.** *fam* ab=setzen (*qn* jdn); **14.** *fam* nieder=schießen, *aero* ab=schießen, herunter=holen; **15.** ~ *les bagages* das Gepäck herunterholen; ~ *dans le détail* in die Einzelheiten gehen; ~ *dans la rue* auf die Straße gehen *a. fig;* ~ *à terre* an Land gehen; ~ *de voiture* aus=steigen; *la nuit descend* die Nacht bricht herein; **~te** [desɑ̃t] *f* **1.** Abstieg *m,* -fahrt; Talfahrt *f;* **2.** *aero* Landung *f;* Absprung *(mit Fallschirm); (Schi)* Abfahrtslauf *m;* **3.** Aus-, Absteigen *n,* Einkehr *f;* **4.** *(Gepäck)* Ab-, Herunternehmen, -schaffen *n;* **5.** *(Weg)* Gefälle *n,* Abfall, Abhang *m;* **6.** Treppengeländer *n;* **7.** *aero* Abschuß *m;* **8.** *(Barometer)* Sinken, Fallen *n;* **9.** *à sa* ~ *(d'avion)* bei seiner Landung, *(de voiture)* beim Aussteigen; **10.** *faire une* ~ *en parachute* mit dem Fallschirm ab=springen; **11.** *(fam) avoir une bonne* ~ viel essen, trinken; **12.** ~ *d'air froid* Kaltlufteinbruch *m;* ~ *de croix (Kunst)* Kreuzabnahme *f;* ~ *de justice* Haussuchung *f;* ~ *sur les lieux (jur)* Lokaltermin *m;* ~ *de lit* Bettvorleger *m.*

descript|if, ive [dɛskriptif, -iv] *a* beschreibend; **~ion** [-sjɔ̃] *f* **1.** Beschreibung, Darstellung, Schilderung *f;* **2.** Verzeichnis *n* (von Gegenständen); — *faire la* ~ *de qc* e-e Beschreibung von etw geben.

désem|baller [dezɑ̃bale] *tr (Waren)* aus=packen; **~bouteiller** *tr (den Verkehr)* entlasten; **~paré, e** *a* **1.** fassungslos; ratlos; **2.** *mar* manövrierunfähig.

dés|enchanté, e [dezɑ̃ʃɑ̃te] *a* desillusioniert; **~enfler** *itr med* abschwellen.

déséquilibr|e [dezekilibr] *m* **1.** seelische Störung *f;* **2.** Ungleichgewicht; Mißverhältnis *n;* **~é, e** *a* **1.** unausgeglichen; **2.** *med* labil; **~er** *tr* aus dem Gleichgewicht bringen.

désert, e [dezɛr, -rt] **I.** *a* unbewohnt; verlassen, einsam; (wie) ausgestorben; **II.** *s m* Wüste, Einöde *f; prêcher dans le* ~ tauben Ohren predigen; ~ *de pierres, de sable* Stein-, Sandwüste *f;* **~er I.** *tr* verlassen, auf=geben, ab=fallen (*qc* von etw); im Stich lassen; **II.** *itr mil* desertieren; **~eur** *m* Deserteur, Fahnenflüchtige(r) *m;* ~**ion** [-sjõ] *f* Fahnenflucht *f;* Abfall *m;* ~**ique** *a* öde.

désesp|éré, e [dezespere] **I.** *a* verzweifelt, hoffnungslos; **II.** *s m f* Verzweifelte(r *m*) *f;* ~**érer I.** *tr* zur Verzweiflung bringen; entmutigen; **II.** *itr* verzweifeln (*de* an *dat*); (die Hoffnung) auf=geben; **III.** *v prn se* ~ in Verzweiflung geraten, verzweifeln (*de* über *acc*); ~**oir** *m* Verzweiflung; Hoffnungslosigkeit *f; en* ~ *de cause* als letztes Mittel; *être le* ~ *de qn* jdn zur Verzweiflung bringen; *être au* ~ untröstlich sein.

déshabill|age [dezabijaʒ] *m* **1.** Entkleiden *n;* **2.** *theat* Entkleidungsszene *f;* ~**é** *m* Negligé, Hauskleid *n;* ~**er I.** *tr* ent-, aus=kleiden, aus=ziehen; **II.** *v prn se* ~ sich aus=ziehen.

désherb|ant [dezɛrbɑ̃] *m* Unkrautvernichtungsmittel *n;* ~**ber** *tr* Unkraut vernichten *od* jäten (*qc* in etw).

désherit|é, e [dezerite] **I.** *a* **1.** enterbt; **2.** *fig* unbemittelt; benachteiligt, zurückgesetzt; **II.** *s m f fig* Schlechtweggekommene(r *m*) *f;* ~**er** *tr* **1.** enterben; **2.** *fig* stiefmütterlich behandeln.

déshon|neur [dezɔnœr] *m* Unehre, Schande *f;* ~**orant, e** *a* unehrenhaft; ~**orer** *tr* **1.** entehren, Schande machen (*qn* jdm); **2.** *(Gebäude)* verschandeln, verunstalten.

déshydraté, e [dezidrate] *a* Trocken-, Dörr-; *légumes f pl* ~*es* Trockengemüse *n; être complètement* ~ e-e ganz ausgedörrte Kehle haben.

désign|ation [deziɲasjõ] *f* Bezeichnung, Benennung; Ernennung *f;* ~**er** *tr* **1.** be-, kennzeichnen, dar=stellen; **2.** bedeuten; hin=weisen (*qn* auf jdn); **3.** bestimmen (*pour* zu), fest=setzen; **4.** (im voraus) ernennen; wählen; ~ *par un vote* durch Wahl bestimmen.

désillusion [dezilyzjõ] *f* Enttäuschung *f;* ~**ner** *tr* die Illusion(en) nehmen, enttäuschen.

désinence [dezinɑ̃s] *f gram* Endung *f.*

désinfect|ant, e [dezɛ̃fɛktɑ̃, -ɑ̃t] **I.** *a* desinfizierend; **II.** *s m* Desinfektionsmittel *n;* ~**er** *tr* desinfizieren; ~**ion** [-ks-] *f* Desinfektion *f.*

désin|tégration [dezɛ̃tegrasjõ] *f* **1.** *geol* Verwitterung *f;* **2.** Atomzerfall *m,* -zertrümmerung; -spaltung *f;* ~**tégrer I.** *tr* **1.** zerstören; **2.** *(Atom)* zertrümmern, spalten; **II.** *v prn se* ~ zerfallen; ~**téressé, e** *a* **1.** uneigennützig, selbstlos; **2.** unparteiisch; ~**téressement** *m* **1.** Uneigennützigkeit *f;* **2.** Unparteilichkeit *f;* **3.** *com* Abfindung *f;* ~**téresser I.** *tr* ab=finden, entschädigen; **II.** *v prn se* ~ *de qc* für, an e-r S kein Interesse mehr haben; ~**volte** *a* ungezwungen, ungeniert; frech; ~**volture** *f* Ungezwungenheit, Zwanglosigkeit; Ungeniertheit *f; avec* ~ ungezwungen; ungeniert.

désir [dezir] *m* **1.** Wunsch *m;* **2.** Sehnsucht; Begierde *f;* — *éprouver un* ~ einen Wunsch haben, verspüren; *j'ai le* ~ *d'un poste de transistor* ich wünsche mir einen Transistorapparat; ~**able** *a* wünschens-, begehrenswert; ~**er** *tr* **1.** wünschen; **2.** ersehnen; begehren; **3.** mit Ungeduld erwarten; — *se faire* ~ auf sich *(acc)* warten lassen; *laisser à* ~ zu wünschen übrig=lassen; ~ *(de) faire qc* etw tun wollen, mögen; *je désirerais* ... ich hätte, möchte gerne ...

désobé|ir [dezɔbeir] *tr* **1.** nicht gehorchen (*à qn* jdm); **2.** *(Gesetz)* übertreten (*à qc* etw); ~**issance** *f* **1.** Ungehorsam *m;* **2.** Übertretung *f;* ~**issant, e** *a* ungehorsam.

désodoris|ant, e [dezɔdɔrizɑ̃] **I.** *a* desodorisierend; **II.** *s m* geruchtilgendes Mittel, Desodorans *n;* ~**er** *tr* desodorieren; den unangenehmen Geruch beseitigen (*une pièce* in einem Raum).

dés|œuvré, e [dezœvre] **I.** *a* untätig, müßig; **II.** *s m f* Müßiggänger, *fam* Bummler *m;* ~**œuvrement** *m* Untätigkeit *f,* Müßiggang *m.*

désol|ant, e [dezɔlɑ̃, -ɑ̃t] *a* betrüblich, trostlos; ~**ation** *f* **1.** Verzweiflung *f;* **2.** Jammer *m,* Elend *n;* ~**é, e** *a* **1.** *(Landschaft)* öde, verödet; **2.** *fig* tiefbetrübt (*de* über *acc*); — *je suis* ~ ich bin untröstlich; es tut mir (aufrichtig) leid; ~**er** *tr* **1.** tief betrüben, erschüttern; **2.** zur Verzweiflung bringen; — *je me désole* es macht mich traurig, es betrübt mich.

désopilant, e [dezɔpilɑ̃, -ɑ̃t] *a* ergötzlich, lustig; zwerchfellerschütternd.

désord|onné, e [dezɔrdɔne] *a* **1.** ungeregelt, ungleichmäßig; **2.** unordentlich, zerfahren; **3.** zügel-, maßlos; ~**re** *m* **1.** Unordnung *f,* Durcheinander *n;* Verwirrung *f;* **2.** Ausschreitung, Unruhe *f;* **3.** Ausschweifung *f;* — *mettre en* ~ in Unordnung bringen.

désorganiser [dezɔrganize] **I.** *tr* **1.** zersetzen, zerrütten; **2.** durcheinanderbringen, in Unordnung bringen; **II.** *v prn se* ~ in Unordnung geraten; sich auf=lösen.

désorient|é, e [dezɔrjɑ̃te] *a* verwirrt, verlegen; unschlüssig; *être tout* ~ ratlos, ganz verwirrt sein; ~**er** *tr fig* verwirren, aus der Fassung bringen.

désormais [dezɔrmɛ] *adv* nunmehr, von jetzt an, in Zukunft.

désoss|é, e [dezɔse] *a* ohne Knochen; ~**er** *tr* die Knochen lösen, trennen (*qc* aus etw); *(Fisch)* entgräten.

despot|e [dɛspɔt] **I.** *s m* Despot *m;* **II.** *a* despotisch; ~**ique** *a* despotisch; ~**isme** *m* Despotismus *m.*

dessécher [deseʃe] **I.** *tr* **1.** (aus=)trocknen; trocken=legen; **2.** dörren; **3.** *fig* lähmen, ab=stumpfen; **II.** *v prn se* ~ **4.**

aus=, ein=trocknen, verdorren; **5.** *fig* hart, gefühllos werden; **6.** *(alter Mensch)* zs.fallen.

dessein [de(ɛ)sɛ̃] *m* Absicht *f*, Plan *m*, Vorhaben *n;* — *à* ~ mit Absicht, absichtlich; *dans le* ~ *de* in der Absicht zu; *avoir des* ~*s* etw im Schilde führen (*contre, sur qn* gegen jdn); *à quel* ~*?* zu welchem Zweck? wozu?

desserrer [desere] **I.** *tr* lockern; los=schrauben; *(Bremse)* lösen; **II.** *v prn se* ~ sich lockern, locker werden; sich lösen; *sans* ~ *les dents* ohne ein Wort zu sagen.

dessert [de(ɛ)sɛr] *m* Nachtisch *m*, Dessert *n;* ~**e** *f* **1.** Serviertisch *m;* **2.** (Verkehrs-)Verbindung *f* (*de* mit); **3.** *rel* Seelsorge *f;* **4.** *min* Förderung *f;* — *chemin m de* ~ Zufahrtsstraße *f.*

desservir [desɛrvir] *tr* **1.** versorgen; **2.** *(Maschine)* bedienen; **3.** *(Pfarramt)* versehen; **4.** *(Zug, Bus)* verkehren (*qc* nach etw); **5.** *mar* regelmäßig an=laufen; **6.** *aero* an=fliegen; **7.** *(Speisen, Tisch)* ab=räumen.

dessin [de(ɛ)sɛ̃] *m* **1.** Zeichnung, Skizze *f*, Schema *n;* **2.** Zeichnen *n;* **3.** (Stoff-)Muster *n;* **4.** *je vais te faire un* ~ *(pop)* ich erkläre es dir genau; *pas besoin de faire un* ~ *(pop)* das versteht sich von selbst; **5.** *crayon, papier m, planche f à* ~ Zeichenstift *m*, -papier, -brett *n; salle f de* ~ Zeichensaal; **6.** ~ *animé* Trickfilm *m;* ~ *d'atelier, d'exécution* Werkstattzeichnung *f;* ~ *au crayon* Bleistiftzeichnung *f;* ~ *de face, de profil, en élévation* Vorder-, Seitenansicht *f*, Aufriß *m;* ~ *floral, de ramage, à rayures* Blumen-, Ranken-, Streifenmuster *n;* ~ *au fusain* Kohlezeichnung *f;* ~ *en hachures* Schraffierung *f;* ~ *en noir et blanc* Schwarzweißzeichnung *f;* ~ *à la plume* Federzeichnung *f.*

dessin|ateur, trice [desinatœr] *m f* (Muster-)Zeichner(in *f*), Entwerfer *m;* — ~ *d'affiches* Plakatgestalter *m;* ~ *industriel* technische(r) Zeichner *m;* ~ *projecteur* Konstruktionszeichner *m;* ~ *de publicité* Gebrauchsgraphiker *m;* ~**er** **I.** *tr* **1.** (ab=)zeichnen; entwerfen, skizzieren; **2.** *(Umrisse)* hervor=heben, an=deuten; **3.** *fig* dar=stellen, schildern; **II.** *v prn se* ~ sich ab=zeichnen; *(Plan)* Gestalt an=nehmen.

dessous [d(ə)su] **I.** *adv* unten, darunter; **II.** *s m* **1.** Unterteil *n;* **2.** Unter-, linke Seite; **3.** *theat* Versenkung *f;* **4.** *arch* Leibung *f;* **5.** untere(s) Stockwerk *n;* **6.** *pl* (Damen-)Unterwäsche *f;* **7.** *au-*~ darunter; *ci-*~ nachstehend, -folgend; *de* ~ unter … her; *en* ~ unten; *là-*~ darunter; **8.** *il y a quelque chose là-*~ es steckt etw dahinter; **9.** *agir en* ~ nicht mit offenen Karten spielen; *avoir le* ~ unterlegen sein; den kürzeren ziehen; *connaître le* ~ *des cartes* Bescheid wissen, im Bilde sein; *être dans le troisième* ~ *(fig)* übel dran sein; **10.** *vêtements m pl de* ~ Unterkleidung *f.*

dessus [d(ə)sy] **I.** *adv* oben; darauf, -über; **II.** *s m* **1.** Oberteil *n;* **2.** Ober-, rechte Seite *f;* **3.** obere(s) Stockwerk *n;* **4.** *theat* Schnürboden *m;* **5.** *au-*~ *de* über, oberhalb; *bras* ~, *bras dessous* Arm in Arm; *ci-*~ oben; *de* ~ von … herunter; *là-*~ darauf, darüber; *par-*~ oben; darüber (hin, hinweg); *par-*~ *le marché* außerdem, darüber hinaus; **6.** *avoir le* ~ die Oberhand haben (*dans qc* bei etw); *reprendre le* ~ *(nach e-r Krankheit)* wieder auf die Beine kommen; **7.** *je compte là-*~ ich verlasse mich darauf; **8.** *vêtements m pl de* ~ Oberkleidung *f; le* ~ *du panier* die oberen Zehntausend; das Beste, die Spitze.

destin [dɛstɛ̃] *m* Schicksal, Geschick, Los *n;* ~**ataire** [-ti-] *m f* Empfänger *m (e-r Postsendung); délivrer, remettre au* ~ dem Empfänger aus=händigen; ~ *inconnu (Brief)* unzustellbar; ~**ation** *f* **1.** Bestimmung *f*, Zweck *m;* **2.** Ziel *n*, Bestimmungsort *m;* — *à* ~ *de* nach; *arriver à* ~ am Ziel an=kommen, am Bestimmungsort ein=treffen; *gare f, lieu, pays, port m de* ~ Bestimmungsbahnhof, -ort *m*, -land *n*, -hafen *m;* ~**ée** *f* Schicksal *n*, Bestimmung *f*, Los *n;* ~**er** *tr* aus=ersehen, bestimmen (*à* für, zu); *être destiné à qn* für jdn bestimmt sein.

destruction [dɛstryksjɔ̃] *f* **1.** Zerstörung, Vernichtung *f;* **2.** *jur* Abschaffung *f.*

désu|et, ète [desɥɛ, -ɛt] *a* nicht mehr üblich *od* gebräuchlich; veraltet; ~**étude** *f: tomber en* ~ außer Gebrauch kommen; veralten.

détach|able [detaʃabl] *a* **1.** *(Kalender)* abreißbar; **2.** *(Futter)* ausknöpfbar; ~**ant** *m* Fleckenwasser *n;* ~**é, e** **1.** einzeln; **2.** *mil* abkommandiert; zugeteilt; **3.** *fig* gleichgültig, uninteressiert; **4.** *d'un air* ~ mit gleichgültiger Miene; *pièces f pl* ~*es* Ersatz-, Einzelteile *n pl;* ~**ement** *m* **1.** Uninteressiertheit, Gleichgültigkeit *f;* **2.** *mil* Kommando *n;* **3.** Abteilung *f;* Trupp *m;* **4.** Abordnung *f;* ~**er** **I.** *tr* **1.** los=binden, -ketten; auf=knoten, -schnüren; los=, ab=machen, lösen; entfernen; **2.** *(Beamten)* ab=ordnen; **3.** *mil mar* ab=stellen, ab=kommandieren; **4.** die Flecken entfernen (*qc* aus etw) **II.** *v prn se* ~ **5.** sich frei machen, sich lösen (*de qc* von etw); **6.** sich ab=heben, sich loslösen, ab=fallen; **7.** sich ab=wenden (*de qn* von jdm); **8.** *(Weg)* ab=zweigen (*de* von); ~ *les yeux de qc* von etw den Blick wenden.

détail [detaj] *m* **1.** Klein-, Einzelhandel *m;* **2.** vollständige Aufzählung *f;* **3.** Einzelheit *f;* **4.** *fam* Nebensache, Kleinigkeit *f;* **5.** *au* ~ im kleinen; stückweise; *en* ~ im einzelnen, ausführlich; genau; **6.** *entrer dans les* ~*s* auf (die) Einzelheiten ein=gehen; *faire le* ~ im kleinen verkaufen; **7.** *ne vous attardez pas aux* ~*s* halten Sie sich nicht mit Einzelheiten auf! *pour plus amples* ~*s voir*... Näheres siehe...; **8.** *magasin m de* ~ Einzelhandelsgeschäft *n; marchand m au* ~ Einzelhändler *m; prix m de* ~ Einzelhandelspreis *m;* ~**lant, e** *s m f* u. *a: marchand m* ~ Einzelhändler *m;* ~**ler** *tr* **1.** zerteilen, zerkleinern; **2.** im kleinen, einzeln verkaufen; **3.** genau erzählen, die Einzelheiten an=geben (*qc* gen), schildern, präzisieren; spezifizieren; ~ *qn des pieds à la tête* jdn von oben bis unten betrachten.

détaler [detale] *itr fam* Reißaus nehmen.

détax|ation [detaksasjɔ̃] *f,* ~**e** *f* Steuersenkung, -ermäßigung, -erleichterung *f;* ~**er** *tr* die Steuer, Gebühren senken (*qc* für etw).

détect|er [detɛkte] *tr* frei=legen, auf=spüren, an=zeigen; ~**ion** [-sjɔ̃] *f chem radio* Feststellung *f;* ~ *électromagnétique par radar* Funkmeßtechnik *f;* ~**ive** *m* (Privat-)Detektiv *m.*

déteindre [detɛ̃dr] *itr* **1.** verblassen, -schießen; **2.** ab=färben (*sur* auf *acc*) *a. fig.*

dételer [detle] **I.** *tr* **1.** *(Zugtier)* ab=, aus=spannen, ab=schirren; **2.** *loc* ab=kuppeln; **II.** *itr fig: sans* ~ ununterbrochen.

detendre [detɑ̃dr] **I.** *tr* entspannen *a. fig;* **II.** *v prn se* ~ **1.** s-e Spannung verlieren, nach=lassen, -geben; **2.** *fig* sich entspannen.

détenir [detnir] **1.** *tr* (zurück=)behalten, besitzen, bewahren **2.** gefangen, in Haft halten; **3.** *(Stellung)* inne=haben.

détent|e [detɑ̃t] *f* **1.** *tech* Arretierung, Sperrung *f;* **2.** *(Gewehr)* Abzug *m;* **3.** *phys* Ausdehnung *f;* **4.** *fig* Entspannung *f;* **5.** *sport* Wurf-, Sprungvermögen *n;* **6.** *dur à la* ~ *(fam)* knickerig, geizig; stur; schwer von Begriff; — *permission f de* ~ Erholungsurlaub *m;* ~**eur, trice** *s m f* **1.** Besitzer(in *f*), Inhaber(in *f*), Verwahrer(in *f*); **2.** Halter(in *f*) *m (e-s Kraftfahrzeuges);* **3.** ~ *d'animaux* Tierhalter *m;* ~ *de titre (sport)* Titelinhaber, -verteidiger *m;* ~**ion** [-sjɔ̃] *f* **1.** Besitz *m;* **2.** Be-, Zurückhalten *n,* Vorenthaltung *f;* **3.** Inhaftierung, Haft *f;* — ~ *préventive* Untersuchungshaft *f.*

détenu, e [detny] *m f* Häftling *m.*

déterg|ent, e [detɛrʒɑ̃, -ɑ̃t] **I.** *a med* reinigend; **II.** *s m* Reinigungs-, Wasch-, Spülmittel *n; pl* Detergentien *pl;* ~**er** *tr* reinigen, spülen, waschen.

détérior|ation [deterjɔrasjɔ̃] *f* Verschlechterung, -schlimmerung, Beschädigung *f;* ~**er** **I.** *tr* **1.** verschlechtern, beschädigen; **2.** schaden (*qc* dat); **II.** *v prn se* ~ **3.** sich verschlimmern; **4.** verfallen; schadhaft werden; **5.** *(Lage)* sich verschlechtern.

détermin|ant, e [detɛrminɑ̃, -ɑ̃t] *a* bestimmend, ausschlaggebend; ~**atif** **I.** *a gram* Bestimmungs-; **II.** *s m* Bestimmungswort *n;* ~**ation** *f* **1.** Bestimmung *f;* **2.** Entschluß *m;* ~**é, e** *a* **1.** entschlossen; **2.** bestimmt; ~**er** **I.** *tr* **1.** bestimmen, fest=setzen, -legen; ermitteln; **2.** entscheiden; **3.** veranlassen, bewegen (*à* zu); **II.** *v prn se* ~ sich entschließen (*à* zu), sich entscheiden (*à* für).

déterr|é, e [detɛre] *m f; avoir un air de* ~ leichenblaß aus=sehen; ~**er** *tr* **1.** aus=graben; **2.** *fig* auf=stöbern, ausfindig machen.

déters|if, ive [detɛrsif, -iv] **I.** *a* reinigend; **II.** *s m* Reinigungsmittel *n.*

détest|able [detɛstabl] *a* verabscheuungswürdig, abscheulich; ~**er** *tr* **1.** verabscheuen; **2.** hassen, nicht ausstehen können.

déton|ant, e [detɔnɑ̃, -ɑ̃t] *a* explosiv; Knall-; ~**ateur** *m* **1.** Zündkapsel *f;* **2.** *fig* auslösende(s) Element *n;* ~**ation** *f* Detonation *f,* Knall *m;* ~**er** *itr* explodieren; knallen; ~**ner** *itr* **1.** falsch singen *od* spielen; **2.** *fig* nicht (zuea.) passen; *(Farben)* sich beißen; aus dem Rahmen fallen.

détour [detur] *m* **1.** Biegung, Windung *f;* **2.** Umweg *m; (Verkehr)* Umleitung *f;* **3.** *fig* Ausflucht, -rede *f;* — *sans* ~*s* ohne Umschweife; ~**né, e** *a* **1.** gewunden; versteckt, abgelegen; **2.** *fig* indirekt; — *chemin m* ~ Umweg *m; sens m* ~ Nebenbedeutung *f;* ~**nement** *m* **1.** Umleitung *f;* **2.** *jur* Unterschlagung *f;* — ~ *d'avion* Flugzeugentführung *f;* ~**ner** **I.** *tr* **1.** *(Wasserlauf)* ab=leiten; *(Verkehr)* um=leiten; **2.** *(vom Weg)* ab=bringen; **3.** *(Augen, Kopf, Blick)* ab=wenden; **4.** *(Geld)* veruntreuen, unterschlagen; **II.** *v prn se* ~ sich ab=wenden (*de qc, de qn* von etw, von jdm).

détraqu|é, e [detrake] *a* **1.** geistesgestört, -krank; *(Nerven)* zerrüttet; *(Magen)* verdorben; **2.** *tech* in Unordnung, *fam* kaputt; ~**er** *tr* **1.** in Unordnung bringen, stören; *fam* kaputt=machen; **2.** *(Gesundheit)* zerrütten; *(Magen)* verderben; — *cela lui a détraqué le cerveau (fig fam)* das hat ihn um den Verstand gebracht.

détremp|e [detrɑ̃p] *f* **1.** Tempera(malerei) *f;* **2.** *tech* Enthärten *n;* ~**er** *tr* **1.** auf=, ein=weichen, ein=, an=rühren; **2.** *(Boden)* aufweichen; **3.** *(Stahl)* enthärten.

détresse [detrɛs] *f* **1.** Verzweiflung, (Todes-)Angst *f;* **2.** (größte, höchste) Not *f;* Elend *n;* **3.** *mar* Seenot *f.*

détri|ment [detrimɑ̃] *m: au ~ de* auf Kosten, zum Schaden *gen;* **~tus** [-ty(s)] *m* Abfall, Müll *m.*
détroit [detrwa] *m* Meerenge *f.*
détromper [detrɔ̃pe] **I.** *tr* e-s Besseren belehren; **II.** *v prn se ~* s-n Irrtum ein=sehen.
détrôner [detrone] *tr* entthronen *a. fig.*
détruire [detrɥir] **I.** *tr* zerstören, vernichten, zugrunde richten; **II.** *v prn se ~* zugrunde gehen; sich das Leben nehmen.
dette [dɛt] *f* **1.** *com* Schuld *f;* **2.** *fig* (moralische) Verpflichtung *f;* — *acquitter, payer, régler une ~* e-e Schuld bezahlen; *contracter, faire des ~s* Schulden machen; *être accablé, criblé de ~s* bis an den Hals in Schulden stecken; *recouvrer une ~* e-e Schuld ein=treiben; *~ hypothécaire* Hypothekenschuld *f; ~ publique* Staatsschuld *f.*
deuil [dœj] *m* **1.** Trauer *f;* **2.** Todesfall *m;* **3.** Trauerkleidung *f;* — *être en ~, porter le ~ de qn* um jdn in Trauer sein.

deux [dø, døz vor Vokal] **I.** *a* zwei; beide; **II.** *s m* Zwei(er *m*) *f;* (der) Zweite; — *~ mots m pl* einige, wenige Worte; *à ~ pas d'ici* ganz nah, in der Nähe; *à ~* zu zweit; *~ à ~* paarweise; *de ~ jours l'un, de ~ jours en ~ jours* e-n um den andern Tag, alle zwei Tage; *en ~* in zwei Teile; *en ~ secondes* im Nu; *les ~* die beiden; *tous (les) ~* alle beide; *~-pièces m inv* zweiteilige(r) Badeanzug *m; ~-points m inv* Doppelpunkt *m,* Kolon *n;* **~ième** [~zjɛm] **I.** *a* zweite(r, s); **II.** *s m* zweite(r) Stock *m; f loc* zweite(r) Klasse *f;* **~ièmement** *adv* zweitens.
déval|er [devale] **I.** *itr* hinab=stürzen (*de* von); **II.** *tr* hinunter=stürzen; **~iser** *tr* bestehlen, (aus=)plündern; **~orisation** [-lɔ-] *f* Ab-, Entwertung *f;* **~oriser, ~uer** [-lɥe] *tr* ent-, ab=werten; **~uation** [-lɥa-] *f* Abwertung *f.*
devanc|er [d(ə)vɑ̃se] *tr* **1.** voraus=gehen, -eilen (*qn* jdm); voran=gehen (*qc* dat); **2.** überholen; **3.** *fig* überlegen, voraus sein (*qn* jdm); zuvor=kommen (*qn* jdm), überflügeln; **~ier, ère** *m f* Vorgänger(in *f*).

devant [dəvɑ̃] **I.** *prp (örtlich)* vor; *fig* angesichts; *aller ~ soi* geradeaus gehen; *avoir du temps ~ soi* Zeit haben; **II.** *adv* voraus, -auf; (nach) vorn, voran; *patte, roue f de ~* Vorderpfote *f,* -rad *n; par ~* vorn; voraus; vorn vorbei an; **III.** *s m* Vorderteil *n,* -seite *f,* -sitz *m,* -gebäude *n;* Vordergrund *m (e-s Bildes);* — *sur le ~* nach vorn heraus; *prendre, gagner le(s) devant(s)* voraus=gehen, -eilen, -fahren, e-n Vorsprung gewinnen, zuvor=kommen; **~ure** [-tyr] *f* Schaufenster *n;* Auslage *f; regarder les ~s des magasins* e-n Schaufensterbummel machen.
dévast|ateur, trice [devastatœr, -tris] *a* verheerend; **~ation** *f* Verwüstung *f;* **~er** *tr* verwüsten, verheeren.
déveine [devɛn] *f* Pech(strähne *f*) *n; avoir de la ~* Pech haben.
développ|ement [devlɔpmɑ̃] *m* **1.** Aus-, Abwickeln *n;* **2.** Wachstum *n;* Entwicklung; Entfaltung *f;* **3.** Auswertung, Steigerung *f;* **4.** Verlauf; Werdegang *m;* **5.** Ausarbeitung, -führung *f;* **6.** *phot* Entwickeln *n;* **7.** *(Fahrrad)* Übersetzung *f;* **8.** *pays m en voie de ~* Entwicklungsland *n;* **~er I.** *tr* **1.** aus=wickeln, -packen; **2.** entfalten, entwickeln *a. phot;* **3.** *fig* dar=legen, ausea.=setzen; **4.** aus=bauen, -arbeiten; *(Beziehungen)* aus=bauen, -gestalten; **II.** *v prn se ~* sich aus=breiten, sich entwickeln, -falten; e-n Aufschwung nehmen.
devenir [dəv(ə)nir] **I.** *itr* werden; **II.** *s m* Werden *n; ne savoir que ~* nicht wissen, was (aus e-m) werden soll; *que devenez-vous?* was machen, treiben Sie (denn)? *qu'est devenu mon chapeau?* wo ist mein Hut hingekommen?
dévergondé, e [devɛrgɔ̃de] **I.** *a* ausschweifend; **II.** *s m f* schamlose(r) Mensch *m;* **~er** *v prn se ~ n* alle Scham verlieren, sich Ausschweifungen hin=geben.

dévers|ement [devɛrsəmɑ̃] *m* Überlaufen, *(Öl)* Ablassen *n;* **~er I.** *tr* (er)gießen, aus=schütten *a. fig;* **II.** *v prn se ~* sich ergießen; ab=fließen; *~ qc sur qn* jdn mit etw überschütten, -häufen; *~ sur le marché* auf den Markt werfen; **~oir** *m* Überlauf; Sammler *m.*
dévêtir [deve(ɛ)tir] **I.** *tr* aus=kleiden, -ziehen; **II.** *v prn se ~* sich entkleiden.
déviation [devjasjɔ̃] *f* **1.** *phys* Ablenkung, Abweichung *f;* (Zeiger-)Ausschlag *m;* **2.** *med* Verlagerung, Mißbildung *f;* **3.** Umleitung; Umgehungsstraße *f.*
dévid|er [devide] *tr (Garn)* ab=haspeln, -wickeln; **~oir** *m* (Garn-, Draht-)Haspel *f.*
dévier [devje] **I.** *itr* **1.** ab=weichen (*de* von) *a. fig;* **2.** *fig* e-e andere Richtung nehmen; **3.** *(Zeiger)* ausschlagen; **II.** *tr* **4.** *(Verkehr)* um=leiten; **5.** *(Strahlen)* ab=lenken.
devin, ~eresse [dəvɛ̃, -inrɛs] *m f* Wahrsager(in *f*), Seher(in *f*) *m; je ne suis pas ~ (fam)* das konnte ich nicht ahnen; **~er** [-ine] *tr* **1.** vorher=sehen, -sagen; **2.** ahnen, (er)raten; durchschauen, heraus=bekommen; — *je vous le donne à ~* das raten Sie nicht; *vous devinez le reste* das übrige können Sie sich denken; **~ette** *f* Rätsel *n; poser une ~* ein Rätsel auf=geben.

devis [dəvi] *m* Kostenanschlag *m; établir un* ~ e-n Kostenvoranschlag machen.
dévisager [devizaʒe] *tr* scharf an=sehen; an=gaffen, -starren.
devise [dəviz] *f* **1.** Devise *f,* Wahlspruch *m,* Motto *n;* **2.** *pl* Devisen *f pl,* ausländische Zahlungsmittel *n pl; — cours m des ~s* Devisenkurs *m.*
dévisser [devise] **I.** *tr* ab=schrauben; **II.** *itr* **1.** *(Bergsteiger)* ab=stürzen; **2.** *arg* abhauen.
dévoiler [devwale] **I.** *tr* entschleiern, enthüllen, auf=decken *a. fig;* **II.** *v prn se* ~ sich entschleiern; *fig* ans Licht kommen.
devoir [dəvwar] **I.** *tr* **1.** schulden, schuldig sein; **2.** verdanken (*de* daß); **3.** müssen, haben zu; sollen; **II.** *s m* **4.** Pflicht, Schuldigkeit *f;* **5.** Schulaufgabe, -arbeit *f; — ne pas* ~ nicht dürfen; *accomplir, faire, remplir son* ~ s-e Pflicht tun; *manquer à son* ~ s-e Pflicht versäumen; *je m'en fais un* ~ ich betrachte es als meine Pflicht; *cela se doit* das gehört sich.
dévolu, e [devɔly] **I.** *a jur* zugefallen; übertragen; **II.** *s m: jeter son* ~ *sur qc (fam)* auf e-e S sein Auge werfen; etw für sich beanspruchen.
dévor|ant, e [devɔrɑ̃, -ɑ̃t] *a* **1.** *(Feuer)* verheerend; **2.** *fig* verzehrend; unersättlich; *faim f ~e* Bären-, Heißhunger *m;* **~er** *tr* **1.** verschlingen; fressen; **2.** *(Vermögen)* durchbringen; **3.** *(Zeit, Geld)* kosten; **4.** *(Buch)* verschlingen; **5.** *(Kilometer)* fressen; *— ~ des yeux* mit den Augen verschlingen.
dévot, e [devo, -ɔt] **I.** *a* fromm; frömmelnd; **II.** *s m f* Fromme(r); Frömmler *m;* **~ion** [-sjɔ̃] *f* **1.** Frömmigkeit *f;* **2.** *pl* Andacht *f; à la* ~ *de* völlig ergeben *dat; faire ses ~s* s-n religiösen Pflichten nachkommen.
dévou|é, e [devwe] *a* ergeben; **~ement** [-vumɑ̃] *m* Aufopferung (*à qn, qc* für jdn, etw); Hingebung *f;* **~er** [-vwe] *v prn se* ~ sich (auf=)opfern; sich widmen.
dévoy|é, e [devwaje] *m f* auf die schiefe Bahn geratener junger Mensch *m;* **~er I.** *tr (Waggon)* fehlleiten; **II.** *v prn se* ~ auf Abwege geraten.
dext|érité [dɛksterite] *f* Geschicklichkeit, Fingerfertigkeit; Gewandtheit *f a. fig;* **~rose** *m* Traubenzucker *m.*
dia [dja] *interj* hü *(links).*
diab|ète [djabɛt] *m* Zuckerkrankheit *f;* **~étique I.** *a* diabetisch; **II.** *s m f* Diabetiker(in *f*) *m,* Zuckerkranke(r *m*) *f.*
diabl|e [djɑ(a)bl] *m* **1.** Teufel, Satan *m;* **2.** *à la* ~ flüchtig, oberflächlich; ~ *vauvert* sehr weit (weg); *comme un (beau)* ~ wie ein Verrückter; *du ~, de tous les ~s, comme tous les ~s* verteufelt, furchtbar, schrecklich; *en* ~ verdammt *adv,* sehr; ~ *de* verteufelt, Teufels-; **3.** *avoir le ~ au corps* den Teufel im Leibe haben; *tirer le ~ par la queue* am Hungertuch nagen; **4.** *~!* zum Teufel! *au ~!* zum Henker (mit)! verdammt! verflucht! *le ~ est déchaîné* der Teufel, die Hölle ist los; *le ~ s'en mêle* das geht nicht mit rechten Dingen zu; *bon* ~ gutmütige(r) Kerl *m; pauvre* ~ arme(r) Teufel *od* Schlucker *m;* **~ement** [-blə-] *adv* verdammt; **~erie** *f* Ungezogenheit; Teufelei *f;* Streich *m;* **~esse** *f* Teufelin *f,* Teufelsweib *n;* **~otin, e** [-blɔtɛ̃, -in] *m f* Teufelchen *n;* kleine(r) Schalk; *m.*
diabolique [djabɔlik] *a* diabolisch, teuflisch.
dia|dème [djadɛm] *m* Diadem *n;* **~gnose** [-gnoz] *f med* Diagnose *f;* **~gnostic** [-gnɔs-] *m med* Diagnostik *f;* **~gnostiquer** *tr* diagnostizieren; **~gonal, e** [-gɔnal] **I.** *a* diagonal; **II.** *s f* Diagonale *f;* **~gramme** *m* Diagramm *n.*
dialect|al, e [djalɛktal] *a* mundartlich; **~e** *m* Dialekt *m,* Mundart *f;* **~ique I.** *a* dialektisch; **II.** *s f* Dialektik *f;* **~ologie** *f* Mundartenforschung *f.*
dialog|ue [djalɔg] *m* Dialog *m,* Gespräch *n;* **~uer** [-ge] **I.** *itr fam* sich unterhalten; diskutieren; **II.** *tr* in Dialogform kleiden; **~uiste** [-gist] *m film* Dialogautor *m.*
diamant [djamɑ̃] *m* Diamant *m;* ~ *de vitrier* Glaserdiamant *m;* **~aire** [-tɛr] *m* Diamantschleifer, -händler *m;* **~é, e** *a* mit Diamanten besetzt; **~ifère** *a* diamantenhaltig.
diamétral, e [djametral] *a math* Durchmesser-; **~ement** *adv* diametral; **diamètre** *m* Durchmesser *m.*
dia|pason [djapazɔ̃] *m* Stimmgabel -pfeife *f; mus* Kammerton *m; se mettre au* ~ *de qn* sich auf jdn ein=stellen; **~phane** [-fan] *a* durchscheinend, -sichtig, transparent; **~phragme** [-fragm] *m* **1.** *anat* Zwerchfell *n;* **2.** *tele* Membran(e) *f;* **3.** *phot* Blende *f;* **~positive** *f phot* Diapositiv *n; passer des ~s en couleur* Farbdias vorführen.
diarrhée [djare] *f med* Durchfall *m.*
dia|scope [djaskɔp] *m* Diaprojektor *m;* **~thèque** [-tɛk] *f* Diapositivsammlung *f;* **~tonique** *a mus* diatonisch; **~tribe** *f* heftige Kritik; Schmähschrift *f.*
dict|aphone [diktafɔn] *m* Diktiergerät *n;* **~ateur** *m* Diktator *m;* **~atorial, e** [-tɔrjal] *a* diktatorisch; **~ature** *f* Diktatur *f;* **~ée** *f* Diktat *n,* Nachschrift *f; sous la* ~ *de* unter dem Zwang *gen; prendre qc sous la* ~ etw nach Diktat schreiben; **~er** *tr* **1.** diktieren; vor=schreiben; **2.** *fig* ein=geben; **~ion** [-ksjɔ̃] *f* Vortrag(sweise *f*) *m;* **~ionnaire** [-ksjɔnɛr] *m* Wörterbuch, Lexikon *n; consulter le* ~ im Wörterbuch nach=schlagen; ~ *de poche*

Taschenwörterbuch *n;* ~**on** *m* sprichwörtliche Redensart *f.*
didactique [didaktik] *a* didaktisch.
dièse [djɛz] *m mus* Kreuz *n; do* ~ Cis, cis *n.*
diesel [djezɛl] *m* Dieselmotor *m,* -fahrzeug *n.*
diète [djɛt] *f* **1.** Diät; Schonkost *f;* **2.** Reichs-, Bundes-, Landtag *m;* — *être à la* ~ diät leben; ~ *végétale* vegetarische Kost *f.*
diététi|cien, -ne [djetetisjɛ̃, -ɛn] *m* Diätetiker(in *f*) *m;* ~**que I.** *a* diätetisch; **II.** *s f* Diätetik *f.*
Dieu [djø] *m* Gott; *d*~ (heidnischer) Gott *m,* Gottheit *f; pour l'amour de* ~ um Gottes willen; *croire en* od *à* ~ an Gott glauben; ~ *(en) soit loué,* ~ *merci* gottlob.
diffam|ant, e [difamɑ̃, -ɑ̃t] *a* verleumderisch, ehrenrührig; Schmäh-; ~**ateur, trice** [-fa-] *m f* Verleumder(in *f*) *m;* ~**ation** *f* Verleumdung, üble Nachrede *f;* ~**atoire** *a* verleumderisch; ~**er** *tr* verleumden; diffamieren.
différ|emment [diferamɑ̃] *adv* verschieden, anders (*de* als); ~**ence** *f* Unterschied *m,* Differenz; Abweichung *f;* — *à la* ~ *de* im Unterschied zu; zum Unterschied von; ~ *de niveau* Höhenunterschied *m;* ~ *de prix* Preisunterschied *m;* ~ *de température* Temperaturunterschied *m,* -schwankung *f;* ~**enciation** *f* Unterscheidung; Differenzierung *f;* ~**encier** *tr* unterscheiden, differenzieren; ~**end** [-rɑ̃] *m* Streit(fall) *m,* Meinungsverschiedenheit *f; porter un* ~ *en justice* e-n Streitfall vor Gericht bringen; *régler un* ~ e-n Streit schlichten; ~**ent, e** *a* verschieden, unterschiedlich, abweichend; *c'est* ~ das ist etw anderes; *à* ~*es reprises* wiederholt, mehrfach *adv; tout à fait* ~ grundverschieden; ~**entiel, le** [-sjɛl] **I.** *a math phys* Differential-; **II.** *s m mot* Ausgleichsgetriebe, Differential; *f math* Differential *n; calcul m* ~ Differentialrechnung *f;* ~**entier** [-sje] *tr math* differenzieren; ~**er I.** *tr* **1.** auf=, verschieben; verzögern; **2.** *(Zahlung)* anstehen lassen; **II.** *itr* verschieden(er Meinung) sein, vonea. ab=weichen; ~ *du tout au tout* grundverschieden sein.
diffic|ile [difisil] *a* **1.** schwer, schwierig, mühsam; **2.** schwer zu behandeln(d), schwierig *(im Umgang);* **3.** empfindlich; wählerisch; — *il fait le* ~ ihm ist nichts recht zu machen; ~**ulté** [-kylte] *f* **1.** Schwierigkeit *f;* **2.** *sans* ~ ohne Schwierigkeit, reibungslos, glatt; ohne weiteres; **3.** *aplanir une* ~ e-e Schwierigkeit beheben; *entraîner des* ~*s* Schwierigkeiten mit sich bringen; *être, se trouver en* ~*s* sich in Schwierigkeiten befinden; *se heurter, se cogner à des* ~*s, rencontrer des* ~*s* auf Schwierigkeiten *(acc)* stoßen; *faire, soulever, susciter des* ~*s à qn* jdm Schwierigkeiten machen; *présenter des* ~*s* Schwierigkeiten bieten; **4.** ~ *de paiement* Zahlungsschwierigkeit *f.*
difform|e [difɔrm] *a* mißgestaltet, unförmig, häßlich; ~**ité** *f* Mißbildung, Unförmigkeit *f.*
diffract|er [difrakte] *tr phys (Licht)* brechen; ~**ion** [-sjɔ̃] *f* (Licht-)Brechung *f.*
diffus, e [dify, -yz] *a* **1.** *(Licht)* diffus, zerstreut; **2.** *(Stil)* verschwommen; ~**er** *tr* **1.** *phys* zerstreuen, aus=, verbreiten, ausstrahlen, übertragen, senden; **2.** *(Schrift)* verbreiten, verteilen; ~**eur** *m* **1.** Lichtschirm *m;* **2.** Lautsprecher *m;* **3.** Verbreiter *m;* ~**ion** *f* **1.** Aus-, Verbreitung *f;* **2.** Streuung *f;* **3.** Verteiler *m;* **4.** (Rundfunk-)Übertragung, Sendung *f;* — ~ *en direct* Live-Sendung *f.*
digérer [diʒere] *tr* **1.** verdauen; **2.** *fig* verarbeiten, *fam* verkraften; ertragen; **3.** *(Beleidigung)* hinunter=schlucken; *(Behauptung)* hin=nehmen.
digest|e [diʒɛst] *a* leicht verdaulich; ~**if, ive I.** *a* Verdauungs-; **II.** *s m* Verdauungsschnaps *m;* ~**ion** [-stjɔ̃] *f* Verdauung; *être d'une* ~ *pénible* schwer verdaulich sein *a. fig.*
digit|al, e [diʒital] **I.** *a* Finger-; **II.** *s f bot* Fingerhut *m; empreinte f* ~*e* Fingerabdruck *m.*
dign|e [diɲ] *a* wert, würdig, würdevoll; ehrenwert; ~ *d'admiration* bewundernswert; ~ *de foi* glaubwürdig, -haft; ~**itaire** *m* Würdenträger *m;* ~**ité** *f* Würde *f;* Ehrenamt *n.*
digression [digrɛsjɔ̃] *f* **1.** Abschweifung *f;* **2.** *astr* Digression *f.*
digue [dig] *f* **1.** Deich, Damm *m;* **2.** *fig* Schranke *f;* — *élever une* ~ e-n Damm auf=schütten; *fig* e-e Schranke errichten (*contre* gegen).
dilapid|ation [dilapidasjɔ̃] *f* Verschwendung, Vergeudung *f;* ~**er** *tr* verschwenden, vergeuden.
dilat|ation [dilatasjɔ̃] *f phys* (Aus-)Dehnung; Ausweitung, Erweiterung *f;* ~**er I.** *tr* **1.** *phys* (aus=)dehnen; aus=weiten, erweitern; **2.** *fig (Herz)* erfreuen; **II.** *se* ~ sich (aus=)dehnen; weit werden; ~**oire** *a* aufschiebend; dilatorisch.
dilemme [dilɛm] *m* Dilemma *n.*
dilettant|e [dilɛtɑ̃t] *m* Dilettant, Liebhaber *m;* ~**isme** *m* Liebhaberei *f.*
diligen|ce [diliʒɑ̃s] *f* Eifer *m,* Schnelligkeit *f; à la* ~ *de (jur)* auf Betreiben *gen; faire* ~ sich beeilen; ~**t, e** [-ʒɑ̃, -ɑ̃t] *a* eifrig, tätig; flink.
dilu|er [dilɥe] *tr* verwässern *a. fig;* ~**tion** [-ysjɔ̃] *f* **1.** (Auf-)Lösung *f;* **2.** *fig* Verwässerung *f.*
diluvien, ne [dilyvjɛ̃, -ɛ̃n] *a* Sintflut-; *pluie f* ~*ne* Wolkenbruch *m.*

dimanche [dimɑ̃ʃ] *m* **1.** Sonntag *m; le ~* sonntags, am Sonntag; *(les) ~s et jours de fête* an Sonn- u. Feiertagen; **2.** *s' habiller en ~* sich sonntäglich an=ziehen; **3.** *chasseur, chauffeur, peintre m du ~* Sonntagsjäger, -fahrer, -maler *m; habits m du ~* Sonntagskleider *n pl; ~ des Rameaux* Palmsonntag *m.*

dîme [dim] *f hist* Zehnt(e) *m (Steuer).*

dimension [dimɑ̃sjɔ̃] *f* **1.** Dimension, Ausdehnung *f;* **2.** Maß(stab) *m;* **3.** *fig* Ausmaß, Format *n; à trois ~s* dreidimensional; *prendre les ~s de qc* etw ab=messen; *de qn* jdn ein=schätzen.

diminu|é, e [diminɥe] **I.** *a* **1.** *arch* sich verjüngend; **2.** *mus* vermindert; **3.** *(Mensch)* gesundheitlich geschwächt; **II.** *s m: ~ physique* Körperbehinderte(r) *m;* **~er I.** *tr* **1.** verringern, vermindern, verkleinern; **2.** beeinträchtigen, benachteiligen; schmälern; **3.** *com* herab=setzen, ab=bauen, senken, ermäßigen; **4.** *(Ausgaben)* ein=schränken; — *~ qn* jdn herabsetzen; jds Gehalt kürzen; **II.** *itr* **5.** kleiner, schwächer, geringer, billiger werden; **6.** sich verringern; ab=nehmen; nach=lassen; — *~ les prix* die Preise senken; *~ de vitesse* langsamer werden; *la demande diminue* die Nachfrage läßt nach, nimmt ab; **~tif, ive** [-ny-] **I.** *a gram* Verkleinerungs-; **II.** *s m* Verkleinerungsform *f;* **~tion** [-ysjɔ̃] *f* **1.** Verringerung, Verminderung; Verkleinerung, -kürzung *f;* **2.** *com* Herabsetzung, Senkung *f,* Abbau *m;* Ermäßigung *f;* **3.** *arch* Verjüngung *f;* **4.** *(Mensch)* Erniedrigung *f;* — *accuser, subir une ~* e-e Verminderung, e-n Rückgang erfahren; *~ des appointements, des traitements* Gehaltskürzung *f,* -abbau *m; ~ des dépenses* Kostensenkung *f; ~ des impôts* Steuersenkung, -ermäßigung *f; ~ de la natalité* Geburtenrückgang *m; ~ de la population* Bevölkerungsrückgang *m; ~ de prix* Preissenkung, -ermäßigung *f,* -abschlag *m; ~ des salaires* Lohnabbau *m; ~ de la valeur* Wertminderung *f.*

dind|e [dɛ̃d] *f* Pute *a. fig fam,* Truthenne *f;* **~on** *m* **1.** Puter, Truthahn *m;* **2.** *fig fam* Gimpel, Einfaltspinsel *m;* **~onneau** *m* junge(r) Puter *m.*

dîn|er [dine] **I.** *itr* zu Abend essen; speisen, dinieren; **II.** *s m* Abendessen; Diner *n; donner à ~* ein Essen geben; *~ de gala* Festessen, Bankett *n;* **~ette** *f* **1.** Kinder-, Puppenmahlzeit *f;* **2.** kleine(s) Mittagessen *n.*

ding|o [dɛ̃go] **I.** *s m zoo* Wildhund *m;* **II.** *a arg* plemplem, verrückt; **III.** *s m* Verrückte(r *m) f;* **~uer** [-ge] *itr: arg envoyer ~* zum Teufel jagen; wegwerfen.

dioc|ésain, e [djɔsezɛ̃, -ɛ̃n] **I.** *a rel* Diözesan-; **II.** *s m f* Diözesan *m;* **~èse** *m* Diözese *f.*

dio|de [djɔd] *f radio* Diode *f;* **~nysiaque** [-nizjak] *a* dionysisch; **~ptrie** *f opt* Dioptrie *f.*

diphtérie [difteri] *f med* Diphtherie *f;*

diphtongue [diftɔ̃g] *f* Diphthong, Doppellaut *m.*

dipl|omate [diplɔmat] **I.** *s m f* Diplomat(in *f) m;* **II.** *a* diplomatisch; *femme f ~* Diplomatin *f;* **~omatie** [-si] *f* Diplomatie *f;* **~omatique** *a* diplomatisch; Urkunden-; **~ôme** [-om] *m* Urkunde *f,* Diplom, Zeugnis *n;* **~ômé, e** *a* staatlich geprüft, Diplom-.

dire [dir] **I.** *tr* **1.** sagen, reden, sprechen; **2.** her=, auf=sagen, vor=tragen; **3.** *rel (Messe)* lesen; **4.** nennen; erzählen; äußern, aus=sprechen; weiter=sagen; **5.** behaupten; **6.** mit=teilen; **7.** befehlen (*de faire qc* etw zu tun); **8.** meinen; **9.** dagegen sagen, aus=setzen (*à* an *dat*); **10.** besagen, aus=drücken, zum Ausdruck bringen; **II.** *s m* **11.** Reden *n;* Aussage, Behauptung *f;* **12.** Gerede *n;* **13.** *jur* Aussage, Äußerung *f;* **14.** Bericht *m;* **15.** *à vrai ~, à ~ vrai* um die Wahrheit zu sagen; eigentlich; offen gestanden; *au ~ de, selon le ~ de* wie ... sagt, behauptet; *aussitôt dit, aussitôt fait* gesagt, getan; *autrement dit* mit andern Worten; *pour ainsi ~* sozusagen, gewissermaßen; *pour tout ~* kurz (u. gut); *proprement dit* genaugenommen; *sans mot ~* ohne ein Wort zu sagen; **16.** *vouloir ~* bedeuten; *~ bien des choses à qn* jdm herzliche Grüße aus=richten; *~ son mot* etw sagen; *ne ~ mot* keinen Ton, nichts sagen; *~ que* wenn man bedenkt, daß; **17.** *disons (com)* in Worten; *disons-le* gestehen wir es; *dis? dites?* nicht wahr? *vous dites?* wie bitte? *dites donc!* sagen, hören Sie mal! *on dirait, aurait dit (de)* man sollte meinen; man möchte sagen; *dit-on* so sagt man; *il n'y a pas à ~* dagegen ist nichts zu sagen; *vous avez beau ~, c'est bientôt dit* das ist leicht gesagt; *c'est (bien) dit, voilà qui est dit* abgemacht! einverstanden! *qu'est-ce à ~?* was soll das heißen, bedeuten? *ce n'est pas pour ~* das soll nicht heißen; *pour mieux ~, disons mieux* besser gesagt; *vous m'en direz tant!* jetzt verstehe ich! *c'est tout ~, cela dit tout* dazu ist nichts zu sagen; damit ist alles gesagt; *tout n'est pas encore dit* das ist noch nicht alles; *ce qui est dit est dit* dabei bleibt's; *quoi qu'on (en) dise* was man auch immer sagen möge; *il n'y a rien de dit* es ist nichts gesagt worden; *cela va sans ~* das versteht sich von selbst; *vous l'avez dit* so ist es; **18.** *qu'en dira-t-on m* Gerede *n* der Leute; *~ d'experts (jur)* Sachverständigengutachten *n.*

direct, e [dirɛkt] *a* **1.** direkt, unmittelbar, gerade; **2.** *fig* offen; — *s m (Boxen) ~ du droit (gauche)* rechte(r), (linker)

Gerade(r) *m; train m ~ (loc)* Eilzug *m;* **~eur, -trice I.** *s m f* **1.** Direktor(in *f*), Präsident(in *f*); Leiter(in *f*) *m;* **2.** *f tele* Voramt *n;* **3.** *(Mode)* Direktrice *f;* **II.** *a* leitend; Richt-; **4.** *idée f ~rice* Leitgedanke *m; ~ commercial* kaufmännische(r) Leiter *m; ~ de conscience, spirituel* Beichtvater *m; ~ général* Generaldirektor *m; ~ gérant* geschäftsführende(r) Direktor *m; ~ du personnel* Personalchef *m; ~ de production (film)* Produktionsleiter *m; ~ du service commercial, de vente* Verkaufsleiter, -direktor *m;* **~ion** [-sjõ] *f* **1.** Leitung, Führung; Lenkung; Verwaltung; Direktion *f;* Geschäftsleitung, -führung *f;* **2.** Stelle *f,* Büro *n* e-s Direktors; **3.** Richtlinie, Anweisung, Direktive *f;* **4.** Richtung *f;* **5.** *fig* Wendung *f;* **6.** *mar* Kurs; *mot* Steuerung *f;* **7.** *dans la ~ de, en ~ de* in Richtung auf; *dans toutes les ~s* in allen Richtungen, nach allen Seiten; *pour quelle ~?* in welcher Richtung? *sous la ~ de* unter der Leitung *gen;* **8.** *changer de ~* die Richtung ändern, (ab=) schwenken; *être chargé de la ~* mit der Führung beauftragt sein; *prendre la ~* die Führung übernehmen; die Richtung ein=schlagen (*de* nach); **9.** *changement m de ~* Richtungsänderung *f; comité m de ~* Vorstand *m; flèche f de ~* (Fahrt-) Richtungsanzeiger *m; ~ des besoins* Bedarfslenkung *f; ~ des capitaux* Kapitallenkung *f; ~ générale* Generaldirektion, Hauptverwaltung *f; ~ des travaux* Bauleitung *f;* **~ive** *f (meist pl)* Direktive, Richtlinie, Weisung *f;* **~oire** *m* Direktorium *n,* Verwaltungsrat *m;* **~orial, e** *a* Direktions-.

dirig|é, e [diriʒe] *a tele* gerichtet; *économie f ~e* gelenkte Wirtschaft, Planwirtschaft *f; loisirs m pl ~s* Freizeitgestaltung *f;* **~eable I.** *a* lenkbar; **II.** *s m* lenkbare(s) Luftschiff *n,* Zeppelin *m;* **~eant, e I.** *a* leitend; **II.** *s m* Leiter, Führer *m; pl* Führungskräfte *f pl,* führende Persönlichkeiten *f pl; maladie f des ~s* Managerkrankheit *f;* **~er I.** *tr* **1.** lenken, leiten, steuern, führen; **2.** dirigieren; an der Spitze stehen (*qc* gen); **3.** *(Blick)* richten *(sur, vers* auf *acc);* **4.** *(Fracht)* schicken (*sur, vers* nach); **5.** *(Verkehr)* regeln; **II.** *v prn se ~* sich wenden, s-e Schritte lenken (*vers* zu), *(Weg)* führen (*vers* nach); *aero* an=fliegen (*vers qc* etw); **~isme** *m* Planwirtschaft *f;* **~iste** *m* Vertreter, Anhänger *m* der Planwirtschaft.

discaire [diskɛr] *m* Schallplattenhändler *m.*

discern|able [disɛrnabl] *a* erkennbar; **~ement** [-nə-] *m* Unterscheidung(svermögen *n*); Einsicht; Urteils-, *jur* Zurechnungsfähigkeit *f; agir sans ~* sich der Tragweite s-r Handlungen nicht bewußt sein; **~er** *tr* **1.** unterscheiden; **2.** deutlich sehen; **3.** erkennen, bemerken, fest=stellen.

discipl|e [disipl] *m* Schüler, Jünger, Anhänger *m;* **~inaire** *a* disziplinarisch; Disziplinar-; **~ine** *f* **1.** (Lehr-, Unterrichts-)Fach *n;* Zweig *m* der Wissenschaft; **2.** Disziplin, Zucht *f; — ~ de vote (parl)* Fraktionszwang *m;* **~iner** *tr* disziplinieren, an Zucht gewöhnen.

discobole [diskɔbɔl] *m* Diskuswerfer *m.*

discontinu, e [diskõtiny] *a* **1.** *(Linie)* unterbrochen; **2.** unzs.hängend, zs.hanglos; **~er** [-nɥe] *tr: sans ~* ununterbrochen *adv;* **~ité** [-nɥi-] *f* **1.** Zs.hanglosigkeit *f;* **2.** Unterbrechung *f.*

discophile [diskɔfil] *m* Schallplattenfreund *m.*

discord|ance [diskɔrdɑ̃s] *f* **1.** Meinungsverschiedenheit *f;* Mangel *m* an Übereinstimmung, Unvereinbarkeit *f;* **2.** *mus* Disharmonie *f;* **~ant, e** *a* **1.** *mus* disharmonisch; **2.** verstimmt; **3.** nicht aufea. abgestimmt, nicht zuea. passend, unvereinbar; *note f ~e* Mißklang *m;* **~e** *f* Zwietracht, Uneinigkeit *f; pomme f de ~* Zankapfel *m.*

discoth|écaire [diskɔtekɛr] *m f* Schallplattenarchivar(in *f*) *m;* **~èque** *f* Schallplattenschrank *m,* -sammlung *f;* Diskothek *f.*

discour|eur, se [diskurœr, -øz] *m f* Schwätzer(in *f*); **~ir** (lang u. breit) reden, schwatzen *(de* über *acc);* **~s** [-kur] *m* **1.** Rede; Ausführung, Ansprache; Abhandlung *f;* **2.** (Schul-)Aufsatz *m;* **3.** *gram* Rede *f;* **4.** *faire, prononcer un ~* e-e Rede halten; **5.** *~ de clôture, d'ouverture* Schluß-, Eröffnungsansprache *f; ~ direct, indirect (gram)* direkte, indirekte Rede *f; ~ de réception* Begrüßungsansprache, -rede *f.*

discourtois, e [diskurtwa, -az] *a* unhöflich.

discrédit [diskredi] *m com allg* Mißkredit *m; jeter le ~ sur qn* jdn in Mißkredit bringen; *tomber en ~* in Mißkredit geraten; **~er** [-te] *tr* in Mißkredit bringen.

discr|et, ète [diskrɛ, -ɛt] *a* **1.** diskret, zurückhaltend; taktvoll; **2.** verschwiegen; **3.** unauffällig; **~étion** *f* **1.** Diskretion, Zurückhaltung *f;* **2.** Umsicht; **3.** Verschwiegenheit *f; à ~* nach Belieben; *à la ~ de qn* nach jds Ermessen; *~ professionnelle* (berufliche) Schweigepflicht *f.*

discrimin|ation [diskriminasjõ] *f* **1.** *lit* Unterscheidung(svermögen *n*); **2.** Diskriminierung *f; ~ raciale* Rassendiskriminierung *f.*

disculper [diskylpe] *tr* entschuldigen, rechtfertigen (*de* wegen).

discu|ssion [diskysjõ] *f* **1.** Diskussion; Erörterung *f;* **2.** Ausea.setzung *f,* Wortwechsel, Streit *m;* **3.** *fam* Gespräch *n,*

Unterhaltung *f;* **4.** *mettre en ~* zur Sprache bringen; *ouvrir une ~* e-e Aussprache eröffnen; *provoquer, déclencher une ~* e-e Diskussion hervor=rufen; **5.** *la ~ porte, roule sur* die Diskussion dreht sich um; *cela est sujet à ~* darüber läßt sich streiten; **6.** *~ budgétaire* Haushaltsdebatte *f; ~ de groupe* Gruppendiskussion *f; ~ salariale* Lohnverhandlung *f;* **~table** *a* bestreitbar, anfechtbar, fraglich; **~té, e** *a* umstritten; **~ter I.** *tr* diskutieren, erörtern, besprechen (*de qc* etw, *qc avec qn* etw mit jdm); **II.** *itr* verhandeln (*sur* über *acc*); widersprechen; *~ le coup (fam)* e-n kleinen Schwatz halten.

dis|ert, e [dizɛr, -rt] *a* (rede)gewandt; **~ette** *f* **1.** (Hungers-)Not; Knappheit *f;* **2.** *fig* Mangel *m (de* an*);* **~eur, se** *m f* Vortragskünstler(in *f*) *m.*

disgr|âce [disgras] *f* **1.** Ungnade *f;* **2.** Schwerfälligkeit; Plumpheit *f;* — *tomber en ~* in Ungnade fallen; **~acié, e** [-grɑ(a)-] *a* **1.** in Ungnade gefallen; **2.** *fig* stiefmütterlich behandelt (*de, par* von); **~acier** *tr* s-e Gunst entziehen (*qn* jdm); **~acieux, se** *a* reizlos; ungefällig, unschön; plump.

disjoindre [dizʒwɛ̃dr] **I.** *tr* trennen; ausea.-=nehmen; **II.** *v prn se ~* aus den Fugen gehen.

disjonct|eur [dizɛ̃ɔ̃ktœr] *m el* Schutzschalter *m;* **~if, ive** *a gram* disjunktiv; **~ion** [-sjɔ̃] *f* (Ab-)Trennung; Ausklammerung *f.*

dislo|cation [dislɔkasjɔ̃] *f* **1.** Ausea.nehmen, -fallen; Zerlegen *n;* **2.** *med* Aus-, Verrenkung *f;* **3.** *(Demonstration)* Auflösung *f;* **~quer I.** *tr* **1.** ausea.=nehmen, -reißen; zerlegen; **2.** *med* aus=renken; **3.** *(Menschenmasse)* auflösen; **II.** *v prn se ~* ausea.=fallen; sich lockern; sich auflösen.

dispache [dispaʃ] *f* Seeschadensregelung *f.*

dispar|aître [disparɛtr] *itr* **1.** verschwinden; *(in e-r Menge)* untertauchen; sich verlieren; **2.** sterben; **3.** *faire ~* auf die Seite schaffen, beseitigen, weg=räumen; *(Bedenken)* zerstreuen; **~ate I.** *a* nicht zs.passend; *(Farben)* sich beißend; **II.** *s f* Diskrepanz *f;* **~ité** *f* Ungleichheit, Verschiedenheit, -artigkeit, Gegensätzlichkeit *f; ~ régionale* regionales Gefälle *n;* **~ition** *f* Verschwinden *n;* **~u, e I.** *a* verstorben; verschollen, *mil* vermißt; **II.** *s m* Vermißte(r), Verschollene(r), Verstorbene(r) *m.*

dispen|dieux, se [dispɑ̃djø, -øz] *a* kostspielig; **~saire** *m Art* Poliklinik *f;* **~se** *f* Dispens(ation *f*) *m,* Befreiung; Ausnahmebewilligung *f;* **~ser I.** *tr* ver-, aus=teilen; *~ qn de qc* jdn von etw dispensieren, befreien; jdm e-e S erlassen; *~ qn* jdn frei=stellen; **II.** *v prn se ~ de travailler* s-r Pflicht zur Arbeit nicht nachkommen; *je me dispenserais bien d'y aller* am liebsten würde ich nicht hingehen.

dispers|er [dispɛrse] *tr* **1.** ver-, zerstreuen; **2.** *pol (e-e Organisation)* auf=lösen; **3.** *(Kräfte)* zersplittern; **~ion** *f* **1.** Zerstreuung, Auflösung; Zersplitterung *f;* **2.** *phys* Streuung *f.*

disponib|ilité [dispɔnibilite] *f* **1.** Verfügbarkeit; Lieferbarkeit *f;* **2.** *(Beamte)* Wartestand *m;* **3.** *pl* verfügbare Gelder *n pl;* — *en ~* zur Disposition, Verfügung; *~s en espèces (com)* Barmittel *n pl;* **~le I.** *a* **1.** verfügbar; greifbar; **2.** *(Geld)* flüssig; *(Ware)* greifbar; **II.** *s m* verfügbare Ware *f;* flüssige Mittel *n pl.*

dispos, e [dispo, -oz] *a m: frais et ~* frisch u. munter; **~er I.** *tr* **1.** an=ordnen, arrangieren; **2.** (her=)richten; auf=stellen; **3.** geneigt machen (*à* zu); **4.** *com (Wechsel)* trassieren, *(Scheck)* aus=stellen (*sur* auf *acc);* **II.** *itr* verfügen (*de* über *acc*); — *se ~* sich an=schicken (*à* zu); beabsichtigen; *être bien, mal ~é* gut, schlecht gelaunt sein; *nous sommes tout ~és (com)* wir sind gern bereit (*à* zu); **~itif** *m* **1.** Ein-, Vorrichtung; Anlage *f;* **2.** *mil* Gliederung *f;* — *~ d'alarme* Alarmanlage *f; ~ de protection* Schutzvorrichtung *f;* **~ition** *f* **1.** Anordnung, Verteilung *f;* **2.** Verfügung (*de* über *acc*); Vorkehrung; Bestimmung, Vorschrift; Verwendung *f;* **3.** *fig* Lage, Verfassung *f;* **4.** Hang *m,* Neigung; Stimmung *f;* **5.** Anlage, Veranlagung *f;* **6.** *d'après les ~s en vigueur* nach den geltenden Bestimmungen; **7.** *avoir à sa ~* zu seiner Verfügung haben; *avoir la ~ de qc, qn* über e-e S, jdn verfügen können; *mettre à la ~ de qn* jdm zur Verfügung, bereit=stellen; *prendre ses ~s* s-e Vorkehrungen, Anordnungen treffen; **8.** *~ d'application* Aus-, Durchführungsbestimmung *f; ~ facultative, impérative* Kann-, Mußvorschrift *f; ~ pénale* Strafbestimmung *f; ~s tarifaires* Tarifbestimmungen *f pl; ~ transitoire* Übergangsbestimmung *f.*

disproportion [disprɔpɔrsjɔ̃] *f* Mißverhältnis *n;* **~né, e** [-sjɔ-] *a* in keinem Verhältnis (stehend) (*à* zu); ungleich; unproportioniert.

disput|e [dispyt] *f* Wortwechsel *m,* Streit(igkeit *f*) m; **~er I.** *itr* **1.** streiten, sich zanken; **2.** wetteifern (*de* in *dat*); **II.** *tr* **3.** streitig machen (*qc à qn* jdm etw); **4.** Anspruch erheben (*qc* auf e-e S); **5.** *fam* ausschimpfen; **III.** *v prn se ~* **6.** *(fam)* sich streiten (*qc* um etw); **7.** *(Wettkampf)* ausgetragen werden; — *se ~ avec qn* sich mit jdm zanken, streiten.

disqu|aire [diskɛr] *m* Schallplattenhändler *m;* **~e** *m* **1.** (runde) Scheibe, Platte *f;*

2. (Sonnen-, Mond-)Scheibe *f;* **3.** *sport* Diskus *m;* **4.** Grammophon-, Schallplatte *f;* **5.** *loc* Signalscheibe *f;* **6.** *changer de ~* e-e andere Platte auf≈legen *a. fig; changeur m de ~s* Plattenwechsler *m; ~ d'appel (tele)* Nummernscheibe *f; ~ de stationnement (mot)* Parkscheibe *f; ~ microsillon, de longue durée, à rotation lente* Langspielplatte *f.*

disqualifi|cation [diskalifikasjɔ̃] *f sport* Ausschluß *m;* Disqualifizierung *f;* **~er** [-fje] *tr sport* disqualifizieren.

dis|section [disɛksjɔ̃] *f* **1.** Sezieren *n;* **2.** *fig* Analyse *f;* **~semblable** *a* unähnlich, ungleich; **~semblance** *f* Unähnlichkeit, Ungleichheit, Verschiedenartigkeit *f.*

dissémin|ation [diseminasjɔ̃] *f* **1.** *bot* Ausstreuung *f;* **2.** *fig* Aus-, Verbreitung *f;* **3.** *(Industrie)* Streuung *f;* **~er** *tr* **1.** aus≈, verstreuen; **2.** verbreiten; aus≈breiten.

dissen|sion [disɑ̃sjɔ̃] *f* Meinungsverschiedenheit *f; pl* Streitigkeiten *f pl;* **~timent** *m* Meinungsverschiedenheit *f.*

disséquer [diseke] *tr* **1.** *anat* sezieren; **2.** *allg* zerlegen; **3.** *fig* zergliedern, genau untersuchen.

dissert|ation [disɛrtasjɔ̃] *f* Seminararbeit *f;* (Schul-)Aufsatz *m (in der Oberstufe);* **~er** *tr* **1.** e-e Abhandlung, e-n Aufsatz schreiben (*sur, de* über *acc*); **2.** *(mündlich)* erörtern.

dissiden|ce [disidɑ̃s] *f* **1.** Meinungsverschiedenheit *f;* **2.** (Glaubens-)Spaltung *f;* **~t, e** [-dɑ̃, -ɑ̃t] *s m f* **1.** Dissident, Sektierer *m;* **2.** *pol* Abweichler *m.*

dissimul|ateur, trice [disimylatœr, -tris] *m f* Heuchler(in *f*) *m;* **~ation** *f* Verstellung(skunst), Verheimlichung, Verschleierung *f; ~ fiscale* Steuerhinterziehung *f;* **~é, e** *a* heuchlerisch, falsch; **~er I.** *tr* **1.** verbergen, verstecken; verheimlichen, verschleiern; **2.** nicht merken lassen; **II.** *v prn se ~* sich verstecken, sich verbergen; — *ne pas se ~* sich *acc* keinen Illusionen hin≈geben (*qc* über e-e S), sich *dat* keine falschen Vorstellungen machen (*qc* von etw); sich *dat* nicht verhehlen.

dissip|ateur, trice [disipatœr, -tris] **I.** *s m f* Verschwender(in *f*) *m;* **II.** *a* verschwenderisch; **~ation** *f* **1.** Verschwendung *f;* **2.** *(Nebel)* Zerstreuung; **3.** *(Schüler)* Unaufmerksamkeit *f;* **~é, e** *a* **1.** vergnügungssüchtig; **2.** leicht(sinnig); **3.** *(Schüler)* undiszipliniert; **~er I.** *tr* **1.** zerstreuen, (auf≈)lösen; **2.** verschwenden, vergeuden; verzetteln; **3.** von der Arbeit ab≈lenken; **4.** *(Mißverständnis, Zweifel)* beseitigen; **II.** *v prn se ~* **5.** sich zerstreuen, Zerstreuung suchen; leichtsinnig werden; **6.** *(Sorgen, Ängste)* vergehen, verfliegen; **7.** *(Nebel)* sich auflösen; **8.** *(Schüler)* unaufmerksam werden; *se ~ en fumée* sich in Rauch auflösen.

dissoci|ation [disɔsjasjɔ̃] *f* **1.** *chem* Zerfall *m,* Zersetzung, Auflösung *f;* **2.** *fig* Trennung *f;* **~er** *tr* **1.** zersetzen, auf≈lösen; **2.** trennen.

dissolu, e [disɔly] *a* ausschweifend, liederlich; **~ble** *a* auflösbar; **~tion** [-sjɔ̃] *f* **1.** *chem* (Auf-)Lösung; Zersetzung *f;* **2.** *fig pol jur* Auflösung; Ausschweifung, Zügellosigkeit *f.*

dissolvant, e [disɔlvɑ̃, -ɑ̃t] **I.** *a* **1.** *chem* lösend; **2.** *fig* zersetzend; **II.** *s m* Lösungsmittel *n;* Nagellackentferner *m.*

disson|ance [disɔnɑ̃s] *f* Dissonanz *f a. fig;* **~ant, e** *a* mißtönend *a. fig.*

dissoudre [disudr] *tr* (auf≈)lösen, zersetzen.

dissuader [disɥade] *tr* ab≈raten, aus≈reden (*qn de qc* jdm e-e S).

dissyllab|e [disilab] **I.** *a* zweisilbig; **II.** *s m* zweisilbige(s) Wort *n;* **~ique** *a* zweisilbig.

dissymétr|ie [disimetri] *f* Asymmetrie *f;* **~ique** *a* unsymmetrisch.

distan|ce [distɑ̃s] *f* **1.** Abstand *m,* Entfernung *f;* **2.** Wegstrecke *f;* **3.** (Zeit-, Standes-)Unterschied; zeitliche(r) Abstand *m;* **4.** *à ~* aus der Entfernung; *à courte, à faible, à petite ~* auf kurze Entfernung; *à peu de ~* in geringer Entfernung; *à ~s égales* in gleichem Abstand; **5.** *mesurer une ~ au pas* e-e Strecke ab≈schreiten; *prendre ses ~s (sport)* Abstand nehmen; *tenir à ~* sich vom Leibe halten; Abstand, Distanz wahren (*qn* zu jdm); **6.** *~ d'arrêt (mot)* Bremsweg *m; ~ focale (opt)* Brennweite *f; ~ parcourue* Fahr-, Flugstrecke; Marschleistung *f;* **~cer** [-se] **I.** *tr* **1.** *sport* ab≈hängen; **2.** *allg* hinter sich lassen; überholen; **3.** in die Ferne rücken (*qc* etw); **II.** *v prn se ~ de qn* sich von jdm distanzieren; **~t, e** *a* **1.** entfernt; **2.** *fig* reserviert, zurückhaltend.

disten|dre [distɑ̃dr] **I.** *tr* ausea.≈ziehen, strecken, spannen; **II.** *v prn se ~* **1.** sich überdehnen; **2.** *(Haut)* schlaff werden; **3.** *fig (Bindungen)* sich lockern.

distill|ateur [distilatœr] *m* Branntweinbrenner *m;* **~ation** *f* Destillation *f;* **~er** [-le] *tr* **1.** destillieren; brennen; verkoken; **2.** *bot zoo* tropfenweise von sich geben; **~erie** *f* (Branntwein-)Brennerei *f.*

distinct, e [distɛ̃, -kt] *a* **1.** verschieden, unterschiedlich; **2.** deutlich, klar; **~if, ive** Unterscheidungs-; **~ion** [-ksjɔ̃] *f* **1.** Unterscheidung *f;* Unterschied *m;* **2.** Auszeichnung *f;* **3.** Vornehmheit *f;* **4.** *sans ~* unterschiedslos; *~s de classes* Standes-, Klassenunterschiede *m pl.*

distingu|é, e [distɛ̃ge] *a* **1.** vornehm, von Rang *a. fig;* **2.** ausgezeichnet, tadellos, fein; *veuillez agréer, Monsieur, l'ex-*

pression de mes sentiments ~s mit vorzüglicher Hochachtung; **~er I.** *tr* **1.** unterscheiden; **2.** erkennen; **3.** aus=zeichnen; **II.** *v prn se ~* sich unterscheiden (*de* von); sich aus=zeichnen; **~o** [-go] *m fam* Unterscheidung, Nuance *f.*

distorsion [distɔrsjɔ̃] *f* **1.** (Ver-)Zerrung *a. tele,* verzerrte Wiedergabe *f;* **2.** *fig* Kluft *f.*

distr|action [distraksjɔ̃] *f* **1.** Zerstreutheit, Gedankenlosigkeit *f;* **2.** Zerstreuung, Ablenkung *f,* Vergnügen *n;* **~aire** *tr* **1.** ablenken, unterhalten (*qn* jdn); **2.** *(Geld)* zweckentfremden; **~ait, e** *a* zerstreut, abgelenkt; geistesabwesend; fahrig; **~ayant, e** [-trɛjɑ̃, -ɑ̃t] *a* **1.** unterhaltend, unterhaltsam; **2.** ablenkend.

distribu|er [distribɥe] *tr* **1.** ver-, aus=, auf=, ein=teilen; **2.** *(Post)* aus=tragen; **3.** *com* vertreiben, verkaufen; **4.** *(Löhne)* auszahlen; *(Dividende)* aus=schütten; **5.** *(Arbeit)* zu=weisen, -teilen; **6.** *(Lebensmittel)* aus=geben (*à* an *acc*); **~teur, trice** [-by-] *m f* **1.** Verteiler(in *f*); **2.** *com* Händler *m, f* Verkäuferin *(in e-m Großraumladen);* **3.** Filmverleiher *m;* **4.** *m tech* Verteiler *m;* **5.** *~ automatique* (Verkaufs-)Automat *m; ~ d'essence* Zapfstelle *f; ~ de savon* Seifenspender *m; ~ de tickets* Fahrkartenautomat *m; ~ de timbres* Briefmarkenautomat *m;* **~tion** [-sjɔ̃] *f* **1.** Ver-, Austeilung *f;* **2.** *(Ware)* Absatz, Vertrieb, Handel *m;* **3.** Versorgung (*de* mit); **4.** Zustellung *f (der Post); (Dividende)* Ausschüttung *f; (Karten)* Geben *n;* **5.** *theat film* Besetzung *f;* **6.** *mot* Steuerung *f;* **7.** *film* Verleih *m;* **8.** *(auf e-m Schriftstück)* Verteiler *m;* **9.** *~ des affaires* Geschäftsverteilung *f; ~ des colis* Paketzustellung *f; ~ électrique* Stromversorgung *f; ~ d'eau* Wasserversorgung, -wirtschaft *f; ~ des prix* Preisverteilung *f.*

district [distrikt] *m* Distrikt, Bezirk *m.*

dito [dito] *adv* dito, desgleichen.

diurne [dijyrn] *a* **1.** täglich; am Tage; **2.** *(Biologie)* Tages-, Tag-, Eintags-.

divag|ation *f meist pl* wirre(s) Gerede *n;* Hirngespinste *n pl;* **~uer** [-ge] *itr* faseln, dummes Zeug reden.

divan [divɑ̃] *m* Diwan *m;* Chaiselongue *f.*

diverg|ence [divɛrʒɑ̃s] *f* **1.** *math phys* Divergenz; **2.** *fig* (Meinungs-)Verschiedenheit; Gegensätzlichkeit *f;* **~ent, e** [-ʒɑ̃, -ɑ̃t] *a* **1.** *math phys* divergent; **2.** *fig* gegensätzlich; abweichend; **~er** *itr* **1.** ausea.=laufen; **2.** *fig* divergieren, vonea. ab=weichen.

divers, e [divɛr, -rs] *a* **1.** verschieden(artig); **2.** mannigfach, -fältig, divers; **3.** *pl* manche, verschiedene; — *à ~es reprises* zu wiederholten Malen; *en ~es occasions* bei verschiedenen Gelegenheiten; **~ifier** *tr* abwechslungsreich gestalten, variieren; **~ion** *f* Zerstreuung, Ablenkung *f* (*à* für); **~ité** *f* Mannigfaltigkeit; Verschiedenheit *f.*

divert|ir [divɛrtir] **I.** *tr* zerstreuen; unterhalten, belustigen; **II.** *v prn se ~* sich unterhalten, sich zerstreuen (*à* mit); **~issant, e** *a* unterhaltsam, belustigend; **~issement** *m* **1.** Unterhaltung, Belustigung *f;* **2.** *mus* Divertimento *n.*

dividende [dividɑ̃d] *m com* Dividende *f,* Gewinnanteil *m.*

divin, e [divɛ̃, -in] *a* **1.** göttlich; Gottes-; **2.** *fig* himmlisch, köstlich; — *service m ~* Gottesdienst *m;* **~ateur, trice** *a* (hell)seherisch; Seher-; **~ation** *f* Weissagung *f,* Hellsehen *n;* **~atoire** *a* seherisch; *baguette f ~* Wünschelrute *f;* **~iser** *tr* göttlich verehren, vergöttern; **~ité** *f* Gottheit; göttliche Natur *f.*

divis|er [divize] **I.** *tr* **1.** ver-, zerteilen, (auf=)spalten (*en* in *acc*); **2.** entzweien; *(Wort)* trennen; **3.** *math* dividieren; **II.** *v prn se ~* sich teilen, zerfallen (*en* in *acc*); **~eur** *m math* Divisor *m;* **~ion** [-zjɔ̃] *f* **1.** (Ein-)Teilung *f* (*en* in *acc*); **2.** Trennung, Abteilung *f;* **3.** Uneinigkeit, Zwietracht; **4.** *math mil* Division *f;* **5.** *typ* Trennungszeichen *n;* — *~ cellulaire (biol)* Zellteilung *f; ~ des pouvoirs (pol)* Gewaltenteilung *f; ~ du travail* Arbeitsteilung *f.*

divorc|e [divɔrs] *m* **1.** Ehescheidung (*d'avec* von); **2.** *allg* Lücke *f,* Kluft *f (entre* zwischen *dat);* **~é, e I.** *a* geschieden; **II.** *s m f* Geschiedene(r *m*) *f;* **~er** *itr* sich scheiden lassen (*d'avec qn* von jdm).

divulguer [divylge] *tr* verbreiten, unter die Leute bringen.

dix [dis, di(z)] **I.** *a* zehn; **II.** *s m* Zehn(er *m*) *f;* (der) Zehnte; **~-huit** [dizɥi(t)] *a* achtzehn; **~-huitième I.** *a* achtzehnte(r, s); **II.** *s m* Achtzehntel *n;* **~ième** [dizjɛm] **I.** *a* zehnte(r, s); **II.** *s m* Zehntel *n;* **~ièmement** *adv* zehntens; **~-neuf** [diznœf] neunzehn; **~-neuvième I.** *a* neunzehnte(r s); **II.** *s m* Neunzehntel *n;* **~-sept** [disɛt] *a* siebzehn; **~-septième I.** *a* siebzehnte(r, s); **II.** *s m* Siebzehntel *n.*

dizain [dizɛ̃] *m* Zehnzeiler *m (Gedicht);* **~e** [-zɛn] *f* **1.** *une ~e de* (etwa) zehn; **2.** *math* Zehner *m.*

do [do] *m inv mus* C, c *n.*

docile [dɔsil] *a* folgsam, fügsam.

dock [dɔk] *m mar* Hafenbecken *n,* Dock; Lagerhäuser *n pl;* Magazine *n pl; ~ flottant* Schwimmdock *n;* **~er** [-kɛr] *m* Docker, Hafenarbeiter *m.*

doct|e [dɔkt] *a* gelehrt; pedantisch; **~eur** *m* Doktor *m; être reçu ~* promovieren, *fam* s-n Doktor machen; *femme f ~* Doktorin; Ärztin *f; ~ en droit* Dr. jur. *m; ~ ès lettres* Dr. phil. *m; ~ (en) médecin(e)* Dr. med. *m; ~ ès sciences*

Dr. rer. nat. *m; ~ en théologie* Dr. theol. *m;* **~orat** [-ra] *m* Doktorwürde *f,* -grad, -titel *m;* Promotion, *(in Frankreich)* Habilitation *f;* **~rine** *f* Lehre, Doktrin; Lehrmeinung *f.*

document [dɔkymɑ̃] *m* **1.** Dokument *n,* Urkunde *f;* **2.** *pl* Unterlagen *f pl,* Papiere *n pl;* **3.** *~s comptables* Buchungsbelege *m pl; ~ justificatif* Beweisstück *n;* **~aire** [-tɛr] **I.** *a* dokumentarisch; **II.** *s m* u. *film ~* Kulturfilm *m;* **~aliste** *m* Dokumentalist *m;* **~ation** *f* **1.** Unterlagen *f pl;* **2.** *com* Informationsmaterial *n; réunir la ~* die Unterlagen zs.=stellen; **~er I.** *tr* **1.** Urkunden erbringen (*qc* über e-e S); **2.** informieren; **II.** *v prn se ~* Unterlagen sammeln; sich Belege verschaffen.

dod|(el)iner [dɔd(l)ine] *tr itr* wackeln (*de la tête* mit dem Kopf); **~o** *m (Kindersprache)* Schlaf *m;* Zubettgehen *n;* Heia, Bettchen *n;* **~u, e** *a* **1.** fleischig; **2.** dick; drall.

dogm|atique [dɔgmatik] **I.** *a* **1.** *rel* dogmatisch; **2.** *fig* stur; lehrhaft; **II.** *s f rel* Dogmatik *f;* **~atiser** *itr* sich in e-m entschiedenen Ton äußern; **~e** *m rel* Dogma *n.*

dogue [dɔg] *m* (Bull-)Dogge *f.*

doigt [dwa] *m* **1.** Finger *m;* **2.** *(~ de pied)* Zehe *f;* **3.** *zoo* Klaue *f;* **4.** *tech* Hebel *m,* Klinke, Taste *f,* Bolzen *m;* **5.** *un ~ de* ein bißchen, ein wenig; *à deux ~s de* ganz nahe bei, an; unmittelbar vor; *sur le bout du ~* im Schlaf, aus dem Effeff; **6.** *avoir de l'esprit jusqu'au bout des ~s* grundgescheit, sehr geistreich sein; *compter, calculer sur, avec ses ~s* an den Fingern her=zählen; *donner sur les ~s à qn* jdm auf die Finger klopfen; *être (comme) les deux ~s de la main* ein Herz u. eine Seele sein; *ne faire œuvre de ses dix ~s* keinen Handschlag tun, keinen Finger krumm machen; *se mettre, se fourrer le ~ dans l'œil* sich ins eigene Fleisch schneiden; sich sehr irren; *mettre le ~ sur la plaie (fig)* wissen, wo der Schuh drückt; *montrer du ~* mit dem Finger zeigen (*qn* auf jdn); *obéir au ~ et à l'œil* aufs Wort gehorchen; *ne pas remuer le petit ~* keinen Finger rühren; *toucher du ~* deutlich sehen, klar erkennen; *ne pas toucher du bout du ~* nicht an=rühren; **7.** *petit ~, ~ auriculaire* kleine(r) Finger *m;* **~é** [-te] *m* **1.** *mus* Fingersatz *m;* **2.** *fig* Fingerspitzengefühl *n;* **~er I.** *itr mus* die Finger richtig setzen; **II.** *tr (Noten)* mit dem Fingersatz bezeichnen.

doit [dwa] *m com* Soll, Debet *n; ~ et avoir m* Soll u. Haben *n.*

dol|éances [dɔleɑ̃s] *f pl* Klagen, Beschwerden *f pl;* **~ent, e** [-lɑ̃, -ɑ̃t] *a* jammernd, kläglich; leidend; **~men** [-mɛn] *m* Dolmen *m.*

doma|ine [dɔmɛn] *m* **1.** (Land-)Gut *n,* Länderei, Domäne *f;* **2.** *fig* Bereich *m* u. *n,* Gebiet, Fach *n; — dans tous les ~s* auf allen Gebieten; in jeder Beziehung; *~ d'application* Geltungs-, Anwendungsbereich *m;* **~nial, e** [-manjal] *a: forêt f ~e* Staatsforst *m.*

dôme [dom] *m* **1.** Dom *m;* **2.** *arch* Kuppel *f;* **3.** *poet* Gewölbe *n;* **4.** *tech* Kuppel, Haube *f;* Deckel *m;* **5.** *geol* Kuppe *f.*

domest|ication [dɔmɛstikasjɔ̃] *f* Zähmung *f;* **~ique I.** *a* Haus-; häuslich; **II.** *s m f* Hausangestellte(r *m*) *f;* **~iquer** *tr* zähmen.

domicil|e [dɔmisil] *m* Wohnsitz, -ort *m;* Wohnung *f; à ~* ins, zu, frei Haus; *sans ~ fixe* ohne festen Wohnsitz; *changer de ~* den Wohnsitz wechseln; *établir son ~* s-n Wohnsitz auf=schlagen (*à* in); *livraison à ~* Lieferung *f* frei Haus; **~iation** *f (Wechsel)* Domizilierung *f;* **~ié, e** *a* ansässig, wohnhaft; **~ier I.** *tr (Wechsel)* domizilieren; **II.** *v prn se ~* sich nieder=lassen (*à* in).

domin|ant, e [dɔminɑ̃, -ɑ̃t] *a* **1.** (vor)herrschend, überwiegend; Haupt-; **2.** *biol* dominant; **~ateur, trice** *a* **1.** beherrschend; **2.** herrschsüchtig; **~ation** *f* Herrschaft, Beherrschung *f;* **~er** *tr itr* **1.** (be)herrschen, Herr sein (*sur* über *acc*); **2.** vor=herrschen (*dans* in *dat*); **3.** heraus=ragen (*qc* über e-e S), überwiegen; **4.** überragen (*de la tête* um Haupteslänge); **5.** *(Geräusch)* übertönen; **~icain, e** [-nikɛ̃, -ɛn] *m f rel* Dominikaner(in *f*) *m;* **~ical, e** *a* sonntäglich; **~o** *m* **1.** Domino *m (Maskenkostüm);* **2.** *pl* Domino(spiel) *n.*

dommage [dɔmaʒ] *m* Schaden, Verlust, Nachteil *m; — causer du ~* Schaden an=richten *od* verursachen; *éprouver, subir un ~* Schaden leiden; *intenter une action en ~s-intérêts* auf Schadenersatz klagen; *(c'est) ~* das ist schade, es ist schade (*de* um; *que* mit *subj* daß); *quel ~!* wie schade! *~ corporel, matériel* Personen-, Sachschaden *m; ~s-intérêts m pl* Schadenersatz *m.*

dompt|er [dɔ̃te] *tr* zähmen, bändigen *a. fig;* **~eur** *m* Dompteur, Tierbändiger *m.*

don [dɔ̃] *m* **1.** Geschenk *n,* Schenkung, Spende *f;* **2.** Gabe, Fähigkeit *f,* Talent *n; — faire ~ de qc à qn* jdm etw schenken; *faire ~ de qc* etw verschenken; **~ation** *f* Schenkung(surkunde) *f.*

donc [dɔ̃k] *conj* also, folglich; denn (eigentlich); doch; *allons ~!* nanu! ich bitte Sie!

don|don [dɔ̃dɔ̃] *f fam* dicke(s) Weib *n;* **~jon** [-ʒɔ̃] *m* Bergfried *m.*

donn|ant, e [dɔnɑ̃, -ɑ̃t] *a: il n'est pas très ~* er gibt nicht gern; *~ ~* gibst du mir, so geb' ich dir; **~e** *f* (Karten-)Geben *n; à qui la ~?* wer gibt? *à vous la ~*

Sie geben; **~ée** *f* **1.** Grundlage *f,* Ausgangspunkt *m;* Gegebenheit *f;* **2.** *math* bekannte Größe *f;* **3.** *pl* Gegebenheiten, Tatsachen *f pl;* Merkmale *n pl;* Angaben *f pl;* Daten *n pl;* **~er I.** *tr* **1.** geben, schenken; überlassen; **2.** *(Befehl)* erteilen; *(Grund)* an=geben; *(Titel a. fig)* verleihen; **3.** bringen, be-, verschaffen, besorgen; **4.** *(Beweis)* liefern; **5.** hervor=bringen, erzeugen, her=geben; *(Früchte)* tragen; **6.** verursachen, machen; **7.** übergeben, -tragen, gewähren; an=vertrauen, überantworten, aus=liefern; **8.** *(Meinung)* äußern; **9.** *theat* auf=führen; *(Fest)* veranstalten; *(Vortrag)* halten; *(Buch)* heraus=geben; **10.** *pop* verraten (*qn* jdn); **II.** *itr* **11.** *agr* (gut) tragen; ergiebig sein; **12.** an=rennen (*contre* gegen); (hinein=)geraten, -stoßen, -gehen, -fahren (*dans, à* auf, in *acc*); **13.** stoßen (*sur* auf *acc*), geraten (*à* auf *acc*); sich stürzen (*sur* auf *acc*); **14.** *(Fenster, Zimmer)* gehen, liegen (*sur* auf *acc,* nach); **15.** *(Sonne)* scheinen; — *~ acquit, quittance* quittieren; *~ l'alarme* Alarm schlagen; *~ avis (com)* avisieren (*de* acc); *~ du bénéfice* Gewinn ab=werfen; *~ le bonjour* guten Tag sagen; *~ congé à qn* jdm kündigen; *~ son consentement* zu=stimmen; *~ un coup* e-n Schlag versetzen; *~ un coup de téléphone* an=rufen (*à qn* jdn); *~ libre cours* freien Lauf lassen; *~ décharge* Entlastung erteilen (*à qn* jdm); *~ dedans (fig)* herein=fallen; *~ un devoir* e-e Aufgabe stellen; *~ à entendre* zu verstehen geben; *~ de l'espoir* Hoffnung machen; *~ en gage* verpfänden; *~ de l'inquiétude* beunruhigen (*à qn* jdn); *~ de la joie* Freude machen *od* bereiten; *~ le jour à qc* etw ins Leben rufen; (*à un enfant* e-m Kind) das Leben schenken; *~ lecture de qc* etw verlesen; *~ lieu à* veranlassen, Veranlassung geben zu; *~ du mal, du fil à retordre* sehr zu schaffen machen (*à qn* jdm); *~ en mariage* zur Frau geben; *~ la mort* töten (*à qn* jdn); *~ naissance (fig)* ins Leben rufen (*à qc* etw); *~ sur les nerfs* auf die Nerven gehen *od* fallen; *~ dans l'œil, dans la vue (fig fam)* in die Augen stechen; *~ passage, libre cours à* freien Lauf lassen *dat;* *~ de la peine* Mühe machen; *~ une poignée de main à qn* jdm die Hand drücken; *~ une question, un problème* e-e Frage, ein Problem stellen *od* auf=werfen; *~ raison, tort* recht, unrecht geben (*à qn* jdm); *~ rendez-vous à qn* jdn bestellen; *~ de bons résultats* gute Ergebnisse erzielen; sich bewähren; *~ tête baissée (basse) dans (fig)* sich (kopfüber) stürzen in *acc; ne savoir où donner de la tête* nicht wissen, wo e-m der Kopf steht; *~ la vie, le jour à (e-m Kinde)* das Leben schenken; *quel âge me donnez-vous?* wie alt schätzen Sie mich? *je vous le donne en dix, cent, mille* das raten Sie nicht; *on lui en donnera (fam)* man wird ihm was husten; *pouvez-vous me ~ l'heure?* können Sie mir sagen, wieviel Uhr es ist? *je me demande ce que ça va ~* ich frage mich, was daraus wird; **III.** *v prn se ~* **1.** sich hin=, sich ergeben, sich widmen; **2.** *theat* aufgeführt werden; **3.** sich zu=schreiben; sich aus=geben (*pour qc* für etw); **4.** sich stoßen, sich schlagen (*de* mit); **5.** *se ~ des airs* sich auf=spielen, an=geben; *se ~ le bras* Arm in Arm gehen; *se ~ une indigestion* sich den Magen verderben; *se ~ du mal* sich an=strengen; *se ~ la mort* sich das Leben nehmen; *se ~ du mouvement* sich Bewegung verschaffen; *se ~ de la peine* sich Mühe geben; *se ~ du bon temps* sich das Leben schön machen; *s'en ~* sich prächtig amüsieren; **~eur, euse** *m f* Geber(in *f*) *m; ~ d'ordre* Auftraggeber *m; ~ de sang* Blutspender *m.*

dont [dɔ̃] *prn* dessen, deren; von, aus, mit dem, der, denen, welchem, welcher, welchen; wovon, woraus, womit; *voilà ce ~ il s'agit* eben darum handelt es sich.

donzelle [dɔ̃zɛl] *f fam* launische(s) Ding *n.*

dop|ant [dɔpɑ̃] *m* Aufputschmittel *n;* **~er** *tr sport* dopen; **~ing, ~age** [-iŋ] *m* Dopen *n.*

dor|é, e [dɔre] *a* golden, goldglänzend; *(Küche)* goldbraun; **~énavant** *adv* von nun an, von jetzt ab; künftig, in Zukunft; **~er I.** *tr* **1.** vergolden *a. fig;* **2.** *(Küche)* mit Eigelb überziehen; **3.** *fig* versüßen, schmackhaft machen, annehmbar machen; **II.** *v prn se ~ au soleil* in der Sonne bräunen; **~ique** *a arch* dorisch; **~loter** [-lɔte] **I.** *tr* verzärteln, verhätscheln; **II.** *v prn se ~* sich das Leben angenehm machen.

dorm|ant, e [dɔrmɑ̃, -ɑ̃t] **I.** *a* schlafend; **II.** *s m* **1.** Schlafende(r) *m;* **2.** Türpfosten *m;* **3.** Blendrahmen *m; eau f ~e* stehende(s) Gewässer *n;* **~eur, se** *s m f* (Lang-)Schläfer(in *f*) *m;* **~ir** *itr* **1.** schlafen; **2.** *fig* ruhen; (still=)stehen; **3.** ein=schlafen (*sur qc* bei etw); **4.** *(Geld)* nicht arbeiten; — *laisser ~ qc* etw nicht an=rühren, (auf sich be)ruhen lassen; *ne ~ que d'un œil* schlecht schlafen; e-n leichten Schlaf haben.

dorsal, e [dɔrsal] **I.** *a anat* Rücken-; **II.** *s f: ~e anticyclonique (Meteorologie)* Hochdruckkeil *m.*

dortoir [dɔrtwar] *m* Schlafsaal *m; cité-~* Schlafstadt *f.*

dorure [dɔryr] *f* Vergoldung *f.*

doryphore [dɔrifɔr] *m* Kartoffelkäfer *m.*

dos [do] *m* **1.** Rücken *m;* **2.** Rückenlehne; Rückseite *f;* **3.** *~ à ~* [dozado] Rükken an Rücken; *au ~ de qc* auf der Rückseite e-r S; *en ~ d'âne* sattelförmig; Sattel-; **4.** *agir dans le ~ de qn* hinter jds Rücken handeln; *avoir bon ~ (fig)* e-n breiten Rücken, Buckel haben; *avoir le ~ large* breite Schultern haben; *faire le gros ~ (Katze)* e-n Buckel machen; *fig* sich ducken; *mettre qc sur le ~ de qn (fig)* jdm etw in die Schuhe schieben; *tomber sur le ~ de qn* über jdn her=fallen; *tourner le ~ à qn* jdm den Rücken kehren; **5.** *j'en ai plein le ~ (pop)* ich habe die Nase voll; *cela vous retombera sur le ~* Sie haben die Folgen davon zu tragen; **6.** *~ de la main, du nez* Hand-, Nasenrücken *m.*

dos|age [dozaʒ] *m pharm* Dosierung *f;* **~e** *f* **1.** Dosis *f;* **2.** *fig* (gehöriges) Maß *n;* **~er** *tr* dosieren.

doss|ard [do(ɔ)sar] *m sport* Rückennummer *f;* **~ier** *m* **1.** (Rücken-)Lehne; Rückwand *f;* **2.** Akten *f pl,* Unterlagen *f pl,* Aktendeckel *m;* **3.** *radio* Problemdiskussion *f;* **4.** *~ médical* Krankenblatt *n; ~ personnel, individuel* Personalakten *f pl.*

dot [dɔt] *f* Mitgift; Aussteuer *f,* Heiratsgut *n;* **~ation** *f* **1.** Schenkung; Ausstattung *f;* **2.** Dotation; Zuweisung *f; ~ initiale* Erstausstattung *f;* **~er** *tr* **1.** *(Tochter)* e-e Aussteuer mitgeben; **2.** dotieren; aus=statten *a. fig* (*de* mit).

douan|e [dwan] *f* Zoll(amt *n,* -verwaltung, -grenze *f*) *m;* — *procéder aux formalités de ~* zollamtlich ab=fertigen (*avec qn* jdn); *droits m pl de ~* Zollgebühren *f pl; soumis aux droits de ~* zollpflichtig; **~ier, ère I.** *a* Zoll-; **II.** *s m* Zollbeamte(r) *m; barrières f pl ~ières* Zollschranken *f pl; tarif m ~* Zolltarif *m; union f ~ière* Zollunion *f.*

doubl|age [dublaʒ] *m* **1.** *(Stoff)* Futter *n;* Einlage *f;* **2.** *film* Synchronisierung *f;* **~e I.** *a* doppelt; Doppel-; zweifach; **II.** *s m* **1.** (das) Doppelte; **2.** Duplikat *n,* Zweitausfertigung; Dublette *f;* **3.** *film* Double *n;* **4.** *(Tennis)* Doppel *n;* **5.** *à ~ sens* zweideutig; *au ~* doppelt *(bezahlen);* **6.** *avoir en ~* doppelt haben; *faire coup ~* zwei Fliegen mit e-r Klappe schlagen; *faire ~ emploi* überflüssig sein; *fermer à ~ tour* den Schlüssel zweimal herum=drehen; **III.** *adv: payer, voir ~* doppelt bezahlen, sehen; **7.** *~ m dames, messieurs (Tennis)* Damen-, Herrendoppel *n;* **~é, e I.** *s m* Dublee; doppelte(s) Ereignis *n;* **II.** *a* **1.** verdoppelt; gefüttert; **2.** *film* synchronisiert; *~ de* und zugleich; **~er I.** *tr* **1.** verdoppeln; **2.** *(Kleidungsstück)* füttern; **3.** *theat* vertreten; vertretungsweise spielen (*qn* für jdn); **4.** *film* synchronisieren; **5.** *mar* umschiffen; *mot* überholen; *sport* überrunden; **6.** *fam* hintergehen, anschmieren (*qn* jdn); **II.** *itr* aufs Doppelte an=wachsen; *~ le pas* s-e Schritte verdoppeln; *défense de ~* nicht überholen! **~et** [-blɛ] *m* **1.** falsche(r) (Edel-) Stein *m;* **2.** *gram* Dublette *f;* **~on** *m typ (fehlerhafte)* Verdoppelung; unnötige Wiederholung *f;* **~onnage** *m* Wiederholung *f;* **~onner** *tr* wiederholen; **~ure** *f* **1.** Futter *n (Stoff);* **2.** *theat* Vertreter(in *f*) *m;* **3.** *film* Double *n.*

douc|e-amère [dusamɛr] *f bot* Bittersüß *n;* **~eâtre** [-satr] *a* **1.** süßlich, fade; **2.** *fig* abgeschmackt; **~ement I.** *adv* **1.** sanft, sacht, behutsam; **2.** leise; langsam, ohne Überstürzung; **3.** geduldig; in aller Stille, heimlich; **4.** in angenehmer Weise; **5.** *fam* mittelmäßig, so lala; **II.** *interj* sachte! langsam! *aller tout ~* so leidlich gehen; *s'amuser ~* sich heimlich amüsieren; **~ereux, se** *a* süßlich, widerlich süß; **~ette** *f* Acker-, Feldsalat *m;* **~ettement** *adv fam* ganz sanft, sacht, gemütlich; **~eur** *f* **1.** Süße, Süßigkeit *f;* **2.** Sanftmut, Zartheit, Freundlichkeit, Milde; Annehmlichkeit; **3.** *pl* Süßigkeiten *f pl;* — *en ~* mit Bedacht; in (aller) Ruhe; sacht; *atterrir en ~* weich landen.

douch|e [duʃ] *f* Dusche *a. fig,* Brause(bad *n*) *f; prendre une ~* (sich) duschen; **~er I.** *tr* **1.** (ab=)duschen; **2.** *fig fam* ab=kühlen (*qn* jdn), ernüchtern; **II.** *v prn se ~* (sich) duschen.

dou|é, e [dwe] *a* begabt (*de* mit); **~er** *tr* versehen, aus=statten (*de* mit).

douill|e [duj] *f* **1.** *tech* Tülle, Hülse, Buchse *f;* **2.** *el* Fassung *f;* **~et, te** [-jɛ, -ɛ̃t] **I.** *a* **1.** weich, mollig; **2.** gemütlich, bequem; **3.** *fig* zimperlich; **II.** *s f* warme(r) Morgenrock; wattierte(r) Mantel *m.*

doul|eur [dulœr] *f* **1.** Schmerz *m;* **2.** Pein *f;* Leid *n;* **3.** *pl* Wehen *pl;* **~oureux, se** [-lurø, -øz] **I.** *a* **1.** schmerzhaft; empfindlich; **2.** *fig* schmerzlich; schmerzbewegt; peinigend; **II.** *s f fam* Rechnung *f.*

dout|e [dut] *m* **1.** Zweifel *m;* Bedenken *n;* **2.** *sans ~* gewiß, sicher(lich), wahrscheinlich; (doch) wohl, allerdings; *sans aucun ~* zweifellos, ganz bestimmt; **3.** *avoir des ~s* Zweifel hegen (*sur* wegen, hinsichtlich); *être dans le ~* im Zweifel sein (*au sujet de* wegen); *ne faire aucun ~* fest=stehen; *laisser dans le ~* (jdn) im Zweifel, (etw) im unklaren lassen; *mettre en ~* in Zweifel ziehen; **4.** *cela est hors de ~* das ist über jeden Zweifel erhaben; **~er I.** *itr* **1.** zweifeln (*de* an *dat*), bezweifeln (*de qc* etw); **2.** mißtrauen (*de qn* jdm); **II.** *v prn se ~ de qc* etw ahnen, vermuten; *je m'en doute* das kann ich mir denken; **~eux, se** *a* **1.** zweifelhaft, ungewiß, unsicher, fraglich; **2.** zweideutig; **3.** nicht ganz einwandfrei.

douve [duv] *f* **1.** (Faß-)Daube *f;* **2.** Wassergraben *m.*

doux, ce [du, dus] *a* **1.** süß; **2.** fade; **3.** sanft, milde, zart, weich; **4.** leicht, mäßig; **5.** lau, lind, gelind(e); **6.** angenehm, erfreulich; **7.** sanftmütig, ruhig, friedlich; **8.** *(Pferd)* fromm; zahm; **9.** *tout ~!* sachte! langsam! **10.** *se la couler douce (fam)* sein Leben genießen; *faire les yeux ~ à qn* jdn verliebt an=sehen; *filer ~* klein bei=geben; **11.** *il fait ~* es ist mildes Wetter; **12.** *eau f douce* Süßwasser *n.*

douz|aine [duzɛn] *f* Dutzend *n; une ~ de* (etwa) zwölf; *à la ~* dutzendweise; **~e I.** *a* zwölf; **II.** *s m* Zwölf(er *m*) *f;* (der) Zwölfte(r, s); **~ièmement** *adv* zwölftens.

doyen, ne [dwajɛ̃, -ɛn] *m f* **1.** *rel (Universität)* Dekan *m;* **2.** Dienst-, Rangälteste(r *m*) *f;* — *~ d'âge* Alterspräsident; Doyen *m.*

draconien, ne [drakɔnjɛ̃, -ɛn] *a* drakonisch.

drag|ée [draʒe] *m* **1.** Dragée *n* od *f,* Bonbon *m* od *n, bes.* Mandel *f* mit Zuckerüberzug; **2.** *pharm* Dragée *n* od *f,* Pille *f;* — *tenir la ~ haute à qn* jdn zappeln lassen; jdn teuer bezahlen lassen; **~on** [-gɔ̃] *m* Drache *m a. fig;* **~ue** [drag] *f* **1.** (Schwimm-)Bagger *m;* **2.** *(Fischerei)* Schleppnetz *n;* **~uer** *tr* **1.** (aus=)baggern; **2.** *fam (Mädchen)* aufgabeln; **~ueur** *m* **1.** Schwimmbagger *m;* **2.** Schleppnetzfischer *m;* **3.** *(~ de mines)* Minensuch-, -räumboot *n;* **4.** *fam* Schürzenjäger *m.*

drain [drɛ̃] *m med* Kanüle *f;* **~age** [drɛn] *m* Entwässerung *f;* **~er** *tr* **1.** *agr* dränieren; entwässern; **2.** *fig* an sich ziehen.

dram|atique [dramatik] **I.** *a* dramatisch; **II.** *s f* Hörspiel *n;* **~atiser** *tr* dramatisieren; **~aturge** *m* Dramatiker *m;* **~e** *m* Drama, Schauspiel *n; ~ lyrique* Musikdrama *n;* Oper *f.*

drap [dra] *m* **1.** Tuch *n;* **2.** *pl* Bettwäsche *f;* — *être dans de beaux ~s* in der Klemme, Patsche sitzen; *~ (de lit)* Bettuch, -laken *n;* **~é** [-pe] *m* Drapierung, Fältelung *f,* Faltenwurf *m;* **~eau** *m* Fahne, Flagge *f; être sous les ~x* Soldat sein; *planter un ~ (pop)* die Zeche schuldig bleiben; **~er I.** *tr* **1.** als Tuch zu=richten; **2.** mit (schwarzem) Tuch aus=schlagen *od* drapieren; **3.** in Falten legen (*sur qn* um jdn); **II.** *v prn se ~* sich (ein=)hüllen (*dans* in *acc*); **~erie** *f* **1.** Tuchfabrikation *f,* -handel *m;* **2.** Stoffgeschäft *n,* -abteilung *f;* **3.** Draperie *f;* Faltenwurf *m;* **~ier, ère** *m f* Tuchfabrikant, -händler *m.*

drastique [drastik] **I.** *a* **1.** *pharm* stark wirkend; **2.** *(fälschlich)* drastisch, energisch; **II.** *s m* stark wirkende(s) (Abführ-)Mittel *n.*

dress|age [drɛsaʒ] *m* Dressur *f;* **~er I.** *tr* **1.** auf=richten, auf=stellen, montieren; **2.** *(Ohren)* spitzen; *(Bett, Zelt)* auf=schlagen; *(Tisch)* decken; *(Falle)* stellen; **3.** *(Plan)* auf=stellen, entwerfen; *(Bestand)* auf=nehmen; *(Liste)* an=legen; *(Protokoll)* führen, auf=nehmen; *(Urkunde)* aus=fertigen; *(Rechnung)* aus=stellen; *(Vertrag)* auf=setzen; *(Bilanz)* auf=stellen; *(Inventar)* auf=nehmen; **4.** *tech* gerade=richten, -machen; **5.** *(Hund)* dressieren, ab=richten; *(Soldaten)* drillen; **6.** *(Küche)* an=richten; **II.** *v prn se ~* **7.** sich auf=richten; sich auf=stellen; sich erheben; **8.** *(Pferd)* sich auf=bäumen; *(Haare)* sich sträuben; *(Berg)* empor=ragen; — *se ~ contre* sich wenden, sich auflehnen gegen; *~ l'oreille, les oreilles (fig)* die Ohren spitzen; *se ~ sur la pointe des pieds* sich auf die Zehenspitzen stellen; *les cheveux se dressent sur la tête* die Haare stehen e-m zu Berge; **~eur, se** *m* Dresseur *m.*

dribbler [drible] *tr itr sport* dribbeln; *(e-n Spieler)* umspielen.

drille [drij] **1.** *m fam* Kumpan, Kerl *m;* **2.** *f* Drillbohrer *m.*

drogu|e [drɔg] *f* Droge *f;* Rauschgift; Betäubungsmittel *n;* **~er I.** *tr* mit Arzneien überfüttern; **II.** *v prn se ~* sich mit Medikamenten voll=stopfen; Rauschgift gebrauchen; **~erie** *f* **1.** Drogen(handel *m*) *f pl;* **2.** Drogerie *f;* **~iste** *m* Drogist *m.*

droit, e [drwa, -at] **I.** *s m* **1.** Recht *n,* Berechtigung *f;* (Rechts-)Anspruch *m;* **2.** Rechtswesen *n;* Rechtswissenschaft *f;* Rechte *n pl;* **3.** Gebühr, Abgabe *f;* Zoll *m;* **4.** Gerechtigkeit; **5.** *(Boxen)* Rechte *f;* **II.** *s f* **6.** Rechte *(a. beim Boxen),* rechte Hand *od* Seite *f;* **7.** *pol* Rechte *f,* Rechtsparteien *f pl;* **8.** *math* Gerade *f;* **III.** *a* **9.** gerade; aufrecht, senkrecht; **10.** aufrichtig, ehrlich, rechtschaffen, redlich; **11.** gesund, vernünftig; **12.** *(Jacke)* einreihig; **13.** rechte(r, s); **IV.** *adv* **14.** gerade(aus); geradeswegs; **15.** *à ~e* (nach) rechts; *à ~e et à gauche* auf allen Seiten; *à bon ~* von Rechts wegen; *à, par qui de ~* an, durch den Berechtigten, Zuständigen; *de (plein) ~* mit (vollem) Recht; *de quel ~* mit welchem Recht; *par ~ et raison* mit vollem Recht; *par voie de ~* auf dem Rechtswege; **16.** *aller ~ devant soi* (immer) geradeaus gehen; *avoir ~ à qc* ein Recht auf e-e S haben; *avoir le ~ de* berechtigt sein zu; *être dans son ~* im Recht sein; *faire son ~* Rechtswissenschaft studieren; *percevoir des ~s* Zoll erheben; *user d'un ~* von e-m Recht Gebrauch machen; **17.** *~s acquis* (wohl)erworbene Rechte *n pl; ~ administratif* Verwaltungsrecht *n; ~ d'auteur* Urheberrecht *n; ~ civil* bürgerliche(s), Zivilrecht *n; les ~s civiques* die bürgerlichen Ehrenrechte *n pl; ~ commercial* Handelsrecht *n; ~ coutumier* Gewohnheitsrecht *n; ~ criminel, pénal* Strafrecht *n; ~ domestique, de famille* Familienrecht *n; ~ électoral* Wahlrecht *n; ~ d'entrée* Einfuhrzoll *m;* Eintrittsgebühr *f; ~ à l'existence* Daseinsberechtigung *f; ~ fondamental (pol)* Grundrecht *n; ~ de garde* Aufbewahrungsgebühr *f; ~ de grève* Streikrecht *n; ~s de l'homme* Menschenrechte *n pl; ~s d'inscription* Einschreib(e)gebühren *f pl; ~ maritime* Seerecht *n; ~ naturel* Naturrecht *n; ~ privé* Privatrecht *n; ~ public* öffentliche(s) Recht *n; ~ des sociétés* Gesellschaftsrecht *n; ~ de timbre* Stempelgebühr *f; ~ de vote* Wahl-, Stimmrecht *n.*

drôl|e [drol] **I.** *a* **1.** drollig, spaßig, spaßhaft; **2.** lustig, heiter, witzig; **3.** eigenartig, seltsam, sonderbar; **4.** *un ~ de ...* ein komischer, seltsamer, drolliger ...; *fam* ein beachtlicher, gewaltiger ...; **II.** *s m* **5.** komische(r) Typ *m; un ~ de corps, (fam) ~ de coco* ein komischer Kauz; **6.** *cela me fait ~* das berührt mich seltsam; **~ement** *adv* **1.** sonderbar, seltsam; **2.** *fam* gewaltig, mächtig, äußerst, sehr; **~erie** *f* **1.** Spaßhaftigkeit, Lustigkeit *f;* **2.** lustige(r), tolle(r) Streich *m.*

dromadaire [drɔmadɛr] *m* Dromedar *n.*

dru, e [dry] *a adv* dicht; *tomber ~* in dichten Tropfen fallen.

dû, due [dy] **I.** *a* **1.** geschuldet, schuldig; **2.** gebührend, gehörig; **II.** *s m* das Gebührende; — *en (bonne et) due forme* in gehöriger Form; *en port ~* unfrankiert; *cela lui est ~* das kommt ihm zu; **~ment** *adv* ordnungsgemäß.

duc [dyk] *m* Herzog *m; grand ~* Uhu *m;* **~al, e** *a* herzoglich.

duch|é [dyʃe] *m* Herzogtum *n;* **~esse** *f* Herzogin *f.*

ducroire [dykrwar] *m com* Delkredere *n.*

duel [dɥɛl] *m* **1.** Duell *n,* Zweikampf *m;* **2.** *gram* Dual *m;* — *~ oratoire* Rededuell *n.*

dune [dyn] *f* Düne *f.*

duo [dɥo] *m mus* Duett *n;* **~dénum** [-denɔm] *m* Zwölffingerdarm *m.*

dup|e [dyp] **I.** *s f* Betrogene(r *m*) *f;* Gimpel *m;* **II.** *a* getäuscht; betrogen; *être la ~ de qn* von jdm getäuscht, betrogen, an der Nase herum-; angeführt werden; **~er** *tr* täuschen, betrügen, an der Nase herum=führen; **~erie** *f* Betrug *m,* Täuschung *f,* Schwindel *m.*

duplex [dyplɛks] *m* **1.** Gegensprechverkehr *m;* **2.** *tele* Konferenzschaltung *f;* **3.** zweigeschossiges Appartement *n.*

duplic|ata [dyplikata] *m* Duplikat, Doppel *n,* Zweitausfertigung *f;* **~ateur** *m* Vervielfältiger *m;* **~ité** [-site] *f* Falschheit *f.*

dur, e [dyr] **I.** *a* **1.** hart; fest; **2.** schwer (*à* zu), schwierig; **3.** *fig* hartherzig (*pour, envers qn* gegen jdn), streng, rauh, unfreundlich; gefühllos; **4.** abgehärtet (*à* gegen); **5.** *(Wein)* herb; *(Schnaps)* stark; *(Ei)* hartgekocht; **6.** *(Schlaf)* tief; *(Kind)* widerspenstig; *(Stil)* holperig; *(Farbe)* grell; *(Meer)* stürmisch; **7.** *sport (Ball)* scharf; **II.** *s m* Harte(s) *n; fam* Hartgesottene(r) *m;* **III.** *s f: à la ~e* rauh, roh *adv; sur la ~e* auf der bloßen Erde, auf dem Fußboden; **IV.** *adv* hart, schwer; sauer, mühsam; — *avoir l'oreille ~e, être ~ d'oreille* schwer hören, schwerhörig sein; *avoir la tête ~e* eigensinnig sein; *être ~ à la détente* sich schwer vom Gelde trennen; *frapper, cogner ~* kräftig zu=schlagen; *rendre à qn la vie ~e* jdm das Leben schwer=machen; *il est ~ à la tâche* er schuftet wie ein Pferd; *les temps sont ~s* die Zeiten sind schlecht; *construit en ~* massiv gebaut; **~ant** *prp* während; *sa vie ~* sein Leben lang; *~ tout le chemin* auf dem ganzen Wege.

dur|cir [dyrsir] **I.** *tr* hart machen, verhärten; **II.** *itr* u. *se ~* hart werden; **~ée** *f* **1.** (Zeit-)Dauer *f;* **2.** *de (longue) ~* von (langer) Dauer; *de courte ~* von kurzer Dauer; *com* kurzlebig; **3.** *~ de la construction* Bauzeit *f; ~ de démarrage* Anlaufzeit *f; ~ d'exposition (phot)* Belichtungszeit *f; ~ du parcours* Fahrzeit *f; ~ du vol (aero)* Flugdauer, -zeit *f; ~ de travail* Arbeitszeit *f; ~ (de validité)* Gültigkeitsdauer *f; ~ (de la vie)* Lebensdauer *f;* **~er** *itr* **1.** (lange) dauern, währen; an=halten, an=dauern; **2.** (sich) hin=ziehen, Bestand haben; **3.** *fam* bleiben, warten, (es) aus=halten, ertragen; **4.** *(Zeit)* e-m lang werden; **~eté** *f* Härte *a. fig,* Schwere; Strenge; Rauheit *f; ~ de cœur* Hartherzigkeit *f.*

duvet [dyvɛ] *m* **1.** Flaum(feder *f*) *m;* **2.** Daune(nbett *n*) *f;* **3.** Flaum(haare *n pl*), *fam* Milchbart *m.*

dynam|ique [dinamik] **I.** *a* **1.** dynamisch; **2.** *fig* tatkräftig, aktiv; temperamentvoll; **II.** *s f* Dynamik *f;* **~iser** *tr* Energie einflößen; **~ite** *f* Dynamit *n; faire sauter à la ~* mit Dynamit sprengen; **~o** *f* Dynamo(maschine *f*) *m;* Lichtmaschine *f.*

dynastie [dinasti] *f* Dynastie *f.*

E

eau [o] *f, pl* ~*x* **1.** Wasser *n;* **2.** *(Diamant)* Glanz *m,* Wasser *n;* **3.** *(Wendungen) s'en aller en ~ de boudin, à vau-l' ~ (fig)* zu Wasser werden; mißlingen; *être tout en* ~ in Schweiß gebadet sein; *faire ~, avoir une voie d'~* leck sein; *mettre à l'~* vom Stapel lassen; *mettre l'~ à la bouche de qn* jdm den Mund wässerig machen; *nager entre deux ~x (fig)* es mit keinem verderben wollen; *pêcher en ~ trouble* im trüben fischen; *ne pas prendre l'~* wasserdicht sein; *tomber à l'~* ins Wasser fallen; *le temps est à l'~* es sieht nach Regen aus; **4.** *château m d'~* Wasserturm *m; chute f d'~* Wasserfall *m; conduite f d'~* Wasserleitung *f; cours m d'~* Wasserlauf *m; jet m d'~* Wasserstrahl *m; niveau m d'~* Wasserspiegel, -stand *m; ville f d'~x* Bäderstadt *f;* **5.** *~ bénite* Weihwasser *n; ~ douce* Süßwasser *n; E~x et Forêts* Forst- u. Wasserverwaltung *f; ~x de pluie* Regenwasser *n; ~ (non) potable* (kein) Trinkwasser *n; ~ de puits* Brunnenwasser *n; ~ salée* Salzwasser *n; ~ de Seltz* Sodawasser *n; ~ de source, ~ vive* Quellwasser *n; ~-de-vie f* Schnaps; Branntwein *m.*

ébah|i, e [ebai] *a* verdutzt, verblüfft; **~ir** *tr* verblüffen, in Erstaunen setzen.

ébaub|i, e [ebobi] *a fam* verdutzt, verblüfft, baff.

ébauch|e [eboʃ] *f* **1.** Entwurf *m;* Skizze *f;* **2.** *fig* (schwache) Andeutung *f;* **~er I.** *tr* an=deuten, (flüchtig) entwerfen, skizzieren; **II.** *v prn s'~* sich ab=zeichnen.

éb|ène [ebɛn] *f* Ebenholz *n;* **~éniste** *m* (Kunst-)Tischler, Schreiner *m;* **~énisterie** [-təri] *f* (Kunst-)Tischlerei *f.*

éberlu|é [ebɛrlɥe] *a fam* verblüfft, verdutzt.

éblou|ir [ebluir] *tr* **1.** blenden; **2.** verblüffen; Eindruck machen; — *se laisser ~* sich blenden lassen; **~issant, e** *a* blendend *a. fig;* **~issement** *m* **1.** Blendung *f;* **2.** *med* Schwindel(gefühl *n*) *m;* **3.** *fig* Staunen *n;* Verwunderung *f.*

ébonite [ebɔnit] *f* Hartgummi *m.*

éborgner [ebɔrɲe] *tr* ein Auge aus=schlagen (*qn* jdm).

éboueur [ebwœr] *m* Straßenkehrer *m.*

ébouillanter [ebujɑ̃te] **I.** *tr* ab=brühen; **II.** *v prn s'~* sich verbrühen.

éboul|ement [ebulmɑ̃] *m* Einsturz; Zs.bruch *m;* Erdrutsch *m;* Geröll *n;* **~er, s'** *v prn* ein=stürzen; **~is** [-i] *m* Geröll *n;* Schutt *m;* Schutthalde *f.*

ébouriff|ant, e [eburifɑ̃, -ɑ̃t] *a fam* **1.** verblüffend, erstaunlich; **2.** unglaublich, haarsträubend; **~er** *tr* **1.** *(Haar)* zerzausen; **2.** *fig* aus der Fassung bringen.

ébranch|er [ebrɑ̃ʃe] *tr (Baum)* aus=ästen.

ébranl|ement [ebrɑ̃lmɑ̃] *m* **1.** Erschütterung *f a. fig;* **2.** *fig* Schock *m;* **~er I.** *tr* erschüttern *a. fig;* **II.** *v prn s'~* sich in Bewegung setzen.

ébréch|é, e [ebreʃe] *a* **1.** schartig; angeschlagen; **2.** *(Vermögen)* stark angegriffen.

ébriété [ebrijete] *f* Trunkenheit *f; être en état d'~* (be)trunken sein.

ébrouer [ebrue] *v prn s'~* schnauben, prusten.

ébruiter [ebrɥite] **I.** *tr* aus=plaudern, unter die Leute bringen; **II.** *v prn s'~* ruchbar werden.

ébullition [ebylisjɔ̃] *f* **1.** (Auf-)Kochen, Sieden *n;* **2.** *fig* Gärung *f;* Wallung *f;* — *en ~* kochend, siedend; *fig* erregt; *mettre en ~* zum Sieden bringen; *point m d'~* Siedepunkt *m.*

écaill|e [ekaj] *f* **1.** *anat bot* Schuppe *f;* Schildpatt *n;* **2.** Splitter *m;* — *en ~* schuppig, plattig; *les ~s lui sont tombées des yeux* es fiel ihm wie Schuppen von den Augen; **~er I.** *tr* **1.** *(Fisch)* (ab=) schuppen; **2.** *(Auster)* öffnen; **3.** *(Belag)* ab=kratzen; **II.** *v prn s'~* sich ab=schuppen; ab=bröckeln; ab=blättern; **~er, ère** *m f* Muschel-, Austernhändler(in *f*) *m;* **~eux, se** *a* **1.** schuppig; **2.** abblätternd, -bröckelnd.

écal|e [ekal] *f* (Nuß-, Mandel-, Kastanien-)Schale *f;* **~er** *tr* die Schale entfernen (*qc* von etw).

écarlate [ekarlat] **I.** *a* scharlachrot, -farben; **II.** *s f* Scharlachrot *n,* -farbe *f; (Stoff)* scharlachrote(r) Stoff *m.*

écarquiller [ekarkije] *tr (die Augen)* (weit) auf=reißen, -sperren; *avoir les yeux écarquillés* große Augen machen.

écart [ekar] *m* **1.** Abstand; Unterschied *m;* **2.** Spielraum *m;* Spanne *f;* **3.** Abweichung *f;* Abweg *m;* **4.** Verfehlung, Verirrung *f;* Verstoß *m;* **5.** Seitensprung *m;* **6.** *à l'~* beiseite, abseits; fern (*de* von); **7.** *mettre à l'~* beiseite legen; *se tenir à l'~* sich abseits halten, sich fern=halten (*de* von); *vivre à l'~* zurückgezogen leben; **8.** *grand ~ (sport)* Spagat *m; ~ de(s) prix* Preisunterschied *m; ~s de salaires* Lohnunterschiede *m pl; ~ de température* Temperaturunterschied *m;*

~ de voix (parl) Stimmenunterschied *m;* **~é, e** [-te] **I.** *a* **1.** entfernt; auseinanderstehend; **2.** *(Ort)* abgelegen; **3.** *(Ohren)* abstehend; **4.** *(Finger)* gespreizt; **II.** *s m* Ekarté *n (Kartenspiel);* **~eler** [-tə-] *tr* **1.** vierteilen; **2.** *fig* hin- u. her≈reißen; **~er I.** *tr* **1.** entfernen, weg≈nehmen, -rücken; fern≈halten; **2.** *(Arme)* aus≈breiten; *(Beine)* spreizen; **3.** *(Vorschlag)* ab≈lehnen; *(Hindernis)* beseitigen; **II.** *v prn s'~* **4.** sich entfernen (*de* von); **5.** *(vom Thema)* ab≈kommen, schweifen; **6.** *(Wolken)* sich zerstreuen.

ecclésiastique [ɛklezjastik] **I.** *a* kirchlich; geistlich; Kirchen-; **II.** *s m* Geistliche(r) *m.*

écervelé, e [esɛrvəle] *a* kopflos, unbesonnen.

échafaud [eʃafo] *m* Schafott *n;* **~age** [-daʒ] *m* **1.** (Bau-)Gerüst *n;* Einrüstung *f;* **2.** *fig (System)* Aufbau *m;* **3.** Stapel, Haufen *m;* **~er I.** *itr* ein Gerüst auf≈schlagen, ein≈rüsten; **II.** *tr* **1.** auf≈häufen, -schichten; auf≈stapeln; **2.** *fig (Vermögen)* zs.≈bringen; **3.** *(Plan)* entwerfen, aus≈arbeiten; **4.** *(Buch)* zs.≈stellen; **5.** *(Theorie)* auf≈stellen; **6.** *(Gedankengebäude)* errichten; **7.** *(Unternehmen)* auf≈bauen.

échancr|er [eʃɑ̃kre] *tr* **1.** aus≈schneiden; **2.** *tech* aus≈schweifen; **~ure** *f* **1.** Ausschnitt *m;* **2.** *(Meer)* Bucht *f.*

échang|e [eʃɑ̃ʒ] *m* **1.** (Um-, Aus-)Tausch *m;* **2.** Wechsel *m;* **3.** (Waren-)Umsatz *m;* **4.** *en ~ (de)* als Gegenleistung; als Ersatz (für); **5.** *faire un ~ avec qn* mit jdm etw aus≈tauschen; **6.** *valeur f d'~* Tauschwert *m; ~ d'informations* Nachrichtenaustausch *m; ~ de lettres* Brief-, Schriftwechsel *m; ~ de vues* Meinungs-, Gedankenaustausch *m;* **~er** *tr* **1.** tauschen; aus≈, ein≈tauschen; **2.** *(Briefe)* wechseln; — *les articles vendus ne sont pas ~és* Umtausch nicht gestattet; **~eur** *m* Verkehrskreuz *n,* Autobahnausfahrt *f.*

échantillon [eʃɑ̃tijɔ̃] *m* **1.** Muster *n;* Probe(stück *n*) *f;* **2.** *com* Waren-, Typen-, Ausfallmuster *n;* Warenprobe *f;* **3.** *(Statistik)* repräsentative Auswahl *f;* **4.** *acheter qc sur ~* etw nach Muster kaufen; *prélever des ~s* Proben entnehmen; **5.** *carte f, cahier m d'~s* Musterkarte *f,* -heft *n; vente f sur ~* Kauf *m* nach Probe; *~ sans valeur* Muster *n* ohne Wert; *~ de vin* Weinprobe *f;* **~nage** *m* **1.** Probenahme *f;* **2.** Mustersammlung; Probeauswahl *f;* **~ner** *tr* **1.** e-e Probe nehmen (*qc* von etw); e-e Probe an≈fertigen (*qc* von etw); **2.** *(Statistik)* e-e Auswahl treffen.

échapp|atoire [eʃapatwar] *f* (faule) Ausrede, -flucht *f;* Vorwand *m; répondre par une ~* e-e Ausrede haben; **~ée** *f* **1.** Durchsicht *f,* -blick; Ausblick *m;* **2.** Wendeplatte *f;* **3.** *sport* plötzliche(r) Spurt *m;* **4.** *par ~s* gelegentlich; verstohlen; **~ement** *m* Auspuff *m; pot m d'~* Auspufftopf *m;* **~er I.** *itr* **1.** entweichen, -springen, -kommen, -rinnen, -gehen, -fahren, -schlüpfen (*à qn, à qc* jdm, e-r S); **2.** *(der Hand)* entgleiten, gleiten (*de* aus); **3.** *fig (Name)* entfallen; **II.** *tr* **4.** *l'~ belle* mit e-m blauen Auge, mit heiler Haut davon≈kommen; **III.** *v prn s'~ (de)* **5.** entfliehen, -laufen, -weichen, -wischen (aus); **6.** *(Flüssigkeit)* aus≈laufen; *(Gas)* entweichen; *(Dampf)* aus≈strömen; **7.** *faire ~* entweichen lassen; *laisser ~* fallen lassen (*qc* etw); aus≈stoßen (*un cri* e-n Schrei); versäumen, verpassen (*l'occasion* die Gelegenheit); *~ à la compétence* nicht in die Zuständigkeit fallen; **8.** *cela m'a échappé* das ist mir entgangen, entfallen; *cela m'échappe (fam)* das verstehe ich nicht.

écharde [eʃard] *f* Splitter *m; retirer une ~* e-n Splitter herausziehen.

écharp|e [eʃarp] *f* **1.** Schulter-, Halstuch *n;* Schal *m;* **2.** Schärpe *f;* **3.** (Arm-, Leib-, Schulter-)Binde; Schlinge *f;* **4.** *arch* Verstrebung *f;* **5.** *en ~* quer, schräg; von der Seite; **6.** *porter le bras en ~* den Arm in der Binde tragen; *prendre en ~ (mot)* in die Seite fahren (*qc* dat); **~er** *tr* zs.≈schlagen, niedermachen.

échass|e [eʃas] *f* Stelze *f; monter sur des ~s* Stelzen laufen; **~ier** *m orn* Stelzvogel *m.*

échauder [eʃode] **I.** *tr* **1.** ver-, ab≈, aus≈brühen; **2.** verbrennen; **3.** in heißem Wasser (aus≈)waschen; **II.** *v prn s'~* sich verbrühen; *se faire ~, être échaudé (fig)* sich die Finger verbrennen.

échauff|ement [eʃofmɑ̃] *m* **1.** Erwärmung, Erhitzung *f;* **2.** *tech* Warm-, Heißlaufen *n;* **3.** *fig* Erregung *f;* **~er I.** *tr* **1.** erwärmen, warm machen; erhitzen; **2.** *fig* erregen; **II.** *v prn s'~* **3.** sich erhitzen; **4.** *tech* sich warm≈laufen; **5.** *fig* sich ereifern, in Zorn geraten; — *~ la bile, la tête, les oreilles à qn* jdn in Harnisch bringen, wütend machen, auf≈bringen; **~ourée** *f* Schlägerei *f;* Krawall *m.*

échéan|ce [eʃeɑ̃s] *f* **1.** Fälligkeit *f;* **2.** Verfall(-tag *m,* -zeit *f*); Erfüllungstag; Termin *m;* **3.** fällige Zahlung *f;* **4.** *à brève, à courte ~* in, binnen kurzer Zeit.; kurzfristig; *à longue ~* auf lange Sicht; langfristig; *à l'~* bei Verfall; **5.** *payer ses ~s* seine Verbindlichkeiten erfüllen; *venir à ~* fällig werden, verfallen; **6.** *date f d'~* Fälligkeitsdatum *n;* **~t, e** *a* fällig; *le cas ~* gegebenenfalls.

échec [eʃɛk] *m* **1.** Mißerfolg *m;* Mißlingen, Scheitern *n;* **2.** *theat* Durchfall *m;* **3.** *pl* Schachspiel *n;* Schachfiguren *f pl;* **4.** *donner, faire qn ~ et mat* jdn matt setzen; *jouer aux ~s* Schach spielen; *tenir en ~* in Schach halten *a. fig;* **5.** *joueur m d'~s* Schachspieler *m; partie f d'~s* Schachpartie *f; tournoi m d'~s* Schachturnier *n; voué à l'~* zum Scheitern verurteilt, aussichtslos; *~ et mat* (schach-) matt.

échelle [eʃɛl] *f* **1.** Leiter *f;* **2.** *mus* Tonleiter *f;* **3.** *phys* Gradeinteilung, Skala *f;* Maßstab *m a. fig;* **4.** Stufenleiter; Rangordnung; Hierarchie; **5.** *pol* Ebene *f;* **6.** *à l'~* maßstabgerecht; *sur une grande, petite ~* in großem, kleinem Maßstab; *sur une large ~* in großem Umfang *od* Maßstab; *sur toute l'~* in jeder Beziehung; **7.** *escalader une ~* auf e-e Leiter steigen; *faire la courte ~ à qn* jdm helfen, *fig* den Steigbügel halten; **8.** *après cela on peut tirer l'~* da hört (denn doch) alles auf! **9.** *~ de corde* Strickleiter *f; ~ de couleurs* Farbenskala *f; ~ mobile des salaires* gleitende Lohnskala *f; ~ des pompiers* Feuerwehrleiter *f; ~ des prix* Preisstaffelung *f; ~ sociale* gesellschaftliche Rangordnung *f; ~ du thermomètre* Thermometerskala *f.*

échelon [eʃlõ] *m* **1.** (Leiter-)Sprosse *f;* **2.** *fig* Stufe, Staffel *f;* Rang(stufe *f*); Dienstgrad *m;* **3.** Ebene *f fig;* **4.** *à l'~ communal* auf kommunaler Ebene; *à l'~ le plus élevé* auf höchster Ebene; **5.** *disposer par ~s* staffeln; *s'élever par ~s* stufenweise auf=steigen; *monter* od *gravir, descendre un ~* e-e Sprosse hinauf=, hinunter=steigen; **6.** *~ de traitement* Besoldungsgruppe *f;* **~nement** *m* **1.** Staffelung *a. mil;* Verteilung *f* (auf verschiedene Zeitpunkte); *fig* **2.** Abstufung *f;* **~ner** *tr* **1.** staffeln; (auf verschiedene Zeitpunkte) verteilen; **2.** ab=stufen.

échev|eau [eʃvo] *m* **1.** *(Garn)* Strähne *f;* Strang *m;* Docke *f;* **2.** *fig* Wirrwarr *m,* Durcheinander *n;* **~elé, e** [-eʃəvle] *a* **1.** mit zerzaustem, fliegendem Haar; **2.** *fig* unordentlich; zügellos; **3.** *(Tanz)* wild; *(Stil)* wirr; **~in** [eʃvɛ̃] *m* Schöffe; *(in Belgien)* Beigeordnete(r) *m; tribunal m d'~s* Schöffengericht *n.*

échine [eʃin] *f* **1.** Rückgrat *n;* **2.** Schweinekamm *m;* **3.** *courber, plier l'~* den Nacken beugen, sich unterwerfen; *frotter, caresser, rompre l'~ à qn* jdn (tüchtig) durchprügeln; **~r, s'** *v prn* sich ab=rackern; sich überarbeiten.

échiquier [eʃikje] *m* **1.** Schachbrett *n;* **2.** *fig* Kampffeld *n;* — *en ~* schachbrettartig.

écho [eko] *m* **1.** Echo *n,* Widerhall *m a. fig;* **2.** *pl (Zeitung)* Lokale(s) *n;* **3.** *à tous les ~s* in allen Richtungen; **4.** *se faire l'~ d'un bruit* ein Gerücht weiter=erzählen *od* verbreiten; *ne pas trouver d'~* keinen Anklang fingen; **5.** *~-sonde f* Echolot *n;* **~tier** [-tje] *m* (Lokal-) Berichterstatter *m.*

éch|oir [eʃwar] *itr* **1.** *lit* zuteil werden; anheim=fallen; **2.** *com* fällig werden; verfallen; **3.** *(Frist)* ablaufen; — *le cas échéant* gegebenenfalls, unter Umständen; *le délai échoit le ...* die Frist läuft am ... ab; **~u, e** *a (Wechsel)* verfallen; abgelaufen; fällig.

échoppe [eʃɔp] *f* (Verkaufs-)Stand; kleine(r) Laden *m.*

échouer [eʃwe] *itr tr* **1.** stranden *a. fig;* auf Grund laufen (lassen); **2.** *fig* scheitern; mißlingen, fehl=schlagen; **3.** *faire ~* vereiteln; hintertreiben; **4.** *~ à un examen* in e-r Prüfung durch=fallen.

éclabouss|er [eklabuse] *tr* **1.** bespritzen; beschmutzen; **2.** *fig* in Mitleidenschaft ziehen; kompromittieren; **~ure** *f* **1.** Spritzer; Schmutzfleck *m;* **2.** *fig* Flecken; Makel *m;* — *~s d'encre, de sang* Tinten-, Blutflecken *m pl.*

éclair [eklɛr] **I.** *s m* **1.** Blitz *m;* **2.** *fig* flüchtige(r) Augenblick *m;* **3.** (Auf-) Leuchten; **4.** *(Diamant)* Funkeln *n;* **5.** *(Gebäck)* Liebesknochen *m;* **II.** *a* **6.** blitzschnell; Blitz-; **7.** *comme un ~* blitzschnell; **8.** *il fait des ~s* es blitzt; *il fait des ~s de chaleur* es wetterleuchtet; *ses yeux lançaient des ~s* seine Augen blitzten (vor Zorn); **9.** *visite f ~* Blitzbesuch *m; ~ de génie* Geistesblitz *m; ~s des flashes* Blitzlichter *n pl;* **~age** *m* **1.** Beleuchtung *f;* **2.** *aero* Befeuerung *f;* **3.** *fig* Licht *n;* Gesichtspunkt *m;* **4.** *sous un ~ différent (fig)* in anderem Licht; **5.** *frais m pl d'~ et de chauffage* (Kosten *pl* für) Licht und Heizung; *~ électrique* elektrische(s) Licht *n; ~ du plafond* Deckenbeleuchtung *f; ~ de secours* Notbeleuchtung *f;* **~agiste** *m* Beleuchtungstechniker *m;* **~ant, e** *a* leuchtend; Leucht-; *fusée f ~e* Leuchtrakete *f.*

éclair|cie [eklɛrsi] *f* **1.** *(Wetter)* (vorübergehende) Aufheiterung *f;* **2.** *(Wald)* Lichtung *f;* **3.** *fig* Entspannung *f;* **~cir I.** *tr* **1.** auf=, erhellen; **2.** *(Farbe)* auf=hellen; **3.** *(Wein, Flüssigkeit)* verdünnen, strecken; **4.** *(Haare, Reihen)* lichten; **5.** *(Wald)* durchforsten, aus=holzen; **6.** *(Teint)* frisch machen; **7.** *(Geheimnis)* lüften, Licht, Klarheit bringen (*qc* in e-e S); **II.** *v prn s'~* **8.** *(Gesicht, Himmel)* sich auf=heitern; **9.** *(Wetter)* sich auf=klären; **10.** *(Nebel, Haare, Reihen)* sich lichten; **11.** *(Schwierigkeiten)* sich beheben; **12.** *(Lage)* sich klären; **~cissement** *m* Er-, Aufklärung; Erläuterung *f; demander des ~s* Aufschluß verlangen (*à qn sur qc* von jdm über e-e S).

éclair|é, e [eklere] *a fig* aufgeklärt; **~er I.** *tr* **1.** be-, erleuchten; auf=, erhellen *a. fig;* **2.** *(Gesicht)* auf=leuchten lassen; leuchten (*qn* jdm); **3.** *fig* auf=klären, e-e Erklärung geben (*qn* jdm); **II.** *itr* **4.**

(Licht) leuchten; **III.** *v prn s'~* **5.** als Beleuchtung verwenden (*à qc* etw); **6.** sich auf=, erhellen, hell werden; *(Gesicht)* auf=leuchten; **7.** *fig* klar, verständlich werden; **~eur** *m mil* Aufklärer *m.*

éclat [ekla] *m* **1.** Splitter *m;* **2.** Knall; Lärm *m;* **3.** Helligkeit *f;* Glanz *m; (Teint)* Frische *f;* **4.** *fig* Skandal *m,* Aufsehen *n,* Krach *m;* **5.** *à l'abri des ~s* splittersicher; **6.** *donner de l'~* Glanz verleihen; *faire beaucoup d'~* großes Aufsehen erregen; *partir d'un ~ de rire* in ein Gelächter aus=brechen; *provoquer un ~* e-e Szene machen; e-n Skandal herbei=führen; *rire aux ~s* schallend, aus vollem Halse lachen; *voler en ~s* zerplatzen, in Stücke fliegen; **7.** *~ d'os* Knochensplitter *m; ~ de rire* schallende(s) Gelächter *n; ~ de trompette* Trompetenstoß *m; ~ de verre* Glassplitter *m; ~s de voix* laute(s) Stimmengewirr *n;* **~ant, e** [-tɑ̃, -ɑ̃t] *a* **1.** glänzend; hell (leuchtend); **2.** laut schallend, schmetternd; widerhallend; **3.** *(Teint)* frisch; **4.** *fig* offenbar; augenscheinlich; **5.** hervorragend, auffallend, aufsehenerregend; **~ement** *m* **1.** Bersten, Zerplatzen, -springen; Krepieren *n;* **2.** *com* Verteilung *f;* **3.** *~ d'un parti* Aufsplitterung *f* e-r Partei; *~ d'un pneu* Platzen *n* e-s Reifens; **~er** *itr* **1.** platzen, bersten, zersplittern, explodieren; **2.** knallen, krachen; **3.** ausea.=gehen, sich trennen; **4.** *fig* zum Durchbruch kommen; deutlich sichtbar werden; laut *od* ruchbar werden, an den Tag kommen; **5.** *(Krieg, Brand)* aus=, los=brechen; **6.** *~ en injures, en reproches, en applaudissements* in Schmähungen, Vorwürfe, Beifall ausbrechen; *~ de rire* laut auf=lachen; *~ en sanglots* auf=schluchzen; *~ de santé* von Gesundheit strotzen; **7.** *il finira par ~ (fam)* am Ende platzt ihm der Kragen.

éclip|se [eklips] *f* **1.** *astr* Finsternis *f;* **2.** Verschwinden *n;* Abwesenheit *f;* — *~ de lune, de soleil* Mond-, Sonnenfinsternis *f;* **~ser I.** *tr* **1.** verfinstern; verdunkeln; **2.** *fig* in den Schatten stellen (*qn* jdn); überstrahlen, den Rang ab=laufen (*qn* jdm), aus=stechen; **II.** *v prn s'~* sich aus dem Staub machen, verschwinden.

éclisse [eklis] *f* **1.** *med* Schiene *f;* **2.** *tech* Lasche *f;* **3.** *(Saiteninstrument)* Zarge *f.*

éclopé, e [eklɔpe] *a* gehbehindert, fußkrank, marschunfähig.

éclo|re [eklɔr] *itr* **1.** aus dem Ei schlüpfen; **2.** *(Blumen)* auf=blühen, sich öffnen; **3.** *fig* sich zeigen, an den Tag kommen; **4.** *faire ~* aus=brüten; *fig* entfalten; ans Licht bringen; **5.** *les poussins sont ~s* die Küken sind ausgeschlüpft; **~sion** [eklozjɔ̃] *f* **1.** Ausschlüpfen; Aufblühen *n;* **2.** *fig* Werden *n,* Entstehung *f.*

éclus|e [eklyz] *f* Schleuse *f a. fig; (porte f d'~)* Schleusentor *n;* **~er** *tr* **1.** durch=schleusen; **2.** *pop* saufen.

écœur|ant, e [ekœrɑ̃, -ɑ̃t] *a* ekelhaft, widerwärtig, widerlich, abstoßend; **~ement** *m* **1.** Ekel *m,* Übelkeit *f;* **2.** *fig* Überdruß *m;* **~er** *tr* an=widern, an=ekeln.

écol|e [ekɔl] *f* **1.** Schule *f;* **2.** Schulhaus, -gebäude *n;* **3.** *aller à l'~* zur, in die Schule gehen; *faire l'~ buissonnière* die Schule schwänzen; *fréquenter l'~* die Schule besuchen; *mettre un enfant à l'~* ein Kind in die Schule schicken; *haute ~ (Reiten)* Hohe Schule *f; ~ d'art industriel* Kunstgewerbeschule *f; ~ des beaux arts* Kunstakademie *f; ~ supérieure des arts et métiers* Technische Hochschule *f; ~ de commerce* Handelsschule *f; ~ de danse* Tanzschule *f; ~ de droit* juristische Fakultät *f; ~ maternelle* Kindergarten *m; ~ normale primaire* Pädagogische Hochschule *f; ~ normale supérieure* Hochschule *f* zur Ausbildung der Lehrer an höheren Schulen; *~ de vol à voile* Segelfliegerschule *f;* **~ier, ière** *s m f* **1.** Schüler(in *f*) *m;* **2.** *hist* Scholar *m;* **3.** *fig* Anfänger(in *f*); Stümper *m;* **4.** *devoirs m pl d'~s* Schulaufgaben *f pl; faute f d'~* grobe(r) Schnitzer *m; papier m ~* lin(i)ierte(s) Schreibpapier *n.*

écologie [ekɔlɔʒi] *f biol* Ökologie *f.*

éconduire [ekɔ̃dɥir] *tr* (höflich) ab=weisen; hinaus=komplimentieren; ab=blitzen lassen; e-n Korb geben (*qn* jdm).

économ|at [ekɔnɔma] *m* **1.** Verwalterstelle *f,* -büro *n,* Wirtschaftsgebäude *n;* **2.** *mil* Marketenderei *f;* **~e I.** *a* haushälterisch, sparsam, wirtschaftlich; *être ~ de qc* mit etw sparen *od* sparsam um=gehen; **II.** *s m f* Verwalter(in *f*) *m;* **~ie** *f* **1.** Wirtschaft *f;* **2.** Sparsamkeit, Wirtschaftlichkeit *f;* **3.** *pl* Ersparnisse, Einsparungen *f pl;* **4.** *faire, réaliser des ~s* sparen, Geld zurück=legen; *mettre ses ~s à la caisse d'épargne* s-e Ersparnisse auf die Sparkasse bringen; *placer ses ~s* s-e Ersparnisse an=legen; *vivre avec ~* haushälterisch, sparsam leben; **5.** *~ d'argent* Geldersparnis *f; ~ en carburant* Brennstoffersparnis *f; ~ compétitive* freie Wirtschaft *f; ~ dirigée, planifiée* Zwangs-, Planwirtschaft *f; ~ de(s) marché(s)* Marktwirtschaft *f; ~ mondiale* Weltwirtschaft *f; ~ nationale, politique* Volkswirtschaft *f; ~ privée* Privatwirtschaft *f;* **~ique** *a* **1.** wirtschaftlich; **2.** haushälterisch, sparsam; **3.** *crise f ~* Wirtschaftskrise *f; expansion f ~* Wirtschaftswachstum *n; politique f ~* Wirtschaftspolitik *f; secteur m ~* Wirtschaftsbereich *m;* **~iquement** *adv: les ~ faibles* die wirtschaftlich Schwachen *m pl;* **~iser** *tr* haushälterisch, sparsam um≈gehen (*qc* mit etw); (er)sparen; ~ *sur tout* an allem sparen.

écoper [ekɔpe] **I.** *tr (Wasser)* heraus≈schöpfen; **II.** *itr fig fam* Vorwürfe *od* Schläge bekommen; die Zeche bezahlen müssen, der Sündenbock sein; *il a écopé deux mois de prisons* man hat ihm zwei Monate Gefängnis aufgebrummt; *c'est lui qui a écopé* er hat es ausbaden müssen.

écorce [ekɔrs] *f* **1.** (Baum-)Rinde, Borke *f;* **2.** (Orangen-)Schale *f;* **3.** *enlever l'~ d'une orange* e-e Orange schälen; ~ *terrestre* Erdrinde *f;* **~r** *tr* entrinden, ab≈schälen.

écorch|er [ekɔrʃe] *tr* **1.** *(e-m Tier)* das Fell ab≈ziehen; häuten; schinden; **2.** *(Haut)* wund≈reiben; **3.** *fig* übel zu≈richten; das Fell über die Ohren ziehen (*qn* jdm); **4.** *(Touristen)* ausnehmen; *(Namen)* entstellen; verhunzen; *(den Ohren)* weh tun; *(in der Kehle)* brennen; *(Sprache)* radebrechen; *(Instrument)* schlecht spielen; **5.** *il crie comme si on l'~ait* er schreit wie am Spieß; **~ure** *f* Schramme; wunde Stelle *f.*

écorn|er [ekɔrne] *tr* **1.** Kanten ab≈stoßen (*qc* von etw); *(Geschirr)* an≈schlagen; **2.** *(Vorräte)* an≈greifen; **3.** *fig* schmälern, verringern; beeinträchtigen; — ~ *les pages d'un livre* Eselsohren in ein Buch machen; **~ifler** *tr fam (Geld, Mittagessen)* schinden; **~ifleur, se** *s m f* Schmarotzer(in *f*) *m,* Nassauer *m.*

écosser [ekɔse] *tr (Erbsen)* enthülsen.

écot [eko] *m: payer son ~* seinen Anteil bezahlen.

écoul|ement [ekulmɑ̃] *m* **1.** Ab-, Ausfluß; Abzug *m;* **2.** Rinnen *n;* Strömung *f;* **3.** *(Zeit)* Verfließen, -streichen *n;* **4.** *(Menschenmenge)* Hinausströmen *n;* **5.** *(Verkehr)* Abwicklung *f;* **6.** *com* Absatz; Vertrieb *m;* **~er I.** *tr* **1.** *com* ab≈setzen, verkaufen; in Umlauf bringen; **II.** *v prn s'~* **2.** *(Wasser)* ab≈, aus≈laufen, ab≈fließen; **3.** *(Zeit)* verrinnen, verfließen, verstreichen; **4.** *(Menge)* sich verlaufen; **5.** *(Ware)* Absatz finden; **6.** *s'~ lentement, rapidement (Ware)* sich schwer, leicht ab≈setzen lassen; *laisser ~ un délai* e-e Frist versäumen, verstreichen lassen.

écourter [ekurte] *tr* **1.** *(Aufenthalt)* (ab≈, ver)kürzen; **2.** *(Rede)* zs.≈streichen.

écout|e [ekut] *f: être à l'~ (radio)* hören; *être aux ~s* auf der Lauer liegen, lauschen; *rester à l'~ (tele)* am Apparat bleiben; **~er** *tr* **1.** mit≈, ab≈, an≈hören; **2.** zu≈hören (*qn* jdm); horchen; belauschen; Gehör schenken (*qn* jdm); **3.** *(Rat)* (be)folgen; **4.** *se faire ~* sich Gehör verschaffen; *n'~ que d'une oreille* nur mit halbem Ohr zu≈hören; **~eur** *m* *tele* Hörer *m; décrocher, raccrocher l'~* den Hörer ab≈nehmen, auflegen.

écran [ekrɑ̃] *m* **1.** Wandschirm *m;* **2.** *film* Leinwand *f, (petit ~)* Bildschirm *m;* **3.** Film(kunst *f*) *m;* **4.** *porter à l'~* verfilmen; **5.** *vedette f de l'~* Filmstar *m;* ~ *de fumée* Rauchschleier *m; n;* ~ *panoramique (film)* Breitwand *f;* ~ *radar* Radarschirm *m.*

écras|ant, e [ekrazɑ̃, -ɑ̃t] *a* erdrückend, überwältigend, vernichtend; *(Hitze)* drückend; **~é, e** *a* eingedrückt; flach; *(Nase)* platt; **~er I.** *tr* **1.** zerdrücken; zermalmen; zerquetschen; **2.** *(Auto, Zug)* überfahren; **3.** *fig* erdrücken; vernichten, zugrunde richten; **4.** in den Schatten stellen; **5.** *(Aufstand)* nieder≈werfen; **6.** überhäufen; *(mit Steuern)* übermäßig belasten; **7.** *sport* vernichtend schlagen; **II.** *v prn s'~* **8.** zs.≈stürzen; **9.** *aero* zerschellen (*sur le sol* am Boden); **10.** *(Wogen)* sich brechen; **11.** *(Menschen)* sich zerdrücken.

écrémer [ekreme] *tr (Milch)* ent-, ab≈rahmen; *lait m écrémé* Magermilch *f.*

écrevisse [ekrəvis] *f zoo* Krebs *m a. astr; (fam) rouge comme une ~* krebsrot; *aller* od *marcher à pas d'~* den Krebsgang gehen.

écrier, s' [ekrije] *v prn* (aus≈)rufen.

écri|re [ekrir] *tr* **1.** schreiben (*à qc* mit etw, *à qn* jdm); **2.** auf≈, nieder≈schreiben; verfassen; **3.** *mus* komponieren; **4.** schriftlich mit≈teilen; **5.** ~ *au brouillon, au propre* ins unreine, ins reine schreiben; ~ *à la craie, au crayon, à l'encre* mit Kreide, Bleistift, Tinte schreiben; ~ *une lettre à la machine* e-n Brief mit der Maschine schreiben; ~ *en toutes lettres* voll aus≈schreiben; ~ *en majuscules* od *capitales, en minuscules* mit großen, kleinen Buchstaben schreiben; **~t, e** [ekri, -it] **I.** *a* schriftlich; *(Papier)* beschrieben (*des deux côtés* auf beiden Seiten); **II.** *s m* **1.** Schriftstück *n;* **2.** schriftliche Prüfung *f;* **3.** *par ~* schriftlich; ~ *à la machine, à la main* maschinen-, handgeschrieben; ~ *en chiffres* in Ziffern geschrieben; **~teau** *m* Anschlag *m;* Aufschrift *f;* Plakat; Schild *n;* **~ture** *f* **1.** Schrift; Handschrift *f;* Geschriebene(s) *n;* **2.** *com* Buchung *f; pl* (Geschäfts-)Bücher *n pl;* **3.** Akten *f pl;* **4.** *arrêter les ~s (com)* die Bücher ab≈schließen; *tenir les ~s* die Bücher führen; **5.** ~ *braille* Blindenschrift *f;* ~ *en caractères d'imprimerie* Druckschrift *f;* *~s portées au débit* Lastschrift *f;* **~vain** *m* Schriftsteller *m.*

écrou [ekru] *m* **1.** (Schrauben-)Mutter *f;* **2.:** *lever l'~ de qn* jdn aus der Haft entlassen; **~lement** *m* **1.** Einsturz *m;* **2.** *fig* Zs.bruch; Verfall *m;* **~ler, s'** *v prn* **1.** ein≈, zs.≈stürzen; *(Mauer)* ein≈fallen; **2.**

fig zs.=brechen; **3.** *(Plan)* scheitern, ins Wasser fallen.

écueil [ekœj] *m* Klippe *f a. fig;* (Felsen-)Riff *n.*

écuelle [ekɥɛl] *f* Napf *m;* Schüssel *f.*

écum|e [ekym] *f* Schaum *m;* ~ *de mer* Meerschaum *m;* **~er** *tr* ab=schäumen, -schöpfen.

écur|euil [ekyrœj] *m zoo* Eichhörnchen *n;* **~ie** *f* **1.** (Pferde-)Stall *m;* **2.** Rennstall *m a. mot.*

écusson [ekysɔ̃] *m* **1.** (Wappen-)Schild *m* od *n;* **2.** *(Insekt)* Rückenschild *m;* **3.** Firmen-, Namensschild *n;* **4.** Abzeichen *n;* **5.** *mil* (Kragen-)Spiegel *m.*

eczéma [e(ɛ)gzema] *m med* Flechte *f,* Ausschlag *m,* Ekzem *n.*

édenté, e [edɑ̃te] *a* zahnlos.

édicter [edikte] *tr* verordnen.

édi|fiant, e [edifjɑ̃] *a* erbaulich, belehrend; **~fice** *m* **1.** Gebäude *a. fig;* Bauwerk *n;* Bau *m a. fig;* **2.** *bâtir, construire, élever un* ~ ein Gebäude errichten; **3.** ~ *social* Gesellschaftsordnung *f;* **~fier** *tr (Bauwerk)* errichten; erbauen *a. rel.*

édit|er [edite] *tr* heraus=geben, veröffentlichen; verlegen; **~eur** *m* Verleger, Herausgeber *m;* **~ion** [-sjɔ̃] *f* Aus-, Herausgabe; Auflage *f; maison f d'*~ Verlag(shaus *n) m;* ~ *augmentée, corrigée, revue* vermehrte, verbesserte, durchgesehene Auflage *f;* ~ *complète* Gesamtausgabe *f;* ~ *de luxe* Prachtausgabe *f.*

édredon [edrədɔ̃] *m* Daunendecke *f;* Federbett *n.*

éduc|atif, ive [edykatif] *a* erzieherisch; belehrend; *film m* ~ Lehrfilm *m;* **~ation** *f* **1.** Erziehung; Ausbildung *f;* **2.** Bildung *f;* **3.** Dressur *f;* **4.** *sans* ~ schlecht erzogen, ungebildet; **5.** *avoir de l'*~ wohlerzogen sein; *faire l'*~ *d'un enfant* ein Kind erziehen; **6.** ~ *civique* Staatsbürgerkunde *f;* ~ *permanente* geistige Weiterbildung *f;* Erwachsenenfortbildung *f;* ~ *physique, corporelle* Leibesübungen *f pl;* Turnen *n (Schulfach);* ~ *professionnelle* Berufsausbildung *f;* ~ *scolaire, universitaire* Schul-, Hochschulbildung *f.*

éduquer [edyke] *tr* (sorgfältig) erziehen, bilden.

effa|cé, e [efase] *a* **1.** ver-, ausgewischt; **2.** *(Farbe, Erinnerung)* verblaßt; *(Schultern)* zurückgenommen; **3.** *(Gesicht) fig* unbedeutend, unauffällig; **4.** *(Verhalten)* bescheiden, zurückhaltend; **~cement,** *tech* **~çage** [ɛfasmɑ̃, -saʒ] *m* **1.** Ausstreichen, Löschen *n;* **2.** *fig* Zurückgezogenheit *f;* Zurücktreten *n;* **~cer I.** *tr* **1.** aus=löschen; aus=radieren; (aus=)streichen; **2.** *(Fleck)* entfernen; **II.** *v prn s'*~ **3.** ausgelöscht werden, verblassen; verschwinden; vergehen; **4.** *fig* sich zurück=ziehen (*de* von, aus); im Hintergrund bleiben; **5.** ~ *de sa mémoire* aus s-m Gedächtnis streichen; ~ *un nom sur une liste* e-n Namen auf e-r Liste streichen; ~ *le tableau* die Tafel ab=wischen.

effar|ant, e [ɛ(e)farɑ̃, -ɑ̃t] *a* erschreckend; unglaublich; **~é, e** *a* verwirrt, fassungslos; außer sich; verstört; **~er I.** *tr* verwirren, aus der Fassung bringen; **II.** *v prn s'*~ (heftig) erschrecken, die Fassung verlieren; **~oucher I.** *tr* **1.** auf=, verscheuchen; **2.** *fig* erschrecken, ein=schüchtern; **II.** *v prn s'*~ erschrecken; *(Pferd)* scheuen.

effect|if, ive [ɛ(e)fɛktif, -iv] **I.** *a* wirklich; tatsächlich; real; **II.** *s m* **1.** Bestand *m;* **2.** *(Fabrik)* Belegschaft; **3.** *mil* Truppenstärke; **4.** *(Partei)* Mitgliederzahl *f;* — *puissance f* **~ive** Nutzleistung *f;* ~ *net, réel* Iststärke *f;* ~ *du personnel* Personalstand *m;* ~ *prévu* Sollstärke *f;* **~ivement** *adv* tatsächlich, in der Tat; **~uer** [-tɥe] **I.** *tr* **1.** durch=, aus=führen; bewerkstelligen; **2.** *(Geschäft)* tätigen; **3.** *(Versicherung)* ab=schließen; **4.** *(Zahlung)* leisten; **5.** *(Strecke)* zurück=legen; **6.** *(Schritte)* unternehmen; **II.** *s'*~ *v prn* zustande kommen, in Erfüllung gehen, sich verwirklichen; sich vollziehen.

effémin|é, e [e(ɛ)femine] *a* verweichlicht; weichlich; schlaff.

effervescen|ce [e(ɛ)fɛrvɛsɑ̃s] *f* **1.** Aufbrausen; Brodeln *n;* **2.** *fig* Aufregung, Gärung *f;* **~t, e** *a* **1.** aufbrausend, brodelnd, gärend; **2.** *fig* aufbrausend; (sehr) aufgeregt.

effet [ɛ(e)fɛ] *m* **1.** Wirkung *f,* Effekt *m;* **2.** Ergebnis *n;* Folge *f;* Eindruck *m;* **3.** Ausführung; Verwirklichung; Tat *f;* **4.** *com* Wechsel *m;* Wertpapier *n;* **5.** *tech* (Arbeits-)Leistung *f;* **6.** *pl* Ausrüstungs-, Kleidungsstücke *n pl;* Sachen *f pl;* **7.** *pl jur* Vermögensstücke *n pl;* Effekten *pl;* **8.** *à* od *pour cet* ~ zu diesem Zweck; dazu; *avec* ~ *du* mit Wirkung vom; *en* ~ in der Tat; allerdings, freilich; *sans* ~ wirkungslos; unwirksam; *sous l'*~ *de* unter der Einwirkung *gen;* **9.** *émettre un* ~ e-n Wechsel aus=stellen; *faire (de l')* ~ wirken, wirksam sein; *faire l'*~ *de* aus=sehen, sich aus=nehmen wie; *faire* od *produire un bon* ~ e-n guten Eindruck machen; sich gut aus=nehmen; *honorer un* ~ e-n Wechsel ein=lösen; *prendre* ~ wirksam werden; *produire un* ~ *décisif* e-e entscheidende Wirkung haben; *protester un* ~ e-n Wechsel zu Protest gehen lassen; *viser à l'*~ auf Wirkung bedacht sein; **10.** ~ *d'ensemble* Gesamteindruck *m; d'équipement, d'habillement* Ausrüstungs-, Bekleidungsgegenstände *m pl;* ~ *à ordre (com)* Orderpapier *n;* ~ *au porteur* auf den Inhaber lautende(r) Wechsel *m; ~s publics* Staatspapiere *n pl; ~ suspensif* aufschiebende Wirkung *f; ~ utile* Nutzleistung *f; ~ à vue* Sichtwechsel *m.*

effi|cace [e(ɛ)fikas] *a* **1.** wirksam; wirkungsvoll; zugkräftig; **2.** *fig* durchschlagend, -greifend; **3.** *(Mensch)* tüchtig; leistungsfähig; — *prêter à qn un appui ~* jdm kräftig unter die Arme greifen; **~cacité** *f* **1.** Wirksamkeit *f;* **2.** *tech* Wirkungsgrad *m;* (Arbeits-)Leistung; **3.** *(Mensch)* Leistungsfähigkeit, Tüchtigkeit *f;* — *~ publicitaire* Werbewirkung *f;* **~cience** [-sjɑ̃s] *f* Leistungsfähigkeit *f;* Nutzeffekt *m;* Wirkungskraft *f;* **~cient, e** *a* **1.** effizient, wirksam; **2.** *fam (Mensch)* tüchtig, leistungsfähig.

effil|é, e [efile] *a* **1.** dünn; spitz (zulaufend), spitzig; **2.** *tech* verjüngt; **~er I.** *tr* aus=fransen, aus=fasern; aus=zupfen; **II.** *v prn s'~* **1.** aus=fransen, aus=fasern; **2.** *(Gegenstand)* spitz zu=laufen, sich verjüngen; **~ocher I.** *tr* aus=, zerfasern; reißen; **II.** *v prn s'~* **1.** aus=fransen; **2.** *(Rauch)* sich verziehen.

efflanqué, e [e(ɛ)flɑ̃ke] *a* abgemagert, ausgemergelt; dürr.

effleurer [eflœre] *tr* **1.** leicht berühren; streifen; leicht verletzen; **2.** *(Thema)* streifen, an=tippen; **3.** *cette pensée ne m'avait jamais effleuré* ich war nie auf den Gedanken gekommen.

efflorescence [e(ɛ)flɔrɛsɑ̃s] *f* **1.** *lit* Aufblühen *n;* **2.** *min* Verwitterung *f,* Ausblühen *n.*

effondr|ement [efɔ̃drmɑ̃] *m* **1.** Ein-, Zs.sturz *m;* **2.** *fig* Zs.bruch; (Börsen-)Krach *m;* **3.** *(Mensch)* völlige Niedergeschlagenheit *f;* — *~ des cours, des prix* Kurs-, Preissturz *m;* **~er I.** *tr agr* (tief) um=pflügen; **II.** *v prn s'~* **1.** ein=stürzen, -fallen; **2.** *fig* nach=geben; zs.=brechen; — *s'~ dans le désespoir* völlig verzweifelt sein; *s'~ dans un fauteuil* sich in e-n Sessel fallen lassen.

effor|cer, s' [e(ɛ)fɔrse] *v prn* sich an=strengen, sich bemühen (*de, à* zu); **~t** [ɛ-, efɔr] *m* **1.** Anstrengung; Bemühung; Anspannung *f;* **2.** (Arbeits-)Einsatz *m;* **3.** *tech* Belastung; Beanspruchung *f;* **4.** *med fam* Verrenkung, Verstauchung *f;* **5.** *après bien des ~s* nach vieler Mühe; *sans ~* mühelos; *faire des ~s* sich anstrengen, sich bemühen; *faire tous ses ~s* alles auf=bieten, alle Minen springen lassen (*pour* um zu); *faire un ~ pour qn (fam)* jdm unter die Arme greifen; jdm ein Opfer bringen; *soumettre à un ~* e-r (großen) Beanspruchung aus=setzen; *ne reculer devant aucun ~* keine Anstrengung scheuen; **6.** *~ continu* Dauerbeanspruchung *f;* *~ créateur* schöpferische Leistung *f;* *~ excessif* Überbeanspruchung *f;* *~ maximum admissible* höchstzulässige Beanspruchung *f.*

effr|action [e(ɛ)fraksjɔ̃] *f* Einbruch *m;* *vol m avec ~* Einbruchdiebstahl *m;* **~aie** *f orn* Schleiereule *f;* **~ayant, e** [-frɛjɑ̃, -ɑ̃t] *a* schrecklich, erschreckend, fürchterlich; **~ayer I.** *tr* erschrecken; entmutigen; **II.** *v prn s'~* erschrecken (*de* über *acc*); e-n Schreck bekommen; *(Pferd)* scheuen, scheu werden; **~éné, e** *a* zügellos, unbändig, hemmungslos; **~iter I.** *tr (Gestein)* zersetzen; *(Brot)* zerbröckeln; **II.** *v prn s'~* verwittern; ab=, zerbröckeln; zerfallen; *(Kurse)* ab=bröckeln; **~oi** *m* Entsetzen *n,* Schrecken *m;* (große) Furcht *f;* **~onté, e** *a* frech, unverschämt; **~onterie** *f* Frechheit, Unverschämtheit *f;* **~oyable** *a* entsetzlich, fürchterlich; schrecklich.

effusion [e(ɛ)fyzjɔ̃] *f fig* Erguß *m;* Vergießen *a. fig,* Ausströmen *n;* *avec ~* aus vollem Herzen; *~ de sang* Blutvergießen *n.*

égal, e [egal] *a* **1.** gleich; gleichmäßig; gleichförmig; **2.** *math* kongruent; **3.** *fig* gleichgültig, einerlei; **4.** *à ~e distance* gleich weit (entfernt); **5.** *n'avoir point d'~, être sans ~* nicht seinesgleichen haben; *être ~ à zéro* gleich Null sein *a. fig;* **6.** *tout lui est ~* ihm ist alles gleich; *cela m'est ~ (fam)* das ist mir egal *od* gleich; **7.** *~ en droits* gleichberechtigt; **~ement** *adv* **1.** in gleicher Weise; ebenfalls; **2.** *fam* auch, gleichfalls; **~er** *tr* **1.** gleich=kommen (*qn, qc* jdm, e-r S); **2.** vergleichen (*à* mit); **3.** *(Rekord)* einstellen; **4.** *~ qn à un autre* jdn e-m anderen gleich=stellen; *~ qn en beauté, en importance* jdm an Schönheit, an Bedeutung gleich=kommen; **5.** *deux plus trois ~ent cinq* zwei plus drei ist fünf; *deux multiplié par trois ~e six* zwei mal drei ist sechs; **~isation** *f* Ausgleich; Einebnung *f;* *~ des changes* Währungsausgleich *m;* **~iser** *tr* **1.** gleichmäßig verteilen, aus=gleichen; **2.** *(Boden)* ein=ebnen; **~ité** *f* **1.** Gleichheit; Gleichmäßigkeit; Gleichförmigkeit *f;* **2.** Gleichwertigkeit *f;* **3.** *sport* Ausgleich *m;* **4.** *math* Kongruenz *f;* **5.** *être à ~ avec qn* die gleiche Punktzahl erreicht haben wie jem; *être sur un pied d'~ avec qn* mit jdm auf gleichem Fuße stehen; **6.** *~ des droits* Gleichberechtigung *f;* *~ de points (sport)* Unentschieden *n.*

égard [egar] *m* **1.** Rücksicht(nahme); Achtung *f;* **2.** *à tous (les) ~s* in jeder Beziehung; *à cet ~* in dieser Beziehung *od* Hinsicht; *à beaucoup d'~, à maints ~s* in vieler Hinsicht; *à l'~ de qc* e-r S gegenüber; hinsichtlich e-r S; *à mon ~* was mich betrifft; *eu ~ à* in Anbetracht *gen; par ~ à, pour* mit Rücksicht, im Hinblick auf *acc; sans ~ pour* ohne Rücksicht auf *acc,* ohne Berücksichtigung *gen;* **3.** *avoir des ~s pour qn* jdm Aufmerksamkeiten erweisen, jdn rücksichtsvoll behandeln; **4.** *manque m d'~s* Rücksichtslosigkeit *f.*

égarer [egare] **I.** *tr* **1.** irre=leiten, -führen, vom (rechten) Wege ab=bringen *a. fig;* verwirren; **2.** *(Gegenstand)* verlegen; **II.** *v prn s'~* **3.** vom Wege ab=kommen; fehl=gehen, sich verirren; **4.** *fig* sich irren; den Faden verlieren; verwirrt werden.

égayer [egeje] **I.** *tr* **1.** auf=, erheitern; **2.** *(Gesellschaft)* belustigen; **3.** *(Zimmer)* freundlich(er) gestalten; beleben, heller machen; **4.** *(Baum)* aus=schneiden, lichten; **II.** *v prn s'~ aux dépens de qn* sich über jdn lustig machen.

églant|ier [eglɑ̃tje] *m bot* wilde(r) Rosenstrauch *m;* **~ine** *f bot* Hunds-, Heckenrose *f (Blüte).*

église [egliz] *f* **1.** Kirche *f;* **2.** *aller à l'~* zur, in die Kirche gehen; *entrer, prier dans une ~* e-e Kirche betreten; in e-r Kirche beten; **3.** *~ paroissiale, de pèlerinage* Pfarr-, Wallfahrtskirche *f.*

égoïs|me [egɔism] *m* Egoismus *m,* Selbstsucht *f.* **~te I.** *a* egoistisch, selbstsüchtig; **II.** *s m* Egoist *m.*

égorg|ement [egɔrʒəmɑ̃] *m* (Ab-) Schlachten *n;* **~er** *tr* **1.** den Hals ab=schneiden (*qn* jdm); nieder=machen, -metzeln; **2.** *fig* gewaltig übervorteilen.

égosiller, s' [egozije] *v prn* sich heiser schreien.

égout [egu] *m* Kanalisation *f;* Abwasser-, Abzugskanal *m; eaux f pl d'~* Abwässer *n pl;* **~ter** *tr* abtropfen lassen; **~toir** *m* Abtropfbrett, -körbchen *n.*

égratign|er [egratiɲe] *tr* **1.** (zer)kratzen; **2.** *fig* kränken, sticheln; **~ure** *f* Kratzwunde; Schramme *f; s'en tirer sans une ~* mit heiler Haut davon=kommen.

égrener [egrəne] **I.** *tr* entkernen, aus=körnen; **II.** *v prn s'~* **1.** *(Früchte)* ab=fallen; **2.** *(Menschen)* ausea.=gehen; sich ausea.=ziehen; — *~ son chapelet* den Rosenkranz (her=)beten; *fig* sein Herz aus=schütten.

égrillard, e [egrijar, -rd] *a* lose, schlüpfrig.

eh [e] *interj* ei! nun! *~ bien!* nun gut! na! *~! là-bas* hallo! *~ quoi!* ach was!

éhonté, e [eɔ̃te] *a* schamlos; frech.

éject|able [eʒɛktabl] *a* auswerfbar; *siège m ~* Schleudersitz *m;* **~er** *tr* aus=werfen.

élabor|ation [elabɔrasjɔ̃] *f* Ausarbeitung *f;* **~er** *tr* aus=, verarbeiten.

élag|age [elagaʒ] *m (Baum)* Ausschneiden, Ausästen; Zurückschneiden *n;* **~uer** [-ge] *tr* **1.** *(Baum)* aus=ästen; zurück=schneiden; **2.** *fig* (ab=)kürzen; weg=lassen, streichen.

élan [elɑ̃] *m* **1.** *zoo* Elch *m;* **2.** Anlauf, Sprung, Satz *m;* **3.** *fig* Schwung *m;* **4.** Regung, Anwandlung *f;* — *prendre son ~* e-n Anlauf nehmen; *~ vital* Lebenskraft *f.*

élanc|é, e [elɑ̃se] *a* schlank, rank; hoch aufgeschossen; **~er s'** *v prn* **1.** (sich) stürzen (*sur, vers qn* auf jdn, zu jdm hin); **2.** sich (empor=)schwingen *a. fig;* **3.** *(Turm)* empor=ragen, in die Höhe ragen.

élarg|ir [elarʒir] *tr* **1.** erweitern, (aus=) weiten, verbreitern, (aus=)dehnen; **2.** vergrößern; **3.** *(Beziehungen)* aus=bauen; **~issement** *m* Erweiterung; Vergrößerung, Ausweitung *f.*

élasti|cité [elastisite] *f* **1.** Elastizität, Spannkraft *f a. fig;* **2.** Dehnbarkeit *f (a. e-s Begriffes);* **~que I.** *a* elastisch, federnd; dehnbar *a. fig;* **II.** *s m* Gummiband *n,* -zug *m.*

élect|eur, trice [elɛktœr, -tris] *m f* Wähler(in *f*) *m; carte f d'~* Wahlausweis *m; promesses f pl faites aux ~s* Wahlversprechungen *f pl; ~ inscrit* Wahlberechtigte(r) *m;* **~if, ive** *a* auf Wahl beruhend; durch Wahl bestimmt; Wahl-; *affinité f ~ive* Wahlverwandtschaft *f;* **~ion** [-sjɔ̃] *f* **1.** Wahl *f;* **2.** *faire une ~* zu e-r Wahl schreiten; *voter aux ~s* ab=stimmen; **3.** *résultats m pl des ~s* Wahlergebnisse *n pl; ~ complémentaire* Ersatzwahl *f; ~ municipale* Gemeindewahl *f;* **~oral, e** *a* Wahl-; *assemblée f ~e* Wahlversammlung *f; campagne f ~e* Wahlkampf *m; circonscription f ~e* Wahlbezirk *m; discours m ~* Wahlrede *f; liste f ~e* Wählerliste *f; lutte f ~e* Wahlkampf *m; plate-forme f ~e* Wahlprogramm *n; propagande f ~e* Wahlpropaganda *f; urne f ~e* Wahlurne *f.*

électri|cien [elɛktrisjɛ̃] *s m* Elektriker *m; a: ingénieur, ouvrier m ~* Elektroingenieur, -monteur *m;* **~cité** *f* Elektrizität *f; allumer (éteindre) l'~* das Licht ein=, (aus=)schalten; *panne f d'~* Stromausfall *m; source f d'~* Stromquelle *f; station, centrale, usine f d'~* Elektrizitätswerk *n;* **~fication** *f* Elektrifizierung; Stromversorgung *f;* **~fier** *tr* elektrifizieren; mit Strom versorgen; *être ~fié* an ein Stromnetz angeschlossen sein; **~que** *a* elektrisch; *alimentation f, approvisionnement m en énergie ~* Energie-, Stromversorgung *f; centrale f ~* Kraftwerk *n; chauffage m ~* elektrische Heizung *f; courant m ~* elektrischer Strom *m; cuisinière f ~* Elektroherd *m; éclairage m ~* elektrische Beleuchtung *f; lumière f ~* elektrisches Licht *n; moteur m ~* Elektromotor *m;* **~ser** *tr* **1.** elektrisieren; **2.** *fig* begeistern.

électro|- [elɛktro, -trɔ-] *in Zssgen* Elektro-; **~-aimant** *m* Elektromagnet *m;* **~choc** *m* Elektroschock *m;* **~cuter** *tr* durch Elektrizität hin=richten *od* töten; **~de** [-trɔd] *f* Elektrode *f;* **~dynamique** *a* elektrodynamisch; **~lyse** *f* Elektrolyse *f;* **~lytique** *a* elektrolytisch; *cuivre ~* Elektrolytkupfer *n;* **~magnétique** *a* elektromagnetisch; **~mécanique I.** *s f* Elektromechanik *f;* **II.** *a* elektromechanisch; **~ménager** *a: appareil m ~* elektrisches Haushaltsgerät *n;* **~moteur, trice I.** *a* elektromotorisch; **II.** *s m* Elektromotor *m;* **~n** [-trɔ̃] *m* Elektron *n (Teilchen);* **~nique I.** *s f* Elektronik *f;* **II.** *a* Elektronen-, Fernseh-; *cerveau m ~* Elektronengehirn *n; microscope m ~* Elektronenmikroskop *n; tube m ~* Elektronenröhre *f;* **~phone** *m* Plattenspieler *m;* **~scope** [-scɔp] *m* Elektroskop *n;* **~statique I.** *a* elektrostatisch; **II.** *s f* Elektrostatik *f;* **~technique I.** *a* elektrotechnisch; **II.** *s f* Elektrotechnik *f.*

élégan|ce [elegɑ̃s] *f* Eleganz; Anmut *f; s'habiller, se vêtir avec ~* sich elegant kleiden; **~t, e** [-gɑ̃, -ɑ̃t] **I.** *a* fein, zierlich, geschmackvoll, elegant; **II.** *s f* Modedame *f; il s'en est tiré élégamment (fam)* er hat sich geschickt aus der Affäre gezogen.

élégiaque [eleʒjak] *a* elegisch; schwermütig.

élément [elemɑ̃] *m* **1.** Element *n;* Grund-, Urstoff *m;* **2.** Grundbegriff *m;* **3.** Bestand-, Einzelteil; Bauteil *m,* -glied *n; (Akkumulator)* Zelle; **4.** *pl* Anfangsgründe *m pl;* Grundlagen *f pl,* -züge *m pl;* Unterlagen *f pl;* **5.** *en être aux premiers ~s* in den ersten Anfängen stekken; *être dans son ~* in seinem Element sein; **6.** *~ de construction* Bauteil *n; ~ de montage* Einbauteil *n; ~ préfabriqué* Fertigteil *n; ~ de raccord* Anschlußstück *n; ~ de rechange* Ersatzteil *n;* **~aire** [-tɛr] *a* Grund-; Anfangs-; elementar; *c'est ~* das versteht sich von selbst; das ist einfach; *classes f pl ~s (Schule)* untere Klassen *f pl.*

éléphant [elefɑ̃] *m* Elefant *m;* **~iasis** [-tjazis] *f med* Elephantiasis *f.*

élev|age [elvaʒ] *m zoo bot* Zucht, Züchtung *f; faire de l'~* Viehzucht treiben; *~ avicole* Geflügelzucht *f; ~ du bétail* Viehzucht *f;* **~é, e** *a* **1.** hoch, erhaben; **2.** hochgelegen, erhöht; **3.** *(Puls)* beschleunigt; **4.** *(Preis)* hoch; **5.** *(Stil)* gehoben; — *bien ~* wohlerzogen; *mal ~ (a)* ungesittet, ungezogen; *s m* schlecht erzogene(r) Mensch *m;* **~er I.** *tr* **1.** auf=, erheben *a. fig;* **2.** vergrößern, steigern; **3.** *(Preis)* erhöhen; **4.** *(Mauer)* auf=führen, errichten; **5.** *(Last)* heben; **6.** *(Fahne)* auf=pflanzen; **7.** *mus* transponieren; **8.** *math (in e-e Potenz)* erheben; **9.** *(Tiere, Pflanzen)* züchten; **10.** *(Kinder)* auf=, erziehen, groß=ziehen; **II.** *v prn s'~* **11.** sich erheben; **12.** *(Laut)* stärker werden; **13.** *(Streit)* entstehen; **14.** *(Preis, Temperatur, aero)* steigen; **15.** *(Zweifel)* auf=kommen; **16.** *(Summe)* sich belaufen (*à* auf *acc*); **17.** sich empor=arbeiten, sich auf=schwingen; **18.** *s'~ contre qn* gegen jdn auf=treten, sich gegen jdn erklären; *s'~ au dessus de qn* sich über jdn erheben; *~ des objections, des doutes* Einwände erheben, Zweifel äußern; *~ des obstacles, des difficultés* Hindernisse, Schwierigkeiten bereiten; *~ une perpendiculaire* e-e Senkrechte errichten; *s'~ sur les pointes des pieds* sich auf die Zehenspitzen stellen; *~ des soupçons* Argwohn erregen; **~eur** *m* (Vieh-)Züchter *m.*

élév|ateur, trice [elevatœr, -tris] **I.** *a* Hebe-; **II.** *s m* (Lasten-)Aufzug, Elevator; Hebekran *m,* -werk *n;* **~ation** *f* **1.** Erhebung *a. fig;* Erhöhung *f;* **2.** Bodenerhebung; (An-)Höhe *f,* Hügel *m;* **3.** *tech* Aufriß *m;* **4.** *(Preise)* Steigen *n,* Steigerung; **5.** *(Mauer)* Errichtung *f;* **6.** (Rang-)Erhöhung *f;* **7.** *astr* Höhe *f;* **8.** *rel* Elevation *f;* — *~ de côté, de face* Seiten-, Vorderansicht *f; ~ de température* Temperaturerhöhung *f.*

élève [elɛv] *m f* Schüler(in *f*) *m; ~-pilote m* Flugschüler *m.*

élider [elide] *tr gram (Vokal)* elidieren.

éligible [eliʒibl] *a* wählbar.

élim|é, e [elime] *a* fadenscheinig; **~ination** *f* **1.** Ausschaltung, Eliminierung; Entfernung, Beseitigung *f;* **2.** Ausscheidung *f a. sport;* **3.** *pol* Kaltstellung *f;* — *~ de bruits (radio)* Entstörung *f;* **~inatoire I.** *a* Ausscheidungs-; **II.** *s f sport* Ausscheidungskampf *m,* -spiel *n; note f ~* den Ausschluß bedingende Note *f;* **~iner** *tr* **1.** *math chem* eliminieren; **2.** *(Hindernis)* aus dem Weg räumen, entfernen, beseitigen; **3.** *(aus e-r Liste)* streichen; **4.** *sport biol* aus=scheiden; **5.** *(Person)* aus=schalten; *pol* kalt=stellen; **6.** *(Gegenstand)* aus=rangieren; **7.** *(Fehler)* aus=merzen; **8.** *(Erinnerung)* verdrängen; — *être éliminé (sport)* aus=scheiden müssen.

élire [elir] *tr* wählen; *~ domicile* s-n Wohnsitz auf=schlagen, sich häuslich nieder=lassen; *~ qn président* jdn zum Präsidenten wählen; *~ à la pluralité des voix, à l'unanimité, à la majorité absolue, au premier tour de scrutin* mit Stimmenmehrheit, einstimmig, mit absoluter Mehrheit, beim ersten Wahlgang wählen.

élision [elizjɔ̃] *f gram* Elision *f (e-s Vokals).*

élite [elit] *f* Elite, Auswahl *f; d'~* auserlesen; erstklassig.

elle, *pl* **elles** [ɛl] *prn* sie *f; pl* sie; *ces gants sont à ~* diese Handschuhe gehören ihr; *~-même* sie selbst.

ellip|se [elips] *f gram math* Ellipse *f;*

~soïde *m* Ellipsoid *n;* **~tique** *a* elliptisch.
élocution [elɔkysjɔ̃] *f* Sprech-, Ausdrucks-, Darstellungsweise *f;* Vortrag *m.*
élog|e [elɔʒ] *m* Lob(rede *f*) *n; faire l'~ de qn* jdn loben; *recevoir des ~s* Lob ernten; **~ieux, se** *a* lobend, anerkennend.
éloign|é, e [elwaɲe] *a* **1.** fern, entfernt; weit; **2.** abgelegen; — *remettre à une date plus ~e* auf später verschieben; *c'est encore bien ~* das liegt noch in weiter Ferne; **~ement** *m* **1.** Entfernung *f;* Abstand *m;* **2.** Abwesenheit; **3.** *fig* Zurückgezogenheit *f;* **~er I.** *tr* **1.** entfernen; weg≈schaffen, beseitigen; weg≈rücken; **2.** entfremden; **3.** *(Datum)* auf≈, verschieben; **II.** *v prn s'~* **4.** sich entfernen; weg≈, fort≈gehen, -fahren; **5.** ab≈weichen; ab≈schweifen (*d'un sujet* von e-m Thema); **6.** Abstand gewinnen; **7.** sich unterscheiden, verschieden sein (*de* von).
éloquen|ce [elɔkɑ̃s] *f* Beredsamkeit, Redegabe, -kunst *f; user de toute son ~ pour* s-e ganze Redekunst auf≈bieten (, um) zu; *les faits ont leur ~* die Tatsachen sprechen deutlich genug; **~t, e** *a* **1.** beredt; **2.** *fig* vielsagend.
élu [ely] *pp élire s m* **1.** *rel* Auserwählte(r) *m;* **2.** *parl* Abgeordnete(r) *m.*
éluder [elyde] *tr* **1.** *fig (e-r Schwierigkeit, Frage)* aus≈weichen, aus dem Wege gehen (*qc* dat); **2.** *(Gesetz)* umgehen.
Elys|ée [elize] *m* Elysium *n; (palais m de l'~)* Elysee-Palast *m (Wohnsitz m des Präsidenten der Französischen Republik in Paris).*
émacié, e [emasje] *a* abgemagert.
email [emaj] *m, pl émaux* **1.** Email *n,* Emaille *f;* **2.** (Zahn-)Schmelz *m;* **~ler** *tr* **1.** emaillieren, mit Schmelz überziehen; **2.** *(Ton)* glasieren.
éman|ation [emanasjɔ̃] *f* Ausströmen *n;* Ausstrahlung; Emanation *f;* **~er** *itr* **1.** aus≈fließen, -dünsten, -strahlen; **2.** *fig* hervor≈gehen (*de* aus); her≈rühren (*de* von).
émancip|ation [emɑ̃sipasjɔ̃] *f* **1.** Emanzipation *f;* **2.** *jur* Volljährigkeitserklärung *f;* **~é, e** *a* **1.** *jur* für volljährig erklärt; **2.** *fig* zu frei, ungeniert; **~er I.** *tr* **1.** emanzipieren; **2.** *jur* für mündig erklären; **II.** *v prn s'~* sich zuviel Freiheiten heraus≈nehmen; über die Stränge schlagen.
émarger [emarʒe] **I.** *tr* am Rand ab≈zeichnen; **II.** *itr* Gehalt beziehen (*au budget* aus der Staatskasse).
emball|age [ɑ̃balaʒ] *m* **1.** Verpackung(smaterial *n*) *f;* **2.** *sans ~ (Ware)* lose; ohne Verpackung; *~ en sus* Verpackung extra; **3.** *frais m pl d'~* Verpackungskosten *pl; matériel m d'~* Verpackungsmaterial *n; papier m d'~* Packpapier *n; ~ de décoration, de présentation* Schau-, Geschenkpackung *f; ~ d'origine* Originalverpackung *f; ~ perdu* Wegwerfpackung *f; ~s vides* Leergut *n;* **~é, e I.** *a, pp* **1.** verpackt; **2.** *fig* wütend; **3.** *fam* begeistert, hingerissen; **4.** *(Pferd)* scheu; **II.** *s m* **5.** überspannte(r) Mensch *m;* **6.** *sport* überlegene(r) Sieger *m;* — *non ~* unverpackt; **~ement** *m fig* Überschwang *m;* übertriebene Begeisterung *f;* **~er I.** *tr* **1.** ver-, ein≈packen; **2.** *fig fam* mit≈reißen, begeistern; **3.** beschwatzen; herum≈kriegen; herein≈legen; **4.** *fam* aus≈schimpfen; **5.** *pop* schnappen, erwischen; **II.** *v prn s'~* **6.** *(Pferd)* scheu werden, scheuen; **7.** *(Maschine)* durch≈gehen; **8.** *fig* sich ereifern, sich hin≈reißen lassen; **9.** *fam* ab≈hauen, verduften; **10.** *~ le moteur* Vollgas geben; *être ~é pour qn* für jdn schwärmen, in jdn bis über die Ohren verliebt sein; **~eur** *m* Packer *m.*
embarbouiller, s' [ɑ̃barbuje] *v prn* sich verheddern, sich verhaspeln.
embarca|dère [ɑ̃barkadɛr] *m mar* Landungsbrücke *f,* -steg *m,* Anlegestelle *n;* **~tion** *f* Boot *n.*
embardée [ɑ̃barde] *f mot* Ruck *m* nach der Seite; *faire une ~ (mot)* plötzlich aus≈biegen.
embargo [ɑ̃bargo] *m* Embargo *n; mettre l'~ sur qc* ein Embargo verhängen über *acc.*
embarqu|ement [ɑ̃barkəmɑ̃] *m* **1.** Verladung; Ein-, Verschiffung *f;* **2.** *(Reisende)* Anbordgehen *n;* **3.** *documents m pl d'~* Verladepapiere *n pl; frais m pl d'~* Verladungs-, Verschiffungskosten *pl; gare f d'~* Verladebahnhof *m; port m d'~* Verschiffungshafen *m; quai m d'~* Ladekai *m* **~er I.** *tr* **1.** (ver)laden; ein≈schiffen; **2.** *(Verbrecher) fam* ein≈lochen, verhaften; **3.** *fig* verwickeln, mit hinein≈ziehen (*dans* in *acc*); **II.** *itr* **4.** an Bord gehen; ein≈steigen; **5.** *s'~* sich ein≈schiffen (*pour* nach); *fam (Auto, Bahn)* ein≈steigen (*dans* in *acc*); *(Flugzeug, Schiff)* an Bord gehen; **6.** *fig* sich ein≈lassen (*dans* auf, in *acc*); **7.** *~ qn dans sa voiture* jdn in s-m Auto mitnehmen.
embarras [ɑ̃bara] *m* **1.** Hindernis *n;* Stockung *f;* **2.** Verwirrung; Befangenheit; Verlegenheit *f;* — *faire des* od *de l'~* wichtig≈tun; große Ansprüche stellen; *tirer qn d'~* jdm aus der Verlegenheit helfen; *le voilà dans l'~* er sitzt schön in der Tinte od Patsche; *d'argent* Geldverlegenheit *f; ~ gastrique* Magenverstimmung *f; ~ de paiement* Zahlungsschwierigkeit *f;* **~sant, e** *a* **1.** lästig; störend; **2.** *(Frage)* verfänglich; schwierig; **~sé, e** *a* **1.** peinlich; mißlich; **2.** wirr; verwirrt, verlegen; **3.** unschlüssig; in Schwierigkeiten; **4.** *(Zimmer)*

vollgestopft (*de* mit); **5.** *je serais bien ~ de* ich käme in Verlegenheit, wenn ich ...; *il était ~ pour répondre* er wußte nicht, was er antworten sollte; **~ser I.** *tr* **1.** (be)hindern, hemmen; **2.** belästigen, stören; **3.** *fig* in Verlegenheit bringen; durchea.=bringen; **II.** *v prn s'~* **4.** in Verwirrung geraten; **5.** sich (be)kümmern (*de* um); sich belasten (*de* mit).

embauch|age [ɑ̃boʃaʒ] *m (Arbeiter)* An-, Einstellen *n; bureau m d'~* Personalstelle *f;* **~e** *f* Stellung, Arbeit *f;* **~er** *tr* **1.** *(Arbeiter)* ein=stellen; **2.** *fam* veranlassen mitzumachen.

embaumer [ɑ̃bome] **I.** *tr* **1.** ein=balsamieren; **2.** mit Wohlgeruch erfüllen; **II.** *itr* **3.** duften; **4.** *fam* riechen (*qc* nach etw).

embell|ie [ɑ̃be(ɛ)li] *f* vorübergehende Wetterbesserung; *mar* (kurze) Windstille *f;* **~ir I.** *tr* **1.** schön(er) machen, verschönern; **2.** *fig* aus=schmücken; **II.** *itr (Person)* schöner werden; **~issement** *m* **1.** Verschönerung; Verzierung *f;* **2.** *(Mensch)* Idealisierung *f;* **3.** *(Text)* Ausschmückung *f.*

emberlificot|er [ɑ̃bɛrlifikɔte] **I.** *tr fam* beschwatzen; **II.** *v prn s'~ (fam)* sich verheddern.

embêt|ant, e [ɑ̃bɛtɑ̃, -ɑ̃t] *a fam* **1.** langweilig, doof; **2.** unangenehm, ärgerlich; **~ement** *m fam* Unannehmlichkeit, Widerwärtigkeit *f;* **~er** *tr fam* **1.** langweilen; **2.** Unannehmlichkeiten bereiten (*qn* jdm); ärgern; **3.** *se laisser ~* sich übertölpeln, hinters Licht führen lassen; **4.** *ça m'embête rudement* das ärgert mich sehr, *fam* das hängt mir zum Hals heraus; *ne l'embête pas* laß ihn in Ruhe!

emblée [ɑ̃ble] *adv: d'~* sofort, beim ersten Anlauf, auf Anhieb; *pol* im ersten Wahlgang; *conquérir d'~* im Sturm erobern.

emblème [ɑ̃blɛm] *m* Emblem, Sinnbild *n.*

embobiner [ɑ̃bɔbine] *tr* **1.** auf=, umwikkeln; auf=spulen; **2.** *fig fam* beschwatzen.

emboît|age [ɑ̃bwataʒ] *m* **1.** Einschachteln, Eindosen *n;* **2.** (Buch-)Hülle, Kassette *f;* **~er I.** *tr* **1.** ein=schachteln, -fügen, -passen, -binden; zs.fügen; **2.** *(Lebensmittel)* ein=dosen; **II.** *v prn s'~* **3.** inea.=greifen, -passen; sich überea.=schieben; **4.** *~ le pas à qn* jdm auf dem Fuß folgen; *fig* sich nach jdm richten.

embolie [ɑ̃bɔli] *f med* Embolie *f; ~ cérébrale* Gehirnschlag *m.*

embonpoint [ɑ̃bɔpwɛ̃] *m* Wohlbeleibtheit *f; prendre de l'~* dick(er) werden, zu=nehmen.

embouch|é, e [ɑ̃buʃe] *a: être mal ~* grob, ungehobelt sein; ausfällig, *fam* pampig werden; **~er** *tr (Blasinstrument)* an den Mund setzen, an=setzen; **~ure** *f* **1.** *(Blasinstrument)* Mundstück *n;* Ansatz *m;* **2.** (Fluß-)Mündung *f.*

embourber [ɑ̃burbe] **I.** *tr* in e-n Morast (hinein=)führen, -fahren; **II.** *v prn s'~* **1.** sich fest=fahren; im Dreck stecken=bleiben; **2.** *fig* sich verstricken; sich in Widersprüche verwickeln (*dans* in *acc*).

embourgeois|ement [ɑ̃burʒwazmɑ̃] *m pol* Verbürgerlichung *f;* **~er, s'** *v prn* verbürgerlichen; spießig werden.

embouteill|age [ɑ̃butɛjaʒ] *m* Verkehrsstau, -stockung *f; être pris dans un ~* in eine Verkehrsstockung geraten; **~er** *tr (Straße)* verstopfen.

emboutir [ɑ̃butir] **I.** *tr* **1.** *(Metalle)* treiben; tief=ziehen; kümpeln; **2.** *fam (Auto)* demolieren, ein=drücken, zerbeulen; **II.** *v prn s'~* **3.** *(mot)* zs.=stoßen (*contre* mit); — *~ une voiture* auf einen Wagen auffahren.

embranch|ement [ɑ̃brɑ̃ʃmɑ̃] *m* **1.** Ab-, Verzweigung *f (von Röhren);* **2.** Wegegabel, Kreuzung *f;* **3.** *loc* Gleisanschluß *m;* **4.** Seitenlinie *f;* (Tier-)Stamm *m;* **~er I.** *tr* **1.** verbinden (*à* mit); **2.** an=schließen (*à* an); zs.=fügen; **II.** *v prn s'~* sich verzweigen; ab=zweigen (*sur* von).

embras|ement [ɑ̃brazmɑ̃] *m* Feuersbrunst; Glut *f;* **~er I.** *tr* **1.** in Brand stecken; (ver)sengen; **2.** *(Sonne)* heiß hernieder=strahlen (*qc* auf e-e S); in rote Glut tauchen; **3.** *(Gebäude)* an=strahlen; **4.** *fig* entflammen; **II.** *v prn s'~* **5.** Feuer fangen, auf=flammen; auf=leuchten; **6.** *fig* erglühen; **~ure** *f* Tür-, Fensteröffnung; Leibung *f.*

embrass|ade *f,* **~ement** *m* [ɑ̃brasad, -mɑ̃] Umarmung *f;* **~er** *tr* **1.** umarmen; küssen; **2.** in sich begreifen, enthalten; **3.** (geistig) erfassen; **4.** *(Aufgabe)* über-, *(Sache)* unternehmen; *(Beruf, Gelegenheit)* ergreifen; *(Gelände)* überblicken; *(e-r Auffassung)* bei=pflichten; *(Meinung)* teilen; **5.** *~ la cause de qn* jds *od* für jdn Partei ergreifen; *~ qn au front, sur la bouche* jdn auf die Stirn, auf den Mund küssen.

embray|age [ɑ̃brɛjaʒ] *m tech* **1.** Einschalten *n;* **2.** Schaltung; Kupp(e)lung *f;* — *pédale f d'~* Kupplungspedal *n;* **~er** *tr tech* (ein=)kuppeln; ein=schalten; *~ un travail* die Arbeit auf=nehmen, an=fangen.

embrigader [ɑ̃brigade] **I.** *tr* ein=, verteilen, zs.=fassen; **II.** *v prn s'~* sich ein=reihen; sich unter=ordnen.

embrocher [ɑ̃brɔʃe] *tr* **1.** an den (Brat-)Spieß stecken; **2.** *fam* durchbohren.

embrou|illé, e [ɑ̃bruje] *a* **1.** unklar, verworren; **2.** verwickelt; **~iller I.** *tr* **1.** durchea.bringen, in Unordnung bringen; **2.** *fig* komplizieren, erschweren; **II.** *v prn s'~* **3.** in Verwirrung geraten; den Faden verlieren, ganz durchea. sein; *fam* sich verheddern, sich verhaspeln;

4. *(Verhältnisse)* verwickelt, kompliziert werden.

embroussaillé, e [ãbrusaje] *a* **1.** *(Haar)* zerzaust, struppig; **2.** *(Land)* voller Gestrüpp.

embruns [ãbrœ̃] *m pl* Gischt *m (a. f).*

embryon [ãbrijõ] *m* **1.** Embryo *m;* **2.** *fig* Anfang, Beginn; Ansatzpunkt *m;* **~naire** *a* embryonal; *être à l'état ~* (noch) in den Kinderschuhen stecken.

embu|é, e [ãbue] *a* beschlagen, feucht angelaufen; *elle avait les yeux ~és* Sie hatte feuchte Augen; **~er** *tr* an=laufen lassen.

embûches [ãbyʃ] *f pl* Nachstellungen *f pl; dresser, tendre des ~s* Fallen stellen (*à qn* jdm).

embus|cade [ãbyskad] *f mil fig* Hinterhalt *m; attirer, tomber dans une ~* in e-n Hinterhalt locken, geraten; **~qué** *m* Drückeberger *m;* **~quer I.** *tr* **1.** in e-n Hinterhalt legen; **2.** e-n Druckposten verschaffen (*qn* jdm); **II.** *v prn s'~ (fam)* sich drücken.

éméch|é, e [emeʃe] *a fam* beschwipst.

émeraud|e [emrod] *f* Smaragd *m.*

émerger [emɛrʒe] *itr* **1.** auf=tauchen; hervor=, heraus=ragen; **2.** *fig* zum Vorschein kommen.

émer|i [emri] *m* Schmirgel *m; frotter à l'~* schmirgeln; *il est bouché à l'~ (fam)* er ist strohdumm; *papier m ~* Schmirgelpapier *n.*

émérite [emerit] *a* **1.** erfahren, geschickt; **2.** hervorragend.

émer|veillement [emɛrvejmã] *m* Verwunderung *f;* Entzücken *n;* **~veiller I.** *tr* verwundern; Bewunderung erregen (*qn* jds); entzücken; **II.** *v prn s'~ tr (de)* sich sehr verwundern (über e-e S); hingerissen, entzückt sein (von).

émett|eur, trice [emɛtœr, -tris] **I.** *a* Sende-; **II.** *s m* **1.** *radio* Sender *m;* Sendestation *f;* **2.** *com* Emittent *m;* **3.** *poste m ~* Rundfunksender *m (technische Anlage); station f émettrice* Rundfunksender *m (Betrieb); ~ de brouillage, brouilleur* Störsender *m; ~ clandestin* Schwarzsender *m; ~ d'un effet* Wechselaussteller *m; ~ local* Ortssender *m; ~ à onde(s) courte(s), moyenne(s)* Kurz-, Mittelwellensender *m; ~-récepteur m* Sender-Empfänger *m; ~-relais m* Relaissender *m; ~ de télévision* Fernsehsender *m; ~ de T.S.F.* Rundfunksender *m;* **~re** *tr* **1.** (aus=)senden, -strahlen; **2.** *(Flüssigkeit)* aus=spritzen; *(Schrei)* aus=stoßen; **3.** *(Anleihe)* auf=legen; *(Geld)* in Umlauf setzen; *(Wechsel)* aus=stellen; *(Aktien)* begeben; **4.** *(Ansicht)* äußern, aus=sprechen; — *~ sur ondes courtes* auf Kurzwellen senden.

émeut|e [emøt] *f* Aufruhr *m;* Meuterei *f;* Tumult *m;* **~ier** *m* Unruhestifter, Aufrührer; Aufständische(r) *m.*

émietter [emje(ɛ)te] *tr* zerkrümeln, -bröckeln.

émigr|ant [emigrã] *m* Auswanderer, Emigrant *m;* **~ation** *f* Auswanderung *f; ~ des capitaux* Kapitalflucht *f;* **~é, e** *s m f* (politischer) Flüchtling *m;* **~er** *tr* aus=wandern, emigrieren.

émin|emment [eminamã] *adv* höchst, außerordentlich; im höchsten Grade; **~ence** [-ãs] *f* **1.** Anhöhe *f,* Hügel *m;* **2.** *(Anrede)* Eminenz *f;* **~ent, e** *a* hervorragend; ausgezeichnet, vortrefflich; *à un degré ~* in sehr hohem Grade.

émiss|aire [emisɛr] *s m* (Geheim-)Bote *m; a: bouc m ~* Sündenbock *m;* **~ion** *f* **1.** *radio* Sendung *f;* **2.** *com* Emission, Ausgabe, Begebung *f; (Geld)* Inumlaufsetzen *n; (Wechsel)* Ausstellung *f;* **3.** *banque f d'~* Notenbank *f; ~s scolaires* Schulfunk *m; ~s enfantines* Kinderfunk *m; ~s féminines* Frauenfunk *m; ~ de fumée* Rauchentwicklung *f; ~ radiophonique* Rundfunksendung *f; ~ de télévision* Fernsehsendung *f.*

emmagasin|age [ãmagazinaʒ] *m* Speicherung, Einlagerung, Stapelung *f; frais m pl d'~* Lagergeld *n;* **~er** *tr* **1.** speichern, (ein=)lagern, stapeln; **2.** *fig* sammeln; an=, auf=häufen; speichern.

emmailloter [ãmajɔte] *tr (Kind)* (in Windeln) wickeln; ein=wickeln *a. fig.*

emmancher [ãmãʃe] **I.** *tr* **1.** mit e-m Stiel versehen; **2.** *tech* ein=stecken; **3.** *fig fam* in Gang bringen; ein=leiten, ein=fädeln; **II.** *v prn s'~* **4.** *(fig)* in Gang kommen; vonstatten gehen; — *l'affaire s'est mal emmanchée* die Sache hat schlecht angefangen.

emmêler [ãme(ɛ)le] *tr* **1.** verwickeln; **2.** *fig* verwirren; durchea.=bringen.

emménag|ement [ãmenaʒmã] *m* Einzug *m* (in e-e neue Wohnung); **~er** *itr* (in ein Haus) ein=ziehen.

emmener [ãmne] *tr* **1.** weg=führen, -bringen; **2.** *(Person, Tier, Sache)* mit=nehmen; **3.** *(Polizei)* ab=führen; **4.** *sport* mit=reißen; — *~ qn chez soi* jdn mit nach Hause nehmen.

emmerd|ant, e [ãmɛrdã, -ãt] *a* **1.** *vulg (Mensch)* widerlich, unausstehlich; **2.** *(Sache)* ärgerlich, verdammt unangenehm; **~er** *tr fig* **1.** langweilen, auf die Nerven gehen (*qn* jdm); **2.** zu=setzen (*qn* jdm), in Schwierigkeiten bringen; — *être ~é* in der Klemme sitzen; *(pop) je t'emmerde* das ist mir Wurst; ich pfeife darauf; **~ement** [-də-] *m* Schwierigkeit, Unannehmlichkeit *f;* **~eur, se** *m f pop* Nervensäge *f;* Ekel *n.*

emmit|onner, emmitoufler [ãmitufle] *tr fam* (warm) an=ziehen, ein=hüllen, ein=mumme(l)n.

émoi [emwa] *m* Unruhe, Aufregung; Erregung *f; mettre en ~* auf-, erregen.
émoluments [emɔlymɑ̃] *m pl* Gehalt *n;* Einküfte; (Dienst-)Bezüge *pl.*
émond|er [emɔ̃de] *tr (Bäume)* aus=putzen, beschneiden, aus=ästen.
émot|if, ive [emɔtif, -iv] **I.** *a* emotional; (leicht) erregbar; empfindsam; **II.** *s m f* leicht erregbare(r) Mensch *m; crise f ~ive* Nervenkrise *f;* **~ion** [-sjɔ̃] *f* Auf-, Erregung; Rührung; Erschütterung *f;* **~ionner** *tr (fam)* er-, auf=regen; **~ivité** [-ti-] *f* (leichte) Erregbarkeit *f.*
émoulu [emuly] *a: frais ~ (fig)* neugebacken; frisch (*de* aus).
émouss|é, e [emuse] *a* stumpf, abgestumpft *a. fig;* **~er I.** *tr* ab=stumpfen *a. fig;* **II.** *v prn s'~* stumpf werden.
émoustill|ant, e [emustijɑ̃, -ɑ̃t] *a fig* erregend, pikant; **~er** *tr* an=regen, auf=heitern.
émouv|ant, e [emuvɑ̃, -ɑ̃t] *a* ergreifend, rührend; erregend; erschütternd; **~oir I.** *tr* er-, auf=regen; rühren, ergreifen; **II.** *s'~* sich auf=regen; unruhig, aufgeregt, erschüttert sein *od* werden; *sans s'~* gelassen, ganz ruhig; *~ la bile à qn* jdn in Harnisch bringen.
empaill|é, e [ɑ̃paje] *a* mit Stroh ausgestopft *od* umflochten; *avoir l'air ~ (fam)* bekloppt aus=sehen; **~er** *tr* **1.** *(Tier)* ausstopfen; **2.** *(Stuhl)* mit Stroh beflechten.
empaler [ɑ̃pale] *tr* **1.** auf=spießen; **2.** *(Verbrecher)* pfählen.
empanacher [ɑ̃panaʃe] *tr* **1.** mit e-m Federbusch schmücken; **2.** *(Rede)* aus=schmücken.
empaquet|age [ɑ̃paktaʒ] *m* **1.** Verpakkung *f;* Einpacken *n;* **2.** Packmaterial *n;* **~er** *tr* verpacken, einwickeln.
emparer, s' [ɑ̃pare] *v prn* Besitz ergreifen (*de* von), sich bemächtigen (*de qc* e-r S).
empât|é, e [ɑ̃pate] *a (Gesicht)* aufgedunsen; **~er I.** *tr* **1.** teigig, klebrig machen; **2.** *(Farbe)* dick auf=tragen; **II.** *v prn s'~* dick werden.
empattement [ɑ̃patmɑ̃] *m mot* Achsstand; Radabstand *m.*
empaumer [ɑ̃pome] *tr: se laisser ~* sich hereinlegen lassen.
empêch|ement [ɑ̃pɛʃmɑ̃] *m* **1.** Be-, Verhinderung *f;* Hindernis *n;* **2.** *en cas d'~* im Verhinderungsfalle; **3.** *mettre un ~ aux projets de qn* jdm e-n Stein in den Weg legen; **4.** *c'est un ~* das ist ein Hinderungsgrund; **5.** *~ au mariage* Ehehindernis *n;* **~er** *tr* (ver)hindern; sich widersetzen (*qc* dat); ab=halten (*de* von); *je ne puis m'~ de* ich kann nicht anders als; ich muß; ich kann nicht umhin, zu; **~eur** *m (de danser en rond)* Spielverderber *m.*
empennage [ɑ̃pɛnaʒ] *m* **1.** *(Pfeil)* Fiederung *f;* **2.** *aero* Leitwerk *n,* Stabilisierungsfläche *f.*
empereur [ɑ̃prœr] *m* Kaiser *m.*
empes|age [ɑ̃pəzaʒ] *m (Wäsche)* Stärken *n;* **~é, e** *a* **1.** gestärkt; steif; **2.** *fig* gezwungen, unnatürlich, geschraubt; **~er** *tr (Wäsche)* stärken.
empester [ɑ̃pɛste] *tr (Luft)* verpesten.
empêtrer, s' [ɑ̃petre] *v prn* sich verstricken (*dans qc* in e-e S); sich belasten (*de* mit).
empha|se [ɑ̃fɑz] *f* Emphase *f;* **~tique** *a* emphatisch.
empiècement [ɑ̃pjɛsmɑ̃] *m (Kleidung)* Einsatz *m;* Passe *f.*
empierr|ement [ɑ̃pjɛrmɑ̃] *m* Beschotterung *f;* Schotterbett *n;* Steinschüttung *f;* **~er** *tr* beschottern.
empiét|ement [ɑ̃pjɛtmɑ̃] *m* Eingriff (in fremde Rechte), Übergriff *m;* **~er** [-pje-] *tr* **1.** über=, ein=greifen (*sur* in *acc*); beeinträchtigen (*sur qc* etw); **2.** sich (nach u. nach) widerrechtlich an=eignen (*sur qc* etw).
empiffrer, s' [ɑ̃pifre] *v prn fam* sich voll=stopfen, sich überessen.
empil|age, ~ement [ɑ̃pilaʒ, -mɑ̃] *m* (Auf-)Stapeln *n;* Aufschichtung *f;* **~er I.** *tr* **1.** (auf=)stapeln, (auf=)schichten; **2.** *pop* hereinlegen, bestehlen; **II.** *v prn s'* sich an=, auf=häufen; sich stapeln.
empire [ɑ̃pir] *m* **1.** Reich *n;* **2.** Herrschaft, Gewalt; Macht *f;* Einfluß *m;* **3.** Kaiserreich *n;* — *pas pour un ~* um keinen Preis der Welt; *agir sous l'~ des circonstances, de la nécessité* unter dem Druck der Verhältnisse, dem Zwang der Notwendigkeit handeln; *être sous l'~ de qn* unter jds Einfluß stehen.
empirer [ɑ̃pire] **I.** *tr* verschlimmern; **II.** *itr* schlimmer werden; sich verschlimmern.
empir|ique [ɑ̃pirik] *a* empirisch; Erfahrungs-; **~isme** *m* Empirie *f.*
emplacement [ɑ̃plasmɑ̃] *m* **1.** Platz *m;* Stelle *f;* (Stand-)Ort *m;* **2.** Baugelände *n,* -platz *m;* — *sur l'~ de* an der Stelle *gen.*
emplâtre [ɑ̃plɑtr] *m* **1.** *med* Pflaster *n;* **2.** *fam* Schwächling, Schlappschwanz *m.*
emplette [ɑ̃plɛt] *f* Einkauf *m; faire des ~s* Einkäufe machen.
emploi [ɑ̃plwa] *m* **1.** An-, Verwendung *f;* Gebrauch *m;* **2.** Beschäftigung *f;* Arbeitsplatz *m,* (An-)Stellung; Einsatz *m;* **3.** *(Buchhaltung)* Eintrag *m;* **4.** *en plein ~* vollbeschäftigt; *sans ~ (Mensch)* ohne Anstellung, arbeitslos; *(Sache)* außer Dienst; unbenutzt; **5.** *chercher un ~* e-e Stelle suchen; *faire ~ de toutes les ressources* alle (Hilfs-)Mittel ein=setzen; **6.** *demande f d'~* Stellengesuch *n; double ~* unnütze Wiederholung *f; mode m d'~* Gebrauchsanweisung *f; offre f d'~* Stel-

lenangebot *n; plein* ~ Vollbeschäftigung *f;* **7.** ~ *abusif* Mißbrauch *m;* ~ *accessoire* Nebenamt *n,* -beschäftigung *f;* ~ *de bureau* Bürotätigkeit *f;* ~ *de la main-d'œuvre* Arbeitseinsatz *m;* ~ *à temps partiel* Teilzeitbeschäftigung *f;* ~ *saisonnier* Saisonarbeit *f;* ~ *vacant* offene Stelle *f.*

employ|able [ɑ̃plwajabl] *a* verwendbar; brauchbar; **~é, e** *m f* Angestellte(r *m*) *f;* Arbeitnehmer(in *f*) *m;* ~ *d'assurance* Versicherungsbeamte(r) *m;* ~ *de banque* Bankbeamte(r) *m;* ~ *de commerce* kaufmännische(r) Angestellte(r) *m;* ~ *par contrat* Vertragsangestellte(r) *m;* ~ *de magasin* Verkäufer *m;* *~e de maison* Hausangestellte *f;* *~s et ouvriers* Angestellte u. Arbeiter *m pl;* *~(e) des postes* Postbeamte(r) *m,* -beamtin *f;* **~er I.** *tr* **1.** *(Sache)* an=, verwenden, gebrauchen, benutzen; **2.** *(Person)* ein=, an=stellen, beschäftigen; **II.** *v prn s'*~ **3.** sich beschäftigen (*à* mit); sich bemühen (*à* um); sich verwenden, sich ein=setzen (*pour* für); **4.** gebraucht werden; **~eur** *m* Arbeitgeber *m; association f d'~s* Arbeitgeberverband *m.*

empocher [ɑ̃pɔʃe] *tr* **1.** ein=stecken; *(Geld)* ein=streichen; **2.** *fig fam (Schläge, Beleidigung)* einstecken (müssen).

empoign|ade [ɑ̃pwaɲad] *f fam* heftige(r) Wortwechsel; Streit *m;* **~e** *f: c'est une foire d'~ (fam)* da geht alles drunter und drüber; **~er** [ɑ̃pwaɲe, ɑ̃pɔɲe] **I.** *tr* **1.** ergreifen, packen *a. fig;* fassen; **2.** verhaften; **3.** *fig (Zuschauer)* ergreifen, packen; **II.** *v prn s'~* anea.=geraten sich streiten; ~ *qn par le bras, par les cheveux* jdn am Arm, an den Haaren pakken.

empois [ɑ̃pwa] *m (Wäsche)* Stärke; *(Textil)* Schlichte *f;* **~onnement** [-zɔn-] *m* **1.** Vergiftung *f a. fig.;* Giftmord *m;* **2.** *fam* Schererei *f,* Ärger *m;* **3.** ~ *par l'alcool* Alkoholvergiftung *f;* ~ *par un gaz* Gasvergiftung *f;* ~ *du sang* Blutvergiftung *f;* ~ *par la viande* Fleischvergiftung *f;* **~onner I.** *tr* **1.** vergiften *a. fig,* Gift geben (*qn* jdm); **2.** *fig* verpesten; **3.** *fam* belästigen, zu Tode langweilen; **4.** *(das Leben)* verbittern; vergällen, **II.** *v prn s'~* **5.** Gift nehmen, sich vergiften; **6.** *fam* sich schrecklich langweilen; **~onneur, se** *m f* **1.** Giftmischer(in *f*) *m;* **2.** *fam* Nervensäge *f;* **3.** *pol* Brunnenvergifter *m.*

emport|é, e [ɑ̃pɔrte] *a* jähzornig; aufbrausend, hitzig; heftig; **~ement** *m* Aufwallung *f;* Zornesausbruch; Jähzorn *m;* Heftigkeit; Wut *f;* **~er I.** *tr* **1.** weg=tragen, -bringen, -schaffen; beseitigen; **2.** mit sich fort=reißen, wegschwemmen; **3.** *(Wind)* verwehen; **4.** *(Krankheit)* dahin=raffen; **5.** *(Preis, Partie)* gewinnen; **6.** *(Stellung)* erlangen, erringen; **7.** *(Sache)* durch=setzen; — *l'~ (Meinung)* sich durch=setzen; *l'~ sur* siegen über *acc,* überwinden; die Oberhand gewinnen über *acc;* überlegen sein *dat,* triumphieren über *acc;* **II.** *v prn s'~ (Mensch)* hitzig, wütend werden; *se laisser ~ par la colère* sich im Zorn hinreißen lassen; ~ *le morceau (fam)* es schaffen; *que le diable t'emporte!* hol dich der Teufel!

empoté, e [ɑ̃pɔte] *a fig fam* unbeholfen, linkisch.

empourprer [ɑ̃purpre] **I.** *tr* purpurrot färben; **II.** *v prn s'~* (purpur)rot werden; *s'~ de colère, de honte* vor Zorn, Scham ganz rot werden.

emprein|dre, s' [ɑ̃prɛ̃dr] *v prn (fig)* sich ein=drücken, sich malen (*dans* in *dat, sur* auf *dat*); *intérêt m empreint de curiosité* mit Neugierde gemischte(s) Interesse *n;* **~te** *f* **1.** Ein-, Auf-, Abdruck *m;* **2.** Tritt *m;* Spur *f;* **3.** Siegel *n;* Stempel *m a. fig;* **4.** *typ* Prägung, Matrize *f;* **5.** *fig* Ausprägung *f,* Gepräge *n;* — *marquer de son ~* s-n Stempel auf=drücken (*qc* e-r S); ~ *digitale* Fingerabdruck *m.*

empress|é, e [ɑ̃prɛse] *a* **1.** eifrig; geschäftig; (dienst)beflissen; **2.** zuvorkommend; — *être ~* es eilig haben; **~ement** *m* **1.** Geschäftigkeit *f;* (Dienst-)Eifer *m;* **2.** Bereitwilligkeit; Eilfertigkeit *f* (*à* zu); — *accueillir qn avec ~* jdn bereitwilligst auf=nehmen; **~er, s'** *v prn* sich beeilen (*de* zu); sich (eifrig) bemühen (*à* zu, *autour de qn* um jdn).

empris|e [ɑ̃priz] *f* **1.** Einwirkung *f;* **2.** Macht *f;* beherrschende(r) Einfluß *m;* — *avoir de l'~ sur qn* auf jdn Einfluß haben; **~onnement** *m* Haft, Freiheits-, Gefängnisstrafe *f; être puni d'un ~ de six mois* mit 6 Monaten Gefängnis bestraft werden; ~ *à vie* lebenslängliche Haft *f;* **~onner** *tr* **1.** ins Gefängnis ein=liefern, ein=sperren; gefangen=halten; **2.** *fig* ein=, um=, verschließen.

emprunt [ɑ̃prœ̃] *m* **1.** Anleihe; Kreditaufnahme *f;* Darlehen *n;* **2.** *d'~* erborgt; **3.** *accorder un ~* e-e Anleihe gewähren; *contracter un ~* e-e Anleihe auf=nehmen; *émettre un ~* e-e Anleihe auf=legen; *placer un ~* e-e Anleihe unterbringen; *rembourser un ~* e-e Anleihe zurück=zahlen; *souscrire à un ~* e-e Anleihe zeichnen; **4.** *amortissement m d'un ~* Tilgung *f* e-r Anleihe; *émission f d'un ~* Begebung *f* e-r Anleihe; *mot m d'~* Lehnwort *n; nom m d'~* Deckname, angenommene(r) Name *m; placement m d'un ~* Unterbringung *f* e-r Anleihe; *remboursement m d'un ~* Zurückzahlung *f* e-r Anleihe; **5.** ~ *communal, municipal* Kommunalanleihe *f;* **~é, e** [-te] *a* **1.** geborgt; entliehen, entlehnt; **2.** *fig* linkisch; **~er** *tr* **1.** (er)borgen, leihen (*à* von); e-e Anleihe machen, entlehnen (*à* bei); **2.** *fig* an=, über=nehmen (*de, à* von); nach=ahmen; **3.** *(Weg)* ein=schlagen, benutzen; **~eur, se** *m f* Darlehensnehmer(in *f*), Entleiher(in *f*) *m*.

émul|ation [emylasjõ] *f* Wetteifer, -streit *m;* **~sion** [-sjõ] *f* Emulsion *f;* **~sionner** *tr* emulgieren.

en [ã] **I.** *prp* **1.** *(Ort)* in, nach, an, auf; *partir ~ voyage* auf Reisen gehen, verreisen; **2.** *(Zeit)* in; im Jahre; *de temps ~ temps* von Zeit zu Zeit; **3.** *(Zustand, Material)* in, aus; *une montre ~ or* e-e goldene Uhr; *mettre ~ colère* in Harnisch bringen; **4.** *(Art u. Weise, Ziel, Ursache)* auf, durch, in; als; aus; *~ ami* als Freund; *vendre ~ gros* im großen verkaufen; *mettre ~ doute* in Zweifel ziehen; **5.** *(in Ausdrücken) ~ dépit de* trotz *gen; ~ comparaison de* im Vergleich zu; **6.** *(beim gérondif) ~ arrivant* bei der Ankunft; **II.** *adv (pronominal)* davon; sein, e; dessen; deren; *~ vouloir à qn* jdm zürnen, grollen, böse sein; *c'en est trop* das ist zuviel; *(Ort) j'~ viens* daher komme ich (gerade).

encadr|ement [ãkadrəmã] *m* **1.** Einfassung, -rahmung; Umrahmung *f;* **2.** Rahmen *m a. fig;* **3.** *mil* Stammpersonal *n;* — *~ de fenêtre, de porte* Fenster-, Türeinfassung *f;* **~er** *tr* **1.** ein=rahmen, -fassen; **2.** *mil* e-m Kader unterstellen; **3.** *(Preise)* amtlich begrenzen.

encaiss|able [ãkɛsabl] *a* einkassierbar; **~e** *f* Kassenbestand *m;* **~é, e** *a* **1.** eingeschlossen; **2.** *(Straße)* eingeschnitten; **3.** *(Tal)* kesselförmig; **~ement** *m* **1.** Einkassieren; Inkasso *n;* **2.** *(Fluß)* Uferdamm *m;* **3.** *sauf ~* Eingang vorbehalten; **~er** *tr* **1.** in Kisten packen; **2.** *com* (ein=)kassieren, ein=nehmen; *(Wechsel)* ein=ziehen; **3.** *(Fluß)* ein=deichen; **4.** *fam (Beleidigungen, Schlag)* ein=stekken; — *ne pas pouvoir ~ qn (fam)* jdn nicht riechen können; **~eur** *m* Kassenbote; Inkassobeauftragter; Kassierer *m*.

encan [ãkã] *adv: mettre, vendre à l'~* versteigern; *vente f à l'~* Versteigerung *f*.

encanailler, s' [ãkanaje] *v prn* mit Krethi und Plethi verkehren; herunter=kommen.

encapuchonné, e [ãkapyʃone] *a* eingehüllt, eingewickelt *(dans in)*.

encart [ãkar] *m typ* Einlage *f; ~ publicitaire* Werbebeilage *f;* **~er** *tr (Prospekt)* bei=, ein=legen.

encas, en-cas [ãkɑ(a)] *m inv* kalte Platte *f*.

encastrer [ãkastre] **I.** *tr* ein=setzen, -fügen, -bauen; **II.** *v prn s'~* sich einfügen; genau passen.

encaustiqu|e [ãkostik] *f* Bohnerwachs *n;* Möbelpolitur *f;* **~er** *tr* ein=wachsen, bohnern; *(Möbel)* polieren.

enceinte [ãsɛ̃t] **I.** *a f* schwanger; **II.** *s f* **1.** Einfried(ig)ung *f;* **2.** *(Festung)* Umwallung *f;* Stadtmauer *f;* **3.** Stadtgebiet *n;* **4.** (abgeschlossener) Raum *m;* **5.** *(Lautsprecher)* Box *f*.

encens [ãsã] *m* Weihrauch *m;* **~er** *tr* **1.** Weihrauch streuen (*qn* jdm); **2.** schmeicheln (*qn* jdm); **~oir** *m* Weihrauchfaß *n*.

encercl|ement [ãsɛrkləmã] *m* Einkesselung; Einkreisung, Umzing(e)lung *f;* **~er** *tr* umzingeln, umfassen, ein=kesseln.

enchaîn|ement [ãʃɛnmã] *m* **1.** Anketten *n;* **2.** Verbindung, Verknüpfung, Anea.reihen *n;* **3.** Überleitung *f,* Zwischentext *m;* — *~ d'idées* Gedankenfolge *f;* **~er I.** *tr* **1.** *(attacher, lier)* anketten; fesseln; *(Hund)* an die Kette legen; **2.** *(soumettre, contraindre)* unterdrükken, beherrschen; hindern, hemmen; *il est ~é par la parole donnée* er hat sich durch sein Versprechen gebunden; **3.** *(coordonner, relier) (Gedanken) (logisch)* anea.=reihen; weiter=führen, fort=fahren (*qc* in *dat,* mit etw); über=leiten (*sur* auf *acc*); **4.** *theat (Gespräch)* wiederauf=nehmen; **5.** *film* ein=blenden; **II.** *v prn s'~* **6.** verbunden sein (*à* mit); mitea. verknüpft sein; inea.=greifen.

enchant|é, e [ãʃãte] *a* **1.** ver-, bezaubert; **2.** entzückt; — *je suis ~ de vous voir* es freut mich sehr, Sie zu sehen; **~ement** *m* **1.** Ver-, Bezauberung *f;* **2.** Zauber; Reiz *m;* Entzücken *n;* — *comme par ~* wie durch ein Wunder; **~er** *tr* be-, verzaubern; entzücken; *cela ne m'enchante pas* ich bin davon nicht sehr begeistert; **~eur, ~eresse I.** *s m f* Zauberer *m;* Zauberin *f;* **II.** *a* bezaubernd; entzückend.

enchâss|er [ãʃɑse] *tr* ein=fassen, -fügen.

enchère [ãʃɛr] *f* **1.** höhere(s) (An-)Gebot *n;* **2.** *vente f aux ~s* Versteigerung, Auktion *f; acheter aux ~s* ersteigern; *mettre, vendre aux ~s* versteigern.

enchér|ir [ãʃerir] *tr* (*~ sur une offre*) ein höheres Gebot ab=geben; *~ sur qn* jdn überbieten; **~isseur** *m* Bieter; Steigerer *m; le (plus offrant et) dernier ~* der Meistbietende.

enchev|êtrement [ãʃ(ə)vɛ-] *m* Wirrwarr *m,* Durcheinander *n;* **~êtrer I.** *tr fig* durchea.=bringen, verwirren; **II.** *v prn s'~* durchea.=geraten, ein dichtes Gewirr bilden.

enclav|e [ãklav] *f* Enklave *f;* **~er** *tr* um-, ein=schließen.

enclench|ement [ãklãʃ-] *m* Einklinken *n; poste m d'~* Stellwerk *n;* **~er** *tr* **1.** ein=rücken, -schalten, -klinken; **2.** *fig* in Gang bringen, auslösen.

enclin, e [ãklɛ̃, -in] *a* geneigt (*à* zu); *il est toujours ~ à l'indulgence* er ist immer zur Nachsicht geneigt; *il est ~ à la prodigalité, à la paresse* er neigt zur

Verschwendung, hat e-n Hang zur Faulheit.

enclo|re [ɑ̃klɔr] *tr* ein=zäunen; umgeben; **~s** [-klo, -oz] *m* **1.** eingefriedete(s) Grundstück *n;* **2.** Um-, Einfried(ig)ung *f;* Gehege *n.*

enclume [ɑ̃klym] *f* Amboß *m a. anat el.*

encoch|e [ɑ̃kɔʃ] *f* **1.** Einschnitt *m,* Kerbe *f;* **2.** Raste; Nute *f;* **~er** *tr* **1.** ein=kerben, nuten; **2.** *(Bogensehne)* in die Kerbe (des Pfeils) legen.

encoignure [ɑ̃kɔ(wa)ɲyr] *f* Ecke *f,* Winkel *m.*

encolure [ɑ̃kɔlyr] *f* **1.** (Pferde-)Hals *m;* **2.** Halsbreite *f,* -ausschnitt *m;* Kragen-, Halsweite *f.*

encombr|ant, e [ɑ̃kɔ̃brɑ̃, -ɑ̃t] *a* **1.** sperrig, platzraubend, unhandlich; **2.** *fig* lästig, störend; — *marchandises f pl ~es* Sperrgut *n; peu ~* wenig Platz beanspruchend; **~e** *adv: sans ~* unbehindert; glatt; **~ement** *m* **1.** Stauung, Überfüllung *f;* Gedränge *n;* **2.** (Verkehrs-)Stokkung; Verstopfung *f;* **3.** *tech* Abmessungen *f pl;* **~er I.** *tr* (ver)sperren; überfüllen, -laden, -schütten (*de* mit); **II.** *v prn s'~* sich belasten (*de* mit); *classe f encombrée* überfüllte Klasse *f; marché m encombré* gesättigte(r) Markt *m; rue f encombrée* verstopfte Straße *f.*

encontre [ɑ̃kɔ̃tr] *prp: à l'~ de qn* jdm entgegen, im Gegensatz zu jdm; *aller à l'~ de qn* jdm widersprechen; *je n'ai rien à dire à l'~* ich habe nichts dagegen einzuwenden.

encorbellement [ɑ̃kɔrbɛlmɑ̃] *m arch* Vorbau, Erker *m;* Auskragung *f.*

encorder [ɑ̃kɔrde] *tr (Bergsteiger)* an=seilen.

encore [ɑ̃kɔr] **I.** *adv* **1.** noch, immer noch; überdies; außerdem, dazu, ferner; aber-, nochmals; **2.** doch, wenigstens; **3.** *(mit Inversion)* indessen, allerdings; freilich; **II.** *interj* schon wieder! *~ une fois* noch einmal; *mais ~?* (na) und? *non seulement… mais ~* nicht nur…, sondern auch; *pas ~* noch nicht; *si ~, ~ si* wenn wenigstens; *et ~* u. selbst dann; u. wenn auch.

encourag|eant, e [ɑ̃kuraʒɑ̃, -ɑ̃t] *a* ermutigend, aufmunternd; **~ement** *m* **1.** Ermutigung, Aufmunterung *f;* **2.** Förderung; — *société f d'~ de* Verein *m* zur Förderung *gen;* **~er** *tr* **1.** ermutigen, Mut zu=sprechen (*qn* jdm), auf=muntern, an=feuern; **2.** unterstützen, fördern; anregen; *(zum Schlechten)* auf=stacheln.

encourir [ɑ̃kurir] *tr* auf sich *(acc)* laden; sich *(dat)* zu=ziehen; sich aus=setzen (*qc* dat); *(Strafe)* zu gewärtigen haben; verdienen; *~ un blâme* sich e-n Verweis zu=ziehen.

encrass|é, e [ɑ̃krase] *a* verschmutzt, schmutzig; verstopft; **~ement** *m* Verunreinigung, Verschmutzung *f;* **~er I.** *tr* verschmutzen; verrußen; **II.** *v prn s'~* schmutzig werden; *(Zündkerze)* verrußen.

encr|e [ɑ̃kr] *f* **1.** Tinte *f;* **2.** *(d'imprimerie)* Druckerschwärze; Farbe *f;* — *écrire à l'~* mit Tinte schreiben; *tache f d'~* Tintenfleck, Klecks *m; ~ de Chine* Tusche *f; ~ à stylo, stylographique* Füllfedertinte *f; ~ à tampon(s)* Stempelfarbe *f;* **~er** *tr* schwärzen; Druckerschwärze auf=tragen (*qc* auf e-e S); **~ier** [-krije] *m* **1.** Tintenfaß *n;* **2.** *typ* Farbkasten *m.*

encr|oûté, e I. *a* **1.** verkrustet; **2.** *fig* verknöchert; stumpfsinnig; dumm; *(in Vorurteilen)* befangen *(de* in *dat);* **II.** *s m* Banause *m;* **~oûtement** *m* **1.** Verkrustung *f;* **2.** *fig* Verknöcherung *f;* **~oûter I.** *tr* **1.** mit e-r Kruste überziehen; **2.** *fig* verdummen, stumpfsinnig machen; **II.** *v prn s'~* verdummen; *fig* sich fest=fahren, ein=rosten.

encycl|ique [ɑ̃siklik] *f rel* Enzyklika *f;* **~opédie** *f* Enzyklopädie *f;* **~opédique** *a* enzyklopädisch.

endém|ie [ɑ̃demi] *f med* Endemie *f;* **~ique** *a* **1.** *med* endemisch; **2.** *bot* einheimisch; **3.** *fig* dauernd; — *état m ~* Dauerzustand *m.*

endett|é, e [ɑ̃dɛte] *a* verschuldet; **~ement** *m* Verschuldung *f;* **~er I.** *tr* in Schulden stürzen; **II.** *v prn s'~* in Schulden *(acc)* geraten.

endeuill|é, e [ɑ̃dœje] *a* in Trauer(kleidung); **~er** *tr* in Trauer *(acc)* versetzen.

endiablé, e [ɑ̃djable] *a* verteufelt; toll; leidenschaftlich.

endigu|ement [ɑ̃digmɑ̃] *m* Eindeichen *n,* -dämmung *f a. fig;* **~er** *tr* **1.** ein=deichen, -dämmen *a. fig;* **2.** be-, ein=schränken; hemmen.

endimanch|é, e [ɑ̃dimɑ̃ʃe] *a* im Sonntagsstaat; *avoir l'air ~* feiertäglich aus=sehen; **~er, s'** *v prn* sich festlich kleiden.

endive [ɑ̃div] *f bot* Chicorée *f* u. *m; être blanc comme une ~* weiß wie ein Leichentuch, totenbleich aus=sehen.

endoctriner [ɑ̃dɔktrine] *tr* indoktrinieren; *(Wähler)* bearbeiten; für sich zu gewinnen suchen.

endolor|i, e [ɑ̃dɔlɔri] *a* schmerzend.

endommager [ɑ̃dɔmaʒe] *tr* beschädigen; Schaden zu=fügen, schaden (*qc* e-r S).

endorm|ant, e [ɑ̃dɔrmɑ̃, -ɑ̃t] *a* einschläfernd *a. fig; fig* langweilig; **~i, e** *a* **1.** schläfrig; **2.** *fig* träge, schlafmützig; **~ir I.** *tr* **1.** ein=schläfern; **2.** *(Schmerz)* stillen, betäuben; **3.** *fig* langweilen; täuschen, Sand in die Augen streuen (*qn* jdm); **II.** *v prn s'~* **4.** ein=schlafen *a. fig;* **5.** *fig* träge, nachlässig werden; **6.** *(Gewissen)* sich beruhigen; — *s'~ sur qc* sich um etw nicht kümmern; *s'~ sur ses lauriers* auf s-n Lorbeeren aus=ruhen.

endos, ~sement [ɑ̃do, -dosmɑ̃] *m com* Indossament, Giro *n;* Übertragungsvermerk *m;* **~sable** *a* übertragbar, indossierbar; **~sataire** *m* Indossat *m;* **~ser** *tr* **1.** *(Kleider)* an=ziehen, -legen; **2.** *com* indossieren, girieren; **~seur** *m* Indossant, Girant *m.*

endroit [ɑ̃drwa] *m* **1.** Ort, Platz *m,* Stelle *f;* **2.** Ortschaft *f;* **3.** *(Stoff)* rechte Seite *f;* **4.** *à l'~ de* in bezug, mit Rücksicht auf *acc; (örtlich)* an; *au bon ~* an der rechten Stelle; *par ~s* stellenweise; **5.** *ne voir que l'~ du décor* nur den äußeren Schein sehen; **6.** *petit ~* Örtchen *n,* Toilette *f.*

endui|re [ɑ̃dɥir] **I.** *tr* ein=schmieren; überstreichen, -tünchen; bestreichen (*de* mit); verputzen; **II.** *s'~ la peau* sich die Haut ein=reiben (*de* mit); **~t** [-i] *m* **1.** Überzug *m;* **2.** *arch* (Ver-)Putz; Bewurf; (Schutz-)Anstrich *m;* **3.** Belag *m;* Auflage, Schicht *f;* — *étaler, étendre un ~* e-e Schicht auf=tragen; *~ de protection* Schutzanstrich *m; ~ de vernis* Lackierung *f.*

endur|able [ɑ̃dyrabl] *a* erträglich; **~ance** *f* Ausdauer *f;* **~ant, e** *a* ausdauernd; **~ci, e** *a* **1.** *fig* verhärtet; **2.** abgehärtet; — *célibataire m ~* eingefleischte(r) Junggeselle *m;* **~cir I.** *tr* **1.** (ab=, ver-) härten; **2.** stählen; **II.** *v prn s'~* **3.** sich verhärten; gefühllos werden (*contre, à* gegen); **4.** sich ab=härten (*à* gegen); **~cissement** *m* **1.** Abhärtung *f;* **2.** *fig* Verstocktheit, Hartherzigkeit *f* (*à* gegen); **~er** *tr* **1.** erdulden, -tragen; aus=halten; **2.** zu=lassen, gestatten.

énerg|étique [enɛrʒetik] *a* Energie-; *ressources f pl ~s* Energiequellen *f pl;* **~ie** *f* Energie *f;* (Tat-, Willens-)Kraft *f; ~ atomique, nucléaire* Atomenergie *f; ~ calorifique* Wärmeenergie *f; ~ hydraulique* Wasserkraft *f;* **~ique** *a* energisch; (tat)kräftig; nachdrücklich; *(Stil)* kraftvoll; **~umène** [-gy-] *m* Irrer, Rasender *m.*

énerv|ant, e [enɛrvɑ̃, -ɑ̃t] *a* entnervend, ermüdend, ermattend; *(fam) vous êtes ~* Sie können e-m auf die Nerven gehen; **~é, e** *a* aufgeregt; nervös; **~ement** [-və-] *m* Aufregung, Erregung, Nervosität *f;* **~er I.** *tr* nervös machen; er-, auf=regen; auf die Nerven gehen (*qn* jdm); **II.** *v prn s'~* sich auf=regen; nervös werden; *(pop) énerve-toi* beeil dich.

enfan|ce [ɑ̃fɑ̃s] *f* **1.** Kindheit *f;* Kinderjahre *n pl;* Kindesalter *n a. fig;* **2.** Kinder *n pl;* **3.** *dès sa plus tendre ~* von Kindesbeinen an; *tomber en ~* kindisch werden; **4.** *ami m d'~* Jugendfreund *m; protection de l'~* Kinder-, Jugendschutz *m; souvenirs m pl d'~* Kindheitserinnerungen *f pl;* **~t** [-fɑ̃] *m f* **1.** Kind *n a. fig;* **2.** *donner le jour, la vie à un ~* ein Kind zur Welt bringen; **3.** *chanson f pour ~s* Kinderlied *n; enlèvement m d'~* Kindesentführung *f; jeu m d'~* Kinderspiel *n; jouet m d'~* Kinderspielzeug *n; lit m d'~* Kinderbett *n; livre m pour ~s* Kinderbuch *n; maladie f des ~s* Kinderkrankheit *f; petit ~* Kleinkind *n; petits-~s m pl* Enkel *m pl; voiture f d'~* Kinderwagen *m;* **4.** *~ au biberon* Flaschenkind *n; ~ légitime* eheliche(s) Kind *n; ~ du premier lit* Kind *n* aus erster Ehe; *~ au maillot* Wickelkind *n; ~ à la mamelle* Säugling *m; ~ prodige* Wunderkind *n; l'~ prodigue* der verlorene Sohn *m; ~ trouvé* Findelkind *n;* **~tement** *m fig* Entstehung, Schöpfung *f;* **~ter** *tr fig* schaffen, hervor=bringen; **~tillage** [jaʒ] *m* Kinderei *f;* **~tin, e** *a* **1.** kindlich; kindisch; **2.** kinderleicht; — *c'est ~* das ist kinderleicht.

enfariné, e [ɑ̃farine] *a: le bec ~, la bouche, la gueule ~e (fam)* mit siegessicherer Miene.

enfer [ɑ̃fɛr] *m* Hölle *f; aller en ~* in die Hölle kommen; *aller un train d'~* ein Höllentempo (drauf) haben.

enfermer [ɑ̃fɛrme] **I.** *tr* **1.** ein=schließen, -sperren; **2.** *fig* in sich schließen, enthalten; *sport* abdrängen; hindern; **II.** *v prn s'~* sich ein= schließen; sich zurück=ziehen.

enferrer, s' [ɑ̃fɛre] *v prn* **1.** sich in den Degen s-s Gegners stürzen; **2.** *fig* sich in Widersprüche verstricken.

enfiévrer [ɑ̃fjevre] **I.** *tr* **1.** Fieber verursachen (*qn* bei jdm); **2.** *fig* leidenschaftlich erregen; **II.** *v prn s'~ (fig)* sich erregen, sich erhitzen.

enfil|ade [ɑ̃filad] *f* (lange) Reihe, *(Zimmer)* Flucht *f;* **~er I.** *tr* **1.** *(Nadel)* ein=fädeln; *(Perlen)* auf=reihen; **2.** auf=spießen; durchbohren; **3.** *(in ein Kleidungsstück)* hinein=schlüpfen (*qc* in e-e S); über=streifen; **II.** *v prn s'~ le chemin à pied* sich zu Fuß auf den Weg machen; *s'~ un bon dîner* es sich schmecken lassen; *s'~ tout le travail* sich die ganze Arbeit auf=laden; *s'~ un verre* ein Glas hinter die Binde gießen.

enfin [ɑ̃fɛ̃] *adv* endlich; schließlich; zuletzt; kurz (gesagt); *~, nous verrons* nun, wir werden ja sehen.

enflamm|é, e [ɑ̃flame] *a* **1.** flammend, glühend; **2.** *med* entzündet; **3.** *(Gesicht)* gerötet; **4.** *fig* begeistert; *(Rede)* zündend; **~er I.** *tr* **1.** an=, entzünden; **2.** *(Gesicht)* röten; **3.** *fig* begeistern; an=feuern, an=stacheln; **4.** *med* e-e Entzündung verursachen (*qc* in, an e-r S); **II.** *v prn s'~* **5.** sich entzünden; in Brand geraten; **6.** *(Gesicht)* sich röten; **7.** *fig* sich ereifern (*pour* für); — *s'~ de colère* rot vor Zorn werden.

enfl|é, e [ɑ̃fle] **I.** *a* (an)geschwollen; **II.** *s m fam* Dummkopf *m;* **~er I.** *tr* **1.** auf=blähen, -blasen; *(Fluß)* an=schwellen lassen; **2.** *fig* steigern; *(Preise)* in die Höhe treiben; **3.** *(Stimme)* lauter werden lassen; **II.** *v prn s'~* an=schwellen *itr; (Segel)* sich blähen; dicker werden; **~ure** *f* (An-)Schwellung *f.*

enfon|cement [ɑ̃fɔ̃smɑ̃] *m* **1.** Einschlagen, -rammen *n;* **2.** *arch* Fundamenttiefe; Vertiefung *f;* **3.** *mil* Ein-, Durchbruch *m;* **~cer I.** *tr* **1.** ein=schlagen, -stoßen, -rammen, tief hinein=ziehen *(dans* in *acc);* **2.** *(den Hals)* ein=ziehen; **3.** *mil* durchbrechen, -stoßen; **4.** *fig fam* übertreffen, in den Hintergrund drängen; **II.** *itr* **5.** ein=sinken; **III.** *v prn* **6.** ein=, versinken; sich versenken *(dans* in *acc); — avoir la tête ~cée entre les épaules* den Kopf eingezogen haben; *~ son chapeau sur la tête* den Hut in die Stirn drücken; *~ un clou dans le mur* e-n Nagel in die Wand schlagen; *s'~ dans un fauteuil* in e-m Sessel versinken; *~ son mouchoir dans sa poche* sein Taschentuch in die Tasche stecken; *~ une porte ouverte* offene Türen ein=rennen; *cette équipe de footbal s'est fait ~* diese Fußballmannschaft ist haushoch geschlagen worden.

enfou|ir [ɑ̃fwir] **I.** *tr* **1.** vergraben, -scharren; **2.** *fig* verbergen; **II.** *v prn s'~* sich vergraben *(dans* in *acc); ~ ses mains dans ses poches* die Hände in die Tasche stecken; **~issement** *m* **1.** Ein-, Vergraben *n;* **2.** *agr* Umgraben, -pflügen *n.*

enfourcher [ɑ̃furʃe] *tr (Fahrrad, Pferd)* besteigen; *~ son dada (fam)* sein Stekkenpferd reiten.

enfourner [ɑ̃furne] **I.** *tr* **1.** *(Brote)* in den Ofen schieben; *(Hochofen)* beschicken; **2.** *fam* verschlingen; **II.** *v prn s'~* (hin)ein=steigen *(dans* in *acc*); sich ein=lassen *(dans* in, auf *acc); ~ qn dans un taxi* jdn in ein Taxi verfrachten.

enfreindre [ɑ̃frɛ̃dr] *tr (Gesetz, Vertrag)* übertreten, verletzen, zuwider=handeln (*qc* dat).

enfuir, s' [ɑ̃fɥir] *v prn* **1.** (ent)fliehen; flüchten; entkommen; **2.** *(Zeit)* verfliegen, -gehen; entschwinden; *— ~ devant le danger, de peur* vor der Gefahr, aus Furcht fliehen; *~ à toutes jambes* Hals über Kopf fliehen.

enfum|é, e [ɑ̃fyme] *a* rauchig, rußig; **~er** *tr* in Rauch hüllen; ein=, ver-, aus=räuchern.

engag|é, e [ɑ̃gaʒe] **I.** *a* **1.** engagiert; in Anspruch genommen; **2.** *(in e-e Mauer)* eingelassen; **II.** *s m* Freiwillige(r) *m; il s'est ~ trop avant* er hat sich zu weit vorgewagt; *~ à plein* ausgebucht, ausdisponiert; **~eant, e** [-ʒɑ̃, -ɑ̃t] *a* verführerisch, verlockend; reizend; **~ement** *m* **1.** Verpflichtung *f;* **2.** *com* Verbindlichkeit *f;* **3.** (An-, Ein-)Stellung *f;* **4.** *mil* Gefecht(sberührung *f*) *n;* Einsatz *m;* **5.** *sport* Anstoß *m;* **6.** *pol, theat* Engagement *n;* **7.** *sans ~* stellungslos; unverbindlich, freibleibend; **8.** *faire honneur à ses ~s* s-n Verpflichtungen nach=kommen; *manquer à ses ~s* s-e Verbindlichkeiten nicht erfüllen; *prendre l'~ de qc* sich zu etw verpflichten; *~ contractuel* vertragliche Verpflichtung *f;* **~er I.** *tr* **1.** *(sens propre)* verpfänden, versetzen; **2.** *(lier)* verpflichten, binden; *sa parole l'engage* er ist an sein Wort gebunden; **3.** *(embaucher)* an=, ein=stellen; *theat* engagieren; *(Matrosen)* an=heuern; **4.** *(faire entrer)* ein=fügen, -setzen, -spannen, -schalten; verbinden; *arch* ein=binden, -lassen; *(Schlüssel)* hinein=stecken; *(Schiff, Wagen)* hinein=fahren lassen *(dans* in *acc); (Truppen)* ein=setzen; **5.** *(commencer)* an=fangen, beginnen; *(Gespräch)* an=knüpfen, *(Diskussion)* eröffnen; **6.** *(pousser qn)* bewegen, veranlassen, auf=fordern; *il l'a engagé à vendre sa maison* er hat ihn (dazu) bewogen, sein Haus zu verkaufen; mahnen, ermahnen (*à* zu); *il l'a engagé à la prudence, à plus de modération* er hat ihn zur Vorsicht ermahnt, zur Mäßigkeit gemahnt; *~ qn à faire qc* jdn bereden, auf=fordern, etw zu tun; **7.** *(entraîner)* verwikkeln, hinein=ziehen *(dans* in *acc); ~ qn dans une affaire* jdn in e-e Angelegenheit (mit) hinein=ziehen; **8.** *(risquer qc) (Kapitalien, Geld)* an=legen, hinein=stecken, investieren *(dans* in *acc);* **II.** *v prn s'~* **1.** sich binden, zu=sagen, sich verpflichten, sich anheischig machen (*à* zu); sich verbürgen (*pour* für); **2.** sich ein=stellen, an=werben lassen; *mil* sich freiwillig melden; e-e Stelle an=nehmen (*comme* als), ein=treten (*chez* bei); **3.** sich verwickeln; sich ein=lassen (*dans qc* auf e-e S); (hinein=)geraten; unternehmen (*dans qc* etw); **4.** *(Weg)* ein=schlagen (*dans, sur* acc); **5.** *(Rohr)* passen (*dans qc* in e-e S); **6.** *(Kampf)* sich entspinnen, beginnen; **7.** *(Gegenstand)* sich verpfänden lassen; **8.** *avoir peur de s'~* Angst haben, Stellung zu beziehen; *~ des capitaux dans une entreprise* Kapital in ein Unternehmen stecken; *s'~ par caution* e-e Bürgschaft übernehmen; *~ pour une danse* zum Tanz auf=fordern; *s'~ à faire qc* versprechen, etw zu tun; *~ un levier* e-n Hebel an=setzen; *~ des négociations* Verhandlungen an=knüpfen; *~ qn dans son parti* jdn für s-e Partei gewinnen; *~ sa réputation à la légère* s-n Ruf leichtfertig aufs Spiel setzen; *s'~ dans une rue, dans un jardin* in e-e Straße, e-n Garten (hin)ein=gehen, -fahren, -biegen; *~ sa voiture dans un chemin* mit s-m Wagen in e-n Weg

ein=biegen; *ce travail l'engage tout entier* diese Arbeit nimmt ihn völlig in Anspruch; *cela n'engage à rien* das verpflichtet zu nichts.
engeance [ɑ̃ʒɑ̃s] *f* Brut; Sippschaft *f*.
engelure [ɑ̃zlyr] *f* Frostbeule *f*.
engendrer [ɑ̃ʒɑ̃dre] *tr* **1.** zeugen; **2.** *fig* erzeugen, hervor=bringen.
engin [ɑ̃ʒɛ̃] *m* **1.** Gerät *n a. mil;* Vorrichtung; Maschine *f;* Werkzeug *n;* **2.** *aero* Rakete *f;* **3.** *(Jagd, Fischfang)* Falle *f;* Netz; **4.** *tech* Hebezeug *n;* **5.** ~ *blindé* Panzer *m;* ~ *explosif* Sprengkörper *m;* ~ *porteur* Trägerrakete *f;* ~ *spatial, lunaire* Raumkapsel *f;* (Welt-)Raumfahrzeug *n;* ~ *téléguidé* ferngesteuerte Rakete *f*.
englober [ɑ̃glɔbe] *tr* **1.** um=, zs.=fassen *(dans* in *acc);* **2.** ein=schließen; vereinigen; ein=verleiben; **3.** *(Vorort)* ein=gemeinden.
englout|ir [ɑ̃glutir] *tr* **1.** hinunter=, verschlingen; **2.** *fig* verschwenden, verprassen; **~issement** *m* Verschlingen; Verschwinden, Versinken *n*.
eng|luer [ɑ̃glye] *tr* mit Leim bestreichen; **~ommer** *tr* gummieren; **~oncer** *tr* *(Kleid)* einzwängen *(dans* in); plump erscheinen lassen.
engorg|ement [ɑ̃gɔrʒəmɑ̃] *m* **1.** *tech* Verstopfung; (An-)Stauung *f;* **2.** *(Markt)* Übersättigung *f;* **3.** *med* Verschleimung, Verstopfung *f;* **~er** *tr* **1.** *tech* verstopfen; **2.** *med* verschleimen, verstopfen.
engou|ement [ɑ̃gumɑ̃] *m* Schwärmerei; Begeisterung *f* (*pour* für); **~er, s'** [-gwe] *v prn* schwärmen (*de qn* für jdn); sich bis über die Ohren verlieben (*de qn* in jdn); *être engoué de* vernarrt sein in *acc*, fasziniert sein von.
engouffrer [ɑ̃gufre] **I.** *tr* **1.** ver-, hinunter=schlingen *a. fig;* **2.** *(viel Geld)* hineinstecken *(dans* in *acc);* **II.** *v prn s'*~ **3.** *(Wasser)* strömen; **4.** *(Wind)* sich verfangen *(dans* in *acc);* **5.** *(Menge)* sich hinein=drängen.
engourd|i, e [ɑ̃gurdi] *a* **1.** erstarrt, starr; **2.** *(Hände vor Kälte)* klamm; **3.** *(Mensch)* benommen, dösig; **~ir I.** *tr* **1.** erstarren lassen; *(Fuß)* ein=schlafen lassen; **2.** *fig* erschlaffen lassen; ab=stumpfen; **II.** *v prn s'*~ **1.** erstarren, steif werden; **2.** *(Fuß)* ein=schlafen; **3.** *zoo* Winterschlaf halten; **~issement** *m* **1.** Erstarren *n;* Betäubung; Benommenheit *f;* **2.** *zoo* Winterschlaf *m*.
engrais [ɑ̃grɛ] *m* Dünger *m*, Düngemittel *n; mettre à l'*~ mästen; ~ *artificiel* Kunstdünger *m;* **~sement** [-smɑ̃] *m* Mästen *n;* **~ser I.** *tr* **1.** mästen; **2.** *agr* düngen; **II.** *itr* **3.** dick, fett werden; **III.** *v prn s'*~ **4.** zu=nehmen; dick(er), fett werden; **5.** *fig fam* sich bereichern *(sur* an *dat)*.
engranger [ɑ̃grɑ̃ʒe] *tr (Ernte)* ein=fahren; speichern.
engren|age [ɑ̃grənaʒ] *m* **1.** *tech* Verzahnung *f;* Räder-, Triebwerk; Zahnradgetriebe *n;* Übersetzung *f;* **2.** *fig* Räderwerk *n; — être pris dans l'~ (fig)* in ein Räderwerk geraten.
engrosser [ɑ̃grose] *tr vulg* schwängern.
engueul|ade *f*, **~ement** *m* [ɑ̃gœlad] *pop* Anschnauzer; (Mords-)Krach *m; recevoir une* ~ angeschnauzt werden; **~er** *tr* an=schnauzen, an=brüllen, an=schreien.
enguirlander [ɑ̃girlɑ̃de] *tr* **1.** mit Girlanden schmücken; **2.** *fig fam* an=schnauzen.
enhardir [ɑ̃ardir] **I.** *tr* ermutigen; **II.** *v prn s'*~ sich erkühnen, sich ein Herz fassen (*à qc* zu etw).
énigm|atique [enigmatik] *a* rätselhaft; **~e** *f* Rätsel *n; poser une* ~ ein Rätsel auf=geben; *résoudre une* ~ ein Rätsel lösen; *le mot de l'*~ des Rätsels Lösung.
enivr|ant, e [ɑ̃nivrɑ, -ɑ̃t] *a* berauschend; *(Duft)* betäubend; *(Schönheit)* verführerisch; **~ement** *m* Rausch *m a. fig;* **~er I.** *tr* **1.** trunken machen, berauschen *a. fig;* **2.** *fig* verblenden, betäuben; **II.** *v prn s'*~ **3.** sich betrinken, sich berauschen *a. fig;* **4.** sich begeistern (*de* an *dat*).
enjamb|ée [ɑ̃ʒɑ̃be] *f* langer Schritt; *d'une seule* ~ mit einem Schritt, Satz; **~ement** *m* Enjambement *n;* **~er I.** *tr* überschreiten *a. fig*, -springen; *(Brücke)* überspannen; **II.** *itr (Vers)* über=greifen *(sur* auf *acc);* ~ *deux marches à la fois* zwei Stufen auf einmal nehmen.
enjeu [ɑ̃ʒø] *m (Spiel)* Einsatz *m; miser une somme à l'*~ e-e Summe aufs Spiel setzen.
enjoindre [ɑ̃ʒwɛ̃dr] *tr* ein=schärfen, (ausdrücklich) befehlen (*qc à qn* jdm etw).
enjôl|er [ɑ̃ʒole] *tr* beschwatzen; **~eur, euse I.** *s m f* Schmeichler(in *f*) *m;* **II.** *a* betörend, verlockend.
enjoliv|ement [ɑ̃ʒɔlivmɑ̃] *m* **1.** Verzierung *f;* **2.** *fig* Beschönigung; Ausschmückung *f;* **~er** *tr* **1.** verzieren; aus=schmücken; **2.** *fig* breit=treten; **~eur** *m mot* Zier-, Radkappe *f*.
enjou|é, e [ɑ̃ʒwe] *a* heiter; munter; unbeschwert, sonnig; **~ement** [-ʒu-] *m* Heiterkeit; Unbeschwertheit; Gelöstheit *f*.
enlac|ement [ɑ̃lasmɑ̃] *m* **1.** Verflechtung *f;* **2.** Umarmung *f;* **~er** *tr* ~ *qn (dans ses bras)* jdn in die Arme schließen.
enlaid|ir [ɑ̃lɛdir] **I.** *tr* entstellen; verunstalten; **II.** *itr* häßlich werden; **~issement** *m* Entstellung, Verschandelung *f;* ~ *du paysage* Verunstaltung *f* des Landschaftsbildes.

enlève|ment [ɑ̃lɛvmɑ̃] *m* **1.** Beseitigung; *(Müll)* Abfuhr *f;* Wegnahme *f;* **2.** *jur* Entführung *f;* Raub *m;* **3.** *mil* Erstürmung *f;* — ~ *à domicile sans frais* Abholung *f* frei Haus; **~-taches** *m* Fleckentferner *m.*

enlever [ɑ̃lve] **I.** *tr* **1.** auf=, hoch=heben; weg=, entreißen; entziehen, -führen; mit=, weg=nehmen, weg=schaffen; **2.** *(Kleider)* aus=ziehen; *(Hut)* ab=nehmen; *(in e-r Liste)* streichen; *(Zahl)* ab=ziehen; *(Fleck)* entfernen; **3.** *(Mut, Stimmung)* nehmen, rauben; *(Tod)* dahin=raffen; *(Kind)* entführen; *(Angelegenheit)* schnell erledigen; **4.** *theat mus* leicht u. vollendet spielen; **5.** *fig* mit=, hin=reißen; **6.** *ne rien* ~ keinen Abbruch tun (*à* dat); **II.** *v prn s'*~ **7.** lose, beweglich sein; *(Fleck)* heraus=gehen; *(Farbe)* ab=gehen, ab=blättern; *com* reißend abgehen; **8.** ~ *et transporter* ab=befördern; ~ *avec un balai* weg=fegen; ~ *les couverts* den Tisch ab=decken; ~ *l'envie à qn* jdm die Lust nehmen; ~ *les meubles* die Möbel aus=räumen (*de qc* aus etw); ~ *la récolte* die Ernte ein=bringen; ~ *un siège (parl)* e-n Sitz erringen; **9.** *on ne peut lui* ~ *cette idée de la tête* er läßt sich von diesem Gedanken nicht abbringen; *il y a un colis à* ~ *à la gare* es muß ein Paket an der Bahn abgeholt werden; *enlève-toi de là! (pop)* hau ab! *cela s'enlève comme des petits pains* das geht weg wie warme Semmeln.

enliser [ɑ̃lize] **I.** *tr (im Sand, Dreck)* versinken lassen; **II.** *v prn s'*~ **1.** versinken *a. fig;* **2.** *fig* stecken=bleiben; versacken.

enlumin|er [ɑ̃lymine] *tr* (bunt) aus=malen; illuminieren, kolorieren; **~ure** *f* Illumination *f.*

enneig|é, e [ɑ̃ne(ɛ)ʒe] *a* eingeschneit; verschneit; **~ement** [-ɛʒ-] *m* Schneehöhe *f,* -verhältnisse *n pl; bulletin m d'*~ Schneebericht *m.*

ennemi, e [ɛnmi] **I.** *a* feindlich, feindselig; **II.** *s m f* Feind(in *f*), Gegner(in *f*) *m; attaquer l'*~ den Feind an=greifen; *il est* ~ *de l'alcool* er verabscheut den Alkohol.

ennième [enjɛm] *a s m: je vous le répète pour la* ~ *fois* ich wiederhole es Ihnen zum x-ten Male.

ennobl|ir [ɑ̃nɔblir] *tr* adeln *nur fig.*

ennu|i [ɑ̃nɥi] *m* **1.** Langeweile *f;* Überdruß *m;* **2.** *pl* Widerwärtigkeiten, Unannehmlichkeiten *f pl; se créer des ~s* sich Schwierigkeiten auf den Hals laden; *tromper l'*~ die Langeweile vertreiben; **~yé, e** *a* verdrossen; verärgert (*de* über *acc*); **~yer I.** *tr* **1.** langweilen; verdrießen; **2.** beunruhigen; Kummer machen (*qn* jdm); **3.** auf die Nerven fallen (*qn* jdm); stören; belästigen; **II.** *v prn s'*~ sich langweilen; sich sehnen (*de* nach); — *s'*~ *comme une carpe* sich zu Tode langweilen; *cela m'ennuyerait d'arriver en retard* es wäre mir unangenehm, peinlich, wenn ich zu spät käme; **~yeux, se** *a* **1.** langweilig; **2.** unangenehm, verdrießlich; **3.** lästig; **4.** peinlich.

énonc|é [enɔ̃se] *m* **1.** Wortlaut, Text *m;* **2.** Angaben *f pl;* **3.** Aussage; **4.** *math* Voraussetzung *f;* **~er I.** *tr* **1.** *(Gedanken)* aus=drücken; aus=sprechen; formulieren; auf=zählen; **2.** *(Grundsatz)* auf=stellen; **3.** *(Tatsachen)* berichten; **4.** *math (Aufgabe)* stellen; **II.** *v prn s'*~ sich aus=drücken; formulieren.

énorm|e [enɔrm] *a* **1.** enorm, groß; maßlos, ungeheuer (groß); **2.** *fam* gewaltig, phantastisch; **~ément** *adv* **1.** gewaltig, ungeheuer; **2.** ~ *de* sehr, außerordentlich; *fam* entsetzlich, furchtbar; **~ité** *f* **1.** ungeheure Größe *f;* **2.** *fig* Ungeheuerlichkeit *f;* — *commettre une* ~ e-n schweren Mißgriff tun, e-e große Dummheit machen; *dire des ~s* dummes Zeug reden.

enquérir, s' [ɑ̃kerir] *v prn* sich erkundigen (*de* nach), nach=forschen, -fragen (*à qn, auprès de qn* bei jdm); *s'enquérir de qc auprès de qn* sich bei jdm nach e-r S erkundigen.

enquêt|e [ɑ̃kɛt] *f* **1.** Untersuchung, Ermittlung, Erhebung; Rund-, Umfrage *f;* **2.** *jur* Beweisaufnahme *f;* — *faire ouvrir une* ~ e-e Untersuchung ein=leiten; ~ *judiciaire* gerichtliche Untersuchung *f;* **~er** [-e(ɛ)te] *itr* e-e Untersuchung durch=führen (*sur* in *dat*); **~eur, euse** *m f* **1.** Untersuchungsbeamte(r) *m,* -beamtin *f;* **2.** Befrager, Meinungsforscher *m.*

enquiquiner [ɑ̃kikine] *tr pop* auf die Palme bringen (*qn* jdn).

enracin|ement [ɑ̃rasinmɑ̃] *m* **1.** Einwurzeln *n;* **2.** *fig* Verwurzelung *f;* **~é, e** *a* einge-, verwurzelt; *préjugés m pl ~s* eingewurzelte Vorurteile *n pl;* **~er I.** *tr* **1.** Wurzeln schlagen lassen; **2.** *fig* verankern; **II.** *v prn s'*~ **1.** Wurzeln, *fig* Wurzel schlagen; **2.** *(schlechte Gewohnheiten)* ein=reißen; **3.** *(Irrtum)* sich fest=setzen; — *laisser (s')*~ *des abus* Mißbräuche auf=kommen lassen.

enrag|é, e [ɑ̃raʒe] **I.** *a* **1.** toll, rasend, wütend; **2.** versessen (*de* auf *acc*); **3.** *med* tollwütig; **II.** *s m* Fanatiker; *pol* Extremist *m;* **~er** *itr fig* wütend sein; *faire* ~ *qn* jdn ärgern, wütend machen.

enray|age [ɑ̃rɛjaʒ] *m mil* Ladehemmung *f;* **~er I.** *tr fig* hemmen, (ab=)bremsen *(a. Wagen);* Einhalt gebieten (*qc* dat); *mil* Ladehemmung verursachen (*qc* bei etw); **II.** *v prn s'*~ Ladehemmung haben; klemmen.

enrégimenter [ɑ̃reʒimɑ̃te] *tr* eingliedern, einreihen.

enregistr|ement [ɑ̃rəʒistrəmɑ̃] *m* **1.** *jur* Registrierung; Eintragung; Protokollierung *f;* **2.** Aufzeichnung; Speicherung; (Tonband-, Schallplatten-)Aufnahme *f;* **3.** *(in Frankreich)* öffentliche(s) Register *n,* Registratur *f;* **4.** ~ *des bagages* Gepäckabfertigung *f;* ~ *sur disque* Schallplattenaufnahme *f;* ~ *sur bande magnétique* Bandaufnahme *f;* **~er** *tr* **1.** *jur* registrieren; (in ein Register) ein⸗tragen, -schreiben; buchen; zu Protokoll nehmen; **2.** auf⸗, verzeichnen; **3.** *(Gepäck)* ab⸗fertigen; **4.** *(Schallplatte, Radio)* auf⸗nehmen; — *(faire)* ~ *ses bagages* sein Gepäck auf⸗geben; ~ *sur disque, sur bande* auf Schallplatte, Band auf⸗nehmen; **~eur, se I.** *a* registrierend; selbstschreibend; **II.** *s m* Registriergerät *n;* Selbstschreiber *m; (in Belgien)* Magnetophon *n; baromètre m* ~ Barograph *m; caisse f ~euse* Registrierkasse *f.*

enrhum|er [ɑ̃ryme] **I.** *tr: le moindre courant d'air m'~e* bei dem geringsten Luftzug bekomme ich Schnupfen; **II.** *v prn s'~* sich erkälten; sich e-n Schnupfen holen.

enrich|ir [ɑ̃riʃir] **I.** *tr* **1.** reich, wohlhabend machen; *(Gegenstand)* reich besetzen (*de* mit); **2.** *chem* an⸗reichern; **3.** *fig* verschönern, aus⸗schmücken, verzieren; **4.** *(Kenntnisse)* erweitern; **II.** *v prn s'~* **1.** sich bereichern, reich werden; **2.** *(Sammlung)* sich erweitern (*de* um); **~issement** *m* **1.** Bereicherung *f;* **2.** *chem* Anreicherung *f;* **3.** *fig* Vertiefung; **4.** *(Sammlung)* Erweiterung *f.*

enrober [ɑ̃rɔbe] *tr* **1.** ein⸗, um⸗hüllen; um⸗kleiden, -manteln; mit e-r (Schutz-)Hülle um⸗geben; **2.** *(Küche)* glasieren, kandieren; **3.** *fig* ein⸗kleiden, verpacken (*de* in *acc*).

enrôl|ement [ɑ̃rolmɑ̃] *m* **1.** Anwerbung; **2.** *mar* Anmusterung *f;* **~er I.** *tr* **1.** an⸗werben; **2.** *(in e-e Partei)* aufnehmen; **3.** *mar* an⸗mustern; **II.** *v prn s'~* **1.** sich an⸗werben lassen; **2.** *(Partei)* bei⸗treten (*dans* dat).

enrou|é, e [ɑ̃rwe] *a* heiser; **~ement** [-ru-] *m* Heiserkeit *f;* **~er** *v prn s'~* heiser werden; *s'~ à force de crier* sich heiser schreien; *être enroué* heiser sein.

enroul|ement [ɑ̃rulmɑ̃] *m* **1.** Herumwickeln *n;* **2.** *tech* Wick(e)lung *f;* Aufrollen *n;* **~er I.** *tr* auf⸗, zs.⸗rollen; (her-)um⸗, auf⸗wickeln; **II.** *v prn s'~* sich herum⸗winden, -schlingen (*autour de* um); sich auf⸗, zs.⸗rollen.

enrubanner [ɑ̃rybane] *tr* mit Bändern schmücken.

ensabl|ement [ɑ̃sɑ(a)bləmɑ̃] *m* Versandung; Sandbank *f;* **~er I.** *tr* mit Sand bedecken; *mar* auf Sand treiben lassen; **II.** *v prn s'~* **1.** versanden *a. fig;* **2.** *mar* auf Sand laufen; **3.** *(Auto)* im Sand stekkenbleiben.

ensach|er [ɑ̃saʃe] *tr* absacken, abpakken.

ensanglant|é [ɑ̃sɑ̃glɑ̃te] *a* blutbefleckt; **~er** *tr* mit Blut beschmieren.

enseign|ant, e [ɑ̃sɛɲɑ̃, -ɑ̃t] *s m pl u. a: corps m* ~ Lehrerschaft *f; personnel m* ~ Lehrkörper *m;* **~e I.** *f* **1.** (Aushänge-, Laden-)Schild *n;* **2.** *com* Waren-, Firmenzeichen *n;* **3.** *être logé à la même* ~ sich in der gleichen Lage befinden; ~ *lumineuse* Lichtreklame *f;* ~ *publicitaire* Reklameschild *n;* **II.** *m:* ~ *de vaisseau de 2*^me^ *(1*^ère^*) classe* (Ober-)Leutnant z. S. (zur See); **~ement** *m* **1.** Lehre *f;* Unterricht(en *n*) *m;* **2.** *tirer d'utiles ~s de* nützliche Lehren ziehen aus; **3.** ~ *audio-visuel* Unterricht *m* mit audio-visuellen Mitteln; ~ *par correspondance* Fernunterricht *m;* ~ *du dessin, des langues vivantes* Zeichen-, Fremdsprachenunterricht *m;* ~ *libre* Privat(schul)unterricht *m;* Privatschulen *f pl;* ~ *obligatoire* Schulpflicht *f;* ~ *primaire* Grundschulunterricht *m;* Grundschulen *f pl;* ~ *public* staatliches Schulwesen *n;* ~ *secondaire* höhere(s) Schulwesen *n;* ~ *supérieur* Hochschulwesen *n;* **~er** *tr* lehren (*qc à qn* jdn e-e S); unterrichten (*qn* jdn).

ensembl|e [ɑ̃sɑ̃bl] **I.** *adv* bei-, zusammen, miteinander; zugleich; insgesamt; **II.** *s m* **1.** (das) Ganze; Gesamtheit *f;* Komplex *m;* **2.** *mus theat* Ensemble; *theat* Zs.spiel *n;* **3.** Zs.stellung; *(Kleidung)* Kombination *f,* Komplet *n;* **4.** *d'~* Gesamt-; umfassend; *dans l'~* insgesamt; im ganzen *od* gesamten; *tous* ~ alle miteinander; **5.** *aller bien (mal)* ~ (nicht) gut zs.⸗passen; *être bien (mal)* ~ sich gut (schlecht) mitea. vertragen; *mettre* ~ zs.⸗stellen; **6.** *plan m d'~* Übersichtsplan *m; théorie des ~s* Mengenlehre *f; vue f d'~* Gesamtansicht *f;* -eindruck *m;* **7.** ~ *d'appartement* Wohnungseinrichtung *f;* ~ *électronique* EDV-Anlage *f;* ~ *des employés* Belegschaft *f;* ~ *des frais* Gesamtkosten *pl;* **~ier** [-blije] *m* **1.** Ausstatter, Ensemblier *m;* **2.** ~ *(décorateur) m* Innenarchitekt *m.*

ensemenc|ement [ɑ̃s(ə)mɑ̃smɑ̃] *m* Aussaat *f;* **~er** *tr* **1.** (be-, aus⸗, ein⸗) säen; **2.** *(Fische)* einsetzen; **3.** *(Kultur)* an⸗legen.

enserrer [ɑ̃sɛre] *tr* um⸗schlingen; ein⸗schließen.

ensevel|ir [ɑ̃səvlir] **I.** *tr* **1.** in ein Leichentuch hüllen; begraben *a. fig;* verschütten; **2.** *fig* verbergen; vergraben; **II.** *s'~ dans la solitude* sich von der Welt zurückziehen.

ensoleill|é, e [ɑ̃sɔlɛ(e)je] *a* sonnig; **~ement** *m* Sonnenbestrahlung *f;* Sonnenschein *m;* **~er** *tr* **1.** mit Sonne erfüllen; **2.** *fig (Gesicht, Leben)* auf=, erheitern.

ensommeillé, e [ɑ̃sɔmɛ(e)je] *a* schläfrig; verschlafen; schlaftrunken.

ensorcel|ant, e [ɑ̃sɔrsəlɑ̃, -ɑ̃t] *a* bezaubernd, verführerisch, verlockend; **~er** *tr* **1.** verzaubern; behexen; **2.** *fig* betören, verführen, bezaubern; *(Geist)* gefangen=nehmen; **~eur, se** *m f* **1.** Zauberer, Hexenmeister *m;* Zauberin, Hexe *f;* **2.** Verführer(in *f*) *m;* **~lement** [-sɛl-] *m* **1.** Verzauberung; Zauberei *f;* **2.** *fig* Zauber *m.*

ensuite [ɑ̃sɥit] *adv* dann, darauf, nachher, danach; *(et)* **~?** und dann? was weiter?

ensuivre, s' [ɑ̃sɥivr] *v prn* hervor=gehen; sich ergeben, folgen (*de* aus); *il s'ensuit que* daraus folgt, ergibt sich, daß; *et tout ce qui s'ensuit* u. alles Folgende.

entabl|ement [ɑ̃tabləmɑ̃] *m arch* Gesims; Gebälk *n;* **~er** *tr tech* überblatten; **~ure** *f* **1.** *(Schere)* Scharnier *n;* **2.** *tech* Stoß *m.*

entach|er [ɑ̃taʃe] *tr fig* beflecken, besudeln (*de* mit); **~é, e** *a:* ~ *d'erreurs* fehlerhaft.

entaill|e [ɑ̃taj] *f* **1.** Einschnitt *m;* Kerbe *f a. geol;* Schlitz *m;* **2.** *med* Schnittwunde *f;* **~er I.** *tr* ein=schneiden, -kerben, -blatten, -kehlen; e-e Schnittwunde bei=bringen (*qn* jdm); **II.** *v prn s'~ le doigt* sich tief in den Finger schneiden.

entam|e [ɑ̃tam] *f (Brot)* Anschnitt *m;* **~er** *tr* **1.** *(Brot)* an=schneiden; *(Vorrat, Flasche)* an=brechen; **2.** *(Haut)* ritzen, verletzen; **3.** *(Geldsumme)* an=greifen; *(Gespräch)* an=knüpfen; *(Verhandlungen)* ein=leiten; **4.** *(Überzeugung, Freundschaft)* erschüttern; beeinträchtigen; **5.** *(Gewinn)* schmälern; **6.** *(Rost)* zerfressen; *chem* an=greifen; *(Glas)* ritzen; **7.** *tech* an=reißen, -zapfen, -schneiden; **8.** e-e Bresche schlagen (*qc* in e-e S); *(Linie)* ein=drücken; **9.** *fig* an=fangen, beginnen.

entartr|age [ɑ̃tartraʒ] *m* Kesselsteinablagerung *f;* **~er** *tr* e-e Ablagerung bilden (*qc* auf e-e S).

entass|ement [ɑ̃tɑ(a)smɑ̃] *m* **1.** Anhäufung *f;* Haufen *m;* Aufstapeln *n;* Auffüllung, -schüttung *f;* **2.** *(Menschen)* Zs.drängen; *(Tiere)* Zs.pferchen *n;* **~er I.** *tr* **1.** auf=, an=häufen; auf=stapeln, -schütten, -schichten; **2.** an=sammeln; zs.=pferchen; **3.** *(Gelände)* auf=füllen; **II.** *v prn s'~* sich zs.=ballen; sich drängen; sich türmen.

entéléchie [ɑ̃teleʃi] *f philos* Entelechie *f.*

entend|ement [ɑ̃tɑ̃dmɑ̃] *m* **1.** Verstand *m;* Urteilskraft *f;* **2.** Begriffsvermögen; Verständnis *n;* Fassungskraft *f;* — *cela dépasse l'~* das ist undenkbar; **~eur** *m:* *à bon ~ salut!* wer Ohren hat, der höre! **~re I.** *tr* **1.** (an=, ab=)hören; *(Zeugen)* verhören; Gehör schenken (*qn* jdm); **2.** verstehen, begreifen; Verständnis haben (*qc* für etw); **3.** vor=, im Sinne haben, beabsichtigen, wollen; **4.** verlangen; erwarten (*que + subj* daß); **II.** *v prn s'~* **5.** gehört werden; sich *od* ea. verstehen; (gut) aus=kommen (*avec qn* mit jdm); im Einverständnis sein, sich verständigen (*avec* mit); **6.** sich aus=kennen (*à* in *dat*), sich verstehen (*à, en* auf *acc*); **7.** *dire qc à qui veut l'~* etw aus=posaunen; *donner, laisser à ~, laisser* od *faire ~* zu verstehen geben; an=deuten; merken lassen; *~ de ses propres oreilles* mit eigenen Ohren hören; *~ parler, chanter* sprechen, singen hören; *~ la plaisanterie* Spaß verstehen; *~ raison* Vernunft an=nehmen; **8.** *à l'~* wenn man ihn hört; *qu'entendez-vous par là?* was meinen Sie damit? *j'entends par là que* ich will damit sagen, daß; *il s'y entend* er versteht sich darauf; er ist Fachmann; *cela s'entend* das ist (doch) klar; selbstverständlich; **~u, e** *a (Sache)* abgemacht, entschieden; *(c'est) ~!* abgemacht! gut! geht in Ordnung! *il est bien ~* es wird ausdrücklich vereinbart (*que* daß); *bien ~* natürlich, selbstverständlich *adv;* wohlverstanden.

entente [ɑ̃tɑ̃t] *f* **1.** Verständnis; Einvernehmen, Einverständnis *n;* **2.** Zusammenschluß *m;* Interessengemeinschaft *f;* **3.** *com* Abkommen *n,* Absprache *f;* — *arriver, parvenir à une ~* zu e-m Übereinkommen gelangen; *~ sur les prix* Preisabsprache *f.*

entér|iner [ɑ̃terine] *tr* **1.** (gerichtlich) bestätigen; **2.** *fig* billigen; **~ite** *f med* Enteritis *f.*

enterr|ement [ɑ̃tɛrmɑ̃] *m* **1.** Beerdigung, Bestattung *f,* Begräbnis; Leichenbegängnis *n,* -zug *m;* **2.** *fig* Ende *n;* Verzicht *m;* — *aller, assister à un ~* zu e-r Beerdigung gehen; *air m, figure f d'~* Leichenbittermiene *f; musique f d'~* Trauermusik *f;* **~er** *tr* **1.** be-, ein=, vergraben; bestatten, beerdigen; **2.** *tech* in die Erde verlegen; **3.** *(Kummer)* verbergen; **4.** *fig* in Vergessenheit geraten lassen; **5.** *(Absicht, Plan)* auf=geben; *(Hoffnung)* begraben.

en-tête [ɑ̃tɛt] *m* Brief-, Titelkopf *m;* Auf-, Überschrift; Schlagzeile *f; papier m à lettres à ~* Kopfbogen *m.*

entêt|é, e [ɑ̃tɛte] **I.** *a* eigensinnig, starrköpfig; **II.** *s m* Starr-, Dickkopf *m;* **~ement** *m* Halsstarrig-, Dickköpfigkeit *f,* Eigensinn *m;* Hartnäckigkeit *f;* **~er** *v prn s'~* sich versteifen (*à qc* auf e-e S), (eigensinnig) bestehen (*dans* auf *dat*).

enthousias|me [ɑ̃tuzjasm] *m* Begeisterung *f,* Schwung; Enthusiasmus *m;* Schwärmerei *f;* **~mer I.** *tr* begeistern;

entzücken; **II.** *v prn s'~* sich begeistern (*pour* für); **~te I.** *a* enthusiastisch, (leicht) begeistert; **II.** *s m f* Enthusiast; begeisterte(r) Anhänger *m.*

entich|é, e [ãtiʃe] *a* vernarrt (*de* in *acc*); besessen (*de* von), eingenommen (*de* von, für).

enti|er, ère [ãtje, -ɛr] **I.** *a* **1.** ganz, voll(ständig, -zählig), ungeteilt, völlig; **2.** unversehrt, ungeschmälert; **3.** *fig (Mensch)* aufrichtig, unbeugsam; starrköpfig; **II.** *s m math (nombre m ~)* ganze Zahl *f;* — *en* ~ ganz, gänzlich, im ganzen; *dans, en son* ~ unvermindert, unverkürzt; *écrire son nom en* ~ s-n Namen aus≈schreiben; *cheval m* ~ Hengst *m;* **~èrement** *adv* ganz u. gar; **~té** [-ti-] *f* Wesenheit *f;* ~ *du droit public* Körperschaft *f* des öffentlichen Rechts.

entoil|age [ãtwalaʒ] *m* **1.** (Stoff-)Bespannung; **2.** *(Kleidung)* Einlage, (Leinen-)Versteifung *f;* **3.** Steifleinen *n;* **~er** *tr* versteifen; auf Leinwand auf≈ziehen; mit Stoff bespannen; in Leinen binden.

entôl|age [ãtolaʒ] *m arg* Diebstahl *m;* **~er** *tr arg* ab≈stauben, bestehlen; **~euse** *f* diebische Dirne *f.*

entomo|logie [ãtɔmɔlɔʒi] *f* Insektenkunde, Entomologie *f;* **~phage** *a* insektenfressend.

entonn|er [ãtɔne] *tr* **1.** in Fässer (ab≈) füllen; **2.** *(Lied)* an≈stimmen; **~oir** *m* Trichter *m a. mil.*

entorse [ãtɔrs] *f* **1.** *med* Verstauchung *f;* **2.** *fig* Verdrehung *f;* — *se donner, se faire une* ~ *au pied* sich den Fuß verstauchen; *faire une* ~ *à qc* etw *(Gesetz, Wahrheit)* verdrehen; mißachten, verstoßen gegen *acc; (Recht)* beugen.

entortiller [ãtɔrtije] **I.** *tr* **1.** (ein≈, um)wickeln (*dans* in *acc,* mit); umschlingen; **2.** *fig* herein≈legen, beschwatzen; **3.** *(Stil)* überladen; **II.** *v prn s'~* sich (herum≈)schlingen (*autour de* um *acc*); sich verfangen, sich verheddern (*dans un discours* bei e-r Rede); *s'~ dans une couverture (fam)* sich in e-e Decke wikkeln.

entour|age [ãturaʒ] *m* **1.** Umgebung; Gesellschaft; Umwelt *f;* **2.** Einfassung, -rahmung *f;* **~é, e** *a* **1.** umgeben (*de* von); umsäumt, eingefaßt; **2.** *fig* bewundert, umschwärmt; **~er I.** *tr* umgeben *a. fig;* ein≈, umschließen; *(Beet)* ein≈fassen; *(mit e-r Schnur)* umwinden; **II.** *v prn s'~* sich umgeben (*de* mit); *(Personen)* um sich sammeln (*de* acc).

entour|loupette [ãturlupɛt] *f fam* Streich *m; faire une* ~ e-n Streich spielen (*à qn* jdm); **~nure** *f être gêné aux ~s (fig)* in Schwierigkeiten sein; *je suis gêné aux ~s* das Kleid ist mir unterm Arm zu eng.

entr|(e) [ãtr] *in Zssgen* wechsel-, gegenseitig; mit-, unterea.; **~acte** *m* **1.** Zwischenakt *m;* **2.** *(Konzert theat film)* Pause *f;* **3.** *mus* Zwischenaktmusik *f;* **~aide** *f* gegenseitige Hilfe *f,* Beistand *m;* **~aider, s'** *v prn* ea. bei≈stehen.

entrailles [ãtraj] *f* **1.** *pl* Eingeweide *n pl;* Gedärme *pl;* **2.** *fig* Herz *n; sans* ~ herzlos.

entrain [ãtrɛ̃] *m* Schwung *m,* Temperament *n,* Lebendigkeit; Begeisterung *f; plein d'~* schwungvoll, temperamentvoll; fröhlich.

entraîn|ant, e [ãtrɛnã] *a fig* packend, mitreißend; **~ement** *m* **1.** Schwung *m,* Begeisterung *f;* **2.** *fig* Kraft, Stärke *f;* **3.** Übung; Schulung *f; sport* Training *n;* Abhärtung; Ertüchtigung *f;* **4.** *tech* Antrieb *m;* — *dans un bon état d'~ (sport)* in guter Form; *match m, partie f d'~* Übungsspiel *n;* ~ *sportif* sportliche Ausbildung *f;* **~er I.** *tr* **1.** (mit sich) fort≈reißen; mit≈nehmen; **2.** *fig* mit≈reißen; nach sich ziehen, zur Folge haben; **3.** *(Erregung)* aus≈lösen; **4.** *(Argument)* überzeugen; **5.** *sport* trainieren; schulen, üben, ertüchtigen; **6.** *tech* an≈treiben; **II.** *v prn s'~* üben, trainieren; — *se laisser* ~ sich hin≈, fort≈reißen lassen; *être bien ~é* in Hochform sein; **~eur** *m* **1.** Trainer; Zureiter *m;* **2.** Sportlehrer *m;* **3.** Schrittmacher *m;* **~euse** *f* Animierdame *f.*

entrant, e [ãtrã, -ãt] **I.** *a (Schüler)* neu eintretend; *(Beamter)* neuernannt; **II.** *s m: les ~s et les sortants* die Ein- und Ausgehenden.

entrav|e [ãtrav] *f meist pl* **1.** *(Tier)* (Fuß-) Fessel *f;* **2.** *fig* Hindernis, Hemmnis *n;* Störung *f;* — ~ *à la circulation* Verkehrshindernis *n;* **~er** *tr* **1.** Fesseln an≈legen (*un cheval* e-m Pferd); **2.** *fig* hemmen; hindern; stören; **3.** *arg* verstehen, kapieren.

entre [ãtr] *prp* **1.** *(Ort, Zeit)* zwischen; **2.** *(Personen)* unter; — *être* ~ *les mains de qn* in jds Händen, Gewalt sein; *s'expliquer* ~ *quatre yeux (pop)* [ãtrkatzjø] sich unter vier Augen aus≈sprechen; *nager* ~ *deux eaux* unter Wasser schwimmen; *fig* sich zwischen zwei Parteien hindurch≈winden, -lavieren; *regarder qn* ~ *les yeux* jdm fest in die Augen sehen, jdn fixieren; *(soit dit)* ~ *nous* unter uns (gesagt); ~ *deux âges* in gesetztem Alter; älter; ~ *autres (choses)* unter anderem; ~ *les deux* halb und halb; ~ *chien et loup* in der Dämmerung; ~ *la poire et le fromage* beim Nachtisch; *~(-)temps* inzwischen, unterdessen, in der Zwischenzeit; ganz nebenbei; **~bâiller** [-je] *tr* halb, ein wenig öffnen; *la porte est entrebâillée* die Tür ist angelehnt; **~chat** [ãtrəʃa] *m (Tanz)* Kreuzsprung *m; (fig) faire un* ~ e-n Luftsprung machen; **~choquer, s'** *v prn* an=, aufea.=stoßen, -schlagen; ~**côte** *f (Rind)* Rippenstück *n;* ~**couper I.** *tr* unterbrechen; **II.** *s'~ (Wege)* sich kreuzen, sich überschneiden; ~**croiser** *tr* verflechten, inea.=schlingen.

entre-|deux [ɑ̃trədø] *m* **1.** *(Fisch)* Mittelstück *n;* **2.** *(Wäsche)* Einsatz *m;* — *~-guerres m inv* Zwischenkriegszeit *f.*

entrée [ɑ̃tre] *f* **1.** Eingang, -tritt, -zug *m,* -fahrt; Einreise *f;* **2.** *(EDV)* Eingabe *f;* **3.** *fig* Einstieg; Anfang, Beginn *m;* Einleitung, Eröffnung *f;* **4.** *(mus, Rennen)* Einsatz; Zugang, -tritt *m;* **5.** *(Examen)* Zulassung *f;* **6.** *(Verein, Partei)* Eintritt *m;* **7.** *theat* Auftritt *m;* **8.** *com* Buchung, Eintragung *f; pl* Eingänge *m pl;* **9.** *(droits m pl d'~)* Einfuhrzoll *m;* **10.** Vorgericht *n,* -speise *f;* **11.** *(Flasche, Sack)* Öffnung; *(Kabel)* Zu-, Einführung *f;* **12.** *(prix m d'~)* Eintrittspreis *m; (carte f, billet m d'~)* Eintrittskarte *f; (~ de serrure)* Schlüsselloch *n;* **13.** *à l'~ de l'hiver* zu Anfang des Winters; *à l'~ de la nuit* bei einbrechender Dunkelheit; **14.** *avoir ses ~s chez qn* bei jdm ein- u. aus=gehen; *donner ~* hinein=führen (*dans* in *acc*); ein=treten lassen (*à qn* jdn); *faire son ~ en scène (theat)* auf=treten *a. fig;* **15.** *examen m d'~* Aufnahmeprüfung *f; permis m d'~* Einreisebewilligung *f; visa m d'~* Einreisevisum *n;* **16.** *~ gratuite, de faveur* freie(r) Eintritt *m; ~ interdite* verbotene(r) Eingang *m;* Eintritt verboten! *~ libre (com)* kein Kaufzwang *m; ~ en scène (theat)* Auftritt *m; ~ en service* Dienstantritt *m; ~ en vigueur* Inkrafttreten *n.*

entre|faites [ɑ̃trəfɛt] *f pl: sur ces ~* inzwischen, mittlerweile, unterdessen; ~**filet** *m* [-lɛ] Pressenotiz; Anzeige *f* im Textteil; ~**gent** [-ʒɑ̃] *m* Gewandtheit *f; m; avoir de l'~* sich gewandt benehmen (können); ~**(-)jambe(s)** *m (Hose)* Schritt *m;* ~**lacement** *m* Verflechtung *f;* Inea.flechten *n;* ~**lacer** *tr* ein=, verflechten; um=, inea.=schlingen, -winden; durchsetzen, -weben; ~**lacs** [-lɑ] *m* **1.** *arch* Flechtwerk, Geflecht *n;* **2.** Schnörkel *m;* ~**lardé, e** *a (Fleisch)* durchwachsen; ~**larder** *tr* spicken *a. fig;* ~**mêler** [-me(ɛ)le] *tr* **1.** bei=, vermischen, bei=, vermengen (*de* mit, *à* unter *acc*); **2.** *fig* ein=flechten, einfügen; ~**mets** [-mɛ] *m* Süßspeise *f;* ~**metteuse** *f m* Kupplerin *f;* ~**mettre, s'** *v prn* sich ins Mittel legen; vermitteln (*dans une querelle* bei e-m Streit); sich verwenden (*pour* für, *auprès de qn* bei jdm); sich ein=mischen (*dans* in *acc*); ~**mise** *f* Vermittlung, Fürsprache, Verwendung *f; par l'~ de qn* durch jds Vermittlung; ~**pont** *m mar* Zwischendeck *n;* ~**poser** *tr (Waren)* (ein=)lagern *(Möbel)* unter=stellen; ~**poseur** *m* Lagerverwalter, -halter *m;* ~**positaire** *m* **1.** Einlagerer *m;* **2.** Lagerhalter *m.*

entrepôt [ɑ̃trəpo] *m* **1.** Lagerhaus *n;* **2.** Zollspeicher *m;* **3.** Freihafen *m; — en ~* unverzollt; *pris à l'~* ab Lager; *frais m pl d'~* Lagerspesen *pl; ~ douanier* Zollverschluß *m; ~ d'essence, d'huile* Brennstoff-, Öllager *n; ~ frigorifique* Kühlhaus *n; ~ de matériaux de construction* Baustofflager *n.*

entre|prenant, e [ɑ̃trəprənɑ̃, -ɑ̃t] *a* **1.** unternehmend; unternehmungslustig; **2.** *(gegenüber Frauen)* draufgängerisch; ~**prendre** *tr* **1.** unternehmen; in Angriff nehmen; **2.** *(Auftrag)* übernehmen; *(Unterhaltung)* beginnen, an=fangen; *(Prozeß)* an=strengen; *(Beweis)* an=treten; **3.** sich an=schicken, versuchen (*de* zu); **4.** *fam* sich kümmern (*qn* um jdn); **5.** zu gewinnen suchen (*qn* jdn); sich machen (*qn* an jdn); **6.** *fam* frotzeln, auf den Arm nehmen; **7.** *~ qn sur qc* mit jdm ein Gespräch über e-e S beginnen; ~**preneur** *m* Unternehmer *m, ~ en bâtiments* Bauunternehmer *m; ~ de déménagements* (Möbel-)Spediteur *m; ~ de transports, de roulage* Spediteur, (Roll-) Fuhrunternehmer *m.*

entreprise [ɑ̃trəpriz] *f* **1.** Unternehmung *f;* -nehmen *n;* Betrieb *m;* Geschäft *n;* **2.** Vorhaben *n;* **3.** *lit* Angriff *m* (*sur* auf *acc*); **4.** *avoir l'esprit d'~* Unternehmungsgeist haben; **5.** *être à la tête d'une ~* an der Spitze e-s Unternehmens stehen; *mener à bien son ~* s-e Arbeit zu e-m guten Ende bringen; **6.** *chef m d'~* Betriebsleiter *m; comité m d'~* Betriebsrat *m; contrat m d'~* Werkvertrag *m; esprit m d'~* Unternehmungsgeist *m,* -lust *f; fermeture f d'une ~* Betriebsstillegung *f; gérant m d'~* Betriebsführer *m; moyenne ~* Mittelbetrieb *m; part f d'~* Geschäftsanteil *m; petite ~* Kleinbetrieb *m; règlement m d'~* Betriebsordnung *f; succès m* od *réussite f, échec m* od *faillite f d'une ~* Erfolg, Mißerfolg *m* e-s Unternehmens; **7.** *~ artisanale* handwerkliche(r) Betrieb, Handwerksbetrieb *m; ~ de camionnage, de roulage* Rollfuhrunternehmen *n; ~ commerciale* kaufmännische(r) Betrieb *m; ~ de constructions et de travaux terrestres* Tiefbauunternehmen *n; ~ d'économie mixte* gemischtwirtschaftliches Unternehmen *n; ~ individuelle* Privatunternehmen *n; ~ industrielle* Industriebetrieb *m; ~ à succursales multiples* Filialgroßbetrieb *m; ~ de transports* Transport-, Verkehrsbetrieb *m; ~ de transports aériens* Luftverkehrsunternehmen *n.*

entrer [ɑ̃tre] **I.** *itr* **1.** ein=treten; hinein=gehen, -fahren; ein=dringen; herein=kommen; **2.** *mar* ein=laufen; *(Zug)* ein=fahren; **3.** hinein=passen; enthalten sein;

4. *fig* sich ein=lassen, ein=gehen (*dans* auf *acc*); sich beteiligen (*dans* an *dat*); *(Gesellschaft)* bei=treten (*dans* dat); ergreifen (*dans une profession* e-n Beruf); **5.** *(Weg)* ein=schlagen (*dans* acc); **II.** *tr* **6.** ein=führen; hinein=stecken; hinein=schaffen; hineinstoßen; **7.** *(Schiff)* einlotsen; **8.** *faire* ~ hinein=bringen; hinein=, vor=lassen; *faire* ~ *en ligne de compte* in Betracht ziehen; in Anschlag bringen; *laisser* ~ *le jour, le soleil* das Tages-, Sonnenlicht herein=lassen; ~ *en action* in Tätigkeit treten; ~ *dans les affaires des autres* sich in die Angelegenheiten anderer ein=mischen; ~ *dans une carrière* e-e Laufbahn ein=schlagen; ~ *en colère, en fureur* wütend, zornig, böse werden; ~ *dans la composition* e-n Bestandteil bilden (*de* gen); ~ *en considération* berücksichtigt werden; ~ *en correspondance* in Briefwechsel treten; ~ *dans les détails* auf (die) Einzelheiten ein=gehen; ~ *en gare (Zug)* ein=laufen, -fahren; ~ *en jeu (fig)* sich ein=schalten; wirksam werden; ~ *en ligne de compte* in Betracht, in Frage kommen; ~ *en relation d'affaires* in Geschäftsverbindung treten; ~ *pour rien dans* bedeutungslos sein bei; ~ *en scène (theat)* auf=treten; ~ *en service* den Dienst an=treten; ~ *dans le vif du sujet* zur Sache kommen; ~ *en vigueur* in Kraft treten; ~ *dans les vues de qn* jds Ansichten teilen, jds Meinung bei=treten; **9.** *on ne peut rien lui faire* ~ *dans la tête* man kann ihm nichts begreiflich machen; *cela ne veut pas* ~ *(dans ma tête)* das will mir nicht in den Kopf; *je ne veux pas* ~ *dans ces considérations* davon will ich nichts wissen; *entrez!* herein! *défense d'*~, *on n'entre pas* Eintritt verboten!

entresol [ɑ̃trəsɔl] *m arch* Zwischenstock *m.*

entreten|ir [ɑ̃trətnir] **I.** *tr* **1.** unterhalten *a. fig;* instand halten; **2.** *tech* warten; *(in e-m Zustand)* erhalten; **3.** *(Familie)* ernähren, Unterhalt gewähren (*qn* jdm); **4.** (sich) unterhalten (*qn de qc* jdn mit etw, mit jdm über e-e S); **II.** *v prn s'*~ **5.** sich unterhalten (*avec* mit, *de* über *acc*); — ~ *des espoirs, des illusions* sich Hoffnungen, Illusionen hin=geben *od* machen; ~ *qn de (belles) promesses* jdn mit (leeren) Versprechungen hin=halten; ~ *de bons rapports* gute Beziehungen pflegen (*avec qn* zu jdm); ~ *des ressentiments* Groll hegen (*contre qn* gegen jdn); **~u, e** *a* **1.** *bien* ~ gepflegt, in gutem Zustand; **2.** *(Frau)* ausgehalten.

entre|tien [ɑ̃trətjɛ̃] *m* **1.** Erhaltung; Instand-, Sauberhaltung *f;* **2.** Unterhalt *m;* Verpflegung *f;* **3.** Unterhaltung, -redung *f;* Gespräch(sgegenstand *m*) *n;* **4.** *tech* Speisung; Wartung; (Wagen-)Pflege *f;* **5.** *avoir droit à l'*~ unterhaltsberechtigt sein; *être d'un trop grand* ~ zuviel Unterhalt(ung)skosten verursachen; *faire l'objet de l'*~ den Gesprächsstoff ab=geben; *faire tomber l'*~ *sur* das Gespräch bringen auf *acc; sur quoi a porté votre* ~ worüber haben Sie gesprochen? **6.** *atelier m d'*~ Instandsetzungs-, Reparaturwerkstatt *f; frais m pl d'*~ Unterhaltskosten *pl; obligation f d'*~ Unterhaltspflicht *f;* ~*-éclair m tele* Blitzgespräch *n;* **~tuer, s'** *v prn* sich gegenseitig töten.

entre|voir [ɑ̃trəvwar] *tr* **1.** flüchtig, undeutlich sehen; **2.** *fig* ahnen; vermuten; — *laisser* ~ *qc à qn* jdm etw in Aussicht stellen; **~vue** *f* Zs.kunft; Unterredung, Rücksprache; Befragung *f.*

entrouv|rir [-vrir] **I.** *tr* halb, ein wenig öffnen; **II.** *v prn s'*~ *(Tür)* halb auf=gehen; *(Blume)* sich ein wenig öffnen; *la porte était entrouverte* die Tür war angelehnt.

énumér|ation [enymerasjɔ̃] *f* Aufzählung *f;* **~er** *tr* auf=zählen; *com (Posten)* auf=führen.

envah|ir [ɑ̃vair] *tr* **1.** *(Feind)* ein=fallen, -dringen, -brechen (*qc* in e-e S); **2.** überfallen, -schwemmen, -wuchern; **3.** *(Raum)* (völlig) besetzen; erfüllen; bedecken; **4.** *(Feuer)* erfassen; **5.** *(Krankheit)* befallen; **~issant, e** *a* **1.** überhandnehmend; **2.** zudringlich; **~issement** *m* **1.** Einfall (*d'un pays* in ein Land); Überfall *m* (*de* auf *acc*); **2.** Einströmen; *(Meer)* Vordringen *n;* Überflutung; *bot* Überwucherung *f;* **3.** *fig* Überhandnehmen *n;* **~isseur I.** *s m* **1.** Angreifer *m;* **2.** *fig* Eindringling *m;* **II.** *a m* eindringend.

envas|ement [ɑ̃vɑzmɑ̃] *m* Verschlammung *f;* **~er, s'** *v prn* **1.** verschlammen; **2.** im Schlamm versinken.

envelopp|ant, e [ɑ̃vlɔpɑ̃, -ɑ̃t] *a* **1.** umfassend; umhüllend; **2.** *fig* einschmeichelnd; bestrickend; **~e** *f* **1.** Hülle; Umhüllung; Decke *f;* **2.** (Brief-)Umschlag *m;* **3.** Buchhülle *f;* **4.** *tech* Mantel *m,* Decke; Ver-, Umkleidung *f;* **5.** *math* Einhüllende *f;* **6.** *coller, timbrer l'*~ den Umschlag zu=kleben, mit e-r (Brief-) Marke versehen; *mettre une lettre dans une* ~ e-n Brief in e-n Umschlag stecken; ~ *affranchie, timbrée* Freiumschlag *m;* ~ *à fenêtre* Fensterumschlag *m;* **~ement** *m* **1.** *med* Umschlag *m;* **2.** *mil* Einschließung, Umfassung *f;* **~er** *tr* **1.** ein=, um=hüllen; verkleiden; **2.** ein=, um=wickeln; ein=packen, -schlagen; **3.** *mil* umzingeln, -fassen; **4.** *fig* ein=schließen; hinein=ziehen (*dans* in *acc*); verhüllen; — ~ *dans du papier, du carton ondulé* in Papier, in Wellpappe ein=wickeln, -schlagen; ~ *qn du regard* jdn mit e-m zärtlichen Blick umfassen.

envenim|ement [ɑ̃vnimmɑ̃] *m* Vergiftung *f;* **~er** *tr* **1.** infizieren; **2.** *fig* verschlimmern; böse, bösartig werden lassen; *(Streit)* schüren.
envergure [ɑ̃vɛrgyr] *f* **1.** (Spann-, Flügel-) Weite *f;* **2.** *fig* Größe *f,* Ausmaß *n fig;* Format *n;* **3.** Weitblick *m;* **4.** *(Unternehmen)* Umfang *m.*
envers [ɑ̃vɛr] **I.** *prp* gegen *(bes. Personen); ~ et contre tous* gegen jedermann, jeden; **II.** *s m* **1.** Kehrseite; **2.** *(Stoff)* linke Seite *f;* **3.** *fig* Kehrseite *f;* — *à l'~* verkehrt; *(Stoff)* links.
envi [ɑ̃vi] *m: à l'~* um die Wette; **~able** [ɑ̃vjabl] *a* beneidenswert; **~e** [-vi] *f* **1.** Neid *m,* Mißgunst *f;* **2.** Verlangen *n;* Lust *f;* **3.** Muttermal *n;* Niednagel *m;* **4.** *avoir ~* Lust haben (*de* zu); *as-tu envie de faire une promenade, d'une glace?* hast du Lust zu einem Spaziergang, *fam* auf ein Eis? *faire ~* die Lust erwecken (*de* zu); *passer son ~* seine Gelüste befriedigen; **~er** [-vje] *tr* beneiden (*qn* jdn; *qc à qn* jdn um etw); mißgönnen (*qc à qn* jdm etw); **~eux, se I.** *a* neidisch (*de* auf *acc*); **II.** *s m f* Neider; *fam* Neidhammel *m.*
environ [ɑ̃virɔ̃] **I.** *adv* ungefähr, etwa, zirka; **II.** *prp* ungefähr um; — *depuis ~* etwa seit, seit ungefähr; *un homme d'~ cinquante ans* ein etwa 50jähriger Mann; **~nant, e** [-rɔ] *a* umliegend; **~nement** *m* Umgebung *f;* **~ner I.** *tr* umgeben, -schließen (*de* mit); herum=liegen (*qc* um etw); **II.** *v prn s'~* sich umgeben (*de* mit *dat*); **~s** *m pl* Umgebung, Umgegend *f; aux ~ de Noël* um Weihnachten.
envisager [ɑ̃vizaʒe] *tr fig* **1.** ins Auge fassen; betrachten; an=sehen (*comme* als); **2.** berücksichtigen, in Betracht ziehen; — *~ le pire* mit dem Schlimmsten rechnen; *comment envisagez-vous ce problème?* wie sehen Sie dieses Problem?
envoi [ɑ̃vwa] *m* **1.** Versand *m;* Spedition *f;* **2.** Sendung; Lieferung *f;* **3.** *contre ~ de* gegen Einsendung von; **4.** *coup m d'~ (sport)* Anstoß *m; date f d'~* Versanddatum *n;* **5.** *~ d'argent* Geldsendung *f; ~ par (chemin de) fer* Bahnversand *m; ~ d'échantillon(s)* Mustersendung *f; ~ à titre d'essai* Probelieferung *f; ~ exprès* Eilsendung *f; ~ franco de port* portofreie Sendung *f; ~ recommandé* Einschreibesendung *f; ~ contre remboursement* Nachnahmesendung *f; ~ avec valeur déclarée* Wertsendung *f.*
envol [ɑ̃vɔl] *m* Abflug; *aero* Start *m;* **~ée** *f fig* Schwung; Gedankenflug *m;* **~er, s'** *v prn* **1.** ab=, davon=fliegen; **2.** *aero* starten (*pour* nach); **3.** *fig (Zeit)* entfliehen, -schwinden.
envoût|ement [ɑ̃vutmɑ̃] *m* **1.** Behexung *f;* **2.** *fig* Verzauberung *f;* **~er** *tr* **1.** behexen, verzaubern; **2.** *fig* in s-n Bann schlagen.
envoy|é, e [ɑ̃vwaje] **I.** *a c'est ~ (fam)* das ist gut gesagt, gemacht; **II.** *s m* Abgesandte(r), *pol* Gesandte(r) *m;* **~er I.** *tr* **1.** (ab=, fort=, ver-, zu=)schicken, senden; **2.** *(Stein)* werfen; **3.** *(Ohrfeige)* geben; **4.** *(Schlag)* versetzen; **5.** *(Schuß)* ab=feuern; **II.** *v prn s'~* **6.** sich zu=schikken; **7.** *pop (Glas Wein)* sich genehmigen; **8.** *(Arbeit)* auf sich nehmen, tun (müssen); — *~ par chemin de fer, par la poste* mit der Bahn, Post schicken; *~ chercher* holen lassen; *~ qc à la figure de qn* jdm etw ins Gesicht schleudern; *~ qn promener* jdm den Laufpaß geben; *s'~ tout le travail (pop)* die ganze Arbeit (widerwillig) tun; *~ valser, dinguer qc* etw in die Ecke schleudern; **~eur** *m* Absender *m; retour à l'~* zurück an Absender.
épagneul [epaɲœl] *m* Spaniel, Wachtelhund *m.*
épais, se [epɛ, -ɛs] *a* **1.** dick; **2.** *(Nebel)* dicht; stark; **3.** dickflüssig; *(Nacht, Schatten, Schlaf)* tief; **4.** *fig* plump, grob, schwerfällig; **~seur** *f* **1.** Dicke; Stärke *f;* **2.** *(Nebel)* Dichte; *(Nacht)* Tiefe *f;* — *~ de la neige* Schneehöhe *f;* **~sir I.** *tr (Mauer)* verstärken; *(Flüssigkeit)* verdicken; ein=dicken; **II.** *itr* dick(er), sämig werden; **III.** *v prn s'~* dick(er) werden; *(Nebel)* dichter werden, sich verdichten; *(Finsternis)* undurchdringlich werden; **~sissement** *m* Verdickung *f;* Eindicken *n.*
épanch|ement [epɑ̃ʃmɑ̃] *m med* Erguß *m a. fig; besoin m d'~* Mitteilungsbedürfnis *n; ~ de sang* Bluterguß *m;* **~er** *tr ~ ses secrets* s~e Geheimnisse anvertrauen; *s'~* sein Herz aus=schütten.
épand|age [epɑ̃daʒ] *m (Dünger)* Ausstreuen *n; champs m pl d'~* Rieselfelder *n pl;* **~re** *tr (Dünger)* aus=streuen.
épanou|i, e [epanwi] *a* **1.** entfaltet; aufgeblüht; **2.** *(Körper)* entwickelt; **3.** *fig* freudestrahlend, vergnügt; **~ir I.** *tr* **1.** zum Aufblühen bringen; **2.** *fig* erheitern; *(Gesicht)* auf=heitern; erhellen; **II.** *s'~* **3.** auf=blühen; **4.** *fig* sich entfalten; **5.** *(Gesicht)* auf=leuchten, sich auf=heitern; **~issement** *m* **1.** Aufblühen *n;* **2.** *(Körper, Fähigkeit)* Entwicklung *f;* **3.** *(Gesicht)* Aufheiterung *f.*
épargn|ant, e [eparɲɑ̃, -ɑ̃t] *m* Sparer *m; les petits ~s* die kleinen Sparer; **~e** *f* **1.** Sparen *n;* Sparsamkeit *f;* **2.** *pl* Ersparnis *f;* Ersparte(s) *n;* — *retirer de l'argent à la caisse d'~* Geld von der Sparkasse ab=heben; *compte m d'~* Sparguthaben *n; dépôt m d'~* Spareinlage *f;* **~er I.** *tr* **1.** (er)sparen; **2.** verschonen; — *~ qc à qn* jdm e-e S ersparen, jdn vor etw bewahren; schonend behandeln; sparsam um=gehen (*qc* mit etw); **3.** *tech* frei las-

sen, offen=lassen; aus=sparen; **II.** *v prn s'~ qc* sich etw ersparen *a. fig.*

épar|pillement [eparpijmɑ̃] *m* **1.** Herumstreuen *n;* **2.** *(Kräfte)* Verzetteln *n;* **~piller I.** *tr* **1.** ver-, zerstreuen; **2.** *(s-e Kräfte)* verzetteln, zersplittern; **II.** *v prn* s'~ sich zerstreuen; *(Menschen)* auseinandergehen; **~s, e** [-par, -ars] *a* **1.** zerstreut; vereinzelt; **2.** unzs.hängend; **3.** *(Haar)* aufgelöst.

épat|ant, e [epatɑ̃, -ɑ̃t] *a fam* verblüffend; erstaunlich; famos, großartig, pfundig; **~e** *f: faire de l'~ (fam)* sich auf=spielen; Eindruck schinden; **~é, e** *a (Nase)* platt, stumpf; *être ~ (fam)* platt, baff sein; *nez m ~* Stumpfnase *f;* **~er** *tr fam* Eindruck schinden (*qn* bei jdm).

épaul|e [epol] *f* **1.** Schulter, Achsel *f;* **2.** *(Pferd)* Bug *m;* **3.** *avoir les ~s carrées, être carré des ~s* breitschultrig sein; *en avoir par-dessus les ~s* die Nase voll haben; *donner un coup d'~ à qn (fig)* jdm unter die Arme greifen; *faire toucher les ~s (sport)* auf die Schulter legen; *hausser les ~s* mit den Achseln zucken; **~ement** *m* **1.** Schulterwehr; Stützmauer *f;* **2.** *tech* Ansatz *m;* Widerlager *n;* Flansch *m;* **3.** *geol* Abdachtung *f;* **~er** *tr* **1.** *(Gewehr)* an=legen; **2.** *(Mauer)* ab=stützen; **3.** *fig* (unter)stützen, helfen (*qn* jdm); **~ette** *f mil* Schulterstück *n.*

épave [epav] *f* **1.** *jur* herrenlose Sache *f;* **2.** Strandgut *n;* **3.** Wrack *n a. fig.*

épé|e [epe] *f* **1.** Schwert *n;* Degen *m;* Klinge *f;* **2.** *zoo (~ de mer)* Schwertfisch *m;* — *mettre à qn l'~ dans les reins (fig)* jdm die Pistole auf die Brust setzen; *c'était un coup d'~ dans l'eau* das war ein Schlag ins Wasser; **~iste** *m* Degenfechter *m.*

épel|er [eple] *tr* buchstabieren; **~lation** [-pe(ɛ)-] *f* Buchstabieren *n.*

éper|du, e [epɛrdy] *a* **1.** bestürzt, außer sich, (wie) toll; **2.** verzweifelt; **3.** heftig, rasend; — *~ de bonheur* überglücklich; *~ de crainte* in großer Angst; *~ de joie* außer sich vor Freude; **~dument** *adv: s'en moquer, s'en ficher ~ (fam)* sich überhaupt nichts daraus machen.

éperon [eprɔ̃] *m* **1.** Sporn *m a. zoo bot;* **2.** Gebirgsvorsprung *m;* **~ner** [-prɔ-] *tr* die Sporen geben (*un cheval* e-m Pferd); *être ~né (fig)* angestachelt sein.

épervier [epɛrvje] *m* **1.** *orn* Sperber *m;* **2.** *(Fischfang)* Wurfnetz *n;* **3.** *pol* Falke *m.*

éphém|ère [efemɛr] **I.** *a* **1.** kurzlebig; **2.** *fig* vergänglich; **II.** *s m* Eintagsfliege *f;* **~éride** *f* (Abreiß-)Kalender *m.*

épi [epi] *m* **1.** Ähre *f; (Mais)* Kolben *m;* **2.** (*~ de cheveux*) (Haar-)Wirbel *m;* **3.** *med* Kornährenverband *m.*

épic|e [epis] *f* Gewürz *n; pain m d'~* Leb-, Honig-, Pfefferkuchen *m;* **~é, e** *a* **1.** (stark) gewürzt; scharf, gepfeffert; **2.** *fig* schlüpfrig, pikant; **~éa** *m bot* Fichte; Rottanne *f;* **~er** *tr* würzen *a. fig;* **~erie** *f* Lebensmittel *n pl,* -geschäft *n;* **~ier, ière** *m f* Lebensmittelhändler(in *f*) *m;* Krämer *m.*

épi|démie [epidemi] *f* Epidemie, Seuche *f;* **~démique** *a* **1.** *med* epidemisch; **2.** *fig* ansteckend; **~derme** *m anat* Epidermis, Oberhaut *f; avoir l'~ sensible (fig)* (sehr) empfindlich sein; *chatouiller l'~ à qn* jdm schmeicheln.

épi|er [epje] *tr* **1.** (heimlich, genau) beobachten; überwachen; **2.** belauschen; *(Gelegenheit)* ab=passen; **~gone** *m* Epigone *m;* **~gramme** *f* Epigramm *n;* **~graphe** *f* Inschrift *f.*

épi|lation *f* [epilasjɔ̃] Haarentfernung *f;* **~lepsie** *f med* Epilepsie *f;* **~leptique I.** *a* epileptisch; **II.** *s m f* Epileptiker(in *f*) *m;* **~ler** *tr* enthaaren, die Haare aus=zupfen (*qc* aus etw), entfernen (*qc* von etw); *~ les sourcils* die Augenbrauen auszupfen; *crème f à ~* Haarentfernungskrem *f* od *m;* **~logue** *m* Epilog *m,* Nachspiel *n;* **~loguer** *tr* lange reden (*sur* über *acc*).

épinard [epinar] *m bot* Spinat *m; cela ne met pas de beurre dans les ~s* das macht den Kohl nicht fett; *~s au gratin* Spinat überbacken.

épin|e [epin] *f* **1.** Dorn(strauch); Stachel *m;* **2.** (Gebirgs-)Grat *m;* **3.** *être sur des ~s* wie auf Kohlen sitzen; *tirer une ~ du pied (fig)* e-e Schwierigkeit aus dem Wege räumen (*à qn* jdm); **4.** *~ blanche* Weiß-, Hagedorn *m; ~ dorsale* Rückgrat *n; ~ noire* Schlehdorn *m;* **~ette** *f* **1.** *mus* Spinett *n;* **2.** Hühnermastkorb *m;* **3.** *bot* (kanadische) Rottanne *f;* **~eux, se** *a* **1.** dornig *a. fig,* stachelig; **2.** *fig* mißlich, schwierig; bedenklich.

épingl|e [epɛ̃gl] *f* **1.** (Steck-)Nadel *f;* **2.** *donner des coups d'~* sticheln (*à qn* jdn); *monter qc en ~ (fam)* heraus=stellen; **3.** *piqûre f, coup m d'~* Nadelstich *m; fig* Stichelei *f; tête f d'~* Stecknadelknopf *m; tiré à quatre ~s* wie aus dem Ei gepellt; geschniegelt u. gebügelt; *virage m en ~ à cheveux* Haarnadelkurve *f;* **4.** *~ anglaise, de nourrice, de sûreté* Sicherheitsnadel *f; ~ à chapeau, à cheveux, de cravate* Hut-, Haar-, Krawattennadel *f; ~ à linge* Wäscheklammer *f;* **~er** *tr* **1.** (mit e-r Nadel) fest=, an=stekken; *(Schneiderei)* ab=stecken; **2.** *~ qn (fig fam)* jdn schnappen; *se faire ~* sich erwischen lassen; **~erie** [-glə-] *f* Nadelfabrik, -industrie *f.*

épinoche [epinɔʃ] *f zoo* Stichling *m.*

Épiphanie [epifani] *f* Fest *n* der Heiligen Drei Könige, Dreikönigsfest *n (6. Jan.).*

épique [epik] *a* **1.** episch; Helden-; **2.** *fam* gewaltig, abenteuerlich.

épi|scopal, e [episkɔpal] *a* bischöflich; **~scopat** [-a] *m* Episkopat *m;* Bischofsamt *n,* -würde *f;* (die) Bischöfe *m pl;* **~sode** [-zɔd] *m* **1.** Episode *f;* **2.** Neben-, Zwischenhandlung *f;* **3.** *(Film, Roman a.)* Teil *m;* **4.** *mus* Nebenmotiv *n;* **~sodique** *a* **1.** episodisch; **2.** vorübergehend, gelegentlich; — *personnage m* ~ Nebenfigur *f.*

épisser [epise] *tr (Seilerei)* spleißen, splissen.

épi|stolaire [epistɔlɛr] *a* Brief-; *être en relations ~s avec qn* mit jdm in Briefwechsel stehen; **~taphe** *f* Epitaph *n;* **~thète** *f* (schmückendes) Beiwort *n; ~s injurieuses* Schimpfwörter *n pl.*

épître [epitr] *f* Epistel *f; ironisch* Brief *m.*

éploré, e [eplɔre] *a* **1.** in Tränen aufgelöst; verweint; **2.** *fig* untröstlich.

épluch|age [eplyʃaʒ] *m* **1.** *(Küche)* Putzen; Schälen *n;* **2.** *(Textil)* Noppen *n;* **3.** *fig* genaue Durchsicht; strenge Kontrolle *f;* **~er** *tr* **1.** *(Gemüse)* putzen; *(Obst)* schälen; **2.** *(Wolle)* zupfen; **3.** *fig* (genau) prüfen, unter die Lupe nehmen; Fehler heraus=klauben (*qc* aus etw); **~eur, se** *m* ~ *de mots* Wortklauber *m;* **~ures** *f pl* (Kartoffel-, Obst-)Schalen *f pl;* (Küchen-)Abfälle *m pl.*

épointer [epwɛ̃te] *tr* ab=stumpfen; die Spitze ab=brechen (*qc* gen).

épong|e [epɔ̃ʒ] *f* Schwamm *m a. zoo; passons l'~ là-dessus* Schwamm darüber! *serviette f* ~ Frottiertuch *n; tissu m* ~ Frottee *n;* ~ *de toilette* Bade-, Toilettenschwamm *m;* **~er I.** *tr* **1.** ab=wischen, ab=trocknen; **2.** *(Kaufkraft)* ab=schöpfen; **3.** *(Verkehr)* entlasten; **II.** *v prn s'~ le front* sich die Stirn ab=wischen; *s'~ au sortir du bain* sich nach dem Bad ab=trocknen.

épopée [epɔpe] *f* Epos, Heldengedicht *n.*

époque [epɔk] *f* **1.** Zeitabschnitt *m,* -alter *n;* Epoche *f;* **2.** Zeit; Jahreszeit; Etappe *f;* **3.** *à l'~ de* zur Zeit *gen; à la même* ~ zur selben Zeit (des Jahres); *à toutes les ~s* zu allen Zeiten; **4.** *être de son* ~ mit s-r Zeit gehen; *faire* ~ Epoche machen; Aufsehen erregen; *vivre avec son* ~ mit s-r Zeit leben; **5.** *la belle* ~ die Zeit um 1900; *meuble m d'~* Stilmöbel *n;* ~ *carbonifère (geol)* Karbon *n;* ~ *climatérique* Wechseljahre *n pl;* ~ *glaciaire* Eiszeit *f.*

épouiller [epuje] *tr* (ent)lausen.

époumoner, s' [epumɔne] *v prn* sich heiser schreien; sich den Mund fusselig reden.

épous|ailles [epuzɑ(a)j] *f pl ironisch* Heirat *f;* **~e** [epuz] *f* Gattin, Gemahlin; Ehefrau *f;* **~er** *tr* **1.** heiraten (*par amour* aus Liebe); sich vermählen (*qn* mit jdm); **2.** *fig* sich zu eigen machen; **3.** sich anpassen; **4.** ~ *la cause de qn* für jdn ein=treten; ~ *la forme* die Gestalt an=nehmen (*de qc* e-r S); ~ *qn en premières noces* jdn in erster Ehe heiraten.

épousseter [epuste] *tr* ab=stauben, aus=klopfen.

époustoufler [epustufle] *tr fam* verblüffen.

épouvant|able [epuvɑ̃tabl] *a* **1.** entsetzlich, grauenhaft, furchtbar; *fam* gräßlich; **2.** *(Wetter)* scheußlich; **3.** *(Zorn)* schrecklich; — *nouvelle f* ~ Schrekkensbotschaft *f;* **~ail** [-aj] *m* **1.** Vogelscheuche *f a. fig;* **2.** *fig* Schreckgespenst *n;* **~e** *f* (plötzlicher) Schrecken *m,* Entsetzen; Grausen *n; cris, hurlements m pl d'~* Schreckensschreie *m pl;* **~er I.** *tr* erschrecken; in Angst versetzen; ein=schüchtern; **II.** *v prn s'~* e-n Schreck bekommen (*de* vor *dat*); sich entsetzen (*de* über *acc*).

époux [epu] *m* **1.** (Ehe-)Gatte, (Ehe-)Mann, Gemahl *m;* **2.** *pl* Ehegatten *m pl,* -paar *n;* — *prendre pour* ~ ehelichen; *futurs* ~ Brautpaar *n; jeunes* ~ Neuvermählte *pl.*

éprendre, s' [eprɑ̃dr] *v prn* sich verlieben (*de* in *acc*); *s'~ l'un de l'autre* sich inea. verlieben; **épris, e** [-pri, -iz] *a* **1.** verliebt (*de* in *acc*) **2.** begeistert; eingenommen (*de* für).

épreuve [eprœv] *f* **1.** Probe; Prüfung *a. rel;* Erprobung *f;* Versuch *m;* **2.** Heimsuchung *f;* Unglück *n;* **3.** *typ* Probedruck, Korrekturbogen *m;* **4.** *phot* Abzug *m;* **5.** *sport* Wettkampf *m;* **6.** *(Schule)* Prüfungsarbeit *f;* **7.** *à toute* ~ (unbedingt) zuverlässig, sicher; unbestechlich; erprobt; *à l'~ de l'eau* wasserdicht; **8.** *être à l'~* widerstandsfähig sein (*de* gegen); *mettre qc à l'~* etw auf die Probe stellen, erproben; *tenter une* ~ *sur qn* jdn auf die Probe stellen; **9.** *temps m d'~* Probezeit *f;* ~ *d'aptitude* Eignungsprüfung *f;* ~*s écrites* schriftliche Prüfungsarbeiten *f pl;* ~ *éliminatoire* Ausscheidungskampf *m;* ~ *finale* Endkampf *m,* Finale *n.*

éprouv|é, e [epruve] *a* **1.** *(Metall)* geprüft; **2.** *(Freundschaft)* erprobt; zuverlässig; bewährt; **3.** *(Mensch)* leidgeprüft, mitgenommen; **~er** *tr* **1.** auf die Probe stellen, erproben, (aus=)probieren; (nach=)prüfen; **2.** *(Überraschung)* erleben; **3.** *(Liebe)* empfinden; **4.** *(Lust)* verspüren; — ~ *une déception* e-e Enttäuschung erleben; ~ *des difficultés de paiement* in Zahlungsschwierigkeiten *(acc)* geraten; ~ *de l'étonnement* erstaunt sein; ~ *des pertes, des revers* Verluste, Rückschläge erleiden; **~ette** *f* Reagenzglas *n.*

épuis|ant, e [epɥizɑ̃, -ɑ̃t] *a* **1.** *(den Boden)* ermüdend, auslaugend; **2.** *fig* schwächend, ermüdend; anstrengend;

~é, e *a* **1.** erschöpft; **2.** *(Quelle)* versiegt; *(Boden)* ausgelaugt; **3.** *(Buch)* vergriffen; *(Vorrat)* erschöpft; ausverkauft; **4.** *(Mensch)* erschöpft, abgespannt; **5.** ~ *de fatigue* übermüdet; ~ *de travail* überarbeitet; **6.** *notre stock est* ~ wir sind ausverkauft; **~ement** *m* **1.** *(Boden)* Müdigkeit *f;* **2.** *(Vorrat, Kraft)* Erschöpfung *f;* ~ *physique, cérébral* körperliche, geistige Erschöpfung; **~er I.** *tr* **1.** aus=, erschöpfen; **2.** aus=pumpen, -trocknen; **3.** *(Boden)* ermüden; **4.** *(Waren)* aus=verkaufen; *(Reserven)* ver-, auf=brauchen; **5.** *(Gesundheit)* zerrütten; **6.** *(Thema, Frage)* erschöpfend behandeln; **7.** *fam* mit=nehmen, sehr ermüden; **II.** *v prn s'*~ **8.** *(Quelle)* versiegen; **9.** *(Boden)* müde werden; **10.** *(Vorrat)* zu Ende gehen; *(Waren)* aus=gehen; **11.** *(Kraft)* nach=lassen; *(Kranker)* schwächer werden; **12.** ~ *sa curiosité* seine Neugier (restlos) befriedigen; ~ *tous les moyens* alle Mittel erschöpfen; nichts unversucht lassen; ~ *la patience de qn* jds Geduld erschöpfen; *s'~ à force de travail* sich über-, ab=arbeiten; *ma patience commence à s'~* meine Geduld geht allmählich zu Ende.

épur|ation [epyrasjɔ̃] *f* **1.** Reinigung *f a. fig;* **2.** *pol* Säuberung(saktion) *f;* **3.** *(Sitten)* Läuterung; *(Geschmack)* Verfeinerung *f;* **4.** *(Text)* Ausmerzung *f (anstößiger Stellen);* — ~ *de l'air* Luftreinigung *f;* ~ *des eaux d'égout* Abwässerklärung *f;* **~e** *f* **1.** Grund-, Aufriß *m;* **2.** geometrische Zeichnung *f;* Plan *m;* **~er** *tr* **1.** *tech* reinigen; **2.** *(Abwässer)* klären, aufbereiten; **3.** *(Metall)* läutern; **4.** *fig* verfeinern, läutern; veredeln; säubern.

équarr|i, e [ekari] *a* kantig; *bois m* ~ Kantholz *n;* ~ *grossièrement* roh behauen; **~ir** *tr* **1.** (vierkantig) behauen *od* schneiden; *(Holz)* zu=schneiden; **2.** *(Tierkadaver)* ab=decken; **~issage** *m* **1.** Zuschneiden *n* (*à la scie* mit der Säge); **2.** *(Tiere)* Abdecken *n;* **~isseur** *m* Abdecker *m.*

équat|eur [ekwatœr] *m* Äquator *m;* **~ion** *f math* Gleichung *f;* **~orial, e** *a* Äquator-, Äquatorial-; *zone f ~e* Äquatorialzone *f.*

équerr|e [ekɛr] *f* Winkel *m;* Winkeleisen *n; à fausse* ~ schiefwinklig; *en* ~, *d'~* rechtwink(e)lig; ~ *en T* Reißschiene *f.*

équestre [ekɛstr] *a* Reiter-; Ritter-; *statue f* ~ Reiterstandbild *n.*

équi|angle [ekɥiɑ̃gl] *a* gleichwink(e)lig; **~distant, e** *a* abstandsgleich, gleich weit entfernt; **~latéral, e** *a* gleichseitig; **~librage** [eki-] *m* **1.** Auswuchtung *f;* **2.** *(Kurbelwelle)* Ausgleichen *n;* **~libre** [ekilibr] *m* **1.** Gleichgewicht *n;* **2.** Ausgewogenheit *f;* Ausgleich *m;* **3.** *déranger, troubler, rompre l'~* das Gleichgewicht stören; *être en* ~ sich im Gleichgewicht befinden; *(Budget)* ausgeglichen sein; *faire, (rétablir) l'~* das Gleichgewicht (wieder)her=stellen; *mettre en* ~ ins Gleichgewicht bringen; *perdre, retrouver son* ~ sein Gleichgewicht verlieren, wieder=gewinnen; **4.** *budget m en* ~ ausgeglichene(r) Haushalt *m; sens m de l'~* Gleichgewichtssinn *m;* ~ *des forces* Kräftegleichgewicht *n;* **~libré, e** *a* ausgeglichen, ausgewogen *a. fig;* **~librer I.** *tr* **1.** ins Gleichgewicht bringen, aus=balancieren *a. fig;* aus=gleichen; **2.** *tech* aus= wuchten; **II.** *v prn s'~* sich im Gleichgewicht befinden; — ~ *un budget* e-n Haushalt aus=gleichen; ~ *les comptes* die Konten saldieren; **~libriste** *m* Balancekünstler; Jongleur *m a. fig;* **~noxe** [eki-] *m* Tagundnachtgleiche *f.*

équip|age [ekipaʒ] *m* **1.** (Schiffs-)Mannschaft; Bemannung *f;* **2.** *mil mar aero* Besatzung *f;* — ~ *d'un avion* Flugzeugbesatzung *f;* **~e** *f* **1.** *(Arbeiter)* Rotte *f;* Trupp *m;* **2.** *sport* Mannschaft; *(Turnen)* Riege; *mil* Gruppe *f* **3.** Team *n;* **4.** *faire* ~ *avec qn* mit jdm zs.=arbeiten; *faire partie d'une* ~ e-r Mannschaft an=gehören; **5.** *(fam) drôle d'~!* komische Gesellschaft! *capitaine m d'~* Mannschaftsführer *m; chef m d'~* Vorarbeiter, Kolonnenführer; Polier *m; esprit m d'~* Mannschafts-, Kameradschaftsgeist *m;* **6.** ~ *de football* Fußballmannschaft *f;* ~ *de jour, de nuit* Tag-, Nachtschicht *f;* ~ *de montage* Bautrupp *m;* ~ *de sauvetage* Rettungsmannschaft *f;* ~ *sélectionnée* Auswahlmannschaft *f;* **~ée** *f* (unüberlegter) Streich *m; vous avez fait là une belle* ~ Sie haben sich da etwas Schönes eingebrockt.

équip|ement [ekipmɑ̃] *m* **1.** Ausrüstung; Ausstattung *f;* **2.** *(Haus)* Einrichtung *f;* **3.** *tech* Gerät, Zubehör *n;* Armatur *f;* **4.** *(Fabrik)* Maschinenpark *m;* **5.** ~ *de bureau* Büroeinrichtung *f;* ~ *de camping* Campingausrüstung *f;* ~ *de chasse, de ski, de voyage* Jagd-, Ski-, Reiseausrüstung *f;* ~ *intérieur* Inneneinrichtung *f;* ~ *ménager* Haushaltseinrichtung *f;* ~ *photo* Fotoausstattung *f,* Bildgerät *n;* **~er I.** *tr* aus=rüsten, -statten; *(Lokal)* ein=richten; **II.** *v prn s'~* sich aus=rüsten, sich aus=statten; ~ *d'un réseau routier* mit e-m Straßennetz überziehen; ~ *en véhicules* mit Fahrzeugen aus=statten; **~ier, ère** *m f sport* Mitglied *n* e-r Mannschaft; Spieler(in *f*) *m.*

équit|able [ekitabl] *a* **1.** *(Person)* gerecht; unparteiisch; **2.** *(Sache)* angemessen; **~ation** [-ki-] *f* Reitkunst *f;* Reiten *n; école f d'~* Reitschule *f; leçons f pl d'~* Reitunterricht *m; professeur m d'~* Reitlehrer *m;* **~é** [-ki-] *f* Gerechtigkeit; Rechtlichkeit *f; en toute* ~ billigerweise; *pour des raisons d'*~ aus Billigkeitsgründen.

équival|ence [ekivalɑ̃s] *f* Gleichwertigkeit *f;* gleiche(r) Wert *m;* Gleichheit *f;* **~ent, e I.** *a* gleichwertig (*à* mit); gleichbedeutend; **II.** *s m* Äquivalent *n,* Gegenwert *m;* Entsprechung *f;* **~oir** *tr* gleichwertig sein, gleich=kommen; entsprechen (*à qc* dat); *cela s'équivaut* das kommt auf eins *(acc)* heraus *od* hinaus.

équivoqu|e [ekivɔk] **I.** *a* **1.** zweideutig, doppelsinnig; **2.** verdächtig; zweifelhaft; **II.** *s f* Doppelsinn *m;* Zweideutigkeit; Unklarheit, Unsicherheit *f.*

érable [erabl] *m bot* Ahorn(holz *n) m.*

érafl|er [erafle] *tr* ritzen; schrammen; *(Kugel)* streifen; *(Boden)* schürfen; **~ure** *f* Schramme *f;* Kratzer; Streifschuß *m.*

éraill|é, e [eraje] *a* **1.** *(Stimme)* heiser, krächzend; **2.** *(Gewebe)* fadenscheinig; **~er** *prn s'*~ *la voix* e-e heisere Stimme bekommen.

ère [ɛr] *f* Zeitabschnitt *m,* -alter *n,* -rechnung; Epoche, Zeit *f.*

érection [erɛksjɔ̃] *f* **1.** *(Denkmal)* Errichtung *f;* **2.** *(Physiologie)* Erektion *f.*

éreint|é, e [erɛ̃te] *a* hundemüde, abgespannt; **~ement** *m* **1.** Übermüdung, Erschöpfung *f;* **2.** *fig* boshafte Kritik *f,* Verriß *m;* **~er I.** *tr* **1.** überanstrengen; ermüden; **2.** *(Pferd)* zuschanden reiten; **3.** *fig fam* herunter=reißen, fertig=machen; **II.** *v prn s'*~ sich abrackern.

érémitique [eremitik] *a* einsiedlerisch; *mener une vie* ~ ein Einsiedlerleben führen.

ergot [ɛrgo] *m* **1.** *(Hahn)* Sporn *m;* *(Hirsch)* Afterklaue *f;* **2.** *bot* Mutterkorn *n;* **3.** *tech* Dorn, Nocken, Anschlag *m;* — *se dresser, monter sur ses ~s (fig)* sich aufplustern; **~age** *m* Nörgeln, Meckern *n;* **~er** *itr* nörgeln, meckern; **~eur** *m* Nörgler, Meckerer *m.*

ériger [eriʒe] **I.** *tr* **1.** *(Denkmal, Bauwerk)* auf=, errichten; auf=stellen, -richten; **2.** *(Gericht)* ein=setzen; **3.** *fig* erheben (*en* zu); **II.** *v prn s'*~ sich auf=spielen (*en* als).

ermit|age [ɛrmitaʒ] *m* Einsiedelei *f;* **~e** *m* Einsiedler, Eremit *m.*

éro|der [erɔde] *tr geol* ab=tragen; auswaschen; **~sif, ive** [-ro-] *a* erosiv; **~sion** *f geol* Erosion, Auswaschung; Abtragung *f;* ~ *monétaire* Geldentwertung *f.*

érot|ique [erɔtik] *a* erotisch; **~isme** *m* Erotik *f.*

err|ant, e [erɑ̃] *a* **1.** *(Leben)* unstet; *(Mensch)* umherirrend; nomadisch; *(Hund)* streunend; **2.** *(Blick)* schweifend; *(Lächeln)* flüchtig; — *chevalier m* ~ fahrende(r) Ritter *m; le Juif* ~ der Ewige Jude *m;* **~ata** *m inv* (Druck-) Fehlerverzeichnis *n;* **~atique** *a* **1.** *geol* erratisch; **2.** *med* unregelmäßig (auftretend); — *bloc m* ~ Findling *m;* **~atum** [-atɔm] *m* (Druck-)Fehler *m;* **~e** *f* **1.** *mar* Fahrt *f;* **2.** *pl (Tier)* Fährte, Spur *f;* **~er** *itr* **1.** umher=irren, -wandern; **2.** schweifen (*sur* über *acc*); — *laisser* ~ *ses pensées* s-n Gedanken freien Lauf lassen; *un sourire ~ait sur ses lèvres* ein Lächeln spielte um s-e Lippen; **~eur** *f* **1.** Irrtum *m,* Versehen *n,* Fehler *m;* Unrichtigkeit *f;* **2.** *par* ~ aus Versehen, versehentlich; *sauf* ~ Irrtum vorbehalten; **3.** *commettre, faire une* ~ e-n Irrtum begehen; *être dans l'*~ sich im Irrtum befinden; *faire* ~ *sur qc* sich in e-r S täuschen; *revenir de son* ~ s-n Irrtum ein=sehen; ~ *de calcul* Rechenfehler *m;* ~ *d'écriture, de plume* Schreibfehler *m;* ~ *de goût* Geschmacksverirrung *f;* ~ *de justice* Justizirrtum *m;* **~oné, e** *a* fehlerhaft; falsch; irrtümlich, irrig.

ersatz [ɛrzats] *m* Ersatz(stoff) *m.*

érudit, e [erydi, -it] **I.** *a* gelehrt; **II.** *s m* Gelehrte(r) *m;* **~ion** [-sjɔ̃] *f* Gelehrsamkeit *f.*

érupt|if, ive [eryptif, -iv] *a geol med* eruptiv; *roche f ~ive* Eruptivgestein *n;* **~ion** [-sjɔ̃] *f* **1.** *(Vulkan)* Ausbruch *m;* **2.** *(Haut)* Ausschlag *m;* **3.** *fig* rasche Verbreitung *f;* — ~ *de colère* Zornesausbruch *m.*

ès [ɛs] *prp: docteur m* ~ *lettres* Doktor *m* der Philosophie.

esbrouf|e [ɛsbruf] *f fam* Bluff *m;* Wichtigtuerei, Angabe *f; faire de l'*~ sich wichtig machen, an=geben; **~er** *fam* Eindruck schinden (*qn* bei jdm); **~eur** *m fam* Angeber *m.*

esca|beau *m* [eskabo] *m* **1.** (Fuß-)Schemel; Hocker *m;* **2.** kleine Bockleiter *f.*

escadr|e [ɛskadr] *f* Geschwader *n;* **~ille** [-ij] *f* **1.** *mar* leichte(s) Geschwader *n;* **2.** *aero* Staffel *f;* **~on** *m* **1.** Schwadron *f;* **2.** *fig* Schar, Menge *f.*

escal|ade [eskalad] *f* **1.** Ein-, Ersteigen *n;* (Berg-)Besteigung *f;* **2.** *pol* Zuspitzung, Verschärfung *f;* — *pénétrer par* ~ *dans un appartement* in e-e Wohnung ein=steigen; **~ader** *tr* er-, übersteigen; er-, überklettern; *(Berg)* besteigen; *(Pflanzen)* hinauf=klettern (*qc* an e-r S); **~e** *f* **1.** *mar* Hafen, Anlegeplatz *m;* **2.** *aero* Landeplatz *m;* Zwischenlandung *f;* — *sans* ~ ohne Halt; *faire* ~ *(mar)* an=laufen (*dans un port* e-n Hafen); *aero* an=fliegen (*à* acc), zwischen=landen (*à* in *dat*); *vol m sans* ~ Nonstopflug *m;* **~ier** *m* Treppe *f;* — *cage f d'*~ Treppenhaus *n; marche f d'*~ Treppenstufe *f; palier m d'*~ Treppenabsatz *m; rampe f d'*~ Treppengeländer *n;* ~ *de cave* Kellertreppe *f;* ~ *en colimaçon* Wendeltreppe *f;* ~ *mécanique, roulant* Rolltreppe *f;* ~ *de service* Hintertreppe *f;*

~ope [-lɔp] *f (~ de veau)* Kalbschnitzel *n.*
escamot|able [ɛskamɔtabl] *a aero (Fahrgestell)* einziehbar; **~age** *m* **1.** Verschwindenlassen *n;* **2.** *(Frage, Problem)* Umgehen *n;* **3.** *(aero)* Einziehen *n (des Fahrgestells);* **~er** *tr* **1.** verschwinden lassen; weg=zaubern, (heimlich) beiseite schaffen; **2.** *(Schwierigkeiten, Einwand)* umgehen; **3.** *aero (Fahrgestell)* ein=fahren, -ziehen; **4.** *(Wort)* unterschlagen; **~eur** *m* Taschenspieler.
escampette [ɛskɑ̃pɛt] *f: prendre la poudre d'~* das Hasenpanier ergreifen.
escap|ade [ɛskapad] *f* unüberlegte(r) Streich *m; faire des ~s* über die Stränge schlagen.
escar|bille [ɛskarbij] *f* Flugasche *f;* **~boucle** *f min* Karfunkel *m;* **~celle** *f hist* Geldkatze *f.*
escargot [ɛskargo] *m* Schnecke *f; aller comme un ~* im Schneckentempo gehen; *~ de Bourgogne* Weinbergschnekke *f.*
escarmouche [ɛskarmuʃ] *f* Geplänkel *n.*
escarp|é, e [ɛskarpe] *a* steil, abschüssig, schroff; **~ement** *m* (steile) Böschung *f;* **~in** *m* Pumps *m.*
escarre [ɛskar] *f med* Schorf *m.*
escient [ɛsjɑ̃] *m: à bon ~* nach reiflicher Überlegung.
esclaffer, s' [ɛsklafe] *v prn* schallend lachen.
esclandre [ɛsklɑ̃dr] *m* Skandal *m; causer, faire un ~* e-n Skandal machen.
esclav|age [ɛsklavaʒ] *m* Sklaverei *a. fig,* Knechtschaft *f; réduire en ~* versklaven; **~e** **[ɛsklav]** *m f* Sklave *m,* Sklavin *f; être ~ de son travail* Sklave s-r Arbeit sein.
escogriffe [ɛskɔgrif] *m fam* (langer) Lulatsch *m.*
escompt|able [ɛskɔ̃tabl] *a* diskontierbar; **~e** *m com* Abzug, Diskont *m,* Skonto *m* od *n,* Rabatt *m; accorder un ~* e-n Rabatt gewähren; **~er** *tr* **1.** *(Wechsel)* diskontieren; **2.** *(fig) qc* etw erwarten, mit etw rechnen, auf e-e S hoffen; *~ un succès* mit e-m Erfolg rechnen.
escort|e [ɛskɔrt] *f* Eskorte; Begleitung *f;* Geleit, Gefolge *a. fig; mil* Begleitkommando *n; sous bonne ~* unter strenger Bewachung; *faire ~ à qn* jdn geleiten, begleiten; *~ d'honneur* Ehrengeleit *n;* **~er** *tr* geleiten, eskortieren.
escouade [ɛskwad] *f* Gruppe *f;* Trupp *m.*
escrim|e [ɛskrim] *f* Fechten *n;* Fechtkunst *f; faire de l'~* fechten; **~er, s'** *v prn* sich ab=mühen *(à zu).*
escroc [ɛskro] *m* Betrüger, Gauner, Hochstapler, Schwindler *m;* **~quer** [-krɔke] *tr* **1.** *(Person)* prellen, betrügen; **2.** *(Sache)* ergaunern, erschwindeln; — *~ de l'argent à qn* jdn um Geld prellen; **~querie** *f* **1.** Gaunerei, Betrug, Schwindel *m,* Hochstapelei *f;* **2.** Irreführung *f;* — *~ à l'assurance* Versicherungsbetrug *m.*
espac|e [ɛspas] *m* **1.** (Luft-, Welt-)Raum *m;* **2.** Platz; Zwischenraum; **3.** Zeitraum *m;* **4.** *dans, en l'~ d'un an* innerhalb, binnen, im Laufe e-s Jahres; **5.** *~ aérien* Luftraum *m; ~ cosmique, interstellaire* Weltraum *m; ~ creux, vide* Hohlraum *m; ~ parcouru* zurückgelegte Strecke *f; ~ vert* Grünfläche *f; ~ vital* Lebensraum *m;* **~é, e** *a* **1.** ausea., in Abständen; **2.** verstreut; **3.** zeitlich weit ausea.liegend; **4.** *typ* gesperrt; *être ~ de 50 m* in 50 m Abstand stehen; **~ement** *m* **1.** Abstand *m a. zeitlich;* **2.** *typ* Sperrung *f;* — *~ des trains* Zugabstand *m,* -folge *f;* **~er I.** *tr* **1.** Zwischenräume lassen (zwischen); ausea.=rücken; **2.** *typ* durchschießen, sperren; **3.** immer seltener werden lassen; **4.** auf längere Zeiträume verteilen; **II.** *v prn s'~* immer weiter auseinanderliegen; *(Besuche)* seltener werden.
espadon [ɛspadɔ̃] *m zoo* Schwertfisch *m.*
espadrille [ɛspadrij] *f* Leinenschuh *m.*
espagnolette [ɛespaɲɔlɛt] *f* Fenster-, Drehriegel *m.*
espalier [ɛspalje] *m* Spalier(mauer *f*) *n.*
espèce [ɛspɛs] *f* **1.** Art; Sorte *f;* Schlag *m;* **2.** *biol* Spezies *f;* **3.** *jur* Fall *m;* **4.** *(com) en ~s* in bar; *en, dans l'~* im vorliegenden Fall; in dieser Art; *une, (pop a.) un ~ de* etwa wie; (so) e-e Art; *payer en ~s* bar bezahlen; *~ d'imbécile!* blöde(r) Kerl! *cas m d'~ (jur)* Sonderfall *m; paiement m en ~s* Barzahlung *f.*
espér|ance [ɛsperɑ̃s] *f* **1.** Hoffnung, Erwartung; Aussicht *f;* **2.** *dépasser les ~s* die Erwartungen übertreffen; *fonder de grandes ~s sur qc* große Hoffnungen auf e-e S setzen; **3.** *lueur f, rayon m d'~* Hoffnungsschimmer, -strahl *m; ~ de vie* Lebenserwartung; Überlebenschance *f;* **~er I.** *tr* erhoffen, erwarten, hoffen (*qc* auf e-e S); **II.** *itr: ~ que* darauf vertrauen, sich darauf verlassen, daß; *~ jusqu'au bout* bis zuletzt hoffen; *~ en Dieu, en l'avenir, en des temps meilleurs* auf Gott, die Zukunft, bessere Zeiten hoffen; *il espérait vous voir* er hoffte, Sie zu sehen.
espiègl|e [ɛspjɛgl] **I.** *a* ausgelassen, übermütig; schalkhaft, schelmisch; **II.** *s m* Schelm, Schalk *m;* **~erie** [-glə-] *f* **1.** Schalkhaftigkeit *f,* Übermut *m;* **2.** Schelmenstreich *m.*
espion, ne [ɛspjɔ̃, -jɔn] *m f* Spion(in *f*) *m;* **~nage** *m* Spionage *f;* Spionieren *n; soupçonné d'~* spionageverdächtig; *~ industriel* Werkspionage *f;* **~ner** *tr* be-

spitzeln, beschatten, nach= spionieren (*qn* jdm).

esplanade [ɛsplanad] *f* große(r) freie(r) Platz *m*.

espoir [ɛspwar] *m* Hoffnung *f; dans l'~* in der Hoffnung (*de* zu, *que* daß); *sans ~* hoffnungslos; *caresser, nourrir un ~* e-e Hoffnung hegen; *mettre son ~ en* seine Hoffnung setzen auf *acc; ~ d'une récompense* Hoffnung *f* auf e-e Belohnung.

esprit [ɛspri] *m* **1.** Geist *m;* Seele *f,* Gemüt *n;* **2.** Verstand, Witz, Scharfsinn *m;* **3.** *(Text)* Sinn *m,* Bedeutung *f;* **4.** Wesen *n,* Charakter *m;* Neigung, Gesinnung *f;* **5.** Absicht; Stimmung; Denkungsart, Denkweise *f;* **6.** Gabe, Fähigkeit *f;* **7.** *dans l'~ de la loi* im Sinne des Gesetzes; *avoir de l'~* geistvoll sein; **8.** *avoir l'~ à* Lust haben zu; *avoir l'~ dérangé* geistesgestört sein; *calmer les ~s* die Gemüter beruhigen; *être sain de corps et d'~* körperlich und geistig gesund sein; *perdre l'~* den Verstand verlieren; *rendre l'~* den Geist auf=geben; *reprendre ses ~s* wieder zu sich kommen; **9.** *où avais-je l'~?* wo hatte ich den Kopf? *ôtez-vous cette idée de l'~* schlagen Sie sich diesen Gedanken aus dem Kopf! *cela me vient à l'~* das fällt mir ein; **10.** *état m d'~* Geisteshaltung; Stimmung *f; évocation f des ~s* Geisterbeschwörung *f; homme m d'~* geistreiche(r) Mann *m; présence f d'~* Geistesgegenwart *f; tournure f d'~* Geisteshaltung *f;* **11.** *~ d'attaque* Kampfgeist *m; ~ de camaraderie* Kameradschaftsgeist *m; ~ de clocher* Kleinstädterei *f; ~ d'entreprise, d'initiative* Unternehmungsgeist *m; ~ d'équipe* Mannschaftsgeist *m; ~ follet* Kobold *m; ~ fort* Freidenker *m; ~ de justice* Gerechtigkeitssinn *m; l'E~ saint, le Saint-E~* der Heilige Geist; *~ du siècle* Zeitgeist *m; ~ de vengeance* Rachsucht *f; ~-de-vin* Weingeist *m*.

esquill|e [ɛskij] *f* (Knochen-)Splitter *m*.

esquinter [ɛskɛ̃te] **I.** *tr fam* **1.** *(Person)* erschöpfen, überanstrengen; bös zurichten; **2.** *(Sache)* abnützen; ruinieren; beschädigen; **II.** *v prn s'~* sich ab=schinden; sich ab=rackern (*à* bei); *s'~ la vue* sich die Augen verderben.

esquiss|e [ɛskis] *f* **1.** Entwurf *m,* Skizze; kurze Darstellung *f;* **2.** *fig* Andeutung *f,* erste(r) Ansatz *m* (*de* zu); — *faire une ~* e-n Entwurf, e-e Skizze machen; *~ au charbon, au crayon* Kohle-, Bleistiftskizze *f; ~ d'un sourire* Anflug *m* e-s Lächelns; **~er** *tr* **1.** skizzieren, entwerfen, (flüchtig) hin=werfen; **2.** *fig* an=deuten; — *~ à grands traits* in großen Zügen entwerfen.

esquiv|e [ɛskiv] *f (Boxen)* Ausweichen *n;* **~er I.** *tr* **1.** geschickt aus=weichen (*qc* dat); **2.** *fig* umgehen, vermeiden; **II.** *v prn s'~* aus=kneifen, sich drücken, sich fortschleichen; *~ une obligation* sich e-r Verpflichtung entziehen.

essai [e(ɛ)sɛ] *m* **1.** Versuch *m;* Probe; Untersuchung, Prüfung; Bemühung *f* (*de* um); **2.** Essay *m* od *n;* **3.** *à titre d'~* versuchs-, probeweise; *faire un ~* e-n Versuch machen (*de* mit); *faire ses premiers ~s* die ersten Schritte tun; *lancer un ballon d'~* e-n Versuchsballon starten (lassen) *a. fig; mettre à l'~ (fig)* auf die Probe stellen; *prendre à l'~* auf Probe kaufen, *(Person)* nehmen; **4.** *ballon m d'~* Versuchsballon *m; banc m d'~* Prüf-, Versuchsstand *m; coup m d'~* Probestück *n,* erste(r) Versuch *m; marche f d'~* Probelauf *m; phase f d'~* Versuchsstadium *n; temps m d'~* Probezeit *f; vente f à l'~* Kauf *m* auf Probe; **5.** *~ d'arbitrage* Schlichtungsversuch *m; ~ de charge* Belastungsprobe *f; ~ d'endurance* Dauerprüfung *f; ~ d'établir un record* Rekordversuch *m; ~ au frein* Bremsprüfung *f; ~ d'homologation* Zulassungsprüfung *f; ~ des matériaux* Werkstoffprüfung *f; ~ de performance, de rendement* Leistungsprüfung *f; ~ de rupture* Zerreißprobe *f; ~ en soufflerie* Windkanalversuch *m*.

essaim [ɛsɛ̃] *m* **1.** (Bienen-, Mücken-) Schwarm *m a. fig;* **2.** Rudel *n,* Schar *f;* **~age** [ɛsɛmaʒ] *m* **1.** Schwärmen *n;* Schwärmzeit *f;* **2.** *fig* Ausuferung *f;* Einströmen *n* (*dans* in); **~er** [ɛse(ɛ)me] *itr* **1.** (aus=)schwärmen; **2.** *fig* sich zerstreuen; Niederlassungen gründen.

essay|age [ɛsɛjaʒ] *m* Anprobe *f; cabine f d'~* Umkleidekabine *f;* **~er I.** *tr* **1.** versuchen, (aus=)probieren (*sur* an *dat*); **2.** untersuchen, prüfen; **3.** *(Kleid)* an=probieren (*à, sur qn* an jdm); **4.** *(Speise)* versuchen; **5.** *(Auto)* testen, e-e Probefahrt machen (*qc* mit etw); **II.** *itr* versuchen, aus=probieren (*de* zu); **III.** *v prn s'~* (sich) versuchen (*à* in, an *dat; dans un rôle* in e-r Rolle); e-n Versuch unternehmen; sich wagen (*à* an *acc*); **~eur, euse** *m f* Anprobierer *m;* Absteckerin *f; ~ de voitures (mot)* Testfahrer *m;* **~iste** *m* Essayist *m*.

essen|ce [ɛsɑ̃s] *f* **1.** Wesen(heit *f*) *n,* Substanz; Essenz *f;* Extrakt *m;* (ätherisches) Öl *n;* **2.** Kraft-, Treib-, Brennstoff *m;* Benzin *n;* **3.** *faire le plein d'~* auf=, voll=tanken; *prendre de l'~* tanken; **4.** *bidon m d'~* Benzinkanister *m; distributeur m d'~, pompe f à ~* Zapfstelle; Benzinpumpe *f; moteur m à ~* Benzinmotor *m; poste m d'~* Tankstelle *f; réservoir m à ~ Benzintank m;* **5.** *~ d'avion* Flugzeugbenzin *n; ~ de roses* Rosenöl *n; ~ de térébenthine* Terpentinöl *n;* **~tiel, le** [-sjɛl] **I.** *a* **1.** wesentlich, wichtig; wesensmäßig; eigentlich; **2.** (unbedingt) notwendig, unerläßlich;

II. *s m* Hauptsache *f;* Wesentliche(s) *n;* **~tiellement** *adv* im wesentlichen, in der Hauptsache.

essieu [ɛsjø] *m pl ~x* (Wagen-, Rad-) Achse *f; camion m à trois ~x (mot)* Dreiachser *m; écartement m d'~x* Achsstand *m; rupture f d'~* Achsbruch *m; ~ arrière, avant* Hinter-, Vorderachse *f.*

essor [ɛsɔr] *m com* Aufschwung; Aufstieg *m,* Aufblühen *n; donner un ~ à qc* etw in Schwung bringen; *être en plein ~* sich in vollem Aufschwung befinden; *prendre son ~* sich entwickeln.

essor|age [esɔraʒ] *m (Wäsche)* Schleudern *n;* **~er** *tr (Wäsche)* aus=wringen; **~euse** *f* Trockenschleuder *f.*

essouffl|é, e [ɛsufle] *a* atemlos, außer Atem; **~ement** *m* Atemlosigkeit *f,* Keuchen *n;* **~er I.** *tr* außer Atem kommen lassen; **II.** *v prn s'~* **1.** außer Atem kommen; **2.** *fig* nicht mehr mit=halten können.

essuie|-glace [ɛsɥiglas] *m mot* Scheibenwischer *m;* **~-mains** *m inv* Handtuch *n;* **~-meubles** *m inv* Staubtuch *n;* **~-verres** *m inv* Gläsertuch *n.*

essuy|age [ɛsɥijaʒ] *m (Geschirr)* Abtrocknen *n; (Möbel)* Abstauben; **~er I.** *tr* **1.** ab=wischen; (ab=, aus=)trocknen; ab=stauben; **2.** *fig* erdulden, ertragen, erleiden; ausgesetzt sein (*qc* dat); **II.** *v prn s'~ les mains* **3.** sich die Hände abtrocknen; **4.** *~ un orage, une tempête* ein Gewitter, Unwetter über sich *(acc)* ergehen lassen; *~ des pertes* Verluste erleiden; *~ les plâtres* die Wohnung trocken=wohnen; *fig* die Sache ausbaden müssen; *~ un refus* abschlägig beschieden werden; e-n Korb bekommen; *~ des reproches, une réprimande* Vorwürfe, e-n Tadel ein=stecken müssen; *prière d'~ ses pieds* bitte Füße abstreifen.

est [ɛst] *m* Ost(en) *m; à l'~ de* östlich von; *vers l'~* nach Osten, ostwärts; *longitude f ~* östliche Länge *f; vent m d'~* Ostwind *m.*

estacade [ɛstakad] *f mar* Wellenbrecher, Hafendamm *m.*

estaf|ette [ɛstafɛt] *f* Meldegänger, -fahrer *m; chien m ~* Meldehund *m; ~ motocycliste* Kradmelder *m;* **~ilade** *f* Schnittwunde, Schmarre *f;* Schmiß *m.*

estaminet [ɛstaminɛ] *m* Kneipe, Schenke *f.*

estamp|age [ɛstɑ̃paʒ] *m* **1.** Stanzen, Prägen, Pressen; Gesenkschmieden *n;* **2.** *fig fam* Gaunerei *f;* **~e** *f* **1.** (Kupfer-) Stich; Holzschnitt *m;* **2.** Prägestempel *m; — cabinet m des ~s* Kupferstichkabinett *n;* **~er** *tr* **1.** prägen, pressen, stanzen; **2.** *fig fam* übervorteilen, neppen; **~eur** *m* **1.** Stanzer *m;* **2.** Stanze *f;* **3.** *fam* Gauner *m;* **~euse** *f* Stanze *f;* **~illage** [-j-] *m* Abstempelung *f;* **~ille** [-ij] *f* Güte-, Herkunftszeichen *n; ~ de bibliothèque* Büchereistempel *m;* **~iller** *tr* **1.** mit e-m Gütezeichen versehen; **2.** *(Zoll)* (ab=)stempeln.

ester [ɛste] **I.** *itr: ~ en justice* vor Gericht auf= treten; *capable d'~ en justice* prozeßfähig; **II.** [-ɛr] *s m chem* Ester *m.*

est|ète [ɛstɛt] *m f* Ästhet(in *f*) *m;* **~éticien, ne** *m f* **1.** Ästhetiker(in *f*) *m;* **2.** Kosmetikerin *f;* **~étique I.** *s f* Ästhetik; Schönheit *f;* **II.** *a* ästhetisch; schön; *n'avoir aucun sens ~* keinen Schönheitssinn haben; *chirurgie f ~* Schönheitschirurgie *f; ~ industrielle* Formgestaltung *f.*

estim|able [ɛstimabl] *a* schätzenswert; achtbar; **~atif, ive** *a* auf Schätzung beruhend; *devis m ~* Kostenvoranschlag *m;* **~ation** *f* (Ab-)Schätzung *f;* An-, Überschlag *m,* Veranschlagung; Bewertung *f; faire une ~ de qc* etw *(acc)* schätzen, taxieren; **~e** *f* **1.** (Hoch-)Achtung, Wertschätzung, Würdigung *f;* **2.** *mar* gegißte(s) Besteck *n; — avoir de l'~ pour qn* vor jdm Achtung haben; *inspirer de l'~* Achtung ein=flößen; *succès m d'~* Achtungserfolg *m;* **~er** *tr* **1.** (ab=, ein=)schätzen; beurteilen; taxieren, bewerten, veranschlagen; **2.** *fig* erachten, halten (*qc* für etw); der Ansicht sein, meinen; **3.** (hoch=) achten, schätzen; **4.** *mar* gissen; *— ~ à sa juste valeur* richtig ein=schätzen; *~ peu* gering=schätzen; mißachten.

estiv|al, e [ɛstival] *a* sommerlich; Sommer-; *mode f ~e* Sommermode *f; station f ~e* Sommerfrische *f;* **~ant, e** *m f* Sommerfrischler, Feriengast *m.*

estoc [ɛstɔk] *m: d'~ et de taille* auf Hieb u. Stoß; **~ade** *f: donner l'~ (Stierkampf)* den Todesstoß geben.

estoma|c [ɛstɔma] *m* **1.** Magen *m;* **2.** *avoir l'~ creux* e-n leeren Magen haben; *avoir l'~ dans les talons* e-n Wolfshunger haben; *avoir de l'~ (fig fam)* dreist, *fam* unverfroren sein; **3.** *creux m de l'~* Magengrube *f; maux m pl de l'~* Magenschmerzen *m pl; ulcère m d'~* Magengeschwür; **~qué, e** *a fam* verblüfft (*de* über *acc*).

estomper [ɛstɔ̃pe] **I.** *tr* **1.** *(Zeichnen)* (ver-)wischen; **2.** *fig* mildern, dämpfen, verschleiern; **II.** *v prn s'~* verschwimmen, sich verwischen.

estourbir [ɛsturbir] *tr arg* nieder=schlagen.

estra|de [ɛstrad] *f* Podium *n;* Bühne *f;* **~gon** [-gɔ̃] *m bot* Estragon *m.*

estropi|é, e [ɛstrɔpje] **I.** *s m f* Körperbehinderte(r *m*) *f;* **II.** *a* verkrüppelt; **~er** *tr* **1.** verkrüppeln; **2.** *(Text)* verstümmeln, verhunzen.

estuaire [ɛstɥɛr] *m* (weite) Trichtermündung *f.*

estudiantin, e [ɛstydjɑ̃tɛ̃, -in] *a* studentisch.
esturgeon [ɛstyrʒɔ̃] *m zoo* Stör *m.*
et [e] *conj* und; *et ... et* sowohl ... als auch; ~ *moi donc!* und ich erst! ~ *de trois* das wären drei; das war Nr. (Nummer) 3; ~ *voici comment* und zwar so.
étable [etabl] *f* Stall *m;* ~ *à cochons, à vaches* Schweine-, Kuhstall *m.*
établ|i [etabli] *m* Werkbank *f;* Arbeitstisch *m;* ~ *de menuisier* Hobelbank *f;* **~ir I.** *tr* **1.** *(fonder, instaurer)* ein=richten, errichten, begründen; ~ *une affaire, une fabrique, une usine* ein Geschäft gründen, e-e Fabrik errichten, e-n Betrieb auf=bauen; ~ *l'ordre, la paix* die Ordnung, den Frieden her=stellen, Frieden stiften, für Ordnung sorgen; *(Verbindung)* her=stellen, *(Beziehungen)* an=knüpfen; *(Rekord)* auf=stellen; *(Konto)* errichten; *(Statistik)* erheben, ermitteln; ~ *le contact* Verbindung auf=nehmen; **2.** *(fixer)* fest=setzen, -stellen, -legen; *(Termin, Tagesordnung)* fest=legen; *(Inventur, Bilanz, Liste)* auf=stellen; *(Rechnung)* aus=fertigen; ~ *l'assiette de l'impôt de qn* jdn steuerlich veranlagen; ~ *le budget* den Haushaltsplan auf=stellen; ~ *sa demeure, son domicile* s-n Wohnsitz auf=schlagen; **3.** *(pourvoir qn)* versorgen, aus=statten, verheiraten; unterbringen; **4.** *(prouver qc)* beweisen, dar=tun, dar=legen; ~ *l'innocence d'un accusé* den Beweis für die Unschuld e-s Angeklagten liefern; *(Recht)* begründen; **II.** *v prn s'*~ **5.** *(s'installer)* sich nieder=lassen, sich an=siedeln; ziehen (*à* nach); **6.** *(Arzt, Anwalt)* e-e Praxis eröffnen; sich fest=setzen; **7.** *mil* Stellung beziehen; **8.** sich verheiraten; **9.** *(s'instaurer)* sich ein=bürgern; **10.** begründet, eingeführt werden; zustande kommen; — *s'*~ *à son compte* sich selbständig machen; ein Geschäft an=fangen.
établissement [etablismɑ̃] *m* **1.** Errichtung *f,* Bau *m;* **2.** *(Institution, Wohnung)* Einrichtung *f;* **3.** *(Recht)* Begründung; Darlegung; Feststellung *f;* **4.** *(Programm, Bilanz)* Aufstellung; *(Vertrag)* Abfassung; *(Rechnung, Bescheinigung)* Ausstellung *f;* **5.** *(Truppen)* Sichfestsetzen; *(Volk)* Seßhaftwerden *n;* *(Kinder)* Versorgung, Verheiratung *f;* **6.** (Lehr-)Anstalt, Schule *f;* **7.** *com* Anlage *f,* Geschäft, Unternehmen, Werk *n;* Niederlassung; Gründung *f;* **8.** *date f d'*~ Ausstellungsdatum *n;* ~ *de l'assiette de l'impôt* Steuerveranlagung *f;* ~ *d'assurance* Versicherungsanstalt *f;* ~ *de bains* Badeanstalt *f;* ~ *bancaire* Bankgeschäft *n;* ~ *de compte* Rechnungsaufstellung *f;* ~ *de crédit (foncier)* (Boden-)Kreditanstalt *f;* ~ *d'expérimentation* Versuchsanstalt *f;* ~ *des frais* Kostenaufstellung *f;* ~ *graphique* graphische Anstalt *f;* ~ *d'un inventaire* Bestandsaufnahme *f;* ~ *pénitentiaire* Strafanstalt *f;* ~ *des plans* Planung *f;* ~*s sidérurgiques* Eisenhüttenwerk *n;* ~*-test m* Versuchseinrichtung *f;* ~ *d'utilité publique* gemeinnützige(s) Unternehmen *n.*
étag|e [etaʒ] *m* **1.** Stock(werk *n*) *m,* Geschoß *n,* Etage *f;* **2.** *(Turm)* Plattform *f;* **3.** *min* Sohle *f;* Absatz *m;* **4.** *tech* (*a.* Raketen-)Stufe *f;* **5.** *à deux, à plusieurs* ~*s* zwei-, mehrstöckig, *(Rakete)* -stufig; **6.** *habiter au premier (~)* im 1. Stock wohnen; **~é, e** *a* gestaffelt; abgestuft; **~er I.** *tr* stufenförmig auf=stellen *od* an=ordnen; **II.** *v prn s'*~ stufenförmig an=steigen; **~ère** *f* Regal, Gestell *n;* Etagere *f,* Bücherbrett *n.*
étai [etɛ] *m* **1.** Stützbalken *m;* Stütze *f a. fig;* **2.** *min* Stempel *m;* **3.** *mar* Stag *n.*
étain [etɛ̃] *m* Zinn *n; papier m d'*~ Stanniol *n; vaisselle f d'*~ Zinngeschirr *n;* ~ *de soudure* Lötzinn *n.*
étal [etal] *m* **1.** Fleischbank *f;* **2.** (Markt-) Stand *m;* **~age** *m* **1.** *(Waren)* Ausstellen, -legen; Zurschaustellen *n;* Darbietung *f;* **2.** Schaufenster *n,* Auslage *f;* Standgeld *n;* — *être à l'*~ im Schaufenster liegen; *faire* ~ zur Schau stellen (*de qc* e-e S); *fig* prahlen (*de qc* mit etw); *mettre à l'*~ aus=stellen; **~agiste** *m* Schaufensterdekorateur *m;* **~e** *a* **1.** unbeweglich, ruhig; **2.** *la mer est* ~ das Meer hat s-n höchsten, niedersten Stand erreicht; **~ement** *m* **1.** Verteilung; Staffelung *f;* **2.** Zurschaustellung *f;* **~er I.** *tr* **1.** *(Waren)* aus=legen, aus=stellen; aus=hängen; *(Papier, Gegenstände)* aus=breiten; *(Zeitung)* entfalten; *(Zahlungen, Plan)* staffeln, verteilen; *(Kartenspiel)* auf=decken; **2.** *fam* nieder=strecken; **3.** *fig* prahlen (*qc* mit etw); zur Schau stellen; entfalten; enthüllen; — ~ *du beurre sur le pain* Butter aufs Brot streichen; **II.** *v prn s'*~ **4.** sich aus=breiten; sich er-, aus=strecken; sich hin=ziehen; sich hin=legen; **5.** *(Wasser)* sich beruhigen; **6.** *fig* sich zur Schau stellen; **7.** *s'*~ *tout de son long* lang hin=fallen.
étalon [etalɔ̃] *m* **1.** (Zucht-)Hengst *m; taureau m* ~ Zuchtbulle *m;* **2.** Eich-, Normalmaß; Normalgewicht *n;* **3.** *fig* Standard *m;* Modell *n;* — ~ *monétaire* Währung *f;* ~*-or m* Goldwährung *f;* **~ner** *tr* eichen.
étam|age [etamaʒ] *m* **1.** Verzinnung *f;* **2.** Spiegelbelag *m;* **~er** *tr* **1.** verzinnen; **2.** *(Spiegel)* belegen; foliieren; **~ine** *f;* **1.** *bot* Staubgefäß *n,* -beutel *m;* **2.** Etamin *n;* Beutel-, Siebtuch *n;* — *passer à l'*~ (durch=)seihen.
étanch|e [etɑ̃ʃ] *a* **1.** (wasser-, luft)dicht; **2.** *fig* hermetisch abgeschlossen; — *rendre* ~ ab=dichten; ~ *à l'air, à l'eau, aux*

gaz, au son luft-, wasser-, gas-, schalldicht; **~éité** *f* Dichtheit, Undurchlässigkeit; Abdichtung *f;* **~er** *tr* **1.** *(Faß)* abdichten; *(Leck)* verstopfen; **2.** *(Blut)* stillen; **3.** *lit (Durst)* löschen.

étançon [etɑ̃sɔ̃] *m* **1.** Strebe; Stütze; Steife *f;* **2.** *min* Stempel *m;* **~ner** *tr* (ab=)stützen.

étang [etɑ̃] *m* Teich, Weiher *m;* ~ *poissonneux* Fischteich *m.*

étape [etap] *f* **1.** Etappe; Teil(flug)strekke *f;* Abschnitt *m;* **2.** *mil* Quartier *n;* Aufenthalt *m;* **3.** *fig* (Entwicklungs-)Stufe, Phase *f;* — *brûler les ~s (fig)* die Etappen überspringen.

état [eta] *m* **1.** Zustand; Stand; Status *m;* Wesen *n;* Lage; Verfassung; Gestaltung *f;* Verhältnisse *n pl;* Beschaffenheit *f,* Befund; Stand *m,* Stellung *f,* Gewerbe *n,* Beruf *m;* (Be-)Rechnung *f;* An-, Überschlag *m;* Liste *f,* Register, Verzeichnis *n;* **2.** *dans cet ~ de choses* bei dieser Lage der Dinge; so wie die Dinge liegen; *en l'~ de* nach dem Stande *gen; en tout ~ de cause* in jedem Fall; *en ~ de vol* flugklar, startbereit; **3.** *dresser, établir un ~* ein Verzeichnis, e-e Liste auf=stellen; *être dans tous ses ~s* (ganz, sehr) aufgeregt sein, *fam* rein aus dem Häuschen sein; *être en ~ de* imstande sein, in der Lage sein zu; vermögen, können; *être en bon ~* in gutem Zustand, in guter Verfassung sein; *être hors d'~ de faire qc* außerstande sein, etw zu tun; *faire ~ de qc* auf e-e S Bezug nehmen; etw in Betracht ziehen, erwägen, berücksichtigen; *mettre en ~ de* instand setzen zu; *mettre qn hors d'~ de* es jdm unmöglich machen zu; **4.** *~ d'âme* Stimmung, Verfassung *f;* ~ *atmosphérique* Wetterlage *f;* ~ *civil* Personenstand *m;* Standesamt *n;* ~ *des comptes* Rechnungsübersicht *f;* ~ *d'esprit* (Geistes-)Verfassung *f;* ~ *des finances* Finanzlage *f;* ~ *des frais* Kostenaufstellung *f;* ~ *des marchandises* Lagerbestand *m;* ~ *de mariage* Ehestand *m;* ~ *néant* Fehlmeldung, -anzeige *f;* ~ *de nécessité, d'urgence* Notstand *m;* ~ *nominatif* namentliche Liste *f;* ~ *des ordres* Auftragsbestand *m;* ~ *professionnel* Berufsstand *m;* ~ *des salaires* Lohnliste *f;* ~ *sanitaire, de santé* Befinden *n,* Gesundheitszustand *m;* ~ *de service* Dienstverhältnis *n;* Betriebszustand *m;* Dienstalter *n,* -jahre *n pl;* ~ *du terrain* Bodenbeschaffenheit *f;* ~ *de transition* Übergangszustand *m;* ~ *de travail* Arbeitsverhältnis *n;* **~iser** [-ti-] *tr* verstaatlichen; **~isation** *f* Verstaatlichung *f;* **~-major** *m* **1.** *mil* Stab *m;* **2.** *fig* engste Mitarbeiter *m pl,* Führungsspitze *f,* -team *n;* — *carte f d'~* Generalstabskarte *f; officier m d'~* Generalstabsoffizier *m;* ~ *général* Generalstab *m.*

État [~] *m* **1.** Staat *m;* **2.** *affaire f d'~* Staatsangelegenheit; *fam* wichtige Sache *f; appartenant à l'~* staatseigen; *budget m de l'~* Staatshaushalt *m; chef m d'~* Staatsoberhaupt *n; confédération f d'~s* Staatenbund *m; coup m d'~* Staatsstreich *m; dette f de l'~* Staatsschuld *f; homme m d'~* Staatsmann *m; ministre m d'~* Staatsminister *m; petit ~* Kleinstaat *m; pouvoir m, puissance f de l'~* Staatsgewalt *f; secret m d'~* Staatsgeheimnis *n; secrétaire m d'~* Staatssekretär *m; union f d'~s* Staatenbund *m;* **3.** *~s de l'Église* Kirchenstaat *m;* ~ *fédéral* Bundesstaat *m;* ~ *membre* Mitgliedsstaat *m;* ~ *d'origine* Heimatstaat *m;* ~*-patron* Staat *m* als Arbeitgeber; ~*-providence* Wohlfahrts-, Versorgungsstaat *m.*

étau [eto] *m* Schraubstock *m; être pris, serré comme dans un ~ (fig)* eingeklemmt sein.

étay|age, ~ement [etɛjaʒ, -mɑ̃] *m* Abstützen *n;* Absteifung; Absprießung *f;* **~er** *tr* **1.** ab=stützen, -spreizen, -steifen; **2.** *fig* stützen; *(Behauptung)* untermauern.

été [ete] *m* Sommer *m; en ~* im Sommer; *au plus fort de l'~, en plein ~* im Hochsommer, mitten im Sommer; *heure f d'~* Sommerzeit *f; station f d'~* Sommerfrische *f; tenue f d'~* Sommerkleidung *f;* ~ *de la Saint-Martin* Altweiber-, Nachsommer *m.*

éteignoir [etɛɲwar] *m fig* Trauerkloß.

étein|dre [etɛ̃dr] **I.** *tr* **1.** (aus=)löschen; *(Licht)* aus=machen, *el* aus=schalten, *fam* aus=knipsen; *(Gas)* ab=drehen; **2.** *(Kalk, Durst)* löschen; **3.** *(Eisen)* ab=schrecken; **4.** *(Farbe)* (aus=)bleichen; **5.** *(Schuld)* tilgen; **6.** *(Erinnerung)* verwischen; **II.** *v prn s'~* **7.** erlöschen *a. fig;* **8.** *(Feuer)* aus=gehen; **9.** *(Farbe)* verblassen; **10.** *fig* verschwinden; vergehen, zu Ende gehen; ab=, aus=, ersterben; **11.** *(Person)* (sanft) entschlummern; **~t, e** [-ɛ̃, -ɛ̃t] *a* **1.** *(Vulkan)* erloschen; *(Feuer)* ausgegangen; *(Licht, Kalk)* gelöscht; **2.** *(Augen)* glanzlos; *(Farbe)* verblichen; verschossen; *(Stimme)* tonlos; **3.** *(Mensch)* verbraucht; *(Gefühl)* erstorben, erloschen; — *circuler tous feux ~s* ohne Licht fahren.

étend|age [etɑ̃daʒ] *m (Wäsche)* Aufhängen *n;* **~ard** [-ar] *m* Standarte; Fahne *f;* **~oir** *m* Trockenleine *f,* -platz *m;* **~re I.** *tr* **1.** aus=strecken (*vers, du côté de* nach); aus=breiten, -dehnen, -spannen; **2.** *(Wäsche)* auf=hängen; *(Teppich, Decke)* aus=breiten (*par terre* auf der Erde, *sur qn* über jdm); *(Schirm)* auf=spannen; **3.** *(Schleier)* legen (*sur* über *acc*); *(Schicht)* auf=tragen; **4.** *(Flüssig-*

keit) verdünnen; strecken; **5.** *fig* erweitern; vergrößern; vermehren; verbreiten; **II.** *v prn s'~* **6.** sich aus=breiten, sich in die Länge ziehen; sich aus=, erstrecken; sich hin=legen; **7.** sich erweitern, sich vergrößern; fort=schreiten; **8.** sich aus=lassen (*sur* über *acc*); — *se faire ~ (fam) (Kandidat)* durch=fallen; *~ par terre* nieder=schlagen; **~u, e** *a* **1.** weitläufig, umfangreich; **2.** ausgebreitet; **3.** umfassend; **~ue** *f* **1.** Ausdehnung; Weite *f;* Umfang *m;* Größe *f;* **2.** Raum; Bereich *m;* **3.** Ausmaß *n;* Bedeutung *f;* — *~ du dommage* Schadensumfang *m.*

étern|el, le [etɛrnɛl] *a* **1.** zeitlos, ewig; **2.** unaufhörlich, dauernd; **~iser I.** *tr fig* in die Länge ziehen; **II.** *v prn s'~* ewig dauern; *fam* ewig sitzen=bleiben (*chez qn* bei jdm); **~ité** *f* Ewigkeit; Unvergänglichkeit *f; il y a des ~s que (fam)* es ist (schon) e-e Ewigkeit her, daß.

éternuer [etɛrnɥe] *itr* niesen.

éther [etɛr] *m* Äther *m.*

éthique [etik] **I.** *a* ethisch, sittlich; **II.** *s f* Ethik *f.*

éth|nique [etnik] *a* ethnisch; **~nographique** *a* ethnographisch; **~nologue** *m* Völkerkundler *m.*

éthylique [etilik] **I.** *a* Äthyl-, alkoholisch; **II.** *s m* Trinker *m.*

étincel|ant, e [etɛ̃slɑ̃, -ɑ̃t] *a* funkelnd, sprühend *a. fig; (Augen)* strahlend; *(Farbe)* leuchtend; **~er** *tr* funkeln; glitzern; strahlen; *(Augen)* leuchten (*de* vor *dat*); **~le** [-sɛl] *f* Funke(n) *m a. fig; faire des ~s* Funken sprühen *a. fig;* **~lement** *m* Funkeln, Glitzern *n.*

étioler [etjɔle] **I.** *tr* verkümmern lassen; **II.** *v prn s'~* dahin=siechen, verkümmern *a. fig; bot* vergeilen.

étiqu|e [etik] *a* abgezehrt; dürr; dürftig, ärmlich; **~etage** *m (Waren)* Auszeichnung; Bezettelung *f;* **~eter** *tr* **1.** etikettieren, mit e-r Aufschrift, e-m Zettel versehen; **2.** *fig* einstufen; bezeichnen; **~ette** *f* **1.** Etikett *n;* Preisschild *n;* Anhänger *m;* **2.** Etikette *f;* **3.** *fig* Bezeichnung, Richtung, Partei *f;* — *agrafer, attacher, fixer une ~* ein Etikett befestigen (*sur* auf *dat*); *~ à coller, gommée* (Auf-)Klebezettel *m.*

étirer [etire] **I.** *tr tech* strecken, recken, ziehen; **II.** *v prn s'~ (fam)* **1.** sich rekken, sich (behaglich) aus=strecken; **2.** *(Wolken)* sich verziehen; **3.** *(Stoff)* sich dehnen, sich strecken.

étoff|e [etɔf] *f* **1.** Stoff *m;* Gewebe *n;* **2.** *fig (Mensch)* Anlage, Art, Fähigkeit *f;* **3.** *avoir l'~ de qc (fig)* das Zeug zu etw haben; *avoir de l'~* begabt, tüchtig sein; etwas können; *tailler en pleine ~, ne pas épargner l'~ (fig)* aus dem vollen schöpfen; **4.** *l'~ chiffonne, rétrécit* od *se retire, donne* od *s'étire* der Stoff knittert, geht ein, dehnt sich; **5.** *~ pour ameublement* Möbelbezugsstoff *m; ~ pour costumes* Kleiderstoff *m; ~ de coton, de laine, de soie* Baumwoll-, Woll-, Seidenstoff *m;* **~é, e** *a* reich ausgestattet; kräftig; *(Stimme)* klangvoll; **~er I.** *tr* **1.** (gut, reich) aus=statten; *(Markt)* beschicken; **2.** *fig* aus~schmücken; aus=gestalten; **II.** *v prn s'~* kräftiger werden; Muskeln bekommen.

étoil|e [etwal] *f* **1.** *astr* Stern *m a. fig;* **2.** *à la belle ~* im Freien; *être né sous une bonne, mauvaise ~* unter e-m günstigen, ungünstigen Stern geboren sein; **3.** *ciel m criblé, semé d'~s* sternübersäte(r) Himmel; **4.** *~ filante* Sternschnuppe *f; ~ du matin, du soir* Morgen-, Abendstern *m; ~ de mer (zoo)* Seestern *m; ~ polaire* Polarstern *m;* **~é, e** *a* **1.** gestirnt, sternbesät; sternklar; **2.** sternförmig; *bannière f ~e* Sternenbanner *n;* **~er I.** *tr* mit Sternen besetzen *od* schmücken; **II.** *s'~* sich mit Sternen bedecken.

étole [etɔl] *f* Stola *f.*

étonn|ant, e [etɔnɑ̃, -ɑ̃t] *a* erstaunlich; verwunderlich; **~é, e** *a* erstaunt, verwundert; **~ement** *m* Erstaunen *n,* Verwunderung *f;* Befremden *n;* **~er I.** *tr* in Erstaunen versetzen, verwundern; **II.** *v prn s'~* (er)staunen, sich wundern (*de* über *acc*).

étouff|ant, e [etufɑ̃, -ɑ̃t] *a (Hitze)* drükkend; *(Wetter)* schwül; erstickend; **~é, e** *a* **1.** erstickt; **2.** *(Geräusch)* gedämpft, schwach; *(Gelächter)* unterdrückt; **~ée** *f: à l'~* geschmort, gedämpft; **~ement** *m* **1.** Ersticken *n;* Erstickung(sanfall *m*); Atemnot *f,* -beschwerden *f pl;* Beklemmung *f;* **2.** *(Aufstand)* Unterdrückung *f;* **3.** *(Affäre)* Vertuschen *n;* **~er I.** *tr* **1.** ersticken; den Atem nehmen (*qn* jdm); **2.** *(Feuer)* löschen; *(Geräusch)* dämpfen; *(Seufzer)* unterdrücken; **3.** *(Affäre)* vertuschen; tot=schweigen; **4.** *(Revolte)* im Keim ersticken; **II.** *itr* erstikken; **III.** *v prn s'~* ersticken; — *~ de chaleur, de rire* vor Hitze um=kommen, vor Lachen platzen; *~ de rage, de colère* vor Wut, vor Zorn ersticken, platzen; *étouffe-toi! (fam)* halt die Klappe!

étoupe [etup] *f* Werg *n,* Hede; Putzwolle *f.*

étourd|erie [eturdəri] *f* **1.** Unbesonnenheit *f,* Leichtsinn *m;* Gedankenlosigkeit, Leichtfertigkeit *f;* **2.** Dummheit *f;* **~i, e I.** *a* unbesonnen, leichtsinnig; kopflos; **II.** *s m f* leichtsinnige(r) Mensch, Leichtfuß *m;* **~ir I.** *tr* betäuben; **II.** *v prn s'~* sich betäuben, sich ab=lenken; **~issant, e** *a* **1.** *(Lärm)* (ohren)betäubend; **2.** *(Erfolg)* überwältigend; **3.** *(Kleidung)* pompös; **4.** *fig* erstaunlich; **~issement** *m* Betäubung *f;* Schwindel(anfall) *m.*

étourneau [eturno] *m* **1.** *orn* Star *m;* **2.** *fig* Springinsfeld, Leichtfuß *m.*

étrang|e [etrɑ̃ʒ] *a* sonderbar, seltsam; befremdlich; **~er, ère I.** *a* **1.** fremd; ausländisch; auswärtig; Auslands-; **2.** unbeteiligt (*à* an, bei *dat*); *être ~ à qc* von etw nichts verstehen; mit etw nichts zu schaffen haben; *langue f ~ère* Fremdsprache *f; ministère f des Affaires ~ères* Auswärtige(s) Amt *n; politique f ~ère* Außenpolitik *f;* **II.** *s m f* **1.** Fremde(r *m*) *f;* Ausländer(in *f*) *m; s m* **2.** Ausland *n;* Fremde *f;* **3.** *partir pour l'~* ins Ausland reisen; *voyager à l'~* im Ausland reisen; **4.** *représentation f à l'~* Auslandsvertretung *f; voyage m à l'~* Auslandsreise *f;* **~eté** *f* Absonderlichkeit, Sonderbarkeit *f.*

étrangl|é, e [etrɑ̃gle] *a* **1.** *(Taille)* eingeschnürt; **2.** *(Stimme)* erstickt; **3.** *tech* gedrosselt; **4.** *med (Bruch)* eingeklemmt; **~ement** [-glə-] *m* **1.** Erdrosseln *n;* **2.** *(Tal)* Verengung *f;* **3.** *tech* Drosselung *f;* **4.** *fig* Unterdrückung *f;* **~er I.** *tr* **1.** erwürgen, erdrosseln (*de ses mains* mit den Händen; *dans un lacet* in e-r Schlinge); **2.** ein=, beengen; verengen; **3.** *tech* drosseln; **4.** *fig* im Keim ersticken; unterdrücken; **II.** *v prn s'~* **5.** sich erdrosseln; **6.** *(Fluß)* sich verengen; **7.** *sa voix s'étrangle* seine Stimme versagt.

étrave [etrav] *f mar* (Vorder-)Steven *m.*

être [ɛtr] **I.** *s m* **1.** (Da-)Sein *n;* Wirklichkeit *f;* **2.** (Lebe-)Wesen *n;* Mensch *m;* **II.** *itr* **1.** sein; da=sein, bestehen, existieren; leben; **2.** sich befinden; stehen; sitzen; liegen; gehen; **3.** *(Preis)* betragen; **III.** *v aux* **4.** *(Passiv) ~ aimé* geliebt werden; *il était parti* er war abgereist; *je suis monté (Zustand)* ich bin hinaufgestiegen, oben; *(reflexiv) je m'en suis souvenu* ich habe mich daran erinnert; *(mit adv, adv. Bestimmung) ~ bien (mal) avec qn* mit jdm gut (schlecht) stehen; **5.** *mit prp:* **à:** *~ à plaindre, à blâmer* zu beklagen, zu tadeln sein; *~ à son travail* über s-r Arbeit sitzen; sich ganz s-r Arbeit widmen; *le temps est à la pluie* es sieht nach Regen aus; *tout est à refaire* man kann wieder von (ganz) vorn anfangen; *ce livre est à lui* dieses Buch gehört ihm, ist sein; *je suis à vous* ich bin gleich fertig; *c'est à vous de décider* Sie haben zu entscheiden; *on est à se demander, croire, présumer* man muß sich fragen, glauben, annehmen; *cela est encore à faire* das ist noch zu tun; **après:** *~ après qc (fam)* hinter e-r S her, auf e-e S scharf sein; *~ après qn (fam)* jdn aufs Korn nehmen, jdn schikanieren, hinter jdm her sein; **de:** *~ de* her=rühren von, gehören zu; *~ de moitié dans une affaire* zur Hälfte an e-r S beteiligt sein; *~ de la fête* am Fest teil=nehmen; *~ d'un parti* Mitglied e-r Partei sein; *cela n'est pas de jeu (fam)* das gilt nicht, das ist gegen die Spielregeln; *je suis d(e l)'avis que* ich bin der Meinung, Ansicht, daß; *comme si de rien n'était* wie wenn nichts geschehen wäre; **pour:** *~ pour qc* für etw sein, ein=treten, stimmen; *~ pour faire qc* beabsichtigen, etw zu tun, gleich etw tun; *n'~ pour rien dans une affaire* an e-r S kein Interesse haben; mit etw nichts zu tun haben; *il est pour moi* er hält zu mir; **sans:** *n'~ pas sans savoir qc* etw wissen müssen; etw genau wissen; *~ sans le sou* keinen Pfennig haben; **en:** *en ~* mit dabei=sein, mit=machen, dazu=gehören, daran beteiligt sein; *en ~ pour son argent* sein Geld umsonst ausgegeben haben; *en ~ pour sa peine* sich vergeblich angestrengt haben; *il ne sait (pas) où il en est* er weiß nicht, woran er ist, wo ihm der Kopf steht; *où en êtes-vous?* wie weit sind Sie? *j'en suis là* ich bin soweit, soweit bin ich; *il n'en est rien* das ist (gar) nicht der Fall; *il en est ainsi* das ist so; so ist's; **y:** *y ~* zu Hause, zu sprechen sein (*pour qn* für jdn); *y ~ pour qc* bei etw s-e Hand im Spiele haben; *vous n'y êtes pas (fam)* Sie verstehen nicht, was ich meine; *j'y suis* ich habe verstanden; ich bin im Bilde; *vous y êtes* Sie haben es getroffen, so ist es; *ça y est! (fam)* so, das wäre geschafft! da haben wir die Bescherung! **6.** (bei Betonung) *c'est demain qu'il se met en route* morgen macht er sich auf den Weg; **7.** (Ausdrücke) *c'est cela* das stimmt, so ist's, das ist richtig; *est-ce que vous croyez ...?* glauben Sie etwa ...? *soit!* gut! meinetwegen; mag sein! *ainsi soit-il (rel)* so sei es, amen; *ce n'est pas que* nicht etwa, daß; *il est des hommes qui* es gibt Leute, die; *il est huit heures* es ist 8 Uhr; *il est mieux* es geht ihm besser; *soit un triangle* angenommen ein Dreieck; *quel jour sommes-nous?* welchen Tag haben wir (heute)? *n'est-ce pas?* nicht wahr?

étrein|dre [etrɛ̃dr] *tr* **1.** (fest) zs.=drükken, -schnüren; **2.** umarmen, -schlingen, -fassen; **3.** *fig* beklemmen, bedrücken; überwältigen; — *~ qn sur son cœur, sa poitrine* jdn an sein Herz, an s-e Brust drücken; **~te** *f* **1.** Umarmung *f;* **2.** *fig* Druck *m,* Beklemmung *f.*

étrenn|e [etrɛn] *f meist pl* (Neujahrs-)Geschenk *n;* **~er I.** *tr* zum ersten Mal benutzen, *fam* ein=weihen (*qc* etw); **II.** *itr* es ausbaden müssen.

étrier [etrije] *m* **1.** Steigbügel *m a. anat;* **2.** *tech* Bügel *m,* Klammer, Schelle *f;* — *avoir le pied à l'~ (fig)* auf dem besten Wege sein; *mettre à qn le pied à l'~ (fig)* jdn in den Sattel heben.

étriller [etrije] *tr* **1.** striegeln; **2.** heftig kritisieren; **3.** übers Ohr hauen.
étriper [etripe] *tr* **1.** *(Tier)* aus=weiden, -nehmen; **2.** *vulg* ab=murksen.
étriqu|é, e [etrike] *a* **1.** *(Anzug)* zu eng, zu knapp; **2.** *fig* armselig, dürftig.
étroit, e [etrwa, -at] *a* **1.** eng, schmal, knapp; **2.** beschränkt, begrenzt; — *au sens m* ~ im engeren Sinn; *être logé à l'~* eng, beschränkt wohnen; *se sentir à l'~* sich beengt fühlen; *vivre à l'~* ein kümmerliches Leben führen; *~ement lié* eng verbunden (*à, avec qn* mit jdm); **~esse** [-tɛs] *f* **1.** Enge; Kleinlichkeit; Beschränktheit *f;* **2.** *(fig) ~ d'esprit* Beschränktheit; Borniertheit *f.*
étud|e [etyd] *f* **1.** (Er-)Lernen, Studieren; Studium *n,* Studienzeit *f;* **2.** Einüben *n;* Ausbildung *f;* **3.** Untersuchung, Forschung, Planung *f;* Entwurf *m,* Vorarbeit *f;* **4.** Studie *f,* Aufsatz *m,* Abhandlung *f;* **5.** *mus* Übungsstück *n,* Etüde *f;* **6.** *(Schule)* Arbeitssaal, -raum *m,* -zimmer; *(Anwalt)* Büro *n;* Praxis *f;* **7.** *s'adonner, se livrer, s'appliquer, se consacrer à l'~* sich dem Studium widmen (*de* gen); *faire ses ~s de droit* Rechtswissenschaft studieren; **8.** *bourse f d'~s* Stipendium *n; cabinet m d'~s* Arbeitszimmer *n; camarade m d'~s* Studienfreund *m; voyage m d'~s* Studienreise *f;* **9.** *~s des marchés* Markt-, Konjunkturforschung *f;* **~iant, e** *m f* Student(in *f*) *m,* Studierende(r *m*) *f; être ~ en médecine* Medizin studieren; *foyer m, maison f d'~s* Studentenheim *n; ~ en droit* Student *m* der Rechtswissenschaft; **~ié, e** *a* **1.** (wohl)durchdacht; **2.** *com* scharf kalkuliert; **3.** *(Sprache)* gekünstelt; **~ier I.** *tr* **1.** studieren, lernen; ein=üben; *(Rolle)* ein=studieren; **2.** untersuchen, erforschen; **II.** *v prn s'~* **3.** sich selbst beobachten; s-e Wirkung genau berechnen; **4.** *~ un dossier, une affaire* e-e Akte, e-e Angelegenheit bearbeiten; *~ les échecs, le tennis, le piano* Schach, Tennis, Klavierspielen lernen; *~ une question* sich gründlich mit e-r Frage befassen.
étui [etɥi] *m* **1.** Etui, Futteral *n;* **2.** Büchse *f,* Tasche *f,* Behälter *m;* — *~ à chapeau* Hutschachtel *f; ~ à cigarettes* Zigarettenetui *n; ~ à lunettes* Brillenfutteral *n; ~ pour permis de conduire* Führerscheintasche *f; ~ à violon* Geigenkasten *m.*
étuv|e [etyv] *f* **1.** Schwitzbad *n;* **2.** Trokkenapparat *m;* — *chaleur f d'~ (fig)* Bruthitze *f;* **~er** *tr* **1.** dämpfen, schmoren; **2.** trocknen, dörren.
étymolog|ie [etimɔlɔʒi] *f* Etymologie *f;* **~ique** *a* etymologisch.
eucalyptus [økaliptys] *m bot pharm* Eukalyptus *m.*
eucharist|ie [økaristi] *f rel* Eucharistie *f.*
euh [ø] *interj (Erstaunen, Zweifel)* oh, ach, soso.
euph|émique [øfemik] *a* euphemistisch, beschönigend; **~orie** *f* Euphorie *f.*
Europ|e l' [ørɔp] *f* Europa *n; l'~ centrale* Mitteleuropa *n;* **européen, ne** *a* europäisch; *Européen, ne s m f* Europäer(in *f*) m.
eurovision [ørɔvizjɔ̃] *f* Eurovision *f.*
eux [ø] *m pl prn* sie *m pl; à ~* ihnen; *~-mêmes* sie selbst; *c'est à ~ de parler* sie sind an der Reihe zu reden; *l'un d'(entre) ~* e-r von ihnen; *je pense à ~* ich denke an sie.
évacu|ation [evakyasjɔ̃] *f* **1.** (Aus-, Ent-)Leerung *f;* Ablauf, Abfluß *m;* **2.** Räumung, Evakuierung *f;* — *~ d'air* Entlüftung *f;* **~é, e I.** *a* geräumt; evakuiert; **II.** *s m f* Evakuierte(r *m*) *f;* **~er** *tr* **1.** (ent)leeren; **2.** *med* ab=führen; von sich geben; **3.** ab=transportieren, evakuieren; **4.** *(Saal)* räumen.
évad|é, e [evade] **I.** *a* flüchtig; entflohen; **II.** *s m* Ausbrecher *m;* **~er, s'** *v prn* **1.** aus=brechen; entweichen, -fliehen (*de* aus); **2.** heimlich weg=gehen, *fam* sich verziehen (*de* von, aus); **3.** *fig* sich flüchten (*en* in *acc*).
évalu|ation [evalyasjɔ̃] *f* **1.** (Ab-)Schätzung; Berechnung *f;* **2.** Aus-, Bewertung; Veranschlagung *f;* **3.** *~ approximative* Voranschlag; Überschlag *m; ~ budgétaire* Haushaltsvoranschlag *m; ~ des frais* Kosten(vor)anschlag *m; ~ de la rentabilité* Rentabilitätsrechnung *f;* **~er** *tr* (ab=)schätzen; berechnen, taxieren, veranschlagen; *~ trop haut, trop bas* zu hoch, zu niedrig veranschlagen *od* an=setzen; *~ une distance à vue d'œil* e-e Entfernung ab=schätzen.
évang|élique [evɑ̃ʒelik] **I.** *a* evangelisch; protestantisch; **II.** *s m pl* Protestanten *m pl;* **~éliser** das Evangelium verkünden; **~éliste** *m* Evangelist *m;* **~ile** *m* Evangelium *n.*
évanou|i, e [evanwi] *a* **1.** verschwunden; vergangen; **2.** *(Mensch)* ohnmächtig; **~ir, s'** *v prn* **1.** ohnmächtig werden (*d'effroi* vor Schreck); **2.** *fig* verschwinden, vergehen, zerrinnen; sich verflüchtigen; **~issement** *m* **1.** Ohnmacht, Bewußtlosigkeit *f;* **2.** *fig* Verschwinden, Vergehen *n.*
évapor|ation [evapɔrasjɔ̃] *f* Ver-, Eindampfung; Verdunstung *f;* **~é, e I.** *a* **1.** verdampft; verdunstet; **2.** *fig* leichtsinnig, flatterhaft; **II.** *s m f* Windbeutel; lose(r) Vogel *m;* **~er, s'** *v prn* **1.** verdunsten; **2.** *fig fam* sich verflüchtigen; verschwinden; *fam* sich aus dem Staub machen.
évas|é, e [evaze] *a* glockig, ausladend, bauchig; **~er I.** *tr (Öffnung)* (aus=)weiten, erweitern; **II.** *v prn s'~* sich weiten; *(Kleid)* glockig fallen; **~if, ive** *a* aus-

weichend; ~**ion** *f* **1.** Flucht *f a. fig;* Entweichen, Ausbrechen; **2.** *fig* Entfliehen *n;* Ablenkung *f;* — ~ *des capitaux* Kapitalflucht *f;* ~ *fiscale* Steuerflucht *f.*
Ève [ɛv] *f* Eva *f; ne connaître qn ni d'~ ni d'Adam* jdn überhaupt nicht kennen.
évêché [eve(ɛ)ʃe] *m* **1.** Bistum *n;* **2.** Bischofswürde *f,* -amt *n;* **3.** bischöfliche(s) Palais *n;* Sitz *m* e-s Bischofs.
éveil [evɛj] *m* **1.** (Auf-)Wecken; Erwachen *n a. fig;* **2.** Wachzustand *m;* **3.** *en ~* wach; *donner l'~ à qn* jdn warnen; *être, se tenir en ~* wachsam sein; auf⸗passen; *tenir en ~* wach⸗halten; ~**lé, e** [-eje] **1.** (hell)wach; **2.** (auf)geweckt; flink, munter, regsam; — *avoir l'air ~* aufgeweckt aus⸗sehen; ~**ler I.** *tr (Wunsch)* wach⸗rufen, erwecken; *(Eifersucht)* erregen; **II.** *v prn s'~* er-, auf⸗wachen; *(Gefühl)* sich regen.
événement [evɛnmɑ̃] *m* **1.** Ereignis *n,* Vorfall *m,* Vorkommnis *n;* Begebenheit *f;* **2.** Erlebnis *n;* — *voici les ~s du jour (radio)* Sie hören die Nachrichten des Tages.
évent [evɑ̃] *m* **1.** *(Luft)* Abzug; Luftkanal *m;* **2.** *(Wal)* Spritzloch *n;* ~**ail** [-aj] *m* **1.** Fächer *m;* **2.** *(Waren)* Auswahl *f;* **3.** (Lohn-)Skala; (Preis-)Liste *f;* **4.** *fig* Umfang *m,* Möglichkeiten *f pl;* — *en ~* fächerförmig; *ouvrir* od *déployer, fermer* od *plier un ~* e-n Fächer öffnen, schließen; ~**aire** *m com* **1.** Auslage *f,* Stand *m;* **2.** Bauchladen *m;* ~**é, e** *a* **1.** windig; **2.** *(Getränk)* schal, abgestanden; **3.** *(Parfüm)* verduftet; — *(fam) c'est un truc ~* den Dreh kennt jeder; ~**er I.** *tr* **1.** Luft zu⸗fächeln (*qn* jdm); **2.** *fig* auf⸗spüren, entdecken; **3.** *(Geheimnis)* aus⸗plaudern; **II.** *v prn s'~* **4.** sich *(dat)* Luft zu⸗fächeln; **5.** *(Getränk)* schal werden; **6.** *(Parfüm)* verduften; — *~ la mèche (fig)* Lunte, den Braten riechen.
eventrer [evɑ̃tre] *tr* **1.** den Bauch auf⸗schlitzen (*qn* jdm); **2.** auf⸗reißen, -schneiden.
éventu|alité [evɑ̃tɥalite] *f* Eventualität, Möglichkeit *f;* mögliche(r) Fall *m; être prêt à toute ~* allen Möglichkeiten vor⸗beugen; ~**el, le** *a* eventuell, etwaig, möglich; ~**ellement** *adv* gegebenenfalls, unter Umständen; vielleicht.
évêque [evɛk] *m* Bischof *m.*
évertuer, s' [evɛrtɥe] *v prn* alle Kräfte auf⸗bieten, sich (sehr) an⸗strengen (*à* um ... zu).
évid|emment [evidamɑ̃] *adv* offensichtlich; selbstverständlich, natürlich; ~**ence** *f* Evidenz *f,* Augenschein *m,* Gewißheit *f; à l'~, de toute ~* offensichtlich; *être en ~* auf der Hand liegen; *mettre en ~* klarstellen, hervor⸗heben; *se rendre à l'~* sich überzeugen lassen; *c'est l'~ même* das ist doch ganz klar; ~**ent, e** *a* augenscheinlich, einleuchtend, offensichtlich; *c'est ~, c'est une chose ~e* das ist klar, liegt auf der Hand; ~**er** *tr* aus⸗höhlen, -kehlen, -bohren, -sparen.
évier [evje] *m (Küche)* Spülbecken *n,* Spüle *f.*
evincer [evɛ̃se] *tr* **1.** *jur* (aus dem Besitz) vertreiben; **2.** *qn* jdn ausschließen; verdrängen.
évit|able [evitabl] *a* vermeidbar; ~**er I.** *itr mar* schwojen; **II.** *tr* **1.** (ver)meiden; aus⸗weichen, aus dem Wege gehen (*qn, qc* jdm, e-r S); **2.** vermeiden, sich hüten (*de* zu, *que ... (ne)* daß); **3.** ersparen (*qc à qn* jdm etw).
évocat|eur, trice [evɔkatœr, -tris] *a* **1.** *(Erinnerungen)* wachrufend; **2.** *(Geister)* beschwörend; ~**ion** [-sjɔ̃] *f* **1.** (Geister-)Beschwörung *f;* **2.** *fig* Zurückdenken (*de* an *acc*); Zurückrufen *n (in die Erinnerung).*
évolu|er [evɔlɥe] *tr* **1.** Bewegungen aus⸗führen; sich hin u. her bewegen; auf⸗marschieren; **2.** *fig* sich (weiter⸗)entwickeln; sich langsam ändern; ~**tion** [-sjɔ̃] *f* **1.** Fortschritt *m,* Entwicklung *f;* **2.** *astr* Umdrehung *f;* **3.** *biol* Evolution *f a. fig;* **4.** *(Krankheit)* Verlauf *m;* **5.** *pl* Bewegungen, Vorführungen *f pl; (Tanz)* Schritte *m pl; ~ démographique* Bevölkerungsentwicklung *f; ~ des prix* Preisentwicklung *f; ~ de la situation* Änderung *f* der Lage; *~ structurelle* Strukturwandel *m.*
évoquer [evɔke] *tr* **1.** die Erinnerung wach⸗rufen, erinnern (*qc* an e-e S); **2.** *(Geister)* beschwören; **3.** *(Problem)* anschneiden; *(Namen)* nennen, erwähnen; **4.** *(Land)* beschreiben.
ex(-) [ɛks, egz] *pref* ehemalig, gewesen; aus-; *~ abrupto* unvermittelt; ohne Umschweife; *~ aequo* gleichrangig; *~ magasin* ab Lager.
exacerber [egzaserbe] *tr* **1.** verschärfen, verschlimmern; **2.** (stark) erregen; *(Zorn)* steigern; *(Begierde)* reizen; *(Leidenschaft)* auf⸗stacheln.
exact, e [egza(kt)] *a* **1.** genau, streng, exakt; **2.** richtig, zutreffend; **3.** sorgfältig; **4.** pünktlich; — *à l'heure ~e* pünktlich *adv; c'est ~* das stimmt; das ist richtig; ~**itude** *f* **1.** Genauigkeit, Exaktheit; Richtigkeit *f;* **2.** Pünktlichkeit *f.*
exagér|ation [egzaʒerasjɔ̃] *f* Übertreibung; Übersteigerung *f;* ~**é, e** *a* übertrieben, übermäßig; zu hoch gegriffen; ~**er I.** *tr* übertreiben, aufbauschen; überschätzen; **II.** *itr* **1.** übertreiben; **2.** zu weit gehen; **III.** *v prn s'~* überbewerten; zuviel Bedeutung beimessen.
exalt|ation [ɛgzaltasjɔ̃] *f* **1.** Begeisterung, Erregung *f;* **2.** Überschwenglichkeit; Schwärmerei *f;* ~**é, e I.** *a* überspannt, exaltiert; **II.** *s m* überspannte(r) Mensch, Schwärmer *m;* ~**er I.** *tr* **1.** preisen, rühmen; bewundern; **2.** (übermä-

ßig) erregen, begeistern; **II.** *v prn s'*~ in Schwärmerei, Erregung geraten; sich erhitzen.

exam|en [ɛgzamɛ̃] *m* **1.** Prüfung *f*, Examen *n;* **2.** Untersuchung; Durchsicht; Einsicht *f* (*de qc* in e-e S); **3.** *(Maschine)* Überprüfung, Überholung *f;* **4.** *après* ~ *approfondi, après plus ample* ~ bei näherer Prüfung; **5.** *être reçu à un* ~ *avec la mention bien* e-e Prüfung mit „gut" bestehen; *passer, subir un* ~ e-e Prüfung ab=legen; **6.** ~ *d'admission* Zulassungsprüfung *f;* ~ *d'aptitude* Eignungsprüfung *f;* ~ *de conscience* Gewissenserforschung *f;* ~ *écrit, oral* schriftliche, mündliche Prüfung; ~ *d'entrée, de passage, de fin d'études* Aufnahme-, Versetzungs-, Abgangsprüfung *f;* ~ *fiscal* Steuerprüfung *f;* ~ *de maître, de maîtrise* Meisterprüfung *f;* ~ *médical* ärztliche Untersuchung *f;* ~ *du permis de conduire* Fahr-, Führerscheinprüfung *f;* ~ *du sang* Blutuntersuchung *f;* ~ *de sélection* Ausleseprüfung *f;* ~**inateur, trice** [-mi-] **I.** *a* prüfend; **II.** *s m f* Prüfer(in *f*) *m;* ~**iner** *tr* **1.** (über)prüfen; untersuchen *a. med;* **2.** durch=sehen, -gehen, sichten; **3.** genau an=sehen, beobachten.

exaspér|ation [ɛgzasperasjɔ̃] *f* Erbitterung; große Erregung; Entrüstung *f;* ~**er I.** *tr* **1.** erbittern, auf=bringen, in Wut versetzen; **2.** *(Übel)* verschlimmern; **3.** *(Verlangen)* (aufs höchste) steigern; **II.** *v prn s'*~ **4.** *(Sache)* sich (aufs höchste) steigern; **5.** *med* sich verschlimmern.

exaucer [ɛgzose] *tr (Gebet)* erhören; *(Bitte)* gewähren; *(Wunsch)* erfüllen.

excav|ateur [ɛkskavatœr] *m* (Trocken-) Bagger *m;* ~**ation** *f* Aushöhlung, Vertiefung *f.*

excéd|ant, e [ɛksedɑ̃, ɑ̃t] *a* lästig, unerträglich; ermüdend; ~**ent** *m* **1.** Überschuß *m* (*sur* über *acc, de* an *dat*), -maß; Übergewicht *n;* Mehrbetrag *m;* überschüssige Summe *f;* **2.** *être en* ~ überzählig sein; **3.** ~ *annuel* Jahresüberschuß *m;* ~ *de bagages* Gepäckübergewicht *n;* ~ *de dépenses* Mehrausgabe *f;* ~ *d'exportation* Ausfuhrüberschuß *m;* ~ *de frais* Mehrkosten *pl;* ~ *de naissances* Geburtenüberschuß *m;* ~ *de poids* Übergewicht *n;* ~ *de port* Mehrporto *n;* ~ *de pouvoir d'achat* Kaufkraftüberhang *m;* ~ *de production* Produktionsüberschuß *m;* ~ *de recettes* Mehreinnahmen *f pl;* ~**entaire** überschüssig.

excéder [ɛksede] *tr* **1.** hinaus=gehen (*qc* über e-e S); übersteigen, -ragen, -schreiten, -treffen (*de* um); **2.** (sehr) lästig, auf die Nerven fallen (*qn* jdm).

excell|ence [ɛksɛlɑ̃s] *f* Vortrefflichkeit, Vorzüglichkeit *f; par* ~ recht eigentlich, ganz besonders; *son* ~ s-e Exzellenz; ~**ent, e** *a* ausgezeichnet, vortrefflich, vorzüglich; prächtig; *fam* prima; ~**er** *itr* sich aus=zeichnen; hervor=ragend, sehr geschickt sein (*dans sa profession* in s-m Beruf; *en musique* in der Musik; *au tennis* beim Tennis; *à* zu *mit Inf*); ~ *en qc* sich gut auf e-e S verstehen.

excentr|icité [ɛksɑ̃trisite] *f* **1.** Abstand *m* vom Mittelpunkt; Exzentrizität *f a. fig;* **2.** *(Stadtteil)* Abgelegenheit *f;* **3.** *fig* Überspanntheit, Extravaganz *f;* ~**ique I.** *a* **1.** exzentrisch *a. fig,* außermittig; **2.** abgelegen; **3.** *fig* überspannt, ausgefallen, auffallend; **II.** *s m f* **4.** exzentrische(r) Mensch *m;* **5.** *m tech* Exzenter *m.*

except|é [ɛksɛpte] *prp inv* ausgenommen, mit Ausnahme *gen;* bis auf *acc;* außer *dat;* ~**er** *tr* aus=nehmen, aus=schließen; verschonen; ~ *dans une liste* aus e-r Liste streichen; *il faut en* ~ davon sind (ist) ... auszunehmen; ~**ion** [-sjɔ̃] *f* **1.** Ausnahme *f;* **2.** *jur* Einrede *f,* Einwand *m;* **3.** *à l'*~ *de,* ~ *faite de* ausgenommen, mit Ausnahme *gen; à quelques* ~*s près* bis auf wenige Ausnahmen; *par* ~ ausnahmsweise; *sans aucune* ~ ohne jede Ausnahme; *sans* ~ *d'âge, ni de sexe* ohne Rücksicht auf Alter u. Geschlecht *(acc);* **4.** *faire* ~ e-e Ausnahme bilden; *faire une* ~ *pour, en faveur de qn* bei jdm, zugunsten jds e-e Ausnahme machen; *cette règle ne comporte* od *souffre pas d'*~ diese Regel läßt keine Ausnahme zu; **5.** *cas m d'*~ Ausnahmefall *m;* ~**ionnel, le** [-sjɔ-] *a* außergewöhnlich, -ordentlich; Ausnahme-; *congé m* ~ Sonderurlaub *m; prix m* ~ Ausnahme-, Sonderpreis *m;* ~**ionnellement** *adv* ausnahmsweise; ungewöhnlich.

exc|ès [ɛksɛ] *m* **1.** Übermaß *n* (*de* an *dat*), Maßlosigkeit; Übertreibung; Ausschweifung *f;* Exzeß *m;* Extrem *n;* **2.** *(Amtsgewalt)* Überschreitung *f;* **3.** Überschuß *m;* **4.** *(jusqu')à l'*~ bis zum Exzeß; **5.** *boire, manger avec* ~, *à l'*~ übermäßig trinken, essen; ~ *de fatigue* Übermüdung *f;* ~ *de population* Übervölkerung *f;* ~ *de pose (phot)* Überbelichtung *f;* ~ *de travail* Überarbeitung *f;* ~ *de vitesse* Geschwindigkeitsüberschreitung *f;* ~ *de zèle* Übereifer *m;* ~**essif, ive** *a* [-ksɛ-] *a* **1.** übermäßig, übertrieben; **2.** *(vorangestellt)* außergewöhnlich.

excit|able [ɛksitabl] *a* reiz-, erregbar; ~**ant, e** *a* erregend, aufreizend; stimulierend; ~**ation** *f* **1.** Auf-, An-, Erregung *f;* (An-)Reiz *m;* **2.** Verhetzung, -leitung; Anstiftung *f;* — *être dans un état d'extrême* ~ sich in e-m Zustand äußerster Erregung befinden; ~**é, e I.** *a* aufgeregt, erregt; **II.** *s m* Hitzkopf *m;* ~**er I.** *tr* **1.** an=- er-, auf=regen; *(Person)* an=

feuern, ermuntern; an=spornen (*à* zu); (an=, auf=)reizen; **2.** auf=wiegeln, auf=stacheln (*à* zu); auf=, verhetzen; **3.** sinnlich erregen; **II.** *v prn s'~* **4.** in Wallung geraten; erregt werden; **5.** *~ l'attention, l'admiration* Aufmerksamkeit, Bewunderung erregen; *~ l'appétit* den Appetit an=regen; *~ son auditoire* s-e Zuhörer mit=reißen; *~ au travail* zur Arbeit an=spornen.

exclam|atif, ive [ɛksklamatif, -iv] *a* Ausrufungs-; **~ation** *f* Ausruf *m; point m d'~* Ausrufezeichen *n;* **~er, s'** *v prn* aus=rufen.

exclu|re [ɛksklyr] **I.** *tr* aus=schließen, aus=stoßen (*de* aus); **II.** *v prn s'~* ea. aus=schließen; sich nicht mitea. vereinigen lassen; *c'est une chose ~e!* das ist ausgeschlossen! **~sif, ive** *a* ausschließend, ausschließlich; exklusiv; *agent m ~* Alleinvertreter *m; vente f ~sive* Alleinverkauf *m;* **~sion** *f* Ausschluß *m* (*de* aus, von); *à l'~ de* unter Ausschluß *gen;* **~sivement** *adv* ausschließlich; nur; **~sivité** *f* Ausschließlichkeit *f; com* Alleinvertrieb *m,* -verkaufsrecht *n,* -auslieferung *f;* alleinige(s) Vorführungs-, Reproduktionsrecht *n; en ~* ausschließlich.

excommuni|cation [ɛkskɔmynikasjɔ̃] *f* Exkommunikation *f;* **~er** *tr* [-nje] *tr* exkommunizieren.

excré|ment [ɛkskremɑ̃] *m med* Ausscheidung *f,* Exkrement *n;* **~ter** [-te] *tr med* ab=sondern, aus=scheiden; **~tion** [-sjɔ̃] *f med* Ausscheidung, Absonderung *f.*

excursion [ɛkskyrsjɔ̃] *f* Ausflug *m,* Fahrt; Exkursion *f; — ~ en auto* Autofahrt *f; ~ à bicyclette* Radtour *f; ~ d'une journée* Tagesfahrt *f; ~s organisées* (Ausflugs-)Fahrten *f pl* e-s Reisebüros; *~ à pied* Fußwanderung *f;* **~ner** [-sjɔ-] *itr* e-n Ausflug machen; **~niste** *m f* Ausflügler *m.*

excus|able [ɛkskyzabl] *a* entschuldbar, verzeihlich; **~e** [ɛkskyz] *f* Entschuldigung(sgrund *m*); Ausrede *f; — apporter, alléguer, donner une ~* e-e Entschuldigung vor=bringen; *faire, présenter ses ~s à qn* sich bei jdm entschuldigen; *(pop) faites ~* entschuldigen Sie! **~er I.** *tr* entschuldigen; **II.** *v prn s'~* sich entschuldigen *(de qn auprès qn* bei jdm für etwas); *se faire ~* (s-n Besuch) absagen.

exécr|able [ɛgzekrabl, ɛks-] *a* abscheulich, scheußlich; **~er** *tr* verabscheuen.

exécut|able [ɛgzekytabl] *a* **1.** aus-, durchführbar; **2.** *mus* spielbar; **~ant, e** *m f mus* Mitwirkende(r *m*) *f; allg* Ausführende(r *m*) *f;* **~er I.** *tr* **1.** *(Vorhaben)* durch=, aus=führen; vollziehen, -bringen; **2.** *(Versprechen)* erfüllen; *(Arbeit)* erledigen; *(Auftrag)* aus=führen; **3.** *(Urteil)* vollstrecken; hin=richten; töten; **4.** *mus* vor=tragen, spielen; **5.** *sport* hoch schlagen; **II.** *v prn s'~* **6.** sich entschließen; sich fügen; *fam* in den sauren Apfel beißen; **~eur, trice** *m f: ~ testamentaire* Testamentsvollstrecker *m;* **~if, ive** *a* ausübend, vollziehend; *le pouvoir m ~* die ausübende Gewalt, Exekutive *f;* **~ion** [-sjɔ̃] *f* **1.** Durch-, Ausführung; *(Verbindlichkeit)* Erfüllung, Leistung; *(Auftrag)* Erledigung *f;* **2.** *mus* Vortrag *m,* Spiel *n;* **3.** *jur* Pfändung; *(Strafe)* Vollstreckung, -ziehung *f,* -zug *m;* Hinrichtung; **4.** *mil* Erschießung *f; — commencer l'~ de qc* e-e S in Angriff nehmen; *mettre à ~* aus=, durch=führen; *dessin m d'~* Werkzeichnung *f; ~ forcée* Zwangsvollstreckung *f;* **~oire** *a* vollzieh-, vollstreckbar; rechtskräftig.

exég|èse [ɛgzeʒɛz] *f* Exegese *f.*

exempl|aire [ɛgzɑ̃plɛr] **I.** *a* mustergültig, vorbildlich; *(Strafe)* exemplarisch, abschreckend; **II.** *s m* Exemplar, Stück *n; — en double, triple ~* in doppelter, dreifacher Ausfertigung; *~ du dépôt légal* Pflichtexemplar *n; ~ gratuit* Freiexemplar *n; ~ de presse, pour compte-rendu* Besprechungsstück *n; ~ de publicité* Werbeexemplar *n;* **~e** *m* **1.** Beispiel, Muster, Vorbild *n* (*de* für); **2.** (warnendes) Exempel *n;* **3.** *à l'~ de* nach dem Beispiel *gen; par ~* zum Beispiel; *fam* nicht möglich! ach! was! *sans ~* beispiellos; **4.** *donner l'~* mit gutem Beispiel voran=gehen; *faire un ~* ein Exempel statuieren; *prendre ~ sur qn* sich an jdm ein Beispiel nehmen; sich nach jdm richten; *servir d'~* als Beispiel dienen (*à* für).

exempt, e [ɛgzɑ̃, ɑ̃t] **I.** *a* frei, befreit, dispensiert (*de* von); **II.** *s m* Befreite(r), Dispensierte(r) *m; — ~ de charges* lastenfrei; *~ de douane* zollfrei; *~ de droits* gebühren-, zollfrei; *~ d'erreurs* fehlerfrei; *~ d'impôts* steuerfrei; *~ d'intérêts* zinslos; *~ de port* portofrei; *~ de soucis* sorglos; **~er** [ɛgzɑ̃te] **I.** *tr* befreien, dispensieren (*de* von); *être ~é* ausgenommen, freigestellt, befreit sein (*de* von); **II.** *v prn s'~ de qc* etw vermeiden, unterlassen; *vous ne pouvez vous ~ de* Sie können nicht anders als; **~ion** [ɛgzɑ̃psjɔ̃] *f* Befreiung *f;* Dispens *m; ~ d'impôts* Steuerfreiheit *f.*

exercer [ɛgzɛrse] **I.** *itr med* praktizieren; e-e (Rechtsanwalts-)Praxis haben; **II.** *tr* **1.** aus=üben; **2.** aus=bilden (*qn à qc* jdn in e-r S); **3.** *(Gewerbe)* (be)treiben; *(Amt)* bekleiden; **4.** *(Recht)* geltend machen; **5.** *(von e-r Fähigkeit)* Gebrauch machen (*qc* von etw); entfalten; **III.** *v prn s'~* **6.** sich üben (*à* in *dat*); **7.** *sport* trainieren; **8.** *sur, contre qn* sich gegen jdn richten; *(Einfluß, Macht)* spürbar, fühlbar werden (*sur qn* bei jdm; *dans un domaine* auf e-m Gebiet);

9. ~ *un art, un métier, une industrie, une profession* e-e Kunst, ein Handwerk, ein Gewerbe, e-n Beruf aus≈üben; ~ *un commerce* ein kaufmännisches Unternehmen betreiben; ~ *un contrôle, une influence* e-e Kontrolle, e-n Einfluß aus≈üben (*sur* auf *acc*); *s'~ à tirer* sich im Schießen üben; *s'~ à la patience* sich in Geduld üben; *s'~ au violon* Geige üben.

exercice [ɛgzɛrsis] *m* **1.** Übung *f; sport* Training; *mil* Exerzieren *n;* (körperliche) Bewegung *f;* **2.** *(Macht, Recht, Beruf)* Ausübung *f;* **3.** *(Schule)* Übung *f;* **4.** Geschäfts-, Rechnungs-, Wirtschaftsjahr *n;* **5.** *entrer en* ~ sein Amt an≈treten; *faire l'~* exerzieren; *faire des ~s sur le piano, sur le violon* auf dem Klavier, der Geige üben; *faire, prendre de l'~* sich Bewegung verschaffen; *manquer d'~* nicht genug Bewegung haben; **6.** *il n'est plus en* ~ er ist im Ruhestand; **7.** ~ *aux anneaux, à la barre fixe, aux barres parallèles, au cheval* Übung *f* an den Ringen, am Reck, Barren, Pferd; ~ *fiscal* Steuerjahr *n;* ~*s (gymnastiques) au sol* Bodenturnen *n;* ~ *imposé* Pflichtübung *f;* ~*s libres* Freiübungen *f pl;* ~*s physiques* Leibesübungen *f pl;* ~ *de traduction* Übersetzungsübung *f;* ~ *libre (sport)* Kürübung *f.*

exhal|aison [ɛgzalɛzõ] *f* Ausdünstung *f;* **~er I.** *tr* **1.** aus≈atmen, -dünsten, -hauchen; *(Duft)* aus≈strömen *a. fig;* **2.** *lit (s-r Freude)* Ausdruck geben; *(Drohungen)* aus≈stoßen; **II.** *v prn s'~* **3.** aus≈strömen; auf≈steigen (*de* aus); (heraus≈)dringen (*de* aus), her≈kommen (*de* von); — ~ *son âme, sa vie* s-e Seele, sein Leben aus≈hauchen.

exhausser [ɛgzose] *tr arch* höher machen; *(Haus)* auf≈stocken (*de* um).

exhaustif, ive [ɛgzostif] *a* erschöpfend *meist fig.*

exhib|er [ɛgzibe] *tr* **1.** *(Urkunde)* vor≈legen, -zeigen, -weisen; **2.** *(Reichtum)* zur Schau stellen; **~ition** *f* **1.** Vorzeigen *n;* Vorlage; **2.** Zurschaustellung *f;* **3.** *(Tiere)* Vorführung *f;* **~itionnisme** *m* Exhibitionismus *m;* **~niste** *m* Exhibitionist *m.*

exhort|ation [ɛgzɔrtasjõ] *f* Ermahnung *f* (*à* zu); *pl* Zureden *n;* **~er** *tr* ermahnen; auf≈muntern, ermutigen.

exhum|ation [ɛgzymasjõ] *f (Leiche)* Exhumierung *f;* **~er** *tr* exhumieren, aus≈graben *a. fig.*

exig|eant, e [ɛgziʒɑ̃, -ɑ̃t] *a* anspruchsvoll; **~ence** *f* **1.** *pl* (An-)Forderung *f;* **2.** Verlangen *n,* Anspruch *m;* **3.** *sing* anspruchsvolle(s) Wesen *n;* **~er** *tr* **1.** fordern; verlangen (*que mit subj* daß); **2.** erfordern; — ~ *sous la contrainte* erzwingen; **~ible** *a* einklagbar, eintreibbar; *(Zahlung)* fällig.

exig|u, ë [ɛgzigy] *a* winzig, sehr klein; kärglich; **~uïté** [-gɥite] *f* Enge, Kleinheit *f.*

exil [ɛgzil] *m* Exil *n,* Verbannung *f; aller, être en* ~ in die Verbannung gehen; im Exil sein; **~é, e I.** *a* verbannt; **II.** *s m f* Verbannte(r *m*) *f;* **~er I.** *tr* verbannen, **II.** *v prn s'~* ins Exil gehen.

exist|ant, e [ɛgzistɑ̃, -ɑ̃t] **I.** *a* bestehend, vorhanden; **II.** *s m com* Barbestand *m;* **~ence** *f* **1.** Bestehen, Dasein *n,* Existenz *f,* Vorhandensein *n;* **2.** Leben *n,* Lebensweise *f;* **3.** *conditions f pl d'~* Lebensbedingungen *f pl; lutte f pour l'~* Kampf *m* ums Dasein; *minimum m nécessaire à l'~* Existenzminimum *n; moyens m pl d'~* Unterhalts-, Existenzmittel *n pl;* ~ *en magasin* Lagerbestand *m;* **~entialisme** *m* Existentialismus *m;* **~entialiste I.** *s m* Existentialist *m;* **II.** *a* existentialistisch; **~entiel, le** *a* existentiell; **~er** *itr* **1.** bestehen, existieren; da≈sein, vorhanden sein; **2.** leben; — *il existe* es gibt.

exode [ɛgzɔd] *m* (Massen-)Auswanderung; Flucht *f;* ~ *de capitaux* Kapitalflucht *f;* ~ *rural* Landflucht *f.*

exonér|ation [ɛgzɔnerasjõ] *f* **1.** Befreiung; Entlastung *f;* **2.** *(Steuer)* Freibetrag *m;* ~ *d'impôt* Steuerbefreiung *f;* **~er** *tr* entlasten, befreien; *(Ware)* vom Zoll, befreien.

exorbitant, e 1. übertrieben; übermäßig; **2.** *(Preis)* überhöht, übermäßig hoch.

exorcis|er [ɛgzɔrsize] *tr (Geister, den Teufel)* beschwören; aus≈treiben; **~eur** *m* Teufels-, Geisterbeschwörer *m;* **~me** *m* Exorzismus *m.*

exorde [ɛgzɔrd] *m* Einleitung *f,* einleitende Worte *n pl (e-r Rede).*

exot|ique [egzɔtik] *a* exotisch, fremdartig; **~isme** *m* Exotik *f.*

expans|if, ive [ɛkspɑ̃sif] *a fig* expansiv, mitteilsam; *(Freude)* überströmend; **~ion** *f* **1.** *phys* Ausdehnung; Expansion *f a. pol;* **2.** *bot anat* Entwicklung; Ausweitung *a. fig;* Aus-, Verbreitung *f;* **3.** *fig* Mitteilsamkeit, Offenheit *f;* — *besoin m d'~* Mitteilungsbedürfnis *n;* ~ *du capital, de crédit* Kapital-, Kreditausweitung *f.*

expatrier [ɛkspatrije] **I.** *tr (Geld)* im Ausland an≈legen; **II.** *v prn s'~* aus≈wandern, emigrieren.

expectative [ekspɛktativ] *f* Erwartung *f; rester dans l'~* ab≈warten.

expectorer [ɛkspɛktɔre] *tr* aus≈spukken.

expéd|ient, e [ɛkspedjɑ̃, ɑ̃t] **I.** *a* zweckmäßig, -dienlich; ratsam; **II.** *s m* Ausweg; Notbehelf *m;* — *avoir toujours quelque* ~ immer e-n Ausweg wissen; *vivre d'~s* sich durch≈schwindeln, -lavieren; *il serait* ~ *de* es wäre ratsam zu;

~ier *tr* **1.** *(Arbeit)* (rasch) erledigen; kurzen Prozeß machen (*qn* mit jdm); **2.** ab=fertigen, fort=schaffen (*qn* jdn); sich rasch entledigen (*qn, qc* jds, e-r S); **3.** *(Zug)* ab=fertigen; *(Brief)* ab=, weg=schicken; *(Paket)* versenden, auf=geben; **4.** *~ son adversaire au tapis (Boxen)* s-n Gegner auf die Bretter schicken; *~ qc par avion, par chemin de fer, par camion, par la poste* etw auf dem Luftwege, mit der Eisenbahn, mit e-m Lastwagen, mit der Post befördern; *~ le courrier* die Post ab=fertigen; *~ qn au diable* jdn zum Teufel jagen; *~ par mer* verschiffen; *~ un télégramme* ein Telegramm auf=geben; **~iteur, trice** [-di-] **I.** *s m f* Absender(in *f*); Verfrachter(in *f*); Spediteur *m; retour à l'~!* zurück an Absender! **II.** *a: gare f expéditrice* Abgangsbahnhof *m;* **~itif, ive** *a* flink, rasch; *mener qc d'une façon expéditive* etw rasch erledigen; **~ition 1.** *f (Brief)* Absendung; Beförderung *f,* Versand *m;* Spedition *f;* **2.** *(Angelegenheit)* Erledigung *f;* **3.** *mil* Feldzug *m;* **4.** Expedition; Unternehmung; Entdeckungs-, Forschungsreise *f;* **5.** *pour ~ conforme* für die Richtigkeit der Ausfertigung; *avis m d'~* Versandanzeige *f; bordereau m d'~* Begleitschein, -zettel *m; service m des ~s* Versandabteilung *f;* **6.** *~ par chemin de fer* Bahnversand *m; ~ collective* Sammelladung *f; ~ de détail (loc)* Stückgutsendung *f; ~ en douane* Zollabfertigung *f; ~ de marchandises* Güterabfertigung *f; ~ par mer* Verschiffung *f;* **~itionnaire I.** *s m* Expedient *m;* **II.** *a: corps m ~* Expeditionskorps *n.*

expér|ience [ɛksperjɑ̃s] *f* **1.** Erfahrung *f;* **2.** Versuch *m;* (wissenschaftliches) Experiment *n* (*sur* an *dat*); **3.** *avoir de l'~* Erfahrung haben; über Erfahrung *(acc)* verfügen; *faire des ~s de chimie* chemische Versuche, Experimente machen; *savoir par ~* aus Erfahrung wissen; *tenter une ~* e-n Versuch unternehmen; **4.** *champ m d'~* Versuchsfeld *n; laboratoire m d'~s* Versuchslabor(atorium) *n;* **5.** *~ des affaires* Geschäftserfahrung *f; ~ faite sur des animaux* Tierversuch *m; ~ sur maquette* Modellversuch *m;* **~imental, e** [-ri-] *a* experimentell; Experimental-, Versuchs-; *résultat m ~* Versuchsergebnis *n; station f ~e* Versuchsstation *f;* **~imentateur, trice** *m f* Experimentator(in *f*) *m;* **~imentation** *f* Erprobung *f,* Experimentieren *n;* **~imenté, e** *a* erfahren; beschlagen; erprobt; *être très ~ dans les affaires* ein sehr erfahrener Geschäftsmann sein; **~imenter** *tr* aus=probieren; *(Verfahren)* erproben.

expert, e [ɛkspɛr, -ɛrt] **I.** *a* sachverständig, -kundig (*en, dans* in *dat*); geübt; **II.** *s m* Sachverständige(r); Gutachter; Kenner *m;* **1.** *provoquer un rapport d'~* ein Sachverständigengutachten ein=holen; **2.** *comité m d'~s* Sachverständigenausschuß *m; rapport m d'~* Sachverständigengutachten *n; ~-comptable m* Wirtschafts-, Buchprüfer *m;* **3.** *~ économique, financier, fiscal* Wirtschafts-, Finanz-, Steuersachverständige(r) *m; ~ en publicité* Werbefachmann *m;* **~ise** *f* (Sachverständigen-) Gutachten *n,* Expertise *f; faire l'~ des dégâts* die Schäden ab=schätzen; **~iser** *tr* begutachten; (als Sachverständiger) untersuchen, prüfen.

expi|able [ɛkspjabl] *a* sühnbar; **~ation** *f* Sühne, Buße *f;* **~atoire** Sühn(e)-, Versöhnungs-; *sacrifice m ~* Sühneopfer *n;* **~er** *tr* (ab=)büßen, sühnen.

expir|ant, e [ɛkspirɑ̃, -ɑ̃t] *a* **1.** sterbend; zu Ende gehend; **2.** *(Stimme)* verlöschend; **~ation** *f* **1.** Ausatmung *f;* **2.** *(Frist)* Ablauf *m,* Ende; Erlöschen *n;* — *à l'~ du terme* bei Fristablauf; *après ~ de* nach Ablauf *gen; date f d'~* Verfalldatum *n; ~ d'un délai* Fristablauf *m;* **~er I.** *tr* aus=atmen, -hauchen; **II.** *itr* **1.** sterben, den Geist auf=geben; **2.** *(Frist)* ab=laufen, verstreichen; zu Ende gehen; **3.** *(Ausweis)* verfallen; außer Kraft treten; — *laisser ~ un délai* e-e Frist verstreichen lassen.

explétif, ive [ɛkspetif, -iv] **I.** *a* Füll-; **II.** *s m* Füllwort *n.*

expli|cable [ɛksplikabl] *a* erklärbar, -lich; verständlich; **~catif, ive** *a* erklärend, erläuternd; *note f ~cative* Gebrauchsanweisung *f;* **~cation** *f* **1.** Erklärung, Erläuterung *f;* **2.** Auseinandersetzung *f;* **3.** *~ de texte (Schule)* Textinterpretation *f;* **4.** *avoir une chaude ~ avec qn* mit jdm e-e heftige Ausea.setzung haben; *demander des ~s à qn sur qc* jdn wegen e-r S *(gen)* zur Rede stellen; *donner, fournir des ~s* Aufschluß geben; *voilà l'~* das ist des Rätsels Lösung; **~cite** [-sit] *a* ausdrücklich; klar, deutlich; **~citer** *tr* klar, deutlich aus=drücken; **~quer I.** *tr* **1.** erklären, erläutern; **2.** unterrichten, Auskunft geben (*qc* über e-e S); **3.** *(Text)* erläutern, interpretieren; *~ que* erklären, äußern, an=geben, daß; **II.** *v prn s'~* **4.** offen sprechen, sich aus=, besprechen (*à, avec qn* mit jdm); **5.** sich rechtfertigen, entschuldigen (*sur qc* wegen e-r *(gen)* S; *avec qn* bei jdm); **6.** sich ausea.setzen; **7.** *pop* sich prügeln; **8.** sich erklären, sich verstehen; verständlich, leicht zu erklären sein; **9.** *cela s'explique aisément* das ist durchaus erklärlich; *je m'explique* lassen Sie mich das näher erklären.

exploit [ɛksplwa] *m* (Helden-, Groß-) Tat; hervorragende Leistung *f; voilà un* *bel* ~ da haben Sie was Schönes angerichtet! ~**able** [-tabl] *a* **1.** *min* abbauwürdig; **2.** *(Wald)* nutzbar; **3.** *jur* pfändbar; ~**ant, e I.** *a* nutzend; **II.** *s m* **1.** Unternehmer; Eigentümer *m;* **2.** Kinobesitzer *m;* — *ingénieur m* ~ Betriebsingenieur *m;* ~ *agricole, forestier* Land-, Forstwirt *m;* ~ *d'un fonds de commerce* Geschäftsinhaber *m;* ~**ation** *f* **1.** (Aus-)Nutzung; Nutzbarmachung; Bewirtschaftung; Ausbeutung; Auswertung *f; min* Abbau *m,* Gewinnung *f;* **2.** Betrieb *m;* **3.** *arrêter, déplacer l'*~ den Betrieb ein=stellen, verlegen; *reprendre le travail d'une* ~ die Arbeit in e-m Betrieb wiederauf=nehmen; **4.** *accident m d'*~ Betriebsunfall *m; bâtiments m pl d'*~ Betriebsgebäude *n pl; capital m d'*~ Betriebsvermögen *n; frais m pl d'*~ Betriebsunkosten *pl; matériel m d'*~ Betriebsmaterial *n; mise f en* ~ Inbetriebsetzung *f; perturbation f, trouble m d'*~ Betriebsstörung *f; petite* ~ Kleinbetrieb *m; recettes f pl d'*~ Betriebseinnahmen *f pl; règlement m d'*~ Betriebsordnung *f;* **5.** ~ *agricole, rurale* landwirtschaftliche(r) Betrieb *m;* ~ *commerciale* kaufmännische(r) Betrieb; Handelsunternehmen *n;* ~ *forestière* forstwirtschaftliche(r) Betrieb; ~ *industrielle* Gewerbebetrieb *m;* ~ *modèle* Musterbetrieb *m;* ~ *moyenne* Mittelbetrieb *m;* ~ *d'utilité publique* gemeinnützige(r) Betrieb *m;* ~**er** *tr* **1.** aus=nutzen, -beuten; **2.** *(Unterlagen)* aus=werten; **3.** *min* ab=bauen; *(Kohle)* fördern, gewinnen; *(Holz)* schlagen; **4.** *(Unternehmen)* betreiben, führen; *(Land)* bewirtschaften; *(Strekke)* befliegen; **5.** *fig* aus=schlachten; ~ *le succès* den Erfolg aus=nutzen; ~**eur, se** *m f* Ausbeuter(in *f*) *m.*

explor|ateur, trice [ɛksplɔratœr, -tris] **I.** *a* forschend; **II.** *s m* Forschungsreisende(r) *m;* ~**ation** *f* **1.** (Er-)Forschung *f;* **2.** *(Papiere)* Durchsicht *f;* **3.** *med* Untersuchung *f;* ~**er** *tr* **1.** erforschen; e-e Forschungsreise machen (*qc* in etw); **2.** *(Haus)* durchsuchen; *(Gegend)* ab=suchen; **3.** *med* untersuchen.

explos|er [ɛksploze] *itr* **1.** explodieren, (zer-)platzen, bersten, zerknallen; **2.** *fig (Zorn)* sich Luft machen; ~**if, ive I.** *a* explosiv; **II. 1.** *s m* Sprengstoff *m;* **2.** *s f gram* Verschlußlaut *m;* — *charge f* ~*ive* Sprengladung *f;* ~**ion** *f* **1.** Explosion *f;* Platzen, Zerspringen, Bersten *n;* **2.** *(Vulkan, Krankheit)* Ausbruch *a. fig;* **3.** *mot* Knall *m;* — *faire* ~ explodieren; *moteur m à* ~ Explosionsmotor *m;* ~ *de colère, de haine* Zornes-, Haßausbruch *m;* ~ *nucléaire* Kernexplosion *f;* ~ *prématurée* Früh-, Fehlzündung *f;* ~ *de rire* Lachsalve *f.*

export|able [ɛkspɔrtabl] *a* ausfuhr-, exportfähig; ~**ateur, trice I.** *a* Ausfuhr-; exportierend; **II.** *s m* Exporthändler, Exporteur *m;* — *commerçant m* ~ Exportkaufmann *m; firme f* ~*atrice* Exportfirma *f; pays m* ~ Ausfuhrland *n;* ~**ation** *f* Ausfuhr *f,* Export *m;* **1.** *encourager l'*~ die Ausfuhr fördern; **2.** *commerce m d'*~ Ausfuhrhandel *m; excédent m d'*~ Exportüberschuß *m; maison f d'*~ Exportfirma *f; marchandise f d'*~ Exportware *f; marchés, débouchés m pl ouverts à l'*~ Absatzmärkte *m pl* im Ausland; *port m d'*~ Ausfuhrhafen *m; prime f à l'*~ Exportprämie *f;* **3.** ~ *de capitaux, de marchandises* Kapital-, Warenausfuhr *f;* ~*s visibles, invisibles* sichtbare, unsichtbare Ausfuhren *f pl;* ~**er** *tr* **1.** aus=führen, exportieren; **2.** *fig* im Ausland verbreiten; — *défense f d'*~ Ausfuhrverbot *n;* ~ *des capitaux* Kapital im Ausland an=legen.

expos|ant, e [ɛkspozɑ̃, -ɑ̃t] *m f* **1.** Aussteller(in *f*) *m;* **2.** *math* Exponent *m;* ~**é** *s m* **1.** Darstellung, -legung; Ausea.setzung *f;* **2.** Aufstellung, Übersicht *f;* **3.** Referat *n,* Bericht *m;* — *faire un* ~ *complet de la question* (mündlich) e-n umfassenden Überblick über die Frage geben; ~*général* Gesamtübersicht *f;* ~**er I.** *tr* **1.** *(montrer) (Waren, Zeitschriften)* aus=legen; *(Tiere, Bilder)* aus=stellen; — ~ *qc dans une devanture, dans une vitrine* etw in e-m Schaufenster aus=stellen; ~ *aux yeux, aux regards de qn* jds Blicken *(dat)* aus=setzen; **2.** *(dire) (Tatsachen)* dar=legen; dar=stellen; *(Plan, Gedanken)* entwickeln, ausea.=setzen; *(Beweis)* liefern; **3.** *(placer, risquer)* (aus=)setzen; **4.** *(Film)* belichten; **5.** *(Leiche)* auf=bahren; **6.** *mil (Flanke)* entblößen; **7.** *(Vermögen, Leben)* aufs Spiel setzen; gefährden; in Gefahr bringen; **II.** *v prn s'*~ **1.** *(Waren)* ausgestellt, ausgelegt werden; sich dar=bieten; **2.** sich aus=setzen; sich exponieren; **3.** sich in Gefahr *(acc)* bringen *od* begeben **4.** sich bloß=stellen, sich kompromittieren; ~**ition** *f* **1.** *(Waren, Gemälde)* Ausstellung; Messe, Schau *f;* **2.** *(Körper, Kind)* Aussetzen *n;* **3.** *(Drama)* Exposition *f;* **4.** *(Gebäude)* Lage *f* (*au midi* nach Süden); **5.** *phot* Belichtung *f;* **6.** *faire l'*~ *de qc* etw ausführlich dar=legen; *inaugurer, visiter une* ~ e-e Ausstellung ein=weihen, besuchen; **7.** *catalogue m de l'*~ Ausstellungskatalog *m; durée f d'*~ Belichtungsdauer *f; participant m de l'*~ Aussteller *m; salle f d'*~ Ausstellungsraum *m,* -halle *f; stand m d'*~ Messestand *m; terrains m pl de l'*~ Ausstellungsgelände *n;* **8.** ~ *à l'action des rayons* Bestrahlung *f;* ~ *agricole* landwirtschaftliche Ausstellung; ~ *canine* Hundeausstellung *f;* ~ *itinérante, ambulante* Wanderausstellung *f;* ~ *universelle* Weltausstellung *f.*

exprès [ɛksprɛ] *adv* absichtlich; extra, besonders, eigens; *je ne l'ai pas fait* ~ ich habe es nicht absichtlich getan; **~, expresse** [ɛksprɛs] **I.** *a* ausdrücklich, formell; bestimmt; **II.** *a invar colis m* ~ Eilpaket *n; lettre f* ~ Eilbrief *m.*

express [ɛksprɛs] *s m u. a: (train m)* ~ Eilzug *m; prendre l'~ de Paris* den Eilzug nach Paris nehmen; **~ément** *adv* ausdrücklich; absichtlich; **~if, ive** *a* ausdrucksvoll; **~ion** *f* **1.** Ausdruck *m;* Ausdrucksweise; Äußerung (*de la peur* der Angst); **2.** Redensart *f;* **3.** *math* Formel *f; — réduire à sa plus simple* ~ auf die einfachste Form bringen *a. fig; moyen m d'~* Ausdrucksmittel *n; plein d'~, sans* ~ ausdrucksvoll, -los; **~ionnisme** *m* Expressionismus *m;* **~ionniste I.** *a* expressionistisch; **II.** *s m* Expressionist *m.*

exprim|able [ɛksprimabl] *a* ausdrückbar; **~er** *tr* äußern, aus≈drücken, aus≈sprechen, zum Ausdruck bringen; *si je puis m'~ ainsi* wenn ich so sagen darf.

expropri|ation [ɛksprɔprijasjɔ̃] *f jur* Enteignung *f;* **~er** *tr* enteignen (*qn* jdn).

expuls|er [ɛkspylse] *tr* **1.** vertreiben (*de* aus); aus≈weisen; **2.** *(aus e-r Gesellschaft)* aus≈schließen; **~ion** *f* **1.** Aus-, Vertreibung; Ausweisung; Abschiebung *f;* **2.** *arrêté m d'~* Räumungsbefehl *m.*

expurger [ekspyrʒe] *tr* die anstößigen Stellen aus≈merzen (*qc* aus etw).

exquis, e [ɛkski, -iz] *a* **1.** auserlesen, ausgesucht; **2.** köstlich; wohlschmekkend; **3.** reizend, charmant.

exsangue [ɛks(gz)ɑ̃g] *a* **1.** blutleer, -los; **2.** *fig* kraftlos.

exta|se [ɛkstɑz] *f* Ekstase, Verzückung *f; tomber en* ~ in Ekstase *(acc)* geraten; **~sier, s'** *v prn* in Verzückung *(acc)* geraten; **~tique** [-ta-] *a* ekstatisch, verzückt.

extens|eur [ɛkstɑ̃sœr] **I.** *a* Streck-; **II.** *s m* **1.** Streckmuskel *m;* **2.** Expander *m;* **~ible** *a* dehn-, streckbar; **~if, ive** *a* **1.** *agr* extensiv; **2.** *(Sinn)* erweitert; *— dans un sens* ~ im weiteren Sinne; **~ion** *f* **1.** (Aus-)Dehnung; (Aus-)Streckung; Erweiterung; Vergrößerung *f a. fig;* **2.** *fig* Umfang *m;* **3.** *(Krankheit)* Ausbreitung *f,* Umsichgreifen *n;* **4.** *(Handel)* Ausweitung *f; — prendre de l'~* sich aus≈weiten, sich vergrößern.

exténu|ation [ɛkstenɥasjɔ̃] *f* Entkräftung, Erschöpfung *f;* **~er I.** *tr* **1.** entkräften, erschöpfen; ermatten, schwächen; **2.** *fig* verringern, ab≈schwächen; **II.** *v prn s'~* sich auf≈reiben.

extér|ieur, e [ɛksterjœr] **I.** *a* außerhalb befindlich; äußerlich; äußere(r, s); **II.** *s m* **1.** Äußere(s) *n;* Außenseite *f;* **2.** *film* Außenaufnahme, -reportage *f;* **3.** Außenwelt *f;* Ausland *n;* **4.** *à l'~* (dr)außen; außerhalb; im Ausland; *vu de l'~* von außen gesehen; **5.** *juger qn sur l'~* jdn nach dem Äußeren beurteilen; **6.** *affaires f pl ~es (pol)* auswärtige Angelegenheiten *f pl; commerce m* ~ Außenhandel *m; politique f ~e* Außenpolitik *f;* **~ioriser I.** *tr (Gefühl, Gedanken)* äußern, aus≈drücken; **II.** *v prn s'~* (äußerlich) sichtbar werden; *(Person)* aus sich herausgehen.

extermin|ateur, trice [ɛkstɛrminatœr, -tris] *a* vernichtend; *ange m* ~ Würgengel *m;* **~ation** *f* Ausrottung, Vernichtung *f;* **~er** *tr* aus≈rotten; vertilgen; vernichten.

extern|at [ɛkstɛrna] *m* Externat *n;* **~e I.** *a* äußerlich; äußere(r, s); **II.** *s m* Externe(r) *m.*

extinct|eur [ɛkstɛ̃ktœr] *m* Feuerlöschgerät *n,* -löscher *m;* **~ion** [-sjɔ̃] *f* **1.** *(Feuer)* (Aus-)Löschen; *(Licht)* Erlöschen; **2.** *(Kalk)* Löschen *n;* **3.** *(Schuld)* Tilgung *f;* **4.** *(Familie)* Aussterben *n;* **5.** *sonner l'~ des feux* den Zapfenstreich blasen; ~ *de voix* völlige Heiserkeit *f.*

extirp|able [ɛkstirpabl] *a* **1.** ausrottbar; **2.** *med* operierbar; **~ation** *f* **1.** *(Unkraut)* Vernichtung *f;* **2.** *med* Entfernung *f;* **3.** *allg* Ausrottung *f;* **~er** *tr* **1.** heraus≈reißen; aus≈rotten, vertilgen; **2.** *med* entfernen, exstirpieren; **3.** *(Mißbrauch)* ab≈stellen.

extor|quer [ɛkstɔrke] *tr* **1.** *(Geld)* erpressen (*qc de qn* etw von jdm); **2.** *(Geheimnis)* entreißen (*à qn* jdm); **~sion** [-sjɔ̃] *f* Erpressung *f.*

extra [ɛkstra] **I.** *pref* Sonder-; besonders, sehr; **II.** *a fam* feinste(r, s); unvergleichlich; ausgezeichnet, prima; **III.** *s m inv* **1.** Außergewöhnliche(s) *n;* **2.** Aushilfskellner *m;* **~-fin, e** *com* besonders fein; **~-muros** [-myros] *adv* außerhalb der Stadt.

extract|eur [ɛkstraktœr] *m chem* Extraktionsapparat *m;* Honigschleuder *f;* **~ible** *a* ausziehbar; extrahierbar; **~if, ive** *a chem* Auszieh-; *industrie f ~ive* Bergbau *m* u. Industrie *f* der Steine u. Erden; **~ion** [-sjɔ] *f* **1.** (Her-)Ausziehen; (Zahn-)Ziehen *n;* **2.** *min* Förderung, Gewinnung *f a. chem;* **3.** *chem* Extrahieren *n;* **4.** *math* (Wurzel-)Ziehen *n;* ~ *à ciel ouvert* Tagebau *m.*

extradition [ɛkstradisjɔ̃] *f jur* Auslieferung *f.*

extrai|re [ɛkstrɛr] *tr* **1.** heraus≈ziehen, -nehmen; **2.** *min* fördern, gewinnen; **3.** *(Zahn, Wurzel)* ziehen; **4.** *chem* extrahieren, aus≈laugen; **5.** *(Buch)* exzerpieren; **~t** [-trɛ] *m* **1.** *chem* Extrakt *m;* **2.** Auszug *m,* Zs.fassung *f; — ~ de baptême* Taufschein *m; ~ du casier judiciaire* Strafregisterauszug *m; ~ de mariage* Trauschein *m; ~ mortuaire, de l'acte de décès* Totenschein *m,* Sterbeurkunde *f;*

~ de naissance Geburtsurkunde *f; ~ de viande* Fleischextrakt *m.*
extraordinaire [ɛkstraɔrdinɛr] *a* **1.** außerordentlich; außer-, ungewöhnlich; erstaunlich, unglaublich; **2.** großartig, hervorragend; **3.** *par ~* ausnahmsweise, zufällig; **4.** *assemblée f ~* Sondersitzung *f; dépenses f pl ~s* Sonderausgaben *f pl; frais m pl ~s* Nebenkosten *pl.*
extrapolation [ɛkstrapɔlasjõ] *f* **1.** Schlußfolgerung *f;* **2.** *math* Extrapolation *f.*
extravag|ance [ɛkstravagɑ̃s] *f* **1.** Überspanntheit, Narrheit, Verrücktheit *f;* **2.** Übertreibung; *(Preis)* unvernünftige Höhe *f;* **~ant, e** *a* **1.** überspannt, extravagant; **2.** *(Preis)* übertrieben; — *il serait ~ de* es wäre widersinnig zu; *idée f ~e* Hirngespinst *n.*
extrême [ɛkstrɛm] **I.** *a* äußerste(r, s), höchste(r, s); extrem; **II.** *s m* Extrem *n;* **1.** *(jusqu')à. l'~* bis zum Äußersten; **2.** *avoir des opinions ~s* extreme Ansichten vertreten (*en* in *dat*); *être ~ en tout* in allem bis zum Äußersten gehen; *pousser qc à son point ~, à l'~* etw aufs Äußerste, auf die Spitze treiben; **3.** *~ droite, gauche f (pol)* äußerste Rechte, Linke *f; l'~ fin f de l'année* die letzten Tage des Jahres; *~-onction f* Letzte Ölung *f,* **~ment** *adv* äußerst, höchst.
extrém|iste [ɛkstremist] **I.** *s m pol* Radikale(r) *m;* **II.** *a* radikal, extremistisch; **~ité** *f* **1.** (äußerstes) Ende *n;* äußerste Not *f;* **2.** *pl* Extremitäten *f pl;* — *d'une ~ à l'autre* von einem Ende zum ander(e)n; *(en) être réduit à la dernière ~* auf dem letzten Loch pfeifen; *se porter à des ~s* sich zu Tätlichkeiten hin=reißen lassen; *tomber d'une ~ dans l'autre* von e-m Extrem ins andere fallen.
extrinsèque [ɛkstrɛ̃sɛk] *a* äußerlich.
exubéran|ce [ɛgzyberɑ̃s] *f* **1.** Überfülle *f;* Üppigkeit *f;* **2.** Überschwang *m;* **~t, e** *a* **1.** übermütig, -schwenglich; **2.** *bot* üppig (wuchernd).
exult|ation [ɛgzyltasjõ] *f* Frohlocken *n;* **~er** *tr* frohlocken.
exutoire [ɛgzytwar] *m fig* Ventil *n,* Ablenkung *f.*

ex-voto [ɛksvɔto] *m* Votivbild *n,* -tafel *f.*

F

fa [fa] *m mus* f, F *n; clef f de* ~ Baßschlüssel *m.*
fable [fabl] *f* Fabel *f a. fig; il est la ~ et la risée de toute la ville* er ist das Gespött der ganzen Stadt.
fabri|cant [fabrikɑ̃] *m* Fabrikant; Produzent *m;* **~cation** *f* **1.** (An-)Fertigung, Fabrikation, Erzeugung, Herstellung; Produktion *f;* **2.** Erzeugnis, Produkt *n;* **3.** *est-ce une robe de votre ~?* haben Sie das Kleid selbst geschneidert? **4.** *chef m de* ~ Betriebsleiter *m; défaut m de* ~ Fabrikationsfehler *m; frais m pl de* ~ Herstellungskosten *pl;* ~ *à la chaîne* Fließbandfertigung *f;* ~ *à la main* Handarbeit *f;* ~ *par pièces, hors série* Einzel-, Sonderanfertigung *f;* ~ *en grande série* Massenproduktion, -erzeugung *f;* **~que** *f* Fabrik(-anlage *f,* -gebäude *n*) *f;* Betrieb *m; marque f de* ~ Fabrikmarke *f; prix m de* ~ Fabrikpreis *m;* ~ *de chaussures* Schuhfabrik *f* **~quer** *tr* **1.** an=, verfertigen, her=stellen, produzieren; **2.** *(fam) qu'est-ce que tu fabriques?* was tust du denn so lange? **3.** ~ *qn* jdn heranbilden.
fabul|ateur, trice [fabylatœr, -tris] *m f* Fabulant(in *f*) *m;* **~ation** *f psych* Fabulieren *n;* **~eux, se** *a* **1.** märchen-, sagenhaft; **2.** phantastisch, unglaublich; **~iste** *m* Fabeldichter *m.*
façade [fasad] *f* **1.** Fassade, Stirn-, Vorderseite *f;* **2.** *fig* Fassade *f,* Äußere(s) *n;* — *se refaire la ~ (fam)* sich zurecht=machen, sich schminken.
face [fas] *f* **1.** (An-)Gesicht, Antlitz *n;* **2.** *(Münze)* Kopfseite *f;* **3.** *fig* Seite *f,* Gesichtswinkel *m;* **4.** ~ *à* mit Blick auf *acc;* angesichts *gen; à la ~ de* in Gegenwart *gen;* vor *dat;* ~ *à* ~ von Angesicht zu Angesicht; Auge in Auge; *en* ~ ins Gesicht; *en* ~ gegenüber (*de qc* dat); *avoir le soleil en* ~ die Sonne im Gesicht haben; *faire ~ à qc* e-r S die Spitze bieten; *(e-r Gefahr)* ins Auge sehen; *(e-r Verpflichtung)* nach=kommen; *(Ausgaben)* decken; *(Kosten)* bestreiten; *(Lage)* meistern; *se placer en ~ de qn* sich vor jdn hin=stellen; *pile ou ~ (Münze)* Kopf oder Schrift; *vue f de* ~ Vorderansicht *f;* **~-à-main** *f* Lorgnette *f.*
facét|ie [fasesi] *f* Schwank *m,* Posse, Schnurre *f;* **~ieux, se** [-sjø, -øz] *a* spaß-, scherzhaft.
facett|e [fasɛt] *f* Facette *f; (fig) à ~s* schillernd; vieldeutig.
fâch|é, e [faʃe] *a* verärgert (*de qc* über etw); böse (*contre, pop après qn* auf jdn); — *être ~ avec qn* sich mit jdm überworfen haben; *ils sont ~s* sie sind böse aufeinander; **~er I.** *tr* kränken, betrüben; ärgern; zornig machen; **II.** *v prn se ~ contre qn, (fam) après qn* mit jdm, auf jdn schimpfen; *avec qn* sich mit jdm verfeinden; mit jdm Streit bekommen; *de qc* sich über e-e S ärgern, auf=regen (*pour un rien* um ein Nichts); **~eux, se** *a* unangenehm, unerfreulich, mißlich; verdrießlich, ärgerlich; *c'est* ~ das ist sehr unangenehm.
faci|al, e [fasjal] *a* Gesichts-; *angle m* ~ Gesichtswinkel *m;* **~es** [fasjɛs] *m* **1.** *pej* Gesichtsausdruck *m,* Aussehen *n;* **2.** *med geol* Fazies *f;* **~le 1.** leicht (*à* zu); **2.** verträglich; umgänglich; **3.** *(Frau)* leichtfertig; — ~ *à manier* handlich; *il est ~ de faire cela* das ist leicht zu machen; *cela lui est* ~ das fällt ihm leicht; **~lité** *f* **1.** Leichtigkeit *f;* **2.** leichte Auffassungsgabe, Fertigkeit, Gewandtheit *f* (*à, de* zu); **3.** *pl* Möglichkeiten; Erleichterungen *f pl;* — *pour plus de ~s* bequemlichkeitshalber; *~s de paiement* Zahlungserleichterungen *f pl;* **~liter** *tr* erleichtern (*qc à qn* jdm e-e S); *(Verdauung)* fördern.

façon [fasɔ̃] *f* **1.** Ausführung; Be-, Verarbeitung; Gestalt, Form *f;* Muster *n;* **2.** *(Kleidung)* Machart *f,* (Zu-)Schnitt *m;* **3.** *agr* Bestellung, Bearbeitung *f;* **4.** *fig* Art u. Weise *f;* **5.** *pl* Verhalten, Benehmen *n;* Manieren *f pl;* Umstände *m pl;* **6.** *à sa* ~ nach s-r Art; *de la même* ~ auf dieselbe Art; *d'une ~ générale* (im) allgemein(en); *de toute ~, de toutes les ~s* auf alle Fälle; auf jeden Fall; *de ~ (à ce) que* dergestalt, daß; *en aucune* ~ auf keinen Fall; keineswegs; *sans ~(s)* zwanglos; ohne weiteres; formlos, ungeniert; *sans plus de* ~ ohne weiteres; **7.** *faire des ~s* Umstände machen, sich zieren; *travailler qc à* ~ nach Maß anfertigen; *c'est une ~ de parler* das ist nicht so gemeint; *il a de très bonnes ~s* er macht e-n guten Eindruck; *voilà ma ~ de penser* das ist nun mal meine Ansicht; ~ *d'agir* Handlungsweise *f;* ~ *de parler* Redensart *f;* **~nage, ~nement** [-sɔ-] *m* **1.** Ver-, Bearbeitung, Formgebung *f;* **2.** Zurichten *n;* Fertigung *f;* **~né, e** *a* gemustert; **~ner** *tr* **1.** formen, bilden, gestalten, modeln, aus=, bearbeiten; **2.** *(Acker)* bestellen; **3.** *(Hut)* fassonieren; **4.** *fig (Kind)* erziehen; **5.** *(Charakter)* aus=bilden; formen.

fac-similé [faksimile] *m* Faksimile *n.*

fact|age [faktaʒ] *m* **1.** Spedition(sgeschäft *n*); Anfuhr *f;* **2.** (Post-)Zustellung *f;* **3.** Rollgeld *n;* **~eur** *m* **1.** *math fig* Faktor *m;* **2.** Briefträger *m;* — *utiliser le ~ surprise (fam)* das Überraschungsmoment aus=nutzen; *~ d'orgues, de pianos* Orgel-, Klavierbauer *m; ~ prix (fam)* Preisfaktor *m; ~ de sécurité* Sicherheitsfaktor *m;* **~ice** *a* nachgemacht, künstlich; gekünstelt; *bouteille f ~* Flaschen-Attrappe *f;* **~ieux, se** [-sjø, -øz] **I.** *a* aufrührerisch; **II.** *s m* Aufrührer, -wiegler *m;* **~ion** [-sjɔ] *f* **1.** aufrührerische Gruppe *f;* **2.** Wachestehen *n; être de* od *en ~* Wache stehen; *rester de ~* auf der Lauer liegen; **~otum** [-tɔtɔm] *m* Faktotum *n;* **~rice** *f* Briefträgerin *f;* **~uel, le** *a: information f ~le* Tatsacheninformation *f.*

facturation [faktyrɑsjɔ̃] *f* **1.** Anrechnung, Inrechnungstellung; Rechnungsabteilung *f;* **2.** Fakturierung *f;* **~ure** *f* **1.** Rechnung, Faktura *f* (*de* über *acc*); **2.** *(Musikinstrument)* Bau *m,* Herstellung; **3.** *(Gedicht)* Anlage *f;* Aufbau *m;* **4.** *dresser, établir, faire une ~* e-e Rechnung aus=stellen; *payer, régler une ~* e-e Rechnung bezahlen, -gleichen; **5.** *montant m de la ~* Rechnungsbetrag *m;* **~urer** *tr* in Rechnung stellen, berechnen, fakturieren.

facul|tatif, ive [fakyltatif] *a* wahlfrei, beliebig, freibleibend, unverbindlich; *arrêt m ~* Bedarfshaltestelle *f; disposition f ~tative* Kannvorschrift *f;* **~té** *f* **1.** Vermögen *n,* Fähigkeit *f;* **2.** Freiheit, Möglichkeit *f,* Recht *n,* Befugnis *f;* **3.** *(Universität)* Fakultät *f;* **4.** *avoir la ~* können (*de* Inf.); befugt sein (*de* zu); *c'est au-dessus de mes ~s* das geht über meine Kräfte; **5.** *~ d'assimilation, d'adaptation* Anpassungsfähigkeit *f; ~s intellectuelles* geistige Fähigkeiten *f pl.*

fad|a [fada] *a fam* verrückt; **~aises** [-dɛz] *f pl* Albernheiten *f pl;* abgeschmackte(s) Zeug *n,* Unsinn *m;* **~asse** *a pej (fam)* (höchst) fade, abgeschmackt; **~e** *a* **1.** fade, schal; abgestanden; ungesalzen; ohne Würze, geschmacklos; **2.** *fig* matt, saft- u. kraftlos; abgeschmackt, schal; **~eur** *f* **1.** *(Speise)* Fadheit *f;* **2.** Geschmack-, Geistlosigkeit *f;* **~ing** [fɑ(ɛ)diŋ] *m (radio)* Schwund *m.*

fagot [fago] *m* (Reisig-)Bündel *n; de derrière les ~s (Wein) (fig)* von der besten Sorte; **~age** [-gɔtaʒ] *m fig fam* geschmacklose Kleidung *f;* **~er** *tr* **1.** *(Holz)* bündeln; **2.** *fig* geschmacklos kleiden.

faibl|ard, e [fɛblar, -ard] *a fam* schwächlich; *(Antwort)* schwach; **~e I.** *a* **1.** schwach (*de* an *dat*), kraftlos, matt; **2.** charakterschwach; zu nachsichtig (*avec* gegen); **3.** *(Anzahl)* unbedeutend; zu klein; gering; **II.** *s m* **4.** Schwächling *m;* **5.** schwache Stelle *od* Seite *f,* wunde(r) Punkt *m;* Schwäche *f;* — *avoir un ~ pour qn* ein Faible, e-e Schwäche für jdn haben; *les économiquement ~s* die wirtschaftlich Schwachen; *~ m d'esprit* Schwachsinnige(r) *m;* **~esse** *f* **1.** Schwäche, Schwachheit *f;* **2.** Schwäche(anfall *m*) *f;* **3.** schwache Stelle *f a. fig;* **4.** *(Kosten)* geringe Höhe *f,* Geringfügigkeit *f;* **~ir** *itr* **1.** schwach werden; nach=geben; **2.** *(Kräfte)* ab=nehmen; **3.** *(Wind, Widerstand, Gedächtnis)* nach=lassen; **4.** *(Hoffnung)* sinken; **5.** *(Kurs)* fallen.

faïence [fajɑ̃s] *f* Steingut *n;* Fayence *f.*

faill|e [faj] *f* **1.** *geol* Spalte *f,* Sprung *m;* Verwerfung *f;* **2.** *fig* Riß, Bruch *m;* **3.** grobe(r) Seidenstoff *m;* **~i, e I.** *a* zahlungsunfähig; **II.** *s m* Gemeinschuldner *m;* **~ible** *a* fehlbar; **~ir** *itr: j'ai failli (mit inf)* beinahe hätte *od* wäre ich; es fehlte nicht viel, u. ich hätte *od* wäre; *j'ai failli manquer mon train* ich hätte beinahe meinen Zug versäumt; **~ite** *f* **1.** Konkurs, Bankrott *m,* Zahlungseinstellung, Insolvenz *f;* **2.** *fig* Zs.bruch, Mißerfolg, Fehlschlag *m;* — *être en ~* bankrott sein; *faire ~* Konkurs, *fam* Pleite machen, in Konkurs geraten; *fig* scheitern; *c'est une complète ~* das ist e-e völlige Pleite.

faim [fɛ̃] *f* **1.** Hunger *m;* **2.** *fig* heftige(s) Verlangen *n* (*de* nach *acc*); — *apaiser, sa ~* s-n Hunger stillen; *avoir (très* od *bien) ~* (sehr) hungrig sein, (großen) Hunger haben; *manger à sa ~* sich satt essen; *mourir, (fam) crever de ~* am Verhungern sein; *rester sur sa ~* nicht satt werden; *fig* in s-n Erwartungen enttäuscht werden; *~ de loup* Bärenhunger *m.*

faîne [fɛn] *f bot* Buchecker *f.*

fainéant, e [fɛneɑ̃, -ɑ̃t] **I.** *a* faul, träge; **II.** *s m f* Nichtstuer, Faulenzer(in *f*), Müßiggänger(in *f*) *m;* **~er** *itr* faulenzen; **~ise** *f* Müßiggang *m,* Faulenzerei *f.*

faire [fɛr] **I.** *tr itr* **1.** machen, tun; (er-)schaffen, erzeugen; vollbringen, aus=führen; bilden, aus=machen, gleich=kommen, bedeuten; *math* sein; entsprechen, ab=geben; **2.** zur Folge haben, bewirken, veranlassen, verursachen; erheben, ernennen (*qc* zu etw); **3.** dar=stellen (*qc* als etw), halten (*qc* für etw); dienen (*qc* als etw); holen; **4.** *(mit Inf.)* lassen, veranlassen; **II.** *tr* **1.** *(Gegenstand)* an=fertigen, her=stellen, fabrizieren; *(Haus)* bauen; *(Brot)* backen; *(Speise)* zu=bereiten; *(Kleid)* schneidern, machen; *(Anzug)* an=fertigen, machen; *(Gemälde)* malen; *(Dichtung)* verfassen, schreiben; *(Musikwerk)* komponieren; *(Rede)* halten; *(Kinder) pop* in die Welt setzen; *(Junge)* werfen; *(Ei)* legen; **2.** *(Zahn)* bekommen; *(Bedürfnis)* verrichten; *(Vorrat)* sammeln; *(Geld)* verdienen; ein=bringen; *(Verlust)* erleiden; *(Pension)* verschaffen; *(Kunden, Anhänger)* gewinnen; *(Getreide)* erzeugen, ernten; *(Schritt)* machen; *(Zeichen)* geben; *(Angebot)* machen, unterbreiten; *(Grimasse)* schneiden; *(Arbeit)* tun, erledigen; *(Handel)* treiben; *(Besuch)* ab=statten, machen; **3.** *(Tennis)* spielen; *(Nachforschungen)* an=stellen; *(Rechnung)* aus=stellen; *(Handwerk)* aus=üben; *(Wissenschaft, Sprache)* studieren; **4.** *(Dienstzeit)* ab=leisten; *(Strafe)* ab=sitzen; *(Gewalt)* an=tun; *(Verbrechen, Irrtum, Dummheit)* begehen; **5.** *(Pflicht)* erfüllen; *(Wahl)* treffen; *(Almosen)* geben; *(Fest)* feiern; *(Lärm)* verursachen, machen; *(Schaden, Unheil)* an=richten; *(Wunde, Beleidigung)* zu=fügen; *(Furcht, Mitleid, Aufsehen)* erregen; *(Weg, Strecke)* zurück=legen, (hinauf=, hinab=)gehen, laufen, fahren; klettern (*le mur* über die Mauer); **6.** *fam* be-, auf=suchen; (vorübergehend) tätig sein (*une maison* in e-r Firma); *fam* dauern, aus=halten, ab=geben; *(mit Worten)* aus=drücken, sagen; *(Falten)* werfen; *(Blut)* ab=sondern; verlieren; **7.** *(Maß)* messen, enthalten, fassen, wiegen; wert sein; *(zeitlich)* dauern; *fam (im Preis)* an=setzen mit, berechnen auf; verkaufen für, um; *gram (Form)* bilden; *(Krankheit, Fieber)* haben; **8.** *(Zimmer)* auf=räumen; *(Geschirr)* spülen, ab=waschen; *(Silber, Schuhe)* putzen; *(Feuer)* (an=)machen; *(Koffer)* packen; *(Krieg)* führen; *(Frieden)* schließen; *(Spielkarten)* mischen; *(Fingernägel)* reinigen; *(Krallen)* wetzen; **9.** *(durch Unterricht)* aus=bilden, erziehen; *(Tier)* ab=richten; *theat (Rolle)* spielen, verkörpern, dar=stellen; markieren, nach=ahmen; so tun, als ob; sich stellen (~ *le sourd, le malade* sich taub, sich krank stellen; so tun, als sei man taub, krank); *(jung, alt, traurig)* aus=sehen, den Eindruck machen, als sei man *(reich, glücklich)*; **10.** *(mit Substantiv ohne Artikel)* aus=sehen wie, wirken (~ *très femme* sehr fraulich); ~ *qc à qc* etw an e-r S ändern; *ne ~ que (de)* ... nichts tun als ...; **11.** *avoir fort à ~ (avec qn)* viel (mit jdm) zu tun haben; *n'avoir que ~ de* nichts anzufangen wissen mit; entbehren können; nicht brauchen; *se laisser ~* sich gefallen lassen; *ne pouvoir ~ que* nicht verhindern können, daß; *savoir y ~ (fam)* sich darauf verstehen; **12.** ~ *l'admiration de tous* die Bewunderung aller erregen; ~ *adopter une motion (parl)* e-n Antrag zur Annahme bringen; ~ *une affaire* ein (gutes) Geschäft machen; ~ *attention* auf=merken, -passen; ~ *la barbe* rasieren (*à qn* jdn); ~ *des bénéfices* Gewinne erzielen; ~ *bien* sich gut machen *od* aus=nehmen; ~ *bien ensemble* gut zs.=passen; ~ *boire (Tier)* tränken; ~ *cadeau* schenken (*de qc* etw); ~ *du cent (mot fam)* hundert drauf haben; ~ *son chemin* es zu etw bringen; ~ *bien les choses* großzügig sein; es gut meinen; ~ *une chute (aero)* ab=stürzen; ~ *circuler un rapport* e-n Bericht um=laufen lassen; ~ *la classe, l'école* Unterricht erteilen; ~ *commerce de qc* mit etw handeln; ~ *crédit* Kredit ein=räumen; ~ *une demande* ein Gesuch ein=reichen, e-n Antrag stellen; ~ *des démarches* Schritte unternehmen (*auprès de* bei); ~ *ses dents* zahnen; ~ *droit à qc* etw befriedigen; ~ *son droit, sa médecine* Jura, Medizin studieren; ~ *eau* Wasser fassen; leck sein; ~ *mauvais effet* e-n schlechten Eindruck machen; ~ *de l'escrime* fechten; ~ *une expérience* ein Experiment, e-n Versuch an=stellen, machen; ~ *face, front à qn* jdm die Stirn bieten; ~ *face aux dépenses* die Kosten bestreiten; ~ *faire qc* etw machen lassen (*à, par qn* von jdm); ~ *fête à qn* von jdm begeistert sein; ~ *la fête, (fam) la bombe* ein tolles Leben führen; ~ *fonction de* dienen als; ~ *gras (maigre)* (kein) Fleisch essen; ~ *loi* als Gesetz gelten; ~ *mal à qn* jdm wehtun; ~ *du mal à qn* jdm schaden; ~ *manger* zu essen geben *dat; (Tier)* füttern; ~ *marcher qn* jdn an=führen, jdm Beine machen; ~ *ménage avec qn* mit jdm e-n Haushalt führen; ~ *le ménage* den Haushalt besorgen; ~ *mine de* Miene machen zu; ~ *grise mine* ein Gesicht machen, schmollen, bocken; ~ *de son mieux* sein Bestes tun; ~ *moderne* modern wirken; ~ *la moisson* die Ernte ein=bringen, ernten; ~ *le mort* sich tot=stellen; ~ *naufrage* Schiffbruch erleiden; ~ *la noce (fam)* in Saus u. Braus leben; ~ *l'objet d'une discussion* Gegenstand e-r Aussprache sein; ~ *opposition* Einspruch erheben (*à* gegen); ~ *la sourde oreille* sich taub stellen; ~ *part* mit=teilen (*à qn de qc* jdm etw); ~ *de la peinture* malen; ~ *pencher la balance* den Ausschlag geben; ~ *pénitence* Buße tun; ~ *peur à qn* jdm bange machen; ~ *la planche (Schwimmen)* den toten Mann machen; ~ *le plein (mot)* voll=tanken; *ne pas ~ un pli (fig)* kein Problem sein; ~ *un plongeon* tauchen; ~ *un prix à qn* jdm e-n Rabatt gewähren; ~ *un procès à qn* gegen jdn gerichtlich vor=gehen; ~ *de la publicité* werben, Reklame machen; ~ *la queue* Schlange stehen; ~ *un rapport à qn* jdm Bericht erstatten; ~ *rentrer une créance* e-e

Schuld ein=treiben; ~ *des représentations* vorstellig werden; ~ *des reprises perdues* kunst=stopfen; ~ *fausse route* auf dem Holzwege sein; ~ *savoir* mit=teilen; ~ *semblant de (Inf.)* so tun, als ob man; ~ *sensation* Aufsehen erregen; ~ *son service* s-n Militärdienst ab=leisten; ~ *du sport* Sport treiben; ~ *un stage* e-e Probezeit durch=machen; ~ *suivre* weiter=leiten, nach=senden; ~ *tapisserie (fam)* Mauerblümchen sein; ~ *la tête, (fam) une sale tête* schmollen; böse drein=sehen; *à qn* jdm unfreundlich begegnen; ~ *de la température (fam)* Temperatur, Fieber haben; ~ *du tort* schaden (*à qn* jdm); *ne ~ ni une ni deux* sich nicht lange besinnen; ~ *la valise, la malle* zs.=packen; *fam fig* ab=hauen; ~ *valoir* geltend machen, ~ *les vendanges* Wein lesen; ~ *bon visage à qn* jdm freundlich begegnen; ~ *les yeux doux* liebäugeln (*à* mit); ~ *du zèle* Eifer zeigen; **13.** *ça fait que (fam)* deshalb, weil; *2 et 2 font quatre* 2 u. 2 ist vier; *ce n'est ni fait ni à ~* das ist nichts Halbes u. nichts Ganzes; *que fait-il dans la vie? (fam)* was macht, treibt er? *rien à ~* nichts zu machen *od* wollen; *vous feriez bien, mieux de* Sie täten gut, besser daran zu; *je ne fais que (de) commencer* ich fange erst an; *ma tête me fait mal* ich habe Kopfweh; *il fait la pluie et le beau temps* er gibt den Ton an; *qu'est-ce que ça peut bien vous ~?* was geht Sie das an? *cela lui a fait qc* das ist ihm schwergefallen; *cela ne lui fait ni chaud ni froid* das läßt ihn kalt; *cela n'y fera rien* das ändert nichts daran; *cela y fait beaucoup* das gibt der Sache ein (ganz) anderes Gesicht; *ça va ~ un an* es ist bald ein Jahr her; *ça va lui ~ du bien* das wird ihm gut=tun *od* gut bekommen; *quelle taille, pointure faites-vous? (fam)* welche Größe, Nummer haben Sie! *ce travail lui fera la main* bei dieser Arbeit kann er sich üben; *il fait jour, nuit* es ist Tag, Nacht; *il fait clair, chaud, froid, sec, humide* es ist hell, warm *od* heiß, kalt, trocken, feucht; *quel temps fait-il?* wie ist das Wetter? *il fait beau, mauvais, vilain* es ist schönes, schlechtes, häßliches Wetter; *il fait (du) soleil* die Sonne scheint; *il fait du brouillard* es ist neb(e)lig; *il fait de la pluie* es regnet; *il fait bon (de)* es tut gut, es ist empfehlenswert (zu); *il faisait trente degrés à l'ombre* es waren 30 Grad im Schatten; **III.** *v prn se ~* **1.** werden, entstehen; sich entwikkeln, reif werden, sich verbessern; *mar (Wind)* stärker werden; **2.** geschehen, statt=finden; zustande kommen; **3.** sich gewöhnen (*à* an *acc*); sich an=passen (*à* dat); sich ab=finden (*à* mit); **4.** sich verschaffen, gewinnen, *(Geld)* verdienen; **5.** *(Kleidungsstück)* Mode sein, gern getragen werden; sich schicken; **6.** *s'en ~ (fam)* sich Sorgen machen; sich genieren; *se ~ ~* sich machen lassen; **7.** *se ~ des amis* sich Freunde machen, Freunde gewinnen; *se ~ la barbe* sich rasieren; *se ~ beau* sich hübsch machen, sich (heraus=)putzen; *se ~ un chemin* sich e-n Weg bahnen; *se ~ connaître* bekannt=werden; *se ~ écouter* Gehör finden, sich Gehör verschaffen; *se ~ fort* sich anheischig machen (*de* zu); *se ~ une idée* sich e-e Vorstellung machen (*de* von); se ~ *jour (fig)* sich heraus=stellen; sich durch=setzen; *se ~ les lèvres* sich (die Lippen) schminken; *se ~ mal* sich weh tun; *se ~ la main* sich üben; *se ~ un mérite de qc* sich etw als Verdienst an=rechnen, auf e-e S pochen; *se ~ protestant* protestantisch werden; *se ~ une raison* sich schicken, sich fügen (*de* in *acc*), resignieren; *se ~ sentir* fühlbar werden; *se ~ vieux* alt werden; **8.** *cela ne se fait pas* das tut man nicht; *comment se fait-il que* wie kommt es, wie ist es möglich, daß; *il pourrait bien se ~ que* es könnte sehr wohl sein, daß; *cela s'est fait tout seul* das ist von (ganz) allein gekommen; *il se fit un silence* Stille trat ein; *il se fait tard, jour, nuit* es wird spät, hell, Nacht *od* dunkel; **IV.** *s m* Tun *n;* Ausführung, Gestaltung, Formung; Fasson *f,* Stil *m.*

faire|-part [fɛrpar] *m* (Familien-)Anzeige *f;* ~ *de mariage, de naissance, de décès* Heirats-, Geburts-, Todesanzeige *f; cet avis tient lieu de ~* statt Karten; **~-valoir** *m inv agr* Bewirtschaftung *f (e-s Hofes).*

fais|able [fəzabl] *a* möglich, ausführbar; **~an** [fəzɑ̃] *m* **1.** Fasan *m;* **2.** *fam fig* Betrüger *m;* **~andé, e** *a (Fleisch)* mit e-m Stich; **~eur, se** [fəzœr, -zøz] *m f* **1.** *(bon ~, bonne faiseuse)* Schneider (-in) *f;* **2.** Schwindler *m;* — ~ *de projets* Plänemacher *m.*

faisceau [fɛso] *m pl ~s* **1.** Bündel, Büschel, Bund *n;* **2.** Gewehrpyramide *f;* **3.** *anat* Strang *m;* **4.** *hist* Liktorenbündel *n;* **5.** *phys* Strahl *m;* Bündel *n;* **6.** *fig* Gruppe, Reihe, Serie *f;* — ~ *lumineux* Lichtkegel *m;* ~ *du radiateur* Kühlerblock *m.*

fait, e [fɛ, fɛt] **I.** *a* **1.** gemacht, getan; beschaffen, gestaltet; gebaut, gewachsen; **2.** *(tout ~)* fertig; **3.** gekleidet, ausstaffiert; **4.** *jur* geschehen (*à* zu), ausgefertigt (*à* in *dat*); **5.** *(Mensch)* erwachsen, reif, gesetzt; **6.** *(Frucht)* überreif; mürbe; **7.** *(Speise)* gar, gekocht; **8.** *(Käse)* durch; **9.** gebildet (*de* aus); geschaffen, passend (*pour* für); geeignet (*pour* zu); **10.** gewöhnt (*à* an *acc); **11.** (Wetter)* beständig; **12.** *(Preis)* fest; **II.** *s m* **1.** Tat; Tatsache; Handlung *f; jur* Tatbestand *m;* Faktum *n;* **2.** Begebenheit *f,* Vorfall *m;* Ereignis *n;* **3.** Sache *f,* Fall *m;* **4.** *au* ~ übrigens; eigentlich, im Grunde genommen; alles wohl erwogen; *dans le* ~, *par le* ~, *de* ~ [dəfɛt] tatsächlich, faktisch; *de ce* ~ auf Grund dieser Tatsache; deshalb; *en* ~ [ɑ̃fɛt] in Wirklichkeit; tatsächlich; rechtlich; *en* ~ *de* was ... anbetrifft; *en présence du* ~ angesichts der Tatsache; *par son* ~ durch s-e Schuld; *sur le* ~ auf frischer Tat; *tout à* ~ ganz (u. gar), gänzlich; **5.** *acheter du tout* ~ Fertigkleider, Konfektion kaufen; *aller droit au* ~, *en venir au* ~ *sans détours* sofort zur Sache kommen; *dire son* ~ *à qn* jdm s-e Meinung sagen; *entendre bien son* ~ s-e Sache, sein Geschäft verstehen; *être sûr de son* ~ s-r Sache sicher sein; *être bien* ~ *(Mensch)* gut gebaut sein; *être au* ~ *de* Bescheid wissen über *(acc),* vertraut sein mit, bewandert, eingeweiht sein in *acc; mettre qn au* ~ *de qc* jdn von etw in Kenntnis setzen, jdm über e-e S Aufschluß geben; *se mettre au* ~ *de qc* sich über e-e S auf dem laufenden halten, sich mit etw vertraut machen; *poser en* ~ *que* als Tatsache hin=stellen, daß; *prendre qn sur le* ~ jdn auf frischer Tat ertappen; *prendre* ~ *et cause pour qn* für jdn Partei ergreifen; *plaider un* ~ e-e Tatsache geltend machen; *venir au* ~ zur (Haupt-)Sache kommen; zur Ausführung schreiten; **6.** *au* ~*!* zur Sache! *si* ~*!* allerdings, ja doch! *je suis au* ~ ich bin im Bilde; *c'en est* ~ es ist aus, es ist vorbei (*de lui* mit ihm); es ist geschehen (*de* um); *c'est votre* ~ das ist Ihr Fall, dafür sind Sie verantwortlich; *ce n'est pas mon* ~ das ist nicht mein Fall; *c'est un* ~ *à part* das ist e-e Sache für sich; *c'est comme un* ~ *exprès* das paßt ausgezeichnet; *c'est bien* ~ *(pour lui* od *pour elle)* das ist ihm (ihr) recht geschehen; *il est de* ~ *que, le* ~ *est que* Tatsache, sicher ist, daß; *que Votre volonté soit* ~*e* Dein Wille geschehe; *aussitôt dit, aussitôt* ~ gesagt, getan; **7.** *erreur f de* ~ materielle(r) Irrtum *m; menus* ~*s m pl* Kleinigkeiten *f pl; expression f toute* ~*e (fig)* Schablone *f; voies f pl de* ~ Gewalttaten, Tätlichkeiten *f pl;* **8.** ~ *accompli* vollendete Tatsache *f;* ~*s divers* vermischte Nachrichten *f pl,* Lokale(s) *n;* ~ *illicite* unerlaubte Handlung *f.*

fait-tout, faitout [fɛtu] *m inv* Kochkessel, große(r) Kochtopf *m.*

faît|age [fɛtaʒ] *m* Dachfirst *m;* Firstziegel *m pl;* ~**e** *m* **1.** (Dach-)First, Giebel *m;* **2.** *(Berg)* Gipfel; *(Baum)* Wipfel *m;* **3.** *fig* Glanz-, Höhepunkt, Zenit *m;* — *être au* ~ *(fig)* auf der Höhe stehen (*de gen*); ~**ière** *s f* **1.** First-, Hohlziegel *m;* **2.** Dachluke *f;* **3.** *(Zelt)* Firststab *m.*

falaise [falɛz] *f* Steilküste, Klippe; Felswand *f.*

fallacieux, se [falasjø, -øz] *a (Versprechen)* trügerisch.

falloir [falwar] *v imp* **1.** *(avoir besoin de)* brauchen *(acc),* bedürfen *(gen),* nötig haben, benötigen *(acc);* — *il me faut* ich brauche; *il me faut partir* ich muß weg(=gehen); *il faut que tu m'aides* ich brauche deine Hilfe; *il faut que je (subj)* ich muß *(Inf.); il lui faudra de la patience* er wird Geduld haben müssen; **2.** *(être nécessaire, indispensable)* müssen, sollen; — *il faudrait au moins essayer* man müßte zumindest einen Versuch machen; *que me faut-il faire?* was soll ich tun? *s'il le faut* wenn, falls nötig, wenn es sein soll; *il faut que cela change, finisse* das muß anders werden, ein Ende haben; *il faut voir* das bleibt abzuwarten; *c'est ce qu'il faudra voir!* das wollen wir (doch einmal) sehen! **3.** *(être probable) il faut qu'il ait perdu la tête* er ist wohl nicht bei Sinnen; *il faut qu'il n'ait rien compris* er wird alles mißverstanden haben. **4.** *s'en* ~ fehlen; *il s'en faut de beaucoup, de peu* es fehlt viel, wenig daran; *tant s'en faut* bei weitem, weit gefehlt; *il s'en est fallu d'un cheveu que je me fasse écraser* ich wäre um ein Haar überfahren worden; **5.** *(expression) comme il faut* einwandfrei, tadellos, richtig, ordentlich, tüchtig; *une personne très comme il faut (fam)* ein sehr anständiger Mensch.

falot, e [falo, -ɔt] **I.** *a* unbedeutend, unscheinbar; farblos; **II.** *s m* (Hand-)Laterne *f.*

falsifi|cateur, trice [falsifikatœr, -tris] *m f* (Ver-)Fälscher *m;* ~**cation** *f* (Ver-)Fälschung *f;* ~ *des denrées alimentaires* Nahrungsmittelverfälschung *f;* ~ *de documents* Urkundenfälschung *f;* ~ *de (la) monnaie* Falschmünzerei *f;* ~ *de traites* Wechselfälschung *f;* ~ *du vin* Weinpanscherei *f;* ~**er** [-fje] *tr* (ver)fälschen; *(Wein)* pan(t)schen.

fam|é, e [fame] *a: mal* ~ in schlechtem Ruf (stehend); verrufen; ~**élique** *a* ausgehungert; ~**eux, se** *a* **1.** berühmt, denkwürdig; **2.** ausgezeichnet, großartig; **3.** *(vorangestellt)* riesig, toll, gewaltig; **4.** *(vorangestellt)* oft erwähnt, vielzitiert; — *pas* ~ *(fam)* nichts Besonderes.

famil|ial, e [familjal] **I.** *a* Familien-; **II.** *s f mot* große(r) Wagen *m; allocations f pl* ~*es* Kindergeld *n prestations pl* ~*s* Familien(bei)hilfe *f;* ~**iariser I.** *tr* vertraut machen (*avec* mit); **II.** *v prn se* ~ sich vertraut machen, vertraut werden (*avec* mit); sich gewöhnen (*avec* an *acc*); ~**iarité** *f* **1.** Vertrautheit *f;* **2.** Ungezwungenheit, Zwanglosigkeit, Vertraulichkeit *f;* — *prendre, se permettre* *des ~s avec qn* sich gegen jdn Freiheiten heraus=nehmen; **~ier, ère I.** *a* **1.** vertraut, gewohnt, geläufig, bekannt, üblich; **2.** zudringlich, aufdringlich; **3.** ungezwungen, familiär; **II.** *s m* Stammgast; (Haus-) Freund *m; — être ~ avec qn* mit jdm auf vertrautem Fuße stehen; *cette langue lui est ~ière* er ist in dieser Sprache zu Hause; *c'est un de ses ~s* er ist eng mit ihm befreundet; **~le** [-mij] *f* Familie *a. zoo bot;* Verwandtschaft; Gattung *f;* Geschlecht *n;* Klasse *f; — au sein de la ~* im Familienkreis; *en ~* unter sich, im engsten Familienkreis; *être de bonne ~* aus gutem Hause sein; *être chargé de ~* Kinder haben; *il fait partie de la ~* er gehört zur Familie; *chef, soutien m de ~* Familienoberhaupt *n,* Haushaltungsvorstand *m; conseil m de ~* Familienrat *m; fête f de ~* Familienfest *n; fils m de ~* junge(r) Mann *m* aus gutem Hause; *nom m de ~* Familienname *m; père m de ~* Familienvater *m; vie f de ~* Familienleben *n; ~ nombreuse* kinderreiche Familie *f.*

famine [famin] *f* Hunger(snot) *f) m; année f, salaire m de ~* Hungerjahr *n,* -lohn *m.*

fana [fana] **I.** *s m f fam* begeisterte(r) Anhänger, Fan *m;* **II.** *a: il en est ~ (fam)* er ist scharf darauf.

fanal [fanal] *m* **1.** (Schiffs-)Laterne *f;* **2.** Leuchtfeuer *n.*

fanat|ique [fanatik] **I.** *a* fanatisch; **II.** *s m* **1.** Fanatiker *m;* **2.** begeisterte(r) Anhänger; blinde(r) Bewunderer *m; — être ~ de qc* ein fanatischer Anhänger *gen* sein; von etw hell begeistert sein; *~ du football, du jazz* Fußball-, Jazzfanatiker *m;* **~iser** *tr* fanatisieren, auf=putschen, -hetzen; **~isme** *m* Fanatismus *m.*

fan|e [fan] *f* **1.** dürre(s) Laub *n;* **2.** *~s de pommes de terre* Kartoffelkraut *n;* **~er I.** *tr* **1.** *(Heu)* wenden; heuen; **2.** welken lassen; **II.** *v prn se ~* **3.** welken, verblühen; **4.** *(Farbe)* verblassen; **5.** *(Stoff)* verschießen; **~eur, se** *m f* **1.** Heuer(in *f) m;* **2.** *f* Heuwender *m.*

fanf|are [fɑ̃far] *f* **1.** Fanfare *f; pl* Trompetengeschmetter *n;* **2.** Blechmusikkapelle *f;* **~aron, ne I.** *a* prahlerisch; **II.** *s m* Prahler, Aufschneider, Angeber *m;* **~aronnade** *f* Prahlerei, Angeberei, Großsprecherei *f;* **~aronner** *itr* auf=schneiden, an=geben.

fanfreluche [fɑ̃frəlyʃ] *f* Flitter(kram), Firlefanz *m.*

fan|ion [fanjɔ̃] *m* Flagge *f;* Wimpel *m; ~ de la Croix-Rouge* Rote-Kreuz-Flagge *f;* **~on** *m* **1.** *(Rind)* Wamme *f;* **2.** *(Wal)* Barte *f;* **3.** *(Truthahn)* Kehllappen *m.*

fantais|ie [fɑ̃te(ɛ)zi] *f* **1.** Lust, Laune *f,* Einfall *m,* Grille *f;* **2.** Geschmack *m;* Ansicht, Auffassung *f,* Gutdünken *n;* **3.** Phantasie, schöpferische Kraft *f,* Einfallsreichtum *m;* **4.** *mus* Fantasie *f;* **5.** *de ~* Mode-; Phantasie-; *il me prend la ~ de* ich bekomme Lust zu; *article m de ~* Modeartikel *m; bijoux m pl de ~* Modeschmuck *m; étoffe f de ~* Modestoff *m; pain m de ~* Brot *n,* das nicht nach Gewicht verkauft wird; *prix m de ~* Liebhaberpreis *m;* **~iste I.** *s m* Kabarettist; Illusionist *m;* **II.** *a* aus der Luft gegriffen, (frei) erfunden, falsch; *(Person)* unseriös.

fantas|magorie [fɑ̃tasmagɔri] *f* Phantasmagorie *f; fig* Blendwerk, Trugbild *n;* **~magorique** *a* bizarr, phantastisch; **~me** *m* Trugbild *n;* Wahnvorstellung; (Fieber-)Phantasie *f;* **~que** *a* grillenhaft, wunderlich, seltsam, launenhaft; schrullig; **~sin** *m mil* Infanterist *m;* **~tique** *a* **1.** unwirklich, phantastisch; **2.** unglaublich, unwahrscheinlich; **3.** ungewöhnlich; bizarr.

fant|oche [fɑ̃tɔʃ] *m* Marionette *f; fig* Hampelmann *m;* **~omatique** *a* gespenstisch, schemenhaft; **~ôme** [-tom] **I.** *s m* **1.** Gespenst; Phantom *n;* **2.** Trugbild *n;* Hirngespinst *n;* **II.** *a: le Vaisseau ~* der Fliegende Holländer; *ville f ~* Geisterstadt *f.*

faon [fɑ̃] *m* Hirsch-, Rehkalb *n.*

faramineux, se [faraminø, -øz] *a fam* erstaunlich, phänomenal, kolossal.

farandole [farɑ̃dɔl] *f* Farandole *f.*

faraud, e [faro, -od] *m: faire le ~* an=geben.

farc|e [fars] *s f* **1.** *(Küche)* Füllsel *n;* **2.** Farce, Posse(nspiel *n) f,* Schwank; **3.** *fig* Streich, Schabernack *m; — être le dindon de la ~ (fam)* der Dumme (dabei) sein; *faire des ~s* Ulk machen; *~s et attrapes f pl* Scherzartikel *m pl;* **~eur, se I.** *a* witzig; **II.** *s m* Spaßvogel, Witzbold *m;* **~i, e** *a* **1.** *(Geflügel, Tomate)* gefüllt; **2.** *fig* voll(gepfropft); **~ir I.** *tr* **1.** füllen *(a. Geflügel);* **2.** *fig* voll=stopfen *(de* mit *dat);* **II.** *v prn se ~* **3.** sich vollpfropfen (*de* mit); **4.** *fam (Arbeit)* sich auf=laden, tun müssen; **5.** *(Mahlzeit)* sich genehmigen; *— (pop) il faut se le ~ (Mensch)* man muß sich halt damit abfinden.

fard [far] *m* **1.** Schminke *f;* **2.** *sans ~* unverblümt; *enlever le ~* ab=schminken (*à qn* jdn); *se mettre du ~* sich schminken; Schminke auf=tragen; *piquer un ~ (fam)* e-n roten Kopf kriegen; **3.** *boîte f de ~* Schminkkasten *m; ~ en bâton, en crayon* Schminkstift *m; ~ pour les joues* Wangenrot *n; ~ pour les paupières* Wimperntusche *f;* **~eau** *m* Last, Bürde *f a. fig;* **~er I.** *tr* **1.** schminken; **2.** *fig* bemänteln, beschönigen, e-n falschen Glanz geben (*qc* e-r S); **II.** *v prn se ~* sich schminken; sich zurecht=machen.

farf|adet [farfadɛ] *m* Kobold, Irrwisch *m a. fig;* **~elu, e** [-fə-] **I.** *a* **1.** sonderbar, bizarr; **2.** komisch; **II.** *s m f* komische Person *f;* **~ouiller** *itr fam* herum=stöbern, -wühlen; schnüffeln (*dans qc* in e-r S).

faribole [faribɔl] *f* Nichtigkeit, Lappalie *f.*

farine [farin] *f* Mehl *n; de la même ~ (fig)* vom gleichen Schlag; *~ d'avoine* Hafergrütze *f*, -mehl *n; ~ de blé, d'orge, de seigle* Weizen-, Gersten-, Roggenmehl *n;* **~eux, se** *a* **1.** mehlig, mehlhaltig; **2.** stärkehaltig.

farouche [faruʃ] *a* **1.** *(Tier)* wild, ungezähmt; **2.** *fig* ungesellig, unnahbar, (menschen)scheu; *(Kind)* schüchtern; **3.** *(Feind)* unerbittlich; **4.** *(Gegend)* unwirtlich; **5.** *(Sitte)* streng; **6.** *(Gefühl)* stark, unbeherrscht; **7.** *(Haß)* wild; — *pas ~ (Frau)* (sehr) zugänglich.

fart [far(t)] *m* Schiwachs *n;* **~age** Wachsen *n;* **~er** *tr (Schi)* wachsen.

fasci|cule [fasikyl] *m* Heft *n*, Lieferung *f; ouvrage m en ~s* Lieferungs-, Fortsetzungswerk *n;* **~nant, e** *a* faszinierend, bezaubernd; **~nation** *f* Zauber, Reiz *m;* **~ner** *tr* bezaubern, faszinieren, fesseln; **~sme** [faʃ(s)ism] *m* Faschismus *m;* **~ste I.** *s m* Faschist *m;* **II.** *a* faschistisch.

fast|e [fast] *s m* Prunk, Aufwand *m*, Pracht *f; pl fig* Annalen *f pl; a: jour m ~* Glückstag *m;* **~idieux, se** *a* langweilig, lästig; langwierig; widerwärtig; unangenehm; **~ueux, se** [-tyø, -øz] *a* prunkliebend; prunkvoll.

fat [fa(t)] *a m* geckenhaft; **~al** *a* **1.** schicksalhaft; verhängnisvoll, unglückselig, unheilvoll; **2.** tödlich; **3.** unvermeidlich, zwangsläufig; — *coup m ~* Todesstoß *m; femme f ~e* Vamp *m;* **~alement** *adv* unvermeidlich; **~alisme** *m* Fatalismus, Schicksalsglaube *m;* **~aliste I.** *a* fatalistisch; **II.** *s m* Fatalist *m;* **~alité** *f;* **1.** Verhängnis *n;* Schicksalsfügung *f;* Geschick *n;* **2.** Zwang(släufigkeit *f*) *m;* Unabwendbarkeit *f;* unglückliche Umstände *m pl.*

fati|dique [fatidik] *a* schicksalhaft; **~gant, e** *a* **1.** ermüdend, anstrengend; **2.** lästig, beschwerlich; **~gue** *f* **1.** Ermüdung; Müdigkeit, Mattigkeit *f;* **2.** Strapaze, Anstrengung, Mühe, Mühsal *f;* **3.** *tech* Beanspruchung *f;* — *se crever, se tuer de ~ (fam)* sich zu Tode arbeiten; *être accablé, assommé, brisé de ~* todmüde, wie gerädert sein; *tomber de ~* vor Müdigkeit um=fallen; **~gué, e** *a* **1.** abgespannt, erschöpft, matt, ermüdet; **2.** abgenutzt; **3.** *(Buch)* zerlesen; **4.** *(Boden)* erschöpft; **5.** *(Hut)* abgetragen; **6.** *(Batterie)* verbraucht; **~guer I.** *tr* **1.** ermüden, ermatten; auf=reiben, *fam* fertig=machen; **2.** an=strengen; belästigen; **3.** übermäßig beanspruchen; **4.** *(Boden)* erschöpfen; **II.** *itr tech* **5.** zu stark belastet *od* beansprucht sein; **6.** *(Balken)* sich durchbiegen; **III.** *v prn se ~* **7.** ermüden; *(Augen)* überanstrengt werden; **8.** sich an=strengen, sich Mühe geben; **9.** überdrüssig werden (*de qc* e-r S), (e-e S) leid werden, *fam* satt kriegen; — *~ les oreilles à qn* jdm dauernd in den Ohren liegen; *(fam) ne vous fatiguez pas* machen Sie sich keine unnötige Mühe; *(fam) il ne s'est pas fatigué* er hat sich nicht überanstrengt.

fatras [fatra] *m* alte(r) Kram, Wust, Plunder *m.*

fatuité [fatɥite] *f* Dünkel *m*, Überheblichkeit, Selbstgefälligkeit *f.*

faub|ert [fobɛr] *m mar* Schwabber *m;* **~ourg** [-ur] *m* Vorstadt *f; (Paris)* Stadtteil *m;* **~ourien, ne** *a* vorstädtisch.

fauch|age [foʃaʒ] *m* Mähen *n*, Mahd *f; ~ du regain* Grum(me)ternte *f;* **~aison** *f* Mähen *n;* (Zeit *f* der) Heuernte *f;* **~e** *f* Mahd *f; (pop) il ya de la ~ dans les gares* in den Bahnhöfen wird viel geklaut; **~er** *tr* **1.** (ab=)mähen; **2.** *fig* hinweg=raffen; *mil* nieder=mähen; **3.** *fam* stehlen, klauen; *(Freundin) fam* ausspannen; — *la mort l'a fauché* der Tod hat ihn hinweggerafft; *il est fauché comme des blés* er ist abgebrannt, nicht bei Kasse; **~eur** *m* Mäher, Schnitter; *zoo* (*a.* **~eux**) Weberknecht *m;* **~euse** *f* **1.** Mäherin, Schnitterin *f;* **2.** Mähmaschine *f.*

fauc|ille [fosij] *f* Sichel *f; la ~ et le marteau (pol)* Hammer u. Sichel; **~on** [-kõ] *m zoo* Falke *m;* **~onnerie** *f* Falknerei *f.*

faufil [fofil] *m* Heftfaden *m;* **~er I.** *tr* (zusammen=)heften; **II.** *v prn se ~* sich ein=schleichen (*dans* in *acc*); sich hindurch=winden, durch=schlüpfen (*à travers* durch).

faun|e [fon] **1.** *m* Faun *m;* **2.** *f* Fauna, Tierwelt *f.*

fauss|aire [fosɛr] *m* Fälscher *m;* **~e** *s. faux;* **~ement** *adv* **1.** zu Unrecht, fälschlich; **2.** falsch; **3.** geheuchelt, gespielt; **~er** *tr* **1.** *(Ergebnis)* (ver)fälschen; **2.** *(Wirklichkeit)* entstellen; **3.** *(Schlüssel)* verbiegen; **4.** *~ compagnie (fam)* heimlich verschwinden; im Stich lassen (*à qn* jdn); **~et** [-ɛ] *m* **1.** Falsett *n;* **2.** *(Faß)* Spund, Hahn, Zapfen *m;* — *voix f de ~* Fistelstimme *f;* **~eté** *f* **1.** Falschheit, Unwahrheit *f;* **2.** Unwahrhaftigkeit, Lügenhaftigkeit; Heuchelei *f.*

faut|e [fot] *f* **1.** Fehler *m;* **2.** Verfehlung *f*, Verstoß *m;* Schuld *f;* **3.** *jur* Verschulden *n;* **4.** *sport* Verstoß *m;* **5.** *sans ~* unfehlbar, gewiß, sicher; *fam* auf jeden Fall, bestimmt; *~ de* mangels *gen*, aus Mangel an *dat; ~ de mieux* in Ermangelung e-s Besseren; *~ de quoi* andernfalls, sonst; **6.** *corriger une ~* e-n Fehler verbessern, wiedergut=machen; *être en ~* im Unrecht sein; *com* im Verzug sein; *faire ~* fehlen, vermißt werden; *ne pas* *se faire* ~ *de qc* sich *(dat)* e-e S nicht entgehen lassen; von etw ausgiebig Gebrauch machen; *faire, commettre une* ~ e-n Fehler begehen; sich *(dat)* etw zuschulden kommen lassen; *prendre qn en* ~ jdn bei e-m Fehler ertappen; *rejeter la* ~ *sur qn* die Schuld auf jdn schieben; *se sentir en* ~ sich *(acc)* schuldig fühlen; **7.** *c'est (de) sa* ~ das ist seine Schuld; *à qui la* ~*?* wer ist schuld daran? **8.** ~ *de calcul* Rechenfehler *m;* ~ *de frappe* Tippfehler *m;* ~ *d'impression* Druckfehler *m;* ~ *d'orthographe* Rechtschreibfehler *m;* ~ *de prononciation* Aussprachefehler *m;* **~er** *itr fam (Frau)* e-n Fehltritt begehen.

fauteuil [fotœj] *m* **1.** Lehn-, Armstuhl, Sessel *m;* **2.** *theat* Sperrsitz *m;* **3.** *fig* Vorsitz *m,* Präsidium *n;* — *arriver comme dans un* ~ *(fam)* mühelos sein Ziel erreichen; ~ *à bascule* Schaukelstuhl *m;* ~ *de bord (mar)* Deckstuhl *m;* ~ *d'orchestre (theat)* Orchestersessel *m;* ~ *roulant* Rollstuhl *m.*

faut|eur [fotœr] *m f* Anstifter; Aufwiegler *m;* ~ *de désordre, de troubles* Unruhestifter *m;* **~if, ive** *a* schuldig, schuldhaft; fehlerhaft.

fauv|e [fov] **I.** *a* falb, fahlrot; **II.** *s m* **1.** Fahlrot(e) *n;* **2.** große Raubkatze *f;* — *bêtes f pl* ~*s* Raubtiere *n pl;* **~ette** *f orn* Grasmücke *f.*

faux [fo] *f* Sense *f.*

faux, fausse [fo, fos] **I.** *a* **1.** falsch, unwahr, erlogen; **2.** unrichtig, verkehrt, unbegründet; **3.** unecht, nachgemacht, heuchlerisch; **4.** *(Tür, Fenster)* blind; **5.** *(Farbe)* unbestimmt; verwaschen; **6.** *(Klavier)* verstimmt, Schein-, Neben-; **II.** *adv chanter, jouer* ~ falsch singen, spielen; **III.** *s m* Falsche(s) *n;* Fälschung; Nachahmung; falsche Angabe *f;* — *faire* ~ *bond (fig)* ab=sagen; im Stich lassen, versetzen (*à qn* jdn); *faire un* ~ *départ (sport)* e-n Fehlstart machen; *faire un* ~ *pas* stolpern; *fig* e-n Fehltritt begehen; *faire fausse route* auf dem Holzweg sein; auf Abwege geraten; *porter à* ~ schief stehen; *fig* auf unsicheren Grundlagen beruhen; *prendre une fausse direction* e-e falsche Richtung ein=schlagen; *c'est du* ~ das ist unecht(er Schmuck); *il est* ~ *comme un jeton, (pop) c'est un* ~ *jeton* er lügt wie gedruckt; *pop* er ist ein falscher Fuffziger; *fausse alarme* od. *alerte* falsche(r), blinde(r) Alarm *m; fausse attaque f* Scheinangriff *m;* ~*-bourdon m (zoo)* Drohn(e *f*) *m; fausse-clef f* Nachschlüssel, Dietrich *m;* ~*-col m* (Hemd-) Kragen *m; fausse couche f* Fehl-, Frühgeburt *f;* ~ *départ m (sport)* Fehlstart *m;* ~*-fuyant m* Ausflucht *f;* ~*-monnayeur m* Falschmünzer *m;* ~*-pas m* Fehltritt *m;* ~*-semblant m* Täuschung, Verstellung *f;* ~ *serment m* Meineid *m.*

faveur [favœr] *f* **1.** Gunst, Vergünstigung *f,* Vorrecht *n;* **2.** Beliebtheit *f,* Einfluß *m,* Ansehen *n;* Volkstümlichkeit *f;* **3.** *pl* Gunstbezeigungen; Vergünstigungen *f pl;* **4.** *à la* ~ *de* mittels, mit Hilfe *gen;* unter dem Schutz *gen;* dank; *en* ~ *de* zugunsten *gen;* wegen, auf Grund *gen; en votre* ~ zu Ihren Gunsten, zu Ihrem Vorteil; **5.** *faire une* ~ *à qn* jdm e-e Gunst erweisen; **6.** *billet m de* ~ Freikarte *f; entrée f de* ~ freie(r) Eintritt *m; prix m de* ~ Vorzugspreis *m.*

favor|able [favɔrabl] *a* **1.** *(Wetter)* günstig; vorteilhaft; **2.** *(Person)* wohlgesinnt; **3.** *(Aufnahme)* freundlich; — *dans le cas le plus* ~ bestenfalls; **~i, ite I.** *a* beliebt; Lieblings-; **II.** *s m f* **1.** Günstling, Liebling *m,* Favoritin *f;* **2.** *sport* Favorit *m;* **3.** *m pl* Backenbart *m;* **~iser** *tr* begünstigen, fördern; ermutigen; Vorschub leisten *dat;* **~itisme** *m* Günstlingswirtschaft *f.*

fay|ot [fajo] *m fam* **1.** getrocknete Bohne *f;* **2.** *arg mil* Kriecher, Streber *m;* **~oo(t)ter** [-jɔ-] *itr pop* sich durch Übereifer hervor=tun.

fébri|fuge [febrifyʒ] *m s m* Fiebermittel *n;* **~le** *a* fieberhaft *a. fig;* Fieber-; **~lité** *f* Fieberhaftigkeit; Betriebsamkeit *f.*

fécal, e [fekal] *a* Kot-; *matières f pl* ~*es, (med)* **fèces** [fɛs] *f pl* Fäkalien, Exkremente *pl.*

fécond, e [fekɔ̃, -ɔ̃d] *a* **1.** *biol* fruchtbar, sich rasch vermehrend; **2.** *fig* reich (*en* an *dat*); schöpferisch; **3.** einträglich, sich lohnend; **~ation** *f* Befruchtung *f;* ~ *artificielle* künstliche Befruchtung *f;* **~er** *tr biol* befruchten *a. fig; (Pflanzen)* bestäuben; **~ité** *f* **1.** Fruchtbarkeit *f;* **2.** *fig* Reichhaltigkeit, Fülle *f.*

fécul|e [fekyl] *f* Stärke(mehl *n*) *f;* **~ent, e** *a* stärkehaltig.

fédér|al, e [federal] *a* bundesstaatlich; *(Schweiz)* eidgenössisch; *chancellerie f* ~*e* Bundeskanzleramt *n; diète f* ~*e* Bundestag *m; gouvernement m* ~ Bundesregierung *f; république f* ~*e* Bundesrepublik *f;* **~aliser** *tr* in e-n Bundesstaat um=wandeln; **~alisme** *m* Föderalismus *m;* **~aliste I.** *a* föderalistisch; **II.** *s m* Föderalist *m;* **~atif, ive** *a* föderativ; **~ation** *f* **1.** Bund *m,* Föderation *f;* **2.** Verband *m,* Vereinigung *f;* Dachverband *m;* — ~ *d'États* Staatenbund *m;* ~ *industrielle* Industrieverband *m;* ~ *patronale* Arbeitgeberverband *m;* ~ *professionnelle* Berufsverband *m;* ~ *syndicale ouvrière* Gewerkschaftsbund *m;* **~é, e** *a* verbündet, föderiert; **~er** *tr* vereinigen, verbünden.

fée [fe] *s f* **1.** Fee *f;* **2.** *fig* gute(r) Geist *m;* — *avoir des doigts de* ~ sehr geschickt sein; *conte m de* ~*s* Märchen *n;*

~rie [feri] *f* **1.** *theat* Zauberstück, Märchendrama *n;* **2.** *fig* Zauberwelt *f;* zauberhafte(r) Anblick *m;* **~rique** *a* märchen-, feen-, zauberhaft.

feeder [fidœr] *m tech* Speise-, Zuleitung *f.*

feignant, e [fɛɲɑ̃] **I.** *a fam* (stink-)faul; **II.** *s m f fam* Faulpelz *m; (Frau)* faule(s) Stück *n.*

fein|dre [fɛ̃dr] *tr* heucheln, vor=geben, -täuschen, -schützen; *~ de (Inf.)* tun, als ob *(subj);* sich stellen; *il ne sait pas ~* er kann sich nicht verstellen; **~t, e** [fɛ̃, -ɛ̃t] **1.** fingiert, falsch, erheuchelt, erkünstelt; **2.** *arch* Blend-; **~te** *f* Täuschung, Finte; *fig fam* Falle *f,* Vorwand *m;* **~ter I.** *itr sport* e-e Finte machen; **II.** *tr (den Gegner)* täuschen; *fam* herein=legen (*qn* jdn).

fêl|é, e [fe(ɛ)le] *a (Geschirr)* gesprungen; rissig; *avoir le cerveau, le timbre ~* nicht ganz richtig im Kopfe sein, *(fam)* e-n Knacks haben; **~er I.** *tr* Risse, Sprünge machen (*qc* in etw); **II.** *v prn se ~* rissig werden; e-n Sprung bekommen.

félicit|ations [felisitasjɔ̃] *f* Glückwunsch *m,* -wünsche *m pl;* Anerkennung *f; faire, adresser des ~ à qn* jdn beglückwünschen, jdm gratulieren; *toutes mes ~s* meine herzlichen Glückwünsche! *lettre f de ~s* Glückwunschschreiben *n;* **~é** *f lit* Glückseligkeit, reine Freude *f;* **~er I.** *tr* beglückwünschen (*de* zu), gratulieren (*qn de qc* jdm zu etw); **II.** *v prn se ~* glücklich, froh sein (*de qc* über e-e S).

félin, e [felɛ̃, -in] **I.** *a* katzenartig *a. fig;* **II.** *s m zoo* Katze *f.*

fêlure [fe(ɛ)lyr] *f (Glas)* Riß, Sprung *m.*

femelle [fəmɛl] **I.** *s f* **1.** *zoo* Weibchen *n;* **2.** *fam* Weib(sbild) *n;* **II.** *a zoo bot* weiblich.

fémin|in, e [feminɛ̃, -in] **I.** *a* **1.** weiblich; **2.** *(Mann)* weibisch; **II.** *s m gram* Femininum *n;* **~iser** *tr* weiblich machen; **~isme** *m* Frauenbewegung, -frage *f;* **~iste I.** *a* frauenrechtlerisch; **II.** *s f* Frauenrechtlerin *f;* **~ité** *f* Weiblichkeit; *(Mode)* weibliche Linie *f.*

femme [fam] *f* **1.** Frau *f;* **2.** Ehefrau, Gattin *f;* **3.** *prendre ~* sich verheiraten; *prendre pour ~* zur Frau nehmen; **4.** *elle est ~ à (Inf.)* sie wäre imstande zu *(Inf.); elle est très ~* sie ist eine typische Frau; **5.** *contes m pl de bonne ~* Ammenmärchen *n pl; maîtresse f ~* tüchtige Hausfrau *f; vote m des ~s* Frauenstimmrecht *n;* **6.** *~ auteur* od *de lettres, poète, peintre, docteur* Schriftstellerin, Dichterin, Malerin, Ärztin *f; ~ célibataire, divorcée* ledige, geschiedene Frau *f; ~ de chambre* Zimmermädchen *n; ~ de charge* Haushälterin *f; ~ en couches* Wöchnerin *f; ~ de couleur* Farbige *f; ~ de ménage, de journée* Reinemache-, Putzfrau *f; ~ de tête* energische Frau *f; ~ de théâtre* Schauspielerin *f;* **~lette** [famlɛt] *f* **1.** schwache(s), unwissende(s) Weib *n;* **2.** *(Mann)* Schwächling, Waschlappen *m.*

fém|oral, e [femɔral] *a anat* (Ober-) Schenkel-; **~ur** *m* (Ober-)Schenkelknochen *m.*

fenaison [fənɛzɔ̃] *f* Heuernte f.

fend|age [fɑ̃daʒ] *m* Spaltung *f;* **~illé, e** *a* rissig; **~iller, se** *v prn* rissig werden; **~re I.** *tr* **1.** (zer-, auf=)spalten, auf=schneiden, -schlitzen; *(Holz)* hacken; **2.** *(Boden)* aufreißen; *(das Meer)* durchfurchen; **II.** *v prn se ~* **3.** bersten, sich spalten; Sprünge, Risse bekommen; splittern, (zer)springen; **4.** *(Fechten)* e-n Ausfall machen; **5.** *fam* spendieren (*de qc* etw); heraus=rücken (*de qc* mit etw); **6.** *geler à pierre ~* Stein u. Bein frieren; **7.** *~ l'air (Vogel)* durch die Luft schießen; *~ la foule* sich durch die Menge drängen; *(fam) se ~ la gueule* sich halb totlachen; *~ l'oreille à qn (fig)* jdn kalt=stellen; *~ la tête à qn* jdn ganz verrückt machen; **8.** *cela me ~ le cœur* das zerreißt mir das Herz; *(fam) il ne s'est pas fendu* er hat sich nicht gerade in Unkosten gestürzt; **~u, e** *a* rissig; geschlitzt, gespalten; *yeux m pl ~s en amande* mandelförmige Augen *n pl.*

fenêtr|e [fənɛtr] *f* **1.** *f* Fenster *n a. anat;* Fensteröffnung *f;* **2.** *(in e-m Schriftstück)* freie Stelle, Lücke *f;* **3.** *tech* Aussparung *f;* **4.** *jeter par la ~* aus dem Fenster werfen; *se mettre à la ~* sich aus dem Fenster lehnen; sich ans Fenster stellen; *ouvrir une ~ (fig)* e-n Einblick gestatten *(sur qc* in e-e S); *regarder par la ~* zm Fenster hinaus=sehen, -schauen; *retenir un coin côté ~* e-n Fensterplatz belegen; *la ~ donne sur* das Fenster geht hinaus auf *acc;* **5.** *appui m de ~* Fensterbrüstung, -bank *f; battant, châssis m de ~* Fensterflügel *m; enveloppe f à ~* Fensterumschlag *m;* **~er** *tr* mit Fenstern, Öffnungen versehen.

fen|il [fəni(l)] *m* Heuboden *m;* **~ouil** [-uj] *m bot* Fenchel *m;* **~te** [fɑ̃t] *f* **1.** Riß, Spalt(e *f*), Sprung *m;* **2.** *geol* Kluft *f;* **3.** Schlitz *m;* Ritze *f;* Einschnitt *m;* **4.** *(Fechten)* Ausfall *m;* **5.** *sport* Schrittlänge *f.*

féodal, e [feɔdal] feudal, Lehns-; **~ité** *f* **1.** Lehnsverhältnis, -wesen *n,* Feudalismus *m,* Feudalsystem *n;* **2.** *pol* einflußreiche (Wirtschafts-, Finanz-) Gruppe *f.*

fer [fɛr] *m* **1.** Eisen *n;* **2.** Klinge *f;* **3.** *med pl* Geburtszange *f;* **4.** *pl* Fesseln, Ketten *f pl,* Bande *n pl;* **5.** *de ~* eisern *a. fig;* **6.** *battre le ~* das Eisen schmieden; *donner un coup de ~* auf=bügeln (*à qc* e-e S); *être de ~ (fig)* nicht kleinzukriegen, sehr widerstandsfähig sein; **7.** *âge m du* ~ Eisenzeit *f;* eiserne(s) Zeitalter *n; construction f en* ~ Eisenkonstruktion *f; industries f pl du* ~ Eisenindustrie *f; transport m par* ~ Eisenbahntransport *m;* **8.** *~-blanc m* (Weiß-)Blech *n;* ~ *à cheval* Hufeisen *n;* ~ *coulé, de fonte* Gußeisen *n;* ~ *forgé, forgeable, malléable* Schmiedeeisen *n; ~s à grimper* Steigeisen *n pl;* ~ *laminé, profilé* Walz-, Profileisen *n;* ~ *à repasser* Bügeleisen *n;* ~ *à souder* Lötkolben *m;* ~ *à T* T-Eisen *n;* **~blanterie** *f* **1.** Klempnerei, Flaschnerei *f;* **2.** Eisen-, Blechwaren *pl;* **~blantier** *m* Klempner, Flaschner, Spengler *m.*

féri|é, e [ferje] *a* Feier-, Fest-; *jour m légalement* ~ gesetzliche(r) Feiertag *m;* **~r** *tr: sans coup* ~ ohne Schwertstreich; *fig* mühelos.

ferm|age [fɛrmaʒ] *m agr* Pacht(zins *m*); Verpachtung *f;* **~e I.** *a adv* **1.** fest; sicher; **2.** kräftig, stark; **3.** standhaft, unerschütterlich; **II.** *s f* Pacht; Verpachtung *f;* Pachthof *m,* Gehöft; Bauernhaus *n,* -hof *m;* **III.** *s f* **1.** *arch* Dachbinder *m;* **2.** *theat* Versatzstück *n;* **3.** *d'un pas* ~ festen Schrittes; *de pied* ~ festen Fußes; ohne zu wanken; **4.** *acheter, vendre* ~ fest kaufen, verkaufen; *avoir la main* ~ *(fig)* e-e feste Hand haben; *boire, travailler* ~ tüchtig trinken, arbeiten; *donner, prendre à* ~ verpachten; pachten; *tenir* ~ fest=bleiben, stand=halten; **5.** *bail m à* ~ Pachtvertrag *m; fille f de* ~ Magd *f; valet m de* ~ Knecht *m;* ~ *avicole, à poulets* Geflügel-, Hühnerfarm *f;* ~ *modèle* od *pilote, école* Muster-, Lehrgut *n;* **~é, e** *a (Gesellschaft)* geschlossen; *(Gesicht)* verschlossen; *(Mensch)* unempfindlich (*à* für *acc*); — *avoir l'esprit* ~ *à qc* für etw keinen Sinn, kein Verständnis haben; *être* ~ geschlossen, *(dauernd)* stillgelegt sein; zu haben; **~ent** [-ɑ̃] *m chem* **1.** Ferment *n,* Gärungserreger, -stoff *m;* **2.** *fig* Ursache; Triebfeder *f;* **~entation** *f* Gärung *f a. fig;* **~enter** *itr* **1.** gären *a. fig; (Teig)* auf=gehen; **2.** *fig* sich in Gärung befinden; **~er I.** *tr* **1.** (ab=, ein=, ver-, zu)schließen; zu=machen; zu=drücken; **2.** umzäunen; vergittern; zu=mauern; **3.** *(Hahn)* zu=drehen; *(Messer)* zu= klappen; *(Faust)* ballen; *(Regenschirm)* zu= machen; *(Kleider)* zu=knöpfen; *(Weg)* sperren; *(Vorhang)* zu=ziehen; *(Fabrik)* still=legen (stillegen); *(Licht)* aus=drehen, ab=schalten; *(Diskussion)* beend(ig)en; *tech* ab=binden; **II.** *itr* **4.** schließen, zu=gehen; **III.** *v prn se* ~ **5.** sich schließen; *(Tür)* zu=gehen, -fallen; *(Wunde)* zu=heilen; **6.** *fig* sich verschließen (*à qc* vor e-r S); **7.** ~ *la bouche à qn* jdm den Mund stopfen; ~ *à clef* zu=schließen; *ne pas* ~ *l'œil de toute la nuit* die ganze Nacht kein Auge zu=tun; ~ *la porte sur soi* die Tür hinter sich *(dat)* zu=machen; ~ *à double tour* den Schlüssel zweimal herum=drehen; ~ *au verrou* verriegeln; ~ *les yeux sur qc* bei etw ein Auge zu=drücken; **~eté** [-əte] *f* **1.** Festigkeit *f a. fig;* **2.** Kraft, Stärke; Sicherheit; Entschlossenheit; Standhaftigkeit *f,* Rückgrat *n fig;* **~ette** *f* in e-e Zweitwohnung umgewandeltes Bauernhaus *n;* **~eture** [-ətyr] *f* **1.** Verschluß *m;* Schloß *n;* **2.** Schließen *n;* **3.** Schließung *f;* — *heure f de* ~ Geschäftsschluß *m;* ~ *des bureaux, des guichets, des magasins* Büro-, Schalter-, Ladenschluß *m;* ~ *éclair* Reißverschluß *m;* ~ *d'entreprise* Betriebsstillegung *f;* **~ier, ière** *m f* **1.** *jur* Pächter(in *f*) *m;* **2.** Bauer *m,* Bäuerin *f,* Landwirt *m;* **~oir** *m* **1.** Verschluß *m,* Schließe *f;* **2.** Stemmeisen *n.*

féroc|e [ferɔs] *a* **1.** wild, grimmig; blutgierig; **2.** grausam, unbarmherzig, unmenschlich; **3.** *(Prüfer)* streng, unerbittlich; — *bête f* ~ wilde(s), reißende(s) Tier *n; faim f* ~ Heißhunger *m;* **~ité** *f* Wildheit, Grausamkeit; Härte, Unmenschlichkeit *f.*

ferr|aille [fɛraj] *f* **1.** Schrott *m;* **2.** *fam* Kleingeld *n,* Münzen *f pl;* — *jeter, mettre à la* ~ verschrotten; *marchand m de* ~ Schrotthändler *m;* **~é, e** *a* (mit Eisen) beschlagen; — *être* ~ *sur une question, en histoire* über e-e Frage Bescheid wissen, in Geschichte *(dat)* beschlagen, gut bewandert sein; *par voie ~e* per Bahn; **~er** *tr (Pferde)* beschlagen; **~eux** *a m chem* Ferro-; eisenhaltig; *métaux m pl non ~eux* NE-Metalle *n pl;* **~onnerie** *f* Kunstschmiede(arbeiten *f pl*) *f;* **~onnier** *m* (Kunst-) Schmied *m;* ~ *du bâtiment* Bauschlosser *m;* **~oviaire I.** *a* Eisenbahn-; **II.** *s m pl* Eisenbahnpapiere *n pl; compagnie f, nœud, réseau, tarif, trafic m* ~ Eisenbahngesellschaft *f,* -knotenpunkt *m,* -netz *n,* -tarif, -verkehr *m;* **~ugineux, se** *a* eisenhaltig; **~ure** *f* Eisen-, Hufbeschlag *m;* **~y-boat** [fɛribot] *m* Eisenbahnfähre *f.*

fertil|e [fɛrtil] *a* **1.** fruchtbar; **2.** reich (*en* an *dat*); ergiebig; **3.** *(Thema)* dankbar; — *être* ~ *en expédients* sich zu helfen wissen; **~iser** *tr* fruchtbar machen; **~ité** *f* **1.** Fruchtbarkeit *f;* **2.** *fig* Findigkeit *f.*

féru, e [fery] *a: être* ~ besessen sein (*de* von *acc*), begeistert sein (*de* für *acc*); **~le** *f* Zuchtrute *f,* Stock *m; être sous la* ~ *de qn (fig fam)* unter jds Fuchtel stehen.

ferv|ent, e [fɛrvɑ̃, -ɑ̃t] **I.** *a (Gebet)* inbrünstig; *(Christ)* eifrig; leidenschaftlich; fromm; *(Liebe)* heiß; **II.** *s m f* begeisterte(r) Anhänger(in *f*) *m;* **~eur** *f* Inbrunst; Glut *f;* Eifer *m.*

fess|e [fɛs] *f* Hinterbacke *f; pl* Gesäß, Hinterteil *n;* — *(fam) n'y aller que d'une* ~ sich keine Mühe geben; *donner un coup de pied aux* ~*s (fam)* in den Hintern treten; *serrer les* ~*s (fig)* Bammel haben; *gare à tes* ~*s!* nimm dich in acht! *il y a des* ~*s (pop)* da sind Weiber; **~ée** *f* **1.** Hinternvoll *m;* **2.** *fig pop* Schlappe, Blamage *f;* **~er** *tr* den Hintern versohlen (*qn* jdm); **~ier** *m fam* Hinterteil *n;* **~u, e** *a fam* mit dickem Hinterteil.

fest|in [fɛstɛ̃] *m* Festessen *n;* **~ival** *m* Festspiele *n pl; sport fam* großartige Leistung *f;* ~ *cinématographique* Filmfestspiele *n pl;* **~ivalier, ère** *m f* Festspielteilnehmer(in *f*) *m;* **~ivités** *f pl* Festlichkeiten *f pl; (in Belgien)* Feiern *f pl;* **~on** *m* **1.** *arch* Girlandenverzierung *f;* **2.** *(Stickerei)* Feston *n;* **~onner** *tr* festonieren; **~oyer** *itr* tüchtig schmausen; schlemmen.

fêt|ard [fɛtar] *s m fam* Lebemann *m;* **~e** *f* **1.** Fest *n;* **2.** Fest-, Feier-, Namenstag *m;* **3.** *de* ~ festlich; *en* ~ in festlicher Stimmung; lachend, strahlend; im Festgewand; **4.** *donner, offrir une* ~ *à, en l'honneur de qn* für jdn ein Fest veranstalten; *être de la* ~ *(fig)* mit dabei sein; *être à la* ~ sehr zufrieden sein; *ne pas être à la* ~ in e-r unangenehmen Lage *od* in schlechter Stimmung sein; *faire la* ~ ein tolles Leben führen; *faire* ~ *à qn* jdn freudig empfangen; *souhaiter sa* ~ *à qn* jdm Glück zum Namenstag wünschen; **5.** *il n'a jamais été à pareille* ~ es ist ihm noch nie so gut gegangen; *(fam) ça va être ta* ~ da kannst du was erleben; **6.** *air m de* ~ festliche(s) Aussehen *n; comité m des* ~*s* Festausschuß *m; jour m de* ~ Feiertag *m; salle f des* ~*s* Festsaal *m;* ~ *anniversaire* Jubiläum *n;* ~ *de bienfaisance, de charité* Wohltätigkeitsveranstaltung *f;* ~ *commemorative* Gedenkfeier *f; F~-Dieu f* Fronleichnam *m;* ~ *des mères* Muttertag *m;* ~ *des morts* Allerseelen *n;* ~ *de la moisson* Erntedankfest *n;* ~ *des rois* Dreikönigstag *m;* **~er** *tr* feiern; festlich begehen; *fig* festlich empfangen.

fét|iche [fetiʃ] *m* Fetisch *m;* **~ichisme** *m* Fetischismus *m;* **~ichiste** *m* Fetischist *m;* **~ide** *a* **1.** stinkend, übelriechend; **2.** widerlich; **~idité** *f* Gestank *m;* **~u** *m* Strohhalm *m; je m'en soucie comme d'un* ~ ich kümmere mich keinen Deut darum.

feu, e [fø] **I.** *a* verstorben, selig; ~ *mon père* mein seliger Vater *od* mein Vater selig; **II.** *s m* **1.** Feuer *n a. mil fig;* **2.** Brand *m,* Flamme, Hitze, Glut *f a. fig;* **3.** Feuerung, Heizung *f;* Feuerstelle *f,* Herd, Kamin *m;* **4.** Licht *n; pl (~x tricolores)* Verkehrsampel *f;* **5.** *fig* Leidenschaft, Begeisterung *f,* Eifer *m;* **6.** *jur* Feuertod *m;* **7.** *à petit, grand* ~ bei gelindem, starkem Feuer; *à l'épreuve du* ~ feuerfest; **8.** *allumer un* ~, *faire du* ~ Feuer an=zünden *od* (an=)machen; *se chauffer, se sécher devant le* ~ sich am Feuer wärmen, trocknen; *demander, offrir du* ~ um Feuer bitten (*à qn* jdn); Feuer an=bieten; *donner le* ~ *vert à qn* jdm grünes Licht geben; *éteindre, noyer un* ~ e-n Brand löschen; *être en* ~ in Flammen stehen *a. fig; faire long* ~ *(fig)* keine Wirkung (mehr) haben; mißlingen; *(fam) griller un* ~ *rouge* bei Rot über e-e Kreuzung fahren; *se jeter au* ~ *pour qn* für jdn durchs Feuer gehen; *jeter, verser de l'huile sur le* ~ *(fig)* Öl ins Feuer gießen; *jouer avec le* ~ mit dem Feuer spielen; *mettre le* ~ *à qc, mettre qc en* ~ etw in Brand stecken; *prendre* ~ Feuer fangen *a. fig;* in Wut geraten; *n'y voir que du* ~ geblendet sein; *fig* nichts merken, nichts verstehen; **9.** *c'est le* ~ *et l'eau* sie sind wie Feuer u. Wasser; *le* ~ *lui monte au visage* die Röte steigt ihm ins Gesicht; *au* ~*!* Feuer! **10.** ~ *arrière, rouge* Rück-, Schlußlicht *n;* ~ *d'artifice* Feuerwerk *n;* ~ *de camp* Lagerfeuer *n;* ~ *clignotant* Blinklicht *n;* ~ *de forêt* Waldbrand *m;* ~ *de joie* Freudenfeuer *n;* ~ *rouge, orange, vert* rote(s), gelbe(s), grüne(s) Licht *n;* ~*x de position* Positionslichter *n pl;* ~ *de stationnement* Standlicht *n;* ~ *des projecteurs, de la rampe (theat)* Scheinwerfer-, Rampenlicht *n;* ~ *de stop, d'arrêt* Stopp-, Bremslicht *n.*

feudataire [fødatɛr] *m* Lehnsmann *m.*

feuil [fœj] *m tech* Folie *f.*

feuill|age [fœjaʒ] *m* Laub(werk) *n;* **~ard** *m* Bandeisen *n;* **~e** *f* **1.** *bot* Blatt *n;* **2.** *(Papier)* Bogen *m,* Blatt *n;* **3.** Liste *f,* Vordruck *m,* Formular *n;* **4.** Blatt *n,* Zeitung *f;* **5.** *(Metall)* Folie *f;* **6.** *à* ~*s mobiles* Loseblatt-; **7.** *(pop) être dur de la* ~ schwerhörig sein; *trembler comme une* ~ wie Espenlaub zittern; **8.** ~ *d'aluminium* Aluminiumfolie *f;* ~ *de déclaration d'impôt* Steuererklärung *f;* ~ *d'émargement, de paie* Gehalts-, Besoldungs-, Lohnliste *f;* ~ *d'épreuve(s)* Korrekturbogen, -abzug *m;* ~ *d'images* Bilderbogen *m;* ~ *d'information* Nachrichtenblatt *n;* ~ *de maladie* Krankenschein *m;* ~ *morte* welke(s), dürre(s) Blatt *n;* ~ *de présence* Anwesenheitsliste *f;* ~ *de renseignements* Merkblatt *n;* ~ *de titre* Titelblatt *n;* ~ *de versement* Einzahlungsschein *m;* ~ *de vigne (fig)* Feigenblatt *n;* ~ *volante* lose(s) Blatt; Flugblatt; Vorsatzblatt *n;* **~er** *tr (Tischlerei)* falzen; **~et** [-jɛ] *m* **1.** *(Buch)* Blatt *n;* **2.** *zoo* Blättermagen *m;* **3.** *(Tischlerei)* Furnierblatt *n;* — ~ *de garde (Buch)* Vorsatzblatt *n;* **~eté, e** *a* blätt(e)rig; *pâte f* ~*ée* u. *s m* Blätterteig *m;* ~**eter** *tr* **1.** durchblättern, flüchtig lesen; **2.** zu Blätterteig verarbeiten; ~**eton** *m* **1.** Feuilleton *n;* Unterhaltungsteil; Fortsetzungsroman, -artikel; Unterhaltungsroman *m;* **2.** *video* Hörspielfolge *f;* ~**etoniste** *m* Feuilletonschreiber *m;* ~**u, e I.** *a* dichtbelaubt; **II.** *s m* Laubbaum *m.*

feutr|e [føtr] *m* **1.** Filz(hut) *m;* **2.** Filzunterlage *f;* ~**é, e** *a* **1.** verfilzt; **2.** mit Filz unterlegt, ausgelegt; **3.** *(Geräusch)* gedämpft; **4.** *(Atmosphäre)* ruhig; — *à pas* ~ mit leisen Schritten; ~**er I.** *tr* mit Filz aus=legen; **II.** *v prn se* ~ verfilzen.

fève [fɛv] *f* Saubohne *f.*

février [fevrije] *m* Februar *m.*

fi [fi] *interj* pfui! *faire* ~ *de* verachten, verschmähen; pfeifen (*de qc* auf etw).

fiab|ilité *f* [fjabilite] *f tech* Betriebssicherheit, Zuverlässigkeit *f a. fig;* ~**le** *a tech* betriebssicher, zuverlässig *a. fig.*

fiacre [fjakr] *m* (Pferde-)Droschke *f.*

fian|çailles [f(i)jɑ̃saj] *f pl* **1.** Verlobung *f,* Verlöbnis *n;* **2.** Verlobungszeit *f;* **3.** *com* Fusionsplan *m;* — *rompre ses* ~ die Verlobung lösen; *bague f de* ~ Verlobungsring *m;* ~**cé, e I.** *a* verlobt; **II.** *s m* Bräutigam, Verlobte(r) *m; f* Braut, Verlobte *f; les* ~*s* das Brautpaar; ~**cer I.** *tr* verloben; **II.** *v prn se* ~ *à* od *avec qn* sich mit jdm verloben.

fiasco [fjasko] *m* Mißerfolg *m;* Fiasko *n.*

fibr|anne [fibran] *f* Zellwolle *f;* ~**e** *f biol anat tech* Fiber, Faser *f;* Faserstoff *m;* ~ *artificielle* Kunstfaser *f;* ~ *de bois* Holzwolle *f;* ~**eux, se** *a* faserig; ~**ille** [-ij] *f anat bot* Fibrille *f; bot* Fäserchen *n;* ~**o-ciment** *m WZ* Eternit, Asbestzement *m.*

ficel|age [fislaʒ] *m* Schnüren *n;* Verschnürung *f;* ~**er** *tr* ver-, fest=, zs.=schnüren; *être mal* ~*é (fam)* schlecht gekleidet sein; *travail m mal* ~*é* schlecht getane Arbeit *f;* ~**le** [-sɛl] *s f* **1.** Bindfaden *m,* Schnur, Kordel *f;* **2.** *fig* Kunstgriff, Trick *m,* List *f;* **3.** *arg mil* (Offiziers-)Tresse *f;* **4.** dünne(s), lange(s) Weißbrot *n;* — *tirer les* ~*s (fig)* die Fäden in der Hand halten; *(pop) il est drôlement* ~ er ist mit allen Wassern gewaschen.

fich|e [fiʃ] *f* **1.** (Holz-)Pflock, Bolzen; Stift *m;* **2.** *tele* Stöpsel; *el* Stecker *m;* **3.** Zettel *m;* Karteikarte *f;* — *enfoncer une* ~ e-n Stöpsel ein=stecken; *catalogue m sur* ~*s* Zettelkatalog *m;* ~ *banane* Bananenstecker *m;* ~ *de consolation (fig)* Trostpreis *m;* ~ *individuelle* Personalbogen *m;* ~ *intermédiaire* Zwischenstecker *m;* ~ *de salaire* Lohnzettel *m;* ~**er I.** *tr* **1.** *(Nagel)* ein=schlagen, -treiben; *(Stöpsel)* ein=stecken; *(Pfahl)* ein=rammen; *(Schlag)* versetzen; **2.** aufschreiben, notieren (*qc* etw); verzetteln, katalogisieren, karteimäßig erfassen; **3.** *fam* werfen, schleudern, schmeißen; machen, tun; **II.** *v prn se* ~ *de* pfeifen auf, sich lustig machen über *acc;* **4.** ~ *le camp* sich aus dem Staub machen; ~ *dedans (pop)* an=führen, rein=legen; ~ *à la porte* hinaus=werfen; ~ *à la poubelle* in den Abfalleimer werfen; *se* ~ *par terre* hin=fallen; *se* ~ *dedans, le doigt dans l'œil* sich schwer irren; **5.** *je te* ~*e mon billet que* ich mache jede Wette, daß; *je t'en* ~*e* du bist auf dem Holzweg; *je m'en* ~*e* das ist mir egal, schnuppe; *mais qu'est-ce qu'il peut bien fiche?* was tut er denn eigentlich? *cet accident fiche en l'air tous nos projets* dieser Unfall bringt alle unsere Pläne zum Scheitern; ~*e-moi la paix!* laß mich in Ruhe! ~**ier** *m* Kartei(kasten *m*) *f,* Zettelkasten *m,* Kartothek *f;* ~**tre** *interj fam* Donnerwetter! so was! ~**trement** *adv fam* verdammt; ~**u, e I.** *a fam* **1.** jämmerlich, erbärmlich, schlecht; **2.** verdammt, verflixt; **3.** erledigt, kaputt, futsch; **II.** *s m* Halstuch *n;* — *bien* ~ gut gebaut; geschickt gemacht; *mal* ~ nicht ganz in Ordnung, nicht auf dem Damm; schlecht gemacht; schlecht gebaut; schlecht gekleidet; *il est* ~ *de* er ist imstande, er wäre fähig, zu; *il fait un* ~ *temps* es ist ein Sauwetter.

fict|if, ive [fiktif, -iv] *a* **1.** erdichtet, fiktiv; **2.** fingiert, vorgetäuscht; ~**ion** [-sjɔ̃] *f* Erdichtung, Erfindung, Fiktion *f.*

fid|èle [fidɛl] **I.** *a* treu (*à qn, à qc* jdm, e-r S); zuverlässig, getreu, genau, richtig; **II.** *s m* **1.** Getreue(r); Stammkunde *m;* **2.** *rel* Gläubige(r) *m;* — *rester* ~ *à une promesse* an e-m Versprechen fest=halten; ~**élité** *f* **1.** Treue *f* (*à, envers qn* zu jdm), Festhalten *n* (*à* an *dat*); **2.** *(Übersetzung)* Genauigkeit; **3.** *mus* Güte (der Wiedergabe) *f.*

fiduc|iaire [fidysjɛr] **I.** *a* treuhänderisch; **II.** *s m* Treuhänder *m; monnaie f* ~ Papiergeld *n; société f* ~ Treuhandgesellschaft *f.*

fief [fjɛf] **1.** *hist* Lehen(sgut) *n;* **2.** *fig* (Spezial-)Gebiet *n,* Bereich *m;* **3.** *pol* Hochburg *f;* — *donner en* ~ zu Lehen geben; ~**fé, e** *a (Lügner)* abgefeimt, ausgemacht.

fiel [fjɛl] *m* **1.** *(von Schlachttieren)* Galle *f;* **2.** *fig* Groll *m;* ~**leux, se** *a* gehässig, giftig.

fiente [fjɑ̃t] *f (Vögel, Wolf)* Mist, Kot *m.*

fier [fje] **I.** *v prn se* ~ vertrauen, sich verlassen (*à qn, à qc* auf jdn, e-e S); rechnen (*à qc* mit etw); **II.** *a:* ~**, ière** [fjɛr] *a* **1.** stolz (*de* auf *acc*), hochmütig; **2.** *fam (vor s)* tüchtig, gewaltig; *faire le* ~ hochmütig tun; ~**té** *f* Stolz; Hochmut *m; c'est sa* ~ das ist sein ganzer Stolz;

fiérot [fjero] *a* dummstolz.

fi|èvre [fjɛvr] *f* **1.** *med* Fieber *n a. fig;* **2.**

fig Auf-, Erregung, Unruhe *f;* — *avoir une* ~ *de cheval* hohes Fieber haben; *brûler, trembler de* ~ vor Fieber glühen, zittern; *travailler dans la* ~ fieberhaft arbeiten; *accès m, poussée f de* ~ Fieberanfall *m;* ~ *aphteuse* Maul- u. Klauenseuche *f;* **~évreux, se I.** *a* **1.** fieberkrank; fiebrig; **2.** *fig* fieberhaft; hektisch; **II.** *s m f* Fieberkranke(r *m*) *f.*

fifre [fifr] *m* **1.** Querpfeife *f;* **2.** (Quer-) Pfeifer *m;* **~lin** [-frə-] *m ça ne vaut pas un* ~ das ist kein Pfifferling wert.

figer [fiʒe] **I.** *tr* **1.** *(Soßen)* steif, dick werden lassen; **2.** *fig* erstarren lassen; lähmen; **II.** *v prn se* ~ **3.** fest, steif, dick werden; **4.** *fig* erstarren; — *être figé dans qc (fig)* in e-e S festgefahren sein; *sourire m figé* starre(s) Lächeln *n.*

fignol|age [fiɲɔlaʒ] *m* sorgfältige Ausarbeitung; saubere Arbeit *f;* **~er** *tr fam* sorgfältig zurecht=machen; den letzten Schliff geben (*qc* e-r S *dat*), (stilistisch) (aus=)feilen; herum=bosseln, -basteln (*qc* an e-r S).

figu|e [fig] *f* Feige *f; mi-~, mi-raisin (fig)* sauersüß; **~ier** [-gje] *m bot* Feigenbaum *m.*

figur|ant, e [figyrɑ̃, -ɑ̃t] *m f* **1.** Statist(in *f*) *m;* **2.** *fig* Randfigur, Nebenperson *f;* **~atif, ive** *a* bildlich; figürlich; *rel* symbolisch; *écriture f ~ative* Bilderschrift *f;* **~ation** *f* **1.** bildliche Darstellung *f;* **2.** *theat* Komparserie *f;* Statistenrolle *f;* — *faire de la* ~ *(Film)* e-e Statisten-, Nebenrolle spielen; **~e** *f* **1.** Figur *f a. math fig;* **2.** Gestalt *f,* Aussehen *n,* Haltung *f;* **3.** Gesicht, Antlitz *n;* **4.** Figur, Abbildung *f,* Bildnis, Bild *n;* Darstellung *f;* Muster *n,* Zeichnung *f;* **5.** bildliche(r) Ausdruck *m;* Symbol *n;* Metapher; Redefigur *f;* **6.** große Persönlichkeit, Gestalt *f;* — *sous la* ~ *de* in der Gestalt *gen; faire* ~ *de* gelten, angesehen werden (*de qc als* etw); gehalten werden (*de qn* für jdn); *faire bonne* ~ s-n Mann stehen; e-e gute Figur machen; *(sport)* gut abschneiden; *faire piètre* ~ e-e klägliche Figur machen; *(sport)* schlecht abschneiden; *jeter qc à la* ~ *de qn (fam)* jdm etw an den Kopf werfen, unter die Nase reiben; **~é, e I.** *a* bildlich, figürlich; *(Sprache)* bilderreich; *au sens* ~ in übertragener Bedeutung; **II.** ~ *m du terrain* Geländedarstellung *f;* **~er I.** *tr* bildlich dar= stellen, ab=bilden; gestalten; **II.** *itr* **1.** figurieren, vorhanden sein, vorkommen; *(auf e-r Liste)* aufgeführt sein; *(bei e-r Versammlung)* teilnehmen, anwesend sein; **2.** *theat* e-e Nebenrolle spielen; als Statist auf=treten; *sport* unter „ferner liefen" mit dabei=sein; **III.** *v prn se* ~ sich vor=stellen; sich ein=bilden, sich denken; — ~ *sur une liste* auf e-r Liste stehen; ~ *en bonne place (Bewerber)* in die engere Wahl kommen; *figurez-vous qu'un jour, au moment où* stellen Sie sich vor, e-s Tages als; **~ine** *f* Statuette *f,* Figürchen *n.*

fil [fil] *m* **1.** Faden *m a. fig,* Garn, Gespinst *n,* Faser *f;* **2.** Draht *m; el* Ader, Leitung *f;* Kabel *n,* Schnur *f;* **3.** *(Messer)* Schärfe, Schneide *f;* **4.** *au* ~ *de l'eau* mit dem Strom; *contre le* ~ *de l'eau* gegen den Strom; *de* ~ *en aiguille* im Laufe des Gesprächs; *sans* ~ drahtlos; **5.** *avoir qn au bout du* ~ *(fam)* jdn an der Strippe haben; *donner du* ~ *à retordre à qn* jdm viel zu schaffen machen; *donner un coup de* ~ *(tele)* an= rufen (*à qn* jdn); *suivre le* ~ *de ses pensées* s-e Gedanken weiter=spinnen; *tenir les ~s (fig)* die Fäden in der Hand haben, die Sache leiten; *ne tenir qu'à un* ~ *(fig)* an e-m Faden hängen; **6.** *il n'a pas inventé le* ~ *à couper le beurre (fig fam)* er hat das Pulver nicht erfunden; **7.** ~ *à coudre* Nähfaden *m;* ~ *de fer barbelé* Stacheldraht *m;* ~ *de raccordement* Verbindungskabel *n;* ~ *télégraphique, téléphonique* Telegrafen-, Telefondraht *m,* -leitung *f;* **~ament** *m* **1.** Faden *m;* Faser *f;* **2.** *el* Glüh-, Heizfaden *m;* **~andreux, se** *a* **1.** *(Fleisch)* faserig, sehnig; **2.** *fig* weitschweifig, langatmig; **~ant, e** *a* **1.** dickflüssig; fadenziehend; zäh; **2.** *(Puls)* sehr schwach; **3.** *étoile f ~e* Sternschnuppe *f;* **~asse** *s f* Bast *m;* Werg *n; cheveux m pl* ~ flachs-, strohblonde, strohige Haare *n pl;* **~ature** *f* Spinnerei *f;* — *prendre qn en* ~ jdn beschatten; ~ *de coton, se soie* Baumwoll-, Seidenspinnerei *f.*

file [fil] *f* **1.** Reihe *f;* **2.** (Auto-) Kolonne *f;* **3.** *(~ d'attente)* Schlange *f;* — *à la* ~, *en* ~ in einer Reihe, e-r hinter dem anderen; *à la* ~ *indienne* im Gänsemarsch; *en double* ~ *(Autos)* in zwei Reihen; *marcher à la* ~ hintereinander marschieren; *prendre la* ~ sich hinten an=stellen; *chef m de* ~ Anführer *m.*

fil|er [file] **I.** *tr* **1.** spinnen; **2.** *(Metall)* strangpressen; **3.** *mus (Ton)* aus=halten; **4.** *(Tau)* ablaufen lassen; **5.** *(Person)* beschatten; **6.** *mar (Knoten)* zurück=legen; **7.** *arg (Geld)* heraus=rücken; **II.** *itr* **8.** sämig werden; **9.** *(Kabel)* ab=rollen; **10.** *(Zeit)* vergehen; **11.** *fig fam* sich aus dem Staube machen; **12.** ~ *à l'anglaise (fam)* verduften; ~ *un mauvais coton* übel dran sein; ~ *doux* klein bei= geben; sich fügen (*avec qn* jdm); **~et** [-ɛ] *m* **1.** Netz *a. fig; (Jagd)* Garn *n a. fig;* **2.** Filetarbeit *f;* **3.** *(Küche)* Lendenstück, Filet *n;* **4.** *anat* (Zungen-, Vorhaut-)Bändchen *n;* **5.** *bot* Staubfaden *m;* **6.** *tech* (Schrauben-)Gewinde *n; arch* Stab *m;* **7.** *typ* (Spalten-)Linie *f;* **8.** *(Flüssigkeit)* dünne(r) Strahl *m; allg* kleine Menge *f;* **9.** *tendre un* ~ ein Netz spannen; ~ *de fumée* dünne Rauchfahne *f; ~ à papillons, de pêche, à provisions* Schmetterlings-, Fisch-, Einkaufsnetz *n;* **~eter** *tr (Gewinde)* schneiden; *(Draht)* ziehen; **~eur, se** *m f* Spinner(in *f*) *m;* **~ial, e I.** *a* kindlich; Kindes-; **II.** *s f* Tochtergesellschaft, Filiale *f;* **~iation** *f;* **1.** Abstammung *f;* **2.** *fig* Verkettung, Verbindung; Folge *f;* **~ière** *f* **1.** Spinndüse *f;* **2.** (Schneid-)Kluppe *f;* **3.** *fig* Dienstweg *m, fam* Ochsentour; **4.** *com* Kette *f* **5.** *(Reaktor)* Baureihe, Serie, Type *f;* — *passer par la ~* von der Pike auf dienen; die Ochsentour gehen; **~iforme** *a* **1.** fadenförmig; *fam* dünn; **2.** *(Puls)* sehr schwach; **~igrane** *m* **1.** Filigran *n;* **2.** Wasserzeichen *n;* — *lire en ~ (fig)* zwischen den Zeilen lesen; **~in** *m mar* Trosse *f,* Tau *n.*

fill|e [fij] *f* **1.** Tochter *f;* **2.** Mädchen *n;* **3.** Dirne *f;* **4.** *rel* Nonne *f;* — *rester ~* ledig bleiben; *jeune ~* junge(s) Mädchen *n,* junge Dame *f;* Backfisch *m; beau brin m de ~* hübsche(s) Ding *n; petite ~* kleine(s) Mädchen *n; vieille ~* unverheiratete Frau *f; ~ de salle (Krankenhaus)* Schwesternhelferin *f;* **~ette** *f* kleine(s) *od* junge(s) Mädchen *n; rayon m ~* Abteilung *f* für Mädchenkleidung; **~eul, e** [-jœl] *m f* Patenkind *n.*

film [film] *m* **1.** Film *m;* **2.** *tech* Häutchen *n,* Film *m;* **3.** *fig* Ver-, Ablauf *m;* **4.** *passer un ~* e-n Film zeigen; *réaliser, tourner un ~* e-n Film drehen; **5.** *copie f de ~* Filmkopie *f; distribution f des ~s* Filmverleih *m; le grand ~* der Hauptfilm; *publicité f par ~* Filmwerbung *f;* **6.** *~ d'animation, de dessins animés* Zeichentrickfilm *m; ~ en bobine* Rollfilm *m; ~ en couleurs* Farbfilm *m; ~ documentaire* Kulturfilm *m; ~ pour grand écran* Breitwandfilm *m; ~ d'enseignement, éducatif* Lehrfilm *m; ~ de court métrage* Kurzfilm *m; ~ muet, sonore* od *parlant* Stumm-, Tonfilm *m; ~ policier* Kriminalfilm *m; ~ publicitaire* Werbefilm *m;* **~age** *m* Filmen *n;* **~er** *tr* **1.** (ver)filmen; **2.** *tech* mit e-m (Schutz-) Film überziehen; — *~ en extérieur* Außenaufnahmen machen; **~ique** *a* filmisch; Film-; **~othèque** *f* **1.** Filmothek *f;* **2.** Mikrofilmarchiv *n.*

fil|on [filɔ̃] *m* **1.** *min* Flöz, Gang *m,* Ader *f a. fig;* **2.** *fam* Druckposten *m,* Masche *f;* — *trouver le ~ (fam)* den Bogen, Dreh heraus=kriegen; **~ou** *m (Kind)* Schelm *m.*

fils [fis] *m* Sohn; Nachkomme *m; Durand ~* Durand junior; *~ de famille* junge(r) Mann *m* aus gutem Hause; *~ à papa (pop)* Sohn *m* reicher Eltern.

filtr|age *m,* **~ation** *f* [filtraʒ, -asjɔ̃] *m* **1.** Filtern, Filtrieren *n;* **2.** *fig (Menge)* Durchkämmen; *(Nachrichten)* Sieben *n;* **~e** *m* Filter *m* od *n a. phys radio; ~ à air* Luftfilter *m; ~ coloré* Farbfilter *m; ~ à essence, à huile* Benzin-, Ölfilter *m; ~ jaune* Gelbfilter *m;* **~er I.** *tr* **1.** durch=seihen, filtrieren; **2.** *(Nachrichten)* sieben; **3.** *(Menschen)* durch=kämmen; überprüfen; **II.** *itr* durch=sickern *a. fig,* -dringen, -laufen.

fin [fɛ̃] *f* **1.** Ende *n,* Schluß *m;* **2.** Aus-, Untergang, Tod *m;* **3.** (End-)Zweck *m,* Absicht *f,* Ziel *n;* **4.** *jur* Klageforderung *f,* -begehren *n,* Einwendung, Einrede *f;* **5.** *aux ~s de* zwecks *gen; à cette ~, à ces ~s* zu diesem Zweck, deshalb; *à la ~* schließlich, am Ende; *à la ~ de mai, ~ mai* Ende Mai; *à toutes ~s utiles* zu beliebigem Gebrauch, zur weiteren Veranlassung; *en ~ de compte* schließlich; letzten Endes; *sans ~* endlos; *sauf bonne ~* unter üblichem Vorbehalt; *~ courant, prochain (com)* Ende des laufenden, nächsten Monats; **6.** *arriver, en venir à ses ~s* sein Ziel erreichen; *mener à bonne ~* zu e-m guten Ende führen; glücklich beenden; *mettre ~ à qc* e-r Sache ein Ende machen; *prendre ~* ein Ende nehmen, zu Ende gehen; *répondre par une ~ de non-recevoir* e-n abschlägigen Bescheid erteilen (*à qn* jdm); *tirer, toucher à sa ~* sich s-m Ende nähern, zur Neige gehen; **7.** *c'est le commencement de la ~* das ist der Anfang vom Ende; *c'est la ~ de tout (fam)* das ist (doch) die Höhe! **8.** *~ d'année, de l'année* Jahresende *n; ~ du monde* Weltuntergang *m.*

fin, e [fɛ̃, fin] **I.** *a* **1.** fein, dünn; zart; **2.** schlank, zierlich, fein, auserlesen; **3.** *fig* scharfsinnig, pfiffig; **II.** *adv* vollständig, ganz; **III.** *s m* Feine(s) *n; (Edelmetall)* Feingehalt *m; f (~e-champagne)* Weinbrand *m;* — *au ~ fond de (fam)* im tiefsten Inner(e)n *gen; ~es herbes* mit fein(gehackt)en Kräutern; *le ~ du ~* das Allerbeste, -schönste, Erlesenste; *la ~e fleur de qc* das Feinste, Beste; die Blume *gen; le ~ mot de l'histoire* des Rätsels Lösung, des Pudels Kern; das entscheidende Wort; *avoir le nez ~ (fig)* e-e gute Nase haben; *avoir l'oreille ~e* ein gutes Gehör haben; *être très ~* das Gras wachsen hören; *jouer au plus ~ avec qn* jdn überlisten wollen; *c'est une fine mouche (fam)* sie ist schlau; **~al, e** [final] **I.** *a* End-, Schluß-; endgültig; letzte(r, s); **II.** *s m* **1.** *mus* Finale *n,* Schlußsatz *m; s f* **2.** Endsilbe *f,* -buchstabe; **3.** *mus* Schlußton *m;* **4.** *sport* Endspiel *n,* -kampf *m,* Finale *n;* — *arriver en ~e* ins Finale kommen; *point m ~* Schlußpunkt *m; résultat m ~* Endergebnis *n;* **~aliser** *tr* zweckvoll gestalten; **~aliste** *m* Teilnehmer *m* am Endkampf; **~alité** *f* Zweckbestimmtheit, Finalität *f.*

financ|e [finɑ̃s] *f* **1.** Finanzwelt *f;* **2.** *pl* Finanzen, Staatseinkünfte *f pl;* **3.** Finanz-, Geldwesen *n;* **4.** Geldmittel, -verhältnisse *n pl;* — *moyennant* ~ gegen Zahlung; *être dans la* ~ im Bankfach tätig sein; *ministre, ministère m des ~s* Finanzminister *m,* -ministerium *n;* **~ement** *m* Finanzierung; Bereitstellung *f* von Geldmitteln; *plan m de* ~ Finanzierungsplan *m;* ~ *anticipé* Vorfinanzierung *f;* ~ *par propres fonds* Selbstfinanzierung *f;* **~er** *tr* finanzieren; **~ier, ère I.** *a* finanziell; Finanz-; **II.** *s m* Finanz-, Geldmann; Bankier *m; s f: à la ~ière (Küche)* mit den feinsten Zutaten zubereitet; *bulletin m* ~ Börsenbericht *m; rapport* ~ Finanz-, Kassenbericht *m.*

finass|er [finase] *itr fam* sich herausreden; **~erie** *f* Kniff *m,* Spitzfindigkeit *f.*

fin|aud, e [fino, -od] **I.** *a* pfiffig, schlau, listig; **II.** *s m* Schlauberger *m;* **~esse** *f* **1.** Zartheit, Zierlichkeit, Feinheit *f a. fig;* **2.** *(Sinne)* Schärfe *f;* **3.** *fig* Unterscheidungsvermögen *n,* Scharfsinn *m;* **4.** Eleganz *f;* Raffinement *n;* — *être au bout de ses ~s* mit s-m Latein am Ende sein.

fin|i, e [fini] **I.** *a* **1.** vollendet, fertig; erledigt *a. fig;* begrenzt, abgeschlossen, vergangen; **2.** *(Schurke)* ausgemacht; **II.** *s m* Vollendung; Ausführung, endgültige Gestalt, Form *f;* (das) Endliche; — *donner le* ~ *à qc* (die) letzte Hand an e-e S legen; *tout est* ~ alles ist aus, verloren; *c'est un homme* ~ er hat ausgespielt, abgewirtschaftet; *bien* ~ sorgfältig gearbeitet; **~ir I.** *tr* **1.** beend(ig)en, ein Ende machen (*qc* dat); auf=hören, fertig sein (*qc* mit etw); **2.** vollenden, fertig=machen, aus=arbeiten; **3.** auf=essen, aus=trinken, zu Ende rauchen; *fam (Kleider)* auf=tragen; **II.** *itr* **4.** zu Ende gehen, ein Ende nehmen *od* finden, enden, auf=hören (*de* zu), aus=gehen; aus=laufen (*en* in *acc*); **5.** *(Vertrag)* ab=laufen; **6.** sterben, das Leben verlieren; **7.** *en* ~ Schluß machen (*avec qn, avec qc* mit jdm, e-r S); *n'en* ~ *plus* zu keinem Ende kommen, nicht (mehr) auf=hören; ~ *par faire qc* endlich, schließlich, zuletzt etw tun; **8.** *à n'en plus* ~ endlos; *pour en* ~ um es kurz zu machen; **9.** ~ *mal* ein schlimmes Ende nehmen; ~ *de parler* aus=reden; **10.** *c'est à n'en plus* ~ das nimmt kein Ende; *tout cela finira mal* das wird übel ausgehen; *des applaudissements à n'en plus* ~ nicht enden wollende(r) Beifall *m;* **~ish** [-iʃ] *m sport* Endspurt *m;* **~issage** *m* Endbearbeitung, Fertigstellung; Vered(e)lung; Zurichtung *f;* Schlichten *n;* **~isseur, se** *m f sport* guter Endspurtler *m;* **~ition** *f* **1.** Fertigstellung, Vollendung *f;* **2.** Verarbeitung *f.*

fiole [fjɔl] *f pharm* Phiole *f; se payer la* ~ *de qn (fam)* jdn durch den Kakao ziehen.

fion [fjɔ̃] *m: donner le coup de* ~ *à qc* e-r S den letzten Schliff geben.

fioritures [fjɔrityr] *f pl* **1.** *mus* Koloratur *f;* **2.** *fig* Schnörkel *m pl,* Verzierungen *f pl.*

firm|ament [firmamɑ̃] *m* Firmament *n;* **~e** *f com* Firma *f;* Unternehmen *n,* Geschäft *n.*

fisc [fisk] *m* Fiskus *m;* Steuerbehörde, Staatskasse *f; frauder le* ~ Steuern hinterziehen; **~al, e** *a* fiskalisch; *serrer la vis ~e* die Steuerschraube an=ziehen; *conseiller m* ~ Steuerberater *m; évasion f ~e* Steuerflucht *f; fraude f ~e* Steuerhinterziehung *f; timbre m* ~ Stempelmarke *f;* **~alité** *f* **1.** Steuerwesen *n;* **2.** *poids m de la* ~ steuerliche Belastung *f.*

fiss|ible [fisibl] *a* spaltbar; **~ile** *a* **1.** *geol* schiefrig; **2.** *phys* spaltbar; **~ion** *f* Spaltung *f;* ~ *nucléaire (phys)* Kernspaltung *f;* **~ure** *f* **1.** Spalt(e *f*) *m,* Ritze *f; (Glas)* Sprung, Riß *m; anat* Furche *f;* **2.** *fig* Bruch *m,* Unstimmigkeit, Lücke *f;* **~urer I.** *tr* Risse, Spalten hervorrufen; **II.** *v prn se* ~ rissig werden; *(Lippen, Hände)* auf=springen; *(Glas)* Sprünge bekommen.

fist|on [fistɔ̃] *m pop* Söhnchen *n;* **~ule** *f med* Fistel *f.*

fix|age [fiksaʒ] *m phot* Fixieren *n;* **~atif** *m* Fixativ *n;* **~ation** *f* **1.** Befestigung *f,* Festmachen *n;* **2.** Halterung; *(Ski)* Bindung *f;* **3.** *(Frist, Preise)* Festlegung; Festsetzung, Bestimmung *f;* **4.** *chem* Fixierung *f;* **5.** *(Volk)* Seßhaftmachen, -werden *n;* **6.** *psych* Fixierung *f;* — ~ *du prix* Preisfestsetzung *f;* **~e I.** *a* **1.** fest(stehend), unbeweglich; **2.** festgelegt; bestimmt; beständig, unveränderlich; **3.** *tech* feststehend, stationär; feuerfest; **4.** *(Blick)* starr; **5.** *com* fix; **II.** *s m* Fixum, feste(s) Gehalt *n;* **III.** *interj mil* Achtung! — *à heure, jour* ~ zur bestimmten Stunde, an e-m bestimmten Tag; *à prix* ~ zu festem Preis; *le baromètre est au beau* ~ das Barometer steht auf beständig schön; *étoile f* ~ Fixstern *m; ~-au-toit m mot* Dachgepäckträger *m; ~-chaussette* Sockenhalter *m;* **~é, e** *a* **1.** *(Entschluß, Wahl)* getroffen; fest, befestigt; **2.** *chem* gebunden; **3.** *être* ~ Bescheid wissen; e-n Entschluß gefaßt haben; *me voilà* ~ nun weiß ich, woran ich bin; **~er I.** *tr* **1.** *(attacher, immobiliser)* befestigen, fest=machen, an=bringen; ~ *qc au mur* etw an der Wand an=bringen; *(Feind)* binden, fesseln; *(Nomaden)* an=siedeln, seßhaft machen; ~ *dans sa mémoire* sich ein=prägen; ~ *tous les regards sur soi* alle Blicke auf sich *(acc)* ziehen; **2.** *(regarder)* ~ *qn du regard* jdn fixieren, starr an=sehen; ~ *le regard sur qn* od *qc* den Blick auf jdn oder e-e S heften; **3.** *(donner forme)* fest=legen, bestimmen; ~ *la date d'une réunion* den Termin e-r Versammlung fest=legen, an=beraumen; ~ *ses idées sur le papier* s-e Gedanken zu Papier bringen; ~ *les limites d'un terrain* ein Gebiet ab=grenzen; ~ *l'ordre du jour d'une réunion* die Tagesordnung e-r Versammlung fest=legen; **4.** *(chem)* binden; *(Foto, Kohlezeichnung)* fixieren; **5.** *(informer)* ~ *qn sur qc* jdn von etw in Kenntnis setzen; *je ne suis pas très fixé* ich habe mich noch nicht festgelegt; **II.** *v prn* **6.** *se* ~ *une ligne de conduite* sich ein Verhalten zur Richtschnur machen; *son choix s'est fixé sur qc* er hat sich für e-e S entschieden; *(se stabiliser) (Person)* beständig werden; *(se concentrer)* sich konzentrieren (*sur* auf *acc*), sich zs.=nehmen; *(s'établir)* sich (für dauernd) nieder=lassen; heiraten; *(Sache)* sich stabilisieren, sich einpendeln; *(Papier)* haften *(sur* an *acc); (Anblick)* haften bleiben (*dans la mémoire* im Gedächtnis); *se* ~ *pour but de* sich zum Ziel setzen; ~**ité** *f* Festigkeit; Unbeweglichkeit; Unveränderlichkeit; Starrheit; Beständigkeit *f.*

fla|c [flak] *interj* klatsch! patsch! ~**con** *m* Fläschchen *n;* ~ *en verre, de parfum* Glas-, Parfümfläschchen *n;* ~**-fla** *m* Effekthascherei, Angabe *f; faire du* ~ sich wichtig machen!

flag|ellant [flaʒɛlɑ̃] *m hist* Geißelbruder *m;* ~**eller** *tr* geißeln; ~**eolant, e** *a* zitternd; wankend; ~**eoler** *itr (Knie)* schlottern; wanken; ~**eolet** [-lɛ] *m* **1.** weiße (Zwerg-)Bohne *f;* **2.** *mus* Flageolett *n.*

flagrant, e [flagrɑ̃, -ɑ̃t] **1.** sonnenklar, offenkundig, in die Augen springend; *(Widerspruch)* kraß; **2.** *prendre en* ~ *délit* auf frischer Tat ertappen.

flair [flɛr] *m* **1.** Witterung *(bes. des Hundes);* feine Nase *f;* **2.** *fig* Scharf-, Spürsinn *m,* Fingerspitzengefühl *n; avoir du* ~ *(fam)* e-n guten Riecher haben; ~**er** *tr* **1.** wittern *a. fig;* (auf=)spüren, riechen; **2.** *(Mensch) fig* ahnen, merken; — ~ *qc* etw beschnuppern; für etw e-n guten Riecher haben.

flamant [flamɑ̃] *m orn* Flamingo *m.*

flamb|ant, e [flɑ̃bɑ̃] *a* **1.** *tout* ~ *neuf (fam)* funkelnagelneu; **2.** *air m* ~ strahlende, stolze Miene *f;* **3.** *charbon m* ~ Flammkohle *f;* ~**ard,** ~**art** *m faire le* ~ *(fam)* an=geben; ~**é, e** *a* **1.** *fam* pleite, futsch; **2.** *(Nadel)* ausgeglüht; **3.** *(Geflügel)* abgesengt; ~**eau** *m* **1.** Fackel *f;* **2.** Leuchter *m;* **3.** *fig* Leuchte *f;* — *retraite f aux* ~*x* Fackelzug *m;* ~**ée** *f* **1.** hell auflodernde(s) Feuer *n;* **2.** *fig* plötzliche(r) Ausbruch *m;* **3.** ~ *des prix* Preislawine *f;* ~**er I.** *tr* (ab=)sengen, aus=brennen; an=kohlen; **II.** *itr* flammen, lodern; ~**oiement** *m* (Auf-)Flammen, Lodern; *(Sonne)* Glühen *n;* ~**oyant, e** *a* flammend, funkelnd, blitzend; *gothique m* ~ Spätgotik *f;* ~**oyer** *itr* (auf=)flammen, auf=leuchten.

flamingant, e [flamɛ̃gɑ̃, -ɑ̃t] *a* Flämisch sprechend.

flamm|e [flam] *f* **1.** Flamme *f;* **2.** *mar* Wimpel *m;* — *être la proie des* ~*s* ein Raub der Flammen werden; ~**èche** *f* Feuerfunke *m.*

flan [flɑ̃] *m* **1.** Pudding *m;* **2.** Münzplatte *f;* **3.** *typ* Mater; Matrize *f;* — *à la* ~ *(pop)* schlampig; *(Person)* untauglich; *en être comme deux ronds de* ~ *(pop)* baff sein; *c'est du* ~*! (pop)* alles nur Quatsch! alles nur Mache! ~**c** [flɑ̃] *m* **1.** *(Mensch, Tier)* Seite, Weiche; *(Tier)* Flanke *f a. mil tech;* **2.** Seitenwand *f,* -teil *n;* (Berg-, Ab-)Hang, Abfall *m;* **3.** *mar* Seite *f;* — *se battre les* ~*s (fam)* sich umsonst an=strengen; *être sur le* ~ *(fam)* ganz kaputt sein; *mettre qn sur le* ~ *(fam)* jdn fertig=machen; *prêter le* ~ *(fig)* sich e-e Blöße geben; *tirer au* ~ *(fam)* sich (von der Arbeit) drücken; ~**cher** *itr fam* nach=geben; *(Herz)* aus=setzen; *(Plan)* aufgeben; zurück=weichen; Angst bekommen; ~**drin** *m: grand* ~ lange(r) Lulatsch *m;* ~**elle** [fla-] *f* Flanell *m.*

flân|er [flane] *itr* umher=schlendern, bummeln; ~**erie** *f* Bummel *m;* Bummelei *f;* ~**eur, se** *m f* Spaziergänger(in *f*) *m;* Bummler(in *f*) *m.*

flanquer [flɑ̃ke] **I.** *tr* **1.** flankieren; **2.** *fam* schleudern, werfen; keß auf=setzen; **3.** *(Ohrfeige)* versetzen, verpassen; **II.** *v prn se* ~ *(Krankheit)* sich zu=ziehen; — ~ *la frousse à qn* jdm Angst einjagen; *se* ~ *une bonne pile* sich verdreschen, -prügeln; ~ *à la porte* hinaus=werfen; *se* ~ *par terre* hin=fallen.

flapi, e [flapi] *a fam* todmüde, wie gerädert.

flaque [flak] *f* Pfütze, Lache *f.*

flash [flaʃ] *m* **1.** *phot* Blitzlicht *n;* **2.** *film* Flash *m;* **3.** *(Presse)* (~ *d'information)* wichtige Kurznachricht *f;* — ~ *électronique* Elektronenblitz *m;* ~ *publicitaire* Werbespot *m;* ~**-back** *m inv film* Rückblende *f.*

flasque [flask] **I.** *a* schlaff, weich; matt; schlapp, lendenlahm; **II.** *s m* **1.** *tech* Flansch *m;* **2.** Flasche *f.*

flatt|er [flate] **I.** *tr* **1.** schmeicheln (*qn* jdm); **2.** *(Tier)* streicheln, liebkosen; **3.** angenehm berühren *fig; (den Gaumen)* kitzeln; **4.** *(Bild)* verschönen; **5.** zu sehr schonen, zu zärtlich behandeln; begünstigen; **6.** Hoffnung machen (*qn de qc* jdm auf e-e S); **II.** *v prn se* ~ sich *(dat)* ein=bilden (*de qc* e-e S); sich *(dat)*

Hoffnung machen (*de qc* auf e-e S), rechnen (*de qc* mit etw); — *se ~ d'illusions* sich *(acc)* Illusionen hin=geben; **~erie** *f* Schmeichelei *f;* **~eur, se I.** *a* schmeichelhaft; schmeichlerisch; **II.** *s m f* Schmeichler(in *f*) *m.*

flatu|eux, se [flatɥø, -øz] *a med* blähend; **~osité** [-tɥo-] *f* Blähung *f.*

fléau [fleo] *m* **1.** Dreschflegel *m;* **2.** Waagebalken *m;* **3.** *fig* Geißel, Landplage *f.*

flèche [flɛʃ] *f* **1.** Pfeil *m;* **2.** *(Turm)* Helm *m,* Spitze; Deichsel; Durchbiegung *f,* Durchhang *m;* **3.** *(Kran)* Ausleger *m;* **4.** *(~ de lard)* Speckseite *f;* **5.** *être en ~ (fig)* an vorderster Stelle stehen; *faire ~ de tout bois* alle Hebel in Bewegung setzen; *monter en ~ (aero)* steil in die Höhe steigen; *(Preise)* in die Höhe schnellen.

fléch|ette [fleʃɛt] *f* Wurfpfeil *m;* **~ir I.** *tr* **1.** biegen, beugen; **2.** *fig* rühren, erweichen, bewegen; **II.** *itr* **3.** nach=geben *a. fig;* wanken, weichen; sich durch=biegen; **4.** sich beugen; sich rühren lassen; **5.** *(Preis)* fallen; **6.** *(Kurse)* ab=bröckeln; **~issement** *m* **1.** Beugung *f,* Beugen *n; (Seil)* Durchhang *m;* Durchbiegen *n;* **2.** *fig* Nachlassen, Nachgeben *n;* **3.** *(Kurs)* Rückgang *m;* Abschwächung, Abflachung *f;* Abbröckeln *n;* **4.** *(Preise)* Fallen *n.*

flegm|atique [flɛgmatik] **I.** *a* phlegmatisch; *fig* kaltblütig, leidenschaftslos; **II.** *s m* kaltblütige(r) Mensch *m;* **~e** [flɛgm] *m* **1.** *med* Schleim *m;* **2.** Gelassenheit *f;* — *faire perdre son ~ à qn* jdn aus der Fassung bringen.

flemm|ard, e [flɛmar, -ard] **I.** *a fam* träge, faul; **II.** *s m* Faulpelz *m;* **~arder** *itr fam* faulenzen; **~e** *f fam* Faulheit *f; avoir la ~, battre, tirer sa ~* faulenzen; keine Lust zur Arbeit haben.

flet [flɛ] *m zoo* Flunder *f;* **flétan** [fletɑ̃] *m zoo* Heilbutt *m.*

flétr|i [fletri] *a* **1.** *(Blume)* welk, verwelkt; **2.** *fig (Haut)* welk; *(Schönheit)* verblüht; **~ir I.** *tr* **1.** (ver)welken lassen; **2.** *fig* den Glanz, die Frische nehmen (*qc* dat); **3.** *qn* jdn brandmarken; **4.** *fig* schänden, entehren, beflecken; **II.** *v prn se ~* **5.** verwelken, verdorren; verblühen; **6.** s-e Frische, s-n Glanz verlieren; **7.** *(Gesicht)* schlaff werden; **~issure** *f* **1.** (Ver-)Welken, Verblühen *n;* **2.** Brandmarkung; *fig* Schmach *f,* Schandfleck *m;* Entehrung *f.*

fleur [flœr] *f* **1.** Blume; Blüte *f a. fig chem;* **2.** *fig* Blüte(zeit) *f,* Glanz *m;* **3.** Auswahl *f,* (das) Beste; **4.** *à ~s* mit Blumen geschmückt; geblümt; *à ~ de* auf der Oberfläche *gen,* in gleicher Höhe mit; *à la ~ de l'âge* in den besten Jahren; *en ~* blühend, in Blüte; *comme une ~ (fam)* federleicht; mühelos; **5.** *couvrir qn de ~s, jeter des ~s à qn (fig)* jdm Komplimente machen; *être en ~* in Blüte stehen; *faire une ~ à qn (fam)* für jdn etw Besonderes tun, e-n Stein in den Garten werfen; **6.** *bouquet m, couronne f de ~s* Blumenstrauß, -kranz *m; pot m de ~s* Blumentopf *m; vase m à ~s* Blumenvase *f; ~ de cerisier, de pêcher* Kirsch-, Pfirsichblüte *f; ~ de farine* feinste(s) Auszugmehl *n;* **~aison** *f s. floraison;* **~deliser** [-də-] *tr* mit Lilien verzieren; **~et** [-rɛ] *m* **1.** Florett *n;* **2.** Florettseide *f;* **~ette** *f: conter ~ à qn* jdm den Hof machen; **~i, e** *a (Baum)* blühend; *(Wiese)* blumengeschmückt; *(Stoff)* geblümt; *(Teint)* frisch, gerötet; *(Stil)* bilderreich, blumig überladen; *Pâques f pl ~es* Palmsonntag *m;* **~ir I.** *itr* **1.** (auf=)blühen *a. fig;* in Blüte stehen; **2.** *(pop) les fautes fleurissent* es wimmelt von Fehlern; **II.** *tr* (mit Blumen) schmücken; *fig* e-e Blume an=stecken (*qn* jdm); — *~ sa boutonnière* sich *(dat)* e-e Blume ins Knopfloch stecken; **~iste** *m f* Blumengärtner(in *f*), -händler(in *f*) *m;* **~on** *m* **1.** Blumenzierat *m;* **2.** *fig* Kleinod *n.*

fleuve [flœv] *m* Strom *m a. fig.*

flex|ibilité [flɛksibilite] *f* **1.** Biegsamkeit, Geschmeidigkeit *f;* **2.** *fig* Elastizität, Flexibilität; Anpassungsfähigkeit *f;* **~ible I.** *a* **1.** biegsam, geschmeidig; nachgiebig; **2.** *fig* lenksam; flexibel; anpassungsfähig; **II.** *s m* **1.** (Gummi-) Schlauch *m;* **2.** *tech* biegsame Welle *f;* **~ion** [-ksjɔ̃] *f* **1.** *(Arm)* Biegung, Beugung *f;* **2.** *tech* Durchbiegung *f;* **3.** *gram* Flexion *f.*

flic [flik] *m fam* Schupo, Bulle *m; ~ flac (interj fam)* klitsch, klatsch; **~aille** [-aj] *f fam pej* Polente, Polizei *f.*

flingu|e [flɛ̃g] *m pop* Flinte, Knarre *f;* **~er** *tr fam* über den Haufen schießen.

flirt [flœrt] **1.** Flirt *m;* Liebelei *f;* **2.** *fam* Schwarm *m;* **~age** *m f,* Kokettieren *n;* **~er** *itr* flirten; **~eur, se** *m f c'est une ~se* sie flirtet gern.

floc [flɔk] *interj* plumps!

floche [flɔʃ] *a* flockig; *soie f ~* Flockseide *f.*

flocon [flɔkɔ̃] *m* Flocke *f;* Faserbüschel *n; tomber à gros ~s* in dicken Flocken fallen; *~s d'avoine, de neige, de savon* Hafer-, Schnee-, Seifenflocken *f pl;* **~ner** [-kɔ-] *itr* Flocken bilden; **~neux, se** *a* flockig.

flonflons [flɔ̃flɔ̃] *m pl fam* Tschingbum *n;* Geschmetter *n.*

flop [flɔp] *m film* Mißerfolg, Reinfall *m;* **~ée** *fam* Haufen *m,* Masse, Unmenge (*de* von).

flor|aison [flɔrɛzɔ̃] *f* **1.** Blüte(zeit) *f;* **2.** Blühen *n;* **~alies** *f pl* Blumenschau *f;* **~e** *f* Flora *f;* **~iculture** *f* Blumenzucht *f;* **~ilège** *m fig* Blumenlese *f;* **~in** *m*

Gulden *m;* **~issant, e** *a fig* blühend; *(Handel)* florierend.

flot [flo] *m* **1.** *meist pl* Welle, Woge; Flut *f;* Strom *m a. fig;* **2.** *fig* Menge, Masse *f,* Schar(en) *f (pl);* — *à ~s* in Strömen; *être à ~ (mar)* flott, *fig* bei Kasse sein; *remettre à ~* wieder flott=machen; *fig* wieder auf die Beine helfen (*qn* jdm); **~tage** *m* Flößen *n; train m de ~* Floß *n;* **~taison** *f* **1.** *(ligne f de ~)* Wasserlinie *f;* **2.** *com* Freigabe *f* des Wechselkurses, Floating *f;* **~tant, e** *a* **1.** schwimmend *a. tech;* treibend; schwebend; **2.** flatternd, wehend, fliegend; **3.** *(Farbe)* schillernd; **4.** *(Schuld)* schwebend; **5.** *(Haar)* wallend; **6.** *fig* unsicher, veränderlich, schwankend; — *capitaux m pl ~s* heiße(s) Geld *n; rein m ~* Wanderniere *f;* **~te** *f* **1.** Flotte *f;* **2.** Boje *f;* **3.** *pop* Wasser *n,* Regen *m;* — *(pop) tomber dans la ~* ins Wasser fallen; *(pop) il tombe de la ~* es gießt; **4.** *~ aérienne, commerciale, de guerre* Luft-, Handels-, Kriegsflotte *f; ~ baleinière, charbonnière, pétrolière* Walfang-, Kohlen-, Tankerflotte *f; ~ de véhicules* Wagenpark *m;* **~tement** *m* **1.** Schwanken *a. fig; (Räder)* Flattern *n;* **2.** *com (Währung)* Schwankungen *f pl,* Floating *n;* **3.** *fig* Zögern *n,* Unentschlossenheit *f;* **~ter I.** *itr* **1.** schwimmen, treiben; **2.** schweben (*en l'air* in der Luft); wehen, flattern, fliegen, wogen; **3.** *fig* keine klare Linie haben; es an Genauigkeit fehlen lassen; **4.** zögern; **5.** *tech* wackeln; **6.** *(fam) il flotte* es regnet; **II.** *tr (Holz)* flößen; — *un sourire flottait sur ses lèvres* ein Lächeln spielte um s-e Lippen; **~teur** *m* **1.** *tech* Schwimmer *m;* **2.** *(~ de bois)* Flößer *m;* **~tille** [-ij] *f* Flottille *f.*

flou, e [flu] **I.** *a adv* **1.** zart, weich; duftig; **2.** *(Kleid)* locker, lose; **3.** *phot* unscharf, verschwommen; **4.** *fig* unbestimmt; **II.** *s m* **1.** Verschwommenheit; weiche Linie; **2.** *phot* Unschärfe *f;* **~er** [flue] *tr fam* begaunern, bestehlen.

fluctu|ant, e [flyktɥɑ̃, -ɑ̃t] *a* **1.** *(Preise)* fluktuierend; **2.** *(Person)* schwankend, unbeständig, unsicher; **~ation** *f* Schwankung; *(Arbeitskräfte)* Fluktuation *f; ~s des changes, de conjoncture, des prix* Währungs-, Konjunktur-, Preisschwankungen *f pl; ~s saisonnières* jahreszeitlich bedingte Schwankungen *f pl;* **~er** *itr fig* schwanken, fluktuieren.

flu|et, te [flyɛ, -ɛt] *a* schmächtig, dünn; zart, schwächlich; **~ide** [flɥid] **I.** *a* **1.** (dünn)flüssig; **2.** *(Stil) fig* flüssig; **II.** *s m* **3.** Flüssigkeit *f;* **4.** *fig* Ausstrahlung *f,* Fluidum *n;* **~idité** *f* **1.** Dünnflüssigkeit *f;* **2.** *~ de la circulation routière* Flüssigkeit *f* des Straßenverkehrs; **3.** *fig* Verschwommenheit *f;* **~or** [flyɔr] *m chem* Fluor *n;* **~orescence** *f* Fluoreszenz *f;* **~orescent, e** *a* fluoreszierend; *tube m ~* Leuchtstoffröhre *f.*

flût|e [flyt] *f* **1.** Flöte *f;* Flötist *m;* **2.** längliche(s) Brot *n;* **3.** *(~ à champagne)* Sektglas *n;* **4.** *(fam) jouer des ~s* verduften, sich verziehen; **5.** *interj fam* verflixt! *être du bois dont on fait des ~s (fig)* zu nachgiebig sein; **~é, e** *a (Ton)* hell; schrill; **~iste** *m* Flötenspieler, Flötist *m.*

fluvi|al, e [flyvjal] Fluß-; *navigation f ~e* Flußschiffahrt *f; voie f ~e* Binnenwasserstraße *f.*

flux [fly] *m* **1.** *(Meer)* Flut *f a. fig;* **2.** *med* Ausfluß *m;* **3.** *tech el* Fluß *m;* — *~ de paroles* Wortschwall *m; ~ et reflux* Ebbe u. Flut *f;* Gezeiten *pl; fig* (das) Hin u. Her; **~ion** [-ksjɔ̃] *f med* Anschwellung, Entzündung; *fam* dicke Backe *f; ~ de poitrine* Lungen- und Rippfellentzündung *f.*

foc [fɔk] *m mar* Klüver *m;* **~al, e I.** *a* Brennpunkt-; **II.** *s f opt* Brennweite *f;* **~aliser** *tr* **1.** *(Strahlen)* bündeln; **2.** *fig* konzentrieren *(sur* auf *acc).*

fo(u)ène, foëne [fwɛn] *f* Harpune *f.*

fœtus [fetys] *m* Leibesfrucht *f.*

foi [fwa] *f* **1.** Glaube(n) *m a. rel;* Vertrauen *n* (*en* auf, in *acc,* zu); **2.** *pol* Überzeugung *f;* **3.** *de bonne ~, en toute bonne ~* gutgläubig, in gutem Glauben; *de mauvaise ~* böswillig, wider Treu u. Glauben; *en ~ de quoi (jur)* urkundlich dessen; *sous la ~ du serment* an Eides Statt; *ajouter ~ à qc* e-r S Glauben schenken; *avoir ~ en qn, qc* zu jdm Zutrauen haben; etw (jdm) glauben; *faire ~ de qc* etw beglaubigen, beweisen; *faire ~* maßgebend sein; Beweiskraft haben; **4.** *ma ~!* wahrhaftig! *ma ~, oui* allerdings; *il est de mauvaise ~* man kann ihm nicht trauen; **5.** *article m de ~* Glaubensartikel *m; bonne ~* Treu u. Glauben; *digne de ~* glaubwürdig; *profession f de ~* Glaubensbekenntnis *n; ~ conjugale* eheliche Treue *f; ~ des contrats* Vertragstreue *f.*

foie [fwa] *m* Leber *f;* — *avoir les ~s (pop)* Bammel, Angst haben; *huile f de ~ de morue* Lebertran *m; pâté m de ~ gras* Gänseleberpastete *f.*

foin [fwɛ̃] **1.** *s m* Heu *n; pl* Heuernte *f;* **2.** *interj* pfui! **3.** *(fam) avoir du ~ dans ses bottes* gutsituiert, wohlhabend sein; *être bête à manger du ~* dumm wie Bohnenstroh sein; *faire un ~ du diable (pop)* e-n Höllenlärm machen; *faire les ~s* heuen; **4.** *botte f de ~* Heubündel *n; grenier m à ~* Heuboden *m meule f, tas m de ~* Heuhaufen *m; rhume m des ~s* Heuschnupfen *m.*

foir|e [fwar] *f* **1.** (Jahr-)Markt *m;* **2.** Ausstellung, Messe *f;* **3.** Volksfest *n;* **4.** *fam* Rummel *m,* Durcheinander *n;* **5.** *vulg* Dünnschiß *m;* **6.** *(fam) une franche ~*

ein völliges Durcheinander; *(vulg) avoir une foire terrible* schrecklich Schiß haben; *acheter à la ~ d'empoigne (fam)* stehlen, klauen; *faire la ~ (pop)* ein Geschrei verführen; versumpfen; *champ, stand m de ~* Messegelände *n*, -stand *m; ~ d'échantillons, de printemps* Muster-, Frühjahrsmesse *f;* **~er** *itr pop* **1.** schief=gehen; **2.** *tech* nicht funktionieren; **3.** *(Rakete)* nicht zünden; **4.** *pop* Dünnschiß haben; **~eux, se** *m f vulg* Hosenscheißer, Versager *m.*

fois [fwa] *f* Mal *n;* **1.** *à la ~* auf einmal, zugleich; *bien des ~* häufig, oft(mals); *chaque, (pop) à chaque ~* jedesmal; *des ~ (pop)* manchmal, gelegentlich; *mainte(s) ~* manches Mal, oft; *plusieurs ~* mehrmals; *en plusieurs ~* nach wiederholten Versuchen; nach und nach; etappenweise; *pour la dernière ~* zum letztenmal; **2.** *la prochaine, la dernière ~* nächstes Mal, das letztemal; *toutes les ~ que* jedesmal, wenn; *une ~* einmal; *encore une ~* nochmals, noch (ein)mal; *une ~ par an, par jour* einmal jährlich *od* im Jahr, täglich *od* am Tage; *une ~ que* ... wenn ... einmal ...; *une ~ pour toutes, une bonne ~* ein für allemal; *il y avait, il était une ~* es war einmal; *une ~ n'est pas coutume (prov)* einmal ist keinmal.

foison [fwazɔ̃] *f: il y a de tout à ~* es ist alles in Hülle u. Fülle vorhanden; **~nement** [-zɔ-] *m* **1.** *(Pflanzen)* üppige(s) Wachstum *n;* **2.** *tech* Aufquellen, Anschwellen *n;* **3.** *fig* Überfluß *m;* **~ner** *itr* **1.** *(Pflanzen)* wuchern; **2.** *(Tiere)* wimmeln (*de, en* von); sich stark vermehren; **3.** *chem* auf=gehen, -quellen; **4.** *fig* Überfluß haben (*de* an *dat*).

fol|âtre [fɔlatr] *a* fröhlich; ausgelassen; **~âtrer** *itr* herumtollen; ausgelassen sein; **~ichon, ne** *a: (pop) ce n'est pas ~* das ist kein Vergnügen; **~ie** *f* **1.** Wahnsinn, Wahn *m*, Irresein *n;* **2.** Verrücktheit, Torheit *f;* — *aimer qn à la ~* in jdn ganz vernarrt sein; *faire des ~s* sich in Unkosten stürzen; *~ furieuse* Tobsucht *f; ~ des grandeurs* Größenwahn *m; ~ des persécutions* Verfolgungswahn *m.*

folklor|e [fɔlklɔr] *m* Folklore; Volkskunde *f;* **~ique** *a* folkloristisch; volkskundlich; *chanson, danse f ~* Volkslied *n*, -tanz *m.*

follement [fɔlmɑ̃] *adv* ungeheuer, riesig, wahnsinnig; *aimer qn ~* jdn irrsinnig lieben.

foll|et, te [fɔlɛ, -ɛt] *a* albern, kindisch; *esprit m ~* Poltergeist *m; feu m ~* Irrlicht *n*, -wisch *m;* **~icule** *m* **1.** *bot* Samenhülle *f;* **2.** *anat* Follikel *m.*

foment|ateur, trice [fɔmɑ̃tatœr, -tris] *m* Anstifter, Aufwiegler, Hetzer *m;* **~er** *tr (zu e-r Verschwörung)* (an=)stiften; *(Streit)* schüren.

fon|cé, e [fɔ̃se] *a (Farbe)* dunkel; **~cer** **I.** *tr* **1.** *(Farbe)* dunkler machen; **II.** *itr* **2.** sich stürzen (*sur* auf *acc*); her=fallen (*sur* über *acc*); **3.** (fort=, hinaus=)rennen, *mot loc* drauflos=fahren; **4.** *aero* hinein=fliegen (*dans la nuit* in die Nacht); — *(fam) je dois ~* ich muß mich anstrengen; **~cier, ère** *a* Grund-, Boden-; *fig* gründlich; *(Irrtum)* fundamental; — *crédit m ~* Bodenkredit(bank *f*) *m; propriétaire m ~* Grundeigentümer *m;* **~cièrement** *adv* von Grund auf, durchaus.

fonction [fɔ̃ksjɔ̃] *f* **1.** Amt *n*, Funktion *f*, Posten *m;* **2.** Beruf *m;* Tätigkeit, Aufgabe, Pflicht *m;* **3.** *math* Funktion; *chem* Wirkung *f;* **4.** *pl* Amtsgeschäfte *n pl*, Dienstobliegenheiten *f pl;* **5.** *dans l'exercice de ses ~s* in Ausübung s-s Amtes; *en ~ du marché* marktgerecht; **6.** *charger qn d'une ~, confier une ~ à qn* jdm ein Amt übertragen; *entrer en ~(s)* sein Amt an=treten; in Funktion treten, wirksam werden; *être ~ de qc* von etw ab= hängen; *faire ~ de* fungieren, dienen als; **~naire** [-sjɔ-] *m f* Beamte(r) *m*, Beamtin *f; pl* Beamtenschaft *f;* **~aliser** *tr* funktionell, zweckmäßig gestalten; **~nariser** *tr* verbeamten; verbürokratisieren; **~narisme** *m* Bürokratie *f;* **~nel, le** *a* **1.** zweckmäßig, praktisch; **2.** funktionell; funktional; **~nement** *m* Funktionieren, Arbeiten *n;* Betrieb, Lauf, Gang *m;* — *le bon ~* das reibungslose Funktionieren; *entrer en ~* in Betrieb genommen werden; *mode m de ~* Arbeitsweise *f;* **~ner** *itr* funktionieren, arbeiten, in Gang sein; *(Maschine)* gehen, laufen.

fond [fɔ̃] *m* **1.** Grund, Boden *m;* **2.** Unter-, Hintergrund *m a. fig*, Grundlage; Tiefe *f a. fig;* **3.** Bodensatz; Rest *m;* **4.** *fig* Grundlage *f;* (das) Innerste; (die) Hauptsache, (das) Wesentliche; Inhalt; Kern *m;* **5.** *jur* materielle Streitsache *f;* **6.** *sport* Zähigkeit, Ausdauer *f;* **7.** *geol* Sohle, Talmulde; Geländevertiefung *f;* **8.** *min* Grubenbetrieb *m;* **9.** *mar* Bilge *f;* **10.** *à ~* gründlich, von Grund aus, eingehend; nachdrücklich, energisch; *à ~ de cale (mar)* im Kielraum; *fig fam* ohne Geld; *à ~ de train* im Eiltempo; *au ~, dans le ~* im Grunde, eigentlich; in der Tiefe (*de* gen); *min* unter Tage; *au fin ~ de* im fernsten Winkel *gen; de ~ en comble* [fɔ̃tɑ̃kɔ̃bl] von Grund aus; ganz u. gar; *sans ~* grund-, bodenlos; **11.** *aller au ~ de qc* e-r S auf den Grund gehen; *avoir du ~* Ausdauer haben; über solide Kenntnisse verfügen; *se détacher sur un ~ clair* sich von e-m hellen Hintergrund ab=heben; *faire ~ sur qn, qc* sich auf jdn, etw verlassen;

jdm, e-r S *(dat)* volles Vertrauen schenken; *respirer à ~* tief atmen; *toucher au ~ d'un problème* auf den Kern e-s Problems stoßen; *traiter à ~* gründlich behandeln; **12.** *le ~ de l'air est frais (fam)* die Luft selbst ist frisch; **13.** *article m de ~* Leitartikel *m; couche f de ~ (Malerei)* Grundierung *f; course f de (grand) ~* Langstreckenlauf *m (über 5000 m); (Ski)* Langlauf *m; course f de demi-~* Mittelstreckenlauf *m; ~ de la mer* Meeresgrund *m; ~ musical, sonore* musikalische Untermalung; Hintergrundmusik *f; ~ de robe* Unterrock *m,* -kleid *n; ~ de teint* Make-up *n.*

fond|amental, e [fɔ̃damɑ̃tal] *pl -aux a* Grund-, Haupt-; wesentlich; ursprünglich; grundlegend; *accord, son m ~* Grundakkord, -ton *m;* **~ant, e I.** *a* **1.** *(Eis)* schmelzend; **2.** auf der Zunge zergehend, saftig, weich; **II.** *s m* Fondant *m (Zuckerwerk); tech* Schmelz-, Flußmittel *n; (Metall)* Zuschlag *m;* **~ateur, trice** *m f* Gründer(in *f*), Stifter(in *f*) *m;* **~ation** *f* **1.** Gründung, Stiftung *f;* **2.** *arch* Fundament *n,* Fundierung *f; pl* Grundmauern *f pl;* **~é, e I.** *a* begründet; berechtigt; *(Schuld)* fundiert; *être ~ à croire* Grund haben anzunehmen, zu glauben; **II.** *s m ~ de pouvoir* Bevollmächtigte(r), Prokurist *m;* **~ement** *m* **1.** Grund *m,* Grundlage *a. fig;* Begründung *f;* **2.** *fam* After *m,* Hinterteil *n;* — *sans ~* unbegründet, grundlos; *jeter les ~s* die Grundlagen legen (*de qc* für etw); **~er I.** *tr* **1.** (be-)gründen; erbauen; den Grund legen (*qc* zu etw); **2.** *fig* stützen (*sur* auf *acc*); rechnen (*sur* mit); — *être fondé à* Grund haben zu; **II.** *v prn se ~* fußen, sich stützen (*sur* auf *acc*); *~ de grands espoirs sur qn* auf jdn große Hoffnungen setzen; **~erie** *f* Gießerei *f;* **~eur** *m* **1.** *(Metall)* Gießer *m;* **2.** *(Ski)* Langläufer *m.*

fond|re [fɔ̃dr] **I.** *tr* **1.** (ein=, ver)schmelzen; flüssig machen; *(Erze)* verhütten; *(Butter)* zerlassen; *(Sicherung)* durch=brennen; *(Glocke)* gießen; **2.** *fig* vereinigen, verschmelzen; vermischen (*avec, dans qc* mit etw); **3.** *(Farbtöne)* abstufen; **II.** *itr* **4.** schmelzen; *(Eis)* auf=tauen; sich auf=lösen; zergehen; auf=gehen *(dans* in *dat);* **5.** (los=)stürzen (*sur* auf *acc*), her=fallen (*sur* über *acc*); **6.** *fig* ab=nehmen, dahin= schwinden; *fam* ab=magern; **III.** *v prn se ~* **7.** verschmelzen, zerfließen; **8.** auf=gehen (*dans* in *dat*); **9.** (ver)schwinden; **10.** *(Farben)* inea.=laufen; — *~ en larmes* in Tränen zerfließen; **~rière** [-drijɛr] *f* Sumpf-, Schlammloch *n.*

fonds [fɔ̃] *m* **1.** *(~ de terre)* Grund u. Boden *m;* Grundstück *n;* **2.** *(~ de commerce)* Geschäft *n,* Laden Firmenwert *m;* **3.** *pl* Fonds *m,* Kapital *n,* Gelder *n pl;* **4.** *à ~ perdu* ohne Aussicht auf Rückerstattung, auf Nimmerwiedersehen; *(fam) être en ~* bei Kasse sein; *faire les ~* das Kapital, Mittel auf=bringen (*de qc* für etw); *rentrer dans ses ~* sein Geld zurück=bekommen; **5.** *les ~ sont bas (fam)* wir sind schlecht bei Kasse; **6.** *bailleur m de ~* Geldgeber *m; mise f de ~* Kapitaleinlage *f;* **7.** *~ de caisse* Kassenbestand *m; ~ d'État, publics* Staatspapiere *n pl; ~ International Monétaire* Internationale(r) Währungsfonds *m; ~ de retraite* Pensionskasse *f; ~ de roulement* Betriebskapital *n; ~ social* Gesellschaftskapital *n;* **~u, e I.** *a* **1.** geschmolzen, aufgelöst; *(Fett)* zerlassen; **2.** *(Farben)* verschwommen, verfließend; inea. übergehend; **II.** *s* **1.** *m film* Überblendung; Farbabstufung *f;* **2.** *f* Fondue *f (warmes Käsegericht).*

font|aine [fɔ̃tɛn] *f* Quelle *f a. fig;* (Spring-)Brunnen *m; eau f de ~* Brunnenwasser *n;* **~anelle** *f anat* Fontanelle *f;* **~e** *f* **1.** Schmelze *f;* Abschmelzen, Auftauen *n;* **2.** Gießen *n;* Guß *m;* **3.** Guß-, Roheisen *n;* — *en ~* gußeisern; *~ des neiges* Schneeschmelze *f;* **~s** [fɔ̃] *m pl: ~ baptismaux* Taufbecken *n,* -stein *m; tenir sur les ~ baptismaux* aus der Taufe heben.

football [futbol] *m* Fußball *m;* — *équipe f, match, terrain m de ~* Fußballmannschaft *f,* -spiel *n,* -platz *m; jouer au ~, (fam) foot* Fußball spielen; **~eur** [-œr] *m* Fußballspieler *m.*

footing [futiŋ] *m* Lauf; Fußmarsch *m; faire du ~ au bois* e-n Waldlauf machen.

for [fɔr] *m: en, dans mon ~ intérieur* in meinem Innersten; **~age** *m* Bohren *n,* Bohrung *f;* **~ain, e I.** *a* Jahrmarkt-; **II.** *s m* Schausteller *m; marchand m ~* ambulante(r) Händler *m;* **~ban** *m* **1.** Freibeuter *m;* **2.** *fig* Gauner, Hochstapler *m;* **~çage** *m agr* Frühkultur *f;* **~çat** [-sa] *m* Zuchthäusler, Sträfling *m.*

forc|e [fɔrs] *f* **1.** Kraft, Stärke, Macht, Gewalt, Wucht *f;* **2.** Zwang *m;* Vermögen *n;* **3.** *(ohne Artikel)* e-e Menge, sehr viele; **4.** *pl* Streitkräfte *f pl;* **5.** *à ~ de travailler* durch vieles Arbeiten; *à toute ~* mit aller Gewalt; unbedingt; *dans la ~ de l'âge* im besten Alter; *dans toute la ~ du terme* im wahrsten Sinne des Wortes; *de toutes ses ~s* aus Leibeskräften; *de ~, par ~* mit Gewalt, gewaltsam; zwangsweise; **6.** *avoir ~ de loi* Gesetzeskraft haben; *être de ~ à* imstande sein zu; *reprendre des ~s* wieder zu Kräften kommen; **7.** *~ est de (mit Inf.)* man muß; **8.** *économie f des ~s* Kräftehaushalt *m; tour m de ~* Kraftprobe, -leistung *f;* **9.** *~s aériennes* Luftstreitkräfte *f pl; ~ attractive, d'attraction* Anziehungskraft *f; ~ hydraulique*

Wasserkraft *f; ~ majeure* höhere Gewalt *f; ~ motrice* Antriebskraft, Energie *f; ~s navales* Seestreitkräfte *f pl; ~s de terre et de mer* Land- u. Seestreitkräfte *f pl;* **~é, e** *a* **1.** gezwungen; zwangsläufig; Zwangs-; *fam* unvermeidlich; **2.** *fig* erkünstelt, unnatürlich; steif; — *atterrissage m ~ (aero)* Notlandung *f; marche f ~e* Eilmarsch *m; travaux m pl ~ s* Zwangsarbeit *f;* **~ément** *adv* zwangsläufig, gezwungenermaßen, notgedrungen; **~ené** *m* Wahnsinnige(r); Wüterich *m; travailler comme un ~* wie besessen arbeiten; **~eps** [-sɛps] *m* Geburtszange *f.*

forc|er [fɔrse] **I.** *itr* **1.** *(Wind)* stärker werden; **2.** *(beim Kartenspiel)* stechen; **3.** *tech* e-e Kraft wirken lassen (*sur* auf *acc*); **4.** *sport* sich bis zum äußersten an=strengen, sich verausgaben; — *sans ~ (fam)* spielend leicht, bequem; *~ sur les avirons* aus Leibeskräften rudern; **II.** *tr* **5.** *(faire céder qc)* mit Gewalt öffnen *od* ein=nehmen; *~ l'entrée* den Zugang erzwingen; *(Tür)* auf=brechen; *(Widerstand)* brechen; **6.** *(faire céder qn)* bezwingen, nötigen, Gewalt an=tun (*qn* jdm); — *~ qn à boire* jdn zum Trinken nötigen; *~ la main à qn* jdn *(zu e-r bestimmten Handlung)* zwingen; *~ qn à obéir* jdm s-n Willen auf=zwingen; **7.** *(Mädchen)* vergewaltigen; **8.** *(Wild)* verfolgen, zu Tode hetzen; **9.** *(Verbot)* übertreten; **10.** *(obtenir de force)* erzwingen; — *vouloir ~ la sympathie de qn* jds Zuneigung erzwingen wollen; *son courage force l'admiration* man kann s-n Mut nur bewundern; **11.** *(solliciter exagérément, accélérer)* übertreiben *itr;* **12.** *(Pferd, Stimme, Muskel)* überanstrengen; **13.** *(Schritt)* beschleunigen; **14.** *agr (Pflanzen)* verfrühen; **15.** *(Rechnung)* überhöhen; **16.** *(Text)* einseitig aus=legen; **17.** *(Sinn)* verfälschen; **III.** *v prn se ~* sich Gewalt an=tun, sich zwingen (*à* zu); sich überanstrengen; **~ing** [-iŋ] *m (Fußball)* plötzliche(r) Vorstoß *m; fig* Kraftentfaltung *f,* gewaltsame Handlung *f;* Aktivitäten *f pl;* **~ir** *itr fam (Kind)* kräftig(er) werden.

for|er [fɔre] *tr tech* (an=, aus=)bohren; **~estier, ère** [-rɛs-] **I.** *a* forstwirtschaftlich; Forst-, Wald-; **II.** *s m* Förster *m;* — *chemin m ~* Waldweg *m; maison f ~estière* Forst-, Försterhaus *n; ouvrier m ~* Waldarbeiter *m;* **~et** [-ɛ] *m* Bohrer *m;* **~êt** *f* Wald *a. fig;* Forst *m;* — *les arbres lui cachent la ~* er sieht den Wald vor (lauter) Bäumen nicht; *les Eaux et Forêts* das Forstwesen *n; ~ domaniale* Staatsforst *m; ~ de feuillus, mixtes* Laub-, Mischwald *m; ~ de résineux* Nadelwald *m; ~ vierge* Urwald *m;* **~eur** *m* Bohrer *m (Arbeiter);* **~euse** *f* Bohrmaschine *f.*

forfait [fɔrfɛ] *m* **1.** Pauschale *f;* Festpreis *m;* **2.** *(Pferderennen)* Reugeld *n;* — *acheter à ~* in Bausch u. Bogen kaufen; *déclarer ~ (sport)* s-e Meldung zurück=ziehen; *fam* aufgeben; **~aire** *a* Pauschal-; *somme f ~* Pauschalsumme *f.*

forf|anterie [fɔrfɑ̃tri] *f* Prahlerei, Großsprecherei *f;* **~icule** *f* Ohrwurm *m.*

forg|e [fɔrʒ] *f* **1.** Schmiede; Esse *f;* **2.** *bes. pl* (Eisen-) Hütte *f;* **~er I.** *tr* **1.** schmieden, hämmern; **2.** *fig* aus=denken; *(Wort)* bilden; *(Vorwand)* erfinden; **II.** *v prn se ~* **3.** *(Metall)* sich schmieden lassen; **4.** *fig* ausdenken, erfinden (*qc* etw); **~eron** [-ʒə-] *m* (Grob-) Schmied *m.*

form|aliser, se [fɔrmalize] *v prn* übel=nehmen *(de qc* e-e S), sich stoßen (*de qc* an e-r S); **~alisme** *m* Formalismus *m;* **~aliste** *a* förmlich; formell; **~alité** *f* Förmlichkeit; Formalität *f; ~s de douane* Zollformalitäten *f pl;* **~at** [-a] *m* Format *n;* (Bild-)Größe; (Film-)Breite *f;* Anzeigenraum *m; ~ de poche* Taschenformat *n;* **~ateur, trice** *a* bildend, gestaltend; **~ation** *f* **1.** (Aus-)Bildung, Entwicklung; Entstehung *f;* **2.** Gestaltung, Schulung *f;* **3.** Gruppierung, Organisation, Gruppe *f;* **4.** *geol* Formation *f;* **5.** *mil* Verband *m,* Gliederung, Ordnung *f;* **6.** *de récente ~* neu aufgestellt; *en ~* in Aufstellung; **7.** *~ de capitaux* Kapitalbildung *f; ~ générale* Allgemeinbildung *f; ~ des prix* Preisbildung *f; ~ professionnelle* Berufsausbildung *f.*

form|e [fɔrm] *f* **1.** Form; Gestalt, Körperform *f;* **2.** Art, Weise *f;* Ausdruck *m;* **3.** *sport* Form, Verfassung *f;* **4.** *mar* Dock *n;* **5.** *(Hase)* Lager *n;* **6.** *(Schuh)* Leisten *m; typ* Druckform *f;* Rahmen *m;* **7.** *en ~ de* in Form *gen;* als, wie; *en bonne et due ~* in aller Form; vorschriftsmäßig; *pour la ~* pro forma, zum Schein; *pour la bonne ~* der Ordnung halber; *sans autre ~ de procès* kurzerhand; *sous (la) ~ de* in Gestalt *gen; sous cette ~* in dieser Fassung; **8.** *épouser, revêtir une autre ~* e-e andere Gestalt an=nehmen; *être en pleine ~ (sport)* in Hochform sein; *manquer de ~s* keine Manieren haben; *prendre la ~ de* die Gestalt *gen* an=nehmen; *prendre des ~s (fam)* zu=nehmen, dicker werden; **9.** *défaut, vice m de ~* Formfehler *m; manque m de ~* Formlosigkeit, Ungeschliffenheit *f;* **10.** *~ aérodynamique* Stromlinienform *f;* **~el, le** *a* **1.** ausdrücklich; **2.** formell; — *beauté f ~le* Formschönheit *f; éducation f ~le* Formalbildung *f;* **~ellement** *adv* nachdrücklich; einwandfrei, ganz sicher; *interdire qc ~* etw strengstens verbieten.

former [fɔrme] **I.** *tr* **1.** *(créer)* schaffen, machen; erzeugen, hervor=bringen; **2.** *(Plan)* auf=stellen, schmieden; **3.** *(Re-*

gierung, Satz) bilden; **4.** *(Wunsch, Argwohn)* hegen; **5.** *(Sammlung)* auf≈bauen; **6.** *(Gewohnheit)* an≈nehmen; **7.** *(Unternehmen)* gründen; **8.** *(Beschluß)* fassen; **9.** *(Bündnis)* schließen; **10.** *(Truppen)* auf≈stellen; **11.** *(donner forme à qc)* e-e S gestalten, formen; **12.** *(Zug)* zs.≈stellen; **13.** *(développer, entraîner)* aus≈bilden, entwickeln, erziehen; — *~ le goût de qn* jds Geschmack bilden; *~ un apprenti* e-n Lehrling aus≈bilden; **14.** *(constituer)* bilden, dar≈stellen, sein; — *les anneaux forment une chaîne* die Ringe bilden e-e Kette; **II.** *v prn se ~* **1.** sich bilden, entstehen, sich entwickeln; sich auf≈stellen; **2.** *~ un numéro* e-e Nummer wählen; *~ bloc autour de qn* sich um jdn scharen.

form|idable [fɔrmidabl] *a* **1.** fürchterlich, furchtbar; **2.** kolossal, riesig, ungeheuer; **3.** *fam* erstklassig; hervorragend, sensationell, phänomenal; **~ulaire** *m* **1.** Vordruck *m,* Formular *n;* **2.** Formular-, Formelbuch *n;* **~ulation** *f* Formulierung *f;* **~ule** *f* **1.** Formel *f a. math chem;* **2.** Formular, Formblatt *n,* Vordruck *m;* Rezept *n;* **3.** Methode, Art, Möglichkeit *f,* System *n;* — *trouver une bonne ~* e-e gute Lösung finden; *~ de chèque* Scheckformular *n; ~ de compromis (pol)* Kompromißformel *f; ~s de politesse* Höflichkeitsformeln *f pl;* **~uler** *tr* **1.** ab≈fassen, formulieren, in Worte fassen; **2.** zum Ausdruck bringen; aus≈sprechen; **3.** *(Antrag)* stellen; **4.** *(Einwand)* erheben; **5.** *(Rezept)* schreiben; **6.** *math* auf e-e Formel bringen; — *~ un avis* e-e Stellungnahme ab≈geben; *~ une plainte* e-e Klage ein≈reichen.

fort, e [fɔr, -rt] **I.** *a* **1.** kräftig, stark; **2.** groß; beleibt, korpulent, dick; **3.** fest, dauerhaft, haltbar; abgehärtet; **4.** geschickt, tüchtig, fähig; gut beschlagen, bewandert (*en, dans une discipline* in e-m Fach; *sur une question* in e-r Frage); gewandt (*à un jeu* bei e-m Spiel); **5.** scharfsinnig, klug, intelligent; **6.** energisch; eigenwillig; **7.** einflußreich; mächtig; überzeugend, entscheidend; **8.** übertrieben, zu weitgehend; unglaublich; **9.** *(Wein)* schwer; **10.** *(Essig, Soße)* scharf; **11.** *(Boden)* fett, schwer; **12.** *(Farbe)* dick aufgetragen; **13.** *(Butter)* ranzig; **14.** *(Hüfte)* breit; **15.** *(Blech)* grob, dick; **16.** *(Summe)* hoch, beträchtlich; **17.** *(Aussichten)* gut; **18.** *(Wort)* drastisch; **II.** *adv* äußerst; stark; heftig; laut *(sprechen); lit* sehr; **III.** *s m* **1.** Starke(r) *m;* Stärke; starke, stärkste Seite *f;* **2.** höchste(r) Grad *od* Punkt, Höhepunkt *m;* Hauptsache *f,* -punkt *m;* **3.** *mil* Fort; *(Schiff)* Mittelteil *n; (Balken)* dickste(r) Teil *m;* **4.** *au ~ de* mitten in; *à plus ~e raison* um so mehr; *au sens ~ du mot* im eigentlichen Sinne des Wortes; *au prix ~* sehr teuer; **5.** *avoir une ~e envie de* große Lust haben zu; *crier, parler ~* laut schreien, sprechen; *être ~ en français* in Französisch gut sein; *se faire ~* sich anheischig machen (*de* zu); *prêter main-~e à qn* jdn tatkräftig unterstützen; **6.** *vous y allez ~!* Sie nehmen den Mund voll! *c'est un ~ en gueule* er ist nicht auf den Mund gefallen; *ce n'est pas ~* das ist nicht besonders (klug); *c'est plus ~ que moi* ich kann mir nicht helfen; *c'est trop ~!* das ist unerhört! **7.** *devises f pl ~es* harte Währung *f; droit m du plus ~* Recht *n* des Stärkeren; *mer f ~e* hochgehende See *f; poids m ~* Bruttogewicht *n; prix m ~* volle(r) Preis *m;* **~ement** *adv* kräftig; stark, sehr, erheblich; fest; deutlich; *fig* heftig, nachdrücklich; tief; **~eresse** [-tə-] *f* Festung *f.*

fort|ifiant, e [fɔrtifjɑ̃] **I.** *a* stärkend; **II.** *s m* Stärkungsmittel *n;* **~ification** *f* Befestigung *f; pl* Befestigungsanlage *f pl;* **~ifier** *tr* **1.** (be-, ver)stärken, Kraft verleihen (*qn* jdm), kräftigen; **2.** *mil* befestigen; **~iori** [-sjɔri]: *à ~* desto eher, (mit) um so mehr (Recht); **~uit, e** [-tɥi, -it] *a* unvorhergesehen, zufällig; **~une** *f* **1.** Glück(sfall *m*) *n;* Zufall *m;* Los, Schicksal *n;* **2.** Vermögen *n;* Reichtum *m;* **3.** *la F~* Fortuna, die Glücksgöttin; **4.** *de ~* Not-, Hilfs-, Behelfs-; behelfsmäßig; *sans ~* unbemittelt; **5.** *avoir de la ~* wohlhabend, begütert sein; *faire ~* sein Glück machen, reich werden; *inviter qn à la ~ du pot* jdn ohne Umstände ein≈laden; **6.** *bonne ~* glückliche(r) Zufall *m; impôt m sur la ~* Vermögenssteuer *f; mauvaise ~* Unglück *n; revers m pl de ~* Schicksalsschläge *m pl;* **7.** *~ nationale* Volksvermögen *n; ~s de mer* Gefahren *f pl* der See; Seerisiko *n;* **~uné, e** *a* begütert, wohlhabend.

foss|e [fos] *f* **1.** Grube *f a. anat mot; anat* Höhle *f;* **2.** Gruft *f,* Grab *n;* **3.** *min* Schacht(anlage *f*); **4.** *geol* Graben *m;* **5.** *theat* Orchesterraum *m;* **6.** *avoir un pied dans la ~* mit einem Bein im Grabe stehen; *creuser sa ~* sein Grab schaufeln; **7.** *~ commune* Massengrab *n;* — *~ nasale* Nasenhöhle *f; ~ de saut* Sprunggrube *f;* **~é** [fo-] *m* **1.** Graben *m;* **2.** *fig* Kluft *f;* **~ette** *f (Kinn)* Grübchen *n;* **~ile I.** *a* fossil; **II.** *s m* **1.** Fossil *n,* Versteinerung *f;* **2.** *fam* alte(r) Trottel *m;* **~iliser, se** *v prn* versteinern; **~oyeur** *m* Totengräber *m a. fig.*

fou, *(vor Vokal u. h muet)* **fol, folle** [fu, fɔl] **I.** *a* **1.** wahnsinnig (*de joie* vor Freude); toll, verrückt; **2.** rasend (*de colère* vor Zorn); **3.** töricht, unvernünftig; närrisch; **4.** verstiegen, wunderlich; **5.** unbesonnen, leichtsinnig; ausgelassen; **6.** vernarrt, verschossen, *fam* verknallt (*de* in *acc*); versessen (*de* auf *acc*); **7.** ungeheuer, riesig; **8.** *tech* beweglich, lose; **II.** *s m f* **9.** Irre(r), Geisteskranke(r *m*) *f;* Narr *m,* Närrin *f;* Tor *m,* Törin *f;* **10.** *m (Schach)* Läufer *m;* — *avoir un travail* ~ wahnsinnig viel zu tun haben; *faire le* ~ den Narren spielen, Unfug treiben; *il y a un monde* ~ es herrscht ein tolles Gedränge; ~ *rire m* unbändig(s) Gelächter *n.*

fou|dre [fudr] **1.** *f* Blitz(strahl); *(coup m de* ~*)* Blitz-, Donnerschlag *m; pl* Bannstrahl *m;* **2.** *m* Stückfaß *n;* — *comme la* ~, *avec la rapidité de la* ~ blitzschnell; *comme frappé par la* ~ wie vom Blitz getroffen; *la* ~ *éclate, tombe* der Blitz schlägt ein (*sur un arbre* in e-n Baum); *il a eu le coup de* ~ es war bei ihm Liebe auf den ersten Blick; ~**droyant, e** *a* **1.** *fig* plötzlich; unwiderstehlich; ungeheuer; **2.** *(Blick)* vernichtend; **3.** *(Gift)* tödlich; ~**droyer** *tr* **1.** durch e-n Blitz erschlagen; **2.** töten; nieder=schmettern *a. fig;* **3.** *(fig)* ~ *qn du regard* jdm vernichtende Blicke zuwerfen; ~**et** [fwɛ] *m* **1.** Peitsche; *(Hund)* Rute *f;* **2.** Schläge, Prügel *m pl* **3.** *(Küche)* Schneebesen *m;* **4.** *(~ de l'aile)* Flügelspitze; *fig* Geißel *f;* **5.** *donner un coup de* ~ *(fig)* auf=peitschen (*à qc* etw); *faire claquer son* ~ s-e Peitsche knallen lassen; *coup m de* ~ Peitschenhieb; *fig* Anstoß *m;* ~**etter I.** *tr* **1.** (aus=)peitschen; **2.** *(Regen)* klatschen (*qc* gegen etw); schlagen *(a. Küche);* **3.** *fig* auf=peitschen, stimulieren; an=stacheln; **II.** *itr* **4.** schlagen (*contre* an, gegen; *de la queue* mit dem Schwanz); **5.** *pop* stinken; **6.** *pop* Schiß haben; — *avoir d'autres chats à* ~ Wichtigeres zu tun haben.

foufou, fofolle [fufu] *a fam* spinnig; kopflos.

fougère [fuʒɛr] *f* Farnkraut *n.*

fougu|e [fug] *f* Feuer *n,* Schwung *m;* Begeisterung *f;* Ungestüm *n,* Heftigkeit *f;* ~**eux, se** *a* ungestüm, feurig; heftig; aufbrausend, hitzig; *(Pferd)* wild.

fouill|e [fuj] *f* **1.** *pl* Ausgrabungen *f pl;* **2.** Erdaushub *m;* Grube *f;* **3.** Durchsuchung *f;* **4.** *fam* Tasche *f;* Sack *m;* — ~ *à corps* Leibesvititation *f;* ~ *à domicile* Haussuchung *f;* ~**er I.** *tr* **1.** auf=, um=graben; **2.** *(Problem)* sorgfältig aus=arbeiten; **3.** durch=suchen (*dans qc* etw); **II.** *itr* herum=wühlen (*dans* in *dat*); (herum=)stöbern *(dans qc* in e-r S); nach=forschen; **III.** *v prn se* ~ s-e Taschen durchsuchen; ~ *dans sa poche* in der Tasche herum=kramen; *tu peux toujours te* ~*! (fam)* da kannst du lange warten! ~**eur, se I.** *a* suchend, forschend; **II.** *s m fig* Spürhund, Schnüffler *m;* ~**is** [-i] *m fam Wust m,* Kuddelmuddel *m* od. *n.*

fouin|ard, e [fwinar, -ard] **I.** *a fam* neugierig; **II.** *s m* Schnüffler *m;* ~**e** *f zoo* Stein-, Hausmarder *m;* — *rusé comme une* ~ schlau wie ein Fuchs; ~**er** *itr fam* herum=schnüffeln; ~**eur** *m (~ de bibliothèque)* Bücherwurm; Schnüffler *m.*

fouir [fwir] *tr (Tiere)* graben, wühlen.

foul|age [fulaʒ] *m* **1.** Keltern; Pressen *n;* **2.** *(Leder)* Walken *n;* ~**ant, e** *a* **1.** *tech* Druck-; **2.** *pas très* ~ nicht sehr anstrengend; ~**ard** *m* Seidentuch *n,* -schal *m;* ~**e** *f* **1.** (Menschen-)Menge, Masse *f,* Gedränge *n;* **2.** große Zahl, Vielzahl, Menge *f* (*de* gen); — *en* ~ in Scharen; in großer Zahl; *se mêler à la* ~ sich unter die Menge mischen; ~**ée** *f* **1.** *sport* Schritt *m;* **2.** *pl (Jagd)* Fährte *f;* — *à grandes* ~*s* mit großen Schritten; *dans la même* ~ in einem Aufwaschen; *allonger la* ~ *(fig)* die Anstrengungen verdoppeln; *shooter dans sa* ~ *(Fußball)* aus dem Lauf schießen; ~**er** *tr* **1.** zs.=pressen, -drücken; fest=stampfen, -treten; **2.** *(Leder, Textil)* walken; **3.** *(Trauben)* keltern; — *avoir le pied foulé* sich den Fuß verstaucht haben; ~ *aux pieds (fig)* mit Füßen treten; *ne pas se* ~ sich kein Bein aus=reißen; ~**ure** *f* (leichte) Verstauchung, -zerrung *f.*

four [fur] *m* **1.** (Back-)Ofen *m;* Brat-, Ofenröhre *f;* **2.** *tech* Ofen *m;* **3.** *fam* Fiasko *n,* Mißerfolg *m;* — *faire un* ~ *(theat)* ein Fiasko erleiden; *ouvrir un* ~ Mund und Augen aufreißen; *il fait noir comme dans un* ~ es ist stockfinster; *petits* ~*s* Teegebäck *n.*

fourb|e [furb] **I.** *a* betrügerisch, arglistig; **II.** *s m* Betrüger, Schurke *m;* ~**erie** [-bə-] *f* Schurkerei *f,* Schurkenstreich; Betrug *m;* ~**i** *m fam* Kram, Krempel *m; à quoi sert ce* ~*? (pop)* wozu ist das Zeug? ~**ir** *tr* blank putzen, polieren; ~**u, e** *a* ermüdet, erschöpft, zerschlagen.

fourch|e [furʃ] *f* **1.** (große) Gabel *f;* **2.** Astgabel *f;* — ~ *à foin, à fumier, de bicyclette* Heu-, Mist-, Radgabel *f;* ~**er** *itr: la langue m'a fourché* ich habe mich versprochen; ~**ette** *f* **1.** (Eß-)Gabel *f a. tech;* **2.** *(Statistik)* Spanne *f;* **3.** ~ *des prix* Preisschere *f; avoir un joli coup de* ~ essen wie ein Scheunendrescher; ~ *à dessert, à poisson, à gâteaux* Dessert-, Fisch-, Kuchengabel *f;* ~**u, e** *a* gegabelt, gabelförmig; *(Klauen)* gespalten.

fourgon [furgɔ̃] *m* **1.** *loc* (gedeckter) Pack-, Güterwagen; **2.** *mot* Kastenwagen *m;* — ~ *d'ambulance, à bagages* Kranken-, Gepäckwagen *m;* ~ *à bestiaux* Viehwagen *m;* ~ *de déménagement* Möbelwagen *m;* ~ *funéraire* Leichenwagen *m;* ~**ner** [-gɔ-] *itr* **1.** stochern (*dans le poêle* im Ofen); **2.** *fig* wühlen, herum=stöbern (*dans qc* in e-r S); ~**nette** *f* Lieferwagen *m.*

fourmi [furmi] *f* **1.** *zoo* Ameise *f;* **2.** *fig* Biene *f,* fleißige(r) Mensch *m;* — *avoir* *une activité de* ~ unermüdlich tätig sein; *avoir des* ~*s dans les jambes* ein Kribbeln in den Beinen haben; ~ *blanche* Termite *f;* ~*-lion m* Ameisenlöwe *m;* ~**lier** *m* Ameisenbär *m;* ~**lière** *f* Ameisenhaufen *m a. fig;* ~**llement** *m* **1.** Wimmeln *n;* **2.** *med* Kribbeln *n;* ~**ller** *itr* **1.** wimmeln, voll sein (*de* von); **2.** *med* kribbeln.

fourn|aise [furnɛz] *f* **1.** lodernde(s) Feuer *n;* Feuersglut *f;* **2.** *fig (Zimmer)* Backofen *m;* ~**eau** *m* **1.** (Schmelz-, Zimmer-, Dauerbrand-)Ofen *m;* **2.** (Koch-)Herd; Kocher *m;* **3.** Pfeifenkopf *m;* — *haut* ~ Hochofen *m;* ~ *de cuisine* Küchenherd *m;* ~ *électrique, à gaz* elektrische(r), Gasherd *m;* ~**ée** *f* **1.** Ofenvoll, Schub *m a. fig;* **2.** *fig (Menschen)* Ladung, Fuhre *f;* — *de la dernière* ~ *(fig)* neugebacken; ~**i, e 1.** versehen (*de* mit); **2.** *(Wald)* dicht; *(Bart)* stark; **3.** *com (Lager)* wohl besetzt, reichhaltig; *bien* ~ mit großer Auswahl; ~**il** [-ni] *m* Backstube *f.*

fourn|ir [furnir] **I.** *tr* **1.** liefern (*qc à qn* jdm e-e S); versorgen, beliefern (*qn de* od *en qc* jdn mit etw); beschaffen, geben, besorgen; zur Verfügung stellen (*qc à qn* jdm e-e S); **2.** *(schriftliche Unterlagen)* vor=legen, bei= bringen; **3.** *(Beweis)* erbringen, führen; **4.** *(Gründe)* an=führen; **5.** *(Früchte)* hervor=bringen; **6.** *(Arbeit, Sicherheit)* leisten; **7.** *(e-e Anstrengung)* machen; **II.** *itr* **8.** bei=tragen (*à* zu); **9.** auf=kommen, sorgen (*à* für); **10.** *(Kartenspiel)* Farbe bekennen; **III.** *se* ~ *chez* s-e Einkäufe tätigen bei; beziehen von; — ~ *à la dépense, aux frais* für die Kosten auf=kommen; ~ *des renseignements* Auskünfte erteilen; ~ *un supplément d'argent* Geld zu=schießen; ~**isseur, se** *m* **1.** Lieferfirma *f;* Lieferant(in *f*) *m;* **2.** Kaufmann; Händler *m;* ~**iture** *f* **1.** Lieferung *f;* **2.** *meist pl* Bedarf *m;* **3.** *pl (Handwerk)* Zutaten *f pl; tech* Zubehör *m* od *n;* — ~*s de bureau* Bürobedarf(sartikel *m pl*) *m;* ~*s scolaires* Lernmittel *n pl.*

fourr|age [furaʒ] *m* (Vieh-)Futter *n;* ~ *vert, sec* Grün-, Trockenfutter *n;* ~**ager** *itr fig* herum=wühlen (*dans* in *dat*); *(in Büchern)* herum=schmökern; ~**ager, ère I.** *a* Futter-; **II.** *s f* **1.** Futterwiese *f;* **2.** Leiter-, Heuwagen *m;* **3.** Fangschnur *f;* — *betterave f* ~*agère* Futter-, Runkelrübe *f;* ~**é, e I.** *a* mit Pelz besetzt, gefüttert; *(Speise)* gefüllt; **II.** *s m* Dikkicht *n; bien* ~ mit dichtem Fell; *coup m* ~ *(fig)* heimtückische(r) Streich *m;* ~**eau** *m* **1.** (Degen-)Scheide *f;* **2.** *(Schirm)* Futteral *n;* **3.** eng anschließende(s) Kleid *n;* ~**er I.** *tr* **1.** *fam* hinein=stecken, -schieben, -stopfen, *(fig)* -ziehen (*dans qc* in e-e S); **2.** (mit Pelz) füttern; *(Bonbon)* füllen (*à, de* mit); **3.** *fam* (hin=)legen, -stellen, -tun; *fam* geben; **II.** *v prn se* ~ **4.** sich verkriechen; sich verstecken; **5.** sich ein=mischen (*dans* in *acc*); hinein=geraten; **6.** *se* ~ *le doigt dans l'œil (jusqu'au coude)* sich gewaltig irren, auf dem Holzweg sein; sich verrechnen; *fig* e-n Bock schießen; ~ *son nez partout* s-e Nase überall hinein=stecken; ~ *qn en prison* jdn ins Gefängnis stecken; ~ *qc dans la tête à qn* jdm etw ein=pauken, -bläuen; *se* ~ *qc dans la tête* sich etw in den Kopf setzen; **7.** *je m'en suis* ~*é jusque-là (fam fig)* ich habe mich vollgeschlagen; ~**e-tout** *m inv fam* große Reisetasche *f;* ~**eur** *m* Kürschner *m;* ~**ier** *m,* ~**ière** *f* Stelle *f* für abgeschleppte Autos; ~**ure** *f* **1.** Pelz(mantel) *m;* **2.** *pl* Pelzwerk *n;* **3.** *tech* Füllung, Einlage *f;* **4.** *(commerce m de la* ~*)* Pelzhandel *m;* Kürschnerei *f;* — *doublé de* ~ pelzgefüttert; *manteau m de* ~ Pelzmantel *m.*

fourvoyer, se [furvwaje] *v prn* **1.** sich irren, in die Irre gehen, sich verirren (*dans* in *dat*); **2.** *fig* sich täuschen; auf dem Holzweg sein.

fout|aise [futɛz] *f fam* dumme(s) Geschwätz *n,* Quatsch *m;* ~**oir** *m pop* Schlamassel *m* od *n;* Saustall *m;* ~**re I.** *tr pop* schmeißen, pfeffern; *(Fußtritt)* versetzen; tun; **II.** *interj* Donnerwetter! **III.** *v prn se* ~ *de qc* sich nichts machen aus etw; auf etw pfeifen; — ~ *en l'air (fig)* weg=schmeißen; ~ *le camp* sich aus dem Staub(e) machen; ~ *qn en colère* jdn auf die Palme bringen; ~ *dedans* herein=legen; ins Kittchen bringen; *s'en* ~ *plein la lampe* sich den Bauch voll=schlagen; ~ *qn à la porte* jdn an die Luft setzen; *je m'en fous* das ist mir wurst; ich pfeif drauf; *foutez-moi la paix* lassen Sie mich in Ruhe! *ça la fout mal* wie sieht denn das aus! das sieht ja schön aus! *va te faire* ~! scher' dich zum Teufel! *qu'est-ce que ça peut vous* ~? was geht Sie das an? *je me fous du monde* ich pfeife auf die Leute; ~**rement,** ~**ûment** [-trə-, -ty-] *adv pop* verdammt, gewaltig; ~**riquet** *m pop* Niete, Null *f;* ~**u, e** *a pop* **1.** *(vor s)* verflixt, verdammt, übel, böse; **2.** *(nachgestellt)* hin, kaputt, futsch, erledigt, schiefgegangen; — *être* ~ *de* es fertig= bringen zu; *bien* ~ gut gebaut; sauber hingedreht; *mal* ~ mick(e)rig, dürr; verkorkst; in schlechter Verfassung; ~ *comme l'as de pique* schlecht in Schale; *il est* ~ *de* er wäre fähig, zu.

foyer [fwaje] *m* **1.** Haushalt; Herd *m a. med fig;* **2.** *phys* Brennpunkt *m;* **3.** *fig* Ausgangs-, Mittelpunkt *m;* **4.** Heim, Haus *n;* häusliche(r) Herd *m;* **5.** *theat* Wandelgang *m;* — *fonder un* ~ e-n Hausstand, e-e Familie gründen; ~ *pour* *célibataire* Junggesellenheim *n; ~ d'étudiants* Studentenheim *n; ~ à huile* Ölfeuerung *f; ~ d'incendie* Brandherd *m; ~ de troubles (pol)* Gefahren-, Unruheherd *m.*

frac [frak] *m* Frack *m;* **~as** [-ka] *m* Krachen, Dröhnen, Getöse, Gepolter *n; renvoyer qn avec perte et ~* jdn Knall und Fall entlassen; **~assant, e** *a* **1.** krachend; **2.** *fig* verblüffend; Aufsehen erregend; **~asser I.** *tr* zerschmettern, zertrümmern; **II.** *v prn se ~* zerbrechen; **~tion** [-sjõ] *f* **1.** *math* Bruch *m;* **2.** Bruchteil *m,* -stück *n;* **3.** Gruppe; *parl* Fraktion *f;* — *~ décimale, ordinaire* Dezimal-, gemeine(r) Bruch *m; ~ de seconde* Bruchteil *m* e-r Sekunde; **~tionnel, le** *a fig* zersetzend; **~tionnement** *m* **1.** Zerlegung, Auf-, Zersplitterung; Einteilung *f;* **2.** *chem* Fraktionierung *f;* Kracken *n;* **~tionner I.** *tr* **1.** zerlegen, auf=splittern, (zer)teilen; **2.** *chem* fraktionieren; **II.** *v prn se ~* sich aufspalten, aufsplittern; **~ture** *f geol med* (Knochen-)Bruch *m; ~ de la clavicule, du crâne, de la jambe* Vorderarm-, Schlüsselbein-, Schädel-, Beinbruch *m;* **~turer I.** *tr* **1.** *(Knochen)* brechen; **2.** *(Tür)* (auf=, er-)brechen; **II.** *v prn se ~ la jambe* sich das Bein brechen.

fragil|e [fraʒil] **1.** zerbrechlich, spröde; brüchig; **2.** wackelig; baufällig; **3.** *(Haar)* dünn; *(Person)* zart; **4.** *fig* schwach, gebrechlich; hinfällig; vergänglich; — *avoir l'estomac ~* e-n empfindlichen Magen haben; **~ité** *f* **1.** Zerbrechlichkeit, Sprödigkeit *f;* **2.** *fig* Unbeständigkeit; Vergänglichkeit *f.*

fragment [fragmɑ̃] *m* **1.** Bruchstück *n a. fig;* **2.** Splitter; *(Papier)* Fetzen *m;* **3.** *fig* Fragment *n;* Teil *m;* — *en ~s* bruchstückweise; **~aire** *a* bruchstückhaft; **~er** *tr* **1.** *(Steine)* zersplittern, zerkleinern; **2.** ein-, auf=teilen.

frai [frɛ] *m* **1.** Laichen *n;* Laichzeit; Laich *m,* Fischbrut *f;* **2.** Abnutzung *f (e-r Münze).*

fraîch|e [frɛʃ] *s f: à la ~* im Kühlen; *a. s. frais;* **~ement** *adv* **1.** (erst) vor kurzem; **2.** *fig* kühl; **~eur** *f* **1.** Frische, Kühle *f;* **2.** frische Farbe *f;* **3.** *fig* Lebendigkeit, Reinheit, Neuheit *f;* **~ir** *itr* **1.** *(Wetter)* frischer werden; **2.** *(Wind)* auf=frischen.

frais, fraîche [frɛ, frɛʃ] **I.** *a adv* **1.** frisch *(a. Farbe);* kühl; **2.** neu; **3.** *fig* gesund, munter; frisch, ausgeruht; **II.** *s m* Frische; kühle, frische Luft *f;* — *être ~ (fam)* in der Patsche sitzen; *être rasé de ~* frisch rasiert sein; *mettre qc au ~* etw kalt stellen; *qn (fam)* jdn einbuchten; *prendre le ~* frische Luft schöpfen; — *fleur f fraîche cueillie* frischgepflückte Blume *f; ~ émoulu (fig)* frisch gebacken.

frais [frɛ] *m pl* Kosten; Unkosten; Spesen *pl,* Auslagen; Gebühren *f pl;* **1.** *à ~ communs* auf gemeinsame Kosen; *à grands ~* mit hohen Kosten; *à peu de ~* mit wenig Kosten; *aux ~ de* auf Kosten *gen; y compris les ~* alle Spesen inbegriffen; *exempt de ~, sans ~* kostenfrei; spesenfrei; *plus les ~, ~ non compris* zuzüglich der Kosten; **2.** *condamner qn aux ~ (jur)* jdn zur Zahlung der Kosten verurteilen; *entraîner des ~* Kosten mit sich bringen; *en être pour ses ~* das Nachsehen, sich umsonst bemüht haben; *faire, supporter les ~ de qc* für die Kosten e-r S auf=kommen; *faire ses ~* auf s-e Kosten kommen *a. fig; se mettre en ~* sich in Unkosten stürzen *(pour qn* für jdn) *a. fig;* **3.** *faux ~* Nebenkosten, unvorhergesehene Kosten *pl; menus ~* kleine Ausgaben *f pl; réduction f des ~* Kostenverringerung *f; total m des ~ encourus* Gesamtunkosten *pl;* **4.** *~ d'achat, d'acquisition* Anschaffungskosten *pl; ~ accessoires* Nebenkosten *pl,* -gebühren *f pl; ~ de banque* Bankspesen *pl; ~ de bureau, de chauffage, d'éclairage* Büro-, Heizungs-, Beleuchtungskosten *pl; ~ de camionnage* Rollgeld *n; ~ de déménagement* Umzugskosten *pl; ~ de déplacement* Reiseauslagen *f pl,* -spesen *pl,* Tagegelder *n pl;* Trennungsentschädigung *f; ~ de distribution* Vertriebskosten *pl; ~ divers* sonstige Auslagen *f pl; ~ d'emballage* Verpackungskosten *pl; ~ d'emmagasinage, d'entreposage* Lagerspesen *pl; ~ d'encaissement* Inkassospesen *pl; ~ d'expédition* Versandkosten *pl; ~ d'exploitation, d'opération* Betriebskosten *pl; ~ de fabrication* Herstellungskosten *pl; ~ généraux* allgemeine Unkosten *pl; ~ d'impression* Druckkosten *pl; ~ invariables* feste Kosten *pl; ~ de justice* Gerichtskosten *pl; ~ de port* Portoauslagen *f pl; ~ de publicité* Werbekosten *pl; ~ de recommandation* Einschreib(e)gebühren *f pl; ~ de remboursement* Nachnahmegebühren *f pl; ~ de remise en état* Instandsetzungskosten *pl; ~ de stationnement* Standgeld *n; ~ de subsistance* Lebenshaltungskosten *pl; ~ de transport* Beförderungs-, Frachtkosten *pl; ~ de voyage* Reisekosten *pl.*

frais|e [frɛ] **I.** *s f* **1.** Erdbeere *f;* **2.** *(Truthahn)* Hautlappen *m;* **3.** Muttermal *n;* **4.** *pop* Birne *f,* Kopf *m,* Gesicht *n;* **5.** Gekröse *n;* **6.** hist Halskrause *f;* **7.** *tech* Fräser *m;* **8.** *(Zahnarzt)* Bohrer *m;* **II.** *a* fraise, erdbeerfarben; **~er** *tr* **1.** *tech* (ein=, aus=)fräsen; **2.** *(Teig)* kneten; **~eraie** Erdbeerpflanzung *f;* **~eur** *m* Fräser *m;* **~euse** *f* Fräsmaschine *f.*

frambois|e [frɑ̃bwaz] *f* Himbeere *f;* **~ier** *m* Himbeerstrauch *m.*

franc, franque [frã, frãk] **I.** *a hist* fränkisch; **II.** *m* Franken *m (Münze).*
franc, franche [frã, frãʃ] **1.** frei (*de* von); freimütig, offen(herzig); *(Ton)* ungezwungen; **2.** echt, rein, unverfälscht; natürlich; **3.** *péj (Schurke)* ausgemacht; Erz-; **4.** *huit jours ~s* volle 8 Tage; **5.** *avoir les coudées franches* Ellbogenfreiheit haben; *jouer ~ jeu* offenes Spiel spielen; *parler ~ et net* e-e offene Sprache reden; **6.** *coup m ~ (sport)* Freistoß *m; port m ~* Freihafen *m; zone f franche* Freizone *f;* **7.** *~-bord m mar* Freibord *m; ~-maçon m* Freimaurer *m; ~-maçonnerie* Freimaurerei *f; ~-parler m* Freimut *m* im Reden; *~ de port, de tous frais, de tout droit de douane, d'impôts* porto-, spesen-, zoll-, steuerfrei; *~-tireur m* Partisan *m; fig* Einzelgänger *m.*
français, e [frãsɛ, -ɛz] **I.** *a* französisch **II.** *s m* (das) Französisch(e), französische Sprache *f; F~, e s m f* Franzose *m,* Französin *f; en bon ~* klar, deutlich; auf gut deutsch; *parler le ~ comme une vache espagnole* Französisch radebrechen.
franch|ement [frãʃmã] *adv* **1.** offen, aufrichtig; **2.** klar, deutlich; offensichtlich; **3.** entschlossen, nachdrücklich; — *dire ~* rundheraus sagen; **~ir** *tr* **1.** überschreiten, -queren; übersetzen (*qc* über e-e S); hinüber≈gehen (*qc* über e-e S); **2.** durchbrechen (*le mur du son* die Schallmauer); *(Entfernung)* zurück≈legen; **3.** *fig* überwinden; hinter sich bringen; hinaus≈gehen (*qc* über e-e S); *~ le pas, le saut (fig)* sich zu e-m Entschluß durch≈ringen; sich ein Herz fassen; **~ise** *f* **1.** (Gebühren-)Freiheit; *pol* Exterritorialität; *(Versicherung)* Franchise *f;* **2.** *fig* Freimut *m,* Offenheit; *(Kunst)* Ungezwungenheit; *allg* Klarheit *f;* **3.** *en ~* porto-, zoll-, gebührenfrei; *en toute ~ (fig)* in voller Offenheit; **4.** *~ de bagages* Freigepäck *n; ~ douanière, d'impôts, de port* od *postale* Zoll-, Steuer-, Portofreiheit *f;* **~issable** *a* überschreitbar.
franc|ique [frãsik] *a* fränkisch; **~iscain** *m* Franziskaner *m;* **~iser** *tr* französisch machen; **~o** [frãko] *adv* **1.** portofrei, franko; **2.** *pop* stracks; — *~-(in Zssgen)* französisch; *~ à bord, à domicile, gare* frei Schiff, Haus, Bahnstation; *~ de fret et de droits* fracht- u. zollfrei; **~ophile, ~ophobe** *a* franzosenfreundlich, -feindlich; **~ophone** *a* französisch sprechend.
frang|e [frãʒ] *f* **1.** Franse *f;* **2.** *(coiffure f à ~)* Ponyfrisur *f;* **~er** *tr* mit Fransen besetzen, säumen; **~in, e** *m f pop* Bruder *m,* Schwester *f;* **~ipane** *f* Mandelkrem *f.*
franquette [frãkɛt]: *à la bonne ~ (fam)* ohne Umstände.
frapp|ant, e [frapã, -ãt] *a* auffallend, eindrucksvoll, erstaunlich; treffend, schlagend; **~e** *f* **1.** *(Münze)* Prägung *f;* **2.** *(Schreibmaschine)* An-, Durchschlag *m;* **3.** *fam* Halbstarker *m;* **4.** *sport* Schlagkraft *f;* **5.** *être à la ~* gerade getippt werden; *faute f de ~* Tippfehler *m;* **~é, e** *a* **1.** ge-, betroffen, geschlagen; **2.** *(Getränk)* eisgekühlt; **3.** beschienen (*de soleil* von der Sonne); **~er I.** *itr* **1.** schlagen; — *~ fort* tüchtig drauf≈schlagen; *~ des mains, dans ses mains* in die Hände klatschen; *~ à la machine* auf der Schreibmaschine schreiben, tippen; **2.** (auf≈)schlagen (*contre un mur* auf e-e Mauer); auf≈treffen (*sur qc* auf e-e S); **3.** (an≈)klopfen (*à la porte* an die Tür); hämmern; **II.** *tr (sens propre)* **4.** schlagen; — *~ qn au visage* jdn ins Gesicht schlagen (*du poing* mit der Faust); *~ le sol du pied* mit dem Fuß auf den Boden stampfen; **5.** *(Klaviertasten, Glocken)* an≈schlagen; **6.** *(Nagel)* ein≈schlagen; **7.** *(Münze)* prägen; **8.** *(Regen)* peitschen (*les vitres* gegen die Scheiben); **9.** *(Geschoß)* auf≈treffen (*qc* auf e-e S); **10.** *(Getränk)* kühlen (*de glace* mit Eis); **11.** *(Gegner)* treffen; — *~ à terre* nieder≈schlagen; *~ qn à coup de poignards* jdn erdolchen; **12.** *(Krankheit)* an≈, befallen, infizieren, verseuchen; heim≈suchen; **13.** *(fig)* belegen (*d'une amende* mit e-r Geldstrafe), auf≈erlegen (*qn de qc* jdm e-e S); **14.** *com* belasten (*de* mit); **15.** *(impressionner, surprendre)* beeindrucken, Eindruck machen (*qn* auf jdn), erschüttern; im Innersten treffen; zu Herzen gehen (*qn* jdm); **16.** überraschen, in Erstaunen setzen; erschrecken; — *~ un coup décisif (fig)* e-n entscheidenden Schlag führen; **III.** *v prn se ~* **17.** sich klopfen, sich schlagen (*la poitrine* an die Brust); **18.** *fam* sich beunruhigen, sich Sorge machen; es tragisch nehmen; — *ne te frappe pas!* reg dich nicht auf! *sans se ~* ganz gelassen; **~eur, se** *a: esprit m ~* Klopfgeist *m.*
frasque [frask] *f* Streich *m,* Eskapade *f.*
fratern|el, le [fratɛrnɛl] *a* brüderlich; geschwisterlich; **~isation** *f* Verbrüderung, Fraternisierung *f;* **~iser** *itr* sich verbrüdern (*avec qn* mit jdm); **~ité** *f* Brüderlichkeit; Brüderschaft *f.*
fratricide [fratrisid] **I.** *s m* Bruder-, Schwestermord, -mörder *m;* **II.** *a* brudermörderisch.

fraud|e [frod] *f* Betrug *m;* Betrügerei, Täuschung; Fälschung *f; introduire, passer qc en ~* etw ein≈, durch≈schmuggeln; *~ à la douane, fiscale* Zoll-, Steuerhinterziehung *f;* **~er** *tr itr* betrügen; *~ la douane, le fisc* Zoll, Steuer(n) hinterziehen; **~eur, se** *m f* Schmuggler(in *f*); Betrüger(in *f*) Steuerhinterzieher *m;*

~uleux, se *a* betrügerisch; *(Text)* gefälscht.

fray|er [fre(ɛ)je] **I.** *itr* **1.** *(Fisch)* laichen; **2.** verkehren, Umgang haben (*avec qn, ensemble* mit jdm, mitea.); **II.** *tr* **3.** *zoo (Bast)* fegen; wundscheuern; **4.** ~ *la voie, le chemin à qn (fig)* jdm den Weg ebnen; **III.** *v prn se ~ un passage, une route, un chemin* sich e-n Weg bahnen (*à travers, parmi la foule* durch die Menge); *route f peu ~ée* wenig begangene(r) Weg; **~eur** *f* Schrecken *m,* Angst *f.*

fredaine [frədɛn] *f* Jugendstreich *m;* Torheit *f;* Seitensprung *m.*

fredonner [frədɔne] *tr* summen, trällern.

frégate [fregat] *f* **1.** *mar* Fregatte *f;* **2.** *orn* Fregatt(en)vogel *m.*

frein [frɛ̃] *m* **1.** *tech* Bremse *f;* **2.** *med* Bändchen *n;* **3.** *fig* Zügel, Hemmschuh *m* (*à* für); **4.** *sans ~* ungezügelt; **5.** *donner un coup de ~, serrer les ~s* kurz bremsen, die Bremsen an≈ziehen; *mettre un ~ à qc (fig)* etw zügeln, mäßigen, im Zaum halten; *ronger son ~* s-e Ungeduld nicht merken lassen; **6.** *garniture f, levier m, pédale f de ~* Bremsbelag, -hebel *m,* -pedal *n; mâchoire f de ~* Bremsbacke *f; ~s avant, arrière* Vorder-, Hinterradbremsen *f pl; ~ à main, moteur, au pied* Hand-, Motor-, Fußbremse *f; ~ de secours* Notbremse *f;* **~age** [frɛnaʒ] *m* **1.** Bremsen *n,* Bremsung *f;* **2.** *(Preise)* Drosselung, Dämpfung *f;* **~er** *tr itr* bremsen; *tr fig* hemmen, drosseln, dämpfen, zügeln, ein≈dämmen; ~ *brusquement* scharf bremsen.

frelater [frəlate] *tr (Waren)* verfälschen *a. fig.*

frêle [frɛl] *a* **1.** zart; **2.** schwach, kraftlos; **3.** *fig* vergänglich.

frel|on [frəlɔ̃] *m* Hornisse *f;* **~uche** *f* seidene Quaste *f;* **~uquet** [-ɛ] *m* Laffe *m.*

frém|ir [fremir] *itr* **1.** *fig* zittern, beben, schaudern (*de* vor); **2.** *(Bäume, Blätter)* rauschen säuseln; **3.** *(Meer)* brausen; **4.** *(Wasser)* wallen, sieden; **5.** *(Saite)* vibrieren; **6.** *(Vorhang)* sich leicht bewegen; — ~ *de tous les membres* an allen Gliedern zittern; **~issant, e** *a* summend, bebend, vibrierend, zitternd; **~issement** *m* **1.** Rauschen, Summen; Vibrieren; **2.** *(Person)* Beben, Erzittern *n;* Schauer *m.*

frên|aie [frɛnɛ] *f* Eschenwald *m;* **~e** *m* Esche *f.*

frené|sie [frenezi] *f* Raserei *f; avec ~* wie wahnsinnig; **~tique** *a (Beifall)* frenetisch.

fréquemment [frekamɑ̃] *adv* oft, häufig.

fréquen|ce [frekɑ̃s] *f* **1.** Häufigkeit; *(loc, Straße)* Verkehrsfolge, -dichte *f;* **2.** *tech* Frequenz *f;* — *basse, haute ~* Nieder-, Hochfrequenz *f;* **~t, e** *a* **1.** häufig; ständig wiederkehrend; gewöhnlich, üblich; **2.** *(Puls)* beschleunigt; **~tation** *f* **1.** (häufiger) Besuch *m;* **2.** Verkehr *m,* Umgang *m* (*de* mit); **3.** *(Buch)* häufige Benutzung, Vertrautheit *f* (*de* mit); — ~ *scolaire* Schulbesuch *m;* **~té, e** *a (Ort)* vielbesucht; *(Straße)* stark befahren, belebt; **~ter I.** *tr* **1.** häufig, regelmäßig besuchen, begehen, befahren; **2.** *(die Sakramente)* oft empfangen; **3.** verkehren (*qn* mit jdm); gehen (*une jeune fille* mit e-m Mädchen); **II.** *v prn se ~* oft zs.≈kommen.

frère [frɛr] *m* Bruder *m a. rel; ~s jumeaux* Zwillingsbrüder *m pl; ~(s) et sœur(s)* Geschwister *pl;* **frérot** [frero] *m fam* Brüderchen *n.*

fresque [frɛsk] *f* **1.** Freske *f,* Fresko *n;* **2.** *fig* großartige Darstellung *f;* — *peinture f à ~* Freskomalerei *f.*

fressure [frɛsyr] *f* Innereien *f pl.*

fret [frɛ] *m* **1.** (Schiffs-)Fracht; Ladung *f;* **2.** Frachtkosten *pl;* **3.** *mar* Charter *m;* — *prendre à ~* chartern; *prendre du ~* Ladung an Bord nehmen; ~ *aérien* Luftfracht *f; ~ d'aller, de retour* Hin-, Rückfracht *f.*

frét|er [frete] *tr (Schiff, fam Fahrzeug)* mieten; *mar* chartern; verfrachten; **~eur** *m* Verfrachter, Reeder *m;* **~illant, e** [-jɑ̃-] *a (Fisch)* zappelnd; *(Kind)* zappelig, quecksilb(e)rig; lebhaft, aufgeregt; **~illement** *m* Zappeln *n;* **~iller** *itr* zappeln; wedeln (*de la queue* mit dem Schwanz); hüpfen, springen (*de joie* vor Freude).

fretin [frətɛ̃] *m* **1.** kleine Fische *m pl a. fig;* **2.** *menu ~ fig* kleine Fische *m pl.*

friab|ilité [frijabilite] *f* Mürbheit, Brüchigkeit *f;* **~le** *a* zerreibbar; mürbe, bröck(e)lig.

friand, e [friɑ̃] **I.** *a être ~ de qc* große Lust auf etw haben; **II.** *s m Art* Pastete *f;* **~ise** *f pl* Leckereien *f pl.*

fric [frik] *m arg* Zaster *m,* Moneten *pl;* **~assée** *f* Frikassee *n; ~ de museaux (fam)* allgemeine(s) Geknutsche *n;* **~ative** *f* Reibelaut *m.*

fric-frac [frikfrak] *m inv fam* Einbruch *m.*

frich|e [friʃ] *f agr* Brache *f; être en ~* brachliegen; *laisser en ~* brach≈liegen lassen *a. fig;* **~ti** *m fam* Essen *n.*

fricot [friko] *m pop* Essen *n; faire le ~* das Essen kochen; **~er** [-kɔ-] **I.** *tr pop fig* im Schilde führen; **II.** *itr* dunkle Geschäfte machen; **~eur** *m pop* Schieber *m.*

friction [friksjɔ̃] *f* (Ein-, Ab-)Reibung *f a. fig; point m de ~ (fig)* Streit-, Reibungspunkt *m;* **~ner** [-sjɔ-] *tr* (ein≈)reiben, frottieren.

frig|idaire [friʒidɛr] *m WZ* Kühlschrank *m; mettre qc au ~ (fig)* etw auf Eis legen; **~ide** *a med* frigid(e); **~idité** *f med* Frigidität *f;* **~o** [-go] *m fam* Kühlschrank *m;* **~orifier** *tr* **1.** *(Lebensmittel)* einfrieren; gefrieren lassen; tief⸗kühlen; **2.** *fig* einschüchtern (*qn* jdn); — *être ~orifié (fam)* ganz durchfroren sein; *viande f ~orifiée* Gefrierfleisch *n;* **~orifique I.** *a* kälteerzeugend; **II.** *s m* Kühlanlage *f;* — *entrepôt m ~* Kühlhaus *n; wagon m ~* Kühlwagen *m.*

frileu|x, se [frilø, -øz] *a* kälteempfindlich; (leicht) fröstelnd.

frim|e [frim] *f fam* Mache *f,* Schein *m,* Verstellung *f; pour la ~* zum Schein; *ce n'est que de la ~* er, sie tut nur so; **~ousse** *f pop* (Kinder-) Gesicht *n.*

fring|ale [frɛ̃gal] *f fam* **1.** Heißhunger *m;* **2.** *fig* Gelüst *n* (*de* auf *acc*), Gier *f* (*de* nach); — *~ de lecture* Lesehunger *m;* **~ant, e** *a* **1.** *(Person)* munter, keck, forsch, lebhaft; **2.** *(Pferd)* feurig; **~uer** [-ge] *tr fam* (an⸗)kleiden, aus⸗staffieren; *être bien fringué (pop)* gut in Schale sein; **~gues** [frɛ̃g] *f pl fam* Klamotten *pl.*

frip|é, e [fripe] *a* zerknittert; **~er** *tr* zerknittern, -knüllen; **~ier** *m* Trödler *m;* **~on, ne I.** *s m f* Spitzbube, Schelm *m;* **II.** *a* schalkhaft, schelmisch; **~ouille** [-j] *f fam* Schuft *m.*

frire [frir] *tr itr* (in der Pfanne) braten, backen (*dans du beurre, de l'huile* in Butter, Öl); *poêle f à ~* Bratpfanne *f.*

fris|age [frizaʒ] *m (Haare)* Kräuseln *n;* **~e** *f* **1.** *arch* Fries *m;* **2.** *theat* Bühnenhimmel *m;* **~é, e** *a* gekräuselt, gelockt; *chou m ~* Grünkohl *m;* **~er I.** *tr* **1.** kräuseln, Locken drehen (*qc* in e-e S); **2.** streifen, nahe⸗kommen (*qc* dat), grenzen (*qc* an e-e S); **II.** *itr* **3.** sich kräuseln; — *~ la cinquantaine* auf die Fünfzig gehen; *cela frise la grossièreté* das grenzt an Grobheit *(acc);* **~ette** *f* Löckchen *n;* **~otter** *tr itr* leicht kräuseln; **~quet, te** [-kɛ, -ɛt] *a fam* etw frisch, kühl.

frisson [frisɔ̃] *m* Schauder(n *n*) (*de* vor *dat*); Schauer *m;* Erschauern, (Er-)Zittern (*dans la voix* der Stimme), Erbeben, Gruseln; *(Pappel)* Rauschen *n;* — *donner le ~* erschauern lassen (*à qn* jdn); *cela me donne le ~* es überläuft mich kalt dabei; **~nant, e** *a* erschauernd; bebend, zitternd (*de froid* vor Kälte); **~nement** *m* Erzittern; *(Stoff)* Rascheln *n;* **~ner** *itr* schaudern, erschauern, zittern (*de* vor *dat*); *je frissonne* es läuft mir kalt über den Rücken.

frit, e [fri, -it] **I.** *a* **1.** gebacken, gebraten; **2.** *fig fam* erledigt, erschossen; **II.** *s f pl* Pommes frites *pl;* — *il est ~ (fam)* es ist aus mit ihm; **~erie** *f* Fischbratküche *f;* Pommes-frites-Stand *m;* **~ure** *f* **1.** Braten, Backen *n* (in der Pfanne); **2.** Bratenfett *n;* **3.** gebratene Fische *m pl;* **4.** *tech* Knack-, Nebengeräusch *n.*

frivol|e [frivɔl] *a* **1.** unbedeutend; **2.** eitel, oberflächlich; **3.** wertlos; **4.** frivol; **~ité** *f* **1.** Leichtfertigkeit *f,* Leichtsinn *m;* Oberflächlichkeit; Eitelkeit *f;* **2.** *pl* modische(s) Beiwerk *n;* Accessoires *pl.*

froc [frɔk] *m* **1.** (Mönchs-)Kutte *f;* **2.** *arg* Hose *f;* — *jeter le ~ aux orties (fam)* die Kutte ab⸗legen; s-n Beruf an den Nagel hängen.

froid, e [frwa, -ad] **I.** *a* **1.** kalt *a. fig;* **2.** *fig* kühl; *(Empfang)* frostig; **3.** *(Stil)* nüchtern; **4.** *(Kleidung)* luftig, leicht; **II.** *s m* **5.** Kälte *a. fig; fig* Kühle; *tech* Kältetechnik *f;* **6.** *à ~* kalt *adv; fig* gefühl-, schwunglos; *sport* ohne warm zu sein; *tech* auf kaltem Wege; *med* im Intervall; **7.** *attraper, prendre ~* sich erkälten; *avoir ~ aux mains, aux pieds* kalte Hände, Füße haben; *n'avoir pas ~ aux yeux (fig)* unverfroren, nicht bange sein; *donner ~* erschauern lassen (*à qn* jdn); *(fam) être en ~ avec qn* jdm aus dem Wege gehen; *jeter un ~ dans l'assistance* ernüchternd auf das Publikum wirken; **8.** *j'ai ~* ich friere, es friert mich; *cela m'a fait ~ dans le dos* es überlief mich kalt; *il fait ~* es ist kalt; *il fait cinq degrés de ~* wir haben 5 Grad Kälte; *il fait un ~ à pierre fendre* es friert Stein u. Bein; *nous sommes en ~* wir haben Streit miteinander; **9.** *coup m de ~* plötzliche Kälte *f,* Kälteeinbruch *m; guerre f ~e* kalte(r) Krieg *m; vague f de ~* Kältewelle *f;* **10.** *~ intense* scharfe, beißende Kälte *f; ~ noir, de canard, de loup* grimmige, Hundekälte *f;* **~ement** *adv* **1.** kalt; gleichgültig; **2.** kaltblütig; **~eur** *f* **1.** *fig* Kälte, Frostigkeit; Zurückhaltung; Gefühllosigkeit; **2.** *(Stil)* Nüchternheit *f.*

froiss|ement [frwasmɑ̃] *m* **1.** *(Muskel)* Quetschung *f;* **2.** *(Stoff)* Zerknittern *n;* **3.** *(Seide)* Knistern; **4.** *(Papier)* Rascheln *n;* **5.** *pl fig* Reibereien *f pl;* **~er I.** *tr* **1.** *(Gelenk)* quetschen; **2.** *(Stoff)* zerknittern, -knüllen; **3.** *fig* kränken, verletzen; **II.** *v prn se ~* **4.** knittern; leicht zerknüllt sein; **5.** *fig* gekränkt, beleidigt sein; **6.** *se ~ un muscle* sich e-e Muskelzerrung zuziehen.

frôl|ement [frolmɑ̃] *m* **1.** Streicheln, Streifen *n;* **2.** Knistern, Rascheln *n;* **~er** *tr* **1.** streifen, leicht berühren, streicheln; **2.** ganz nahe vorbei⸗gehen, -fahren (*qc* an e-r S); **3.** *fig* grenzen (*qc* an e-e S).

from|age [frɔmaʒ] *m* **1.** Käse *m;* **2.** *fig* Futterkrippe *f;* — *entre la poire et le ~* beim Nachtisch; *fig* (so) nebenbei; *il a obtenu un bon ~ (fig)* er sitzt an der Futterkrippe; *couteau m, cloche f, plateau à ~* Käsemesser *n,* -glocke, -platte *f; croûte f du ~* Käserinde *f; ~ blanc, à la crème, de gruyère, aux herbes* Quark,

Rahm-, Schweizer-, Kräuterkäse *m; ~ de chèvre, de brebis* Ziegen-, Schafkäse *m; ~ fermenté à pâte molle, à pâte dure, fondu* Weich-, Hart-, Schmelzkäse *m; ~ de tête, d'Italie* Schweinskopfsülze *f;* Preßkopf *m;* **~ager, ère I.** *a* Käse-; **II.** *s m* Käsehändler, -hersteller *m;* **~agerie** *f* Käserei *f;* Käsehandel *m,* -geschäft *n.*

froment [frɔmɑ̃] *m agr* Weizen *m.*

fronc|e [frɔ̃s] *f (Stoff)* Falte *f; jupe f à ~s* Faltenrock *m;* **~ement** *m: ~ de sourcils* Stirnrunzeln *n;* **~er** *tr* kräuseln; in Falten ziehen; fälteln; *~ les sourcils* die Stirn runzeln; **~is** [-i] *m (Stoff)* Bausch *m.*

frond|aison [frɔ̃dɛzɔ̃] *f bot* Blattbildung *f;* **~e** *f* **1.** (Farn-)Wedel *m;* **2.** Schleuder *f;* **3.** *hist* Fronde *f; — esprit m de ~* aufrührerische(r) Geist *m;* **~eur, se I.** *a* kritisch; aufsässig; **II.** *s m f* Kritik(ast)er, Nörgler(in *f*) *m.*

front [frɔ̃] *m* **1.** *anat* Stirn *f;* **2.** Stirn-, Vorderseite *f;* **3.** *pol mil* Front *f (a. Wetter);* **4.** *de ~* von vorn; auf gleicher Höhe, nebenea.; frontal; *fig* direkt, unmittelbar, ohne Umschweife; gleichzeitig, zusammen; *sur l'ensemble du ~* auf der ganzen Front; **5.** *aller, être au* od *sur le ~* an die Front gehen, an der Front stehen; *attaquer qn de ~* jdn offen an=greifen; *avoir le ~* sich unterstehen, sich erdreisten (*de* zu); *faire ~* die Stirn bieten, trotzen (*à qn* jdm); *heurter qn de ~ (fig)* jdn vor den Kopf stoßen; *mener de ~ plusieurs entreprises* mehrere Dinge gleichzeitig betreiben; **6.** *~ bombé, fuyant* gewölbte, fliehende Stirn *f; ~ chaud, froid, d'orage, polaire* Warm-, Kalt-, Gewitter-, Polarfront *f.*

front|alier, ère [frɔ̃talje] **I.** *a* Grenz-; **II.** *s m f* Grenzbewohner(in *f*) *m; travailleur m ~* Grenzgänger *m;* **~ière** *s f* Grenze *f a. fig; incident m de ~* Grenzzwischenfall *m; poste, poteau m, région, ville, zone f ~* Grenzposten, -pfahl *m,* -gebiet *n,* -stadt, -zone *f;* **~ispice** [-tispis] *m typ* Titelblatt, -bild *n;* **~on** *m* (Fenster-, Tür-)Giebel *m.*

frott|age [frɔtaʒ] *m* Reiben, Bohnern, Wichsen *n;* **~ée** *f fam* Tracht *f* Prügel *f;* **~ement** *m* **1.** (Ab-)Reiben *n;* **2.** *tech* Reibung *f;* **3.** *fig fam* Berührung; Schwierigkeit, Reiberei *f;* **~er I.** *tr* **1.** (ab=, ein=) reiben (*de* mit); (ab=)scheuern; ab=schleifen; **2.** *(schmutzige Schuhe)* ab=streichen; **3.** *(Fußboden)* bohnern; **4.** *(Haut)* frottieren, reiben; **5.** *(Nägel)* polieren; **6.** *(Zähne)* bürsten; **7.** *(Streichholz)* an=zünden; **II.** *itr* **8.** reiben (*contre* an *dat*); **III.** *v prn se ~* **9.** sich reiben (*à, contre* an *dat*); **10.** sich ein=reiben (*de* mit); **11.** *fig* sich ein=lassen (*à qn* mit jdm); **12.** zu nahe treten (*à qn* jdm); **13.** *~ avec une brosse* ab=bürsten; *~ les oreilles à qn (fig)* jdm den Kopf waschen; *ne vous y frottez pas!* lassen Sie die Finger davon!

frou|-frou [frufru] *m (Seide)* Rauschen, Knistern, Rascheln *n;* **~frouter** *itr* rascheln; rauschen; *(Seide)* knistern.

frouss|ard, e [frusar, -ard] **I.** *a fam* furchtsam, ängstlich; **II.** *s m* Angsthase *m;* **~e** *f fam* (Heiden-)Angst *f,* Bammel *m.*

fruct|ifère [fryktifɛr] *a bot* fruchttragend; **~ifier** *itr* **1.** *agr* Früchte tragen *a. fig;* **2.** *com* Zinsen ab=werfen; *— faire ~* gewinnbringend anlegen; **~ueux, se** [-tyø, -øz] *a fig* vorteilhaft, gewinnbringend, einträglich.

frug|al, e [frygal] *a* mäßig, genügsam; einfach; **~alité** *f* Genügsamkeit; Einfachheit *f.*

fruit [frɥi] *m* **1.** Frucht *f a. fig;* **2.** *fig* Vorteil, Nutzen *m;* **3.** *pl* Obst *n;* **4.** Ertrag *m;* Ergebnis *n,* Folge *f;* **5.** *arch* Neigung, Schräge *f;* **6.** *avec ~* mit Nutzen; *sans ~* frucht-, nutzlos; *~s de dessert, à noyau, à pépins, séchés* Tafel-, Stein-, Kern-, Dörrobst *n; ~s de mer* Meeresfrüchte *f pl;* **~é, e** [-te] *a* mit Fruchtgeschmack; **~erie** *f* Obstgeschäft *n;* **~ier, ière I.** *a* Obst-; **II.** *s m f* Obsthändler(in *f*) *m; s f* Käserei *f; arbre m ~* Obstbaum *m.*

frusqu|es [frysk] *f pl pop* alte Kleider *n pl;* Klamotten *f pl;* **~in** *m: tout son saint-~* s-e Siebensachen *f pl,* s-e ganze Habe *f.*

frust|e [fryst] *a* **1.** abgegriffen, -gerieben, -genutzt; **2.** *fig* einfach; roh, ungebildet, ungeschliffen, grob; **~ration** *f* Enttäuschung; geschwundene Hoffnung, Ernüchterung; Frustration *f;* Unbefriedigtsein *n;* **~rer** *tr* betrügen, benachteiligen (*de qc* um etw); *~ qn de qc* jdn e-r S *(gen)* berauben, um etw bringen; *~ qn dans qc* jdn in s-n (berechtigten) Erwartungen enttäuschen.

fuchs|ia [fyksja, fyʃja] *m bot* Fuchsie *f.*

fuel(-oil) [fjul(ɔjl)] *m* Heizöl *n.*

fug|ace [fygas] *a* flüchtig, vergänglich; **~itif, ive** [-ʒitif, -iv] **I.** *a* flüchtig, vergänglich; **II.** *s m* Flüchtling *m;* **~ue** [fyg] *f* **1.** *mus* Fuge *f;* **2.** *fam* Seitensprung *m;* Ausreißen *n.*

fui|r [fɥir] **I.** *itr* **1.** (ent)fliehen (*de* aus, *devant* vor *dat*); **2.** *fig* Ausflüchte suchen; aus=weichen (*devant qc* dat); entweichen; **3.** *(Boden)* nach=geben; **4.** *(Zeit)* entschwinden; **5.** *(Gas)* aus=strömen; **6.** *(Flüssigkeit)* aus=laufen; **7.** *(Behälter)* leck sein; **II.** *tr* **8.** fliehen (*qn, qc* vor jdm, etw); **9.** aus dem Wege gehen (*qn* jdm), meiden; sich ab=kehren (*qc* von etw); *— faire ~* in die Flucht schlagen; **~te** *f* **1.** Flucht *f* (*de* vor *dat*) *a. fig;* Entweichen, Verschwinden *n;* **2.** *(Zeit)* Entschwinden *n;* **3.** *pol* Indiskretion *f;*

4. *(Flüssigkeit)* Ausströmen, -fließen, -laufen *n;* lecke, undichte Stelle *f,* Leck *n;* **5.** *être en ~* auf der Flucht sein; *mettre en ~* in die Flucht schlagen; *prendre la ~* die Flucht ergreifen; **6.** *délit m de ~* Fahrerflucht *f; soupçon m, tentative f de ~* Fluchtverdacht, -versuch *m; ~ de capitaux* Kapitalflucht *f; ~ d'eau* Wasserrohrbruch *m.*

fulgur|ant, e [fylgyrɑ̃, -ɑ̃t] *a* **1.** *(Blick)* leuchtend, blitzend, funkelnd; **2.** *(Schmerz)* stechend; **3.** *fig* überwältigend, heftig; **4.** blitzschnell; **~ation** *f* Wetterleuchten *n.*

fuligineux, se [fyliʒinø, -øz] *a* **1.** rußig; **2.** *fig* unklar.

fulmi|coton [fylmikɔtɔ̃] *m chem* Schießbaumwolle *f;* **~nant, e** *a* **1.** *(Person)* wütend; **2.** *(Blick)* blitzend, drohend; **3.** Knall-, Spreng-; **~ner I.** *itr* **1.** detonieren; **2.** *fig* explodieren, wütend sein; schimpfen, wettern (*contre qn* gegen jdn); **II.** *tr (Bann)* schleudern.

fum|age [fymaʒ] *m* **1.** *(Fleisch)* Räuchern *n;* **2.** *agr* Düngen *n;* **~ant, e** *a* **1.** rauchend, dampfend; **2.** kochend (*de colère* vor Zorn); **3.** *fam* sensationell; **~e-cigar(ett)e** *m inv* Zigarren-, (Zigaretten-)Spitze *f;* **~ée** *f* **1.** Rauch, Qualm *m;* **2.** Dampf, Dunst; Schwaden *m;* **3.** *fig* blaue(r) Dunst *m,* Illussion *f;* **4.** *pl* Dämpfe *m pl,* Nebel *m (von Alkohol);* **5.** *(Jagd)* Losung *f;* **6.** *sans ~* rauchlos; *s'en aller, s'évanouir en ~ (fig)* in Rauch auf=gehen; **~er I.** *itr* **1.** rauchen; qualmen; dampfen; **2.** *fig fam* rasen, toben; **II.** *tr* **3.** (aus=)räuchern; **4.** *(Tabak)* rauchen; **5.** *agr* düngen; — *défense de ~!* Rauchen verboten! **~erie** *f;* Opiumhöhle *f;* **~erolle** *f geol* Fumarole *f;* **~et** [-ɛ] *m* **1.** (Wild-)Geruch *m; (Jagd)* Witterung *f;* **2.** *(Wein)* Blume *f;* **3.** *fig* Duft *m;* **~eur, se** *m f* Raucher(in *f*) *m;* **~eux, se** *a* **1.** rauchig; qualmend; dunstig; **2.** *fig* unklar, verschwommen; **~ier** *m* **1.** Dünger, Mist; *(tas m de ~)* Mist-, Dunghaufen *m;* **2.** *pop* Mistvieh *n;* — *fourche f à ~* Mistgabel *f; fosse f à ~* Dunggrube *f;* **~igation** *f (Zimmer)* Ausräuchern *n;* **~igène** *a* rauchentwickelnd; **~iste** *m* **1.** Ofensetzer *m;* **2.** *fig fam* Blender *m;* **~isterie** *f fig* Schwindel *m;* **~ivore** *a* rauchverzehrend; **~oir** *m* Rauchzimmer *n.*

fun|ambule [fynɑ̃byl] *m f* Seiltänzer(in *f*) *m;* **~èbre** *a* **1.** Leichen-, Begräbnis-, Toten-; **2.** *fig* traurig, düster, finster; — *rendre à qn les honneurs ~s* jdm die letzte Ehre erweisen; *cloche f, lit m ~* Totenglocke *f,* -bett *n; convoi, cortège m ~* Trauergefolge *n; oraison f ~* Leichenrede *f; pompes f pl ~s* Beerdigungsinstitut *n;* **~érailles** *f pl* (feierliches) Leichenbegängnis *n,* Bestattung *f;* **~éraire** *a* Grab-; Leichen-; Begräbnis-; *chapelle f ~* Grabkapelle *f; frais m pl ~s* Beerdigungskosten *pl; indemnité f ~* Sterbegeld *n; monument m, pierre f ~* Grab(denk)mal *n,* Grabstein *m;* **~este** [-nɛst] *a* unheilvoll, -bringend, verderblich (*à* für); **~iculaire** *m* Drahtseilbahn *f.*

fur [fyr] *m: au ~ et à mesure* in dem Maße, je nachdem (*que* wie); im gleichen Maße, entsprechend, gemäß, nach; **~ax** *a inv fam* wütend; **~et** [-ɛ] *m zoo* Frettchen *n;* **~eter** *tr fig* herum=schnüffeln, -stöbern, -schmökern; **~eteur, se I.** *m f* Schnüffler(in *f*); Stöberer *m;* **II.** *a* neugierig; **~eur** *f* **1.** Raserei, Wut *f,* Zorn *m;* **2.** (heftige) Leidenschaft, große Begeisterung; Heftigkeit *f; (Sturm)* Toben *n;* — *aimer qc à la ~* etw wahnsinnig gern haben, mögen; *faire ~* sehr beliebt, in Mode sein; Furore machen; **~ibard, e** *fam,* **~ibond, e** *a* wütend, zornig, rasend; **~ie** *f* **1.** Furie *f;* **2.** Raserei, Wut *f;* **3.** Heftigkeit *f;* Wüten, Toben *n;* — *mettre qn en ~* jdn in Wut bringen; **~ieux, se** *a* **1.** rasend, wütend (*contre qn, qc* auf jdn, etw); **2.** außer sich; heftig; erbittert; **3.** *fig* schrecklich, gewaltig; **~oncle** *m med* Furunkel *m;* **~tif, ive** *a* **1.** verstohlen, heimlich; **2.** *(Lächeln)* flüchtig; — *entrer d'un pas ~* herein=schleichen.

fus|ain [fyzɛ̃] *m* **1.** *bot* Spindelbaum *m;* **2.** (Zeichen-)Kohle; Kohlezeichnung *f;* **~eau** *m* **1.** Spindel *f a. anat;* **2.** (Spitzen-)Klöppel *m;* **3.** Keilhose *f; en ~* spindelförmig; *~ horaire* Zeitzone *f;* **~ée** *f* **1.** *tech* Rakete *f;* **2.** *(Bombe)* Zünder *m;* **3.** *mot* Achsschenkel *m;* **4.** *mus* schnelle(r) Lauf *m;* **5.** *lancer une ~* e-e Rakete steigen lassen; *rampe f de lancement de ~s* Raketenabschußbasis *f; ~ éclairante* Leuchtrakete *f; ~-gigogne f, à plusieurs étages* Mehrstufenrakete *f; ~ paragrêle* Hagelrakete *f; ~ porteuse* Trägerrakete *f; ~ de signalisation* Signalrakete *f;* **~elage** *m aero* Rumpf *m;* **~elé, e** *a* windschnittig; *fig* dünn, fein; **~er** *itr* **1.** schmelzen; **2.** *(Farbe)* aus=laufen; **3.** *(Sicherung)* durch=brennen; **4.** *tech (Lager)* aus=laufen; **5.** *fig* sich aus=breiten; **6.** erschallen; **7.** los=gehen; **~ible I.** *a* schmelzbar; **II.** *s m el* (Schmelz-) Sicherung *f.*

fusil [fyzi] *m* **1.** Gewehr *n,* Flinte, Büchse *f;* **2.** Wetzstahl *m;* **3.** *fig* Schütze *m;* **4.** *abattre à coup de ~* nieder=schießen; *changer son ~ d'épaule (fig)* um=satteln; s-e Meinung, s-e Methode ändern; **5.** *coup m de ~* Gewehrschuß *m; fam* gesalzene Rechnung *f; ~ de chasse* Jagdgewehr *n;* **~lade** [-jad] *f* Gewehrfeuer *n;* Schießerei *f;* **~ler** [-je] *tr* **1.** erschießen; **2.** durchbohren (*du regard* mit dem Blick); **3.** *fam* knipsen *(de la* *caméra);* **4.** *pop* kaputt=machen; **5.** *(Geld)* ausgeben.

fusion [fyzjɔ̃] *f* **1.** (Ver-)Schmelzen *n;* Schmelzprozeß *m;* Auflösung *f* (*dans l'eau* in Wasser) **2.** *phys* Kernfusion *f;* **3.** *fig* Verschmelzung *f;* Aufgehen *n;* **4.** *com* Fusion, Zs.legung, Vereinigung *f;* — *en* ~ schmelzflüssig; **~nement** [-zjɔ-] *m com* Fusionierung, Verschmelzung *f;* **~ner I.** *tr* verschmelzen, zs.=legen, vereinigen; *com* fusionieren; **II.** *itr* sich zs.=schließen, inea. auf=gehen *a. fig.*

fût [fy] **1.** Faß, Gebinde *n;* **2.** (Baum-)Stamm *m;* **3.** (Säulen-)Schaft *m;* **4.** *(Gewehr)* Schaft *m.*

fut|aie [fytɛ] *f* Hochwald; **~aille** *f* Faß *n;* Fässer *n pl;* **~é, e** *a fam* pfiffig, verschmitzt; **~ile** *a* **1.** nichtssagend, geringfügig, unbedeutend; **2.** *fig* leichtsinnig, oberflächlich; **~ilité** *f* **1.** Inhaltlosigkeit, Nichtigkeit; Bedeutungslosigkeit; Nutzlosigkeit; **2.** Kindlichkeit *f;* **3.** *pl* Bagatelle, Lappalie *f;* **~ur, e I.** *a* (zu)künftig; **II.** *s m* Zukunft *f; gram* Futurum *n; m f fam* Zukünftige(r *m*) *f;* **~urologue** *m* Futurologe *m.*

fuy|ant, e [fɥijɑ̃, -ɑ̃t] *a* **1.** *(Stirn)* fliehend; **2.** flüchtig; unbeständig; **3.** greifbar, nicht faßbar; **4.** *(Blick)* scheu, verstohlen; **5.** *arch* sich verjüngend; spitz zulaufend; **~ard** *m* Flüchtling, Ausreißer *m.*

G

gabar|dine [gabardin] *f* Gabardine(mantel) *m;* **~it** [-ri] *m* **1.** Formlehre, Schablone *f;* **2.** Ladeprofil *n;* **3.** Größe, Dimension *f;* **4.** *fig* Art *f*, Schlag *m.*

gab|egie [gabʒi] *f* Schlamperei *f;* **~elle** *f hist* Salzsteuer *f.*

gâch|age [gɑ(a)ʃaʒ] *m (Mörtel)* Anrühren *n;* **~er** *tr* **1.** *(Mörtel, Kalk)* an=rühren, an=machen; **2.** *(Geld, Zeit)* vertun, vergeuden; **3.** *(Gelegenheit)* verpassen; **4.** *(Spaß)* verderben; — *~ le métier (fig fam)* die Preise verderben; **~eur, se** *m f* Pfuscher(in *f*), Schlamper *m;* **~is** [-i] *m* **1.** (Gips-)Mörtel *m;* **2.** *fig fam* Kuddelmuddel *m;* Schlamassel *m;* **3.** Verschwendung *f.*

gadget [gadʒɛt] *m* **1.** technische Spielerei *f*, Zusatzgerät *n;* **2.** *fig* Mittel *n*, Lösung *f.*

gadou|e [gadu] *f* **1.** Müll, Kompost(erde *f*) *m;* **2.** Schlamm, Dreck *m.*

gaff|e [gaf] *f* **1.** Bootshaken *m;* **2.** *fam* Dummheit *f*, Schnitzer *m;* — *faire une ~ (fam)* e-n Bock schießen, e-e Dummheit machen; *faire ~ (pop)* sich in acht nehmen; **~er** *itr fam* **1.** e-n Bock schießen; **2.** *pop* auf=passen; **~eur, se** *s m f* Dussel, Tolpatsch *m.*

gag [gag] *m film* Gag; witzige(r) Einfall *m*, Pointe *f.*

gaga [gaga] *a fam* vertrottelt, verkalkt.

gag|e [gaʒ] *m* **1.** Pfand *n a. fig;* **2.** *fig* Unterpfand *n*, Beweis *m;* **3.** *pl* Lohn *m (d. Hausangestellten);* — *à ~s* gegen Lohn *od* Entgelt; *donner, mettre en ~* verpfänden; **~er** *tr* wetten (*que* daß).

gagn|ant, e [gaɲɑ̃, -ɑ̃t] **I.** *a* Gewinn-; **II.** *s m* Gewinner; *(Wettbewerb)* Sieger *m;* — *tout le monde le donne ~* man betrachtet ihn allgemein als Sieger; *billet, numéro m ~* Gewinn(los *n*, -nummer *f*), Treffer *m;* **~e:** *~-pain m inv* Broterwerb *m.*

gagner [gaɲe] **I.** *itr* gewinnen, siegen, den Sieg davon=tragen *od* erringen; *sport il a gagné aux points, d'une longueur, d'une poitrine* er hat nach Punkten, mit e-er Länge, um Brustbreite gesiegt; *~ à être connu* bei näherem Kennenlernen gewinnen; *~ à faire qc* gewinnen, wenn man etw tut; **II.** *tr* **1.** *(Geld)* verdienen; — *~ gros* gut verdienen; *~ sa vie* s-n Lebensunterhalt verdienen; *~ le gros lot* das Große Los ziehen; **2.** *~ qc à qn, qc sur qn* jdm e-e S ab=gewinnen; *(acquérir)* erwerben; **3.** *(Zeit)* sparen; **4.** *~ à qc* aus e-r S Profit schlagen; *il n'y a rien à y ~* daraus ist nichts zu holen *fam; qu'est-ce que j'y gagne* was habe ich denn davon? *c'est autant de gagné* das ist doch, immerhin (et)was; *~ qn de vitesse* jdm zuvor=kommen; *~ du terrain (fig)* Boden gewinnen, auf=holen. **5.** *(attraper) (Krankheit)* sich zu=ziehen, *fam* holen; — *j'y ai gagné un rhume* ich habe mir dabei e-e Erkältung, e-n Schnupfen geholt; **6.** *(conquérir)* erwerben; — *~ la faveur de qn* jds Gunst erlangen; *~ des amis, tous les cœurs* Freunde, alle Herzen gewinnen; *~ qn* jdn überzeugen, *(péj)* verführen, bestechen; **7.** *(progresser)* näher=kommen, sich nähern (*qc* e-r S *dat*); *(Ort, Ziel)* erreichen; — *~ le large (mar)* auf das Meer hinaus=fahren; *fig* das Weite suchen; **8.** fassen, ergreifen; — *l'épidémie gagne le pays voisin* die Seuche greift auf das Nachbarland über; *~ du terrain sur qn* jdn ein=holen; *le feu gagne du terrain* das Feuer greift um sich; **9.** sich bemächtigen (*de* gen); — *la peur le gagne* die Furcht bemächtigt sich seiner; *le sommeil le gagne* der Schlaf überfällt, übermannt ihn.

gai, e [ge, gɛ] *(adv a. gaîment) a* **1.** heiter, froh, launig, lustig; **2.** *(Gegend, Raum, Wetter)* freundlich, heiter; **3.** *(Farbe)* hell, lebhaft; — *un peu ~ (fam)* (etwas) angeheitert; **~eté** *f* Munterkeit, Fröhlichkeit, Heiterkeit *f.*

gaill|ard, e [gajar, -ard] **I.** *a* **1.** lustig, vergnügt; munter, frisch; **2.** *(Reden)* etwas frei, locker; **II.** *s m* **1.** (strammer) Kerl, Bursche *m;* **2.** *mar (~ d'avant)* Back *f.*

gain [gɛ̃] *m* **1.** Gewinn *a. fig;* Vorteil *m;* **2.** Einkommen *n*, Verdienst, Lohn *m;* **3.** *avoir ~ de cause* (e-n Prozeß) gewinnen; *être âpre au ~* hinter s-m Vorteil her sein; *réaliser de gros ~s* große Gewinne erzielen; **4.** *~ accessoire* Nebenverdienst *m;* *~ de place, de temps* Platz-, Zeitersparnis *f* od -gewinn *m;* **~e** [gɛn] *f* **1.** Futteral, Etui *n*, Hülle; Scheide *f a. anat bot;* **2.** *tech* Mantel *m;* **3.** Hüfthalter *m*, Korse(le)tt *n.*

gal|a [gala] *m* Fest(vorstellung *f*) *n;* **~amment** [-amɑ̃] *adv* galant; **~ant, e** *a (nachgestellt)* galant, zuvorkommend, liebenswürdig; **~anterie** *f* **1.** Zuvorkommenheit, Höflichkeit; Rücksicht *f;* **2.** *pl* Komplimente *n pl;* **~antine** *f* Galantine *f (Sülzgericht).*

galaxie [galaksi] *f astr* **1.** Milchstraße *f;* **2.** Spiralnebel *m.*
galb|e [galb] *m (Säule, Vase)* Rundung; *allg* (schöne) Form *f; avoir du ~* e-e gute Figur haben.
gal|e [gal] *f* **1.** *med* Krätze *f;* **2.** *(Tier)* Räude *f;* — *(fam) être mauvais comme la ~* e-e Giftnudel sein; **~ère** *f* **1.** Galeere *f;* **2.** *fig* mißliche(s) Abenteuer *n;* — *vogue la ~!* komme, was da wolle! **~erie** *f* **1.** Galerie *f;* **2.** gedeckte(r) *od* unterirdische(r) Gang *m;* **3.** *theat* Balkon, Rang *m; (Kirche)* Empore *f;* **4.** *mot* Gepäckträger, Kuli *m;* **5.** *fig* Zuschauer *m pl,* Publikum *n;* **~et** [-lɛ] *m* **1.** (glatter) Kiesel(stein) *m;* **2.** *tech* (Lauf-)Rolle *f;* **~etas** [galta] *m* armselige Wohnung *f, fam* Loch *n;* **~ette** *f* **1.** (Blätterteig-) Kuchen *m;* **2.** *tech* Bandkonserve *f;* **3.** *pop* Zaster, Kies *m;* **~eux, se** *a* **1.** *med* krätzig *a. tech;* **2.** *(Tier)* räudig; **~imatias** [-tia] *m* Galimathias; *fam* Quatsch *m;* **~ipette** *f fam* Purzelbaum *m.*
gall|e [gal] *f* Gallapfel *m;* **~ican, e** *a rel* gallikanisch; **~icisme** *m* Gallizismus *m;* **~ois, e** *a* walisisch.
gal|oche [galɔʃ] *f* Holzpantine *f; menton m de, en ~ (fam)* spitze(s), vorspringende(s) Kinn *n;* **~on** *m* Borte, Litze, *(bes. mil)* Tresse *f;* **~onné** *m fam* Offizier *m;* **~op** [-lo] *m* Galopp *m a. mus; au ~* im Galopp; *se mettre au ~* Galopp an≈schlagen; *et au ~!* aber dalli! **~oper** *itr* **1.** galoppieren *a. fig;* **2.** *allg* rennen, laufen, eilen; — *~ derrière qc* hinter e-r S her≈jagen; **~opin** *m* (kleiner) Schlingel; Lausbube *m;* **~ure** *f,* **~urin** *m pop (chapeau)* Deckel *m.*
galvan|ique [galvanik] *a* galvanisch; **~iser** *tr* **1.** *tech* verzinken; **2.** *med* galvanisieren; **3.** *fig* mit≈reißen.
galvauder [galvode] *tr* **1.** *(Talent)* vergeuden; **2.** *(Name)* kompromittieren.
gamb|ade [gɑ̃bad] *f* Luftsprung *m;* **~ader** *itr* (Luft-)Sprünge machen; **~erger** *itr pop* nachdenken; **~ette** *f fam* Bein *n; jouer, tricoter des ~s (fam)* das Weite suchen, abhauen; **~iller** [-je] *itr fam* schwofen.
gam|elle [gamɛl] *f* Essgeschirr *n; ramasser une ~ (pop)* hin≈fallen; Pech haben; **~in, e I.** *s m f* kleine(r) Junge, Bub *m;* kleine(s) Mädchen *n, fam* Göre *f;* **II.** *a* schelmisch; jungenhaft, lausbubenhaft; **~inerie** *f* Dummejungenstreich *m.*
gamm|e [gam] *f* **1.** *mus* Tonleiter *f;* **2.** Skala *f;* Umfang, Bereich *m a. radio;* **3.** Palette, Reihe, Reihen-, Aufea.folge *f;* — *changer de ~ (fam)* e-n anderen Ton an≈schlagen; *faire des ~s* Tonleitern üben; *~ des couleurs* Farb(en)skala *f; ~ majeure, mineure* Dur-, Molltonleiter *f; ~ d'ondes* Wellenbereich *m; ~ des prix* Preisskala *f;* **~ée** *a nur f: croix f ~* Hakenkreuz *n.*
gan|ache [ganaʃ] *f fig fam* Trottel *m.*
gang [gɑ̃g] *m* Verbrecherbande *f;* **~lion** [gɑ̃glijɔ̃] *m anat* Nerven-, Lymphknoten *m;* **~rène** *f* **1.** *med* Gangrän(e *f) n,* Brand; **2.** *fig* Krebsschaden *m;* **~rener** *tr fig* verderben; **~ster** [gɑ̃gstɛr] *m* **1.** Gangster *m;* **2.** *fig* Wucherer *m.*
gant [gɑ̃] *m* **1.** Handschuh *m;* **2.** *(~ de toilette)* Waschlappen *m;* — *sans prendre de ~s* ohne viel Federlesens; *aller comme un ~* wie angegossen sitzen; *fig* ausgezeichnet passen; *jeter, relever le ~* den Fehdehandschuh hin≈werfen, auf≈nehmen; *il est souple comme un ~ (fam fig)* man kann ihn um den Finger wickeln; *~ de boxe, de caoutchouc, protecteur, tricoté* Box-, Gummi-, Schutz-, Strickhandschuh *m;* **~er I.** *tr: je gante du* 7 ich habe (Handschuh-)Größe 7; *ce rôle le gante à merveille* diese Rolle paßt ihm glänzend; **II.** *v prn se ~* (die) Handschuhe an≈ziehen; *cela me gante* das trifft sich gut; **~ier** *m* Handschuhmacher *m.*
garag|e [garaʒ] *m* **1.** *mot* Garage *f,* Abstellplatz *m; (Busse)* Wagenhalle; **2.** (Auto-)Reparaturwerkstatt; Autovertretung *f;* **3.** *(~ d'avion)* (Flugzeug-) Halle *f; (~ de canots)* Bootshaus *n;* — *rentrer sa voiture au ~* den Wagen in die Garage stellen; *~ à étages* Parkhaus *n;* **~iste** *m* Inhaber *m* e-r Autoreparaturwerkstätte.
garant [garɑ̃] *m* Bürge; Gewährsmann *m; se porter, se rendre ~* Bürgschaft leisten, ein≈stehen (*de* für); **~tie** [-ti] *f* Garantie, Gewährleistung; Bürgschaft *f; sans ~* ohne Gewähr; *être sous la ~* unter Garantie stehen; *bon m de ~* Garantieschein *m; ~ de l'emploi* Sicherung *f* des Arbeitsplatzes; **~tir** *tr* **1.** gewährleisten, garantieren; **2.** bürgen für; **3.** Garantie geben (*qc* auf e-e S); **4.** schützen, sichern (*de, contre* gegen).
garce [gars] *f pop* Weibsbild *n.*
garçon [garsɔ̃] *m* **1.** Junge, Bub *m;* **2.** Bursche; junge(r) Mann *m;* **3.** *(vieux ~)* Junggeselle *m;* **4.** Gehilfe, Geselle *m;* **5.** *(~ de café, d'hôtel)* Kellner *m; ~!* Herr Ober! *~ de cabine* Steward *m; ~ de cuisine* Küchenjunge *m; ~ d'honneur* Brautführer *m;* **~ne** [-sɔn] *f* Junggesellin *f; coiffure f à la ~* Bubikopf *m;* **~net** [-ɛ] *m* **1.** kleine(r) Junge *m;* **2.** *com (taille f ~)* Knabengröße *f;* **~nière** *f* Junggesellenwohnung *f.*
garde[1] [gard] **I.** *f* **1.** Bewachung; Beaufsichtigung, Aufsicht *f* (*de* über *acc*); **2.** Obhut *f;* **3.** (Auf-)Bewahrung *f,* Gewahrsam *m;* **4.** *(Ärzte)* Bereitschafts-, Notdienst *m; mil* Wache; Garde *f;* **5.** *(Fechten)* Auslage; *(Boxen)* Deckung *f;* **6.** *tech (~ au sol)* Bodenfreiheit *f;* **7.** *(in Redewendungen)* Aufmerksamkeit, Vorsicht, Acht; — *de ~* wachhabend,

diensttuend; *déposer qc en ~* etw in Verwahrung geben; *être de ~* Wache haben; *être, se tenir en ~, sur ses ~s, se mettre sur ses ~s, prendre ~* acht=geben, auf=passen, auf der Hut sein, sich vor=sehen; *mettre en ~* warnen *(contre* vor *dat); sport* verwarnen; *prendre ~ à qn, à qc* auf jdn, etw acht=geben, auf=passen, Rücksicht nehmen; sich vor jdm, vor e-r S in acht nehmen; *prendre en ~* in Verwahrung, in Obhut nehmen; *se tenir sur ses ~s* auf der Hut sein; **8.** *chien m de ~* Wachhund *m; fruits m pl, saucisson m de ~* Dauerobst *n,* -wurst *f; mise f en ~ (sport)* (Ver-)Warnung *f; service m de ~* Wachdienst *m;* **9.** *~ d'écurie* Stallwache *f; ~ montante, descendante* auf-, abziehende Wache *f; ~ nationale, (Belgien) civique* Nationalgarde, Bürgerwehr *f; ~ de nuit* Nachtwache *f; ~-à-vous m (mil)* Stillgestanden, -stehen *n;* stramme Haltung *f.*

garde[2] [gard] **I.** *s m* Wächter; Wärter; Aufpasser, -seher; Wach-, Gardesoldat *m;* **II.** *s f* Krankenwärterin *f;* — *~-barrière, ~-voie m* Bahn-, Schrankenwärter *m; ~ champêtre* Feldhüter *m; ~-chaussée* Straßenwärter *m; ~ du corps* Leibwächter *m; ~ forestier* Forstaufseher, Revierförster *m; ~-magasin m* Lagerverwalter; Kammerunteroffizier *m; ~-malade m f* Krankenwärter(in *f*) *m; ~ de nuit* Nachtwächter *m; ~ des sceaux* Großsiegelbewahrer; Justizminister *m; ~-vigile m* Schließer *m (e-r Wach- u. Schließgesellschaft);* **III.** *(in Zssgen, inv); ~-boue m (Fahrrad)* Schutzblech *n; mot* Kotflügel; *~-boutique m* Ladenhüter *m fig; ~-côte(s) m, pl ~(s)* Küstenwachschiff; Zoll-, Fischereiaufsichtsschiff *n; ~-feu m* Ofen-, Kaminschirm *m; ~-fou, ~-corps m* Geländer *n,* Balustrade *f; ~-manger m* Speise-, Fliegenschrank *m;* Speisekammer *f; ~-meuble m, pl a. ~s* Möbellager *n,* -speicher *m; ~-robe f, pl a. ~s* Kleiderschrank *m;* Garderobe *f (Kleidung).*

gard|é, e [garde] *a (Bahnübergang)* beschrankt; *(Parkplatz)* bewacht; **~er I.** *tr* **1.** bewachen -hüten; auf=passen (*qc* auf etw *acc*); beaufsichtigen, überwachen; **2.** auf=heben, -bewahren, -sparen; (bei, für sich) zurück=behalten; **3.** *(Kleidungsstück)* an=, *(Hut)* auf=behalten; **4.** *(das Zimmer, das Bett)* hüten; **II.** *v prn se ~* sich hüten, sich in acht nehmen (*de* vor *dat, que* davor, daß); — *se ~ (Lebensmittel)* sich halten; sich aufbewahren lassen; haltbar sein; *~ son calme* Ruhe bewahren, ruhig bleiben; *~ les mains libres* freie Hand behalten; *~ son sérieux* ernst bleiben; *je m'en garderai bien!* ich werde mich hüten! ich denke ja gar nicht (*fam* nicht im Traum) daran; *garde ta vache! (fam)* laß dich nicht beschummeln *od* betrügen; **~erie** [-dǝ-] *f* **1.** Kindergarten *m;* **2.** *(Wald)* Revier *n;* **~ien, ne I.** *s m f* **1.** Wärter, Aufseher; Platzwart; Hausmeister *m;* **2.** *fig* Hüter *m;* **II.** *a: ange m ~* Schutzengel *m; ~ de but (sport)* Torwart *m; ~ de musée* Museumswärter *m; ~ de nuit* Nachtwächter *m; ~ de la paix* (Verkehrs-)Schutzmann *m.*

gardon [gardɔ̃] *m: tu es frais comme un ~* du siehst wie das blühende Leben aus.

gar|e [gar] **I.** *interj* Achtung! Vorsicht! warte (nur)! *~ aux chutes!* nicht werfen! *~ aux pickpockets!* vor Taschendieben wird gewarnt! **II.** *s f* **1.** Bahnhof *m,* -station *f;* **2.** *(~ fluviale)* Flußhafen *m; (~ d'eau) (Kanal)* Ausweichstelle *f;* **3.** *~ routière* Omnibusbahnhof; *(LKW)* Autohof *m;* — *en ~* bahnlagernd; *~ restante* bahnpostlagernd; **4.** *à la ~! (fam)* laßt mich in Ruhe! hau ab! Schluß damit! **5.** *chef m de ~* Bahnhofs-, Stationsvorsteher *m;* **6.** *~ aérienne* Flughafen *m; ~ d'arrivée* Ziel-, Ankunftsbahnhof *m; ~ d'attache* Heimatbahnhof *m; ~ centrale* Hauptbahnhof *m; ~ en cul-de-sac* Kopf-, Sackbahnhof *m; ~ de départ* Abgangs-, *(Güter)* Aufgabebahnhof *m; ~ destinataire* Bestimmungsbahnhof *m; ~ d'embarquement* Verladebahnhof *m; ~ d'embranchement, de bifurcation, de jonction* Umsteigebahnhof, Knotenpunkt *m; ~-frontière f* Grenzbahnhof *m; ~ de(s)* (od *aux*) *marchandises* Güterbahnhof *m; ~ maritime* Hafenbahnhof *m; ~ (de) messageries* Eilgutabfertigung *f; ~ terminus* Endbahnhof *m; ~ de triage* Verschiebe-, Rangierbahnhof *m.*

garer [gare] **I.** *tr (Fahrzeug)* unter=stellen; *(Auto)* parken, in die Garage fahren; **II.** *v prn se ~* **1.** parken; s-n Wagen abstellen; **2.** aus=weichen, -biegen; **3.** *fig* sich hüten (*de* vor *dat*).

garg|ariser, se [gargarize] *v prn* **1.** gurgeln; **2.** *se ~ de son succès* sich an s-m Erfolg berauschen.

gargote [gargɔt] *f fam* miese(s) Restaurant *n.*

gargouill|e [garguj] *f* **1.** *arch* Wasserspeier *m;* **2.** Abflußrinne *f,* -rohr *n;* **~ement** *m* **1.** Plätschern; Gurgeln *n;* **2.** *(Magen)* Kollern *n;* **~er 1.** plätschern; **2.** *(Magen)* knurren.

garn|ement [garnǝmɑ̃] *m (mauvais, méchant ~)* Schlingel, Galgenstrick *m;* **~i, e** *a* **1.** versehen, besetzt, verziert, (aus)geschmückt (*de* mit); **2.** *(Küche)* mit (Fleisch- *od* Gemüse-)Beilage *f;* — *assiette f ~e* Wurstplatte *f; choucroute f ~e* Sauerkraut *n* mit Speck *od* Würstchen; **~ir I.** *tr* **1.** versehen, aus=rüsten, -statten, ein=richten (*de* mit); **2.** *(Wand)* verkleiden; besetzen, verzieren, (aus=) schmücken (*de* mit); **3.** garnieren *(a. Küche); (Platz)* umgeben, -stehen,

(um)säumen; **4.** *(Sitzmöbel)* polstern; **5.** *(Tuch)* rauhen; **6.** *(Kleidung)* besetzen, garnieren; **II.** *v prn se ~ (Raum)* sich füllen (*de* mit *acc*).
garnison [garnizõ] *f* Garnison *f;* Standort *m; (être) en ~* in Garnison (liegen).
garniture [garnityr] *f* **1.** Garnitur, Verzierung *f,* Besatz *m;* **2.** Ausrüstung, Ausstattung *f;* **3.** Belag *m; tech* Futter *n;* **4.** *(Auto)* Innenausstattung, Polsterung *f;* **5.** *(Küche)* Bei-, Einlage *f;* — *~ de frein* Bremsbelag *m.*
garrot [garo] *m poser un ~* die Arterie abbinden.
gars [gɑ] *m fam* Junge; Bursche; Kerl *m; par ici, les ~!* kommt mal alle hierher!
gas-oil [gɑ(a)zɔjl, -zwal] *m* Dieselöl *n.*
gasp|illage [gaspijaʒ] *m* Verschwendung, Vergeudung *f;* **~iller** *tr* vergeuden, verschwenden; Raubbau treiben (*qc* an e-r S).
gastr|ique [gastrik] *a* gastrisch; Magen-; *suc m ~* Magensaft *m;* **~onome** *m* Feinschmecker *m;* **~onomie** *f* Eßkultur *f;* **~onomique** *a* gastronomisch.
gât|é, e [gɑte] *a* **1.** *(Obst)* verdorben *a. fig;* **2.** *(Kind)* verwöhnt, verzogen; **~eau** [gato] **I.** *s m* **1.** Kuchen *m a. tech;* **2.** *(~ de miel)* (Honig-)Wabe *f;* — *c'est du ~! (fig fam)* nichts leichter als das! **II.** *a inv grand-papa ~* Großvater *m,* der die Enkel verwöhnt; *~ aux amandes, aux fruits* Mandel-, Obstkuchen *m; ~ à la crème* Cremetorte *f; (petits) ~x secs* Teegebäck *n;* **~er** **I.** *tr* **1.** verderben *a. fig;* beschädigen; **2.** *(bes. Kind)* verwöhnen, verziehen; **II.** *v prn se ~* **3.** *(Wetter)* schlecht(er) werden, sich verschlechtern; **4.** *(Früchte)* verderben; — *~ le marché, le métier* das Geschäft verderben, die Preise drücken; *ça va se ~!* das geht nicht gut! das geht schief! **~eux** *m: vieux ~ (fam)* alte(r) Knacker *m.*
gauch|e [goʃ] **I.** *a* **1.** linke(r, s); **2.** *(Brett)* verzogen; **3.** *fig* linkisch, ungeschickt, unbeholfen; **II.** *s f* Linke *a. pol,* linke Hand *od* Seite *f;* **III.** *s m (Boxen) coup m du ~* Linke *f; à ~* links, zur Linken; *jusqu'à la ~ (pop)* bis zum letzten; *mettre de l'argent à ~* Geld abzweigen; *passer l'arme à ~ (fam)* ins Gras beißen, sterben; *prendre du ~* sich verziehen, sich werfen; *prendre la ~, tenir sa ~, conduire à ~* links fahren; *voter à ~* links wählen; *extrême ~ f (pol)* äußerste Linke *f;* **~er, ère** *s m* Linkshänder *m;* **~erie** *f* Unbeholfenheit, Ungeschicklichkeit *f;* **~ir** *itr* sich verziehen, sich verbiegen; *(Holz)* sich werfen; **~iste** *m* Linksextremer *m.*
gaudriole [godrijɔl] *f fam* freie(r) Scherz *f.*
gaufr|e [gofr] *f* **1.** (Honig-)Wabe *f;* **2.** Waffel *f;* **~ette** *f* (Eis-)Waffel *f;* **~ier** [-frije] *m* Waffeleisen *n.*
gau|ler [gole] *tr* **1.** *(Früchte)* herunterschlagen (*un arbre* von e-m Baum); **2.** *se faire ~ (pop)* sich schnappen lassen; **~ois, e** **I.** *a* **1.** gallisch; **2.** *(Witz)* derb, locker; **II.** *G~, e s m f* Gallier(in *f*) *m;* **~oiserie** [-zri] *f* derbe(r) Witz *m.*
gav|er [gave] **I.** *tr* **1.** *(Geflügel)* nudeln, stopfen; **2.** *(Kind)* überfüttern; **3.** *fig (mit Wissen)* voll≈stopfen; **II.** *v prn se ~* sich über(fr)essen (*de* mit); **~otte** *f* Gavotte *f (Tanz);* **~roche** [-vrɔʃ] *m* (Pariser) Straßenjunge *m.*
gaz [gɑ(a)z] *m inv* **1.** Gas *n;* **2.** *(Physiologie)* Blähung *f;* **3.** Gaswerk *n;* **4.** *à pleins ~* mit Vollgas *a. fig;* **5.** *couper les ~ (mot)* das Gas weg≈nehmen; *donner du ~ (mot fam)* Gas geben; *rouler à pleins ~* mit Vollgas fahren; **6.** *(fam) il y a de l'eau dans le ~* wir werden Schwierigkeiten haben; *la cuisine se fait au ~* man kocht mit Gas; **7.** *chauffage m au ~* Gasheizung, -feuerung *f; compteur m à ~* Gasuhr *f; cuisinière f, fourneau, réchaud m à ~* Gasherd *m; masque m à ~* Gasmaske *f; robinet m à ~* Gashahn *m; tuyau m à ~* Gasrohr *n;* **8.** *~ pl brûlés, de combustion, d'échappement* Ab-, Verbrennungsgase *n pl; ~ de chauffage* Heizgas *n; ~ lacrymogène* Tränengas *n; ~ naturel* Natur-, Erdgas *n; ~ de ville* Stadtgas *n;* **~e** *f (Textil)* Gaze *f; (~ à pansement) med* Verbandstoff, -mull *m;* **~er** **I.** *tr* **1.** vergasen; **2.** *(Textil)* (mit Gas) sengen, rösten; **II.** *itr arg mot aero* rasen; *ça gaze! (pop)* das haut hin! **~eux, se** *a* **1.** gasförmig; **2.** *(Getränk)* kohlensäurehaltig; **~ier, ère** **I.** *a* Gas-; **II.** *s m* Arbeiter *m* e-s Gaswerks; **~oduc** *m* Ferngasleitung *f;* **~omètre** *m* Gasometer, -kessel *m.*
gazelle [gazɛl] *f zoo* Gazelle *f.*
gaz|on [gazõ] *m* Rasen *m;* **~onner** *tr* mit Rasen bepflanzen; **~ouillement** [-uj-] *m* **1.** *(Vögel)* Gezwitscher *n;* **2.** *(Bach)* Plätschern, Murmeln *n;* **3.** *(Kind)* Lallen *n;* **~ouiller** [-uje] *itr* **1.** zwitschern; **2.** *(Kind)* lallen; **3.** *(Bach)* plätschern.
geai [ʒɛ] *m orn* (Eichel-)Häher *m.*
géant, e [ʒeɑ̃, -ɑ̃t] **I.** *s m f* Riese *m,* Riesin *f a. fig;* **II.** *a* riesig, riesenhaft, gewaltig, kolossal, Riesen- *a. fig; à pas de ~* mit Riesenschritten; *paquet m ~ (com)* Großpackung *f.*
gei|gnard, e [ʒɛɲar] **I.** *a* jammernd, weinerlich; **II.** *s m f* Jammerlappen *m,* Heulsuse *f;* **~ndre** [ʒɛ̃dr] *itr* ächzen, stöhnen, jammern.
gel [ʒɛl] *m* **1.** Frost *m;* **2.** *fig* Einfrieren *n.*
gélatin|e [ʒelatin] *f* Gelatine *f;* **~eux, se** *a* gallertartig.
gel|é, e [ʒəle] *a* **1.** gefroren; erfroren; **2.** *com* eingefroren, blockiert; — *je suis ~* es friert mich schrecklich; **~ée** *f* **1.**

Frost *m;* **2.** Gelee *(von Früchten) n* od *m;* **3.** *(~ de viande)* Jus, Gallerte, Sülze *f; ravages m pl de la ~* Frostschäden *m pl; temps m de ~* Frostwetter *n; ~ blanche* (Rauh-)Reif *m; ~ matinale, nocturne* Nachtfrost *m; ~ au sol* Bodenfrost *m;* **~er I.** *tr* **1.** gefrieren lassen, zum Gefrieren bringen; **2.** Frostschäden, *med* Erfrierungen verursachen (*qc* an *dat*); **3.** *com* einfrieren; *(Tätigkeit)* vorübergehend einstellen, auf Eis legen; **II.** *itr* (ge-, zu=, ein=, er)frieren; **III.** *v prn se ~* fast erfrieren; — *il gèle (à pierre fendre)* es friert (Stein u. Bein); *on se gèle ici* man kommt fast vor Kälte um.

gelure [ʒəlyr] *f med* Erfrierung *f.*

Gémeaux, les [ʒemo] *m pl astr* die Zwillinge *m pl.*

gém|ir [ʒemir] *itr* **1.** seufzen, stöhnen *a. fig,* ächzen, wimmern; **2.** *(Wind)* heulen; **3.** *(Tür)* knarren, quietschen. **~issement** *m* **1.** Seufzen, Stöhnen, Ächzen *n a. fig;* **2.** *(Wind)* Heulen; **3.** *(Tür)* Knarren *n.*

gemme [ʒɛm] **I.** *s f* Edelstein *m;* **II.** *a: sel m ~* Steinsalz *n.*

gênant, e [ʒɛnɑ̃, -ɑ̃t] *a* **1.** unbequem; **2.** *fig* lästig; störend; **3.** unangenehm, peinlich; — *ce n'est pas ~* das ist kein Problem.

gencive [ʒɑ̃siv] *f meist pl* Zahnfleisch *n.*

gend|arme [ʒɑ̃darm] *m* **1.** Polizist, Gendarm *m;* **2.** Fleck *m (Edelstein);* **3.** *fam (Frau)* Dragoner *m;* **4.** *fam* Bückling *m;* **5.** (Berg-)Zinne *f;* **~armer, se** *v prn* in Harnisch geraten; **~armerie** [-məri] *f* Polizeitruppe, -kaserne *f.*

gendre [ʒɑ̃dr] *m* Schwiegersohn *m.*

gène [ʒɛn] *m (~ héréditaire) biol* Gen *n.*

gên|e [ʒɛn] *f* **1.** Beschwerden *f pl;* **2.** Last *f;* Zwang *m;* **3.** Bedrängnis, Not(lage); Schwierigkeit, (Geld-)Verlegenheit, *fam* Klemme *f;* **4.** Peinlichkeit, Befangenheit *f,* Hemmungen *f pl;* — *dans la ~* in Geldverlegenheit; *sans ~* ungezwungen, ungeniert; rücksichtslos, *fam* unverfroren; *éprouver de la ~* sich genieren; *être sans ~* sich keinen Zwang an=tun *od* auf=erlegen; **~é, e** [ʒe(ɛ)ne] *a* **1.** verlegen, befangen, gehemmt; bedrückt; **2.** in (Geld-)Verlegenheit; **~er I.** *tr* **1.** behindern; be-, ein=engen; **2.** *(Kleidung, Schuhe)* drücken, zu eng sein (*qn* jdm); **3.** behindern, im Wege stehen; hemmen; **4.** lästig, *fam* auf den Wecker fallen (*qn* jdm), belästigen, stören; **5.** genieren, verlegen machen, in (*a.* Geld-)Verlegenheit bringen; peinlich berühren; **II.** *v prn se ~* **6.** sich *(dat)* Zwang an=tun *od* auf=erlegen; sich *(acc)* genieren; **7.** sich (gegenseitig) lästig fallen, ea. im Wege sein; — *ne pas se ~* sich (ganz) wie zu Hause fühlen; keine Hemmungen haben; *avec qn* jdm gegenüber kein Blatt vor den Mund nehmen; *ne vous gênez pas!* tun Sie (ganz), als ob Sie zu Hause wären, *(ironisch)* tun Sie Ihren Gefühlen keinen Zwang an!

généalog|ie [ʒenealɔʒi] *f* **1.** Genealogie *f;* **2.** Abstammung *f a. biol;* **~ique** *a* genealogisch; *arbre m ~* Stammbaum *m;* **~iste** *m* Genealoge *m.*

génér|al, e [ʒeneral] **I.** *a* allgemein; generell; umfassend; Gesamt-, General-, Haupt-, Ober-; **II.** *s m* **1.** Allgemeine(s) *n;* **2.** *mil (a. rel* Ordens-)General *m;* **3.** *f* Generalmarsch *m; (répétition ~e) theat* Generalprobe *f;* **4.** *dans l'intérêt ~* im Interesse der Allgemeinheit; *d'intérêt ~* gemeinnützig; *en ~* im allgemeinen, gewöhnlich *adv,* meist; **5.** *assemblée f ~e* Generalversammlung *f; culture f ~e* Allgemeinbildung *f; directeur m ~* Generaldirektor *m; grève f ~e* Generalstreik *m; vue f ~e* Gesamtansicht *f;* **~alement** *adv* (im) allgemein(en); *~ parlant* (ganz) allgemein gesprochen; **~aliser** *tr* verallgemeinern; **~alité** *f* **1.** Allgemeingültigkeit *f; pl* allgemeine Darlegungen *f pl;* Allgemeine(s) *n; dans la ~ des cas* meist(ens); **~ateur, trice I.** *a* **1.** *biol* Zeugungs-; **2.** *fig* bewirkend; **II.** *s m tech* Generator *m; ~ (de vapeur)* Dampfkessel *m;* **~atif, ive** *a biol* Zeugungs-; *gram* generativ; **~ation** *f* **1.** *(Physiologie)* Zeugung; *biol* Fortpflanzung; Nachkommenschaft *f;* **2.** Generation *f;* — *~s creuses* geburtsschwache Jahrgänge *m pl.*

génér|eux, se [ʒenerø] *a* **1.** großzügig, edel(mütig), großmütig; **2.** freigebig; **3.** *(Boden)* ergiebig; **4.** *(Land)* fruchtbar; **5.** *(Wein)* edel; **~ique I.** *a* Gattungs-; **II.** *s m film* Vorspann *m;* **~osité** *f* **1.** Edelmut; Großmut *m;* **2.** Großzügigkeit, Freigebigkeit *f;* — *être en veine de ~ (fam)* die Spendierhosen an=haben, in Geberlaune sein.

genèse [ʒənɛz] *f* (Welt-)Entstehung *f; la G~* die Genesis, das erste Buch Mose.

genêt [ʒənɛ] *m bot* Ginster *m.*

génét|icien [ʒenetisjɛ̃] *m* Genetiker, Vererbungsforscher *m;* **~ique I.** *a* genetisch; **II.** *s f* Genetik, Vererbungslehre *f.*

gêneur, se [ʒɛnœr, -øz] *m f* lästige(r) Mensch *m,* Nervensäge *f.*

genévrier [ʒənevrije] *m bot* Wacholder *m.*

géni|al, e [ʒenjal] *a* genial; **~e** *m* **1.** Genius, (guter) Geist *m;* **2.** Genie, Talent *n* (*de, pour* zu, für), (Geistes-)Gaben *f pl,* Begabung *f (de, pour* für); **3.** Genie *n,* geniale(r) Mensch *m;* **4.** (wahres, eigentliches) Wesen *n,* Besonderheit *f;* **5.** *mil* Pioniere *m pl,* Pioniertruppe *f;* — *~ civil* Bauwesen *n;* Hoch- und Tiefbau *m.*

genièvre [ʒənjɛvr] *m* **1.** Wacholder *m*

(Baum u. *Schnaps);* **2.** Wacholderbeere *f.*

gén|isse [ʒenis] *f* Färse, junge Kuh *f;* **~ital, e** *a biol* Genital-, Geschlechts-; *organes m pl gintaux* Geschlechtsorgane *n pl;* **~itif** *m gram* Genitiv, Wesfall *m;* **~ocide** [-nɔsid] *m* Rassen-, Völkermord *m.*

genou [ʒənu] *m (pl genoux)* Knie *n a. tech; à ~x* kniend, auf den Knien; *prendre sur ses ~x* auf den Schoß nehmen; **~illère** [-nujɛr] *f* **1.** Kniewärmer, -schützer *m;* **2.** *tech* Kniegelenk *n.*

genre [ʒɑ̃r] *m* **1.** *zoo bot* Gattung *f;* **2.** Geschlecht *n a. gram;* **3.** Art, Sorte *f; (~ littéraire)* (Literatur-)Gattung *f; (Kunst)* Genre *n;* **4.** *dans son ~* in s-r Art; *de ce ~* in d(ies)er Art; derart(ig); *de, en tout ~* aller Art; allerlei; *des deux ~s (gram)* männlich u. weiblich; **5.** *se donner un ~* sich affektiert benehmen; *ce n'est pas (dans) mon ~* das ist nicht mein Fall, das liegt mir nicht; **6.** *peinture f, tableau m de ~* Genremalerei *f;* -bild *n; ~ humain* Menschengeschlecht *n; ~ de vie* Lebensweise, Art (der) Lebensführung *f.*

gens [ʒɑ̃] *m pl (wenn ein a mit weibl. Endung unmittelbar vorausgeht f pl)* Leute *pl,* Menschen *m pl; — connaître les ~* s-e Leute, *fam* s-e Pappenheimer kennen; *se moquer des ~* sich über die andern lustig machen; *bonnes ~* brave Leute *pl; droit m des ~* Völkerrecht *n; honnêtes ~* anständige Menschen *m pl; jeunes, vieilles ~* junge, alte Leute *pl; petites ~* kleine Leute *pl; tous les ~* alle Leute *pl,* alle Welt *f; ~ d'affaires* Geschäftsleute *pl; ~ d'église* Geistlichkeit *f; ~ de lettres* Literaten, Schriftsteller *m pl; ~ de mer* Seeleute *pl; ~ de robe* Juristen *m pl.*

gentiane [ʒɑ̃sjan] *f bot* Enzian *m.*

gentil, le [ʒɑ̃ti, -ij] *a (adv gentiment)* **1.** niedlich, hübsch, reizend, entzückend, allerliebst; **2.** nett, lieb, freundlich, liebenswürdig; *— c'est ~ à vous* das ist nett von Ihnen; **~homme** [-jɔm] *m, pl ~shommes* [-zɔm] **1.** Edelmann *m;* **2.** *fig* Kavalier, Gentleman *m;* **~lesse** [-jɛs] *f* nette(s), freundliche(s) Wesen *n;* Liebenswürdigkeit *f;* **~let, te** *a* ganz nett.

génuflexion [ʒenyflɛksjɔ̃] *f rel* Kniebeuge *f.*

géo|centrique [ʒeɔsɑ̃trik] *a astr* geozentrisch; **~désie** *f* Geodäsie, Landesvermessung *f.*

géograph|e [ʒeɔgraf] *s m* Geograph *m;* **~ie** *f* Erdkunde, Geographie *f; ~ économique* Wirtschaftsgeographie *f;* **~ique** *a* erdkundlich, geographisch; *carte f ~* Landkarte *f.*

geôl|e [ʒol] *f lit* Kerker *m;* **~ier** *m lit* Kerkermeister *m.*

géo|logie [ʒeɔlɔʒi] *f* Geologie *f;* **~logique** *a* geologisch; **~logue** *m* Geologe *m;* **~mètre** *m* Geometer *m;* **~métrie** *f* Geometrie *f;* **~métrique** *a* geometrisch; **~physique** *s f* Geophysik *f;* **~politique** *f* Geopolitik *f.*

géran|ce [ʒerɑ̃s] *f* **1.** Geschäftsführung, Betriebsleitung *f;* **2.** Pacht *f;* **~ium** [-anjɔm] *m bot* Geranie *f;* **~t, e** [-rɑ̃, -rɑ̃t] *m f (~ d'affaires)* Geschäftsführer(in *f*); Betriebsleiter; Verwalter *m; ~ d'immeubles* Hausverwalter *m; ~ responsable (Zeitung)* verantwortliche(r) Herausgeber *m.*

gerb|e [ʒɛrb] *f* **1.** Garbe *f a. mil;* Strauß *m;* **2.** *~ de feu* Feuergarbe *f;* **~er** *tr* **1.** in Garben binden; **2.** *(Fässer)* stapeln; **~eur, se** *s m f* Stapler *m.*

ger|ce [ʒɛrs] *f* **1.** Sprung *m (im Holz);* **2.** (Kleider-)Motte *f;* **~cé, e** *a* aufgesprungen, rissig, schrundig; **~cer I.** *tr* rissig machen; **II.** *itr* u. *se ~* rissig werden, auf=springen; **~çure** [-syr] *f* Sprung, Riß *m;* Schrunde *f.*

gérer [ʒere] *tr* verwalten; *(Geschäft)* führen; *(Betrieb)* leiten; bewirtschaften.

germain, e [ʒɛrmɛ̃, -ɛn] **1.** *jur (Bruder, Schwester)* leiblich; **2.** *cousin(e) m f ~(e), issu(e) de ~s* Vetter *m od* Base *f* 1., 2. Grades.

german|ique [ʒɛrmanik] *a* germanisch; **~iser** *tr* germanisieren, ein=deutschen; **~isme** *m* deutsche Spracheigentümlichkeit *f;* **~iste** *m* Germanist *m;* **~ophile** *a* deutschfreundlich; **~ophobe** *a* deutschfeindlich.

germ|e [ʒɛrm] *m* **1.** *biol* Keim *m a. fig;* **2.** *(Ei)* Hahnentritt *m;* **3.** *fig* Ausgangspunkt, Ursprung *m,* erste Anfänge *m pl;* **~er** *itr* keimen *a. fig; fig* entstehen.

gérondif [ʒerɔ̃dif] *m gram* Gerundium *n,* Gérondif *m.*

gérontologie [ʒerɔ̃tɔlɔʒi] *f* Gerontologie *f.*

gés|ier [ʒezje] *m orn* Kaumagen *m;* **~ir** *itr: ci-gît* hier ruht

gestation [ʒɛstasjɔ̃] *f* **1.** *(Tiere)* Trächtigkeit *f;* **2.** *(Menschen)* Schwangerschaft *f; — être en ~ de qc (fig)* im Entstehen begriffen sein.

gest|e [ʒɛst] **1.** *m* Geste, Gebärde *f; pl* Mienenspiel *n;* **2.** *f chanson f de ~* Heldenlied *n; au moindre ~* bei der geringsten Bewegung *f;* **~iculer** *itr* gestikulieren; **~ion** [-tjɔ̃] *f (~ d'affaires)* Geschäfts-, Betriebsführung; Verwaltung *f; — compte-rendu, rapport m de ~* Geschäfts-, Rechenschaftsbericht *m; frais m pl de ~* Betriebs-, Verwaltungskosten *pl; règlement m de la ~* Geschäftsordnung *f; ~ comptable* Rechnungsführung *f.*

ghetto [gɛto] *m* Getto *n a. fig.*

gib|ecière [ʒibsjɛr] *f* Umhänge-, Jagd-, Schultasche *f;* **~et** [-ɛ] *m* Galgen *m;*

~**ier** *m* Wild(bret) *n; — gros ~* Hoch-, Großwild *n; menu ~* Klein-, kleinere(s) Federwild *n; (fam) un ~ facile* e-e leichte Beute; ~**oulée** *f* Regen-, Graupelschauer *m;* ~**oyeux, se** *a* wildreich; ~**us** [-ys] *s m* u. *a.: chapeau m ~* Klappzylinder *m.*
gicl|er [ʒikle] *itr* (auf=, heraus=) spritzen; ~**eur** *m ~ de carburant (mot)* Vergaserdüse *f.*
gifl|e [ʒifl] *f* Ohrfeige *f a. fig;* ~**er** *tr* **1.** ohrfeigen; **2.** *fig (Regen) ~ le visage de qn* jdm ins Gesicht peitschen.
gig|antesque [ʒigɑ̃tɛsk] *a* **1.** riesig, riesenhaft, gigantisch; **2.** *fig* gewaltig, ungeheuer; ~**ogne** *f a: table f ~* Satz *m* inea.geschobener Tische; ~**olo** [-gɔlo] *m fam* junge(r), ausgehaltene(r) Geliebte(r) *m;* ~**ot** [-o] *m* **1.** Hammel-, Lamm-, Rehkeule *f;* **2.** *(Pferd)* Hinterbacken *m;* ~**oter** [-gɔte] *itr fam* zappeln, strampeln.
gigue [ʒig] *f* **1.** Rehkeule *f;* **2.** Gigue *f (Tanz); — grande ~ (pop fig)* Hopfenstange *f.*
gilet [ʒilɛ] *m* **1.** Weste *f;* **2.** Strickjacke *f;* **3.** *(~ de corps)* Unterhemd *n;* Bluseneinsatz *m; — ~ de sauvetage* Schwimmweste *f.*
gimblette [ʒɛ̃blɛt] *f* Ring *m (Teegebäck).*
gin [dʒin] *m* Gin *m;* ~**gembre** *m* [ʒɛ̃ʒɑ̃br] Ingwer *m;* ~**givite** *f* Zahnfleischentzündung *f.*
gir|afe [ʒiraf] *f* **1.** Giraffe *f;* **2.** *fig fam* Hopfenstange *f;* ~**andole** [-rɑ̃dɔl] *f* **1.** Feuerrad *n;* **2.** Armleuchter *m;* ~**ation** *f* Drehung *f;* ~**atoire** *a: sens m ~* Kreisverkehr *m;* ~**ofle** [-rɔfl] *m: clou m de ~* (Gewürz-)Nelke *f;* ~**oflée** *f bot* Levkoje; *~ jaune (bot)* Goldlack *m;* ~**olle** *f bot* Pfifferling; Eierschwamm *m;* ~**on** *m* **1.** Schoß *m a. fig;* **2.** *(Treppe)* Stufenfläche *f;* ~**ond, e** [-rɔ̃, rɔ̃d] *f fam* gutgebaut; ~**ouette** [-rwɛt] *f* Wetterfahne *f a. fig.*
gis|ant, e [ʒizɑ̃, -ɑ̃t] *a* liegend; ruhend; ~**ement** *m geol min* (Ab-)Lagerung *f,* Lager(stätte *f*), Vorkommen *n.*
gitan, e [ʒitɑ̃, an] *m* (spanische) Zigeuner(in *f*) *m.*
gîte [ʒit] *m* **1.** Quartier *n;* Unterkunft *f;* **2.** *(Tier)* Lager *n.*
givr|age [ʒivraʒ] *m aero* Vereisung *f;* ~**e** *m* (Rauh-)Reif *m;* ~**é, e** *a* **1.** bereift; **2.** *(Fenster)* zugefroren; ~**er I.** *tr* mit Reif bedecken *od* überziehen; **II.** *itr* vereisen.
glaçage [glasaʒ] *m* **1.** *(Papier)* Satinieren; *(Textil)* Glanzgeben *n,* Glacéappretur *f;* **2.** *(Reis)* Polieren *n;* **3.** Glasieren *n (a. Küche).*
glac|e [glas] *f* **1.** Eis *n;* **2.** *(Fleischsaft-, Eiweiß-, Zucker-)* Glasur *f;* Zuckerguß *m;* **3.** Spiegel(glas *n*) *m;* **4.** (Wagen-) Fenster *n;* **5.** *(Edelstein)* Fleck *m;* **6.** *pl* (Speise-)Eis, Gefrorene(s) *n;* **7.** *de ~ (fig)* eisig, frostig, kühl; **8.** *rompre la ~ (fig)* das Eis zum Schmelzen bringen; **9.** *fleurs f pl de ~* Eisblumen *f pl (am Fenster); mer f de ~* Eismeer *n; montagne f de ~* Eisberg *m; ~ au chocolat, au citron, à la fraise, à la framboise, à la vanille* Schokoladen-, Zitronen-, Erdbeer-, Himbeer-, Vanilleeis *n; ~ du pare-brise* Windschutzscheibe *f; ~s polaires* Polareis *n;* ~**é, e** *a* **1.** vereist; **2.** eiskalt; eisgekühlt; *(Mensch)* durchgefroren; **3.** *fig (Empfang)* eisig, frostig, kühl; *bâton m ~* Eis *n* am Stiel; ~**er I.** *tr* **1.** gefrieren lassen; (vor Kälte) erstarren, *fig* kälter werden lassen; ab=kühlen, unempfindlich machen; *(vor Schreck, Angst)* erstarren lassen; **2.** *(Textil, Töpferei, Küche)* glasieren; *(Papier)* satinieren; **II.** *v prn se ~* ge-, ein=frieren; *fig* erstarren; ~**iaire** *a* Eis-, Gletscher-; *période f ~* Eiszeit *f;* ~**ial, e** *a* **1.** eiskalt, eisig; Eis-; **2.** *fig* eisig, frostig, kühl; ~**ier** *m* **1.** Gletscher *m;* **2.** Eiskonditor, -verkäufer *m;* ~**ière** *f* Eiskeller *a. fig,* -schrank *m;* ~**is** [-si] *m* **1.** *mil* Glacis *n a. fig;* **2.** *(Malerei)* Lasur *f.*
glaç|on [glasɔ̃) m Stück *n* Eis, Eisklumpen *m a. fig;* Eisscholle *f,* -zapfen *m;* ~**ure** *f (Töpferei)* Glasur *f.*
gladiateur [gladjatœr] *m hist* Gladiator *m.*
glaïeul [glajœl] *m bot* Gladiole *f.*
glais|e [glɛz] *f: terre f ~* Lehm, Ton *m;* ~**eux, se** *a* lehmig; *sol m ~ (agr)* Lehmboden *m.*
glaive [glɛv] *m poet* Schwert *n a. fig.*
gland [glɑ̃] *m* **1.** *bot anat* Eichel *f;* **2.** Troddel, Quaste *f;* ~**e** [glɑ̃d] *f anat* Drüse *f; ~ lacrymale* Tränendrüse *f; ~ salivaire* Speicheldrüse *f.*
glan|er [glane] *tr* **1.** *(Ähren)* lesen, stoppeln; **2.** *fig* zusammentragen, sammeln; ~**eur, se** *m f* Ährenleser(in *f*) *m.*
glap|ir [glapir] *itr* **1.** *(Hund)* kläffen; **2.** *(Vögel)* kreischen; ~**issant, e** *a (Stimme)* kreischend; ~**issement** *m* Gekläff; Gekreisch *n a. fig.*
glas [glɑ] *m: ~ funèbre* Totenglocke *f.*
glau|come [glokom] *m med* grüne(r) Star *m;* ~**que** [glok] *a* blaugrün.
glèbe [glɛb] *f lit* (Erd-)Scholle *f a. fig.*
gliss|ade [glisad] *f* **1.** Ausgleiten *a. fig;* Schlittern *n;* **2.** *(Tanz)* Schleifschritt *m;* **3.** *aero* Abrutschen *n; — faire une ~* aus=gleiten, -rutschen; ~**ant, e** *a* glatt, schlüpfrig; ~**ement** *m* (Ab-)Gleiten *a. fig;* (Ab-)Rutschen *n a. tech; ~ à droite, à gauche (pol)* Rechts-, Linksrutsch *m; ~ de terrain* Erd-, Bergrutsch *m;* ~**er I.** *itr* **1.** (ab=, aus=)gleiten, -rutschen; *fam* schlittern; **2.** entgleiten (*à qn* jdm); **3.** *fig* rasch hinweggehen (*sur* über *acc*); streifen, nur flüchtig berühren *(sur acc);*

II. *tr* **1.** schieben, gleiten lassen; **2.** heimlich stecken (*à* in *acc*); zu=stecken (*qc à qn* jdm e-e S); — *il lui glisse un pourboire* er steckt ihm ein Trinkgeld zu; **3.** hinein=stecken, ein=schieben (*dans* in *acc*); — ~ *qc dans la main de qn* jdm e-e S in die Hand drücken; ~ *qc à l'oreille de qn* jdm etw zu=flüstern; **III.** *v prn se* ~ **4.** ins Rutschen kommen; gleiten; — *une erreur s'est glissée dans mon rapport* ein Irrtum hat sich in meinen Bericht eingeschlichen; **5.** *(apparaître subitement)* unversehens dasein, sich unbemerkt aus=breiten (*parmi* unter *acc*); **~ière** *f* Gleit-, Lauf-, Führungsschiene *f;* **~oire** *f* Schleif-, Schlitterbahn *f.*

glob|al, e [glɔbal] *a* global, gesamt; *com* pauschal; *somme f* ~*e* Gesamtsumme *f;* **~alement** *adv* im ganzen (genommen); **~alisation** *f* Pauschalierung *f;* **~aliser** *tr* zusammenfassen; *com* pauschalieren; **~alité** *f* Gesamtheit *f;* **~e** *m* **1.** (Erd-) Kugel *f,* Ball *m;* **2.** Glas-, Lampenglocke *f;* — ~ *de l'œil* Augapfel *m;* ~ *(terrestre)* Globus *m;* **~-trotteur** [glɔbtrɔtœr] *m* Globetrotter *m;* **~ule** *m:* ~*s rouges, blancs (du sang)* rote, weiße Blutkörperchen *n pl;* **~uleux, se** *a (Augen)* hervorquellend.

gloire [glwar] *f* **1.** Ruhm *m;* **2.** Zierde; Herrlichkeit *f,* Glanz *m;* **3.** Glorie(nschein *m*) *f;* — *à la* ~ *de qn* zu jds Ehre; ~ *à* ... Ehre sei *dat; se faire* ~ *de qc* sich e-r S *(gen)* rühmen, auf e-e S stolz sein; *rendre* ~ *à qn, qc* jdn, etw rühmen, preisen, ehren, verherrlichen.

glop [glɔp] *m (Herz)* Bum, Bum *n.*

glor|ia [glɔrja] *m inv rel* Gloria *n;* **~ieux, se** *a* rühmlich, ruhmvoll, ruhm-, glorreich; **~ifier I.** *tr* verherrlichen, rühmen, preisen; **II.** *se* ~ *de qc* auf e-e S stolz sein; **~iole** *f péj* Eitelkeit, Angeberei *f.*

glose [gloz] *f* Glosse *f;* **~r** *tr* glossieren.

glossaire [glɔsɛr] *m* Glossar *n.*

glotte [glɔt] *f* Stimmritze *f.*

glou|glou [gluglu] *m fam (Flüssigkeit)* Gluckern *n;* **~glouter, ~gloter** [-glɔ-] *itr* gluckern, glucksen.

glouss|ement [glusmɑ̃] *m* Glucksen *n;* **~er** *itr* **1.** *(Glucke)* gluck(s)en, **2.** *fig* glucksen.

glou|ton, ne [glutɔ̃, ɔn] **I.** *a* gefräßig, gierig, *fam* verfressen; **II.** *s m f* Fresser(in *f*), Vielfraß *m a. m zoo;* **~tonnerie** [-tɔnri] *f* Gefräßigkeit, Gier *f.*

glu [gly] *f* **1.** Vogelleim *m;* **2.** Klebstoff *m;* **~ant, e** *a* klebrig; **~au** [-o] *m* Leimrute *f;* **~cose** [-koz] *m* Traubenzucker *m.*

glyc|émie [glisemi] *f med* Blutzucker *m;* **~érine** *f* Glyzerin *n;* **~ine** *f bot* Glyzinie *f;* **~ogène** *m* Glykogen *n.*

glyptothèque [gliptɔtɛk] *f* Glyptothek *f.*

gnangnan, gnan-gnan [ɲɑ̃ɲɑ̃] *a inv fam* langsam, -weilig, tranig, schlafmützig.

gneiss [gnɛs] *m min* Gneis *m.*

gn(i)ole, gnôle, gnaule [ɲol] *f arg* Schnaps *m.*

gnom|e [gnom] *m* **1.** Gnom *m;* **2.** *fig* häßliche(r) Gartenzwerg *m.*

gnon [ɲɔ̃] *m pop* Schlag *m; recevoir un* ~ eins verpaßt, versetzt kriegen.

gnos|e [gnoz] *f rel hist* Gnosis *f;* **~tique I.** *a* gnostisch; **II.** *s m f* Gnostiker(in *f*) *m.*

gnou [gnu] *m zoo* Gnu *n.*

go [go] *m: tout de* ~ *(fam)* spielend *adv;* ohne weiteres, schlankweg; mir nichts, dir nichts.

goal [gol] *m sport* Torwart *m.*

gobel|et [gɔblɛ] *m* Becher *m; boire dans des* ~*s* aus Bechern trinken; **~in** [-blɛ̃] *m* Gobelin *m.*

gob|e-mouches [gɔbmuʃ] *m inv orn* Fliegenschnäpper *m;* **~er** *tr* **1.** (ver-, hinunter=)schlucken, verschlingen; *(Ei)* (aus=)schlürfen; **2.** *fig fam* für bare Münze nehmen, glauben; ~ *les mouches* s-e Zeit vertrödeln; *il ne la gobe pas du tout* er kann sie nicht riechen; **~er, se** *v prn fam* sich amüsieren, es sich *(dat)* wohl sein lassen.

god|asse [gɔdas] *f pop* Latschen *m;* **~elureau** [-dlyro] *m* Stutzer *m;* **~et** [-ɛ] *m* **1.** kleine(r) Becher *m;* **2.** (Farben-, Öl-, Reib-)Näpfchen *n;* **3.** Bagger-, Schöpfeimer *m;* **4.** (eingesetzte) Falte *f;* **~iche I.** *a* linkisch, ungeschickt; **II.** *s f* dumme Gans *f;* — *à la* ~ *(fam)* in schlechtem Zustand; **~ille** [-ij] *f* **1.** *mar* Wrickruder *n;* **2.** *(Schifahren)* Wedeln *n;* **~iller 1.** wricken; **2.** wedeln; **~illot** [-o] *m fam* derbe(r) Schuh *m.*

goé|land [gɔelɑ̃] *m orn* (große) Möwe *f;* **~lette** *f mar* Schoner *m;* **~mon** *m* Tang *m.*

gogo [gɔgo] *m fam* Gimpel *m; à* ~ *(fam)* in Hülle u. Fülle, massenhaft.

gogu|enard, e [gɔgnar, -ard] *a* scherzhaft, spöttisch; **~ette** [-gɛt] *f (fam) être en* ~ e-n Schwips haben.

goinfr|e [gwɛ̃fr] *m* Fresser, Freßsack *m;* **~er, se** *v prn* fressen; sich den Bauch vollschlagen; **~erie** [-frə] *f* Gefräßigkeit *f.*

goitr|e [gwatr] *m* Kropf *m;* **~eux, se I.** *a* kropfartig; **II.** *s m f* Kropfleidende(r *m*) *f.*

golf [gɔlf] *m sport* Golf *n;* **~e** *m* Meerbusen, Golf *m;* **~eur** *m* Golf(spiel)er *m.*

gomm|age [gɔmaʒ] *m* **1.** Gummierung *f;* **2.** *(Kosmetik)* Tiefenreinigung *f* (der Haut); **3.** *fig* schwache(r) Abdruck *m;* **~e** *f* Gummi *m* od *n; à la* ~ *(fam)* wertlos; ~ *à mâcher* Kaugummi *m;* **~er I.** *tr*

1. gummieren; **2.** aus=radieren; **3.** *(Runzeln)* entfernen; **4.** *fig* beseitigen, auslöschen, vergessen; **II.** *v prn se* ~ sich abkapseln.

gond [gɔ̃] *m (Tür, Fenster)* Angel, Haspe *f,* Kloben *m; mettre, faire sortir qn hors de ses ~s (fig)* jdn aus der Fassung, in Harnisch bringen; *sortir de ses ~s (fig)* aus dem Häuschen, außer Rand u. Band geraten; **~olage, ~olement** *m (Holz)* Sichwerfen *n;* **~olant, e** *a pop* urkomisch, zum Totlachen; **~ole** *f* **1.** Gondel *f;* **2.** *(in e-m Laden)* Warenstand *m;* **~oler I.** *itr (Holz)* sich werfen, arbeiten; **II.** *v prn se ~ (pop)* sich biegen vor Lachen; **~olier** *m* Gondoliere *m.*

gonfl|age [gɔ̃flaʒ] *m* **1.** Aufblasen; **2.** *(Reifen)* Aufpumpen *n;* **3.** *(Kino)* Vergrößerung; **4.** *(Nachfrage)* Aufblähung *f;* **~ement** [-flə-] *m* Anschwellen *n; med* Blähung *f;* **~er I.** *tr* **1.** auf=blasen, (auf=)blähen; an=schwellen lassen; **2.** *(Reifen)* auf=pumpen; **3.** *fig* übertreiben, aufbauschen; **4.** *com* aufblähen; **II.** *itr* **5.** an=schwellen; **6.** sich voll=saugen (*de* mit); **7.** *(Holz)* quellen; **8.** *(Teig)* auf=gehen; **III.** *v prn se* ~ **9.** *(fig fam)* sich wichtig vorkommen; **10.** *(Segel)* sich aufblähen; — *être gonflé (fam)* draufgängerisch sein; vor nichts zurückschrecken.

gong [gɔ̃(g)] *m* Gong *m a. n.*

gon|io [gɔnjo] *m fam aero* (Funk-)Peiler *m;* **~iométrie** *f math* Goniometrie *f.*

gonze [gɔ̃z] *m arg* Kerl *m;* **~zesse** *f arg* Weib *n.*

goret [gɔrɛ] *m* Ferkel *n a. fig fam.*

gorg|e [gɔrʒ] *f* **1.** Kehle *f,* Rachen *m,* Gurgel *f;* Schlund *a. bot,* Hals *m;* **2.** (weibliche) Brust *f,* Busen *m,* Büste *f;* **3.** Einschnitt *m;* Rille, Nute *f;* **4.** *geog* Klamm *f;* **5.** *à pleine ~, à ~ déployée* aus vollem Halse, aus voller Kehle *od* Brust; **6.** *avoir mal à la ~* Halsschmerzen haben; *couper la ~ à qn* jdm den Hals um=drehen; *fig com* jdm den Hals ab=schneiden; *faire des ~s chaudes* sich lustig machen *(de* über *acc); rendre ~ (Geld)* wieder heraus=geben, -rücken (müssen); *sauter à la ~ de qn* jdm an die Kehle springen; **7.** *j'ai le couteau à la ~ (fig)* mir sitzt das Messer an der Kehle; *j'ai la ~ sèche* mir klebt die Zunge am Gaumen; **~ée** *f* Schluck *m;* **~er** *tr* **1.** überfüttern; **2.** *(Geflügel)* nudeln, stopfen; **3.** *fig* überschütten (*de* mit).

gorille [gɔrij] *m* **1.** *zoo* Gorilla *m;* **2.** Leibwächter, Geheimagent *m.*

gosier [gozje] *m* Kehle *f,* Rachen, Schlund *m; avoir le ~ sec* e-e trockene Kehle, Durst haben; *chanter à plein ~* aus voller Brust singen.

gosse [gɔs] *m f fam* Bub *m;* Range *f,* Gör *n.*

gothique *(Kunst),* **got(h)ique** *(Sprache)* [gɔtik] **1.** *a* gotisch; **2.** *s m* Gotik *f,* das Gotisch(e) *n; f* gotische Schrift, Fraktur *f; ~ m primitif, rayonnant, flamboyant* Früh-, Hoch-, Spätgotik *f.*

gouache [gwaʃ] *f* Guasch-, Deckfarben *f pl;* Guasch(malerei) *f.*

gouaill|er [gwaje] *itr* spotten; **~e(rie)** *f fam* (sarkastischer) Spott *m;* **~eur, se** *a fam* spöttisch.

goual|er [gwale] *itr arg* singen; *jur* gestehen; **~eur, se** *m f arg* (Straßen-) Sänger(in *f*) *m.*

gouape [gwap] *f pop* Tagedieb, Strolch *m.*

goudron [gudrɔ̃] *m* Teer *m;* **~nage** [-drɔ-] *m* Teeren *n,* Teerung *f;* **~ner** *tr* teeren.

gouffre [gufr] *m* **1.** Abgrund *a. fig;* Schlund; Strudel *m;* **2.** *fig* Faß *n* ohne Boden.

gouine [guin] *f pop* Schwüle *f.*

gouj|at [guʒa] *m* Flegel, Lümmel, Grobian *m;* **~on** *m* **1.** Stift, Bolzen; Dübel *m* **2.** *zoo* Gründling *m.*

goul|e [gul] *f fam* Gesicht *n;* **~ée** *f fam* große(r) Schluck *m;* **~et** [-ɛ] *m* **1.** *mar* enge Hafeneinfahrt *f;* **2.** *geog* Engpaß *m;* **~ot** [-o] *m* **1.** Flaschenhals *m;* **2.** *fig* Engpaß *m;* — *boire au ~* aus der Flasche trinken; *repousser du ~ (pop)* aus dem Mund riechen; *~ d'étranglement* (Straßen-)Enge *f; fig* Engpaß *m;* **~u, e I.** *a (adv goulûment)* gefräßig, gierig *a. fig* (*de* nach); **II.** *s m* verfressene(r) Mensch *m.*

goupill|e [gupij] *f* Splint, Spließ-, Drahtstift *m;* **~er I.** *tr* **1.** versplinten; **2.** *pop* deichseln, schaukeln, in die Wege leiten; **II.** *v prn se ~ (pop)* (dabei) raus=kommen; *c'est bien goupillé* das hat hingehauen; **~on** *m* **1.** Weihwedel *m;* **2.** Flaschenbürste *f.*

gourbi [gurbi] *m* armselige Hütte *f.*

gourd, e [gur, gurd] *a* steif(gefroren); **~e I.** *s f* **1.** Flaschenkürbis *m;* **2.** Feldflasche *f;* **3.** *fig pop* Trottel, Depp *m;* **II.** *a f* bekloppt, doof; **~in** *m* Knüttel, Knüppel *m.*

gour|er [gure] *v prn se ~ (fig pop)* sich irren; reinfallen.

gourm|and, e [gurmɑ̃, -ɑ̃d] **I.** *a* genießerisch; naschhaft; gierig (*de* nach); **II.** *s m* Schlemmer *m;* Leckermaul *n; être ~ de qc* etw sehr gern essen; **~andise** *f* **1.** Schlemmerei; Naschhaftigkeit *f;* **2.** *pl* Leckereien *f pl;* **~e** *f med* Milchschorf *m,* -borke; Druse *f (Pferdekrankheit); jeter sa ~ (fig)* sich *(dat)* die Hörner ab=stoßen, sich aus=toben; **~et** [-ɛ] *m* Feinschmecker *m.*

gousse [gus] *f* Schote; *(Knoblauch)* Zehe *f;* **~t** [-ɛ] *m* Westentasche *f.*

goût [gu] *m* **1.** Geschmack *m a. fig;* **2.** Vorliebe *f,* Sinn *m* (*pour* für), Neigung *f,*

Hang *m* (*pour* zu); **3.** *au, du ~ de qn* nach jds Geschmack; *au ~ du jour* modisch; *de bon ~* schmackhaft; *fig* geschmack-, stilvoll; *de mauvais ~ (fig)* geschmacklos; kitschig; *du ~ de tout le monde* nach jedermanns Geschmack; **4.** *avoir le ~ de, du ~ pour qc* Sinn für, Lust zu etw haben; *n'avoir pas de ~* nach nichts schmecken; *avoir un ~ de brûlé* angebrannt schmecken; *prendre ~ à qc* an e-r S Gefallen, Geschmack finden; **5.** *c'est affaire de ~* das ist Geschmacks-, Ansichtssache; *chacun (à) son ~* jeder nach s-m Geschmack; **6.** *~ de l'épargne* Sparsinn, -trieb *m; ~ de la sensation* Sensationslust *f;* **~er I.** *tr* **1.** schmecken; kosten, versuchen, probieren; **2.** *fig* Geschmack, Gefallen finden (*qc* an e-r S), (gern) mögen, lieben, schätzen; e-e Vorliebe haben (*qn, qc* für jdn, etw); vor=ziehen; — *~ la plaisanterie* Spaß verstehen; *je ~e cela* das macht mir Spaß; **II.** *itr* **3.** vespern, *(österr.)* jausen; **III.** *s m* (Nachmittags-) Kaffee; Fünfuhrtee *m;* Vesper *n, (österr.)* Jause *f.*

goutt|e [gut] **I.** *f* **1.** Tropfen *m;* **2.** Schluck *m,* Schlückchen *n;* Schuß *m (Schnaps);* **3.** *pop* Schluck, (Gläschen *n*) Schnaps *m;* **4.** *med* Gicht *f;* — *une ~ de* ein bißchen, ein klein wenig; **II.** *adv: ne ... ~* nicht das geringste; *à grosses ~s* in dicken Tropfen; *n'y entendre, voir ~ (fig)* nichts verstehen, begreifen; *tomber à, en, par ~s* tropfen, tröpfeln; *ne voir ~* nicht die Hand vor den Augen sehen; *~ d'eau, de pluie, de sueur, de sang* Wasser-, Regen-, Schweiß-, Blutstropfen *m;* **~elette** *f* Tröpfchen *n;* **~er** *itr* tropfen, tröpfeln; **~eux, se** *a* gichtisch; gichtleidend; Gicht-, **~ière** *f* **1.** (*bes.* Dach-)Rinne *f;* **2.** *med* Schiene *f;* **3.** *anat* Furche *f.*

gouvern|ail [guvɛrnɑj] *m (mar)* Ruder *n; tenir le ~ (fig)* am Ruder sein; **~ant, e I.** *a* regierend; Regierungs-; **II.** *s m pl: les ~s* die führenden Männer *m pl;* die Regierung; *s f* **1.** Erzieherin *f;* **2.** Haushälterin *f;* **~e** *f* **1.** *mar aero* Steuerung *f;* **2.** *fig* Richtschnur *f,* Leitsatz *m;* **3.** Leitwerk *n;* — *pour votre ~* zu Ihrer Orientierung; **~ement** *m* **1.** Regierung *f;* **2.** Führung, Leitung; (Ober-)Aufsicht; Verwaltung *f;* **3.** *fig pop: mon ~ (fam)* meine bessere Hälfte; *former, renverser un ~* e-e Regierung bilden, stürzen; **~emental, e** *a* **1.** Regierungs-; **2.** regierungsfreundlich; — *parti, pouvoir m ~* Regierungspartei, -gewalt *f;* **~er** *tr* **1.** regieren, verwalten; **2.** führen, leiten, lenken; **3.** *fig* beherrschen, in der Gewalt, in der Hand haben; **4.** *mar* steuern; **5.** *gram* regieren; **~eur** *m* Gouverneur *m.*

grab|at [graba] *m* elende(s) Bett *n;* **~uge** *m fam* Krach, Zank u. Streit *m; il va y avoir du ~ (fam)* es ist dicke Luft.

grâce [grɑ(a)s] **I.** *f* **1.** Gnade *a. rel,* Gunst *f;* Wohlwollen; Entgegenkommen *n,* Freundlichkeit; Gefälligkeit; Gnade, Nachsicht, Verzeihung *f;* **2.** *jur* Begnadigung *f;* **3.** Anmut, Grazie *f;* **4.** *pl* Dankgebet *n (nach Tisch);* **II.** *loc prp* **5.** *~ à* dank *dat, gen;* **6.** *de ~* bitte, (aber) ich bitte Sie; *de bonne ~* gern; freundlicher-, entgegenkommenderweise; *de mauvaise ~* ungern, widerwillig; *par la ~ de Dieu* von Gottes Gnaden; **7.** *demander ~* um Gnade bitten *od* flehen (*à qn* jdn); *former un recours en ~, se pourvoir en ~* ein Gnadengesuch ein=reichen; *rendre ~(s)* danken, s-n Dank sagen *od* ab=statten (*à qn* jdm); **8.** *acte m de ~* Gnadenakt *m; action f de ~* Dank *m; pl rel* Danksagung *f; coup m de ~* Gnaden-, Todesstoß *m; délai m de ~* Gnadenfrist *f; jours m pl de ~ (com)* Respekttage *m pl.*

grac|ier [grasje] *tr* begnadigen; **~ieusement** [-sjøzmɑ̃] *adv* **1.** unentgeltlich, kostenlos; **2.** anmutig; **~ieux, se** *a* **1.** anmutig, graziös; **2.** liebenswürdig, freundlich; **3.** *à titre ~* kostenlos, unentgeltlich; **~ile** [-sil] *a* zierlich, zart.

grad|ation [gradasjɔ̃] *f* Abstufung; Stufenfolge, -leiter *f;* **~e** *m* **1.** (Dienst-) Grad, Rang *m,* Charge *f;* **2.** Grad *m,* Stufe *f;* — *passer par tous les ~s* von der Pike auf dienen; *en prendre pour son ~ (pop)* tüchtig einen auf den Dekkel kriegen; *~ universitaire* akademische(r) Grad *m;* **~é, e** *a: être ~* e-m der unteren Dienstgrade angehören; **~in** *m* **1.** Absatz *m,* Stufe *f;* **2.** *pl* stufenförmig angeordnete Sitzreihen *f pl;* — *en ~s* stufen-, förmig; **~uation** [-dɥa-] *f* Gradeinteilung; Skala; Abstufung *f;* **~uel, le** *a* allmählich, stufenweise erfolgend; **~uer** *tr* **1.** ab=stufen; allmählich steigern; **2.** mit e-r Skala versehen.

graillon [grajɔ̃] *m* **1.** Geruch *m* von angebranntem Fett *od* Fleisch; *pl* Speisereste *m pl;* **2.** *pop* Spucke *f,* (schleimiger) Auswurf *m;* **~ner** *itr* **1.** angebrannt riechen; **2.** *pop* Schleim aus=husten, -spucken.

grain [grɛ̃] *m* **1.** *agr allg* Korn *n;* **2.** *bot* Beere; *(Kaffee)* Bohne *f;* **3.** *typ phot* Korn *n;* **4.** *(Leder)* Narbe *f;* **5.** *(Rosenkranz)* Perle *f;* **6.** *mar* Bö *f,* Windstoß; Schauer *m;* **7.** *pl* Korn, Getreide *n;* **8.** *à gros ~* grobkörnig; *avoir un ~ (de folie)* e-n Stich, Klaps haben; *y mettre son ~ de sel (fig fam)* s-n Senf dazu=geben; *veiller au ~ (fam)* auf dem Kieker, auf der Hut sein; **9.** *~ de beauté* Schönheitspflästerchen *n; ~ de blé, d'avoine, de maïs, de millet, de poivre, de moutarde* Weizen-, Hafer-, Mais-, Hirse-, Pfeffer-, Senfkorn *n; ~ de poussière, de* *sable* Staub-, Sandkorn *n;* ~ *de raisin* Weinbeere *f;* **~e** [grɛn] *f bot* Samen(korn) *m; pl com* Sämereien *f pl; donner de la* ~ Samen tragen; *monter en* ~ ins Kraut schießen; *fig* älter werden; *(jụnges Mädchen)* sitzen=bleiben; *(en) prendre de la* ~ *(fam)* daran ein Beispiel nehmen; *mauvaise* ~ Gesindel, (Lumpen-)Pack *n;* **~eterie** [grɛntri] *f* Samenhandel *m,* -handlung *f;* **~etier** Samen-, Gemüse- u. Futtermittelhändler *m.*

graiss|age [grɛsaʒ] *m tech* (Ab-)Schmieren *n;* Schmierung *f; faire faire le* ~ *de sa voiture* s-n Wagen abschmieren lassen; **~e** *f* **1.** Fett *n;* **2.** *tech* Schmiere *f,* Schmiermittel *n;* — *faire, prendre de la* ~ Speck an=setzen, dick werden; *tache f de* ~ Fettfleck *m;* ~ *alimentaire* Speisefett *n;* **~er I.** *tr* **1.** (ein=)fetten, (ein=) schmieren; *(Auto)* abschmieren; **2.** *(Kleider)* fettig machen; **II.** *itr (Wein)* zäh werden; — ~ *la patte à qn* jdn schmieren, bestechen; **~eur** *m tech* Schmiervorrichtung *f,* -apparat *m,* -büchse *f,* Öler *m;* **~eux, se** *a* **1.** fetthaltig; Fett-; **2.** fettig, ölig; fettfleckig; — *tissu m* ~ *(anat)* Fettgewebe *n.*

gramm|aire [gram(m)ɛr] *f* Grammatik, Sprachlehre *f;* **~airien, ne** *m f* Grammatiker(in *f*) *m;* **~atical, e** *a* grammati(kali)sch; **~e** *m* Gramm *n.*

grand, e [grɑ̃, -ɑ̃d] **I.** *a* **1.** groß, weit, umfangreich; **2.** beträchtlich; beachtlich, stattlich, bedeutend; **3.** bedeutsam, (hoch-) wichtig; **4.** *(vor Maßangaben)* gut; *(Glas)* voll *(a. Zeit);* **5.** *(Alter, Zeit)* hoch, vorgerückt; **6.** *(Beine)* lang; **7.** *fig* groß, hoch(-stehend), edel(-mütig); vornehm; **II.** *s m* **8.** *les* ~*s* die Großen, die Erwachsenen; **9.** *à* ~*-peine* mit Mühe u. Not; mit knapper Not; *au* ~ *air* im Freien; *au* ~ *jour* am hell(icht)en Tage; *au* ~ *soleil* in der hellen, vollen Sonne; *de* ~ *cœur* aus ganzem, vollem Herzen; *de* ~ *matin* am frühen Morgen, frühmorgens, in aller Herrgottsfrühe; *en* ~ im großen; in voller Größe, in Lebensgröße; Groß-, *en* ~ *nombre* in großer Zahl; *en* ~*e toilette* in großer Toilette; **10.** *avoir* ~ *besoin de qc* etw dringend brauchen *od* benötigen; *faire* ~ *cas de qc* viel Aufhebens von etw machen, großen Wert auf e-e S legen; *mener* ~ *train* auf großem Fuß leben; *ouvrir de* ~*s yeux* große Augen machen; *voir* ~ große Pläne (im Kopf) haben; **11.** *j'avoue à ma* ~*e honte* ich muß zu meiner Schande gestehen; *c'est* ~*!* das ist umwerfend! *il est* ~ *temps* es ist hohe, höchste Zeit; ~ *Dieu!* großer Gott! *le* ~ *mal? (fam)* was ist denn schon dabei? ~ *merci!* vielen Dank! *pas* ~*-chose* nichts Besonderes; **12.** ~ *âge m* hohe(s), vorgerückte(s) Alter *n;* ~ *air m* frische Luft *f; pl* vornehme Erscheinung *f;* ~ *blessé m* Schwerverletzte(r), -verwundete(r) *m;* ~*-duc m* Großherzog *m;* ~ *duc m orn* Uhu *m;* ~*-duché m* Großherzogtum *n;* ~*e-duchesse f* Großherzogin, -fürstin *f;* ~*e exploitation f* Großbetrieb *m;* ~ *fumeur m* starke(r) Raucher *m; une* ~*e heure* e-e volle, geschlagene Stunde; ~ *huit m* Achterbahn *f;* ~*-maman f (fam)* Großmama, Oma *f;* ~*-mère f* Großmutter *f; (tout)* ~ *ouvert* weit offen, geöffnet; ~*-papa m (fam)* Großpapa, Opa *m;* ~*s-parents m pl.* Großeltern *pl;* ~*-père m* Großvater *m;* ~*e puissance f* Großmacht *f;* ~*-route f* Landstraße *f;* ~*-rue f* Hauptstraße *f;* **~ement** *adv* **1.** reichlich; **2.** in hohem Maße, sehr; — *il est* ~ *temps de partir* es ist höchste Zeit zum Gehen.

grand|eur [grɑ̃dœr] *f* **1.** Größe *f a. fig;* Umfang *m,* Weite; Stärke *f;* **2.** *(Schuld, Vergehen)* Schwere; Bedeutung, Wichtigkeit *f;* **3.** *fig* Hoheit, Würde *f;* — *de première* ~ erste(r) Größe *f a. fig;* ~ *d'âme* Seelengröße *f;* ~ *naturelle* Lebensgröße *f;* **~iloquence** [-dilɔkɑ̃s] *f (Sprache)* Geschwollenheit *f,* Bombast *m;* **~iloquent, e** *a (Rede, Stil)* geschwollen, bombastisch; **~iose** [-djos] *a* großartig, überwältigend, grandios; **~ir I.** *itr* größer *od* groß werden, wachsen, zu= nehmen; **II.** *tr* größer werden, wachsen, zunehmen lassen, steigern; *fig* stärken, vergrößern; **~issant, e** *a* wachsend, zunehmend.

grange [grɑ̃ʒ] *f* Scheune, Scheuer *f.*

gran|it(e) [granit] *m min* Granit *m;* **~ulaire** *a* körnig; **~ulé, e I.** *a anat* granuliert; **II.** *s m* Pille *f;* **~uleux, se** *a* körnig, granulös *a. med.*

graph|ie [grafi] *f* Schreibung, Schreibweise *f;* **~ique I.** *a* graphisch; zeichnerisch; Zeichen-, Schrift-; **II.** *s m* graphische Darstellung *f,* Diagramm *n;* **~iste** *m* graphischer Gestalter *m;* **~ite** *m min* Graphit *m;* **~ologie** *f* Graphologie *f;* **~ologique** *a* graphologisch; **~ologue** *m* Graphologe *m.*

grapp|e [grap] *f* **1.** Traube *f;* **2.** Klumpen, Knäuel *m od n,* Büschel *n;* — ~ *de raisin* Weintraube *f;* **~illage** [-jaʒ] *m* **1.** *(Wein)* Nachlese *f;* **2.** *fam fig* kleine(r) Nebengewinn; Schmu *m;* **~iller I.** *itr* **1.** *(Wein)* Nachlese halten; **2.** *fam* Schmu machen; **II.** *tr* **3.** *fam (Gewinn)* heraus=schlagen, *fam* -schinden; **4.** *(Früchte)* einzeln abpflücken; **~illon** *m* kleine Traube *f;* **~in** *m* **1.** Dreganker, Draggen *m;* **2.** *(Bagger)* Greifer *m;* **3.** Steigeisen *n;* — *jeter, mettre le* ~ *sur qn (fam)* jdn mit Beschlag belegen.

gras, se [gra, -ɑ(a)s] **I.** *a* **1.** fett *a. typ;* dick, feist, wohlbeleibt, -genährt; **2.** fettig, fettfleckig, speckig, schmierig, schmutzig; **3.** *(Boden)* fett, schwer;

(Weide) fruchtbar; **4.** *(Straße)* schlüpfrig, glitschig, glatt; *(Stein)* feucht; **5.** *(Wein)* zäh; **6.** *fam* schlüpfrig, derb, zotig, unanständig; **II.** *s m* **7.** Fett, fette(s) Fleisch *n;* **8.** *au* ~ in Fleischbrühe (gekocht); *faire la ~se matinée* bis in die Puppen schlafen; *faire, manger* ~ Fleisch essen; *parler* ~ e-e gutturale Aussprache haben; *il n'y a pas* ~ *(pop)* dabei kommt, springt nicht viel heraus; **9.** *bêtes f pl ~ses* Mastvieh *n; bouillon m* ~ fette (Fleisch-)Brühe *f; corps m pl* ~ *(chem)* Fette *n pl; eaux f pl ~ses* Spül-, Abwaschwasser *n; mardi m* ~ Fastnacht(sdienstag *m*) *f; matière f ~se (chem)* Fett *n;* ~ *de la jambe* Wade *f;* **~sement** [gra-] *adv fam* **1.** im Überfluß *(leben);* **2.** reichlich, großzügig *(geben);* **~seyer** [-sɛje] *itr* das R in der Kehle sprechen; **~souillet, te** [-sujɛ, -ɛt] *fam* rundlich; *(Frau)* mollig.

grat|ification [gratifikasjɔ̃] *f* **1.** Vergütung, Gratifikation, Zulage *f;* **2.** *psych* Befriedigung, Erfüllung *f;* **~ifier** *tr* **1.** zukommen lassen (*qn de qc* jdm etw); bedenken, beehren (*qn de qc* jdn mit etw); **2.** *psych* befriedigen (*qn* jdn); **~in** *m (Küche)* Kruste *f,* Überbackene(s) *n; le* ~ *(pop)* die feinen Leute *pl,* das bessere Publikum; *au* ~ überbacken; **~iner** *tr (Küche) faire* ~ überbacken; *c'est une histoire ~inée* das ist e-e pfundige Sache; **~is** [-tis] **I.** *adv fam* gratis, (für) umsonst; **II.** *a* Gratis-, kostenfrei, -los, unentgeltlich; **~itude** *f* Dankbarkeit *f.*

gratt|age [grataʒ] *m* (Ab-)Kratzen, (Ab-)Schaben *n;* **~e** *f* **1.** Jäthacke *f;* **2.** *fam* Profitchen *n,* Schmu *m;* **~e-ciel** *m inv* Wolkenkratzer *m;* **~e-cul** *m inv* Hagebutte *f;* **~e-papier** *m inv péj* Federfuchser *m;* **~er I.** *tr* **1.** (ab=)kratzen, (ab=)schaben; *(Huhn)* scharren (*qc* in e-r S); **2.** aus-, wegkratzen; aus=radieren; **3.** kratzen (*la gorge* im Halse); **4.** *fam* sich unter den Nagel reißen, heraus=schlagen, -schinden; **5.** *(Fahrzeug) arg sport* ab=hängen, überholen, -runden; **II.** *itr* **6.** *mus* klimpern (*de qc* auf e-r S); **7.** pochen (*à la porte* an die Tür); **8.** *fam* schuften, sich ab=rackern, sich placken; **III.** *v prn se* ~ sich kratzen (*la tête* am Kopf, *l'oreille* hinterm Ohr); *(pop fig) tu peux toujours te* ~ von wegen! du kannst mich mal.

gratuit, e [gratɥi, -it] *a* **1.** unentgeltlich, kostenlos, (kosten)frei; *(Darlehen)* unverzinslich; Frei-, Gratis-; **2.** *fig* grundlos, unbegründet, unmotiviert; — *à titre* ~ umsonst; *dégustation f ~e* Gratiskostprobe *f; entrée f ~e* Eintritt frei; *offre f ~e* Gratisangebot *n; parcours m* ~ Freifahrt *f;* **~é** *f* **1.** Unentgeltlichkeit, Gebührenfreiheit *f;* **2.** Grundlosigkeit *f;* **~ement** *adv* **1.** kostenlos, unentgeltlich, gratis; **2.** ohne Absicht *od* Grund.

grav|ats [gravɑ] *m pl* (Bau-) Schutt *m.*

grav|e [grav] **I.** *a* **1.** *phys* schwer; **2.** *fig* (folgen)schwer, (ge)wichtig, bedeutend; **3.** ernst(haft); bedenklich, gefährlich; *(Krankheit)* schlimm, böse; **4.** *(Ton, Stimme)* tief; **II.** *s m* tiefe(r) Ton; *accent m* ~*)* Gravis *m;* **~ement** *adv* **1.** gemessen, ernst; **2.** *(sich)* sehr *(irren);* erheblich *(verletzt);* schwer *(krank, leidend);* ernstlich *(erkrankt);* **~er 1.** *typ* gravieren, (ein=)ritzen, (ein=)schneiden, (ein=)meißeln (*sur* in *acc*); **2.** *fig* ein=graben (*dans* in *acc*); **~eur** *m (Kunst)* Graveur *m;* **~ier** *m* Kies *m;* **~illon** [-jɔ̃] *m* Roll-, Grobsplitt *m.*

grav|ir [gravir] *tr* erklettern, erklimmen *a. fig;* hinauf=klettern (*qc* auf e-e S); besteigen; **~itation** *f phys* Schwer-, Anziehungskraft, Gravitation *f;* **~ité** *f* **1.** *phys* Schwere *f a. fig;* **2.** *mus* Tiefe *f;* **3.** *fig* Gewicht *n,* große Bedeutung, Wichtigkeit; Würde, Feierlichkeit *f;* **4.** Ernst *m,* Bedenklichkeit, Gefährlichkeit *f;* — *centre m de* ~ Schwerpunkt *m;* **~iter** *itr* **1.** gravitieren, angezogen werden (*vers* von), kreisen (*autour de* um); **2.** *(fig) autour de qn* ständig um jdn sein; **~ure** *f* Kupferstecher-, Holzschneidekunst *f;* (Kupfer-, Metall-)Stich; (Holz-)Schnitt *m;* ~ *sur acier* Stahlstich *m.*

gré [gre] *m nur in Wendungen:* **1.** *à son* ~ nach Belieben; nach Gutdünken; nach s-m Geschmack; s-s Erachtens, s-r Meinung nach; *à votre* ~ ganz wie Sie wünschen, wie es Ihnen beliebt; *au* ~ *de qn* nach jds Willen, Gutdünken, Laune *od* Geschmack; *bon ~, mal ~; de ~ ou de force* wohl oder übel, im guten oder im bösen, so oder so; *de son, de (son) bon* ~ auf eigenen Wunsch; frei-, gutwillig; *de mauvais* ~ ungern, widerwillig; *de plein* ~ in vollem Einverständnis; freiwillig; *de ~ à* ~ in beiderseitigem Einverständnis; **2.** *flotter au* ~ *des vents* ein Spiel der Winde sein; *savoir (bon)* ~ *de qc à qn* jdm zu Dank verpflichtet sein.

grec, grecque [grɛk] **I.** *a* **1.** griechisch; **2.** *G~, Grecque m f* Grieche *m,* Griechin *f;* **II.** *s m* Griechisch(e) *n.*

gréc|iser [gresize] *tr (Wort)* gräzisieren; **~o-romain, e** *a* griechisch-römisch.

gredin [grədɛ̃] *m* Lump, Schurke *m.*

gré|ement [gremɑ̃] *m mar* Tak(e)lung, Takelage *f;* **~er** [gree] *tr mar* (be)takeln.

greff|age [grɛfaʒ] *m* Pfropfen *n;* **~e I.** *m* Geschäftsstelle *f* des Gerichts; **II.** *f* **1.** Edel-, Pfropfreis, -auge *n;* Vered(e)lung *f,* Pfropfen *n;* **2.** *med* Transplantation *f;* **~er I.** *tr* **1.** veredeln, pfropfen; **2.** *(Organ)* verpflanzen; **II.** *v prn se* ~ *(fig)* hinzu=kommen (*sur qc* zu etw); **~ier** *m* Urkundsbeamte(r) *m;* **~on** *m* **1.** Edel-, Pfropfreis *n;* **2.** *med* Transplantat *n.*

grégaire [gregɛr] *a: instinct m ~* Herdentrieb *m.*
grège [grɛʒ] *a f: soie f ~* Rohseide *f.*
grêl|e [grɛl] **I.** *a* **1.** (lang u.) dünn, schlank, hager, schmächtig; **2.** *(Stimme)* piepsig; **II.** *s f* Hagel *m a. fig; les coups tombent comme (la) ~, dru comme ~* es hagelt (nur so) Schläge; *assurance f contre la ~* Hagelversicherung *f; chute f de ~* Hagelschlag *m;* **~er** *itr: il grêle* es hagelt; **~on** *m* Hagelkorn *n,* Schloße *f.*
grel|ot [grəlo] *m* Schelle *f,* Glöckchen *n;* **~ottant, e** [-lɔ-] *a* vor Kälte zitternd; **~otter** *itr* (vor Kälte) zittern, mit den Zähnen klappern; **~uche** *f arg* Mädchen *n.*
grenad|e [grənad] *f* **1.** Granatapfel *m;* **2.** *mil (~ à main)* Handgranate *f;* **~ier** *m* **1.** Granat(apfel-)baum *m;* **2.** *hist mil* Grenadier *m.*
gren|at [grəna] *m* **I.** *s m min* Granat *m;* **II.** *a inv* granatfarben; **~er I.** *tr (Metall, Wachs)* körnen; *(Leder)* narben; **II.** *itr* Frucht, Ähren ansetzen.
gren|ier [grənje] *m* **1.** (Dach-)Boden, Speicher *m;* **2.** *fig* Kornkammer *f;* **~ouillage** *m pol* unsaubere Machenschaften *f pl;* **~ouille** [-uj] *f* **1.** Frosch *m;* **2.** Explosionsramme *f;* — *manger la ~ (pop)* mit der Kasse durch=brennen; **~ouillère** *f* Strampelanzug *m;* **~u, e** *a* körnig; *(Leder)* narbig.
grès [grɛ] *m* **1.** Sandstein *m;* **2.** *(~ céramе, poterie f de ~)* Steingut, -zeug *n.*
grésil [grezi(l)] *m* Graupeln *f pl;* **~illement** [-zij-] *m* Knistern, Knacken, Rauschen *n;* **~iller** *itr* knistern; *il grésille* es fallen Graupeln.
grève [grɛv] *f* **1.** (Sand-, Kies-) Strand *m;* **2.** Streik, Ausstand *m,* Arbeitsniederlegung *f;* **3.** *en ~* im Streik, streikend; **4.** *faire ~* streiken; *faire la ~ du zèle* Dienst nach Vorschrift machen; *lancer l'ordre de ~* e-n Streik aus=rufen; *se mettre en ~* in den Streik treten, die Arbeit nieder=legen; **5.** *briseur, piquet m de ~* Streikbrecher, -posten *m; ~ d'avertissement* Warnstreik *m; ~ des dockers, des mineurs* Hafen-, Bergarbeiterstreik *n; ~ de la faim* Hungerstreik *m; ~ perlée* Bummelstreik *m; ~ sur le tas* Sitzstreik *m.*
grever [grəve] *tr com allg* belasten (*de* mit).
gréviste [grevist] *s m f* Streikende(r *m*) *f.*
gribouill|age [gribujaʒ] *m fam* Schmiererei, Sudelei *f;* **~e** [-uj] *m fam* Einfaltspinsel, Dussel, Depp *m;* **~er I.** *itr* schmieren, sudeln; **II.** *tr* hin=schmieren, =sudeln.
gri|ef [grijɛf] *m* Beschwerde *f; jur* Klage-, Beschwerdegrund *m; faire ~ de qc à qn* jdm etw vor=werfen, -halten; *~s d'appel (jur)* Berufungsgründe *m pl;* **~èvement** *adv* schwer *(verletzt),* ernstlich, gefährlich *(erkrankt).*
grif|fe [grif] *f zoo f* **1.** Kralle, Klaue *f a. fig;* **2.** Nahmenszug *m,* Signatur *f;* **3.** *tech* Klaue, Kralle *f;* — *montrer les ~s* die Krallen zeigen, drohen; *tomber dans les ~s de qn* jdm in die Hände fallen; **~er** *tr* **1.** (zer)kratzen; **2.** mit dem Namenszug versehen; zeichnen; **~on** *m* **1.** Greif *m (Fabeltier);* **2.** *orn* Gänsegeier *m;* **3.** langhaarige(r) Vorstehhund *m;* **4.** (Ausfluß *m* e-r) Mineralquelle *f;* **~onner** *tr* (hin=)kritzeln; *(Kunst, Literatur, mus)* flüchtig hin=werfen; **~ure** *f* Schramme *f.*
grign|otage [griɲɔtaʒ] *m* Salamitaktik *f;* **~oter** *tr* **1.** (an=)knabbern; **2.** auf=reiben, zermürben; — *il n'y a rien à ~ dans cette affaire* da ist nichts zu verdienen.
grigou [grigu] *m pop* Knicker, Knauser *m.*
gril [gri(l)] *m* **1.** (Brat-)Rost, Grill *m;* **2.** *tech* Rost *m;* **3.** *theat* Schnürboden *m;* — *être sur le ~ (fig fam)* wie auf glühenden Kohlen sitzen; **~lade** [-jad] *f* gegrillte(s) Stück *n* Fleisch; **~lage** *m* **1.** *(Kaffee)* Rösten; *(Mandeln)* Brennen *n;* **2.** *chem tech* Rösten *n;* **3.** *(Textil)* Sengen *n;* **4.** Gitterwerk; Drahtgitter *n;* **~lager** *tr* vergittern; **~le** [grij] *f* **1.** Rost *m;* **2.** Gitter *n a. radio;* **3.** Ofen-, Feuerrost *m;* Sprechgitter *n;* Gittertür *f,* -tor *n;* **4.** Schablone *f,* Leserost *m;* **5.** *(com) ~ des salaires* Gehaltstabelle *f,* -schema *n; ~-pain m inv* Brotröster *m;* **~ler I.** *tr* **1.** auf dem Rost braten; grillen; *allg* rösten, braten; **2.** (aus=)dörren, (ver)brennen, (ver)sengen; **3.** *chem tech* rösten; *(Textil)* sengen; **4.** *fam (Zigarette)* rauchen; **5.** *fig (Signal)* überfahren; *(Station)* durchfahren; **6.** *fam fig sport* überrunden; ausstechen (*qn* jdn); **II.** *itr* **7.** auf dem Rost braten; **8.** (in der Sonne) braten; **9.** *fig* brennen, vergehen (*de* vor *dat*); *~ d'impatience* vor Ungeduld vergehen; **~lon** *m zoo (~ des champs)* Grille *f; (~ domestique)* Heimchen *n.*
grim|açant, e [grimasɑ̃, -ɑ̃t] *a (Gesicht)* verzerrt; **~ace** [-mas] *f* **1.** Fratze, Grimasse *f;* **2.** Falte, Runzel *f;* **3.** *pl* affektierte(s) Wesen *n;* — *faire la ~* ein Gesicht ziehen; *faire des ~s* Grimassen schneiden; **~acer I.** *tr: ~ un sourire* sich zu e-m Lächeln zwingen; **II.** *itr* Grimassen schneiden; Falten werfen; **~acier, ère** *a* geziert, affektiert; **~age** *m theat* Schminken *n;* **~er (, se)** *tr, v prn* (sich) schminken; **~oire** *m* Zauberbuch *n;* unleserliche Schrift *f.*
grimp|ant, e [grɛ̃pɑ̃, -ɑ̃t] **I.** *a* kletternd; Kletter-, Schling-; **II.** *s m arg* Büx, Hose *f;* **~er** *itr* klettern (*à qc* an e-r S hinauf, *sur qc* auf e-e S); *(Pflanze)* in die Höhe

klettern, sich empor=ranken (*à qc* an e-r S); gelangen (*à qc* an e-e S); *(Weg)* sich emporwinden; *(Preise)* in die Höhe klettern; **~ette** *f* steile(r) Weg *m;* **~eur, se I.** *a* (gern) kletternd; Kletter-; **II.** *s m f* Kletterer *m,* Kletterin *f;* Alpinist *m.*

grinc|ement [grɛ̃smɑ̃] *m* Quietschen, Knarren *n; ~s de dents* Zähneknirschen *n;* **~er** *itr* knirschen, kreischen, quietschen, knarren; *~ des dents* mit den Zähnen knirschen.

grincheux, se [grɛ̃ʃø] **I.** *a* mürrisch, griesgrämig, brummig, bärbeißig; **II.** *s m f* Griesgram, Nörgler(in *f*) *m.*

gringalet [grɛ̃galɛ] *m fam* schmächtige(s) Kerlchen *n.*

gripp|age, ~ement [gripaʒ] *m tech* Sichfestfressen, Heißlaufen *n;* **~al, e** *med* grippal; Grippe-; **~e** *f* **1.** *med* Grippe *f;* **2.** *fig* Abneigung, Antipathie *f; — avoir pris qn en ~* jdn nicht (mehr) (leiden) mögen *od* ausstehen können; *~e-sou m fam* Pfennigfuchser *m;* **~é, e** **1.** an Grippe erkrankt; **2.** *tech* festgefressen; *— être ~* die Grippe haben; **~er** *itr, v prn se ~* **1.** *tech* sich fest=fressen; **2.** *fig* nicht funktionieren.

gris, e [gri, -iz] **I.** *a* **1.** grau; **2.** *fig (Wetter, Gedanken)* trübe, düster; trübselig, öde; **3.** angetrunken, benebelt; **II.** *s m* Grau *n; — à cheveux ~* grauhaarig; *il fait ~* es ist trübe(s Wetter); *~ cendré* aschgrau; *~ clair, foncé* hell-, dunkelgrau; *~ souris* mausgrau; **~aille** [-zaj] *f: ~ quotidienne* graue(r) Alltag *m;* **~ant, e** *a* berauschend; **~âtre** *a* **1.** graulich, etwas grau; **2.** eintönig; **~bi** [-zbi] *m arg* Moos *n.*

gris|er [grize] **I.** *tr* **1.** betrunken machen; *(Getränk)* zu Kopf steigen (*qn* jdm); **2.** *fig* berauschen; betäuben *fig;* **II.** *v prn se ~ (fam)* sich berauschen (*de* an *dat*); **~erie** *f fig* Rausch *m,* Begeisterung *f;* **~-gris** [grigri] *m* Amulett *n;* **~oller** [-zɔle] *itr (Lerche)* tirilieren, trillern; **~onnant, e** *a* leicht ergraut; **~onner** *itr* grau werden; **~ou** *m min* Grubengas *n; coup m de ~* Schlagwetter(explosion *f*) *n.*

griv|e [griv] *f* Drossel *f; faute de ~s on mange des merles (prov)* in der Not frißt der Teufel Fliegen; **~èlerie** *f* Zechprellerei *f;* **~eton** *m arg* Landser, Soldat *m;* **~ois, e** *a* ziemlich frei, schlüpfrig; **~oiserie** *f* Schlüpfrigkeit *f; pl* lockere Reden *f pl.*

grog [grɔg] *m* Grog *m (Getränk).*

grogn|e [grɔɲ] *f* Murren *n;* **~ement** *m* **1.** *(Schwein)* Grunzen; *(Bär)* Brummen *n;* **2.** Murren *n;* **~er** *itr (Schwein)* grunzen; *(Bär, Menschen)* brummen; *(Mensch)* murren; **~on, ne** [-ɲɔ̃, -ɔn] **I.** *a* brummig; **II.** *s m fig* Brummbär *m.*

groin [grwɛ̃] *m (Schwein)* Rüssel *m.*

grol(l)e [grɔl] *f fam* Latschen *m.*

grommel|er [grɔmle] *tr itr* brummeln, (in den Bart) murmeln; **~lement** [-mɛl-] *m* Gemurmel, Gebrumm *n.*

grond|ement [grɔ̃dmɑ̃] *m* **1.** *(Hund)* Knurren *n;* **2.** *(Motor)* Brummen *n;* **3.** *(Donner)* Grollen, Rollen *n;* **~er I.** *itr* knurren; *(Bär)* brummen; *(Motor)* dröhnen; *(Donner)* (g)rollen; schimpfen; **II.** *tr* aus=schimpfen, -schelten, -zanken; **~erie** *f* Schimpfe, Schelte *f;* **~eur, se** *a* scheltend, tadelnd.

gros, se [gro, gros] **I.** *a* **1.** dick, groß; stark, beleibt; *(nachgestellt)* schwanger *a. fig; med* geschwollen; *(Stoff)* grob, derb; *(Stimme)* kräftig, laut; drohend; *(Lachen)* schallend, herzhaft; *(See)* hoch(gehend); *(Wetter)* häßlich, scheußlich; *(Wind, Fieber)* stark, heftig; **2.** *fig* beträchtlich, beachtlich; *(Zinsen)* hoch; bedeutend, wichtig; **3.** schwer, ernst, gefährlich; **4.** reich, wohlhabend, angesehen; **II.** *adv* viel *(kosten, verdienen);* **III.** *s m* **1.** Dicke(r) *m;* (der) dickste Teil; **2.** *fig* Hauptteil *m,* Kernstück *n;* **3.** *(commerce m de ~)* Großhandel *m;* **4.** *f* Gros *n (12 Dutzend);* **5.** *jur* Ausfertigung, amtliche Abschrift; **6.** *com mar* Bodmerei *f;* **7.** *en ~ (com)* im großen, en gros, Groß-; in Blockschrift; *fig* in groben Zügen, im Umriß; **8.** *avoir les yeux ~ de larmes* dem Weinen nahe sein; *faire le ~ (com)* Großhandel treiben; *faire le ~ dos (Katze)* e-n Buckel machen; *fig* sich auf=spielen; *faire les ~ yeux* ein strenges Gesicht machen; *gagner ~ (fam)* gut verdienen; *jouer ~ (jeu)* hoch spielen; **9.** *j'ai le cœur ~* mir ist das Herz schwer; *il y a ~ à parier que* ich wette hundert gegen eins, daß; **10.** *entreprise f de ~* Großhandelsunternehmen *n; indice m des (prix de) ~* Großhandelsindex *m; négociant m en ~* Großhändler, Grossist *m; prix m de ~* Großhandelspreis *m; ~ bonnet, (fam) ~se légume m (f)* hohe(s) Tier *n; ~ de conséquences* folgenschwer; *~ fumeur m* starke(r) Raucher *m; ~ industriel m* Großindustrielle(r) *m; ~ intestin m (anat)* Dickdarm *m; le ~ lot* das Große Los; *~ mangeur* starke(r) Esser *m; ~ mots m pl, ~ses paroles f pl* Schimpfworte *n pl; ~se plaisanterie f* derbe(r) Scherz *m; ~ plan m (film)* Großaufnahme *f; ~ tirage m typ* Massenauflage *f.*

groseill|e [grozɛj] *f* Johannisbeere *f; ~ à maquereau* Stachelbeere *f;* **~ier** [-ze(e)je] *m* Johannisbeerstrauch.

gross|esse [grosɛs] *f* Schwangerschaft *f;* **~eur** *f* **1.** Dicke; Stärke *f;* Umfang *m;* **2.** *med* Schwellung, Geschwulst *f;* **~ier, ère** *a* **1.** grob, rauh, dick; **2.** *fig* roh, gewöhnlich, gemein, flegelhaft; *fam* ungehobelt; **3.** *(Fehler)* schwer; **~ièrement**

adv **1.** gröblich, schwer; **2.** in groben Zügen; **3.** flegelhaft; **~ièreté** *f* **1.** *fig* Grobheit, Roheit *f;* **2.** Flegelhaftigkeit *f;* **3.** Unanständigkeit, Derbheit *f;* **~ir I.** *tr* **1.** anschwellen lassen; vergrößern *a. opt phot;* **2.** erweitern, vermehren, verstärken; **3.** *(Kleidungsstück)* dicker erscheinen lassen; **4.** *fig* auftragen, übertreiben; **II.** *itr* **5.** dick(er) werden; (an=) schwellen; **6.** größer, stärker werden, zu=nehmen *a. fig;* **7.** größer erscheinen; **III.** *v prn se* ~ größer werden, zu=nehmen *a. fig;* **~issant, e** *a* wachsend, zunehmend, steigend; *opt* Vergrößerungs-; **~issement** *m* Vergrößerung *bes. opt phot;* Verstärkung, Erweiterung, Vermehrung *f;* **~iste** *m* Großhändler, Grossist *m.*

grot|esque [grɔtɛsk] **I.** *a* **1.** grotesk, bizarr, wunderlich; **2.** ulkig, *fam* komisch; **II.** *s m das* Groteske; **~te** *f* Grotte, Höhle *f.*

grouill|ement [grujmɑ̃] *m* Gewimmel *n;* **~er I.** *itr* wimmeln (*de* von); sich drängen; **II.** *v prn se* ~ *(pop)* sich tummeln, sich ran=halten.

group|age [grupaʒ] *m com* (Zs.fassung zu e-r) Sammelsendung, -ladung *f;* **~e** *m* **1.** Gruppe *f;* **2.** *com* Konsortium, Syndikat *n,* Konzern *m;* **3.** *parl* Fraktion *f;* **4.** *mil* Gruppe *f;* Bataillon *n;* **5.** *tech* Anlage *f,* Werk; *el* Aggregat *n,* Maschinensatz *m;* **6.** *en, par ~s* in Gruppen, gruppenweise; **7.** ~ *d'âge* Altersgruppe *f;* ~ *de maisons* Häusergruppe *f;* ~ *professionnel* Berufsgruppe *f;* ~ *de salaire* Lohngruppe, -stufe *f;* ~ *sanguin (biol)* Blutgruppe *f;* **~ement** *m* **1.** Gruppierung, Einteilung, Anordnung, Zs.stellung, -fassung *f;* **2.** *com* Vereinigung, Genossenschaft *f,* Verband, Pool *m;* — ~ *d'achat* Einkaufsgenossenschaft *f;* ~ *d'entreprises (com)* Konzern *m;* ~ *d'études* Arbeitsgemeinschaft *f;* ~ *d'intérêts (com)* Interessengemeinschaft *f;* ~ *de jeunesse* Jugendorganisation *f;* ~ *professionnel* Fachgruppe, -schaft *f,* -verband *m;* **~er I.** *tr* **1.** gruppieren, zs.= fassen, -stellen, ein=teilen, ordnen; zs.= legen; **2.** versammeln, scharen (*autour de* um); **3.** *com* zu e-r Sendung zs.=fassen; **II.** *v prn se* ~ sich zs.=tun; sich gruppieren (*par* nach), sich scharen (*autour de* um); e-e Einheit bilden; **~uscule** *m pol* Splittergruppe *f.*

gru|au [gryo] *m* Grütze *f;* Grützbrei *m; farine f de* ~ Auszugmehl *n; pain m de* ~ feinste(s) Weißbrot *n;* **~e** *f* **1.** *orn* Kranich *m;* **2.** *tech* Kran *m;* **3.** *fig pop* Dirne *f;* — *faire le pied de* ~ *fig* sich ein Loch in den Bauch stehen; ~ *de chargement* Ladekran *m;* ~ *dépanneuse (mot)* Abschleppkran *m;* **~meau** *m* Klümpchen *n,* Klumpen *m;* **~meler, se** *v prn* Klumpen bilden, klumpen; **~tier** *m* Kranführer *m;* **~yère** [-jɛr] *m* Schweizer Käse *m.*

guano [gwano] *m* Guano *m (Vogeldünger).*

gué [ge] **I.** *s m* Furt *f;* **II.** *interj* juchhei! heißa! *passer à* ~ durch=schreiten, -waten, -fahren.

guelte [gɛlt] *f com* Gewinnanteil *m,* Provision *f.*

guen|ille [gənij] *f meist pl* Lumpen *m pl,* zerrissene Kleider *n pl; en ~s* in Lumpen (gehüllt), zerlumpt; **~on** *f* **1.** Äffin *f;* **2.** *fig* Vogelscheuche *f.*

guêp|e [gɛp] *f zoo* Wespe *f; pas folle, la* ~ *(fam)* sie ist nicht auf den Kopf gefallen; **~ier** *m* **1.** Wespennest *n a. fig;* **2.** *orn* Bienenfresser *m;* — *j'ai donné, je suis tombé dans un* ~ *(fig)* ich habe in ein Wespennest gestochen.

guère [gɛr] *adv: ne ...* ~ kaum, fast, beinahe nicht, nicht sehr, wenig, (sehr) selten; *ne ...* ~ *que* fast nur, fast ausschließlich; höchstens; *il ne s'en est fallu* ~ es hat wenig gefehlt.

guér|et [gerɛ] *m* Brachland, -feld *n;* **~idon** [-ridɔ̃] *m* kleine(r), runde(r) Tisch *m;* **~illa** [-rija] *f* Guerilla-, Klein-, Partisanenkrieg *m;* **~ir I.** *tr* **1.** heilen, gesund machen; **2.** befreien, frei machen (*de* von); ab=helfen (*qc* e-r S *dat*); **II.** *itr (Mensch)* genesen, (wieder) gesund werden; *(Wunde)* heilen *a. fig;* **III.** *v prn se* ~ *de qc* sich *(dat)* e-e S ab=gewöhnen; **~ison** [-zɔ̃] *f* Heilung; Genesung *f;* **~issable** *a* heilbar; **~isseur, se** *m f* Heilkundige(r *m*) *f,* -praktiker(in *f*); *péj* Quacksalber *m;* **~ite** *f* **1.** *mil* Schilderhaus *n;* **2.** Bretterbude *f.*

guerre [gɛr] *f* **1.** Krieg *m;* **2.** *fig* Kampf, Streit, Zwist *m;* **3.** *de* ~ *lasse* nach langem Sträuben; **4.** *s'en aller en* ~ in den Krieg ziehen; *être en* ~ sich im Krieg(szustand) befinden; *fig* im Streit liegen (*avec* mit); *faire la* ~ *à qc* etw bekämpfen; *partir en* ~ zu Felde ziehen *a. fig* (*contre* gegen); *vivre sur le pied de* ~ *avec qn* mit jdm auf Kriegsfuß stehen; **5.** *mutilé m de* ~ Kriegsbeschädigte(r), -versehrte(r) *m; prisonnier m de* ~ Kriegsgefangene(r) *m; théâtre m de la* ~ Kriegsschauplatz *m;* **6.** ~ *atomique* Atomkrieg *m;* ~ *civile* Bürgerkrieg *m;* ~ *économique* Wirtschaftskrieg *m;* ~ *maritime, navale* Seekrieg *m.*

guerrier, ère [gɛrje, -ɛr] **I.** *a* kriegerisch; kriegslustig; **II.** *s m* Krieger *m.*

guet [gɛ] *m: faire le* ~ auf der Lauer liegen; aufpassen; **~-apens** [gɛtapɑ̃] *m inv* Hinterhalt *m;* Hinterlist *f; tendre un* ~ *à qn* jdm e-e Falle stellen *a. fig.*

guêtre [gɛtr] *f* Gamasche *f.*

guet|te [gɛt] *f* Strebe *f;* **~ter** *tr* **1.** belauern, auf=lauern (*qn* jdm), ab=passen *a. fig (Zeit, Gelegenheit);* **2.** *(Krankheit)* bedrohen; ~**teur, se** *m f* Späher, Aufpasser(in *f*) *m*.

gueul|ante [gœlɑ̃t] *f pop* Geschrei, Gebrüll *n;* ~**ard, e I.** *a pop* dauernd brüllend; **II.** *s* **1.** *pop* Schreihals *m;* **2.** *fam mar* Sprachrohr *n;* ~**e** *f* **1.** Maul *n*. Schnauze *f a. pop péj;* **2.** *pop* Fresse; *(grande ~)* Groß-, große Schnauze *f;* **3.** *fig fam* Aussehen *n*, Form, Gestalt, Wirkung *f;* **4.** *avoir de la ~* großen Eindruck machen; apart wirken; *avoir une bonne ~ (fam)* sympathisch aus=sehen; *donner sur la ~ à qn (pop)* jdm in die Fresse schlagen, jdm das Maul stopfen; *être fort en ~* e-e große Schnauze haben; *tu en fais une ~! (pop)* du machst aber ein Gesicht! *ta ~! (pop)* (halt die) Schnauze! **5.** *fine ~ (fam)* Leckermaul *n; sale ~ (pop)* Scheißkerl *m;* ~*-de-loup m* **1.** *bot* Löwenmaul *n;* **2.** *med* Wolfsrachen *m;* ~**ements** *m pl pop* Geschrei *n;* ~**er** *pop* **I.** *itr* herum=schreien, -brüllen, das Maul auf=reißen, -haben; das große Wort führen; **II.** *tr* (in die Gegend) brüllen, schreien; ~**eton** *m fam* Festessen *n;* ~**etonner** *itr fam* gut essen.

gui [gi] *m* **1.** *bot* Mistel *f;* **2.** *mar* Giekbaum *m;* ~**bolle** *f fam* Bein *n;* ~**ches** *f pl* Stirnlocken *f pl;* ~**chet** [-ɛ] *m* **1.** (Fahrkarten-, Post-, Bank-)Schalter *m;* **2.** Klappe *f*, Türchen *n;* — *fermeture f des ~s* Schalterschluß *m;* ~**chetier** [-ʃtje] *m* Schalterbeamte(r) *m*.

guid|age [gidaʒ] *m* **1.** *tech* Führung *f;* **2.** *aero* Steuerung *f;* ~**e** *m* **1.** (Fremden-)Führer *m;* **2.** *fig* Führer, Lehrmeister; Leitstern *m*, Richtschnur *f;* **3.** *(Buch)* (*bes.* Reise-)Führer *m*, Handbuch *n;* **4.** *tech* Führung(sschiene, -stange *f*, -ring *m*) *f;* — ~ *de montagne* Bergführer *m;* ~**er I.** *tr* **1.** führen; *(mot)* lenken, steuern; **2.** *fig* leiten; **3.** *tech.* steuern, führen; **II.** *v prn se ~ (fig)* sich leiten lassen (*par* von), sich zur Richtschnur nehmen (*par qc* e-e S); lenken; ~**on** *m* **1.** *mar* Wimpel *m;* **2.** *(Visiereinrichtung)* Korn *n;* **3.** *(Fahrrad)* Lenkstange *f;* — ~ *de renvoi* Verweisungszeichen *n*.

guign|ard, e [giɲar, -rd] *s* **1.** *m f* Pechvogel, Unglücksrabe *m;* **2.** *m orn* Mor(i)nell *m;* ~**e** *f* **1.** *bot* Herzkirsche *f;* **2.** *pop* Pech(strähne *f*) *n;* — *se soucier de qc comme d'une ~ (fig fam)* sich e-en Dreck um etw kümmern; ~**er** *tr* schielen, verstohlen blicken (*qc* nach etw); *fig* ein Auge haben, spekulieren (*qc* auf e-e S); ~**ol** *m* Kasperle(theater *n*) *n* od *m; (fig) c'est du ~* das ist die reinste Farce.

guill|aume [gijom] *m* Falz-, Kehl-, Simshobel *m;* ~**edou** [gijdu] *m pop: courir le ~* den Schürzen nach=laufen; ~**emets** [-ɛ] *m pl* Anführungszeichen, Gänsefüßchen *n pl;* ~**eret, te** [gijrɛ, -ɛt] *a* **1.** munter, ausgelassen, lebhaft, (quick)lebendig; **2.** *(Reden)* etwas frei, lose, zweideutig; ~**otine** *f* Guillotine *f*, Fallbeil *n;* ~**otiner** *tr* guillotinieren, enthaupten.

guimauve [gimov] *f* **1.** *bot* Eibisch *m;* **2.** *fig fam* Kitsch *m;* **3.** Bonbonmasse *f;* — *à la ~ (fig)* schmalzig.

guimbarde [gɛ̃bard] *f* **1.** Grundhobel *m;* **2.** *fam* alte(r) Wagen, Klapperkasten, Schlitten *m*.

guimpe [gɛ̃p] *f* **1.** (Nonnen-)Haube *f;* **2.** Spitzentuch *n*, -einsatz *m*.

guincher [gɛ̃ʃe] *itr fam* schwofen, tanzen.

guind|é, e [gɛ̃de] *fig* gewunden, geschraubt, steif, gekünstelt; affektiert; ~**eau** *m mar* Ankerwinde *f*, Spill *n;* ~**er I.** *tr (Last)* hoch=winden, hinauf=ziehen; **II.** *v prn se ~ (fam)* sich auf=plustern, dick(e)tun.

guinguette [gɛ̃gɛt] *f* Ausflugslokal *n*.

guirlande [girlɑ̃d] *f* Girlande *f*.

guise [giz] *f: à, selon sa ~* auf s-e Weise; *à votre ~* wie Sie wollen *en ~ de* anstatt, anstelle *gen; en ~ de consolation* zum Trost.

guit|are [gitar] *f* Gitarre *f;* ~**ariste** *m f* Gitarrespieler(in *f*) *m;* ~**oune** [-tun] *f arg mil* Zelt *n*, Unterstand *m*.

gus(s) [gys] *m arg* Kerl *m*.

gustat|if, ive [gystatif, -iv] *a anat* Geschmacks-; *nerf m ~* Geschmacksnerv *m;* ~**ion** [-sjɔ̃] *f* (Ab-)Schmecken *n*.

gutt|a-percha [gytapɛrka] *f* Guttapercha *n;* ~**ural, e I.** *a anat* Kehl-, Rachen-, Hals-; *gram* guttural, Kehl-; **II.** *s f* Kehllaut *m*.

gymn|ase [ʒimnaz] *m* Turnhalle *f;* ~**aste** [-nast] *m f* Turner(in *f*) *m;* ~**astique I.** *a* gymnastisch; Turn-; **II.** *s f* Gymnastik *f*, Turnen *n;* — *faire de la ~* turnen; Gymnastik treiben; *costume, maillot m, culotte f, chaussures f pl de ~* Turnanzug *m*, -hemd *n*, -hose *f*, -schuhe *m pl; salle f de ~* Turnhalle *f; ~ aux agrès* Geräteturnen *n; ~ fonctionnelle* Heilgymnastik *f; ~ respiratoire* Atemgymnastik *f*.

gynécologue [ʒinekɔlɔg] *m f* Frauenarzt *m*, -ärztin *f*.

gyp|aète [ʒipaɛt] *m orn* Lämmer-, Bartgeier *m;* ~**se** [ʒips] *m min* Gips(stein) *m*.

H

H [aʃ]: ~ *aspiré* aspirierte(s) H *n; bombe f* ~ Wasserstoffbombe *f; (mil, fig) l'heure* ~ die Stunde X.
'ha! [a] *interj* ah! ha!
habil|e [abil] *a* **1.** geschickt, gewandt (*en, dans* in *dat*); *péj* gerissen, gerieben; **2.** *jur* fähig; — *être* ~ *à faire qc* etw geschickt, gewandt tun; **~eté** *f* Geschicklichkeit, Gewandtheit *f; pl* Kniffe *m pl;* **~itation** *f jur* Ermächtigung, Befähigung *f;* **~iter** *tr jur* ermächtigen, bevollmächtigen (*à* zu).
habill|age [abijaʒ] *m* **1.** Ankleiden, -ziehen *n;* **2.** *tech* Verkleidung *f;* **~é, e** *a* (an)gekleidet (*de noir* schwarz); (gut) angezogen; **~ement** *m* **1.** *mil* Einkleidung *f;* **2.** (Be-)Kleidung *f;* Anzug *m;* **3.** Bekleidungsgewerbe *n;* — ~ *féminin, masculin* Damen-, Herrenkleidung *f;* **~er I.** *tr* **1.** (an=)kleiden, an=ziehen; *(fournir des vêtements)* (ein=)kleiden; **2.** *(faire mettre telle ou telle chose)* (be)kleiden, an=ziehen; verkleiden; **3.** *(Schneider)* arbeiten (*qn* für jdn); *(seoir)* stehen (*qn* jdm); kleiden; *un rien l'habille* alles steht ihr; **4.** *tech (recouvrir)* über=ziehen, ein=hüllen; **5.** ausschmücken; **6.** *fig (dissimuler)* kleiden (*de* in *acc*), verschleiern; **7.** *fam* anschwärzen; **II.** *v prn s'*~ **8.** sich (an=) kleiden; arbeiten lassen (*chez* bei); **9.** sich verkleiden (*en* als); Gesellschaftskleidung an=ziehen; **~eur, se** *m f theat* Garderobier(e *f*) *m; film* Gewandmeisterin *f.*
habit [abi] *m* **1.** (Gesellschafts-)Anzug; (~ *noir)* Frack *m;* **2.** Kleid, Gewand *n;* **3.** *pl* Kleidung *f,* Kleider *n pl;* — *l'*~ *ne fait pas le moine (fig)* der Schein trügt; *armoire, brosse f à* ~*s* Kleiderschrank *m,* -bürste *f;* ~ *vert* (grüner Rock *m* der) Mitglied(er) *m* der Académie française; **~abilité** *f* **1.** Bewohnbarkeit *f;* **2.** Geräumigkeit *f;* **~able** *a* bewohnbar; **~acle** *m* **1.** *mar* Kompaßhäuschen *n;* **2.** *aero* Pilotenkanzel *f;* **~ant, e** *s m f* Be-, Einwohner(in *f*) *m; pl* Einwohnerschaft *f; nombre m d'*~*s* Einwohnerzahl *f;* **~at** [-a] *m* **1.** *bot* Standort *m,* Vorkommen *n;* **2.** *zoo* Wohn-, Verbreitungsgebiet *n;* **3.** *geog* Siedlungsgebiet *n,* -raum *m;* **4.** *allg* Wohnung *f,* Heim(stätte *f*) *n;* — ~ *concentré, dispersé* geschlossene, Streusiedlung *f;* ~ *rural* Wohnverhältnisse *pl* auf dem Lande; **~ation** *f* Wohnung; Wohnstätte *f;* -haus *n,* -sitz *m,* Behausung *f;* — *construction f d'*~ Wohnungsbau *m; maison f, immeuble m d'*~ Wohnhaus *n, pl* -bauten *m pl; surface f d'*~ Wohnfläche *f;* ~ *ancienne* Alt(bau)wohnung *f;* ~ *individuelle en bande continue* Reihenhaus *n;* ~*s à loyer modéré* soziale(r) Wohnungsbau *m (H.L.M.);* **~é, e** *a* bewohnt; bemannt; **~er I.** *tr* bewohnen; **II.** *itr* wohnen, leben (*à, dans* in *dat*); ~ *avec qn* bei jdm wohnen.
habit|ude [abityd] *f* (An-)Gewohnheit, Gepflogenheit *f;* — *d'*~ gewöhnlich; sonst; *par* ~ gewohnheitsmäßig, aus Gewohnheit; *prendre l'*~ *de qc* sich an e-e S gewöhnen; *la force de l'*~ die Macht der Gewohnheit; *mauvaise* ~ schlechte Angewohnheit, Unart *f;* **~ué, e** [-tɥe] *m f* Stammgast; Kunde *m,* Kundin *f;* **~uel, le** *a* gewohnt; gewöhnlich, üblich; **~uer I.** *tr* gewöhnen (*à* an *acc*); **II.** *v prn s'*~ sich gewöhnen (*à* an *acc*), die Gewohnheit an=nehmen (*à* zu): **~us** [-ys] *m med* Habitus *m.*
'hableur, se [ablœr] **I.** *s m f* Prahlhans, Aufschneider, *fam* Angeber(in *f*) *m;* **II.** *a* prahlerisch; *fam* großschnäuzig.
'hach|e [aʃ] *f* Axt *f,* Beil *n;* — *taillé à coups de* ~ *(Gesicht)* grob; *porter la* ~ *dans l'administration* Stellen in der Verwaltung streichen; ~*-viande m inv* Fleischwolf *m;* **~é, e** *a fig* abgehackt; unterbrochen; *viande f* ~*e* Hackfleisch *n;* **~er I.** *tr* **1.** (zer)hacken, zerstückeln, -schneiden; **2.** *tech* einkerben; **II.** *v prn se faire* ~ sich in Stücke reißen lassen; ~ *menu comme chair à pâté* kurz u. klein, zu Brei schlagen; **~ette** *f* (Hand-)Beil *n;* ~ *de ménage* Küchenbeil *n;* **~is** [-i] *m* Hackfleisch, Gehackte(s) *n;* **~i(s)ch** [-ʃiʃ] *m* Haschisch *n;* **~oir** *m* Hack-, Wiegemesser; Hackbrett *n;* Fleischwolf *m;* **~ure** *f* Schraff(ier)ung, Schraffur *f;* **~urer** *tr* schraffieren.
'hagard, e [agar, -rd] *a* verstört, verängstigt.
hagiographie [aʒjɔgrafi] *f* Hagiographie *f.*
'haie [ɛ] *f* **1.** Hecke *f;* **2.** *sport* Hürde *f;* **3.** Spalier *n (von Menschen);* — *faire, former la* ~ Spalier bilden; *franchir, sauter une* ~ e-e Hürde nehmen; *course f de* ~*s (Reiter)* Hindernisrennen *n; sport* Hürdenlauf *m.*
'haïe [ai] *interj* hü! hott!
'haillon [ajɔ̃] *m meist pl* Lumpen, Fetzen *m; vêtu de* ~*s* in Lumpen gehüllt, zerlumpt.

'hain|e [ɛn] *f* Haß *m* (*pour, de* gegen), Feindschaft *f; par* ~ *de* aus Haß, Abneigung gegen; **~eux, se** *a* gehässig, haßerfüllt.

'haï|r [air] *tr* **1.** hassen; **2.** nicht leiden, aus=stehen, *pop* riechen können; verabscheuen, e-n Abscheu, Widerwillen, Ekel haben (*qc* vor etw); **~ssable** *a* hassenswert.

'haire [ɛr] *f* härene(s) Gewand, Büßerhemd *n.*

'halage [alaʒ] *m: chemin m de* ~ Treidelweg *m.*

'hâl|e [ɑl] *m* (Sonnen-)Bräune; **~é, e** *a* sonnen-, wettergebräunt.

hal|eine [alɛn] *f* Atem *m;* — *de longue* ~ langwierig; *hors d'*~ außer Atem, atemlos; *(tout) d'une* ~ *(fig)* pausenlos, ununterbrochen; *perdre* ~ außer Atem kommen; *(re)prendre* ~ Luft holen; (wieder) auf=atmen, *fam* verschnaufen, *tenir en* ~ *(fig)* in Atem halten, nicht zur Ruhe, Besinnung kommen lassen.

'haler [ale] *tr (Schiff)* treideln, schleppen.

'hâler [ɑle] *tr (die Haut)* bräunen.

'hal|etant, e [altɑ̃, -ɑ̃t] *a* keuchend, schnaufend; atemlos; *(Pferd)* schnaubend; **~ètement** [alɛtmɑ̃] *m* Keuchen, Schnaufen; *(Pferd)* Schnauben *n;* **~eter** *itr* keuchen, schnaufen, *fam* nach Luft schnappen; *(Pferd)* schnauben.

'hall [ol] *m* Halle *f;* ~ *d'exposition, de gare* Ausstellungs-, Bahnhofshalle *f;* **~e** [al] *f* (Markt-, Kauf-)Halle *f.*

hallali [alali] *m (Jagd)* Halali *n.*

hallucin|ation [alysinasjɔ̃] *f* Halluzination *f;* **~é, e** *a* an Sinnestäuschungen leidend; *fam* verrückt; **~ogène** *m (Droge)* Halluzinogen *n.*

'halo [alo] *m* **1.** *astr* Hof *m;* **2.** *phot* Lichthof *m;* **3.** ~ *de gloire (fig)* Glorìole *f.*

'halte [alt] **I.** *s f* **1.** Halt *m,* (An-)Halten *n;* **2.** (~ *de routiers)* Halte-, Rastplatz; **3.** *loc* Haltepunkt *m;* **4.** *fig* kurze Unterbrechung, Pause *f;* **II.** *interj* halt! *faire (une)* ~ haltmachen, halten, rasten; ~*-là!* halt! stehen= bleiben! ~ *horaire (mil)* Marsch-, *fam* Zigaretten-, Pinkelpause *f.*

haltère [altɛr] *m sport* Hantel *f; les poids et* ~*s* Gewichtheben *n.*

'ham|ac [amak] *m* Hängematte *f;* **~eau** *m* Weiler *m,* Dörfchen *n.*

hameçon [amsɔ̃] *m* Angelhaken *m; mordre à l'*~ an=beißen *a. fig; fig* auf den Leim gehen.

'ham|pe [ɑ̃p] *f* **1.** (Lanzen-, Speer-)Schaft *m;* (Fahnen-)Stange *f;* (Pinsel-)Stiel *m;* **2.** *bot* Schaft *m;* **3.** *(Rind, Hirsch)* Wampe, Wamme *f;* **~ster** [amstɛr] *m zoo* Hamster *m.*

'han [ɑ̃] *interj* haa!; **~ap** [anap] *m* Humpen *m.*

'hanche [ɑ̃ʃ] *f* Hüfte *f;* — *mettre le poing sur la* ~ *(fig)* e-e entschlossene (u. drohende) Haltung ein=nehmen; *rouler les* ~*s* mit den Hüften wackeln; *(tour m de)* ~*s* Hüftumfang *m.*

'hand|(-)ball [ɑ̃dbal] *m* Handball *m;* **~balleur** [-balœr] *m* Handball(spiel)er *m;* **~icap** [ɑ̃dikap] *m* **1.** *sport* Handikap *n;* Ausgleich *m;* Vorgabe(spiel *n*); **2.** *fig* Behinderung *f,* Nachteil *m;* **~icapé, e I.** *a* behindert; **II.** *s m f* Behinderte(r *m*) *f;* **~icaper** *tr* **1.** *sport* handikapen; **2.** *fig* behindern, benachteiligen.

'hangar [ɑ̃gar] *m* Schuppen *m;* (Flugzeug-)Halle *f;* ~ *à canots* Bootshaus *n.*

'hanneton [antɔ̃] *m* Maikäfer; ~ *des roses* Rosenkäfer *m.*

'hant|er [ɑ̃te] *tr* **1.** oft, häufig besuchen, verkehren (*qn* mit jdm, *qc* in etw *dat*), aus= u. ein=gehen (*qn* bei jdm, *qc* in etw); **2.** *fig* heim=suchen, keine Ruhe lassen (*qn* jdm), quälen; — *maison f* ~*ée* Haus *n,* in dem es spukt; **~ise** *f* Unruhe, Angst (*de qc* vor etw); Besessenheit *f; j'en ai la* ~ mir graut davor.

'happer [ape] *tr* schnappen, erhaschen, fangen; packen, erwischen; *la voiture a happé le cycliste* der Wagen hat den Radfahrer erfaßt.

'harangu|e [arɑ̃g] *f* Ansprache; Rede *f;* **~er** *tr* e-e Ansprache halten (*qn* an jdn).

'haras [arɑ(a)] *m* Gestüt *n;* **~sé, e:** *être* ~ ganz erschöpft, *fam* kaputt sein.

'harceler [arsəle] *tr* plagen, quälen; dauernd reizen, ärgern; bestürmen (*de questions* mit Fragen).

'hard|e [ard] *f* **1.** *(Wild)* Rudel *n;* **2.** (Hunde-)Koppel *f;* **~ées** *f pl* Wildschaden *m;* **~es** *f pl* Sachen *f pl,* Kleider *n pl; péj* Klamotten *f pl;* **~i, e I.** *a* kühn, unerschrocken, beherzt, (wage)mutig; *(Sache)* kühn, gewagt; **II.** *interj* munter! los! zu! **~iesse 1.** Kühnheit *f,* Mut *m;* **2.** Dreistigkeit, Unverschämtheit *f;* — *prendre la* ~ *de* sich die Freiheit nehmen, sich erlauben zu.

'harem [arɛm] *m* Harem *m.*

'hareng [arɑ̃] *m* Hering *m; être serrés, pressés comme des* ~*s* eng zusammengedrängt stehen; ~ *saur* Bückling *m;* **~uet** [-gɛ] *m* Sprotte *f.*

'har|gne [arɲ] *f* Bissigkeit, Gehässigkeit *f;* **~gneux, se** *a* zänkisch, streitsüchtig, gehässig.

'hari|cot [ariko] *m* Bohne *f; c'est la fin des* ~*s! (pop)* jetzt ist alles aus! ~*s blancs, verts* weiße, grüne Bohnen *f pl;* ~ *d'Espagne* Feuerbohne *f;* **~delle** *f* **1.** Schindmähre *f;* **2.** *fig* dürre Zicke *f.*

harmon|ica [armɔnika] *m mus* Harmonika *f;* **~ie** *f* **1.** Einklang *m,* Harmonie *f;* **2.** Wohlklang, -laut *m;* **3.** *mus* Harmonielehre *f;* **4.** *fig (~ des proportions)* Ebenmaß *n,* Ausgeglichenheit; Übereinstimmung; Eintracht *f,* Einklang *m;* **5.**

en (bonne) ~ einträchtig, in gutem Einvernehmen; *être en* ~ *avec* sich in Einklang, Übereinstimmung befinden mit; *manquer d'*~ nicht (recht) zs.=passen; **~ieux, se** *a* **1.** harmonisch; wohlklingend, -lautend; **2.** *fig* ausgeglichen; **~ique I.** *a math phys mus* harmonisch; **II.** *s f* Oberton *m;* **~isation** *f* **1.** *com* Harmonisierung, Angleichung *f;* **2.** Vokalharmonie *f;* **~iser I.** *tr* in Einklang bringen; **II.** *v prn s'*~ sich an=gleichen; **~ium** [-jɔm] *m mus* Harmonium *n.*

'harn|achement [arnaʃmɑ̃] *m* **1.** Anschirren *n;* **2.** (Pferde-)Geschirr *n;* **3.** *fig (Person)* Ausrüstung *f,* Aufzug *m;* **~acher** *tr* **1.** *(Pferd)* an=schirren; **2.** *fig fam* ausstaffieren; — *être bien harnaché (arg)* (gut) in Schale sein; **~ais** [-nɛ] *m* (Pferde-)Geschirr *n;* ~ *de sécurité* Sicherheitsgurt *m.*

'haro [aro] *m: crier* ~ *sur qn* sich über jdn laut entrüsten.

'harp|e [arp] *f* **1.** Harfe *f;* **2.** *arch* vorstehende(r) Stein; Haken *m,* Klammer *f;* — ~ *éolienne* Äolsharfe *f;* **~ie** *f* **1.** *(Mythologie) orn* Harpyie *f;* **2.** *fig* Furie *f;* **~iste** *m f* Harfenspieler(in *f*) *m;* **~on** *m* Harpune *f;* **~onner** *tr itr* harpunieren; *tr fam* auf=halten, erwischen.

'hasard [azar] *m* Zufall *m; pl* Zufälligkeiten *f pl,* Wechselfälle *m pl;* — *à tout* ~ auf gut Glück; auf alle Fälle; *au* ~ aufs Geratewohl; *de* ~ zufällig; Zufalls-; *par* ~ zufällig *(in Fragen ironisch);* etwa, vielleicht; *s'en remettre au* ~ es dem Zufall überlassen; **~é, e** *a* gewagt, riskant; **~er I.** *tr* aufs Spiel setzen; wagen, riskieren; **II.** *v prn se* ~ es wagen (*à* zu); **~eux, se** *a* gewagt, riskant; bedenklich.

'hase [az] *f* Häsin *f.*

'hât|e [ɑt] *f* Eile, Hast(igkeit) *f;* — *à la* ~ überstürzt; *en (toute)* ~ [ɑ̃(tutə)ɑt] in (aller) Eile; *avoir* ~ es (sehr) eilig haben (*de* mit, zu); **~er I.** *tr* (vor)an=treiben; beschleunigen; **II.** *v prn se* ~ sich beeilen; *hâte-toi lentement! (prov)* eile mit Weile! **~if, ive** *a* **1.** *(Obst)* frühreif; **2.** übereilt, -stürzt.

'haub|an [obɑ̃] *m* **1.** *mar* Want *f;* **2.** Verspannungskabel *n.*

'hauss|e [os] *f* **1.** *com* Preiserhöhung, -steigerung *f,* Anheben *n* (*de* um); **2.** Steigen *n* der Kurse; Hausse *f;* **3.** *(Gewehr)* Visier *n;* — *en* ~ *(com)* steigend; *accuser une* ~ e-e Steigerung auf=weisen; *être en* ~ *(com)* steigen; ~ *des commandes* Auftragswelle *f;* ~ *du coût de la vie* Steigerung *f* der Lebenshaltungskosten; ~ *en flèche des prix* rasche(s) Ansteigen *n* der Preise; ~ *des loyers* Mieterhöhung *f;* ~ *des salaires* Lohnanstieg, -auftrieb *m;* **~ement** *m;* ~ *d'épaules* Achselzucken *n;* **~er I.** *tr* **1.** *(Stimme)* heben; **2.** *(Preis)* in die Höhe treiben; **3.** *mus* höher stimmen; **4.** *(Auto)* heben, hoch=winden, auf=bocken; **5.** *fig* steigern; heben; stärken; — ~ *le coude (fig fam)* (sich be)trinken; ~ *les épaules* die Achseln zucken; **II.** *v prn se* ~ *sur la pointe des pieds* sich auf die Zehenspitzen stellen.

'haut, e [o, ot] **I.** *a* **1.** *(räumlich)* hoch; groß; obere(r, s); **2.** *geog* Ober-, Hoch-; hoch gelegen; *(Wasser)* tief; **3.** *(Stimme)* laut, hell; *mus* hoch(gestimmt); **4.** *fig* hoch, groß; hochgestellt, vornehm, erhaben *(a. Stil);* **5.** *(Unrecht)* schreiend; **II.** *adv* **1.** *(räumlich)* hoch *a. fig; (auf Kisten)* oben; **2.** *(zeitlich)* weit (zurückliegend); **3.** *(akustisch)* hoch, laut; **III.** *s m* **1.** Höhe; Spitze *f,* Gipfel; (der) höchste Punkt, (der) höhere, obere Teil *m;* **2.** *mus* (die) Obertöne *m pl;* **3.** *à* ~*e voix* mit lauter Stimme; *au* ~ *de* auf der Höhe von; *au, en* ~ *de* oben auf, oben in *dat; de* ~ von oben; *fig* von oben herab; *d'en* ~ von oben; vom Himmel; *du* ~ *de* von ... herab, herunter *a. fig; du, de* ~ *en bas* von oben nach *od* bis unten; *en* ~ oben; hinauf; aufwärts; *en* ~ *lieu* an höherer Stelle, höher(e)n Ort(e)s; *là* ~ da, dort oben, droben; *plus* ~ weiter oben; *tout* ~ *(adv)* ganz laut; ~ *la main* mühelos, spielend; **4.** *avoir la* ~*e main* die Oberhand haben; *dans* od *sur qc* das Regiment bei etw führen; *avoir le verbe* ~ das große Wort führen; *avoir de* ~*es visées* hoch hinaus=wollen; *jeter, pousser les* ~*s cris* ach u. weh schreien, *fam* sich fürchterlich an=stellen; *marcher, porter la tête* ~*e* den Kopf hoch tragen; *penser tout* ~ laut denken; *regarder qn de* ~ auf jdn herab=blicken; *tenir en* ~*e estime* hochschätzen; *tenir le* ~ *du pavé* Herr der Lage sein; e-e wichtige Stellung ein=nehmen; *tomber de son* ~ der Länge nach, lang hinfallen; *fig* wie aus allen Wolken fallen; *viser (trop)* ~ (zu) hoch hinaus=wollen; **5.** ~ *les bras!* an die Arbeit! ~ *les cœurs! (fig)* Kopf hoch! ~ *les mains!* Hände hoch! **6.** ~*e antiquité f* graue(s) Altertum *n; les* ~*s et les bas* das Auf u. Ab; ~*-le-cœur m inv a)* Übelkeit *f; b) fig* Abscheu, Ekel *m (devant* vor *dat);* ~ *commandement m* Oberkommando *n;* ~*e conjoncture f* Hochkonjunktur *f;* ~*-le-corps m inv* Auffahren *n;* Ruck *m; avoir un* ~ auf-, hochschrecken; *la H*~*e Couture* die führenden Modehäuser; *la* ~*e finance* die Hochfinanz, Geldaristokratie *f;* ~*-fond m* Untiefe *f;* ~ *fourneau m* Hochofen *m;* ~*e fréquence f (el)* Hochfrequenz *f; la* ~*e mer* die hohe, offene See; ~*-parleur m (radio)* Lautsprecher *m;* ~*e pression f (Meteorologie) tech* Hochdruck *m;* ~*e tension f (el)* Hochspannung *f;* ~*e trahison f* Hochverrat *m; la*

~e volée od *société* die bessere Gesellschaft *f.*
'hautain, e [otɛ̃] *a* stolz; hochmütig, eingebildet.
'hautbois [obwa] *m mus* Oboe *f;* Oboist *m (a.* **~boïste** *m).*
'haut|ement [otmɑ̃] *adv* **1.** hoch-; sehr, höchst, äußerst; **2.** gerade-, freiheraus; **~eur** *f* **1.** Höhe *f a. math astr;* **2.** Anhöhe *f;* **3.** *péj* Hochmut *m;* Anmaßung, Arroganz *f;* **4.** *tech* Bodenfreiheit *f;* **5.** *à la ~ de (mar)* auf der Höhe von; *être à la ~ de qc, de son temps* e-r S *(dat)* gewachsen, auf der Höhe der Zeit sein; *prendre de la ~ (aero)* (an) Höhe gewinnen; *tomber de sa ~* der Länge nach, lang hin=fallen; **6.** *saut m en ~* Hochsprung *m; ~ du baromètre, barométrique* Barometerstand *m; ~ de l'ouverture* lichte Höhe *f; ~ du soleil* Sonnenstand *m,* -höhe *f; ~ de vol* Flughöhe *f.*
'havane [avan] **I.** *s m* Havanna(tabak) *m;* Havanna(zigarre) *f;* **II.** *a inv* hellbraun.
'hâve [ɑv] *a* bleich, blaß; abgezehrt, hager.
'havre [avr] *m* **1.** (kleiner) Hafen *m;* **2.** *fig* Zufluchtsort *m.*
'hé [(h)e] *interj* **1.** he(da)! hallo! nanu! nun! ach! **2.** *~!* nun ja! allerdings! *~ quoi!* nanu! was!
hebdomadaire [ɛbdɔmadɛr] **I.** *a* wöchentlich; Wochen-; **II.** *s m* Wochenblatt *n,* -zeitung *f.*
héberg|ement [ebɛrʒəmɑ̃] *m* Beherbergung, Unterbringung *f;* **~er** *tr* beherbergen, auf=nehmen; Unterkunft bieten (*qn* jdm).
hébét|é, e [ebete] *a* (abge)stumpf(t); stumpfsinnig; benommen; **~ude** *f* Stumpfsinn *m.*
hébr|aïque [ebraik] *a* hebräisch; **~eu** [-brø] **I.** *a m* hebräisch; **II.** *s m* (das) Hebräisch(e); *H~ m* Hebräer *m; c'est de l'~* das ist unverständlich.
hécatombe [ẹkatɔ̃b] *f* Hekatombe *f,* Blutbad *n.*
hect|are [ɛktar] *m* Hektar *m;* **~ique** *a med* hektisch; **~(o)-** *(in Zssgen)* hundert; **~o(litre)** *m* Hektoliter *m* od *n.*
hég|émonie [eʒemɔni] *f* Vorherrschaft *f.*
'hein [(h)ɛ̃] *interj fam* **1.** *(bei Nichtverstehen)* ja? was? wie bitte? **2.** *(Zustimmung suchend)* nicht wahr! nun? na? **3.** *(Überraschung)* ha(ha)! nanu?
hélas [elas] *interj* ach! o weh! leider.
'héler [ele] *tr* her(an=, -bei=)rufen.
héli|ce [elis] *f* **1.** *aero* Propeller *m; mar* Schraube *f;* **2.** *math* Schraubenlinie *f;* — *escalier m en ~* Wendeltreppe *f; ~ transporteuse* Förderschnecke *f;* **~bus** *m* Hubschrauber *m* für Passagiertransporte; **~coptère** [-kɔptɛr] *m aero* Hubschrauber *m;* **~ogravure** *f* Lichtdruck *m;* **~port** *m,* **~gare** *f* Landeplatz *m* für Hubschrauber; **~porté, e** *a* mit Hubschraubern befördert; Hubschrauber-; **~um** [eljɔm] *m chem* Helium *n.*
hell|ébore [ɛlebɔr] *s. ellébore;* **H~ène** *m* Hellene, Grieche *m;* **~énique** *a hist* hellenisch, griechisch.
helvétique [ɛlvetik] *a* schweizerisch.
'hem [(h)ɛm] *interj* hm.
hém|a, ~ato-, ~o- [ema(tɔ), emɔ] *(in Zssgen)* Blut-; **~atie** [-ti] *f anat* rote(s) Blutkörperchen *n;* **~atite** *f min* Roteisenstein *m;* **~atologie** *f* Hämatologie *f.*
hém|i- [emi] *(in Zssgen)* Halb-; **~icycle** *m* Halbkreis *m a. arch;* **~isphère** *m* **1.** (*bes.* Erd-)Halbkugel *f;* **2.** Hemisphäre; **3.** *anat* Gehirnhälfte *f.*
hém|oglobine [emɔglɔbin] *f* Hämoglobin *n,* Blutfarbstoff *m;* **~opathie** *f* Blutkrankheit *f;* **~ophilie** *f* Bluterkrankheit *f;* **~orragie** [-mɔraʒi] *f* **1.** Blutung, Hämorrhagie *f;* **2.** *fig* Aderlaß *m,* Einbuße *f;* — *~ cérébrale, pulmonaire* Gehirn-, Lungenblutung *f; ~ nasale* Nasenbluten *n;* **~orroïdes** [emɔrɔid] *f pl med* Hämorrhoiden *f pl.*
'henn|ir [enir] *tr (Pferd)* wiehern; **~issement** *m* Wiehern, Gewieher *n.*
'hep [(h)ɛp] *interj* hallo! he!
hépat|ique [epatik] **I.** *a anat med* Leber-; **II.** *s m f* Leberkranke(r *m) f;* **~ite** *f* Leberentzündung *f.*
héraldique [eraldik] **I.** *a* heraldisch; Wappen-; **II.** *s f* Wappenkunde, Heraldik *f.*
'héraut [ero] *m* Herold *m.*
herb|acé, e [ɛrbase] *a* krautartig; **~age** *m* Weide *f; pl* Weideland *n;* **~ager** *tr (Vieh)* weiden (lassen); **~e** *f* **1.** Kraut *n;* **2.** Gras *n;* **3.** *en ~* noch grün, unreif; *fig* (zu)künftig; *fam* angehend, in spe; **4.** *couper l'~ sous le pied de qn* jdm den Rang ab=laufen; *manger son blé, son bien en ~* von Vorschüssen leben; **5.** *blé m en ~* junge Saat *f; brin m d'~* Grashalm *m; fines ~s* Gewürzkräuter, feine Kräuter *n pl; mauvaise ~* Unkraut *n; ~s aromatiques* Gewürzkräuter *n pl; ~s médicinales, officinales* Heilkräuter *n pl;* **~eux, se** *a* grasbewachsen; **~icide** [-bisid] **I.** *a* unkrautvertilgend; **II.** *s m* Unkrautvertilgungsmittel *n;* **~ier** *m* Herbarium *n;* **~ivore I.** *a zoo* pflanzenfressend; **II.** *s m pl* Pflanzenfresser *pl;* **~oriser** *itr* Pflanzen sammeln; **~oriste** *m* (Heil-)Kräuterhändler *m;* **~u, e I.** *a* grasig, grasbewachsen; **II.** *s f agr* magere(r) Boden *m.*
hercul|e [ɛrkyl] *m fig* Herkules, starke(r) Mann; (Schwer-)Athlet *m;* **~éen, ne** *a* herkulisch.
'hère [ɛr] *m* **1.** *(pauvre ~)* Habenichts, arme(r) Schlucker *m;* **2.** *(Jagd)* Kitzbock *m.*

héré|ditaire [ereditɛr] *a jur biol* erblich; Erb-; — *bien m* ~ Erbgut *n; maladie f* ~ Erbkrankheit *f; transmission f* ~ Vererbung *f;* **~dité** *f* **1.** Vererbung *a. biol;* Erblichkeit *f a. biol;* **2.** *jur* Erbschaft *f.*

héré|sie [erezi] *f rel* Ketzerei, Irrlehre *f a. fig;* **~tique I.** *a* ketzerisch, häretisch; **II.** *s m f* Ketzer(in *f*), Häretiker *m.*

'hériss|é, e [erise] *a* **1.** *(Haare)* gesträubt; **2.** *fig* bedeckt, gespickt (*de* mit); — ~ *de difficultés* voller Schwierigkeiten; **~er I.** *tr* **1.** *(Haare, Federn)* auf=richten, sträuben; *(mit Stacheln)* versehen, aus=statten (*de* mit); **2.** *fig* zornig machen; **II.** *v prn se* ~ **3.** *(Haare)* sich sträuben, zu Berge stehen; **4.** *fig* sich sträuben, e-e ablehnende Haltung ein=nehmen; **~on** *m* **1.** *zoo* Igel *m a. tech agr;* **2.** *tech* Stachelwalze *f;* **3.** *(auf e-r Mauer)* Eisenspitzen *f pl;* **4.** *fig* bärbeißige(r) Mensch *m;* **5.** *mil* Igelstellung *f.*

hérit|age [eritaʒ] *m* Erbschaft *f;* Erbe, Erbteil *n a. fig;* Hinterlassenschaft *f,* Nachlaß *m;* **~er** *itr tr* erben (*de qc* e-e S, *qc de qn* etw von jdm), beerben (*de qn* jdn); **~ier, ère** *m f* Erbe *m,* Erbin *f.*

herm|aphrodisme [ɛrmafrɔdism] *m biol* Zwittertum *n,* -bildung *f,* Hermaphrodi(ti)smus *m;* **~aphrodite I.** *s m* Zwitter *m;* **II.** *a* Zwitter-; **~éneutique I.** *a rel* hermeneutisch; **II.** *s f* Hermeneutik *f;* **~étique** *a* **1.** hermetisch, luftdicht; **2.** *fig* unklar, unverständlich; **~ine** *f* Hermelin(pelz *m*) *n.*

'herni|aire [ɛrnjɛr] *a med* Bruch-; *bandage m* ~ Bruchband *n;* **~e** [-ni] *f* (Eingeweide-)Bruch *m;* ~ *inguinale* Leistenbruch *m;* **~eux, se I.** *a* bruchleidend; Bruch-; **II.** *s m f* Bruchleidende(r *m*) *f.*

héro|ï-comique [erɔikɔmik] *a: poème m* ~ komische(s) Heldengedicht *n;* **~ïne** [-rɔin] *f* **1.** Heldin *f a. theat;* **2.** *pharm* Heroin *n;* **~ïque** *a* heldenhaft, heroisch; *poème m* ~ Heldengedicht *n;* **~ïsme** *m* Heldenmut *m,* -haftigkeit *f,* -tum *n,* Heroismus *m.*

'héron [erɔ̃] *m orn* Reiher *m;* ~ *cendré* Fischreiher *m.*

'héros [ero] *m* Held *a. theat fig;* Heros, Halbgott *m;* Hauptperson *f.*

herp|ès [ɛrpɛs] *m med* Bläschenausschlag *m;* Gürtelrose *f,* Zoster *m.*

'herse [ɛrs] *f* **1.** *agr* Egge *f;* **2.** *(Burg)* Fallgatter *n;* **3.** *theat* Bühnenbeleuchtung *f* im Schnürboden.

hésit|ant, e [ezitɑ̃, -ɑ̃t] *a* zögernd; schwankend, unschlüssig; *(Rede)* stokkend; **~ation** *f* Zaudern, Zögern, Schwanken *n;* Unschlüssigkeit *f;* **~er** *itr* zögern (*à* zu), zaudern; schwanken (*entre* zwischen *dat*), unschlüssig sein (*sur* über *acc*); Bedenken haben (*à* zu); *(in der Rede)* stocken.

hétéro|clite [eterɔklit] *a* verschiedenartig; bunt zusammengewürfelt; **~doxe** [-dɔks] *a* heterodox; ketzerisch; **~gène** *a* heterogen; *allg* ungleich-, verschiedenartig; **~généité** *f* Ungleichheit, Verschiedenartigkeit, Heterogenität *f;* **~morphe** *a biol* verschiedengestaltig.

'hêtr|aie [ɛtrɛ] *f* Buchengehölz *n,* -wald *m;* **~e** *m bot* Buche *f.*

'heu [ø] *interj* oh! sieh da! schau an! hm! pah! bah! ~*!* so lala.

heur [œr] *m: avoir l'~, ne pas avoir l'~ de plaire à qn* (nicht) das Glück haben, jdm zu gefallen.

heure [œr] *f* **1.** Stunde; Zeit(punkt *m*) *f;* Augenblick, Moment *m;* **2.** *(Zeitangabe)* Uhr *f;* **3.** *à l'~* zur rechten Zeit; stundenweise; *à l'~ actuelle* gegenwärtig; *à une ~ avancée* in vorgerückter Stunde; *à cette ~, à l'~ qu'il est* im Augenblick, im Moment; *à l'~ dite* zur festgesetzten Zeit; *à une ~ indue* zu unpassender *od* nachtschlafender Zeit; *à l'~ sonnante* auf den Glockenschlag; *à toute(s les) ~(s)* jederzeit; zu jeder Tages(- u. Nacht)zeit; *avant l'~* vor der Zeit, vorzeitig; *d'une ~ à l'autre, d'~ en ~* von Stunde zu Stunde; stündlich; jeden Augenblick; *de bonne ~* früh(zeitig); *des ~s entières, durant des ~s* stundenlang; *par ~* stündlich; stundenweise; *deux ~s de suite* zwei Stunden hinterea.; *sur l'~* sofort, auf der Stelle, im Augenblick, im Moment; *tout à l'~* gleich, in Bälde; gerade, eben; **4.** *avancer, retarder l'~* die Uhr vor=, nach=stellen; *avoir l'~* genaue Zeit haben; *n'avoir pas une ~ de repos* keine ruhige Minute haben; *n'avoir pas une ~ à soi* keinen Augenblick Zeit haben; *chercher midi à quatorze ~s* Schwierigkeiten machen, wo keine sind; *convenir d'une ~ avec qn* mit jdm e-e Zeit aus=machen *od* verabreden; *demander l'~ à qn* jdn fragen, wie spät es ist; *être à l'~* pünktlich sein; *(Uhr)* richtig gehen; *n'être pas à l'~ (Uhr)* falsch gehen; *(Person)* nicht pünktlich sein; *faire des ~s supplémentaires* Überstunden machen; *se lever de bonne ~* früh auf=stehen; *mettre à l'~ (Uhr)* stellen; *prendre l'~* die Uhrzeit vergleichen; **5.** *à la bonne ~!* recht so! das lasse ich mir gefallen! das läßt sich (schon) hören! *à tout à l'~!* bis gleich! *l'~ est avancée* es ist schon spät; *c'est, il est l'~ de* es ist Zeit zu; *il est deux ~s* es ist 2 Uhr; *quelle ~ est-il?* wie spät ist es? *il sonne l'~* es schlägt voll; *son ~ a sonné, est venue* sein letztes Stündlein ist gekommen, s-e Stunde hat geschlagen; *la bonne ~* der rechte, gegebene Augenblick *od* Moment; **6.** *demi-~ f* halbe Stunde *f; dernière ~* Todesstunde *f,* letzte(s) Stündlein *n; (Zeitung)* letzte Meldungen *f pl; la journée de huit ~s* der Achtstundentag; *quart m d'~* Viertelstunde *f;* **7.** *~s d'affluence* Hauptverkehrszeit, Verkehrsspitze *f; ~ d'arrivée, de départ* Ankunfts-, Abfahrtszeit *f; ~s de bureau* Bürozeit *f; ~s de caisse* Kassenstunden *f pl; ~ de chemin* Wegstunde *f; ~s de classe* Unterrichtszeit *f; ~ de clôture* Polizeistunde *f; ~ de consultation* Sprechstunde *f; ~ de se coucher* Schlafenszeit *f; ~ d'émission* Sendezeit *f; ~ d'envol* Abflugzeit *f; ~ d'été* Sommerzeit *f; ~ de l'Europe centrale* mitteleuropäische Zeit *f; ~ de fermeture* Ladenschlußzeit *f; ~ H (mil)* Zeit X; *~ limite de la rédaction* Redaktionsschluß *m; ~ locale* Ortszeit *f; ~s de loisir* Freizeit *f; ~s d'ouverture* Öffnungszeit *f;* Schalterstunden *f pl; ~s de pointe* (Verkehrs-)Spitzen *f pl; ~ de réception* Empfangszeit *f; ~ du repas* Essens-, Tischzeit *f; ~s de service* Dienst-, Amtsstunden *f pl; ~ supplémentaire* Überstunde *f; ~s de faible trafic* verkehrsschwache Zeit *f; ~-travail f, ~s de travail* Arbeitszeit *f; ~ de vol (aero)* Flugstunde, *pl* -zeit *f.*

heureusement [œrøzmɑ̃] *adv* **1.** glücklicherweise; **2.** glücklich, gut; — *tout s'est terminé ~* alles ist gut zu Ende gegangen.

heureux, se [œrø, -øz] **1.** glücklich; **2.** erfolgreich; günstig, vorteilhaft, vortrefflich, gelungen; **3.** *(Gedächtnis)* gut; *(Antwort, Gedanke, Ausdruck)* gut, treffend; **4.** *avoir la main heureuse* e-e glückliche Hand haben; *être né sous une heureuse étoile (fig)* unter e-m glücklichen Stern geboren sein; *pouvoir s'estimer ~ que* von Glück sagen können, daß; *rendre ~* glücklich machen; *j'en suis ~* das freut mich.

'heurt [œr] *m* (Zs.-)Stoß *m; sans ~* reibungslos; **~é, e** *a (Farben)* sich beißend, stark kontrastierend; *(bes. Stil)* (zu) konstrastreich; *(Sprechweise)* abgehackt; **~er I.** *tr* **1.** (heftig) stoßen (*qc* an, auf, gegen e-e S); auf=treffen (*qc* auf e-e S); **2.** *fig* verletzen, beeinträchtigen, zuwider=sein (*qc* e-r S); **II.** *itr* **3.** stoßen (*contre* an, gegen *acc*); **4.** (an)klopfen (*à* an *acc*); **5.** *mot* auf=fahren (*contre* auf *acc*); **III.** *v prn se ~* **6.** sich stoßen (*à la tête* am Kopf), *a. fig (contre* an *acc*); **7.** aufea.=prallen *a. fig;* kollidieren (*contre* mit); **8.** *fig* heftig anea.=geraten; **9.** *(Farben)* nicht zs.passen, stark ab=stechen (*contre* von); — *~ qn de front (fig)* jdn vor den Kopf stoßen; *~ à toutes les portes (fig)* überall an=klopfen; **~oir** *m* **1.** Türklopfer *m;* **2.** Prellstein *m;* **3.** *loc* Prellbock *m.*

hexa|èdre [ɛgzaɛdr] *m* Hexaeder *n;* **~gone** *s m* Sechseck *n; fig* Frankreich *n;* **~mètre** *m* Hexameter *m.*

'hi [i] *interj: ~, ~, ~!* haha! huhu!

hiatus [jatys] *m* **1.** *gram* Hiatus *m;* **2.** *fig* Unterbrechung, Lücke *f.*

hibern|al, e [ibɛrnal] *a* winterlich; Winter-; *sommeil m ~* Winterschlaf *m;* **~ation** *f* Winterschlaf *m;* **~er** *itr* Winterschlaf halten.

'hibou [ibu] *m orn* Eule *f.*

'hic [ik] *m fam* Haken *m; voilà le ~* da liegt der Hase im Pfeffer! das ist der Haken!

'hid|eur [idœr] *f* Häßlich-, Scheußlichkeit *f;* **~eux, se** *a* scheußlich, häßlich, gräßlich, greulich, abscheulich.

hier [(i)jɛr] *adv* gestern; — *d'~* von gestern, noch neu, jung; *~ (au) soir* gestern abend; *~ matin* gestern früh, gestern morgen; *il me semble que c'était ~* mir ist, als ob es gestern gewesen wäre.

'hiérarch|ie [jerarʃi] *f* **1.** *rel pol mil* Rangordnung, Hierarchie *f;* **2.** *fig* Ein-, Abstufung *f;* **~ique** *a* hierarchisch, nach der Rangordnung; *(par la) voie f ~* (auf dem) Dienst-, Instanzenweg; **~iser** *tr* rangmäßig ein=teilen *od* gliedern; *(Löhne)* staffeln.

hiér|atique [jeratik] *a* **1.** hieratisch; **2.** *fig* feierlich; **~oglyphe** [-rɔglif] *m hist* Hieroglyphe.

hilar|ant, e [ilarɑ̃, -ɑ̃t] *a* er-, aufheiternd; **~e** *a* heiter, ausgelassen, lustig; **~ité** *f* Heiterkeit, Fröhlichkeit *f.*

'hippie [ipi] *m f* Hippie *m,* Blumenkind *n.*

hipp|ique [ipik] *a* Pferde-, Reit-; *concours m ~* Reit- u. Fahrturnier *n;* **~isme** *m* Reitsport *m;* **~odrome** *m* (Pferde-)Rennbahn *f;* **~omobile:** *à traction ~ (mil)* bespannt; **~ophagique** *a: boucherie f ~* Pferdemetzgerei, Roßschlächterei *f;* **~opotame** [ipɔpɔtam] *m* **1.** Fluß-, Nilpferd *n;* **2.** *fam fig* Bulle *m (Mensch).*

hirondelle [irɔ̃dɛl] *f* Schwalbe *f; nid m d'~* Schwalbennest *n.*

hirsute [irsyt] *a* strubb(e)lig, struppig.

hispan|ique [ispanik] *a* spanisch; *la péninsule ~* die Iberische Halbinsel *f;* **~o-américain, e** *a* spanisch-amerikanisch.

'hisser [ise] **I.** *tr* **1.** hoch=, empor=ziehen, in die Höhe ziehen, (her)auf=ziehen; hoch=winden; **2.** *(Flagge)* hissen; *(Segel)* heißen; **II.** *v prn se ~* sich hoch=, empor=ziehen.

hist|oire [istwar] *f* **1.** Geschichte; Geschichtswissenschaft *f,* -werk *n;* **2.** Erzählung; Geschichte *f;* **3.** Sache, Angelegenheit *f;* **4.** *avoir des ~s avec qn* mit jdm etw haben; *être de l'~* der Geschichte an=gehören, historisch sein; *faire des ~s à qn* jdm Steine in den Weg legen *fig; c'est l'~ de ...* so geht es mit ...; *c'est une ~! ~ que tout cela! que d'~s!* das ist doch alles Schwindel! *c'est une autre ~* das steht auf e-m andern Blatt, ist etw anderes; **5.** *leçon f d'~* Geschichtsstunde *f; professeur m d'~* Geschichtsprofessor, -lehrer *m; vilaine ~ (fam)* dumme Geschichte *f;* **6.** *~ d'amour* Liebesgeschichte *f; ~ ancienne, du moyen âge, moderne, contemporaine* Alte, Mittlere, Neu(er)e, Neueste (*od* Zeit-)Geschichte *f; ~ de l'art* Kunstgeschichte *f; ~ de la civilisation* Kulturgeschichte *f; ~ à dormir debout* langweilige, unwahrscheinliche Geschichte *f; ~ économique* Wirtschaftsgeschichte *f; ~ naturelle* Naturgeschichte *f; ~ de rire, de s'amuser* nur so zum Spaß; *~ sainte* Biblische Geschichte *f;* **~ologie** *f anat* Gewebelehre *f;* **~orien** *m* Historiker, Geschichtsforscher *od* -schreiber *m;* **~orique I.** *a* geschichtlich, historisch; Geschichts-; **II.** *s m* geschichtliche Darstellung *f; — (être) classé monument ~* unter Denkmalsschutz (stehen); *c'est ~ (fam)* das ist amtlich.

hiver [ivɛr] *m* Winter *m; — en ~* im Winter; *sports m pl d'~* Wintersport *m; station f d'~* Winterkurort *m; vêtements m pl d'~* Winterkleidung *f,* -sachen *f pl;* **~nage** *m* **1.** Überwintern *n a. mar;* **2.** Regenzeit *f (in den Tropen);* **3.** *agr* Winterbestellung *f;* **~nal, e** *a* winterlich; Winter-; **~nant** *m* Winter(kur)gast *m;* **~ner I.** *itr bes. mar* überwintern; **II.** *tr agr* im Herbst bestellen.

'ho! [(h)o] *interj* heda! hallo! oh!

'hobereau [ɔbro] *m* **1.** *orn* Baumfalke *m;* **2.** *hist* (Kraut-)Junker *m.*

'hoch|ement [ɔʃ] *m: ~ de tête* Kopfschütteln *n;* **~er** *tr (den Kopf)* schütteln; **~et** [-ɛ] *m* Kinderklapper *f.*

'hockey [ɔkɛ] *m sport* Hockey *n; balle, crosse f de ~* Hockeyball, -schläger *m; ~ sur glace* Eishockey *n.*

'holà [(h)ɔla] **I.** *interj* heda! hallo! halt! **II.** *s m: mettre le ~* ein Ende machen (*à qc* e-r S).

'hold|ing [ɔldiŋ] *m* Holding-, Dachgesellschaft *f;* **~-up** *m* Raubüberfall *m* (*d'une banque* auf e-e Bank).

holo|causte [ɔlɔkost] *m* **1.** Brand-, Sühnopfer *n;* Selbst(auf)opferung *f;* **2.** *fig* Opfer *n.*

'hom|ard [ɔmar] *m zoo* Hummer *m; rouge comme un ~* krebsrot; **~e** [om] *m* Heim *n; ~ d'enfants* Kinderheim *n.*

hom|élie [ɔmeli] *f* **1.** Homilie *f;* **2.** (langweilige) Moralpredigt *f;* **~éopathe** [-ɔpat] *m* Homöopath *m;* **~éopathie** *f* Homöopathie *f;* **~éopathique** *a* homöopathisch; **~érique** *a: rire m ~* homerische(s), schallende(s) Gelächter *n;* **~icide** [ɔmisid] *s* **I.** *m f* Mörder(in *f*); **II.** *m* Tötung *f;* **III.** *a* mörderisch; Mord-; *— ~ par imprudence, involontaire* fahrlässige Tötung *f; ~ volontaire* vorsätzliche Tötung *f;* **~iniens** [ɔminjɛ] *m pl biol* Hominiden *m pl.*

homm|age [ɔmaʒ] *m hist* Huldigung *f a. allg fig; — avec mes ~s respectueux* Ihr sehr ergebener; *faire ~ de qc à qn* jdm etw widmen; *rendre ~ à qn* jdm huldigen; jdn ehren; *à qc* etw würdigen; *mes ~s!* ich empfehle mich! *(présentez) mes ~s à Mme X.!* Empfehlung an Ihre, empfehlen Sie mich Ihrer Frau Gemahlin! *~ de l'auteur* vom Verfasser überreicht; **~asse** *a (Frau)* männlich aussehend, maskulin; *femme f ~* Mannweib *n.*

homme [ɔm] *m* **1.** Mensch *m;* **2.** Mann *m;* **3.** *connaître les ~s* die Menschen kennen, Menschenkenntnis haben; *être ~ à le faire* imstande sein, es fertigbringen, es zu tun; **4.** *les ~s sont ainsi faits* so sind die Menschen nun einmal; *vous êtes mon ~, voilà mon ~* Sie sind, das ist der Mann, den ich brauche; *c'est un ~ comme nous* er ist auch nur ein Mensch; **5.** *connaissance f des ~s* Menschenkenntnis *f; le fils de l'~* des Menschen Sohn *m (Christus); galant ~* Mann *m* von Ehre; Kavalier *m; vêtement m d'~* Herrenkleidung *f; le vieil ~ (rel)* der alte Adam; **6.** *~ d'action* Mann *m* der Tat; *~ d'affaires* Geschäftsmann *m; ~ d'un certain âge* ältere(r) Herr *m; ~ de confiance* Vertrauensmann *m; ~ d'esprit* Mann *m* von Geist; *~ d'État* Staatsmann, Politiker *m; ~ à femmes* Frauenheld, Schürzenjäger *m; ~ de finance* Finanzmann *m; ~-grenouille m* Froschmann *m; ~ de guerre* Krieger *m; ~ d'honneur* Ehrenmann *m; ~ du jour* Held *m* des Tages; *~ de lettres* Literat, Schriftsteller *m; ~ de liaison* Verbindungsmann *m; ~ lige (hist)* Lehnsmann *m; ~ de loi* Jurist *m; ~ de métier* Fachmann, Fach-, gelernte(r) Arbeiter *m; ~ du monde* Weltmann, Mann *m* von Welt; *~ de paille (fig)* Strohmann; Sitzredakteur *m; ~ de peine* Hilfs-, ungelernte(r) Arbeiter; Dienstmann *m; ~ du peuple* Mann *m* aus dem Volk; *~ de la rue* Mann *m* auf der Straße; *~-sandwich m* Plakatträger *m.*

homo|- [ɔmɔ] *(in Zssgen)* Gleich-; **~gène** *a* homogen, gleich(artig); **~généiser** *tr* homogenisieren; **~généité** *f* Homogenität, Gleichartigkeit *f;* **~graphe** *m ling* Homograph, -gramm *n;* **~logation** *f* **1.** gerichtliche *od* amtliche Genehmigung *od* Bestätigung *f;* **2.** *sport* offizielle Anerkennung *f;* **~logue I.** *a biol* entsprechend; *math chem* homolog; **II.** *s m* Kollege *m;* **~loguer** *tr* gerichtlich *od* amtlich bestätigen, genehmigen; *sport (Rekord)* an=erkennen; **~nyme** [-nim] **I.** *a* gleichlautend; **II.** *s m* Namensvetter *m; gram* Homonym *n;* **~phone** [-fɔn] *m ling* Homophon *n;*

~phonie *f* Homophonie *f;* **~sexualité** *f* Homosexualität *f;* **~sexuel, le** *a* homosexuell.

'hongr|e [ɔ̃gr] *m* Wallach *m.*

honn|ête [ɔnɛt] *a* **1.** ehrlich, redlich; brav, bieder; anständig; **2.** ausreichend, genügend; angemessen; annehmbar; **~êteté** *f* Ehrlich-, Redlichkeit; Anständigkeit; Ehrenhaftigkeit; Schicklichkeit; Angemessenheit *f;* **~eur** *m* **1.** Ehre *f;* **2.** *pl* Ehrungen *f pl;* **3.** *en l'~ de qn* zu jds Ehren; *en l'~ de quel saint?* zu welchem Zweck? in welcher Absicht? *pour l'~* um der Ehre willen; *sans ~* ehrlos; **4.** *avoir l'~ de faire qc* die Ehre haben, sich die Ehre geben, etw zu tun; *faire ~ à qn* jdm Ehre machen; *faire à qn l'~ de* jdm die Ehre erweisen zu; *faire ~ à une lettre de change* e-n Wechsel ein=lösen *od* honorieren; *faire ~ à un repas* sich ein Essen gut schmecken lassen; *mettre son ~ à* alle Ehre ein=legen, um zu; *rendre les ~s* die militärischen Ehren erweisen; **5.** *croix f d'~* Kreuz *n* der Ehrenlegion; *festin m d'~* Festessen *n; garçon m, demoiselle f d'~* Brautführer *m,* -jungfer *f; hôte m d'~* Ehrengast *m; la Légion d'~* die (französische) Ehrenlegion; *membre m d'~* Ehrenmitglied *n; parole f d'~* Ehrenwort *n; place f d'~* Ehrenplatz *m; tour m d'~ (sport)* Ehrenrunde *f; les ~s funèbres* die letzte Ehre.

'honnir [ɔnir] *tr: honni soit qui mal y pense* ein Schelm, wer Arges dabei denkt!

honor|abilité [ɔnɔrabilite] *f* Ehrenhaftigkeit; Ehrbarkeit *f;* **~able** *a* **1.** ehrenhaft, achtbar; anständig, redlich; ehrenvoll, rühmlich; **2.** angemessen, ausreichend; — *faire amende ~ (fam)* Abbitte tun; **~aire I.** *a* Ehren-; Titular-; **II.** *s m, meist pl* Honorar *n,* (Arzt-, Anwalts-) Gebühren *f pl;* — *barême m d'~s* Gebührenordnung *f; membre m ~* Ehrenmitglied *n; ~s médicaux* Arzthonorar *n;* **~er I.** *tr* **1.** ehren, in Ehren halten, schätzen, achten; Ehre machen (*qn* jdm); **2.** *(Wechsel, Arzt* od *Anwalt)* honorieren; **3.** *(Wechsel)* ein=lösen; **II.** *v prn s'~ de qc* auf etw stolz sein; **~ifique** *a* ehrenamtlich.

'hont|e [ɔ̃t] *f* **1.** Schande, Schmach *f;* **2.** Scham(gefühl *n*) *f;* **3.** *avoir ~ de qc* sich *acc* e-r S *gen* schämen; *se couvrir de ~* sich blamieren; *faire ~ à qn* jdm Schande machen *od* bereiten; jdn beschämen; **4.** *j'avoue à ma ~* ich muß zu meiner Schande gestehen; *tu n'as pas ~!* pfui! schäm dich! *c'est une ~, c'est grand-~* es ist e-e Schande; **~eux, se** *a* **1.** schändlich, schimpflich; **2.** verschämt.

hôpital [ɔpital] *m* Krankenhaus, Hospital; *(~ militaire)* Lazarett *n; ~ pour enfants* Kinderklinik *f.*

'hoquet [ɔkɛ] *m* Schluckauf *m; avoir le ~,* **~er** *itr* den Schluckauf haben.

horaire [ɔrɛr] **I.** *a* Stunden-; Zeit-; *tech* stündlich; pro Stunde; **II.** *s m* Stunden-, Fahr-, Flug-, Sendeplan *m;* — *conforme à l'~* fahrplanmäßig; *non prévu dans l'~* außerfahrplanmäßig; *signal m ~* Zeitzeichen *n; vitesse f ~* Stundengeschwindigkeit *f; ~ libre, flottant* gleitende Arbeitszeit *f.*

'horde [ɔrd] *f* Horde, Bande *f.*

'horion [ɔrjɔ̃] *m* heftige(r) Schlag *m.*

horizon [ɔrizɔ̃] *m* **1.** Horizont *m a. fig;* **2.** *fig* Gesichtskreis *m;* Aussichten, Perspektiven *f pl;* — *faire un tour d'~* sich e-n Überblick verschaffen; *ouvrir des ~s* neue Aussichten eröffnen; **~tal, e I.** *a* waagerecht, horizontal; **II.** *s f math* Waagerechte *f;* — *(fam) prendre la position ~e* sich hinlegen; *plan m ~* Grundriß *m;* **~talité** *f* waagrechte Lage *f.*

horlog|e [ɔrlɔʒ] *f* (Turm-, öffentliche) Uhr *f;* — *heure f d'~* geschlagene, volle Stunde *f; réglé comme une ~* aufgezogen wie e-e Uhr; *sens m (inverse) d'~* (umgekehrter) Uhrzeigersinn *m; ~ de contrôle, contrôleuse* Stech-, Kontrolluhr *f; ~ de gare* Bahnhofsuhr *f; ~ parlante (tele radio)* Zeitansage, -angabe *f; ~ à quartz* Quarzuhr *f;* **~er, ère I.** *a* Uhrmacher-; Uhren-; **II.** *s m* Uhrmacher *m; industrie f ~ère* Uhrenindustrie *f;* **~erie** *f* Uhrmacherei *f;* Uhrenhandel *m,* -geschäft *n.*

'hormis [ɔrmi] *prp: ~ de* außer *dat,* ausgenommen *acc,* abgesehen von *dat; ~ que (conj)* außer, abgesehen davon, mit dem Unterschied, daß.

hormone [ɔrmɔn] *f biol* Hormon *n.*

horo|dateur [ɔrɔdatœr] *m* Datum (u. Stunden)stempel *m;* **~kilométrique** *a: compteur m ~* Tachometer *m;* **~scope** *m* Horoskop *n;* — *tirer l'~ de qn* jdm das Horoskop stellen.

horr|eur [ɔrœr] *f* **1.** Schrecken *m,* Entsetzen *n;* Schauder *m,* Grausen *n;* **2.** Entsetzlichkeit, Gräßlichkeit, Scheußlichkeit *f;* Grauen *n,* Schauerlichkeit *f;* **3.** Abscheu (*de* vor *dat*), Widerwille *m* (*de* gegen); **4.** *avoir ~ de qn, qc, avoir qn, qc en ~* jdn, etw verabscheuen, schrecklich finden; *faire ~* Schrecken, Abscheu, Widerwillen erregen; **5.** *c'est une ~* es ist schrecklich, entsetzlich; *cela me fait ~* davor graut mir; *je suis saisi, je frémis d'~* mich schaudert (*de* vor *dat*); *quelle ~!* wie schrecklich! wie entsetzlich! *nuit f d'~* Schreckensnacht *f;* **~ible** *a* **1.** schrecklich, entsetzlich, furchtbar, fürchterlich; **2.** grauenhaft, gräßlich, abscheulich, schauderhaft, garstig; **~ifiant, e** *a* grauenhaft, -erregend; **~ifié, e** *a* entsetzt (*de, par* über *acc*); **~ipilant, e** *a fam* haarsträubend, schauerlich; aufregend; **~ipilation** *f fam* Aufgebrachtheit, Rage *f;* **~ipiler** *tr* nervös machen; auf die Palme bringen.

'hors [ɔr] *prp* **1.** außer(halb *gen*) *dat;* ausgenommen, mit Ausnahme *gen;* ~ *de* aus ... heraus, über *acc* ... hinweg; außerhalb *gen a. fig; fig* außer; **2.** *être* ~ *concours* außer Konkurrenz teilnehmen; *cela est* ~ *de cause* davon kann nicht die Rede sein; ~ *d'ici!* hinaus! raus! ~ *d'atteinte* außer Reichweite; ~*-bord m* Außenbordmotor *m;* ~ *bourse* außerbörslich; ~ *circuit (el)* abgeschaltet; ~ *de combat* kampfunfähig; ~ *commerce,* ~ *vente* nicht im Handel (befindlich); unverkäuflich; ~ *cours, de circulation* außer Kurs; ~ *de danger* außer Gefahr; ~ *de doute* außer Zweifel, zweifelsfrei, -ohne; ~ *d'haleine* außer Atem; ~ *jeu (sport)* aus; *(Fußball)* abseits; ~*-jeu m (sport)* Abseitsstellung *f;* ~ *ligne* außer-, ungewöhnlich, hervorragend; ~ *la loi* vogelfrei; ~ *du mariage* außerehelich; ~*-d'œuvre s m* Vorspeise *f; fig* Beiwerk *n,* Nebensache *f;* ~ *(de) pair* unvergleichlich; ~ *de portée* unerreichbar; ~ *de prix* unerschwinglich; ~ *de propos* nicht zur Sache gehörig; unpassend, unangebracht; ~*-série a: numéro m* ~ *(Zeitung, Zeitschrift)* Sondernummer *f; fig* hervorragend, außergewöhnlich; ~ *du service* außer Dienst; ~ *de soi* außer sich, *fam* ganz aus dem Häuschen.

hort|ensia [ɔrtɑ̃sja] *m bot* Hortensie *f;* **~icole** *a* Gartenbau-; **~iculteur** *m* (Handels-)Gärtner *m;* **~iculture** *f* Gartenbau *m; exposition f d'*~ Gartenbauausstellung, Gartenschau *f.*

hosanna [ɔzana] *m rel* Hosianna *n.*

hospi|ce [ɔspis] *m* Alters-, Pflegeheim *n;* ~ *d'aliénés* Irrenhaus *n,* -anstalt *f;* **~talier, ère** *a* **1.** Krankenhaus-; **2.** gastfreundlich, -frei, gastlich; — *établissement m* ~ Kranken-, Pflegeanstalt *f;* **~talisation** *f* Aufnahme *f* in ein Krankenhaus; Krankenhausaufenthalt *m,* -behandlung *f; frais m pl d'*~ Krankenhauskosten *pl;* **~taliser** *tr* in ein Krankenhaus ein=liefern, -weisen; **~talité** *f* Gastfreundschaft, Gastlichkeit *f; donner l'*~ *à qn* jdn gastlich auf=nehmen.

hostellerie [ostɛlri] *f* Hotel, Restaurant *n* (mit guter Küche).

host|ie [ɔsti] *f rel* Oblate, Hostie *f;* **~ile** *a* feindlich, -selig; **~ilité** *f* **1.** Feindseligkeit, -schaft *f;* **2.** *pl* Feindseligkeiten, Kampfhandlungen *f pl;* **~o** [-to] *m arg* Krankenhaus *n.*

hôt|e, esse [ot, otɛs] *m f* **1.** Gastgeber(in *f*), Wirt(in *f*) *m;* — **2.** Gast *m; être l'*~ *de qn* bei jdm zu Gast sein; *table f d'*~ Stammtisch *m;* ~*esse de l'air, de bord (aero)* Stewardeß *f;* ~ *d'honneur* Ehrengast *m;* **~el** [ɔtɛl] *m* **1.** Hotel *n;* Gasthof *m,* -haus *n;* (~ *garni)* Pension *f,* Fremdenheim *n;* **2.** herrschaftliche(s) Stadthaus *n;* **3.** öffentliche(s) Gebäude *n;* — *maître m d'*~ Oberkellner *n;* ~*-château* als Hotel eingerichtetes Schloß *n;* ~*-Dieu m* städtische(s) Krankenhaus *n;* ~ *des Monnaies* Münz(stätt)e *f;* ~ *particulier* herrschaftliche(s) Privathaus *n;* ~ *de premier ordre* erstklassige(s) Hotel *n;* ~ *des Ventes* Auktionsgebäude *n; H*~ *de ville* Rat-, Stadthaus *n;* **~elier, ère** [-tə-] **I.** *s m f* Hotelbesitzer(in *f*), Hotelier, Gastwirt(in *f*) *m;* **II.** *a* Hotel-; — *industrie f* ~*elière* Gaststätten- u. Beherbergungsgewerbe *n;* ~ *de plain air* Campingplatzbesitzer *m;* **~ellerie** [-tɛlri] *f* **1.** Gasthaus *n,* -hof *m;* **2.** Hotel-, Gaststättengewerbe *n.*

'hott|e [ɔt] *f* Rückentragkorb *m,* Kiepe, Bütte *f;* (~ *de cheminée)* Rauchfang *m;* ~ *du père Noël* Sack *m* des Weihnachtsmanns.

'hou [(h)u] *interj* hu! pfui!

'houblon [ublɔ̃] *m* Hopfen *m; perche f à* ~ Hopfenstange *f;* **~nier, ère I.** *a* Hopfen-; **II.** *s m* Hopfenbauer *m; f* Hopfengarten *m.*

'hou|e [u] *f* (~ *à bras)* Hacke *f.*

'houill|e [uj] *f* (Stein-)Kohle *f;* ~ *blanche* weiße Kohle, Wasserkraft *f;* **~er, ère I.** *a* (Stein-)Kohlen-; **II.** *s f* (Stein-)Kohlenbergwerk *n,* Zeche *f.*

'houl|e [ul] *f* **1.** Dünung *f;* **2.** *fig* Wogen, Hin u. Her *n;* ~ *humaine* wogende Menschenmenge *f;* **~ette** *f* **1.** Hirtenstab *m;* **2.** Bischofs-, Krummstab *m;* **~eux, se 1.** *(See)* hohl; **2.** *fig* unruhig, erregt.

'houp [(h)up] *interj* heda! hopp! **~pe** *f* **1.** (Haar-)Büschel *n,* Tolle *f;* **2.** Quaste *f;* **~ette** *f* Puderquaste *f.*

'hour|ra [(h)ura] *interj* hurra! **~vari** *interj* hierher! such! *(Jagdruf).*

'houspiller [uspije] *tr* ausschimpfen; *se faire* ~ ausgeschimpft werden.

'houss|e [us] *f* (Pferde-)Decke *f;* (Möbel-)Überzug, Schoner; *mot* Schonbezug *m; allg* Schutzhülle *f.*

'houx [u] *m bot* Stechpalme *f.*

'hublot [yblo] *m mar* Bullauge *n a. aero.*

'hu|e [(h)y] *interj* hü! hott! *à* ~ *et à dia* kreuz u. quer; *l'un tire à* ~, *et l'autre à dia* der eine will hü u. der andere hott; **~ée** [ɥe] *f meist pl* Buhrufe *m pl,* Hohngeschrei, -gelächter *n;* **~er** [ye] **I.** *tr* buhrufen, aus=pfeifen; **II.** *itr (Eule)* schreien.

'hugue|not, e [ygno, -nɔt] **I.** *a rel* hugenottisch; **II.** *s m f* Hugenotte *m,* Hugenottin *f.*

huil|age [ɥilaʒ] *m* Ölen *n,* Schmierung *f;* **~e** *f* **1.** Öl *n;* **2.** Ölgemälde *n;* **3.** *pop* hohe(s) Tier *n;* **4.** *faire tache d'*~ *(fig)* sich aus=breiten, an Boden gewinnen, um sich greifen; *jeter, verser de l'*~ *sur le feu (fig)* Öl ins Feuer gießen; *peindre à* *l'~* in Öl malen; **5.** *consommation f d'~* Ölverbrauch *m; graissage m à l'~ sous pression* Öldruckschmierung *f; peinture f à l'~* Ölgemälde *n;* Ölmalerei *f;* Ölanstrich *m; réservoir m à ~* Öltank *m; tache f d'~* Ölfleck *m; vidange f d'~ (mot)* Ölwechsel *m;* **6.** *~ alimentaire, comestible* Speiseöl *n; ~ d'arachide* Erdnußöl *n; ~ de baleine, de poisson* (Fisch-)Tran *m; ~ brute* Rohöl *n; ~ à chauffer* Heizöl *n; ~ (pour moteurs) Diesel* Dieselöl *n; ~ essentielle, volatile* Essenz *f,* ätherische(s) Öl *n; ~ de foie de morue* Lebertran *m; ~ de graissage, lubrifiante* Schmieröl *n; ~ légère, lourde* Leicht-, Schweröl *n; ~ de lin* Leinöl *n; ~ minérale* Mineral-, Erdöl *n; ~ pour moteurs* Motoren-, Treiböl *n; ~ d'olive* Olivenöl *n; ~ solaire* Sonnenöl *n; ~ de table* Tafelöl *n; ~ végétale* Pflanzenöl *n;* **~er** *tr* (ein=)ölen; (ab=)schmieren; **~eux, se** *a* ölig; ölhaltig; ölgetränkt; *(Haut, Haar)* fettig; **~ier** *m* **1.** Ölmüller, -händler *m;* **2.** Menage *f.*

huis [ɥi] *m: à ~ clos* unter Ausschluß der Öffentlichkeit; in geheimer Sitzung; *allg* im geheimen; *demander le ~ clos (jur)* den Antrag auf Ausschluß der Öffentlichkeit stellen; **~sier** *m* Amts-, Gerichtsdiener *(a. ~ audiencier);* Gerichtsvollzieher *m.*

'huit [ɥi(t)] **I.** *a* acht; **II.** *s m* Acht(er *m*) *f;* (der) Achte; (der) achte; Achter *m (Boot); — en ~* in acht Tagen; *d'aujourd'hui, de lundi en ~* heute, Montag in acht Tagen; *d'ici, dans les ~ jours* binnen acht Tagen; *tous les ~ jours* alle acht Tage; *il y a ~ jours* vor acht Tagen; *journée f de ~ heures* Achtstundentag *m;* **~ain** *m* Achtzeiler *m;* **~aine** *f* ungefähr, etwa acht Tage *m pl; une ~ de* ungefähr, etwa acht; *dans une ~* in ungefähr, etwa acht Tagen; **~ante** *a (Schweiz, Belgien)* achtzig; **~ième I.** *a* achte(r, s); **II.** *s m* Achtel *n; f* 8. Klasse *f;* **~ièmement** *adv* achtens.

huîtr|e [ɥitr] *f* **1.** Auster *f;* **2.** *fig fam* Dummkopf *m; — banc m d'~s, parc m à ~s* Austernbank *f,* -park *m; écaille f d'~s* Austernschale *f; ~ perlière* Perlmuschel *f;* **~ier, ère I.** *a* Austern-; **II.** *s m orn* Austernfischer *m; f* Austernbank *f od* -park *m.*

'hulotte [ylɔt] *f orn* Waldkauz *m.*

'hum [(h)œm] *interj* hm!

humain, e [ymɛ̃, -ɛn] **I.** *a* **1.** menschlich; Menschen-; **2.** human, mensch(enfreund-)lich; mitfühlend; **II.** *s m* Menschliche(s), Humane *n; — le genre ~* das Menschengeschlecht; *les sciences f pl ~es* die Humanwissenschaften; **~ement** *adv* menschenwürdig; *traiter ~ qn* jdn menschlich behandeln; *~ parlant* nach menschlichem Ermessen; *~ possible* menschenmöglich.

human|isation [ymanizasjɔ̃] *f* Vermenschlichung; Humanisierung *f;* **~iser I.** *tr* **1.** menschlicher gestalten, humanisieren; **2.** menschliche Züge verleihen; **II.** *v prn s'~* menschlich(er) werden; humaner werden; **~isme** *m* Humanismus *m;* **~iste I.** *s m* Humanist *m;* **II.** *a* humanistisch; **~itaire** *a* menschenfreundlich; humanitär; **~ité** *f* **1.** menschliche Natur *f;* **2.** Menschheit *f;* **3.** Menschlichkeit, Menschenfreundlichkeit, -liebe *f; faire ses ~s* ein humanistisches Gymnasium besuchen.

humble [œ̃bl] **I.** *a* **1.** demütig; unterwürfig; **2.** einfach, schlicht; bescheiden, niedrig; **II.** *s m pl* einfache Menschen *m pl,* kleine Leute *pl; — d'origine ~, d'~ origine* aus kleinen, einfachen, bescheidenen Verhältnissen (stammend).

humecter [ymɛkte] **I.** *tr* an=, befeuchten, (be)sprengen; **II.** *v prn s'~ le gosier (pop)* einen hinter die Binde kippen, einen heben.

'humer [yme] *tr* **1.** ein=saugen, tief ein=atmen; **2.** schnuppern, riechen (*qc* an etw).

humér|al, e [ymeral] *a anat* Oberarm-; **~us** [-ys] *m* Oberarmknochen *m.*

humeur [ymœr] *f* **1.** Stimmung *f;* **2.** (*bes.* schlechte) Laune *f;* **3.** Wesen, Gemüt *n;* **4.** *avec ~* verstimmt, unwirsch; *d'~ changeante* launisch; *par ~* aus Laune; **5.** *avoir de l'~* schlechte Laune haben; *être d'~ à* geneigt, gewillt sein zu; *être de bonne, mauvaise ~* gute, schlechte Laune haben; **6.** *je ne suis pas d'~ à rire* mir ist (gar) nicht zum Lachen, lächerlich zumute; *~ de chien, de dogue (fam)* Stinkwut *f.*

humid|e [ymid] *a* feucht; naß; — *d'une chaleur ~* feuchtwarm; *il fait un froid ~* es ist naßkalt; **~ifier** *tr* an=, befeuchten; **~ité** *f* Feuchtigkeit; Nässe *f; — à préserver de l'~* trocken auf=bewahren! *craint l'~!* vor Nässe schützen! *~ atmosphérique, du sol* Luft-, Bodenfeuchtigkeit *f.*

humil|iant, e [ymiljɑ̃, ɑ̃t] *a* demütigend, erniedrigend; **~iation** *f* Demütigung, Erniedrigung *f;* **~ier I.** *tr* demütigen; **II.** *v prn s'~* sich demütigen, sich erniedrigen (*devant* vor); **~ité** *f* Demut *f; en toute ~* in aller Bescheidenheit.

hum|oriste [ymɔrist] **I.** *a* humoristisch; **II.** *s m* Humorist *m;* **~oristique** *a* humoristisch; **~our** *m* Humor *m; ~ noir* Galgenhumor *m;* **~us** [-ys] *m* Humus(erde *f,* -boden) *m.*

'hun|e [yn] *f mar* Mars, Mastkorb *m;* **~ier** *m mar* Marssegel *n.*

'hupp|e [yp] *f* **1.** *orn* Haube *f,* Schopf *m;* **2.** *orn* Wiedehopf *m;* **~é, e** *a* **1.** *orn* mit e-r Haube; **2.** *fig fam* reich, vornehm, fein.

'hure [yr] *f* Schweinskopf *m,* -sülze *f.*

'hurl|ement [yrləmɑ̃] *m* **1.** *meist pl* Brüllen, Gebrüll; Geschrei *n;* **2.** *(Wölfe, Sirene)* Heulen *n;* **~er I.** *itr* **1.** heulen, brüllen, schreien (*de douleur* vor Schmerz); *(Hund)* heulen, jaulen; **2.** *(Farben)* sich beißen; **II.** *tr (Beleidigungen)* hinausbrüllen; ~ *avec les loups* mit den Wölfen heulen; ~ *à la lune* den Mond an=bellen; **~eur** *s m zoo* Brüllaffe *m.*

hurluberlu [yrlybɛrly] *s m fam* Spinner *m.*

'hussard [ysar] *m* Husar *m;* **~e** *f: à la ~* draufgängerisch, brutal.

'hutte [yt] *f* Hütte *f.*

hybrid|ation [ibridasjɔ̃] *f biol* Bastardierung, Kreuzung *f;* **~e I.** *a biol* hybrid; **II.** *s m* Bastard *m.*

hydr|(o)- [idr(ɔ)] *(in Zssgen)* Wasser-; **~ate** [idrat] *m chem* Hydrat *n;* ~ *de carbone* Kohlehydrat *n;* **~aulique I.** *a phys tech* hydraulisch; **II.** *s f* Hydraulik *f; centrale f* ~ Wasserkraftwerk *n; énergie f* ~ Wasserkraft *f;* **~avion** *m* Wasserflugzeug *n;* **~e** *f zoo fig* Hydra *f;* **~ocarbure** *m* Kohlenwasserstoff *m;* **~océphalie** *f* Wasserkopf *m;* **~odynamique** *f* Hydrodynamik *f;* **~oélectrique** *a: centrale f* ~ Wasserkraftwerk *n;* **~ofuge** *a* wasserabstoßend; **~ogène** *m* Wasserstoff *m;* **~ogéné, e** *a* wasserstoffhaltig; **~oglisseur** *m* Gleitboot *n;* **~ographie** *f* Gewässer(kunde *f*) *n pl;* **~ologie** *f* Hydrologie *f;* **~omel** [-mɛl] *m* Met *m;* **~ophile** *a* wasseraufsaugend, -ziehend; *(coton m ~)* Verbandwatte *f;* **~ophobe** [-fɔb] *a* wasserscheu; **~opisie** *f* Wassersucht *f;* **~oplanage** Aquaplaning *n;* **~osoluble** *a* wasserlöslich; **~ostatique I.** *a* hydrostatisch; **II.** *s f* Hydrostatik *f;* **~othérapie** *f* Wasserheilkunde *f;* **~othérapique:** *traitement m* ~ (Kalt-) Wasserbehandlung *f;* **~oxyde** *m chem* Hydroxyd *n.*

hyène [jɛn] *f zoo* Hyäne *f a. fig.*

hygi|ène [iʒjɛn] *f* Hygiene, Gesundheitspflege *f;* — ~ *corporelle, de la peau, de la bouche* Körper-, Haut-, Mund- *od* Zahnpflege *f;* ~ *infantile* Kinderpflege *f;* ~ *du travail* Arbeitshygiene *f;* **~énique** *a* hygienisch, sanitär; Gesundheits-; — *papier m* ~ Klosettpapier *n; serviette f* ~ Damen-, Monatsbinde *f; soins m pl ~s* Gesundheitspflege *f.*

hygro|mètre [igrɔmɛtr] *m* Hygrometer *n;* **~métrique** *a: état m* ~ *de l'air* Feuchtigkeitsgehalt *m* der Luft; **~scope** *m* Hygroskop *n;* **~scopique** *a* hygroskopisch.

hym|en [imɛn] *m anat* Jungfernhäutchen *n.*

hymne [imn] *m* **1.** Hymne *f;* **2.** *f rel* Hymnus, (Lob-)Gesang *m;* ~ *national* Nationalhymne *f.*

hyper|- [ipɛr] *(in Zssgen)* Über-; **~bole** *f* **1.** *math* Hyperbel *f;* **2.** *fig* Übertreibung *f;* **~bolique** *a* **1.** *math* Hyperbel-; **2.** übertrieben; übertreibend; **~boloïde 1.** *a* hyperbelartig; **2.** *s m math* Hyperboloid *n;* **~métrope** *a* weitsichtig; **~nerveux, se** *a* hypernervös; **~sensible** *a* überempfindlich; **~tension** *f (~ artérielle) med* erhöhte(r) Blutdruck *m;* **~trophie** *f* **1.** *med* Hypertrophie *f;* **2.** *fig* Übersteigerung *f;* übermäßige(s) Wachstum *n;* **~trophier I.** *tr* **1.** übermäßiges *od* krankhaftes Wachstum bewirken; **2.** *fig (künstlich)* aufblähen; übermäßig entwickeln; **II.** *v prn s'~* **3.** übermäßig wachsen; wuchern; **4.** übermäßig anwachsen.

hypn|ose [ipnoz] *f* Hypnose *f;* **~otique** [-nɔ-] *a* hypnotisch; **~otisé, e** *fig* gebannt; **~otiser I.** *tr* **1.** hypnotisieren; **2.** *fig* in s-n Bann schlagen, fesseln; **II.** *v prn s'~ (fig)* besessen sein (*sur qc* von e-r S); **~otiseur** *m* Hypnotiseur *m.*

hypo|- [ipɔ] *(in Zssgen)* Unter-; **~condriaque** [-drijak] **I.** *a* hypochondrisch, schwermütig; **II.** *s m* Hypochonder *m;* **~condrie** *f* Hypochondrie, Schwermut *f;* **~crisie** *f* Heuchelei; Scheinheiligkeit *f;* **~crite I.** *a* heuchlerisch; scheinheilig; **II.** *s m f* Heuchler(in *f*) *m;* Scheinheilige(r *m*) *f;* **~dermique** *a med (Einspritzung)* subkutan; **~physe** [-fiz] *f anat* Hirnanhang *m;* **~tension** *f med* zu niedriger Blutdruck *m;* **~ténuse** [-tenys] *f math* Hypotenuse *f;* **~thécaire** [-tekɛr] *a* hypothekarisch; Hypotheken-; — *banque f* ~ Hypothekenbank *f; créance, dette f* ~ Hypothekenforderung, -schuld *f; créancier, débiteur m* ~ Hypothekengläubiger, -schuldner *m;* **~thèque** *f* Hypothek *f;* — *sur* ~ gegen hypothekarische Sicherheit; *constituer, prendre, amortir, purger une* ~ e-e Hypothek bestellen, auf=nehmen, ab=tragen, löschen; **~théquer** *tr* **1.** mit e-r Hypothek belasten; hypothekarisch sichern; **2.** *fig* (vorweg) belasten; **~thèse** *f* Annahme, Hypothese *f;* **~thétique** *a* **1.** hypothetisch, angenommen; **2.** zweifelhaft, ungewiß, unsicher; **~tonie** *f med* Hypotonie *f;* **~trophie** *f med* Unterentwicklung, Hypotrophie *f.*

hypso|mètre [ipsɔmɛtr] *m* Hypsometer *m;* **~métrie** *f* Höhenmessung *f.*

hystér|ie [isteri] *f med* Hysterie *f;* **~ique I.** *a* hysterisch; **II.** *s m f* Hysteriker(in *f*) *m.*

I

i [i] *m: mettre les points sur les i* sich klar u. deutlich aus=drücken; *i grec* Ypsilon *n.*
ïamb|e [jãb] *m* Jambus *m;* **~ique** *a* jambisch.
ib|érique [iberik] *a geog* iberisch; **~idem** [-ɛm] *adv* ebenda; **~is** [-is] *m orn* Ibis *m.*
ice|berg [isbɛrg, ajs-] *m* Eisberg *m;* **~-cream** [ajskrim] *m* Eiskrem *f.*
ichtyo- [iktjɔ] *(in Zssgen)* Fisch-.
ici [isi] *adv* **1.** hier(her); — *d'~* von hier; von hier, jetzt an; von hier, hiesig; *d'~ (à) demain* bis morgen (früh), noch lange; *d'~ un an* übers Jahr, in Jahresfrist; *d'~ trois jours* (heute) in drei Tagen; *d'~ là (räuml. u. zeitl.)* bis dahin; **2.** *(zeitl.)* inzwischen, unterdessen, einstweilen; — *d'~ peu* in, binnen kurzem; *jusqu'~* bis hier(her); bis jetzt; *par ~* hierher, -durch; hierherum, hier vorbei; **3.** *à partir d'~* von hier aus; von jetzt an; — *~-bas* hienieden, *d'~-bas* irdisch; **4.** *j'en ai jusqu'~ (fam)* ich habe es satt; *il n'en est pas question d'~ longtemps* davon kann noch lange nicht die Rede sein.
icône [ikon] *f rel (Kunst)* Ikone *f.*
idé|al, e [ideal] (*pl -als, aux*) **I.** *a* ideal, vollkommen; Ideal-; **II.** *s m* Ideal; Wunschbild *n;* **~alisation** *f* Idealisierung *f;* **~aliser** *tr* idealisieren; **~alisme** *m* Idealismus *m;* **~aliste I.** *a* idealistisch; **II.** *s m* Idealist *m.*
idée [ide] *f* **1.** Idee; Vorstellung *f;* **2.** Begriff; Gedanke; Sinn *m,* Bedeutung *f;* **3.** Meinung, Ansicht *f;* **4.** *une ~ (fam)* e-e Idee, ein bißchen, ein (ganz) klein wenig; **5.** *à mon ~* meiner Auffassung nach; *en ~* in Gedanken, in der Vorstellung; **6.** *avoir ses ~s sur qc* s-e eigenen Ansichten über e-e S haben; *avoir une haute ~ de qn, qc* e-e hohe Meinung von jdm, etw haben; *n'avoir pas la moindre, la première ~ de qc* keine, nicht die leiseste Ahnung, keinen blassen Schimmer von etw haben; *changer d'~* s-e Meinung, Ansicht ändern; *donner une ~ de qc* e-e Vorstellung von etw geben; *se faire une ~ de qc* sich von etw e-e Vorstellung machen; *se faire des ~s (fam)* sich Illusionen machen; **7.** *on ne m'ôtera pas de l'~ que (fam)* ich bleibe bei der Meinung, daß; *aucune ~!* keine Ahnung! *il y a de l'~ (fam)* es steckt was dahinter; *on n'a pas ~ de cela* es spottet jeder Beschreibung, es ist unerhört; *on ne peut lui enlever cette ~* er läßt sich nicht davon abbringen; *c'est une ~!* das wäre was! *quelle ~!* wo denken Sie hin! *cela ne me sort pas de l'~* das geht mir nicht aus dem Sinn, ich komme nicht davon ab; *il me vient à l'~* es fällt mir (gerade) so ein; **8.** *association f des* od *d'~s* Ideenassoziation, Gedankenverbindung *f; cours, fil m, suite f des ~s* Gedankengang *m,* -folge *f; échange m des, (d)~s* Gedankenaustausch *m;* **9.** *~ creuse* Hirngespinst *n; ~ directrice, générale* Leitgedanke *m, pl* Richtlinien *f pl; ~ fixe* fixe Idee, Zwangsvorstellung *f, ~ fondamentale* Grundgedanke *m; ~s noires* trübe Gedanken *m pl; ~ préconçue* vorgefaßte Meinung *f.*
idem [idɛm] *adv* **1.** der-, dasselbe; **2.** *fam* auch.
identi|fiable [idɑ̃tifjabl] *a* identifizierbar; **~fication** *f* Identifizierung *f,* **~fier I.** *tr* identifizieren, erkennen; fest=stellen; **II.** *v prn s'~* sich indentifizieren (*avec, à qn, qc* mit jdm, etw); sich hinein=versetzen (*avec* in *acc*); **~que** *a* identisch; völlig gleich; gleichbedeutend; **~té** *f* **1.** *(Person)* Identität *f;* **2.** völlige Übereinstimmung, Gleichheit *f;* **3.** *établir, vérifier l'~ de qn* jds Identität fest=stellen; *établir son ~* sich aus=weisen, sich legitimieren; **4.** *carte f d'~* Personalausweis *m,* Kennkarte *f; pièce f d'~* Ausweis *m.*
idéo|graphie [ideɔgrafi] *f* Ideographie *f;* **~logie** *f* Ideologie *f;* **~logique** *a* ideologisch; **~logue** *m* **1.** Ideologe *m;* **2.** *péj* wirklichkeitsfremde(r) Theoretiker *m.*
idio|matique [idjɔmatik] *a* idiomatisch; **~me** [-djom] *m* Idiom *n;* **~syncrasie** [-sɛ̃-] *f* Idiosynkrasie, *(krankhafte)* Überempfindlichkeit *f;* **~t, e** [idjo, -ɔt] **I.** *a* **1.** blöd(sinnig), verrückt, idiotisch; **2.** *med* schwachsinnig; **II.** *s m f* **1.** Idiot(in *f*) *m,* Verrückte(r *m*); **2.** *med* Schwachsinnige(r *m*) *f;* **~tie** [-si] *f* **1.** Blödsinn *m,* Verrückheit, Idiotie *f;* **2.** *med* Schwachsinn *m;* **~tisme** *m* (Sprach-)Eigentümlichkeit *f.*
idol|âtre [idɔlatr] **I.** *a* **1.** Götzendienst treibend; **2.** *allg* abgöttisch verehrend (*de qn* jdn); leidenschaftlich verliebt (*de* in *acc*); **II.** *s m* **1.** Götzendiener *m;* **2.** leidenschaftliche(r) Verehrer *m* (*de* gen); **~âtrer** *tr* abgöttisch verehren; vergöttern, leidenschaftlich lieben; **~âtrie** *f* **1.** Götzendienst *m;* **2.** abgöttische Verehrung; leidenschaftliche Liebe *f*

(*de* zu); ~**e** *f* **1.** Götze(nbild *n*) *m;* **2.** *fig* Abgott *m,* Idol *n;* — *être l'~ du jour* der Held des Tages sein.

idyll|e [idil] *f* **1.** *(Literatur)* Idylle *f;* **2.** romantische Liebe *f;* ~**ique** *a* idyllisch.

if [if] *m bot* Eibe *f,* Taxus *m.*

ign|ame [iɲam] *f bot* Jamswurzel *f;* ~**are** *a* unwissend, ungebildet; ~**é, e** [igne] *a geol* vulkanisch; ~**ifuger** *tr* feuerfest machen; ~**oble** *a* **1.** gemein, schändlich; **2.** widerlich, ekelhaft; ~**ominie** *f* **1.** Schande, Schmach *f,* Schimpf *m;* **2.** Schändlichkeit, Schandtat *f;* ~**ominieux, se** *a* schimpflich, schändlich, schmachvoll.

ign|orance [iɲɔrɑ̃s] *f* **1.** Unwissenheit *f;* **2.** Unkenntnis, Bildungslücke *f;* ~**orant, e I.** *a* unwissend, ungebildet; **II.** *s m* Ignorant *m; être ~ de qc* etw nicht kennen *od* wissen; unwissend sein (*en qc* in e-r S); ~**oré, e** *a* unbekannt; ~**orer** *tr* **1.** nicht wissen, nicht kennen (wollen); **2.** ignorieren, nicht beachten; — *ne pas ~* sehr wohl wissen; *nul n'est censé ~ la loi* Unkenntnis (des Gesetzes) schützt vor Strafe nicht.

il; *pl* **ils** [il] *prn* er; *pl* sie.

île [il] *f* Insel *f.*

illég|al, e [ilegal] *a* **1.** illegal, ungesetzlich, rechtswidrig; **2.** unrechtmäßig; ~**alité** *f* **1.** Ungesetzlichkeit, Rechtswidrigkeit; Unrechtmäßigkeit *f;* **2.** ungesetzliche Handlung *f;* ~**itime** [-ʒi-] *a* **1.** illegitim, unehelich; **2.** ungerechtfertigt.

illettré, e [ilɛtre] **I.** *a* ungebildet; des Lesens u. Schreibens unkundig; **II.** *s m* Analphabet *m.*

illi|cite [ilisit] *a* unerlaubt; unstatthaft; *concurrence f ~* unlautere(r) Wettbewerb *m;* ~**co** [-ko] *adv fam* sofort, unverzüglich; auf dem schnellsten Wege; ~**mité, e** *a* unbeschränkt, unbegrenzt; ~**sible** *a* **1.** unleserlich; **2.** *fig* unlesbar.

illog|ique [ilɔʒik] *a* unlogisch.

illumin|ation [ilyminasjɔ̃] *f* **1.** Beleuchtung; Festbeleuchtung, Illumination *f;* Anstrahlen *n (von Bauwerken);* **2.** *fig* Erleuchtung *f;* ~**é, e I.** *a* **1.** be-, erleuchtet; **2.** *(Gebäude)* angestrahlt; **II.** *s m rel* Erleuchtete(r); Schwärmer *m;* ~**er I.** *tr* **1.** be-, erleuchten; festlich beleuchten, an=strahlen; **2.** *(Gesicht)* erhellen; **3.** *rel* erleuchten; **II.** *v prn s'~* erstrahlen, -glänzen, auf=leuchten.

illus|ion [ilyzjɔ̃] *f* **1.** (Sinnes-)Täuschung; *(Kunst) theat allg* Illusion *f;* **2.** Einbildung *f,* Wahn(vorstellung *f*) *m;* **3.** *entretenir des ~s* sich Illusionen hin=geben; *faire ~ à qn* jdn täuschen; *se faire des ~s* sich *(dat)* falsche Vorstellungen machen (*sur* über *acc*); **4.** *~ d'optique* optische Täuschung *f; ~ sensorielle* Sinnestäuschung *f;* ~**ionner** [-sjɔ-] *v prn s'~* sich Illusionen machen (*sur* über); ~**ionniste** *m* Zauberkünstler *m;* ~**oire** *a* trügerisch.

illustr|ateur [ilystratœr] *m* Illustrator *m;* ~**atif, ive** *a* bezeichnend, charakteristisch; ~**ation** *f* **1.** Illustration *f,* Bild *n,* Abbildung *f;* **2.** Bebilderung *f;* **3.** *fig* Erläuterung; Veranschaulichung *f;* — *~ dans le texte* Textabbildung *f;* ~**e** *a* (welt-)bekannt; berühmt; ~**é, e I.** *a* illustriert, bebildert; **II.** *s m (journal m ~)* Illustrierte *f;* ~**er I.** *tr* **1.** illustrieren, bebildern; **2.** *fig* veranschaulichen, erläutern; **II.** *v prn s'~* sich aus=zeichnen (*par qc* durch etw).

îlot [ilo] *m* **1.** kleine Insel *f;* **2.** Häuserblock *m;* — *~ de circulation, directionnel* Verkehrsinsel *f; ~ insalubre* Elendsviertel *n; ~ de résistance* Widerstandsnest *n; ~ de sauvetage* Rettungsinsel *f; ~ de verdure* (kleine) Grünanlage *f.*

imag|e [imaʒ] *f* **1.** (Ab-, Eben-, Spiegel-) Bild *n a. fig;* **2.** Bildnis; Bildwerk *n;* Abbildung, bildliche Darstellung *f;* **3.** Schilderung, Beschreibung *f;* **4.** *fig* Vorstellung *f;* Sinnbild, Gleichnis *n;* **5.** Image [imidʒ] *n;* **6.** *livre m d'~s* Bilderbuch *n; sage comme une ~ (Kind)* sehr brav, artig; *~ à décalquer* Abziehbild *n; ~ publicitaire* Werbe-, Reklamebild *n;* ~**é, e** *a (Stil)* bilderreich.

imag|inable [imaʒinabl] *a* denkbar; ~**inaire** *a* **1.** (nur) vorgestellt, eingebildet; erdacht, erdichtet; unwirklich; Schein-; **2.** *math* imaginär; ~**inatif, ive** *a* phantasievoll, -begabt; einfallsreich; *faculté, puissance f ~inative* Einbildungskraft *f;* ~**ination** *f* **1.** Einbildung(skraft), Vorstellung, Phantasie *f;* **2.** Erfindungsgabe *f,* Einfallsreichtum *m;* **3.** *en ~* in der Phantasie, in Gedanken; *~ créatrice* schöpferische Phantasie *f;* **4.** *cela dépasse l'~* das ist unvorstellbar; *il manque d'~* er ist phantasielos; ~**iner I.** *tr* **1.** sich *(dat)* vor=stellen, sich *dat* denken; **2.** sich ausdenken; kommen, verfallen (*qc* auf e-e S); **II.** *v prn s'~* sich vor=stellen; sich ein=bilden (*être* zu sein); — *ne pouvoir s'~* sich nicht vorstellen, denken können; unvorstellbar sein; *j'ai imaginé qc* mir ist etw eingefallen; *qu'est-ce qu'il s'imagine!* was bildet er sich ein!

imbattable [ɛ̃batabl] *a* **1.** unschlagbar, unbesiegbar; **2.** *(Preis)* nicht zu unterbieten(d).

imbécil|e [ɛ̃besil] **I.** *a* **1.** blöd(e), einfältig, dumm; **2.** *med* schwachsinnig; **II.** *s m f* **1.** Schwachkopf, Einfaltspinsel *m;* **2.** *med* Schwachsinnige(r) *m;* ~**lité** *f* **1.** Blödheit; Idiotie *f;* **2.** Schwachsinn *m.*

imberbe *a* [ɛ̃bɛrb] bartlos.

imbib|er [ɛ̃bibe] **I.** *tr* (durch)tränken (*de* mit); **II.** *v prn s'~ de qc* sich mit etw voll=saugen; *pop* sich vollaufen lassen.

imbr|ication [ɛ̃brikasjɔ̃] *f* **1.** dachziegel-

artige Anordnung *f;* **2.** *fig* Verschachtelung *f;* **~iquer, s'** *v prn* **1.** sich überschneiden (*dans qc* mit etw); **2.** *fig* sich verschachteln; **~oglio** [-ɔljo, -glijo] *m* Durcheinander *n,* Wirrwarr *m.*
imbu, e [ɛ̃by] *a* durchdrungen (*de* von); **~vable** *a* **1.** ungenießbar; **2.** *fig fam* unausstehlich, unmöglich.
imit|able [imitabl] *a* nachahmenswert; **~ateur, trice** *m f* Nachahmer(in *f*), Imitator *m;* **~ation** *f* **1.** Nachahmung *f;* **2.** *rel* Nachfolge *f;* **3.** *à l'~ de* nach dem Muster, Vorbild *gen; d'~, en ~* unecht; *se méfier des ~s! (com)* vor Nachahmungen wird gewarnt! *c'est de l'~* das ist e-e Imitation; *~ cuir, daim* Kunstleder *n;* Wildlederimitation *f;* **~er** *tr* **1.** nach=ahmen, -machen, imitieren; **2.** zum Vorbild nehmen, sich richten (*qn* nach jdm); **3.** genauso aussehen wie.
immaculé, e [imakyle] *a* **1.** makellos, fleckenlos; **2.** *fig* unbefleckt, rein; — *I~e Conception f (rel)* Unbefleckte Empfängnis *f.*
immanen|ce [imanɑ̃s] *f (Philosophie)* Immanenz *f;* **~t, e** *a* immanent, innewohnend, (mit) enthalten.
imman|geable [ɛ̃mɑ̃ʒabl] *a* ungenießbar; **~quable** *a* unausbleiblich, sicher.
immat|érialité [im(m)aterjalite] *f* Unkörperlichkeit, Unstofflichkeit *f;* **~ériel, le** *a* immateriell, unkörperlich, geistig.
immatricul|ation [imatrikylasjɔ̃] *f* Immatrikulation, Einschreibung, Registrierung *f;* — *certificat m d'~* Aufnahmebescheinigung, Immatrikulationsurkunde *f; numéro m d'~ (mot)* polizeiliche(s), amtliche(s) Kennzeichen *n; plaque f d'~* Nummernschild *n;* **~er** *tr* immatrikulieren, ein=schreiben; registrieren; ein=tragen.
immé|diat, e [-dja, -at] **I.** *a* unmittelbar; direkt; sofortig; *aide f ~e* Soforthilfe *f;* **II.** *s m: dans l'~* im Augenblick; **~diatement** *adv* unmittelbar; gleich, sofort, unverzüglich; **~morial, e** *a* uralt; *de temps ~* seit undenklichen Zeiten.
immens|e [im(m)ɑ̃s] *a* unermeßlich; maß-, grenzenlos, unendlich; **~ité** *f* Unendlichkeit; ungeheure, gewaltige Größe *od* Weite *f.*
immer|ger [imɛrʒe] *tr* **1.** ein=tauchen (*dans qc* in e-e S); **2.** *(im Meer)* versenken; **~sion** [-sjɔ̃] *f* **1.** Ein-, Untertauchen *n;* **2.** Versenkung; Überflutung *f;* — *mort f par ~* Tod *m* durch Ertrinken.
immérité, e [im(m)erite] *a* unverdient.
immeuble [imœbl] **I.** *a jur* unbeweglich; **II.** *s m* **1.** unbewegliche(s) Gut; Grundstück; Gebäude, (Miets-)Haus *n;* **2.** *pl* Immobilien *pl,* Liegenschaften *f pl;* **3.** *~ d'habitation* Wohngebäude *n; ~ de bureau* Bürohaus *n; ~ de dix étages* zehnstöckige(s) Gebäude *n; ~ de rapport, (Schweiz) locatif* Mietshaus *n; ~-tour* Hochhaus *n.*
immi|grant, e [immigrɑ̃, -ɑ̃t] *m f* Einwanderer *m,* Einwand(e)rerin *f;* **~gration** *f* Einwanderung *f;* **~gré, e I.** *a* eingewandert; **II.** *s m f* Eingewanderte(r *m*) *f;* **~grer** *tr* ein=wandern; **~nence** *f* unmittelbare(s) Drohen *od* Bevorstehen *n;* **~nent, e** *a* unmittelbar drohend *od* bevorstehend; in Kürze zu erwarten(d).
im|miscer s' [imise] *v prn* sich ein=mischen (*dans* in *acc*); **~mixtion** [-sjɔ̃] *f* Einmischung *f;* Eingreifen *n* (*de qn dans qc* jds in e-e S).
immobil|e [imɔbil] *a* **1.** unbeweglich; **2.** unveränderlich; **~ier, ère** *a* **1.** *jur* unbeweglich; **2.** *agent, courtier m ~* Grundstücksmakler *m;* — *biens m pl ~s* Immobilien *pl; société f ~ière* Baugesellschaft, -genossenschaft *f;* **~isation** *f* **1.** *jur* Immobilisierung *f;* **2.** *com* feste Anlage *f; pl* Anlagevermögen *n,* Investitionen *f pl;* **3.** Stillegung, Außerbetriebsetzung *f;* **4.** *med (Glied)* Ruhigstellung *f;* **~iser I.** *tr* **1.** unbeweglich machen *a. mil;* **2.** *jur* immobilisieren; **3.** *fig* lähmen; **4.** *(Kapital)* fest=legen; **5.** *(Fahrzeug)* still=legen; **II.** *v prn s'~* (unbeweglich) stehen=bleiben; sich nicht mehr rühren; *mot* halten; **~ité** *f* Unbeweglichkeit, Regungslosigkeit, Starrheit *f.*
immod|éré, e [im(m)ɔdere] *a* un-, übermäßig; **~érément** *adv* maßlos; **~este** *a* unanständig, schamlos; **~estie** *f* Schamlosigkeit *f.*
immol|ation [im(m)ɔlasjɔ̃] *f rel* Opferung *f;* **~er I.** *tr rel* opfern; **II.** *v prn s'~* sich (auf=)opfern (*à, pour* für *acc*).
immond|e [im(m)ɔ̃d] *a* **1.** schmutzig, dreckig; **2.** *rel* unrein; **3.** *fig* gemein, widerlich, ekelhaft; **~ices** [imɔ̃dis] *f pl* Schmutz, Kehricht, Müll *m.*
immor|al, e [im(m)ɔral] *a* unmoralisch, unsittlich, sittenlos; **~aliste** *m* Immoralist *m;* **~alité** *f* Sittenlosigkeit; Sittenwidrigkeit *f;* **~taliser I.** *tr* unsterblich machen; **II.** *v prn s'~ (fig)* sich verewigen; **~talité** *f* Unsterblichkeit *f;* **~tel, le I.** *a* **1.** unsterblich; **2.** *fig* unauslöschlich, unvergänglich; **II.** *s m f* Unsterbliche(r *m*) *f; f bot* Immortelle, Strohblume *f.*
immotivé, e [im(m)ɔtive] *a* unmotiviert.
immu|able [imɥabl] *a* unveränderlich, unwandelbar, stets gleich(bleibend); **~niser** *tr med* immun (*contre* gegen), unempfänglich machen (*contre* für); **~nité** *f pol med* Immunität *f; ~ diplomatique, parlementaire* diplomatische, parlamentarische Immunität *f; ~ fiscale* Abgaben-, Steuerfreiheit *f.*
impact [ɛ̃pakt] *m* **1.** *(Geschoß)* Auf-, Einschlag; Treffer *m;* **2.** *fig* Wirkung *f, fam* Einschlagen *n;* Einfluß *m* (*sur qc*

auf etw *acc*); — *sous l'~ de qc* unter dem Einfluß *gen; avoir de l'~* sehr wirkungsvoll sein.

impair, e [ɛ̃pɛr] **I.** *a* **1.** *(Zahl)* ungerade; **2.** *anat* unpaarig; **II.** *s m fam* Ungeschicklichkeit, Dummheit *f*, Schnitzer *m*.

impalpable [ɛ̃palpabl] *a* nicht greifbar; *fam* verschwindend klein.

impar|donnable [ɛ̃pardɔnabl] *a* unverzeihlich; **~fait, e** [-fɛ, -ɛt] **I.** *a* unvollendet; unvollständig; unvollkommen; **II.** *s m gram* Imperfekt *n;* erste Vergangenheit *f;* **~tial, e** [-sjal] *a* unparteiisch; **~tialité** *f* Unparteilichkeit *f;* **~tir** *tr* **1.** *jur (Frist)* gewähren, bewilligen; **2.** *lit (Gaben)* zuteilen.

impass|e [ɛ̃pa(ɑ)s] *f* **1.** Sackgasse *f a. fig;* **2.** *arriver, entrer dans une ~* in e-e Sackgasse geraten; auf e-m toten Punkt angelangt sein; *faire une ~ sur qc* etw riskieren; **3.** *j'étais dans une ~ (fig)* es gab für mich keinen Ausweg (mehr); **4.** *~ budgétaire* Haushaltsdefizit *n;* **~ibilité** *f* Unempfindlichkeit; Unerschütterlichkeit, Unbeirrbarkeit *f;* **~ible** *a* **1.** unempfindlich, gefühllos; **2.** gleichmütig; unerschütterlich; **3.** unbeirrbar.

impat|ience [ɛ̃pasjɑ̃s] *f* Ungeduld *f; avec ~* ungeduldig *adv;* **~ient, e** *a* ungeduldig (*de faire qc* etw zu tun); **~ienter I.** *tr* ungeduldig machen; aus der Fassung, zur Verzweiflung bringen; **II.** *v prn s'~* die Geduld verlieren; aus der Fassung, in Verzweiflung geraten.

impavide [ɛ̃pavid] *a (ironisch)* unerschrocken; unerschütterlich.

impay|able [ɛ̃pɛjabl] *a fig fam* köstlich, großartig, gottvoll; **~é, e I.** *a* unbezahlt; *(Wechsel)* nicht eingelöst; **II.** *s m* nicht bezahlte Rechnung *f;* nicht eingelöste(r) Wechsel *m*.

impeccable [ɛ̃pɛkabl] *a* **1.** *rel* sünd(en)los; **2.** fehler-, einwandfrei, tadellos.

impén|étrable [ɛ̃penetrabl] *a* **1.** undurchdringlich; unzugänglich *a. fig;* **2.** *fig* unerforschlich, undurchsichtig, undurchschaubar; **~itent, e** *a* **1.** unbußfertig; **2.** *fam* unverbesserlich; — *pécheur m ~* verstockte(r) Sünder *m*.

impens|able [ɛ̃pɑ̃sabl] *a* undenkbar.

impér|atif, ive [ɛ̃peratif, -iv] **I.** *a* **1.** zwingend, verbindlich; **2.** befehlend; **3.** *(Bedarf)* vordringlich; **II.** *s m gram* Imperativ *m; disposition f ~ative* Mußvorschrift *f;* **~atrice** *f* Kaiserin *f*.

imper|ceptible [ɛ̃pɛrsɛptibl] *a* **1.** nicht wahrnehmbar; **2.** unmerklich; verschwindend klein; **~fection** *f* **1.** Unvollkommenheit *f;* **2.** Mangel, Fehler *m*.

impér|ial, e [ɛ̃perjal] **I.** *a* kaiserlich; majestätisch; **II.** *s f* **1.** *(Autobus)* obere Etage *f;* **2.** kleine(r) Spitzbart *m;* **~ialisme** *m* Imperialismus *m;* **~ialiste I.** *a* imperialistisch; **II.** *s m* Imperialist *m;* **~ieux, se** *a* **1.** herrisch, gebieterisch; **2.** dringend, zwingend; **~issable** *a* unvergänglich.

imper|méabiliser [ɛ̃pɛrmeabilize] *tr* wasserdicht machen, imprägnieren; **~méabilité** *f* (Wasser-)Undurchlässigkeit *f;* **~méable I.** *a* **1.** wasserdicht; *geol* undurchlässig (*à* gegen); **2.** *fig* unempfindlich (*à* für); **II.** *s m* Regen-, Gummimantel *m;* **~sonnel, le** *a* unpersönlich *a. gram;* **~tinence** *f* Unverschämtheit, Frechheit *f;* **~tinent, e I.** *a* unverschämt, impertinent, frech; **II.** *s m f* Flegel *m*, freche(s) Ding *n;* **~turbable** *a* unerschütterlich; kühl, beherrscht.

impét|igo [ɛ̃petigo] *m med* Eitergrind *m;* **~rant** *m* Empfänger *m;* **~ueux, se** [-tɥø, -øz] *a* **1.** *(Wind)* heftig, stark; **2.** *fig* ungestüm, heftig; **~uosité** [-tɥo-] *f* Heftigkeit *f*, Ungestüm *n*.

impi|e [ɛ̃pi] **I.** *a* gott-, ruchlos; **II.** *s m* Gottlose(r *m*) *f;* **~été** [-pje-] *f* Gott-, Ruchlosigkeit *f;* **~toyable** *a* erbarmungs-, mitleidlos; unbarmherzig; unerbittlich.

implacable [ɛ̃plakabl] *a* **1.** unversöhnlich; **2.** *fig* unerbittlich, erbarmungslos.

implant|ation [ɛ̃plɑ̃tasjɔ̃] *f* **1.** Ansiedlung; Standortwahl *f;* **2.** *(Betriebsanlage)* Planung, Anordnung *f;* **3.** *fig* Verwurzelung, Festsetzung *f*, Fußfassen *n;* **4.** *med* Implantation *f;* — *~ désordonnée de constructions résidentielles* Zersiedelung *f;* **~er I.** *tr* **1.** *(Betrieb)* ansiedeln; **2.** *(Mode)* einführen; **3.** *(Haus)* errichten; **4.** *med* implantieren; **II.** *v prn s'~* **5.** sich ansiedeln; seßhaft werden; **6.** *(Vorurteile)* sich festsetzen; **7.** *(Bräuche)* sich einbürgern; **8.** *(Partei)* Fuß fassen; **9.** *(Waren)* heimisch werden (*sur un marché* auf e-m Markt).

impli|cation [ɛ̃plikasjɔ̃] *f* **1.** Auswirkung *f*, Zurfolgehaben *n;* **2.** Verwick(e)lung *f (in e-e Straftat);* **~cite** [-sit] *a* (mit)einbegriffen; implizit; **~qué, e** *a* verwikkelt (*dans qc* in e-e S), in Zs.hang stehend (*dans* mit); **~quer** *tr* **1.** (mit) verwickeln (*dans qc* in e-e S); **2.** (mit) ein⸗begreifen, -enthalten, ein⸗schließen, implizieren.

implor|ant, e [ɛ̃plɔrɑ̃, -ɑ̃t] *a* flehend; **~ation** *f* Flehen *n;* **~er** *tr* **1.** flehentlich bitten **2.** an⸗flehen.

impoli, e [ɛ̃pɔli] *a* unhöflich; **~tesse** *f* Unhöflichkeit *f*.

impondérab|ilité [ɛ̃pɔ̃derabilite] *f phys* Unwägbarkeit *f;* **~le I.** *a* unwägbar *a. fig;* **II.** *s m pl fig* Imponderabilien *pl*.

impopul|aire [ɛ̃pɔpylɛr] *a* unbeliebt; unpopulär; **~arité** *f* Unbeliebtheit *f*.

import|ance [ɛ̃pɔrtɑ̃s] *f* **1.** Wichtigkeit, Bedeutung *f;* **2.** *(Summe)* Höhe *f; (Schaden)* Umfang *m;* **3.** *d'~* von Bedeutung; gehörig, tüchtig, gewaltig *adv; de grande* od *haute, de peu d'~* von großer, geringer Bedeutung; *de la plus haute* ~ höchst bedeutsam, von größter Bedeutung; *sans* ~ ohne Bedeutung, unbedeutend, unerheblich; **4.** *attacher de l'~ à qc* e-r S *dat* Bedeutung bei=messen; *avoir de l'~* von Bedeutung sein; *prendre des airs d'~* sich auf=spielen, wichtig tun, *fam* an=geben; *prendre de l'~* Bedeutung gewinnen; **~ant, e I.** *a* **1.** bedeutend, wichtig; erheblich, beträchtlich; **2.** gewichtig, angesehen, einflußreich; **II.** *s m* **3.** (die) Hauptsache, (das) Wesentliche; **4.** *faire l'~* sich auf=spielen, wichtig tun, *fam* an=geben; — ~ *pour l'approvisionnement, pour les communications* versorgungs-, verkehrswichtig; **~ateur, trice I.** *a* einführend; Einfuhr-; **II.** *s m* Importeur *m; pays m* ~ Einfuhrland *n;* **~ation** *f* **1.** Einfuhr *f,* Import *m* (*en provenance de* aus); **2.** *fig* Einführung *(e-r Sitte);* Einschleppung *f (e-r Seuche);* **3.** *pl* Einfuhr(menge, -höhe), eingeführte Warenmenge *f;* **4.** *article m d'~* Importartikel *m; commerce m d'~* Einfuhrhandel *m; droits m pl d'~* Einfuhrzoll *m; excédent m d'~* Einfuhrüberschuß *m; firme, maison f d'~* Importfirma *f; restriction f d'~* Einfuhrbeschränkung, -drosselung *f;* **5.** ~ *alimentaire* Lebensmitteleinfuhr *f;* ~ *de marchandises* Wareneinfuhr *f;* ~*s totales* Gesamteinfuhr *f;* **~er I.** *tr* **1.** ein=führen, importieren; **2.** *(Seuche)* ein=schleppen; **II.** *itr* **3.** *(nur unpersönlich)* von Bedeutung, Belang, wichtig sein; e-e Rolle spielen (*à* für); **4.** *cela m'importe beaucoup* das ist sehr wichtig, spielt e-e große Rolle für mich; *il m'importe de, que* es ist mir daran gelegen, kommt mir darauf an zu, daß; *n'importe!* macht nichts! *n'importe où, quand, qui, quoi* irgendwo(hin), -wann, -wer, -was; *peu importe* es spielt keine (große) Rolle; *peu m'importe* das ist mir gleichgültig; *qu'importe?* was tut, macht das, hat das zu sagen? *que vous importe cela?* was geht Sie das an?

import-export [ɛ̃pɔr-ɛkspɔr] *m com* Import-Export *m.*

import|un, e [ɛ̃pɔrtœ̃] **I.** *a* ungelegen; lästig; aufdringlich; **II.** *s m f* lästige(r), aufdringliche(r) Mensch *m;* **~uner** *tr* belästigen (*de* mit); lästig fallen, zur Last fallen (*qn* jdm); beschwerlich sein (*qn* jdm).

impos|able [ɛ̃pozabl] *a* steuerpflichtig; **~ant, e** *a* **1.** großartig, eindrucksvoll; **2.** imponierend, mächtig, gewaltig; **~é, e I.** *a* **1.** besteuert; **2.** *(Preis)* vorgeschrieben; **II.** *s m f* Steuerpflichtige(r *m) f; travail m* ~ Zwangsarbeit *f;* **~er I.** *tr* **1.** auf=zwingen, -drängen, -bürden; auf=erlegen (*qc à qn* jdm e-e S); **2.** besteuern, veranlagen (*pour* für); **3.** *rel (die Hände)* auf=legen; **4.** *typ* aus=schießen; **II.** *itr: en* ~ *à qn* jdm imponieren; **III.** *v prn s'~* **5.** sich auf=drängen (*à* dat), sich durch=setzen; **6.** *(Maßnahme)* zwingend geboten, notwendig sein; **7.** *(Person)* sich durchsetzen, sich behaupten; — ~ *silence à qn* jdn zum Schweigen bringen; *une visite s'impose! (com)* ein Besuch lohnt sich (immer)! *ça s'impose! (fam)* es bleibt nichts anderes übrig; **~ition** *f* **1.** *rel (Hand)* Auflegen *n;* **2.** Be-, Versteuerung; steuerliche Erfassung, Belastung *f;* **3.** *typ* Ausschießen *n;* **4.** *année f d'~* Steuer-, Veranlagungsjahr *n; avis m d'~* Steuerbescheid *m; double* ~ Doppelbesteuerung *f;* ~ *sur les revenus* Veranlagung *f* zur Einkommensteuer.

impossib|ilité [ɛ̃pɔsibilite] *f* Unmöglichkeit *f; être, se trouver dans l'~* nicht in der Lage sein (*de* zu); **~le I.** *a* **1.** unmöglich (*à* zu); **2.** *fam (übertreibend)* ausgeschlossen; *fam* unwahrscheinlich; **II.** *s m* (das) Unmögliche; (das) Menschenmögliche; *nous ferons l'~* wir werden das Menschenmögliche tun.

imposteur [ɛ̃pɔstœr] *m* Betrüger; Schwindler, Heuchler; Hochstapler *m.*

impôt [ɛ̃po] *m* **1.** Steuer, Abgabe, Gebühr *f;* **2.** *frapper, grever d'~s* mit Steuern belasten; **3.** *déclaration f d'~* Steuererklärung *f; exempt, exonéré d'~* steuerfrei; **4.** ~ *sur les acquisitions immobilières* Grunderwerbsteuer *f;* ~ *sur l'alcool* Branntweinsteuer *f;* ~ *sur les bénéfices* Ertrags-, Gewinnsteuer *f;* ~ *sur les boissons* Getränkesteuer *f;* ~ *sur le capital* Kapital-, Vermögenssteuer *f;* ~ *sur le chiffre d'affaires* Umsatzsteuer *f;* ~ *de consommation* Verbrauchssteuer *f;* ~ *foncier* Grundsteuer *f;* ~ *de luxe, somptuaire* Luxussteuer *f;* ~ *sur le revenu* Einkommensteuer *f;* ~ *sur les salaires* Lohnsteuer *f;* ~ *sur les spectacles* Vergnügungssteuer *f;* ~ *sur les successions, successoral* Erbschaftssteuer *f;* ~ *sur les véhicules, voitures, automobiles* Kraftfahrzeugsteuer *f.*

impoten|ce [ɛ̃pɔtɑ̃s] *f med* Bewegungsunfähigkeit *f;* **~t, e I.** *a* gelähmt; bewegungsunfähig; **II.** *s m f* Körperbehinderte(r *m) f.*

impracticable [ɛ̃pratikabl] *a* **1.** unaus-, undurchführbar; **2.** *(Weg)* ungangbar, unbefahrbar.

impré|cis, e [ɛ̃presi] *a* ungenau, inexakt; vage, verschwommen; **~cision** *f* Ungenauigkeit; Verschwommenheit *f;* **~gnation** [-ɲa-] *f* **1.** Imprägnierung *f;* **2.** *fig* Beeinflussung *f;* — *taux m d'~* Promillegrenze *f;* **~gner I.** *tr* **1.** (durch-)tränken; imprägnieren; sättigen (*de* mit); **2.** *fig* erfüllen; **II.** *v prn s'~ de* **3.** sich mit etw vollsaugen; **4.** *fig* sich mit etw identifizieren.

imprenable [ɛ̃prənabl] *a* **1.** uneinnehmbar; **2.** *(Aussicht)* unverbaubar.
imprescriptible [ɛ̃prɛskriptibl] *a* **1.** unverjährbar; **2.** *allg* unantastbar.
impression [ɛ̃prɛsjɔ̃] *f* **1.** *fig* Eindruck *m;* **2.** *tech typ* (Ein-, Ab-)Druck *m;* Drucklegung *f;* **3.** *(Textil)* Bedrucken *n;* **4.** *(Malerei)* Grundierung *f;* **5.** *donner une* ~ e-n Eindruck vermitteln; *faire (une)* ~ Eindruck machen; **6.** *erreur, faute f d'*~ Druckfehler *m;* **~nable** *a* empfindlich, sensibel; reizbar; **~nant, e** *a* eindrucksvoll; **~ner** *tr* **1.** ein≈wirken (*qc* auf e-e S); **2.** *fig* beeindrucken, Eindruck machen, wirken, e-e (starke) Wirkung aus≈üben (*qn* auf jdn); **3.** *(Film)* belichten; **~nisme** *m (Kunst)* Impressionismus *m.*
imprév|isible [ɛ̃previzibl] *a* unvorhersehbar; **~oyance** [-vwajɑ̃s] *f* Sorglosigkeit *f;* **~oyant, e** *a* sorglos, unbesorgt, kurzsichtig; **~u, e** *a* unvorhergesehen, unerwartet, überraschend; — *en cas d'*~ falls etw dazwischenkommt; *sauf* ~ wenn nichts dazwischenkommt.
imprim|able [ɛ̃primabl] *a* druckreif; **~ante** *f (EDV)* Schnelldrucker *m;* **~atur** [-atyr] *m inv* Druckerlaubnis *f,* Imprimatur *n;* **~é, e I.** *a* **1.** gedruckt (vorliegend); **2.** *(Stoff)* bedruckt; **II.** *s m* **1.** Druckwerk *n,* -schrift, -sache *f;* **2.** Formular, Formblatt *n,* Vordruck *m;* — ~ *publicitaire* Werbedruck(sache *f*) *m;* **~er** *tr* **1.** (ab≈, be)drucken; **2.** *(Bewegung)* mit≈teilen; *(Richtung)* geben; **3.** *fig (e-n Stempel)* auf≈prägen (*à l'esprit, à l'âme de qn* jdm); **~erie** *f* Buchdruck(erkunst *f*) *m;* (Buch-)Druckerei *f;* **~eur** *m* (Buch-)Drucker *m.*
impro|babilité [ɛ̃prɔbabilite] *f* Unwahrscheinlichkeit *f;* **~bable** *a* unwahrscheinlich; **~ductif, ive** *a* unwirtschaftlich; unproduktiv; unergiebig.
impro|mptu [-ɛ̃prɔ̃pty] **I.** *adv* aus dem Stegreif; **II.** *a inv* improvisiert, unvorbereitet; **III.** *s m* **1.** Stegreifgedicht, *theat* -stück *n;* **2.** *mus* Impromptu *n;* **3.** *(Psychologie)* Happening *n;* **~pre** [-prɔpr] *a* **1.** ungeeignet, untauglich (*à* zu); **2.** *(Wort, Ausdruck)* unpassend, sinnentstellend; **~priété** *f* falsche(r) Gebrauch *m;* **~visateur, trice I.** *a* Stegreif-; **II.** *s m* Improvisator; Stegreifdichter *m;* **~visation** *f* Improvisation; Stegreifdichtung *f,* -spiel *n;* **~viser I.** *tr* aus dem Stegreif sprechen *od* dichten *od mus* spielen; **II.** *itr* improvisieren; **~viste** *adv: à l'*~ unerwartet, unvermutet.
impruden|ce [ɛ̃prydɑ̃s] *f* **1.** Unklugheit, Unvorsichtigkeit, Unbesonnenheit *f;* **2.** Fahrlässigkeit *f;* — *homicide m, blessure f par* ~ fahrlässige Tötung, Körperverletzung *f;* **~t, e** *a* unklug, unvorsichtig, unbesonnen.
impud|ence [ɛ̃pydɑ̃s] *f* Unverschämtheit, Schamlosigkeit *f;* **~ent, e** *a* unverschämt, schamlos, frech; **~eur** *f* Schamlosigkeit *f;* **~ique** *a* unkeusch, unzüchtig.
impuissan|ce [ɛ̃pɥisɑ̃s] *f* **1.** Unvermögen *n,* Machtlosigkeit, Ohnmacht *f fig;* **2.** *(Bemühen)* Vergeblichkeit *f;* **3.** *med* Zeugungsunfähigkeit, Impotenz *f;* **~t, e** *a* **1.** machtlos, ohnmächtig *fig;* **2.** unfähig, nicht imstande; **3.** *(Bemühungen)* vergeblich; **4.** *med* impotent.
impuls|er [ɛ̃pylse] *tr* Anregungen geben (*qn* jdm); motivieren; **~if, ive I.** *a* impulsiv; **II.** *s m f* impulsive(r) Mensch *m;* **~ion** [-sjɔ̃] *f* **1.** *phys* (An-)Stoß; Impuls *m;* **2.** *fig* (An-)Trieb, Drang *m;* Betreiben *n,* Veranlassung *f;* — *sous l'*~ *de qn* auf jds Betreiben, Veranlassung; *donner une* ~ in Schwung setzen, *fig* bringen; an≈kurbeln.
impun|ément [ɛ̃pynemɑ̃] *adv* ungestraft, straflos; ohne nachteilige Folgen; **~i, e** *a* unbe-, ungestraft, straflos; **~ité** *f* Straflosigkeit *f.*
impur, e [ɛ̃pyr] *a* **1.** unrein *a. rel fig;* **2.** *fig* unkeusch, unzüchtig, unsittlich; **~eté** *f* **1.** Unreinheit *a. rel fig;* **2.** *fig* Unkeuschheit, Unzucht *f.*
imput|able [ɛ̃pytabl] *a* **1.** zuzuschreiben(d), zurückzuführen(d) (*à* auf *acc*); **2.** *(Vorteil, Summe)* anzurechnen(d) (*sur* auf *acc*); **3.** *com* abzuziehen(d), zu Lasten (*sur* von); **~ation** *f* **1.** *jur* Beschuldigung *f;* **2.** *com* Anrechnung *f* (*à, sur* auf *acc*); — ~ *de qc à un compte* Belastung *f* e-s Kontos mit etw; **~er** *tr* **1.** zu≈schreiben, zur Last legen, auf≈bürden (*qc à qn* jdm e-e S); **2.** *com* an≈rechnen (*sur* auf *acc*).
in [in] *a inv fam: être* ~ in sein.
inabordable [inabɔrdabl] *a* **1.** *(Küste)* ohne Landungsmöglichkeit; **2.** *(Ort)* unzugänglich; **3.** *fig* unerreichbar; **4.** *(Preis)* unerschwinglich.
inacc|eptable [inaksɛptabl] *a* unannehmbar; **~essible** [-ksɛsibl] *a* **1.** unzugänglich; unerreichbar; **2.** *(Person)* unnahbar (*à* für).
inaccoutumé, e [inakutyme] *a* ungewohnt, nicht gewohnt (*à qc* e-e S); ungewöhnlich.
inachevé, e [inaʃve] *a* unvollendet, unfertig.
inact|if, ive [inaktif, -iv] *a* **1.** tatenlos, untätig; **2.** *(Handel)* stagnierend; **3.** *med* unwirksam; **~ion** [-sjɔ̃] *f* Untätigkeit *f;* **~ivité** *f* **1.** Tatenlosigkeit, Untätigkeit *f;* **2.** *(Beamter)* Wartestand *m;* **~ualité** *f* mangelnde Aktualität *f;* **~uel, le** [-tɥɛl] *a* unzeitgemäß.
inad|aptation [inadaptasjɔ̃] *f* mangelnde Anpassungsfähigkeit *f;* **~apté, e** *a* **1.** nicht anpassungsfähig; **2.** *(Kind)* verhaltensgestört; behindert; **~missible** *a*

unzulässig, unstatthaft; **~vertance** *f* Unachtsamkeit *f; par ~* aus Versehen, versehentlich.

inal|iénable [inaljenabl] *a* unveräußerlich; **~térable 1.** unveränderlich; **2.** *fig* unwandelbar, unerschütterlich, unverbrüchlich.

inam|ical, e [inamikal] *a* unfreundlich; **~ovible** *a (Beamter)* unkündbar, unabsetzbar.

inani|mé, e [inanime] *a* leblos *a. fig;* **~té** *f* Nichtigkeit; Nutzlosigkeit *f;* **~tion** [-sjɔ̃] *f* Entkräftung, Erschöpfung *f.*

inaperçu, e [inapɛrsy] *a* unbemerkt.

inapplicable [inaplikabl] *a* nicht anwendbar; *(Plan)* undurchführbar.

inappréciable [inapresjabl] **1.** *(Unterschied)* verschwindend gering, geringfügig; **2.** *(Vorteil)* unschätzbar.

inapt|e [inapt] *a* **1.** ungeeignet (*à* für, zu); **2.** *mil* untauglich; **~itude** *f* **1.** Ungeeignetheit *f;* **2.** *mil* Untauglichkeit *f;* — *~ au service, au travail* Dienst-, Arbeitsunfähigkeit *f.*

inarticulé, e [inartikyle] *a* undeutlich, unartikuliert.

inatt|aquable [inatakabl] *a* unangreifbar *a. fig;* unanfechtbar; **~endu, e** *a* unerwartet, überraschend, plötzlich; **~entif, ive** *a* unaufmerksam, unachtsam; **~ention** *f* Unaufmerksamkeit, Unachtsamkeit *f; faute, erreur f d'~* Flüchtigkeitsfehler *m.*

inaudible [inodibl] *a* **1.** unhörbar; **2.** *(Seufzer)* kaum vernehmbar; **3.** *(Musik)* nicht anzuhören(d).

inaugur|al, e [inɔ(o)gyral] *a* Einweihungs-, Eröffnungs-; Antritts-; *cérémonie f ~e* Einweihungs-, Eröffnungsfeier *f; discours m ~* Antrittsrede *f;* **~ation** *f* **1.** Einweihung, Eröffnung *f;* **2.** *fig* Anfang, Beginn, Auftakt *m* (*de* zu); — *discours m d'~* Einweihungs-, Eröffnungs-, Antrittsrede *f;* **~er** *tr* **1.** ein=weihen, eröffnen *a. fig;* **2.** *fig* ein=leiten, ein=führen.

inavou|able [inavwabl] *a* den, die, das man nicht ein=gestehen, an=, zu=geben kann; **~é, e** *a (Gefühl)* uneingestanden.

incalculable [ɛ̃kalkylabl] *a* **1.** unermeßlich, unübersehbar; **2.** unberechenbar.

incan|descence [ɛ̃kɑ̃dɛsɑ̃s] *f* Weißglut *f;* **~descent, e** *a* weißglühend; **~tation** *f* Zauber(spruch) *m.*

incap|able [ɛ̃kapabl] **I.** *a* **1.** unfähig, nicht imstande (*de* zu); **2.** *jur* geschäftsunfähig; **II.** *s m f* (*jur* Geschäfts-)Unfähige(r *m*) *f; ~ de travailler* arbeitsunfähig; **~acité** [-si-] *f* (*jur* Geschäfts-)Unfähigkeit; Erwerbsunfähigkeit *f; ~ de travail* Arbeitsunfähigkeit *f.*

incar|cération [ɛ̃karserasjɔ̃] *f* Inhaftierung *f;* **~cérer** *tr* inhaftieren; **~nat, e** [-a, -at] *a* fleisch-, blutrot; **~nation** *f* **1.** *rel* Inkarnation *f;* **2.** *fig* Verkörperung *f;* **~né, e 1.** *fig* personifiziert; **2.** *rel* inkarniert; **3.** *med: ongle m ~* eingewachsene(r) Nagel *m;* **~ner I.** *tr theat film (Rolle)* verkörpern; **II.** *v prn s'~* **1.** *(rel)* Mensch, Fleisch werden; **2.** *fig* sich verkörpern, Gestalt an=nehmen (*dans* in *dat*); **~tade** *f* Dummheit, Eselei *f.*

incassable [ɛ̃kasabl] *a* (fast) unzerbrechlich; bruchsicher.

incendi|aire [ɛ̃sɑ̃djɛr] **I.** *a* **1.** Brand-; Zünd-; **2.** *fig* aufrührerisch, revolutionär; **3.** *(Blick)* aufreizend; **II.** *s m* Brandstifter *m; article m ~* Hetzartikel *m;* **~e** [-di] *m* Feuersbrunst *f,* (Groß-, Schaden-)Feuer *n,* (Groß-)Brand *m;* — *bouche f d'~* Hydrant *m; foyer m d'~* Brandherd *m; ~ de chambre, de comble, de forêt* Zimmer-, Dachstuhl-, Waldbrand *m;* **~é, e** *a* abgebrannt; **~er** *tr* **1.** in Brand stecken; an=zünden, ein=äschern; **2.** *pop* mit Vorwürfen überhäufen.

incert|ain, e [ɛ̃sɛrtɛ̃, -ɛn] *a* **1.** unsicher, ungewiß, zweifelhaft; unbestimmt *(a. Farbe);* **2.** *(Wetter)* unbeständig, veränderlich; **3.** schwankend; unschlüssig; **~itude** *f* **1.** Ungewißheit; Unbeständigkeit *f (a. Wetter);* **2.** Unschlüssigkeit *f;* — *tenir qn dans l'~* jdn im ungewissen lassen.

incess|amment [ɛ̃sɛsamɑ̃] *adv* unverzüglich, sogleich, -fort; **~ant, e** *a* (be)ständig, stetig; nicht enden wollend; **~ible** *a jur* nicht übertragbar.

incest|e [ɛ̃sɛst] *m* Blutschande *f,* Inzest *m;* **~ueux, se** [tyø, -øz] *a* blutschänderisch.

inchangé, e [ɛ̃ʃɑ̃ʒe] *a* unverändert.

incid|emment [ɛ̃sidamɑ̃] *adv* nebenbei, -her, beiläufig; **~ence** [-dɑ̃s] *f* **1.** Folge *f;* (Aus-, Nach-)Wirkung *f,* Nachhall *m;* Einwirken *n;* **2.** *phys* Einfallen *n;* **~ent, e I.** *a* **1.** gelegentlich, beiläufig; **2.** *gram* eingeschoben; **3.** *phys* einfallend; **II.** *s m* **1.** Zwischenfall *m,* Störung, Unterbrechung *f;* **2.** *s f u. proposition f ~e (gram)* eingeschobene(r) Satz *m; ~ de frontière* Grenzzwischenfall *m; ~ de parcours* Panne *f,* Pech *n; ~ technique* Betriebsstörung *f.*

incinér|ateur [ɛ̃sineratœr] *m* Müllverbrennungsanlage *f;* **~ation** *f* **1.** *chem* Veraschen *n;* **2.** Einäscherung, Feuerbestattung *f;* **~er 1.** veraschen; **2.** ein=äschern.

incis|e [ɛ̃siz] *f gram* eingeschobene(r) Satz *m;* **~er** *tr* ein=schneiden, e-n Einschnitt machen (*qc* in e-e S); **~if, ive I.** *a fig* schneidend, bissig; **II.** *s f (dent) ~ive* Schneidezahn *m;* **~ion** *f* Einschnitt *m.*

incit|ation [ɛ̃sitasjɔ̃] *f* An-, Aufreizung; Aufstachelung; Verleitung, Verführung *f a. jur;* **~er** *tr* **1.** an=reizen; auf=stacheln, -hetzen; verleiten, verführen; **2.** an=regen (*à* zu).

inclin|aison [ɛ̃klinɛzɔ̃] *f* **1.** Neigung *f;* Gefälle *n;* **2.** Schräg(ein)stellung, -lage; **3.** *(Magnetnadel)* Inklination *f;* **~ation** *f* **1.** Verneigung, Verbeugung *f;* **2.** *fig* (Zu-)Neigung *f,* Hang *m;* Liebe *f;* — *par* **~** aus Neigung; *avoir de l'~* sich hingezogen fühlen (*pour* zu); **~é, e** *a* geneigt, abfallend; schräg; **~er I.** *tr* neigen; schräg= stellen; **II.** *itr* tendieren, neigen (*à* zu); **III.** *v prn s'~* **1.** sich verneigen, sich verbeugen *a. fig;* **2.** sich neigen; sich beugen (*devant un argument* e-m Argument).

inclu|re [ɛ̃klyr] *tr* ein=schließen, -schalten, -fügen; ein=legen (*dans une lettre* in e-n Brief); **~s, e** [-kly, -ys] *a* einschließlich; *ci-~, e* anbei, als Anlage; **~sion** *f* Einschließung *f;* Einbegriffen-, Einbezogensein *n;* **~sivement** *adv* einschließlich.

incognito [ɛ̃kɔɲito, -ɔgn-] *adv* inkognito; *garder l'~* das Inkognito bewahren.

incohéren|ce [ɛ̃kɔerɑ̃s] *f* Zs.hanglosigkeit *f;* **~t, e** *a* unzs.hängend, zs.hanglos.

incollable [ɛ̃kɔlabl] *a fam (Kandidat)* unschlagbar.

incolore [ɛ̃kɔlɔr] farblos *a. fig (Stil).*

incomb|er [ɛ̃kɔ̃be] *tr* obliegen; zu=kommen (*à qn* jdm); *il lui incombe de (Inf)* es obliegt ihm, zu *Inf;* **~ustible** *a* unverbrennbar, feuerfest.

incomm|ensurable [ɛ̃kɔm(m)ɑ̃syrabl] *a* **1.** *math* inkommensurabel; **2.** *fig* maßlos, gewaltig; **~odant, e** [-mɔ-] *a* lästig (*pour qn* jdm), störend; **~ode** *a* unbequem; lästig, beschwerlich; **~oder** *tr* belästigen, stören; **~odité** *f* Unbequemlichkeit, Unzweckmäßigkeit *f;* **~unicable** *a* **1.** nicht mitteilbar; **2.** *(Bereiche)* unvereinbar; **3.** *jur* nicht übertragbar.

incomp|arable [ɛ̃kɔ̃parabl] *a* unvergleichlich, unübertrefflich; **~atibilité** *f* **1.** Unvereinbarkeit *f;* **2.** *med* Unverträglichkeit *f;* **~atible** *a* **1.** unvereinbar (*avec* mit); **2.** unverträglich; — *être ~ avec qc* nicht zu etw passen, etw aus= schließen; **~étence** *f* **1.** *jur* Unzuständigkeit *f;* **2.** Ungeeignetheit *f;* **~étent, e** *a* **1.** unzuständig; **2.** inkompetent, ungeeignet; — *se déclarer ~* sich für unzuständig erklären.

incomplet, ète [ɛ̃kɔ̃plɛ, -ɛt] *a* unvollständig; lückenhaft; unvollkommen.

incom|préhensible [ɛ̃kɔ̃preɑ̃sibl] *a* unverständlich, unbegreiflich, *fam* rätsel-, schleierhaft; **~préhension** *f* Verständnislosigkeit *f;* **~pressible** *a* **1.** nicht zs.drückbar, unelastisch; **2.** *(Bedürfnisse)* nicht einschränkbar; **~pris, e** [-i, -iz] *a* **1.** unverstanden *(a. ironisch);* **2.** *(Genie)* verkannt.

incon|cevable [ɛ̃kɔ̃s(ə)vabl] *a* unerklärlich, unfaßbar; **~ciliable** *a* unvereinbar (*avec* mit); **~ditionnel, le I.** *a* **1.** unbedingt, bedingungslos; **2.** *(Bewunderung)* grenzenlos; **3.** *(Anhänger)* fanatisch; unnachgiebig; **II.** *s m* fanatische(r) Anhänger *m;* **~duite** *f* schlechte(r) Lebenswandel *m;* **~fort** *m* mangelnde Bequemlichkeiten *f pl;* **~fortable** *a* unbequem, ungemütlich; **~gru, e** *a* unpassend, ungebührlich, ungehörig; unschicklich.

inconn|aissable [ɛ̃kɔnɛsabl] **I.** *a* unerkennbar (*à qn* für jdn); **II.** *s m* (das) Unerforschliche; **~u, e I.** *a* unbekannt (*à qn* für jdn); **II.** *s m f* Unbekannte(r *m*) *f; m* (das) Unbekannte; *f math* Unbekannte *f.*

incon|sciemment [ɛ̃kɔ̃sjamɑ̃] *adv* unbewußt; ahnungslos; **~science** *f* **1.** Bewußtlosigkeit *f;* **2.** Unbewußtheit *f;* **3.** Leichtfertigkeit *f;* **~scient, e** [-sjɑ̃, -ɑ̃t] **I.** *a* **1.** unbewußt; **2.** unüberlegt, leichtfertig; **3.** *med* bewußtlos; **II.** *s m* (das) Unbewußte; **~séquence** *f* Inkonsequenz, mangelnde Folgerichtigkeit *f;* **~séquent, e** *a* inkonsequent, nicht folgerichtig; **~sidéré, e** *a* unüberlegt, unbedacht, übereilt; **~sistance** [-sis-] *f* **1.** mangelnde Folgerichtigkeit *f;* **2.** Haltlosigkeit, Unbeständigkeit *f;* **~sistant, e** *a* **1.** *(Argument)* nicht stichhaltig; **2.** *fig* unbeständig, haltlos; **~solable** [-sɔ-] *a* untröstlich.

incon|stance [ɛ̃kɔ̃stɑ̃s] *f* **1.** Unbeständigkeit *f,* Wankelmut *m;* **2.** Untreue, Treulosigkeit *f;* **~stant, e** *a* **1.** unzuverlässig, wankelmütig; **2.** treulos, untreu; **~stitutionnalité** *f* Verfassungswidrigkeit *f;* **~stitutionnel, le** *a* verfassungswidrig; **~structible** *a* mit Bauverbot belegt.

incon|testable [ɛ̃kɔ̃tɛstabl] *a* unbestreitbar; **~testablement** *adv* ganz offensichtlich, unstreitig; **~testé, e** *a* unbestritten; **~tinence** *f* **1.** *med* Inkontinenz *f;* **2.** *~ de langage* Geschwätzigkeit *f;* **~trôlable** *a* unkontrollierbar, nicht nachprüfbar.

incon|venance [ɛ̃kɔ̃vnɑ̃s] *f* Ungebührlichkeit, Unschicklichkeit *f;* **~venant, e** *a* unpassend, ungebührlich, ungehörig, unschicklich; **~vénient** *m* **1.** Miß-, Übelstand; Nachteil *m;* **2.** *pl* Unzuträglichkeiten *f pl;* **3.** *sans ~* ohne Schwierigkeit; — *je n'y vois pas d'~* ich habe nichts dagegen; **~vertible** *a com* nicht konvertierbar, nicht einlös-, umtauschumwechselbar.

incoordination [ɛ̃kɔɔrdinasjɔ̃] *f* **1.** mangelnde Koordination *f;* **2.** *med* Koordinationsstörung *f.*

incorp|oration [ɛ̃kɔrpɔrasjɔ̃] *f* **1.** Einverleibung, Eingliederung, Aufnahme *f;* **2.** *mil* Einberufung *f;* **~orel, le** *a* **1.** unkörperlich; **2.** *(Güter)* immateriell; **~orer I.** *tr* **1.** bei=mengen, zu=setzen (*qc* *dans, avec, à qc* e-r S etw), einarbeiten; **2.** *fig* ein=verleiben, ein=gliedern, auf=nehmen; **3.** *(Rekruten)* ein=ziehen; **4.** *tech* ein=bauen; **II.** *v prn s'~* **5.** sich vermengen (*dans, à qc* mit etw); **6.** *fig* sich eingliedern (*à, dans qc* in etw).

incorr|ect, e [ɛ̃kɔrɛkt] *a* **1.** unrichtig, fehlerhaft; **2.** unkorrekt; grob, unhöflich; **~ection** [-sjɔ̃] *f* **1.** Unrichtigkeit, Fehlerhaftigkeit *f;* **2.** Unkorrektheit *f;* unkorrekte(s) Verhalten *n;* Grobheit, Unhöflichkeit *f;* **~igible** *a* unverbesserlich; **~uptible** *a* **1.** *(Substanz)* unvergänglich; **2.** *(Person)* unbestechlich.

incréd|ule [ɛ̃kredyl] **I.** *a* ungläubig; skeptisch; **II.** *s m f* Ungläubige(r) *f;* **~ulité** *f* Ungläubigkeit *f;* Unglaube *m;* Skepsis *f.*

increvable [ɛ̃krəvabl] *a* **1.** *(Reifen)* schlauchlos; **2.** *fig pop* unermüdlich, unverwüstlich.

incriminer [ɛ̃krimine] *tr* **1.** *(Sache)* beanstanden; **2.** *(Person)* an=, beschuldigen, etw zur Last legen (*qn* jdm); für etw verantwortlich machen.

incro|chetable [ɛ̃krɔʃtabl] *a* *(Türschloß)* einbruchsicher; **~yable** [ɛ̃krwaj-] *a* unglaublich, unerhört; **-yant, e** [ɛ̃krwajɑ̃, -ɑ̃t] **I.** *a* ungläubig; **II.** *s m f* Ungläubige(r *m*) *f.*

incrust|ation [ɛ̃krystasjɔ̃] *f* **1.** *arch (Kunst)* eingelegte Arbeit *f;* **2.** *(Kleid)* Einsatz *m,* Inkrustierung *f;* **3.** *geol* Ablagerung *f;* **4.** Kesselstein *m;* **~er I.** *tr* **1.** inkrustieren, aus=, be-, ein=legen (*de* mit); **2.** Ablagerungen bilden (*qc* auf e-e S), übersintern; **II.** *v prn s'~* **3.** sich mit e-r Kruste, sich mit Kesselstein überziehen; **4.** *fig fam (Meinung)* sich fest=setzen; **5.** *(Person)* sich ein=nisten; **6.** *(Besuch)* Wurzel schlagen (*chez qn* bei jdm).

incub|ateur, trice [ɛ̃kybatœr, -tris] **I.** *a* Brut-; **II.** *s m* Brutkasten, Inkubator *m;* **~ation** *f* **1.** Bebrütung *f,* Brüten *n;* **2.** *med* Inkubationszeit *f;* **3.** *fig* Vorbereitung *f.*

incul|pation [ɛ̃kylpasjɔ̃] *f* An-, Beschuldigung *f;* **~pé, e** *m f* Ange-, Beschuldigte(r *m*) *f;* **~per** *tr* an=, beschuldigen, zur Last legen (*qn de qc* jdm etw); **~quer** *tr* ein=schärfen, *fam* ein=trichtern (*qc à qn* jdm etw); **~te** *a* **1.** *agr* brachliegend; Brach-; **2.** ungepflegt, vernachlässigt *a. fig;* **3.** *fig* ungebildet, roh; **~ture** *f* Mangel *m* an Bildung.

incunable [ɛ̃kynabl] *m* Wiegendruck *m.*

incur|able [ɛ̃kyrabl] *a* **1.** unheilbar; **2.** *fig* unverbesserlich; **~ie** *f* Nachlässigkeit *f;* Schlendrian *m,* Schlamperei *f;* **~sion** *f* **1.** *(feindlicher)* Einfall, Streifzug (*dans* in *acc*) *a. fig;* **2.** *fig* Übergriff *m* (*dans* auf *acc*); **~ver** *tr* biegen; krümmen.

indé|cence [ɛ̃desɑ̃s] *f* Anstößigkeit, Unanständigkeit *f; avoir l' ~ de faire qc* die Frechheit besitzen, etw zu tun; **~cent, e** *a* **1.** anstößig, unanständig; **2.** schamlos; *(Glück)* unverschämt; **~chiffrable 1.** nicht zu entziffern(d); unleserlich; **2.** *fig* unerklärlich, rätselhaft; **~cis, e** [-si, -iz] **I.** *a* **1.** unentschieden; *(Problem)* ungelöst; **2.** unentschlossen; unschlüssig; **3.** unbestimmt, undeutlich; **II.** *s m* (das) Unbestimmte; **~cision** *f* Unentschlossenheit, Unschlüssigkeit *f.*

indé|clinable [ɛ̃deklinabl] *a gram* undeklinierbar; **~composable** *a* unzerlegbar; **~crottable** *a. fig* unverbesserlich; **~fectible** *a* unvergänglich; unwandelbar; **~fendable** *a* **1.** *mil* nicht zu verteidigen(d); **2.** *fig* unhaltbar; **~fini, e** *a* unbestimmt *a. gram;* unbegrenzt; **~finiment** *adv* unbegrenzt; auf unbestimmte Zeit; **~finissable** *a* **1.** nicht definierbar; **2.** *fig* unerklärlich, unbegreiflich; **~formable** *a* formbeständig; **~lébile** *a* **1.** *(Fleck)* nicht zu entfernen(d); *(Farbe)* echt; *(Lippenstift)* kußfest, -echt; **2.** *fig* unauslöschlich; unvergänglich; **~licat, e** [-a, -at] *a* takt-, rücksichtslos; unehrlich; **~licatesse** *f* Takt-, Rücksichtslosigkeit; Unehrlichkeit *f;* **~maillable** [-ja-] *a (Gewebe)* maschenfest.

indemn|e [ɛ̃dɛmn] *a* unverletzt; *sortir ~ d'un accident* bei e-m Unfall nicht zu Schaden kommen; **~isation** *f* **1.** Entschädigung *f,* Schadenersatz *m;* **2.** Kostenerstattung, Vergütung; Abfindung *f;* **~iser** *tr* entschädigen (*de qc* für etw); Schadenersatz leisten (*qn de qc* jdm für etw); **~ité** *f* **1.** Entschädigung *f;* Schadenersatz *m;* Vergütung *f;* **2.** Abfindung(ssumme) *f;* **3.** *accorder* od *allouer, recevoir une ~* e-e Entschädigung gewähren, erhalten; *avoir droit à une ~* Anspruch auf Entschädigung *(acc)* haben; *réclamer une ~* Entschädigung verlangen; **4.** *~ de casse-croûte* Verpflegungsgeld *n; ~ de chômage-intempéries* Schlechtwettergeld *n; ~ de déplacement* Reisekostenvergütung *f; ~ journalière* Tage-, Krankengeld *n; ~ kilométrique* Kilometergeld *n; ~ de logement* Wohnungsgeld *n; ~ parlementaire* Diäten *pl; ~ de représentation* Aufwandsentschädigung *f; ~ de retard* Säumniszuschlag *m; ~ de risques* Gefahrenzulage *f; ~ de vie chère* Teuerungszulage *f.*

indé|montrable [ɛ̃demɔ̃trabl] *a* nicht beweisbar; **~niable** *a* unleugbar.

indé|pendance [ɛ̃depɑ̃dɑ̃s] *f* **1.** Unabhängigheit, Freiheit *f;* **2.** Selbständigkeit *f;* **~pendant, e** *a* **1.** unabhängig; selbständig; freiheitsliebend; **2.** *tech* freistehend; **3.** *(Zimmer)* mit eigenem Eingang; **~sirable I.** *a* unerwünscht; lästig; **II.** *s m f* unerwünschte Person *f.*

indes|criptible [ɛ̃dɛskriptibl] *a* unbeschreiblich; ~**tructible** *a* unzerstörbar.

indétermin|ation [ɛ̃detɛrminɑsjɔ̃] *f* **1.** Unbestimmtheit *f;* **2.** Unentschlossenheit, Unschlüssigkeit *f;* ~**é, e** *a* unbestimmt.

index [ɛ̃dɛks] *m* **1.** Zeigefinger *m;* **2.** *(Buch)* Register *n;* **3.** *math* Kennziffer; Richtzahl *f;* **4.** *tech* Zeiger *m;* **5.** *I~ (rel)* Index *m;* — *être à l'~* auf dem Index, *fig* auf der schwarzen Liste stehen; ~**age** *m (EDV)* Indexierung *f;* ~**ation** *f* Anpassung *f* an den Lebenshaltungsindex; ~**er** *tr* dem Lebenshaltungsindex an=passen.

indic [ɛ̃dik] *m arg* (Polizei-)Spitzel *m;* ~**ateur, trice I.** *a* anzeigend; **II.** *s m* **1.** (An-)Zeiger *m;* Anzeige-, Meßgerät *n;* Indikator *m a. chem;* **2.** Verzeichnis; Kursbuch *n;* Fahrplan *m (in Heftform);* **3.** (Polizei-)Spitzel *m;* **4.** ~ *d'altitude* Höhenmesser *m;* ~ *(de changement) de direction (mot)* Fahrtrichtungsanzeiger *m;* ~ *de conjoncture* Konjunkturbarometer *n;* ~ *de niveau d'eau, d'essence, d'huile* Wasser-, Benzin-, Ölstandsmesser *m;* ~ *de vitesse* Geschwindigkeitsmesser *m;* ~**atif, ive I.** *a* anzeigend; **II.** *s m* **1.** Kennzeichen *n;* **2.** *tele* Vorwahlnummer; Ortsnetzkennzahl *f; radio* Pausenzeichen *n;* **3.** *gram* Indikativ *m; à titre* ~ zur Unterrichtung; *prix m* ~ Richtpreis *m;* ~**ation** *f* **1.** Anzeichen, Merkmal *n;* **2.** Hinweis, Wink *m,* Andeutung *f;* **3.** *med* Indikation *f;* **4.** *sauf* ~ *contraire* falls nichts anderes angegeben ist; **5.** ~ *d'heure (radio)* Zeitangabe, -ansage *f;* ~ *du lieu* Ortsangabe *f;* ~ *d'origine* Ursprungsbezeichnung *f;* ~ *de poids* Gewichtsangabe *f;* ~ *du prix* Preisangabe *f.*

indic|e [ɛ̃dis] *m* **1.** (An-, Kenn-)Zeichen; Merkmal *n,* Anhaltspunkt *m;* **2.** Kennziffer *f;* Index *m a. math;* **3.** *com* Meß-, Richtzahl *f;* **4.** *pl jur* Indizien *n pl;* **5.** ~ *du coût de la vie, des prix de gros* Lebenshaltungs-, Großhandelsindex *m;* ~ *de la production* Produktionsindex *m;* ~**ible** [-si-] *a* unsäglich, unaussprechlich, unbeschreiblich.

indien, ne [ɛ̃djɛ̃, -ɛn] **I.** *a* indisch; indianisch; **II.** *s* **1.** *m f I~* Inder(in *f*) *m;* Indianer(in *f*) *m;* **2.** *f* bedruckte(r) Kattun *m.*

indifférent|emment [ɛ̃diferamɑ̃] *adv* unterschiedslos; in gleicher Weise; ~**ence** *f* Indifferenz *f;* Gleichgültigkeit; Teilnahmslosigkeit *f;* ~**ent, e I.** *a* **1.** *phys chem* indifferent; *chem* träge, unempfindlich (*à* gegen); **2.** gleichgültig, teilnahmslos; **3.** nebensächlich, unwichtig, irrelevant; **II.** *s m: faire l'~* den Gleichgültigen spielen; *cela m'est* ~ das ist mir gleich(gültig), *fam* egal; *chose f ~e* Nebensache *f;* ~**er** *itr: (fam) cela m'indiffère complètement* das ist mir völlig egal.

indig|ence [ɛ̃diʒɑ̃s] *f* (Be-)Dürftigkeit, Armut *f;* ~ *intellectuelle* geistige Armut *f;* ~**ène I.** *a* einheimisch *a. zoo bot;* eingeboren; **II.** *s m f* Eingeborene(r *m*); ~**ent, e I.** *a* **1.** bedürftig, unbemittelt, arm; **2.** *fig* dürftig, kümmerlich; **II.** *s m f* Bedürftige(r *m*) *f;* ~**este** *a* un-, schwer verdaulich *a. fig;* ~**estion** *f* **1.** Verdauungsstörung *f,* verdorbene(r) Magen *m;* **2.** *fig fam* Überdruß *m;* — *j'en ai une* ~ *(fam)* ich habe es satt.

indign|ation [ɛ̃diɲasjɔ̃] *f* Entrüstung, Empörung *f,* Unwille *m;* ~**e** *a* **1.** un-, nicht würdig (*de qn, qc* jds, e-r S); **2.** nichtswürdig, schändlich; empörend, verwerflich; ~**é, e** *a* empört, entrüstet, aufgebracht, unwillig *(de* über *acc);* ~**er I.** *tr* auf=bringen, in Empörung versetzen; **II.** *v, prn s'~* sich entrüsten, unwillig werden (*de* über *acc*); ~**ité** *f* Un-, Nichtswürdigkeit; Schändlichkeit *f.*

indigo [ɛ̃digo] **I.** *s m* Indigo *m (Farbstoff);* **II.** *a inv* indigoblau.

indiqu|é, e [ɛ̃dike] *a* **1.** angebracht, angezeigt; **2.** *(Zeitpunkt)* festgesetzt, angegeben; ~**er** *tr* **1.** (an=)zeigen; *(Weg)* weisen; bezeichnen; an=geben; hin=weisen, e-n Hinweis geben (*qc* auf e-e S); **2.** erkennen, schließen lassen (*qc* auf e-e S); **3.** bestimmen, fest=setzen; **4.** *(Kunst, Literatur)* (nur) an=deuten.

indirect, e [ɛ̃dirɛkt] *a* indirekt *a. gram,* mittelbar.

indis|cernable [ɛ̃desɛrnabl] *a* nicht zu unterscheiden(d); ~**cipline** *f* Undiszipliniertheit, Zuchtlosigkeit *f;* ~**cipliné, e** *a* undiszipliniert, zuchtlos; ~**cret, ète** [-ɛ, -ɛt] **I.** *a* **1.** auf-, zudringlich, taktlos; **2.** schwatzhaft; indiskret *(a. Frage);* **II.** *s m f* taktlose(r) Mensch; Schwätzer *m;* ~**crétion** *f* **1.** Auf-, Zudringlichkeit, Taktlosigkeit *f;* **2.** Schwatzhaftigkeit, Indiskretion *f;* ~**cutable** *a* unbestreitbar; — *c'est* ~ es ist, wäre zwecklos, darüber zu reden; *il est* ~ *que* es steht außer Zweifel, daß.

indis|pensable [ɛ̃dispɑ̃sabl] **I.** *a* **1.** unerläßlich, unumgänglich, unbedingt notwendig; **2.** *(Person)* unentbehrlich; unabkömmlich; **II.** *s m* (das) Allernotwendigste; — *si c'est* ~ wenn es (gar) nicht anders geht; ~ *à la vie* lebenswichtig, -notwendig; ~**ponible** *a* nicht verfügbar; *(Person)* unabkömmlich; ~**posé, e** *a* unpäßlich; *je suis* ~ mir ist nicht wohl, nicht gut, unwohl; ~**poser** *tr* **1.** das Wohlbefinden beeinträchtigen (*qn* jds); **2.** *fig* auf=bringen; verstimmen; ~**position** *f* Unpäßlichkeit *f,* Unwohlsein *n;* ~**sociable** *a* un(ab)trennbar; ~**soluble** *a* un(auf)lösbar; ~**tinct, e** [-ɛ̃(kt), -tɛ̃kt] *a* undeutlich, unklar; ungenau; ~**tinctement** *adv* **1.** undeutlich, unklar; **2.** unterschiedslos, ohne Unterschied.

indiv|idu [ɛ̃dividy] *m* Individuum *a. péj;*

Einzelwesen *n,* -person *f;* **~idualisation** [-dɥa-] *f* Individualisierung *f;* **~idualiser** *tr* individualisieren; **~idualisme** *m* Individualismus *m;* **~idualiste I.** *a* individualistisch; **II.** *s m f* Individualist(in *f*) *m;* **~idualité** *f* Individualität; Eigenart; Einzelperson *f;* **~iduel, le** [-dɥɛl] *a* persönlich, individuell; Einzel-; *maison f ~le* Einfamilienhaus *n.*

indivis, e [ɛ̃divi] *a jur* ungeteilt; Gesamt-; *par ~* ganz, im ganzen; gemeinschaftlich; **~ibilité** *f* Unteilbarkeit *f;* **~ible** *a* unteilbar.

indo|cile [ɛ̃dɔsil] *a* ungehorsam, störrisch, eigensinnig; **~cilité** *f* Widerspenstigkeit *f;* Eigensinn *m;* **~lence** *f* Gleichgültigkeit, Uninteressiertheit, Interesselosigkeit *f;* **~lent, e** *a* **1.** gleichgültig, uninteressiert; **2.** *med* schmerzlos; **~lore** [-lɔr] *a (Sache)* schmerzlos.

indompt|able [ɛ̃dɔ̃tabl] *a* **1.** nicht zu zähmen(d); **2.** *fig* unbezähmbar, unbeugsam; **~é, e** *a* **1.** ungezähmt, ungebändigt; **2.** ungebeugt.

in-douze [induz] *m* Duodezformat *n,* -band *m.*

indu, e [ɛ̃dy] *(adv: indûment) a* **1.** unangebracht, ungelegen, unpassend; **2.** unberechtigt, ungerechtfertigt; **~bitable** *a* unzweifelhaft; *c'est ~* das ist über jeden Zweifel erhaben.

induct|eur, trice [ɛ̃dyktœr] **I.** *a el* induzierend; **II.** *s m el* Induktionsapparat *m;* **~if, ive** *a* induktiv; **~ion** [-sjɔ̃] *f* **1.** Schlußfolgerung *f;* **2.** *el* Induktion *f.*

indui|re [ɛ̃dɥir] *tr* folgern, schließen (*de* aus); **~t, e I.** *a* **1.** *el* induziert; **2.** *fig* ausgelöst; **II.** *s m el* Anker *m.*

indulgen|ce [ɛ̃dylʒɑ̃s] *f* **1.** Nachsicht; Langmut *f;* **2.** *rel* Ablaß *m;* **~t, e** nachsichtig, langmütig (*pour qn* mit jdm).

indûment [ɛ̃dymɑ̃] *adv* unberechtigt, ungerechtfertigt; unbegründet.

indur|ation [ɛ̃dyrasjɔ̃] *f med* Verhärtung *f;* **~é, e** *a med* verhärtet; *chancre m ~ (med)* harte(r) Schanker *m.*

industri|alisation [ɛ̃dystrijalizasjɔ̃] *f* Industrialisierung *f;* **~aliser** *tr* industrialisieren; **~e** [-tri] *f* **1.** Industrie *f;* **2.** *pl* Industriebetriebe, -zweige *m pl;* **3.** *chef m d'~* Industriekapitän *m; grande ~* Großindustrie *f;* **4.** *~ aéronautique* Flugzeugindustrie *f; ~ alimentaire, de l'alimentation* Nahrungsmittelindustrie *f; ~ automobile* Kraftfahrzeug-, Automobilindustrie *f; ~ de base, primaire, ~-clé f* Grundstoff-, Schlüsselindustrie *f; ~ du bâtiment, de la construction* Baugewerbe, -handwerk *n; ~ (des articles) de consommation* Verbrauchsgüterindustrie *f; ~ électrique* Elektroindustrie *f; ~ hôtelière* Gaststätten- u. Beherbergungsgewerbe *n; ~ lourde* Schwerindustrie *f; ~ minière* Montanindustrie *f,* Bergbau *m; ~ des produits finis* Fertig(waren)industrie *f; ~ textile* Textilindustrie *f; ~ du tourisme* Fremdenindustrie *f; ~ du vêtement* Bekleidungsindustrie *f.*

industri|el, le [ɛ̃dystrijɛl] **I.** *a* industriell; gewerblich; Gewerbe-, Industrie-; **II.** *s m* **1.** Gewerbetreibende(r), Industrielle(r) *m;* **2.** *(fam) en quantité ~le* massenhaft, in sehr großer Menge; **3.** *arts pl ~s* Kunstgewerbe *n; dessinateur m ~* technische(r) Zeichner *m; entreprise f ~le* Industrieunternehmen *n; grand ~* Großindustrielle(r) *m; petit ~* Kleingewerbebetreibende(r) *m; produit m ~* Industrieprodukt *n; ville f ~le* Industriestadt *f;* **~eux, se** *a* geschickt, gewandt.

iné|branlable [inebrɑ̃labl] *a bes. fig* unerschütterlich; **~dit, e** [-i, -it] **I.** *a* **1.** (noch) unveröffentlicht, ungedruckt; *(Verfasser)* noch nicht an die Öffentlichkeit getreten; **2.** *fam* neu, (noch) ungebraucht; noch nicht dagewesen; **II.** *s m* **1.** Neuheit *f;* **2.** Ungedruckte(s) *n.*

ineff|able [inɛfabl] *a* unaussprechlich, unsäglich; **~açable** *a* **1.** *(Fleck, Farbe)* nicht herausgehend; **2.** *fig* unauslöschlich; **~icace** *a* unwirksam, wirkungslos; **~icacité** *f* Wirkungslosigkeit, Unwirksamkeit *f.*

inégal, e [inegal] *a* **1.** ungleich; verschieden; **2.** *(Boden)* uneben; *(Weg)* holp(e)rig; **3.** ungleichmäßig, unregelmäßig; **~é, e** *a* unerreicht; **~ité** *f* **1.** Ungleichheit, Verschiedenheit *f;* **2.** Unebenheit *f;* **3.** Ungleichmäßigkeit, Unregelmäßigkeit; Veränderlichkeit *f.*

in|élégance [inelegɑ̃s] *f* mangelnde Eleganz *f;* **~élégant, e 1.** unelegant; **2.** taktlos; **~éligible** *a* nicht wählbar; **~éluctable** *a* unvermeidlich, unabwendbar.

inénarrable [inenarabl] *a* unbeschreiblich.

inept|e [inɛpt] *a* albern; **~ie** [-si] *f* **1.** Dummheit; Albernheit *f,* Blödsinn *m;* **2.** *pl* dumme(s) Zeug *n.*

iné|puisable [inepɥizabl] *a* unerschöpflich, nie versiegend *a. fig;* **~quitable** *a* unbillig, ungerecht.

iner|te [inɛrt] *a* **1.** bewegungs-, regungs-, leblos; **2.** *phys* träge *a. fig;* **~tie** [-si] *f* **1.** *phys* Beharrungsvermögen *n,* Trägheit *a. fig;* **2.** *fig* Stumpfheit, Schlaffheit, Energielosigkeit *f.*

in|espéré, e [inɛspere] *a* unverhofft, unerwartet; **~estimable** *a* unschätzbar.

inévitable *a* [inevitabl] unvermeidlich.

inex|act, e [inɛgza(kt), -akt] *a* **1.** ungenau, unrichtig; fehlerhaft, falsch; **2.** *(Mensch)* unpünktlich; **~actitude** *f* **1.** Ungenauigkeit *f;* Fehler(haftigkeit *f*) *m;* **2.** Unpünktlichkeit *f;* **~cusable** *a* [inɛksky-] *a* unentschuldbar; unverzeihlich; **~istant, e** *a* gegenstandslos; unbedeutend, wertlos; **~orable** *a* unerbittlich; *être ~* sich nicht erweichen lassen; **~périence** [inɛks-] *f* Unerfahrenheit *f;* **~périmenté, e** *a* **1.** *(Mensch)* unerfahren, ungeübt; **2.** *(Verfahren)* noch nicht erprobt; **~piable** *a* unsühnbar; **~plicable** *a* unerklärlich, unbegreiflich; **~pliqué, e** *a (Tat)* un(auf)geklärt; **~ploré, e** *a* unerforscht; **~pressif, ive** *a* ausdruckslos, nichtssagend; **~primable** *a* unaussprechlich, unbeschreiblich.

inex|tinguible [inɛkstɛ̃g(y)ibl] *a* **1.** nicht zu löschen(d); **2.** *(Gelächter)* homerisch; **~tricable** *a* unentwirrbar; *fig* verworren.

infaillib|ilité [ɛ̃fajibilite] *f* **1.** absolut sichere Wirkung *f;* **2.** *rel* Unfehlbarkeit *f;* **~le** *a* **1.** absolut sicher; untrüglich; **2.** *rel* unfehlbar.

infaisable [ɛ̃fəzabl] *a* unmöglich, unaus-, undurchführbar.

in|famant, e [ɛ̃famɑ̃, -ɑ̃t] *a* ehrenrührig, entehrend; **~fâme** [-fam] *a* **1.** ehrlos; **2.** schändlich, niederträchtig, gemein; **3.** schmutzig; **~famie** [-fa-] *f* **1.** Ehrlosigkeit, Schande *f;* **2.** Schändlichkeit; Schandtat, Niederträchtigkeit *f.*

infant, e [ɛ̃fɑ̃, ɑ̃t] *m f* Infant(in *f*) *m;* **~erie** [-tri] *f* Infanterie *f;* **~icide** *s* **1.** *m* Kindesmord *m;* **2.** *m f* Kindesmörder(in *f*) *m.*

infant|ile [ɛ̃fɑ̃til] *a med* infantil; Kinder-; *mortalité f ~* Kindersterblichkeit *f;* **~ilisme** *m med* Infantilismus *m; c'est de l'~* das ist kindisch.

infarctus [ɛ̃farktys] *m* **1.** *med* Infarkt *m;* **2.** *fig (Straße)* Verstopfung; *(pol)* Krise *f.*

infat|igable [ɛ̃fatigabl] *a* unermüdlich; **~uation** [-tɥa-] *f* Selbstgefälligkeit *f;* **~ué, e** *a* eingebildet, von sich überzeugt, selbstzufrieden; — *être ~ de soi-même* (sehr) von sich selbst eingenommen, *fam* überzogen sein.

infécond, e [ɛ̃fekɔ̃, -ɔ̃d] *a* unfruchtbar *a. fig;* **~ité** *f* Unfruchtbarkeit *f a. fig.*

infect, e [ɛ̃fɛkt] *a* **1.** stinkend, verpestet; abscheulich; **2.** *fig* ekelhaft, widerlich; **~er I.** *tr* **1.** verpesten; **2.** *med* an=stekken, infizieren; **II.** *v prn s'~* sich infizieren, sich an=stecken; **~ieux, se** [-sjø] *a* ansteckend; **~ion** [-sjɔ̃] *f* **1.** *med* Ansteckung, Infektion *f;* **2.** verpestete Luft *f;* — *c'est une ~* es stinkt furchtbar.

inféri|eur, e [ɛ̃ferjœr] **I.** *a* **1.** untere(r, s); unterste(r, s); *geog* Unter-, Nieder-; **2.** gering-, minderwertig; von geringerer Qualität; **3.** *(der Zahl, dem Umfang nach)* schwächer, geringer (*en* an; dem ... nach); *(Summe, Rang)* niedriger (*à* als); **4.** *(geistig)* niedrigstehend; *(Gefühle, Instinkte)* nieder, niedrig; **II.** *s m* **5.** Untergebene(r) *m;* **6.** *être ~ à qn, qc* hinter jdm, e-r S zurück=bleiben; jdn, etw nicht erreichen; **~oriser** *tr* unterschätzen, geringer achten; **~orité** *f* Unterlegenheit; Minderwertigkeit *f; complexe, sentiment m d'~* Minderwertigkeitskomplex *m,* -gefühle *n pl.*

infer|nal, e [ɛ̃fɛrnal] *a* **1.** höllisch; Höllen- *a. fig;* **2.** *fig* teuflisch; **3.** *(Kind)* unausstehlich, fürchterlich; **4.** *(Lärm)* toll, ohrenbetäubend; **~tile** *a* **1.** unfruchtbar *a. fig;* **2.** *fig (Thema)* unergiebig.

infester [ɛ̃fɛste] *tr lit* **1.** *(Feinde, Räuber)* heim=suchen; **2.** *(Ungeziefer)* befallen, verseuchen.

infid|èle [ɛ̃fidɛl] **I.** *a* **1.** un(ge)treu, treulos; **2.** *(Gedächtnis)* unzuverlässig; **3.** *(Bericht, Übersetzung)* ungenau; **II.** *s m f* Ungläubige(r *m*) *f;* **~élité** *f* **1.** Untreue, Treulosigkeit *f;* **2.** *(Gedächtnis)* Unzuverlässigkeit; **3.** *(Bericht, Übersetzung)* Ungenauigkeit *f.*

infiltr|ation [ɛ̃filtrasjɔ̃] *f* **1.** Einsickern, -dringen *n a. fig;* **2.** *pol geol med* Infiltration *f;* **~er, s'** *v prn* **1.** ein=, durch=, versickern; ein=strömen, -dringen *(dans* in *acc);* **2.** *fig* sich ein=schleichen, Eingang finden *(dans* in *acc);* unterwandern.

infime [ɛ̃fim] *a* winzig klein.

infini, e [ɛ̃fini] **I.** *a* unbegrenzt, unendlich; endlos, zahllos; grenzenlos; **II.** *s m* (das) Unendliche; *à l'~ (math)* ins Unendliche; **~ment** *adv* überaus, außerordentlich, unbeschreiblich, *fam* gewaltig, ungeheuer; **~té** *f* Unendlichkeit, Unbegrenztheit *f; (fig) une ~ de* e-e Unmenge, Unmasse von; **~tésimal, e** *a* **1.** unendlich, verschwindend klein; **2.** *math* Infinitesimal-; — *calcul m ~* Infinitesimalrechnung *f;* **~tif, ive I.** *a gram* Infinitiv-; **II.** *s m* Infinitiv *m.*

infirm|e [ɛ̃firm] **I.** *a* gebrechlich, körperbehindert; **II.** *s m f* Körperbehinderte(r *m*) *f;* **~er** *tr* **1.** *(Beweis)* entkräften; **2.** *(Urteil)* auf=heben; **~erie** *f* Krankenzimmer *n (e-r Anstalt); mil* (Kranken-) Revier *n;* **~ier, ère** *m f* (Kranken-) Pfleger, Arzthelfer *m;* Schwester *f; mil (~ sanitaire)* Sanitäter *m; ~ière-major f* Oberschwester *f;* **~ité** *f* **1.** Gebrechen *n;* Gebrechlichkeit *f;* **2.** Schwäche *f a. fig.*

inflamm|able [ɛ̃flamabl] *a* leicht brennbar, feuergefährlich; entflammbar; **~ation** *f* Entzündung *f a. med.*

inflation [ɛ̃flasjɔ̃] *f* **1.** *com* Inflation *f a. fig;* **2.** *fig* Aufblähung, Übersteigerung *f;* **~niste** [-sjɔ-] *a* inflationistisch.

infléch|i, e [ɛ̃fleʃi] *a bot* geneigt (*vers* zu); *voyelle ~e (gram)* Umlaut *m;* **~ir I.** *tr* **1.** einwärts biegen, beugen; **2.** *fig* e-e andere Richtung geben; **3.** *(Vorschrift)* lockern; **4.** *(Verhalten)* ändern; **II.** *v prn s'~* ab=biegen *itr,* e-e Biegung machen.

inflex|ibilité [ɛ̃flɛksibilite] *f* Unnachgiebigkeit, Unbeugsamkeit, Unerbittlichkeit *f;* ~**ion** [-sjõ] *f* **1.** Krümmung, Biegung *f;* **2.** *(Stimme)* Modulation *f;* **3.** *gram* Umlaut *m.*

infliger [ɛ̃fliʒe] *tr* **1.** *(Strafe)* verhängen (*à* über *acc*), auf=erlegen (*à* dat); *(Verweis)* erteilen; **2.** *(Niederlage)* bei=bringen; *(Beleidigung)* zu=fügen.

influ|ençable [ɛ̃flyɑ̃sabl] *a* (leicht) zu beeinflussen(d); ~**ence** *f* **1.** Einfluß *m;* (Ein-)Wirkung *f;* **2.** *sous l'~ de* unter dem Einfluß *gen;* **3.** *avoir de l'~, exercer une ~ sur qn* auf jdn e-n Einfluß aus=üben; *subir l'~ de qn* unter jds Einfluß stehen; **4.** *sphère, zone f d'~* Interessensphäre *f,* Einflußbereich *m;* ~*s ambiantes* Umwelteinflüsse *m pl;* ~ *prépondérante (pol)* Übergewicht *n,* Vormachtstellung *f;* ~**encer** *tr* beeinflussen, e-n Einfluß aus=üben (*qn* auf jdn); ~**ent, e** *a* einflußreich; ~**er** *itr* e-n Einfluß aus=üben *(sur* auf *acc).*

in-folio [infɔljo] *s m* Folioformat *n.*

inform|ateur, trice [ɛ̃fɔrmatœr, -tris] *m f* Informant(in *f*) *m;* ~**ation** *f* **1.** Benachrichtigung, Mitteilung, Auskunft, Information; Unterrichtung; *(Zeitung)* Meldung *f;* **2.** *jur* Ermitt(e)lung *f;* **3.** *pour, à titre d'~* zur Unterrichtung; **4.** *donner, fournir des ~s* Auskunft geben *(sur* über *acc); prendre des ~s* Erkundigungen ein=ziehen; **5.** *centre m d'~* Auskunftsstelle *f; demande f d'~* Bitte *f* um Auskunft; *service m d'~(s)* Nachrichtendienst *m;* **6.** ~*s météorologiques* Wetterbericht *m;* ~ *de presse* Zeitungs-, Pressenotiz *f;* ~*s régionales (radio)* Heimatnachrichten *f pl;* ~*s sportives* Sportnachrichten *f pl.*

informe [ɛ̃fɔrm] *a* **1.** unförmig; **2.** *(Werk)* nicht genügend durchgearbeitet, mangelhaft gestaltet; **3.** *jur* formwidrig.

inform|é [ɛ̃fɔrme] *m: jusqu'à plus ample ~* bis zur weiteren Klärung der Sachlage; ~**el, le** *a* unkonventionell, informell.

informer [ɛ̃fɔrme] **I.** *tr* benachrichtigen (*de qc* über e-e S), unterrichten, in Kenntnis setzen (*de qc* von etw); mit=teilen (*qn de qc* jdm etw); **II.** *itr jur* e-e Untersuchung durch=führen (*contre qn sur qc* gegen jdn wegen e-r S); **III.** *v prn s'~* sich erkundigen (*de qc* nach etw, *auprès de qn* bei jdm); sich informieren.

infortun|e [ɛ̃fɔrtyn] *f* **1.** Unglück(sfall *m*), Mißgeschick *n;* **2.** *pl* Schicksalsschläge *m pl;* — *compagnon m d'~* Leidensgenosse *m;* ~**é, e I.** *a* unglücklich, leidgeprüft; **II.** *s m f* Unglückliche(r *m*) *f.*

infraction [ɛ̃fraksjõ] *f* **1.** Übertretung *f* Verstoß *m* (*à, de* gegen); Zuwiderhandlung, strafbare Handlung *f;* Rechtsbruch *m;* **2.** *commettre une ~ pénale* sich strafbar machen; **3.** ~ *au contrat* Vertragsbruch *m.*

infranchissable [ɛ̃frɑ̃ʃisabl] *a* unüberwindlich *a. fig.*

infra|rouge [ɛ̃fraruʒ] *a* infra-, ultrarot; ~**-son** [-sõ] *m* Infraschall *m;* ~**structure** *f* **1.** Tiefbau(arbeiten *f pl*) *m;* **2.** *(Straße, pol)* Unterbau *m;* **3.** *(Land, mil)* Infrastruktur *f;* **4.** *aero (~ aérienne)* Bodenorganisation *f;* **5.** *fig* Apparat *m,* Ausrüstung *f.*

infr|oissable [ɛ̃frwasabl] *a* knitterfrei; ~**uctueux, se** *a* frucht-, ergebnis-, erfolg-, nutzlos, vergeblich.

infus, e [ɛ̃fy, -yz] *a: avoir la science ~e (fam)* die Weisheit mit Löffeln gefressen haben; ~**er** *tr* **1.** *fig (Energie)* ein=flößen; **2.** *laisser ~ (Tee)* ziehen lassen; ~**ion** *f* **1.** Aufgießen *n,* -guß *m;* **2.** (Kräuter-) Tee *m;* ~ *de menthe, de tilleul* Pfefferminz-, Lindenblütentee *m;* ~**oires** *m pl* Aufgußtierchen, Infusorien *n pl.*

ingén|ier, s' [ɛ̃ʒenje] *v prn* darüber nach=denken, sich darüber den Kopf zerbrechen (*à faire* wie man machen könnte); ~**ierie** [ɛ̃ʒeniri] *f* Ingenieurarbeit *f;* ~**ieur** *m* Ingenieur *m;* — ~ *agronome, agricole* Diplomlandwirt *m;* ~ *en chef* Chefingenieur *m;* ~*-conseil* beratende(r) Ingenieur *m;* ~ *de l'exploitation* Betriebsingenieur *m;* ~ *des ponts et chaussées, routier* Straßenbauingenieur *m;* ~ *du son (film)* Tonmeister *m;* ~ *des travaux publics* Tiefbauingenieur *m;* ~**ieux, se** *a* **1.** *(Mensch)* erfinderisch, findig, geschickt; **2.** *(Sache)* sinnreich, kunstvoll, gut ausgedacht; ~**iosité** *f* Erfindungsgabe, Findigkeit *f;* Scharfsinn *m.*

ingén|u, e [ɛ̃ʒeny] **I.** *a* offen, unbefangen, offen-, treuherzig; harmlos, unschuldig; naiv; **II.** *s m f* Naivling *m; f theat* Naive *f;* — *faire l'~* den Unschuldigen spielen; ~**uité** [-nɥi-] *f* Offenheit, Unbefangenheit, Offen-, Treuherzigkeit; Harmlosigkeit, Naivität *f.*

ingér|ence [ɛ̃ʒerɑ̃s] *f* Einmischung *f (dans* in *acc) a. pol;* ~**er I.** *tr (in den Magen)* ein=führen; *(Medikament)* ein=nehmen; **II.** *v prn s'~ dans qc* sich in e-e S ein=mischen.

ingestion [ɛ̃ʒestjõ] *f* (Nahrungs-)Aufnahme *f.*

ingr|at, e [ɛ̃gra, -at] **I.** *a* **1.** *(Äußeres)* ungefällig, unangenehm; **2.** undankbar *(a. Sachen) (envers qn* jdm gegenüber*);* **3.** *(Boden)* unergiebig; **II.** *s m* Undankbare(r *m*) *f; âge m ~* Flegeljahre *n pl;* Backfischalter *n;* ~**atitude** *f* Undank(barkeit *f*) *m; payer qn d'~* jdm mit Undank lohnen.

ingrédient [ɛ̃gredjɑ̃] *m* Bestandteil *m,* Ingrediens *n,* Zutat *f.*

inguérissable [ɛ̃gerisabl] *a* unheilbar.

inguinal, e [ɛ̃gɥinal] *a anat* Leisten-; *hernie f ~e (med)* Leistenbruch *m.*

ingurgiter [ɛ̃gyrʒite] *tr (Speise)* verschlingen.

inhab|itable [inabitabl] *a* unbewohnbar; **~ité, e** *a* unbewohnt; **~ituel, le** *a* ungewohnt, ungewöhnlich.

inhal|ateur, trice [inalatœr, -tris] **I.** *a* Inhalier-; **II.** *s m* Inhalierapparat *m; ~ d'oxygène* Sauerstoffgerät *n;* **~ation** *f* Einatmen; *med* Inhalieren *n;* **~er** *tr* inhalieren, ein=atmen.

inhérent, e [inerɑ̃] *a* innewohnend (*à qc* e-r S); eng verbunden (*à qc* mit e-r S).

inhibit|eur, trice [inibitœr, -tris] **I.** *a* hemmend; **II.** *s m chem* Inhibitor *m; ~ de l'ovulation* Ovulationshemmer *m;* **~ion** [-sjɔ̃] *f med* Hemmung *f.*

inhospitalier, ère [inɔspitalje, -ɛr] *a* **1.** *(Empfang)* unfreundlich; **2.** *(Land)* ungastlich.

inhum|ain, e [inymɛ̃, -ɛn] *a* unmenschlich, grausam; **~anité** *f* Unmenschlichkeit; Grausamkeit *f;* **~ation** *f* Begräbnis *n,* Beerdigung, Bestattung *f;* **~er** *tr* begraben, beerdigen, bestatten.

inim|aginable [inimaʒinabl] *a* unvorstellbar, undenkbar; *c'est ~* das spottet jeder Beschreibung; **~itable** *a* unnachahmlich; **~itié** *f* [-tje] *f* Feindschaft *f.*

inin|flammable [inɛ̃flamabl] *a* nicht entzündbar; **~telligent, e** *a* unintelligent, unbegabt; **~telligibilité** *f* Unverständlichkeit *f;* **~telligible** *a* unverständlich; **~téressant, e** *a* uninteressant; **~terrompu, e** *a* ununterbrochen.

iniqu|e [inik] *a* (sehr) unbillig, ungerecht; **~ité** *f* Ungerechtigkeit, Unbilligkeit *f.*

initi|al, e [inisjal] **I.** *a* Anfangs-; **II.** *s f* Initiale *f,* Anfangsbuchstabe *m;* **~ateur, trice** *s m f* Initiator(in *f*); Wegbereiter(in *f*), Neuerer, Vorkämpfer, Bahnbrecher *m;* **~ation** *f* **1.** *rel* Einweihung *f;* **2.** *allg* Einführung *f;* **~atique** *a* initiatorisch; **~ative** *f* **1.** Initiative; Anregung *f,* Vorschlag *m; (droit m d'~) parl* Vorschlags-, Antragsrecht *n; (esprit m d'~)* Unternehmungsgeist *m;* **2.** *de sa propre ~* aus eigener Initiative; **3.** *manquer d'~* keine Initiative haben; *prendre l'~* die Initiative ergreifen; den ersten Schritt tun; **4.** *syndicat m d'~* Fremdenverkehrsverein *m; ~ populaire* Volksbegehren *n;* **~er** [-sje] *tr* **1.** *rel* ein=weihen; **2.** *allg* ein=führen (*à* in *acc*); vertraut machen (*à* mit).

inject|é, e [ɛ̃ʒɛkte] *a (Auge)* blutunterlaufen; **~er** *tr* **1.** *med* injizieren; **2.** *tech* ein=spritzen; **~eur** *m* **1.** *tech* Einspritzdüse *f;* **2.** *med* Irrigator *m;* **~ion** [-sjɔ̃] *f* **1.** *med* Einspritzung *f;* **2.** *tech* Injektion, Einspritzung *f;* **3.** *(Holz)* Tränken *n.*

injonction [ɛ̃ʒɔ̃ksjɔ̃] *f* strikte(r) Befehl *m.*

injur|e [ɛ̃ʒyr] *f* **1.** Beleidigung, Beschimpfung *f;* Schimpf(wort *n*) *m;* **2.** *l'~ des ans, du temps* der Zahn der Zeit; **~ier** *tr* beleidigen, beschimpfen; **~ieux, se** *a* beleidigend.

injust|e [ɛ̃ʒyst] *a* ungerecht; unbillig; **~ice** *f* Ungerechtigkeit *f;* Unrecht *n;* **~ifiable** *a* nicht zu rechtfertigen(d); unentschuldbar; **~ifié, e** *a* ungerechtfertigt, unberechtigt.

inlassable [ɛ̃lasabl] *a* unermüdlich.

inné, e *a* angeboren.

innoc|ence [inɔsɑ̃s] *f* **1.** Unschuld *f;* **2.** Unverdorbenheit, Reinheit *f;* **3.** Naivität, Einfalt *f;* **~ent, e I.** *a* **1.** unschuldig, schuldlos; **2.** unverdorben; **3.** harmlos, einfach; **4.** naiv, einfältig; **II.** *s m f* Unschuldige(r *m*); Unschuld, Naive *f;* **~enter** *tr jur* entlasten; für unschuldig erklären.

innocuité [inɔkyite] *f* Unschädlichkeit, Harmlosigkeit *f.*

innom|brable [in(n)ɔ̃brabl] *a* unzählig, zahllos; **~mable** [-nɔma-] *a péj* scheußlich, ekelhaft.

innov|ateur, trice [inɔvatœr, -tris] **I.** *a* neuerungsfreudig; **II.** *s m f* Neuerer, Wegbereiter(in *f*), Bahnbrecher *m;* **~ation** *f* Neuerung *f;* **~er** *itr* Neuerungen ein=führen.

inoccupé, e [inɔkype] *a* **1.** unbeschäftigt, untätig; **2.** *(Haus)* unbewohnt; *(Abteil)* leer; *(Platz)* nicht besetzt, frei.

in-octavo [inɔktavo] *s m* Oktavband *m.*

inocul|ation [inɔkylasjɔ̃] *f* (Ein-)Impfung *f;* **~er** *tr* **1.** *med* inokulieren, (ein=)impfen; *(Krankheit)* übertragen; **2.** *fig* ein=impfen (*qc à qn* jdm etw).

inodore [inɔdɔr] *a* geruchlos.

inoffensif, ive [inɔfɑ̃sif, -iv] *a* harmlos, ungefährlich; unschädlich.

inond|ation [inɔ̃dasjɔ̃] *f* Überschwemmung, -flutung *f;* Hochwasser *n;* **~é, e** *a* überschwemmt; überflutet *a. fig; ~ de larmes* tränenüberströmt; *~ de lumière* lichtüberflutet; *~ de sang* blutüberströmt; **~er** *tr* **1.** überschwemmen, -fluten, unter Wasser setzen; **2.** *fig (den Markt mit Waren)* überschwemmen; **3.** *(Volksmenge)* sich ergießen (*qc* über, in e-e S); **4.** durch=dringen.

inopérant, e [inɔperɑ̃] *a jur* unwirksam.

inopiné, e [inɔpine] *a* unvermutet, unerwartet.

inopportun, e [inɔpɔrtœ̃, -yn] *a* unangebracht, unpassend; ungelegen; **~ité** *f* Unzweckmäßigkeit; Unangebrachtheit *f.*

in|organique [inɔrganik] *a* anorganisch; **~organisé, e** *a* **1.** gewerkschaftlich nicht organisiert; **2.** ungenügend organisiert; **~oubliable** *a* unvergeßlich; **~ouï, e** [inwi] *a* unerhört, beispiellos; ungewöhnlich; **~oxydable** *a* nicht oxydierend; rostfrei; **~qualifiable** *a péj* unqualifizierbar, unbeschreiblich; **~-quarto** [inkwarto] *s m* Quartformat *n,* -band *m.*

inqui|et, ète [ɛ̃kjɛ, -ɛt] *a* unruhig; rastlos; besorgt (*de qn, sur qc* um jdn, etw); ängstlich, unsicher; **~étant, e** [-kje-] *a* beunruhigend; besorgniserregend; **~éter I.** *tr* **1.** beunruhigen; Besorgnis erregen (*qn* jds), ängstigen; **2.** Rechenschaft verlangen (*qn* von jdm), verhören; **II.** *v prn s'~* **3.** sorgen, sich Sorgen, Gedanken machen (*de* um); **4.** sich erkundigen (*de qc* nach etw *dat*), sich kümmern (*de qc* um etw *acc*); **~étude** *f* **1.** Unruhe; Rastlosigkeit *f;* **2.** Besorgnis *f,* Befürchtungen *f pl; — donner de l'~ à qn* jdm Sorgen machen; *soyez sans ~* seien Sie unbesorgt.

inquisit|eur, trice [ɛ̃kizitœr, -tris] **I.** *s m* Inquisitor *m;* **II.** *a* forschend, prüfend; **~ion** [-sjɔ̃] *f hist rel* Inquisition *f.*

insaisissable [ɛ̃se(ɛ)zisabl] **1.** nicht zu ergreifen(d); **2.** *jur* unpfändbar; **3.** *fig* kaum wahrnehmbar, unmerklich, nicht faßbar.

insal|ubre [ɛ̃salybr] *a* ungesund, gesundheitsschädlich; **~ubrité** *f* Gesundheitsschädlichkeit; *(Klima)* Unzuträglichkeit *f.*

insa|nité [ɛ̃sanite] *f* Unsinn, Blödsinn *m;* dumme(s) Zeug *n;* **~tiable** *a* unersättlich *a. fig; (Hunger, Durst)* nicht zu stillen(d); **~tisfaction** *f* Unzufriedenheit *f;* **~tisfait, e** *a* unbefriedigt; *(Person)* unzufrieden.

inscr|iption [ɛ̃skripsjɔ̃] *f* **1.** In-, Aufschrift; Beschriftung *f;* **2.** Einschreibung, -tragung (*sur un registre* in ein Register); Anmeldung *f;* **3.** *com* Buchung *f; — ~ funéraire* Grab(in)schrift *f; ~ hypothécaire* Eintragung *f* e-r Hypothek; **~ire I.** *tr* **1.** ein≈schreiben *a. math,* -tragen (*sur* in *acc*); **2.** *(in ein Denk-, Grabmal)* ein≈meißeln; **3.** *fig* rechnen, zählen (*à* zu); **II.** *v prn s'~* **4.** sich ein≈tragen (lassen); sich an≈melden (*à* zu); **5.** *faire ~* (an≈)melden; *s'~ en faux contre qc* etw bestreiten; *~ à l'ordre du jour* auf die Tagesordnung setzen; **~it, e** [-i, -it] **I.** *a* eingeschrieben *a. math;* wahlberechtigt; **II.** *s m* **1.** Eingeschriebene(r *m*) *f,* Angemeldete(r *m*) *f;* **2.** *pol pl* Wahlberechtigte *m pl.*

insect|e [ɛ̃sɛkt] *m* Insekt, Kerbtier *n;* **~icide I.** *a* insektenvertilgend; **II.** *s m* Insekten(vertilgungs)mittel *n; poudre f ~* Insektenpulver *n;* **~ivore I.** *a* insektenfressend; **II.** *s m pl zoo* Insektenfresser *m pl.*

insécurité [ɛ̃sekyrite] *f* Unsicherheit *f.*

in-seize [insɛz] *s m* Sedezformat *n,* -band *m.*

insémin|ation [ɛ̃seminasjɔ̃] *f (artificielle)* (künstliche) Befruchtung *f;* **~er** *tr* künstlich befruchten.

insens|é, e [ɛ̃sɑ̃se] *a* sinnlos, unsinnig; verrückt; **~ibilisation** *f med* Betäubung *f;* **~ibilité** *f* **1.** Unempfindlichkeit *f;* **2.** Gefühllosigkeit; (Gefühls-)Kälte *f;* **~ible** *a* **1.** unempfindlich (*à* für), gefühllos; **2.** gefühlskalt; **3.** unmerklich.

inséparable [ɛ̃separabl] *a* **1.** untrennbar; **2.** *(Personen)* unzertrennlich.

insérer [ɛ̃sere] **I.** *tr* **1.** ein≈führen, -fügen, -rücken, -schalten; **2.** *(Anzeige)* in die Zeitung setzen; *(Zeitungsartikel)* bringen; **II.** *v prn s'~ dans qc* sich in etw einordnen.

insertion [ɛ̃sɛrsjɔ̃] *f* **1.** Einführung, -fügung, -schaltung *f;* Einrücken, -schieben, -setzen *n;* **2.** Bekanntgabe *f (in der Zeitung);* **3.** *anat* Ansatz *m.*

insidieux, se [ɛ̃sidjøz, -øz] *a* **1.** hinterhältig, hinter-, arglistig; **2.** *(Frage)* verfänglich; *(Krankheit)* heimtückisch, schleichend.

insign|e [ɛ̃siɲ] **I.** *a* bemerkenswert, hervorragend, ausgezeichnet; **II.** *s m* **1.** (Rang-)Abzeichen; (Ehren-)Zeichen *n;* **2.** *pl* Insignien *pl; ~ sportif* Sportabzeichen *n;* **~ifiance** *f* Bedeutungs-, Belanglosigkeit; Unerheblichkeit *f;* **~ifiant, e** *a* unbedeutend, bedeutungslos; unerheblich, belanglos.

insinu|ant, e [ɛ̃sinɥɑ̃, -ɑ̃t] *a* einschmeichelnd, anschmiegsam; **~ation** *f* **1.** Einflüsterung *f;* Andeutung, Anspielung *f;* **2.** Verdächtigung *f;* **~er I.** *tr* ein≈flüstern; zu verstehen geben; (*qc à qn* jdm etw); **II.** *v prn s'~* sich ein≈schmeicheln (*dans les bonnes grâces de qn* bei jdm).

insipid|e [ɛ̃sipid] *a* **1.** geschmacklos, fade; **2.** *fig* abgeschmackt; langweilig; **~ité** *f* **1.** fade(r) Geschmack *m;* **2.** Fadheit; Langeweile *f.*

insist|ance [ɛ̃sistɑ̃s] *f* Nachdruck *m;* Beharrlichkeit *f; avec ~* beharrlich, nachdrücklich; **~er** *itr* **1.** dringen (*sur qc* auf e-e S), bestehen, beharren (*sur qc* auf e-r S); **2.** Nachdruck, den Ton, den Akzent legen (*sur qc* auf e-e S); **3.** nicht nach≈lassen (*à faire qc* etw zu tun); **4.** *ne pas ~ sur qc (fig)* über e-e S hinweg≈gehen; *— n'insistons pas!* lassen wir das!

insol|ation [ɛ̃sɔlasjɔ̃] *f* **1.** Sonneneinstrahlung *f;* **2.** *med* Sonnenstich *m;* **3.** Sonnenbestrahlung *f;* **~ence** *f* **1.** Unverschämtheit, Frechheit *f;* **2.** Arroganz, Anmaßung *f;* **~ent, e I.** *a* unverschämt; frech; anmaßend; **II.** *s m* Flegel, freche(r) Kerl, *fam* Frechdachs *m;* **~ite** *a* ungewohnt, -wöhnlich; **~uble** *a* **1.** *chem* nicht löslich; **2.** *fig* unlösbar; **~vabilité** *f* Zahlungsunfähigkeit *f;* **~vable** *a com* zahlungsunfähig, insolvent.

insomnie [ɛ̃sɔmni] *f* Schlaflosigkeit *f; avoir des ~s* an Schlaflosigkeit leiden.

insond|able [ɛ̃sɔ̃dabl] *a* **1.** unergründlich *a. fig;* **2.** *fig* unerforschlich; **~ore, ~orisé, e** [-sɔ-] *a* schallschluckend,

-dämmend; schalldicht; **~oriser** *tr* schalldicht machen.

insou|ciance [ɛ̃susjɑ̃s] *f* Sorglosigkeit *f;* Leichtsinn *m;* **~ciant, e** *a* sorglos, unbekümmert, leichtsinnig; *être* ~ in den Tag hinein leben; **~mis, e** [-mi, -iz] *a* widerspenstig; **~mission** *f* **1.** Ungehorsam *m,* Widersetzlichkeit *f;* Widerstand *m* (*à* gegen); **2.** *mil* Weigerung *f,* den Wehrdienst anzutreten.

insoupçonn|able [ɛ̃supsɔnabl] *a* über jeden Verdacht erhaben; **~é, e** *a* unvermutet; ungeahnt.

insoutenable [ɛ̃sutnabl] *a* **1.** nicht durchzuhalten(d); **2.** *(Behauptung)* unhaltbar; **3.** *(Zustand)* unerträglich.

inspect|er [ɛ̃spɛkte] *tr* be(auf)sichtigen, inspizieren, kontrollieren; mustern, prüfen; **~eur, trice** *m f* Inspektor(in *f*), Aufseher(in *f*), Aufsichtsbeamter *m,* -beamtin *f;* Inspekteur *m;* ~ *de police* Polizeiinspektor *m;* **~ion** [-sjɔ̃] *f* **1.** Be(auf)sichtigung, Aufsicht, Inspektion; Kontrolle, Prüfung *f;* **2.** Aufsichtsbehörde *f;* — ~ *des livres comptables* Buchprüfung *f;* ~ *du travail* Gewerbeaufsichtsamt *n;* ~ *du trafic* Straßenverkehrsamt *n.*

inspir|ateur, trice [ɛ̃spiratœr] *s m f* Anreger(in *f*); Anstifter(in *f*) *m;* *(e-s Dichters)* Muse *f;* **~ation** *f* **1.** Einatmen *n;* **2.** *fig* Anregung; Eingebung; Inspiration *f a. rel;* **~é, e** *a* **1.** *(Dichter)* inspiriert; **2.** *être bien* ~ e-e gute Idee haben; *tu as été bien* ~ *de ...* du hast recht daran getan zu *Inf;* **~er I.** *tr* **1.** *(Tat)* veranlassen, bewirken; **2.** eingeben; inspirieren; **II.** *v prn s'*~ sich beeinflussen, leiten, anregen lassen (*de* von); ~ *confiance* Vertrauen erwecken.

instab|ilité [ɛ̃stabilite] *f* **1.** *phys* Labilität *a. fig;* **2.** Unbeständigkeit *f;* **~le** *a* **1.** *phys* labil *a. fig;* **2.** *fig* unbeständig, wandelbar, schwankend; *(Frieden)* unsicher; **3.** *chem (Verbindung)* unbeständig.

install|ateur [ɛ̃stalatœr] *m* Installateur *m;* **~ation** *f* **1.** Ein-, Vorrichtung; Anlage; Ausstattung; Installation *f;* Einbau *m;* **2.** Einführung, Einsetzung *f (in ein Amt);* **3.** ~ *d'aérage* Entlüftungsanlage *f;* ~ *de climatisation* Klimaanlage *f;* ~ *frigorifique* Kühlanlage *f;* ~*s portuaires* Hafenanlagen *f pl;* ~ *téléphonique* Fernsprechanlage *f;* **~er I.** *tr* **1.** *(in ein Amt)* ein≈führen, -setzen; **2.** *(Wohnung)* ein≈richten, aus≈statten; **3.** *(Anlage)* errichten; ein≈bauen; **4.** *(Maschine)* auf≈stellen; **II.** *v prn s'*~ **5.** sich einrichten, sich (*fam* häuslich) nieder≈lassen; **6.** *(Gefühl)* sich einnisten.

instamment [ɛ̃stamɑ̃] *adv (bitten)* inständig.

instance [ɛ̃stɑ̃s] *f* **1.** *jur* Klage *f;* Prozeß *m;* Verfahren *n;* **2.** *pl lit* dringende Bitte *f;* **3.** *sur les* ~*s de qn* auf dringendes Bitten *gen;* **4.** *être en* ~ *de divorce* in Scheidung leben; *introduire une* ~ e-e Klage einreichen; *juger en première, dernière* ~ in erster, letzter Instanz entscheiden; **5.** ~ *d'appel* Berufungsinstanz *f,* -verfahren *n.*

instant [ɛ̃stɑ̃] *m* **1.** Augenblick, Moment *m;* **2.** *à l'*~ im Augenblick, soeben; — *à chaque, à tout* ~ jeden, alle Augenblick(e); *dans un* ~ gleich; bald; im Moment; *dès l'*~ *que* sobald, -wie; seit; *par* ~*s* zeitweise, von Zeit zu Zeit; *pour l'*~ für den Augenblick, vorerst; *un* ~*!* einen Augenblick! Moment (mal)! ja doch! gleich! **~ané, e I.** *a* ganz kurz, nur e-n Augenblick dauernd; **II.** *s m* Momentaufnahme *f,* Schnappschuß *m.*

instar [ɛ̃star] *prp: à l'*~ *de* nach Art *gen,* (so) wie; nach dem Beispiel, Muster *gen.*

instaur|ation [ɛ̃stɔrasjɔ̃] *f* (Be-)Gründung; Errichtung; Einsetzung, -führung *f;* **~er** *tr* (be)gründen, ein≈setzen, -führen.

instigat|eur, trice [ɛ̃stigatœr, -tris] *m f* Anstifter(in *f*); Drahtzieher *m;* **~ion** [-sjɔ̃] *f: à l'*~ *de qn* auf jds Anregung.

instinct [ɛ̃stɛ̃] *m* **1.** Instinkt; (angeborener) Trieb *m;* **2.** Gespür, Gefühl *n (de* für); — *d'*~ instinktiv; ~ *de conservation* Selbsterhaltungstrieb *m;* **~if, ive** [ɛ̃stɛ̃ktif, -iv] *a* **1.** instinktiv; **2.** *péj* triebhaft.

instit|uer [ɛ̃stitɥe] *tr* **1.** stiften, gründen; ein≈führen, -richten, -setzen; **2.** ~ *qn son héritier* jdn zu s-m Erben ein≈setzen; **~ut** [-y] *m* Institut *n;* — ~ *d'assurance (sociale)* (Sozial-)Versicherungsanstalt *f;* ~ *bancaire* Geldinstitut *n;* ~ *de beauté* Schönheitssalon *m;* ~ *de crédit* Kreditanstalt *f;* ~ *de recherches* Forschungsanstalt *f;* **~uteur, trice** *m f* (Volksschul-)Lehrer(in *f*) *m;* **~ution** *f* **1.** Stiftung, Gründung *f;* **2.** Institution, Anstalt *f;* Einrichtung *f;* **3.** *(Erbe)* Einsetzung *f;* ~ *d'utilité publique* gemeinnützige Einrichtung *f;* **~utionnaliser** *tr* institutionalisieren, auf e-e feste Grundlage stellen.

instruct|eur [ɛ̃stryktœr] *s m* **I.** *mil* Ausbilder *m;* **II.** *a m mil* Ausbildungs-; *jur* Untersuchungs-; **~if, ive** *a* belehrend; instruktiv; **~ion** [-sjɔ̃] *f* **1.** Unterricht *m;* Ausbildung; Belehrung; Unterweisung *f;* **2.** Kenntnisse *f pl,* Wissen *n;* Bildung *f;* **3.** Instruktion; Verhaltensmaßregel *f;* **4.** *jur* Untersuchung *f;* **5.** *pl* Anleitung, (Gebrauchs-)Anweisung; (Dienst-)Vorschrift *f a. mil;* **6.** *se conformer, s'en tenir aux* ~*s* sich an die Vorschriften halten, den Weisungen folgen; *juge m d'*~ Untersuchungsrichter *m;* ~ *civique* Staatsbürgerkunde *f.*

instru|ire [ɛ̃strɥir] **I.** *tr* **1.** unterrichten (*qn dans qc,* jdn in e-r S), (be)lehren (*qn* *dans qc* jdn (in) e-e(r) S) an=leiten, -weisen, instruieren; **2.** benachrichtigen, in Kenntnis setzen (*qn de qc* jdn von etw), informieren (*qn de qc* jdn über e-e S); **3.** *jur (Untersuchung, Prozeß)* durch=führen, leiten; **II.** *v prn s'~* Kenntnisse erwerben; sich bilden; **~it, e** [-i, -it] *a* unterrichtet; gebildet; *être ~ de qc* von etw unterrichtet sein.

instrument [ɛ̃strymɑ̃] *m* **1.** Werkzeug *a. fig,* Gerät, Instrument *n a. mus;* Apparat *m;* **2.** Urkunde *f,* Dokument *n;* Abkommen, Protokoll *n;* **3.** *jouer d'un ~* ein Instrument spielen; **4.** *orchestre m d'~s à cordes (mus)* Streichorchester *n; ~s à cordes* Saiteninstrumente *n pl; ~ de mesure* Meßinstrument *n; ~s à vent (mus)* Blasinstrumente *n pl;* **~al, e** *a* **1.** *mus* Instrumental-; **2.** funktionell, wirksam; *musique f ~e* Instrumentalmusik *f;* **~ation** *f mus* Instrumentierung *f;* **~er** *itr jur* e-e Urkunde aus=stellen, -fertigen; **~iste** *m mus* Instrumentalist *m.*

insu [ɛ̃sy] *m: à l'~ de qn* ohne jds Wissen; *à mon ~* ohne mein Wissen.

insub|mersible [ɛ̃sybmɛrsibl] *a mar* unversenkbar; **~ordination** *f* Ungehorsam *m* (im Dienst); *mil* Gehorsamsverweigerung *f.*

insuccès [ɛ̃syksɛ] *m* Mißerfolg *m;* Mißlingen, Scheitern *n; (Examen)* Durchfall *m.*

insuffis|amment [ɛ̃syfizamɑ̃] *adv* nicht genügend; **~ance** *f* **1.** Unzulänglichkeit *f;* Mangel(haftigkeit *f*) *m;* **2.** *med* Insuffizienz, Schwäche *f;* — *~ cardiaque* Herzinsuffizienz, -schwäche *f; ~ de poids* Untergewicht *n;* **~ant, e** *a* ungenügend, unzureichend, unzulänglich.

insuffler [ɛ̃syfle] *tr* **1.** *med* ein=, auf=blasen; **2.** *fig* ein=flößen; *(Schrecken)* ein=jagen, *(Wunsch)* erwecken (*à qn* bei jdm).

insul|aire [ɛ̃sylɛr] **I.** *a* insular; Insel-; **II.** *s m f* Inselbewohner(in *f*), Insulaner(in *f*) *m.*

insult|e [ɛ̃sylt] *f* Beleidigung, Beschimpfung *f;* **~er I.** *tr* beleidigen, beschimpfen; **II.** *itr* ein Hohn sein (*à qc* auf e-e S); ins Gesicht schlagen *fig* (*à qc* e-r S).

insupportable [ɛ̃sypɔrtabl] *a* unerträglich; *(Mensch)* unausstehlich.

insur|gé [ɛ̃syrʒe] *m* **1.** Empörer, Aufrührer *m;* **2.** *pl* Aufständische *m pl;* **~er, s'** *v prn* sich empören, auf=stehen, sich erheben *a. fig; fig* sich auf=lehnen (*contre* gegen); **~montable** *a* unübersteigbar, unüberwindlich; **~rection** *f* Aufstand *m,* Erhebung, Revolte *f* (*contre* gegen); **~rectionnel, le** *a* aufrührerisch, revoltierend.

in|tact, e [ɛ̃takt] *a* **1.** unberührt; unversehrt, unbeschädigt; vollständig, heil, ganz, intakt; **2.** einwandfrei; tadel-, makellos, untadelig; **~tangible** [ɛ̃tɑ̃ʒibl] *a* unantastbar; **~tarrissable** [ɛ̃tari-] *a* nie versiegend *a. fig;* unerschöpflich *a. fig.*

int|égral, e [ɛ̃tegral] **I.** *a* **1.** vollständig, völlig, ganz; **2.** ungekürzt, unvermindert; **3.** *(Ideologie)* starr; **II.** *s f math* Integral *n; (Schallplatten)* Gesamtausgabe *f; calcul m ~* Integralrechnung *f;* **~égralité** *f* Vollständigkeit *f;* **~égrant, e** *a* **1.** (unbedingt) dazugehörend; **2.** *(Bestandteil)* wesentlich, integrierend; — *faire partie ~e de qc* unbedingt zu e-r S gehören; **~égration** *f* **1.** *math* Integrieren *n;* **2.** *com* Integrierung *f;* **3.** *pol* Integration *f;* Zusammenschluß *m;* Eingliederung *f;* **~ègre** *a* rechtschaffen, redlich, integer; unbescholten; unbestechlich; **~égrer I.** *tr* **1.** *math com* integrieren; einbeziehen, einordnen, einbinden; **2.** *(in der EG)* ins Beamtenverhältnis übernehmen; **II.** *v prn s'~* sich ein=fügen (*à* in *acc*); **~égrité** *f* **1.** Vollständigkeit; Unversehrtheit *f;* **2.** *fig* Redlichkeit, Rechtschaffenheit; Unbestechlichkeit *f.*

intell|ect [ɛ̃telɛkt] *m* Verstand, Intellekt *m;* **~ectualisme** [-tɥa-] *m* Intellektualismus *m;* **~ectuel, le I.** *a* verstandesmäßig; geistig; Geistes-; intellektuell **II.** *s m f* Intellektuelle(r *m*) *f;* — *propriété f ~le* geistige(s) Eigentum *n; travailleur m ~* Geistesarbeiter *m;* **~igence 1.** *f* Verstand *m;* Intelligenz *f;* **2.** Verständnis *n (de* für*),* Einsicht *f;* **3.** Einvernehmen, (geheimes) Einverständnis *n (avec qn* mit jdm*);* **4.** überdurchschnittlich intelligente(r) Mensch *m;* — *vivre en bonne ~ avec qn* mit jdm in gutem Einvernehmen leben; **~igent, e** *a* **1.** intelligent; klug, gescheit; **2.** *(Blick)* verständnisvoll; **~igentsia** [-igɛn(t)sja] *f* Intelligenz *f,* Intellektuelle(n) *m pl;* **~igible** *a* **1.** verständlich; deutlich (vernehmbar); **2.** klar, verständlich.

intemp|érance [ɛ̃tɑ̃perɑ̃s] *f* **1.** Unmäßigkeit *(bes. im Essen u. Trinken);* **2.** *fig* Maßlosigkeit *f;* **~érant, e** *a* unmäßig; maßlos; **~éries** *f pl* Unbilden *pl* der Witterung; *résistant aux ~s* wetterbeständig, -fest; **~estif, ive** *a* unpassend, unangebracht.

intenable [ɛ̃tənabl] *a* unhaltbar.

intendan|ce [ɛ̃tɑ̃dɑ̃s] *f* **1.** *(Schule)* Aufsicht; Verwaltung *f;* **2.** *mil* Verwaltungsbehörde *f;* **~t** *m* **1.** (Vermögens-, Schloß-)Verwalter; Direktor, Leiter *m* (*e-s Unternehmens* od *e-r Dienststelle*); **2.** *mil* Leiter *m* e-r Verwaltungsbehörde; **~te** *f (Schule)* Verwaltungsdirektorin *f; rel* Oberin *f.*

intens|e [ɛ̃tɑ̃s] *a* **1.** *(Leben)* intensiv; **2.** *(Hitze)* groß; **3.** *(Kälte)* streng; **4.** *(Schmerz)* heftig; **5.** *(Verkehr)* lebhaft, stark; **~if, ive** *a* stark, heftig; intensiv *a. tech;* **~ification** *f* Verstärkung, Intensivierung *f;* **~ifier I.** *tr* intensivieren, verstärken; *(Beziehungen)* aus=bauen; **II.** *v prn s'~* zu=nehmen; sich intensivieren; **~ité** *f* **1.** Stärke, Heftigkeit, Intensität *f;* **2.** *diminuer d'~* nach=lassen; **3.** *courant m de haute ~* Starkstrom *m; ~ du courant* Stromstärke *f; ~ sonore* Lautstärke *f; ~ du trafic* Verkehrsdichte *f.*

intent|er [ɛ̃tɑ̃te] *tr jur (Klage)* erheben; *(Prozeß)* anhängig machen, an=strengen; *~ une action à, contre qn* jdn verklagen; **~ion** [-sjɔ̃] *f* **1.** Absicht *f,* Vorhaben *n,* Vorsatz; Wille *m;* Intention *f;* **2.** *à l'~ de* für *acc,* zugunsten, zu Ehren *gen; à cette ~* zu diesem Zweck; *avec, sans ~* absichtlich, unabsichtlich; **3.** *avoir l'~ de* die Absicht haben zu; *avoir de bonnes ~s envers qn* es gut mit jdm meinen; *avoir de mauvaises ~s* Böses im Schilde führen; **4.** *ce n'est nullement mon ~* ich denke (ja) gar nicht daran; **~ionné, e** [-sjɔ-] *a: bien, mal ~* wohlmeinend *od* wohlgesinnt, nicht wohlgesinnt; **~ionnel, le** *a (Tat)* absichtlich, beabsichtigt; vorsätzlich.

inter [ɛ̃tɛr] *(in Zssgen)* zwischen-; Zwischen-; *s m tele fam* Fernamt *n; ~ droit, gauche (sport)* Halbrechts, -links *m;* **~calaire** *a* Schalt-; eingeschoben; *jour m ~* Schalttag *m;* **~caler** *tr* ein=schalten, -fügen, -legen; **~céder** [-se] *itr* sich verwenden (*pour qn auprès de qn* für jdn bei jdm); **~cepter** [-sɛpte] *tr* **1.** auf=, ab=fangen; **2.** *(Brief)* unterschlagen; **3.** *(Verbindung)* unterbrechen; **4.** *tele* ab=hören; **~cession** *f* Fürsprache *f;* **~changeable** *a* auswechsel-, austauschbar; **~confessionnel, le** *a* interkonfessionell; **~continental, e** *a* interkontinental; **~dépendance** *f* **1.** gegenseitige Abhängigkeit *f;* Wechselbeziehungen *f pl;* **2.** *com* Verflechtung *f,* Interdependenz *f.*

interdi|ction [ɛ̃tɛrdiksjɔ̃] *f* **1.** Sperre, Untersagung *f,* Verbot *n;* **2.** Amtsenthebung, Suspendierung *f;* **3.** Entmündigung *f;* **4.** *frapper qn d'~ (jur)* jdn entmündigen; **5.** *~ d'atterrissage (aero)* Landeverbot *n; ~ de construire* Bauverbot *n; ~ d'exportation* Ausfuhrverbot *n,* -sperre *f; ~ de séjour* Aufenthaltsverbot *n; ~ de stationner* Parkverbot *n;* **~re** *tr* **1.** untersagen, verbieten (*qc à qn* jdm etw); **2.** entmündigen, unter Vormundschaft *od* Kuratel stellen; **3.** suspendieren, entheben (*qn de ses fonctions, ses fonctions à qn* jdn s-s Amtes); **4.** *rel* mit dem (Kirchen-)Bann, Interdikt belegen; **~t, e** [-di, -it] **I.** *a* **1.** untersagt, verboten; **2.** mit dem (Kirchen-) Bann belegt; **3.** verblüfft, bestürzt; **II.** *s m* **1.** Interdikt *n;* **2.** *jur* Entmündigte(r) *m; — être, rester, demeurer ~* wie vor den Kopf geschlagen, sprachlos sein; *~(e)!* Betreten verboten! *~ aux moins de seize ans* Jugendliche unter 16 Jahren haben keinen Zutritt; *passage ~* Durchgang, -fahrt verboten.

intéress|ant, e [ɛ̃terɛsɑ̃, -ɑ̃t] **I.** *a* **1.** interessant; fesselnd; reizvoll; **2.** *com* vorteilhaft, günstig; **II.** *s m faire l'~ (fam)* an=geben; **~é, e I.** *a* **1.** interessiert (*à qc* an e-r S); **2.** *com* beteiligt (*à, dans qc* an e-er S); **3.** eigennützig, gewinnsüchtig; **II.** *s m f* Beteiligte(r *m*) *f;* Interessent(in *f*), Reflektant *m; allg* Interessierte(r *m*); Betreffende(r *m*) *f;* **~er I.** *tr* **1.** *(associer)* Anteil nehmen lassen (*qn à qc* jdn an e-r S) beteiligen; **2.** *(concerner)* an=gehen, betreffen; wichtig, interessant sein (*qn* für jdn); **3.** *(retenir l'attention)* interessieren; Teilnahme erregen (*qn* jds); an=ziehen, reizen; **4.** *(éveiller l'intérêt)* interessant, anziehend machen; **5.** *je l'ai intéressé à ce projet* ich habe ihn für dieses Projekt gewonnen; **II.** *v prn s'~* sich beteiligen (*dans qc* an e-r S); Anteil nehmen (*à qc* an e-r S); sich interessieren (*à qc* für etw); sich angelegen sein lassen, Wert darauf legen (*à faire qc* etw zu tun); ein=treten (*à qn* für jdn).

intérêt [ɛ̃terɛ] *m* **1.** Interesse *n;* Anteil *m;* Beteiligung, (An-)Teilnahme *f* (*à, pour* an); **2.** Gefallen, Vergnügen *n;* Reiz *m;* **3.** Gewinn, Vorteil, Nutzen *m;* **4.** Eigennutz *m,* Selbstsucht *f;* **5.** *(dommages-~s)* Schadenersatz *m;* **6.** *meist pl* Zinsen *m pl; pl* Verzinsung *f;* Belange *pl;* Interessen *n pl;* **7.** *à ~s fixes* festverzinslich; *dans l'~ de qn* in jds Interesse; *dans l'~ public* im Interesse der Allgemeinheit; *par ~* aus Interesse *od* Eigennutz; *sans ~s* zinsfrei, -los; **8.** *agir contre ses propres ~s* sich selbst ins Fleisch schneiden *fig; avoir des ~s dans qc* an e-r S beteiligt sein; *défendre, sauvegarder les ~s de qn* jds Interessen vertreten *od* wahrnehmen; *éveiller l'~* das Interesse erregen; *placer à ~* zinstragend an=legen; *produire, (rap)porter des ~s* Zinsen tragen, sich verzinsen; **9.** *il a tout ~* es liegt in s-m Interesse (*à* zu); *c'est dans votre ~* es liegt in Ihrem Interesse; **10.** *coupon m d'~* Zinsschein *m; service m des ~s* Zinsendienst *m; sphère, zone f d'~s (pol)* Interessengebiet *n; taux m d'~* Zinsfuß *m;* **11.** *~s accrus, courus* aufgelaufene, ausstehende Zinsen *m pl; ~s arriérés* rückständige Zinsen *pl; ~s bancaires* Bankzinsen *m pl; ~s créanciers, créditeurs* Haben-, Aktivzinsen *m pl; ~s moratoires* Verzugszinsen *m pl; ~ usuraire* Wucherzinsen *m pl.*

interférence [ɛ̃terferɑ̃s] *f* **1.** Einmischung *f;* **2.** *phys* Interferenz, Überlagerung *f.*

intérieur, e [ɛ̃terjœr] **I.** *a* innere(r, s); inwendig, innerlich; Innen-; inländisch; Binnen-; **II.** *s m* **1.** (das) Innere; (das)

Landesinnere, Binnenland *n;* **2.** Häuslichkeit *f,* (Da-)Heim, Haus *n;* **3.** Innenaufnahme; *film* Atelieraufnahme *f;* **4.** *sport* Mittelstürmer *m;* **5.** *à l'~* innen; *pharm* innerlich; innerhalb (*de* gen); **6.** *aménagement m ~* Inneneinrichtung *f; commerce m ~* Binnenhandel *m; cour f ~e* Innenhof *m; navigation f ~e* Binnenschiffahrt *f; politique f ~e* Innenpolitik *f; travaux m pl ~s* Hausarbeit *f;* **~ement** *adv fig* innen, im Inner(e)n; innerlich.

intérim [ɛ̃terim] *m inv* Zwischenzeit *f,* Interim *n; par ~* in der Zwischenzeit; *assurer l'~* zeitweilig die Vertretung übernehmen; **~aire I.** *a* vorläufig, einstweilig, interimistisch; Zwischen-; **II.** *s m* Vertreter *m.*

inter|jection [ɛ̃terʒɛksjɔ̃] *f gram* Interjektion, Ausrufungs-, Empfindungswort *n;* **~jeter** [-ʒəte] *tr jur: ~ appel* Berufung ein=legen.

inter|ligne [ɛ̃tɛrliɲ] *m* **1.** Zwischenraum *m (zwischen Zeilen);* **2.** *f typ* Durchschuß *m;* **~ligner** *tr* **1.** zwischen die Zeilen schreiben; **2.** *typ* durchschießen; **~linéaire** *a* interlinear.

interlocuteur, trice [ɛ̃tɛrlɔkytœr, -tris] *m f* Gesprächspartner(in *f*), -teilnehmer(in *f*) *m.*

interlope [ɛ̃tɛrlɔp] *a* zweideutig; verrufen; *commerce m ~* Schleich-, Schwarzhandel *m.*

interloqué, e [ɛ̃tɛrlɔke] *a* verwirrt; verdutzt.

interlude [ɛ̃tɛrlyd] *m* Zwischenmusik *f; video* Pausenfüller *m.*

inter|mède [ɛ̃tɛrmɛd] *m* **1.** *theat mus* Zwischenspiel, Intermezzo *n a. fig;* **2.** *mus* Einlage *f;* **~médiaire I.** *a* Zwischen-, Mittel-; intermediär; **II.** *s m* **1.** Mittelsperson *f,* -mann, Vermittler(in *f*) *m;* **2.** *com* Zwischenhändler *m;* **3.** *par l'~ de* durch Vermittlung *gen,* über *acc; servir d'~* als Vermittler dienen; *commerce m ~* Zwischenhandel *m;* **~minable** *a* endlos; **~mittence** *f* (kurze) Unterbrechung *f a. el; par ~* zeitweilig, vorübergehend; **~mittent, e** *a* **1.** zeitweilig unterbrochen, aussetzend, diskontinuierlich; **2.** *med* intermittierend.

intern|at [ɛ̃tɛrna] *m* **1.** Internat *n;* **2.** *med* Assistenzärzte *m pl;* Assistenzarztzeit *f;* **~ational, e** [-sjɔ-] *a* international, zwischenstaatlich; *droit m ~* Völkerrecht *n;* **~ationaliser** *tr* internationalisieren; **~ationalisme** *m* Internationalismus *m.*

intern|e [ɛ̃tɛrn] **I.** *a* innere(r, s); Innen-; **II.** *s m* **1.** Internatsschüler *m;* **2.** Assistenzarzt *m;* **~é, e** *m f* Internierte(r *m*) *f;* **~ement** *m* Internierung *f;* **~er** *tr* **1.** internieren; **2.** *med* in e-e Anstalt ein=weisen.

interpell|ateur, trice [ɛ̃tɛrpɛlatœr, -tris] *m f parl* Interpellant *m;* **~ation** [-sjɔ̃] *f* **1.** *parl* Interpellation *f;* **2.** *jur* Aufforderung; Mahnung *f;* **3.** brüske Anrede *f;* **4.** *(Polizei)* Überprüfung *f* der Personalien; **~er** [-pə(e)-] *tr* **1.** befragen, e-e Anfrage richten (*qn* an jdn); *parl* interpellieren; **2.** *jur (zu e-r Erklärung)* auffordern; mahnen (*de faire qc* etw zu tun); **3.** *(Polizei)* die Personalien überprüfen.

inter|pénétration [ɛ̃tɛrpenetrasjɔ̃] *f* gegenseitige Durchdringung, Verflechtung *f;* **~pénétrer, s'** *v prn* sich gegenseitig durchdringen; **~phone** *m WZ* Sprechanlage *f;* **~planétaire** *a* interplanetarisch.

interpol|ation [ɛ̃tɛrpɔlasjɔ̃] *f* Interpolation *a. math;* Einschiebung *f (in e-n Text);* **~er** *tr (Textstelle)* ein=schieben, interpolieren *a. math.*

interposer [ɛ̃tɛrpoze] **I.** *tr* **1.** dazwischen=stellen, -setzen, -legen; **2.** *fig* in die Waagschale werfen; **3.** *(Hilfe)* leisten; **II.** *v prn s'~* dazwischen=treten; sich ein=schieben; vermitteln (*entre* zwischen); *personne f interposée* Mittelsperson *f.*

inter|prétariat [ɛ̃tɛrpretarja] [-a] *m* Dolmetscherwesen *n;* **~prétatif, ive** *a* erläuternd, erklärend; **~prétation** *f* **1.** Auslegung, Deutung, Interpretation; Erklärung *f;* **2.** Dolmetschen *n;* **3.** *theat* Darstellung, Verkörperung; *mus* Wiedergabe *f;* — *~ consécutive, simultanée* Konsekutiv-, Simultandolmetschen *n; ~ des photos aériennes* Luftbildauswertung *f;* **~prète** *m* **1.** Interpret; Erklärer *m;* **2.** Dolmetscher *m;* **3.** *fig* Dolmetsch, Fürsprecher *m;* **4.** *theat* Darsteller *m;* — *se faire l'~ de qc* sich zum Sprachrohr e-r S machen; **~préter** *tr* **1.** aus=legen, deuten, interpretieren; **2.** aus=werten; **3.** erklären, erläutern; **4.** (ver)dolmetschen; **5.** *theat (Rolle)* auf=fassen; dar=stellen, verkörpern, spielen *a. mus.*

interrègne [ɛ̃tɛrrɛɲ] *m hist* Interregnum *n a. fig.*

interrog|ateur, trice [ɛ̃tɛrɔgatœr, -tris] **I.** *s m f* Prüfer, Prüfende(r), Examinator *m;* **II.** *a* fragend; **~atif, ive** *a* fragend, interrogativ; **~ation** *f* Frage; Befragung *f; point m d'~* Fragezeichen *n a. fig;* **~atoire** *m* Verhör *n,* Einvernahme, Vernehmung(sprotokoll *n*) *f; faire subir un ~ à qn* jdn verhören; *~ contradictoire* Kreuzverhör *n;* **~er** [-ʒe] *tr* **1.** (be-, aus=)fragen; *~ qn sur qc* jdn über e-e S aus=fragen; prüfen (*en, sur* in *dat,* über *acc*); **2.** *jur* verhören; **3.** *fam* um Rat fragen, zu Rate ziehen.

interromp|re [ɛ̃tɛrɔ̃pr] **I.** *tr* **1.** unterbrechen *a. jur el;* ins Wort fallen (*qn* jdm); **2.** stören *a. jur (Besitz);* **II.** *v prn s'~* **3.** auf=hören (*dans qc* mit etw); **4.** *(Rede)* ab=brechen (*dans acc*); inne=halten, stocken.

interrupt|eur [ɛ̃tɛryptœr] *s m el* Unterbrecher, Schalter *m;* **~ion** [-sjɔ̃] *f* **1.** Unterbrechung *a. jur el;* Störung *f;* **2.** *parl* Zwischenruf *m;* — *sans* ~ ohne Unterbrechung; ununterbrochen; *ouvert sans* ~ durchgehend geöffnet; ~ *de (la) grossesse* Schwangerschaftsunterbrechung *f.*

inter|secté, e [ɛ̃tɛrsɛkte] *a* **1.** *math* geschnitten; **2.** *allg* gebrochen; **3.** *arch* sich überschneidend, verschlungen; **~section** [-sjɔ̃] *f* **1.** Schnitt(punkt *m,* -linie, -fläche *f*) *m;* **2.** Überschneidung, Kreuzung *f;* ~ *(de routes)* Straßenkreuzung *f;* **~stellaire** *a astr* interstellar; **~stice** [-stis] *m* Zwischenraum; Spalt *m;* **~urbain, e I.** *a tele* Fern-; **II.** *s m* u. *bureau m* ~ *(tele)* Fernamt *n; communication f* ~*e* Ferngespräch *n;* **~valle** [-val] *m* **1.** Abstand, Zwischenraum *m,* Entfernung *f;* **2.** Zwischenzeit *f;* Zeitabstand *m,* -spanne *f;* **3.** *mus* Intervall *n;* — *par* ~*s* von Zeit zu Zeit, hin u. wieder, dann u. wann; *sans* ~*s* ununterbrochen, pausenlos.

interven|ir [ɛ̃tɛrvənir] *itr* **1.** *bes. pol mil* ein=schreiten, -greifen (*dans une discussion* in e-e Aussprache); sich ein=mischen, intervenieren (*dans qc* in e-r S); **2.** sich ins Mittel legen, vermitteln (*dans* bei); **3.** *jur* intervenieren, teil=nehmen (*à, dans qc* an e-r S); **4.** *(Ereignis)* ein=treten, geschehen; dazwischen=kommen; **5.** ~ *pour qn, en faveur de qn* sich für jdn ein=setzen *od* verwenden; **~tion** [-vɑ̃sjɔ̃] *f* **1.** Einschreiten *n,* -mischung, Intervention; Vermittlung *f;* **2.** *med (~ chirurgicale)* (chirurgischer) Eingriff *m,* Operation *f;* **3.** *(Sache)* Eintreten, Dazwischenkommen *n;* — *sans mon* ~ ohne mein Zutun.

interver|sion [ɛ̃tɛrvɛrsjɔ̃] *f* Umkehrung, -stellung, Vertauschung *f;* **~tir** *tr* um=stellen; *(die Rollen)* vertauschen; *(Papiere)* in Unordnung bringen.

interview [ɛ̃tɛrvju] *f* Interview *n;* **~er I.** *tr* [-uve] interviewen; **II.** *s m* [-uvœr] Interviewer *m.*

intest|at [ɛ̃tɛsta] *a* ohne (ein) Testament (zu hinterlassen); *héritier m ab* ~ *(jur)* gesetzliche(r) Erbe *m;* **~in, e I.** *a* intern; **II.** *s m* Darm *m; pl* Gedärm, Eingeweide *n;* **~inal, e** *a* Darm-, Eingeweide-.

intim|ation [ɛ̃timasjɔ̃] *f jur* gerichtliche Ankündigung; Vorladung *f;* **~e I.** *a* vertraut, intim; gemütlich, behaglich; **II.** *s m f* Intimus, Busenfreund(in *f*) *m; rapports m pl* ~*s* enge Beziehungen *f pl;* Intimverkehr *m;* **~er** *tr* **1.** (amtlich) mit=teilen, erklären, an=kündigen; **2.** *jur* (vor e-e höhere Instanz) vorladen; — ~ *l'ordre de* jdn den Befehl erteilen zu; **~idation** *f* Einschüchterung *f;* **~ider** *tr* ein=schüchtern; **~ité** *f* **1.** Vertrautheit, enge Freundschaft, Intimität *f;* **2.** *(Ort)* intime(r) Charakter *m,* Behaglichkeit *f;* — *dans la plus stricte* ~ im engsten (Familien-)Kreis; *les obsèques ont eu lieu dans l'*~ die Beisetzung fand in aller Stille statt.

intitul|é [ɛ̃tityle] *m* **1.** Titel *m,* Über-, Aufschrift *f;* **2.** Eingangsformel *f bes. jur;* **~er I.** *tr* betiteln, e-n Titel geben (*qc* e-r S); **II.** *v prn s'*~ **1.** sich nennen, sich den Titel *gen* bei=legen; **2.** die Überschrift tragen.

into|lérable [ɛ̃tɔlerabl] *a* unerträglich; **~lérance** *f* **1.** Unduldsamkeit, Intoleranz; **2.** Unverträglichkeit *f;* **~lérant, e** *a* unduldsam, intolerant; **~nation** [ɛ̃tɔnasjɔ̃] *f* **1.** *mus* Tonangabe *f;* **2.** *(Sprache)* Intonation *f,* Ton(fall) *m;* **~xication** [-ksi-] *f* Vergiftung *f;* **~xiquer** *tr* vergiften.

intra|dos [ɛ̃trado] *m arch* **1.** Laibung *f;* **2.** *aero* Flügelunterseite *f;* **~duisible** [-ɥiz-] *a* unübersetzbar; **~-muros** [-myros] *adv* u. *a* in(nerhalb) der Stadt(mauern) (gelegen); **~musculaire** *a med* intramuskulär.

intraitable [ɛ̃trɛtabl] *a* unnachgiebig, halsstarrig; kompromißlos (*sur* in Bezug auf *acc*).

intrans|igeance [ɛ̃trɑ̃ziʒɑ̃s] *f* Unnachgiebigkeit *f,* Starrsinn *m;* Unversöhnlichkeit *f;* **~igeant, e** *a* unnachgiebig; unversöhnlich; **~itif, ive** *a gram* intransitiv; **~portable** *a* **1.** *com* nicht versandfähig; **2.** *(Kranker)* nicht transportfähig.

intraveineux, se [ɛ̃travɛnø, -øz] *a med* intravenös.

intrépid|e [ɛ̃trepid] *a* unerschrocken, furchtlos, kühn; **~ité** *f* Kühnheit, Unerschrockenheit, Furchtlosigkeit *f.*

intri|gant, e [ɛ̃trigɑ̃, -ɑ̃t] **I.** *a* ränkesüchtig; **II.** *s m f* Intrigant(in *f*) *m;* **~gue** *f* **1.** Intrige(nspiel *n*) *f;* Machenschaften *f pl;* Umtriebe, Schliche *m pl;* **2.** *theat* Verwick(e)lung *f,* Knoten *m;* **~guer I.** *itr* intrigieren, Ränke schmieden; **II.** *tr* neugierig machen; aus der Ruhe bringen; stutzig machen.

intrinsèque [ɛ̃trɛ̃sɛk] *a* echt, eigentlich; *(Wert)* wirklich, wahr.

introdu|cteur, trice [ɛ̃trɔdyktœr, -tris] *m* Einführer(in *f*) *m;* **~ction** [-ksjɔ̃] *f* **1.** Einführung (*à qc* in e-e S) *a. med (e-s Instrumentes)* (*dans qc* in etw); Einleitung *f* (*à qc* in e-e S); Vorwort *n;* **2.** *mus* Introduktion *f;* — *lettre f d'*~ Empfehlungsschreiben *n;* **~ire** [-dɥir] **I.** *tr* **1.** *(faire entrer qn; présenter qn)* (her)ein=führen; ~ *(auprès de qn)* (bei jdm) einführen; *(a. fig)* ~ *qn dans un cercle, une famille* jdn in eine Gesellschaft, in e-e Familie ein=führen; **2.** *(faire entrer qc)* (hin)ein=führen, -bringen, -stecken, -drücken, -schieben; *el* (in e-n Stromkreis) ein=schalten; *(Krankheit)* ein=schleppen; ~ *en fraude* ein=schmuggeln (*en* in *acc*); **3.** *(faire adopter) (mode, usage, expression)* ein=führen, auf=bringen; ~ *sur le marché* auf den Markt bringen; **4.** *jur (plainte) (Klage)* erheben, *(instance) (Verfahren)* eröffnen, ein=leiten; **II.** *v prn s'*~ **5.** sich Zutritt verschaffen, ein=dringen, sich ein=schleichen (*dans* in *acc*); sich ein=drängen; **6.** *(Mode, Gebrauch)* auf=kommen; **7.** *(Sitte)* sich ein=bürgern.

introït [ɛ̃trɔit] *m rel (Messe)* Introitus *m*.

intronis|ation [ɛ̃trɔnizasjɔ̃] *f* **1.** feierliche Einsetzung *f;* **2.** *fig* Einführung *f;* **~er** *tr* **1.** feierlich ein=setzen; **2.** *fig* ein=führen.

introuvable [ɛ̃truvabl] *a* unauffindbar; nicht aufzutreiben(d).

intrus, e [ɛ̃try, -yz] *s m f* Eindringling, ungebetene(r) Gast *m;* **~ion** [-zjɔ̃] *f* Eindringen *n*.

intu|itif, ive [ɛ̃tɥitif, -iv] *a* intuitiv; **~ition** *f* **1.** Intuition *f;* **2.** (Vor-)Ahnung *f*.

inu|sable [inyzabl] *a (Stoff)* unverwüstlich; **~sité, e** *a* ungebräuchlich; **~tile** *a* unnütz, nutzlos; unbrauchbar; unnötig, überflüssig; *être* ~ sich erübrigen; **~tilement** *adv* umsonst; **~tilisable** *a* unbrauchbar, unbenutzbar; **~tilisé, e** *a* ungenutzt; **~tilité** *f* Nutz-, Zwecklosigkeit *f*.

invaincu, e [ɛ̃vɛ̃ky] *a* unbesiegt, unbezwungen.

inva|lidation [ɛ̃validasjɔ̃] *f* Ungültigkeitserklärung, Annullierung *f;* **~lide I.** *a* invalid; arbeits-, dienstunfähig; **II.** *s m* Invalide *m;* **~lider** *tr jur* für ungültig erklären, annullieren; **~lidité** *f* Invalidität; Dienst-, Arbeits-, Erwerbsunfähigkeit *f*.

invariable [ɛ̃varjabl] *a* unveränderlich *a. gram,* unwandelbar; beständig.

invasion [ɛ̃vazjɔ̃] *f* **1.** (feindlicher) Einfall, -bruch *m,* Invasion *f a. fig;* **2.** *(Seuche)* Ausbruch *m;* plötzliche(s) Auftreten *n a. fig;* Zunahme, schnelle Verbreitung *f;* — *les grandes ~s* die Völkerwanderung *f*.

invectiv|e [ɛ̃vɛktiv] *f* Beleidigung *f; se répandre en ~s contre qn* jdn beschimpfen; **~er I.** *itr* schimpfen (*contre* auf *acc*), wettern (*contre* über *acc*); **II.** *tr* beschimpfen, beleidigen.

invend|able [ɛ̃vɑ̃dabl] *a* unverkäuflich; **~u, e I.** *a* unverkauft; **II.** *s m pl* unverkaufte Waren *f pl; (Bücher)* Remittenden *pl*.

invent|aire [ɛ̃vɑ̃tɛr] *m* **1.** Inventar; Verzeichnis *n;* **2.** (Waren-)Bestandsaufnahme, Inventur *f;* — *dresser, établir, faire l'*~ Inventur, Bestandsaufnahme machen; ~ *de fin d'année* Jahresinventur *f;* **~er** *tr* **1.** erfinden; **2.** aus=, erdenken, ersinnen, erdichten; *fam* aus=hecken; **~eur, trice** *m f* Erfinder(in *f*) *m;* **~if, ive** *a* erfinderisch; **~ion** [-sjɔ̃] *f* **1.** Erfindung *f a. péj;* **2.** *péj* (reine) Phantasie *f;* — *brevet m d'*~ Patent *n;* **~orier** [-tɔ-] *tr* inventarisieren, ein Verzeichnis auf=nehmen (*qc* von etw), Inventur machen (*qc* in e-r S).

invérifiable [ɛ̃verifjabl] *a* unkontrollierbar, nicht nachprüfbar.

invers|e [ɛ̃vɛ̃rs] **I.** *a* umgekehrt, entgegengesetzt; **II.** *s m* Gegenteil *n* (*de* gen), -satz *m* (*de* zu); *à l'*~ *de* im Gegensatz zu; *en sens* ~ in entgegengesetzter Richtung; **~ement** *adv* umgekehrt, hinwieder(um), dagegen; **~er** *tr* **1.** um=kehren *a. phys;* **2.** *el (Stromrichtung)* um=schalten; **~ion** [-sjɔ̃] *f* **1.** *gram chem* Inversion *f;* **2.** *el* Umschaltung *f;* **3.** *med* Umlagerung *f (e-s Organs);* — ~ *narrative (film)* Rückblendung *f;* ~ *de température* Temperaturumkehr *f*.

invert|ébrés [ɛ̃vɛrtebre] *m pl zoo* Wirbellose *pl;* **~i, e** *s m f* Homosexuelle(r *m*), Invertierte(r *m*) *f*.

invest|igateur, trice [ɛ̃vɛstigatœr, tris] **I.** *a* forschend; Forscher-; **II.** *s m f* Forscher(in *f*) *m;* **~igation** *f* (Nach-)Forschung; *jur* Ermitt(e)lung *f;* **~ir** *tr* **1.** aus=statten, betrauen, *hist* belehnen (*de* mit); verleihen (*qn de qc* jdm etw); ein=setzen (*de* in *acc*); **2.** *(Geld)* an=legen, investieren (*dans* in *acc*); **3.** *mil* ein=schließen; — ~ *qn de sa confiance* jdm sein (volles) Vertrauen schenken; **~issement** *m* **1.** *mil* Einschließung; **2.** *com* Anlage, Investierung, Investition *f; pl* Anlagevermögen *n;* — *biens m pl d'*~ Investitionsgüter *n pl;* ~ *de capital* Kapitalanlage, -investierung *f;* ~ *à court terme* kurzfristige Anlage *f; f* **~iture** *f* **1.** *hist* Investitur, Belehnung, Einsetzung *f;* **2.** *pol* Aufstellung, Benennung *f (e-s Kandidaten)*.

invétér|é, e [ɛ̃vetere] *a* **1.** *(Gewohnheit)* eingewurzelt; **2.** *(Leiden)* hartnäckig, chronisch; **3.** *(Verbrecher, Trinker)* unverbesserlich.

invincible [ɛ̃vɛ̃sibl] *a* **1.** unbesiegbar, unschlagbar; **2.** *fig* unüberwindlich, unerschütterlich; **3.** *(Argument)* unwiderlegbar.

inviol|able [ɛ̃vjɔlabl] *a* unverletzlich, unantastbar; **~é, e** *a* unverletzt *fig; (Berggipfel)* unbezwungen.

invisible [ɛ̃vizibl] *a* **1.** unsichtbar; **2.** verborgen, geheim; **3.** *(Person)* nie anzutreffen(d); — *être* ~ sich nicht sehen lassen.

invit|ation [ɛ̃vitasjɔ̃] *f* **1.** Einladung *f;* **2.** Aufforderung *f* (*à* zu); — *sur l'*~ *de qn* auf jds Rat, Anregung; **~e** *f* auffordernde, ermunternde Geste *f,* Wink *m;* **~é, e** *s m f* (geladener) Gast *m;* **~er I.** *tr* **1.**

ein=laden (*à* zu); **2.** auf=fordern, ersuchen, veranlassen (*à* zu); **II.** *v prn s'~* ungebeten erscheinen.

invo|cation [ɛ̃vɔkasjɔ̃] *f rel* Anrufung *f;* **~lontaire** *a* unfreiwillig, unabsichtlich; unwillkürlich; **~quer** *tr* **1.** *rel* an=rufen; **2.** erflehen, bitten; **3.** sich berufen (*qc* auf e-e S *acc*), geltend machen; sich stützen (*qc* auf e-e S), heran=ziehen.

invraisembl|able [ɛ̃vrɛsɑ̃blabl] *a* **1.** unwahrscheinlich; **2.** unmöglich, unglaublich; **~ance** *f* Unwahrscheinlichkeit *f.*

invulnérable [ɛ̃vylnerabl] *a* **1.** unverwundbar; **2.** *fig* unverletzbar; gefeit (*à* gegen).

iod|e [jɔd] *m chem* Jod *n; teinture f d'~ (pharm)* Jodtinktur *f;* **~é, e** jodhaltig.

ion [jɔ̃] *m phys el* Ion *n;* **~ien, ne** [jɔnjɛ̃, -ɛn] *a geog hist* ionisch; **~ique** *a arch* ionisch; *ordre m ~* ionische Säulenordnung *f;* **~isation** *f* Ionisierung *f;* **~iser** *tr phys* ionisieren; **~osphère** *f* Ionosphäre *f.*

iota [jɔta] *m* Jota *n; il n'y manque pas un ~* es fehlt nicht der Punkt auf dem I.

irascible [irasibl] *a* jähzornig.

iri|s [iris] *m* **1.** *anat* Regenbogenhaut, Iris *f;* **2.** *bot* Schwertlilie *f;* **~sé, e** *a* in den Regenbogenfarben schillernd.

iron|ie [irɔni] *f* Ironie *f,* feine(r) Spott *m; ~ du sort* Ironie *f* des Schicksals; **~ique** *a* ironisch, spöttisch; **~iser** *itr* ironische, bissige Bemerkungen machen.

irrad|iation [iradjasjɔ̃] *f* **1.** (Aus-)Strahlung *f;* **2.** *med* Bestrahlung *f;* — *~ thermique* Wärmestrahlung *f;* **~ier I.** *itr* **1.** (aus=)strahlen; **2.** *fig* sich ausbreiten; **II.** *tr* bestrahlen (*par* mit).

irr|aisonné, e [irɛzɔne] *a (Angst)* unsinnig, sinnlos; unbewußt; **~ationel, le** *a* **1.** vernunftwidrig; unvernünftig; **2.** *math* irrational.

irréal|isable [irealizabl] *a* unausführbar, nicht zu verwirklichen(d); **~isé, e** *a* nicht realisiert, unausgeführt; **~ité** *f* Unwirklichkeit *f.*

irrecevab|ilité [irəsəvabilite] *f jur (Klage)* Unzulässigkeit *f;* **~le** *a* **1.** unannehmbar; **2.** *jur* unzulässig.

irré|conciliable [irekɔ̃siljabl] *a* unversöhnlich; **~couvrable** *a* nicht einzutreiben(d), uneinbringlich; **~cusable** *a* **1.** einwandfrei, tadellos; **2.** unwiderlegbar; **3.** *(Zeuge)* glaubwürdig; **~ductible** *a* **1.** nicht zu reduzieren(d); **2.** *math (Bruch)* nicht mehr zu kürzen(d); **3.** *med (Bruch)* nicht wieder einzurenken(d): **4.** *chem* nicht reduzierbar; **5.** *(Rente)* unkürzbar; **6.** *fig* unbeugsam, unnachgiebig, unerbittlich; **~el, le** *a* unwirklich, irreal; **~fléchi, e** *a* **1.** *(Handlung)* unüberlegt; **2.** *(Mensch)* unbesonnen, gedankenlos, unbedacht; **~flexion** *f* Gedankenlosigkeit, Unbesonnenheit *f;* **~futable** *a* unwiderlegbar; **~gularité** *f* **1.** Unregelmäßigkeit; Regellosigkeit *f;* **2.** Ungleichmäßigkeit *f;* **3.** Ordnungswidrigkeit *f;* **4.** ungleichmäßige Leistung *f;* **~gulier, ère I.** *a* **1.** unregelmäßig *a. gram,* regellos; regelwidrig; **2.** *mil* irregulär; *(Beamter)* außerplanmäßig; **3.** ordnungswidrig; **4.** in der Leistung schwankend; **II.** *s m pl* irreguläre Truppen *f pl;* **~ligieux, se** *a* religions-, glaubenslos; **~ligion** *f* Unglaube *m;* Gottlosigkeit *f;* **~médiable** *a* **1.** unheilbar; **2.** hoffnungslos; **3.** ausweglos; **4.** *(Verlust)* unersetzbar, nicht wiedergutzumachen(d).

irremplaçable [irɑ̃plasabl] *a* unersetzlich.

irré|parable [ireparabl] *a* nicht wiedergutzumachen(d); *tech* irreparabel; **~préhensible** *a* untadelig; **~prochable** *a* untadelig, musterhaft; tadellos, einwandfrei; **~sistible** *a* **1.** unwiderstehlich; **2.** hinreißend komisch; **~solu, e** *a* unentschlossen, schwankend; **~solution** *f* Unentschlossenheit *f;* Schwanken *n.*

irre|spect [irɛspɛ] *m* Respektlosigkeit *f;* **~spectueux, se** *a* respektlos; **~spirable** *a* **1.** nicht zu atmen(d); **2.** *fig* unerträglich; **~sponsabilité** *f* Unverantwortlichkeit; *jur* Unzurechnungsfähigkeit *f;* **~sponsable** *a* **1.** nicht verantwortlich (*de* für); **2.** *jur* unzurechnungsfähig; **3.** verantwortungslos.

irré|trécissable [iretresisabl] *a (Stoff)* nicht einlaufend; **~vérence** *f* Respektlosigkeit *f;* **~vérencieux, se** *a* respektlos; **~versible** *a* nicht umkehrbar; **~vocable** *a* unwiderruflich; nicht zurücknehmbar, -ziehbar; zwangsläufig.

irrig|able [irigabl] *a* (leicht) zu bewässern(d); **~ation** *f* **1.** Bewässerung; Berieselung *f;* **2.** *med* Spülung *f;* Einlauf *m;* **~uer** [-ge] *tr* **1.** bewässern, berieseln; **2.** *med* spülen.

irrit|abilité [iritabilite] *f* **1.** Reizbarkeit *f;* **2.** Erregbarkeit *f;* **~able** *a* reizbar; leicht erregbar, (über-)empfindlich; **~ant, e I.** *a* aufreizend, -regend; *(Frage)* ärgerlich; Reiz-; **II.** *s m pharm* Reizmittel *n;* **~ation** *f* **1.** Gereiztheit, Verärgerung *f;* **2.** *med* Reizung, Entzündung *f;* **~er I.** *tr* **1.** reizen, (ver)ärgern, auf=bringen; **2.** *med* reizen, an=greifen; **II.** *v prn s'~* **3.** gereizt, ärgerlich werden; in Zorn geraten (*de* über *acc*); **4.** *med* sich entzünden.

irruption [irypsjɔ̃] *f* **1.** (feindlicher) Einfall *m;* **2.** *fig* Eindringen, Hereinbrechen; *(Wasser)* (plötzliches) Überfluten *n;* **3.** *faire ~* ein=dringen, -brechen; hereinstürmen (*dans une pièce* in ein Zimmer).

islame [islam] *m rel* Islam *m;* **~ique** *a* islamisch.

iso|- [izɔ] *(in Zssgen)* gleich-; **~bare** *s f*

u. a: ligne f ~ Isobare *f;* **~cèle** [-sɛl] *a math* gleichschenk(e)lig.

isol|ant, e [izɔlɑ̃, -ɑ̃t] **I.** *a* isolierend *(a. Sprache);* nicht leitend; Isolier-; **II.** *s m* Isolierstoff *m,* Isolationsmittel *n;* ~ *acoustique, thermique* Schall-, Wärmedämmstoff *m;* **~ateur** *m phys* Isolator, Nichtleiter *m;* **~ation** *f* Isolierung, Isolation *f;* **~é, e I.** *a* **1.** isoliert, abgesondert; **2.** *(Ort)* abgelegen, -geschieden, entlegen, einsam; **3.** *(Haus)* einzelstehend; **4.** *(Mensch)* zurückgezogen; einzeln; vereinzelt; **II.** *s m* **1.** Vereinsamte(r) *m;* **2.** Einzelperson *f;* **3.** *mil* Versprengte(r) *m;* **~ement** *m* **1.** Isolierung *a. phys el;* Absonderung *f;* **2.** *(Ort)* Abge-, Entlegenheit, Abgeschiedenheit, Einsamkeit *f;* — ~ *cellulaire* Einzelhaft *f;* **~er I.** *tr* **1.** isolieren, ab=sondern, trennen (*de* von); **2.** *fig* für sich nehmen; **II.** *v prn s'~* sich absondern (*de qn* von jdm); sich abseits halten; **~oir** *m pol* Wahlzelle *f.*

iso|mère [izɔmɛr] *a chem* isomer; **~morphe** *a* isomorph *f;* **~therme** *s f (Meteorologie)* Isotherme *f; a* isotherm; *wagon m* ~ Kühlwagen *m.*

issu, e [isy] **I.** *a* **1.** hervorgegangen (*de* aus); **2.** abstammend (*de* von), entsprossen (*de* aus); **II.** *s f* **1.** Ausgang; *(Wasser)* Aus-, Abfluß *m;* **2.** *fig* Ausgang, Ausweg *m;* **3.** *pl (boucherie)* Abfälle *m pl;* **4.** *pl* Kleie *f;* — *à l'~e de* am Ende, Schluß *gen; sans ~e* aussichts-, hoffnungs-, ausweglos; *avoir ~e sur* gehen, führen auf *acc.*

isthme [ism] *m* **1.** Landenge *f,* Isthmus *m;* **2.** *anat* Enge *f.*

itali|aniser [italjanize] *tr* italianisieren; **~que I.** *a hist* italisch; **II.** *s m* u. *caractère m* ~ *(typ)* Kursive *f.*

item [itɛm] **I.** *adv* desgleichen, ebenso; **II.** *s m com* (Rechnungs-)Posten *m.*

itératif, ive [iteratif, -iv] *a* **1.** wiederholt; **2.** *gram* iterativ.

itinér|aire [itinerɛr] **I.** *a* Reise-, Weg-; **II.** *s m* (Reise-, Marsch-)Route *f;* Beförderungs-, Reiseweg *m;* **~ant, e** *a* Wander-; *bibliothèque f ~e* Autobücherei *f; exposition f ~e* Wanderausstellung *f.*

itou [itu] *adv pop* auch; *moi* ~ ich auch.

ivoire [ivwar] *m* Elfenbein(schnitzerei, -farbe *f*) *n; en* ~, *d'*~ elfenbeinern.

ivr|aie [ivrɛ] *f: séparer le bon grain de l'~ (fig)* die Spreu vom Weizen sondern; **~e** *a* **1.** betrunken; **2.** *fig* trunken, berauscht; — ~ *de joie* außer sich vor Freude; ~ *mort* völlig betrunken; **~esse** *f* **1.** Trunkenheit *f,* Rausch; **2.** *fig* Taumel *m* (der Begeisterung); ~ *de triomphe* Siegestaumel *m;* **~ogne** [ivrɔɲ] *m* Säufer, Trunkenbold *m;* **~ognerie** *f* Trunksucht *f.*

J

jabot [ʒabo] *m* **1.** *orn* Kropf *m;* **2.** *(Mode)* Jabot *n.*
jacass|e [ʒakas] *f* Elster; **~er** *itr* **1.** *(Elster)* schreien; **2.** *(Frau)* schnattern, plappern; **~erie** *f* Geschnatter, Geplapper *n;* **~eur, se** *a fam* geschwätzig.
jachère [ʒaʃɛr] *f agr* Brachliegen; *(terre f en ~)* Brachland, -feld *n,* Brache *f; être (laisser) en ~* brach=liegen (lassen).
jacinthe [ʒasɛ̃t] *f bot* Hyazinthe *f.*
jaco|bée [ʒakɔbe] *f* Jakobskraut *n;* **~bin** *m hist* Jakobiner; *allg* begeisterte(r) Demokrat *m.*
jacqu|ard [ʒakar] *m* Jacquardwebstuhl *m,* -gewebe *n;* **~erie** *f* Bauernaufstand *m;* **J~es** [ʒak] *m* Jakob; *maître m ~* Faktotum *n; ~ Bonhomme* französische(r) Bauer *m;* **~et** [-ɛ] *m* Puff *n (Spiel).*
jac|tance [ʒaktɑ̃s] *f* **1.** Prahlerei, *fam* Angabe *f;* **2.** *pop* Gequassel *n;* **~ter** *itr pop* quasseln.
jad|e [ʒad] *m min* Jade *m;* **~is** [-dis] *adv* einst(mals); *au temps ~* in alten Zeiten.
jaguar [ʒagwar] *m zoo* Jaguar *m.*
jaill|ir [ʒajir] *itr* **1.** *(Flüssigkeit)* (hoch) auf=spritzen; heraus=, empor=schießen; hervor=sprudeln; **2.** *(Flamme)* empor=, heraus=schlagen; *(Funken)* heraus=, über=springen, sprühen; **3.** *(Blitz)* zukken; **4.** *allg* empor=, in die Höhe ragen, sich steil erheben; **5.** *fig* entspringen, hervor=gehen; **~issement** *m* **1.** Aufspritzen, Emporschießen *n;* **2.** *(Flamme)* Emporschlagen, *(Funken)* Sprühen *n;* **3.** *(Blitz)* Zucken *n;* **4.** *el* Entladung *f;* **5.** *fig* Sprudeln *n (des Geistes).*
jais [ʒɛ] *m* Gagat *m,* Pechkohle *f; de ~, noir comme du ~* pech-, kohlrabenschwarz.
jalon [ʒalɔ̃] *m* **1.** Fluchtstab *m,* Meßstange *f;* **2.** *fig* Anhaltspunkt *m;* **3.** *pl* Richtlinien *f pl;* **~nement** *m* Markierung *f;* **~ner** *tr* **1.** ab=stecken; **2.** *fig* festlegen, Richtlinien geben (*qc* für etw).
jal|ouser [ʒaluze] *tr* beneiden; eifersüchtig sein (*qn* auf jdn); **~ousie** *f* **1.** Eifersucht *f;* **2.** Neid *m,* Mißgunst *f;* **3.** Jalousie *f (am Fenster); — ~ de métier* Konkurrenz-, Brotneid *m;* **~oux, se I.** *a* **1.** eifersüchtig; **2.** mißgünstig, neidisch (*de* auf *acc*); **3.** (*eifrig* od *ängstlich*) bedacht (*de* auf *acc*); **II.** *s m f* **1.** Neider(in *f*), Neidhammel *m;* **2.** Eifersüchtige(r *m*) *f.*
jamais [ʒamɛ] **I.** *adv* je(mals); *ne ... ~* nie (-mals); *à (tout) ~, pour ~* für immer, auf ewig; *plus que ~* mehr denn je; *~ plus (... ne)* nie(mals) mehr; *— il n'en fait ~ d'autres* so macht er's immer; *mieux vaut tard que ~* besser spät als nie; *sait-on ~?* wer weiß? **II.** *s m: au grand ~* nie u. nimmer.
jamb|age [ʒɑ̃baʒ] *m (Schrift)* Grundstrich *m;* **~e** *f* **1.** Bein *n;* Unterschenkel *m;* **2.** *(Wild)* Lauf *m;* **3.** *(Zirkel)* Schenkel *m;* **4.** *arch* (Mauer-)Verstärkung *f,* Pfeiler *m;* **5.** *à toutes ~s* so schnell man kann; *par-dessous la ~* nachlässig, sorglos, leichtfertig; **6.** *avoir de bonnes ~s* gut auf den Beinen, gut zu Fuß sein; *n'avoir plus de ~s (fam)* vor Müdigkeit um=fallen, -sinken; *donner des ~s à qn (fig)* jdm Beine machen; *prendre ses ~ à son cou* die Beine unter den Arm nehmen; *tenir la ~ à qn (pop)* jdm durch sein Gerede auf den Wecker fallen; *tirer dans les ~s de qn* jdm in den Rükken fallen; *traîner la ~* kaum noch gehen können; **7.** *cela me fait, fera une belle ~! (ironisch)* davon habe ich was! **8.** *~ artificielle, articulée* Beinprothese *f; ~ de bas (Strumpf)* Beinling *m; ~ de bois* Holzbein *n,* -fuß *m; ~s cagneuses, en manches de veste* X-, O-Beine *n pl;* **~ière** *f* Beinschiene; *sport* Bandage *f.*
jambon [ʒɑ̃bɔ̃] *m* Schinken *m a. pop; œufs m pl au ~* Rührei *n* mit Schinken; *~ roulé, saumoné* Roll-, Lachsschinken *m;* **~neau** *m* **1.** gekochte(s) Eisbein *n;* **2.** *arg* Hinterbacken *m.*
jamboree [dʒambɔri, ʒɑ̃bɔre] *m* Pfadfindertreffen *n.*
jan [ʒɑ̃] *m* Tricktrack-, Puffbrett *n (Spiel).*
jante [ʒɑ̃t] *f* Felge *f,* Radkranz *m.*
janvier [ʒɑ̃vje] *m* Januar *m.*
japp|ement [ʒapmɑ̃] *m* Gekläff *n;* **~er** *itr* **1.** *(Hund)* kläffen *a. fig;* **2.** *fig* viel Geschrei machen.
jaquette [ʒakɛt] *f* **1.** Cut(away) *m;* (Kostüm-)Jacke *f;* **2.** *(Buch)* Schutzumschlag *m.*
jardin [ʒadɛ̃] *m* **1.** Garten(anlage *f*) *m;* **2.** *c'est une pierre dans mon ~* das ist auf mich gemünzt, das gilt mir; **3.** *~ botanique, zoologique* botanische(r), zoologische(r) Garten *m; ~ d'enfants* Kindergarten *m; ~ fruitier* Obstgarten *m; ~ maraîcher* Gemüse-, Handelsgarten *m; ~ ouvrier* Schrebergarten *m; ~ potager* Gemüsegarten *m; ~s publics* öffentliche Anlagen *f pl;* **~age** [-in-] *m* **1.**

Gartenbau *m;* -arbeit *f;* **2.** Fleck *m (in Diamanten);* — *outil m de* ~ Gartengerät *n;* **~er** [-ine] *itr* im Garten arbeiten; **~et** [-ɛ] *m* Gärtchen *n;* ~ *en terrasses* Terrassengarten *m;* **~ier, ère I.** *a* Garten-; **II.** *s m f* **1.** Gärtner(in *f*); **2.** *f* Blumenständer *m,* -brett *n;* **3.** Gericht *n* mit verschiedenen Gemüsen; **4.** *zoo* Gold(lauf)käfer *m;* **5.** *~ière d'enfants* Kindergärtnerin *f;* ~ *fleuriste, maraîcher, paysagiste, pépiniériste* Blumen-, Gemüse-, Landschafts-, Baumschulgärtner *m.*

jar|gon [ʒargɔ̃] *m* **1.** Berufs-, Fachsprache *f,* Jargon *m;* **2.** Geheimsprache *f;* **3.** Kauderwelsch *n;* **~gonner** *itr* **1.** e-n Jargon sprechen; **2.** *(Sprache)* radebrechen.

jarr|e [ʒar] *f* (großer irdener) Krug *m;* **~et** [-ɛ] *m* **1.** Kniekehle; *zoo* Fußwurzel *f;* **2.** *(Schwein, Kalb)* Haxe, Hachse *f;* **3.** *(Rohr)* Knie *n;* **4.** *arch* Winkel, Knick *m,* Ausbuchtung *f;* **5.** *avoir du* ~ *(fam)* gut zu Fuß, ein guter Tänzer sein; **~etelle** *f* Strumpfhalter *m;* **~etière** *f* Strumpfband *n.*

jars [ʒar] *m* Gänserich, Ganter *m.*

jas|er [ʒɑ(a)ze] *itr* **1.** klatschen; *fam* her=ziehen (*de* über *acc*); **2.** *orn* schreien, kreischen; *(Schwalbe)* zwitschern; **~eur, se I.** *a* geschwätzig, schwatzhaft; **II.** *s m f* **1.** Klatschbase *f,* Schwätzer(in *f*) *m;* **2.** *m orn* Seidenschwanz *m;* **~min** [ʒasmɛ̃] *m bot* Jasmin *m (a. Parfüm).*

jasp|e [ʒasp] *m min* Jaspis *m;* **~iner** *tr arg* quatschen, schwatzen.

jatt|e [ʒat] *f* Schale *f,* Napf *m.*

jaug|e [ʒoʒ] *f* **1.** Eichmaß *n;* **2.** *tech* Lehre *f,* Kaliber *n;* **3.** Meßgefäß *n;* **4.** *mar* Tonnage; **5.** *(Textil)* Gaugezahl *f;* — ~ *d'essence, de niveau d'huile (mot)* Benzin-, Ölstandsmesser *m;* ~ *à ruban* Bandmaß *n;* **~eage** *m* **1.** Eichung *f;* **2.** *tech* Messung *f;* **3.** *mar* Tonnage(bestimmung) *f;* **~er I.** *tr* **1.** eichen; **2.** *tech* messen; **3.** *mar* die Tonnage bestimmen (*qc* e-r S); **4.** *fig (Person, Fähigkeiten)* ab=schätzen; **II.** *itr (Schiff)* Tiefgang haben; ~ *2000 tonneaux (mar)* 2000 Tonnen haben.

jaun|âtre [ʒonɑtr] *a* gelblich; **~e I.** *a* gelb; **II.** *s m* **1.** Gelb(e) *n;* **2.** *(Rasse)* Gelbe(r) *m;* **3.** *péj* Streikbrecher *m;* — *rire* ~ gezwungen lachen; *filtre m* ~ Gelbfilter *m;* ~ *d'œuf* Eigelb *n,* -dotter *m* u. *n;* **~ir I.** *tr* gelb färben; **II.** *itr* gelb werden, vergilben; **~isse** *f med* Gelbsucht *f; en faire une* ~ *(fam)* sich schwarz ärgern; **~issement** *m* Gelbfärben *n,* -färbung *f;* Vergilben, Gelbwerden *n.*

jav|elle [ʒavɛl] *f* **1.** *(Getreide)* Schwade(n *m*) *f;* **2.** Reisigbündel *n;* **~elliser** *tr* keimfrei machen; **~elot** [-vlo] *m* Wurfspieß, Speer *m a. sport; lancer m du* ~ *(sport)* Speerwerfen *n.*

jazz(-band) [dʒaz(bɑ̃d)] *m* Jazz(orchester *n*) *m,* -musik *f.*

je [ʒə] **I.** *prn* ich; *~-m'en-fichisme, ~-m'en-foutisme (pop)* (absolute) Wurstigkeit *f; ~-ne-sais-quoi m* gewisse(s) Etwas *n;* **II.** *s m* Ich *n;* Ichform *f.*

Jean [ʒɑ̃] *m* Johann(es), Hans *m; ~-Baptiste* Johannes der Täufer; *~-foutre m inv vulg* Nichtsnutz *m,* Hanswurst *m;* **j~nette** *f* **1.** goldene(s) Kreuz *m* **2.** (*bes.* Ärmel-) Plätt-, Bügelbrett *n.*

jéciste [ʒesist] *a* der *Jeunesse étudiante catholique (J.E.C.)* [ʒɛk] angehörend.

jérémiades [ʒeremjad] *f pl* Klagelieder *n pl fig,* Gejammer *n.*

jer|rycan [ʒɛrikan] *m* Kanister *m;* **~sey** [ʒɛrzɛ] *m* Jersey(bluse *f*) *m (Stoff).*

jésuit|e [ʒezɥit] **I.** *s m* **1.** Jesuit *m;* **2.** *péj* Heuchler, Intrigant *m;* **II.** *a* jesuitisch; **~ique** *a* **1.** jesuitisch; **2.** *fam* heuchlerisch, falsch, verschlagen; **~isme** *m péj* Heuchelei, Falschheit, Verschlagenheit *f.*

Jésus [ʒezʏ] *m* **1.** Jesus *m;* **2.** *j~ (Kunst)* Jesuskind *n;* **3.** *j~* kleine(r) Liebling *m;* — *l'enfant* ~ das Christkind; *société f de* ~ Jesuitenorden *m; ~-Christ* [-kri] Jesus Christus.

jet [ʒɛ] *m* **1.** Wurf *m,* Werfen *n;* **2.** Strahl *m;* **3.** [dʒɛt] Düsenflugzeug *n;* **4.** *(Fischnetz)* Auswerfen *n;* **5.** *mot* Brennstoffdüse *f;* **6.** *agr* Schößling, Trieb *m;* **7.** *à* ~ *continu* unaufhörlich, ununterbrochen; *à un* ~ *de pierre* e-n Steinwurf entfernt; *du premier* ~ auf Anhieb; *d'un seul* ~ auf einen Schlag; **8.** *premier* ~ *(fig)* erste(r) Entwurf *m,* Skizze *f;* ~ *d'eau* Wasserstrahl; Springbrunnen *m,* Fontäne; *arch* Tropfrinne *f;* ~ *de flamme* Stichflamme *f;* **~é** [ʒə-] *m* **1.** (Tisch-) Läufer *m;* **2.** *sport* Drücken *n;* **3.** *(Tanz)* Jeté *n;* **~ée** *f* Mole *f,* Hafendamm *m;* **~er I.** *tr* **1.** (hin=, ab=, hinab=, hinunter=, aus=, hinaus=, weg=, um=) werfen, schleudern, *pop* schmeißen; **2.** (aus=, ver)streuen; *(zum Fraß)* vor=werfen (*aux oiseaux* den Vögeln); **3.** *(Reiter, Flugblätter)* ab=werfen; **4.** *(Mantel)* um=, über=werfen; *(Karte)* ab=werfen, aus=spielen; *(Brücke)* schlagen; **5.** *(Flüssigkeit)* (aus=, weg=, ver)gießen, -schütten; *(Funken)* sprühen; **6.** von sich geben, aus=stoßen *(a. Schrei, Worte, Drohung);* **7.** *bot* treiben; *(Wurzel)* schlagen; **8.** *(Worte)* hinwerfen, *(sur le papier)* aufs Papier werfen; **9.** *fig* (ver-) setzen (*dans* in *acc*); führen, bringen (*à* zu, auf *acc*); *(Schrecken, Furcht)* verbreiten; **II.** *v prn* **se** ~ **10.** sich (nieder=) werfen, sich stürzen (*sur, vers, contre, à, dans qc* auf *od* über e-e S, auf e-e S zu, gegen, an, in e-e S); *de qc* sich von etw hinab=stürzen; s-e Zuflucht nehmen (*dans* in *dat*); her=fallen, sich her=machen (*sur* über *acc*); **11.** *(Fluß)* sich ergießen, münden (*dans* in *acc*); **12.** *fig* sich *(ins Elend, Unglück)* stürzen, sich *(in Gefahr)* begeben (*dans* in *acc*); sich *(Vergnügungen)* hin=, sich *(dem Trunk)* ergeben, frönen (*dans qc* e-r S *dat*); **13.** *~ l'ancre* Anker werfen; *~ l'argent par la fenêtre (fig)* das Geld zum Fenster hinaus=werfen; *~ (à) bas, par terre* (um=) stürzen; *~ par-dessus bord* über Bord werfen; *se ~ au cou de qn* sich jdm an den Hals werfen; *~ un coup d'œil sur qn, qc* e-n Blick auf jdn, etw werfen; *~ dehors* hinaus=werfen, *pop* raus=schmeißen; *se ~ à l'eau* ins Wasser springen; *fig* sich in ein Unternehmen stürzen; *~ qc à la face, à la figure, au nez de qn (fig)* jdm etw an den Kopf werfen, unter die Nase reiben; *~ par la fenêtre* zum Fenster hinaus=werfen; *se ~ au feu pour qn* für jdn durchs Feuer gehen; *~ les fondements de qc* den Grund zu etw legen; *~ le manche après la cognée (fig)* die Flinte ins Korn werfen; *~ au panier* in den Papierkorb werfen; *fig* unter den Tisch fallen lassen; *~ en prison* ins Gefängnis werfen; *~ qc à la tête de qn (fig)* jdm etw an den Kopf, jdm etw nach=werfen.

jeton [ʒ(ə)tɔ̃] *m* **1.** (Spiel-, Zahl-, Bier-) Marke; Automatenmünze *f;* **2.** *arg* Schlag *m;* **3.** *avoir les ~s (arg)* Manschetten, Schiß haben; *être faux comme un ~* falsch wie eine Katze sein; *vieux ~ (fam)* alte(s) Wrack *n (Mensch); ~ de présence* Anwesenheitsmarke *f.*

jeu [ʒø] *m pl ~x* **1.** (Kinder-, Unterhaltungs-, Gesellschafts-, Glücks-)Spiel *n;* **2.** Spielplatz *m*, -feld *n*, -regel *f;* **3.** Einsatz *m (beim Spiel);* **4.** *fig* Spiel *n (des Zufalls),* Laune *f*, Scherz, Witz *m;* **5.** *péj* Spielerei *f*, Kinderspiel *n;* **6.** Handhabung *f; (~ du piano, du violon* Klavier-, Geigen-)Spiel *n; mus* Vortrag *m;* Spiel *(e-s Musikers, Schauspielers);* (Mienen-, Muskel-)Spiel *n;* **7.** *bes. tech* Funktionieren *n;* Spiel *n;* Spiel-, Zwischenraum *m*, Hublänge *f;* **8.** Satz *m*, Garnitur *f (zs.gehöriger Dinge);* **9.** *au ~* beim Spiel; **10.** *avoir du ~ (tech)* Spiel haben; *avoir beau ~* gewonnenes *od* leichtes Spiel haben (*de* mit); *cacher, couvrir son ~* sich nicht in die Karten sehen lassen; *donner beau ~ à qn* es jdm leicht=machen; *entrer en ~ (fig)* ins Spiel kommen, sich ein=schalten; wirksam werden, mit=spielen; *être en ~ (fig)* im Spiel sein, mit=machen; auf dem Spiel stehen; in Betracht, *fam* in Frage kommen; *faire le ~ de qn (fig)* jdm in die Hände arbeiten; *se faire un ~ de qc* mit etw sein Spiel treiben, sein Vergnügen an e-r S finden *od* haben; *ne pas faire entrer en ~ (fig)* aus dem Spiel lassen; *jouer gros, grand ~, un ~ d'enfer* hoch spielen; *fig* ein gewagtes Spiel treiben; *mettre qc en ~* etw ins Spiel bringen *a. fig; fig* etw auf=bieten, ein=setzen; **11.** *ce n'est qu'un ~ pour moi* das ist ein Kinderspiel für mich; *cela n'est pas de ~* das ist gegen die Regel; das war nicht ab-, ausgemacht; *c'est un ~ à se rompre le cou, les jambes* dabei kann man sich den Hals brechen; *le ~ n'en vaut pas la chandelle* es lohnt sich nicht, es ist nicht der Mühe wert; **12.** *camarade m de ~* Spielkamerad *m; dette f de ~* Spielschuld *f; perte f au ~* Spielverlust *m; table f de ~* Spieltisch *m; vieux ~* altmodisch, -fränkisch; **13.** *~x d'action, en plein air* Bewegungsspiele *n pl; ~ d'adresse* Geschicklichkeitsspiel *n; ~ de cartes* Kartenspiel *n; ~ d'échecs* Schachspiel *n; ~ d'enfant* Kinderspiel *n a. fig; ~ d'équipe (sport)* Zs.spiel *n; ~ de jambes (sport)* Beinarbeit *f; ~ de mots* Wortspiel *n; les ~x Olympiques* die Olympischen Spiele *n pl; ~ télévisé* Fernsehspiel *n; ~ de quilles* Kegelspiel *n.*

jeudi [ʒødi] *m* Donnerstag *m; la semaine des trois, quartre ~s* der Nimmerleinstag; *J~ saint* Gründonnerstag *m.*

jeun [ʒœ̃] *loc adv: à ~* nüchtern; mit nüchternem Magen.

jeun|e [ʒœn] **I.** *a* **1.** jung; **2.** jugendlich *(a. Kleidungsstück, Frisur);* **3.** *fig* unreif, naiv, kindlich; **II.** *s m* **4.** *un ~* ein junger Mann; *pl les ~s* die Jungen *m pl*, der Nachwuchs; **5.** *dans mon ~ temps* als ich jung war, zu meiner Zeit; *pour ~s gens (Kleidung)* Burschen-; **6.** *avoir l'air ~* jung aus=sehen; **7.** *que vous êtes ~!* wie naiv, was für ein Kind Sie sind! *(fam) c'est un peu ~!* das genügt nicht! **8.** *~ âge m* Jugend (-alter *n*) *f; ~s bêtes f pl* Jungvieh *n; ~ fille* (junges) Mädchen *n; ~s gens m pl* junge Leute *pl; ~ homme m* junge(r) Mann *m; ~ personne f* junge(s) Mädchen *n; ~ premier m, -ère f (theat)* jugendliche(r) Liebhaber(in *f*) *m;* **~esse** *f* **1.** Jugend(alter *n*, -jahre *n pl*); **2.** Jugend *f*, junge Leute *pl;* **3.** *fig* Jugendlichkeit; Frische, Kraft *f;* **4.** *de ~* von jung auf; **5.** *n'être plus de première ~* die besten Jahre hinter sich haben; **6.** *auberge f de ~* Jugendherberge *f; ~ ouvrière, scolaire* Arbeiter-, Schuljugend; **~et, te** *a fam* reichlich, ein bißchen jung; **~ot** [-o] *m fam* Bürschchen *n.*

jeûn|e [ʒøn] *m* **1.** Fasten *n;* **2.** *fig* Enthaltsamkeit *f; — jour m de ~ (rel)* Fasttag *m;* **~er** *itr* **1.** *bes. rel* fasten; **2.** *fig* hungern, darben.

jiu-jitsu [ʒjyʒitsy] *m sport* Jiu-Jitsu *n.*

joaill|erie [ʒɔajri] *f* **1.** Juwelierhandwerk; **2.** Juweliergeschäft *n;* **3.** Schmuck(waren *f pl*) *m*, Juwelen *n pl*; **~ier, ière** *m f* [ʒɔaje] *s* Juwelier *m*.

job [ʒɔb] *m* Job *m*, Arbeit *f*; **~ard, e I.** *a fam* dumm, einfältig, dämlich; **II.** *s m* Einfaltspinsel, Dummkopf *m*; **~arderie, ~ardise** *f* Leichtgläubigkeit; Dummheit, Einfalt *f*.

jociste [ʒɔsist] *m* Angehörige(r) *m* der *Jeunesse Ouvrière Catholique (J.O.C.)* [ʒɔk].

jockey [ʒɔkɛ] *m* Jockei *m*; *régime m ~* Abmagerungskur *f*.

jocrisse [ʒɔkris] *m* Dummkopf *m*; *faire le ~* sich dumm(an=)stellen.

joie [ʒwa] *f* **1.** Freude; Lust, Wonne; Fröhlichkeit *f*; **2.** *pl* Vergnügungen *f pl*, Genüsse *m pl*; **3.** *de ~* vor Freude; **4.** *s'en donner à cœur ~* es *(acc)* voll u. ganz genießen; *être au comble de la ~* außer sich vor Freude sein; *se faire une ~ de qc* an e-r S Vergnügen finden; **5.** *feu m, jour m de ~* Freudenfeuer *n*, -tag *m*; *rayonnant de ~* freudestrahlend; *~ de vivre* Lebensfreude *f*.

joindre [ʒwɛ̃dr] **I.** *tr* **1.** *(mettre ensemble)* (mitea.=)verbinden *a. fig*; *~ deux lignes de chemin de fer* zwei Eisenbahnlinien, mitea. verbinden; *~ l'utile à l'agréable* das Angenehme mit dem Nützlichen verbinden; **2.** *(Hände)* falten; *(Lippen)* zs.=pressen; *(Gegenstände)* zs.=fügen *od* nebenea.=legen, -setzen, -stellen; *~ les pièces d'un ensemble* Teile zu einem Ganzen zs.=fügen; *tech* an=fügen, zs.=stücken; *~ les deux bouts (fam fig)* gerade (mit s-m Geld) aus=kommen; **3.** *(ajouter)* hinzu=tun, =fügen, bei=fügen, -legen; *~ un document à une lettre* einem Brief eine Urkunde bei=fügen; *~ une prime au salaire* dem Gehalt e-e Vergütung hinzu=fügen; *en y joignant* unter Beifügung *gen*; *joignez à cela que* hinzu kommt (noch), daß; *~ au capital (Zinsen)* zum Kapital schlagen; **4.** *(atteindre)* begegnen (*qn* jdm); treffen, ein=holen; *je n'arrive pas à le ~* ich kann ihn nicht erreichen; **II.** *itr* **5.** *(Tür, Fenster)* schließen, dicht sein; *(Kleidung)* (eng) an=liegen; *ne pas ~, ~ mal* undicht sein; **III.** *v prn se ~* **6.** sich vereinigen, sich zs.=schließen, sich mitea. verbinden (*pour qc* zu etw); **7.** sich anschließen (*à qn* an jdn); mit=machen (*à qn* mit jdm, *à qc* bei etw); **8.** unmittelbar an ea.=stoßen; *se ~ à la conversation* am Gespräch teil=nehmen.

joint, e [ʒwɛ̃] **I.** *a* verbunden, -einigt (*à* mit), angefügt, beigelegt (*à* dat); **II.** *s m* **1.** *anat tech* Gelenk *n*; **2.** *arch tech* Fuge *f*; *tech* Stoß *m*, Naht; Dichtung; Verbindung *f*, Anschlußstück *n*; **3.** *geol* Kluft *f*; **4.** *fig fam* (der) springende Punkt *m*; **5.** *ci-~ (Brief)* anbei, als Anlage; *les mains ~es* mit gefalteten Händen; *sans ~* nahtlos; **6.** *connaître le ~* *(fam)* den Bogen raus=haben; *trouver le ~ (fam)* dahinter=kommen, auf den Dreh kommen; **7.** *pièces f pl ~es* Anlagen *f pl*; *~ en caoutchouc* Gummidichtung *f*; *~ de cardan (mot)* Kardangelenk *n*; *~ à rotule* Kugelgelenk *n*; **~ure** *f* **1.** Verbindungsstelle, Fuge *f*; **2.** *anat* Gelenk *n*; *~ du genou* Kniegelenk *n*.

joli [ʒɔli] **I.** *a* **1.** hübsch, nett *a. fig*; niedlich; **2.** *(Summe)* ganz hübsch, nett; **3.** *(ironisch)* sauber; **II.** *s m* **4.** (das) Hübsche, (das) Nette; **5.** *avoir une ~e situation, un joli poste (fam)* e-e gute Position, e-e prima Stelle haben; **6.** *c'est du ~!* das ist ja reizend, e-e schöne Geschichte! *ce sera du ~!* das kann ja heiter werden! **7.** *~ cœur* Geck, Charmeur *m*; *~ à croquer, comme un cœur* zum Anbeißen (hübsch), bildhübsch; *un ~ monsieur (ironisch)* ein sauberer Patron; **~bois** *m bot* Seidelbast *m*; **~ment** *adv* **1.** hübsch, nett; **2.** sehr, außerordentlich; **3.** *(ironisch)* gehörig, tüchtig, ordentlich; *(fam) j'ai eu ~ peur* ich habe wahnsinnig Angst gehabt.

jonc [ʒɔ̃] *m* **1.** *bot* Binse *f*, (Schif-)Rohr *n*; **2.** (Finger-)Ring *m*.

jonch|ée [ʒɔ̃ʃe] *f* **1.** gestreute Blumen *f pl od* Zweige *m pl*; **2.** auf dem Boden liegende Gegenstände *m pl*; **~er** *tr* **1.** *(Boden)* bestreuen (*de* mit); **2.** *être jonché de qc* mit etw be-, übersät sein; **~ère** *f* Röhricht *n*.

jonction [ʒɔ̃ksjɔ̃] *f* **1.** Verbindung, Vereinigung *f*; **2.** *(point m de ~)* Verbindungs-, Kreuzungs-, Knotenpunkt; (Gleis-)Anschluß *m*; **3.** *tech* Nahtstelle *f*; *— gare f de ~* Anschlußbahnhof *m*.

jongl|er [ʒɔ̃gle] *itr* jonglieren *a. fig*; *~ avec les chiffres* mit Zahlen jonglieren; **~erie** [-glə-] *f* Kunststück(chen) *n*, Taschenspielertrick *m a. fig*; **~eur** *m* **1.** *hist* fahrende(r) Sänger *m*; **2.** Taschenspieler *a. fig*; Jongleur *m*.

jonqu|e [ʒɔ̃k] *f mar* Dschunke *f*; **~ille** [-kij] *s f* gelbe Narzisse *f*.

jou|able [ʒwabl] *a theat* aufführbar; *mus* spielbar; **~barbe** *f bot* Hauswurz *f*, Immergrün *n*.

joue [ʒu] *f* **1.** Backe, Wange *f*; **2.** (Seite(nwand, -fläche) *f*; **3.** *tech* Wange *f*; — *en ~ (Gewehr)* angelegt; *aux ~s creuses* hohlwangig; *aux ~s rouges, rondes* rot-, pausbackig; **4.** *se caler les ~s (pop)* tüchtig drauflos=essen; *coucher, mettre qn, qc en ~* auf jdn, etw zielen; *fig* jdn, etw aufs Korn nehmen; *mettre en ~ (Gewehr)* an=legen; **5.** *~ enflée* geschwollene, *fam* dicke Backe *f*.

jouer [ʒwe] **I.** *itr* **1.** spielen (*à un jeu* ein Spiel, *d'un instrument* ein Instrument, *d'un jouet* mit e-m Spielzeug, *avec une arme* mit e-r Waffe, *aux soldats* Soldaten); benutzen (*de qc* etw); **2.** *de qn* mit jdm sein Spiel treiben; (*de sa vie, de sa santé* mit s-m Leben, s-r Gesundheit) spielen; **3.** spekulieren (*à la bourse* an der Börse); **4.** spielen, *fam* mimen, markieren (*au grand seigneur* den großen Mann); sich aufspielen (*à* als); **5.** *tech* Luft, Spiel(raum) haben; funktionieren, gehen; **6.** zur Anwendung kommen, zur Ausführung gelangen; **7.** *(Holz)* arbeiten; **8.** *(im Winde)* spielen; *(auf den Wellen)* tanzen; schillern; **9.** *(Mensch)* sich verstellen; **II.** *tr* **1.** *(Spiel, Partie)* spielen (*qc* um etw); *(Karte)* ausspielen, *(Stein)* setzen; *(Spielfigur)* ziehen; **2.** ein-, aufs Spiel setzen, wagen, riskieren *a. fig;* **3.** *qc contre qn* etw gegen jdn ausspielen; **4.** *theat mus* (*une valse* e-n Walzer); *theat fig* (*un rôle* e-e Rolle) spielen; **5.** sich aufspielen (*l'homme d'importance* als den wichtigen Mann); **6.** *(Eigenschaft, Gemütsbewegung)* heucheln; täuschen, betrügen, *fam* anführen; zum Narren, zum besten haben; **III.** *v prn se* ~ **1.** spielen, sich tummeln, tanzen, sein Spieltreiben, tändeln (*de* mit); **3.** sich lustig machen (*de* über), verlachen, -spotten, in den Wind schlagen (*de* acc); zum besten haben (*de* acc), ein Schnippchen schlagen (*de qn* jdm); **4.** sich hinwegsetzen (*de* über), spielend fertigwerden (*de* mit) *od* schaffen (*de qc* etw); **5.** es absehen (*à* auf), sich einlassen (*à qn* mit jdm); — *en jouant, pour* ~ zum Spaß, *fam* nur (mal) so; *en se jouant* spielend, mit Leichtigkeit; *faire* ~ in Gang bringen, in Bewegung setzen; *faire* ~ *tous les ressorts (fig)* alle Hebel in Bewegung setzen, alle Minen springen lassen; *ne pas* ~ *(fam)* keine Rolle spielen; ~ *atout* Trumpf spielen; ~ *à la balle, au billard, à cache-cache, aux cartes, aux dés, aux échecs, au football, au tennis* Ball, Billard, Versteck, Karten, Würfel, Schach, Fußball, Tennis spielen; ~ *sa dernière carte* nichts unversucht lassen; ~ *la comédie (fig)* Komödie spielen, sich verstellen; ~ *des coudes* die Ellbogen gebrauchen, sich vor-, durchdrängen; ~ *avec le feu (fig)* mit dem Feuer spielen; ~ *à la hausse, baisse (Börse)* auf das Steigen, Fallen der Kurse spekulieren; ~ *le jeu de qn* jdm in die Hände arbeiten; ~ *bien son jeu* s-e Sache gut machen; ~ *un jeu dangereux, un mauvais jeu* ein gefährliches Spiel treiben; ~ *gros, grand jeu, un jeu d'enfer* hoch spielen; *fig* ein gewagtes Spiel treiben; ~ *un jeu serré* vorsichtig spielen, *fig* sich keine Blöße geben; ~ *à jeu sur,* ~ *au plus sur* (ganz) sicher gehen wollen; ~ *de la mâchoire (fam)* schlingen, gierig essen; ~ *des mains (fam)* klauen; sich in den Haaren liegen; ~ *sur les mots* mit Worten spielen; zweideutig reden; ~ *aux quilles* Kegel schieben, kegeln; ~ *(à) quitte ou double* alles aufs Spiel, auf eine Karte setzen; ~ *de son reste* aufs Ganze gehen; ~ *un rôle* e-e Rolle spielen; ~ *serré* vorsichtig zu Werke gehen; ~ *un tour, une pièce, une farce à qn* jdm e-n Streich spielen; ~ *le tout pour le tout, à tout perdre* alles aufs Spiel setzen. ~ *va-banque, son va-tout* Vabanque spielen, das Letzte daransetzen; ~ *des yeux, de la prunelle* (verliebte) Augen machen.

jou|et [ʒwɛ] *m* **1.** Spielzeug *n;* **2.** *fig* Spielball *m;* **3.** *pl* Spielsachen, -waren *f pl;* — *il est le* ~ *de tout le monde* mit ihm kann jeder machen, was er will; *magasin, marchand m de ~s* Spielwarenhandlung *f,* -händler *m;* **~eur, se I.** *s m f* Spieler(in *f*); *(Börse)* Spekulant *m;* **II.** *a* verspielt; dem Spiel verfallen; *beau* ~ gute(r) Verlierer *m;* ~ *d'échecs, de football, de tennis* Schach-, Fußball-, Tennisspieler *m.*

joufflu, e [ʒufly] *a fam* pausbäckig.

joug [ʒu] *m* **1.** Joch *n a. fig;* **2.** *fig* Herrschaft *f,* Zwang *m;* — *mettre sous le* ~ unterjochen; *secouer son* ~ sein Joch ab=schütteln.

jou|ir [ʒwir] *itr* **1.** genießen, aus=kosten (*de qc* etw); sich freuen (*de* über *acc*), Freude haben (*de* an *dat*); **2.** haben, besitzen (*de qc* etw), im Besitz sein (*de qc* e-r S *gen*); **3.** *jur* die Nutznießung haben; **4.** *fam* etw davon haben; — ~ *d'un avantage fiscal* steuerbegünstigt sein; ~ *d'une grande fortune* sehr vermögend sein; ~ *du malheur de qn* jdm gegenüber Schadenfreude empfinden; ~ *d'une bonne santé* sich e-r guten Gesundheit erfreuen; **~issance** *f* **1.** Freude *f;* Genuß *m;* **2.** *jur* Genuß, Nießbrauch *m,* Nutznießung *f;* **3.** *com* Gewinnberechtigung *f,* Dividendenanspruch; Zinstermin *m;* **4.** *fam* Orgasmus *m;* **5.** *avoir la pleine* ~ *de ses facultés mentales* voll zurechnungsfähig sein; *entrer en* ~ *de qc* in den Genuß e-r S kommen; **6.** *droit m de* ~ Nutzungsrecht *n;* ~ *des droits civils* Rechtsfähigkeit *f;* **~isseur, se** *m f* Genießer(in *f*); Genußmensch *m.*

joujou [ʒuʒu] *m pl ~x* Spielzeug *n; pl* Spielsachen *f pl; faire* ~ *(fam)* spielen (*avec une poupée* mit e-r Puppe).

jour [ʒur] *m* **1.** Tag *m;* **2.** (Tages-)Licht *n,* Helle *f;* **3.** Beleuchtung *f;* Schein *m a. fig;* **4.** Öffnung *f;* Durchbruch *m;* Fenster *n;* **5.** *fig* Licht *n,* Klarheit, Deutlichkeit *f;* **6.** *pl (menschliches)* Leben *n;* **7.** *à* ~ *(Textil) arch* durchbrochen; auf der Höhe der Zeit, zeitgemäß; *au (grand)* ~ bei (hellem) Tageslicht; *au grand* ~ *(fig)* am hellichten Tage, in aller Öffentlichkeit; *au premier* ~, *un de ces ~s* in

Kürze, demnächst; *avant le* ~ vor Tagesanbruch; *ces ~s-ci* dieser Tage; *chaque* ~ jeden Tag; *dans huit ~s* in acht Tagen; *de* ~ bei Tage, tagsüber; *de ce* ~ heutig; *de deux ~s l'un* einen Tag um den ander(e)n; *de ~ en ~, ~ à ~* von einem Tag auf den ander(e)n, von Tag zu Tag; *de nos ~s* heut(zutag)e; *de tous les ~s* Alltags-, (all)täglich, gewöhnlich; *d'un ~ à l'autre* von einem Tage zum ander(e)n, jeden Tag; *du* ~ vom (gleichen) Tage; heutig, herrschend, Mode-; *du ~ où* seit dem Tage, an dem; *du ~ au lendemain* von heute auf morgen, bald, schnell; *du premier* ~ vom ersten Tage an; *en plein* ~ am hellen Tage; *l'autre ~, ces derniers ~s* neulich, kürzlich; *le ~ de* am Tage *gen; le ~ précédent, suivant* tags zuvor, darauf; am Vortag, am folgenden Tage; *nuit et* ~ Tag u. Nacht; *par* ~ täglich, jeden Tag; *~ par* ~ tagein, tagaus; *(pendant) le* ~ bei Tage; *(pendant) des ~s entiers* ganze Tage lang; *~ pour ~, à pareil* ~ auf den Tag; *sous un ~ (dé)favorable* bei (un)günstigem Licht; *sur ses vieux ~s* auf s-e *od* ihre alten Tage; *un ~ ou l'autre* über kurz oder lang; *un beau ~, quelque* ~ e-s (schönen) Tages; *un de ces ~s* (e-n) dieser Tage, demnächst; **8.** *cacher le ~ à qn (fig)* jdm im Licht stehen; *donner le* ~ das Leben schenken (*à un enfant* e-m Kind); *donner le ~ à qc* etw ins Leben rufen; *être à* ~ auf dem laufenden sein; offen zutage liegen; *être dans son bon* ~ in guter Stimmung, bei guter Laune sein; *n'être pas dans son ~ (Bild)* schlecht, ungünstig hängen; *être de ~ (mil)* Dienst haben; *se faire* ~ Tag werden; *fig* ans Licht, zum Vorschein kommen; sich Bahn brechen, zum Durchbruch kommen; *(Wahrheit)* sich durch=setzen; *mettre à* ~ auf den neuesten Stand bringen, auf=arbeiten; *(die Post)* erledigen; *fig* ins reine bringen; *mettre au* ~ ans Licht bringen, zutage fördern; zur Welt bringen; ins Leben rufen; *(Buch)* heraus=geben; bekannt=machen; *tenir à* ~ auf dem laufenden halten; *vivre au ~ le* ~ von der Hand in den Mund, in den Tag hinein leben; *voir le* ~ das Licht der Welt erblicken; ans Tageslicht kommen; *(Buch)* erscheinen; **9.** *c'est clair comme le* ~ das ist sonnenklar, *fam* ein klarer Fall; *c'est comme le ~ et la nuit (fam)* das ist wie Tag u. Nacht, etw ganz anderes; *c'est mon* ~ ich habe heute Dienst; ich bin heute an der Reihe; *il fait* ~ es wird Tag; es ist (schon) hell; **10.** *argent m au ~ le ~ (com)* tägliche(s) Geld *n; les beaux ~s* die schöne Jahreszeit; die schönsten Jahre des Lebens; *beau comme le ~ (fam)* bildschön; prima in Schale, gut gekleidet; *faux* ~ schlechte(s) Licht *n a. fig; grand* ~ helle(r, s) Tag(eslicht *n*) *m;* Licht *n* der Öffentlichkeit; *mauvais* ~ schlechte(r), Unglückstag *m;* böse Tage *m pl;* schlechte Jahreszeit *f; naissance, pointe f du* ~ Tagesanbruch *m; ordre m du* ~ Tagesordnung *f; petit* ~ Morgengrauen *n;* **11.** *~ de l'an* Neujahr(stag *m*) *n; ~s caniculaires* Hundstage *m pl; ~ chômé* arbeitsfreie(r) Tag *m; ~ de deuil* Trauertag *m; ~ de l'échéance* Stich-, Fälligkeitstag *m; ~ d'été, d'hiver, de printemps, d'automne* Sommer-, Winter-, Frühlings-, Herbsttag *m; ~ férié* Feiertag *m; ~ de foire* Markttag *m; ~ de livraison (com)* Auslieferungstag *m; ~ ouvrable* Arbeits-, Werk-, Wochen-, Alltag *m; ~ de pluie* Regentag *m; ~ de repos* Ruhetag *m.*

journ|al [ʒurnal] *m* **1.** Zeitung *f,* Blatt *n;* Zeitschrift *f;* **2.** Tagebuch *n;* **3.** *com* Journal *n;* **4.** *lire qc dans, (fam) sur le* ~ in der Zeitung lesen; **5.** *article m, coupure f de* ~ Zeitungsartikel, -ausschnitt *m; ~ bimensuel* Halbmonats(zeit)schrift *f; ~ de bord* Log-, Schiffstagebuch *n; ~ du dimanche* Sonntagszeitung *f; ~ d'entreprise* Werkzeitung *f; ~ illustré* illustrierte Zeitschrift, Illustrierte *f; ~ des jeunes, pour la jeunesse* Jugendzeitschrift *f; ~ du matin, du soir* Morgen-, Abendblatt *n; ~ de modes* Modezeitung, -zeitschrift *f; ~ officiel* Amtsblatt *n; ~ parlé (radio)* (Rundfunk-)Nachrichten *f pl; ~ télévisé* Tagesschau *f;* **~alier, ère I.** *a* täglich; **II.** *s m f* Tagelöhner(in *f*) *m;* **~alisme** *m* Journalistik *f;* Presse *f;* Journalismus *m,* Publizistik *f;* **~aliste** *m f* Journalist(in *f*) *m;* **~alistique** *a* journalistisch, publizistisch; **~ée** *f* **1.** (Ver-, Ablauf des) Tag(es) *m;* **2.** Tagesarbeit *f,* Tagewerk *n,* -lohn *m; (Arbeit)* Schicht *f;* **3.** *à la* ~ tageweise, im Tagelohn; *(de) toute la* ~ den ganzen Tag; *des ~s entières* tagelang; **4.** *femme f de* ~ Putzfrau *f; homme m de* ~ Tagelöhner *m; ~ continue* durchgehende Arbeitszeit *f; ~ de huit heures* Achtstundentag *m; ~ de travail* Arbeitstag *m;* **~ellement** *adv* täglich; alle Tage.

joute [ʒut] *f hist* (Lanzen-)Stechen *n; ~ nautique* Schifferstechen *n; ~ oratoire* Rededuell *n.*

jovial, e [ʒɔvjal] *a* heiter, frohsinnig, fröhlich; **~ité** *f* Heiterkeit *f,* Frohsinn *m,* Fröhlichkeit *f.*

joy|au [ʒwajo] *m pl ~x* Juwel, Kleinod *a. fig;* **~eux, se** *a* fröhlich, lustig, vergnügt; *(Nachricht)* erfreulich; *(Überraschung)* freudig; *~ Noël!* frohe Weihnachten!

jub|é [ʒybe] *m rel arch* Lettner *m;* **~ilation** *f* Jubel *m;* **~ilé** *m* 50jährige(s) (Dienst-)Jubiläum *n;* **~iler** *itr fam* jubeln, jauchzen.

juch|er [ʒyʃe] **I.** *itr* u. *se* ~ *(Vogel)* sich (zum Schlafen auf e-n Zweig) setzen; **II.** *tr* hoch (hinauf-)legen, setzen, stellen, hängen; **~oir** *m* Hühnerstange *f,* Wiemen *m.*

jud|aïque [ʒydaik] *a* jüdisch; **~aïsme** *m* Judentum *n;* **~as** [-da] *m* **1.** Guckloch *n;* **2.** Verräter *m;* — *baiser m de J~* Judaskuß *m.*

judiciaire [ʒydisjɛr] gerichtlich, richterlich; *par la voie* ~ auf dem Rechtswege; *casier m* ~ Strafregister *n; erreur f* ~ Justizirrtum *m; témoin m* ~ Zeuge *m* vor Gericht; **~ment** *adv* gerichtlich; *informer* ~ *contre qn* gegen jdn gerichtliche Ermittlungen anstellen.

judicieux, se [ʒydisjø] *a* **1.** scharfsinnig, gescheit, klug; **2.** fachgemäß; — *il a judicieusement fait remarquer ceci* er bemerkte dies sehr richtig.

judo [ʒydo] *m sport* Judo *n.*

jug|e [ʒyʒ] *m* **1.** Richter *m a. fig allg;* **2.** *sport* Schieds-, *(du ring) (Boxen)* Ring-, *(à l'arrivée)* Zielrichter *m;* **3.** *devant le* ~ vor Gericht; **4.** *~-arbitre m (sport)* Schiedsrichter *m;* ~ *au tribunal de commerce* Handelsrichter *m;* ~ *pour enfants* Jugendrichter *m;* ~ *d'instruction* Untersuchungsrichter *m;* ~ *pénal, criminel* Strafrichter *m;* ~ *de touche (sport)* Linienrichter *m;* **~é** *m loc adv: au* ~ über den Daumen gepeilt; ungefähr; *au* ~ nach freiem Ermessen; **~ement** *m* **1.** *jur* Urteil(sspruch *m*) *n;* **2.** Aburteilung *f; allg* Urteil *n,* Meinung, Ansicht *f;* Urteilskraft *f,* -vermögen *n,* Verstand *m,* Einsicht *f;* **3.** *à mon* ~ meines Erachtens; **4.** *annuler* od *infirmer, confirmer un* ~ ein Urteil auf=heben, bestätigen; *appeler d'un* ~ gegen ein Urteil Berufung ein=legen; *exécuter un* ~ ein Urteil vollstrecken; *prononcer, rendre un* ~ ein Urteil fällen, ab=geben, verkünden; ~ *par défaut* Versäumnisurteil *n; le* ~ *dernier, universel* das Jüngste Gericht, Weltgericht, der Jüngste Tag; **~eote** [-ɔt] *f fam: avoir de la* ~ Köpfchen, Grips haben.

juger [ʒyʒe] **I.** *tr* **1.** *jur* richten, urteilen *itr;* — *il juge de manière impartiale* er urteilt unparteiisch (*dans une affaire* in e-r Angelegenheit); ~ *qn* über jdn zu Gericht sitzen; ~ *qc* über e-e S urteilen; ~ *un différend* einen Streit schlichten; ab=urteilen (*qn* jdn); *le tribunal a jugé* das Gericht hat gesprochen; **2.** *(donner son avis)* entscheiden (*qc* über e-e Sache); — *il est difficile d'en* ~ darüber kann man schlecht entscheiden; ~ *qn* od *qc* jdn *od* e-e S beurteilen; ~ *de qc* etw schätzen; *autant qu'on puisse en* ~ soweit sich das beurteilen läßt; **3.** *(avoir une opinion)* (es) halten für; meinen, glauben, der Ansicht sein (*que* daß), befinden (*bon, nécessaire* für gut, für nötig); sich e-n Begriff, e-e Vorstellung machen (*qc* von etw), sich vor=stellen, (sich) denken; schätzen (*de qc* etw); *(Sinnesorgan)* erkennen, unterscheiden; — *je le jugeais plus âgé* ich schätze ihn älter; *jugez de ma surprise!* stellen Sie sich meine Überraschung vor!; **II.** *v prn se* ~ **4.** zur Entscheidung, zur Aburteilung kommen; **5.** sich selbst beurteilen, sich halten (*qc* für etw): *il se jugeait un grand personnage* er hielt sich für eine wichtige Person; **6.** *(expressions) acquérir l'autorité de la chose jugée* Rechtskraft erlangen; ~ *sur l'apparence* nach dem Äußeren, nach dem (äußeren) Schein urteilen; ~ *à propos de faire qc* es für angebracht halten, etw zu tun; **7.** *faites comme vous jugerez bon* machen Sie es, wie Sie es für richtig halten; *jugez!* denken Sie mal! stellen Sie sich vor!

jugul|aire [ʒygylɛr] **I.** *a anat* Drossel-; **II.** *s f* Kinn-, Sturmriemen *m;* **~er** *tr* **1.** *(Sache)* unterbinden; *(Geschäft)* vereiteln; **2.** *(Krankheit)* Einhalt gebieten *dat.*

juif, ive [ʒɥif, -iv] **I.** *a* jüdisch, Juden-; **II.** *s* ~ *ive m f* Jude *m,* Jüdin *f; petit* ~ *(anat fam)* Musikantenknochen *m;* ~ *errant* ewige(r) Jude *m.*

juillet [ʒɥijɛ] *m* Juli *m.*

juin [ʒɥɛ̃] *m* Juni *m.*

jules [ʒyl] *m* **1.** *pop* Nachtgeschirr *f;* **2.** *fam* Gatterich; Galan *m;* **3.** *arg* Zuhälter *m.*

jum|eau, elle [ʒymo, -ɛl] **I.** *a* Zwillings- *a. tech,* Doppel-; **II.** *s m f* **1.** Zwilling(sbruder *m,* -sschwester *f*) *m;* **2.** *f tech* Backe, Wange *f;* **3.** *f pl* Fernglas; *(~elles de théâtre)* Theater-, Operngläs *n;* *(~elles de campagne)* Feldstecher *m;* *lits m pl ~x* Doppelbetten *n pl;* **~elage** *m* **1.** Verbindung, Koppelung *f;* **2.** *fig (Städte)* Partnerschaft *f;* **~elé, e** *a* gekoppelt; *billet m* ~ *(Lotterie)* Doppellos *n; maison f ~e* Doppelhaus *n;* **~eler** *tr* **1.** *(zwei gleiche Dinge)* mitea. verbinden, koppeln; **2.** *(zwei Städte)* durch e-e Partnerschaft verbinden.

jument [ʒymɑ̃] *f* Stute *f.*

jun|gle [ʒɔ̃(œ)gl] *f* Dschungel *m* od *n;* **~ior** [ʒynjɔr] **I.** *a (f inv) a* jünger; junior; *sport* Junior-; **II.** *s m pl sport* Junioren *m pl; chef m* ~ Juniorchef *m; épreuves f pl pour ~s* Juniorenwettkämpfe *m pl.*

junte [ʒɛ̃t] *f pol* Junta *f.*

jup|e [ʒyp] *f* (Frauen-)Rock *m;* ~ *à bretelles* Trägerrock *m;* ~ *cloche* Glockenrock *m;* **~ette** *f* Röckchen *n;* **~on** *m* Unterrock *m; courir le* ~ *(fam)* jeder Schürze nach=laufen.

jur|assien, ne [ʒyrasjɛ̃, -ɛn] *a geog* Jura-; **~assique I.** *a geol* Jura-; **II.** *s m* Jura(formation *f*) *m.*

jur|é, e [ʒyre] **I.** *a: ennemi* ~ geschworene(r) Feind *m;* **II.** *s m jur* Geschworene(r) *m;* ~**er I.** *tr* (be)schwören (*par* bei); eid(esstatt)lich versichern, geloben (*de faire qc* etw zu tun), beteuern (*que* daß); **II.** *itr* **1.** e-n Eid ab=legen, schwören (*sur* auf *acc*); **2.** *(Farben) fig* sich nicht vertragen, sich beißen (*avec* mit), nicht passen (*avec* zu); — *ne* ~ *que par qn* große Stücke auf jdn halten; *il ne faut* ~ *de rien* man kann nie wissen; *j'en jurerais* ich möchte darauf schwören; *je vous jure (fam)* darauf können Sie Gift nehmen; ~**idiction** *f* Gerichtsbarkeit *f;* Gericht(sbezirk *m*) *n; (degré m de* ~*)* Instanz *f;* Rechtsprechung, Rechtspflege *f; cela n'est pas de votre* ~ das geht Sie nichts an; ~**idique** *a* **1.** juristisch, rechtlich; **2.** gerichtlich; ~**isconsulte** *m* Jurist *m;* ~**isprudence** *f* Rechtsprechung *f;* ~**iste** *m* Jurist *m;* ~**on** *m* Fluch *m;* ~**y** [-ri] *m* **1.** *jur* Geschworenen(bank *f*) *m pl;* **2.** Jury, Preisgericht *n,* -richter *m pl;* **3.** *(Examen)* Prüfungskommission *f.*

jus [ʒy] *m* **1.** (Frucht-, Fleisch-)Saft *m;* **2.** *pop* (schwarzer) Kaffee *m;* **3.** *fam* Wasser *n;* **4.** *fam el* Strom *m;* **5.** *jeter du* ~ *(pop) (Frau)* elegant gekleidet sein; *cuire dans son* ~ *(fam)* im eigenen Saft schmoren; **6.** *ça vaut le* ~ *(pop)* das lohnt sich; **7.** ~ *de citron, de pommes, de raisin* Zitronen-, Apfel-, Traubensaft *m;* ~**ant** [-zɑ̃] *m* Ebbe *f.*

jusqu|e, *poet* ~**es** [ʒysk(e)] **I.** *prp* bis; ~*'à* bis, bis nach, bis zu; bis an; **II.** *adv* sogar, selbst (noch); **III.** *conj* ~*'à ce que (conj)* bis (daß) ...; — ~*'au bout* bis zum (bitteren) Ende; ~*'aux genoux* bis an die Knie, zu den Knien; ~*'à la mort* bis zum Tode, bis in den Tod; ~*'à nouvel ordre* bis auf weiteres, bis auf Widerruf; ~*'à ce point* so weit; ~*'à quel point* wieweit; ~*'à présent* bis jetzt; ~*'à quand* wie lange (noch), bis wann; *du matin* ~*'au soir* von früh bis spät, ununterbrochen, unaufhörlich; ~*'aujourd'hui* bis heute; ~*es et y compris* ... bis einschließlich ...; ~*'à ces dernières années* noch in den letzten Jahren; ~*'ici* bis hierher *a. fig;* bis jetzt; ~*e là* bis da-, dorthin; *fig* so weit; ~*'où* bis wohin, wie weit; *fig* wieweit; *aller* ~*'à faire qc* so weit gehen, etw zu tun, sogar etw tun; *être enfoncé* ~*'au cou dans qc (fig)* ganz in e-r S auf=gehen; *torturer* ~*'au sang* bis aufs Blut peinigen; *j'en ai* ~*e là (fam)* es hängt mir zum Halse 'raus; mir langt's, reicht's; ~**'auboutisme** *m fam* Durchhaltepolitik *f;* Durchhalten bis zum Ende; ~**'auboutiste** *m fam* Durchhaltepolitiker; Scharfmacher *m.*

juste [ʒyst] **I.** *a* **1.** *a* gerecht *a. rel;* rechtlich, billig; richtig; **2.** rechtmäßig, berechtigt, begründet; angebracht, angemessen; **3.** passend *(a. Kleidung);* (zu) eng (anliegend), knapp; *(Instrument)* genau; *(Uhr)* richtig-, genaugehend; **II.** *adv* richtig; genau; gerade; pünktlich; **III.** *s m* Gerechte(r) *m;* **4.** *au* ~ genau *adv;* im letzten Augenblick; *au plus* ~ aufs Haar; *à* ~ *titre* mit (vollem) Recht; *comme (de)* ~ *(fam)* wie es sich gehört; selbstverständlich; *midi* ~ Punkt 12 (Uhr); *tout* ~ ganz recht; mit knapper Not, (gerade) so eben (noch); **5.** *aller* ~ *(Kleidung)* genau passen, sitzen; *avoir* ~ *de quoi vivre* gerade sein Auskommen haben, aus=, *fam* hin=kommen; *être chaussé (trop)* ~ (zu) enge Schuhe an=haben; *ne savoir au* ~ nicht recht wissen; **6.** *c'est* ~ das stimmt; ~ *ciel!* ~ *Dieu!* gerechter Himmel! großer Gott! ~*-milieu m* richtige Mitte, goldene(r) Mitte(lweg *m*) *f; prix m le plus* ~ scharf kalkulierte(r) Preis *m;* ~**ment** [-stə-] *adv* mit Recht; genau, gerade; gerade, (so)eben, im Augenblick, im Moment; ~**esse** *f* **1.** Richtigkeit *f;* **2.** Genauigkeit *f;* **3.** *(Sinn)* Schärfe *f;* **4.** *mus* (Klang-)Reinheit *f;* **5.** *avec* ~ genau, gut; *de* ~ mit knapper Not, (gerade) so eben (noch).

just|ice [ʒystis] *f* **1.** Gerechtigkeit *f;* Recht *n;* **2.** Justiz, Rechtspflege *f,* -wesen; Gericht(sbarkeit, -behörde *f,* -hof *m*) *n;* **3.** *en* ~ vor Gericht; *en toute* ~ mit vollem Recht; **4.** *appeler, citer en* ~ vor Gericht laden; *faire, rendre* ~ *à qn* jdm Gerechtigkeit widerfahren lassen *a. fig; faire* ~ *de qc* etw *(Fehler)* auf=decken, etw für falsch erklären; *se faire* ~ sich sein Recht nehmen, zur Selbsthilfe greifen; sich selbst richten; *rendre* ~ *à qn* jdm Gerechtigkeit widerfahren lassen; *rendre la* ~ Recht sprechen; **5.** *palais m de* ~ Justizpalast *m,* Gerichtsgebäude *n;* ~ *civile, criminelle* od *pénale, commerciale* Zivil-, Straf-, Handelsgerichtsbarkeit *f;* ~ *de ressort* Berufungsgericht *n;* ~**iciable** *a: être* ~ *d'un tribunal* der Gerichtsbarkeit e-s Gerichts unterworfen sein, der Zuständigkeit e-s Gerichts unterliegen; ~**icier** *m* **1.** Verfechter *m* der Gerechtigkeit; **2.** Gerichtsherr *m.*

just|ifiable [ʒystifiabl] *a* zu rechtfertigen(d); vertretbar; ~**ificateur, trice** *a* rechtfertigend; ~**ificatif, ive** *a* beweiskräftig, rechtfertigend; Beleg-; *pièce f* ~*ificative* Beweis(stück *n*), *bes. com* Beleg *m;* ~**ification** *f* **1.** Rechtfertigung *f a. rel;* **2.** Be-, Nachweis; *com* Beleg *m;* ~**ifier I.** *tr* **1.** die Unschuld be-, nach=weisen (*qn* jds); **2.** rechtfertigen, begründen; **3.** *(Hoffnung)* erfüllen; *(Ansicht)* bestätigen; **4.** *typ* justieren, aus=gleichen; **II.** *itr* ~ *de qc* für etw den Nachweis erbringen, den Beweis liefern, nach= weisen; **III.** *v prn se* ~ *de qc devant qn* etw vor jdm verantworten; sich gegenüber jdm wegen e-r S *(gen)* recht≈fertigen; *(Befürchtung)* sich als begründet erweisen; ~ *de son identité* sich aus≈weisen.

jut|e [ʒyt] *m bot (Textil)* Jute *f;* **~er** *itr fam* Saft geben, saftig sein; **~eux, se I.** *a* **1.** saftig; **2.** *(Geschäft) fam* einträglich; **II.** *s m arg mil* Spieß *m (Hauptfeldwebel).*

juvénil|e [ʒyvenil] *a* jugendlich.

juxta|posable [ʒykstapozabl] *a: éléments m pl ~s* Anbauelemente *n pl;* **~poser I.** *tr* nebenea.≈stellen, -setzen, -legen; *(Möbel)* anbauen (*à* an *acc*); *(Texte)* gegenüberstellen; *(Wörter)* aneinanderreihen; **II.** *v prn se ~* nebeneinanderstehen; **~position** *f* **1.** Nebenea.≈stellen, -setzen; Anea.setzen, -reihen *n;* **2.** *chem geol* Anlagerung *f;* **3.** *tech* Verbundanordnung *f.*

K

kak|atoès [kakatɔɛs] *m s. cacatoès;* **~i I.** *s m* Kakifeige *f;* **II.** *a inv* k(h)akifarben, erdgrau.

kal|éidoscope [kaleidɔskɔp] *m* Kaleidoskop *n a. fig;* **~i** *m chem* Pottasche *f.*

kan, khan [kɑ̃] *m* Basar *m;* **~gourou** *m* **1.** *zoo* Känguruh *n;* **2.** *loc* Huckepack-Verkehr *m.*

kaolin [kaɔlɛ̃] *m* Porzellanerde *f,* Kaolin *n* od *m.*

kapok [kapɔk] *m text* Kapok *m.*

kayak [kajak] *m* Kajak *m.*

kebâb [kebab] *m (Küche)* Kebab *m.*

képi [kepi] *m mil* Schirmmütze *f.*

kermesse [kɛrmɛs] *f* **1.** Kirmes, Kirchweih *f;* **2.** Wohltätigkeitsbasar *m.*

kérosène [kerɔzɛn] *m* Kerosin *n.*

kidnapp|er [kidnape] *tr* **1.** kidnappen, entführen; **2.** *fam* klauen; **~eur, se** *m f* Kidnapper *m.*

ki|f(-)kif [kifkif] *inv: c'est ~, c'est du kif (fam)* das ist Jacke wie Hose; **~ki** *m arg* Kehle *f;* **~l** *m pop* Liter *m* od *n.*

kilo- [kilo] *m* Kilo *n;* **~gramme** *m* Kilogramm *n;* **~grammètre** *m phys* Kilopondmeter *n;* **~métrage** *m mot* Kilometerstand *m,* -zahl *f;* **~mètre** *m* Kilometer *m; ~-heure m* Stundenkilometer *m;* **~métrique** *a: borne f ~* Kilometerstein *m; compteur ~* Kilometerzähler *m;* **~watt (-heure** *f*) [-vat(œr)] *m el* Kilowatt(stunde *f*) *n.*

kin|ésithérapeute [kineziterapøt] *m f* Heil-, Krankengymnastiker(in *f*) *m;* **~ésithérapie** [-eziterapi] *f* Kranken-, Heilgymnastik *f;* **~esthésie** *f (Physiologie)* Kinästhesie *f.*

kiosque [kjɔsk] *m* **1.** Kiosk *m;* **2.** (Garten-) Pavillon *m;* **3.** *tech (U-Boot)* Turm *m; — ~ à fleurs* Blumenstand *m; ~ à journaux* Zeitungskiosk, -stand *m; ~ à musique* Musikpavillon *m.*

kirsch [kirʃ] *m* Kirsch(wasser *n*) *m (Schnaps).*

kitchenette [kitʃenɛt] *f* Kleinküche; Kochnische *f.*

klaxon [klaksɔn] *m WZ* Hupe *f;* **~ner** *itr* hupen.

kleptoman(i)e *s. cleptoman(i)e.*

knock-out [(k)nɔkaut, knɔkut] *m (Boxen)* Knockout, K. o. *m; mettre qn ~* jdn k. o. schlagen.

kola [kɔla] *m: noix f de ~* Kolanuß *f.*

kolkhoz|e [kɔlkoz] *m* Kolchos *m,* Kolchose *f;* **~ien, ne** *m f* Kolchosbauer *m,* -bäuerin *f.*

korrigan, e [kɔrigɑ̃, -an] *m f (Bretagne)* Kobold *m,* Wichtelmännchen *n.*

krach [krak] *m com* Börsenkrach *m.*

kummel [kymɛl] *m* Kümmel *m (Schnaps).*

kumquat [kɛ̃ka] *m bot* Kumquat *m.*

kyrielle [kirjɛl] *f* Litanei; *fam* lange Leier *f,* (Wort-)Schwall *m; ~ d'enfants* Kinderschar *f.*

kyste [kist] *m med* Zyste *f.*

L

la [la] **I.** *s le;* **II.** *s m mus* a, A *n; donner le ~ (fig)* den Ton an≈geben; *~ bémol* as, As *n.*

là [la] **I.** *adv* **1.** *(örtlich)* da, dort; da-, dorthin; **2.** *(zeitlich)* da, dann; *fig* dabei; (bis) dahin; darauf hinaus; darin; **II.** *interj* da (haben wir's)! ~ nun, schon gut; *oh! ~!* ach was! oh weh! ~ . . ., ~ . . . hier . . ., dort . . .; **1.** *à ce moment-~* in d(ies)em Augenblick; *à quelque temps de ~* einige Zeit später, darauf; *çà et ~* bald hierhin, bald dorthin; **2.** *celui, celle, ceux, celles-~* jene(r, s), der, die, das, *pl* die da, dort; *cet homme-~* d(ies)er Mensch da; *de ~* von dort, dorther; *(kausal)* daher; *d'ici ~, jusque-~* bis dahin; *par ~* daher, -durch, da vorbei; *fig* damit; *par-ci par-~* bald hier(-hin), bald dort(hin); hier u. da; *(zeitl.)* hin u. wieder, dann u. wann, von Zeit zu Zeit, mitunter; **3.** *~-bas* da drüben; da hinten; dorthin; *(fam) hé ~!* heda!; he, Sie da! *~-dedans, ~-dessus, ~-dessous* darin *od* hinein, darüber, -unter; *~-haut, ~-bas* da oben, da unten *od* da hinten; **4.** *planter ~* stehenlassen, warten lassen, versetzen; **5.** *tout est là* das ist der springende Punkt; *je n'en suis pas encore ~* ich bin noch nicht soweit; *j'en passe par ~* es bleibt mir nichts anderes übrig, ich komme nicht darum herum; *que dites-vous ~?* was sagen Sie da? *que voulez-vous dire par ~?* was wollen Sie damit sagen? *vous avez fait ~ un joli coup* da haben Sie etwas Schönes, angerichtet; *qui va ~?* wer (ist) da? *restons-en-~* bleiben wir dabei!

lab|el [labɛl] *m com* Warenzeichen *n; ~ de garantie* Güte-, Garantiezeichen *n;* **~eur** [-œr] *m lit* mühsame, mühevolle Arbeit *f;* **~ial, e** [labjal] **I.** *a anat gram* Lippen-; **II.** *s f* Lippenlaut *m;* **~orantine** [-bɔ-] *f* Laborantin *f;* **~o(ratoire)** *m* Labor(atorium) *n; ~ de langue* Sprachlabor(atorium) *n; ~ photo* Fotolabor *n;* **~orieux, se** *a* **1.** *(Person)* arbeitsam, fleißig, rührig; **2.** *(Sache)* schwer, schwierig, mühevoll; **3.** *(Stil)* schwerfällig.

labour [labur] *m* **1.** *agr* Pflügen *n;* Bodenbearbeitung; Feldbestellung, -arbeit *f;* **2.** *pl* bestellte(s) Acker- *od* Gartenland *n;* — *cheval m de ~* Ackerpferd *n, fam* -gaul *m;* **~able** *a (Boden)* bestellbar; kultivierbar; **~age** *m* Pflügen, Umgraben, Ackern *n;* **~er I.** *tr* **1.** pflügen, um≈graben; bestellen, bearbeiten; **2.** um-, auf-, zerwühlen, auf≈reißen; **3.** *(Gesicht)* zerkratzen; **~eur** *m* Pflüger *m.*

labyrinth|e [labirɛ̃t] *m* Labyrinth *n a. fig anat;* Irrgarten *m;* **~ique** *a* labyrinthisch.

lac [lak] *m* See *m; c'est dans le ~ (fam)* es ist im Eimer; *~ glaciaire* Gletschersee *m; ~ de retenue* Stausee *m;* **~er** [-se] *tr* (ein≈, ver-, zu≈) schnüren; **~érer** *tr* **1.** zerreißen, zerfetzen; **2.** *(Plakat)* abreißen; **~et** [-ɛ] *m* **1.** Schnürband *n,* -senkel *m;* **2.** *(Jagd)* Schlinge *f;* **3.** *(Straße)* Kehre(n *f pl*) *f;* Serpentine *f;* Schleifen *f pl;* **4.** Kordel *f.*

lâch|age [lɑʃaʒ] *m* **1.** Loslassen *n;* **2.** *fam (Person)* Sitzenlassen, Versetzen; Fallenlassen *n;* **~e I.** *a* **1.** locker, lose *(a. Gewebe),* schlaff; *(Netz)* weit(maschig); **2.** *fig* feige; niederträchtig, schändlich, gemein; **3.** *fig (Stil)* kraftlos; **II.** *s m* Feigling *m, fam* Memme *f;* **~er I.** *itr (céder)* reißen; *fig* versagen; *la corde a lâché* das Seil ist gerissen; *ses nerfs ont lâché* seine Nerven versagten; **II.** *tr* **1.** *(diminuer la tension)* lockern; — *~ la ceinture d'un cran* den Gurt um eine Öffnung lockern; *~ la bride, la main* die Zügel schießen lassen *a. fig* (*à qn, à qc* dat); **2.** los≈machen, -lassen; frei laufen, fliegen, schwimmen; gehen-, fahren≈lassen; — *lâchez-moi!* lassen Sie mich los! *~ des pigeons* Brieftauben auflassen; *faire ~ prise à qn* jdm die Beute wieder ab≈jagen; *~ un coureur (arg sport)* einen Läufer ab≈hängen; **3.** *(Dampf)* ab≈lassen; *(Wasser)* ab≈, aus≈laufen lassen; *(Hahn)* auf≈drehen, *(Spund, Schleuse)* öffnen; *(Abzug)* los≈lassen; **4.** *(donner) (Stoß, Tritt)* versetzen; *(Schuß)* ab≈geben (*sur qn* auf jdn), verpassen *(dat);* los≈lassen, hetzen *(sur, après* auf *acc); ~ les chiens sur qn* auf jdn die Hunde los≈lassen; **5.** *(laisser échapper) (Gegenstand)* los≈, fallen lassen; *(Wort)* fallen≈lassen, äußern, von sich geben; *voilà le grand mot ~é!* nun ist es raus! *(fam); ~ des bêtises* Unsinn verzapfen; **6.** *(Geheimnis)* preis≈geben, lüften; *(Dummheit)* machen, begehen; **7.** *(Recht, Wohnung)* auf≈geben, verzichten (*qc* auf e-e S); *(Geld)* her≈geben, *fam* heraus≈rücken; — *ne pas ~ qn d'un pas* jdm auf Schritt und Tritt folgen; *~ prise, pied* los≈lassen *itr; fig* es auf≈geben; **8.** *fam (abandonner)* fallenlassen, im Stich lassen; *il a lâché sa femme* er hat seine Frau im Stich gelas-

sen; **~eté** *f* **1.** Feigheit *f;* **2.** Schändlichkeit, Niederträchtigkeit, Gemeinheit *f;* **~eur, se** *m f fam* treulose Tomate *f.*
lacis [lɑsi] *m* Netz *n a. anat.*
lacon|ique [lakɔnik] *a* **1.** lakonisch; **2.** *(Stil)* gedrängt, knapp; **~isme** *m* Kürze; Gedrängtheit *f.*
lacrym|al, e [lakrimal] *a anat* Tränen-; *glande f ~e* Tränendrüse *f;* **~ogène** *a: gaz m ~* Tränengas *n.*
lacs [lɑ] *m (Jagd)* Schlinge *f.*
lact|aire [laktɛr] **I.** *a* Milch-; **II.** *s m bot* Milchling *m;* **~ation** *f* Milchabsonderung *f; (Frau)* Stillen *n;* **~é, e** *a* milch(art)ig; Milch-; *voie f ~e (astr)* Milchstraße *f.*
lacun|e [lakyn] *f* Lücke *f a. fig,* Fehlende(s) *n; sans ~* lückenlos, vollständig; *combler les ~s* die Lücken ausfüllen; *(Text)* ergänzen (*de qc* etw).
lacustre [lakystr] *a bot zoo* See-, Teich-, Sumpf-; *cités f pl ~s* Pfahlbauten *m pl.*
ladre [ladr] *a lit* knauserig, geizig; **~rie** [-drə-] *f lit* Geiz *m.*
lag|on [lagɔ̃] *m,* **~une** *f* Lagune *f.*
lai, e [lɛ] *a frère m, sœur f ~(e)* Laienbruder *m,* -schwester *f.*
laïc [laik] *a m s. laïque;* **~iser** *tr (e-e kirchl. Einrichtung)* entkirchlichen, entkonfessionalisieren; **~isme** *m* Laizismus *m;* **~ité** *f* Trennung *f* von Staat und Kirche.
laid, e [lɛ, -ɛd] *a* **1.** häßlich, garstig; **2.** *fig* abscheulich, schändlich, niederträchtig, gemein; — *~ comme un pou* häßlich wie die Nacht; **~eron** *m* häßliche(s) Mädchen *n;* **~eur** *f* **1.** Häßlichkeit *f;* **2.** *fig* Abscheulichkeit, Schändlichkeit *f.*
laie [lɛ] *f zoo* Bache, Wildsau *f.*
lain|age [lɛnaʒ] *m* **1.** *(Tuch)* Aufrauhen, Kratzen *n;* **2.** Wollgewebe *n,* -stoff *m; pl* Wollwaren *f pl;* -kleidung *f;* **3.** Strickkleid *n,* -jacke *f;* **~e** *f* **1.** Wolle *f;* **2.** Wollgarn *n;* wollene Kleidung *f;* **3.** *(Neger)* Wollhaar *n;* **4.** *se laisser manger la ~ sur le dos (fig)* sich das Fell über die Ohren ziehen lassen; **5.** *pelote f de ~* Wollknäuel *n; pure ~ (a)* reinwollen; *vêtements m pl en ~* Woll-, Strickkleidung *f;* **6.** *~ de bois* Holzwolle *f; ~ à repriser, à tricoter* Stopf-, Strickwolle *f; ~ de verre* Glaswolle *f;* **~eux, se** *a* wollig; *bot* wollhaarig; **~ier, ère I.** *a* Woll-; **II.** *s m f* Wollwarenhändler(in *f*); Wollarbeiter(in *f*) *m;* — *industrie f lainière* Wollindustrie *f.*
laïque [laik] **I.** *a* weltlich, Laien-; **II.** *s m f* Laie *m; école f ~* staatliche Schule *f.*
laiss|e [lɛs] *f* **1.** (Hunde-)Leine; Koppel *f;* Hutband *n; tenir en ~ (Hund)* an der Leine, *(Menschen)* am Gängelband führen; **2.** *mar* Watt *n;* **~é** *m: ~ pour compte (com)* nicht angenommene Ware.
laisser [lese] **I.** *tr* **1.** (be-, ver-, zurück=, übrig=, liegen=, stehen=) lassen; **2.** *(Wohnung)* auf=geben; *(Frau)* verlassen; *(Geld)* verlieren; **3.** *(Ware)* ab=lassen; **4.** überlassen, -geben, an=vertrauen (*qc à qn* jdm etw); *à qn à faire qc* es jdm überlassen, etw zu tun; **5.** *(Spur, Nachgeschmack, Kind, Erbschaft)* hinterlassen; **6.** zu=lassen, gestatten; **7.** *(Handlung)* unter-, *fam* sein=lassen; **8.** übergehen, verschweigen; **II.** *(Hilfsverb)* **9.** *~ aller* gehen lassen; *~ tout aller* alles (so) laufen lassen; **10.** *~ en blanc* leer, frei lassen; *~ le choix à qn* jdm die Wahl lassen; *~ de côté* beiseite lassen; aus dem Spiel lassen; *~ qc derrière soi* etw hinter sich lassen; *~ à désirer* zu wünschen übrig lassen; *se ~ dire* sich sagen lassen; *~ à entendre, à comprendre* zu verstehen geben; *~ faire qn* jdn gewähren lassen; *se ~ tout faire* sich alles gefallen lassen; *~ à juger qc à qn* etw jds Urteil überlassen; *~ qn là* jdn im Stich lassen; *~ qn libre de faire qc* (es) jdm anheim=stellen, etw zu tun; *~ monter, descendre, entrer, sortir* herauf=, hinunter=, herein=, hinaus=lassen; *~ en paix, en repos* in Frieden, in Ruhe lassen; *~ à part* beiseite lassen; *~ passer* vorbei=lassen; geschehen lassen; *~ des, de ses plumes (fig fam)* Federn lassen; *~ tomber* fallen lassen; *~ tranquille* in Ruhe lassen; *~ sa vie, (pop) ses os, sa peau, ses bottes* sein Leben lassen müssen, ins Gras beißen müssen; *~ voir* sehen lassen, zeigen; **11.** *je vous laisse (fam)* ich gehe (jetzt); *laissez (donc)!* lassen Sie (doch) (das)! *c'est à prendre ou à ~* entweder nehmen Sie es oder nicht; *cela ne laisse pas d'être dangereux* das ist trotzdem, nach wie vor, das ist u. bleibt gefährlich; *cela se laisse manger, entendre* das kann man *od* läßt sich essen, läßt sich hören; **12.** *~-aller m inv* a) Sichgehenlassen *n,* Ungezwungenheit *f;* b) Nachlässigkeit, Schlamperei *f; ~ faire m* Wirtschaftsliberalismus *m; ~ez-passer m inv* Passierschein *m.*
lait [lɛ] *m* **1.** Milch *f;* **2.** *monter comme une soupe au ~* leicht auf=brausen; *sucer avec le ~ (fig)* mit der Muttermilch ein=saugen; **3.** *café, chocolat m au ~* Milchkaffee *m,* -schokolade *f; cochon m de ~* Spanferkel *n; frère m, sœur f de ~* Milchbruder *m,* -schwester *f; pot m au ~* Milchtopf *m;* -kanne *f; vache f à ~* Milchkuh *f;* **4.** *~ de beurre* Buttermilch *f; ~ en bouteilles* Flaschenmilch *f; ~ caillé* Dick-, Sauermilch *f; ~ condensé, concentré* Kondens-, Büchsen-, Dosenmilch *f; ~ écrémé, entier* Mager-, Vollmilch *f; ~ maternel, maternisé* Mutter-, Säuglingsmilch *f; ~ en poudre, sec* Milchpulver *n,* Trockenmilch *f;* **~erie** *f* **1.** Molkerei *f;* **2.** Milchgeschäft *n;* **3.** Milchwirtschaft *f;* **~eux, se** *a*

milch(art)ig; Milch-; *d'un blanc* ~ milch(ig)weiß; **~ier, ère I.** *s m f* **1.** Milchhändler(in *f*), -mann *m;* **2.** *m tech* Schlacke *f;* **3.** *f* Milchkuh *f;* **II.** *a* Milch-; *industrie f ~ière* Milchwirtschaft *f.*

lait|on [lɛtõ] *m* Messing *n; fil m, tôle f de* ~ Messingdraht *m,* -blech *n;* **~ue** *f bot* Lattich *m.*

laïus [lajys] *m fam* endlose Rede *f;* Blabla *n; faire un* ~ e-e Rede schwingen; **~ser** *itr fam* bla-bla reden.

lama [lama] *m* **1.** *zoo* Lama *n;* **2.** *rel* Lama *m.*

lamb|eau [lɑ̃bo] *m pl ~x* **1.** (Stoff-, Haut-, Fleisch-)Fetzen, Lappen *m;* Stück *n;* **2.** *fig* (Bruch-)Stück *n,* Teil *m;* **3.** *en ~x* in Fetzen; **4.** *mettre en ~x* in Stücke reißen, zerreißen, zerfetzen; **~in, e I.** *s m f* Bummler *m; fam* lahme Ente *f;* **II.** *a* bumm(e)lig, langsam; **~iner** [-ine] *itr fam* (herum)bummeln, -trödeln.

lambris [lɑ̃bri] *m* Decken-, Wand-, *bes.* Gipsverkleidung; Täfelung *f;* Paneel *n;* **~sage** *m* Verkleiden, Täfeln *n;* **~ser** *tr (Decke, Wand)* verkleiden (*de marbre* mit Marmor); täfeln; gipsen.

lam|e [lam] *f* **1.** Lamelle *f,* Plättchen *n;* **2.** *(Messer)* Klinge *f;* **3.** *tech* Blatt, Messer *n;* **4.** Welle, Woge *f;* **5.** ~ *de couteau* Messerklinge *f;* ~ *de fond* Grundsee *f;* ~ *de parquet* Diele *f;* ~ *de scie* Sägeblatt *n;* **~elle** [-ɛl] *f bot zoo tech* Lamelle *f,* dünne(s) Blättchen *n.*

lament|able [lamɑ̃tabl] *a* **1.** beklagens-, bejammernswert, bedauerlich; **2.** kläglich, jämmerlich; — *cris m pl ~s* Jammergeschrei *n;* **~ation** *f meist pl* Wehgeschrei, -klagen, Jammern *n;* **~er, se** *v prn* jammern, wehklagen.

lam|ette [lamɛt] *f tech* Plättchen *n,* Lamelle *f.*

lamin|age [laminaʒ] *m* (Aus-)Walzen, Strecken *n;* **~er** *tr* (aus=)walzen, strekken; ~ *à chaud, à froid* warm-, kaltwalzen; **~oir** *m* Walzmaschine, -anlage *f,* -werk *n; train m de ~s* Walzstraße *f.*

lamp|adaire [lɑ̃padɛr] *m* **1.** Laternenpfahl, Lichtmast *m;* **2.** Stehlampe *f;* **~e** *f* **1.** Lampe, Leuchte; Glühbirne *f;* **2.** *radio* Röhre *f;* **3.** *s'en mettre plein la* ~ *(arg)* sich den Bauch voll=schlagen; **4.** ~ *à arc* Bodenlampe *f;* ~ *de bureau, de chevet* Schreib-, Nachttischlampe *f;* ~ *électrique à incandescence* Glühlampe, -birne *f;* ~ *fluorescente* Leuchtstoffröhre *f;* ~ *de lecture* Leselampe *f;* ~ *au néon* Neonröhre *f;* ~ *de nuit, à pied, plafonnière* Nacht-, Steh-, Deckenlampe *f;* ~ *de poche* Taschenlampe *f;* **~ée** *f fam* tüchtige(r) Schluck; **~er** *tr fam* hinunter=kippen (*un verre* ein Glas); **~ion** *m* Lampion *m; sur l'air des ~s* im Sprechchor; **~iste** *m* **1.** Lampenfabrikant, -händler, -anzünder *m;* **2.** *fam* kleine(r) Angestellte(r) *m;* **~roie** *f zoo* Neunauge *n,* Lamprete *f.*

lanc|e [lɑ̃s] *f* **1.** Lanze *f;* **2.** *(Fischerstechen)* Stange *f;* **3.** *(Feuerwehr) (~ à eau)* Spritzdüse, Spritze *f;* **4.** *rompre une ~, des ~s avec qn* sich mit jdm auseinandersetzen; **5.** *fer m de* ~ Lanzenspitze *f; mil* Stoßkeil *m;* **6.** ~ *d'arrosage* Gartenspritze *f; ~-flammes, ~-fusées, ~-grenades, ~-mines m inv mil* Flammen-, Raketen-, Granat-, Minenwerfer *m; ~-pierres m inv* Steinschleuder *f;* **~ée** *f* Schwung *m; continuer sur sa* ~ weitermachen, -fahren, -laufen, solange man noch im Schwung ist; **~ement** *m* **1.** Werfen, Schleudern, Stoßen *n a. sport;* **2.** *mar* Stapellauf *m;* **3.** *fig* Einführung; *(Künstler)* Förderung; *(Werbefeldzug)* Einleitung *f;* **4.** *(Industrie)* Arbeitszuteilung *f;* **5.** *campagne f, prix m de* ~ *(com)* Einführungsfeldzug, -preis *m; rampe f de* ~ Abschußrampe *f;* **6.** ~ *du disque, du javelot, du marteau* Diskus-, Speer-, Hammerwerfen *n;* ~ *du poids* Kugelstoßen *n.*

lanc|er [lɑ̃se] **I.** *tr* **1.** *(jeter)* werfen, schleudern *a. fig,* stoßen; ~ *des pierres à qn* jdn mit Steinen bewerfen; ~ *un regard à qn* jdm e-n Blick zu=werfen, nach=werfen; ~ *qc à la tête de qn* jdm e-e S an den Kopf werfen; *fig (Beleidigungen)* ins Gesicht schleudern; ~ *un appel à qn* e-n Appell an jdn richten; **2.** *(Vorwurf)* machen; *(Wahrheit)* entgegen=halten, *(Fluch)* aus=stoßen; *(Haftbefehl)* erlassen; *(Bannstrahl)* schleudern; **3.** *(avec divers objets)* ~ *le disque, le javelot, le marteau* (den) Diskus, Speer, Hammer werfen; ~ *le poids (sport)* die Kugel stoßen; **4.** *(Pfeil)* schießen; *(Gift)* (ver)spritzen; *(Strahlen)* senden; *(Funken)* sprühen; *(Ohrfeige, Fußtritt)* geben, *fam* verpassen; *(Lied)* schmettern; **5.** *(mettre en mouvement, en circulation) (Wild)* auf=scheuchen, -jagen; *(Pferd)* auf Trab bringen; *mil (Truppe)* werfen (*sur, vers* auf *acc*); *(Maschine)* in Gang bringen, an=werfen; *(Motor)* an=lassen; *(Schiff)* vom Stapel laufen lassen; **6.** *fig (Flugblatt, Schreiben)* in Umlauf bringen, lancieren, veröffentlichen; *(~ sur le marché)* auf den Markt werfen *od* bringen; *(Mode)* auf=bringen; *(Mode, Person bes. in die Gesellschaft)* ein=führen; *(Autor, Werk)* fördern; **II.** *v prn se* ~ sich stürzen (*dans* in *acc*); *se ~ des insultes à la tête* sich Schimpfworte an den Kopf werfen; *se ~ dans des spéculations* sich auf Spekulationen einlassen; **III.** *s m* **1.** *sport* Wurf *m,* Werfen *n;* **2.** *(Ballon)* Steigenlassen *n; (Brieftauben)* Auflassen *n;* **3.** *(Jagd)* Aufscheuchen *n;* **4.** *(Fischerei) prendre au* ~ mit der Spinnangel fangen; ~ *du disque, du* *javelot, du marteau* Diskus-, Speer-, Hammerwerfen *n; ~ du poids* Kugelstoßen *n;* **~ette** *f med* Lanzette *f;* **~eur, se** *m f: ~ d'affaires* Manager *m; ~, ~euse de disque, de javelot, de marteau* Diskus-, Speer-, Hammerwerfer(in *f*) *m; ~euse de modes* Vorführdame *f,* Mannequin *n; ~ de poids* Kugelstoßer *m; ~ de satellite* Trägerrakete *f;* **~inant, e** *a (Schmerz)* stechend; *(Bedauern)* schmerzlich; **~iner I.** *itr med* stechen, reißen; **II.** *tr fig* quälen (*qn* jdn).

land|au [lɑ̃do] *m* Kinderwagen *m;* **~e** *f* Heide *f,* Ödland *n;* **~ier** *m bot* (Stech-) Ginster *m.*

lang|age [lɑ̃gaʒ] *m* Sprache; Rede; Sprech-, Rede-, Ausdrucksweise *f;* — *faute f de ~* Sprachschnitzer *m; trouble m du ~* Sprachstörung *f; ~ des animaux* Tiersprache *f; ~ clair, convenu, chiffré (tele)* offene Sprache, Code-, Geheimsprache *f; ~ familier* Umgangssprache *f; ~ des fleurs* Blumensprache *f; ~ des sourds-muets* Taubstummensprache *f;* **~e** [lɑ̃ʒ] *m* Wickeltuch *n;* Windel *f; être encore dans les ~s* noch in den Kinderschuhen, in den Anfängen stecken; **~oureux, se** *a* schmachtend, sehnsüchtig, sehnsuchtsvoll, schwärmerisch; **~ouste** *f zoo* Languste *f.*

langu|e [lɑ̃g] *f* **1.** *anat* Zunge *f;* **2.** Sprache *f;* **3.** *avaler sa ~* den Mund halten; *ne pas savoir tenir sa ~* e-n losen Mund haben; *avoir la ~ bien pendue* ein gutes Mundwerk haben, zungenfertig sein; *être mauvaise ~* e-e böse Zunge, ein loses Mundwerk haben; *se mordre la ~* sich auf die Zunge beißen *a. fig* (*de qc* wegen e-r S); *fig* heftig bereuen (*de qc* etw); *posséder une ~* e-e Sprache beherrschen; *tirer la ~ à qn* jdm die Zunge heraus=strecken; **4.** *je l'ai sur (le bout de) la ~* es schwebt, liegt mir auf der Zunge; *la langue m'a fourché* ich habe mich versprochen; **5.** *bout m de la ~* Zungenspitze *f; mauvaise, méchante ~* Lästermaul *n;* **6.** *~ chargée* belegte Zunge *f; ~-de-chat f* Löffelbiskuit *m; ~ courante* Gemeinsprache *f; ~ étrangère* Fremdsprache *f; ~ littéraire, écrite* Schriftsprache *f; ~ maternelle* Muttersprache *f; ~ officielle* Amtssprache *f; ~ populaire* derbe Umgangssprache *f; ~ de terre* Landzunge *f; ~ verte* Gaunersprache, ordinäre Sprache *f; ~ de vipère* Lästermaul *n; ~ vivante, moderne* lebende, neuere Sprache *f.*

languette [lɑ̃gɛt] *f* **1.** Zünglein *n (a. an d. Waage);* **2.** Zunge; *(Schuh)* Lasche *f;* **3.** *mus* Zunge *f.*

langu|eur [lɑ̃gœr] *f* **1.** Mattigkeit, Entkräftung, Abgespanntheit, Schwäche *f;* **2.** *fig* Sehnsucht *f;* **3.** Kraftlosigkeit *(a. Stil);* Interesse(n)losigkeit; Untätigkeit *f;* **~ir I.** *itr* **1.** *(Unterhaltung)* stocken, ein=schlafen; **2.** sich langweilen; *~ dans l'inaction* untätig sein; **3.** die Zeit nicht er-, *fam* ab=warten können (*de faire qc* etw zu tun); **~issant, e** *a* **1.** *(Unterhaltung)* stockend, schleppend; **2.** gleichgültig, uninteressiert, interesselos; *(Stil)* unlebendig; **3.** *com* flau, lustlos.

lanière [lanjɛr] *f* (langer, schmaler) Riemen *m.*

lantern|e [lɑ̃tɛrn] *f* **1.** Laterne *f a. arch;* **2.** *mot* Standlicht *n;* **3.** *oublier d'allumer sa ~ (fig)* das Wichtigste vergessen; *faire prendre à qn des vessies pour des ~s* jdm ein X für ein U vor=machen, jdm e-n Bären auf=binden; *~ rouge* rote(s) Schlußlicht *n; fig* Schlußlicht *n,* Letzte(r) *m; ~ vénitienne* Lampion *m;* **~er** *itr fam* (die Zeit ver)trödeln; *faire ~ qn* jdn hin=halten, zappeln lassen.

lap|alissade [lapalisad] *f* Binsenwahrheit *f;* **~er** *tr (Hund)* auf=lecken, schlabbern; **~ereau** *m* junge(s) Kaninchen *n.*

lapid|aire [lapidɛr] **I.** *s m* Steinschneider *m;* **II.** *a (Stil, Worte)* lapidar, kurz u. bündig, knapp; **~er** *tr* mit Steinen werfen (*qn, qc* nach jdm, e-r S).

lapin [lapɛ̃] *m* Kaninchen, Karnickel *n;* — *poser un ~ à qn (fam)* jdn versetzen; *fameux ~ (fam)* tüchtige(r) Kerl *m; (fam) mère f ~e* kinderreiche Frau *f; peau f de ~* Kanin(chenfell) *n; mon petit ~ (fam)* (mein) Häschen *n; ~ domestique* Stallhase *m; ~ de garenne* wilde(s) Kaninchen *n;* **~er** *itr (Häsin)* werfen; **~ière** *f* Kaninchenstall *m.*

lapis(-lazuli) [lapis(lazyli)] *m* Lapis-lazuli; Lasurstein *m.*

laps [laps] *m: ~ de temps* (gewisse) Zeitspanne *f;* **~us** [-sys] *m* Fehler *m,* Versehen *n,* Irrtum, Lapsus *m; faire un ~* sich versprechen.

laqu|ais [lakɛ] *m* Lakai *m;* **~e** *f* **1.** *bot chem* Lack(harz *n*) *m;* **2.** *m* Lackarbeit *f (Gegenstand);* — *~ f à ongles* Nagellack *m;* **~é, e** *a* lackiert; **~elle** *s. lequel;* **~er** *tr* lack(ier)en.

lar|bin [larbɛ̃] *m fam* Diener *m;* **~cin** [-sɛ̃] *m* (kleiner) Diebstahl *m.*

lard [lar] *m* **1.** Speck *m;* **2.** *se faire du ~ (fam)* Speck an=setzen, dick werden; **3.** *gros ~ fam* Dickwanst *m; tranche f de ~* Speckscheibe *f;* **~er** *tr* **1.** spicken *a. fig* (*de* mit); **2.** durchlöchern; **~on** *m* **1.** Speckstreifen *m;* **2.** *pop* Balg *m,* Krabbe *f.*

larg|able [largabl] *a* abwerfbar; **~age** *m aero* Abwurf *m;* **~e** [larʒ] **I.** *a* **1.** breit; dick; weit, geräumig, ausgedehnt; **2.** *fig* groß; *(Anteil)* bedeutend; **3.** *(Sinn)* weit(er); weitherzig; großzügig, freigebig; **4.** *(Literatur, Kunst)* breit angelegt, weit ausholend, umfassend; kühn; **II.** *s m* **5.** Breite, Weite *f; fig* Bewegungsfreiheit *f,* Spielraum *m;* **6.** hohe See, offene(s) Meer *n;* **7.** *au sens ~* im weiteren Sinne; *en long et en ~* in die Länge u. in die Breite; *de long en ~* hin u. her, auf u. ab; **8.** *avoir la conscience ~* ein weites Gewissen haben; *avoir l'esprit ~* großzügig sein; *avoir deux mètres de ~* 2 Meter breit sein; *être au ~* viel Platz haben (*à* an *dat; dans* in *dat*); *ne pas en mener ~* sich in e-r schwierigen Lage befinden; sich in s-r Haut nicht wohl fühlen; *prendre, gagner le ~* aufs offene Meer hinaus=fahren; das Weite suchen; **9.** *écran m ~ (film)* Breitwand *f; vent m du ~* Seewind *m; vues f pl ~s* freie Ansichten *od* Anschauungen *f pl;* **10.** *~ d'épaules* breitschultrig; *~ de deux mètres* 2 Meter breit; **~ement** *adv* **1.** weit; **2.** *fig* großzügig; reichlich; **3.** *(zeitlich)* längst; — *avoir ~ de quoi vivre* sein gutes Auskommen haben; **~esse** *f* **1.** Freigebigkeit *f;* **2.** *pl* großzügige Spenden *f pl;* **~eur** *f* **1.** Breite; *(Kleidung)* Weite *f;* **2.** *fig (~ de vues)* Vorurteilslosigkeit; Großzügigkeit *f;* — *(fam) être battu dans les grandes ~s* e-e komplette Niederlage hinnehmen müssen; *~ de la chaussée* Fahrbahnbreite *f; ~ intérieure (arch)* lichte Weite *f.*

largu|e [larg] *a mar (Segel)* schlaff; **~er** *tr* **1.** *mar (Tau)* locker, schießen lassen; **2.** *aero* ab= werfen; **3.** *(Fallschirmjäger)* absetzen; **4.** *(Segelflugzeug)* aus= klinken.

larm|e [larm] *f* **1.** Träne *f;* **2.** *allg bot* (*bes.* Harz-)Tropfen *m;* **3.** *fig fam une ~ de cognac* ein Tröpfchen Cognac; **4.** *les ~s aux yeux* mit Tränen in den Augen; *avec des ~s dans la voix* mit tränenerstickter Stimme; **5.** *avoir la ~ facile* leicht zu Tränen gerührt sein; *être tout en ~s, fondre en ~s, pleurer à chaudes ~s* ganz in Tränen aufgelöst sein, in Tränen zerfließen, sich die Augen aus= weinen; *rire (jusqu')aux ~s* Tränen lachen; **6.** *j'ai les ~s aux yeux* mir steht das Weinen nahe; *ému, touché (jusqu')aux ~s* zu Tränen gerührt; **7.** *~s de crocodile, de joie* Krokodils-, Freudentränen *f pl; ~s de plomb (Jagd)* Vogeldunst *m;* **~oiement** *m* **1.** *med* Tränenfluß *m;* **2.** *fig* Jammern *n;* **~oyant, e** *a* **1.** zu Tränen gerührt; **2.** *(Stimme)* weinerlich; — *comédie f ~e (theat)* Rührstück *n;* **~oyer** *itr* **1.** *(Augen)* tränen; **2.** jammern; *fam* dauernd heulen.

larron, ~ne(sse) [larɔ̃, -ɔn(ɛs)] *m f (Bibel)* Schächer *m; s'entendre comme ~s en foire* unter einer Decke stecken.

larv|e [larv] *f* **1.** *zoo* Larve *f;* **2.** *fig péj* jämmerliche Gestalt; energische Figur *f;* **~é, e** **1.** *med* larviert; **2.** *fig* verhüllt, versteckt.

laryn|gologue [larɛ̃gɔlɔg] *m* Laryngologe *m;* **~gophone** *m* Kehlkopfmikrophon *n;* **~x** [-ɛ̃ks] *m* Kehlkopf *m.*

las, se [lɑ, lɑs] *a* **1.** müde, abgespannt, erschöpft; **2.** überdrüssig (*de qc* e-r S *gen*); **3.** *de guerre lasse* um des lieben Friedens willen; **4.** *j'en suis ~* ich habe es satt; *~ de vivre* lebensmüde; **~car** [laskar] *m fam* alte(r) Fuchs *m; c'est un drôle de ~* das ist ein gewitzter Bursche; **~cif, ive** [lasif, -iv] *a* geil, *(Blick)* sinnlich; lüstern; unzüchtig.

laser [lazɛr] *m phys* Laser *m.*

lass|ant, e [lɑ(a)sɑ̃, -ɑ̃t] *a* ermüdend *a. fig; fig* langweilig, auf die Nerven gehend; **~er I.** *tr* **1.** ermüden, müde machen; **2.** *fig* langweilen; auf die Nerven gehen *od* fallen (*qn* jdm); **II.** *v prn se ~* müde werden, ermüden (*à faire qc* etw zu tun); *se ~ de qc* e-r S *(gen)* überdrüssig werden, *fam* etw satt kriegen; **~itude** *f* **1.** Ermüdung, Müdigkeit, Mattigkeit *f;* **2.** *fig* Überdruß *m;* **~o** [-so] *m* Lasso *m* od *n.*

lat|ent, e [latɑ̃, -ɑ̃t] *a* **1.** verborgen; **2.** *bes. med phys* latent; *phys* gebunden; — *à l'état ~* in latentem Zustand; **~éral, e** *a* seitlich; Seiten-; *porte f ~e* Seitentür *f;* **~éralement** *adv* seitlich, -wärts; **~ex** [-ɛks] *m bot* Latex *m.*

latin, e [latɛ̃, -in] **I.** *a* lateinisch; Latein-; *(Volk)* romanisch; **II.** *s m* Latein *n;* — *être au bout de son ~* mit s-r Weisheit am Ende sein; *c'est à y perdre son ~* jetzt verstehe ich gar nichts mehr; *bas ~* Mittellatein *n; Quartier m ~ (Pariser)* Universitätsviertel *n; ~ populaire* Vulgärlatein *n;* **~o-américain, e** *a* lateinamerikanisch.

latitude [latityd] *f* **1.** (geographische) Breite; Zone *f,* Himmelsstrich *m,* Klima *n;* **2.** *fig* (Spiel-)Raum *m,* (Bewegungs-) Freiheit *f;* **3.** *sous toutes les ~s* auf allen Breiten, unter allen Himmelsstrichen; **4.** *être à 48° de ~ nord* 48° nördlicher Breite liegen; *laisser toute ~ à qn* jdm alle Freiheit, völlig freie Hand lassen; **5.** *degré m de ~* Breitengrad, -kreis *m.*

latrines [latrin] *f pl* Latrine *f.*

latt|e [lat] *f* Latte *f;* **~is** [-i] *m* Lattenwerk *n.*

laudanum [lodanɔm] *m* Opiumtinktur *f.*

laudatif, ive [lodatif] *a* lobend; *parler de qn en termes ~s* sich lobend über jdn äußern.

laur|éat, e [lorea, -at] **I.** *a* (preis)gekrönt; **II.** *s m f* Preisträger(in *f*), Sieger(in *f*) *m (in e-m Wettbewerb);* **~ier** *m* **1.** *bot* Lorbeer(baum); Lorbeerzweig *m;* **2.** *pl fig* Lorbeeren *m pl,* Ruhm *m;* — *se couvrir de ~s* Lorbeeren ernten; *s'endormir, se reposer sur ses ~s (fig)* auf s-n Lorbeeren aus=ruhen; *~-rose m bot* Oleander *m.*

lav|able [lavabl] *a* waschecht; *~ à l'eau bouillante* kochfest; **~abo** *m* **1.** Waschtisch *m,* -becken *n,* -raum *m;* **2.** *meist pl* Toilette *f;* Klosett *n;* **~age** *m* **1.** (Ab-,

Aus-)Waschen *n;* **2.** Wäsche *f a. tech;* **3.** (Ab-)Spülen; Scheuern, Putzen *n;* **4.** *chem tech* (Ab-, Aus-)Schlämmen, Schwemmen; Wässern *n a. phot;* **5.** *med* Spülung *f;* — ~ *de cerveau (pol)* Gehirnwäsche *f;* **~allière** [-aljɛr] *f* Künstlerschleife *f (Krawatte);* **~ande** *f bot* Lavendel *m;* **~asse** *f fam* dünne Brühe *f (Kaffee, Suppe od Soße);* wäßrige(s) Getränk *n.*

lav|e [lav] *f geol* Lava *f;* **~ée** *a (Farbe)* verwaschen; *dessin m* ~ Tuschzeichnung *f;* **~e-glace** *m mot* Scheibenwaschanlage *f;* **~ement** *m* **1.** *rel* Waschung *f;* **2.** *med* Klistier *n,* Einlauf *m;* — ~ *des pieds (rel)* Fußwaschung *f;* **~er I.** *tr* **1.** (ab=, aus=)waschen; (aus=) spülen; scheuern, putzen; **2.** *(Wunde)* aus=waschen; *(Magen)* aus=pumpen; **3.** *tech chem* (ab=, aus=)schlämmen, schwemmen; wässern *a. phot;* **4.** *(Zeichnung)* kolorieren, aquarellieren, tuschen, lavieren; **5.** *(Gewässer)* bespülen; **6.** *fig* ab=, rein=waschen; *(Sünde)* tilgen; **II.** *v prn se* ~ **7.** sich waschen; **8.** *fig* sich rein=waschen (*de qc* von etw); **9.** *s'en* ~ *les mains* s-e Hände in Unschuld waschen; *se* ~ *le bout du nez* Katzenwäsche machen; ~ *la tête à qn (fig)* jdm den Kopf waschen, die Leviten lesen; **10.** *je m'en lave les mains* ich wasche meine Hände in Unschuld; *machine f à* ~ Waschmaschine *f; machine f à laver la vaisselle* Geschirrspülmaschine *f;* **~erie** *f* **1.** Waschsalon *m;* **2.** *tech* Waschanlage *f;* **~ette** *f* Spültuch *n,* Abwaschlappen *m; fam fig* Waschlappen *m;* **~eur, se** *m f* Wäscher(in *f*) *m;* ~ *de carreaux* Fensterputzer *m;* ~ *de voiture* Wagenwäscher *m;* **~e--vaisselle** *m* Geschirrspülmaschine *f;* **~is** [-i] *m* Tuschen *n; (dessin m au* ~*)* Tuschzeichnung *f;* **~oir** *m* Waschhaus *n,* -platz *m;* **~ure** *f (~ de vaisselle)* Spülwasser *a. fam péj.*

lax|atif, ive [laksatif, -iv] **I.** *a* mild abführend; **II.** *s m* milde(s) Abführmittel *n;* **~iste** *a* lax, weitherzig.

lay|ette [lɛjɛt] *f* Babywäsche, -ausstattung *f;* **~on** *m* Schneise *f.*

laz|aret [lazarɛ] *m* Quarantänestation *f;* **~zi(s)** [-(d)si] *m pl* Spott *m.*

le, la; *(vor Vokal u. h muet)* **l'**; *pl* **les** [lə, la, le(ɛ)] **I.** *(Artikel)* der, die, das; *pl* die; **II.** *prn* ihn, sie, es; *pl* sie; **1.** *dans les cent* ungefähr, etwa 100; *de la sorte* derart, auf solche *od* diese Weise; **2.** *le jour* am Tage, tagsüber; *le matin* am Morgen, morgens; **3.** *je le suis* ich bin es.

lé [le] *m (Stoff)* Breite; Stoffbahn *f.*

leader [lidœr] *m* **1.** *pol* (Partei-)Führer *m;* **2.** *sport* Anführer; Spitzenreiter; (Klassen-, Gruppen-)Beste(r) *m;* **3.** *(article m)* ~ Leitartikel *m;* **~ship** [-ʃip] *m pol* Führerschaft, Führung *f.*

lèche [lɛʃ] *f (fam) faire de la* ~ liebedienern; *à qn* vor jdm kriechen; *~-bottes m, pop ~-cul m* Speichellecker, (*pop* Arsch-) Kriecher *m;* **~frite** *f* Abtropfpfanne *f;* **~-vitrines** *m inv: faire du* ~ e-n Schaufensterbummel machen.

léch|é, e [leʃe] *a* **1.** geleckt; **2.** *fig (bes. Kunst)* sorgfältig (ausgearbeitet, ausgeführt); — *ours m mal* ~ ungehobelte(r) Klotz *m;* **~er I.** *tr* **1.** (be-, ab=, aus=)lekken; **2.** *fig (Flammen, Wellen)* belekken; **3.** *(Literatur, Kunst)* sorgfältig aus=arbeiten, -führen; — *s'en* ~ *les doigts* od *les babines (fig)* sich die Finger danach lecken; ~ *les bottes de qn (fig)* vor jdm kriechen; ~ *les vitrines* e-n Schaufensterbummel machen; **~ette** *f fam (Küche)* Scheibchen *n;* **~eur, se** *m f fam* Speichellecker *m.*

leçon [ləsõ] *f* **1.** (Unterrichts-, Lehr-) Stunde *f;* **2.** (mündliche) Aufgabe, Lektion *f;* **3.** Lehre; Warnung *f;* **4.** *donner, prendre des ~s* Unterricht, Stunden geben, nehmen; *donner une* ~ *à qn* jdm e-e Lehre erteilen; *faire la* ~ *à qn* jdm die Leviten lesen; *servir de* ~ *à qn* jdm e-e Lehre, e-e Warnung sein; **5.** *c'est une ~!* das lasse ich mir gesagt sein; *que cela vous serve de ~!* lassen Sie es sich zur Lehre dienen! **6.** ~ *d'allemand, de mathématiques, de gymnastique* Deutsch-, Mathematik-, Turnstunde *f;* ~ *de choses* Anschauungsunterricht *m;* ~ *particulière* Privatstunde *f, pl* -unterricht *m.*

lect|eur, trice [lɛktœr, -tris] *m f* **1.** Leser(in *f*); *(e-s Nachschlagewerkes)* Benutzer *m;* **2.** Vorleser(in *f*) *m;* **3.** *(Universität)* Lektor *m;* **4.** *(Plattenspieler)* Tonabnehmer *m; film* Abtastgerät *n; EDV* Leser *m;* **5.** *typ* Korrektor *m;* — *avis m au* ~ *(Buch)* (kurzes) Vorwort *n;* ~ *d'un journal* Zeitungsleser *m;* **~ure** *f* **1.** (Vor-)Lesen *n;* Lektüre *f;* **2.** Lesestoff *m,* -stück *n;* **3.** *theat* Leseprobe *f;* **4.** *parl* Lesung; **5.** *jur* Verlesung *f;* **6.** *tech* Ablesung *f; (Tonband)* Abspielen *n; (Tonspur)* Abtasten *n;* **7.** *après simple* ~ nach einmaligem (Durch-)Lesen; *après* ~ *faite (jur)* nach der Verlesung; *en première, seconde* ~ *(parl)* in erster, zweiter Lesung; **8.** *être une* ~ *facile, difficile* leicht, schwer zu lesen sein; *faire la* ~ *de qc* etw (ver)lesen; **9.** *appareil m de* ~ *pour microfilm* Mikrofilmlesegerät *n; erreur f de* ~ (Ab-)Lesefehler *m; livre m de* ~ Lesebuch *n; salle f de* ~ Lesesaal *m;* **10.** ~ *de voyage* Reiselektüre *f.*

ledit, ladite [lədi, ladit] *a* besagte(r, s).

légal, e [legal] *a pl -aux* gesetzlich, -mäßig, legal; *sans motif* ~ widerrechtlich; *texte m* ~ Gesetzestext *m; voie f ~e*

Rechtsweg *m;* **~isation** *f* amtliche Beglaubigung *f;* **~iser** *tr* (amtlich) beglaubigen; **~ité** *f* Gesetzlichkeit, Rechtmäßigkeit *f.*

légat [lega] *m rel* Legat *m;* **~aire** *m jur* Vermächtnisnehmer *m;* ~ *universel* Universalerbe *m;* **~ion** [-sjɔ̃] *f* Gesandtschaft *f.*

lège [lɛʒ] *a mar* zu leicht befrachtet.

légend|aire [leʒɑ̃dɛr] *a* sagenhaft, legendär; **~e** *f* **1.** Legende *f;* Sage *f;* **2.** *rel* Heiligenleben *n;* **3.** *(Karte)* Zeichenerklärung *f;* **4.** *(Münze)* Beschriftung *f;* **5.** Bildtext *m.*

lég|er, ère [leʒe, -ɛr] *a* **1.** leicht *(a. Speise, Getränk, Mahlzeit, Schlaf);* **2.** dünn *(a. Schicht);* **3.** *(Kleidung)* leicht, dünn; duftig; **4.** *(Taille)* schlank; **5.** *(Gang)* anmutig; gewandt, behend(e), leichtfüßig; **6.** *(Wind)* sanft; *(Geräusch)* leise; **7.** *fig* leicht(fertig, -sinnig), unbesonnen; flatterhaft, oberflächlich; **8.** *fig* locker, lose, frei; **9.** *à la ~ère* leicht *adv;* leichtfertig, -sinnigerweise; *d'un cœur ~* leichten Herzens; *prendre à la ~ère (fig)* auf die leichte Schulter nehmen; **~èrement** *adv* **1.** leicht; flink, behend(e), gewandt; **2.** leichtfertig, -sinnig, gedankenlos, unbesonnen; **3.** *fam* ein bißchen, ein wenig; — *~ vêtu* leicht gekleidet; **~èreté** *f* **1.** Leichtigkeit *f a. fig;* **2.** *fig* Geringfügigkeit *f;* **3.** Behendigkeit; Anmut *f;* **4.** Leichtsinn *m,* Unbesonnenheit *f.*

légiférer [leʒifere] *itr* Gesetze geben.

légion [leʒjɔ̃] *f* **1.** Legion *f a. fig;* **2.** *(fig) une ~* ein Heer (*de* von); — *être ~* sehr zahlreich sein; *~ d'honneur* Ehrenlegion *f;* **~naire** [-ʒjɔ-] *m* **1.** Fremdenlegionär *m;* **2.** Mitglied *n* der Ehrenlegion.

législat|eur, trice [leʒislatœr, -tris] *s m f* Gesetzgeber(in *f*) *m a. fig;* **~if, ive** *a* gesetzgebend; *pouvoir m ~* gesetzgebende Gewalt *f;* **~ion** [-sjɔ̃] *f* **1.** Gesetzgebung *f;* Gesetz(e *n pl*), Recht *n;* **2.** Rechtswissenschaft *f;* **~ure** [-tyr] *f parl* Legislatur(periode) *f.*

légiste [leʒist] *m* Jurist; Rechtsberater *m; médecin m ~* Gerichtsmediziner *m.*

légitim|ation [leʒitimasjɔ̃] *f* **1.** rechtliche Anerkennung *f;* **2.** *(uneheliches Kind)* Ehelichkeitserklärung *f;* **~e** **I.** *a* **1.** recht-, gesetzmäßig, gesetzlich; *(Kind)* ehelich; **2.** *fig* berechtigt, gerecht(fertigt); **II.** *s m f fam* (Ehe-)Mann *m,* Frau *f; ~ défense* Notwehr *f;* **~ement** *adv* rechtmäßig; **~er** *tr* **1.** gesetzlich, rechtlich an=erkennen; **2.** *(Kind)* für ehelich erklären; **3.** *fig* rechtfertigen, begründen; **~ité** *f* **1.** Rechtmäßigkeit; Legitimität *f;* **2.** *fig* Berechtigung, Billigkeit *f.*

legs [lɛ(g)] *m* Legat, Vermächtnis *n a. fig.*

léguer [lege] *tr jur* vermachen; hinterlassen, vererben *a. fig.*

légum|e [legym] *m* **1.** Gemüse *n;* **2.** *bot* Hülsenfrucht *f;* **3.** *grosse ~ f (pop fig)* hohe(s) Tier *n;* **4.** *~s en conserve* Gemüsekonserven *f pl; ~s verts, frais* frische(s) Gemüse, Frischgemüse *n;* **~ier** *m* Gemüseschüssel *f;* **~ineuse** *f bot* Hülsenfrucht *f.*

lend|emain [lɑ̃dmɛ̃] *m* **1.** *le ~* der folgende, der nächste Tag; der morgige Tag; am folgenden Tag; *du jour au ~* von heute auf morgen, über Nacht; *le ~ de son mariage* am Tage nach s-r Heirat; *le ~ du jour où ...* am Tage nachdem ...; *le ~ matin* am folgenden, nächsten Morgen, am Morgen darauf; *sans ~* ohne Folge; **2.** *différer, remettre (jusqu')au ~* auf den folgenden, nächsten Tag, auf morgen verschieben; *songer, penser au ~* an die Zukunft denken.

léni|fiant, e [lenifjɑ̃, -ɑ̃t] **1.** *med* (schmerz)lindernd; **2.** beruhigend; mildernd; **~fier** *tr med (Schmerz)* lindern; mildern; beruhigen; **~tif, ive** **I.** *a* **1.** *med* (schmerz-)lindernd; beruhigend; **II.** *s m* Linderungs-, Beruhigungsmittel *n.*

lent, e [lɑ̃, -ɑ̃t] *a* **1.** langsam; **2.** träge, schwerfällig *a. fig;* — *être ~ à comprendre* schwer von Begriff sein; **~e** *f zoo* Nisse *f;* **~eur** *f* **1.** Langsamkeit; Trägheit; Schwerfälligkeit *f a. fig;* **2.** *pl* Umständlichkeit *f;* Umstände *m pl;* **~igo** [lɛ̃tigo] *m med* Leberfleck *m;* **~ille** [-ij] *f bot opt anat* Linse *f;* **~isque** *m* Mastixbaum *m.*

leopard [leɔpar] *m* Leopard, Panther *m.*

lèpre [lɛpr] *f* **1.** Lepra *f,* Aussatz *m;* **2.** *fig* Krebsschaden *m.*

lépr|eux, se [leprø, -øz] **I.** *a* aussätzig; **II.** *s m f* Aussätzige(r *m*), Leprakranke(r *m*) *f;* **~oserie** [-proz-] *f* Lepraheim *n.*

lequel, laquelle, *pl* **lesquels, lesquelles** [lə-, la-, le(ɛ)kɛl] *prn* welche(r, s), *pl* welche; der, die, das, *pl* die; wer.

les *s. le.*

lés|er [leze] *tr* **1.** *med* verletzen *a. fig;* **2.** *fig* verstoßen (*qc* gegen etw); schädigen, beeinträchtigen; **~iner** *itr* knausern, knickern, geizen (*sur qc* mit, an etw); **~ion** *f med* Verletzung *a. fig;* Schädigung; Beeinträchtigung *f; ~ corporelle (grave, par négligence)* (schwere, fahrlässige) Körperverletzung *f.*

lessiv|age [lɛsivaʒ] *m* (Ab-)Waschen *n;* **~e** *f* **1.** Lauge *f a. chem tech;* **2.** Waschmittel, -pulver *n;* **3.** (große) Wäsche *f;* **4.** (schmutzige, gewaschene) Wäsche *f;* **5.** *donner à la ~* in die Wäsche geben; *faire la ~* waschen, (große) Wäsche haben; *laver la ~* die Wäsche waschen; **6.** *jour m de (la) ~* Waschtag *m;* **~er** *tr* **1.** *(Boden)* aus=laugen; **2.** *(Fußboden)* scheuern, schrubben; *(Wände)* ab=waschen, -seifen; — *(pop) se faire* ~ sich ausnehmen, sich ausbooten lassen; *être lessivé (pop)* völlig erschossen sein; **~iel, le** *a* Wasch-; *produit m* ~ Waschmittel *n*.

lest [lɛst] *m mar aero* Ballast *m a. fig; jeter du* ~ Ballast ab=werfen *a. fig;* **~e** *a* **1.** flink, behend(e), gewandt; **2.** frei, unbekümmert, ungezwungen; **3.** frivol, anzüglich, lose *(bes. Reden);* **4.** *avoir la main* ~ ein loses Handgelenk haben; **~er** *tr* **1.** mit Ballast beladen; **2.** *(fam) il faut se* ~ wir müssen etwas zu uns nehmen.

létharg|ie [letarʒi] *f* **1.** *med* Lethargie *f;* **2.** *fig* Stumpfheit, Teilnahmslosigkeit *f;* **~ique** *a* **1.** *(Schlaf)* bleiern, tief; **2.** *fig* stumpf, teilnahmslos, interesselos.

lettr|e [lɛtr] *f* **1.** Buchstabe *m a. fig;* **2.** *typ* Letter, Type *f;* **3.** Brief *m,* Schreiben *n; pl* Briefschaften *f pl,* Post *f;* **4.** *(belles- ~s f pl)* schöne Literatur, Belletristik; Sprach- u. Literaturwissenschaft, Philologie *f;* **5.** *à la ~, au pied de la ~* wörtlich, wortgetreu; genau; buchstäblich; *en toutes ~s* (voll) ausgeschrieben; *(Zahl)* in Buchstaben; *par ~(s)* brieflich; **6.** *affranchir une* ~ e-n Brief frankieren *od* frei=machen; *jeter des lettres à la boîte* Briefe in den Briefkasten werfen; *lever les ~s* den Briefkasten leeren; *mettre une ~ à la poste* e-n Brief zur Post geben; *tirer une ~ de change* e-n Wechsel aus=stellen; **7.** *cette demande est passée comme une ~ à la poste* dieser Antrag ist glatt durchgegangen; *c'est ~ close* das ist ein Geheimnis; **8.** *boîte f aux ~s* Briefkasten *m; papier m à ~s* Briefpapier *n; ~ d'adieux* Abschiedsbrief *m; ~ d'affaires, de commerce* Geschäftsbrief *m; ~ d'amour* Liebesbrief *m; ~-avion f* Luftpostbrief *m; ~ de change* Wechsel *m; ~ chargée, assurée* Geld-, Wertbrief *m; ~ de chargement* Ladeschein; Frachtbrief *m; ~ circulaire* Rundschreiben *n; ~ de condoléance* Beileidsschreiben *n; ~ de crédit* Kreditbrief *m; ~ de demande (d'emploi), de sollicitation* Bewerbungsschreiben *n; ~ par exprès* Eilbrief *m; ~ de faire-part* Familien-, Todesanzeige *f; ~ de félicitations* Glückwunschschreiben *n; ~ initiale* Anfangsbuchstabe *m; ~ majuscule* od *capitale, minuscule* Groß-, Kleinbuchstabe *m; ~ de recommandation* Empfehlungsschreiben *n; ~ recommandée* eingeschriebene(r), Einschreib(e)brief *m,* Einschreiben *n; ~ de voiture* Frachtbrief *m;* **~é, e I.** *a* gebildet, belesen; **II.** *s m f* Gebildete(r *m*) *f.*

leu [lø] *m: à la queue leu leu* im Gänsemarsch.

leucémie [løsemi] *f med* Leukämie *f.*

leuco|cyte [løkɔsit] *m biol* weiße(s) Blutkörperchen *n.*

leur [lœr] **I.** *prn* ihnen; ihr(e); *~s pl* ihre; **II.** *s le, la ~, les ~s* der, die, das ihr(ig)e; die ihr(ig)en; *les ~s* die Ihr(ig)en; ihre Angehörigen, Freunde *od* Genossen *m pl.*

leurr|e [lœr] *m* **1.** Köder *m a. fig;* **2.** *fig* Lockmittel *n;* **~er I.** *tr* (an=, ver)locken, verleiten, verführen, ködern; **II.** *v prn se* ~ sich etw vormachen; sich täuschen (*sur qc* in etw); sich Illusionen *(dat)* hin=geben.

lev|age [ləvaʒ] *m* **1.** *(Lasten)* (An-, Auf-) Heben *n;* **2.** *(Teig)* Gehen *n;* **~ain** *m* **1.** Sauerteig *m;* Hefe(teig *m*) *f;* **2.** *fig* Ausgangspunkt, Keim(zelle *f*), Herd *m;* **3.** *sans ~ (Brot)* ungesäuert; **~ant I.** *a nur m (Sonne)* aufgehend; **II.** *s m* Osten *m;* **~antin, e** *a* levantinisch.

lev|é, e [ləve] **I.** *a* **1.** aufgestanden; **2.** *(Arm)* erhoben, hoch; **3.** *(Pfahl)* aufgerichtet; **II.** *s m* **4.** (topographische) Aufnahme, Vermessung *f;* **5.** *au pied ~* stehenden Fußes; unverzüglich, sofort; *par assis et ~ (Abstimmung)* durch Erheben von den Plätzen; **6.** *voter à mains ~es* durch Handzeichen abstimmen; **7.** *~ de terrain* Geländeaufnahme *f;* **~ée** *f* **1.** *(Briefkasten)* Leerung *f;* **2.** Weg-, Abholen *n;* Inempfangnahme *f;* Einsammeln; Einziehen *n;* **3.** *(Kartenspiel)* Stich *m;* **4.** *(Steuer)* Erhebung *f;* **5.** *(Konto)* Entnahme *f;* **6.** *(Maßnahme, Sitzung)* Aufhebung *f;* **7.** *mil* Einziehung *f;* **8.** *tech* Hub(höhe *f*) *m;* **9.** Aufschüttung *f,* Damm, Deich *m;* **10.** *(Samen, Saat)* Aufgehen, Keimen *n;* **11.** *faire la ~* den Briefkasten leeren; **12.** *la ~ a été faite* der Briefkasten ist geleert worden; *il y a trois ~s par jour* es (der Briefkasten) wird dreimal täglich geleert; **13.** *~ du corps* Abholung *f* des Leichnams; *~ d'écrou* Haftentlassung *f; ~ d'inventaire* Bestand(s)aufnahme *f; ~ en masse* Massenerhebung *f.*

lever [l(ə)ve] **I.** *tr* **1.** (auf=, empor=, hoch=, in die Höhe, er)heben; auf=, empor=richten; **2.** *(Vorhang)* auf=, hoch=ziehen; **3.** *(Schleier)* lüften; **4.** *(Verband)* ab=nehmen; **5.** *(Anker)* lichten; **6.** *(Kind)* aus dem Bett nehmen; **7.** *(Wild)* auf=jagen, -scheuchen; **8.** ab=schneiden; ab=, weg=nehmen, entfernen; weg=schaffen, -räumen; **9.** *(Briefkasten)* leeren; **10.** *fig (Schwierigkeiten)* aus dem Wege räumen, beseitigen; **11.** *(Zweifel)* zerstreuen; **12.** *(Geheimnis)* lüften; **13.** *(Maßnahme, Verbot)* auf=heben; **14.** *(Sitzung)* schließen; **15.** *(Plan)* fallen=lassen; **16.** weg=, ab=holen, ein=sammeln; ein=ziehen; *(Truppen)* ein=ziehen; **17.** *(topographisch)* auf=nehmen; **18.** *(Kartenspiel)* den Stich machen, stechen; **II.** *itr* **19.** *agr*

(Samen, Saat) auf=gehen; keimen; **20.** *(Teig)* auf=gehen; **III.** *v prn se* ~ **21.** aufstehen, sich erheben; **22.** *(Sonne)* auf=gehen; **23.** *(Tag)* an=brechen; **24.** *(Sturm)* sich erheben; **25.** *fig (Volk)* sich erheben (*contre* gegen); **IV.** *s m* **26.** *(Sonne)* Aufgang; **27.** *(Tag)* Anbruch *m;* **28.** Aufstehen, Sicherheben *n;* **29.** *theat* Aufziehen *n (des Vorhangs);* **30.** *(Wendungen)* ~ *le camp* sein Lager, *fig* s-e Zelte ab=brechen; ~ *le coude (fam)* gern e-n heben, gern trinken; *ne pas* ~ *le petit doigt* keinen Finger rühren; ~ *les glaces (Auto)* die Fenster hochdrehen, schließen; ~ *la main* die Hand erheben (*sur qn* gegen jdn); ~ *le pied (fam)* aus=reißen, türmen; durch=brennen; ~ *la table* die Tafel auf=heben; ~ *le voile (fig)* den Schleier lüften; ~ *les yeux, les regards* auf=blicken, -schauen; *sur qc* nach etw trachten; *on lèvera le malade aujourd'hui* der Kranke kann heute aufstehen.

levier [ləvje] *m* **1.** Hebel *m;* **2.** *(Pumpe)* Schwengel *m;* **3.** *être un puissant* ~ *(fig)* ein starker Hebel sein; *être aux* ~*s de commande (pol)* am Ruder sein; *fig* e-e Schlüsselposition haben; **4.** ~ *de changement de vitesse (Auto)* Schalthebel *m;* ~ *de commande* Steuer-, Kontroll-, Schalt-, *(Fahrstuhl)* Stromhebel; *aero* Steuerknüppel *m;* ~ *du frein (à main)* (Hand-)Bremshebel *m.*

levraut [ləvro] *m zoo* Häschen *n.*

lèvre [lɛvr] *f* **1.** *anat* Lippe *f;* **2.** *fig geol* Rand *m;* **3.** *pl* Wundränder *m pl;* **4.** *du bout des* ~*s* widerstrebend; widerwillig; gezwungen; **5.** *avoir qc sur le bord des* ~*s (fig)* etw auf der Zunge haben; *avoir le cœur sur les* ~*s (fig)* das Herz auf der Zunge haben; *ne pas desserrer* od *remuer les* ~*s* den Mund nicht auf=tun; *se mordre les* ~*s* sich auf die Lippen beißen; *porter aux* ~*s* zum Munde führen, an die Lippen setzen; *(sou)rire du bout des* ~*s* gezwungen lachen (lächeln); *être suspendu aux* ~*s de qn (fig)* an jds Lippen hängen; **6.** *j'ai le cœur sur les* ~*s* mir ist übel; *un sourire errait sur ses* ~*s* ein Lächeln spielte um s-e Lippen; **7.** ~ *inférieure, supérieure* Unter-, Oberlippe *f;* ~ *de la vulve (anat)* Schamlippe *f.*

lév|rier [levrije] *m* Windhund *m.*

levure [ləvyr] *f* Hefe(pilz *m*), Bärme *f; acheter un paquet de* ~ ein Päckchen Backpulver kaufen; ~ *de bière* Bierhefe *f.*

lexi|cal, e [lɛksikal] *a* lexikalisch; ~**cographe** *m f* Lexikograph(in *f*) *m;* ~**cographie** *f* Lexikographie *f;* ~**cographique** *a* lexikographisch; ~**cologie** *f ling* Lexikologie *f;* ~**que** *m* Wortbestand, -schatz *m;* Wörterbuch *n.*

lézard [lezar] *s m zoo* Eidechse *f; en* ~ aus Eidechsleder; *faire le* ~ sich aalen, sich sonnen; ~**e** *f* (Mauer-)Spalt(e *f*), Riß *m,* Ritze *f;* ~**é, e** [-de] *a* rissig; ~**er I.** *tr* Risse hervorrufen; **II.** *itr fam* sich in der Sonne aalen; **III.** *v prn se* ~ *(Mauer)* rissig werden, Risse bekommen.

liaison [ljɛzɔ̃] *f* **1.** (Ver-)Bindung, Zs.fügung, Vereinigung *f;* Bindemittel *n (a. Küche); arch* Verband *m;* **2.** *fig* Verbundensein *n,* -heit *f,* Zs.hang *m;* Verbindung; Beziehung *f;* **3.** Bekanntschaft *f,* (*bes.* Liebes-)Verhältnis *n,* Liebschaft *f;* **4.** *gram mus* Bindung *f;* **5.** *(Schrift)* Haarstrich *m;* **6.** *mil tele* (Nachrichten-)Verbindung *f;* **7.** *en* ~ *avec* in Verbindung, in *od* im Zs.hang mit; **8.** *assurer, établir, maintenir une* ~ e-e Verbindung gewährleisten, her=stellen, aufrecht=erhalten (*avec* mit); *être en* ~ *avec qn* mit jdm in Verbindung stehen; *faire la* ~ *(gram mus)* binden; *se mettre en* ~ sich in Verbindung setzen (*avec* mit *dat*); **9.** ~ *aérienne* Luftverbindung *f;* ~*s arrières (mil)* rückwärtige Verbindungen *f pl;* ~ *de commerce* Handelsverbindung *f;* ~ *postale* Postverbindung *f;* ~ *routière* Straßenverbindung *f.*

liane [ljan] *f bot* Liane; Kletterpflanze *f.*

liant, e [ljɑ̃, -ɑ̃t] *a* umgänglich, gesellig.

lias [ljas] *m geol* Lias(formation *f*) *m* od *f;* ~**se** *f (Papiere, Akten)* Pack(en), Stoß *m,* Bündel *n,* Haufen *m; mettre en* ~ zu e-m Bündel zusammenschnüren.

lib|ation [libɑsjɔ̃] *f* Zechgelage *n,* Zecherei *f;* ~**elle** [-ɛl] *m* Schmähschrift *f;* ~**ellé** *m* Wortlaut *m;* ~**eller** *tr* **1.** *(Schriftstück)* auf=setzen, ab=fassen, aus=fertigen; **2.** *(Bescheinigung)* aus=stellen; ~**ellule** *f zoo* Libelle, Wasserjungfer *f.*

libér|al, e [liberal] *a* **I.** *pol* liberal, frei(heitlich); **II.** *s m pol* Liberale(r) *m; les arts m pl* ~*aux* die freien Künste *f pl; profession f* ~*e* freie(r) Beruf *m;* ~**alisation** *f* Liberalisierung *f;* ~**aliser** *tr pol* liberalisieren; ~**alisme** *m* Liberalismus *m;* ~**alité** *f* Freigebigkeit, Großzügigkeit *f;* ~**ateur, trice** *s m f* Befreier(in *f*) *m;* ~**ation** *f* **1.** Befreiung; Freilassung *f;* **2.** *mil jur* Entlassung *f;* **3.** *(Energie)* Freisetzung *f;* ~**é, e** *a* **1.** *(Land)* befreit; **2.** *(Gefangener)* entlassen; **3.** *phys (Energie)* frei geworden; **4.** *com* eingezahlt; ~**er I.** *tr* **1.** befreien, frei machen (*qn de qc* jdn von e-r S); **2.** *mil jur* entlassen; **3.** *com (Aktie)* ein=zahlen; *(Handel)* liberalisieren; **II.** *v prn se* ~ **4.** sich befreien, sich frei machen (*de qc* von etw); **5.** *(Schuld)* ab=tragen, begleichen (*de qc* etw); **6.** *(Energie)* frei werden; **7.** *je n'ai pas pu me* ~ *plus tôt* ich konnte mich nicht eher frei machen.

liberté [libɛrte] **1.** Freiheit *f;* **2.** *en* ~ frei; *en toute* ~ in voller Freiheit; **3.** *laisser toute* ~ *d'action à qn* jdm völlig freie Hand lassen; *mettre en* ~ auf freien Fuß setzen, frei=lassen; *chem* frei=setzen; *prendre des* ~*s* sich Freiheiten heraus=nehmen (*avec qn* gegenüber jdm); **4.** ~ *d'action* Handlungsfreiheit *f;* ~ *d'esprit* Vorurteilslosigkeit *f;* ~ *d'opinion* Recht *n* der freien Meinungsäußerung; ~ *de la presse* Pressefreiheit *f;* ~ *de réunion* Versammlungsfreiheit *f.*

libertin, e [libɛrtɛ̃] **I.** *a* **1.** *lit (Mensch)* ausschweifend; **2.** *(Sitten)* locker, frei; **II.** *s m f* Lebemann *m;* ~**age** *m* ausschweifende(s) Leben *n.*

libr|aire [librɛr] *m* Buchhändler *m;* ~*-éditeur m* Verlagsbuchhändler, Verleger *m;* ~**airie** *f* Buchhandel *m,* -handlung *f; en* ~ im Buchhandel; ~ *en gare* Bahnhofsbuchhandlung *f;* ~ *d'occasion* Antiquariat(sbuchhandel *m) n;* ~*-papeterie* Buch- und Schreibwarenhandlung *f.*

libre [libr(ə)] *a* **1.** frei (*de* von); **2.** ungebunden, ohne Verpflichtung(en); *(Tätigkeit)* ungehindert; zwanglos; **3.** frei *(a. Sitten, Reden; Übersetzung);* **4.** un-, nicht besetzt *a. tele;* **5.** *com (Papier)* ungestempelt; **6.** *avoir le champ, la main* ~ *(fig)* freie Hand haben; *donner* ~ *cours à qc* etw freien Lauf lassen; *être* ~ frei sein, frei haben; *laisser le champ* ~ *à qn* jdm freie Hand lassen; **7.** *je suis* ~ *de* es steht mir frei, bleibt mir unbenommen zu; **8.** *entrée f* ~ freie(r) Eintritt *m;* kein Kaufzwang; *temps m* ~ freie Zeit *f;* **9.** ~ *comme l'air* völlig frei; ~*-échange m* Freihandel *m;* ~ *penseur m* Freidenker *m;* ~ *service (com)* a) Selbstbedienung *f;* b) Selbstbedienungsladen *m;* ~**ment 1.** frei, ungehindert; **2.** offen, ungeniert; — *circuler* ~ sich frei bewegen; *je vous parlerai* ~ ich werde offen mit Ihnen reden.

libretto [librɛto] *m mus* Text(buch *n) m,* Libretto *n.*

lice [lis] *f hist* Turnierplatz *m; entrer en* ~ *(fig)* in die Schranken treten, auf dem Plan erscheinen.

licenc|e [lisɑ̃s] *f* **1.** Genehmigung, Bewilligung, Konzession; Lizenz *f;* **2.** *(Universität)* Licence *f;* **3.** *fig* Freiheit *f;* **4.** Eigenwillig-, Eigenmächtigkeit; Sitten-, Zügellosigkeit *f;* **5.** *se permettre certaines* ~*s* sich gewisse Freiheiten erlauben; *prendre des* ~*s avec qn* sich jdm gegenüber Freiheiten heraus=nehmen; **6.** *droit m de* ~ Lizenzgebühr *f;* ~ *d'importation, d'exportation* Ein-, Ausfuhrbewilligung *f;* ~**ié** *m* **1.** Lizentiat *m;* **2.** *sport* Lizenzinhaber *m;* **3.** *com* Lizenznehmer, -träger, -inhaber *m;* ~**iement** *m* Entlassung *f;* ~ *de personnel* Personalabbau *m;* ~**ier** *tr* **1.** entlassen (*sans préavis* fristlos); **2.** *(Beamte)* ab=bauen; ~**ieux, se** *a* **1.** *(Mensch)* ausschweifend; **2.** *(Rede)* unanständig, anstößig.

lich|en [likɛn] *m bot med* Flechte *f;* ~ *d'Islande* Isländische(s) Moos *n;* ~**er** [-ʃe] *tr pop* picheln, süffeln.

licit|ation [lisitasjɔ̃] *f jur* Versteigerung *f (zwecks Teilung); vendre par* ~ versteigern; ~ *amiable, volontaire* freiwillige Versteigerung *f;* ~ *judiciaire* Zwangsversteigerung *f;* ~**e** *a* erlaubt, zulässig.

lic|orne [likɔrn] *f (Sage)* Einhorn *n;* ~ *de mer (zoo)* Narwal *m;* ~**ou,** ~**ol** *m* Halfter *m (a. n).*

lie [li] **I.** *s f* Hefe *f;* (Boden-)Satz *m;* — *boire le calice jusqu'à la* ~ *(fig)* den Kelch bis zur Neige leeren; *(lit) la* ~ *du peuple* die Hefe des Volkes; **II.** *a:* ~*(-)de(-)vin* dunkel(wein)rot.

liège [ljɛʒ] *m bot* Kork *m; (chêne-*~ *m)* Korkeiche *f; bouchon m (de* ~*)* Kork, Pfropfen) *m.*

lien [ljɛ̃] *m* **1.** Band *n a. tech fig;* **2.** *fig* Bindeglied *n,* Verbindung *f;* Zs.hang *m;* **3.** *briser, rompre ses* ~*s (fig)* s-e Fesseln sprengen; *nouer des* ~*s étroits avec qn* mit jdm enge Freundschaft schließen; **4.** ~ *du sang* Blutsverwandtschaft *f.*

li|er [lje] **I.** *tr* **1.** *(unir, attacher qc)* (zs.=, mitea., ver-, anea.=)binden, vereinigen; — ~ *les mains à qn* jdm die Hände binden; ~ *un paquet avec une ficelle* ein Paket verschnüren; **2.** *(Küche)* binden, legieren; — ~ *une sauce avec de la farine* e-e Soße mit Mehl binden; **3.** *(Wörter mit Bindestrich)* koppeln; *gram mus* binden; *(Buchstaben)* (mitea.) verbinden; — ~ *qc à autre chose* e-e S mit e-r anderen verknüpfen; **4.** *(fig)* binden (*à* an *acc*) *a. rel;* verpflichten (*à* dat); — *je suis* ~*é par la date* ich bin an e-n festen Termin gebunden; *il se sent lié par sa promesse* er fühlt sich durch sein Versprechen verpflichtet; *ils se sentent très* ~*és* sie fühlen sich eng miteinander verbunden; **II.** *v prn se* ~ **5.** sich binden, sich verpflichten; **6.** sich zs.=schließen, sich verbinden, sich vereinigen (*à qn* mit jdm); **7.** *(Farben)* inea. übergehen, mitea. verschmelzen; **8.** *avoir partie liée avec qn* mit jdm gemeinsame Interessen haben; *être (très) lié avec qn* mit jdm (eng) befreundet sein, jdm (sehr) nahe=stehen; ~ *amitié* Freundschaft schließen (*avec qn* mit jdm); ~ *conversation* ein Gespräch an=knüpfen (*avec qn* mit jdm); **9.** *j'ai les bras, les mains lié(e)s (fig)* mir sind die Hände gebunden; *j'ai la langue liée* ich bin zum Schweigen verpflichtet.

lier|ne [ljɛrn] *f arch* (Gewölbe-)Rippe *f;* Rähm *n,* Querbalken *m;* ~**re** [ljɛr] *m bot* Efeu *m.*

lieu [ljø] *m pl -x* **1.** Ort *m a. math astr* Stelle *f,* Platz *m,* Stätte *f;* **2.** Raum *a. phys;* Ort *m;* Örtlichkeit *f;* **3.** *pl jur* Räumlichkeiten *f pl;* Tatort *m;* **4.** *au* ~

de anstatt zu; anstelle *od* an Stelle *gen; en haut* ~ an höherer Stelle; höher(e)n Orts; *en maints ~x* mancherorts; *en premier, second* ~ an (in) erster, zweiter Stelle (Linie); *en temps et* ~ bei passender Gelegenheit; *en tous ~x* allerorts, überall; *en son ~ et place* an s-r Stelle; in Vertretung von jdm; *sur les ~x* an Ort u. Stelle; **5.** *avoir* ~ statt=finden, geschehen, sich ereignen; *n'avoir pas* ~ unterbleiben, aus=fallen; *avoir (tout) ~ de* (allen) Grund haben zu; *donner* ~ Veranlassung, Anlaß, Gelegenheit geben (*à* zu); *tenir ~ de* die Stelle *gen* vertreten *od* ein=nehmen; dienen als, ersetzen; **6.** *il y a* ~ es liegt Veranlassung vor, besteht Grund (*de* zu); *s'il y a* ~ gegebenen-, eintretendenfalls; **7.** *connaissance, mémoire f des ~x* Ortskenntnis *f,* -gedächtnis *n; descente f sur les ~x (jur)* Augenschein; Lokaltermin *m;* **8.** *~x (d'aisance)* Abort *m; ~ d'assemblée* Tagungsort *m; ~ commun* Gemeinplatz *m,* Banalität, Trivialität *f; ~ de départ* Abfahrtsstelle *f; ~ de destination* Bestimmungsort *m; ~ d'expédition* Versandort *m; ~ de mouillage* Ankerplatz *m; ~ natal, d'origine* Geburts-, Heimat-, Ursprungsort *m; ~ de paiement* Zahlungs-, Erfüllungsort *m; ~ de production* Produktionsstätte *f; ~ de tourisme* Fremdenverkehrsort *m; ~ de travail* Arbeitsort *m,* -stelle *f.*

lieue [ljø] *f* Meile *(4 km);* Wegstunde *f;* — *être à cent ~s d'ici (fig fam)* ganz woanders, gar nicht bei der Sache sein; *bottes f pl de sept ~s* Siebenmeilenstiefel *m pl.*

lieuse [ljøz] *f* (Garben-)Bindemaschine *f.*

lieutenant [ljœtnɑ̃] *m* **1.** *mil* Oberleutnant *m;* **2.** *(Handelsmarine)* (Schiffs-) Offizier *m;* — *~-colonel m* Oberstleutnant *m; ~ de vaisseau (mar)* Kapitänleutnant *m.*

lièvre [ljɛvr] *m* **1.** *zoo* Hase *m;* **2.** *chasser, courir deux ~s à la fois (fig)* zwei Fliegen mit e-r Klappe schlagen wollen; *être peureux comme un* ~ ein Hasenfuß sein; *lever le ~ (fig)* ein heikles Thema anschneiden; **3.** *c'est là que gît le ~!* da liegt der Hase im Pfeffer!

liftier, ère [liftje, -ɛr] *m f* Fahrstuhlführer(in *f*), Liftboy *m.*

liga|ment [ligamɑ̃] *m anat* Band *n;* **~ture** *f* **1.** *med* Abbinden *n;* Ligatur *f;* **2.** *(Gärtnerei)* Anbinden *n;* Wickel *m;* **3.** *mar* Tau-, Drahtverband *m;* **4.** *(Schrift) mus* Ligatur *f.*

lige [liʒ] *a hist* lehnspflichtig; hörig *a. fig.*

ligne [liɲ] *f* **1.** *math mil allg fig* Linie *f;* Strich *m;* Zeile *f (a. tele);* **2.** *(Verkehrsmittel)* Linie, Strecke; Richtung; Bahn *f;* **3.** *el* Leitung *f;* **4.** Richtschnur *a. fig; fig* Richtlinie; Richtung; Reihe, Stufe *f,* Rang(stufe *f*) *m;* **5.** Ahnenreihe *f;* **6.** Angel(schnur) *f;* **7.** *(~ équinoxiale)* Äquator *m;* **8.** *fam* (schlanke) Linie *f;* **9.** *à trois ~s* dreizeilig; *dans la ~ (pol)* linientreu; *en* ~ in einer Reihe; *en ~ directe* in gerader Linie; geradlinig *adv; en première* ~ in erster Linie, vor allem; *hors* ~ ungewöhnlich, einzigartig; **10.** *entrer en ~ de compte* in Betracht kommen; e-e Rolle spielen; *faire entrer, mettre en ~ de compte (com)* be-, an=rechnen, in Rechnung stellen, in Anschlag bringen *a. fig; garder sa* ~ die schlanke Linie bewahren; *lire entre les ~s (fig)* zwischen den Zeilen lesen; *pêcher à la* ~ angeln; *placer sur la même ~ (fig)* auf eine Stufe stellen; **11.** *à la ~!* neue Zeile! **12.** *~ d'autobus* Omnibuslinie *f; ~ d'avants (sport)* Stürmerreihe *f; ~ de banlieue (loc)* Vorortstrecke *f; ~ de but (sport)* Torlinie *f; ~ de chemin de fer* Eisenbahnlinie *f; ~ de communication* Verbindungslinie *f; ~ de départ, d'arrivée (sport)* Start-, Zielband *n; ~ de navigation* Schiffahrtslinie *f; ~ ondulée* Wellenlinie *f; ~ de partage des eaux (geog)* Wasserscheide *f; ~ télégraphique, téléphonique* Telegraphen-, Fernsprechleitung *f; ~ à haute tension* Hochspannungsleitung *f; ~ à double voie, à voie unique* zwei-, eingleisige Strecke *f.*

lign|ée [liɲe] *f* Stamm *m,* Geschlecht *n;* Nachkommenschaft *f; ~ d'ancêtres* Ahnenreihe *f;* **~er** *tr* liniieren; **~eux, se** *a* holzig; **~ifier, se** *v prn* verholzen; **~ite** *m* Braunkohle *f.*

ligoter [ligɔte] *tr* binden, fesseln.

ligu|e [lig] *f* Liga *f,* Bund *m,* Bündnis *n;* **~er I.** *tr (zu e-m Bund)* zs.=schließen; **II.** *v prn se* ~ sich verbünden, sich zs.=schließen; sich verschwören; *tout s'est ~é contre moi (fig)* alles hat sich gegen mich verschworen.

lilas [lila] **I.** *s m* **1.** *bot* Flieder *m,* Syringe *f;* **2.** Lila *n (Farbe);* **II.** *a inv* lila.

lilliputien, ne [lilipysjɛ̃, -ɛn] **I.** *s m f* Liliputaner(in *f*), Zwerg(in *f*) *m;* **II.** *a* zwergenhaft.

lim|ace [limas] *f* **1.** *zoo* Nacktschnecke *f;* **2.** *pop* Hemd *n;* **~açon** *m* **1.** *zoo* (Weinberg-)Schnecke *f;* **2.** *anat* Schnecke *f;* **~aille** *f* Feilicht *n,* Feilspäne *m pl;* **~ande** *f* Kliesche, Scharbe *f (Fisch);* **~be** [lɛ̃b] *m* **1.** *bot astr* Rand *m;* **2.** *math* Gradbogen *m;* **3.** *pl rel* Vorhölle *f;* — *être encore dans les ~s (Plan)* noch nicht ausgereift sein; **~e** *f* **1.** Feile *f a. fig; ~ à ongles* Nagelfeile *f;* **~er** *tr tech* (ab=, aus=)feilen *a. fig;* **~ier** *m* Spürhund *a. fig fam;* **~inaire** *a* einführend, -leitend.

limit|atif, ive [limitatif, -iv] *a* **1.** einschränkend, begrenzend; **2.** *jur (Aufzählung)* erschöpfend; **~ation** *f* **1.** Be-, Einschränkung; Begrenzung *f;* **2.** *sans ~*

(de temps) (zeitlich) unbegrenzt; ~ *des armements* Rüstungsbeschränkung *f;* ~ *d'exploitation, de production* Betriebs-, Produktionseinschränkung *f;* ~ *des naissances* Geburtenbeschränkung *f;* ~ *de (la) vitesse (Verkehr)* Geschwindigkeitsbegrenzung *f;* **~e** *s f* **1.** Grenze *f bes. fig;* **2.** *tech* Grenzwert *m,* Toleranz *f;* **3.** *com* Limit *n; a* Grenz-, Höchst-; **4.** *sans ~s* unbegrenzt; **5.** *être atteint par la ~ d'âge* die Altersgrenze erreicht haben; **6.** *cas m* ~ Grenzfall *m; date f* ~ End-, Schlußtermin *m; prix m* ~ Höchstpreis *m; vitesse* ~ zulässige Höchstgeschwindigkeit *f;* **7.** ~ *de poids d'essieu* zulässige(r) Achsdruck *m;* **~é, e** *a* begrenzt, beschränkt; **~er I.** *tr* begrenzen, be-, ein=schränken (*à* auf *acc*); *(Geschwindigkeit)* begrenzen; **II.** *v prn se* sich ein-, beschränken (*à* auf *acc*); ~ *le temps de parole* die Redezeit beschränken.

limitrophe [limitrɔf] *a* angrenzend (*de* an *acc*), benachbart (*de* dat).

limoger [limɔʒe] *tr mil pol fam* ab=sägen, aus=booten, kalt=stellen.

limon [limɔ̃] *m* Schlamm, Schlick *m;* **~ade** [-mɔ-] *f (~ gazeuse)* (Brause-)Limonade *f;* **~adier, ère** *m f* Limonadeverkäufer(in *f*) *m;* **~eux, se** *a* schlammig.

limpid|e [lɛ̃pid] *a* **1.** klar, durchsichtig; **2.** *fig* schlicht, einfach; klar, verständlich; **~ité** *f* Durchsichtigkeit, Klarheit *f a. fig.*

lin [lɛ̃] *m bot* Lein, Flachs *m;* Leinen, Linnen *n,* Leinwand *f; graine f de* ~ Leinsamen *m;* **~ceul** [lɛ̃sœl] *m* Leichentuch *n a. fig;* **~éaire** [lineɛr] *a math* linear; *équation f* ~ *(math)* Gleichung *f* 1. Grades.

ling|e [lɛ̃ʒ] *m* **1.** Wäsche(stücke *n pl*) *f;* Stück *n* Leinen; Tuch *n;* **2.** *changer de* ~ die Wäsche wechseln; *mettre du* ~ *propre* saubere, frische Wäsche an=ziehen; **3.** *armoire, pince f, sac m à* ~ Wäscheschrank *m,* -klammer *f,* -beutel *m;* ~ *de corps, de lit, de table* Leib- *od* Unter-, Bett-, Tischwäsche *f;* **~ère** *f* **1.** Weißnäherin *f;* **2.** Wäschebeschließerin *f;* **~erie** *f* **1.** (Damen-)Unterwäsche *f;* **2.** *(Hotel)* Wäschekammer *f;* **3.** *(magasin m de ~)* Wäschegeschäft *n.*

lingot [lɛ̃go] *m tech* (Roh-)Block, Barren *m; en* ~ *(Edelmetall)* in Barren; ungemünzt; ~ *d'or, d'argent* Gold-, Silberbarren *m.*

lingu|al, e [lɛ̃gwal] **I.** *a* Zungen-; **II.** *s f* Zungenlaut *m;* **~iste** [-gɥi-] *m* Sprachwissenschaftler, -forscher *m;* **~istique I.** *s f* Sprachwissenschaft *f,* Linguistik *f;* **II.** *a* sprachwissenschaftlich.

lin|ier, ère [linje, -ɛr] **I.** *a* Flachs-, Leinen-; **II.** *s f* Flachsfeld *n; industrie f ~ière* Leinenindustrie *f;* **~iment** *m* Mittel *n* zum Einreiben; **~oléum** [-ɔm] *m* Linoleum *n;* **~on** *m* Linon *m (feines Leinen);* **~ot(te** *f*) *m orn* Hänfling *m; tête f de ~te (fig fam)* Schussel, Wirrkopf *m;* **~otype** *f typ* Linotype *f;* **~teau** [lɛ̃to] *arch:* ~ *de porte, de fenêtre* Tür-, Fenstersturz *m.*

lion [ljɔ̃] *m zoo* Löwe *m a. astr; tu as bouffé du ~! (fam)* du bist aber energisch! *chasse, fosse f aux ~s* Löwenjagd, -grube *f; part f du ~ (fig)* Löwenanteil *m;* **~ceau** *m zoo* junge(r) Löwe *m;* **~ne** *f zoo* Löwin *f a. fig.*

lipp|e [lip] *f faire la ~ (fam)* maulen, schmollen; **~u, e** *a (Lippe)* dick, wulstig.

liqu|éfaction [likefaksjɔ̃] *f* Verflüssigung *f;* **~éfier I.** *tr* flüssig machen, verflüssigen; schmelzen; **II.** *v prn se* ~ flüssig werden; schmelzen; **~ette** [-kɛt] *f arg* Hemd *n;* **~eur** [-kœr] *f* Likör *m;* **~idation** *f* **1.** *com* Liquidation *f;* **2.** *(~ commerciale)* (Geschäfts-)Auflösung, Aufgabe *f;* (Total-)Ausverkauf *m;* **3.** Kostenberechnung, Verrechnung u. Ausgleichung *f;* **4.** *demander la ~ judiciaire* ein gerichtliches Vergleichsverfahren beantragen; **5.** ~ *pour cause de cessation de commerce* Ausverkauf *m* wegen Geschäftsaufgabe; ~ *de fin d'année* Jahresabrechnung *f.*

liqu|ide [likid] **I.** *a* **1.** flüssig *a. com;* **2.** *com* liquid; verfügbar; **II.** *s m* Flüssigkeit *f; pl* flüssige Nahrung *f; f (consonne f ~) gram* Liquida *f; argent m* ~ Bargeld *n;* flüssige Mittel *n pl;* **~ider** [-ki-] *tr* **1.** *com* liquidieren; flüssig=machen; **2.** *(Schuld)* ab=lösen, tilgen, bezahlen; **3.** *(Geschäft)* regeln, ab=wickeln; *fig (Sache)* erledigen; **4.** *fam* sich vom Halse schaffen (*qn* jdn); *pol* liquidieren; **5.** *(Geschäft)* auf=lösen, -geben; **6.** *(Ware)* aus=verkaufen; **~idité** *f com* Liquidität *f; pl* flüssige Mittel *n pl.*

lire [lir] **I.** *s f com* Lira *f;* **II.** *tr* **1.** lesen *a. fig;* — ~ *à qn* jdm vorlesen; ~ *en qn* jdn durchschauen, jds Gedanken lesen; *(Lochkarte, Bild)* ab= tasten; **2.** *ne pas savoir ~ (fam)* nicht bis drei zählen können; ~ *des épreuves (typ)* Korrektur lesen; ~ *entre les lignes* zwischen den Zeilen lesen; ~ *dans la main* die Handlinien deuten; ~ *dans la pensée* Gedanken lesen; **III.** *v prn se* ~ sich lesen lassen; gelesen werden; *se ~ sur le visage de qn* jdm im Gesicht geschrieben stehen.

lis [lis] *m bot* Lilie *f; fleur f de ~ (hist)* Lilienwappen, -banner *n.*

lis|e [liz] *f* Flugsand *m;* **~éré** *m* Litze, Borte, Biese, Paspel *f;* **~érer** *tr* mit e-r Litze, Borte ein=fassen; paspelieren; **~eron** *m bot* Winde *f;* **~eur, se I.** *m f* Leseratte *f;* **II.** *f* **1.** Buchhülle *f;* **2.** Bettjäckchen *n;* **~ibilité** *f* Lesbarkeit *f;* **~ière** *f* **1.** Webkante *f;* **2.** *(Wald)* Rand;

(Acker) Rain *m;* **3.** *(fig) tenir qn en ~s* jdn gängeln.

liss|e [lis] **I.** *a* **1.** glatt; **2.** *mil (Lauf)* nicht gezogen; **II.** *s f* **1.** *mar* Reling *f;* **2.** *(Papier)* Kalander *m;* **3.** *(Maurer)* Kartätsche *f;* **4.** *s. lice;* **~é, e** *a* **1.** glatt, geglättet; **2.** *(Früchte)* glasiert; **~er** *tr* **1.** glätten, glatt=streichen, polieren; **2.** *(Straße)* walzen; **3.** *(Früchte)* glasieren.

list|e [list] *f* **1.** Liste *f,* Verzeichnis *n;* **2.** *dresser une ~* ein Verzeichnis, e-e Liste an=fertigen; *grossir la ~ de* die Zahl, die Reihen der ... vermehren; *mettre sur une ~* in e-e Liste ein=tragen; *rayer d'une ~* von e-r Liste streichen; **3.** *~ des abonnés* Bezieherliste *f; ~ d'adresses* Adressenverzeichnis *n; ~ des candidats* Kandidatenliste *f; ~ des marchandises* Warenverzeichnis *n; ~ des membres* Mitgliederverzeichnis *n; ~ noire (pol)* schwarze Liste *f; ~ des numéros gagnants (Lotterie)* Gewinnliste *f; ~ des orateurs* Rednerliste *f; ~ des passagers* Passagierliste *f; ~ de présence* Anwesenheitsliste *f; ~ des prix* Preisliste *f.*

listeau, listel [listo, -ɛl] *m* **1.** *arch* Leiste *f,* Stab *m;* **2.** *(Münze)* Rand *m.*

lit [li] *m* **1.** Bett(stelle *f od* -gestell) *n;* **2.** *allg* Lager *n;* **3.** (Fluß-)Bett *n; (Kanal)* Sohle *f;* **4.** *geol* Schicht *f;* **5.** *(Strömung, Wind)* Richtung *f;* **6.** *au saut du ~* beim Aufstehen; *du premier ~* aus erster Ehe; **7.** *aller, se mettre au ~* zu Bett gehen, schlafen gehen; *être au ~* im Bett liegen; *faire ~ à part* getrennt schlafen; *garder le ~* das Bett hüten; *mettre au ~ (Kind)* zu Bett bringen; **8.** *chambre f à un, deux ~(s)* Einzel-, Doppelzimmer *n; descente f de ~* Bettvorleger *m; tête f, pied m d'un ~* Kopf-, Fußende *n* e-s Bettes; *~ d'enfant* Kinderbett(stelle *f*) *n; ~s jumeaux* Ehebetten *n pl; ~ de mort* Sterbe-, Totenbett *n; ~ nuptial* Brautbett *n;* **~anie** [-ni] *f* **1.** *pl rel* Litanei *f;* **2.** *fig* (lange) Litanei, Leier *f;* — *c'est toujours la même ~* das ist die alte Leier; **~erie** *f* Bett(zeug *n,* -wäsche *f*) *n.*

litho|graphe [litɔgraf] *m* Lithograph *m;* **~graphie** *f* Lithographie *f,* Steindruck *m.*

lit|ière [litjɛr] *f* **1.** *agr* Streu *f;* Strohlager; **2.** *hist* Sänfte *f;* **~ige** [-tiʒ] *m* (Rechts-) Streit; Prozeß *m; pl* Streitigkeiten *f pl; en ~* strittig; *régler un ~* e-n Streit schlichten; **~igieux, se** *a* streitig, strittig, umstritten.

litr|e [litr] *m* Liter(maß *n,* -flasche *f*) *m* od *n;* **~on** *m pop* Liter *m (bes. Wein).*

litt|éraire [literɛr] *a* literarisch, schriftstellerisch; Literatur-; *langue f ~* Schriftsprache *f; prix m ~* Literaturpreis *m;* **~éral, e** *a* **1.** wörtlich; **2.** *(Sprache)* geschrieben, **~éralement** *adv* **1.** wörtlich; **2.** *fam fig* buchstäblich, tatsächlich; **~érateur** *m* Literat *m;* **~érature** *f* **1.** Literatur *f,* Schrifttum *n;* **2.** Schriftstellerei *f.*

littoral, e [litɔral] *pl -aux* **I.** *a* Küsten-, Ufer-; **II.** *s m* Küstengebiet *n;* Küsten-, Uferstreifen *m.*

liturg|ie [lityrʒi] *f* Liturgie *f;* **~ique** *a rel* liturgisch.

liv|ide [livid] *a* aschgrau; leichenblaß; **~idité** *f* aschgraue, fahle Farbe *f.*

living(-room) [liviŋ(rum)] *m* Wohnzimmer *n.*

livr|able [livrabl] *a* lieferbar; *~ à tout moment* sofort, jederzeit lieferbar; **~aison** *f* **1.** (Ab-, An-, Aus-)Lieferung *f;* **2.** Anfuhr *f,* Antransport *m;* **3.** *(Zeitschrift)* Numero; *(größeres Werk)* Lieferung *f;* **4.** *prendre, refuser ~* die Lieferung annehmen, verweigern; *respecter le délai de ~* die Lieferzeit, -frist ein=halten; **5.** *payable à la ~* zahlbar bei Lieferung; *voiture f de ~* Lieferwagen *m.*

livre [livr] **I.** *m* Buch *n,* Band *m;* **II.** *f* Pfund *n (Gewicht u. Währung);* — *arrêter, balancer, clôturer les ~s (com)* die Bücher ab=schließen; *inscrire dans, porter sur les ~s* in die Bücher ein=tragen, (ver)buchen; *tenir les ~s (com)* die Bücher führen; *grand ~ (com)* Hauptbuch *n; ~ des achats, des ventes* Ein-, Verkaufsbuch *n; ~ blanc, jaune (pol)* Weiß-, Gelbbuch *n; ~ de bord (mar)* Bordbuch *n; ~ de caisse* Kassenbuch *n; ~ de chevet* Lieblingsbuch *n; ~ de classe, scolaire* Schulbuch *n; ~ des commandes* (Waren-)Bestellbuch *n; ~ de cuisine* Kochbuch *n; ~ à feuilles mobiles* Loseblattbuch *n; ~ des hôtes* Gästebuch *n; ~ d'images* Bilderbuch *n; ~ pour la jeunesse* Jugendbuch *n; ~-journal m (com)* Tagebuch, Journal *n; ~ d'occasion* antiquarische(s) Buch *n; ~ de prières* Gebetbuch *n; ~ des réclamations* Beschwerdebuch *n.*

livrée [livre] *f* **1.** Livree *f;* **2.** *zoo* Fell; Gefieder *n.*

livrer [livre] **I.** *tr* **1.** *(mettre au pouvoir de qn)* aus=liefern, übergeben, verraten; *~ un coupable à la justice* e-n Schuldigen der Gerichtsbarkeit übergeben; **2.** *(abandonner) ~ un secret* ein Geheimnis offenbaren; *~ au hasard* dem Zufall überlassen; *~ passage à qn* jdn vorbei=, durch=lassen; **3.** *(remettre)* verabfolgen, verabreichen (*qc à qn* jdm e-e S); übergeben, überlassen; *~ une autoroute à la circulation* e-e Autobahn, dem Verkehr übergeben; *~ à domicile* ins Haus liefern; **4.** *(engager) ~ bataille* e-e Schlacht liefern; **II.** *v prn se ~* **5.** sich aus=liefern (*à qn* jdm); sich *(dem Gericht)* stellen; *à qn* sich jdm an=vertrauen; sich verraten; **6.** sich *(dem Studium, der Kunst)* widmen, sich *(der Freude,* *der Hoffnung)* hin=geben; *(Frau)* sich hin=geben; **7.** *fig* sich voll u. ganz ein=setzen (*pour qn* für jdn); **8.** *se ~ à des essais, à des investigations* Versuche, Nachforschungen an=stellen; *à des études* Studien treiben.

livr|esque [livrɛsk] *a* Buch-, Bücher-; *érudition f ~* Bücherweisheit *f;* **~et** [-ɛ] *m* **1.** (kleines) Buch *n;* **2.** *mus* Textbuch, Libretto *n; — ~ de banque, (de caisse) d'épargne* Bank-, Spar(kassen)buch *n; ~ de famille* Stammbuch *n; ~ individuel (mil)* Soldbuch *n; ~ matricule (mil)* Wehrpaß *m; ~ scolaire* Zeugnisheft *n; ~ de transport* Fahrtenbuch *n;* **~eur, se** *m f* Aus-, Anlieferer *m;* Fahrer(in *f*) *m (e-s Geschäfts).*

lob|e [lɔb] *m* **1.** *anat bot* Lappen *m;* **2.** *arch* Paß *m; — ~ de l'oreille* Ohrläppchen *n;* **~er** *tr (Fußball) ~ le gardien de but* über den Torwart hinwegschießen.

local, e [lɔkal] *pl aux* **I.** *a* örtlich, lokal *a. med;* Orts-, Lokal-; Bezirks-; einheimisch; im Lande hergestellt; **II.** *s m* **1.** Lokal *n,* Raum *m;* **2.** *pl* Räumlichkeiten *f pl;* **3.** *agent m ~ (com)* Bezirksvertreter *m; couleur f ~e (Kunst), Literatur)* Lokalkolorit *n;* **~isable** *a* lokalisierbar; **~isation** *f* Lokalisierung *f;* **~iser** *tr* **1.** lokalisieren; **2.** ein=schränken, begrenzen; *(Feuer, Epidemie)* ein=dämmen; **~ité** *f* Ort *m,* Örtlichkeit, Gegend *f.*

locat|aire [lɔkatɛr] *m f* Mieter(in *f*) *m; être ~* zur Miete wohnen; **~if, ive** *a* Miet(s)-; *valeur f ~ive* Mietwert *m;* **~ion** [-sjɔ̃] *f* **1.** (Ver-) Mieten *n;* Verleih *m;* **2.** Miete *f,* Mietpreis, -zins *m;* **3.** *theat* Vorverkauf *m; (bureau m de ~)* Vorverkaufsstelle *f; loc* Platzreservierung *f;* **4.** *donner, prendre en ~* vermieten, mieten; **5.** *contrat m de ~* Mietvertrag *m; ~(-)vente* Leihkauf *m.*

loch [lɔk] *m mar* Log *n; livre m de ~* Logbuch *n.*

lock-out [lɔkawt] *m inv* Aussperrung *f.*

loco|motion [lɔkɔmosjɔ̃] *f* Fortbewegung *f; moyen m de ~* Verkehrsmittel *n;* **~motive** *f* Lokomotive, *fam* Lok *f; ~ Diesel, électrique, à vapeur* Diesel-, elektrische, Dampflokomotive *f; ~ de manœuvre* Rangier-, Verschiebelokomotive *f.*

locuste [lɔkyst] *f zoo* (Wander-)Heuschrecke *f.*

locu|teur [lɔkytœr] *m ling* Sprecher *m;* **~tion** [-sjɔ̃] *f* Redensart; Redewendung *f.*

loden [lɔdɛn] *m* Loden(mantel) *m.*

lœss [løs] *m geol* Löß *m.*

log|arithme [lɔgaritm] *m math* Logarithmus *m; table f de(s) ~s* Logarithmentafel *f;* **~arithmique** *a* logarithmisch.

log|e [lɔʒ] *f* **1.** (Portiers-, Pförtner-)Loge *f;* **2.** *arch* Loggia *f;* **3.** *theat* Loge *f;* (Schauspieler-)Garderobe *f;* **4.** *(Freimaurerei)* Loge *f;* **5.** *bot* Fach *n;* **6.** *être aux premières ~s (fig fam)* aus nächster Nähe sehen; *~ d'avant-scène, de balcon (theat)* Orchester-, Balkonloge *f;* **~eable** *a* bewohnbar; **~ement** *m* **1.** Wohnung *allg;* Unterkunft; Unterbringung *f;* Wohnraum *m;* **2.** *tech* Lagerung *f;* **3.** *changer de ~* die Wohnung wechseln; *trouver un ~* Unterkunft finden, unter=kommen; *~ d'entreprise* Werkswohnung *f; ~ d'une pièce* Einzimmerwohnung *f;* **~er I.** *itr* **1.** wohnen (*chez* bei); **2.** Wohnung nehmen, ab=steigen (*à un hôtel* in e-m Hotel); **II.** *tr* **3.** beherbergen, unterbringen **4.** *allg* (hin=, hinein=)bringen, -setzen, -stellen (*dans* in *acc*); **III.** *v prn se ~* **5.** (ein-)ziehen, sich nieder=lassen, sich (häuslich) ein=richten (*dans, en* in *dat*); **6.** *fig* in Besitz nehmen (*dans qc* etw); **7.** *(Geschoß)* (ein=)dringen; stecken=bleiben; **8.** *(Gedanke)* sich fest=setzen, *fam* sich ein=nisten; **9.** *~ à qn une balle dans la tête* jdm e-e Kugel durch den Kopf jagen; *être logé à la même enseigne (fam)* in der gleichen Lage sein; *être logé et nourri* freie Wohnung und Verpflegung haben; *~ en garni* möbliert wohnen; **10.** *ce vin est vendu logé* dieser Wein wird mit dem Faß verkauft; **~eur, se** *m f* (Zimmer-)Vermieter(in *f*), Wirt(in *f*) *m.*

log|icien [lɔʒisjɛ̃] *m* Logiker *m;* **~ique I.** *s f* Logik; **II.** *a* logisch, folgerichtig; **~is** [-i] *m* Wohnung *f,* Haus, Heim *n; corps m de ~ (arch)* Haupttrakt *m;* **~istique I.** *f* **1.** Logistik, mathematische Logik *f;* **2.** *mil* Logistik *f;* Nachschub-, Transport- u. Verpflegungswesen *n;* **II.** *a: base, installation f ~* Versorgungsstützpunkt *m,* -einrichtung *f;* **~ogriphe** [lɔg-] *m* Buchstabenrätsel *n.*

loi [lwa] *f* Gesetz *n;* **1.** *au nom de la ~* im Namen des Gesetzes; *aux termes de la ~* nach dem Wortlaut des Gesetzes; *d'après la ~* nach dem Gesetz; *conforme à la ~* gesetzmäßig; *contraire à la ~* gesetzwidrig; *en vertu de la ~* kraft des Gesetzes; **2.** *abroger, adopter, promulguer une ~* ein Gesetz außer Kraft setzen, an=nehmen, verkünden; *avoir force de ~* Gesetzeskraft haben; *contrevenir à une ~* ein Gesetz übertreten; *faire, dicter la ~ à qn* jdm Vorschriften machen; *se faire une ~ de qc* sich etw zum Gesetz machen; *mettre hors la ~* für ungesetzlich *od* vogelfrei erklären; *prendre force de ~* rechtskräftig werden; **3.** *force f de ~* Gesetzes-, Rechtskraft *f; homme m de ~* Rechtskundige(r), Jurist *m; hors la ~ (a)* vogelfrei; *s m* Vogelfreie(r) *m; projet m de ~* Gesetzentwurf *m;* Gesetzesvorlage *f;* **4.** *~-cadre f* Rahmengesetz *n; ~ coutumière* Gewohnheitsrecht *n; ~ sur les* *faillites* Konkursordnung *f; ~ de la gravitation (phys)* Gravitationsgesetz *n; ~ internationale* Völkerrecht *n; ~ martiale* Standrecht *n; ~ de la nature, ~ naturelle* Naturgesetz *n; ~ de l'offre et de la demande* Gesetz *n* von Angebot u. Nachfrage.

loin [lwɛ̃] *adv* **1.** *(örtlich, fig)* weit (weg) *a. fig,* fern, weit entfernt *a. fig* (*de* von); **2.** *(zeitlich)* weit zurück (*dans* in); **3.** *au ~* in der Ferne, weit weg; *(zeitlich)* weit zurück; *de ~* von weitem *a. fig,* weither, aus der Ferne; schon lange; *de ~ en ~* hier u. da; von Zeit zu Zeit, ab u. zu, hin u. wieder; *ni de près ni de ~* durchaus nicht, ganz u. gar nicht; *non ~ de* unweit, unfern *gen; plus ~* weiter(hin); *(zeitlich)* weiter zurück; **4.** *~ de (mit d. Infinitiv), ~ que (mit subj) conj* weit davon entfernt zu, statt zu, statt daß ...; **5.** *aller ~* weit gehen *a. fig;* es (noch) zu etw bringen; *aller ~ avec qc* weit mit etw kommen; *aller trop ~ (bes. fig)* zu weit gehen *od* führen; *mener ~ (itr) (Vorrat)* lange reichen; *tr (Person) fig* es weit bringen; *porter ~* weit reichen; *pousser qc très ~* etw sehr, zu weit treiben; *revenir de ~ (fig)* noch mal davon≈gekommen sein; *voir ~ (fig)* Weitblick haben; *ne pas voir plus ~ que son nez (fam)* sehr kurzsichtig sein *a. fig;* **6.** *je l'ai vu venir de ~ (fig)* ich habe es längst kommen sehen; *je suis ~ de vous approuver* ich denke nicht daran, Ihnen zuzustimmen; *il y a ~* es ist weit (*de* ... *à* von ... nach), *fig* ein großer Unterschied (*de* ... *à* zwischen ... und); *c'est ~ de ma pensée* das liegt mir fern; *~ d'ici!* weg mit dir! geh mir aus den Augen! *~ de là!* weit gefehlt! **~tain, e I.** *a* **1.** *(örtlich)* (ent)fern(t), ent-, abgelegen; **2.** *(zeitlich)* weit zurückliegend; **3.** *fig* fernliegend; **4.** *(Mensch)* fernstehend; **II.** *s m* **5.** Ferne *f;* **6.** *pl (Kunst)* Hintergrund *m; — au, dans le ~* in der Ferne, weit weg.

loir [lwar] *m zoo* Siebenschläfer *m; dormir comme un ~* wie ein Murmeltier schlafen.

lois|ible [lwazibl] *a: il vous est ~ de* es steht Ihnen frei zu; **~ir** *m* **1.** Muße; (freie) Zeit (*de* zu); **2.** *pl* Freizeit(gestaltung) *f; — à ~* in (aller) Ruhe; *avrir des ~s de* Zeit haben, um zu.

lomb|ago [lɔ̃bago] *m s. lumbago;* **~aire** *a anat* Lenden-; **~es** *m pl anat* Lenden *f pl.*

long, ue [lɔ̃, lɔ̃g] **I.** *a* **1.** *(räumlich)* lang (*de dix mètres* 10 m); *(Mensch)* groß; *(Aussicht, Blick)* weit; **2.** *(zeitlich)* lang(wierig), lange dauernd; weitschweifig; langsam, bumm(e)lig; **3.** *(Suppe, Soße)* dünn; **4.** *tech* dehn-, streckbar; **II.** *adv* lang; (zu)viel; **III.** *s m* Länge *f;* **IV.** *s f* lange Silbe, Länge *f;* **V.** *(Wendungen)* **1.** *à la longue* auf die Dauer, mit der Zeit; *à ~ terme* langfristig; *de dix mètres de ~* von 10 m Länge; *de ~ en large* auf u. ab, hin u. her; *de longue date* seit langem; *de longue main (fig)* von langer Hand *(vorbereiten); en ~* in die Länge, lang; *en ~ et en large* (des) lang(en) u. breit(en); *le ~ de* längs *gen* od *dat,* (an *dat*) entlang, ... *(acc)* entlang; *(tout) au ~, tout du ~ (fig)* lang u. breit, ausführlich; *de tout son ~* der Länge nach; *tout le ~ du jour* den ganzen Tag lang; **2.** *avoir le bras ~ (fig)* e-n langen Arm haben; *en dire ~* Bände sprechen, viel (be)sagen; *être ~* lange dauern; *être ~ à venir* (lange) auf sich warten lassen; *ne pas faire ~ feu (Verbindung)* nicht lange dauern; es nicht lange aushalten; *en savoir ~* (gut) Bescheid wissen (*sur* über *acc*); sich aus≈kennen; **3.** *~-courrier m aero* Langstreckenflugzeug *n; mar* Übersee-, Ozeandampfer *m; ~ue-vue f* Fernrohr *n.*

longanimité [lɔ̃ganimite] *f* Langmut *f.*

longe [lɔ̃ʒ] *f* **1.** Laufleine, Longe *f;* **2.** *(~ de veau)* (Kalbs-)Nierenbraten *m.*

long|er [lɔ̃ʒe] *tr* entlang≈gehen, -fahren, -reiten, -fliegen (*qc* an e-r S); sich entlang≈ziehen (*qc* an e-r S), sich erstrekken (*qc* längs *gen* od *dat*); **~eron** *m* **1.** *tech* Längsträger *m;* **2.** *aero* Holm *m;* **3.** Brückenbalken, Fahrbahnträger *m;* **~évité** *f* Langlebigkeit; Lebensdauer *f.*

longitude [lɔ̃ʒityd] *f* (geographische) Länge *f;* **~itudinal, e** *a* Längs-.

longtemps [lɔ̃tɑ̃] *adv* lange (Zeit); — *depuis ~* seit langem, seit langer Zeit, schon lange; *il y a ~ que* es ist schon lange her, daß; *y a-t-il ~ que vous attendez?* warten Sie schon lange? *je n'en ai pas pour ~* ich brauche nicht (mehr) lange.

long|uement [lɔ̃gmɑ̃] *adv* **1.** lange; **2.** eingehend, ausführlich, lang u. breit; **~uet, te** [-gɛ, -ɛt] **I.** *a fam* etwas (zu) lang; **II.** *s m* lange(s) Brötchen *n;* **~ueur** *f* **1.** Länge *f a. sport;* **2.** Langsamkeit, Weitschweifigkeit *f;* **3.** *pl* Längen *f pl (e-s Buches);* **4.** *à ~ d'année* das ganze Jahr über; *en ~* in der Länge; der Länge nach; **5.** *être sur la même ~ d'onde que qn (fig)* mit jdm derselben Auffassung sein; *gagner d'une ~ (sport)* um e-e Länge gewinnen; *traîner, tirer en ~* sich in die Länge ziehen; **6.** *mesure f de ~* Längenmaß *n; saut m en ~* Weitsprung *m;* **7.** *~ d'entre-jambes (Hose)* Schrittlänge *f; ~ des jours* Tageslänge *f; ~ d'onde (radio)* Wellenlänge *f; ~ de pas* Schrittlänge *f.*

looping [lupiŋ] *m aero* Looping *m.*

lopette [lɔpɛt] *f fig fam* Waschlappen *m.*

lopin [lɔpɛ̃] *m:* ~ *de terre* kleines Stück *n* Erde.

loqu|ace [lɔkas] *a* geschwätzig, schwatzhaft, redselig, (sehr) gesprächig; **~acité** *f* Redseligkeit, Gesprächigkeit *f;* **~e** *f* **1.** Fetzen, Lumpen *m;* **2.** *fig* Jammergestalt *f;* — *tomber en ~s* in Fetzen gehen; **~et** [-ɛ] *m* (Tür-)Drücker *m;* **~eteux, se** *a* zerlumpt.

lorgn|er [lɔrɲe] *tr* **1.** an=schielen, von der Seite an=sehen (*qn, qc* jdn e-e S); **2.** *fig fam* schielen (*qc* nach etw); ein Auge werfen (*qn* auf jdn); **~ette** *f: regarder par le petit bout de la ~* die Dinge zu einseitig, von einem zu kleinlichen Standpunkt aus sehen; **~on** *m opt* Klemmer, Kneifer, Zwicker *m.*

loriot [lɔrjo] *m orn* Pirol *m.*

lors [lɔr] **I.** *adv: dès ~* seitdem, seit der Zeit, von der Zeit an; demnach, -zufolge; **II.** *~ que (conj)* da, wenn; **III.** *~ de (prp)* anläßlich, zur Zeit, während *gen;* *~ même que* selbst dann, wenn; **~que** [-sk(ə)] *conj* als; *(mit Futurum)* wenn.

losange [lɔzɑ̃ʒ] *m* Raute *f,* Rhombus *m.*

lot [lo] *m* **1.** (An-)Teil *m;* **2.** (Lotterie-) Los *n;* **3.** *com* Posten *m,* Partie *f;* **4.** *lit fig* Los, Schicksal *n,* Bestimmung *f;* — *gros ~* große(s) Los *n;* *~ de consolation* Trostpreis *m;* *~ gagnant (Lotterie)* Gewinn *m;* **~erie** [lɔtri] *f* Lotterie *f; c'est une ~* das ist ein Lotteriespiel; *billet m de ~* Lotterielos *n; gagner qc à la ~* etw in der Lotterie gewinnen; *mise f en ~* Ver-, Auslosung *f;* **~ion** [-sjɔ̃] *f: ~ capillaire, faciale* Haar-, Gesichtswasser *n;* **~ir** *tr* **1.** *(Land, Waren)* auf=teilen; *(Land)* parzellieren; **2.** *être mal loti* es schlecht (getroffen) haben; *me voilà bien loti! (ironisch)* da habe ich mir was eingebrockt! **~issement** *m* **1.** Aufteilung; Parzellierung; Parzelle; Siedlung *f;* **2.** *~ de jardins* Laubenkolonie *f;* **~o** *m* Lotto(-spiel) *n; avoir des yeux en boule de ~ (fig fam)* Kulleraugen haben; **~te** *f zoo* Quappe *f;* **~us** [-ys] *m bot* Lotus(blume *f*) *m.*

lou|able [lwabl] *a* **1.** lobens-, anerkennenswert; **2.** vermietbar; **~age** *m jur* Vermietung, Miete *f; voiture f de ~* Mietwagen *m; ~ d'ouvrage, d'industrie* Werkvertrag *m; ~ de service* Dienst-, Arbeitsvertrag *m;* **~ange** *f* **1.** Lob *n;* **2.** *pl* Lobpreisung *f;* — *à la ~ de qn* zu jds Lob; *chanter les ~s de qn* jds Lob singen; ein Loblied auf jdn singen; *être digne de ~* Lob verdient haben.

louch|e [luʃ] **I.** *a* **1.** *(Kristall)* trübe, unklar *a. fig;* **2.** *fig* zweideutig, verdächtig; — *il y a du ~ là-dedans* das kommt mir verdächtig vor; **II.** *s f (~ à potage)* Schöpflöffel *m,* (Suppen-)Kelle *f;* **~er** *itr* schielen (*sur qn, qc* nach jdm, etw).

lou|er [lwe] **I.** *tr* **1.** loben, rühmen, heraus=streichen (*qn de, pour qc* jdn für etw); *(Gott)* preisen, verherrlichen; *Dieu soit loué!* Gott sei Dank! **2.** vermieten, verpachten, verleihen; mieten; dingen; **II.** *v prn se ~* **3.** sich verdingen; *(Haus)* vermietet werden; **4.** *de qc* mit etw zufrieden sein; — *~ une place (Kino)* e-e Karte vorbestellen; *(Zug)* e-e Platzkarte bestellen; *à ~* zu vermieten; **~eur, se** *m f* Vermieter(in *f*) *m; ~ de voitures* Autovermieter *m.*

louf(oqu|e) [luf(ɔk)] *a fam (Person)* übergeschnappt; *(Sache)* verrückt; **~erie** *f fam* Verrücktheit *f.*

loulou [lulu] *m* **1.** *zoo* Spitz *m;* **2.** *fam* Liebling, Schatz *m.*

loup [lu] *m* **1.** *zoo* Wolf *m;* **2.** Halbmaske *f;* **3.** *tech* Ofensau *f;* **4.** *(Wollspinnerei)* Reißwolf *m;* **5.** *(tête f de ~)* Beißzange *f; (Haushalt)* Eule *f;* **6.** (Fabrikations-) Fehler *m;* **7.** *à pas de ~* auf leisen Sohlen; *entre chien et ~* in der (Abend-) Dämmerung; **8.** *être connu comme le ~ blanc* bekannt sein wie ein bunter Hund; *enfermer le ~ dans la bergerie* den Bock zum Gärtner machen; *hurler avec les ~s (fig)* mit den Wölfen heulen; *se jeter, se mettre dans la gueule du ~ (fig)* in die Höhle des Löwen gehen; **9.** *faim f de ~* Bärenhunger *m; froid m de ~* Hundekälte *f; vieux ~ (fig)* alte(r) Fuchs *m; ~-garou m* Werwolf *m; ~ de mer (fig)* (alter) Seebär *m;* **~e** *f* **1.** Lupe *f,* Vergrößerungsglas *n;* **2.** *med* Grützbeutel *m;* **3.** *bot* Knorren *m,* Beule *f (an Bäumen);* **4.** *tech* Luppe *f;* — *regarder à la ~* mit der Lupe betrachten; **~er** *tr* **1.** *fam* versauen, verpfuschen, verpatzen; **2.** *(Gelegenheit)* verpassen; — *ça n'a pas loupé* das ist schiefgegangen; **~iot, iote** *m f fam* Balg *m,* Gör, Kind *n.*

lourd, e [lur, -d] **I.** *a* **1.** schwer *(im Gewicht);* **2.** dumpf; *(Luft)* drückend, lastend, schwül; *(Himmel)* verhangen; **3.** *(Schlaf)* bleiern; *(Essen)* schwer(verdaulich); *(Mensch)* schwerfällig; unbeholfen *a. fig;* plump; **4.** *fig* schwer(wiegend), gewichtig, erheblich, ernst(haft); **5.** *(Aufgabe, Arbeit)* schwer, anstrengend; *(finanziell)* (er)drückend, untragbar; kostspielig; unerträglich; **6.** *(Stil)* schleppend, schwerfällig; **7.** *(Börse)* flau, lustlos; **II.** *adv* schwer; *fam* viel; **III.** *s f arg* Tür *f;* **8.** *avoir la main ~e* fest zu=schlagen; *avoir la tête ~e* e-n schweren Kopf haben; benommen sein; *ne pas peser ~ (fig)* von geringer Bedeutung sein; *ce n'est pas ~* das ist nicht viel; **9.** *industrie f ~e* Schwerindustrie *f; poids, boxeur m ~ (sport)* Schwergewicht *n,* -gewichtler *m;* **10.** *~ de conséquences* folgenschwer; **~aud, e** [-do, -od] **I.** *a* schwerfällig; unbeholfen, ungeschickt, tapsig; tölpelhaft; **II.** *s m f* Klotz, Tolpatsch; Tölpel *m;* **~eur** *f* **1.** *fig* Schwere *f;* **2.** *fig* Schwerfälligkeit,

Plumpheit *f;* **3.** *com (Börse)* Lustlosigkeit, Flauheit *f.*

lou|stic [lustik] *m fam* Spaßmacher, -vogel *m;* **~tre** *f zoo* Fischotter(fell *n*) *m;* ~ *de mer* See-, Meerotter *m; (Pelz)* Seal *m.*

louv|e [luv] *f* **1.** *zoo* Wölfin *f;* **2.** *tech* (große) Greifzange *f;* **~eteau** *m zoo* junge(r) Wolf *m;* **~eter** *itr (Wölfin)* Junge werfen; **~oyer** *itr* **1.** *mar* lavieren, kreuzen; **2.** *fig* Winkelzüge machen.

loy|al, e [lwajal] *a* rechtschaffen; (pflichtge)treu, ehrlich, brav, anständig; *(pop) à la loyale* anständig, fair; **~alisme** *m* (Staats-, Gesinnungs-)Treue *f;* **~aliste** *a* u. *s m f* staats-, gesinnungstreu(er Mensch *m*); **~auté** *f* Ehrenhaftigkeit; Rechtschaffenheit, (Pflicht-) Treue, Anständigkeit *f.*

loyer [lwaje] *m* **1.** Miete *f,* Mietzins *m;* **2.** *com* Zins *m;* — *hausse f des ~s* Mieterhöhung *f;* ~ *arriéré* Mietrückstand *m,* rückständige Miete *f;* ~ *de magasin* Ladenmiete *f.*

lubie [lybi] *f fam* Marotte, Schrulle *f.*

lubri|cité [lybrisite] *f* Geilheit, Lüsternheit *f;* **~fiant** *m* Schmiermittel *n;* **~fication** *f tech* (Ab-, Ein-)Schmieren *n;* **~fier** *tr tech* (ein=)schmieren, (ein=)fetten, (ein=)ölen; **~que** *a* geil, lüstern.

luc|ane [lykan] *m zoo* Hirschkäfer *m;* **~arne** *f arch* Dachluke *f,* -fenster *n.*

luci|de [lysid] *a (Geist)* klar; *(Kopf)* hell; *(Verstand)* scharf; *(Person)* scharfblikkend; *moments m pl ~s (med)* lichte Momente *m pl;* **~dité** *f* Klarheit; (Verstandes-)Schärfe *f;* Scharfblick *m; avoir sa* ~ bei vollem Verstand sein; **~ole** [-sjɔl] *f zoo* Leuchtkäfer *m,* Glühwürmchen *n.*

lucratif, ive [lykratif, -iv] *a (Geschäft)* gewinnbringend, einträglich, lohnend, rentabel, vorteilhaft.

luette [lɥɛt] *f anat* Zäpfchen *n.*

lueur [lɥœr] *f* **1.** (Licht-)Schein, Schimmer *m;* **2.** *fig* Funke *m;* — *jeter une (faible)* ~ (schwach) schimmern; *il me vient une* ~ *(fig)* es dämmert mir, mir geht ein Licht auf; ~ *d'espoir* Hoffnungsschimmer *m;* ~ *de raison* Funke *m* Verstand.

lug|e [lyʒ] *f* Rodel(schlitten) *m; piste f de* ~ Rodelbahn *f;* **~er** *itr* rodeln; **~eur, se** *m f* Rodler(in *f*) *m.*

lugubre [lygybr] *a* **1.** traurig; finster; trostlos, düster, trübe; **2.** schauerlich, schaurig.

lui [lɥi] *prn (verbunden)* ihm, ihr; *(unverbunden)* er, ihn; sich; *~-même* er selbst.

lui|re [lɥir] *itr* **1.** leuchten *a. fig,* scheinen, glänzen, schimmern; strahlen; blinken, blitzen; **2.** *(fig) voici que l'espoir luit* ein Hoffnungsschimmer leuchtet auf; **~sant, e** *a* leuchtend, glänzend, schimmernd; strahlend; — *ver m* ~ Glühwürmchen *n,* Leuchtkäfer *m.*

lumbago [lɔ̃bago] *m med* Hexenschuß *m.*

lum|ière [lymjɛr] *f* **1.** Licht *n a. fig;* **2.** *fig* Einsicht *f;* Kenntnisse; Geistesgaben *f pl;* Leuchte *f;* **3.** *tech* Schlitz *m,* Loch *n,* Öffnung *f;* **4.** *pl fig* Kenntnisse *f pl,* Wissen *n;* Aufklärung (*sur* über *acc*); **5.** *à la* ~ bei Licht; *à la* ~ *de* auf Grund von; *à l'abri de la* ~ im Dunkeln; **6.** *être en pleine* ~ im vollen Licht stehen; *faire, allumer la* ~ Licht machen; *fermer, éteindre la* ~ das Licht ab=schalten; *mettre en* ~ deutlich machen, heraus=stellen; *que la* ~ *soit!* es werde Licht! **7.** *résistant, sensible à la* ~ lichtecht, -empfindlich; **8.** ~ *clignotante* Blinklicht *n;* ~ *du jour* Tageslicht *n;* ~ *du soleil, solaire* Sonnenlicht *n;* ~ *zodiacale* Nordlicht *n;* **~ignon** [-miɲɔ̃] *m péj* Funzel *f;* **~inaire** *m* **1.** *rel* Kerzenbeleuchtung *f;* **2.** Beleuchtungskörper *m;* **~ineux, se** *a* **1.** leuchtend, glänzend, strahlend; *(Gebäude)* angestrahlt; **2.** *fig* einleuchtend, klar; *(Idee)* glänzend; — *affiche f lumineuse* Leuchtplakat *n; cadran m* ~ Leuchtzifferblatt *n; publicité, réclame f lumineuse* Lichtreklame *f; rayon m* ~ Lichtstrahl *m; source f lumineuse* Lichtquelle *f;* **~inosité** *f* **1.** Helligkeit *f,* helle(r) Glanz *m;* **2.** *(Farben, astr)* Leuchtkraft *f;* — *à faible* ~ lichtschwach.

lun|aire [lynɛr] *a* Mond-; halbmondförmig; *année f, mois, disque m* ~ Mondjahr *n,* -monat *m,* -scheibe *f; face f* ~ *(fam)* Vollmondgesicht *n; module m, orbite m* ~ Mondfähre *f,* -monat *m;* **~aison** *f* Umlaufszeit *f* des Mondes; **~atique I.** *a* launisch, schrullig, wunderlich; **II.** *s m f* launische(r) Mensch *m.*

lunch [lœntʃ, lœ̃ʃ] *m* kalte(s) Buffet *n.*

lundi [lœ̃di] *m* Montag *m;* ~ *de Pâques, de Pentecôte* Oster-, Pfingsmontag *m.*

lun|e [lyn] *f* **1.** Mond *m;* **2.** Trabant, Satellit *m;* **3.** *pop* Mondgesicht *n;* Hintern *m;* **4.** *au clair de la* ~ bei Mondschein; **5.** *aboyer à la* ~ *(fig)* sich unnütz ereifern; *demander la* ~ Unmögliches verlangen; *être dans la* ~ nicht bei der Sache, ganz woanders sein; *être bête comme la* ~ *(fam)* strohdumm sein; *se poser sur la* ~ auf dem Mond landen; *promettre la* ~ Himmel u. Hölle versprechen; **6.** *nous sommes à la pleine, nouvelle* ~, ~ *(dé)croissante* wir haben Voll-, Neu-, zu-(ab-)nehmenden Mond; *la* ~ *est dans son plein* es ist Vollmond; **7.** *éclipse f de* ~ Mondfinsternis *f; premier, dernier quartier m (de la ~)* erste(s), letze(s) Viertel *n;* ~ *de miel* Flitterwochen *f pl;* ~ *rousse* Zeit *f* der späten Nachtfröste; **~é, e** *a bien, mal* ~ *(fam)* gut-, schlechtgelaunt.

lun|etier [lyntje] *m* Brillenfabrikant; (Augen-)Optiker *m;* **~ette** *f* **1.** *(~ d'approche)* Fernrohr *n;* **2.** Klosettbrille *f;* **3.** *tech* Setzstock *m;* **4.** *mot* Heckfenster *n; pl (paire f de ~s)* Brille *f;* **5.** *mettre des ~s* e-e Brille aufsetzen; *porter des ~s* Brillenträger sein; **6.** *étui m à ~s* Brillenetui, -futteral *n; serpent m à ~s* Brillenschlange *f; ~s acoustiques* Hörbrille *f (für Schwerhörige); ~s de plongée* Taucherbrille *f; ~s de protection* Schutzbrille *f; ~s de soleil* Sonnenbrille *f;* **~ule** *f anat* Möndchen *n.*

lup|in [lypɛ̃] *m bot* Lupine *f;* **~us** [-ys] *m med* Lupus *m.*

lur|ette [lyrɛt] *f fam: il y a belle ~* es ist (schon) lange her; **~on, ne** *m f gai ~* fidele(s) Haus *n.*

lustr|e [lystr] *m* **1.** *tech* Glanz *m a. fig;* **2.** Kronleuchter *m;* **3.** Lustrum, Jahrfünft *n;* **~é, e** *a* glänzend, glatt; *(Kleidung)* blankgescheuert; **~er** *tr* **1.** *(Pelz)* lüstrieren; glänzend machen; **2.** *(Glas)* polieren; **3.** *(Kleidung)* blank reiben, blank scheuern.

luth [lyt] *m mus* Laute *f;* **~éranisme** *m rel* Luthertum *n;* **~érien, ne I.** *a* lutherisch; **II.** *s m f* Lutheraner(in *f*) *m;* **~ier** *m* Geigenbauer; Instrumentenmacher *m.*

lut|in, e [lytɛ̃, -in] **I.** *a* schelmisch, schalkhaft; neckisch; **II.** *s m fig* Wildfang *m;* **~iner** *tr* schäkern (*qn* mit jdm); **~rin** *m rel* Chorpult *n*

lutt|e [lyt] *f* **1.** (Ring-)Kampf *m;* Ringen *n; fig* Streit, Kampf *m,* Ringen *n,* Auseinandersetzung *f,* Wettstreit *m* (*pour* um); Bekämpfung *f;* **2.** *de haute ~* nach erbittertem Kampf; **3.** *~ contre le bruit, contre le cancer* Lärm-, Krebsbekämpfung *f; ~ des classes* Klassenkampf *m; ~ électorale* Wahlkampf *m; ~ libre* Freistilringen *n; ~ contre la vermine* Schädlingsbekämpfung *f; ~ pour la vie* Kampf *m* ums Dasein; **~er** *itr* **1.** ringen; kämpfen *a. fig* (*contre* gegen, *pour* um); **2.** *fig* bekämpfen (*contre qn, qc* jdn, etw); (sich) streiten (*contre* mit); wetteifern (*de* in *dat*); **~eur, se** *m f* **1.** Ring(kämpf)er *m;* **2.** *fig* Kämpfer(in *f*) *m.*

lux|ation [lyksasjɔ̃] *f med* Verrenkung *f; ~ de la hanche* Hüftverrenkung *f;* **~e** *m* **1.** Luxus, Aufwand *m,* Pracht *f,* Prunk *m;* Verschwendung *f;* **2.** *faire étalage de ~* großen Aufwand treiben; *se payer le ~ de* sich den Luxus leisten, zu; **3.** *c'est du ~* das ist Luxus, überflüssig; **4.** *article, objet m de ~* Luxusartikel *m; édition f de ~ (Buch)* Pracht-, Luxusausgabe *f; modèle m (de) ~* Luxusausführung *f; taxe f de ~* Luxussteuer *f.*

luxer [lykse] *tr med* ver-, aus=renken.

lux|ueux, se [lyksyø] *a* luxuriös; prachtvoll, prunkvoll; **~ure** *f* Hemmungslosigkeit, Sinnlichkeit; Unzucht *f; s'abandonner à la ~* sich (hemmungslos) aus=leben; **~uriance** *f* Üppigkeit *a. fig; fig* (Über-)Fülle *f;* **~uriant, e** *a* **1.** üppig, strotzend *a. fig;* **2.** *fig* überreich; *(Phantasie)* blühend; **~urieux, se** *a* hemmungslos, sinnlich; unzüchtig; wollüstig.

luzerne [lyzɛrn] *f bot* Luzerne *f.*

lycé|e [lise] *m* Gymnasium *n; ~ de jeunes filles* Mädchengymnasium *n; ~ du soir* Abendgymnasium *n;* **~en, ne** [-ɛ̃, -ɛn] *m f* Gymnasiast(in *f*) *m.*

lymph|atique [lɛ̃fatik] **I.** *a* **1.** *med* lymphatisch; **2.** apathisch, träge; **II.** *m pl* u. *vaisseaux m pl ~s (anat)* Lymphgefäße *n pl; tempérament m ~* Phlegma *n;* **~e** *f anat* Lymphe *f.*

lyn|chage [lɛ̃ʃaʒ] *m* Lynchen *n,* Lynchjustiz *f;* **~cher** *tr* lynchen; **~x** [lɛ̃ks] *m zoo* Luchs *m; yeux m pl de ~ (fig)* Luchsaugen *n pl.*

lyr|e [lir] *f* Leier *f; toute la ~ (fam)* die ganze Leier; **~ique I.** *a* **1.** lyrisch; **2.** begeistert, schwärmerisch; **II.** *s m* Lyriker *m;* **~isme** *m* **1.** Lyrik *f;* **2.** Lyrismus *m;* **3.** *fig* Begeisterung *f.*

M

ma [ma] *prn s. mon.*
maboul [mabul] *a pop* verrückt, meschugge.
maca|bre [makabr] *a* grauenvoll, schauerlich; *danse f* ~ Totentanz *m; humour m* ~ Galgenhumor *m;* ~**dam** [-am] *m (Straße)* Makadam-, Schotterdecke *f;* ~**damiser** *tr* beschottern; ~**que** *m* **1.** *zoo* Makak *m (Affe);* **2.** *fig* häßliche(r) Kerl *m;* ~**ron** *m* **1.** Makrone *f (Gebäck);* **2.** Schnecke *f (Frisur);* ~**roni** *m inv* **1.** Makkaroni *pl;* **2.** *pop* Spaghettifresser *m.*
macchabée [makabe] *m pop* Kadaver *m.*
macédoine [masedwan] **1.** ~ *(de légumes, de fruits)* gemischte(s) Gemüse *n;* Obstsalat *m;* **2.** *fig* Sammelsurium *n.*
macér|ation [maserasjɔ̃] *f* **1.** *(Gurken)* Einlegen *n* (*au vinaigre* in Essig); **2.** *rel* Kasteiung *f;* ~**er I.** *tr* **1.** einlegen (*dans* in *dat*); **2.** *rel* kasteien; **II.** *itr chem* mazerieren.
machaon [makaɔ̃] *m zoo* Schwalbenschwanz *m.*
mâch|e [maʃ] *f* Rapunzel *f,* Feldsalat *m;* ~**é, e** *a* mit unscharfem, zerfranstem Rand; *(fig) avoir une figure de papier* ~ elend aussehen; *papier m* ~ Papier-, Pappmaché *n;* ~**efer** [maʃfɛr] *m* Schlacke *f;* ~**er** *tr* **1.** (zer)kauen; **2.** *fig* vor=kauen (*qc à qn* jdm etw); **3.** *tech* ab=quetschen; — ~ *la besogne à qn* fast die ganze Arbeit für jdn machen; *ne pas* ~ *ses mots, paroles* kein Blatt vor den Mund nehmen; ~**icoulis** [-i] *m (Burg)* Pechnase *f.*
machin [maʃɛ̃] *m f fam* Dings(da) *n; M. M*~ Herr Dingsbums; ~**al, e** *a* mechanisch; unwillkürlich; ~**ation** *f* Intrige *f; pl* Umtriebe, Machenschaften *pl;* ~**e** *f* **1.** *tech* Maschine *f a. fig;* Mechanismus *m,* Triebwerk *n;* **2.** Lokomotive *f;* **3.** *(~ à écrire)* (Schreib-)maschine *f;* **4.** *fam* Fahrrad *n;* **5.** *fig* Automat *m,* (willenloses) Werkzeug; *fig* Räderwerk, Getriebe *n;* **6.** *fait à la* ~ maschinell hergestellt; **7.** *écrire, (fam) taper à la* ~ (auf der) Maschine schreiben, *fam* tippen; *faire* ~ *arrière (loc)* rückwärts fahren; *fig* es sich anders überlegen; **8.** ~ *à adresser, à affranchir* Adressier-, Frankiermaschine *f;* ~ *de bureau* Büromaschine *f;* ~ *à calculer* Rechenmaschine *f;* ~ *comptable* Buchungsmaschine *f;* ~ *à coudre* Nähmaschine *f;* ~ *à dicter* Diktiermaschine *f,* -gerät *n;* ~ *à laver* Waschmaschine *f;* ~ *à laver la vaisselle,* ~ *lave-vaisselle* Geschirrspülmaschine *f;* ~*-outil f* Werkzeugmaschine *f;* ~ *à vapeur* Dampfmaschine *f;* ~**er** *tr* aus=hecken, an=stiften, -zetteln; ~**erie** *f* Maschinen *f pl,* Maschinerie *f;* Maschinenpark, -raum *m;* ~**isme** *m* Maschinenbetrieb *m,* maschinelle Arbeitsweise *f;* ~**iste** *m* **1.** *theat* Maschinist *m;* **2.** *(Belgien)* Lokomotivführer *m;* **3.** Straßenbahn-, Omnibusfahrer *m.*
mâch|oire [maʃwar] *f* **1.** *anat* Kiefer *m; pl* Kinnbacke(n *m*), -lade *f;* **2.** *tech* Bakke, Klemme *f;* **3.** *(fam) jouer, travailler des* ~*s* tüchtig (darauflos=)essen; *(pop) rire à se décrocher la* ~ sich kaputtlachen; ~ *de frein* Bremsbacke *f;* ~ *supérieure, inférieure* Ober-, Unterkiefer *m;* ~**onner** *tr* **1.** (langsam *od* mühsam) kauen (*qc* an e-r S); **2.** *fig* brummen, murmeln; ~**ouiller** *tr fam* immer wieder kauen (*qc* an etw).
maçon, ne [masɔ̃, -ɔn] **I.** *a (Tier)* Bauten errichtend; **II.** *s m* **1.** Maurer *m;* **2.** Freimaurer *m;* — *maître, compagnon, apprenti m* ~ Maurermeister, -geselle, -lehrling *m;* ~**ner** *tr* (aus=, zu)mauern; bauen; ~**nerie** *f* **1.** Maurerarbeit *f;* **2.** Mauerwerk *n,* Bau *m;* **3.** Freimaurerei *f;* ~**nique** *a* freimaurerisch.
macro|céphale [makrɔsefal] *a* großköpfig; ~**cosme** [-kɔsm] *m* Makrokosmos *m;* ~**économie** *f* Makroökonomie *f;* ~**économique** *a* makroökonomisch; ~**molécule** *f* Makromolekül *n;* ~**pode** *a* langfüßig, -flossig, *bot* -stielig; ~**scopique** *a* makroskopisch.
macul|ature [makylatyr] *f* Makulatur *f;* ~**er** *tr* fleckig machen, beschmutzen (*de* mit); *maculé d'encre* voller Tintenflekke.
mad|ame [madam] *f Abk Mme* (gnädige) Frau; Frau *f* des Hauses; Ihre Frau Gemahlin; *pl mesdames Abk Mmes* meine Damen; ~ *votre mère* Ihre Frau Mutter; *M*~ *X.* Frau X.; ~**eleine** *f* **1.** frühe(r) Apfel *od* Pfirsich *m,* frühe Birne *od* Pflaume; **2.** Bärentatze *f (Gebäck);* ~**emoiselle** [madmwazɛl] *f Abk Mlle* (mein, gnädiges) Fräulein *n;* ~ *votre fille* Ihr Fräulein Tochter; ~**ère** *m* Madeira *m (Wein);* ~**one** *f* Madonna, Muttergottes(bild *n*) *f.*
madr|é, e [madre] **I.** *a* pfiffig, verschmitzt, durchtrieben; **II.** *s m* Schlaukopf, Pfiffikus *m; être* ~ es faustdick hinter den Ohren haben; ~**ier** *m* (Holz-)

Bohle *f;* ~**igal** *m poet mus* Madrigal *n.*
maestria [m(a)ɛstrija] *f* Meisterschaft *f; avec* ~ meisterlich.
magasin [magazɛ̃] *m* **1.** Geschäft *n,* Laden *m;* **2.** (Waren-)Lager *n,* Speicher *m,* Lagerhaus *n,* -raum *m;* Magazin *n (a. theat phot Gewehr);* **3.** *courir les* ~*s* e-n Einkaufsbummel machen; *tenir un* ~ ein Geschäft haben; **4.** *grand* ~, ~ *à rayons multiples* Kauf-, Warenhaus *n; marchandise f en* ~ Lagerbestand *m;* **5.** ~ *d'alimentation* Lebensmittelgeschäft, Feinkosthaus; ~ *de blanc, de fleuriste, de modes* od *de nouveautés* Wäsche-, Blumen-, Mode(waren)geschäft *n;* ~ *de détail* Einzelhandelsgeschäft *n;* ~ *de jouets, de musique* Spielwaren-, Musikalienhandlung; ~ *à libre service* Selbstbedienungsladen *m;* ~ *à prix unique(s)* Einheitspreisgeschäft *n;* ~ *spécial(isé)* Fachgeschäft *n;* ~ *de sport* Sportgeschäft *n;* ~ *à succursales multiples* Filialgroßbetrieb *m;* ~**age** *m* **1.** (Ein-)Lagerung, Speicherung *f;* **2.** *(temps m de* ~*)* Lagerzeit, -frist *f;* **3.** *(droit m de* ~*)* Lagergeld *n,* -gebühr, -miete *f;* — *frais m pl de* ~ Lager(ungs)kosten *pl;* ~**ier** *m* Lagerverwalter; Lagerist *m.*
magazine [magazin] *m* (illustrierte) Zeitschrift, Illustrierte *f,* Magazin *n.*
mag|e [maʒ] *m hist* Magier *m; les (Rois)* ~*s* die drei Weisen aus dem Morgenlande, die Heiligen Drei Könige *m pl;* ~**icien, ne** *m f* Zauberer *m,* Zauberin *f;* ~**ie** *f* **1.** Zauberei, Zauberkunst, Magie *f;* **2.** *fig* Zauber *m;* — *fam (comme) par* ~ auf unerklärliche Weise; *c'est de la* ~ *noire* das ist höhere Mathematik; ~**ique** *a* magisch *a. fig; baguette f* ~ Zauberstab *m.*
magistr|al, e [maʒistral] *a pl -aux* **1.** meisterhaft, -lich; **2.** *fam (Ohrfeige)* schallend; gewaltig, tüchtig; — *réussir un coup* ~ ein Meisterstück vollbringen; ~**at** [-a] *m* Verwaltungs-, Justizbeamte(r) *m;* ~ *(assis)* Richter *m;* ~ *consulaire* Handelsrichter *m;* ~ *débout, du parquet* Staatsanwalt *m;* ~**ature** *f* **1.** Richteramt *n,* -stand *m;* **2.** Amtszeit *f;* — ~ *assise* Richterstand *m;* ~ *debout, du parquet* Staatsanwaltschaft *f.*
magma [magma] *m* **1.** *tech* zähe Masse *f;* **2.** *chem geol* Magma *n;* **3.** *fig* Durcheinander *n.*
magn|an [maɲɑ̃] *m (Südfrankr.)* Seidenraupe *f;* ~**anime** *a* groß-, edelmütig; großzügig; ~**animité** *f* Großmut *f,* Edelmut *m;* Großherzigkeit *f;* ~**at** [magna] *m* Magnat *m a. fig;* ~ *de la finance, de l'industrie* Finanz-, Industriemagnat *m;* ~**er, se** *v prn fam* sich beeilen; ~**ésium** [-ɔm] *m chem* Magnesium *n;* ~**étique** *a* magnetisch *a. fig; bande f* ~ Magnetband *n; champ m* ~ Magnetfeld *n; pôle m* ~ magnetische(r) Pol *m;* ~**étiser** *tr* **1.** *phys* magnetisch machen; **2.** *med* magnetisieren; **3.** *fig* bannen, in s-n Bann schlagen; ~**étiseur** *m* Magnetiseur *m;* ~**étisme** *m* Magnetismus *m;* ~ *animal, terrestre* tierische(r), Erdmagnetismus *m; subir le* ~ *de qn* unter jds Einfluß stehen; ~**étite** *m* Magneteisenerz *n;* ~**éto** *f* **1.** *mot* Magnetzünder *m;* **2.** Tonbandgerät *n;* ~**étophone** *m* Magnettongerät, Tonbandgerät *n.*
magni|ficence [maɲifisɑ̃s] *f* **1.** Pracht *f,* Glanz, Prunk(haftigkeit *f*), Pomp *m;* **2.** *(Stil)* Brillanz *f;* ~**fier** *tr* rühmen, preisen; verherrlichen; ~**fique** *a* glanz-, prachtvoll, prächtig, herrlich *(a. Wetter);* großartig ~**fiquement** *adv* **1.** prachtvoll, prächtig; **2.** *fam* glänzend, großartig.
magnolia [maɲɔlja] *m bot* Magnolie *f.*
magot [mago] *m* **1.** *zoo* Magot *m;* **2.** groteske (Porzellan-, Ton-)Figur *f;* **3.** *fam* (versteckte) Ersparnisse *f pl.*
mah|arajah [maara(d)ʒa] *m inv* Maharadscha *m;* ~**arani** *f inv* Maharani *f.*
mai [mɛ] *m* Mai *m.*
maigr|e [mɛgr] **I.** *a* **1.** *(nachgestellt)* mager *(a. Ackerboden, Fleisch, Essen, fig); (Fleisch)* schier; *(Papier)* dünn; **2.** *(vorangestellt) allg* karg, dürftig *(a. Vegetation),* kümmerlich, elend; **3.** *(vorangestellt) fig (Ergebnis)* schlecht; schwach; armselig; klein; belanglos, unbedeutend; **II.** *s m* **4.** magere(s), schiere(s) Fleisch *n;* fleischlose Kost *f, rel* Fastenspeisen *f pl;* **5.** *le, la* ~ der, die Dünne; **6.** *être* ~ *comme un cent de clous* spindeldürr sein; *devenir* ~ ab=magern (*de chagrin* vor Kummer); *faire* ~ kein Fleisch essen; *c'est* ~ das ist wenig; **7.** *houille f* ~ Magerkohle *f; jour m* ~ Fasttag *m; repas m* ~ fleischlose Mahlzeit *f;* ~ *chère f* magere Kost *f;* ~**elet, te** [-grə-] *a* etwas, ein bißchen zu mager; ~**eur** *f* **1.** Magerkeit *f;* **2.** *fig* Dürftigkeit *(a. d. Akkerbodens, Kunst, Stil);* Armseligkeit; Belanglosigkeit *f;* ~**ichon, ne** *a,* ~**iot, te** *a pop* ein bißchen zu dünn, reichlich mager, recht schmächtig; ~**ir I.** *itr* mager, schlank werden, ab= magern, -nehmen *a. fig;* **II.** *tr* schlank machen; *(Brett)* dünner machen.
mail [maj] *m* Promenade, Allee *f;* ~**le** [maj] *f* **1.** Masche *f;* **2.** Kettenglied *n; mar* Schake *f;* **3.** *zoo* Fleck(en) *m;* **4.** *à grosses, à larges* ~*s* grob-, weitmaschig; *à* ~*s serrées* engmaschig; **5.** *laisser échapper une* ~ e-e Masche fallen lassen; **6.** *cotte f de* ~*s (hist)* Panzerhemd *n;* ~ *coulée, tombée* Laufmasche *f;* **7.** *avoir* ~ *à partir avec qn* mit jdm ein Hühnchen zu rupfen haben; *n'avoir ni sou ni* ~ keinen roten Heller, keinen Pfennig Geld haben; ~**lé, e** *a zoo* gefleckt.
maill|echort [majʃɔr] *m* Alpaka *n,* Neu-

silber *n;* ~**et** [-ɛ] *m* Schlegel, Holzhammer *m;* ~**oche** *f* **1.** große(r) Holzhammer; **2.** *(Pauke)* Schlegel *m;* ~**on** *m* Kettenglied *n; mar* Schake *f; (fig) être un* ~ *de la chaîne* ein Glied in der Kette sein; ~**ot** [-o] *m* **1.** *sport theat* Trikot *n;* **2.** Badeanzug *m;* **3.** *être encore au* ~ *(fig)* noch in den Kinderschuhen stekken; *se mettre en* ~ die Badehose, den Badeanzug anziehen; **4.** *enfant m au* ~ Wickelkind *n;* ~ *de bain* (*en une, deux pièce(s)* ein-, zweiteiliger) Badeanzug *m;* ~ *de corps* (Herren-)Unterhemd *n,* -jacke *f;* ~ *de sport* Sporttrikot *n.*

main [mɛ̃] *f* **1.** Hand *f a. fig;* **2.** *(Falke)* Fang *m;* **3.** *tech* Haken, Griff *m;* **4.** *(Papier)* 25 Bogen *m pl;* **5.** *à la* ~, *en* ~ in der Hand; *à* ~ *droite, gauche* rechter, linker Hand; *à deux, à pleines* ~*s* mit beiden, mit vollen Händen; *à deux, à quatre* ~*s (mus)* zwei-, vierhändig; *à* ~ *levée* freihändig; *la* ~ *dans la* ~ Hand in Hand; *de la* ~ *(gauche)* mit der (linken) Hand; *de la* ~ *de* aus, *(Kunst)* von der Hand *gen; de* ~ *en* ~ von Hand zu Hand; *de la* ~ *à la* ~ ohne (weitere) Umstände, direkt; *de bonne* ~ von (gut)unterrichteter Seite; *de* ~ *d'hommes, de maître* von Menschen-, Meisterhand; *de longue* ~ von langer Hand *(vorbereitet); de première* ~ aus erster Hand, bester Quelle; *des deux* ~*s* mit beiden Händen, eilig *(zu=greifen); en* ~ in der *od* die Hand; *(Person)* zur Hand; *en bonnes* ~*s* in guten Händen; *en un tour de* ~ im Handumdrehen; *entre les* ~*s de qn* in jds Händen, Gewalt; *com* zu jds Händen *gen; par ses* ~*s, de sa* ~ mit eigener Hand; *sous* ~, *en sous-*~, *par-dessous* ~ unterderhand, heimlich; *sous la* ~ bei der Hand; *pas plus que sur la* ~ *(fam)* keine Handvoll; **6.** *ne pas y aller de* ~ *morte* kräftig, tüchtig drauflos=, zu=schlagen; *fig* energisch vor=gehen; übertreiben; *s'en aller les* ~*s vides* mit leeren Händen ab=ziehen; *avoir la* ~ *dans qc* bei etw s-e Hand im Spiel haben; *avoir la* ~ *heureuse, sûre, légère* e-e glückliche, sichere Hand haben; geschickt *od* vorsichtig sein; *battre des* ~*s* in die Hände, Beifall klatschen; *changer de* ~*s (fig)* in andere Hände kommen *od* übergehen; *donner, prêter la* ~ *à qn (fig)* jdm unter die Arme greifen, jdn unterstützen; *donner, tendre la* ~ *à qn* jdm die Hand geben *od* reichen; *donner un coup de* ~ *à qn* jdm unter die Arme greifen, an die Hand gehen; *écrire à la* ~ mit der Hand schreiben; *se faire la* ~ *à* sich üben an *dat; forcer la* ~ *de qn* jdn zwingen; *graisser la* ~ *à qn (fam) jdn* schmieren, bestechen; *lâcher la* ~ es auf=geben; die Zügel lockern; *laisser les* ~*s libres à qn* jdm freie Hand lassen; *s'en laver les* ~*s* s-e Hände in Unschuld waschen; *mettre la (dernière)* ~ *à qc* (letzte) Hand an e-e S legen; *mettre la* ~ *à l'œuvre, à l'ouvrage, à la pâte* ans Werk gehen, sich an die Arbeit machen; zu=packen; *passer par les* ~*s de qn* durch jds Hände gehen; *prendre qn par la* ~ jdn bei der Hand nehmen; *prêter la* ~ *à un projet* ein Vorhaben unterstützen; *prêter* ~*-forte à qn (bes. jur)* jdm Beistand leisten; *remettre en* ~*(s) propre(s)* persönlich übergeben; *tendre la* ~ *à qn* jdm die Hand reichen; *tomber sous la* ~ *de qn (fig)* jdm in die Finger fallen; *en venir aux* ~*s* handgemein werden; **7.** *j'ai les* ~ *liées (fig)* mir sind die Hände gebunden; *j'en mettrais ma* ~ *au feu* dafür lege ich meine Hand ins Feuer; *haut, bas les* ~*s!* Hände hoch, weg! **8.** *dos m de la* ~ Handrücken *m; fait à la* ~, *(com) fait* ~ handgemacht, -gearbeitet; *nu comme la* ~ splitternackt; *poignée f de* ~ Händedruck *m; tissé à la* ~ handgewebt; *vote m à* ~ *levée* Abstimmung *f* durch Handerheben; **9.** ~*s de caoutchouc* Gummihandschuhe *m pl;* ~ *courante* (Geländer-)Handleiste *f (a.* ~ *coulante); loc* Einsteigegriff *m; com* Kladde *f;* ~*-forte f* tatkräftige Hilfe *f;* Beistand *m;* ~*-d'œuvre f* (Hand-)Arbeit *f;* Arbeitslohn *m;* Arbeitskräfte *f pl;* Arbeiterschaft *f;* ~**levée** *f jur (Beschlagnahme)* Aufhebung *f; (Hypothek)* Löschung *f;* ~**mise** *f* **1.** Inbesitznahme *f;* **2.** Beherrschung *f,* maßgebliche(r) Einfluß *m* (*sur qc* auf etw).

maint, e [mɛ̃, -ɛ̃t] *a* manch(er, e, es), mehr als ein(e); *à* ~*e(s) reprise(s)* zu wiederholten Malen; *à, en* ~*e(s) occasion(s)* bei vielen Gelegenheiten; *en* ~*s endroits* mancherorts; ~*e(s) fois* manches Mal, oft, häufig; ~**enance** *f mil tech* Wartung; Instandsetzung *f;* ~**enant** *adv* **1.** jetzt, nun; **2.** *(mit Futurum)* von nun an; **3.** heute, heutzutage, gegenwärtig; *dès* ~, *à partir de* ~ von heute an; **4.** *tu vois* ~ da siehst du; **5.** ~ *que (conj)* jetzt, wo; da nun.

maint|enir [mɛ̃tnir] **I.** *tr* **1.** an=, fest=halten, stützen; **2.** *fig (Zustand, Behauptung)* aufrecht=erhalten; *(Preis)* halten; *(Stellung)* behaupten *a. fig;* **3.** *fig* versichern; **4.** *(in e-r Stellung)* belassen; **II.** *v prn se* ~ **5.** sich halten; **6.** weiter=, fort=bestehen; sich behaupten *a. mil com;* **7.** ~ *par des épingles* fest=stecken, (an=)heften; ~ *en bon état* instandhalten; *se* ~ *en forme (sport)* sich in Form halten; *ça se maintient? (pop)* geht's gut? ~**ien** [-tjɛ̃] *m* **1.** (Aufrecht-)Erhaltung *f;* Halten *n (der Preise);* Fortbestand *m;* **2.** (Körper-)Haltung *f;* **3.** *fig* Fassung *f;* Auftreten, Benehmen *n;* — *perdre son* ~ die Fassung verlieren.

mair|e [mɛr] *m* Bürgermeister; Gemeindevorsteher *m;* **~ie** *f* Bürgermeisteramt *n;* Stadt-, Gemeindeverwaltung *f;* Rathaus *n.*

mais [mɛ] **I.** *conj* aber, (je)doch, ja, indes (-sen); *(nach e-r Verneinung)* sondern, vielmehr; *eh ~!* ach nein! sieh mal an! *non seulement, ~ encore* nicht nur, sondern auch; *~ alors* ja dann; *~ aussi* aber auch; *~ aussi, ~ encore, ~ de plus* darüber hinaus, ferner; **II.** *adv ~ non!* aber nein, nicht doch! *~ oui* aber ja, ja doch! *~ si* oh doch! *~ le voilà!* da ist er ja! **III.** *s m un si ou un ~* ein Wenn u. ein Aber.

maïs [mais] *m bot* Mais *m; épi m, farine f de ~* Maiskolben *m,* -mehl *n.*

maison [mɛ(e)zõ] **I.** *s f* **1.** Haus *n (a. Astrologie);* **2.** Haushalt, -stand *m;* Hausgemeinschaft *f;* **3.** *(~ de commerce)* (Handels-) Haus, Geschäft *n,* Firma *f;* **4.** Haus *n,* Dynastie *f;* **II.** *a* **5.** hausgemacht; selbstgebacken; **6.** *à la ~* zu Hause; **7.** *aller à la ~* heim=gehen, nach Hause gehen; *rester à la ~, garder la ~* zu Hause bleiben, das Haus hüten; *tenir la ~* den Haushalt führen, haushalten; **8.** *ami m de la ~* Hausfreund *m; îlot, pâté m, rangée f de ~s* Häuserblock *m;* -gruppe, -reihe *f; maître m, maîtresse f de la ~* Hausherr(in *f*) (Haus-)Wirt(in *f*) *m; règlement m de ~* Hausordnung *f;* **9.** *~ affiliée* Tochterunternehmen *n; ~ d'ameublement* Möbelgeschäft, -haus *n; ~ à appartements (multiples)* Etagenwohnhaus *n; ~ de campagne* Landhaus *n; ~ du coin, d'angle* Eckhaus *n; ~ de confection* Konfektionsgeschäft, Bekleidungshaus *n; ~ d'éditions* Verlag(shaus *n,* -sbuchhandlung *f*) *m; ~ d'exportation* Exportgeschäft *n,* -firma *f; ~ d'habitation* Wohnhaus *n; ~ d'importation* Importgeschäft *n; ~ individuelle* Eigenheim *n; ~ de location* Mietshaus *n;* Filmverleih *m; ~ mère* Stammhaus, Hauptgeschäft; *rel* Mutterhaus *n; ~ mortuaire* Trauer-, Sterbehaus *n;* Leichenhalle *f; ~ de poupées* Puppenhaus *n; ~ de prêt* Leihhaus *n; ~ de rapport* Mietshaus *n; ~ spécialisée* Fachgeschäft *n; ~ de sport* Sportgeschäft *n; ~ à succursales multiples* Filialgroßbetrieb *m;* Kettengeschäft *n; ~ de vente par correspondance* Versandhaus, -geschäft *n; ~ voisine* Nebenhaus *n; ~ de week-end* Wochenendhaus *n;* **~née** *f* Hausgemeinschaft, Familie *f;* **~nette** *f* Häuschen *n.*

maître, maîtresse [mɛtr, mɛtrɛs] **I.** *s m f* **1.** Herr(in *f*) *a. fig;* Gebieter(in *f*) *m;* **2.** (Be-)Herrscher(in *f*), Machthaber *m;* **3.** (Volksschul-)Lehrer(in *f*) *m;* **4.** Meister *m a. mus* **5.** *fig* Lehrmeister; Leiter(in *f*) *m;* **6.** *mar* Obermaat *m;* **7.** Herr *m (vor dem Namen e-s Rechtsanwalts u. Notars);* **8.** *s f fig* Geliebte *f;* **II.** *a* **9.** Ober-, Haupt-; wichtigst; wesentlichst; herrenlos; *être ~ de qc* über e-e S Herr sein; e-e S beherrschen; **10.** *être ~ de faire qc* frei, in der Lage sein, etw zu tun; *être son ~* sein eigener Herr, unabhängig sein; *être ~ chez soi* Herr im Hause sein; *être ~ de soi* sich (selbst) beherrschen; *se rendre ~ de qc* sich e-r S *gen* bemächtigen; die Führung e-r S an sich reißen; etw in den Griff bekommen; *trouver son ~ (fig)* s-n Meister finden; **11.** *grand ~ (Freimaurerei)* Großmeister *m; idée f maîtresse* Hauptgedanke *m; qualité f maîtresse* Haupteigenschaft *f;* **12.** *~ assistant* Oberassistent *m; ~ -autel* Hoch-, Hauptaltar *m; ~ de ballet* Ballettmeister *m; ~, maîtresse de chant, de danse, de langues, de musique, de sport* Gesang-, Tanz-, Sprach-, Musik-, Sportlehrer(in *f*) *m; ~ chanteur a) (hist mus)* Meistersinger *m;* b) Erpresser *m; ~ de chapelle* Kantor; Kirchenchorleiter *m; ~ de conférences* Dozent *m; ~ d'étude, d'internat* Studienaufseher *m; ~ d'hôtel* Oberkellner *m; ~, maîtresse de (la) maison* Hausherr(in *f*), -wirt(in *f*) *m; ~ nageur* Bademeister *m.*

maîtris|able [mɛ(e)trizabl] *a* zu meistern(d); zu lenken(d), zu bändigen(d); **~e** *f fig* **1.** Meisterschaft *f;* **2.** Beherrschung, Herrschaft *f (de* über *acc*); **3.** *(Universität)* Magisterwürde, -prüfung *f;* **4.** *rel* Singschule, Kantorei *f;* **5.** *~ de soi(-même)* Selbstbeherrschung; Herrschaft *f* über sich *acc* selbst; **~er I.** *tr* **1.** *(Pferd)* bändigen; **2.** *(Brand)* unter Kontrolle bringen; **3.** *(Leidenschaft)* zügeln; beherrschen; **II.** *v prn se ~* sich beherrschen, sich in der Gewalt haben.

majest|é [maʒɛste] *f* **1.** Majestät *f;* **2.** *fig* Hoheit, Würde, Erhabenheit, Größe *f;* **3.** *poet rel* Herrlichkeit *f;* **~ueux, se** [tyø, -øz] *a* majestätisch, königlich, erhaben, würdevoll.

majeur, e [maʒœr] **I.** *a* **1.** größer, höher; überwiegend; bedeutend(er), wichtig; **2.** *jur* mündig, volljährig; **3.** *mus* Dur-; -Dur; **II.** *s m* **1.** Mittelfinger *m;* **2.** Volljährige(r *m*) *f;* **3.** *mus* Dur *n;* **4.** *force f ~e* höhere Gewalt *f; ordres m pl ~s (rel)* höhere Weihen *f pl; la ~e partie* (de ...) der größere Teil *gen;* die Mehrheit; *en ~e partie* größtenteils.

majolique, maïolique [maʒɔ-, majɔlik] *f* Majolika *f; carreau m de ~* Majolikafliese *f.*

major [maʒɔr] *m* Erste(r) *m (bei e-m Concours);* **~ation** *f com (Preise, Löhne)* Heraufsetzen *n,* Anhebung, Erhöhung *f;* Auf-, Zuschlag *m; — subir une ~* e-e Steigerung erfahren; *~ des droits, d'impôts, de tarif* Gebühren-, Steuer-, Tarifferhöhung *f; ~ des salaires Lohnerhöhung f;* **~dome** [-dɔm] *m* **1.** *hist* Haushofmeister *m;* **2.** Butler *m;* **~er** *tr* *(im Preise)* erhöhen, herauf=setzen, anheben; *(Löhne)* aufbessern; **~ette** *f* Majorette *f;* **~itaire** *a* Mehrheits-; mehrheitlich; **~ité** *f* **1.** Mehrheit, -zahl; *pol* Mehrheit *f;* **2.** *jur* Mündig-, Volljährigkeit *f;* **3.** *à la ~ des deux tiers* mit Zweidrittelmehrheit; **4.** *atteindre sa ~* mündig, volljährig werden; *recueillir la ~ des suffrages exprimés* die Mehrheit der abgegebenen Stimmen erhalten *od* auf sich *(acc)* vereinigen; **5.** *~ des deux tiers, des voix* od *des suffrages* Zweidrittel-, Stimmenmehrheit *f; ~ gouvernementale* Regierungsmehrheit *f; ~ matrimoniale, pénale, politique* Ehe-, Straf-, Wahlmündigkeit *f.*

majuscule [maʒyskyl] **I.** *a (Buchstabe)* groß(geschrieben); Groß-, Anfangs-; **II.** *s f* Groß-, Anfangsbuchstabe *m; écrire en ~s* in Blockschrift schreiben; *ce mot prend une ~* dieses Wort wird groß geschrieben.

mal [mal] **I.** *adv (in Wendungen a. a)* **1.** schlecht, übel; **2.** mangelhaft, unvollkommen, ungenügend; **3.** falsch; **II.** *s m pl maux* **1.** Übel(stand *m*) *n;* **2.** Schlechte(s), Böse(s), Schlimme(s) *n;* **3.** Unheil *n;* Schaden *m;* **4.** Leid(en) *n,* Schmerz(en *pl*) *m a. fig;* Krankheit *f;* **5.** Mühe, Plage, Not *f;* **6.** *bon an ~ an* im Jahresdurchschnitt; *bon gré ~ gré* im guten oder im bösen; *de ~ en pis* immer schlimmer; *pas ~ (fam)* nicht schlecht, (so) einigermaßen; nicht (so) übel, ganz ordentlich; *pas ~ de (fam)* ziemlich viel, e-e (ganze) Menge; nicht wenig; *pas de ~ (fam)* macht nichts; *tant bien que ~* so einigermaßen; so lala; *~ à propos* zur Unzeit, ungünstig; **7.** *aller de ~ en pis* vom Regen in die Traufe kommen; *avoir ~ aux cheveux (pop)* e-n Kater, e-n Katzenjammer haben; *avoir ~ aux dents, à la tête, au ventre* Zahn-, Kopf-, Leibschmerzen haben; *choisir le moindre de deux maux* von zwei Übeln das kleinere wählen; *dire du ~ de qn* jdm etw Schlechtes nach=sagen; *se donner du ~, un ~ de chien* sich ab=rackern; sich *dat* viel Mühe machen; *être ~ avec qn* mit jdm schlecht stehen, böse sein; *être ~ vu par qn* bei jdm schlecht angeschrieben sein; *être ~ fondé (fig)* auf schwachen Füßen stehen; *être incapable de faire du ~ à une mouche* keiner Fliege etw zuleide tun können; *faire ~* weh tun; *faire du ~ à qn* jdm etw (zuleide) tun; jdm weh tun; *se faire du ~* sich weh tun; Schaden nehmen *od* leiden; *parler ~ de qn* schlecht von jdm sprechen; *se porter ~* kränkeln; *prendre ~* übel=nehmen; sich e-e Krankheit zu=ziehen, *fam* holen; *prendre, voir qc en ~* etw mißverstehen, verdrehen; *s'y prendre ~* es falsch an=fassen; *rendre le bien pour le ~* Böses mit Gutem vergelten; *tourner ~* e-e schlimme Wendung nehmen, *fam* schief=gehen; *(Person)* auf die schiefe Bahn geraten; **8.** *j'ai du ~ à* es fällt mir schwer, macht mir Mühe zu; *il n'y a pas de ~* das hat nichts zu sagen, macht nichts; *quel ~ y a-t-il à, où est le ~ si ...?* was schadet, macht es, ist denn dabei, wenn ...? *cela ne ferait pas de ~* das könnte nicht schaden; *je me sens, je me trouve ~, j'ai ~ au cœur* mir wird übel; *je suis ~ à l'aise* ich fühle mich unbehaglich; *je suis ~ (en point)* es geht mir schlecht, *fam* dreckig; *cela tombe ~* das paßt *(zeitlich)* schlecht; **9.** *~ acquis* unredlich erworben; *~ de cœur (pop)* Übelkeit *f; ~ de dents, de gorge, de reins, de tête, de ventre* Zahn-, Hals-, Hüft-, Kopf-, Leibschmerzen *m pl; ~ élevé* ungezogen; *~ d'enfant* (Geburts-)Wehen *pl; ~-fondé m* mangelnde Stichhaltigkeit *f; ~ de mer* Seekrankheit *f; ~ de(s) montagne(s)* Bergkrankheit *f; ~ du pays* Heimweh *n; ~ placé* fehl am Platz; *~ vu (Person)* unbeliebt; *(Sache)* verpönt.

mal|abar [malabar] **I.** *a invar fam* (groß u.) stark; kräftig; **II.** *s m* Hüne *m;* **~achite** [-kit] *f min* Malachit *m.*

malad|e [malad] **I.** *a* **1.** krank *a. fig* (*de* vor *dat*); leidend; *(Glied)* weh, schlimm; **2.** *fig* daniederliegend, notleidend; *(Phantasie)* krankhaft; **3.** *(Sache)* in schlechtem Zustand; beschädigt; *(Wein, Obst)* verdorben; **II.** *s m f* **4.** Kranke(r *m*) *f,* Patient(in *f*) *m;* **5.** *être ~ de jalousie* krank vor Eifersucht sein; *se faire porter ~* sich krank melden; *tomber ~* krank werden, erkranken; **6.** *(fig) j'en suis ~* ich bin ganz krank davon; *(fig) cela me rend ~* das macht mich ganz krank; **7.** *~ du cœur, de l'estomac, du foie* herz-, magen-, leberleidend; **~ie** *f* **1.** Krankheit *f,* Leiden *n a. fig;* **2.** *fig* Sucht, Leidenschaft; Erkrankung *f;* **3.** *(Hunde) la ~* die Staupe; **4.** *pour cause de ~* krankheitshalber; **5.** *attraper, contracter, gagner, prendre une ~, être pris d'une ~* krank werden, erkranken, sich e-e Krankheit zu=ziehen; *communiquer une ~* e-e Krankheit übertragen; **6.** *(fam fig) il n'y a pas de quoi en faire une ~* das ist doch kein Grund sich aufzuregen; *elle a la ~ de la propreté* sie ist krankhaft reinlich; **7.** *bulletin* od *certificat m, indemnité f de ~* Krankenschein *m,* -geld *n; caisse f de ~ (de l'entreprise)* (Betriebs-)Krankenkasse *f;* **8.** *~ cardiaque* Herzleiden *n; ~ carencielle* Mangelkrankheit *f; ~s de la civilisation* Zivilisationskrankheiten *f pl; ~ contagieuse* ansteckende Krankheit, Seuche *f; ~ d'enfance* od *infantile, de la femme* Kinder-, Frauenkrankheit *f; ~ héréditaire* Erbleiden *n; ~ infectieuse, mentale, du métabolisme* Infektions-, Geistes-, Stoffwechselkrankheit *f; ~ de la peau, cutanée* Hautleiden *n; ~ professionnelle, du sommeil* Berufs-, Schlafkrankheit *f; ~s vénériennes* Geschlechtskrankheiten *f pl;* **~if, ive** *a* **1.** kränklich; **2.** *fig* krankhaft; *être ~* kränkeln.

mal|adresse [maladrɛs] *f* Ungeschick *n,* Ungeschicklichkeit *f;* **~adroit, e I.** *a* ungeschickt, linkisch; *(Kind)* tolpatschig; *(Benehmen)* unbeholfen; **II.** *s m f* Tolpatsch *m;* **~aire** *a anat* Backen-; *os m ~* Jochbein *n;* **~aise** *m* **1.** Un-, Mißbehagen *n;* **2.** *med* Unwohlsein *n;* **3.** finanziell, wirtschaftlich schwierige Lage; *com* Flaute *f;* **4.** *fig* unbehagliche(s) Gefühl *n,* (innere) Unruhe, gedrückte Stimmung *f;* **~aisé, e** *a* **1.** schwierig, lästig, unbequem; **2.** unangenehm, peinlich; **3.** *(Angelegenheit)* leidig; **~appris, e I.** *a* flegelhaft, unerzogen, ungeschliffen; **II.** *s m* Flegel, Lümmel *m;* **~aria** [-arja] *f med* Malaria *f;* **~avisé, e** *a* unklug, unbesonnen; unüberlegt, unbedacht; **~axer** *tr* (durch=)kneten; **~axeur** *m* Misch-, Knetmaschine *f;* Rührwerk *n; ~ à béton* Betonmischmaschine *f;* **~chance** *f* Mißgeschick, Unglück, *fam* Pech *n; jouer de ~* ein Pechvogel sein; **~chanceux, se I.** *a* vom Unglück, Pech verfolgt; **II.** *s m f* Pechvogel *m;* **~donne** *f faire ~ (Kartenspiel)* falsch geben; *il y a ~ (fam)* das ist ein Irrtum.

mâle [mal] **I.** *a biol* männlich *a. fig;* **II.** *s m* **1.** *zoo* Männchen *n;* **2.** Mann *m,* männliche(s) Wesen *n; — un beau ~* ein gutaussehender, vitaler Mann.

mal|édiction [malediksjɔ̃] *f* **1.** Fluch *m,* Verfluchung, Verwünschung *f;* **2.** *fig* Unsegen *m,* Unheil *n; c'est une ~* es ist wie verhext; **~éfice** *m* Be-, Verhexung; Hexerei *f;* **~éfique** *a* unheilvoll; **~encontreux, se** [-lɑ̃kɔ̃trø, -øz] *a (Sache)* unglücklich, ärgerlich, verflixt; **~entendu** *m* Mißverständnis *n;* **~façon** *f* mangelhafte, schlechte Ausführung *f; pl* Mängel *m pl,* Fehler *m pl;* **~faisant, e** [-fə-] *a* boshaft, bösartig; *(Einfluß)* schädlich; **~faiteur, trice** *m f* Übel-, Missetäter(in *f*); Verbrecher *m;* **~famé, e** [-fame] *a (Gegend)* verrufen; **~formation** *f med* Mißbildung *f.*

malgré [malgre] **I.** *prp* trotz, ungeachtet *gen; ~ cela* dessenungeachtet; *~ moi* gegen meinen Willen; ungewollt; *~ tout* trotz alle(de)m, trotzdem; *~ vents et marées* allen Hindernissen zum Trotz; **II.** *conj ~ que* wenn auch, obgleich (auch).

malhabile [malabil] *a* ungeschickt; unfähig; *être ~ à* nicht imstande sein zu.

malheur [malœr] *m* **1.** Unglück; Mißgeschick *n,* Unglücksfall *m;* **2.** *par ~* unglücklicherweise; *pour mon ~* zu meinem Unglück; *pour comble de ~* zu allem Unglück, obendrein; **3.** *faire le malheur de qn* jdn ins Unglück stürzen; *jouer de ~* e-e Pechsträhne haben; *porter ~* Unglück bringen; *(fam) cette pluie de ~* dieser verdammte Regen! *~ aux vaincus!* wehe den Besiegten; **~eusement** *adv* unglücklicher-, dummerweise; **~eux, se I.** *a* **1.** unglücklich; **2.** *(vorangestellt)* erbärmlich; jämmerlich; lumpig; **II.** *s m f* Unglückliche(r *m*); Notleidende(r *m*) *f;* **3.** *avoir la main ~euse* keine glückliche Hand haben; *c'est ~ que* es ist ein Jammer, daß; **4.** *nouvelle f ~euse* Hiobsbotschaft *f.*

mal|honnête [malɔnɛt] *a* unehrlich, unredlich; **~honnêteté** [-ɛtte] *f* Unredlich-, Unehrlich-, Unehrenhaftigkeit *f;* **~ice** *f* **1.** *lit* Bosheit, -haftigkeit *f;* **2.** Schalkhaftigkeit; Spottlust *f; — sans ~* arglos; *c'est un sac à ~* er ist mit allen Hunden gehetzt; **~icieux, se** *a* schalkhaft, schelmisch; boshaft; **~ignité** *f* **1.** Boshaftigkeit, Bosheit, Tücke *f;* **2.** *med* Bösartigkeit *f;* **~in, ~igne** [-ɛ, -iɲ] **I.** *a* **1.** boshaft, tückisch; schlau, gerissen; **2.** *med* bösartig; **II.** *s m f* Schlaukopf, -berger *m; — ce n'est pas ~ (fam)* das ist keine Kunst; *c'est un ~* er ist mit allen Wassern gewaschen, hat es faustdick hinter den Ohren; *joie f ~igne* Schadenfreude *f;* **~ingre** [-lɛ̃gr] *a* schwächlich, zart; kränklich, leidend (*de* an); **~intentionné, e** *a* übelgesinnt.

mall|e [mal] *f* **1.** (großer) (Reise-)Koffer *m;* **2.** *défaire sa ~* (den Koffer) aus=packen; *faire sa ~* (den Koffer) packen; *fig* sein Bündel schnüren; *~ cabine f* Kabinenkoffer *m;* **~éabilité** *f* **1.** *tech* Schmied-, Hämmerbarkeit *f;* **2.** *fig (Charakter)* Biegsamkeit *f;* **~éable** *a* **1.** schmied-, hämmer-, streckbar; **2.** *fig* biegsam, geschmeidig; **~ette** *f* Köfferchen *n.*

mal|mener [malmənе] *tr* **1.** *(Kind; Auto)* schlecht behandeln; **2.** *sport* hart zu=setzen (*qn* jdm); **~odorant, e** *a* übelriechend; **~otru, e** [-lɔtry] **I.** *a* flegel-, rüpelhaft; **II.** *s m f* Rüpel, Flegel *m;* **~propre I.** *a* **1.** unsauber, schmutzig; **2.** *(Arbeit)* gepfuscht; Pfusch-; **3.** *fig* anstößig, unanständig; **II.** *s m f* Schmutzfink *m,* -liese *f;* **~propreté** *f* Unsauberkeit *f;* **~sain, e** *a* **1.** *(Mensch)* nicht (ganz) gesund; *(Sache)* ungesund, gesundheitsschädlich; **2.** *fig* sittlichkeitsgefährdend, sittenwidrig; **3.** *fam* gefährlich; **~séant, e** *a* unschicklich, unpassend, unanständig.

malt [malt] *m* Malz *n; extrait m, bière f de ~* Malzextrakt *m,* -bier *n;* **~er** *tr* mälzen; **~erie** *f* Mälzerei *f;* **~eur** *m* Mälzer *m;* **~ose** *f* Maltose *f.*

maltraiter [maltrɛte] *tr* **1.** mißhandeln; **2.** *(mit Worten)* herunter=machen; **3.** *(Autor)* zerreißen.

mal|veillance [malvɛjɑ̃s] *f* **1.** Feindseligkeit; feindliche Gesinnung *f;* **2.** Böswilligkeit *f,* böse(r) Wille *m;* **~veillant, e** *a* übelwollend; gehässig, mißgünstig; böswillig; **~venu, e** *a jur* nicht berechtigt (*à* zu); **~versation** [-vɛrsa-] *f jur* Untreue *f;* ~ *de fonds publics* Unterschlagung, Veruntreuung *f* öffentlicher Gelder.

mam|an [mamɑ̃, mɑ̃-] *f* Mama, Mutti *f;* **~elle** *f* Brust; *(Tier)* Zitze *f;* **~elon** *m* **1.** Brustwarze *f;* **2.** *geog* (Berg-)Kuppe *f,* Hügel *m;* **3.** *tech* Zapfen *m,* Zäpfchen *n;* **~elonné, e** *a* **1.** mit Warzen versehen; **2.** hügelig.

m'amie, mamie [mami] *f* **1.** *fam* Liebling *m,* Herzchen *n;* **2.** Oma *f.*

mam|maire [mamɛr] *a anat* Brust-; *glande f* ~ Brustdrüse *f;* **~mifères** *m pl zoo* Säugetiere *n pl;* **~mouth** [-mut] *m zoo* Mammut *n;* **~ours** *m pl* [mamur] *m faire des ~s à qn* jdn liebkosen; jdm schmeicheln.

man|agement [manadʒmɑ̃] *m* Management *n;* **~ager** [manadʒɛr] *m* Manager *m.*

manch|e [mɑ̃ʃ] **I.** *s m* **1.** Stiel, Griff *m; (Messer)* Heft *n;* **2.** *(Geige)* Hals; **3.** *(Kalbskeule)* Knochen *m;* **4.** *(fam) branler dans le ~ fig* wack(e)lig stehen; nicht fest im Sattel sitzen; *(fam) jeter le ~ après la cognée* die Flinte ins Korn werfen; *(fam) se mettre du côté du ~* sich auf die Seite des Stärkeren stellen; **5.** *~ à balai* Besenstiel; *aero* Steuerknüppel *m; fig fam* lange Latte *f;* **II.** *s f* **1.** Ärmel; **2.** Schlauch *m;* **3.** *(Spiel)* Partie, Runde *f,* Satz *m;* **4.** *la M~* der (Ärmel-)Kanal; **5.** *en ~s de chemise* in Hemdsärmeln; hemdsärmelig; *sans ~s* ärmellos; **6.** *avoir qn dans sa ~ (fig)* jdn hinter sich haben; *faire la ~ (arg)* fechten, betteln (gehen); *se faire tirer par la ~* sich (lange) nötigen lassen; **7.** *c'est une autre paire de ~s* das steht auf e-m anderen Blatt; *(fam) on n'est pas dans sa ~* er mag uns nicht; *~ à air (aero)* Windsack *m; ~ à incendie* Feuerwehrschlauch *m; ~ trois-quarts* dreiviertellange(r) Ärmel *m;* **~ette** *f* **1.** Manschette *f;* Ärmelaufschlag *m;* **2.** *(Zeitung)* Schlagzeile, Überschrift *f;* Kopf *m;* **3.** *(typ) note f en ~* Randbemerkung *f; coup m de ~* Schlag *m* auf Kinn, Nacken, Handgelenk; *bouton m de ~s* Manschettenknopf *m;* **~on** *m* **1.** Muff *m;* **2.** *tech* Muffe *f; (Maschinengewehr)* Mantel *m;* **~ot,** [-ʃo, -ɔt] **I.** *a* einarmig, mit (nur) e-r Hand; **II.** *s* **1.** *m f* Einarmige(r *m*) *f;* **2.** *m orn* Pinguin *m;* — *être ~ de la main droite* die rechte Hand verloren haben; *ne pas être ~* geschickt sein; *fig* sich zu helfen wissen.

mand|ant, e [mɑ̃dɑ̃] *m* **1.** *jur* Mandant(in *f*) *m;* **2.** Vollmachtgeber *m;* **3.** *com* Auftraggeber *m;* **~arin** *m* **1.** Mandarin *m;* **2.** *fig* Intellektuelle(r) *m;* **~arinat** [-a] *m* **1.** *hist* Mandarinenwürde, -kaste *f;* **2.** *fig péj* Kaste *f;* **~arine** *f bot* Mandarine *f.*

mandat [mɑ̃da] *m* **1.** *jur pol* Mandat *n;* **2.** Auftrag *m;* Vollmacht *f;* **3.** (Zahlungs-)Anweisung *f;* **4.** *~ d'amener (jur)* Vorführungsbefehl *m; ~ d'arrêt, de dépôt* Haftbefehl *m; ~-carte m* Postanweisung *f (mit Korrespondenzteil); ~ de comparution* Vorladung *f; ~ d'encaissement, de recouvrement* Inkassoauftrag *m; ~ d'exécution, exécutoire* Vollstreckungsbefehl *m; ~ général* Generalvollmacht *f; ~ international* Auslandspostanweisung *f; ~ de paiement* Zahlungsanweisung *f (der Finanzbehörde); ~-poste, ~-lettre m* Postanweisung *f;* **~aire** *m* **1.** *jur pol* Mandatar; Bevollmächtigte(r); Beauftragte(r) *m;* **2.** *com* Prokurist *m;* **~er** *tr* **1.** per Post überweisen; an=weisen; **2.** beauftragen (*pour faire qc* etw zu tun; *pour qc* mit etw).

mand|ibules [mɑ̃dibyl] *f pl fam jouer des ~* futtern, essen; **~oline** *f* Mandoline *f;* **~oliniste** *m f* Mandolinenspieler(in *f*) *m;* **~ragore** *f bot* Alraune *f;* **~rin** *m tech* Durchschlag *m,* Locheisen *n,* Dorn *m;* Futter *n.*

man|ège [manɛʒ] *m* **1.** *(salle f de ~)* Reitschule *f,* -halle, -bahn *f;* **2.** Karussell *n;* **3.** *tech* Göpel *m;* **4.** *fig* Schliche, Kniffe *pl;* — *~ de voitures* Autokarussell *n;* **~ette** *f* (Hand-)Griff, Hebel *m.*

mangan|ate [mɑ̃ganat] *m chem* Manganat *n;* **~èse** *m chem* Mangan *n.*

mange|able [mɑ̃ʒabl] *a* eß-, genießbar; **~aille** [-aj] *f pop* Fressen *n,* Fraß *m;* **~oire** *f* (Futter-) Trog *m,* Krippe *f;* Freßnapf *m;* **~r I.** *tr* **1.** essen; verspeisen, -zehren; fressen *a. fig (Ofen);* **2.** verschlingen *a. fig (Unsummen);* **3.** *(Motten, Rost)* zerfressen; ab=nutzen, verbrauchen; **4.** *(Vermögen)* durchbringen, vergeuden; **5.** *(Zeit)* vertun; **6.** *(Worte)* verschlucken, undeutlich aus=sprechen; **7.** verdecken, verbergen; **II.** *v prn* **8.** *se ~ les sangs* vor Angst vergehen; **III.** *s m* **9.** Essen *n;* **10.** *donner à ~* zu essen geben (*à qn* jdm); *(Tier)* füttern; *être à ~* zum Anbeißen sein; *trop ~* sich überessen; zu viel essen; *~ son blé en herbe* sein Geld im voraus ausgeben; *~ à sa faim* sich satt essen; *~ dans la main à qn* jdm aus der Hand fressen; *~ comme quatre* für drei (fr)essen; *~ de la vache enragée* viel entbehren müssen; *~ des yeux* mit den Augen verschlingen; **11.** *je suis resté trois jours sans ~* ich habe 3 Tage nichts gegessen; *il ne te mangera pas* er wird dich nicht gleich fressen; *on en mangerait* das sieht lecker aus; **~-tout** *m inv*

(haricots m pl ~) grüne Bohnen *f pl; (pois m pl ~)* Zuckererbsen *f pl.*
mangeur, se [mɑ̃ʒœr, -øz] *m f* Esser(in *f*) *m; gros, petit ~* starke(r), mäßige(r) Esser *m.*
mani|abilité [manjabilite] *f* **1.** Handlichkeit; leichte Handhabung *f;* **2.** *aero* Manövrierfähigkeit *f;* **~able** *a* **1.** handlich; leicht zu bedienen(d); gut zu bearbeiten(d); *mot mar aero* wendig; **2.** *fig* lenk-, fügsam; biegsam, geschmeidig; **~aco-dépressif, ive** *a psych* manisch-depressiv; **~aque I.** *a* **1.** *med* manisch; **2.** schrullenhaft; **II.** *s m f* **1.** Besessene(r *m*) *f;* **2.** Sonderling *m;* — *~ du bricolage* Do-it-yourself-Fanatiker *m;* **~e** [-ni] *f* **1.** *med* Manie *f;* **2.** Schrulle *f;* — *~ de la persécution* Verfolgungswahn *m;* **~ement** [-ni-] *m* **1.** Handhabung *f;* Gebrauch *m (a. d. Glieder),* Umgehen *n* (*de* mit); Bedienung *f;* **2.** *fig* Lenkung, Leitung, (Geschäfts-)Führung *f;* **~er** [-nje] **I.** *tr* **1.** handhaben, gebrauchen, hantieren (*qc* mit etw), um=gehen (*qc* mit etw *a. Geld*); **2.** *(Maschine)* bedienen; *(Fahrzeug)* lenken; **3.** *fig (Menschen)* umgehen (*qn* mit jdm); zu gebrauchen, anzuwenden, umzugehen (*qc* mit etw) wissen; **II.** *v prn se ~ (pop): maniez-vous un peu!* dalli! dalli!
mani|ère [manjɛr] *f* **1.** Art, Weise, Art u. Weise; *(Kunst)* Manier, Malweise *f;* **2.** *pl* Umgangsformen *f pl,* Benehmen *n;* (gute) Manieren *f pl; fam (~s affectées)* Getue *n;* **3.** *à la ~ de* nach Art *gen; à ma ~* auf meine Weise; *de ~ à (ce que)* so, daß; *de la ~ que* so, wie; *de la ~ la plus agréable* aufs angenehmste; *d'une ~ ou d'une autre* irgendwie; auf die eine oder andere Weise, so oder so; *de la belle, bonne ~ (ironisch)* tüchtig, gehörig; *de cette ~* auf diese Weise; *de la même ~* auf gleiche Weise, ebenso; *de la ~ suivante* folgendermaßen; *de toute(s) ~(s)* auf jeden Fall, sowieso; *de toutes les ~s possibles* auf alle möglichen Arten; *en aucune ~* in keiner Weise; ganz und gar nicht; *sans ~s (fam)* ohne große Umstände; *une ~ de* e-e Art (von); **4.** *arranger qn de la belle ~ (ironisch)* jdn schön zu=richten; *faire des ~* sich zieren, Umstände machen; **5.** *c'est une ~ de parler* das ist nur so e-e Redensart; das darf man nicht so wörtlich nehmen; *en voilà des ~s!* so was! so können Sie mir nicht kommen! *pas de ~s!* machen Sie keine Umstände! **6.** *~ d'agir* Handlungsweise *f,* Verhalten *n; ~ d'être* Seinsweise; Wesensart *f; ~ de parler* Redensart, (Rede-)Wendung *f,* Ausdruck *m; ~ de penser* Denkart *f; ~ de travailler* Arbeitsweise *f; ~ de vivre* Lebensweise *f,* -wandel *m; ~ de voir* Ansicht, Meinung, Einstellung *f,* Standpunkt *m;* **~éré, e** *a* **1.** geziert, affektiert; **2.** *(Stil)* geschraubt; **3.** *(Kunst)* manieriert; **~érisme** *m (Kunst)* Manierismus *m;* **~eur** *m: ~ d'affaires* Manager *m; ~ d'argent* Finanzmann *m; ~ d'hommes* Führernatur *f.*
mani|festant, e [manifɛstɑ̃] *m f* Kundgebungsteilnehmer(in *f*); Demonstrant(in *f*) *m; cortège m de ~s* Demonstrationszug *m;* **~festation** *f* **1.** Bekundung, Äußerung *f;* **2.** *rel* Offenbarung *f;* **3.** Kundgebung; Veranstaltung *f;* **4.** *pol* Demonstration *f;* **5.** *med (Krankheit)* Manifestation *n,* Zutagetreten *n;* **6.** *~ artistique* künstlerische Darbietung *f; ~ mondaine* gesellschaftliche Veranstaltung *f; ~ de soutien* Sympathiekundgebung *f; ~ sportive* Sportveranstaltung *f; ~ de volonté (jur)* Willensäußerung *f;* **~feste I.** *a* offen(bar), (offen-)sichtlich, sichtbar *fig,* augenscheinlich, handgreiflich; **II.** *s m* **1.** *pol* Manifest *n;* **2.** *mar* Manifest, Ladungsverzeichnis *n;* **3.** *pour des raisons ~s* aus bekannten Gründen; *c'est ~* das liegt auf der Hand; **~fester I.** *tr* **1.** äußern, dar=tun, an den Tag legen; Ausdruck geben *od* verleihen (*qc* e-r S); **2.** offenbaren; zu erkennen geben; **II.** *itr pol* demonstrieren; **III.** *v prn se ~* **1.** zutage, in Erscheinung treten; offenkundig werden; **2.** *(Person)* von sich hören lassen; **3.** *rel* sich offenbaren.
maniganc|e [manigɑ̃s] *f* Trick, Kniff *m; pl* Schliche *m pl;* **~er** *tr fam (Plan)* heimlich in die Wege leiten, an=zetteln.
mani|pulateur, trice [manipylatœr, tris] *m f* **1.** *~ radiographe* Röntgenassistent(in *f*) *m;* **2.** *tele* Taste(r *m*) *f;* **3.** *tech* Manipulator *m;* **4.** Zauberkünstler *m;* **~pulation** *f* **1.** *tech* Handhabung *f,* Umgang *m* (*de qc* mit etw), Betätigung *f;* **2.** *tele* Tasten *n;* **3.** *phys chem* Versuch *m;* **4.** *med ~ vertébrale* chiropraktische(s) Einrenken *n* von Wirbeln; **5.** *fig ~s électorales* Wahlmanipulationen *f pl;* **~puler** *tr* **1.** handhaben, hantieren, um=gehen (*qc* mit etw); *(Apparat)* bedienen; *(Hebel)* betätigen; **2.** *tele* tasten; **3.** *fig fam* (hin=)drehen, manipulieren; **~tou** *m le grand ~ (fam)* der Boß; **~velle** *f* **1.** Kurbel *f;* Handgriff *m;* **2.** *donner le premier tour de ~ (film)* mit den Dreharbeiten beginnen; **3.** *~ de lève-fenêtre (mot)* Fensterkurbel *f.*
mann|e [man] *f rel* Manna *n a. fig u. bot;* **~equin** [-kɛ̃] *m* **1.** Schaufenster-, Mode-, Schneider-, Wachs-, Drahtpuppe; Büste *f;* **2.** Mannequin *n;* Vorführdame; **3.** *fig* Marionette *f;* **4.** *(fam) avoir la taille ~* Konfektionsgröße haben; **5.** *défilé m de ~s* Modenschau *f.*

manœuvr|able [manœvrabl] *a mar* manövrierfähig; *mot* wendig; **~e** *f* **1.** Handhabung, Bedienung, Betätigung; Steuerung; Schaltung *f;* **2.** *med* Hand-,

Kunstgriff *m;* Übungsoperation *f;* **3.** *mar* Manövrieren; *pl* Tauwerk *n;* **4.** *mil* Manöver *n,* Übung; *(Taktik)* Führung, Bewegung *f;* **5.** *fig péj* (Betrugs-)Manöver *n,* Trick *m; pl* Machenschaften *f pl;* Schliche *m pl;* **6.** *pl loc* Rangieren, Verschieben *n;* **7.** *m* Handlanger *a. fig;* Hilfsarbeiter, ungelernte(r) Arbeiter *m;* **8.** *fausse* ~ falsche(s) Manöver *n;* ~ *de bourse, électorale* Börsen-, Wahlmanöver *n;* **~er I.** *tr* **1.** *tech* handhaben; *(Maschine)* bedienen; *(Hebel)* betätigen; **2.** *(Weiche)* stellen; **3.** *mar* steuern, manövrieren; **4.** *fig* dirigieren, manipulieren, lenken, leiten; **II.** *itr* **5.** *mil* manövrieren; Bewegungen ausführen (lassen); **6.** *mar* manövrieren; **7.** *fig* vorgehen, zu Werke gehen; Maßnahmen treffen; — *facile à* ~ *(mot)* wendig; **~ier, ère I.** *a (Taktik)* geschickt; wendig; *allg* erfahren; **II.** *s m mil pol* geschickte(r) Stratege *m.*

mano|ir [manwar] *m* Herrensitz *m,* -haus *n;* **~mètre** [-nɔ-] *m tech* Manometer *n.*

manqu|ant, e [mɑ̃, -ɑ̃t] **I.** *a* fehlend; **II.** *s m* **1.** *(Schule)* Fehlende(r) *m;* **2.** *com* fehlende(s) Stück; Manko *n;* **~e** *m* **1.** Mangel *m* (*de* an *dat*); **2.** Fehlen *n;* Fehlbetrag *m,* Defizit, Manko *n a. fam;* **3.** *(Roulette)* Zahl *f* unter 18; **4.** *com* Abgang; Schwund *m;* **5.** *fig pl (Buch)* Lücken *f pl;* Unzulänglichkeiten *f pl;* **6.** *à la* ~ *(pop)* mies; verkorkst, vermurkst; *par* ~ *de* mangels, in Ermangelung *gen;* **7.** ~ *d'argent, de capitaux, de devises* Geld-, Kapital-, Devisenmangel *m;* ~ *en caisse* Kassenmanko *n;* ~ *de charbon, de logements* Kohlen-, Wohnungsnot *f;* ~ *à gagner* entgangene(r) Gewinn, Verdienstausfall *m;* ~ *de main-d'œuvre* Mangel *m* an Arbeitskräften; ~ *d'oxygène* Sauerstoffmangel *m;* ~ *de place* Platzmangel *m;* **~é, e** *a* **1.** verfehlt, mißlungen; **2.** *(Gelegenheit)* verpaßt, versäumt; **3.** *il est un jardinier* ~ er hätte Gärtner werden sollen; **4.** *acte m* ~ *(Psychologie)* Fehlleistung *f;* *décollage, départ m* ~ *(aero)* Fehlstart *m;* **~ement** *m* Verfehlung *f,* Verstoß *m* (*à qc* gegen etw).

manquer [mɑ̃ke] **I.** *itr* **1.** *(absolument)* fehlen; nicht vorhanden sein, nicht da=sein, aus=gehen; **2.** mißglücken, fehl=schlagen, nicht geraten; — *il ne manquait plus que cela! fam* das fehlte gerade noch! *l'expérience a manqué* das Experiment hat fehlgeschlagen; **3.** *(être absent) (Person)* fehlen, weg=bleiben; — *il a manqué à l'école une semaine* er hat eine Woche lang die Schule geschwänzt; **4.** *(~ de)* fehlen an *dat;* — *on manque de pain, le pain manque* es fehlt an Brot; *nous manquons de pain* es fehlt uns an Brot; *ne laisser qn* ~ *de rien* es jdm an nichts fehlen lassen; ~ *d'argent, de cœur* kein Geld, kein Herz haben; **5.** *(presque) j'ai manqué (de) tomber* ich wäre beinahe gefallen; **6.** *(ne pas faire)* verpassen, vergessen, versäumen; — *ne pas* ~ *de faire qc* nicht versäumen, etw zu tun; *je n'y manquerai pas!* Sie können sich auf mich verlassen; **7.** ~ *à qn* jdm die schuldige Achtung versagen, jdn verletzen; ~ *à ses engagements* seinen Verpflichtungen nicht nach=kommen; ~ *à sa parole* sein Wort brechen; *la voix lui manqua* s-e Stimme versagte; **8.** *(regretter l'absence de)* vermissen; *elle me manque beaucoup* ich vermisse sie sehr; **II.** *tr* **9.** *(ne pas réussir)* verfehlen, *fam* verpatzen, verpfuschen; — *il a manqué sa vie* er hat sein Leben verpfuscht; **10.** *(ne pas atteindre)* verfehlen; versäumen, verpassen; — *il a manqué son but* er hat sein Ziel verfehlt, er hat danebengeschossen; *(Gelegenheit)* versäumen; *(Hasen)* verfehlen; *(Zug, Bus)* verpassen; *(Vorlesung, Schule)* schwänzen; — *fig tu n'as rien manqué* du hast nichts verpaßt; *je vous ai manqué de peu* fast hätte ich Sie noch getroffen; ~ *le coche* die Chance verpassen; **III.** *v prn se* ~ *(ne pas se recontrer)* sich verpassen; — *il s'en manque de beaucoup* es fehlt noch viel daran; *l'affaire s'est manqué* die Sache ist geplatzt.

mans|arde [mɑ̃sard] *f* Dachfenster *n;* Mansarde, Dachkammer *f; comble m en* ~ Mansardendach *n;* **~ardé, e** *a: chambre f* ~*e* Dachkammer *f; étage, logement m* ~ Dachgeschoß *n,* -wohnung *f.*

mant|e [mɑ̃t] *f zoo (~ religieuse)* Gottesanbeterin *f;* **~eau** *m* **1.** Mantel *a. fig tech geol;* **2.** *fig* Schutz(mantel); Deckmantel, Vorwand *m;* **3.** *sous le* ~ insgeheim, heimlich, in aller Stille, unterderhand; unter dem Deckmantel (*de* gen); **4.** *relever le col de son* ~ den Mantelkragen hochschlagen; **5.** ~ *de fourrure, de peau, de pluie* Pelz-, Leder-, Regenmantel *m;* ~ *d'homme, de femme, d'enfant* Herren-, Damen-, Kindermantel *m;* ~ *sport, d'été, d'hiver, de demi-saison* Sport-, Sommer-, Winter-, Übergangsmantel *m.*

manu|cure [manykyr] *m f* Maniküre *f,* Handpflegerin *f;* **~el, le** [-ɥɛl] **I.** *a* manuell; Hand-; **II.** *s m* **1.** Hand-, Lehrbuch *n,* Leitfaden *m;* **2.** manuell Veranlagte(r) *m;* — *travail m* ~ Handarbeit *f; pl* Werkunterricht *m;* **~ellement** *adv* mit der Hand; **~facture** *f* Fabrik *f,* Werk *n;* Belegschaft *f;* ~ *de porcelaine* Porzellanmanufaktur *f;* **~facturé, e** *a: produits m pl* ~*s* Fertigwaren *f pl;* **~scrit, e** [-skri-, -it] **I.** *a* handgeschrieben, -schriftlich; **II.** *s m* Manuskript *n;* Handschrift *f;* **~tention** *f* **1.** *(Waren)* Transport, Beförderung *f (in e-m Lager);* **2.** Lager, Magazin *n;* — *appareil m, installation, grue f de* ~ Verladevorrichtung, -anlage *f,* -kran *m; frais m pl de* ~ Verladekosten *pl; service m de* ~ Versandabteilung *f (in e-m Warenhaus);* **~tentionner** *tr* transportieren, befördern, lagern.

maous, se [maus] *a fam* riesig; beträchtlich.

mappemonde [mapmɔ̃d] *f* Welt-, Erdkarte *f;* ~ *céleste* Sternkarte *f.*

maqu|ereau [makro] **1.** *m pop* Zuhälter *m;* **2.** *zoo* Makrele *f;* **~ette** *f* **1.** Entwurf *m,* Layout *n;* **2.** (verkleinertes) Modell *n;* — ~ *de planeur* Segelflugmodell *n;* **~ettiste** *m* **1.** Modelltischler *m;* **2.** Layouter *m;* **~ignon** *m* **1.** Pferdehändler, *(meist) péj* Roßtäuscher *m;* **2.** *fig* gerissene(r) Vermittler *m;* **~ignonnage** *m* Roßtäuschertricks *m pl; fig* Täuschungsmanöver *n pl;* Schiebung *f,* Schwindel; Kuhhandel *m;* **~ignonner** *tr* **1.** *(Pferd)* mit unerlaubten Mitteln heraus=putzen; **2.** *fig* drehen, durch Schiebung zu erreichen *od* zu beeinflussen suchen; feilschen (*qc* um etw); **~illage** [-ijaʒ] *m* **1.** Schminken *n;* **2.** Make-up *n;* **3.** *(Auto) fam* Umfrisieren *n;* **4.** *phot* Retusche *f;* **~iller I.** *tr* **1.** schminken; **2.** *(Paß)* fälschen; **3.** *(Auto)* umfrisieren; **4.** *(Wahrheit)* verschleiern, vertuschen; **II.** *v prn se* ~ sich schminken; **~illeur, se** *m f theat* Maskenbildner(in *f*) *m.*

maquis [maki] *m* **1.** Maquis *m,* Busch(wald) *m;* **2.** *fig* Gestrüpp *n;* **3.** *prendre le* ~ in den Busch, in die Wälder, *pol* in den Maquis gehen; **~ard** *m* Widerstandskämpfer *m.*

mar|about [marabu] *m* **1.** *(Islam)* Marabut *m;* **2.** *orn* Marabu *m;* **3.** *mil* kegelförmige(s) Zelt *n;* **~aîcher, ère** [-rɛʃe, -ɛr] **I.** *a* Gemüse-; **II.** *s m f* Gemüsegärtner(in *f*) *m; culture f ~aîchère* Gemüseanbau *m;* **~ais** *m* Sumpf *a. fig,* Morast, Bruch *m,* Moor *n;* ~ *salant* Salzgarten *m;* **~asme** *m fig* Stocken *n,* Stillstand *m;* Da(r)niederliegen *n,* Flaute *f a. com;* **~asquin** *m* Maraschino *m (Likör);* **~athon** [-ratɔ̃] *m* **1.** *sport* Marathonlauf *m;* **2.** *fig* Marathonsitzung *f;* **~âtre** *f* Rabenmutter *f;* **~aude** *f jur* Felddiebstahl *m; taxi m en* ~ auf Kundenfang ausgehendes Taxi; **~auder** *tr* **1.** Felddiebstahl begehen; mausen, mopsen; **2.** *(Taxichauffeur)* Kunden suchen; **~audeur, se** *m f* (Feld-) Dieb(in *f*) *m.*

marbr|e [marbr] *m* **1.** Marmor *m;* **2.** Marmorplatte *f,* -sims *m,* -denkmal *n;* **3.** *typ* Stehsatz *m;* **4.** *tech* Richtplatte *f;* **5.** *de* ~ marmorn, gefühl-, herzlos; **6.** *rester sur le* ~ *(typ)* im Satz stehen=bleiben; **7.** *bloc m, dalle, plaque f de* ~ Marmorblock *m,* -fliese, -platte *f; carrière f de* ~ Marmorbruch *m;* **~é, e** *a* marmoriert, geädert; *être* ~ *de bleus* voller blauer Flecken sein; **~ure** *f* **1.** Marmorierung *f;* **2.** *(Haut)* blauunterlaufene Stelle.

marc [mar] *m* **1.** Trester *pl;* **2.** Tresterbranntwein *m;* **3.** ~ *de café* Kaffeesatz *m;* **4.** *au* ~ *le franc (com)* anteilmäßig; **~assin** [-ka-] *m zoo* Frischling *m.*

marchand, e [marʃɑ̃, -ɑ̃d] **I.** *a* Handels-; **II.** *s m* Händler(in *f*) *m;* — *marine f ~e* Handelsmarine *f; valeur f ~e* Markt-, Verkehrswert *m;* ~ *de journaux, de meubles, de musique, d'objets d'art* Zeitungs-, Möbel-, Musikalien-, Kunsthändler *m;* ~ *de biens* Immobilienhändler *m;* ~ *en gros, en* (od *au*) *détail* Großhändler *od* Grossist, Kleinhändler *m;* ~ *des quatre-saisons* Obst- u. Gemüsehändler *m (auf der Straße);* ~ *de vins* Weinhändler *m;* **~age** *m* **1.** Feilschen, Handeln *n;* **2.** *fam* Kuhhandel *m;* **~er** *tr* **1.** handeln, feilschen (*qc* um etw); **2.** *il ne lui a pas marchandé les éloges* er hat ihm gegenüber mit Lob nicht gespart; **~ise** *f* **1.** Ware; *pl* Ware(n *pl*) *f,* Güter *n pl,* Gut *n;* **2.** *faire valoir sa* ~ s-e Waren an=bieten, heraus=streichen; **3.** ~ *de (premier) choix* Qualitätsware, erstklassige Ware *f;* ~*s d'exportation, d'importation* Export-, Importware *f;* ~*s de groupage* Sammelgut *n;* ~*s en grande, en petite vitesse* Eil-, Frachtgut *n;* ~*s en vrac* Massengüter *n pl;* Schüttgut *n.*

march|e [marʃ] *n; f* **1.** Gang(art *f*) *m;* Gehen *n a. sport;* **2.** (Fuß-)Marsch *a. mil mus;* Weg *m;* **3.** *tech (regelmäßiger)* Gang; *(Zeit, Gestirne)* Lauf *m; mot loc mar* Fahrt *f;* **4.** (Wander-)Fahrt *f;* **5.** *(Jagd)* Fährte *f;* **6.** *fig* Gang, Verlauf, Fortgang, -schritt *m;* Handlungsweise *f;* Verhalten *n;* eingeschlagene(r) Weg *n;* **7.** (Treppen-)Stufe *f,* Tritt *m;* **8.** *hist* Mark *f,* Grenzgebiet *n;* **9.** *en* ~ *(de ... vers)* auf dem Marsch (von ... nach); *en (pleine)* ~ in (vollem) Gang *od* Betrieb, in (voller) Fahrt; **10.** *enjamber deux* ~*s à la fois* zwei Stufen auf einmal nehmen; *être en* ~ in Gang, in Betrieb sein, laufen; *faire* ~ *arrière* rückwärtsfahren; *fig* es sich anders überlegen; *mettre en* ~ in Gang, in Betrieb setzen; *mot* an=lassen; *se mettre en* ~ sich in Marsch setzen, ab=marschieren; auf=brechen; *mot* an=fahren; *ouvrir, fermer la* ~ an der Spitze, am Schluß marschieren; **11.** *chanson, direction f de* ~ Marschlied *n,* -richtung *f; heure f de* ~ Wegstunde *f; mise f en* ~ *(Motor)* anlassen; Inbetriebsetzung *f;* **12.** ~ *des affaires* Geschäftsgang *m;* ~ *avant, arrière (mot)* Vorwärts-, Rückwärtsgang *m;* ~ *des débats* Gang *m* der Verhandlungen; ~ *des évé-*

nements Gang *m* der Ereignisse; ~ *funèbre* Trauermarsch *m;* ~ *de la maladie* Krankheitsverlauf *m.*

marché [marʃe] *m* **1.** Markt(-platz); (Wochen-)Markt *m;* **2.** Umschlag-, Handelsplatz; Absatz(-markt *m,* -gebiet *n*) *m;* **3.** Marktlage *f;* **4.** (Ein-, Ver-)Kauf *m;* Geschäft(sabschluß *m*) *n,* Abmachung, Vereinbarung *f,* Vertrag *m;* **5.** *(à) bon* ~ billig; preiswert, wohlfeil; *par-dessus le* ~ als Zugabe; *fig* darüber hinaus, obendrein; **6.** *aller au* ~ auf den Markt gehen; *conclure, faire un* ~ e-n Kauf, ein Geschäft ab=schließen *od* tätigen; *faire son* ~ auf dem Markt ein=kaufen; *faire bon* ~ *de qc* geringachten; etw auf die leichte Schulter nehmen; *jeter, mettre sur le* ~ auf den Markt werfen *od* bringen; *ouvrir le* ~ *à qc* den Markt für etw erschließen; **7.** ~ *conclu!* abgemacht! **8.** *allure f du* ~ Marktverlauf *m; analyse f du* ~ Marktverlauf *m; analyse f du* ~ Marktanalyse *f; cours, prix m du* ~ Marktpreis *a. fig; économie f de* ~ Marktwirtschaft *f; fluctuations f pl du* ~ Marktschwankungen *f pl; prix m du* ~ *mondial* Weltmarktpreis *m; situation f du* ~ Marktlage *f;* **9.** ~ *d'actions* Aktienmarkt *m;* ~ *agricole* Agrarmarkt *m;* ~ *des capitaux, des changes* Kapital-, Devisenmarkt *m;* ~ *aux chevaux, aux œufs, au beurre, au blé, aux fruits et légumes* Pferde-, Fisch-, Eier-, Butter-, Getreide-, Obst- u. Gemüsemarkt *m; le* ~ *commun* der Gemeinsame Markt *m;* ~ *au comptant* Bar-, Kassageschäft *n;* ~ *couvert* Markthalle *f;* ~ *intérieur* Inlands-, Binnenmarkt *m;* ~ *mondial, monétaire* Welt-, Geldmarkt *m;* ~ *des matières premières* Rohstoffmarkt *m;* ~ *national* einheimische(r), Binnen-, Inlandsmarkt *m;* ~ *aux puces* Floh-, Trödelmarkt *m;* ~ *à tempérament* Abzahlungsgeschäft *n;* ~ *des titres, des valeurs* Effektenmarkt *m;* ~ *du travail* Arbeitsmarkt *m.*

marchepied [marʃəpje] *m* **1.** Tritt(brett *n*) *m;* **2.** Tritt-, Stehleiter *f;* **3.** *(fig) servir de* ~ *à qn* jdm als Sprungbrett dienen.

marcher [marʃe] **I.** *itr* **1.** gehen; sich (fort=)bewegen; schreiten, marschieren; laufen; treten (*dans* in *acc; sur* auf *acc*); **2.** fahren, reiten, segeln; **3.** weg=gehen, auf=brechen; los=, zu=gehen (*à* auf *acc*); **4.** *mil* vor=rücken, -gehen, -stoßen (*sur* auf *acc*); **5.** *(Sache)* verlaufen; *(Zeit)* vergehen, verrinnen; *(Arbeit, Unternehmen)* voran=kommen, Fortschritte machen; **6.** *tech* gehen, laufen, funktionieren, in Ordnung, in Betrieb sein; **7.** *(öffentl. Verkehrsmittel) (planmäßig)* fahren; **8.** *fam* darauf ein=gehen; mit=tun, -machen; darauf herein=fallen; **II.** *s m: (façon f de* ~*)* Gang *m;* **9.** *faire* ~ in Gang bringen, in Betrieb setzen; *qn (fam)* jdm kommandieren; jdn an der Nase herumführen; ~ *en arrière* zurück=fahren, -stoßen; ~ *avec qn* mit jdm gehen; *fig fam* mit jdm e-r Meinung sein; ~ *devant qn* jdm voran=gehen, *fig* den Weg bahnen; **10.** ~ *au même pas (fig)* mitea. Schritt halten; ~ *à grands pas* große Schritte machen; es eilig haben; ~ *sur les pas, sur les traces de qn* in jds Fuß(s)tapfen treten; ~ *sur le pied de qn* jdm auf den Fuß treten; *fig* auf jdm herumtrampeln; ~ *sur la pointe du pied* auf Zehenspitzen gehen; ~ *à souhait* nach Wunsch gehen, *fam* klappen; ~ *sur les talons de qn* dicht hinter jdm folgen; ~ *avec son temps (fig)* mit der Zeit gehen; **11.** *marche!* marsch! los! *ça marche (fam)* es klappt; *ça marche mal (fam)* das geht schief; *je ne marche pas* da mache ich nicht mit; *il marche sur ses quarante ans* er geht auf die Vierzig zu; *on ne me fait pas* ~ *facilement (pop)* mich legt man nicht leicht rein.

marcheur, se [marʃœr, -øz] *m f* **1.** Marschierer(in *f*) *m;* **2.** *sport* Geher(in *f*) *m;* — *être bon* ~ gut zu Fuß sein.

mar|cotte [markɔt] *f bot agr* Ableger, -senker *m;* ~**cotter** *tr* ablegen, ab=senken.

mardi [mardi] *m* Dienstag *m;* ~ *gras* Fastnacht *f.*

mar|e [mar] *f* Tümpel; kleine(r) Teich; Pfuhl *m;* ~ *aux canards* Ententeich *m;* ~ *de sang* Blutlache *f;* ~**écage** *m* Sumpf, Morast *m;* ~**écageux, se** *a* sumpfig, morastig; *sol, terrain m* ~ sumpfige(r, s) Boden *m od* Gelände *n;* ~**échal** *m pl -aux* Marschall *m; bâton m de* ~ Marschallstab *m;* ~*-ferrant m* Hufschmied *m;* ~ *des logis (Kavallerie, Artillerie)* Unteroffizier *m;* ~ *des logis chef m* Feldwebel *m;* ~**ée** *f* **1.** *mar* Ebbe u. Flut *f; pl* Gezeiten *pl,* Tiden *f pl;* **2.** frische Seefische *m pl;* **3.** ~ *humaine* Menschenmenge *f;* **4.** *aller contre vent(s) et* ~ sich über alle Hindernisse hinweg=setzen; ~ *basse, haute* Ebbe *f od* Niedrig-, Flut *f od* Hochwasser *n;* ~ *noire* Ölpest *f;* ~**elle** *f* Himmel u. Hölle *(~ à cloche-pied);* Mühlespiel *n (~ assise);* ~**émoteur, trice** *a* Gezeiten-; *usine f* ~*émotrice* Gezeiten-, Flutkraftwerk n; ~**eyage** [-ɛj-] *m* (See-)Fischhandel *m;* ~**eyeur, se** (See-)Fischhändler(in *f*) *m.*

marg|arine [margarin] *f* Margarine *f;* ~**e** [marʒ] *f* **1.** (*bes.* Blatt-, Papier-)Rand *a. anat bot;* **2.** *fig* Spielraum *m;* **3.** *com* Spanne, Marge; Deckung *f;* **4.** *tech* Toleranzbereich *m;* **5.** *en* ~ *de* am Rande, außerhalb *gen;* **6.** *avoir de la* ~ genügend Zeit, Mittel *etc* haben; **7.** *il y a de la* ~ *de ... à ...* es ist ein Unterschied zwischen ... und ...; **8.** *note f en* ~ Randzeichnung, -notiz *od* -bemerkung *f;* ~ *bénéficiaire* Gewinnspanne *f;* ~ *de sécurité* Sicherheitsmarge *f;* **~elle** [-ʒɛl] *f* Brunnenrand *m;* **~er** *tr* **1.** *typ (Bogen)* an=legen; **2.** *(Schreibmaschine)* den Rand einstellen; **~eur, se** *m f typ* Anleger(in *f*) *m;* Anlegeapparat *m; (Schreibmaschine)* Randsteller *m;* **~inal, e** *a* **1.** *bes. typ* Rand-; **2.** nebensächlich; — *note f ~e* Randbemerkung *f; phénomène m* ~ Randerscheinung *f; utilité f ~e* Grenznutzen *m.*

mar|goulette [margulɛt] *f pop* Maul *n,* Schnauze, Fresse *f; casser la* ~ *à qn* jdm die Schnauze ein=schlagen; **~goulin** *m fam* (Börsen-)Jobber; Krämer *m;* **~grave** [-grav] *m f hist* Markgraf *m,* -gräfin *f;* **~guerite** [-gə-] *f bot* Margerite *f.*

mari [mari] *m* (Ehe-)Mann, Gatte *m;* **~age** *m* **1.** Ehe(stand *m*); Heirat; *(célébration, cérémonie f du ~)* Eheschließung, Trauung, Vermählung; Hochzeit *f;* **2.** *fig* Vereinigung; Zusammenstellung *f;* **3.** *hors ~, en dehors du* ~ außer-, unehelich *adv;* **4.** *contracter* ~ sich verheiraten (*avec qn* mit jdm), e-e Ehe schließen, sich trauen lassen; *demander qn en* ~ um jds Hand an=halten; *donner en* ~ zur Frau geben (*à qn* jdm); *faire un bon* ~ e-e gute Partie machen; *promettre* ~ die Ehe versprechen; **5.** *acte m de* ~ Heiratsurkunde *f,* Trauschein *m; anneau m de* ~ Ehe-, Trauring *m; annonce f, billet, faire-part m de* ~ Heiratsanzeige *f; autel m des ~s* Traualtar *m; cadeau m de* ~ Hochzeitsgeschenk *n; contrat m de* ~ Heirats-, Ehevertrag *m; demande f en* ~ Heiratsantrag *m; dissolution f du* ~ Auflösung *f* der Ehe; *promesse f de* ~ Verlöbnis, Eheversprechen *n;* ~ *d'amour* Liebesheirat *f;* ~ *civil* standesamtliche Trauung *f;* ~ *mixte* Mischehe *f;* ~ *de raison* Vernunftehe *f;* ~ *religieux* kirchliche Trauung *f;* **~é, e I.** *a* verheiratet; **II.** *s m f* Bräutigam *m,* Braut *f (am Hochzeitstag); (jeune ~, ~e)* junge(r) Ehemann *m,* junge Ehefrau *f; pl* Brautpaar *n;* Jungverheiratete, Neuvermählte *pl;* junge(s) Paar *n; être bien, mal* ~ glücklich, unglücklich verheiratet sein; **~er I.** *tr* **1.** trauen; **2.** verheiraten; **3.** *fig* verein(ig)en, verbinden (*à* mit); zs=stellen, kombinieren *(a. Farben);* **II.** *v prn se* ~ **4.** (sich ver)heiraten; sich trauen lassen (*avec qn* mit jdm; *à l'église* kirchlich); **5.** *fig* sich vereinigen; zuea. passen, harmonieren.

marihuana, marijuana [marirɥana, -ʒɥana] *f* Marihuana *n.*

marin, e [marɛ̃, -in] **I.** *a* **1.** See-, Meer-; Schiffs-; Matrosen-; **2.** seemännisch, -tüchtig; **II.** *s m* **3.** Seemann, -fahrer, Matrose *m; pl* See-, Schiffsleute *pl;* **4.** *avoir le pied* ~ den Seemannsgang haben; *fig* nicht aus der Fassung zu bringen sein; **5.** *béret, col, costume m* ~ Matrosenmütze *f,* -kragen, -anzug *m; mille m* ~ Seemeile *f;* **~ade** *f* Marinade; Beize *f;* **~age** *m* Marinieren; Einlegen *n;* **~e** *f* **1.** Marine, Flotte *f;* Seestreitkräfte *f pl;* **2.** *(Kunst)* Seestück *n;* **3.** *académie f, arsenal, musée m de la* ~ Marineakademie, -werft *f,* -museum *n; bleu m* ~ Marineblau *n; ministère m de la* ~ Marineministerium *n;* ~ *de commerce, marchande* Handelsmarine *f;* **~er I.** *tr* marinieren, ein=legen; **II.** *itr* in Marinade liegen; **~ier, ère I.** *a* Marine-, See-; **II.** *s m* **1.** (Fluß-)Schiffer *m;* **2.** *f* (Damen-)Jumper *m.*

mari|ol [marjɔl] *m fam faire le* ~ wichtig tun; **~onnette** [-rjɔ-] *f* **1.** Puppe; *(~ à fils)* Marionette *f a. fig;* **2.** *fig* Puppe *f,* willenlose(s) Werkzeug *n;* **3.** *pl* Puppentheater *n;* — *montreur m, théâtre m de ~s* Puppenspieler *m,* -theater *n.*

marital, e [marital] *a pl -aux jur* dem Ehemann zustehend; **~ement** *adv vivre* ~ wie Eheleute zs.=leben.

maritime [maritim] **I.** *a* See-; maritim; **II.** *s m les ~s* die Seeleute *pl;* — *agence f* ~ Schiffsagentur *f; assurance f* ~ Seeversicherung *f; commerce m* ~ Seehandel *m; gare f* ~ Hafenbahnhof *m; navigation f* ~ Seeschiffahrt *f; puissance f* ~ Seemacht *f; signal m* ~ See-, Schiffahrtszeichen *n; territoire m* ~ *(pol)* Küstengebiet *n,* -gewässer *n pl; trafic m* ~ Schiffsverkehr *m; ville f* ~ Küstenstadt *f.*

mari|torne [maritɔrn] *f fam* Schlampe *f;* **~vaudage** *m* (übertriebene) Galanterie *f;* **~vauder** *itr* (scherzhaft) galante Dinge sagen.

mar|jolaine [marʒɔlɛn] *f bot* Majoran *m;* **~lou** *m arg* Zuhälter, Louis *m.*

marm|aille [marmaij] *f fam* Schwarm *m* Kinder, (lärmende) Kinderschar *f;* **~elade** *f* Mus, Kompott *n; en* ~ *fig (Gesicht)* übel zugerichtet; ~ *de pommes, de prunes* Apfel-, Zwetsch(g)enmus *n;* **~ite** *f* (Koch-)Topf, Kessel *m; faire bouillir la* ~ die Familie ernähren; **~iton** *m* Küchenjunge *m;* **~onner** *tr fam* in den Bart murmeln, brummeln, murren; **~oréen, ne** *a* **1.** marmorartig, -ähnlich; Marmor-; **2.** *fig* weiß; **3.** hart, kalt wie Marmor; **~ot** [-mo] *m fam* Knirps *m; pl fam* Gören, Bälger *n pl; croquer le* ~ *(fig fam)* sich die Beine in den Bauch stehen; **~otte** *f* Murmeltier *n; dormir comme une* ~ wie ein Murmeltier schlafen; **~otter** *tr* in den Bart murmeln, (undeutlich) vor sich hin reden.

marn|e [marn] *f min* Mergel *m;* ~ *alluviale, argileuse, calcaire, siliceuse* Geschiebe-, Ton-, Kalk-, Schiefermergel *m;* **~er** *itr fam* schuften; **~eux, se** *a min* merg(e)lig; *sol m* ~ Mergelboden *m;* **~ière** *f* Mergelgrube *f.*

maronner [marɔne] *itr fam* knurren, brummen, sich ärgern.

maro|quin [marɔkɛ̃] *m* Saffian, Maroquin *m;* **~quinerie** *f* Saffianherstellung; (feine) Lederwaren(handel *m,* -geschäft *n*) *f pl;* **~quinier** *m* Lederwarenhändler *m.*

marotte [marɔt] *f* **1.** *(~ du fou)* Narrenzepter *n;* **2.** *(Putzmacherei)* Hut-, Kopfform; **3.** *fig* Marotte, Schrulle, fixe Idee *f.*

maroufler [marufle] *tr (Gemälde)* auf=ziehen.

marqu|age [markaʒ] *m* **1.** Markierung, Kenn-, Bezeichnung *f;* **2.** *~ des prix* (Preis-) Auszeichnung *f;* **3.** *sport* Dekkung *f;* **~ant, e** *a* markant, hervortretend, -ragend, -stechend, auffallend; *(Persönlichkeit)* bedeutend, hervorragend; **~e** *f* **1.** Marke *f,* (Ab-, Kenn-)Zeichen *n;* Markierung *f;* Stempel *m;* **2.** Merk-, Lesezeichen; Handzeichen *n;* **3.** Spuren *f pl (e-r Verletzung);* Narbe *f;* **4.** (Fuß-, Rad-)Spur *f;* **5.** *fig* Gepräge *n,* Stempel *m;* **6.** *fig* Zeugnis *n;* Beweis *m;* (An-)Zeichen *n (de qc* für etw); **7.** *com* Waren-, Firmenzeichen *n;* **8.** Marke; Spielmarke *f;* **9.** *de ~ (com)* Marken-, Qualitäts-, Spitzen-; *allg* hervorragend, ausgezeichnet; *à vos ~s! prêts! partez! (sport)* auf die Plätze! fertig! los! **10.** *mener à la ~ (Fußball)* nach Punkten führen; **11.** *article, produit m de ~* Markenartikel *m;* **12.** *~ de commerce, de fabrique* Warenzeichen *n;* Fabrikmarke *f;* *~ déposée* eingetragene(s) Schutzmarke *f od* Warenzeichen *n;* *~ d'origine* Ursprungsvermerk *m;* *~ de qualité* Gütezeichen *n;* *~ de sympathie* Beileidsbezeigung *f;* *~ du temps* Zeichen *n* der Zeit; **~é, e** *a* **1.** markiert, mit e-m Zeichen versehen, gezeichnet *a. fig;* gestempelt; **2.** *fig* ausgeprägt, unverkennbar, deutlich, ausgesprochen; **3.** *(Gesicht)* faltig, runz(e)lig; **4.** *(fam) il n'y a rien de ~* es ist nichts angegeben (*sur la liste* auf der Liste); *il arriva à l'instant ~* er kam zum festgesetzten Zeitpunkt; **5.** *prix m ~* Katalog-, Listenpreis *m;* *~ de la petite vérole* blatternarbig.

marquer [marke] **I.** *itr* **1.** Spuren hinter=, zurück=lassen (*sur, dans qc* in, auf e-r S) *a. fig;* **2.** hervor=ragen, auf=fallen, bedeutsam sein; — *événement qui marque* denkwürdiges, entscheidendes Ereignis; *les événements qui ont marqué sur lui* die Ereignisse, die auf ihn e-e nachhaltige Wirkung hatten; *~ mal (Stempelabdruck)* undeutlich sein; *fig* keine gute Figur machen; **II.** *tr* **1.** zeichnen, mit e-m Zeichen versehen, aus=zeichnen, kennzeichnen; *(Wäsche)* zeichnen; *~ qc d'une croix* e-e S an=kreuzen; *~ qc de son empreinte* e-r S s-n Stempel auf=drücken; *~ les pages* paginieren; *~ l'itinéraire d'un bateau sur la carte* auf der Karte den Weg e-s Schiffes markieren; **2.** e-e Spur hinterlassen (*qc* auf e-r S); *avoir des traits marqués* markante Gesichtszüge haben; **3.** *(noter)* ver=, an=merken, sich notieren, auf=schreiben (*sur le carnet* im Notizbuch); **4.** *(indiquer)* (an)zeigen, *(Zeiger)* stehen (*qc* auf e-r S); in Erscheinung treten lassen, zeigen, enthüllen, offenbaren, deutlich machen, an=geben, zu verstehen geben; *~ les prix sur la marchandise* die Ware auszeichnen; *~ un tournant* e-n Wendepunkt bedeuten; **5.** *(fixer) (Zeitpunkt)* festsetzen, bestimmen; *(Ziel)* setzen, stecken; *~ la mesure* den Takt schlagen; *~ le pas* auf der Stelle treten *a. fig;* **6.** *(Spiel) ~ un point* e-n Punkt machen; *(Fußball) ~ un but* ein Tor schießen; *~ un joueur* e-n Spieler abdecken.

marquet|er [markəte] *tr (Holz)* ein=legen; **~erie** *f* Einlegearbeit *f.*

marqu|eur, se [markœr, -øz] *m f* **1.** Markierer(in *f*), Stempler(in *f*) *m* **2.** *(Schießen)* Anzeiger; Anschreiber *m;* **3.** *sport* Spieler *m,* der e-n Treffer erzielt; **4.** dicke(r) Filzschreiber *m;* **5.** *(Schlachthof)* Fleischbeschauer *m;* **~is, e** [-i, -iz] *m f* **1.** Marquis(e *f*); *(hist)* Markgraf *m,* -gräfin *f;* **2.** *f* Markise *f;* **3.** Glas-, Wetterdach *n;* **4.** Schmuckring *m* mit länglicher Fassung; **5.** Schorle(morle) *f (Getränk).*

marr|aine [marɛn] *f* Patin *f a. fig;* **~ant, e** *a fam* heiter, lustig; *c'est ~* das ist zum Totlachen; **~e** [mar] *adv fam j'en ai ~* es kotzt mich an, es steht mir bis oben; *c'est ~* das langt; *y en a ~!* jetzt langt's! **~er, se** *v prn arg* sich krumm (u. schief) lachen; **~i, e** *a lit* betrübt, traurig; **~on I.** *s m* **1.** (Eß-)Kastanie, Marone *f;* **2.** Mehlklümpchen *n;* **3.** *fam* Faustschlag *m;* **4.** (Buchstaben-)Schablone *f;* **II.** *a inv* **5.** kastanienbraun; **6.** *être ~ (fig fam)* der Dumme sein; *flanquer un ~ à qn (pop)* jdm e-e knallen, kleben; *tirer les ~s du feu (fig)* die Kastanien aus dem Feuer holen; *~ d'Inde* Roßkastanie *f;* **~on, ne** *a fig: avocat m ~* Winkeladvokat *m;* **~onnier** *m* Maronenbaum *m;* *~ d'Inde* Roßkastanie *f (Baum).*

mars [mars] *m* **1.** März *m;* **2.** *arriver, venir comme ~ en carême* todsicher *od* wie gerufen kommen; **M~eillaise, la** [-sɛjɛz] die Marseillaise *(franz. Nationalhymne);* **~ouin** [-swɛ̃] *m zoo* Tümmler *m.*

mart|eau [marto] *m pl -x* **I. 1.** Hammer *a. sport mus anat;* **2.** Türklopfer *m;* **3.** *zoo* Hammerhai *m;* **II.** *a inv pop* **4.** verrückt, plemplem; **5.** *avoir reçu un coup* *de ~ (pop)* nicht alle Tassen im Schrank haben, nicht ganz bei Trost sein; *donner le dernier coup de ~ (Versteigerung)* zu=schlagen; *passer sous le ~* unter den Hammer kommen *a. fig;* **6.** *~ de forge* Schmiedehammer *m; ~ pneumatique* Preßlufthammer *m;* **~el** *m: se mettre ~ en tête* sich Gedanken, Sorgen machen (*sur qc* über e-e S); **~elé, e** *a* **1.** gehämmert, getrieben; **2.** *mus* gehämmert; **~èlement** *m* **1.** Hämmern *n;* **2.** *fig* Dröhnen *n;* **~eler** *tr* **1.** *(Metall)* (be-)hämmern; **2.** *(Baum)* anlaschen; **3.** *fig (Worte)* stark betonen, hervorheben; **4.** *il martelait le visage de son adversaire* er hämmerte mit Fäusten auf das Gesicht s-s Gegners ein.

mart|ial, e [marsjal] *a* kriegerisch; *carence f ~e (med)* Eisenmangel *m; cour f ~e* Standgericht *n;* **~ien, ne** [-s-] **I.** *a (Astrologie)* Mars-; **II.** *s m* Marsbewohner *m.*

martin [martɛ̃] *m orn* Rosenstar *m; ~ pêcheur m* Eisvogel *m;* **~et** [-ɛ] *m* **1.** Klopfpeitsche *f;* **2.** *orn* Mauersegler *m.*

mart|ingale [martɛ̃gal] *f* **1.** *(Pferd)* Sprungriemen *m;* **2.** *(Mantel)* Lasche *f,* Rückengurt *m;* **3.** ausgeklügelte(s) System *n* für ein Glücksspiel; **~(r)e** *f* Marder(fell *n*) *m;* **~yr, e** [-tir] **I.** *s m f* Märtyrer(in *f*) *a. fig; fig* Dulder(in *f*) *m;* **II.** *a* Märtyrer-; *couronne, mort f de ~* Märtyrerkrone *f,* -tod *m; enfant m ~* mißhandelte(s), gequälte(s) Kind *n;* **~yre** *m* **1.** Martyrium *n,* Märtyrertod *m;* **2.** *fig* Marter *f,* Höllenqualen *f pl;* **~yriser** *tr* **1.** zum Märtyrer machen; **2.** *fig* peinigen, martern.

marx|isme [marksism] *m* Marxismus *m;* **~iste I.** *a* marxistisch; **II.** *s m f* Marxist(in *f*) *m.*

mas [mɑ(s)] *m (Südfrankreich)* Bauernhaus *n.*

masc|arade [maskarad] *f* **1.** Verkleidung *f;* **2.** *fig* Verstellung, Heuchelei *f;* **~otte** *f fam* Maskottchen *n;* **~ulin, e I.** *a* männlich; Mannes-, Männer-; **II.** *s m gram (genre m ~)* Maskulinum, männliche(s) Geschlecht *n; confection f ~e* Herrenkonfektion *f.*

masoch|isme [mazɔʃism] *m* Masochismus *m;* **~iste I.** *a* masochistisch; **II.** *s m f* Masochist(in *f*) *m.*

masqu|e [mask] *m* **1.** Maske *f (a. Person u. fig);* **2.** (Gesichts-)Züge *m pl,* Ausdruck *m;* **3.** *fig* Deckmantel, äußere(r), falsche(r) Schein *m;* **4.** *med* Narkosemaske *f;* **5.** *arracher, ôter le ~ à qn (fig)* jdn entlarven; *lever, jeter le ~ (fig)* die Maske fallen=lassen; **6.** *~ mortuaire, protecteur* Toten-, Schutzmaske *f; ~ à gaz* Gasmaske *f; ~ à oxygène, respiratoire* Sauerstoffgerät *n;* **~é, e** *a* **1.** maskiert; Masken-; **2.** *(Absicht)* versteckt; *bal m ~* Maskenball *m;* **~er** *tr* **1.** maskieren; *(Sache)* verkleiden, ab=dekken; verdecken, dem Blick entziehen; **2.** *(Aussicht)* versperren; *(Licht)* ab=schirmen; **3.** *fig* verhüllen, verbergen, verschleiern *(a. Bilanz),* tarnen, vernebeln.

massacr|ant, e [masakrɑ̃, -ɑ̃t] *a: être d'une humeur ~e* abscheulicher Laune sein; **~e** *m* **1.** Massaker, Gemetzel, Blutbad *n,* Massenmord *m;* **2.** *fig* Verhunzung, Verschandelung *f; — un vrai jeu de ~! (fig fam)* das reinste Schlachtfeld! **~er** *tr* **1.** nieder=metzeln, -machen, ein Blutbad an=richten (*qc* unter etw *dat*); **2.** *fig* verhunzen, verschandeln; **3.** *(fam fig) ~ un adversaire* e-n Gegner übel zurichten.

massage [masaʒ] *m med* Massieren *n,* Massage *f; ~ facial, thérapeutique* Gesichts-, Heilmassage *f.*

masse [mas] *f* **1.** Masse *f a. phys;* **2.** Block *m;* **3.** (große) Menge *f;* Haufen *m,* Masse *f,* Klumpen; **4.** (Bau-) Körper *m;* **5.** Gesamtheit, Summe *f; (Lohn)* (Gesamtheit *f* der) Abzüge *m pl;* (Geld-) Fonds *m,* Rücklage; (gemeinsame, Betriebs-, Vereins-)Kasse *f;* **6.** *tech* Block *m; radio* Erde; *phys* Masse *f;* **7.** *meist pl* (Menschen-)Masse(n *pl*), Menge; große Masse *f,* große(r) Haufen *m;* **8.** (großer) (Holz-)Hammer; große(r) Schmiedehammer *m;* **9.** *min* Schlägel, Fäustel *m (~ de mineur);* **10.** *(Billardqueue)* dicke(s) Ende *n;* **11.** *des ~s de (pop)* Massen von; e-e ganze Menge; **12.** *en ~* alle auf einmal; haufen-, scharenweise; massenhaft, in Hülle u. Fülle; im ganzen, in s-r, ihrer Gesamtheit; **13.** *arriver en ~* herbei=strömen, sich heran=wälzen, *mettre à la ~ (radio)* erden; **14.** *article m de ~* Massenartikel *m; emploi m en ~* Masseneinsatz *m; fabrication, production f en ~* Massenfabrikation *f; levée f en ~* Massenaufgebot *n;* **15.** *~ active, passive (com)* Aktiva, Passiva *n pl; ~ atomique* Atomgewicht *n; ~ des biens* Vermögensmasse *f; ~ de la faillite* Konkursmasse *f; ~ moléculaire* Molekulargewicht *n; ~ monétaire* Geldvolumen *n; ~(s) populaire(s)* Volksmasse(n *pl*) *f; ~ salariale* Lohnaufkommen *n.*

massepain [maspɛ̃] *m* Marzipan *n.*

mass|er [mase] **I.** *tr* **1.** *med* massieren; **2.** zs.=drängen, -drücken; **3.** *mil (Kunst)* massieren; **II.** *v prn se ~* sich in Massen an=sammeln; **~eur, se** *m f* Masseur *m,* Masseuse *f.*

massif, ive [masif] **I.** *a* **1.** *(Gebäude, Holz)* massiv; **2.** *(Mensch)* massig; **3.** *(Dosis)* stark; **4.** *fig* Massen-; **5.** *fig (Argument)* durchschlagend; **II.** *s m* **1.** (Gebirgs-)Massiv *n;* **2.** massive(s) Mauerwerk *n;* **3.** dekorative Pflanzengruppe *f;* **4.** *arrestations f pl ~ives* Massenverhaftungen *f pl; auditoire m* ~ sehr zahlreiche Zuhörerschaft *f; départs m pl ~s* Massenaufbruch *m; majorité f ~ive (parl)* kompakte Mehrheit *f;* **5.** ~ *d'arbres* Baumgruppe *f;* ~ *de fleurs* kunstvoll angelegte(s) Blumenbeet *n;* ~ *forestier* Waldkomplex *m,* -gebiet *n;* ~ *montagneux, rocheux* Berg-, Felsmassiv *n.*

mass media [masmedja] *m pl* Massenmedien *n pl.*

massue [masy] *f* Keule *f; f; argument m* ~ durchschlagende(s) Argument *n; coup m de* ~ *(fig)* schwere(r), harte(r) Schlag; Keulenschlag *m.*

mast|ic [mastik] **I.** *s m* **1.** Mastix; Kitt *m;* **2.** *typ* Zwiebelfische *m pl;* **II.** *a* beige; ~ *de(s) vitrier(s)* Glaser-, Fensterkitt *m;* **~icage** *m* Verkitten *n;* **~icateur** *a anat* Kau-; *muscles m pl ~s* Kaumuskeln *m pl;* **~ication** *f* Kauen *n;* **~iff** *m zoo* Mastiff *m;* **~iquer** *tr* **1.** (zs.-, ver)kitten; **2.** kauen; **~oc** [ɔk] *a inv pop* klotzig, klobig, plump; **~odonte** *m* **1.** *zoo* Mastodon *n;* **2.** *(Person)* Koloß *m; (Maschine)* Gigant *m;* ~ *de la route* Verkehrsgiganten *m pl.*

m'as-tu-vu [matyvy] *m inv fam* Wichtigtuer, Angeber *m.*

masure [mazyr] *f* baufällige(s) Haus *n.*

mat, e [mat] **I.** *a* **1.** matt, stumpf, glanzlos; **2.** *(Ton)* schwach, dumpf; **3.** *inv (Schach)* matt; **II.** *s m (Schach)* Matt *n; faire qn (échec et)* ~ *(fig)* jdn matt setzen, aus=schalten.

mât [mɑ] *m* **1.** Mast(baum) *m;* **2.** (Zelt-, Fahnen-)Stange *f;* **3.** *(Turnen)* Kletterstange *f;* **4.** *grand* ~ Großmast *m;* **5.** *sans* ~ *(Zelt)* stabfrei; **6.** ~ *d'amarrage* Ankermast *m (für Luftschiffe);* Abspannmast *m;* ~ *d'artimon* Besanmast *m;* ~ *de charge* Ladebaum *m;* ~ *de cocagne* Kletterstange *f* (mit aufgehängten Preisen); ~ *de misaine* Fockmast *m;* ~ *de pavillon* Flaggenstock *m.*

mata|dor [matadɔr] *m* Matador *m;* **~f** *m arg mar* Blaujacke *f;* **~more** *m* Maulheld, Prahlhans *m; faire le* ~ sich auf=spielen.

match [matʃ] *m, pl -(e)s* **1.** *sport* (Wett-)Spiel *n,* Kampf *m,* Treffen *n;* **2.** *disputer un* ~ ein Spiel, e-n Kampf aus=tragen; *(faire)* ~ *nul* unentschieden (spielen) (*avec* gegen); **3.** ~ *aller, amical* Hin-, Freundschaftsspiel *n;* ~ *de boxe, de lutte* Box-, Ringkampf *m;* ~ *de championnat, sur courts couverts* Meisterschafts-, Hallenspiel *n;* ~ *éliminatoire, de sélection* Ausscheidungsspiel *n,* -kampf *m;* ~ *d'entraînement* Übungsspiel *n;* ~ *de football, d'échec* Fußball-, Schachspiel *n;* ~ *de tennis* Tenniswettkampf *m.*

mat|elas [matla] *m* **1.** Matratze *f;* **2.** *(Maschine)* Bettung *f;* **3.** *tech* Polster *n;* **4.** *fam* dicke Brieftasche *f;* **5.** ~ *d'air (tech)* Luftschicht *f,* -polster *n;* ~ *de crin, de mousse, à ressorts, pneumatique* Roßhaar-, Schaumgummi-, Sprungfeder-, Luftmatratze *f;* **~elassé** [-se] *m* **1.** *(Stoff)* Matelassé *m;* **2.** Stepp-, Doppelgewebe *n;* **~elasser** *tr* (auf=, aus=) polstern; steppen; **~elassier** *m* Polsterer *m;* **~elot** [-tlo] *m* Matrose, Seemann *m;* **~elote** *f Art* (Fisch-)Ragout *n* mit Wein u. Zwiebeln; **~er** *tr* **1.** *(Schach)* matt setzen; **2.** *(Brand)* unter Kontrolle bringen; **3.** *fig* auf=reiben, zermürben; nieder=werfen, -zwingen; bändigen; **4.** *tech* verstemmen; *(Gold)* mattieren.

matéri|alisation [materjalizasjɔ̃] *f* **1.** *(Spiritismus)* Materialisation *f;* **2.** *(Hoffnung)* Erfüllung *f;* **3.** *(Plan)* Verwirklichung *f;* **4.** *phys* Materialisation *f;* **~aliser I.** *tr* **1.** versinnlichen, materialisieren; **2.** *(Kunst)* sinnfällig machen *od* gestalten; **3.** *(Plan)* verwirklichen, realisieren; in die Tat umsetzen; **II.** *v prn se* ~ *(Spiritismus)* sich materialisieren; *allg* Wirklichkeit werden; **~alisme** *m* Materialismus *m;* **~aliste I.** *m* Materialist *m;* **II.** *a* materialistisch; **~alité** *f* Stofflich-, Körperlichkeit *f;* ~ *des faits (jur)* Tatbestand *m;* **~au** *m tech* Werk-, Baustoff *m;* ~ *de répandage* Streugut *n;* **~aux** *m pl* **1.** Material(ien *pl*) *n;* **2.** *fig* Stoff *m (zu e-m Buch);* Unter-, Grundlagen *f pl;* **3.** ~ *bruts* Rohmaterial *n;* ~ *de construction* Baumaterial(ien *n pl*) *n;* **~el, le I.** *a* **1.** materiell; stofflich, körperlich; **2.** *fig* materialistisch, materiell eingestellt; **3.** handgreiflich; sachlich; *jur* Sach-; **II.** *s m* **4.** Materielle(s); Material *n,* Stoff *m;* **5.** *tech* Material, Gerät *n;* Ausrüstung, Einrichtung(sgegenstände *m pl*) *f;* Betriebsanlagen *f pl,* -mittel *n pl;* Maschinenpark *m;* **6.** *f fam: avoir la ~le assurée* sein Auskommen haben, durch=kommen; **7.** *c'est une impossibilité ~le* das ist praktisch unmöglich; *je n'ai pas le temps* ~ ich habe nicht die erforderliche Zeit; **8.** *biens m pl ~s* materielle Güter *n pl; dégâts m pl ~s* Sachschaden *m; dépenses f pl, épreuve f de* ~ Materialkosten *pl,* -prüfung *f; fait m* ~ Sachverhalt, Tatbestand *m;* **9.** ~ *de bureau* Büroeinrichtung *f,* -material *n,* -bedarf *m;* ~ *de camping* Campingausrüstung *f;* ~ *éducatif, d'enseignement* Lehrmittel *n pl;* ~ *d'emballage* Verpackungsmaterial *n;* ~ *fixe, roulant* (Eisenbahn-)Anlagen *f pl;* rollende(s) Material *n;* ~ *de publicité* Werbematerial *n;* **~ellement** *adv* in materieller Hinsicht; ~ *impossible* faktisch unmöglich.

matern|el, le [matɛrnɛl] **I.** *a* **1.** mütterlich, Mutter-; von Mutterseite; **2.** *(Verwandter)* mütterlicherseits; **II.** *s f (école f ~le)* staatliche Vorschule *f;* Kindergarten *m;* — *entourer de soins ~s* bemuttern; *amour m, lait m, langue f ~(le)* Mutterliebe *f,* -milch, -sprache *f; maison f ~le* Heim *n* für ledige Mütter; **~ité** *f* **1.** Mutterschaft; Schwangerschaft *f;* **2.** Entbindungs-, Wöchnerinnenheim *n.*

math [mat] *f* **1.** *pl ~s fam* Mathe *f; es-tu fort en ~s?* bist du in Mathe gut? **2.** *~ sup* höhere Mathematik; **~ématicien, ne** *m f* Mathematiker(in *f*) *m;* **~ématique I.** *a* mathematisch; *fig c'est ~! (fig fam)* das ist todsicher! **II.** *s f (fast immer) pl* Mathematik *f; ~s supérieures* höhere Mathematik *f;* **~ématiquement** *adv* **1.** mathematisch; **2.** notwendigerweise; — *cela aboutit ~ à un échec* das endet todsicher mit e-m Mißerfolg; **~eux, se** *m f fam* **1.** Mathematikstudent(in *f*) *m;* **2.** As *n* in Mathe.

matière [matjɛr] *f* **1.** Stoff *m a. fig,* Materie, Substanz *f;* **2.** Material *n,* Werkstoff *m;* **3.** *fig* Anlaß *m,* Veranlassung, Ursache, Gelegenheit *f;* **4.** Gegenstand *m,* Thema, Objekt; (Sach-) Gebiet; *(Schule)* Fach *n;* **5.** *jur* Sache, Angelegenheit *f,* Fall *m;* **6.** *en ~ de* auf dem Gebiet, in Sachen, in betreff, betreffs, hinsichtlich *gen,* in bezug auf *acc; en pareille ~* in solchen Dingen; *en ~ civile, pénale* in Zivil-, Strafsachen; **7.** *donner ~ à qc* zu etw Anlaß geben; *entrer en ~* zur Sache kommen, auf die Sache selbst ein=gehen; *jur* in die Verhandlung ein=treten; *faire travailler sa ~ grise (fam)* s-n Grips anstrengen; **8.** *il n'y a pas là ~ à plaisanterie* das ist nicht, das ist kein Grund zum Lachen; **9.** *table f des ~s (Buch)* Inhaltsverzeichnis *n; ~ de base* Grundstoff *m; ~ brute* Rohmaterial *n; ~ colorante* Farbstoff *m; ~ fissile (phys)* spaltbare(s) Material *n; ~s grasses* Fette u. Öle *n pl; ~ plastique, synthétique* Kunststoff *m,* Preßmasse *f; ~s premières* Rohstoffe *m pl.*

matin [matɛ̃] **I.** *s m* Morgen *a. fig,* Vormittag *m;* **II.** *adv* früh; morgen; vormittag; **1.** *ce ~* heute morgen, heute vormittag; *de bon, grand ~* in aller (Hergotts-)Frühe; *demain ~* morgen früh, morgen vormittag; *du ~ (bei d. Uhrzeit)* nachts, morgens, vormittags; *du ~ au soir* von morgens bis abends, von früh bis spät, den ganzen Tag über; *du soir au ~* die ganze Nacht (über); *hier ~* gestern früh, morgen, vormittag; *le ~ (de bonne heure)* (früh)morgens; am Morgen; *un (beau) ~, un de ces ~s* e-s (schönen) Morgens; **2.** *être qn du ~ (fam)* früh auf=stehen; *vous ne vous êtes pas levé assez ~ pour cela* da hätten Sie früher aufstehen müssen; **3.** *classes f pl du ~* Vormittagsunterricht *m; étoile f du ~(poet)* Morgenstern *m; journal m, édition f du ~* Morgenzeitung *f od* -blatt *n,* Morgenausgabe *f; office m du ~ (rel)* Frühmette *f;* **~al, e** [-tinal] *a pl -aux* morgendlich; *à une heure ~e* zu früher Stunde; *être ~* früh auf=stehen; *étoile, heure f ~e* Morgenstern *m,* -stunde *f; gelée f ~e* Nachtfrost *m;* **~ée** *f* **1.** Vormittag(sstunden *f pl*), Morgen *m;* **2.** Matinee, Nachmittagsveranstaltung, *theat* Nachmittagsvorstellung *f;* **3.** *dans la ~* im Laufe des Vormittags, in den Vormittagsstunden, vormittags; *en fin de ~* gegen Mittag; am späten Vormittag; **4.** *faire la grasse ~* bis in den Tag hinein, *fam* bis in die Puppen schlafen; **5.** *~ dansante* Tanztee *m; ~ enfantine* Kindervorstellung *f* (am Nachmittag); *~ littéraire* literarische Nachmittagsveranstaltung *f; ~ musicale* Nachmittagskonzert *n;* **~es** *f pl rel* Frühmette *f.*

mâtin, e [mɑtɛ̃, -in] *m* **1.** Hofhund *m;* **2.** *f* Megäre, Kratzbürste *f.*

matou [matu] *m* Kater *m.*

matr|aque [matrak] *f* (Gummi-) Knüppel *m;* **~aquer** *tr* **1.** nieder=knüppeln; **2.** *fam* bearbeiten; einhämmern; **3.** *ils nous ont matraqués* sie haben uns ausgenommen; **~iarcat** [-a] *m* Matriarchat, Mutterrecht *n;* **~ice** *s f* **1.** *tech* (Stanz-, Gieß-, Papp-) Form *f;* Gesenk *n;* **2.** *typ* Matrize, Mater *f;* Prägestempel *m,* Stanze *f;* **3.** *math* Matrix *f;* **4.** Stammrolle, Matrikel *f;* — *~ de l'ongle (anat)* Nagelbett *n; ~ du rôle des contributions* Steuer-, Heberolle *f;* **~iciel, le** *a* **1.** *math* Matrizen-; **2.** Stammrollen-, Matrikel-; *calcul m ~* Matrizenrechnung *f;* **~icule I.** *s f* **1.** Matrikel, Stammrolle *f,* Register, Verzeichnis *n,* Liste *f;* **2.** Eintragung *f* in ein, Auszug *m* aus e-m Register; **II.** *a* Matrikel-, Stamm-; — *(fam fig) ça va barder pour ton ~* da kannst du allerhand erleben; **~imonial, e** *a pl -aux* ehelich; Ehe-, Heirats-; *agence f ~e* Heiratsvermittlung(sbüro *n*) *f;* Eheanbahnungsinstitut *n; annonce f ~e* Heiratsanzeige *f; régime m ~* (ehelicher) Güterstand *m;* **~one** [-ɔn] *f* Matrone *f.*

matur|ation [matyrasjɔ̃] *f* **1.** Reif(werd)en *n a. med;* Reifungsprozeß *m;* **2.** *fig* Entwicklung, Entfaltung *f;* **~ité** *f* **1.** Reife *f a. med fig;* **2.** *fig* Reifung, Vollendung *f;* **3.** *amener, venir à ~* zur Reife bringen *od* kommen; *il est en pleine ~* er ist in den besten Jahren; **4.** *~ d'esprit* geistige Reife *f; ~ précoce* Frühreife *f; ~ sexuelle* Geschlechtsreife, Pubertät *f.*

mâture [mɑtyr] *f mar* Masten *m pl.*

maudi|re [modir] *tr* verfluchen, verwünschen; **~t, e** [-di, -it] **I.** *a* verflucht (*de, par* von); verdammt; **II.** *s m les ~s* die Verdammten.

maugréer [mogree] *itr* fluchen, schimpfen (*contre qn* auf jdn).

mausolée [mozɔle] *m* Mausoleum *n.*

maussad|e [mosad] *a* **1.** verdrießlich, mürrisch; mißgestimmt, schlechtgelaunt; **2.** *allg* unfreundlich *(a. Wetter),* unangenehm, trostlos; **~erie** *f* mürrische(s), griesgrämige(s) Wesen *n.*

mauvais, e [mɔ(o)vɛ, -ez] **I.** *a* **1.** schlecht; **2.** von geringer Qualität, minderwertig; **3.** mangelhaft, unzureichend, ungenügend, schwach; **4.** schlimm, übel, böse; **5.** gefährlich, schädlich, nachteilig, ungünstig; **6.** unangenehm; boshaft, mißgünstig, neidisch, klatschsüchtig; **7.** falsch, nicht passend; **8.** *(See)* bewegt, unruhig, stürmisch; **II.** *s m* Böse(r, s); (das) *od* (der) Böse *(Teufel);* **III.** *adv* übel (*nur in: sentir ~* übel riechen); schlecht; **9.** *en ~e compagnie* in schlechter Gesellschaft; *en ~ état* in schlechtem Zustand; *pas ~* nicht schlecht, (gar) nicht (so) übel; **10.** *avoir ~e haleine* aus dem Mund(e) riechen; *avour ~e mine* nicht gut aus=sehen; *avoir ~e tête* dickköpfig, eigensinnig sein; *miser sur le ~ cheval* auf das falsche Pferd setzen *a. fig; prendre qc en ~e part* etw übel=nehmen; *trouver ~* schlecht finden; mißbilligen; **11.** *il fait ~* es ist schlechtes Wetter; *ne le prenez pas en ~e part!* nehmen Sie es mir nicht übel! **12.** *assurance f ~ temps villégiature* Reisewetterversicherung *f; femme f de ~e vie* Dirne, Prostituierte *f; ~e administration, gérance f* Mißwirtschaft *f; ~ esprit m* unklare(r) Kopf; Schwarzseher; Quertreiber *m; ~e étoile f* Unstern *m; ~ garnement m* Galgenstrick; Lausejunge, Lausbub *m; ~e graisse f (med)* überflüssige(s) Fett *n; ~e herbe f* Unkraut *n; ~ œil m* böse(r) Blick *m; ~e récolte f* Mißernte *f; ~e santé f* schwache Gesundheit *f,* schlechte(r) Gesundheitszustand *m; ~ sujet m* Taugenichts, Strolch *m; ~e tête* Dickkopf, Querkopf *m; ~ traitement m* Mißhandlung *f; ~e vue f* schlechte Augen *n pl.*

mauv|e [mov] **I.** *s* **1.** *f bot* Malve *f;* **2.** *m* Mauve *n (Farbe);* **II.** *a* mauve; **~iette** *f fig fam* Spatz *m,* schwächliche Person *f.*

max|illaire [maksilɛr] *m* Kiefer *m;* **~imal, e** *a pl -aux* maximal; **~imation, -imisation** *f com* Maximierung *f;* **~ime** *f* Grundsatz *m,* Lebensregel *f;* **~imiser** *tr com* maximieren; **~imum** [-ɔm] *pl ~ima od ~imums* **I.** *s m math* Maximum *n;* Höchstmaß *n,* -preis *m,* -strafe *f;* **II.** *a* **1.** maximal; höchste(r, s), größte(r, s); **2.** *au ~* im Höchstfall, höchstens; **3.** *faire le ~* alles tun, was irgend möglich ist; **4.** *charge f, effet od rendement m, montant, prix, salaire m, vitesse f ~* Höchstbelastung, -leistung *f,* -betrag *m,* -preis, -lohn *m,* -geschwindigkeit *f.*

mayonnaise [majɔnɛz] *f (Küche)* Mayonnaise *f.*

mazout [mazut] *m* (Heiz=)Öl *n; poêle m à ~* Ölofen *m.*

me [mə] *prn* mir, mich; *~ voici* da bin ich!

mea-culpa [meakylpa] *m inv: faire son ~* s-e Schuld bekennen.

méandre [meɑ̃dr] *m* **1.** *(Fluß)* Schleife, Schlinge *f, meist pl* Windungen *f pl;* **2.** *pl fig* Umwege *m pl;* Winkelzüge *m pl;* — *décrire des ~s* sich winden, sich schlängeln.

méat [mea] *m anat* Gang, Kanal *m; ~ auditif, nasal* Gehör-, Nasengang *m.*

mec [mɛk] *m* **1.** *arg* Zuhälter *m;* **2.** *fam* Kerl *m.*

mécan|icien, ne [mekanisjɛ̃, -ɛn] **I.** *s m* **1.** Mechaniker, Maschinenschlosser *m;* **2.** Maschinist; Lokomotivführer *m;* **3.** *f* (Maschinen-)Näherin *f;* **II.** *a* Maschinen-; **4.** *~ automobile* Autoschlosser *m; ~ (de bord)* Schiffsmaschinist; *aero* Bordmechaniker, -wart *m; ~-dentiste* Zahntechniker *m; ~ de précision* Feinmechaniker *m;* **~ique I.** *a* **1.** mechanisch *a. fig;* maschinell; technisch; automatisch; **2.** *fig* gewohnheitsmäßig; mechanisch; **II.** *s f* **3.** Mechanik *f;* **4.** Maschinenbau *m;* **5.** Mechanismus *m;* Maschine *f;* **6.** *en raison d'ennuis ~s* infolge technischer Störungen; *fait à la ~* maschinell hergestellt; **7.** *escalier m ~* Rolltreppe *f; ~ de précision* Feinmechanik *f;* **~isation** *f* Mechanisierung *f;* **~iser** *tr* mechanisieren; **~isme** *m* **1.** Mechanismus *m,* Vorrichtung *f,* Getriebe *n;* **2.** *mus* Technik *f;* **3.** *pl fig* Vorgänge *m pl,* Prozesse *m pl,* Ablauf *m;* **4.** *~ de commande* Antriebsmechanismus *m; ~ de contrôle* Kontrollvorrichtung *f;* **~o** *m fam* Mechaniker *m;* **~ographe** *m f* **1.** Locher(in *f*) *m;* **2.** Maschinenbuchhalter(in *f*) *m;* **~ographie** *f* Büromaschinenindustrie; Benutzung *f* von Büromaschinen; maschinelle Datenverarbeitung *f;* **~ographique** *a comptabilité f ~* Maschinenbuchhaltung *f.*

méc|énat [mesena] *m* Mäzenatentum *n;* **~ène** *m* Mäzen *m.*

méchan|ceté [meʃɑ̃ste] *f* **1.** Boshaftigkeit, Bosheit *f;* **2.** Bubenstreich *m;* **3.** boshafte, bissige Bemerkung *f;* — *par pure ~* aus reiner Bosheit; *sans ~* ohne böse Absicht; *faire une ~ à qn* jdm e-n üblen Streich spielen; *~ gratuite* reine Bosheit *f;* **~t, e I.** *a, adv: méchamment* [-ʃamɑ̃] **1.** boshaft, böse, bissig *fig;* **2.** *(Kind)* unartig; ungezogen; **3.** *(vorangestellt)* übel, schlimm, schlecht; schäbig, erbärmlich; wert-, belanglos; **4.** *ce n'est pas bien ~ (fam)* das ist ganz harmlos; *une ~e voiture de course (fam)* ein toller Rennwagen; **II.** *s m* **5.** Bösewicht *m;* **6.** *faire le ~ (pop)* auf≈begehren; *il a trouvé plus ~ que lui* er hat s-n Meister gefunden.

mèche [mɛʃ] *f* **1.** Docht *m;* **2.** Zündschnur *f;* **3.** Strang *m,* Strähne; **4.** *(Peitsche)* Schmicke, Schmitze *f;* **5.** *tech* Bohrer *m;* **6.** *(~ du gouvernail) mar* Ruderpfosten *m;* **7.** *être de ~ avec qn* mit jdm unter e-r Decke stecken; *éventer, découvrir la ~* Lunte riechen, dahinter≈kommen *fam; vendre la ~ (fam)* das Geheimnis verraten; **8.** *il n'y a pas ~ (fam)* es geht nicht, es ist ausgeschlossen, unmöglich; **9.** *~ de cheveux* Haarsträhne *f.*

méchoui [meʃwi] *m* am Spieß gebratene(s) Schaf *n.*

mechta [mɛʃta] *f* **1.** Lehmhütte *f;* **2.** Dorf *n.*

mécompte [mekɔ̃t] *m* Enttäuschung *f.*

mécon|ium [mekɔnjɔm] *m med* Kindspech *n;* **~naissable** [-ɛsabl] *a* unkenntlich; **~naissance** *f* Fehleinschätzung, falsche Beurteilung *f;* **~naître** *tr* **1.** nicht kennen (wollen), verleugnen; **2.** *(Fähigkeit, Leistung)* verkennen, nicht an≈erkennen (wollen); **~nu, e** *a* verkannt; **~tent, e** [-kɔ̃tɑ̃] **I.** *a* **1.** unzufrieden (*de qc* mit etw), **2.** unbefriedigt (*de qc* von etw), ungehalten (*de qc* über e-e S); **II.** *s m* Unzufriedene(r) *m;* **~tentement** *m* Unzufriedenheit, Mißstimmung *f;* **~tenter** *tr* Anlaß zur Unzufriedenheit geben (*qn* jdm); verdrießlich machen, verärgern.

mécréant, e [mekreɑ̃, -ɑ̃t] **I.** *s m f rel* Ungläubige(r *m*) *f;* **II.** *a bes. rel* ungläubig.

médaill|e [medaj] *f* **1.** Medaille, Denk-, Schaumünze *f;* **2.** Auszeichnung *f,* (*~ d'honneur)* Ehrenzeichen *n;* **3.** (Berufs-) Abzeichen *n; (Gepäckträger)* Nummernschild *n;* **4.** *cabinet m, collection f de ~s* Münzkabinett *n,* -sammlung *f; revers m de la ~ (fig)* Kehr-, Schattenseite *f;* **5.** *~ d'identité* Erkennungsmarke; Hundemarke *f; ~ d'or, d'argent, de bronze* goldene, silberne, bronzene Medaille *f; ~ de sauvetage* Rettungsmedaille *f;* **~é, e** *s m f* Ordensinhaber(in *f*) *m;* **~on** *m* **1.** große Denkmünze *f;* **2.** Medaillon *n a. arch;* **3.** *~ de veau* Kalbsmedaillon *n.*

médecin [me(ɛ)tsɛ̃] *m* **1.** Arzt; Mediziner; *fam* Doktor *m; femme f ~* Ärztin *f;* **2.** *(aller) voir le ~* zum Arzt gehen; **3.** *~ accoucheur* Geburtshelfer *m; ~ du bord* Schiffsarzt *m; ~-chef m* leitende(r), Chef-, Oberarzt *m; ~-conseil m* Vertrauensarzt *m; ~ de famille* Hausarzt *m; ~ généraliste* praktische(r) Arzt *m; ~ des hôpitaux* Krankenhausarzt *m; ~ spécialiste* Facharzt *m; ~ traitant* behandelnde(r) Arzt *m; ~ du travail* Werksarzt *m;* **~e** [-sin] *f* **1.** Medizin, Heilkunde *f;* **2.** Arztberuf *m;* **3.** *faire sa ~* Medizin studieren; **4.** *docteur m en ~* Doktor *m* der Medizin (Dr. med.); *~ clinique* klinische Medizin *f; ~ infantile* Kinderheilkunde *f; ~ interne* innere Medizin *f; ~ légale* Gerichtsmedizin *f; ~ spatiale* Raumfahrtmedizin *f; ~ sportive* Sportmedizin *f; ~ vétérinaire* Tierheilkunde *f.*

médi|al, e [medjal] **I.** *a gram* Mittel-; **II.** *s f math* Mittel *n;* **~an, e I.** *a* mittlere(r, s); Mittel-; **II.** *s f math* Seitenhalbierende *f; (Statistik)* Medianwert *m;* **~ante** *f mus* Mediante *f;* **~at, e** [-a, -at] *a* mittelbar, indirekt; **~ateur, trice I.** *a* vermittelnd; **II.** *s m f* Vermittler(in *f*); Schiedsrichter; Mittelsmann *m,* -person *f; bes. rel* Mittler *m;* **~ation** *f* Vermitt(e)lung *f.*

médi|cal, e [medikal] *a pl -aux* ärztlich; medizinisch; *corps m ~* Ärzteschaft *f; profession f ~e* Arztberuf *m; soins m pl ~caux* ärztliche Behandlung *f od* Bemühungen *f pl;* **~cament** *m* Heilmittel, Medikament *n,* Arznei, Medizin *f;* **~camenteux, se** *a* **1.** medikamentös; **2.** heilkräftig; **~cation** *f* Medikation, (Arznei-)Verordnung *f;* **~cinal, e** [-si-] *a pl -aux* Heil-, Arznei-; *fig* heilsam; *herbes f pl ~es* Heilkräuter *n pl;* **~cine-ball** [medisinbol] *m* Medizinball *m;* **~co-légal, e** *a* gerichtsärztlich.

médi|éval, e [medjeval] *a pl -aux* mittelalterlich; **~éviste** *m* Mediävist *m.*

médi|ocre [medjɔkr] **I.** *a* **1.** (mittel)mäßig; **2.** *péj* schlecht, dürftig, armselig; **3.** mangelhaft, minderwertig; **4.** unzureichend, unzulänglich; **II.** *s m* **1.** Durchschnittsmensch; **2.** *le ~* das Mittelmäßige; **~ocrement** *adv* **1.** unzureichend; **2.** wenig; *~ surpris* kaum überrascht; **~ocrité** *f* **1.** Mittelmäßigkeit *f;* **2.** *péj* Dürftig-, Armselig-, Mangelhaftig-, Minderwertigkeit *f.*

médi|re [medir] *itr* Übles nach≈reden (*de qn* jdm), verleumden (*de qn* jdn), schlecht≈machen (*de qc* etw); **~sance** [-zɑ̃s] *f* üble Nachrede, Verleumdnung *f;* **~sant, e I.** *a* verleumderisch; **II.** *s m f* Verleumder(in *f*) *m;* Lästerzunge *f.*

médi|tatif, ive [meditatif] *a* nachdenklich, grüblerisch; **~tation** *f* **1.** Nachdenken, -sinnen *n;* **2.** Betrachtung; Versunkenheit *f;* **3.** *rel* Andacht *f,* stille(s) Gebet *n;* **~ter I.** *tr itr* **1.** nach≈denken, -sinnen (*qc, sur qc* über e-e S); **2.** überdenken, -legen; *(Plan)* ausdenken; **3.** vor-, im Sinne haben, erwägen, denken (*qc* an e-e S; *de faire qc* etw zu tun); **II.** *itr* Betrachtungen an≈stellen (*sur qc* über e-e S); nachdenken.

méditerranéen, ne [meditɛraneɛ̃, ɛn] *a* Mittelmeer-; mittelländisch; *pays m pl ~s* Mittelmeerländer *n pl.*

médi|um [medjɔm] *m* **1.** *mus* Mittellage *f;* **2.** *(Spiritismus)* Medium *n;* **~us** [-djys] *m anat* Mittelfinger *m.*
méd|oc [medɔk] *m* Medoc *m (Wein);* **~ullaire** *a* (Rücken-)Mark-; **~use** *f zoo* Qualle *f;* **~user** *tr* verblüffen (*qn* jdn); *j'en suis resté médusé* ich stand wie versteinert da.
meeting [mi(ɛ)tiŋ] *m pol* Versammlung *f,* Treffen *n;* (Sport-)Veranstaltung *f; ~ d'aviation* Flugtag *m.*
méfait [mefɛ] *m* **1.** Missetat *f,* Frevel *m;* **2.** *pl* böse, üble, schlimme Folgen *f pl.*
méfi|ance [mefjɑ̃s] *f* Mißtrauen *n,* Argwohn *m;* **~ant, e** *a* mißtrauisch, argwöhnisch (*à l'égard de qn* jdm gegenüber); **~er, se** *v prn* **1.** mißtrauisch sein; mißtrauen, nicht trauen (*de qn* jdm); **2.** sich hüten, sich in acht nehmen (*de* vor *dat*); — *se ~ des imitations! (com)* vor Nachahmungen wird gewarnt!
méga [mega] *in Zssgen* eine Million; Mega-, Groß-; **~cycle** *m radio* Megahertz *n;* **~lithe** [-lit] *m* Megalith *m;* **~lomane** *a* größenwahnsinnig; **~lomanie** *f* Größenwahn *m;* **~phone** *m* Megaphon, Sprachrohr *n;* **~tonne** *f Abk Mt, phys* Megatonne *f* (Mt).
mégarde [megard] *: loc adv: par ~*aus Versehen.
még|ère [meʒɛr] *f fig* Megäre *f;* **~isserie** *f* Weißgerberei *f;* **~ot** [-o] *m pop* Zigarren- *od* Zigarettenstummel *m,* Kippe *f;* **~oter** *fam* **I.** *tr* feilschen (*qc* um etw); heraushandeln; **II.** *itr* knauserig sein (*sur* bei *dat*).
meilleur, e [mɛjœr] **I.** *a (Komparativ von bon)* besser; *le, la ~, e* der, die, das beste; **II.** *s m le ~, la ~e* der, die Beste; — *rendre ~* besser machen, bessern; *il fait ~* es ist besser; es ist besseres Wetter; *(fam) c'est la ~e!* das ist die Höhe! *mes* od *nos ~s remerciements!* besten Dank! *la ~e part* der beste Teil.
mélancoli|e [melɑ̃kɔli] *f* Schwermut *f;* Melancholie *f; (Person)* Trübsinn *m;* **~que I.** *a* melancholisch, schwermütig; *(Person)* trübsinnig; **II.** *s m* Melancholiker *m.*
mélang|e [melɑ̃ʒ] *m* **1.** Mischung *f,* Gemisch *n;* **2.** Mischen, Mengen *n,* Vermengung *f;* **3.** *chem* Mischung *f,* Gemenge *n;* **4.** *pl* Vermischte(s) *n,* Miszellen; vermischte Schriften *f pl;* **5.** *sans ~* unge-, unvermischt; rein *a. fig; fig (Freude)* ungemischt; *(Glück)* ungetrübt; **6.** *faire un ~ de qc* etw (ver)mischen; **7.** *~ carburant* Kraftstoffgemisch *n; ~ de races* Rassenmischung *f;* **~é, e** *a* gemischt; **~er** *tr* **1.** (ver)mischen, (ver)mengen (*à, avec* mit *dat*); versetzen (*avec qc* mit etw); **2.** durchea.=bringen, -würfeln; — *je mélange un peu les dates (fam)* ich bringe die Daten etw durcheinander; **~eur, se 1.** *m* Mischmaschine *f,* -apparat, Mischer *m;* **2.** *f tech* Melangeur *m.*
mélasse [melas] *f* **1.** Melasse *f;* **2.** *tomber dans la ~* in die Patsche geraten; *quelle ~!* was für ein Pech!
mêl|é, e [me(ɛ)le] *a* gemischt; *monde m, société f ~(e)* gemischte Gesellschaft *f;* **~ée** *f* **1.** Handgemenge; Getümmel *n;* Schlägerei; **2.** *fig* Ausea.setzung *f,* Konflikt, Streit *m;* **3.** *sport* Gedränge *n;* **4.** *se placer au-dessus de la ~* sich aus dem Streit heraushalten; **~er I.** *tr* **1.** (ver)mischen, (ver)mengen (*à, avec* mit *dat*); **2.** durchea.=bringen, in Unordnung bringen; **3.** *fig* verbinden (*à* mit); vereinigen, verquicken (*à, avec* mit *dat*); **4.** hinein=ziehen, -bringen, verwickeln (*à qc* in e-e S); **II.** *v prn se ~* **5.** sich (ver)mischen (*à, avec* mit *dat*); **6.** sich verwirren, durchea.=geraten; **7.** sich vereinigen, sich verbinden (*à, avec* mit *dat*); **8.** sich mischen (*à, dans* unter *acc*); teil=nehmen, sich beteiligen (*à* an *dat*); **9.** sich kümmern (*de qc* um etw), sorgen (*de qc* für etw); *péj* s-e Nase stecken (*de qc* in e-e S); sich beschäftigen, sich befassen, sich ab=geben (*de qc* mit etw); **10.** *~ les cartes* die Karten mischen; *fig* Verwirrung stiften; *se ~ à la danse* mit=tanzen; *s'en ~* dabei im Spiel sein; *se ~ à la foule* in der Menge, Masse unter=tauchen; *ne pas se ~ de qc* die Hände von etw lassen; **11.** *je ne m'en mêle pas* darum kümmere ich mich nicht, da lasse ich die Hände davon; *de quoi vous mêlez-vous?* was geht Sie (denn) das an? *mêlez-vous de vos affaires!* kümmern Sie sich (doch) um Ihre Angelegenheiten, *pop* um Ihren Dreck! *il se mêle de tout* er steckt s-e Nase in alles; *le diable s'en* das geht nicht mit rechten Dingen zu.
mél|èze [melɛz] *m bot* Lärche *f;* **~i-mélo** *m fam* Tohuwabohu, Durcheinander *n,* Wirrwarr *m;* **~isse** *f bot* Melisse *f; eau f de ~ (pharm)* Melissengeist *m.*
mélo [melo] *m s. ~drame;* **~die** [-lɔ-] *f* **1.** Melodie, Weise *f;* **2.** Kunstlied *n;* **3.** Melodik *f,* Wohlklang *m;* **~dieux, se** *a* melodienreich; melodisch, klangvoll; wohllautend; **~dique** *a* **1.** *mus* melodisch; **2.** *fig* wohlklingend; **~dramatique** *a* **1.** melodramatisch; **2.** *fig* rührselig; **~drame** *m theat* Volks-, Rührstück *n;* **~mane I.** *s m f* Musikliebhaber(in *f*), Musiknarr *m,* -närrin *f;* **II.** *a* musikbegeistert; **~pée** *f* Singsang *m.*
melon [məlɔ̃] *m bot* Melone *f; chapeau m ~* Melone *f (Hut); ~ brodé, d'eau* Netz-, Wassermelone *f.*
membr|ane [mɑ̃bran] *f anat phys* Membran(e) *f;* **~aneux, se** *a* häutig.
membr|e [mɑ̃br] *m* **1.** (Mit-)Glied *n;* **2.**

anat Glied *n;* **3.** *mar* Spant *m;* **4.** *pl* Gliedmaßen *pl;* **5.** *carte f de* ~ Mitgliedskarte *f;* **6.** ~ *artificiel* künstliche(s) Glied *n,* Prothese *f;* ~ *d'une association, d'une fédération* od *d'un groupement, d'un parti, d'un syndicat* Vereins-, Verbands-, Partei-, Gewerkschaftsmitglied *n;* ~ *bienfaiteur* fördernde(s) Mitglied *n;* ~ *honoraire* Ehrenmitglied *n;* ~ *(de phrase)* Satzglied *n,* -teil *m;* ~ *sortant* ausscheidende(s) Mitglied *n;* **~é, e:** *bien, mal* ~ mit gut, schlecht proportionierten Gliedmaßen; **~ure** *f mar* Spant *m;* Spanten *m pl.*

même [mɛm] **I.** *a* **1.** *(vorangestellt)* selbst; *le, la* ~ der-, die-, dasselbe; der, die, das gleiche; **2.** *(nachgestellt, verstärkend)* selbst; **II.** *adv* selbst, sogar; **3.** *moi-*~ ich selbst; *à* ~ *la peau* auf der nackten Haut; *aujourd'hui* ~ heute noch; schon heute; *avant* ~ *que* noch bevor, ehe; *la bonté* ~ die Güte selbst; *la* ~ *chose* dasselbe, das gleiche; *de* ~ *(que)* ebenso (wie); *du* ~ *âge, de la* ~ *couleur, du* ~ *nom* gleichaltrig, -farbig, -namig; *par cela* ~ gerade dadurch; *pas* ~ nicht einmal; *quand* ~ selbst wenn, sogar wenn; trotzdem; *pour la* ~ *raison* aus dem gleichen Grunde; *une seule et* ~ *chose, personne* ein u. das-, der-, dieselbe; *en* ~ *temps* zu gleicher Zeit, gleichzeitig, zugleich; *au* ~ *titre* mit gleichem Recht; *tout de* ~ trotzdem; **4.** *coucher à* ~ *le sol* auf der bloßen Erde schlafen; *boire à* ~ *la bouteille* (gleich) aus der Flasche trinken; *être à* ~ *de faire qc* imstande sein, in der Lage sein, etw zu tun; *être, rester soi-*~ sich gleich, sich (selbst) treu bleiben; *faire de* ~ es ebenso machen; *jeter dans le* ~ *moule (fig)* in einen Topf werfen; *mettre qn à* ~ *de* jdn in den Stand setzen zu; **5.** *cela revient au* ~, *(fam) c'est du pareil au* ~ das kommt aufs gleiche raus; *c'est cela* ~ das ist es (ja) gerade; *c'est la* ~ *chose* das ist gleich, dasselbe, einerlei, *fam* egal; *je me trouve dans le* ~ *cas* es geht mir ebenso; *il en va, il en est de* ~ *pour moi* mir geht es ebenso; *(pop)* ~ *que je l'ai vu* ich habe ihn sogar gesehen.

mém|é [meme] *f (Kindersprache)* Oma, Omi *f;* **~ento** [-ɛ̃to] *m* **1.** Notizbuch *n;* **2.** Repetitorium *n,* Abriß, Auszug *m (Buch);* **3.** *rel* Fürbitte *f;* **~ère** *f fam* **1.** Oma *f;* Muttchen *n;* **2.** *(mémée)* dicke, ältere Frau *f.*

mém|oire [memwar] **I.** *f* **1.** Gedächtnis *n;* **2.** Erinnerung *f,* An-, Gedenken *n* (*de qc* an e-e S); **3.** *EDV* Speicher *m;* **4.** *à la* ~ *de qn* zur Erinnerung an jdn; *de* ~ aus dem Gedächtnis, aus dem Kopf; *de* ~ *d'homme* seit Menschengedenken; *en* ~ *de qc* in Erinnerung an e-e S; *pour* ~ *(com)* zum Vermerk; **5.** *avoir qc en* ~ etw präsent haben; *avoir la* ~ *toute fraîche, récente de qc* etw (noch) in frischer, guter Erinnerung haben; *conserver la* ~ *de qn, qc* jdn, etw in Erinnerung behalten; *dire de* ~ *(Gedicht)* auf=sagen; *garder qc en* ~ etw in Erinnerung, im Gedächtnis behalten; *rafraîchir la* ~ *de qc, remettre qc en* ~ *à qn* jdm etw ins Gedächtnis zurück=rufen; **6.** *si j'ai bonne* ~ wenn ich mich recht erinnere, wenn ich mich nicht irre; *cela m'est sorti de la* ~ das ist mir entfallen; *empreint dans la* ~ im Gedächtnis haftend; **7.** ~ *des dates* Zahlengedächtnis *n;* ~ *des lieux* Ortsgedächtnis *n; une* ~ *de lièvre* ein Gedächtnis wie ein Sieb; **II.** *m* **1.** Denkschrift *f,* Memorandum *n,* Bericht *m;* **2.** Abhandlung *f,* Aufsatz *m;* **3.** Eingabe *f,* Gesuch; **4.** *com* Verzeichnis *n,* Aufstellung, (Be-)Rechnung *f;* **5.** *~s pl* Lebenserinnerungen *f pl,* Memoiren *pl;* — *arrêter, régler un* ~ e-e Rechnung auf=stellen, begleichen; ~ *de frais* Kostenrechnung *f;* **~orable** *a* denkwürdig; **~orandum** [-ɔm] *m pol* **1.** Note, Denkschrift *f,* Memorandum *n;* **2.** *com* Bestellzettel *m;* **~orial** *m* **1.** Erinnerungsschrift *f;* **2.** *mil* Tagebuch *n;* **3.** *pl -aux* Denkmal *n;* **~orialiste** *m* Memoirenschreiber *m.*

mena|çant, e [mɛnasɑ̃, -ɑ̃t] *a* drohend *(a. Wetter);* bedrohlich; unheilverkündend; **~ce** [-nas] *f* **1.** (Be-, An-)Drohung *f;* **2.** drohende Gefahr *f;* **3.** *être sous la* ~ *de qc* von etw bedroht werden; *mettre ses ~s à exécution* s-e Drohungen wahrmachen; *proférer des ~s* Drohungen aus=stoßen; **~cer I.** *itr (absolument)* drohen; *la pluie menace* es droht zu regnen; **II.** *tr* **1.** (be)drohen, an=drohen; ~ *qn de mort* jdm mit dem Tode drohen; ~ *qn avec une arme* jdm mit e-r Waffe drohen; **2.** *(faillir) il menace d'étouffer* er droht zu ersticken; ~ *ruine (Haus)* baufällig sein, einzustürzen drohen, zusammenzubrechen drohen; *être menacé* bedroht, gefährdet sein, in Gefahr schweben; *il est menacé de faillite* er steht kurz vor dem Konkurs.

ména|de [menad] *f* Mänade *f;* **~ge** [-aʒ] *m* **1.** Haushalt(ung *f*) *m;* Hausarbeit *f,* -wirtschaft *f;* **2.** Familie *f,* eheliche Gemeinschaft, Ehe(paar *n*) *f;* **3.** Wohnungseinrichtung *f,* Hausrat *m;* **4.** Aufräumen, Putzen *n;* **5.** *de* ~ selbstgemacht, selbst gebacken; **6.** *entrer en* ~ (sich ver)heiraten; *faire le* ~ *de qn* bei jdm sauber=machen; *faire bon, mauvais* ~ sich gut, schlecht vertragen; *se mettre en* ~ *avec qn* mit jdm zs.=wohnen, -ziehen, gemeinsamen Haushalt führen; *monter son* ~ sich ein=richten; **7.** *argent m du* ~ Wirtschaftsgeld *n; articles m pl de* ~ *(com)* Haushaltwaren *f pl; femme f de* ~ Stunden-, Aufwartefrau *f; jeune* ~ junge(s) Ehe(paar *n*) *f; travaux m pl du* ~ Hausarbeit *f;* ~ *de garçon* Junggesellenwirtschaft *f;* ~ *sans enfants* kinderlose(s) Ehepaar *n.*

ména|gement [menaʒmɑ̃] *m* Schonung, Rücksicht *f; avec* ~ schonend, rücksichtsvoll *adv; sans* ~ schonungs-, rücksichtslos *adv;* **~ger I.** *tr* **1.** schonen *(a. Person);* schonend, vorsichtig behandeln; behutsam umgehen (*qc* mit etw); *(Person)* rücksichtsvoll behandeln, Rücksicht nehmen (*qn* auf jdn); **2.** bewerkstelligen, zustande bringen; *(Gelegenheit, Zs.treffen)* herbei=führen; **3.** *(Überraschung)* bereiten; **4.** *(Interesse)* wahr=nehmen; **5.** zuteil werden lassen, zu=kommen lassen, zu=spielen; **6.** Vorteil(e) ziehen (*qc* aus etw), Gebrauch machen (*qc* von etw); **7.** *(gut, geschickt)* verwenden, ein=, verteilen, an=ordnen; **8.** *(Gegenstand)* anbringen, -legen; **9.** *tech* aus=sparen; **II.** *v prn se* ~ **10.** sich schonen; sich in acht, auf sich (selbst) Rücksicht nehmen; *se* ~ *qc* sich etw auf=sparen, sichern, vor=behalten, verschaffen; **11.** *(Rivalen)* sich schonend, rücksichtsvoll behandeln; — *ne* ~ *aucun effort pour* keine Mühe scheuen, um zu; *ne pas* ~ *ses éloges* mit dem Lobe nicht zurück=halten; *ne pas* ~ *ses paroles* nicht mit Worten sparen; *ne pas* ~ *sa peine, la fatigue* keine Mühe scheuen, es sich sauer werden lassen; *se* ~ *une porte de sortie (fig)* sich e-e Hintertür offen=halten; **~ger, ère I.** *a* Haushalts-; **II.** *s f* **1.** Hausfrau *f;* **2.** Besteckkasten *m;* **3.** *arts m pl* ~*s* Produktionszweig *m* für Haus- und Küchengeräte; *eaux f pl, ordures f pl* ~*ères* Abwässer *n pl;* Küchenabfälle *m pl; école f* ~*gère, centre m d'enseignement* ~ Haushaltungsschule *f; travaux m pl* ~*s* Hausarbeit; **~gerie** *f* Menagerie *f;* Tierpark *m,* -schau *f.*

mend|iant, e [mɑ̃djɑ̃, -ɑ̃t] **I.** *a* bettelnd, Bettel-; **II.** *s m f* Bettler(in *f*) *m; moine, ordre m* ~ Bettelmönch, -orden *m;* **~icité** *f* Betteln *n,* Bettelei *f;* **~ier** [-dje] *tr itr* betteln *a. allg* (*qc* um etw); **~igo(t, e)** [-go, -gɔt] *m f fam* Schnorrer *m,* Bettelweib *n;* **~igoter** *tr itr fam* schnorren; betteln.

men|ées [məne] *f pl* Intrigen *f pl,* Schliche *pl; pol* Umtriebe *m pl,* Wühlarbeit *f; découvrir les* ~*s de qn* hinter jds Schliche kommen; *mettre fin aux* ~*s de qn* jdm das Handwerk legen; **~er I.** *tr* **1.** *(Menschen)* führen, (ge)leiten, begleiten, bringen; **2.** ein=führen (*dans qc* in etw, *chez qn* bei jdm); **3.** *(Vieh)* treiben; **4.** *(Sachen)* bringen, schaffen, fahren, transportieren; **5.** *fig* leiten, lenken; führen *(a. Leben, Ehe, Haushalt);* **6.** *(Geschäft)* (be)treiben; **7.** *(Sache)* regeln; **II.** *itr* **8.** *(Weg, Strecke, Verkehrsmittel)* führen (*à* nach); **9.** *fig* führen (*à* zu), hinaus=laufen (*à* auf *acc*); **10.** *sport* führen, die Führung haben, an der Spitze liegen; **11.** ~ *qn à la baguette* jdn herum=kommandieren; ~ *la barque (fig)* das Heft in der Hand haben; ~ *jusqu'au bout* zum Ziel führen; ~ *le branle, la danse (fig)* den Reigen eröffnen, der Leithammel sein; ~ *à bonne fin, à bien* zum guten Ende, durch=führen; ~ *de front* gleichzeitig, zugleich führen *od* betreiben; ~ *en laisse, à la lisière (fig)* am Gängelband führen; *n'en* ~ *pas large (fam)* beunruhigt sein; klein bei=geben; ~ *loin (Vorrat)* lange reichen; *fig* (weitreichende) Folgen, Konsequenzen haben; ~ *par la main* an der Hand führen; ~ *à mal* zu e-m bösen Ende führen; ~ *par le (bout du) nez* an der Nase herum=führen; *ne* ~ *à rien* zu nichts führen, keinen Zweck haben, sinnlos sein; ~ *un train d'enfer (sport)* ein tolles Tempo, e-n Zahn drauf=haben; ~ *grand train* auf großem Fuß leben; **~eur** *m pol* An-, Rädelsführer, Drahtzieher, Aufwiegler, Wühler *m;* ~ *de grève, d'hommes* Streik-, Volksführer *m;* ~ *de jeu* Quizmaster, Conférencier *m;* ~ *d'ours* Bärenführer *m.*

menhir [mɛnir] *m* Menhir *m.*

mén|inge [menɛ̃ʒ] *f* **1.** *anat* Hirnhaut *f;* **2.** *il ne s'est pas fatigué les* ~*s (fam)* er hat s-n Grips nicht angestrengt; **~ingite** *f* **1.** Hirnhautentzündung *f;* **2.** *(fig fam) il ne risque pas d'attraper une* ~ er strengt s-n Grips überhaupt nicht an; **~isque** *m* **1.** *phys anat* Meniskus *m;* **2.** *opt* Punktalglas *n;* **~opause** [-poz] *f biol* Klimakterium *n,* Wechseljahre *n pl.*

menotte [mənɔt] *f* **1.** *(Kindersprache)* (Patsch-)Händchen *n;* **2.** *pl* Handschellen *f pl;* — *mettre les* ~*s à qn* jdm Handschellen anlegen.

mens|onge [mɑ̃sɔ̃ʒ] *m* **1.** Lüge, Unwahrheit *f;* **2.** Täuschung *f,* Betrug *m;* **3.** *dire des* ~*s à qn* jdn an=, belügen; jdm etw vor=lügen; *pieux* ~ Notlüge *f;* **4.** *tissu m de* ~*s* Lügennetz, -gewebe *n;* **~onger, ère** *a (Reden)* lügnerisch, lügenhaft, verlogen; *(Behauptung)* unwahr, falsch.

menstruation *f,* **menstrues** *f pl* [mɑ̃stryasjɔ̃, mɑ̃stry] *f pl* Menstruation, Regel *f.*

mens|ualisation [mɑ̃sɥalizasjɔ̃] *f* (Umstellung *f* auf) monatliche Entlohnung *f;* **~ualiser** *tr* monatlich entlohnen; **~ualité** *f* **1.** Monatslohn *m;* **2.** monatliche Zahlung, Monatsrate *f; par* ~*s* in Monatsraten; **~uel, le** [-sɥɛl] **I.** *a* monatlich; Monats-; **II.** *s m* Monatslohnempfänger *m; revue f* ~*le* Monatsschrift *f; rapport m* ~ Monatsbericht *m;* **~uration** *f* (Körper-)Messung *f.*

ment|al, e [mɑ̃tal] *a pl -aux* **1.** geistig; Geistes-; **2.** gedanklich; innerlich; *(Ge-*

bet) still; **3.** *soumettre qn à un examen ~* jdn auf s-n Geisteszustand untersuchen; **4.** *calcul m ~* Kopfrechnen *n; état m ~* Geisteszustand *m; maladie f ~e* Geisteskrankheit *f; restriction f ~e* geheime(r) Vorbehalt *m;* **~alement** *adv* **1.** in geistiger Hinsicht; **2.** in Gedanken; — *calculer ~* im Kopf rechnen; **~alité** *f* **1.** Mentalität; (Geistes-, Denk-) Art *f;* **2.** Einstellung, innere Haltung *f;* **~eur, se** *m f* Lügner(in *f*); Schwindler(in *f*) *m.*

menthe [mɑ̃t] *f bot* Minze *f; (~ poivrée)* Pfefferminze *f.*

mention [mɑ̃sjɔ̃] *f* **1.** Erwähnung *f;* **2.** Angabe *f;* Vermerk *m;* **3.** *faire ~ (expresse) de* (ausdrücklich) erwähnen; *ne pas faire ~ de* übergehen (*qc* e-e S); *biffer, rayer les ~s inutiles!* Nichtzutreffendes streichen! *être reçu avec la ~ très bien* mit sehr gut bestanden haben; *~ honorable* Auszeichnung, ehrenvolle Erwähnung *f;* **~ner** [-sjɔ-] *tr* **1.** erwähnen; **2.** an=führen; vermerken.

ment|ir [mɑ̃tir] *itr* **1.** *(Person)* lügen, die Unwahrheit sagen, schwindeln; *à qn* jdn an=, belügen, jdm etw vor=lügen, jdn an=, beschwindeln; — *il m'a menti en me disant que...* er hat mir vorgelogen, daß; **2.** *(Sache)* trügen, täuschen; — *sans ~* offen gesagt; *fam* ungelogen; **3.** *faire ~ qn* jdn Lügen strafen; **4.** *~ comme un arracheur de dents* wie gedruckt lügen; lügen, daß sich die Balken biegen; *~ à sa conscience, à sa conviction* gegen s-e Überzeugung sprechen; *il, elle en a menti* das ist gelogen; **~on** *m* Kinn *n; double ~* Doppelkinn *n.*

menu, e [məny] **I.** *a* **1.** klein, dünn, fein; **2.** schmächtig; **3.** gering, belanglos, unbedeutend; **II.** *adv* klein, fein; in kleine Stücke; **III.** *s m* **1.** Menü *n,* Speise(n)folge *f;* **2.** Speisekarte *f;* **3.** *dru et ~* in dichter Folge, Schlag auf Schlag, sehr heftig; **4.** *conter par le ~* haarklein erzählen; *dresser le ~* das Menü zs.=stellen; *tomber dru et ~* prasseln; **5.** *taille f ~e* zierliche Figur *f;* **6.** *~s frais m pl* Nebenausgaben *f pl; ~e monnaie f* Kleingeld *n; ~ peuple m* kleine Leute *pl;* **~et** [-nɥɛ] *m* Menuett *n (Tanz);* **~iserie** *f;* **1.** Schreinerei, Tischlerei *f;* **2.** Tischler-, Schreinerarbeit, -werkstatt *f;* — *~ de bâtiment, en meubles, en modèles* Bau-, Möbel-, Modelltischlerei, -schreinerei *f;* **~isier** *m (de bâtiment, en meubles)* (Bau-, Möbel-)Schreiner, Tischler *m.*

méphi|stophélique [mefistɔfelik] *a* mephistophelisch, satanisch, teuflisch; **~tique** *a (Luft, Gas)* übelriechend, mefitisch.

méplat, e [mepla, -at] **I.** *a (Linie)* vom Vorder- in den Hintergrund verlaufend; **II.** *s m* Abflachung *f;* abgeflachte(r) Teil *m.*

mépr|endre, se [meprɑ̃dr] *v prn* sich irren, sich täuschen (*à* in *dat; sur* hinsichtlich *gen*); mißverstehen, falsch verstehen (*sur qn, qc* jdn, etw); *se ressembler à s'y ~* sich zum Verwechseln ähnlich sehen; *vous vous méprenez sur mes paroles, sur ce que je dis* Sie verstehen mich falsch, Sie mißverstehen mich; **~is** [-i] *m* **1.** Ver-, Mißachtung; Geringschätzung *f;* **2.** *pl lit* geringschätzige Äußerungen *f pl;* **3.** *au ~ de* ohne Rücksicht auf *(acc);* entgegen, zum Trotz *dat;* ungeachtet *gen; avec ~* verächtlich, mit Verachtung; **~isable** [-zabl] *a* verächtlich; erbärmlich; **~isant, e** *a* geringschätzig, herablassend; *(Ton, Lächeln)* verächtlich; **~ise** *f* Irrtum *m,* Versehen *n; par ~* aus Versehen, versehentlich, irrtümlich; **~iser** *tr* ver-, mißachten; gering=schätzen; *(fam) ne pas ~* sehr schätzen.

mer [mɛr] *f* **1.** Meer *n a. fig,* See *f;* **2.** *(fig) une ~ de* ein Meer von; *en ~* auf See; *par ~* zur See, auf dem Seewege, mit dem, *fam* per Schiff; *par forte, grosse ~* bei hohem Seegang; *sur terre et sur ~* zu Wasser u. zu Lande; **3.** *prendre la ~ (Schiff)* aus=laufen; *bien tenir la ~* seetüchtig sein; **4.** *c'est une goutte d'eau dans la ~* das ist ein Tropfen auf den heißen Stein; *c'est la ~ à boire (fam)* das ist e-e langwierige Geschichte *od* Sache; da ist kein Ende abzusehen; *ce n'est pas la ~ à boire* das ist halb so schlimm; *il y a de la ~* es ist hoher Seegang; *homme à la ~!* Mann über Bord! *(Notschrei);* **5.** *bain m de ~* Seebad *n; eau f de ~* Meerwasser *n; forte, grosse ~* hohe(r) Seegang *m; haute, pleine ~* hohe, offene See *f; jur* offene(s), freie(s) Meer *n; mal m de ~* Seekrankheit *f; pleine ~* Flut; hohe See *f; port m de ~* Seehafen *m; transport m par ~* Seetransport *m; voyage m par ~* Seereise, -fahrt *f;* **6.** *la ~ Baltique, du Nord* die Ost-, Nordsee *f; ~ basse* Ebbe; Untiefe *f; ~ belle* schwach bewegte See *f; ~ calme* ruhige, glatte See *f; ~ courte, creuse* hohle See *f; ~ de glace* Eismeer *n; ~ houleuse* hohle See *f; la ~ Noire, Rouge* das Schwarze, Rote Meer *n; ~ de sable* Sandwüste *f; ~s de sang* Ströme *m pl* von Blut; *~ territoriale, littorale* Küsten- *od* Hoheitsgewässer *n pl.*

merc|anti [mɛrkɑ̃ti] *m péj* Schieber *m;* **~antile** *a esprit m ~* Krämergeist *m;* **~antilisme** *m* Merkantilismus *m;* **~enaire** [-sənɛr] **I.** *a* Söldner-; *(Arbeit)* bezahlt; **II.** *s m mil* Söldner *m;* **~erie** [-rsəri] *f* Kurzwaren(handel *m;* -handlung *f*) *f pl.*

merc|i [mɛrsi] **I.** *adv sans ~* erbarmungs-, schonungslos *adv;* **II.** *s f de-*

mander ~ um Gnade bitten *od* flehen; *être à la* ~ *de qn, de qc* jdm, e-r S ausgeliefert sein; **III.** *interj* danke (schön, sehr)! *a. ironisch; Dieu* ~! Gott sei Dank! *grand* ~! vielen, besten Dank! *mille* ~*s!* tausend, heißen, vielen herzlichen Dank! ~ *beaucoup, bien!* vielen Dank! danke schön! *dire* ~ danke schön sagen; **~ier, ère** *m f* Kurzwarenhändler(in *f*) *m.*

mercredi [mɛrkrədi] *m* Mittwoch *m; le* ~ mittwochs; ~ *des Cendres* Aschermittwoch *m.*

mercure [mɛrkyr] *m* Quecksilber *n.*

merd|e [mɛrd] **I.** *s f vulg* Scheiße *f;* (Scheiß-)Dreck *m;* **II.** *interj (~ alors!)* Scheiße! *être dans la ~ (pop)* in der Scheiße sitzen; *c'est de la* ~ das ist Mist; **~eux, se I.** *a vulg* beschissen; dreckig, schmutzig; *bâton m* ~ Scheiß-, Dreckskerl *m;* **II.** *s m f* Grünschnabel, Rotzjunge; Fatzke, Affe *m;* eingebildete Gans *f.*

mère [mɛr] **I.** *s f* **1.** Mutter *a. rel fig; jur* Kindesmutter *f;* **2.** *zoo* Muttertier *n;* **3.** *fig* Mutterboden; **4.** Ursprung *m,* Ursache, Quelle *f;* **II.** *a* **5.** Mutter-, Ur-; Haupt-; **6.** *fête f des ~s* Muttertag *m; idée f ~* Leitgedanke *m (e-s Buches); maison f ~* Mutter-, Stammhaus *n; première ~* Stammutter *f; reine f ~* Königinmutter *f;* **7.** ~ *de douleur (rel)* Schmerzensmutter *f;* ~ *de famille* Hausfrau *f;* ~ *patrie* Mutterland *n; la* ~ *X.* Mutter *X.*

méridi|en, ne [meridjɛ̃, -ɛn] **I.** *a astr* Mittags-; Süd-; Meridian-; **II.** *s m (cercle m ~)* Meridian(kreis), Längenkreis *m; hauteur f ~ne (astr)* Mittagshöhe *f;* ~ *d'origine* Nullmeridian *m;* **~onal, e** [-djɔ-] **I.** *a pl -aux* südlich; Süd-; **II.** ~, *e s m f* Südfranzose *m,* -französin *f.*

mer|ingue [mərɛ̃g] *f* Meringe *f,* Baiser *n;* **~ise** *f bot* Süß-, Vogelkirsche *f (Frucht);* **~isier** *m* Süß-, Vogel-, Holz-, Waldkirsche(nbaum *m*) *f.*

mérinos [merinos] *s m* Merino(schaf *n,* -wolle *f*) *m.*

mérit|ant, e [meritɑ̃, -ɑ̃t] *a (Person)* verdienstvoll, verdient; **~e** *m* **1.** Verdienst *n;* **2.** Wert; Vorzug *m a. pl; — de ~ (Person)* verdient; *(Sache)* verdienstvoll; *être traité selon ses ~s* s-n verdienten Lohn erhalten; *(se) faire un ~ de qc* (sich) etw als Verdienst an≈rechnen; **~er I.** *tr* **1.** *(Belohnung, Lob; Strafe, Tadel)* verdienen (*de* zu); **2.** ein Anrecht haben (*qc* auf e-e S, *de* zu); **3.** *(Person)* würdig sein (*qn* jds, *de* zu); **4.** *(Sache)* wert sein (*de* zu); **5.** bedürfen (*qc* e-r S *gen*); erfordern, verlangen; **II.** *itr* **6.** *bien* ~ sich verdient machen (*de* um); **7.** *sans l'avoir mérité* unverdientermaßen; unverschuldeterweise; **8.** ~ *confirmation* e-r Bestätigung bedürfen; **9.** *il a ce qu'il mérite* das geschieht ihm (ganz) recht (so); **~oire** *a (Sache)* verdienstlich, schätzenswert, löblich.

merl|an [mɛrlɑ̃] *m* **1.** *zoo* Wittling, Merlan; **2.** *arg* Friseur *m;* **3.** *faire des yeux de ~ frit (fam)* glotzen, stieren; **~e** *m orn* Amsel, Schwarzdrossel *f; — vilain, (ironisch) beau* ~ häßliche(r), widerliche(r) Mensch *m,* Scheusal *n;* ~ *blanc (fig)* weiße(r) Rabe *m;* **~uche** *f* **1.** *(merlu m)* Seehecht *m;* **2.** *com* (gesalzener) Stockfisch *m.*

merveill|e [mɛrvɛj] *f* **1.** (wahres) Wunder; Wunderwerk; Wunderbare(s); Großartige(s) *n;* **2.** *à ~ (oft ironisch)* ausgezeichnet, vortrefflich; großartig, wunderbar, herrlich; **3.** *faire ~ (fam)* ganz hervorragend sein; *faire des ~s* Hervorragendes, Außerordentliches, Gewaltiges leisten; *promettre monts et ~s* goldene Berge versprechen; **4.** *c'est ~ de vous voir!* es ist ein Vergnügen, Sie (bei der Arbeit) zu sehen; *vous verrez des ~s* Sie werden wahre Wunder erleben; **5.** ~ *du monde* Weltwunder *n;* **~eux, se I.** *a* wunderbar, -voll; schön; erstaunlich, staunenswert; Wunder-; **II.** *s m* Wunderbare(s); Erstaunliche(s), Außerordentliche(s) *n.*

mes [mɛ(e)] *pl prn* meine.

més|alliance [mezaljɑ̃s] *f* Mißheirat *f;* **~allier, se** *v prn* (sich) unter s-m Stande verheiraten; **~ange** [-zɑ̃ʒ] *f orn* Meise *f;* ~ *bleue, charbonnière, à longue queue* Blau-, Kohl-, Schwanzmeise *f;* **~aventure** *f* Mißgeschick *n.*

mes|dames, ~demoiselles [medam, -dmwazɛl] *f pl* meine Damen; *mesdames et messieurs* meine Damen u. Herren.

més|entente [mezɑ̃tɑ̃t] *f* Mißhelligkeit, Unstimmigkeit; Uneinigkeit *f;* **~estime** *m* Miß-, Verachtung, Geringschätzung *f;* **~estimer** *tr* zu niedrig ein≈schätzen, unterschätzen; gering≈schätzen, mißachten.

méso|lithique [mezɔlitik] *m* mittlere Steinzeit *f,* Mesolithikum *n;* **~(tro)n** *m phys* Meso(tro)n *n;* **~zoïque** *m* Mesozoikum, Erdmittelalter *n.*

mesquin, e [mɛskɛ̃, -in] *a* **1.** arm(selig), dürftig, schäbig, *fam* lumpig; **2.** knauserig, knick(e)rig; **3.** *fig* kleinlich, eng(herzig, -stirnig); **~erie** *f* **1.** Armselig-, Dürftig-, Schäbigkeit *f;* **2.** Knauserei, Knikkerei, Knauserig-, Knick(e)rigkeit *f;* **3.** Enge, Engherzig-, Engstirnigkeit *f.*

mess [mɛs] *m* Offiziers-, Unteroffizierskasino *n;* **~age** [mɛ-] *m* **1.** Botschaft; Nachricht, Mitteilung, Meldung; *tele radio* Durchsage *f;* **2.** Auftrag *m,* Bestellung *f;* **3.** *s'acquitter d'un ~* sich e-r Botschaft entledigen; *laisser un ~ en cas d'absence* bei Abwesenheit e-e Nachricht hinterlassen; ~ *radio* Funkspruch *m; ~ télégraphique* telegrafische Mitteilung *f; ~ téléphonique* fernmündliche Nachricht *f; ~ d'urgence* dringende Meldung *f;* **~ager, ère** *m f* **1.** Bote *m,* Botin *f;* **2.** *fig* Künder(in *f),* Vorbote *m;* — *par ~* durch Boten; **~ageries** *f pl* **1.** *loc* Gütereilverkehr; Eiltransport *m;* **2.** *~ de presse* Zeitungsvertriebsgesellschaft *f;* **~e** *f* **1.** *rel mus* Messe *f;* **2.** *dire, célébrer la ~* die Messe lesen; *(fig fam) faire des ~s basses* miteinander tuscheln; *servir la ~* ministrieren; **3.** *première ~* Primiz *f; ~ basse, de minuit* stille Messe, Mitternachtsmesse *f; ~ des morts* Totenmesse *f;* **~ianique** *a* messianisch; **M~ie, le** *rel* der Messias; **~ieurs** [-jø] *m pl* meine Herren; **~in, e** *a* aus Metz.

mesur|able [məzyrabl] *a* meßbar; **~age** *m* (Ab-, Aus-, Ver-, Messung *f;* **~e** *f* **1.** Messung *f;* Maß *n;* **2.** *fig* Maß(stab *m) n;* **3.** *fig* Mäßigkeit, Zurückhaltung *f;* **4.** Anordnung, Vorkehrung (*de* für *acc*), Maßnahme, -regel *f; pl* Anstalten *f pl* (*de* zu); **5.** *mus* Takt *m;* **6.** Versmaß *n;* **7.** *(Fechten)* Mensur *f;* **8.** *(au fur et) à ~* nach u. nach, gleichmäßig verteilt *adv; au fur et à ~ de* je nach, entsprechend *(dat); au fur et à ~ des livraisons* je nach Eintreffen der Lieferung; *à ~ que* in dem Maße wie; *avec ~* maßvoll, mit Maß u. Ziel; *dans la ~* nach Maßgabe, im Rahmen (*de* gen); *dans la ~ où* in dem Maße wie, insoweit (als); *dans une certaine ~* bis zu e-m gewissen Grade; einigermaßen; *dans une large ~* in hohem Maße, in großem Umfang; *dans la ~ de nos moyens* nach besten Kräften; *au delà de toute ~* maßlos; *sans, outre ~* maßlos, ohne Maß u. Ziel; *sur ~* nach Maß; **9.** *avoir deux poids et deux ~s* mit zweierlei Maß messen, parteiisch sein; *battre la ~ (mus)* den Takt schlagen; *dépasser la ~* über das Maß hinaus≈gehen; *donner (toute) sa ~ (fig)* zeigen, was man kann; *être en ~ de faire qc* imstande sein, etw zu tun; *garder la ~* maß(zu)halten (wissen); *mus* den Takt halten, im Takt bleiben; *manquer de ~* kein Maß kennen, maßlos sein; *marquer la ~* den Takt an≈geben (*de* mit); *perdre toute ~* jedes Maß verlieren, weit über das Ziel hinaus≈schießen; *prendre les ~s (Schneider)* Maß nehmen (*de qc* zu etw, *de qn* an jdm); *(Kunde)* sich an≈messen lassen (*de qc* etw); *prendre des ~s* Maßnahmen ergreifen; **10.** *la ~ est comble (fig)* das Maß ist voll; **11.** *barre f, bâton m de ~ (mus)* Taktstrich *m,* -stock *m; travail m sur ~* Maßarbeit *f;* **12.** *~ d'austérité* Notmaßnahme *f; ~ de capacité* Hohlmaß *n; ~ de contrôle* Kontrollmaßnahme *f; ~ d'économie* Sparmaßnahme *f; ~ de longueur* Längenmaß *n; ~ de précaution, préventive* Vorsichts-, Vorbeugungsmaßnahme *f; ~ à ruban* Bandmaß *n; ~ de superficie* Flächenmaß *n; ~ à trois, quatre temps* Drei-, Viervierteltakt *m; ~ transitoire* Übergangsmaßnahme *f; ~ de volume* Raummaß *n; ~ à vue d'œil* Augenmaß *n;* **~é, e** *a (Person)* maßvoll; gemäßigt; **~er I.** *tr* **1.** (ab≈, aus≈, ver-, zu≈)messen (*avec, à l'aide de* mit); messen, groß sein (*1 m 70* 1,70 m); **2.** *fig* ab≈schätzen, -wägen, beurteilen (*par* nach); regeln; ein≈, zu≈teilen; den Maßstab ab≈geben (*qc* für etw); an≈passen (*à* an *acc*); **II.** *v prn se ~* **3.** sich messen (*à, avec qn* mit jdm); **4.** *~ ses expressions* sich vorsichtig aus≈drücken; sich in s-n Ausdrücken mäßigen; *~ ses forces avec qn* s-e Kräfte mit jdm messen; *~ au pas* ab≈schreiten; *~ qn du regard, des yeux* jdn von oben bis unten an≈sehen; **~eur** *s m* **1.** (Ver-)Messer *m (Mensch);* **2.** Meßgerät *n,* -apparat *m; ~ de pression* Druckmesser *m.*

méta|bolisme [metabɔlism] *m (Physiologie)* Stoffwechsel *m;* **~carpe** *m anat* Mittelhand *f.*

métairie [mete(ɛ)ri] *f agr* Halbpacht-, Bauernhof *m.*

métal [metal] *m pl -aux* **1.** Metall *n;* **2.** Währungsmetall *n;* — *~ non ferreux* Nichteisenmetall *n; ~ léger* Leichtmetall *n; ~ précieux, de soudure* Edel-, Lötmetall *n;* **~lifère** *a* metall-, erzhaltig; *gisement m ~ (min)* (Erz-)Lagerstätte *f;* **~lique** *a* metallisch *a. fig (Klang, Stimme); monnaie f ~* Hartgeld *n;* **~liser** *tr* **1.** mit Metall überziehen, metallisieren; **2.** Metallglanz geben (*qc* e-r S); **~lo** *m fam* Metallarbeiter *m;* **~lurgie** *f* **1.** Metallurgie, Hüttenkunde; **2.** *(~ lourde)* Schwerindustrie *f;* **~lurgique** *a* metallurgisch, hüttenkundlich; *usine f ~* Hütte(nwerk *n) f;* **~lurgiste I.** *a* Hütten-; **II.** *s m* **1.** *(ingénieur m ~)* Hütteningenieur; **2.** *(ouvrier m ~)* Metallarbeiter *m.*

métalangue [metalɑ̃g] *f ling* Metasprache *f.*

méta|morphose [metamɔrfoz] *f* Metamorphose; Verwandlung, Umgestaltung *f;* **~morphoser I.** *tr* ver-, um≈ wandeln, um≈gestalten (*en* in *acc*); (völlig) verändern, machen (*en* zu); **II.** *v prn se ~* sich verwandeln (*en* in *acc*); **~phore** *f* Metapher *f,* bildliche(r) Ausdruck *m;* **~phorique** *a* **1.** bildlich; **2.** *(Stil)* bilderreich; **~physicien** *m* Metaphysiker *m;* **~physique I.** *s f* Metaphysik *f;* **II.** *a* metaphysisch; **~thèse** *f gram* Metathese *f.*

mét|ayage [metɛjaʒ] *m agr* (Halb-)Pacht *f;* **~ayer, ère** *m f agr* (Halb-)Pächter(in *f) m;* **~empsycose** [-ɑ̃psikoz] *f rel* Seelenwanderung *f.*

météo [meteo] *f fam* Wettervorhersage *f;* **~re** [-ɔr] *m* **1.** Himmels-, Lufterscheinung *f;* **2.** *astr* Meteor *m;* **~rique** *a* Meteor-; *pierre f, fer m* ~ Meteorstein *m,* -eisen *n;* **~rite** *f* Meteor(stein) *m;* **~rolabile** *a med* wetterfühlig; **~rologie** *f* **1.** Meteorologie, Wetterkunde *f;* **2.** Wetterdienst *m;* **~rologique** *a* meteorologisch; Wetter-; *bulletin m, station f* ~ Wetterbericht *m,* -warte *f; prévisions f pl* **~s** Wettervorhersage *f;* **~rologiste, ~rologue** *m f* Meteorologe *m,* -login *f.*

métèque [metɛk] *m fig péj* lästige(r) Ausländer *m (in Frankreich).*

méthane [metan] *m chem* Methan *n.*

méthod|e [metɔd] *f* **1.** Methode *f,* Verfahren(sweise *f*) *n;* **2.** *fig* Weg, Plan *m; (Buch)* Anlage *f;* **3.** Lehrgang, Leitfaden *m (Buch);* **4.** *avec* ~ methodisch, planmäßig, systematisch; *sans* ~ planlos, unsystematisch *adv;* **5.** ~ *d'analyse* Untersuchungsmethode *f;* ~ *de comparaison* Vergleichsmethode *f;* ~ *de construction, d'exploitation, de production, de travail* Bau-, Betriebs-, Produktions-, Arbeitsweise *f;* ~ *de financement* Finanzierungsmethode *f;* ~ *de fabrication* Fabrikationsmethode *f;* ~ *de piano* Klavierschule *f (Buch);* ~ *de vente* Verkaufs-, Absatzmethode *f;* **~ique** *a* methodisch, planmäßig; **~isme** *m rel* Methodismus *m;* **~iste** *rel m f* Methodist(in *f*) *m;* **~ologie** *f* Methodologie; Methodik *f.*

méthyl|e [metil] *m chem* Methyl *n;* **~ène** *m* **1.** *chem* Methylen *n;* **2.** *com* (unreiner) Methylalkohol *m.*

méticul|eux, se [metikylø, -øz] *a* gewissenhaft; peinlich genau; **~osité** *f* Gewissenhaftigkeit, peinliche Sorgfalt *f.*

métier [metje] *m* **1.** Gewerbe; Fach *n,* Beruf *m;* **2.** *fig* Handwerk *n,* Tätigkeit, Beschäftigung *f;* **3.** Handwerk *n; (Kunst)* (das) Handwerkliche, Handwerksmäßige; **4.** Wirkmaschine *f;* (~ *à tisser)* Webstuhl; (~ *à broder)* (Stick-) Rahmen *m;* **5.** *de* ~ gewerbsmäßig, von Beruf; Berufs-; *de son* ~ von Beruf, s-s Zeichens; **6.** *avoir sur le* ~ (gerade) in Arbeit haben; *être du* ~ vom Fach sein; etw von der Sache verstehen; *être rompu au* ~ in s-m Fach, auf s-m Gebiet (sehr) beschlagen sein; *exercer un* ~ ein Handwerk, Gewerbe betreiben, e-n Beruf aus=üben; *parler* ~ fachsimpeln; **7.** *chambre f des* **~s** Handwerkskammer *f; homme m du* ~ Fachmann, Sachverständige(r) *m; terme m de* ~ Fachausdruck *m;* **8.** ~ *à bas* Strumpfwirkmaschine *f;* ~ *de boulanger, de tailleur* Bäcker-, Schneiderhandwerk *n;* ~ *manuel, artisanal* handwerkliche(r) Beruf *m.*

mét|is, isse [metis] **I.** *s m f* **1.** Mischling, Bastard *m;* **2.** *m* Halbleinen *n;* **II.** *a* Bastard-, Mischlings-; *bot* hybrid; **~issage** *m* **1.** Rassenmischung, Bastardierung *f;* **2.** *bot zoo* Kreuzung *f;* **~onymie** *f gram* Metonymie *f;* **~ope** *f arch* Metope *f,* Zwischenfeld *n.*

métrage [metraʒ] *m* **1.** Meterzahl; *(Kleider)* Stoffmenge *f;* **2.** *(Filmstreifen)* Länge *f;* — *long, court* ~ Spiel-, Kurzfilm *m.*

mètre [mɛtr] *m* **1.** Meter *m* od *n;* Metermaß *n;* **2.** Vers(maß *n,* -fuß) *m;* **3.** *mus* Metrum *n;* **4.** *sport cent, huit cents* **~s** 100-m-Lauf, 800-m-Lauf *m;* **5.** *par* ~ je Meter; ~ *carré, cube* Quadrat-, Kubikmeter *m* od *n;* ~ *pliant* Zollstock *m;* ~ *à ruban* Bandmaß *n.*

métr|er [metre] *tr* nach Metern messen; **~eur** *m arch* Vermesser *m;* **~ique I.** *a* metrisch *a. poet;* **II.** *s f* Metrik *a. math,* Verslehre *f; quintal m* ~ Doppelzentner *m; système m* ~ metrische(s) System *n;* **~ite** *f* Gebärmutterentzündung *f;* **~o** *m* U-Bahn, Untergrundbahn *f (in Paris);* **~onome** *m mus* Metronom *n;* **~opole** *f* **1.** Mutterland *n;* **2.** Metropole *f,* Mittelpunkt *m,* Hauptstadt *f;* **3.** Sitz *m* e-s Erzbischofs; **~opolitain, e I.** *a* **1.** hauptstädtisch; **2.** mutterstaatlich; **3.** erzbischöflich; **II.** *s m* **1.** *rel* Metropolit *m;* **2.** Untergrundbahn *f;* **~opolite** *m rel* Metropolit *m.*

mets [mɛ] *m lit* Gericht *n,* Speise *f.*

mett|able [mɛtabl] *a (Kleidung)* (noch) brauchbar; *le veston est encore* ~ man kann die Jacke noch an=ziehen *od* tragen; **~eur** *m* **1.** ~ *en scène* Regisseur, Aufnahmeleiter *m;* **2.** ~ *en pages (typ)* Metteur *m;* **3.** ~ *au point (tech)* Einrichter *m.*

mettre [mɛtr] **I.** *tr* **1.** legen, setzen, stellen; (hinein=)stecken, (hinein=, hinzu=) tun; **2.** werfen; gießen; bringen, schaffen; *(Menschen)* schicken, geben, tun; **3.** *(Verhältnisse)* (herbei=)führen, *(Zustände)* ver-, aus=breiten; *(in e-n Zustand)* versetzen (*à* in *acc);* **4.** (über)schreiben, übertragen, um=setzen; **5.** versehen (*qc à qc* etw mit e-r S); an=nähen (*à* an); *(Kleidung)* an=ziehen, tragen; *(Tuch)* umwerfen; *(Schal)* um=tun; *(Krawatte)* um=binden; *(Gürtel)* um=schnallen; *(Hut)* auf=setzen; *(Schmuck)* an=legen; *(Ring)* an=stecken; **6.** *(Tischtuch, Gedeck)* auf=legen; *(Speise)* auf=tragen, auf den Tisch bringen, auf=tischen; *(Butter, Wurst)* auf=streichen (*sur* auf *acc*); *(zum Kochen)* auf=setzen, -stellen; **7.** *mot (Gang) radio* ein=schalten; **8.** *fig (Sorgfalt)* verwenden (*à* auf *acc),* an=wenden; *(Mäßigung)* üben; *(Eifer)* zeigen; *(Können)* ein=setzen; *(Überredungskunst)* (ge)brauchen (*dans* bei); *(Hoffnung)* setzen (*dans* auf *acc*); **9.** *(Geld)* an=legen, *(beim Spiel)* setzen; *(Geld, Zeit)* brauchen, benötigen; **10.** *(Menschen)* ein=weihen, hinein=ziehen, verwickeln (*dans* in *acc); hinzu*=ziehen (*de* zu), beteiligen (*de* an *dat*); betrauen, beauftragen (*à* mit); **11.** *fam* an=nehmen, den Fall setzen (*que* daß); **II.** *v prn se* ~ **12.** sich legen; sich setzen; sich stellen; treten, gehen; sich werfen, sich stürzen; **13.** *fig* sich machen, sich begeben (*à* an *acc*); sich stellen, treten (*à* an *acc, avec qn* auf jds Seite); **14.** sich (ver)legen (*à* auf *acc*); beginnen sich zu beschäftigen, sich zu befassen (*à* mit); sich gewöhnen, sich an=passen (*à* an *acc*); **15.** sich an=schließen, teilnehmen (*de* an *dat*); zs.leben (*avec* mit); **16.** angezogen, getragen werden; **17.** *en ~ un coup (pop)* tüchtig ran=gehen; *les ~ (arg)* ab=hauen, türmen, stiften gehen; *y ~* daran=setzen; *s'y ~* sich ins Zeug legen; **18.** *n'avoir rien à se ~* nichts anzuziehen haben; *n'avoir rien à se ~ sous la dent* nichts zu beißen haben; *ne savoir où se ~* nicht wissen, wo man bleiben soll; *se ~ à l'abri* in Deckung gehen; sich schützen (*de* vor *dat*); *se ~ d'accord* sich einigen; *se ~ à l'aise* es sich bequem machen; *~ une annonce dans un journal* e-e Anzeige in e-e Zeitung setzen lassen; ein Inserat auf=geben; *~ en apprentissage* in die Lehre geben; *~ en arrière, en avant* zurück=, vor=stellen, -setzen, -rücken; *se ~ en avant* sich vor=drängen; *~ à la banque* auf die Bank geben *od* bringen; *~ bas (Kleidung)* aus=ziehen, ab=legen; *(die Waffen)* nieder=legen; *(Tier) (Junge)* werfen; *(Hirsch) (Geweih)* ab=werfen; *se ~ au beau (Wetter)* schön werden; *se ~ à la besogne* sich an die Arbeit machen; *~ à bout* zum Äußersten treiben; *~ en bouteilles* auf Flaschen ziehen, ab=füllen; *~ en branle* in Bewegung setzen; *se ~ en campagne (fam)* los=ziehen; *~ en cause* in e-n Prozeß hinein= *od* ein=beziehen; *fig* in Frage stellen, beschuldigen (*qn* jdn); *~ à la charge de qn* jdm zur Last legen; *se ~ en chemise* sich bis aufs Hemd aus=ziehen; *~ en, hors circuit* ein=, aus=schalten; *~ au clair* ins reine bringen; *~ en code (mot)* ab=blenden; *se ~ en colère* in Zorn geraten, auf=brausen; *~ en communication (tele)* verbinden; *~ au concours (Stelle)* aus=schreiben; *~ à contribution* zur Steuer heran=ziehen; in Anspruch nehmen; *~ de côté* beiseite legen; sparen; *se ~ au courant* sich in e-e S ein=arbeiten; **19.** *~ en danger* in Gefahr bringen; *~ dedans (fam)* herein=legen, übers Ohr hauen; *~ qn dehors* jdn vor die Tür setzen; *~ en dépôt* in Verwahrung geben; *~ à la disposition de qn* jdm zur Verfügung stellen; *~ le doigt dessus* den Nagel auf den Kopf treffen; *se ~ à l'eau* ins Wasser gehen; *~ à l'école* zur Schule schicken, ein=schulen; *se ~ à l'écoute (radio)* (hin=)hören; *~ dans l'embarras* in Verwirrung bringen; *~ à l'enchère, aux enchères* versteigern; *se ~ au fait de qc* sich mit etw vertraut machen; *~ le feu* e-n Brand verursachen; Feuer legen (*à* an *acc*); *~ fin à qc* mit etw Schluß machen; *~ à flot* flott=machen; *~ en fuite* in die Flucht schlagen; *~ en gage* verpfänden; *~ en garde contre* warnen vor *dat; se ~ en garde* auf=passen, sich in acht nehmen, sich hüten (*contre* vor *dat*); *se ~ en grève* in den Streik treten; **20.** *~ à l'heure (Uhr)* stellen; *~ deux heures à faire qc* zwei Stunden brauchen, um etw zu tun; *~ qn hors de lui, de ses gonds* jdn auf die Palme bringen; *~ en jeu* ins Spiel bringen *a. sport; (Fußball)* ein=werfen; *~ à jour* aufs laufende bringen, auf=arbeiten; *~ au jour* an den Tag, ans Licht, zum Vorschein bringen; *~ en liberté* in Freiheit setzen, frei=lassen; *~ du linge à sécher* Wäsche zum Trocknen auf=hängen; *se ~ au lit* sich ins Bett legen; *~ la main sur qc* sich e-r S bemächtigen; *~ la dernière main à qc* die letzte Hand an e-e S legen; *~ la main au feu* s-e Hand ins Feuer legen (*pour* für *acc*); *~ la main à la pâte* (selbst) Hand an=legen, zu=packen; *~ en marche, en mouvement* in Gang bringen; *mot* an=(laufen)lassen; *se ~ en marche, en mouvement* sich in Bewegung setzen, an=fahren *a. loc mot; ~ à même* in die Lage versetzen (*de* zu); *~ à la mer (Schiff)* aus=laufen lassen, *(Boot)* aus=setzen; *se ~ en mesure* Vorkehrungen treffen; *~ à la mode* in Mode bringen; *~ au monde* zur Welt bringen; *~ à mort* ums Leben bringen; **21.** *~ à neuf* neu her=, ein=richten; *~ dans le noir* ins Schwarze treffen; *~ à nu* bloß=legen, -stellen; *~ tous les œufs dans un panier* alles auf eine Karte setzen; *~ en œuvre* gebrauchen, be-, aus=nutzen; *(Erz)* verhütten; *~ tout en œuvre* alles daran=setzen; *se ~ à l'œuvre* an die Arbeit gehen; *~ en ordre, ~ (bon) ordre à qc* etw in Ordnung bringen; *~ en pages (typ)* um=brechen; *~ en parenthèses* in Klammern setzen, ein=klammern; *~ à part* beiseite, zur Seite legen, aus=sondern; *se ~ de la partie* mit=machen; beginnen, e-e Rolle zu spielen; *~ sur le pavé (Angestellten)* auf die Straße setzen; *~ sur pied* auf=stellen; auf die Beine bringen; *~ sur une fausse piste* auf e-e falsche Fährte lokken; *se ~ à la place de qn* sich an jds Stelle, in jds Lage versetzen; *~ dans sa poche* in die Tasche stecken; *~ au point (Gerät)* ein=stellen *a. phot; (Sache)* in Ordnung bringen, klar=stellen; aus=richten, orientieren; ~ *à la porte (Menschen)* hinaus=werfen; *se ~ à la portée de qn* sich auf jdn ein=stellen; ~ *à la poste (Brief)* auf=geben; ~ *en pratique* in die Praxis um=setzen; ~ *en prison* ein=sperren; ~ *à prix* e-n Preis an=setzen (*qc* für etw); **22.** *se ~ sur son quant à soi* sehr reserviert sein; sehr wichtig tun; *se ~ en quatre* alles tun (*pour* für *acc*); ~ *en question* in Frage stellen; *se ~ en quête* sich auf die Suche machen; ~ *à la raison* zur Vernunft bringen; *se ~ en rapport, en communication* sich in Verbindung setzen (*avec* mit) *dat; se ~ en règle avec qn* sich mit jdm vergleichen, aus=söhnen; ~ *à la retraite* in den Ruhestand versetzen; *se ~ en route* sich auf den Weg machen; ~ *en scène* inszenieren; *se ~ en scène* sich in Positur werfen, die Blicke auf sich lenken; *se ~ sur son séant* sich *(im Bett)* auf=richten; ~ *à sec* trocken=legen; aus=schöpfen *a. fig;* ~ *sens dessus dessous* (alles) durchea.=bringen; ~ *en service* in Betrieb nehmen; ~ *hors de service* aus=rangieren; *(y)* ~ *du sien* sein Teil bei=tragen; *se ~ sur qc* sich an e-e S begeben *od* machen; ~ *qc sur soi (Kleidung, Schmuck)* sich etw an=legen; **23.** ~ *la table, le couvert* den Tisch decken; ~ *sur la table* auf den Tisch bringen, auf=tischen, auf=tragen; *se ~ à table* sich zum Essen setzen; *arg* gestehen; denunzieren; ~ *sur le tapis* aufs Tapet, vor=bringen; ~ *un terme à qc* mit etw Schluß machen, e-r S Einhalt gebieten; ~ *à terre* auf den Boden *od* auf die Erde legen *od* stellen; *el radio* erden; *se ~ à la tête* sich an die Spitze stellen, an die Spitze treten (*de qc* e-r S); ~ *le tout pour le tout* aufs Ganze gehen; *se ~ au travail* sich an die Arbeit machen *od* begeben; *se ~ sur son trente-et-un (fam)* sich in Schale schmeißen; ~ *sous tutelle* entmündigen; **24.** ~ *l'un sur l'autre* aufea.=legen; ~ *hors d'usage* ab=legen, nicht mehr gebrauchen; unbrauchbar machen; ~ *en valeur* zur Geltung bringen, ins rechte Licht setzen; ver-, aus=werten; *(Baugelände)* erschließen; ~ *en vedette* zur Schau stellen; *typ* aus=zeichnen; ~ *en vente* zum Verkauf anbieten; ~ *en vigueur* in Kraft setzen; ~ *en vogue* lancieren; ~ *de la bonne volonté* guten Willen zeigen; ~ *sous les yeux* vor Augen stellen, unterbreiten; **25.** *mettons que* nehmen wir (einmal) an, daß; tun wir, als ob; *je mets cela au-dessus de tout* das geht mir über alles; *j'en mettrais la main au feu* dafür lege ich meine Hand ins Feuer, darauf möchte ich Gift nehmen.

meubl|ant, e [mœblɑ̃, -ɑ̃t] *a: meubles m pl ~s (jur)* Hausrat *m,* Wohnungseinrichtung *f;* **~e I.** *a* **1.** *(Gegenstand)* beweglich; **2.** *(Erdboden)* locker, lose; **II.** *s m* **3.** Möbel(stück), (Haus-)Gerät; Mobiliar *n,* Hausrat *m,* Wohnungseinrichtung *f;* **4.** *allg* Ausstattung *f;* **5.** *être dans ses ~s* eigene Möbel, e-e eigene Wohnung haben; *(se) mettre dans ses ~s* (sich) e-e Wohnung ein=richten; **6.** *biens m pl ~s* bewegliche Güter *n pl;* **7.** *~s en acier* od *métalliques, par éléments, de jardin* Stahl-, Anbau-, Gartenmöbel *n pl; ~s de bureau, de cuisine* Büro-, Küchenmöbel *n pl; ~s en rotin, en jonc* Rohrmöbel *n pl;* **~é, e I.** *a* möbliert; **II.** *s m* möblierte Wohnung *f,* möblierte(s) Zimmer *n;* — *habiter, vivre en ~* möbliert wohnen; *il est bien ~ (fam)* er hat schöne Möbel; **~er I.** *tr* **1.** möblieren, ein=richten, aus=statten; **2.** wohnlich machen *od* gestalten; **3.** *fig* an=füllen, versehen (*de* mit); **II.** *v prn se ~* **4.** sich Möbel an=schaffen; **5.** *(Raum)* sich möblieren, sich ein=richten; **6.** *fig fam* sich füllen (*de* mit); — *~ ses loisirs* s-e Freizeit aus=füllen (*avec qc* mit etw).

meugler [møgle] *s. beugler.*

meul|age [mølaʒ] *m* Schleifen *n;* **~e** [møl] *f* **1.** Mühlstein *(~ à moudre, à broyer);* **2.** Schleifstein *m a. fig, tech* -scheibe *f (~ à aiguiser);* **3.** *(~ à charbon)* (Kohlen-)Meiler *m;* **4.** Heuhaufen *m;* Heu-, Strohdieme *f;* **5.** *(~ de fromage)* (großer, runder) Laib *m* Käse; **~er** *tr* schleifen.

meun|erie [mønri] *f* Müllerei *f;* **~ier, ère** *s m f* Müller(in *f*) *m; truite f ~ière* Forelle *f* nach Müllerinart.

meurt-de-faim [mœrdəfɛ̃] *m inv* Hungerleider *m.*

meurtr|e [mœrtr] *m* Mord(tat *f*) *m; jur* Totschlag *m* (*de qn* an jdm); *crier au ~* Zeter u. Mord(io) schreien; *incitation f au ~* Anstiftung *f* zum Mord; *~ prémédité* vorsätzliche Tötung *f;* **~ier, ère** [-trije, -ɛr] **I.** *a* mörderisch *(a. Klima); fig* verheerend; **II.** *s m f* **1.** Mörder(in *f*) *m;* **2.** *f* Schießscharte *f;* **~ir** *tr* **1.** (zer)quetschen; verletzen; **2.** wund reiben, scheuern; **3.** *fig* verwunden, schwer treffen; verletzen; — *avoir les pieds ~is (à force de marcher)* sich die Füße wund gelaufen haben; *~ de coups* braun u. blau schlagen; *des fruits meurtris* Früchte *f pl* mit Druckstellen; **~issure** *f* **1.** blaue(r) Fleck *m,* Quetschung *f;* **2.** Druckstelle *f,* Fleck *m (am Obst).*

meute [møt] *f* **1.** *(Jagd)* Meute *f a. fig;* **2.** *fig* Horde, Bande *f,* Haufen, Schwarm *m.*

mévente [mevɑ̃t] *f com* Verlustgeschäft *n;* Absatzstockung, -flaute *f.*

mezzanine [mɛdzanin] *f arch* Zwischengeschoß *n,* -stock *m.*

mi [mi] **I.** *m inv mus* e, E *n;* E-Saite *f; ~ bémol* es, Es *n;* **II.** *(in Zssgen)* halb-,

Halb-; *(vor Monatsnamen)* Mitte ...; *(s'arrêter) à ~-chemin (a. fig)* auf halbem Wege (stehen=bleiben); *à ~-corps* bis an die Hüften; *à ~-côte, à ~-hauteur* auf halber Höhe; *à ~-distance* in halber Entfernung; *à ~-jambe(s)* bis an die Waden; *(à la) ~-janvier* Mitte Januar; *à la ~-mois (com)* per Medio; *à ~-voix* halblaut; *~-bas m* Kniestrumpf *m; ~-carême f* Mittfasten *pl; ~-clos, e a* halbgeschlossen; *~-mort, e a* halbtot; *~-temps f (sport)* Halbzeit *f.*

mia|ou [mjau] *interj* miau! **~sme** [mjasm] *m* giftige Ausdünstung *f;* **miaulement** [mjol-] *m* Miauen *n;* **miauler** *itr* miauen.

mica [mika] *m min* Glimmer *m;* **~schiste** [-ʃist] *m* Glimmerschiefer *m.*

miche [miʃ] *f* **1.** Laib (Brot); **2.** *pl arg* Hintern *m;* **~line** *f loc* Schienenbus; Triebwagen *m.*

micmac [mikmak] *m fam* Umtriebe *m pl.*

micro- [mikrɔ] *(in Zssgen)* Klein-, Mikro- *(vor Maßeinheiten = 1 Millionstel); ~* [-o] *s m* **1.** *fam* Mikrophon *n; au ~* am Mikrophon; **2.** *pop* kleine(r) Wicht *m;* **~be** [-krɔb] *m* Mikrobe *f;* (Krankheits-) Keim *m;* **~biologie** *f* Mikrobiologie *f;* **~biologiste** *m* Mikrobiologe *m;* **~chimie** *f* Mikrochemie *f;* **~cosme** *m* Mikrokosmos *m;* **~-cravate** *m* Umhängemikrophon *n;* **~-économie** Mikroökonomie *f;* **~film** *m* Mikrofilm *m;* **~filmer** *tr* auf Mikrofilm auf=nehmen; **~lecteur** *m* Lesegerät *n;* **~mètre** *m* Mikrometer *n,* Feinmesser *m;* **~métrique** *a vis f ~* Mikrometerschraube *f;* **~n** [-ɔ̃] *m* Mikron, My *n;* **~-onde** *f* Mikrowelle *f;* **~-organisme** *m biol* Mikroorganismus *m;* **~phone** *m* Mikrophon *n;* **~photographie** *f* Mikrophotographie *f;* **~physique** *f* Mikrophysik *f;* **~scope** *m* Mikroskop *n; au ~* **a)** unter dem Mikroskop; **b)** *fig* aufs genaueste; *~ électronique* Elektronenmikroskop *n;* **~scopie** *f* Mikroskopie *f;* **~scopique** *a* **1.** mikroskopisch; **2.** winzig klein; **~sillon** [-sijɔ̃] *m (disque m) ~* Langspielplatte *f.*

miction [miksjɔ̃] *f med* Harnlassen *n.*

midi [midi] *m* **1.** Mittag(szeit *f*) *m;* **2.** 12 Uhr (mittags); **3.** Süden *m;* **4.** *à ~* um 12 Uhr (mittags); *à ~ juste* Punkt 12 Uhr; *au ~* im Süden, südlich; *en plein ~* am hellen Mittag; *vers ~, sur le coup de ~ (fam)* gegen zwölf Uhr, gegen Mittag; *vers le ~* nach Süden, südwärts, in südlicher Richtung; **5.** *chercher ~ à quatorze heures* Schwierigkeiten sehen, wo keine sind; *~ a sonné* es hat 12 geschlagen; *il est ~ sonné* es hat gerade zwölf geschlagen; **6.** *édition f de ~ (Zeitung)* Mittagsausgabe *f; fruits m pl du ~* Südfrüchte *f pl;* **~nette** *f fam* junge Modistin *f (in Paris).*

mie [mi] *f* **1.** (Brot-)Krume *f; ~ de pain* Toastbrot *n;* **2.** *fam ma ~* mein Liebchen *n.*

miel [mjɛl] *m* **1.** Honig *m;* **2.** *doux comme (le) ~* zuckersüß; **3.** *(fig fam) être tout ~* katzenfreundlich sein; **4.** *lune f de ~* Flitterwochen *f pl;* **~leux, se** *a fig* honigsüß, süßlich.

mien, ne [mjɛ̃, -ɛn] **I.** *prn, a* mein; (der, die, das) meinige; **II.** *s le ~* das Mein(ig)e; *les ~s* die Meinen, meine Angehörigen *pl; le tien et le ~* mein u. dein.

miette [mjɛt] *f* Krümel, Brösel *m; pl* Brosamen *f pl; une ~ de ... (fam)* ein ganz klein bißchen *od* wenig; *pas une ~* nicht das geringste; *réduire en ~s* kurz u. klein, in tausend Stücke schlagen.

mieux [mjø] **I.** *(Komparativ von bien) adv* besser; mehr; eher, lieber; *(vor a)* best-; *le ~* am besten; **II.** *a* besser; schöner, hübscher; passender; **III.** *s m (ohne Artikel)* etwas Besseres; mehr; *le ~* das Bessere; das Beste *od* beste; **IV.** *(Wendungen)* **1.** *au ~, le ~ du monde* aufs beste, *fam* (aller)bestens; *au ~ de* zum Besten *gen; faire de son mieux* sein Bestes tun; *de ~ en ~* immer besser; *faute de ~* in Ermangelung e-s Besseren; **2.** *en mettant les choses au ~* im günstigsten Falle, günstigstenfalls; *~ que personne* besser als irgend jemand sonst; *le ~ possible* so gut wie möglich, so gut es (irgend) geht; *à qui ~* um die Wette; *pour ~ dire* besser, richtiger gesagt; *tant ~* um so besser; **3.** *aimer ~* lieber haben, vor=ziehen; *aller ~* sich besser befinden; *(Geschäfte)* besser=gehen; *changer en ~* sich zu s-m Vorteil verändern; *être au ~ avec qn* mit jdm sehr gut stehen; *faire ~* besser (daran) tun; *faire de son ~* sein Bestes *od* möglichstes tun; *valoir ~* mehr wert, besser sein; **4.** *il y a du ~* es geht *od* steht (schon) besser; *il y a ~ que cela* mehr als das! *je ne demande pas ~* ich wüßte nicht, was ich lieber täte (*que de* als zu); von Herzen, herzlich gern; *ça va on ne peut ~ (fam)* es geht ausgezeichnet, prima; *espérons que tout ira pour le ~* hoffen wir das Beste! *je suis ~* es geht mir besser; *le plus tôt sera le ~* je eher je besser; *tout est pour le ~* es ist alles in Ordnung; *~ vaudrait (aller)* es wäre besser (zu gehen); *encore ~! (ironisch)* das wäre noch schöner! *~-être m* höhere(s) Lebensniveau *n;* materielle(r) Fortschritt *m; le, la ~ habillé, e* der, die Bestangezogene, -gekleidete.

mièvre [mjɛvr] *a* **1.** *(Malerei)* geziert, gekünstelt; **2.** fad, abgeschmackt; **~rie** [-vrə-] *f* Geziertheit, Künstelei *f;* Fadheit *f.*

mign|ard, e [miɲar, -ard] *a* geziert, affektiert; ~**ardise** *f* **1.** Affektiertheit *f;* affektierte(s) Benehmen *n;* **2.** *bot* Federnelke *f;* ~**on, ne I.** *a* **1.** niedlich, allerliebst, reizend; **2.** *fam* nett; *soyez* ~ seien Sie so lieb; **II.** *s f* **1.** Herzchen, Püppchen *n,* Liebling *m;* **2.** *typ* Kolonel, Mignon *f;* — *péché m* ~ (kleine) Schwäche *f.*

migr|aine [migrɛn] *f* Migräne *f;* Kopfschmerzen *m pl;* ~**ateur, trice** *a* wandernd; Wander-; *oiseau m* ~ *(a. fig)* Zugvogel *m;* ~**ation** *f* Wanderung *f; (Vögel)* Ziehen *n,* Zug *m;* ~ *intérieure, ouvrière* Binnen-, Arbeiterwanderung *f;* ~ *des peuples* Völkerwanderung *f;* ~ *professionnelle* Abwanderung *f* in e-n anderen Beruf.

mij|aurée [mijore] *f fam* Zierpuppe *f (Frau);* ~**oter I.** *tr* **1.** bei schwacher Hitze kochen lassen; **2.** *fig* von langer Hand vor=bereiten, langsam reifen lassen; **3.** *(Plan)* aushecken; **II.** *itr u. se* ~ **4.** bei schwacher Hitze kochen; **5.** *fig* langsam heran=reifen; — ~ *qc* Böses im Sinne haben; *(fam) qu'est-ce que vous mijotez?* was führt ihr im Schilde?

mil [mil] *(in Jahreszahlen)* tausend; ~**an** *m orn zoo* Milan *m;* ~**diou** [-dju] *m bot* Mehltau *m;* ~**ice** *f* Miliz *f;* ~**icien** *m* Milizsoldat *m.*

milieu [miljø] *m pl -x* **1.** Mitte(lpunkt *m*) *f;* **2.** Milieu *n,* Umwelt *f,* Wirkungskreis *m,* (geistige) Atmosphäre *f;* **3.** *fig* Mitte, mittlere Linie *f;* Mittelweg *m,* Kompromiß *m* od *n;* **4.** *arg* Unterwelt *f;* **5.** *au* ~ *de* mitten in, auf, unter; inmitten *gen; au beau, en plein* ~ *de* mitten in; *au* ~ *de tout* bei alledem; *dans mon* ~ in meiner gewohnten Umgebung, in meinen Kreisen; *dans les* ~*x informés* in unterrichteten Kreisen; *par le* ~ mittendurch; **6.** *tenir le* ~ die Mitte ein=nehmen, in der Mitte liegen; *il n'y a pas de* ~ da gibt es nur eins: entweder — oder; **7.** *conditions f pl du* ~ *(biol)* Umweltbedingungen *f pl; doigt m, ligne f, morceau, parti m du* ~ Mittelfinger *m,* -linie *f,* -stück *n,* -partei *f; juste* ~ *(pol)* gute, goldene Mitte *f; langue f du* ~ Gaunersprache *f; théorie f des* ~*x (biol)* Umwelttheorie *f;* **8.** ~*x commerciaux* Geschäftswelt *f;* ~*x de culture (biol)* Nährlösung *f;* ~*x économiques, financiers, informés, officiels* Wirtschafts-, Finanzkreise; unterrichtete, amtliche Kreise *m pl.*

milit|aire [militɛr] **I.** *a* militärisch, soldatisch; Militär-, Soldaten-, Kriegs-, Wehr-; **II.** *s m* Militär(person *f*), Soldat *m; à l'heure* ~ auf die Minute (pünktlich); *service m* ~ Wehrdienst *m;* ~ *de carrière* Berufssoldat *m;* ~**airement** *adv* militärisch; *exécuter* ~ standrechtlich erschießen; *occuper* ~ militärisch besetzen; ~**ant, e I.** *a* streitbar, kämpferisch *a. fig; fig* aktiv; militant; **II.** *s m fig* aktive(s) Mitglied *n;* (eifriger) Verfechter; *pol* Aktivist *m; vie f* ~*e* ewige(r), dauernde(r) Kampf *m;* ~**ariser** *tr* militärisch organisieren; militarisieren *a. fig;* ~**arisme** *m* Militarismus *m;* ~**ariste I.** *m* Militarist *m;* **II.** *a* militaristisch; ~**er** *itr* **1.** aktiv sein; sich aktiv betätigen (*dans un syndicat* in e-r Gewerkschaft); **2.** *fig (Grund)* sprechen (*en faveur de, contre* für, gegen *acc*).

mill|e [mil] **I.** *a inv* tausend; **II.** *s m inv* **1.** Tausend(er *m*); *com* Mille *n;* **2.** *s m* Meile *f;* **3.** ~ *fois* tausendmal; immer wieder; **4.** *être à* ~ *lieues (fig)* weit davon entfernt sein (*de* zu); *mettre dans le* ~ *(pop)* ins Schwarze treffen; **5.** ~ *choses à X (Brief)* viele Grüße an X; grüße(n Sie) bitte X! ~ *mercis, remerciements!* tausend, heißen, vielen (herzlichen) Dank! ~ *tonnerres!* Donnerwetter! *des* ~ *et des cents* Tausende u. aber Tausende; ~*-feuille* **a)** *f bot* Schafgarbe *f;* **b)** *m* Cremeschnitte *f* aus Blätterteig *m;* ~*-pattes,* ~*-pieds m inv zoo* Tausendfüßler *m;* ~**énaire I.** *a* tausendjährig; **II.** *s m* Jahrtausend *n;* ~**ésime** *m* Jahreszahl *f (bes. auf Münzen); (Wein)* Jahrgang *m;* ~**et** [-jɛ] *m* **1.** *bot* Hirse *f;* **2.** *med* Friesel *m* od *n;* Gerstenkorn *n;* ~**i-** [-li] *(in Zssgen)* Milli-; ~**iard** *m* Milliarde *f;* ~**iardaire** *m* Milliardär *m;* ~**ième I.** *a* tausendste(r, s); **II.** *s m* Tausendstel *n;* ~**ier** *m* Tausend *n; pl* Tausende *n pl; par* ~*s* zu Tausenden; ~**igramme** *m* Milligramm *n;* ~**imètre** *m* Millimeter *m* od *n;* ~**ion** [-ljɔ̃] *m* Million *f; pl* Millionen (u. aber Millionen), Unmengen *f pl,* Unzahl *f; par* ~*s* zu Millionen, in Unmassen, *fam* in rauhen Mengen; *riche à* ~*s* millionenschwer; ~**ionnaire** *m* Millionär *m.*

mim|e [mim] *m* **1.** Pantomime; **2.** Nachahmungskünstler *m;* **3.** Mime *m;* ~**er** *tr* **1.** pantomimisch dar=stellen; **2.** *(Menschen)* nach=ahmen, -machen, -äffen; ~**étisme** *m* **1.** *biol* Mimikry *f;* **2.** *fig* Nachahmung *f;* ~**i I.** *s m* **1.** *(Kindersprache)* Miez, Mieze(katze) *f;* **2.** *fam* Mäuschen, Herzchen *n;* **II.** *a fam* niedlich, süß; *fais un* ~ gib ein Küßchen; ~**ique I.** *a* mimisch; Gebärden-; **II.** *f* Mimik *f,* Mienenspiel *n; langage m* ~ Gebärdensprache *f;* ~**osa** [-oza] *m bot* Mimose *f.*

min|able [minabl] *a fig fam (Person)* jämmerlich, erbärmlich; *(Sache)* schäbig, dürftig, ärmlich, kümmerlich; ~**aret** [-ɛ] *m arch rel* Minarett *n;* ~**auder** [-no-] *itr* sich zieren, sich affektiert benehmen; ~**auderie** *f meist pl* Ziererei, Affektiertheit *f, fam* Getue *n;* ~**audier, ère** *a* affektiert, *fam* affig.

minc|e [mɛ̃s] **I.** *a* **1.** *(Scheibe)* dünn, fein; *(Taille)* schlank; **2.** *fig* klein, winzig; schwach, dürftig; **3.** *(Vorwand)* nichtig;

(Angelegenheit) belanglos; *(Person)* unbedeutend; **II.** *interj (~ alors!) pop* Donnerwetter! alle Achtung! allerhand! *~ de ... (pop)* was für ein ...! **~eur** *f* **1.** Dünnheit *f;* **2.** Schmal-, Schlankheit *f.*

mine [min] **I.** *s f* **1.** Aussehen *n;* Miene *f,* Gesichtsausdruck *m;* **2.** *pl* Mienenspiel *n;* **3.** Aussehen, Äußere(s) *n;* **4.** *de belle ~* gutaussehend; *sur sa bonne ~* auf sein ehrliches Gesicht hin; **5.** *avoir la ~ de qn qui* (ganz) so aus=sehen als ob *subj;* aus=sehen wie einer, der ...; *avoir bonne ~* gut, *(Speise)* lecker aus=sehen; *fam (ironisch) avoir une ~ effrayée, étonnée* ein erschrockenes, erstauntes Gesicht machen; *avoir une ~ joyeuse* über das ganze Gesicht strahlen; *avoir la ~ longue* ein langes Gesicht machen; *avoir mauvaise ~* schlecht aus=sehen; *faire des ~s* kokettieren; *faire ~ de* Miene machen zu; so tun, als ob; *faire bonne ~ à qn* freundlich, nett zu jdm sein; Miene zum bösen Spiel machen; *faire mauvaise, grise, triste ~ à qn* jdm gegenüber unfreundlich, abweisend sein; *juger sur la ~* nach dem Äußeren beurteilen; *ne pas payer de ~* e-n schlechten Eindruck machen; *(pop) ~ de rien* so als ob nichts wäre; *~ patibulaire* Galgengesicht *n;* **II.** *s f* **1.** Bergwerk *n,* Grube; *(Kohlen)* Zeche *f;* **2.** Lagerstätte *f;* Vorkommen *n;* **3.** *fig* Fundgrube *f;* **4.** *(Bleistift)* Mine *f;* **5.** *mil* Mine; Sprengladung *f;* **6.** *descendre dans la ~* in den Schacht ein=fahren; *éventer la ~ (fig)* Lunte riechen, dahinter=kommen; *marcher sur une ~* auf e-e Mine treten; *poser des ~s* Minen legen; **7.** *les Mines* die staatliche Bergbehörde; **8.** *bois m de ~* Grubenholz *n; cage f de ~* Förderkorb *m; champ m de ~s* Minenfeld *n; école f (supérieure) des ~s* Bergakademie *f; puits m de ~* Grubenschacht *m;* **9.** *~ antichar* Panzermine *f; ~ d'argent, de charbon, de cuivre, de diamants, de plomb, de sel* Silber-, Kohlen-, Kupfer-, Diamanten-, Blei-, Salzgrube *f,* -bergwerk *n; ~ à ciel ouvert* Tagebau(betrieb) *m; ~ de rechange, de réserve* Ersatzmine *f.*

miner [mine] *tr* **1.** (unter=)minieren, untergraben *a. fig,* -wühlen, -höhlen, -spülen; **2.** *mil* verminen, Minen legen (*qc* in, auf e-e S); **3.** *fig* zerrütten, zermürben, auf=reiben, zehren (*qc* an e-r S); **4.** *être miné (von e-r Leidenschaft)* verzehrt werden.

minerai [minrɛ] *m* Erz *n; richesse f en ~* Erzreichtum *m.*

minéral, e [mineral] *pl -aux* **I.** *a* mineralisch; Mineral-; **II.** *s m* Mineral *n; chimie f ~e* anorganische Chemie *f; eau, source f ~e* Mineralwasser *n,* -quelle *f; règne m ~* Mineralreich *n;* **~ier** *m mar* Erzfrachter *m;* **~ogie** *f* Mineralogie *f;* **~ogique** *a* mineralogisch; *collection f ~* Mineraliensammlung *f; plaque f ~(mot)* Zulassungsnummer *f;* **~ogiste** *m* Mineraloge *m.*

min|et, te [minɛ, -ɛt] *m f* **1.** *fam* Mieze(katze) *f;* **2.** *fig fam* Mäuschen, Schätzchen, Herzchen *n;* **3.** Geck, Stutzer *m;* Modepuppe *f;* **4.** *f min* Minette *f;* **~eur** *s m* u. *a: ouvrier m ~* Bergarbeiter, -mann, Kumpel *m;* **~eur, e I.** *a* **1.** klein(er), geringer, *(Problem)* zweitrangig; **2.** *jur* minderjährig, unmündig; **3.** *mus* Moll-; **II.** *s m f* Minderjährige(r *m) f;* **4.** *en ~* in Moll; **5.** *frère m ~* Minorit, Franziskaner *m; mode m ~ (mus)* Molltonart *f; ordres m pl ~s (rel)* niedere Weihen *f pl;* **6.** *~ de dix-huit ans* Jugendliche(r) *m* unter 18 Jahren; *~ délinquant* jugendliche(r) Straffällige(r) *m;* **~i** *m* Minimode *f;* **~iature** *f* **1.** Zierbuchstabe *m,* Initiale *f;* **2.** Miniatur; Miniatur-, Buchmalerei *f;* Miniaturgemälde *n;* **3.** *en ~* im kleinen, in Miniatur; *golf m ~* Minigolf *n; portrait m en ~* Miniaturbildnis *n; train m ~* Spielzeugeisenbahn *f;* **~iaturiste** *m* Buch-, Miniaturmaler *m;* **~ier, ère I.** *a* Berg(bau-, -werks-), Montan-, Gruben-; **II.** *s f geol industrie f ~ière* Bergbau *m;* Montanindustrie *f; région f ~ière* Bergbaugebiet *n.*

minim|al, e [minimal] *a pl -aux* minimal; Mindest-; **~e I.** *a* gering(fügig); *(Gewinn)* unbedeutend; *(Verluste)* unwesentlich; verschwindend gering; **II.** *s m sport* Jugendlicher *m (von 13—15);* **~isation** *f com (Kosten)* Minimisierung *f;* **~iser** *tr* **1.** auf ein Minimum herab=setzen *od* beschränken; **2.** *(Schuld)* verharmlosen, verniedlichen, bagatellisieren; **~um** [-ɔm] *(pl ~ums* u. *~a)* **I.** *s m* **1.** Minimum *n;* **2.** Mindestgröße *f,* -gewicht, -maß *n,* -satz, -betrag, -preis *m,* -strafe *f;* **II.** *a: sg* u. *pl ~a (beide inv mit gleicher Bedeutung)* Mindest-; **1.** *au ~* mindestens, wenigstens; *dans le ~ de temps* in kürzester Zeit; **2.** *réduire ses frais au ~* s-e Ausgaben auf ein Mindestmaß zurückschrauben; — *il faudra un ~ de trois ans* man braucht mindestens drei Jahre; **3.** *salaire m ~* Mindestlohn *m; ~ vital* Existenzminimum *n.*

minist|ère [ministɛr] *m pol* **1.** Ministerium *(a. Gebäude);* Amt(szeit *f*) *n* e-s Ministers; **2.** Kabinett *n,* Regierung *f;* **3.** *par ~ de* durch; **4.** *former un ~* e-e Regierung bilden; **5.** *~ des Affaires étrangères* Außenministerium *n; ~ des Finances, de la Justice, du Travail* Finanz-, Justiz-, Arbeitsministerium *n; ~ de l'Intérieur* Innenministerium *n;* **~ériel, le** *a* **1.** ministeriell; Minister-; **2.** Regierungs-; **3.** regierungsfreundlich; — *arrêté, décret m ~* ministerielle Verfügung *f,* Ministerialerlaß *m; crise f ~le* Kabinetts- *od* Regierungskrise *f; déclaration f ~le* Regierungserklärung *f;* **~rable** *a (fam) il est ~* er kommt für e-n Ministerposten in Frage; **~re** *m* **1.** *pol* Minister *m;* **2.** *(~ plénipotentiaire)* Gesandte(r) *m;* **3.** *(~ de l'Évangile)* Pastor, Pfarrer *m;* **4.** *banc, conseil m des ~s* Ministerbank *f,* -rat *m; papier m ~* Kanzleipapier *n; ~ des Affaires étrangères, des Finances, de l'Intérieur, de la Justice* Außen-, Finanz-, Innen-, Justizminister *m.*

min|ium [minjɔm] *m* Mennige *f;* **~ois** *m* frische(s), niedliche(s) Gesichtchen *n;* **~oration** *f com* Unterbewertung *f;* **~orer** *tr com* unterbewerten; **~oritaire I.** *a* Minderheits-; **II.** *s m pl les ~s* die Minderheit *(e-r Gruppe);* **~orité** *f* **1.** Minderheit, Minorität *f;* **2.** Minderjährigkeit; Unmündigkeit *f a. fig;* **3.** *une ~ de* e-e kleine Anzahl von; **4.** *dans la ~ des cas* in den seltensten Fällen; **5.** *être en ~* in der Minderheit sein, sich in der Minderheit befinden; *être mis en ~* überstimmt werden; *mettre en ~* überstimmen; **6.** *droit m, protection f des ~s* Minderheitenrecht *n,* -schutz *m;* **7.** *~s ethniques, nationales* völkische, nationale Minderheiten *f pl;* **~oterie** [-nɔtri] *f* Mühle(nbetrieb *m*) *f;* **~otier** *m* Mühlenbesitzer *m;* **~ou** *m s. minet;* **~uit** [-nɥi] *m, a. f* Mitternacht *f;* zwölf Uhr (nachts); *à ~* um Mitternacht; *vers ~, sur le coup de ~* gegen Mitternacht; *~ et demi* halb ein Uhr (nachts), (nachts) um halb eins; **~us** [minys] *m fam* Niete *f,* Versager *m;* **~uscule I.** *a* winzig, verschwindend klein; **II.** *s f* u. *a: lettre f ~* kleine(r) Buchstabe *m; écrire avec une ~* klein schreiben.

minut|age [minytaʒ] *m* genaue(r) Zeitplan *m;* genaue Zeiteinteilung; Sollzeit *f;* **~e** *f* **1.** Minute *f a. math;* **2.** Augenblick, Moment *m;* **3.** Urschrift *f,* Original(urkunde *f*) *n;* **4.** *interj fam* sachte! langsam! halt, Moment mal! **5.** *à la ~ (fam)* auf die Minute (genau); eben, gerade; *dans la* od *une ~ (fam)* im Augenblick, sofort, gleich; *d'une ~ à l'autre* jeden Augenblick; *jusqu'à la dernière ~* bis zur letzten Minute; *une ~!* einen Augenblick! **6.** *nettoyage m ~* Schnellreinigung *f; ~ d'arc (math)* Bogenminute *f; ~ de conversation (tele)* Gesprächsminute *f;* **~er** *tr* **1.** *(Urkunde)* ab=fassen, auf=setzen; **2.** die zeitliche Dauer fest=legen (*qc* gen); **~erie** *f* **1.** *(~ d'un escalier d'immeuble)* Schaltuhr *f* (für Treppenhausbeleuchtung); **2.** Schalter *m;* **~ie** [-si] *f* Genauigkeit, Gründlichkeit, Sorgfalt *f;* **~ieux, se** [-sjø, -øz] *a* (peinlich) genau, sorgfältig, gründlich, *fam* pingelig.

mio|cène [mjɔsɛn] *m geol* Miozän *n;* **~che** [mjɔʃ] *m f fam* Knirps *m.*

mir|abelle [mirabɛl] *f bot* Mirabelle *f;* **~abellier** [-e(ɛ)lje] *m* Mirabellenbaum *m;* **~acle** [-rakl] *m* Wunder *n a. fig;* **1.** *comme par ~* wie durch ein Wunder; *un ~ de ...* ein Wunder an *(dat);* **2.** *crier (au) ~* sich nicht genug wundern können; *faire des ~s (fig)* Wunder tun *od* wirken; *tenir du ~* an ein Wunder grenzen; **3.** *il n'y a pas de quoi crier ~ (fam)* das ist keine Kunst; *c'est ~ s'il n'a pas été tué* er ist wie durch ein Wunder dem Tod entgangen; **4.** *croyance f aux ~s* Wunderglaube *m; solution f ~* Patentlösung *f;* **~aculeux, se** [-ak-] *a* **1.** wunderbar; übernatürlich; wundertätig; Wunder-; **2.** außergewöhnlich; **~ador** *m* Wachtturm *m;* **~age** *m* **1.** Luftspiegelung, Fata Morgana *f;* **2.** *mar* Kimmung *f;* **3.** *fig* Trugbild *n,* Wahn(vorstellung *f*) *m;* Einbildung, Täuschung *f;* **4.** *~ des œufs* Eierdurchleuchtung *f;* **~e** *f* **1.** Meßlatte *f,* Fluchtstab *m; (~ parlante)* Nivellierlatte *f;* **2.** *video* Testbild *n;* **3.** *il était le point de ~ de tous* aller Augen waren auf ihn gerichtet; **4.** *cran m de ~ (mil)* Kimme *f; ligne f de ~* Visierlinie *f; point m de ~ (mil)* Richtpunkt; *fig* Blickpunkt *m,* Zielscheibe *f;* **~er I.** *tr (Ei)* prüfen, durchleuchten; **II.** *v prn se ~* sich (selbstgefällig) im Spiegel betrachten; **~ette** *f arg pl* Augen *n pl.*

mir|ifique [mirifik] *a fam* großartig, phantastisch; **~liflore** *m fam* Stutzer, Geck *m;* **~o** *a inv fam* mies; *arg* kurzsichtig; **~obolant, e** *s. mirifique.*

mir|oir [mirwar] *m* **1.** Spiegel *m a. arch zoo, bes. fig;* **2.** (spiegelglatte) Fläche *f;* **3.** *poli comme un ~* spiegelblank, -glatt; *(fig) c'est un ~ aux alouettes* das ist ein verführerischer Zauber; *écriture f en ~* Spiegelschrift *f; œuf m (au) ~* Spiegelei *n; ~ ardent* Brennspiegel *m; ~ à barbe* Rasierspiegel *m; ~ de courtoisie (Auto)* Toilettenspiegel *m; ~ d'eau* viereckige(s) Wasserbecken *n; ~ à main, de poche* Hand-, Taschenspiegel *m;* **~oitant, e** *a* **1.** glänzend, spiegelnd; **2.** *(Seide)* schillernd; **~oitement** *m* Spiegeln; Blitzen, Funkeln; *(Seide)* Schillern *n;* **~oiter** *itr* spiegeln; glänzen; funkeln, schillern; *faire ~ (fig)* in glänzenden Farben, schildern, verlockend aus=malen, vor=gaukeln (*qc aux yeux de qn* jdm etw); **~oiterie** *f* Spiegelfabrik, -fabrikation *f,* -handel *m;* **~oton** *m bœuf ~* (gekochtes) Rindfleisch *n* mit Zwiebeln.

mis|aine [mizɛn] *f: (mât m de ~) (mar)* Fockmast *m; (voile f de ~)* Focksegel *n;* **~anthrope I.** *s m* Menschenfeind; Griesgram *m;* **II.** *a* menschenfeindlich, -scheu; **~anthropie** *f* Menschenhaß *m* -scheu *f;* **~anthropique** *a* menschenfeindlich, -scheu; griesgrämig, mürrisch.

mise [miz] *f* **1.** (Hin-)Legen, Setzen, Stellen; Aufstellen; Versetzen *n (in e-n*

Zustand); **2.** *(~ de fonds) com* Einlage *f; (Versteigerung)* Gebot *n; (Spiel)* Einsatz *m;* **3.** Art, sich zu kleiden; Kleidung *f;* **4.** *être de ~* sich ziemen, am Platze, Mode, zeitgemäß sein; *faire une ~* ein Gebot ab=geben; **5.** *ce n'est pas de ~* das sagt *od* trägt man nicht; das schickt sich nicht, paßt sich nicht; *cela exige une ~ au point* das bedarf e-r Richtigstellung; **6.** *~ en action* Ausführung, Verwirklichung *f; ~ bas (Muttertier)* Werfen *n; ~ en bouteilles* Abziehen, -füllen *n (auf, in Flaschen); ~ en chantier* Baubeginn *m; mar* Kiellegung *f; ~ en, hors circuit (el)* Ein-, Ausschalten *n; ~ en circulation* Inumlaufsetzen *n,* Inkurssetzung *f;* Vertrieb *m; ~ hors de combat (sport)* Knockout *m; ~ au concours* Ausschreibung *f* e-s Wettbewerbs; *~ au courant* Unterrichtung, Informierung; Einarbeitung *f; ~ en demeure* (Zahlungs-)Aufforderung, Mahnung *f; ~ à la disposition* Bereitstellung *f; ~ à l'eau* Stapellauf *m; ~ sous écran (tele)* Abschirmung *f; ~ aux enchères* Versteigerung *f; ~ en état* Instandsetzung *f; ~ en exploitation* Inbetriebnahme; *(Land)* Erschließung *f; ~ en fabrication* Produktionsaufnahme *f; ~ en faillite* Konkurserklärung *f; ~ en gage* Verpfändung *f; ~ en garde* Warnung *f; en jeu* Verwendung *f;* Einsatz; *(Ball)* Einwurf *m; ~ à jour* Aufarbeitung *f; ~ en liberté* Freilassung *f; en marche, en mouvement (mot)* Anlassen *n; allg* Inbetriebsetzung *f; ~ au monde* Geburt *f; ~ en œuvre* Verwertung, Verarbeitung; Inangriffnahme; Durch-, Ausführung *f; ~ en ondes (radio)* Spielleitung *f; ~ en page(s) (typ)* Umbruch *m; ~ au pas* Gleichschaltung *f;* Zur-Ordnung-Rufen *n; ~ à pied* Kaltstellung *f;* Entlassung *f; ~ sur pied* Errichtung, Bildung, Schaffung *f;* Aufbau *m; ~ en place (Maschine)* Aufstellung; Installierung *f; (Polizei)* Bereitstellung *f; (Ausschuß)* Einsetzung *f; ~ au point (tech phot)* Einstellung; *fig* Ausrichtung, Orientierung; Einrichtung, Fertigstellung; Berichtigung, Richtigstellung *f;* Druckfertigmachen *n; ~ en possession* Einsetzung, Einweisung *f* in den Besitz; *~ en pratique* Realisierung; praktische Anwendung; Durchführung; Umsetzung *f* in die Praxis; *~ à prix (Versteigerung)* Taxpreis *m; ~ à la retraite* Versetzung in den Ruhestand, Pensionierung *f; ~ en route* Aufbruch *m;* Ingangsetzen; *mot* Anlassen *n; ~ en scène (theat)* Inszenierung; Regie *f; ~ en sécurité* Sicher(stell)ung; Verwahrung *f; ~ en service* Inbetriebnahme, Indienststellung *f; ~ sociale (com)* Einlage *f* (in ein Gesellschaftsvermögen); *~ au tombeau (Kunst)* Grablegung *f; ~ en train* Inangriffnahme *f,* Ingangbringen *n; (Reformen)* Einleitung; Einarbeitung; *typ* Zurichtung *f (des Satzes); ~ hors d'usage* Außerbetriebsetzung *f; ~ en valeur* Auswertung; Geltend-, Nutzbarmachung; *(Baugelände)* Erschließung; *fig* wirkungsvolle Darstellung *f; ~ en vente en librairie (Buch)* Erscheinen *n; ~ en vigueur* Inkraftsetzen, -treten *n.*

miser [mize] *tr (Spiel)* setzen (*sur* auf *acc*); *~ sur le mauvais cheval (fig fam)* auf das falsche Pferd setzen.

mis|érable [mizerabl] **I.** *a* **1.** *(Leben, Person)* bedauerns-, beklagens-, bejammernswert; **2.** *(Person)* notleidend, bedürftig; **3.** *(Wohnung, Lohn)* elend, erbärmlich, jämmerlich, miserabel, kümmerlich; **4.** *(Geld)* lumpig; **5.** *(Handlung)* niederträchtig; beschämend, (tief) bedauerlich; **II.** *s m* **1.** Elende(r); Schurke, Schuft *m;* **2.** Arme(r), Bedürftige(r) *m;* **~ère** *f* **1.** Armut *f,* Not *f,* Elend *n;* **2.** *meist pl* Jammer *m,* Unglück, Leiden *n,* Trübsal; Notlage, bejammernswerte Lage *f;* **3.** *fam* Jammer *m;* Kreuz *n;* **4.** Kleinigkeit, Lappalie *f;* **5.** *pl* Leiden *n pl;* Mühen, Plagen *f pl;* **6.** *crier ~ (fam)* mächtig klagen; erbärmlich aus=sehen; *être dans la ~* Not leiden; *être dans une ~ noire (fam)* auf den Hund gekommen sein; *se fâcher pour des ~s (fam)* sich über jede Kleinigkeit auf=regen; *faire des ~s à qn (fam)* jdn ärgern, quälen, schikanieren; jdm Steine in den Weg legen *fig; tomber dans la ~* in Not geraten; **7.** *c'est une ~ que, que de* es ist ein Elend *od* Jammer, daß, zu; **8.** *~ physiologique* völlige Erschöpfung *f;* **~éré, ~erere** [-erere] *m rel* Miserere *n;* **~éreux, se I.** *a* arm, bedürftig, notleidend; **II.** *s m* Notleidende(r) *m;* **~éricorde I.** *s f* **1.** *rel* Barmherzigkeit *f;* **2.** Erbarmen *n,* Gnade *f;* **II.** *interj* barmherziger Gott!; — *demander, crier ~* um Gnade bitten *od* flehen; **~éricordieux, se** *a* barmherzig; **~ogyne** [-ʒin] **I.** *a* frauenfeindlich; **II.** *s m* Weiberfeind *m.*

miss|el [misɛl] *m rel* Meßbuch *n;* **~il** *m mil* Rakete *f; ~ intercontinental* Interkontinentalrakete *f;* **~ion** *f* **1.** Auftrag *m;* Mission; *fig* Aufgabe *f;* **2.** Abordnung, Vertretung, Mission, Delegation *f;* **3.** *rel* Missionshaus *n,* -anstalt; *pl rel* Mission *f;* **4.** *avoir (pour) ~ de* zu etw beauftragt sein; *~ commerciale* Handelsmission *f; ~ permanente* ständige Vertretung *f;* **~ionnaire** *m rel* Missionar *m;* **~ive** *s f* u. *a: lettre f ~ (jur)* schriftliche Mitteilung *f.*

mist|igri *m fam* Mieze(katze) *f;* **~oufle** *f* **1.** *(fam) il ne cesse de me faire des ~s* er ärgert mich in einem fort; **2.** *(arg) vivre dans la ~* am Hungertuch nagen; **~ral** *m* Mistral *m.*

mit|aine [mitɛn] *f* Handschuh *m* ohne Finger; **~e** *f zoo* **1.** Motte *f;* **2.** Milbe *f;* **~é, e** *a* mottenzerfressen; **~eux, se** *a fam* arm(selig); ärmlich, schäbig.

mitigé, e [mitiʒe] *a* **1.** abgeschwächt, gemäßigt; **2.** *avec des sentiments ~s* mit gemischten Gefühlen.

mit|onner [mitɔne] **I.** *itr tr* bei schwacher Hitze, auf kleiner Flamme kochen; **II.** *tr* **1.** *fig* von langer Hand vor=bereiten, geschickt in die Wege leiten; **2.** mit Liebe zubereiten; **3.** verwöhnen, verzärteln; **~oyen, ne** *a* gemeinsam, -schaftlich; Mittel-, Zwischen-; *mur m ~* Brandmauer *f.*

mitr|aillade [mitrajad] *f mil* Salve *f a. fig;* **~aille** *f* **1.** *sous la ~* unter dem Beschuß; **2.** *pop* Kleingeld *n;* **~ailler** *tr* **1.** *mil* mit MG-Feuer belegen; **2.** *fig* mit Fragen bombardieren; **3.** *phot* zahlreiche Aufnahmen machen (*qn* von jdm); **~aillette** *f* Maschinenpistole *f;* **~ailleur** *m* Maschinengewehr-, MG-Schütze; *(~ de bord) aero* Bordschütze *m; fusil m ~* leichte(s) Maschinengewehr, LMG *n; pistolet m ~* Maschinenpistole *f;* **~ailleuse** *f* Maschinengewehr, MG *n;* **~e** *f* **1.** Mitra, Inful; *(~ épiscopale)* Bischofsmütze *f;* **2.** *(~ de cheminée)* Kaminaufsatz *m;* **~on** Bäckerjunge, -geselle *m.*

mix|age [miksaʒ] *m film* Tonmischung *f; salle, table f de ~* Mischraum *m,* -pult *n;* **~er** *tr film* mischen, mixen.

mixeur [miksœr] *m tech* Mixer *m.*

mixt|e [mikst] *a* gemischt; Misch-; *cargo m ~ (mar)* Frachter *m* mit Passagierkabinen; *commission f ~* gemischte Kommission *f; éducation f ~* Koedukation *f; mariage m ~ (rel)* Mischehe *f;* **~ion** [-kstjɔ̃] *f* Mischung *f;* **~ure** [-tyr] *f* **1.** *mus* Mixtur *f;* **2.** *péj* Gemisch *n;* Mischmasch *m.*

mnémo|nique [mnemɔnik] *a* Gedächtnis-; **~technique I.** *a* mnemotechnisch; **II.** *s f* Mnemotechnik *f.*

mob|ile [mɔbil] **I.** *a* **1.** beweglich, mobil; in Bewegung; fließend; **2.** *fig* unbeständig, wandelbar, wechselhaft; **3.** *tech* dreh-, verstell-, verschieb-, ausschwenkbar; **4.** *(Futter)* ausknöpfbar; **II.** *s m* **1.** *phys* in Bewegung befindliche(r) Körper *m;* **2.** *fig* Beweggrund, Antrieb *m,* Triebfeder *f;* **3.** *(Kunst)* Mobile *n;* — *échelle f ~ des salaires* gleitende Lohnskala *f; fête f ~* bewegliche(s) Fest *n;* **~ilier, ère I.** *a jur* beweglich; Mobiliar-; **II.** *s m* Mobiliar *n;* Möbel *n pl;* (Wohnungs-)Einrichtung *f,* Hausrat *m; assurance f ~ilière* Hausratversicherung *f; biens m pl ~s* bewegliche Habe *f; valeurs f pl ~ilières* Effekten *m pl; ~ de bureau, de cuisine* Büro-, Küchenmöbel *n pl;* **~ilisable** *a* **1.** einsatzfähig, -bereit; **2.** wehrpflichtig; **~ilisation** *f* **1.** *fig* Mobilisierung; *(Kapital)* Flüssigmachung; Aufbringung; Verfügbarmachung; Bereitstellung *f;* **2.** *mil* Mobilmachung *f;* **~ilisé, e:** *non ~ (mil)* unabkömmlich; **~iliser** *tr* **1.** *(Kapital)* mobilisieren, bereit=stellen; flüssig=machen; *(Geld)* auf=bringen; **2.** *(Öffentlichkeit)* mobilisieren; *(Kräfte)* aufrufen, appellieren (*qn* an etw); **3.** *mil* mobil machen; **~ilité** *f* **1.** Beweglichkeit *a. fig;* **2.** *(Gericht)* Wandelbarkeit, Veränderlichkeit; **3.** *(Arbeitskräfte)* Mobilität *f.*

mocassin [mɔkasɛ̃] *m* Mokassin *m.*

moch|e [mɔʃ] *a (nur pred) fam* mies, schlecht; *(Gegenstand; Frau)* häßlich; *(Wetter)* unfreundlich; **~eté** *f pop (Frau)* Vogelscheuche *f.*

mod|al, e [mɔdal] *a pl -aux mus gram* modal; Modal-; **~alité** *f* **1.** Modalität *f;* **2.** *pl* Einzelheiten *f pl,* nähere Umstände *m pl;* **3.** Art, Weise, Modalität *f;* **4.** *~s d'application* Durchführungsbestimmungen *f pl; ~s de paiement* Zahlungsbedingungen *f pl;* **~e I.** *s f* Mode *f;* **II.** *a* Mode-; modisch; **1.** *à la ~* nach der (neuesten) Mode, modisch, modern; *à la ~ de* nach Art *gen; à la dernière ~* neumodisch, nach der neuesten Mode; *passé de ~* aus der Mode, unmodern, altmodisch, veraltet; **2.** *devenir à la ~* Mode, modern werden; *être très à la ~, (fam) très ~* große Mode sein; *mettre à la ~* in Mode bringen; *suivre la ~* die Mode mit=machen, sich nach der Mode kleiden; *travailler dans la ~* in der Modebranche arbeiten; **3.** *c'est à la ~* das ist modern; *ce n'est plus à la ~* das ist unmodern, nicht mehr Mode; **4.** *articles m pl de ~* Putz-, Modewaren *f pl; bœuf m (à la) ~* Rindfleisch *n* in Gemüse; *couleurs f pl, teintes f pl ~* Modefarben *f pl; journal m de ~(s)* Modezeitung *f; magasin m de ~s* Modewarengeschäft *n;* Hutsalon *m; ~ capillaire* Haarmode *f; ~ d'été, d'hiver* Sommer-, Wintermode *f; ~ féminine, masculine* Damen-, Herrenmode *f;* **III.** *s m* **1.** Art, Weise; Art und Weise; Form *f;* **2.** Mittel *n,* Weg *m,* Verfahren *n;* **3.** *gram* Modus *m;* **4.** *mus* Tonart *f;* **5.** *(Statistik)* Modus *m;* häufigste(r) Wert *m;* **6.** *~ d'action, de construction* Wirkungs-, Bauweise *f; ~ d'alimentation* Ernährungsweise *f; ~ d'emploi* Gebrauchsanweisung; *(Maschine)* Bedienungsanleitung *f; ~ d'envoi, d'expédition* Versandart *f; ~ d'existence* Lebensform *f; ~ majeur, mineur* Dur-, Molltonart *f; ~ opératoire, de travail* Arbeitsweise *f,* Verfahren *n; ~ de paiement* Zahlungsweise *f,* -modus *m; ~ de procédure* Verfahrensweise *f; ~ de production* Produktions-, Herstellungsweise *f; ~ de scrutin* Wahlmodus *m,* Abstimmungsverfahren *n; ~ de transport* Beförderungsart *f.*

mod|elage [mɔdlaʒ] *m* **1.** *(Kunst)* Modellieren *n;* **2.** modellierte Figur *f;* **~èle I.** *s m* **1.** Muster, Beispiel *n;* Vorlage *f;* **2.** *fig* Leitbild *n;* **3.** *(e-s Künstlers)* Modell; Modell(kleid) *n;* **4.** *tech* Modell *n;* Ausführung *f;* Typ *m;* Bauart *f;* **5.** *math com* Modell *n;* Schaupackung, Attrappe *f;* **II.** *a* **6.** Modell-, Muster- *a. fig; fig* mustergültig, -haft, vorbildlich; **7.** *être un ~ de* ein typischer, mustergültiger ... sein, ein Muster an ... *(dat)* sein; *donner qn en ~ à qn* jdm jdn als Vorbild hin=stellen; *prendre qn pour ~, prendre ~ sur qn* sich an jdm ein Beispiel nehmen, sich jdn zum Vorbild nehmen; *servir de ~* als Muster, Vorlage dienen; **8.** *collection f de ~s* Muster-, *(Mode)* Modellkollektion *f; enfant, écolier* od *élève m ~* Musterknabe, -schüler *m; entreprise f ~* Musterbetrieb *m;* **9.** *~ d'avion, de navire, en plâtre, sport* Flugzeug-, Schiffs-, Gips-, Sportmodell *n; ~ courant* Normalausführung *f; ~ déposé (com)* Gebrauchsmuster *n; ~ de luxe, standard* Luxus-, Standardausführung *f; ~ réduit* Modell *n* in verkleinertem Maßstab; **~elé** *m* **1.** *(Kunst)* Formgebung, Gestaltung *f;* **2.** *geog* Bodengestaltung *f;* **~eler I.** *tr* **1.** Form, Gestalt geben (*qc* e-r S); formen, gestalten *a. fig (sur* nach*);* **2.** *(Kunst)* modellieren; im Modell dar=stellen *od* aus=führen; ein Modell an=fertigen (*qc* gen); **3.** *~ le corps* die Körperformen zur Geltung bringen; **II.** *v prn se ~ sur qn* sich jdn zum Vorbild nehmen, jdm nach=eifern; *pâte f à ~* Knetmasse *f;* **~eleur** *m* **1.** Modellierer, Modelleur *m;* **2.** Modellschreiner, -tischler *m;* **~éliste** [-e(ɛ)l-] *m f* **1.** *(Mode)* Modellzeichner(in *f*), -schneider(in *f*) *m;* **2.** *tech* Modellbauer(in *f*) *m.*

mod|érateur, trice [mɔderatœr, tris] **I.** *s m* **1.** Befürworter *m* des Maßhaltens, der Mäßigkeit, der Zurückhaltung; Element *n* der Mäßigung; **2.** *tech* Regulator; *phys* Moderateur *m;* **II.** *a* mäßigend; steuernd; — *jouer un rôle ~* mäßigend wirken; e-e mäßigende Rolle spielen; *ticket m ~ (Versicherung)* Selbstbehalt *m;* **~ération** *f* **1.** Mäßigung; Mäßigkeit; *(Geschwindigkeit)* Verminderung *f;* **2.** *jur ~ de droit* Gebühren-, Steuerermäßigung *f,* -nachlaß *m;* **~éré, e I.** *a (Preis)* mäßig; *(Wind)* schwach; *bes. pol* gemäßigt; **II.** *s m pol* Gemäßigte(r) *m;* **~érer I.** *tr* **1.** *(Ansprüche)* mäßigen; **2.** mildern, ab=schwächen; **3.** *(Geschwindigkeit)* herab=setzen *(a. Strafe);* **4.** *(Leidenschaft)* zügeln; im Zaum, in Schranken halten; **II.** *v prn se ~* sich mäßigen, sich im Zaum halten, sich beherrschen.

mod|erne [mɔdɛrn] **I.** *a* modern, heutig, neuzeitlich; zeitgemäß; **II.** *s m (Kunst)* Moderne *f; temps m pl ~s* Neuzeit *f;* **~ernisation** *f* Modernisierung *f;* **~erniser** *tr* modernisieren, zeitgemäß um=gestalten; **~ernité** *f* moderne(r) Charakter *m (e-s Bauwerks); modern style* [stil] *m (Kunst)* Jugendstil *m.*

mod|este [mɔdɛst] *a (Person)* bescheiden, anspruchslos; *(Kleidung)* einfach, schlicht; *(Preis)* bescheiden; *commerçant m ~* kleine(r) Kaufmann *m;* **~estie** [-ti] *f* Bescheidenheit, Anspruchslosigkeit; Schlichtheit, Einfachheit *f;* **~icité** *f* Geringfügigkeit, Kleinheit; geringe Höhe; *(Preis)* Niedrigkeit *f.*

mod|ifiable [mɔdifjabl] *a* abänderungsfähig, modifizierbar; **~ificateur, trice** *a* modifizierend, abwandelnd; **~ificatif, ive** *a* modifizierend; **~ification** *f* (Ab-, Um-, Ver-)Änderung; Modifikation *f; sans ~* ohne (jede) Änderung, unverändert; *apporter, faire des ~s à qc* Änderungen an e-r S vor=nehmen; *~ à la loi, aux statuts* Gesetzes-, Satzungsänderung *f;* **~ifier I.** *tr* **1.** (ab=, um=, ver)ändern, modifizieren; **2.** *gram* näher bestimmen; **II.** *v prn se ~* sich verändern, sich wandeln.

mod|ique [mɔdik] *a (Mittel)* gering(fügig), unbedeutend; schwach, klein; *(Preis)* niedrig; *(Summe)* mäßig, bescheiden; **~iste** *f* Modistin, Putzmacherin *f;* **~ulateur** *m tele radio* Modulator *m;* **~ulation** *f mus tele radio* Modulation *f; écouter qc en ~ de fréquence* etw auf UKW hören; **~ule** *m* **1.** *math phys tech arch* Modul *m;* **2.** *(Möbel)* Element *n;* **3.** *(Raumfahrt) ~ de commande* Kommandokapsel *f; ~ lunaire* Mondfähre *f;* **~uler** *tr* **1.** modulieren; **2.** *fig* den Umständen anpassen.

moell|e [mwal] *f anat bot* Mark *n a. fig; jusqu'à la ~* durch Mark u. Bein, durch u. durch; *os m à ~* Markknochen *m; ~ épinière* Rückenmark *n;* **~eusement** *adv il s'allonge ~ sur le sofa* er kuschelt sich behaglich auf das Sofa; **~eux, se** *a* **1.** *(Stoff)* weich, flauschig; **2.** *(Schokolade)* schmackhaft und leicht im Mund zergehend; **3.** *(Wein)* lieblich; **4.** *(Ton)* weich; **5.** *(Stimme)* schmelzend; weich u. voll; *(Gesang)* schmelzend; **~on** *m arch* Bruchstein *m.*

mœurs [mœr, -s] *f pl* **1.** Sitten *f pl;* **2.** Gebräuche *m pl,* Lebensgewohnheiten *f pl;* **3.** Sittlichkeit *f;* **4.** *être contraire aux bonnes ~* gegen die guten Sitten verstoßen; *en voilà des ~! (fam)* das ist ein Benehmen! **5.** *attentat m aux ~* Sittlichkeitsvergehen, -verbrechen *n; mauvaises ~* schlechte Sitten *f pl;* schlechte(r) Lebenswandel *m; police f des ~* Sittenpolizei *f; roman m de ~* Sittenroman *m.*

moi [mwa] **I.** *prn (unverbunden)* ich *(betont); (nach nicht verneintem Impe-*

rativ) mir, mich; **II.** *s m inv* Ich, Selbst, Ego *n;* — *à cause de* ~ meinetwegen; *de vous à* ~ unter uns; *quant à* ~ was mich betrifft *od* angeht; *selon, d'après* ~ meines Erachtens, nach meiner Ansicht; *je n'ai point d'argent sur* ~ ich habe kein Geld bei mir; *c'est* ~ ich bin's; *c'est* ~ *qui* ich *(betont); c'est à* ~ das gehört mir; ich bin an der Reihe; *ni* ~ *non plus* ich auch nicht; *un ami à* ~ ein Freund von mir; **~-même 1.** ich selbst; **2.** *refl* mich selbst.

moignon [mwaɲɔ̃] *m (Glied)* Stumpf, Stummel *m.*

moindre [mwɛ̃dr] *a* **1.** geringer, kleiner; *(Preis)* niedriger; **2.** *le* ~ das mindeste; **3.** *au* ~ *bruit* beim leisesten Geräusch; — *jusque dans les ~s détails* bis in die kleinsten Einzelheiten; *c'est le* ~ *de mes soucis (fam)* das ist meine geringste Sorge; *le* ~ *mal* das kleinere Übel; *le* ~ *d'entre nous* der Geringste unter uns.

moin|e [mwan] *m* Mönch *m; se faire* ~ ins Kloster gehen; ~ *mendiant* Bettelmönch *m;* **~eau** *m pl -aux* **1.** *zoo* Sperling, Spatz; **2.** *vilain* ~ *(fig)* gräßliche(r) Kerl *m.*

moins [mwɛ̃] **I.** *adv* **1.** weniger *a. math,* minder; **2.** *math* minus; **3.** *com* abzüglich; **II.** *s m math* **4.** *(signe m* ~*)* Minuszeichen *n;* **5.** *le* ~ *(allg)* das Mindeste, das Geringste; **6.** *à* ~ zu e-m niedrigeren Preis; *à* ~ *de* für weniger als; *à* ~ *de* od *que* ausgenommen, außer daß, wenn; es sei denn, daß; wenn nicht; *au* ~*, pour le* ~ wenigstens, mindestens; *dans, en* ~ *de (zeitl.)* in weniger als; *d'autant* ~ um so weniger; *de* ~ *(nach e-r Zahl)* weniger; zu wenig; *de* ~ *en* ~ immer weniger; *du* ~ wenigstens, mindestens, zumindest; *en* ~ *de rien* im Nu; *le* ~ am wenigsten; *midi* ~ *le quart* drei Viertel zwölf; *non* ~ *que* nicht weniger als; ~ *que rien* absolut nichts; *ni plus ni* ~ nicht mehr u. nicht weniger; *pas le* ~ *du monde* nicht im geringsten; *plus ou* ~ mehr oder weniger; *rien (de)* ~ *que* nichts weniger, alles andere als; *rien de* ~ *que* voll u. ganz, durchaus; *tout au* ~*, à tout le* ~*, pour le* ~ zum mindesten; wenig gerechnet; ~ *que jamais* weniger denn je; **7.** *~-perçu m* Minderbetrag *m;* *~-value f* **a)** Wertminderung *f;* **b)** *(Steuer)* Fehlbetrag; Verlust, Ausfall *m.*

moir|age [mwaraʒ] *m (Textil)* Moirieren *n;* **~e** *f (Textil)* Moiré *m* od *s;* **~é, e I.** *a* moiriert, geflammt; **II.** *s m* Moirierung *f;* **~er** *tr* flammen, moirieren.

mois [mwa] *m* **1.** Monat *m;* **2.** Monatsgehalt *n;* **3.** *au* ~ monatlich, monatsweise; *au* ~ *de janvier* im Januar; *dans un, dans un délai d'un* ~ in Monatsfrist; *à la fin du* ~*, à fin de* ~ zum, am Monatsende; *dans le courant du* ~ im laufenden Monat; *du* ~ *courant, présent, de ce* ~ des laufenden, dieses Monats; *par* ~ monatlich; *tous les* ~ alle Monat(e); **4.** *elle est dans son neuvième* ~ sie ist im neunten Monat *(ihrer Schwangerschaft);* **5.** *trois* ~ Vierteljahr *n; six* ~ halbe(s) Jahr *n; dix-huit* ~ anderthalb Jahr(e); ~ *précédent* Vormonat *m.*

moïs|e [mɔiz] *m* Babykörbchen *n.*

mois|i, e [mwazi] **I.** *a* schimm(e)lig, verschimmelt *a. fig;* **II.** *s m* Schimmel *m;* — *sentir le* ~ dumpfig, muffig riechen; *goût m de* ~ *(Wein)* muffige(r) Geschmack *m;* **~ir I.** *tr* schimm(e)lig werden lassen; **II.** *itr* schimm(e)lig werden; (ver)schimmeln; *je ne vais pas* ~ *ici (fig fam)* hier werde ich nicht alt; **~issure** *f* Schimmel *m.*

moiss|on [mwasɔ̃] *f* **1.** Ernte(zeit) *a. fig;* **2.** *fig* (Aus-)Beute *f* (*de* an *dat*); — *faire la* ~ ernten; *rentrer la* ~ die Ernte ein=bringen; **~onner** *tr* **1.** (ab=)ernten *a. fig;* **2.** *fig* sammeln; ein=heimsen; **~onneur, se** *m f* Erntearbeiter(in *f*), Schnitter *m; f* Mähmaschine *f;* *~onneuse-batteuse f* Mähdrescher *m.*

moit|e [mwat] *a (Haut)* feucht; **~eur** *f* **1.** Feuchtigkeit *f;* **2.** leichte(r) Schweiß *m;* **~ié** [-tje] *s f* **1.** Hälfte; *fam* bessere Hälfte *f (Frau);* **2.** ~ ..., ~ ... halb ..., halb ...; *~-~!* teils, teils! halb und halb! *à* ~ zur Hälfte, halb; *à* ~ *chemin* auf halbem Wege, mitten auf dem Wege; *à* ~ *plein* halbvoll; *à* ~ *prix* zum halben Preis; *de* ~ zur Hälfte; um die Hälfte; *la* ~ *de* ... halb ...; *(fam)* ~ *plus* um die Hälfte mehr; *la* ~ *plus cher* um die Hälfte teurer; **3.** *couper par la* ~ in zwei gleiche Teile teilen *od* zerlegen; halbieren; *être de* ~ *dans qc (com)* zur Hälfte an e-r S beteiligt sein; *être pour* ~ *dans qc* für etw verantwortlich, an etw stark, zu 50 % beteiligt sein; *faire* ~ halbe-halbe machen; *partager qc par* ~ sich in e-e S teilen; **4.** *il faut en rabattre la* od *de* ~ *(fig)* davon muß man die Hälfte streichen.

moka [mɔka] *m* **1.** Mokka *m;* **2.** Mokkatörtchen, -schnittchen *n.*

mol, le [mɔl] *s. mou;* **~aire** *a* u. *s f: (dent f)* ~ Back(en)zahn *m;* **~asse** *s. mollasse.*

môle [mol] *m* Mole *f,* Hafendamm *m.*

mol|éculaire [mɔlekylɛr] *a phys* Molekular-; *poids m* ~ Molekulargewicht *n;* **~écule** *f phys* Molekül *n;* **~ène** *f bot* Königskerze *f;* **~eskine** [-lɛskin] *f* Moleskin *m* od *n,* Englischleder *n;* **~ester** *tr* mißhandeln; rücksichtslos vorgehen (*qn* gegen jdn); **~eter** *tr* rändeln, kordeln; **~ette** *f tech* (Sporn-, Lauf-)Rädchen *n;* Rändel-, Falzscheibe *f.*

moll|ah [mɔl(l)a] *m* Mullah, Molla *m;* **~ard** *m pop* Spucke *f;* **~arder** *itr pop* spucken; **~asse** *f* **I.** *a* **1.** wabbelig, schwammig; **2.** energielos; verweichlicht; zu schlaff; **II.** *s m (a.* **~asson** *m) fig* Waschlappen *m; f geol* Molasse *f;* **~ement** *adv* lässig; träge; schwach; weichlich; **~esse** *f* **1.** *(Gegenstand)* Weichheit; **2.** *(Klima)* Milde; **3.** Schlaffheit *f a. fig;* **4.** *(Person)* Trägheit; Lässigkeit; Willenlosigkeit; Nachsichtigkeit; Weichlichkeit, Verweichlichung *f;* **5.** *(Stil)* Kraftlosigkeit *f;* — *protester avec* ~ lahm protestieren; **~et** [-ɛ] *m* Wade *f;* **~et, te** *a* (dick u.) weich, flaumig; *œufs m pl ~s* weichgekochte Eier *n pl; pain m* ~ Milchbrötchen *n;* **~etière** [-ltjɛr] *s f* u. *a: bande f* ~ Wickelgamasche *f;* **~eton** *m text* Molton, Moll *m;* **~ir I.** *itr* **1.** weich, schlaff, kraftlos werden; s-e Kraft verlieren; **2.** *(Widerstand)* nachlassen; **3.** *(Wind)* ab=flauen; nach=lassen; **4.** *fig fam* feige zurückweichen, kneifen; **II.** *tr mar (Tau)* lokkern; **~o** *adv fam vas-y ~!* sachte, sachte!; **~usque** [-lysk] *m* **1.** *zoo* Weichtier *n;* **2.** *pop* Schlappschwanz *m.*

mol|och [mɔlɔk] *m zoo* Moloch, Dornteufel *m;* **~osse** *m* Fleischerhund *m;* **~ybdène** [-libdɛn] *m chem* Molybdän *n.*

môme [mom] *m f pop* Balg *m,* Kind *n;* Bengel *m;* Range *f; f* Mädchen *n; une belle* ~ ein süßer Fratz.

moment [mɔmɑ̃] *m* **1.** Augenblick, Moment; Zeitpunkt; *(bon ~)* richtige(r) Moment *m,* (gute) Gelegenheit *f;* **2.** *math phys el* Moment *n;* **3.** *à ce* ~ in diesem Augenblick, da; *au* ~ *de (Inf.)* im Augenblick, als ...; zur Zeit *gen; au dernier* ~ im letzten Augenblick; *au* ~ *où, que (conj)* in dem Augenblick, zu dem Zeitpunkt, als; *à tout (tous) ~(s)* stets, jederzeit, alle Augenblicke, (an)dauernd; *dans un* ~ im Augenblick, gleich; *d'un* ~ *à l'autre* von einem Augenblick zum ander(e)n, jeden Augenblick; *dès ce* ~ von diesem Augenblick an, von jetzt an; *du* ~ Augenblicks-; momentan; augenblicklich; *du* ~ *que, où (conj)* von dem Augenblick, der Zeit, dem Zeitpunkt an, wo; da ja; da doch; *en un* ~ im Nu; *en ce* ~ im Augenblick, im Moment, gegenwärtig, zur Zeit; *par ~s* zeitweilig, mitunter; *pour le* ~ für den Augenblick; vorerst; *sur le* ~ e-n Augenblick (lang); im ersten Augenblick; **4.** *avoir de bons ~s* hin u. wieder recht nett *od* vernünftig sein; *n'avoir pas un* ~ *à soi* keinen Augenblick für sich selbst haben; *saisir le* ~ *favorable* die Gelegenheit beim Schopf ergreifen; *un ~, s'il vous plaît!* einen Augenblick, bitte! *derniers ~s* letzte(s) Stündlein *n;* **5.** *mauvais* ~ ungünstige(r) Augenblick *m;* ~ *d'inertie (phys)* Trägheitsmoment *n;* **~ané, e** [-ta-] *a* vorübergehend, momentan, kurz(-fristig); **~anément** *adv* vorübergehend, momentan, im Augenblick.

momerie [mɔmri] *f fam* faule(r) Zauber *m,* Affentheater *n.*

mom|ie [mɔmi] *f* Mumie *f;* **~ification** *f* Mumifizierung *f;* **~ifier** *tr* mumifizieren.

mon, ma, *pl* **mes** [mõ, ma; mɛ(e)] *prn* mein(e).

mon|acal, e [mɔnakal] *a pl -aux* mönchisch; Mönchs-, **~achisme** [-ki-, -ʃi-] *m* Mönch(s)tum; Klosterleben *n;* **~archie** [-ʃi] *f* Monarchie *f;* **~archique** [-ʃ-] *a* monarchisch; **~archiste** [-ʃ-] **I.** *s m f* Monarchist(in *f*) *m;* **II.** *a* monarchistisch; **~arque** *m* Monarch *m;* **~astère** *m* Kloster *n;* **~astique** *a* klösterlich; Kloster-, Mönchs-; *ordre m* ~ Mönchsorden *m.*

monceau [mõso] *m pl -x* Haufen *m a. fig; fig* Menge *f* (*d'argent* Geld).

mond|ain, e [mõdɛ̃, -ɛn] **I.** *a* **1.** weltlich; Welt-; **2.** weltgewandt, mondän; **3.** gesellschaftlich; **II.** *s m f* Weltmann *m;* Dame *f* von Welt; **~anité** *f* **1.** *rel* weltliche(r) Charakter *m;* **2.** *pl* gesellschaftliche(s) Leben *n; (Zeitung)* Gesellschaftschronik *f;* **~e** [mõd] *s m* **1.** Welt *a. fig;* Erde *f;* **2.** *fig* Welt, Gesellschaft *f;* **3.** Menschheit *f;* Menschen *m pl,* Leute *pl;* **4.** Gäste *m pl;* **5.** Familie *f,* Angehörige *m pl;* **6.** *mar* Mannschaft, Besatzung *f;* **7.** *un* ~ *de* e-e Menge *gen;* **8.** *(jusqu')au bout du* ~ am (bis ans) Ende der Welt; *pas le moins du* ~ nicht im geringsten, bestimmt nicht; *de par le* ~ irgendwo, in der weiten Welt; *pour rien au ~, pas pour tout l'or, pour tous les trésors du* ~ nicht um alles in der Welt, um keinen Preis; *aux yeux de tout le* ~ vor aller Welt; **9.** *avoir du* ~ Besuch haben; *courir le* ~ dauernd auf Reisen sein; *faire tout au* ~ sich die erdenklichste Mühe geben; *se faire un* ~ *de qc* viel Aufhebens um etw machen; *mettre, venir au* ~ zur Welt bringen, kommen; **10.** *il y a du* ~ es ist Besuch, jemand, *fam* wer da; *c'est le* ~ *renversé* die Welt steht kopf! *c'est un* ~ das ist unerhört! *ainsi va le* ~ das ist der Lauf Welt; **11.** *l'ancien ~, le* ~ *des Anciens* die Alte Welt; *l'autre* ~ das Jenseits; *la fin du* ~ das Weltende; *le petit* ~ die Kinder *n pl; tout le* ~ alle Leute *pl,* jeder(mann); *vieux comme le* ~ ur-, steinalt; **12.** ~ *commercial, financier* Geschäfts-, Finanzwelt *f;* ~ *intérieur, extérieur* Innen-, Außenwelt *f.*

monder [mõde] *tr* enthülsen, schälen; entkernen, entsteinen; *orge m mondé* Graupen *f pl.*

mondial [mõdjal] *a pl -aux* weltweit; Welt-; *de réputation ~e* mit Weltruf; *congrès m, économie, exposition f, marché m, organisation, politique, puissance f ~(e)* Weltkongreß *m,* -wirtschaft,

-ausstellung *f,* -markt *m,* -organisation, -politik, -macht *f; prix m pl ~iaux* Weltmarktpreise *m pl;* **~ement** *adv* weltweit; global; ~ *connu, célèbre* weltbekannt, -berühmt; **~iser** *tr* über die ganze Erde verbreiten.

mond(i)ovision [mɔ̃d(j)ɔvizjɔ̃] *f video* Satellitenfernsehen *n.*

monème [mɔnɛm] *ling* Monem *n.*

monét|aire [mɔnetɛr] *a* Münz-, Währungs-, Geld-; monetär; *atelier m ~* Münzanstalt, -stätte *f; circulation f, marché m ~* Geldumlauf, -markt *m; fluctuations f pl ~s* Währungsschwankungen *f pl; presse f ~* Münzpresse *f; réforme f, réserve f ~* Währungsreform *f,* -reserve *f;* **~isation** *f* Münzprägung *f;* **~iser** *tr (Metall)* aus=münzen, -prägen.

monit|eur, trice [mɔnitœr, -tris] *m f a* **1.** *(Universität)* wissenschaftliche Hilfskraft *f;* **2.** Betreuer(in *f*) *m; (~ de ski)* Ski-, (~ *d'auto-école)* Fahr-, (~ *d'aviation)* Fluglehrer *m.*

monn|aie [mɔnɛ] *f* **1.** Münze *f,* Geld (-stück); Hartgeld; (Klein-, Wechsel-) Geld *n* **2.** Zahlungsmittel *n,* Währung; *pl* Geldsorten *f pl;* **3.** Münze *f,* Münzamt *n;* **4.** *n'avoir point de ~* kein Kleingeld bei sich haben; *battre ~* Geld prägen; *faire de la ~* wechseln; *payer en ~ de singe* mit leeren Worten ab=speisen (*qn* jdn); *rendre, donner la ~* heraus=geben (*sur cent francs* auf 100 Francs); *rendre à qn la ~ de sa pièce* jdm mit gleicher Münze heim=zahlen; **5.** *circulation f de la ~* Geldumlauf *m; fausse ~* Falschgeld *n; imitation f des ~s* Münzfälschung *f; menue, petite (a. fig) ~* Kleingeld *n; pièce f de ~* Geldstück *n;* **6.** ~ *étrangère* fremde, ausländische Währung *f; ~ métallique* Metall-, Hartgeld *n; ~ de papier* Papiergeld *n;* **~ayage** *m* (Aus-)Münzen, Prägen; Münzwesen *n; faux ~* Falschmünzerei *f;* **~ayer** *tr* **1.** *(Metall)* aus=münzen, -prägen; *(Geld)* prägen; **2.** *(Besitz)* zu Geld machen; in klingende Münze umsetzen; **3.** *fig* Kapital schlagen aus; **~ayeur** *m* Münzer *m; faux ~ (a. fig)* Falschmünzer *m.*

mono . . . [mɔnɔ] *in Zssgen* Allein-, Ein-, ein-; **~bloc I.** *a inv* aus einem Stück; **II.** *s m* Zylinderblock *m;* **~chrome** [-krom] *a (Kunst)* monochrom, einfarbig; **~cle** *m opt* Monokel *n;* **~coque** *a: construction f ~ (aero)* Schalenbauweise *f;* **~corde I.** *a* **1.** *mus* mit einer Saite; **2.** *fig* eintönig; **II.** *s m* Monochord *n;* **~cotylédone** [-ɔn] *a u. s f pl bot* einkeimblättrig(e Pflanzen *f pl*); **~culture** *f agr* Monokultur *f;* **~cylindrique** *a mot* einzylindrig; **~gamie** *f* Einehe *f;* **~gramme** *m* Monogramm; Signum, Handzeichen *n;* **~graphie** *f* Monographie, Einzeldarstellung *f;* **~lithe I.** *a* monolithisch; **II.** *s m* Monolith *m;* **~lithique** *a* monolithisch *a. fig; fig pol* straff organisiert; **~lithisme** *m pol* straffe Organisation *f;* **~logue** *m* Monolog *m,* Selbstgespräch *n;* **~loguer** *itr* Selbstgespräche führen.

monôme [mɔnom] *m* **1.** *math* Monom *n;* **2.** *(Studenten)* lärmende(r) Umzug *m.*

mono|métallisme [mɔnɔmetalism] *m* Monometallismus *m;* **~moteur I.** *a m aero* einmotorig; **II.** *s m* einmotorige(s) Flugzeug *n;* **~phasé, e** *a el* einphasig; **~place I.** *a aero* einsitzig; **II.** *s m* Einsitzer *m;* **~plan** *m aero* Eindecker *m.*

mono|pole [mɔnɔpɔl] *m* **1.** Monopol; Alleinverkaufs-, -vertriebsrecht *n;* **2.** *fig* Vorrecht *n;* — *~ de l'alcool, des tabacs, des allumettes* Branntwein-, Tabak-, Zündholzmonopol *n;* **~poliser** *tr* **1.** monopolisieren; **2.** *fig* (für sich) in Anspruch nehmen; **~poliste** *a* monopolistisch; **~rail** [-raj] **I.** *a inv loc* einschienig; **II.** *s m* Einschienenbahn *f;* **~rime** *a* mit (nur) einem Reim; **~syllabe** [-silab] *m* einsilbige(s) Wort *n;* **~syllab(iqu)e** *a* einsilbig; **~théique** *a* monotheistisch; **~théisme** *m* Monotheismus *m;* **~théiste I.** *s m f* Monotheist(in *f*) *m;* **II.** *a* monotheistisch; **~tone** [-ɔn] *a* eintönig, monoton, gleichförmig; **~tonie** *f* Monotonie, Eintönig-, Gleichförmigkeit *f;* **~type 1.** *m mar* Einheitsklassenboot *n;* **2.** *f typ* Monotype *f.*

mons|eigneur [mɔ̃sɛɲœr] *m, pl messeigneurs* (Se.) Exzellenz; (Se.) Durchlaucht; *s m u. a: pince f ~* Brecheisen *n;* **~ieur** [m(ə)sjø] *m, pl messieurs* [mesjø] (mein Herr); *(Brief)* sehr geehrter Herr; *joli ~* nette(s) Früchtchen *n; mon petit ~ (péj)* mein lieber Mann; *vilain ~* üble(r) Bursche, gemeine(r) Kerl *m; ~ le maire* (der) Herr Bürgermeister; *~ votre père* Ihr Herr Vater.

monstr|e [mɔ̃str] **I.** *m* **1.** Ungeheuer, Monstrum *n,* Mißgeburt, -gestalt *f;* **2.** Ungetüm; Fabeltier *n;* **3.** Scheusal *n;* **II.** *a fam* ungeheuer; Monster-; *se faire un ~ de tout* sich alles fürchterlich aus=malen; *concert, procès m ~* Monsterkonzert, -prozeß *m; succès m ~* Bombenerfolg *m;* **~ueux, se** [-tryø, -øz] *a* **1.** *(Wellen)* riesig, ungeheuer (groß); **2.** *(Verbrechen)* scheußlich, entsetzlich, gräßlich *a. fig;* **3.** *fig* ungeheuerlich; **~uosité** *f* **1.** *med* Mißbildung *f;* **2.** *fig* Ungeheuerlichkeit; Scheußlichkeit *f;* **3.** *(Verbrechen)* Entsetzlichkeit, Furchtbarkeit *f.*

mont [mɔ̃] *m* **1.** *(bes. in Namen)* Berg *m a. fig;* **2.** *pl* Gebirge *n;* **3.** *fig* Gipfel *m;* — *être toujours par ~s et par vaux* immer unterwegs sein; *promettre ~s et merveilles* goldene Berge versprechen;

~-de-piété m Leihamt *n,* Pfandleihe *f; ~ de Vénus (anat)* Venusberg *m;* **~age** [-taʒ] *m* **1.** *tech* Montage *f,* Montieren, Aufstellen *n,* Auf-, Ein-, Zs.bau *m;* **2.** *el* Schaltung *f; (schéma m de ~)* Schaltplan *m,* -skizze *f;* **3.** *film* Schnitt *m* u. Zs.stellung *f;* Montage *f;* **4.** *(Ärmel)* Einsetzen *n;* **5.** *atelier m* od *halle f, échafaudage m de ~* Montagehalle *f,* -gerüst *n; chaîne f de ~* Fließ-, Montageband *n; équipe f de ~* Bautrupp *m;* **6.** *~ en parallèle, en série* Parallel-, Serien- *od* Reihenschaltung *f; ~ photographique* Photomontage *f;* **~agnard, e I.** *a* Berg-; **II.** *s m f* Bergbewohner(in *f*) *m;* **~agne** *f* **1.** Berg *m a. fig;* Gebirge *n;* **2.** *se faire une ~ de qc (fam)* aus e-r Mücke e-n Elefanten machen; **3.** *chaîne f de ~s* Bergkette *f; haute ~* Hochgebirge *n; sermon m sur la ~* Bergpredigt *f; village m de ~* Berg-, Gebirgsdorf *n;* **4.** *~s russes* Berg-und-Tal-Bahn *f;* **~agneux, se** *a* gebirgig, bergig.

mont|ant, e [mɔ̃tɑ̃] **I.** *a* **1.** *(Weg)* (auf-, an)steigend; hinaufgehend, -fahrend; **2.** *(Wache)* aufziehend; **3.** *(Fuge)* senkrecht; **4.** *(Kleid)* hochgeschlossen; **II.** *s m* **5.** (Tür-, Fenster-, Bett-, Gitter-)Pfosten; Ständer *m;* **6.** *com* Betrag *m,* Summe *f; d'un ~ de* im Betrage, in Höhe von; **7.** *col m ~* Stehkragen *m; marée f ~e* Flut *f;* **8.** *~ des achats, de l'assurance* Kauf-, Versicherungssumme *f; ~ de la facture, de l'impôt* Rechnungs-, Steuerbetrag *m;* **~e** *f* **1.** *(Pferd)* Ritt *m;* **2.** *agr (Zucht)* Decken, Beschälen *n;* **— *~-charge m inv*** Lastenaufzug *m; ~-en-l'air m inv fam* Fassadenkletterer *m; ~-plats m inv* Speisenaufzug *m;* **~ée** *f* **1.** Aufstieg *m* (*de* auf *acc*); (Auf-)Steigen *n;* Auffahrt, Bergfahrt *f;* **2.** *aero* Steigflug *m;* **3.** *(Straße)* Steigung; Rampe, Auffahrt *f;* **4.** *arch* Höhe *f;* **5.** *fig (Preise)* Steigen *n;* **6.** *(Temperatur)* Ansteigen *n.*

monter [mɔ̃te] **I.** *itr* **1.** *(se déplacer)* (hinauf=, auf=, an=, ein=)steigen; *~ sur une échelle* e-e Leiter hinauf=klettern; *~ dans le train* in den Zug steigen, ein=steigen; *il n'est jamais monté en avion* er ist nie geflogen; *(in der Hierarchie)* auf=steigen, *(in der Reihe)* auf=rücken; *~ en grade* befördert werden; *montez donc chez nous!* kommen Sie doch herauf! *~ vers le Nord* nach Norden fahren; **2.** *(Sache) (Weg)* an=steigen; *(Nebel)* steigen; *le bruit monte de la rue* der Lärm steigt von der Straße herauf; *le vin ~e à la tête* der Wein steigt zu Kopf; *(Gewitter)* auf=ziehen, im Anzug sein; *(Flammen)* empor=lodern; **3.** *(augmenter)* steigen, zu=nehmen; *(Stimme, Preise)* steigen; *les frais montent à* die Unkosten belaufen sich auf *(acc);* **4.** *(beim Kartenspiel)* überbieten; **II.** *tr* **1.** hinauf=fahren, hinauf=steigen, besteigen; *~ l'escalier* die Treppe hinaufsteigen; *~ une côte (Zug)* e-n Berg hinauf=fahren; *(Berg)* besteigen; *(Felsen)* erklimmen; **2.** *~ qc à qn dans sa chambre* jdm e-e S aufs Zimmer hinauf=bringen; *~ à qn sa valise* jdm den Koffer hinauf=tragen; *~ les bagages* das Gepäck hinauf=schaffen; **3.** *(installer) (Bett, Zelt)* auf=schlagen; *(Mast)* setzen; *(Ärmel)* ein=setzen; *(bes. Maschine)* auf=stellen, montieren, ein=bauen; *(Bauernhof)* einrichten; *(Bild)* einrahmen; **4.** *agr (Hund)* decken; *(Pferd)* beschälen; **III.** *v prn se ~* **1.** sich versehen, sich versorgen, sich aus=rüsten, sich ein=decken (*en* mit); *se ~ en livres* sich mit Büchern ein=decken; *se ~ une garde-robe* sich ein=kleiden; **2.** *(Pferd)* sich besteigen lassen; *ce rocher se monte facilement* dieser Fels ist leicht zu erklimmen; *(tech)* sich montieren lassen, aufzustellen sein; **3.** *se ~ à ... (com)* sich belaufen auf *(acc);* betragen, aus=machen, die Summe von ... erreichen; *les frais se montent à cent marks* die Kosten machen hundert Mark aus; **4.** *fig (Gemüter)* sich erhitzen, in Schwung, in Fahrt kommen; **IV.** *faire ~ à l'arbre (pop)* auf die Palme bringen, hoch=bringen; *~ en l'air (arg)* ein=brechen; *~ une attaque* e-n Angriff vor=bereiten; *~ en auto, en avion, en chemin de fer, à bicyclette, à cheval* ins Auto, ins Flugzeug, in den Zug, aufs Fahrrad, aufs Pferd steigen; *~ le coup à qn (pop)* jdn hinters Licht führen; *se ~ le coup, (fam) la tête* sich selbst etw vor=machen; *~ sur ses échasses, sur ses ergots* sich in Ekstase, in Wut reden; *~ en flèche (fig)* steil an=steigen, empor=schnellen; *~ en parallèle, en série (el)* nebenea. *od* parallel-, hinterea.= *od* in Reihe schalten; *~ la tête, l'imagination à qn (fam)* jdn (auf=)reizen; *~ sur le théâtre, sur les planches* zum Theater gehen; *~ au ton de* ab=stimmen auf *(acc); ~ à la tribune* sich auf die Rednertribüne begeben; **~eur, se** *m f* **1.** Monteur; Installateur *m;* **2.** *film* Schnittmeister(in *f*) *m; ~ de coups (pop)* Aufschneider, Angeber *m; ~-dépanneur m* Autoschlosser *m; ~-électricien* Elektromonteur *m;* **~icule** *m* kleine(r) Berg *m,* (flache) Erhebung *f,* Hügel *m.*

montr|e [mɔ̃tr] *f* **1.** Taschen-, Armbanduhr *f;* **2.** *~ en main* (auf die Minute) genau; *en ~ (com)* in der Auslage; **3.** *faire ~ de qc* etw beweisen, zeigen; *mettre sa ~ à l'heure* s-e Uhr stellen; **4.** *~-bracelet f* Armbanduhr *f; ~ pour dames, pour messieurs* Damen-, Herrenuhr *f;* **~er I.** *tr* **1.** zeigen (*qc à qn* jdm e-e S); **2.** *(Weg)* weisen; *(Richtung)* an=geben; **3.** *(Talent)* an den Tag legen, zur Geltung bringen; *(Irrtum)* auf= zeigen; *(Gefühle)* offenbaren; **4.** ~ *le chemin, la porte à qn* jdm den Weg, die Tür weisen; ~ *les dents à qn* jdm die Zähne zeigen; ~ *qn du doigt* mit dem Finger auf jdn zeigen; ~ *l'exemple* mit gutem Beispiel voran=gehen; ~ *de l'humour* Humor beweisen; **II.** *v prn se* ~ **5.** sich zeigen; sich sehen *od* blicken lassen; *il s'est montré incapable de* ... er hat sich als unfähig erwiesen, zu ...; **6.** auf=treten, vor das Publikum treten; *il se montre très sûr de lui* er tritt sehr selbstbewußt auf; **~eur, se** *m f* ~ *de marionettes* Marionetten-, Puppenspieler(in *f*) *m;* ~ *d'ours* Bärenführer *m.*

monture [mɔ̃tyr] *f* **1.** Reittier, -pferd *n;* **2.** *tech (Säge)* Bügel, Bogen *m; (Brille)* Gestell *n; (Edelstein)* Fassung *f.*

monument [mɔnymɑ̃] *m* **1.** (*bes.* Bau-) Denkmal *a. fig,* Monument, Bauwerk *n;* **2.** *fam* große(s) Ding; Monstrum *n;* **3.** *être un* ~ *de sottise* e-e ganz große Dummheit sein; **4.** ~ *funéraire* Grabmal *n;* ~ *historique* unter Denkmalschutz stehende(s) Gebäude *n;* ~ *aux morts* Kriegerdenkmal *n;* **~al, e** *a pl -aux* **1.** monumental, eindrucksvoll; riesig, gewaltig; **2.** *fam (Irrtum)* kapital; *(Dummheit)* grenzenlos.

moqu|e [mɔk] *f mar* Jungfer *f;* **~er, se** *v prn* **1.** verspotten; ver-, aus=lachen; sich lustig machen (*de qn, qc* über jdn, über e-e S); **2.** sich nichts machen (*de qc* aus etw), sich hinweg=setzen (*de qc* über e-e S), in den Wind schlagen (*de qc* etw), *fam* pfeifen (*de qc* auf e-e S); **3.** an der Nase herum=führen (*de qn* jdn); zum Narren, zum besten haben (*de qn* jdn); **4.** nicht daran denken (*de faire qc* etw zu tun); scherzen, Spaß machen, es nicht ernst meinen; **5.** *se faire* ~ *de soi* sich lächerlich machen; **6.** *je me moque du tiers comme du quart* ich pfeife darauf; *je ne m'en moque pas mal* das ist mir schnuppe, Wurst, völlig egal; **~erie** *f* Spott *m;* **~ette** *f* Auslegeware *f;* Teppichboden *m;* **~eur, se I.** *a* spottlustig, -süchtig; spöttisch; **II.** *s m f* Spötter(in *f*) *m.*

moraine [mɔrɛn] *f geol* Moräne *f;* ~ *de fond, frontale* od *terminale* Grund-, Endmoräne *f.*

moral, e [mɔral] **I.** *a pl -aux* **1.** moralisch, sittlich (einwandfrei, gut), ethisch; **2.** seelisch, ideell, immateriell; geistig; **II.** *s m* **3.** sittliche(r) Halt *m;* seelische Verfassung *f;* Moral, Stimmung *f (bes. der Truppe);* **4.** *s f* Moral, Ethik, Sittenlehre *f;* **5.** *avoir bon* ~ in guter seelischer Verfassung sein; *faire la ~e à qn* jdm die Leviten lesen; *remonter le* ~ jdm wieder Mut machen, aufmuntern; *il a le* ~ *à zéro (fam)* er ist am Boden zerstört; *son* ~ *est atteint* er ist angeschlagen; **6.** *certitude f ~e* innere Gewißheit *f; conscience f ~e* sittliche(s) Bewußtsein *n; loi f ~e* Sittengesetz *n; personne f ~e* juristische Person *f;* **~ement** *adv* (in) sittlich(er Hinsicht); innerlich, persönlich; *être* ~ *certain de qc* persönlich von etw überzeugt sein; **~isateur, trice I.** *a* moralisierend; **II.** *s m* Moralprediger (in *f*) *m;* **~iser** *itr* moralisieren, moralische Betrachtungen an=stellen (*sur qc* über e-e S); **~iste** *m (Literatur)* Moralist *m;* **~ité** *f* **1.** Moral; Sittlichkeit *f;* **2.** *(Fabel)* Moral, Lehre, Nutzanwendung *f;* **3.** *(Literatur)* Moralität *f;* — *certificat m de* ~ Leumundszeugnis *n.*

mor|asse [mɔras] *f typ* Bürstenabzug *m;* **~atoire I.** *a jur* aufschiebend; *com* Verzugs-; **II.** *s m s. ~atorium; intérêts m pl ~s* Verzugszinsen *m pl;* **~atorium** [-jɔm] *m com* Moratorium *n;* Zahlungsaufschub *m.*

morb|ide [mɔrbid] *a* krankhaft; Krankheits-; *fig* morbid, angekränkelt; *symptôme m* ~ Krankheitssymptom *n;* **~idité** *f* **1.** *med* Krankhaftigkeit *f;* **2.** *(Statistik)* Morbidität, Krankheitshäufigkeit *f.*

morc|eau [mɔrso] *m pl -x* **1.** *(abgetrenntes)* Stück *n;* Teil; **2.** *(Speise)* Bissen, Happen *m;* **3.** *fig* Abschnitt *m,* Bruchstück *n; (Buch)* Stelle *f;* **4.** (Musik-) Stück *n;* **5.** *pour un* ~ *de pain* für ein Butterbrot, spottbillig; **6.** *(fig fam) emporter le* ~ das Rennen machen; *manger, lâcher le* ~ *(fam)* aus=packen; *prendre un* ~ e-n Bissen zu sich nehmen; **7.** *~x choisis (Literatur)* Auswahl *f* (*de* aus); ~ *de roi* Leckerbissen *n; fam* Pfundsding; tolle(s) Weib *n;* **~eler** [-sə-] *tr* zerstückeln; zerschneiden; auf=teilen; **~ellement** [-sɛl-] *m* **1.** Zerstükkelung; Aufteilung *f;* **2.** *fig* Zersplitterung *f.*

mord|ache [mɔrdaʃ] *f tech* Backe, Spannkluppe *f;* **~ant, e I.** *a* **1.** *fig (Spott)* ätzend, beißend, scharf; **2.** *(Stimme, Kälte)* schneidend; **II.** *s m* **3.** *fig* Schärfe, Bissigkeit *f;* **4.** Schwung, Schneid *m;* **5.** *tech* Beize *f;* Ätzwasser *n; (Säge, Feile)* Schärfe *f;* **6.** *voir du* ~ Schneid haben; *(fam)* rangehen.

mord|icus [mɔrdikys] *adv affirmer qc* ~ etw steif und fest behaupten; **~iller** *tr* knabbern, nagen (*qc* an e-r S); **~oré, e** *a* goldbraun.

mord|re [mɔrdr] **I.** *tr* **1.** (an=)beißen; *(Insekt)* stechen; be-, an=nagen; **2.** *chem* ätzen, an=greifen; beizen; **3.** ein=dringen (*qc* in etw); **II.** *itr* **4.** beißen (*à, dans, sur qc* in, auf e-e S) *a. fig;* **5.** ätzen (*sur qc* etw); **6.** an=beißen (*à qc* an etw, *bes. Fisch*); **7.** *fig* herein=fallen (*à* auf *acc*); Gefallen finden (*à* an *acc*); sich hin=geben, sich verschreiben (*à qc* e-r S *dat*); sich ein=arbeiten (*à qc* in e-e S), begreifen (*à qc* etw); **8.** über=greifen (*sur* auf *acc*); **9.** *tech* an=greifen, fassen; *(Stoff)* die Farbe an=nehmen; **III.** *v prn* **10.** *se ~ les doigts (fam)* (etw) schwer bereuen; *se ~ la langue* sich auf die Zunge beißen *a. fig; ~ sur la ligne de départ (sport)* über die Startlinie treten; **11.** *ça ne mord pas* das verfängt nicht; da müssen Sie früher auf=stehen; *je ne sais quel chien l'a mordu* ich weiß nicht, was ihm (ihr) über die Leber gekrochen ist; **~u, e I.** *a fam* begeistert (*de* von); *(pop) elle est mordu* sie ist verknallt; **II.** *s m f c'est un mordu du football* er ist ein Fußballfan.

morf|ondre, se [mɔrfɔ̃dr] *v prn fig* sich langweilen; *fam* Trübsal blasen; **~ondu, e** *a (Mensch) fig* niedergeschlagen, gedrückt.

morgue [mɔrg] *f* **1.** Hochmut, Dünkel *m;* **2.** Leichenschauhaus *n,* -halle *f.*

mori|bond, e [mɔribɔ̃, -ɔ̃d] **I.** *a* im Sterben liegend; **II.** *s m f* Sterbende(r *m*) *f;* **~caud, e** [-ko, -kod] *fam péj* **I.** *a* dunkel(häutig); **II.** *s m f* Dunkelhäutige(r *m*) *f;* **~géner** *lit tr* tadeln, schelten, ab=kanzeln.

morille [mɔrij] *f bot* Morchel *f.*

mormon, e [mɔrmɔ̃, -ɔn] *m f rel* Mormone *m,* Mormonin *f;* **~isme** *m* Mormonentum *n.*

morn|e [mɔrn] *a (Person)* trübselig, -sinnig; *(Blick)* (tief-)traurig; *(Wetter)* trübe, düster; *(Gegend)* eintönig; *(Farbe)* stumpf, matt; **~ifle** *f fam* Backpfeife, Ohrfeige *f.*

moros|e [mɔroz] *a* mürrisch, griesgrämig; **~ité** *f* mürrische(s), griesgrämige(s) Wesen *n;* Mißmut *m;* Verdrossenheit *f.*

morphème [mɔrfɛm] *m ling* Morphem *n.*

morph|ine [mɔrfin] *f pharm* Morphium *n; piqûre f de ~* Morphiuminjektion, *fam* -spritze *f;* **~ologie** *f* **1.** *biol ling geol* Morphologie, Gestaltlehre; **2.** *gram* Formenlehre *f;* **~ologique** *a* morphologisch.

morpion [mɔrpjɔ̃] *m* **1.** *pop* Filzlaus *f;* **2.** *fam* Lausbub, Lausejunge; Knirps *m.*

mors [mɔr] *m* **1.** *(Zaum)* Gebiß *n;* **2.** *tech* (Klemm-, Spann-)Backe, Spannklaue *f,* -kloben *m;* **3.** *(Buch)* Falz *m;* — *prendre le ~ aux dents (Pferd)* scheuen, durch=gehen; *fig fam* in Harnisch geraten; aufbrausen; Feuer u. Flamme sein; **~e** *m* **1.** *zoo* Walroß *n;* **2.** Morsealphabet *n;* -zeichen *n pl;* **~ure** *f* **1.** Biß(wunde *f*) *m;* **2.** *(Kupferstich)* Ätzen *n.*

mort [mɔr] *f* **1.** Tod(esfall) *m,* Ableben, Ende *n a. fig;* **2.** *fig* Aufhören *n,* Untergang *m,* Vernichtung *f;* Ruin *m;* **3.** *à ~* tödlich, zu Tode; tod-; *à la vie et à la ~* auf Leben u. Tod; **4.** *avoir la ~ dans l'âme* tiefbekümmert sein; *condamner à ~* zum Tode verurteilen; *souffrir mille ~s* Höllenqualen aus=stehen; *voir la ~ de près* dem Tod ins Angesicht schauen; **5.** *il n'y a pas eu ~ d'homme* es ist kein Menschenleben zu beklagen; **6.** *arrêt m, sentence f de ~* Todesurteil *n; lit m de ~* Totenbett *n; pâle comme la ~, plus pâle que la ~* totenbleich, leichenblaß; *peine f de ~* Todesstrafe *f; ~ civile* Verlust *m* der bürgerlichen Ehrenrechte; *~(-)aux(-)rats f inv* Rattengift *n a. fig; ~ volontaire* Freitod *m.*

mort, e [mɔr, mɔrt] **I.** *a* **1.** gestorben; tot *a. fig;* **2.** *fig* wie tot; *(Stadt)* (wie) ausgestorben; **3.** leblos; regungs-, bewegungslos; (toten)still; **4.** *com* still, flau; **5.** *(Holz, Laub)* trocken, dürr; **6.** *(Farbe)* matt, glanzlos; **II.** *s m f* **1.** Verstorbene(r *m*), Tote(r *m*) *f;* **2.** *(Bridge)* Strohmann *m;* **3.** *être ~ de fatigue* todmüde sein; *être plus ~ que vif (vor Schreck)* mehr tot als lebendig sein; *être au point ~ (fig)* an e-m toten Punkt angelangt sein; *faire le ~* sich tot=stellen; *fig* nichts von sich hören lassen; *tomber (raide) ~* tot um=fallen; **4.** *eau f ~e* stehende(s) Wasser *n; Fête f, Jour m des ~s (kath.)* Allerseelen *n; (prot.)* Totensonntag *m; ivre ~* völlig betrunken; *messe f des ~s (rel)* Seelenmesse *f; nature f ~e (Kunst)* Stilleben *n; point m ~ (tech fig)* tote(r) Punkt *m; mot* Leerlauf *m; com* Gewinnschwelle *f; temps m ~* Sendepause, Funkstille *f; tête f de ~* Totenkopf *m; ~-né, e a* totgeboren *a. fig; s m f* totgeborene(s) Kind *n; ~e-saison f com* Sauregurkenzeit *f.*

mort|adelle [mɔrtadɛl] *f* Mortadella *f (Wurst);* **~aise** *f* Zapfenloch *n,* Nute; Einkerbung, Aussparung *f;* **~alité** *f* Sterblichkeit(sziffer) *f; ~ infantile, maternelle* Kinder-, Müttersterblichkeit *f;* **~el, le I.** *a* **1.** sterblich; **2.** *(Schlag, Krankheit)* tödlich *a. fig;* **3.** *(Schmerz)* furchtbar; **4.** sterbenslangweilig; **II.** *s m f* Sterbliche(r *m*) *f;* — *la dépouille f ~le* die sterblichen Überreste *m pl; ennemi m ~* Todfeind *m; péché m ~* Todsünde *f;* **~ier** *m* **1.** Mörtel, Speis *m;* **2.** *pharm mil* Mörser *m;* **3.** *jur* Barett *n;* **~ifiant, e** *a fig* demütigend, kränkend; **~ification** *f* **1.** *meist pl rel* Abtötung, Kasteiung *f;* **2.** *fig* Demütigung, Erniedrigung *f;* **~ifier** *tr* **1.** *rel* ab=töten, kasteien; **2.** *fig* demütigen, schwer kränken; **~inatalité** *f* Zahl *f* der Totgeburten; **~uaire** [-tyɛr] *a* Sterbe-, Toten-, Leichen-; *acte m ~* Sterbeurkunde *f; chambre f ~* Sterbezimmer *n; dépôt m ~* Leichenhalle *f; domicile m, maison f ~* Trauerhaus *n; drap m ~* Leichen- *od* Bahrtuch *n; extrait m ~* Totenschein *m; registre m ~* Sterberegister *n.*

moru|e [mɔry] *f* **1.** *zoo* Kabeljau, Dorsch

m; **2.** *pop* Hure *f; — huile f de foie de ~* Lebertran *m; ~ noire* Schellfisch *m; ~ sèche* Stockfisch *m; ~ verte* Laberdan *m;* **~tier** *m* Kabeljaufischer *m.*

morv|e [mɔrv] *f* Nasenschleim, Rotz *m (a. Pferdekrankheit);* **~eux, se I.** *a (Kind od Pferd)* rotzig; **II.** *s m f* Rotznase *f (Kind).*

mosaï|que [mɔzaik] **I.** *a* Mosaik-; **II.** *s f* **1.** Mosaik(arbeit *f*) *n a. fig; fig* bunte(s) Durcheinander *n;* **2.** *(Kartographie)* Luftbildkarte *f;* **~ste** *s m* Mosaikkünstler *m.*

mosquée [mɔske] *f rel arch* Moschee *f.*

mot [mo] *m* **1.** Wort *n;* **2.** Ausspruch *m;* **3.** *(Rätsel)* Lösung *f;* **4.** *com* Gebot *n;* Preis *m;* **5.** *un ~* ein paar Worte, Zeilen, ein kurzer Brief *m; à ce(s) ~(s)* auf diese Worte (hin); *au bas ~* mindestens; *au premier ~* ohne Zögern, sofort; *en un (deux, quatre) ~(s)* mit einem Wort, kurz; *en d'autres ~s* mit anderen Worten; *en peu de ~s* (mit) kurz(en Worten); *sans ~ dire* ohne ein Wort zu sagen, wortlos; *~ à ~* [mɔtamo] , *~ pour ~* Wort für Wort, wörtlich *adv;* **6.** *avoir le dernier ~* das letzte Wort haben; *avoir son ~ à dire* ein Wörtchen mitzureden haben; *dire un ~, deux, quatre ~s à qn* mit jdm ein ernstes Wort reden; *ne dire, ne souffler ~* keinen Ton sagen; *n'entendre pas un ~ de qc* keine Ahnung, *fam* keinen blassen Schimmer von etw haben; **7.** *ce ne sont que des ~s* das sind nur, bloße Worte; *pas un ~ de plus!* kein Wort mehr! basta! ich will nichts mehr hören!; **8.** *(bon) ~* Witz; Geistesblitz; Scherz *m; amateur m de ~s croisés, ~s-croisiste m* Kreuzworträtselfreund *m; (fin) ~* Pointe *f; grand ~* Schlagwort *n; pl* große, hochtrabende Worte *n pl; gros ~* Fluch *m; jeu m de ~s* Wortspiel *n;* **9.** *~-clé (Katalog)* Schlag-, Stichwort *n; ~ d'emprunt* Lehnwort *n; ~ d'ordre, de passe (mil)* Kennwort *n,* Parole *f; ~-vedette m (Katalogkarte, Artikel)* Kopf *m;* **~ard** [mɔ-] *m fam* **1.** Streifenpolizist *m;* **2.** Motorradfahrer *m;* **~el** *m* Motel *n;* **~et** [-ɛ] *m mus* Motette *f.*

moteur, trice [mɔtœr, -tris] **I.** *a* **1.** *phys* bewegend, treibend *a. fig;* **2.** *tech* Antriebs-; **3.** *anat* motorisch, Bewegungs-; **II.** *s m* **1.** Motor *m,* Kraftmaschine *f;* Triebwerk *n;* **2.** *fig* treibende Kraft, Seele *f (e-s Unternehmens);* **3.** *mettre le ~ en marche* den Motor an=lassen; **4.** *le ~ part* der Motor springt an; **5.** *bloc m ~* Motorblock *m; huile f ~* Motorenöl *n; ~ à l'arrière* Heckmotor *m; ~ à courant alternatif, continu* Wechsel-, Gleichstrommotor *m; ~ Diesel* Dieselmotor *m; ~ électrique* Elektromotor *m; ~ à essence, à pétrole* Benzinmotor *m; ~ à explosion* Explosionsmotor *m; ~ hors-bord, godille* Außenbordmotor *m; ~ à pistons* Kolbenmotor *m; ~ à réaction* Turbotriebwerk *n; ~ à deux, quatre temps* Zwei-, Viertaktmotor *m.*

moti|f [mɔtif] *m* **1.** (Beweg-)Grund *m,* Motiv *n;* Veranlassung, Ursache *f;* **2.** *(Kunst)* Motiv *n,* Gegenstand, Vorwurf; **3.** *(Literatur)* Leitgedanke *m;* tragende Idee *f;* **4.** *mus* Motiv, Thema *n;* **5.** *pour quel ~?* aus welchem Grunde? in welcher Absicht? *sans ~* ohne Veranlassung, grund-, absichtslos; *défense d'entrer sans ~ de service* Unbefugten ist der Zutritt verboten; *f* **~vation** *f* Motivierung, Begründung *f; pl com* Kaufmotive *n pl;* **~ver** *tr* **1.** motivieren, begründen; **2.** als Anlaß dienen, den Grund ab=geben (*qc* für etw); rechtfertigen; **3.** *(psychol) ~ qn* jdn motivieren.

motion [mosjõ] *f parl* Antrag *m; — adopter, appuyer, déposer, présenter, rejeter* od *repousser, retirer une ~* e-n Antrag an=nehmen, unterstützen, stellen, ein=bringen, ab=lehnen, zurück=ziehen; *~ de censure* Mißtrauensantrag *m; ~ d'ordre* Antrag *m* zur Geschäftsordnung.

moto [mɔto] *f fam* Motorrad *n; faire de la ~* Motorrad fahren; **~cycle** *m* Fahrrad *n* mit Hilfsmotor *m;* **~cyclette** *f* Motorrad *n;* **~cyclisme** *m* Motorradsport *m;* **~cycliste** *m* Motorradfahrer *m;* **~godille** [-ij] *f* Außenbordmotor *m;* **~planeur** *m* Motorsegler *m;* **~pompe** *f* Motorspritze *f;* **~risation** *f* Motorisierung *f;* **~riser** *tr* motorisieren; mechanisieren; *entièrement motorisé* vollmotorisiert.

mott|e [mɔt] *f* (Erd-)Scholle *f,* Klumpen *m.*

motus [mɔtys] *interj fam* still! pst!

mou, mol, molle [mu, mɔl] **I.** *a* **1.** weich *a. fig;* **2.** *(Klima)* mild; **3.** *(Halm)* biegsam; **4.** *(Licht)* weich; **5.** *(Bodenwelle)* sanft; **6.** *(Geräusch)* dumpf; **7.** *(Wetter)* feuchtwarm; **8.** schlaff, kraft-, energie-, *fig* willenlos; nachgiebig; matt, schwach; kraftlos, weichlich; **II.** *s m* **1.** *(Fleischerei)* Lunge *f;* **2.** *le ~* das Weiche; **3.** *fam fig* Waschlappen *m;* **4.** *avoir du ~ (Seil, Kette, Riemen)* locker; schlaff sein; *donner du ~ (Seil)* lockern; **5.** *fromage m ~* Weichkäse *m; parties f pl molles (anat)* Weichteile *pl.*

mouch|ard, e [muʃar, -rd] *m f* **1.** Spitzel *m;* **2.** *(Schule)* Petzer *m,* Petze *f;* **~age** *m* **1.** Bespitzeln *n;* **2.** *(Schule)* Verpetzen *n;* **~arder** *tr* **1.** aus=horchen, bespitzeln; **2.** *(Schule)* verpetzen; **~e** *f* **1.** *zoo* Fliege *f;* **2.** Schönheitspflästerchen *n;* **3.** Pünktchen *n,* Tüpfel *m* od *n (Stoffmuster);* **4.** *(Zielscheibe)* Schwarze *n;* **5.** *(Florett)* Lederknopf *m;* **6.** *(bateau m ~)* Vergnügungsdampfer *m (auf der*

Seine); **7.** *faire* ~ ins Schwarze treffen; *faire la* ~ *du coche* sich wichtig machen; *prendre la* ~ auf≈brausen; einschnappen; **8.** *quelle* ~ *vous pique?* was ist denn mit Ihnen los? was ist Ihnen in die Krone gefahren? **9.** *fine* ~ schlaue, gerissene Person *f; pattes f pl de* ~ Gekritzel *n;* ~ *d'espagne (zoo pharm)* Spanische Fliege *f; poids m* ~ *(Boxen)* Fliegengewicht *n;* ~ *bleue de la viande* Blaue Schmeiß-, Fleischfliege *f;* ~**er** *tr* **1.** die Nase putzen (*qn* jdm); **2.** *fig* herunter≈putzen, -machen, ab≈kanzeln; — *ne pas se* ~ *du coude, du pied (fam)* sehr anspruchsvoll sein; *mouche ton nez! (fam)* kümmere dich um deinen Dreck! kehre vor deiner Tür! ~**eron** *m* **1.** Mücke *f;* **2.** *fam* Knirps *m,* Kerlchen *n;* ~**eté, e** *a* **1.** *zoo* gesprenkelt, gefleckt; **2.** *(Florett)* mit Lederknopf versehen; ~**eter** *tr* **1.** tüpfeln, sprenkeln; **2.** *(Florettspitze)* mit e-m Lederknopf versehen; ~**eture** *f* **1.** *zoo* Tupfen *m,* Fleck *m;* **2.** *bot (Textil)* Tüpfel *m* od *n;* ~**oir** *m (~ de poche, de cou, de tête)* Taschen-, Hals-, Kopftuch *n; faire un nœud à son* ~ sich e-n Knoten ins Taschentuch machen; ~ *pour dames, pour hommes* Damen-, Herrentaschentuch *n;* ~ *en papier* Papiertaschentuch *n.*

moudre [mudr] *tr* mahlen.

mou|e [mu] *f* schiefe(s) Gesicht *n; faire la* ~ ein schiefes Gesicht ziehen; maulen, schmollen; ~**ette** [mwɛt] *f* Möwe *f.*

mouffette [mufɛt] *f* Skunk *m,* Stinktier *n.*

moufl|e [mufl] **1.** *f* Fausthandschuh *m;* **2.** *f* Flaschenzug *m; mar* Talje *f;* **3.** *f arch* Maueranker *m;* **4.** *m tech* Muffel *f;* ~**et, te** [-ɛ] *m f fam* Kind *n,* Balg *m;* ~**on** *m zoo* Mufflon *m.*

mouill|age [mujaʒ] *m* **1.** An-, Befeuchten *n;* **2.** *(Wein)* Panschen; Verdünnen *n;* **3.** *mar* Ankerplatz, -grund *m;* Ankern, Vorankergehen *n; être au* ~ vor Anker liegen; ~**e** *f mar com* Wasserschaden *m;* ~**é, e** *a* **1.** naß; angefeuchtet; durchnäßt; **2.** *gram* mouilliert; **3.** *(Stimme)* tränenerstickt; *poule f* ~*e (fam)* Angsthase *m;* ~**er I.** *tr* **1.** feucht machen, an≈, befeuchten; benetzen; durchnässen; naß machen; *(Wäsche)* ein≈weichen; **2.** *(mit Wasser)* verdünnen; *(Küche)* Wasser *od* Wein zu≈geben (*qc* e-r S); **3.** *gram* mouillieren; **4.** *(Anker)* werfen; **5.** *(Minen)* legen; **6.** *mar* vor Anker gehen, ankern; **II.** *v prn se* ~ **7.** sich benetzen; naß, feucht werden; **8.** *fam* s-n Ruf aufs Spiel setzen, sich kompromittieren; — *mes yeux se mouillèrent de larmes* mir traten Tränen in die Augen; ~**eur** *m* **1.** Anfeuchter *m;* **2.** ~ *de câbles, de mines (mar)* Kabel-, Minenleger *m;* ~**ure** *f* Wasserfleck *m.*

mouise [mwiz] *f pop* Not *f,* Elend *n; il est dans la* ~ es geht ihm dreckig.

moul|age [mulaʒ] *m* **1.** Formen *n;* (Guß-)Form *f;* Gießen *n,* Guß(ware *f,* -stück *n*); *(~ en plâtre)* Gipsabguß *m;* **2.** *prendre un* ~ *de qc* e-n Abguß von etw machen; **3.** *atelier m de* ~ Formerei; Gießerei *f;* ~ *en coquille, matricé* Schalen- *od* Kokillen-, Preßguß *m;* ~**e I.** *m* **1.** (Guß-) Form *f;* **2.** ~ *à pâtisserie, à crème, à beurre* Kuchen-, Pudding-, Butterform *f;* **3.** *avoir été jetés dans le même* ~ wie ein Ei dem ander(e)n gleichen; *être fait au* ~ e-e tadellose Figur haben; **4.** ~ *à sable* Sandform *f (Spielzeug);* **II.** *f* Miesmuschel *f;* ~**é, e** *a* **1.** gegossen; **2.** *(Mensch) bien ~é (fam)* gut gebaut; **3.** *(Schrift)* (wie) gestochen; — *lettre f ~e* Druckbuchstabe *m;* ~**er** *tr* **1.** *tech* gießen; (ab≈)formen; **2.** *(Kleidung)* eng an≈liegen (*qc* an *dat*); **3.** *fig* bilden (*sur* nach).

moulin [mulɛ̃] *m* **1.** Mühle *f;* **2.** *fam* Motor *m;* **3.** *geol* Gletschertopf *m;* **4.** *apporter de l'eau au* ~ *de qn* jdm alles zu≈schanzen; *on ne peut être à la fois au four et au* ~ man kann nicht auf zwei Hochzeiten tanzen; *c'est un* ~ *à paroles* er, sie redet wie ein Wasserfall; **5.** ~ *à eau, à vent* Wasser-, Windmühle *f;* ~ *à café, à huile, à poivre* Kaffee-, Öl-, Pfeffermühle *f;* ~ *à prières* Gebetsmühle *f;* ~**age** *m (Seide)* Zwirnen *n;* ~**er** *tr (Seide)* zwirnen; ~**et** [-ɛ] *m* **1.** Drehkreuz *n;* **2.** Flügelrad *n;* **3.** *(Angel)* Rolle *f;* **4.** *(Tanz)* Moulinet *n;* — *faire des ~s avec qc* etw um sich herum≈wirbeln.

moulu, e [muly] *a* **1.** gemahlen; **2.** *(fam) je suis* ~ ich bin ganz kaputt, wie zerschlagen, wie gerädert, völlig erschöpft; ~**re** *f* (Zier-)Leiste *f.*

moumoute [mumut] *f fam* falsche(s) Haar *n;* Perücke *f.*

mour|ant, e [murɑ̃, -ɑ̃t] **I.** *a* **1.** sterbend, im Sterben liegend; **2.** *(Augen, Stimme)* gebrochen; **3.** *fig* schwindend; verlöschend; **4.** *(Ton)* verklingend; **5.** *fam fig* sterbenslangweilig; **II.** *s m f* Sterbende(r *m*) *f;* ~**ir I.** *itr* **1.** sterben (*de* an *dat,* vor *dat*); *(übertreibend)* um≈kommen, vergehen (*de* vor *dat*), verschmachten; *(Tier, Pflanze)* ein≈gehen; **2.** *(Feuer)* aus≈gehen, erlöschen; **3.** *allg* zum Stillstand, zur Ruhe kommen; **4.** *fig* dahin≈schwinden; zu Ende, ver-, unter≈gehen, sich verlieren; ersterben; **II.** *v prn se* ~ **5.** im Sterben, in den letzten Zügen liegen; **6.** *fig* vergehen, schwinden, versinken; *(übertreibend)* sterben; **7.** *faire* ~ *qn* jdn um≈bringen; *(Krankheit)* dahinraffen; *faire mourir qn à petit feu (fig)* zu Tode quälen; ~ *d'envie de ...* vor Sehnsucht nach ... vergehen; ~ *de honte, de peur* sich zu Tode schämen, sich zu Tode ängstigen; ~ *de sa* *belle mort* e-s natürlichen Todes sterben; ~ *à la tâche, au travail* in den Sielen sterben; darüber hin≈sterben; **8.** *c'est à ~ de rire* das ist zum Totlachen; *il est mort dans un accident de la route* er ist auf der Straße tödlich verunglückt; *je veux ~ si ...* mich soll der Schlag treffen, wenn ...; **~on** *m (fig fam) se faire du ~* sich Sorgen machen.

mouscaille [muskaj] *f (pop) il est dans la ~ jusqu'au cou* er ist in e-m schrecklichen Schlamassel.

mousquet [muskɛ] *m mil hist* Muskete *f;* **~aire** [-kət-] *m* Musketier *m;* **~on** *m* Karabinerhaken *m.*

mouss|aillon [musajõ] *m fam* kleine(r) Schiffsjunge *m;* **~e I.** *m* **1.** Schiffsjunge *m;* **II.** *f* **2.** *bot* Moos *n;* **3.** Schaum *m; Art* Cremespeise *f;* **4.** Schaumstoff *m; (~ de nylon)* Nylonkrepp *m;* **5.** *se faire de la ~ (pop)* sich Gedanken machen, Sorgen haben; **6.** *caoutchouc m ~* Schaumgummi *m; couvert de ~* moosig, bemoost; *~ d'Islande* Isländische(s) Moos *n;* **~eline I.** *s f* Musselin *m (Stoff);* **II.** *a inv: sauce ~* holländische Soße *f* mit Schlagsahne; *pommes f pl ~* Kartoffelpüree *m; (verre m) ~ f* hauchdünne(s) Glas *n;* **~er** *itr* **1.** schäumen; *(Wein)* perlen; *(Sekt)* moussieren; **2.** *faire ~ qn, qc* jdn heraus≈streichen, etw in ein günstiges Licht stellen; **~eux, se I.** *a* schäumend; *(Sekt)* moussierend; **II.** *s m (vin m ~)* Schaumwein *m;* **~on** *m* Monsun *m;* **~u, e** *a bot* moosig, bemoost.

moust|ache [mustaʃ] *f* **1.** Schnurrbart *m;* **2.** *zoo* Schnurrhaare *n pl; — porter la ~* e-n Bart tragen; **~achu, e** *a* mit (e-m) Schnurrbart; **~iquaire** *f* Moskitonetz *n;* **~ique** *m* **1.** Stechmücke *f;* Moskito *m;* **2.** *fig fam* zarte(s) Wurm *n.*

moût [mu] *m* **1.** Most *m;* (unausgegorener) Traubensaft *m;* **2.** *(~ de bière)* Bierwürze *f.*

mout|ard [mutar] *m pop* Knirps, Steppke *m;* **~arde** *f* Senf, Mostrich *m; la ~ lui monte au nez (fam)* er ist eingeschnappt; **~ardier** *m* **1.** Senftopf *m;* **2.** Senffabrikant, -händler *m; — se croire le premier ~ du pape (fam)* sehr von sich eingenommen, sehr eingebildet sein; **~on** *m* **1.** Schaf *n (als Gattung);* Hammel, Schöps *m;* **2.** Hammelfleisch *n;* **3.** Schafleder, -fell *n,* -pelz *m;* **4.** *fig* Schaf *n;* leichtgläubige(r) *od* gutmütige(r) Mensch *m;* **5.** *arg* als Spitzel tätige(r) Mitgefangene(r) *m;* **6.** *tech* Rammbär *m,* Ramme *f;* **7.** *pl (Wellen)* Schaumkronen; Staubflocken *f pl;* Schäfchenwolken *f pl;* **8.** *revenons à nos ~s* kommen wir wieder zur Sache! *(fig) un ~ à cinq pattes* ein weißer Rabe; etwas ganz Rares; **~onné, e** *a (Person)* gekräuselt, kraus; *nuages m pl ~s* Schäfchen(wolken *f pl) n pl;* **~onner** *itr (Meer)* sich kräuseln, schäumen; **~onneux, se** *a (Meer)* schäumend; voller Schaumkronen; **~onnier, ère** *a avoir l'esprit ~* ein Herdenmensch sein; **~ure** *f* **1.** Mahlen; Mahlgeld *n;* **2.** *agr* Mengkorn *n (Roggen, Weizen, Gerste);* **3.** *fig* Aufguß *m.*

mouv|ant, e [muvɑ̃, -ɑ̃t] *a* **1.** sich bewegend, in Bewegung (befindlich); **2.** *(Boden)* nachgebend, unsicher; schwankend; locker; *sables m pl ~s* Treib-, Flugsand *m;* **~ement** *m* **1.** Bewegung *f a. phys astr mus mil;* **2.** Verkehr *m,* Kommen u. Gehen, Leben u. Treiben *n;* **3.** (Ver-)Änderung(en) *f (pl);* **4.** Verschiebung(en); Verlagerung *f (pl);* **5.** *fig* Bewegung *f;* **6.** Wandel, Wechsel *m;* **7.** Anwandlung *f,* Anfall; Antrieb *m,* Initiative *f;* **8.** *mus* Tempo; **9.** *tech* Getriebe, Triebwerk, (*bes.* Uhr-)Werk *n;* **10.** *mil* Bewegung *f;* **11.** *de son propre ~* aus eigenem Antrieb, aus eigener Initiative; *sans ~* bewegungs-, regungs-, leblos; **12.** *se donner du ~* unermüdlich tätig sein, sehr rührig sein; *être dans le ~ (fam)* mit der Zeit gehen, auf der Höhe der Zeit sein, *être en ~* in Bewegung, auf den Beinen, in Tätigkeit sein; *(se) mettre en ~* (sich) in Bewegung setzen; *presser, ralentir le ~* das Tempo beschleunigen, verlangsamen; **13.** *~ des affaires* Geschäftsverkehr *m; ~ vers l'arrière, vers l'avant* Rückwärts-, Vorwärtsbewegung *f; ~ de(s) capitaux* Kapitalumsatz, -verkehr *m; ~ de grève* Streikbewegung *f; ~ de(s) marchandises* Waren-, Güterverkehr *m; ~ ouvrier, travailliste* Arbeiterbewegung *f; ~ (de la population)* Bevölkerungsbewegung *f; ~ des prix* Preisbewegung, -gestaltung, -entwicklung *f; ~ des salaires* Lohnbewegung *f; ~ du sol* Bodenwelle, *pl* -form *f; ~ syndical* Gewerkschaftsbewegung *f;* **~ementé, e** *a (Leben)* bewegt, abwechslungsreich; *(Sitzung)* erregt, lebhaft; *(Boden)* uneben; **~oir I.** *tr* **1.** bewegen *a. fig,* in Bewegung setzen; **2.** *fig* (an≈)treiben (*à* zu); **II.** *v prn se ~* sich bewegen, in Bewegung sein.

moyen, ne [mwajɛ̃, -ɛn] **I.** *a* **1.** mittlere(r, s); **2.** mittelmäßig, durchschnittlich; **II.** *s m* **3.** Mittel *n; (voies et ~s)* Mittel u. Wege *pl;* (Aus-)Weg *m,* Möglichkeit *f;* **4.** *pl* Mittel *n pl,* Vermögen *n;* **5.** *fig* Fähigkeiten *f pl;* Begabung, Veranlagung *f* (*de* zu); **III.** *s f* **6.** Durchschnitt *m,* Mittel *n a. math;* Durchschnitts-, Mittelwert *m;* Durchschnittsgeschwindigkeit *f;* **7.** *au, par ~ de* (ver)mittels, mit Hilfe *gen; en ~ne, en terme ~* im Durchschnitt, im Mittel, durchschnittlich *adv; sans ~s de subsistance* ohne Unterhalt, völlig mittellos; **8.** *avoir les ~s* sich leisten können (*de qc* e-e S), imstande sein (*de* zu); *avoir des ~s* vermögend, begütert sein; *être de taille ~ne* mittelgroß sein; *établir la ~ne* den Durchschnitt ermitteln (*de* gen); *faire une ~ne* e-n Durchschnitt erreichen; *rouler à une ~ne de 100* mit e-r Durchschnittsgeschwindigkeit von 100 km fahren; **9.** *il en a les ~s* er kann es sich leisten; *il n'y a pas ~* es geht nicht, es ist unmöglich; **10.** *qualité f ~ne* Durchschnittsqualität *f; température f ~ne* Durchschnittstemperatur *f*, Temperaturmittel *n;* **11.** *M~ Âge m* Mittelalter *n; ~s de communication, de paiement, de production, de publicité, de transport* Verkehrs-, Zahlungs-, Produktions-, Werbe-, Transportmittel *n pl;* **~âgeux, se** [mwajɛnaʒø, -øz] *a* mittelalterlich; **~nant** *prp* (ver)mittels, mit Hilfe (*qc* gen); durch; *~ quoi* wodurch; wofür; **~nement** *adv* mäßig; durchschnittlich.

moyeu [mwajø] *m* (Rad-)Nabe *f.*

muc|ilage [mysilaʒ] *m* **1.** Pflanzenschleim *m;* **2.** Gummilösung *f;* **~ilagineux, se** *bot pharm* schleimig; **~osité** [-ko-] *f (Physiologie)* Schleim *m;* **~us** [-kys] *m (Physiologie)* Schleim *m.*

mu|e [my] *f* **1.** *(Vögel)* Mauser(ung); *(Schlange)* Häutung *f;* **2.** abgestreifte Haut *f,* abgeworfene(s) Geweih *n;* **3.** *(~ de la voix)* Stimmbruch *m;* **~er** [mɥe] **I.** *itr* **1.** *(Vögel)* sich mausern; *(Schlangen)* sich häuten; *(Säugetiere)* sich haaren; **2.** Stimmwechsel haben; im Stimmbruch sein; **II.** *tr* **3.** *~ sa tête (Hirsch)* das Geweih abwerfen; **~et, te** [mɥɛ, -ɛt] **I.** *a* stumm *a. fig gram; fig* sprachlos; still, laut-, geräuschlos; *(Münze, Medaille)* ohne Umschrift; **II.** *s m f* Stumme(r *m*) *f;* **1.** *~ de terreur* stumm vor Entsetzen; **2.** *être ~ (Bestimmung, Gesetz)* nichts sagen (*sur* über *acc*); *être ~ comme une carpe* stumm wie ein Fisch sein; **3.** *carte f ~te* Umrißkarte, stumme Karte *f; film m ~* Stummfilm *m; jeu m ~ (theat)* Mienen-, Gebärdenspiel *n; rôle, personnage m ~ (theat)* stumme Rolle *f.*

mufl|e [myfl] *m* **1.** *(Hund)* Schnauze *f; (Löwe)* Maul *n;* **2.** *fam fig* Flegel, Lümmel *m;* **~erie** [-flə-] *f* Flegelei; Rüpelhaftigkeit *f.*

mug|ir [myʒir] *itr* **1.** *(Rind)* brüllen; **2.** *fig (Meer)* toben; *(Sturm)* heulen; **~issement** *m* **1.** *(Kuh)* Muhen; Brüllen, Gebrüll *n;* **2.** *(Sturm, Meer)* Tosen, Toben, Heulen *n.*

muguet [mygɛ] *m bot* Maiglöckchen *n.*

mul|assier, ière [mylasje] *a* Maultier-; **~âtre I.** *a* Mulatten-; **II.** *s m* Mulatte *m; f (meist)* **~âtresse** Mulattin *f;* **~e** *f* **1.** weibliche(s) Maultier *n;* Mauleselin *f;* **2.** *fig fam (tête f de ~)* Dickschädel, -kopf *m; têtu comme une ~* störrisch wie ein Esel; **3.** Pantoffel *m;* **~et** [-ɛ] *m* **1.** *(grand ~)* Maultier *n;* **2.** *fam chargé comme un ~* beladen wie ein Packesel; *petit ~* Maulesel *m;* **~etier, ère I.** *a* Maultier-; **II.** *s m* Maultiertreiber *m.*

multi|cellulaire [myltise(ɛ)lylɛr] *a biol* vielzellig; **~colore** *a* vielfarbig; **~dimensionnel, le** *a (Raum)* mehrdimensional; **~forme** *a* vielgestaltig; *math* mehrdeutig; **~latéral,** *pl -aux pol* mehrseitig; **~milliardaire** *m f* Multimilliardär(in *f*) *m;* **~millionnaire** [-lj] *m f* Multimillionär(in *f*) *m;* **~national, e I.** *a pl -aux* multinational; **II.** *s f* multinationale(s) Unternehmen *n.*

multiple [myltipl] **I.** *a* viel-, mehr-, mannigfach; vielfältig, verschieden(artig); *gram* mehrgliedrig; **II.** *s m bes. math* Vielfache(s) *n.*

multi|plex [myltiplɛks] *m tele* Konferenzschaltung *f;* **~pliable** *a math* multiplizierbar; **~plicande** [-kɑ̃d] *m math* Multiplikand *m;* **~plicateur, trice I.** *a* Vervielfältigungs-; **II.** *s m* **1.** *math* Multiplikator; **2.** *tele* Vervielfacher *m;* **~plicatif, ive** *m signe m ~* Malzeichen *n;* **~plication** *f* **1.** *math* Multiplikation *f;* **2.** *biol* ungeschlechtliche Fortpflanzung *f;* **3.** *tech* Übersetzung *f;* **4.** *fig* Vermehrung *f;* **~plicité** *f* Vielfalt, Mannigfaltigkeit; Vielzahl *f;* **~plier I.** *tr* **1.** vermehren, vervielfältigen, -fachen; **2.** *math* multiplizieren (*par* mit); **3.** *bot* vermehren; **II.** *itr* u. *se ~* **4.** sich (ver)mehren; sich fortpflanzen; **5.** *fig* sich häufen; sich mehren; **6.** *se ~ (fig) (Mensch)* sich teilen, überall sein; **~polaire** *a el* mehrpolig.

multitude [myltityd] *f* **1.** Vielzahl; große Zahl, Menge; **2.** große Masse *f;* — *pour une ~ de raisons* aus vielen Gründen.

muni|cipal, e [mynisipal] *a pl -aux* städtisch; Stadt-; Gemeinde-; — *conseil m ~* Stadtverordnetenversammlung *f,* Gemeinderat *m; administration f ~e* Stadtverwaltung *f; conseiller m ~* Stadtratsmitglied *n; élections f pl ~es* Gemeindewahlen *f pl; piscine f ~e* Stadtbad *n; théâtre m ~* Stadttheater *n;* **~cipalité** *f* **1.** Magistrat, Gemeindevorstand *m;* **2.** Gemeinde *f.*

munir [mynir] **I.** *tr* aus=statten, versehen (*de* mit); **II.** *v prn se ~ de* sich versehen mit; *se ~ de patience* sich mit Geduld wappnen.

munition [mynisjɔ̃] *f pl mil* Munition *f; dépôt m de ~* Munitionslager *n.*

muqueux, se [mykø, -øz] **I.** *a (Physiologie)* schleimig; Schleim-; **II.** *s f* u. *membrane f muqueuse* Schleimhaut *f.*

mur [myr] *m* **1.** Mauer; Wand *f; pl* Mauerwerk *n;* **2.** *geol* Liegende(s) *n;* **3.** *dans nos ~s* in unseren Mauern, in der Stadt, hier; **4.** *(fig) se cogner, se heurter à un ~* auf unüberwindliche Schwierigkeiten stoßen; *coller qn au* ~ jdn an die Wand stellen; *franchir le* ~ *du son* die Schallmauer durchbrechen; *mettre qc aux* ~ *s* etw an den Wänden aufhängen; *mettre qn au pied du* ~ *(fig)* jdn in die Enge treiben; **5.** *c'est à se cogner, se taper la tête contre les* ~*s (fam)* das ist zum Verzweifeln; **6.** ~ *d'appui, de parapet* Mauerbrüstung *f;* ~ *de barrage* Staumauer *f;* ~ *de cloison* Zwischenwand *f;* ~ *de clôture* Umfassungsmauer *f;* ~ *d'enceinte* Stadt-, Ringmauer *f;* ~ *de fondation* Grundmauer *f;* ~ *des lamentations* Klagemauer *f;* ~ *de nuages* Wolkenwand *f;* ~ *du son* Schallmauer *f;* ~ *de soutènement* Stützmauer *f.*

mûr, e [myr] *a* **1.** reif; **2.** *(Mädchen)* ältlich; **3.** *pop* besoffen; **4.** *après* ~*e réflexion* nach reiflicher Überlegung.

mur|aille [myraj] *f* **1.** (Stadt-, Festungs-, Burg-, Kirchen-)Mauer *f;* **2.** *mar* Schiffswand *f;* ~**al, e** *a pl -aux carte, peinture f* ~*e* Wandkarte, -malerei *f.*

mûre [myr] *f bot* Maulbeere *f;* ~ *sauvage* Brombeere *f;* ~**ment** *adv: réfléchir* ~ *à qc* sich etw reiflich überlegen.

mur|ène [myrɛn] *f zoo* Muräne *f (Fisch);* ~**er I.** *tr* **1.** *(Tür)* ver-, zu=mauern; *(Garten)* mit e-r Mauer umgeben; **2.** *fig* isolieren; **II.** *v prn se* ~ *(fig)* sich abschließen, sich isolieren.

mûr|ier [myrje] *m* Maulbeerbaum *m;* ~**ir I.** *tr.* **1.** reifen lassen; **2.** *fig (Plan)* ausdenken, ausbrüten; **3.** *(Person)* reifer werden lassen; **II.** *itr* **4.** reif werden, (aus)reifen *a. fig;* **5.** *fig* reifer werden; **6.** *(Plan)* (heran=)reifen — *laisser* ~ *(fig)* spruchreif werden lassen; ~**issant, e** *a* **1.** reifend; **2.** *fig* reiferen Alters.

murmur|ant, e [myrmyrɑ̃, -ɑ̃t] *a* murmelnd; *(Person)* murrend; *(Quelle)* plätschernd; *(Wind)* säuselnd; ~**e** *m* Murmeln, Gemurmel; *(Wasser)* Plätschern; *(Wind)* Säuseln *n;* ~**er I.** *itr* **1.** *(Person)* murren; **2.** *(Wasser)* plätschern; **3.** *(Wind)* säuseln; **II.** *tr (Worte)* murmeln.

mus|araigne [myzarɛɲ] *f* Spitzmaus *f;* ~**arder** *itr fam* herum=trödeln.

musc [mysk] *m* Moschus *m;* ~**ade** *f* **1.** *noix f (de)* ~ Muskatnuß *f;* **2.** *passez* ~*!* Hokuspokus, verschwindibus! ~**at** [-a] *s m* u. *a: raisin m* ~ Muskatellertraube *f; vin m* ~ Muskateller *m.*

musc|le [myskl] *m* Muskel *m; avoir du* ~ *(fam)* Muskeln, Kraft haben; ~**er** *tr* die Muskeln stärken (*qn* jdm); ~**ulaire** *a* Muskel-; *force f* ~ Muskelkraft *f;* ~**ulature** *f* Muskulatur *f;* ~**uleux, se** *a* muskulös; Muskel-.

mus|e [myz] *f* Muse, dichterische Inspiration *f,* Genie *n;* ~**eau** *m pl -x* **1.** *(Hund)* Schnauze *f a. pop;* **2.** ~ *de porc* Schweinesülze *f;* ~**ée** *m* Museum *n;* ~ *de peinture* Gemäldegalerie *f;* ~**eler** *tr* **1.** e-n Maulkorb an=legen (*un chien* e-m Hund); **2.** *fig pol* mundtot machen; ~**elière** [-zə-] *f* Maulkorb *m a. fig;* ~**ette** *f bal m* ~ Tanz *m* nach Akkordeonmusik; ~**éum** [-ɔm] (*bes.* Natur-kunde-)Museum *n;* ~**ical, e** *a pl -aux* **1.** musikalisch; Musik-; **2.** *(Stimme)* klangvoll; *radio* klangrein; — *art m* ~ Tonkunst *f; soirée f* ~*e* Musikabend *m;* ~**icalité** *f radio* Klangreinheit; Klangfülle *f;* ~**ic-hall** [myzikol] *m* Varieté(theater) *n;* ~**icien, ne** *m f* Musiker(in *f*); *m pl mil* Spielleute *m pl;* ~**icologie** *f* Musikwissenschaft *f;* ~**icologue** *m* Musikwissenschaftler *m;* ~**ique** *f* **1.** Musik *a. fig.* Tonkunst *f;* **2.** Noten *f pl;* **3.** *mil* Musik-, Spielmannszug *m;* **4.** *fig (Vögel)* Gesang *m,* Konzert *n;* **5.** *fig* Melodik; Klangschönheit *f;* **6.** *faire de la* ~ musizieren; *lire la* ~ Noten lesen; *mettre en* ~ vertonen, komponieren; **7.** *boîte f à* ~ Spieluhr *f; chef m de* ~ Musik-, Konzertmeister *m; instrument m de* ~ Musikinstrument *n; livre, cahier, papier m de* ~ Notenbuch, -heft, papier *n; magasin, marchand m de* ~ Musikalienhandlung *f,* -händler *m;* **8.** ~ *de chambre, d'église* Kammer-, Kirchenmusik *f;* ~ *de danse, de jazz, militaire* Tanz-, Jazz-, Marschmusik *f;* ~ *enregistrée* Schallplatten; Bandaufnahmen *f pl;* ~ *vocale, instrumentale* Vokal-, Instrumentalmusik *f;* ~**iquette** *f* leichte Musik *f.*

musulman, e [myzylmɑ̃, -an] **I.** *a* mohammedanisch, islamisch; **II.** *s m f* Mohammedaner(in *f*) *m.*

mut|ation [mytasjɔ̃] *f* **1.** *fig* Wandlung, Veränderung *f;* **2.** (*bes.* Personal-, Beamten-)Wechsel *m;* Versetzung *f;* **3.** *biol* Mutation *f;* ~**er** *tr* **1.** die (alkoholische) Gärung unterbrechen (*qc* bei etw); **2.** *(Beamten)* versetzen; ~**ilation** *f* Verstümm(e)lung *f a. fig;* ~**ilé** *m:* ~ *de guerre* Kriegsbeschädigte(r) *m;* ~**iler** *tr* **1.** verstümmeln *a. fig;* **2.** *fig* völlig entstellen; ~**in, e I.** *a fig* verschmitzt; **II.** *s m f* Rebell, Meuterer *m;* ~**iner, se** *v prn* meutern; ~**inerie** *f* Meuterei *f;* ~**isme** *m* Stummheit *f a. gram;* Schweigen *n;* ~**ualité** [-tɥa-] *f* Gegenseitigkeit *f;* ~**uel, le** [-tɥɛl] *a* gegen-, wechselseitig.

myo|carde [mjokard] *m* Herzmuskel *m;* ~**pe** [mjɔp] *a* kurzsichtig; ~**pie** *f* Kurzsichtigkeit *f a. fig;* ~**sotis** [mjɔzɔtis] *m bot* Vergißmeinnicht *n.*

myst|ère [mistɛr] *m* Geheimnis, Rätsel *n;* ~**érieux, se** *a* geheimnisvoll, rätselhaft; ~**icisme** *m rel* Mystik *f;* ~**ifier** *tr* täuschen; verulken; ~**ique I.** *a* mystisch; verborgen, geheim; **II.** *s m f* Mystiker(in *f*) *m; f* Mystik *f.*

myth|e [mit] *m* **1.** Götter-, Heldensage *f;* **2.** *fig* Sage, *f;* **3.** *fig (Person)* Idol *n;* ~**ique** *a* mythisch; ~**ologie** *f* Mythologie *f;* ~**ologique** *a* mythologisch.

N

nabot, e [nabo, -ɔt] *m f* Knirps, Zwerg *m.*

nacelle [nasɛl] *f aero* (Triebwerk-, Ballon-) Gondel *f.*

nacre [nakr] *f* Perlmutt(er *f*) *n.*

naevus [nevys] *m pl naevi* Muttermal *n.*

nag|e [naʒ] *f* **1.** Schwimmen *n;* **2.** *mar* Rudern *n;* **3.** *à la ~* schwimmend; *en ~* in Schweiß gebadet; *~ à la brasse, sur le dos, libre* Brust-, Rücken-, Freistilschwimmen *n;* **~eoire** *f zoo* Flosse *f;* **~er I.** *tr* **1.** schwimmen; **2.** *mar* rudern; **II.** *itr* **3.** schwimmen; **4.** rudern; **5.** *fam fig* in der Luft hängen; **6.** *fig* schwimmen; **7.** *~ comme un chien de plomb* wie e-e bleierne Ente schwimmen; *~ le crawl* kraulen; *~ dans les eaux de qn (fig)* sich in jds Schlepptau befinden; *~ entre deux eaux (fig)* sich durch=lavieren; *il nage dans ses habits* s-e Kleider schlottern ihm um den Leib; **~eur, se** *m f* **1.** Schwimmer(in *f*) *m a. tech;* **2.** *mar* Ruderer *m,* Rud(r)erin *f; maître m ~* Schwimmlehrer *m.*

naguère [nagɛr] *adv* neulich, unlängst, vor kurzem.

naïf, ïve [naif, -iv] *a* **1.** naiv, unbefangen, kindlich; **2.** töricht, einfältig.

nain, e [nɛ̃, nɛn] **I.** *s m f* Zwerg(in *f*) *m;* **II.** *a* zwergenhaft; Zwerg-; *haricot m ~* Buschbohne *f.*

naiss|ance [nɛsɑs] *f* **1.** Geburt *f;* **2.** *(Körperteile)* Ansatz *m;* **3.** *fig* Anbruch, Ursprung, Anfang *m,* Entstehung *f;* **4.** *arch* Widerlager *n;* Kämpfer *m;* **5.** *de ~* von Geburt an; (an)geboren; **6.** *donner ~ à qc* das Leben schenken; *fig* etw ins Leben rufen; *prendre ~* anfangen; entstehen; *(Fluß)* entspringen; **7.** *acte m de ~* Geburtsurkunde *f; contrôle m des ~s* Geburtenkontrolle *f; ~ du jour* Tagesanbruch *m;* **~ant, e** *a* **1.** entstehend, beginnend, erwachend *fig;* **2.** *(Tag)* anbrechend; **3.** heranwachsend; sich entfaltend, sich entwickelnd; **4.** *chem* freiwerdend.

naître [nɛtr] *itr* **1.** *(Kind)* geboren werden, zur Welt kommen; **2.** *fig* entstehen, hervor=gehen, beginnen; sich entfalten, sich entwickeln; **3.** zutage treten, auf=tauchen; **4.** *(Pflanzen)* sprießen; **5.** *(Fluß)* entspringen; **6.** *faire ~* ins Leben rufen; veranlassen; an=stiften; *(Zweifel)* erwecken, auf=kommen lassen; *(Liebe)* erwecken; **7.** *le jour commence à ~* der Tag bricht an.

naïveté [naivte] *f* **1.** Unbefangenheit, Kindlichkeit *f;* **2.** Naivität, Einfalt *f.*

na|ja [naʒa] *m zoo* Kobra *f;* **~n** *f fam* Weib *n; fig* Flamme *f;* **~nan** *m fam fig* Feine(s), Gute(s) *n.*

nant|ir [nɑ̃tir] *tr jur* ein Pfand. e-e Sicherheit geben (*qn* jdm); *être bien nanti* wohlhabend sein; *(fig)* sein Schäfchen im trockenen haben; **~issement** *m* Verpfändung, dingliche Sicherung; Hinterlegung *f;* Pfandvertrag, -schein *m;* Pfand(sache *f*) *n; sur ~* gegen Hinterlegung (*de* von).

naphtaline [naftalin] *f* Naphthalin *n.*

napp|e [nap] *f* **1.** Tischtuch *n;* **2.** große Fläche *f;* **3.** *geol* Schicht, Decke *f;* **4.** *mettre la ~* ein Tischtuch auf=legen; **5.** *~ de brume* Nebelbank *f; ~ d'eau* (glatte) Wasserfläche *f; ~ souterraine* Grundwasserspiegel *m;* **~eron** *m* Deckchen *n.*

narciss|e [narsis] *m* **1.** *bot* Narzisse *f;* **2.** *(Psychologie)* Narziß *m.*

narco|se [narkoz] *f* Narkose, Betäubung *f;* **~tique I.** *a* narkotisch, betäubend; **II.** *s m* Narkotikum, Betäubungsmittel *n.*

narguer [narge] *tr* **1.** verhöhnen; **2.** trotzen; die Stirn bieten (*qn* jdm).

nar|ine [narin] *f* Nasenloch *n,* -flügel *m;* *(Pferd)* Nüster *f;* **~quois, e** *a* schalkhaft, verschmitzt, spöttisch.

narr|ateur, trice [naratœr, -tris] *m f* Erzähler(in *f*) *m;* **~atif, ive** *a* erzählend; **~ation** *f* **1.** Erzählung *f,* Bericht *m;* **2.** (Schul-)Aufsatz *m;* **~er** *tr* erzählen, dar=legen, berichten.

nas|al, e [nazal] **I.** *a anat* Nasen-; *gram* nasal, Nasal-; **II.** *s f* Nasallaut *m; fosses f pl ~es* Nasenhöhle *f;* **~alisation** *f* Nasalierung *f;* **~aliser** *tr* nasalieren; **~eau** *m zoo* Nüster *f;* **~illard, e** [-j-] *a* näselnd; **~illement** *m* Näseln *n; (Ente)* Schnattern *n;* **~iller** *tr* **1.** näseln; **2.** *(Lautsprecher)* quäkende Töne von sich geben; **3.** *(Ente)* schnattern.

nasse [nas] *f* **1.** *(Fischerei)* Reuse *f;* **2.** *(Vogelfang)* Netz *n.*

natal, e [natal] *a* Geburts-, Heimat-; *maison f ~e* Geburtshaus *n; pays m ~* Heimatland *n;* **~iste** *a* geburtenfreundlich, -fördernd; **~ité** *f* Geburtenziffer *f; à faible ~* geburtenschwach.

natat|ion [natasjɔ̃] *f* Schwimmen *n,* Schwimmsport *m; ceinture f de ~* Schwimmgürtel *m;* **~oire** *a* Schwimm-; *vessie f ~ (zoo)* Schwimmblase *f.*

natif, ive [natif, -iv] **I.** *a* **1.** gebürtig (*de* aus); **2.** angeboren, natürlich; **3.** *min* gediegen; **II.** *s m f* Eingeborene(r *m*) *f*.

nation [nasjɔ̃] *f* Volk *n*, Nation *f*; **~al, e** [-sjɔ-] *pl -aux* **I.** *a* national; staatlich; inländisch, einheimisch; *com* binnenwirtschaftlich; **II.** *s m pl* Staatsangehörige, Inländer *pl*; **~alisation** *f* Verstaatlichung *f*; **~aliser** *tr* verstaatlichen; **~alisme** *m* Nationalismus *m*; **~aliste I.** *a* nationalistisch; **II.** *s m f* Nationalist(in *f*) *m*; **~alité** *f* **1.** Volkstum *n*, -charakter *m*; **2.** Volk *n*; **3.** Staatsangehörigkeit *f*; — *sans* ~ staatenlos.

nativité [nativite] *f rel* Geburt *f* (Christi).

natt|e [nat] *f* **1.** Matte *f*, Geflecht *n*; **2.** *(Haar)* Zopf *m*; **~er** *tr (Haar)* flechten.

natur|alisation [natyralizasjɔ̃] *f* **1.** Naturalisierung, Einbürgerung *f a. fig*; **2.** *(Tiere)* Ausstopfen *n*; **~aliser** *tr* **1.** naturalisieren, ein≈bürgern *a. fig*; **2.** *(Tier, Pflanze)* akklimatisieren, einheimisch werden lassen; *(Balg)* aus≈stopfen; *(Pflanze)* konservieren; **~alisme** *m* Naturalismus *m*; **~aliste I.** *s m* **1.** Präparator *m*; **2.** Naturalist *m*; **II.** *a* naturalistisch; **~e I.** *s f* **1.** Natur *f*; **2.** Wesen *n*, (Eigen-)Art, Beschaffenheit *f*; **3.** Naturell *n*; Anlage, Veranlagung *f*; **II.** *a* **4.** *(Küche)* ohne Zutaten; **5.** *fam (Mensch)* natürlich; unbefangen; *d'après* ~ *(Kunst)* nach der Natur; **6.** *contre* ~ widernatürlich; *de* ~ angeboren; *de* ~ *à* ... so beschaffen, daß ...; *de par sa* ~ s-m Wesen nach; *en* ~ in natura; **7.** *forcer la* ~ sich über≈nehmen; **8.** *grandeur f* ~ *(Kunst)* Lebensgröße *f*; ~ *morte* Stilleben *n*; **~el, le I.** *a* **1.** natürlich; Natur-; angeboren, wesensmäßig; **2.** schlicht, einfach, ungezwungen; **3.** *(Kind)* unehelich; **4.** *(Wein)* naturrein; **II.** *s m* **5.** Natur *f*, Wesen *n*, Art *f*; Naturell *n*, Charakter *m*; **6.** Natürlichkeit, Einfach-, Ungezwungenheit *f*; **7.** Eingeborene(r) *m*; **8.** *au* ~ naturgetreu; *(Küche)* naturell; *c'est* ~*!* das ist selbstverständlich! *sciences f pl* ~*les* Naturwissenschaften *f pl*; **~ellement** *adv* **1.** auf natürliche Weise; von Natur (aus); **2.** natürlich, selbstverständlich; **3.** von selbst, ohne weiteres; **~isme** *m* **1.** Nackt-, Freikörperkultur *f*; **2.** *med* Naturheilkunde *f*; **~iste I.** *a* Nacktkultur-; **II.** *s m f* Anhänger(in *f*) *m* der Nackt-, Freikörperkultur.

naufrag|e [nofraʒ] *m* Schiffbruch; Untergang *m*; *faire* ~ Schiffbruch erleiden *a. fig*; **~é, e I.** *a* schiffbrüchig; **II.** *s m f* Schiffbrüchige(r *m*) *f*.

nausé|abond, e [nozeabɔ̃, -ɔ̃d] *a* ekelerregend, -haft, widerlich; **~e** *f* **1.** Übelkeit *f*, Brechreiz *m*, Würgen *n (im Halse)*; **2.** *fig* Ekel *m*.

naut|ile [notil] *m zoo* Nautilus *m*; **~ique** *a mar* nautisch; See-, Schiffahrts-; Wasser-; *ski m* ~ Wasserski *m*; **~isme** *m* Wassersport *m*.

naval, e [naval] *a* Marine-, See-; *combat m* ~ Seeschlacht *f*; *forces f pl* ~*es* Seestreitkräfte *f pl*.

navet [navɛ] *m* **1.** (weiße) Rübe *f*; **2.** *fam* Schinken *(Gemälde)*; kitschige(r) Film; Schmarren *m (Buch)*; — *avoir du sang de* ~ *(fam)* keinen Mumm in den Knochen haben; **~te** *f* **1.** Netznadel *f*; *(Weberei)* Schütze *m*; *(Nähmaschine)* Schiffchen *n*; **2.** *rel* Weihrauchgefäß *n*; **3.** *(train m)* ~ Pendelzug *m*; Hin u. Her *n*; **4.** Raumfähre *f*; **5.** *agr* Rübsamen, Rübsen *m*; **6.** *faire la* ~ (zwischen zwei Orten) pendeln; *service m de* ~ Pendelverkehr *m*.

navig|abilité [navigabilite] *f* **1.** Schiffbarkeit *f*; **2.** See-, Flugtüchtigkeit *f*; **~able** *a* schiffbar; **~ant, e** *a*: *personnel m* ~, ~*s m pl* fliegende(s), zur See fahrende(s) Personal *n*; *personnel m non* ~ Bodenpersonal *n*; **~ateur** *m* **1.** *mar* Seemann, -fahrer *m*; **2.** *aero* Orter *m*; Navigator *m*; **~ation** *f* **1.** Schiffahrt, Seefahrt *f*; **2.** *mar aero* Navigation, Ortung *f*; **3.** *compagnie f de* ~ Schiffahrtsgesellschaft; *compagnie f de* ~ *aérienne* Luftfahrtgesellschaft *f*; *route f de* ~ Schiffahrtsweg *m*; ~ *aerienne* Luftfahrt *f*; ~ *civile* zivile Luftfahrt *f*; ~ *commerciale* Handelsschiffahrt *f*; ~ *au long cours, hauturière* Hochseeschiffahrt; große Fahrt *f*; ~ *côtière* Küstenschiffahrt *f*; ~ *intérieure, fluviale* Binnen-, Flußschiffahrt *f*; ~ *maritime* Seeschiffahrt *f*; **~uer** [-ge] *itr* **1.** *mar* zur See, mit dem Schiff fahren; **2.** *aero* fliegen; **3.** *fam fig* viel auf Reisen sein.

navire [navir] *m* (See-)Schiff *n*; ~ *citerne* Tanker *m*; ~ *de commerce, marchand* Handelsschiff *n*; ~*-école m* Schulschiff *n*; ~ *de guerre* Kriegsschiff *n*; ~ *à voiles* Segelschiff *n*.

navr|ant, e [navrɑ̃, -ɑ̃t] *a* schmerzlich; traurig; *c'est* ~ das geht e-m nahe; **~é, e** *a*: *je suis* ~ es tut mir sehr leid; ich bedauere sehr.

ne [nə] *adv* nicht; ~ ... *guère* kaum; ~ ... *jamais* nie(mals); ~ ... *jamais que* immer nur; ~ ... *pas* nicht; ~ ... *personne* niemand(en); *personne, nul* ... ~ niemand; ~ ... *plus* nicht mehr; ~ ... *plus de* kein ... mehr; ~ ... *point* gar nicht, durchaus nicht; ~ ... *que* nur; *il* ~ *fait que commencer* er fängt eben erst an; ~*-m'oubliez-pas m* Vergißmeinnicht *n*.

né, e [ne] *a* geboren; *ne pas être* ~ *de la dernière pluie (fam)* nicht von gestern sein; *bien* ~ aus gutem Hause; ~*e X* geborene X.

néanmoins [neɑ̃mwɛ̃] *adv* nichtsdestoweniger, trotzdem, gleichwohl, dennoch, jedoch.

néant [neɑ̃] **I.** *s m* **1.** Nichts, Nichtsein,

-seiende *n;* **2.** Nichtigkeit, Wertlosigkeit; Leere *f;* **II.** *adv* nichts; *(auf Fragebogen)* entfällt; Fehlanzeige *f; réduire à ~* zunichte machen, zerstören; **~iser** *tr* vernichten.

nébul|eux, se [nebylø, -øz] **I.** *a* **1.** wolkig, neb(e)lig, trübe; **2.** *fig* dunkel; unklar; **II.** *s f astr* Nebel *m;* **~osité** *f* **1.** Bewölkung *f;* **2.** *fig* Unklarheit, Dunkelheit *f.*

nécess|aire [nese(ɛ)sɛr] **I.** *a* **1.** nötig, notwendig, erforderlich; **2.** zwangsläufig, unvermeidlich, unabwendbar; **II.** *s m* **3.** Notwendige(s); **4.** *(~ de toilette)* (Reise-)Necessaire; *(~ de couture)* Nähzeug *n; le strict ~* das Allernotwendigste; **5.** *faire le ~* das Nötige tun, veranlassen; *cela n'est pas ~* es geht auch ohne das; *il est ~ de ..., que ...* man, ich *etc* muß ...; *il n'est pas ~ de, que ...* man braucht, ich brauche *etc* nicht zu ...; **~airement** *adv* notgedrungen, unfehlbar; *pas ~* nicht unbedingt; **~ité** *f* **1.** Notwendigkeit *f;* **2.** Not(lage) *f,* Mangel *m;* **3.** *en cas de ~* im Notfall; *de première ~* unentbehrlich; lebensnotwendig, -wichtig; *par ~* notgedrungen; *sans ~* ohne Not; **4.** *mettre qn dans la ~* jdn in die Zwangslage versetzen, jdn zwingen (*de* zu); *se trouver dans la ~* in die Notwendigkeit versetzt sein (*de faire qc* etw zu tun); *il est de toute ~ de* es ist absolut erforderlich, zu; **~iter** *tr* notwendig, erforderlich machen; erfordern, bedingen; **~iteux, se** *a* (be-) dürftig, notleidend.

nécro|logique [nekrɔlɔʒik] *a: notice f ~* Nachruf *m (in e-r Zeitung);* **~mancie** *f* Toten-, Geisterbeschwörung *f;* **~mancien, ne** *s m f* Geisterbeschwörer(in *f*) *m;* **~pole** *f* Totenstadt *f.*

nect|aire [nɛktɛr] *m bot* Honigdrüse *f;* **~ar** *m* **1.** Nektar *m;* **2.** *bot* Honigsaft *m.*

nef [nɛf] *f* (Kirchen-)Schiff *n; ~ centrale* od *principale, latérale* Mittel-, Seitenschiff *n.*

néfaste [nefast] *a* unheilvoll, unselig; *jour m ~* Unglückstag *m.*

nèfle [nɛfl] *f bot* Mispel *f; des ~s! (fam)* das wäre noch schöner! kommt gar nicht in Frage!

négat|if, ive [negatif] **I.** *a* **1.** negativ; **2.** verneinend; **II.** *s m (phot)* Negativ *n; s f dans la ~* im Falle e-r Absage; **~ion** [-sjɔ̃] *f* **1.** Verneinung; Weigerung *f;* **2.** *gram* Negation *f.*

néglig|é, e [negliʒe] **I.** *a* nachlässig; verwahrlost; *fam* salopp, schlud(e)rig; **II.** *s m* Negligé *n,* Morgenrock *m;* **~eable** *a* unwesentlich, belanglos; unerheblich; *être ~* nicht ins Gewicht fallen; *quantité f ~* Belanglosigkeit *f;* **~ence** *f* **1.** Nach-, Fahrlässigkeit, Unachtsamkeit *f;* **2.** Flüchtigkeitsfehler *m; par ~* aus Versehen; **~ent, e** *a* **1.** nach-, fahrlässig, unachtsam; **2.** *(Handbewegung)* lässig; **~er I.** *tr* **1.** vernachlässigen; verkümmern lassen; außer acht, links liegen=lassen; **2.** *(Gelegenheit)* verpassen, versäumen; **3.** *math* nicht berücksichtigen; **II.** *v prn se ~* sich gehen=lassen.

négoc|e [negɔs] *m vx* (Groß-)Handel *m;* **~iable** [-sjabl] *a com (Wechsel)* begebbar; marktfähig, gängig; **~iant, e** *m f* (Groß-)Händler(in *f*); Kaufmann *m; ~-exportateur m* Exportkaufmann *m; ~ en vins* Weinhändler *m;* **~iateur, trice** *m f* Unterhändler, Vermittler(in *f*); (Arbeits-)Schlichter *m;* **~iation** *f* **1.** Ver-, Unterhandlung *f;* **2.** *com (Wechsel)* Begebung *f; — entamer des ~s* in Verhandlungen treten; *~s tarifaires* Tarifverhandlungen *f pl;* **~ier I.** *tr itr* **1.** unter-, verhandeln (*qc* über e-e S); *(Vertrag)* ab=schließen; **2.** *(Wechsel)* begeben; **II.** *v prn se ~* ausgehandelt werden.

nègre [nɛgr] *m* **1.** Neger *m;* **2.** jd, der für e-n andern schreibt; *— parler petit ~* kauderwelschen; *travailler comme un ~* wie ein Pferd arbeiten.

négr|esse [negrɛs] *f* Negerin *f;* **~illon, ne** *m f* Negerlein *n;* **~itude** *f* afrikanische Kultur *f,* Negersein *m.*

neig|e [nɛʒ] *f* **1.** Schnee *m;* **2.** *arg* Kokain *n,* Koks *m;* **3.** *pl* Schneemassen *f pl;* **4.** *blanc comme ~* schneeweiß; *couvert de ~* schneebedeckt, verschneit; **5.** *battre en ~* zu Schaum, Schnee schlagen; *faire boule de ~ (fig)* lawinenartig an=wachsen; **6.** *bonhomme m, boule, chute, couche f, flocon m, tempête f de ~* Schneemann, -ball, -fall *m,* -decke, -flocke *f,* -sturm *m; limite, fonte f des ~s* Schneegrenze, -schmelze *f; rafale, tourmente f de ~* Schneegestöber *n; ~ mouillée, pulvérulente* od *poudreuse* Alt-, Neu-, Papp-, Pulverschnee *m;* **~er** *itr: il neige* es schneit; **~eux, se** *a* schneebedeckt, verschneit; schneeig.

nénuphar [nenyfar] *m* Seerose *f.*

néo|- [neɔ] *in Zssgen:* Neu-, neu-; **~-gothique** *a* neugotisch; **~-grec, -grecque** *a* neugriechisch; **~-latin, e** *a* neulateinisch; **~lithique I.** *a* neolithisch, jungsteinzeitlich; **II.** *s m* Neolithikum *n,* Jungsteinzeit *f;* **~logisme** *m* Neologismus *m;* **~n** [neõ] *m chem tech* Neon *n; tube m au ~* Neonröhre *f;* **~phyte** *s m f rel* Neubekehrte(r *m*) *f; allg* Neuling *m.*

néphrite [nefrit] *f med* Nierenentzündung *f.*

nerf [nɛr] *m* **1.** *anat* Nerv *m; fam* Sehne *f;* **2.** *fig a.* [nɛrf] Kraft, Stärke; Triebfeder *f;* **3.** *avoir du ~* energisch sein; *avoir ses ~s, avoir les ~s en pelote* sehr nervös sein; *donner, porter, taper sur les ~s de qn* jdm auf die Nerven gehen *od* fallen, jdn nervös machen; *manquer* *de* ~ *(fam)* keinen Mumm in den Knochen haben; **4.** *c'est un paquet de* ~*s* er, sie ist ein Nervenbündel; **5.** *attaque, crise f de* ~*s* Nervenkrise *f.*

nerv|eux, se [nɛrvø] *a* **1.** Nerven-; nervös, nervenleidend; **2.** nervig, sehnig; **3.** *(Auto)* spritzig; **4.** *fig* kraftvoll; — *système m* ~ Nervensystem *n;* **~osité** *f* Reizbarkeit, Nervosität *f;* **~ure** *f* **1.** *zoo bot* Nerven *m pl,* Adern *f pl;* **2.** *arch (Buch)* Rippe *f;* **3.** *aero* Rippe *f;* — ~ *transversale, de voûte* Quer-, Gewölberippe *f.*

net, te [nɛt] **I.** *a* **1.** sauber, rein, fleckenlos; **2.** glatt; klar, deutlich, durchsichtig; **3.** *(Auge) phot* scharf; **4.** *fig* verständlich, faßlich; offen; einwandfrei, untadelig; **5.** *com* netto, ohne Abzüge; Rein-; **II.** *adv* **6.** plötzlich; **7.** offen, deutlich; freiheraus; **8.** *com* netto; **9.** *tout* ~ rundweg; ohne Umschweife; **10.** *avoir la conscience* ~*te* ein reines Gewissen haben; *faire place* ~*te (fig)* reinen Tisch machen; *mettre au* ~ ins reine schreiben; *refuser* ~ rundweg ab=lehnen; **11.** *bénéfice, produit m* ~ Reingewinn, -ertrag *m; montant, prix m* ~ Nettobetrag, -preis *m; poids m* ~ Nettogewicht *n;* **~teté** [nɛtte] *f* **1.** Sauberkeit; Reinlichkeit *f;* **2.** Klarheit, Deutlichkeit *f;* **3.** *phot* (Bild-) Schärfe *f;* **~toiement** *m* **1.** Reinigung *f,* Saubermachen *n;* **2.** *agr* ~ *des terres* Unkrautvernichtung *f;* **3.** *(Wald)* (Aus-)Lichten *n;* **~toyage** *m* **1.** Reinigung *f,* Reinemachen, Säubern *n,* Putz(en *n*) *m;* **2.** *mil* Säuberung *f;* — ~ *à sec* chemische Reinigung *f;* **~toyer** *tr* **1.** reinigen, säubern, sauber=machen, putzen; **2.** *fam fig* ruinieren; — ~ *à sec* chemisch reinigen.

neuf [nœf] **I.** *a* neun; **II.** *s m* Neun(er *m*) *f; (Tag, Fürst)* der Neunte; **neuf, neuve** [nœf, nœv] **I.** *a* **1.** neu, ungebraucht, frisch; **2.** neuartig; **3.** kindlich, rein; *tout (battant, flambant)* ~ (funkel)nagelneu; **II.** *s m inv le* ~ das Neue; *C'est du* ~ das ist etw Neues; *faire peau neuve (fig)* ein ganz anderer Mensch werden; *remettre à* ~ wieder neu her=richten; *quoi de* ~*?* was (gibt's) Neues? *tout de neuf habillé* ganz neu eingekleidet.

neur|asthénie [nørasteni] *f* Neurasthenie, Nervenschwäche *f;* **~asthénique** **I.** *a* neurasthenisch; **II.** *m f* Neurastheniker(-in *f*) *m;* **~ologue, ~ologiste** *m* Nervenarzt, Neurologe *m.*

neutr|al, e [nøtral] *a (franz. Schweiz)* neutral; **~alisation** *f pol chem* Neutralisierung *f;* **~aliser** **I.** *tr* **1.** *pol* für neutral erklären; **2.** *chem* neutralisieren; **3.** *fig* aus=schalten, unschädlich machen, kalt=stellen; *(Vorhaben)* vereiteln; **II.** *v prn se* ~ sich (gegenseitig) auf=heben; **~alité** *f* **1.** Neutralität *f a. chem;* **2.** Unparteilichkeit *f;* **~e** **I.** *a* **1.** neutral *a. chem;* **2.** parteilos, unparteiisch; **3.** *biol* geschlechtslos; **4.** *gram* sächlich; **II.** *s m* **5.** *gram* Neutrum *n;* **6.** *pol* Neutrale(r), neutrale(r) Staat *m;* **7.** Nulleiter *(Null=leiter) m;* **~on** *m phys* Neutron *n.*

neuv|aine [nœvɛn] *f rel* Novene *f;* **~ième** **I.** *a* neunte(r, s); **II.** *s m* Neuntel *n;* **~ièmement** *adv* neuntens.

névé [neve] *m* Firn(schnee) *m.*

neveu [nəvø] *m* Neffe *m.*

névr|algie [nevralʒi] *f* Neuralgie *f;* **~algique** *a* neuralgisch; *point m* ~ neuralgische(r), wunde(r) Punkt *m;* **~ite** *f* Nervenentzündung *f;* **~ose** *f* Neurose *f;* ~ *d'angoisse, obsessionnelle, tachycardique* Angst-, Zwangs-, Herzneurose *f;* **~osé, e** *m f* Neurotiker(in *f*) *m;* **~otique** *a* neurotisch.

nez [ne] *m* **1.** Nase *f;* **2.** *mar* Bug *m; aero* Nase *f; tech* Nase *f,* Kopf *m;* **3.** ~ *à* ~ Auge in Auge; *au* ~ *de qn, au* ~ *et à la barbe de qn* unter jds Augen; *à vue de* ~ *(fam)* nach Augenmaß; *le* ~ *levé* mit erhobenem Haupt; **4.** *allonger le* ~*, avoir le* ~ *long, (fam) faire un* ~ ein langes Gesicht machen; *avoir du* ~*, bon* ~*, le* ~ *creux* e-e feine Nase haben; *avoir qn dans le* ~ *(fam)* jdn nicht riechen können, jdn gefressen haben; *se casser le* ~ *(fig fam)* vor verschlossene Türen kommen; sich die Finger verbrennen; *faire un pied de* ~ *à qn* jdm e-e Nase drehen, jdn verspotten; *fermer la porte au* ~ *de qn* jdm die Tür vor der Nase zu=machen; *mener qn par le (bout du)* ~ jdn an der Nase herum=führen; *mettre, fourrer son* od *le* ~ *dans qc* in e-e S s-e Nase stecken; *parler du* ~ durch die Nase sprechen; *se piquer le* ~ *(fam)* sich die Nase begießen, einen heben; *rire au* ~ *de qn* jdm ins Gesicht lachen; *tirer les vers du* ~ *à qn* jdm die Würmer aus der Nase ziehen, jdm sein Geheimnis entlocken; **5.** *ça te pend au* ~ *(pop)* das steht dir bevor; *prenez-vous par le bout du* ~ fassen Sie sich an die eigene Nase; *(fam) il est arrivé premier les doigts dans le* ~ er ist ohne Schwierigkeit als erster angekommen; *je saigne du* ~ mir blutet die Nase; **6.** *bout m du* ~ Nasenspitze *f;* ~ *aquilin, retroussé* Adler-, Stupsnase *f.*

ni [ni] *conj* auch nicht; *(ne ...) ...* ~ *...* ~ weder ... noch, nicht ..., (und) auch nicht; *ne ... pas ...* ~ weder ... noch; *ne ... ni* und ... nicht; ~ *... non plus ...* auch nichts; *sans ...* ~ ohne ... und ohne; ~ *plus,* ~ *moins* nicht mehr und nicht weniger.

niable [njabl] *a cela n'est pas* ~ das läßt sich nicht leugnen.

niais, e [njɛ, -ɛz] **I.** *a* dumm, unerfahren; albern; **II.** *s m fam* Dummkopf, Trottel *m; il n'est pas* ~ er ist nicht dumm; **~erie** [njɛzri] *f* Dummheit; Albernheit *f.*

nib [nib] *adv arg:* ~ *de* ~ rein gar nichts.
nich|e [niʃ] *f* **1.** *arch* Nische *f;* **2.** *(~ à chien)* Hundehütte *f;* **3.** *(fam) faire une ~ à qn* jdm e-n Streich spielen; **~ée** *f* **1.** Nestvoll *n,* Brut *f; (Hunde)* Wurf *m;* **2.** *fig fam* Stall *m* voll Kinder; **~er I.** *itr* **1.** (s)ein Nest bauen; nisten; **2.** *fig fam* hausen, wohnen; **II.** *v prn se* ~ **3.** (sich ein=)nisten; **4.** *fig* sich fest=setzen; **5.** sich verstecken; **~oir** *m* Nistkasten *m;* **~on** *m pop* Busen *m.*
nickel [nikɛl] *m chem* Nickel *n; (pop) tout est ~ chez eux* bei ihnen ist alles blitzblank; **~er** *tr* vernickeln.
nicotine [nikɔtin] *f chem* Nikotin *n.*
nid [ni] *m* **1.** Nest *n a. fig; (Adler)* Horst *m;* **2.** *fig* Heim *n,* Nest *n;* **3.** *~ d'abeilles* (Bienen-)Wabe *f;* **4.** *ne pas sortir de son ~ (fam)* nicht aus s-m Bau gehen; **5.** *~ d'hirondelle, d'oiseau* Schwalben-, Vogelnest *n; ~ de poule (Straße)* Schlagloch *n.*
nièce [njɛs] *f* Nichte *f.*
nielle [njɛl] **1.** *m tech* Niello *n;* **2.** *f bot* Kornrade *f;* **3.** *f* (Getreide-)Brand *m.*
nier [nje] *tr* verneinen; (ver)leugnen, ab=, bestreiten (*de* od *Infinitiv* zu).
nigaud, e [nigo, -od] **I.** *a* dumm, einfältig, albern; **II.** *s m* Dummkopf *m.*
nihili|sme [niilism] *m* Nihilismus *m;* **~ste** *m* Nihilist *m.*
nimbe [nɛ̃b] *m* Nimbus, Heiligenschein *m.*
nipp|es [nip] *f pl fam* (alte) Kleidungs-, Wäschestücke *n pl,* Sachen, Klamotten *f pl;* **~é, e** *a: être bien ~ (fam)* gut in Schale sein.
nique [nik] *f: faire la ~ à qn* jdn aus=lachen, verspotten.
nitr|ate [nitrat] *m chem* Nitrat, salpetersaure(s) Salz *n; ~ de potassium* Kaliumnitrat *n,* Kalisalpeter *m;* **~ique** *a acide m ~* Salpetersäure *f;* **~oglycérine** *f chem* Nitroglyzerin *n.*
niveau [nivo] *m* **1.** *(~ à bulle d'air)* Libelle, Wasserwaage *f;* **2.** Niveau *n;* (gleiche) Höhe *f,* Stand *m;* Stufe, Ebene *f;* Wasserstand, -spiegel, Stand *m,* Höhe *f; Pegel m;* **3.** *fig* Niveau *n;* **4.** *à des ~x différents* auf verschiedenen Ebenen; vielschichtig; *de ~ avec, au ~ de* auf gleicher Höhe, Ebene mit, wie; **5.** *améliorer le ~ des connaissances* den Kenntnisstand verbessern; *être au ~ de qn* mit jdm auf gleicher Stufe stehen; **6.** *passage m à ~* schienengleiche(r) Bahnübergang *m;* **7.** *~ de bruit* Geräuschpegel *m; ~ d'eau souterraine* Grundwasserspiegel *m; ~ le plus élevé (pol)* höchste Ebene *f; com* Höchststand *m; ~ de l'emploi* Beschäftigungsstand *m; ~ d'essence, d'huile (mot)* Benzin-, Ölstand *m; ~ de la mer* Meeresspiegel *m; ~ des prix (com)* Preisstand *m,* -niveau *n; ~ de productivité* Leistungsstand *m; ~ des salaires* Lohnniveau *n; ~ de vie* Lebensstandard *m.*
nivel|er [nivle] *tr* **1.** nivellieren; eben machen, ein=ebnen; **2.** *fig* gleich=machen, nivellieren, aus=gleichen; **~lement** [-vɛl-] *m* **1.** Nivellieren; Einebnen *n;* **2.** *fig* Nivellierung, Angleichung *f,* Ausgleich *m.*
nobl|e [nɔbl] *a* ad(e)lig; vornehm; edel; **~esse** *f* **1.** Adel *m;* **2.** *fig* Würde, Hoheit *f.*
noc|e(s *pl***)** [nɔs] *f* Hochzeit(sfest *n,* -gesellschaft) *f;* **1.** *(en) premières, secondes ~s* (in) erste(r), zweite(r) Ehe; **2.** *n'être pas à la ~* in e-r mißlichen Lage sein; *faire la ~ (fam)* feiern; ein lockeres Leben führen; in Saus und Braus leben; **3.** *cadeau, repas m de ~* Hochzeitsgeschenk, -essen *n; ~s d'argent, d'or, de diamant* silberne, goldene, diamantene Hochzeit *f;* **~er** *itr (pop)* feiern; **~eur** *m fam* Lebemann; Saufbruder *m.*
noc|if, ive [nɔsif, -iv] *a* schädlich; **~ivité** *f* Schädlichkeit *f.*
noct|ambule [nɔktɑ̃byl] *m f fam* Nachtschwärmer *m;* **~urne** [-tyrn] **I.** *a* nächtlich; **II.** *s f* **1.** *sport* Flutlichtspiel *n;* **2.** abends geöffnete(r) Laden *m;* **III.** *s m mus* Notturno *n.*
nod|al, e [nɔdal] *a phys* Knoten-; **~osité** *f bot med* Knoten *m.*
Noël [nɔɛl] *m* **1.** Weihnachten *f pl,* Weihnachtsfest *n; à (la) ~* an Weihnachten; *arbre m de ~* Weihnachtsbaum *m; père m ~* Weihnachtsmann *m;* **2.** *(petit) noël m (fam)* Weihnachtsgeschenk *n* (für Kinder); *veille f de ~* Heilige(r) Abend, Weihnachtsabend *m;* **3.** *(e-s Betriebs)* Weihnachtsfeier *f* mit Bescherung; **4.** *n~* Weihnachtslied *n.*
nœud [nø] *m* **1.** Knoten *m a. mar theat;* **2.** Schleife; Schlinge *f;* **3.** *anat* Knöchel *m,* (Finger-)Glied *n;* **4.** *math* Doppelpunkt; *phys* Schwingungsknoten *m;* **5.** *(Holz)* Ast *m;* **6.** *fig pl* Band *n,* Bindung; Fessel *f;* **7.** *fig* Haken *m,* Schwierigkeit, Verwicklung *f;* **8.** *sans ~(s) (Holz)* astfrei; **9.** *faire un ~* e-n Knoten e-e Schleife binden; **10.** *~ coulant* Schlinge *f; ~ de voies ferrées* Eisenbahnknotenpunkt *m; ~ papillon* Querbinder *m, fam* Fliege *f; ~ routier* Straßenknotenpunkt *m.*
noir, e [nwar] **I.** *a* **1.** schwarz; schwarzbraun, -blau; **2.** dunkel, finster; schmutzig; **3.** *fig* düster, trüb(e), traurig, unheilvoll; bösartig, schlecht, treulos, teuflisch; **4.** *(Verrat)* schnöde; **5.** *arg* blau, besoffen; **II.** *s m f* **6.** Schwarze(r *m*) *f,* Neger(in *f*); dunkelhäutige(r) Mensch *m;* **7.** *m* Schwarz *n,* schwarze Farbe; schwarze Kleidung *f;* **8.** *med* blaue(r) Fleck *m;* **9.** *(Zielscheibe)* das Schwarze; **10.** *tech* Schwärze *f,* Ruß *m;* **11.** *fam* schwarze(r) Kaffee *m;* **12.** *f mus* Vier-

telnote *f;* **13.** *broyer du ~* schwarzen Gedanken nach=hängen; *mettre dans le ~* ins Schwarze treffen; *pousser au ~ (fig)* noch schwärzer malen; in noch ungünstigerem Lichte sehen; *voir tout en ~* alles schwarz sehen; **14.** *il y a des points ~s à l'horizon* uns steht nichts Gutes bevor; *il fait ~* es ist Nacht, dunkel; **15.** *beurre m ~* braune Butter *f; marché m ~* schwarze(r) Markt *m; œil m au beurre ~ (fam)* blaue(s) Auge *n; point m ~* gefährliche Kreuzung; *fig* ernste Schwierigkeit *f; travail m ~* Schwarzarbeit *f;* **~âtre** *a* schwärzlich; **~aud, e I.** *a* dunkel(haarig, -häutig); **II.** *s m f* dunkle(r) Typ *m;* **~ceur** *f* **1.** Schwärze, schwarze Farbe *f;* **2.** *fig* Verworfenheit, Bosheit *f;* **~cir I.** *tr* **1.** schwarz färben *od* machen, schwärzen; **2.** *fig* in düsteren Farben malen; *(Papier)* vollschreiben; *fam péj* schriftstellern; **II.** *itr u. v prn se ~* **3.** schwarz, dunkel werden; nachdunkeln; *(Haut)* braun werden; **4.** *(Himmel)* sich verdunkeln, verfinstern; **5.** *arg* sich besaufen; **~cissement** *m* Schwärzen; Schwarzwerden *n.*

nois|e [nwaz] *f: chercher ~ à qn* mit jdm Streit suchen *od* an=fangen; **~etier** *m bot* Hasel(nuß)strauch *m;* **~ette I.** *s f* Haselnuß *f;* **II.** *a inv* nußbraun.

noix [nwa] *f* **1.** *bot* (Wal-)Nuß *m;* **2.** *(~ de veau)* (Kalbs-)Nuß *m;* **3.** Nußkohle *f;* **4.** *tech* Hahnküken *n;* **5.** Wirtel, Anschlag *m;* — *à la ~ (de coco) (fam)* wertlos, lachhaft; *vieille ~ (pop)* doofe Nuß *f.*

nom [nɔ̃] *m* **1.** Name *m;* **2.** Benennung, Bezeichnung *f;* **3.** *gram* Nomen, Substantiv *n;* **4.** *au ~ de* im Namen, Auftrag *gen; de ~* (nur) dem Namen nach; *en mon ~ personnel* in meinem Namen; *sans ~ (fig)* unerhört, unglaublich; **5.** *apposer son ~* s-n Namen setzen (*sous* unter *acc*); *avoir ~* heißen; *décliner son ~* s-n Namen nennen; **6.** *~ d'un chien, d'une pipe, de Dieu!* verdammt! verflixt u. zugenäht! **7.** *petit ~* Vor-, Rufname *m; ~ de baptême* Taufname *m; ~ commercial, social* Firma, Firmenbezeichnung *f; ~ de famille* Familienname *m; ~ de jeune fille* Mädchenname *m; ~ propre* Eigenname *m.*

nomade [nɔmad] **I.** *a* nomadisch, nomadenhaft; **II.** *s m f* **1.** Nomade *m;* **2.** Person *f* ohne festen Wohnsitz.

nombr|e [nɔ̃br] *m* **1.** (An-)Zahl, *fam* Menge *f;* **2.** *gram* Numerus *m;* **3.** *au ~ de, du ~ de* unter *dat,* zu; *au ~ de mille* 1000 an der Zahl; *(bon) ~ de* ein großer Teil *gen; en (grand) ~* zahlreich; in großer Zahl; *en ~s ronds* in runden Zahlen; *sans ~* zahllos; **4.** *être du ~* dazu gehören; dabei, darunter sein; *faire ~* die Zahl vergrößern; *fixer le ~ des membres à ...* die Zahl der Mitglieder auf ... fest=setzen; **5.** *le plus grand ~* die Mehrheit; die große Masse *f;* **6.** *~ atomique (chem)* Ordnungszahl *f; ~ (im)pair* (un)gerade Zahl *f; ~ index* Indexziffer, Meßzahl *f; ~ des pièces* Stückzahl *f; ~ total* Gesamtzahl *f;* **~eux, se** *a* zahlreich; *dans de ~ cas* in vielen Fällen; *famille f ~euse* kinderreiche Familie *f;* **~il** [-i] *m anat* (Bauch-) nabel *m.*

nomenclature [nɔmɑ̃klatyr] *f* **1.** Nomenklatur *f;* **2.** Terminologie *f;* **3.** Liste *f,* Verzeichnis *n,* Katalog *m;* Aufzählung *f.*

nomin|al, e [nɔminal] *a* **1.** namentlich, Namens-; **2.** nominell, Schein-; **3.** *com gram* nominal; — *appel m ~* namentliche(r) Aufruf, Namensaufruf *m; valeur f ~e (com)* Nennwert *m;* **~alement** *adv* namentlich; (nur) dem Namen nach; **~atif, ive I.** *a* namentlich, Namens-; *com* auf den Namen lautend; **II.** *s m gram* Nominativ *m; action, liste f ~ative* Namensaktie, -liste *f;* **~ation** *f* Ernennung *f* (*de* zu).

nomm|é, e [nɔme] *a* **1.** ge-, be-, ernannt; **2.** genannt, erwähnt; **3.** namens, mit Namen; — *un(e) ~, e* ein, e-e gewisse(r); *à point ~* gerade recht, wie gerufen; **~ément** *adv* namentlich; **~er I.** *tr* **1.** (be-, er)nennen (*qc* zu etw, *qn à qc* jdn zu etw); **2.** an=geben, -zeigen; mit Namen nennen; **3.** ein=setzen (*qc* als etw), bestellen (*qc* zu etw); **II.** *v prn se ~* **4.** s-n Namen sagen *od* nennen; **5.** heißen; — *~ d'office* von Amts wegen bestellen; *~ à la présidence, à vie* zum Vorsitzenden, auf Lebenszeit ernennen.

non [nɔ̃, *in Zssgen vor Vokal a.* nɔn] **I.** *adv* nein; (und) nicht; **II.** *s m inv* Nein *n; ~?* nicht wahr? oder? *~ pas* aber nicht, zwar nicht (kein); *~ plus* auch nicht; *~ plus que* so wenig als, wie; nicht als ob; *~ (pas) que (conj)* nicht (etwa) daß; *~ seulement* nicht nur; *que ~!* aber nein! — *~-acceptation f* Nichtannahme *f; ~-admission f* Nichtzulassung *f; ~ affranchi, e a* unfrankiert; *~-agression f: pacte m de ~* Nichtangriffspakt *m; ~ avenue, e a (jur)* nichtig; *~ confirmé, e a* unbestätigt; *~-conformité~ f* Nichtübereinstimmung *f; ~-corrosif, ive a* rostfrei; *~ coupable a* nicht schuldig; *~ daté, e a* undatiert; *~ emballé, e a* unverpackt; *~ endommagé, e a* unbeschädigt; *~-fumeur m* Nichtraucher *m; ~-intervention f* Nichteinmischung *f; ~-nageur m* Nichtschwimmer *m; ~-négociabilité f* Nichtübertragbarkeit *f; ~ payé, e a* unbezahlt; *~-prolifération f* Nichtverbreitung *f; ~ réclamé, e a* unaufgefordert; *(Brief)* nicht abgeholt; *~-résident m* Devisenausländer *m; ~-sens* [-sɑ̃s] *m*

Unsinn *m;* Sinnlosigkeit *f;* ~ *signé~, e a* ohne Unterschrift; *~-violence f* Gewaltlosigkeit *f.*

non|agénaire [nɔnaʒenɛr] *a* neunzigjährig; **~ante** *a (Belgien, franz. Schweiz)* neunzig; **~ce** [nɔ̃s] *m rel* Nuntius *m;* **~chalance** *f* Nachlässigkeit, Gleichgültigkeit *f;* Sichgehenlassen *n;* Saumseligkeit, Sorglosigkeit *f;* **~chalant, e** *a* gleichgültig, (nach)lässig; gelassen, sorglos; gemächlich, bequem; **~ciature** [-sja-] *f rel* Nuntiatur *f;* **~nette** *f* **1.** junge Nonne *f;* **2.** Pfeffernuß *f;* **~obstant** [-nɔbstɑ̃] *prp* trotz, ungeachtet.

nord [nɔr] **I.** *s m* Nord(en); Nordteil *m,* -seite, nördliche Richtung *f,* Norden *(e-s Landes);* Nord(wind) *m;* **II.** *a* nördlich, Nord-; — *au ~ de* nördlich von; *être exposé au ~* nach Norden liegen; *être situé au ~ de la France* in Nordfrankreich liegen; *pôle m Nord* Nordpol *m; vent m du ~* Nordwind *m; ~-africain, e* [nɔrafrikɛ̃] *a* nordafrikanisch; *~-est* [nɔrɛst] **I.** *s m* Nordost(en); Nordost(wind) *m;* **II.** *a inv* nordöstlich; ~-ouest [nɔrwɛst] **I.** *s m* Nordwesten; Nordwest(wind) *m;* **II.** *a inv* nordwestlich; **~ique** [-dik] *a* nordisch.

noria [nɔrja] *f* **1.** *tech* Paternoster-, Becherwerk *n,* Elevator *m;* **2.** *fig* sehr häufig verkehrende(s) Transportmittel *n.*

normal, e [nɔrmal] **I.** *a* **1.** normal, regulär, regelmäßig; **2.** üblich; *école f ~e* Pädagogische Hochschule *f;* **II.** *s f la ~e* das Normale, Übliche; *au-dessus de la ~* überdurchschnittlich; **~ien, ne** *s m f* Schüler(in *f*) Student(in *f*) *m e-r École normale;* **~isation** *f* **1.** Normalisierung; **2.** Normung *f;* **~iser** *tr* **1.** normalisieren; **2.** *tech* normen, standardisieren, vereinheitlichen.

norme [nɔrm] *f* Regel, Norm *f.*

nos [no] *s. notre.*

nost|algie [nɔstalʒi] *f* **1.** Heimweh *n;* **2.** Sehnsucht *f* (*de* nach *acc*); **~algique** *a* **1.** an Heimweh leidend; **2.** sehnsüchtig, wehmütig; **3.** trübsinnig, schwermütig.

not|a [nɔta] *m* An-, Bemerkung; Fußnote *f;* **~able I.** *a* bemerkens-, beachtenswert; beachtlich, beträchtlich; **II.** *s m* angesehene Persönlichkeit *f; pl* Honoratioren *pl; hist* Notabeln *pl;* **~aire** *m* Notar *m; dressé par devant ~* notariell beurkundet; *étude f de ~* Notariat *n;* **~amment** *adv* besonders, insbesondere, namentlich, vor allem; **~arial, e** *a* notariell; **~ariat** [-a] *m* Notariat *n;* **~arié, e** *a* notariell beglaubigt; **~ation** *f* **1.** Zeichenschrift *f;* **2.** *(Schule)* Benotung *f;* **3.** Eintragung, Notiz, Notierung *f;* **4.** *math chem* Formel *f; ~ musicale* Notenschrift *f;* **~e** *f* **1.** Note *f a. mus;* (Kenn-)Zeichen *n;* **2.** Notiz; An-, Bemerkung, Fußnote *f,* Vermerk *m;* **3.** Mitteilung *f;* Rundschreiben *n;* **4.** *com* Rechnung *f;* **5.** *(Schule)* Note, Zensur *f;* Prädikat; Zeugnis *n;* **6.** *fig* Note *f; Gepräge n;* **7.** *changer de ~ (fig)* e-n andern Ton an=schlagen, andere Saiten auf=ziehen; *donner la ~* den Ton an=geben; *être dans la ~* zs.=passen, überein=stimmen; *forcer la ~* zu weit gehen, übertreiben; *prendre ~ de qc* etw notieren; *prendre bonne ~ de qc (com)* etw buchen; etw vor=merken; *prendre des ~s* sich Notizen machen; **8.** *échange m de ~s (pol)* Notenwechsel *m; ~ de crédit, de débit* Gutschrifts-, Belastungsanzeige *f; ~ marginale* Randbemerkung, Glosse *f; ~ de service* Dienstanweisung *f;* **~er** *tr* **1.** notieren, an=, ver-, vormerken; auf=, verzeichnen; **2.** sich merken; **3.** *(Schule)* benoten, zensieren; beurteilen; **4.** *mus* in Noten setzen; *notez bien cela* merken Sie sich das (gut); **~ice** *f* **1.** Vermerk *m,* Notiz *f;* kurze(r) Bericht, Abriß *m;* **2.** *(Buch)* (biographische) Einleitung *f;* **3.** Gebrauchsanweisung *f;* **~ification** *f* Bekanntgabe, -machung; amtliche Mitteilung; *(Urkunde)* Zustellung *f;* **~ifier** *tr jur* bekannt=geben, -machen; Kenntnis geben (*qc* von etw); (amtlich) mit=teilen, an=zeigen; *(Urkunde)* zu=stellen; **~ion** [nosjɔ̃] *f* **1.** Vorstellung *f,* Begriff *m;* Ahnung *f;* **2.** *pl* Elementarkenntnisse *f pl;* **~oire** *a* allgemein bekannt, offenkundig; **~oriété** *f* **1.** allgemeine Bekanntheit, Offenkundigkeit *f;* **2.** Ruf, Name *m;* — *de ~ (publique)* offenkundig.

notre [nɔtr], *pl* **nos** [no, *vor Vokal* noz] *a* unser; *~-Dame f (rel)* Unsere Liebe Frau *f.*

nôtre [notr] **I.** *le, la ~* der, die das unsere, unsrige; **II.** *s m* das Unsrige, Unsere; *pl* die Unsern, Unsrigen; — *y mettre du ~* das Unsrige dazu beitragen; *serez-vous des ~s?* kommen Sie zu uns? machen Sie bei uns mit?

nouba [nuba] *f* Gelage *n; (fam) faire la ~* viel essen und trinken, schlemmen.

nou|é, e [nwe] *a* **1.** *(Gelenke)* steif; **2.** *il avait la gorge ~eé* s-e Kehle war wie zugeschnürt; **~er I.** *tr* **1.** zs.-, (ver)binden, (ver)knoten, (ver)schnüren; **2.** *(Weberei)* knüpfen; **3.** *fig (Beziehungen)* (an=)knüpfen; **II.** *itr (Früchte)* an=setzen; **III.** *v prn se ~* sich an=schließen (*à* an *acc*); *fig* sich an=bahnen, in Gang kommen; — *~ une cravate* e-e Krawatte binden; *~ l'intrigue (theat)* den Knoten schürzen; **~eux, se** [nu(w)ø, -øz] *a* verknotet, knotig; knorrig.

nou|gat [nuga] *m* Nougat *n; c'est du ~* das ist kinderleicht; **~ille** [nuj] *f* **1.** *meist pl* Nudeln *f pl;* **2.** *fam* Schlappschwanz *m;* **~nou** *f (Kindersprache)* Amme *f.*

nourr|ain [nurɛ̃] *m* Fischbrut *f;* **~i, e** *a* **1.** *(Stil)* kraftvoll *f;* **2.** *applaudissements* *m pl* ~*s* (lang)anhaltende(r) Beifall *m;* **3.** *bien* ~ wohlgenährt; *logé et* ~ freie Station, freie Kost und Wohnung; ~**ice** *s f* **1.** Amme *f;* **2.** *mot* Reservetank *m; a: mère f* ~ stillende Mutter *f; mettre en* ~ zu e-r Amme, *fig* in Pflege geben; ~**icier, ère** *a* (er)nährend; Nähr-, Pflege-; *père m, mère f* ~, *ère* Pflegevater *m,* -mutter *f;* ~**ir I.** *tr* **1.** (er)nähren *a. fig;* beköstigen, verpflegen; **2.** *(Kind)* stillen; **3.** *(Tier)* füttern; **4.** *fig* Nahrung geben *dat;* **5.** *(Hoffnung)* hegen; **6.** *(Farbe)* dick auf=tragen; **II.** *itr* nahrhaft sein; **III.** *v prn se* ~ *de* sich (er)nähren von; *fig* genährt, gestärkt werden durch; *se* ~ *de vains espoirs* sich trügerischen Hoffnungen hin=geben; ~**issant, e** *a* nahrhaft; ~**isson** *m* Säugling *m;* ~**iture** *f* **1.** Nahrung *a. fig,* Speise, Kost; Verpflegung *f;* **2.** *agr* Futter *n;* **3.** *fig* geistige Nahrung *f.*

nous [nu] *prn* wir; uns; ~*-mêmes* wir selbst; uns selbst; *nous venons de* ~*-mêmes* wir kommen aus eigenem Antrieb.

nouv|eau, el, le [nuvo, -vɛl] **I.** *a* **1.** neu, andere(r, s); Neu-; neu-, andersartig; **2.** unerfahren, fremd; **3.** jung; frisch; **II.** *s m f* **4.** Neuling *m; m* Neue(s) *n;* **5.** *à* ~ aufs neue; *com* auf neue Rechnung; *de* ~ aufs neue; von neuem, wieder; *pour une* ~*elle période de 3 mois* auf weitere 3 Monate; *de* ~*elle date* neueren, jüngeren Datums, neuer; *jusqu'à* ~*el ordre* bis auf weiteres; **6.** *être* ~ *dans qc* Anfänger in etw sein; *voilà du* ~ das ist etw Neues; **7.** ~*el an m* Neujahr(stag *m) n;* ~*elle lune f* Neumond *m;* ~*x mariés m pl* Neu-, Jungvermählte *pl;* ~*-né, e m f* Neugeborene(s) *n; fig tech* Neuheit *f; N*~ *Testament m (rel)* Neu(s) Testament *n;* ~ *venu m* Neuling; neu Hinzugekommene(r) *m;* ~**eauté** *f* **1.** Neuheit *f,* Neue(s) *n,* Neuerung *f;* **2.** *(Buch)* Neuerscheinung *f;* **3.** Neuerwerbung *f;* -eingang *m;* **4.** *pl* Modewaren *f pl; haute* ~ neueste Mode *f; magasin m de* ~*s* Modegeschäft *n;* ~**elle** *f* **1.** Nachricht, Meldung, Neuigkeit *f;* **2.** Novelle *f;* **3.** *pl (Rundfunk)* Nachrichten *f pl;* **4.** *aux dernières* ~*s* nach den letzten Nachrichten; **5.** *avoir* ~ *de qc* die Nachricht von etw erhalten; *donner des* ~*s de qn* von jdm Nachricht geben; *prendre des* ~*s de qn* sich nach jdm erkundigen; *vous aurez de mes* ~*s!* Sie werden noch von mir hören! **6.** ~*s du jour* Neue(s) *n* vom Tage; ~*s sportives* Sportnachrichten *f pl;* ~**ellement** *adv* neuerdings, neulich; vor kurzem.

nov|ateur, trice [nɔvatœr] *s m f* Neuerer *m; a: esprit m* ~ auf Neuerungen sinnende(r) Geist *m; être encore bien* ~ ein blutiger Anfänger sein; ~**embre** [-vɑ̃br] *m* November *m;* ~**ice** *s m f* **1.** *rel* Novize *m f;* **2.** *allg* Anfänger(in *f*), Neuling *m;* ~**iciat** [-a] *m rel* Noviziat *n.*

noy|ade [nwajad] *f* Ertrinken *n;* ~**au** *m* **1.** *bot* Stein, Kern *m;* **2.** *fig* Kern, Ausgangspunkt *m; (Menschen)* Gruppe *f,* harte(r) Kern *m;* **3.** *biol* Zellkern; *phys* (Atom-)Kern *m;* **4.** *fruits m pl à* ~ Steinobst *n;* ~ *urbain* Stadtkern *m;* ~**autage** *m pol* Zellenbildung, Gruppenbildung, Unterwanderung *f;* ~**auter** *tr pol* Zellen bilden (in ...); (mit Zellen) durchsetzen; unterwandern; ~**é, e I.** *a* **1.** ertrunken; **2.** *(Blick)* verschwommen; **II.** *s m f* Ertrunkene(r *m*) *f;* ~ *de larmes* tränen- überströmt; ~**er I.** *s m* (Wal-)Nußbaum *m;* **II.** *tr* **1.** ertränken; *(Tier)* ersäufen; **2.** *(Land)* überschwemmen; *(Feuer, Aufruhr)* ersticken; **3.** *(Farben, Konturen)* zerfließen lassen; **4.** *(Kummer)* weg=spülen; *(Verstand) fam* versaufen; **5.** überschütten (*de* mit); versenken, sich verlieren lassen; verwässern; **6.** *tech* versenken, ein=lassen; **III.** *v prn se* ~ **7.** ertrinken; *fig* sich ganz hin=geben; sich verlieren; — *se* ~ *dans des détails* sich in Einzelheiten verlieren; *se* ~ *dans un verre d'eau* gleich den Kopf verlieren.

nu, e [ny] **I.** *a* **1.** nackt, nackend, bloß, unbekleidet; **2.** *(Gegend)* kahl; **3.** *(Draht)* blank; **4.** *com* unverpackt; **5.** *(Wein)* offen; **6.** *(Haus)* leer; **7.** *fig* schmucklos; **8.** *(Wahrheit)* rein, ungeschminkt; **II.** *s m (Kunst)* Akt *m;* — *à* ~ nackt; unverhüllt; ungeschützt, freiliegend; *(Pferd)* ungesattelt; *à l'œil* ~ mit bloßem Auge; *mettre à* ~ entblößen, frei=legen; ~ *comme un ver* od *la main* splitter(faser)nackt; *fig* völlig mittellos; ~*-pieds* barfuß; ~*-tête* barhäuptig.

nuag|e [ny(ɥ)aʒ] *m* **1.** Wolke *f;* **2.** *fig* Schatten *m,* Ungewißheit; Trübung *f a. med;* **3.** *pl* Bewölkung *f;* Gewölk *n;* Nebel *m;* **4.** *un* ~ *de* ein Tröpfchen, ein wenig; *couvert de* ~*s* bewölkt; *sans* ~ wolkenlos; *être dans les* ~*s (fig)* geistesabwesend sein; zerstreut sein; ~ *de poussière, de fumée* Staub-, Rauchwolke *f;* ~**eux, se** *a (Himmel)* wolkig, bewölkt, verhangen.

nuanc|e [ny(ɥ)ɑ̃s] *f* **1.** Nuance, Schattierung *f,* (Farb-)Ton *m;* **2.** Schattierung, Abstufung *f,* Übergang *m;* **3.** feine(r) Unterschied *m,* Feinheit *f;* **4.** *fig* Anflug *m;* Spur *f;* Hauch *m; tout en* ~*s* sehr differenziert; nuancenreich; ~**er** *tr* nuancieren, (ab=)tönen, schattieren; ab=stufen; in allen Feinheiten dar=stellen; ~**ier** *m* Farbskala *f (für Lippenstifte).*

nubil|e [nybil] *a* heiratsfähig; ~**ité** *f* Heiratsfähigkeit *f;* heiratsfähige(s) Alter *n.*

nucléaire [nykleɛr] *a biol phys* Kern-, Atom-; *explosion f* ~ Atomexplosion *f; propulsion f* ~ Atomantrieb *m; puissance f* ~ Atomkraft *f; radiation f* ~ Kernstrahlung *f; recherche f* ~ Kernforschung *f; science f* ~ Kernphysik, -forschung *f.*

nud|isme [nydism] *m* Nacktkultur, Freikörperkultur (FKK) *f;* **~iste** *m f* Anhänger(in *f*) *m* der Nacktkultur; *camp m de ~s* FKK-Gelände *n;* **~ité** *f* **1.** Nacktheit; Blöße *f;* **2.** Kahlheit, Schlichtheit *f;* **3.** *pl* nackte Gestalten *f pl.*

nu|e [ny] *f: porter aux ~s* in den Himmel heben; *tomber des ~s* aus allen Wolken fallen; **~ée** [nɥe] *f (Menschen)* Schwarm *m,* Menge *f.*

nui|re [nɥir] *itr* schaden, schädigen (*à qn* jdn); beeinträchtigen, (be)hindern (*à qn* jdn), Abbruch tun; **~sance** *f* Schädigung, (Umwelt-)Belästigung *f; ~s acoustiques* Lärmbelästigung *f;* **~sible** *a* schädlich.

nuit [nɥi] *f* **1.** Nacht *f;* **2.** Dunkelheit, Finsternis *f;* **3.** *à la ~ tombante* bei Einbruch der Nacht *od* Dunkelheit; *de ~, la ~* nachts; *en pleine ~* mitten in der Nacht; *~ et jour* Tag u. Nacht, dauernd; **4.** *être de ~* Nachtschicht haben; *passer la ~* die ganze Nacht auf=bleiben, verbringen (*au chevet du malade* am Krankenbett); *la ~ tombe* es wird dunkel; die Nacht bricht herein; *il fait ~ de bonne heure* es wird früh dunkel; **5.** *chemise, table f, vase m de ~* Nachthemd *n,* -tisch *m;* -geschirr *n; ~ blanche* schlaflose, durchwachte Nacht; *~ noire* stockfinstere Nacht; *la ~ des temps* die graue Vorzeit *f;* **~ée** [-te] *f (Hotel)* Übernachtung *f.*

nul, le [nyl] **I.** *a* **1.** nichtig, ungültig; **2.** wertlos, unbedeutend; **3.** *sport* unentschieden; **II.** *prn: ~ ne ...* niemand, keiner; *sans ~ ...* ohne (irgend)ein (e, en); *sans ~ doute* ganz zweifellos; *être ~ en ...* in ... nichts können; *faire match ~* unentschieden spielen; *~ et non avenu (jur)* null u. nichtig; *~le part* nirgends, nirgendwo; **~lard** *m fam* Niete *f,* Versager *m;* **~lement** *adv* keineswegs, in keiner Weise; **~lité** *f* **1.** Nichtig-, Ungültigkeit *f;* **2.** Bedeutungs-, Wertlosigkeit; Niete, Null *f fig; être d'une ~ complète* völlig bedeutungslos sein.

numér|aire [nymerɛr] *m* Hart-, Bargeld *n; en ~* in bar; **~al, e** *a* Zahl-; *adjectif m ~ (gram)* Zahlwort *n;* **~ateur** *m math* Zähler *m;* **~ation** *f* **1.** Zählung *f;* **2.** Zahlensystem *n; ~ décimale* Dezimalsystem *n;* **~ique** *a* **1.** *math* numerisch; **2.** zahlenmäßig; Zahlen-; **~o** *m* **1.** *(n°)* Nummer *f;* **2.** Zahl; Größe *f;* **3.** (Lotterie-)Los *n;* **4.** Güte; Größe *f (e-r Ware);* **5.** *(Anzeige)* Chiffre *f;* **6.** *(Varieté)* Nummer *f;* **7.** *fam* komische(r) Kerl *m,* Type, Marke *f;* **8.** *composer le ~ (tele)* die Nummer wählen; *c'est ma préoccupation numéro un* das ist meine wichtigste Sorge; **9.** *~ d'appel* Ruf-, Fernschreibnummer *f; ~ cent (pop)* Toilette *f; ~ collectif* Sammelnummer *f; ~ de commande (com)* Bestellnummer *f; ~ de contrôle* Kontrollnummer *f; ~ courant, d'ordre, de série, suivi* laufende Nummer *f; ~ du dossier* Aktenzeichen *n; ~ d'entrée* Eingangsnummer *f; ~ de fabrication* Fabrikationsnummer *f; ~ gagnant (Los)* Treffer *m; ~ d'habitation* Hausnummer *f; ~ d'immatriculation* Zulassungs-, Autonummer *f; ~ indicatif* Kennummer (Kenn=nummer) *f; ~ de la page* Seitenzahl *f; ~ spécial* Sondernummer *f (e-r Zeitschrift); ~ de téléphone* Telefon-, Fernsprech-, Rufnummer *f; ~ de train* Zugnummer *f;* **~otage** [-rɔ-] *m* Numerierung, Zählung; Bezifferung *f;* **~oter** *tr* numerieren, beziffern; *~ en continu* fortlaufend numerieren.

nuptial, e [nypsjal] *a* Hochzeits-, Braut-; Ehe-; *bénédiction f ~e* kirchliche Trauung *f;* **~ité** *f (Statistik)* Zahl *f* der Eheschließungen.

nuque [nyk] *f* Nacken *m,* Genick *n.*

nurse [nœrs] *f* Kindermädchen *n.*

nutri|cier, ère [nytrisje, -ɛr] *a* Nähr-; **~tif, ive** *a* nahrhaft; *valeur f ~tive* Nährwert *m;* **~tion** *f biol* Ernährung *f.*

Nylon [nilõ] *m WZ* Nylon *n; bas m de od en ~* Nylonstrumpf *m.*

nymph|e [nɛ̃f] *f* **1.** Nymphe; **2.** *pl anat* kleine Schamlippe; **3.** *zoo* Puppe *f;* **~omane** [-fɔ-] *a* nymphoman.

O

ô [o] *interj* o(h)!
oasis [ɔazis] *f* Oase *f a. fig.*
obédience [ɔbedjɑ̃s] *f* **1.** *rel* Gehorsam *m;* **2.** *fig* Richtung, Weltanschauung *f;* **3.** Abhängigkeit *f.*
obé|ir [ɔbeir] *itr* gehorchen (*à qn* jdm); sich fügen, sich beugen, nach=geben; *(Tier)* hören (*à qn* auf jdn); *se faire* ~ sich Gehorsam verschaffen; **~issance** *f* Gehorsam *m;* **~issant, e** *a* gehorsam (*envers qn* jdm); *(Kind)* folgsam; lenkbar.
obélisque [ɔbelisk] *m* Obelisk *m.*
obérer [ɔbere] *tr* belasten, überschulden.
ob|èse [ɔbɛz] *a* fettleibig; **~ésité** *f* Fettleibigkeit *f.*
object|er [ɔbʒɛkte] *tr* **1.** ein=wenden, entgegen=halten; vor=werfen, -halten; **2.** vorgeben, vorschützen; **~eur** *m:* ~ *de conscience* Wehrdienstverweigerer *m;* **~if, ive I.** *a* objektiv, sachlich; **II.** *s m* **1.** Ziel *n a. mil,* Zweck *m;* **2.** *opt phot* Objektiv *n;* **3.** *avoir pour* ~ zum Ziel haben; **~ion** [-ksjɔ̃] *f* Einwand *m,* -wendung *f,* -wurf *m; soulever, réfuter, écarter une* ~ e-n Einwand erheben, widerlegen, beseite schieben; *il n'y a pas d'~ à cela* dagegen ist nichts einzuwenden; **~iver** *tr* objektivieren; **~ivité** *f* Objektivität, Sachlichkeit *f.*
objet [ɔbʒɛ] *m* **1.** Objekt *n,* Gegenstand *m;* Sache *f,* Ding *n;* **2.** Aufgabe *f,* Zweck *m,* Ziel *n;* **3.** *gram* Ergänzung *f;* **4.** *fig* Inhalt, Stoff *m;* **5.** *com* Ware *f,* Artikel *m,* Fabrikat, Erzeugnis *n;* **6.** *O~ (im Brief)* Betrifft: Bezug: **7.** *sans* ~ gegenstandslos; **8.** *avoir pour* ~ zum Ziel haben; *être, faire l'~ de l'accusation* den Gegenstand der Anklage bilden; *il a pour* ~ ... sein Zweck u. Ziel ist ... **9.** ~ *d'art, de contrat* Kunst-, Vertragsgegenstand *m;* ~ *de (la) délibération* Gegenstand *m* der Beratung; ~ *d'échange* Tauschobjekt *n;* ~ *exposé, hérité, inventorié* Ausstellungs-, Erb-, Inventarstück *n;* ~ *du litige, litigieux* Streitobjekt *n,* -sache *f;* ~*s de première nécessité* Gegenstände *m pl* des lebenswichtigen Bedarfs; ~ *de toilette* Toilettenartikel *m;* ~ *trouvé* Fundsache *f;* ~ *d'usage* Gebrauchsgegenstand *m;* ~ *de valeur* Wertsache *f,* -gegenstand *m.*
objurgation [ɔbʒyrgasjɔ̃] *f meist pl* dringende Bitte *f.*
oblat, e [ɔbla, -at] *s m f rel* Laienbruder *m,* -schwester *f.*
obligat|aire [ɔbligatɛr] **I.** *s m com* Obligationeninhaber *m;* **II.** *a* Obligationen-; **~ion** [-sjɔ̃] *f* **1.** Verpflichtung, Pflicht; Notwendigkeit *f,* Zwang *m;* **2.** *jur com* Schuld(verhältnis *n*), Verbindlichkeit, Obligation *f;* Schuldschein *m,* -verschreibung *f;* **3.** *sans* ~ unverbindlich, freibleibend *adv;* **4.** *s'acquitter d'une, remplir une, satisfaire à une* ~ e-r Verpflichtung nach=kommen, e-e Verbindlichkeit erfüllen; *assumer, contracter une* ~ e-e Verbindlichkeit ein=gehen; *être dans l'~ de* gezwungen sein zu, müssen; **5.** *aucune* ~ *d'achat!* kein Kaufzwang! *il m'incombe l'~* ich bin verpflichtet (*de* zu); **6.** ~ *alimentaire, d'entretien* Unterhaltspflicht *f;* ~ *d'assurance,* Versicherungspflicht *f;* ~ *de déclaration* (An-)Meldepflicht *f;* ~ *fiscale, à l'impôt* Steuer-, Abgabepflicht *f;* ~ *de fournir des renseignements* Auskunftspflicht *f;* ~ *hypothécaire, foncière* (Hypotheken-)Pfandbrief *m,* Pfandverschreibung *f;* ~ *industrielle, nominative, au porteur* Industrie-, Namens-, Inhaberobligation *f;* ~ *de livrer* Lieferpflicht *f;* ~ *scolaire* Schulpflicht *f;* **~oire** *a* **1.** obligatorisch, Pflicht-; verbindlich, verpflichtend; **2.** *(fam) c'était* ~ das konnte nicht ausbleiben; **3.** *enseignement m, instruction f* ~ Schulpflicht *f; service m (militaire)* ~ (allgemeine) Wehrpflicht *f;* **~oirement** *adv* zwangsläufig.
oblig|é, e [ɔbliʒe] **I.** *a* verpflichtet (*de* zu); **II.** *s m com* Verpflichtete(r *m*) *f,* Schuldner *m; être* ~ *de* ... müssen; *principal* ~ Hauptschuldner *m;* **~eance** [-ʒɑ̃s] *f* Gefälligkeit; Verbindlichkeit *f; ayez l'~* seien Sie so freundlich! **~eant, e** *a* gefällig, zuvorkommend; **~er I.** *tr* **1.** verpflichten (*de* zu); **2.** nötigen, zwingend (*à* zu); **3.** e-e Gefälligkeit erweisen (*qn* jdm); **II.** *v prn s'~* e-e Verpflichtung ein=gehen (*à* zu).
obliqu|e [ɔblik] *a* **1.** schräg, schief; **2.** *fig* versteckt, unaufrichtig, hinterhältig; **3.** *gram* abhängig; **~ement** *adv* schräg; **~er** *itr* (seitwärts) ab=biegen (*à* nach); **~ité** [-kɥite] *f* **1.** schräge Richtung; Neigung *f;* **2.** *astr* Schiefe *f;* **3.** *tech* Schräglage *f.*
oblitér|ateur [ɔbliteratœr] *m* Entwertungsstempel *m;* **~ation** *f* **1.** *(Post)* Entwerten, Abstempeln *n;* **2.** *med (Gefäß)* Verstopfung *f;* **~er** *tr* **1.** *(Post)* entwerten, ab=stempeln; **2.** *med (Gefäß)* verstopfen.

oblong, ue [ɔblɔ̃, -ɔ̃g] *a* länglich.
obnubiler [ɔbnybile] *tr* jds Gedanken beherrschen; *être obnubilé par une idée* von e-m Gedanken besessen sein.
obole [ɔbɔl] *f fig* Obolus *m*, Scherflein *n*.
obsc|ène [ɔpsɛn] *a* obszön, zotig, schlüpfrig, unanständig; **~énité** *f* Obszönität, Unanständigkeit; Zote *f*.
obscur, e [ɔpskyr] *a* **1.** dunkel, finster; **2.** *(Farbe)* trübe; **3.** *fig* unklar, undeutlich, verschwommen; **4.** *(Person)* unbedeutend; **5.** *(Leben)* bescheiden; **~antisme** *m* Fortschritts-, Bildungsfeindlichkeit *f*; **~antiste I.** *s m* Dunkelmann *m*; **II.** *a* fortschritts-, bildungsfeindlich; **~cir I.** *tr* **1.** verdunkeln, verfinstern; **2.** *fig* unverständlich machen, trüben; verschleiern; **II.** *v prn s'~* sich verdunkeln, verfinstern; dunkel werden; **~cissement** *m* Dunkelwerden *n*, Eintrübung *f a. fig*; **~ité** *f* **1.** Dunkelheit, Finsternis *f*; Dunkel *n*; **2.** *fig* Unklarheit, Undeutlichkeit; Verborgenheit; **3.** *(Text)* unklare Stelle *f*.
obséder [ɔpsede] *tr* **1.** belästigen, verfolgen; **2.** *fig* nicht aus dem Sinn gehen (*qn* jdm).
obsèques [ɔpsɛk] *f pl* Leichenbegängnis *n*, Beisetzung *f*; *~ nationales* Staatsbegräbnis *n*.
obséqui|eux, se [ɔpsekjø, -øz] *a* übertrieben höflich, unterwürfig *f*; **~osité** [-kjɔ-] Unterwürfigkeit *f*.
observ|able [ɔpsɛrvabl] *a* wahrnehmbar; **~ance** *f rel* Observanz, Regel *f*; **~ateur, trice I.** *s m f* Beobachter(in *f*) *m*; **II.** *a être très ~* genau beobachten; **~ation** *f* **1.** *(Vorschrift)* Befolgung, Einhaltung *f*; **2.** An-, Bemerkung *f*; Einwand *m*; Mahnung *f*; **3.** *med* Krankengeschichte *f*; **4.** *donner lieu à une ~* zu e-r Beanstandung Anlaß geben; **5.** *~ météorologique* Wetterbeobachtung *f*; **~atoire** *m* **1.** Observatorium *n*, Sternwarte *f*; **2.** *mil* Beobachtungsstand *m*; **3.** *~ météorologique* Wetterwarte *f*; **~er I.** *tr* **1.** beobachten, genau betrachten; wahr=nehmen, **2.** wahrnehmen, bemerken; feststellen; **3.** *(Vorschrift)* einhalten, befolgen, beachten; *(Vertrag)* erfüllen, nach=kommen (*qc* e-r S *dat*); **II.** *v prn* **4.** *s'~* sich in acht nehmen; **5.** *faire ~* darauf aufmerksam machen (*qc à qn* jdn auf etw).
obsession [ɔpsɛsjɔ̃] *f* Zwangsvorstellung, fixe Idee *f*.
obsidienne [ɔpsidjɛn] *f min* Obsidian *m*.
obsolète [ɔpsɔlɛt] *a (Wort)* veraltet.
obstacle [ɔpstakl] *m* **1.** Hindernis *n a. sport*, Behinderung *f*; **2.** *faire, mettre ~* (be)hindern (*à qn* jdn), entgegen=arbeiten (*à qn* jdm); *franchir un ~* ein Hindernis überwinden; *se heurter à des ~s* auf Schwierigkeiten stoßen; *lever, écarter un ~* ein Hindernis beseitigen; *mettre des ~s à qn* jdm Hindernisse in den Weg legen; **3.** *course f d'~s* Hindernisrennen *n*, -lauf *m*; *~ à la circulation* Verkehrshindernis *n*.
obstétrique [ɔpstetrik] **I.** *s f* Geburtshilfe *f*; **II.** *a* Entbindungs-.
obstin|ation [ɔpstinasjɔ̃] *f* Eigensinn *m*, Halsstarrigkeit; Hartnäckigkeit *f*; **~é, e** *a* eigensinnig, halsstarrig; hartnäckig; **~er, s'** *v prn* sich fest=, sich verbeißen, sich versteifen, (hartnäckig) bestehen (*à, dans, en* auf *dat*).
obstruct|if, ive [ɔpstryktif, -iv] *a med* verstopfend; **~ion** [-sjɔ̃] *f* **1.** *med* Verstopfung *f*; **2.** *parl* Obstruktion *f*; **3.** *sport* Behinderung *f*; **~ionisme** *m* Verschleppungstaktik, -politik *f*; **~ionniste I.** *s m* Verschleppungstaktiker, -politiker *m*; **II.** *a* Verschleppungs-.
obstruer [ɔpstrye] *tr* verstopfen, versperren, blockieren.
obtempérer [ɔptɑ̃pere] *itr* **1.** gehorchen, sich fügen; **2.** *jur* Folge leisten, nach=kommen.
obten|ir [ɔptənir] *tr* **1.** erhalten, erlangen, erreichen, bekommen, erzielen, beschaffen (*qc à qn* jdm etw); **2.** *jur* erwirken.
obtur|ateur, trice [ɔptyratœr, tris] **I.** *a* verschließend; Verschluß-; **II.** *s m tech phot* Verschluß *m*, -vorrichtug *f*; Absperrhahn *m*, -ventil *n*; **~ation** *f* **1.** Verstopfen, Verschließen, Abdichten *n*; **2.** *(Zahn)* Füllung *f*; **~er** *tr* **1.** verschließen, ab=dichten; **2.** *(Zahn)* plombieren.
obtus, e [ɔpty, -yz] *a* **1.** stumpf *a. fig*; **2.** *(Geist)* schwerfällig.
obus [ɔby] *m* Granate *f*; *éclat m d'~* Granatsplitter *m*; *~ non éclaté* Blindgänger *m*; **~ier** [-zje] *m* Haubitze *f*.
obvier [ɔbvje] *itr* aus dem Weg räumen (*à qc* etw); begegnen, zuvor=kommen (*à qc* e-r S).
oc [ɔk] *adv: la langue f d'~* die südfranzösischen Dialekte.
ocarina [ɔkarina] *m mus* Okarina *f*.
occas|ion [ɔkasjɔ̃] *f* **1.** Gelegenheit *f*, Umstand *m*; **2.** Anlaß *m*, Veranlassung *f*; **3.** *com* Gelegenheitskauf *m*; **4.** *d'~ (com)* alt, gebraucht, Gelegenheits-; aus zweiter Hand; *à cette ~* bei dieser Gelegenheit; *à l'~ de* aus Anlaß *gen*; *à la première ~ (venue)* bei der ersten (besten) Gelegenheit; *en toute ~* bei jeder Gelegenheit; **5.** *manquer, laisser échapper l'~* die Gelegenheit verpassen; *saisir l'~ aux cheveux* die Gelegenheit beim Schopf ergreifen *od* fassen; **6.** *librairie f d'~* Antiquariat *n*; *livre m d'~* antiquarische(s) Buch *n*; *voiture f d'~* Gebrauchtwagen *m*; **~ionnel, le** *a* zufällig; gelegentlich; **~ionnellement** *adv* gelegentlich; **~ionner** *tr* veranlas-

sen; *(Kosten)* verursachen, herbeiführen; Anlaß geben zu.
occident [ɔksidɑ̃] *m* Westen *m; l'O~* das Abendland; *pol* der Westen; **~al, e** [-tal] **I.** *a* westlich; West-, abendländisch; **II.** *s m pl* Völker *n pl* des Abendlandes.
occip|ital, e [ɔksipital] *a* Hinterhaupt-; **~ut** [-yt] *m* Hinterkopf *m.*
occlu|re [ɔklyr] *tr med* verschließen; **~sif, ive I.** *a med gram* Verschluß-; **II.** *s f* u. *consonne f ~sive* Verschlußlaut *m;* **~sion** *f med* Okklusion *f,* Verschließen *n,* Verschluß *m.*
occult|e [ɔkylt] *a* geheim, verborgen; okkult; **~er** *tr* **1.** *astr* bedecken; **2.** *(Licht)* abblenden.
occup|ant, e [ɔkypɑ̃, -ɑ̃t] **I.** *a* **1.** Besatzungs-, **2.** *(Rechtsanwalt)* beauftragt; **II.** *s m jur* **1.** Besitznehmer *m;* **2.** Bewohner *m;* **3.** *mot aero* Insasse *m;* **4.** *mil fam* Besatzer *m; puissance f ~e* Besatzungsmacht *f;* **~ation** *f* **1.** Beschäftigung, Tätigkeit; Stelle *f,* Arbeitsplatz *m;* **2.** *pol mil* Besetzung; Besatzung(szeit) *f;* **3.** *jur* Besitzergreifung, -nahme *f;* Bewohnen *n;* **4.** *~ accessoire, principale* Neben-, Hauptbeschäftigung *f; ~ lucrative, à mi-temps* Erwerbs-, Teilzeitbeschäftigung *f* **~é, e** *a* **1.** besetzt *a. tele;* **2.** *(Person)* beschäftigt; **~er I.** *tr* **1.** in Besitz nehmen, besetzen; *(Raum, Land)* ein=nehmen; **2.** *(Haus)* bewohnen; **3.** *(Zeit)* aus=füllen, dauern; **4.** *(Stellung)* bekleiden, ein=nehmen; **5.** beschäftigen (*à* mit), verwenden, in Anspruch nehmen; **II.** *v prn s'~ de* sich befassen, sich beschäftigen mit; sich angelegen sein lassen; denken an *acc.*
occurence [ɔkyrɑ̃s] *f en l'~* in dem Fall.
océan [ɔseɑ̃] *m* Ozean *m,* (Welt-)Meer *n; ~ Glacial* Eismeer *n;* **~ique** *a* ozeanisch; **~ographie** *f* Meereskunde *f.*
ocelot [ɔslo] *m* Ozelot *m.*
ocre [ɔkr] *f min* Ocker *m.*
oct|ane [ɔktan] *m: indice m d'~ (chem)* Oktanzahl *f;* **~ante** *a (Belgien, Schweiz)* achtzig; **~ave** *f rel poet mus* Oktave *f;* **~obre** [-tɔbr] *m* Oktober *m;* **~ogénaire** *a* achtzigjährig; **~ogonal, e** *a* achteckig; **~ogone I.** *s m* Achteck *n;* **II.** *a* achteckig; **~osyllab(iqu)e** *a* achtsilbig.
octr|oi [ɔktrwa] *m* **1.** Bewilligung; Genehmigung *f;* **2.** Verleihung *f;* **3.** *vx* städtische(r) Eingangszoll *m;* **~oyer I.** *tr* genehmigen, bewilligen; verleihen, gewähren; zu=billigen, -gestehen; **II.** *v prn s'~ qc* sich e-e S gönnen.
octuor [ɔktyɔr] *m mus* Oktett *n.*
ocul|aire [ɔkylɛr] **I.** *a* Augen-; **II.** *s m opt phot* Okular *n; globe m ~* Augapfel *m; témoin m ~* Augenzeuge *m;* **~iste** *m* Augenarzt *m.*
ode [ɔd] *f poet* Ode *f.*
odeur [ɔdœr] *f* Geruch, Duft *m; ne pas être en ~ de sainteté auprès de qn* bei jdm schlecht angeschrieben sein.
odieux, se [ɔdjø, -øz] *a* verabscheuenswürdig; widerwärtig, -lich, gräßlich, grauenhaft.
odontologie [ɔdɔ̃tɔlɔʒi] *f* Zahnheilkunde *f.*
odor|ant, e [ɔdɔrɑ̃, -ɑ̃t] *a* (wohl)riechend; **~at** [-a] *m* Geruch(ssinn) *m;* **~iférant, e** *a* wohlriechend, duftend.
odyssée [ɔdise] *f fig* Odysee *f.*
œcuménique [ekymenik] *a* ökumenisch.
œdème [edɛm] *m med* Ödem *n.*
œil [œj] *m pl yeux* [jø] (*mar œils*) **1.** Auge *n;* **2.** Blick *m;* **3.** *(Käse)* Loch *n, (Suppe)* Fettauge *n;* **4.** *bot* Auge *n;* **5.** *tech* (Bohr-, Naben-)Loch *n;* **6.** *(Nadel)* Öhr *n;* **7.** *(fam) à l'~* umsonst; *à l'~ nu* mit bloßem Auge; *à vue d'~* zusehends; *aux yeux de (fig)* in den Augen *gen; aux yeux de qn* nach jds Ansicht; *en un clin d'~* im Nu; *d'un coup d'~* mit e-m schnellen Blick; *de ses (propres) yeux* mit eigenen Augen; *entre quatre yeux (fam)* [fam: -tzjø] unter vier Augen; *les yeux fermés* mit geschlossenen Augen; *fig* unbesehen; *pour les beaux yeux de qn* jdm zuliebe; **8.** *aimer comme la prunelle de ses yeux* über alles lieben; *avoir l'~ (fam)* helle, nicht auf den Kopf gefallen sein; *avoir des yeux (fig)* Augen im Kopfe haben, nicht blind sein; *ne pas avoir froid aux yeux* keine Angst haben; *coûter les yeux de la tête* ein Heidengeld kosten; *faire de l'~* zu=zwinkern (*à qn* jdm), liebäugeln (*à qn* mit jdm); *faire les yeux doux à qn* jdm verliebte Blicke zu=werfen; *faire les gros yeux* tadelnd, strafend an=sehen; *fermer les yeux sur qc* so tun, als ob man etw nicht sähe; *se fourrer le doigt dans l'~ (fam)* sich gewaltig in den Finger schneiden; *jeter les yeux sur...* die Augen werfen auf *acc; se mettre le doigt dans l'~ (fam)* sich irren; *ouvrir l'~ (fig)* die Augen offen haben; *regarder qn dans les, entre (les) deux yeux* jdn fest, starr an=blicken; *se regarder dans le blanc de l'~* ea. tief in die Augen schauen; ea. scharf ansehen; *(fam) se rincer l'~* Stielaugen machen; *taper dans l'~* jdm in die Augen stechen; *tourner qn à l'~* jdn im Auge behalten; *tourner de l'~ (fam)* ohnmächtig werden; **9.** *je m'en bats l'~ (fam)* das ist mir schnuppe; *il a les yeux plus grands que le ventre* od *la panse* s-e Augen sind größer als sein Magen; *j'ai qc devant les yeux* mir schwebt etw vor; *j'en ai jusqu'aux yeux* ich habe es satt; *ça a de l'~ (fam)* das sieht gut aus; *cela saute aux, crève les yeux* das springt in die Augen; *je le vois d'un ~ sec* es läßt mich

kalt; *(fam) mon ~!* das machst du mir nicht weis! **10.** *coup m d'~* Anblick, rasche(r) Blick *m; yeux gros* verweinte, geschwollene Augen *n pl; ~ au beurre noir* blaue(s) Auge *n; yeux pochés, en compote* unterlaufene *od* entzündete Augen *n pl; ~ artificiel, de verre* Glasauge *n; ~-de-bœuf m arch* Bullauge *n; ~-de-chat m min* Katzenauge *n; ~-de-perdrix m med* Hühnerauge; **~lade** *f* verliebter Blick *m;* **~lère** *f* Scheuklappe *a. fig; avoir des ~s (fig)* Scheuklappen tragen; **~let** [-ɛ] *m* **1.** Schnürloch *n;* **2.** *tech* Öse *f;* **3.** *bot* Nelke *f.*

œnologie [enɔlɔʒi] *f* Wein(bau)kunde *f.*

œsophage [ezɔfaʒ] *m* Speiseröhre *f.*

œstrogènes [estrɔʒɛn] *m pl* Östrogen *n pl.*

œuf [œf, pl ø] *m* **1.** Ei *n;* **2.** *avoir l'air de marcher sur des ~s* wie auf Eiern gehen; *étouffer qc dans l'~* etw im Keime ersticken; *être plein comme un ~* zum Platzen, Bersten voll sein; *mettre tous ses ~s dans le même panier* alles auf eine Karte setzen; *tondre, chercher des poils sur un ~* ein Geizkragen sein; **3.** *ils se ressemblent comme deux ~s* sie gleichen sich wie ein Ei dem anderen; **4.** *blanc, jaune m d'~* Eiweiß, -gelb *n; ~s brouillés* Rührei(er *n pl*) *n; ~ à la coque* weichgekochte(s) Ei *n; ~ dur* hartgekochte(s) Ei *n; ~s frits* gebackene Eier *n pl; ~s au gratin* überbackene Eier *n pl; ~s à la neige* Eierschnee *m; ~ de Pâques* Osterei *n; ~ sur le plat* Spiegelei *n; ~s pochés* verlorene Eier *n pl; ~s de poisson* Rogen *m; ~ à repriser* Stopfei *n; ~s à la russe* russische Eier *n pl; ~ à thé* Tee-Ei *n.*

œuvre [œvr] **I.** *f* **1.** Arbeit, Werk *n;* **2.** kirchliche Werke *n pl;* **3.** *f pl* Werke *n pl (e-s Dichters);* **II.** *m* **4.** Gesamtwerk *(e-s Künstlers); mus* Opus *n; arch* Bau(werk *n,* -körper) *m;* **5.** *à l'~, en ~* bei der Arbeit; *à pied d'~* unmittelbar am *od* an den Bauplatz; **6.** *être à l'~* an der Arbeit sein; *faire ~ de* sich benehmen, sich zeigen als; *ne pas faire ~ de ses dix doigts* keinen Finger rühren, faulenzen; *mettre en ~* Gebrauch machen (*qc* von etw); aus=führen, ins Werk setzen, an=wenden; in Angriff nehmen; *se mettre à l'~* sich an die Arbeit machen; **7.** *bois m d'~* Nutz-, Bauholz *n; bonnes ~s f (rel)* gute Werke *n pl; gros ~ m (arch)* Rohbau *m; ~ f de bienfaisance* Wohltätigkeitseinrichtung *f; ~ f féminine, de jeunesse* Frauen-, Jugendwerk *n; ~ f sociale, de secours* Hilfswerk *n.*

offens|ant, e [ɔfɑ̃sɑ̃, -ɑ̃t] *a* beleidigend, kränkend, verletzend; **~e** *f* **1.** Beleidigung, Kränkung *f;* **2.** Verstoß *m* (*à qc* gegen etw); **3.** *rel* Sünde *f;* **~er I.** *tr* **1.** beleidigen, kränken, weh tun (*qn* jdm), verletzen; Anstoß erregen (*qn* bei jdm); **2.** *rel* sündigen (*qc* gegen etw); **II.** *v prn s'~* sich beleidigt fühlen; übel=nehmen (*de qc* etw); Anstoß nehmen (*de* an *dat*); **~eur** *m* Beleidiger; Angreifer *m;* **~if, ive I.** *a mil* Angriffs-; offensiv; **II.** *s f* Offensive *f;* Angriff *m; prendre l'~ive* zum Angriff über=gehen.

offertoire [ɔfɛrtwar] *m rel* Offertorium *n.*

offic|e [ɔfis] *m* **1.** Amt *n;* Dienst *m;* **2.** Büro *n,* Dienst-, Geschäftsstelle *f;* **3.** Gottesdienst *m,* Messe *f;* **4.** *d'~* von Amts wegen; amtlich; **5.** *faire ~ de* dienen als, tätig sein als; *faire son ~* s-e Pflicht erfüllen; *offrir ses bons ~s (pol)* s-e guten Dienste an=bieten; *rendre de bons, mauvais ~s à qn* jdm gute, schlechte Dienste leisten; **6.** *avocat m d'~* Pflichtverteidiger *m; livre m d'~* Gebetbuch *n;* **7.** *~ d'assistance sociale, publique* Fürsorgeamt *n; ~ des brevets (d'invention)* Patentamt *n; ~ des chèques postaux* Postscheckamt *n; ~ de compensation* Verrechnungsstelle *f; ~ de consultation maternelle* Mütterberatungsstelle *f; ~ de contrôle des prix* Preisüberwachungsstelle *f; ~ divin* Gottesdienst *m; ~ de l'enfance, de jeunesse, des mineurs* Jugendamt *n; ~ de la foire* Messeamt *n; ~ d'hygiène, de santé* Gesundheitsamt *n; ~ d'inspection du travail* Gewerbeaufsichtsamt *n; ~ météorologique* Wetteramt *n; ~ des morts* Totenmesse *f; ~ d'orientation professionelle* Berufsberatungsstelle *f; ~ des passeports* Paßstelle *f; ~ de placement* Arbeitsnachweis *m,* Stellenvermittlung(samt *n*) *f; ~ de statistique* statistische(s) Amt *n; ~ du travail* Arbeitsamt *n.*

offic|ialiser [ɔfisjalize] *tr* amtlichen Charakter geben (*qc* e-r S); **~iel, le** *a* offiziell, amtlich; *de source f ~le* von amtlicher Seite *f; cachet m ~* Dienstsiegel *n; journal m ~* Staatsanzeiger *m;* **~ier I.** *itr rel* Messe lesen; **II.** *s m* Offizier; Beamte(r) *m; ~ adjoint* Ordonnanzoffizier; Adjutant *m; ~ de carrière* Berufsoffizier *m; ~ civil* Staats-, Verwaltungsbeamte(r) *m; ~ de l'état civil* Standesbeamte(r) *m; ~ d'état-major* Generalstabsoffizier *m; ~ municipal* Gemeindebeamte(r) *m; ~ payeur* Zahlmeister *m; ~ de police* Polizeioffizier *m; ~ public, ministériel* Notar, Gerichtsbeamte(r) *m; ~ de réserve* Reserveoffizier *m;* **~ieux, se** *a* offiziös, halbamtlich; **~inal, e** offizinal, offizinell; Arznei-; *plante f ~e* Heilpflanze *f; pl* Heilkräuter *n pl;* **~ine** *f fig* Brutstätte *f.*

offr|ande [ɔfrɑ̃d] *f rel* Opfer(gabe *f*); **~ant** *s m: le plus ~* der Meistbietende; *vendre au plus ~* meistbietend verkaufen; **~e** *f* **1.** Angebot *n,* Offerte *f;* Anerbieten *n;* **2.** *faire, décliner une ~* ein

Angebot machen, ab=lehnen; *satisfaire à une ~* ein Angebot berücksichtigen; **3.** *l'~ et la demande* Angebot *n* und Nachfrage *f; ~s d'emplois* Stellenangebote *n pl, (Zeitung)* offene Stellen *f pl; ~ ferme, par écrit, sans engagement* bindende(s), schriftliche(s), freibleibende(s) Angebot *n; ~ spéciale* Sonderangebot *n.*

offrir [ɔfrir] **I.** *tr* **1.** *(donner en cadeau)* schenken; — *~ qc à qn (pour son anniversaire)* jdm (zum Geburtstag) e-e S schenken; an= bieten (*qc à qn* jdm e-e S); *~ à boire à qn* jdm zu trinken an=bieten; **2.** *~ à qn de faire qc* jdm vor=schlagen, e-e S zu tun; *~ à qn de l'aider* jdm s-e Hilfe anbieten; **3.** *com* offerieren (*de* zu); bieten; — *cette solution offre beaucoup d'avantages* diese Lösung bietet viele Vorteile; *il m'en a offert cent marks* er hat mir hundert DM dafür geboten; *~ sans engagement* freibleibend offerieren, *~ en paiement* in Zahlung geben; **4.** *~ un aspect désolé* e-n traurigen Anblick bieten; *~ le flanc à la critique* sich der Kritik aus=setzen; *~ des difficultés (Sache)* Schwierigkeiten machen; *~ une réception* e-n Empfang geben; **II.** *v prn s'~* **5.** sich erbieten (*à* zu); — *une bonne ocassion s'offrait à lui* es bot sich ihm e-e günstige Gelegenheit; *s'~ un bon repas* sich ein gutes Essen gönnen; *je ne peux pas me l'offrir* ich kann es mir nicht leisten; *s'~ mutuellement des cadeaux* sich gegenseitig Geschenke machen; *s'~ la tête de qn (fam)* sich über jdn lustig machen; *il s'offre une difficulté* es ergibt sich e-e Schwierigkeit.

offset [ɔfsɛt] *m* Offsetdruck *m.*

offusquer [ɔfyske] **I.** *tr fig* ärgern, ein Dorn im Auge sein, mißfallen (*qn* jdm); **II.** *v prn s'~ de qc* sich über e-e S ärgern; an e-r S Anstoß nehmen.

ogiv|al, e [ɔʒival] *a arch* spitzbogig; **~e** *f* **1.** *arch* Spitzbogen; **2.** *(Geschoß)* (Spreng-)Kopf *m.*

ogre [ɔgr] *m (Märchen)* Menschenfresser *m; manger comme un ~* wie ein Scheunendrescher fressen.

oh! [o] *interj* oh! *~ là là!* hoho! **~é!** *interj* he(da)!; *mar* ahoi!

ohm [om] *m el* Ohm *n;* **~mètre** *m* Ohmmeter *n.*

oie [wa] *f* Gans; *fam* (dumme) Gans *f; ~ blanche (fig)* Gänschen *n; ~ rôtie* Gänsebraten *m; ~ sauvage* Wildgans *f.*

oignon [ɔɲɔ̃] *m* **1.** Zwiebel; (Blumen-) Zwiebel *f;* **2.** *med* Ballen *m (am Fuß);* **3.** *aux petits ~s* großartig, fabelhaft; *en rang d'~s* wie Orgelpfeifen; **4.** *occupez-vous de vos ~s!* kehren Sie vor Ihrer Tür! **5.** *vin m couleur pelure d'~* Bleichert, Schillerwein *m; soupe f à l'~* Zwiebelsuppe *f; ~ de tulipe* Tulpenzwiebel *f.*

oiseau [wazo] *m pl ~x* Vogel *m; a. fig;* **1.** *à vol d'~* in der Luftlinie; **2.** *être comme l'~ sur la branche* im Ungewissen schweben; *l'~ n'y est plus, s'est envolé (fig)* der Vogel ist ausgeflogen; **3.** *~x aquatiques* Wasservögel *m pl; ~ chanteur* Singvogel *m; ~ migrateur* Zugvogel *m; ~-mouche m orn* Kolibri *m; ~ de proie* Raubvogel *m.*

oisel|eur [wazlœr] *m* Vogelfänger, -steller *m;* **~le** *f fam* dummes Gänschen *n.*

ois|eux, se [wazø, -øz] *a* unnütz, überflüssig; **~if, ive** *a* müßig, untätig; *(Kapital)* tot; **~iveté** *f* Nichtstun *n,* Untätigkeit *f;* **~on** *m* Gössel, Gänschen *n.*

olé|agineux, se [ɔleaʒinø] *a* ölig; ölhaltig; Öl-; **~oduc** *m* Pipeline *f.*

olfact|if, ive [ɔlfaktif, -iv] *a* Geruchs-; *nerf m ~* Geruchsnerv *m.*

olibrius [ɔlibrijys] *m fam* Sonderling *m.*

oligarchie [ɔligarʃi] *f* Oligarchie *f.*

oliv|âtre [ɔlivatr] *a* grünlich, (asch)fahl; **~e I.** *f* **1.** Olive *f;* **2.** *(Tür)* Drehknopf *m;* **II.** *a* olivgrün; *huile f d'~* Olivenöl *n;* **~eraie** *f,* **~ette** *f* Olivenhain *m;* **~ier** *m* **1.** Ölbaum *m;* **2.** Olivenholz *n;* — *mont m des O~s (rel)* Ölberg *m; rammeau m d'~* Ölzweig *m.*

olympique [ɔlɛ̃pik] *a: jeux m pl O~s (d'été, d'hiver)* Olympische (Sommer-, Winter-)Spiele *n pl.*

ombelle [ɔ̃bɛl] *f bot* Dolde *f.*

ombilic [ɔ̃bilik] *m anat bot* Nabel *m.*

ombr|age [ɔ̃braʒ] *m* **1.** schattige(s) Laubwerk *n;* **2.** Schatten *m;* **3.** *porter ~ à qn* jdn kränken, verletzen; *prendre ~* übel=nehmen (*de qc* e-e S); **~agé, e** *a* schattig; **~ager** *tr* Schatten spenden *(dat),* beschatten; **~ageux, se** *a* **1.** *(Pferd)* schreckhaft; **2.** *(Person)* leicht verletzlich; **~e I.** *f* **1.** Schatten *m a. fig;* leise Andeutung, Spur *f,* (An-)Schein *m;* **2.** *terre f d'~* Umbra *f (Farbstoff);* **II.** *m* **3.** *zoo* Äsche *f;* **4.** *à l'~ (fig)* im Schatten (*de gen*); *dans l'~ (fig)* in der Verborgenheit, zurückgezogen; *pas l'~* nicht die leiseste Spur (*de gen*); *pas l'~ d'un doute* nicht der geringste *od* leiseste Zweifel; **5.** *avoir peur de son ~* Angst vor der eigenen Courage haben; *courir après une ~* e-m Phantom nach=jagen; *être, rester dans l'~* im Schatten, im Hintergrund stehen, bleiben; *laisser dans l'~ (fig)* im unklaren lassen; *(fam) mettre qn à l'~* jdn hinter Schloß und Riegel bringen; *suivre qn comme son ~* jdm nicht von der Seite gehen; **6.** *~s chinoises (theat)* Schattenspiel *n;* **~elle** *f (kleiner)* Sonnenschirm *m;* **~er** *tr (Kunst)* schattieren; *~ les paupières* den Lidschatten auftragen; **~eux, se** *a* schattig.

omelette [ɔmlɛt] *f* Omelett(e *f*) *n; ~*

aux champignons, aux fines herbes, au jambon Omelett *n* mit Pilzen, mit feingehackten Kräutern, mit Schinken.

omettre [ɔmɛtr] *tr* aus=, weg=lassen; unterlassen, vergessen (*de* zu).

omission [ɔmisjɔ̃] *f* **1.** Aus-, Unterlassung *f;* **2.** Lücke *f.*

omni|bus [ɔmnibys] *s m (train m)* ~ Personenzug *m; prendre un* ~ mit e-m Personenzug fahren; **~potence** *f* **1.** *rel* Allmacht *f;* **2.** *allg* Allgewalt; *pol* absolute Macht *f;* **~potent, e** *a* [-pɔtɑ̃, -ɑ̃t] *a* **1.** *rel* allmächtig; **2.** *allg* allgewaltig; **~présence** *f* Allgegenwart *f;* **~présent, e** *a* allgegenwärtig; **~science** *f* Allwissenheit *f;* **~scient, e** *a* allwissend; **~um** [-jɔm] *m* **1.** *com* Anlage-, Beteiligungs-, Holdinggesellschaft *f;* **2.** *(Radsport)* Omnium; *(Pferderennen)* Ausgleichsrennen *n;* **~vore I.** *a zoo* allesfressend; **II.** *s m* Allesfresser *m.*

omoplate [ɔmɔplat] *f anat* Schulterblatt *n.*

on [ɔ̃] *pron, (nach et, ou, où, si) l'*~ man; ~ *sonne, frappe* es klingelt *od* läutet, klopft; ~ *y va!* gehen wir! ~ *dit m inv* Gerücht, Gerede *n.*

once [ɔ̃s] *f* **1.** Unze *f (Gewicht);* **2.** *elle n'a pas une* ~ *de bon sens* sie hat keinen Funken gesunden Menschenverstand.

oncle [ɔ̃kl] *m* Onkel *m.*

onct|ion [ɔ̃ksjɔ̃] *f rel fig* Salbung *f;* **~ueux, se** [-tɥø, -øz] *a* **1.** ölig; **2.** *(Suppe)* kremig; sahnig; **3.** *fig* salbungsvoll.

ond|e [ɔ̃d] *f* **1.** Welle, Woge *f;* **2.** *les* ~*s* das Radio, der Rundfunk; **3.** *par la voie des* ~*s* durch den Rundfunk; *sur les* ~*s* über den Rundfunk, das Radio; **4.** *mettre en* ~*s* die Spielleitung haben; *passer sur les* ~*s* im Rundfunk übertragen werden; **5.** *gamme f d'*~*s* Wellenbereich *m; grandes* ~*s,* ~*s longues* Langwelle(n *pl*) *f; guerre f des* ~*s* Ätherkrieg *m; longueur f d'*~ Wellenlänge *f; mise f en* ~*s* Spielleitung *f;* **6.** ~ *de chaleur, de froid* Hitze-, Kältewelle *f;* ~*s courtes (radio)* Kurzwelle(n *pl*) *f;* ~*s moyennes (radio)* Mittelwelle(n *pl*) *f;* ~*s sonores* Schallwellen *f pl;* ~*s ultracourtes* Ultrakurzwelle(n *pl*) *f;* **~ée** *f* Regenschauer, Platzregen *m;* **~ine** *f* (Wasser-)Nixe *f;* **~oiement** *m* **1.** Wogen *n;* **2.** Nottaufe *f;* **~oyant, e** *a* **1.** wogend; **2.** *fig* schwankend, unbeständig; **~oyer I.** *itr* wogen; **II.** *tr* nottaufen; **~ulation** *f* Wellenbewegung *f;* Woge *n;* (~ *du terrain)* Bodenwelle; *(Haar)* Ondulieren *n,* Ondulation *f;* **~ulatoire** *a* wellenförmig; Wellen-; *mécanique f* ~ *(phys)* Wellenmechanik *f;* **~ulé, e** *a* gewellt, wellig; *tôle f* ~*e* Wellblech *n;* **~uler I.** *itr* wogen; sich wiegen, sich leicht kräuseln; **II.** *tr (Haar)* ondulieren, wellen; **~uleux, se** *a* wellig; wellenförmig.

onéreux, se [ɔnerø, -øz] *a* teuer, kostspielig; *à titre* ~ *(jur)* gegen Entgelt.

ongl|e [ɔ̃gl] *m* **1.** (Finger-)Nagel *m;* **2.** *zoo* Kralle, Klaue *f;* **3.** *jusqu'au bout des* ~*s* vom Scheitel bis zur Sohle, durch und durch; **4.** *se faire les* ~*s* sich die Nägel schneiden, feilen *od* putzen; *rogner les* ~*s à qn (fig)* jdm die Flügel stutzen; *payer rubis sur l'*~ auf Heller und Pfennig bezahlen; *savoir sur le bout des* ~*s* an den Fingern her=zählen (können); aus dem Effeff verstehen; **5.** ~*s en deuil* Fingernägel *m pl* mit Trauerrand; **~ée** *f: avoir l'*~ erstarrte Fingerspitzen haben; **~et** [-glɛ] *m* **1.** Einschnitt *m,* Kerbe *f;* **2.** *(Tischlerei)* Gehrung *f;* **3.** *(Kartothek)* Reiter *m;* **~ier** [-glije] *m* Nagelpflegenecessaire, Manikürbesteck *n.*

ongu|ent [ɔgɑ̃] *m* Salbe *f;* **~lé, e** [-gy-] **I.** *a* Huf-; **II.** *m pl* Huftiere *n pl.*

onir|ique [ɔnirik] *a* traumhaft; Traum-; **~ogène** *m* Droge *f,* die zu halluzinatorischen Traumzuständen führt; **~omancie** *f* Traumdeutung *f;* **~omancien, ne** *m f* Traumdeuter(in *f*) *m.*

onoma|stique [ɔnɔmastik] **I.** *a* Namen-; **II.** *s f* Namenkunde *f; index m* ~ Namenregister *n;* **~topée** *f* lautnachahmende(s) Schallwort *n.*

onto|génèse, ~génie [ɔ̃tɔ̃ʒenɛz, -ʒeni] *f biol* Ontogenese *f;* **~logie** *f* Ontologie *f;* **~logique** *a* ontologisch.

onze [ɔ̃z] **I.** *a* elf; **II.** *s m* Elf(er *m*) *f;* der Elfte; (Fußball-)Elf *f;* **~ième** *a* elfte(r, s).

opaci|fier [ɔpasifje] *tr* undurchsichtig machen; **~té** *f* Lichtundurchlässigkeit *f.*

opal|e [ɔpal] *f min* Opal *m;* **~escent, e** *a* opalisierend; **~in, e** *a* opalartig.

opaque [ɔpak] *a* undurchsichtig; lichtundurchlässig.

opér|a [ɔpera] *m* Oper *f; O*~ Opernhaus *n;* ~ *bouffe* komische Oper *f;* **~able** *a med* operierbar; **~ant, e** *a* wirksam; **~ateur, trice** *m f* **1.** *phot film* Operateur, Kameramann; Filmvorführer(in *f*) *m;* **2.** *radio mar aero* (Bord-)Funker *m;* **~ation** *f* **1.** Wirkung(sweise) *f,* Wirken *n;* Aktion *f a. pol;* Unternehmen, Verfahren *n;* Maßnahme *f;* **2.** Verrichtung *f;* Arbeits(vor)gang *m;* **3.** *med* (operativer) Eingriff *m;* **4.** *math* (Grund-) Rechnungsart *f;* **5.** *mil* Aktion *f,* Unternehmen *n;* **6.** Operation *f;* **7.** Geschäft *n,* Abschluß, Vorgang, Vorfall *m; pl* (Geschäfts-)Verkehr *m;* **8.** *faire une* ~ *(med)* e-e Operation vor=nehmen; *subir une* ~ sich e-r Operation unterziehen;- **9.** *base f d'*~ *(mil)* Operationsbasis *f; salle, table f d'*~ Operationsraum, -tisch *m; théatre m d'*~*s* Kriegsschauplatz *m;* **10.** ~ *arithmétique* Rechenoperation *f;* ~*s bancaires* Bankverkehr *m;* ~ *de bourse* Börsenspekulation *f;* ~*s de caisse et de virements* Zahlungs- u. Überweisungsverkehr *m; ~ de change* Wechsel-, Valutageschäft *m; ~ commerciale* Handelsgeschäft *n; ~ de compensation* Kompensationsgeschäft *n; ~ de crédit, d'échange* Kredit-, Tauschgeschäft *n; ~s d'épargne, d'espèces* Spar-, Bargeldverkehr *m; ~ financière, d'argent* Geldgeschäft *n; ~ à perte* Verlustgeschäft; *~ de police* Polizeiaktion *f; ~ à terme* Termingeschäft *n; ~ de virement* Giroverkehr *m;* **~ationnel, le** [-sjɔ-] *a* **1.** *mil* operativ; **2.** *com* operationell, einsatzfähig; **~atoire** *med a* Operations-; *médecine f ~* Chirurgie *f;* **~er I.** *tr* **1.** bewirken, bewerkstelligen, aus=, herbei=führen; aus=, durch=führen; **2.** *med* operieren; **II. 3.** *itr* wirken (*sur* auf *acc*); **4.** verfahren, vor=gehen; handeln; **III.** *v prn s'~* **5.** ein=treten, sich ereignen, sich vollziehen; *~ des miracles* Wunder wirken; **~ette** *f* Operette *f.*

ophtalm|ie [ɔftalmi] *f med* Augenentzündung *f; ~ des neiges* Schneeblindheit *f;* **~ologie** *f* Augenheilkunde *f;* **~ologiste** *m* Augenarzt *m;* **~oscope** *m med* Augenspiegel *m.*

opin|iâtre [ɔpinjatr] *a* **1.** eigensinnig, unbelehrbar, halsstarrig, verbissen; **2.** hartnäckig, zäh; **~iâtreté** *f* **1.** Halsstarrigkeit *f,* Eigensinn *m;* **2.** Zähigkeit, Hartnäckigkeit *f.*

opinion [ɔpinjɔ̃] *f* **1.** Meinung, Ansicht *f,* Standpunkt *m;* Einstellung *f;* **2.** *pl* Lehrmeinung, Lehre *f;* **3.** öffentliche Meinung *f;* **4.** *avoir le courage de ses ~s* für s-e Meinung ein=treten; *donner son ~* s-e Meinung, Ansicht äußern; *se faire une ~* sich e-e Meinung bilden; **5.** *affaire f d'~* Ansichtssache *f; sondage m d'~* Meinungsforschung *f;* **6.** *~s toutes faites* vorgefaßte Meinungen *f pl; ~ populaire* Volksmeinung *f.*

opi|omane [ɔpjɔman] *m f* Opiumsüchtige(r *m*) *f;* **~um** [-ɔm] *m* Opium *n.*

oponce [ɔpɔ̃s] *m bot* Opuntie, Feigenkaktus *m.*

opossum [ɔpɔsɔm] *m zoo* Opossum *n.*

opportun, e [ɔpɔrtœ̃, -yn] *a* günstig, passend, angebracht, zweckmäßig; *en temps ~* zu gelegener Zeit; **~isme** [-yn-] *m pol* Opportunismus *m;* **~iste I.** *a* opportunistisch; **II.** *s m* Opportunist *m;* **~ité** *f* Zweckmäßigkeit; (günstige) Gelegenheit *f.*

oppos|ant, e [ɔpozɑ̃] **I.** *a* gegnerisch; Gegen-; **II.** *s m f* Opponent, Gegner(in *f*) *m; parti m ~* Gegenpartei *f;* **~é, e I.** *a* gegenüberliegend, -gestellt; entgegengesetzt; **II.** *s m* **1.** Gegenteil *n,* -satz *m;* **2.** *à l'~* auf der entgegengesetzten Seite; auf der anderen Seite; *à l'~ de ...* im Gegensatz zu, das Gegenteil *gen;* **~er I.** *tr* **1.** ea. gegenüberlegen, -setzen, auf=stellen; gegenüber=, entgegen=stellen; **2.** dagegen an=führen, entgegen=halten, ein=wenden; **II.** *v prn s'~* sich entgegen=stellen, sich widersetzen (*à ce que* daß); — *~ un veto à qc* ein Veto gegen etw einlegen; *je m'y oppose formellement* ich bin strikt dagegen; **~ition** *f* **1.** Gegenüberstellung *f;* Gegensatz *m;* Opposition *f a. pol astr;* **2.** Widerstand; Widerspruch, Einwand *m;* **3.** *(Kunst)* Kontrast *m;* **4.** *jur* Einspruch *m;* **5.** *pol* Oppositionspartei *f;* **6.** *par ~ à* im Gegensatz zu *(dat); être en ~ avec* im Gegensatz stehen zu *(dat);* ein gespanntes Verhältnis haben zu *(dat); faire ~ à qc* Einspruch gegen etw einlegen; *(Scheck)* sperren lassen; *délai m d'~* Einspruchsfrist *f.*

oppr|esser [ɔpre(ɛ)se] *tr fig* bedrücken, beklemmen; **~esseur** *s m* Bedrücker *m;* **~essif, ive** *a* be-, unterdrückend; *mesures f pl oppressives* Zwangsmaßnahmen *f pl;* **~ession** *f* **1.** Unter-, Bedrückung; bedrückte Lage *f,* Druck *m;* **2.** *med* (Atem-)Beklemmung *f;* **~imer** [ɔprime] *tr* be-, unterdrücken.

opt|er [ɔpte] *tr* wählen (*pour qc* etw), sich entscheiden, optieren (*pour* für); **~icien** *m* Optiker *m.*

opt|imal [ɔptimal] *a* optimal, bestmöglich; **~imalisation** *f,* **~imisation** *f com* Optimierung *f;* **~imaliser, ~imer** *tr com* optimieren; **~imisme** *m* Optimismus *m;* **~imiste I.** *s m f* Optimist(in *f*) *m;* **II.** *a* optimistisch; **~imum** [-imɔm] *pl a. optima* Optimum *n;* **~ion** [-sjɔ̃] *f* **1.** Wahl, Entscheidung, Option *f;* **2.** *com* Vorkaufsrecht *n,* Option *f;* **3.** *(Schule)* Wahlfach *n;* **~ionnel, le** *a* fakultativ.

optique [ɔptik] **I.** *a* optisch; **II.** *s f* **1.** Optik *f;* **2.** optische(r) Eindruck *m;* **3.** *fig* Meinung *f,* Standpunkt *m;* — *illusion f d'~* optische Täuschung *f; instruments m pl d'~* optische Instrumente *n pl; nerf m ~* Sehnerv *m.*

opulen|ce [ɔpylɑ̃s] *f* **1.** große(r) Reichtum, Überfluß *m;* **2.** *(Körperform)* Üppigkeit *f;* **~t, e** *a* **1.** (stein)reich; **2.** üppig.

opuscule [ɔpyskyl] *m* kleine(s) Werk *n,* kleine Schrift *f.*

or [ɔr] **I.** *conj* nun; also folglich; *~ ça* nun, so ... doch; **II.** *s m* **1.** Gold *n;* **2.** *d'~, en ~* golden, von Gold; *à prix d'~* für teures Geld; **3.** *acheter, vendre au poids de l'~ (fig)* mit Gold auf=wiegen, teuer verkaufen; *rouler sur l'~, être tout cousu d'~* im Geld schwimmen, Geld wie Heu haben; *c'est de l'~ en barre (fig)* das ist (so gut wie) bares Geld; *cela vaut son pesant d'~ (fig)* das ist Gold wert; **4.** *étalon m ~* Goldstandard *m; mine f d'~* Goldgrube *f a. fig; réserve f ~* Goldbestand, -vorrat *m; ~ en barres* Barrengold *n.*

oracle [ɔrɑkl] *m* Orakel(spruch *m*) *n*.

orag|e [ɔraʒ] *m* **1.** Gewitter *n;* **2.** *fig* Sturm *m,* Wirren *pl,* Unheil *n;* **3.** *un ~ éclate* ein Gewitter geht nieder (*sur* über *dat*), bricht los; *il y a de l'~ dans l'air (fig)* es liegt etw in der Luft; *~ de grêle* Hagelwetter *n,* -schauer *m;* **~eux, se** *a* **1.** gewitt(e)rig; **2.** *fig* stürmisch.

oraison [ɔrɛzõ] *f* Gebet *n;* — *~ dominicale* Vaterunser *n; ~ funèbre* Grabrede *f.*

oral, e [ɔral] **I.** *a* mündlich; *anat* Mund-; **II.** *m l'~ (Prüfung)* das Mündliche; *cavité f ~e* Mundhöhle *f.*

orang|e [ɔrɑ̃s] **I.** *f* Apfelsine, Orange *f;* **II.** *m* Orange *n (Farbe);* **III.** *a inv* orange(farben); *~ amère* Pomeranze *f; ~ sanguine* Blutorange *f;* **~é, e** *a* orange(farben); **~eade** [-ʒad] *f* Orangeade *f;* **~er** *m* Orangenbaum *m; fleur f ~* Orangenblüte *f;* **~eraie** *f* Orangenplantage *f;* **~erie** *f* Orangerie *f.*

orang-outang [ɔrɑ̃utɑ̃] *m zoo* Orang--Utan *m.*

orat|eur [ɔratœr] *m* (guter) Redner *m;* **~oire I.** *a* rednerisch; Rede-; **II.** *s m* Hauskapelle *f;* Oratorium *n;* **~orio** *m mus* Oratorium *n.*

orb|e [ɔrb] **I.** *a: mur m ~* geschlossene Wand *f;* **II.** *s m* Planeten-, Kometenbahn *f (Fläche);* **~ital, e** *a astr* Bahn-, Orbital-; *vitesse f ~e* Umlaufgeschwindigkeit *f;* **~ite** *f* **1.** *anat* Augenhöhle; **2.** *astr* Umlaufbahn *f;* **3.** *fig* Einflußbereich *m,* -sphäre *f;* **4.** *mettre, placer en, sur ~* auf die vorgesehene Umlaufbahn bringen; *vivre en, dans l'~ de qn* unter jds Einfluß stehen; *~ circulaire proche de la terre* erdnahe Umlaufbahn *f.*

orchestr|al, e [ɔrkɛstral] *a* Orchester-; **~ation** *f* Instrumentierung, Orchestrierung; **~e** *m* **1.** Orchester (-raum *m*) *n,* Kapelle *f;* **2.** *theat* vordere(s) Parkett *n;* **3.** *chef m d'~* Kapellmeister *m; fauteuil m d'~ (theat)* Orchestersessel *m;* **4.** *~ à cordes, à cuivres* Streich-, Blasorchester *n; ~ de jazz* Jazzkapelle *f;* **~er** *tr* **1.** orchestrieren, für Orchestermusik ein=richten; **2.** *fig* inszenieren, organisieren.

orchidée [ɔrkide] *f* Orchidee *f.*

ordin|aire [ɔrdinɛr] **I.** *a* **1.** gewöhnlich, alltäglich; üblich, normal; **2.** durchschnittlich, einfach, gewöhnlich; **II.** *s m* **3.** (das) Gewöhnliche; **4.** (Alltags-)Kost *f;* Stammessen, -gericht *n;* **5.** *mil* Mannschaft(sverpflegung) *f;* **6.** *(comme) à l'~* (wie) gewöhnlich; *d'~* im allgemeinen, meist; **7.** *sortir de l'~* aus dem Rahmen fallen; **8.** *action f ~ (com)* Stammaktie *f; nourriture f ~* Hausmannskost *f; prix m ~* Ladenpreis *m; vin m ~* Tischwein *m;* **~al, e** *a gram: adjectifs m pl numéraux ordinaux* Ordnungszahlen *f pl;* **~ateur** *m tech* Elektronenrechner, Computer *m,* EDV-Anlage *f;* **~ation** *f* **1.** Priesterweihe *f;* **2.** Datenerfassung und -verarbeitung *f.*

ordonn|ance [ɔrdɔnɑ̃s] *f* **1.** (An-)Ordnung; Anweisung, Vorschrift, Verordnung, Verfügung *f,* Erlaß *m;* **2.** *jur* Beschluß *m;* **3.** *med* Rezept *n;* Verordnung, Verschreibung *f;* **4.** *arch* architektonische, künstlerische Gestaltung *f;* **5.** *a. m mil* Ordnonnanz *f;* **6.** *officier m d'~* Adjutant *m;* **7.** *~s d'exécution, d'application* Ausführungsbestimmungen *f pl; ~ pénale* Strafbefehl *m; ~ de prise de corps* Haftbefehl *m;* **~ancement** *m* **1.** Zahlungsanweisung *f;* **2.** *com tech* Ablauf-, Arbeitsplanung *f;* **~ancer** *tr* zur Zahlung anweisen; **~ateur** *m* zu Zahlungsanweisungen Berechtigte(r *m*) *f;* **~é, e I.** *a* (wohl)geordnet; ordnungsliebend; **II.** *s f math* Ordinate *f.*

ordonner [ɔrdɔne] **I.** *tr* **1.** *(arranger)* ordnen, ein=richten, regeln, in Ordnung bringen; **2.** *(Fest)* die Festordnung bestimmen; **3.** *(donner un ordre)* befehlen, den Befehl geben (*de* zu); an=ordnen, verfügen; — *~ à qn de faire qc* jdm befehlen, etw zu tun; *c'est lui qui me l'a ordonné* den Befehl habe ich von ihm erhalten; *le juge a le huis-clos* der Richter hat den Ausschluß der Öffentlichkeit angeordnet; **4.** *(med)* verordnen, verschreiben (*qc à qn* jdm e-e S); **5.** *(rel)* ordinieren, zum Priester weihen; **II.** *v prn s'~* **6.** e-e gewisse Ordnung auf=weisen, sich gruppieren (*selon* nach); *(Gedanken)* in Ordnung kommen.

ordre [ɔrdr] *m* **1.** Ordnung; Reihenfolge, Stellung; Klasse *f,* Rang, Grad *m;* **2.** Art, Natur *f;* **3.** Befehl, Auftrag *m,* Vorschrift, Anweisung, -ordnung *f;* **4.** *rel hist* Orden *m;* (Priester-) Weihe *f;* **5.** *arch* (Säulen-)Ordnung *f;* **6.** *com* Order, Bestellung *f;* Auftrag *m;* **7.** *(freie Berufe)* Verband *m,* Kammer *f;* **8.** *à l'~ du jour (fig)* auf der Tagesordnung; *à l'~ d'un tiers (com)* an fremde Order; *dans l'~* in der Ordnung; *d'~ et pour compte de* im Auftrag u. für Rechnung *gen; de premier ~* ersten Ranges; *en bon ~* in guter Ordnung; richtig; *en ~ de marche* betriebsfähig; *jusqu'à nouvel ~* bis auf weiteres; *par ~* auf Befehl; *par ~ de* im Auftrage *gen; par ~ alphabétique, chronologique* in alphabetischer, chronologischer Reihenfolge; *pour le bon ~* der Ordnung halber; *sous les ~s de* unter dem Befehl *gen; sur ~ de* auf Anordnung, Befehl *gen;* **9.** *annuler, exécuter, noter, passer un ~* e-n Auftrag stornieren, erledigen, buchen, erteilen; *donner l'~* den Befehl erteilen (*de* zu); *être sous les ~s de qn* jdm unterstehen; *manquer d'~* unordentlich, ein schlechter Haushalter, Wirtschafter sein; *mettre en ~* in

Ordnung bringen; *se mettre aux ~s de qn* sich jdm zur Verfügung stellen; *mettre bon ~* Ordnung schaffen; *placer sous les ~s* unterstellen (*de qn* jdm); *rappeler à l'~* zur Ordnung rufen; **10.** *billet m à ~* Eigenwechsel *m; donneur m d'~* Auftraggeber *m; numéro m d'~* laufende Nummer, Rangnummer *f; papiers m pl à ~* Orderpapiere *n pl; rappel m à l'~* Ordnungsruf *m; services m pl d'~* Ordnungsdienste *m pl;* **11.** *~ de banque, de bourse* Bank-, Börsenauftrag *m; ~ de chevalerie* Ritterorden *m; ~ économique* Wirtschaftsordnung *f; ~ de grandeur* Größenordnung *f; ~ judiciaire* richterliche Gewalt *f; ~ de justice* gerichtliche Anordnung *f; ~ de marche* Marschordnung *f; ~ mendiant (rel)* Bettelorden *m; les ~s mineurs, majeurs (rel)* die niederen, höheren Weihen *f pl; ~ de paiement* Zahlungsauftrag *m; ~ permanent* Dauerauftrag *m; ~ social* Gesellschaftsordnung *f; ~ de vente, de virement* Verkaufs-, Überweisungsauftrag *m;* **12.** *du jour* Tagesordnung *f; établir, élaborer, dresser l'~ du jour* die Tagesordnung auf=stellen; *inscrire à l'~ du jour* auf die Tagesordnung setzen; *passer à l'~ du jour* zur Tagesordnung über=gehen; *à l'~ du jour figure ...* auf der Tagesordnung steht ...; *adoption f de l'~ du jour* Annahme *f* der Tagesordnung; *demande f d'inscription à l'~ du jour* Antrag *m* auf Aufnahme in die Tagesordnung; *établissement m de l'~ du jour* Aufstellung *f* der Tagesordnung; *point m figurant à l'~ du jour* Punkt *m* (auf) der Tagesordnung; *le premier point à l'~ du jour* Punkt 1 der Tagesordnung.

ordur|e [ɔrdyr] *f* **1.** Schmutz, Unrat *m;* **2.** *fig* Zote; Gemeinheit *f;* **3.** *pop* Miststück *n;* **4.** *pl* Abfall, Müll *m; — jeter, metter qc aux ~s* etw in den Mülleimer werfen; *boîte f à ~s* Mülleimer-, -kasten *m;* **~ier, ère** [-rje, -ɛr] *a* schmutzig, unanständig; gemein.

orée [ɔre] *f: à l'~ de la forêt* am Waldesrand.

oreill|e [ɔrɛj] *f* **1.** Ohr *n; (Hase)* Löffel *m;* **2.** Gehör *n;* **3.** Henkel *m;* **4.** *(Schuh)* Lasche *f;* **5.** Flügel *m (e-r Schraube);* **6.** *tech* Öse *f;* **7.** *d'~ (mus)* nach Gehör; *jusqu'aux ~s* bis über die Ohren; *par dessus les ~s* über die Hutschnur; *à écorcher les ~s* ohrenbetäubend; **8.** *avoir l'~ dure* schwerhörig sein; *avoir les ~~s (re)battues* die Ohren voll haben (*de* von); *casser les ~s à qn* jdm in den Ohren liegen; *dire qc à l'~ de qn* jdm etw ins Ohr flüstern; *dresser, tendre l'~ (fig)* die Ohren spitzen; *échauffer les ~s de qn* jdn zur Weißglut bringen; *être tout ~s* ganz Ohr sein; *n'écouter que d'une ~* nur mit halbem Ohr hin= *od* zu=hören; *faire la sourde ~* sich taub stellen; *fermer l'~ à* nichts wissen wollen von; *mettre la puce à l'~ de qn (fig)* jdm e-n Floh ins Ohr setzen; *ouvrir, prêter l'~* die Ohren aufmachen; *prêter l'~* aufmerksam hin=hören (*à* auf *acc*); *se faire tirer l'~* sich lange nötigen lassen; *venir aux ~s* zu Ohren kommen (*de qn* jdm); **9.** *~ moyenne* Mittelohr *n;* **~er** *m* Kopfkissen *n; prendre conseil de son ~* e-e Sache überschlafen; **~ette** *f* **1.** *anat* Vorhof *m;* **2.** *(Mütze)* Ohrenklappe *f m;* **~ons** *m pl med* Mumps, Ziegenpeter *m.*

ores *adv: d' ~et déjà* [dɔrzedeʒa] von nun, jetzt an; schon jetzt.

orf|èvre [ɔrfɛvr] *m* Goldschmied *m; ~ bijoutier* Juwelier *m; il est ~ en la matière* er kennt sich aus; **~èvrerie** [-vrə-] *f* Goldschmiedekunst *f;* Goldwaren *f pl.*

orfraie [ɔrfrɛ] *f* Seeadler *m.*

organdi [ɔrgɑ̃di] *m* Organdy *m (Stoff).*

organ|e [ɔrgan] *m* **1.** *anat* Organ *n;* **2.** Stimme *f;* **3.** *fig* Werkzeug, Instrument *n;* **4.** Ausschuß *m;* (ausführendes) Organ *n;* **5.** Zeitung, Zeitschrift *f;* **6.** *tech* Element, Organ *n,* Vorrichtung *f;* **7.** *par l'~ de* durch Vermittlung *gen;* **8.** *~s de commande* Triebwerk, Getriebe *n; ~s de l'Epargne* Träger *m pl* des Sparwesens; *~s génitaux* Geschlechtsorgane *n pl; ~ des sens* Sinnesorgan *n;* **~igramme** *m* Organisationsplan *m;* Übersicht *f;* **~ique** *a* organisch; *chimie f ~* organische Chemie *f; loi f ~ (jur)* Grundgesetz *n.*

organ|isateur, trice [ɔrganisatœr, -tris] **I.** *a* organisatorisch; **II.** *s m f* Organisator; Manager *m;* **~isation** *f* **1.** Organisation, Struktur *f;* Aufbau *m,* Gliederung *f;* **2.** Verband *m,* Organisation *f;* **3.** *~ des banques, du crédit* Bank-, Kreditwesen *n; ~ des entreprises* Betriebsorganisation *f; ~ professionnelle* Berufsverband *m; ~ des salariés, des entrepreneurs* Arbeitnehmer-, Arbeitgeberorganisation *f; ~ au sol (aero)* Bodenorganisation *f; ~ du terrain* Geländeverstärkung *f; ~ du travail* Arbeitsplanung *f;* **~iser I.** *tr* **1.** organisieren, ein=richten, (an=)ordnen, gestalten, bilden, zs.=stellen; **2.** *(Fest)* veranstalten; **3.** gliedern; **II.** *v prn s'~* **4.** sich ein=richten; sich etw richtig einteilen; **5.** *(Sache)* sich einspielen, geregelt werden; **~isme** *m* **1.** Organisation; Dienststelle, Abteilung *f;* **2.** *biol fig* Organismus *m;* **~iste** *m mus* Organist *m.*

orgasme [ɔrgasm] *m biol* Orgasmus *m.*

org|e [ɔrʒ] *f* Gerste *f; grain m d'~* Gerstenkorn *n; ~ m mondé* Graupen *pl; ~ m perlé* Perlgraupen *pl;* Graupenschleim *m;* **~elet** [-əlɛ] *m med* Gerstenkorn *n;* **~ie** [-ʒi] *f* **1.** Orgie *f;* Gelage *n;* **2.** verschwenderische Fülle *f.*

orgue [ɔrg] *m,* **~s** *f a. m pl mus* Orgel *f; jouer de l'~* Orgel spielen; *facteur m d'~* Orgelbauer *m; joueur m d'~* Leierkastenmann *m; tuyau m d'~* Orgelpfeife *f; ~ de Barbarie* Drehorgel *f,* Leierkasten *m.*

orgueil [ɔrgœj] *m* Stolz (*de* auf *acc*); Hochmut, Dünkel *m; être l'~ de* der Stolz *gen* sein; **~leux, se** *a* stolz (*de* auf *acc*); hochmütig, dünkelhaft, hochnäsig.

orient [ɔrjɑ̃] *m* **1.** Osten *m; l'~* der Orient, der Osten, das Morgenland; *l'Extrême-~* der Ferne Osten; *le Proche-~* der Vordere Orient; **2.** *(Perle)* Glanz *m;* **~able** [-tabl] *a tech* einstellbar; dreh-, schwenkbar; **~al, e I.** *a* östlich, orientalisch; **II.** *~ s m* Orientale *m;* **~alisme** *m* Orientalistik *f;* **~aliste** *m* Orientalist *m.*

orient|ation [ɔrjɑ̃tasjɔ̃] *f* **1.** Orientierung *f;* **2.** *fig pol* Ausrichtung *f,* Kurs *m;* Tendenz *f;* **3.** *fig* Lenkung *f;* **4.** *(Haus)* Lage; **5.** *phys* Richtung *f;* **6.** *sens m de l'~ (zoo)* Orientierungssinn *m; table f d'~* Panoramatafel *f;* **7.** *~ des besoins* Bedarfslenkung *f; ~ de la consommation* Verbrauchslenkung *f; ~ professionnelle* Berufsberatung *f;* **~er I.** *tr* **1.** orientieren; **2.** *fig* aus=richten (*vers* auf *acc*); **3.** *(Wirtschaft)* lenken; **4.** *(Schüler)* beraten (*qn* jdn); **5.** *mar (Segel)* stellen; **II.** *v prn s'~* **6.** *fig* sich orientieren, sich zurecht=finden, s-n Weg finden; **7.** sich richten (*vers* nach); **8.** sich zuwenden (*vers qc* e-r S); **~eur, trice** *m f* Berufsberater(in *f*) *m.*

ori|fice [ɔrifis] *m* Öffnung, Mündung *f;* **~gan** [-gɑ̃] *m bot* Majoran *m.*

origin|aire [ɔriʒinɛr] *a* (her)stammend, gebürtig (*de* von, aus); **~airement** *adv* ursprünglich, von Haus aus; **~al, e I.** *a* **1.** ursprünglich, original; **2.** originell, neuartig; **3.** *(Person)* sonderbar; **II.** *s m* **1.** Original *n,* Urschrift *f,* Originaltext *m;* **2.** Original *n,* Sonderling, komische(r) Kauz *m; — en ~* im Original, urschriftlich; *édition f ~e (Buch)* Erstausgabe *f;* **~alité** *f* **1.** Originalität, Ursprünglichkeit *f;* **2.** Neuheit, Besonderheit *f;* **3.** Sonderbarkeit *f;* **~e** *f* **1.** Anfang, Ursprung *m,* Herkunft, Abstammung *f;* **2.** Ausgangspunkt; Ansatz(punkt) *m;* Ursache *f;* **3.** *math* Nullpunkt *m;* **4.** *à l'~* am Anfang, ursprünglich; *d'~* der Herkunft nach, von Geburt, ursprünglich; Heimat-; *com* mit Herkunftsnachweis; *dès l'~* von Anfang an; **5.** *certificat m, marque f, pays, port m d'~* Ursprungszeugnis, -zeichen, -land *n,* -hafen *m; emballage m d'~* Originalpackung *f;* **~el, le** *a* ursprünglich; *péché m ~ (rel)* Erbsünde *f.*

oripeau [ɔripo] *m* zerschlissene Kleidung *f.*

orm|aie, ~oie [ɔrmɛ, -wa] *f* Ulmenwäldchen *n,* -pflanzung *f;* **~e** *m bot* Ulme, Rüster *f;* **~eau** *m* **1.** (junge) Ulme *f;* **2.** *zoo* Seeohr *n.*

orn|ement [ɔrnəmɑ̃] *m* **1.** Schmuck *m,* Verzierung *f,* Zierat *m;* **2.** *mus* Verzierung *f;* **3.** *pl rel* Meßgewand *n;* **~emental, e** *a* ornamental; *plante f ~e* Zierpflanze *f;* **~ementation** *f mus* Ornamentik *f;* **~ementer** *tr* (mit e-m Ornament) verzieren; **~er** *tr* (aus=) schmücken, verzieren (*de* mit); aus=statten; **~ière** [-njɛr] *f* Rad-, Wagenspur *f; sortir de l'~ (fig)* sich aus e-r schwierigen Lage herausarbeiten.

ornitho|gale [ɔrnitɔgal] *m bot* Milchstern *m;* **~logie** *f* Ornithologie, Vogelkunde *f;* **~logiste, ~logue** *m* Ornithologe *m.*

oro|graphie [ɔrɔgrafi] *f* Gebirgsbeschreibung *f;* **~graphique** *a* orographisch; Gebirgs-.

oronge [ɔrɔ̃ʒ] *f: fausse ~* Fliegenpilz *m; ~ vineuse* Knollenblätterpilz *m; ~ vraie* Kaiserling *m.*

orph|elin, e [ɔrfəlɛ̃, -in] **I.** *s m f* Waise *f,* Waisenkind *n;* **II.** *a* verwaist; *être ~ de père, de mère* keinen Vater, keine Mutter mehr haben; *~ de père et de mère* Vollwaise *f;* **~elinat** [-na] *m* Waisenhaus *n;* **~éon** *m* (Männer-)Gesangverein, Musikverein *m;* **~isme** *m* Orphik *f.*

orteil [ɔrtɛj] *m* Zehe *f; gros ~* große Zehe *f.*

ortho|doxe [ɔrtɔdɔks] *a* orthodox, rechtgläubig, **~doxie** *f* Rechtgläubigkeit *f;* **~graphe** *f* **1.** Orthographie, R chtschreibung *f;* **2.** Schreibweise *f; — faute f d'~* Rechtschreibfehler *m;* **~graphier** *tr* (richtig) schreiben; **~graphique** *a* orthographisch; **~pédie** *f med* Orthopädie *f;* **~pédique** *a* orthopädisch; **~pédiste** *s m* Orthopäde *m.*

ort|ie [ɔrti] *f* Brennessel *f* **~olan** *m* [-tɔlɑ̃] *orn* Fettammer *f.*

orvet [ɔrvɛ] *m zoo* Blindschleiche *f.*

os [ɔs, *pl* o] *m* **1.** Knochen *m;* **2.** *pl* Gebeine *n pl;* **3.** *en chair et en ~* leibhaftig; *jusqu'à la moelle des ~* durch Mark u. Bein; *trempé jusqu'aux ~* bis auf die Haut durchnäßt; **4.** *n'avoir que la peau sur les ~* nur noch Haut u. Knochen sein; *ne pas faire de vieux ~* nicht alt werden *a. fig; jeter, donner un ~ à ronger à qn* jdn mit einer Kleinigkeit ab=speisen; **5.** *il y a un ~ (arg)* das hat e-n Haken, da hapert's; **6.** *~ de baleine* Fischbein *n; ~ frontal, temporal* Stirn-, Schläfenbein *n; ~ à moelle* Markknochen *m.*

oscill|ateur [ɔsilatœr] *m el* Oszillator *m;* **~ation** [-sjɔ̃] *f* **1.** *phys* Schwingung, Pendelbewegung *f; (Instrument)* Ausschlag *m;* **2.** *fig* Schwankung *f;* **~atoire** *a* Schwingungs-; **~er** [ɔsile] *tr* **1.** schwingen, vibrieren, pendeln; **2.** *fig* schwanken; **~ographe** *m el* Oszillo-

graph *m;* ~**omètre** *m* Blutdruckmesser *m.*
oseille [ozɛj] *f* **1.** *bot* Sauerampfer *m;* **2.** *arg* Moos, Geld *n.*
oser [oze] *tr* **1.** wagen; sich erlauben, den Mut haben (*faire qc* etw zu tun); **2.** *pp osé, e* gewagt, *fam* riskant; wagemutig, kühn; **3.** *ne pas* ~ sich nicht (ge)trauen; *osé-je?* darf ich? *si j'ose ainsi m'exprimer* wenn ich so sagen darf; ~**sie** *f* Weidengebüsch *n.*
osier [ozje] *m* **1.** Weidenrute *f;* **2.** Korbweide *f.*
osm|onde [ɔsmɔ̃d] *f:* ~ *royale (bot)* Königsfarn *m;* ~**ose** *f phys biol* Osmose *f.*
oss|ature [ɔsatyr] *f* **1.** Knochengerüst *n;* **2.** *fig* Gerüst, Skelett *n;* ~**elet** [-slɛ] *m* Knöchelchen *n;* ~**ements** *m pl* Gebeine *n pl;* ~**eux, se** *a* **1.** knochig; **2.** *med* knöchern; ~**ification** *f* Knochenbildung *f;* ~**ifier** *tr* verknöchern; ~**uaire** [-sɥɛr] *m* Knochenhaufen *m;* Beinhaus *n.*
osten|sible [ɔstɑ̃sibl] *a* offenkundig; ~**soir** *m rel* Monstranz *f;* ~**tation** [-sjɔ̃] *f* Prahlen; Zurschaustellen, -tragen *n;* ~**tatoire** *a* großtuerisch; angeberisch.
ostéo|logie [ɔsteɔlɔʒi] *f* Knochenlehre *f;* ~**malacie** *f med* Knochenerweichung *f.*
ostr|acisme [ɔstrasism] *m* **1.** *hist* Ostrazismus *m;* **2.** Ausschluß *m;* Kaltstellung *f;* ~**éiculture** *f* Austernzucht *f.*
ot|age [ɔtaʒ] *m* Geisel *f a. m;* ~**arie** *f zoo* Ohrenrobbe *f.*
ôter [ote] **I.** *tr* **1.** *(enlever)* (ab=, weg=)nehmen; *(Vase, Blumen)* weg=stellen; weg=, hinaus=schaffen; ~ *les mains de ses poches* die Hände aus den Taschen nehmen; **2.** *(Fieber)* vertreiben; **3.** *(Flecken)* entfernen; ~ *les taches d'un vêtement* Flecken aus e-m Kleidungsstück entfernen; **4.** *(enlever un vêtement)* aus= ziehen, ab=legen, ab=nehmen; — ~ *son manteau* den Mantel ab=legen; *(Jacke, Hose, Strümpfe)* aus=ziehen; *(Hut)* ab=nehmen; **5.** *(priver) fig* rauben, entreißen (*qc à qn* jdm e-e S); — ~ *à qn ses forces* jdn s-r Kräfte berauben; ~ *qc de l'esprit, de la tête à qn* jdm e-e S aus=reden; **II.** *v prn s'*~ *de* **6.** sich entfernen, weg=gehen; **7.** sich entledigen, entäußern (*de* gen); — *s'*~ *le pain de la bouche* sich (e-e S) vom Munde ab=sparen; *je ne puis m'*~ *cela de la tête* ich werde diesen Gedanken nicht los; *ôte-toi de là! fam* weg da! *fam* mach dich bloß weg! hau ab!
otite [ɔtit] *f* Ohrenentzündung *f.*
oto-rhino-laryngolog|ie [ɔtɔrinɔlarɛ̃gɔlɔʒi] *f* Hals-, Nasen- u. Ohrenheilkunde *f;* ~**iste** *m* Facharzt *m* für Hals-, Nasen- u. Ohrenkrankheiten.
ou [u] *conj* oder; ~ ... ~ entweder ... oder; ~ *alors* ... sonst ...; ~ *bien* oder auch; *deux* ~ *trois fois* zwei bis drei Mal.
où [u] *adv* wo; wohin; worin, -an, -auf, wozu; *d'*~ woher, wovon; woraus; daher; *par* ~ wo ... (hin)durch, auf welchem Wege; *là* ~ dort, wo; ~ *que* wohin auch (immer); ~ *est le mal?* was ist (schon) dabei? ~ *en êtes-vous de ...?* wie weit sind Sie mit ...?
ouaille [waj] *f, meist pl rel* Schäfchen *n pl,* Herde *f.*
ouais [wɛ] *interj* ei! sieh da! schau (mal) an!
ouat|e [wat] *f* Watte *f; doubler d'*~ (aus=) wattieren; *tampon m d'*~ Wattebausch *m;* ~**er** *tr* wattieren.
oubli [ubli] *m* **1.** Vergessen(heit *f*) *n;* **2.** Unterlassung, Nachlässigkeit *f;* **3.** *par* ~ aus Unachtsamkeit; *tirer de l'*~ der Vergessenheit entreißen; *tomber dans l'*~ in Vergessenheit *(acc)* geraten; ~ *involontaire* Versehen *n; moment m d'*~ unbedachte(r) Augenblick *m;* ~ *de soi* Selbstverleugnung *n;* ~**er** [ublije] **I.** *tr* **1.** vergessen; verlernen; **2.** aus=lassen, außer acht lassen, übersehen, -gehen; **3.** vernachlässigen; *(Pflicht)* versäumen; **4.** sich hinweg=setzen (*qc* über e-e S); ab=sehen (*qc* von etw); **II.** *v prn s'*~ **5.** sich vergessen; sich vergehen; in Vergessenheit geraten; **6.** *(Kind)* in die Hosen machen; ~**ette(s)** *f (pl)* (Burg-) Verlies *n; mettre aux* ~*s (fig fam)* zum alten Eisen werfen; in der Versenkung verschwinden lassen; ~**eux, se** *a* vergeßlich.
oued [wɛd] *m geog* Wadi *n.*
ouest [wɛst] **I.** *s m* West(en) *m;* **II.** *a* westlich; *à l'*~ im Westen; in westlicher Richtung; westlich (*de* von); *(vent m d')* ~ *Westwind m.*
ouf [uf] *interj* uff! Gott sei Dank!
oui [wi] **I.** *adv* ja; **II.** *s m inv* Ja(wort) *n; pol* Jastimme *f; mais* ~, aber ja, ja doch, ja freilich; *pour un* ~ *ou pour un non* bei der geringsten Kleinigkeit; *dire (que)* ~ ja sagen.
ouï|-dire [widir] *m inv: par* ~ vom Hörensagen; *des* ~ Gerüchte *n pl;* ~**e** *f* **1.** Gehör *n;* **2.** *mus arch* Schalloch *n;* **3.** *pl zoo* Kiemen *pl;* **4.** *je suis tout* ~ ich bin ganz Ohr.
ouistiti [wistiti] *m zoo* Pinseläffchen *n; (fam) un drole de* ~ ein sonderbarer Heiliger.
ouragan [uragɑ̃] *m* Wirbelsturm; Orkan *m;* — ~ *de protestation* Sturm *m* der Entrüstung.
ourdir [urdir] *tr* **1.** *(Weberei)* (an=)scheren, -zetteln; **2.** *fig* an=zetteln, -stiften; **3.** *(Plan)* schmieden.
ourl|er [urle] *tr* säumen *a. fig,* ein=fassen; ~**et** [-lɛ] *m* **1.** Saum *m;* **2.** *tech* Rundkante *f.*

ours [urs] *m* **1.** Bär *m;* **2.** *fig* Brummbär *m;* **3.** ~ *blanc, en peluche* Eis-, Teddybär *m;* ~ *mal léché (fig)* grobe(r) Klotz *m;* **~e** *f* Bärin *f; la Grande O~ (astr)* der Große Bär, Wagen; *la Petite O~* der Kleine Bär; **~in** *m zoo* Seeigel *m;* **~on** *m* junge(r) Bär *m.*

oust(e) [ust] *interj pop* hau ab! raus! los!

outarde [utard] *f orn* Trappe *f.*

outil [uti] *m* **1.** Werkzeug *n a. fig; pl* Handwerkszeug, -gerät *n;* **2.** *boîte f d'~s* Werkzeugkasten *m; ~s de labourage, de jardinage* Acker-, Gartengerät *n; ~s à nettoyer* Reinigungsgerät *n;* **~lage** [-jaʒ] *m* (gesamtes) Werkzeug, Gerät *n;* Ausrüstung, technische Einrichtung *f;* **~ler** *tr* mit Werkzeug(en) versehen *od* aus=rüsten; *être bien outillé (fig)* mit allem versehen sein; **~leur** *m* Werkzeugmacher *m.*

outrag|e [utraʒ] *m* **1.** (schwere) Beleidigung, Beschimpfung, Verhöhnung *f;* **2.** Verstoß *m;* — *faire ~ à qn* jdn (schwer) beleidigen; ~ *public à la pudeur* Erregung *f* öffentlichen Ärgernisses; **~eant, e** *a* beleidigend, verletzend; **~er** *tr* beleidigen, beschimpfen, verhöhnen, verletzen; **~eusement** *adv* zu stark; maßlos; *fam* gewaltig, schrecklich.

outranc|e [utrɑ̃s] *f* Übertreibung, Überspitztheit *f; à ~* aufs äußerste, schranken-, maßlos; bis zum letzten; **~ier, ère** [-sje, -ɛr] *a* übertrieben, maßlos.

outre [utr] **I.** *s f* (Leder-)Schlauch *m;* **II.** *prp adv* **1.** außer *dat,* über ... hinaus *acc;* **2.** jenseits *gen;* weiter; **3.** *en ~* außerdem, überdies, darüber hinaus; ~ *cela* außerdem; ~ *mesure* über die Maßen, maßlos, übermäßig; ~ *que (conj)* außer, abgesehen davon, daß; **4.** *passer ~* darüber hinaus=gehen; übergehen (*à qc* etw); **5.** *~-Atlantique* jenseits des Atlantiks; *~-Manche* jenseits des (Ärmel-)Kanals; *~-mer adv* in Übersee; *d'~* überseeisch, Übersee-; *commerce m d'~* Überseehandel *m; ~-Rhin adv* jenseits des Rheins; **~mer** [-mɛr] *m* Ultramarin *m (Stein u. Farbe);* **~passer** *tr fig (Befugnis)* überschreiten; **~r** *tr* übertreiben.

outsider [awtsajdœr, utsidɛr] *m* Außenseiter *m.*

ouvert, e [uvɛr, -rt] *a* **1.** offen *a. fig;* weit geöffnet; frei, zugänglich (*à* für, *dat*) *a. fig;* **2.** *fig* freimütig, offenherzig; aufgeschlossen, vielseitig; **3.** *à bras ~s (fig)* mit offenen Armen; *à cœur ~* offen, freimütig; *à livre ~ (mus)* vom Blatt; **4.** *avoir l'œil (l'oreille) ouvert(e) (fig)* die Augen (Ohren) offen haben; **5.** *compte m ~* laufende Rechnung; *esprit m ~* helle(r) Kopf *m.*

ouverture [uvɛtyr] *f* **1.** Öffnung *f;* Eingang *m,* -fahrt *f;* Öffnen *n;* **2.** *fig* Eröffnung *f;* **3.** Erschließung; Anlegung *f (e-s Grundbuchblattes);* **4.** erste(r) Schritt *m;* Vorverhandlung *f;* **5.** *anat* Sektion *f;* **6.** *(Brücke)* Spannweite, lichte Weite *f;* **7.** *mus* Ouvertüre *f;* **8.** *opt* Apertur; **9.** *phot* Blende(nöffnung) *f;* **10.** *el* Unterbrechen *n (des Stromkreises);* **11.** *bilan, cours m d'~* Eröffnungsbilanz *f,* -kurs *m; heures f pl d'~ des guichets* Kassen-, Schalterstunden *f pl;* **12.** ~ *de la bourse* Börsenbeginn *m;* ~ *de crédit* Krediteröffnung *f;* ~ *des débats (pol)* Verhandlungsbeginn *m;* ~ *d'enquête (jur)* Einleitung *f* der Untersuchung; ~ *de la faillite* Konkursöffnung *f;* ~ *du magasin, de l'entreprise* Geschäftseröffnung *f;* ~ *du parlement* Parlamentseröffnung *f;* ~ *du testament* Testamentseröffnung *f.*

ouvr|able [uvrabl] *a* **1.** ver-, bearbeitbar; **2.** *jour m ~* Werk-, Wochentag *m;* **~age** *m* **1.** Arbeit; Bearbeitung *f;* Werk *a. fig;* Werkstück *n;* **2.** Bauwerk *n;* **3.** *mil* Befestigungs-, Verteidigungsanlagen *f pl;* **4.** *(Schriftsteller)* Werk *n;* **5.** *se mettre à l'~* sich an die Arbeit machen; **6.** *boîte f, panier m, table f à ~* Nähkasten, -korb, -tisch *m; gros ~s (arch)* Rohbau *m;* **7.** *~s d'art* Kunstbauten *m pl;* ~ *à ciel ouvert (min)* Tagebau *m;* ~ *de maçonnerie* Mauerwerk *n;* ~ *manuel, à la machine* Hand-, Maschinenarbeit *f;* ~ *de référence* Nachschlagewerk *n;* ~ *de série(s)* Serienarbeit *f;* ~ *de ville (typ)* Akzidenzarbeit *f;* **~ager** *tr* sorgfältig aus=, bearbeiten.

ouvr|ant, e [uvrɑ̃] **I.** *a* zu öffnen(d); **II.** *s m (Tür)* Flügel *m; toit m ~ (mot)* Schiebedach *n;* **~e-boîtes** *m inv* Büchsen-, Dosenöffner *m;* **~e-bouteilles** *m inv* Flaschenöffner *m.*

ouvr|er [uvre] *tr* **1.** (be-, ver)arbeiten; **2.** *(Papier)* schöpfen; **3.** *pp ouvré, e (Textil)* gewirkt; gemustert; durchbrochen; **~eur, se 1.** *m f (Papierfabrik)* Schöpfer *m;* **2.** *f (Kino)* Platzanweiserin *f.*

ouvrier, ère [uvrije, -ɛr] **I.** *s m f* **1.** Arbeiter(in *f*) *m;* Arbeitskraft *f;* **II.** *a* Arbeiter-; Werk-; *fig* schaffend; **2.** *abeille f ~ière* Arbeitsbiene *f; cité f ~ière* Arbeitersiedlung *f; classe f ~ière* Arbeiterklasse *f;* **3.** ~ *agricole* Landarbeiter *m;* ~ *du (en) bâtiment(s)* Bauarbeiter *m;* ~ *spécialisé* angelernter Arbeite(r) *m;* ~ *à façon* Heimarbeiter *m;* ~ *forestier* Waldarbeiter *m;* ~ *immigré* Gastarbeiter; ~ *en métaux* Metallarbeiter *m;* ~ *non-qualifié* ungelernte(r) Arbeiter *m;* ~ *qualifié* Facharbeiter *m;* ~ *à la tâche* Akkordarbeiter *m;* ~ *du textile* Textilarbeiter *m;* ~ *des transports* Transportarbeiter *m.*

ouvrir [uvrir] *tr* **1.** öffnen, auf=machen; frei=geben; frei=legen, -machen; auf=stoßen, -stechen, -reißen, -ziehen; **2.** *(Buch)* auf=schlagen; *(Schirm)* auf=spannen; *(Hahn)* auf=drehen; *(Handschuhe)* weiten; *(Tier)* aus=nehmen;

(Straße dem Verkehr) übergeben; **3.** *fig* eröffnen, beginnen (*par* mit); *(den Appetit)* an=regen; *(den Geist)* wecken; **4.** *com* erschließen; *jur (Untersuchung)* ein=leiten; *tech* strecken; *el (Stromkreis)* unterbrechen; **II.** *itr* **5.** *(Geschäft, Museum)* geöffnet sein; **6.** *(Sitzung)* eröffnet werden, an=fangen, beginnen; **7.** *(Fenster)* hinaus=gehen, -führen (*sur* auf *acc*); **III.** *v prn s'~* **8.** sich öffnen; auf=gehen; auf=, offen=stehen; **9.** *(Tür)* hinaus=gehen, -führen (*sur* auf *acc*); **10.** *fig* sich entfalten; sich aus= sprechen (*à* gegenüber); **11.** *côté à ~* hier öffnen! **12.** *~ un compte* ein Konto eröffnen (*à* bei); *~ son cœur, son âme à qn* jdm sein Herz aus=schütten; *~ un débouché* e-n Absatzmarkt erschließen; *~ une discussion* e-e Aussprache eröffnen (*sur* über *acc*); *~ la voie à qc* etw an=bahnen; *~ le vote* die Abstimmung eröffnen.

ov|aire [ɔvɛr] *m* **1.** *anat* Eierstock *m;* **2.** *bot* Fruchtknoten *m;* **~ale I.** *a* oval; **II.** *s m* Oval *n;* **~ation** [-sjõ] *f* Ovation *f;* **~iducte** *m anat* Eileiter *m;* **~in, e I.** *a* Schaf-; **II.** *s m pl* Schafbestand *m;* **~ipare** *a zoo* eierlegend; **~ni** *m* Ufo *n;* **~ulation** *f biol* Ovulation *f;* **~ule** *m* **1.** *zoo* Eizelle *f;* **2.** *bot* Samenanlage *f.*

oxhydrique [ɔksidrik] *a chem: gaz m ~* Knallgas *n.*

oxy|dable [ɔksidabl] *a chem* oxydierbar; **~dation** *f* Oxydation, Oxydierung *f;* **~de** *m* Oxyd *n;* **~der, s'** *v prn* oxydieren; **~gène** *m* Sauerstoff *m; tente f à ~* Sauerstoffzelt *n;* **~géné, e** *a* sauerstoffhaltig; *eau f ~e* Wasserstoff(su)peroxyd *n;* **~géner I.** *tr* **1.** *chem* mit Sauerstoff an=reichern; **2.** *(Haar)* mit Wasserstoffsuperoxyd bleichen; **II.** *v prn s'~ (fam)* frische Luft schnappen.

ozon|e [ɔzɔn] *n m chem* Ozon *m;* **~é, e** *a* ozonhaltig; **~iser** *tr* ozonisieren.

P

pacage [pakaʒ] *m* (Vieh-)Weide *f;* Weiden *n.*
pach|a [paʃa] *m* Pascha *m;* **~yderme** [-ʃ(k)i-] *m zoo* Dickhäuter *m.*
pacif|icateur, trice [pasifikatœr, -tris] **I.** *a* friedenstiftend; **II.** *s m f* Friedensstifter(in *f*) *m;* **~ication** *f* Wiederherstellung *f* des Friedens (*de* zwischen); Befriedung *f;* **~ier** [-fje] *tr* **1.** den Frieden wiederher=stellen (*les partis* zwischen den Parteien); **2.** befrieden, beruhigen; **~ique** [-fik] *a* friedlich, -liebend, -fertig; **~isme** *m pol* Pazifismus *m;* **~iste I.** *a* pazifistisch; **II.** *s m f* Pazifist(in *f*) *m.*
pack [pak] *m geog* Packeis *n.*
pacotille [pakɔtij] *f* Ramsch, Schund *m; de ~* wertlos.
pact|e [pakt] *m* Pakt Vertrag *m;* Bündnis *n;* — *faire un ~* e-n Vertrag (ab=) schließen; *~ de non-agression* Nichtangriffspakt *m;* **~iser** *itr* **1.** e-n Vertrag (ab=)schließen; **2.** sich ein=lassen, unter e-r Decke stecken (*avec* mit).
paf [paf] **I.** *interj* bums! klatsch! **II.** *a inv (fam) être ~* blau sein.
pag|aie [pagɛ] *f* Paddel *n;* **~aïe, ~aille, ~aye** [-aj] *f fam* Unordnung *f,* Durcheinander *n,* Wirrwarr *m; en ~* a) unaufgeräumt, durcheinander; b) *pop* in Masse(n); in Hülle u. Fülle; **~anisme** [-ga-] *m* Heidentum *n;* **~ayer** [-e(ɛ)je] *itr* paddeln.
pag|e [paʒ] **I.** *f* **1.** (Buch-)Seite *f;* **2.** *fig* Seite *f,* Blatt *n;* **3.** *au bas, en haut de la ~* unten, oben, auf der Seite; *en ~ 3* auf S. 3; **4.** *être à la ~ (fam fig)* auf dem laufenden, im Bilde, auf der Höhe (der Zeit) sein; *mettre en ~s (typ)* umbrechen; *tourner la ~ (fig)* zu etw anderem über=gehen; **5.** *mise f en ~s (typ)* Umbruch *m; première ~* Titelseite *f;* **II.** *m* Page; *hist* Knappe *m;* **~eot, pajot** [-ʒo] *m arg* Falle *f,* Bett *n;* **~ination** *f typ* Paginierung *f;* **~iner** *tr typ* paginieren.
pagne [paɲ] *m* (Lenden-)Schurz *m.*
pagode [pagɔd] *f* Pagode *f.*
paie, ~ment *s. paye, payement;* **~rie** [pɛri] *f* Finanzkasse *f.*
païen, ne [pajɛ̃] **I.** *a* heidnisch; **II.** *s m f* Heide *m,* Heidin *f a. fig.*
paill|ard, e [pɑja:r] **I.** *s m f fam* Wüstling *m;* **II.** *a* geil; **~ardise** *f* Geilheit *f; pl* Zoten *f pl;* **~asse** *f* **1.** Strohsack *m;* **2.** *(Küche)* Abtropffläche *f;* **3.** Labortisch *m;* **4.** *pop* Nutte *f;* **~asson** *m* **1.** (Stroh-, Binsen-)Matte *f;* **2.** (Fuß-)Abtreter *m;* **~e** [pɑ:j] *f* **1.** Stroh (-halm *m*) *n; com* Bund *n* Stroh; **2.** Stroh-, Trinkhalm *m;* **3.** *tech* Fehler, Sprung, Riß *m;* **4.** *fam fig* Kleinigkeit *f;* **5.** *a inv* strohfarben; **6.** *être sur la ~* bettelarm sein; *tirer à la courte ~* Hälmchen ziehen; **7.** *botte f, chapeau, feu, homme m de ~* Strohbündel *n,* -hut *m,* -feuer *n a. fig,* -mann *m a fig; ~ de fer* Stahlspäne *m pl;* **~é, e** *a tech* rissig, brüchig; **~er I.** *s m* Strohhaufen *m,* -dieme *f;* **II.** *tr agr* **1.** mit Stroh abdecken; **2.** *(Stuhl)* mit Stroh (aus=)flechten; **~et** [-ɛ] *s m, a: vin m ~* Bleichert *m;* **~eté, e** *a* mit Pailletten besetzt; **~ette** *f* **1.** Paillette *f;* **2.** Plättchen *n;* **3.** *(Diamant)* Fehler *m;* — *savon m en ~s* (Seifen-)Flocken *f pl;* **~eux, se** *a* **1.** *(Metall)* rissig, brüchig; **2.** *(Dünger)* noch nicht verrottet; **~is** [-i] *m* Streu *f (auf Gartenbeeten);* **~on** *m* **1.** Strohhülse *f (für Flaschen);* **2.** Metallplättchen *n;* **~otte** *f* Strohhütte *f.*
pain [pɛ̃] *m* **1.** Brot *n a. fig;* **2.** *(Seife, Butter)* Stück *n; (Seife)* Block, Riegel *m;* **3.** *pop* Faustschlag *m;* **4.** *au ~ et à l'eau* bei Wasser u. Brot; *avoir du ~ sur la planche* viel zu tun haben; *(pop) coller un ~ à qn* jdn eine kleben; *manger son ~ blanc le premier* das Gute vorweg genießen; *s'enlever comme des petits ~s* wie warme Semmeln abgehen; *s'ôter le ~ de la bouche* sich das Brot vom Munde absparen; *petit ~* Brötchen *n,* Semmel *f; ~ bénit* geweihte(s) Brot *n; c'est ~ bénit* das geschieht ihm ganz recht; **5.** *~ bis* Misch-, Graubrot *n; ~ blanc* Weißbrot *n; ~ d'épice(s)* Leb-, Honigkuchen *m; ~ de ménage* Land-, Bauernbrot *n; ~ de sucre* Zuckerhut *m.*
pair, e [pɛr] **I.** *a* **1.** *(Zahl)* gerade; **2.** *zoo bot* paarig; **II.** *s m* **1.** *com* Pari(tät *f*) *n,* Nennwert *m;* **2.** *hist* Pair, *(engl.)* Peer *m;* **III.** *s f* **1.** Paar; **2.** *(Pferde)* Gespann; **3.** *(Ochsen)* Joch *n;* **4.** *au ~* für Kost und Logis *(arbeiten); com* al pari, zum Nennwert; *de ~* auf gleicher Stufe; zusammen; *hors (de) ~* unerreicht, konkurrenzlos; *sans ~* einzigartig, unvergleichlich; *son, ses ~(s)* seines-, ihresgleichen; *faire la ~e* ein Paar sein; zs.=passen; *se faire la ~e (fam)* das Weite suchen, aus=rücken; **5.** *~e d'amis* Freundespaar *n; ~e de ciseaux* Schere *f; ~e de lunettes* Brille *f.*
paisible [pe(ɛ)zibl] *a* friedlich, -fertig; ruhig.

paître [pɛtr] *tr itr* weiden, äsen, (ab≈)grasen; *envoyer* ~ *(fam)* zum Teufel jagen.

paix [pɛ] *f* **1.** Friede(n) *m;* **2.** Eintracht, Ruhe; Stille *f;* — *en* ~ in Ruhe, Frieden; *en temps de* ~ in Friedenszeiten; *faire la* ~ *avec qn* sich mit jdm aus≈söhnen; *(fam) laissez-lui la* ~ lassen Sie ihn in Ruhe! ~ *à ses cendres!* Friede seiner Asche! ~ *(donc)!* Ruhe! still! *conclusion f de la* ~ Friedensschluß *m; conditions, négociations f pl de* ~ Friedensbedingungen, -verhandlungen *f pl.*

pal [pal] *m* Pfahl *m;* **~abre** *f u. m* Palaver *n;* **~ace** *m* Luxushotel *n;* **~ais** [-lɛ] *m* **1.** Palast *m,* Palais *n;* **2.** Gericht(sgebäude) *n;* **3.** *anat* Gaumen *m;* — ~ *de justice* Justizpalast *m;* ~ *des sports* Sportpalast *m;* **~an** *m* **1.** Flaschenzug *m;* **2.** *mar* Talje *f;* **~atal, e I.** *a anat gram* Gaumen-; **II.** *s f* Gaumenlaut *m;* **~e** *f tech* Blatt *n,* Schaufel *f,* Flügel *m.*

pâle [pɑl] *a* **1.** blaß, bleich, fahl; glanzlos, matt, trübe; schwach; **2.** *fig* farb-, ausdruckslos.

palé|ographie [paleɔgrafi] *f* Paläographie *f;* **~olithique** *m* Paläolithikum *n,* Altsteinzeit *f;* **~ontologie** *f* Paläontologie *f;* **~ozoïque** *m* Paläozoikum *n.*

pal|eron [palrɔ̃] *m (Ochse, Pferd)* Schulterstück *n,* Bug *m;* **~et** [-lɛ] *m (Eishokkey)* Puck *m;* **~etot** [-lto] *m* dreiviertellange(r) Mantel *m;* **~ette** *f* **1.** Palette *f a. fig;* **2.** *tech* Schaufel *f,* Flügel *m;* **3.** *(Schwein, Hammel)* Schulterstück, Blatt *n;* **4.** *fam anat* Schulterblatt *n;* Kniescheibe *f.*

pâl|eur [pɑlœr] *f* Blässe; bleiche Farbe *f;* **~ichon, ne** *a fam* etwas blaß.

pal|ier [palje] *m* **1.** Treppenabsatz, -flur *m,* Podest *n;* **2.** *tech* Lager *n;* **3.** *fig* Stufe *f,* Niveau *n;* **4.** horizontale Strecke *f;* **5.** *par* **~s** *(fig)* stufenweise; **~ière** *s f* u. *a: marche f* ~ oberste (Treppen-)Stufe *f.*

pâlir [pɑlir] *itr* **1.** blaß, bleich werden, erblassen (*de* vor *dat*); **2.** *(Licht)* schwächer werden, nach≈lassen; **3.** *(Farbe)* verblassen *a. fig;* — *son étoile pâlit (fig)* sein Stern ist im Sinken.

palis|sade [palisad] *f* (Pfahl-)Zaun *m;* Palisade *f;* **~sandre** *m* Palisander (-holz *n*) *m.*

palli|atif [paljatif] *m* Notbehelf *m;* **~er** *tr* **1.** aus dem Weg räumen, beseitigen; **2.** *med* (vorübergehend) lindern, erleichtern; **3.** *(Mangel)* ab≈stellen, beheben.

palm|arès [palmarɛs] *m* **1.** Liste *f* der Preisträger; **2.** *sport* Preis *m;* **~arium** [-arjɔm] *m* Palmenhaus *n;* **~e** *f* **1.** Palm(en)zweig *m;* **2.** *sport* Schwimmflosse *f;* **~eraie** [-mə-] *f* Palmenhain *m;* **~ier** [-mje] *m* **1.** *bot* Palme *f;* **2.** Schweinsohr *n (Gebäck).*

pal|ombe [palɔ̃b] *f zoo* Ringeltaube *f;* **~onnier** [-lɔ-] *m* **1.** *(Wagen)* Ortscheit *n;* **2.** *aero* Steuerhebel *m,* -pedal *n;* **~ourde** *f zoo* Venusmuschel *f.*

pâlot, te [pɑlo, -ɔt] *a* etwas blaß, bläßlich.

palp|able [palpabl] *a* **1.** greifbar, berührbar; **2.** *fig* handgreiflich; **~er I.** *tr* **1.** be-, ab≈fühlen, -tasten; **2.** *fam (Geld)* ausbezahlt bekommen; **~eur** *m tech* Abtastkopf *m;* **~itant, e** *a* **1.** zuckend, zitternd; **2.** *fig* ergreifend, fesselnd, aufregend; **~itation** *f meist pl* Zuckungen *f pl;* Herzklopfen *n;* **~iter** *itr* **1.** zucken, zittern (*de joie* vor Freude); **2.** *(Herz)* klopfen, pochen; Herzklopfen haben; **3.** *(Busen)* wogen.

pal|udéen, ne [palydeɛ̃, -ɛn] *a* Sumpf-; *fièvre f* **~ne**, **~udisme** *m* Sumpffieber *n,* Malaria *f.*

pâmer [pɑme] *v prn, se* ~ außer sich sein (*de* vor *dat*); *(se)* ~ *de joie* vor Freude außer sich sein; *(se)* ~ *de rire* sich krank≈lachen, tot≈lachen (wollen).

pamphlet [pɑ̃flɛ] *m* Flug-, Streit-, Schmähschrift *f.*

pamp|lemousse [pɑ̃pləmus] *m* od *f bot* Pampelmuse *f;* **~re** *m* Weinranke *f a. arch.*

pan [pɑ̃] **I.** *interj* bum(s)! pardauz! **II.** *s m* **1.** *(Mantel)* Zipfel, Schoß *m;* **2.** *(~ de mur)* Mauerstück *n;* **3.** *tech* Fläche, Seite *f;* **4.** *arch* Fachwerk *n;* **~acée** [panase] *f* Allheil-, Universalmittel *n.*

panach|age [panaʃaʒ] *m parl* Panaschieren *n;* **~e** *m* **1.** Helm-, Federbusch *m;* **2.** (Rauch-)Fahne *f;* **3.** *fam fig* glanzvolle(s) Auftreten *n;* **~é, e** *a* **1.** *fig* bunt, gemischt; **2.** *bot* buntgestreift; — *glace* **~e** gemischte(s) (Speise-)Eis *n; salade* **~e** gemischte(r) Salat *m.*

pan|ade [panad] *f* Brotsuppe *f; être dans la* ~ *(fig fam)* in der Tinte sitzen; **~ard** *m pop* Fuß *m;* **~aris** [-i] *m* Nagelgeschwür *n,* Umlauf *m;* **~carte** [pɑ̃-] *f* **1.** Plakat *n,* Anschlag *m;* **2.** Transparent, Spruchband *n;* **~créas** [pɑ̃kreas] *m* Bauchspeicheldrüse *f.*

pan|égyrique [paneʒirik] *m* Lobrede *f;* **~er** *tr (Küche)* panieren.

panier [panje] *m* **1.** Korb *m;* **2.** *arg* Po *m;* — *faire danser l'anse du* ~ in die eigene Tasche arbeiten; *mettre tous ses œufs dans le même* ~ alles auf eine Karte setzen; *le dessus du* ~ das Beste, das Feinste; *fond m du* ~ Ausschuß *m; robe à* **~s** Reifrock; ~ *à bouteilles, à linge, d'osier, à ouvrage, à pain, à papier(s), à provisions* Flaschen-, Wäsche-, Weiden-, Näh-, Brot-, Papier-, Einkaufskorb *m;* ~ *percé (fig)* Verschwender *m;* ~*-repas m* Lunchpaket *n;* ~ *à salade* Salatkorb *m; pop* grüne Minna *f.*

pan|ifiable [panifjabl] *a: céréales f pl* **~s** Brotgetreide *n;* **~ifier** [-fje] *tr* zu Brot verarbeiten; **~ique I.** *a* panisch; **II.** *s f* Panik *f.*

pann|e [pan] *f* **1.** *mot* Schaden, Defekt *m,* (Betriebs-)Störung, Panne *f;* **2.** *(Schwein)* Bauchfett *n;* — *mettre en ~ (mar)* bei≈drehen; *tomber en ~* e-e Panne haben; *~ de courant* Stromausfall *m; ~ d'essence, sèche (mot)* Benzinmangel *m; ~ de nuages* Wolkenstreifen *m;* **~eau** *m pl -x* **1.** *(Tür)* Füllung *f;* Platte *f;* **2.** (Fang-)Netz, Garn *n;* **3.** *(Textil)* Bahn *f;* **4.** *aero* Fliegertuch *n;* **5.** (Vorhang-)Store *m;* **6.** *tomber, donner dans le ~ (fig)* ins Garn, auf den Leim gehen; **7.** *~ d'affichage* Anschlagtafel *f,* -brett; Plakat *n; ~-cible m* Zielscheibe *f; ~ contre-plaqué* Sperrholzplatte *f; ~ électoral* Wahlplakat *n; ~ publicitaire, ~-réclame m* Reklametafel *f; ~ routier* Reklame-, Werbeschild *n* an der Straße; *~ de signalisation, indicateur* Verkehrszeichen *n.*

pan|onceau [panɔ̃so] *m* (Notariats-) Schild *n;* **~oplie** *f* **1.** Karton *m* Spiel-, Werkzeug *n;* **2.** Waffensammlung *f;* **~orama** *m* **1.** Panorama *n;* **2.** *fig* Überblick *m;* **~oramique** *a vue f ~* Rundblick *m.*

pans|age [pɑ̃saʒ] *m (Pferd)* Putzen *n;* **~e** *f* **1.** *zoo* Pansen *m;* **2.** *fam* Wanst *m;* **3.** *(Flasche)* Bauch *m;* **~ement** *m med* Verband *m; boîte f à ~* Verbandskasten *m;* **~er** *tr* **1.** *(Wunde)* verbinden; **2.** *(Pferd)* putzen, striegeln; **~u, e** *a (Flasche)* bauchig.

pantalon [pɑ̃talɔ̃] *m* (lange) Hose *f; mettre un ~* e-e Hose anziehen; *~ d'homme, de sport* Herren-, Sporthose *f.*

panthère [pɑ̃tɛr] *f* Panther *m.*

pant|in *m* Hampelmann *m a. fig;* **~ois** *a rester ~* verblüfft sein; **~omime** *f* Pantomime *f;* **~ouflard** *m* Stubenhocker *m;* **~oufle** *f* Hausschuh *m; il raisonne comme une ~* er redet Unsinn; *~ en feutre* Filzpantoffel *m.*

panure [panyr] *f* Paniermehl *n.*

paon [pɑ̃] *m* **1.** *orn* Pfau *m;* **2.** *zoo* Pfauenauge *n.*

pap|a [papa] *m* Papa *m; à la ~ (fam)* ganz gemütlich; *de ~* überholt, veraltet; **~al, e** *a pl -aux* päpstlich; **~auté** *f* Papstwürde *f,* -tum *n;* **~e** *m* Papst *m;* **~eau** *m pl -x arg* Hut *m;* **~erasse** *f* **1.** Wisch, Fetzen *m* (Papier), Makulatur *f;* **2.** Papierkrieg *m;* **~erassier, ère I.** *a* gern in Papieren wühlend; **II.** *s m* Papierflut *f;* **~eterie** [~(ɛ)tri] *f* **1.** Papierfabrik, -fabrikation *f,* -handel *m,* -geschäft *n;* **2.** Schreibwaren(handlung *f*) *f pl;* **~etier, ère** [-p(ə)-] *s m f* Schreibwarenhändler(in *f*) *m.*

papier [papje] *m* **1.** Papier *n;* **2.** Schreiben, Schriftstück *n;* **3.** (Zeitungs-)Artikel *m;* **4.** *pl* (Ausweis-)Papiere *n pl;* **5.** *être dans les petits ~s de qn* bei jdm gut angeschrieben sein; **6.** *~s d'affaires* Geschäftspapiere *n pl; ~ brouillon* Konzeptpapier *n; ~ buvard* Löschpapier *n; ~ carbone* Kohlepapier *n; ~ à dessin* Zeichenpapier *n; ~ à écrire* Schreibpapier *n; ~ d'emballage* Packpapier *n; ~-filtre* Filterpapier *n; ~ hygiénique* Toiletten-, Klosettpapier *n; ~ à lettre(s)* Briefpapier *n; ~ (à) machine* Schreibmaschinenpapier *n; ~-monnaie m* Papiergeld *n; ~ peint, de tapisserie, ~-tenture m* Tapete *f; ~ timbré* Stempelpapier *n.*

papill|e [papij] *f anat* Papille *f;* **~on** [-jɔ̃] *m* **1.** Schmetterling *m;* **2.** Hand-, Anschlagzettel; Aufkleber *m;* **3.** gebührenpflichtige Mahnung *f (beim Parken);* **4.** Querbinder *m,* Fliege *f;* **5.** *(Schraube)* Flügelmutter; Drosselklappe *f; ~ nocturne* Nachtfalter *m;* **~onner** [-jɔ-] *itr fam* umher≈flattern, -geistern; **~otage** [-jɔtaʒ] *m film* Flimmern *n;* **~ote** *f* eingewickelte(r) Bonbon; *(Küche)* Papierwickel *m;* **~oter** *itr fam* mit den Wimpern klimpern.

pap|otage [papɔtaʒ] *m fam* Geplapper; Geschwätz *n;* **~oter** *itr* plappern; schwatzen.

pâque [pak] *f rel* Passah(fest) *n; P~s m* Ostern *n* od *f pl; à P~s* zu Ostern; **~rette** *f bot* Gänseblümchen, Maßlieb(chen) *n; ~ double* Tausendschön *n.*

paquebot [pakbo] *m* Passagierdampfer *m.*

paquet [pakɛ] *m* **1.** Paket, Bündel *n;* **2.** *faire son ~ (fig)* sein Bündel schnüren; *mettre (tout) le ~* s-e ganze Kraft ein≈setzen *a. fig; recevoir son ~ (fig)* e-e Zigarre (verpaßt) bekommen; *risquer son ~ (fig)* ein Risiko ein≈gehen; *voilà ton ~!* da hast du's! **3.** *~ de mer* Sturzsee *f; ~ de nerfs* Nervenbündel *n;* **~age** [-ktaʒ] *m mil* Gepäck *n; ~ de route* Marschgepäck *n.*

par [par] *prp* **1.** *(räumlich)* durch; über; von . . . her; auf; **2.** *(zeitlich)* an; in; bei; **3.** *(Mittel)* mittels, durch; per; **4.** *(Art und Weise)* bei; zu; **5.** *(Grund, Ursache)* durch, aus; **6.** *(distributiv)* pro; **7.** *de ~* über . . . hin; auf Befehl *gen,* im Namen *gen; jour ~ jour* Tag für Tag; *~ an* jährlich; *~ bonheur* glücklicherweise; *~-ci, ~-là* hier u. da; hin u. wieder; *~ douzaines* zu Dutzenden, dutzendweise; *~ homme* pro Mann; *~ la main* an, bei der Hand; *~ mer calme* bei ruhiger See; *~ moitié* zur Hälfte; *~ soi-même* von sich aus; *~ sottise* aus Dummheit; *~ tous les temps* zu allen Zeiten; *~ toute la terre* über die ganze Erde (hin); *~ trop* gar zu (sehr); allzu; *~ 300 voix contre 100 (parl)* mit 300 gegen 100 Stimmen; *~ 2 à 1 (sport)* 2 zu 1; *~ 28 degrés* bei 28 Grad; *~ 20 degrés de latitude (mar)* unter dem 20. Breitengrad; **8.** *commencer (finir) ~ dire* anfangs (zuletzt, schließlich) sagen; *mener qn ~ le bout du nez (fig)* jdn an der Nase herum=führen; *passer ~ Paris* über Paris fahren; *prouver ~ des exemples* durch, mit Hilfe, an Hand von Beispielen beweisen; *tomber ~ terre* zu Boden fallen; *venir ~ auto* im Auto kommen; *vol m ~ le pôle* Flug *m* über den Pol; **~-dessous** [pardəsu] **I.** *prp* unter ... her, durch; **II.** *adv* unten; *traiter qn ~ la jambe (fig)* jdn verächtlich behandeln; **~-dessus** über *acc* (hinaus); *~ le marché* darüber hinaus, obendrein; **~-devant** vor, in Gegenwart von; **~-devers** auf der Seite *gen;* vor *dat; fig* in Händen.

para [para] *m arg mil* Fallschirmjäger *m;* **~bole** *f* **1.** *rel* Gleichnis *n;* **2.** *math* Parabel *f.*

parach|èvement [paraʃɛvmɑ̃] *m* Vollendung *f;* **~ever** [-ʃ(ə)-] *tr* (ganz) fertig=stellen, vollenden.

para|chutage [paraʃytaʒ] *m* Fallschirmabwurf *m;* Absetzen *n;* **~chute** *m* Fallschirm *m; sauter en ~* mit dem Fallschirm ab=springen; **~chuter** *tr* mit dem Fallschirm ab=werfen, ab=springen lassen; *troupes f pl parachutées* Fallschirmtruppen *f pl; personne f parachutée (fig)* Senkrechtstarter *m;* **~chutiste** *m* Fallschirmspringer, -jäger *m; déposer, larguer des ~s* Fallschirmspringer absetzen.

parade [parad] *f* **1.** *(Reiten, Boxen)* Parade *f;* **2.** *(Fechten)* Parieren *n;* **3.** *fig* Entgegnung *f,* Gegenargument *n.*

para|digme [paradigm] *m* Beispiel *n; gram* Paradigma *n;* **~dis** [-di] *m* **1.** Paradies *n;* **2.** *theat* Olymp *m;* **~doxal, e** *a pl -aux* paradox; widersinnig; **~doxe** *m* Paradox(on) *n.*

paraf|e, ~er [paraf, -e] = *paraphe, parapher;* **~fine** [parafin] *f* Paraffin *n.*

parage [paraʒ] *m* **1.** *meist pl* Gewässer *n pl;* **2.** *fam* Gegend *f;* **3.** *tech* Schlichten, Zurichten *n.*

para|graphe [paragraf] *m* Abschnitt, -satz *m;* **~grêle** *a: canon m, fusée f ~* Kanone, Rakete *f* zur Hagelbekämpfung.

paraître [parɛtr] **I.** *tr* **1.** erscheinen, sich zeigen, auf=treten; **2.** *fig* sichtbar werden, deutlich werden; zum Vorschein kommen, zutage treten; **3.** (er)scheinen, den Anschein haben, Eindruck erwekken; **4.** *(Buch)* erscheinen, veröffentlicht werden; — *faire ~ (Buch)* erscheinen lassen, heraus=geben, veröffentlichen; *vient de ~ (Buch)* soeben erschienen; *il ne paraît pas son âge* man sieht ihm sein Alter nicht an; **II.** *v imp il paraît que* es scheint (so), hat den Anschein, man sagt, daß, es soll.

parall|èle [paralɛl] **I.** *a* **1.** parallel (*à* zu, mit); **2.** *fig* gleichlaufend, -gerichtet; **II.** *s f* **3.** *math* Parallele *f;* **III.** *s m* **4.** Vergleich *m,* Gegenüberstellung *f;* **5.** Parallele *f;* **6.** *geogr* Breitenkreis *m;* — *faire un ~* e-n Vergleich ziehen (*de* zu); *barres f pl ~s (sport)* Barren *m;* **~élogramme** *m math* Parallelogramm *n.*

para|lyser [paralize] *tr* **1.** lähmen *a. fig;* **2.** lahm=legen; **~lysie** *f* **1.** *med* Lähmung *a. fig,* Paralyse *f;* **2.** *fig* Machtlosigkeit *f;* **~lytique** *a* gelähmt, lahm; **~mètre** *m math* Parameter *n;* **~militaire** *a* paramilitärisch.

parapet [parapɛ] *m arch* Brüstung *f,* Geländer *n.*

paraph|e [paraf] *m* Handzeichen *n;* Paraphe *f;* **~er** *tr* mit s-m Handzeichen versehen, paraphieren.

para|phrase [parafraz] *f* **1.** *mus* Paraphrase *f;* **2.** *fig* Umschreibung *f;* **~pluie** *m* Regenschirm *m;* **~psychologie** *f* Parapsychologie *f;* **~sitaire** [-zi-] *a med* parasitär; **~site I.** *s m* **1.** *biol* Parasit, Schmarotzer *m;* **2.** *fam* Nassauer *m;* **3.** *pl* Störgeräusche *n pl;* **II.** *a* parasitisch, schmarotzend; **~sol** [-sɔl] *m* Sonnenschirm *m;* **~tonnerre** *m* Blitzableiter *m;* **~typhoïde** *f med* Paratyphus *m;* **~vent** *m* Wandschirm *m.*

parbleu [parblø] *interj* bei Gott! wahrhaftig!

parc [park] *m* **1.** Park *m;* **2.** *agr* Pferch *m;* **3.** *(für Kinder)* Laufstall *m;* **4.** *(Fischerei)* Sperrnetz *n,* Fischzaun *m;* **5.** Naturschutzgebiet *n;* **6.** Kraftwagenbestand, Fuhrpark *m;* **7.** Park-, Lagerplatz *m;* **8.** *~ d'attractions* Vergnügungspark, Rummelplatz *m; ~ de dissuasion* Stadtrandparkplatz *m; ~ des expositions* Ausstellungsgelände *n; ~ à gibier* Wildpark *m; ~ à huîtres* Austernpark *m;* **~age** *m* **1.** *(Schafe)* Einpferchen *n;* **2.** *mot* Parken *n; ~ autorisé* Parken gestattet; **~(o)mètre** *m* Parkuhr *f.*

parcell|aire [parsɛlɛr] *a* Parzellen-, Grundstücks-; *remaniement m ~* Flurbereinigung *f;* **~e** *f* **1.** Parzelle *f,* Grundstück *n,* Bauplatz *m;* **2.** *fig* Stückchen *n; ~ de terrain* Stück *n* Land; *~ de vérité* Funken *m* Wahrheit; **~ement** *m* Parzellierung *f.*

parce que [pars(ə)kə] *conj* **1.** weil; **2.** *fam* darum, drum.

parchemin [parʃəmɛ̃] *m* Pergament *n;* **~é, e** [-mi-] *a* **1.** pergamentartig; **2.** *(Gesicht)* ledern.

parcimoni|e [parsimɔni] *f avec ~* sehr sparsam; **~eux, se** [-njø, -øz] *a* knauserig, knick(e)rig.

parcour|ir [parkurir] *tr* **1.** durchziehen, -reisen, -fahren, -laufen, -eilen; **2.** überfliegen, flüchtig lesen; überblicken, -schauen; **~s** [-kur] *m* **1.** Fahrt, Reise *f;* **2.** (Fahr-, Renn-, Flug-)Strecke *f;* **3.** *couvrir un ~* e-e Strecke zurück=legen;

4. *incident m de* ~ Panne *f*, Mißgeschick *n*; ~ *de freinage* Bremsweg *m*.
pardessus [pardəsy] *m* Überzieher *m*.
pardi [pardi] *interj fam* gewiß! kein Wunder! sicher!
pardon [pardɔ̃] *m* Entschuldigung, Verzeihung *f*; *(je vous demande)* ~! *mille* ~*s!* (ich bitte um) Verzeihung! ~**nable** [-dɔ-] *a (Person)* entschuldbar; *(Handlung)* verzeihlich; ~**ner I.** *tr* **1.** verzeihen, hin=, durch=gehen lassen (*qc à qn* jdm etw); **2.** *rel* vergeben; **II.** *itr* verzeihen; *pardonnez-moi!* verzeihen Sie (mir)!
pare|-balles [parbal] *m inv* Kugelfang *m*; ~**-boue** *m inv mot* Kotflügel *m*; Schutzblech *n*; ~**-brise** *m inv mot* Windschutzscheibe *f*; ~**-chocs** *m inv mot* Stoßstange *f*; ~**-feu** *m inv* Feuerlöschgerät *n*; Brandmauer *f*; Feuerschneise *f*; ~**-neige** *m inv* Schneezaun *m*; ~**-soleil** *m inv mot* Sonnenblende *f*.
pareil, le [parɛj] *a* **1.** gleich(wertig), entsprechend; ähnlich; **2.** solch; derartig; — *à* ~*le époque* zur selben Zeit; *sans* ~ ohnegleichen; *mon, son* ~ meines-, seinesgleichen; *toutes choses* ~*les* unter den gleichen Umständen; *rendre à qn la* ~*le* jdm mit gleicher Münze heim=zahlen; *c'est du* ~ *au même (fam)* das ist gehupft wie gesprungen; ~**lement** *adv* in gleicher Weise, ebenso; gleich-, ebenfalls, auch.
par|élie [pareli] *m s. parhélie*; ~**ement** *m* **1.** Ärmelaufschlag *m*; **2.** *arch* Blendsteinverkleidung *f*.
parent, e [parɑ̃, -ɑ̃t] *s m f* **1.** Verwandte(r *m*) *f a. fig*; **2.** *pl* Eltern *pl*; ~**é** *f* **1.** Verwandtschaft(sverhältnis *n*) *f a. fig*; **2.** Verwandte *m pl*; — *lien m de* ~ Verwandtschaftsgrad *m*, -verhältnis *n*.
parenthèse [parɑ̃tɛz] *f* **1.** *gram* Einschiebsel *n*; **2.** runde Klammer; Abschweifung *f*; — *entre* ~*s* in Klammern; beiläufig, nebenbei; *ouvrir, fermer la* ~ Klammer auf-, zu=machen.
parer [pare] **1.** *tr* schmücken (*de* mit), (ver-)zieren; **2.** *(Gemüse)* putzen; **3.** *(Fleisch)* aus=lösen; **4.** *tech* zu=richten, -bereiten; **5.** *mar* klar=machen; **6.** *(Schlag)* parieren, vermeiden, aus=weichen *dat*; **7.** *fig* begegnen *dat*; **8.** sich schützen (*à* gegen); vor=beugen (*à qc* e-r S); **9.** *(Pferd)* an=halten; **10.** *(mar)* ~ *un cap* ein Vorgebirge umsegeln; ~ *au plus pressé* dem Dringendsten ab=helfen; *on ne saurait* ~ *à tout* man kann nicht an alles denken.
paress|e [parɛs] *f* Faulheit, Trägheit; Langsamkeit *f*; ~**er** *itr fam* bummeln, faulenzen; ~**eux, se I.** *a* **1.** faul, träge; schwerfällig; **2.** *med* zu langsam arbeitend; **II.** *s m f* **1.** Faulenzer(in *f*), Faulpelz *m*; **2.** *m zoo* Faultier *n*.
parfai|re [parfɛr] *tr nur Inf* vollenden, vervollkommnen; vervollständigen, ergänzen; ~**t, e** [-fɛ, -ɛt] **I.** *a* **1.** vollkommen, vollendet; vollständig; untadelig, tadellos; **2.** *(vorangestellt) (Schurke)* ausgemacht; *(Einverständnis)* völlig, voll; **II.** *s m* **1.** *(Gefrorenes)* Parfait *n*; **2.** *gram* Perfekt *n*; ~**tement** *adv* **1.** vollkommen; **2.** (ganz) gewiß! **3.** sehr gut.
parfois [parfwa] *adv* manchmal, bisweilen, mitunter.
parfum [parfœ̃] *m* **1.** Duft, Wohlgeruch *m*; **2.** Parfüm *n*; ~**é, e** [-fy-] *a* **1.** parfümiert; **2.** wohlriechend; ~ *à la cerise* mit Kirschgeschmack; ~**er** *tr* parfümieren; ~**erie** *f* Parfümerie *f*.
pari [pari] *m* Wette *f*; *faire un* ~ e-e Wette ab=schließen; ~*s de football* (Fußball-)Toto *m*; ~ *mutuel (Pferderennen)* Totalisator *m*; ~**er** *tr* wetten (*pour, sur* auf *acc*); *il y a cent à* ~ *contre un* ich wette hundert gegen eins; ~**eur, se** *s m f* Wetter(in *f*) *m*; ~**got, e** [-rigo, -ɔt] *a vulg* pariserisch; ~**sien, ne I.** *a* aus Paris; **II.** *P*~, *ne s m f* Pariser(in *f*) *m*; ~**taire** *a* paritätisch; ~**té** *f com* Parität *f*; ~ *monétaire, du change* Währungsparität *f*; ~ *de(s) voix (pol)* Stimmengleichheit *f*.
parjure [parʒyr] **I.** *s m* **1.** Meineid; Eidbruch *m*; **2.** Meineidige(r) *m*; **II.** *a* meineidig; eidbrüchig.
parking [parkiŋ] *m mot* Parkplatz *m*.
parl|ant, e [parlɑ̃] *a* **1.** sprechend; **2.** *fig* ausdrucksvoll; anschaulich; — *généralement* ~ allgemein gesprochen; *film m* ~ Sprechfilm *m*; *horloge f* ~*e (radio)* Zeitansage *f*; ~**ement** [-lə-] *m* Parlament *n*; ~**ementaire I.** *a* parlamentarisch; **II.** *s m* **1.** Parlamentarier *m*; Parlamentsmitglied *n*, Abgeordnete(r) *m*; **2.** *mil* Parlamentär, Unterhändler *m*; ~**ementarisme** *m* Parlamentarismus *m*; ~**ementer** *itr mil* ver-, unterhandeln.
parler [parle] **I.** *itr* **1.** *(Mensch)* sprechen, reden; sich unterhalten; *d'abondance* aus dem Stegreif sprechen; ~ *à bâtons rompus* zwanglos plaudern; ~ *en l'air* ins Blaue hinein reden; ~ *à cœur ouvert* ganz offen sprechen; *tu en parles à ton aise* du hast gut reden; *si j'ose* ~ *ainsi* wenn ich so sagen darf; **2.** *(avouer)* sprechen, aus=sagen; *la police saura bien le faire* ~ die Polizei wird ihn schon zum Sprechen bringen; **3.** *(Sache) fig* sprechend, vielsagend sein; ~ *de soi-même* für sich selbst sprechen; **4.** *(Mensch)* ~ *à qn, avec qn* mit jdm reden, sich mit jdm unterhalten; ~ *avec qn de qc* sich mit jdm über e-e S unterhalten *od* e-e S besprechen; *il faut que je lui parle* ich muß ihn sprechen; *il faut que je lui en parle* ich muß die Sache mit ihm besprechen; *je n'ai pas osé*

lui ~ ich habe nicht gewagt, ihn anzusprechen; *je parlerai en votre faveur* ich werde für Sie ein gutes Wort ein=legen; *sans* ~ *de* abgesehen von; ~ *à un sourd* tauben Ohren predigen; **5.** *(Sache)* handeln (*de* von); *cela ne vaut pas la peine d'en* ~ das ist nicht der Rede wert; *tu parles!* und wie! was du nicht sagst! *ne m'en parle(z) pas!* ich weiß schon; *n'en parlerons plus!* lassen wir das! **II.** *tr* ~ *une langue* e-e Sprache sprechen; ~ *français (fig)* deutsch reden; ~ *métier (fam)* fachsimpeln; ~ *politique, affaires* von Politik, Geschäften sprechen; ~ *chiffons* tratschen; *l'anglais se parle partout* Englisch wird überall gesprochen.

parl|oir [parlwar] *m* Sprechzimmer *n;* **~ot(t)e** *f fam* Tratsch *m.*

parmi [parmi] *prp* (mitten) unter *(dat).*

parod|ie [parɔdi] *f* Parodie *f;* **~ier** [-dje] parodieren; nach=ahmen, -machen.

paroi [parwa] *f* **1.** (Zimmer-, Fels-)Wand *f;* **2.** *tech* (Kessel-, Rohr-)Wand *f;* ~ *de l'estomac* Magenwand *f.*

paroiss|e [parwas] *f* Pfarrgemeinde *f;* **~ial, e** *a pl -aux* Pfarr-; *église f* ~*e* Pfarrkirche *f;* **~ien, ne** *m f* **1.** Pfarrkind *n;* **2.** *m* Gebet-, Meßbuch *n.*

parol|e [parɔl] *f* **1.** Wort *n;* **2.** Rede, Sprache *f;* **3.** Text *m (e-s Liedes);* **4.** Ausspruch *m,* Wort *n;* **5.** *sur* ~ aufs Wort; auf Ehrenwort; **6.** *adresser la* ~ *à qn* jdn an=reden, -sprechen; *avoir la* ~ *(parl)* das Wort haben; *avoir la* ~ *facile* redegewandt sein; *n'avoir qu'une* ~ bei s-m Wort bleiben; *couper la* ~ *à qn* jdn unterbrechen; *demander la* ~ *(parl)* ums Wort bitten; *donner la* ~ *à qn* jdm das Wort erteilen; *prendre la* ~ das Wort ergreifen; *retirer la* ~ *(parl)* das Wort entziehen; **7.** *la* ~ *est à M.* ... das Wort hat Herr ...; **~ier** [-lje] *m mus* Text(dicht)er *m.*

paro|tidite [parɔtidit] *f med* Ziegenpeter, Mumps *m;* **~xysme** *m med* Höhepunkt *m a. fig;* Krise *f.*

parqu|er [parke] *tr* **1.** ein=, zs.=pferchen; **2.** ein=schließen; **3.** *mot* parken; *défense de* ~*!* Parken verboten! **~et** [-kɛ] *m* **1.** *arch jur (Börse)* Parkett *n;* **2.** *jur* Staatsanwaltschaft *f;* **~eter** *tr arch* das Parkett legen (*une pièce* in e-m Zimmer).

parr|ain [parɛ̃] *m* **1.** Pate *m;* **2.** Fürsprecher *m;* **~ainer** *tr* als Fürsprecher ein=treten (*qn* für jdn); das Patronat übernehmen (*qc* für etw); **~icide** *m* Vater-, Muttermörder; Vater-, Muttermord *m.*

parsemer [parsəme] *tr* besäen, bestreuen (*de* mit); verstreut sein (*qc* über e-e S).

part [par] **1.** *f* (An-)Teil *m;* Seite; Rolle *f;* **2.** *à* ~ *(a)* besondere(r, s), getrennt; *adv* besonders, extra; beiseite *a. theat; prp* abgesehen von, außer, bis auf; **3.** *à* ~ *moi* für mich, bei mir; *à* ~ *cela* sonst, davon abgesehen; *à* ~*s égales* zu gleichen Teilen; *autre* ~ anderswo(hin); *de ma* ~ meinerseits, von mir aus; *de la* ~ *de* ... von seiten *gen;* im Auftrag *gen; de* ~ *en* ~ durch u. durch, vollkommen; *des deux* ~*s, de* ~ *et d'autre* beiderseits; von, auf beiden Seiten; *nulle* ~ nirgends, nirgendwo; *pour ma* ~ meinerseits, was mich betrifft; *pour une* ~ teilweise; *quelque* ~ irgendwo(hin); *(de) quelque* ~ *que* ... wo(her) auch immer ...; *de toute(s)* ~*(s)* überallhin, in allen Richtungen; nach allen Seiten; *d'une, d'autre* ~ einer-, and(e)rerseits; ~ *à deux* halbpart; **4.** *avoir* ~ *au gâteau (fam)* am Gewinn beteiligt sein; *en avoir sa bonne* ~ s-n vollen Anteil haben; *faire* ~ *de qc à qn* jdn an etw teil=nehmen lassen; jdm etw mit=teilen; *faire la* ~ *de qn* jds Anteil bestimmen; *faire la* ~ *de qc* etw berücksichtigen, auf e-e S Rücksicht nehmen; *faire lit à* ~ *(Eheleute)* getrennt schlafen; *mettre à* ~ beiseite legen; *prendre* ~ *à* teil=haben an *dat; prendre en bonne, mauvaise* ~ gut, schlecht auf=nehmen *fig;* **5.** *lettre f de faire-*~ Familienanzeige *f;* ~ *sociale* Gesellschaftsanteil *m,* Einlage *f;* **~age** *m* **1.** (Ver-, Aus-, Auf-)Teilung *f;* **2.** Erbteil *n;* **3.** *(~ de voix) parl* Stimmengleichheit *f; en cas de* ~ *des voix* bei Stimmengleichheit; *ligne f de* ~ *des eaux* Wasserscheide *f;* **~ager I.** *tr* **1.** (ver-, auf=, aus=, ein=)teilen *a. fig* (*entre* unter *acc, en morceaux* in Stücke); **2.** trennen, entzweien, (in zwei Lager) scheiden; **3.** teil=nehmen (*qc* an e-r S); **II.** *v prn se* ~ geteilt sein; sich verteilen (*entre* auf *acc*).

part|ance [partɑ̃s] *f en* ~ abfahr-, startbereit; **~ant** *m* **1.** Abreisende(r), -fahrende(r) *m;* **2.** *sport* Startende(r) *m;* **~enaire** [-tə-] *s m f* Partner(in *f*), Mitspieler(in *f*) *m.*

parterre [partɛr] *m* **1.** Blumenbeet *n;* **2.** *theat* Parterre, Parkett *n; fig* Zuschauer *m pl;* **3.** Fußbodenbelag *m;* **4.** *(Wald)* Kahlschlag *m.*

parti [parti] *m* **1.** *pol* Partei *f;* **2.** *(Heirat)* Partie *f;* **3.** *prendre* ~ Partei ergreifen (*pour* für, *contre* gegen); *prendre un* ~ e-n Entschluß fassen; *prendre son* ~ *de qc* sich mit etw ab=finden; *prendre le* ~ *de qn,* ~ *pour (contre) qn* jds, für (gegen) jdn Partei ergreifen; *tirer* ~ *de* Nutzen ziehen aus; **4.** *c'est un bon* ~ er, sie ist e-e gute Partie; *seul* ~ *à prendre* einzige(r) Ausweg *m;* ~ *pris* vorgefaßte Meinung *f;* **~al, e** [-sjal] *a pl -aux* parteiisch, voreingenommen; **~alité** Parteilichkeit, Voreingenommenheit *f.*

particip|ant, e [partisipɑ̃, -ɑ̃t] **I.** *s m f* Teilnehmer(in *f*) *m;* **II.** *a* teilnehmend (*à* an *dat*); **~ation** *f* Teilnahme, Beteiligung (*à* an *dat*); ~ *aux bénéfices (com)* Gewinnbeteiligung *f;* **~e** *m gram* Partizip, Mittelwort *n;* **~er** *tr* **1.** teil=nehmen, -haben, sich beteiligen (*à* an *dat*); mit=wirken (*à* bei, an *dat*), bei=tragen (*à* zu); **2.** Anteil nehmen (*à* an *dat*); **3.** Anteil haben (*à* an *dat*).

particul|arisme [partikylarizm] *m* Partikularismus *m;* **~arité** *f* Eigentümlichkeit, Besonderheit *f; les ~s* die näheren Umstände *m pl;* **~e** *f* **1.** Teilchen *n;* **2.** *gram* Partikel *f;* **~ier, ère** [-lje, -ɛr] **I.** *a* **1.** (ganz) besondere(r, s), eigentümlich, -artig, sonderbar; **2.** einzeln; für sich; **3.** privat; **II.** *s m* Privatmann (*pl* -leute *pl*) *m;* — *le* ~ das Besondere; *en* ~ insbesondere; besonders; *parler en* ~ unter vier Augen reden; *leçons f pl ~ières* Privat-, Nachhilfestunden *f pl;* **~ièrement** *adv* im einzelnen; genau; besonders.

partie [parti] *f* **1.** Teil *m;* **2.** Fach *n,* Sparte *f;* **3.** *com mus tech* Partie *f;* **4.** Ausflug *m;* **5.** Spiel *n;* **6.** *mus* Stimme *f;* **7.** *jur* Partei *f;* **8.** *com* Buchführung *f;* **9.** *en* ~ zum Teil; *en grande* ~ großenteils; *pour la plus grande* ~ größenteils; *en deux, plusieurs ~s* zwei-, mehrteilig; **10.** *avoir à faire à forte* ~ es mit e-m starken Gegner zu tun haben; *être de la* ~ dabei sein; *fig* ein Wörtchen mitzureden haben; *faire* ~ *de* gehören zu; *prendre à* ~ in Angriff nehmen; *quitter, abandonner la* ~ das Spiel auf=geben *a. fig;* **11.** *tenue f de livres en* ~ *simple, double* einfache, doppelte Buchführung *f;* **12.** ~ *civile* Privatkläger *m,* Nebenpartei *f;* ~ *essentielle* Kernstück *n;* ~ *intéressée* Beteiligte(r) *m;* ~ *prenante* Empfänger, Abnehmer *m.*

partiel, le [parsjɛl] *a* partiell *a. astr; élection ~le (pol)* Nach-, Ersatzwahl *f; paiement m* ~ Teil-, Ratenzahlung *f; résultat m* ~ Teilergebnis *f;* **~lement** *adv* teilweise, zum Teil.

partir [partir] *itr* **1.** auf=brechen, weg=, fort=, aus=gehen, ab=reisen, -fahren (*pour, à* nach); **2.** *sport* starten; an=fahren; ab=fliegen; **3.** *(Fleck)* heraus=gehen; **4.** *(Knopf)* abgehen; **5.** los=brechen, hervor=schießen, empor=schnellen; **6.** *(Gewehr)* los=gehen; **7.** *mot* an=springen; **8.** *mus* ein=setzen; **9.** her=rühren, (her)kommen, s-n Ausgang nehmen, aus=gehen (*de* von); anfangen, beginnen; **10.** *à* ~ *de* von ... an; auf der Grundlage von; *à* ~ *d'aujourd'hui* ab heute; *être prêt à* ~ reisefertig sein; *être un peu parti (fam)* angeheitert sein; ~ *d'un éclat de rire* laut los=lachen; ~ *en voyage* auf die Reise gehen; *il est parti de rien* er hat mit nichts angefangen.

parti|san, e [partizɑ̃, -an] *m* **1.** Anhänger, Parteigänger *m;* **2.** *mil* Partisan *m;* — *être* ~ *de qc* etw befürworten; **~tif, ive** *a gram* Teilungs-; *article m* ~ Teilungsartikel *m;* **~tion** [-sjɔ̃] *f mus* Partitur *f.*

partout [partu] *adv* überall; *de* ~ von überallher; *un peu* ~ bald da, bald dort.

partouze [partuz] *f fam* Sexparty *f.*

parturiente [partyrjɑ̃t] *f* Gebärende *f.*

parure [paryr] *f* **1.** (Gold-)Schmuck *m;* **2.** *fig* Zierde *f;* **3.** Damengarnitur *f;* — ~ *de lit* Bettwäsche *f.*

parution [parysjɔ̃] *f (Buch)* Erscheinen *n.*

parven|ir [parvənir] *itr* **1.** gelangen (*à* zu), (an=)kommen; **2.** *(Brief)* erreichen, in die Hände kommen; **3.** empor=kommen, sein Glück machen; — *faire* ~ *qc à qn* jdm etw schicken; ~ *à* erreichen, es dahin bringen, daß; *je parviens à* es gelingt mir zu; **~u, e** *s m f* Emporkömmling *m.*

parvis [parvi] *m (Kirche)* Vorplatz *m.*

pas [pɑ(a)] **I.** *s m* **1.** Schritt *a. fig;* Tritt *m;* **2.** *(~ de la porte)* Stufe, Schwelle *f;* **3.** *fam* Katzensprung *m;* **4.** Engpaß *m,* Meerenge, Straße *f;* **5.** Durch-, Übergang *m;* **6.** *mus* Tanz(schritt) *m;* **7.** *tech* Gewinde(gang *m*) *n;* **8.** (Fuß-)Spur *f;* **9.** *à chaque* ~ auf Schritt u. Tritt; *à deux* ~ ganz in der Nähe; ~ *à* ~ Schritt für Schritt, bedächtig; *de ce* ~ unmittelbar, sofort; **10.** *allonger le* ~ schneller gehen; *emboîter le* ~ *à qn* jdm auf den Fersen folgen; *fig* sich ganz nach jdm richten; *faire un grand ~, de grands* ~ e-n großen Schritt vorwärts tun; *faire les cent* ~ hin- u. her=gehen; *marcher sur les* ~ *de qn* jdm auf dem Fuß(e) folgen; *fig* in jds Fußtapfen treten; *mettre au* ~ *(fig pol)* gleich=schalten; *fam* auf Vordermann bringen; *prendre le* ~ *sur qn* jdn in den Hintergrund drängen; *(re)mettre au* ~ wieder zur Ordnung, Vernunft bringen; *retourner, revenir sur ses* ~ um=kehren; *fig* um=lenken; **11.** *voilà un grand* ~ *de fait* wir sind ein gutes Stück vorangekommen; *il n'y a que le premier* ~ *qui coûte* aller Anfang ist schwer; **12.** *faux* ~ Fehltritt *m a. fig; longueur f de* ~ Schrittlänge *f; mauvais* ~ *(fig)* Klemme *f; mise f au* ~ *(fig pol)* Gleichschaltung *f; salle f des* ~ *perdus* Vor-, Wandelhalle *f;* **13.** *~-d'âne m bot* Huflattich *m;* ~ *de clerc* Unvorsichtigkeit, Ungeschicklichkeit *f;* ~ *(de) gymnastique (sport)* Laufschritt *m;* ~ *de l'oie* Parade-, Stechschritt *m;* ~ *de route (mil)* Marschtritt *m;* ~ *de vis* Schraubengewinde *n;* **II.** *adv: ne ... ~, (fam)* ~ nicht; *(ne ...) pas de ...* kein ...; *ne ...* ~ *non plus* auch nicht; *non* ~ durchaus nicht, wirklich nicht; *(ne ...) pas un, e* nicht ein(er, e, s), kein(er, e, s); ~ *vrai? (fam), ~? (vulg)* nicht wahr? ~ *du tout* keineswegs; nicht im mindesten; ~ *libre* *(tele)* besetzt; ~ *mal (fam)* viel; **III.** *interj* nicht schlecht!

pascal, e [paskal] *a pl -aux* österlich; Oster-.

pass|able [pasabl] *a* **1.** ausreichend, genügend; **2.** einigermaßen gut, passabel; **~ablement** *adv* leidlich, einigermaßen; **~ade** *f* **1.** Laune *f;* **2.** *fig* Strohfeuer *n.*

passag|e [pasaʒ] *m* **1.** Durchgang, -marsch *m,* -reise *f;* **2.** Übergang *m,* -fahrt *f* (*de* über *acc*); **3.** Vorbei-, Vorübergehen, -fahren, -ziehen *n;* **4.** *arch* (Durch-)Gang *m;* Passage *f;* Zugang *m;* **5.** Gäßchen *n,* Weg *m,* Straße *f;* **6.** *mar* (Über-)Fahrt *f;* Schiffsplatz *m;* Fahr-, Fähr-, Brückengeld *n;* **7.** *(Schule)* Versetzung *f;* **8.** *(Buch)* Stelle *f;* **9.** *loc* Bahnübergang *m;* **10.** *de* ~ auf der Durchreise; ~ *interdit!* Durchfahrt, -gang verboten! **11.** *examen m de* ~ Versetzungsexamen *n;* **12.** ~ *clouté* Überweg *m* für Fußgänger; ~ *à niveau* schienengleiche(r) Bahnübergang *m;* ~ *protégé* Vorfahrtstraße *f;* ~ *souterrain* Unterführung *f (im Bahnhof);* **~er, ère I.** *a* vorübergehend, vergänglich; **II.** *s m f* Reisende(r *m*) *f;* Fahr-, Fluggast; *mar* Passagier; *(Fahrzeug)* Insasse *m;* ~ *clandestin* blinde(r) Passagier *m.*

pass|ant, e [pasɑ̃, -ɑ̃t] **I.** *a (Weg, Straße)* belebt, viel begangen; **II.** *s m* **1.** Passant, Vorübergehende(r) *m;* **2.** *tech* Schlaufe *f;* — *en* ~ im Vorbei-, Vorübergehen; beiläufig; **~ation** *f* **1.** *(Vertrag)* Abschluß *m;* **2.** *(Befugnisse)* Übertragung *f;* **3.** ~ *d'écriture* Buchung *f;* **~avant** *m* **1.** *mar* Laufplanken *f pl;* **2.** Zollfreischein *m.*

passe [pas] *s f* **1.** *orn* Wanderung *f,* Zug *m;* **2.** *med* (Be-)Streichen *n* mit den Händen; **3.** *(com)* ~ *de caisse* Ausgleichsumme *f* für ein Manko; **4.** *mar* Fahrtrinne *f;* **5.** *(Fußball)* Paß *m;* Zuspiel *n,* Abgabe *f;* **6.** *être en* ~ *de* im Begriff, in der Lage sein zu, gute Aussicht haben auf *acc; être dans une bonne, mauvaise* ~ e-e Glücks-, Pechsträhne haben; *mot m de* ~ Kennwort *n;* **~-droit** *m* ungerechte Bevorzugung; *fam* Schiebung *f;* **~-lacet** *m* Schnürnadel *f; être raide comme un* ~ *(fam)* völlig abgebrannt sein; **~-montagne** *m* Pudelmütze *f;* **~-partout I.** *s m inv* Nachschlüssel *m;* **II.** *a* für alle Gelegenheiten (passend); **~-passe** *m inv tour m de* ~ Taschenspielerkunststück *n; fig* geschickte(r) Betrug *m;* **~-plat** *m* Durchreiche *f;* **~-temps** Zeitvertreib *m.*

passé, e [pase] **I.** *a* **1.** vergangen; vorbei, -über; **2.** *(Farbe)* verschossen; **II.** *s m* Vergangene(s) *n,* Vergangenheit *f a. gram;* **III.** *s f* **1.** Streichen *(der Schnepfen);* (Schnepfen-)Garn *n,* Jagd *f;* **2.** Wildpfad *m,* Fährte *f;* **3.** *(Weberei)* Schuß *m;* **IV.** *prp* nach; *deux heures ~es* zwei Uhr vorbei; ~ *de mode* aus der Mode (gekommen).

passe|filage [pasfilaʒ] *m* Stopfen *n;* **~ment** *m meist pl* Posamenten *n pl;* **~poil** *m* Paspel *f,* Vorstoß *m;* **~port** *m* (Reise-)Paß *m.*

passer [pase] **I.** *itr* **1.** (vorbei=, vorüber=, hinüber=, hin=, durch=, weiter=)gehen; durchqueren, überschreiten (*par* acc); durch=reisen, -kommen; (hinweg=)gleiten, fahren über; (durch=)dringen; **2.** vor=sprechen (*chez* bei); **3.** vorbei=fließen (*par* an *dat*); **4.** *(Gesetz)* durch=gehen; **5.** *(Zeit)* vergehen, -fließen; **6.** *(Farbe)* verschießen; **7.** durch=machen, über sich ergehen lassen, sich unterziehen *dat;* **8.** *(zum Feinde)* über=gehen; **9.** *(Spiel)* passen, nicht spielen; **10.** *theat film* gespielt werden; **11.** *(Schule)* versetzt werden; besuchen (*par une école* e-e Schule); **12.** angesehen werden, gelten (*pour* als); **13.** *j'ai failli passer sous une voiture* ich wäre beinahe überfahren worden; **II.** *tr* **1.** durch-, überqueren, durchmessen; **2.** vorbei=gehen (*qc* an *dat*), hinaus=gehen (*qc* über e-e S), übertreffen, -steigen; **3.** *(Fähre)* über=setzen; **4.** *(Reisende)* befördern; **5.** übertragen (*à* auf *acc*), um=schreiben; **6.** herein=bringen, -schaffen; (hinüber=)reichen; **7.** hinein=stecken; *(Band)* ein=ziehen; **8.** *(Kleidung)* über=, an=ziehen; **9.** durch=seihen; **10.** *(Zeit)* verbringen; **11.** *(Prüfung)* bestehen; **12.** *(Geschäft, Vertrag)* ab=schließen; *(Bestellung)* auf=geben; *(Auftrag)* erteilen; **13.** *sport (Ball)* zu=spielen; **III.** *v prn se* ~ **1.** *(Zeit)* ver-, vorüber=gehen; **2.** (vonstatten) gehen, ab=, verlaufen, vor=gehen, sich ab=spielen, geschehen, sich ereignen; **3.** nach=lassen, schwächer werden, aufhören; **4.** sich enthalten (*de* gen), verzichten (*de* auf *acc*), ab=sehen (*de* von), entbehren können (*de qc* etw); **IV.** *(Ausdrücke)* **1.** *faire* ~ zu=kommen lassen; *film* vor=führen; *(Befehl)* durch=geben, -sagen; *faire* ~ *qn par où l'on veut* mit jdm machen, was man will; *faire* ~ *en justice* vor Gericht stellen; *laisser* ~ *(a. fig)* durch=gehen lassen; *phys* durch=lassen; *pouvoir* ~ annehmbar sein, an=, hin=gehen können, mögen; *savoir se* ~ *de* fertig werden, aus=kommen können ohne; *y* ~ es auf sich nehmen, sich gefallen lassen; drauf=gehen; ~ *à l'as (fam)* aus=bleiben; *fig* drauf=gehen, unter den Tisch fallen; ~ *avant, après* über-, unterlegen sein; ~ *au crible, au tamis* sieben; ~ *debout (Ware)* durch=gehen; e-n geringen Eindruck hinterlassen; ~ *par écrit* schriftlich nieder=legen; ~ *écriture, dans les livres (com)* verbuchen; ~ *un fer sur qc* etw bügeln; ~ *en force de chose jugée (Urteil)* rechtskräftig werden; ~ *en fraude* ein=schmuggeln; ~ *sa fureur sur qn* s-e Wut an jdm aus=lassen; ~ *sa main sur qc* mit der Hand über e-e S fahren; ~ *haut la main (parl)* glatt durch=gehen; ~ *de mode* aus der Mode kommen, unmodern werden; ~ *à l'ordre du jour* zur Tagesordnung über=gehen; ~ *outre* sich über alles hinweg=setzen; ~ *par-dessus qc* über *acc* e-e S klettern; *fig* sich über e-e S hinweg=setzen; ~ *sous silence* mit Stillschweigen übergehen; ~ *à tabac (arg)* (ver)prügeln; ~ *une vitesse* e-n Gang ein=schalten; **2.** *passe!* nun gut! meinetwegen; *passe pour* ... mag es hingehen, sein Bewenden haben mit ...; *passons!* lassen wir das! *passez d'abord* gehen Sie voran! *cela ne se passera pas ainsi* das kann nicht so hin=gehen; *cela passe mes forces* das geht über, übersteigt meine Kräfte; *cela passe l'imagination* das ist unvorstellbar; *l'envie m'en a passé* die Lust dazu ist mir vergangen; *il me passe par la tête* es fällt mir gerade ein; *il faut en ~ par là* wir müssen in den sauren Apfel beißen; *on ne passe pas* kein Zu-, Durchgang; *ça lui passera* er kommt darüber hinweg; *défense de ~* Durchgang verboten.

pass|ereau [pasro] *m pl -x orn* Sperling *m;* **~erelle** *f* **1.** Fußgängerbrücke *f,* Steg *m;* **2.** *aero* Gangway *f;* **3.** *mar* Kommandobrücke *f;* **4.** *tech* Laufsteg *m,* -bühne *f;* **5.** *fig* Übergang *m;* **~eur, se** *s m f* **1.** Fährmann *m;* **2.** Menschenschmuggler, Fluchthelfer *m.*

passi|ble [pasibl] *a être ~ d'une peine* sich strafbar machen; **~f, ive I.** *a* **1.** passiv, leidend; untätig; **II.** *s m* **2.** *gram* Passiv *n,* Leideform *f;* **3.** *com* Passiva *n pl,* Schulden, Verbindlichkeiten *f pl; voix f passive* passive(s) Wahlrecht *n;* **~flore** *f bot* Passionsblume *f;* **~vité** [pasivite] *f* Passivität, Tatenlosigkeit *f.*

passion [pasjɔ̃] *f* **1.** Leidenschaft, (heftige) Liebe, Passion *f;* **2.** Leiden *n* (Christi), Passion *f;* **~nant, e** [-sjɔ-] *a* er-, aufregend, spannend, fesselnd; **~né, e** *a* **1.** leidenschaftlich; *(Haß, Liebe)* glühend, heiß *fig;* **2.** begeistert, hingerissen; eingenommen (*de* für); **~nel, le** *a drame m ~* Eifersuchtsdrama *n;* **~nément** *adv* leidenschaftlich, heftig; **~ner I.** *tr* leidenschaftlich erregen; begeistern, hin=reißen; fesseln, sehr interessieren; **II.** *v prn se ~* sich begeistern, sich leidenschaftlich verlieben, schwärmen (*pour* für).

passoire [paswar] *f (Küche)* Sieb *n,* Durchschlag *m; ~ à thé* Teesieb *n.*

past|el [pastɛl] *m* **1.** Pastellstift *m,* -farbe, -malerei *f;* **2.** *bot tech* (Färber-)Waid *m;* **~èque** *f bot* Wassermelone *f;* **~eur** *m* **1.** *(evang.)* Pastor, Pfarrer *m;* **2.** *le bon P~* der gute Hirte; **~euriser** *tr* pasteurisieren; **~iche** *m* Nachahmung *f;* **~ille** [-ij] *f* **1.** Pastille *f;* **2.** (Schokoladen-)Plätzchen *n;* **3.** *(Stoffmuster)* große(r) Punkt *m;* **~is** *m* Aperitif *m* mit Anis; **~oral, e I.** *a pl -aux* Hirten-, Schäfer-; *rel* pastoral; **II.** *s f theat* Schäferspiel; Hirtengedicht *n.*

pat [pat] **I.** *a (Schach)* patt; **II.** *s m* Patt *n;* **~achon** *m: mener une vie de ~ (fam)* ein tolles Leben führen.

pata|pouf [patapuf] **I.** *s m fam* Plumpsack; Bums *m;* **II.** *interj* bums! plumps! **~quès** [-kɛs] *m gram* Bindungsfehler *m.*

pat|ate [patat] *f* **1.** *bot* Batate *f;* **2.** *fam* Kartoffel *f;* **3.** *fam* Trottel *m;* — *en avoir gros sur la ~ (pop)* bedrückt, betrübt sein; **~ati, patata** *interj* und so ging es weiter; **~atras** [-atra] *interj* bauz! krach! **~aud, e I.** *s m f* **1.** junge(r) Hund *m;* **2.** Tolpatsch *m;* **II.** *a* tolpatschig; plump; **~auger** *itr* **1.** (herum=)pa(t)schen, waten; **2.** *fam* sich verhaspeln; **~chouli** *m bot* Patschuli *n (Parfüm).*

pât|e [pɑt] *f* **1.** Teig *m; pl* Teigwaren *f pl;* **2.** Paste, Pasta; *tech* Masse *f;* **3.** *bonne ~ (fig fam)* gutmütige Haut *f;* **4.** *mettre la main à la ~ (fig)* selbst Hand an=legen; *~ à coller* Kleister *m; ~ dentifrice* Zahnpasta *f; ~ feuilletée* Blätterteig *m;* **~é** *m* **1.** Pastete *f;* **2.** Fleisch-, Leberkäse *m;* **3.** Häuserblock *m;* **4.** (Tinten-)Klecks *m;* — *jouer aux ~s* mit Sandförmchen spielen; *~ de foie gras* Gänseleberpastete *f;* **~ée** *f* **1.** (Hunde-, Geflügel-)Futter *n;* **2.** *fam* Dresche, Keile *f.*

patelin, e [patlɛ̃, -in] *m pop* Kaff, Nest *n.*

patelle [patɛl] *f zoo* Napfschnecke *f.*

patent|e [patɑ̃t] *f* Gewerbesteuer *f;* **~é, e** *a* **1.** gewerbesteuerpflichtig; **2.** *fam fig* anerkannt.

patère [patɛr] *f* Kleiderhaken *m.*

patern|alisme [patɛrnalism] *m pol* (Politik *f* der) Bevormundung *f;* **~aliste** *a* patriarchalisch; **~el, le I.** *a* väterlich; **II.** *s m fam* Vater, alte(r) Herr *m;* **~ellement** *adv* wie ein Vater; **~ité** *f* Vater-, *fig* Urheberschaft *f.*

pâteux, se [pɑtø, -øz] *a* **1.** teigig, pappig; **2.** *(Tinte)* dick(flüssig); **3.** *(Stil)* schwerfällig.

path|étique [patetik] *a* **1.** pathetisch, rührend; **2.** feierlich; **3.** ergreifend; leidenschaftlich; **~ologie** *f med* Pathologie *f;* **~ologique** *a* pathologisch.

patibulaire [patibylɛr] *a mine f ~* Galgengesicht *n.*

patien|ce [pasjɑ̃s] *f* **1.** Geduld; Ausdauer, Beharrlichkeit *f;* **2.** Patience(spiel *n*) *f;* — *perdre ~* die Geduld verlieren;

prendre ~ sich gedulden; *prendre en* ~ mit Geduld (er)tragen; *jeu m de* ~ Geduldsspiel *n; ouvrage m de* ~ langwierige Arbeit *f;* **~t, e I.** *a* **1.** *(nachgestellt)* geduldig; **2.** *(vorangestellt)* beharrlich; **II.** *s m* Patient *m;* **~ter** *itr* sich gedulden.

patin [patɛ̃] *m* **1.** *(~ à glace)* Schlittschuh *m;* **2.** *tech* (Schlitten-)Kufe *f; (~ de frein)* Bremsklotz *m;* **3.** Filzpantoffel *m; ~ à roulettes* Rollschuh *m;* **~age** [-ti-] *m* **1.** Schlittschuh-, Eislauf *m;* **2.** *tech mot* Schleudern, Gleiten, Rutschen *n; ~ artistique* (Eis-)Kunstlauf *m; ~ à roulettes* Rollschuhlaufen *n; ~ de vitesse* Eisschnellauf *m;* **~e** *f* Patina *f;* **~er I.** *itr* **1.** Schlittschuh laufen; **2.** *tech mot* rutschen, nicht fassen; *(Rad)* durchdrehen; **II.** *v prn se* ~ Patina ansetzen; **~ette** *f* Roller *m (Spielzeug);* **~eur, se** *s m f* Schlittschuh-, Eisläufer(in *f*) *m;* **~oire** *f* Eisbahn *f.*

pâtis|serie [pɑtisri] *f* **1.** (feine) Backwaren *f pl;* **2.** Konditorei *f;* **~sier, ère I.** *s m f* Konditor *m;* **II.** *a* Konditor-.

pat|ois *s m* Mundart *f.*

patraque [patrak] *a je me sens* ~ ich fühle mich nicht wohl.

patri|arcal, e [patrijarkal] *a* patriarchalisch; **~arcat** [-ka] *m* Patriarchat *n;* **~arche** [-arʃ] *m rel allg* Patriarch *m;* **~e** *f* **1.** Vaterland *n;* Heimat *f;* **2.** Geburtsort *m;* **~moine** *m* **1.** Erbe; Erbgut *n;* **2.** *~ social* Gesellschaftsvermögen *n;* **~ote I.** *s m f* Patriot(in *f*) *m;* **II.** *a* patriotisch; **~otique** *a* patriotisch; **~otisme** *m* Vaterlandsliebe *f.*

patron, ne [patrɔ̃, -ɔn] **1.** *s m f* Schirmherr *m;* Schutzheilige(r *m*) *f,* -patron(in *f*); Gönner(in *f*) *m;* **2.** Arbeitgeber, Betriebsleiter; Chef(in *f*), Meister(in *f*) *m;* **3.** *m* Chefarzt *m;* **4.** *f* Hausherrin *f;* **5.** *m (~ de thèse)* Doktorvater *m;* **6.** Schirmherr *m;* Schutzpatron(in *f*) *m;* **7.** *m tech* Modell *n,* Schablone *f;* Schnittmuster *n;* **~age** *m* **1.** Schirmherrschaft *f;* **2.** Jugendwerk *n,* -gruppe *f;* **~al, e** *a pl-aux* **1.** Arbeitgeber-; **2.** *rel* Patronats-; *cotisation f ~e* Arbeitgeberanteil *m; syndicat m* ~ Arbeitgeberverband *m;* **~at** [-na] *m* Unternehmertum *n;* **~ner** *tr* beschützen, protegieren; ein⸗treten (*qn* für jdn); **~nesse** *f dame f* ~ Vorstands-, Ehrendame *f;* **~ymique** *a: nom m* ~ Familienname *m.*

patrouill|e [patruj] *f* **1.** *mil* Spähtrupp *m;* **2.** *(Polizei)* Streife *f;* **~er** *itr* patrouillieren; **~eur** *m* **1.** *mar* Patrouillenboot *n;* **2.** *aero* Aufklärer *m.*

patte [pat] *f* **1.** *zoo* Pfote, Tatze, Pranke *f; (Vögel)* Bein *n; (Krebs)* Schere *f;* **2.** *fam (Mensch)* Pfote, Flosse *f;* Haxen *m;* **3.** *(Schneiderei)* Patte, Klappe *f;* Aufschlag *m;* **4.** *(Schuhe)* Zunge; Lasche *f;* **5.** *à quatre ~s* auf allen vieren; **6.** *faire ~ de velours* katzbuckeln; *graisser la ~ à qn* jdn bestechen; *retomber sur ses ~s (fig)* auf die Beine fallen; *tomber sous la ~ de qn* in jds Gewalt geraten; **7.** *bas les ~s!* Hände weg! *~ blanche!* heraus mit der Sprache! **8.** *~s de mouche* Gekritzel *n; ~-d'oie f* a) Weg-, Straßenkreuzung *f,* Knotenpunkt *m,* Wegespinne *f;* b) Krähenfüße *m pl.*

pâtur|age [patyraʒ] *m* Weide(land *n*) *f;* **~e** *f* **1.** Grünfutter *n;* **2.** *(Mensch) fig* Nahrung *f, fam* Fressen *n.*

paum|e [pom] *f* **1.** Handfläche, flache Hand *f;* **2.** *Art* Ballspiel *n;* **~é, e I.** *a (fam) il est complètement ~* er ist völlig aufgeschmissen; **II.** *s m* armselige(r) Wicht *m;* **~er I.** *tr fam* verlegen, verlieren; **II.** *v prn se ~ (fam)* sich verlaufen; *(fam) se faire ~* sich erwischen lassen.

paupérisme [poperism] *m* Massenelend *n.*

paupière [popjɛr] *f* (Augen-)Lid *n; battre des ~s (fam)* mit den Augen klimpern.

pause [poz] *f* **1.** Pause; Rast *f;* **2.** *mus* ganze Pause *f; — sans ~* pausenlos; *(Arbeitszeit)* durchgehend; *faire une ~* e-e Pause machen; *~ café* Kaffepause *f.*

pauvr|e [povr] **I.** *a* **1.** *(nachgestellt)* arm (*de, en* an *dat*); wenig ergiebig, unergiebig, unfruchtbar; arm(selig), ärmlich, schäbig; unzureichend, unzulänglich; bedauerns-, bejammernswert; **2.** *(vorangestellt)* bedauernswert, beklagenswert, arm; *(Entschuldigung)* fadenscheinig; **II.** *s m* Arme(r) *m; les ~s d'esprit* die Armen im Geiste; **~ement** [-vrə-] *adv* **1.** ärmlich, dürftig; **2.** unzureichend; **~ette** *f* arme(s) Ding *n;* **~eté** [-vrə-] *f* **1.** Armut *f;* **2.** Dürftigkeit; Armseligkeit *f;* **3.** *pl* Albern-, Plattheiten *f pl.*

pavaner [pavane] *v prn se ~* sich brüsten; sich auf⸗plustern *fam;* umher⸗stolzieren.

pav|é [pave] *m* **1.** Pflaster(stein *m*) *n;* **2.** Straßendecke *f;* **3.** *battre le ~* herum⸗bummeln; *mettre sur le ~ (fig)* auf die Straße setzen; *tenir le haut du ~* zu den Honoratioren gehören; **4.** *il est sur le ~* er liegt auf der Straße, hat keine Arbeit; *~ (de pain d'épice)* Pfefferkuchen *m;* **~er** *tr* pflastern; mit Platten be-, aus⸗legen; **~eur** *m* Pflasterer *m.*

pavillon [pavijɔ̃] *m* **1.** Pavillon *m;* **2.** Häuschen, Gartenhaus *n;* **3.** Vor-, Anbau *m;* **4.** Schalltrichter *m;* **5.** Ohrmuschel *f;* **6.** *mot* Dach *n;* **7.** *mar* Flagge *f;* **8.** *baisser ~ (fig fam)* nach⸗geben; *battre ~ français* unter französischer Flagge segeln.

pavois [pavwa] *m* Beflaggung *f (e-s Schiffes); élever sur le ~* auf den Schild, *fig* in den Himmel heben; **~er** [-ze] *tr* beflaggen.

pavot [pavo] *m bot* Mohn *m.*

pay|able [pɛjabl] *a* zahlbar; ~ *au porteur* zahlbar an den Überbringer; ~ *à vue* zahlbar bei Sicht; **~ant, e** *a* **1.** zahlend; **2.** gebührenpflichtig; **3.** lohnend, einträglich; *stationnement* ~ bewachte(r) Parkplatz *m;* **~e, paie** [pɛj, pɛ] *f* Lohn(aus)zahlung; Löhnung *f,* (Wochen-)Lohn *m; bulletin m, feuille f de* ~ Lohnzettel *m;* **~ement, paiement** [pɛjmɑ̃, pɛmɑ̃] *m* **1.** (Be-, Aus-)Zahlung; Einlösung *f a. fig;* **2.** *au lieu de* ~ an Zahlungs Statt; *contre* ~, *moyennant* ~ *de* gegen Zahlung *gen;* **3.** *cesser, suspendre les* ~*s* die Zahlungen ein=stellen; *faire, effectuer un* ~ e-e Zahlung leisten; **4.** ~ *anticipé, d'avance* Vorauszahlung *f;* ~ *au comptant* Barzahlung *f;* ~ *partiel* Teilzahlung *f;* ~ *à tempérament* Ratenzahlung *f.*

pay|er [pe(ɛ)je] **I.** *itr* sich bezahlt machen, sich lohnen, etw ein=bringen; *(fam) ça ne paie pas* es macht sich nicht bezahlt; **II.** *tr* **1.** (be-, aus)zahlen; *(Beitrag)* entrichten; *(Rechnung)* begleichen; *(Kosten)* bestreiten; *(Schuld)* ab=tragen, tilgen; *(Wechsel)* honorieren; **2.** *tu me le paieras!* das zahle ich dir heim! **III.** *v prn se* ~ *(fam)* **3.** sich leisten (*qc* etw); sich kaufen; bezahlt werden (müssen); sich ab=finden (*de* mit); **4.** *voici 100 francs: payez-vous!...*ziehen Sie ab, was Sie bekommen; *(fig) tout se paie* alles rächt sich einmal; **5.** ~ *par acomptes* ab=(be)zahlen, in Raten (be)zahlen; ~ *d'avance* voraus=(be)zahlen; ~ *(au) comptant* bar (be)zahlen; ~ *la douane, les droits de douane pour qc* etw verzollen; ~ *les pots cassés (fig)* etw aus=baden; ~ *des intérêts pour qc* etw verzinsen; ~ *de sa personne* sich nicht schonen; s-e ganze Kraft ein=setzen; ~ *un pot, une tournée* eine Runde spendieren; ~ *de retour qn* es jdm (mit gleicher Münze) heim=zahlen; ~ *en supplément* zu=zahlen; **6.** *il est mal payé de sa peine* s-e Anstrengungen haben sich nicht gelohnt; *je suis payé pour le savoir* ich muß es wohl wissen; ich habe die Erfahrung gemacht; *il ne paye pas de mine* er sieht nach nichts aus; **~eur, se** *s m f* Zahler(in *f*) *m; s m* u. *a: officier m* ~ Zahlmeister *m.*

pays [pe(ɛ)i] **1.** Land *n;* **2.** Landstrich *m,* Gegend *f;* Gebiet *n;* **3.** Heimat *f;* **4.** Dorf *n,* Kleinstadt *f;* **5.** Vaterland *n;* **6.** *fam* Landsmann *m;* **7.** *du* ~ (ein)heimisch; **8.** *arriver de son* ~ ein Neuling, Anfänger sein; *être en* ~ *de connaissance* unter Bekannten sein; gut Bescheid wissen; sich auskennen; *voir du* ~ weit herum=kommen; *de quel* ~ *venez-vous?* Sie kommen wohl vom Mond? **9.** ~ *créditeur, débiteur* Gläubiger-, Schuldnerland *n;* ~ *industriel, d'origine, de provenance* Industrie-, Ursprungs-, Herkunftsland *n; un* ~ *perdu (fam)* ein abgelegenes Nest *n;* **~age** *m* Landschaft *f;* ~ *urbain* Stadtbild *n;* **~agiste** *m* Landschaftsmaler *m; architecte, jardinier m* ~ Garten-, Landschaftsgestalter *m;* **~an, ne I.** *s m f* Bauer *m,* Bäuerin *f;* **II.** *a* **1.** bäuerisch; **2.** ländlich, bäuerlich; **~anerie** *f* Bauernstand *m;* **~e** *f fam* Landsmännin *f.*

péage [peaʒ] *m: droit m de* ~ Benutzungsgebühr, Maut *f; à* ~ gebührenpflichtig.

peau [po] *f pl -x* **1.** Haut *f (a. auf der Milch);* **2.** *(Tiere)* Fell *n,* Balg *m;* Leder *n;* **3.** *bot* Schale, Hülse *f;* **4.** *avoir qn dans la* ~ *(fam)* jdm mit Haut und Haar verfallen sein; *n'avoir que la* ~ *et les os* nur (noch) Haut u. Knochen sein; *faire bon marché de sa* ~ s-e Haut zu Markte tragen; *faire la* ~ *à qn* jdn um=bringen; *faire* ~ *neuve (fig)* s-e Meinung, Haltung ändern; ein (ganz) anderer Mensch werden; *ne pas tenir dans sa* ~ es nicht aus=halten können; *vendre cher sa* ~ sein Leben teuer verkaufen; **5.** *j'ai cela dans la* ~ *(fam)* das steckt mir im Blut; *je ne voudrais pas être dans sa* ~ ich möchte nicht in s-r Haut stecken; **6.** *maladie f de la* ~ Hautkrankheit *f;* **7.** ~ *d'agneau, de lapin, de tambour* Lamm-, Kaninchen-, Trommelfell *n mus;* ~ *d'âne (fam)* Diplom *n;* ~ *de vache (pop)* Schweinehund *m;* **~sserie** *f* Leder(waren)fabrikation *f,* -handel *m,* -waren *f pl.*

pêch|e [pɛʃ] *f* **1.** *bot* Pfirsich *m;* **2.** Fischfang *m;* Fischerei *f;* Fischen *n;* **3.** Fang *m;* **4.** *aller à la* ~ fischen gehen; *bateau m de* ~ Fischerboot *n; grande* ~ Hochseefischerei *f;* ~ *à la baleine* Walfang *m;* ~ *aux éponges, du hareng, des perles* Schwamm-, Herings-, Perlenfischerei *f;* ~ *à la ligne (flottante)* Angeln *n;* **~er I.** *s m* Pfirsichbaum *m;* **II.** *itr* **1.** fischen, angeln; *(Fische)* fangen; **2.** *fig fam* auf=gabeln, auf=schnappen; ~ *en eau trouble (fig)* im trüben fischen; ~ *à la ligne* angeln; **~erie** *f* Fischereigebiet *n;* **~eur, se** *m f* Fischer(in *f*) *m;* ~ *à la ligne* Angler *m.*

péch|é [peʃe] *m* Sünde *f;* ~ *mortel, originel, véniel* Tod-, Erbsünde, läßliche Sünde *f;* ~ *mignon (fam)* kleine Schwäche *f fig;* **~er** *itr* **1.** *rel* sündigen; **2.** *allg* verstoßen, sich vergehen, *fig* sich versündigen (*contre* an *dat*); **3.** leiden, kranken *fig* (*par* an *dat*); **4.** ~ *par excès* übertreiben; **~eur, eresse** *m f* Sünder(in *f*) *m.*

pécore [pekɔr] *f fig fam* dumme Gans *f.*

pectoral, e [pɛktɔral] **I.** *a pl -aux anat* Brust-; **II.** *m anat* Brustmuskel *m.*

pécu|le [pekyl] *m* Rücklage *f,* Notgroschen *m;* **~niaire** [-njɛr] *a* geldlich, finanziell; *embarras m pl ~s* Geldverlegenheit *f.*

péd|agogie [pedagɔʒi] *f* Pädagogik, Erziehungswissenschaft *f;* **~agogique** *a* pädagogisch; Erziehungs-; **~agogue** *m* Pädagoge *m.*

péd|ale [pedal] *f* **1.** Pedal *n,* Fußhebel *m;* **2.** *pop* Schwuler *m;* **3.** *el* Schienenkontakt *m;* **4.** *loc* Druckschiene *f;* **5.** *~ d'accélérateur (mot)* Gashebel *m; ~ d'embrayage, de frein (mot)* Kupp(e)lungs-, Bremspedal *n;* **~aler** *itr* **1.** radeln, rad=fahren; **2.** *fam fig* sich beeilen; rennen; **~alo** *m* Tretboot *n;* **~ant, e I.** *s m f* Pedant(in *f*) *m;* **II.** *a* pedantisch; **~é(raste)** *m* Päderast *m;* **~iatre** *m* Kinderarzt *m;* **~iatrie** *f* Kinderheilkunde *f;* **~icure** *s m f* Fußpfleger(in *f*) *m;* **~igree** [-igre] *m (Hund, Pferd)* Stammbaum *m.*

pègre [pɛgr] *f arg* Unterwelt *f.*

peign|e [pɛɲ] *m* **1.** Kamm *m;* **2.** *tech* Hechel *f;* Web(e)blatt *n;* (Gewinde-)Schneidbacke *f;* **3.** *zoo* Kammuschel *f;* — *se donner un coup de ~* (schnell) überkämmen; *être sale comme un ~* vor Dreck starren; *passer au ~ fin (fig)* sehr genau prüfen; **~é** *m* Kammgarn *n;* **~ée** *f fam* Tracht *f* Prügel; **~er I.** *tr* kämmen; **II.** *v prn se ~* sich kämmen; **~oir** *m: ~ (de bain)* Bademantel *m; (für Frauen)* Morgenrock *m.*

peinard, e [pɛnar, -rd] *a être ~* die Ruhe weg=haben.

peindre [pɛ̃dr] **I.** *tr* **1.** (be-, an=, aus=) malen (*de* mit); an=streichen; **2.** *fig* schildern, wieder=geben, zum Ausdruck bringen; **II.** *v prn se ~* sich ausdrücken, sich zeigen.

pein|e [pɛn] *f* **1.** Strafe *f;* **2.** Schmerz; Kummer *m,* Sorge *f;* **3.** Mühe, Anstrengung *f;* **4.** *à ~* kaum, mit Mühe (und Not); *à grand-~* mit großer Mühe; *sans ~* mühelos; *sous ~ (de)* bei Strafe *(gen);* **5.** *avoir de la ~* Kummer haben; *avoir de la ~ à faire qc* etw nur mit Mühe tun können; *se donner de la ~* sich Mühe geben (*de* zu); *être en ~ de qn* um jdn in Sorge sein, sich *dat* um jdn Gedanken machen; *faire ~* leid, weh=tun; *faire de la ~* Kummer machen *od* bereiten; *frapper d'une ~* mit e-r Strafe belegen; *perdre sa (ses) ~(s)* sich umsonst (be)mühen; *valoir la ~* der Mühe wert sein; **6.** *j'ai ~ à ...* es kostet mich Überwindung, widerstrebt mir zu ...; **7.** *homme m de ~* Handlanger *m; ~ capitale* Todesstrafe *f;* **~er I.** *tr* Kummer bereiten (*qn* jdm); **II.** *itr* betrüben; sich ab=mühen, sich plagen.

peint|re [pɛ̃tr] *m* **1.** Maler(in *f*) *m;* **2.** *fig* Schilderer *m; femme f ~* Malerin *f; ~ en bâtiments* Anstreicher *m;* **~ure** *f* **1.** Malerei *f;* **2.** Gemälde *n;* **3.** Anstrich *m,* Farbe *f; (Auto)* Lack *m;* **4.** *fig* Schilderung, Darstellung *f; attention à la ~* (Vorsicht,) frisch gestrichen; **~urlurer** *tr* grell an=streichen.

péjoratif, ive [peʒɔratif, -iv] *a gram* pejoratif; verächtlich.

pékin [pekɛ̃] *m arg mil* Zivilist *m.*

pel|é, e [pəle] *a* kahl *a. fig; il n'y avait que trois ~s et un tondu (fig fam)* es waren nur ein paar Männeken da; **~er I.** *tr* **1.** *(Tier)* enthaaren; **2.** *(Frucht)* schälen; **3.** *(Baum)* entrinden; **II.** *itr* sich häuten; sich ab=schuppen; **III.** *v prn se ~* sich schälen lassen.

pêle-mêle [pɛlmɛl] *adv* bunt durcheinander.

pèlerin, e [pɛlrɛ̃, -in] *m f* **1.** Pilger(in *f*) *m;* **2.** *zoo* Riesenhai *m;* **~age** *m* **1.** Pilger-, Wallfahrt *f;* **2.** *(lieu de ~)* Wallfahrtsort *m.*

pélican [pelikɑ̃] *m orn* Pelikan *m.*

pelisse [pəlis] *f* pelzgefütterte(r) Mantel *m.*

pell|e [pɛl] *f* **1.** Schaufel, Schippe *f;* **2.** *(~ mécanique)* (Löffel-)Bagger *m;* **3.** (Braten-)Wender *m;* — *ramasser une ~ (fam)* hin=fallen; *remuer l'argent à la ~ (fig)* im Gelde wühlen; **~eter** *tr* schaufeln; **~eterie** [-l(ɛ)tri] *f* Kürschnerei *f;* Pelzwerk *n,* Rauchwaren(handel *m*) *f pl;* **~etier, ère** *s m f* Rauchwarenhändler *m;* **~icule** *f* **1.** *biol* Häutchen *n;* **2.** *meist pl med* Schuppe *f;* **3.** Film *m a. phot; ~ en bobine* Rollfilm *m.*

pelot|e [pəlɔt] *f* **1.** Knäuel *m* od *s;* **2.** baskische(s) Ballspiel *n;* **3.** *(~ à épingles)* Nadelkissen *n;* **4.** *faire sa ~ (fig fam)* sein Schäfchen ins trockene bringen; **~er** *tr pop* befummeln, streicheln; **~on** *m* **1.** Knäuel *m* od *n;* **2.** *mil* Gruppe *f,* Zug *m;* **3.** *(sport) le gros ~* das (Haupt-)Feld; *~ de tête (sport)* Spitzenmannschaft, -gruppe *f;* **~onner I.** *tr (Garn)* auf=wickeln; **II.** *v prn se ~* sich zs.=kauern, -rollen; *fig* sich an=schmiegen (*contre qn* an jdn).

pel|ouse [p(ə)luz] *f* Rasen *m;* **~uche** [plyʃ] *f* Plüsch *m;* **~uché, e** *a* **1.** *(Stoff)* plüschartig; **2.** zerschlissen, ausgefranst; **~ucheux, se** *a* **1.** fusselig, faserig; **2.** *bot* samtartig; **~ure** *f* **1.** *(Obst, Kartoffeln)* Schale *f;* **2.** Hülse, Haut *f;* **3.** *fam* Mantel *m; papier m ~* dünne(s) Durchschlagpapier *n; ~ d'oignon* Zwiebelschale *f.*

pelvis [pɛlvi] *m anat* Becken *n.*

pén|al, e [penal] *a pl -aux jur* Straf-; **~alisation** *f sport* Strafpunkt(e *pl*) *m;* **~aliser** *tr* mit e-m Strafpunkt belegen; in Strafe nehmen; **~alité** *f jur sport* Strafe *f;* Geldstrafe *f.*

pen|alty [penalti] *m (Fußball)* Elfmeter; Strafstoß *m;* **~aud, e** [pə-] *a* verdutzt, verblüfft.

pench|ant [pɑ̃ʃɑ̃] *m fig* Hang *m,* Neigung *f* (*pour* zu); *avoir un ~ à faire qc* dazu neigen, tendieren etw zu tun; **~é, e** *a* geneigt, schräg, schief; **~er I.** *tr* neigen, senken, nieder=beugen; **II.** *itr* **1.** geneigt, schräg, schief sein *od* stehen; **2.** *fig* (hin=)neigen, tendieren (*à, pour* zu); **III.** *v prn se ~* **3.** sich herab=neigen, sich nieder=beugen; **4.** *fig* sich mühen (*sur* um); sich beschaffen (*sur* mit *dat*); — *faire ~ la balance (fig)* den Ausschlag geben (*en faveur de qn* für jdn); *ne pas se ~ au dehors* nicht hinauslehnen.

pend|able [pɑ̃dabl] *a tour m ~* üble(r) Streich *m;* **~aison** *f* Auf-, Erhängen *n;* **~ant, e I.** *a* **1.** (herab)hängend; **2.** *fig* schwebend, in der Schwebe; **3.** *jur* anhängig; **II.** *s m* Gegen-, Seitenstück *n;* **III.** *prp* während; **IV.** *~ que (conj)* während *(zeitl.); faire ~ à ...* das Gegenstück bilden zu ...; gehören, passen zu ...; **~eloque** *f* Ohrgehänge *n; pl (Leuchter)* Behänge *m pl;* **~entif** *m* Anhänger *m (Schmuck);* **~erie** *f* (eingebauter) Kleiderschrank *m;* **~iller** [-ije] *tr* flattern; baumeln.

pend|re [pɑ̃dr] **I.** *tr* **1.** (auf=)hängen; henken; **II.** *itr* **2.** (herab=)hängen; **3.** *(Kleid)* schleppen; **4.** *avoir la langue bien ~ue* ein loses Mundwerk haben; *dire pis que ~ de qn* keinen guten Faden an jdm lassen; *~ la crémaillère (fam)* Einstand feiern; **III.** *v prn se ~* sich hängen (*à qc* an etw); *se ~ au cou de qn* jdm um den Hals fallen; *se ~ à la sonnette de qn* bei jdm Sturm läuten; **~u** *m* Gehenkte(r) *m;* **~ulaire** *a mouvement m ~* Pendelbewegung *f;* **~ule 1.** *m* Pendel *n;* **2.** *f* Wand-, Pendel-, Stutzuhr *f.*

pêne [pɛn] *m (Schloß)* Riegel *m.*

pénétr|able [penetrabl] *a* **1.** durchlässig; **2.** *fig* erkennbar; **~ant, e I.** *a* **1.** durchdringend; *(Geruch)* penetrant, aufdringlich; *(Kälte)* schneidend; **2.** *fig* scharf(blickend, -sinnig); **II.** *s f mil* Aufmarschstraße *f;* **~ation** *f* **1.** Durch-, Eindringen *n;* **2.** *fig* geistige Durchdringung, Verstandesschärfe *f;* **~é, e** *a* durchdrungen, tief beeindruckt, überzeugt (*de* von); **~er I.** *tr* **1.** durch-, ein=dringen (*qc* durch, in e-e S); **2.** *fig* durchdringen, ergründen, durchschauen; ergreifen, erfüllen (*de* mit); **II.** *itr* **3.** gelangen (*jusqu'à* bis zu); ein=dringen (*dans* in *acc*); hinein=fahren (*dans* in *acc*); **4.** *(Farbe, Leim)* durchschlagen; **III.** *v prn se ~ de qc* sich etw ganz zu eigen machen; sich *(dat)* etw sehr zu Herzen nehmen.

pén|ible [penibl] *a* **1.** mühsam, anstrengend, schwierig; **2.** betrüblich; unerquicklich; schmerzlich, peinlich; **~iche** *f mar* **1.** Last-, Schleppkahn *m;* **2.** *pl arg* Latschen *pl;* **~insule** *f* Halbinsel *f;* **~is** [-is] *m anat* Penis *m.*

péniten|ce [penitɑ̃s] *f* **1.** *rel* Bußfertigkeit, Reue; Buße *f;* **2.** Strafe *f; pour ~* zur Strafe; *faire ~* Buße tun; **~cier** *m* Strafanstalt *f;* **~t, e I.** *a* bußfertig; **II.** *s m f* Beichtkind *n;* **~tiaire** [-sjɛr] *a* Straf-.

penne [pɛn] *f orn* Schwanzfeder *f.*

pénombre [penɔ̃br] *f* Halbdunkel *n.*

pens|ant, e [pɑ̃sɑ̃, -ɑ̃t] *a bien ~* konformistisch; **~ée** *f* **1.** Gedanke *m;* **2.** Denken (*à, de* an *acc*); Denkvermögen *n;* **3.** Ansicht, Meinung *f;* **4.** *bot* Stiefmütterchen *n;* — *la seule ~* der bloße Gedanke, schon der Gedanke *m; il ne me serait pas venu à la ~ de* es wäre mir nie eingefallen, zu; **~er I.** *itr* **1.** denken (*à* an *acc*); **2.** daran denken, nicht vergessen (*à faire qc* etw zu tun); **3.** nach=denken; **4.** beabsichtigen, vor=haben (*(à) faire* zu tun); **II.** *tr* **5.** meinen, glauben; denken; **6.** *sans ~ à mal* ohne Schlimmes dabei zu denken; *sans y ~* unabsichtlich; *ah, j'y pense!* eh' ich vergesse! *pensez donc!* denken Sie mal! *pensez vous!* ach was! *y pensez vous?* wo denken Sie hin! was fällt Ihnen ein! *vous n'y pensez pas!* das ist doch nicht Ihr Ernst! *liberté f de ~* Meinungsfreiheit *f;* **~eur, se** *m f* Denker(in *f*) *m;* **~if, ive** *a* nachdenklich; in Gedanken versunken.

pension [pɑ̃sjɔ̃] *f* **1.** Pension *f,* Ruhegehalt *n;* Rente *f;* **2.** Pension *f,* Kostgeld *n;* **3.** Pension *f,* Fremdenheim *n;* **4.** Internat *n;* **5.** *prendre ~ à l'hôtel* Vollpension in e-m Hotel nehmen; *~ de vieillesse, d'invalidité* Alters-, Invalidenrente *f;* **~naire** *m f* **1.** Pensionsgast *m;* **2.** Pensionsschüler(in *f*) *m,* Interne(r *m*) *f;* **~nat** [-a] *m* Pensionat *n;* **~é, e** *m f* Ruhegehalts-, Pensionsempfänger(in *f*) *m.*

pensum [pɛ̃sɔm] *m (Schule)* Strafarbeit *f.*

pentathlon [pɛ̃tatlɔ̃] *m sport* Fünfkampf *m.*

pent|e [pɑ̃t] *f* **1.** (Ab-)Hang *m;* **2.** Neigung *f,* Gefälle *n;* Böschung *f;* **3.** *fig* schiefe Ebene *f; remonter la ~ (fig)* wieder auf die Beine kommen; **P~ecôte, la** Pfingsten *n sing* od *f pl; à la ~* an Pfingsten.

pénurie *f* (großer) Mangel *m,* Knappheit (*de* an *dat*); *~ d'argent, de matières premières* Geld-, Rohstoffknappheit *f;* *~ de main-d'œuvre* Mangel *m* an Arbeitskräften.

pép|ée [pepe] *f* **1.** *(Kindersprache)* Püppchen *n;* **2.** *pop* Puppe, Biene *f;* **~ère I.** *s m (Kindersprache)* Opa; **II.** *a fam* ruhig, behäbig; gemütlich; **~ètes** *f pl pop* Moneten *pl;* **~ie** *f avoir la ~ (fam)* e-e trockene Kehle haben; **~iement** *m orn* Piepen *n;* **~ier** [-pje] *itr* piepen; **~in** *m* **1.** *bot* Kern *m;* **2.** *pop*

Regenschirm *m;* — *avoir un ~ (fam)* auf Schwierigkeiten stoßen; **~inière** *f* Baum-, *fig* Pflanzschule *f;* **~ite** *f min* (Gold-)Klumpen *m.*

péquenot [pɛkno] *m fam péj* Bauer *m.*

perç|age [pɛrsaʒ] *m tech* (Durch-)Bohren *n;* **~ant, e** *a* **1.** *(Stimme)* schrill; **2.** *(Kälte)* schneidend; **3.** *(Schrei)* gellend; **4.** *(Blick)* durchdringend.

perc|e [pɛrs] *f mettre en ~ (Bier)* an=stechen; *~-neige m inv* Schneeglöckchen *n;* **~ée** *f* **1.** Durchbruch, Durchstich *m;* **2.** *(Wald)* Durchhau *m;* **3.** *mil* Durchbruch, Durchstoß *m;* **4.** *arch* (Fenster-) Öffnung *f;* **~ement** *m* **1.** *tech* (Durch-) Bohrung *f;* Durchstechen *n,* -stich; **2.** *min* Vortrieb *(e-s Stollens);* **3.** *el* Durchschlag *m.*

percept|eur, trice [pɛrsɛptœr, -tris] **I.** *a* aufnehmend; **II.** *s m* Steuereinnehmer *m;* **~ible** *a* **1.** wahrnehmbar; **2.** spürbar, merklich; **3.** verständlich; **4.** *(Steuer)* einziehbar; **~ion** [-sjɔ̃] *f* **1.** *(Philosophie)* Wahrnehmung, Erfahrung *f;* **2.** *(Steuer)* Erhebung, Einziehung *f;* **3.** Finanzkasse *f.*

perc|er [pɛrse] *tr itr* **1.** durchbohren, -brechen, -stechen, -löchern; **2.** ein=dringen (*qc* in e-e S); **3.** *(Geschwür)* auf=gehen, -stechen; **4.** *(Faß)* an=stechen, -zapfen; **5.** *(Papier)* durchschlagen; **6.** *tech* (durch-, an=)bohren; lochen; **7.** *(Panzerschrank)* knacken; **8.** *fig* bewegen, treffen, erschüttern; **9.** *(Herz)* zerreißen; **10.** durchschauen, ergründen, entschleiern; **11.** sich durch=setzen; in Erscheinung treten, zum Durchbruch, ans Licht kommen, zutage treten; **12.** sich Bahn brechen; berühmt werden; — *laisser ~* durchblicken lassen; *~ ses dents* Zähne bekommen; *~ les oreilles* in den Ohren gellen; *rien n'a percé* nichts ist durchgesickert; **~eur, se** *s m f* Bohrer *m (Arbeiter); f* Bohrmaschine *f;* **~evable** [-sə-] *a (Steuer)* einzieh-, eintreibbar; **~evoir** *tr* **1.** wahr=nehmen; erfassen; **2.** *(Steuer)* erheben, ein=ziehen; *(Geld)* ein=nehmen, kassieren.

perch|e [pɛrʃ] *f* **1.** *zoo* Barsch *m;* **2.** Stange *f;* **3.** *sport* Stab *m;* **4.** Meßstange *f;* **5.** *film* Giraffe *f;* **6.** *(grande ~) fig* lange Latte *f;* **7.** *tendre la ~ à qn* jdm aus der Verlegenheit helfen; **8.** *saut m à la ~* Stabhochsprung *m;* **~er I.** *itr* **1.** *(Vögel)* sich niederlassen, sich setzen; **2.** *fam (Ort)* liegen; **3.** *(Personen)* hausen; **II.** *tr* (hoch hinauf-)stellen (*sur* auf *acc*); *(fam) ~ sa voix* mit hoher Stimme sprechen; **III.** *v prn se ~ fam* sich setzen (*sur* auf *acc*); **~iste** *m* **1.** Stabhochspringer *m;* **2.** *film* Mikrophonträger *m;* **~oir** *m* Vogel-, *bes* Hühnerstange(n *pl*) *f.*

perclus, e [pɛrkly] *a med* gelähmt.

per|colateur [pɛrkɔlatœr] *m* Kaffeemaschine *f;* **~cussion** *f* **1.** Schlag, Stoß *m;* **2.** *med* Perkussion *f;* **3.** *(instrument m à ~)* Schlaginstrument *n;* **~cussioniste** *m* Schlagzeuger *m;* **~cutant, e** *a* **1.** *mil* Perkussions-; **2.** *fig* durchschlagend, eindringlich; **~cuter I.** *tr* **1.** (an=) stoßen; **2.** prallen (*un arbre* gegen e-n Baum); **3.** *med* perkutieren; **II.** *itr* **4.** auf=schlagen, auf=treffen; **5.** *mot* fahren (*contre* gegen, an *acc*).

perd|ant, e [pɛrdɑ̃, -ɑ̃t] **I.** *a* verlierend; **II.** *s m f* Verlierer(in *f*) *m; billet, numéro m ~* Niete *f;* **~ition** *f* **1.** Verderben *n,* Untergang *m;* **2.** *rel* Verdammnis *f;* **3.** *en ~ (mar)* in Seenot; **~re I.** *tr* **1.** verlieren, ein=büßen, versäumen, verpassen; **2.** unnütz, umsonst aus=geben, verschwenden, vergeuden; **3.** *(Gewohnheit)* ab=legen; **4.** zugrunde richten, ins Verderben bringen; in die Irre führen; **II.** *itr* **5.** (an Wert) verlieren; e-n Verlust erleiden (*sur une marchandise* an e-r Ware); **6.** *(Gefäß)* undicht sein, lekken; **7.** nach=lassen, schlechter werden; **8.** *mar* langsamer fahren, zurück=bleiben (*sur* hinter *dat*); **III.** *v prn se ~* **9.** sich verlieren, verschwinden; abhanden kommen; **10.** unter=gehen, zugrunde gehen; verderben; sich zugrunde richten; sich verzetteln; **11.** *mar u. fig* scheitern; verloren=gehen; sich verirren, sich verlaufen; **12.** aus=sterben; **13.** *(Brauch)* ab=kommen; **14.** *~ courage* den Mut sinken lassen; *~ le fil (fig)* den roten Faden verlieren; *~ (l')haleine* außer Atem kommen; *~ patience* die Geduld verlieren; *~ du terrain (fig)* an Boden verlieren; *~ de vue* aus den Augen verlieren; *je perds qc* es entgeht mir etw; *je m'y perds (fig)* da komme ich nicht mehr mit; **~u, e** *a* **1.** verloren, nicht mehr zu retten(d); **2.** *(in Gedanken)* versunken; **3.** abgelegen, einsam; **4.** *(Kugel)* verirrt; **5.** unheilbar; **6.** verschwunden; **7.** *à corps ~* heftig, ungestüm, blindlings; *à coup ~* aufs Geratewohl; *je suis ~* ich habe mich verirrt, verfahren; *fig* ich weiß mir nicht mehr zu helfen; **8.** *peine f ~e* vergebliche Mühe *f; temps m, moments m pl, heures f pl ~(s, es)* Mußezeit *f,* -stunden *f pl; verre m ~* Einwegflasche *f.*

père [pɛr] *m* **1.** Vater *m a. rel u. fig;* **2.** Stammvater *m;* **3.** Ursprung *m; de ~ en fils* vom Vater auf den Sohn; *~ adoptif, de famille, nourricier* Adoptiv-, Familien-, Pflegevater *m.*

pér|égrination [peregrinasjɔ̃] *f* (weite) Reise *f;* **~emption** [-rɑ̃p-] *f jur* Verjährung *f;* **~emptoire** *a* **1.** *jur* verwirkend, verjährend; **2.** entscheidend; energisch; **~enniser** [-rɛni-] *tr* verewigen; **~ennité** *f* Fortbestand *m,* -dauer *f;* **~équa-**

tion [-kwa-] *f* gleichmäßige Verteilung *f;* Angleichung *f.*
per|fectible [pɛrfɛktibl] *a* vervollkommnungsfähig; **~fection** [-sjɔ̃] *f* **1.** Vollendung, Vervollkommnung; Vollkommenheit *f;* **2.** *pl* Vorzüge *m pl;* **~fectionnement** [-sjɔ-] *m* Vervollkommnung, Verbesserung; Fortbildung *f;* **~fectionner** *tr* vervollkommnen, verbessern; **~fide** *a* treulos, verräterisch, falsch; heimtückisch; **~fidie** *f* Treulosigkeit, Falschheit, Heimtücke *f;* **~forateur, trice I.** *a* Bohr-; **II.** *s m* **1.** Bohrer; **2.** *(Büro)* Locher *m;* **III.** *s f* **1.** Bohrmaschine *f;* **2.** Locherin *f;* **~foration** *f* **1.** *tech* Durchbohren, (Durch-)Lochen *n;* Perforierung *f;* **2.** *(Geschoß)* Durchschlag *m a. el;* **~forer** *tr* **1.** durchbohren, lochen; **2.** perforieren; durchschlagen; **~formance** *f bes. sport* Leistung *f;* **~gola** *f arch* Pergola *f.*
péri|carde [perikard] *m anat* Herzbeutel *m;* **~cliter** *itr* in Gefahr, bedroht sein; dem Untergang entgegen=gehen.
péril [peril] *m* Gefahr *f; au(x) ~(s) de ...* unter Einsatz *gen; à ses risques et ~s* auf eigene Gefahr; *en ~* in Seenot; *mettre en ~* in Gefahr bringen; **~leux, se** [-ijø, øz] *a* gefährlich.
péri|mer [perime] *v prn se ~ (jur)* verfallen, ungültig werden, ab=laufen, verjähren; *se ~ vite* schnell veralten; **~mètre** *m* **1.** *math* Umfang *m;* **2.** Umkreis *m;* **~ode** [perjɔd] *f* **1.** Periode *f a. gram;* **2.** Zeitabschnitt, -raum *m;* **3.** *astr* Umlaufszeit *f;* **4.** *med* Phase *f;* **~odique I.** *a* periodisch; **II.** *s m* Zeitschrift *f;* **~pétie** [-pesi] *f* **1.** *meist pl* überraschende Ereignisse *n pl;* Zwischenfälle *m pl;* **2.** plötzliche(r) Umschwung *m;* **~phérie** *f* **1.** Stadtrand *m;* **2.** *math* Umfang *m;* **~phrase** *f* Umschreibung *f;* **~ple** *m* Rundfahrt, -reise *f.*
pér|ir [perir] *itr* **1.** zugrunde gehen, unter=gehen, um=kommen; **2.** vergehen, ein Ende nehmen, enden; **~issable** *a (Lebensmittel)* (leicht) verderblich.
péri|scope [periskɔp] *m mar* Periskop, Sehrohr *n;* **~tonite** *f* Bauchfellentzündung *f.*
perl|e [pɛrl] *f* **1.** Perle *f a. fig;* **2.** *pharm* Kapsel *f;* **3.** *fig* Stilblüte *f;* **~é, e** *a* **1.** perlfarbig; **2.** *fig* sauber ausgeführt, vollendet; *— grève f ~e* Bummelstreik *m; orge m ~* Perlgraupen *f pl;* **~er** *itr (Schweiß)* perlen.
per|manence [pɛrmanɑ̃s] *f* **1.** (Fort-)Dauer; Stetigkeit, Beständigkeit *f;* **2.** Bereitschaftsdienst *m;* **3.** Dienst-, Geschäftsstelle *f;* **4.** *(Schule)* Arbeitsraum *m;* **5.** *en ~* ununterbrochen; dauernd; auf die Dauer; **6.** *être de ~* Bereitschaft(sdienst) haben; **~manent, e I.** *a* **1.** (be)ständig, dauerhaft; **2.** fortlaufend, durchgehend; **3.** *(Stellung)* unkündbar; **4.** *(Beamter)* planmäßig; **5.** *(Heer)* stehend; **II.** *s m* Gewerkschafts-, Parteifunktionär *m;* **III.** *s f* Dauerwelle(n *pl*) *f;* **~me** *f arg mil* Urlaub *m;* **~méable** *a* **1.** durchlässig; **2.** *fig* empfänglich (*à* für).
per|mettre [pɛrmɛtr] **I.** *tr* **1.** erlauben, gestatten (*de* zu); zu=lassen, geschehen lassen; **2.** Anlaß geben zu; berechtigen zu; **II.** *v prn se ~* **3.** sich erlauben, sich heraus=nehmen; **4.** sich gönnen (*qc* etw); **5.** *si vous voulez bien me le ~* wenn Sie nichts dagegen haben; *s'il (m')est permis;* wenn ich darf; *il n'est pas permis à tout le monde* es kann nicht jeder (*de faire* tun); **~mis** [-mi] *m* **1.** (Erlaubnis-)Schein *m;* Genehmigung, Bewilligung *f;* **2.** *~ de chasse* Jagdschein *m; ~ de circulation (Auto)* Zulassung *f; loc* Freifahrschein *m; ~ de conduire* Führerschein *m; ~ de construire* Baugenehmigung *f; ~ d'inhumer* Totenschein *m; ~ de pêche* Angelschein *m; ~ de séjour* Aufenthaltsgenehmigung *f; ~ de travail* Arbeitserlaubnis *f;* **~mission** *f* **1.** Erlaubnis *f;* **2.** *mil* Urlaub *m; en ~* auf, in Urlaub; **~missif, ive** *a* extrem tolerant; **~mutable** *a* aus-, vertauschbar; **~mutation** *f* **1.** (Aus-)Tausch *m;* Umstellung, -setzung *f;* **2.** *(Beamte)* Stellentausch *m;* **~muter** *tr* **1.** (aus=)tauschen; um=stellen, -setzen; **2.** die Stelle tauschen (*avec qn* mit jdm); **~nicieux, se** *a* **1.** verderblich, gefährlich; schädlich; **2.** *med* bösartig.
pér|oné [perɔne] *m anat* Wadenbein *n;* **~onnelle** *f fam* dumme Gans *f;* **~oraison** *f* Schluß *m* (e-r Rede); **~orer** *tr* salbadern.
per|oxyde [pɛrɔksid] *m chem* Peroxyd *n;* **~pendiculaire I.** *a* senk-, lotrecht (*à* zu); **II.** *s f u. ligne f ~ (math)* Senkrechte *f,* Lot *n;* **~pétrer** *tr jur (Verbrechen)* verüben, begehen; **~pète:** *à ~ (fam)* auf die Dauer; **~pétuel, le** *a* **1.** fortwährend, -dauernd, (be)ständig; ewig; **2.** auf Lebensdauer, -zeit; **~pétuer I.** *tr* fort=pflanzen, verewigen; **II.** *v prn se ~* an=dauern, fort=bestehen, sich halten; **~pétuité** *f à ~* auf Lebenszeit, lebenslänglich; **~plexe** *a* verlegen, ratlos, unschlüssig; **~quisition** [-ki-] *f jur* Durchsuchung *f;* **~quisitionner** *itr* e-e Haussuchung vor=nehmen (*chez qn* bei jdm).
perr|on [pɛrɔ̃] *m arch* Freitreppe *f;* **~oquet** [-kɛ] *m* **1.** *orn* Papagei *m a. fig;* **2.** *mar* Bramsegel *n;* **~uche** *f* **1.** Sittich *m;* **2.** *fig fam* dumme Gans *f;* **~uque** *f* Perücke *f.*
per|sécuter [pɛrsekyte] *tr* **1.** (grausam) verfolgen; **2.** *fig* (hart) zu=setzen, lästig sein (*qn* jdm), belästigen; **~sécuteur, trice** *m f* Verfolger(in *f*) *m;* **~sécution** *f* (*bes.* Christen-)Verfolgung *f; délire m de la ~ (med)* Verfolgungswahn *m;*

~sévérance *f* Ausdauer, Beharrlichkeit *f* (*dans* bei, in *dat*); **~sévérant, e** *a* beharrlich, ausdauernd; **~sévérer** *itr* aus=dauern, beharren (*dans* in *dat*); aus=-, fest=halten (*dans qc* an e-r S); **~sienne** *f* Faltladen *m (am Fenster);* **~siflage** *m* Verspottung *f*, Spott *m;* **~sifler** *tr* verspotten, lächerlich machen, sich lustig machen (*qn* über jdn); **~sil** [-si] *m bot* Petersilie *f;* **~sistance** *f* **1.** Fortdauer *f*, Anhalten *n;* Beständig-, Beharrlichkeit *f;* **2.** *(Wetter)* Andauern *n;* Fortdauer *f;* **~sistant, e** *a* beharrlich; anhaltend, fortdauernd; *à feuilles ~es (bot)* immergrün; **~sister** *itr* **1.** be-, verharren (*dans qc* auf, in e-r S); **2.** fort=dauern, an=halten, an=dauern.

personn|age [pɛrsɔnaʒ] *m* **1.** (bedeutende) Persönlichkeit *f;* **2.** Person *(a. Kunst, Literatur, theat);* **3.** *theat* Rolle; **4.** *(Kunst, theat)* Figur *f;* **~aliser** *tr* **1.** e-e persönliche Note geben; **2.** den Verhältnissen des Einzelnen anpassen; **3.** gezielt tun (*qc* etw); **~alité** *f* **1.** Persönlichkeit, Person *f;* **2.** *(~ civile)* Rechtspersönlichkeit *f.*

personn|e [pɛrsɔn] **I.** *s f* **1.** Person *f;* **2.** Mensch; Mann *m;* **3.** Frau *f;* **II.** *prn* jemand *(nur in negativem Zs.hang); ~ ne ..., ne ... ~* niemand; *en ~* persönlich, selbst; *sans acception de ~(s)* ohne Ansehen der Person; *payer de sa ~* sich persönlich ein=setzen; *jeune ~* junge(s) Mädchen *n; ~ civile, morale, juridique* juristische, Rechtsperson *f; ~ physique* natürliche Person *f;* **~el, le I.** *a* **1.** persönlich; **2.** egoistisch, egozentrisch; **II.** *s m* **3.** Personal *n;* Belegschaft *f*, Mitarbeiter(stab *m*) *m pl;* Mannschaft; *aero* Besatzung *f;* **4.** *faire partie du ~* beschäftigt sein (*de* bei); *manquer de ~* an Personalmangel leiden; **5.** *chef, service m du ~* Personalchef *m*, -abteilung *f;* **6.** *~ enseignant* Lehrkörper *m*, -personen *f pl; ~ navigant* fliegende(s) Personal *n; ~ au sol (aero)* Bodenpersonal *n;* **~ellement** *adv* persönlich; **~ification** *f* Personifizierung, Verkörperung *f;* **~ifier** *tr* personifizieren, verkörpern.

per|spectif, ive [pɛrspɛktif, -iv] **I.** *a* perspektivisch; **II.** *s f* **1.** *math, (Kunst)* Perspektive *f;* **2.** Ausblick *m*, Fernsicht; Aussicht *f a. fig;* **3.** *fig* Stand-, Blickpunkt *m;* **4.** (Zukunfts-)Aussicht, Perspektive *f; en ~ (fig)* in Aussicht; **~spicace** *a* scharfblickend, -sinnig; **~spicacité** *f* Scharfblick, -sinn *m;* **~suader I.** *tr* überreden (*de* zu), -zeugen (*qn de qc* jdn von etw); **II.** *v prn se ~ de qc* sich von etw überzeugen; **~suasif, ive** [-zif, -iv] *a* überzeugend; **~suasion** *f* **1.** Überzeugung *f;* **2.** *(don m de ~)* Überzeugungsgabe *f.*

perte [pɛrt] *f* **1.** Verlust *m*, Einbuße *f;* **2.** Abgang *m*, -nahme *f*, Schwund *m;* **3.** Abfluß *m*, Leck *n;* **4.** *com* Defizit *n*, Passivsaldo *m;* **5.** Untergang, Zs.bruch, Ruin *m*, Verderben *n;* **6.** *geol* Versickern *n;* **7.** *à ~ (com)* mit Verlust; *à ~ de vue* soweit das Auge reicht; endlos; *en pure ~* in den Wind, völlig umsonst, vergeblich; *en ~ de vitesse* mit abnehmender Geschwindigkeit; **8.** *courir à sa ~* s-m Untergang entgegen=gehen; *entraîner une ~* Verlust bringen; *subir, essuyer une (grosse) ~* e-n (schweren) Verlust erleiden; **9.** *~ d'argent, en capitaux, d'intérêts, de poids, de temps* Geld-, Kapital-, Zins-, Gewichts-, Zeitverlust *m; ~ de sang* Blutverlust *m.*

per|tinence [pɛrtinɑ̃s] *f* **1.** Sachdienlichkeit, Triftigkeit *f;* **2.** *jur* Erheblichkeit *f;* Stellenwert *m;* **3.** *gram* Relevanz *f;* **~tinent, e** *a* **1.** *(Bemerkung)* passend, (zu)treffend **2.** *(Mitteilung)* sachdienlich, zur Sache gehörig; **3.** *(Grund)* triftig; **4.** *gram* relevant; **5.** *jur* rechtserheblich; **~turbateur, trice I.** *s m f* Störenfried, Unruh(e)stifter(in *f*) *m;* **II.** *a* Unruhe stiftend; **~turbation** *f* **1.** Störung *f a. astr, Wetter, radio;* **2.** Unruhe *f.*

per|venche [pɛrvɑ̃ʃ] **I.** *s f bot* Immergrün *n;* **II.** *a* hellblau; **~vers, e** [-vɛr, -ɛrs] *a* **1.** böse, gemein, verdorben, verkommen, lasterhaft; **2.** widernatürlich; **~version** *f* **1.** Entartung *f*, Verderbnis *n;* **2.** *med* Perversion *f;* **~versité** *f* **1.** Verderbt-, Verkommenheit *f;* Lasterhaftigkeit *f;* **2.** Niedertracht *f*, Gemeinheit *f;* **3.** Perversität *f;* **~vertir** *tr* verderben; **~vertissement** *m* Verderbnis *f;* sittlicher Verfall *m.*

pes|age [pəzaʒ] *m* **1.** (Ab-)Wiegen *n;* **2.** *sport* Wiegeplatz *m;* **~ant, e I.** *a* **1.** schwer; **2.** drückend; **3.** schwerfällig, plump; **II.** *s m valoir son ~ d'or (fig)* nicht mit Gold aufzuwiegen sein; **~anteur** *f* **1.** *phys* Schwere, Schwerkraft *f;* **2.** *fig* Schwerfälligkeit *f;* **~ée** *f* **1.** (Ab-)Wiegen *n;* **2.** abgewogene Menge *f;* **~er I.** *tr* **1.** (ab=)wiegen; **2.** *fig* (gegen ea.) ab=wägen, vergleichen; reiflich überlegen; **II.** *itr* **3.** wiegen, schwer sein; **4.** *fig* (be)drücken, e-e Last sein, lasten; drücken (*sur* auf *acc*); Nachdruck legen (*sur* auf *acc*); hervor=heben (*sur qc* etw); **5.** *(Verantwortung, Verdacht)* ruhen; **6.** e-n Einfluß ausüben (*sur* auf *acc*); **III.** *v prn se ~* **7.** sich wiegen; **8.** *~ sur la conscience* das Gewissen belasten; *~ sur le cœur à qn* jdn bedrücken, betrüben, kränken; *~ sur l'estomac* schwer im Magen liegen; *~ le pour et le contre* das Für und Wider ab=wägen; **9.** *tout bien pesé* alles wohl erwogen; *sa présence me pèse* seine Gegenwart fällt mir auf die Nerven; **~on** *m ~ à ressort* Federwaage *f.*

pèse [pɛz] *m arg* Moos, Geld *n;* ~*-bébé m* Säuglingswaage *f;* ~*-lettre(s) m* Briefwaage *f.*

pessimis|me [pɛsimism] Pessimismus *m;* ~**te** **I.** *s m f* Pessimist(in *f*), Schwarzseher *m;* **II.** *a* pessimistisch.

pest|e [pɛst] **I.** *f* **1.** *med* Pest *f a. fig;* **2.** *fam* kleine(r) Teufel *m,* Hexe *f;* **II.** *interj* Donnerwetter! ~**er** *itr* schimpfen (*contre* auf *acc*); ~**iféré, e** *a* pestkrank; ~**ilentiel, le** [-sjɛl] *a* pestartig; verpestet; abscheulich; übelriechend.

pet [pɛ] *m vulg* Furz *m; faire, lâcher un* ~ einen fahren lassen; *il va y avoir du* ~ es wird Krach geben.

pét|ale [petal] *m* Blüten-, Blumenblatt *n;* ~**anque** *f* Boulespiel *n (in Südfrankreich);* ~**arade** *f* Geknatter *n;* ~**ard** *m* **1.** Knallfrosch *m;* **2.** *fam* Revolver *m;* **3.** *fam* Hintern *m;* — *faire du* ~ Krach schlagen; ~**audière** [-to-] *f fig fam* lärmende(r) Haufen *m;* ~**er** *itr* **1.** furzen, pupen; **2.** *fam* explodieren, platzen, knallen; knistern, knattern; lärmen; ~ *dans la main (fam)* schief=gehen; ~**eux, se** *m f fig vulg* Hosenscheißer, Angsthase *m;* ~**illant, e** [-ijɑ̃] *a* **1.** knisternd, prasselnd; **2.** *(Wein)* prickelnd, spritzig; **3.** *(Augen)* funkelnd; ~ *d'esprit* geistsprühend; ~**illement** *m* Knistern; Sprudeln; Sprühen; Prickeln; Funkeln *n;* ~**iller** *itr* **1.** knistern, prasseln; **2.** *(Wein)* moussieren, schäumen, prickeln; **3.** *(Geist)* sprühen; **4.** *(Augen)* funkeln.

petit, e [pəti, -it] **I.** *a* **1.** klein; jung; **2.** gering; belanglos, unbedeutend; kleinlich; **3.** *fig fam* lieb; **II.** *s m f* **4.** Kleine(r, s) *m f n (Kind);* **5.** ~ *à* ~ nach u. nach, allmählich; *au* ~ *jour* bei Tagesanbruch; **6.** *chercher la* ~*e bête (fam)* sich um Kleinigkeiten (herum=)streiten; **7.** ~*e amie f* Freundin *f;* ~*-beurre m* Butterkeks *m; les* ~*es classes f pl* die unteren Schulklassen *f pl;* ~*s-enfants m pl* Enkel *pl;* ~*-fils m,* ~*e-fille f* Enkel(in *f*) *m;* ~*-lait m* Molke *f;* ~ *monde m,* ~*es gens f pl* kleine Leute *pl;* ~*-nègre m* gebrochene(s) Französisch *n;* ~ *nom m* Vorname *m;* ~*e santé f* schwache Gesundheit *f;* ~*s soins m pl* Aufmerksamkeiten *f pl;* ~*e vitesse* Frachtgut *n;* ~**ement** *adv* **1.** *être logé* ~ beengt wohnen; **2.** *vivre* ~ kümmerlich leben; **3.** *se comporter* ~ sich kleinlich benehmen; ~**esse** *f* **1.** Kleinheit *f;* **2.** Kleinlichkeit *f.*

pétition [petisjɔ̃] *f* Bittschrift *f,* Gesuch *n,* Eingabe *f.*

pétoche [petɔʃ] *f avoir la* ~ *(pop)* Schiß haben.

peton [pətɔ̃] *m fam* Füßchen *n.*

pétr|el [petrɛl] *m orn* Sturmvogel *m;* ~**ifier** [-fje] *a* **1.** *geol* versteinern; **2.** *fig* erstarren lassen; ~**in** *m* Backtrog *m; être dans le* ~ *(fam)* in der Tinte sitzen; ~**ir** *tr* **1.** kneten; **2.** *fig* formen, gestalten, bilden; ~**ochimie** *f* Petrochemie *f;* ~**ographie** *f* Gesteinskunde *f;* ~**ole** *m* **1.** Erdöl *n;* **2.** Petroleum *n;* ~ *brut* Rohöl *n;* ~ *combustible* Heizöl *n;* ~**olette** *fam* kleine(s) Auto *n;* ~**olier, ère** **I.** *a* (Erd-)Öl-; **II.** *s m* (Öl-)Tankschiff *n,* -dampfer, Tanker *m; flotte f pétrolière* Tankerflotte *f; produit m* ~ Mineralölerzeugnis *n;* ~**olifère** *a* (erd)ölhaltig.

pét|ulance [petylɑ̃s] *f* Übermut *m;* Ausgelassenheit *f;* ~**ulant, e** *a* ungestüm, unbändig, ausgelassen; ~**unia** [-nja] *m bot* Petunie *f.*

peu [pø] *adv* wenig; ~ *de* wenige; *le* ~ *de bonheur* das bißchen, bescheidene Glück; *le* ~ *de gens* die wenigen Leute; *un* ~ *(de ...)* etwas, ein bißchen (...); *un petit* ~ ein klein wenig, ein kleines bißchen; ~ *à* ~ nach u. nach; ~ *après* bald darauf, danach; ~ *de chose* nichts Besonderes, nicht viel, e-e Kleinigkeit; *depuis* ~ seit kurzem; *en* ~ *de mots* mit wenigen Worten, kurz; ~ *s'en faut, il s'en faut de* ~ *(que)* (es wäre) beinahe ...; *pour* ~ *que* wenn ... nur; *à* ~ *(de chose) près* annähernd, beinahe, fast, nahezu; *tant soit* ~ ein ganz klein wenig.

peuh! [pø] *interj* pah! bah! ach wo! ach was!

peupl|ade [pœplad] *f* (Volks-)Stamm *m;* ~**e** *m* Volk *n; du* ~ aus dem Volk(e); *beaucoup de* ~ viele Leute; *le petit, menu, bas* ~ die kleinen Leute; ~**ement** *m* **1.** Besiedlung; Bevölkerung *f;* **2.** *zoo bot* Bestand *m;* ~**er** **I.** *tr* **1.** besiedeln; **2.** bewohnen; bevölkern; **3.** *(mit Tieren)* besetzen; **4.** *(Wald)* auf=forsten; **II.** *v prn se* ~ sich bevölkern; ~**ier** [-plije] *m bot* Pappel *f.*

peur [pœr] *f* **1.** Angst, Furcht *f* (*de* vor *dat*); **2.** *de* ~ *(de, que)* ... damit nicht ...; *à faire* ~ entsetzlich, fürchterlich; **3.** *avoir* ~ Angst haben; sich fürchten (*de* vor *dat*); *faire* ~ bange machen (*à qn* jdm), Schrecken ein=jagen (*à qn* jdm); *mourir de* ~ vor Angst vergehen; *en être quitte pour la* ~ mit dem Schrekken davon=kommen; ~**eux, se** *a* furchtsam, ängstlich.

peut-être [pøtɛtr] *adv* vielleicht, eventuell.

pèze *s. pèse.*

phantasme [fɑ̃tasm] *m* Trugbild *n.*

phar|amineux, se [faraminø, -øz] *a fam* verblüffend; ~**aon** [~aɔ̃] *m* Pharao *m;* ~**e** *m* **1.** Leuchtturm *m,* -feuer *n;* **2.** *mot* Scheinwerfer *m; rouler pleins* ~*s* mit aufgeblendeten Scheinwerfern fahren; ~**isaïque** *a* pharisäisch; ~**isien** *m rel* Pharisäer *m.*

pharmac|eutique [farmasøtik] *a* pharmazeutisch; ~**ie** [-si] *f* **1.** Pharmazie *f;*

2. Apotheke *f;* **~ien, ne** *m f* Apotheker(in *f*) *m;* **~ologie** *f* Pharmakologie *f.*
pharynx [farɛ̃ks] *m anat* Rachen, Schlund *m.*
phase [faz] *f astr phys el chem fig* Phase; (Entwicklungs-)Stufe *f,* Stadium *n.*
phén|ix [feniks] *m* **1.** Phönix *m;* **2.** Wunder(ding), Phänomen *n;* **~oménal, e** *a fam* phänomenal, verblüffend, wunderbar; **~omène** *m* **1.** Phänomen *n;* **2.** *fam* Wunder(ding) *n;* **3.** *fam* komische(r) Kauz *m.*
phil|anthrope [filɑ̃trɔp] *m* Menschenfreund *m;* **~anthropique** *a* menschenfreundlich; **~atélie** *f* Philatelie *f;* **~atéliste** *m* Briefmarkensammler *m;* **~harmonique** *a* musikliebend; *société f* ~ Philharmonie, Musikverein *m;* **~istin** *m* Philister, Spieß(bürg)er *m;* **~ologie** *f* Philologie *f;* **~ologique** *a* philologisch, sprachwissenschaftlich; **~ologue** *m* Philologe *m;* **~osophale** *a: pierre f* ~ Stein *m* der Weisen; **~osophe** *m* Philosoph *m;* **~osophie** *f* Philosophie *f; faire sa* ~ in der Oberprima sein; **~osophique** *a* philosophisch.
phlébite [flebit] *f* Venenentzündung *f.*
phobie [fɔbi] *f med* krankhafte Angst *f; fig* Abscheu *m.*
phon|e [fɔn] *m* Phon *n;* **~ème** *m gram* Phonem *n;* **~éticien** *m* Phonetiker *m;* **~étique I.** *a* phonetisch; **II.** *s f* Phonetik *f;* **~ologie** *f* Phonologie *f.*
phoque [fɔk] *m* Seehund *m.*
phos|gène [fɔsʒɛn] *m chem* Phosgen *n;* **~phate** *m chem* Phosphat *n;* **~phore** *chem m* Phosphor *m;* **~phorescence** *f phys* Phosphoreszenz *f;* **~phorescent, e** *a phys* phosphoreszierend; Leucht-.
photo [fɔto] *f fam* Foto *n,* Photographie *f;* **~calque** *m* Lichtpause *f;* **~composition** *f* Lichtsatz *m;* **~copie** *f* Photokopie *f;* **~génique** *a* photogen; ~ *à la télévision* telegen; **~graphe** *m* Photograph *m;* **~graphie** *f* Photographie *f;* *~(~) en gros plan* Nahaufnahme *f;* **~graphier** *tr* photographieren; **~graphique** *a* photographisch; Photo-; **~mécanique** *a typ* photomechanisch; **~montage** *m* Photomontage *f;* **~n** *m phys* Photon *n;* **~sensible** *a phys* lichtempfindlich; **~télégraphie** *f* Bildfunk *m.*
phras|e [frɑ(a)z] *f* **1.** *gram mus* Satz *m;* **2.** *pl* Phrasen *f pl;* — *sans ~s* ohne Umschweife; *faire des ~s* Phrasen dreschen; **~éologie** *f* Phraseologie *f;* **~eur, se** *s m f* Phrasendrescher(in *f*) *m.*
phylloxéra [filɔksera] *m zoo* Reblaus *f.*
phys|icien, ne [fizisjɛ̃, -ɛn] *s m f* Physiker(in *f*) *m;* **~iologie** *f* Physiologie *f;* **~iologique** *a* physiologisch; **~iologiste** *m* Physiologe *m;* **~ionomie** *f* Physiognomie *f,* Gesichtsausdruck *m;* **~ique I.** *a* **1.** physisch, körperlich; **2.** physikalisch; **II.** *s m med* Konstitution *f;* Äußere(s) *n;* **III.** *s f* Physik *f.*
piaf [pjaf] *m pop* Spatz *m;* **~fer 1.** *(Pferd)* stampfen, auf der Stelle treten; ~ *(d'impatience)* ungeduldig von e-m Fuß auf den andern treten.
piaill|er [pjaje] *itr* **1.** *(Vogel)* piepen; **2.** *(Kind)* schreien.
pian|iste [pjanist] *m f* Klavierspieler(in *f*), Pianist(in *f*) *m;* **~o I.** *s m* Klavier *n; jouer du* ~ Klavier spielen; ~ *de concert* Konzertflügel *m;* ~ *à queue* Flügel *m;* **II.** *adv* **1.** *mus* piano; **2.** *allez-y* ~ nicht so hastig! **~oter** *itr fam* klimpern.
piaul|e [pjol] *f arg* Bude *f;* **~ement** *m* **1.** *(Kücken)* Piepen *n;* **2.** *(Kind)* Schreien, Weinen *n;* **~er** *itr* piepen; schreien, plärren.
pic [pik] *m* **1.** *orn* Specht *m;* **2.** (Spitz-)Hacke *f;* **3.** *geog* Bergspitze *f;* — *à* ~ senkrecht; *cela tombe à* ~ das trifft sich gut; **~aillons** [-ajɔ̃] *m pl pop* Moneten *pl;* **~ard, e** *a* pikardisch; **~aresque** *a: roman m* ~ Schelmenroman *m.*
pich|enette [piʃnɛt] *f fam* Klaps *m;* **~et** [-ʃɛ] *m* kleine(r) Krug *m,* Kanne *f.*
pick|pocket [pikpɔkɛt] *m* Taschendieb *m; prenez garde aux ~s!* vor Taschendieben wird gewarnt! **~-up** [-œp] *m inv* Plattenspieler *m.*
pico|ler [pikɔle] *itr arg* bechern, saufen; **~rer I.** *itr (Vögel)* (herum=)picken, Nahrung suchen; **II.** *tr* **1.** aufpicken; **2.** *fam* ohne Appetit essen (*qc* von etw).
picoter [pikɔte] *tr* **1.** prickeln; **2.** *(Rauch)* beißen; **3.** *(Vögel)* heraus=pikken.
pic|rate [pikrat] *m pop* schlechte(r) Rotwein *m;* **~tural, e** *a pl-aux* bildmäßig; **~vert** [pivɛr] *m orn* Grünspecht *m.*
pie [pi] **I.** *s f* **1.** *orn* Elster *f;* **2.** Schwätzer(in *f*) *m;* **II.** *a inv* scheckig; *œuvre f* ~ fromme(s) Werk *n.*
pièce [pjɛs] *f* **1.** Stück *n;* **2.** Teil *m,* Stück *n;* **3.** *(Nähen)* Flicken *m;* **4.** Münze *f,* Geldstück *n;* **5.** Zimmer *n;* **6.** *mil* Geschütz *n;* **7.** *(Brettspiel)* Stein *m,* (Schach-)Figur *f;* **8.** *mus theat* Stück *n;* **9.** *com* Akte *f,* Beleg *m,* (Rechnungs-)Unterlage *f;* **10.** *à la* ~ stückweise; *aux ~s* im Akkord; ~ *à* ~ Stück für Stück; *... en deux ~s* zweiteilig; *tout d'une* ~ aus einem Stück; *de toutes ~s* vollständig; **11.** *(fam) donner la* ~ *à qn* jdm ein Trinkgeld geben; **12.** *maillot m une* ~ einteilige(r) Badeanzug *m;* ~ *détachée* Einzel-, Bauteil, Ersatzteil *n;* ~ *d'eau* Wasserbassin *n;* ~ *d'identité* Personalausweis *m;* ~ *jointe (Brief)* Anlage *f;* ~ *justificative* (Rechnungs-)Beleg *m;* ~ *montée* Baumkuchen *m;* ~ *de musique* Musikstück *n;* ~ *d'ouvrage, à usiner* Werkstück *n;* ~ *de raccord* Verbindungsstück *n;* ~ *radiophonique* Hör-

spiel *n; ~ de rechange (tech)* Ersatzteil *n; ~ de théâtre* Theaterstück *n.*

pied [pje] *m* **1.** Fuß *m;* **2.** untere(r) Teil *m;* **3.** Fußspur, Fährte *f;* **4.** *bot* Stamm, Stengel *m;* Kopf, Stock *m;* **5.** (Tisch-) Bein *n;* Fuß *m;* **6.** Neigung, Schräge, Abschrägung *f;* **7.** (Vers-)Fuß *m;* **8.** Münzfuß *m;* **9.** *phot* Stativ *n;* **10.** *com* Basis, Grundlage *f;* **11.** *tech* Gestell *n,* Ständer, Untersatz *m;* **12.** *à ~* zu Fuß; *au ~ de la lettre* buchstäblich, wörtlich; *au ~ levé* auf der Stelle; *au petit ~* im kleinen, in kleinem Maßstab; *à ~ sec* trockenen Fußes; *de la tête aux ~s, des ~s à la tête, de ~ en cap* [-tõkap] von Kopf bis Fuß; *sur ~* (wieder) auf den Beinen; *sur la pointe du ~, des ~s* auf (den) Zehenspitzen; *sur un grand ~* auf großem Fuße; **13.** *mettre les ~s dans le plat* ins Fettnäpfchen treten; *mettre qn ~* jdn s-s Amtes entheben; *mettre sur ~* ins Leben rufen; aufbauen; zustande bringen, zs.=bringen; auf die Beine bringen; *perdre ~ (im Wasser)* keinen Grund mehr haben; *fig* den Halt, den Boden unter den Füßen verlieren; *prendre ~* Fuß fassen; *remettre qn sur ses ~s* jdm wieder auf die Beine helfen *a. fig; ne pas savoir sur quel ~ danser* nicht wissen, was man machen soll; **14.** *sur quel ~ êtes-vous?* wie stehen Sie mitea.? *ça te fera les ~s! pop* das geschieht dir recht! *j'ai ~s et poings liés (fig)* mir sind Hände u. Füße gebunden, ich bin machtlos; **15.** *coup m de ~* Fußtritt *m; ~ d'alouette m bot* Rittersporn *m;* **16.** *~-à-terre m inv* Absteigequartier *n; ~ bot* Klumpfuß *m; ~-noir m* Algerienfranzose *m; ~-de-poule* Hahnentritt(muster *n*) *m.*

piédestal [pjedɛstal] *m* Sockel *m,* Postament *n.*

piège [pjɛʒ] *m* Falle *f a. fig; donner dans un ~* in e-e Falle geraten; *tendre un ~* e-e Falle stellen; **piéger** *tr* **1.** mit e-r Falle fangen; **2.** *~ un terrain (mil)* ein Gelände verminen.

pierr|aille [pjɛraj] *f* Geröll *n,* Steinschlag, Schotter *m;* **~e** *f* **1.** Stein *m a. med;* **2.** *de ~* steinern, aus Stein; **3.** *faire d'une ~ deux coups* zwei Fliegen mit einer Klappe schlagen; *jeter la ~ à qn* über jdn den Stab brechen; *poser la première ~* den Grundstein legen; **4.** *il gèle à ~ fendre* es friert Stein und Bein; **5.** *âge m de ~ (hist)* Steinzeit *f; chute f de ~s* Steinschlag *m; tailleur m de ~s* Steinmetz *m;* **6.** *~ d'achoppement* Stein *m* des Anstoßes; *~ calcaire* Kalkstein *m; ~ commémorative* Denkstein *m; ~s concassées* Splitt, Schotter *m; ~ demi-précieuse* Halbedelstein *m; ~ fondamentale (fig)* Grundlage *f,* -stein *m; ~ funéraire* Grabstein *m; ~ gravée* Gemme *f; ~ de grès* Sandstein *m; ~ précieuse* Edelstein *m; ~ de taille* Bruch-, Quaderstein *m; ~ de touche (tech u. fig)* Prüfstein *m;* **~eries** [-rri] *f pl* Edelsteine *m pl;* **~eux, se** *a* steinig; **~ot** *m orn* Spatz, Sperling *m.*

piét|é [pjete] *f* **1.** Frömmigkeit *f;* **2.** Pietät *f;* **~inement** *m* **1.** Trampeln, Stampfen *n;* **2.** *fig* Kurztreten, Auf-der-Stelle-Treten *n;* **~iner I.** *tr* **1.** herum=trampeln, -treten (*qc* auf etw *dat*); **2.** *fig* mit Füßen treten; **II.** *itr* **3.** *(vor Ungeduld)* mit den Füßen stampfen; **4.** *~ (sur place)* auf der Stelle treten; *fig* nicht vorwärts=, nicht voran=kommen; **~isme** *m rel* Pietismus *m;* **~iste** *m* Pietist *m;* **~on** *m* Fußgänger *m.*

piètre [pjɛtr] *a* ärmlich, armselig.

pieu [pjø] *m* **1.** Pfahl *m;* **2.** *pop* Falle *f,* Bett *n;* **~ter, se** *v prn pop* sich in die Falle hauen; **~x, se** [pjø, -øz] *a* **1.** fromm, gottesfürchtig; **2.** pietätvoll.

pif [pif] **I.** *m pop* (große) Nase *f;* **II.** *interj ~, paf!* piff, paff, (puff)! **~fer** *ne pas pouvoir ~ qn* jdn nicht riechen können; **~omètre** *m (fam): juger au ~* über den Daumen peilen.

pig|e [piʒ] *f* **1.** Stundenlohn *m;* Zeilenhonorar *n;* **2.** *arg* Jahr *n;* **3.** *tech* Maßstab *m; — faire la ~ à qn (fam)* jdn übertreffen, ausstechen; **~eon** [-ʒõ] *m orn* Taube *f; (fig) plumer un ~* jdm viel Geld abknöpfen; **~eonner** *tr fam* an=schmieren, ausnehmen (*qn* jdn); **~eonnier** *m* **1.** Taubenhaus *n,* -schlag *m;* **2.** *fam* Dachwohnung *f;* **~er** *tr fam* begreifen, kapieren.

pigment [pigmɑ̃] *m biol* Pigment *n;* **~ation** [-ta-] *f biol* Pigmentierung *f.*

pign|e [piɲ] *f* Kiefernzapfen *m;* **~ocher** *itr fam* ohne Appetit essen; **~on** *m* **1.** Giebel *m;* **2.** *tech mot* (kleines) Getrieberad *n; avoir ~ sur rue* ein eigenes Haus haben; wohlhabend sein; **~ouf** *m pop* Lümmel, Flegel *m.*

pil|astre [pilastr] *m* Pilaster, Wandpfeiler *m;* **~e** *f* **1.** Haufen, Stoß, Stapel *m;* **2.** Brückenpfeiler *m;* **3.** *el* Batterie, Zelle *f,* Element *n;* Reaktor *m;* **4.** *pop* Tracht *f* Prügel **5.** *fig* Schlappe *f;* **6.** *(Münze)* Revers *m;* **7.** *s'arrêter ~ (pop)* plötzlich stehen=bleiben; *ça tombe ~* das kommt gerade richtig; *à cinq heures ~* Schlag fünf Uhr; *mettre en ~* auf=stapeln; **~er** *tr* **1.** zerstoßen, -stampfen; **2.** *fig fam* verdreschen; fertig=machen, besiegen; **~eux, se** *a* haarig; Haar-; **~ier** [-lje] *m* **1.** *arch* Pfeiler *m;* **2.** *fig* Stütze, Säule *f.*

pill|age [pijaʒ] *m* Plünderung *f;* **~ard, e I.** *a* plündernd; **II.** *s m* Plünderer *m;* **~er** *tr* **1.** (aus=)plündern; **2.** plagiieren; **~eur** *m* Plünderer *m.*

pil|on [pilõ] *m* **1.** Stößel *m; tech* Stampfe(r *m*) *f;* **2.** Geflügelkeule *f;* **3.** Holzbein *n;* **~onner** *tr* **1.** (fest=, ein=)stampfen; **2.** *mil* mit Trommelfeuer belegen; **~ori** *m* Pranger *m; clouer, mettre au ~* an den Pranger stellen *a. fig;* **~otage** *m* **1.** *arch* Pfahlrostbau *m;* **2.** *mar* Lotsendienst *m,* -gebühren *f pl;* **3.** *aero* Steuerung *f; ~ sans visibilité* Blindflug *m;* **~ote I.** *s m* **1.** *mar* Steuermann; Lotse *m;* **2.** *aero* Pilot, Flugzeugführer *m;* **3.** (Renn-)Fahrer *m;* **II.** *a* Modell-, Muster-; Probe-; Prüf-; **4.** *installation f ~* Versuchsanlage *f; lampe f ~* Kontrolllampe *f;* **5.** *~ d'essai* Testpilot *m;* **~oter** *tr* **1.** *mar* (aus=, ein=)lotsen; **2.** *aero (e-e Maschine)* fliegen; *fam* führen; **~otis** [-ti] *m* Pfahlwerk *n;* **~ule** *f pharm* Pille *f; avaler la ~ (fig fam)* in den sauren Apfel beißen; *~ anticonceptionnelle* Antibabypille *f.*

pimbêche [pɛ̃bɛʃ] *f* hochnäsige(s) Frauenzimmer *n.*

piment [pimɑ̃] *m* **1.** *bot* Spanische(r) Pfeffer *m;* **2.** *fig* Würze *f;* **~er** *tr* stark würzen.

pimpant, e [pɛ̃pɑ̃, -ɑ̃t] *a* schick, fesch.

pin [pɛ̃] *m bot* Kiefer *f; ~ pignon, parasol* Pinie *f;* **~acle** [pi-] *m arch* Zinne *f; porter au ~ (fig)* in den Himmel heben; **~acothèque** *f* Pinakothek *f;* **~ailleur** *m fam* Kleinigkeitskrämer *m;* **~ard** *m fam* Wein *m.*

pinc|e [pɛ̃s] *f* **1.** Zange *f;* **2.** Klammer, Klemme *f bes. el;* **3.** *(Textil)* Ein-, Abnäher *m;* **4.** *(Huftiere)* Klaue *f,* Schneidezahn *m;* **5.** Krebsschere *f;* **6.** *fam* Flosse, Pfote *f;* **7.** *à ~s (pop)* zu Fuß; **8.** *~ à cheveux* Haarklammer *f; ~ à linge* Wäscheklammer *f; ~ monseigneur* Brechstange *f; ~-nez m inv* Kneifer, Klemmer *m; ~-oreille m* Ohrklipp *m; c'est un ~--sans-rire* er hat e-n trockenen Humor; **~é, e** *a (Mund)* zusammengekniffen; *(Lächeln)* gezwungen; **~eau** *m* **1.** Pinsel *m;* **2.** *el opt* Büschel, Bündel *n;* **3.** *fam* Flossen *f pl,* Pedale *n pl;* **~ement** *m* **1.** *mus* Zupfen *n;* **2.** *(~ au cœur)* Stechen *n* (im Herzen); **~er I.** *tr* **1.** zs.=, ab=kneifen; **2.** zwicken, klemmen; **3.** ab=nähen; **4.** *fam fig* ertappen, ergreifen, fest=nehmen; **5.** *(Geige)* zupfen; **6.** *(Kälte)* beißen; **II.** *itr* **7.** *en ~ pour qn* in jdn verknallt sein; **~ette** *f* **1.** Pinzette *f;* **2.** *pl* Feuerzange *f; — (fam) il n'est pas à prendre avec des ~s a)* mit ihm ist nicht gut Kirschen essen; *b)* den kann man nicht einmal mit der Zange anfassen.

pinçon [pɛ̃sɔ̃] *m* blaue(r) Fleck *m.*

pinède [pinɛd] *f* Kiefernwald *m.*

ping|ouin [pɛ̃gwɛ̃] *m orn* Pinguin *m;* **~--pong** [piŋpɔ̃ŋ] *m* Tischtennis *n;* **~re** [pɛ̃gr] **I.** *a fam* knauserig, filzig; **II.** *s m f* Knauser(in *f*) *m;* **~rerie** [-grə-] *f* Knauserei *f.*

pin-pon [pɛ̃pɔ̃] *interj mot* tü-ta.

pinson [pɛ̃sɔ̃] *m orn* Buchfink *m; gai comme un ~ (fam)* quietschvergnügt, kreuzfidel.

pint|ade [pɛ̃tad] *f orn* Perlhuhn *n;* **~e** *f se faire une ~ de bon sang (fam)* sich köstlich amüsieren; **~er** *itr fam* sich betrinken; picheln.

pioch|e [pjɔʃ] *f* Kreuzhacke *f; tête f de ~ (fig fam)* Dickschädel *m;* **~er** *tr* **1.** (auf=) hacken; **2.** *fig fam* ochsen, büffeln, **~eur, se** *m f; fig fam* Arbeitstier *n,* -biene *f.*

piolet [pjɔlɛ] *m (Bergsport)* Eispickel *m.*

pion [pjɔ̃] *m* **1.** *(Damespiel)* Stein; *(Schach)* Bauer *m;* **2.** *(Schule)* Aufseher *m; — damer le ~ à qn* jdm den Rang ab=laufen; **~cer** *itr fam* pennen; **~nier, ère** *m f* Pionier *m.*

pip|e [pip] *f* **1.** (Tabak-)Pfeife *f;* **2.** *pop* Zigarette *f;* **3.** *par tête de ~* pro Person; **4.** *casser sa ~ (pop)* ab=kratzen; *nom d'une ~! (fam)* verflixt noch mal! **~eau** *m pl -x mus* (Hirten-)Pfeife; Lockpfeife; *pl* Leimruten *f pl;* **~elet, te** *m f fam* Portier(frau *f*) *m;* **~e-line, ~eline** [pajplajn, piplin] *m* Ölleitung *f;* **~er** *tr* **1.** *(Vögel)* mit der Lockpfeife fangen; **2.** *(Würfel, Karten)* fälschen; zinken; **3.** *ne pas ~ (pop)* keinen Ton sagen; **~i** *m (Kindersprache): faire ~* Pipi machen.

piqu|age [pikaʒ] *m* Maschinennähen; Steppen *n;* **~ant, e I.** *a* **1.** *(Kälte)* schneidend; **2.** *(Rauch)* beißend; **3.** *fig* verletzend, anzüglich; **4.** prickelnd, anregend, reizvoll; **5.** pikant; geistreich; **II.** *s m* **6.** Reiz *m;* Pikante(s) *n;* **7.** *bot* Stachel, Dorn *m;* **~e I.** *s m (Kartenspiel)* Pik *n;* **II.** *s f* **1.** Hellebarde *f;* **2.** *fam ~-assiette m inv* Schmarotzer *m; ~-feu m inv* Schüreisen *n; ~-nique m* Picknick *n; ~-niquer* picknicken.

piqué, e [pike] **I.** *a* **1.** stock-, schimmelfleckig; **2.** *mus* stakkato; **3.** *fam* übergeschnappt, wunderlich; **4.** *(Wein) être ~* e-n Stich haben; **II.** *s m* **5.** Pikee *m (Baumwollstoff);* **6.** *aero* Sturzflug *m;* **7.** *ne pas être ~ des vers, des hannetons (fam)* nicht von Pappe, nicht von schlechten Eltern sein.

piqu|er [pike] **I.** *tr* **1.** stechen, piken; auf=spießen, durchbohren; **2.** *(Kälte)* beißen, schneiden; **3.** e-e Spritze geben (*le bras* in den Arm); **4.** *(Nesseln)* brennen; *(Bart)* kratzen; *(Pfeffer)* beißen; *(Getränk)* prickeln; **5.** *fig* reizen, auf=stacheln, an=feuern, an=spornen; **6.** *fam* erwischen; klauen; stibitzen; **7.** *mus* staccato spielen; **8.** *(Fleisch)* spicken; **9.** (ab=)steppen; pikieren; **10.** *(Buch)* heften; **II.** *itr* **11.** *aero* e-n Sturzflug machen; **III.** *v prn se ~* **12.** sich stechen; **13.** sich e-e Spritze geben; **14.** *fig* sich etw ein=bilden, Anspruch erheben *od* machen (*de* auf *acc*); **15.** *(Wein)* e-n Stich bekommen; **16.** *se ~ le nez (fam)* sich besaufen; *~ une tête* e-n Kopfsprung *(ins Wasser)* machen; kopfüber springen; **17.** *quelle mouche le pique?* was ist ihm über die Leber gekrochen? **~et** [-kɛ] *m* **1.** (Zelt-)Pflock, Hering *m;* **2.** *droit comme un ~* steif wie ein Stock; **3.** *(Schule) il est au ~* er muß in die Ecke stehen; **4.** *~ de grève* Streikposten *m;* **~ette** [-kɛt] *f* **1.** Rachenputzer *m;* **2.** *flanquer une ~ (pop)* e-e vernichtende Niederlage beibringen; in die Pfanne hauen; **~eur, se** *m f* **1.** Stepper(in *f*) *m;* **2.** *min* Hauer *m.*

piqûre [pikyr] *f* **1.** Stich; *(Schlange)* Biß *m;* **2.** Steppnaht *f;* **3.** *typ* Broschüre *f;* **4.** *med* Einspritzung, Spritze *f.*

pir|ate [pirat] *m* **1.** Pirat, Seeräuber *m;* **2.** *fig* Halsabschneider; (Aus-)Plünderer *m;* **~aterie** *f* Seeräuberei *f;* **~e I.** *a (Komparativ von mauvais)* schlimmer, ärger; **II.** *s m* das schlimmste; *au ~* schlimmstenfalls; **~ouette** [-rwɛt] *f (Tanz)* Pirouette *f.*

pis [pi] **I.** *s m* Euter *n;* **II.** *adv* **1.** *(Komparativ von mal)* schlimmer, ärger; **2.** *au ~ aller* schlimmstenfalls; *qui ~ est* was noch schlimmer ist; *~(-)aller m (inv)* Notbehelf *m,* -lösung *f.*

pisci|culture [pisikyltyr] *f* Fischzucht *f;* **~ne** *f* Schwimmbad *n;* *~ couverte* Hallenbad *n.*

piss|at [pisa] *m,* **~e** *f vulg* Pisse, Schiffe *f,* Urin *m;* *~e-froid m (pop)* Griesgram *m;* **~enlit** [-sɑ̃li] *m bot* Löwenzahn *m;* **~er** *tr itr vulg* pissen, pinkeln, urinieren; *(Gefäß)* lecken, undicht sein; **~otière** *f fam* Bedürfnisanstalt *f.*

pist|ache [pistaʃ] *f bot* Pistazie *f;* **~ard** *m sport* Bahnfahrer *m;* **~e** *f* **1.** (Fuß-)Spur, Fährte *f;* **2.** Trampelpfad *m;* **3.** *sport* (Renn-, Fahr-, Rodel-)Bahn; (Ski-)Piste *f;* **4.** *aero* Rollbahn, Piste *f;* **5.** *film* Tonstreifen *m,* -spur *f;* **6.** *(Zirkus)* Manege, Arena *f;* **7.** *~ cendrée, couverte* Aschen-, Hallenbahn *f;* *~ cyclable* Radfahrweg *m;* **~er** *tr fam* die Spur verfolgen (*qn* jds); **~il** [-il] *m bot* Fruchtknoten, Stempel *m;* **~olet** [-lɛ] *m* **1.** Pistole *f;* **2.** Kurvenlineal *n;* **3.** Spritzpistole *f;* — *drôle m de ~* komische(r) Kauz *m;* *~-mitrailleur m* Maschinenpistole *f;* **~on** *m* **1.** *tech* Kolben, Stempel, Bolzen *m;* **2.** *mus (cornet m à ~s)* Klapphorn *n;* **3.** *fam* gute Beziehungen *f pl;* **~onner** *tr fam* protegieren, empfehlen.

pitance [pitɑ̃s] *f pej* Nahrung *f;* *maigre ~* schmale Kost.

pit|eux, se [pitø, -øz] *a* erbärmlich, jämmerlich; **~ié** [-tje] *f* **1.** Mitleid; Erbarmen *n* (*pour qn* mit jdm); **2.** *par ~* aus Mitleid; **3.** *avoir ~ de qn* mit jdm Mitleid haben; *faire ~* Mitleid erregen; *je le prends en ~* er tut mir leid; *c'est ~* es ist ein Jammer; *c'est à faire ~! (fam)* das ist zum Erbarmen! **~oyable** *a* **1.** bemitleidens-, bejammernswert; **2.** erbärmlich, jämmerlich; **~re** *m faire le ~* den Hanswurst spielen; **~toresque** *a* **1.** malerisch, romantisch; **2.** *(Stil)* bilderreich.

piv|ert [pivɛr] *m orn* Grünspecht *m;* **~oine** *f bot* Pfingstrose *f;* **~ot** [-vo] *m* **1.** *tech* (Dreh-)Zapfen *m;* **2.** *bot* Pfahlwurzel *f;* **3.** *fig* Angelpunkt *m;* Grundlage; treibende Kraft *f;* Motor *m;* **4.** *mil* Flügelmann *m;* **5.** *dent f à ~* Stiftzahn *m;* **~otant, e** [-vɔ-] **1.** *chaise f ~e* Drehstuhl *m;* **2.** *racine f ~e* Pfahlwurzel *f;* **~oter** *itr* **1.** sich drehen (*sur, autour de* um); **2.** *mil* schwenken; **3.** *bot* e-e Pfahlwurzel treiben.

plac|age [plakaʒ] *m* **1.** *(bois m de ~)* Furnierholz *n;* **2.** Verblendung *f;* **~ard** *m* **1.** Wandschrank *m;* **2.** Anschlag(zettel) *m;* (Werbe-)Plakat *n;* **3.** Annonce, Anzeige *f;* **4.** *typ* Fahne(nabzug *m*) *f;* **~arder** *tr (Zettel)* an=schlagen.

plac|e [plas] *f* **1.** Platz *m,* Stelle *f,* Ort, Raum *m;* **2.** Sitzplatz *m;* **3.** *fig* Posten *m,* Stellung, Beschäftigung *f;* **4.** *com* Platz, Ort *m;* Börse *f;* **5.** *mil* Festung *f;* Standort *m;* **6.** *à la ~ de ...* an Stelle *gen;* *faute de ~* wegen Platzmangels; *sur ~* an Ort u. Stelle; **7.** *céder la ~ à qn* jdm Platz machen; *être à sa ~* an der richtigen Stelle, am richtigen Platz sein; in s-r Lage sein, in s-r Haut stekken; *se mettre à la ~ de qn* sich in jdn hinein=denken, in jds Lage versetzen; *prendre la ~ de qn* jds Platz, Stelle ein=nehmen; *retenir une ~* e-n Platz belegen; *tenir une grande ~* e-n breiten Raum ein=nehmen, viel Zeit erfordern; *ne pas tenir, rester en ~* nicht still=sitzen können; **8.** *en ~!* auf die Plätze! *~ d'armes* Exerzier-, Paradeplatz *m;* *~ assise, debout* Sitz-, Stehplatz *m;* **~ement** *m* **1.** Arbeitsvermittlung, Unterbringung *f;* **2.** *com* Absatz, Vertrieb, Verkauf *m;* **3.** (Geld-)Anlage, Investition *f;* **4.** *être d'un ~ facile* guten Absatz finden; *faire un ~* Geld an=legen; **5.** *bureau m de ~* Stellenvermittlungsbüro *n;* *~ d'argent, de capitaux* Geld-, Kapitalanlage *f;* **~er I.** *tr* **1.** stellen *a. fig,* setzen, legen; an=, hin=bringen; **2.** *fam (Gepäck)* verstauen; **3.** *(Person)* unter=bringen, an=stellen; **4.** e-n Platz an=weisen (*qn* jdm); ein=ordnen, auf eine Stufe stellen (*parmi* mit); **5.** *(Ware)* ab=setzen, verkaufen; **6.** *(Geld)* an=legen, investieren; **II.** *v prn se ~* **7.** sich stellen; sich setzen, Platz nehmen; **8.** e-e Anstellung finden (*chez qn* bei jdm); **9.** *com* Absatz finden; **10.** *sport* sich plazieren; **11.** *être bien, mal placé* e-n guten, schlechten Platz haben; es (nicht) leicht haben (*à* zu); *~ un emprunt, un ordre* e-e Anleihe unter=bringen, e-n Auftrag placieren; **~eur, se** *m f* **1.** Platzanweiser(in *f*) *m;* **2.** Stellenvermittler(in *f*) *m;* **~ide** *a* sanft(mütig), ruhig; **~idité** *f* Sanftmut; innere Ruhe *f;* **~ier, ère** *m f* **1.** *com* Platzvertreter *m;* **2.** Stellenvermittler(in *f*) *m.*

plafon|d [plafõ] *m* **1.** (Zimmer-)Decke *f;* **2.** *fig* Maximum *n;* Grenzwert *m,* Limit *n;* **3.** Höchstgrenze, -geschwindigkeit *f;* **4.** *aero* Gipfel-, Steighöhe; Wolkenhöhe *f;* — *crever le* ~ die Höchstgrenze überschreiten; *prix m* ~ Höchstpreis *m;* **~ner I.** *tr* **1.** e-e Decke ein=ziehen (*qc* in e-e S); **II.** *itr* **2.** *mot* mit Höchstgeschwindigkeit fahren; *aero* in Gipfelhöhe fliegen; **3.** *fig* die Höchstgrenze erreichen; **~nier** *m* Deckenleuchte *f.*

plag|e [plaʒ] *f* **1.** (Bade-)Strand *m;* **2.** Badeort *m;* **3.** ~ *avant, arrière (mar)* Vordeck, Achterdeck *n;* **4.** *(~ lumineuse)* Lichtfläche *f;* **5.** *(Schallplatte)* Tonrille *f;* **6.** *(Auto)* Ablage *f;* **~iaire** [-ʒjɛr] *m* Plagiator *m;* **~iat** [-ʒja] *m* Plagiat *n;* **~ier** *tr* plagiieren.

plaid [plɛd] *m* Reisedecke *f;* **~er I.** *itr* gerichtlich vor=gehen (*contre qn* gegen jdn); plädieren (*pour qn* für jdn); **II.** *tr* verteidigen; geltend machen, vor=bringen, behaupten; ~ *une cause* e-n Prozeß führen; ~ *coupable* sich schuldig bekennen; ~ *en séparation* auf Scheidung klagen; **~eur, se** *m f* Prozeßführer(in *f*) *m;* **~oyer** *m* Plädoyer *n.*

plaie [plɛ] *f* **1.** Wunde *f a. fig;* **2.** *(fig fam) c'est une vraie ~!* er, sie ist unausstehlich! *quelle ~!* so ein Mist!

plaignant, e [plɛɲɑ̃] **I.** *a jur* klagend; **II.** *s m f* Kläger(in *f*) *m.*

plain, e [plɛ̃, -ɛn]: **~-pied:** *de* ~ auf gleicher Höhe, Ebene (*avec* mit); **~dre I.** *tr* beklagen, bedauern (*de* wegen); **II.** *v prn se* ~ sich beklagen (*de* über *acc*); sich beschweren, *fam* stöhnen (*de* über *acc*); *avoir à se* ~ Grund zur Klage haben; *être à* ~ zu bedauern sein; *ne pas* ~ *sa peine* keine Mühe scheuen; **~e** [plɛn] *f* Ebene *f,* Flachland *n.*

plaint|e [plɛ̃t] *f* **1.** Klage *f;* Ächzen *n;* **2.** Beschwerde *f;* **3.** *jur* Strafantrag *m;* **~if, ive** *a* kläglich; klagend, jammernd; ächzend, stöhnend.

plaire [plɛr] **I.** *itr* gefallen (*à qn* jdm); **II.** *v prn se* ~ **1.** *(Pflanzen, Tiere)* gedeihen, fort=kommen; **2.** *(Ort)* lieben, bevorzugen (*dans qc* etw), Gefallen, Freude finden (*à* an e-r S); **3.** *je me plais à la campagne* es gefällt mir, ich bin gern auf dem Lande; *comme il vous plaira* wie Sie wollen; *il se plaît au travail* er arbeitet gern; *à Dieu ne plaise!* Gott behüte! *plaît-il?* wie bitte? *s'il vous plaît* bitte.

plaisamment [plɛzamɑ̃] *adv* **1.** scherzhaft; **2.** nett; gefällig.

plais|ance [plɛzɑ̃s] *f: bateau m de* ~ Jacht *f;* **~ancier** *m* Sportsegler *m;* **~ant, e I.** *a* **1.** hübsch, nett, angenehm; **2.** lustig, heiter, kurzweilig; **II.** *s m (mauvais ~)* Witzbold *m;* **~anter I.** *itr* scherzen, Spaß machen; **II.** *tr* sich lustig machen (*qn* über jdn); necken (*qn sur qc* jdn mit etw); *pour* ~ zum Spaß; *ne pas* ~ keinen Spaß verstehen (*là-dessus* darin; *sur qc* in etw); *ah ça, plaisantez--vous?* Sie scherzen wohl? **~anterie** [plɛzɑ̃tri] *f* Scherz, Spaß, Ulk *m; par* ~ im Scherz, aus Spaß; *il ne comprend pas la* ~ er versteht keinen Spaß; *c'est une* ~ das ist nur Spaß; ~ *à part!* Scherz beiseite! ohne Scherz! **~antin** *m péj* Witzbold *m;* **~ir** [ple(ɛ)zir] *m* **1.** Vergnügen *n,* Freude, Lust *f,* Spaß *m;* **2.** *(bon ~)* Belieben *n;* **3.** *à* ~ ohne Grund; *au ~!* auf Wiedersehen! *avec* ~ mit Vergnügen, gern; *par* ~ zum Vergnügen; *pour son* ~ zu s-m Vergnügen; **4.** *faire* ~ Spaß, Freude machen; *se faire un* ~ *de* sich ein Vergnügen daraus machen zu; *gâcher son* ~ *à qn* jdm den Spaß verderben.

plan, e [plɑ̃, an] **I.** *a* flach, glatt, eben; **II.** *s m* **1.** Plan *m;* **2.** Anlage, Anordnung *f;* **3.** Karte *f,* (Grund-)Riß; Entwurf *m;* **4.** *math pol* Ebene; Fläche *f;* Niveau; Gebiet *n;* **5.** *film* Aufnahme; Einstellung *f;* **6.** *au premier* ~ im Vordergrund; *de premier* ~ erstklassig; *(Persönlichkeit)* wichtig; *de tout premier* ~ allerersten Ranges; *sur ce* ~ in dieser Hinsicht; *sur le* ~ *de* auf der Ebene *gen;* hinsichtlich; **7.** *dresser, établier, faire un* ~ e-n Plan entwerfen; *être sur le même* ~ gleichrangig sein; *(fam) laisser tout en* ~ alles stehen- und liegenlassen; *lever un* ~ e-n Grundriß auf=nehmen; **8.** *gros* ~ *(film)* Großaufnahme *f; premier, second, troisième* ~ Vorder-, Mittel-, Hintergrund *m;* **9.** ~ *d'aménagement* Bebauungsplan *m;* ~ *d'amortissement* Tilgungsplan *m;* ~ *d'eau* Wasserfläche *f;* ~ *de montage* Montage-, Schaltplan *m;* ~ *quinquennal* Fünfjahresplan *m;* ~ *rapproché (film)* Nahaufnahme *f;* ~ *vertical* Aufriß *m;* ~ *de ville* Stadtplan *m.*

planch|e [plɑ̃ʃ] *f* **1.** Brett *n,* Planke, Bohle, Diele *f;* **2.** längliche(s) (Garten-)Beet *n;* **3.** *typ* Platte *f;* (Kupfer-)Stich; Holzschnitt *m;* **4.** *fam pl (Ski)* Bretter *n pl;* **5.** *pl theat* Bretter *n pl,* Bühne *f;* **6.** *avoir du pain sur la* ~ *(fig)* noch viel zu tun haben; **7.** *jours m pl de* ~ *(mar)* Liegetage *m pl;* ~ *de débarquement (mar)* Gangway *m;* ~ *à dessin* Reißbrett *n;* ~ *à laver* Waschbrett *n;* ~ *en plâtre* Gipsdiele *f;* ~ *à repasser* Plättbrett *n;* ~ *de salut (fig)* letzte Rettung *f;* **~er I.** *s m* **1.** (Fuß-)Boden *m,* Diele *f;* **2.** *mettre le pied au* ~ *(mot)* das Gas durchtreten; **3.** *prix m* ~ Mindestpreis *m;* ~ *en parquet, en planches* Parkett-, Bretter(fuß)boden *m;* ~ *des vaches* *(fam)* feste(s) Land *n;* **II.** *itr (Schule)* vor der Tafel abgefragt werden; **~ette** *f* **1.** Brettchen *n;* **2.** Meßtisch *m.*

plan|er [plane] **I.** *tr* **1.** *tech* richten, planieren; **2.** *(Brett)* schlichten; **II.** *itr* **3.** schweben *a. fig;* gleiten; **4.** *(Blick)* schweifen; **5.** *(Gefahr)* drohen (*sur qn* jdm); **~étaire I.** *a astr* planetarisch; **II.** *s m* Planetarium *n;* **~ète** *f astr* Planet *m;* **~eur** *m* **1.** *tech* Schlichter *m;* **2.** *aero* Gleit-, Segelflugzeug *n;* ~ *de transport* Lastensegler *m;* **~ification** *f* Planung *f;* **~ifier** [-fje] *tr* planen; *économie f planifiée* Planwirtschaft *f;* **~ning** [-iɲ] *m* (industrielle) Planung, Produktionsplanung *f;* ~ *familial* Familienplanung *f.*

planqu|e [plɑ̃k] *f* **1.** *fam* Versteck *n,* Deckadresse *f;* **2.** *fam* Druckposten *m;* **~er I.** *tr fam* in Sicherheit bringen; verstecken; **II.** *v prn se* ~ sich drücken; unter=tauchen *fig.*

plant [plɑ̃] *m agr* (junge) Pflanze *f,* Setzling *m;* (An-)Pflanzung *f;* **~ain** *m bot* Wegerich *m;* **~ation** *f* **1.** *agr (Baum)* Setzen; (An-)Pflanzen *n;* **2.** (An-, Be-) Pflanzung; Plantage *f;* **3.** *pl* Kulturen *f pl;* **4.** (~ *des cheveux)* Haaransatz *m;* **~e** *f* **1.** Pflanze *f;* Gewächs *n;* **2.** *(anat)* ~ *du pied* Fußsohle *f;* **3.** *jardin m des ~s* botanische(r) Garten *m;* **~er** *tr* **1.** *bot* (an=, be)pflanzen, setzen; **2.** *(Bohnen)* stecken; **3.** auf=, hin=stellen, auf=richten, -pflanzen; **4.** *(Nagel)* ein=schlagen; **5.** *(Zelt)* auf=stellen; **6.** *(Bau)* ab=stecken; **7.** ~ *là qn (fig)* jdn stehen-, sitzen=lassen, im Stich lassen; *qc* etw auf=geben; **~eur** *m* Pflanzer *m;* **~on** *m mil* Ordonnanz *f; (fam) rester de ~ une heure* eine Stunde lang warten; **~ureux, se** *a* **1.** reichlich; üppig; **2.** üppig, füllig.

plaqu|e [plak] *f* **1.** Platte *f;* **2.** Schild *n;* **3.** Deckel *m;* **4.** *med* Fleck *m;* **5.** *el* Anode *f;* **6.** ~ *chauffante* Heizplatte *f;* ~ *de contrôle* Kontrollmarke *f;* ~ *d'identité (mil)* Erkennungsmarke *f;* ~ *de police, d'immatriculation, minéralogique (mot)* Nummernschild *n;* ~ *tournante* Drehscheibe *f;* **~é** *m* Plattierung *f;* Doublee *n;* **~er I.** *tr* **1.** *(Metall)* plattieren; **2.** *(Holz)* furnieren; **3.** *sport* auf die Bretter schicken; **4.** *mus (Akkord)* an=schlagen; **5.** *fig fam* sitzen=, stehen=lassen (*qn* jdn); im Stich lassen, aufgeben (*qc* etw); **II.** *v prn se* ~ *au sol* sich auf den Boden werfen; **~ette** *f* **1.** Broschüre *f;* **2.** Plakette *f.*

plasma [plasma] *m anat* Plasma *n;* ~ *sanguin* Blutplasma *n.*

plastic [plastik] *m* Plastiksprengstoff *m;* **~age** *m* Sprengstoffanschlag *m.*

plast|icité [plastisite] *f* **1.** (Ver=)Formbarkeit *f;* **2.** Bildsamkeit *f;* **~ifier** *tr* mit Kunststoff verarbeiten, belegen; **~ique I.** *a* plastisch; bildsam, formbar; **II.** *s m* u. *matière f* ~ Kunststoff *m;* **III.** *s f* Plastik, Bildhauerkunst *f; arts m pl ~s* bildende Künste *f pl;* **~ron** *m* **1.** Brustleder *n;* **2.** *(Kleidung)* (Brust-)Einsatz *m;* Vorhemd *n;* **~ronner** *itr* sich in Positur werfen.

plat, e [pla, -at] **I.** *a* **1.** flach, platt, eben, glatt; **2.** *fig* platt, fade, seicht, geistlos; **3.** *(Gesicht)* ausdruckslos; *(Getränk)* schal; **II.** *s m* **4.** (flache) Schüssel, Schale, Platte *f;* **5.** Gericht *n (Speise);* **6.** *(tout) à* ~ flach (auf dem *od* den Boden), der Länge nach; *(Batterie)* leer; *(Reifen)* platt; **7.** *faire du* ~ *(fam)* schmeicheln; poussieren (*à qn* jdn); *mettre les pieds dans le* ~ *(fam)* ins Fettnäpfchen treten; *tomber à* ~ *(theat)* völlig durch=fallen; **8.** *assiette f ~e* flache(r) Teller *m; pays m* ~ Flachland *n; pied m* ~ Plattfuß *m;* **9.** ~ *de côtes* Rippenstück *n;* ~ *du jour* Tagesgericht *n (Speise);* ~ *de la main* Handfläche, flache Hand *f;* ~ *national* Nationalgericht *n;* ~ *aux œufs* Eierspeise *f.*

plat|ane [platan] *m bot* Platane *f;* **~eau** *m* **1.** Tablett *n;* **2.** Waagschale *f;* **3.** *tech* Platte, Scheibe *f;* **4.** *mot* Ladefläche *f;* **5.** *geog* Tafelland *n;* Hochebene *f;* **6.** *theat* Bühne *f;* **7.** Plattenteller *m;* Kochplatte *f;* **~e-bande** *f* **1.** Rabatte *f;* **2.** *arch* Sturz *m; marcher sur les ~es-bandes de qn (fig fam)* jdm ins Gehege kommen; **~e-forme** *f* **1.** Plattform *f;* **2.** *loc* offene(r) Güterwagen *m;* **3.** *fig pol* Plattform *f,* Wahlprogramm *n;* **~ine 1.** *f tech* Platte, Scheibe *f;* **2.** *m* Platin *n;* **~itude** *f* **1.** Platt-, Flachheit; Seichtheit *f;* **2.** Gemeinplatz *m,* Platitüde *f.*

plâtr|age [plɑtraʒ] *m* (Ver-)Gipsen *n;* **~as** [-tra] *m* (Gips-)Schutt *m;* **~e** *m* **1.** (gebrannter) Gips *m;* **2.** *arch pl* Gipsarbeit *f,* -abguß *m,* -figur *f; mettre dans le* ~ *(med)* in Gips legen; **~er I.** *tr* **1.** (ver-)gipsen; **2.** in Gips legen; **II.** *v prn se* ~ *(fam)* sich zu stark pudern; **~erie** [-trə-] *f* Gipsarbeit *f;* **~ier** [-trije] *m* Gipser *m.*

plausible [plozibl] *a* annehmbar, glaubhaft.

plèbe [plɛb] *f* Plebs *f;* Pöbel *m.*

plébl|éien, ne [plebejɛ̃, -ɛn] **I.** *a* plebejisch; **II.** *s m f* Plebejer(in *f*) *m;* **~iscite** [-bisit] *m* Volksabstimmung *f,* -entscheid *m.*

pléiade [plejad] *f* Plejade *f.*

plein, e [plɛ̃, *vor Vokal* plɛn] **I.** *a* **1.** voll, gefüllt (*de* mit); **2.** *fig* völlig, vollständig, ganz; **3.** *(nachgestellt) (Wald)* dicht; *(Blume)* gefüllt; *(Gesicht)* voll, rund; *(Stimme)* voll; **4.** *(nachgestellt) (Tier)* trächtig, tragend; **5.** *(Material)* massiv; *fam* voll; satt; betrunken; **II.** *s m* **6.** *(Schrift)* Grundstrich *m;* **7.** *mar* Flut *f;* **8.** *(Versicherung)* Höchstbetrag *m;* **9.** *à ~e(s) main(s)* mit vollen Händen, reichlich; *de ~ air* Freiluft-; *de ~ gré* aus freiem Antrieb, aus freien Stücken, von selbst; *en ~* mitten (*dans* in; *sur* auf); *adv* voll, ganz, völlig; *en ~ air* im Freien, unter freiem Himmel; *en ~ champ* auf freiem, offenem Felde; *en ~ hiver* mitten im Winter; *en ~ jour* am hellichten Tage; *en ~e mer* auf hoher See; *en ~e rue* auf offener Straße; *en ~e saison* in der Hochsaison; *en ~ soleil* in der prallen Sonne; *tout ~ (fam)* ganz u. gar; *tout ~ de* ... e-e (ganze) Menge, e-n Haufen ... **10.** *battre son ~* in vollem Gange sein; auf vollen Touren, auf Hochtouren laufen; *faire son ~ (d'essence) (mot)* (auf=)tanken; **11.** *~ à craquer* brechend voll; *~ emploi* Vollbeschäftigung *f; ~e lune f* Vollmond *m; ~(s) pouvoir(s) m (pl)* Vollmacht *f;* **~ement** *adv* völlig, ganz, vollkommen.

plén|ier, ère [plenje, -ɛr] *a assemblée f ~ière* Vollversammlung *f,* Plenum *n; session f ~ière* Plenarsitzung *f;* **~ipotentiaire** [-tɑ̃sjɛr] *m* Bevollmächtigte(r) *m;* **~itude** *f* Fülle *f;* Überfluß *m; dans la ~ de* im Vollbesitz *gen.*

pléonasme [pleɔnasm] *m gram* Pleonasmus *m.*

pléthore [pletɔr] *f fig* Überfülle *f;* Überfluß *m* (*de* an *dat*).

pleur [plœr] *m, lit meist pl* Tränen *f pl;* **~er I.** *itr* weinen (*sur* über *acc; de* vor *dat*); *(Augen)* tränen; **II.** *tr* beweinen, -trauern; *~ à chaudes larmes* heiße Tränen vergießen; **~ésie** *f med* Brust-, Rippenfellentzündung *f;* **~eur, se** *saule m ~* Trauerweide *f;* **~nicher** *itr* weinerlich tun; flennen; **~nicheur, se** *a* weinerlich.

pleuvoir [plœvwar] *itr, v imp* regnen *a. fig; fig* hageln; *il pleut à verses* gießt in Strömen; *il va ~* es wird gleich regnen.

plèvre [plɛvr] *f anat* Brust-, Rippenfell *n.*

pli [pli] *m* **1.** Falte *f;* **2.** Knick, Bruch, Kniff *m;* **3.** (Brief-)Umschlag; Brief *m;* **4.** *geol (~ du terrain)* Geländefalte *f;* **5.** *(Kartenspiel)* Stich *m;* **6.** (An-)Gewohnheit *f;* **7.** *sous ce ~* als Anlage; *sous ~ recommandé* eingeschrieben; **8.** *faire des ~s* Falten werfen; *ne pas faire un ~ (Kleidung)* tadellos, wie angegossen sitzen; *fig* glatt=gehen; kein Problem sein; **9.** *jupe f à ~s* Faltenrock *m;* **10.** *~ du pantalon* Bügelfalte *f;* **~able** [plijabl] *a* faltbar, zs.legbar; biegsam; **~age** *m* Falten, Zs.legen *n;* **~ant, e I.** *a* biegsam; zs.legbar, zs.klappbar; **II.** *s m* u. *siège m ~* Klappstuhl *m; canot m ~* Faltboot *n; table f ~e* Klapptisch *m;* **~e** [pli] *f zoo* Scholle *f;* **~er** [-je] **I.** *tr* **1.** (zs.)falten, zs.legen; knicken; **2.** *(Papier)* knicken; **3.** *(Stuhl)* zs.klappen; **4.** *(Buch)* falzen; **5.** biegen, beugen, krümmen; **II.** *itr* **6.** sich biegen; **7.** sich an=passen; nach=geben; **8.** sich senken, sich neigen; **III.** *v prn se ~* **9.** nach=geben, sich unterwerfen, sich schicken (*à* in *acc*); **10.** sich beugen; *~ bagage* sein Bündel schnüren; s-e Abfahrt, -reise vor=bereiten; *ne pas ~!* nicht knicken!

pliss|age [plisaʒ] *m (Wäsche, Kleider)* Plissieren, Fälteln *n;* **~é, e I.** *a* plissiert, gefältelt; Plissee-; **II.** *s m* Plissee *n,* Fältelung *f;* **~ement** *m* **1.** *geol* Faltung *f;* **2.** *~ du front* Stirnrunzeln *n;* **~er I.** *tr* plissieren, fälteln; **II.** *v prn se ~* sich in Falten legen lassen; *~ les yeux* die Augen zusammen=kneifen.

plomb [plɔ̃] *m* **1.** Blei *n;* (Blei-)Kugel *f;* **2.** Schrot *n;* **3.** Plombe *f (am Gepäck);* **4.** *(~ de sonde)* Lot *n;* **5.** *(~ fusible) el* Sicherung *f;* **6.** *à ~* lot-, senkrecht; unmittelbar; *de ~ (fig)* bleiern; **7.** *avoir du ~ dans l'aile* in Verruf geraten sein; *n'avoir pas de ~ dans la tête* (zu) leichtsinnig sein; **8.** *c'est un ~ dans l'estomac* das liegt wie Blei im Magen; **~age** [-baʒ] *m* **1.** Plombieren *n;* Füllung, Plombe *f;* **2.** *agr* Walzen *n;* **3.** *com* Plombenverschluß *m;* **~e** *f arg* Stunde *f;* **~é, e** *a* **1.** plombiert; **2.** bleifarben; **3.** *pop* syphilitisch; **~er** *tr* **1.** *(Gepäck, Zahn)* plombieren; **2.** *(Wagen)* verplomben; **3.** mit Blei beschweren; **4.** *agr* walzen; **5.** *tech* glasieren; verbleien; **6.** *(se) ~ (Himmel)* bleigrau, fahl werden; **~erie** *f* Klempnerei, Spenglerei *f;* Installationsgeschäft *n;* **~ier** [-bje] *(~-zingueur) m* Installateur; Spengler, Flaschner, Klempner (u. Rohrleger) *m;* **~ières** *f pl* Eis *n* mit Früchten; **~ifère** *a chem* bleihaltig.

plong|e [plɔ̃ʒ] *f (fam) faire la ~* Geschirr spülen; **~eant, e** *a* **1.** *(Blick)* von oben nach unten gerichtet; **2.** *(Dekolleté)* tief; **~ée** *f* **1.** Tauchen, Tauchmanöver *n;* **2.** *phot film* Aufnahme *f* steil nach unten; **3.** Abdachung *f;* **~eoir** *m (Schwimmsport)* Sprungturm *m;* **~eon** *m* **1.** *sport* Kopfsprung *m;* **2.** *orn* Taucher *m;* — *faire, piquer un ~* e-n Kopfsprung machen; **~er I.** *tr itr* **1.** (ein=, unter=)tauchen; (sich) stürzen; **2.** (ver)senken, stoßen, stecken (*dans* in *acc*); **II.** *itr* **3.** abwärts gerichtet sein; **4.** *(Schwimmen)* e-n Hechtsprung machen; springen; **5.** *(Fußball)* hechten; **III.** *v prn se ~* **6.** *(fig)* sich versenken, sich stürzen (*dans* in *acc*); *se ~ dans un livre* sich in ein Buch vertiefen; **~eur, se** *s m f* **1.** Taucher(in *f*) *m;* **2.** *sport* Springer *m;* **3.** Geschirrspüler, Tellerwäscher *m.*

plot [plo] *m tele* Kontakt *m.*

plouf [pluf] *interj* plumps.

ploutocrate [plutɔkrat] *m* Plutokrat *m.*

ployer [plaje] **I.** *tr* **1.** *lit* biegen, beugen; **2.** *fig* zum Nachgeben zwingen; **II.** *itr* sich biegen, nach=geben.

pluches [plyʃ] *f pl fam* Kartoffelschälen *n.*

pluie [plɥi] *f* **1.** Regen *m a. fig; pl* Regenfälle *m pl;* **2.** *fig* Hagel *m;* **3.** *faire la ~ et le beau temps* tonangebend sein; *parler de la ~ et du beau temps* von diesem und jenem sprechen; *le temps est à la ~* es sieht nach Regen aus; *craint la ~!* vor Nässe schützen! *~ torrentielle* Wolkenbruch *m.*

plum|age [plymaʒ] *m* Gefieder *n;* **~ard** *m fam* Bett *n;* **~e** *f* **1.** (Vogel-)Feder *f; pl* Gefieder *n;* **2.** (Schreib-)Feder *f;* **3.** *écrire au courant de la ~* schreiben, was e-m gerade einfällt; *laisser des ~s (fig)* Federn, Haare lassen; *prendre la ~* zur Feder greifen; **4.** *homme m de ~* Schriftsteller *m; léger comme une ~* federleicht; *nom m de ~* Schriftstellername *m;* **~eau** *m pl -x* Staubwedel *m;* **~er** *tr* **1.** rupfen; **2.** *fig* das Geld aus der Tasche ziehen (*qn* jdm); **~ier** [-mje] *m* Federkasten *m.*

plupart [plypar] *loc adv: la ~ des* die meisten; *la ~ du temps* meist(ens); *pour la ~* meistens-, größtenteils, meist(ens).

plur|al, e [plyral] *a pl -aux* mehrfach; **~alité** *f* Vielheit, -zahl *f; à la ~ des voix (parl)* mit Stimmenmehrheit; **~iel** [-rjɛl] *m gram* Plural *m,* Mehrzahl *f.*

plus [ply(s)] **I.** *adv* **1.** mehr; dazu, noch, ferner, außerdem; **2.** *com* zuzüglich; **II.** *s m le ~* **3.** (das) höchste; meiste *n;* **4.** *math* [plys] Plus(zeichen) *n;* **5.** *au ~ tôt* so bald wie möglich; *(tout) au ~* höchstens; *d'autant ~ que* um so mehr, um so eher als ...; *de ~ en ~* immer mehr; *en ~ (de)* (noch) dazu (zu); *le ~ vite possible* so schnell wie möglich; *ne ... ~* nicht mehr; *ne ... ~ que* nur noch; *ni ~ ni moins* nicht mehr u. nicht weniger; *ni ~ ni moins que* genau(soviel) wie; *qui ~ est* was noch mehr ist; *rien de ~* weiter nichts; *sans ~* ohne mehr, ohne noch; nichts weiter; *~ ... ~* je (mehr) ... desto (mehr); *~ de* mehr; kein ... mehr; *~ ou moins* mehr oder weniger; *~ que cela (de ...) (fam)* e-e ganze Menge (...); **6.** *il y a ~* es geht noch weiter, kommt noch schöner; **7.** *~-offrant, e m f com* Meistbietende(r *m*) *f; ~-que-parfait m gram* Plusquamperfekt *n; ~-value f* Mehrwert; Wertzuwachs *m;* **~ieurs** [-zjœr] *a prn inv* mehrere, verschiedene; *à ~ reprises* (zu) wiederholt(en Malen); *~ fois* mehrmals.

plutôt [plyto] *adv* **1.** eher, lieber, vielmehr; **2.** ziemlich; recht; **3.** sehr; *voyez ~!* sehen Sie nur zu!

pluvi|al, e [plyvjal] *a pl -aux* Regen-; *eau ~e* Regenwasser *n;* **~er** *m orn* Regenpfeifer *m;* **~eux, se** *a* regnerisch; **~osité** *f* Niederschlag(smenge *f*) *m.*

pneu [pnø] *m* **1.** *mot* Reifen *m;* **2.** *fam* Rohrpostbrief *m; ~ à plat (mot)* Plattfuß *m; ~ de réserve, de rechange* Ersatzreifen *m;* **~matique I.** *a* pneumatisch; *tech* Preß-, Druckluft-; Rohrpost-; **II.** *s m* (Gummi-)Reifen *m,* Bereifung *f; lettre f ~* Rohrpostbrief *m; marteau m ~* Preßlufthammer *m;* **~mo(nie)** *f med* Lungenentzündung *f.*

poch|ard, e [pɔʃar] *m f fam* Säufer(in *f*) *m;* **~e** *f* **1.** Tasche *f (an d. Kleidung);* **2.** (Plastik-)Sack *m;* **3.** (Innen-)Fach *n;* **4.** Tränensack *m;* **5.** Delle *f;* **6.** *les mains dans ses ~s* mit den Händen in der Hosentasche; *n'avoir pas les yeux dans sa ~ (fig)* die Augen auf=machen; *connaître comme sa ~* wie s-e Westentasche kennen; *en être de sa ~ (fam)* Geld verlieren; **7.** *c'est dans la ~ (pop)* das ist todsicher; **~é, e** *a: œil m ~* blaue(s) Auge *n; œufs m pl ~s* verlorene Eier *n pl;* **~er** *tr* **1.** *(Auge)* blau schlagen; **2.** *~ des œufs* Eier pochieren; **~ette** *f* **1.** Ziertüchlein *n;* **2.** Tüte *f;* **3.** Unterarmtasche *f;* **~oir** *m* Schablone *f.*

podium [pɔdjɔm] *m arch* Podium *n.*

poêl|e [pwal] **1.** *m* (Zimmer-)Ofen *m;* **2.** *f (~ à frire)* (Brat-)Pfanne *f;* **3.** *m* Bahrtuch *n;* **~on** *m* Kasserolle *f,* Tiegel *m.*

po|ème [pɔɛm] *m* Gedicht *n;* **~ésie** *f* **1.** Poesie, Dichtkunst; Dichtung *f;* **2.** *(kleineres)* Gedicht *n;* **~ète** *m* Dichter(in *f*) *m; a: femme f ~* Dichterin *f;* **~étesse** *f péj* Dichterin *f;* **~étique I.** *a* poetisch, dichterisch; lyrisch; stimmungsvoll; **II.** *s f* Poetik *f.*

pognon [pɔɲɔ̃] *m arg* Moos *n,* Zaster *m,* Geld *n.*

poids [pwa] *m* **1.** Gewicht *n;* Last *f a. fig;* **2.** *fig* Bedeutung, Wichtigkeit *f;* **3.** *sport* Kugel *f;* **4.** *de peu de ~* belanglos, unerheblich; *de tout son ~* mit voller Wucht; **5.** *attacher du ~ à qc* e-r S Gewicht bei=messen; *jeter le ~ (sport)* die Kugel stoßen; **6.** *~ et haltères* Gewichtheben *n; ~ lourd* Last(kraft)wagen *m; ~ mouche, coq, plume, léger, mi-moyen, moyen, (mi-)lourd (Boxen)* Fliegen-, Bantam-, Feder, Leicht-, Welter-, Mittel-, (Halb-) Schwergewicht *n; ~ utile* Nutzlast *f.*

poign|ant, e [pwaɲɑ̃, -ɑ̃t] *a (Schmerz)* stechend; herzzerreißend; packend; **~ard** [-ar] *m* Dolch *m;* **~arder** *tr* erdolchen; **~e** *f fam* Energie *f,* Schneid, Mumm *m; homme m à ~ (fam)* Draufgänger *m;* **~ée** *f* **1.** Handvoll *f a. fig;* **2.** (Hand-)Griff *m,* Heft *n;* Stiel; (Tür-) Drücker; (Schwert-)Knauf *m;* **3.** Topflappen *m; — à ~s* mit vollen Händen *a. fig; ~ de main* Händedruck *m;* **~et** [-ɛ] *m* **1.** Handgelenk *n;* **2.** Manschette *f.*

poil [pwal] *m* **1.** (Körper-, Bart-)Haar *n a. zoo bot;* **2.** *zoo* Haarkleid, Fell *n;* **3.** Borste *f;* **4.** *(Samt)* Flor *m;* **5.** *à ~ (pop)* nackt; *à ~! (pop)* abtreten! pack ein! *à ~*

ras, à long ~ kurz-, langhaarig; *à un ~ près* um Haaresbreite; *au ~ (fam)* haargenau; *de tout ~* aller Art; *un ~* ein bißchen; ein klein wenig; **6.** *avoir un ~ dans la main (fam)* stinkfaul sein; *ne pas avoir un ~ de sec* keinen trockenen Faden am Leib(e) haben; *être de mauvais ~* schlechte Laune haben; *reprendre du ~ de la bête* nicht locker=lassen; sich wieder hochrappeln; *tomber sur le ~ à qn* über jdn her=fallen; **7.** *c'est au ~! (fam)* das haut hin! das ist prima! **8.** *manteau m en ~ de chameau* Kamelhaarmantel *m;* **~ant, e** *fam* drollig, ulkig; **~er, se** *v prn fam* sich tot= lachen; **~u, e I.** *a* behaart, haarig; **II.** *s m* Frontsoldat *m (1914–18).*

poinçon [pwɛ̃sɔ̃] *m* Pfriem *m;* Punze *f;* **~ner** *tr* **1.** lochen, stanzen; **2.** *(Gold)* stempeln; **3.** *(Fahrkarte)* lochen.

poindre [pwɛ̃dr] *itr* **1.** *bot* sprießen; **2.** *(Tag)* an=brechen.

poing [pwɛ̃] *m* **1.** Faust *f;* **2.** *pieds et ~s liés (fig)* an Händen u. Füßen gefesselt; **3.** *dormir à ~s fermés* wie ein Murmeltier schlafen; *se ronger les ~s (fig)* verrückt werden; *serrer les ~s* die Fäuste ballen; *coup m de ~* Faustschlag; Schlagring *m.*

point [pwɛ̃] **I.** *s m* **1.** Punkt *m;* **2.** Stelle *f,* Ort, Platz *m;* **3.** *(Nähen)* Stich *m;* **4.** *(Würfel)* Auge *n;* **5.** *aero mar* Standort *m;* **6.** *à ~* gerade recht, zu rechter Zeit; *(Küche)* durchgebraten, gar; *à tel ~ que* so sehr, daß; *au ~ où nous sommes* wie die Dinge nun einmal liegen; *de ~ en ~* genau, in allen Einzelheiten; Punkt für Punkt, Schritt für Schritt; *de, en tout ~* in jeder Hinsicht, gänzlich; *jusqu'à un certain ~* bis zu e-m gewissen Grade; **7.** *battre aux ~s (sport)* nach Punkten schlagen; *être au ~ (tech)* gut funktionieren; *theat* eingespielt sein; *être sur le ~ de ...* im Begriff sein zu ...; *faire le ~ de, sur qc* den Stand von etw ermitteln; *mettre au ~ (Gerät)* ein=stellen; *(Sache)* in Ordnung bringen, regeln, klar= stellen; **8.** *c'est un bon ~ en sa faveur (fig)* das ist ein Plus für ihn; *un ~, c'est tout* und damit basta; **9.** *deux ~s* Doppelpunkt *m; mauvais ~ (sport)* Strafpunkt *m; mise f au ~ (Gerät)* Einstellung, Regulierung; *fig* Klarstellung *f; victoire f aux ~s (sport)* Punktsieg *m;* **10.** *~ d'appui* Ansatzpunkt *m; fig* Stütze *f; mil* Stützpunkt *m; ~ d'arrêt* Halte-, Endpunkt *m; ~ d'arrêt facultatif* Bedarfshaltestelle *f; ~ d'arrivée* Endpunkt *m,* Ziel *n; ~ central* Mittelpunkt *m; ~ de congélation* Gefrierpunkt *m; ~ de côté (med)* Seitenstechen *n; ~ de départ* Ausgangs-, Ansatzpunkt; *com* Abgangsort *m; ~ de destination* Bestimmungsort *m; ~ d'exclamation* Ausrufezeichen *n; ~ d'honneur* Ehrensache *f; ~ d'interrogation* Fragezeichen *n; ~ noir (med fam)* Mitesser *m; ~ de passage* Übergangsstelle *f; ~s de pénalisation (sport)* Strafpunkte *m pl; ~ de rupture* Bruchstelle *f; ~ de saturation (com)* Sättigungspunkt *m; ~s de suspension* Unterbrechungspunkte *m pl; ~ de vente* Verkaufsstelle *f; ~-virgule m* Semikolon *n,* Strichpunkt *m; ~ de vue* Aussichts-, *fig* Gesichtspunkt *m;* **II.** *adv* nein; *~ de* kein(e); *(beim v): ne ... ~* gar, durchaus nicht; *~ du tout* keineswegs, durchaus nicht.

pointage [pwɛ̃taʒ] *m* **1.** *(Liste)* Abhaken *n;* **2.** Kontrolluhr; Kontrolle *f;* **3.** *(Geschütz)* Richten *n;* **4.** *(Spielkarten)* Zinken *n.*

point|e [pwɛ̃t] *f* **1.** Spitze *f,* Stachel; Stift *m,* Zwecke *f;* **2.** *(Tuch)* Zipfel; Keil *m;* dreieckige(s) Kopf-, Halstuch *n;* **3.** *(~ sèche)* Radiernadel *f;* **4.** Spitzengang, -tanz *m;* **5.** *mil* Spitze *f;* **6.** *fig* Stachel *m;* Stichelei *f;* Witz *m,* Pointe *f;* **7.** Spur, Idee *f;* Anflug *m;* **8.** *(heures f pl de ~)* Spitzenzeiten *f pl; fam* Hochbetrieb *m;* **9.** *de ~* Spitzen-; *en ~* spitzig; *une ~ de ...* etwas, ein wenig ..., ein bißchen ..., e-e Messerspitze ...; **10** *être à la ~ de qc (fig)* bei etw Spitze sein; *finir en ~* spitz zu=laufen; **11.** *~ d'aiguille, d'épingle* Nadelspitze *f; ~ de consommation (el, Gas)* Verbrauchsspitze *f; ~ du jour* Tagesanbruch *m; ~ du pied* Fuß-, Zehenspitze(n *pl*) *f; ~ de trafic* Verkehrsspitze *f; ~ (de terre)* Landzunge *f;* **~eau** *m* **1.** *tech* Körner *m;* **2.** *(Fabrik)* Pförtner *m;* **3.** *~ de carburateur (mot)* Schwimmernadel *f;* **~er I.** *tr* **1.** *(Liste)* anstreichen; ab=haken; **2.** kontrollieren; **3.** *opt mil* ein=stellen, richten; zielen; **4.** *tech mus (Malerei)* punktieren; **5.** *(Ohren)* spitzen; **II.** *itr* **6.** *(Turm)* in den Himmel ragen; **7.** *(Tag)* an=brechen; **8.** *(Arbeitsloser)* stempeln gehen; **9.** *bot* keimen; *~ du doigt vers qc* mit dem Finger auf e-e S zeigen; **~illé** *m* punktierte Linie *f;* **~illeux, se** *a* rechthaberisch; kleinlich, *pop* pingelig; **~u, e** *a* spitz; *(Ton)* schrill; **~ure** *f* (Schuh-, Hut-)Nummer, Größe *f; quelle ~ faites-vous? (fam)* welche Größe, Nummer haben Sie?

poir|e [pwar] *f* **1.** Birne *f;* **2.** *(~ en caoutchouc)* Gummiball *m;* **3.** *fam fig* Visage *f;* **4.** *fam* Trottel *m;* **5.** *entre la ~ et le fromage* beim Nachtisch; **~eau** *m pl -x* Porree, Lauch *m; fam* Warze *f; faire le ~,* **~eauter** *itr fam* lange warten; **~ée** *f bot* Mangold *m;* **~ier** *m* Birnbaum *m.*

pois [pwa(ɑ)] *m* **1.** *bot* Erbse *f;* **2.** *à ~* getüpfelt; **~on** [pwazɔ̃] *m* **1.** Gift *n a. fig;* **2.** *(fig fam) quel ~!* so e-e Giftnudel!

poiss|e [pwas] *f (fam) c'est la ~!* das ist Pech! **~er I.** *tr* **1.** aus=, verpichen; **2.**

beschmieren, -sudeln, -schmutzen; **3.** *pop* fest≈nehmen; **II.** *itr* klebrig sein; **~eux, se** *a* klebrig.

poisson [pwasɔ̃] *m zoo* Fisch *m;* — *être heureux comme un ~ dans l'eau* (munter) wie ein Fisch im Wasser, in s-m Element sein; *faire un ~ d'avril à qn* jdn in den April schicken; *finir en queue de ~* wie das Hornberger Schießen aus≈gehen; *banc m de ~* Fischschwarm *m; ~ fumé* Räucherfisch *m; ~ plat* Scholle *f;* **~nerie** *f* Fischmarkt *m,* -handlung *f,* -geschäft *n;* **~neux, se** *a* fischreich; **~nier, ère** *m f* Fischhändler(in *f*) *m.*

poitr|ail [pwatraj] *m* **1.** *(Pferd)* Brust *f;* **2.** *arch* Träger *m;* **~inaire** *a* schwindsüchtig; **~ine** *f* Brust *f;* Busen *m; se frapper la ~* sich an die Brust schlagen; *~ de boeuf* Kalbsbrust *f.*

poivr|ade [pwavrad] *f* Pfeffersoße *f;* **~e** *m* Pfeffer(korn *n*) *m; ~ et sel* graumeliert; **~é, e** *a. fig* **1.** gepfeffert, gesalzen; **2.** grob, obszön; **~er I.** *tr* pfeffern; **II.** *v prn (pop) se ~* sich besaufen; **~ière** *f* Pfefferdose *f;* **~ot** [-o] *m fam* Säufer *m.*

poix [pwa] *f* Pech *n.*

pol|aire [pɔlɛr] *a* **1.** *astr geog* Polar-; **2.** *phys el* Pol-; **3.** *cercle m ~* Polarkreis *m; étoile f ~* Polarstern *m; mer f ~* Eismeer *n;* **~arité** *f phys biol* Polarität *f.*

pôle [pol] *m* **1.** *geog astr phys math* Pol *m;* **2.** *fig* diametrale(r) Gegensatz *m,* entgegengesetzte Seite *f; ~ nord, sud* Nord-, Südpol *m.*

pol|émique [pɔlemik] **I.** *a* polemisch; **II.** *s f* Polemik *f;* **~i, e I.** *a* **1.** glatt, glänzend, blank; **2.** *fig* höflich, zuvorkommend; **II.** *s m* Politur *f;* **~ice** [-lis] *f* **1.** Polizei *f;* **2.** *(~ d'assurance)* (Versicherungs-)Police *f;* **3.** *faire la ~* für Ordnung sorgen; **4.** *agent m de ~* Polizist, Schutzmann *m; ~ des constructions, judiciaire, de la route, sanitaire* Bau-, Kriminal-, Verkehrs-, Gesundheitspolizei *f; ~ de chargement (mar)* Konnossement *n,* Seefrachtbrief *m; ~-secours f* Funkstreife *f;* Überfallkommando *n;* **~icier, ère I.** *a* **1.** polizeilich; **2.** *film m, roman m ~ (fam)* Krimi *m;* **II.** *m* **1.** Polizeibeamte(r) *m;* **2.** Krimi *m.*

polichinelle [pɔliʃinɛl] *m* dumme(r) August *m; c'est un secret de P~* das ist ein offenes Geheimnis.

poliomyélite [pɔljɔmjelit] , **polio** *f* (spinale) Kinderlähmung *f.*

pol|ir [pɔlir] *tr* **1.** polieren, schleifen, glätten; **2.** *fig* glätten, (aus≈)feilen; **~issage** *m* (Glanz-)Schleifen, Polieren *n;* **~isson, ne I.** *s m f* Bengel *m,* Range *f,* Lausejunge *m;* **II.** *a* **1.** frei, schlüpfrig, unanständig; **2.** *(Blick)* lüstern; **~issonnerie** *f* **1.** Bubenstreich *m;* **2.** lose Reden *f pl;* **~itesse** *f* Höflichkeit, Zuvorkommenheit *f;* **~iticien, ne** *m f* Politik(ast)er *m;* **~itique I.** *a* politisch; **II.** *s f* Politik *f; ~ agraire* Agrarpolitik *f; ~ économique* Wirtschaftspolitik *f; ~ extérieure, étrangère* Außenpolitik *f; ~ intérieure* Innenpolitik *f;* **~itiser** *tr* politisieren.

poll|en [pɔlɛn] *m* Pollen, Blütenstaub *m;* **~uant, e** *a* umweltverschmutzend; **~uer** [-lɥe] *tr (Umwelt)* verschmutzen; *(Luft)* verunreinigen; **~ution** [-ly-] *f* (Umwelt-)Verschmutzung, Verunreinigung *f.*

pol|o [pɔlo] *m* Polo(spiel) *n; chemise f de ~* Polohemd *n;* **~ochon** *m fam* Kopfkissen *n,* -rolle *f.*

poltron, ne [pɔltrɔ̃, -ɔn] **I.** *a* feige; **II.** *m f* Feigling, Hasenfuß *m;* **~nerie** *f* Feigheit *f.*

poly|andrie [pɔliɑ̃dri] *f* Vielmännerei *f;* **~chrome** [-krom] *a* polychrom; **~copie** *f* Vervielfältigung *f;* **~copié** *m* Skriptum *n;* **~copier** *tr* vervielfältigen; **~game** *a* polygam; **~gamie** *f* Vielweiberei *f;* **~glotte** *a* mehrsprachig; **~gone** *m* Vieleck *n;* **~mère** *a chem* polymer; **~morphe** *a* vielgestaltig, polymorph; **~pe** *m zoo med* Polyp *m;* **~phonie** *f mus* Polyphonie; **~technicien** [-tɛk-] *m* Schüler *m der École polytechnique;* **~technique** *a* polytechnisch; **~théisme** *m rel* Polytheismus *m;* **~valent, e** *a* **1.** *chem* mehrwertig; **2.** *fig fam* vielseitig; **3.** vielfach verwendbar.

pomm|ade [pɔmad] *f med* Salbe *f; passer de la ~ à qn (fam)* jdm Honig ums Maul schmieren; **~e** *f* **1.** *bot* Apfel *m;* **2.** *(Kohl, Salat)* Kopf *m;* **3.** *aux ~s (pop)* pikfein, tipptopp; **4.** *tomber dans les ~s (pop)* in Ohnmacht fallen; *ma ~ (pop)* meine Wenigkeit; **5.** *~ d'Adam (anat)* Adamsapfel *m; ~ d'arrosoir* Brause *f; ~s frites* Pommes frites *f pl; ~ de pin* Tannenzapfen *m; ~s sautées* Röstkartoffeln *f pl; ~s de terre en robe de chambre* Pellkartoffeln *f pl;* **~é, e** *a chou m, laitue f ~(e)* Kopfsalat *m;* **~eau** *m* Knauf *m;* **~elé, e** *a* **1.** *(Himmel)* mit Schäfchenwolken bezogen; **2.** *cheval m blanc ~* Apfelschimmel *m (Pferd);* **~ette** *f* Backenknochen *m;* **~ier** [-mje] Apfelbaum *m.*

pomp|e [pɔ̃p] *f* **1.** Pomp, Prunk *m,* Pracht *f,* Gepränge *n;* **2.** *tech* Pumpe *f;* **3.** *(~ à essence)* Tank-, Zapfstelle *f;* **4.** *(fam fig pl)* Latschen *m pl;* **5.** *arg (soldat m de deuxième ~)* Landser *m;* **6.** *à toutes ~s (fam)* in rasender Eile; **7.** *avoir le coup de ~ (sport)* erschöpft sein; **8.** *~ à air* Luftpumpe *f; ~s funèbres* Beerdigungsinstitut *n; ~ à incendie* Feuerspritze *f;* **~er** *tr* **1.** (aus≈)pumpen; auf≈saugen; **2.** *(Schule)* abschreiben (*sur un livre* aus e-m Buch); spicken; **3.** *être pompé* erschöpft sein; **~ette** *a fam* beschwipst; **~eux, se** *a* pomphaft, prunkvoll, pompös; *(Stil)* geschwollen, schwülstig; **~ier, ère** [-pje, -ɛr] **I.** *a (Kunst, Literatur) fam* geziert, schwülstig; **II.** *s m* Feuerwehrmann; *pl* Feuerwehr *f;* **~iste** *m* Tankwart *m;* **~on** *m* Troddel *f; à lui le ~! (fam)* er hat den Vogel abgeschossen; **~onner** *tr* herausstaffieren; *(se ~)* sich in Schale werfen.

ponc|e [pɔ̃s] *f (pierre f ~)* Bimsstein *m;* **~er** *tr* ab=bimsen, -schleifen; poncieren.

ponct|ion [pɔ̃ksjɔ̃] *f* **1.** *med* Punktur *f;* **2.** *(Geld)* Entnahme *f;* **~ualité** [-tɥa-] *f* Pünktlichkeit *f;* **~uation** *f gram* Interpunktion, Zeichensetzung *f;* **~uel, le** *a* **1.** pünktlich; **2.** punktuell; **~uer** *tr* **1.** *gram* mit Satzzeichen versehen; **2.** *fig* unterstreichen.

pond|ération [pɔ̃derɑsjɔ̃] *f* **1.** Ausgeglichenheit, Ausgewogenheit, Harmonie *f;* **2.** *(Statistik)* Gewichtung *f;* **~éré, e** *a* ausgeglichen, besonnen; **~eur, se I.** *a* eierlegend; **II.** *s m fig pop (~ de prose)* Vielschreiber *m; f* **1.** Legehenne *f;* **2.** *fam* Gebärmaschine *f;* **~re** *tr* **1.** *zoo (Eier)* legen; **2.** *fam (Kind)* kriegen; **3.** *(Artikel)* verfassen.

poney [pɔnɛ] *m* Pony *n.*

pont [pɔ̃] *m* **1.** Brücke *f;* **2.** *mar* Deck *n;* **3.** *(Auto) (~ arrière, avant)* Hinter-, Vorderachse *f;* **4.** (Hosen-)Latz *m;* **5.** *couper les ~s (fig)* alle Brücken ab=brechen; *faire le ~* an e-m Werktag zwischen zwei Feiertagen nicht arbeiten; *faire un ~ d'or à qn* jdm ein finanziell verlockendes Angebot machen; **6.** *~ aérien* Luftbrücke *f; ~ d'autoroute* Autobahnbrücke *f; ~s et chaussées* Tiefbau-, Straßen- u. Wasserbauwesen *n; ~ de chemin de fer* Eisenbahnbrücke *f; ~-levis m (hist)* Zugbrücke *f; ~ roulant* Laufkran *m; ~ suspendu* Hängebrücke *f.*

pont|e [pɔ̃t] **1.** *m fam* hohe(s) Tier *n;* **2.** *f* (Eier-)Legen *n;* Legezeit *f;* Gelege *n;* **~ife** *m* **1.** Kirchenfürst *m;* **2.** *fig fam* Bonze *m,* hohe(s) Tier *n; souverain ~* Papst *m;* **~ifical, e** *a pl -aux* bischöflich; päpstlich; pontifikal; **~ificat** [-ka] *m* Pontifikat *n;* **~on** *m* Prahm *m; ~-grue* Schwimmkran *m;* **~onnier** [-je] *m mil* Brückenbaupionier *m.*

pool [pul] *m* **1.** Pool *m;* **2.** *(~ dactylographique)* Schreibzentrale *f; ~ charbon-acier* Montanunion *f.*

pop|e [pɔp] *m rel* Pope *m;* **~eline** *f* Popelin(e *f*) *m (Stoff);* **~ote** *f* **1.** Offizierskasino *n;* **2.** *faire la ~* kochen; *être ~ (fam)* nur Interesse für den Haushalt haben; **~otin** *m pop* Hinterteil *n; se manier le ~* sich beeilen; **~ulace** [-las] *f* Pöbel *m;* **~ulacier, ère** *a* pöbelhaft; **~ulaire I.** *a* volkstümlich; populär, beliebt; **II.** *s m* einfache(s) Volk *n;* **~ulariser** *tr* **1.** popularisieren; **2.** gemeinverständlich machen; **~ularité** *f* Beliebtheit, Volkstümlichkeit, Popularität *f;* **~ulation** *f* **1.** Bevölkerung; Einwohnerzahl *f;* **2.** *biol (Statistik)* Population *f; ~ active* erwerbstätige Bevölkerung *f; ~ scolaire* Schülerzahl *f;* **~uleux, se** *a* dichtbevölkert; **~ulo** *m* **1.** *fam* (einfaches) Volk *n;* **2.** *c'est plein de ~* eine Menge Leute sind da.

porc [pɔr] *m* Schwein(efleisch) *n a. fig; ~-épic* [pɔrkepik] *m zoo* Stachelschwein *n;* **~elaine** [pɔrsəlɛn] *f* Porzellan(geschirr) *n;* **~elet** [-səlɛ] *m zoo* Ferkel *n;* **~in, e** [-sɛ̃, -in] **I.** *a* Schweine-; **II.** *s m pl com* Schweine(bestand *m*) *n pl; race f ~e* Schweinerasse *f.*

porch|e [pɔrʃ] *m* Vorhalle *f;* **~er, ère** *s m f* Schweine-, Sauhirt(in *f*) *m;* **~erie** [-ʃə-] *f* Schweinestall *m a. fig.*

por|e [pɔr] *m anat* Pore *f;* **~eux, se** *a* porös; **~ion** [-rjɔ̃] *m min* Steiger *m.*

pornograph|ie [pɔrnɔgrafi] *f* Pornographie *f;* **~ique, porno** *a* pornographisch.

porphyre [pɔrfir] *m min* Porphyr *m.*

port [pɔr] *m* **1.** Hafen(stadt *f*) *m;* **2.** Tragen *n;* **3.** Porto *n;* **4.** (Körper-)Haltung *f;* **5.** *bot* Wuchs *m;* **6.** *mar* Tragfähigkeit *f;* **7.** *arriver à bon ~ (fig)* im sicheren Hafen landen; sein Ziel erreichen; **8.** *frais pl de ~* Portospesen *pl,* -auslagen *f pl; franc de ~* portofrei; **9.** *~ d'attache* Heimathafen *m; ~ de départ, de destination* Ausgangs-, Bestimmungshafen *m; ~ dû* unfrankiert, portopflichtig; *~ fluvial* Binnenhafen *m; ~ de guerre, de commerce* Kriegs-, Handelshafen *m;* **~able** *a* **1.** tragbar; **2.** transportierbar; **~ail** [-aj] *m arch* Portal *n;* **~ant, e I.** *a tech* tragend; **II.** *s m* (Koffer-)Griff *m,* Stütze *f; à bout ~* aus nächster Nähe; *être bien (mal) ~* (nicht) gesund, wohlauf sein; **~atif, ive** *a* tragbar.

porte [pɔrt] *f* **1.** Tür *f,* Tor *n,* Pforte *f;* **2.** *fig* Tor *n (de* zu); **3.** *à la ~* an, vor der Tür; *à la ~, aux ~s de ...* dicht, nahe bei, an *dat; ~ à ~* Tür an Tür; *de ~ à ~ (com)* von Haus zu Haus; **4.** *fermer la ~ sur qn* die Tür hinter jdm zu=machen; *frapper à la ~ de qn (fig)* bei jdm an=klopfen, anfragen; *mettre qn à la ~* jdn hinaus=werfen; *trouver ~ close (fig)* vor verschlossene Türen kommen; **5.** *à la ~!* hinaus (mit ihm)! **6.** *~ à deux battants* Flügeltür *f; ~ à coulisse* Schiebetür *f; ~ d'entrée* Eingangstür *f; ~ de garage* Garagentor *n.*

porte|-affiches [pɔrtafiʃ] *m inv* Anschlagtafel *f,* Schwarzes Brett *n;* **~-à--porte** *m* Hausierhandel *m; faire du ~* von Haus zu Haus gehen; **~-avions** *m inv* Flugzeugträger *m;* **~-bagages** *m inv (Auto)* Kuli *m; (Fahrrad)* Gepäckträger *m; (Zug)* Gepäcknetz *n;* **~-billets** *m inv* Brieftasche *f;* **~-bonheur** *m* *inv* Glücksbringer *m;* **~-bouquet** *m* (kleine) Blumenvase *f;* **~-bouteilles** *m inv* Flaschengestell *n;* **~-cartes** *m inv* Kartentasche; Ausweishülle *f;* **~-cigar(ett)es** *m inv* Zigarren-(Zigaretten-)Etui *n;* **~-clefs** *m inv* Schlüsselbund *m* od *n*, -ring *m;* **~-conteneurs** *m inv* Containerschiff *n;* **~-crayon** *m inv* Bleistifthalter *m;* **~-documents** *m inv* Kollegmappe *f;* **~-drapeau** *m inv* Fahnenträger *m a. fig;* **~-flambeau** *m inv* Fackelträger *m;* **~-jarretelles** *m inv* Strumpfhaltergürtel *m;* **~-mine** *m inv* Drehbleistift *n;* **~-monnaie** *m inv* Geldbeutel *m;* **~-parapluies** *m inv* Schirmständer *m;* **~-parole** *m inv* Wortführer *m;* **~-plume** *m inv* Federhalter; *~ (à) réservoir* Füllfederhalter *m;* **~-savon** *m inv* Seifenschale *f;* **~-serviette(s)** *m inv* Handtuchhalter *m;* **~-skis** *m inv* Skiträger *m;* **~-voix** *m inv* Sprachrohr *n.*

port|é, e [pɔrte] *a être ~ à qc* e-e große Vorliebe für etw haben; **~ée** *f* **1.** *zoo* Wurf *m;* Trächtigkeitsdauer *f;* **2.** Schuß-, Reichweite *f;* **3.** *fig* Tragweite, Bedeutung; Fassungskraft *f;* **4.** *mus* Notensystem *n;* **5.** *mar* Tragfähigkeit *f;* **6.** *à ~ de la main* greifbar, griffbereit; **7.** *être à la ~ de qn* für jdn erschwinglich sein; *se mettre à la ~ de qn* sich für jdn verständlich aus=drücken; **8.** *c'est à ma ~* das habe ich bei der Hand; das kann ich mir leisten; das verstehe ich; *c'est hors de ma ~* das ist mir zu hoch, geht über meinen Horizont.

porte|feuille [pɔrtəfœj] *m* **1.** Brieftasche *f;* **2.** *com* Wertpapier=, Wechselbestand *m;* **3.** *pol* Geschäftsbereich *m;* **~manteau** *m* **1.** Garderobe, Kleiderablage *f;* **2.** *mar* Davit *m.*

port|er [pɔrte] **I.** *tr* **1.** tragen; **2.** *(Kleidungsstück)* an=haben, tragen; **3.** *(Eigenschaft)* haben; *(Datum)* tragen; *(Namen)* führen; **4.** bringen, (hin=)schaffen; überbringen, -mitteln; **5.** *(in e-e Liste)* eintragen (*sur* in *acc*); **6.** *(Zinsen)* abwerfen; **7.** *(Gefühle)* entgegenbringen (*à qn* jdm); **8.** *(Augen)* richten; *(Aufmerksamkeit)* lenken; **9.** *(Junge)* tragen; **10.** *(Schlag)* versetzen; *(Anschuldigung)* erheben; **11.** führen (*à* zu), nach sich ziehen; **12.** *com* ein=tragen, buchen, gut=schreiben; **II.** *itr* **1.** *arch* ruhen, auf=liegen, auf=sitzen (*sur* auf *dat*); **2.** *(weit)* reichen, sich erstrecken, tragen; Wirkung haben, wirken; **3.** beeindrucken (*sur qn* jdn); **4.** *(Grund)* aus=reichen, stichhaltig sein; **5.** schwanger sein; *(Tiere)* tragen, trächtig sein; **6.** sich erstrecken (*sur* auf *acc*); hin=führen, hinaus=laufen (*à* auf *acc*); sich belaufen (*sur* auf *acc*); **7.** *(Ziel)* treffen (*sur qc* etw); **III.** *v prn se ~* **1.** sich befinden; **2.** sich begeben, gehen (*vers* zu, nach); sich zu=wenden (*sur qn* jdm), sich hin=geben (*à, vers* dat); strömen (*à* zu, nach); **3.** *fig* sich hin=reißen, verleiten lassen (*à* zu); **4.** auf=treten; sich aus=geben (*qc* als *acc*); **5.** *se faire ~ malade* sich krank melden; *~ à l'actif (com)* gut=schreiben; *fig* zugute halten; *~ amitié à qn* Freundschaft für jdn hegen; *~ atteinte à qc* etw beeinträchtigen; *~ bonheur, malheur* Glück, Unglück bringen; *se ~ candidat* kandidieren; *~ à la connaissance de qn* jdm zur Kenntnis bringen; *~ un coup à qn* jdm e-n Schlag versetzen; *~ à l'écran* verfilmen; *se ~ garant pour qn, de qc* für jdn, für etw bürgen; *~ un jugement* ein Urteil fällen; *~ sur les nerfs* auf die Nerven gehen; *~ à l'ordre du jour* auf die Tagesordnung setzen; *~ ses pas* s-e Schritte lenken; *~ pavillon de (mar)* unter der ... Flagge segeln; *~ plainte contre qn* jdn verklagen; *~ préjudice à qn* für jdn nachteilig sein; *~ la santé de qn* auf jds Gesundheit trinken; *~ sur soi* bei sich haben; *~ témoignage* Zeugnis ab=legen; *~ à la tête (Wein)* zu Kopf steigen; *~ un toast* e-n Toast aus=bringen; **6.** *il porte bien son âge* man sieht ihm sein Alter nicht an; *je me porte bien, mal* es geht mir (gesundheitlich) gut, schlecht; *le choix s'est porté sur lui* die Wahl ist auf ihn gefallen; *sur quoi porte votre critique?* worauf bezieht sich Ihre Kritik? **~eur, se I.** *s m f* **1.** Träger, Dienstmann *m;* **2.** Überbringer, Inhaber(in *f*) *m;* **II.** *a* Träger-; *par ~* durch Boten; *être au ~* auf den Inhaber lauten; *chèque m au ~* Inhaberscheck *m; payable au ~* zahlbar an den Inhaber; *~ de télégrammes* Telegraphenbote *m.*

port|ier, ère [pɔrtje, -ɛr] *s m f* **1.** Portier(frau *f*); Hausmeister *m;* **2.** *f* (Wagen-)Tür *f;* Kutschenschlag *m;* **3.** Portiere *f,* Türvorhang *m;* **~illon** [-jɔ̃-] *m* **1.** Türchen *n;* **2.** *loc* kleine Gittertür *f;* — *ça se bouscule au ~ (fam)* er verheddert sich.

portion [pɔrsjɔ̃] *f* **1.** Teil *m;* **2.** Ration, (Essens-)Portion *f;* **3.** *~ héréditaire (jur)* Erbteil *n.*

portique [pɔrtik] *m* **1.** *arch* Säulenhalle *f;* **2.** *sport* Balkengerüst *n;* **3.** *tech (~ roulant)* Brückenkran *m;* Verladebrükke *f.*

portrait [pɔtrɛ] *m* **1.** Porträt, Bild(nis) *n;* **2.** *pop* Fresse, Schnauze *f;* — *il est le ~ de son père* er ist s-m Vater wie aus dem Gesicht geschnitten; *~ en pied* Bildnis *n* in ganzer Figur; **~iste** [-tist] *m* Porträtmaler *m.*

portuaire [pɔrtɥɛr] *a* Hafen-; *installations f pl ~s* Hafeneinrichtungen *f pl.*

pos|e [poz] *f* **1.** Aufstellung, Anbringung, Installation *f;* (Plakat-)Anschlag *m;* **2.**

(Kabel) Verlegen; **3.** *(Knopf)* Annähen *n;* **4.** Pose, (Körper-)Haltung, Stellung *f;* **5.** Affektiertheit, Geziertheit, Effekthascherei *f;* **6.** *phot* Belichtung *f;* **~é, e** *a* **1.** *fig* gesetzt, ernst, ruhig, bedächtig; **2.** *voix f ~e* feste Stimme *f;* **~emètre** *m phot* Belichtungsmesser *m;* **~er I.** *tr* **1.** legen, setzen, stellen; nieder-, ablegen; **2.** *(Hörer)* auf=legen; *(Scheibe)* ein=setzen; **3.** ab=, weg=, auf=stellen; an=ordnen, (her)richten, arrangieren, an=bringen, befestigen; *el* verlegen; **4.** (nieder=) schreiben; fest=setzen, bestimmen; *(Knopf)* an=nähen; **5.** *(Person)* Ansehen verschaffen (*qn* jdm); **6.** *(aero)* auf=setzen; **II.** *itr* **7.** (be)ruhen (*sur* auf *dat*); **8.** *(Kunst)* sitzen; Modell stehen; **9.** *phot* belichten; **10.** *fig* sich affektiert benehmen, nach Effekt haschen; wichtig tun; **III.** *v prn se ~* **11.** *(fig)* auf=treten, sich aus=geben, sich auf=spielen (*en* als); **12.** *(Blick)* fallen (*sur* auf *acc*); *aero* landen, nieder=gehen; **13.** *~ des affiches* Plakate an=schlagen; *~ sa candidature* kandidieren; *~ les fondements* den Grundstein legen; *~ une question* e-e Frage stellen; **~eur, se** *s m f* **1.** Angeber(in *f*), Wichtigtuer *m;* **2.** *~ de parquet* Parkettleger *m;* **~itif, ive I.** *a* **1.** positiv *a. math gram el;* **2.** *gram* bejahend; **3.** sicher, bestimmt, feststehend; auf Tatsachen beruhend; **4.** bestehend, geltend *(bes. Recht);* **5.** tatsächlich, wirklich; *(Person)* realistisch, nüchtern; praktisch; **II.** *s m* **1.** (das) Wirkliche, Tatsächliche; **2.** *phot* Positiv *n;* **3.** *(degré m) ~ (gram)* Positiv *m;* **~ition** *f* **1.** Lage; Stellung *a. mil,* Position *f;* **2.** Lage, Situation *f;* **3.** Platz *m,* Stelle *f;* **4.** *fig* Standpunkt *m;* Ansicht *f* (*sur* über *acc*); **5.** (Dienst-)Stellung, Position *f;* **6.** *(Bank)* Kontostand *m;* **7.** *être en ~ de* in der Lage sein zu; *prendre ~* Stellung nehmen *od* beziehen (*pour, contre* für, gegen *acc*); **8.** *prise f de ~* Stellungnahme *f;* **9.** *~(-)clé f* Schlüsselstellung *f; ~ de confiance* Vertrauensstellung *f; ~ de départ, initiale* Ausgangsstellung *f.*

poss|édé, e [pɔsede] **I.** *a* besessen, beherrscht (*de* von); **II.** *s m f* Besessene(r *m*) *f;* **~éder I.** *tr* **1.** besitzen; *(Sprache)* beherrschen; *(Gebiet)* gründlich kennen; **2.** Besitz ergriffen haben (*qc* von etw); **3.** *fam* hinters Licht führen, hintergehen, täuschen; **II.** *v prn se ~ (fig)* sich beherrschen, sich zs.=nehmen, sich fassen; *ne pas se ~ de joie* vor Freude außer sich sein; **~esseur** *m* Besitzer, Inhaber *m;* **~essif, ive I.** *a gram* besitzanzeigend; Possessiv-; **II.** *s m* Possessivpronomen *n;* **~ession** *f* **1.** Besitz *m;* **2.** *rel* Besessensein *n;* **3.** *être en ~* im Besitz sein (*de qc* e-r S); genießen (*de qc* e-e S); *prendre ~ de* Besitz ergreifen von; **4.** *prise f de ~* Besitzergreifung *f; ~ foncière* Grundbesitz *m;* **~ibilité** *f* **1.** Möglichkeit *f;* **2.** *(Maschine)* Kapazität *f;* **3.** *être dans la ~ de* in der Lage sein zu; *~ d'écoulement* Absatzmöglichkeit *f;* **~ible I.** *a* möglich; **II.** *s m* (das) Mögliche; — *au ~* äußerst; *le plus ~, autant que ~* so viel wie möglich; *dans la mesure du ~* im Rahmen des Möglichen; *le mieux ~* so gut wie möglich; *le plus souvent ~* möglichst oft; *le plus tôt ~, aussitôt que ~* sobald wie möglich, möglichst bald; *le plus vite ~* so schnell wie möglich; *faire son ~* sein möglichstes tun; *pas ~!* ach, was! nicht möglich!

post|al, e [pɔstal] *a pl-aux* postalisch; Post-; — *boîte f ~e* Post-, Schließfach *n; caisse f d'épargne ~e* Postsparkasse *f; carte f ~e (illustrée)* (Ansichts-)Postkarte *f; colis m ~* Postpaket *n; Union f ~e universelle* Weltpostverein *m; virement m ~* Postüberweisung *f;* **~cure** *f med* Nachbehandlung *f;* **~dater** *tr* nach=datieren; **~e I.** *s f* **1.** Post(amt *n*) *f;* **2.** *par ~* durch die Post, brieflich; *~ restante (bureau central)* (haupt)postlagernd; **3.** *mettre une lettre à la ~* e-n Brief auf die Post geben; **4.** *bureau m de ~ central* Hauptpost(amt *n*) *f;* **5.** *~ aérienne* Luftpost *f;* **II.** *s m* **1.** *mil* (Wacht-)Posten *m;* Wache *f;* Gefechtsstand; Platz *m;* **2.** Stelle *f;* **3.** Stellung, Funktion *f,* Amt *n,* Dienst *m;* **4.** *min* Schicht *f;* **5.** Telefonapparat, Fernsprecher; (Rundfunk-)Sender *m;* Rundfunkgerät, Radio(apparat *m*) *n,* Empfänger *m;* **6.** *com* (Rechnungs-, Buchungs-)Posten *m;* **7.** *être à son ~* s-n Posten, Platz aus=füllen, s-n Mann stehen; *~-clé m* Schlüsselstellung *f; ~ de confiance* Vertrauensposten *m,* -stelle *f; ~ créditeur* Gutschrift *f; ~ débiteur* Lastschrift *f; ~ de dépannage* Autohilfsdienst *m; ~ émetteur, d'émission* (Rundfunk-)Sender *m; ~ d'essence* Tankstelle *f; ~ d'incendie, d'eau* (Feuer-)Löschstelle *f; ~ de police* Polizeiwache *f,* -revier *n; ~ portatif* Kofferradio, -gerät *n; ~ de secours* Unfallstation *f; ~ de travail* Arbeitsplatz *m; ~ 27 (tele)* App. 27; **~er** *tr* **1.** auf die Post geben, auf=geben; **2.** postieren, auf=stellen; **~érieur, e I.** *a* spätere(r, s); hintere(r, s); jünger (*à* als); **II.** *s m fam* Hintern *m;* **~érité** *f* **1.** Nachkommen(schaft *f*) *m pl;* **2.** Nachwelt *f;* **~hume** [-tym] *a* **1.** posthum; **2.** *(Kind)* nachgeboren; **3.** *(Werk)* nachgelassen, hinterlassen; *à titre ~* nach s-m Tode; **~iche I.** *a* unecht, falsch; **II.** *s m* Haarteil *m;* Toupet *n;* **~ier, ère** [-tje, -ɛr] *s m f fam* Postbediensteter *m,* -beamtin *f;* **~illon** [-jɔ̃] *m* **1.** *hist* Postillion *m;* **2.** *fam* Spucke *f; envoyer des ~s,* **~illonner** *itr fam* e-e feuchte Aussprache haben; **~scolaire** *a* Fortbildungs-;

instruction f ~ Fortbildungsunterricht *m;* **~-scriptum** [-skriptɔm] *m* Postskript(um) *n,* Nachschrift *f;* **~ulant, e** *s m f* Bewerber(in *f*) *m;* **~ulat** [-la] *m (Philosophie)* Postulat *n a. math;* **~uler I.** *tr* sich bewerben, nach=suchen (*qc* um etw); **II.** *itr* vor Gericht vertreten; **~ure** *f* **1.** *(Körper)* Haltung, Stellung, Positur; Lage *f;* **2.** *fig* Lage, Situation *f,* Verhältnisse *n pl.*

pot [po] *m* **1.** Topf *m;* Kanne *f,* Krug *m;* **2.** *tech* Tiegel *m;* **3.** *pop* Hinterteil *n;* **4.** *avoir du ~ (pop)* Schwein haben; *découvrir le ~ aux roses* hinter die Schliche kommen; *manger à la fortune du ~* essen, was gerade auf den Tisch kommt; *(pop) se manier le ~* sich beeilen; **5.** *bête, sourd comme un ~* stockdumm, -taub; *~ de chambre* [podʃɑ̃br] Nachttopf *m;* *~ à eau* [pɔtao] Wasserkanne *f,* -krug *m;* *~ d'échappement (mot)* Auspufftopf *m;* *~-au-feu* [pɔtofø] *s m inv* Rindfleischsuppe *f;* Suppentopf *m;* *~ à fleurs* [poaflœr] Blumentopf *m;* *~ à lait* [poalɛ] Milchtopf *m;* *~ au lait* [pɔtolɛ] Milchkanne *f;* *~(-)pourri (m) mus* Potpourri *n;* *~-de-vin m* Bestechungs-, Schmiergelder *n pl;* **~able** *a* **1.** trink-, genießbar-; **2.** *fam* leidlich (gut), erträglich, annehmbar; *eau f ~* Trinkwasser *n;* **~ache** *m pop* Pennäler *m;* **~age** *m* Suppe *f;* *~ aux légumes* Gemüsesuppe *f;* **~ager, ère I.** *a* Küchen-, Gemüse-; **II.** *s m* u. *jardin m ~* Gemüsegarten *m.*

pot|asse [pɔtas] *f chem* **1.** Pottasche *f;* **2.** Kali *n;* **~asser** *tr fam* pauken, ochsen, büffeln; **~assium** [-sjɔm] *m chem* Kalium *n;* **~e** *m fam* Kumpel *m;* **~eau** *m pl-x* Pfosten, Pfahl *m,* Stange *f;* Mast; *sport* Torpfosten *m;* *~-frontière m* Grenzpfahl *m;* *~ indicateur* Wegweiser *m;* *~ télégraphique* Telegrafenmast, -pfahl *m;* **~ée** *f* **1.** Topfvoll *m;* **2.** Gemüseeintopf *m;* **~elé, e** *a* rundlich, prall, drall, mollig; **~ence** *f* Galgen; Träger, Arm; Stützbalken *m;* **~entat** [-ta] *m* Potentat *m;* **~entiel, le I.** *a* potentiell, potential, möglich; **II.** *s m phys bes. el* Potential *n;* **~entiomètre** *m el* Potentiometer *n;* **~erie** *f* **1.** Tongeschirr *n,* Töpferware *f;* **2.** Töpferei *f;* **~ier** [-tje] *m* Töpfer *m;* **~in** *m* **1.** *fam* Klatsch(erei *f*) *m,* Geschwätz *n;* **2.** Lärm *m;* **~iner** *itr fam* klatschen, tratschen; **~ion** [posjɔ̃] *f* (Arznei-)Trank *m;* **~iron** *m* Riesenkürbis *m;* **~ron-minet** [-nɛ] *loc adv dès ~* seit Tagesanbruch.

pou [pu] *m pl x* Laus *f; laid comme un ~* häßlich wie die Nacht; *~ du corps* Kleiderlaus *f;* *~ de la tête* Kopflaus *f;* **~ah** [pwa] *interj* pfui!

poubelle [pubɛl] *f* Müll-, Kehrichteimer *m.*

pouc|e [pus] *m* **1.** Daumen *m;* **2.** große Zehe *f;* — *donner un coup de ~ à qn* jdn begünstigen; *manger sur le ~* im Stehen essen; *sucer son ~ (fig)* am Daumen lutschen; *se tourner les ~s* Däumchen drehen; **~et** [-sɛ] *m le petit ~* der Däumling.

pouding [pudiŋ] *m* (Plum-)Pudding *m.*

poudr|e [pudr] *f* **1.** Pulver *n;* **2.** (Gesichts-, Körper-)Puder *m;* **3.** *être vif comme la ~* leicht auf=brausen; *jeter de la ~ aux yeux (fig)* Sand in die Augen streuen; *mettre de la ~* sich pudern; **4.** *il n'a pas inventé la ~ (fig)* er hat (auch) das Pulver nicht erfunden; **~er** *tr* pudern; **~erie** [-drə-] *f* Pulver-, Munitionsfabrik *f;* **~eux, se** *a* pulverig; *neige f ~euse* Pulverschnee *m;* **~ier** [-drije] *m* Puderdose *f;* **~ière** *f* **1.** Pulvermagazin *n;* **2.** *fig* Pulverfaß *n;* **~oyer** *itr* stauben.

pouf [puf] **I.** *s m* Puff *m (Sitzkissen);* **II.** *interj* plumps! **~fer** *itr ~ de rire* laut auf=lachen, in schallendes Gelächter aus=brechen.

pouilleux, se [pujø] **I.** *a* **1.** verlaust; **2.** armselig; **II.** *s m* **1.** Lausekerl *m;* **2.** arme(r) Schlucker *m.*

poul|ailler [pulaje] *m* **1.** Hühnerstall *m;* **2.** *theat* Olymp *m;* **~ain** *m* **1.** Fohlen, Füllen *n;* **2.** *fig* Schützling *m;* **~arde** *f* junge(s) Masthuhn *n;* **~e** *f* **1.** Huhn *n,* Henne *f;* **2.** *fam* Schätzchen, Liebchen *n;* **3.** Dirne *f;* **4.** *sport* Gruppe, Runde *f;* **5.** *(Pferderennen) (Spiel)* Einsatz *m;* **6.** *faire la bouche en cul de ~* den Mund verziehen, ein Maul machen; **7.** *~ mouillée* Hasenfuß *m;* **~et** [-lɛ] *m* **1.** *zoo* Hühnchen; Hähnchen *n;* **2.** *mon (petit) ~* mein Liebling *m;* **3.** *arg* Polyp *m;* **~ette** *f ma ~ (fam)* mein Mäuschen; **~ie** *f tech* (Block-)Rolle, Riemenscheibe *f;* **~inière** *s f* u. *a: jument f ~* Zuchtstute *f;* **~pe** *m* Tintenfisch, Polyp *m;* **~s** [pu] *m* Puls(schlag) *m; tâter le ~* den Puls fühlen (*à qn* jdm).

poumon [pumɔ̃] *m anat* Lunge(nflügel *m*)); *pl* Lunge *f; à plein ~* aus vollem Halse; *aspirer à pleins ~s* tief einatmen; *~ d'acier* eiserne Lunge *f.*

poup|ard, e [pupar, -rd] *s m f* Pausback *m;* **~e** *f mar* Heck *n; avoir le vent en ~* Rückenwind, *fig* Glück haben; **~ée** *f* **1.** Puppe *f;* **2.** dick verbundende(r) Finger *m;* **3.** *fam fig* (hübsche) Puppe *f;* **4.** *jouer à la ~* mit Puppen spielen; **~in, e** *a* pausbäckig; puppenhaft; **~on, ne** *m f* pausbackige(s) Baby *n;* **~onner** *itr* hätscheln; **~onnière** *f* Kinderkrippe *f.*

pour [pur] **I.** *prp* **1.** *(Bestimmung)* für, zugunsten, ... zuliebe; (an)statt, anstelle (von); *(tauschen, Abneigung, gut)* gegen; *(haben)* als, zum, zur; *(gelten)* als; im Namen *gen; (Ehrfurcht)* vor; zu *(a. zeitl.);* **2.** *(kausal)* wegen, um ... willen; was ... betrifft; **3.** *(zeitl.)* für, auf; **4.**

(beim Infinitiv) um zu; im Begriff zu; **II.** *conj* ~ *que* **5.** damit, dafür daß; obwohl, obgleich; **III.** *s m* **6.** (das) Für; **7.** *c'est* ~ *cela que* deshalb; *mot* ~ *mot* Wort für Wort; *œil* ~ *œil* Auge um Auge; ~ *affaires* geschäftlich *adv;* ~ *ainsi parler* sozusagen, gewissermaßen; ~ *de bon?* im Ernst? ~ *ce qui me concerne* was mich betrifft; ~ *moi* was mich betrifft, ich meinerseits; ~ *le moins* wenigstens; ~ *le moment* im Augenblick; ~ *Noël* zu Weihnachten; ~ *le plaisir* zum Vergnügen, zum Spaß; ~ *cette raison* aus diesem Grund(e); ~ *toute réponse* statt jeder Antwort; ~ *la vie* auf Lebenszeit; **8.** *être* ~ *beaucoup (peu, rien) dans* wesentlich (wenig, nichts) bei=tragen zu; **9.** *je n'y suis* ~ *rien* das ist nicht meine Schuld; *le* ~ *et le contre* das Für und (das) Wider.

pour|boire [purbwar] *m* Trinkgeld *n;* **~centage** *m* Prozentsatz *m;* **~chasser** *tr* verfolgen; jagen; **~lécher** *tr se* ~ *(les babines) (fam)* sich den Mund lekken; **~parlers** *m pl pol* Besprechungen *f pl;* **~pre I.** *s f* Purpur(farbe *f*) *(Farbstoff);* Purpur *m (Stoff);* **II.** *a* purpurfarben, -rot.

pourquoi [purkwa] **I.** *adv conj* warum, weshalb; **II.** *s m inv* Ursache *f,* Grund *m;* Frage *f; c'est, voilà* ~ deshalb, darum; *demandez-moi* ~ da fragen Sie mich zuviel; ~ *pas?* warum nicht?

pour|ri, e [puri] **I.** *a* **1.** (ver)faul(t), verwest, verdorben, verrottet, mod(e)rig; **2.** *(Wetter)* miserabel; **3.** *fig* korrupt *a. fig;* **II.** *s m (Obst)* faule Stelle *f;* Moder *m;* **4.** *bande f de ~s (pop)* Saubande *f; été m* ~ verregnete(r) Sommer *m;* ~ *de fric (fam)* steinreich; **~rir I.** *tr* **1.** (ver)faulen lassen; **2.** *fig* verderben; **II.** *itr u. v prn se* ~ **3.** (ver)faulen, verwesen; **4.** *(Lage)* sich verschlimmern; **5.** *fig* verderben; verkommen; **~riture** *f* **1.** Fäulnis, Fäule *f;* Moder *m;* **2.** *fig* Verderbt-, Verdorbenheit *f.*

pour|suite [pursɥit] *f* **1.** Verfolgung *f;* **2.** *fig* Streben *n* (*de* nach); **3.** *(Arbeit)* Weiterführung *f;* **4.** *jur* (Straf-)Verfolgung *f; intenter des ~s contre qn (jur)* jdn gerichtlich belangen; ~ *pénale* Strafverfolgung *f;* **~suivant, e** *m f* Verfolger(in *f*) *m;* **~suivre I.** *tr* **1.** verfolgen *a. fig,* nach=setzen (*qn* jdm); **2.** *fig* an=, erstreben; sinnen (*qc* auf e-e S); **3.** *(Arbeit)* weiter=verfolgen, fort=setzen; nach=stellen (*qn* jdm), nach=jagen (*qc* e-r S); **4.** *jur* verfolgen, belangen; **II.** *v prn se* ~ weitergehen; im Gange sein.

pourtant [purtɑ̃] *adv* dennoch, trotzdem, doch.

pourtour [purtur] Umkreis, Umfang *m.*

pour|voi [purvwa] *m jur* Berufung *f;* ~ *en cassation* Revision *f;* **~voir I.** *itr* (vor=)sorgen, Sorge tragen (*à* für); **II.** *tr* versehen, aus=statten (*de* mit); **III.** *v prn se* ~ *en cassation* Revision ein=legen.

pourvu [purvy] *loc conj:* ~ *que* wenn nur, vorausgesetzt daß, sofern.

pouss|ah [pusa] *m* **1.** Stehaufmännchen *n;* **2.** *fig* Fettsack *m;* **~e** *f* **1.** Sprießen, Wachsen; *(Zahn)* Kommen *n;* **2.** (junger) Trieb, Sproß *m;* **3.** *(Wein)* Umschlagen *n;* **4.** *(Pferd)* Dämpfigkeit *f;* *~-café m inv* Schnaps *m* nach dem Kaffee; *~-~ m inv* Rikscha *f;* **~é, e** *a* **1.** *fig* hochgezüchtet, -entwickelt; hochgradig; **2.** *(Studien)* gründlich; tiefschürfend; **~ée** *f* **1.** Stoß, Schub, Druck; Drang *m;* **2.** *(Rakete)* Schub; *phys* Auftrieb *m;* **3.** *med* Ausbruch *m;* **4.** *fig (Preise)* Hochschnellen *n;* Explosion *f;* **~er I.** *tr* **1.** stoßen, schieben; drängen, *fam* schubsen; **2.** *(Tür)* auf=, zu=stoßen; **3.** (an=, vorwärts=)treiben; **4.** aus=dehnen; **5.** *(Schrei, Seufzer)* aus=stoßen; **6.** *fig* voran=treiben, vorwärts=bringen, fördern, anspornen (*qn* jdn); **7.** *(Motor)* hochzüchten; **II.** *itr* **8.** drücken; **9.** vor=stoßen, weiter=machen, -gehen, -fahren, -reisen (*jusqu'à* bis); los=gehen (*à* auf *acc*); **10.** sprießen, wachsen; **11.** *(Zahn)* durch=brechen; **12.** *(Wein)* gären; **13.** *(Baum)* aus=schlagen; **III.** *v prn se* ~ **14.** sich e-n Weg bahnen; Platz machen; sich schieben, sich drängen; **15.** ~ *qc à bout* etw auf die Spitze treiben; ~ *qn à bout* jdn zum Äußersten treiben; Geduld erschöpfen; ~ *sa chance* s-n Vorteil wahr=nehmen; ~ *du coude, du genou* mit dem Ellbogen, Knie (an=)stoßen; ~ *dehors* hinaus=stoßen, -schieben; *poussez! (Tür)* drücken! *(mus)* Aufstrich! **~ette** *f* **1.** Sportwagen *m (für Kinder);* **2.** *mot* (Fahren *n* im) Schneckentempo *n;* **~ier** [-sje] *m* (Kohlen-)Staub *m;* **~ière** *f* **1.** Staub *m;* **2.** *lit* (die) sterblichen Reste *m pl;* **3.** *et des ~s (fam)* und ein paar Pfennige; **4.** *faire de la* ~ *(fig)* Staub auf=wirbeln; **~iéreux, se** *a* staubig; **~if, ive** *a* **1.** *(Pferd)* dämpfig; **2.** *(Mensch)* kurzatmig; **~in** *m* **1.** Küken *n;* **2.** *mon* ~ mein Herzchen.

poutr|e [putr] *f* Balken; (Eisen-)Träger *m;* **~elle** *f* kleine(r) Balken *m.*

pouvoir [puvwar] **I.** *tr* können; **II.** *v aux* können, vermögen, imstande sein zu; dürfen; **III.** *v prn se* ~ möglich sein; **IV.** *s m* **1.** Können, Vermögen *n;* **2.** Macht, Herrschaft *f;* **3.** (Vertretungs-)Vollmacht; (Amts-)Befugnis; (Staats-)Gewalt *f;* **4.** *tech* Fähigkeit *f;* **5.** *au* ~ *(pol)* an der Macht; *en mon* ~ in meiner Gewalt; **6.** *n'en* ~ *plus* nicht mehr können, *(mit s-n Kräften)* am Ende sein; *munir de ~s* mit Vollmacht aus=statten; **7.** *puis-je?* darf, dürfte ich? *cela se peut bien* das ist wohl, durchaus möglich; *ce-*

la peut être das kann sein, ist möglich; **8.** *arrivée f au ~, prise f de ~* Machtergreifung *f;* **9.** *fondé m de ~* Bevollmächtigte(r); Prokurist *m; plein ~* (Blanko-)Vollmacht; *pol* Ermächtigung *f;* **10.** *~ d'achat (excédentaire)* Kaufkraft(überhang *m*) *f; ~ d'observation* Beobachtungsgabe *f.*

pragmat|ique [pragmatik] **I.** *a* pragmatisch; **II.** *s m f* Pragmatiker(in *f*) *m.*

prairie [prɛri] *f* Wiese, Weide *f.*

praline [pralin] *f* gebrannte Mandel *f;* **~é** *m* Nougat *n.*

prati|cable [pratikabl] *a* **1.** *(Plan)* aus-, durchführbar; **2.** *(Weg)* benutzbar, befahrbar; **~cien, ne** [-sjɛ̃, -ɛn] *s m f* praktische(r) Arzt (Ärztin *f*) *m;* **~quant, e** [-kɑ̃, -ɑ̃t] *a* strenggläubig; **~que** [-tik] **I.** *a* **1.** praktisch; **2.** zweckmäßig, brauchbar; **3.** anwendbar, ausführbar; **II.** *s f* **4.** Praxis; *f* **5.** Anwendung, Ausführung, -Übung *f;* **6.** praktische Erfahrung, Übung, Vertrautheit *f* (*de* mit); **7.** Brauch *m,* Sitte *f;* **8.** *c'est de ~ courante* das ist so üblich; **~quer I.** *tr* **1.** aus=, durch=führen, an=wenden; **2.** *(bes. Beruf)* aus=üben, betreiben; **3.** in die Praxis umsetzen; verwirklichen; **4.** *(Öffnung)* herstellen; an=bringen, -legen; **II.** *v prn se ~* üblich sein.

pré [pre] *m* (Stück *n*) Wiese *f;* **~alable** *a* vorher-, voraufgehend; *au ~,* **~ment** *adv* vorher, zuvor; **~ambule** *m* Präambel *f;* **~avis** *m* **1.** vorherige Benachrichtigung, Voranzeige, -warnung *f;* **2.** Kündigung *f;* **3.** *tele* Voranmeldung *f; sans ~* fristlos; *délai m de ~* Kündigungsfrist *f;* **~caire** *a* prekär, unsicher, ungewiß, heikel; **~caution** [-ko-] *f* Vorsicht(smaßnahme), Behutsam *f; avec ~* vorsichtig *adv; par ~* aus Vorsicht, vorsichtshalber; *prendre des ~s* Vorsichtsmaßnahmen treffen; **~cautionneux, se** *a* vor-, umsichtig, behutsam; **~cédemment** [-damɑ̃] *adv* vorher, zuvor; **~cédent, e I.** *a* vorhergehend, vorig, früher; **II.** *s m* Präzedenzfall *m; sans ~* noch nie dagewesen, erstmalig, beispiellos; *créer, établir un ~* e-n Präzedenzfall schaffen; **~céder** *tr* **1.** voran=, voraus=gehen, -fahren (*qn* jdm); **2.** stehen, sich befinden, kommen, statt=finden (*qc* vor e-r S); **~cepte** [-sɛpt] *m* Vorschrift *f;* Gebot *n;* **~cepteur, trice** *m f* Erzieher(in *f*), Hauslehrer(in *f*) *m.*

prêch|e [prɛʃ] *m rel* Predigt *f;* **~er I.** *tr* **1.** *rel* predigen; **2.** *fig* Moral predigen (*qn* jdm); **II.** *itr rel* predigen; *~ d'exemple* mit gutem Beispiel voran=gehen; *~ pour son saint* in eigener Sache sprechen; **~eur, se** *s m f* Sitten-, Moralprediger(in *f*) *m;* **~i-prêcha** *m fam pej* Gewäsch *n.*

préci|eux, se [presjø, -øz] *a* **1.** kostbar, wertvoll; **2.** *fig* köstlich; **3.** affektiert, geziert; **4.** gesucht; **~osité** *f* Affektiert-, Geziertheit *f;* **~pice** [-sipis] *m* Abgrund *m a. fig;* **~pitamment** *adv* Hals über Kopf, überstürzt; **~pitant** *m chem* Fällungsmittel *n;* **~pitation** *f* **1.** Überstürzung, -eilung *f;* **2.** *chem* Fällung *f,* Fällen *n;* **3.** *(Wetter)* Niederschläge *m pl;* **~pité, e I.** *a* **1.** *(Schritt)* eilig; **2.** *(Abreise)* überstürzt; **II.** *s m chem* Niederschlag *m;* **~piter I.** *tr* **1.** herab=stürzen (*de* von); **2.** überstürzen, -eilen; **3.** beschleunigen; **4.** schleudern, werfen; **5.** *chem* (aus=)fallen; **II.** *itr* u. *v prn se ~* **6.** *(Ereignisse)* sich überstürzen; *se ~ sur* los=stürzen auf *(acc); se ~ dans les bras l'un de l'autre* sich in die Arme fallen.

précis, e [presi] **I.** *a* **1.** genau; klar, deutlich; bestimmt; **2.** *(Stil)* knapp, gedrängt; **II.** *s m* kurze Zs.fassung; Übersicht *f (de* über *acc);* **~ément** *adv* **1.** genau, gerade; **2.** ganz recht, so ist es, jawohl; *pas ~* das gerade nicht; **~ser I.** *tr* **1.** genau an=geben; klar aus=drükken; **2.** klarstellen; **II.** *v prn se ~* deutlicher, klarer werden; **~ion** *f* **1.** Genauigkeit, Exaktheit; *tech* Präzision *f;* **2.** *pl* genauere Angaben *f pl; — avec ~* genau *adv; s'exprimer avec ~* sich klar u. deutlich aus=drücken.

pré|coce [prekɔs] *a* **1.** frühreif; **2.** früh, vorzeitig; *fruits m ~s* Frühobst *n;* **~cocité** *f (Kind)* Frühreife *f;* **~compte** *m* einbehaltene(r) Betrag *m* (*sur le salaire* vom Lohn); **~conçu, e** *a (Meinung)* vorgefaßt; **~coniser** *tr* empfehlen, befürworten; **~contraint, e:** *béton m ~* Spannbeton *m;* **~curseur** *m* Vorläufer; Wegbereiter *m; signe m ~* Vorzeichen *n.*

pré|décesseur [predesesœr] *m* Vorgänger *m;* **~destination** *f rel* Prädestination *f;* **~destiner** *tr rel allg* prädestinieren; vor=(her)bestimmen (*à* zu); *être prédestiné à qc* für etw wie geschaffen sein; **~dicat** [-ka] *m gram* Prädikatsnomen *n;* **~dicateur** *m* Kanzelredner, Prediger *m;* **~diction** *f* Prophezeiung; Vorhersage *f;* **~dilection** *f* Vorliebe *f; ... de ~* Lieblings-; *avoir une ~ pour* e-e Vorliebe, Schwäche haben für; **~dire** *tr* wahr=, weis=sagen, prophezeien; **~disposer** *tr med* empfänglich, geeignet machen (*à* für); *med* prädisponieren (*qn à qc* jdn für etw); **~disposition** *f* Anlage, Veranlagung; *med* Anfälligkeit *f* (*à* für); **~dominance** *f* Vorherrschen, Überwiegen; Übergewicht *n;* Vorherrschaft *f;* **~dominant, e** *a* vorherrschend, dominierend, überwiegend; **~dominer** *itr* vor=herrschen, dominieren, überwiegen.

pré|éminence [preeminɑ̃s] *f* Vorrang *m;* **~éminent, e** *a* hervorstechend;

hervorragend; **~emption** [-ɑ̃p-] *f droit m de ~* Vorkaufsrecht *n;* **~établi, e** *a* **1.** vorherbestimmt; **2.** *(Plan)* feststehend; ausgearbeitet.

pré|fabrication [prefabrikasjɔ̃] *f* Fertigbau *m;* **~fabriqué, e I.** *a* vorgefertigt; **II.** *s m* Fertigbau(teil) *m;* **~fabriquer** *tr* vor=fertigen; **~face** *f* **1.** *(Buch)* Vorrede, Einleitung *f* (*de* zu); Geleitwort *n;* **2.** *fig* Auftakt *m* (*à, de* zu); **~facer** *tr* e-e Vorrede, ein Geleitwort schreiben (*qc* zu etw); **~fecture** *f* Präfektur *f;* **~férable** *a être ~ à qc* den Vorzug vor etw verdienen; **~féré, e I.** *s m f* Liebling *m;* **II.** *a* Lieblings-; **~férence** *f* **1.** Bevorzugung *f;* Vorzug *m,* Vorliebe *f* (*pour* für); **2.** *com* Präferenz *f;* **3.** *de ~* vorzugsweise; *accorder, donner la ~ à qn* jdm den Vorzug geben; **~férentiel, le** *a com* Vorzugs-; **~férer** *tr* vor=ziehen (*qn à qn* jdn jdm); bevorzugen; *si tu préfères* wenn es dir lieber ist; **~fet** [-fɛ] *m* Präfekt *m;* **~figurer** *tr* an=deuten, ahnen lassen; **~financement** *m* Vorfinanzierung *f;* **~fixe** *m gram* Präfix *n;* **~fixer** *tr* vorher, im voraus fest= legen; *(Termin)* an=beraumen.

pré|histoire [preistwar] *f* Vor-, Urgeschichte *f;* **~historique** *a* vor-, urgeschichtlich; prähistorisch; **~judice** *m* Nachteil, Schaden *m; au ~ de* zum Nachteil, zuungunsten *gen; sans ~ de* unbeschadet *gen; causer ~ à qn* jdm Schaden zu=fügen; jdn beeinträchtigen; **~judiciable** nachteilig *(à* für *acc);* **~jugé** *m* Vorurteil *n; plein de ~s* voreingenommen; *être sans ~s* unvoreingenommen sein; **~lasser, se** *v prn* es sich bequem machen; **~lat** [-la] *m* Prälat *m.*

pré|lèvement [prelɛvmɑ̃] *m* Entnahme *(sur* aus *dat);* Abhebung *f (von Geld);* Abzug *m;* Einbehaltung *f; ~ d'échantillons* Entnahme *f* von Proben; *~ sur le salaire* Lohnabzug *m; ~ de sang* Blutentnahme, -probe *f;* **~lever** *tr* ent-, vorweg=nehmen; *(Geld)* ab=heben; ein=behalten; *(Muster)* ziehen; *(Probe)* entnehmen.

pré|liminaire [preliminɛr] **I.** *a* vorangehend, einleitend; vorläufig; **II.** *s m pl* Präliminarien *pl;* **~lude** *m* **1.** *mus* Präludium *n;* **2.** *fig* Auftakt, Anfang *m;* **~luder** *itr* **1.** *mus* präludieren; **2.** *fig* an=fangen, beginnen (*à qc par qc* etw mit e-r S); ein Vorspiel bilden (*à* zu); **~maturé, e I.** *a* **1.** früh-, vorzeitig; **2.** (zu) früh, verfrüht; **II.** *s m* Frühgeburt *f;* **~méditation** *f jur* Vorsatz *m; avec ~* vorsätzlich; **~méditer** *tr (Flucht)* planen; vorher überlegen.

premi|er, ère [prəmje, -ɛr] **I.** *a* **1.** erste(r, s); **2.** ursprünglich; **3.** höchste(r, s), oberste(r, s); **4.** wichtigste(r, s), bedeutendste(r, s); **II.** *s m* **1.** erste(r) Stock *m;* **2.** (Monats-)Erste(r) *m;* **3.** Primus *m;* **III.** *s f* **4.** Fahrkarte *f* 1. Klasse; **5.** *(Schule)* Unterprima *f;* **6.** *theat* Erst-, Uraufführung, Premiere *f;* **7.** *typ* Fahnenkorrektur *f;* **8.** *mot* erste(r) Gang *m;* **9.** *tout ~* allererste(r, s); *dès le ~ jour* vom ersten Tage an; *en ~ lieu* in erster Linie; **10.** *arriver le ~* als erster an=kommen; **11.** *jeune ~ (theat)* jugendliche(r) Liebhaber(in *f*) *m; matière f ~ère (com)* Rohstoff *m; ~ de l'an* Neujahrstag *m; ~ (de change)* Primawechsel *m; ~-né s m* Erstgeborene(r) *m; a* erstgeboren; *~ plan m* Vordergrund *m;* **~èrement** *adv* erstens, zuerst.

pré|militaire [premilitɛr] *a* vormilitärisch; **~monition** *f* Vorgefühl *n,* Ahnung *f;* **~monitoire** *a* warnend; **~montré, e** *m f* Prämonstratenser(in *f*) *m;* **~munir (, se)** *tr v prn* (sich) schützen, sichern *(contre* gegen, vor *dat);* **~natal, e** *a allocations f pl ~es* Mutterschaftsgeld *n.*

prenant, e [prənɑ̃] *a* **1.** *fig* ergreifend, packend, mitreißend; **2.** *fam* zeitraubend; anstrengend; *partie f ~e (com)* Empfänger *m.*

prendre [prɑ̃dr] **I.** *tr* **1.** (an=, ab=, weg=, mit=, ent=gegen=)nehmen; **2.** (auf=, er-) greifen, (an=)fassen, (fest=)halten, pakken; **3.** fangen; fest=nehmen, verhaften; an=greifen, überfallen; **4.** ertappen; überraschen; **5.** halten, an=sehen (*pour* für); **6.** *(Weg, Richtung)* ein=schlagen; *(Krankheit)* bekommen, sich zu=ziehen; *(Gewohnheit)* an=nehmen; *(Ware)* beziehen; *(Fahrschein)* lösen; **7.** *(Preis)* fordern; **8.** zu sich nehmen, essen, ein= nehmen, trinken; **9.** an=nehmen, den Fall setzen, glauben; **10.** *phot* auf=nehmen, *fam* knipsen; **II.** *itr* **1.** Wurzel schlagen; **2.** Fuß fassen; in Gang kommen; **3.** *(Feuer)* aus=brechen; in Brand geraten; **4.** halten; haften *a. fig;* hängen, fest=sitzen; **5.** gerinnen; ge-, zufrieren; **6.** Anklang finden (*sur* bei); *fig* ein= schlagen, Erfolg haben; **III.** *v prn se ~ (à)* **7.** beginnen, an=fangen (zu); **8.** mit Geschick an=fassen; sich halten (an *dat*), klammern (an *acc*); sich (gegenseitig) fassen, ergreifen; **9.** sich verfangen, hängen=bleiben (an); **10.** *fig* Feuer fangen; **11.** zu=frieren; **12.** *(Himmel)* sich beziehen; **IV.** *(Wendungen)* **1.** *à le bien ~* bei ruhiger Überlegung; *à tout ~* alles in allem (genommen); **2.** *aller ~ qn* jdn ab=holen; *s'y ~ bien (mal)* sich geschickt (dumm) dabei an=stellen; *savoir s'y ~ avec qn* mit jdm umzugehen verstehen; **3.** *~ acte de qc* etw zu Protokoll nehmen; *se ~ d'amitié avec qn* sich mit jdm an=freunden; *~ une attitude* e-e Haltung ein=nehmen; *~ la balle au bond* die Gelegenheit beim Schopf ergreifen; *~ pour base* zugrunde legen;

~ *à bord* an Bord nehmen; *fam (im Auto)* mitfahren lassen; *se ~ aux cheveux (a. fig)* sich in den Haaren liegen; ~ *qn chez soi* jdn bei sich auf=nehmen; ~ *à cœur* sich zu Herzen nehmen; sich angelegen sein lassen; ~ *congé de qn* sich von jdm verabschieden; ~ *en considération* in Erwägung, in Betracht ziehen; ~ *courage* Mut fassen; ~ *qn au dépourvu* jdn völlig überraschen, unvorbereitet finden; ~ *des dispositions* Vorkehrungen treffen; ~ *effet* wirksam werden; in Kraft treten; ~ *un engagement* e-e Verpflichtung ein=gehen; ~ *exemple sur qn* sich an jdm ein Beispiel nehmen; ~ *femme* sich verheiraten; ~ *feu* Feuer fangen; *fig* Feuer u. Flamme sein; ~ *fin* zu Ende gehen; ~ *froid* sich erkälten; ~ *la fuite* die Flucht ergreifen; ~ *(du) goût à* ... Geschmack finden an *(dat);* ~ *l'initiative* die Initiative ergreifen; ~ *(de l')intérêt à* ... Interesse bekommen *od* nehmen an *(dat);* ~ *le large (mar)* auf die hohe See hinaus=fahren; *fig* das Weite suchen; ~ *à la lettre* wörtlich verstehen *od* auf=fassen; ~ *la liberté* sich die Freiheit nehmen, sich erlauben; ~ *livraison de qc* etw in Empfang nehmen; ~ *à louage* mieten; ~ *une affaire en main* e-e Sache in die Hand nehmen; ~ *des mesures* Maßnahmen ergreifen; ~ *au mot* beim Wort nehmen (*qn* jdn); ~ *naissance* entstehen; ~ *note* an=, vor=merken (*de qc* etw); ~ *ombrage* mißtrauisch werden; Anstoß nehmen; ~ *la parole* das Wort ergreifen; ~ *part à* ... teil=nehmen an *(dat);* ~ *à part* beiseite nehmen; ~ *peur* Angst bekommen; ~ *une photo* e-e Aufnahme machen; ~ *plaisir à* Vergnügen finden an *(dat);* ~ *position* Stellung beziehen *(à l'égard de* in bezug auf *acc);* ~ *possession de* Besitz ergreifen von; ~ *le pouls* den Puls fühlen; ~ *des précautions* Vorsichtsmaßnahmen ergreifen; ~ *sous sa protection* in s-n Schutz nehmen; ~ *réception de qc* etw in Empfang nehmen; ~ *des renseignements* Erkundigungen ein=ziehen; ~ *une résolution, un parti* e-n Entschluß fassen; ~ *sa retraite* in den Ruhestand treten; ~ *au sérieux, au tragique* ernst, tragisch nehmen; ~ *soin de* Sorge tragen für, achten auf *(acc);* ~ *des soins* sich Mühe machen *od* geben; ~ *sa source (Fluß)* entspringen; ~ *sur soi* die Verantwortung übernehmen (*qc, de* für etw, daß); ~ *du temps* Zeit kosten; ~ *son temps* sich Zeit lassen; **4.** *ça ne prend pas avec moi* das geht, verfängt, *fam* zieht bei mir nicht; *c'est à ~ ou à laisser* entweder — oder; ja oder nein; *d'où avez-vous pris cela?* wo haben Sie das her? *on ne sait par où, par quel bout le ~* mit ihm ist kein Auskommen; *je viendrai vous ~* ich hole Sie ab; *on ne m'y prendra plus* das passiert mir nicht noch einmal; *qu'est-ce qui lui prend?* was fällt ihm denn (überhaupt) ein? *pour qui me prenez-vous?* wofür halten Sie mich denn eigentlich?

preneur, se [prənœr, -øz] *m f* **1.** Pächter(in *f*), Mieter(in) *f*) *m;* **2.** *com* Abnehmer(in *f*), Käufer(in *f*) *m; trouver ~* e-n Käufer finden.

pré|nom [prenɔ̃] *m* Vorname *m;* **~nommé, e** *a* obengenannt; (vor)benannt; **~nommer I.** *tr* e-n Vornamen geben (*qn* jdm); **II.** *v prn se ~* heißen; **~notation** *f* Vormerkung *f;* **~nuptial, e** [-nypsjal] *a pl-aux* vor der Eheschließung; *certificat m ~* Ehetauglichkeitszeugnis *n;* **~occupant, e** *a* besorgniserregend; **~occupation** *f* Besorgnis; Sorge *f* (*de* für); **~occupé, e** *a* beunruhigt; besorgt; **~occuper I.** *tr* **1.** beunruhigen, mit Besorgnis erfüllen; **2.** stark beschäftigen; **II.** *v prn se ~* sich Gedanken machen (*de* über *acc od* um).

pré|parateur, trice [preparatœr] *m f phys chem* Laborgehilfe *m;* **~paratif** *m, meist pl* Vorbereitung *f* (*de* zu); *faire ses ~s* s-e Vorbereitungen treffen; **~paration** *f* **1.** Vorbereitung *(à* auf *acc);* **2.** Auf-, Zubereitung *f;* **3.** *tech* Appretierung *f;* **4.** Präparat *n; sans ~* unvorbereitet; **~paratoire** *a* vorbereitend; *cours m ~* 1. Schulklasse *f;* **~parer I.** *tr* **1.** vor=, zu=bereiten; in die Wege leiten; **2.** ein=, zu=richten; **3.** *chem* herstellen; **II.** *v prn se ~* **4.** sich vor=bereiten *(à* auf *acc);* **5.** im Anzug sein, bevor=stehen.

pré|pondérance [prepɔ̃derɑ̃s] *f* Übergewicht *n fig;* Vorherrschaft *f;* **~pondérant, e** *a* entscheidend; ausschlaggebend; **~posé, e** *s m f* **1.** Briefträger *m;* **2.** ~ *au vestiaire* Garderobefrau *f;* **~poser** *tr* beauftragen (*à* mit); **~positif, ive** *a locution f ~positive* präpositionale(r) Ausdruck *m;* **~position** *f gram* Präposition *f,* Verhältniswort *n;* **~puce** *m anat* Vorhaut *f;* **~rogative** *f* Vorrecht *n.*

près [prɛ] **I.** *adv* nah(e), dicht dabei; in der Nähe; **II.** *prp* bei, in der Nähe von; **1.** *à cela ~* davon abgesehen; *à peu (de chose) ~* beinahe, fast; annähernd; *de ~* aus, in der Nähe; *fig* unmittelbar; genau; *de très ~* ganz aus der Nähe; *~ de* (nahe) bei, in der Nähe *gen; fig* nahe; gegen, nahezu, fast, beinahe; *tout ~* ganz nahe, ganz in der Nähe; **2.** *être ~ de* im Begriff, nahe daran sein zu; *ne pas y regarder de si ~* es nicht so genau nehmen; *serrer qn de ~ (fig)* jdm hart zu=setzen.

présage [prezaʒ] *m* Vorzeichen *n;* Vorbedeutung *f.*

pres|byte [prɛsbit] *a med* weitsichtig;

~bytère *m* Pfarrhaus *n;* **~bytie** [-bisi] *f med* Weitsichtigkeit *f;* **~cription** *f* **1.** Vorschrift; Ver-, Anordnung *f;* **2.** *jur* Verjährung *f;* **~crire I.** *tr* **1.** vor=schreiben, bestimmen; **2.** verschreiben, verordnen; **3.** *jur* ersitzen; **II.** *v prn se* ~ verjähren (*par dix ans* in zehn Jahren).

pré|séance [preseɑ̃s] *f fig* Vorrang *m; avoir la ~ sur* den Vortritt haben vor *dat;* **~sence** [-zɑ̃s] *f* **1.** Anwesenheit, Gegenwart *f;* **2.** Vorhandensein *n;* **3.** Lebendigsein *n;* Aktualität *f;* **4.** Ausstrahlungskraft *f,* Fluidum *n;* **5.** *en ~ de* in Gegenwart, angesichts, im Angesicht *gen;* **6.** *être en ~* sich gegenüber=stehen; *faire acte de ~* sich (kurz) sehen lassen; **7.** *~ d'esprit* Geistesgegenwart *f;* **~sent, e I.** *a* **1.** anwesend, vorhanden; **2.** gegenwärtig, augenblicklich; **3.** *com* vorliegend; **II.** *s m* **4.** Gegenwart *f a. gram,* Präsens *n;* **5.** *pl* Anwesende *pl; s f* **6.** vorliegende(s) Schreiben, Gegenwärtige(s) *n;* **7.** *à ~* gegenwärtig, zur Zeit, jetzt; *à ~ que* jetzt, wo; *dans le cas ~* im vorliegenden Fall; *dans la situation ~e* in der gegenwärtigen Lage; *jusqu'à ~* bis jetzt; *par la ~e* hierdurch, -mit; *pour le ~* für den Augenblick, vorläufig; **8.** *être ~ en personne* persönlich zugegen sein; *~!* hier! **~sentable** *a être ~* sich sehen lassen können; **~sentateur, trice** *m f* **1.** Vorzeiger *m* (e-s Wechsels); **2.** Ansager, Moderator *m;* **3.** *com* Vorführer *m,* Vorführdame *f;* **~sentation** *f* **1.** Vorlage; Über-, Einreichung, Eingabe *f;* **2.** *(Wechsel)* Vorzeigung *f;* **3.** Vorstellung, -führung *f;* **4.** Vorschlag(srecht *n*) *m;* **5.** Ausführung, Aufmachung; Verpackung *f;* **6.** *(Kind)* Geburtslage *f;* **7.** *(Mensch)* äußere Erscheinung *f; ~ de modèles* Modeschau *f; ~ personnelle* persönliche Vorstellung *f;* **~senter I.** *tr* **1.** *(offrir) ~ qc à qn* jdm e-e S vor=setzen, an=bieten; *(montrer)* vor=legen, vor=zeigen; *(Antrag, Gesuch, Unterlagen)* ein=reichen; *(Anspruch, Teilnahme, Patent)* an=melden; geltend machen; *(Ausweis)* vor=weisen, vor=zeigen; **2.** *(introduire qn)* vor=stellen, ein=führen; *~ qn à qn* jdm jdn vor=stellen; **3.** *(recommander) ~ qn à* od *pour un emploi* jdn für e-e Beschäftigung empfehlen; **4.** *(Gegenstand, Kunststück)* vor=führen; *(mettre à disposition)* zur Verfügung stellen; *(öffentlich)* vor=bringen, zum Ausdruck bringen, äußern, dar=legen, -stellen; **5.** *(Plan, Lösung)* vor=schlagen; *(Vorschlag)* unterbreiten (*à qn* jdm); **6.** *(Wechsel)* vor=zeigen, -legen, präsentieren; *(Telegramm)* auf=geben; **II.** *itr* **7.** *~ bien, mal* e-e gute, schlechte Figur machen; **III.** *v prn se ~* **8.** sich persönlich vorstellen; **9.** sich bewerben (*pour* um); sich melden; sich zeigen (*de* von); auf=treten; erscheinen; vor=kommen; **10.** *~ à l'acceptation* zur Annahme vor=legen; *~ des avantages* Vorteile bringen; *~ sa candidature* kandidieren (*à* für); *~ une demande, motion* e-n Antrag stellen; *~ des difficultés* Schwierigkeiten bieten; *~ ses excuses* sich entschuldigen; *~ sous un jour favorable* in günstigem Licht dar=stellen; **~sentoir** *m com* Verkaufsständer *m;* **~servatif** *m med* Kondom *m;* **~servation** *f* Schutz *m;* **~server** *tr* schützen, bewahren, hüten *(de* vor *dat).*

pré|sidence [prezidɑ̃s] *f* **1.** Präsidium *n,* Vorsitz *m;* **2.** Amtssitz *m,* -räume *m pl* des Präsidenten, Präsidentenpalais *n;* **3.** *sous la ~* unter der Leitung, dem Vorsitz (*de* gen); **4.** *être nommé à la ~* zum Vorsitzenden gewählt werden; **~sident, e** *s m f* Präsident(in *f*) *m;* Vorsitzende(r *m*) *f,* Vorsitzer; *(Versammlung)* Leiter *m; ~ de la République* Staatspräsident *m;* **~sider I.** *tr* den Vorsitz führen (*qc* über etw *acc,* bei etw); präsidieren *dat;* **II.** *itr* leiten (*à qc* etw); **~somptif, ive** [-zɔ̃p-] *a jur* präsumtiv, mutmaßlich; **~somption** *f* **1.** Vermutung *a. jur,* Mutmaßung *f;* **2.** Anmaßung *f;* Dünkel *m;* **~somptueux, se** [-tɥø, -øz] *a* anmaßend, dünkelhaft.

presqu|e [prɛsk(ə)] *adv* fast, beinahe, nahezu, annähernd; **~'île** *f* Halbinsel *f.*

press|ant, e [prɛsɑ̃] *a* dringend, eilig; dringlich; **~e** [prɛs] *f* **1.** *tech* Presse, *bes.* (Drucker-) Presse *f a. fig;* **2.** Zeitungswesen *n;* **3.** *(com) dans les moments de ~* in Zeiten des Hochbetriebs; **4.** *sous ~ (Buch)* im Druck; **5.** *avoir une bonne, mauvaise ~* e-e gute, schlechte Presse haben; *mettre sous ~* drucken lassen; **6.** *il n'y a pas de ~* es eilt nicht; **7.** *liberté f de la ~* Pressefreiheit *f; mise f sous ~* Drucklegung *f; service m de ~* Pressedienst *m;* **8.** *~ à billets de banque* Notenpresse *f; ~-bouton a inv* vollautomatisch; Druckknopf-; *~-citron(s) m inv* Zitronenpresse *f; ~ filmée* Wochenschau *f; ~ parlée, télévisée* Rundfunk-, Fernsehnachrichten *f pl; ~ quotidienne* Tagespresse *f; ~ à sensation* Sensations-, Skandalpresse *f;* **~é, e** *a* **1.** *(Frucht)* ausgepreßt; **2.** *fig* dringend, eilig; **3.** *aller au plus ~* das Wichtigste zuerst erledigen, *être ~* es eilig haben.

press|entiment [presɑ̃timɑ̃] *m* Vorgefühl *n,* Ahnung *f;* **~entir** *tr* **1.** ahnen; **2.** aus=forschen, -horchen; **3.** sondieren, vor=fühlen (*qn pour qc* bei jdm wegen e-r S).

press|er [prese] **I.** *tr* **1.** (aus=)pressen, -drücken, -quetschen; *(Trauben)* keltern; **2.** drücken (*qc* auf e-e S); pressen; **3.** beschleunigen, (zur Eile) an=treiben; **4.** dringen (*qn* in jdn), bedrängen, -stürmen (*de questions* mit Fragen); **II.** *itr* **5.** drängen, eilen; **III.** *v prn se* ~ **6.** sich beeilen; **7.** sich drücken (*contre qn* an jdn); sich drängen (*autour de qn* um jdn); **8.** ~ *dans ses bras* in die Arme schließen; ~ *contre son cœur* an sein Herz drücken; *rien ne presse* es hat keine Eile; **~ion** *f* **1.** Drücken, Pressen *n;* **2.** *phys* Druck *m a. fig;* **3.** Druckknopf *m;* **4.** *basses, hautes ~s* Tief-, Hochdruck *m;* **5.** ~ *atmosphérique* Luftdruck *m;* ~ *du pneu (mot)* Reifendruck *m;* **~oir** *m* Kelter *f;* **~urer** *tr* **1.** keltern, (aus=)pressen, -drücken; **2.** *fig* aus=saugen, erpressen; **~urisé, e** *a tech* mit Druckausgleich.

prest|ance [prɛstɑ̃s] *f* stattliche Erscheinung *f;* **~ation** *f (Versicherung)* Leistung *f; ~s familiales* Sozialleistungen *f pl* für die Familie; ~ *en nature* Natural-, Sachleistung *f;* ~ *de serment* Eidesleistung *f;* ~ *de services* Dienstleistungen *f pl;* **~e** *a* flink, behend(e); **~esse** *f* Behendigkeit, Gewandtheit *f;* **~idigitateur** *m* Taschenspieler, Zauberkünstler *m;* **~ige** *m* Prestige, Ansehen *n;* **~igieux, se** [-ʒjø, -øz] *a* hervorragend, bestechend; wunderbar; **~o** *adv fam* geschwind; in Eile.

présumer [prezyme] **I.** *tr* **1.** vermuten, mutmaßen; **2.** an=nehmen; **II.** *itr* ~ *trop de ...* e-e zu hohe, zu gute Meinung haben von ..., überschätzen.

prêt [prɛ] **I.** *s m* **1.** (Aus-, Ver-)Leihen *n;* **2.** Darlehen *n,* Anleihe *f a. fig;* **3.** *mil* Sold *m;* **4.** *accorder, consentir un* ~ ein Darlehen gewähren; *contracter un* ~ ein Darlehen auf=nehmen; **5.** *bibliothèque f de* ~ Leihbücherei *f;* ~ *à la construction* Baudarlehen *n;* **II. prêt, e** [prɛ, -ɛt] *a* **1.** *être* ~ fertig, bereit, entschlossen sein (*à* zu); **2.** ~ *à démarrer (mot)* startbereit; ~ *au départ* reisefertig; ~ *à partir (sport)* startbereit; reisefertig; **~-à-porter** *m* Konfektion, Fertigkleidung *f;* **~e-nom** *m* Strohmann *m;* **~é** *m c'est un* ~ *pour un rendu* Wurst wider Wurst.

prétend|ant, e [pretɑ̃dɑ̃, -ɑ̃t] *m f* **1.** (Kron-)Prätendent(in *f*) *m;* **2.** *m* Bewerber, Freier *m;* **~re I.** *tr* **1.** behaupten; **2.** wollen, die Absicht haben; **II.** *itr* streben (*à* nach); **~u, e** *a* an-, vorgeblich.

prétent|ieux, se [pretɑ̃sjø, -øz] **I.** *a* eingebildet, eitel; affektiert, geziert; *(Stil)* geschraubt; **II.** *s m f* eitle Person *f;* **~ion** *f* **1.** Anspruch *m,* Forderung *f;* **2.** (ehrgeizige) Absicht *f;* **3.** Einbildung, Eitelkeit *f.*

prêter [pre(ɛ)te] **I.** *itr (Gewebe, Leder)* nach=geben, sich weiten, sich dehnen; **II.** *tr* **1.** *(mettre à disposition)* (aus=, ver)leihen (*qc à qn* jdm e-e S); *(Geld)* (aus-)leihen, borgen; *(Wohnung)* zur Verfügung stellen; *(s-n Namen)* her=geben (*à qc* für etw); **2.** *(attribuer)* zu=schreiben; *(Absichten)* unterstellen; **3.** *(donner l'occasion de)* Anlaß geben, sich eignen (*à* zu); ~ *à la critique* Stoff zur Kritik geben; **III.** *v prn se* ~ **4.** *(Sache)* sich eignen, geeignet sein (*à* für); **5.** *(Mensch)* sich schicken (*à* in *acc*); sich an=passen *(à* an *acc);* sich einverstanden erklären (*à* mit); sich her=geben (*à* zu); sich gefallen lassen (*à qc* e-e S); **6.** ~ *assistance, son appui, son concours* Beistand leisten (*à qn* jdm); ~ *son attention* auf=merken, -passen (*à* auf *acc*); ~ *sur gage* gegen Pfand aus=leihen; ~ *à intérêts* auf Zinsen aus=leihen; ~ *l'oreille à qn* jdm Gehör schenken; ~ *serment* schwören; ~ *sa voix à qn* für jdn sprechen.

prétérit [preterit] *m gram* Präteritum *n.*

prêteur, se [prɛtœr, -øz] **I.** *a: n'être pas* ~ nicht gern (ver)leihen; **II.** *s m* Verleiher; Darlehensgeber *m.*

prét|exte [pretɛkst] *m* Vorwand *m; sous* ~ *(de, que)* unter dem Vorwand (*gen,* daß); *prendre* ~ *de qc* etw zum Vorwand nehmen; **~exter** *tr* vor=schützen, -geben.

prêtr|e [prɛtr] *m* Priester *m;* **~esse** *f* Priesterin *f;* **~ise** *f* Priesterweihe *f.*

preuve [prœv] *f* **1.** Beweis(stück, -mittel *n*); Beleg, Nachweis *m;* **2.** *fig* Zeichen *n.* **3.** Alkoholprobe *f;* **4.** *comme* ~ als, zum Beweis (*de* für); *jusqu'à* ~ *du contraire* bis zum Beweis des Gegenteils; **5.** *faire* ~ *de courage* Mut zeigen, beweisen; *faire la* ~ *de qc* etw beweisen; *fournir des ~s* Beweise liefern; **6.** ~ *contraire* Gegenbeweis *m;* ~ *par indices* Indizienbeweis *m.*

pré|valoir [prevalwar] **I.** *itr* sich durch=setzen; die Oberhand gewinnen *(sur, contre* über *acc);* vor=herrschen; **II.** *v prn se* ~ *de qc* sich etw zunutze machen; sich auf etw berufen; für sich geltend machen; sich etw ein=bilden auf etw; **~varicateur, trice** *a* pflichtvergessen, untreu; **~variquer** *itr* s-e Pflicht verletzen; **~venance** *f* Zuvorkommenheit *f; pl* Aufmerksamkeiten *f pl;* **~venant, e** *a* **1.** zuvorkommend; **2.** *(Wesen)* einnehmend; **~venir** *tr* **1.** zuvor=kommen (*les désirs de qn* jds Wünschen); **2.** vor=beugen *(qc* e-r S *dat);* **3.** benachrichtigen, in Kenntnis setzen (*qn de qc* jdn von etw); **4.** warnen *(de* vor *dat);* **~ventif, ive** *a* vorbeugend; *détention f préventive* Untersuchungshaft *f;* **~vention** *f* **1.** Vorurteil *n,* Voreingenommenheit *f;* **2.** Vorbeugung, Verhütung *f;* **3.** *jur* Untersuchungshaft *f;* **4.** *sans* ~ unvoreingenommen *adv;* **5.** ~ *des accidents (au travail)* Unfallverhütung *f;* ~ *routière* (Verkehrs-)Unfallverhütung *f;* **~ventorium** [-vɑ̃tɔrjɔm] *m* Sanatorium *n (für Tb);* **~venu, e I.**

a **1.** *être* ~ voreingenommen sein (*en faveur de qn, contre qn* für, gegen jdn); **2.** *jur* beschuldigt; **II.** *s m f* Angeschuldigte(r *m*) *f*.

pré|visible [previzibl] *a* vorhersehbar; **~vision** *f* **1.** Vorhersage, Prognose *f; pl* Aussichten, Erwartungen *f pl;* **2.** Vorhersehen *n;* **3.** *com* Voranschlag *m;* **4.** *contre toute* ~ entgegen allen Erwartungen; *en* ~ *de ...* in Erwartung *gen; selon toute* ~ aller Wahrscheinlichkeit nach; **5.** *mes ~s se sont réalisées* meine Vermutungen haben sich bestätigt; **6.** *~s budgétaires* Haushaltsvoranschlag *m; ~s météorologiques* Wettervorhersage *f;* **~visionnel, le** *a (Maßnahmen)* vorsorglich; **~voir** *tr* **1.** vorher=, voraus=sehen, -sagen; **2.** vorsehen, planen; **3.** *comme prévu* wie geplant; vor=sorgen; **~vôté** *f mil* Feldgendarmerie *f;* **~voyance** *f* Voraussicht, Vorhersage; Vor-, Fürsorge *f;* ~ *sociale* soziale Fürsorge *f;* **~voyant, e** *a* vorausschauend; vorsorgend; vorsorglich.

prie-Dieu [pridjø] *m inv* Betstuhl *m*.

pri|er [prije] **I.** *itr* **1.** beten (*à* zu); **II.** *tr* **2.** (inständig) bitten (*qn de qc* jdn um etw); **3.** auffordern, einladen (*à* zu); **4.** ~ *Dieu* zu Gott beten; *ne pas se faire* ~ sich nicht (lange) bitten, nötigen lassen; *je vous (en) prie* bitte(schön); wenn ich bitten darf; ich möchte (doch) sehr bitten; **~ère** *f* **1.** Gebet *n;* **2.** (inständige) Bitte *f;* **3.** *à la ~ de ...* auf die Bitte *gen;* ~ *de ne pas fumer* Rauchen verboten! **~eur, e** *s m f rel* Prior(in *f*) *m*.

prim|aire [primɛr] *a* **1.** primär; **2.** Volks-, Grundschul-; **3.** engstirnig, borniert; — *enseignement m* ~ Grundschulwesen *n; ère f* ~ Erdaltertum, Paläozoikum *n;* **~at** [-a] *m rel* Primas *m;* **~ates** *m pl zoo* Primaten *m pl;* **~auté** *f* **1.** Vorrang *m (sur* vor *dat);* **2.** *rel* Primat *m*.

prim|e [prim] **I.** *s f* **1.** *rel, (Fechten)* Prim *f;* **2.** *com* feinste Wolle *f;* **II.** *a: a* ~ *(math)* a Strich (a'); *de* ~ *abord* von Anfang an; gleich anfangs; **III.** *s f* **1.** *com* Prämie *f;* **2.** Zugabe, Zulage *f;* **3.** Aufgeld *n;* **4.** *com* Werbegeschenk *n;* **5.** ~ *d'allaitement* Stillgeld *n;* ~ *d'ancienneté* (Dienst-)Alterszulage *f;* ~ *annuelle* Jahresprämie *f;* ~ *d'assurance* Versicherungsprämie *f,* -beitrag *m;* ~ *d'exportation, d'importation* Aus-, Einfuhrprämie *f;* **~er** *tr* **1.** prämiieren; einen Preis zuerkennen; **2.** den Vorrang haben (*qc* vor e-r S); übertreffen, zuvor=kommen (*qn* jdm); wichtiger sein als; **~erose** *f bot* Stockrose *f;* **~esautier, ère** *a* impulsiv, spontan; **~eur** *f* **1.** *pl* Frühobst, -gemüse *n;* **2.** *avoir la ~ de qc* etw als erste(r) besitzen, erfahren, hören; **~evère** *f bot* Schlüsselblume *f;* **~itif, ive I.** *a* **1.** ursprünglich; **2.** primitiv, urtümlich; **3.** einfach; **II.** *s m pl (Kunst, Völker)* Primitive *m pl;* **~itivement** *adv* ursprünglich, anfangs-; **~o** *adv* erstens; **~ogéniture** *f* Erstgeburt *f;* **~ordial, e** *a pl -aux* **1.** ursprünglich; **2.** wichtig, wesentlich.

princ|e [prɛ̃s] *m* **1.** Fürst *m;* **2.** Prinz *m; être bon* ~ *(fam)* großzügig sein; ~ *charmant* Märchenprinz *m;* **~esse** *f* **1.** Fürstin *f;* **2.** Prinzessin *f;* — *aux frais de la* ~ *(fig fam)* auf Staatskosten *pl; haricots m pl* ~ Prinzeßbohnen *f pl; robe f* ~ Prinzeßkleid *n;* **~ier, ère** *a* **1.** fürstlich *a. fig;* **2.** *fig* prunkvoll; luxuriös; **~ipal, e I.** *a pl -aux* Haupt-; wichtigste(r, s); hauptsächlich; **II.** *s m* **1.** Hauptsache *f,* -punkt *m a. jur;* **2.** *(Notariat)* Bürovorsteher *m; proposition f ~e (gram)* Hauptsatz *m;* **~ipauté** *f* Fürstentum *n;* **~ipe** *m* **1.** Ursprung *m;* Quelle *f;* Grund(lage *f*) *m;* **2.** Prinzip *n;* Grundsatz *m;* **3.** *chem* (Grund-)Bestandteil *m;* **4.** *en* ~ im Prinzip, prinzipiell, grundsätzlich; *par* ~ aus Prinzip; **5.** *avoir pour* ~ als Grundsatz haben.

prin|tanier, ère [prɛ̃tanje, -ɛr] *a* Frühlings-, -jahrs-; *robe f ~anière* Frühjahrskleid *n;* **~temps** [-tɑ̃] *m* Frühling *m,* -jahr *n*.

prio|ritaire [prijɔritɛr] *a* bevorrechtet; *voie f* ~ Straße *f* mit Vorfahrtsrecht; *être* ~ Vorfahrt haben; **~rité** *f* **1.** Priorität *f;* Vorrang *m,* -recht *n;* **2.** Vorfahrt *f;* **3.** *avoir la* ~ Vorrang genießen; *avoir* ~ Vorfahrt haben *(sur* vor dat*);* **4.** ~ *à droite* das von rechts kommende Fahrzeug hat Vorfahrt; *route f à* ~ bevorrechtigte Straße *f*.

pris, e [pri, -iz] *a* **1.** *(Platz)* besetzt; **2.** *(Pudding)* steif; **3.** *(Mensch)* beschäftigt; **4.** *bien pris(e)* gut gewachsen; **5.** (zu)gefroren; **6.** ~ *à l'usine, à l'entrepôt* ab Werk, Lager; ~ *de vin, de boisson* betrunken; **~e** [priz] *f* **1.** Nehmen, Eingreifen *n;* **2.** *mil* Einnahme, Eroberung *f;* **3.** *(Fischen)* Fang *m; (Jagd)* Beute *f;* **4.** *mar* Prise *f;* **5.** *phys tech* Abzweigung *f,* Anschluß *m; (~ de courant)* Steckdose *f;* **6.** *(Ringkampf)* Griff *m;* **7.** *avoir* ~ *sur qn* auf jdn einwirken, sich bei jdm durchsetzen können; *donner* ~ *à* Anlaß geben zu; *être aux ~s* sich in den Haaren liegen, kämpfen, ringen (*avec* mit); *lâcher* ~ los=, fahren=lassen, auf=geben; nach=geben; *en venir aux ~s* handgemein werden, sich in die Haare geraten; **8.** *fiche f de* ~ *(el)* Stecker *m;* **9.** ~ *à bord* Übernahme *f* an Bord; ~ *en charge (de frais)* (Kosten-)Übernahme *f;* ~ *de conscience* Bewußtwerden, geistige(s) Erwachen *n;* ~ *en considération* Berücksichtigung *f;* ~ *de contact* Fühlungnahme *f;* ~ *de courant* Steckkontakt *m,* -dose *f;* ~ *d'eau* Wasserhahn *m; tech* Zapfstelle *f;* ~ *de position* Stellungnahme *f;* ~ *de possession* Besitzergreifung *f; ~ de sang* Blutentnahme *f; ~ de secteur (radio)* Netzanschluß *m; ~ de son* Tonaufnahme *f; ~ de tabac* Prise *f* Tabak.

pris|ée [prize] *f com* Schätzung *f; ~***er** *tr* **1.** *lit* (hoch=)schätzen; **2.** *(Tabak)* schnupfen; **~me** [-sm] *m math phys* Prisma *n.*

prison [prizɔ̃] *f* **1.** Gefängnis *n;* **2.** *(peine f de ~)* Gefängnisstrafe *f;* **3.** *fig* Kerker *m; condamner à six mois de ~* zu sechs Monaten Gefängnis verurteilen; **~onnier, ère** [-zɔ-] **I.** *s m f* Gefangene(r *m*) *f;* **II.** *a: être ~* gefangen, eingesperrt sein; *faire ~* gefangen=nehmen.

priv|ation [privɑsjɔ̃] *f* **1.** Entziehung *f,* Entzug *m;* **2.** *pl* Entbehrungen *f pl;* **~auté** *f prendre des ~s avec qn* sich jdm gegenüber zuviel heraus=nehmen; **~é, e I.** *a* privat; **II.** *s m dans le ~* im Privatleben; *entreprise f ~e* Privatunternehmen *n; propriété f ~e* Privateigentum *n;* **~er I.** *tr ~ qn de qc* jdm e-e S entziehen, jdn e-r S berauben; **II.** *v prn se ~ de qc* sich *dat* e-e S versagen, sich *acc* e-r S *gen* enthalten; **~ilège** *m* Privileg, Vorrecht *n; jouir d'un ~* ein Vorrecht genießen; **~ilégié, e** *a* bevorrechtigt, bevorrechtet, privilegiert; *être ~* ein Vorrecht haben; begünstigt sein; **~ilégier** *tr* privilegieren; bevorzugen.

prix [pri] *m* **1.** Preis *m a. fig;* Kosten *pl;* Wert *m;* **2.** *(Wettbewerb)* Preis *m,* -träger(in *f*) *m;* **3.** *au ~ de* um den Preis *gen;* im Vergleich zu; *à ~ fixe* zum Festpreis; *au ~ fort* zum vollen Preis; *à aucun ~* um keinen Preis, auf keinen Fall; *à moitié ~* zum halben Preis; *à ~ d'or* für teures Geld; *à tout ~* um jeden Preis; auf jeden Fall; *à vil ~* zu e-m Spottpreis, spottbillig *adv; de ~* wertvoll; *de peu de ~* von geringem Wert; *hors de ~* unerschwinglich; **4.** *attacher un grand ~ à* großen Wert legen auf *acc; augmenter les ~* die Preise erhöhen (*de* um); *décerner un ~* e-n Preis zu=erkennen; *demander un ~* e-n Preis fordern; *demander le ~* nach dem Preis fragen; *faire monter les ~* die Preise hinauf=treiben; **5.** *vil ~* Spottpreis *m;* **6.** *~ d'achat* Kaufpreis *m; ~ du bail* Miet-, Pachtzins *m; ~ de catalogue* Katalog-, Listenpreis *m; ~ au comptant* Barpreis *m; ~ de consolation* Trostpreis *m; ~--consommateur m* Verbraucherpreis *m; ~-courant m* Preisliste *f,* -verzeichnis *n; ~ courant* Marktpreis, -wert *m; ~ coûtant* Selbstkosten-, Einstandspreis *m; ~ de détail* Kleinhandelspreis *m; ~ de gros* Großhandelspreis *m; ~ inabordable* unerschwingliche(r) Preis *m; ~ indicatif m* Richtpreis *m; ~ mondial* Weltmarktpreis *m; ~-plafond m* Höchstpreis *m; ~-plancher m* Mindestpreis *m; ~ à la production* Erzeugerpreis *m; ~ de revient* Selbstkostenpreis *m; ~ sacrifié* Schleuderpreis *m; ~ de vente* Verkaufs-, Ladenpreis *m.*

pro [pro] *m inv fam sport* Profi *m.*

prob|abilité [prɔbabilite] *f* Wahrscheinlichkeit *f; selon toute ~* aller Wahrscheinlichkeit nach; **~able** *a* wahrscheinlich; vermutlich; **~ablement** *adv* wahrscheinlich; **~ant, e** *a* beweiskräftig; **~atoire** *a examen m ~* Einstufungs-, Zwischenprüfung *f;* **~e** *a* rechtschaffen, redlich; **~ité** *f* Rechtschaffenheit, Redlichkeit *f.*

pro|blématique [prɔblematik] *a* problematisch, zweifelhaft, fragwürdig; **~blème** *m* **1.** Problem *n,* Frage *f;* **2.** *math* Aufgabe *f; ~ du chômage* Arbeitslosenproblem *n.*

procéd|é [prɔsede] *m* **1.** Vorgehen; Verfahren *n,* Methode *f;* **2.** *chem* Prozeß *m;* **3.** *pl* Benehmen, Betragen; Verhalten *n; ~ de fabrication* Herstellungsverfahren *n;* **~er** *itr* **1.** schreiten (*à* zu), vor=nehmen, vollziehen (*à qc* etw); vor=gehen, verfahren, zu Werke gehen; **2.** gerichtlich vor=gehen, ein=schreiten (*contre* gegen); **3.** hervor=gehen, her=rühren (*de* aus), kommen (*de* von); *~ au vote* zur Wahl schreiten; **~ure** *f* (Gerichts-)Verfahren *n;* Prozeß(führung, -ordnung *f,* -vorschriften *f pl*); *~ criminelle* Strafverfahren *n,* -prozeß *m; ~ éléctorale* Wahlverfahren *n.*

procès [prɔsɛ] *m* Prozeß; Rechtsstreit *m; sans (autre) forme de ~* ohne weiteres; kurzerhand; *faire un ~ à qn* mit jdm prozessieren; *faire le ~ à qn* jdm den Prozeß machen *a. fig;* **~-verbal** *m pl -aux* Protokoll *n,* (Verhandlungs-)Niederschrift *f;* (Sitzungs-)Bericht *m; dresser ~* das Protokoll führen; *~ de contravention* gebührenpflichtige Verwarnung *f.*

process|ion [prɔsesjɔ̃] *f* Prozession *f a. fig;* **~us** [-ys] *m* **1.** Prozeß, (Vor-)Gang *m,* Entwicklung *f;* **2.** *med* Krankheitsverlauf *m;* **3.** *anat* Fortsatz *m.*

proch|ain, e [prɔʃɛ̃, -ɛn] **I.** *a (räuml. u. zeitl.)* nah(e); nächste(r, s), kommende(r, s); **II.** *s m: le ~* der Nächste; *la ~e fois* das nächste Mal; *à la ~e occasion* bei der nächsten Gelegenheit; *la semaine ~e* nächste Woche; *fin ~* Ende nächsten Monats; *par le ~ courrier* mit nächster Post; *(fam) à la ~e!* bis zum nächsten Mal! **~ainement** *adv* nächstens, bald, in Kürze; **~e I.** *a* nah(e); nahe, dicht bevorstehend; nahe daran; **II.** *s m pl: les ~s* die Verwandten *pl;* **III.** *loc adv de ~ en ~* allmählich; nach und nach.

pro|clamation [prɔklamasjɔ̃] *f* Ausrufung; Proklamation, Verkündung *f;* **~clamer** *tr* **1.** proklamieren, aus=rufen (*qn qc* jdn als, zu etw); **2.** bekannt=machen, verkünden; ~**curation** *f* **1.** Vollmacht; *com* Prokura *f;* **2.** *par* ~ als Bevollmächtigter; per Prokura; *donner* ~ *à qn* jdm Vollmacht, Prokura erteilen; ~ *de banque* Bankvollmacht *f;* ~**curer I.** *tr* **1.** besorgen, be-, verschaffen (*qc à qn* etw jdm); **2.** *fig* geben, verschaffen; **II.** *v prn se* ~ sich verschaffen; ~**cureur** *m* ~ *de la République* (Ober-)Staatsanwalt *m.*

pro|digalité [prɔdigalite] *f* **1.** Verschwendungssucht *f;* **2.** *pl* übermäßige Ausgaben *f pl;* ~**dige** [-diʒ] *m* **1.** *rel* Wunder *n;* **2.** *enfant m* ~ Wunderkind *n; cela tient du* ~ das grenzt ans Wunderbare; ~**digieux, se** *a* **1.** wunderbar; erstaunlich, un-, außergewöhnlich; **2.** ungeheuer, gewaltig; ~**digue** [-dig] **I.** *a* verschwenderisch (*de* mit); **II.** *s m f* Verschwender(in *f*) *m; l'enfant m* ~ *(rel)* der verlorene Sohn; ~**diguer** *tr* **1.** verschwenden, vergeuden; **2.** überhäufen (*qc à qn* jdn mit etw).

pro|ducteur, trice [prɔdyktœr] **I.** *s m f* Produzent *a. film,* Erzeuger, Hersteller *m;* **II.** *a* Erzeugungs-, Herstellungs-; *entreprise f productrice* Produktionsbetrieb *m; pays m* ~ Erzeugerland *n;* ~**ductif, ive** *a* **1.** ergiebig; ertragreich; **2.** einträglich, gewinnbringend; ~ *d'intérêts* Zinsen bringend; ~**duction** *f* **1.** Produktion, Erzeugung, Herstellung *f;* **2.** *(Bodenschätze)* Gewinnung *f;* **3.** *jur (Urkunde)* Beibringung, Vorlage *f;* **4.** Produktionsziffer *f; pl* Produkte *n pl,* Erzeugnisse *n pl;* **5.** *coût m, frais m pl de* ~ Produktionskosten *pl; moyens m pl, perte, restriction f de* ~ Produktionsmittel *n pl,* -ausfall *m,* -einschränkung *f;* **6.** ~ *de l'acier* Stahlerzeugung *f;* ~ *à la chaîne* Fließbandproduktion *f;* ~ *d'eau chaude* Warmwasserbereitung *f;* ~ *excédentaire* Produktionsüberschuß *m;* ~ *mondiale* Welterzeugung *f;* ~**ductivité** *f* Produktivität *f; accroissement m de la* ~ Steigerung *f* der Produktivität.

pro|duire [prɔdɥir] **I.** *tr* **1.** *(Waren)* produzieren, erzeugen, (hervor=)bringen, her=stellen; *(Bodenschätze)* fördern, gewinnen; *(Früchte)* tragen; **2.** *(Ausweis)* bei-, erbringen, vor=legen, -weisen, -zeigen; *(Gründe)* anführen; *(Anspruch)* an=melden; *(Beweise)* liefern; **3.** *(Künstler)* verfassen, schaffen; **4.** *(Film)* produzieren; **5.** *(Wirkung)* hervor=rufen; herbei=führen, verursachen, veranlassen; **6.** *(Geld)* ein=bringen, ab=werfen; **II.** *v prn se* ~ **7.** sich vollziehen, vor sich gehen, sich ereignen; entstehen; auf=, ein=treten *(a. Stille); theat* auftreten; **8.** ~ *son plein effet* sich voll aus=wirken; ~ *une impression favorable* e-n günstigen Eindruck machen; ~ *des intérêts* Zinsen bringen; ~**duit** [-dɥi] *m* **1.** Produkt *a. math chem;* Erzeugnis, Fabrikat *n,* Artikel *m;* **2.** *(Betrieb)* Ausstoß *m,* Ausbeute *f;* **3.** Ertrag, Gewinn, Erlös *m;* Mittel *n; pl* Einkünfte *pl;* **4.** ~ *agricole* landwirtschaftliche(s) Erzeugnis *n;* ~ *alimentaire* Nahrungsmittel *n; pl* Lebensmittel *n pl;* ~ *de beauté* Schönheitsmittel *n;* ~ *brut* Roherzeugnis *n;* Roh-, Bruttoertrag *m;* ~*s fabriqués, manufacturés* Industrieerzeugnisse *n pl;* ~ *final* Endprodukt *n;* ~ *fini, ouvré* Fertigfabrikat *n;* ~ *de fission (chem)* Spaltprodukt *n;* ~ *de graissage* Schmiermittel *n;* ~ *de luxe* Luxusartikel *m;* ~ *de marque* Markenartikel *m;* ~*s de première nécessité* lebenswichtige Güter *n pl;* ~ *net* Reinerlös, -ertrag, -gewinn *m;* ~ *nominal, réel* Nominal-, Realeinkommen *n;* ~ *pharmaceutique* Arzneimittel *n;* ~ *de (haute) qualité* Qualitätserzeugnis *n.*

pro|éminence [prɔeminɑ̃s] *f* Vorspringen *n;* Vorsprung; Buckel *m;* (Boden-) Erhebung, Anhöhe *f;* ~**éminent, e** *a (Kissen)* vorspringend; ~**f** *m arg* Pauker *m;* ~**fanateur, trice I.** *s m f* (Tempel-)Schänder(in *f*) *m;* **II.** *a* ruchlos; ~**fanation** *f* **1.** *rel* Schändung, Entweihung *f;* **2.** *fig* Entwürdigung *f;* ~**fane I.** *a* profan; weltlich (gesinnt); **II.** *s m f* Laie *m a. allg;* Außenstehende(r) *m;* ~**faner** *tr* **1.** *rel* entweihen, schänden; **2.** *fig* entwürdigen, herab=setzen; ~**férer** *tr (Drohungen)* aus=stoßen; ~**fesser** *tr* **1.** *(Meinung)* äußern; offen bekunden; **2.** (öffentlich) lehren, unterrichten; ~**fesseur** *m* Professor; (Gymnasial-)Lehrer *m;* ~ *de faculté* Universitätsprofessor *m;* ~ *de chant, de sport, de ski* Gesangs-, Sport-, Skilehrer *m;* ~ *titulaire* ordentliche(r) Professor *m;* ~**fession** *f* **1.** Beruf *m;* **2.** Berufsstand *m;* **3.** *rel* Ablegen *n* des (Orden-)Gelübdes; — *exercer une* ~ e-n Beruf aus=üben; ~ *de foi* Glaubensbekenntnis; *pol* Wahlprogramm *n; les* ~*s libérales* die freien Berufe *m pl;* ~**fessionnel, le I.** *a* beruflich; fachlich; gewerbsmäßig; **II.** *s m* Fachmann; Berufssportler, -spieler, -fahrer *m; (Verbrecher)* Professionelle(r); *(Industrie)* Facharbeiter *m; enseignement m* ~ Berufsschul-, Fachunterricht *m; formation, orientation f* ~*le* Berufsausbildung, -beratung *f;* ~**fessoral, e** *a pl -aux* **1.** *pej* schulmeisterlich; **2.** *corps m* ~ Lehrkörper *m;* ~**fessorat** [-a] *m* Professur *f;* höhere(s) Lehramt *n.*

pro|fil [prɔfil] *m* **1.** Profil *n a. arch geogr;* Seitenansicht *f;* **2.** *pl* Konturen *f pl;* Umrisse *m pl;* **3.** äußere Form *f;* **4.** *fig* typische Merkmale *n pl;* ~ *aérodynamique* Stromlinienprofil *n;* ~**filé, e I.** *s m* (Stahl-)Profil *n; pl* Profil-, Formstahl *m;* **II.** *a* profiliert; ~**filer I.** *tr* **1.** im Profil dar=stellen; **2.** *tech* profilieren; **II.** *v prn se* ~ sich ab=heben (*sur* von).

pro|fit [prɔfi] *m* **1.** Gewinn, Profit; Verdienst *m;* **2.** Vorteil, Nutzen *m;* **3.** *au ~ de* zugunsten *gen; sans ~* umsonst, vergeblich; *(fam) faire du ~* lange halten; *faire son, tirer ~ de* Nutzen ziehen aus; *mettre à ~* nutzbringend verwenden, (aus=)nutzen; **4.** *il y a ~ à* es ist vorteilhaft zu; *c'est tout ~* das ist sehr günstig; **5.** *~ de l'entrepreneur* Unternehmergewinn *m;* **~fitable** *a* **1.** nutz-, gewinnbringend; **2.** einträglich; vorteilhaft, nützlich; **~fiter** *itr* **1.** profitieren, Nutzen haben (*de* von), Nutzen ziehen (*de* aus); (aus=)nutzen (*de qc* e-e S); **2.** (etw) ein=bringen; nützlich sein; zugute kommen; Vorteile bringen (*à qn* jdm); **3.** *(fam) bien ~* sich gut entwickeln; **~fiteur, se** *m f ~ de guerre, d'inflation* Kriegs-, Inflationsgewinnler *m.*

pro|fond [prɔfɔ̃] **I.** *a* **1.** tief; tiefdringend; **2.** *fig* tief(sinnig, -gründig, -schürfend); unergründlich; **3.** innere(r, s); geheim; tiefgreifend; **II.** *adv creuser ~* tief graben; **III.** *s m* **1.** Tiefgründigkeit, Gedankentiefe *f;* **2.** *au plus ~ de la forêt* im tiefsten Wald; **~fondément** *adv* tief; äußerst; **~fondeur** *f* **1.** Tiefe *f a. math;* **2.** *fig* (Gedanken-)Tiefe *f;* Tiefsinn *m,* -gründigkeit *f;* **3.** *psychologie f des ~s* Tiefenpsychologie *f; ~ de champ (phot)* Tiefenschärfe *f.*

profusion [prɔfyzjɔ̃] *f* verschwenderische Fülle *f; à ~* in Hülle u. Fülle.

pro|géniture [prɔʒenityr] *f fam* Sprößlinge *m pl;* **~grammateur** *m* **1.** *radio* Programmgestalter *m;* **2.** *EDV* Programmierer *m;* **~grammation** *f* **1.** *radio* Programmgestaltung *f;* **2.** *EDV* Programmierung *f;* **~gramme** *m* **1.** Programm *n a. pol;* **2.** *(~ scolaire)* Studien-, Lehrplan, (Prüfungs-)Stoff *m; (~ des cours)* Vorlesungsverzeichnis *n;* **3.** *fig* Plan *m;* Vorhaben *n;* **4.** *hors ~* außerplanmäßig, nicht im Programm vorgesehen; **5.** *~ immédiat, d'aide* Sofort-, Hilfsprogramm *n; ~ de production* Fertigungsprogramm *n; ~ radiophonique* Rundfunkprogramm *n; ~ de télévision* Fernsehprogramm *n; ~ de travail* Arbeitsprogramm *n;* **~grammer I.** *tr* **1.** in das Programm aufnehmen; **II.** *itr EDV* programmieren; **~grammeur** *tech* Programmierer *m.*

pro|grès [prɔgrɛ] *m* **1.** *meist pl* Ausbreitung *f; (Feuer)* Umsichgreifen *n;* Fortschreiten *n,* -gang *m;* Steigen *n,* Zunahme *f;* **2.** Fortschritt *m;* **~gresser** [-grɛse] *itr* **1.** fort=schreiten, Fortschritte machen; vorwärts=kommen; **2.** *mil* vor=rücken; **3.** *(Feuer)* sich ausbreiten; um sich greifen; **4.** *(Wasser)* steigen; **~gressif, ive** *a* **1.** vorwärtsschreitend; **2.** steigend, zunehmend; **~gression** *f* **1.** Fortschreiten *n,* (allmähliche) Zunahme *f;* **2.** Vormarsch *m,* Vorrücken *n;* Vorstoß *m;* **3.** *math* Reihe *f;* **~gressiste** *a* fortschrittlich (gesinnt).

pro|hiber [prɔibe] *tr* verbieten, untersagen; **~hibitif, ive** *a* **1.** prohibitiv; **2.** *prix m ~* unerschwingliche(r) Preis *m;* **~hibition** *f* Verbot *n;* Sperre *f.*

proie [prwa] *f* **1.** Beute *f,* Raub *m,* Opfer *n a. fig;* **2.** *en ~ à ...* ausgesetzt, -geliefert, preisgegeben *dat;* **3.** *être la ~ des flammes* ein Raub der Flammen werden; *oiseau m de ~* Raubvogel *m.*

project|eur [prɔʒɛktœr] *m* **1.** Scheinwerfer *m;* **2.** Projektionsgerät *n,* Bildwerfer *m;* **~ile** *m* Geschoß *n;* **~ion** [-sjɔ̃] *f* **1.** Wurf *m;* Schleudern; Spritzen *n;* **2.** (Karten-)Projektion *f;* **3.** *film* Vorführung *f;* **4.** *appareil m de ~* Projektionsapparat, Bildwerfer *m; cabine f de ~ (film)* Vorführraum *m; conférence f avec ~s* Lichtbildervortrag *m;* **~ionniste** *m* Vorführer *m.*

projet [prɔʒe] *m* **1.** Plan *m,* Vorhaben, Projekt *n;* **2.** Entwurf *m;* **3.** Bauplan *m;* **4.** *être en ~* im Stadium der Planung sein; *faire des ~s* Pläne schmieden; *~s d'avenir, de voyage, de vacances* Zukunfts-, Reise-, Ferienpläne *m pl; ~ de loi, de contrat* Gesetz-, Vertragsentwurf *m;* **~er** [prɔʒte] **I.** *tr* **1.** werfen, schleudern; spritzen; **2.** projizieren *a. fig; (Film)* vorführen; **3.** projektieren, planen, entwerfen; **4.** vor=haben, sich vor=nehmen; **II.** *v prn se ~* **5.** sich erstrecken; **6.** *arch* aus=kragen; **—** *~ son ombre* seinen Schatten werfen (*sur qc* auf etw).

pro|létaire [prɔletɛr] *m f* Proletarier(in *f*) *m;* **~létariat** [-a] *m* Proletariat *n;* **~létariser** *tr* proletarisieren; **~lifération** *f* **1.** *~ (cellulaire)* Vermehrung *f* durch Zellteilung; **2.** *fig* Weitergabe; schnelle Zunahme *f;* **~liférer** *itr* sich (schnell) vermehren *a. fig;* **~lifique** *a (Tiere)* sich schnell vermehrend; fruchtbar; kinderreich; **~lixe** *a* weitschweifig; **~lixité** Weitschweifigkeit *f;* **~lo** *f fam* Prolet *m;* **~logue** *m* **1.** *theat* Prolog *m;* **2.** *mus* u. *fig fam* Vorspiel *n;* **~longation** *f* (zeitliche) Verlängerung, Ausdehnung *f; ~ de congé* Urlaubsverlängerung *f; ~ du délai* Frist-, Terminverlängerung *f;* **~longement** *m* **1.** Weiterführung *f,* Ausbau *m,* Verlängerung *f;* **2.** *med* Fortsatz *m;* **3.** *fig* Fortsetzung *f;* **4.** *pl* Auswirkungen *f pl;* **~longer I.** *tr* **1.** *(zeitlich)* verlängern, aus=dehnen; hinaus=schieben; **2.** *(Wechsel)* prolongieren; **3.** *(räumlich)* weiterführen; **4.** *(Straße)* weiter ausbauen; **II.** *v prn se ~* **5.** *(fig)* sich fort=setzen, weiter=gehen; **6.** sich in die Länge ziehen; **7.** *(Weg)* sich hinziehen; **8.** *(Ton)* nachhallen.

pro|menade [prɔmnad] *f* **1.** Spaziergang *m,* -fahrt *f,* -ritt *m;* **2.** Promenade *f;* **3.** *~ en auto, en voiture* Autofahrt,

-tour *f;* ~**mener I.** *tr* **1.** spazieren=, aus=führen; **2.** streichen (*sur qc* über etw); *(Blick)* gleiten, schweifen lassen; **II.** *v prn se* ~ **3.** spazieren=gehen, -reiten, -fahren (*à bicyclette, en auto* mit dem Rad, mit dem Wagen); **4.** *envoyer* ~ *(fam)* zum Teufel jagen; **5.** *(fig) va te* ~*! (fam)* hau ab! ~**meneur, se** *s m f* Spaziergänger(in *f*) *m;* ~**menoir** *m* Wandelgang *m,* -halle *f.*

pro|messe [prɔmɛs] *f* **1.** Versprechen *n,* Zusage *f; pl* Versprechungen *f pl;* **2.** *fig* Verheißungen *f pl; — tenir (manquer à) sa* ~ sein Versprechen (nicht) halten; *plein de* ~*s* verheißungsvoll; vielversprechend; *j'ai votre* ~ Sie haben es mir fest versprochen; ~**metteur, se** *a fig* vielversprechend; ~**mettre I.** *tr* **1.** versprechen, zu=sagen (*de faire* zu tun); **2.** *fig* verheißen, an=künd(ig)en; versichern (*qc à qn* jdm e-e S); **II.** *v prn se* ~ **3.** erhoffen, erwarten, hoffen (*qc* auf e-e S); rechnen (*qc* mit etw); **4.** sich (fest) vor=nehmen; ~**mis, e** [-mi, -iz] *a* versprochen; *être* ~ *à qc* für etw ausersehen, zu etw bestimmt sein; *la Terre* ~*e (rel)* das Gelobte Land.

pro|miscuité [prɔmiskɥite] *f* enge(s) Zusammenleben *n;* unmittelbare Nachbarschaft *f;* ~**montoire** *m* Vorgebirge, Kap *n;* ~**moteur, trice** *s m f* **1.** Initiator; Urheber(in *f*); Anstifter(in *f*); Vorkämpfer(in *f*) *m;* **2.** ~ *immobilier* Bauträger *m;* ~**motion** *f* **1.** Promotion; Ernennung, Beförderung *f;* **2.** (sozialer) Aufstieg *m;* **3.** *(com)* ~ *des ventes* Absatz-, Verkaufsförderung *f;* **4.** ~ *immobilière* Baugeschäft *n;* ~**motionnel, le** *a com* absatzfördernd; ~**mouvoir** *tr* **1.** befördern; ernennen (*qc* zu etw); **2.** *fig* ins Leben rufen; in die Wege leiten; initiieren.

prompt, e [prɔ̃, -ɔ̃t] *a* **1.** schnell, rasch, flink, behende; **2.** schnell bereit (*à* zu), schnell bei der Hand (*à* mit); **3.** *avoir l'esprit* ~ e-e schnelle Auffassungsgabe haben; ~**itude** *f* Schnelligkeit, Geschwindigkeit; Behendigkeit *f.*

promulg|ation [prɔmylgasjɔ] *f jur* Verkündung *f;* ~**uer** *tr (Gesetz)* verkünden.

prôn|e [pron] *m (kath.)* Predigt *f;* ~**er** *tr* preisen, loben, heraus=streichen.

pro|nom [prɔnɔ̃] *m* Pronomen, Fürwort *n;* ~**nominal, e** *a pl-aux* pronominal; ~**noncé, e I.** *a* stark ausgeprägt, scharf profiliert, markant; **II.** *s m jur* (Urteils-) Spruch *m;* Verkündung *f;* ~**noncer I.** *tr* **1.** aus=sprechen; **2.** *(Rede)* halten; **3.** *(Urteil)* fällen, verkünden, verlesen; **4.** *(Strafe)* verhängen; verfügen; **5.** *(Gelübde)* ab=legen; **II.** *itr* **6.** *jur* entscheiden; **III.** *v prn se* ~ **7.** sich bemerkbar machen, hervor=treten; **8.** aus sich heraus=gehen; **9.** (klar, deutlich) s-e Meinung sagen; **10.** sich entscheiden, sich äußern (*contre, pour qn* gegen, für jdn); ~**nonciation** *f* Aussprache *f;* ~**nostic** [-nɔstik] *m* **1.** Voraus-, Vorhersage *f;* An-, Vorzeichen *n;* **2.** *med* Prognose *f;* **3.** *(Toto)* Tip *m;* ~**nostiquer** *tr* voraus=, vorher=sagen; prognostizieren.

pro|pagande [prɔpagɑ̃d] *f* Propaganda *f; faire de la* ~ Propaganda machen; ~**pagandiste** *m f* Propagandist(in *f*) *m;* ~**pagateur, trice** *m f* Verbreiter(in *f*) *m;* ~**pagation** *f* **1.** Ver-, Ausbreitung *f;* **2.** *(Tiere, Pflanzen)* Vermehrung, Fortpflanzung *f;* ~**pager** [-ʒe] *tr* **1.** ver-, aus=breiten, propagieren; **2.** vermehren, fort=pflanzen; ~**pane** [-pan] *m* Propan(gas) *n;* ~**pédeutique** [-dø-] *f* Propädeutik *f;* ~**pension** *f* Neigung *f,* Hang *m* (*à* zu); ~**phète,** ~**phétesse** [-fɛt, -etɛs] *m f* Prophet(in *f*) *m;* ~**phétie** [-fesi] *f* Prophezeiung *f;* ~**phétique** *a* prophetisch; ~**phétiser** *tr* prophezeien; ~**phylactique** *a* prophylaktisch, vorbeugend; ~**phylaxie** *f* Prophylaxe *f;* ~**pice 1.** *(Mensch)* gnädig; **2.** *(Wetter, Gelegenheit)* günstig.

proportion [prɔpɔrsjɔ̃] *f* **1.** Proportion *f a. math;* Verhältnis *n;* **2.** *pl* Proportionen *f pl,* Ausmaß(e *pl*) *n;* **3.** *en* ~ entsprechend; im Verhältnis (*de* zu); *dans la* ~ *où* in dem Maße wie; *toute* ~ *gardée* den Verhältnissen entsprechend; *hors de toute* ~ unverhältnismäßig hoch; **4.** *prendre des* ~*s considérables* beträchtliche Ausmaße an=nehmen; ~**né, e** *a (bien)* ~ gut proportioniert; ~**nel, le** *a math* proportional, im Verhältnis (*à* zu); entsprechend; ~**nellement** *adv* ~ *à* im Verhältnis zu, entsprechend *dat;* ~**ner** *tr* **1.** an=gleichen, -passen; **2.** in ein passendes, vernünftiges Verhältnis bringen (*à* zu).

propos [prɔpo] *m* **1.** Vorsatz *m,* Absicht *f;* **2.** *meist pl* Rede *f;* Worte *n pl,* Äußerung(en *pl*) *f;* **3.** *à* ~ im passenden, rechten Augenblick; bei dieser Gelegenheit; übrigens; *à ce* ~ in diesem Zs.hang; *à* ~ *de rien, (fam) de bottes* um nichts u. wieder nichts; *à quel* ~*, à* ~ *de quoi* aus welchem Anlaß *od* Grund; *à tout* ~ bei jeder (passenden) Gelegenheit; *hors de* ~*, mal à* ~ unpassend, ungelegen; **4.** *arriver, venir à* ~ gerade recht, wie gerufen kommen; *juger à* ~ *de ...* es für passend, angebracht halten zu ..., daß ...; ~**er I.** *tr* **1.** vor=schlagen; *(Plan)* unterbreiten; **2.** *(Gesetzentwurf)* vor=bringen, -legen; *jur* beantragen; **3.** *(offrir)* an=bieten; *(Preis)* aus=setzen; *(Preisfrage)* stellen; *(Thema)* geben; **II.** *v prn se* ~ **4.** sich vor=nehmen, beabsichtigen (*de* zu); sich zum Ziel setzen; **5.** *(être candidat)* sich bewerben (*pour* um; *comme* als); sich (freiwillig) melden (zu); ~**ition** *f* **1.** Vorschlag, Antrag *m;*

2. Angebot *n;* **3.** *gram* Satz *m;* **4.** *(Logik)* Urteil *n;* ~ *de mariage* Heiratsantrag *m;* ~ *de paix* Friedensangebot *n;* ~ *principale, subordonnée* Haupt-, Nebensatz *m.*

propr|e [prɔpr] **I.** *a* **1.** eigen; charakteristisch (*à* für); **2.** geeignet, brauchbar (*à* zu), passend (*à* für); *(Wort, Ausdruck)* passend, treffend; **3.** sauber, rein(lich) *a. fig;* **4.** gepflegt, tadellos; anständig; **II.** *s m* **5.** Eigenart, Eigentümlichkeit, Besonderheit *f;* **6.** *de sa* ~ *main* eigenhändig; *en* ~ als Eigentum, zu eigen; *pour son* ~ *compte* auf eigene Rechnung; **7.** *remettre en main* ~ eigenhändig übergeben; **8.** *c'est du* ~*! (fam iron)* das ist mir was Rechtes! *il est* ~*! fam* er hat sich schön in die Nesseln gesetzt! **9.** *nom m* ~ Eigenname *m; sens m* ~ eigentliche(r) Sinn *m;* ~ *à rien m* Taugenichts *m;* **~ement** *adv* **1.** eigentlich, an und für sich; **2.** *gram* im eigentlichen Sinn; **3.** sauber; ordentlich, recht gut; — *à* ~ *parler* streng genommen; ehrlich gesagt; ~ *dit* eigentlich; **~eté** [-prə-] *f* Sauberkeit, Reinlichkeit *f.*

propr|iétaire [prɔprijetɛr] *m f* Eigentümer(in *f*); Hauseigentümer(in *f*), -besitzer(in *f*), -wirt(in *f*) *m;* ~ *foncier* Grundbesitzer *m;* **~iété** *f* **1.** *phys chem* Eigenschaft *f;* **2.** Angemessenheit *f (des Ausdrucks);* **3.** Eigentum *n,* Besitz(ung *f*) *m;* (Land-)Gut *n;* ~ *foncière* Grundbesitz *m;* **~io** *m fam* Hauswirt *m.*

pro|pulser [prɔpylse] *tr tech* an=treiben; **~pulseur** *m* Triebwerk *n,* Antrieb, Motor *m;* **~pulsion** *f tech* Antrieb *m;* **~rata** *m inv au* ~ *de* im Verhältnis zu, nach Maßgabe *gen;* **~rogation** *f* Aufschub *m;* Frist; Verlängerung; Vertagung *f;* **~roger** *tr* auf=schieben; vertagen.

pros|aïque [prozaik] *a* prosaisch, nüchtern; **~ateur** *m* Prosaschriftsteller *m;* **~cription** [-sjɔ̃] *f* Verbot *n;* Abschaffung *f;* **~crire** [-skrir] *tr* verbieten, ab=schaffen; **~crit, e** [-kri, -it] *m f* Verbannte(r *m*) *f;* **~e** *f* **1.** Prosa *f;* **2.** *fig* (Schreib-)Stil *m;* **~élyte** [-zelit] *m* Neubekehrte(r) *m;* **~odie** *f gram* Prosodie *f.*

pro|specter [prɔspɛkte] *tr* **1.** *min* schürfen (*qc* nach etw); **2.** *com (Gebiet)* bereisen; Kundenwerbung treiben; **~spection** [-sjɔ̃] *f* **1.** *min* Schürfung *f;* **2.** *com* (Kunden-)Werbung *f;* **~spectus** [-spɛktys] *m* Prospekt *m;* Reklamezettel *m;* **~spère** *a* erfolgreich, blühend; *(Geschäft)* gutgehend; **~spérer** *itr* **1.** *(Tier, Pflanze)* gedeihen, fort=kommen; **2.** *(Geschäft)* gut gehen; **~spérité** *f* Wohlstand *m; être en pleine* ~ e-n Aufschwung erleben; **~state** *f anat* Vorsteherdrüse *f;* **~sternation** *f* Fußfall *m;* **~sterner, se** *v prn* sich nieder=werfen (*devant qn* vor jdm), sich zu Füßen werfen (*devant qn* jdm); **~stituée** *f* Prostituierte, (Straßen-)Dirne *f;* **~stituer I.** *tr* **1.** zur Prostitution verleiten; **2.** *fig* herabwürdigen, degradieren; **II.** *v prn se* ~ **1.** der Prostitution nachgehen; **2.** *fig* sich her=geben, sich weg=werfen; **~stitution** *f* **1.** gewerbsmäßige Unzucht, Prostitution *f;* **2.** *fig* Entwürdigung *f;* **~stration** *f* **1.** *med* (völlige) Entkräftung *f;* **2.** *fig* tiefe Niedergeschlagenheit *f;* **~stré, e** *a* **1.** (völlig) erschöpft, kraftlos; **2.** *fig* niedergeschlagen.

prot|- [prɔt] = *proto-;* **~agoniste** *m theat* Hauptdarsteller *m;* **~e** *m typ* Faktor *m.*

pro|tecteur, trice [prɔtɛktœr, -tris] **I.** *s m f* **1.** Beschützer(in *f*), Gönner(in *f*); Schutz-, Schirmherr *m;* **2.** *tech* Schutz(vorrichtung *f*) *m;* **II.** *a* **3.** schützend; **4.** *pej* gönnerhaft; **5.** *droit m* ~ Schutzzoll *m; lunettes f pl protectrices* Schutzbrille *f;* **~tection** [-sjɔ̃] *f* **1.** Schutz *m a. tech;* **2.** Beistand *m,* Unterstützung, Hilfe; Protektion *f;* **3.** ~ *des animaux* Tierschutz *m;* ~ *de l'enfance* Jugendschutz *m;* ~ *contre l'incendie* Brandschutz *m;* ~ *des locataires* Mieterschutz *m;* ~ *maternelle et infantile* Mutterschutz *m;* ~ *contre la rouille* Rostschutz *m;* **~tectionnisme** *m* Schutzzollpolitik *f;* **~tectorat** [-ra] *m* Protektorat *n;* **~tégé, e** *m f* Schützling *m;* **~tège-:** ~*-cahier,* ~*-livre m inv* (Schutz=)Umschlag *m;* ~*-oreilles m inv* Ohrenschützer *m;* **~téger** *tr* **1.** (be)schützen, (be-)schirmen (*de* vor *dat*); **2.** fördern, unterstützen; protegieren; **~téine** *f* Protein *n.*

pro|testant, e [prɔtɛstɑ̃] **I.** *s m f rel* Protestant(in *f*) *m;* **II.** *a* protestantisch; **~testantisme** *m* Protestantismus *m;* **~testataire** *m f* Protestierende(r *m*) *f;* **~testation** *f* **1.** feierliche Versicherung *f;* **2.** Protest(anzeige, -aktion *f*); *jur* Einspruch *m,* Verwahrung *f* (*contre* gegen *acc*); **~tester I.** *itr* **1.** beteuern, versichern (*de qc* e-e S); **2.** formell erklären; **II.** *tr com (Wechsel)* protestieren; **~têt** [-tɛ] *m* Protest *m* (*faute d'acceptation, de paiement* mangels Annahme, Zahlung); **~thèse** *f med* Prothese *f;* ~ *dentaire* Zahnersatz *m.*

proto|- [prɔto] Erst-, Ur-; **~colaire** *a* protokollarisch; **~cole** *m* (diplomatisches) Protokoll *n;* **~historique** frühgeschichtlich; **~n** [-tɔ̃] *m phys* Proton *n;* **~plasma, ~plasme** *m biol* Protoplasma *n;* **~type** *m* **1.** *tech* Prototyp *m;* **2.** Muster, Modell, Urbild *n.*

protubéran|ce [prɔtyberɑ̃s] *f* **1.** Beule *f,* Buckel *m;* **2.** *med* Höcker *m;* **3.** *astr* Protuberanz *f;* **~t, e** *a* vorspringend; *(Stirn)* gewölbt.

prou [pru] *adv: peu ou* ~ mehr oder weniger; ~**e** *f mar* Bug *m;* ~**esse** *f* Heldentat *f a. iron.*

prouv|able [pruvabl] *a* beweisbar; ~**er** *tr* be-, nach=, erweisen; *(Behauptung)* belegen; dar= legen, -tun, zeigen.

pro|venance [prɔvnɑ̃s] *f* **1.** Herkunft *f,* Ursprung *m,* Quelle *f;* **2.** *en ~ de (loc)* aus Richtung; **3.** *pays m de ~* Herkunftsland *n;* ~**vençal, e** *a pl -aux* provenzalisch; ~**vende** *f* Mischfutter *n;* ~**venir** *itr* her=kommen, -stammen, -rühren (*de* von *dat*); hervor=gehen, stammen (*de* aus); ~**verbe** *m* Sprichwort *n;* ~**verbial, e** *a pl -aux* sprichwörtlich; ~**vidence** *f* Vorsehung *f;* ~**videntiel, le** *a* unerwartet, unverhofft; ~**vigner I.** *tr* ab=senken; **II.** *itr* sich durch Absenker vermehren; ~**vince** *f* Provinz *f a. fig;* ~**vincial, e I.** *a pl -aux* **1.** provinziell; **2.** kleinstädtisch; **II.** *s m f* **1.** Provinzler(in *f*); **2.** Kleinstädter(in *f*) *m;* ~**vincialisme** *m* Provinzialismus *m.*

provis|eur [prɔvizœr] *m* Direktor *m (e-s staatlichen Gymnasiums);* ~**ion** *f* **1.** Vorrat *m* (*de* an *dat*); *pl* (Lebensmittel-) Vorräte *m pl;* **2.** *pl* Einkäufe *m pl,* Besorgungen *f pl;* **3.** *(Scheck)* Deckung *f;* **4.** (Kosten-)Vorschuß *m;* **5.** Rückstellung, -lage *f;* **6.** *par ~* vorläufig, einstweilig; *sans ~* ungedeckt; **7.** *faire ~ de qc* (sich) etw beschaffen, besorgen; *faire ses ~s* s-e Einkäufe machen; ~**oire I.** *a* **1.** *jur* provisorisch, vorläufig, einstweilig; **2.** behelfsmäßig; vorübergehend; **II.** *s m* Provisorium *n.*

provo|cant, e [prɔvɔkɑ̃, -ɑ̃t] *a* aufreizend; provozierend, herausfordernd; ~**cateur, trice I.** *a* herausfordernd, provozierend; **II.** *s m* Lockspitzel; Aufwiegler *m;* ~**cation** *f* Herausforderung, Provokation *f;* ~**quer** *tr* **1.** provozieren, heraus=, auf=fordern; auf=reizen; **2.** hervor=rufen, bewirken, aus=lösen; **3.** *(Zorn)* erregen.

prox|énète [prɔksenɛt] *m* Zuhälter *m;* ~**imité** *f* Nähe *f; à ~ de* nahe bei; in der Nähe *gen.*

prud|e [pryd] **I.** *a* prüde; zimperlich; **II.** *s f* prüde Person *f;* ~**emment** [-amɑ̃] *adv* **1.** um-, vorsichtig; **2.** klugerweise; ~**ence** *f* Vor-, Umsicht *f;* Behutsamkeit *f;* ~**ent, e** *a* klug, verständig; um-, vorsichtig, ~**erie** *f* Prüderie *f;* ~**'homal, e** [-dɔmal] *a pl -aux jur* arbeitsgerichtlich; ~**'homme** *m: conseil m des ~s* Arbeitsgericht *n.*

prun|e [pryn] *f* **1.** *bot* Pflaume, Zwetsch(g)e *f;* **2.** *pour des ~s* für nichts u. wieder nichts; *des ~s! (fam)* das könnte dir so passen! *eau-de-vie f de ~s* Zwetsch(g)enwasser *n;* ~**eau** *m pl -x* **1.** Backpflaume *f;* **2.** *pop* blaue Bohne *f;* ~**elle** *f* **1.** *bot* Schlehe *f;* **2.** Pupille *f;* ~**ellier** [-nə(ɛ)-] *m bot* Schwarzdorn *m,* Schlehe *f;* ~**ier** *m bot* Pflaumen-, Zwetsch(g)enbaum *m.*

pruri|gineux, se [pryriʒinø, -øz] *a med* juckend; ~**t** [-(t)] *m* (Haut-)Jucken *n.*

psalm|iste [psalmist] *m* Psalmist *m;* ~**odier** *tr* **1.** psalmodieren; **2.** herunterleiern.

psau|me [psom] *m* Psalm *m;* ~**tier** *m* Psalter *m (Buch).*

pseudo|- [psødɔ] Pseudo-; ~**nyme** [-nim] *s m* Pseudonym *n,* Deckname *m.*

psitt, pst [ps(i)t] *interj* (p)st! ~**acose** *f* Papageienkrankheit *f.*

psych|analyse [psikanaliz] *f* Psychoanalyse *f;* ~**analyste** *m* Psychoanalytiker *m;* ~**é** [psiʃe] *f* große(r) Drehspiegel *m;* ~**édélique** *a* psychedelisch; ~**iatre** [-kja-] *m* Psychiater *m;* ~**ique** [psiʃik] *a* psychisch, seelisch; ~**ologie** *f* **1.** Psychologie *f;* **2.** Mentalität *f; ~ de l'enfant, de l'adolescent* Kinder-, Jugendpsychologie *f; ~ des profondeurs* Tiefenpsychologie *f;* ~**ologique** *a* psychologisch; ~**ologue** *m* **1.** Psychologe *m;* **2.** Menschenkenner *m;* ~**opathe** [-pat] *m f* Psychopath(in *f*) *m;* ~**ose** *f* Psychose *f;* ~**osomatique** *a* psychosomatisch; ~**othérapie** *f* Psychotherapie *f.*

puant, e [py(y)ɑ̃, -ɑ̃t] *a* **1.** stinkend; **2.** *fig* hochnäsig; ~**eur** *f* Gestank *m.*

pub|ère [pybɛr] *a* mannbar; ~**erté** *f* Pubertät(szeit) *f;* ~**is** [-is] *m anat* Schamberg *m.*

publi|c, ique [pyblik] **I.** *a* **1.** öffentlich, allgemein; staatlich; **2.** offen(kundig), publik, allgemein bekannt; **II.** *s m* **3.** Allgemeinheit, Öffentlichkeit *f;* **4.** Publikum *n;* **5.** *en ~* in der Öffentlichkeit; **6.** *rendre ~* bekannt=machen, publik machen, verbreiten; **7.** *autorité f ~que* Staatsgewalt *f; avis m au ~* öffentliche Bekanntmachung *f; fonction, charge f ~que* öffentliche(s) Amt *n; pouvoirs m pl ~s* Behörden *f pl;* ~**cation** *f* **1.** Veröffentlichung, Herausgabe *f;* **2.** Publikation; Verlagserscheinung *f;* ~**ciste** [-sist] *m* Werbefachmann *m;* ~**citaire I.** *a* Werbe-, Reklame-; **II.** *s m* Werbefachmann *m; film m ~* Werbefilm *m;* ~**cité** *f* **1.** Öffentlichkeit *f;* **2.** Werbung *f;* **3.** *faire de la ~* Reklame machen; werben; **4.** *campagne f de ~* Werbefeldzug *m; chef, département m de la ~* Werbeleiter *m,* -abteilung *f; office m de ~* Annoncenbüro *n,* Anzeigenannahme *f; ~ par affiches* Plakatwerbung *f; ~ dans les cinémas* Kinoreklame *f; ~ à la radio, à la télévision* Funk-, Fernsehwerbung *f;* ~**er** [-blije] *tr* **1.** *(Buch)* veröffentlichen, heraus=geben, =bringen; verlegen; **2.** bekannt=machen, verkünden.

puc|e [pys] **I.** *s f zoo* Floh *m;* **II.** *a* rotbraun; — *mettre la ~ à l'oreille de qn* *(fam)* jdm e-n Floh ins Ohr setzen; *secouer les ~s à qn (fam)* jdm den Kopf waschen; *marché aux ~s* Flohmarkt *m;* **~eau, elle I.** *a être ~* noch unberührt sein; **II.** *s f fam* Jungfrau *f.*

pud|eur [pydœr] *f* Scham(haftigkeit) *f; sans ~* schamlos; *blesser la ~* das Schamgefühl verletzen; **~ibond, e** [-dibɔ̃, -ɔ̃d] *a* prüde; **~ique** *a* **1.** schamhaft; sittsam; keusch, züchtig; **2.** *faire une allusion ~ à qc* e-e leise Anspielung auf etw machen.

puer [pye] *tr itr* stinken, riechen (*qc* nach etw); **~péral, e** *a fièvre f ~e* Kindbettfieber *n.*

puér|iculture [pyerikyltyr] *f* Säuglings-, Kleinkinderpflege *f;* **~il, e** [-ril] *a* kindisch.

pugilat [pyʒila] *m* Schlägerei *f.*

puis [pyi] *adv* dann, darauf; *et ~* und dann, danach; (und) außerdem; *et ~?* und was sonst? und was dann?

puis|ard [pyizar] *m tech* Sumpf *m,* Ölwanne *f;* **~er** *tr* **1.** schöpfen *a. fig* (*à, dans* aus *dat*); **2.** *fig* entlehnen (*à, dans* bei).

puisque [pyiskə] *conj* da ja, da (nun) einmal, weil doch; *~ je vous le dis!* ich sage Ihnen doch!

puiss|amment [pyisamɑ̃] *adv* gewaltig, stark, mächtig; **~ance** *f* **1.** Macht; Gewalt; Herrschaft, Regierungsgewalt *f;* **2.** Kraft, Stärke *f;* Vermögen *n;* **3.** *agr* Ertragfähigkeit; **4.** *geol* Mächtigkeit; **5.** *math* Potenz; **6.** *phys* Kraft, Energie; **7.** *tech mot* Leistung(sfähigkeit) *f;* **8.** *avoir en sa ~* in s-r Gewalt haben; **9.** *~ calorifique* Heizkraft *f; ~ effective, utile* Nutzleistung *f; ~ mondiale* Weltmacht *f; ~ du moteur* Motorleistung, -stärke *f; ~s occultes* übernatürliche Mächte *f pl; ~ du son (radio)* Lautstärke *f; ~ de travail* Arbeitskraft *f,* -potential *n;* **~ant, e** *a* **1.** mächtig, gewaltig; **2.** *(Heer)* stark, (tat)kräftig; **3.** wirksam, einflußreich; **4.** fähig, geschickt; **5.** *tech* leistungsfähig.

puits [pɥi] *m* **1.** Brunnen *m;* **2.** *min* Schacht *m;* **3.** *~ d'aérage, d'air* Wetter-, Luftschacht *m; ~ artésien* artesischer Brunnen *m; ~ de pétrole* (Öl-)Bohrloch *n.*

pull [pyl] *m fam* Pullover; Pulli *m;* **~-over** [-ovɛ(œ)r] *m* Pullover *m;* **~ulation** *f,* **~ulement** *m* Gewimmel *n;* **~uler** *itr* wimmeln.

pulmonaire [pylmɔnɛr] **I.** *a* Lungen-; **II.** *s f bot* Lungenkraut *n.*

pulp|e [pylp] *f* (Frucht-)Fleisch *n; ~ dentaire* Zahnpulpa *f;* **~eux, se** *a* fleischig; breiig.

puls|ation [pylsɑsjɔ̃] *f* **1.** *(Herz)* Schlagen, Klopfen *n;* Puls(schlag) *m;* **2.** *el* Frequenz *f;* **~ion** [-sjɔ̃] *f ~ sexuelle* Geschlechtstrieb *m.*

pulvér|isateur [pylverizatœr] *m* Zerstäuber *m;* **~isation** *f* Pulverisieren; Zerstäuben *n;* **~iser** *tr* **1.** pulverisieren *a. fig;* **2.** *fig (Feind)* (völlig) auf=reiben; **3.** *(Einwand)* entkräften; **4.** *(Rekord)* brechen; **~ulent, e** *a* pulverförmig.

puma [pyma] *m zoo* Puma *m.*

punaise [pynɛz] *f* **1.** *zoo* Wanze *f;* **2.** Reißnagel, -brettstift *m.*

punch [pɔ̃ʃ] *m* **1.** Punsch *m;* **2.** *sport* [pœnʃ]: *avoir le ~* schlagkräftig sein *m;* **~ing-ball** [-bol] *m* Punchingball *m.*

pun|ir [pynir] *tr* (be)strafen (*de* mit *dat;* für *acc*); *en être ~i* es büßen müssen; **~issable** *a* strafbar; **~ition** *f* **1.** Bestrafung *f;* **2.** Strafe *f* (*de* für *acc*); *~ corporelle* körperliche Züchtigung *f.*

pup|ille [pypil, *fam* -pij] **1.** *m f* Mündel *n;* **2.** *f* Pupille *f;* **~itre** *m* (Schreib-, Lese-)Pult *n.*

pur, e [pyr] *a* **1.** *chem* rein; lauter, schier, pur; unge-, unvermischt; **2.** *(Klang)* rein; *(Himmel)* klar, ungetrübt; *(Wasser)* sauber; **3.** *(Herz)* rein; lauter; makellos; frei (*de* von); **4.** *(Geschmack)* fein; **5.** *(vorgestellt)* rein, bloß, einfach, (weiter) nichts als; **6.** *(nachgestellt) (Zufall)* rein; bloß; *(Zustimmung)* uneingeschränkt; **7.** *de ~ sang* reinrassig; *en ~e perte* vergeblich, umsonst; *par ~e malice* aus reiner Bosheit; **8.** *c'est ~e folie* das ist reiner Wahnsinn; *(cheval m) ~ sang m* Vollblutpferd *n;* **~ée** *f* **1.** Pürree *n,* Brei *m,* Mus *n;* **2.** *fam fig* Elend *n,* Not *f; il est dans la ~ (fam)* es geht ihm dreckig; **3.** *~ de pois* a) Erbspüree *n,* -brei *m;* b) *arg aero* Waschküche *f;* **~ement** *adv* ausschließlich; einzig u. allein; bloß, nur; *~ et simplement* schlicht u. einfach; rundweg; **~eté** *f* **1.** Reinheit *f;* **2.** *(Himmel)* Wolkenlosigkeit, Klarheit *f;* **3.** *(Herz)* Reinheit; **4.** *(Absicht)* Lauterkeit *f.*

purg|atif, ive [pyrgatif, -iv] **I.** *a* abführend; **II.** *s m* Abführmittel *n;* **~atoire** *s m rel* Fegefeuer *n;* **~e** [pyrʒ] *f* **1.** *med* Abführmittel *n;* **2.** *tech* Spülung, Entwässerung *f;* **3.** *(Hypothek)* Ablösung *f;* **4.** *pol* Säuberungsaktion *f;* **~er** *tr* **1.** *tech* spülen, entwässern; **2.** ein Abführmittel geben (*qn* jdm); **3.** *(Schulden)* tilgen; *(Hypothek)* ab=lösen, löschen; **4.** *(Strafe)* verbüßen; **5.** *pol* säubern.

pur|ifier [pyrifje] *tr tech rel fig* reinigen, läutern; **~in** *m agr* Jauche *f;* **~isme** *m (sprachl.)* Purismus *m;* **~iste** *m* Purist *m;* **~itain, e I.** *a rel* puritanisch; **II.** *s m f* Puritaner(in *f*) *m a. fig;* **~itanisme** *m* Puritanismus *m;* **~otin** *m pop* arme(r) Teufel *m;* **~ulence** *f* (Ver-)Eiterung *f;* **~ulent, e** *a* eitrig, vereitert.

pus [py] *m* Eiter *m;* **~illanime** [-zila-] *a lit* kleinmütig, furchtsam.

pustule [pystyl] *f* **1.** Pustel *f,* Eiterbläschen *n;* **2.** *zoo* Warze *f;* Blatter *f.*

put|ain [pytɛ̃] *f* **1.** Dirne *f;* **2.** *interj* Don-

nerwetter! **3.** ~ *de temps* Sauwetter *n;* **~ois** *m zoo* Iltis; *crier comme un ~ (pop)* wie am Spieß schreien.
putr|éfaction [pytrefaksjɔ̃] *f* Fäulnis; Verwesung *f; tomber en ~* in Verwesung über≈gehen; **~éfier I.** *tr* in Fäulnis, Verwesung übergehen lassen; **II.** *v prn se ~* verwesen; **~ide** *a* faul(ig).
pygmée [pigme] Pygmäe *m.*
pyjama [piʒama] *m* Pyjama, Schlafanzug *m.*
pylône [pilon] *m* **1.** *arch* Pylon, Standpfeiler *m;* **2.** *tech* Mast *m.*
pyr|amidal, e [piramidal] *a pl -aux* pyramidenförmig; **~amide** *f arch math* Pyramide *f; ~ à gradins* Stufenpyramide *f;* **~ite** *f min* Pyrit, Schwefel-, Eisenkies *m.*
pyro|gravure [pirɔgravyr] *f* Brandmalerei *f;* **~mane** *m f* Pyromane *m f;* **~phosphate** *m chem* Pyrophosphat *n;* **~technicien** *m* Feuerwerker *m;* **~technie** *f* Feuerwerkerei *f;* **~technique** *a* pyrotechnisch.

python [pitɔ̃] *m* Pythonschlange *f.*

Q

quadr|agénaire [k(w)adraʒenɛr] **I.** *a* vierzigjährig; **II.** *s m f* Vierzigjährige(r *m*) *f;* Vierziger(in *f*) *m;* **~ature** *f math* Quadratur *f;* **~iennal, e** *a* vierjährig; alle vier Jahre stattfindend; **~ilatère** *m math* Viereck *n;* **~illage** [kadrijaʒ] *m* **1.** *(Karte)* Gitternetz *n;* **2.** *(Stoff)* Karomuster *n;* **3.** *(Bildfunk)* Raster *m;* **4.** *(Polizei)* Besetzung *f* des Geländes durch ein netzartiges Stützpunktsystem; **5.** *fig* Kontrolle, Überwachung *f;* **6.** *fig* bessere Versorgung *f;* **~ille** [kadrij] *m* Quadrille *f (Tanz);* **~illé, e** [ka-] *a* kariert, gewürfelt; **~iller** *tr* **1.** *(Polizei)* mit einem Kontrollnetz überziehen; kontrollieren, überwachen; **2.** (besser) versorgen; **~imoteur, trice** [k(w)a-] **I.** *a* viermotorig; **II.** *s m* viermotorige(s) Flugzeug *n;* **~ipartite** *a* Vierer-; *conférence f ~(t)e* Viererkonferenz *f;* **~iphonie** *mus* Quadrophonie *f;* **~isyllabique** *a* viersilbig; **~upède I.** *a* vierfüßig; **II.** *s m* Vierfüß(l)er *m;* **~uple I.** *a* vierfach; **II.** *s m: le ~* das Vierfache; **~upler** *tr (itr)* (sich) vervierfachen; **~uplés, ées** *m f pl* Vierlinge *m pl.*

quai [ke(ɛ)] *m* **1.** Kai; Ufer-, Hafendamm *m;* **2.** Uferstraße *f;* **3.** Bahnsteig *m;* **4.** *billet m de ~* Bahnsteigkarte *f; livré à ~* franko Kai; *~ d'Orsay (Pariser Straße)* französische(s) Außenministerium *n; ~ d'arrivée, de départ* Ankunfts-, Abfahrtsbahnsteig *m; ~ de chargement, d'embarquement* Verladerampe *f.*

quali|fiable [kalifjabl] *a* **1.** qualifizierbar; bestimmbar; **2.** *sport* teilnahmeberechtigt; **~ficatif, ive I.** *a gram adjectif ~* Adjektiv, Eigenschaftswort *n;* **II.** *s m* Attribut *n;* **~fication** *f* **1.** Qualifikation, Anerkennung *f* (*de* als) **2.** Eignung, Befähigung *f* (*à* zu); **3.** Benennung, Bezeichnung *f;* **4.** *sport* Zulassung, Qualifikation *f;* **~fié, e** *a* **1.** berufen, befähigt, geeignet, qualifiziert (*pour* zu); **2.** *jur (Diebstahl)* schwer; **3.** *sport* qualifiziert; *ouvrier m ~* Facharbeiter *m;* **~fier I.** *tr* **1.** bezeichnen (*qc* als *acc; qn de qc* jdn als etw *acc*), benennen; **2.** *gram* näher bestimmen; **II.** *v prn se ~* **3.** sich bezeichnen, sich aus⸗geben (*de* als *acc*); **4.** sich qualifizieren, sich aus⸗weisen (*pour* als *acc*); **5.** *sport* sich qualifizieren (*pour* zu); **~tatif, ive** *a* qualitativ; **~té** *f* **1.** Eigenschaft (*de* als); Qualität, Beschaffenheit; *(Ware)* Güte *f;* **2.** hervorragende Eigenschaft; Befähigung, Fähigkeit *f;* **3.** *jur* Eigenschaft *f;* **4.** *de ~ inférieure* minderwertig; *en ~ de ...* in s-r Eigenschaft als ...; **5.** *avoir ~* berechtigt sein (*pour* zu); *produit m de ~* Qualitäts-, Güteerzeugnis *n; ~s d'organisation* Organisationstalent *n.*

quand [kɑ̃, *gebunden* kɑ̃t] **I.** *adv* wann? **II.** *conj* als; wenn; *depuis ~?* seit wann? wie lange? *(jusqu')à ~?* bis wann? wie lange? *~ même* dennoch, trotzdem; *~ (bien) même* selbst wenn, wenn auch.

quant [kɑ̃] *loc prp ~ à* was *(acc)* ... betrifft; *~ à moi* ich meinerseits; *~-à-soi m fam* Zurückhaltung, Reserviertheit *f;* Egoismus *m; rester sur son ~-à-soi* sich sehr reserviert verhalten; **~ième** [-tjɛm] *m: le ~ du mois* das Monatsdatum; **~ique** [kw-] *a phys* Quanten-; *mécanique f ~* Quantenmechanik *f;* **~itatif, ive** *a* quantitativ; **~ité** *f* **1.** Quantität; Menge *f;* Gehalt *m* (*de* an *dat*); Anzahl *f;* **2.** *math* Größe *f;* **3.** *gram mus* Quantität, Länge *f;* Zeit-, Silbenmaß *n;* **4.** *~ de* e-e Menge, viele; *en ~* in Menge, haufenweise; *par petites ~s* in kleinen Mengen; *~ d'électricité, d'énergie, de précipitation, de production* Elektrizitäts-, Energie-, Niederschlags-, Produktionsmenge *f;* **~um** [kwɑ̃tɔm] *m* **1.** Quantum *n,* (An-)Teil *m;* Summe *f,* Betrag *m;* **2.** *phys* (*pl* **~a** [kw-, kɑ̃ta]) Quant *n; théorie f des ~a* Quantentheorie *f.*

quarant|aine [karɑ̃tɛn] *f* **1.** (etwa) vierzig; **2.** *fam* (die) Vierzig, (Alter *n* von) 40 Jahre(n) *n pl;* **3.** *mar* Quarantäne *f;* **4.** *fig* gesellschaftliche Isolierung *f; mettre qn en ~* den Verkehr mit jdm ab⸗brechen; **~e** *a* vierzig; **~ième I.** *a* vierzigste(r, s); **II.** *s m* Vierzigstel *n.*

quart [kar] *m* **1.** Viertel *n;* **2.** *mar* Wache *f;* **3.** Kompaßstrich *m;* **4.** *mil* Feldbecher *m;* **5.** *le tiers et le ~* dieser u. jener, alle Welt; *deux heures et (un) ~* (ein) Viertel nach zwei, (ein) Viertel drei; *deux heures moins le* od *un ~* (ein) Viertel vor zwei, drei Viertel zwei; **6.** *passer un mauvais ~ d'heure* unangenehme, bange Minuten durchmachen; *il est ~, le ~ a sonné* es ist (ein) Viertel, es hat (ein) Viertel geschlagen; *~ d'heure* Viertelstunde *f;* **~e** [kart] *f mus (Fechten)* Quart(e) *f;* **~eron** *m fig péj* kleiner Haufen *m;* **~ette** [kwartɛt] *m (Jazz)* Viermannband *f.*

quartier [kartje] *m* **1.** Viertel *n (a. Mond, Schlachttier);* **2.** Stadtteil *m,* (Stadt-)Viertel *n;* **3.** *pl mil* Quartier *n;*

Kaserne *f;* **4.** große(s) Stück *n,* Block *m;* **5.** *(Schuh)* Oberleder *n;* **6.** *demander ~* um Gnade bitten; *donner, faire ~ à qn* jdm das Leben schenken; *~ d'affaires, commercial, de commerce* Geschäftsviertel *n; ~ général (mil)* Hauptquartier *n; ~ d'habitation, résidentiel* Wohnviertel *n; Q~ latin* Universitäts- u. Institutsviertel *n* von Paris; Pariser Studenten *m pl.*

quart|o [kwarto] *adv* viertens; **~z** [kwarts] *m min* Quarz *m.*

quasi [kazi] **I.** *s m* Kalbskeulenstück *n;* **II.** *adv* fast, beinahe; gewissermaßen; *(vor s)* nahezu gänzlich, fast völlig; **~ment** *adv fam* beinahe; gewissermaßen; **~modo** [ka-] *f* Sonntag *m* nach Ostern.

quaternaire [kwatɛrnɛr] **I.** *a chem* quaternär; **II.** *s m* u. *ère f ~ (geol)* Quartär *n.*

quatorz|e [katɔrz] **I.** *a* vierzehn; **II.** *s m* Vierzehn(er *m*) *f;* der Vierzehnte; **~ième I.** *a* vierzehnte(r, s); **II.** *s m* Vierzehntel *n;* **~ièmement** *adv* vierzehntens.

quatrain [katrɛ̃] *m* Vierzeiler *m.*

quatre [katr] **I.** *a* vier; **II.** *s m* **1.** Vier(er *m*) *f;* der Vierte; **2.** *à ~* zu viert, zu vieren; *~ à ~* vier Treppenstufen überspringend; *à ~ pas de* drei Schritt(e) von; *à ~ pattes* auf allen vieren; **3.** *ne pas y aller par ~ chemins* gerade, ohne Umweg, direkt darauf los=gehen; *manger comme ~* für drei essen; *se mettre en ~ (fig)* sich gewaltig anstrengen; *fam* sich für jdn umbringen; *se tenir à ~* sich zs.=reißen, -nehmen; **4.** *~-saisons: marchand(e f) m des ~* Obst u. Gemüse-Straßenhändler(in *f*) *m; ~-vingt(s)* [katrə-] *a* achtzig; *~vingtième* I. *a* achtzigste(r, s); II. *s m* Achtzigstel *n; ~--vingt-dix* neunzig.

quatrième [katrijɛm] **I.** *a* vierte(r, s); **II.** *s m* **1.** der 4. *(e-s Monats);* **2.** 4. Stock *m;* **III.** *s f* **3.** *(Schule)* 4. Klasse *f;* **4.** *mot* vierte(r) Gang *m;* **~ment** *adv* viertens.

quatuor [kwatɥɔr] *m mus* Quartett *n; ~ à cordes* Streichquartett *n.*

que [kə] **I.** *prn (relativ)* den, die; das; welche(n, s); was; *(nach Zeitangaben)* in, an dem, der; **II.** *prn interrogatif (fragend)* was? *advienne ~ pourra!* komme, was da wolle! *ce ~* was; *faites ce ~ bon vous semble* handeln Sie ganz nach Ihrem Belieben; *~ diable (fam)* was zum Teufel; *qu'est-ce?, qu'est-ce ~ c'est ~ cela?* was ist das? *je ne sais ~ faire* ich weiß nicht, was ich tun soll; **III.** *adv* wie (sehr); so-, wieviel(e); warum; *~ c'est bon!* wie gut (das ist, tut, schmeckt)! *~ de fois* wie viele Male, wie oft; *~ de monde!* wieviel Leute! *~ je sache* soviel ich weiß; *~ si, ~ non!* ja doch, nein doch! **IV.** *conj* daß; *(bes. nach Komparativ, autre)* als; *(nach (aus)si, (au)tant, même, tel)* wie; *(wiederholend od stellvertretend für andere conj)* als, wenn, bevor, nachdem, seit, bis, da, obgleich; *ne ... ~* nur; *non (pas) ~ ... (mit subj)* nicht als ob ...; *il y a deux ans qu'il est mort* er ist seit 2 Jahren tot; *attendez qu'il revienne* warten Sie, bis er zurückkommt; *autre ~ lui* ein anderer als er; *je crois ~ non* ich glaube nicht; *tant ~ tu voudras* soviel, solange du willst; *tant bien ~ mal (fam)* so einigermaßen; *tel ~ je le connais* so, wie ich ihn kenne; *qu'il vienne!* käme er doch! er ist willkommen! *qu'il vienne ou non* einerlei *od* gleich(gültig), ob er kommt.

quel, le [kɛl] **I.** *prn* welche(r, s)? was für ein(e), *pl* was für? *tel ~* (mittel)mäßig; (x-)beliebig; Zufalls-; *~ âge as-tu?* wie alt bist du? *~le chance!* was für ein Glück! *~le heure est-il?* wie spät ist es? **II.** *~ que (m. Konjunktiv)* welches, was für ein, wie (groß) auch immer; **~conque** [-kɔ̃k] *a* **1.** irgendein(e, r); **2.** belanglos; nebensächlich, unbedeutend; (mittel)mäßig; (x-)beliebig; *d'une manière ~* irgendwie; **~que I.** *adj* **1.** irgendein(e); ein gewisser, eine gewisse; etwas; **2.** *pl* einige, manche, ein paar; **II.** *adv* ungefähr, etwa; ein wenig; *30 ans et ~s* etwas über 30 Jahre; *~ chose* etwas; *~ jour* e-s (schönen) Tages; *~ part* irgendwo(hin); *fam* mal wohin *(aufs WC); ~ peu* ein wenig; *~ temps* eine Zeitlang; *être ~ chose* etwas sein, vor=stellen; *cela me dit ~ chose* das sagt, bedeutet mir etwas; **~quefois** [-kə-] *adv* manchmal, bis-, zuweilen, mitunter, hin u. wieder; **~qu'un, e** *prn* **1.** (irgend)eine(r, s); (irgend) jemand; **2.** *pl ~ques-un(e)s* einige, ein paar; manche; *être ~* e-e (bedeutende) Persönlichkeit sein.

quémand|er [kemɑ̃de] *tr* (aufdringlich) betteln, bitten (*qc* um etw); **~eur, se** *s m f* lästige(r), aufdringliche(r) Bettler(in *f*), Bittsteller(in *f*) *m.*

qu'en-dira-t-on [kɑ̃diratɔ̃] *m inv fam* Gerede *n* der Leute.

quen|elle [kənɛl] *f* Fleischklößchen *n (in Pastete);* **~otte** *f fam* Beißerchen, (Kinder-)Zähnchen *n;* **~ouille** [-uj] *f* Kunkel *f,* Spinnrocken *m.*

querell|e [kərɛl] *f* Streit, Zank *m; pl* Streitigkeiten *f pl; chercher ~ à qn* mit jdm Streit an=fangen; **~er I.** *tr lit* aus=zanken, -schimpfen, -schelten; **II.** *v prn se ~* sich zanken, streiten (*avec qn* mit jdm); **~eur, se I.** *a* zank-, streitsüchtig, zänkisch; **II.** *s m f* Zänker *m,* Xanthippe *f.*

questeur [k(ɥ)ɛstœr] *m* **1.** *hist* Quästor; **2.** *parl* Schatzmeister *m.*

question [kɛstjɔ̃] *f* **1.** (An-)Frage *f;* **2.** Problem *n;* Angelegenheit *f;* **3.** *hist* Folter *f*; **4.** *en* ~ fraglich, bewußt; **5.** *être en* ~ zur Debatte stehen; *poser une* ~ e-e Frage stellen; *inscrire, mettre une* ~ *à l'ordre du jour* e-e Frage auf die Tagesordnung setzen; *mettre qn à la* ~ *(fig fam)* jdn auf die Folter spannen; *presser de* ~*s* mit Fragen bestürmen; *résoudre, soulever, traiter une* ~ e-e Frage lösen, auf=werfen, behandeln; **6.** *à la* ~*!* zur Sache! *c'est une* ~ *de temps* das ist e-e Frage der Zeit; *il est* ~ *de* es handelt sich um; es ist die Rede von (*que* davon, daß); *il n'en est pas* ~ es kommt nicht in Frage; *la* ~ *n'est pas là* darum geht es (hier) nicht; **7.** ~ *d'actualité, à l'ordre du jour* aktuelle Frage *f*; ~ *d'argent, financière* Geldfrage *f*; ~ *de principe* Grundsatzfrage *f*; ~ *de procédure* Verfahrensfrage *f*; ~**naire** [-tjɔ-] *m* Fragebogen *m*; ~**ner** *tr* be-, aus=fragen (*sur* über); ~**neur, se** *s m f*, Fragesteller (in *f*) *m*.

quêt|e [kɛt] *f* **1.** *vx* Suche(n *n*); **2.** (Geld-) Sammlung; (Kirchen-)Kollekte *f*; *être en* ~ auf der Suche sein (*de* nach); ~ *à domicile* Haussammlung *f*; ~**er** [ke(ɛ)-] **I.** *tr* **1.** *fig (chasse)* jagen (*qc* nach etw); **2.** *fig* erbetteln; **II.** *itr (Spenden)* sammeln; ~**eur, se** *s m f* (Geld-)Sammler(in *f*) *m*; *frère m* ~ Bettelmönch *m*.

quetsche [kwɛtʃ] *f* **1.** Zwetsch(g)e *f*; **2.** Zwetsch(g)enwasser *n*.

queue [kø] *f* **1.** Schwanz, Schweif *m a. fig (Komet)*; **2.** Stiel *a. bot*; Griff *m*; **3.** Zipfel *m*, Ende *n a. fig*; **4.** *fig* Schluß, Rest *m*; Folgen *f pl*; **5.** Schlange *(von Menschen)*; *fam* Latte *f (Schulden)*; **6.** Queue *n*, Billardstock *m*; **7.** *(Kleid)* Schleppe *f*; **8.** *tech* Schaft, Zapfen *m*; **9.** *à la* ~*!* hinten anstellen! *à la* ~ *leu leu* im Gänsemarsch; *en* ~ hinten; *fig* am Schwanz; **10.** *commencer, prendre par la* ~ *(Roman)* von hinten an=fangen; *faire la* ~ Schlange stehen, an=stehen; *finir en* ~ *de poisson (fig)* im Sande verlaufen; *prendre la* ~, *se mettre à la* ~ sich (hinten) an=stellen; *tenir la* ~ *de la poêle (fig)* das Heft in der Hand haben; **11.** *il lui a fait une* ~ *de poisson (arg mot)* er hat ihn geschnitten; *cela n'a ni* ~ *ni tête* das hat weder Hand noch Fuß; **12.** *piano m à* ~ *(mus)* Flügel *m*; *robe f à* ~ Schleppkleid *n*; ~ *de cheval, de bœuf* Pferde-, Ochsenschwanz *m*.

qui [ki] **I.** *prn* der, die das; welche(r, s); wer; wen; den, der; **II.** *(Frage)* wer? wen? was? **1.** ~ ... ~ der eine ... der andere, die einen ... die anderen; *à* ~ (zu) wem; *à* ~ *est?* wem gehört? *ce* ~ was; *c'est moi* ~ *(betont)* ich; *c'est à* ~ ... es kommt darauf an, wer ...; *celui* ~ der(jenige), welcher; *de* ~ wessen, von wem; ~ *est-ce* ~ ...*?* wer ...? **2.** *à* ~ *mieux mieux* um die Wette; ~ *pis est* was noch schlimmer ist; ~ *plus est* was noch mehr heißen will; *un je ne sais* ~ ein x-beliebiger; *trouver à* ~ *parler* s-n Mann finden; *à* ~ *le tour?* wer ist an der Reihe? ~ *va l'a?* ~ *vive?* wer da? *se tenir sur le* ~*- vive* auf der Hut sein; *voilà* ~ *me plaît* so gefällt es mir.

quiche [kiʃ] *f*: ~ *lorraine* Speckkuchen *m*.

qui|conque [kikɔ̃k] *prn* wer auch immer; jeder, der ...; jede, die; ~**dam** [k(ɥ)idam] *m un* ~ ein gewisser Jemand.

quignon [kiɲɔ̃] *m* (Brot-)Ranken, Kanten *m*.

quill|e [kij] *f* **1.** *(Spiel)* Kegel *m*; **2.** schlanke Weinflasche *f*; **3.** *(Kleidungsstück)* Zwickel; Keil *m* **4.** *arg mil* Ende *n* des Militärdienstes; **5.** *pl* Haxen, Hachsen *m pl*; **6.** *mar* Kiel *m*; **7.** *être sur ses* ~*s (pop)* auf den Beinen, *fig* auf dem Posten, wohlauf sein; *jouer aux* ~*s* Kegel schieben, kegeln; **8.** *jeu m de* ~*s* Kegelspiel *n*; ~**eur** *m* Kegeljunge *m*.

quin|caillerie [kɛ̃kajri] *f* **1.** Haus- u. Küchengeräte *n pl*, Eisenwaren(handlung *f*, -handel *m*) *f pl*; **2.** *fam* Kinkerlitzchen *n pl*; ~**caillier** *m* Eisenwarenhändler *m*; ~**conce** *m*: *en* ~ auf Lücke gesetzt; ~**ine** [kinin] *f pharm* Chinin *n*.

quinqu|agénaire [k(ɥ)ɛ̃k(w)aʒenɛr] **I.** *a* fünfzigjährig; **II.** *s m f* Fünfzigjährige(r *m*) *f*; Fünfziger(in *f*) *m*; ~**ennal, e** [k(ɥ)ɛ̃k(ɥ)ɛnal] *a* fünfjährig; alle fünf Jahre stattfindend; *plan m* ~ Fünfjahresplan *m*; ~**et** [kɛ̃kɛ] *m*: *ouvrir ses* ~*s (pop)* die Augen auf=machen; ~**ina** [kɛ̃kina] *m* **1.** *pharm* Chinarinde *f*; **2.** *Apéritif mit Chinarinde*.

quint [kɛ̃] *Charles(-)Q*~ *(Kaiser)* Karl V.; ~**al** *m* Doppelzentner *m*; ~**e** *f* **1.** *mus* Quinte *f (a. Fechten)*; **2.** *(*~ *de toux)* Hustenanfall *m*; **3.** *(Spielkarten)* Folge *f* von fünf Karten derselben Farbe; ~**essence** *f fig* Quintessenz, Hauptsache *f*; ~**ette** [k(ɥ)ɛ̃-] *f mus* Quintett *n*; ~**uple** [kɛ̃typl] **I.** *a* fünffach; **II.** *s m*: *le* ~ das Fünffache; ~**upler** *tr* verfünffachen; ~**uplés, ées** *m f pl* Fünflinge *m pl*.

quinz|aine [kɛ̃zɛn] *f* **1.** *une* ~ (etwa) fünfzehn; **2.** 14 Tage *m pl*; ~**e I.** *a* fünfzehn; **II.** *s m* Fünfzehn(er *m*) *f*; der Fünfzehnte; *sport* Rugbymannschaft *f*; *aujourd'hui, demain, lundi en* ~ heute, morgen, Montag in 14 Tagen; *dans les* ~ *jours* innerhalb der nächsten vierzehn Tage; ~**ième I.** *a* fünfzehnte(r, s); **II.** *s m* Fünfzehntel *n*.

quiproquo [kiprɔko] *m* Verwechs(e)lung *f*.

quittance [kitɑ̃s] *f* Quittung, (Empfangs-, Zahlungs-)Bescheinigung *f*; *donner* ~ *(de)* quittieren, den Empfang bescheinigen *gen*; *établir, faire une* ~ e-e

Quittung aus≈stellen; *formulaire m de ~* Quittungsformular *n.*

quitte [kit] *a* **1.** nichts schuldig, quitt (*envers qn* jdm gegenüber); **2.** frei, los, ledig; **3.** *~ à* auf die Gefahr hin, daß ...; *en (être) ~ pour ...* nichts auszustehen haben außer ...; *être ~ de (ses dettes, d'un souci)* (s-e Schulden, e-e Sorge) los sein; *en être ~ à bon marché* gut dabei weggekommen sein; *en être ~ pour la peur* mit dem bloßen Schrecken davon≈kommen; *jouer (à) ~ ou double (Spiel)* alles oder nichts spielen; *fig* alles aufs Spiel setzen.

quitter [kite] **I.** *tr* **1.** verlassen; **2.** *(Dienst, Gewohnheiten)* auf≈geben; los≈, fahren≈lassen; sich trennen (*qc* von etw); **3.** *(Kleider)* ab≈legen, aus≈ziehen; **II.** *v prn se ~* sich trennen; von-ea. Abschied nehmen; *ne pas ~ des yeux* nicht aus den Augen lassen; *ne quittez pas (l'écoute) (tele)* bleiben Sie am Apparat.

quitus [k(ɥ)itys] *m: donner quitus* Entlastung erteilen.

quoi [kwa] **I.** *prn* was; was? **II.** *interj* was! wie! **1.** *à ~* woran, wozu, worauf; *après ~* worauf; darauf, danach; *avoir de ~ vivre* zu leben, das Nötige zum Leben haben; *avoir de ~ (pop)* Geld haben; *à ~ bon?* wozu? zu was? *c'est, voici, voilà de, à ~* davon *od* darüber, daran *od* dazu; *comme ~ (pop)* wie(so); *de ~* wovon, worüber; *eh ~!* was! wie! *(en) ~ faisant* indem ich *etc* das tue, tat; *~ de neuf?* was (gibt's) Neues? *(il n'y a) pas de ~* keine Ursache! (zu danken); **2.** *~ ... que* was ... auch (immer); *~ qu'il en soit* wie dem auch (immer) sei, was auch (immer) daran sein mag; *un je ne sais ~* ein gewisses Etwas; *sans ~* sonst; *ne savoir ~ faire* nicht wissen, was man tun soll; **~que** [kwak(ɛ)] *conj m subj* obgleich, obwohl.

quolibet [kɔlibɛ] *m* Anzüglichkeit, Witzelei, Stichelei *f.*

quorum [k(w)ɔrɔm] *m parl* Quorum *n,* beschlußfähige Anzahl *f; constater que le ~ est atteint* die Beschlußfähigkeit fest≈stellen.

quot|a [k(w)ɔta] *m* Quote *f;* **~e-part** [kɔtpar] *f* Anteil *m;* Rate; Quote *f; payer sa ~* s-n Anteil bezahlen; **~idien, ne** [kɔt-] **I.** *a* **1.** täglich; **2.** alltäglich, (wie) gewöhnlich; **II.** *s m* **1.** Alltag *m;* **2.** Tageszeitung *f;* **~ient** [kɔsjɑ̃] *m math* Quotient *m; ~ intellectuel (Q. I.)* Intelligenzquotient *m.*

R

rabâch|age [rabɑʃaʒ] *m meist pl fam* endlose(s) Wiederholen *n,* -holung *f;* Wiederkäuen; Gequatsche *n;* **~er** *tr fam* immer dasselbe reden, quatschen; endlos wiederholen, wieder=käuen; *c'est du rabaché* immer dieselbe Masche; **~eur, se** *m f* langweilige(r) Schwätzer(in *f*) *m.*

rabais [rabɛ] *m* **1.** Abzug; Rabatt, (Preis-)Abschlag, Nachlaß *m,* Ermäßigung *f;* **2.** *au ~* preisgünstig, billig; *vendre au ~* zu stark herabgesetzten Preisen verkaufen; *vente f au grand ~* Verkauf *m* zu stark herabgesetzten Preisen; *~ de quantité* Mengenrabatt *m;* **~ser I.** *tr* **1.** herab=setzen, -würdigen; **2.** *(Verdienste)* schmälern; **3.** *(Stolz)* dämpfen; **II.** *v prn se ~* sich erniedrigen.

rabat [raba] *m* **1.** *(Tasche)* Klappe *f;* **2.** *tech* Prellklotz *m; ~-joie m inv* Störenfried, Spielverderber; Miesmacher *m;* **~teur** *m (Jagd)* Treiber; *fig* Werber *m;* **~tre I.** *tr* **1.** um=, herunter=klappen, -schlagen; um=legen, -biegen; herunter=, nieder=drücken; **2.** glatt machen, glätten; **3.** *(vom Preis)* nach=lassen; ab=ziehen (*de, sur* von); **4.** *fig* herab=setzen, -ziehen, mindern, dämpfen; demütigen; **5.** die Zweige zurück=schneiden (*un arbre* an e-m Baum); **6.** *(Wild)* treiben; **7.** *(Stoß)* parieren; **8.** *(Wasserspiegel)* ab=senken; **II.** *itr: en ~* zurück=stecken; Abstriche machen; **III.** *v prn se ~* **1.** *(Fahrzeug)* plötzlich abschwenken; **2.** *(Nebel)* sich ausbreiten (*au sol* auf dem Boden); **3.** *(Vögel)* sich niederlassen (*dans un champ* auf e-m Feld); **4.** *fig* sich begnügen (*sur qc* mit etw); **5.** ausweichen (*sur qc* auf etw); **6.** *~ le caquet à qn (fam)* jdm das Maul stopfen; *se ~ après un dépassement* nach dem Überholen rasch wieder einscheren; **~tu, e** *a: chapeau m à bords ~s* Hut *m* mit heruntergeschlagenem Rand; *col m ~* Umlegkragen *m.*

rabbin [rabɛ̃] *m rel* Rabbiner *m.*

rab|ibocher [rabibɔʃe] **I.** *tr fam* **1.** in Ordnung bringen, (zurecht=)flicken; **2.** *fig* ver-, aus=söhnen; **II.** *v prn se ~* sich wieder vertragen; **~iot** *m arg mil mar* übriggebliebene *od* zusätzliche Verpflegung *f; faire du ~* Überstunden machen, *mil* nach=dienen.

râbl|e [rɑbl] *m* **1.** *(Hase)* Rücken *m;* **2.** *fam (Mensch)* Kreuz *n;* **3.** *tech* Schürhaken *m; — tomber sur le ~ à qn (fam)* jdm auf die Pelle rücken; **~é, e** *a* untersetzt, stämmig, vierschrötig.

rabot [rabo] *m* Hobel *m;* **~er** *tr* (ab=, be)hobeln; **~eux, se** *a* **1.** *(Fläche)* rauh, uneben; **2.** (holp(e)rig *(a. Stil).*

rab|ougri, e [rabugri] *a* **1.** *(Pflanze)* verkümmert, verkrüppelt; **2.** *(Mensch)* kümmerlich; **~ougrir I.** *tr* verkümmern, verkrüppeln lassen; **II.** *itr* u. *se ~* verkrüppeln, verkümmern *a. fig;* **~outer** *tr* **1.** *tech* an=stücken, -setzen; **2.** *(Stoff)* zs.=nähen.

rabrouer [rabrue] *tr fam* an=schnauzen, -brüllen, -fahren.

racaille [rakɑ(a)j] *f* Abschaum *m (der Gesellschaft),* Gesindel, Pack *n.*

raccommod|able [rakɔmɔdabl] *a* ausbesserungsfähig; **~age** *m* Ausbesserung *f,* Flicken *n,* Instandsetzung, Reparatur *f;* **~ement** *m fam* Aussöhnung *f;* **~er I.** *tr* **1.** *(Kleidung)* aus=bessern, flicken, instand setzen, reparieren; *(Strümpfe)* stopfen; **2.** *fig* (wieder) aus=söhnen; **II.** *v prn fam se ~* sich aus=söhnen, sich wieder vertragen; **~eur, se** *m f* Ausbesserer *m,* Flickerin *f.*

raccompagner [rakɔ̃paɲe] *tr* (zurück=) begleiten, -bringen.

raccord [rakɔr] *m* **1.** *tech* Anschluß(stück *n*) *m;* Verbindung(sstück *n*); Muffe *f;* Nippel *m;* **2.** *fig* Übergang *m;* **3.** *film* Überblendung *f; (fig) faire un ~* e-e Verbindung her=stellen; *(fam)* das Make-up auf=frischen; **~ement** [-də-] *m* **1.** Verbindung; Kupp(e)lung *f;* **2.** *loc* Anschlußgleis *n;* **3.** *el* Anschluß *m;* **~er I.** *tr* (miteinander) verbinden, zus.=fügen, -passen; *tele* an=schließen; **II.** *v prn se ~* verbunden sein (*à* mit *dat*); angeschlossen sein (*à* an *acc*); zusammenpassen.

racc|ourci, e [rakursi] **I.** *a* verkürzt; **II.** *s m* Ver-, Abkürzung *f;* Zs.Fassung; *(Kunst)* Verkürzung *f; à bras ~ (s)* aus Leibeskräften; *en ~* kurz zs.gefaßt, im Auszug; **~ourcir I.** *tr* ver-, ab=kürzen, kürzer machen; *pop* e-n Kopf kürzer machen; **II.** *itr* kürzer werden; **~ourcissement** *m* Verkürzung *f; (Tage)* Kürzerwerden *n.*

raccrocher [rakrɔʃe] **I.** *tr* **1.** wieder an=, auf=hängen; **2.** *tele* wieder auf=legen, ein=hängen; **II.** *v prn se ~* **3.** sich fest=klammern; **4.** *fig (Hoffnung)* sich klammern (*à qc* an e-e S); **5.** sich anschließen (*avec* an *acc).*

rac|e [ras] *f* **1.** *biol* Rasse *f;* **2.** Geschlecht *n;* Stamm *m,* Familie *f;* **3.** Sippschaft *f;* Brut *f; de ~* rassig; *de ~ pure* reinrassig; *la ~ humaine* das Menschengeschlecht; *~ de vipères (bibl)* Otterngezücht *n;* **~é, e** *a* **1.** *(Tier)* reinrassig, Rasse-; **2.** rassig; **~er** [rɛsœr] *m sport* Rennwagen *m,* -jacht *f,* -boot *n;* **~ial, e** [-sjal] *a pl-aux* rassisch; **~isme** *m* Rassenstandpunkt *m;* **~iste I.** *a* rassistisch; **II.** *s m* Rassist *m.*

rach|at [raʃa] *m* **1.** Rückkauf *m;* **2.** Los-, Freikauf *m;* **3.** Ab-, Einlösung *f;* **4.** *com* Tilgung *f;* **~etable** *a* rückkäuflich; ein-, ablösbar; tilgbar; **~eter I.** *tr* **1.** zurück=, wieder=kaufen; ab=, ein=lösen; tilgen; **2.** sich los=, frei=kaufen (*qc* von etw); **3.** *fig* sühnen; wiedergut=machen, aus=gleichen; entschädigen; **II.** *v prn se ~* sich los=, frei=kaufen.

rach|idien, ne [raʃidjɛ̃] *a* Wirbel(säulen)-; *nerf m ~* Rückenmarksnerv *m;* **~is** [-ʃis] *m* Wirbelsäule *f;* **~itique** *a med* rachitisch.

racine [rasin] *f bot* Wurzel *a. math fig;* (Zahn-, Haar-)Wurzel; (Sprach-)Wurzel *f; sans ~* wurzellos; *avoir de profondes ~s dans (fig)* stark verwurzelt sein in *dat; extraire une ~ (math)* e-e Wurzel ziehen; *prendre ~* Wurzel fassen *od* schlagen, *(fig)* sich fest=setzen *a. fig.*

rack [rak] *m* Arrak *m;* **~etter** [-ɛtœr] *m* Erpresser *m.*

racl|ée [rakle] *f* **1.** *pop* Tracht *f* Prügel; **2.** *fig* Schlappe *f;* **~ement** *m* Kratzen, Schaben *n;* **~er I.** *tr* **1.** (ab=)kratzen, schaben; **2.** *~ un violon* auf e-r Geige herumkratzen; **3.** *(Wald)* lichten; **II.** *v prn se ~ la gorge* sich räuspern; *~ le gosier* im Halse kratzen; **~ette** *f* Schab-, Kratzeisen *n;* **~eur** *m* **1.** *(~ de violon)* schlechte(r) Geigenspieler; **2.** *mot* Rennsau *f;* **~oir** *m* Schaber, Kratzer *m;* **~ure** *f* **1.** (Ab-)Schabsel *n;* **2.** *fig* Abschaum *m (der Menschheit);* **3.** *pop* Hure; Schlampe *f.*

rac|olage [rakɔlaʒ] *m* Kundenfang *m;* **~oler** *tr fam* werben; auf Kundenfang gehen; **~oleur** *m* Werber *m; a: titre m ~* reißerische(r) Titel *m;* **~oleuse** *f* Straßendirne *f.*

racont|ar [rakɔ̃tar] *m fam meist pl* Geschwätz *n,* Klatsch *m;* **~onter I.** *tr* erzählen, berichten (*qc* von etw); *en ~* lang u. breit erzählen; vor=machen (*qc à qn* jdm e-e S); *en ~ de belles* nette Geschichten erzählen; **II.** *v prn se ~* von sich, einander erzählen; **~onteur, se** *s m f* (Geschichten-)Erzähler(in *f*) *m.*

racorn|i, e [rakɔrni] *a* **1.** *(Fleisch)* zäh; **2.** *(Haut)* ledern; **3.** *fig* verkalkt; veraltet; **~ornir I.** *tr* zäh, hart machen; **II.** *v prn se ~* **1.** zäh, hart werden; **2.** zs.schrumpfen; **3.** *fig* verkalken.

radar [radar] *m* Radar *m* od *n;* Radar-, Funkmeßgerät *n; ~ de bord* Bordradaranlage *f;* **~iste** *m* Radartechniker *m.*

rad|e [rad] *f* Reede *f,* Ankerplatz *m;* — *(fig fam) laisser en ~ (Mensch)* im Stich lassen; *(Sache)* auf=geben; *(fig) rester en ~ (Auto)* liegen=bleiben; *(Projekt)* zurückgestellt werden; **~eau** *m* Floß *n; ~ pneumatique* Schlauchboot *n.*

radi|aire [radjɛr] *a zoo* strahlenförmig; **~al, e** *a* radial; *anat* Radial-, (Arm-)Speichen-; *(voie f) ~e* Radiale *f;* **~ant, e** *a* strahlend; **~ateur** *s m* Heizkörper *m; (~ électrique)* elektrische(r) Heizkörper *m; (~ à gaz)* Gasofen *m; (~ d'automobile)* Kühler *m a. aero;* **~ation** *f* **1.** (Aus-)Strahlung *f; pl a.* Strahlen *m pl;* **2.** Aus-, Durchstreichen *n;* Streichung; **3.** *jur* Löschung *f;* **4.** *~ solaire* Sonnenstrahlung *f; ~ thermique* Wärmestrahlung *f.*

radi|cal, e [radikal] **I.** *a* **1.** *(Maßnahmen)* radikal; rücksichtslos; gründlich; **2.** *pol* radikalsozialistisch; **3.** *bot* Wurzel-; *gram* Stamm-; **II.** *s m* **4.** *gram* Stamm *m,* Wurzel *f;* **5.** *math* Wurzelzeichen; **6.** *chem* Radikal *n;* **7.** *pol* Radikalsozialist *m;* **~calement** *adv* gründlich, von Grund aus, vollkommen, vollständig; **~caliser** *tr* radikalisieren; **~calisme** *m (in Frankreich)* Radikalsozialismus *m.*

radier [radje] *tr* (aus=, durch=) streichen; *jur* löschen.

radi|esthésiste [radjɛstezist] *m* (Wünschel-)Rutengänger *m;* **~eux, se** *a* **1.** strahlend, glänzend (*de* vor *dat*) *a. fig;* **2.** *fig* freudestrahlend; frisch, blühend; **~fère** [-di-] *a* radiumhaltig; **~n** [-dɛ̃] *m pop* Geizhals *m;* **~ner** [-dine] *itr pop* (an=)kommen, eintrudeln.

radio [radjo] *m* **1.** Funkspruch *m;* **2.** (*aero* Bord-)Funker *m;* **3.** *f* Radio *n,* Rundfunk *m;* **4.** Rundfunkgerät *n,* Radioapparat *m;* **5.** Röntgenaufnahme, -durchleuchtung *f; in Zssgen: a)* (Arm-)Speichen-; *b)* Radio-, Rundfunk-; *à la ~* im, über den Rundfunk; *par ~* durch Funkspruch, drahtlos; *~ f scolaire* Schulfunk *m;* **~actif, ive** *a* radioaktiv; **~activité** *f* Radioaktivität *f;* **~-astronomie** *f* Radioastronomie *f;* **~balise** *f* Funk-, Signalbake *f;* **~communication** *f* Funkverkehr *m;* Funkspruch *m;* **~diffuser** *tr* (im Rundfunk) übertragen, über den Rundfunk ausstrahlen; **~diffusion** *f* **1.** Rundfunk(übertragung *f*) *m;* **2.** Hörfunk *m; station f de ~* Rundfunksender *m; ~ par fil* Drahtfunk *m;* **~-électricité** *f* Funktechnik *f;* **~-électrique** *a* radioelektrisch; *par voie ~* auf dem Funkweg; **~goniomètre** *m* Funkpeilgerät *n;* **~gramme** *m* **1.** Funkspruch *m;* **2.** Röntgenbild *n;* **~graphie** *f* Röntgen(aufnahme *f*) *n,* -photographie *f;* **~graphier** *tr* röntgen; **~graphique** *a*

Röntgen-; *examen m* ~ Röntgenuntersuchung *f;* **~guidage** *m* Funksteuerung *f;* **~guidé, e** *a* funkgesteuert; **~-isotope** *m phys* radioaktive(s) Isotop *n;* **~laire** *m* Strahlentierchen *n;* **~logie** *f med* Röntgenologie *f;* **~logique** *a* röntgenologisch; **~logue, ~logiste** *m* Röntgenologe *m;* **~mètre** *m* Radiometer *n;* **~navigant** *m* (Bord-)Funker *m;* **~navigation** *f* Funknavigation *f;* **~phare** *m* Funkfeuer *n;* **~phonie** *f* Funkfernsprechverkehr *m;* **~phonique** *a* Rundfunk-; *jeu m* ~ Quizsendung *f; pièce f* ~ Hörspiel *n;* **~-pirate** *f* Piratensender *m;* **~reportage** *m* Rundfunkreportage *f;* **~reporter** [-ɛr] *m* Rundfunkreporter *m;* **~scopie** *f* Röntgendurchleuchtung *f;* **~sonde** *f* Radiosonde *f;* **~technique** *a* funktechnisch; **~télégramme** *m* Funkspruch *m;* **~télégraphie** *f* Funktelegraphie *f;* **~télégraphique** *a* funktelegraphisch; **~télégraphiste** *m* Funker *m;* **~téléphonie** *f* Funkfernsprechen *n;* **~téléscope** *m astr* Radioteleskop *n;* **~téléviser** *tr* im Funk und Fernsehen übertragen; **~thérapie** *f med* Röntgentherapie *f.*

radi|s [radi] *m* Radieschen *n;* Rettich *m; n'avoir plus un ~ (pop)* keinen Pfennig Geld mehr haben, völlig abgebrannt sein; **~um** [-djɔm] *m* Radium *n.*

radot|age [radɔtaʒ] *m* **1.** *meist pl* (dummes) Geschwätz *n,* Faselei *f, fam* Gequassel *n;* **2.** Geschwätzigkeit *f;* **~er** *itr fam* Blech reden, faseln; *fam* quasseln; **~eur, se I.** *a* geschwätzig, schwatzhaft; **II.** *s m f* Schwätzer(in *f*) *m, fam* Quasselstrippe *f.*

radou|b [radu(b)] *m mar* Ausbesserung *f; bassin m de* ~ (Trocken-)Dock *n;* **~ber** *tr mar, fam* aus=bessern, reparieren; **~beur** *m* Dockarbeiter *m;* **~cir I.** *tr* **1.** mildern; **2.** *fig* besänftigen; **3.** *(Ton)* mildern; **II.** *v prn se* ~ **4.** *(Wetter)* milder werden; **5.** *(Person)* umgänglicher werden; **~cissement** *m (Wetter)* Milderung *f.*

rafale [rafal] *f* **1.** Windstoß *m,* Bö *f;* **2.** *mil* Feuerstoß *m.*

raff|ermir [rafɛrmir] **I.** *tr* **1.** festigen *a. fig,* kräftigen; **2.** *(Brüste)* straffen; **3.** *(Sauce)* steif werden lassen; **4.** *fig* stärken; bestärken (*dans qc* in e-r S); **II.** *v prn se* ~ sich festigen, sich kräftigen; sich straffen; **~ermissement** *m* Festigung, Kräftigung, Straffung, Stärkung *f a. fig;* **~inage** *m* Raffinieren *n,* Verfeinerung, Vered(e)lung *f;* **~iné, e** *a* **1.** verfeinert; **2.** *tech* raffiniert *a. fig;* **~inement** *m* **1.** Verfeinerung *f;* **2.** *fig* Raffinement *n,* Raffinesse, Raffiniertheit *f;* **3.** Spitzfindigkeit *f;* **~iner I.** *tr* **1.** verfeinern *a. fig;* **2.** *tech* raffinieren; **II.** *itr* auf die Spitze treiben (*sur qc* e-e S); **~inerie** *f tech* Raffinerie *f;* ~ *de pétrole* Zucker-, Ölraffinerie *f;* **~oler** *itr fam* vernarrt sein (*de* in *acc*), schwärmen (*de* für *acc*); *(Süßigkeiten)* leidenschaftlich gern essen; **~ut, rafut** [-fy] *m fam* Radau, Lärm *m.*

rafi|au, ~ot [rafjo] *m fam* alte(r) Kahn *m;* **~stoler** [-fis-] *tr fam* zurecht=flikken, -schustern.

rafl|e [ra(ɑ)fl] *f* **1.** Razzia *f;* **2.** *faire une* ~ alles weg=schleppen, ein=sacken, aus=plündern; **~er** *tr* **1.** mit=nehmen, mitgehen heißen; **2.** *com* aufkaufen.

rafraîch|ir [rafre(ɛ)ʃir] **I.** *tr* **1.** (ab=, aus=) kühlen, kalt stellen; erfrischen; **2.** *fig* auf=, erfrischen; (neu) beleben; **3.** aus=bessern, wiederher=stellen; **4.** *(Haare)* (nach=)schneiden; **II.** *itr* **5.** ab=kühlen; kühler werden; **6.** kalt stellen; **III.** *v prn se* ~ **7.** sich erfrischen; **8.** sich aus=ruhen, sich erholen; **9.** *(Wetter)* sich ab=kühlen; **10.** *fam* e-e Erfrischung zu sich nehmen; ~ *la mémoire de qn (sur tel ou tel point)* jdm etw ins Gedächtnis zurück=rufen; **~issant, e I.** *a* **1.** kühlend, erfrischend, Erfrischungs-; **2.** *pharm* abführend; **II.** *s m* Beruhigungs-, Abführmittel *n;* **~issement** *m* **1.** (Ab-)Kühlung *f;* **2.** *meist pl* Erfrischungen *f pl.*

ragaillardir [ragajardir] *tr* auf=heitern, auf=muntern; *se sentir tout ragaillardi* sich wie neugeboren fühlen.

rag|e [raʒ] *f* **1.** *med* Tollwut *f;* **2.** Toben *n,* Raserei *f,* Wut *f;* — *écumer de* ~ vor Wut schäumen; ~ *de dents* wahnsinnige Zahnschmerzen *m pl;* **~er** *itr fam* ärgerlich, böse werden; sich tot=ärgern; **~eur, se** *a* jähzornig; wütend, wutschnaubend.

ragot [rago] *m meist pl fam* Klatsch *m.*

ragougnasse [ragu ɲas] *f pop* Fraß *m.*

ragoût [ragu] *m* Ragout *n;* ~ *de mouton* Hammelragout *n;* **~ant, e** [-tɑ̃, -ɑ̃t] *a: peu* ~ unappetitlich; *(Arbeit)* schmutzig.

raid [rɛd] *m* **1.** *mil* Einfall, -bruch *m;* Kommandounternehmen *n;* **2.** *aero* Langstrecken-, Fern-, Dauerflug *m;* **3.** Luftangriff *m (~ aérien);* **4.** *sport* Fernfahrt *f;* **~e I.** *a* **1.** steif, starr, stramm; gespannt *a. fig;* **2.** *(Weg)* steil; **3.** *fig* unnachgiebig, unbeugsam; schroff; verstockt; starrsinnig, halstarrig; **4.** *fam* abgebrannt, blank; **5.** *pop* völlig blau; **II.** *adv: tomber ~ mort, être tué ~* auf der Stelle tot um=fallen; *c'est un peu ~* das ist ein starkes Stück; **~eur** *f* **1.** Steifheit *f;* **2.** Starrheit, Schroffheit *f;* **3.** *(Berg, Weg)* Steilheit *f;* **~illon** [-jɔ̃] *m* steile(r) Pfad *od* Abhang *m;* **~ir I.** *tr* **1.** spannen, straffen, steif machen; ab=, versteifen; **2.** *fig* unbeugsam machen; **II.** *v prn se* ~ **3.** *(fig)* sich stemmen (*contre* gegen); **4.** hart, steif werden; **~issement** *m* **1.** Spannen, Straffen *n;*

2. *(Glieder)* Steifwerden *n;* 3. *pol* Versteifung *f.*

rai|e [rɛ] *f* 1. *zoo* Rochen *m;* 2. Strich, Streifen, Kratzer *m;* Rille *f;* 3. Scheitel *m;* ~**fort** *m bot* Meerrettich *m.*

rail [rɑ(a)j] *m* 1. Schiene *f;* 2. Eisenbahn *f; sortir des* ~*s* entgleisen.

raill|er [rɑje] *tr* verspotten, verlachen sich lustig machen (*qn* über jdn); ~**erie** *f* Spott *m; (n')entendre (pas)* ~ (keinen) Spaß verstehen; ~**eur, se I.** *a* schalkhaft, spöttisch; **II.** *s m f* Spötter(in *f*) *m.*

rain|ette [rɛnɛt] *f* Laubfrosch *m;* ~**ure** *f* Nut(e), Rille *f,* Schlitz *m.*

raisin [rɛsɛ̃] *m* 1. Weintraube *f;* 2. *bot* Beere, Traube *f;* 3. Papierformat *(50×65 cm);* ~*s de Corinthe, secs, de Smyrne* Korinthen, Rosinen, Sultaninen *f pl.*

raison [rɛzɔ̃] *f* 1. Vernunft *f;* Verstand *m;* 2. Recht *n;* 3. Grund *m,* Ursache *f,* Anlaß *m;* 4. Argument *n,* Erklärung; 5. Genugtuung; 6. *com* Firma; 7. *math* Proportion *f,* Verhältnis *n;* 8. *à* ~ *de* zum Preise von; *avec (fam juste)* ~ mit gutem Recht, mit Fug u. Recht; *à plus forte* ~ mit um so größerem Recht, um so eher *od* mehr; geschweige denn ...; *comme de* ~ wie (es) recht u. billig ist; *en* ~ *de* mit Rücksicht auf *(acc),* in Anbetracht, auf Grund *gen;* im Verhältnis zu *(a.: à* ~ *de); par la* ~ *que* aus dem Grunde, daß; *plus que de* ~ mehr als recht, gut ist; *pour n'importe quelle* ~ aus irgendeinem Grund; *en* ~ *de quoi* deswegen, -halb, aus diesem Grunde; *pour* ~ *de santé* aus Gesundheitsgründen; 9. *avoir* ~ recht haben; *avoir de bonnes* ~*s* s-e (guten) Gründe haben; *avoir toute sa* ~ bei vollem Verstande sein; *demander* ~ Genugtuung verlangen (*de* für); *donner* ~ *à qn* jdm recht geben; *entendre* ~ Vernunft an=nehmen; *être en* ~ *directe, inverse (math)* direkt, umgekehrt proportional sein; *parler* ~ vernünftig reden; *perdre la* ~ den Verstand verlieren; 10. *il y a* ~ *en, pour tout* alles hat s-e Grenzen; *cela n'a ni rime ni* ~ das hat weder Hand noch Fuß; 11. *mariage m de* ~ Vernunftehe *f;* ~ *d'être* Existenz-, Daseinsberechtigung *f;* ~ *sociale* Firmenbezeichnung, Firma *f;* ~ *valable* triftige(r) Grund *m;* ~**nable** *a* 1. vernünftig; verständig; 2. anständig, angemessen *(a. Preis);* ziemlich groß; ~**nablement** *adv* 1. vernünftig; 2. mäßig, mittelmäßig; *fam travailler* ~ mäßig arbeiten; ~**né, e** *a* durchdacht; systematisch; theoretisch begründet; ~**nement** *m* 1. Urteil(skraft *f*) *n;* Schluß(folgerung *f*) *m;* 2. Beweisführung; Überlegung *f;* 3. *pl* Einwände *m pl,* Widerrede *f;* ~**ner I.** *itr* 1. (vernünftig) denken, urteilen; schließen, Schlußfolgerungen ziehen; 2. sich ausea.=setzen (*avec qn* mit jdm); 3. Überlegungen an=stellen; 4. widersprechen; **II.** *tr* gut zu=reden (*qn* jdm); **III.** *v prn se* ~ Vernunft an=nehmen; ~**neur, se I.** *s m f* 1. (scharfer) Denker; 2. Schwätzer, Widerspruchsgeist; Nörgler *m;* **II.** *a* 1. zum Widerspruch geneigt; 2. diskutierfreudig.

ra|jeunir [raʒœnir] **I.** *tr* 1. verjüngen *a. fig;* jung, jünger machen *od* erscheinen lassen; jünger schätzen; verjüngen; 2. *(Gedanken)* neu beleben; 3. *(Sachen)* erneuern; **II.** *itr* 4. wieder jung werden; jünger aus=sehen; 5. *fig* sich erneuern, sich verjüngen; **III.** *v prn se* ~ 6. sich jünger machen; 7. *fig* sich verjüngen; ~**jeunissant, e** *a* jung machend, jugendlich wirkend; ~**jeunissement** *m* 1. Verjüngung *f;* 2. *fig* Erneuerung *f.*

ra|jouter [raʒute] *tr* hinzu=fügen; ~**justement** *m* Anpassung; Angleichung *f;* ~**juster I.** *tr* 1. (wieder) in Ordnung bringen, aus=bessern, reparieren, instand setzen; 2. anpassen, an=gleichen; **II.** *v prn se* ~ sich wieder zurecht=machen, s-e Kleider in Ordnung bringen.

râl|ant, e [rɑlɑ̃, -ɑ̃t] *a c'est* ~ *(pop)* das ist ärgerlich; ~**e** *m* 1. Röcheln *n;* 2. *orn* Ralle *f;* ~**ement** *m* 1. Röcheln *n;* 2. *fam* Gemecker *n;* ~**er** *itr* 1. *(Sterbender)* röcheln; 2. *fam* nörgeln; 3. *(Hirsch)* röhren.

ralenti [ralɑ̃ti] *m* 1. *mot aero* Leerlauf *m;* 2. *film* Zeitraffer *m;* Zeitlupenaufnahme *f;* — *au* ~ mit der Zeitlupe, in Zeitlupenaufnahme; *fig* in verlangsamtem Tempo; *mettre au* ~ langsamer (ab=)laufen lassen; (ab=)drosseln; ~**r I.** *tr* verlangsamen; *(Geschwindigkeit)* herab=setzen; *fig* ab=schwächen; dämpfen; **II.** *itr* langsamer werden; abbremsen; **III.** *v prn se* ~ *(fig)* nach=lassen, sich ab=schwächen; **ralentissement** *m* Verlangsamung *f;* Nachlassen *n,* Abschwächung *f; fig* Erlahmen *n.*

ralli|ement [ralimɑ̃] *m* 1. *fig* Anschluß *m* (*à* an *acc*); 2. *mil* Sammeln *n;* ~**er** [-lje] **I.** *tr* 1. (wieder) (ver)sammeln, zs.=führen, -bringen, -ziehen; 2. *fig* vereinen, *fam* unter e-n Hut bringen; *(um sich)* sammeln, scharen; für sich, für e-e Sache gewinnen; 3. *(Posten)* wieder ein=nehmen, zurück=kehren (*qc* auf e-e S); **II.** *v prn se* ~ sich wieder sammeln.

rallong|e [ralɔ̃ʒ] *f* 1. Verlängerung(sstück *n*) *f,* Ansatz *m;* 2. *fig* Zusatz *m;* Zuzahlung; Zugabe *f; servir de* ~ *à (fig)* hinzu=kommen zu; *table f à* ~*(s)* Ausziehtisch *m;* ~**ement** *m* Verlängerung *f;* ~**er I.** *tr* verlängern; *(Tisch)* aus=ziehen; **II.** *itr* länger werden; **III.** *v prn se* ~ länger werden.

rallumer [ralyme] **I.** *tr* 1. wieder an=zünden, an=stecken; 2. *fig* wieder entfachen, erwecken, aufleben lassen; **II.** *v* *prn se* ~ **3.** *(fig)* wieder in Gang kommen, sich erneuern; **4.** *fig* sich aufs neue entzünden.

rallye [rali] *m sport* Sternfahrt, Rallye *f.*

ramage [ramaʒ] *m* **1.** Laubwerk, Rankenmuster *n;* **2.** *(Vögel)* Gesang *m,* Zwitschern; *(Kinder)* Plappern *n;* **3.** *(Textil)* Spannen *n.*

ramass|age [ramasaʒ] *m* (Auf-)Lesen, (Auf-, Ein-)Sammeln *n;* ~ *des ordures ménagères* Müllabfuhr *f;* ~ *scolaire* Abholen *n* der Schüler mit Schulbussen; ~**e** *f:* ~*-miettes m inv* Krümelbürste *f* mit Schaufel; ~*-monnaie m inv* Zahlteller *m;* ~*-poussière m inv (Belgien)* Staubfänger *m;* ~**é, e** *a* **1.** untersetzt, stark, kräftig; **2.** *(Stil)* straff; *(Ausdrucksweise)* knapp; **3.** zs.gekauert; ~**er I.** *tr* **1.** (auf=, ein=)sammeln, (auf)lesen; zs.=bringen; um sich scharen; **2.** auf=heben, auf=lesen, -greifen, mit=nehmen; **3.** *fam* erwischen, fest=nehmen; **4.** *pop* ab=kanzeln, fertig=machen, aus=schimpfen; **II.** *v pr se* ~ **5.** *(Igel)* sich zs.=rollen; **6.** *fig pop* wieder auf=rappeln; *a.* (hin=)fallen; ~**eur** *m* Sammler *m;* ~**is** [-si] *m* Sammelsurium *n;* ~ *de voyous* Haufen *m;* Gesindel *n.*

rambarde [rɑ̃bard] *f mar* Reling *f;* Geländer *n.*

ramdam [ramdam] *m fam* Lärm, Krach *m.*

ram|e [ram] *f* **1.** (Bohnen-)Stange *f;* **2.** Ries *n (500 Bogen Papier);* 20 Rollen *f pl* Tapete; **3.** *loc* (Wagen-)Zug; **4.** *mar* Schleppzug *m;* **5.** *(fam) ne pas en fiche une* ~ stinkfaul sein; **6.** Ruder *n;* Rudersport *m; à deux* ~*s* zweirud(e)rig; ~**eau** *m* **1.** (kleiner) Zweig *m a. fig;* **2.** *fig* Ab-, Verzweigung, Verästelung *f a. anat;* **3.** *(Gebirge)* Ausläufer *m;* **4.** *(Familie)* Seitenlinie *f; dimanche m des R~x* Palmsonntag *m;* ~ *d'olivier* Ölzweig *m;* Friedenspalme *f;* ~**ée** *f* **1.** (abgehauene) grüne Zweige *m pl;* **2.** *poet* Laubwerk; Laubdach *n.*

ramener [ramne] **I.** *tr* **1.** zurück=führen, -bringen; nach Hause, heim=bringen; **2.** *(Mode)* wieder=beleben, wieder aufleben lassen; *(Ruhe)* wiederher=stellen; *(Blicke)* wieder schweifen lassen; **3.** wieder lenken, aufmerksam machen (*à* auf *acc*); *(Rede)* wieder bringen (*à* auf *acc*); **4.** an sich *(acc)* nehmen *od* ziehen; **5.** *fig* zurück=führen, -bringen (*à* auf *acc*) *a. math;* **II.** *v prn se* ~ **6.** hinaus=laufen, sich zurück=führen lassen (*à* auf *acc*); **7.** *fam* wieder aufkreuzen; *la* ~ *(fam)* meckern; ~ *à la raison* wieder zur Vernunft bringen; ~ *à la vie* ins Leben zurück=rufen.

ram|equin [ramkɛ̃] *m* **1.** *Art* Käsekuchen *m;* **2.** feuerfeste Puddingschale *f;* ~**er I.** *tr* **1.** *(Erbsen)* mit Büschen, *(Bohnen)* mit Stangen stützen; **2.** *(Gewebe)* spannen; **3.** *il s'y entend comme à* ~ *des choux (fam)* er versteht davon soviel wie die Katze vom Sonntag; **II.** *itr* rudern; ~**eur, se** *s m f* Ruderer *m,* Ruderin *f;* ~**ier** [-mje] *m* **1.** Große Holz-, Ringeltaube *f;* **2.** *fam fig* Faulpelz *m;* ~**ification** *f* **1.** *bot* u. *fig* Verzweigung, Verästelung; **2.** *loc* Abzweigung *f;* ~**ifier, se** *v prn* **1.** *bot* u. *fig* sich verzweigen, sich verästeln; **2.** *loc* sich gabeln; **3.** *fig* verzweigt sein; ~**ille** [-ij] *f* Zweigende *n; pl* Reisig *n.*

ramoll|i, e [ramɔli] **I.** *a* **1.** aufgeweicht; **2.** *fig fam* verkalkt; **3.** *fig fam* schlapp, verweichlicht; **II.** *s m f fam* **1.** verkalkte(r) Mensch *m;* **2.** *fam* Schlappschwanz *m;* ~**ir I.** *tr* **1.** weich machen, auf=weichen; *med* erweichen; **2.** *fig* verweichlichen; **II.** *v prn se* ~ **3.** weich werden, auf=weichen; **4.** *fig* erschlaffen; ~**issement** *m* Aufweichen, Weichwerden *n;* ~ *cérébral* Gehirnerweichung *f.*

ramon|age [ramɔnaʒ] *m* Schornsteinfegen *n;* ~**er** *tr* **1.** *(Schornstein)* fegen; **2.** *(Bergsteiger)* im Kamin erklettern; ~**eur** *m* Schornsteinfeger, Kaminkehrer *m.*

ramp|ant, e [rɑ̃pɑ̃, -ɑ̃t] **I.** *a* **1.** kriechend; **2.** *fig* kriecherisch; **3.** *arch* geneigt, einhüftig; **II.** *s m* **4.** *arch* Neigung *f;* Schrägdach *n;* — *personnel m* ~ *(arg aero)* Bodenpersonal *n; plante f* ~*e* Kletterpflanze *f;* ~**e** *f* **1.** Treppengeländer *n;* **2.** Auffahrt, Rampe *f a. loc theat;* **3.** *theat (feu m de la* ~*)* Rampenlicht *n;* Lichterkette *f;* **4.** *passer la* ~ *(fig)* Anklang finden; wirkungsvoll sein; **5.** ~ *de chargement, de démarrage* Lade-, Ablauframpe *f;* ~ *de lancement* Abschußrampe *f;* ~**er** *itr* **1.** kriechen; schleichen; sich schlängeln; **2.** *fig* sich hin=schleichen, -schlängeln; langsam ziehen; **3.** *fig* kriechen; ~**on(n)eau** *m fam* Schubs, Stoß *m.*

ran|card [rɑ̃kar] *m arg* Auskunft *f;* Verabredung *f,* Rendezvous *n; aller aux* ~*s* sich erkundigen; ~**carder I.** *tr pop* e-n Tip geben; **II.** *v prn se* ~ sich erkundigen; ~**cart** *m: mettre au(x)* ~*(s) (fam)* zum alten Eisen werfen; *(Person)* abservieren; ~**ce** [rɑ̃s] **I.** *a* ranzig; **II.** *s m: sentir le* ~ ranzig schmecken.

ranc|i [rɑ̃si] **I.** *a* ranzig; **II.** *s m* ranzige(r) Geschmack *m;* ~**ir** *itr* ranzig werden; ~**issement** *m,* ~**issure** *f* Ranzigwerden *n.*

rancœur [rɑ̃kœr] *f* Groll *m.*

rançon [rɑ̃sɔ̃] *f* **1.** Lösegeld *n;* **2.** *fig* Preis *m;* ~**nement** *m* Erpressung *f; fam* Nepp *m;* ~**ner** *tr* ein Lösegeld fordern; erpressen.

rancun|e [rɑ̃kyn] *f* Groll *m;* Rachsucht *f; sans* ~ *(fam)* nichts für ungut; *garder de la* ~ *à qn, avoir de la* ~ *contre qn* jdm etw nach=tragen; **~ier, ère** [-nje, -ɛr] *a* nachtragend.

randonnée [rɑ̃dɔne] *f* Tour *f*, Ausflug *m*, Fahrt *f*; *faire une ~* e-e Wanderung machen.

rang [rɑ̃] *m* **1.** Reihe(nfolge), (An-)Ordnung *f*; **2.** Rang(stufe *f*) *a. theat*, Stand *m*, Stellung *f*; **3.** Stelle *f*, Platz *m*; **4.** *mil* Glied *n*; **5.** *en ~s* in Reih u. Glied; *en ligne sur trois ~s* in Linie zu 3 Gliedern; *en ~ d'oignons* in einer Reihe, einer hinter dem anderen; *par ~ d'ancienneté* nach dem Dienstalter; *par ~ de taille* der Größe nach; **6.** *avoir ~ de* ... den Rang e-s (e-r) ... haben; *avoir le ~ sur qn* den Vortritt vor jdm haben; *être au ~ de* gehören zu; den Rang, die Stellung *gen* haben; *être, se mettre sur les ~s (bei e-m Wettstreit)* mit=machen, unter den Mitbewerbern sein, kandidieren; *garder, tenir son ~* s-e Stellung behaupten *od* bewahren; *rentrer dans les ~s (mil)* ins Glied zurück=treten; *rompre les ~s (mil)* weg=treten; *serrer les ~s (mil)* auf=schließen; *sortir des ~s (mil)* aus dem Glied treten; *sorti des ~s (mil)* aus dem Mannschaftsstand hervorgegangen.

rang|é, e [rɑ̃ʒe] *a* **1.** *(Mensch)* ordentlich; **2.** *bataille f ~e* regelrechte (Straßen-)Schlacht *f*; **~ée** *f* Reihe, Linie *f (a. Spiel)*; **~ement** *m fam* **1.** Aufräumen *n*; **2.** Anordnung *f*; **3.** *(Auto) faire un ~* ein=parken; **~er I.** *tr* **1.** (an=)ordnen, (um=, auf=)stellen; in Ordnung bringen; **2.** weg=, auf=räumen; *(Kleider)* weg=hängen; **3.** *mar* entlang=fahren (*qc* an e-r S *dat*); **II.** *v prn se ~* **4.** sich auf=stellen, sich (an=)ordnen; **5.** zur Seite gehen *od* treten; Platz machen; sich ein=richten (*dans* in *dat*); **6.** *fig* sich stellen (*du côté de* auf die Seite *gen*); zu=stimmen, bei=pflichten (*à un avis* e-r Meinung); **7.** ein ordentlicher Mensch, *fam* solide werden.

ran|imer [ranime] **I.** *tr* **1.** wieder=beleben; **2.** *fig* neu entfachen, auf=frischen; wieder aufleben lassen; an=feuern; **II.** *v prn se ~* **3.** wieder zu sich kommen; **4.** sich neu beleben; **5.** *(Feuer)* wieder aufflackern; **~z** [rɑ̃z(ts)] *m*: *~ des vaches* Kuhreigen *m*.

rapac|e [rapas] **I.** *a* **1.** räuberisch; **2.** *fig* hab-, gewinnsüchtig; **II.** *s m pl* Raubvögel *m pl*; **~ité** *f* **1.** Raubgier *f*; **2.** *fig* Habsucht, -gier *f*.

rapatri|é, e [rapatrije] *m f* Heimkehrer, Rückwanderer *m*; **~ement** [-trimɑ̃] *m* Repatriierung, Rückführung; Heimkehr *f*; **~er** *tr* repatriieren.

râp|e [rɑp] *f* **1.** Reibe *f*; **2.** Raspel; (grobe) Feile *f*; **~é, e I.** *a* gerieben; abgeschabt, -genutzt, -getragen; **II.** *s m* geriebene(r) Käse *m*; **~er** *tr* **1.** reiben, raspeln, schaben; **2.** *(im Hals)* kratzen; **~eux, se** *a* rauh; *(Wein)* herb.

rapet|assage [raptasaʒ] *m fam* Ausbessern, Flicken; Flickwerk *n a. fig*; **~asser** *tr* **1.** *fam* aus=bessern, flicken; **2.** *fig* zs.=stoppeln, zurechtschustern; **~issement** *m* **1.** Verkleinerung *f*; **2.** *fig* Herabsetzung, -würdigung *f*; **~isser I.** *tr* **1.** kürzer machen; verkleinern; kleiner erscheinen lassen; **2.** *fig* herabsetzen, verkleinern; **II.** *itr* **3.** kleiner, kürzer werden, ab=nehmen; **4.** *(Stoff)* eingehen; **III.** *v prn se ~* **5.** kleiner werden; *fig* bescheiden auf=treten.

rap|hia [rafja] *m* **1.** Bambuspalme *f*; **2.** Raffiabast *m*; **~iat, e** [rapja, -at] *a pop* raff(gier)ig; knick(e)rig.

rapid|e [rapid] **I.** *a* **1.** schnell, rasch; *(Zeit)* schnell vorüber-, vergehend, verfließend, flüchtig; **2.** *(Fluß)* reißend; abschüssig, steil; **3.** *fig* lebhaft, lebendig *(a. Stil)*; **II.** *s m* **1.** Stromschnelle *f*; **2.** *(train) ~ m* Schnellzug, D-Zug *m*; **~ité** *f* **1.** Schnelligkeit; *(Zeit)* Flüchtigkeit *f*; **2.** (Film-)Empfindlichkeit *f*.

rapi|éçage, ~ècement [rapjesaʒ, rapjɛsmɑ̃] *m* Flicken *n*; Flickerei *f*, Flickwerk *n*; **~écer** *tr* flicken.

rapin [rapɛ̃] *m péj* Farbenkleckser *m*; **~e** [-pin] *f* **1.** (Mund-)Raub *m*; **2.** Diebesgut *n*, Beute *f*.

raplapla [raplapla] *a inv fam*: *être tout ~ (Person)* schlapp sein; *(Gegenstand)* flach sein.

rappel [rapɛl] *m* **1.** Zurückrufen *n*; *pol* Zurück-, Abberufung *f*, Abruf *m*; **2.** Wiederholung, Wiederaufnahme *f*; **3.** Erinnerung, Mahnung, Aufforderung *f* (*à* an, zu); **4.** Nachforderung; Nachzahlung *f*; **5.** *theat* Herausrufen *n*, Vorhang *m*; **6.** *battre, sonner le ~ (mil)* zum Sammeln trommeln *od* blasen; *~ à l'ordre (parl)* Ordnungsruf *m*; *~ de salaire* Lohnnachzahlung *f*; **~er** [-ple] **I.** *tr* **1.** zurück=(be)rufen, ab=berufen; **2.** erinnern (*qc à qn* jdn an e-e S), mahnen (*qn à qc* an e-e S); ins Gedächtnis zurück=rufen; **3.** *theat* heraus=rufen; **4.** *mil* ein=berufen; zum Sammeln trommeln *od* blasen; **5.** *(~ au téléphone)* zurück=, an=rufen; **II.** *v prn se ~* **6.** sich erinnern (*qc* an e-e S); sich ins Gedächtnis zurück= rufen; **7.** *se ~ à qn* sich jdm wieder in Erinnerung bringen; *~ à l'ordre (parl)* zur Ordnung rufen.

rappliquer [raplike] *itr pop* (wieder=, zurück=, angetanzt) kommen.

rapport [rapɔr] *m* **1.** Ertrag *m*; Erträgnisse *n pl*, Einkünfte *pl*; **2.** Bericht(erstattung *f*) *m*, Referat; Gutachten; Zeugnis *n*; *mil* Meldung *f*; **3.** Beziehung *f a. gram*; Vergleich *m* (*à* mit); Verhältnis *n a. math*; **4.** *pl* Beziehungen *f pl*, Verkehr, Umgang *m*; **5.** *de bon ~* rentabel, einträglich; *en ~ avec* in Zs.hang mit;

par ~ *à* in bezug auf *acc*, was ... betrifft; im Vergleich zu, mit; *(a. sous le* ~ *de)* in Hinsicht, im Hinblick auf *acc; sous tous les* ~*s* in jeder Hinsicht; **6.** *avoir* ~ *à qc* sich auf e-e S beziehen; *élaborer, rédiger, présenter un* ~ e-n Bericht aus=arbeiten, ab=fassen, vor=legen; *entrer en* ~ *avec* in Beziehung treten zu, in Berührung kommen mit; *entretenir des* ~*s* Beziehungen unterhalten; *être en* ~ in Beziehung stehen; *faire un* ~ Bericht erstatten (*sur* über *acc*); *mettre en* ~ in Beziehung setzen (*avec* zu); in Verbindung bringen (*avec* mit); *rompre, cesser tous* ~*s avec qn* alle Beziehungen zu jdm ab=brechen; **7.** *maison f de* ~ Mietshaus *n; valeur f de* ~ Ertragswert *m;* **8.** ~*s d'affaires* od *de commerce, d'amitié* geschäftliche, freundschaftliche Beziehungen *f pl;* ~ *d'expert* Sachverständigengutachten *n;* ~ *final* Schlußbericht *m;* ~ *de gestion* Geschäfts-, Rechenschaftsbericht *m;* ~ *sur la situation générale, de la caisse, du marché* Lage-, Kassen-, Marktbericht *m;* ~**able** [-tabl] *a* **1.** *(Tasche)* aufsetzbar; **2.** *(Erlaß)* widerrufbar; ~**age** *m fam* Zuträgerei *f;* ~**er I.** *tr* **1.** wieder=, zurück=bringen, zurück=erstatten; **2.** mit=bringen; **3.** an=setzen, -fügen, -stücken; **4.** heran=schaffen, an=fahren; *(Hund)* apportieren; **5.** *com* (ein=)bringen, ab=werfen; *(Zinsen)* tragen; **6.** *(Beweis)* erbringen; **7.** berichten; dar=legen; zitieren; weiter=sagen, an=geben; **8.** beziehen (*à* auf *acc*); **9.** zu=schreiben, zugute halten (*à* dat); ein=ordnen (*à* in *acc*); **10.** *(Maßnahme, Gesetz)* zurücknehmen, wider=rufen, für ungültig erklären, auf=heben; **II.** *v prn se* ~ **11.** *(gram)* sich beziehen (*à* auf *acc*); sich berufen (*de qc à qn* in e-r S auf jdn); **12.** passen (*à* zu *dat*); *s'en* ~ sich verlassen (*à* auf *acc*); ~ *gros* viel ein=bringen; *(Werbung)* ziehen; ~**eur, se** *s m f* **1.** Zuträger(in *f*), Petze *f;* **2.** *nur m jur parl* Berichterstatter, Referent *m;* **3.** *m math* Winkelmesser *m.*

rapproch|é, e [raprɔʃe] *a* **1.** nahe, dicht beiea. liegend *od* befindlich; **2.** verwandt *fig;* ~**ement** *m* **1.** Zs.rücken, -bringen; Heranrücken, Näherbringen *n;* **2.** *fig* Annäherung; *pol* Verständigung; Aus-, Versöhnung *f;* **3.** Nebenea.stellen *n,* Vergleich(ung *f*) *m;* ~**er I.** *tr* **1.** näher heran=rücken (*de* an *acc*); *opt* näher erscheinen lassen; *(zeitlich)* näher=bringen; **2.** *fig* (ea.) näher=bringen; (mitea.) aus=, versöhnen; **3.** *(Abstand)* verringern; an=nähern; zs.=bringen, in Berührung bringen; **4.** gegenüber=, nebenea.=stellen, vergleichen (*de* mit); **II.** *v prn se* ~ **5.** sich nähern, heran=nahen, -kommen (*de* an *acc*); **6.** *fig* sich an=nähern, näher=treten; sich *dat* näher=kommen.

rapt [rapt] *m (Kind)* Entführung *f.*

raqu|er [rake] *tr pop* blechen; ~**ette** *f* **1.** (Tisch-)Tennisschläger *m;* **2.** Schneereifen, -teller *m;* **3.** *bot* Feigenkaktus *m.*

rar|e [rar] *a* **1.** selten, *fam* rar; knapp; dünn (gesät), spärlich; **2.** *(Haar)* schütter; **3.** *(Puls)* schwach; **4.** *phys chem* dünn; **5.** *(vorangestellt)* außergewöhnlich; *se faire* ~ sich rar machen; sich nur noch selten sehen lassen; ~**éfaction** *f* **1.** Verdünnung *f;* **2.** *com* Verknappung *f;* ~**éfier I.** *tr* **1.** verdünnen; **2.** seltener werden lassen; **II.** *v prn se* ~ **1.** sich verdünnen, dünner werden; **2.** knapper, seltener werden; ~**ement** *adv* selten; ~**eté** *f* **1.** Seltenheit *f;* **2.** *com* Knappheit *f,* Mangel *m;* **3.** Rarität, Kostbarkeit *f;* ~ *des vivres* Lebensmittelknappheit *f;* ~**issime** *a fam* sehr selten, sehr rar.

ras, e [rɑ, -ɑz] *(s. a. raz) a* **1.** glatt (rasiert); kurz(geschoren); kurzhaarig, -florig; *(Hund)* glatthaarig; **2.** flach, eben; *(Maß)* gestrichen voll; **3.** *à, au* ~ *de la terre* unmittelbar am Erdboden, dicht am Boden; *très* ~ *(adv)* ganz kurz *(schneiden); faire table* ~*e* auf=räumen, reinen Tisch machen (*de* mit); ~*e campagne f* flache(s) Land; offene(s) Gelände *n;* ~**ade** [razad] *f* bis an den Rand gefüllte(s) Glas *n;* ~**age** *m* Rasieren *n,* Rasur *f;* ~**ant, e 1.** streifend; niedrig; **2.** *(Strahlen, Blick)* flach einfallend; **3.** *fam* langweilig; ~**e-mottes** *m aero* Tiefflug *m;* ~**é, e** *a* geschoren; *bien, mal* ~ gut, schlecht rasiert; ~**er I.** *tr* **1.** rasieren; scheren; **2.** *(Samt)* glatt=schneiden; **3.** *(Gebäude)* ab=brechen, -reißen, schleifen; **4.** streifen, flach weg=fliegen (*qc* über e-e S); entlang=sausen, -rasen (*qc* an e-r S *dat*); *(Maß)* gestrichen voll machen; **5.** *pop* auf die Nerven gehen (*qn* jdm); an=öden, langweilen; **II.** *v prn se* ~ **6.** sich rasieren; sich ab=schleifen; **7.** *fam* sich mopsen, sich langweilen; ~**eur, se I.** *m f fam* Nervensäge *f;* langweilige(r) Mensch *m;* **II.** *a fam* langweilig; ~**ibus** [-ys] *adv:* ~ *de (pop)* ganz dicht vorbei an; *couper* ~ ganz kurz schneiden; ~**oir I.** *s m* **1.** Rasiermesser *n,* -apparat *m;* **2.** *fam* Nervensäge *f;* **II.** *a invar* langweilig.

rass|asiant, e [rasazjɑ̃, -ɑ̃t] *a* sättigend; ~**asiement** *m* **1.** Sättigung *f;* **2.** *fig* Übersättigung *f;* ~**asié, e** *a* **1.** satt; **2.** *fig* überdrüssig (*de* gen) ~**asier I.** *tr* **1.** sättigen, satt machen; **2.** *(Wünsche) fig* stillen, befriedigen; **3.** überfüttern (*de* mit) *a. fig;* **4.** *fig* überhäufen, -schütten; **II.** *v prn se* ~ *(de)* sich satt essen (an *dat*), satt werden; *fig* satt bekommen; *je (me) suis rassasié de cela* das hängt mir zum Halse heraus, *fig* das habe ich satt.

rass|emblement [rasɑ̃blmɑ̃] *m* Sammeln *n;* Ansammlung *f,* Auflauf *m; pol* Sammlung(sbewegung) *f; ~! mil* Antreten! **~embler I.** *tr* **1.** wieder zs.=führen; versammeln, vereinigen; **2.** *mil* zs.=ziehen; **3.** zs.=bringen, -stellen, -setzen, -fügen; sammeln *a. fig;* **II.** *v prn se ~* sich versammeln; an=treten; *~ son courage* s-n Mut zusammen=nehmen; *~ ses forces* Kräfte sammeln; **~eoir** [-swar] **I.** *tr* wieder hin=setzen, -legen, -stellen, auf=richten; **II.** *v prn se ~* sich wieder (hin=) setzen; *(Flüssigkeit)* sich setzen; **~érénant, e** *a* aufheiternd; **~érènement** *m* **1.** Aufheiterung *f (a. Meteorologie);* **2.** *fig* Beruhigung *f;* **~éréner I.** *tr fig* beruhigen; **II.** *v prn se ~* sich (wieder) auf=heitern, -hellen, -klären; *fig* sich (wieder) beruhigen; **~is, e** [-si, iz] *a* **1.** *(Fleisch)* abgelagert; *(Brot)* altbacken; **2.** *(Land)* lange brachliegend; **3.** *fig* gesetzt, ruhig, besonnen; **~ortiment, réassortiment** *m com* Ergänzung, Auffüllung, Auffrischung *(e-s Warenbestandes);* Nachlieferung *f (von Einzelnummern);* **~ortir** *tr com (Waren)* wieder ergänzen; *(Bestand)* auf=füllen, -frischen; *(Lager)* mit neuen Waren versehen; **~urant, e** *a* beruhigend; **~urer I.** *tr* beruhigen; Mut ein=flößen (*qn* jdm); **II.** *v prn se ~* sich (wieder) beruhigen; ruhiger werden; *rassurez-vous!* seien Sie unbesorgt!

rasta(quouère) [rasta(kwɛr)] *m* Hochstapler *m.*

rat [ra] *m* **1.** Ratte *f;* **2.** *~ de bibliothèque (fig)* Bücherwurm *m,* Leseratte *f; ~ d'eau* Wasserratte *f;* **~a** *m fam* Fraß *m;* **~age** *m fam* Scheitern *n;* **~aplan** *interj* rumtata; **~atiné, e** *a* **1.** eingeschrumpft; faltig; *fam* verschrumpelt; **2.** *(Gesicht)* zerknittert; **3.** *(Weiblein)* verhutzelt; **4.** *pop* zermatscht; **~atiner, se** ein=, zs.=schrumpfen; faltig werden; *se faire ~ (fam)* abgemurkst werden; **~atouille** [-uj] *f pop* Fraß *m; (~ niçoise)* Ratatouille *f;* **~e** *f* **1.** (weibliche) Ratte *f;* **2.** *anat* Milz *f; se dilater la ~* Tränen lachen; **~é, e I.** *a* mißlungen, verfehlt, gescheitert, *fam* verpatzt; **II.** *s m* **1.** *tech* Versager *m; (~ d'allumage) mot* Fehlzündung *f;* **2.** verkrachte Existenz *f,* Versager *m.*

râte|au [rato] *m* **1.** Harke *f,* Rechen *m;* **2.** *arg* Kamm *m;* **~lage** [-tlaʒ] *m* Harken, Rechen *n;* **~ler** *tr* (zs.=) harken, zs.rechen; **~lier** [-təlje] *m* **1.** *agr* Raufe *f;* **2.** *fam* (*bes.* falsches) Gebiß *n;* **3.** *tech* Gestell *n,* Ständer *m; — manger à deux, à plusieurs ~s (fam)* zwei, mehrere Eisen im Feuer haben.

rat|er [rate] **I.** *itr* **1.** versagen; *(Gewehr)* nicht los=gehen; **2.** *fig* mißlingen, scheitern, fehl=schlagen, *fam* nicht klappen; **II.** *tr* **1.** *(Ziel)* verfehlen; **2.** *fig* verpassen, versäumen; **3.** *(Prüfung)* nicht bestehen, durch=fallen (*un examen* in e-r Prüfung); **4.** *fam* verpatzen, verkorksen; **~iboiser** *tr fam* klauen; *être ratiboisé* ruiniert, erledigt sein; **~ichon** *m arg* Pfaffe *m;* **~ière** *f* Rattenfalle *f.*

rat|ificatif, ive [ratifikatif] *a* bestätigend; Bestätigungs-; **~ification** *f jur* Bestätigung, Billigung, Ratifizierung, Ratifikation *f;* **~ifier** *tr jur* bestätigen, billigen, ratifizieren.

ratio [rasjo] *m* Koeffizient *m.*

ration [rasjɔ̃] *f* **1.** Ration *a. mil;* Zuteilung; (tägliche) Verpflegungsmenge *f,* -bedarf *m;* **2.** Anteil *m* (*de* an *acc*); **~alisation** [-sjɔ-] *f com* Rationalisierung *f;* **~aliser** *tr* rationalisieren; **~alisme** *m* Rationalismus *m;* **~aliste I.** *a* rationalistisch; **II.** *s m* Rationalist *m;* **~alité** *f* Vernünftigkeit; *math* Rationalität *f;* **~naire** *m f* **1.** Rationsempfänger(in *f*) *m;* **2.** Teilnehmer(in *f*) *m* am Essen in e-r Werkskantine; **~nel, le** *a* **1.** vernunftgemäß, rational *a. math;* **2.** zweckmäßig, rationell; **~nement** *m* Rationierung, Bewirtschaftung; *(régime m de ~)* Zwangswirtschaft *f; soumis au ~* rationiert, (zwangs)bewirtschaftet; *~ alimentaire* Lebensmittelrationierung *f; ~ des logements* Wohnraumbewirtschaftung *f;* **~ner I.** *tr* rationieren, bewirtschaften; auf Rationen setzen; *fig* knapp=halten; **II.** *v prn se ~* sich einschränken; sich (im Essen) zurückhalten.

ratiss|age [ratisaʒ] *m* **1.** Rechen, Harken *n;* **2.** *mil* Durchkämmen *n;* **~er** *tr* **1.** rechen, harken; **2.** *(Gelände)* durch=kämmen; **3.** *pop* klauen; **4.** *se faire ~ (fam) (Spiel)* alles verlieren; sich ruinieren; **~oire** *f* Jäthacke *f.*

raton [ratɔ̃] *m* **1.** *zoo* kleine Ratte *f;* Waschbär *m (a. ~ laveur);* **2.** *Art* Käsekuchen *m;* **3.** *arg* Araber *m.*

rattach|ement [rataʃmɑ̃] *m pol* Angliederung *f,* Anschluß *m;* **~er I.** *tr* **1.** (wieder) an=binden, befestigen; fest=machen, -halten; **2.** *fig* in Verbindung, Zs.hang bringen (*à* mit); **3.** *pol* an=gliedern, an=schließen; **II.** *v prn se ~* sich an=schließen (*à* an *acc*); zs.=gehören (*à* mit *dat*), gehören (*à* zu *dat*).

rattrap|age [ratrapaʒ] *m* **1.** *tech (Spielraum)* Nachregulieren, Justieren; *(Lager)* Nachstellen *n;* **2.** *(Schule) cours m de ~* Nachholunterricht *m;* **~er I.** *tr* **1.** wieder ergreifen, *fam* erwischen, ein=fangen; ein=holen *a. fig;* wieder=erlangen, -bekommen, *fam* -kriegen; **2.** *fig* (wieder) auf=, nach=holen; wieder gut=machen; **II.** *v prn se ~ (Verlust)* wieder auf=holen; nach=holen; sich erholen (*de* von); sich schadlos halten (*sur* an *dat*); *on ne m'y rattrapera plus!* das soll mir nicht wieder, nicht noch einmal passieren; *si je le rattrape!* wenn ich den erwische!

ratur|e [ratyr] *f (Schrift)* Streichung *f;* **~er** *tr* (aus=, durch=) streichen.

rauque [rok] *a (Stimme)* rauh; *fig* heiser.

ravag|e [ravaʒ] *m meist pl* **1.** Verwüstung, Verheerung *f;* **2.** *pl* üble Folgen *f pl; faire (bien) du, des (de grands) ~ (s)* (großen) Schaden, große Verwirrung an=richten; *les ~s du temps* der Zahn der Zeit; **~er** *tr* **1.** verwüsten, verheeren; heim=suchen; **2.** entstellen, verunstalten; **3.** *fig* zugrunde richten.

raval|ement [ravalmɑ̃] *m* **1.** *arch* (Ver-)Putz, Bewurf *m;* Abputzen *n;* **2.** *(Baum)* Stutzen *n;* **3.** *pop (Frau) faire un ~* sich anmalen; **~er** *tr* **1.** herab=setzen, -würdigen, geringschätzig sprechen (*qn* über jdn); **2.** (wieder) hinunter=schlucken; *fig (Wut)* unterdrücken, verbeißen; **3.** *arch* ab= *od* verputzen; **4.** *min* abteufen; **II.** *v prn se ~* **5.** sich erniedrigen; *je lui ferai bien ~ ses paroles!* ich werde ihn zur Rede stellen!

ravaud|age [ravodaʒ] *m* Ausbessern; *(Strümpfe)* Stopfen; *(Wäsche)* Flicken *n;* **~er** *tr* aus=bessern; stopfen, flicken.

rav|e [rav] *f* Rübe *f;* **~i, e** *a* hocherfreut, entzückt (*de* über *acc*); bezaubert, hingerissen, außer sich; *j'en suis ~* es freut mich sehr; **~ier** [-vje] *m* Vorspeisen-, Salat-, Kompotteller *m;* **~igotant, e** *a fam* erfrischend; kräftigend; **~igote** *f* pikante Kräutertunke *f;* **~igoter** *tr fam* wieder auf die Beine, zu Kräften bringen, stärken; *fig* auf=muntern; **~in** *m* **1.** Schlucht *f;* Hohlweg *m;* **2.** Rinne *f;* **~inement** *m geol* Auswaschung; Schluchtenbildung *f;* **~iner** *tr geol* aus=waschen; **~ioli** [-vjɔ-] *m pl (Küche)* Ravioli *pl;* **~ir** *tr* **1.** *lit* rauben *a. fig,* entführen; **2.** *fig* hin=, mit=reißen, entzücken, bezaubern; *à ~* wundervoll, entzückend; **~iser, se** *v prn* sich (e-s Besseren) besinnen, s-e Meinung ändern; **~issant, e** *a fig* bezaubernd, entzückend, hinreißend; **~issement** *m* **1.** Entzücken *n;* **2.** *rel* Verzückung *f;* — *être dans le ~* ganz hingerissen sein; **~isseur, se** *m f* Entführer(in *f*) *m.*

rav|itaillement [ravitajmɑ̃] *m* **1.** (Lebensmittel-) Versorgung (*en qc* mit etw), Verproviantierung *f;* **2.** *mil* (Lebensmittel-, Munitions-)Nachschub *m;* **3.** *fam* Lebensmittel *pl; ~ en viande* Fleischversorgung *f;* **~itailler I.** *tr* (mit Lebensmitteln) versorgen; **II.** *v prn se ~* sich (mit Lebensmitteln) versorgen; *fam* sich stärken; *~ en essence* mit Benzin versorgen; **~itailleur** *m* **1.** Versorgungsfahrzeug *n;* **2.** *sport* Betreuer *m;* **~iver I.** *tr* **1.** wieder=beleben *a. fig;* auf=frischen; **2.** *(Feuer)* an=fachen; **II.** *v prn se ~* **3.** wieder auf=leben; **4.** sich neu entfachen; **~oir** *tr (nur Infinitiv)* wieder=haben; wieder=bekommen; *fam* sauber bekommen.

ray|age, ~ement [rɛjaʒ, -mɑ̃] *m* Streichung *f;* **~é, e** *a* **1.** gestreift; *(Papier)* liniert; **2.** *(Karosserie)* zerkratzt; **~er** *tr* **1.** lin(i)ieren; **2.** (zer)kratzen; **3.** (aus=, durch=)streichen; *fig (Ausgabe)* streichen; — *~ qn du nombre de* jdn nicht mehr zählen zu, rechnen unter *acc; rayez la mention inutile* Nichtzutreffendes streichen; *rayez cela de vos tablettes* od *papiers* schlagen Sie sich das aus dem Sinn.

rayon [rɛjɔ̃] *m* **1.** (Licht-)Strahl *m;* **2.** *math* Radius, Halbmesser *m;* **3.** *(Rad)* Speiche *f;* **4.** Fach, Regal, Bücherbrett *n;* **5.** (Honig-) Wabe *f (~ de miel);* **6.** *agr* Rille, Furche *f;* **7.** *com* Abteilung, Sparte *f,* Sektor *m;* **8.** Bereich, Bezirk; Umkreis; *(~ douanier)* Zoll(grenz)bezirk *m;* **9.** *à 10 km de ~, dans un ~ de 10 km* im Umkreis von 10 km; *en ~ (com)* auf Lager; **10.** *chef m de ~* Abteilungsleiter *m;* **11.** *~ d'action* Aktionsradius *a. mil,* Wirkungskreis *m,* Verbreitungsgebiet *n; ~ de distribution (Post)* Zustellbezirk *m; ~ d'espérance* Hoffnungsschimmer, Lichtblick *m; ~ frontalier* Grenzbezirk *m; ~ de lumière, lumineux* Lichtstrahl *m a. fig; ~ de vente* Verkaufs-, Vertriebsabteilung *f;* **~nage** [-jɔ-] *m* Büchergestell, Regal *n;* **~nant, e** *a* strahlend, glänzend; Strahlungs-; *être ~ de bonheur, de joie* vor Glück, Freude strahlen; **~ne** *f* Kunstseide *f;* **~né, e** *a* strahlenförmig angeordnet; **~nement** *m* **1.** (Aus-, Ab-)Strahlung *f;* **2.** *fig* Ausstrahlung, Wirkung *f;* **~ner I.** *itr* **1.** (aus=)strahlen; **2.** strahlen, glänzen, leuchten *a. fig;* **3.** *fig* ausstrahlen, wirken; **4.** *(Verkehrswege)* strahlenförmig ausgehen; **5.** *(Personen)* Ausflüge in der Umgebung machen; **6.** tätig sein (*dans une region* in e-r Gegend); **II.** *tr* mit Regalen, Fächern versehen; *~ de bonheur, de joie* vor Glück, vor Freude strahlen.

rayure [rɛjyr] *f* **1.** Streifen *m pl;* **2.** Kratzer *m,* Schramme *f;* — *à larges ~s* breitgestreift.

raz, ras [rɑ] *m inv* starke (Meeres-)Strömung *f; ~ de marée* Sturm-, Springflut *f; fig (bei Wahlen)* Erdrutsch *m;* **~zia** [ra(d)zja] *f: faire une ~ sur qc* etw völlig ausplündern.

re, ré [rə, re] *pref* wieder-; wider-, gegen-; (zu)rück-; neu, aufs neue, von neuem; (Zu-)Rück-.

ré [re] *m mus* d, D *n; ~ bémol* des, Des *n; ~ dièse* dis, Dis *n;* **~abonner I.** *tr* wieder, aufs neue abonnieren (*qn* für jdn); **II.** *v prn se ~* wieder abonnieren (*à qc* etw); **~accoutumer** wieder gewöhnen (*qn à qc* jdn an e-e S); **~ache-**

minement *m (Post)* Weiterbeförderung; Zurücksendung *f;* **~acheminer** *tr (Post)* weiter=leiten; zurücksenden.

réact|ance [reaktɑ̃s] *f el radio* Blindwiderstand *m;* **~eur** *m* **1.** *aero* Düse(nantrieb *m*) *f,* Strahltriebwerk *n;* **2.** Reaktor *m;* **~if, ive I.** *a* **1.** *phys* rückwirkend; **2.** *chem* reagierend; **II.** *s m chem* Reagens *n;* **~ion** [-ksjɔ̃] *f* **1.** *phys chem biol med* Reaktion, Rück-, Gegenwirkung *f;* **2.** *chem* Umsetzung *f;* **3.** *allg* (Rück-) Wirkung, *bes. pol* Reaktion *f;* **4.** *péj* Rückschritt *m;* **5.** *radio* Rückkopp(e)lung *f;* — **~** *en chaîne (phys)* Kettenreaktion *f;* **~** *défensive (med)* Abwehrreaktion *f;* **~** *nucléaire (phys)* Kernreaktion *f;* **~ionnaire I.** *a pol* reaktionär, fortschrittsfeindlich; **II.** *s m* Reaktionär *m;* **~iver** *tr chem* reaktivieren; *allg* wieder beleben, wieder in Tätigkeit setzen.

ré|adaptation [readaptasjɔ̃] *f* **1.** *biol* Wiederanpassung *f;* **2.** *com* Umstellung *f;* **3.** *med* Rehabilitation *f;* — **~** *des adultes* berufliche Umschulung *f;* **~adapter** *tr* **1.** wiederan=passen; *(Betrieb)* um=stellen; **2.** *med* rehabilitieren, wieder beruflich eingliedern; **~agir** *itr* **1.** reagieren *a. phys chem biol med;* zurückwirken (*à* auf *acc*); **2.** widerstehen (*contre* dat); sich wehren (*contre* gegen *acc*); **3.** sich auswirken, zurückwirken (*sur* auf *acc*).

réali|sable [realizabl] *a* **1.** realisier-, ausführbar; **2.** *com* umsetzbar, verwertbar; **~sateur, trice** *a* u. *s m f* Filmregisseur; Sende-, Spielleiter, Programmgestalter; Moderator *m;* **~sation** *f* **1.** Verwirklichung, Realisierung; Gestaltung *f;* **2.** Aus-, Durchführung, Erledigung, Erfüllung *f;* **3.** Leistung *f;* **4.** *com* Umsetzung, Flüssigmachung *f;* Verkauf *m;* **5.** *(Film)* Regie; Herstellung *f;* — **~** *d'une construction* Bauausführung *f;* **~** *du sinistre* (Eintritt des) Schadensfall(es), Versicherungsfall *m;* **~ser I.** *tr* **1.** verwirklichen, in die Tat um=setzen; **2.** gestalten; durch=, aus=führen, erledigen; vollbringen, zustande bringen; **3.** *(Film)* auf=nehmen, herstellen; **4.** *com* um=setzen; zu Geld machen, flüssigmachen; verwerten; **5.** begreifen, erfassen, sich vor=stellen, sich e-n Begriff machen (*qc* von etw); **II.** *v prn se* **~** **6.** sich verwirklichen, Wirklichkeit werden; in Erfüllung gehen; sich selbst verwirklichen; **7.** **~** *un accord* e-n Vertrag schließen; **~** *un bénéfice* e-n Gewinn erzielen; **~** *des économies* Ersparnisse machen; **~** *par étapes* schrittweise verwirklichen, abschnittsweise durch=führen; **~sme** *m* Realismus *m;* **~ste I.** *s m* Realist *m;* **II.** *a* realistisch; wirklichkeitsnah; naturgetreu; **~té** *f* Wirklichkeit, Realität, Tatsächlichkeit, Tatsache *f; en* **~** in Wirklichkeit.

réan|imation [reanimasjɔ̃] *f med* Wiederbelebung *f;* **~imer** *tr* wieder=beleben.

réapp|araître [reaparɛtr] *itr* wieder erscheinen, wieder zum Vorschein kommen; wieder auftreten; **~arition** *f* Wiedererscheinen, -auf=treten *n; faire sa* **~** wieder auf=tauchen, wieder auf der Bildfläche erscheinen.

réar|genter [rearʒɑ̃te] *tr* neu versilbern; **~mement** *m* Wiederbewaffnung, -aufrüstung *f;* **~mer I.** *tr* wieder=bewaffnen; **II.** *itr* wieder=aufrüsten.

réass|ortiment [reasɔrtimɑ̃] *m s. rassort...;* **~urance** *f* Rückversicherung *f;* **~urer** *tr* rückversichern.

rébarbatif, ive [rebarbatif, -iv] *a* **1.** abstoßend; **2.** *fig* abweisend, unfreundlich.

rebâtir [rəbɑtir] *tr* wiederauf=bauen, -her=stellen.

rebatt|re [rəbatr] *tr* **1.** *(Matratze)* auf=klopfen; **2.** *(Karten)* noch einmal mischen; **3.** *mus (Note)* wiederholen; — **~** *les oreilles à qn de qc* jdm mit etw (beständig) in den Ohren liegen; **~u, e** *a* **1.** *(Thema)* abgedroschen; **2.** *(Weg)* viel benutzt; — *j'en ai les oreilles* **~es** *(fig)* das hängt mir zum Hals heraus.

rebell|e [rəbɛl] **I.** *a* **1.** aufrührerisch; aufsässig (*à qn* jdm gegenüber); widerspenstig; **2.** *med* hartnäckig; **II.** *s m f* Rebell(in *f*), Aufrührer(in *f*) *m;* **~er, se** *v prn* rebellieren, sich empören, revoltieren (*contre* gegen *acc*).

rébellion [rebɛljɔ̃] *f* Aufstand, Aufruhr *m a. fig,* Rebellion *f.*

rebiffer, se [rəbife] *v prn pop* auf=mukken, -begehren, rebellisch werden, aufmüpfig sein.

rebobiner [rəbɔbine] *tr* zurückspulen.

rebois|ement [rəbwazmɑ̃] *m* (Wieder-) Aufforstung *f;* **~er** *tr* (wieder) auf=forsten.

rebond|i [rəbɔ̃di] *a* prall; dick u. rund; **~ir** *itr* **1.** ab=, zurück=prallen; **2.** *fig* wieder in Gang kommen; wieder aktuell werden; **~issement** *m* **1.** Ab=, Zurückprallen *n;* **2.** *fig* Rückschlag *m,* -wirkung *f;* Wiederaufleben *n.*

rebord [rəbɔr] *m* **1.** (umgebogener) Rand *m;* Randleiste; Einfassung *f;* Sims *m* od *n,* Gesims *n;* **2.** (Kragen-)Umschlag *m;* (Hut-)Krempe *f;* **3.** **~** *(de la fenêtre)* Fensterbank *f.*

rebouch|age [rəbuʃaʒ] *m* Verkitten *n* (e-s Loches); **~er** *tr* (wieder) zu=stopfen; wieder zu=korken.

rebours [rəbur] **I.** *loc adv: à, au* **~** gegen den Strich *a. fig;* rückwärts *(lesen, gehen); fig* im entgegengesetzten Sinne, verkehrt; **II.** *loc prp: au* **~** *de* gegen, im Gegensatz zu, zuwider; *compter à* **~**

rückwärts zählen; *prendre qc à* ~ etw falsch auf=fassen *od* verstehen.
rebrousse|-poil [rəbrus] *loc adv: à* ~ gegen den Strich; *prendre qn à* ~ jdn vor den Kopf stoßen; ~**r** *tr* gegen den Strich bürsten *od* kämmen; ~ *chemin* um=kehren, kehrt=machen.
rebuffade [rəbyfad] *f: essuyer une* ~ e-e Abfuhr ein=stecken.
rébus [reby(s)] *m* **1.** Bilderrätsel *n;* **2.** *fig* Rätsel *n.*
rebut [rəby] *m* **1.** Ausschuß(ware *f*), Abfall; Schund; Schrott *m;* **2.** unzustellbare Sendung *f;* **3.** *fig* Auswurf *m;* — *jeter au* ~ wegwerfen, auf den Abfallhaufen werfen; ~**ant, e** *a* abweisend, -schrekkend, entmutigend; abstoßend, widerlich; ~**er I.** *tr* **1.** (glatt, rundweg) ab=weisen; **2.** ab=stoßen, an=widern, an=ekeln; ab=schrecken, entmutigen; **II.** *v prn se* ~ sich ab=schrecken, den Mut sinken lassen; entmutigt, mutlos werden.
récalcitrant, e [rekalsitrɑ̃] *a* widerspenstig, störrisch.
recaler [rəkale] *tr fam (Schule)* durchfallen lassen; *se faire* ~ durchfallen.
récapitul|atif, ive [rekapitylatif, -iv] *a* (kurz) zs.fassend; ~**ation** *f* Zs.fassung, kurze Wiederholung *f;* ~**er** *tr* zs.=fassen, kurz wiederholen.
recaser [rəkaze] **I.** *tr fam* wieder unterbringen; **II.** *v prn se* ~ wieder unterkommen.
rec|éder [rəsede] *tr* (wieder) ab=treten; überlassen; ~**eler I.** *tr* **1.** *(Geheimnis)* bergen, in sich tragen, enthalten; **2.** *jur* (ver)hehlen; verheimlichen; **3.** verbergen; Unterschlupf gewähren (*qn* jdm); **II.** *v prn se* ~ sich verbergen; ~**eleur, se** [-slœr, -øz] *m f jur* Hehler(in *f*) *m.*
récemment [resamɑ̃] *adv* neulich, kürzlich, vor kurzem.
recens|ement [rəsɑ̃smɑ̃] *m* (Volks-, Stimm-)Zählung *f;* Bestandsaufnahme; *mil* Erfassung *f;* ~ *de la population, des votes* Volks-, Stimmzählung *f;* ~**er** *tr (Bevölkerung, Stimmen)* zählen; (zahlenmäßig) erfassen.
récent, e [resɑ̃, -ɑ̃t] *a* neu, frisch, kürzlich erfolgt.
recentrer [rəsɑ̃tre] *tr (Fußball)* flanken.
récépissé [resepise] *m* Empfangs-, Annahmebescheinigung *f;* (~ *postal)* Einlieferungsschein *m;* ~ *de dépôt* Hinterlegungs-, Aufbewahrungsschein *m;* ~ *de paiement* Zahlungsbeleg *m,* Quittung *f.*
récept|acle [resɛptakl] *m* **1.** Sammelbecken *n a. fig;* **2.** *bot* Blütenboden *m;* **3.** *arch tech* (*bes.* Wasser-)Behälter *m;* ~**eur** *m* **1.** *tele* Hörer *m;* **2.** *radio* Empfänger *m,* Empfangsgerät *n;* — *décrocher, raccrocher le* ~ den Hörer ab=nehmen, auf=legen; *poste m* ~ Empfangsgerät *n,* Empfänger *m;* ~ *portatif* Kofferradio *n;* ~ *de radio, de télévision en couleurs* Rundfunk-, Farbfernsehempfänger *m;* ~**if, ive** *a med* ansprechend (*à* auf *acc*), empfänglich (*à* für); ~**ion** [-sjɔ̃] *f* **1.** Empfang *m a. radio;* **2.** Erhalt *m,* Entgegennahme *f;* **3.** Auf-, Annahme, Einführung *f (bes. in e-e Gesellschaft, ein Amt);* **4.** *(Hotel)* Rezeption *f;* **5.** *arch tech* Abnahme *f;* **6.** *accuser* ~ *de qc* den Empfang e-r S bestätigen; *prendre* ~ *de qc* etw in Empfang nehmen; **7.** *accusé m de* ~ Empfangsbestätigung *f; avis m de* ~ *(Post)* Empfangsbescheinigung *f;* **8.** ~ *collective* Gemeinschaftsempfang *m;* ~ *en haut-parleur* Lautsprecherübertragung, -wiedergabe *f;* ~**ionnaire** *s m* u. *a: agent m* ~ Abnahmebeamte(r), -ingenieur *m;* ~**ionner** *tr (Waren)* empfangen, ab=nehmen, prüfen; ~**ionniste** *m (Hotel)* Empfangschef *m;* ~**ivité** *f* **1.** Aufnahmefähigkeit *f (für Sinneseindrücke);* **2.** *med* Anfälligkeit *f;* **3.** *radio* Empfangsbereich *m.*
récess|if, ive [resɛsif, -iv] *a biol* rezessiv; ~**ion** *f fig* Rückgang *m;* Rezession *f,* rückläufige Konjunktur *f.*
recette [r(ə)sɛt] *f* **1.** *com* Einnahme *f;* Erlös, Ertrag *m;* **2.** Steuereinzug *m,* -erhebung *f;* Steueramt *n,* -kasse *f;* **3.** *com* (Waren-)Annahme *f;* **4.** *tech* Abnahme *f;* **5.** *allg* Rezept (*de qc* für etw); Kochrezept *n;* **6.** *pl* Einkünfte *pl;* Eingänge *m pl; film* Einspielergebnisse *n pl;* **7.** *faire la* ~ (ein=)kassieren (*de qc* etw); **8.** *excédent m de* ~*s* Mehreinnahme *f,* -ertrag; Einnahmeüberschuß *m;* **9.** ~*s accessoires* Nebeneinnahmen *f pl,* -verdienst *m;* ~ *annuelle, journalière* Jahres-, Tageseinnahme *f;* ~ *brute, nette* Brutto- *od* Roh-, Netto- *od* Reineinnahme *f;* ~ *de caisse* Kasseneingang *m;* ~*s et dépenses* Einnahmen u. Ausgaben *f pl;* ~*s fiscales* Steuereinnahmen *f pl;* ~ *du jour* Tageskasse *f;* ~ *totale* Gesamteinnahme *f.*
recev|abilité [rəsəvabilite] *f jur* Zulässig-, Statthaftigkeit *f;* ~**able** *a* **1.** *(Entschuldigung)* annehmbar; **2.** *jur* zulässig, statthaft; berechtigt (*à qc* zu etw); ~**eur, se** *m f* **1.** Kassierer(in *f*), Kassenbeamte(r *m*) *f;* **2.** *(Straßenbahn-, Omnibus-)* Schaffner(in *f*) *m;* **3.** ~ *des contributions* Finanzbeamte(r) *m;* **4.** *nur m (Bluttransfusion)* Empfänger *m;* ~**oir I.** *tr* **1.** an=, entgegen=, in Empfang nehmen; empfangen; erhalten, bekommen; **2.** *(Geld)* ausgezahlt, *(Orden)* verliehen bekommen; *(Person) (bei sich* od *feierlich)* auf=nehmen, ein=führen; *(Form, Gesetz)* an=nehmen; *(Besuch, die Taufe)* empfangen; **3.** *arch tech tele* ab=nehmen; **4.** zu=lassen, gestatten, erlauben, genehmigen; *(Brauch)* übernehmen; *(Gefäß)* fassen; **II.** *v prn se* ~ **5.**

sich (gegenseitig) einladen; **6.** *sport* auf≈springen (*sur la jambe droite* auf dem rechten Fuß); **7.** *être reçu* in Gebrauch kommen, sich durch≈setzen; *(Kandidat)* an-, aufgenommen werden, *(Prüfung)* bestehen; ~ *des applaudissements, des éloges* Beifall, Lob ernten; ~ *l'autorité de la chose jugée* rechtskräftig werden; *être reçu docteur* promovieren *itr;* ~ *des injures* Beleidigungen hin≈nehmen *od* ein≈stecken (müssen); **8.** *j'ai été bien reçu!* da bin ich schön angekommen! *la famille s'exuse de ne pas* ~ von Beileidsbesuchen bitten wir abzusehen; *j'ai reçu sa parole* er hat mir sein Wort gegeben; *il ne reçoit personne* er ist für niemanden zu sprechen; *recevez mes salutations (les plus) distinguées* mit vorzüglicher Hochachtung.

recha|nge [rəʃɑ̃ʒ] *m com* Rückwechsel *m;* ... *de* ~ Ersatz-, Reserve-, Ausweich-; ... zum Wechseln; *(linge m de)* ~ Wäsche *f* zum Wechseln; *pièce f de* ~ Ersatzteil *n; pneu m de* ~ Ersatzreifen *m; roue f de* ~ *(mot)* Reserverad *n; solution f de* ~ Ersatzlösung *f (e-r Frage);* **~per** *tr mot (Reifen)* runderneuern.

réchapp|é, e [reʃape] *m f* Davongekommene(r *m) f;* **~er** *itr (Gefahr, Krankheit)* (heil, gesund, glücklich) überstehen (*à, de qc* etw), davon≈kommen.

recharg|e [rəʃarʒ] *f* **1.** *(Kugelschreiber)* Nachfüllung, Miene *f;* **2.** *(Akku)* Aufladen *n;* **~er** *tr* **1.** wieder (auf≈, be)laden *(a. Gewehr, Akku);* **2.** *tech* mit e-r Auflage versehen; **3.** *(Straße, Gelände)* auf≈schütten, -schottern; **4.** e-n neuen Film ein≈legen (*son appareil* in s-n Apparat).

réchaud [reʃo] *m* Heizplatte *f;* Kocher *m.*

rechauff|é, e [reʃofe] **I.** *a* aufgewärmt; **II.** *s m* **1.** Aufgewärmte(s) *n;* **2.** *fig fam* aufgewärmte(r) Kohl *m,* olle Kamelle, alte Geschichte *f;* **~ement** *m* **1.** Aufwärmen *n;* **2.** *(Temperatur)* Erwärmung *f;* **~er I.** *tr* **1.** *(Person, Glieder, Speise)* auf≈wärmen; **2.** *tech* vor≈, an≈wärmen; **3.** *fig* an≈feuern, auf≈muntern; **4.** *(Herz)* erwärmen; **II.** *v prn se* ~ **5.** sich auf≈wärmen; **6.** *(Wetter)* wieder wärmer werden.

rêche [rɛʃ] **1.** rauh; herb *(im Geschmack);* **2.** *fig (Charakter)* widerspenstig, schwierig.

recherch|e [rəʃɛrʃ] *f* **1.** Suche *f;* **2.** Streben, Trachten *n* (*de* nach); **3.** (Nach-, Er-)Forschung; Untersuchung; Ermittlung *f;* **4.** *fig* Raffinement *n; péj* Geziertheit *f;* **5.** *pl* Forschung(sarbeit)en *f pl;* **6.** *à la* ~ *de* auf der Suche nach; *sans* ~ ungekünstelt, natürlich; *faire des* ~*s* Nachforschungen an≈stellen (*sur* nach); Forschung treiben; **7.** ~ *auprès des consommateurs* Verbraucheranalyse *f;* ~*(s) fondamentale(s)* Grundlagenforschung *f;* ~*(s) de marché* Marktforschung *f;* ~ *opérationnelle* Betriebsforschung *f;* ~*s de la police* polizeiliche Ermitt(e)lungen *f pl;* **~é, e** *a* **1.** (aus)gesucht, selten; **2.** beliebt, gefragt; **3.** geziert, gekünstelt, affektiert, gesucht; *être très* ~ stark gefragt sein; **~er** *tr* **1.** suchen; **2.** erforschen, forschen (*qc* nach etw); **3.** streben, trachten, haschen, jagen (*qc* nach etw); **4.** sich bemühen, sich bewerben (*qc* um etw); **5.** ~ *qn* sich um jdn bemühen *od* reißen; **6.** *jur* fahnden (*qn* nach jdm).

rechign|é, e [rəʃiɲe] *a* verdrießlich, mürrisch, griesgrämig; **~er** *itr* ein verdrießliches, *fam* saures Gesicht machen (*à* zu); mürrisch sein.

rechute [rəʃyt] *f rel med allg* Rückfall *m.*

récidiv|e [residiv] *f jur fig* Rückfall *m;* **~er** *itr* **1.** *jur* rückfällig werden; **2.** *(Krankheit, Symptom)* wiederauf≈treten; **~iste I.** *s m* Rückfällige(r) *m;* **II.** *a* rückfällig.

récif [resif] *m geog* Riff *n;* ~ *corallien* Korallenriff *n.*

récip|iendaire [resipjɑ̃dɛr] *m f* Kandidat *m (für e-e Akademie);* **~ient** [-jɑ̃] *m* **1.** Behälter *m,* Gefäß *n;* **2.** *phys* Rezipient *m.*

récipro|cité [resiprɔsite] *f* Gegen-, Wechselseitigkeit; Wechselbeziehung *f; à titre de* ~ auf Gegenseitigkeit; **~que** *a math gram* reziprok, umgekehrt; gegen-, wechselseitig; *rendre la* ~ *à qn (fig)* jdm nichts schuldig bleiben; **~quement** *adv* gegen-, wechselseitig; *et* ~ und umgekehrt.

récit [resi] *m* **1.** Bericht *m;* Erzählung, Geschichte *f;* **2.** *mus* Rezitativ *n;* Solopartie *f;* — *faire le* ~ *de qc* über e-e S berichten, von etw erzählen; ~ *inversé (film)* Rückblendung *f;* **~al** [-tal] *m* Solokonzert *n;* ~ *de chants, de piano* Liederabend *m,* Klavierkonzert *n;* **~ant, e I.** *a mus* Solo-; **II.** *s m* Ansager, Sprecher *m; partie f* ~*e* Solopartie *f;* **~atif** *m mus* Rezitativ *n;* **~ation** *f* **1.** Auf-, Hersagen *n,* Vortrag *m;* **2.** Gedicht *n* (zum Vortragen); **~er** *tr* auf≈, her≈sagen, vor≈tragen; *faire* ~ *qn* jdn ab≈hören.

réclam|ant, e [reklamɑ̃, -ɑ̃t] *m f* Beschwerdeführer(in *f) m;* **~ation** *f* **1.** Beschwerde *f;* Einspruch, Einwand *m;* **2.** *com* Mängelrüge; Reklamation, Beanstandung *f;* **3.** *pl* Reklamationsbüro *n;* — *en cas de* ~ im Falle e-r Beschwerde; *sans* ~ unbeanstandet; *déposer une* ~ *contre* Einspruch erheben, e-e Beschwerde vorbringen gegen; *donner lieu à des* ~*s* zu Beschwerden Anlaß geben; *lettre f* de ~ Beschwerdebrief *m;*

~e *f* **1.** Reklame, (Kunden-)Werbung, Anpreisung *f;* **2.** *theat* Stichwort *n;* **3.** *aux fins de* ~ zu Werbezwecken; **4.** *être en* ~ zum Werbepreis verkauft werden; *faire de la* ~ Reklame machen; **5.** *article m de* ~ Reklameartikel *m; panneau m* ~ Reklametafel *f;* ~ *par le cinéma, à l'étalage* Kino-, Schaufensterreklame *f;* **~er I.** *tr* **1.** dringend bitten, verlangen; **2.** fordern (*qc à qn* etw von jdm), beanspruchen, Anspruch erheben (*qn* auf e-e S); **3.** erfordern, benötigen, brauchen; **II.** *itr* Einspruch erheben *a. jur;* **III.** *v prn se* ~ *de* sich berufen auf *(acc); non ~é (com)* nicht abgeholt.

recl|assement [rəklasmɑ̃] *m* **1.** Neuordnung, -einteilung *f;* **2.** *(Arbeitskräfte)* Wiedereingliederung; anderweitige Verwendung *f;* — ~ *des salaires* Besoldungsneuregelung *f;* **~asser 1.** neu ordnen, neu ein=teilen; **2.** *(Arbeitskräfte)* wieder eingliedern; anderweitig unterbringen; e-n neuen Arbeitsplatz beschaffen (*qn* für jdn); **~us, e** [-kly, -yz] **I.** *a* in e-r Klause, völlig abgeschlossen lebend; **II.** *s m f* Klausner(in *f*) *m.*

réclusion [reklysjɔ̃] *f* Zuchthaus(strafe *f*) *n;* ~ *perpétuelle* lebenslängliche(s) Zuchthaus *n.*

recoiffer [rəkwafe] **I.** *tr* neu frisieren; die Haare ordnen (*qn* jdm); **II.** *v prn se* ~ **1.** sich die Haare wieder in Ordnung bringen; **2.** den Hut wieder auf=setzen.

recoin [rəkwɛ̃] *m* (verborgener) Winkel; Schlupfwinkel *m; les ~s du cœur* die geheimsten Falten *f pl* des Herzens; *(tous) les coins et ~s* alle Winkel u. Ekken.

recoll|age [rəkɔlaʒ] *m* Wiederankleben, -aufkleben *n;* **~er I.** *tr* wieder an=, auf=, fest=kleben; **II.** *itr sport* wieder aufschließen; **III.** *v prn se* ~ *pop* wieder mit jdm zs.leben.

récollection [rekɔlɛksjɔ̃] *f rel* Andacht *f.*

récolt|e [rekɔlt] *f* **1.** Ernte(ertrag *m,* -zeit) *f;* (Ab-, Ein-)Ernten, (Ein-)Sammeln *n;* **2.** *fig* Ergebnis *n,* Ausbeute *f;* **3.** *rentrer la* ~ die Ernte ein=bringen; **4.** *prévisions f pl de la* ~ Ernteaussichten *f pl;* ~ *des blés, des pommes de terre, des betteraves, des fruits, des foins* Getreide-, Kartoffel-, Rüben-, Obst-, Heuernte *f;* **~er** *tr* **1.** (ein=)ernten *a. fig;* (ein=)sammeln, lesen; **2.** *fig* gewinnen, erzielen; *fam* ein=heimsen.

recommand|able [rəkɔmɑ̃dabl] *a* empfehlenswert, zu empfehlen(d); **~ation** *f* **1.** Empfehlung *f;* **2.** Ermahnung *f;* **~é, e** *a (Post)* eingeschrieben; *lettre f ~e* Einschreib(e)brief *m;* **~er I.** *tr* **1.** ein=schärfen, nahe=legen, dringend raten; **2.** empfehlen, ans Herz legen (*qc à qn* jdm etw, *à qn de faire qc* jdm etw zu tun); **3.** *(Brief)* ein=schreiben lassen; ~ *qn* jdn empfehlen; **II.** *v prn* **4.** *se* ~ *de qn, qc* sich auf jdn, etw berufen, beziehen; **5.** *se* ~ *par qc* sich durch etw auszeichnen.

recommenc|ement [rəkɔmɑ̃smɑ̃] *m* Wiederbeginn *m;* **~er I.** *tr* wieder an=fangen; **II.** *itr* wieder beginnen, an=fangen, ein=setzen (*à, de* zu); *cela recommence de plus belle!* das wird ja immer schöner! *c'est toujours à* ~ das wird nie fertig.

récompense [rekɔ̃pɑ̃s] *f* Belohnung *f,* Lohn *m a. ironisch* (*de* für); *en ~, pour sa* ~ als Belohnung; *en* ~ *de qc* zum Lohn für etw; ~ *militaire* militärische Auszeichnung *f;* **~r** *tr* belohnen, auszeichnen (*de* für) *a. ironisch.*

recomp|osable [rəkɔ̃pozabl] *a* wiederzs.setzbar; **~oser** *tr* **1.** wiederzs.=setzen; **2.** *typ* neu setzen; **~osition** *f* **1.** Wiederzs.setzung *f;* **2.** *typ* Neusatz *m;* **~ter** *tr* nach=zählen, -rechnen.

réconcili|ation [rekɔ̃siljasjɔ̃] *f* Ver-, Aussöhnung *f;* **~er I.** *tr* ver-, aus=söhnen (*avec qn* mit jdm); **II.** *v prn se* ~ sich ver-, aus=söhnen (*avec* mit jdm); *se* ~ *avec soi(-même)* wieder mit sich (selbst) ins reine kommen.

recondu|ction [rəkɔ̃dyksjɔ̃] *f* Erneuerung *(e-s Miet-* od *Pachtvertrages);* Weiterführung; *(Ausstellung)* Verlängerung; *(Preis)* Beibehaltung *f;* **~ire** [-dɥir] *tr* **1.** zurück=, hinaus=begleiten; *péj* heimleuchten (*qn* jdm); hinaus=werfen, -jagen; **2.** *com* verlängern, erneuern; ~ *qn à la maison* jdn nach Haus begleiten *od* bringen.

réconfort [rekɔ̃fɔr] *m* Trost *m;* Stärkung; Hilfe *f; maigre* ~ schwache(r) Trost *m;* **~ant, e** *a* **1.** tröstlich; **2.** stärkend; **~er I.** *tr* **1.** stärken, neue Kraft geben (*qn* jdm); **2.** trösten; **II.** *v prn se* ~ wieder zu Kräften kommen (*par* durch).

reconn|aissable [rəkɔnɛsabl] *a* erkennbar, kenntlich, wiederzuerkennen(d); **~aissance** *f* **1.** (Wieder-)Erkennung *f;* Erkennen *n;* **2.** Anerkennung *a. pol; jur* Anerkenntnis *f;* **3.** Erkenntlichkeit, Dankbarkeit *f;* **4.** *mil* Aufklärung, Erkundung *f;* **5.** *avec* ~ dankbar; *par* ~ aus Dankbarkeit; **6.** *faire la* ~ *de qc* etw besichtigen, in Augenschein nehmen; **7.** ~ *de dette* Schuldanerkenntnis *f;* ~ *du terrain* Geländeerkundung *f;* **~aissant, e** *a* erkenntlich, dankbar (*de* für); **~aître I.** *tr* **1.** (wieder)erkennen (*à* an *dat*); *je l'ai reconnu à sa voix* ich habe ihn an s-r Stimme erkannt; **2.** *(admettre l'existence)* an=erkennen *a. pol jur; il l'a reconnu comme* od *pour son héritier* er hat ihn als *od* zum Erben eingesetzt; **3.** zu=geben, ein=gestehen; *il reconnaît sa faute* er gibt zu, daß er sich geirrt hat; **4.** *jur* zu=erkennen (*qc à qn* jdm e-e S); *(Wohltat)* belohnen; **5.** *(explorer)* besichtigen; *mil* auf=klären, *(Gelände)* erkunden; **II.** *v prn se* ~ **6.** *(Passiv)* erkannt werden; *un bon cuisinier se reconnaît à* einen guten Koch erkennt man an *(dat);* **7.** *(s'y retrouver)* sich orientieren, sich zurecht=finden; **8.** *fig* zu sich, zur Besinnung kommen; sich (selbst) wieder=erkennen (*dans* in *dat*); **9.** *se* ~ *coupable* sich schuldig bekennen; *se faire* ~ sich zu erkennen geben; *ne plus s'y* ~ *(fig)* sich nicht mehr aus=kennen; *cela se reconnaît à* das erkennt man an *dat*); *je vous reconnais bien là* das sieht Ihnen ähnlich.

recon|quérir [rəkɔ̃kerir] *tr* **1.** zurück=erobern; **2.** *fig* zurück=, wieder=gewinnen; **~quête** *f* **1.** Wiedereroberung *f;* **2.** *fig* Wiedergewinnung *f;* **~stituant, e I.** *a med* stärkend; **II.** *s m* Stärkungs-, Kräftigungsmittel *n;* **~stituer** *tr* **1.** wiederher=stellen; **2.** rekonstruieren; **3.** *(Besitz)* wieder erwerben; **~stitution** *f* Wiederherstellung *f;* **~struction** *f* Wiederaufbau *m; plan, travail m de* ~ Wiederaufbauplan *m,* -arbeit *f;* **~struire** *tr* wieder auf=bauen; **~version** *f* Umgestaltung, (Wieder-)Umwandlung, Umstellung *f;* ~ *professionnelle* berufliche Umschulung *f;* **~vertir** *tr (Industrie)* um=stellen; *(Arbeitskräfte)* umschulen.

recopier [rekɔpje] *tr* **1.** noch einmal ab=schreiben; ab=tippen; **2.** ins reine schreiben.

record [rəkɔr] **I.** *s m* **1.** *sport* Rekord *m,* Höchst-, Best-, *allg* Spitzenleistung *f* (*de* in *dat*); **II.** *a* **2.** Rekord-; **3.** *améliorer le* ~ den Rekord verbessern; *battre le* ~ den Rekord brechen; *détenir le* ~ den Rekord halten; *de qc (fig)* in e-r S unübertroffen sein, an der Spitze e-r S *gen* stehen; **4.** *chiffre m* ~ Rekordziffer *f;* ~ *d'altitude, de durée, de vitesse* Höhen-, Dauer-, Schnelligkeitsrekord *m;* ~ *de fond, de demi-fond, de sprint* Lang-, Mittel-, Kurzstreckenrekord *m;* ~ *du monde* Weltrekord *m;* **~er** *tr (Tennisschläger)* neu besaiten; **~man** [rekɔrdman] *m,* **~woman** [-wuman] *f* Rekordinhaber(in *f*) *m.*

recou|cher [rəkuʃe] **I.** *tr* wieder zu Bett bringen; **II.** *v prn se* ~ sich wieder hin=legen, ins Bett legen, wieder zu Bett gehen; **~dre** *tr* wieder (an=, zu=, zs.=)nähen.

recoup|age [rəkupaʒ] *m (Wein)* Verschnitt *m;* **~e** *f* **1.** Kleienmehl *n;* **2.** *(Edelstein)* Splitter *m; (Edelmetall)* Späne; *(Stoff)* Abfälle *m pl;* **3.** *(Spirituosen)* Verschnitt *m;* **4.** *agr* Grum(me)t *n;* **~ement** *m* **1.** *arch* Absätze *m pl;* **2.** *(Informationen)* Überschneidung *f;* **~er I.** *tr* **1.** wieder (ab=, zer)schneiden; **2.** *(Aussage)* sich überschneiden; **3.** *(Wein)* verschneiden; **4.** *(Kartenspiel)* noch einmal abheben.

recourb|ement [rekurbəmɑ̃] *m* Biegung, Krümmung *f;* **~er** *tr* (um=)biegen, krümmen.

recour|ir [rəkurir] **I.** *itr* **1.** zurück=laufen, -rennen, -eilen; wieder laufen; **2.** s-e Zuflucht nehmen (*à* zu), sich (um Hilfe) wenden (*à* an *acc);* **3.** *jur* Berufung ein=legen; sich berufen (*à* auf *acc);* **II.** *tr (e-e Strecke)* noch einmal laufen; ~ *à la force* Gewalt an=wenden; ~ *à des mesures sévères* strenge Maßnahmen ergreifen; **~s** [-ur] *m* **1.** Zuflucht *f;* **2.** Rechtsmittel *n;* Berufung, Beschwerde *f;* Regreß, Rückgriff *m; — en dernier* ~ als letztes Mittel; *sans la possibilité d'un* ~ *aux tribunaux* unter Ausschluß des Rechtsweges; *avoir* ~ *à* s-e Zuflucht nehmen zu.

recouvr|able [rəkuvrabl] *a jur* eintreibbar; **~age** *m* Neubeziehen, -bespannen *n;* **~ement** [-vrə-] *m* **1.** Wiedererlangung; *jur* Ein-, Beitreibung; Einziehung *f; pl com* Forderungen *f pl,* Rück-, Außenstände *m pl;* **2.** Wiederbedecken; *(Dach)* Neudecken *n;* **3.** *geol* Überschiebung, Verwerfung *f;* **4.** *tech arch* Überlappung *f;* **5.** *arch* Bewurf, Putz *m;* Verblendung *f;* **6.** *à défaut du* ~ im Nichtbeitreibungsfalle; **7.** *mandat m de* ~ Vollstreckungsbefehl *m; mandat m de* ~ *postal* Postauftrag *m; service m de* ~ Inkassoabteilung *f;* ~ *de créances* Factoring *n;* ~ *des impôts* Steuereinziehung, -treibung *f;* **~er** *tr* **1.** wieder=erlangen; **2.** ein=kassieren, ein=ziehen, beitreiben; **~ir I.** *tr* **1.** wieder bedecken; *(Dach)* neu decken; *(Schirm)* neu bespannen; *(Polster)* neu beziehen; **2.** völlig be-, zu=decken, überziehen (*de* mit); **3.** *fig* verdecken, verhüllen, verschleiern; **4.** umfassen; **II.** *v prn se* ~ sich (wieder) bedecken.

récré|atif, ive [rekreatif] *a* erheiternd, unterhaltend; **~ation** *f* **1.** *(Schule)* große Pause *f.* **2.** Entspannung, Erholung(spause); (Ruhe-)Pause *f; — être en* ~ Pause haben; *centres m pl de* ~ Erholungszentren *n pl; constructions f pl de* ~ *permanente* feste Wochenend- und Ferienhäuser *n pl; espaces m pl de* ~ Erholungsgebiete; **~er** *v prn* sich zerstreuen, sich erholen; sich die Zeit vertreiben.

récri|er, se [rekrije] *v prn:* **1.** *se* ~ *d'admiration* in e-n Ausruf der Verwunderung aus=brechen (*à qc* über e-e S); **2.** laut protestieren (*contre qc* gegen etw); **~mination** *f meist pl* Nörgelei *f;* **~miner** *itr* sich beklagen, sich beschweren (*contre qn* über jdn); **~re I.** *tr* noch einmal, neu schreiben; *(Geschriebenes)* um=arbeiten; **II.** *itr* zurück=schreiben, (brieflich) antworten.

recr|oquevillé, e [rəkrɔkvije] *a* **1.** zs.geschrumpft, schrump(e)lig; **2.** *(Person)* zs.gekrümmt; **~oqueviller, se** *v prn* **1.** zs.=schrumpfen, schrump(e)lig werden; **2.** sich zs.-krümmen.

recru, e [rəkry] *a* erschöpft; **~descence** *f med* Wiederausbruch *m;* neue(s) Anwachsen *n;* Verschärfung *a. allg;* neue Welle; Verschlimmerung *f;* **~descent, e** *a* sich wieder verschlimmernd, wieder schlimmer werdend; zunehmend; **~e** *f* **1.** *mil* Rekrut *m;* **2.** Nachwuchs, Zuwachs; neue(r) Mitarbeiter *m;* neue(s) Mitglied *n;* **~tement** *m* **1.** Rekrutierung, Aushebung *f;* **2.** *(Arbeitskräfte)* Einstellung *f;* **~ter I.** *tr* **1.** *mil* aus=heben, rekrutieren; **2.** *(Arbeitskräfte)* einstellen, (an=)werben; **II.** *v prn se* **~** sich rekrutieren, sich ergänzen (*dans, parmi* aus); **~teur** *a* Werbe-; *agent m* **~** Propagandist *m.*

rect|a [rɛkta] *adv fam* pünktlich; haargenau; **~angle I.** *a* rechtwink(e)lig; **II.** *s m* Rechteck *n;* **~angulaire** *a* rechtekkig; **~eur** *m* Rektor *m;* **~ifiable** *a* zu berichtigen(d), richtigzustellen(d); **~ificateur, trice** *a* berichtigend; **~ificatif, ive I.** *a* berichtigend; Berichtigungs-; **II.** *s m* Richtigstellung *f;* **~ification** *f* **1.** Berichtigung; Richtigstellung *f;* **2.** *(Straße)* Begradigung *f;* **3.** *math chem* Rektifikation *f;* **4.** *tech* Schleifen *n;* **~ifier** *tr* **1.** berichtigen, richtig=stellen; korrigieren; **2.** *(Straße)* begradigen; **3.** *math chem* rektifizieren; **4.** *tech* (ein=)schleifen; **~iligne** *a* geradlinig *a. fig;* **~itude** *f* Richtigkeit *f;* **~o** *m typ* Vorderseite; rechte, ungerade Seite *f,* Rekto *n; au* **~** auf der Vorderseite; **~orat** [-ra] *m* Rektorat *n;* **~um** [-ɔm] *m anat* Mastdarm *m.*

reçu, e [rəsy] **I.** *pp recevoir a* feststehend, gültig, anerkannt; üblich; *(inv vorangestellt)* (dankend) erhalten; **II.** *s m* Quittung, Empfangsbescheinigung *f; donner* **~** *de qc* etw quittieren, den Empfang e-r S bescheinigen; *être* **~** das Examen bestanden haben.

recueil [rəkœj] *m* Sammlung *f;* **~lement** *m* (innere) Sammlung; Andacht *f;* **~li, e** *a* (innerlich) gesammelt; andächtig; **~lir I.** *tr* **1.** (ein=)sammeln; zs.=lesen, -tragen; **2.** *(Flüssigkeit)* auf=fangen; **3.** *(Erbschaft)* übernehmen, an=treten; **4.** *parl (Stimmen)* auf sich vereinigen; erhalten; **5.** *(Person)* (bei sich) auf=nehmen; **II.** *v prn se* **~** sich sammeln; in Ruhe nach=denken, überlegen.

recui|re [rəkɥir] *tr* **1.** noch einmal kochen *od* backen; **2.** *tech (Metall)* (aus=) glühen; **~t** *m tech* (Aus-)Glühen *n; (fam) c'est du* **~** *(fam)* das ist kalter Kaffee.

recul [rəkyl] *m* **1.** Zurücktreten; Zurückgehen, -weichen *n;* **2.** *fig* Abstand *m;* **3.** *fig* Rückgang *m,* Absinken *n;* **4.** *(Feuerwaffe)* Rückstoß *m;* **~ade** *f fig* Zurückweichen *n,* Rückzug; Rückgang *m;* **~é, e** *a* entfernt, abgelegen; *(Zeit)* alt; *(Zukunft)* fern; **~er I.** *itr* **1.** zurück=gehen, -treten, -weichen, -fahren; **2.** *fig* nach= geben; aus=weichen; zurück=schrecken (*devant* vor); scheuen; **II.** *tr* **3.** zurück= setzen, -stellen, -legen, -schieben, -tragen, -fahren; **4.** weg=rücken, -schieben, -stellen; **5.** *(Grenze)* zurück=nehmen, -verlegen; **6.** *(zeitlich)* hinaus=, auf= schieben; verzögern; *ne* **~** *devant rien* vor nichts zurück=schrecken; **~ons** *loc adv: à* **~** rückwärts.

récupér|able [rekyperabl] *a* **1.** verwertbar; noch brauchbar; **2.** *(Schuld)* eintreibbar; *(Arbeitsstunden)* nachzuholen; **~ation** *f* **1.** Wiedererlangung, -gewinnung *f;* **2.** Beitreibung *f;* **3.** Bergung; Erfassung *f;* **4.** *tech* Wieder-, Rückgewinnung; (Wieder-)Verwertung *f;* **5.** *(Arbeitszeit)* Nachholen, Einarbeiten *n;* **~er I.** *tr* **1.** wieder=erlangen; **2.** bei= treiben; **3.** *tech* zurück=gewinnen; (wieder) verwerten; **II.** *itr* **4.** nach=, *fam* auf=holen; **5.** *sport* sich (wieder) erholen; **~** *ses frais* auf s-e Kosten kommen.

récur|age [rekyraʒ] *m* Scheuern *n;* **~er** *tr* scheuern, reinigen; **~rence** *f* Rückläufigkeit *f;* **~rent, e** *a* rückläufig *a. math anat.*

récus|able [rekyzabl] *a jur* ablehnbar; bestreitbar; unglaubwürdig; **~ation** *f jur* Ablehnung *f;* **~er I.** *tr jur* ab=lehnen; zurück=weisen; verwerfen; **II.** *v prn se* **~** sich für unzuständig *od* befangen erklären.

recyclage [rəsiklaʒ] *m* **1.** Umschulung; (berufliche) Weiterbildung *f;* **2.** *tech* Wiederverwendung, Rückführung *f* in den Produktionsprozeß.

rédact|eur, trice [redaktœr, -tris] *m f* Verfasser(in *f*); *(Zeitung)* Redakteur, Schriftleiter(in *f*) *m;* **~** *en chef* Chefredakteur *m;* **~** *sportif* Sportschriftleiter *m;* **~ion** [-ksjɔ̃] *f* **1.** Aufsetzen *n,* Ausarbeitung; Abfassung *f;* **2.** Redaktion, Schriftleitung *f;* **~ionnel, le** *a* redaktionell.

reddition [re(ɛ)disjɔ̃] *f* **1.** *mil* Übergabe *f;* **2.** **~** *de compte (com)* Rechnungs(ab)legung *f.*

redemander [rəd(ə)mɑ̃de] *tr* **1.** noch einmal fragen *od* bitten; **2.** zurück=fordern, -verlangen.

rédempt|eur, trice [redɑ̃ptœr, -tris] **I.** *a rel* erlösend; **II.** *s m* Erlöser *m;* **~ion** [-psjɔ̃] *f rel* Erlösung *f.*

redescendre [rədɛsɑ̃dr] **I.** *tr* **1.** wieder hinab=steigen; hinunter=, hinab=gehen, =fahren; **2.** wieder herunter=schaffen; **II.** *itr* **3.** *(Weg)* wieder hinab=führen; **4.**

(Barometer) wieder fallen; **5.** *fig* absteigen; *(Flugzeug)* tiefer gehen.
redev|able [rəd(ə)vabl] *a: être ~ de qc à qn* jdm etw schuldig sein, schulden; *fig* jdm zu etw verpflichtet sein, jdm etw verdanken; *~ de l'impôt* steuerpflichtig; **~ance** *f* Abgabe *f.*
rédiger [rediʒe] *tr* **1.** *(Vertrag)* auf=setzen, aus=arbeiten; ver-, ab=fassen; **2.** *(Zeitung)* redigieren.
redingote [rədɛ̃gɔt] *f* Gehrock *m.*
redi|re [r(ə)dir] **I.** *tr* **1.** noch einmal sagen, wiederholen; **2.** weiter=sagen, aus=plaudern; **II.** *itr: trouver à ~* etw auszusetzen haben (*à qc* an e-r S); *je ne vois rien à ~ à cela* ich habe nichts dagegen einzuwenden; **~te** *f* (unnütze) Wiederholung *f.*
redistribution [rədistribysjɔ̃] *f* Neu-, Umverteilung *f.*
redon|dance [rədɔ̃dɑ̃s] *f* **1.** Wortschwall *m;* Weitschweifig-, Langatmigkeit *f;* **2.** *gram* Redundanz *f;* **~dant, e** *a* **1.** weitschweifig, langatmig; **2.** redundant; **~ner** [-dɔne] **I.** *tr* **1.** aufs neue geben; wieder=, zurück=geben; **2.** *theat* wieder spielen; **II.** *itr* zurück=fallen (*dans* in *acc*); wieder ein=setzen *od* an=fangen; *~ du courage à qn* jdm wieder Mut machen.
redoubl|ant, e [r(ə)dublɑ̃, -ɑ̃t] *m f (Schule)* Sitzengebliebene(r *m*) *f;* **~é, e** *a* verstärkt, -mehrt, -doppelt; Doppel-; **~ement** *m* **1.** Verstärkung, -mehrung, -doppelung *f;* **2.** Zunahme *f;* **3.** *gram* Reduplikation *f;* **~er I.** *tr* **1.** verstärken, -mehren, steigern; **2.** *(Kleid)* neu füttern; **3.** *(Fahrzeug)* wieder überholen; **II.** *itr* stärker werden, sich verdoppeln, zu=nehmen; *~ (une classe) (Schule)* e-e Klasse wiederholen; *~ d'efforts, de soins* mit verstärkten Kräften, mit vermehrter Sorgfalt ans Werk gehen.
redout|able [rədutabl] *a* furcht-, grauenerregend; furchbar, fürchterlich; **~er** *tr* (sehr) (be)fürchten, sich (sehr) fürchten (*qc* vor etw); *vous n'avez rien à ~* Sie brauchen keine Angst haben.
redoux [rədu] *m* Wärmeeinbruch *m.*
redress|ement [rədrɛsmɑ̃] *m* **1.** *fig* Berichtigung *f;* **2.** *(Wirtschaft)* Wiederankurbelung *f,* Wiederaufstieg, -bau *m; (Finanzen)* Sanierung *f; ~ économique* Belebung *f,* Aufschwung *m* der Wirtschaft; **3.** *(Körper)* Wiederaufrichten; **4.** *(Flugzeug)* Abfangen *n;* **~er I.** *tr* **1.** (wieder) auf=, gerade=richten; wieder auf=stellen; *(Flugzeug)* abfangen; **2.** *fig (Fehler)* berichtigen, richtig=stellen; wieder in Ordnung bringen; **3.** *(Unrecht)* wiedergut=machen; *(Mißbrauch)* ab=stellen; **4.** *(Kurs)* befestigen; *(Wirtschaft)* beleben, an=kurbeln, sanieren; **5.** *tech* (nach=, gerade=)richten; *el* gleich=richten; **II.** *v prn se ~* **6.** sich (wieder) auf=richten; **7.** sich in die Brust werfen; **8.** *(Wirtschaft)* wieder erstarken; **~eur** *m* **1.** *el radio* Gleichrichter *m;* **2.** *geog* Entzerrungsgerät *n;* — *~ de torts (fam ironisch)* Weltverbesserer *m.*
réduct|eur, trice [redyktœr, -tris] **I.** *a* reduzierend; **II.** *s m* **1.** *chem* Reduktionsmittel *n;* **2.** *tech* Untersetzungsgetriebe *n;* **~ible** *a* **1.** *chem* reduzierbar; **2.** *(Anzahl)* herabsetzbar; *(Rente)* kürzbar; **3.** zurückführbar (*à* auf *acc*); zerlegbar; **~ion** [-ksjɔ̃] *f* **1.** Verringerung, -minderung; Abschwächung; Herabsetzung; Einschränkung *f;* **2.** *(Personal)* Abbau *m; (Gehalt)* Kürzung; *(Zeit)* Verkürzung *f;* **3.** *math* Kürzung; *(Bild)* Verkleinerung *f;* **4.** *(Preis, Gebühr)* Senkung, Ermäßigung *f,* Nachlaß, Abschlag *m;* **5.** *phys chem* Reduktion; **6.** *med* Einrenkung; **7.** *tech* (Ver-)Minderung, Drosselung; *(~ de vitesse)* Untersetzung *f;* **8.** *~ de la consommation (com)* Verbrauchsrückgang *m; ~ des naissances* Geburtenrückgang *m; ~ de la pression* Druckverminderung *f; ~ de prix, d'impôts, du taux d'escompte* Preis-, Steuer-, Diskontsenkung *f.*
rédu|ire [redɥir] **I.** *tr* **1.** verringern, -mindern; ab=schwächen, herab=setzen; ein=engen, ein=schränken; **2.** vereinfachen, zurück=führen (*à* auf *acc*); ver-, um=wandeln (*en* in *acc*); **3.** beschränken (*à* auf *acc*); *(in e-n Zustand)* bringen, versetzen (*à, dans* in *acc*); unterwerfen, zwingen, nötigen; *(Widerstand)* brechen; **4.** *(Zeit)* verkürzen; *math* kürzen, reduzieren; *(Bild)* verkleinern, verkürzen, verjüngen; **5.** *(Preis, Gebühr)* senken, ermäßigen; *(Maß)* um=rechnen *a. com; com* konvertieren; *(Gehalt)* kürzen; *(Personal, Beamte)* ab=bauen; **6.** *(~ par ébullition) (Flüssigkeit)* ein=kochen, -dicken; **7.** *phys chem (Oxyd)* reduzieren; **8.** *med* ein=renken; **9.** *tech* (ver)mindern; drosseln; **10.** *(~ en petits morceaux, fragments)* zerkleinern; **II.** *v prn se ~* **11.** sich vermindern, -ringern; sich vereinfachen, sich verwandeln (*en qc* in *acc*); **12.** ein=kochen *itr;* **13.** beschränkt sein, sich zurückführen lassen, hinaus=laufen (*à* auf *acc*); sich beschränken (*à* auf *acc*); **14.** *~ au même dénominateur (math)* auf einen Nenner bringen; *~ au désespoir* zur Verzweiflung treiben *od* bringen; *~ le prix de qc* etw verbilligen; *~ à rien, en poussière* völlig zerstören, vernichten, in nichts auf=lösen; *être réduit à qc* auf e-e S angewiesen sein; *~ au silence, à l'obéissance, à la raison* zum Schweigen, zum Gehorsam, zur Vernunft bringen; **~it, e** [-dɥi, -it] **I.** *a* **1.** verkleinert, -mindert; vereinfacht; be-, eingeschränkt; **2.** eingedickt; **3.** ge-, verkürzt; **4.** *(Preis)* ermäßigt, herabgesetzt; **II.** *s m* kleine

Kammer *f;* Verschlag; (dunkler) Winkel *m;* (finsteres) Loch *n; être ~ à rien* völlig mittellos da=stehen; *à prix ~s* zu herabgesetzten Preisen; *~ à soi-même* auf sich *(acc)* selbst angewiesen.

rééducation [reedykasjɔ̃] *f* **1.** *med* Rehabilitation *f;* **2.** *(~ professionnelle)* Umschulung *f;* **3.** Umerziehung *f;* **~quer** *tr* **1.** *med* rehabilitieren; **2.** um=erziehen, -schulen.

réel, le [reɛl] **I.** *a* wirklich; *math* real; *jur* dinglich; Real-; **II.** *s m* (das) Wirkliche; *dans le ~* in (der) Wirklichkeit; *salaire m ~* Reallohn *m;* **~lement** *adv* wirklich, tatsächlich.

réescompt|e [reɛskɔ̃t] *m* Rediskont(ierung *f) m;* **~er** *tr* rediskontieren.

réévalu|ation [reevalɥasjɔ̃] *f* **1.** Neubewertung; **2.** Wertberichtigung *f;* **3.** Aufwertung *f;* **~er** [-lɥe] *tr* **1.** neu bewerten; **2.** auf=werten.

réexp|édier [reɛkspedje] *tr* **1.** weiter=befördern; **2.** *(Post)* nach=senden; **~édition** *f* **1.** Weiterbeförderung *f;* **2.** *(Post)* Nachsendung *f.*

refaire [rəfɛr] **I.** *tr* **1.** noch einmal, neu machen; **2.** um=arbeiten; **3.** wieder von vorn an=fangen; **4.** wiederher=stellen *a. med;* reparieren, aus=bessern, wieder in Ordnung bringen; **5.** *fam* hereinlegen, übers Ohr hauen (*qn* jdn); *pop* klauen; **II.** *v prn se ~* **6.** wieder zu Kräften kommen, sich wieder erholen *a. com;* **7.** *(Spiel)* (wieder) auf=holen; **8.** *se ~ la santé* s-e Gesundheit wiederher=stellen; *c'est fait et refait* das ist längst erledigt.

réfect|ion [refɛksjɔ̃] *f* Wiederherstellung, -instandsetzung, Ausbesserung *f;* **~oire** *m (Internat)* Speisesaal *m; rel* Refektorium *n.*

refend [rəfɑ̃] *m* **1.** Reklame-, Werbefläche *f (an der Autobahn);* **2.** *bois, cuir m de ~* Spaltholz, -leder *n; mur m de ~* Zwischenwand *f; pierre f de ~* Eckstein *m.*

référ|é [refere] *m plaider en ~* e-e einstweilige Verfügung beantragen; *ordonnance f de ~* einstweilige Verfügung *f;* **~ence** *f* **1.** Hinweis *m;* Verweisung, Stellenangabe; Bezugnahme *f;* **2.** *com* Musterbuch *n;* **3.** *pl* Referenzen, Empfehlungen *f pl;* **4.** *votre ~ (com)* Ihr Zeichen; *prendre des ~s sur qn* Referenzen über jdn ein=holen; *ouvrage m de ~* Nachschlagewerk *n;* **~endum** [-ɛ̃dɔm] *m* **1.** Volksentscheid *m;* **2.** Meinungsumfrage *f;* **~er I.** *itr en ~* berichten, Bericht erstatten (*à* dat); sich berufen (*à* auf *acc*); **II.** *v prn se ~ à* sich beziehen auf *acc;* sich halten an *acc;* sich berufen auf *acc; (en) nous référant* unter Bezugnahme (*à* auf *acc*).

refermer [rəfɛrme] **I.** *tr* wieder schließen; **II.** *v prn se ~* sich wieder schließen; *(Gesicht)* e-n verschlossenen Ausdruck annehmen.

réfl|échi, e [refleʃi] *a* **1.** überlegt; umsichtig; bedächtig; **2.** *gram* reflexiv; **~échir I.** *tr phys* zurück=werfen, -strahlen, reflektieren; **II.** *itr* nach=denken (*à* über *acc*), überlegen (*à, sur qc* etw); **III.** *v prn se ~* sich spiegeln (*dans* in *dat*) *a. fig; après avoir mûrement ~échi* nach reiflicher Überlegung; **~échissant, e** *a* reflektierend.

refl|et [rəflɛ] *m* **1.** *opt* Reflex *m;* **2.** Spiegelung *f;* Spiegel(bild *n*) *m;* **3.** *fig* Abbild *n,* Abglanz *m;* **4.** *pl* Schimmer, Glanz *m;* **~éter I.** *tr* **1.** *(Licht)* zurück=werfen, -strahlen, (wider=)spiegeln *a. fig;* **2.** *fig* wieder=geben; **II.** *v prn se ~* **3.** sich wider=spiegeln *a. fig;* **4.** *fig* sich ab=zeichnen (*sur* auf *acc*); **~eurir** *itr* **1.** wieder, zum zweitenmal blühen; **2.** *fig* wiederauf=blühen, -leben.

réflex|e [reflɛks] *m* **1.** *(Physiologie)* Reflex *m;* **2.** *avoir de bons ~s* schnell reagieren; **~ion** *f* **1.** *phys* Reflexion, Spiegelung *f;* **2.** Nachdenken, -sinnen *n;* Überlegung, Betrachtung *f;* **3.** Bemerkung, Äußerung *f;* **4.** *à la ~* bei genauerer Überlegung; *sans ~* unüberlegt, ohne Überlegung; *(toute) ~ faite* nach reiflicher Überlegung; *faire des ~s (fam)* immer s-n Senf dazugeben; *cela mérite ~* das wäre zu überlegen.

reflu|er [rəflye] *itr* **1.** zurück=fließen, -fluten, -strömen *a. fig;* **2.** *fig* zurück=kehren; **~x** [-y] *m* **1.** Ebbe *f;* **2.** *fig* Zurückweichen, -strömen *n;* **3.** *(Kapital)* Rückfluß *m;* **4.** *fig* das Hin und Her.

refon|dre [rəfɔ̃dr] *tr* **1.** *tech* um=, ein=schmelzen, um=gießen; **2.** *fig* (völlig) um=arbeiten, neu schreiben; **~te** *f* **1.** Einschmelzen *n;* **2.** *fig* Umarbeitung, Umgestaltung *f.*

réform|able [refɔrmabl] *a* abzuändern(d); *(Mißbrauch)* abzustellen(d); besserungsfähig; **~ateur, trice I.** *a* reformatorisch; Reform-; **II.** *s m f* Reformer(in *f*); *rel* Reformator *m;* **~e** *f* **1.** Reform; Um-, Neugestaltung *f;* **2.** *mil* Entlassung; Ausmusterung *f;* **3.** *tech* Außerbetriebsetzung *f;* **4.** *la R~ (rel)* die Reformation; *~ agraire, fiscale, monétaire* Boden-, Steuer-, Währungsreform *f;* **~é, e I.** *a* **1.** *rel* reformiert; **2.** *mil* dienstunfähig; **II.** *s m* **1.** Reformierte(r) *m;* **2.** *mil* wegen Dienstuntauglichkeit entlassene(r) Soldat *m;* **~er** *tr* **1.** reformieren; um=gestalten; **2.** *mil* wegen Dienstuntauglichkeit entlassen; **3.** *tech* außer Betrieb setzen; aus=mustern.

refoul|ement [rəfulmɑ̃] *m* **1.** *mil* Zurückdrängung *f;* **2.** *(Wasser)* Stauung *f;* Zurückfluten, -strömen *n;* **3.** *(Tränen)* Zurückhalten; *(Gefühl)* Unterdrücken *n; (Psychologie)* Verdrängung *f;* **4.** *(Pumpe)* Förderung *f;* **5.** *loc* Zurückschieben *n;* ~**er I.** *tr* **1.** *(Feind)* zurück=drängen; *(Ausländer)* abschieben; **2.** *(Wasser)* auf=stauen; *(Tränen)* zurück=halten; **3.** *(Gefühl)* unterdrücken; *(Psychologie)* verdrängen; **4.** *tech* stauchen; *(Pumpe)* fördern; **5.** *loc* zurück=schieben.

réfract|aire [refraktɛr] **I.** *a* **1.** aufsässig; widerspenstig; **2.** *tech* feuerfest; hitzebeständig; **II.** *s m* Arbeitsverweigerer *m;* ~**er** *tr opt* brechen; ~**ion** [-ksjɔ̃] *f (Licht, Schall)* Brechung *f.*

refrain [rəfrɛ̃] *m* **1.** Refrain, Kehrreim *m;* **2.** *fig* ständige Redensart *f.*

refréner [rəfrene] *tr fig* zügeln, im Zaum halten, Einhalt gebieten (*qn, qc* jdm, e-r S).

réfrigér|ant, e [refriʒerɑ̃, -ɑ̃t] **I.** *a* **1.** kühlend; **2.** *fig* eisig; Kühl-; **II.** *s m* Kühlapparat *m;* ~**ateur** *m* Kühlschrank *m; mettre qc au ~ (fig)* etw auf Eis legen; ~**ation** *f tech* (Ab-)Kühlung *f;* ~**er** *tr* **1.** *tech* kühlen; **2.** *fig* abkühlen; — *(fam) être réfrigéré* ganz durchfroren sein.

refroid|ir [rəfrwadir] **I.** *tr* **1.** ab=kühlen (lassen); **2.** *fig (Eifer)* abkühlen, dämpfen; **3.** *fig* entmutigen, ernüchtern; **4.** *arg* ab=murksen, killen; **II.** *itr* **5.** kälter werden, ab=kühlen; **III.** *v prn se ~* **6.** *(med)* sich erkälten; **7.** *(Wetter)* kälter werden; **8.** *fig (Eifer)* nachlassen, erkalten; ~**issement** *m* **1.** Erkalten *n,* Abkühlung *f;* **2.** *med* Erkältung *f;* **3.** *fig* Abkühlung *f;* — *prendre un ~* sich e-e Erkältung zu=ziehen.

refuge [rəfyʒ] *m* **1.** Zufluchtsort *m,* Asyl *n;* **2.** *fig* Zuflucht *f;* **3.** Verkehrsinsel *f;* **4.** Schutzhütte *f;* — *chercher, trouver ~* Zuflucht suchen (*auprès de qn* bei jdm).

réfugi|é, e [refyʒje] *m f* Flüchtling *m;* ~**er, se** *v prn* sich zurück=ziehen; (sich) flüchten, Zuflucht suchen (*chez, auprès de qn* bei jdm).

refus [rəfy] *m* **1.** (Ver-)Weigerung; **2.** Ablehnung, Absage, abschlägige Antwort *f,* abschlägige(r) Bescheid *m;* — *essuyer, éprouver, s'attirer un ~* e-n abschlägigen Bescheid *od* e-n Korb bekommen; *ce n'est pas de ~* so etw schlägt man nicht ab *od* aus; *~ d'acceptation, de paiement* Annahme-, Zahlungsverweigerung *f;* ~**er I.** *tr* **1.** nicht an=nehmen, ab=, aus=schlagen *(a. Heirat),* zurück=weisen, ab=lehnen; verweigern; **2.** *(Prüfung)* durchfallen lassen; **II.** *v prn se ~* **3.** sich weigern, es ab=lehnen (*à faire qc* etw zu tun); *à qc* sich gegen etw sperren, etw ab=lehnen; **4.** *qc* sich etw versagen, nicht gönnen; — *ne se ~ à rien* nicht nein sagen können; *ne ~ aucun travail* keine Arbeit scheuen; *cela ne se refuse pas* das schlägt man nicht ab *od* aus; *il ne se refuse rien* er läßt sich nichts abgehen; *je m'y refuse* das lehne ich strikt ab.

réfut|able [refytabl] *a* widerlegbar; ~**ation** *f* Widerlegung *f;* ~**er** *tr* widerlegen.

regagner [rəgɑ(a)ɲe] *tr* **1.** zurück=, wieder=gewinnen; wieder=, zurück=bekommen; **2.** *(Ort)* wieder erreichen, zurück=kehren (*qc* nach etw); **3.** *(Zeit)* wieder ein=holen, -bringen; *~ du terrain (fig)* wieder Boden gewinnen.

regain [rəgɛ̃] *m* **1.** *agr* Grum(me)t *n;* **2.** *fig* Wiederaufblühen, -leben *n;* Erneuerung *f.*

régal, e [regal] *m* Leckerbissen *m a. fig; ~ pour l'œil, pour l'oreille* Augenweide *f;* Ohrenschmaus *m;* ~**ade** *f: boire à la ~* aus der Flasche trinken, ohne sie anzusetzen; ~**er I.** *tr* **1.** (festlich) bewirten; traktieren (*de* mit); **2.** *fam* frei=halten, die Zeche bezahlen; **3.** *tech* ein=ebnen, planieren; **II.** *v prn se ~* **4.** gut essen; sich gütlich tun (*de qc* an e-r S); **5.** *fig* genießen (*de* acc).

regard [rəgar] *m* **1.** Blick *m;* **2.** *tech* (Einsteig-)Schacht *m;* **3.** *au ~ de* im Hinblick auf *(acc);* verglichen mit; *d'un seul ~* mit einem Blick; *en ~ (typ)* gegenüberstehend; **4.** *attacher, fixer ses ~s sur* unverwandt starren auf, fixieren (*sur qc* e-e S); *attirer les ~s* die Blicke auf sich ziehen; *lancer des ~s furieux* wütende Blicke schleudern; *mettre en ~ de* gegenüber=stellen *dat,* vergleichen mit; *promener ses ~s* s-e Blicke schweifen lassen; *~ en arrière* Rückblick *m; ~ de connaisseur* Kennerblick *m;* ~**ant, e** [-dɑ̃, -ɑ̃t] *a* kleinlich, genau, sparsam; ~**er I.** *tr* **1.** an=blicken, -sehen, -schauen; blicken, sehen, schauen (*qc* auf e-e S); **2.** betrachten *a. fig,* besehen, in Augenschein nehmen; **3.** halten (*comme* für), an=sehen (*comme* als); beachten, bedenken; in Erwägung ziehen, berücksichtigen; **4.** an=gehen, betreffen; **5.** *(Wohnung) ~ (vers) le midi* nach Süden liegen; **II.** *itr* **6.** sehen, schauen, blicken (*à* auf *acc, par la fenêtre* zum Fenster hinaus); her=sehen, -schauen; **7.** achten, großen Wert legen (*à* auf *acc*); **III.** *v prn se ~* **8.** sich (gegenseitig) an=schauen, -sehen; **9.** *(Gebäude)* einander gegenüber=stehen; — *y ~ à deux fois* es sich genau überlegen; *~ de près* aus der Nähe betrachten; *fig* genau achten (*qc* od *à qc* auf e-e S); *ne pas y ~ de trop près* ein Auge zu=drücken, fünf gerade sein lassen; *cela ne me regarde pas* das geht mich nichts an, ist nicht meine Sache; *il ne faut pas y ~ de si près* das darf man nicht so genau nehmen.

régate [regat] *f meist pl mar* Regatta *f.*

régence [reʒɑ̃s] *f* Regentschaft *f.*

régénér|ateur, trice [reʒeneratœr, -tris] **I.** *a* regenerierend; **II.** *s m* **1.** *tech*

Regenerator, Luftvorwärmer *m;* **2.** *pl* Aufbaupräparate *n pl;* **~ation** *f* **1.** *biol* Regeneration, Neubildung *f;* **2.** *fig* Wiedergeburt *f;* **~er** *tr* **1.** regenerieren; **2.** *fig* wiederbeleben.

régent, e [reʒɑ̃, -ɑ̃t] *m f* Regent(in *f*) *m;* **~er** *tr* schulmeistern.

régicide [reʒisid] *m* **1.** Königsmörder *m;* **2.** Königsmord *m.*

régie [reʒi] *f* **1.** Regie *f,* -betrieb *m;* **2.** *film* Regieassistenz *f;* ~ *des tabacs* Tabakregie *f.*

regimber [rəʒɛ̃be] *itr* **1.** *(Pferd)* aus=schlagen; **2.** *fig* sich sträuben, sich auf=lehnen (*contre* gegen *acc*).

régi|me [reʒim] *m* **1.** Regime *n,* Regierungs-, Staatsform; **2.** *(~ administratif)* Verwaltung(ssystem *n,* -norm); Regelung, Einrichtung, Ordnung *f;* System *n;* **3.** *gram* Objekt *n,* (Satz-)Ergänzung; **4.** *med* Diät, Krankenkost *f;* **5.** *tech* (normaler) Leistungsbereich *m; mot* Drehzahl *f;* **6.** *à ~ rapide, lent* schnell, langsam laufend; **7.** *suivre un ~* Diät halten; **8.** *plein ~ (mot)* Vollgas *n;* **9.** *~ des crédits* Kreditwirtschaft *f,* -system *n; ~ direct, indirect* Akkusativ-, präpositionale(s) Objekt *n; ~ fiscal* Steuergesetzgebung *f,* -recht *n; ~ de la séparation des biens* Gütertrennung *f;* **~ment** *m* **1.** *mil* Regiment *n;* **2.** *fam* Militär(dienst *m*) *n; un ~ de (fig fam)* ein ganzes Heer von.

rég|ion [reʒjɔ̃] *f* **1.** Gegend *f a. fig,* Landstrich *m,* Gebiet *n,* Bezirk *m;* **2.** *fig* Bereich *m* od *n,* Gebiet, Feld *n;* **3.** *anat* (Körper-)Gegend *f;* **4.** *~ désertique* Wüstengebiet *n; ~ économique* Wirtschaftsgebiet *n; ~ frontalière, limitrophe* Grenzgebiet *n,* -bezirk *m; ~ à haute, basse pression (Meteorologie)* Hoch-, Tiefdruckgebiet *n; ~ vinicole* Weingegend *f;* **~ional, e I.** *a* regional; **II.** *s m* regionale(s) Telefonnetz *n; informations f pl regionales (radio)* Regionalnachrichten *f pl.*

rég|ir [reʒir] *tr* **1.** regeln, lenken, leiten *a. fig;* **2.** *gram* regieren; **~isseur, se** *m f* **1.** (Guts-)Verwalter(in *f*) *m;* **2.** *theat film* Regieassistent(in *f*), Spielleiter(in *f*) *m.*

registre [rəʒistr] *m* **1.** Register *a. typ,* Verzeichnis *n,* Liste *f;* **2.** *tech* Zug-, Luftklappe; Orgelklappe *f,* Register *n;* **3.** *mettre, mentionner, inscrire sur un ~* in ein Register ein=tragen; *je tiens ~ de tout* ich merke mir alles, mir entgeht nichts; **4.** *~ des associations* Vereinsregister *n; ~ du commerce* Handelsregister *n; ~s de l'état civil* Standesregister *n; ~ des naissances, des mariages, des décès* od *mortuaire* Geburts-, Heirats-, Sterberegister *n; ~ pénal* Strafregister *n; ~ des réclamations* Beschwerdebuch *n.*

régl|able [reglabl] *a* regulier-, verstellbar; **~age** *m tech* Regulierung, Regelung *f.*

règle [rɛgl] *f* **1.** Lineal *n;* **2.** *fig* Regel *f,* Vorschrift *f;* **3.** *rel* (Ordens-)Regel *f;* **4.** Grundrechnungsart *f;* **5.** *(Physiologie)* Regel *f;* **6.** *dans la ~, en bonne ~* in Ordnung; wie es sich gehört; *en ~* regelrecht, vorschriftsmäßig; *en ~ générale* in der Regel, gewöhnlich; **7.** *se faire une ~ de qc* sich etw zur Regel machen; *c'est la ~* das ist die Regel, das gewöhnliche; *il est de ~ de* es entspricht der Vorschrift, ist üblich, zu; **8.** *~ à calcul, logarithmique* Rechenschieber *m; ~ à dessiner* Reißschiene *f; ~ de trois (math)* Dreisatz *m;* **~ment** *m* [rɛgləmɑ̃] *m* **1.** Regelung, Abwick(e)lung, Erledigung, Bereinigung, Beilegung *f;* **2.** *com* Begleichung, Zahlung *f;* **3.** Bestimmung, Vorschrift; **4.** *pol parl* Geschäftsordnung *f;* **5.** *en ~ de* zum Ausgleich, zur Begleichung *gen; ~ d'application,* Durchführungsbestimmung *f; ~ de bourse, de circulation, d'entreprise* od *d'exploitation, de maison, de service, de travail* Börsen-, Verkehrs-, Betriebs-, Haus-, Dienst-, Arbeitsordnung *f; ~ de comptes annuel (com)* Jahresabschluß *m; ~ d'un concours* Wettbewerbsbedingungen *f pl; ~ de sécurité* Sicherheitsvorschriften *f pl.*

régl|é, e [regle] *a* **1.** lin(i)iert; **2.** *fig* geregelt, ordentlich; **3.** erledigt, abgeschlossen; **4.** *tech* eingestellt; **~ementaire** [-glə-] *a* vorschrifts-, ordnungsmäßig; **~ementation** *f* **1.** gesetzliche Regelung, Reglementierung *f;* **2.** *com* Bewirtschaftung *f;* **3.** *~ de la circulation* Verkehrsregelung *f; ~ du marché* Marktordnung *f;* **~ementer** *tr* gesetzlich regeln, durch Verordnungen bestimmen; *com* bewirtschaften; **~er I.** *tr* **1.** liniieren; **2.** regulieren; fest=setzen, bestimmen; ordnen; **3.** ein=richten (*sur qc* nach etw); **4.** ab=schließen, erledigen, bereinigen, ab=wickeln, bei=legen; *(Streit)* schlichten; **5.** *com* be-, aus=gleichen, berichtigen, ab=rechnen, bezahlen, *(Schulden)* ab=tragen; **6.** *(Uhr)* stellen (*sur* nach); *tech* ein=stellen, justieren; *radio* ein=stellen, ab=stimmen; **II.** *v prn se ~* sich richten (*sur* nach); *avoir un compte à ~ avec qn* mit jdm ein Hühnchen zu rupfen haben; *~ à l'amiable* gütlich bei=legen; **~isse** *f m bot* Süßholz *n; jus m de ~* Lakritzensaft *m.*

régn|ant, e [reɲɑ̃, -ɑ̃t] *a* **1.** regierend; **2.** *fig* (vor)herrschend; **~er** *itr* **1.** regieren, herrschen *a. fig* (*sur* über *acc*); **2.** *fig* an der Tagesordnung, in Mode sein.

règne [rɛɲ] *m* **1.** Regierung(szeit); Herrschaft *f;* **2.** *fig* Vormachtstellung *f; sous le ~ de* unter der Regierung *gen; ~ végétal, animal* Pflanzen-, Tierreich *n.*

regonfler [rəgɔ̃fle] *tr* **1.** *(Reifen)* wieder auf≈pumpen; **2.** *pop* wieder Mut machen (*qn* jdm).

regorger [rəgɔrʒe] *tr* (über)voll sein, strotzen (*de* von); in Hülle und Fülle vorhanden sein.

régress|er [regrɛse] *itr* zurück≈gehen; den Krebsgang gehen; ab≈nehmen; **~if, ive** *a* rückläufig; **~ion** *f* **1.** Rückgang *m;* **2.** *biol* Rückbildung *f;* **3.** *(Statistik)* Regression *f.*

regret [rəgrɛ] *m* **1.** Bedauern *n;* Reue *f;* **2.** Leid *n,* Schmerz *m,* Trauer *f* (*de qn* um etw); **3.** *à ~* ungern, wider Willer; *à mon grand ~* zu meinem großen Bedauern; **4.** *exprimer ses ~s* sein Bedauern aus≈drücken; *je suis au(x) ~(s),* es, das tut mir sehr leid; *je suis au ~ de ...* zu meinem Bedauern muß ich ... *j'ai le ~ de vous dire ...* ich muß Ihnen leider mitteilen ...; **~table** [-tabl] *a* beklagenswert; bedauerlich; **~ter** *tr* **1.** nach≈trauern (*qn* jdm); **2.** *(Abwesende, Verlorenes)* vermissen; **3.** bedauern; bereuen; beklagen.

regroup|ement [rəgrupmɑ̃] *m* **1.** Umgruppierung, -stellung, -schichtung *f;* **2.** Zusammenfassung, -legung *f; ~ social* soziale Umschichtung *f;* **~er I.** *tr* **1.** um-, neu gruppieren; **2.** *(Daten)* ordnen; **3.** *(Industrie)* zs.≈legen; *(Betrieb)* um≈stellen; *(Bevölkerung)* um≈schichten; **II.** *v prn se ~* sich zs.≈schließen (*autour de qn, derrière qn* um jdn).

régul|arisation [regylarizasjɔ̃] *f com* **1.** Erledigung, Regulierung *f;* **2.** Ausgleich *m;* **3.** *(Fluß)* Regulierung *f; — fonds m de ~* Ausgleichsfonds *m;* **~ariser** *tr* **1.** ins reine, in Ordnung bringen, regeln; **2.** *(Fluß)* regulieren; *— ~ sa situation* s-e Verhältnisse ordnen; **~arité** *f* **1.** Regelmäßigkeit; Pünktlichkeit *f;* **2.** Korrektheit; Vorschriftsmäßigkeit *f;* **~ateur, trice I.** *a* ordnend; steuernd; regulierend; **II.** *s m* **1.** Ordnungs-, ordnende(s) Prinzip *n;* **2.** *biol tech* Regler *m; ~ de son* Tonblende *f; ~ (de vitesse) (mot)* Geschwindigkeits-, Drehzahlregler *m;* **~ation** *f biol tech* Regelung; Steuerung *f;* **~é, e** *a* ferngesteuert; **~ier, ère** [-lje, -ɛr] **I.** *a* **1.** regel-, gleich-, ebenmäßig; **2.** geordnet; regelrecht; **3.** *(Mensch)* pünktlich; *fam* korrekt; **4.** *(Zug)* fahrplanmäßig; *(Flugzeug)* planmäßig; **5.** ordnungsgemäß; vorschriftsmäßig; regulär; **II.** *s m* **1.** *clergé m ~* Ordensgeistlichkeit *f;* **2.** *f pop* Olle *f.*

réhabi|litable [reabilitabl] *a* rehabilitierbar; **~litation** *f* **1.** Rehabilitierung *f;* **2.** *(Stadtteil)* Sanierung *f;* **~liter** *tr* **1.** rehabilitieren; **2.** *(Stadtteil)* sanieren; **~tuer (, se)** [-tye] *tr (v prn)* (sich) wieder gewöhnen (*à* an *acc*).

rehauss|ement [rəosmɑ̃] *m arch* Erhöhung *f;* **~er** *tr* **1.** erhöhen; *(Stimme)* heben; **2.** *fig* hervor≈heben, zur Geltung bringen; steigern, vermehren.

réifier [reifje] *tr* versachlichen.

réim|portation [reɛ̃pɔrtasjɔ̃] *f* Wiedereinfuhr *f;* **~porter** *tr* wiederein≈führen.

rein [rɛ̃] *m* **1.** *med* Niere *f;* **2.** *pl* Nieren-, Hüftgegend *f,* Kreuz *n; — avoir les ~s solides (fig)* wohlhabend sein.

réincarnation [reɛ̃karnasjɔ̃] *f rel* Reinkarnation *f.*

reine [rɛn] *f* Königin *a. fig; (Schach)* Dame *f; bouchée f à la ~* Königinpastete *f; ~ des abeilles* Bienenkönigin *f; ~ de beauté* Schönheitskönigin *f; ~--claude f (bot)* Reneklode *f; ~-mère f* Königinmutter *f.*

réintégr|ation [reɛ̃tegrasjɔ̃] *f jur* Wiedereinsetzung, -gliederung *f;* **~er 1.** *jur* wiederein≈setzen (*dans ses droits, ses fonctions* in s-e Rechte, sein Amt); **2.** zurück≈kehren (*qc* in *acc*).

réitérer [reitere] *tr* wiederholen.

rejaillir [rəʒajir] *itr* **1.** *(Flüssigkeit)* (auf≈) spritzen; **2.** *(Schande)* zurück≈fallen (*sur* auf *acc*).

rejet [rəʒɛ] *m* **1.** Auswerfen; Anlandspülen *n; (verpflanztes Organ)* Abstoßung *f; (Erde)* Aushub *m;* **2.** *(Baum)* Schößling *m;* **3.** *geol* Sprunghöhe *f;* **4.** *(Gedicht)* Zeilensprung *m;* **5.** *fig (Vorschlag)* Ablehnung *f; ~s radioactifs* radioaktive Abfälle *m pl;* **~er** [-ʒte] **I.** *tr* **1.** weg≈, zurück≈werfen; von sich geben, aus≈werfen; *mil (Feind)* zurück≈werfen; *(Organ)* abstoßen; **2.** *fig* zurückfallen lassen (*dans* in *acc, sur* auf *acc*); *(Verantwortung, Schuld)* zu≈schieben (*qc sur qn* jdm etw), ab≈wälzen (*sur* auf *acc*), verantwortlich machen (*qc sur qn* jdn für etw); **3.** zurück≈, ab≈weisen, ab≈lehnen, abschlägig bescheiden; **4.** *(Menschen)* verstoßen; nicht gelten lassen, nicht an≈erkennen, nicht glauben (*qc* an e-e S); **II.** *v prn se ~* **5.** sich (gegenseitig) vor≈werfen, -halten; **6.** sich begnügen (*sur qc* mit etw); **~on** [-ʒtɔ̃] *m* **1.** Schößling, Ableger *m a. fig;* **2.** *fam* Sprößling *m; poet* Sproß *m.*

rejoindre [rəʒwɛ̃dr] **I.** *tr* **1.** sich an≈schließen (*qn* an jdn), wieder stoßen (*qn, qc* auf jdn, etw; zu jdm, etw); **2.** treffen, ein≈holen, kommen, gehen (*qn* zu jdm); *mil (zu s-r Einheit)* zurück≈kehren; **II.** *v prn se ~* **3.** *(Straße)* sich wieder vereinigen, wieder zs.≈kommen, -stoßen; **4.** *(Personen)* sich (wieder≈) treffen; **5.** sich überlagern.

réjou|i, e [reʒwi] *a* heiter, fröhlich, froh (-sinnig); **~ir I.** *tr* **1.** erfreuen; er-, auf≈heitern, belustigen; **2.** gut-, wohl≈tun, angenehm sein (*qn* jdm); **II.** *v prn se ~* lustig, in froher, heiterer Stimmung sein; *se ~ de qc* sich an e-r S erfreuen, sich über e-e S freuen; **~issance** *f* **1.** Freude; Fröhlichkeit; frohe, heitere Stimmung *f;* **2.** *pl* Freudenfest *n; ~s publiques* Volksfest *n;* **~issant, e** *a* erfreulich.

relâch|e [rəlaʃ] **1.** *m aujourd'hui ~* heute keine Vorstellung; **2.** *loc adv sans ~* ohne Unterbrechung, pausenlos; **~é, e** *a* lax, lasch; lose, locker *fig;* **~ement** *m* **1.** *(Seil)* Lockerung *f; (Muskeln)* Schlaffwerden *n;* **2.** *fig (Eifer)* Erlahmen *n;* Erschlaffung; *(Disziplin)* Lockerung *f;* **3.** *com (Konjunktur)* Abschwächung *f;* **~er I.** *tr* **1.** *(Seil)* entspannen, lockern; **2.** *fig (Eifer)* erlahmen lassen; *(Disziplin)* lockern; **3.** *(Gefangenen)* freilassen; **4.** *(Stuhlgang)* erleichtern; **II.** *v prn se ~* **5.** *(Seil)* locker werden, sich lockern; **6.** *(Disziplin)* sich lockern; **7.** *(Eifer)* erlahmen; **8.** *(Person)* nachlässig werden, nach=lassen (*dans son travail* in der Arbeit).

relais [rəlɛ] *m* **1.** *sport* Staffellauf *m;* **2.** *tele* Relais *n;* **3.** Raststätte *f; prendre le ~* an die Stelle treten (*de* gen).

relanc|e [rəlɑ̃s] *f* **1.** *(Spiel)* höhere(r) Einsatz *m;* **2.** *fig* Wiederbelebung, -ankurbelung *f,* neue(r) Aufschwung *m;* **~er 1.** zurück=schleudern, -werfen; **2.** *(Jagd)* wieder auf=scheuchen; **3.** *fig* (hart) zu=setzen (*qn* jdm); **4.** wieder in Schwung bringen, an=kurbeln; **5.** *(Spiel) (Einsatz)* erhöhen; **6.** *(Motor)* wieder anlassen.

relaps, e [rəlaps] *a bes. rel* rückfällig.

relat|er [rəlate] *tr* (ausführlich) berichten, (genau) erzählen, auf=zählen; **~if, ive** *a* **1.** bezüglich (*à* gen) sich beziehend (*à* auf *acc*), verbunden (*à* mit); **2.** relativ; bedingt; **3.** *gram* rückbezüglich, Relativ-; *pronom m ~* Relativpronomen *n; proposition f ~ive* Relativsatz *m;* **~ion** *f* **1.** Beziehung *f,* Verhältnis *n;* Zusammenhang *m;* **2.** *pl* (persönliche) Beziehungen *f pl;* Verbindung(en) *f (pl);* Geschäftsfreunde *m pl;* Bekannte *pl;* **3.** *avoir de nombreuses ~s* ausgedehnte Beziehungen haben; *être, entrer en ~ avec qn* mit jdm in Verbindung stehen, treten; *se mettre en ~* sich in Verbindung setzen (*avec* mit); **4.** *~s commerciales, d'affaires* Handels-, Geschäftsbeziehungen *f pl;* **~ivement** *adv* verhältnismäßig, vergleichsweise; *~ à* im Vergleich, mit Bezug auf *acc,* mit; **~ivité** *f* Relativität *f.*

re|laxation [rəlaksasjɔ̃] *f (Muskel)* Entspannung *f a. allg;* **~laxe** *f* **1.** Entspannung *f;* **2.** Freilassung *f; être relax(e)* entspannt sein; **~laxer I.** *tr (Gefangenen)* frei=lassen; **II.** *v prn se ~ (fam)* sich entspannen; **~layer** [-ɛ(e)je] **I.** *tr (bei e-r Tätigkeit)* ab=lösen; *(Sendung)* über=nehmen, -tragen; **II.** *v prn se ~* sich (gegenseitig) vertreten, sich ablösen, abwechseln.

relég|ation [rəlegasjɔ̃] *f* **1.** *jur* Sicherungsverwahrung *f;* **2.** *sport* Abstieg *m* (in e-e niederere Spielklasse); **~uer** [-ge] *tr* abschieben, verbannen *a. fig; (Gegenstand)* ab=stellen, aus=rangieren.

relent [rəlɑ̃] *m* schlechte(r), üble(r) Geruch; *(fig) avoir un ~ de* e-n üblen Beigeschmack haben von.

rel|evable [rəlvabl] *a* aufklappbar; einziehbar; **~ève** *f* Ablösung(smannschaft) *f;* Nachwuchs *m; prendre la ~* ablösen (*de qn* jdn); *fig* die Nachfolge antreten; **~evé, e I.** *a* **1.** *(Kragen)* hochgestellt; *(Ärmel)* hochgekrempelt; **2.** *(Stil)* gehoben; **3.** *(Küche)* pikant; **II.** *s m* **4.** (Rechnungs-)Auszug *m;* Aufstellung *f,* Verzeichnis *n,* Liste *f;* **5.** Erhebung; Aufnahme *f;* **6.** *(Zähler)* Ablesen *n;* — *(faire un) ~ de compte* (e-n) Kontoauszug *m* (aus=fertigen); *~ de fin de mois (com)* Monatsausweis *m;* **~èvement** *m* **1.** Wiederauf-, -hochheben; Aufklappen *n;* **2.** *fig* Wiederaufschwung *m,* Besserung; *(Miete)* Erhöhung *f;* **3.** *tech* (Boden-)Anhebung *f;* **4.** *aero* Peilung *f; ~ de salaire, de traitement* Lohnerhöhung, Gehaltsaufbesserung *f;* **~ever I.** *tr* **1.** (wieder) (auf=, hoch=, er)heben; erhöhen; wieder auf=richten; **2.** *(Masche)* auf=nehmen; *tech* auf=klappen; *(Fahrgestell)* ein=ziehen; *(Kleid)* raffen; *(Kragen)* hoch=schlagen; *(Ärmel)* um=krempeln; *(Haar)* auf=stecken; *mar* wieder flott=machen; *aero* peilen; *(Spielkarten)* auf=nehmen; *(Briefkasten)* leeren; *(Zähler)* ab=lesen; **3.** *fig (Geschäft, sittlich)* heben; stärken, neu beleben; *(Preis)* erhöhen; *(Gehalt)* herauf=setzen; **4.** zur Geltung bringen, heraus=heben, -kehren, -stellen; vorteilhaft sein (*qc* für etw); hervor=heben, unterstreichen; **5.** *(Fehler)* an=streichen, verbessern; *tele (Störung)* beseitigen; *(Beleidigung)* zurück=geben; *(Zählerstand)* auf=schreiben, notieren; *(topographisch)* auf=nehmen; *(mil, in der Arbeit)* ab=lösen; **6.** *~ de qc* von etw ab=berufen, entheben *gen,* entbinden von; **II.** *itr: ~ de* hervor=gehen aus; beruhen auf *dat,* ab=hängen, abhängig sein von *(a. Literatur, Kunst);* der Zuständigkeit unterliegen (*de qn* jds); unterstehen (*de qn* jdm); *(Krankheit)* überstehen, sich erholen (*de* von) *(a. von e-m Verlust);* **III.** *v prn se ~* **7.** (wieder) auf=stehen, sich erheben; **8.** sich (gegenseitig) ab=lösen; **9.** *fig* sich wieder heben, empor=kommen; *(Kurs)* sich erholen; *~ de la compétence de qn* jdm unterstehen; *ne ~ de personne* von niemandem abhängig, unabhängig sein; *cela relève de ...* dafür ist ... zuständig.

reli|ef [rəljɛf] *m* **1.** Relief *n;* **2.** erhabene Arbeit *f;* **3.** Bodenprofil *n;* **4.** *(Stil)* plastische Wirkung *f;* **5.** *en ~* erhaben, (plastisch) hervortretend; **6.** *avoir du ~* sich ab=heben; anschaulich sein; *donner du ~ à qc* etw hervor=treten lassen, hervor=heben; *mettre en ~* hervor=heben, klar heraus=stellen; **7.** *~ du sol (geol)* Bodengestaltung *f;* **~er** [-lje] *tr* **1.** wieder (zus.=)binden; **2.** *(Verkehr) el* an=schließen (*à* an *acc*); *tele fig* verbinden (*à* mit); *fig* mitea. verbinden, im Zusammenhang sehen; **3.** *(Buch)* (ein=) binden; **~eur, se** *m f* Buchbinder(in *f*) *m.*

religi|eusement [rəliʒjøzmɑ̃] *adv* **1.** gewissenhaft; **2.** andächtig; **~eux, se I.** *a* religiös; fromm, gottesfürchtig; Ordens-; **II.** *s m* Mönch, Ordensbruder *m; f* Nonne, Ordensschwester *f; communauté f ~euse* Religionsgemeinschaft *f; habit m ~* Ordenskleid *n; ordre m ~* (Mönchs-)Orden *m;* **~on** *f* Religion *f,* Glaube *m;* Frömmigkeit *f; entrer en ~* ins Kloster gehen; **~osité** *f* Religiosität *f.*

reliqu|aire [rəlikɛr] *m rel* Reliquiar *n;* **~at** [-ka] *m com* Rest(summe *f,* -betrag) *m;* **~e** *f rel* Reliquie *f.*

relire [rəlir] *tr* noch einmal (über)lesen, wieder lesen; *lire et ~* immer wieder lesen.

reliure [rəljyr] *f* (Buch-)Einband *m;* Binden *n; ~ toile (pleine), demi-toile, papier* (Ganz-)Leinen-, Halbleinen-, Papp(ein)band *m.*

relouer [rəlwe] *tr* wieder=vermieten.

relu|ire [rəlɥir] *itr* leuchten, scheinen, glänzen, schimmern; *tout ce qui reluit n'est pas or* es ist nicht alles Gold, was glänzt; **~isant, e** *a* **1.** leuchtend, schimmernd, glänzend (*de* von); **2.** *fig être peu ~* wenig erfreulich sein; **~quer** [-lyke] *tr fig* neidische *od* begehrliche Blicke werfen (*qc* auf e-e S).

remâcher [rəmaʃe] *tr* **1.** herumkauen (*qc* auf etw); **2.** *fig fam* nicht los=kommen (*qc* von etw).

remailler [rəmaje] *tr* Laufmaschen aufnehmen; *textil* repassieren.

remani|ement [rəmanimɑ̃] *m* **1.** Neubearbeitung, Umarbeitung; Um-, Abänderung *f;* **2.** *~ gouvernemental, ministériel* Regierungsumbildung *f;* **~er** [-nje] *tr* **1.** *fig* um=arbeiten, neu bearbeiten; ab=ändern; **2.** *(Regierung, Kabinett)* um=bilden.

remari|age [rəmarjaʒ] *m* Wiederverheiratung *f;* **~er, se** *v prn* sich wieder=verheiraten.

remarqu|able [rəmarkabl] *a* **1.** bemerkenswert, beachtlich, bedeutend; **2.** hervorragend, ausgezeichnet; **~e** *f* **1.** Bemerkung; Beobachtung *f;* **2.** *(Buch)* Anmerkung *f;* **3.** Vorhaltung *f,* Vorwurf *m;* **~er I.** *tr* **1.** an=, bemerken; **2.** erblicken; be(ob)achten; **II.** *v prn se ~ (fig)* auffallen; *faire ~* aufmerksam machen (*qc à qn* jdn auf *acc*); *se faire ~* sich bemerkbar machen, sich aus=zeichnen.

remballer [rɑ̃bale] *tr* wieder, neu verpacken; wieder ein=packen.

rembarqu|ement [rɑ̃barkəmɑ̃] *m* Wiedereinschiffung *f;* **~er I.** *tr* wiederein=schiffen; **II.** *v prn se ~ dans une affaire (fig)* in ein Geschäft wieder ein=steigen.

rembarrer [rɑ̃bare] *tr fig fam* e-e Abfuhr erteilen (*qn* jdm), zurecht=weisen.

rembla|i [rɑ̃blɛ] *m* Aufschüttung, -füllung *f;* Damm *m;* **~yer** *tr* auf=schütten, -füllen.

rembourr|age [rɑ̃buraʒ] *m* Polstern *n;* Polsterung *f;* **~er** *tr* polstern; *(Kissen)* füllen.

rembours|able [rɑ̃bursabl] *a* ein-, ablösbar; rückzahlbar; tilgbar; *~ sur demande* kündbar; **~ement** *m* **1.** Rückzahlung, (Rück-)Erstattung, (Rück-)Vergütung *f;* **2.** Ein-, Ablösung; Abtragung, Tilgung *f;* **3.** *(Kredit)* Abdeckung *f;* **4.** *contre ~* unter, gegen Nachnahme; *envoi m contre ~* Nachnahmesendung *f; ~ des frais de représentation* Aufwandsentschädigung *f; ~ intégral* Erstattung *f* der Kosten in voller Höhe; **~er** *tr* **1.** zurück=zahlen, (zurück=)erstatten (*à. qn de qc* jdm etw); rückvergüten; **2.** ein=, ab=lösen; *(Schulden)* ab=tragen, tilgen; **3.** *se faire ~* sich das Geld zurückzahlen lassen; *~ les frais à qn* jdm die Kosten erstatten; *~ qn de ses frais* jdm s-e Auslagen vergüten *od* ersetzen.

rembrun|ir [rɑ̃brynir] *v prn se ~ (Gesicht)* sich verfinstern, sich verdüstern.

rem|ède [rəmɛd] *m* **1.** (Heil-, Hilfs-)Mittel *n;* Arznei *f;* **2.** Abhilfe *f; sans ~* unheilbar; *porter ~ à qc (fig)* e-r S ab=helfen; *il y a ~ à cela* dem kann abgeholfen werden; **~édier** *itr* ab=helfen (*à qc* e-r S).

remembrement [rəmɑ̃brəmɑ̃] *m: ~ (rural)* Flurbereinigung; *allg* Umorganisation *f.*

remémorer [rəmemɔre] *v prn se ~* sich wieder erinnern (*qc* an e-e S); sich etw ins Gedächtnis zurückrufen.

remerc|iement [rəmɛrsimɑ̃] *m oft pl* Dank(esworte *n pl,* -sagung *f*) *m; avec mes ~s* mit Dank zurück; *lettre f de ~* Dankschreiben *n;* **~ier** [-sje] *tr* **1.** danken (*qn de, pour qc* jdm für etw); danken(d ab=lehnen); *(ironisch)* sich bedanken; **2.** verabschieden, entlassen; *je vous remercie* danke (, nein)!

réméré [remere] *m* Rückkauf *m; vente f à ~* Verkauf *m* mit Rückkaufsrecht.

remettre [rəmɛtr] **I.** *tr* **1.** *(Kleidung)* wieder an=ziehen; *(Hut)* wieder auf=setzen; wieder (hin=)stellen, -setzen, -legen, -hängen; wieder (hinein=)stecken; **2.** *med* wieder ein=renken; **3.** *fig jur* wieder ein=setzen (*dans* in *acc*); **4.** wiederher=stellen, wieder auf die Beine bringen; **5.** *(Brief)* überbringen, ab=liefern, -geben; aus=händigen, aus=folgen; überreichen; *(Geld)* überweisen; überlassen; anheim=stellen; *(Verbrecher der Justiz)* über=geben, -antworten; aus=liefern; **6.** zurück=geben, verzichten (*qc* auf e-e S); *(Amt)* zur Verfügung stellen, niederlegen; *(Strafe, Schuld)* erlassen; *(Sünde)* vergeben; *(Vorhaben)* ver-, auf=schieben; *(Spiel, Partie) (nach Unentschieden)* neu beginnen; **7.** *com* e-n Nachlaß gewähren (5 % *sur* 5 % auf); **8.** *theat* ab=sagen, -setzen; *fam, bes. mil* ab=blasen; **II.** *v prn se* ~ *(med com fig)* **9.** sich erholen (*de* von); sich beruhigen *(a. Wetter);* sich wieder fassen; sich aus=söhnen (*avec qn* mit jdm); **10.** *se* ~ *à qc* sich wieder an e-e S machen, etw wieder an=fangen; auf e-e S zurück=kommen; sich wieder setzen, legen (*à* an, in *acc*); sich wieder hin=geben (*à* dat); **11.** sich wieder versetzen (*dans telle situation* in e-e bestimmte Lage); **12.** sich verschieben, sich hin=ziehen; **13.** *se* ~ *sous (fig)* sich wieder unterstellen *dat; sur* sich wieder verlegen auf *(acc);* **14.** *en* ~ *(fam)* übertreiben; *s'en* ~ *à* sich verlassen auf *(acc); pour* ~ *à* zu Händen *gen;* ~ *ça (pop)* wieder an=fangen; e-e neue Runde aus=schenken; **15.** ~ *dans ses droits* wieder in s-e Rechte ein=setzen; ~ *au hasard* dem Zufall überlassen; ~ *à neuf* erneuern, neu machen, instand setzen; *tech* überholen; ~ *qn au pas (fig)* jdn auf Trab bringen; ~ *à sa place (fig)* zurecht=weisen; ~ *en place (fig)* wieder in Ordnung bringen; ~ *en question* wieder in Frage stellen; ~ *à la scène, au théâtre* wieder-auf=führen; ~ *sur le tapis* wieder zur Sprache bringen; ~ *au point* klar=stellen; *se* ~ *au travail* sich wieder an die Arbeit begeben; ~ *en vigueur* wieder in Kraft setzen.

remilitaris|ation [rəmilitarizasjõ] *f* Remilitarisierung *f;* **~er** *tr* remilitarisieren.

réminiscence [reminisɑ̃s] *f* (vage) Erinnerung *f; poet, (Kunst)* Anklang *m (de* an *acc).*

remis, e [rəmi, -iz] *a (Spiel)* unentschieden; *c'est partie* **~e** das muß noch mal gemacht werden; *ce n'est que partie* **~e** aufgeschoben ist nicht aufgehoben; **~e** *f* **1.** Übergabe, Aushändigung (*à* an *acc*); *(Post)* Zustellung *f;* **2.** *(Strafe)* Erlaß *m;* **3.** Einstellraum *m,* Wagenhalle *f;* **4.** *com* Nachlaß, Rabatt, Abschlag *m; faire une* ~ e-n Nachlaß gewähren (*de* von); ~ *en dépôt* Hinterlegung *f;* ~ *en état* Instandsetzung *f;* ~ *par exprès* Zustellung *f* durch Eilboten; **~er** *tr* **1.** *(Wagen)* ein=, unter=stellen; ab=stellen; weg=räumen; **2.** ~ *au garage* in die Garage stellen.

remission [rəmisjõ] *f* **1.** *f rel* Vergebung *f;* **2.** *med* Nachlassen *n;* — *sans* ~ unerbittlich, unnachsichtig.

remm|aillage, rem- [rɑ̃majaʒ, rə-] *m* Aufmaschen *n;* **~ailler** *tr* auf=maschen; **~ailloter** *tr (Kind)* neu wickeln.

remodel|age [rəmɔdlaʒ] *m* Neu-, Umgestaltung *f;* **~er** *tr* um=gestalten, umstrukturieren.

remont|age [rəmɔ̃taʒ] *m* **1.** *mar* Bergfahrt *f;* **2.** *tech* Wiederaufstellen, -zs.setzen *n;* **3.** *(Uhr)* Aufziehen *n;* **4.** *(Schuhe)* Neubesohlen *n;* **~ant, e I.** *a* stärkend, belebend; **II.** *s m* Stärkungstrunk *m;* **~e** *f mar* Bergfahrt *f;* **~ée** *f* **1.** Wiederaufstieg *m a. fig;* **2.** *min* Ausfahren *n;* **3.** *(Barometer)* erneute(s) Ansteigen *n;* **4.** *sport* Aufholen *n;* **5.** ~ *mécanique* Skilift *m;* **~e-pentes** *m* **1.** Skilift *m;* **2.** *fig* Aufmunterungstrank *m;* **~er I.** *itr* **1.** wieder hinauf=steigen; wieder ein=steigen (*en auto* ins Auto); **2.** *(Gelände)* an=steigen; sich heben, steigen *(a. Barometer);* **3.** *fig* sich erheben; *(im Wert)* wieder steigen; **4.** *(zeitlich)* zurück=gehen, sich zurück=verfolgen, -führen lassen (*à* bis); *(Fehler)* zurück=gehen, -fallen (*à* auf *acc*); **II.** *tr* **5.** *(Treppe, Berg)* hinauf=steigen; (hinauf=)tragen, -bringen, -schaffen *(auf den Dachboden etc); (Bild)* höherhängen; **6.** *arch* erhöhen; an=heben, höher=drehen, -schrauben; **7.** *(Kragen)* hoch=schlagen; *(Feder, Uhr, Grammophon, Spielzeug)* auf=ziehen; **8.** *(Fluß)* aufwärts, hinauf=fahren, -schwimmen; *(Küste)* entlang=fahren (*qc* an e-r S); **9.** wiederauf=stellen *a. tech;* wieder montieren; wieder, neu zs.=setzen *od* auf=stellen; **10.** *(Bestand, Warenlager, Garderobe, Bibliothek)* ergänzen; **11.** *fig (Mut, Stimmung)* heben; **12.** *(Saiteninstrument)* neu beziehen; *(Schmuck)* neu fassen; *(Graphik)* auf=ziehen; *(Farbe)* auf=frischen; **13.** *theat* neu inszenieren; **III.** *v prn* **14.** *se* ~ wieder zu Kräften kommen; **15.** sich wieder versorgen (*en* mit).

remontr|ance [rəmɔ̃trɑ̃s] *f* Verweis *m; pl* Vorhaltungen *f pl;* **~er I.** *tr* noch einmal, wieder zeigen; **II.** *itr en* ~ *à qn* jdm s-e Überlegenheit beweisen.

remord|re [rəmɔrdr] *tr* wieder an=, zu=beißen; **~s** [-ɔr] *m pl* Gewissensbisse *m pl.*

remorqu|age [rəmɔrkaʒ] *m mar* (Ab-)Schleppen; Bugsieren *n;* Schleppschifffahrt *f; (Auto)* Abschleppen *n;* **~e** *f* **1.** Schleppen; Schlepptau *n,* -kahn *m; (Auto)* Abschleppen *n;* **2.** *mot* Anhänger *m;* — *se mettre, être à la* ~ *de qn (fig)* in jds Schlepptau sein; *prendre à la* ~ ins Schlepptau nehmen; ab=schleppen; **~er** *tr* **1.** *mar mot loc* schleppen, ziehen; bugsieren; *mot* ab=schleppen; **2.** *fam (Person)* mit=schleppen; **~eur, se** *s m* u. *a: bateau m* ~ Schleppdampfer *m.*

remous [rəmu] *m* **1.** Kielwasser *n;* Wirbel, Strudel, Sog *m;* **2.** *fig* Hin u. Her *n,* Wirbel *m.*
rémoul|ade [remulad] *f* Remoulade(nsoße) *f.*
rempart [rɑ̃par] *m* Wall *m.*
rempiler [rɑ̃pile] *itr arg mil* sich länger verpflichten.
rempla|çable [rɑ̃plasabl] *a* ersetzbar; **~çant, e** *s m f* Vertreter(in *f*); *sport* Ersatzmann *m;* Hilfslehrer(in *f*) *m;* **~cement** *m* **1.** (Stell-) Vertretung *f;* **2.** Ersatz *m; en ~* als Ersatz (*de* für *acc*) *a. fig;* **~cer** *tr* **1.** ersetzen (*de, par* durch) *a. fig;* an die Stelle setzen *od* treten (*qn par qn* jdn an jds; *qn, qc* jds, e-r S *gen*); **2.** vertreten; *fig* wiedergut=machen.
rempl|i, e [rɑ̃pli] *a (Zeit)* ausgefüllt; *theat* gut besetzt; *être ~ de soi-même* von sich (selbst) überzeugt sein; **~ir I.** *tr* **1.** (auf=, an=)füllen; voll=machen, -gießen, -schenken; *(Graben)* zu=schütten; **2.** *(Zeit)* aus=füllen, gebrauchen, (aus=) nutzen; **3.** *(Amt)* versehen, aus=üben; *(Pflicht, Versprechen, Wunsch, Aufgabe, Hoffnung, Schicksal)* erfüllen; *~ qn de qc* jdn mit etw erfüllen; **4.** *(Formular)* aus=füllen; **II.** *v prn se ~* sich füllen (*de* mit *dat*); voll werden; **~issage** *m* **1.** (Auf-, An-, Aus-)Füllung *f;* **2.** *fig* Füllwerk, -sel *n.*
remplumer, se [rɑ̃plyme] *v prn* **1.** *fig* sich (gesundheitl. *od* wirtschaftlich) gut wieder heraus=machen; **2.** wieder rundlicher werden.
remporter [rɑ̃pɔrte] *tr* **1.** weg=tragen, -holen; (wieder) mit=nehmen; **2.** *(Sieg)* erringen; *(Preis)* gewinnen; *~ une course, un match* ein Rennen, ein Spiel gewinnen.
remu|ant, e [rəmyɑ̃] *a (Mensch)* lebhaft, rührig; *(Geist)* unruhig; **~e-ménage** [-my-] *m inv fam (Möbel)* Umstellen; *fig* lärmende(s) Durcheinander *n,* Krach *m;* **~er** [-mɥe] **I.** *tr* **1.** bewegen; um=rühren, -schaufeln, -graben, -füllen; **2.** *(Möbel)* rücken, um=stellen; rütteln (*qc* an e-r S); wackeln (*qc* mit etw); wedeln (*la queue* mit dem Schwanz); **3.** *fig* aufrütteln; rühren, ergreifen; **II.** *itr* **4.** sich bewegen, sich rühren; wackeln; **5.** *fig* unruhig werden; aufbegehren; **III.** *v prn se ~* **6.** sich bewegen, sich rühren; **7.** sich bemühen (*en faveur de qn* für jdn), sich Mühe geben; *~ ciel et terre* alle Hebel in Bewegung setzen; *remue-toi!* beeil dich!
rémunér|ateur, trice [remyneratœr, -tris] *a* lohnend, einträglich, gewinnbringend; **~ation** *f* Lohn *m,* Entlohnung *f,* Entgelt *n,* Vergütung; *(Kapital)* Verzinsung *f,* Ertrag *m; pl* Bezüge *m pl,* Arbeitseinkommen *n; ~ de départ* Anfangsgehalt *n;* **~er** *tr* **1.** be-, entlohnen; vergüten; **2.** verzinsen.
renâcler [rənakle] *itr* **1.** *(Pferd)* schnauben; **2.** *~ à qc* Widerwillen empfinden, sich sträuben gegen.
re|naissance [rənɛsɑ̃s] *f* **1.** Wiedergeburt *bes. rel;* Erneuerung, Wiederkehr *f;* neue(s) Leben, Wiederaufleben, -blühen *n;* **2.** *(Kunst)* Renaissance *f;* **~naissant, e** *a* wiedererstehend, -kehrend, -auflebend; **~naître** *itr* **1.** wiedergeboren werden *bes. rel;* wieder=erstehen, -auf=leben, -auf=blühen; **2.** *fig* wieder auf=atmen; *~ à qc* e-r S zurück=gegeben, neu geschenkt werden.
rénal, e [renal] *a anat* Nieren-.
renard [rənar] *m zoo* Fuchs *a. fig;* Fuchspelz *m;* **~e** [-nard] *f zoo* Füchsin, Fähe *f;* **~ière** *f* Fuchsbau *m.*
ren|card [rɑ̃kar] *m arg* Nachricht *f;* **~carder** *tr arg* benachrichtigen; **~cart** *m arg* Verabredung *f; mettre au ~* zum alten Eisen werfen.
renchér|ir [rɑ̃ʃerir] **I.** *itr* teurer werden, im Preise steigen; (noch) übertreffen (*sur qc* etw); **II.** *itr* überbieten (*sur qn, qc* jdn, etw) *a. fig; fig* hinaus=gehen (*sur* über *acc*), übertreiben (*sur qc* e-e S); **~issement** *m* Verteuerung, Preissteigerung *f;* Aufschlag, Kosten-, Preisanstieg *m.*
rencontr|e [rɑ̃kɔ̃tr] *f* **1.** Begegnung *f,* Treffen, Zs.treffen *n;* **2.** *sport* Begegnung *f,* Kampf *m,* Spiel *n;* **3.** *(Fahrzeuge)* Zusammenstoß *m;* **4.** (Straßen-) Kreuzung *f;* **5.** *aller, venir à la ~ de qn* jdm entgegen=gehen, -kommen; *tu pourrais faire une mauvaise ~* es könnte dir etw zustoßen; *~ finale* Endspiel *n; ~ au sommet* Gipfelkonferenz; Besprechung *f* auf höchster Ebene; *~ sportive* Sportveranstaltung *f;* **~er I.** *tr* treffen *a. fig,* begegnen (*qn* jdm), stoßen (*qn* auf jdn); *sport* treffen (*qn* auf jdn); **II.** *v prn se ~* **1.** sich begegnen, sich treffen; aufea.=stoßen, -prallen; **2.** *(Fahrzeuge)* zs.=stoßen; *(Flüsse)* sich vereinigen; **3.** *fig* sich finden; angetroffen werden, vor=kommen; **4.** *~ des difficultés* auf Schwierigkeiten stoßen; *comme cela se rencontre* das trifft sich gut; *cela ne se recontre pas tous les jours* das findet man nicht alle Tage.
rend|ement [rɑ̃dmɑ̃] *m* **1.** *com* Ertrag, Nutzen *m,* Ausbeute *f* (*en* an *dat*), Gewinn *m;* Rendite *f;* **2.** *(Physiologie) tech* Leistung *f;* Ausstoß *m;* Leistungsfähigkeit, Ergiebigkeit, Einträglichkeit *f;* Wirkungsgrad, Nutzeffekt *m;* **3.** *sport* Vorgabe *f;* **4.** *à gros ~* ertragreich; *à plein ~* mit voller Leistung; *d'un mauvais ~ (économique)* unrentabel, unwirtschaftlich; *~ d'un capital* Kapitalertrag *m; ~ fiscal* Steueraufkommen *n; ~ journalier, quotidien* Tagesleistung *f; ~ maximum* Höchst-, Spitzenleistung *f;* **~ez-vous** [-de-] *m inv* **1.** Verabredung

f; Stelldichein, Rendezvous *n;* **2.** Treffpunkt *m;* — *sur* ~ nach Vereinbarung; *donner un* ~, *prendre* ~ e-e Verabredung treffen, sich verabreden (*pour* für *acc; avec* mit *dat*).

rendormir, se [rɑ̃dɔrmir] *v prn* wieder ein=schlafen.

rend|re [rɑ̃dr] **I.** *tr* **1.** (zurück=, wieder=, heraus=)geben; (zurück=)erstatten, zurück=zahlen; **2.** hin=bringen, -schaffen; zu=stellen, ab=liefern, -geben; **3.** *(Ware)* liefern; *(Gesundheit, Augenlicht)* zurück=geben; *(Hoffnung, Mut)* wieder geben; *(Achtung, Vertrauen)* wieder schenken; *(Geschenk, Ware)* nicht an=nehmen; *(Brief)* überreichen, -geben; *(Physiologie, Ton)* von sich geben; **4.** *com* ein=bringen, ab=werfen; *(auf großes Geld)* heraus=geben; **5.** sich revanchieren (*qc* für etw); vergelten; *(Ohrfeige)* zurück=geben; **6.** *(bildhaft* od *mit Worten)* wieder=geben; zum Ausdruck bringen, dar=stellen; interpretieren; übersetzen; *(Entscheidung)* treffen, fällen; **7.** *(mit a)* machen; **II.** *itr* **8.** Ertrag, Gewinn ab=werfen, Nutzen bringen, sich rentieren, sich bezahlt machen, sich verzinsen; **9.** sich übergeben; **III.** *v prn se* ~ **10.** sich begeben (*à, en, dans, chez* nach, in *acc,* zu *dat*); **11.** Folge leisten (*à une invitation* e-r Einladung); **12.** sich ergeben; **13.** *(Fluß)* sich ergießen (*à* in *acc*); **14.** nach=geben, -kommen; *(e-m Gesuch)* entsprechen; nach=lassen; **15.** *(mit a)* sich machen, zeigen, erweisen als; werden; **16.** *se* ~ *à l'avis de qn* sich jds Ansicht beugen; ~ *bien* einträglich *od* ergiebig sein; ~ *compte à qn* jdm Rechenschaft ab=legen; ~ *justice à qn* jdm Gerechtigkeit widerfahren lassen; ~ *la justice* Recht sprechen; *se* ~ *sur place* sich an Ort u. Stelle begeben; ~ *service à qn* jdm e-n Dienst erweisen *od* leisten; ~ *témoignage à qn* Zeugnis für jdn ab=legen; *se* ~ *à son travail* an die Arbeit gehen; ~ *visite à qn* jdn besuchen; **17.** *cela rend (fam)* das bringt was ein; *Dieu vous le rende!* vergelt's Gott! ~**u, e I.** *a* **1.** ermüdet, erschöpft; **2.** *(Bild) bien* ~ gut getroffen; **3.** ~ *à domicile* frei Haus; **II.** *s m com* zurückgehende Ware *f; un prêté (pour un)* ~ Wurst wider Wurst.

rendurc|ir [rɑ̃dyrsir] **I.** *tr* wieder hart machen; **II.** *v prn se* ~ härter werden; ~**issement** *m* Verhärten *n;* Verhärtung *f.*

rêne [rɛn] *f meist pl* Zügel *m a. fig; lâcher les* ~*s (fig)* die Zügel locker= lassen; *tenir les* ~*s* die Zügel fest in der Hand halten.

renégat [rənega] *m rel* Renegat; Abtrünnige(r) *m a. pol.*

renferm|é, e [rɑ̃fɛrme] **I.** *a fam (Mensch)* verschlossen, in sich gekehrt; **II.** *s m: sentir le* ~ dumpfig, muffig riechen; ~**er I.** *tr* **1.** (wieder) ein=sperren; *(Sache)* (wieder) weg=schließen; eingesperrt, *(Sache)* unter Verschluß halten; **2.** *fig* ein=schließen, enthalten, umfassen; **II.** *v prn se* ~ *dans le silence* sich in Schweigen hüllen; *se* ~ *en soi-même* sich in sich (selbst) zurück=ziehen.

renfl|é, e [rɑ̃fle] *a* bauchig; *(Säule)* ausgebaucht; ~**ement** [-flə-] *m* (An-) Schwellung; *arch* Ausbauchung *f;* ~**er I.** *tr* an=schwellen, auf=quellen lassen; **II.** *v prn se* ~ (an=)schwellen; ~**ouer** *tr mar* wieder flott= machen *a. fig.*

renfonc|é, e [rɑ̃fɔ̃se] *a (Augen)* tiefliegend; ~**ement** *m* **1.** Vertiefung *f;* **2.** *typ* Einrücken *n;* ~**er I.** *tr* **1.** tiefer (hin)ein=drücken, -stoßen, -schlagen; **2.** *arch* zurück=setzen, -nehmen; **3.** *typ (Zeile)* ein=rücken; **II.** *v prn se* ~ *dans son mutisme* sich wieder in Schweigen hüllen; *se* ~ *dans un fauteuil* sich wieder tief in e-n Sessel fallen lassen.

renfor|çage, ~**cement** [rɑ̃fɔrsaʒ, -səmɑ̃] *m* Verstärkung *f a. fig phot;* ~**cer** *tr* verstärken *a. fig phot; fig* stärken; ~ *qn dans son opinion* jdn in s-r Meinung bestärken; *à talons renforcés* mit verstärkter Ferse; ~**t** [-fɔr] *m* Verstärkung *f a. tech mil; à grand* ~ *de* mit Hilfe, unter Zuhilfenahme von viel *gen.*

renfrogn|é, e [rɑ̃frɔɲe] *a (Gesicht)* verdrießlich; *(Stirn)* gerunzelt; *(Mensch)* verstimmt, verärgert; ~**er, se** *v prn* sein Gesicht verziehen, ein saures Gesicht machen.

rengag|ement [rɑ̃gaʒmɑ̃] **1.** *(Arbeitskräfte)* Wiedereinstellung *f;* **2.** *mil* Weiterverpflichtung *f;* ~**er I.** *tr* **1.** wieder ein=stellen; **2.** *(Kampf, Prozeß)* wiederauf=nehmen; **II.** *itr, v prn se* ~ **3.** *mil* freiwillig weiter=dienen; **4.** sich wieder ein=lassen (*dans* auf *acc*).

rengain|e [rɑ̃gɛn] *f* Schlager, Gassenhauer *m; c'est toujours la même* ~ *(fam)* das ist immer die alte Leier, dieselbe Platte; ~**er** *tr* **1.** *(Degen)* wieder in die Scheide stecken; **2.** *fig fam (Ansicht)* zurück=behalten, für sich behalten; unterdrücken.

rengorger, se [rɑ̃gɔrʒe] *v prn* **1.** sich in die Brust werfen *a. fig;* **2.** *(Vogel* u. *fig fam)* sich (auf=)plustern.

ren|iement [rənimɑ̃] *m* **1.** Verleugnung *f;* **2.** Lossagung *f (von Gott);* ~**ier** [-nje] **I.** *tr* verleugnen; ab=schwören, sich los=sagen (*qn* von jdm); **II.** *v prn se* ~ s-e Ansicht verleugnen.

renifl|ement [rəniflәmɑ̃] *m* Schnüffeln *n;* ~**er I.** *itr* schnüffeln; schniefen; **II.** *tr* schnuppern.

renne [rɛn] *m* Ren, Ren(n)tier *n.*

renom [rənɔ̃] *m* gute(r) Ruf *m;* Ansehen *n;* ~**mé, e** [-nɔ-] **I.** *a* berühmt, bekannt (*pour* durch, für); gut renommiert; **II.** *s* *f* gute(r) Ruf *m*, Ansehen *n*; **~mer** *tr* wieder=ernennen.

renonc|e [rənɔ̃s] *f (Kartenspiel)* Nichtbedienen *n*; **~ement** *m* Verzicht *m*, Entsagung *f*; ~ *à soi-même* Selbstverleugnung *f*; **~er** *itr* **1.** verzichten (*à* auf *acc*); *(Plan, Spiel)* auf=geben (*à qc* etw); aus=schlagen (*à* acc); entsagen (*à* dat); **2.** *(Kartenspiel)* nicht bedienen; ~ *à soi-même* sich selbst verleugnen; **~iation** [-sja-] *f jur* Verzicht(leistung *f*) *m* (*à* auf); *(Erbschaft)* Ausschlagen *n*.

renoncule [rənɔ̃kl] *f bot* Hahnenfuß *m*.

renou|er [rənue] **I.** *tr* **1.** (wieder an=, fest=, zu=)binden; verknoten; **2.** *fig (Gespräch, Verhandlung)* wiederauf=nehmen, neu (an=) knüpfen, erneuern; **II.** *itr* wiederan=knüpfen (*avec qc* an etw; *qn* mit jdm); **~veau** [-nu-] *m* **1.** *poet* Lenz, Frühling *m*; **2.** *fig* Erneuerung, neue Blüte *f*; **~velable** *a jur com* verlängerbar; **~veler I.** *tr* **1.** erneuern, auf=frischen; wiederauf=nehmen; **2.** *(Vorrat)* (wieder) ergänzen; **3.** *jur com* verlängern, erneuern; **II.** *v prn se* ~ sich erneuern; wieder ein=setzen, sich wiederholen; ~ *le souvenir de qc* die Erinnerung an e-e S auf=frischen; *se* ~ *tacitement* stillschweigend verlängert werden; **~vellement** *m* **1.** Erneuerung; Auffrischung *f*; Wiederaufleben *n*; **2.** *(Vorräte)* Ergänzung *f*; **3.** *jur com* Erneuerung; *(Paß)* Verlängerung *f*; **4.** *parl* Neuwahl *f*.

rénov|ateur, trice [renɔvatœr, -tris] **I.** *a* erneuernd; **II.** *s m* Erneuerer *m*; **~ation** *f* **1.** *(Gebäude)* Renovierung, Instandsetzung *f*; **2.** Erneuerung *(a. Physiologie, Gelübde)*; *fig* Wiederbelebung *f*; **~er** *tr* **1.** *(Gebäude)* renovieren; **2.** restaurieren, erneuern, auf=frischen.

renseign|é, e [rɑ̃sɛɲe] *a* (gut)unterrichtet; **~ement** *m* **1.** Auskunft; Angabe (*sur* über); Erkundigung *f*; **2.** *mil* Aufklärung *f*; **3.** *pl* Nachrichten *f pl*; *fam (Schalter)* Auskunft *f*; **4.** *donner des ~s* Auskunft erteilen; *prendre des ~s* Erkundigungen ein=ziehen (*sur* über *acc*); *recueillir des ~s (mil)* Nachrichten ein=holen, -ziehen; *pour ~s s'adresser ici* (nähere) Auskunft hier; *pour plus amples ~s s'adresser à* nähere Auskünfte bei; *bureau m de ~s* Auskunftei *f*; **~er I.** *tr* Auskunft erteilen (*qn sur qc* jdm über e-e S); unterrichten (*qn sur qc* jdn über e-e S); **II.** *v prn se* ~ Erkundigungen ein=ziehen (*sur* über *acc*); sich erkundigen (*auprès de qn* bei jdm).

rent|abilité [rɑ̃tabilite] *f* Rentabilität, Einträglichkeit; Wirtschaftlichkeit *f*; **~able** *a* lohnend, einträglich; **~e** *f* **1.** Rente *f*; **2.** Staatsanleihe *f*; **3.** *servir une* ~ e-e Rente aus= zahlen; *assurance, banque, caisse f de ~(s)* Rentenversicherung, -bank, -anstalt *f*; *~-accident f* Unfallrente *f*; ~ *foncière* Grundrente *f*; ~ *d'invalidité, vieillesse* Invaliden-, Altersrente *f*; **~ier, ère** *m f* Rentner(in *f*) *m*; *faire le* ~ Rentner sein.

rentr|ant, e [rɑ̃trɑ̃] *a math arch* einspringend; *aero (Fahrgestell)* einziehbar; **~é, e** *a* **1.** *(Backen)* hohl, eingefallen; **2.** *(Wut, Zorn)* unterdrückt *a. fig*; **3.** *aero* eingefahren; **~ée** *f* **1.** Rück-, Wiederkehr; Heimkehr *f*; **2.** Wiederbeginn *m*, -aufnahme *(e-r Tätigkeit, bes. nach den Ferien, a. jur theat)*; Wiedereröffnung *f*; **3.** *(Ernte)* Einbringen *n*; *(Geldsumme, Steuer)* Einziehung *f*, -treiben *n*; Beitreibung *f*; *(Geld, Post)* Eingang *m*; **4.** *(Spiel)* aufgenommene Karten *f pl*; **5.** *mus* Wiederkehr *f (des Hauptmotivs)*; **6.** *d'une* ~ *difficile* schwer einzutreiben(d); *sauf, sous réserve de* ~ *(com)* Eingang vorbehalten; **7.** *opérer des ~s* Außenstände ein=ziehen, -treiben; **8.** ~ *des classes* Schulanfang *m*; **~er I.** *itr* **1.** zurück=kommen, -kehren; heim=kehren, nach Hause kommen *od* gehen; wieder herein=kommen, wieder ein=treten; **2.** *(in e-e Organisation, in ein Amt)* wieder ein=treten; die Arbeit, s-e Tätigkeit wiederauf=nehmen; **3.** wieder=erlangen (*dans qc* etw); **4.** *tech* sich inea.=schieben; hinein=gehen, -passen; enthalten sein (*dans* in *dat*); gehören (*dans* zu); **5.** *(Geld)* ein=gehen, -kommen; **6.** *mus (Hauptmotiv)* wieder=kehren; *theat* wieder auf=treten; **7.** *mot* fahren (*dans un arbre* gegen e-n Baum); **II.** *tr* **8.** wieder hinein=tragen, -bringen, -schaffen; *(Ernte)* ein=bringen, -fahren; **9.** *tech* ein=fahren, -ziehen; *(Faden)* ein=ziehen; **10.** *mar* ein=ziehen, -holen; **11.** *(Auto)* fahren (*au garage* in die Garage); **III.** *v prn se* ~ **12.** hereingeholt, -gefahren werden; **13.** ~ *dans ses frais* auf s-e Kosten kommen; ~ *dans son bon sens* wieder Verstand an=nehmen; ~ *dans le sujet, dans la question* aufs Thema, auf die Frage zurückkommen; **14.** *les jambes me rentrent dans le corps* ich bin hundemüde.

renvers|able [rɑ̃vɛrsabl] *a* kipp-, umkehrbar; **~ant, e** *a fam* unglaublich, -faßbar; umwerfend; *c'est* ~ das haut einen um; **~e** *f*: *tomber à la* ~ auf den Rücken fallen *a. fig*; **~é, e** *a* **1.** auf dem Kopf stehend, umgekehrt, verkehrt; **2.** *(Gegenstand)* umgekippt, umgefallen; **3.** *(Kopf)* hintenübergeneigt; *(Gesicht)* verstört, völlig verändert; *crème f ~e* gestürzte(r) Pudding *m*; **~ement** [-sə-] *m* **1.** Umkehrung *a. math*; Verdrehung *f*; **2.** *fig* Verwirrung; Umwälzung *f*; (Um-)Sturz *m a. pol*; Zerstörung *f*; **3.** *(Meeresströmung, Wind)* Drehung; *(Satzteile)* Umstellung; *mus* Umsetzung *f*; **4.** *tech* Umsteuerung; *el* Umschaltung, -polung *f*; **5.** *aero* Kehre *f*; **~er I.**

tr **1.** um=kehren *a. math,* auf den Kopf stellen *a. fig;* um=stülpen; um=wenden; **2.** durchea.=bringen, verwirren *(a. Gedanken);* verblüffen; **3.** um=fahren; um=werfen, -kippen, -stürzen, -stoßen *a. fig;* **4.** *fig pol* stürzen; ein=, nieder=reißen, zerstören, dem Erdboden gleich=machen; *fig* zu Fall bringen; **5.** *mus* um=setzen; *(Wagen)* um=kippen, -werfen; *el* um=schalten, -polen; **II.** *itr (Gezeiten)* wechseln; **III.** *v prn se* ~ **6.** rückwärts, auf den Rücken fallen; sich nach hinten legen, sich zurück=lehnen; **7.** (um=)fallen, (um=)stürzen, um=kippen; **8.** *(Lage)* sich völlig ändern; — *ne pas ~!* nicht stürzen! *ça me renverse (fam)* da bleibt mir die Spucke weg.

renvoi [rɑ̃vwa] *m* **1.** Zurückschicken *n,* Rücksendung *f;* **2.** Auf-, Verschiebung, Vertagung *f;* **3.** Verweisung *f (a. jur, im Buch);* Verweisungszeichen *n;* **4.** *(Arbeitskräfte)* Kündigung *f,* Abbau *m,* Entlassung *f;* **5.** *(Physiologie)* Aufstoßen, *fam* Rülpsen *n.*

renvoyer [rɑ̃vwaje] **I.** *tr* **1.** zurück=, heim=schicken, nach Haus, weg=, fort=schicken; **2.** *(Ball)* zurück=schlagen, -werfen, -schleudern; **3.** *(zuständigkeitshalber)* verweisen (*à* an, auf *acc*); hin=weisen (*à* auf *acc*); **4.** *(zeitlich)* auf=, verschieben, vertagen; ab=weisen; vertrösten; *(Gesuch)* zurück=gehen lassen; **5.** *(Arbeitskräfte)* entlassen; **6.** *(von der Schule)* verweisen; **II.** *v prn se* ~ **7.** sich gegenseitig zu=schieben; **8.** ea. zu=werfen, ins Gesicht schleudern; — *~ la balle à qn, se ~ la balle* jdm, ea. die Antwort nicht schuldig bleiben; *se ~ des reproches, des injures* sich gegenseitig Vorwürfe machen, ea. beleidigen.

réorganis|ateur, trice [reɔrganizatœr, -tris] **I.** *a* reorganisierend; **II.** *s m* Reorganisator *m;* **~ation** *f* Reorganisation, Neugestaltung, -regelung; Umstellung, Umlenkung *f;* **~er** *tr* reorganisieren; neu gestalten, umgestalten.

reorient|ation [reorjɑ̃tasjɔ̃] *f* Neuorientierung *f;* ~ *professionnelle* Umschulung *f;* **~er** *tr* neu orientieren; in e-e andere Richtung lenken; umschulen.

réouverture [reuvɛrtyr] *f* Neu-, Wiedereröffnung *f.*

repaire [r(ə)pɛr] *m* **1.** Höhle *f (wilder Tiere);* **2.** *fig* Schlupfwinkel *m.*

repaître [rəpɛtr] **I.** *tr:* ~ *ses yeux de qc* s-e Augen an etw *dat* weiden; **II.** *v prn se* ~ **1.** *(Tier)* sich vollfressen; **2.** *fig* sich berauschen (*de* an *dat*); *se ~ de chimères* sich Illusionen hin=geben.

répand|re [repɑ̃dr] **I.** *tr* **1.** fallen lassen, (ver)streuen, -schütten, aus=gießen; *(Tränen)* vergießen; **2.** *(Licht, Geruch, fig Schrecken, Lehre, Gerücht)* aus=, verbreiten; aus=streuen; aus=, verströmen; **3.** aus=teilen, zu=kommen, zugute kommen, zuteil werden lassen *(sur* dat); **II.** *v prn se* ~ **4.** *(Flüssigkeit)* auslaufen, sich ergießen; *(Mode)* sich aus=, verbreiten; **5.** sich ergehen (*en* in *dat*), sich aus=lassen, sich verbreiten (*sur* über *acc*); **~u, e** *a* **1.** *(Meinung)* verbreitet, gängig, allgemein (anerkannt *od* üblich); bekannt; **2.** *(Wein)* verschüttet; *(Papier)* verstreut.

répar|able [reparabl] **1.** *(Fehler)* wiedergutzumachen(d); **2.** *(Schaden)* zu beheben(d); zu reparieren(d); **~ateur, trice** **I.** *a* heilend, stärkend; **II.** *s m* Reparateur *m;* *~-mécanicien m* Autoschlosser *m;* **~ation** *f* **1.** Reparatur, Ausbesserung, Instandsetzung, Überholung *f;* **2.** *pol* Reparation, (Kriegs-)Entschädigung, Wiedergutmachung, Ersatzleistung *f;* **3.** Genugtuung *f;* **4.** *demander ~* Genugtuung fordern; *être en ~* in Reparatur sein; **5.** *atelier m, frais m pl de ~* Reparaturwerkstatt *f,* -kosten *pl; coup m de ~* Strafstoß *m; surface f de ~* Strafraum *m;* **~er** **I.** *tr* **1.** reparieren, aus=bessern, instand setzen, überholen, wiederher=stellen *a. med;* **2.** *(s-e Angelegenheiten)* wieder in Ordnung bringen; *(Schaden)* ersetzen, vergüten; **3.** *fig* wiedergut=machen; Genugtuung geben (*qc* für etw); *(verlorene Zeit)* wieder auf=holen; **4.** *tech* polieren, glatt=schleifen; **II.** *v prn se* ~ wieder gut werden, in Ordnung kommen, heil werden; ~ *ses forces* wieder zu Kräften kommen.

reparaître [rəparɛtr] *itr* wieder erscheinen; sich wieder zeigen *od* sehen lassen.

repartage [rəpartaʒ] *m* Neuverteilung *f.*

repart|ie [rəparti] *f* (schnelle, lebhafte) Entgegnung, Erwiderung *f; avoir la ~ prompte, être prompt à la ~* um e-e Antwort nie verlegen sein; **~ir** *itr* **1.** wieder auf=brechen, ab=fahren, -reisen; **2.** *(Motor)* wieder an=springen; **3.** *~ à zero* wieder von vorne an=fangen; **4.** wieder zurück=fahren.

répart|ir [repartir] **I.** *tr* **1.** auf=, verteilen (*entre* unter *acc*); *(Aktien)* zu=teilen; *(Gewinn, Dividende)* aus=schütten; *(Kosten)* um=legen; **2.** ein=teilen, auf=gliedern (*en* in *acc*); **II.** *v prn se* ~ sich verteilen; sich aufteilen; **~iteur** *m com el tele* Verteiler *m;* **~ition** *f* **1.** (Ver-, Auf-)Teilung; Zuteilung; Umlage; Ausschüttung; Aufschlüsselung; Umlegung *f;* **2.** *~ des actions* Aktienzuteilung *f; ~ des bénéfices, des dividendes* Gewinn-, Dividendenausschüttung *f; ~ des biens d'une succession* Erbteilung *f; ~ des charges* Lastenausgleich *m; ~ des frais* Kostenverteilung, -umlegung *f; ~ par profession* berufliche Gliederung; Aufschlüsselung *f* nach Berufen; *~ du travail* Arbeitsteilung *f.*

repas [rəpɑ] *m* Mahl(zeit *f*), Essen *n;* ~

d'adieux, de noces Abschieds-, Hochzeitsessen *n; ~ des fauves* Fütterung *f* der Raubtiere.

repass|age [rəpɑ(a)saʒ] *m* **1.** Schleifen, Abziehen *n;* **2.** Plätten, Bügeln *n;* **~er I.** *itr* wieder (vorbei=)kommen, -gehen, -fahren; **II.** *tr* **1.** wieder überqueren, -schreiten; *(mit e-m Boot, e-r Fähre)* wieder über=setzen; **2.** nochmals (herüber=)reichen; **3.** *(Klinge)* ab=streichen, -ziehen; **4.** plätten, bügeln; **5.** *fig* sich (ins Gedächtnis) zurück=rufen; **6.** *(Rolle)* (noch einmal) durch=gehen, überprüfen; **7.** *(Prüfung)* noch einmal machen; **8.** *(Lektion)* wiederholen; **~euse** *f* **1.** Plätterin, Büglerin *f;* **2.** *(~ mécanique)* Heißmangel *f.*

repêch|age [rəpɛʃaʒ] *m* **1.** Herausfischen *n;* **2.** *fam* Wiederholungsprüfung *f;* **~er** *tr* **1.** (wieder) aus dem Wasser ziehen; **2.** *(Kandidaten)* durchkommen lassen; **3.** *fig fam* aus der Klemme ziehen; noch e-e Chance geben.

repeindre [rəpɛ̃dr] *tr* **1.** neu (an=)streichen, übermalen; *(schadhaftes Gemälde)* aus=bessern; *(Auto)* neu spritzen; **2.** *fig* wieder, noch einmal schildern.

repen|ser [rəpɑ̃se] *tr* noch einmal überlegen, überdenken; wieder denken *(à qc* an etw); **~tant, e** *a* reumütig; zerknirscht; **~ti, e** *a* bußfertig; **~tir, se I.** *v prn* bereuen *(de qc* e-e S); **II.** *s m* Reue *(de qc* über etw *acc*); *je m'en repens* es reut mich.

repérage [rəperaʒ] *m* Ermittlung; Orts-, Standortbestimmung, Ortung, *radio* Peilung *f.*

répercu|ssion [repɛrkysjɔ̃] *f* **1.** *phys* Zurückwerfen *n; (~ du son)* Widerhall *m;* **2.** *(Steuern)* Abwälzung, Weitergabe *f;* **3.** *fig* Aus-, Rückwirkung *f;* **~ter I.** *tr* **1.** *phys* zurück=werfen, -strahlen; **2.** *(Steuern)* abwälzen, weitergeben; **II.** *v prn se ~* **3.** *(fig)* zurück=wirken, sich auswirken *(sur* auf *acc*); **4.** *(Geräusch)* widerhallen.

re|père [rəpɛr] *m* **1.** (Kenn-, Merk-)Zeichen *n;* Marke; Markierung *f;* **2.** *radio* (Peil-)Bezugspunkt *m; point m de ~* Anhaltspunkt *m;* **~pérer I.** *tr* **1.** (kenn-)zeichnen, markieren; **2.** ausfindig machen; *(Ziel)* fest=stellen, auf=finden; *radio* (an=)peilen; **II.** *v prn se ~* sich zurecht=finden *(sur* in *dat*).

répert|oire [repɛrtwar] *m* **1.** (Sach-)Register, Verzeichnis *n,* Liste *f;* **2.** *theat* Repertoire *n a. fig,* Spielplan *m;* **~orier** *tr* in ein (Sach-)Register auf=nehmen.

répét|er [repete] **I.** *tr* **1.** wiederholen, noch einmal sagen *od* machen; nach=sagen, -sprechen, -machen; **2.** ein=üben, -studieren *a. theat,* proben; **II.** *v prn se ~* sich wiederholen; weiter=erzählen; **~iteur, trice** *s m f* **1.** Repetitor *m;* **2.** *m tech* Rückmelder *m;* **~ition** *f* **1.** Wiederholung *f;* Nachsprechen *n;* **2.** *theat mus* Probe *f; — être en ~ (theat)* einstudiert werden; *~ générale, en costume (theat)* General-, Kostümprobe *f.*

repeupl|ement [rəpœpləmɑ̃] *m* **1.** Wiederbevölkerung *f;* **2.** Wiederbesetzung *(mit Fischen, Wild);* Wiederaufforstung *f;* **~er I.** *tr* **1.** wieder=bevölkern; **2.** *(mit Fischen, Wild)* wiederbesetzen; *(Wald)* wieder aufforsten.

repiqu|age [rəpikaʒ] *m* **1.** *(Pflanzen)* Versetzen *n;* **2.** *(Straßenpflaster)* Ausbessern *n;* **3.** *(Schallplatte)* Überspielen *n;* **~er** *tr* **1.** *(Pflanzen)* versetzen; **2.** *(Pflaster)* aus=bessern; **3.** *(Zeitungsartikel)* überarbeiten; **4.** *(Schallplatte)* überspielen; *se faire ~ (fam)* wieder geschnappt werden; *(pop) ~ à un plat* nochmals zulangen; *~ au truc* erneut Hand anlegen.

répit [repi] *m* **1.** *com* Aufschub *m,* Frist *f;* **2.** *fig* Ruhe, Atempause *f; sans ~* pausenlos, unaufhörlich.

re|placer [rəplase] **I.** *tr* **1.** wieder hin=setzen, -stellen, wieder auf=stellen; **2.** wieder an=stellen; wieder unterbringen, vermitteln; **II.** *v prn se ~* sich e-e neue Stellung verschaffen; **~planter** *tr* um=, neu an=pflanzen; **~plâtrer** *tr* **1.** *arch* neu verputzen; **2.** *fig fam* zurechtschustern; **~plet, ète** *a* dick, (wohl)beleibt, rundlich.

réplétion [replesjɔ̃] *f* Übersättigung *f.*

repli [rəpli] *m* **1.** Falte *f;* **2.** *(Nähen)* Um-, Einschlag *m;* **3.** Krümmung, Biegung, Windung *f;* **4.** *mil* (planmäßiger) Rückzug *m;* **5.** *(Börse)* (Kurs-)Rückgang *m;* **6.** *~ du coeur* geheimste Falten *f pl* des Herzens; **~able** [-plijabl] *a* zs.klappbar; **~ement** [-plimɑ̃] *m* **1.** *mil* Absetzbewegung *f;* Abbau *m a. tele;* **2.** *(~ sur soi-même)* Zurückgezogenheit *f;* **~er** [-je] **I.** *tr* **1.** (wieder, neu) (zs.=)falten; ein=, um=schlagen; *(Ärmel)* um=, auf=krempeln; (wieder) zs.=klappen, -legen; krümmen; **2.** *mil* zurück=ziehen, -nehmen; ab=bauen; **II.** *v prn se ~* **3.** sich krümmen, sich winden; sich drehen, sich wenden; **4.** *mil* sich absetzen; sich zurückziehen *(sur* auf *acc*); *se ~ sur soi (fig)* sich gegen die Außenwelt verschließen.

répliqu|e [replik] *f* **1.** Erwiderung, Antwort *f;* **2.** Wider-, Gegenrede *f;* **3.** *(Kunst)* Nachbildung, Wiedergabe, Kopie *f;* **4.** *theat* Stichwort *n;* **~er I.** *tr* erwidern, entgegnen; **II.** *itr* widersprechen; Einwände machen.

replonger [rəplɔ̃ʒe] **I.** *tr (Ruder)* wieder (ein=)tauchen *(dans* in *acc*); **II.** *itr* u. *v prn se ~* wieder tauchen *(dans* in *acc*); sich wieder stürzen, vertiefen *(dans* in, auf *acc*).

répon|dant, e [repɔ̃dɑ̃, -ɑ̃t] *m* Bürge *m;* **~dre I.** *tr* antworten, erwidern, entgegnen; *jur* Bescheid geben (*qc* auf e-e S); **II.** *itr* **1.** antworten, Antwort geben; beantworten (*à* acc); **2.** widersprechen; **3.** *fig (Vertrauen)* rechtfertigen, *(Hoffnung)* erfüllen, *(Wohltat, Höflichkeit)* erwidern (*à qc* etw); **4.** entsprechen, gleich≈kommen, gleichwertig sein (*à* dat); **5.** bürgen (*de qn* für jdn); die Verantwortung übernehmen *od* tragen, gerade≈stehen, haften (*de* für; *sur sa tête* mit s-m Kopf); **III.** *v prn se* ~ **6.** sich entsprechen; **7.** sich (gegenseitig) antworten; abwechselnd; spielen; **8.** *j'en réponds* darauf können Sie sich verlassen; *je ne réponds de rien* ich stehe für nichts ein; *ne répond pas (tele)* es meldet sich niemand; **~se** *f* **1.** Antwort, Erwiderung, Entgegnung (*à* auf *acc*); Antwort(schreiben *n*, -brief *m*) *f;* **2.** Reaktion *f;* Ansprechvermögen *n;* **3.** *en ~ à votre lettre* in Beantwortung Ihres Schreibens; **4.** *laisser, rester sans ~* unbeantwortet lassen, bleiben; **5.** *~ payée* (bezahltes) Antworttelegramm *n.*

report [rəpɔr] *m* **1.** *com* Über-, Vortrag *m,* Überschreibung *f;* **2.** Verschiebung, Vertagung *f;* **3.** Report *m;* Prolongation *f;* **4.** *typ* Umdruck *m; ~ à nouveau* Vortrag *m* auf neue Rechnung; **~age** *m* Reportage *f,* Bericht(erstattung *f*) *m;* Übertragung *f; ~ documentaire* Dokumentarsendung *f; ~ filmé* Filmreportage *f; ~ illustré, par l'image* Bildbericht *m,* -reportage *f; ~ radio* Rundfunkreportage *f,* Hörbericht *m;* **~er I.** *tr* **1.** zurück≈tragen, -bringen; wieder≈, mit≈bringen; **2.** *(zeitlich)* verschieben; **3.** *com* übertragen, -schreiben, vor≈ tragen; **II.** *v prn se ~* **4.** *(fig)* sich zurück≈versetzen (*à* in *acc*); **5.** sich beziehen (*à* auf *acc*); **III.** *s m* [-tɛr] Berichterstatter, Reporter *m; ~(-)photographe m* Bildbericht(erstatt)er *m.*

repos [rəpo] *m* **1.** Ruhe; (Ruhe-)Pause, Rast, Erholung *f;* **2.** Schlaf *m;* **3.** Pause *f (beim Sprechen);* **4.** *mil ~!* rührt euch! **5.** *de tout ~ (jur)* mündelsicher; *allg* ganz sicher; *(Arbeit)* ruhig; *sans ~* pausenlos, ohne Unterbrechung; **6.** *dormir en ~ (fig)* ruhig schlafen (können); *laisser en ~* in Ruhe lassen; *troubler le ~ de qn* jdn im Schlaf stören; *ce n'est pas de tout ~* das ist kein Honiglecken; *~ hebdomadaire* wöchentlicher Ruhetag *m;* **~ant, e** [-zɑ̃, -ɑ̃t] *a* erholsam; **~é, e** *a* ausgeruht, erholt, frisch; *à tête ~e* in Ruhe, reiflich *(überlegen);* **~e-pied** *m mot* Fußraste *f;* **~er I.** *tr* **1.** wieder≈, zurück≈legen, -setzen, -stellen; **2.** (aus≈)ruhen, sich erholen lassen; frisch machen, auf≈frischen; **3.** *(Wein)* ablagern lassen; *(Erde)* brachliegen lassen; **II.** *itr* **4.** ruhen, liegen; begraben liegen, ruhen; stilliegen (still≈liegen); schlafen; **5.** gegründet sein, beruhen (*sur* auf *dat*); **III.** *v prn se ~* **6.** (sich aus≈)ruhen, sich erholen; **7.** sich verlassen (*sur* auf); **8.** *agr* brach≈liegen; *(Wein)* sich setzen; **9.** *laisser ~* (sich aus≈)ruhen, *agr* brachliegen, *fig* aus≈reifen lassen; *se ~ sur ses lauriers (fig)* auf s-n Lorbeeren aus≈ruhen.

repouss|ant, e [rəpusɑ̃, -ɑ̃t] *a fig* abstoßend, -schreckend; widerlich, ekelhaft; **~é, e I.** *a (Metall)* getrieben, gepunzt; **II.** *s m* getriebene Arbeit *f;* **~er I.** *tr* **1.** zurück≈stoßen, -schieben, -treiben; *(Feind)* zurück≈schlagen; **2.** *(Person)* entgegen≈treten (*qn* jdm); ab≈weisen, von sich weisen; **3.** *bot* neu, wieder treiben; **4.** *(Zeitpunkt)* hinausschieben; **5.** *fig* ab≈lehnen, zurück≈weisen; **II.** *itr* **6.** *(Gras, Bart)* nach≈wachsen; **~oir** *m* **1.** *tech* Punze *f;* **2.** *fig* Kontrast, Gegensatz *m;* **3.** *c'est un ~* das ist e-e Vogelscheuche.

répréhensible [repreɑ̃sibl] *a* tadelnswert.

reprendre [rəprɑ̃dr] **I.** *tr* **1.** wieder (hin≈) nehmen; zurück≈nehmen *(a. fig sein Wort, Versprechen);* wieder Besitz ergreifen (*qc* von etw); wieder ergreifen, fassen; **2.** wieder≈gewinnen *a. fig;* wieder *(Mut)* fassen, *(Hoffnung)* schöpfen, *(Einfluß)* gewinnen; **3.** *(Stadt)* wieder ein≈nehmen, zurück≈erobern; **4.** wieder ab≈, weg≈, fort≈nehmen; **5.** *(Gewohnheit)* wieder an≈, *(Tätigkeit)* wiederauf≈nehmen, (Haltung) wieder ein≈nehmen; **6.** wieder auf≈, wieder zu sich nehmen; zurück≈kaufen; *com* in Zahlung nehmen, übernehmen; **7.** *(Wohnung)* wieder beziehen; *(Kleider)* wieder an≈ziehen; **8.** beanspruchen, Anspruch erheben (*qc* auf e-e S); **9.** tadeln, zurechtweisen; **10.** *(Weg)* erreichen, wieder ein≈schlagen; *(Masche, Erzählung)* wiederauf≈nehmen; *theat (Stück)* wieder spielen; *jur (Prozeß)* wiederauf≈nehmen; **11.** *(Kleidung)* enger machen; *(Strumpf)* stopfen; *(Mauer)* aus≈bessern; **II.** *itr* **12.** (wieder) an≈wachsen, wieder Wurzeln schlagen; wieder zu Kräften kommen; **13.** wieder an≈fangen, wieder in Gebrauch, in Mode kommen; **14.** *(in der Rede)* fort≈fahren; wieder zurück≈kommen (*sur* auf *acc*); **III.** *v prn se ~* **15.** *(fig)* sich wieder klammern, hängen (*à* an *acc*); zurück≈kommen (*à* auf *acc*); sich verbessern; **16.** sich erholen *a. com;* s-r wieder Herr werden, wieder zu sich kommen, sich wieder in die Gewalt bekommen; **17.** *en ~ (Jagdhund)* die Fährte wieder≈finden; *~ en compte* in Zahlung nehmen; *~ le dessus* wieder die Oberhand gewinnen; *~ des forces* wieder zu Kräften kommen; *~ son poste* auf s-n Posten zurück≈kehren; **18.** *on ne m'y reprendra plus* das soll mir nicht wieder passieren;

que je ne vous y reprenne plus! daß mir das nicht nochmal vorkommt! *la fièvre m'a repris* ich habe wieder Fieber bekommen.

représailles [rəprezɑ(a)j] *f pl* Vergeltungsmaßnahmen, Repressalien *f pl.*

représent|ant, e [rəprezɑ̃tɑ̃] *m f* **1.** (Stell-)Vertreter(in *f*); Repräsentant *m;* **2.** *jur com fig* Vertreter(in *f*) *m;* ~ *exclusif* Alleinvertreter *m;* **~atif, ive** *a* **1.** *bes. pol* repräsentativ; stellvertretend; **2.** charakteristisch, typisch; *gouvernement m* ~ parlamentarische Regierungsform *f;* **~ation** *f* **1.** Vorstellung *f,* Bild *n;* Darstellung, Abbildung *f;* **2.** *theat* Auf-, Vorführung, Vorstellung *f;* **3.** Vertretung *f a. jur pol com;* **4.** Repräsentation *f,* Aufwand *m;* **5.** *frais m pl de* ~ Repräsentationskosten *pl;* ~ *diplomatique, consulaire* diplomatische, konsularische Vertretung *f* (*auprès de* bei); ~ *exclusive (com)* Alleinvertretung *f;* **~er I.** *tr* **1.** darstellen, veranschaulichen, bedeuten; vor=stellen (*qc à qn* jdm etw); schildern, dar=legen; *(vorteilhaft)* heraus=stellen-, -streichen; versinnbildlichen; **2.** *pol jur com* vertreten; **3.** *theat* auf=führen, spielen; **II.** *itr* **4.** repräsentieren; **III.** *v prn* **5.** *se* ~ sich (e-e S) vor=stellen, sich vergegenwärtigen; **6.** *(Wahl)* sich wieder stellen; *(Prüfung)* sich wieder melden; **7.** *(Gelegenheit)* sich wieder bieten.

répress|if, ive [represif] *a mesure f repressive* Zwangsmaßnahme *f;* **~ion** *f* **1.** Strafandrohung, -verfolgung *f;* **2.** *(Aufstand)* Niederschlagung *f;* **3.** *psychol* Verdrängung *f.*

reprim|ande [reprimɑ̃d] *f* (scharfer) Verweis, Tadel *m;* **~ander** *tr* tadeln (*qn à cause de qc* jdm für, wegen etw); **~er** *tr* **1.** unterdrücken, in Schranken halten; **2.** *(Mißbräuche)* abstellen; **3.** *(Aufstand)* niederschlagen.

repris [rəpri] *m:* ~ *de justice* Vorbestrafte(r) *m;* **~e** *f* **1.** *(Stadt)* Wiedereinnahme, -eroberung; Wiederergreifung *f;* **2.** Wiederaufnahme *f,* -beginn *m,* -ingangkommen, -aufleben *n; com* Aufschwung *m; (Kurse)* Wiederanziehen *n;* **3.** *com* Über-, *bes. jur* Rücknahme, Inzahlungnahme *f;* **4.** *(Wäsche)* Ausbessern, Stopfen *n; arch* Ausbesserung, Überholung *f;* **5.** *mot* Anzugsvermögen *n;* **6.** *sport* Runde *f;* **7.** *theat* Wiederaufführung *f;* **8.** *à deux, dix ~s* zwei-, zehnmal; *à plusieurs, diverses ~s* mehrmals, -fach, wiederholt; *à la* ~ in der Pause; **9.** *faire des ~s à qc* etw aus=bessern, stopfen; ~ *économique* Wiederbelebung *f* der Wirtschaft; **~er** *tr* stopfen, aus=bessern.

réprobat|eur, trice [reprɔbatœr, -tris] *a* tadelnd, vorwurfsvoll; **~ion** *f* **1.** *rel* Verdammung *f;* **2.** Mißbilligung *f;* Mißfallen *n.*

reproch|e [rəprɔʃ] *m* Vorwurf, Tadel *m; sans* ~ ohne Ihnen (dir) damit etw vor=werfen zu wollen; *faire* ~ *à qn de qc* jdm etw vorwerfen; **~er I.** *tr* **1.** vor=werfen, -halten; tadeln; **2.** mißgönnen; **II.** *v prn se* ~ *qc* sich etw vorwerfen.

reprodu|cteur, trice [rəprɔdyktœr, -tris] **I.** *a* Fortpflanzungs-, Zucht-; **II.** *s m* Zuchttier *n;* **~ction** [-ksjɔ̃] *f* **1.** *biol* Fortpflanzung *f;* **2.** *typ* Vervielfältigung *f;* Neu-, Nachdruck *m;* Reproduktion *f;* **~ire** [-dɥir] **I.** *tr* **1.** *biol* reproduzieren; (wieder) hervor=bringen; **2.** *(Gründe)* wieder vor=bringen; **3.** (wieder) ab=, nach=, neu drucken; **II.** *v prn se* ~ **4.** sich wiederholen; **5.** *biol* sich fort=pflanzen.

réprouv|able [repruvabl] *a* verwerflich, tadelnswert; **~é, e** *s m f rel* Verdammte(r *m*); Ausgestoßene(r *m*) *f;* **~er** *tr* **1.** *rel* verdammen; **2.** *allg* verurteilen, mißbilligen.

reps [rɛps] *m* Rips *m (Stoff).*

reptile [rɛptil] *m* Reptil *n; pl* Kriechtiere, Reptilien *n pl.*

repu, e [rəpy] *pp repaître; a* **1.** *fig* vollgestopft, -gepfropft (*de* mit); **2.** ge-, übersättigt.

républi|cain, e [repyblikɛ̃, -ɛn] **I.** *a* republikanisch; **II.** *s m* Republikaner *m;* **~que** *f* Republik *f a. fig.*

répudier [repydje] *tr* **1.** *(Frau)* verstoßen; **2.** *(Erbschaft)* aus=schlagen; **3.** *fig* verschmähen, ab=lehnen, von sich weisen.

répugn|ance [repyɲɑ̃s] *f* Widerwille *m,* Abneigung *f; avec* ~ (nur) widerwillig; **~ant, e** *a* abstoßend, widerlich, ekelhaft; **~er I.** *itr* **1.** *(der Vernunft)* widerstreben, zuwider sein; Widerwillen, Abneigung empfinden (*à* gegen); **2.** ab=stoßen, an=widern (*à qn* jdn); widerlich sein (*à qn* jdm); *il me répugne* es widerstrebt mir (*de* zu); *cela me répugne* das geht mir gegen den Strich.

répulsion [repylsjɔ̃] *f fig* Widerwille *m;* heftige Abneigung *f* (*pour* gegen *acc*).

réput|ation [repytasjɔ̃] *f* Leumund; gute(r) Ruf *m,* Ansehen *n; avoir la* ~ *de* in dem Ruf stehen *gen od* zu; *avoir bonne, mauvaise* ~ e-n guten, schlechten Ruf haben; *connaître qn de* ~ jdn vom Hörensagen kennen; ~ *mondiale* Weltruf *m;* **~é, e** *a* **1.** berühmt, geschätzt (*pour* als, wegen); **2.** *être* ~ *pour* gelten als; *l'avis est* ~ *acquis* die Zustimmung gilt als erteilt.

requ|érant, e [rəkerɑ̃] *m, f* Antrags-, Bittsteller(in *f*) *m;* Bewerber(in *f*); Beschwerdeführer; Kläger(in *f*) *m;* **~érir** *tr* **1.** an=fordern, verlangen, in Anspruch nehmen; **2.** *jur (Strafe)* beantragen; **~ête** *f jur* Gesuch *n,* Antrag *m;* Bittschrift; Klage(schrift) *f; à, sur la ~ de qn* auf jds Ansuchen, Antrag; **~iem** [rekɥijɛm] *m invar rel mus* Requiem *n;* **~in** [-kɛ̃] *m* **1.** Hai(fisch) *m;* **2.** *fig* Halsabschneider *m;* **~inquer** *tr fam* aufmöbeln (*qn* jdn); aufwerten; **~is, e** [-ki, -iz] **I.** *a* erforderlich; **II.** *s m (ziviler)* Dienstverpflichtete(r) *m; âge m ~* Mindestalter *n.*

réquisit|ion [rekizisjɔ̃] *f* **1.** *jur* Antrag *m;* **2.** *mil* Requirierung, Beschlagnahme *f;* **3.** (Arbeits-)Dienstverpflichtung *f;* **~ionner** *tr* **1.** requirieren, beschlagnahmen; **2.** dienstverpflichten; **~oire** *m* **1.** Plädoyer *n* des Staatsanwalts; **2.** *fig* heftige Vorwürfe *m pl.*

re|scapé [rɛskape] *m* Überlebende(r) *m (e-r Katastrophe);* **~scinder** *tr jur* für ungültig, nichtig erklären; **~scousse** [-sk-] *f: venir à la ~ de qn* jdm zu Hilfe kommen.

ré|seau [rezo] *m* **1.** Netz *n a. fig loc;* **2.** *anat* Geflecht *n;* **3.** *arch* Maßwerk *n;* **4.** *~ de circulation urbaine* innerstädtische(s) Verkehrsnetz *n; ~ de distribution* Verteiler-, Energieversorgungsnetz *n; ~ d'espionnage* Spionagenetz *n; ~ de routes* od *routier, d'autostrades, (de voies) ferré(es), de tramways, de canaux, de lignes aériennes* Straßen-, Autobahn-, Eisenbahn-, Straßenbahn-, Kanal-, Flugliniennetz *n; ~ téléphonique* Fernsprechnetz *n;* **~section** [-sɛk-] *f* operative Entfernung *f;* **~séda** [-ze-] *m bot* Reseda *f;* **~séquer** [-se-] *tr* operativ entfernen.

réserv|ation [resɛrvasjɔ̃] *f* Reservieren, Buchen *n; faire une ~* e-n Platz, ein Zimmer reservieren (lassen); **~e** *f* **1.** Reserve, Rücklage *f,* Vorrat *m;* (Waren-)Lager *n;* **2.** Vorbehalt *m;* Ausnahme *f;* **3.** Reserviertheit, Zurückhaltung, Reserve *f;* **4.** *mil* Reserve *f;* **5.** Naturschutzgebiet *n;* **6.** *(Erbrecht)* Pflichtteil *m;* **7.** *sans ~* rückhalt-, bedingungslos; *sous toutes ~s* unter Vorbehalt, vorbehaltlich *gen;* ohne Gewähr; *sous cette ~* mit dieser Einschränkung; **8.** *accumuler des ~s* Reserven schaffen; *faire des ~s sur qc* Einwände erheben hinsichtlich *gen; faire des ~s* Vorräte anlegen; *garder qc en ~* etw zurücklegen; *formuler des ~s* Vorbehalte machen; *se tenir sur la ~* auf der Hut sein; **9.** *accumulation f de ~s (com)* Reservenbildung *f;* **10.** *~ cachée, latente, occulte (com)* stille Reserve *f; ~ d'or, de devises* Gold-, Devisenreserve *f; ~ de propriété* Eigentumsvorbehalt *m;* **~é, e** *a* **1.** *(Person)* reserviert, zurückhaltend; **2.** *(Tisch)* reserviert (*à qn* für jdn); *tous droits ~s* alle Rechte vorbehalten; **~er** **I.** *tr* **1.** reservieren, zurück=legen, zur Seite legen, zurück=behalten; vor=sehen; *(Platz)* belegen; **2.** vorbehalten (*qc à qn* jdm etw); auf=sparen; (auf=)bewahren *a. fig;* **3.** *(Meinung)* für sich behalten; **4.** *(Entscheidung)* vertagen; **II.** *v prn se ~* **5.** für sich reservieren, zurück=legen, -behalten; **6.** *fig* sich vor=behalten (*à* od *de faire qc* etw zu tun); **7.** sich schonen (*pour qc* für etw); **~iste** *m mil* Reservist *m;* **~oir** *m* Reservoir, (Wasser-)Becken, Bassin *n,* Behälter, Speicher; (Benzin-)Kanister; (Öl-)Tank *m; ~ d'eau potable* Trinkwasserbehälter *m.*

résid|ant, e [rezidɑ̃, -ɑ̃t] *a* wohnhaft (*à* in *dat*); **~ence** *f* **1.** Wohnort, -sitz, Aufenthalt(sort) *m;* **2.** Wohnanlage *f;* **3.** *(Staatsoberhaupt)* Residenz *f;* **4.** *changer de ~* den Wohnsitz wechseln; *établir sa ~* sich niederlassen (*à* in *dat*); **5.** *changement m de ~* Wohnsitz-, Wohnungswechsel *m; ~ secondaire* zweite(r) Wohnsitz *m;* Zweitwohnung *f;* **~ent** *m* Deviseninländer *m;* **~entiel, le** *a* Wohn-; *quartier m ~* Wohnviertel *n;* **~er** *itr* **1.** s-n Wohnsitz haben; **2.** *fig* liegen, bestehen (*dans, en* in *dat*); **~u** *m chem tech* Rückstand; Bodensatz; *com* Abfall *m;* **~uaire** [-dɥɛr] *a eaux f pl ~s* Abwässer *n pl;* **~uel, le** [-dɥɛl] *a* Rückstand-.

résign|ation [reziɲasjɔ̃] *f* Resignation, Entsagung *f; avec ~* resigniert, niedergeschlagen; **~é, e** *a* (in sein Schicksal) ergeben; **~er** **I.** *tr (Amt)* nieder=legen; **II.** *v prn se ~* sich ergeben, sich schikken, sich fügen (*à* in *acc*); *se ~ à qc* sich mit etw ab=finden.

résil|iable [reziljabl] *a jur* aufhebbar; kündbar; **~iation** *f m* Kündigung *f;* Rücktritt *m;* **~ier** *tr (Vertrag)* auf=heben; kündigen; **~le** [-ij] *f* Haarnetz *n.*

résin|e [rezin] *f bot* Harz *n; ~ synthétique* Kunstharz *n;* **~er** *tr* Harz ab=zapfen (*qc* aus etw); **~eux, se** *a* harzig.

résist|ance [rezistɑ̃s] *f* **1.** *phys el mil pol allg* Widerstand *m;* **2.** Widerstandskraft, -fähigkeit; Ausdauer *f;* **3.** *tech* Haltbarkeit; *bes. tech* Festigkeit *f;* **4.** *arch* Tragfähigkeit *f;* **5.** *mil* Gegenwehr *f;* **6.** *pol* Widerstandsbewegung *f;* **7.** *bousculer, forcer une ~* e-n Widerstand brechen; *trouver de la ~* auf Widerstand *(acc)* stoßen; *la ~ se raidit* der Widerstand versteift sich; **8.** *pièce f, plat m de ~ (Essen)* Hauptgericht *n; ~ de l'air, au frottement* Luft-, Reibungswiderstand *m; ~ à la chaleur, au froid, aux intempéries* Hitze-, Kälte-, Wetterbeständigkeit *f;* **~ant, e** **I.** *a* **1.** widerstandsfähig, zäh; **2.** strapazierfähig, beständig, haltbar; **II.** *s m* Widerstandskämpfer *m; ~ à la chaleur, au froid* hitze-, kältebeständig; *~ au lavage* waschecht; **~er** *itr* **1.** widerstehen, sich widersetzen, Widerstand leisten; **2.** ertragen, aus=halten (*à qc* e-e S); standhalten; ~ *à la tentation, à l'envie* der Versuchung widerstehen; *on n'y peut plus* ~ *(fam)* das ist nicht mehr zum Aushalten.

résol|u [rezɔly] *a,* **~ument** *adv* entschlossen, bestimmt, resolut; *j'y suis* ~ ich bin dazu entschlossen; **~ution** *f* **1.** Entschluß, Vorsatz *m;* **2.** *pol* Beschluß *m,* Entschließung, Resolution *f;* **3.** Entschlußkraft, Entschlossenheit *f;* **4.** *med* Rückgang *m (e-r Geschwulst);* **5.** *(Problem)* Lösung *f;* **6.** *mus* Auflösung *f;* — *adopter, approuver une* ~ e-e Entschließung an=nehmen; *prendre une* ~ e-n Entschluß fassen.

réson|ance [rezɔnɑ̃s] *f* **1.** *phys el* Resonanz *f,* Mitschwingen *n,* Nachklang, -hall *m;* **2.** *fig* Widerhall *m,* Echo *n,* Anklang *m;* **~nant, e** *a* nachhallend, schallverstärkend; *(Stimme)* volltönend; **~ner** *itr* **1.** wieder=hallen; **2.** *fig* voll, erfüllt sein (*de* von).

ré|sorber [rezɔrbe] *tr* **1.** *med* resorbieren; **2.** *fig* beseitigen, glatt aufnehmen, verkraften (*dans* in *dat*); **~sorption** [-psjɔ̃] *f* **1.** *med* Resorption *f;* **2.** *fig* Behebung, Beseitigung *f;* **3.** *(Kredit)* Abruf, Verbrauch *m.*

résoudre [rezudr] **I.** *tr* **1.** *chem* auf=lösen, zerlegen; ver-, um=wandeln (*en* in *acc*); **2.** *fig (Problem, math Aufgabe)* lösen; *(Frage)* entscheiden; beschließen (*de* zu); **3.** *med (Geschwulst)* zurück=gehen lassen; **4.** *mus* auf=lösen; **II.** *v prn se* ~ **5.** führen (*à* zu); **6.** sich entschließen, sich entscheiden (*à* zu); **7.** sich auflösen, auf=gehen, ver-, umgewandelt werden (*en* in *acc*); ~ *une difficulté* e-r Schwierigkeit Herr werden.

respect [rɛspɛ] *m* **1.** (Hoch-)Achtung *f,* Respekt *m* (*de* vor *dat*); Ehrfurcht *f;* **2.** *avoir du* ~ Respekt haben (*pour* vor *dat*); *tenir en* ~ in Schach halten; **~able** *a* **1.** achtbar, (ehr)würdig; **2.** *com* beachtlich, nennenswert; **~er I.** *tr* **1.** respektieren, achten; Achtung haben (*qc* vor *dat*); **2.** Rücksicht nehmen (*qc* auf *acc*); nicht stören *od* unterbrechen; **3.** *(Termin)* ein=halten; **4.** *(Vorfahrt)* beachten; **5.** *(Form)* wahren; **II.** *v prn se* ~ s-n (eigenen) Wert kennen; *fam* etw auf sich halten; *se faire* ~ sich Respekt verschaffen; **~if, ive** *a* gegen-, beider-, wechselseitig; betreffend, diesbezüglich, jeweilig; **~ivement** *adv* beziehungsweise; jeweils; **~ueux, se** [-tɥø, -øz] **I.** *a* respektvoll, ehrerbietig; **II.** *s f fam* Dirne *f.*

respir|able [rɛspirabl] *a* atembar; *fig* erträglich; **~ation** *f* Atmung *f; couper la* ~ *à qn* jdm den Atem nehmen; *reprendre sa* ~ wieder zu Atem kommen; **~atoire** *a* Atmungs-; *exercices m pl* ~s Atemübungen *f pl; organes m pl* ~s Atmungsorgane *n pl;* **~er I.** *itr* **1.** atmen, Luft holen; Luft schöpfen, verschnaufen; **2.** *fig* auf=atmen; **II.** *tr* ein=atmen; ein=saugen; *fig* zum Ausdruck bringen, ausströmen.

resplend|ir [rɛsplɑ̃dir] *itr* strahlen, glänzen *a. fig* (*de* vor); **~issant, e** *a* strahlend, glänzend.

respons|abilité [rɛspɔ̃sabilite] *f* **1.** Verantwortung (*de* für *acc*); Verantwortlichkeit *f;* **2.** Haftbarkeit; Haftung *f; com* Obligo *n;* **3.** *sous sa propre* ~ auf eigene Verantwortung; *assumer, décliner la* ~ die Verantwortung, die Haftung übernehmen, ab=lehnen; *rejeter la* ~ *sur qn* die Verantwortung auf jdn abwälzen; *j'en prends l'entière* ~ ich übernehme dafür die volle Verantwortung; ~ *civile* Haftpflicht *f;* **~able I.** *a* verantwortlich (*de* für); haftbar, -pflichtig; **II.** *s m* Verantwortliche(r) *m; rendre qn* ~ *de qc* jdn für etw verantwortlich, haftbar machen.

resquill|e [rɛskij] *f* Schwarzfahrt *f;* Vordrängeln *n (in e-r Schlange);* **~er** *itr fam* sich vordrängeln; schwarzfahren; schmarotzen; nassauern; **~eur** *m arg* Zaungast; Schwarzfahrer; Nassauer *m.*

ressac [rəsak] *m* Brandung *f.*

ress|aisir [rəse(ɛ)zir] **I.** *tr* wieder ergreifen *a. fig,* wieder an sich bringen, wieder Besitz ergreifen (*qc* von etw); **II.** *v prn se* ~ sich wieder in die Gewalt bekommen, sich wieder fassen; **~asser** *tr fig fam* wiederkäuen; **~aut** *m* **1.** *bes. arch* Vorsprung *m;* **2.** Unebenheit *f.*

ressembl|ance [rəsɑ̃blɑ̃s] *f* Ähnlichkeit *f;* **~ant, e 1.** ähnlich; *(Bild)* getreu; **2.** *fig* gleichbleibend; **~er I.** *itr* **1.** ähneln; ähnlich sein *od* sehen (*à* dat); **2.** nahe=kommen; gleichkommen, gleichen; *(Bild)* e-e getreue Wiedergabe sein (*à* gen); **II.** *v prn se* ~ **3.** sich ähneln, sich ähnlich sehen *od* sein; **4.** sich gleichbleiben; — *cela ne vous ressemble pas* das sieht Ihnen nicht ähnlich; *cela ne ressemble à rien* das ist verrückt.

ress|emelage [rəsəmlaʒ] *m* (Neu-)Besohlen *n;* (neue, Paar *n*) Sohlen *f pl;* **~emeler** *tr (Schuhe)* (neu) (be)sohlen; **~entiment** *m* Ressentiment *n,* heimliche(r) Groll *m;* **~entir I.** *tr* (lebhaft) empfinden, fühlen; mit=, nach=empfinden, -fühlen; *(Gefühl)* hegen; *(Hunger)* verspüren; **II.** *v prn se* ~ *de* **1.** (die) Nachwirkungen spüren *gen;* **2.** *pop je ne m'en ressens pas* ich schaffe es nicht; **~erre** *f* **1.** Verschlag *m;* **2.** *com* künstliche Angebotsverknappung *f;* **~errement** *m* **1.** Eingeengtheit, -engung *f;* **2.** *(Schraube)* Anziehen *n;* **3.** *(Freundschaft)* Festigung; **4.** *(Kredit)* Verknappung *f;* **~errer I.** *tr* **1.** *(Knoten)* fester ziehen; ein=engen, -schnüren; zs.=ziehen, verenge(r)n; verkürzen; *(Kleid)* schnüren; *(Kontrolle)* verschärfen; **2.**

fig (Beziehungen) enger gestalten; *(Bedürfnisse)* ein=schränken; **II.** *v prn se* ~ **3.** *(Geld)* sich verknappen; **4.** *fig (Beziehungen)* enger werden; **5.** sich zs.= ziehen.

ressort [rəsɔr] *m* **1.** *tech* Feder *f;* **2.** *fig* treibende Kraft, Triebfeder; Spann-, Tatkraft *f;* **3.** Zuständigkeit *f,* Geschäfts-, Aufgaben-, Amts-, Verwaltungsbereich *m;* **4.** Gerichtsbezirk *m;* **5.** *de notre* ~ in unserm Geschäftsbereich; *en premier, dernier* ~ *(jur)* in erster, letzter Instanz *a. fig; faire* ~ federn; *ce n'est pas de mon* ~ dafür bin ich nicht zuständig; **~ir** *itr* **1.** *(ohne Stammerweiterung)* wieder hinaus=gehen; **2.** *fig* hervor=treten, sich heraus=heben, zur Geltung kommen; **3.** sich belaufen (*à* auf); **4.** *(mit Stammerw.) jur* zur Zuständigkeit gehören (*à* gen); unterstehen; *fig* gehören (*à* zu); **5.** *faire* ~ hervor=treten lassen, zur Geltung bringen; heraus=stellen, hervor=heben; *il ressort de là que* daraus geht hervor, ergibt sich, daß; **~issant, e** *m f* (Staats-)Angehörige(r *m*) *f.*

ressource [rəsurs] *f* **1.** Mittel *n,* Hilfs-, Einnahmequelle *f;* **2.** *aero* Abfangen *n;* **3.** *(Nähen)* (Naht-)Zugabe *f;* **4.** *pl* (Hilfs-)Mittel *n pl,* Hilfsquellen *f pl,* Reserven *f pl;* Gelder *n pl;* **5.** *pl* Möglichkeiten *f pl;* — *sans ~s* mittellos; ~ *d'énergie, énergétique* Energiequelle *f; ~s en matières premières* Rohstoffquellen *f; ~s personnelles* Eigenkapital *n.*

ressusciter [resysite] **I.** *tr* **1.** auf=erwecken; **2.** *fig* wieder auf=leben lassen; **II.** *itr* **3.** wieder auferstehen; **4.** *med* wieder auf=kommen; **5.** *fig* zu neuem Leben erwachen.

restant, e [rɛstɑ̃, -ɑ̃t] **I.** *a* **1.** übriggeblieben, noch vorhanden; **2.** *com* rückständig; **II.** *s m* Rest(betrag), Rückstand *m; poste ~e* postlagernd.

restaur|ant [rɛstɔrɑ̃, -ɑ̃t] *m* Restaurant *n,* Gaststätte *f;* ~ *d'autoroute* (Autobahn-)Raststätte *f;* ~ *à libre service* Selbstbedienungsrestaurant *n;* **~ateur, trice** *m f* **1.** Gastronom *m,* Gastwirt(in *f*) *m;* **2.** *(Kunst)* Restaurator *m;* **~ation** *f* **1.** *arch (Kunst)* Restaurierung *f;* **2.** *arch med fig* Wiederherstellung; *fig* Erneuerung *f;* **3.** *pol hist* Restauration *f;* **4.** Gaststättenwesen *n;* **~er I.** *tr* **1.** erneuern, wiederher=stellen *a. arch med;* **2.** *arch (Kunst)* restaurieren; **3.** *pol* wieder ein=setzen; **II.** *v prn se* ~ **4.** sich (wieder) stärken, neue Kräfte sammeln.

reste [rɛst] *m* **1.** Rest *m a. math,* Überbleibsel *n,* -rest; Rückstand; *com* Restbetrag *m;* **2.** Übrige(s), Zurückgebliebene(s), -gelassene(s) *n;* **3.** *fig* Spur *f* (*de* von); *pl* Reste *m pl; le* ~ das übrige; die übrigen, die ander(e)n; **4.** *au* ~ außerdem, zudem, darüber hinaus; *de* ~ übrig; mehr als nötig; *du* ~ übrigens; *et le* ~, *ainsi du* ~ und so weiter; **5.** *ne pas demander son* ~ stillschweigend gehen; sich aus dem Staube machen; *ne pas s'embarrasser du* ~ sich um nichts anderes kümmern; *être, demeurer en* ~ *de qc avec qn* jdm etw schuldig sein, bleiben.

rester [rɛste] **I.** *itr* **1.** bleiben; **2.** übrig sein, übrig=bleiben; (zurück)bleiben; an=dauern; sich halten; die Zeit(en) überdauern; **3.** *fam* wohnen; **4.** *il (me, nous) reste à* ich muß, wir müssen noch; *il ne (me, nous) reste qu'à* ... ich brauche, wir brauchen nur noch zu ...; ~ *sur la bonne bouche* auf=hören, wenn es am besten schmeckt, *fig* am schönsten ist; ~ *court* es nicht (ganz) schaffen; *(in der Rede)* stecken=bleiben; ~ *debout, assis, couché* stehen bleiben, sitzen bleiben, liegen=bleiben; *en* ~ *là* stehen=bleiben, nicht weiterkommen; dabei=bleiben; *ne pas en* ~ *là* es damit nicht genug sein lassen; ~ *longtemps à* ... lange, viel Zeit brauchen, um zu ...; ~ *en panne (mot)* e-e Panne haben; ~ *en route (fig)* nicht zu Ende kommen; ~ *chez soi* daheim, zu Hause bleiben *od* sein; *y* ~ *(fam)* sterben, *mil* fallen; *où en sommes-nous restés?* wo sind, waren wir stehengeblieben?

restitu|er [rɛstitɥe] *tr* **1.** (zurück=)erstatten, zurück=, wieder=, heraus=geben; **2.** ersetzen; **~tion** [-ty-] *f* **1.** (Rück-)Erstattung, Rückzahlung; Rück-, Herausgabe; Wiederabtretung *f;* Ersatz *m;* **2.** *(Bauwerk)* Wiederherstellung *f.*

restr|eindre [rɛstrɛ̃dr] **I.** *tr* be-, ein=schränken, begrenzen (*à* auf *acc*); ein=engen; **II.** *v prn se* ~ sich ein=schränken (*à* auf *acc*); **~eint, e** [-trɛ̃, -ɛ̃t] *a* beschränkt; **~ictif, ive** *a* be-, einschränkend; **~iction** [-ksjɔ̃] *f* **1.** Ein-, Beschränkung, Begrenzung, Einengung; Verminderung, Drosselung *f;* **2.** *pl* Rationierungsmaßnahmen *f pl;* Entbehrungen *f pl;* **3.** *avec la* ~ *que* mit der Einschränkung, daß; *sans* ~ unbeschränkt; *être soumis à des ~s* Beschränkungen unterliegen; ~ *aux exportations, aux importations, de la production* Aus-, Einfuhr-, Produktionsbeschränkung *f.*

restructuration [rəstryktyrasjɔ̃] *f* Umbau *m,* Umstrukturierung *f.*

resucée [rəsyse] *f* **1.** *fam* aufgewärmte(r) Kohl *m fig;* **2.** *fam* Runde *f;* noch ein Gläschen *n.*

résult|ant, e [rezyltɑ̃, -ɑ̃t] **I.** *a* hervorgehend (*de* aus); (die) Folge *gen;* **II.** *s f phys* Resultante *f;* **~at** [-ta] *m* Ergebnis, Resultat *n a. math,* Fazit *n;* — *sans* ~ ergebnislos; *sport* unentschieden; *aboutir à un* ~ zu e-m Ergebnis führen; *avoir pour, comme* ~ zum Ergebnis haben; *obtenir des ~s* Ergebnisse erzielen; *~ électoral, du vote* Wahlergebnis *n; ~ de l'examen* Prüfungsergebnis *n;* **~er** *itr* folgen, sich ergeben, hervor=gehen (*de* aus *dat*); *il en résulte* daraus folgt, geht hervor, ist zu schließen.

résum|é [rezyme] *m* Zs.fassung *f,* Resümee *n;* Abriß *m;* Übersicht *f; en ~* zs.fassend; kurz *adv;* **~er I.** *tr* zs.=fassen, kurz wiederholen, resümieren; **II.** *v prn se ~* sich kurz fassen (lassen).

résur|gence [rezyrʒɑ̃s] *f (Sickerwasser)* Wiederzutagetreten, -auftreten *n a. fig;* **~rection** *f* **1.** *rel* Auferstehung *a. theat;* Auferweckung *f;* **2.** *(übertreibend)* plötzliche Genesung *f;* **3.** *fig* Wiederaufleben, -blühen *n.*

retable [rətabl] *m* Altaraufsatz *m.*

rétabl|ir [retablir] **I.** *tr* **1.** wieder herbei=führen; wiederher=stellen *a. med fig;* wiederein=richten, -auf=stellen; **2.** *(Beziehungen)* wieder auf=nehmen; **3.** *tech* reparieren; **4.** *jur* wieder in Kraft *od* in den vorigen Stand setzen; *(in Rechte, Amt)* wiederein=setzen; **II.** *v prn se ~* **5.** wieder gesund werden; **6.** *(Wetter)* sich wieder beruhigen; **7.** *(Stille)* wieder eintreten; **~issement** *m* **1.** Wiederherstellung; *(Wirtschaft)* Gesundung, Erholung; *(Finanzen)* Sanierung *f;* **2.** Genesung *f;* **3.** *sport* Aufschwung *m.*

rétam|é, e [retame] *a fam* fertig, kaputt; **~er** *tr* **1.** neu verzinnen; **2.** *fam* kaputtmachen.

retap|e [rətap] *f: faire la ~ (pop)* auf den Strich gehen; *faire de la ~ (fam)* die Reklametrommel rühren; **~er I.** *tr* **1.** *(Hut)* auf=arbeiten; *allg* reparieren, in Ordnung bringen; auf=, um=arbeiten, um=ändern; *(Bett)* notdürftig machen; *fam (Kranken)* wieder hoch=, auf die Beine bringen; **2.** noch einmal abtippen; **II.** *v prn se ~ (fam)* sich auf=rappeln.

retard [rətar] *m* **1.** Verspätung *f;* Zuspätkommen *n;* Verzögerung *f (bes. tech, Uhr)* **2.** *com* Verzug, Rückstand *m;* **3.** *mus* Vorhalt *m;* **4.** *deux heures de ~* zwei Stunden Verspätung; *en ~ (com)* rückständig; überfällig; *sans ~* unverzüglich; **5.** *combler un ~* auf=holen; *être en ~* zu spät kommen (*de* acc), sich verspätet haben (*de* um); *fig* zurück=bleiben (*sur* hinter *dat*); *com* im Rückstand sein (*pour* mit); *(Uhr)* nach=gehen (*de 10 minutes* 10 Minuten); *prendre du ~* zurückbleiben (*sur qn* hinter jdm); **6.** *~ à l'allumage (mot)* Spätzündung *f; ~ de livraison* Lieferungsverzug *m; ~ de paiement* Zahlungsrückstand *m;* **~ataire** [-da-] **I.** *a* **1.** verspätet, zu spät gekommen, säumig; **2.** *com* rückständig; **II.** *s m f* Nachzügler *m;* **~ement** [-də-] *m: à ~* mit Verzögerung; **~er I.** *tr* **1.** auf=, hinaus=schieben (*d'une semaine* um e-e Woche); **2.** auf=, hin=halten; in Verzug, in Rückstand bringen; **3.** *(Bewegung)* retardieren, verzögern, verlangsamen, hemmen *a. fig;* **4.** *(Uhr)* zurück=stellen; **II.** *itr* **5.** *(Uhr)* zu langsam *od* nach=gehen (*de* acc); **6.** retardieren, zurück=bleiben *a. fig* (*sur* hinter *dat*); **7.** *fam* zu spät kommen, zu spät da sein (*de 5 minutes* 5 Minuten); *~ sur son temps* hinter s-r Zeit zurückbleiben.

retenir [rətnir] **I.** *tr* **1.** zurück=, an=, fest=, be-, da=behalten; zurück=, bei=, ein=be-, vorenthalten; nicht aus den Händen lassen; *(Atem)* an=, *(Tränen)* zurück=halten; unterdrücken; *fig (Zorn)* mäßigen; *(Person)* beruhigen; **2.** *(in Erinnerung, im Gedächtnis)* behalten, sich merken; **3.** sich zurück=legen lassen, vor=bestellen, sich vor=merken lassen (*qc* für etw); vorweg engagieren; *(Platz)* belegen; reservieren; **4.** *com* ab=ziehen, -setzen (*sur* von); **5.** *(Anklagepunkt)* aufrecht=erhalten; **6.** *(Zahl beim Rechnen)* (zurück=)behalten; **II.** *v prn se ~* **7.** sich (fest=)halten (*à* an *dat*); **8.** sich zurück=, an sich halten; **9.** *~ l'attention* die Aufmerksamkeit auf sich *acc* ziehen *od* lenken; *~ au lit* ans Bett fesseln *fig;* **10.** *je vous retiens (fam, iron)* ich werde mich an Sie erinnern; *je ne vous retiens plus* ich halte Sie nicht, gehen Sie nur! *je ne sais ce qui me retient* ich weiß nicht, was mich daran hindert.

reten|tir [rətɑ̃tir] *itr* **1.** (wider=)hallen; (er-)schallen, erklingen, -tönen (*de* von); dröhnen; **2.** sich auswirken (*sur* auf *acc*); **~tissant, e 1.** geräuschvoll, dröhnend; **2.** *fig* aufsehenerregend; **~tissement** *m* Widerhall *m a. fig; fig* (Aus-, Nach-)Wirkung *f;* gute(r) Klang *m (e-s Namens); avoir un grand ~* großes Aufsehen erregen; **~u, e** [-tny] **I.** *a* **1.** vorbestellt, reserviert; **2.** *(Stimme)* gedämpft; **II.** *s f (retenue)* **3.** einbehaltene(r) Betrag, (Gehalts-)Abzug *m* (*sur* von); **4.** Zurückbehaltung *f;* **5.** *fig* Zurückhaltung, Mäßigung, Bescheidenheit *f;* **6.** *(Schule)* Nachsitzen *n;* **7.** *(beim Rechnen)* (zurück)behaltene Zahl *f;* **8.** *(Wasser)* Stau *m; ~e sur le salaire, sur le traitement* Lohn-, Gehaltsabzug *m.*

réti|cence [retisɑ̃s] *f* **1.** (absichtliche) Auslassung, Übergehung *f;* **2.** Zögern, Zurückhalten *n;* **~cent, e** *a* **1.** verschwiegen; **2.** zögernd, zurückhaltend; **~cule** *m* **1.** Handtäschchen *n;* **2.** *opt* Fadenkreuz *n;* **~f, ive** *a* **1.** störrisch, widerspenstig; **2.** *fig* starrsinnig, unbelehrbar; **~ne** *f anat* Netzhaut *f.*

retir|é, e [rətire] *a* **1.** *(Ort)* abgelegen, einsam; **2.** *(Leben)* zurückgezogen; **3.** im Ruhestand; **~er I.** *tr* **1.** (heraus=, zurück=)ziehen, entfernen (*de* aus); (heraus=, zurück=)nehmen (*de* von); **2.** gewinnen (*de* aus); **3.** *(Gewinn, Nutzen)* ziehen (*de* aus); **4.** *(Ruhm)* ernten (*de* von); **5.** *(Schlüssel)* ab=ziehen; **6.** *(Körperteil, Gerät)* zurück=, *(Kopf)* ein=ziehen; **7.** *fig (Versprechen, Beleidigung)* zurück=nehmen; **8.** *(Gunst, Führerschein)* entziehen; **9.** *(Pfand)* ein=lösen; **10.** *(Geld)* ab=heben; **11.** *(Ware)* ab=holen; **12.** *(Angebot, Meldung)* zurück=ziehen; **13.** *(Kleidung)* aus=ziehen; **14.** *(Lästiges)* ab=nehmen; **15.** *theat* (vom Spielplan) ab=setzen; **16.** zs.=ziehen, (ein=)schrumpfen lassen; **II.** *itr* **17.** ~ *au sort* neu losen; **III.** *v prn se* ~ **18.** sich zurück=ziehen (*de* von); heim=, nach Hause gehen; **19.** *(Meer)* zurück=treten; **20.** sich zur Ruhe setzen; **21.** *(Stoff)* ein=laufen, (zs.=, ein=)schrumpfen; **22.** *se ~ des affaires, de la politique* sich von den Geschäften, aus der Politik zurück=ziehen; ~ *de la circulation* aus dem Verkehr ziehen, außer Kurs setzen; ~ *du courrier* Post ab=holen; ~ *sa main (fig)* s-e Hand zurück=ziehen; *se ~ de qn* jdn fallenlassen *fig;* ~ *sa parole* sein Wort zurück=nehmen.

retomb|ée [rətɔ̃be] *f* **1.** *arch* Anfänger *m;* **2.** *~ées radioactives* radioaktive Niederschläge *m pl;* **3.** *pl fig* Abfallprodukt; Ergebnis *n,* Auswirkung *f;* **~er** *itr* **1.** wieder (hin=, hinunter=)fallen; wieder geraten (*dans* in *acc*); zurück=fallen (*sur qn* auf jdn); zurück=sinken (*dans* in *acc*); **2.** *fig* zurück=, wieder verfallen (*dans un vice* in ein Laster); **3.** *(Vorhang)* (herunter=)hängen; **4.** zurück=kommen (*sur* auf *acc, a. Gespräch*); **5.** her=fallen (*sur* über *acc*); **6.** *faire ~ la faute de qc sur qn* die Schuld an e-r S auf jdn schieben *od* ab=wälzen; ~ *malade* wieder erkranken, wieder krank werden; ~ *dans l'oubli* wieder in Vergessenheit geraten; ~ *sur ses pieds (fig)* wieder auf die Füße fallen.

retordre [rətɔrdr] *tr* **1.** zwirnen; **2.** *donner du fil à ~ à qn* jdm viel zu schaffen machen.

rétorquer [rətɔrke] *itr:* ~ *que* erwidern, daß.

retors, e [rətɔr, -rs] *a* **1.** gezwirnt; **2.** *fig* gerieben, *fam* mit allen Wassern gewaschen.

rétorsion [retɔrsjɔ̃] *f: (mesure f de ~)* Vergeltung(smaßnahme) *f.*

retouch|e [rətuʃ] *f* **1.** *(Kunst) phot* Retusche *f;* **2.** *(Konfektion)* Änderung *f;* **~er** *tr* **1.** *(Kunst) phot* retuschieren; **2.** *(Konfektion)* ändern; *allg* überarbeiten; **~eur, se** *m f* **1.** *(~-photographe)* Retuschierer(in *f*) *m;* **2.** ~ *en confection.* Änderungsschneider(in *f*) *m.*

retour [rətur] *m* **1.** Rückkehr, -reise, -fahrt *f,* -flug; Rück-, Heimweg *m;* Wiederkehr, -holung *f;* **2.** *com* Rücksendung, -lieferung *f;* **3.** Gegenleistung *f,* -dienst *m;* Erwiderung *f;* Gegenstück *n;* Gegenseitigkeit *f;* **4.** *fig* Umschwung, -schlag *m;* **5.** *jur (~ légal)* Heimfall *m;* **6.** *tech* Rücklauf *m;* **7.** *à mon ~* bei meiner Rückkehr; *en ~ de* (als Gegenleistung) für; *par ~ du courrier* postwendend, umgehend; *sans ~* für, auf immer, unwiederbringlich *adv; sur le ~* auf der Rückreise, -fahrt, auf dem Rückflug; *fig* an der Schwelle des Alters; *avec prière de ~* mit der Bitte um Rückgabe, u. R.; ~ *à l'envoyeur* zurück an Absender; **8.** *(être) de ~* zurück (sein); *être sur le* od *sur son ~* im Begriff sein *od* stehen heimzukehren; *payer de ~ à qn* jdm e-n Gegendienst erweisen; **9.** *fret, chargement m de ~* Rückfracht *f;* ~ *de l'opinion (publique)* Umschlagen *n* der (öffentlichen) Meinung; **~nement** [-nə-] *m fig* Umschwung *m;* Tendenzwende *f.*

retourner [rəturne] **I.** *tr* **1.** um=drehen, (um=)wenden, um=kehren *a. fig;* **2.** *mot* zurück=fahren; *(Kleidung)* wenden; *(Speise)* um=rühren; **3.** zurück=senden, -schicken, zurück=gehen lassen; **4.** um=, auf=wühlen; um=graben; *fig;* **5.** *(Sinn)* auf den Kopf stellen; **6.** *fam (innerlich)* auf=wühlen, erschüttern; herum=kriegen (*qn* jdn); **II.** *itr* **7.** zurück=kehren, -kommen, -reisen, -fahren, -fliegen; wieder gehen, fahren, reisen (*à* nach); sich kehren, sich wenden (*à* gegen); **8.** ~ *à qc* sich wieder an etw machen *od* begeben; **9.** *jur* heim=fallen (*à* an *acc*); **III.** *v prn se* ~ **10.** sich um=drehen, -wenden, -kehren, sich um=sehen, -schauen; **11.** *(öffentl. Meinung)* um=schlagen; **12.** andere Maßregeln ergreifen; **13.** *s'en ~* um=kehren; weg=, fort=gehen; ~ *sa veste (fam)* s-e Meinung, s-e Haltung ändern; *savoir se ~* wendig sein; sich zu helfen wissen; *savoir de quoi il retourne (fam)* wissen, woran man ist; *se ~ sur soi-même (fig)* in sich gehen; *tourner et ~* hin u. her über=legen, von allen Seiten betrachten; *(durch Fragen)* aus=pressen, -quetschen; **14.** *il retourne cœur (Kartenspiel)* Herz ist Trumpf; *de quoi retourne t-il? fig* was ist los? worum dreht es sich? *si inconnu à l'adresse prière de ~ à l'expéditeur* falls unzustellbar, zurück an Absender.

retracer [rətrase] *tr* dar=stellen, schildern.

rétract|ation [retraktasjɔ̃] *f* Widerruf *m,* Zurücknahme *f;* **~er I.** *tr* **1.** zurück=, ein=ziehen; **2.** *fig* zurück=nehmen, widerrufen; **II.** *v prn se ~* **3.** widerrufen; das Gesagte zurück=nehmen; **4.** sich zs.=ziehen; **~ile** *a biol* einziehbar.

retrait [rətrɛ] *m* **1.** *tech* Zs.ziehung, Schrumpfung *f; (Stoff)* Einlaufen *n;* **2.** Zurückweichen, -treten *n;* **3.** Zurücknahme, -ziehung *f;* Austritt *m (d'une organisation* aus e-r Organisation); **4.** Entziehung *f,* -zug *m;* Einziehen, -behalten *n;* **5.** *(Ware)* Abholung; **6.** *com* Kündigung; **7.** *(Geld)* Abhebung, Rücknahme; **8.** *(Pfand)* Einlösung *f;* Rückkauf *m; — en ~ (arch)* zurückliegend (*de* hinter *dat*); *~ du permis de conduire* Entzug *m* des Führerscheines; **~e** *f* **1.** *mil* Rückzug *m;* **2.** Rück-, Austritt *m;* **3.** Ruhestand *m;* Ruhegehalt *n,* Pension; *(~ des vieux)* Altersrente *f;* Zurückgezogenheit *f;* **4.** *(Fluß, Fassade)* Zurücktreten; *(Fechten)* Ausweichen *n;* **5.** *com* Rückwechsel *m,* Ritratte *f;* **6.** *en ~* im Ruhestand; *battre en ~ (mil)* sich zurück=ziehen; *allg* sich in Sicherheit bringen; *fig* nach=geben; *mettre à la ~* in den Ruhestand versetzen; *prendre sa ~* in den Ruhestand treten, sich pensionieren lassen; **7.** *âge m de la ~* Pensionsalter *n; caisse f de ~* Pensionskasse *f; mise f à la ~* Pensionierung *f; ~ aux flambeaux* Fackelzug *m;* **~é, e I.** *a* pensioniert, emeritiert; im Ruhestand, außer Dienst; **II.** *s m f* Beamte(r) *m,* Beamtin *f* im Ruhestand, pensionierte(r) Beamte(r); Ruhegehaltsempfänger(in *f*), Pensionär; Rentenempfänger(in *f*), Rentner(in *f*) *m.*

retranch|ement [rətrɑ̃ʃmɑ̃] *m mil* Verschanzung *f;* **~er I.** *tr* **1.** kürzen, weg=streichen; **2.** ab=ziehen; **II.** *v prn se ~* sich verschanzen *a. fig* (*derrière* hinter *dat*).

retrans|mettre [rətrɑ̃smɛtr] *tr radio* übertragen; **~mission** *f radio* Übertragung; Wiederholung *f (e-r Sendung).*

rétréc|i, e [retresi] *a* **1.** *(Stoff)* eingegangen; **2.** *(Fahrbahn)* verengt; **~ir I.** *tr* **1.** enger machen *a. fig;* **2.** *fig* ein=engen; **II.** *itr (Stoff)* ein=laufen; **III.** *v prn se ~* enger werden, sich verenge(r)n; **~issement** *m* **1.** Engerwerden *n;* Verengung *f;* **2.** *(Stoff)* Einlaufen *n.*

retremper, se [rətrɑ̃pe] *v prn (fig)* neue Kraft schöpfen (*dans* in *dat*).

rétribu|er [retribɥe] *tr* entlohnen, bezahlen; *(Arbeit)* vergüten; **~tion** [-by-] *f* Entlohnung, Bezahlung, Vergütung *f,* Entgelt *n.*

rétro . . . [retro] **I.** *a in Zs.setzungen:* zurück-; Rück-; **II.** *s m fam* Rückspiegel *m;* **~actif, ive** [-trɔ-] *a jur* rückwirkend; *effet m ~* Rückwirkung *f;* **~fusée** *f* Bremsrakete *f;* **~gradation** *f mil* Degradierung *f;* **~grade** *a* **1.** rückläufig *bes. astr;* **2.** *fig* fortschrittsfeindlich; *pol* reaktionär; **~grader I.** *itr* **1.** zurück=gehen, -weichen; **2.** *fig* rückwärts schreiten; **3.** sich rückläufig bewegen *bes. astr;* **II.** *tr* **4.** *mil* degradieren; **5.** *(mot)* zurück=schalten (*de troisième en seconde* vom 3. in den 2. Gang); **~spectif, ive** *a* **1.** zurückblickend, -schauend; **2.** nachträglich; **~spectivement** *adv* rückblickend, -schauend.

retrouss|é, e [rətruse] *a (Rock, Kleid)* geschürzt; gerafft; *(Lippen)* aufgeworfen; *(Ärmel)* aufgekrempelt; *nez m ~* Stupsnase *f;* **~er I.** *tr (Rock, Kleid)* auf=schürzen, (hoch=)raffen; *(Ärmel)* um=, auf=krempeln; *(Haar)* auf=, hoch=stekken, hoch=kämmen; **II.** *v prn se ~* das Kleid raffen.

retrouver [rətruve] **I.** *tr* **1.** wieder=finden, -erlangen, -gewinnen; **2.** wieder (zurück=)finden (*qc* zu etw); wieder vor=finden, an=treffen; **II.** *v prn se ~* **3.** sich wieder finden; **4.** sich wieder befinden; sich zurecht=finden; **5.** ergeben, **6.** sich wieder=sehen, -treffen; **7.** dabei auf s-e Kosten kommen; **8.** *s'y ~* sich zurecht=finden; *je saurai vous ~* Sie entgehen mir nicht.

rétro(viseur) [retrɔ(vizœr)] *m (mot)* Rückspiegel *m.*

réun|ification [reynifikasjɔ̃] *f pol* Wiedervereinigung *f;* **~ifier** *tr* wiedervereinigen; **~ion** [-njɔ̃] *f* **1.** Zs.schluß *m* (*de qc à qc* e-r S mit e-r S); Sitzung, Versammlung, Zs.kunft *f,* Treffen *n;* **2.** *pol* Angliederung *f,* Anschluß *m;* **3.** Zusammenlegung *f;* **4.** *(Unterlagen)* Zusammenstellung *f;* **5.** Verein(igung *f*) *m;* **6.** *être en ~* in e-r Sitzung sein; *faire, tenir une ~* e-e Versammlung ab=halten; **7.** *salle f de ~* Sitzungssaal *m; ~ plénière (parl)* Vollversammlung *f;* **~ir I.** *tr* **1.** (wieder=)vereinigen (*à qc* mit etw); zs.=bringen; **2.** verbinden, vereinigen (*qc à qc* etw mit etw); **3.** versammeln; *parl* einberufen; **II.** *v prn se ~* **4.** zs.=kommen; sich versammeln, zs.=treten, sich treffen, sich vereinigen; *(Versammlung)* tagen; **5.** *(Straßen)* zs.treffen; **6.** *~ la documentation* die Unterlagen zs.=stellen; *~ toutes ses forces* alle Kräfte zs.=nehmen; *~ toutes les voix (pol)* alle Stimmen auf sich *(acc)* vereinigen; *tout se réunit pour (unpersönl.)* alles kommt zs., um zu.

réuss|i, e [reysi] *a* gelungen, geglückt; **~ir I.** *itr* **1.** Erfolg haben, zum Ziel gelangen *od* kommen, **2.** *(Sache)* gelingen, glücken; erfolgreich sein; aus=fallen, geraten; **3.** *(Pflanze)* gedeihen; *(Klima)* gut bekommen; **II.** *tr* **4.** zustande bringen, fertig=bringen, zustande bringen; gut gelingen; **5.** *(Prüfung)* bestehen (*a. à qc* etw); *ne ~ à rien* keinen Erfolg haben, zu nichts kommen; *je réussis à . . .* es gelingt, glückt mir zu . . .; *je ne réussis pas* es mißlingt mir; *je ne réussis (à) rien* es will mir nichts gelingen *od* glücken; *j'ai enfin réussi ma sauce* ich hab's endlich geschafft; **~ite** *f* **1.** Erfolg *m;* Gelingen; Ergebnis *n;* **2.** *(Spiel)* Patience *f.*

reval|oir [rəvalwar] *tr* heim=zahlen, vergelten; **~orisation** *f com (Renten)* Aufbesserung, Anpassung *f;* Aufwertung, Revalorisierung *f;* **~oriser** *tr* revalori-

sieren; *(Gehälter)* aufbessern; *(Renten)* anpassen; aufwerten.
revanch|ard, e [rəvɑ̃ʃar, -rd] **1.** *a* revanchelustig; **2.** *politicien m* ~ Revanchepolitiker *m;* **~e** *f* **1.** Vergeltung, Revanche, Rache *f;* **2.** *(Spiel)* Revanche(partie) *f;* — *à charge de* ~ auf Gegenseitigkeit; *en* ~ zum Ersatz, als Gegenleistung; dafür, dagegen; *prendre sa* ~ Rache, *(Spiel)* Revanche nehmen; Vergeltung üben.
rêv|asser [rɛvase] *itr* s-e Gedanken schweifen lassen, dösen; **~asserie** *f* **1.** Dösen *n;* **2.** Hirngespinst *n;* **~e** *m* **1.** Traum *m a. fig;* **2.** Trugbild *n,* Wunschtraum *m;* — *faire un ~ étrange* etwas Seltsames träumen; *ce n'est pas le ~ (fam)* ideal ist es nicht; *la maison de mes ~s* das Haus meiner Träume.
revêche [rəvɛʃ] *a* unfreundlich, mürrisch.
réveil [revɛj] *m* **1.** Auf-, Erwachen *a. fig; mil* Wecken *n;* **2.** Wecker *m (Uhr);* — *au ~, à mon, ton etc ~* beim Erwachen; *je mets le ~ à quelle heure?* auf wieviel Uhr soll ich den Wecker stellen? **~ler I.** *tr* **1.** (auf=)wecken; **2.** *fig* (wieder=, neu=) beleben; auf=, ermuntern; *(Neugierde)* hervor=rufen; *(Aufmerksamkeit)* erregen; *(Erinnerung)* wach=rufen, auf=frischen; **II.** *v prn se ~* **3.** auf=, erwachen *a. fig;* **4.** *fig* auf=leben; **~lon** *m* (Weihnachts-, Neujahrs-)Mitternachtsessen *n;* **~lonner** *itr* Heiligabend, Silvester feiern.
révél|ateur, trice [revelatœr, -tris] **I.** *a* aufschlußreich; **II.** *s m f phot* Entwickler *m;* **~ation** *f* **1.** Aufdeckung, Enthüllung *f;* **2.** *rel* Offenbarung *f;* **3.** *fig* Entdeckung *f;* Star *m;* **4.** *phot* Entwickeln *n;* **~er I.** *tr* **1.** enthüllen, verkünden; auf=decken, an=zeigen; verraten; **2.** *phot* entwickeln; **3.** *rel* offenbaren; **4.** *(Fähigkeit)* erkennen lassen; **II.** *v prn se ~ (acc)* sich zeigen; sich erweisen; sich enthüllen, sich offenbaren (als).
reven|ant [rəvənɑ̃] *m* Gespenst *n,* Geist *m; il y a des ~s* es spukt; **~deur, se** [-vɑ̃-] *m f* Wiederverkäufer(in *f*); Zwischenhändler *m;* **~dication** *f jur* Forderung *f;* Anspruch *m* (*de* auf *acc*); *~s de salaire* Lohnforderungen *f pl; ~ territoriale (pol)* Gebietsanspruch *m;* **~diquer** *tr jur* fordern, verlangen; beanspruchen, Anspruch erheben (*qc* auf e-e S) *a. fig; ~ la responsabilité* die Verantwortung übernehmen (*de* für); **~dre** *tr* wieder=, weiter=verkaufen; *avoir à ~* mehr als genug, im Überfluß haben (*de qc* etw); **~ez-y** [-ezi] *m inv: avoir un goût de ~* nach mehr schmecken.
revenir [rəvnir] *itr* **1.** wieder=, zurück=kommen, wieder=, zurück=kehren *a. fig* (*à* zu *dat,* in *acc*); **2.** s-e Meinung ändern; sich *(von e-r Krankheit, e-m Schrecken)* erholen (*de qc* von etw); *(Irrtum, Anspruch)* auf=geben (*de qc* acc); **3.** *(Speise)* auf=stoßen (*à qn* jdm) *a. fig;* **4.** zu=kommen, -stehen; hinaus=laufen, -gehen (*à* auf *acc*), (letzten Endes) bedeuten (*à* acc); zu stehen kommen (*à* auf), kosten (*à* acc); **5.** wieder zurück=kommen, zu sprechen kommen (*sur qc* auf *acc*); **6.** *en ~ (Krankheit)* überstehen; **7.** *pour en ~ à ...* um zurück=zukommen auf *acc; ne pas en ~ de qc* etw nicht fassen, sich nicht genug über e-e S wundern können; **8.** *faire ~ (Fleisch)* an=braten, schmoren; **9.** *~ qn de qc* jdn von etw ab=bringen; **10.** *~ sur une décision* e-e Entscheidung widerrufen; *~ au même* auf dasselbe hinaus=laufen, -kommen; *~ à la question, au sujet, au fait, à ses moutons* wieder zur Sache kommen; *~ (à soi)* wieder zu sich kommen; sich wieder fassen; zur Besinnung kommen; **11.** *je n'en reviens pas* ich kann es nicht fassen; *il m'est revenu que* es ist mir zu Ohren gekommen, daß; *il me revient 10 francs* ich bekomme, *fam* kriege 10 Franken heraus; *cela revient à dire ...* das heißt mit ander(e)n Worten ...; *cela me revient de droit* das steht mir von Rechts wegen zu; *il n'y a pas à y ~* der Fall ist erledigt; *n'y revenez plus!* tun Sie das nicht noch mal!
revenu [rəvny] *m* **1.** Einnahme *f,* Ertrag *m;* Einkommen *n;* **2.** *tech* Vergüten, Anlassen *n;* **3.** *pl* Einkünfte, Bezüge *pl;* **4.** *à ~ fixe* festverzinslich; **5.** *impôt m sur le ~* Einkommensteuer *f;* Erwerbsquelle *f;* **6.** *~ annuel* Jahreseinkommen *n.*
rêver [re(ɛ)ve] **I.** *itr tr* **1.** träumen *a. fig* (*de qn, de qc* von jdm, von etw); **2.** phantasieren *a. fam fig;* Luftschlösser bauen; **3.** *~ à, sur qc* auf *acc* sinnen, über *acc* nach=sinnen, nach=denken, grübeln; **II.** *tr* **4.** träumen (*qc* von etw) *a. fig;* im Traum sehen; **5.** *fig* sich sehnen (*qc* nach etw), sich erträumen.
réverb|ération [revɛrberasjɔ̃] *f* **1.** *(Licht, Wärme)* Rückstrahlung *f;* **2.** Widerschein *m a. fig;* **3.** Nachhall *m;* **~ère** *m* Straßenlaterne *f;* **~érer** *tr* zurück=strahlen.
reverd|ir [rəvɛrdir] **I.** *tr* ergrünen lassen; **II.** *itr* wieder grün werden.
révér|ence [reverɑ̃s] *f* **1.** Ehrerbietung *f;* **2.** Knicks *m;* **~end, e I.** *a* ehrwürdig; **II.** *m* Hochwürden *m;* **~er** *tr* verehren.
rêverie [rɛvri] *f* **1.** Träumerei *f;* **2.** Hirngespinst *n;* — *s'abandonner à la ~* träumen, dösen; grübeln.
revers [rəvɛr] *m* **1.** Rückseite, linke Seite *f;* **2.** *fig* (harter) Schlag; Rück-, Fehlschlag; Mißerfolg *m, mil* Niederlage *f;* **3.** *(Kleidung)* Aufschlag, Revers *m;* **4.** *sport* Rückhand(schlag *m*) *f;* **5.** *~ de fortune* Schicksalsschlag *m; ~ de la*

main Handrücken *m; ~ de la médaille (fig)* Kehrseite *f* (der Medaille); **~er** *tr* **1.** wieder ein=, nach=gießen; **2.** zurück=gießen; **3.** *jur* übertragen.

révers|ibilité [revɛrsibilite] *f* **1.** *phys* Umkehrbarkeit *f;* **2.** *jur* Übertragbarkeit *f;* **~ible** *a* **1.** *phys* umkehrbar; **2.** *(Kleidung)* beiderseitig tragbar; **3.** *jur* rück-, heimfällig; übertragbar.

revêt|ement [rəvɛtmɑ̃] *m* **1.** *arch* Verkleidung *a. tech;* Verschalung *f; (Möbel)* Bezug *m;* **2.** *tech* Mantel, Überzug *m;* Auskleidung *f;* **3.** (Straßen-)Decke *f; ~ calorifuge, isolant* Wärme-, Isolierschutz *m;* **~ir** *tr* **1.** *(Person)* an=kleiden, -an=ziehen; **2.** *fig* versehen, aus=statten (*de* mit) *a. jur;* kleiden (*de* in *acc*); **3.** *(Straße)* befestigen; *tech* ver-, aus=kleiden; **4.** *~ l'apparence* sich den Anschein geben (*de* gen *od* zu); *~ qn de pouvoirs* jdn bevollmächtigen, jdm Vollmacht erteilen.

rêveur, se [rɛvœr, -øz] **I.** *a* **1.** träumerisch, verträumt; **2.** nachdenklich; **II.** *s m f* Träumer(in *f*), Grübler *m.*

revi|ent [rəvjɛ̃] *m: prix m de ~* Gestehungs-, Fabrik-, Selbstkostenpreis *m;* **~rement** [-vi-] *m* Umschlagen *n,* -schwung *m,* Schwenkung *f.*

révis|er [revize] *tr* **1.** revidieren, (über)prüfen; **2.** *tech* überholen; **~eur** *m* Revisor *m;* **~ion** *f* **1.** Revision *a. typ,* Durchsicht, Über-, Nachprüfung *f;* **2.** *jur* Wiederaufnahme *f;* **3.** Überholung *f;* **4.** *(Rente)* Neufestsetzung, Anpassung *f;* — *faire une ~ (complète) (tech)* gründlich überholen (*de qc* etw); *conseil m de ~* Musterungskommission.

reviv|ifier [rəvivifje] *tr fig* zu neuem Leben erwecken; **~re I.** *itr* **1.** zu neuem Leben erwachen; **2.** *fig* wiederauf=leben -blühen; *(Brauch, Mode)* wieder auf=kommen; sich erneuern; **II.** *tr (im Geist)* an sich vorüberziehen lassen; *faire ~* ins Leben zurück=rufen, zu neuem Leben erwecken.

révoca|ble [revɔkabl] *a* widerruflich; absetzbar; **~tion** *f* **1.** Widerruf(ung *f*) *m;* Aufhebung *f;* **2.** Absetzung, Entlassung *f.*

revoici, revoilà [rəvwasi, -la] *prp adv fam* da ist *bzw* sind wieder; *me ~* da bin ich wieder.

revoir [rəvwar] **I.** *tr* **1.** wieder=sehen, -treffen, wieder begegnen (*qn* jdm); *theat* noch einmal ansehen; **2.** überprüfen; durch=sehen, -gehen, revidieren; **II.** *v prn se ~* sich sehen, (be)finden; sich wieder=sehen; wieder zu sehen sein; **III.** *s m* Wiedersehen *n; au ~!* auf Wiedersehen!

révolt|ant, e [revɔltɑ̃, -ɑ̃t] *a* empörend; **~e** *f* **1.** Aufruhr, -stand *m a. fig,* Revolte *f;* **2.** Auflehnung *f;* **~é, e I.** *a* aufrührerisch, -sässig; **II.** *s m* Aufständische(r), -rührer *m;* **~er I.** *tr* **1.** auf=wiegeln; in Empörung versetzen; **II.** *v prn se ~* **2.** sich erheben (*contre* gegen) *a. fig,* revoltieren; **3.** *fig* sich entrüsten.

révolu, e [revɔly] *a* **1.** *astr (Umlauf)* vollendet; **2.** *(Zeit)* abgelaufen, verstrichen, vergangen; — *à 80 ans ~s* mit der *od* nach Vollendung des 80. Lebensjahres; *avoir 80 ans ~s* volle 80 Jahre alt sein; **~tion** *f* **1.** Revolution *f,* Umsturz *m,* Umwälzung *f,* Umschwung *m;* **2.** *astr* Umlauf *m;* **3.** *math* Drehung *f;* **~tionnaire I.** *a* revolutionär, umstürzlerisch; *(Maßnahmen)* umstürzend; Revolutions-; **II.** *s m* Revolutionär *m;* **~ionner** *tr* **1.** in Aufregung versetzen, bestürzen, verwirren, auf=wühlen; **2.** *(Industrie)* revolutionieren.

revolver [revɔlvɛr] *m* Revolver *m.*

révoquer [revɔke] *tr* **1.** *(Vertrag)* widerrufen, auf=heben, annullieren; **2.** *(Beamten)* ab=setzen, entlassen.

revouloir [rəvulwar] *tr (fam) tu en reveux?* willst du noch etwas davon?

revu|e [rəvy] *f* **1.** Zeitschrift, Rundschau, Revue *f;* **2.** *theat* Revue *f;* **3.** Übersicht *f,* Bericht *m;* **4.** *mil* Appell *m,* Parade *f;* **5.** *être de la ~ (pop)* das Nachsehen haben; *passer en ~* durchsehen, -gehen, (genau) prüfen; *mil (Truppe)* die Front abschreiten; **6.** *année f passée sous ~* Berichtsjahr *n; ~ de modes* Modenschau *f; ~ de (la) presse* Presserundschau *f,* -spiegel *m.*

révuls|é, e [revylse] *a: les yeux ~s* mit verdrehten Augen; **~ion** *f med* Ableitung *f.*

rez-de-chaussée [redʃose] *m inv* Erdgeschoß *n.*

rhabiller [rabije] *tr* wieder an=ziehen, -kleiden; *va te ~!* geh nach Hause!

rhéostat [reɔsta] *m el* Rheostat *m.*

rhésus [rezys] *m* **1.** *zoo* Rhesusaffe *m;* **2.** *facteur m ~* Rh-Faktor *m.*

rhét|eur [retœr] *m* Phrasendrescher *m;* **~orique I.** *f* **1.** Redekunst *f;* **2.** *péj* Phrasendrescherei *f;* **II.** *a* rhetorisch.

rhin|ite [rinit] *f med* Schnupfen *m,* Nasenschleimhautentzündung *f;* **~océros** [-erɔs] *m zoo* Rhinozeros, Nashorn *n.*

rhododendron [rɔdɔdɛ̃drɔ̃] *m bot* Rhododendron *n.*

rhubarbe [rybarb] *f* Rhabarber *m.*

rhum [rɔm] *m* Rum *m;* **~atisant, e** [ry-] *m f* Rheumatiker(in *f*) *m;* **~atismal, e** *a* rheumatisch; **~atisme** *m* Rheuma(tismus *m*) *n; ~ articulaire* Gelenkrheumatismus *m;* **~e** *m* Katarrh *m,* Erkältung *f; attraper, (fam) prendre un ~* Schnupfen bekommen.

riant, e [rjɑ̃, -ɑ̃t] *a* fröhlich, heiter; angenehm.

rib|ambelle [ribɑ̃bɛl] *f fam* (ganze) Reihe, Menge *f,* (ganzer) Haufen *m* (*de* gen); **~ote** *f pop* Sauferei *f;* **~ouis**

[-bwi] *m arg* (alter) Schuh *m;* **~ouldingue** *f arg* Remmidemmi, wüste(s) Gelage *n.*

ric|anement [rikanmɑ̃] *m* **1.** Spottgelächter *n;* **2.** Grinsen; Gekicher *n;* **~aner** *itr* **1.** höhnisch, hämisch *od* albern lachen; **2.** grinsen, kichern; **~aneur, se** *a* grinsend; **~rac** *adv fam* haargenau; *payer ~* auf Heller u. Pfennig bezahlen.

rich|ard [riʃar] *m fam* Krösus, schwerreiche(r) Mann *m;* **~e I.** *a* **1.** reich *a. fig* (*en* an *dat*); wohlhabend, vermögend; **2.** fruchtbar, ergiebig *a. fig;* **3.** gehaltvoll; **4.** kostbar, prächtig; **5.** vielfältig; **6.** *pop* gewaltig, großartig; **II.** *s m* **7.** Reiche(r) *m;* **8.** *~ en fruits, en poissons* obst-, fischreich; **9.** *mélange m ~ (mot)* gasreiche(s) Gemisch *n; nouveau ~* Neureiche(r) *m; trop ~ (Nahrung)* zu fett; *(Gas)* übersättigt; **~ement** *adv* reich, gut; **~esse** *f* **1.** Reichtum *a. fig* (*en* an *dat*); Wohlstand *m,* Wohlhabenheit *f;* **2.** Überfluß *m,* (Über-)Fülle *f;* Fruchtbarkeit, Ergiebigkeit *f;* **3.** Kostbarkeit, Pracht *f;* **4.** *pl* Reichtümer, Schätze *m pl; com* Güter *n pl; ~s du sol* Bodenschätze *m pl;* **~issime** *a fam* stein-, schwerreich.

ric|in [risɛ̃] *m bot* Rizinus *m;* **~ocher** [rik-) *itr* ab=prallen (*sur* von *dat*); **~ochet** [-ʃɛ] *m* Abprall *m; par ~* indirekt; auf Umwegen; **~tus** [riktys] *m* krampfhafte(s) Lachen *n.*

rid|e [rid] *f* **1.** Runzel, Falte *a. fig; allg* Rille *f;* **2.** *pl* Kräuselung *f (auf dem Wasser);* **~é, e** *a* runzelig, faltig; schrump(e)lig, welk; *(Wasserfläche)* gekräuselt; **~eau** *m* **1.** Gardine *f,* Vorhang *m a. theat;* **2.** *fig* Schleier *m;* **3.** Baumwand *f;* **4.** *lever, baisser le ~ (theat)* den Vorhang auf=ziehen, fallen lassen; *se tenir derrière le ~ (fig)* sich im Hintergrund halten; nicht ans Tageslicht treten; *tirer le ~* den Vorhang, die Gardine auf= *od* zu=ziehen; *sur qc (fig)* e-n Schleier über e-e S breiten, etw auf sich *(dat)* beruhen lassen; **5.** *~ de fer (theat)* eiserne(r) Vorhang *m; a. pol* Eiserne(r) Vorhang *m;* **~er I.** *tr (Stirn)* in Falten ziehen; *(Wasserfläche)* kräuseln; **II.** *v prn se ~* faltig, runz(e)lig werden; **~icule I.** *a* **1.** lächerlich, lachhaft; **2.** lächerlich, gering; **II.** *s m* Lächerlichkeit *f; tomber dans le ~* sich lächerlich machen; *tourner qn en ~* jdn lächerlich machen; **~iculiser (, se)** *tr* und *v prn* (sich) lächerlich machen.

rien [rjɛ̃] **I.** *unbest. prn* **1.** etwas; (so gut wie) nichts; *beim v: ne ... ~* nichts; **II.** *s m* **2.** Nichts *n;* Kleinigkeit *f;* **3.** *pl* Kleinigkeiten, Bagatellen, Lappalien, Nichtigkeiten *f pl;* **III.** *adv pop* **4.** tüchtig, gewaltig; furchtbar, schrecklich *adv;* **5.** *~ d'autre* nichts anderes, weiter nichts; *comme si de ~ n'était* als wenn nichts geschehen, *fam* los wäre; *de ~* unbedeutend, belanglos; macht nichts, hat nichts zu sagen; *~ de ~* rein gar nichts, absolut nichts; *en moins de ~, en un ~ de temps* im Nu; *~ moins que ...* keineswegs ...; *~ de moins (que)* nichts weniger (als); *si peu que ~* so gut wie nichts; *~ de plus* weiter nichts; *pour ~* (*fam* für) umsonst, für nichts u. wieder nichts; *pour ~ au monde* nicht um alles in der Welt; *~ que* nichts als, nur; *~ qu'en (entrant)* schon beim (Eintreten); *~ que d'y penser* wenn ich bloß, nur daran denke; *~ du tout* wirklich, gar, *fam* absolut nichts; *sans ~ dire* ohne ein Wort, *fam* e-n Ton zu sagen; **6.** *n'être pour ~ dans qc* mit etw nichts zu tun, zu schaffen haben; *se fâcher pour un ~* sich über jede Kleinigkeit, *pop* über jeden Dreck ärgern; *ne ~ faire* nichts tun, nicht arbeiten, arbeitslos sein, *fam* feiern; nichts verkaufen *od* ab=setzen *od* los=werden; *n'en ~ faire* nichts dergleichen tun; *faire semblant de ne ~ voir* so tun, als sähe man nichts, als ob man nichts sähe; **7.** *il n'y a ~ à dire à cela* dazu ist nichts zu sagen; dagegen ist nichts einzuwenden; *ce n'est ~* das ist nicht schlimm, das hat nichts zu sagen, zu bedeuten; *ce n'est pas ~* das ist allerhand! *il n'en est ~* da ist nichts daran, das ist nicht der Fall; *cela ou ~, c'est tout un* das ist so gut wie gar nichts; *cela ne fait ~* das macht nichts; *il ne faut jurer de ~* man kann nie wissen; *il ne m'est ~* er bedeutet mir nichts; *il est parti de ~* er hat mit nichts angefangen; *il ne reste plus ~* das wäre, ist alles; **8.** *un, une ~-du-tout* hergelaufene(r) Mensch; Taugenichts *m.*

rieur, se [rjœr, -øz] **I.** *a* lachlustig; lachend; **II.** *s m f* Lacher(in *f*) *m; avoir les ~s de son côté* die Lacher auf s-r Seite haben.

rififi [rififi] *arg m* Keilerei *f.*

riflard [riflar] *m* **1.** Raspel *f (grobe Feile);* Spa(ch)tel *m* od *f;* **2.** *fam* große(r) Regenschirm *m.*

rig|ide [riʒid] *a* steif, starr *a. tech; fig* streng, starr; **~idité** *f* **1.** Steifheit; Starre, Starrheit *f a. fig;* **2.** *fig* Strenge; Starrköpfigkeit *f;* **~olade** [-gɔ-] *f pop* Scherz, Spaß, Ulk *m;* **~olard, e** *a fam* fröhlich, lustig; **~ole** *f* Rinne *f,* Abzugsgraben *m;* **~oler** *itr fam* lachen; lustig sein; Spaß, Ulk machen; **~olo I.** *a fam* **1.** lustig, spaßig; **2.** komisch; **II.** *s m* **1.** Spaßvogel *m;* **2.** *arg* Revolver *m;* **~orisme** *m* (Sitten-)Strenge, Unduldsamkeit *f;* **~oriste** *a* u. *s m f* (sitten-)streng(er Mensch *m*); **~oureux, se** *a* **1.** streng, rigoros; peinlich gewissenhaft, übergenau; unnachsichtig; hart, unerbittlich; *(Klima)* rauh; **2.** unbestreitbar, unwiderlegbar; uneingeschränkt; **~ueur**

[-gœr] *f* Strenge, Härte; Unnachsichtigkeit, Unerbittlichkeit *f; à la* ~ im Notfall, äußersten-, schlimmstenfalls; *de* ~ unerläßlich; *tenir* ~ übel=nehmen (*de qc à qn* jdm e-e S).

rill|ettes [rijɛt] *f pl* gebratene(s) Schweinemett, Hackfleisch *n;* **~ons** *m pl* Grieben *f pl.*

rim|ailler [rimɑje] *itr fam* Reime schmieden; **~ailleur, se** *m f* Reimschmied *m;* **~e** *f* Reim *m; n'avoir ni ~ ni raison* weder Sinn noch Verstand haben; **~er I.** *itr* reimen, Verse machen; sich reimen *a. fig;* **II.** *tr* in Verse bringen; *ne ~ à rien* keinen Sinn haben; *à quoi ça rime? fam* was soll das heißen? **~eur** *m* Reimschmied *m.*

rin|çage [rɛ̃saʒ] *m* Spülen *n;* **~cée** *f pop* **1.** Abreibung, Tracht *f* Prügel; **2.** (Regen-)Guß *m;* **~cer I.** *tr* **1.** (ab=, aus=, nach=)spülen; **2.** *fam* durchweichen, -nässen; **II.** *v prn se ~ la dalle (pop)* e-n heben, hinter die Binde gießen; *se ~ l'œil (fam)* Stilaugen machen; **~ceur, se** *m f* **1.** Geschirr-, Tellerwäscher(in *f*) *m;* **2.** *m f* Spülmaschine *f;* **~çure** *f* Spülwasser *n a. fam.*

ring [riŋ] *m* (Box-)Ring *m; monter sur le ~* in den Ring steigen.

rip|aille [ripɑ(a)j] *f fam* Schlemmerei *f; faire ~,* **~ailler** *itr fam* schlemmen; **~aton** *m pop* Fuß *m* **~er I.** *tr* **1.** *arch* ab=kratzen, -schaben; **2.** *mar* schlieren, gleiten lassen; **II.** *itr* **3.** gleiten, rutschen; **4.** *arg* abhauen, verduften; **~oliné, e** *a* mit Lackfarbe gestrichen; **~oste** *f* **1.** *(Fechten)* Gegenstoß *m;* **2.** *fig mil* Gegenschlag *m;* **3.** schnelle Antwort *f; — être prompt à la ~* nicht auf den Mund gefallen, um e-e Antwort nicht verlegen sein; **~oster** *itr* **1.** *mil fig* e-n Gegenschlag führen, zurückschlagen; **2.** schlagfertig antworten (*à* auf *acc*); **3.** *(Fechten)* ripostieren.

riquiqui [rikiki] *fam* winzig; armselig.

rire [rir] **I.** *itr* **1.** lachen; **2.** sich lustig machen, spotten (*de* über *acc*); aus=, verlachen, verspotten (*de qn* jdn); **3.** spaßen, scherzen; **II.** *v prn* **4.** *se ~ de qn* jdn auslachen; *de qc* e-r S spotten; nicht ernst nehmen (*de qc* etw); **III.** *s m* **5.** Lachen, Gelächter *n;* **6.** *pour ~* zum Spaß, im Scherz; **7.** *prêter à ~* zum Lachen heraus=fordern; *pouffer, se pâmer de ~* platzen, sich den Bauch halten vor Lachen; *se tordre de ~* sich biegen vor Lachen; *~ du bout des dents, des lèvres, ~ jaune* gezwungen lachen; *~ sous cape, dans sa barbe* sich ins Fäustchen lachen; *~ aux éclats, à gorge déployée* schallend, laut los=lachen; *~ aux larmes* Tränen lachen; **8.** *il n'y a pas là de quoi ~* da ist, da gibt's nichts zu lachen; *on a tous eu le fou ~* wir alle haben Tränen gelacht.

ris [ri] *m* **1.** (Kalbs-, Lamm-)Brieschen, Bröschen *n;* **2.** *mar* Reff *n;* **~ée** *f* **1.** (schallendes, allgemeines) Gelächter *n;* Spott *m,* Gespött *n (a. Person);* **2.** *mar* (starke) Bö *f;* **~ette** *f* (fröhliches) Kinderlachen *n; faire ~ à qn (Kind)* jdn anlachen; **~ible** *a* lächerlich.

risqu|e [risk] *m* **1.** Gefahr *f,* Wagnis; *com* Risiko *n;* **2.** *au ~ de* auf die Gefahr *gen* hin; *à tout ~* auf gut Glück; *à ses ~s et périls* auf eigene Rechnung u. Gefahr; **3.** *comporter des ~s* Gefahren mit sich bringen; *courir un ~* sich e-r Gefahr aus=setzen, Gefahr laufen; *prendre un ~* ein Risiko auf sich nehmen; *c'est un ~ à courir* das Risiko muß man auf sich nehmen; **4.** *assurance f contre les ~s du transport* Transportversicherung *f; ~ des affaires, d'entrepreneur, d'exploitation* Geschäfts-, Unternehmer-, Betriebsrisiko *n; ~-e-tout m inv* Wagehals, Draufgänger *m;* **~é, e** *a* gewagt; **~er I.** *tr* wagen; aufs Spiel setzen; *fam* riskieren (*de* zu); **II.** *v prn se ~* sich ein-lassen, sich wagen (*dans* in *acc; à faire* zu tun); *~ le tout pour le tout* alles aufs Spiel, auf e-e Karte setzen; *le temps risque de changer* es kann sein, daß sich das Wetter ändert.

rissol|e [risɔl] *f Art* Pastete *f;* **~er I.** *tr (Küche)* goldbraun braten; **II.** *v prn se ~* braun werden; *se faire ~ (fam)* sich *(von der Sonne)* braun braten lassen.

ristourn|e [risturn] *f* **1.** *com* Rückvergütung *f;* **2.** *mar* Ristorno *m;* **3.** *~ de prime* Prämienrückvergütung *f;* **~er** *tr com* rückvergüten.

rit|e [rit] *m rel* Ritus *m;* **~ournelle** *f* **1.** *mus* Ritornell *n;* **2.** *fig fam* alte Leier *f;* **~uel, le** [-tɥɛl] **I.** *a rel* rituell; **II.** *s m* Ritual *n (a. Buch).*

riv|age [rivaʒ] *m* Ufer *n;* Küste(nstrich *m*) *f,* Strand *m;* **~al, e I.** *s m f* Rivale *m,* Rivalin *f;* Nebenbuhler(in *f*) *m;* **II.** *a* rivalisierend; **~aliser** *itr* rivalisieren, wetteifern (*de qc avec qn* mit jdm in e-r S); **~alité** *f* Rivalität *f;* Wetteifer, -streit *m;* **~e** *f* Ufer *n; pain m de ~* durchgebakkene(s) Brot *n;* **~er** *tr* **1.** (ver)nieten; **2.** *fig* zs.=schweißen, anea.=binden, -fesseln; *~ son clou à qn (fam)* jdm die passende Antwort geben; jdn zum Schweigen bringen; **~erain, e I.** *a* an e-m Fluß, Wald, an e-r Straße wohnend; **II.** *s m f* Anwohner(in *f*), -lieger(in *f*), -rainer *m;* **~et** [-vɛ] *m tech* Niet(e *f*) *m;* **~eter** *tr* (ver)nieten.

rivière [rivjɛr] *f* Fluß *m; sur la ~* (unmittelbar) am Fluß; *~ (de diamants)* Diamantenkollier *n.*

rixe [riks] *f* Schlägerei, Rauferei *f.*

riz [ri] *m* Reis *m; potage m au ~* Reissuppe *f; poule f au ~* Huhn *n* auf Reis; **~iculture** *f* Reisbau *m;* **~ière** *f* Reisfeld *n.*

rob|e [rɔb] *f* **1.** (Damen-, Kinder-)Kleid *n;* **2.** Robe *f,* Talar *m;* **3.** *(Frucht)* Hülse; *(Zwiebel)* Schale *f;* **4.** *(Zigarre)* Deckblatt *n;* **5.** *(gens pl de)* ~ Richter u. Anwälte *m pl;* — *pommes f pl de terre en ~ de chambre* Pellkartoffeln *f pl; ~ d'après-midi, de bal, de fillette, d'intérieur, de mariée, de soirée* od *du soir, de sport, de ville* Nachmittags-, Ball-, Kinder-, Haus-, Braut-, Abend-, Sport-, Straßenkleid *n; ~ de chambre* Morgen-, Schlafrock *m;* **~erts** *m pl pop* Busen *m,* Brüste *f pl;* **~inet** [-nɛ] *m tech* Hahn *m; fermer le ~* den Hahn zu=drehen; *ouvrir, tourner le ~* den Hahn auf=drehen; *~ à eau, d'essence, à gaz* Wasser-, Benzin-, Gashahn *m; ~ d'eau tiède (fig fam)* langweilige(r) Schwätzer *m;* **~inetterie** *f* Armatur(en *pl*) *f;* **~inier** *m bot* Robinie, (falsche) Akazie *f;* **~ot** [-bo] *s m* Roboter *a. fig; (Küche)* Mixer *m; a: portrait m ~* Phantombild *n;* **~uste** *a* stark, kräftig, stämmig, robust; strapazier-, widerstandsfähig; *(Maschine)* stabil (gebaut); **~ustesse** *f* Widerstandsfähigkeit, Robustheit *f.*

roc [rɔk] *m* Fels(en) *m,* Felsgestein *n;* **~ade** *f* Umgehungs-, Ringstraße *f; ~ autoroutière* Autobahnzubringer *m; ~ de verdure* Grüngürtel *m;* **~aille** [-ɑ(a)j] **I.** *s f* **1.** steinige(r) Boden *m;* **2.** *(Kunst)* Muschelwerk *n,* -verzierung *f;* **II.** *a* Rokoko-; *style m ~* Rokoko(stil *m*) *n;* **~ailleux, se** *a* **1.** steinig; **2.** *fig (Stil)* holp(e)rig; **3.** *(Stimme)* rauh; **~ambolesque** *a fam* phantastisch, unglaublich.

roch|e [rɔʃ] *f* **1.** Fels(block *m,* -gestein *n*), Felsen *m;* **2.** *min* Gestein *n; (Edelstein)* Einschluß *m; clair comme (de) l'eau de ~* sonnenklar; *cristal m de ~* Bergkristall *m; ~s primitives* Urgestein *n;* **~er** **I.** *s m* **1.** Fels(en) *m;* Klippe *f;* **2.** *anat* Felsenbein *n;* **~eux, se** *a* felsig.

roc|king-chair [rɔkiŋʃɛr] *m* Schaukelstuhl *m;* **~oco** [-oko] **I.** *s m* Rokoko *n;* **II.** *a inv* **1.** Rokoko-; **2.** verschnörkelt, altmodisch *(a. Stil).*

rod|age [rɔdaʒ] *m* **1.** *tech mot* (Ventil-)Einschleifen; *mot* Einfahren *n;* **2.** *fig* Anlaufzeit *f;* **~er** *tr* **1.** *tech (Auto)* einfahren; *(Ventile)* einschleifen; **2.** *fig être rodé (Person)* eingearbeitet sein; *(Sache)* angelaufen sein.

rôd|er [rode] *itr* umher=schweifen, -streifen; herum=schleichen (*autour de* um); herum=lungern; **~eur, se** *s m f* Vagabund(in *f*), Strolch *m.*

rodomontade [rɔdɔmɔ̃tad] *f* Prahlerei *f.*

rogat|ions [rɔgasjɔ̃] *f pl rel* Bittgänge *m pl;* **~on** *m meist pl* Speisereste *m pl.*

rogn|age [rɔɲaʒ] *m (Buch)* Beschneiden *n;* **~e** *fam* Stinkwut *f;* **~er** **I.** *tr* **1.** beschneiden *a. fig,* stutzen; **2.** *fig (Beträge)* kürzen; **3.** *~ les ailes à qn (fig fam)* jdm die Flügel stutzen; *~ le pouvoir d'achat* den Geldwert aushöhlen; **~on** *m* Niere *f (als Speise);* **~onner** *itr fam* brumme(l)n, etw in den Bart murmeln; **~ure** *f* Schnipsel *m,* Schnitzel *n* od *m pl a. fig.*

rogue [rɔg] **I.** *a* hochmütig, -fahrend, abweisend; **II.** *s f (Fisch)* Rogen *m;* **~ué, e** [-ge] *a: poisson m ~* Rogener *m.*

roi [rwa] *m* König *m a. fig; fête f des Rois* Dreikönigstag *m,* Erscheinungsfest *n;* **~telet** [-tlɛ] *m orn* Goldhähnchen *n;* Zaunkönig *m.*

rôle [rol] *m* **1.** *theat fig* Rolle *f;* **2.** Liste, Aufstellung *f,* Verzeichnis *n;* — *à tour de ~* der Reihe nach, *allg* nachea.; turnusgemäß; *distribuer les ~s* die Rollen verteilen; *jouer un grand, petit ~ (fig)* e-e große, geringe Rolle spielen; *premier ~* Hauptrolle *f,* -darsteller *m.*

rom|ain, e [rɔmɛ̃, -ɛn] **I.** *a* römisch *(a. Ziffer);* **II.** *R~, e s m f* Römer(in *f*) *m;* **~an, e** **I.** *a (Sprache, Kunst)* romanisch; **II.** *s m* **1.** Vulgärlatein *n;* **2.** Roman *m;* **3.** *~ d'anticipation, d'aventures, épistolaire, historique, de mœurs, policier, psychologique* Zukunfts-, Abenteuer-, Brief-, historische(r), Sitten-, Kriminal-, psychologische(r) Roman *m; ~-feuilleton m* Fortsetzungs-, Zeitungsroman *m; ~-fleuve m* Romanzyklus *m;* **~ance** *f* Romanze *f;* **~ancer** *tr* in Romanform bringen; **~ancier, ère** *m f* Romanschriftsteller(in *f*) *m;* **~anesque** *a* **1.** romanhaft; **2.** phantastisch, schwärmerisch; **~ani** *m,* **~anichel, le** *m f* Zigeuner(in *f*) *m;* **~aniste** *m* Romanist *m;* **~antique** **I.** *a* romantisch; **II.** *s m f* Romantiker(in *f*) *m;* **~antisme** *m* Romantik *f;* **~arin** *m bot* Rosmarin *m;* **~bière** [rɔ-] *f fam* alte Schachtel *f.*

romp|re [rɔ̃pr] **I.** *tr* **1.** zer-, ausea.=, ab=, auf=, durch=brechen; *(Fesseln)* zerreißen *a. fig; (Straße)* auf=reißen, -wühlen; *(Gewalt, Naturkraft)* brechen, hemmen, (ab=)schwächen, ein=dämmen; *(Gleichförmigkeit)* unterbrechen, *(Gleichgewicht)* stören; **2.** *fig (Vertrag, Gelübde)* brechen, verletzen, nicht (ein=)halten; *(Kauf)* rückgängig machen; *(Beziehungen, Unterhaltung, Unternehmen)* ab=brechen; *(Sitzung)* auf=heben, schließen, *(Versammlung)* auf=lösen; *(Ordnung)* durchbrechen; *(Leidenschaft)* überwinden; *(Anstrengung) fam* fertig=machen; *(Jagd) (Hunde)* zurück=rufen; **II.** *itr* **3.** brechen, (zer)reißen, (zer)springen; **4.** *fig* brechen, *fam* Schluß machen (*avec qn, qc* mit jdm, e-r S); **III.** *v prn se ~* **5.** (zer)brechen, (zer-, ab=)reißen; **6.** *applaudir à tout ~* tobenden, tosenden Beifall spenden (*qn* jdm); *~ à l'amiable* im guten ausea.=gehen; *~ le cou à qn* jdm den Hals um=drehen; *~ les des-*

seins de qn jdm e-n Strich durch die Rechnung machen; ~ *la glace (fig)* das Eis brechen, zum Schmelzen bringen; ~ *une lance (fig)* e-e Lanze brechen, ein (gutes) Wort ein=legen (*pour* für); ~ *les os à qn* jdn windelweich schlagen; **~u, e** *a* **1.** ge-, zerbrochen; **2.** gewöhnt (*à* an *acc*), vertraut (*à* mit), bewandert (*à* in *dat*); **3.** *à bâtons ~s* mit Unterbrechungen; ohne Zs.hang; ~ *de fatigue* wie gerädert, völlig zerschlagen.

ronce [rɔ̃s] *f bot* Brombeerstrauch *m.*

ronchonn|er [rɔ̃ʃɔne] *itr fam* brumme(l)n, knurren; **~eur, se** *m f fam* Brummbär *m.*

rond, e [rɔ̃, rɔ̃d] **I.** *a* **1.** rund *(a. Gesicht, Zahl);* **2.** *(Geldbörse)* prall, voll; *(Summe)* rund, nett, bedeutend; *(Stimme)* voll, kräftig; **3.** *fam (Mensch)* rundlich, klein u. dick; **II.** *adv* **4.** *fig* frei, offen, geradeheraus; **5.** *fam* besoffen; **III.** *s m* **6.** Rund(ung *f*) *n,* Kreis *m;* **7.** *fam* Geld *n;* **IV.** *s f* **8.** Runde *f a. sport,* Rund-, Kontrollgang *m;* Kontrollstrecke *f;* **9.** Rundschrift *f;* **10.** Rundgesang, -tanz; Reigen *m;* **11.** *mus* ganze Note *f;* **12.** *à la ~e* in der Runde, im Umkreis; im Kreise (herum); *en ~* im Kreise; *en nombre ~* rund (gerechnet) *adv; tout ~ (Betrag)* ganz genau; **13.** ~ *en affaires (com)* schnell von Entschluß; *~-de-cuir m* Aktenmensch *m; ~e éliminatoire, finale (sport)* Ausscheidungs-, Endrunde *f; ~e des six jours* Sechstagerennen *n; ~-point m (Stadt)* runde(r) Platz, Stern *m;* ~ *de serviette* Serviettenring *m;* **~elet, te** *a* **1.** *fam* rundlich; *(Frau)* mollig; *(Bauch)* stattlich; **2.** *(Portemonnaie)* prall; **~elle** *f* **1.** Scheibe *f;* **2.** *(Ski)* Schneeteller *m;* **3.** Dichtungsring *m;* **~ement** *adv* **1.** prompt, flink, schnell; eifrig, schwungvoll, mit Schwung *od* Nachdruck; **2.** geradeheraus; *y aller ~* unbeirrt auf sein Ziel zu=gehen; **~eur** *f* **1.** Rundung *f;* **2.** *fig* Offenheit, Geradheit *f,* Freimut *m;* **~in** *m* Rund-, Knüppelholz *n; cabane f en ~s* Blockhütte *f.*

ronéotyper [rɔneotipe] *tr* vervielfältigen.

ronfl|ant, e [rɔ̃flɑ̃, -ɑ̃t] *a* **1.** schnarchend; dröhnend; **2.** *fig* großsprecherisch, hochtrabend; **~ement** [-flə-] *m* **1.** Schnarchen; **2.** *(Motor)* Brummen, Dröhnen *n;* **~er** *itr* **1.** schnarchen; **2.** *(Motor)* dröhnen; **~eur** *m* **1.** Schnarcher *m;* **2.** *tele* Summer *m.*

rong|é, e [rɔ̃ʒe] *a* **1.** zerfressen; **2.** *fig* verlebt; **3.** *(Papier, Buch)* beschnitten; — ~ *de chagrin* vergrämt, verhärmt; **~eant, e** *a (Geschwür)* fressend; *fig (Kummer)* nagend; *(Sorgen)* quälend, lastend, drückend; **~er I.** *tr* **1.** be-, an=, zernagen; zerfressen; **2.** kauen, herum=beißen (*qc* auf, an e-r S); **3.** zerfressen, ätzen, an=greifen; **4.** unterwühlen, -spülen, aus=waschen; **5.** *fig* nagen (*qn, qc* an jdm, e-r S), quälen, keine Ruhe lassen (*qn* jdm); **II.** *v prn se ~* **1.** *fig* sich verzehren, vergehen (*de* vor *dat*); **2.** *se ~ les ongles* an den Nägeln kauen; **~eur, se I.** *a* nagend; **II.** *s m pl* Nagetiere *n pl.*

ronron, ~nement [rɔ̃rɔ̃, -ɔnmɑ̃] *m* **1.** *(Katze)* Schnurren; **2.** *(mot)* Surren *n;* **3.** *fig* Monotonie, Routine *f;* **~ner** *tr* **1.** *(Katze)* schnurren; **2.** *(Motor)* surren.

roqu|e [rɔk] *m (Schach)* Rochade *f;* **~efort** *m* Roquefort *m (Käse);* **~er** *itr (Schach)* rochieren; **~et** [-kɛ] *m* **1.** Mopsbastard; **2.** *pop* kleine(r) Köter; *fig* Kläffer *m;* **~ette** *f* **1.** *bot* Rautenkohl *m;* **2.** *mil* Rakete *f.*

rorqual [rɔrkwal] *m zoo* Finnwal *m.*

ros|ace [rozas] *f arch* Rosette; (Fenster-)Rose *f;* **~aire** *m rel* Rosenkranz *m; réciter, (fam) dévider le ~* den Rosenkranz (*fam* her=)beten; **~bif** [rɔsbif] *m* Roastbeef *n;* **~e I.** *s f* **1.** *bot arch* Rose; **2.** *(Diamant)* Rosette *f;* **II.** *a* **1.** rosa, rosenfarben; **2.** *avoir un teint de lis et de ~s* wie Milch u. Blut aus=sehen; *voir tout en ~ (fig)* alles in rosigem Licht sehen; ~ *cent-feuilles* Zentifolie *f;* ~ *de(s) chien(s), sauvage* Heckenrose *f;* ~ *de Noël, d'hiver* Christrose *f;* ~ *de Notre-Dame* Pfingstrose *f; ~-thé f* Teerose *f;* ~ *des vents* Windrose *f;* **~é, e I.** *a* zartrosa; **II.** *s m* Bleichert *m (Wein);* **~eau** *m* Schilf(rohr) *n;* **~ée** *f* Tau *m; goutte f de ~* Tautropfen *m;* ~ *du soleil (bot)* Sonnentau *m;* **~eraie** *f* Rosengarten *m;* **~ette** *f* (Schleifen-)Rosette; (Ordens-)Bandschleife *f; recevoir la ~* Offizier der Ehrenlegion werden; **~ier** *m* Rosenstrauch, -stock *m;* **~ir** *itr* erröten, rot werden.

ross|ard [rɔsar] *m fam* Taugenichts *m;* **~e I.** *s f* **1.** Mähre *f,* **2.** *fig* gemeine(r) Mensch *m;* **II.** *a fam* **1.** zynisch, sarkastisch, kaltschnäuzig; **2.** streng; **~ée** *f fam* Tracht *f* Prügel *m pl,* Abreibung, Keile *f;* **~er** *tr fam* verprügeln, durch=bleuen; **~erie** *f fam* Gemeinheit *f;* **~ignol** [-iɲɔl] *m* **1.** *orn* Nachtigall *f;* **2.** *fam* Ladenhüter *m (Ware);* **3.** Dietrich *m.*

rot [ro] *m fam* Rülps *m,* Aufstoßen *n.*

rot|atif, ive [rɔtatif] **I.** *a* rotierend, kreisend; Rotations-; **II.** *s f* u. *presse f rotative (typ)* Rotationsmaschine *f;* **~ation** *f phys astr* **1.** Rotation, (Um-)Drehung *f;* **2.** Umlauf *m (a. e-s Verkehrs- od Transportmittels);* **3.** *com* Umschlag *m;* **4.** *temps de ~* Umlaufzeit; ~ *de la terre* Erdumdrehung *f;* **~atoire** *a* Dreh-, Kreis-; **~er** *itr pop* rülpsen, auf=stoßen; *en ~* es schwer haben.

rôti, e [roti] **I.** *a* gebraten; **II.** *s m* Braten *m;* **III.** *s f* Toast *m,* Röstbrot *n;* — ~

de bœuf, de porc Rinder-, Schweinebraten *m.*
rotin [rɔtɛ̃] *m bot* Spanische(s) Rohr *n; n'avoir plus un ~ (pop)* keinen Pfennig Geld mehr haben.
rôt|ir [rotir] **I.** *tr* braten, rösten, grillen; **II.** *v prn se ~* sich braten lassen (*au soleil* in der Sonne); **~issage** *m* Braten, Rösten *n;* **~isserie** *f* Grillrestaurant *n;* **~isseur, se** *m f* Rotisseur *m;* **~issoire** *f* Grill *m.*
rot|o [rɔto] *f fam typ* Rotationsmaschine *f;* **~ogravure** *f* Kupfertiefdruck *m;* **~onde** *f* **1.** *arch* Rundbau *m,* Rotunde *f;* **2.** *loc* Lokomotivschuppen *m; en ~ (arch)* rund; Rund-; **~ondité** *f* **1.** Rundheit; **2.** *fam* Wohlbeleibtheit *f;* **~ule** *f* **1.** *anat* Kniescheibe *f;* **2.** *tech* Kugelkopf *m; sur les ~s (sport)* erschöpft.
rou|age [rwaʒ] *m meist pl* Räder(werk *n*) *n pl,* Getriebe *n a. fig;* **~blard, e** [ru-] **I.** *a fam* gerissen, gerieben; **II.** *s m f* gerissene(r) Kerl *od* Hund *m;* schlaue(s) Luder *n;* **~blardise** *f fam* Gerissenheit *f;* **~ble** *m* Rubel *m;* **~coulement** *m (Taube)* Gurren *n;* **~couler** *itr* **1.** gurren; **2.** *fig fam* girren; Süßholz raspeln; **3.** schmalzig singen; **~e** *f* Rad *n; — à deux, trois, quatre ~s* zwei-, drei-, vierräd(e)rig; *être la cinquième ~ du carrosse (fig)* das fünfte Rad am Wagen sein; *faire la ~ (Pfau)* ein Rad schlagen *a. sport; fig* sich auf=plustern, -spielen; *mettre à qn des bâtons dans les ~s* jdm e-n Knüppel zwischen die Beine werfen; *pousser à la ~ (fig fam)* mit=helfen; *~ avant, arrière* od *de derrière* Vorder-, Hinterrad *n; ~ dentée* Zahnrad *n; ~ du gouvernail (mar)* Steuerrad *n; ~ libre* Freilauf *m; ~ de secours (mot)* Reserverad *n;* **~é, e** [rwe] **I.** *a* durchtrieben; **II.** *s m f* durchtriebene(r) Bursche *f;* gerissene Person *f;* **~er** *tr hist* rädern; *~ de coups (fam)* halbtot schlagen; **~erie** *f* **1.** (schlauer) Trick *m;* **2.** Gaunerei *f;* **~et** [rwɛ] *m* Spinnrad *n.*
rouflaquettes [ruflakɛt] *f pl* Koteletten *pl.*
roug|e [ruʒ] **I.** *a* rot *a. pol; (Eisen)* (rot)glühend *a. fig; (Augen)* gerötet; verweint; *(Haar)* feuer-, brandrot; *(Mensch)* rothaarig; **II.** *s m* **1.** Rot *n;* rote(r) Farbstoff *m;* **2.** rote Schminke *f; (~ à lèvres)* Lippenstift *m;* Rouge *n;* **3.** Rotwein *m;* **4.** Rotglut *f;* **5.** *pol* Rote(r) *m;* **6.** *se fâcher (tout) ~* sich schwarz ärgern, tot=ärgern; *(se) mettre du ~* Rot auf=legen; *passer au ~* bei Rot durchfahren; *voir ~ (fig)* rot sehen; *le feu est au ~* die Ampel steht auf rot; **7.** *bâton m de ~* Lippenstift *m; ~ clair, foncé* hell-, dunkelrot; *~ comme un coq, une écrevisse, une pivoine* puter-, krebs-, feuerrot; *~-gorge m orn* Rotkehlchen *n;* **~eâtre** *a* rötlich; **~eaud, e** *a fam* mit rotem Gesicht; **~eole** [-ʒɔl] *f med* Masern *pl;* **~eoyer** *tr* rot auf=glühen; ins Rötliche gehen; **~et, te** [-ʒɛ, -ɛt] **I.** *a* leicht gerötet; **II.** *s m* **1.** *zoo* Seebarbe *f,* Knurrhahn *m;* **2.** *med* Rotlauf *m (der Schweine);* **~eur** *f* **1.** *(Haut)* Rötung *f;* **2.** Erröten *n;* **3.** *pl med* rote Flecken *m pl;* **~i, e** *a (Augen)* gerötet; **~ir** **I.** *tr* **1.** rot färben *a. tech,* röten; **2.** *(Eisen)* glühend machen; *(Wasser)* mit etw Wein versetzen; **II.** *itr* **3.** rot werden *a. fig;* **4.** erröten (*de* vor *dat*); *~ jusqu'au blanc des yeux* bis über die Ohren rot werden; **~issant, e** *a* sich rötend; *(Person)* errötend.
rouill|e [ruj] *f* Rost *m a. bot;* **~é, e** *a* **1.** verrostet, rostig; **2.** *fig* eingerostet; **~er** **I.** *tr* **1.** rostig machen; **2.** *fig* ein=rosten, verkümmern lassen; **II.** *itr* **3.** (ver-)rosten; **III.** *v prn se ~* **4.** rostig werden, verrosten; **5.** *fig fam* ein=rosten.
rouir [rwir] *tr itr (Flachs)* rösten, rotten.
roul|ade [rulad] *f (Küche)* Roulade *f a. mus;* **~age** *m* **1.** *agr* Walzen *n;* **2.** *min* Streckenförderung *f;* **3.** *(Küche)* Auswalzen *n;* **4.** Straßentransport *m;* Spedition *f;* Roll-on-roll-off *n;* **~ant, e** **I.** *a* **1.** rollend; fahrbar; fahrend; **2.** *fig fam* ulkig; **II.** *s f mil* Feldküche, Gulaschkanone *f; — c'est ~! (pop)* das ist zum Schießen! *autoroute f bien ~e* schnelle Straße *f; escalier, trottoir m ~* Rolltreppe *f; fonds m pl ~s* Betriebskapital *n; personnel m ~ (loc)* fahrende(s) Personal *n; tapis m ~* Förderband *n;* **~é, e** **I.** *a* **1.** *(fam) bien ~ (Frau)* gut gebaut; **2.** gerollt; *col m ~* Rollkragen *m; jambon m ~* Rollschinken *m;* **~eau** *m* **1.** Rolle *f a. sport;* **2.** *tech* Walze *f a. agr; (~ compresseur)* Straßenwalze *f;* **3.** *être à bout de son ~ (fam)* am Ende s-r Kunst sein; **4.** *essuie-main m à ~* Rollhandtuch *n; ~ de pellicules photographiques* Rollfilm *m; ~ de papier* Papierrolle *f;* **~é-boulé** *m (Fallschirmspringer)* Abroller *m;* **~ée** *f pop* Selbstgedrehte *f (Zigarette);* **~ement** *m* **1.** Rollen *n a. mus;* **2.** *(Fahrzeug)* Fahren *n;* **3.** Wechsel; Turnus *m;* **4.** *(Donner)* Rollen, Grollen *n;* **5.** *tech* Wälzlager *n;* **6.** *com* (Geld-)Umlauf; Umsatz *m;* **7.** *par ~* abwechselnd, schichtweise; *fonds m de ~* Betriebskapital *n; ~ à billes* Kugellager *n; ~ d'yeux* Augenrollen *n;* **~er** **I.** *tr* **1.** (weg=) rollen, wälzen; auf=, zs.=, ein=rollen; auf=wickeln; *(Zigarette)* drehen; *(Akker)* walzen; *(Augen)* rollen; *(in e-m Auto)* fahren; **2.** *fam* ein=wickeln, übers Ohr hauen; **II.** *itr* **3.** rollen *(a. Donner); (Auto, Person im Auto)* fahren; hinab=, hinunter=rollen, -purzeln; **4.** auf den Beinen, unterwegs, *fam* auf der Walze sein; **5.** *fig* s-n Gang gehen, s-n Weg nehmen; klappen; **6.** *(Gespräch)* sich drehen (*sur* um); **7.** *mar* schlingern; **8.**

(Druckerpresse) rotieren; **9.** *(Geld)* rollen; **III.** *v prn se* ~ **10.** sich (auf=)rollen; **11.** sich wälzen (*sur* auf *dat, dans* in *dat*); ~ *sur l'or* im Golde schwimmen; *se* ~ *les pouces (fam)* Däumchen drehen; ~ *les yeux, les r* die Augen, das R rollen; **12.** *ça roule (pop)* es ist alles in Butter; *tout roule là-dessus* darum dreht sich alles; **~ette** *f* **1.** Rolle *f (unter Möbeln)* **2.** (Sporn-, Teig-, Schnittmuster-)Rädchen *n;* **3.** Roulett(spiel) *n;* — *cela va comme sur des ~s* das geht wie am Schnürchen, wie geschmiert; *patin m à ~s* Rollschuh *m;* **~eur** *m* **1.** *tech* fahrbare(r) Wagenheber *m;* **2.** *sport* Radrennfahrer *m* (mit großer Ausdauer); **~is** [-li] *m mar* Schlingern *n;* **~otte** *f* Wohnwagen *m;* **~ure** *f pop* Nutte *f.*

round [r(u)ɑwnd] *m sport* Runde *f.*

roup|ie [rupi] *f: avoir la* ~ sich schneuzen müssen; *c'est de la* ~ *de sansonnet* das ist kein Pfifferling wert; **~iller** [-ij-] *itr fam* pennen; **~illeur, se** *m f* Penner *m;* **~illon** *m fam* Schläfchen *n; piquer un* ~ ein Schläfchen machen.

rouquin, e [rukɛ̃, -in] **I.** *a fam* rothaarig **II.** *s m f* Rothaarige(r *m*) *f.*

roure [rur] *m s rouvre.*

rouscailler [ruskaje] *itr fam* herum=meckern, schimpfen; protestieren.

rouspét|ance [ruspetɑ̃s] *f fam* Nörgeln, Gemecker *n;* **~er** *itr* meckern, schimpfen; **~eur, se** *s m f fam* Meckerer *m,* Meckerziege *f; il est rouspéteur* er mekkert dauernd.

rouss|âtre [rusɑtr] *a* rötlich; **~e** *f arg* Polente *f;* **~ette** *f* **1.** fliegende(r) Hund *(Fledermaus);* **2.** *(grande ~)* Katzen-, *(petite ~)* Hundshai *m;* **~eur** *f* rote (Haar-)Farbe *f; taches f pl de* ~ Sommersprossen *f pl;* **~i** *m* Brandgeruch *m; sentir le* ~ angebrannt, angesengt, *fig* brenzlig riechen; **~ir I.** *tr* an=, versengen; **II.** *itr (Haar)* rot werden; *(Wäsche)* angesengt werden; *(Küche)* bräunen; *(Blätter)* braun werden.

roust|e [rust] *pop* Keile *f;* **~ir** *tr pop: (fig)* être *rousti* in e-m Schlamassel stecken.

rout|age [rutaʒ] *m (Post)* Sortieren *n;* **~e** *f* **1.** (Land-)Straße, Chaussee *f;* **2.** Route *f,* Reiseweg *m,* Flugstrecke *f;* **3.** Reise, Fahrt *f;* **4.** *en* ~ unterwegs, auf dem Wege (*pour* nach), *fam* auf Achse; *sur la* ~ auf der Straße; **5.** *couper la* ~ *à qn* jdm den Weg ab=schneiden; *demander la* ~ nach dem Weg fragen; *faire* ~ (ab=)reisen (*pour* nach); *mar* Kurs nehmen (*pour* auf *acc*); *faire* ~ *avec qn* mit jdm zs. reisen *od* fahren; *faire fausse* ~ vom Wege ab=kommen; *fig* sich irren; auf dem Holzweg sein; *mettre en* ~ *(tech)* in Gang setzen; *se mettre en* ~ sich auf den Weg machen, auf=brechen; **6.** *bonne ~!* gute Fahrt! *en ~!* auf! los! ~ *glissante!* Rutsch-, Schleudergefahr! **7.** *code m de la* ~ Straßenverkehrsordnung *f; grande* ~ Hauptverkehrsstraße *f; usager m de la* ~ Straßenbenutzer *m;* **8.** ~ *aérienne* Luftweg *m;* ~ *d'accès* Zubringerstraße *f;* ~ *à grande circulation* Fernverkehrsstraße *f;* ~ *côtière* Küstenstraße *f;* ~ *départementale* Landstraße *f* 1. Ordnung; ~ *d'évitement, de montagne* Umgehungs-, Gebirgsstraße *f;* ~ *nationale* Bundesstraße *f; ~s de navigation* Schiffahrtswege *m pl;* ~ *à priorité* Vorfahrtsstraße *f;* ~ *rapide, express* Schnellverkehrsstraße *f;* **~er** *tr (Post)* sortieren; **~ier, ère I.** *a* Straßen-; **II.** *s m* **1.** Fern(last)fahrer *m;* (*restaurant m* de *~s*) Raststätte *f;* **2.** *(Rennsport)* Straßenfahrer *m;* — *carte f ~ière* Straßenkarte *f; circulation f ~ière* Straßenverkehr *m; gare f ~ière* Autobusbahnhof *m; (scout-)* ~ Rover *m;* **~ine** *f fig* Routine, Gewohnheit *f;* **~inier, ère** *f* routine-, gewohnheitsmäßig.

rouv|re [ruvr] *m* (Stein-)Eiche *f;* **~rir I.** *tr* wieder (er)öffnen, auf=machen; *(Wunde)* wieder auf=reißen *a. fig;* **II.** *itr* wieder eröffnen, s-e Pforten wieder öffnen; **III.** *v prn se* ~ sich wieder öffnen, wieder auf=gehen; *(Wunde)* wieder auf=platzen.

roux, rousse [ru, -us] **I.** *a (Haar)* rot (-blond), fuchsig; *(Mensch)* rothaarig; **II.** *s m f* **1.** Rothaarige(r *m*) *f;* **2.** *m* Rotblond, Gelbrot *n;* **3.** *m (Küche)* Mehlschwitze *f; lune f rousse* Zeit *f* der späten Nachtfröste *m.*

roy|al [rwajal] **I.** *a* **1.** königlich *a. fig;* Königs-; **2.** *fig* fürstlich; **3.** *fam* völlig; *prince m* ~ Kronprinz *m;* **~aliste I.** *s m f* Royalist(in *f*) *m;* **II.** *a* royalistisch; *être plus* ~ *que le roi (fig)* päpstlicher sein als der Papst; **~aume** [-jom] *m* (König-)Reich *n; pas pour un* ~ *(fam)* nicht um alles in der Welt; ~ *céleste, des cieux, (rel)* Himmelreich *n;* **~auté** *f* Königtum *n;* Krone *f fig.*

ruade [ryad] *f (Pferd)* Ausschlagen *n.*

rub|an [rybɑ̃] *m* **1.** Band *n,* Streifen *m;* **2.** (Ordens-)Band *n;* **3.** *arch* Band(ornament) *n;* **4.** ~ *adhésif* Klebstreifen *m;* ~ *élastique* Gummiband *n,* -litze *f;* ~ *encreur (Schreibmaschine)* Farbband *n;* ~ *isolant* Isolierband *n;* ~ *magnétique* Tonband *n;* ~ *rouge* Band *n* der Ehrenlegion; ~ *violet* Ordensband *n* der Palmes académiques; **~éole** *f med* Röteln *pl;* **~icond, e** *a (Gesicht)* gerötet, (hoch)rot; **~is** [-bi] *m* **1.** *min* Rubin; **2.** *(Uhr)* Stein *m; payer* ~ *sur l'ongle* auf Heller u. Pfennig bezahlen.

rubrique [rybrik] *f* Rubrik, Spalte *f,* Teil *m; sous la* ~ unter der Rubrik; ~ *sportive* Sportteil *m.*

ruch|e [ryʃ] *f* **1.** Bienenkorb, -stock *m;* **2.**

fig Ameisenhaufen *m;* **3.** *(Mode)* Rüsche *f* (*a.* ~**é** *m*); ~**er I.** *s m* Bienenhaus *n;* **II.** *tr* mit Rüschen verzieren.

rud|e [ryd] *a* **1.** roh, rauh, grob; *(Kampf)* hart; herb *(a. Wein); (Weg)* uneben, holp(e)rig; *(Klima)* rauh; *(Wetter)* unfreundlich; *(Winter)* streng; *(Sturm, Angriff)* heftig; ungestüm, stürmisch; *(Mensch)* abweisend, -stoßend; streng, hart (*à* gegen); **2.** *(vorgestellt) fam* tüchtig, kräftig; Mords-; **3.** *passer par de ~s épreuves* viel, Schweres durch⸗machen; *c'est un ~ joueur* mit ihm ist nicht gut Kirschen essen; *cela me paraît ~* das will mir nicht in den Kopf; ~**ement** *adv* **1.** *fig* mächtig, schrecklich, furchtbar, sehr; **2.** grob, rücksichtslos; **3.** schwer; *se réjouir ~* sich schrecklich, furchtbar freuen (*de* über *acc, à la pensée de ...* auf *acc*); ~**esse** *f* **1.** Rauheit; Härte *f;* **2.** *(Wein)* Herbheit; *(Wetter)* Unfreundlichkeit; *(Winter)* Strenge *f;* **3.** Rohheit, Grobheit *f;* ~**iment** *m* **1.** *biol* Rudiment *n;* **2.** *pl* Anfangsgründe *m pl,* Grundlagen *f pl (e-r Wissenschaft);* ~**imentaire** *a* **1.** rudimentär, (noch) unentwickelt; (noch) in den Anfängen steckend; **2.** oberflächlich, unzureichend, dürftig; ~**oiement** *m* grobe Behandlung *f;* ~**oyer** *tr* an⸗fahren, grob behandeln.

ru|e [ry] *f* **1.** Straße, Gasse *f;* **2.** *min* Gang *m;* **3.** *bot* Raute *f;* **4.** *au coin de la ~* an der Straßenecke; *dans la, (franz. Schweiz) en ~* auf der Straße; *en pleine ~* auf offener Straße; **5.** *courir les rues (fig)* allgemein bekannt sein; *être à la ~ (fig)* auf der Straße liegen; obdachlos sein; *jeter à la ~* auf die Straße setzen; **6.** *grande, petite ~* Haupt-, Nebenstraße *f; ~ adjacente, de traverse* Neben-, Querstraße *f; ~ d'affaires, d'habitation, de magasins* Geschäfts-, Wohn-, Ladenstraße *f; ~ sans issue* Sackgasse *f; ~ passante* belebte Straße *f; ~ réservée aux jeux* Spielstraße *f; ~ à sens unique* Einbahnstraße *f;* ~**ée** [rye] *f* Andrang, (An-)Sturm *m;* ~**elle** *f* **1.** (enge) Gasse *f,* Gäßchen *n;* **2.** Gang *m* zwischen Bett u. Wand; ~**er I.** *itr (Pferd)* aus⸗schlagen; *(fig) ~ dans les brancards* sich sträuben; **II.** *v prn se ~* her⸗fallen (*sur* über *acc*), sich stürzen (*sur* auf *acc; vers le métro* in die Metro).

rug|ir [ryʒir] **I.** *itr (bes. Löwe)* brüllen (*de* vor *acc*); **II.** *tr (Drohung)* ausstoßen; ~**issement** *m* Brüllen, Gebrüll; *allg* Geschrei, Toben *n;* ~**osité** [-go-] *f* Unebenheit *f;* ~**ueux, se** [-gø, -øz] *a (Fläche)* rauh, uneben; *(Haut)* runz(e)lig.

ruin|e [rɥin] *f* **1.** *(meist pl)* Ruine *f a. fig;* Trümmer *pl;* **2.** Verfall *m;* **3.** Ruin, Untergang, Verderb(en *n*); (wirtschaftlicher) Zs.bruch *m; (Gesundheit)* Zerrüttung *f;* **4.** *(être) en ~s* in Trümmern (liegen); *menacer ~* baufällig sein; *tomber en ~* ein⸗stürzen, zs.⸗brechen; verfallen; *c'est une ~ humaine* er ist nur noch ein Wrack; ~**é, e 1.** verfallen; **2.** *fig* zerrüttet; ruiniert; ~**er I.** *tr* **1.** *(Gebäude u. allg)* zerstören, vernichten; **2.** *fig* untergraben, ruinieren, zugrunde richten; **II.** *v prn se ~* sich zugrunde richten, sich ruinieren; *se ~ la santé* sich gesundheitlich zugrunde richten; ~**eux, se** *a* **1.** verderblich, verheerend; zum Ruin führend; **2.** sehr kostspielig; äußerst verschwenderisch.

ruiss|eau [rɥiso] *m* **1.** Bach *m;* **2.** Rinnstein *m,* Gosse *f a. fig;* **3.** *pl fig* Ströme *m pl* (*de* von); — *ramasser dans le ~* aus der Gosse auf⸗lesen; ~**elant, e** *a* **1.** strömend, rinnend; **2.** triefend; *~ de sueur* schweißtriefend; ~**eler** *itr* **1.** strömen, in Strömen laufen, rieseln, rinnen; **2.** triefen (*de* vor *dat*); ~**elet** [-slɛ] *m* Bächlein *n;* ~**ellement** *m* **1.** Rinnen, Rieseln, Geriesel *n;* **2.** Glänzen, Glitzern *n.*

rum|b, rhumb [rɔ̃b] *m* Strich *m (der Windrose);* ~**ba** [rum-] *f* Rumba *f* od *m (Tanz);* ~**en** [rymɛn] *m* Pansen *m (der Wiederkäuer);* ~**eur** *f* **1.** Stimmengewirr *n;* allgemeine Unruhe *f;* dumpfe(s) Geräusch *n;* **2.** *(meist pl)* Gerücht(e *pl*); Gerede *n;* ~**inant, e I.** *a* wiederkäuend; **II.** *s m pl zoo* Wiederkäuer *m pl;* ~**iner I.** *tr itr* wieder⸗käuen; *fig* **II.** *tr* hin u. her, sich reiflich überlegen, sich durch den Kopf gehen lassen; *fam (Problem)* wälzen; *~ sa vengeance* auf Rache sinnen.; ~**steck, romsteck** [rɔmstɛk] *m (Küche)* Rumpsteak *n.*

runes [ryn] *f pl* Runen f pl.

rup|estre [rypɛstr] *a bot (Kunst)* Fels-; *peinture f ~* Felsmalerei *f;* ~**in, e I.** *a pop* betucht; **II.** *s m f* reiche(r) *od* feine(r) Kerl *m;* ~**iner** *itr arg (Schule)* (im Examen) glänzen.

rupt|eur [ryptœr] *m mot* Unterbrecher *m;* ~**ure** *f* **1.** *tech* Bruch; Riß *m;* **2.** *fig* Unterbrechung; Aufhebung, Annullierung *f;* **3.** Bruch *m,* Trennung; Auflösung *f (e-r Gesellschaft);* Abbruch *m (der Beziehungen);* **4.** *point m de ~ (tech)* Bruch-, *(Verkehr)* Umschlag-, *mil* Einbruchstelle *f; ~ de contrat, du tarif* Vertrags-, Tarifbruch *m; ~ d'une veine* Aderriß *m.*

rural, e [ryral] **I.** *a* ländlich; Land- **II.** *s m pl (ruraux)* Landleute *pl,* Bauern *m pl.*

rus|e [ryz] *f* **1.** List, Finte *f,* Trick *m;* **2.** Schlauheit, Pfiffigkeit *f; recourir à la ~* zu e-r List greifen; ~**é, e I.** *a* listig, gerissen; pfiffig, spitzbübisch; **II.** *s m f* schlaue(r) Fuchs, *fam* Schlaumeier *m;*

gerissene Person *f;* **~er** *itr* List an=wenden, Tricks gebrauchen.

rush [rœʃ] *m* **1.** *sport* Endspurt *m;* **2.** Ansturm, Andrang *m.*

russ|e [rys] *a* russisch; **~ophile** *a* rußlandfreundlich.

rust|aud, e [rysto, -od] **I.** *a* ungehobelt, ungeschliffen; **II.** *s m f* Tölpel, Flegel *m,* Trine *f;* **~icité** *f* (ländliche) Einfachheit; Derbheit *f;* **~ique I.** *a* **1.** ländlich; bäuerlich; **2.** rustikal, einfach; **II.** *s m* Bauernstil *m; meubles m pl ~s* Bauernmöbel *n pl;* **~iquer** *tr (Stein)* (roh) behauen; *(Mauer)* rustikal verputzen; **~re** *m* Rüpel, Grobian *m.*

rut [ryt] *m* Brunst; *(Jagd)* Brunft *f;* **~abaga** *m bot* Kohl-, Steckrübe *f;* **~ilant, e** *a* glänzend, funkelnd; **~iler** *itr* glänzen, blitzen; funkeln.

rythm|e [ritm] *m* Rhythmus; Takt *m;* Tempo *n; marquer le ~* den Takt schlagen; **~er** *tr* rhythmisch gliedern, gestalten; **~ique I.** *a* rhythmisch; **II.** *s f* Rhythmik *f.*

S

sa [sa] *prn s. son.*
sab|bat [saba] *m* Sabbat; *fig fam* Höllenspektakel *m;* **~ir** *m* Kauderwelsch *n.*
sabl|e [sabl] **I.** *s m* Sand *m;* **II.** *a* sandfarben; *bâti sur le ~* auf Sand gebaut *a. fig; être sur le ~ (fam fig)* keinen Pfennig haben; arbeitslos sein; *~ mouvant, de rivière* Treib-, Flußsand *m;* **~é** *m* Sandkuchen *m;* **~er** *tr* **1.** mit Sand bestreuen; **2.** *tech* sandstrahlen; *~ le champagne* Champagner wie Wasser trinken; **~eux, se** *a* sandig; Sand-; **~ier** [-blije] *m* Sanduhr *f;* **~ière** *f* **1.** Sandgrube *f;* **2.** *arch* Schwelle *f;* **~onneux, se** *a* sandig *f.*
sabord [sabɔr] *m mar (~ de charge)* Ladepforte *f;* **~er 1.** *(Schiff)* sich selbst versenken; **2.** *(Betrieb)* einstellen, aufgeben.
sabot [sabo] *m* **1.** Holzschuh *m;* **2.** *zoo* Huf *m;* **3.** Kreisel *m (Spielzeug);* **4.** *fig fam* Schlitten *m,* Wrack *n;* **5.** *tech* Schuh *m,* Bremsbacke *f;* **6.** *(baignoire f ~)* Sitzbadewanne *f;* **7.** *(fam) il travaille comme un ~* er schludert seine Arbeit hin; *je le vois venir avec ses gros ~s* Nachtigall, ick hör dir trapsen; **~age** *m* Sabotage *f;* **~er** *tr* **1.** sabotieren; **2.** *(Arbeit)* hin≈schludern, -pfuschen; **~eur** *m* Saboteur *m.*
sabr|e [sabr] *m* Säbel *m;* **~er** *tr* **1.** nieder≈säbeln; **2.** *fig* zs.≈streichen; **3.** *(Kandidaten)* durchfallen lassen.
sac [sak] *m* **1.** Sack; Beutel *m;* Tasche *f; (~ à main)* Handtasche *f;* **2.** *(~ de, en papier)* (Papier-)Tüte *f;* **3.** *mise f à ~* Plünderung *f;* **4.** *être ficelé comme un ~* sehr schlecht angezogen sein; *mettre dans le même ~ (fam)* in einen Topf werfen; *prendre qn la main dans le ~* jdn auf frischer Tat ertappen; *vider son ~ (fig)* sein Herz aus≈schütten; **5.** *l'affaire est dans le ~ (fam)* es ist alles in Butter; *~ à bandoulière, en croco, en cuir, à outils, en papier, de voyage* Umhänge-, Kroko-, Leder-, Werkzeug-, Trage-, Reisetasche *f; ~ de couchage, à dos, de sable* Schlaf-, Ruck-, Sandsack *m; ~ de plage, à provisions* Bade-, Einkaufstasche *f; ~ à vin* Säufer *m.*

sacca|de [sakad] *f* Ruck, Stoß *m; par ~s* ruckweise; **~dé, e** *a* ruckartig; *(Sprechen)* abgehackt; **~ager** *tr* **1.** *(Stadt)* (aus≈)plündern; **2.** *(Felder)* verwüsten; **3.** *(Wohnung) fig fam* durchea.≈bringen.
sacchar|ifier [sakarifje] *tr chem* verzukkern; **~ine** *f chem* Sacharin *n.*
sacerdo|ce [sasɛrdɔs] *m* Priesteramt *n,* -würde *f;* **~tal, e** *a* priesterlich.
sach|erie [saʃri] Beutelabpackung *f;* **~et** [-ʃɛ] *m* Säckchen, Beutelchen *n.*
sac|oche [sakɔʃ] *f* Umhänge-, Werkzeug-, Satteltasche *f;* **~quer** *tr* **1.** *pop* auf die Straße setzen; **2.** *(Kandidaten)* durchfallen lassen.
sacr|amentel, le [sakramɑ̃tɛl] *a* **1.** *rel* sakramental; **2.** *fig* üblich; **~e** *m rel* Salbung; *(Herrscher)* Krönung *f;* **~é, e 1.** *rel* heilig; geweiht, gesalbt; **2.** *pop (vor s)* verflixt, verflucht, verdammt; **~ebleu** *interj* Verflixt! Donnerwetter! **~ement** *m rel* Sakrament *n;* **~er** *tr (Bischof)* weihen; *(König)* salben; **~ifice** *m rel fig* Opfer *n; faire de grands ~s* große Opfer bringen (*pour* für); **~ifier I.** *tr rel fig* opfern, *fig* zum Opfer bringen; **II.** *itr* sich unterwerfen (*à qc* e-r S), genau befolgen (*à qc* e-e S); **III.** *v prn se ~* sich (auf≈)opfern; — *à des prix sacrifiés* zu Spottpreisen; **~ilège** [-lɛʒ] **I.** *s m* Entheiligung, Entweihung; Freveltat *f;* **II.** *a* gottlos, frevelhaft; **~ipant** *m fam* Taugenichts *m;* **~istain** [-kristɛ̃] *m* Mesner, Küster *m;* **~isti** *interj* Donnerwetter! **~istie** [-ti] *f rel* Sakristei *f;* **~o-saint, e** *a (bes. ironisch)* sakrosankt; **~um** [-ɔm] *m anat* Kreuzbein *n.*
sad|ique [sadik] **I.** *a* sadistisch; **II.** *s m* Sadist *m;* **~isme** *m* Sadismus *m.*
safr|an [safrɑ̃] *m* **1.** *bot* Krokus *m;* **2.** *(Farbstoff)* Safran *m;* **3.** Safrangelb *n.*
sagac|e [sagas] *a* scharfsinnig; **~ité** *f* Scharfsinn, -blick *m.*
sage [saʒ] **I.** *a* **1.** weise; verständig; klug; **2.** *(Mädchen)* sittsam; *(Kind)* folgsam, artig; **II.** *s m* Weise(r) *m; ~ comme une image* kreuzbrav; *~-femme f* Hebamme *f;* **~esse** *f* **1.** Weisheit; Klugheit *f;* Zurückhaltung *f;* **2.** *(Kind)* Artigkeit, Folgsamkeit *f;* **~ittaire** [-ʒitɛr] **1.** *f* Pfeilkraut *n;* **2.** *m (astr)* Schütze *m.*
sagou [sagu] *m* Sago *m;* **~in** [-gwɛ̃] *m fam* Schmutzfink *m.*

saign|ant, e [sɛɲɑ̃, -ɑ̃t] *a* **1.** blutend *a. fig;* **2.** *(Fleisch)* nicht durchgebraten; **~ée** *f* **1.** Aderlaß *m a. fig;* **2.** *(~ du bras)* Armbeuge *f;* **~ement** *m ~ de nez* Nasenbluten *n;* **~er** [sɛ(e)ɲe] **I.** *itr* bluten (*du nez* aus der Nase); **II.** *tr* **1.** Blut abzapfen (*qn* jdm); **2.** *fig* schröpfen (*qn* jdn); **III.** *v prn se ~ aux quatre veines* sein Letztes her=geben (*pour* für *acc*).

saill|ant, e [sajɑ̃, -ɑ̃t] *a* **1.** *arch* vorspringend, vorkragend; **2.** *fig* hervorstechend; **~ie** *f* **1.** *arch* Vorsprung *m;* Erker *m;* **2.** *(Haustiere)* Decken *n; (Pferde)* Beschälen *n;* **3.** *fig* Geistesblitz, witzige(r) Einfall *m;* **~ir I.** *itr* vor=springen; *(Muskeln)* hervor=treten; **II.** *tr (Tier)* bespringen, *(Pferd)* beschälen.

sain, e [sɛ̃, sɛn] *a* **1.** gesund *a. fig; (Nahrung)* bekömmlich; **2.** *fig* richtig, vernünftig; *~ et sauf* wohlbehalten, unversehrt; **~bois** *m bot* Seidelbast *m;* **~doux** *m* (Schweine-)Schmalz *n;* **~foin** *m bot* Esparsette *f.*

saint, e [sɛ̃, -ɛ̃t] **I.** *a* **1.** heilig; **2.** fromm, brav; **II.** *s m f* Heilige(r *m*) *f; toute la ~e journée* den lieben, langen Tag; *ne savoir à quel ~ se vouer* nicht aus noch ein wissen; *l'Écriture f ~e* die Heilige Schrift *f; le S~-Esprit m* der Heilige Geist *m; jeudi m ~* Gründonnerstag *m; la semaine ~e* die Karwoche; *vendredi m ~* Karfreitag *m; les ~s de glace* die Eisheiligen *m pl; ~-frusquin m inv fam* Klamotten *pl; et tout le ~* und den ganzen Krempel; *~-glinglin loc adv: à la ~* am Sankt-Nimmerleins-Tag; *le S~-Père* der Heilige Vater; *le S~-Siège* der Heilige Stuhl; **~eté** *f* Heiligkeit *f.*

sais|i, e [se(ɛ)zi] **I.** *a* **1.** überrascht, verblüfft, betroffen; **II.** *s m jur* Gepfändete(r) *m;* **~ie** *f jur* **1.** Beschlagnahme *f;* **2.** Pfändung *f;* **~ir I.** *tr* **1.** ergreifen, fassen, fangen, packen *a. fig;* **2.** *med* befallen; **3.** *fig* verstehen, erfassen, begreifen; **4.** *jur* pfänden; beschlagnahmen; **5.** *(bei Gericht)* anhängig machen; vor=legen (*qn de qc* jdm etw); **II.** *v prn se ~* sich bemächtigen (*de qc* e-r S *gen*); **~issant, e** *a* **1.** *(Anblick)* packend, erschütternd; **2.** *(Kälte)* durchdringend; **3.** *(Kontrast)* erstaunlich; **~issement** *m* **1.** (plötzliche) Ergriffenheit *f;* **2.** Kälteschauer *m.*

saison [sɛzɔ̃] *f* **1.** Jahreszeit *f;* **2.** Zeit(raum *m*) *f;* **3.** *com* Saison *f;* **4.** *en pleine ~* während der Hochsaison; *hors ~* außerhalb der Saison; **5.** *être de ~* angebracht sein; *être hors de ~* unpassend sein; *marchande f des quatre ~s* Gemüsehändlerin *f (mit e-m Karrenstand); vente f de fin de ~* Saisonausverkauf *m; ~ des pluies, sèche* Regen-, Trockenzeit *f;* **~nier, ère I.** *a* jahreszeitlich; saisonbedingt; **II.** *s m* **1.** Saisonarbeiter *m;* **2.** Feriengast *m;* **3.** *articles m pl ~s* Saisonartikel *m pl.*

salad|e [salad] *f* **1.** Salat *m;* **2.** *fig fam* Durcheinander *n;* **3.** *(fam fig) raconter des ~s* Ammenmärchen erzählen; *~ de laitue, de tomates* Kopf-, Tomatensalat *m;* **~ier** *m* Salatschüssel *f.*

salaire [salɛr] *m* **1.** (Arbeits-)Lohn *m; (Angestellter)* Gehalt *n;* **2.** *toucher son ~* s-n Lohn empfangen; **3.** *augmentation f de ~* Lohnerhöhung *f; bloquage m des ~s* Lohnstopp *m; échelle f des ~s* Lohnskala *f; impôt m sur les ~s* Lohnsteuer *f; paiement m des ~s* Gehalts-, Lohnauszahlung *f; ~ de base, hebdomadaire, mensuel, minimum* Grund-, Wochen-, Monats-, Mindestlohn *m.*

sal|aison [salɛzɔ̃] *f* Einsalzen, (Ein-)Pökeln; Pökelfleisch *n;* **~amalecs** [-lɛk] *m pl fam* übertriebene Höflichkeit *f;* **~amandre** [-mɑ̃ndr] *f* **1.** *zoo* Salamander *m;* **2.** *tech* Dauerbrandofen *m;* **~ant** *s m* u. *a: marais ~* Salzgärten *m pl;* **~arial, e** *pl -aux a* Lohn-; **~ariat** [-a] *m* Arbeit=nehmerschaft *f;* **~arié, e I.** *a* unselbständig; **II.** *s m* Lohn-, Gehaltsempfänger, Arbeitnehmer *m;* **~aud** *m fam* Schwein *n;* Schuft, Halunke *m.*

sal|e [sal] *a (nachgestellt)* **1.** schmutzig *a. fig,* dreckig, verdreckt, schmuddelig; **2.** *fig* unanständig; schweinisch, gemein; **3.** *(vorangestellt)* unerfreulich, unerquicklich; **4.** *(vorangestellt)* widerwärtig, widerlich, gemein; *(pop) avoir une sale gueule* e-e widerliche Fresse haben; *~ gosse* freche(r) Lümmel *m;* sehr unangenehm; **~é, e I.** *a* **1.** gesalzen *a. fig;* **2.** *fig* schlüpfrig, gewagt; **3.** *(Preis, Rechnung)* gepfeffert; **II.** *s m* Gesalzene(s) *n;* **~ement** *adv* **1.** unappetitlich; **2.** *pop* verdammt; scheußlich; **3.** *se conduire ~* sich gemein benehmen; **~er** *tr* **1.** (ein=)salzen, (ein=)pökeln; **2.** *~ la note (fig fam)* e-e gepfefferte Rechnung machen; e-n gepfefferten Preis verlangen (*qc* für etw); **~eté** *f* **1.** Schmutz *m,* Unreinlichkeit *f;* **2.** *fig* Zote; *fam* Gemeinheit *f,* üble(r) Streich *m;* **3.** Dreck, Plunder *m;* **4.** *fam* Miststück *n.*

sali|ère [saljɛr] *f* Salzfaß; *pl fig fam* Salznäpfchen *n (Schönheitsfehler);* **~gaud, e** [-go, -od] *m f fam* Schmutzfink, Schweinehund *m;* **~n, e** [-lɛ̃, -in] **I.** *a* salzartig, salzig; Salz-; **II.** *s m* Salzgarten *m; f* Saline *f.*

sal|ir [salir] *tr* **1.** beschmutzen, dreckig machen; **2.** *fig* besudeln, beflecken; **~issant, e** *a* **1.** (leicht) schmutzend; **2.** *(Arbeit)* schmutzig; **~issure** *f* Schmutz(fleck) *m.*

saliv|aire [salivɛr] Speichel-; *glande f ~* Speicheldrüse *f;* **~e** *f* Speichel *m; perdre sa ~ (fig)* sich den Mund fusselig reden; **~er** *itr* viel Speichel ab=sondern.

salle [sal] *f* **1.** große(s) Zimmer *n,* Saal *m;* Halle *f;* **2.** Kino *n;* **3.** Publikum *n (im Saal);* **4.** *faire ~ comble (theat)* ein volles Haus bringen; **5.** *~ d'attente* Wartezimmer *n,* -saal *m; ~ d'audience (jur)* Sitzungssaal *m; ~ de bain* Badezimmer *n; ~ de bal* Ball-, Tanzsaal *m; ~ de classe* Klassenzimmer *n; ~ de conférences*

Vortragssaal *m; ~ de dessin* Zeichensaal *m; ~ des fêtes* Festsaal *m; ~ de gymnastique* Turnhalle *f; ~ de lecture* Lesezimmer *n; ~ à manger* Eß-, Speisezimmer *n; ~ de séjour* Wohnzimmer *n; ~ de spectacle* Theater *n; ~ des ventes* Auktionslokal *n.*

saloir [salwar] *m* Salz-, Pökelfaß *n.*

salon [salɔ̃] *m* **1.** Salon *m;* Besuchs-, Empfangszimmer *n;* **2.** Ausstellung; Messe *f;* **3.** *com* Salon *m;* **4.** *~ de l'agriculture, de l'automobile* Landwirtschafts-, Automobilausstellung *f; ~ de beauté* Schönheitsinstitut *n; ~ de coiffure* Frisiersalon *m; ~ de thé (vornehmes)* Café *n.*

salop|e [salɔp] *f pop* Miststück *n;* **~er** *tr pop (Arbeit)* hin≈schludern; *(Aufgabe)* schlampig erledigen; **~erie** *f pop* **1.** Schweinerei *f;* Zote *f;* **2.** Gemeinheit *f,* üble(r) Dreh *m;* **3.** Schund, Ramsch *m;* **4.** Dreck, Schmutz *m;* **~ette** *f* **1.** Arbeitsanzug *m;* **2.** Spielhöschen *n.*

salpêtr|age [salpɛtraʒ] *m* Salpeterbildung *f;* **~e** *m chem* Salpeter *m.*

sal|pingite [salpɛ̃ʒit] *f* Eileiterentzündung *f;* **~sifis** [-fi] *m ~ noir, d'Espagne* Schwarzwurzel *f.*

saltimbanque [saltɛ̃bɑ̃k] *m* Gaukler *m.*

salubr|e [salybr] *a* gesund(heitsfördernd); **~ité** *f* **1.** *(Klima)* heilsame Wirkung *f;* **2.** *(Wohnung)* hygienische Verhältnisse *n pl;* **3.** *mesures f pl de ~* Maßnahmen *f pl* der Gesundheitspflege.

salu|er [salɥe] *tr* **1.** (be)grüßen; *mil* salutieren (*qn* vor jdm); **2.** *fig* begrüßen, sich freuen (*qc* über e-e S); *~ qn de la main* jdm zuwinken; **~t** [-ly] **I.** *m* **1.** Gruß *m,* Begrüßung *f;* **2.** Wohlfahrt *f,* Heil *n,* Rettung *f;* **3.** *rel* Seelenheil *n,* Seligkeit *f;* **II.** *interj* guten Tag! auf Wiedersehen! *l'armée f du ~* die Heilsarmee; **~taire** *a* **1.** heilsam, wohltuend; **2.** nützlich; **~tation** *f* Begrüßung *f; avec mes meilleures ~s, mes ~s distinguées* mit vorzüglicher Hochachtung *f.*

salve [salv] *f mil* Salve *f; ~ d'applaudissements* Beifallssturm *m.*

samedi [samdi] *m* Samstag, Sonnabend *m.*

sana(torium) [sana(tɔrjɔm)] *m* Sanatorium *n,* Lungenheilstätte *f.*

sanct|ifiant, e [sɑ̃ktifjɑ̃, -ɑ̃t] *a* heiligend; **~ifier** heiligen; **~ion** [-sjɔ̃] *f* **1.** Genehmigung, Zustimmung *f;* **2.** Sanktion *f;* **3.** *jur* Strafmaßnahme *f;* **~ionner** *tr* **1.** bestätigen; billigen; **2.** *jur* Gesetzeskraft verleihen (*qc* e-r S); **3.** *(Vergehen)* (be)strafen; **~uaire** [-tɥɛr] *m* **1.** Heiligtum *n;* **2.** Altarraum *m;* **3.** *(Tempel)* Allerheiligste(s) *n.*

sandal|e [sɑ̃dal] *f* Sandale *f;* **~ette** *f* Sandalette *f.*

sandow [sɑ̃do] *m WZ tech* Gummiseil *n.*

sand|re [sɑ̃dr] *f zoo* Zander *m;* **~wich** [sɑ̃dwitʃ] *m* belegte(s) Brötchen *n; être pris en ~ (fig fam)* eingezwängt sein (*entre* zwischen *dat*).

sanforiser [sɑ̃fɔrize] *tr (Wäsche)* sanforisieren.

sang [sɑ̃] *m* **1.** Blut *n a. fig;* **2.** *à ~ chaud, froid (zoo)* warm-, kaltblütig; *tout en ~* blutüberströmt; **3.** *avoir le ~ chaud (fig)* heißblütig sein; leicht auf≈brausen; *avoir du ~ de navet dans les veines (fig)* kein Rückgrat haben; *se faire du bon ~ (fam)* sich vergnügen; *suer ~ et eau* Blut und Wasser schwitzen; **4.** *cela fait bouillir le ~* das bringt e-n zum Kochen; *cela est dans le ~* das liegt im Blut; *cela me tourne les ~s* das geht mir zu Herzen; **5.** *coup m de ~ (med fam)* Schlaganfall *m; pur ~* Vollblut *n; ~-froid m* Kaltblütigkeit *f;* Selbstbeherrschung, Gelassenheit *f; de ~* kaltblütig, gelassen; *~-mêlé m f inv* Mischling *m; ~ de rate (med)* Milzbrand *m;* **~lant, e** [-glɑ̃] *a* **1.** blutig, blutbefleckt; blutrot; **2.** *fig* beißend, verletzend.

sangl|e [sɑ̃gl] *f* Gurt(band *n*); Tragriemen *m;* **~er** *tr* **1.** einschnüren; **2.** *(Pferd)* e-n Gurt anlegen; **~ier** [-glije] *m zoo* Wildschwein *n;* **~ot** [-glo] *m* Schluchzer *m; pl* Schluchzen *n; éclater en ~s* in Schluchzen aus≈brechen; **~oter** [-glɔ-] *itr* schluchzen.

sangsue [sɑ̃sy] *f* **1.** *zoo* Blutegel *m;* **2.** *fig fam (Frau)* Klette *f.*

sangui|n, e [sɑ̃gɛ̃, -in] **I.** *a* **1.** Blut-; **2.** sanguinisch; **II.** *s m* **3.** Sanguiniker *m;* **III.** *s f* **4.** Rötel(zeichnung *f*) *m;* **5.** Blutorange *f;* — *groupe m ~* Blutgruppe *f; pression f ~e* Blutdruck *m; rouge ~* blutrot; *vaisseaux m pl ~s* Blutgefäße *n pl;* **~naire** [-gi-] **I.** *a* blutgierig, -rünstig; **II.** *s m bot* Blutwurz *f;* **~nolent, e** [-gi-] *a* blutig; mit Blut gemischt.

sani|e [sani] *f med* Jauche *f;* **~taire I.** *a* sanitär; Gesundheits-; **II.** *s m* sanitäre Einrichtungen *f pl; pl mil* Sanitäter *m pl; état m ~* Gesundheitszustand *m; voiture f ~* Krankenwagen *m.*

sans [sɑ̃] **I.** *prp* ohne; **II.** *~ que (conj mit subj)* ohne daß; **III.** *adv ~ cela (fam), ~ quoi* sonst, andernfalls; *~ cesse* unaufhörlich *adv; ~ rien dire, ~ mot dire* ohne ein Wort, *fam* e-n Ton zu sagen; *~ doute* wahrscheinlich, gewiß, sicher(lich); *~ aucun doute* zweifellos, ohne Zweifel; *~ exception* ausnahmslos *adv; ~ faute* unweigerlich, unfehlbar *adv; ~ plus* ohne weiteres; mehr nicht; *~ le vouloir* unwillkürlich *adv;* **IV.** *cela va ~ dire* das ist selbstverständlich; (das) versteht sich (von selbst); **V.** *~-abri m inv* Obdachlose(r) *m; ~-cœur m* *inv* herzlose(r) Mensch *m; ~ couture, (tech) ~ soudure* nahtlos; *~ date* undatiert; *~ dents* zahnlos; *~ éblouissement* blendfrei; *~ engagement (com)* freibleibend; *~ exemple* beispiellos; *~-façon m inv* Ungeniertheit, Ungezwungenheit *f; ~ fil* drahtlos; *~-fil m* Funkspruch *m; ~filiste m* Funker *m; ~-gêne inv a* ungeniert; *s m inv* Ungeniertheit; Unverfrorenheit *f; ~-logis m inv* Obdachlose(r) *m; ~ manches* ärmellos; *~-parti m inv* Parteilose(r) *m; ~ préjudice de ...* unbeschadet *gen; ~ ressource(s)* mittellos; *~-le-sou m inv* Habenichts *m; ~-souci a inv* sorglos, unbekümmert; *~-travail m inv* Arbeitslose(r) *m; ~ valeur* wertlos.

sansonnet [sɑ̃sɔnɛ] *m orn* Star *m.*

sant|al [sɑ̃tal] *m* Sandelholz *n;* **~é** *f* **1.** Gesundheit *f; (état m de ~)* Gesundheitszustand *m;* **2.** *en bonne ~* gesund; **3.** *boire à la ~ de qn* auf jds Gesundheit trinken; *à votre ~!* auf Ihr Wohl! **4.** *maison f de ~* (privates) Sanatorium *n;* Nervenheilanstalt *f; service m de ~ (mil)* Sanitätsdienst *m; ~ publique* öffentliche(s) Gesundheitswesen *n.*

santon [sɑ̃tɔ̃] *m* Krippenfigur *f (Provence).*

saoul [su] *s. soûl.*

saper [sape] **I.** *tr* untergraben *a. fig,* -höhlen, -minieren; **II.** *v prn (pop) se ~ de neuf* sich neu einkleiden; *être bien sapé* in Schale sein; **~eur** *m mil* Pionier *m; ~s de chemin de fer* Eisenbahnpioniere *m pl; ~-pompier m* Feuerwehrmann *m; pl* Feuerwehr *f.*

saphir [safir] *m* Saphir *m.*

sap|in [sapɛ̃] *m bot* Tanne *f; (bois m de ~)* Tannenholz *n; sentir le ~ (pop)* mit e-m Fuß im Grabe stehen; **~inière** *f* Tannenwald *m.*

sapristi [sapristi] *interj fam* Donnerwetter!

sar|abande [sarabɑ̃d] *f mus* Sarabande *f;* **~casme** *m* Sarkasmus, beißende(r) Spott *m;* **~castique** *a* sarkastisch; **~cler** *tr agr* jäten; **~cophage** [-kɔfaʒ] *m* Sarkophag *m.*

sard|ine [sardin] *f* **1.** *zoo* Sardine *f;* **2.** *pl fam fig* (Unteroffiziers-)Tressen *f pl; — ~ à l'huile* Ölsardine *f;* **~onique** *a: rire m ~* sardonische(s), höhnische(s) Lachen *n.*

sarment [sarmɑ̃] *m* (Wein-)Ranke *f.*

sarr|asin, e [sarazɛ̃, -in] **I.** *a* sarazenisch; **II.** *m* Buchweizen *m;* **~au** *m* Fuhrmannskittel *m;* **~iette** *f bot* Bohnenkraut *n.*

sas [sɑ] *m* **1.** Haarsieb *n;* **2.** Schleusenkammer *f;* **~ser 1.** *tr* (durch=)sieben; **2.** *mar* durch=schleusen.

Satan [satɑ̃] *m* Satan *m a. fig;* **s~é, e** [-ta-] *a (vorangestellt) fam* verteufelt, verflixt; **s~ique** *a* teuflisch, satanisch.

satellite [satɛlit] *s m astr pol* Satellit *m.*

satiété [sasjete] *f* Sattheit, Sättigung *f; fig* Überdruß *m; manger jusqu'à ~* sich satt essen; *répéter (jusqu')à ~* bis zum Überdruß wiederholen.

sat|in [satɛ̃] *m (Stoff)* Satin, Atlas *m;* **~iné, e I.** *a* **1.** wie Atlas glänzend; **2.** seidenweich; **II.** *s m* Atlasglanz *m;* **~iner** *tr* satinieren; **~ire** *f* Satire *f;* **~irique** *a* satirisch.

satis|faction [satisfaksjɔ̃] *f* **1.** Befriedigung, Zufriedenheit *f;* **2.** Genugtuung *f; — à la ~ générale* zur allgemeinen Zufriedenheit; *donner ~ à qn* jdm Genugtuung geben; **~faire I.** *tr* **1.** zufrieden=stellen, befriedigen; **2.** *(e-r Leidenschaft)* willfahren, nach=geben; **II.** *itr* genug=tun, gerecht werden (*à qc* e-r S); *(Verbindlichkeiten)* nach=kommen (*à qc* e-r S *dat*); **III.** *v prn se ~* s-e Wünsche, Bedürfnisse befriedigen; — *~ à la demande, aux besoins* die Nachfrage befriedigen, den Bedarf decken; **~faisant, e** [-fəzɑ̃, -ɑ̃t] *a* befriedigend, zufriedenstellend; erfreulich; **~ait, e** *a* befriedigt; zufrieden (*de* mit).

satur|ateur [satyratœr] *m* Luftbefeuchter *m;* **~ation** *f* Sättigung *f;* **~é, e** *a* **1.** gesättigt, saturiert *a. fig* (*de* mit); **2.** *fig* übersättigt.

Saturne [satyrn] *m astr* Saturn *m.*

satyre [satir] *m* **1.** Satyr *m;* **2.** *fig* Lüstling *m.*

sauc|e [sos] *f* **1.** Soße, *a.* Sauce, Tunke *f;* **2.** *fam* (Regen-)Guß *m;* **3.** *mettre qn à toutes les ~s* jdn zu allem gebrauchen; **~ée** *f fam* Regenguß *m;* **~er** *tr ~ son pain* sein Brot eintunken (*dans* in *acc*); *se faire ~ (fam)* patschnaß werden; **~ier** *m* Soßenkoch *m;* **~ière** *f* Soßenschüssel *f;* **~isse** *f* **1.** Wurst *f (zum Heißmachen od Braten);* **2.** *ne pas attacher ses chiens avec des ~s (fam)* sein Geld nicht zum Fenster hinaus=werfen; **~isson** *m* **1.** (Schnitt-)Wurst *f; ~ de Lyon* Lyoner (Wurst) *f; ~ sec* Hartwurst *f;* **2.** längliche(s) Brot *n;* **~issonner** *itr fam* picknicken.

sauf, sauve [sof, -ov] **I.** *a* unbeschädigt, unverletzt, wohlbehalten; **II.** *prp* außer, ausgenommen, abgesehen von ...; *~ que (conj)* außer daß ...; *~ avis contraire* vorbehaltlich gegenteiliger Mitteilung; *~ erreur* Irrtum vor=behalten; *~-conduit m* Passierschein *m.*

sau|ge [soʒ] *f bot* Salbei *m* od *f;* **~grenu, e** [-grəny] *a* albern; **~le** *m* Weide *f; ~ pleureur* Trauerweide *f.*

saum|âtre [somɑtr] *a* **1.** brackig; **2.** *la trouver ~ (fam)* es unerfreulich finden; **~on I.** *s m zoo* Lachs, Salm *m;* **II.** *a inv* lachsfarben, -rosa; **~oné, e** *a* lachsartig; *truite f ~e* Lachsforelle *f;* **~ure** *f* Salzlake *f.*

sauna [sona] *m* Sauna *f.*

saupoudrer [sopudre] *tr* bestreuen (*de, avec* mit).
saur [sɔr] *a: hareng m* ~ Bückling *m.*
saut [so] *m* **1.** Sprung *a. fig,* Satz *m;* **2.** Sturz, Fall *m;* **3.** Wasserfall *m;* **4.** *au* ~ *du lit* beim Aufstehen; *par* ~*s et par bonds* in Sprüngen, sprungweise; **5.** *ne faire qu'un* ~ *chez qn* bei jdm nur auf e-n Sprung vorbei=kommen; ~ *en l'air, de carpe, au cheval, en hauteur, en longueur, à la perche* Luft-, Hecht-, Bock-, Hoch-, Weit-, Stabhochsprung *m;* ~*-de-lit m inv* Morgenrock *m;* ~*-de-mouton m* Straßen-, Gleisüberführung *f;* ~ *périlleux* Salto *m;* **~e** *f:* ~ *d'humeur* Stimmungsumschwung *m;* ~*-mouton m* Bockspringen *n;* ~ *de vent (mar)* Umspringen *n* des Windes; **~é, e I.** *a* gebraten; *pommes f pl (de terre)* ~*es* Brat-, Schwenkkartoffeln *f pl;* **II.** *s m:* ~ *de veau* Kalbsragout *n.*
saut|er [sote] **I.** *itr* **1.** springen, e-n Sprung machen; **2.** *(Knopf)* ab=springen; **3.** *(Glas)* zerspringen; **4.** *(Sicherung)* durch=brennen; **5.** in die Luft fliegen, explodieren; **6.** sich stürzen (*sur* auf *acc*); **7.** hüpfen (*de joie* vor Freude); **8.** *fig* über=wechseln, -springen; **9.** *(Wind)* um=springen; **10.** *fam* s-e Stelle verlieren, (hinaus=)fliegen; **II.** *tr* **11.** springen (*qc* über *acc*); *(Hindernis)* nehmen; **12.** *fig* überspringen, aus=lassen; überlesen; **13.** *faire* ~ sprengen; *fig (Geld, Flasche)* springen lassen; *(Bank)* sprengen; *faire* ~ *qc* in Butter schmoren; *se faire* ~ *la cervelle* sich e-e Kugel durch den Kopf jagen; ~ *à bas de son lit* aus dem Bett springen; ~ *au cou de qn* jdm um den Hals fallen; ~ *en parachute* (mit dem Fallschirm) ab=springen; ~ *le pas (fig)* zu e-m Entschluß kommen; ~ *aux yeux* in die Augen springen; **14.** *on la saute (fam)* ich habe Hunger; *et que ça saute! (fam)* hopp, hopp! dalli!
saut|erelle [sotrɛl] *f* **1.** Heuschrecke *f;* **2.** *fig* Hopfenstange *f;* **~erie** *f* Tanzerei *f;* **~eur, se** *s m f* **1.** Springer(in *f*) *m;* **2.** *fig fam* Windbeutel *m;* — ~ *en hauteur, en longueur* Hoch-, Weitspringer *m;* **~euse** *f* Bratpfanne *f;* **~illant, e** [-jɑ̃, -ɑ̃t] *a* **1.** hüpfend; **2.** *(Stil)* abgehackt; **~iller** *itr* hüpfen; **~oir** *m sport* Sprunggrube *f; porter en* ~ um den Hals gehängt tragen.
sauv|age [sovaʒ] **I.** *a* **1.** wild; ungezähmt; **2.** primitiv; unkultiviert; unzivilisiert; **3.** *fig* menschenscheu, ungesellig; schüchtern; **4.** *bot* wildwachsend; **II.** *s m f* **5.** Wilde(r *m*) *f;* **6.** *fig* Eigenbrötler, Einzelgänger *m;* **~agerie** *f* **1.** Wildheit, Roheit *f;* **2.** *fig* Menschenscheu *f.*
sauv|egarde [sovgard] *f* Schutz *m;* **~egarder** *tr* ~ *les intérêts* die Interessen wahren; **~e-qui-peut** *m inv* Panik, allgemeine Kopflosigkeit *f,* Durcheinander *n;* **~er I.** *tr* **1.** retten; in Sicherheit bringen, erretten (*de* vor *dat*); **2.** *(den Schein)* wahren; **3.** *rel* erlösen; **II.** *v prn se* ~ **4.** sich retten, (sich) flüchten, sich in Sicherheit bringen (*de* vor); **5.** entkommen, davon=laufen; sich davon=machen; **6.** *fam* machen, daß man wegkommt; **7.** *(Milch)* über=kochen, -laufen; — *sauve qui peut!* rette sich, wer kann! **~etage** *m* Rettung, Bergung *f; canot m, ceinture f de* ~ Rettungsboot *n,* -gürtel *m;* **~eteur** *m* Retter *m;* **~ette** *f: à la* ~ heimlich, verstohlen; in aller Eile; *vendre à la* ~ schwarz verkaufen; **~eur** *m* Retter *m; le* ~ der Erlöser.
sav|amment [savamɑ̃] *adv* **1.** gelehrt; mit Sachkenntnis; **2.** geschickt; **~ane** *f geog* Savanne *f;* **~ant, e I.** *a* **1.** gelehrt; sachkundig (*en* in *dat*); **2.** geschickt, gewiegt; gekonnt; **3.** *(Tier)* dressiert; **II.** *s m f* Gelehrte(r *m*) *f;* **~ate** *f* **1.** alte(r) Pantoffel *od* Schuh; Schlappen *m;* **2.** *fig* Tolpatsch *m, fam* Niete, Flasche *f;* — *traîner la* ~ *(fam fig)* am Hungertuch nagen; **~eur** *f* **1.** Geschmack *m;* **2.** *fig* Würze *f; sans* ~ fade.
savoir [savwar] **I.** *tr* **1.** wissen, kennen, verstehen; *(Nachricht, Ereignis)* um etw wissen, Bescheid wissen; — ~ *l'allemand* Deutsch können; ~ *le nom de qn* jds Namen kennen; *il sait cette chanson par cœur* er kann dieses Lied auswendig; *je ne veux pas le* ~ ich will nichts davon wissen; **2.** können, vermögen; imstande, fähig sein (*faire qc* etw zu tun); — *il sait nager* er kann schwimmen; **3.** erfahren, beschlagen sein (*qc* in e-r S); Kenntnis haben (*qc* von etw); *fam* etw los haben, zu Hause sein (*qc* in e-r S); **4.** hören, erfahren, vernehmen; — *je le sais de source sûre* ich habe es aus sicherer Quelle; *j'ai su par un ami que* ich habe durch e-n Freund erfahren, daß; **II.** *v prn se* ~ **5.** bekannt sein *od* werden; — *il se savait en danger de mort* es war ihm klar, daß er in Lebensgefahr schwebte; **III.** *s m* **6.** Kenntnisse *f pl,* Wissen *n;* Gelehrsamkeit *f;* **7.** *(à)* ~ nämlich; *faire* ~ mit=teilen; ~ *sur le bout du doigt* an den Fingern her=sagen können, in- u. auswendig kennen; **8.** *je ne saurais vous le dire* ich kann es Ihnen (leider) nicht sagen; *(autant) que je sache, à ce que je sais* soviel ich weiß; meines Wissens; *j'en sais quelque chose* ich kann ein Lied davon singen; *(il) reste à* ~ es fragt sich noch; *il ne veut rien* ~ er will nichts davon hören; *c'est bon à* ~ gut, daß ich es weiß; ~ *s'il ira* wer weiß, ob er geht; *sait-on jamais?* man kann nie wissen; *nous vous saurions gré de ...* wir wären Ihnen zu Dank verpflichtet, wenn ...; *la question se posait de* ~ *si*

... es ergab sich die Frage, ob ...; *un je ne sais quoi* ein gewisses Etwas; *~-faire m inv* Geschicklichkeit, Gewandtheit *f; ~-vivre m inv* Lebensart *f,* Manieren *f pl.*

savon [savɔ̃] *m* **1.** Seife *f;* **2.** *fig fam* Anschnauzer, Rüffel *m;* **3.** *passer un ~ à qn (fig fam)* jdm den Kopf waschen; **4.** *bulle, eau f de ~* Seifenblase *f,* -wasser *n; pain m de ~* Stück *n,* Riegel *m* Seife; *~ à barbe, de Marseille, de toilette* Rasier-, Kern-, Toilettenseife *f;* **~ner** *tr* mit Seife waschen; ein=seifen; **~nette** *f* Toilettenseife *f.*

savour|er [savure] *tr* **1.** *fig* (aus=)kosten; **2.** (in Ruhe) genießen; **~eux, se** *a* **1.** schmackhaft, lecker; **2.** *fig* köstlich.

saxophone [saksɔfɔn] *m* Saxophon *n.*

sca|bieuse [skabjøz] *f bot* Skabiose *f;* **~breux, se** *a* **1.** *(Frage)* heikel; **2.** *(Witz)* anstößig, schlüpfrig.

scalp [skalp] *m* Skalp *m.*

scan|dale [skɑ̃dal] *m* **1.** Skandal *m,* Ärgernis *n;* **2.** Entrüstung *f;* **3.** Krach *m;* Aufsehen *n;* **~daleux, se** *a* skandalös; schändlich, empörend; ärgerlich; **~daliser I.** *tr* Ärgernis geben (*qn* jdm), Anstoß erregen (*qn* bei jdm); **II.** *v prn se ~* Anstoß nehmen (*de* an *dat*).

scandinave [skɑ̃dinav] **I.** *a* skandinavisch; **II.** *S~ s m f* Skandinavier(in *f*) *m.*

scaph|andre [skafɑ̃dr] *m* Taucheranzug *m;* **~andrier** *m* Taucher *m.*

scarlatine [skarlatin] *f* Scharlach *m.*

sceau [so] *m pl -x* **1.** Siegel *n;* **2.** *fig* Stempel *m;* — *sous le ~ du secret* unter dem Siegel der Verschwiegenheit; *garde m des ~x* Justizminister *m.*

scélérat, e [selera, -at] **I.** *a* ruchlos, niederträchtig; **II.** *s m* Schurke *m.*

scell|é [sɛle] *m jur* gerichtliche(s) Siegel *n;* **~er 1.** (ver)siegeln; **2.** *fig* bekräftigen, besiegeln; **3.** *tech (Fugen)* verschmieren, -streichen; ein=mauern.

scénar|io [senarjo] *m* **1.** *film* Drehbuch *n;* **2.** ausgearbeitete(r) Plan *m;* **~iste** *m* Drehbuchautor *m.*

scène [sɛn] *f* **1.** *theat* Bühne *f;* **2.** Szene *f,* Auftritt *m;* **3.** Bühnenbild *n,* Dekoration *f;* **4.** *allg* Geschehnis *n,* Begebenheit *f,* Vorkommnis *n;* **5.** Krach *m,* Szene *f;* **6.** *adapter à la ~* für die Bühne bearbeiten; *entrer en ~* auf=treten; *faire une ~ à qn (fig)* jdm e-e Szene machen; *mettre en ~* inszenieren; **7.** *metteur m en ~* Regisseur *m; mise f en ~* Inszenierung, Regie *f; ~ en plein air* Freilichtbühne *f; ~ de ménage* Ehekrach *m.*

scénique [senik] *a* Bühnen-, Theater-; bühnenwirksam.

scept|icisme [sɛptisism] *m* Skepsis *f;* **~ique I.** *a* skeptisch; **II.** *s m* Skeptiker *m;* **~re** *m* Zepter *n.*

schém|a [ʃema] *m* Schema; Diagramm *n;* Plan *m;* **~atique** *a* schematisch; **~atiser** *tr* schematisch dar=stellen; schematisieren.

schism|atique [ʃismatik] **I.** *a rel* schismatisch; **II.** *s m* Schismatiker *m;* **~e** *m* Schisma *n.*

schist|e [ʃist] *m min* Schiefer *m;* **~eux, se** *a* schief(e)rig.

schlass [ʃlas] *pop* **I.** *a* besoffen; **II.** *s m* Messer *n.*

schlinguer [ʃlɛ̃ge] *itr pop* stinken.

schnock, schnoque [ʃnɔk] *m (pop) vieux ~* alte(r) Knacker *m.*

schnouff [ʃnuf] *m arg* Droge *f,* Stoff *m.*

schooner [ʃunɛr] *m mar* Schoner *m.*

schizophr|ène [skizofrɛn] *med* schizophren; **~énie** *f med* Schizophrenie *f.*

sci|atique [sjatik] *f* Ischias *f, fam a. m* od *n;* **~e** [si] *f* **1.** Säge *f;* **2.** *pop* Nervensäge *f;* **3.** *fig* abgedroschene(r) Schlager *m;* **4.** *zoo* Sägefisch *m;* **~emment** [sjamɑ̃] *adv* wissentlich; **~ence** [sjɑ̃s] *f* **1.** Kenntnis *f,* Wissen *n;* **2.** Wissenschaft *f; pl (~s naturelles)* Naturwissenschaft(en) *f (pl); ~s économiques* Wirtschaftswissenschaften *f pl; lettres et ~s humaines* Geistes-, Humanwissenschaften *f pl; ~-fiction* Science-fiction *f;* **~entifique** *a* wissenschaftlich.

scier [sje] *tr* **1.** (durch=, zer-, ab=)sägen; **2.** *~ qn (fam fig)* glatt umwerfen; **~ie** [siri] *f* Sägewerk *n,* -mühle *f.*

scinder [sɛ̃de] **I.** *tr* spalten, trennen *a. fig;* **II.** *v prn se ~* sich (auf=)spalten (*en deux groupes* in zwei Gruppen).

scint|illant, e [sɛ̃tijɑ̃, -ɑ̃t] *a* flimmernd, funkelnd, glänzend *a. fig;* **~illement** [sɛ̃tijmɑ̃] *m* Funkeln, Flimmern *n;* **~iller** [-j-, *a.* -l-] *itr* glitzern, flimmern, funkeln.

scion [sjɔ̃] *m bot* Schößling *m.*

scission [sisjɔ̃] *f phys chem* Spaltung *f a. fig.*

sciure [sjyr] *f (~ de bois)* Sägespäne *m pl.*

sclér|eux, se [sklerø] *a med* sklerotisch; **~ose** *f med* Sklerose *f; ~ des artères* Arterienverkalkung *f; ~ en plaques* multiple Sklerose *f;* **~osé, e** *a fig* verkalkt.

scol|aire [skɔlɛr] *a* Schul-; schulisch; *année f ~* Schuljahr *n;* **~arisation** *f* **1.** Einschulung *f;* Schulbesuch *m;* **2.** Bau *m* von Schulen; **~arité** *f* Schulzeit *f,* -besuch *m;* **~astique I.** *a* scholastisch; **II.** *s f* Scholastik *f;* **~opendre** [-lɔpɑ̃dr] *f zoo* Skolopender *m.*

scons(e) [skɔ̃s] *m* Skunk *m (Pelz).*

scoot|er [skutɛr] *m* Motorroller *m;* **~ériste** *m* Rollerfahrer(in *f*) *m.*

scor|but [skɔrbyt] *m med* Skorbut *m;* **~e** *m sport* Punktzahl *f;* **~ie** *f* Schlacke *f;* **~pion** *m zoo ~ (astr)* Skorpion *m.*

scotch [skɔtʃ] **1.** *(Whisky)*Scotch *m;* **2.** *WZ* Tesafilm *m.*

scout [skut] *m* Pfadfinder *m.*
script [skript] *m écrire en* ~ in Blockschrift schreiben; **~-girl** [-gœrl] *f film* Skriptgirl *n;* **~ural, e** *a monnaie f* ~ *(com)* Buchgeld *n.*
scro|fule [skrɔfyl] *f med* Skrofulose *f;* **~tum** [-tɔm] *m anat* Hodensack *m.*
scru|pule [skrypyl] *m* **1.** Skrupel, *(~ de conscience)* Gewissensbiß, Zweifel *m,* Bedenken *n;* **2.** Sorgfalt, Gewissenhaftigkeit, (ängstliche) Genauigkeit *f;* — *sans* ~ gewissenlos; leichtfertig; *se faire un* ~ *de qc* wegen etw Bedenken tragen; **~puleux, se** *a* peinlich genau, gewissenhaft; **~tateur** *m pol* Stimmzähler *m;* **~ter** *tr* eingehend prüfen, erforschen, untersuchen; **~tin** *m* **1.** Abstimmung *(durch Zettel* od *Kugeln),* Wahl *f;* **2.** *par un* ~ *public, secret (parl)* in öffentlicher, geheimer Abstimmung; **3.** *dépouiller le* ~ die Stimmen zählen; **4.** *tour m de* ~ Wahlgang *m;* ~ *majoritaire* Mehrheitswahl *f.*
sculpt|er [skylte] *tr* in Stein hauen; aus=hauen, meißeln; schnitzen (*sur bois* in Holz); **~eur** *m* Bildhauer *m;* ~ *sur bois* Holzschnitzer *m;* **~ural, e** *a pl -aux* Bildhauer-; *fig (Schönheit)* makellos; **~ure** *f* **1.** Bildhauerkunst *f;* **2.** Plastik; Skulptur *f.*
se [sə] *prn* sich; einander.
séan|ce [seɑ̃s] *f* **1.** Sitzung; Versammlung *f;* **2.** *(Kino)* Vorstellung; Darbietung *f;* **3.** ~ *tenante* auf der Stelle, sofort; *clore* od *lever, ouvrir, suspendre, tenir une* ~ e-e Sitzung schließen, eröffnen, unterbrechen, ab=halten; ~ *de clôture, plénière* Schluß-, Plenarsitzung *f;* ~ *de travail* Arbeitstagung *f;* **~t, e** *a se mettre sur son* ~ sich aufrecht hin=setzen.
seau [so] *m* Eimer, Kübel *m; il pleut à ~x (fam)* es gießt in Strömen.
sec, sèche [sɛk, sɛʃ] **I.** *a* **1.** trocken, (aus)ge-, vertrocknet; *(Obst)* gedörrt; *(Laub)* dürr; **2.** *(Wein)* herb; *(Metall)* spröde; **3.** *(Mensch)* mager, hager; **4.** *(Stil)* ledern, hölzern; **5.** *(Wesen)* barsch; gefühllos; **II.** *adv* **6.** kräftig, heftig; **III.** *s m* **7.** (das) Trockene; **8.** *agr* Trockenfutter *n;* **9.** *au* ~ im Trockenen; *à pied* ~ trockenen Fußes; *tout* ~ *(adv)* gerade, genau; bloß; **10.** *avoir le gosier* ~ e-e trockene Kehle haben; *boire* ~ tüchtig zechen; *être à* ~ *(fig)* auf dem trocknen sitzen; **11.** *légumes m pl ~s* Trockengemüse *n.*
séc|ant, e [sekɑ̃, -ɑ̃t] **I.** *a math* schneidend; **II.** *s f* Sekante *f;* **~ateur** [-ka-] *m* Hecken-, Baumschere *f.*
sécession [sesɛsjɔ̃] *f pol* Spaltung, Sezession *f.*
séchage [seʃaʒ] *m* Trocknen *n; à* ~ *rapide* schnell trocknend.
sèche [sɛʃ] *f fam* Glimmstengel *m;* **~-cheveux** *m inv WZ* Fön *m;* **~ment** *adv fig* kalt, unfreundlich; schroff.
séch|é, e [seʃe] *a* getrocknet; gedörrt; **~er I.** *tr* **1.** (ab=)trocknen; trocken=legen; **2.** *(Früchte)* dörren; **3.** *(Schule)* schwänzen; **II.** *itr* **4.** (aus=, ver-)trocknen, trocken werden; **5.** *(Pflanze)* verdorren; **6.** *fig (Schule) fam* keine Antwort wissen; **III.** *v prn se* ~ **7.** sich (ab=) trocknen; **~eresse** *f* **1.** Trockenheit *f;* **2.** *fig* Kälte, Gefühllosigkeit; Schroffheit *f;* **~oir** *m* Trockenboden; Trockner *m; (~ électrique) WZ* Fön *m.*
second, e [s(ə)gɔ̃, -ɔ̃d] **I.** *a* zweite(r, s); **II.** *s m* **1.** Zweite(r *m) f,* Zweite(s) *n;* **2.** *arch* zweite(r) Stock *m;* **3.** Stellvertreter *(des Chefs);* Assistent *m; mar* Erste(r) Offizier *m;* **III.** *s f* **4.** *loc* zweite Klasse *f;* **5.** Sekunde *f (a. mus);* Augenblick, Moment *m; j'en ai pour deux ~es* ich bin gleich soweit; **6.** *mot* zweite(r) Gang *m;* **7.** *au* ~ im zweiten Stock; *en* ~ *lieu* an zweiter Stelle; **~aire** *a* untergeordnet; sekundär; nebensächlich; *c'est* ~ das ist Nebensache; **~er** *tr* **1.** unterstützen; helfen (*qn* jdm); **2.** begünstigen, fördern.
secou|er [s(ə)kwe] **I.** *tr* **1.** (auf=, aus=, ab=, durch=)schütteln; (durch=)rütteln; **2.** *fig (seelisch)* erschüttern; an=greifen; **3.** *fig fam* auf Trab bringen, auf=rütteln; *(~ les puces à qn)* zs.=stauchen; **II.** *v prn se* ~ **4.** sich schütteln; **5.** *fig* sich rühren, nicht untätig sein.
secour|ir [səkurir] *tr* helfen, bei=stehen (*qn* jdm); unterstützen; **~iste** *m* in Erster Hilfe Ausgebildete(r) *m;* **~s** [-ur] *m* **1.** Hilfe; Hilfeleistung; Unterstützung *f;* Hilfsdienst *m;* **2.** *au ~!* Hilfe! *accourir, venir au* ~ *de qn* jdm zu Hilfe eilen *od* kommen; *donner, porter, prêter* ~ Hilfe leisten; **3.** *éclairage m de* ~ Notbeleuchtung *f; porte, sortie f de* ~ Notausgang *m; poste m de* ~ Unfallstation *f; les premiers* ~ die Erste Hilfe; ~ *en montagne* Bergwacht *f.*
secousse [s(ə)kus] *f* **1.** (Erd-)Beben *n;* Erschütterung *f,* Stoß *m a. fig;* **2.** *fig* Schlag; Schock *m;* — *par ~s* stoßweise; *(fam fig) il n'en fiche pas une* ~ er macht keinen Finger krumm.
secret, ète [səkrɛ, -ɛt] **I.** *a* geheim, verborgen; Geheim-; **II.** *s m* **1.** Geheimnis *n;* Geheimhaltung *f;* **2.** *dans le plus grand* ~ in aller Heimlichkeit; *en* ~ heimlich, insgeheim, unter vier Augen; *sous le sceau du* ~ unter dem Siegel der Verschwiegenheit; **3.** *garder le* ~ das Geheimnis (be-) wahren; *tenir* ~ geheim=halten; ~ *des correspondances, professionnel* Brief-, Berufsgeheimnis *n.*
secrét|aire [səkretɛr] *m f* **1.** Sekretär(in *f) m;* **2.** Schrift-, Protokollführer *m;* **3.** Schreibschrank *m;* ~ *général* Generalsekretär *m;* **~ariat** [-a] *m* Sekretariat *n;*

Geschäftsstelle *f; école f de ~* Sekretärinnenschule *f.*
sécrét|er [sekrete] *tr (Physiologie)* ab=sondern; **~ion** [-sjõ] *f* Absonderung *f.*
sect|aire [sɛktɛr] **I.** *s m* **1.** Sektierer *m;* **2.** *fig* Fanatiker *m;* **II.** *a* **1.** sektiererisch; **2.** *fig* fanatisch, radikal; **~e** *f* **1.** Sekte *f;* **2.** *fig pej* Klüngel *m;* **~eur** *m* **1.** Sektor *m a. fig;* **2.** *mil* (Front-)Abschnitt *m;* **3.** Bezirk *m;* Gegend *f;* **4.** *fig* Abteilung *f,* Bereich *m;* **5.** *el* Stromnetz *n;* **6.** *branché sur le ~* vom Netz gespeist; **7.** *tension f du ~* Netzspannung *f;* **~ion** [-sjõ] *f* **1.** *math* Schnitt *m;* **2.** Querschnitt *m,* Profil *n;* **3.** Abschnitt *m,* Abteilung *f;* **4.** Teilstrecke *f,* Teilstück *n; loc* Streckenabschnitt *m;* **5.** *mil* Zug *m,* Abteilung *f;* **~ionner** *tr* **1.** durchschneiden; **2.** *fig* auf=teilen; unterteilen.
sécul|aire [sekylɛr] *a* **1.** alle hundert Jahre stattfindend; **2.** hundertjährig; **~arisation** *f* Säkularisation *f;* **~ariser** *tr* säkularisieren; **~ier, ère** *a rel* weltlich.
secundo [səgõdo] *adv* zweitens.
sécurité [sekyrite] *f* **1.** Sicherheit *f;* **2.** Sicherung *f; — en toute ~* in aller Ruhe; *~ aérienne* Flugsicherung *f; ~ routière* Straßenverkehrssicherheit *f; ~ sociale* Sozialversicherung *f.*
séd|atif, ive [sedatif, -iv] *a* u. *s m* schmerzstillend(es Mittel *n*); **~entaire** *a* **1.** (viel) sitzend; **2.** *fig* häuslich; **3.** *(Volk)* seßhaft; *vie f ~* sitzende Lebensweise *f;* **~iment** *m* **1.** *geol* Sediment(gestein) *n;* **2.** Niederschlag, Bodensatz *m.*
sédit|ieux, se [sedisjø, -øz] **I.** *a* aufrührerisch; **II.** *s m f* Aufrührer(in *f*) *m;* **~ion** *f* Aufruhr, Aufstand *m.*
séd|ucteur, trice [sedyktœr, -tris] **I.** *s m f* Verführer(in *f*) *m;* **II.** *a* verführerisch; **~uction** [-ks-] *f* **1.** Verführung *f;* **2.** *fig* Verlockung *f,* Reiz, Zauber *m;* **~uire** [-dɥir] *tr* **1.** verführen; **2.** *fig* verleiten, verlocken; bezaubern, betören; **~uisant, e** *a* verführerisch, verlockend; bestechend; bezaubernd, reizvoll, reizend.
segment [sɛgmã] *m* Segment *n; (Bandwurm)* Glied *n; ~ de piston (tech)* Kolbenring *m;* **~er** *tr* in Abschnitte gliedern.
ségrégation [segregasjõ] *f (~ raciale)* Rassentrennung *f.*
seiche [sɛʃ] *f zoo* Tintenfisch *m.*
seigle [sɛgl] *m* Roggen *m.*
seigneur [sɛɲœr] *m* (Lehns-, Guts-)Herr *m; le ~ (rel)* der Herr *(Gott);* **~ial, e** *a pl -aux* herrschaftlich.
sein [sɛ̃] *m* **1.** Busen *m; (weibliche)* Brust *f;* **2.** *fig* Schoß *m,* Herz; Innerste(s) *n; — au ~ de, dans le ~ de ...* mitten in *dat;* innerhalb; im Rahmen *gen; donner le ~ à ...* stillen, die Brust geben *dat;* **~g** [sɛ̃] *m sous ~ privé* privatschriftlich.
séism|e [seism] *m* Erdbeben *n;* **~ique** *a* seismisch; Erdbeben-.
seiz|e [sɛz] **I.** *a* sechzehn; **II.** *s m* Sechzehn(er *m*) *f;* der Sechzehnte; **~ième I.** *a* sechzehnte(r, s); **II.** *s m* Sechzehntel *n.*
séjour [seʒur] *m* Aufenthalt(sort), Wohnort, -sitz *m; permis m, interdiction f de ~* Aufenthaltsgenehmigung *f,* -verbot *n; ~ de vacances* Ferienaufenthalt *m;* **~ner** *itr* sich auf=halten; bleiben, verweilen *a. fig.*
sel [sɛl] *m* **1.** Salz *n a. fig;* **2.** *fig* Würze *f,* Witz *m;* **3.** *~ de bain, de cuisine* Bade-, Kochsalz *n.*
sélect [selɛkt] *a inv fam* auserlesen; vornehm; **~eur** *m tech* Wähler *m;* **~if, ive 1.** *radio* trennscharf; **2.** selektiv; **~ion** [-ks-] *f* **1.** Auswahl, -lese *f;* **2.** *biol* Zuchtwahl *f; match m de ~ (sport)* Auswahlspiel *n;* **~ionner** *tr* aus=wählen; *équipe f sélectionnée* Auswahlmannschaft *f;* **~ionneur** *m* **1.** *sport* Trainer *m;* **2.** Arbeitspsychologe *m;* **~ivité** *f radio* Trennschärfe *f.*
self [sɛlf] *f* **1.** Drosselspule *f;* **2.** Selbstinduktion *f; ~-service m: (magasin m de) ~* Selbstbedienung(sgeschäft *n*) *f.*
sell|e [sɛl] *f* **1.** Sattel *m;* **2.** *pl* Stuhlgang *m;* **3.** *être bien en ~* fest im Sattel sitzen *a. fig; se mettre en ~* auf=sitzen; **4.** *~ de dame* Damensattel *m; ~ de mouton* Hammelrücken *m;* **~er** *tr (Pferd)* satteln; **~ette** *f mettre qn sur la ~ (fig)* jdn aus=fragen, -quetschen; **~ier** *m* Sattler *m.*
selon [səlõ] *prp* gemäß, nach; *~ moi* meiner Auffassung nach; *c'est ~ (fam)* das kommt (ganz) darauf an; *~ que (conj)* je nachdem.
Seltz [sɛls] *m: eau f de ~* Selterswasser *n.*
semaille [səmɑj] *f meist pl* **1.** (Aus-)Saat *f;* **2.** Saatzeit *f.*
semaine [s(ə)mɛn] *f* **1.** Woche *f;* **2.** Wochenlohn *m;* **3.** *des ~s entières* wochenlang; *en ~* wochentags; *deux fois la, par ~* zweimal wöchentlich; **4.** *être de ~* Dienst haben; **5.** *fin m de ~* Wochenende *f; jour m de ~* Wochen-, Werktag *m; ~ de cinq jours, de quarante heures* Fünftage-, Vierzigstundenwoche *f; la ~ sainte* die Karwoche *f.*
séma|ntique [semãtik] **I.** *a* semantisch; **II.** *s f* Semantik *f;* **~phore** *m* Semaphor *n od m.*
sembl|able [sãblabl] **I.** *a* **1.** ähnlich *a. math,* gleich(artig); **2.** solch, derartig; **II.** *s m* Mitmensch *m; mon ~* meinesgleichen; **~ant** *m* (An-)Schein *m; un ~ de (fam)* so etwas wie; *faire ~ de* sich stellen, so tun als ob; *ne faire ~ de rien* sich nichts an=merken lassen; **~er** *itr*

scheinen; *ce me semble* so scheint es mir; *que vous en semble?* was halten Sie davon? *si bon vous semble* wenn Sie wollen.

semelle [s(ə)mɛl] *f* **1.** (Schuh-, Strumpf-) Sohle; Einlegesohle *f;* **2.** *tech* Platte *f;* **3.** *(Ski)* Lauffläche *f;* — *ne pas quitter qn d'une* ~ jdm nicht von den Fersen weichen; ~ *de cuir* Ledersohle *f.*

sem|ence [s(ə)mɑ̃s] *f* Same(n) *m;* Saat *f a. fig; blé m de* ~ Saatkorn *n;* **~er** *tr* **1.** *agr* (aus=)säen; *(Feld)* ein=säen (*de* mit); **2.** *fig* aus=streuen; *(Schrecken, Gerücht)* verbreiten; *(Streit)* stiften; **3.** *fam (Menschen)* fallen=lassen, ab=hängen; **~estre** *m* Semester; Halbjahr *n; par* ~ halbjährlich; **~estriel, le** *a* halbjährlich; **~eur, se** *m f* Sämann; *fig* Verbreiter(in *f*), (An-)Stifter(in *f*) *m.*

semi|... [səmi] *(in Zssgen)* halb-; **~-circulaire** halbkreisförmig; **~-finale** *f sport* Vorschlußrunde *f;* **~-remorque** *f mot* Sattelschlepper *m.*

sémin|aire [seminɛr] *m* Seminar *n;* **~al, e** *a pl -aux* Samen-; **~ariste** *m* Seminarist *m.*

semis [s(ə)mi] *m* **1.** Sämlinge *m pl;* **2.** Säen *n;* **3.** eingesäte(s) Beet *n.*

Sémit|e [semit] *s m f* Semit(e) *m,* Semitin *f;* **s~ique** *a* semitisch.

sem|oir [səmwar] *m* Sämaschine *f;* **~once** *f* Verweis *m;* **~oncer** *tr* tadeln; **~oule** *f* Grieß *m.*

sempiternel, le [sɑ̃pitɛrnɛl] *a* immerwährend, ewig.

sén|at [sena] *m* Senat *m;* **~ateur** *m* Senator *m;* **~atorial, e** *a* Senats-; **~ile** *a* greisenhaft, senil; **~ilité** *f* Greisenhaftigkeit, Altersschwäche *f.*

sens [sɑ̃s] *m* **1.** Sinn *m a. fig;* **2.** Verstand *m,* Vernunft *f,* Urteilsvermögen *n;* **3.** Gefühl, Empfinden *n* (*de* für); **4.** Bedeutung *f;* **5.** Richtung *f;* **6.** *à mon* ~ meines Erachtens; *au* ~ *figuré, propre* im übertragenen, im eigentlichen Sinn; *dans le* ~ *de la longueur* der Länge nach; *en un* ~ in einer Hinsicht; *en tous* ~ in allen Richtungen; *en* ~ *contraire, inverse* in umgekehrter Richtung; ~ *dessus dessous* [sɑ̃dsydsu] *adv* drunter u. drüber; völlig durcheinander *a. fig;* ~ *devant derrière* [sɑ̃dvɑ̃ dɛjɛr] *adv* verkehrt (herum); **7.** *avoir le* ~ *de qc* den Sinn für etw haben; *reprendre ses* ~ wieder zur Besinnung kommen; *tomber sous le(s)* ~ *(fig)* sich mit Händen greifen lassen; ~ *interdit!* Einfahrt verboten! **8.** ~ *des aiguilles d'une montre* Uhrzeigersinn *m;* ~ *artistique, chromatique* Kunst-, Farbensinn *m;* ~ *commun, bon* ~ gesunde(r) Menschenverstand *m;* ~ *giratoire* Kreisverkehr *m;* ~ *unique* Einbahnstraße *f;* **~ation** *f* **1.** Gefühl *n,* Empfindung *f;* **2.** große(r) Eindruck *m;* Aufsehen *n; faire* ~ Aufsehen erregen; **~ationnel, le** *a* **1.** aufsehenerregend, sensationell; **2.** *fam* ganz groß, ganz prima; **~é, e** *a* vernünftig; sinnvoll.

sensib|iliser [sɑ̃sibilize] **1.** *biol* sensibilisieren; **2.** *phot* lichtempfindlich machen; **3.** ~ *l'opinion publique* die öffentliche Meinung empfänglich machen; **~ilité** *f* **1.** Empfindlichkeit *f a. tech fig;* **2.** *fig* Gemüt *n;* Empfindsamkeit *f;* **3.** Empfindungsvermögen *n;* **~le** [-sibl] *a* **1.** empfindlich (*à* gegen); **2.** *fig* empfänglich (*à* für); **3.** wahrnehmbar, fühlbar; deutlich, merklich; **~lerie** *f* Gefühlsduselei *f.*

sens|itif, ive [sɑ̃sitif, -iv] **I.** *a* Empfindungs-; **II.** *s f bot* Mimose *f;* **III.** *s m f* überempfindliche(r) Mensch *m;* **~oriel, le** *a* sensoriell; Sinnes-; **~ualité** [-sɥa-] *f* Sinnlichkeit *f;* **~uel, le** [-sɥɛl] *a* sinnlich.

sentenc|e [sɑ̃tɑ̃s] *f* **1.** Sentenz *f;* **2.** *jur* Urteil *n,* Richterspruch *m;* **~ieux, se** *a* belehrend; schulmeisterlich.

sent|ier [sɑ̃tje] *m* Pfad, Fußweg *m;* ~ *battu (fig)* ausgetretene(r) Weg *m;* **~iment** *m* **1.** Gefühl, Empfinden *n;* **2.** Meinung, Ansicht *f;* — *faire du* ~ *(fam)* sentimental werden; ~ *du devoir* Pflichtbewußtsein *n;* ~ *d'infériorité* Minderwertigkeitsgefühl *n;* **~imental, e** *a pl -aux* **1.** gefühlvoll, rührselig; **2.** sentimental; **3.** Liebes-; **~imentalité** *f* Empfindsamkeit, Rührseligkeit *f.*

sentinelle [sɑ̃tinɛl] *f* **1.** *mil* Wache *f,* Posten *m;* **2.** *pop* Kaktus, Kothaufen *m.*

sentir [sɑ̃tir] **I.** *tr* **1.** fühlen; wahr=nehmen, (be)merken; empfänglich sein (*qc* für etw), empfinden; ein=sehen, erkennen; **2.** riechen (*qc* nach etw) *fam a. fig;* schmecken (*qc* nach etw); *fig* e-n Beigeschmack haben (*qc* von etw); **II.** *v prn se* ~ **3.** sich fühlen; sich befinden; **4.** bemerken, verspüren (*de qc* etw); **5.** *se* ~ *bien* sich wohl fühlen; *se faire* ~ *(Sache)* sich bemerkbar machen; *ne pouvoir* ~ *qn (fam)* jdn nicht riechen können; ~ *bon, mauvais* gut, schlecht *od* übel riechen; *ne pas se* ~ *de joie* außer sich sein vor Freude; *cela se sent* das merkt man.

sépar|able [separabl] *a* trennbar; **~ation** *f* **1.** Trennung, (Ab-)Sonderung *f;* **2.** *(mur m de ~)* Trennwand *f;* — ~ *de biens (jur)* Gütertrennung *f;* **~é, e** *a* getrennt; verschieden; geschieden; **~ément** *adv* für sich, gesondert; **~er I.** *tr* **1.** trennen (*de, d'avec* von *dat*); (ab=)sondern, scheiden; **2.** *(Personen)* entzweien, ausea.=bringen; **II.** *v prn se* ~ sich trennen; ausea.=gehen; *(Versammlung)* sich auflösen.

sept [sɛt] **I.** *a* sieben; **II.** *s m* Sieben(er *m*) *f;* der Siebente; **~ante** [sɛptɑ̃t] *a (Belgien, Schweiz)* siebzig; **~embre** [sɛptɑ̃br] *m* September *m;* **~entrional, e** *a pl -aux* nördlich; **~ième** [sɛtjɛm] **I.**

a siebente(r, s); **II.** *s m* Siebentel *n;* siebente(r) Stock *m;* **~ièmement** *adv* sieb(en)tens; **~uagénaire** [sɛptɥa-] **I.** *a* siebzigjährig; **II.** *s m f* Siebziger(in *f*) *m;* **~uor** [-tɥɔr] *m mus* Septett *n.*

sépul|cral, e [sepylkral] *a pl -aux voix f ~e* Grabesstimme *f;* **~cre** *m le saint ~* das Heilige Grab *(Jesu);* **~ture** *f lit* Grab(stätte *f*) *n.*

séqu|elle [sekɛl] *f med* Nachwehen *pl a. fig;* **~ence** *f* **1.** *rel mus* Sequenz; **2.** *film* Bildfolge *f.*

séquestr|ation [sekɛstrasjɔ̃] *f jur* Freiheitsberaubung *f;* **~e** *m jur* Zwangsverwaltung *f;* **~er** *tr jur* unter Zwangsverwaltung stellen; widerrechtlich ein⸗sperren.

serein, e [sərɛ̃, -ɛn] *a* **1.** heiter, wolkenlos; **2.** *fig* ruhig, gelassen, heiter.

sérén|ade [serenad] *f* **1.** *mus* Serenade *f;* **2.** *fig* Ständchen *n;* **3.** *fam fig* Krach *m,* Spektakel *m;* **~ité** *f* Heiterkeit; innere Ruhe *f.*

serf, serve [sɛrf, sɛrv] *m f* Leibeigene(r *m*) *f.*

serg|e [sɛrʒ] *f* (Kammgarn-)Serge *f;* **~ent** *m mil* Unteroffizier *m.*

sériciculture [serisikyltyr] *f* Seidenraupenzucht *f.*

séri|e [seri] *f* **1.** Reihe *f a. math,* Folge, Serie *f;* **2.** *sport* Vorentscheidung; Leistungsgruppe *f;* **3.** *en ~* serienmäßig, -weise; *el* in Serie (geschaltet); *hors ~ fig* außergewöhnlich; *tech* extra hergestellt; *theat* außer Miete; **4.** *fabriquer en ~* serienmäßig herstellen; *construction f en ~* Reihenbau *m; fabrication f en ~* Serienfertigung *f;* **~er** [-rje] *tr* (systematisch) auf⸗gliedern; **~eusement** *adv* im Ernst; ernstlich, -haft; *travailler ~* fleißig arbeiten; **~eux, se I.** *a* **1.** ernst(haft); **2.** solide, seriös; zuverlässig; aufrichtig; **3.** *(vorangestellt)* bedeutsam, wichtig; bedenklich; **II.** *s m* **4.** Ernst *m,* ernste(s) Wesen *n,* ernsthafte Haltung *f;* **5.** *theat* ernste Rolle *f;* **6.** *garder, tenir son ~* ernst bleiben; *prendre au ~* (für) ernst nehmen; **7.** *je suis ~* das ist mein Ernst; *c'est du ~* das ist kein Scherz; *c'est tout ce qu'il a de plus ~* es ist mein völliger Ernst.

serin, e [s(ə)rɛ̃, -in] *m f* **1.** *orn* Girlitz *m;* **2.** *m fig* Gimpel *m;* **~er** [-ri-] *tr fig fam* ein⸗trichtern, ein⸗pauken; **~gue** [-rɛ̃g] *f med agr* Spritze *f.*

serment [sɛrmɑ̃] *m* **1.** Eid, Schwur *m;* **2.** *affirmer par ~* eidlich bekräftigen; *faire, prêter ~* schwören; *je vous en fais le ~* ich schwöre es Ihnen; **3.** *déposition f sous ~* eidliche Aussage *f; faux ~* Meineid *m; ~ professionnel* Diensteid *m.*

sermon [sɛrmɔ̃] *m* **1.** *rel* Predigt *f;* **2.** *fig* Moralpredigt *f;* **~ner** *tr* ab⸗kanzeln; **~neur, se** *m f* Nörgler(in *f*) *m.*

serpe [sɛrp] *f agr* Hippe *f; taillé à coups de ~* klobig, plump; grob.

serpent [sɛrpɑ̃] *m zoo* Schlange *f a. fig; c'est une langue de ~* sie hat e-e böse Zunge; *peau f de ~* Schlangenleder *n; ~ à lunettes, à sonnettes* Brillen-, Klapperschlange *f;* **~in** *m* **1.** Papierschlange *f;* **2.** *(tech) ~ refroidisseur* Kühlschlange *f.*

serp|ette [sɛrpɛt] *f* Gartenmesser *n,* -hippe *f;* Rebmesser *n;* **~illière** [-pijɛr] *f* Scheuertuch *n.*

serr|age [sɛraʒ] *m* **1.** *tech* (Ein-)Spannen *n;* **2.** *(Bremse)* Anziehen *n;* **3.** *(Schraube)* Festziehen *n;* **~e** *f* **1.** Gewächshaus *n;* **2.** *zoo pl* Fänge *m pl,* Klauen *m pl;* **3.** *~-câble m* Kabelklemme *f; ~-file m inv mil fam* Schlußlicht *n a. fig; mar* letzte(s) Schiff *n; ~-fils m inv el* Klemme *f; ~-livres m inv* Bücherstütze *f; ~-tête m inv* Stirnband *n;* **~é, e I.** *a* **1.** gedrängt, zs.gepreßt, eng; straff; *(Gewebe)* fest, dicht; **2.** *(Kleidung)* enganliegend, knapp; *(Reihe)* geschlossen; *(Regen)* dicht; **3.** *fig (Stil)* knapp, straff; *(Konkurrenz)* scharf; **II.** *adv* **4.** vorsichtig, überlegt; streng, genau; **5.** *avoir le cœur ~* bedrückt *od* beklommen sein; *avoir la gorge ~e* kein Wort heraus⸗bringen; *avoir un jeu ~* kein Risiko ein⸗gehen; **~ement** *m ~ de cœur* Bedrücktheit; Beklemmung *f; ~ de main* Händedruck *m;* **~er I.** *tr* **1.** (zs⸗)drükken, (zs.⸗)pressen; **2.** verengen; zu⸗ziehen, zs.⸗schnüren; **3.** *(Bremse, Schraube)* an⸗ziehen; **4.** befestigen, fest⸗binden, -knüpfen; *(die Zähne)* zs.⸗beißen; **5.** *~ qn* jdn bedrängen; jdm hart zusetzen; **6.** *~ qc* dicht an etw entlang⸗gehen, -fahren; **II.** *itr* **7.** *~ à droite* sich rechts einordnen; **III.** *v prn se ~* **8.** sich zs.⸗drängen; **9.** *(Herz)* sich zs.⸗schnüren; **10.** sich eng an⸗lehnen *od* anschmiegen (*contre* an *acc*); **11.** *~ (au plus près) sur la droite* (scharf) rechts heran⸗fahren; *~ de près (mil)* nach⸗drängen (*qn* jdm); *fig* in die Enge treiben; hart zu⸗setzen (*qn* jdm); **~ure** *f* (Tür-) Schloß *n; ~ de sûreté* Sicherheitsschloß *n;* **~urerie** [-ryrri] *f* Schlosserei *f;* **~urier** *m* Schlosser *m; ~ en bâtiment* Bauschlosser *m.*

sert|ir [sɛrtir] *tr* **1.** *(Stein)* fassen; **2.** falzen; **~issure** *f* Fassung *f.*

sérum [serɔm] *m* Serum *n.*

serv|age [sɛrvaʒ] *m hist* Leibeigenschaft *f;* **~ant** *m* **1.** *mil pl* Bedienungsmannschaft *f;* **2.** *rel* Ministrant *m;* **3.** *(Tennis)* Aufschläger *m;* **~ante** Bedienerin *f;* **~eur, se** *m f* **1.** *m* Kellner *m;* **2.** *m (Tennis)* Aufschläger *m;* **3.** *f* Kellnerin *f;* **~iable** *a* hilfsbereit; **~ice** *m* **1.** Dienst *m;* **2.** Bedienung *f;* **3.** Dienststelle, Abteilung, Verwaltung, Behörde *f;* **4.** *(~ militaire)* Militärdienst *m;* **5.** (Verkehrs-)Verbindung *f;* **6.** *(~ divin, religieux)* Gottesdienst *m;* **7.** *(~ de table)* (Eß-)Service, Eßgeschirr; Gedeck *n; (~ de linge)* Tischwäsche *f;* **8.** *com (~ après-ventes)* Kundendienst *m;* **9.** Freikarte *f,* -exemplar *n;* **10.** *(Tennis)* Aufschlag *m;* **11.** *pl* Dienstleistungsgewerbe *n; mil* Versorgungstruppen *f pl;* **12.** *de ~* diensttuend, -habend; *en ~* in Gebrauch; in Betrieb; *hors de ~* unbrauchbar; *prêt pour le ~* betriebsfähig; **13.** *demander un ~ à qn* jdn um e-n Dienst bitten; *être de ~* Dienst haben; *faire le ~ de qc* etw gratis zu=senden; *mettre en ~* in Dienst stellen, in Betrieb nehmen; *rendre ~ à qn* jdm e-n Dienst leisten; **14.** *qu'y a-t-il pour votre ~?* womit kann ich Ihnen dienen? **15.** *heures f pl de ~* Dienststunden *f pl; mise f en ~* Inbetriebnahme *f; règlement m de ~* Dienstvorschrift, Betriebsordnung *f;* **16.** *~ des achats* Einkaufsabteilung *f; ~ à café, à dessert, à liqueur, à thé* Kaffee-, Dessert-, Likör-, Teeservice *n; ~ de la comptabilité* Buchhaltung *f; ~ du contentieux* Rechtsabteilung *f; ~ des crédits* Kreditabteilung *f; ~ de dépannage* Reparaturwerkstatt *f; ~ météo(rologique)* Wetterdienst *m; ~ de nuit* Nachtdienst *m; ~ du personnel* Personalbüro *n; ~ des Ponts et Chaussées* Straßenbauverwaltung *f; ~ de presse* Besprechungsexemplar *n (Buch); ~ de la publicité* Werbeabteilung *f; ~ public* öffentliche(r) Versorgungsbetrieb *m; ~ de recouvrement* Inkassoabteilung *f; ~ de renseignements* Auskunft *f; ~ de santé* Sanitätswesen *n; ~ de secourisme* Hilfsdienst *m; ~ des ventes* Verkaufsabteilung *f.*

serv|iette [sɛrvjɛt] *f* **1.** *(~ de table)* Serviette *f;* **2.** *(~ de toilette)* Handtuch *n;* **3.** Aktentasche, Mappe *f;* — *~-éponge f* Frottierhandtuch *n; ~ hygiénique, périodique* (Damen-)Binde *f; ~ en papier* Papierserviette *f;* **~ile** *a* sklavisch *a. fig;* unterwürfig; **~ilité** *f* Unterwürfigkeit *f;* **~ir** **I.** *itr* **1.** *(Mensch)* dienen (*comme* als, *chez* bei); **2.** *(Tennis)* auf=schlagen; *il sert très mal* er hat e-n sehr schlechten Aufschlag; **3.** *(Sache)* dienen (*à* zu, *de* als); brauchbar, nützlich sein, nützen; *cette pile n'a servi qu'une fois* diese Batterie ist nur einmal benutzt worden; *cela nous sert de presse-papier* das dient uns als Briefbeschwerer; **4.** *~ à faire qc* dazu dienen, etw zu tun; *à quoi sert-il de (inf)* wozu nützt es zu *(inf);* **II.** *tr* **5.** (be)dienen; **6.** servieren, auf=tragen, vorsetzen (*qc* e-e S); auf=warten (*qn* jdm); **7.** *(Rente)* aus=zahlen; *(Bestellung)* erledigen; **8.** *(Karten)* geben; **9.** beliefern (*un client* e-n Kunden); **III.** *v prn se ~* **10.** sich bedienen (*de qc* e-r S *gen*); **11.** benutzen, verwenden (*de qc* etw); **12.** ein=kaufen (*chez* bei); **13.** *~ de rien* keinen Zweck haben; **14.** *les circonstances l'ont bien servi* die Umstände waren günstig für ihn (sie); *à quoi sert-il de ...* welchen Zweck hat es zu ...; *Madame est servie* der Tisch ist gedeckt; **~itude** *f* Knechtschaft *f.*

ses [se, sɛ] *prn s. son.*

session [sesjɔ̃] *f* **1.** Sitzung(speriode) *f;* **2.** Prüfungsperiode *f.*

seuil [sœj] *m* **1.** (Tür-)Schwelle *f a. geol fig;* **2.** *fig* Anfang, Beginn, Anbruch *m;* — *au ~ de l'hiver* zu Beginn, am Anfang des Winters.

seul, e [sœl] **I.** *a* **1.** *(nur prädikativ)* allein(stehend); einsam; **2.** *(vorangestellt)* alleinig; einzig; bloß; **3.** *d'une ~e pièce* aus einem Stück, einteilig; *un, e ~(e)* ein(e) einzige(r, s); *(pas) un ~* (nicht) ein einziger; **II.** *s un homme ~* ein einsamer Mensch; *~ à ~* unter vier Augen; *cela va tout ~* das geht (ganz) von selbst; *vous n'êtes pas le ~* Sie sind nicht der einzige; **~ement** *adv* **1.** lediglich, nur, bloß; **2.** *(Satzanfang)* aber, allein, bloß; **3.** *(zeitlich)* erst; *pas ~* nicht einmal.

sève [sɛv] *f* **1.** *bot* Saft *m a. fig;* **2.** *fig* Kraft, (jugendliche) Frische *f,* Temperament *n.*

sév|ère [sevɛr] *a* **1.** streng *(a. Kälte); (Verweis)* scharf; *(Verlust, Schaden)* schwer; *(Kritik)* hart; unnachsichtig; **2.** (form)streng, schlicht, einfach, sachlich, nüchtern; **~érité** *f* **1.** Strenge; *(Urteil)* Härte; *(Verweis)* Schärfe *f;* **2.** *fig (a. Stil)* Einfachheit, Schlichtheit, Sachlichkeit, Nüchternheit *f;* **~ices** *m pl* Mißhandlung(en *pl*) *f;* **~ir** *itr* **1.** streng vor=gehen (*contre* gegen); **2.** *(Seuche)* wüten; **3.** *(Krise)* herrschen.

sevr|age [səvraʒ] *m (Kind)* Entwöhnung *f;* **~er** *tr* **1.** *(Kind)* entwöhnen; **2.** *fig* berauben; wegnehmen (*qn de qc* jdm etw).

sex|agénaire [sɛksaʒenɛr] **I.** *a* sechzigjährig; **II.** *s m f* Sechzigjährige(r *m*) *f;* **~e** *m* **1.** Geschlecht *n;* **2.** Geschlechtsteile *m pl;* **~tant** [-tɑ̃] *m mar* Sextant *m;* **~tuor** [-tɥɔr] *m mus* Sextett *n;* **~tuple** sechsfach; **~ualité** [-ksɥa-] *f* Geschlechtlichkeit *f;* **~uel, le** [-ksɥɛl] *a* geschlechtlich, sexuell; Geschlechts-.

seyant, e [sɛjɑ̃, -ɑ̃t] *a* gutsitzend, kleidsam.

shampooing [ʃɑ̃pwɛ̃] *m* Kopfwaschen; Schampunieren *n; se faire faire un ~* sich die Haare waschen lassen.

shoot [ʃut] *m (Fußball)* Schuß *m;* **~er** *tr itr (Fußball)* schießen.

shopping [ʃɔpiŋ] *m faire du ~* e-n Einkaufsbummel machen.

si [si] **I.** *conj* wenn, falls, wofern; ob; **II.** *s m* Wenn *n; ~ ce n'est que ...* wenn nicht ..., außer wenn ...; *~ tant est que ...*

wenn es so, an dem, der Fall ist, daß ...; *vous pensez s'il a été content* Sie können sich denken, wie zufrieden er war; **III.** *adv* so; *(beteuernd)* ja, doch; *mais ~!* aber ja! *que ~!* und wie! *~ bien que* ... so daß ...; *~ fait!* doch, jawohl! *~ ... que* so ... auch; **IV.** *s m inv mus* h, H *n; ~ bémol* b, B *n.*

side-car [sidkar, sajd-] *m mot* (Motorrad *n* mit) Beiwagen *m.*

sidér|al, e [sideral] *a* Stern-; siderisch; **~é, e** *a fam* verblüfft, baff; **~urgie** *f* Eisenindustrie *f;* **~urgique** *a* eisenverarbeitend; Eisenhütten-.

siècle [sjɛkl] *m* **1.** Jahrhundert *n;* **2.** *rel* Welt *f; ~ des lumières* (Zeitalter *n* der) Aufklärung *f.*

siège [sjɛʒ] *m* **1.** Sitz(möbel *n*) *m;* Sitzgelegenheit *f,* (Sitz-)Platz *m;* **2.** *fig* (Regierungs-, Amts-, Wohn-)Sitz *m (a. e-r Firma, e-s Vereins);* **3.** *jur (magistrature f du ~)* Richterstand *m;* **4.** *parl* Sitz *m;* **5.** *mil* Belagerung *f;* **6.** *fam* Gesäß *n;* **7.** *au ~ de la société* am Sitz der Gesellschaft; *à deux ~s* zweisitzig; **8.** *prendre un ~* Platz nehmen; **9.** *bain m de ~* Sitzbad *n; le ~ apostolique, le Saint-S~* der Heilige Stuhl; *~ avant, arrière* Vorder-, Rücksitz *m; ~ du conducteur* Führersitz *m; ~ de réserve* Notsitz *m.*

siéger [sjeʒe] *itr* **1.** *(Behörde)* s-n Sitz haben; **2.** *(Parlament)* e-e Sitzung ab=halten; *(Gericht)* tagen; **3.** *(Abgeordneter)* e-n Sitz haben.

sien, ne [sjɛ̃, sjɛn] **I.** *prn* sein(ig), ihr(ig); ihm, ihr gehörig, *fam* von ihm, ihr; **II.** *le ~, la ~ne s m f* der, die das (Sein(ig)e, Ihr(ig)e; *les ~s* die Sein(ig)en, s-e Angehörigen *m pl; faire des ~nes (fam)* dumme Streiche machen; *y mettre du ~* sein Teil bei=tragen.

sieste [sjɛst] *f* Mittagsschlaf *m,* Siesta *f.*

sieur [sjœr] *m jur (vor e-m Namen)* Herr *m a. péj.*

siffl|ant, e [siflɑ̃, -ɑ̃t] **I.** *a* pfeifend, zischend; **II.** *s f* Zischlaut *m;* **~ement** *m* Pfeifen, Sausen, Zischen *n;* **~er** *tr itr* **1.** pfeifen (*un air* e-e Melodie; *un chien* e-m Hund); **2.** *theat* aus=pfeifen, -zischen; **~et** [-ɛ] *m* **1.** Pfeife *f;* **2.** *(coup m de ~)* Pfiff *m;* **3.** *theat* Auspfeifen, Auszischen *n;* **4.** *(fam) couper le ~ à qn* jdn aus dem Konzept bringen; **~eur, se** *a* pfeifend; *(Schlange)* zischend; **~oter** *tr itr* vor sich hin=pfeifen.

sigle [sigl] *m* (Ab-)Kürzung *f.*

signal [siɲal] *m pl -aux* Zeichen, Signal *n; donner le ~ (fig)* das Zeichen geben (*de* zu); *~ d'alarme (loc)* Notbremse *f; ~ d'arrêt* Haltesignal *n; ~ de circulation* Verkehrszeichen *n; ~ lumineux* Lichtsignal *n;* **~ement** *m* Personalbeschreibung *f;* Steckbrief *m;* **~er I.** *tr* **1.** signalisieren; an=zeigen, an=kündigen; **2.** *fig* hin=weisen, aufmerksam machen (*qc* auf e-e S); **II.** *v prn se ~* sich hervor=tun, sich aus=zeichnen; *rien à ~* keine besonderen Vorkommnisse; **~étique** *a* beschreibend; *plaque f ~* Typenschild *n;* **~isation** *f* **1.** Zeichengebung *f,* Signalisieren *n;* **2.** *(Straße)* Beschilderung *f; — feux m pl de ~* Verkehrsampel *f; panneau m de ~* Verkehrszeichen *n; ~ routière* Verkehrsregelung *f.*

sign|ataire [siɲatɛr] *m* Unterzeichner *m;* **~ature** *f* **1.** Unterschrift *f;* **2.** Unterzeichnung *f;* **3.** *avoir la ~* zeichnungsberechtigt sein; *revêtir de sa ~* mit s-r Unterschrift versehen; **4.** *spécimen m de ~* Unterschriftprobe *f; ~ en blanc* Blankounterschrift *f; ~ sociale* Firmenzeichnung *f;* **~e** *m* **1.** Zeichen *n;* **2.** Wink *m;* **3.** Anzeichen *n;* **4.** *math mus* Vorzeichen *n;* **5.** *en ~ de* zum Zeichen *gen; sous le ~ de ...* im Zeichen *gen;* **6.** *ne pas donner ~ de vie* kein Lebenszeichen von sich geben; *faire ~ à qn* jdm (zu=)winken, *fig* e-n Wink geben; *~ avant-coureur (allg)* Vorzeichen *n; ~ de croix* Kreuzeszeichen *n;* **~er I.** *tr* (unter)zeichnen; unterschreiben, s-n Namen setzen (*qc* unter e-e S); **II.** *v prn rel se ~* sich bekreuzigen; **~et** [siɲɛ] *m* Buch-, Lesezeichen *n;* **~ifiant, e I.** *a* bedeutend, bedeutungsvoll; **II.** *s m gram* Signifikant *m;* **~ificatif, ive** *a* bezeichnend; bedeutsam; **~ification** *f* **1.** Bedeutung; Sinn *m;* **2.** *jur (Urteil)* Zustellung *f;* **~ifié** *s m gram* Signifikat *n;* **~ifier** *tr* **1.** bedeuten, aus=drücken, heißen; **2.** mit=teilen, dar=tun; *jur* zu=stellen.

silenc|e [silɑ̃s] *m* **1.** Stille, Ruhe *f;* (Still-)Schweigen *n;* **2.** *mus* Pause *f; — en ~* schweigend; *garder le ~* Stillschweigen bewahren; *imposer ~* Ruhe gebieten; *passer sous ~* verschweigen; *~!* Ruhe! still (da)! **~ieux, se** [-sjø, -øz] **I.** *a* schweigsam, stumm; still, ruhig; laut-, geräuschlos; **II.** *s m mot* Schalldämpfer *m.*

silex [silɛks] *m min* Flint, Feuerstein *m.*

silhouette [silwɛt] *f* **1.** Silhouette *f;* Schattenbild *n;* **2.** Gestalt, Figur *f.*

sill|age [sijaʒ] *m mar* Kielwasser *n; marcher dans, suivre le ~ de qn* in jds Fuß(s)tapfen treten; **~on** *m* **1.** *agr* Furche *f;* **2.** *tech* Rille *f;* **~onner** *tr (Meer)* durch=ziehen, -furchen, -kreuzen.

silo [silo] *m agr (Rüben)* Miete *f; (Getreide)* Silo *m.*

sim|agrée [simagre] *f faire des ~s* sich zieren; *fam* Mätzchen machen; **~ilaire** [-mi-] *a* gleichartig; ähnlich; **~ilarité** *f* Gleichartigkeit *f;* **~ili** *m* Nachahmung, Imitation *f; en ~* unecht, nachgemacht; **~ilitude** *f* Ähnlichkeit *f;* **~oun** [-mun] *m* Samum *m.*

simpl|e [sɛ̃pl] **I.** *a* **1.** einfach; unkompliziert, ungezwungen; schlicht; schmucklos; **2.** *(Person)* simpel; einfältig, harmlos; **3.** *(vorangestellt)* einfach, bloß; **II.** *s m* **4.** *(Tennis)* Einzel *n;* **5.** *f pl bot* Heilkräuter *n pl; c'est la ~ vérité* das ist die nackte Wahrheit; **~ement** *adv* einfach; bloß, nur; **~et, te** [-ɛ] *a* etwas einfältig; **~icité** *f* **1.** Einfachheit; Natürlichkeit, Schlichtheit *f;* **2.** Einfalt *f;* **~ification** *f* Vereinfachung *f;* **~ifier** *tr* vereinfachen *a. math;* **~iste** *a* einseitig; grob vereinfachend.

simul|acre [simylakr] *m* **1.** Trugbild *n;* **2.** Schein *m; faire le ~ de ...* so tun, als ob ...; vor=täuschen; **~ateur, trice** *m f* **1.** Simulant(in *f*) *m;* **2.** *m tech* Simulator *m;* **~ation** *f* Vortäuschung; Verstellung *f;* Simulieren *n a. tech;* **~é, e** *a* vorgetäuscht, fingiert; Schein-; **~er** *tr* vor=geben, -täuschen, -schützen; fingieren, simulieren; **~tané, e** *a* gleichzeitig; simultan; **~tanéité** *f* Gleichzeitigkeit *f.*

sinc|ère [sɛ̃sɛr] *a* aufrichtig, offen, wahrhaftig; **~érité** *f* Aufrichtigkeit, Offenheit, Wahrhaftigkeit; *(Gefühl)* Echtheit *f.*

sinécure [sinekyr] *f fam* Druckposten *m; (fam) ce n'est pas une ~* das ist keine leichte Aufgabe.

sing|e [sɛ̃ʒ] *m* **1.** *zoo* Affe *m;* **2.** *fam* (der) Alte, Chef *m;* **3.** *pop* Büchsenfleisch *n;* **~er** *tr* nach=ahmen, -äffen; **~erie** *f faire des ~s* Faxen machen.

singul|ariser [sɛ̃gylarize] **I.** *tr* auf=fallen lassen; **II.** *v prn se ~* aufzufallen suchen; **~arité** *f* Eigenheit; Merkwürdigkeit; Seltsamkeit, Sonderbarkeit *f;* **~ier, ère** [-lje, -ɛr] **I.** *a* **1.** einzeln; einzig(artig); **2.** eigenartig, seltsam, sonderbar, schrullig; **II.** *s m gram* Einzahl *f,* Singular *m;* **~ièrement** *adv* **1.** sehr, ganz besonders; **2.** eigenartiger-, seltsamerweise.

sinistr|e [sinistr] **I.** *a* **1.** unheilvoll, -verkündend, -drohend; düster; **2.** schlimm, arg, schändlich; **II.** *s m* **3.** Unglück(sfall *m*) *n;* Katastrophe *f;* **4.** *(Versicherung)* Versicherungsfall, Schaden *m;* **~é, e I.** *a* geschädigt; von e-m Unglück betroffen, heimgesucht; abgebrannt; **II.** *s m* Geschädigte(r) *m.*

sinologie [sinɔlɔʒi] *f* Chinakunde, Sinologie *f.*

sinon [sinɔ̃] *conj* **1.** sonst, andernfalls; **2.** wenn nicht; **3.** außer; *~ que ...* außer daß ...

sinoque [sinɔk] *a fam* übergeschnappt.

sinu|eux, se [sinɥø, -øz] *a* gewunden; kurvenreich; kurvig; **~osité** *f* **1.** Gewundenheit *f;* **2.** Windung, Biegung, Krümmung *f;* **~s** [-ys] *m math* Sinus *m;* **~site** *f med* Stirnhöhlenvereiterung *f.*

Sion [sjɔ̃] *f* Zion, Jerusalem; Sitten *n* *(Schweiz);* **~isme** [sjɔ-] *m* Zionismus *m;* **~iste I.** *a* zionistisch; **II.** *s m* Zionist *m.*

siphon [sifɔ̃] *m* Siphon *m; ~ à eau de Seltz* Sodawasserflasche *f.*

sir|e [sir] *m (Anrede)* Majestät; **~ène** *f* Sirene *f a. tech; ~ d'alarme* Alarmsirene *f;* **~oc(c)o** *m* Schirokko *m;* **~op** [-o] *m* Sirup *m;* **~oter** *tr* (langsam u. mit Genuß) schlürfen; **~upeux, se** *a* **1.** sirupartig; **2.** *(Musik)* schmalzig.

sis, e [si, -iz] *a jur (Gebäude)* gelegen; **~mique** [sis-] Erdbeben-; seismisch; *secousse f ~* Erdstoß *m;* **~mographe** *m* Seismograph *m.*

sit|e [sit] *m* **1.** Landschaft, Gegend; Stätte *f;* **2.** Anlage *f;* **3.** *(Stadt)* Lage *f.*

sitôt [sito] **I.** *adv* sogleich, sobald, alsbald; *pas de ~* nicht so bald; **II.** *~ que (conj)* sobald (als).

situation [sitɥasjɔ̃] *f* **1.** Lage *f a. fig;* **2.** Position, Stellung; Haltung *f;* **3.** *com* Stand, Ausweis *m;* **4.** *fig* Zustand *m,* Umstände *m pl,* Verhältnisse *n pl;* **5.** *être en ~* Gelegenheit haben (*de* zu); *exposer la ~* die Lage dar=legen; *la ~ s'affermit, empire* die Lage festigt sich, verschlechtert sich; **6.** *~ atmosphérique, météorologique* Wetterlage *f; ~ de la caisse* Kassenstand *m; ~ économique* Wirtschaftslage *f; ~ financière* Vermögenslage *f; ~ du marché* Markt-, Absatzlage *f; ~ de premier plan* leitende Stellung *f;* **~ué, e** [-tɥe] *a* gelegen; *être ~* liegen (*sur* an *dat*); **~uer I.** *tr* **1.** einordnen; s-e Stelle an=weisen (*qn, qc* jdm, e-r S); **2.** *(Handlung)* verlegen (*à* nach); **II.** *v prn se ~* **3.** liegen, sich befinden; **4.** *fig* sich einpendeln (*dans le voisinage de* ungefähr bei).

six [sis] *vor Kons.* [si] *vor Vok.* [siz] **I.** *a* sechs; **II.** *s m* Sechs(er *m*) *f;* der Sechste; *~ jours m pl* Sechstagerennen *n; trois francs les ~* drei Francs das halbe Dutzend *(Bier);* **~ième** [-zjɛm] **I.** *a* sechste(r, s); **II.** *s m* Sechstel *n;* sechste(r) Stock *m; f (Schule)* Sexta *f;* **~ièmement** *adv* sechstens; **~te** [sikst] *f mus* Sexte *f.*

sketsch [skɛtʃ] *m* Sketsch *m.*

ski [ski] *m* Ski *m;* Skifahren *n; à ~s* auf Skiern; *faire du ~,* **~er** [skje] *tr* Skilaufen; *aller au ~* zum Skilaufen, zum Wintersport gehen; *bâton m de ~* Skistock *m; ~ nautique, de saut* Wasser-, Sprungski *m;* **~eur, se** *m f* Skiläufer(in *f*) *m.*

skunks [skœ̃ks] *m s. sconse.*

slalom [slalɔm] *m sport* Slalom *m; ~ géant, spécial* Riesen-, Spezialslalom *m.*

slave [slav] **I.** *a* slawisch; **II.** *S~ s m f* Slawe *m,* Slawin *f.*

sleeping [slipiŋ] *m* Schlafwagen *m.*

slip [slip] *m* Slip *m;* (beinlose) Unterhose *f; ~ de bain* Badehose *f; ~ pour dames* Damenslip *m,* -höschen *n.*

slogan [slɔgɑ̃] *m* Schlagwort *n,* Parole *f; ~ électoral* Wahlparole *f.*

smala [smala] *f fam* Familie; Sippschaft *f; avec toute sa ~* mit Kind und Kegel.
smash [smaʃ] *m sport* Schmetterball *m.*
smoking [smokiŋ] *m* Smoking *m.*
snack [snak] *m* Schnellgaststätte *f.*
snob [snɔb] **I.** *s m* Snob *m;* **II.** *a* snobistisch; **~isme** *m* Snobismus *m.*
sobr|e [sɔbr] *a* **1.** mäßig, enthaltsam; **2.** *fig* maßvoll, gemäßigt; sparsam (*de* mit); **3.** *(Kleidung)* einfach, schlicht, unauffällig; **~iété** [-brijete] *f* **1.** Enthaltsamkeit, Mäßigkeit *f;* **2.** Nüchternheit; *(Stil)* Schmucklosigkeit; *(Kleidung)* Schlichtheit, Einfachheit *f;* **~iquet** [-ɛ] *m* Spitzname *m.*
soc [sɔk] *m agr* Pflugschar *f.*
socia|bilité [sɔsjabilite] *f* **1.** Geselligkeit *f;* **2.** Ansprechbarkeit; Kontaktfähigkeit *f;* **~ble 1.** gesellig; um-, zugänglich; **2.** ansprechbar, gemeinschaftsfähig; **~l, e** *a pl -aux* **1.** gesellschaftlich; sozial; gesellig *a. zoo;* **2.** *com* Gesellschafts-; **3.** *année f ~e* Geschäftsjahr *n; assistante f ~e* Werkfürsorgerin *f; capital m ~* Gesellschaftskapital *n; charges f pl ~es* Soziallasten *f pl; raison f ~e* Firma, Firmenbezeichnung *f,* -name *m; siège m ~* Sitz *m* e-r Gesellschaft; **~lisation** *f* Sozialisierung *f;* **~liser** *tr* sozialisieren; **~lisme** *m* Sozialismus *m;* **~liste I.** *a* sozialistisch; **II.** *s m f* Sozialist(in *f*) *m.*
sociét|aire [sɔsjetɛ̃r] *m com* Gesellschafter *m;* **~é** *f* **1.** Gesellschaft *f a. com;* **2.** Verein(igung *f*) *m;* **3.** *com* Firma *f;* **4.** *~ anonyme, par actions* Aktiengesellschaft *f; ~ d'assurance(s)* Versicherungsgesellschaft *f; ~ immobilière* Immobiliengesellschaft *f; ~ mère* Muttergesellschaft *f; ~ de navigation* Schiffahrtsgesellschaft *f; ~ sportive* Sportverein, -klub *m.*
sociolog|ie [sɔsjɔlɔʒi] *f* Soziologie *f;* **~ique** *a* soziologisch; **~ue** [-lɔg] *m* Soziologe *m.*
soc|le [sɔkl] *m arch* Sockel *m a. el geol;* **~que** [sɔk] *m* Holzüberschuh *m;* Sokkelsandale *f;* **~quette** *f WZ* Söckchen *n.*
sod|a [sɔda] *m* Sodawasser *n* mit Fruchtsirup; **~ium** [-jɔm] *m chem* Natrium *n.*
sœur [sœr] *f* Schwester *f a. rel; (fam fig) et ta ~?* was geht das dich an? **~ette** *f fam* Schwesterchen *n.*
soi [swa] *prn* sich; *de, en ~* an sich; *à part ~* für sich; *chez ~* zu Hause, daheim; *prendre sur ~ (fig)* auf sich nehmen; *cela va de ~* das versteht sich von selbst; *~-disant* **I.** *a inv* sogenannt; angeblich; **II.** *adv* sozusagen.
soie [swa] *f* Seide *f; (~ de porc)* Borste *f; de ~* seiden; *pure ~* reine Seide *f;* reinseiden; *~ artificielle, grège, naturelle* Kunst-, Roh-, Naturseide *f;* **~rie** *f* Seidenware *f,* -gewebe *n,* -handel *m.*
soif [swaf] *f* **1.** Durst *m;* **2.** *fig* Hunger *m,* Gier *f* (*de* nach); *avoir ~ de (fig)* heftig verlangen nach; *boire à sa ~* s-n Durst löschen; *donner ~* Durst machen.
soign|é, e [swaɲe] *a* **1.** gepflegt; *(Arbeit)* sorgfältig; **2.** *pop* tüchtig; **~er I.** *tr* **1.** pflegen; versorgen, sorgen (*qn, qc* für jdn, etw); sorgfältig um=gehen (*qc* mit etw); **2.** *fam* tüchtig vor=knöpfen, -nehmen; **3.** *med* behandeln; *se faire ~* (sich) behandeln lassen; **II.** *v prn se ~* sich pflegen; sich in acht nehmen; auf s-e Gesundheit acht=(geb)en; **~eur** *m sport* Masseur *m;* **~eux, se** *a* sorgfältig, umsichtig.
soin [swɛ̃] *m* **1.** Sorgfalt *f;* **2.** Sorge *f;* **3.** *pl* Pflege *f;* **4.** *pl* Behandlung *f,* Bemühungen *f pl;* **5.** *aux bons ~s de ...* bei ... *(auf Briefen);* **6.** *avoir, prendre ~* Sorge tragen (*de* für); *donner des ~s à qn (med)* jdn behandeln; *entourer de ~s* umsorgen, umhegen; *être aux petits ~s pour qn* jdm jeden Wunsch von den Augen ab=lesen; *laisser à qn le ~* es jdm überlassen (*de* inf); *les premiers ~s* die Erste Hilfe; *~s de beauté, corporels, dentaires, du visage* Schönheits-, Körper-, Zahn-, Gesichtspflege *f.*
soir [swar] **I.** *m* **1.** Abend; Nachmittag *m;* **II.** *a inv* **2.** abend; **3.** *au, le ~* abends, am Abend; *du ~ (nach Uhrzeit)* nachmittags, abends; *hier ~* gestern abend; *vers, sur le ~* gegen Abend; *tous les lundis ~* alle Montagabend; *à ce ~!* bis heute abend! *le ~ tombe, descend* es wird Abend; **~ée** *f* **1.** Abend(gesellschaft *f*) *m;* **2.** *(Kino)* Abendvorstellung *f;* — *dans la ~* im Laufe des Abends; *en ~* im Lauf des abends; *en fin de ~* am späten Abend; *tenue f de ~* Abend-, Gesellschaftskleidung *f; ~ dansante, de gala* Tanz-, Festabend *m.*
soit [swa(t)] **I.** *conj; ~ ... ~* sei es ..., sei es; entweder ... oder; **II.** *interj* meinetwegen! (nun) gut! schön! **III.** *s. être.*
soixant|aine [swasɑ̃tɛn] *f: une ~ (de)* etwa sechzig; *approcher de la ~* sich den Sechzigern nähern; **~e** *a* sechzig; *~-dix* siebzig; **~ième I.** *a* sechzigste(r, s); **II.** *s m* Sechzigstel *n.*
soja [sɔʒa] , **soya** [sɔja] *m bot* Sojabohne *f.*
sol [sɔl] *m* **1.** (Erd-, Fuß-)Boden *m; agr* Erde *f,* Land *n;* **2.** *chem* Sol *n;* **3.** *inv mus* g, G *n; ~ dièse* gis, Gis *n;* **4.** *nature f du ~* Bodenbeschaffenheit *f; ~ calcaire, cultivé, rocailleux, sabl(onn)eux* Kalk-, Kultur-, Fels-, Sandboden *m;* **~aire** *a* Sonnen-; *année f, cadran m, éclipse, tache f ~* Sonnenjahr *n,* -uhr, -finsternis *f,* -fleck *m;* **~arium** [-arjɔm] *m* Solarium *n;* Sonnenterrasse *f.*
sold|at [sɔlda] *m* Soldat *m;* **~atesque** [-tɛsk] *f* Soldateska *f;* **~e 1.** *f* Sold *m,* Löhnung *f; être à la ~ de qn* in jds

Diensten stehen; **2.** *m com* Saldo *m;* Saldierung *f; pl* Restposten *m pl; pl* Aus-, Schlußverkauf *m* **3.** *pour ~ de mon compte* zum Ausgleich meiner Rechnung; **4.** *accuser, présenter un ~* e-n Saldo auf=weisen (*de* von); *établir le ~* den Saldo fest=stellen; **5.** *~ en caisse* Kassenbestand *m; ~s de fin d'été, d'hiver* Sommer-, Winterschlußverkauf *m;* **~er I.** *tr* **1.** *com* be-, aus=gleichen, saldieren; bezahlen; **2.** *(Ware)* billiger absetzen; verramschen; **II.** *v prn se ~ par un bénéfice, déficit* mit e-m Gewinn, e-m Fehlbetrag (ab=)schließen; *se ~ par un succès* von Erfolg gekrönt werden; *soldé 300 frs* herabgesetzte(r) Preis 300 frs.

sol|e [sɔl] *f zoo* Seezunge *f;* **~écisme** *m* sprachliche(r) Fehler *m.*

soleil [sɔlɛj] *m* **1.** Sonne(nlicht *n) f;* Sonnenschein *m;* **2.** Feuerrad *n;* **3.** *bot* Sonnenblume *f;* **4.** *au ~* in der Sonne, im Sonnenschein; *au coucher du ~* bei Sonnenuntergang; **5.** *s'allonger, se mettre au ~* sich in die Sonne legen; *avoir des biens au ~* Grundbesitz haben; *piquer un ~* knallrot werden; *il fait (du) ~* die Sonne scheint; **6.** *coup m de ~* Sonnenstich *m; grand ~ (sport)* Riesenwelle *f; la place au ~ (fig)* der Platz an der Sonne; *le ~ levant, couchant* die auf-, untergehende Sonne.

solenn|el, le [sɔlanɛl] *a* feierlich, festlich; **~ité** *f* Feierlichkeit, Festlichkeit *f.*

solfatare [sɔlfatar] *f geol* Solfatare *f.*

sol|fège [sɔlfɛʒ] **1.** Musiklehre *f;* **2.** Gesangsübung(sbuch *n) f;* Solfeggio *n;* **~fier** [-fje] *mus* solfeggieren.

solid|aire [sɔlidɛr] *a* **1.** solidarisch, gegenseitig verpflichtet, verantwortlich (*de* für); **2.** *jur* gesamtschuldnerisch; Gesamt-; **~ariser, se** *v prn* sich solidarisch erklären, gemeinsame Sache machen (*avec* mit *dat*); **~arité** *f* **1.** Zusammenhalt *m,* Solidarität *f* (*avec* mit *dat*); **2.** *jur* Solidarhaftung *f;* **~e I.** *a* **1.** fest *a. phys;* stark, kräftig; haltbar, dauerhaft, gediegen *a. fig,* solide, widerstandsfähig; *(Textil)* strapazierfähig; **2.** *(Person)* kräftig; robust; **3.** *fig* gewichtig, wohlbegründet, stichhaltig; **4.** *(Firma)* zahlungsfähig; **II.** *s m* (fester) Körper *m;* **~ifier I.** *tr* (ver)festigen; stärken; verdichten; **II.** *v prn se ~ (chem)* erstarren; **~ité** *f* **1.** Festigkeit; Haltbarkeit, Dauerhaftigkeit, Strapazierfähigkeit *f;* **2.** *fig* Gründlichkeit, Gediegenheit, Zuverlässigkeit; Stichhaltigkeit *f;* **3.** *com* Kreditwürdigkeit *f.*

soli|loque [sɔlilɔk] *m* Selbstgespräch *n;* **~ste I.** *s m f mus* Solist(in *f*) *m;* **II.** *a* Solo-; **~taire I.** *a* **1.** einsam, allein(ig); ungesellig; zurückgezogen, einsiedlerisch; **2.** *(Ort)* abgelegen, abgesondert, abgeschieden; **II.** *s m* **3.** Einsiedler *m;* **4.** *zoo* alte(r) Keiler *m;* **5.** Solitär *m (Diamant); ver m ~* Bandwurm *m;* **~tude** *f* **1.** Einsamkeit; Vereinsamung; Zurückgezogenheit *f;* **2.** Abgelegenheit, Abgeschiedenheit *f;* **~ve** *f* (Decken-) Balken *m;* **~veau** *m* **1.** kleine(r) Balken *m;* **2.** *fig* völlige Null *f.*

sollicit|ation [sɔlisitasjõ] *f* Gesuch *n;* (dringende) Bitte *f;* Ersuchen *n;* **~er** *tr* **1.** ersuchen, dringend bitten (*qc* um etw, *à* od *de* zu); **2.** *(Aufmerksamkeit)* erregen; **~eur, se** Bittsteller(in *f*) *m;* **~ude** *f* Fürsorge, Betreuung *f.*

solo [sɔlo] *m pl a. soli mus fig* Solo *n.*

sol|stice [sɔlstis] *m* Sonnenwende *f;* **~uble** *a* **1.** löslich; **2.** *(Aufgabe)* lösbar; **~ution** *f* **1.** *chem math* Lösung *f a. fig;* **2.** *fig* (Auf-)Lösung *f; (Schwierigkeit)* Beseitigung *f; ~ de continuité* Unterbrechung *f;* **~utionner** *tr (Problem)* lösen; **~vabilité** *f com* Zahlungs-, Kreditfähigkeit *f;* **~vable** *a* zahlungs-, kreditfähig, solvent; **~vant** *m chem* Lösungsmittel *n.*

sombre [sõbr] *a* **1.** düster *a. fig,* lichtlos; *(Wetter)* trübe; *(Himmel)* verhangen; *(Farbe)* dunkel; **2.** *(vorangestellt)* erbärmlich, dumm; **3.** *(Mensch)* mürrisch, verdrossen; *(Miene)* finster, trübselig; *(Gedanken)* trübe, finster; *~ idiot m* Vollidiot *m;* **~r** *itr* **1.** *mar* ab=sacken, unter=gehen; **2.** *~ dans la boisson* dem Trunk verfallen.

somm|aire [sɔmɛr] **I.** *a* kurz (zs.)gefaßt, gedrängt, summarisch; **II.** *s m* Zs.fassung, kurze Inhaltsangabe *f;* **~ation** *f jur* Aufforderung; Mahnung *f;* **~e 1.** *f* Summe *f,* Betrag *m; fig* Gesamtheit *f;* **2.** *f: bête f de ~* Lasttier *n a. fig;* **3.** *m* Schläfchen *n; — en ~ ronde* rund (gerechnet); *en ~, ~ toute* alles in allem; *faire la ~* zs.=rechnen (*de qc* etw); *~ en toutes lettres* Betrag *m* in Worten; *~ totale* Gesamtsumme *f;* **~eil** [-ɛj] **1.** Schlaf *m;* **2.** Schläfrig-, Müdigkeit *f;* **3.** *avoir ~* müde, schläfrig sein; *être en ~ (fig) (Verhandlungen)* ruhen; *(Betrieb)* stillegen; *mettre en ~ (fig)* auf Eis legen; *tomber de ~* vor Müdigkeit um=fallen; *~ de plomb* bleierne(r) Schlaf *m;* **~eiller** [-e(ɛ)je] *itr* schlummern *a. fig;* **~elier** [-mə-] *m* Kellermeister; Weinkellner *m;* **~er** *tr* **1.** auf=fordern; **2.** *math* addieren; **~et** [-ɛ] *m* **1.** Gipfel *m,* Spitze *f,* höchste(r) Punkt *m;* **2.** *math* Scheitelpunkt *m;* **3.** *fig* Gipfel, höchste(r) Grad *m;* **4.** *réunion f au ~* Gipfelkonferenz *f; ~ du poumon* Lungenspitze *f; — à quelle hauteur se trouve le ~?* wie hoch ist der Gipfel? **~ier** *m* **1.** *arch* Kämpfer, Tragbalken *m;* **2.** *~s (judiciaires)* Erkennungsdienst *m;* **3.** Matratze *f; ~ élastique* Sprungfedermatratze *f;* **~ité** *f fig* Kapazität, Größe *f.*

somn|ambule [sɔmnɑ̃byl] **I.** *a* nachtwandelnd; **II.** *s m f* Nachtwandler(in *f*) *m;* **~ambulisme** *m* Nachtwandeln *n;* **~ifère** *m* Schlafmittel *n;* **~olence** *f* Dösen *n;* Schläfrigkeit; Schlaftrunkenheit *f;* **~olent, e** *a* dösig, schläfrig, schlaftrunken; **~oler** *itr* dösen.

somptu|aire [sɔ̃ptɥɛr] *a dépenses f pl ~s* übertriebene(r) Aufwand *m;* **~eux, se** *a* prächtig, prunkvoll; **~osité** *f* Pracht *f,* Prunk; (großer) Aufwand *m.*

son [sɔ̃] **sa,** *pl* **ses I.** *a* sein(e), ihr(e); **II.** *s m* Kleie *f; taches f pl de ~* Sommersprossen *f pl;* **III.** *s m* **1.** Ton *m; monter le ~ (radio)* den Ton lauter machen; **2.** Laut *m a. gram;* **3.** *(Stimme)* Klang *m;* **4.** *phys* Schall *m;* **5.** *au ~ des cloches* unter Glockengeläut; **6.** *ingénieur m du ~* Toningenieur *m; mur m du ~* Schallmauer *f; prise f de ~* Tonaufnahme *f; vitesse f du ~* Schallgeschwindigkeit *f;* **~ate** [sɔ-] *f mus* Sonate *f;* **~atine** *f mus* Sonatine *f.*

sond|age [sɔ̃daʒ] *m* **1.** *tech* Probebohrung *f;* **2.** *med* Sondierung *f a. fig;* **3.** *mar* Lotung *f;* **4.** *fig* Stichprobe; *(~ d'opinion)* Befragung, Umfrage *f;* Erhebungen *f pl;* Meinungsforschung *f; faire des ~s* Umfragen, Untersuchungen an≈stellen; **~e** *f* **1.** Sonde *f a. med;* **2.** *mar* Lot, Senkblei *n;* **3.** *~ spatiale* Raumsonde *f;* **~er** *tr* **1.** sondieren, untersuchen *a. fig;* **2.** *mar* loten, peilen; **3.** *fig* aus≈horchen, -forschen; *~ le terrain (fig)* die Lage peilen, auf den Busch klopfen.

song|e [sɔ̃ʒ] *m lit* Traum *m;* **~er** *itr* **1.** denken (*à* an *acc, à Inf.* daran denken zu *inf*); **2.** überlegen (*à qc* etw), nach≈sinnen (*à* über *acc*), acht≈geben (*à* auf *acc*); **3.** sich interessieren (*à* für); **~eur, se** *a* träumerisch, versonnen; nachdenklich.

sonique [sɔnik] *a vitesse f ~* Schallgeschwindigkeit *f.*

sonn|aille [sɔnɑj] *f* Kuhglocke *f;* **~ant, e** *a: à huit heures ~es* Schlag, Punkt acht Uhr; **~é, e** *a* **1.** *il est midi ~* es hat gerade zwölf geschlagen; *il a 50 ans bien ~s* er ist gut 50 Jahre alt; **2.** *fam* verrückt; **~er I.** *itr* **1.** läuten (*à la porte* an der Tür); klingeln *a. tele;* *(Uhr)* schlagen; **2.** klingen, (er)tönen, (er)schallen; **II.** *tr* **3.** läuten; klingeln (*qn* jdm); **4.** *mil* blasen (*la charge* zum Angriff); **5.** *(die Stunde)* schlagen; **6.** *tele* an≈läuten, -rufen (*qn* jdn); **7.** *(fam) se faire ~* e-n Schlag versetzt bekommen; *fig* eins auf den Deckel bekommen; *~ les cloches à qn (fam)* jdm die Meinung sagen; *(pop) on ne vous a pas sonné* ich habe Sie nicht um Ihre Meinung gefragt; **~erie** *f* **1.** (Glocken-)Geläut(e) *n;* **2.** Klingel(anlage) *f;* **3.** *(Uhr)* Läutwerk *n;* **4.** Horn-, Trompetensignal *n;* **~et** [-ɛ] *m* Sonett *n;* **~ette** *f* **1.** Klingel; Glocke *f;* **2.** *tech* (Pfahl-)Ramme *f; bouton m de ~* Klingelknopf *m;* **~eur** *m* Glöckner *m.*

sonor|e [sɔnɔr] *a* **1.** tönend, klingend, schallend; **2.** klangvoll, wohlklingend; *(Ton)* voll; **3.** *gram* stimmhaft; **4.** *tech* Schall-, Ton-; **5.** *film m ~* Tonfilm *m; fond m ~* Geräuschkulisse; musikalische Untermalung *f; onde f ~* Schallwelle *f;* **~iser** *tr* **1.** *film* vertonen; **2.** *(Laut)* stimmhaft aus≈sprechen; **3.** *(Saal)* beschallen; mit e-r Lautsprecheranlage versehen; **~ité** *f* **1.** Klangfülle *f;* **2.** *(Raum)* Akustik *f.*

sophis|me [sɔfism] *m* Trugschluß *m;* **~te** *m* Sophist *m;* **~tication** *f* Unnatürlichkeit *f;* **~tique** *a* sophistisch; **~tiqué, e** *a* gekünstelt, unecht, geziert; **~tiquer** *tr* **1.** verfälschen; **2.** *tech* sorgfältig pflegen.

sopori|fique [sɔpɔrifik] **I.** *a med* **1.** einschläfernd; Schlaf-; **2.** *fig* langweilig; **II.** *s m med* Schlafmittel *n.*

sopra|no [sɔprano] *m, pl a. -ni* Sopran *m.*

sorb|et [sɔrbɛ] *m* Sorbett *m;* **~etière** [-bə-] *f* (Speise-)Eismaschine *f;* **~ier** *m bot* Eberesche *f;* Vogelbeerbaum *m.*

sorc|ellerie [sɔrsɛlri] *f* Hexerei, Zauberei *f;* **~ier, ère** [-sje, -ɛr] *s m f* Zauberer *m;* Hexe *f; il ne faut pas être grand ~ pour cela* dazu gehört nicht viel; *apprenti m ~* Zauberlehrling *m; (pol) chasse f aux ~ières* Hexenjagd *f.*

sor|dide [sɔrdid] *a* **1.** schmutzig *a. fig,* dreckig, schmierig; **2.** *fig* schäbig, gemein; **~nettes** *f pl* Geschwätz, Geschwafel, Gewäsch *n.*

sort [sɔr] *m* **1.** Los *n;* **2.** Geschick, Schicksal; Glück *n;* **3.** Lage *f;* Los *n;* Verhältnisse *n pl,* Situation *f;* **4.** *faire un ~ à qc (pop)* mit etw fertig werden, etw endgültig erledigen; *jeter un ~ à qn, qc* jdn, etw behexen; *tirer au ~* losen; *faut qu'il y ait un ~* es ist wie verhext; *tirage m au ~* Auslosung *f;* **~able** *a il n'est plus ~* man kann sich mit ihm nicht mehr sehen lassen; **~ant, e** *a* **1.** ausscheidend; bisherig; **2.** *(Lotterie) numéros m pl ~s* Gewinnzahlen *f pl;* **~e** *f* Art, Weise, Gattung, Sorte *f; de la ~* so; *de (telle) ~ que, en ~ que (conj)* so daß ...; *en quelque ~* gewissermaßen; *toute(s) ~ (s) (de ...)* allerlei (...).

sortie [sɔrti] *f* **1.** Ausgang, -stieg *m;* Ausfahrt; Ausfallstraße *f;* **2.** Hinausgehen *n;* Ausreise *f;* Herausgehen; Verlassen *n* (*de* gen); **3.** Ausfahrt *f,* Spaziergang *m,* Ausflug *m;* **4.** *theat sport* Abgang *m;* **5.** *mil* Ausbruch *m; aero* Einsatz *m;* **6.** *com (Geld)* Abfluß, Abzug *m; (Waren)* Ausfuhr *f; (aus e-m Betrieb)* Abfluß, Abgang *m;* **7.** *(Krankenhaus) pl* Entlassungen *f pl,* Abgänge *m pl;* **8.** *à la ~ de ...* beim Verlassen *gen;* **9.** *se ménager une porte de ~* sich ein Hintertürchen offen=halten; *(fam) je suis de ~* ich fahr weg; *il fit une ~ contre son voisin (fam)* er ist über s-n Nachbarn hergezogen; **10.** *~ de bain* Bademantel *m; ~ des classes* Schulschluß *m; ~ de secours* Notausgang, -ausstieg *m.*

sortilège [sɔrtilɛʒ] *m* Zauber *m,* Zauberei *f.*

sortir [sɔrtir] **I.** *itr* **1.** hinaus=, heraus=gehen, -fahren, -treten, -kommen; **2.** hervor=gehen, -kommen, her=kommen, her=, ab=stammen; **3.** verlassen (*de qc* etw); sich entfernen (*de qc* von etw); *(vom Tisch)* auf=stehen; *(Krankheit)* gerade genesen sein (*de* von); *(aus dem Gefängnis)* eben entlassen sein; *(aus e-m Hafen)* aus=laufen; **4.** *(von e-m Thema)* ab=kommen, -weichen; **5.** *(Schule)* besucht haben; **6.** *(Gegenstand)* heraus=, hervor=ragen (*de* aus); **7.** *fig* hervor=treten; keimen, sprießen; zur Welt kommen; **8.** *(Buch)* heraus=kommen, erscheinen; *(Film)* an=laufen; **9.** *(Fahrgestell)* aus=fahren; **II.** *tr* **10.** *(Person, Hund)* ausführen; **11.** heraus=bringen, -nehmen, -schaffen, -ziehen, -fahren (*de* aus); **12.** hinaus=werfen; **13.** auf den Markt, ans Tageslicht bringen; **14.** *fam (Bemerkung)* von sich geben; **III.** *v prn* **15.** *s'en ~* sich aus der Affäre ziehen; **16.** *au ~ de ...* beim Verlassen *gen;* **17.** *~ de chez qn* eben erst bei jdm gewesen sein; *~ un nouveau modèle* ein neues Modell herausbringen; *~ de son rôle* aus der Rolle fallen; *~ du service* aus dem Dienst aus=scheiden; **18.** *les jeux lui sortent de la tête* er ist außer sich; *il faut le ~ de là* man muß ihm auf die Beine helfen; *cela sort de l'ordinaire* das fällt aus dem Rahmen.

sosie [sɔzi] *m* Doppelgänger *m.*

sot, te [so, sɔt] **I.** *lit a* dumm, töricht; **II.** *lit s m* Narr *m; f* Närrin *f;* **~ise** *f* Dummheit, Torheit, Unvernunft *f; il lui a dit des ~s (fam)* er hat ihm Beleidigungen an den Kopf geworfen.

sou [su] *m* **1.** Sou *m (5 Centimes);* **2.** *fig* Pfennig, Heller *m;* **3.** *pl fam fig* Geld *n;* **4.** *~ à ~, ~ par ~* Pfennig für Pfennig, aus kleinsten Beträgen; *n'avoir pas un ~, être sans le ~* keinen Pfennig Geld haben.

sou|bassement [subasmɑ̃] *m* Sockel *m;* **~bresaut** [-so] *m (Pferd)* plötzliche(r) Sprung *m;* Zs.zucken, -fahren *n;* **~brette** *f theat* Kammerzofe *f a. allg.*

souche [suʃ] *f* **1.** (Baum-)Stumpf *m;* **2.** Kontrollblatt *n,* -abschnitt *m;* **3.** *fig* Stammvater; Ursprung *m;* **4.** *dormir comme une ~* wie ein Murmeltier schlafen; *faire ~* Nachkommen haben; *rester là comme une ~* wie angewurzelt stehenbleiben.

souci [susi] *m* **1.** Sorge, Besorgnis *f;* Kummer *m;* **2.** Bemühen *n* (*de* um); **3.** *bot* Ringelblume *f;* — *se faire du ~ pour qc (fam)* sich um etw Sorgen machen; **~er, se** [-sje] *v prn ne pas se ~ de qc, qn* sich nicht um etw, jdn kümmern; nichts nach jdn, etw fragen; **~eux, se** *a* **1.** bedacht (*de* auf), besorgt (*de* um); **2.** bekümmert, sorgenvoll.

soucoupe [sukup] *f* Untertasse *f; ~ volante* fliegende Untertasse *f.*

soudage [sudaʒ] *m* Schweißen, Löten *n.*

soudain, e [sudɛ̃, -ɛn] *a adv* plötzlich, jäh, unvermittelt, schlagartig, unerwartet; **~ement** *adv* plötzlich, sofort; **~eté** *f* Plötzlichkeit; Schlagartigkeit *f.*

soud|e [sud] *f chem* Soda *f* od *n; bicarbonate m de ~* (kohlensaures) Natron *n;* **~é, e** *a* **1.** *med* ver-, zs.gewachsen; **2.** *fig* fest verbunden; **~er I.** *tr* **1.** (zu-, ver)schweißen; zs.=löten; **2.** *fig* zs.=schweißen; *~ à l'autogène* autogen schweißen; **II.** *v prn se ~ (biol)* zusammenwachsen; **~eur** *m* Schweißer *m;* **~oyer** *tr* dingen, (er)kaufen; **~ure** *f* **1.** Schweißen *n;* **2.** Schweißnaht, Lötstelle *f;* **3.** *tech* Lot, Lötzinn *n;* **4.** *biol* Zusammenwachsen *n;* **5.** *fig* Überbrückung *f;* **6.** *sans ~* nahtlos; *faire la ~ (fig)* überbrücken.

souffl|age [suflaʒ] *m* (Glas-)Blasen *n;* **~ant, e** *a* **1.** *tech machine f ~e* Gebläse *n;* **2.** *fig fam c'est ~* das ist verblüffend; **~e** *m* **1.** Hauch *m;* **2.** Atem(zug) *m,* Puste *f;* **3.** *(Wind)* Wehen, Blasen *n;* **4.** *tech* Sog; Strom; Luftdruck *m;* **5.** *med* Pfeifen, *radio* Rauschen *n;* **6.** *avoir le ~ coupé* ganz außer Atem sein; *éteindre d'un ~* aus=blasen; *être à bout de ~* außer Atem sein; *on en a le ~ coupé* es benimmt, verschlägt e-m den Atem; **7.** *~ d'air, de vent* Luft-, Windhauch *m;* **~é, e I.** *a fig fam être ~* baff sein; **II.** *s m* Auflauf *m,* Soufflé *n;* **~er I.** *itr* **1.** *(Wind)* blasen, wehen; **2.** *(Person)* pusten, hauchen, schnaufen, keuchen; **3.** Atem holen, verschnaufen; auf=atmen; **II.** *tr* **4.** blasen, *fam* pusten; **5.** an=, aus=, weg=blasen; **6.** *(Glas)* blasen; **7.** *(Feuer)* u. *fig (Streit)* entfachen, schüren; **8.** *(Schule)* vor=, ein=sagen, zu=flüstern; *theat* soufflieren; ein=geben, inspirieren; **9.** *(Stein)* weg=nehmen; **10.** *fam ~ qc à qn* jdm etw (vor der Nase) weg=schnappen; *(Freundin)* aus=spannen; *ne pas ~ mot* keinen Ton von sich geben, nicht piep sagen; *~ qc à l'oreille de qn* jdm etw ins Ohr flüstern; **~erie** [-flə-] *f* **1.** Gebläse *n;* **2.** Windkanal *m;* **~et** [-ɛ] *m* **1.** Blasebalg *m;* **2.** *tech* (Falten-)Balg *m;* **3.** *(Kleidung)* Zwickel, Keil *m;* **4.** *lit* Ohrfeige *f;* **~eur, se** *m f* **1.** *theat* Souffleur *m,* Souffleuse *f;* **2.** *(~ de verre)* Glasbläser *m;* **3.** *f* Gebläse *n;* — *trou m du ~* Souffleurkasten *m.*

souffr|ance [sufrɑ̃s] *f* **1.** Leid(en) *n,*

Schmerz *m;* **2.** *en ~ (Arbeit)* unerledigt; *(Rechnung)* unbezahlt, unbeglichen; *(Scheck)* ungedeckt; *(Wechsel)* notleidend; *(Brief)* nicht abgeholt, unbestellbar; **~ant, e** *a je suis ~* mir ist nicht wohl; **~e-douleur** *m inv* Prügelknabe *m;* **~eteux, se** [-frə-] *a* leidend, kränklich; **~ir I.** *tr* **1.** leiden, (er)dulden, ertragen, aus=stehen; **2.** gestatten, zu=lassen; **II.** *itr* **3.** leiden (*de* an, unter *dat*), dulden, Schmerzen ertragen; **4.** *(Handel)* da(r)nieder=liegen; — *ne ~ aucun retard* keinen Aufschub dulden; *~ de la faim* Hunger leiden.

soufr|age [sufraʒ] *m tech* Schwefeln *n;* **~e** *m chem* Schwefel *m;* **~er** *tr* aus=, ein=schwefeln.

souhait [swɛ] *m* **1.** Wunsch *m;* **2.** *à ~* nach Wunsch; *à vos ~s!* Gesundheit! *les meilleurs ~s de bonne année* die besten Wünsche zum Jahreswechsel; **~able** [-tabl] *a* wünschenswert; **~er** *tr* wünschen; herbei=sehnen, -wünschen; *je souhaite (de) partir* ich möchte abreisen.

souill|e [suj] *f* Suhle *f;* **~er** besudeln, verdrecken, beschmutzen (*de* mit *dat*) *a. fig;* **~on** *m f fam* Schmutzfink *m,* -liese *f;* **~ure** *f* Schmutzfleck *m; fig* Schandfleck *m.*

souk [suk] *m (arabischer)* Markt *m.*

soûl, e [su, sul] **I.** *a fig fam* besoffen; **II.** *s m fam: manger tout son ~* sich ordentlich satt essen; **~ard, e** *m f pop* Säufer(in *f*) *m;* **~er I.** *tr* **1.** *fam* besoffen machen (*qn* jdn); **2.** *fig* ermüden (*qn* jdn); **II.** *v prn se ~* sich besaufen; **~erie** *f pop* Sauferei *f;* **~ographie** *f fam* Besäufnis *f.*

soulag|ement [sulaʒmɑ̃] *m* Erleichterung, Linderung *f;* **~er I.** *tr* **1.** *fig* erleichtern; **2.** unterstützen, helfen (*qn* jdm); **3.** *(Schmerz)* lindern; **4.** *tech* entlasten; **II.** *v prn se ~* **5.** s-e Notdurft verrichten; *fam* sich erleichtern, austreten; *~ qn de son portefeuille* jdn um s-e Brieftasche erleichtern.

soul|èvement [sulɛvmɑ̃] *m* Erhebung *f,* Aufstand *m;* **~ever** [-lve] **I.** *tr* **1.** an=, auf=, hoch=heben; in die Höhe heben; hoch=nehmen; **2.** *(Bremse, Schleier)* lüften; **3.** *(Staub)* auf=wirbeln; **4.** *fig (Schwierigkeiten)* bereiten; **5.** *(Frage)* an=schneiden, auf=werfen; *(Punkt)* auf=greifen; **6.** *(Bevölkerung)* auf=wiegeln; **7.** *(Begeisterung)* hervor=rufen; **II.** *v prn se ~* **8.** *(Person)* sich auf=richten; **9.** *fig* sich erheben, sich empören; — *~ le cœur* Übelkeit, Abscheu erregen; *il veut lui ~ ses clients* er will ihm s-e Kunden ausspannen.

soulier [sulje] *m* (Halb-)Schuh *m; être dans ses petits ~s* in peinlicher Verlegenheit sein; *~ de bain, de bal, de dame, d'enfant, de gymnastique, d'homme, de sport, de tennis, de ville* Bade-, Tanz-, Damen-, Kinder-, Turn-, Herren-, Sport-, Tennis-, Straßenschuh *m.*

soulign|ement [suliɲəmɑ̃] *m* Unterstreichung *a. fig;* **~er** *tr* **1.** unterstreichen *a. fig;* **2.** *fig* betonen, hervor=heben.

sou|mettre [sumɛtr] **I.** *tr* **1.** unterwerfen; unter=ordnen, unterstellen; **2.** *(zur Genehmigung, zur Unterschrift)* vor=legen; unterbreiten; **3.** *(e-r Prüfung)* unterziehen; **II.** *v prn se ~* **4.** sich unterwerfen, sich fügen; **5.** sich unterziehen (*à* dat); sich bereit erklären (*à dat,* zu); **~mis, e** [-mi, -iz] *a* gefügig; folgsam, gehorsam; *~ au droit de timbre, à l'impôt* stempel-, steuerpflichtig; **~mission** *f* **1.** Unterwerfung *f;* **2.** Gehorsam *m,* Ergebenheit *f;* **3.** *par (voie de) ~* auf dem Submissionswege; *la ~ est ouverte jusqu'au ...* Angebote sind bis zum ... einzureichen; **~missionnaire** *m* Submittent *m.*

soupape [supap] *f* Ventil *n.*

soupçon [supsɔ̃] *m* **1.** Argwohn, Verdacht *m;* Verdächtigung *f;* **2.** *un ~ de ... (fam)* ein bißchen ..., e-e Idee, ganz wenig ...; **~ner** *tr* **1.** beargwöhnen, verdächtigen (*de fraude* des Betrugs); Argwohn hegen (*qn* gegen jdn); **2.** argwöhnen, vermuten, ahnen; **~neux, se** *a* argwöhnisch, mißtrauisch.

soup|e [sup] *f* Suppe *f; pop* Essen *n; trempé comme une ~ (fam)* pudelnaß; *être ~ au lait* leicht auf=brausen; *~ de poissons* Fischsuppe *f;* **~ente** *f arch* Hängeboden; Verschlag *m;* **~er I.** *s m* Abendessen, Nachtmahl *n;* **II.** *itr* zu Abend essen; *(fig fam) j'en ai soupé* ich habe die Nase voll; **~eser** [-pə-] *tr* **1.** mit der Hand ab=wiegen; **2.** *fig* ab=wägen; **~ière** [-pjɛr] *f* Suppenschüssel, -terrine *f.*

soupir [supir] *m* **1.** Seufzer *m;* **2.** *mus* Viertelpause *f; rendre le dernier ~* den letzten Atemzug tun; **~ail** [-aj] *m* Kellerfenster, -loch *n;* **~er** *tr itr* **1.** seufzen; **2.** *lit* schmachten, sich sehnen (*après, pour* nach).

soupl|e [supl] *a* **1.** *(Körper)* biegsam, geschmeidig, gelenkig; *(Leder)* weich; **2.** *fig* wendig, aalglatt; anpassungsfähig; **~esse** *f* **1.** Geschmeidigkeit *f;* **2.** *fig* Wendigkeit; Nachgiebigkeit; Anpassungsfähigkeit *f;* **3.** *(Leder)* Weichheit *f.*

souquer [suke] **I.** *tr mar* an=holen; **II.** *itr: ~ aux* od *sur les avirons* sich in die Riemen legen.

sourate [surat] *f* Sure *f (Koran).*

sourc|e [surs] *f* **1.** Quelle *f a. fig hist; fig* Ursprung *m;* **2.** *être à la ~ (fig)* an der Quelle sitzen (*de* gen); *prendre sa ~ (Fluß)* entspringen; *fig* her=rühren (*de* von); *tenir de bonne ~* aus guter Quelle haben; *cela coule de ~ (fig)* das ergibt sich von selbst; **3.** ~ *de chaleur, de courant, d'énergie, lumineuse* Wärme-, Strom-, Energie-, Lichtquelle *f;* ~ *d'eau minérale, d'huile, thermale* Mineral-, Öl-, Thermalquelle *f;* ~ *d'erreurs, de périls* Fehler-, Gefahrenquelle *f;* ~ *du mal* Wurzel *f* des Übels; **~ier** [-sje] *m* Rutengänger *m;* **~il** [-i] *m* Augenbraue *f; froncer le* ~ die Stirn runzeln; **~ilier, ère** Augenbrauen-; **~iller** [~sije] *itr ne pas* ~ *(fig)* nicht mit der Wimper zukken.

sourd, e [sur, surd] **I.** *a* **1.** taub (*à* gegen; *de* auf *dat*), gehörlos; **2.** *(Stimme, Schmerz)* dumpf; gedämpft; **3.** *(Feindschaft)* heimlich, versteckt; **4.** *gram* stimmlos; **II.** *s m f* **5.** Taube(r *m*), Gehörlose(r *m*) *f;* **6.** *être, rester* ~ *aux prières de qn* gegen jds Bitten taub bleiben; *faire la ~e oreille (fig)* nichts hören wollen; *frapper comme un* ~ blind darauflos=schlagen; *~-muet, ~e-muette* a) *a* taubstumm; b) *s m f* Taubstumme(r *m*) *f;* ~ *d'une oreille* auf einem Ohr taub; ~ *comme un pot (fam)* stocktaub; **~ine** *f mus* Dämpfer *m; en* ~ *(mus)* gedämpft; *mettre une* ~ *à qc (fig)* e-r S e-n Dämpfer auf=setzen.

souric|eau [suriso] *m* Mäuschen *n;* **~ière** [-sjɛr] *f* **1.** Mause-, Mäusefalle *f;* **2.** *fig* Falle *f.*

sourire [surir] **I.** *itr* **1.** lächeln (*de* über *acc,* vor *dat*) *a. fig;* **2.** an=, zu=lächeln; **3.** *fig* günstig sein (*à qn* jdm); **II.** *s m* Lächeln *n; faire un* ~ *à qn* jdm zulächeln; *elle a toujours le* ~ sie lacht immer.

souris [suri] *f* **1.** *zoo* Maus *f a. anat;* **2.** *fam fig* Kleine; Süße *f;* **3.** *(~ d'hôtel)* Hoteldiebin *f;* — *on entendrait trotter une* ~ es ist mäuschenstill.

sournois, e [surnwa, -az] **I.** *a* hinterhältig, heimtückisch; **II.** *s m f* Duckmäuser(in *f*) *m;* **~erie** *f* Heimtücke; Hinterhältigkeit *f.*

sous [su] *prp* **1.** *(örtlich)* unter(halb *gen*); **2.** *(zeitlich)* unter; während, zur Zeit *gen;* innerhalb *gen,* in, binnen; **3.** *(Verhältnis, Einfluß)* unter; **4.** ~ *clé* unter Verschluß; ~ *(la) main* bei der, zur Hand; ~ *peu* in kurzem; ~ *la pluie* im Regen; ~ *prétexte* unter dem Vorwand (*de* gen); **5.** ~ *ce rapport* in dieser Beziehung *od* Hinsicht; *passer* ~ *silence* mit Stillschweigen übergehen; *rire* ~ *cape* in sich hineinlachen; **~-alimentation** [-za-] *f* Unterernährung *f;* **~-alimenté, e** *a* unterernährt; **~-bois** *m* Unterholz *n;* **~-chef** *m* zweite(r) Direktor *m;* **~-commission** *f* Unterkommission *f.*

sous|cripteur [suskriptœr] *m* **1.** Subskribent *m;* **2.** *(Wechsel)* Aussteller *m;* ~ *à un emprunt* Zeichner *m* e-r Anleihe; **~cription** [-ps-] *f com* Zeichnung; Subskription *f; mettre en* ~, *offrir à la* ~ zur Zeichnung auf=legen; **~crire I.** *tr* unterschreiben, -zeichnen; *(Wechsel)* aus=stellen; subskribieren; **II.** *itr* zeichnen (*à* auf *acc*); ein=willigen (*à* in *acc*); **~crit, e** [-kri, -it] *a com* gezeichnet; unterschrieben.

sous|-cutané, e [sukytane] *a med* subkutan; **~-développé, e** *a* unterentwikkelt; **~-directeur, trice** *m f* stellvertretende(r) Direktor(in *f*) *m;* **~-emploi** *m* Unterbeschäftigung *f;* **~-entendre** *tr* stillschweigend einbeziehen; *il est sous-entendu que ...* es versteht sich von selbst, daß ...; **~-entendu** *m* Anspielung *f,* Hintergedanke *m;* **~-estimation** *f* Unterschätzung *f;* **~-estimer** *tr* unterschätzen; **~-exposer** *tr phot* unterbelichten; **~-exposition** *f phot* Unterbelichtung *f;* **~-fifre** *m fam* kleine(r) Untergebene(r) *m;* **~-jacent, e** *a* **1.** darunterliegend; **2.** *fig* zugrunde, tiefer liegend; **~-lieutenant** *m* Leutnant *m;* **~-locataire** *m* Untermieter *m;* **~-location** *f* Untermiete *f;* **~-louer** *tr* **1.** untervermieten; **2.** in Untermiete nehmen; *(Zimmer)* sich ein=mieten; **~-main** *m inv* (Schreib-)Unterlage; Schreibmappe *f; en* ~ *(loc adv)* heimlich; **~-marin, e I.** *a* unterseeisch; **II.** *s m* U-Boot *n;* ~ *atomique* Atom-U-Boot *n;* **~-off(icier)** *m* Unteroffizier *m;* **~-ordre** *m* Untergebene(r) *m;* **~-préfecture** *f* Unterpräfektur *f;* **~-préfet** *m* Unterpräfekt *m;* **~-production** *f* Unterproduktion *f;* **~-produit** *n* **1.** Nebenprodukt *n;* **2.** schlechte Nachahmung *f;* **~-secrétaire** *m* ~ *d'Etat* Unterstaatssekretär *m.*

soussigné, e [susiɲe] **I.** *a* unterschrieben, unterzeichnet; **II.** *s m f* Unterzeichnete(r *m*) *f; je* ~ *Untel déclare ...* ich, der Unterzeichnete X., erkläre ..

sous|-sol [susɔl] *m* **1.** *geol* Untergrund *m;* **2.** Bodenschätze *m pl;* **3.** Kellergeschoß, Souterrain *n;* **~-tendre** *tr fig* als Grundlage dienen für; ab=stützen; **~-titre** *m* Untertitel *m a. film.*

sous|traction [sustraksjɔ̃] *f* **1.** *math* Abziehen *n,* Subtraktion *f;* **2.** *jur (Dokumente)* Beiseiteschaffen *n;* Unterschlagung *f;* **~traire** [-trɛr] **I.** *tr* **1.** *jur* unterschlagen; beiseiteschaffen; **2.** entziehen (*qn à qc* jdn e-r S); schützen (qn à qc jdm vor etw); **3.** *math* subtrahieren, abziehen; **II.** *v prn se* ~ sich entziehen (*à une obligation* e-r Verpflichtung); entgehen.

sous|-traitant [sutrɛtɑ̃] *m* Unterlieferant *m;* **~-vêtements** *m pl* Unterkleidung *f;* ~ *pour dames, pour hommes* Damen-, Herren(unter)wäsche, -unterkleidung *f.*

sout|ache [sutaʃ] *f* Litze *f,* Besatz *m;* **~ane** *f* **1.** S(o)utane *f;* **2.** *fig* Priesterstand *m;* **~e** *f mar* Bunker *m; aero* Laderaum *m; ~ à bagages, à fret* Gepäck-, Frachtraum *m;* **~enable** *a (Einwand)* stichhaltig, triftig; **~ènement** *m mur m de ~* Stützmauer *f;* **~eneur** *m* Zuhälter *m.*

sout|enir [sutnir] **I.** *tr* **1.** (ab=)stützen; *tech* ab=fangen, ab=steifen; **2.** *fig* aus=halten, ertragen; **3.** unterstützen; helfen, bei=stehen (*qn* jdm); **4.** behaupten, versichern; **5.** *(Meinung)* bleiben (*qc* bei e-r S), verfechten; *(Doktorarbeit)* verteidigen; **6.** *(Gespräch)* in Gang halten; **7.** *(Medikament)* stärken; **II.** *v prn se ~* **8.** sich (er)halten; sich gleich=bleiben; Bestand haben; **9.** verteidigt werden können; **10.** sich gegenseitig unterstützen; **~enu, e** *a* **1.** *(Börse)* fest, behauptet; **2.** *(Stil)* gehoben; **3.** *(Bemühungen)* anhaltend, ununterbrochen, gleichbleibend; **~errain, e** [-tɛrɛ̃, -ɛn] **I.** *a* unterirdisch; **II.** *s m* Stollen, Tunnel *m;* Unterführung *f;* **~ien** [-tjɛ̃] *m* **1.** Stütze *f a. fig;* **2.** *fig* Unterstützung *f,* Rückhalt; *(~ de famille)* Ernährer, Versorger *m; ~-gorge m* Büstenhalter *m;* **irer** *tr* **1.** *(Wein)* abstechen; abziehen; **2.** *fig (Geheimnis)* entlocken; **3.** *(Geld)* aus der Tasche ziehen.

souvenir [suvnir] **I.** *v prn se ~* sich erinnern (*de* an *acc*), sich entsinnen (*de qc* e-r S *gen*), denken (*de* an *acc*); *il s'en souviendra* das wird er noch bereuen; *imp: il me souvient que ...* ich entsinne, erinnere mich, daß ...; *autant qu'il m'en souvienne* soweit, soviel ich mich erinnere; **II.** *s m* **1.** Erinnerung *f;* **2.** (Reise-) Andenken *n;* **3.** *~ de X.* Gruß *m* aus X.

souvent [suvɑ̃] *adv* oft(mals), häufig; *plus ~! (fam)* nie(mals) mehr! *le plus ~* meistens.

souverain, e [suvrɛ̃, -ɛn] **I.** *a* oberste(r, s), höchste(r, s); *fig (Mittel)* unfehlbar; **II.** *s m f* Herrscher(in *f*) *m; le ~ pontife* der Papst; **~eté** *f* Souveränität *f; ~ aérienne* Lufthoheit *f.*

sovi|et [sɔvjɛt] *m* Sowjet *m;* **~étique** *a* sowjetisch; Sowjet-.

soy|a *s. soja;* **~eux, se** [swajø, -øz] *a* seidig, seidenartig, -weich.

spacieux, se [spasjø, -øz] *a* geräumig, weit.

spar|adrap [sparadra] *m* Heftpflaster *n;* **~tiate** [-sjat] *a* spartanisch.

spasm|e [spasm] *m med* Krampf *m;* **~odique** *a* krampfhaft, -artig.

spat|h [spat] *m min* (Feld-)Spat *m;* **~ial, e** [-sj-] *a* Raum-; *station f ~e* Raumstation *f;* **~ule** [-tyl] *f* **1.** Spa(ch)tel *m;* **2.** *zoo* Löffelreiher *m.*

speaker, ine [spikœr, -krin] *m f radio* Ansager(in *f*) *m.*

spécial, e [spesjal] *a* besondere(r, s), speziell; Sonder-, Spezial-, Fach-; *rien de ~* nichts Besonderes; **~ement** *adv* besonders, eigens, speziell; **~isation** *f* Spezialisierung *f;* **~iser** *v prn se ~* sich spezialisieren (*dans* auf *acc: en* in *acc*); **~iste** *m* Spezialist, Fachmann *m;* **~ité** *f* **1.** Spezialität *f,* (Fach-)Gebiet, Fach *n,* Sparte *f;* **2.** *fam* Eigenart, Besonderheit *f.*

spéci|eux, se [spesjø, -øz] *a* scheinbar wahr; **~fication** [-si-] *f* **1.** Spezifikation, Einzelaufführung *(von Posten),* Aufgliederung; Einzelbezeichnung *f;* **2.** *jur* Verarbeitung *f;* **~ficité** *f* Spezifizität, Eigentümlichkeit *f;* **~fier** *tr* einzeln auf=führen, spezifizieren; genau an=geben, bezeichnen; **~fique** *a* eigen(tümlich); kennzeichnend; spezifisch; *poids m ~ (phys)* spezifische(s) Gewicht *n;* **~men** [-mɛn] *m* Freiexemplar; Muster *n;* Probenummer *f,* -heft *n; ~ de signature* Unterschriftsprobe *f.*

spect|acle [spɛktakl] *m* **1.** Anblick *m,* Schauspiel *n a. theat;* **2.** *theat* Vorstellung *f,* Theater *n;* **3.** *aller au ~* ins Theater gehen; *se donner en ~ (fig)* sich zur Schau stellen; **4.** *pièce f à grand ~* Ausstattungsstück *n; salle f de ~* Theatersaal *m; ~ de music-hall* Varietévorstellung *f;* **~aculaire** *a* eindrucks-, wirkungsvoll; aufsehenerregend, sensationell; **~ateur, trice** *m f* Zuschauer(in *f*) *m;* **~ral, e** *a (phys) analyse f ~e* Spektralanalyse *f;* **~re** *m* **1.** Gespenst; *fig* Schreckgespenst *n;* **2.** *phys* Spektrum *n;* **~roscope** *m phys* Spektroskop *n.*

spécul|ateur, trice [spekylatœr] *m f* Spekulant(in *f*) *m; ~ en bourse* Börsenspekulant *m;* **~ation** *f* Spekulation *f a. com; se livrer à des ~s* spekulieren; **~er** *itr* spekulieren *a. fig* (*sur* auf *acc,* mit).

spéléolog|ie [speleɔlɔʒi] *f* Höhlenkunde, -forschung *f;* **~ue** [-lɔg] *m* Höhlenforscher *m.*

sperme *m biol* (männlicher) Samen *m,* Sperma *n.*

sphère [sfɛr] *f* **1.** *math* Kugel *f;* **2.** *fig* Sphäre *f,* Bereich, Kreis *m;* **3.** *~ d'activité* Wirkungsbereich, -kreis *m; ~ d'application, d'influence* Anwendungs-, Einflußbereich *m; ~ d'intérêt* Interessensphäre *f.*

sphérique *a* sphärisch; kugelförmig.

sphinx [sfɛ̃ks] *m* Sphinx *f a. fig.*

spir|al, e [spiral] **I.** *a* spiralförmig; **II.** *s f* Spirale *f; en ~e* spiral(förm)ig; **~e** *f* **1.** Windung *f (e-r Spirale);* **2.** Gewinde *n.*

spirit|e [spirit] **I.** *s m f* Spiritist(in *f*) *m;* **II.** *a* spiritistisch; **~isme** *m* Spiritismus *m;* **~ualiser** *tr* vergeistigen; **~uel, le** *a* **1.** geistig; **2.** geistreich, witzig; **3.** *rel* geistlich; **~ueux, se I.** *a* (stark) alkoholisch; **II.** *s m pl* Spirituosen *pl.*

splend|eur [splɑ̃dœr] *f* Glanz *m,* Pracht *f;* **~ide** *a* glänzend, prächtig, strahlend, herrlich.

spolier [spɔlje] *tr* berauben (*qn de qc* jdn e-r S).
spon|dée [spɔ̃de] *m* Spondeus *m (Versfuß)*; **~gieux, se** *a* schwamm(art)ig.
spontané, e [spɔ̃tane] *a* **1.** spontan; selbsttätig; aus eigenem Antrieb, aus freien Stücken (erfolgend); **2.** *(Person)* unbefangen, spontan; **~ité** *f* Spontaneität; Ursprünglichkeit *f*; **~ment** *adv* von selbst; spontan.
spor|adique [spɔradik] *a* vereinzelt, sporadisch; **~e** *f bot* Spore *f*.
sport [spɔr] *m* **1.** Sport *m; pl* Sportarten *f pl*; **2.** *être ~* fair sein; *faire du ~* Sport treiben; **3.** *(fig fam) il va y avoir du ~* da wird's was geben; *c'est du ~* das ist eine schöne Leistung; **4.** *~ de compétition, de détente* Leistungs-, Ausgleichssport *m*; *~s d'hiver, nautiques* Winter-, Wassersport(arten *f pl*) *m*; **~if, ive I.** *a* **1.** sportlich; **2.** *fam* fair; **II.** *s m f* Sportler(in *f*); *rubrique f ~ive (Zeitung)* Sportrubrik *f*.
sprat [sprat] *m zoo* Sprotte *f*.
sprint [sprint] *m sport* **1.** Spurt; Endspurt *m*; **2.** Sprint *m*; **~er I.** [sprintœr] *s m* Sprinter *m*; **II.** [-e] *itr* spurten; zum Endspurt ansetzen.
squa|le [skwal] *m zoo* Hai(fisch) *m*; **~me** *f* Schuppe *f*; **~meux, se** *a* schuppig; **~re** *m* Grünanlage *f*.
squelett|e [skəlɛt] *m* Skelett *a. tech*, Gerippe *a. fig fam; tech* Gerüst *n*; **~ique** *a* Skelett-; *d'une maigreur ~* spindel-, klapperdürr.
stab|ilisateur [stabilizatœr] *m tech* Stabilisator *m*; **~ilisation** *f* Stabilisierung, Konsolidierung *f*; *~ des cours, des prix* Kurs-, Preisstabilisierung *f*; **~iliser** *tr* **1.** stabilisieren; konsolidieren; **2.** (be)festigen, standfest machen; verfestigen; **~ilité** *f* **1.** *tech* Standfestigkeit, -sicherheit, Stabilität, Festigkeit *f*; **2.** *fig* Stabilität; Beständigkeit, Dauer; Haltbarkeit; Wertbeständigkeit *f*; *~ des prix* Preisstabilität *f*; **~le** *a* **1.** *tech* (stand)fest, stabil; **2.** *fig* beständig, stabil.
stade [stad] *m* **1.** Stadion *n*, Kampfbahn *f*, Sportplatz *m*; **2.** *fig* Stadium *n*, Abschnitt, Stufe *f*, Stand *m*; **3.** *~ de développement* Entwicklungsstufe *f*; *~ d'essai, de fabrication* Versuchs-, Fertigungsstadium *n*; *~ nautique* Schwimmstadion *n*.
stag|e [staʒ] *m* **1.** Praktikum *n*, Probe-, Vorbereitungszeit *f*; **2.** (Fortbildungs-)Lehrgang *m*; *faire un ~* ein Praktikum machen; **~iaire** [-ʒjɛr] *m* **1.** Praktikant, Volontär, Referendar *m*; **2.** Lehrgangsteilnehmer *m*.
stagn|ant, e [stagnɑ̃, -ɑ̃t] *a* **1.** *(Flüssigkeit)* stehend, stagnierend; **2.** *com* stagnierend, stockend, flau; *être ~* stagnieren; **~ation** [-gna-] *f* Stockung *f*, Stillstand *m*, Stagnieren *n*; *com* Flaute *f*.
sta|lactite [stalaktit] *f geol* Stalaktit *m*; **~lagmite** [-gmit] *f geol* Stalagmit *m*.
stalle [stal] *f* **1.** *rel* Chorstuhl *m; pl* Chorgestühl *n*; **2.** *(Pferdestall)* Stand *m*.
stand [stɑ̃d] *m* **1.** (Ausstellungs-)Stand; **2.** *(~ de tir)* Schießstand *m*; **~ard I.** *s m* **1.** Norm *f*, Standard *m*, Muster *n*; **2.** *tele* Fernsprechvermittlung *f*; **II.** *a* genormt; Norm-, Standard-; **—** *~ de vie* Lebensstandard *m*; **~ardisation** *f* Normung, Standardisierung, Typisierung *f*; **~ardiser** *tr* normen, typisieren, standardisieren, vereinheitlichen; **~ardiste** *f* Telefonistin *f*; **~ing** [-iŋ] *m* Status *m*; gehobene Lebenshaltung *f*; *immeuble m de grand ~* Wohngebäude *n* für höchste Ansprüche.
star [star] *f* (Film-)Star *m*; **~lett(e)** *f* Filmsternchen; **~ter** [startɛr] *s m* **1.** *sport* Starter *m*; **2.** *mot* Starterklappe *f*.
station [stasjɔ̃] *f* **1.** Station *f*; Halteplatz *m*, -stelle *f*; *(~ de taxis)* (Droschken-)Stand *m*; **2.** Kurort *m*; *(~ de sports d'hiver)* Wintersportplatz *m*; **3.** (Funk-, Radio-)Station *f*; **4.** *~ balnéaire* Seebad *n*; *~ centrale* Zentrale *f*; *~ climatique* Luftkurort *m*; *~ debout* (Aufrecht-)Stehen *n*; *~ émettrice* Rundfunkstation *f*; *~ estivale, hivernale* Sommer-, Winterkurort *m*; *~ hydro-électrique* Wasserkraftwerk *n*; *~ météorologique* Wetteramt *n*; *~ de métro* Untergrund-, U--Bahn-Station *f*; *~ radar* Radarstation *f*; *~-service f*, *~ d'essence* Tankstelle *f*; *~ de télévision* Fernsehsender *m*; *~ thermale* Badeort *m*; **~naire I.** *a* **1.** stationär, ortsfest; **2.** fest-, stillstehend; gleichbleibend; *rester ~* unverändert bleiben; **~nement** *m* **1.** *mot* Parken *n*; **2.** *en ~* parkend; *~ interdit!* Parken verboten! **3.** *disque m de ~* Parkscheibe *f*; *interdiction f de ~* Parkverbot *n*; *lieu m de ~* Standort *m*; *parc m de ~* Parkplatz *m*; **~ner** *itr* parken; *être stationné* stationiert sein; *défense de ~!* Parken verboten! *sortie de voiture, prière de ne pas ~* Einfahrt frei=halten!
stat|ique [statik] **I.** *a* statisch; **II.** *s f* Statik *f*; **~isticien** *m* Statistiker *m*; **~istique I.** *s f* Statistik *f*; **II.** *a* statistisch; *établir une ~* e-e Statistik auf=stellen; *~ des accidents* Unfallstatistik *f*; **~uaire** [-tyɛr] **I.** *s f* Bildhauerkunst *f*; **II.** *a* Bildhauer-; **~ue** [-ty] *f* Statue *f*, Standbild *n*, Skulptur *f*; *~ équestre* Reiterstandbild *n*; **~uer** [-tye] *itr* entscheiden (*sur* über *acc*); **~uette** *f* Statuette *f*; **~u quo** [-kwo] *m* Status quo, bisherige(r) Zustand *m*; **~ure** *f* **1.** Wuchs *m*, Gestalt *f*; **2.** *fig (Person)* Format *n*; **~ut** [-y] *m* **1.** *jur pl* Satzung *f*, Statut *n*; **2.** Status *m*, Stellung *f*, Stand *m*; **~utaire** *a* satzungsgemäß.
steeple(-chase) [stipl, stipəlʃɛz] *m sport* Hindernislauf *m*.

stellaire [stɛlɛr] *a* Stern-.
stencil [stɛ̃-, stɛnsil] *m* Matrize *f.*
sténo|dactylo(graphe) [stenɔdaktilo (-graf)] *m f* Stenotypist(in *f*) *m;* **~graphe** *m* Stenograph *m;* **~graphie** *f* Stenographie *f;* **~graphier** *tr* stenographieren; **~graphique** *a* stenographisch; **~typie** *f* Maschinenstenographie *f.*
steppe [stɛp] *f* Steppe *f.*
stère [stɛr] *m* Ster, Raummeter *m.*
stéréo [stereo] **I.** *s f* Stereo *n; en ~* in Stereo; **II.** *a* Stereo-; *chaîne f, disque m ~* Stereoanlage *f,* -platte *f;* **~métrie** *f* Stereometrie, Raumlehre *f;* **~phonie** *f* Raumton *m;* Stereophonie *f;* **~scope** *m* Stereoskop *n;* **~type** *m* Stereotyp *m* od *n;* **~typé, e** *a un sourire ~* ein stereotypes Lächeln.
stéril|e [steril] **I.** *a* **1.** unfruchtbar, steril *a. fig;* **2.** *fig* unproduktiv; unergiebig; unschöpferisch; nutzlos; **3.** keimfrei, steril; **II.** *s m min* taube(s) Gestein *n;* **~isation** *f* **1.** Sterilisierung, Entkeimung *f;* **2.** Unfruchtbarmachung *f;* **~iser** *tr* **1.** sterilisieren, entkeimen; **2.** unfruchtbar machen; **~ité** *f* **1.** Unfruchtbarkeit, Sterilität *f;* **2.** *fig* Unergiebigkeit, Unproduktivität *f.*
stigmat|e [stigmat] *m* **1.** *med bot* Narbe *f;* **2.** *rel pl* Wundmale *n pl;* **~isation** *f* Stigmatisierung *f;* **~iser** *tr fig* brandmarken.
stimul|ant, e [stimylɑ̃, -ɑ̃t] **I.** *a* stimulierend, anregend; **II.** *s m* **1.** *med* Reizmittel *n;* **2.** *fig* Anreiz *m;* **~ation** *f* **1.** Belebung *f,* Anreiz *m a. fig;* **2.** *fig* Anregung *f;* **~er** *tr* **1.** an≈stacheln, -spornen, -regen *a. med;* **2.** *(Geschäft)* beleben; **3.** *med* stimulieren, anregen.
stip|ulation [stipylɑsjɔ̃] *f jur* Bestimmung, Klausel; Vereinbarung, Absprache *f;* **~uler** *tr* **1.** *jur* vertraglich fest≈legen *od* bestimmen; **2.** verabreden, aus≈machen; ausdrücklich sagen.
stock [stɔk] *m* **1.** *com* Vorrat, (Lager-, Waren-)Bestand *m; pl* Lager *n;* **2.** *en ~* vorrätig, auf Lager; *jusqu'à épuisement du ~* solange (der) Vorrat reicht; **3.** *constituer un ~* e-n Vorrat an≈legen; *entamer le ~* den Vorrat an≈greifen; *j'en ai tout un ~* ich habe e-e ganze Menge davon; **~age** *m com* (Ein-)Lagerung, Lagerhaltung *f,* Stapeln *n; (~ excessif)* Hortung *f;* **~er** *tr com* (ein≈)lagern, (auf≈)stapeln, auf Lager nehmen; horten.
stoï|cien, ne [stɔisjɛ̃, -ɛn] **I.** *a* stoisch; **II.** *s m f* Stoiker(in *f*) *m;* **~que** *a* stoisch; *fig* unerschütterlich.
stop [stɔp] **I.** *interj* stop(p)! halt! **II.** *s m* **1.** *mot* Bremslicht *n;* **2.** Stoppstelle *f,* -schild *n; aller en ~, faire du ~* per Anhalter fahren; **~page** *m* (Kunst-) Stopfen *n;* **~per** *tr* **1.** an≈halten, stoppen; *(Maschine)* ab≈stellen; **2.** Kunst≈stopfen; **~peuse** *f* Kunststopferin *f.*
store [stɔr] *m* **1.** (Roll-)Vorhang *m;* **2.** Markise *f.*
stra|bisme [strabism] *m med* Schielen *n;* **~pontin** *m* Klappsitz *m;* **~tagème** *m* (Kriegs-)List *f;* **~te** *f geol* Schicht *f;* **~tège** *m* Stratege *m;* **~tégie** *f* Strategie *f a. fig;* **~tégique** *a* strategisch; **~tification** *f geol* Schichtung *f;* **~tifié, e** *a* geschichtet; **~tocumulus** [-ys] *m* Haufenschichtwolke *f;* **~tosphère** *f* Stratosphäre *f;* **~tus** [-ys] *m* Schichtwolke *f.*
strepto|coque [strɛptɔkɔk] *m med* Streptokokkus *m;* **~mycine** *f med* Streptomyzin *n.*
strict, e [strikt] *a* **1.** streng, genau; **2.** *(Disziplin)* straff; **3.** *au sens ~* im engeren Sinne; *~ement confidentiel* streng vertraulich.
strid|ent, e [stridɑ̃, -ɑ̃t] *a* schrill, kreischend, gellend; **~ulant, e** *a zoo* zirpend.
stri|e [stri] *f* **1.** *arch* Rille, Riefe *f;* **2.** *(im Glas)* Schliere *f;* **~é, e** [strije] *a* geriffelt, gestreift.
strophe [strɔf] *f* Strophe *f.*
structur|al, e [stryktyral] *a pl -aux* strukturell; strukturalistisch; **~alisme** *m* Strukturalismus *m;* **~ation** *f* Strukturierung *f;* **~e** [stryktyr] *f* Struktur *f,* (Auf-)Bau *m,* Gefüge, Gerüst *n fig,* Gliederung *f;* **~é, e** *a* aufgebaut, gegliedert, strukturiert; **~el, le** *a* strukturell; **~er** *tr* strukturieren.
stuc [styk] *m arch* Stuck *m;* **~ateur** *m* Stuckarbeiter, Stukkateur *m.*
studi|eux, se [stydjø, -øz] *a* fleißig, strebsam, rührig, arbeitsam; eifrig (*à* zu); **~o** *m* **1.** Einzimmerwohnung *f,* Appartement *n;* **2.** (Künstler-, Film-)Atelier *n;* **3.** *radio* Senderaum *m;* **4.** intime(s) Theater *n.*
stup|éfaction [stypefaksjɔ̃] *f* Verblüffung *f;* **~éfait, e** *a* verblüfft; **~éfiant, e** **I.** *a* verblüffend; **II.** *s m* Rauschgift *n;* **~éfier** *tr* verblüffen; **~eur** *f* Bestürzung, Betroffenheit *f;* **~ide** *a* dumm, stupide; **~idité** *f* Dummheit *f.*
styl|e [stil] *m* **1.** Stil *m;* Ausdrucks-, Darstellungsweise *f;* **2.** *bot* Griffel *m;* **3.** *fig fam* Art *f; ~ de vie* Lebensweise *f;* **~é, e** *a* perfekt; **~et** [-lɛ] *m* Stilett *n;* **~iser** *tr* stilisieren; **~iste** *m* **1.** Stilist *m;* **2.** *~ industriel* Formgestalter *m;* **~istique** **I.** *s f* Stilistik *f;* **II.** *a* stilistisch; **~o** *m* Füll(feder)halter, Füller *m; ~o à bille* Kugelschreiber *m;* **~omine** *m WZ* Drehbleistift *m.*
su [sy] *m au vu et au ~ de tous* vor aller Augen; **~aire** *m* Grabtuch *n;* **~ant, e** *a* **1.** schwitzend; **2.** *fam fig* unausstehlich; **~ave** *a* süß, sanft, lieblich; einschmeichelnd.

sub|. . . [syb] *in Zssgen:* unter-; Unter-; **~alterne I.** *a* untergeordnet; **II.** *s m* Untergebene(r) *m;* **~conscient, e I.** *a* unterbewußt; **II.** *s m* Unterbewußtsein *n;* **~diviser** *tr* unterteilen; **~division** *f* Unterteilung *f;* Abschnitt *m.*

subi|r [sybir] *tr* **1.** ertragen, erleiden *(a. Verlust);* aus=stehen, durch=machen; über sich ergehen lassen, hin=nehmen; sich gefallen lassen; **2.** sich unterziehen (*qc* e-r S); **3.** *(Strafe)* verbüßen; **4.** *(Prüfung)* ab=legen; **5.** ~ *l'influence de qn* unter jds Einfluß stehen; ~ *un interrogatoire* verhört werden; ~ *une majoration (Preis)* e-e Erhöhung erfahren; **~t, e** [-bi, -it] *a* plötzlich, unvermittelt.

sub|jectif, ive [sybʒɛktif, -iv] *a* subjektiv, persönlich; unsachlich; **~jectivité** *f* Subjektivität *f;* Unsachlichkeit *f;* **~jonctif** *m gram* Konjunktiv *m;* **~juguer** *tr* in den Bann schlagen; fesseln.

sublim|ation [syblimasjɔ̃] *f chem* Sublimierung *f a. fig;* **~e I.** *a* **1.** erhaben; **2.** *fig* überragend; **II.** *s m* das Erhabene; **~é** *m chem* Sublimat *n;* **~er** *tr chem* sublimieren *a. fig;* **~inal, e** *a* unterschwellig.

submer|ger [sybmɛrʒe] *tr* **1.** unter Wasser setzen, überschwemmen; **2.** *fig* überwältigen; **~sible** *m mar* U-Boot *n;* **~sion** *f* **1.** Überschwemmung *f;* **2.** *mort m par* ~ Tod *m* durch Ertrinken.

sub|odorer [sybɔdɔre] *tr fam* (voraus=) ahnen; **~ordination** *f* Unterordnung *f a. gram;* **~ordonné, e I.** *a* untergeordnet (*à* dat), abhängig (*à* von); **II.** *s m* Untergebene(r) *m; être* ~ unterstehen, unterstellt sein (*à qn* jdm); *proposition f ~e (gram)* Nebensatz *m;* **~ordonner** *tr* unter=ordnen, unterstellen, abhängig machen (*à qc* von etw); knüpfen (*à qc* an e-e S); **~orner** *tr (Zeugen)* bestechen; beeinflussen.

subreptice [sybrɛptis] *a* heimlich, verstohlen; *jur* erschlichen.

sub|side [sypsid] *m meist pl* Zuschuß *m,* finanzielle Unterstützung *f;* **~sidiaire** [-ps-, -bz-] *a jur* subsidiär; **~sistance** [-bz-] *f* **1.** (Lebens-)Unterhalt *m;* **2.** *mil dépôt m des ~s* Verpflegungslager *n;* **~sister** [-bz-] *itr* **1.** fort=, weiter=bestehen, fort=dauern; noch vorhanden sein; **2.** leben (*de* von); sein Auskommen haben.

sub|stance [sypstɑ̃s] *f* **1.** Substanz *f,* Stoff *m;* **2.** *fig* Bestand *m;* Wesen *n,* Inhalt, Gehalt *m;* (das) Wesentliche; **3.** *en* ~ im wesentlichen, in der Hauptsache; **~stantiel, le** *a* **1.** substantiell; **2.** *fig* wesentlich; gehaltvoll, inhaltsreich; **3.** *fam* nahrhaft, kräftig; **~stantif** *m* Hauptwort, Substantiv *n;* **~stituer** [-tye] *tr* an die Stelle setzen (*à* gen), ersetzen, aus=, vertauschen; *se* ~ *à qn* sich an jds Stelle setzen; **~stitution** [-sjɔ̃] *f* **1.** Ersetzen *n,* Ersatz *m;* **2.** *math* Substitution *f;* Aus-, Vertauschen *n;* **3.** *ling substitution f consonnantique* Lautverschiebung *f;* **~strat(um)** [-tra(tɔm)] *m* **1.** *ling* Substrat *n;* **2.** Grund *m,* Unterlage *f.*

subterfuge [syptɛrfyʒ] *m* Ausflucht, Ausrede *f.*

subtil, e [syptil] *a* **1.** scharfsinnig; spitzfindig; **2.** *(Frage)* delikat, schwierig; **3.** *fig* durchdringend; **~iser** [-ize] **I.** *tr fam* stibitzen, mausen klauen; **II.** *itr* grübeln; tüfteln; **~ité** *f* **1.** Scharfsinn *m;* **2.** *fig* Feinheit, Subtilität *f.*

suburbain, e [sybyrbɛ̃] *a* vorstädtisch.

sub|venir [sybvənir] *itr* ~ *aux besoins de qn* für jds Bedürfnisse aufkommen; jds Bedürfnisse bestreiten; **~vention** [vɑ̃sjɔ̃] *f* Beihilfe, Subvention *f;* **~ventionner** [-sjɔne] *tr* subventionieren.

subvers|if, ive [sybvɛrsif] *a fig* zersetzend, umstürzlerisch; **~ion** *f* Umsturz *m;* zersetzende Tätigkeit; Underwanderung *f.*

suc [syk] *m* Saft *m;* ~ *gastrique* Magensaft *m.*

succédané [syksedane] *m* Ersatz *m a. fig;* ~ *de café, de sucre* Kaffee-, Zuckerersatz *m.*

succéder [syksede] **I.** *itr (mit avoir)* folgen *(à qn, qc* auf jdn, etw); nachfolgen (*à qn* jdm); **II.** *v prn se* ~ aufeinanderfolgen.

succès [syksɛ] *m* **1.** Erfolg *m;* **2.** *theat* Beifall *m;* **3.** *avec* ~ erfolgreich; *sans* ~ erfolglos; **4.** *assurer le* ~ *de qc* e-e S zum Erfolg führen; *avoir du* ~ Erfolg haben *(au cinéma* im Film; *auprès des femmes* bei Frauen); Beifall finden (*au théâtre* im Theater); *avoir grand* ~ großen Anklang, starken Beifall finden; *remporter des* ~ Erfolge davontragen; *elle a beaucoup de* ~ sie hat viel Erfolg; **5.** *film m à* ~ Kassenschlager *m; homme m à* ~ Frauenheld *m;* ~ *d'estime* Achtungserfolg *m;* ~ *fou* Bombenerfolg *m;* ~ *de librairie* Bucherfolg, Bestseller *m.*

success|eur [syksesœr] *m* **1.** Nachfolger *m;* **2.** Erbe *m;* **~if, ive** *a* aufeinanderfolgend; ununterbrochen; ~ **ion** *f* **1.** Aufeinanderfolge *f; (~ ininterrompue)* ununterbrochene Reihenfolge *f;* **2.** *jur* Erbfolge *f;* **3.** *jur* Erbschaft *f,* Nachlaß *m;* ~ **ivement** *adv* nach-, hintereinander.

succinct, e [syksɛ̃] *a* **1.** kurz, knapp, gedrängt; **2.** *repas m* ~ karge(s) Mahl *n;* **3.** *soyez* ~ fassen sie sich kurz.

succ|omber [sykɔ̃be] *itr* **1.** um=kommen, sterben; **2.** zusammenbrechen (*sous* unter *dat*); **3.** *fig (e-r Versuchung)* nicht widerstehen können (*à qc* e-r S *dat*); **~ulence** *f* Schmackhaftigkeit *f;* **~ulent, e** *a* lecker, schmackhaft; **~ur-**

sale *f com* Filiale, Zweigniederlassung *f*, -geschäft *n*.

suc|er [syse] *tr* **1.** (ein=, aus=)saugen, lutschen; **2.** *fig (Menschen)* aus=saugen; ~ *son pouce* am Daumen lutschen; **~ette** *f* **1.** Lutscher, Schnuller *m;* **2.** Lutschbonbon *m* od *n*.

suç|oir [syswar] *m zoo* Saugrüssel *m;* **~on** *m fam* Knutschfleck *m;* **~oter** *tr* lutschen.

sucr|age [sykraʒ] *m tech* Zuckern *n (des Weines);* **~e** *m* Zucker *m; casser du ~ (sur le dos de qn) (fam)* (über jdn) her=ziehen; *as-tu mis du ~ dans mon café?* hast du Zucker in meinen Kaffee getan? *~ en morceaux, de raisin* Würfel-, Traubenzucker *m;* **~é, e** *a* **1.** gezuckert, (ge)süß(t); **2.** *fig* zuckersüß; **~er I.** *tr* **1.** zuckern; süßen; **II.** *v prn se ~ (fam)* **2.** Zucker nehmen; **3.** *fig fam* reichlich für sich sorgen, ab=sahnen; **~erie** *f* **1.** Zuckerfabrik *f;* **2.** *pl* Süßigkeiten *f pl;* **~ier, ère I.** *a* Zucker-; **II.** *s m* Zuckerdose *f*.

sud [syd] **I.** *m* Süd(en) *m;* **II.** *a inv* südlich; Süd-; *au ~ de* südlich, im Süden von; *~-est m* Südost(en) *m; ~-ouest m* Südwest(en) *m*.

sud|ation [sydasjõ] *f med* Schwitzen *n;* **~orifique** *a pharm* schweißtreibend; **~oripare** *a anat glande f ~* Schweißdrüse *f*.

su|ée [sye] *f j'en ai eu une ~* der Angstschweiß brach bei mir aus; **~er I.** *itr* schwitzen; **II.** *tr* aus=schwitzen; — *~ sang et eau (fig)* sich ins Zeug legen; *se faire ~ (fam)* sich langweilen; *~ à grosses gouttes* von Schweiß triefen; *ça me fait ~ (fam)* das hängt mir zum Halse raus; **~eur** *f* Schweiß *m; à la ~ de son front* im Schweiße s-s Angesichts; *je suis en ~* ich bin in Schweiß gebadet; *cela vous donne des ~s froides* dabei bricht einem der Angstschweiß aus; *goutte f de ~* Schweißtropfen *m*.

suffi|re [syfir] **I.** *itr* **1.** genügen, genug sein; aus=reichen (*à* für); **2.** *(Ausgaben)* bestreiten (*à* acc); **II.** *v prn se ~ à soi-même* auf eigenen Füßen stehen, niemand(en) brauchen; *~ seul à qc* etw allein tun können; *ça suffit!* das langt aber! *il suffit d'une fois* einmal genügt; **~samment** *adv* hin-, ausreichend, genügend, sattsam, hinlänglich; **~sance** *f* Selbstgefälligkeit *f*, Dünkel *m;* **~sant, e** *a* **1.** genügend; hin-, ausreichend; **2.** *fig* selbstgefällig, dünkelhaft; **~xe** [-fiks] *m* Suffix *n*.

suffo|cant, e [syfɔkɑ̃, -ɑ̃t] *(Hitze)* erstickend; drückend; **~quer I.** *tr* den Atem verschlagen (*qn* jdm); **II.** *itr* ersticken *a. fig* (*de colère* vor Zorn).

suffrag|e [syfraʒ] *m* **1.** (Wahl-)Stimme; Abstimmung, Stimmabgabe; *f;* **2.** *fig* Zustimmung *f*, Beifall *m;* — *donner son ~ à qn* jdm s-e Stimme geben; *recueillir la majorité des ~s* die Mehrheit der Stimmen auf sich vereinigen; *~s exprimés* gültige Stimmen *f pl;* **~ette** *f* Frauenrechtlerin *f*.

sugg|érer [sygʒere] *tr* ein=geben, -flüstern; nahe=legen, suggerieren; **~estif, ive** *a* suggestiv; aufreizend; **~estion** *f* **1.** Anregung; Empfehlung *f;* **2.** Suggestion *f;* **~estionner** *tr* beeinflussen; suggerieren (*qn* jdm).

suicid|e [sɥisid] *m* Selbstmord *a. fig*, Freitod *m;* **~é, e** *m f* Selbstmörder(in *f*) *m;* **~er, se** *v prn* Selbstmord verüben, sich das Leben nehmen.

suie [sɥi] *f* Ruß *m*.

suif [sɥif] *m* Talg *m*.

suint [sɥɛ̃] *m* Wollschweiß *m;* **~ement** [-tmɑ̃] *m* (Durch-)Sickern; *(Wand)* Schwitzen *n;* **~er** *itr* (durch=)sickern; *(Wand)* schwitzen.

suite [sɥit] *f* **1.** Folge *f;* **2.** Fortsetzung *f;* **3.** Begleitung *f*, Gefolge *n;* **4.** Zimmerflucht *f;* **5.** *mus* Suite *f;* **6.** *à la ~ de ...* nach, hinter *dat;* im Anschluß an *(acc); comme* od *faisant ~ à ...* im Anschluß an *(acc); dans la ~* in der Folge; *de ~* nacheinander; *fam* gleich; *et ainsi de ~* und so weiter; *tout de ~* sofort; auf der Stelle; *par la ~* in der Folge, später; *par ~* infolgedessen; *par ~ de* infolge *gen;* **7.** *avoir de la ~ dans les idées* ein Vorhaben folgerichtig durchführen; *donner ~ à qc* e-r S Folge leisten *od* statt=geben; *faire ~ à qc* auf etw *acc* folgen; *prendre la ~ de qn* jds Nachfolge an=treten.

suiv|ant, e [sɥivɑ̃, -ɑ̃t] **I.** *a* (nach)folgend; nächste(r, s); nachstehend; **II.** *s m* (der) Folgende; . *au ~!* der nächste, bitte! **III.** *prp* nach, gemäß, zufolge, laut, entsprechend; längs, entlang; **IV.** *conj ~ que ...* je nachdem ...; **~i, e** *a* **1.** fortgesetzt, fortlaufend, ununterbrochen; regelmäßig; **2.** gut besucht; im Schwang, in der Mode; **3.** *(Nachfrage)* anhaltend; **4.** *être ~ de qc* etw nach sich ziehen, etw zur Folge haben.

suivre [sɥivr] **I.** *tr* **1.** folgen (*qn* jdm; *qc* e-r S, auf e-e S); nach=gehen, -fahren, -fliegen (*qn, qc* jdm, e-r S); **2.** begleiten, sich an=schließen (*qn* jdm), mit=kommen (*qn* mit jdm); verfolgen *a. fig* (*des yeux* mit den Augen); **3.** befolgen, beherzigen; **4.** *(Weg)* gehen, folgen *dat;* entlang=gehen (*qc* an e-r S); *(Richtung)* ein=schlagen; **5.** *(Kurs)* teil=nehmen (*qc* an e-r S); *(Vorlesung)* besuchen, hören; *(Sendung)* regelmäßig hören; *(Mode)* mit=machen, sich richten (*qc* nach etw); **6.** *com (Artikel)* laufend herstellen, verkaufen, führen; **7.** *(Geschäft)* hinterhersein *dat;* sich einsetzen (*qc* für etw); sich angelegen sein lassen; **II.** *itr* **8.** (nach=)folgen; hinterdrein=gehen, -fahren, -fliegen; **9.** nach=kommen, später kommen; nach=rücken *a. mil;* **III.** *v prn se* ~ **10.** aufea.=folgen; hintereinander gehen, fahren; **11.** *à* ~ Fortsetzung folgt; *faire* ~ nach=senden, -schicken; weiter=geben, -leiten; ~ *son cours* s-n Gang gehen; normal verlaufen; ~ *le mouvement (fig fam)* mit dem Strom schwimmen; ~ *les traces, les pas de qn* in jds Fuß(s)tapfen treten; ~ *un traitement (med)* sich behandeln lassen; **12.** *il suit de là que* es folgt daraus, daß; *comme suit* wie folgt; *prière de faire* ~ bitte nachsenden; *suivez-moi bien!* passen Sie gut auf! *vous me suivez?* können Sie mir folgen?

suj|et, te [syʒɛ, -ɛt] **I.** *a* **1.** anfällig (*à* für); **2.** geneigt (*à* zu); ~ *à des inconvénients* mit Nachteilen verbunden; **II.** *s m* **1.** Gegenstand *m,* Thema *n; (Roman)* Stoff *m;* Motiv *n;* **2.** Anlaß, Grund *m;* Ursache *f;* **3.** *gram* Subjekt *n;* **4.** Person *f; (~ d'expérience)* Versuchsperson *f,* -tier *n;* **5.** *à ce* ~ diesbezüglich, in dieser Beziehung; *sur ce* ~ über dieses Thema; **6.** *donner* ~ Anlaß geben (*à* zu); *entrer dans le vif du* ~ zum Kern der Sache kommen; *mauvais* ~ Taugenichts *m.*

sulf|amide [sylfamid] *m pharm* Sulfonamid *n;* **~ate** *m chem* Sulfat *n;* **~ater** *tr agr* mit Kupferkalk spritzen; **~hydrique:** *acide m* ~ Schwefelwasserstoff *m;* **~ure** *m chem* Sulfid *n;* ~ *de carbone* Schwefelkohlenstoff *m;* **~urer** *tr* schwefeln; **~ureux, se** *a chem* schwefel(halt)ig; **~urique** *a chem acide m* ~ Schwefelsäure *f.*

sultan, e [syltɑ̃, -an] *m f* Sultan(in *f*) *m.*

super|... [sypɛr] **I.** *in Zssgen:* Super-, Über-; super-, über-, hoch-; **II.** *s m (Benzin)* Super *n;* **~be** *a* prächtig, pracht-, prunkvoll; herrlich; **~cherie** [-ʃəri] *f* Täuschung *f;* Betrug *m;* **~ette** *f* Lebensmittel-Selbstbedienungsgeschäft *n;* Supermarkt *m (bis 400 qm);* **~ficie** *f* Oberfläche *f a. fig;* Flächenraum, -inhalt *m; geog* Fläche *f;* ~ *cultivable* Anbaufläche *f;* **~ficiel, le** *a* oberflächlich *a. fig; fig* geringfügig, unbedeutend; **~flu, e** *a* überflüssig, unnütz.

supéri|eur, e [syperjœr] **I.** *a* **1.** höher (gelegen, stehend); obere(r, s); **2.** überragend, beherrschend; **3.** hervorragend, vorzüglich; überlegen (*en* an *dat;* in *dat*); **II.** *s* **4.** *m f* Vorgesetzte(r *m*); **5.** *f rel* Oberin *f;* **~orité** *f* **1.** Überlegenheit *f* (*en* in, an *dat; sur* über *acc*), Übergewicht *n;* **2.** Vorrang *m;* — ~ *numérique* zahlenmäßige Überlegenheit *f.*

super|latif [sypɛrlatif] *m gram* Superlativ *m;* **~posable** *a math* deckungsgleich; **~poser** *tr* über=, aufea.=legen; auf=stapeln, -schichten; **~position** *f* Überdeckung, Überlagerung; Schichtung *f;* **~production** *f film* Monumentalfilm *m;* **~puissance** *f* Übermacht *f;* **~sonique** *a* Überschall-; **~stitieux, se** *a* abergläubisch; **~stition** *f* Aberglaube *m;* **~structure** *f* Über-, Oberbau *m; mar* Aufbauten *m pl;* **~viser** *tr* überprüfen; überwachen.

supplanter [syplɑ̃te] *tr* verdrängen; *(Rivalen)* aus=stechen.

supplé|ance [sypleɑ̃s] *f* Stellvertretung *f;* **~ant, e I.** *a* stellvertretend; Ersatz-; **II.** *s m f* Stellvertreter(in *f*), Ersatzmann *m;* **~er** *itr* ersetzen (*à qc* etw); ab=helfen (*à qc* e-r S *dat*); **~ment** *m* **1.** Ergänzung; (finanzielle) Zulage *f;* **2.** *loc* Zuschlag *m;* **3.** *(Buch)* Nachtrag, Anhang, Zusatz *m; (Zeitung)* Beilage *f,* -blatt *n;* **4.** *com* (Preis-)Aufschlag, Aufpreis *m;* **5.** *c'est en* ~ das geht extra; *payer un* ~ nach=zahlen; **~mentaire** *a* zusätzlich, ergänzend; *faire des heures ~s* Überstunden machen; *frais m pl* ~ Extra-, Mehrkosten *pl; paiement m* ~ Zuzahlung *f; train m* ~ *(loc)* Entlastungszug *m;* **~menter:** *faire* ~ *son billet (loc)* nach=lösen; **~tif, ive** *a* ergänzend; Ergänzungs-.

suppli|ant, e [syplijɑ̃, -ɑ̃t] *a* flehend; **~cation** *f* inständige, demütige Bitte *f;* **~ce** [-plis] *m* (Todes-)Strafe *(dernier ~); fig* Marter, Pein, Qual *f; être au* ~ *(fig)* wie auf glühenden Kohlen sitzen; **~cier** *tr* martern, quälen; **~er** [-plije] *a* inständig, demütig bitten, an=flehen.

support [sypɔr] *m* **1.** *tech* Stütze, Auflage *f,* Bock *m;* Stativ *n;* **2.** *fig* Träger *m;* ~ *de publicité* Werbeträger *m;* **~able** [-tabl] *a* erträglich; **~er I.** *tr* **1.** tragen, (unter)stützen, (fest)halten; **2.** *fig* (v)ertragen; aus=halten, stand=halten (*qc* e-r S *dat*); **3.** (er)dulden, sich gefallen lassen; **II.** *s m* [-œr] *sport* Anhänger; Schlachtenbummler *m.*

suppos|é, e [sypoze] *a* vermutlich; falsch; ~ *que (mit subj)* vorausgesetzt, angenommen, daß; **~er** *tr* **1.** an=nehmen, meinen, vermuten; **2.** voraus=setzen, den Fall setzen, für möglich halten; — *il est permis de* ~ man darf an=nehmen; **~ition** *f* Annahme, Vermutung *f;* **~itoire** *m pharm* Zäpfchen *n.*

suppr|ession [sypresjɔ̃] *f* **1.** Beseitigung, Abschaffung, Aufhebung; Streichung *f;* **2.** *(Stelle)* Abbau *m;* Wegfall *m;* **~imer** *tr* **1.** auf=heben, ab=schaffen; **2.** *(Stelle)* ab=bauen; **3.** *(Person)* beseitigen, beiseite schaffen; (weg=)streichen; einsparen.

suppu|rer [sypyre] *itr* eitern; **~tation** *f* Berechnung, Schätzung *f,* Überschlag *m;* **~ter** *tr* berechnen, schätzen, überschlagen.

supr|anational, e [sypranasjɔ̃nal] *a* übernational **~ématie** [-emasi] *f* **1.** *pol jur* Oberhoheit *f;* **2.** Vormachtstellung, Überlegenheit *f;* **~ême** *a* höchste(r, s), äußerste(r, s), oberste(r, s); letzte(r, s);

au ~ degré im höchsten Maße; *dans un ~ effort* mit äußerster Kraft; *l'heure f, le moment, l'instant m ~* das letzte Stündlein.

sur [syr] **I.** *prp* **1.** *(Ort)* über, auf; an; bei, zu; **2.** *(Richtung)* gegen, an, auf ... zu, nach; **3.** *(Zeit)* gegen, (etwa) um; **4.** *(Beziehung)* auf, auf ... hin, auf Grund *gen*, an, über, aus, nach; *in Zssgen:* Über-, Ober-; **5.** *coup ~ coup* Schlag auf Schlag; *sottise ~ sottise* eine Dummheit nach der ander(e)n; *~ ce(la)* darauf(hin); *~-le-champ adv* auf der Stelle, sogleich; *~ l'heure* unverzüglich; *~ soi* bei sich; *~ le soir* gegen Abend; *~ terre et ~ mer* zu Wasser u. zu Lande; **6.** *être ~ le départ* im Begriff sein abzureisen; *être ~ un travail* bei e-r Arbeit sein; *fermer la porte ~ qn (fig)* die Tür hinter jdm zu=machen; *revenir ~ ses pas* zurück=kehren; *tomber ~ qn* auf jdn stoßen; *travailler ~ qc* an e-r S arbeiten; *la clef est ~ la porte (fam)* der Schlüssel steckt (in der Tür); **II.** *a:* **~, e** [syr] *a* säuerlich; herb.

sûr, e [syr] *a* **1.** sicher, gewiß; **2.** zuverlässig; **3.** gefahrlos; **4.** *à coup ~, pour ~* gewiß, ohne Zweifel, (ganz) bestimmt; *être ~ de qc* e-r S *(gen)* sicher sein.

sur|abondance [syrabɔ̃dɑ̃s] *f* Überfülle *f* (*de* an *dat*); **~abondant, e** *a* überreichlich; **~abonder** *itr* im Überfluß vorhanden sein; **~aigu, ë** *a (Ton)* schrill; *(Stimme)* kreischend; **~alimentation** *f* **1.** Überernährung *f;* **2.** *tech* Aufladung *f;* **~alimenter** *tr* **1.** überfüttern; **2.** *tech* auf=laden; **~anné, e** *a* veraltet, altmodisch; **~assurance** *f* Überversicherung *f;* **~baissé, e** *a arch* **1.** *arc m ~* Flachbogen *m;* **2.** *(Karosserie)* heruntergezogen; **~charge** *f* **1.** Überlast(ung) *f,* Übergewicht *n;* **2.** *(Briefmarke)* Aufdruck *m;* **3.** Übermalung *f;* **~charger** *tr* **1.** über(be)lasten; überladen; **2.** überschreiben, -drucken; übermalen; **3.** *être surchargé de travail* mit Arbeit überlastet sein; **~chauffe** *f tech com* Überhitzung *f;* **~chauffé, e** *a* **1.** *tech com* überhitzt; **2.** *fig* übermäßig erregt; **~choix** *m produit m ~* Erzeugnis *n* erster Wahl *f;* **~classer** *tr sport* übertreffen; weit überlegen sein (*qn* jdm); **~couper** *tr (Karten)* übertrumpfen; **~croît** *m de, par ~* überdies, obendrein; *~ de dépenses, de travail* Mehraufwand *m,* -arbeit *f.*

surd|i-mutité [syrdimytite] *f* Taubstummheit *f;* **~ité** *f* Taubheit, Schwerhörigkeit *f.*

sureau [syro] *m bot* Holunder *m.*

surél|évation [syrelevasjɔ̃] *f arch* Aufbau *m,* Überhöhung; Aufstockung *f;* **~evé, e** *a rez-de-chaussée m ~* Hochparterre *n;* **~ever** *tr arch* er-, überhöhen; auf=stocken.

sûrement [syrmɑ̃] *adv* sicher(lich), gewiß, bestimmt.

sur|enchère [syrɑ̃ʃɛr] *f com* höhere(s) Gebot *n,* Überbietung *f a. fig;* **~enchérir** *itr jur* mehr bieten; **~enchérisseur** *m* Überbieter *m;* **~entraînement** *m* Übertraining *n;* **~entraîner** *tr* übertrainieren; **~équipement** *m tech* übermäßige Ausstattung *f;* **~estaries** [-rɛstari] *f pl* Überliegetage *m pl;* **~estimation** *f* Überschätzung; Überbewertung *f;* **~estimer** *tr* überschätzen; überbewerten.

sûreté [syrte] *f jur* Sicherheit *f; pour plus de ~* sicherheitshalber; *mettre en ~* in Sicherheit bringen; *épingle f de ~* Sicherheitsnadel *f; serrure f de ~* Sicherheitsschloß *n; ~ nationale* Sicherheitspolizei *f.*

sur|évaluer [syrevalɥe] *tr* überbewerten; **~excitation** *f* Übererregbarkeit; Überreizung *f;* **~exciter** *tr* überreizen; (übermäßig) erregen; **~exposer** *tr phot* überbelichten; **~face** *f* **1.** Oberfläche *f a. fig;* **2.** Fläche(ninhalt *m*) *f;* **3.** *(magasin m à) grande ~* Großraumladen *m;* **4.** *faire ~* auf=tauchen; **5.** *~ de réparation (sport)* Strafraum *m; ~ de la terre* Erdoberfläche *f;* **~facer** *tr tech* plandrehen; **~fait, e** *a* überbewertet; zu hoch eingeschätzt.

surg|elé, e [syrʒəle] *a* tiefgekühlt; **~ir** *itr* plötzlich auf=tauchen *a. fig;* zum Vorschein kommen; *(Problem)* sich erheben.

sur|hausser [syrose] *tr* überhöhen; **~homme** *m* Übermensch *m;* **~humain, e** *a* übermenschlich; **~imposer** *tr* zu hoch belasten *od* besteuern; **~imposition** *f* übermäßige Besteuerung *f;* **~impression** *f phot* Doppelbelichtung *f;* Überblenden *n;* **~in** *m arg* Messer *n;* **~intendant, e** *m f* **1.** *hist* Oberintendant *m;* **2.** *~e d'usine* Betriebsfürsorgerin *f.*

sur|lendemain [syrlɑ̃dmɛ̃] *m* übernächste(r) Tag *m; le ~* am übernächsten Tag; **~menage** [-mə-] *m* Überarbeitung, -anstrengung; Überbeanspruchung *f;* **~mener I.** *tr* überbürden, -lasten; strapazieren; **II.** *v prn se ~* sich überarbeiten, -anstrengen; **~montable** *a* überwindlich; **~monter** *tr* **1.** übersteigen, -ragen; sich erheben (*qc* über etw); **2.** *fig* überwinden, aus dem Weg räumen; überstehen, meistern; **~nager** *itr* obenauf schwimmen; **~natalité** *f* Geburtenüberschuß *m;* **~naturel, le I.** *a* übernatürlich; **II.** *s m* (das) Übernatürliche; **~nom** *m* Bei-, Übername *m;* **~nombre** *m être en ~* überzählig sein; **~nommer** *tr* e-n Beinamen geben (*qn* jdm); **~numéraire** *a* überzählig; **~offre** *f com* höhere(s) Gebot *n;* **~oît** [-rwa] *m*

mar **1.** Südwest(wind) *m* ; **2.** Südwester *m (Hut).*
sur|passer [syrpase] **I.** *tr* übertreffen, -tragen (*en* an, in *dat*), -steigen (*de* um); **II.** *v prn se* ~ sich selbst übertreffen; **~peuplé, e** *a* übervölkert; **~peuplement** *m* Übervölkerung *f;* **~place** *m faire du* ~ nicht vorankommen; **~plis** [-pli] *m rel* Chorhemd *n;* **~plomb** *m: en* ~ vorspringend; *(Mauer)* überhängend; **~plomber I.** *itr (Mauer)* über=hängen; **II.** *tr* hinaus=ragen (*qc* über e-e S); **~plus** [-ply] *m* Überschuß, -hang, Rest *m; au* ~ übrigens, im übrigen.
sur|prenant, e [syrprənɑ̃] *a* überraschend, verwunderlich, erstaunlich; **~prendre** *tr* **1.** überraschen; ertappen, erwischen; **2.** überrumpeln; unerwartet besuchen; **3.** überraschen, in Erstaunen setzen, frappieren; **~pression** *f tech* Überdruck *m;* **~prime** *f* Prämienzuschlag *m;* **~prise** *f* **1.** Überraschung *f;* Verwunderung *f;* **2.** unerwartete(s) Geschenk *od* Vergnügen *n;* **3.** *à la* ~ *de tous* zur allgemeinen Überraschung; **4.** *aller de* ~ *en* ~ aus dem Staunen nicht heraus=kommen; *prendre par* ~ überrumpeln; *ce m'était une* ~ *agréable* ich war angenehm überrascht; *~-partie f* (private) Tanzveranstaltung *f;* **~production** *f com* Überproduktion *f.*
sur|réalisme [syrrealism] *m* Surrealismus *m;* **~réaliste** *m* Surrealist *m;* **~rénal, e** *a: capsule, glande f ~e* Nebenniere *f;* **~saturation** *f chem* Übersättigung *f;* **~saturer** *tr chem* übersättigen; **~saut** *m* Auffahren, -springen *n; en* ~ ruckartig; *avoir un* ~ *d'énergie* sich e-n Ruck geben; *s'éveiller en* ~ aus dem Schlaf auf=fahren; **~sauter** *itr* auf=springen, auf=fahren, -schrecken; **~seoir** *itr jur* ver-, auf=schieben; *(Strafe)* aus=setzen (*à qc* etw); **~sis** [-si] *m jur* Aufschub *m; avec* ~ *(jur)* mit Bewährung; ~ *d'appel (mil)* Zurückstellung *f;* **~sitaire** *m mil* Zurückgestellte(r) *m;* **~taxe** *f* **1.** Nach-, Strafporto *n;* **2.** (Steuer-)Zuschlag *m;* **~sauter** *tr* mit Strafporto belasten; mit e-m Zuschlag belegen.
surtout [syrtu] **I.** *adv* vor allem, besonders, insbesondere; ~ *que (fam)* vor allem, weil; **II.** *s m (~ de table)* Tafelaufsatz *m.*
sur|veillance [syrvɛjɑ̃s] *f* Aufsicht, Überwachung *f; sans* ~ unbeaufsichtigt; *être placé sous la* ~ *de la police* unter Polizeiaufsicht stehen; **~veillant, e** *m f* Aufseher(in *f*) *m;* **~veiller I.** *tr* **1.** überwachen, ein wachsames Auge haben (*qc* auf e-e S), beaufsichtigen; **2.** achten (*qc* auf etw); **II.** *v prn se* ~ **3.** sich in acht nehmen; **4.** auf s-e Linie achten; **~venir** [-və-] *itr* plötzlich dazu=kommen; (unerwartet) ein=treten, sich ereignen; **~vêtement** *m* Trainingsanzug *m;* **~vie** *f* **1.** Überleben *n;* **2.** Leben *n* nach dem Tode; **~vivance** *f* Überbleisel *n;* **~vivant, e I.** *a* überlebend; **II.** *s m f* Überlebende(r *m*) *f;* **~vivre** *itr* überleben (*à qn* jdn); mit dem Leben davon=kommen; überdauern (*à* acc); **~vol** *m* Überfliegen *n;* **~voler** *tr* **1.** überfliegen *a. fig;* **2.** *(Frage)* flüchtig streifen; **~volté, e** *a fig fam* übernervös.
sus [sy(s)] *adv en* ~ noch dazu; darüber (hinaus); *en* ~ *de* ... über ... hinaus, zu; zusätzlich zu; **~ceptibilité** [-sɛp-] *f* Empfindlichkeit *f;* **~ceptible** *a* **1.** *(Person)* empfindlich; **2.** *être* ~ geeignet (*de* für); imstande, fähig sein (*de* zu); **~citer** *tr (Bewunderung)* hervor=rufen, entstehen lassen; *(Unruhe)* erwecken, an=stiften; **~dit, e; ~mentionné, e I.** *a* obengenannt, -erwähnt; **II.** *s m f* Obengenannte(r *m*) *f.*
suspect, e [syspɛ, -ɛt] *a* verdächtig; *être* ~ *de* im Verdacht stehen zu; **~er** *tr* verdächtigen (*de* gen); im Verdacht haben.
suspen|dre [syspɑ̃dr] *tr* **1.** *tech* auf=, ein=hängen; **2.** *fig* aus=setzen (*qc* mit etw), ein=stellen; unterbrechen; **3.** des Amtes entheben, suspendieren; **4.** *jur* vorläufig außer Kraft setzen; *(Zeitung)* verbieten; ~ *les paiements* die Zahlungen einstellen; **~du, e** *a* **1.** aufgehängt; **2.** *(Wagen)* gefedert; *pont m* ~ Hängebrücke *f;* **~s** *a: en* ~ in der Schwebe, unentschieden; *laisser en* ~ in der Schwebe lassen; *garder qc en* ~ etw unentschieden lassen; **~se** [-pɛn(ɑ̃)s] *m* Spannung *f;* **~sif, ive** *a jur* aufschiebend; **~sion** *f* **1.** *tech* Aufhängung; *(Fahrzeug)* Federung *f;* **2.** *fig* Unterbrechung, Vertagung *f,* Aufschub; Stillstand *m;* **3.** Suspendierung, Amtsenthebung *f;* **4.** *(lampe f à ~)* Hängelampe *f;* **5.** *(points m pl de ~)* Auslassungspunkte *m pl.*
sustent|ation [systɑ̃tɑsjɔ̃] *aero f* Auftrieb *m;* **~er, se** *v prn* sich stärken.
susurrer [sysyre] *tr itr* flüstern.
suture [sytyr] *f* Naht *f a. anat med bot fig.*
suzerain, e [syzrɛ̃, -ɛn] **I.** *a* lehnsherrlich; **II.** *s m hist* Lehnsherr *m;* **~eté** *f* **1.** *hist* Lehnsherrlichkeit *f;* **2.** *jur* Suzeränität *f.*
svastika [svastika] *m* Hakenkreuz *n.*
svelt|e [svɛlt] *a* schlank; **~esse** *f* Schlankheit *f.*
sweater [switœr] *m* Strickweste *f.*
sycomore [sikɔmɔr] *m bot* Sykomore *f.*
syénite [sjenit] *f min* Syenit *m.*

syl|labe [silab] *f* Silbe *f;* **~labique** *a* Silben-; **~logisme** *m* Syllogismus *m;* **~phe** *m,* **~phide** *f* Luftgeist *m;* **~vains** *m pl* Waldgottheiten *f pl;* **~vestre** *a*

Wald-; **~viculteur** *m* Forstwirt *m;* **~viculture** *f* Forstwirtschaft *f.*

sym|biose [sẽbjoz] *f biol* Symbiose *f;* **~bole** *m* **1.** Symbol, Sinnbild, Zeichen *n;* **2.** *rel* Glaubensbekenntnis *n;* **~bolique I.** *a* symbolisch, sinnbildlich; **II.** *s f* Symbolik *f;* **~boliser** *tr* **1.** sinnbildlich dar=stellen; **2.** versinnbildlichen, symbolisieren; **~bolisme** *m* Symbolismus *m;* **~boliste I.** *s m* Symbolist *m;* **II.** *a* symbolistisch; **~étrie** [sim-] *f* Symmetrie *f;* **~étrique** *a* symmetrisch; **~pa** *a inv fam (Person)* sympathisch; *(Sache)* prima; **~pathie** [sẽ-] *f* Sympathie; Zuneigung *f; grève f de ~* Sympathiestreik *m;* **~pathique** *a* sympathisch *a. anat; (Lokal)* gemütlich, nett; **~pathisant, e I.** *a* sympathisierend; **II.** *s m f* Sympathisant(in *f*) *m;* **~pathiser** *itr* Sympathie empfinden (*avec* für); **~phonie** *f mus* Symphonie *f;* **~phonique** *a mus* symphonisch; **~phoniste** *m mus* Symphoniker *m;* **~posium** [sẽpozjɔm] *m* Symposium *n;* **~ptomatique** [sẽp-] *a* symptomatisch, kennzeichnend (*de* für *acc*); **~ptôme** [-tom] *m med allg* Symptom; *fig* Anzeichen *n,* Vorbote *m.*

syn|agogue [sinagɔg] *f rel* Synagoge *f;* **~chrone** [sẽk-] *a* synchron, gleichlaufend; **~chronie** *f ling* Synchronie *f;* **~chronisation** *f film* Synchronisierung *f;* **~chroniser** *tr* aufea. ab=stimmen; synchronisieren; **~chronisme** *m tech* Gleichlauf *m;* **~cope** *f* **1.** *med* Ohnmacht *f;* **2.** *mus* Synkope *f;* **~copé, e** *a rythme m ~* synkopierte(r) Rhythmus *m;* **~coper** *tr mus* synkopieren; **~dic** *m* **1.** Verwalter *m;* **2.** *(~ de faillite)* Konkursverwalter; **~dical, e** *a* gewerkschaftlich; *chambre f ~e* Arbeitgeberverband *m; union f ~e* Gewerkschaft *f;* **~dicalisme** *m* **1.** Syndikalismus *m;* **2.** Gewerkschaftsbewegung *f;* **~dicaliste** *m* **1.** Syndikalist *m;* **2.** Gewerkschaftler *m;* **~dicat** [-ka] *m* **1.** Gewerkschaft *f;* **2.** Syndikat, Konsortium *n,* Verband *m;* Genossenschaft; Vereinigung *f;* **3.** *~ agricole* landwirtschaftliche Genossenschaft *f; ~ intercommunal* kommunale(r) Zweckverband *m; ~ financier* Finanzkonsortium *n; ~ d'initiative* Fremdenverkehrsverein *m; ~ des médecins* Ärztekammer *f; ~ ouvrier* Arbeitergewerkschaft *f; ~ patronal* Arbeitgeberverband *m; ~ professionnel* Berufsgenossenschaft *f;* **~diqué, e I.** *s m f* Gewerkschaftler(in *f*) *m;* **II.** *a* gewerkschaftlich organisiert; **~diquer I.** *tr* zu e-r Genossenschaft zs.=schließen; gewerkschaftlich organisieren; **II.** *v prn se ~* e-e Genossenschaft, ein Syndikat bilden; sich gewerkschaftlich zs.=schließen, organisieren.

syn|ode [sinɔd] *m hist rel* Synode *f;* **~onyme I.** *a gram* sinnverwandt; **II.** *s m* Synonym *n;* **~onymie** *f* Sinnverwandtschaft; **~opsis** [-is] *f;* **1.** Zs.schau, Übersicht *f;* **2.** *film* Exposé *n;* **~optique** *a* übersichtlich nebenea.gestellt, synoptisch *a. rel; tableau m ~* Übersichtstafel *f;* **~ovie** *f anat* Gelenkschmiere *f;* **~tagme** [sẽtagm] *m ling* Syntagma *n;* **~taxe** [sẽ-] *f* Syntax, Satzlehre *f;* **~thèse** *f* Synthese; Zs.schau, Zs.fassung *f,* (Gesamt-)Überblick *m;* **~thétique** *a* synthetisch; zs.fassend; gesamt-; **~thétiser** *tr* **1.** zs.=fassen; **2.** *tech* synthetisch her=stellen; **~tonie, ~tonisation** *f radio* Abstimmung *f.*

syphili|s [sifilis] *f med* Syphilis *f;* **~tique** *a* syphilitisch.

syst|ématique [sistematik] *a* systematisch; **~ématiser** *tr* in ein System bringen; systematisch ein=teilen; **~ème** *m* **1.** System *n,* Zs.fassung *f,* Lehrgebäude *n;* **2.** Plan *m,* Ordnung *f,* Aufbau *m,* Methode *f;* **3.** *geol* Formation *f;* **4.** *fam (le ~ D)* Kniff *m; — taper sur le ~ de qn (pop)* jdm auf den Nerven herum=trampeln; *~ de coordonnées (math)* Koordinatensystem *n; ~ économique* Wirtschaftssystem *n; ~ électoral* Wahlsystem *n; ~ monétaire* Währungssystem *n.*

T

T [te, tə] *m* T, t *n; fer m en, à* ~ T-Eisen *n.*
ta [ta] *prn s. ton.*
taba|c [taba] **I.** *s m* Tabak *m; pl* Tabakregie *f;* **II.** *a inv* tabakbraun; — *passer à* ~ *(fam)* verprügeln, verdreschen; *c'est le même* ~ *(pop)* das ist Jacke wie Hose; *bureau, débit m de* ~ Tabakladen *m;* ~ *à chiquer, à fumer, à priser* Kau-, Rauch-, Schnupftabak *m;* **~gie** *f péj* verräucherte Bude *f;* **~tière** *f* **1.** (Schnupf-)Tabaksdose; **2.** *(fenêtre f à* ~*)* Dachluke *f.*
tabasser [tabase] *tr fam* verdreschen.
tabernacle [tabɛrnakl] *m rel* Tabernakel *n; Fête f des* ~*s* Laubhüttenfest *n.*
tabl|ature [tablatyr] *f mus* Tabulator *f; donner de la* ~ *à qn (fig)* jdm Steine in den Weg legen; **~e** *f* **1.** Tisch *m;* **2.** Tafel *f;* Essen *n;* Tischgesellschaft *f;* **3.** *arch* Platte *f;* **4.** Verzeichnis *n,* Tabelle, Auf-, Zs.stellung *f;* **5.** *tech* Bahn *f;* **6.** *min* Herd *m;* **7.** *dresser, mettre la* ~ den Tisch decken; *se mettre à* ~ sich zu Tisch setzen; *fam* aus=packen; **8.** ~ *alphabétique* Index *m,* Register, alphabetische(s) Verzeichnis *n;* ~ *de camping, à dessin, de jardin, de jeu, de travail* Camping-, Zeichen-, Garten-, Spiel-, Arbeitstisch *m;* ~ *de conversion, d'intérêts,* Umrechnungs-, Zinstabelle *f;* ~ *de logarithmes (math)* Logarithmentafel *f;* ~ *des matières* Inhaltsverzeichnis *n;* ~ *à repasser* Bügelbrett *n;* ~ *roulante* Teewagen *m;* ~*s tournantes (Spiritismus)* Tischrücken *n;* **~eau** *m* **1.** Gemälde, Bild *n;* **2.** *(~ noir)* (Schul-, Wand-)Tafel *f;* Schwarze(s) Brett *n;* **3.** Tabelle, Liste *f,* Verzeichnis *n;* Plan *m;* **4.** *fig* Aussicht *f,* Anblick *m;* Darstellung, Schilderung *f;* **5.** *theat* (Bühnen-)Bild *n,* Verwandlung *f;* **6.** *sous forme de* ~ tabellarisch; ~ *d'affiches* Anschlagtafel *f;* ~ *de bord* Instrumenten-, Armaturenbrett *n;* ~ *de distribution (el)* Schalttafel *f,* -brett *n;* ~ *de lots* Gewinnliste *f;* ~ *de mortalité* Sterbetafel *f;* ~ *de service* Dienstplan *m;* ~ *synoptique* Übersichtsplan *m,* Tabelle *f;* **~ée** *f* Tischgesellschaft *f;* **~er** *itr* setzen *(sur* auf *acc),* rechnen *(sur* mit); **~ette** *f* **1.** (Bücher-, Schrank-) Brett *n;* **2.** Platte *f,* Gesims *n,* Sims *m* od *n;* Fach *n;* **3.** *(Schokolade)* Tafel; Pastille *f;* **4.** *mettez cela sur vos* ~*s* merken Sie sich das; *rayez cela de vos* ~*s* schlagen Sie sich das aus dem Kopf.
tablier [tablije] *m* **1.** Schürze *f,* Schurz *m;* **2.** *tech* Fahrbahn *f;* **3.** *(Kamin)* Zugregler *m;* **4.** Motorhaube *f;* — *rendre son* ~ *(fam)* s-e Stelle auf=geben, sein Amt nieder=legen; ~ *à bretelles, de cuisine* Träger-, Küchenschürze *f.*
tabou [tabu] *a rel fig* tabu; **~ret** [-rɛ] *m* Hocker, Schemel *m;* ~ *de bar, de piano* Bar-, Klavierhocker *m.*
tabula|ire [tabylɛr] *a* **1.** tabellarisch; **2.** tafelförmig; **~teur** *m* Tabulator *m;* **~trice** *f* Tabelliermaschine *f.*
tac [tak] *m: du* ~ *au* ~ schlagfertig *adv.*
tache [taʃ] *f* **1.** Fleck(en) *m;* **2.** *fig* Schandfleck; Makel, Fehler *m;* **3.** *sans* ~*s* makellos; **4.** *faire* ~ aus dem Rahmen fallen; nicht passen; *faire* ~ *d'huile (fig)* sich langsam verbreiten, allmählich um sich greifen; **5.** ~ *d'encre, de graisse, de rouille, de sang* Tinten-, Fett-, Rost-, Blutfleck *m;* ~ *originelle* Erbsünde *f;* ~*s de rousseur* Sommersprossen *f pl;* ~ *solaire* Sonnenfleck *m.*
tâche [taʃ] *f* **1.** Aufgabe, Arbeit *f;* **2.** *remplir sa* ~ s-e Aufgabe erfüllen; *travailler à la* ~ im Akkord arbeiten; *je ne suis pas à la* ~ *(fam)* immer mit der Ruhe.
tacher [taʃe] *tr* fleckig machen, beschmutzen, beflecken *a. fig.*
tâcher [tɑʃe] **I.** *itr* sich bemühen, trachten *(de* zu); **II.** *tr* zu=sehen *(que* subj); **~on** [-ʃrɔ̃] *m* **1.** kleine(r) Unternehmer *m;* **2.** Taglöhner *m.*
tacheté, e [taʃte] *a* gefleckt.
tachymètre [takimɛtr] *m* Drehzahlmesser, Tachometer *m.*
tacit|e [tasit] *a* stillschweigend; **~urne** *a* schweigsam, verschlossen.
tacot [tako] *m fam mot* alte Kiste *f.*
tact [takt] *m* **1.** Gefühl *n,* Tastsinn *m;* **2.** *fig* ;Feingefühl *n,* Takt(gefühl *n) m;* **3.** *sans* ~ taktlos; *avoir du* ~, *faire preuve de* ~ taktvoll sein; **~icien** *m mil* Taktiker *m;* **~ile** *a* Tast-; *poils m pl* ~*s (Katze)* Schnurrhaare *n pl;* **~ique I.** *s f* Taktik *f;* **II.** *a* taktisch.
taffetas [tafta] *m* Taft *m.*
taie [tɛ] *f* **1.** *(~ d'oreiller)* Kopfkissenbezug *m;* **2.** *(Auge)* weiße(r) Hornhautfleck *m.*
taill|able [tajabl] *a hist* zinspflichtig; **~ader I.** *tr* Schnitte machen in; **II.** *v prn se* ~ sich schneiden *(la joue* in die Wange); **~e** *f* **1.** (Ein-, Zu-)Schnitt *m;* Schneiden, Behauen, Schleifen *n;* **2.** *(Edelstein)* Schliff *m;* **3.** *min* Streb; **4.** (Kupfer-)Stich *m;* **5.** (Körper-)Größe *f,*

Wuchs *m*, Gestalt, Statur, Figur; Taille *f;* **6.** *(Bekleidung)* Größe, Taillenweite *f;* **7.** *fig* Format *n*, Größe *f;* **8.** Steuer *f;* **9.** *de ~ moyenne* mittlerer Größe; *être de la même ~* gleich groß sein; *être de ~* Manns genug sein (*à* zu); *prendre par la ~* um die Hüfte fassen; **10.** *pierre f de ~* Quaderstein *m; ~ des cheveux* Haarschneiden *n; ~-crayon(s) m inv* Bleistiftspitzer *m; ~-douce f* Kupferstich *m; ~ de guêpe* Wespentaille *f;* **~é, e** *a* **1.** (zu)geschnitten; behauen; **2.** *(Stein)* geschliffen; **3.** *fig* wie geschaffen (*pour* für); **4.** *~ en athlète* athletisch gebaut; *il n'est pas ~ pour cela* er ist nicht der Mann dafür; *bien ~* gut gewachsen *od* gebaut; **~er I.** *tr* **1.** zurecht=, zu=, zerschneiden; **2.** *(Baum)* beschneiden, stutzen; **3.** *(Bleistift)* (an=)spitzen; **4.** *(Stein)* behauen; **5.** *(Edelstein)* schleifen; **II.** *v prn (pop) se ~* **6.** abhauen, verduften; **7.** *~ une bavette (fig fam)* e-n Schwatz halten; *~ au ciseau* aus=meißeln; *se ~ un succès* Erfolg haben; **~eur** *m* **1.** Schneider *m;* **2.** *(costume m ~)* (Schneider-)Kostüm, Jackenkleid, Tailleur *n;* **3.** *~ pour dames* Damenschneider *m; ~ de pierres* Steinmetz *m; ~ de verre* Glasschleifer *m;* **~is** [-i] *m* Unterholz, Dickicht *n.*

tain [tɛ̃] *m* Spiegelbelag *m.*

taire [tɛr] **I.** *tr* verschweigen; **II.** *v prn se ~* **1.** (still)schweigen; verstummen; für sich behalten (*sur qc* etw), *fam* sich aus=schweigen (*sur* über *acc*); **2.** *faire ~* zum Schweigen bringen; Ruhe gebieten (*qn* jdm); **3.** *fig (Gerücht)* zum Verstummen bringen.

talc [talk] *m min* Talk *m; poudre f de ~* Talkum-, Körperpuder *m.*

tal|ent [talɑ̃] *m* **1.** Anlage, Fähigkeit, Gabe *f*, **2.** Talent *n; — ~ d'organisateur* Organisationstalent *n;* **~entueux, se** [-tjø, -øz] *a* talentiert, begabt, fähig; **~er** *tr (Obst)* anschlagen; **~ion** *f hist jur* Vergeltung *f;* **~isman** *m* Talisman *m.*

taloche [talɔʃ] *f fam* Ohrfeige.

talon [talɔ̃] *m* **1.** Ferse, Hacken *f;* **2.** *(Schuh)* Absatz *m; (Strumpf)* Ferse *f;* **3.** *(Autoreifen)* Wulst *m;* **4.** *com* Kontrollabschnitt *m;* **5.** Stock *m* (Spiel-) Karten; **6.** *avoir l'estomac dans les ~s* e-n Bärenhunger haben; *être sur les ~s de qn* hinter jdm her sein; *marcher sur les ~s de qn* jdm auf den Fersen folgen; *tourner les ~s* Fersengeld geben; **~ner** [-lɔ-] *tr* **1.** auf den Fersen sein (*qn* jdm) *a. fig;* **2.** die Sporen geben (*un cheval* e-m Pferd); **3.** *fig* keine Ruhe lassen (*qn* jdm); **~nette** *f* **1.** *(Schuh)* Ferseneinlage *f;* **2.** *(Hose)* Stoßband *n.*

talquer [talke] *tr* mit Talkum ein=reiben.

talus [taly] *m* Böschung *f*, Abhang *m.*

tama|noir [tamanwar] *m zoo* Großer Ameisenbär *m;* **~ris** [-ris] *m bot* Tamariske *f.*

tambouille [tɑ̃buj] *f* **1.** *fam* Küche *f; péj* Fraß *m;* **2.** *faire la ~* kochen.

tambou|r [tɑ̃bur] *m* **1.** *mus* Trommel *f;* **2.** *(partir) sans ~ ni trompette* sang- u. klanglos (ab=ziehen); *battre le ~* trommeln; *fig* die Reklametrommel rühren; **3.** *~ battant* im Geschwindschritt; *fig* in großer Eile; *~ de frein* Bremstrommel *f;* **~rin** *m mus* Tamburin *n;* **~riner I.** *itr* (*bes.* nervös mit den Fingern) trommeln (*sur* auf *acc*); *~ sur la porte* an die Tür trommeln; **II.** *tr (Marsch)* trommeln.

tamis [tami] *m* Sieb *n; passer au ~ (fig)* unter die Lupe nehmen; aussieben; **~er** **1.** (durch=)sieben, durch=seihen; **2.** *(Licht)* dämpfen.

tampon [tɑ̃pɔ̃] *m* **1.** Pfropfen, Stöpsel; Dübel *m;* **2.** Stempel *m; (~ encreur)* Stempelkissen *n;* **3.** *loc* Puffer *m;* **4.** *mus tech* Dämpfer *m;* **5.** *med* Tupfer (Watte-)Bausch, Tampon *m;* **6.** *a: État m ~* Pufferstaat *m; ~-buvard m* Löscher *m;* **~nement** [-pɔ-] *m loc* Zs.stoß *m;* **~ner I.** *tr* **1.** be-, ab=tupfen; **2.** zs.=stoßen (*qc* mit etw), auf=fahren (*qc* auf e-e S); **3.** stempeln; **II.** *v prn se ~* auf-ea.prallen, kollidieren, zus.=stoßen; *il s'en tamponne le coquillard (fam)* er pfeift darauf.

tam-tam [tamtam] *m fam* lärmende Reklame *f*, Rummel *m;* Tamtam *n.*

tan [tɑ̃] *m* (Gerber-)Lohe *f;* **~che** *f zoo* Schlei(e *f)* **~dem** [tɑ̃dɛm] *m* **1.** Tandem *n;* **2.** *fig* Gespann *n; — en ~ (fig)* zu zweit; **~dis que** [-dikə] *conj* **1.** solange (wie); **2.** *(Gegensatz)* während, wohingegen.

tang|age [tɑ̃gaʒ] *m mar* Stampfen *n;* **~ent, e I.** *a* **1.** *math* (sich) berührend (*à* an *dat*); **2.** *fam* knapp, mit Hängen und Würgen; **II.** *s f math* Tangente *f; prendre la ~ (fam)* sich aus dem Staube machen; **~entiel, le** [-sjɛl] *a* Tangential-; **~ible** *a* **1.** berührbar, fühlbar; **2.** *fig* greifbar; **~o** [-go] **I.** *s m* Tango *m;* **II.** *a inv* orangerot; **~uer** [-ge] *itr mar* stampfen; schwanken.

tanière [tanjɛr] *f* **1.** Höhle *f (wilder Tiere);* **2.** *fig* Schlupfwinkel *m.*

tank [tɑ̃k] *m* **1.** Tank *m;* **2.** *mil* Panzer *m;* **3.** *fam* Straßenkreuzer *m;* **~er** [tɑ̃kɛr] *m* Tanker *m;* **~iste** *m* Angehörige(r) *m* der Panzertruppe.

tann|age [tanaʒ] *m* Gerben *n*, Gerbung *f;* **~ant, e** *a* **1.** gerbend; **2.** *fig pop* unerträglich; **~e** *f med* Mitesser *m;* **~é, e** *a* gegerbt *a. fig (Gesicht);* **~er** *tr* **1.** gerben; **2.** *fig fam* auf die Nerven fallen (*qn* jdm); **~erie** *f* (Loh-)Gerberei *f;* **~eur** *m* (Loh-)Gerber *m;* **~in, tanin** *m* Gerbstoff *m.*

tan-sad [tɑ̃sad] *m mot* Soziussitz *m.*

tant [tɑ̃] **I.** *adv* soviel(e); so, so sehr, dermaßen; ebenso(sehr); **II.** ~ *que (conj)* soweit (wie), solange (wie), sosehr (auch); ~ ... *que* sowohl ... als auch; *en ~ que* ... (in der Eigenschaft) als ...; insofern (als); *si ~ est que* vorausgesetzt, angenommen, wenn dem so ist, daß; wenn überhaupt; ~ *que ça (fam)* soviel; ~ *bien que mal* so gut es (eben) geht, recht u. schlecht; ~ *mieux, pis* um so, desto besser, schlimmer; ~ *et plus* [tɑ̃teply(s)] noch (weit) mehr; *(un) ~ soit peu* ein ganz klein wenig; ~ *s'en faut que* weit entfernt zu, daß.

tant|e [tɑ̃t] *f* **1.** Tante *f;* **2.** *fam* Schwule(r) *m;* ~**ine** *f* Tantchen *n.*

tant|ième [tɑ̃tjɛm] *m* Gewinnanteil *m,* Tantieme *f;* ~**inet** [-nɛ] *m: un ~ (de)* ein klein(es) bißchen; ~**ôt** [-o] *adv* **1.** bald, in kurzem, gleich; **2.** heute nachmittag; — ~ ..., ~ bald ..., bald; *à ~!* bis nachher, bis später, bis gleich!

taon [tɑ̃] *m zoo* Bremse *f.*

tap|age [tapaʒ] *m* **1.** Krach, Radau, Lärm, *m;* **2.** Aufsehen *n;* ~**ageur, se** *a* **1.** lärmend, laut; **2.** *fig* auffällig; ~**e** *f fam* Klaps *m;* ~*-à-l'œil (a)* auffällig, protzig; *c'est du ~ -à-l'œil* das ist Kitsch; ~**é, e I.** *a* **1.** *(Obst)* überreif; **2.** *(Frau)* nicht mehr jung; **3.** *fam* treffend, schlagfertig; **4.** verrückt; **II.** *s f fam* Haufen *m,* Menge *f; c'est bien ~ (pop)* das ist prima; ~**ecul** [-ky] *m inv* Klapperkasten *m (Wagen);* ~**er I.** *tr* **1.** e-n Klaps geben (*qn* jdm); klopfen, schlagen; **2.** *(~ à la machine)* tippen, auf der Maschine schreiben; **3.** *fam* an=pumpen (*qn de qc* jdn um etw); **II.** *itr* **4.** *(~ à la machine)* tippen; **5.** *(auf dem Klavier)* klimpern; **6.** stampfen *(des pieds, les pieds)* mit den Füßen; verprügel (*sur qn* jdn); **7.** lästern, her=ziehen (*sur qn* über jdn); **8.** *(Wein)* zu Kopf steigen; **III.** *v prn se ~ (pop)* **9.** in die Röhre gucken, leer aus=gehen (*de qc* bei etw); **10.** *arg* sich genehmigen (*qc* e-e S); **11.** ~ *dans l'œil de qn (fam fig)* jdm in die Augen stechen; ~ *dans qc* bei etw tüchtig zu=langen; mit etw großzügig um=gehen; ~ *sur les nerfs, sur le système à qn* jdm auf die Nerven fallen; ~ *dans le tas (fam)* blind drauflos=schlagen; **12.** *il s'est tapé tout le travail* er hat die ganze Arbeit übernommen; *le soleil tape dure* die Sonne brennt heiß herunter; *il a tapé dans le mille* er hat es geschafft; *il peut toujours se ~ (fam)* da kann er noch lange warten; ~**ette** *f* **1.** Teppichklopfer *m;* Fliegenklatsche *f;* **2.** *fam* gutes Mundwerk *n;* **3.** *vulg* Schwule(r) *m;* — *avoir une fière ~ (pop)* wie ein Buch reden; ~**eur, se** *m f fam* Pumpgenie *n;* ~**in** *m (fam) faire le ~* auf den Strich gehen; ~**inois:** *en ~* heimlich; ~**ioca** [-pjɔka] *m* Tapioka (-suppe) *f;* ~**ir I.** *s m zoo* Tapir *m;* **II.** *v prn se ~* sich dukken, nieder=hocken, -kauern.

tapis [tapi] *m* **1.** Teppich; Läufer *m;* **2.** Decke *f;* Überzug *m;* **3.** *sport* (Ring-) Matte *f;* **4.** *(~ routier)* (Straßen-)Belag *m;* **5.** *aller au ~* zu Boden gehen *(Boxen); amuser le ~* die Gesellschaft unterhalten; *envoyer au ~ (sport)* auf die Matte legen *(Ringen); être sur le ~* zur Debatte stehen; *mettre sur le ~ (fig)* aufs Tapet, zur Sprache bringen; **6.** ~*-brosse m* Türmatte *f;* ~ *de caoutchouc* Gummimatte *f,* -belag *m;* ~ *de gazon* Rasen(teppich) *m;* ~ *roulant* Förderband *n;* Rollsteig *m;* ~ *de montage* Montageband *n;* ~ *de sol* Bodenteppich *m;* ~ *de table* Tischdecke *f;* ~ *vert (fig)* grüne(r) Tisch *m;* ~**isser** *tr* **1.** tapezieren; **2.** mit Wandteppichen verkleiden; **3.** bedecken, überziehen; ~**isserie** *f* **1.** Tapisserie *f;* Wandbehang, -teppich, Gobelin *m;* **2.** Kanevasstickerei *f;* **3.** *faire ~ (beim Tanz)* sitzen=bleiben, ein Mauerblümchen sein; ~**issier, ère** *m f* **1.** *(~-décorateur)* Tapezierer *m;* **2.** Polsterer.

tapoter [tapɔte] **I.** *tr* **1.** tätscheln; leicht (ab)klopfen; **2.** *(Melodie)* klimpern; **II.** *itr* leicht klopfen *(sur la table)* auf den Tisch; *(~ du piano)* klimpern.

taqu|et [takɛ] *m* **1.** Keil *m;* Pflock, Anschlag *m;* **2.** *mar* Klampe *f;* ~**in, e** *a* schalkhaft; ~**iner** *tr* necken, ärgern; verulken, foppen, hänseln; ~**inerie** *f* Neckerei; Stichelei, Hänselei *f,* Ulk *m.*

tara|biscoté, e [tarabiskɔte] *a* übermäßig verziert; *(Stil)* geschraubt, geschwollen; ~**buster** *tr* **1.** schikanieren, drangsalieren; **2.** beunruhigen, quälen; ~**tata** *interj* geh! geh! Unsinn!

taraud [taro] *m* Gewindebohrer *m;* ~**er** *tr* **1.** *tech* ein Innengewinde schneiden; **2.** *(Insekten)* ein Loch bohren *(qc in e-r S).*

tard [tar] *adv a s* spät; *au plus ~* spätestens, nicht später als; *tôt ou ~* früher oder später; *sur le ~* am späten Abend, spätabends; in vorgerückten Jahren; *il se fait ~* es wird spät; ~**er I.** *itr* zögern, zaudern (*à* zu); *sans ~* unverzüglich; *sans plus ~* ohne weiteres Zögern; ~ *à arriver* lange auf sich *(dat)* warten lassen; **II.** *v imp il me tarde* ich möchte gern; ich sehne mich (*de, que m. subj* danach zu, daß); ~**if, ive** *a* spät; sich spät entwickelnd, spätreif; — *fruits m pl ~s* Spätobst *n; rentrer à une heure tardive* zu später Stunde heimkommen.

tar|e [tar] *f* **1.** *com* Tara *f,* Verpackungsgewicht *n;* **2.** *fig* Makel, Mangel, Fehler *m;* — ~ *héréditaire* erbliche Belastung *f;* ~**é, e** *a* **1.** *fig* korrupt, verdorben; **2.** *(Ware)* beschädigt; **3.** erblich belastet; ~**entelle** [-rɑ̃-] *f* Tarantella *f (Tanz);*

~entule *f zoo* Tarantel *f;* **~er** *tr com* die Verpackung wiegen (*qc* e-r S).

targette [tarʒɛt] *f* Fenster-, Drehriegel *m.*

targuer, se [targe] *v prn* prahlen, sich brüsten (*de qc* mit etw); pochen (*de qc* auf e-e S).

tarière [tarjɛr] *f* **1.** Löffelbohrer *m;* **2.** *zoo* Legeröhre *f.*

tarif [tarif] *m* **1.** Tarif *m;* Preisangabe, -liste *f;* **2.** Gebühr *f;* Satz *m;* Taxe *f;* **3.** *à demi-~* zum halben Preis; *à ~ réduit* zu ermäßigten Preisen; **4.** *payer plein ~* voll zahlen; **5.** *majoration, réduction f du ~* Tariferhöhung, -senkung *f; ~ d'annonces, de chemin de fer, de faveur* od *préférentiel, à forfait, postal* Anzeigen-, Eisenbahn-, Vorzugs-, Pauschal-, Posttarif *m; ~ des honoraires* Gebührenordnung *f;* **~aire** *a* tarifmäßig; Tarif-; **~er** *tr* den Tarif, Preis fest=setzen; **~ication** *f* Tarifgestaltung, Tarifierung *f.*

tarin [tarɛ̃] *m* **1.** *orn* Zeisig *m;* **2.** *arg* Zinken *m,* Nase *f.*

tar|ir [tarir] **I.** *tr* **1.** (aus=)trocknen, versiegen lassen *a. fig;* **II.** *itr* **2.** ver-, aus=trocknen, versiegen *a. fig;* **3.** *fig* auf=hören, ein Ende nehmen; — *ne pas ~ sur qc* von etw nicht los=kommen, immer wieder auf e-e S (zu sprechen) kommen; *la conversation tarit* die Unterhaltung stockt; **~issement** *m* Aus-, Vertrocknen; Versiegen *n a. fig.*

tar|latane [tarlatan] *f (Textil)* Tarlatan *m;* **~ots** [-ro] *m pl* Tarockkarten *f pl;* **~se** *m anat* Fußwurzel *f;* **~tan** *m* Plaid-, Schottenstoff *od* -umhang *m;* **~tar(e)** *a (steak) ~* rohes Rinderhackfleisch mit Sauce tartare.

tart|e [tart] **I.** *s f* **1.** Torte *f;* **2.** *arg* Ohrfeige *f;* **II.** *a fam* häßlich; lächerlich; blöde; — *c'est pas de la ~* das hat es in sich; *~ aux cerises, aux fraises* Kirsch-, Erdbeertorte *f,* -kuchen *m; ~ à la crème* a) Sahnetorte *f;* b) *fig* Thema *n* Nummer eins; **~elette** [-tə-] *f* Törtchen *n;* **~ine** *f* **1.** (bestrichene Brot-) Schnitte *f,* Butterbrot *n;* **2.** *fig* endlose Rede, Tirade *f;* — *~ de beurre, de confiture* Butter-, Marmeladebrot *n;* **~iner** *tr (Brotschnitte)* bestreichen.

tartre [tartr] *m* Wein-, Kessel-, Zahnstein *m.*

tas [tɑ] *m* **1.** Haufen, Stapel, Stoß *m;* **2.** *fig* Menge, *pop* Masse *f;* **3.** *arch* unfertige(r) Baukörper *m;* Baustelle *f;* Arbeitsplatz *m;* **4.** *dans le ~* in der Menge; **5.** *mettre en ~* aufhäufen, auf e-n Haufen legen; **6.** *grève f sur le ~* Sitzstreik *m; un ~ de gens (fam)* e-e Menge Leute; *un ~ de questions (fam)* ein Haufen, e-e Menge Fragen; *~ de salauds! (pop)* Saubande!

tass|e [tas] *f* Tasse *f; boire une ~ (beim Baden)* Wasser schlucken; *~ à café, à thé* Kaffee-, Teetasse *f; ~ de café* Tasse *f* Kaffee; **~ement** *m (Mauer)* Sichsetzen, Sichsenken *n;* **~er I.** *tr* **1.** zs.=drängen, zs.=drücken; fest=stampfen; **2.** *(Menschen)* zs.=pferchen; **II.** *itr* **3.** *bot* sich aus=breiten, dichter werden; **III.** *v prn se ~* **4.** *(arch)* sich senken, sich setzen; **5.** *(Speisen) (fam)* verdrücken; — *ça va se ~ (fam)* das legt, gibt sich, das geht vorbei, vorüber; *café m bien tassé* sehr starker Kaffee.

ta|ta [tata] *f fam* Tantchen *n;* **~tane** *f fam* Schuh *m.*

tâter [tate] **I.** *tr* **1.** befühlen, ab=, betasten; **2.** *fig* aus=forschen, aus=horchen, sondieren; **II.** *itr* **3.** versuchen, probieren (*de qc* etw); **4.** *fig fam* aus=probieren (*de qc* etw); **III.** *v prn se ~* mit sich selbst zu Rate gehen; — *~ le pouls* den Puls fühlen; *~ le terrain (fig)* das Terrain ab=tasten; *fig* auf den Zahn fühlen.

tatillon, ne [tatijɔ̃, -ɔn] *a* kleinlich; pedantisch.

tâton|nement [tɑtɔnmɑ̃] *m* Tasten *n; fig pl* tastende Versuche *m pl;* **~ner** *itr* **1.** herum= tasten, -tappen; **2.** *fig* tastende Versuche machen; zögernd zu Werke gehen; **~s:** *à ~* tastend, tappend; *fig* aufs Geratewohl; *avancer à ~* sich vortasten.

tatou [tatu] *m zoo* Gürteltier *n;* **~age** [-twaʒ] *m* Tätowieren *n;* **~er** *tr* tätowieren.

taudis [todi] *m* armselige Behausung *f,* Elendsquartier; *fam* (Dreck-)Loch *n.*

taul|ard [tolar] *m arg* Knastbruder *m;* **~e** *f arg* Knast *m;* **~ier, ère** *m f arg* (Gast-)Wirt(in *f*) *m.*

taup|e [top] *f* **1.** *zoo* Maulwurf(sfell *n*) *m; myope comme une ~* stark kurzsichtig; **2.** *math* Vorbereitungsklasse für die Grandes écoles; **~ière** *f* Maulwurfsfalle *f;* **~inière** *f* Maulwurfshügel, -haufen *m.*

taur|eau [tɔrɔ] **1.** *zoo* Stier, Bulle *m;* **2.** *le T~ astr* der Stier; — *prendre le ~ par les cornes* den Stier bei den Hörnern packen; *course f de ~x* Stierkampf *m;* **~illon** *m* Jungstier *m;* **~omachie** [-ʃi] *f* Stierkampf *m.*

taux [to] *m* **1.** (Prozent-)Satz, Zinsfuß *m;* **2.** Quote, Rate *f;* **3.** *(Börse)* Kurs; Preis *m;* **4.** Ziffer *f;* **5.** *au ~ de ...* zum Zinsfuß von ...; **6.** *~ d'amortissement* Tilgungsquote *f; ~ du change* Wechselkurs *m; ~ de distribution* Verteilungsschlüssel, Verteiler *m; ~ d'émission* Emissionskurs *m; ~ d'escompte* Diskontsatz *m; ~ de mortalité* Sterblichkeitsziffer *f.*

tav|elé, e [taole] *a (Obst)* fleckig; **~erne** *f* (rustikales) Restaurant *n.*

tax|ation [taksɑsjɔ̃] *f* **1.** Einschätzung, Veranschlagung; **2.** Besteuerung *f;* **3.** *jur* Kostenfestsetzung *f;* **~e** *f* **1.** Steuer (*sur* auf *acc*); Abgabe; Gebühr(en *pl*) (*de* für); Taxe *f;* **2.** Zuschlag *m;* **3.** *com* Preis *m;* **4.** *être soumis à une* ~ abgabepflichtig sein; ~ *sur les chiens* Hundesteuer *f;* ~ *d'enlèvement des ordures ménagères* Müllabfuhrgebühr *f;* ~ *locale* Gemeindesteuer *f;* ~ *sur les postes récepteurs de radiodiffusion, de télévision* Rundfunk-, Fernsehgebühren *f pl;* ~ *sur le revenu* Einkommensteuer *f;* ~ *de séjour* Kurtaxe *f;* ~ *de stationnement* Parkgebühr *f;* ~ *téléphonique* Fernsprechgebühr *f;* ~ *sur la valeur ajoutée (T.V.A.)* Mehrwertsteuer *f;* **~er** *tr* **1.** mit e-r Steuer belegen, besteuern; veranlagen; **2.** den Preis, die Kosten fest=setzen (*qc* von etw); **3.** *fig* beschuldigen (*qn* jdn); bezeichnen (*de* als); **~i** *m* Taxe *f; héler, appeler un* ~ ein Taxi herbeirufen; *il fait le* ~ er ist Taxichauffeur; **~idermie** *f* Ausstopfen *n (von Tieren);* **~imètre** *m* Taxameter *m;* **~iphone** *m* Münzfernsprecher *m;* **~onomie** *f* (Wissenschaft *f* von der) Systematik *f.*

tchin-tchin [tʃintʃin] *interj* prosit! prost!

te [tə] *prn* dir, dich.

té [te] *m* T-Stück, *(fer m en ~)* T-Eisen *n;* Reißschiene *f; en* ~ T-förmig.

techn|icien [tɛknisjɛ̃] *m* Techniker; Fachmann *m;* ~ *de la publicité* Werbefachmann *m;* **~icité** *f* technische(r) Charakter *m;* **~ique I.** *s f* Technik *f;* **II.** *a* technisch; fachlich; — *avoir la (bonne)* ~ *(fam)* den Dreh heraushaben; *mot m, expression f* ~ Fachwort *n*, -ausdruck *m;* ~ *du chauffage, de l'éclairage, de la radiodiffusion* Heizungs-, Beleuchtungs-, Rundfunktechnik *f;* **~ocrate** *m* Technokrat *m;* **~ocratie** [-si] *f* Technokratie *f;* **~ologie** *f* Technologie *f;* **~ologique** *a* technologisch.

te(c)k [tɛk] *m* Tiekbaum *m*, -holz *n.*

tectonique [tɛktɔnik] *f geol* Tektonik *f.*

tégument [tegymɑ̃] *m zoo bot* Hülle, Haut, Decke *f.*

teign|e [tɛɲ] *f* **1.** *zoo* Motte *f;* **2.** *med* (Kopf-)Grind *m;* — *c'est une* ~ er ist ein Giftzwerg; **~eux, se** *a* grindig.

tein|dre [tɛ̃dr] *tr* färben; **~t, e** [tɛ̃, tɛ̃t] **I.** *a* gefärbt; **II.** *s m* Teint *m*, Gesichtsfarbe *f;* **III.** *s f* Farbton *m*, Färbung *a. fig;* Schattierung *f; fig* Anflug, Anstrich *m; grand* ~ farbecht; *fig* überzeugt, echt; **~té, e** *a* getönt, gefärbt; **~ter** *tr* färben; tönen (*de rouge* rot); **~ture** *f* **1.** Farbstoff *m*, -lösung *f;* **2.** Färben *n;* Färbung *f;* **3.** *chem* Tinktur *f;* ~ *d'iode* Jodtinktur *f;* **~turerie** [-turri] *f* **1.** chemische Reinigung *f;* **2.** Färberei *f;* **~turier** *m* **1.** Inhaber *m* e-r chemischen Reinigung; **2.** Färber *m.*

tel, le [tɛl] **I.** *a* solch(er, e, s); solch, so ein(e, er, es); derart(ig); **II.** *prn* manche(r, s); manch eine(r, s); — *de ~le sorte que* … so, dergestalt, daß …; ~ *que* … so wie …; ~ *quel* in demselben Zustand, unverändert; soso, mittelmäßig; *~s ceux qui* … wie diejenigen, welche …; ~ … ~ wie …, so; ~ *ou* ~ das oder jenes; *il n'y a rien de* ~ *que* … es geht nichts über …; **III.** *M. Un ~, Mme Une ~le* Herr, Frau Soundso.

télé|cabine [telekabin] *f* Kabinenseilbahn *f;* **~cinéma** *m* Fernsehkino *n;* **~commande** *f* Fernsteuerung *f;* **~commandé, e** *a* ferngesteuert, -gelenkt; **~communications** *f pl* Fernmeldewesen *n;* **~distribution** *f* Kabelfernsehen *n;* **~gramme** *m* Telegramm *n; envoyer, expédier un* ~ ein Telegramm schicken, auf=geben; ~ *chiffré* Chiffretelegramm *n;* ~ *de condoléances* Beileidstelegramm *n;* ~ *éclair* Blitztelegramm *n;* ~ *de félicitation, de luxe* Glückwunsch-, Schmuckblattelegramm *n;* ~*-lettre* Brieftelegramm *n;* ~*-mandat* telegraphische Postanweisung *f;* **~graphe** *m* Telegraph *m;* **~graphie** *f* Telegraphie *f;* ~ *sans fil* drahtlose Telegraphie *f;* **~graphier** *tr* telegraphieren; **~graphique** *a* telegraphisch; *adresse f* ~ Telegrammadresse, Drahtanschrift *f; mandat m* ~ telegraphische Postanweisung *f; poteau m* ~ Telegraphenmast *m;* **~graphiste** *m* Telegrammbote *m;* **~guidage** *m* Fernsteuerung *f;* **~guidé, e** *a* ferngesteuert, -gelenkt; **~kinésie** *f* Telekinese *f;* **~objectif** *m* Teleobjektiv *n;* **~ologie** *f* Teleologie *f;* **~pathie** *f* Telepathie *f;* **~phérique, ~férique** *m* Seilschwebebahn *f;* **~phone** *m* **1.** Telefon *n*, Fernsprecher *m;* **2.** Fernsprechverkehr *m*, -netz *n;* **3.** *par* ~ telefonisch, fernmündlich; **4.** *appeler qn au* ~, *donner un coup de* ~ *à qn* jdn an=rufen; *avoir le* ~ Telefon haben; *on vous appelle au* ~ Sie werden am Telefon verlangt; **5.** *abonné m au* ~ (Fernsprech-) Teilnehmer *m; annuaire m des abonnés au* ~ Telefon-, Fernsprechbuch *n; central m du* ~ (Fernsprech-) Vermittlung *f; coup m de* ~ Anruf *m; numéro m de* ~ Ruf(nummer *f*) *m;* ~ *automatique* Selbstanschluß, -wählverkehr *m;* ~ *public* öffentliche Fernsprechstelle *f;* **~phoner** *tr itr* telefonieren; *tr* telefonisch durch=sagen; an=rufen; **~phonie** *f* Telephonie *f;* **~phonique** *a* telefonisch, fernmündlich; Fernsprech-; *appel m* ~ Anruf *m; communication f* ~ Ferngespräch *n; installation f* ~ Fernsprechanlage *f; ligne f, réseau m* ~ Fernsprechleitung *f*, -netz *n;* **~phoniste** *m f* Fernsprechbeamte(r) *m*, -beamtin *f.*

télé|scopage *m loc mot* Zs.stoß *m*, Auffahren *n;* **~scope** *m* Teleskop *n;* **~scoper I.** *tr* zs.stoßen mit; auffahren auf; **II.** *v prn se* ~ zs.stoßen, zs.prallen, auf-

ea. auf=fahren; ~**scopique** *a* teleskopisch; ausziehbar.
télé|scripteur, ~type, télex *m* Fernschreiber *m; abonné m au réseau télex* Fernschreibteilnehmer *m;* ~**siège** *m* Sessellift *m;* ~**ski** *m* Schilift *m;* ~**spectateur, trice** *m f* Fernsehteilnehmer(in *f*), Fernseher *m;* ~**traitement** *m* Datenfernverarbeitung; ~**visé, e** *a* durch Fernsehen übertragen; Fernseh-; ~**viser** *tr* durch Fernsehen übertragen; ~**(viseur)** *m* Fernsehempfänger *m;* ~**(vision)** *f* Fernsehen *n; émission f de* ~ Fernsehübertragung, -sendung *f;* ~ *par câble* Kabelfernsehen *n;* ~ *commerciale* Werbefernsehen *n;* ~ *en couleurs* Farbfernsehen *n;* ~ *scolaire* Schulfernsehen *n.*
télex [telɛks] Fernschreiber *m (Gerät).*
tellement [tɛlmɑ̃] *adv* so (sehr), derart(ig), dermaßen; *pas* ~ nicht überwältigend, nicht besonders.
tell|ière *f* Papierformat *n* 44 × 34 cm; ~**urique** *a: secousse f* ~ Erdstoß *m.*
témér|aire [temerɛr] *a* verwegen, waghalsig; *(Urteil)* leichtfertig; ~**ité** *f* Waghalsigkeit, Tollkühnheit, Verwegenheit *f.*
témoi|gnage [temwaɲaʒ] *m* **1.** *jur* Zeugenaussage *f,* Zeugnis *n;* **2.** Beweis *m,* Zeichen *n;* **3.** *en* ~ zum Beweis, als Zeichen (*de* gen); **4.** *appeler en* ~ als Zeugen vor=laden; *entendre en* ~ als Zeugen hören; *porter, rendre* ~ Zeugnis ab=legen (*à* für); *refuser le* ~ die Aussage verweigern; **5.** ~ *de sympathie* Sympathiekundgebung *f;* ~**gner I.** *itr* **1.** bezeugen (*de qc* e-e S), als Zeuge aus=sagen (*contre* gegen; *en justice* vor Gericht); **2.** beweisen, an den Tag legen (*de qc* e-e S); **II.** *tr* bezeugen; zeigen, äußern; ~ *de son innocence* s-e Unschuld bezeugen.
témoin [temwɛ̃] *m* **1.** Zeuge *m,* Zeugin *f;* **2.** *fig* Zeichen *n,* Beweis *m;* **3.** *(Vermessung)* Markierung *f;* **4.** *biol* Versuchstier *n,* -pflanze *f;* **5.** *sport* Staffelstab *m;* **6.** *assermenter un* ~ e-n Zeugen vereidigen; *déposer comme* ~ als Zeuge aus=sagen; *être* ~ anwesend, Zeuge sein; *prendre à* ~ *(inv)* als Zeugen an=rufen; sich berufen (*qn* auf jdn); **7.** *mes yeux en sont ~s* ich habe es mit eigenen Augen gesehen; **8.** *appartement m* ~ Musterwohnung *f; appel m des ~s* Aufruf *m* der Zeugen; *audition f des ~s* Zeugenverhör *n; déclaration f de* ~ Zeugenaussage *f; lampe-~ f* Kontrollampe *f;* **9.** ~ *à charge, à décharge* Be-, Entlastungszeuge *m;* ~ *des mariés* Trauzeuge *m;* ~ *oculaire* Augenzeuge *m;* ~ *principal, numéro un, -clef m* Kronzeuge *m.*
tempe [tɑ̃p] *f anat* Schläfe *f.*
tempér|ament [tɑ̃peramɑ̃] *m* **1.** Temperament *n,* Gemütsart, Anlage, Veranlagung, Natur *f,* Charakter *m;* **2.** Konstitution *f;* **3.** *acheter à* ~ auf Raten kaufen; **4.** *achat m, vente f à* ~ Teilzahlungs-, Ratenkauf, -verkauf *m; crédit m à* ~ Teilzahlungskredit *m;* ~**ance** *f* Mäßigkeit, Mäßigung *f;* ~**ant, e** *a* mäßig, enthaltsam; ~**ature** *f* **1.** Temperatur *f;* **2.** Körpertemperatur *f;* Fieber *n;* **3.** *avoir, faire de la* ~ Fieber, Temperatur haben; *prendre la* ~ *d'un groupe* die Stimmung in e-r Gruppe erkunden; **4.** ~ *de l'air, au sol* Luft-, Bodentemperatur *f;* ~*s diurnes* Tagestemperaturen *f pl;* ~**é, e** *a* **1.** gemäßigt; **2.** *fig* ausgewogen, -geglichen; ~**er** *tr* mäßigen, mildern, ab=schwächen.
temp|ête [tɑ̃pɛt] *f* **1.** (schwerer) Sturm *m a. fig;* Unwetter *n;* ~ *de neige* Schneesturm *m;* **2.** *déchaîner des ~s* Proteststürme entfesseln; **3.** ~ *d'applaudissement* Beifallssturm *m;* ~**êter** *itr fam* toben, wettern; ~**le** [tɑ̃pl] *m* **1.** Tempel *m;* **2.** (protestantische) Kirche *f;* ~**oraire** *a* vorübergehend; einstweilig; ~**orel, le** *a* zeitlich; weltlich, irdisch; ~**orisateur, trice** *a* hinhaltend; abwartend; ~**oriser** *itr* ab=warten.
temps [tɑ̃] *m* **1.** Zeit *f,* Zeitabschnitt, -punkt *m,* -alter *n,* -dauer *f;* Stadium; **2.** Wetter *n,* Wetterlage, Witterung *f;* **3.** *mus* Tempo *n,* Takt *m,* Zeitmaß *n;* **4.** *gram* Tempus *n;* **5.** *(~ de service) mil* Dienstzeit *f;* **6.** *mot* Takt *m;* **7.** *à* ~ rechtzeitig; *au* ~ *jadis* einst(mals), ehemals; *avant le* ~ vorzeitig, verfrüht *adv; avec le* ~ mit, im Laufe der Zeit; *ces derniers* ~ in letzter Zeit; *dans le* ~ früher; *de* ~ *à autre, de* ~ *en* ~ von Zeit zu Zeit, hin u. wieder, dann u. wann; *de tout* ~ von jeher; *depuis quelque* ~ seit einiger Zeit; *en même* ~ gleichzeitig *adv; en son* ~ zu s-r Zeit; *en tout* ~ zu jeder Zeit, jederzeit; *en* ~ *opportun, utile* zur rechten, zu gegebener Zeit; *entre* ~ inzwischen; *par le* ~ *qui court* heutzutage; *par (un) beau* ~ bei schönem Wetter; *par tous les* ~ bei jeder Witterung; *la plupart du* ~ meistens; *pour un* ~ vorübergehend, e-e Zeitlang; *sans perdre de* ~ unverzüglich; **8.** *avoir le* ~ Zeit haben; *faire passer le* ~ *à qn* jdm die Zeit vertreiben; *gagner du* ~ Zeit gewinnen; *parler de la pluie et du beau* ~ vom Wetter reden; *perdre du* ~, *le* ~ Zeit verlieren; *prendre beaucoup de* ~ viel Zeit in Anspruch nehmen *od* kosten; *tuer le* ~ die Zeit tot=schlagen; **9.** *il est grand* ~ es ist höchste Zeit; *il y a peu de* ~ (noch) vor kurzem; *il n'y a pas de* ~ *à perdre* es ist keine Zeit zu verlieren; *prenez votre* ~ lassen Sie sich Zeit! **10.** *changement m brusque de* ~ Wetterumschlag *m; épargne, perte f de* ~ Zeitersparnis *f,* -verlust *m; moteur m à*

deux ~, *à quatre* ~ Zwei-, Viertaktmotor *m; prévision f du* ~ Wettervorhersage *f;* ~ *d'attente* Wartezeit *f;* ~ *de cuisson* Kochzeit *f;* ~ *d'émission* Sendezeit *f;* ~ *d'épreuve* Probezeit *f;* ~ *de guerre, de paix* Kriegs-, Friedenszeit *f;* ~ *d'ouverture* Öffnungszeit *f;* ~ *de pose (phot)* Belichtungszeit *f;* ~ *record* Rekordzeit *f;* ~ *de repos* Ruhezeit *f;* ~ *utile de travail* reine Arbeitszeit *f.*

ten|able [tənabl] *a ce n'est pas* ~ das ist nicht auszuhalten; ~**ace** [-nas] *a* zäh(e) *a. fig;* hartnäckig, beharrlich; *(Wille)* eisern.

ténacité [tenasite] *f* **1.** Zähigkeit *a. fig,* Festigkeit *f;* **2.** *fig* Beharrlichkeit, Hartnäckigkeit, Ausdauer *f.*

tenaill|e [tənɑ(a)j] *f meist pl* (Beiß-)Zange *f;* ~**er** *tr fig* quälen, peinigen.

tenan|cier, ère [t(ə)nɑ̃sje, -ɛr] *m f (meist péj)* Inhaber, Besitzer; Wirt *m;* ~**t, e** [-nɑ̃, -ɑ̃t] **I.** *a: séance f* ~*e* auf der Stelle; **II.** *s m* **1.** Anhänger, Verfechter *m;* **2.** *sport (~ du titre)* Titelhalter *m;* **3.** *d'un seul* ~ in e-m Stück; *connaître tous les* ~*s et les aboutissants (fig)* die Verhältnisse genau kennen, über alles orientiert sein.

tend|ance [tɑ̃dɑ̃s] *f* **1.** Bestreben *n,* Neigung *f,* Hang *m;* **2.** Tendenz *f;* **3.** *pol* Gesinnung *f;* **4.** *(Börse)* Stimmung *f;* — *avoir une* ~ *à la baisse* e-e rückläufige Tendenz auf⸗weisen; ~**ancieux, se** *a* tendenziös; ~**elet** [-dlɛ] *m mar* Sonnensegel *n;* ~**er** [-dɛr] *m loc* Tender *m;* ~**eur** *m tech* Spanner *m;* ~**ineux, se** *a* sehnig; ~**on** *m anat* Sehne *f.*

tendr|e [tɑ̃dr] **I.** *a* **1.** zart, weich *(a. Speise),* mürbe; **2.** *fig* empfindsam, zartfühlend; zärtlich, liebevoll; **3.** *(Melodie)* lieblich, einschmeichelnd, rührend; **4.** *dès la (plus)* ~ *enfance* von früher Jugend an; *n'être pas* ~ *pour qn* jdn nicht mit seidenen Handschuhen an⸗fassen; *mot m* ~ Kosewort *n;* **II.** *tr* **1.** (an⸗, auf⸗) spannen, (aus⸗)strecken; fest⸗, an⸗ziehen; **2.** *(Raum)* aus⸗schlagen, *(Wand)* bespannen (*de* mit); tapezieren; **3.** *(die Hand)* aus⸗strecken, hin⸗halten, reichen; **4.** *(Falle)* stellen; *(Schlinge)* legen; **5.** *(Zelt)* auf⸗ schlagen; **III.** *itr* **6.** ab⸗zielen (*à* auf *acc*); **7.** die Tendenz, die Neigung haben (*à* zu); **8.** streben (*à* nach); **IV.** *v prn se* ~ **9.** gespannt werden; **10.** ~ *l'oreille* die Ohren spitzen; ~ *la perche à qn* jdm Hilfe leisten; ~**esse** *f* Zärtlichkeit *f;* ~**on** *m* **1.** *bot* Sproß *m;* **2.** (Kalbs-)Brust *f.*

tendu, e [tɑ̃dy] *a* **1.** gespannt *a. fig (Lage, Verhältnis);* **2.** *(Geist)* angespannt.

tén|èbres [tenɛbr] *f pl* Dunkel *n,* Finsternis, Nacht *f;* ~**ébreux, se** *a* **1.** dunkel, finster, düster; **2.** *fig* geheimnisvoll; dunkel, unverständlich.

teneur [tənœr] *f* **1.** Wortlaut, Tenor *m;* **2.** *chem* Gehalt *m* (*en* an *dat*); **3.** *(~ de livres)* Buchhalter *m;* — ~ *en eau, en humidité* Wasser-, Feuchtigkeitsgehalt *m.*

ténia [tenja] *m zoo* Bandwurm *m.*

tenir [tənir] **I.** *tr* **1.** (fest⸗, in der Hand) halten; fassen, packen (*par le bras* am Arm); **2.** stand⸗halten (*qc* e-r S), aus⸗halten; **3.** *(Platz)* ein⸗nehmen; bewohnen; in Besitz haben; **4.** verdanken (*de* dat), haben (*de* von); gelernt haben (*de* von, bei); **5.** *(Rang, Stelle)* inne⸗haben, bekleiden; **6.** *(Bücher, Artikel)* führen; *(Geschäft)* betreiben; *(Gasthaus, -stätte)* bewirtschaften; **7.** *(Sitzung)* ab⸗halten; **8.** entlang⸗gehen (*qc* an e-r S), folgen (*qc* e-r S), sich halten (*qc* an e-r S, *sa droite* rechts); halten (*pour* für); **II.** *itr* **9.** halten, fest⸗halten, -sitzen, -stekken; **10.** bestehen, dauern, sich halten; *(Schnee)* liegen⸗bleiben; **11.** hängen (*à qn* an jdm); **12.** grenzen, stoßen, liegen (*à* an *acc*), benachbart sein (*à qc* e-r S *dat*); **13.** her⸗rühren, her⸗kommen, ab⸗hängen (*à* von); **14.** ähnlich sein *od* sehen, gleichen (*de qn* jdm); teil⸗haben (*de* an *dat*); **15.** aus⸗halten, -harren; stand⸗halten, widerstehen; **16.** (großen) Wert legen (*à* auf *acc*); darauf bestehen (*à ce que* daß); **17.** Platz finden (*dans, à* in *dat*); **18.** ein⸗treten (*pour* für); **III.** *v prn se* ~ **19.** sich, ea. halten (*par la main* an der Hand); mitea. verbunden sein; sich fest⸗halten (*à* an *dat*); stehen (*auprès de* bei); **20.** *fig* sich halten (*à* an *acc*); sich zurück⸗halten; **21.** sich an⸗sehen, betrachten (*pour* als), sich halten (*pour* für); **22.** e-n Halt *od* Zs.hang haben; **23.** *(Veranstaltung)* abgehalten werden, statt⸗finden; **24.** *(Gedanken)* zs.⸗hängen, logisch aufea.⸗folgen; **IV.** *(Wendungen)* **1.** *être tenu à* verpflichtet sein zu (*au secret* zum Schweigen); *ne pas* ~ locker, lose sein *od* sitzen, nicht halten; *ne pas* ~ *en place* aufgeregt hin u. hergehen; *en* ~ *(fam)* verknallt, verliebt sein (*pour* in *acc*); *savoir à quoi s'en* ~ wissen, woran man ist; Bescheid wissen; *y* ~ Wert darauf *(acc)* legen (*à* zu, *à ce que* daß); *ne plus y* ~ keinen Wert mehr darauf legen; es nicht mehr aus⸗halten können; *ne pas y* ~ sich nicht viel daraus machen; **2.** ~ *pour acquis, pour assuré, pour certain que* es für erwiesen, sicher halten, daß; ~ *à bail* in Pacht haben; ~ *la caisse* die Kasse führen; ~ *sous clef* unter Verschluß halten; ~ *compagnie* Gesellschaft leisten; ~ *compte* berücksichtigen (*de qc* e-e S); Rechnung tragen (*de qc* e-r S); (hoch) an⸗rechnen (*de qc* e-e S); ~ *un compte* ein Konto unterhalten *od* haben (*chez* bei); ~ *le coup (fam), le choc (pop)* aus⸗halten; *se* ~ *debout* aufrecht stehen; ~ *qn à distance* sich jdn vom Leibe halten; *se ~ sur ses gardes* auf der Hut sein; *ne pas se ~ de joie* vor Freude außer sich sein; *~ à jour* auf dem laufenden halten; *ne pas ~ le même langage* anea. vorbei=reden; *~ sa langue* den Mund halten; *~ lieu* ersetzen (*de qc* e-e S); *~ la mer* seetüchtig sein; *~ son rang* standesgemäß leben; *~ en respect* in Schach halten; *~ rigueur à qn de qc* jdm etw nicht vergessen *od* verzeihen können; *~ bien la route (mot)* e-e gute Straßenlage haben; *~ au sec* trocken auf=bewahren; *~ qc secret* etw verschweigen; *~ de bonne source* aus guter Quelle haben; *~ tête* Widerstand leisten; *se ~ tranquille* sich ruhig verhalten, still sein; **3.** *tiens! tenez!* da! da hast du's, haben Sie's! sieh! Sehen Sie! hör, hören Sie mal! *tenez-vous bien!* halten Sie sich fest! machen Sie sich auf allerlei *(acc)* gefaßt! *je tiens à vous dire* es liegt mir viel daran, Ihnen zu sagen; *il ne tient qu'à vous* es hängt nur von Ihnen ab; es liegt nur an Ihnen; *cela ne tient pas debout* das hält *od* geht nicht; das hat keinen Sinn; *qu'à cela ne tienne* davon soll es nicht ab=hängen.

tennis [te(ɛ)nis] *m* Tennis *n; jouer au ~* Tennis spielen; *court, tournoi m de ~* Tennisplatz *m* -turnier *n; ~ de table* Tischtennis *n.*

tenon [tənɔ̃] *m* **1.** *tech* Zapfen *m;* **2.** *(Zahn)* Stift *m.*

ténor [tenɔr] *m mus* Tenor *m.*

tension [tɑ̃sjɔ̃] *f* **1.** Spannung *f a. el pol;* **2.** *phys* Druck *m;* **3.** *fig* Anspannung *f;* — *réduire la ~ (pol)* die Spannung (ver)mindern; *haute ~* Hochspannung *f; ~ artérielle* Blutdruck *m; ~ de réseau* Netzspannung *f.*

tent|aculaire [tɑ̃takylɛr] *a* **1.** *zoo* Fühler-; **2.** *fig (Stadt)* sich nach allen Richtungen ausbreitend; **~acule** *m zoo (Insekt)* Fühler *a. fig; (Polyp)* Fangarm *m;* **~ant, e** *a* verlockend; **~ation** *f* Versuchung, Lockung *f;* **~ative** *f* Versuch *m; ~ de conciliation, de fuite* Schlichtungs-, Fluchtversuch *m; ~ de record* Rekordversuch *m;* **~e** *f* Zelt *n; sous la ~* im Zelt; *dresser, plier une ~* ein Zelt auf=schlagen, ab=brechen; *se retirer sous sa ~ (fig)* sich gekränkt zurück=ziehen; *~ familiale* Hauszelt *n;* **~er** *tr* **1.** versuchen, (aus=)probieren; **2.** in Versuchung führen; **3.** verlocken, reizen; — *être bien tenté* große Lust haben (*de* zu); *~ le coup (fig)* e-n Versuch unternehmen; **~ure** *f* Behang *m;* (Stoff-)Tapete *f.*

tenu, e [təny] **I.** *a* **1.** *être ~ à qc, de faire qc* verpflichtet sein zu etw, etw zu tun; **2.** *(Wertpapiere)* fest; **3.** *bien ~* gepflegt, ordentlich, in Ordnung; **II.** *s f (tenue)* **4.** Haltung *f,* Benehmen, Auftreten *n;* **5.** *mus* Halten *n (e-s Tones);* **6.** *(Bücher, Geschäft)* Führung *f;* **7.** Anzug *m,* Kleidung; *mil* Uniform *f;* **8.** *(~ de route)* Straßenlage *f;* **9.** *être en petite ~e* wenig anhaben; *se mettre en ~e de travail* die Arbeitskleidung anziehen; **10.** *garder une ~e ferme* e-e feste Haltung bewahren; *~e des livres* Buchführung, -haltung *f; ~e de plage* Strandanzug *m; ~e de soirée* Abendanzug *m; ~e de sport* Sportkleidung *f.*

ténu, e [teny] *a* dünn, schwach, zart, fein.

ter [tɛr] *adv il habit au numéro 20 ter* er wohnt Nr. 20 c.

téréb|enthine [terebɑ̃tin] *f chem* Terpentin *n;* **~rant, e** *a zoo med (Schmerz)* bohrend.

tergivers|ations [tɛrʒivɛrsasjɔ̃] *f pl* Ausflüchte *f pl;* **~er** *tr* Ausflüchte machen; aus=weichen.

terme [tɛrm] *m* **1.** Ende *n,* Abschluß *m;* Ziel *n;* Termin *m,* Frist *f;* **2.** Vierteljahr(smiete *f*) *n;* **3.** (Fach-)Ausdruck *m;* **4.** *math* Glied *n;* **5.** *pl* Verhältnis *n,* Beziehungen *f pl;* Zustand *m;* Bedingungen *f pl;* **6.** Wortlaut *m;* **7.** *à ~* auf Zeit *od* Kredit; *à ~ fixe* zu bestimmter Zeit; *à court, long ~* kurz-, langfristig; *aux ~s de ...* nach dem Wortlaut *gen; en d'autres ~s* mit anderen Worten; **8.** *être en bons ~s avec qn* mit jdm auf gutem Fuß stehen; *fixer un ~* e-n Zeitpunkt, Termin fest=legen; *mettre un ~* ein Ende machen (*à* dat); *mener qc à son ~* etw zu Ende führen; *le ~ échoit* die Frist läuft ab; **9.** *enfant m né avant ~* Frühgeburt *f; ~ final* Schlußtermin *m; ~ de livraison* Lieferfrist, -zeit *f; pl* Lieferbedingungen *f pl; ~ de paiement* Zahlungstermin *m; ~ de préavis* Kündigungstermin *m; ~ technique* Fachausdruck *m.*

termin|aison [tɛrminɛzɔ̃] *f gram* Endung *f; ~ nerveuse (anat)* Nervenendigung *f;* **~al, e** **I.** *a classe f ~e* Abschlußklasse *f; être en ~e* in der Abschlußklasse sein; **II.** *s m EDV* Terminal *n;* **~er** **I.** *tr* **1.** beenden, vollenden, ab=schließen; **2.** erledigen, fertig=stellen; **II.** *v prn se ~* **3.** *(gram)* end(ig)en (*en, par* auf *acc*); **4.** zu Ende gehen, aufhören; **~ologie** *f* Terminologie *f;* **~us** [-ys] *m* Endhaltestelle, -station *f.*

termit|e [tɛrmit] *m zoo* Termite *f;* **~ière** [-tjɛr] *f* Termitenhügel *m.*

tern|aire [tɛrnɛr] *a chem* ternär; **~e** *a* **1.** trüb(e), matt, glanzlos; **2.** *(Person)* unbedeutend; **3.** *fig (Stil)* farblos; *(Gespräch)* uninteressant; **~ir** *tr* **1.** trübe, matt, glanzlos machen; trüben; mattieren; **2.** *fig* ab=schwächen; **3.** *(Ansehen)* beeinträchtigen.

terrain [tɛrɛ̃] *m* **1.** Boden *a. fig,* Grund (u. Boden) *m;* **2.** Terrain, Gelände, Gebiet *n;* **3.** *agr* Grundstück *n;* **4.** *geol*

Formation *f;* **5.** *min* Gebirge *n;* **6.** *mil* Übungsplatz *m;* **7.** *sport* Spielfeld *n;* **8.** *sur le* ~ an Ort u. Stelle; *disputer le* ~ *(mil)* s-e Stellung, *fig* sein Recht, s-n Standpunkt behaupten; *être sur son* ~ *(fig)* in s-m Element, zu Hause sein; *gagner, perdre du* ~ Gelände gewinnen, an Boden verlieren; *préparer, déblayer le* ~ *(fig)* den Weg ebnen; *rester maître du* ~ das Feld behaupten; *sonder, tâter le* ~ das Gelände ab=tasten; vor=fühlen; *tout* ~ *(mot)* geländegängig; **9.** ~ *accidenté* unebene(s) Gelände *n;* ~ *d'atterrissage (aero)* Landeplatz *m;* ~ *à bâtir* Baugelände *n,* -grund *m;* ~ *de camping* Campingplatz *m;* ~ *d'entente* Verständigungsgrundlage *f;* ~ *d'entraînement* Übungsgelände *n;* ~ *d'exposition* Ausstellungsgelände *n;* ~ *industriel* Industriegelände *n;* ~ *de golf* Golfplatz *m;* ~ *de jeux* Spielplatz *m;* ~ *rocheux, sablonneux* Fels-, Sandboden *m;* ~ *de sport* Sportplatz *m;* ~ *de vol à voile* Segelfluggelände *n.*

terrass|e [tɛras] *f* (Garten-, Café-)Terrasse *f;* Flachdach *n; en* ~, *à* ~*s* terrassenförmig; ~**ement** *m* **1.** *(travaux m pl de* ~*)* Boden-, Erdbewegung, Planierung *f;* **2.** Erdaufschüttung *f;* ~**er** *tr* **1.** nieder=strecken, -schlagen, völlig mutlos machen; **2.** *fig* niederwerfen; ~**ier** *m* Erdarbeiter *m.*

terre [tɛr] *f* **1.** Erde *f a. el;* **2.** Erdboden, Grund *m;* **3.** Land; Feld, Grundstück, (Land-)Gut *n;* **4.** *fig* Welt *f;* **5.** *pl* Ländereien *f pl,* Güter *n pl;* **6.** *de* ~ irden; Ton-; *par, à* ~ auf dem *od* den Boden, zu Boden; *sous* ~ unter der, die Erde; *sur mer et sur* ~ zu Wasser u. zu Lande; **7.** *avoir les pieds sur* ~ *(fig)* mit beiden Beinen auf der Erde stehen; *être sous* ~ unter der Erde liegen, tot sein; *mettre pied à* ~ ab=steigen; *remuer ciel et* ~ Himmel u. Hölle in Bewegung setzen, nichts unversucht lassen; **8.** *voilà tous nos projets par* ~ *(fam)* alle unsere Pläne sind über den Haufen geworfen; **9.** ~ *arable* Ackererde, -krume *f,* Mutterboden *m;* Kulturland *n;* ~ *argileuse* Lehm *m;* ~ *à bail* Pachtgrundstück *n;* ~ *cuite* Terrakotta *f;* ~ *ferme* Festland *n;* ~ *en friche, en jachère* Brachland *n;* ~ *grasse* fette(r) Boden *m;* ~ *labourable* Akkerland *n;* ~*-plein m* Erdaufschüttung; *(Verkehr)* Leitinsel *f; (terre-plein vert)* Grünstreifen *m;* ~ *à porcelaine* Porzellanerde *f,* Kaolin *n; la* ~ *promise* das Gelobte Land *(Palästina);* ~ *réfractaire* feuerfeste(r) Ton *m,* Schamotte *f; la T~ sainte* das Heilige Land *(Palästina);* ~*-à-*~ *(a inv)* alltäglich, gewöhnlich; schwunglos, spießig; ~**au** [tɛro] *m* Humus-, Blumenerde *f;* ~**r I.** *tr agr* mit Erde bedecken; häufeln; **II.** *v prn se* ~ sich in die Erde ein=graben; *fig* sich verkriechen; sich nicht zeigen; ~**stre** *a fig* irdisch; Land-, Erd-; *par voie* ~ auf dem Landwege; *forces f pl* ~*s* Landstreitkräfte *f pl; globe m* ~ Erdball *m.*

terr|eur [tɛrœr] *f* Schrecken *m; répandre, jeter, faire régner la* ~ Schrecken verbreiten; ~**eux, se** *a* **1.** erdig; erdhaltig; erdfarben; **2.** *(Gesicht)* fahl; ~**ible** *a* **1.** schrecklich, furchtbar, entsetzlich; **2.** *fam* außerordentlich, riesig; gewaltig; *(Mensch)* phantastisch, toll; *ça marche* ~ das geht prima; *ça n'a rien de* ~ da ist nichts dran; ~**iblement** *adv* entsetzlich, furchtbar; *c'est* ~ *ennuyeux* das ist schrechlich langweilig; ~**ien, ne I.** *a* landbesitzend; **II.** *s m* Erdbewohner *m; propriétaire m* ~ (Groß-)Grundbesitzer *m;* ~**ier** *m* **1.** *zoo* Bau *m;* **2.** Terrier *m (Hunderasse);* ~**ifiant, e** *a* schreckenerregend, erschreckend; grauenhaft; ~**ifier** *tr* erschrecken, e-n Schrecken ein=jagen (*qn* jdm); ~**il** [-il] *m min (Abraum)* Halde *f;* ~**ine** *f* **1.** Napf *m,* tiefe Schüssel, Terrine *f;* **2.** Pastete *f;* ~**itoire** *m* **1.** Gebiet *n;* Bezirk *m;* **2.** *zoo* Lebensraum *m* — ; ~ *douanier* Zollgebiet *n;* ~ *métropolitain* Mutterland *n;* ~**itorial, e** *a* territorial; *eaux f pl* ~*es* Hoheitsgewässer *n pl;* ~**oir** *m* (Grund u.) Boden *m,* Land *n; (goût m de* ~*)* Erdgeschmack *m; sentir le* ~ *(fig)* s-e Herkunft nicht verleugnen können; ~**oriser** *tr* in Schrecken versetzen, terrorisieren; ~**orisme** *m* Terror *m;* ~**oriste I.** *s m* Terrorist *m;* **II.** *a* terroristisch; *attentat m* ~ Terroranschlag *m.*

tert|iaire [tɛrsjɛr] **I.** *a* tertiär; **II.** *s m* **1.** *geol* Tertiär *n;* **2.** *secteur m* ~ Dienstleistungsbetriebe *m pl;* ~**io** [-sjo] *adv* drittens; ~**re** *m* kleine(r) Hügel *m,* Anhöhe *f.*

tes [te, tɛ] *prn s. ton.*

tess|iture [tɛsityr] *f mus* Stimmlage *f;* ~**on** *m* Scherben *f pl; tech* Bruch *m.*

test [tɛst] *m* Test *m,* Probe, Prüfung *f; soumettre qn à un* ~, *faire passer des* ~*s à qn* jdn testen; ~ *d'aptitude* Eignungstest *m;* ~**ament** *m* **1.** Testament *n,* Letzte(r) Wille *m,* letztwillige Verfügung *f;* **2.** *par* ~ testamentarisch; **3.** *faire son* ~ sein Testament machen; *l'Ancien, le Nouveau T~ (rel)* das Alte, das Neue Testament; ~ *olographe* eigenhändige(s) Testament *n;* ~**amentaire** *a* testamentarisch, letztwillig; ~**ateur, trice** *m f* Erblasser(in *f*) *m;* ~**er I.** *itr* sein Testament machen, letztwillig verfügen; **II.** *tr* prüfen, testen; ~**icule** *m anat* Hoden *m.*

tétanos [tetanɔs] *m med* Wundstarrkrampf, Tetanus *m.*

têtard [tɛtar] *m* **1.** *zoo* Kaulquappe *f;* **2.** *arg* Kind *n.*

tête [tɛt] *f* **1.** Kopf *m a. tech,* Haupt *n;*

Schädel *m;* **2.** *fig* Geist, Verstand *m;* **3.** Festigkeit, Entschlossenheit, Willenskraft; Kaltblütigkeit; Geistesgegenwart; Hartnäckigkeit *f;* **4.** Person *f* (*pl* Köpfe *m pl*); **5.** Kopfende *n;* **6.** oberste(r) Teil *m,* Spitze *f a. fig;* Anfang *m;* **7.** Gesicht(sausdruck *m*) *n;* **8.** *sport* Kopfball *m;* **9.** *(article m de ~)* Leitartikel *m;* **10.** *(longeur f d'une ~) sport* Nasenlänge *f;* **11.** *(Baum)* Wipfel *m;* **12.** *(Hirsch)* Geweih *n;* **13.** *(Münze)* Vorderseite *f;* **14.** *à la ~ de* an der Spitze *gen; à ~ reposée* mit klarem Kopf, mit Bedacht; *en ~ de* am Kopf, an der Spitze *gen;* vorn an; *(Liste)* oben auf; *(en) ~(-)à(-)~* unter vier Augen; *la ~ la première* kopfüber; *fig* Hals über Kopf; *par ~* pro Kopf; **15.** *avoir de la ~, une bonne ~* ein kluger Kopf sein, *fam* Köpfchen haben; *calculer de ~* im Kopf rechnen; *avoir la ~ dure* schwer begreifen, *fam* schwer von Begriff sein; *avoir la ~ près du bonnet* leicht auf=brausen, hitzköpfig sein; *avoir la ~ lourde* e-n schweren Kopf haben; *en avoir par-dessus la ~ (fam)* es satt haben; *faire la ~ (pop)* schmollen; *faire une ~ (Fußball)* köpfen; *n'en faire qu'à sa ~* nur machen, was man will; *se jeter à la ~ de qn (fig)* sich jdm an den Hals werfen; *laver la ~ à qn (fig)* jdm den Kopf waschen; *monter, porter à la ~* zu Kopf steigen; *monter la ~ à qn* jdn auf=hetzen; *se payer la ~ de qn* sich über jdn lustig machen; *piquer une ~* e-n Kopfsprung machen; *perdre la ~* den Kopf verlieren; *prendre la ~* die Führung übernehmen; sich an die Spitze setzen; *ne savoir où donner de la ~* nicht wissen, wo e-m der Kopf steht; *tenir ~* die Spitze bieten; *(faire) tourner la ~ à qn* jdm den Kopf verdrehen; **16.** *j'en ai par-dessus la ~* ich habe die Nase voll davon; *je mettrais, donnerais ma ~ à couper que ...* ich wette meinen Kopf, daß ...; *c'est à se jeter la ~ contre les murs* das ist zum Auswachsen; man könnte rasend werden; *vous en répondez sur votre ~* Sie haften mit Ihrem Kopf dafür; *la ~ me tourne* mir dreht sich alles, mir ist schwindlig; *il va faire une ~* er wird ein Gesicht machen; **17.** *coup m de ~* Dummheit *f (Handlung); mauvaise ~* Unruhestifter *m; ~ baissée* blindlings; *~-bêche (adv)* verkehrt, umgekehrt; *~ (de bétail)* Stück (Vieh); *~ carrée* Dickkopf *m; ~ chaude* Hitzkopf *m; ~ à l'envers* Querkopf *m; ~ de lecture* Tonarm *m; ~ de lettre* Briefkopf *m; ~ de ligne* Kopfstation *f;* Ausgangspunkt *m; ~ de linotte* leichtsinnige(r) Mensch *m; ~-de-nègre* schwarzbraun; *~ de pont (mil)* Brückenkopf *m; ~-à-queue m: faire un ~* sich um s-e eigene Achse drehen; *~-à-~ m inv* vertraute(s) Beisammensein *n* zu zweit; zweiteilige(s) Frühstücksservice *n.*

tét|ée [tete] *f: il a six ~s par jour* er wird sechs Mal täglich gestillt; **~er** *tr* saugen (*qc* e-e S *od* an e-r S); *donner à ~* die Brust geben.

tét|in [tetɛ̃] *m* Brustwarze *f;* **~ine** [-tin] *f* **1.** Zitze *f,* Euter *n;* **2.** Schnuller *m;* **~on** *m (weibliche)* Brust *f.*

tétra|chlorure [tetraklɔryr] *m chem* Tetrachlorid *n;* **~èdre** *m math* Tetraeder *n;* **~logie** *f* Tetralogie *f.*

têtu, e [tety] *a* eigensinnig, dick-, starrköpfig; *~ comme une mule* halsstarrig.

teuton, ne [tøtɔ̃, -ɔn] *a* teutonisch; **~ique** *a l'ordre ~* der Deutsche (Ritter-) Orden.

text|e [tɛkst] *m* **1.** Text, Wortlaut *m;* Original *n;* **2.** Bibelstelle *f;* **3.** Thema *n;* **4.** *lit* Werk *n;* Manuskript *n;* **~ile I.** *a* faserig; Textil-, Spinnstoff-; **II.** *s m* **1.** Spinnstoff *m;* **2.** *(industrie f ~)* Textilindustrie *f;* **~uel, le** *a* [-tɥɛl] wörtlich; **~ure** *f* Struktur; *tech* Textur *f.*

thé [te] *m* (schwarzer) Tee; Teestrauch *m,* -blätter *n pl;* — *prendre du ~* Tee trinken; *salon m de ~* Café *n; ~ au citron, au lait* Tee mit Zitrone, Milch; *~ dansant* Tanztee *m;* **~ier** [-je] Teestrauch *m.*

théâtr|al, e [teɑtral] *a* **1.** bühnenmäßig; Theater-; **2.** *fig* theatralisch; **~e** *m* **1.** Theater, Schauspielhaus *n;* **2.** Bühne; Schauspielkunst *f;* **3.** (Bühnen-)Werke *n pl;* **4.** *fig* Schauplatz; Wirkungskreis *m;* **5.** *aller au ~* ins Theater gehen; *faire du ~* als Schauspieler auf=treten; *coup m de ~* Knalleffekt *m; ~ en plein air* Freilichtbühne *f; ~ de verdure* Gartentheater *n.*

théière [tejɛr] *f* Teekanne *f.*

thématique [tematik] *a gram mus* thematisch.

thème [tɛm] *m* **1.** Thema *n,* Gegenstand, Stoff *m;* **2.** *mus* Motiv *n;* **3.** *(Schule)* Hinübersetzung *f.*

théo|cratie [teɔkrasi] *f* Theokratie *f;* **~cratique** *a* theokratisch; **~dolite** *m* Theodolit *m (Meßgerät);* **~gonie** *f* Theogonie *f;* **~logie** *f* Theologie *f;* **~logien** *m* Theologe *m;* **~logique** *a* theologisch; **~rème** *m math* Lehrsatz *m;* **~ricien, ne** *m f* Theoretiker(in *f*) *m;* **~rie** *f* Theorie, Lehre *f,* Lehrgebäude *n;* *en ~* theoretisch *adv; tomber dans la ~ (fam)* theoretisch werden; *~ de l'hérédité* Vererbungslehre *f;* **~rique** *a* theoretisch; **~sophie** *f* Theosophie *f.*

thérapeut|e [terapøt] *m med* Therapeut *m;* **~ique I.** *s f* **1.** *med* Therapeutik *f;* **2.** Therapie *f,* Heilverfahren *n;* **II.** *a med* therapeutisch.

therm|al, e [tɛrmal] *a pl-aux* Thermal-; *eaux f pl ~es* Thermalwasser *n; établissement m ~* Kurhaus *n; station f ~e*

Kurort *m;* ~**es** [tɛrm] *m pl* **1.** *hist* Thermen *f pl;* **2.** Kurhaus *n;* ~**ie** *f* Megakalorie *f;* ~**ique** *a* thermisch; *centrale f* ~ Wärmekraftwerk *n;* ~**odynamique** [-mɔ-] *f* Thermodynamik *f;* ~**oélectricité** *f* Thermoelektrizität *f;* ~**oélectrique** *a* thermoelektrisch; ~**ogène** *a* wärmeerzeugend; ~**omètre** *m* **1.** Thermometer *n;* **2.** *fig* Barometer *n;* — ~ *médical* Fieberthermometer *n;* ~**onucléaire** *a* thermonuklear; Atom-, Kern-; ~**oplongeur** *m* Tauchsieder *m;* ~**os** [-ɔs]: *bouteille f* ~ Thermosflasche *f;* ~**ostat** [-ta] *m* Thermostat *m.*

thésauris|ation [tezɔrizasjɔ̃] *f* Hortung *f;* ~**er** *tr* horten.

thèse [tɛz] *f* **1.** These, Behauptung *f;* **2.** Dissertation; Abhandlung; *(doctorat d'État)* Habilitationsschrift *f;* — *roman m, pièce f à* ~ Tendenzroman *m,* -stück *n.*

thibaude [tibod] *f* Teppichunterlage *f.*

tho|n [tɔ̃] *m* Thunfisch *m;* ~**racique** *a* Brust(kasten, -korb)-; ~**rax** [-ks] *m anat* Brust(kasten, -korb *m*) *f.*

thrombose [trɔ̃boz] *f med* Thrombose *f.*

thuya [tyja] *m bot* Lebensbaum *m.*

thy|m [tɛ̃] *m bot* Thymian *m;* ~**roïde** [ti] *f, corps m, glande f* ~ Schilddrüse *f;* ~**roïdien, ne** *a insuffisance f* ~*ne* Schilddrüsenunterfunktion *f.*

tiare [tjar] *f* Tiara *f.*

tibia [tibja] *m* Schienbein *n; coup m de pied dans les* ~*s* Tritt *m* ans Schienbein.

tic [tik] *m* **1.** *med* Tic *m,* Zucken *n;* **2.** Tick *m,* Angewohnheit, Schrulle *f;* — *c'est un* ~ *chez lui* das ist ein Tick von ihm; ~**(-)tac** *m inv (Uhr)* Ticktack *n.*

ticket [tikɛ] *m* **1.** Fahrkarte *f,* -schein *m;* **2.** *arg* zehn Francs; **3.** *(pop) avoir un* ~ *avec qn* jdn erobert haben; **4.** ~ *de quai, de métro* Bahnsteigkarte *f,* U-Bahnfahrschein *m;* ~ *modérateur* Selbstbeteiligung *f.*

tiédasse [tjedas] *a péj (Getränke)* lauwarm.

tiède [tjɛd] *a* **1.** lauwarm, überschlagen; *(Luft)* lau, (ge)lind, mild; **2.** *fig* lau; unentschlossen.

tiéd|eur [tjedœr] *f* **1.** angenehme Wärme; *(Luft)* Milde *f;* **2.** *fig* Lauheit *f;* ~**ir I.** *itr* **1.** lauwarm werden *a. fig;* **2.** *fig* erkalten, lau werden, ab≈flauen; **II.** *tr* ab≈kühlen lassen.

tien, ne [tjɛ̃, tjɛn] *prn* dein(ig)e *(vgl. mien).*

tiers, tierce [tjɛr, tjɛrs] **I.** *a* dritte(r, s); **II.** *s m* Drittel *n;* Dritte(r) *(Mann) m;* **III.** *s f* **1.** *mus sport* Terz *f;* **2.** drei gleiche aufea.folgende (Spiel-)Karten *f pl;* **3.** *typ* Revision *f;* **4.** *astr math* Sekunde *f;* **5.** *rel* Terz *f;* — *(fam) je me moque du* ~ *comme du quart* mir ist alles piepegal; *le* ~ *monde (pol)* die dritte Welt.

tiercé *s m* Wette *f (bei Pferderennen).*

tif(fe)s [tif] *m pl pop* Haar(e *pl*) *n.*

tige [tiʒ] *f* **1.** *bot* Stiel, Stengel *m;* **2.** *(Baum)* Stamm *m;* **3.** *(Säule, Stiefel)* Schaft *m;* **4.** *tech* Stange *f.*

tignasse [tiɲas] *f fam* wilde(r) Haarschopf *m.*

tigr|e [tigr] *m zoo* Tiger *m;* ~**é, e** *a* getigert, wie ein Tiger gestreift; ~**esse** *f* **1.** Tigerin *f;* **2.** *fig* Furie *f.*

tilde [tild] *f typ* Tilde *f.*

tilleul [tijœl] **I.** *s m* Linde(nbaum *n*); Lindenblüte(ntee *m*) *f;* **II.** *a inv* lind(grün).

timbal|e [tɛ̃bal] *f* **1.** *mus* (Kessel-)Pauke *f;* **2.** Trinkbecher *m;* **3.** *(Art)* Auflauf *m;* — *décrocher la* ~ *(fig)* sein Ziel erreichen; ~**ier** *m mus* Paukenschläger *m.*

timbr|age [tɛ̃braʒ] *m* Abstempelung *f;* ~**e** *m* **1.** (Schlag-)Glocke; (Fahrrad-) Klingel *f;* **2.** (Glocken-)Klang *m;* **3.** *(Stimme, Instrument)* Klangfarbe *f;* **4.** Stempel(marke *f*); Poststempel *m; (*~*-poste m)* Briefmarke *f;* **5.** *apposer, oblitérer un* ~*-poste* e-e Briefmarke auf≈kleben, entwerten; **6.** ~ *de bienfaisance* Wohlfahrtsmarke *f;* ~ *en caoutchouc* Gummistempel *m;* ~ *dateur, à dater* Datums-, Tagesstempel *m;* ~**é, e** *a* **1.** gestempelt; **2.** frankiert, freigemacht; **3.** *fam* verrückt; — *bien* ~ klangvoll; *papier m* ~ Stempelpapier *n;* ~**er** *tr* **1.** (ab≈)stempeln; **2.** e-e (Brief-) Marke auf≈kleben (*qc* auf e-e S); **3.** mit e-r Gebührenmarke, e-m Gebührenstempel versehen.

tim|ide [timid] *a* schüchtern, zaghaft, ängstlich; *c'est un grand* ~ er ist sehr gehemmt; ~**idité** *f* Befangenheit; Schüchternheit, Zaghaftigkeit; Ängstlichkeit *f;* ~**on** *m* Deichsel *f;* ~**onerie** *f mar* Ruderwache *f,* -haus *n;* ~**onier** *m* **1.** *mar* Steuermann *m;* **2.** Deichselpferd *n;* ~**oré, e** *a* ängstlich; unentschlossen.

tin|ctorial, e [tɛ̃ktɔrjal] *a pl -aux* Färbe-; ~**ette** *f* Aborteimer *m; pl fam* Klo *n.*

tint|amarre [tɛ̃tamar] *m fam* Lärm *m,* Getöse *n;* ~**ement** *m* **1.** Klingeln, Bimmeln *n;* **2.** *(Gläser)* Klingen; Klirren *n;* **3.** *(*~ *d'oreilles)* Ohrensausen *n;* ~**er** *itr* klingen, läuten; *les oreilles me tintent* ich habe Ohrensausen; ~**in** *m j'ai fait* ~ *(fam)* ich habe in die Röhre, in den Mond geguckt; ~**ouin** [-twɛ̃] *m fam* **1.** Lärm, Spektakel *m;* **2.** unnütze Arbeit, Plage *f,* Ärger *m;* — *après bien du* ~ nach vielem Wenn u. Aber; *donner du* ~ in Schwierigkeiten bringen (*à qn* jdn).

tiqu|e [tik] *f zoo* Zecke *f;* ~**er** *itr fam* zs.≈zucken, -fahren; stutzen.

tir [tir] *m* **1.** Schießen *n;* **2.** *mil* Feuer *n;* Beschuß *m;* **3.** *sport* Schuß *m;* **4.** *(champ m de* ~*)* Schießstand *m;* **5.** ~ *au but* Schuß *m* aufs Tor; ~ *à la cible* Scheibenschießen *n;* ~ *forain* Schießbude *f;* ~ *au pigeon* Tontaubenschießen *n;*

~**ade** *f* Tirade *f; fig* Wortschwall *m;* ~**age** *m* **1.** Ziehen *n;* **2.** *(Lotterie)* Ziehung, *(~ au sort)* Auslosung *f;* **3.** *(Kamin)* Ziehen *n,* Zug *m a. tech;* **4.** *typ* Drucken *n,* Abdruck *m;* Auflage(nhöhe) *f;* **5.** *phot* Abziehen *n,* Abzug *m;* **6.** *il y a du ~ (fam)* es gibt Schwierigkeiten; **7.** *jour m de ~* Ziehungstag *m; liste f des ~s* Ziehungsliste *f; ~ global* Gesamtauflage *f.*

tiraill|ement [tirɑjmɑ̃] *m* **1.** Hin- u. Herzerren *n;* **2.** *fig* Reibungen, Schwierigkeiten *f pl;* **3.** *med (~s d'estomac)* Magenkrämpfe *m pl;* ~**er I.** *tr* **1.** hin- u. her=zerren; **2.** *fig* hin- u. her=reißen, keine Ruhe lassen (*qn* jdm); **II.** *itr* herumballern; ~**eur** *m* Schütze *m; en ~s* in geöffneter Ordnung.

tir|ant [tirɑ̃] *m* **1.** Strippe; Schlaufe *f;* **2.** *(~ d'eau)* Tiefgang *m;* **3.** *~ d'air* lichte Höhe *f (e-r Brücke);* ~**e** *f* **1.** *voleur m, vol m à la ~* Taschendieb(stahl) *m;* **2.** *arg* fahrbare(r) Untersatz, Schlitten *m;* **3.** *à ~-d'aile* pfeilschnell; *~-bouchon m* Korken-, Pfropfenzieher *m; en ~-bouchon* aufgeringelt; *~-bouchonner itr* sich ringeln; *~-fesse m fam* Schlepplift *m; ~-jus m (pop)* Taschentuch *n; ~-larigot m inv: à ~* reichlich; *~-ligne m* Reißfeder *f;* ~**é, e** *s m* **1.** Jagd(gebiet *n*) *f;* **2.** *com* Bezogene(r), Trassat *m;* **3.** *avoir les traits ~s* schlecht, abgespannt aus=sehen; *ça fait une ~e (fam)* das ist ein ganz schönes Stück; **4.** *~ par les cheveux (fig)* an den Haaren herbeigezogen; *~ à quatre épingles (fam)* piekfein; *~ m à part* Sonderdruck *m;* ~**elire** *f* **1.** Sparbüchse *f;* **2.** *fam* Kopf, Dez *m.*

tirer [tire] **I.** *tr* **1.** ziehen (*les oreilles* an den Ohren; *par le bras* am Arm); zerren; **2.** *(Riegel)* vor=schieben; **3.** (her)an=, herbei=, (her)aus=ziehen, in die Länge ziehen; **4.** entnehmen; (ab=)zapfen, (ab=)schöpfen; **5.** *(Kuh)* melken; *(Hut)* ab=nehmen; *(Vorhang)* auf= *od* zu=ziehen; *(Karten)* legen; *(Horoskop)* stellen; *(Zunge)* heraus=strecken; **6.** *fig (Plan)* entwerfen; *(Wort)* entlehnen (*de* aus); *(Töne)* entlocken *(d'un instrument* e-m Instrument); **7.** *com* ziehen, trassieren (*sur* auf *acc*); *(Scheck)* aus=stellen; **8.** *typ* drucken; *phot* ab=ziehen; *(Schuß)* ab=schießen, -feuern; schießen (*un oiseau* auf e-n Vogel); **9.** *mar* e-n Tiefgang haben (*six mètres d'eau* von sechs Metern); **II.** *itr* **10.** ziehen (*sur sa cigarette* an s-r Zigarette); e-n Zug aus=üben; (straff) an=ziehen, spannen; **11.** (an)gespannt sein; sich wenden, sich richten; **12.** *(Vogel)* streichen; *(Farbe)* spielen, über=gehen (*sur le rouge* ins Rote, in Rot); **13.** *fam* ähnlich sein *od* sehen (*sur qn* jdm); schlagen, arten (*sur* nach); **14.** *com* ziehen, ab=geben, trassieren (*sur* auf *acc*); schießen; *(~ des armes)* fechten; *(~ au sort)* losen; **III.** *v prn se ~* **15.** *se ~ d'affaire, du pétrin (fam)* sich aus der Klemme ziehen; *je me suis tiré en douce (fam)* ich habe mich verdrückt; *il s'en est tiré à bon compte* er ist billig weggekommen. **16.** *ne pouvoir rien ~ de qn* aus jdm nichts heraus=bringen, -kriegen; *~ qn d'affaire* jdm aus der Verlegenheit helfen; *~ à l'arc* mit dem Bogen schießen; *~ à conséquence* Folgen haben; *~ la conséquence* die Folgerung ziehen (*de* aus); *~ à sa fin* s-m Ende zu=gehen; *~ au flanc (fam), au cul (pop)* sich drükken; *~ qn de son lit (fam)* jdn aus dem Bett holen; *~ en longueur* (sich) in die Länge ziehen; *~ les marrons du feu (fig)* die Kastanien aus dem Feuer holen; *~ parti, profit, avantage* Vorteil ziehen (*de* aus); *~ sa source* entspringen (*de* in *dat,* auf *dat*); *~ une traite* e-n Wechsel ziehen (*sur* auf); *~ vanité, gloire* stolz sein, sich etw einbilden (*de* auf *acc*); *~ vengeance* sich rächen, Rache nehmen (*de qn* an jdm); *~ à qn les vers du nez* jdn aus=horchen; jdm die Würmer aus der Nase ziehen.

tir|et [tirɛ] *m* Gedanken-, Trennungsstrich *m;* ~**ette** *f (Möbel)* Ausziehplatte *f;* ~**eur, se** *m f* **1.** Schütze *m;* **2.** *tech* Drahtzieher *m;* **3.** *com* Aussteller, Trassant *m;* **4.** *f (~euse de cartes)* Kartenlegerin *f;* ~**oir** *m* **1.** Schublade *f,* -fach *n;* **2.** *tech* Schieber *m; ~-caisse* Registrierkasse *f.*

tis|ane [tizan] *f* (Kräuter-)Tee *m;* ~**on** *m* halbverbrannte(s) Stück *n* Holz; ~**onner I.** *itr* im Feuer herum=stochern; **II.** *tr* schüren; ~**onnier** *m* Schürhaken *m,* -eisen *n.*

tiss|age [tisaʒ] *m* **1.** Weben *n;* **2.** Weberei *f;* **3.** Gewebe *n;* ~**er** *tr* **1.** (ein=, ver)weben; **2.** *~ des intrigues* Intrigen spinnen; ~**erand** [-srɑ̃] *m* (Leine-) Weber *m;* ~**eur, se** *m f* Weber(in *f*) *m;* ~**u** *m* **1.** Gewebe *a. anat,* Gespinst *n;* **2.** Stoff *m;* **3.** *(Textil)* Ware *f;* **4.** Webweise *f;* **5.** *fig* Verkettung *f,* Gefüge *n;* **6.** *gants m pl en ~* Stoffhandschuhe *m pl; ~ d'ameublement* Möbelstoff *m; ~ cellulaire, conjonctif (anat)* Zell-, Bindegewebe *n; ~ pour blouses, pour chemises, de coton, -éponge m, pour robes* Blusen-, Hemden-, Baumwoll-, Frottee-, Kleiderstoff *m; ~ économique* Wirtschaftsgefüge *n; ~ de mensonges* Lügengewebe *n.*

tit|ane [titan] *m chem* Titan *n;* ~**i** *m pop (Paris)* Straßenjunge *m;* ~**iller** [-le (-je)] *tr itr* kitzeln; *itr* prickeln.

titr|age [titraʒ] *m chem* Titrieren *n;* Maßanalyse *f;* ~**e** *m* **1.** Titel *m;* (Berufs-)Bezeichnung *f;* Ehrentitel *m;* **2.** *sport* Titel *m;* **3.** *(Buch)* Titel *m; (Zeitung)* Überschrift *f;* **4.** *jur* Rechtstitel *m,*

Anrecht *n*, Anspruch *m;* **5.** *com* Schein, Titel, Ausweis *m*, Urkunde *f;* **6.** *chem* Feingehalt; *(Flüssigkeit)* Gehalt, Titer *m; (~ de fil)* (Garn-)Nummer *f;* **7.** *pl com* Effekten *f pl*, Stücke *n pl;* **8.** *à juste ~* mit vollem Recht; *à plus d'un ~* in mehr als e-r Hinsicht; *à ~ de* ... (in der Eigenschaft) als ...; *à ~ bénévole* freiwillig; *à ~ d'essai* probeweise; *à ~ exceptionnel* ausnahmsweise; *à ~ gracieux, gratuit* unentgeltlich, gratis, kostenlos *adv; à ~ indicatif, d'information* zur Unterrichtung; zur Kenntnisnahme; *à ~ onéreux* gegen Entgelt; *à ~ de paiement* an Zahlungs Statt; *à ~ de réciprocité* auf Gegenseitigkeit; **9.** *posséder à bon ~* rechtmäßig besitzen; *produire des ~s* Urkunden vor=legen; **10.** *marché m des ~s* Effektenmarkt *m; ~ de créance* Schuldschein *m; ~ au porteur* Inhaberpapier *n;* **~er** *tr* **1.** e-n Titel verleihen (*qn* jdm); **2.** *chem* titrieren.

titu|bant, e [titybɑ̃, -ɑ̃t] *a* schwankend; **~ber** *itr* (sch)wanken, hin u. her taumeln; **~laire I.** *a* festangestellt; verbeamtet; **II.** *s m (Amt, Dokument)* Inhaber *m; ~ d'un compte* Kontoinhaber *m; ~ d'un permis de conduire* Inhaber *m* e-s Führerscheins; *~ d'une rente* Rentenempfänger *m;* **~lariser** *tr* fest an=stellen; verbeamten.

toast [tɔst] *m* **1.** Trinkspruch, Toast *m;* **2.** Röstbrot *n*, Toast *m;* — *porter un ~* e-n Trinkspruch aus=bringen (*à qn* auf jdn).

toboggan [tɔbɔgɑ̃] *m* **1.** Rodel(schlitten) *m;* **2.** Rutschbahn *f;* **3.** *tech* Rutsche; provisorische Stahlbrücke *f*.

toc [tɔk] **I.** *interj* klopf! klopf! **II.** *a: il est ~* er ist bekloppt; **III.** *s m fam* Schund, Tinnef *m; c'est du ~* das ist nur nachgemacht; **~ade** *s. toquade; il est ~* er spinnt; **~ante** *f s. toquante;* **~ard, e I.** *a fam* mies; häßlich; *ça fait ~* das sieht scheußlich aus; **II.** *s m pop* **1.** schlechtes Rennpferd *n;* **2.** Nichtskönner *m;* **~sin** *m* Sturmglocke *f*.

toge [tɔʒ] *f* **1.** *hist* Toga *f n;* **2.** Robe *f*.

tohu-bohu [tɔybɔy] *m* Chaos, Durcheinander *n*.

toi [twa] *prn* du; dir, dich (vgl. *moi*).

toil|e [twal] *f* **1.** Leinwand *f*, Leinen *n;* **2.** Gewebe, Tuch *n*, Stoff *m;* **3.** Gemälde *n;* **4.** Zelt *n;* **5.** *mar* Segel *n;* **6.** *theat (~ de fond)* Prospekt; *fig* Hintergrund *m;* **7.** *demi-~ (Buch)* Halbleinen *n; ~ d'araignée* Spinn(en)gewebe *n; ~ cirée* Wachstuch *n; ~ de coton* Baumwolleinen *n*, Kattun *m; ~ d'emballage* Packleinen *n; ~ de tente* Zeltleinwand *f; ~ à voiles* Segeltuch *n;* **~ette** *f* **1.** Waschen, Herrichten *n;* **2.** Kleidung *f*, Toilette, Aufmachung *f;* **3.** *pl* Abort *m*, Toilette *f*, Abort *m*, WC *n;* — *en grande ~* in großer Toilette *od* Aufmachung *f; faire (sa) ~* sich waschen; **4.** *cabinet m de ~* Waschraum *m; gant m de ~* Waschlappen *m; ~ d'été* Sommerkleid *n; ~ du soir, de bal* Abend-, Balltoilette *f;* **~ier, ère I.** *a* Leinen-; **II.** *s m f* Leinenhändler(in *f*), -fabrikant *m*.

tois|e [twaz] *f* **1.** *hist* Klafter *f;* **2.** Größenmaß *n;* **~er** *tr* **1.** ab=messen; **2.** *fig fam* mit dem Blick messen; *(~ des pieds à la tête)* von oben bis unten mustern; **~on** *f* **1.** (Schaf-)Wolle *f;* **2.** *fam* Mähne *f;* — *la T~ d'or* das Goldene Vlies.

toit [twa] *m* **1.** Dach *n;* **2.** Wohnung, Behausung *f;* — *crier qc sur les ~s* etw aus=posaunen; *~ en tuiles, en verre* Ziegel-, Glasdach *n; ~ ouvrant (mot)* Schiebedach *n;* **~ure** [-tyr] *f* Bedachung *f; enlever la ~* das Dach ab=decken.

tôle [tol] *f* Blech *n; ~ ondulée* Wellblech *n*.

tolér|able [tɔlerabl] *a* erträglich; **~ance** *f* **1.** Duldsamkeit, Toleranz *a. tech;* Nachsicht, Duldung *f;* **2.** *tech* Spielraum *m;* **3.** zulässige Abweichung *f;* **~ant, e** *a* duldsam, tolerant; nachsichtig; **~er** *tr* **1.** ertragen, dulden; gestatten, zu=lassen, geschehen lassen; **2.** *(Arznei)* vertragen.

tôl|erie [tolri] *f* **1.** Blechschmiede *f*, Walzwerk *n;* **2.** Blechwaren *f pl;* **~ier** *m* Blechschmied *m*.

tollé [tɔle] *m* Zetergeschrei *n*.

tom|aison [tɔmɛzɔ̃] *f typ* Bandbezeichnung, -nummer *f;* **~ate** *f* Tomate *f; concentré, jus m de ~s* Tomatenmark *n*, -saft *m; être rouge comme une ~* puterrot sein.

tomb|ac [tɔ̃bak] *m* Tombak *m (Legierung);* **~al, e** *a* Grab-; *pierre f ~e* Grabstein *m*, -platte *f;* **~ant, e** *a* fallend; *(Haar)* herunterhängend; *(Schultern)* abfallend; *à la nuit ~e* bei Einbruch der Dunkelheit; **~e** *f* Grab *n*, letzte Ruhestätte *f;* **~eau** *m pl -x* **1.** Grabmal; Grab(stätte *f*) *n*, Gruft *f;* **2.** *fig* Tod *m*, Ende *n*, Untergang *m;* — *rouler à ~ ouvert (mot)* wie wahnsinnig rasen; **~ée** *f à la ~ de la nuit, du jour* bei Einbruch der Dunkelheit.

tomber [tɔ̃be] **I.** *itr (mit être)* **1.** fallen (*à, par terre* zu Boden); herunter=, nieder=fallen; ab=, zu=, hin=, um=fallen; **2.** stürzen *a. pol (Regierung)*, zu Fall kommmen; sinken; *(Bergsteiger, Flugzeug)* ab=stürzen; **3.** her=fallen (*sur* über *acc*), sich stürzen (*sur* auf *acc*); **4.** stoßen (*sur* auf *acc*), zufällig treffen (*sur qn* jdn); **5.** *theat* durch=fallen; **6.** *(Fluß)* münden; **7.** *(Gespräch, Rede)* kommen (*sur* auf *acc*); **8.** zu=fallen (*sur qn* jdm); **9.** hinein=geraten, gehen (*dans un piège* in e-e Falle); **10.** außer Gebrauch kommen, veralten; unterliegen, ein=, verfallen; **11.** ab=nehmen, nach=lassen, stokken; *(Wind)* sich legen; *(Meer)* sich beruhigen; *(Stimme)* leiser, schwächer werden; *(Zorn)* ab=kühlen; *(Haare, Zähne)* aus=fallen; **12.** *(Feiertag)* fallen (*un lundi* auf e-n Montag); **13.** *(Nacht)* herein=brechen; *(Tag)* sich neigen; **14.** *com* fällig werden; **II.** *tr (mit avoir)* **15.** *fam* um=legen, nieder=werfen, -strekken; **16.** *(Frau)* verführen; **17.** *~ la veste* die Jacke ausziehen; **18.** *bien, mal ~* gerade recht *od* zur rechten, zur unrechten Zeit kommen; *laisser ~ qn (fam)* jdn fallen=lassen, im Stich lassen; *~ qc (fam)* etw fallen=lassen, auf=geben; **19.** *~ d'accord* überein=kommen, sich verständigen (*avec qn* mit jdm); *~ en arrêt* stehen=bleiben; *~ sous le coup d'une loi* unter ein Gesetz fallen; *~ en désuétude* veralten; *~ en flammes (aero)* brennend ab=stürzen; *~ sous la main à qn* jdm unter die Finger kommen; *~ sous la main de qn* jdm in die Hände, in jds Hände fallen; *~ malade* krank werden; *~ des nues, de son haut* wie aus allen Wolken fallen; *~ dans l'oubli* in Vergessenheit geraten; *~ dans le panneau (fam)* herein=fallen; ins Garn gehen; *~ sur ses pieds, debout (fig)* auf die Beine fallen, Glück im Unglück haben; *~ à plat* platt auf die Erde fallen; *~ en proie à qc* e-r S verfallen; *~ raide mort* tot um=fallen; *~ en ruines* verfallen; *~ sous le sens* ein=leuchten; *~ de sommeil* vor Müdigkeit um=fallen; *~ à plat (fam)* flach=fallen; in den Wind geredet sein; **20.** *il tombe de la pluie, de la grêle, de la neige, à seaux* es regnet, hagelt, schneit, gießt wie aus Kübeln; *ils nous sont tombés dessus* sie sind über uns hergefallen; *ça tombe mal, à pic* das trifft sich schlecht, ausgezeichnet; *les bras m'en tombent* ich kann es kaum fassen.

tom|bereau [tɔ̃bro] *m pl -x* Kippkarren *m;* Karrenladung *f;* **~beur** *m* **1.** *(Ringkampf)* Sieger *m;* **2.** *fam* Verführer *m;* **~bola** [-bɔla] *f* Tombola *f;* **~e** *m* Band, Teil *m* (e-s Werkes); **~-pouce** [tɔm-] *m* **1.** *fam* Knirps *m;* **2.** Taschenschirm *m.*

ton [tɔ̃] **I.** *s m* **1.** Ton, Klang *m;* Tonart *f;* **2.** *fig* Sprache, Redeweise *f;* Farbton *m,* Schattierung *f;* **3.** Benehmen *n,* Haltung *f;* Stil *m;* **4.** *de bon ~* geschmackvoll; *~ sur ~* Ton in Ton; *sur tous les ~s (fig)* in allen Tonarten; **5.** *donner le ~* den Ton an=geben; *hausser le ~* lauter reden; schärfere Saiten auf=ziehen; *ne le prenez pas sur ce ~-là* ich verbitte mir diesen Ton; **II.** *prn ~, ta, tes* dein(e); **~al, e** *a pl -als mus* Ton-; tonal; **~alité** *f* **1.** *mus* Tonart, Klangfarbe *f;* **2.** Farbton *m;* **3.** *(Telefon)* Amtszeichen *n;* Wählton *m;* — *régulateur m de ~ (radio)* Klangregler *m.*

tond|euse [tɔ̃døz] *f* **1.** Haarschneidemaschine *f;* **2.** *(~ à gazon)* Rasenmäher *m;* **~re** *tr* **1.** (ab=)scheren; *(Rasen)* mähen; **2.** *fig fam* neppen, rupfen; — *se laisser ~ la laine sur le dos* sich alles gefallen lassen; **~u, e I.** *a (Kopf, Rasen)* geschoren (*de près* kurz); **II.** *s m: (fam) il n'avait que trois pelés et un ~* bloß ein paar Männeken waren da.

toni|cité [tɔnisite] *f* stärkende Wirkung *f;* **~fier** *tr* stärken, kräftigen; **~que I.** *a* **1.** stärkend, kräftigend; **2.** *fig* belebend; **3.** *mus* Ton-; **4.** *gram* Betonung(s)-; **II.** *s m* Stärkungsmittel *n;* **III.** *s f* **1.** *(note f ~)* Grundton *m;* **2.** *gram* Tonsilbe *f;* **~truant, e** [-tryɑ̃-] *fam (Stimme)* dröhnend, donnernd.

tonn|age [tɔnaʒ] *m* **1.** *mar* Schiffs-, Frachtraum *m,* Tonnage; **2.** Gesamttonnage *f;* **~ant, e** *a (Stimme)* dröhnend; **~e** *f* **1.** Tonne *f,* Faß *n;* **2.** *(~ métrique)* Tonne *f (1000 kg);* **~eau** *m pl -x* **1.** Faß *n,* Tonne *f (a. 1000 kg);* **2.** *aero* Rolle *f;* **3.** *être du même ~ (fig)* aus einem Holz geschnitzt sein; *faire plusieurs ~x* sich mehrfach überschlagen; **4.** *~ d'arrosage* (Straßen-)Sprengwagen *m;* *~ de bière, de vin* Bier-, Weinfaß *n;* *~ de jauge* Registertonne *f (2,830 m^3);* **~elet** [-nlɛ] *m* Fäßchen *n;* **~elier** [-nə-] *m* Böttcher *m;* **~elle** *f* **1.** *arch* Tonnengewölbe *n;* **2.** Gartenlaube *f;* **~ellerie** *f* Böttcherei, Küferei; Faßfabrik *f;* **~er** *itr* donnern *a. fig* (*contre qn* gegen jdn); *il tonne* es donnert; **~erre** *m* **1.** Donner *m;* **2.** *(mille) ~(s)!* Donnerwetter! *fig fam c'est du ~* das ist toll, phantastisch; **3.** *coup m de ~* Donnerschlag *m; fig* schwere(r) Schlag *m;* *~ d'applaudissement* stürmische(r) Beifall *m.*

tonsure [tɔ̃syr] *f* Tonsur *f.*

tont|e [tɔ̃t] *f* **1.** (Schaf-)Schur *f;* **2.** Schurwolle *f;* **3.** *(Rasen)* Mähen *n;* **~on** *m (Kindersprache)* Onkel *m.*

tonus [tɔnys] *m fig* Energie, Spannkraft *f.*

top [tɔp] *m* **1.** Zeitzeichen *n,* Ton; Start *m;* **2.** Meßpunkt *m.*

top|aze [tɔpɑz] *m min* Topas *m;* **~e** *interj: ~ (là)!* einverstanden! topp! **~er** *itr* einverstanden sein, ein=willigen; ein=schlagen; *topez-là* einverstanden!; **~inambour** [-pinɑ̃-] *m bot* Topinambur *f;* **~ique I.** *a* **1.** *med* örtlich; **2.** *fig* zur Sache gehörig; **II.** *s m* **3.** *med* örtliche(s) Mittel *n;* **4.** *fig* Gemeinplatz *m.*

topo [tɔpo] *m* **1.** *fam* Ausführungen *f pl,* Rede *f;* Überblick, Abriß *m;* **2.** Weg-, Fahrtbeschreibung *f;* — *c'est toujours le même ~* das ist immer die alte Leier; **~graphe** [-pɔ-] *m* Topograph *m;* **~graphie** *f* Orts-, Geländebeschreibung, Topographie *f;* **~graphique** *a* topographisch; **~nymie** *f* Ortsnamenkunde *f.*

toqu|ade [tɔkad] *f fam* Fimmel *m,* Marotte *f;* *avoir une ~ pour qn* in jdn verknallt sein; **~ante** *f arg* (Taschen-)Uhr *f;* **~e** *f (randlose)* Mütze *f;* **~é, e** *a fam* verrückt; ~ *de* verliebt in; **~er** *tr* stoßen (*qc* an etw); klopfen (*à la porte* an die Tür); **~er, se** *v prn fam* sich verknallen, sich vergaffen (*de qn* in jdn); Feuer u. Flamme sein (*de* für).

torch|e [tɔrʃ] *f* **1.** Fackel *f a. fig;* **2.** (~ *électrique*) Stablampe *f;* **~é, e** *a fam* **1.** *c'est* ~ das ist gekonnt; **2.** *(Arbeit)* gepfuscht; **~er** *tr* **1.** *fam* ab=wischen, reinigen, putzen; **2.** *pop* hin=schlampen, -pfuschen; — *je m'en torche* das ist mir völlig egal; **~ère** *f* große(r) Kandelaber *m;* **~on** *m* **1.** Spül-, Putz-, Wisch-, Scheuerlappen *m;* **2.** *fig* Geschmiere, Geschreibsel *n;* — *le* ~ *brûle* es ist Streit im Hause; **~onner** *tr fam* hin=pfuschen, -hauen.

tord|ant, e [tɔrdɑ̃] *a fam* zum Totlachen; **~-boyaux** *m inv pop* Rachenputzer; Fusel *m.*

tord|re [tɔrdr] **I.** *tr* **1.** (um-, ver)drehen; ab=drehen; verwinden; *(Wäsche)* aus=wringen, -winden; **2.** *tech* verwinden; zwirnen; **II.** *v prn se* ~ **3.** sich winden, sich krümmen (*de douleur* vor Schmerz); *(den Arm)* sich verrenken; *(den Fuß)* sich verstauchen; **4.** ~ *le cou* den Hals um=drehen; *se* ~ *les mains* die Hände ringen; *se* ~ *de rire, rire à se* ~ sich biegen vor Lachen; **~u, e I.** *s m f arg* Idiot(in *f*) *m;* **II.** *a* **1.** *(Beine)* krumm; **2.** *fam* schief gewickelt; — *il est complètement* ~ er spinnt.

tor|e [tɔr] *m arch* (Säulen-)Wulst, Rundstab *m a. tech;* **~ero** *m* Stierkämpfer, Torero *m;* **~gn(i)ole** *f fam* Ohrfeige *f;* **~nade** *f* Tornado, Wirbelsturm *m;* **~on** *m* **1.** *tech* Litze *f;* **2.** *arch* Wulst *m.*

torp|eur [tɔrpœr] *f* **1.** Starre, Erstarrung, Betäubung, Gefühllosigkeit *f;* **2.** Apathie *f;* **~illage** [-ij-] *m* Torpedierung *f;* **~ille** [-ij] *f* **1.** *zoo* Zitterrochen *m;* **2.** *mil* Torpedo *m;* **~iller** *tr* **1.** torpedieren *a. fig;* **2.** *(Plan, Gesetzesvorschlag)* zu Fall bringen; **~illeur** *m mar* Torpedoboot *n.*

torré|facteur [tɔrefaktœr] *m* (Kaffee-)Röster *m;* **~faction** *f* Rösten *n;* **~fier** [-fje] *tr* rösten.

torrent [tɔrɑ̃] *m* **1.** Gieß-, Sturz-, Wildbach *m;* **2.** *fig* Flut *f,* Schwall *m;* — *laisser passer le* ~ *(fig)* warten, bis der Sturm vorüber ist; *la pluie tombe à* **~***s* es regnet in Strömen; **~iel, le** [-sjɛl] *a* Wildbach-; *pluie f* **~***le* Wolkenbruch *m.*

torride [tɔrid] *a (Hitze)* glühend; *(Klima)* heiß.

tors, e [tɔr, -rs] *a* gedreht, gewunden; *(Faden)* gezwirnt; *(Beine)* krumm; **~ade** *f* **1.** *tech* Verwindung *f;* **2.** *(~ de cheveux)* Zopf *m;* **~e** *m* **1.** *anat* Brust *f;* **2.** *(Kunst)* Torso *m;* — *bomber le* ~ die Brust wölben; ~ *nu* mit nacktem Oberkörper; **~ion** *f tech* (Ver-)Drehung, (Ver-)Windung, Torsion *f.*

tort [tɔr] *m* **1.** Unrecht; Verschulden *n,* Fehler *m;* **2.** Schaden, Nachteil *m;* **3.** *à* ~ zu Unrecht; *à* ~ *et à travers* ins Blaue hinein; *à* ~ *ou à raison* zu Recht oder zu Unrecht; **4.** *avoir* ~ unrecht haben; *donner* ~ *à qn* jdm unrecht geben; *être dans son* ~ im Unrecht sein; *faire du* ~ *à qn* jdm schaden; *mettre qn dans son* ~ jdn ins Unrecht setzen; *c'est un* ~*!* das ist nicht richtig! **~icolis** [-li] *m med* steife(r) Hals *m;* **~illard** *m fam* Bummelzug *m;* **~iller I.** *tr* zs.=drehen, winden; **II.** *itr* wackeln (*des hanches* mit den Hüften); *fig* Ausflüchte suchen; **III.** *v prn se* ~ sich krümmen, sich winden, sich ringeln; — *il n'y a pas à* ~ *(fam)* da hilft keine Ausrede; **~illon** *m* Kopfpolster *n;* ~ *de papier* zs.gedrehtes Papier *n.*

tortionnaire [tɔrsjɔnɛr] *m* Folterknecht *m.*

tortu|e [tɔrty] *f zoo* Schildkröte *f; à pas de* ~ im Schneckengang; *c'est une vraie* ~ *(fam)* ist das eine lahme Ente! **~eux, se** [-tɥø, -øz] *a* **1.** gewunden, verschlungen; **2.** *fig* krumm, unlauter.

tortur|e [tɔrtyr] *f* **1.** Folter *a. fig; fig* Qual *f;* **2.** *mettre à la* ~ auf die Folter spannen; *se mettre l'esprit à la* ~ sich den Kopf zerbrechen; **3.** *chambre f, instrument m de* ~ Folterkammer *f,* -werkzeug *n;* **~er** *tr* **1.** foltern; **2.** *fig* martern, peinigen; Gewalt an=tun (*un texte* e-m Text).

torve [tɔrv] *a (Blick)* drohend, finster.

tôt [to] *adv* früh, bald, (früh)zeitig; *au plus* ~ so bald wie möglich; möglichst bald; ~ *ou tard* früher oder später.

total, e [tɔtal] **I.** *a pl -aux* **1.** gesamt; **2.** völlig, vollständig, ganz, restlos; Total-, Gesamt-; **II.** *adv fam* kurz (und gut); **III.** *s m (montant m ~, somme f ~e)* Gesamtbetrag *m,* Summe *f;* Ganze(s) *n;* — *au* ~ im ganzen; *faire le* ~ zs.rechnen; *se monter au* ~ sich insgesamt belaufen (*à* auf *acc*); *recette f* **~***e* Gesamteinnahme *f;* **~isateur** *m* Totalisator *m;* **~iser** *tr* **1.** zs.=zählen; sich insgesamt belaufen auf *(acc);* **2.** *(Punkte, Stimmen)* erzielen, auf sich vereinigen; **~itaire** *a* totalitär; **~ité** *f* Gesamtheit *f; en* ~ insgesamt.

toto [tɔto] *m (arg) attraper des* ~ Läuse erwischen.

toubib [tubib] *m fam* Arzt *m.*

touch|ant, e [tuʃɑ̃, -ɑ̃t] **I.** *a fig* rührend, (herz)ergreifend; **II.** *prp* in bezug auf; **~e** *f* **1.** *(Fisch)* Anbeißen *n;* **2.** *(Klavier, Schreibmaschine)* Taste *f;* **3.** *(Malerei)* Pinselstrich *m;* **4.** *sport* Seitenlinie *f; (Fußball)* Einwurf *m;* **5.** *(Fechten)* Treffer *m;* **6.** *avoir une* ~ *(fig fam)* e-e Eroberung gemacht haben; *donner la der-*

nière ~ à qc die letzte Hand an e-e S an=legen; *être mis sur la ~* ausgebootet werden; **7.** *il y a ~* der Ball ist ins Seitenaus; *quelle ~!* was für ein Aufzug! *~-à-tout m (inv fam)* Naseweis *m; c'est un ~-à-tout* er nimmt sich immer zuviel vor; **~er I.** *tr* **1.** an=, berühren; an=fassen, -stoßen (*de* mit); **2.** treffen *(a. Fechten); sport* an=schlagen; **3.** *(Haus, Grundstück)* grenzen (*à* an *acc*); *(Farbe)* auf=tragen; **4.** *(Scheck)* ein=lösen, -kassieren; *(Geld)* ab=heben, ein=nehmen, vereinnahmen, bekommen, in Empfang nehmen; **5.** *fig* rühren, ergreifen (*qn* jdn); **6.** betreffen, an=gehen (*ne ... pas* nichts); **7.** berühren; zu sprechen kommen (*qc* auf e-e S); sagen, mit=teilen; beibringen (*un mot à qn* jdm etw); **8.** verwandt sein (*qn* mit jdm); **II.** *itr* **9.** rühren (*à qc* an e-e S), berühren (*à qc* etw); *(Speise)* an=rühren (*à qc* etw); **10.** ganz nahe sein *od* kommen; stoßen, grenzen (*à* an *acc*); **11.** *mus* spielen (*de qc* etw); **12.** *mar* auf=laufen; an=laufen (*à un port* e-n Hafen); **13.** *(Vorrat)* an=greifen (*à qc* etw); **14.** *fig* an=gehen, betreffen (*à qc* etw); **III.** *v prn se ~* **15.** sich berühren; anea.=stoßen, -grenzen; **16.** *fig* miteinader in Verbindung stehen; **IV.** *s m* **17.** Gefühl(ssinn *m*) *n*, Tastsinn; **18.** *mus* Anschlag *m;* **19.** *(Stoff)* Anfühlen *n*, Griff *m;* **20.** *au ~* beim Anfühlen; **21.** *n'avoir pas l'air d'y ~* so aus=sehen, als könne man keiner Fliege etw zuleide tun; *être doux au ~* sich weich an=fühlen; *se laisser ~ (fig)* sich erweichen lassen; *~ des appointements* ein Gehalt beziehen; *~ au but* das Ziel erreichen; *~ à sa fin* s-m Ende zu=gehen; auf die, zur Neige gehen; *~ au port (fig)* sich dem Ziel nähern; *~ qn par téléphone* jdn telefonisch erreichen; *~ au vif (fig)* mitten ins Herz treffen; *touchez-là!* Hand drauf! eingeschlagen!

tou|e [tu] *f* Fährboot *n;* **~er** *tr mar* verholen.

touff|e [tuf] *f* Büschel *n* (*de cheveux, d'herbes* Haare, Gras); **~u, e** *a* **1.** dicht; buschig; **2.** *(Buch)* unübersichtlich.

touiller [tuje] *tr fam* um=rühren.

toujours [tuʒur] *adv* **1.** immer, stets; immerzu, unaufhörlich; **2.** noch immer, immer noch; **3.** wenigstens, immerhin, doch; indessen, nur; **4.** *depuis ~* von jeher; *pour ~* für immer; *~ est-il que ...* trotzdem, jedenfalls, immerhin; soviel ist sicher, daß ...; **5.** *cause ~!* rede du nur! *ce n'est pas moi, ~* ich war es jedenfalls nicht!

toundra [tundra] *f geog* Tundra *f.*

toup|et [tupɛ] *m* **1.** (Haar-)Büschel *n;* Tolle *f;* **2.** *fig fam* Dreistigkeit, Unverfrorenheit *f;* — *avoir le ~* die Stirn haben, sich erdreisten (*de* zu); **~ie** *f* **1.** Kreisel *m;* **2.** (Holz-)Fräsmaschine *f;* **3.** *vieille ~ (fig pop)* alte Schachtel *f.*

tour [tur] **I.** *s m* **1.** Umdrehung, kreisförmige Bewegung *f*, Umlauf; **2.** (Spazier-) Gang, Rundgang *m;* Wanderung *f*, Ausflug *m;* Fahrt, Reise *f* (*du monde* um die Welt); **3.** *(Tanz)* Tour *f;* **4.** *sport* Runde *f;* **5.** Krümmung, Windung *f a. tech;* **6.** Rand *m*, Einfassung *f; (Ort)* Umkreis; **7.** *(Körper)* Umfang *m; (Kleidung)* Weite *f;* **8.** *tech* Drehbank; Töpferscheibe *f;* **9.** *fig* Streich *m;* Kunststückchen *n;* **10.** (Rede-)Wendung, Ausdrucksweise *f;* **11.** *(~ d'esprit)* Geisteshaltung *f;* **12.** Reihe(nfolge) *f;* **13.** *à ~ de bras* mit voller Gewalt *od* Wucht; *en un ~ de main* im Handumdrehen; *~ à ~, à ~ de rôle* der Reihe nach, e-r nach dem andern; abwechselnd; **14.** *accorder le ~ de faveur à qn* jdn bevorzugt ab=fertigen; *faire le ~ de qc* um etw herum=gehen, -fahren, -reisen; *faire un ~* e-n Spaziergang machen; *faire un ~ d'horizon* e-n Gesamtüberblick gewinnen *a. fig; fermer une porte à double ~* in e-m Türschloß den Schlüssel zweimal herum=drehen; *jouer un mauvais ~ à qn* jdm übel mit=spielen; **15.** *c'est mon ~* ich bin dran, an der Reihe; *votre ~ viendra* Sie kommen auch noch dran; *à qui le ~?* wer ist dran? **16.** *~ d'adresse* Kunststück *n; ~ éliminatoire, d'honneur, de repêchage (sport)* Ausscheidungs-, Ehren-, Zwischenrunde *f; ~ de force* Glanz-, Gewaltleistung; Kraftprobe *f; ~ de hanches, de poitrine, de taille* Hüft-, Brust-, Taillenweite *f; ~ de main* Hand-, Kunstgriff *m; ~ de piste (aero)* Platzrunde *f; ~ de potier* Töpferscheibe *f; ~ de reins (med)* Hexenschuß *m; ~ de scrutin d'élection* Wahlgang *m;* **II.** *s f* **1.** Turm *m;* **2.** *(Turm-)* Hochhaus *n;* **3.** *~ de contrôle, d'église, de sondage* Kontroll-, Kirch-, Bohrturm *m; ~ d'ivoire (fig)* Elfenbeinturm *m.*

tourb|e [turb] *f* Torf *m; extraire la ~* Torf stechen; **~ière** *f* Torfmoor *n;* **~illon** [-ij-] *m* **1.** Wirbelwind, -sturm *f;* **2.** *(Wasser)* Strudel *f;* **3.** *fig* Wirbel, Trubel *m;* — *~ de neige* Schneegestöber *n; ~ de poussière* Staubwirbel *m;* **~illonner** *itr* **1.** *(Staub)* wirbeln; **2.** *(Wasser)* strudeln; **3.** *les souvenirs tourbillonnaient dans sa tête* die Erinnerungen schwirrten in seinem Kopf herum.

tour|elle [turɛl] *f* **1.** *arch* Türmchen *n;* **2.** *mar* (Geschütz-)Turm *m;* **3.** *aero* Maschinengewehrkanzel *f; (Panzer)* Drehturm *m;* **~ière** *f* (Kloster-) Pförtnerin *f;* **~isme** *m* **1.** Fremdenverkehr *m;* Touristik *f*, Tourismus *m;* **2.** *faire du ~* als Tourist reisen; **3.** *agence f, bureau m de ~* Verkehrsbüro *n; publicité f de ~* Fremdenverkehrswerbung *f; voiture f de ~* Personenwagen *m; ~ collectif, in-*

dividuel Gesellschafts-, Individualtourismus *m;* **~iste** *m* Tourist, Urlauber, Feriengast *m; je suis là en* ~ ich bin als Tourist hier; *classe f* ~ Touristenklasse *f;* **~istique** *a* Reise-, Touristen-, Fremdenverkehrs-; *guide m* ~ Reiseführer *m; menu m* ~ billige(s) Menü *n* für Touristen; *renseignements m pl ~s* Reiseinformationen *f pl; ville f* ~ Fremdenverkehrsstadt *f.*

tourm|aline [turmalin] *f min* Turmalin *m;* **~enté, e** *a* **1.** *(Ausdruck)* gequält; **2.** *(Meer)* stürmisch; **3.** *(Gelände)* durchschnitten; **4.** *(Gesicht)* gramzerfurcht; **~enter I.** *tr* **1.** quälen, plagen *a. fig;* **2.** Kummer, Sorgen machen (*qn* jdm); **II.** *v prn se* ~ sich Sorgen machen.

tourn|age [turnaʒ] *m film* Dreharbeit *f;* **~ailler** [turnaje] *itr fam* **1.** dauernd hin u. her gehen; **2.** umher=, herum=schleichen *(autour de qn* um jdn); **~ant, e I.** *a* sich drehend; rotierend; drehbar, schwenkbar; **II.** *s m* **1.** *(Weg, Fluß)* Biegung, Krümmung; Kurve; (Straßen-) Ecke; Wendeplatte, Kehre *f;* **2.** *fig* Wende(punkt *m) f;* **3.** *marquer un* ~ e-n Wendepunkt bedeuten; *il a su prendre le* ~ *(fig)* er hat sich gut angepaßt; **4.** *escalier m* ~ Wendeltreppe *f;* ~ *en épingle à cheveux* Haarnadelkurve *f;* ~ *du siècle* Jahrhundertwende *f;* **~é, e** *a* **1.** gelegen (*vers le nord* nach Norden); **2.** *(Milch)* geronnen; *(Wein)* umgeschlagen; **3.** *bien* ~ gut gebaut *od* gewachsen; *(Kompliment)* gelungen; **4.** *mal* ~ aus der Art geschlagen; unbeholfen; **~ebouler** [-nə-] *tr fam* durcheinanderbringen, erschüttern (*qn* jdn); **~e-broche** *m* Drehspieß *m;* **~e-disque** *m* Plattenspieler *m;* **~edos** [-do] *m* Rindsfilet *n;* **~ée** *f* **1.** Dienst-, Geschäftsreise *f;* **2.** *theat* Tournee *f;* **3.** *(Briefträger)* Gang; **4.** *fam* Bummel *m;* **5.** *pop* Runde (*de vin* Wein), Lage (*de bière* Bier); **6.** *pop* Tracht *f* Prügel; **~emain** *adv: en un* ~ im Handumdrehen, im Nu.

tourn|er [turne] **I.** *tr* **1.** drehen, (um=) wenden, um=kehren; **2.** herum=gehen, biegen (*qc* um etw); schwenken; **3.** *mil (den Feind)* umgehen; **4.** *(Buchseite)* um=blättern, wenden; **5.** *tech* (ab=)drehen, drechseln; **6.** *(Film)* drehen; **7.** *(Wasserhahn)* auf=, zu=drehen; *(Licht)* ein=schalten; **8.** *(Soße)* umrühren; **9.** *fig (Tätigkeit)* richten (*vers* auf *acc*); wenden (*à son avantage* zu s-m Vorteil); **II.** *itr* **10.** sich drehen, herum=gehen, -laufen (*autour de* um); sich wenden; **11.** ab=biegen (*à droite, à gauche* rechts, links); **12.** kreisen, rotieren, (um=) laufen *a. tech;* **13.** filmen; **14.** *(Wind)* um=schlagen; **15.** sich verwandeln (*en* in *acc*), werden (*en* zu); aus=gehen, aus=fallen; aus=arten (*en* in *acc*); **16.** sich (ver)ändern; *(Wein)* sauer werden; *(Milch)* gerinnen; **III.** *v prn se* ~ **17.** sich um=wenden (*vers* zu); sich wenden (*contre qn* gegen jdn); sich verwandeln (*en* in *acc*), werden (*en* zu); **18.** ~ *à l'aigre* sich verschlechtern, sich verschlimmern; ~ *bien, mal* e-e gute, schlechte Wendung nehmen; ~ *le bouton* das Licht ein=schalten *od* an=knipsen; ~ *le dos à qn* jdm den Rücken zu=kehren; ~ *les intérieurs* die Innenaufnahmen drehen; ~ *à la manivelle* kurbeln; ~ *autour du pot* wie die Katze um den heißen Brei gehen; ~ *qn en ridicule* jdn lächerlich, sich über jdn lustig machen; ~ *rond (tech)* rund=laufen; *fam* gut aus=gehen, gut ab=laufen; ~ *le sang (fig)* das Blut erstarren lassen, e-n Schrecken ein=jagen; ~ *les talons* sich aus dem Staube machen; ~ *la tête à qn* jdm den Kopf verdrehen; ~ *au tragique* e-e tragische Wendung nehmen; ~ *de travers* mißraten, schlecht aus=gehen; ~ *à vide (mot)* leer=laufen; **19.** *la chance a tourné* das Blatt hat sich gewendet; *la tête me tourne* mir wird schwind(e)lig; *je ne sais plus de quel côté me* ~ ich weiß nicht mehr, wo mir der Kopf steht; *tournez s'il vous plaît* bitte wenden! *silence, on tourne (film)* Achtung! Aufnahme!

tourn|esol [turnəsɔl] *m* **1.** Sonnenblume *f;* **2.** *chem* Lackmus *m* od *n;* **~eur** *m* Dreher; Drechsler *m;* **~evis** [-əvis] *m* Schraubenzieher *m;* **~iquer, ~icoter** *itr* auf und ab, hin und her gehen; **~iquet** [-kɛ] *m* **1.** Drehkreuz *n;* **2.** Fensterwirbel *m;* **3.** Rasensprenger *m;* **4.** (Postkarten-)Drehständer *m;* **~is** [-i] *m* **1.** Drehkrankheit *f;* **2.** *vous me donnez le* ~ Sie machen mich ja schwindlig; **~oi** *m* Turnier *n;* Wettbewerb *m;* **~oiement** *m* Drehen, Wirbeln *n;* **~oyer** *itr* sich im Kreise drehen, (herum=)wirbeln; **~ure** *f* **1.** Figur, Gestalt *f;* **2.** Redewendung, Redensart; **3.** *(Geschehen)* Wendung *f,* Ausgang; *prendre une bonne, mauvaise* ~ e-e gute, schlechte Wendung nehmen; ~ *d'esprit* Geisteshaltung *f.*

tourt|e [turt] *f* **1.** Pastete *f;* **2.** *fig pop* Trampel *m;* **~eau** *m pl -x* **1.** (Öl-) Kuchen, Trester *m;* **2.** *zoo* Einsiedlerkrebs *m;* **~ereau** [-tə-] *m pl -x* **1.** junge Turteltaube *f;* **2.** *pl* Liebespärchen *n;* **~erelle** *f* Turteltaube *f.*

tous [tus; tu(s, z)] *m pl* alle; *dans tous les azimuts* nach allen Richtungen; auf allen Gebieten; **T~saint, la** Allerheiligen *n.*

touss|er [tuse] *itr* **1.** husten; **2.** sich räuspern; **~oter** *itr* hüsteln.

tout, e [tu, tut] **I.** *a* ganz(er, e, es); alle(r, -s); jede(r, s); **II.** *adv* ganz, gänzlich, durchaus, ganz u. gar, völlig, vollständig;

III. *s m* Ganze(s) *n,* Gesamtheit *f;* **IV.** *(Wendungen)* **1.** *à ~ prendre* alles in allem, im ganzen genommen; *après ~* schließlich, im Grunde, übrigens; *de ~e(s) sorte(s)* allerlei; *du ~, pas* od *point du ~* durchaus nicht, keineswegs, -falls, ganz u. gar nicht; *en ~ ou en partie* ganz oder teilweise; *en ~ temps* jederzeit; *malgré ~* trotz allem; *(pendant) ~e l'année* ganzjährig *adv; rien du ~* gar nichts; *somme ~e* alles in allem; *~ autant* ebensoviel, ebensosehr; *~ de bon* allen Ernstes; *~ comme* gerade wie; als ob; *~ à coup* plötzlich; *~ d'un coup* mit e-m Schlag; *~ à fait* ganz u. gar, gänzlich, völlig, vollständig; *~ à l'heure* soeben, gerade (eben); *~ de même* trotzdem; *~ au moins* wenigstens; *~ le monde* jedermann; *~ au plus* höchstens; *~ ... que* wenn auch; so sehr auch; *~ de suite* sogleich, sofort; *à ~ venant* den ersten besten; **2.** *changer du ~ au ~* von Grund auf ändern; *être ~ yeux et ~ oreille* ganz Auge u. ganz Ohr sein; *risquer le ~ pour le ~* alles aufs Spiel setzen; *le ~ est de* die Hauptsache dabei ist, zu; **~-à-l'égout** [-ta-] *m inv* Kanalisation *f;* **~efois** [-tfwa] *adv* indessen, aber doch, dennoch, gleichwohl; *excepté ~* ausgenommen jedoch; *si ~* wenn überhaupt; **~e-puissance** *f* Allmacht *f;* **~-fou** *a fam* plemplem; **~-petit** *m* Kleinkind *n;* **~-puissant, ~e-puissante** *a* allmächtig; **~-venant** *m min* Förderkohle *f;* ungesiebte(s) Material *n;* unsortierte Ware *f.*

toutou [tutu] *m (Kindersprache)* Wauwau *m.*

toux [tu] *f* Husten *m.*

toxi|cologie [tɔksikɔlɔʒi] *f* Toxikologie *f;* **~comane** *m* (Rauschgift-)Süchtige(r) *m;* **~ne** *f* Toxin *n;* **~que I.** *a* giftig; **II.** *s m* Giftstoff *m.*

trac [trak] *m* **1.** Lampenfieber *n,* Bammel *m,* Angst *f;* **2.** *tout à ~* völlig unerwartet.

tracas [traka] *m* Mühen *f pl;* Ärger *m,* Sorgen *f pl; avoir du ~* Ärger haben; *~ des affaires* geschäftliche Schwierigkeiten *od* Sorgen *f pl;* **~ser I.** *tr* plagen, quälen; schikanieren, ärgern; beunruhigen; **II.** *v prn se ~* beunruhigt sein; **~serie** *f meist pl* Plackerei, Schikane *f;* **~sier, ère** *a* quälend; auf die Nerven gehend; schikanös; **~sin** *m fam il a le ~* er läßt den Kopf hängen.

trac|e [tras] *f* **1.** Spur *f a. fig;* **2.** *(~ de pas)* Fährte *f;* **3.** *fig* Hinweis *m;* **4.** *sans laisser de ~s* spurlos; *marcher sur les ~s, suivre les ~s de qn (fig)* jds Spur folgen; jdm (nach=)folgen; *~ de freinage* Bremsspur *f;* **~é** *m* **1.** Trasse, Linie(nführung) *f;* **2.** Musterzeichnung *f;* **3.** *(Grenze)* Verlauf *m;* **~er I.** *tr* **1.** auf=, vor=zeichnen; entwerfen, skizzieren; **2.** an=reißen; ab=stecken; **3.** *(Straße)* trassieren; *(Furche)* ziehen; **4.** *~ une ligne* e-e Linie ziehen; **II.** *itr fam* rennen; *mot* rasen.

trachél|e [traʃe] *f (~-artère)* Luftröhre *f;* **~ite** [-ʃeit] *f med* Luftröhrenentzündung *f.*

tract [trakt] *m* Flugschrift *f,* -blatt *n,* Prospekt *m;* **~ation** *f, meist pl* Machenschaften *f pl;* **~er** *tr mot* ziehen, schleppen; *~ une caravane, un bateau* einen Wohnwagen, ein Boot im Schlepp haben; **~eur** *m* Traktor *m,* Zugmaschine *f,* Schlepper *m;* **~-remorque** *m* Sattelschlepper *m;* **~ion** [-sjɔ̃] *f* **1.** *tech* Ziehen *n,* Zug *m;* Betrieb *m;* **2.** *sport* Klimmzug, Liegestütz *m;* — *~ avant (mot)* Vorderrad-, Frontantrieb *m.*

tradition [tradisjɔ̃] *f* Überlieferung, Tradition *f;* Brauch *m;* **~alisme** *m* Traditionsbewußtsein *n;* **~aliste I.** *s m* traditionsgebundene(r) Mensch *m;* **II.** *a* traditionsbewußt; **~nel, le** *a* überliefert, herkömmlich, traditionell.

tradu|cteur, trice [tradyktœr, -tris] *m f* Übersetzer(in *f*) *m;* **~ction** [-ksjɔ̃] *f* Übersetzung, Übertragung; *allg* Wiedergabe *f; pour ~ conforme* für die Richtigkeit der Übersetzung; **~ire** [-dɥir] **I.** *tr* **1.** übersetzen, übertragen; **2.** aus=drücken, zum Ausdruck bringen, dar=legen; **II.** *v prn se ~* **3.** sich aus=drücken, zum Ausdruck kommen, sich kund=tun, sich offenbaren, sich erweisen; **4.** *~ en justice, devant un tribunal* vor Gericht bringen *od* stellen; **~isible** *a* übersetzbar.

trafi|c [trafik] *m* **1.** Handel; Verkehr; Straßenverkehr *m;* **2.** *(~ illicite)* Schleichhandel *m;* **3.** *suspendre le ~* den Verkehr ein=stellen; **4.** *densité, intensité f du ~* Verkehrsdichte *f; heures f pl de faible ~* verkehrsschwache Zeit *f; ligne f à grand ~* Hauptverkehrslinie *f;* **5.** *~ aérien* Flug-, Luftverkehr *m; ~ commercial* Handelsverkehr *m; ~ à petite, à grande distance* Nah-, Fernverkehr *m; ~ d'excursion* Ausflugsverkehr *m; ~ ferroviaire* Eisenbahnverkehr *m; ~ fluvial* Binnenschiffahrtsverkehr *m; ~ frontalier* Grenzverkehr *m; ~ local* Ortsverkehr *m; ~ (des) marchandises* Güter-, Warenverkehr *m; ~ maritime* Schiffsverkehr *m; ~ d'opium, de stupéfiants* Opium-, Rauschgifthandel *m; ~ d'outre-mer* Überseeverkehr *m; ~ des paiements* Zahlungsverkehr *m; ~ postal* Postverkehr *m; ~ téléphonique* Fernsprechverkehr *m; ~ touristique* Fremdenverkehr *m; ~ en transit* Durchgangsverkehr *m; ~ de va-et-vient* Pendelverkehr *m; ~ voyageurs* Personenverkehr *m;* **~coter** *itr* unsaubere Geschäfte machen; **~quant, e** *m f péj* Schieber *m; ~ du marché noir*

Schwarzhändler *m;* **~quer I.** *tr péj* Schwarzhandel treiben mit, schieben; *(Waren)* verfälschen; **II.** *itr fig* Gewinn schlagen (*de* aus); *qu'est-ce que tu trafiques là? (fam)* was treibst du denn da?

trag|édie [traʒedi] *f* Tragödie *f*, Trauerspiel *n;* **~edien, ne** *m f theat* Tragöde *m*, Tragödin *f;* **~i-comédie** *f* Tragikomödie *f;* **~i-comique** *a* tragikomisch; **~ique I.** *a* **1.** tragisch; **2.** *fig* traurig, unglücklich; **II.** *s m* das Tragische, die Tragik; Tragiker *m;* — *prendre au ~* tragisch nehmen; *tourner au ~* e-e tragische Wendung nehmen.

trahi|r [trair] *tr* **1.** verraten, im Stich lassen, verlassen, preis=geben; **2.** enthüllen, sehen lassen, erkennen lassen; **3.** *(Hoffnungen)* nicht erfüllen; **4.** *(Vertrauen)* mißbrauchen; **5.** *(Mann, Frau)* untreu sein (*qn* jdm); **6.** *(Gedanken)* verfälschen, nicht richtig wiedergeben; — *~ les intérêts de qn* jdm schaden; **~son** [-zɔ̃] *f* Verrat *m; haute ~* Hochverrat *m.*

traille [trɑ(a)j] *f* (Seil-)Fähre *f.*

train [trɛ̃] *m* **1.** Gang, Lauf *m a. fig;* Gangart *f;* Schritt; *fig* Schwung *m;* **2.** *(~ de vie)* Lebenshaltung, -weise *f;* **3.** (lange) Reihe, Serie, Kette *f;* **4.** *sport* Tempo *n;* **5.** *mil* Nachschubtruppe *f;* **6.** *loc* Zug *m;* **7.** *tech* Walzenstraße *f;* Getriebe *n;* maschinelle Ausrüstung *f;* **8.** *(~ de bois)* Floß *n;* **9.** *(Pferd) (~ de derrière)* Hinterteil; *fam (Mensch)* Hintern *m;* **10.** *à fond de ~* blitzschnell; *par le ~* mit dem Zug; **11.** *aller bon ~* tüchtig aus=schreiten; rasch fahren; *aller son ~* s-n Gang gehen; *aller son petit ~* s-n alten Gang, im alten Trott gehen; *baisser, sortir le ~ d'atterrissage (aero)* das Fahrgestell aus=fahren; *changer de ~ (loc)* um=steigen; *être en ~ (fig)* in Fahrt, gut aufgelegt sein; im Werden sein; *être en ~ de ...* im Begriff *od* dabei sein zu ...; *former un ~* e-n Zug zs.=stellen; *manquer, rater le ~* den Zug verpassen *od* verfehlen; *mener grand ~* ein großes Haus führen; *mettre en ~* in Gang bringen, veranlassen (*de* zu); *typ* zu=richten; *fig* in Schwung bringen, auf=heitern; *permettre l'entrée d'un ~* e-n Zug ein=fahren lassen; **12.** *~ avant, arrière (mot)* Vorder-, Hinterachse *f; ~ de correspondance, direct, express, (de) marchandises, omnibus, (d')ouvrier(s), rapide* Anschluß-, Fernschnell-, Schnell-, Güter-, Personen-, Arbeiter-, Eilzug *m; ~-atelier m* Werkstattzug *m; ~ d'atterrissage (aero)* Fahrgestell *n; ~-auto* Autozug *m; ~ automoteur* Triebwagenzug *m; ~ de banlieue* Vorortzug *m; ~ bis, supplémentaire* Entlastungszug *m; ~ (venant) en sens inverse, de sens contraire* Gegenzug *m; ~-ferry m* Eisenbahnfähre *f; ~ miniature* Spielzeugeisenbahn *f; ~ de neige* Wintersportsonderzug *m; ~ de pneus* Satz *m* Reifen; *~ routier (mot)* Lastzug *m; ~ à tôles (tech)* Blechstraße *f; ~ de touage, de péniches (mar)* Schleppzug *m.*

traîn|age [trɛnaʒ] *m* **1.** Ziehen, Schleppen *n;* **2.** *min* Förderung *f;* **~ailler, ~asser** *itr fam* herumbummeln, trödeln; **~ant, e** *a* schleppend *a. fig;* **~ard** *m fam* **1.** Nachzügler *m;* **2.** bumm(e)lige(r) Mensch *m;* **~e** *f* **1.** Schleppe *f;* **2.** *être à la ~* weit zurück=bleiben; *elle laisse tout à la ~* sie läßt alles herumliegen; *robe f à ~* Kleid *n* mit Schleppe; *~-misère m (inv fam)* arme(r) Schlukker *m;* **~eau** *m pl -x* **1.** Schlitten *m;* **2.** *mar* Schleppnetz *n;* **~ée** *f* **1.** Streifen *m*, Spur *f;* **2.** *pop* Nutte *f;* **3.** *se répandre comme une ~ de poudre* sich wie ein Lauffeuer verbreiten; *~s de condensation (aero)* Kondensstreifen *m pl;* **~er I.** *tr* **1.** (nach=, hinter sich her=)ziehen, (nach=, fort=, mit sich herum=) schleppen; mit sich führen; *(auf dem Boden)* schleifen; **2.** *(~ après soi) fig* nach sich ziehen, mit sich bringen; **3.** *(Flügel)* hängenlassen; *(Arbeit)* schleppend erledigen; **4.** *(~ en longueur)* auf die lange Bank schieben; sich in die Länge ziehen; *(Worte)* dehnen; **II.** *itr* **5.** *(Kleid)* auf dem Boden schleifen; **6.** herum=liegen; **7.** sich hin=ziehen, sich hin=schleppen; lange dauern, auf der Stelle treten; zurück=bleiben; *(bei der Arbeit)* trödeln; **8.** *(~ dans les rues)* herum=lungern; **9.** *(Kranker)* dahin=siechen; **III.** *v prn se ~* **10.** sich dahin=schleppen, sich mühsam fort=schleppen; *fig* sich hin=ziehen; **11.** *~ dans la boue (fig)* durch den Schmutz ziehen; *~ la jambe, (fam) la patte* ein Bein nach=ziehen; *~ les pieds* schlurfen; *avoir une voix ~ante* in schleppendem Ton sprechen; **~eur, se** *m f* Bummelant(in *f*) *m.*

traintrain [trɛ̃trɛ̃] *m: (fam) le ~ (quotidien, journalier)* das (tägliche) Einerlei, der (graue) Alltag; *tout va son petit ~* es geht alles s-n Gang, es ist alles beim alten.

traire [trɛr] *tr* melken.

trait [trɛ] *m* **1.** Strich *m;* Linie *f;* **2.** *(Waage)* Ausschlag *m;* **3.** *(~ de lumière)* (Licht-)Strahl *m;* **4.** *(Pferd)* Zugseil *n;* Strang; **5.** Pfeil *m;* **6.** *fig* (Charakter-, Gesichts-)Zug *m*, Merkmal *n;* **7.** *(~ d'esprit)* gute(r) Einfall, Geistesblitz *m; (~ de courage)* tapfere Tat *f;* **8.** *à grands ~s (fig)* in großen Zügen; *comme un ~* pfeilschnell; *d'un ~ de plume* mit e-m Federstrich; *d'un (seul) ~* in einem Zug; **9.** *avoir ~* sich beziehen (*à* auf *acc*), im Zusammenhang stehen (*à* mit *dat*); *boire à longs ~s* in langen Zügen trinken; *décocher un ~* e-n Pfeil ab=schießen; *partir comme un ~* wie ein Pfeil los=schnellen; **10.** *animal m de* ~ Zugtier *n;* ~ *d'union* Bindestrich *m;* **~e** *f* **1.** (Weg-)Strecke *f;* **2.** *com* Tratte *f,* gezogene(r) Wechsel *m;* **3.** Melken *n;* **4.** *(tout) d'une* ~ ohne Aufenthalt, in e-m Stück *od* Zug; **5.** *accepter une* ~ e-n Wechsel akzeptieren; *faire protester une* ~ e-n Wechsel protestieren lassen; *tirer une* ~ *sur qn* e-n Wechsel auf jdn aus=stellen; ~ *des blanches* Mädchenhandel *m;* **~é** *m* **1.** Vertrag *m,* Abkommen *n;* **2.** Abhandlung *f,* Lehrbuch *n;* **3.** *conclure* od *négocier, dénoncer, signer un* ~ e-n Vertrag schließen, kündigen, unterzeichnen; **4.** ~ *d'arbitrage, d'armistice, de commerce, de paix* Schiedsgerichts-, Waffenstillstands-, Handels-, Friedensvertrag *m;* **~ement** *m* **1.** Behandlung *f a. med;* **2.** *(Beamter)* Gehalt *n;* **3.** *tech* Verarbeitung, Aufbereitung *f;* **4.** *toucher un* ~ *fixe* ein festes Gehalt beziehen; **5.** *échelon, groupe, supplément m de* ~ Gehaltsstufe, -gruppe, -zulage *f; retenue f sur le* ~ Gehaltsabzug *m;* **6.** ~ *annuel, de base, initial, mensuel* Jahres-, Grund-, Anfangs-, Monatsgehalt *n;* ~ *curatif, médical* Heilverfahren *n,* -behandlung *f;* ~ *à distances* Teleprocessing *n;* ~ *de l'informatique* Datenverarbeitung *f;* ~ *de la nation la plus favorisée* Meistbegünstigung *f;* **~er I.** *tr* **1.** *(Thema)* behandeln, dar=legen; **2.** unter-, verhandeln (*qc* über e-e S); **3.** *(Person)* behandeln *a. med,* um=gehen (*qn* mit jdm); **4.** nennen, an=reden (*de* mit); heißen (*de qc* etw); **5.** *lit* bewirten; **6.** *tech* be-, verarbeiten; *(Erz)* auf=bereiten; vergüten, veredeln; **II.** *itr* **7.** handeln (*de* von, über *acc*); **8.** unter-, verhandeln (*de la paix* über den Frieden); **9.** *com* verhandeln (*avec* mit *dat*); **~eur** *m* Lieferant *m* von fertigen Essen.

traîtr|e, esse [trɛtr, -ɛs] **I.** *s m f* Verräter(in *f*) *m;* **II.** *a* **1.** verräterisch, falsch, treulos; **2.** heimtückisch; **3.** *(Wein)* gefährlich; — *ne pas dire un* ~ *mot* kein Sterbenswörtchen sagen; **~ise** *f* Tücke *f;* Verrat *m.*

traje|ctoire [traʒɛktwar] *f* (Flug-)Bahn *f;* **~t** [-ʒɛ] *m* Strecke *f,* Weg *m,* Fahrt *f.*

tralala [tralala] *m fam* Tamtam, Aufwand, Pomp *m; en grand* ~ mit großem Pomp.

tram [tram] *m fam,* **~way** [-wɛ] *m* Straßenbahn *f;* **~e** *f (Textil)* Schuß, Einschlag *m; la* ~ *des événements* die Verkettung der Ereignisse; **~er** *tr* an=stiften, an=zetteln; *il se trame qc* es braut sich etw zs., *fam* es tut sich etw; **~ontane** *f* Nordwind *m.*

tranch|ant, e [trɑ̃ʃɑ̃, -ɑ̃t] **I.** *a* **1.** schneidend; *(Klinge)* scharf; **2.** *(Ton)* entschieden, nachdrücklich; **II.** *s m* Schneide *f; à deux* ~*s* zweischneidig *a. fig;* **~e** *f* **1.** Schnitte, Scheibe *f* (*de pain* Brot); **2.** Abschnitt, Teil *m,* Tranche; **3.** *(Lotterie)* Ausspielung *f;* **4.** *(Münze)* Rand; *(Buch)* Schnitt *m;* **5.** *loc* Wagengruppe; **6.** *math* Zahlengruppe *f;* **7.** *couper en* ~*s* in Scheiben schneiden; — *s'en payer une* ~ *(fam)* sich köstlich amüsieren; **~é, e** *a* **1.** fest, klar (abgegrenzt); **2.** *(Meinung)* bestimmt; **3.** *(Farbe)* sich scharf abhebend; **~ée** *f* **1.** Graben; Einschnitt *a. fig,* Durchstich *m;* **2.** *mil* Schützengraben *m;* **3.** *(Wald)* Schneise *f;* **~-abri** *f* Schützen-, Luftschutzgraben *m;* **~er I.** *tr* **1.** durch=, ab=hauen, ab=hacken, (ab=, durch=, zer-)schneiden; *(Kopf)* ab=schlagen; **2.** *(Frage)* entscheiden; *(Problem)* rasch lösen; **II.** *itr* **3.** ab=stechen, sich scharf, stark ab=heben (*sur, avec* von); **4.** *(le)* ~ *net (fam)* kurzen Prozeß machen, nicht viel Federlesens machen; — ~ *dans le vif* energische, strenge Maßnahmen ergreifen.

tranquill|e [trɑ̃kil] *a* ruhig, still, friedlich; *soyez* ~ seien Sie unbesorgt; *laisse ça* ~ laß die Finger davon; **~ement** *adv* ungestört, in (aller) Ruhe; unbesorgt; **~isant, e I.** *a* beruhigend; **II.** *s m* Beruhigungsmittel *n;* **~iser I.** *tr* beruhigen; beschwichtigen; **II.** *v prn se* ~ ruhig(er) werden, sich beruhigen; *transquillisez-vous* seien Sie unbesorgt! **~ité** *f* Ruhe, Stille *f;* Frieden *m;* Unbesorgtheit *f; en toute* ~ getrost.

trans|action [trɑ̃zaksjɔ̃] *f* **1.** *jur* Vergleich *m,* Übereinkommen *n;* **2.** *com* Transaktion *f,* Geschäft *n;* Abschluß; Verkehr *m;* — ~*s bancaires, par chèques, par virements* Bank-, Scheck-, Giroverkehr *m;* ~*s au comptant* Kassageschäfte *n pl;* **~at(lantique)** [-zat-] **I.** *a* transatlantisch; überseeisch; **II.** *s m* **1.** Überseedampfer *m;* **2.** Liegestuhl *m;* **~bahuter I.** *tr fam* umziehen, wegschaffen; **II.** *v prn se* ~ anderswohin gehen, weggehen; **~bordement** [trɑ̃s-] *m* Umladen *n; com* Umschlag *m;* **~border** *tr* um=laden; **~bordeur** *s m* u. *a.: pont m* ~ Schwebefähre *f;* **~cendance** [-sɑ̃-] *f* Transzendenz *f;* **~cendant, e** *a* **1.** überlegen, hervorragend; **2.** transzendent; **~cender** *tr* übertreffen; **~container** *m* Großraumbehälter *m;* **~continental, e** *a* transkontinental; **~cription** [-psjɔ̃] *f* **1.** Abschreiben *n;* Übertragung *f;* **2.** Eintrag(ung *f*) *m;* **3.** Transkription *f;* **~crire** *tr* **1.** ab=schreiben; ein=, übertragen; **2.** transkribieren.

transe [trɑ̃s] *f* **1.** *meist pl* (große) Angst, Bangigkeit *f;* **2.** *sing* Trancezustand *m;* — *être dans des* ~*s mortelles* Todesängste aus=stehen; *entrer en* ~ außer sich, in Ekstase geraten.

trans|ept [trɑ̃sɛpt] *m arch* Querschiff *n;* **~férable** *a* übertragbar; **~fèrement** *m jur* Überstellung *f;* **~férer** *tr* **1.** über=

führen; verlegen, versetzen; **2.** *com* um=buchen, übertragen; **3.** an=, überweisen, transferieren; **4.** *jur* überstellen; **~fert** [-fɛr] *m* **1.** Übertragung, Übereignung; **2.** Überweisung *f;* **3.** Umschreibung, Umbuchung *f;* **4.** Überführung, Verlegung *f;* **5.** Transfer *m;* — *~s de populations* Umsiedlung *f;* **~figuration** *f rel* Verklärung *f;* **~figurer** *tr* verklären; **~formable** *a* ver-, umwandelbar; **~formateur** *m el* Transformator *m;* **~formation** *f* **1.** Ver-, Umwandlung, Veredelung; Verarbeitung *f;* Umbau *m;* **2.** *el* Umformung, Umspannung; **3.** *chem* Umsetzung *f;* — *poste m de ~* Umspannwerk *n;* **~former I.** *tr* **1.** ver-, um=wandeln, um=gestalten, um=formen, um=bauen (*en* in *acc*); modernisieren; **2.** *el* um=spannen, transformieren; **II** *v prn se ~* sich (ver)wandeln, sich verändern (*en* in *acc*); **~formisme** *m biol* Abstammungslehre *f;* **~fuge** *m* Überläufer *m;* **~fuser** *tr (Blut)* übertragen; **~fusion** *f (~ sanguine)* (Blut-)Übertragung *f;* **~gresser** *tr (Gebot, Gesetz)* übertreten; *(Befehl)* zuwiderhandeln *(qc dat);* **~gression** *f* Übertretung *f;* **~humance** [trɑ̃zymɑ̃s] *f* Almauftrieb *m;* Wanderschäferei *f;* **~humer** *tr (Vieh)* auf die Almen treiben.

transi, e [trɑ̃s(z)i] *a* steif, erstarrt (*de, par le froid* vor Kälte); *(fig) amoureux ~* schüchterne(r) Liebhaber *m;* **~ger** *tr* **1.** e-n Vergleich ab=schließen; **2.** e-n Kompromiß schließen, sich ab=finden (*avec* mit); — *~ avec son devoir* s-e Pflicht nachlässig erfüllen; *je ne transige pas là-dessus* da lasse ich nicht mit mir handeln; **~r** [-s-, -z-] *tr* erstarren lassen.

transistor [trɑ̃zistɔr] *m el* Transistor *m;* **~iser** *tr* mit Transistoren ausrüsten.

transit [trɑ̃zit] *m* Transit *m,* Durchfuhr *f;* — *en ~* im Transitverkehr; *commerce, trafic m de ~* Transithandel *m; marchandises f pl en ~* Durchfuhrgüter *n pl; port m de ~* Transithafen *m;* **~aire I.** *a* Transit-, Durchfuhr-; **II.** *s m* Transithändler *m;* **~er I.** *tr* im Transitverkehr befördern; **II.** *itr* im Transitverkehr durch=gehen; **~if, ive** *gram* transitiv, zielend; **~ion** [-sjɔ̃] *f* Übergang *m;* **~oire** *a* vorübergehend; *période f ~* Übergangszeit *f.*

trans|lation [trɑ̃slɑsjɔ̃] *f* **1.** Überführung, Verlegung; Versetzung; Übertragung *a. jur;* **2.** *tech* Verschiebung *f;* **~lucide** *a* durchscheinend; **~metteur** *m tele* Sender *m;* **~mettre** *tr* **1.** über=, weiter=geben, weiter=leiten (*à* nach); **2.** übermitteln, zu=stellen; **3.** *(Krankheit)* übertragen; **4.** *(Strom)* leiten; **~migration** *f: ~ des âmes* Seelenwanderung *f;* **~missible** *a* **1.** übertragbar; **2.** vererblich; **~mission** *f* **1.** Übertragung *f (à la radio* durch den Rundfunk); **2.** Weiter-, Übergabe; Übermittlung *f;* **3.** *tech* Antrieb *m,* (Übersetzungs-)Getriebe *n;* **4.** *pl mil* Nachrichtenwesen *n;* Fernmeldetruppe *f;* **5.** *réseau m de ~s* Nachrichtennetz *n; ~ à cardan* Kardangetriebe *n; ~ de la chaleur, d'énergie* Wärme-, Energieübertragung *f; ~ en direct* Direktübertragung; Live-Sendung *f; ~ des informations* Nachrichtenübertragung *f; ~ de pensée* Gedankenübertragung *f; ~ radiophonique, de télévision* Rundfunk-, Fernsehübertragung *f;* **~mu(t)able** [-mɥ(yt)abl] *a* verwandelbar; **~mutation** *f* Um-, Verwandlung *f* (*en* in *acc*); **~mu(t)er** [-mɥ(yt)e] *tr* um=, verwandeln (*en* in *acc*).

transocéanique [trɑ̃zɔseanik] *a* transozeanisch; Übersee-, Transozean-.

trans|paraître [trɑ̃sparɛtr] *tr* **1.** durch=scheinen; **2.** *fig* sichtbar werden; **~parence** *f* **1.** Durchsichtigkeit *f;* **2.** *(Haut)* Zartheit *f;* **3.** *film* Rückprojektion *f;* **~parent, e I.** *a* **1.** durchsichtig; lichtdurchlässig, durchscheinend; **2.** *(Haut)* zart; **3.** *fig* leicht zu durchschauen(d); **II.** *s m* **4.** Linienblatt *f;* **5.** Transparent *n;* **~percer** *tr* **1.** durchbohren, -stechen; **2.** dringen (*qc* durch etw); *~percé par la pluie* völlig durchnäßt; **~piration** *f* Schwitzen *n;* **~pirer** *itr* **1.** schwitzen; **2.** *fig* durch=sickern; **~plantable** *a* verpflanzbar; **~plantation** *f* **1.** Verpflanzung *f a. fig;* **2.** *med* Transplantation *f;* **3.** Umsiedlung *f;* **~planter** *tr* **1.** verpflanzen *a. fig;* **2.** *med* transplantieren; **3.** umsiedeln.

transport [trɑ̃spɔr] *m* **1.** Transport *m,* Beförderung *f,* Versand *m;* **2.** *jur* Abtretung, Inaugenscheinnahme *f; (~ sur place)* Lokalbesichtigung *f;* **3.** *com* Umbuchung *f;* **4.** *(~ au cerveau)* Hirnschlag *m;* **5.** *mar* Transporter *m;* **6.** *lit fig* Begeisterung *f;* **7.** Transportwesen, -mittel *n pl;* Verkehrsgewerbe *n;* **8.** *assurance f contre les risques du ~* Transportversicherung *f; entrepreneur m de ~s* Transportunternehmer, Spediteur *m; entreprise f de ~s* Rollfuhrunternehmen *n; frais m pl de ~* Transportkosten *pl; moyen m de ~* Beförderungsmittel *n;* **9.** *~ aérien* Beförderung *f* auf dem Luftwege; *~ en commun* öffentliche Verkehrsmittel *n pl; ~ par eau, par terre* Beförderung *f* auf dem Wasser-, auf dem Landwege; *~ combiné, container, porte à porte* kombinierter Verkehr, Behälterverkehr, Verkehr *m* von Haus zu Haus; *~ d'énergie* Energieübertragung *f; ~ de marchandises à courte distance* Güternahverkehr *m; ~ par mer* Verschiffung *f;* Seetransport *m; ~ de personnes* Personenverkehr *m; ~ privé* Werkverkehr *m; ~ par route, routier, par voiture* Beförderung *f* per Achse,

Straßentransport *m; ~ par voie ferrée, par wagon, par chemin de fer* Bahntransport *m;* ~**able** [-tabl] *a* transportabel, transportierbar; *(Kranker)* transportfähig; ~**é, e** *a fig* **1.** verzückt, hingerissen, begeistert; **2.** *(~ de fureur)* rasend, wütend; ~**er I.** *tr* **1.** befördern, transportieren (*en camion* mit Lastwagen); **2.** weg=bringen, fort=schaffen, versenden; **3.** *(an e-n Ort, e-e Zeit)* verlegen, versetzen; **4.** *jur* ab=treten; **5.** *com* übertragen, um=buchen; überweisen; **6.** *fig* begeistern, hin=reißen, entzücken; **II.** *v prn se ~* **7.** *(fig)* sich begeben (*chez qn* zu jdm); **8.** sich (in Gedanken) versetzen; sich hin=reißen lassen; — *se ~ sur les lieux* sich an Ort u. Stelle begeben; ~**eur** *m* **1.** Spediteur, Transportunternehmer, Verkehrsträger *m;* **2.** *tech* Lade-, Transporteinrichtung *f,* Förderer *m.*

trans|posable [trɑ̃spozabl] *a* **1.** versetzbar; **2.** *mus* transponierbar; ~**poser** *tr* **1.** versetzen, um=stellen; **2.** *mus* transponieren; ~**position** *f* **1.** Versetzung, Umstellung *f;* **2.** *mus* Transponieren *n;* ~**roulage** *m* Ro-Ro-Verkehr *m;* ~**saharien, ne** *a* Transsahara-; ~**sibérien, ne** *a* transsibirisch; ~**substantiation** [-sjasjɔ̃] *f rel* Transsubstantiation *f;* ~**suder** *itr* durch die Poren austreten; ~**vaser** *tr* um=füllen; ~**versal, e** *a pl -aux* transversal; Quer-; coupe *f ~e* Querschnitt *m;* ~**versalement** *adv* quer; ~**vider** *tr* umfüllen.

trap|èze [trapɛz] **I.** *s m math sport* Trapez *n;* **II.** *a: muscle m ~* Trapezmuskel *m;* ~**éziste** *m* Trapezkünstler *m;* ~**ézoïdal, e** *a pl-aux* trapezförmig; *courroie f ~e* Keilriemen *m.*

trapp|e [trap] *f* **1.** Falle *a. fig;* Klapptür *f;* **2.** *aero* Ausstieg *m;* **3.** Schiebefenster *n;* **4.** *theat* Versenkung *f;* — *tomber dans la ~* in die Falle gehen; ~**eur** *m* Trapper *m;* ~**iste** *m rel* Trappist *m.*

trapu, e [trapy] *a* **1.** gedrungen, untersetzt, stämmig; **2.** *(Gebäude)* massig; **3.** *fam (Problem)* schwierig; — *être ~ en maths* in Mathematik beschlagen sein.

traqu|enard [traknar] *m* Falle *f a. fig;* ~**er** *tr* **1.** *(Jagd)* treiben, hetzen; umstellen; **2.** verfolgen.

traumat|ique [tromatik] *a med* Wund-; *fièvre f ~* Wundfieber *n;* ~**tiser** *tr* e-n Schock versetzen (*qn* jdm); ~**isme** *m* Trauma *n,* Schock *m;* ~**tologie** *f* Unfallchirurgie *f.*

travail [travaj] *m pl -aux* **1.** Arbeit(szeit) *f;* **2.** Anstrengung, Mühe; Belastung, Beanspruchung; Leistung *f;* **3.** Be-, Verarbeitung *f;* **4.** *chem* Gärung *f;* **5.** Geburtswehen *pl;* **6.** *sans ~* arbeitslos; **7.** *aller au ~* zur Arbeit gehen; *cesser le ~* die Arbeit ein=stellen; *faire du ~ supplémentaire* Überstunden machen; *se mettre au ~* sich an die Arbeit begeben *od* machen; *réduire la durée du ~* die Arbeitszeit verkürzen; *travaux!* Bauarbeiten! Baustelle! **8.** *accident m du ~* Arbeitsunfall *m; Bureau International du T~* Internationale(s) Arbeitsamt *n; cessation f du ~* Arbeitseinstellung *f; chantier m de ~* Arbeitsplatz *m; contrat m de ~* Arbeitsvertrag *m; droit m au ~* Recht *n* auf Arbeit; *durée f du ~* Arbeitsdauer *f; heures f pl de ~* Arbeitsstunden *f pl; incapacité f de ~* Arbeitsunfähigkeit *f; marché m du ~* Arbeitsmarkt *m; ministère m du ~* Arbeitsministerium *n; office m du ~* Arbeitsamt *n; poste m de ~* Arbeitsplatz *m; salle f de ~* Kreissaal *m; vêtements m pl de ~* Arbeitskleidung *f;* **9.** *~ administratif* Verwaltungsarbeit *f; ~ agricole* Landarbeit *f; ~ à la chaîne* Fließbandarbeit *f; ~ à domicile* Heimarbeit *f; ~ féminin* Frauenarbeit *f; ~ à forfait, à la pièce, à la tâche* Akkordarbeit *f; ~ illicite, noir* Schwarzarbeit *f; ~ intellectuel* Kopf-, Geistesarbeit *f; ~ à la machine, à la main* od *manuel* Maschinen-, Handarbeit *f; ~ à mi-temps, à plein temps* Halbtags-, Ganztagsarbeit *f; ~ de nuit* Nachtarbeit *f; ~ occasionnel* Gelegenheitsarbeit *f; ~ de précision* Präzisionsarbeit *f; ~ qualifié* Facharbeit *f; ~ à temps réduit* Kurzarbeit *f; ~ saisonnier* Saisonarbeit *f; ~ en série* Reihenfertigung *f; ~ souterrain* Tiefbau *m; ~ utile* Nutzleistung *f;* **10.** *pl* **travaux** (Bau-)Arbeiten *f pl;* — *~ accessoires* Nebenarbeiten *f pl; ~ d'assainissement* Sanierungsarbeiten *f pl; ~ d'art* Kunstbauten *m pl; ~ du bâtiment* Bauarbeiten *f pl; ~ de déblaiement* Aufräumungsarbeiten *f pl; ~ forcés* Zwangsarbeit *f; ~ publics* Bauarbeiten *f pl* der öffentlichen Hand; *~ routiers* Straßenbauarbeiten *f pl; ~ de sauvetage* Bergungs-, Rettungsarbeiten *f pl; ~ de terrassement* Erdarbeiten *f pl; ~ de tournage (film)* Dreharbeiten *f pl.*

travaill|er [travaje] **I.** *tr* **1.** be-, verarbeiten; **2.** durch=kneten; **3.** *(Stil)* durch=arbeiten, durch=feilen; **4.** *fam* büffeln, pauken; **5.** *(Person)* bearbeiten, zu beeinflussen, zu gewinnen suchen; **6.** *(Kunden)* besuchen; **7.** ein=üben (*au piano* auf dem Klavier); **8.** *fig* quälen, plagen; beunruhigen; keine Ruhe lassen (*qn* jdm); **II.** *itr* **9.** arbeiten (*à, sur* an, über *dat*); sich (ab=)mühen (*à* um), sich an=strengen (*à* zu); **10.** *(Holz)* sich (ver)werfen, sich verziehen, arbeiten; **11.** *chem* gären; **12.** *(Teig)* gehen; **13.** *~ à perte (com)* mit Verlust arbeiten; *il travaille du chapeau* er ist übergeschnappt; ~**eur, se I.** *s m f* Arbeiter(in *f*) *m;* Werktätige(r *m*), Schaffende(r *m*) *f;* **II.** *a* werktätig, schaffend; Arbeiter-;

III. *s f* Nähkasten *m; — ~ à domicile, intellectuel, manuel, saisonnier* Heim-, Kopf- *od* Geistes-, Hand-, Saisonarbeiter *m; ~ frontalier* Grenzgänger *m; ~ indépendant* selbständige(r) Gewerbetreibende(r) *m;* **~oter** *itr* lässig arbeiten.

travée [trave] *f* **1.** *arch* Feld, Fach; (Gewölbe-)Joch *n;* **2.** Bankreihe *f.*

travel(l)ing [travliŋ] *m film* Fahraufnahme *f;* Kamerawagen *m.*

travers [travɛr] *m* **1.** *à ~ qc, au ~ de qc (prp)* quer durch, über etw; *à ~ champ* querfeldein; *de ~* schief, schräg, quer; verkehrt; *en ~* quer (*de* durch, über), übereck; **2.** *entendre de ~* sich verhören; *se mettre en ~ (fig)* sich quer legen *od* stellen; hindern; durchkreuzen (*de qc* etw); *regarder de ~* von der Seite, scheel an=sehen; *rayé en ~* quergestreift; **3.** *chacun a ses ~* jeder hat seine Schwächen; **~e** [-vɛrs] *f* **1.** Querbalken *m,* -leiste *f,* -riegel *m;* **2.** Schwelle *f;* **3.** Kämpferholz *n; — prendre un chemin de ~* e-n kürzeren Weg gehen, ab=kürzen; **~ée** *f* Überquerung *f,* Durchgang *m,* -fahrt, Überfahrt, Reise *f* (*d'un pays* durch ein Land); **~er** *tr* **1.** durchqueren, -dringen, -fließen, -schreiten; **2.** gehen, führen (*qc* durch, über e-e S); **3.** überschreiten, -queren; durchfahren, -reisen; **4.** *~ qc* durch, über e-e S gehen, reiten, fahren, schwimmen; durch etw reisen; **5.** *tech* durchhauen, -brechen; **6.** *fig (Krise)* durch=machen; **~ier, ère** *a flûte f ~ière* Querflöte *f;* **~in** *m* Schlummerrolle *f.*

travest|i, e [travɛsti] **I.** *a* verkleidet; **II.** *s m* **1.** Kostümierung, Verkleidung *f;* **2.** (Masken-)Kostüm *n;* **III.** *m f* **3.** Transvestit *m;* **4.** *theat* Hosenrolle *f; — bal m ~* Kostümball *m;* **~ir** *tr* **1.** verkleiden, kostümieren (*en* als); **2.** *fig* verdrehen; entstellen; **~issement** *m* **1.** Verkleidung, Kostümierung *f;* **2.** *fig* Verdrehung, Entstellung *f.*

traviole [travjɔl] *adv: de ~ (fam)* schief.

tray|eur, se [trɛjœr, -øz] *m f* Melker(in *f*) *m; f* Melkmaschine *f;* **~on** *m* Zitze *f.*

trébuch|ant, e [trebyʃɑ̃, -ɑ̃t] *a* **1.** stolpernd, torkelnd; **2.** *espèces sonnantes et ~es* klingende Münze *f;* **~er** *itr* stolpern, straucheln *a. fig* (*contre, sur* über); **~et** [-ʃɛ] *m* **1.** Probier-, Münzwaage *f;* **2.** (Vogel-)Falle *f a. fig.*

tréfil|age [trefilaʒ] *m* Drahtziehen *n;* **~er** *tr* zu Draht ziehen; **~erie** *f* Drahtzieherei *f.*

trèfle [trɛfl] *m* **1.** *bot* Klee *m;* **2.** *arch* Dreipaß *m;* **3.** *(Karten)* Kreuz *n;* **4.** *(Autobahn)* Kleeblatt *n; — ~ à quatre feuilles* vierblättrige(s) Kleeblatt *n.*

tréfonds [trefɔ̃] *m: connaître le fonds et le ~ de qc* etw in- u. auswendig kennen.

treill|age [trɛjaʒ] *m* Gitter-, Lattenwerk *n;* **~e** *f* Weinspalier *n,* -laube *f;* **~is** [-ji] *m* **1.** Gitter(werk) *n;* **2.** Drillich *m (Stoff); — mât m en ~* Gittermast *m; ~ métallique* Maschendraht *m;* Drahtgitter *n.*

treiz|e [trɛz] **I.** *a* dreizehn; **II.** *s m* Dreizehn(er *m*) *f;* der Dreizehnte; **~ième I.** *a* dreizehnte(r, s); **II.** *s m* Dreizehntel *n;* **~ièmement** *adv* dreizehntens.

tréma [trema] *m gram* Trema *n.*

trembl|aie [trɑ̃blɛ] *f* Espenwäldchen *n;* **~ant, e I.** *a* zitternd, bebend (*de* vor); **II.** *s m (Orgel)* Tremulant *m;* **~e** *m bot* Espe, Zitterpappel *f;* **~é, e** *a* zitt(e)rig, **~ement** [-blə-] *m* **1.** Zittern, Beben *n;* **2.** *mus* Tremolo *n;* **3.** *tout le ~ (pop)* alles übrige; der ganze Krempel; *~ de terre* Erdbeben *n;* **~er** *itr* **1.** zittern, beben (*de* vor); **2.** *fig* bangen (*pour qc* um etw); **~otant, e** [-blɔ-] *a* zitternd; flimmernd; flackernd; **~ote** *f: avoir la ~ (fam)* zittern, schlottern; **~otement** *m* Zittern *n;* **~oter** *tr* zittern; *(Licht)* flakkern.

trém|ie [tremi] *f* **1.** *tech* Trichter *m;* **2.** Einfahrt *f* zu e-r Tiefgarage; **~olo** *m mus* Tremolo *n;* **~ousser, se** *v prn* **1.** zappeln; **2.** sich in den Hüften wiegen.

tremp|age [trɑ̃paʒ] *m* Anfeuchten, Einweichen *n;* **~e** *f* **1.** *tech* Härtung, Härten *n;* **2.** *fig* Schlag *m,* Kaliber *n;* **3.** *pop* Dresche, Tracht *f* Prügel; **~é, e** *a* **1.** durchnäßt (*jusqu'aux os* bis auf die Haut); eingeweicht; **2.** *tech* gehärtet; **3.** *fig (Charakter)* energisch, fest; **4.** *~ de sueur* in Schweiß gebadet; *(Kleidung)* durchgeschwitzt; **~er I.** *tr* **1.** durch=, ein=weichen, an=feuchten, tränken; **2.** (ein=)tauchen; *(Speise)* ein=tunken, -stippen, -brocken; **3.** *(Wein)* verdünnen; **4.** *tech* härten; ab=schrecken; **II.** *itr* **5.** im Wasser liegen, wässern; **6.** *fig* teil=nehmen, -haben (*dans un crime* an e-m Verbrechen); **III.** *v prn se ~* ein kurzes Bad nehmen; **~ette** *f: faire ~* **1.** Brot eintunken; **2.** ein kurzes Bad nehmen; **~lin** *m* **1.** Sprungbrett *n a. fig;* **2.** *(~ de ski)* Sprungschanze *f.*

trent|aine [trɑ̃tɛn] *f: une ~ (de)* etwa dreißig; *avoir passé la ~ (fam)* über die Dreißig sein, die Dreißig überschritten haben; **~e I.** *a* dreißig; **II.** *s m* Dreißig(er *m*) *f;* der Dreißigste; *se mettre sur son ~ et un (fam)* sich in Schale werfen; **~enaire** *a jur* dreißigjährig; **~ième I.** *a* dreißigste(r, s); **II.** *s m* Dreißigstel *n.*

trép|an [trepɑ̃] *m* **1.** *tech* Bohrmeißel *m;* **2.** *med* Trepan *m;* **~anation** [-pa-] *f med* Trepanation *f;* **~aner** *tr med* trepanieren; **~as** [-ɑ] *m* Hinscheiden *n,* Tod *m;* **~assé, e** [-pa-] *m f* Verstorbene(r *m*) *f; la fête des T~s* Allerseelen *n;* **~asser** *itr lit* sterben, entschlafen.

trépi|dant, e [trepidɑ̃, -ɑ̃t] *a* **1.** schnell;

wirbelnd; **2.** *fig* erregt, fieberhaft, lebhaft; **~dation** *f* Vibrieren; Zittern; Stampfen *n;* **~der** *tr* zucken, zittern, vibrieren.

trépied [trepje] *m* Dreifuß *m; phot* Stativ *n.*

trépign|ement [trepiɲmɑ̃] *m* Stampfen, Trampeln *n;* **~er** *itr* (mit den Füßen, auf=)stampfen, trampeln (*de colère* vor Zorn).

très [trɛ] *adv* sehr, stark; höchst, übermäßig, -aus, hoch-; recht; *j'en ai ~ envie (fam)* ich habe große Lust; *le T~-Haut* der Allerhöchste *(Gott).*

trés|or [trezɔr] *m* **1.** Schatz *m;* **2.** Staatskasse *f,* Schatzamt *n;* Fiskus *m,* Finanzverwaltung *f;* **3.** *pl* Schätze *m pl;* **4.** *fig* kostbarste(s) Gut *n;* Fundgrube *f;* **5.** Schatzkammer *f;* — *mon petit ~* mein Schätzchen; **~orerie** [-ri] *f* **1.** Schatzamt *n,* Fiskus *m;* **2.** Finanzen *f pl,* Geldmittel *n pl;* **3.** Kassenlage; Finanzgebarung *f;* — *faire face aux besoins de ~* den finanziellen Anforderungen entsprechen; *certificat m de ~* Schatzanweisung *f;* **~orier, ère** *m f* Schatzmeister(in *f*), Kassenführer(in *f*), Kassierer(in *f*) *m.*

tress|aillement [tresajmɑ̃] *m* Zs.zucken, Zs.fahren *n,* Schauder *m;* **~aillir** *itr* auf=, zs.=fahren, zs.=zucken, (er)zittern, erschauern (*de* vor); **~auter** [-so-] *itr* **1.** auf=fahren, -springen; **2.** hin- und hergeschüttelt werden; **~e** *f* **1.** Geflecht *n,* Flechte; Litze, Tresse *f;* **2.** *~ de cheveux* Zopf *m;* **~er** *tr* (um-, ver-, zs.=)flechten; *(Kranz)* winden.

tréteau [treto] *m pl -x* Gestell *n,* Bock *m,* Gerüst, Lager *n; pl péj* Wanderbühne *f.*

treuil [trœj] *m* **1.** *tech* Winde; **2.** *min* Haspel *f; mar* Spill *n.*

trêve [trɛv] *f* **1.** *mil* Waffenstillstand *m;* **2.** *(zwischen Parteien)* Burgfrieden *m;* **3.** *fig* Ruhe, Rast *f;* — *sans ~* rastlos, ununterbrochen; *~ de discussions!* genug geredet! *~ de railleries!* Scherz beiseite!

tri [tri] **I.** *in Zssgen:* drei; **II.** *s m* Sortieren *n;* **~age** [-jaʒ] *m* Aus-, Verlesen, Sortieren *n; gare f de ~* Verschiebebahnhof *m;* **~angle** *m* **1.** Dreieck *n;* **2.** *mus* Triangel *m;* **~angulaire** *a* dreieckig; **~angulation** *f (Landmessung)* Triangulation *f;* **~as** [-ɑs] *m geol* Trias *f.*

trib|o-électricité [tribɔelɛktrisite] *f* Reibungselektrizität *f;* **~ord** [-bɔr] *m mar* Steuerbord *n.*

tribu [triby] *f* **1.** (Volks-)Stamm *m;* **2.** *fam* Sippe, Sippschaft *f;* **~lation** *f* Trübsal *f,* Leiden *n; pl* Widerwärtigkeiten *f pl.*

tribun [tribœ̃] *m hist* (Volks-)Tribun *m;* **~al** [-yn-] *m pl -aux* **1.** Gericht(shof *m*); Gerichtsgebäude *n; (salle f du ~)* Sitzungssaal *(im Gericht);* **2.** *fig* Richterstuhl *m;* **3.** *comparaître devant un ~* vor e-m Gericht erscheinen; *recourir à un ~ supérieur* Berufung ein=legen; **4.** *greffier m du ~* Gerichtsschreiber *m; ~ administratif, arbitral, d'appel, de cassation, de commerce, du travail* Verwaltungs-, Schieds-, Appellations-, Kassations-, Handels-, Arbeitsgericht *n; ~ de la pénitence* Beichtstuhl *m;* **~e** *f* (Redner-)Tribüne *f; ~ de la presse* Pressetribüne *f.*

tribut [triby] *m hist* Tribut *m; payer ~ (fig)* Tribut zollen (*à qc* e-r S *dat*); **~aire** [-tɛr] *a* **1.** *hist* tribut-, zinspflichtig; **2.** *fig* abhängig (*de* von); **3.** *être ~ (Fluß)* münden, sich ergießen (*de* in *acc*); **4.** *fig* ab=hängen (*de* von), angewiesen sein (*de* auf *acc*).

tricentenaire [trisɑ̃t(ə)nɛr] *m* Dreihundertjahrfeier *f.*

trich|e [triʃ] *f fam* Mogelei, Schiebung *f;* **~er** *itr* falsch=spielen, mogeln, betrügen; **~erie** *f* Betrügerei, Mogelei *f;* **~eur, se** *m f* Falschspieler(in *f*), Betrüger(in *f*), Mogler(in *f*) *m;* **~ine** [-kin] *f zoo* Trichine *f;* **~romie** [-k-] *f typ* Dreifarbendruck *m.*

trico|lore [trikɔlɔr] *a* dreifarbig; *drapeau m ~e* Trikolore *f; les ~es (sport) f* die französische Nationalmannschaft *f;* **~rne** *m* Dreispitz *m (Hut);* **~t** [-ko] *m;* **1.** Strick-, Wirkware *f;* **2.** Pullover *m;* Trikot *m* od *n;* **3.** Strickarbeit *f;* **~tage** [-kɔ-] *m* Stricken *n;* **~ter 1.** *itr tr* stricken, wirken; **2.** *itr pop (~ des jambes)* abhauen, rennen; **~teuse** *f* **1.** Strickerin *f;* **2.** Strickmaschine *f.*

trictrac [triktrak] *m* Tricktrack *n.*

tri|cycle [trisikl] *m* Dreirad *n; ~ de livreur* dreirädrige(r) Lieferwagen *m;* **~dent** *m* Dreizack *m;* **~èdre** [tri(j)ɛdr] *a* dreiflächig; **~ennal, e** [-jɛnal] *a plan m ~* Dreijahresplan *m;* **~er** [-je] *tr* aus=lesen, (aus=)sortieren; sichten; *~ sur le volet (fig)* sorgfältig aus=wählen; **~eur, se** *m f* Sortierer(in *f*) *m; m* Sortierer *m;* Sortiermaschine *f (für Lochkarten);* **~fouiller** [-uje] **1.** *tr fam* durchwühlen; **II.** *itr* stöbern, wühlen (*dans* in); **~gonométrie,** *fam* **~go** *f* Trigonometrie *f;* **~gonométrique** *a* trigonometrisch; **~lingue** *a* dreisprachig.

trill|e [trij] *m mus* Triller *m;* **~ion** [-ljɔ̃] *m* Trillion *f.*

trilogie [trilɔʒi] *f theat* Trilogie *f.*

trim|bal(l)age [trɛ̃balaʒ] *m;* **~bal(l)ement** *m fam* Transport *m;* **~bal(l)er I.** *tr fam* mit sich herum=schleppen; *qu'est-ce qu'il trimbal(l)e!* der ist aber blöd! **II.** *v prn se ~ (fam)* tippeln; **~er** *itr pop* schuften, sich ab=rackern; **~estre** *m* **1.** Vierteljahr, Quartal *n;* **2.** vierteljährliche Zahlung *od* Miete *f;* —

par ~ vierteljährlich; **~estriel, le** *a* vierteljährlich; Vierteljahrs-; **~oteur** *a* dreimotorig.

tringle [trɛ̃gl] *f* **1.** (*bes.* Gardinen-)Stange *f;* **2.** Leiste *f.*

trinit|é [trinite] *f rel* Trinität, Dreifaltigkeit *f; la T~* das Dreifaltigkeitsfest; **~rotoluène** [-lɥɛn] *m chem* Trinitrotoluol *n,* T.N.T.

trinqu|er [trɛ̃ke] *itr* **1.** mit den Gläsern an=stoßen; **2.** *pop* eins auf den Deckel kriegen.

trio [trijo] *m mus* Trio *a. fig,* Terzett *n;* **~let** [-lɛ] *m* **1.** Triolett *n (Gedicht);* **2.** *mus* Triole *f.*

triomph|al, e [trijɔ̃fal] *a pl -aux* triumphal; jubelnd, begeistert; **~ant, e** *a* triumphierend, frohlockend; siegreich; **~ateur** *m* Sieger, Triumphator *m;* **~e** *m* Triumph, Sieg, glänzende(r) Erfolg *m;* **~er** *itr* **1.** siegen, *fig* Herr werden (*de qn* über jdn), überwinden, bezwingen (*de qn* jdn); **2.** triumphieren, frohlocken, jubeln.

tri|paille [tripɑ(a)j] *f (Jagd)* Eingeweide *n;* **~parti, e; ~partite** *a* dreigeteilt; Dreier-; **~patouiller** [-uje] *tr fam* **1.** herumpfuschen (*qc* an e-r S); **2.** verfälschen; **~pe** *f meist pl* **1.** *(Tier, fam Mensch)* Gedärm(e), Gekröse, Eingeweide *n;* **2.** Kaldaunen *f pl;* — *(pop) ça vous prend aux ~s* das geht dir bis ins Mark; **~pette** *f: ne valoir pas ~ (fam)* keinen Pfifferling wert sein; **~ple I.** *a* dreifach; Drei-; **II.** *s m* Dreifache(s) *n;* — *au ~ galop (fam)* wie ein geölter Blitz; *en ~ exemplaire* in dreifacher Ausfertigung; **~plé(e)s** *m (f) pl* Drillinge *m pl;* **~pler** *tr itr* (sich) verdreifachen; **~pot** [-po] *m* Spielhölle *f;* **~potage** *m fam* krumme Touren *f pl;* faule(s) Geschäft *n;* **~potée** *f* **1.** *fam* Tracht *f* Prügel; **2.** *pop* Stallvoll *m* (*d'enfants* Kinder); **~poter I.** *tr fam* befummeln, betätscheln; **II.** *itr* krumme Sachen drehen; **~ptyque** *m* **1.** *mot* Triptik *n;* **2.** *(Kunst)* Triptychon *n.*

trique [trik] *f pop* Knüttel, Knüppel *m; sec comme un coup de ~, (fam)* spindel-, klapperdürr; *mener qn à coup de ~* mit jdm gewalttätig umgehen.

trisaïeul, e [trizajœl] *m f* Ururgroßvater *m,* -mutter *f.*

trist|e [trist] *a* **1.** traurig, betrübt (*de* über *acc*); **2.** trübselig, verdrießlich; **3.** unfreundlich; trübe, düster; **4.** erbärmlich, jämmerlich; armselig; *rouler de ~s pensées* traurigen Gedanken nachhängen; **~esse** *f* **1.** Traurigkeit, Trauer, Trübseligkeit *f;* **2.** Trübsinn, traurige(r) Augenblick *m.*

trit|on [tritɔ̃] *m zoo* Molch *m;* **~uration** Zerreiben *n;* **~urer** *tr* **1.** zerreiben, zerstoßen; **2.** (zer)kauen; **3.** zerknüllen; — *(fam) se ~ les méninges* sich das Hirn zermartern.

trivial, e [trivjal] *a pl -aux* derb, grob; gemein; **~ité** *f* Derbheit, Zote *f.*

troc [trɔk] *m* Tausch(handel) *m.*

troch|aïque [trɔkaik] *a* trochäisch; **~ée** [-ʃɛ] *m* Trochäus *m.*

troène [trɔɛn] *m bot* Liguster *m.*

troglodyte [trɔglɔdit] *m* **1.** Höhlenbewohner *m;* **2.** *orn* Zaunkönig *m.*

trogn|e [trɔɲ] *f fam* (Trinker-)Gesicht *n;* **~on** *m* **1.** Kerngehäuse *n,* Griebs; *(Kohl)* Strunk *m;* **2.** *fam* Kerlchen *n; on nous a eu jusqu'au ~* man hat uns gewaltig reingelegt.

trois [trwɑ] **I.** *a* drei; **II.** *s m* Drei(er *m*) *f;* der Dritte; **~ième** [-zjɛm] **I.** *a* dritte(r, s); **II.** *s m* **1.** Drittel *n;* **2.** dritte(r) Stock *m;* **3.** *f mot* dritte(r) Gang *m;* **~ièmement** *adv* drittens; **~-mâts** *m mar* Dreimaster *m;* **~-quarts** *m inv* **1.** *mus* Dreiviertelgeige *f;* **2.** dreiviertellange(r) Mantel *m.*

trolley [trɔlɛ] *m* (Rollen-)Stromabnehmer *m;* **~bus** [-bys] *m* Oberleitungsomnibus, Obus *m.*

tromb|e [trɔ̃b] *f (~ de vent)* Windhose *f; (~ d'eau)* Wolkenbruch *m; arriver en ~* wie ein Wirbelwind dahergefegt kommen; **~ine** *f fam* Gesicht *n;* **~one** *m* **1.** Posaune(nbläser *m*) *f;* **2.** Büroklammer *f;* **~oniste** *m* Posaunenbläser *m.*

tromp|e [trɔ̃p] *f* **1.** *mus (~ de chasse)* Jagdhorn; *(~ de brume)* Nebelhorn *n;* **2.** *arch* Trompe *f;* **3.** *zoo* Rüssel *m;* **4.** *~ d'Eustache (anat)* Eustachische Röhre, Ohrtrompete *f;* — *~-l'œil m (inv) fig* trügerische(r) Schein *m; ~ utérine (anat)* Eileiter *m;* **~er I.** *tr* **1.** täuschen, betrügen, hintergehen; hinters Licht führen, übers Ohr hauen; **2.** *lit (den Erwartungen)* nicht entsprechen; **3.** *(Hunger, Schmerz, Gefühl)* betäuben; **II.** *v prn se ~* sich täuschen, sich irren (*sur qn* in jdm); — *se ~ d'adresser* sich in der Adresse irren; *fig* an die falsche Adresse geraten; *se ~ de route* e-n verkehrten Weg ein=schlagen; *c'est ce qui vous trompe* darin täuschen Sie sich; *c'est à s'y ~* das sieht sich zum Verwechseln ähnlich; **~erie** *f* Betrug *m,* Täuschung *f;* **~ette** *f mus* Trompete; *m* Trompeter *m; nez m en ~* Stupsnase *f;* **~eur, se** *a* täuschend; trügerisch.

tronc [trɔ̃] *m* **1.** *bot* Stamm *m;* **2.** *anat* Rumpf *m;* **3.** *(Kegel, Pyramide, Säule)* Stumpf *m;* **4.** Opferstock *m;* **5.** *(Genealogie)* Stamm *m,* Hauptlinie *f;* — *~ commun (fig)* gemeinsame Grundlage *f.*

tronche [trɔ̃ʃ] *f* **1.** Block, Klotz *m;* **2.** *pop* Birne *f,* Dez *m.*

tronçon [trɔ̃sɔ̃] *m* **1.** Stück *n;* **2.** (Teil-)Abschnitt *m,* (Teil-)Strecke *f;* **~ner**

[-sɔ-] *tr* in Stücke teilen, zerstückeln, zerschneiden; zersägen.

trôn|e [tron] *m* Thron *m a. fig;* **~er** *itr* thronen *a. fig.*

tronqu|é, e [trɔ̃ke] *a* **1.** abgestumpft; **2.** *fig* verstümmelt; — *cône m, pyramide f ~(e) (math)* Kegel-, Pyramidenstumpf *m;* **~er** *tr fig* verstümmeln.

trop [tro] **I.** *adv (~ de)* zuviel; zu sehr; (all)zu; sehr, äußerst; **II.** *s m* Zuviel *n;* — *de ~, en ~* zuviel, überflüssig; *par ~* allzusehr, gar zu; *~ peu* zu wenig, nicht genug; *~ ... pour que ...* zu ..., als daß ...; *c'en est ~* das schlägt dem Faß den Boden aus; *vous n'êtes pas de ~ (fam)* Sie können ruhig dableiben; *vous êtes ~ aimable* das ist sehr liebenswürdig von Ihnen; **~-perçu** *m* zuviel erhobene(r) Betrag *m;* **~-plein** *m* **1.** Überfülle *f;* **2.** *tech* Überlauf *m.*

trop|e [trɔp] *m* Trope *f;* **~ical, e** *a pl -aux* tropisch; **~icalisé, e** *a* tropenfest; **~ique** *s m* **1.** Wendekreis *m (du Cancer* des Krebses, *du Capricorne* des Steinbocks); **2.** *pl* (die) Tropen; **~osphère** *f* Troposphäre *f.*

troph|ée [trɔfe] *m* Trophäe *f,* Siegeszeichen *n;* **~ique** *a anat med* Ernährungs-.

troquer [trɔke] *tr* (aus=, ver-, um=)tauschen; *~ son cheval borgne contre un aveugle* vom Regen in die Traufe kommen.

troquet [trɔkɛ] *m pop* Kneipe *f.*

trot [tro] *m* Trab *m; aller au ~* traben; *au (grand) ~* in (aller) Eile; *au ~!* fix! los! dalli!

trott|e [trɔt] *f (fam) ça fait une ~* das ist ein ganz schönes Ende; **~er** *itr* **1.** traben; trotten; trippeln; **2.** umher=laufen, -rennen; **3.** *cela me trotte par la tête* das geht mir im Kopf herum; **~eur, se** *m f* **1.** Traber *m;* **2.** *m* Trotteurschuh *m;* **3.** *f* Sekundenzeiger *m;* **~iner** *itr* trippeln; *(Pferd)* trappeln; **~inette** *f* (Kinder-)Roller *m;* **~oir** *m* Gehweg *m,* Trottoir *n; faire le ~ (pop)* auf den Strich gehen; *~ roulant* Rollsteig *m.*

trou [tru] *m* **1.** Loch *n;* **2.** *fig* Lücke *f;* **3.** Kaff; Nest; **4.** *(Nadel)* Öhr *n;* **5.** *pop* Gefängnis *n;* **6.** *n'être jamais sorti de son ~* nie fortgekommen sein; *faire son ~ (fig)* es zu etwas, weit bringen; *rester dans son ~ (fig)* sich verkriechen; **7.** *~ d'air* Luftloch *n a. aero; ~ d'eau* Wasserloch *n; ~ de mémoire* Gedächtnislücke *f; ~ du nez* Nasenloch *n; ~ de la serrure* Schlüsselloch *n; ~ de sonde, de forage* Bohrloch *n; ~ du souffleur* (Souffleur-)Kasten *m; ~ de souris* Mauseloch *n;* **~badour** *m* Troubadour *m.*

troubl|ant, e [trublɑ̃, -ɑ̃t] *a* **1.** beunruhigend, aufregend, störend; **2.** verwirrend; betörend; **~e I.** *s m* **1.** Unordnung *f,* Durcheinander *n;* **2.** Verwirrung, Aufregung, innere Unruhe *f;* **3.** *pl pol* Unruhen *f pl;* **4.** *med* Störungen *f pl;* **II.** *a* **1.** trüb(e); *(Wasser)* schmutzig; **2.** *fig* undurchsichtig, verdächtig; **3.** *sans ~* störungsfrei; **4.** *avoir la vue ~, voir ~* undeutlich, verschwommen sehen *a. fig; pêcher en eau ~ (fig)* im trüben fischen; **5.** *~s de la circulation, digestifs, de la vision* Kreislauf-, Verdauungs-, Sehstörungen *f pl;* **~e-fête** *m (inv)* Störenfried *m;* **~é, e** *a* verstört; verwirrt; unsicher; unruhig; **~er I.** *tr* **1.** trüben; stören; **2.** durchea.=bringen, in Unordnung bringen; **3.** verwirren, unsicher machen (*qn* jdn); **4.** *(Gewissen)* beunruhigen; **5.** *(Plan)* durchkreuzen; **II.** *v prn se ~* **6.** trübe werden, sich trüben; **7.** *(Person)* verwirrt, verlegen werden, die Fassung verlieren, in Verwirrung geraten.

trou|é, e [true] *a* durchlöchert; **~ée** *f* **1.** Loch *n,* Öffnung *f;* **2.** *mil* Durchbruch *m;* **3.** *(Wald)* Schneise *f;* **4.** *geog* Pforte, Senke *f;* **~er I.** *tr* durchbohren, -löchern; perforieren; **II.** *v prn se ~* Löcher bekommen; **~fion** *m pop* Landser *m.*

trouill|ard, e [trujar, -rd] **I.** *s m f pop* Angsthase *m;* **II.** *a* feige; **~e** *f pop* Angst *f; avoir la ~ (pop)* Schiß haben.

troup|e [trup] *f* **1.** Schar *f,* Trupp, Haufen, Schwarm *m;* **2.** *(Tiere)* Herde *f,* Rudel *n; (Vögel)* Schwarm *m;* **3.** *mil theat* Truppe *f;* — *en ~* truppweise; **~eau** *m pl -x* **1.** Herde *f a. fig rel;* **2.** *péj fig* Hammelherde *f,* Haufen *m.*

trouss|e [trus] *f* **1.** Bündel *n,* Pack *m;* Garnitur *f,* Satz *m; (~ pour outils)* (Werkzeug-)Tasche *f;* Etui *n; (~ de toilette)* (Reise-)Necessaire *n;* Rasier-, *(~ de couture)* Nähzeug *n;* **2.** *med* Besteck *n;* **3.** *être aux ~s de qn* hinter jdm her, jdm auf den Fersen sein; *je l'ai à mes ~s* er ist hinter mir her; **4.** *~ de manucure* Maniküretui *n; ~ de maquillage* Schminktäschchen *n; ~ de pansement* Verbandszeug *n; ~ à pharmacie* Taschenapotheke *f; ~ de voyage* Reisenecessaire *n;* **~eau** *m pl -x* **1.** Aussteuer, Ausstattung *f;* **2.** *(~ de clés)* Schlüsselbund *m* od *n;* **~er** *tr (Schwanz)* auf=binden; *(a. Geflügel, Wild)* zs.=binden, -packen; *~ les filles (fam)* Frauen verführen.

trouv|aille [truvaj] *f* **1.** (glücklicher) Fund; **2.** gute(r) Einfall *m,* glänzende Idee *f;* **3.** *fam* Volltreffer *m;* **~é, e** *a* **1.** *fig* gut (ausgedacht); **2.** *bureau m des objets ~s* Fundbüro *n; enfant m ~* Findelkind *n;* **~er I.** *tr* **1.** (auf=)finden, (an=) treffen, begegnen; **2.** ertappen, überraschen; **3.** *fig* bekommen; auf=treiben, sich verschaffen; **4.** aus=denken, entdekken, erfinden; **5.** bemerken (*à, en qn* an jdm); **6.** finden, erachten, halten für, der Ansicht sein (*que* daß); **II.** *v prn se ~* **7.** sich (ein=, vor=)finden; dasein, vorhanden sein; **8.** *zoo bot* vor=kommen; **9.** sich befinden (*en, dans* in *dat*); sich fühlen; **10.** *aller, venir* ~ be-, auf=suchen; *y* ~ *son compte* dabei auf s-e Rechnung, Kosten kommen; *se* ~ *bien* sich wohl fühlen; ~ *bon (mauvais)* (miß)billigen; *se* ~ *être* sich heraus=stellen, sich erweisen als; *se* ~ *mal* ohnmächtig werden; ~ *à (re)dire* etw auszusetzen, zu beanstanden haben; *ne pas* ~ *le temps de qc* zu etw (einfach) nicht kommen; **11.** *je trouve le temps long* die Zeit wird mir lang; *il se trouve que* ... es fügt sich, daß ...; *où trouve-t-on?* wo bekommt man? *(fam) où est-ce que tu as trouvé cela?* wo hast du denn das aufgeschnappt? **~ère** *m* nordfranzösische(r) Minnesänger *m.*

truand [tryɑ̃] *m fam* Ganove *m;* **~er** *tr fam* begaunern.

trublion *m* Unruhestifter *m.*

truc [tryk] *m* **1.** *fam* Kniff, Dreh, Pfiff *m;* **2.** *fam* Ding(s) *n;* — *connaître le* ~ *(fam)* den Dreh heraus=, weg=haben; **~age** *m s. truquage.*

truchement [tryʃmɑ̃] *m f par le* ~ *de qn* durch jds Vermittlung.

trucider [tryside] *tr fam* umlegen.

truculen|ce [trykylɑ̃s] *f* Urwüchsigkeit *f;* **~t, e** [-lɑ̃, -ɑ̃t] *a* urwüchsig, vital, derb.

truelle [tryɛl] *f* (Maurer-)Kelle *f.*

truff|e [tryf] *f* **1.** *bot* Trüffel *m;* **2.** Hundenase *f;* **~er** *tr* **1.** trüffeln; **2.** *pop* spikken, voll=stopfen (*de* mit); **~iculture** *f* Trüffelzucht *f.*

trui|e [trɥi] *f* Mutterschwein *n,* Sau *f;* **~sme** [tryism] *m* Binsenwahrheit *f;* **~te** [trɥit] *f zoo* Forelle *f.*

truqu|age [trykaʒ] *m* **1.** *fam* Schwindel *m;* Fälschung *f;* **2.** *phot* Trick(aufnahme *f*) *m,* Photomontage *f;* — ~ *de bilan* Bilanzverschleierung *f;* **~er** *tr fig* frisieren, verfälschen; auf alt zurecht=machen; **~eur** *m* **1.** Fälscher *m;* **2.** Photomontagetechniker *m.*

trust [trœst] *m com* Trust *m;* ~ *de l'acier* Stahltrust *m;* **~er** *tr* vertrusten.

tsar [tsar] *m* Zar *m;* **~ine** *f* Zarin *f;* **~iste** *a* zaristisch.

tsé-tsé [tsetse] *f zoo* Tsetsefliege *f.*

tsigane [tsigan] *m* Zigeuner *m.*

tu [ty] **1.** *prn* du; **2.** *pp s. se taire; être à* ~ *et à toi avec qn* mit jdm auf du u. du stehen.

tuant, e [tɥɑ̃, -ɑ̃t] *a fam* ermüdend; langweilig; anstrengend.

tub [tœb] *m* Wanne *f; prendre un* ~ sich duschen; **~a** [tyba] *m* **1.** *mus* Tuba *f;* **2.** *sport* Schnorchel *m;* **~age** [ty-] *m* **1.** Verrohren *n;* **2.** *med* Einführung *f* e-r Sonde; **~ard, e** *a fam* tuberkulös; **~e** [tyb] *m* **1.** Rohr *n,* Röhre *f a. radio; (für Medikamente)* Röhrchen *n;* **2.** Tube *f;* **3.** *(~ à essai)* (Reagenz-)Glas *n;* **4.** *anat bot* Kanal, Gang *m;* **5.** *fig pop* Hit *m;* **6.** ~ *fluorescent, néon, à vide* Leuchtstoff-, Neon-, Vakuumröhre *f;* ~ *digestif (anat)* Verdauungskanal *m.*

tubercul|e [tybɛrkyl] *m* **1.** *bot* (Wurzel-)Knolle *f;* **2.** *med* Tuberkel *f,* Knötchen *n;* **~eux, se I.** *a* **1.** *bot* knollig, knotig; **2.** *med* tuberkulös, Tb-krank; **II.** *s m f* Tuberkulose-, Tb-Kranke(r *m*) *f;* **~ose** *f med* Tuberkulose *f;* ~ *pulmonaire* Lungentuberkulose *f.*

tub|éreux, se [tyberø, -øz] **I.** *a* knollig; **II.** *s f bot* Tuberose *f;* **~ulaire** *a* röhrenförmig; Rohr-; **~ulure** *f* Rohransatz, Stutzen *m;* ~ *de remplissage* Füllstutzen *m.*

tu|é, e [tɥe] **I.** *a* getötet, gefallen; **II.** *s m f* Tote(r *m*) *f;* Gefallene(r) *m;* **~e-chien** [ty-] *inv bot* Herbstzeitlose *f;* **~e-mouche** *s m inv* Fliegenpilz *m;* **~er** [tɥe] **I.** *tr* **1.** töten; tot=, erschlagen; beseitigen, aus dem Wege räumen; um=bringen; den Garaus machen (*qn* jdm); **2.** erstechen; *(~ d'un coup de fusil)* erschießen; *(vor Kummer)* unter die Erde bringen; *(Vieh)* schlachten; *(Ungeziefer)* vertilgen; *(Unkraut)* vernichten *a. fig;* **3.** *fig* belästigen; auf die Nerven fallen (*qn* jdm); *fam* kaputt=machen, krank machen; **II.** *v prn se* ~ **4.** Selbstmord begehen; **5.** den Tod finden, tödlich verunglücken; **6.** sich die größte Mühe geben (*à* zu); — *se* ~ *de travail* sich zu Tode arbeiten; *il est à* ~ man könnte ihn umbringen; *je suis tué* ich bin total erledigt; *je me tue à vous le répéter* ich sage es Ihnen tausendmal; **~erie** [tyri] *f* Metzelei *f,* Gemetzel *n;* **~e-tête:** *à* ~ aus Leibeskräften *(schreien);* **~eur** [tɥœr] *m* **1.** Schlächter *m (im Schlachthaus);* **2.** ~ *à gage* gedungene(r) Mörder *m.*

tuf [tyf] *m min* Tuff(stein) *m.*

tuil|e [tɥil] *f* **1.** (Dach-)Ziegel *m;* **2.** *(fam) ça, c'est une* ~ das ist ein Schlag *m* ins Kontor; ein Strich *m* durch die Rechnung; **~erie** *f* Ziegelei *f.*

tulipe [tylip] *f* Tulpe *f.*

tulle [tyl] *m* Tüll *m.*

tum|éfaction [tymefaksjɔ̃] *f med* Schwellung *f;* **~éfier I.** *tr* anschwellen lassen; **II.** *v prn se* ~ an=schwellen; **~eur** *f med* Tumor *m;* Geschwulst *f;* ~ *cancéreuse* Krebsgeschwulst *f;* ~ *cérébrale* Gehirntumor *m;* ~ *maligne* bösartige Geschwulst *f.*

tumult|e [tymylt] *m* **1.** Tumult, Lärm *m,* Aufruhr *m;* **2.** Hektik *f;* **3.** *(Sturm)* Toben *n;* — ~ *de la rue* Straßenlärm *m;* **~ueux, se** [-tɥø, øz] *a* **1.** *(Sitzung)* lärmend; **2.** *(Diskussion)* stürmisch; **3.** *(Wogen)* tobend.

tumulus [tymylys] *m* Hügelgrab *n.*

tungstène [tœ̃gstɛn] *m chem* Wolfram *n.*

tunique [tynik] *f* **1.** *hist* Tunika *f;* **2.** *mil* Waffenrock *m;* **3.** *anat bot* Haut *f;* **4.** Kasackbluse *f.*
tunnel [tynɛl] *m* Tunnel *m; arriver au bout du ~ (fig)* die schwierigen Zeiten hinter sich haben; *~ aérodynamique* Windkanal *m; ~ pour automobiles, de chemin de fer, routier* Auto-, Eisenbahn-, Straßentunnel *m.*
turb|an [tyrbɑ̃] *m* Turban *m;* **~in** *m arg* Arbeit *f;* **~ine** *f* Turbine *f; ~ à gaz, à vapeur* Gas-, Dampfturbine *f;* **~iner** *itr pop* schuften; **~o-alternateur, ~o-générateur** *m* Turbogenerator *m;* **~o-moteur** *m* Turbomotor *m;* **~opropulseur** *m* TP-Triebwerk *n;* **~oréacteur** *m* TL-Triebwerk *n;* **~ot** [-bo] *m zoo* Steinbutt *m.*
turbotrain [tyrbotrɛ̃] *m* Turbinenzug *m.*
turbulen|ce [tyrbylɑ̃s] *f* **1.** *(Kind)* Ungestüm *n;* Ausgelassenheit *f;* **2.** *meteo tech* Turbulenz *f;* **~t, e** [-lɑ̃, -ɑ̃t] *a* **1.** *(Kind)* ungestüm, wild, stürmisch; **2.** *tech* turbulent.
turc, turque [tyrk] *a* türkisch; *cabinet m à la turque* Stehklosett *n; ~ (fam)* Prügelknabe *m.*
turf [tyrf] *m* (Pferde-)Rennbahn *f,* Turf *m;* **~iste** *m* Freund *m* von Pferderennen.
turlu|piner [tyrlypine] *tr (fam) ça me turlipine* das geht mir auf die Nerven, quält mich, **~tutu** *interj* papperlapapp!
tur|ne [tyrn] *f pop* Bude *f;* **~pitude** *f* Schändlichkeit; Schandtat *f.*
turquoise [tyrkwaz] **I.** *s f min* Türkis *m;* **II.** *a inv* türkisfarben.
tussilage [tysilaʒ] *m bot* Huflattich *m.*
tut|élaire [tytelɛr] *a* **1.** *lit* schützend; **2.** *jur* vormundschaftlich; **~elle** *f* **1.** *jur* Vormundschaft *f;* **2.** *fig* Schutz *m;* **3.** *péj* Bevormundung *f;* **4.** *être en ~* unter Vormundschaft stehen; *tenir qn en ~ (fig)* jdn am Gängelband führen; **~eur, trice** *m f* **1.** Vormund *m;* **2.** *m (Gärtnerei)* Stütze *f;* **~oiement** *m* Duzen *n;* **~oyer** *tr* duzen; **~u** *m* Ballettröckchen *n.*
tuyau [tɥijo] *m pl -x* **1.** Rohr *n,* Röhre *f;* Schlauch *m;* **2.** *(Kleid)* Röhrenfalte *f;* **3.** *fig fam* Tip, (vertraulicher) Wink *m;* **4.** *dire, raconter qc à qn dans le ~ de l'oreille* jdm etw heimlich zuflüstern; **5.** *~ d'arrosage* Gartenschlauch *m; ~ de chauffage* Heizungsrohr *n; ~ de conduite d'eau* Wasserleitungsrohr *n; ~ de poêle* Ofenrohr *n; ~ de prise d'essence* Benzinzuleitung *f;* **~tage** *m* Rohrleitung *f,* -netz *n;* **~ter** *tr* **1.** in Röhrenfalten legen; **2.** *fam* vertrauliche Mitteilungen machen (*qn* jdm); **~terie** *f* Rohrleitung(en *f pl) f.*
tuyère [ty(ɥi)jɛr] *f tech* Düse *f.*
tympan [tɛ̃pɑ̃] *m* **1.** *anat* Trommelfell *n;* **2.** *arch* Tympanon, Giebelfeld *n;* **3.** *tech* Schöpfrad *n; — à crever le ~ (fig)* ohrenbetäubend.
typ|e [tip] **I.** *s m* **1.** Type *f,* Baumuster *n,* -art *f,* Modell *n,* Ausführung *f;* **2.** *fam* Kerl, Mensch *m;* **3.** *péj* Type, Marke *f;* **II.** *a* Modell-, Standard-; *— être le ~ de qn* jds Typ, Fall sein; *~-standard m* Standardtype *f;* **~esse** *f pop* Weibsbild *n.*
typh|ique [tifik] **I.** *a med* Typhus-; typhuskrank; **II.** *s m f* Typhuskranke(r *m*) *f;* **~oïde I.** *a med* typhoid; **II.** *s f (fièvre f ~)* Typhus *m;* **~on** *m* Taifun *m;* **~us** [-ys] *m med (~ exanthématique)* Flecktyphus *m.*
typ|ique [tipik] *a* typisch, charakteristisch; **~o(graphe)** [-po(pɔgraf)] *m* Schriftsetzer *m;* **~ographie** *f* Buchdruckerkunst *f;* **~ographique** *a* typographisch.
tyran [tirɑ̃] *m* Tyrann *m;* **~nie** *f* **1.** Tyrannei, Gewaltherrschaft *f;* **2.** *fig* Zwang *m;* **~nique** *a* **1.** tyrannisch; **2.** *fig* diktatorisch; unwiderstehlich; **~niser** *tr* tyrannisieren.

tyrolienne [tirɔljɛn] *f* Jodler *m.*

U

ubiquité [ybikɥite] *f je n'ai pas le don d'~* ich kann nicht überall zu gleicher Zeit sein.
ukase [ykaz] *m* strikte Anweisung *f.*
ulc|ération [ylserasjɔ̃] *f med* Geschwürbildung *f;* **~ère** *m med* Geschwür *n; ~ de l'estomac* Magengeschwür *n; ~ de jambe, variqueux* Unterschenkel-, Krampfadergeschwür *n;* **~éré, e** *a fig* verbittert, verärgert; **~érer I.** *tr* **1.** *med* ein Geschwür verursachen (*qc* auf etw *dat*) **2.** *fig* verbittern, sehr kränken; **II.** *v prn s'~* ein Geschwür bilden; **~éreux, se** *a* schwärend; mit Geschwüren bedeckt.
ult|érieur, e [ylterjœr] *a* **1.** *(örtlich) geog* jenseitig; **2.** *(zeitlich)* später; **3.** *(Reihenfolge)* fernere(r, s), weitere(r, s); nachträglich; — *remettre à une date ~* auf später, ein späteres Datum verschieben; **~érieurement** *adv* später, in der Folge, hernach; **~imatum** [-tɔm] *m pol* Ultimatum; **~ime** *a* (aller)letzte(r, s); äußerste(r, s).
ultra| . . . [yltra] *in Zssgen:* über-, ultra-; *s m* Ultra *m;* **~-court, e** *a: ondes f pl ~es (radio)* Ultrakurzwellen *f pl;* **~-gauche** *a* linksextremistisch; **~montain, e** *a rel* ultramontan; **~-son** *m* Ultraschall *m;* **~violet, te** *a* ultraviolett.
un, une [œ̃, yn] **I.** *a, art, prn indéfini* **1.** ein(er, e, s); **2.** einzig; ungeteilt; einheitlich; eins; *(nachgestellt): acte, chapitre m ~* erste(r) Akt *m;* erste(s) Kapitel *n;* **II.** *s m* Einer *m;* **3.** Eins *f;* erste Blattseite *f;* **4.** *l'~ . . ., l'autre* der e-e . . . der andere; *l'~ l'autre* einander, sich gegenseitig; *l'~ et l'autre* beide(s); *l'~ dans l'autre* im Durchschnitt, durchschnittlich; *l'~ après l'autre* einer nach dem andern; *~ à ~* [œ̃naœ̃] einzeln, hinter-, nachea., einer nach dem ander(e)n; *de l'~ à l'autre* von einem zum ander(e)n; *de deux choses l'~e* eins von beiden; *en ~e pièce* einteilig; *de deux jours l'~* einen um den andern, jeden zweiten Tag; *ni l'~ ni l'autre* keine(r, s) von beiden; *pas ~, ~e* nicht ein(er, e, es), kein(er, e, es); **5.** *ne faire qu'~* ein Herz u. eine Seele sein; *c'est tout ~* das ist ganz gleich, einerlei.
unanim|e [ynanim] *a* **1.** einstimmig; einmütig, einhellig; **2.** *à défaut d'accord ~* falls keine Einstimmigkeit erzielt wird; **3.** *adopter qc par un vote ~* etw einstimmig annehmen; *être ~(s) sur qc* über e-e S einer Meinung sein; **~ité** *f* Einstimmig-, Einmütig-, Einhelligkeit *f; à l'~* einstimmig; *obtenir l'~ des suffrages* einstimmig gewählt werden.
uni, e [yni] **I.** *a* **1.** verein(ig)t, verbunden; einig; **2.** *(Stoff)* ungemustert, einfarbig; **3.** *(Fläche)* glatt, eben; **4.** *(Leben)* gleichförmig, eintönig; **5.** *(Stil)* einfach, schlicht, schmucklos; **II.** *s m* ungemusterte(r), glatte(r) Stoff *m;* **~cellulaire** *a biol* einzellig; **~cité** *f* **1.** Einmaligkeit *f;* **2.** *math* Eindeutigkeit *f;* **~colore** *a* einfarbig; **~ème** [-njɛm] *in Zssgen:* ein (und) . . . ste(r, s), . . . (und) erste(r, s); **~fication** *f* **1.** Vereinigung *f;* **2.** Vereinheitlichung *f;* **~fier** *tr* **1.** einigen, zs.≈schließen, -tun, -fügen; **2.** vereinheitlichen; **~forme I.** *a* **1.** gleichförmig, -artig, -mäßig; einheitlich; **2.** gleichförmig; einförmig; **II.** *s m* Uniform; Dienstkleidung *f;* **~formément** *adv* gleichförmig; **~formisation** *f* Vereinheitlichung, Uniformierung *f;* **~formiser** *tr* **1.** vereinheitlichen; **2.** *pol* gleich≈schalten; **~formité** *f* **1.** Ein-, Gleichförmigkeit *f;* **2.** Eintönigkeit *f;* **~jambiste** *a* einbeinig; **~latéral, e** *a jur* einseitig.
union [ynjɔ̃] *f* **1.** Zs.schluß *m,* Vereinigung *a. biol,* Verbindung *f;* Verein; Verband, Bund *m;* Bündnis *n,* Union; Genossenschaft, (Arbeits-)Gemeinschaft *f;* **2.** Ehe(bund *m*); **3.** Einigkeit *f;* **4.** *l'~ fait la force* Einigkeit macht stark; **5.** *~ douanière* Zollunion *f; hist* Zollverein *m; ~ économique* Wirtschaftsverband *m; ~ Postale Universelle, U.P.U.* Weltpostverein *m.*
uni|pare [ynipar] *a* (nur) ein Junges zur Welt bringend; **~polaire** [ynipɔlɛr] *a* einpolig; **~prix** *m* WZ Einheitspreisgeschäft; Warenhaus *n;* **~que** *a* **1.** einzig, alleinig, einzeln; **2.** einzigartig, einmalig, unvergleichlich; **3.** *fam* eigenartig, komisch; Einzel-; Einheits-; **4.** *juge m ~* Einzelrichter *m; liste f ~ (pol)* Einheitsliste *f; magasin m à prix ~* Einheitspreisgeschäft *n; sens m ~* Einbahnstraße *f;* **~quement** *adv* einzig u. allein; *pas ~* nicht nur (das); **~r I.** *tr* **1.** verein(ig)en, zs.≈schließen, verbinden; **2.** verheiraten, trauen; **II.** *v prn s'~* **3.** sich vereinigen, sich zs.≈schließen; **4.** sich verheiraten, sich vermählen; **~taire** *a* einheitlich, unitarisch; **~té** *f* **1.** Einheit *f a. math phys;* **2.** *math* Einer *m;* **3.** *mil* Einheit *f;* — *~ de mesure, monétaire, de temps* Maß-, Währungs-, Zeiteinheit *f.*

unisson [ynisɔ̃] *f* **1.** *chanter, jouer à l'~* unisono singen, spielen; **2.** *(fig) à l'~* einstimmig.

univers [ynivɛr] *m* **1.** Welt(all *n*) *f*, Universum *n;* **2.** *fig* Welt *f;* **~aliser** *tr* allgemein verbreiten; verallgemeinern; **~alité** *f* **1.** Universalität; Allgemeinheit, allgemeine Verbreitung; Viel-, Allseitigkeit *f;* **2.** *jur* Gesamtheit *f;* **~el, le** *a* allgemein, umfassend, all-, vielseitig, universal; *exposition f ~le* Weltausstellung *f;* **~itaire I.** *a* Universitäts-; akademisch; **II.** *s m* Hochschullehrer *m; — cité f ~* Studentenwohnheim *n; droits m pl ~s* Studiengebühren *pl;* **~ité** *f* Universität *f; l'~* Lehrkörper *m* (aller französischen Schulen).

Untel [œ̃tɛl] *prn monsieur ~* Herr Soundso.

uranium [yranjɔm] *m chem* Uran *n; minerai m d'~* Uranerz *n.*

urb|ain, e [yrbɛ̃, -ɛn] *a* städtisch; Stadt-; *agglomération f ~e* städtische Siedlung *f; chauffage m ~* Fernheizung *f; population f ~e* Stadtbevölkerung *f; réseau m ~ (tele)* Ortsnetz *n;* **~anisation** *f* Verstädterung; städtebauliche Entwicklung *f;* **~aniser** *tr* verstädtern *tr;* **~anisme** *m* Städtebau *m;* **~aniste** *m* Städtebauer *m;* **~anistique** *a* städtebaulich; **~anité** *f* Höflichkeit *f.*

ur|ée [yre] *f chem* Harnstoff *m;* **~émie** *f med* Urämie, Harnvergiftung *f;* **~etère** *m* Harnleiter *m;* **~ètre** *m* Harnröhre *f.*

urgen|ce [yrʒɑ̃s] *f* **1.** Dringlichkeit *f;* **2.** *(med) une ~* ein dringender Fall; **3.** *d'~* dringend; *en cas d'~* in dringenden Fällen; *il y a ~* die Sache drängt, ist sehr eilig; **4.** *admission, habitation, vente f d'~* Notaufnahme, -wohnung *f*, -verkauf *m; degré m d'~* Dringlichkeitsstufe *f; état m d'~ (pol)* Notstand *m; service m des ~s* Unfallstation *f;* **~t, e** [-ʒɑ̃, -ɑ̃t] *a* dringend, vordringlich, eilig; *(auf Postsendungen)* eilt; *très ~* eilt sehr! *besoin, cas m ~* dringende(r) Bedarf, Fall *m.*

uri|naire [yrinɛr] *a* Harn-; **~ne** *f* Harn, Urin *m;* **~ner** *itr* Wasser lassen, urinieren; **~noir** *m* Bedürfnisanstalt *f;* **~que** *a: acide m ~* Harnsäure *f.*

ur|ne [yrn] *f* Urne *f; ~ électorale* Wahlurne *f;* **~ologie** *f med* Urologie *f;* **~ologue** *m* Urologe *m;* **~ticaire** *f* Nesselsucht *f.*

us [ys] *m pl ~ et coutumes* Sitten u. Gebräuche *pl;* **~age** *m* **1.** Brauch *m*, Gewohnheit, Sitte *f;* **2.** *gram* Sprachgebrauch *m;* **3.** Gebrauch *m;* Anwendung, Benutzung *f;* **4.** *~s commerciaux* kaufmännische Usancen *f pl;* **5.** *jur* Nutzung *f;* **6.** *à l'~ de ...* für den, zum Gebrauch *gen; d'après les ~s* wie üblich; *hors d'~* außer Gebrauch; nicht mehr gebräuchlich; *sous les réserves d'~* unter üblichem Vorbehalt; **7.** *être d'~* gebräuchlich, üblich sein; *être encore en ~* noch verwendet werden; *faire ~* benutzen (*de qc* etw); *faire mauvais ~ de qc* etw mißbrauchen; **8.** *garanti à l'~* garantiert haltbar; *références f pl d'~* übliche Referenzen *f pl; ~ externe (pharm)* äußerlich; **~agé, e** *a* gebraucht; getragen; **~ager** *m* **1.** Benutzer, Teilnehmer *m;* **2.** *(Statistik)* Konsument *m; — ~ de la route* Straßenbenutzer, Verkehrsteilnehmer *m; ~ du téléphone* Fernsprechteilnehmer *m.*

us|é, e [yze] *a* **1.** verbraucht, abgenutzt; **2.** *(Kleidung)* abgetragen, verschlissen; **3.** *tech* ausgeleiert; **4.** *fig (Mensch)* verbraucht; **5.** *(Thema)* abgedroschen; *eaux f pl ~es* Abwässer *n pl;* **~er I.** *itr* an=wenden, (ge)brauchen (*de violence* Gewalt), Gebrauch machen (*de* von); **II.** *tr* verbrauchen, ab=nutzen, verschleißen; **III.** *v prn s'~* sich ab=nutzen; sich auf=reiben, sich verbrauchen, sich ab=stumpfen; *— en ~ avec qn* jdn behandeln.

usin|age [yzinaʒ] *m tech* Be-, Verarbeitung, Fertigung *f;* **~e** *f* **1.** Fabrik *f*, Werk *n*, Betrieb *m*, Anlage *f;* **2.** *fig fam* stark frequentierter Ort *m;* **3.** *à l'~* ab Werk; **4.** *c'est une ~ (fig)* das ist der reinste Jahrmarkt; **5.** *~ aéronautique* Flugzeugfabrik *f; ~ affiliée* Zweigwerk *n; ~ électrique* Elektrizitätswerk *n; ~ à gaz* Gaswerk *n; ~ de laminage* Walzwerk *n; ~ métallurgique* Hütte(nwerk *n*) *f; ~ sidérurgique* Eisenhüttenwerk *n; ~ de tissage* (mechanische) Weberei *f;* **~er** *tr* **1.** ver-, bearbeiten, verformen; **2.** (fabrikmäßig) her=stellen; **3.** *(fam) ça usine!* da wird aber gearbeitet!

usité, e [yzite] *a (Wort)* gebräuchlich, üblich.

ustensile [ystɑ̃sil] *m* Gerät *n; ~ de cuisine, de ménage* Küchen-, Haushaltgerät *n.*

usu|el, le [yzɥɛl] **I.** *a* gebräuchlich, üblich; gewöhnlich; **II.** *s m* häufig benutzte(s) Buch e-r öffentlichen Bibliothek; **~fruit** [-zy-] *m* Nießbrauch *m* (*sur* an *dat*); **~fruitier, ère** *m f jur* Nutzungsberechtigte(r *m*) *f;* **~raire** *a* wucherisch; Wucher-; *intérêts m pl ~s* Wucherzinsen *m pl;* **~re** *f* **1.** Wucher *m;* **2.** Abnutzung *f*, Verschleiß *m;* **3.** *prêter à ~* zu Wucherzinsen leihen; *résistant à l'~* widerstandsfähig, verschleißfest; *(Kleidung)* strapazierfähig; **~rier** *m* Wucherer *m.*

usurp|ateur, trice [yzyrpatœr] *m f* Usurpator *m;* **~ation** *f jur* Anmaßung *f;* **~er** *tr* **1.** sich widerrechtlich an=eignen, sich anmaßen; **2.** *pol* usurpieren.

ut [yt] *m mus* c, C *n; ~ dièse* cis, Cis *n; ~ majeur, mineur* C-Dur, c-Moll *n;* **~érin, e** *a* **1.** *anat* Gebärmutter-; **2.** *jur* mütterlicherseits; **~érus** [-ys] *m anat* Gebärmutter *f.*

util|e [ytil] **I.** *a* nützlich, brauchbar, zweckdienlich, vorteilhaft; **II.** *s m* (das) Nützliche; — *en temps* ~ zu gegebener Zeit; *joindre l'~ à l'agréable* das Angenehme mit dem Nützlichen verbinden; *juger, croire* ~ für ratsam halten; **~isable** *a* brauchbar; verwertbar; verwendbar; **~isateur, trice** *m* Benutzer(in *f*) *m,* Verbraucher(in *f*); ~ *final, de première main* Letzt-, Erstverbraucher *m;* **~isation** *f* **1.** Verwertung, Ausnutzung; **2.** Benutzung, Verwendung *f;* Einsatz *m;* **3.** *d'une vaste gamme d'~* mit vielseitigen Einsatzmöglichkeiten; **4.** ~ *des déchets* Abfallverwertung *f;* ~ *pacifique de l'énergie atomique* friedliche Nutzung *f* der Atomenergie; ~ *des forces hydrauliques* Nutzung *f* der Wasserkraft; ~ *des loisirs* Freizeitgestaltung *f;* **~iser** *tr* **1.** aus=nutzen; nutzbar machen; **2.** gebrauchen, an=wenden, benutzen; **~itaire** *a* **1.** Nutz-; **2.** auf unmittelbaren Nutzen gerichtet; **3.** utilitaristisch; *article m* ~ Gebrauchsartikel *m; véhicle m* ~ Nutzfahrzeug *n;* **~itarisme** *m* Utilitarismus; *fam* Zweckdenken *n;* **~ité** *f* **1.** Nützlichkeit *f,* Nutzen *m;* Brauchbarkeit, Verwendbarkeit *f;* **2.** *pl theat* Nebenrollen *f pl;* **3.** *d'~ publique* gemeinnützig; **4.** *être d'une grande ~* sehr nützlich, sehr vorteilhaft sein; **5.** ~ *marginale* Grenznutzen *m.*

utop|ie [ytɔpi] *f* Utopie *f;* **~ique** *a* utopisch; **~iste** *m* Utopist, Träumer, Weltverbesserer *m.*

uv|al, e [yval] *a* Trauben-; *cure f ~e* Traubenkur *f; station f ~e* Ausschank *m* von Traubensaft; **~ulaire** *a anat* uvular; Zäpfchen-; **~ule** *f anat* Zäpfchen *n.*

V

va [va] *s. aller; interj* meinetwegen! einverstanden! es gilt! *fam* geh! glaub mir's! ~ *donc!* aber geh! *(fam)* ~ *pour cette fois!* also gut, dieses eine Mal! ~-*-et-vient m inv* Hin u. Her; Kommen u. Gehen *n; el* Wechselschalter *m; mouvement m de* ~ Hin- u. Herbewegung *f;* ~*-nu-pieds m inv* Habenichts *m;* ~*-tout m inv* Einsatz *m* aller Mittel; *jouer son va-tout* alles aufs Spiel, auf e-e Karte setzen; ~*-vite f: à la* ~ oberflächlich, in Eile.

vac|ance [vakɑ̃s] *f* **1.** freie, unbesetzte Stelle *f;* **2.** *pl* Ferien *pl; en* ~*s* auf *od* im Urlaub; — *combler une* ~ e-e freie Stelle neu besetzen; *prendre des* ~*s* in Urlaub gehen; *colonie f de* ~*s* Ferienkolonie *f;* ~*s 3ᵉ âge* Seniorenferien *pl;* ~*s f pl annuelles* Jahresurlaub *m;* **~ancier** *m* Feriengast; Urlaubsreisende(r) *m;* **~ant, e** *a* **1.** *(Stelle)* offen, frei, vakant, unbesetzt; **2.** *(Blick)* leer; **3.** *(Wohnung)* frei, leer(stehend); **4.** *jur* herrenlos; **~arme** *m* (Heiden-)Lärm, Radau, Krach *m;* **~ation** *f* **1.** Zeitaufwand *m (e-s Beamten);* **2.** *pl* Präsenz-, Tagegelder *n pl,* Gebühren *f pl;* **3.** *jur* Gerichtsferien *pl.*

vaccin [vaksɛ̃] *m* Impfstoff *m;* **~al, e** [-si-] *a* Impf-; **~ation** *f* Impfung *f;* **~e** *f med* Kuhpocken *pl;* **~er** *tr* impfen *(contre* gegen *acc); (fig fam) être vacciné* geheilt sein (*contre* von *dat*).

vach|e [vaʃ] **I.** *s f* **1.** Kuh *f; (cuir m de* ~*)* Rindsleder *n;* **2.** *pop* Polizist *m;* **3.** *vieille* ~ *(fam)* hundsgemeine(r) Kerl *m;* **4.** *(fam) la* ~*!* Donnerwetter! *une* ~ *de moto* ein tolles Motorrad; **II.** *a pop* gemein, schuftig; *manger de la* ~ *enragée (fam)* viel durch=machen, sich kümmerlich durch=schlagen; *parler français comme une* ~ *espagnole* Französisch radebrechen; ~ *à lait* Milchkuh *f a. fig;* **~ement** *adv fam* sehr, gewaltig; *il la trouve* ~ *bien* er findet sie toll; **~er, ère** *m f* Kuhhirt *m,* Stallmagd *f;* **~erie** *f* **1.** Kuhstall *m;* **2.** *pop* Gemeinheit *f; quelle* ~ *de temps!* was für ein Sauwetter!

vacill|ant, e [vasijɑ̃, -ɑ̃t] **1.** schwankend *a. fig,* taumelnd; wack(e)lig; **2.** *(Licht)* flackernd; **3.** *fig* wankelmütig, unbeständig, unschlüssig; **~ation** *f* **1.** Schwanken *a. fig,* Wackeln *n;* **2.** *(Licht)* Flackern *n;* **~ement** *m* **1.** Schwanken *n;* **2.** *(Licht)* Flackern *n;* **3.** *fig* Zögern *n,* Unschlüssigkeit *f;* **~er** *itr* **1.** wackeln, (sch)wanken; taumeln; **2.** *(Licht)* flakkern; **3.** *fig* verwirrt, unschlüssig, unbeständig sein; **4.** *(Gedächtnis)* unzuverlässig sein.

vacuité [vakɥite] *f fig* Leere *f.*

vadrouill|e [vadruj] *f: (fam) faire une* ~ herumstrolchen; **~er** *itr fam* herum=bummeln; **~eur, se** *m f (fam) des touristes* ~*s* herumbummelnde Touristen *m pl.*

vagabond, e [vagabɔ̃, -ɔ̃d] **I.** *a* umher=schweifend, unstet, ruhelos; **II.** *s m* Landstreicher, *fam* Tippelbruder *m;* **~age** *m* **1.** Landstreicherei *f;* **2.** ~*s de l'imagination* Schweifen *n* der Phantasie; **~er** *itr* **1.** (herum=)strolchen, vagabundieren; sich herum=treiben; **2.** *fig (Gedanken)* schweifen, umher=wandern.

vag|in [vaʒɛ̃] *m anat* Scheide *f;* **~ir** *itr (Säugling)* wimmern; **~issement** *m* Wimmern, Schreien *n.*

vague [vag] **I.** *s f* Welle *a. fig,* Woge *f;* **II.** *a* **1.** unbestimmt, undeutlich, verschwommen, vag(e), unklar; **2.** unsicher, unzuverlässig; **3.** *(Kleidung)* lose, weit; **4.** *(Land)* unbebaut, öde; **III.** *s m* (das) Unbestimmte, Leere, Verschwommene; — *se perdre dans le* ~ ins Blaue hinein reden; den festen Boden unter den Füßen verlieren *fig; rester dans le* ~ im unklaren bleiben; *crête f, creux m des* ~*s* Wellenberg *m,* -tal *n; piscine f à* ~*s* Wellenbad *n; terre f (vaine et)* ~ Ödland *n;* ~ *m à l'âme* unbestimmte Sehnsucht *f,* Weltschmerz *m;* ~ *de chaleur, déferlante, de froid, de proue* Hitze-, Brandungs-, Kälte-, Bugwelle *f;* ~ *de sauterelles* Heuschreckenschwarm *m;* **~mestre** *m mil* mit der Verteilung der Post beauftragte(r) Unteroffizier *m;* **~r** *itr laisser* ~ *son imagination* s-e Phantasie schweifen lassen.

vaill|amment [vajamɑ̃] *adv* tapfer; **~ance** *f* Tapferkeit *f;* **~ant, e** *a* mutig, beherzt; *n'avoir pas un sou* ~ keinen Pfennig Geld *od* roten Heller haben; *(fam) il n'est guère* ~ er ist noch nicht wieder auf der Höhe.

vain, e [vɛ̃, vɛn] *a* **1.** vergeblich; unnütz, ergebnis-, fruchtlos; leer *(a. Versprechungen),* nichtig; **2.** *lit* hochmütig; **3.** *(Befürchtungen)* unbegründet; *en* ~, **~ement** *adv* umsonst, vergebens, vergeblich.

vain|cre [vɛ̃kr] *tr* **1.** besiegen, bezwingen, überwältigen; **2.** *sport mil* schlagen;

3. *fig* überwinden, übertreffen, überflügeln, überrunden; **4.** *(Schwierigkeit)* meistern, Herr werden *gen;* **~cu, e I.** *a* besiegt, überwunden; **II.** *s m f* Besiegte(r *m*) *f;* **~queur I.** *s m* Sieger (*de* über *acc*), Überwinder *m;* **II.** *a* siegreich; *~ aux points (sport)* Punktsieger *m.*

vairon [vɛrɔ̃] **I.** *a m (Augen)* verschieden(farben); **II.** *s m* Elritze *f (Fisch).*

vaiss|eau [vɛso] *m* **1.** *mar* Schiff *n;* **2.** *anat bot* Gefäß *n;* **3.** *arch* (Kirchen-)Schiff *n;* — *brûler ses ~x* alle Brücken hinter sich abbrechen; *~x sanguins* Blutgefäße *n pl; ~ spatial* Raumschiff *n;* **~elle** *f* (Tafel-, Tisch-)Geschirr *n; faire la ~* (das) Geschirr spülen; ab=waschen; *eau f de ~* Spül-, Abwaschwasser *n.*

val [val] *m vx* Tal *n; par monts et par vaux* über Berg u. Tal; **~able** *a* **1.** gültig; **2.** *(Entschuldigung)* annehmbar, zulässig; **3.** *(Grund)* triftig; **4.** *jur* rechtsverbindlich; **5.** *(Film, Buch)* wertvoll; *~ pour une semaine* e-e Woche gültig; **~dinguer** *itr fam* hinunterpurzeln; *envoyer ~* zum Teufel schicken; *(Sache)* vom Tisch fegen; **~ence** *f* **1.** *chem* Wertigkeit *f;* **2.** *gram* Valenz *f;* **~enciennes** *f* Valenciennes-Spitze *f;* **~ériane** *f bot pharm* Baldrian *m;* **~et** [-lɛ] *m* **1.** servile(r) Mensch *m;* **2.** *(Kartenspiel)* Bube *m;* **3.** *~ de chambre* Kammerdiener *m; ~ de ferme* (Bauern-)Knecht *m.*

valeur [valœr] *f* **1.** Wert *m;* **2.** *pl* Effekten *pl,* Wertpapiere *n pl;* Mittel *n pl;* **3.** entsprechende Menge *f;* **4.** *com* Bedeutung, Wichtigkeit; *(Argument)* Durchschlagskraft *f;* **5.** *mus* Wert *m;* **6.** *pl (Statistik)* Meßzahlen *f pl;* **7.** *à sa ~* s-m Wert entsprechend; *de ~* wertvoll; *de faible ~* geringwertig; *d'une ~ de ...* im Werte von; *la ~ de ...* ungefähr, etwa ...; *sans ~* wertlos; nicht stichhaltig; **8.** *attacher de la ~ à qc* e-r S Bedeutung bei=messen; Wert auf e-e S legen; *augmenter de ~* im Wert steigen; *estimer à sa juste ~* richtig bewerten; *mettre en ~, donner de la ~ à* zur Geltung bringen; hervor=heben; *agr* bestellen; **9.** *déclaration f de ~* Wertangabe *f; mise f en ~* Auswertung; *agr* Bestellung, Urbarmachung *f;* **10.** *~ d'achat, d'acquisition* Anschaffungswert *m; ~ alimentaire, nutritionnelle* Nährwert *m; ~ approchée* Näherungswert *m; ~ d'échange* Tauschwert *m; ~ à l'état neuf* Neuwert *m; ~ litigieuse* Streitwert *m; ~ locative* Mietwert *m; ~ marchande* Handels-, Marktwert *m; ~s mobilières* Effekten *pl; ~s de père de famille, de tout repos* mündelsichere Wertpapiere *n pl; ~s de placement, de portefeuille* Anlagewerte *m pl; ~s au porteur* Inhaberpapiere *n pl; ~ de rachat* Rückkaufswert *m; ~ unitaire* Einheitswert *m; ~ d'usage* Gebrauchswert *m; ~ vénale* Verkaufswert *m;* **~eux, se** *a* tapfer.

valid|ation [validasjɔ̃] *f jur* Gültigkeitserklärung, Bestätigung; *(Sozialvers.)* Anrechnung *f;* **~e** *a* **1.** gesund, kräftig; **2.** *jur* rechtsgültig, -wirksam; **~er** *tr* für (rechts)gültig erklären; **~ité** *f* (Rechts-)Gültigkeit *f; délai m, durée f de ~* Gültigkeitsdauer *f.*

valise [valiz] *f* (Hand-, Reise-)Koffer *m; faire sa ~* s-n Koffer packen.

vall|ée [vale] *f* Tal *n; ~ encaissée* (Tal-)Kessel *m; ~ de larmes, de misère (fig)* Jammertal *n;* **~on** *m* kleine(s) Tal *n;* **~onné, e** *a* hügelig, gewellt; **~onnement** *m* Talbildung *f.*

val|oir [valwar] **I.** *itr* **1.** gelten, wert sein; **2.** kosten; **3.** taugen, gut sein (*pour* für); **4.** *fig* verdienen; **II.** *tr* **5.** ein=bringen, -tragen; **6.** *à ~ sur ...* als Abschlag, in Anrechnung auf *acc; autant vaut* es fehlt nicht viel dran; *vaille que vaille* koste es, was es wolle; so oder so; **7.** *faire ~ qc* etw geltend machen; etw ins rechte Licht setzen, heraus=stellen; etw nutzbar machen; zur Geltung bringen; *(Gut)* selbst bewirtschaften; *ne faire rien qui vaille* nichts Brauchbares fertig=bringen, zustande bringen; **8.** *~ mieux* mehr wert *od* besser sein; *ne ~ pas la peine* nicht der Mühe wert sein (*de* zu); *~ son pesant d'or* Gold wert sein; **9.** *il vaut mieux* es ist vorteilhafter; *cela ne vous vaut rien* das bekommt Ihnen nicht; *ça ne me dit rien qui vaille (fam)* das lockt mich nicht; das läßt mich Schlimmes befürchten; *qu'est-ce qui nous vaut cet honneur?* was verschafft uns die Ehre? **~orisation** *f com* Valorisierung; *fig* Höherbewertung *f;* **~oriser** *tr* valorisieren, auf=werten *a. fig;* den Wert erhöhen.

vals|e [vals] *f* **1.** Walzer *m;* **2.** *fig* ständige Änderung *f;* **~er** *itr* (*tr* als) Walzer tanzen; *envoyer ~ qn* jdn hinauswerfen; *faire ~ l'argent (fam)* Geld springen lassen; *il est allé ~ dans le ruisseau* er ist in die Gosse gepurzelt; **~eur, se** *m f* Walzertänzer(in *f*) *m.*

valv|e [valv] *f* **1.** *bot* Fruchtklappe *f;* **2.** *zoo (Muschel)* Klappe *f;* **3.** *tech* Ventil *n;* Klappe *f;* **~ule** *f anat* Klappe *f; ~ du cœur* Herzklappe *f.*

vamp [vɑ̃p] *m film* Vamp *m;* **~er** *tr fam* umgarnen (*qn* jdn); **~ire** *m* **1.** Vampir *m;* **2.** *fig* Blutsauger *m;* **3.** sadistische(r) Massenmörder *m.*

van [vɑ̃] *m* **1.** (Getreide-)Schwinge *f;* **2.** Pferdetransportwagen *m;* **~adium** [-djɔm] *m chem* Vanadium *n;* **~dalisme** *m* Zerstörungswut *f;* **~ille** [-ij] *f* Vanille *f;* **~ité** *f* Nichtigkeit; Eitelkeit; Einbildung *f; faire, tirer ~ de qc* sich etw auf e-e S ein=bilden; **~iteux, se I.** *a* eitel, eingebildet; **II.** *s m* eingebildete(r) Mensch *m.*

vann|age *m* **1.** *agr* Schwingen *n (des Getreides);* **2.** *tech* Schieberanlage *f;* **~e** *f* **1.** *tech* Schütz, Schieber *m;* **2.** *fam* Stichelei *f;* **~é, e** *a fam* wie gerädert; **~eau** *m orn* Kiebitz *m;* **~er** *tr* **1.** *(Getreide)* worfeln, schwingen; **2.** *fig fam* fertig= *od* kaputt=machen; **~erie** *f* Korbmacherei *f,* -waren *f pl;* **~ier** *m* Korbmacher, -flechter *m.*

vant|ail [vɑ̃taj] *m pl -aux* (Tür-, Fenster-) Flügel *m;* **~ard, e I.** *s m f* Prahler(in *f*), Großsprecher(in *f*) *m;* **II.** *a* prahlerisch, großsprecherisch; **~ardise** *f* Prahlerei, Großsprecherei *f;* **~er I.** *tr* rühmen, preisen, (überschwenglich) loben; **II.** *v prn se* ~ prahlen, auf=schneiden, *fam* an=geben; sich rühmen (*de qc* e-r S *gen*), groß=tun (*de qc* mit etw); *il n'y a pas de quoi se* ~ das ist wahrlich kein Ruhmesblatt.

vap|eur [vapœr] **1.** *f* Dampf; *(Wetter, Alkohol) fig* Dunst *m;* **2.** *m* Dampfer *m;* **3.** *à la* ~ in Eile; *à toute* ~ mit Volldampf, in Windeseile; **4.** *renverser la* ~ Gegendampf geben; *fig* das Steuer herum=reißen; **5.** ~ *f d'eau, d'échappement* Wasser-, Abdampf *m;* **~oreux, se** [-pɔ-] *a* **1.** dunstig; **2.** duftig, zart; **~orisateur** *m* Spray(dose *f*); (Parfüm-) Zerstäuber *m;* **~orisation** *f* **1.** Zerstäuben *n;* **2.** Verdampfung *f;* **~oriser I.** *tr* **1.** verdampfen; **2.** zerstäuben; **II.** *v prn se* ~ verdampfen.

vaquer [vake] *itr (Gericht, Schule)* Ferien haben; ~ *à qc* sich um etw bemühen *od* (be)kümmern; etw besorgen, erledigen; *(e-r Arbeit)* nach=gehen.

var|an [varɑ̃] *m zoo* Waran *m;* **~appe** *f (Gebirge)* Klettern *n; faire de la* ~, **~apper** *itr* klettern; **~appeur** *m* Alpinist *m;* **~ech** [-rɛk] *m* Braunalgen *f pl;* Tang *m;* **~euse** *f* Matrosenbluse; *allg* Jacke *f.*

varia|bilité [varjabilite] *f* Veränderlichkeit *f;* **~ble I.** *a* veränderlich, wechselnd; **II.** *s f math* Variable *f;* **III.** *s m (Barometer) être au* ~ auf Veränderlich stehen; **~nte** *f (Text)* Variante; *allg* Abwandlung *f;* **~tion** [-sjɔ̃] *f* **1.** Veränderung, Abwandlung, -weichung, Schwankung *f,* Wechsel *m;* **2.** *math mus astr* Variation *f;* ~ *de température* Temperaturschwankung *f.*

varic|e [varis] *f med* Krampfader *f;* **~elle** *f med* Windpocken *pl.*

vari|é, e [varje] *a* **1.** verschiedenartig, vielfältig, mannigfaltig, abwechslungsreich; abwechselnd; **2.** *(Farbe)* bunt; **3.** *mus* mit Variationen; **~er I.** *tr* **1.** verschiedenartig gestalten, variieren *a. mus;* ab=wandeln, -ändern; **2.** Abwechslung bringen (*qc* in e-e S); **II.** *itr* **1.** sich (ver)ändern, sich wandeln, (ab=)wechseln; **2.** *(Preise)* schwanken; **3.** sich nicht gleich=bleiben; verschiedener Meinung sein (*sur* über *acc*), nicht überein=stimmen (*sur* in *dat*), vonea. ab=weichen (*sur* in *dat*); **~été** *f* **1.** Verschiedenartigkeit, Verschiedenheit, Abweichung, Divergenz; Abwechslung *f;* **2.** *bot* Spielart *f;* **3.** *pl (Bibliographie)* Vermischte(s) *n; spectacle m de ~s* Varieté(theater) *n;* **~ole** *f med* Pocken, Blattern *pl;* **~olé, e** *a* pocken-, blatternarbig; **~oleux, se I.** *a* Pocken-; **II.** *s m f* Pockenkranke(r) *m;* **~olique** *a* Pocken-; **~omètre** *m aero* Variometer *n;* **~queux, se** [-ri-] *a ulcère m* ~ Krampfadergeschwür.

vascula|ire [vaskylɛr] *a anat* Gefäß-; **~risation** *f (Physiologie)* Gefäßbildung *f,* -system *n.*

vas|e [vaz] **I.** *m* (Blumen-)Vase *f,* Gefäß *n;* **II.** *f* Schlamm; *(~ de mer)* Schlick *m;* ~ *m de nuit* Nachttopf *m,* -geschirr *n;* **~eline** [va-] *f pharm* Vaseline *f;* **~eux, se** *a* **1.** schlammig; **2.** *fig fam* schwerfällig; verworren, unklar; **3.** *être* ~ *(fam)* nicht auf dem Damm sein; **~istas** [vazistas] *m* Oberlicht-, Guckfenster *n;* **~o-constricteur, ~o-dilatateur** [va-] *a m anat* gefäßverengend, -erweiternd; **~o-moteur** *a m anat* vasomotorisch; **~ouillard, e** *a fam* undurchsichtig, unklar; **~ouiller** *itr fam fig* **1.** schwimmen, den Faden verlieren; **2.** *(Geschäft)* nur schleppend vorwärts=gehen; **~que** [vask] *f* **1.** Brunnenbekken *n;* **2.** flache Schale *f (auf dem Tisch).*

vass|al, e [vasal] *m f hist* Lehnsmann; Vasall(in *f*) *m;* **~alité** *f* **1.** *hist* Lehnsverhältnis *n;* **2.** *fig* Abhängigkeit *f.*

vaste [vast] *a* **1.** weit, ausgedehnt; **2.** *fig* weitgehend, -reichend, umfangreich; umfassend, vielseitig; **3.** *(fam) c'est une* ~ *blague* das ist ein ganz großer Schwindel.

vau|deville [vodvil] *m* Posse *f a. fig;* Vaudeville *n;* **~-l'eau:** *fig: (s'en) aller à* ~ in die Binsen gehen, scheitern, mißglücken; **~rien** *m* Taugenichts *m;* **~tour** *m* **1.** *orn* Geier *m;* **2.** *fig* Aasgeier, Wucherer *m;* — ~ *des agneaux* Lämmergeier *m;* **~trer, se** *v prn* **1.** sich wälzen; sich hin=lümmeln; **2.** *fig* sich ganz hin=geben (*dans* dat); **~-vent:** *à* ~ *(Jagd)* mit dem Wind im Rücken; **~vert** *m: au diable* ~ *(fig fam)* ans, am andere(n) Ende der Welt.

veau [vo] *m* **1.** *zoo* Kalb *n;* **2.** Kalbleder, -fleisch *n;* **3.** *mot* lahme Kiste *f; (Pferd)* lahme Ente *f;* **4.** *(fam) s'allonger comme un* ~ sich hin=lümmeln; *(fam) pleurer comme un* ~ *(pop)* wie ein Schloßhund heulen; **5.** ~ *marin, de mer* Seehund *m.*

vect|eur [vɛktœr] *m* **1.** *math* Vektor *m;* **2.** *med* Wirt *m;* **3.** Trägerrakete *f (für atomare Sprengladungen);* **~oriel, le** [-tɔ-] *a* Vektoren-.
vécu, e [veky] **I.** *a* erlebt; *(Geschichte)* wahr; **II.** *s m* Erlebte(s) *n.*
vedette [vədɛt] *s f* **1.** *theat* Hauptdarsteller(in *f*); *film* Star *m; sport* Größe; *allg* bekannte Persönlichkeit *f;* **2.** *mar* Schnellboot *n;* **3.** *pl com* führende Werte *m pl;* **4.** *en ~ fig* ins Auge springend, im Vordergrund; **5.** *avoir la ~* die Hauptrolle spielen; *mettre en ~ (fig)* heraus=stellen; *(Zeitung)* in großer Aufmachung bringen; *se mettre en ~* sich in den Vordergrund drängen; *~ du cinéma* Filmstar *m.*
végét|al, e [veʒetal] **I.** *a* pflanzlich; Pflanzen-; **II.** *s m* Pflanze *f,* Gewächs *n; règne m ~* Pflanzenreich *n; terre f ~e* Mutterboden *m;* **~arien, ne I.** *a* vegetarisch; **II.** *s m f* Vegetarier(in *f*) *m;* **~atif, ive** *a* vegetativ; **~ation** *f* **1.** Vegetation, Pflanzenwelt *f;* **2.** *pl med* Wucherungen *f pl;* **~er** *itr fig* (dahin=)vegetieren, kümmerlich (dahin=)leben.
véhémen|ce [veemɑ̃s] *f* **1.** Heftigkeit *f,* Ungestüm *n;* **2.** *fig* Feuer *n;* **~t, e** *a* heftig, ungestüm; hitzig, leidenschaftlich, feurig.
véhicul|e [veikyl] *m* **1.** Fahrzeug, Beförderungsmittel *n;* **2.** Träger *m a. fig;* **3.** *~ à coussin d'air* Luftkissenfahrzeug *n; ~ d'information* Informationsträger *m; ~ non polluant* umweltfreundliche(s) Fahrzeug *n; ~ routier* Straßenfahrzeug *n; ~ tout terrain, tous terrains* geländegängige(s) Fahrzeug *n; ~ tracteur* Zugmaschine *f; ~ utilitaire* Nutzfahrzeug *n;* **~er** *tr* **1.** befördern, transportieren; **2.** *fig* übermitteln.
veill|e [vɛj] *f* **1.** Wachen *n;* **2.** (Nacht-) Wache *f;* **3.** Vortag, Vorabend *m;* **4.** *pl* Nachtarbeit *f,* nächtliche Studien; schlaflose Nächte *f pl;* **5.** *la ~* tags zuvor, am Tage vorher; *la ~ au soir* am Vorabend; *être à la ~ de qc (fig)* vor etw stehen; *~ du Nouvel An* Silvester *n; ~ de Noël* Heilige(r) Abend *m;* **~ée** *f* **1.** Nachtwache *f;* **2.** Abendstunden *f pl; ~ funèbre* Totenwache *f;* **~er I.** *itr* **1.** wachen (*auprès de* bei), auf=bleiben; **2.** acht=geben, auf=passen (*à qc* auf e-e S); **3.** sorgen (*à* für); Sorge tragen (*à ce que* daß); **4.** überwachen, beaufsichtigen, unter s-e Obhut nehmen (*sur qc* etw); **II.** *tr* **5.** wachen, die Nacht verbringen (*un malade* bei e-m Kranken); **6.** *~ au grain (fig)* auf der Hut sein; *~ aux intérêts de qn* jds Interesse wahr=nehmen; **~eur, se** *m f* Wächter(in *f*) *m; ~ de nuit* Nachtwächter, -portier *m;* **~euse** *f* Nachtlampe *f,* -licht *n; tech* Sparflamme *f; mot* Standlicht *n; mettre en ~* (auf) klein stellen; *fig* auf Eis legen; *mettre ses phares en ~ (mot)* das Standlicht ein=schalten; *~-liseuse f* Leselampe *f.*
vein|ard, e [vɛnar, -rd] **I.** *s m f* Glückspilz *m;* **II.** *a ce qu'il est ~* hat der aber Glück; **~e** *f* **1.** *anat* (Blut-)Ader, Vene *f;* **2.** *geol* Ader *f,* Flöz *n;* **3.** *(Stein, Holz)* Ader *f a. bot;* **4.** *fig* dichterische Ader *f;* **5.** *fam* Glück *n,* Dusel *m, pop* Schwein *n;* **6.** *avoir de la ~* Glück, *fam* Dusel haben; *n'avoir pas de sang dans les ~s (fig)* kein Mark in den Knochen haben; *être en ~ de qc* zu etw aufgelegt sein; **~é, e** *a (Marmor)* geädert; *(Holz)* gemasert; **~er** *tr tech* masern; **~eux, se** *a* **1.** *anat* venös; Ader-, Venen-; **2.** *(Holz)* gemasert; **~ule** *f* Äderchen *n;* **~ure** *f* Maserung *f.*
vêl|age [vɛlaʒ] *m* Kalben *n;* **~er** *itr* kalben.
vél|aire [velɛr] **I.** *a* velar; **II.** *s f* Velar *m;* **~in** *m* Velin *n (Pergament); papier m ~* Velin(papier) *n.*
velléité [vɛleite] *f* Anwandlung *f.*
vélo [velo] *m fam* Fahrrad *n; rouler à ~, faire du ~* radfahren; **~cité** *f* Geschwindigkeit, Schnelligkeit *f; exercices m pl de ~ (mus)* Geläufigkeitsübungen *f pl;* **~drome** *m* Radrennbahn *f;* **~moteur** *m* Moped *n.*
velou|rs [vəlur] *m* **1.** Velours, Samt *m;* **2.** samtartige Beschaffenheit; Weichheit *f;* **3.** *gram* falsche z-Bindung *f;* **4.** *à pas de ~* sacht; *jouer sur le ~ (pop)* nichts riskieren; *patte f de ~* Samtpfötchen *n;* **~té, e I.** *a* samtartig, -weich; *(Wein)* voll und mild; *(Suppe)* sämig; **II.** *s m* **1.** Samtglanz *m;* **2.** Samtband *n;* **3.** *fig* samtige Weichheit *f;* **4.** *(Saucen)* Schwitze *f; ~ d'asperges* Spargelcremesuppe *f;* **~ter** *tr* samtartig machen; **~teux, se** *a* samt(art)ig.
velu, e [vəly] *a* (dicht) behaart, haarig.
vélum [velɔm] *m* große(s) Zeltdach *n.*
velvet [vɛlvɛ] *m* Velvet *m.*
venaison [vənɛzɔ̃] *f* Wildbret *n.*
vénal, e [venal] *a (Person)* käuflich; bestechlich; **~ité** *f* **1.** Käuflichkeit *f a. fig;* **2.** *fig* Bestechlichkeit *f.*
venant [vənɑ̃] *m à tout (tous) ~(s)* jedem beliebigen, dem ersten besten.
vend|able [vɑ̃dabl] *a* verkäuflich; **~ange** *f* Weinlese, -ernte *f;* **~anger I.** *itr* Weinlese halten; **II.** *tr (Trauben)* ernten; **~angeur, se** Weinleser(in *f*) *m;* **~etta** [vɛ̃dɛt(t)a] *f* Blutrache *f;* **~eur, se,** *jur* **~eresse** *m f* Verkäufer(in *f*) *m; cours m ~ (Börse)* Verkaufs-, Briefkurs *m.*

vendre [vɑ̃dr] **I.** *tr* **1.** verkaufen, veräußern; **2.** *fig* verraten; **II.** *v prn se ~* **3.** *(com)* Absatz finden; verkauft werden; **4.** sich verkaufen, sich bestechen lassen; **5.** *à ~* zu verkaufen; verkäuflich; **6.** *se ~ facilement* guten Absatz finden, gut gehen; ~ *en bloc* in Bausch u. Bogen verkaufen; ~ *au comptant* bar verkaufen; ~ *à crédit, à perte, à terme* auf Kredit, mit Verlust, auf Termin verkaufen; ~ *au* od *en détail* im Einzelhandel verkaufen; ~ *aux enchères* versteigern; ~ *en gros* im großen verkaufen; ~ *(à) bon marché* billig verkaufen; ~ *la mèche (fam)* das Geheimnis verraten; ~ *au poids, avec profit* nach Gewicht, mit Gewinn verkaufen; ~ *au prix coûtant* zum Selbstkostenpreis verkaufen; ~ *à tout prix* zu jedem Preis verkaufen.

vendredi [vɑ̃drədi] *m* Freitag *m;* ~ *saint* Karfreitag *m.*

vén|éneux, se [venenø, øz] *a* giftig; **~érable** *a* ehrwürdig; ehrfurchtgebietend; **~ération** *f* Verehrung; Ehrfurcht, Ehrerbietung *f;* **~érer** *tr* verehren; **~erie** [vɛnri] *f* Hetzjagd *f;* **~érien, ne I.** *a: maladies f pl ~nes* Geschlechtskrankheiten *f pl;* **II.** *s m f* Geschlechtskranke(r *m*) *f.*

veng|eance [vɑ̃ʒɑ̃s] *f* Rache *f; par* ~ aus Rache; *tirer ~ de qn* sich an jdm rächen; **~er I.** *tr* rächen (*qn, qc* jdn, etw); **II.** *v prn se* ~ sich rächen, Rache nehmen (*de qn* an jdm; *de qc sur qn* für etw an jdm); **~eur, eresse I.** *a* rächend; **II.** *s m f* Rächer(in *f*) *m.*

véniel, le [venjɛl] *a rel (Sünde)* läßlich; *fam (Fehler)* verzeihlich.

ven|imeux, se [vənimø, -øz] *a* **1.** *(Tier)* giftig *a. fig;* **2.** *fig* boshaft; **~in** *m* **1.** (tierisches) Gift *n a. fig;* **2.** *fig* Bösartigkeit, Bosheit *f.*

venir [vənir] *itr* **1.** (herein=, hervor=, hinauf=, hinüber=)kommen; **2.** mit=gehen, begleiten (*avec qn* jdn); **3.** *(Flüssigkeit)* laufen; **4.** *(Wasser)* steigen (*à* bis an *acc*); **5.** *(Kleidungsstück)* reichen, gehen (*à* bis); **6.** *fig* her=kommen, (ab=) stammen (*de* von, aus); **7.** *(in der Reihenfolge)* kommen (*après* nach), folgen (*après* auf *acc*); **8.** *(Gewitter)* herauf=ziehen, im Anzug sein; **9.** sich zeigen, in Erscheinung treten; **10.** statt=finden; ein=treten; **11.** gelangen (*jusqu'à* bis zu); **12.** *(Erbschaft)* zu=fallen, zu=kommen; **13.** wachsen, gedeihen, geraten, fort=kommen; **14.** *gram* stehen (*avant* vor *dat*); **15.** *à* ~ zukünftig; *bien* ~ gut wachsen, gedeihen; *en* ~ so weit gehen (*jusqu'à* zu), greifen (*à* zu), es so weit bringen (*à* daß); *en ~ là* so weit kommen; *en ~ aux mains* handgemein werden, anea.=geraten; *mal* ~ nicht gedeihen *od* fort=kommen wollen, verkümmern, mißraten; *ne pas* ~ aus=bleiben; *y* ~ sich zu etw entschließen; darauf zu sprechen kommen; **16.** *faire* ~ kommen lassen, bestellen; beziehen; *ne faire qu'aller et* ~ immer in Bewegung, gleich wieder zurück sein; *laisser, voir* ~ auf sich *acc* zu=kommen lassen; ab=warten; **17.** ~ *en avion, en bateau, en chemin de fer, à pied, en voiture* mit dem Flugzeug, dem Schiff, der Eisenbahn, zu Fuß, mit dem Wagen kommen; ~ *à bien* gut aus=gehen, gelingen; ~ *à bout de qc* etw zustande bringen, fertig=bringen; mit etw fertig=werden; ~ *chercher qn* jdn ab=holen; ~ *à l'esprit, à l'idée* in den Sinn kommen, ein=fallen; ~ *à faire qc* zufällig etw tun; ~ *de faire qc* soeben etw getan haben; ~ *à ses fins* s-n Zweck erreichen; ~ *au jour, au monde* an den Tag, auf die *od* zur Welt kommen; ~ *à rien* verkümmern, zugrunde gehen; ~ *voir* besuchen; **18.** *je viens vous dire* ich möchte Ihnen (gern) sagen; *d'où vient?* woher kommt es? woran liegt es? *cela viendra* das wird schon werden; *il vient (math)* es folgt; *s'il vient à pleuvoir* sollte es regnen; *il est venu des lettres pour vous* es sind Briefe für Sie da; *vous y venez* Sie kommen der Sache näher; *où voulez-vous ~?* worauf wollen Sie hinaus? was wollen Sie denn? *viens voir!* komm her! *je te vois* ~ ich weiß, was du vor hast.

vent [vɑ̃] *m* **1.** Wind *m;* **2.** *(Jagd)* Witterung *f;* **3.** *(Physiologie)* Blähung *f,* Wind *m;* **4.** *fig c'est du* ~ das ist leeres Gerede; **5.** *pl* Blasinstrumente *n pl;* **6.** *au* ~ im Wind; *dans le* ~ nach der neuesten Mode; *en plein* ~ im Freien; *(Baum)* freistehend; **7.** *aller contre ~ et marée* sich durch nichts ab=schrecken, ab=halten lassen; *avoir ~ de qc* von etw Wind bekommen haben; etw ahnen; *prendre le ~ (fig)* sich orientieren; *tourner à tous les ~s (fig)* sehr wendig sein; **8.** *quel bon ~ vous amène?* welcher glückliche Zufall führt Sie hierher? *il y a, il fait du* ~ es ist windig; **9.** *coup m de* ~ Windstoß *m; moulin m à* ~ Windmühle *f;* **10.** ~ *en altitude* Höhenwind *m;* ~ *alizé* Passat *m;* ~ *arrière* od *bon* ~, ~ *contraire* od *debout* Rücken-, Gegenwind *m;* ~ *de côté, latéral* Seitenwind *m;* ~ *du nord, du sud, d'est, d'ouest* Nord-, Süd-, Ost-, Westwind *m.*

vente [vɑ̃t] *f* **1.** Verkauf, Vertrieb, Absatz *m;* **2.** *(Wald)* Einschlag *m;* **3.** *de bonne* ~ od *de ~ facile, de ~ difficile* leicht, schwer verkäuflich; *en ~ dans, chez* erhältlich in *dat,* bei; *en ~ partout* überall erhältlich; *sauf* ~ Zwischenverkauf vorbehalten; **4.** *être de bonne* ~ guten Absatz finden; gut gehen; *mettre, offrir en* ~ zum Verkauf an=bieten; **5.** *bureau, chef m, chiffres m pl, conditions f pl, contrat m, organisation f, prix, service m, valeur f de* ~ Verkaufsbüro *n,* -leiter *m,* -ziffern, -bedingungen *f pl,* -vertrag *m,* -organisation *f,* -preis *m,* -abteilung *f,* -wert *m; maison f de ~ par correspondance* Versandgeschäft *n; possibilités f pl de* ~ Absatzmöglichkeiten *f pl; salle f des* ~ Auktionslokal *n;* **6.** ~ *au comptant* Barverkauf *m;* ~ *au* od *en détail, en gros* Klein-, Großverkauf *m;* ~ *à l'emporter* Verkauf *m* über die Straße; ~ *aux enchères, à la criée, à l'encan* Versteigerung *f;* ~ *exclusive* Alleinverkauf *m;* ~ *de fin de saison* Saisonschlußverkauf *m;* ~ *de liquidation* Totalausverkauf *m;* ~ *au numéro (Zeitung)* Einzelverkauf *m;* ~ *réclame* Werbeverkauf *m;* ~ *à tempérament* Teilzahlungsverkauf *m.*

vent|er [vɑ̃te] *v imp: il vente* es ist windig; **~eux, se** *a* windig; **~ilateur** *m* Ventilator; Lüfter *m;* Gebläse *n;* **~ilation** *f* **1.** Be-, Entlüftung *f;* **2.** *min* Bewetterung *f;* **3.** *jur* Abschätzung *f;* **4.** *com* Aufgliederung, Aufschlüsselung *f;* **~iler** *tr* **1.** be-, ent-, durchlüften, ventilieren; **2.** *min* bewettern; **3.** *jur* ab⸗schätzen; **4.** *com* aufschlüsseln, auf⸗gliedern; **~is** [-i] *m pl* Windbruch *m;* **~ouse** *f* **1.** *zoo* Saugnapf *m;* **2.** *med* Schröpfkopf *m;* **3.** *tech* Luftloch *n,* -klappe *f.*

ventr|al [vɑ̃tral] *a* Bauch-; **~e** *m* **1.** Bauch *a. tech fig;* Leib *m;* **2.** Ausbauchung *f;* **3.** Mutterleib, Schoß *m;* **4.** *phys* Bauch *m;* **5.** ~ *à terre* in gestrecktem, *fig* in rasendem Galopp; **6.** *avoir du* ~ e-n Bauch haben; *se coucher à plat* ~ sich flach auf den Bauch legen; *prendre du* ~ Fett an⸗setzen, e-n Bauch bekommen; **~icule** *m anat* Ventrikel *m; (~ du cœur)* Herzkammer *f;* **~ière** [-trijɛr] *f* Bauchgurt *m;* **~iloque** *m* Bauchredner *m;* **~ipotent, e** *a fam* dickbäuchig; **~u, e** *a fam* dickbäuchig; *tech* stark bauchig.

venu, e [vəny] **I.** *a: bien* ~ gelungen, gut ausgeführt; *mal* ~ mißlungen, mißraten; *il serait mal* ~ *de (inf);* **II.** *s m nouveau* ~ Neuankömmling *m; le premier* ~ der erste beste; **III.** *s f* Ankunft *f; d'une belle ~e* gut gewachsen; *tout d'une ~e* aus e-m Guß.

vêpres [vɛpr] *f pl rel* Vesper *f.*

ver [vɛr] *m* **1.** *zoo* Wurm *m;* Raupe; Made *f;* **2.** *tirer les ~s du nez à qn (fig)* jdm die Würmer aus der Nase ziehen; *nu comme un* ~ splitternackt; *piqué des ~s* wurmstichig; **3.** ~ *blanc* Engerling *m;* ~ *de farine, solitaire* Mehl-, Bandwurm *m;* ~ *du fromage* Käsemade *f;* ~ *luisant* Glühwürmchen *n;* ~ *solitaire* Bandwurm *m;* ~ *de terre* Regenwurm *m;* ~ *à soie* Seidenraupe *f.*

vér|acité [verasite] *f* Wahrhaftigkeit; *(Aussage)* Richtigkeit *f;* **~anda** *f* Veranda *f.*

verb|al, e [vɛrbal] *a pl -aux* mündlich; *gram* Verbal-; **~alisation** *f* Protokollaufnahme; *(Polizei)* gebührenpflichtige Verwarnung *f;* **~aliser** *itr* **1.** ein Protokoll auf⸗nehmen; gebührenpflichtig verwarnen (*contre qn* jdn); **2.** *psych* in Worte fassen; **~e** *m* **1.** Wort *n;* **2.** *gram* Zeitwort, Verbum *n; avoir le* ~ *haut* das große Wort führen; **~eux, se** *a* wortreich; redselig, geschwätzig; **~iage** *m* Geschwätz *n,* Wortschwall *m; tourner au* ~ in Geschwätz aus⸗arten; **~osité** *f* Geschwätzigkeit, Schwatzhaftigkeit *f.*

verd|âtre [vɛrdatr] *a* grünlich, blaßgrün; **~elet, te** [-dəlɛ] *a* **1.** *(Wein)* säuerlich; **2.** *fig* noch rüstig; **~eur** *f* **1.** *(Holz)* Saftigkeit *f;* zu frische(r) Zustand *m;* **2.** *(Obst)* Unreife *f;* **3.** *(Wein)* Säure, Herbheit, Unausgereiftheit *f;* **4.** *fig* Rüstigkeit, Jugendfrische *f;* **~ict** [-ikt] *m* **1.** *jur* Spruch *m* der Geschworenen **2.** (hartes) Urteil *n a. fig;* Entscheidung *f;* **3.** *rendre le* ~ das Urteil fällen; ~ *d'acquittement* Freispruch *m;* ~ *de culpabilité* Schuldspruch *m;* **~ir I.** *tr* grün färben; **II.** *itr* ergrünen, grün werden; sich mit Grünspan überziehen; **~issement** *m* Grünwerden, Ergrünen *n;* **~oyant, e** *a* grün; **~oyer** *itr* grün sein; **~uniser** *tr (Wasser)* reinigen, trinkbar machen; **~ure** *f* **1.** Grün *n;* Rasen *m,* Gras; Laub *n;* **2.** Grünzeug, Gemüse *n;* **3.** *en pleine* ~ mitten im Grünen; *ceinture f de* ~ Grüngürtel *m.*

véreux, se [verø, øz] *a* **1.** wurm(stich)ig; **2.** *fig* verdächtig, faul, anrüchig; **3.** *(Kaufmann)* unreell.

verg|e [vɛrʒ] *f* **1.** Rute, Gerte *f;* **2.** Stab, Stock *m;* Stange *f;* **3.** *(~ d'ancre)]* (Anker-)Schaft *m;* **4.** *(Waage)* Zeiger *m;* **5.** *anat* männliche(s) Glied *n;* **~er** *m* Obstgarten *m.*

vergla|cé, e [vɛrglase] *a (Straße)* vereist; **~s** [-a] *m* Glatteis *n.*

vergogne [vɛrgɔɲ] *f: sans* ~ schamlos, unverschämt.

vergue [vɛrg] *f mar* Rahe *f.*

véri|dique [veridik] *a* wahrhaft(ig), aufrichtig, zuverlässig; wahrheitsliebend; **~fiable** *a* nachprüfbar, feststellbar; **~ficateur** *m* Prüfer, Kontrolleur *m;* ~ *aux comptes* Rechnungsprüfer *m;* ~ *des poids et mesures* Eichmeister *m;* **~fication** *f* **1.** (Nach-, Über-)Prüfung, Kontrolle, Untersuchung *f;* **2.** Bestätigung, Feststellung *f;* ~ *de la caisse* Kassenprüfung *f;* ~ *des comptes, des écritures* Buch-, Rechnungsprüfung *f;* ~ *par prélèvement* Stichprobe *f;* **~fier I.** *tr* **1.** (nach⸗, über)prüfen (*sur place* an Ort u. Stelle; *de ses propres yeux* mit eigenen Augen); kontrollieren, untersuchen; **2.** nach⸗rechnen, -zählen; durch⸗, nach⸗sehen; **3.** bestätigen; **II.** *v prn se* ~ sich bewahrheiten, sich bestätigen; ~ *le poids* nach⸗wiegen (*de qc* etw).

vérin [verɛ̃] *m* **1.** *tech* Winde *f,* Wagenheber; **2.** *(Spannbeton)* Druckring *m.*

vérit|able [veritabl] *a* wahr, wahrhaft(ig); echt, wirklich; **~é** *f* **1.** Wahrheit; Wahrhaftigkeit, Aufrichtigkeit *f;* **2.** Lebensechtheit, Wirklichkeit *f;* **3.** *à la ~* freilich, zwar, allerdings; *en ~* in Wahrheit, in der Tat, wahrhaftig; in Wirklichkeit, eigentlich; *à dire la ~* um die Wahrheit zu sagen; **4.** *dire à qn ses quatre ~s (fam)* jdm seine Meinung sagen; **5.** *heure f de ~* Stunde *f* der Wahrheit.

verjus [vɛrʒy] *m* Saft *m* unreifer Trauben.

verm|eil, le [vɛrmɛj] **I.** *a* hoch-, karminrot; **II.** *s m* feuervergoldete(s) Silber *n;* **~icelle** *m* **1.** Fadennudeln *f pl;* **2.** Nudelsuppe *f;* **~iculaire** *a* wurmförmig; *appendice m ~ (anat)* Wurmfortsatz *m;* **~ifuge** *m* Wurmmittel *n;* **~illon** [-ijõ] **I.** *s m* Zinnober *m;* **II.** *a* zinnoberrot; **~ine** *f* **1.** Ungeziefer *n;* **2.** *fig* Gesindel *n;* **~oulu, e** *a* wurm(stich)ig, wurmzerfressen; **~out(h)** [-ut] *m* Wermut *m.*

vern|aculaire [vɛrnakylɛr] **I.** *a* einheimisch; Volks-, Landes-; **II.** *s m* Landes-, Eingeborenensprache *f;* **~al, e** *a* Frühlings-; **~i, e** *a* lackiert; *être ~ (fam)* Glück haben; *c'est un ~* er ist ein Glückspilz; **~ier** *m tech* Nonius *m;* **~ir** *tr* lackieren; firnissen; **~is** [-ni] *m* **1.** Firnis *m;* Politur; Glasur; Lasur *f;* Lack *m;* **2.** *avoir un ~ d'instruction (fig)* nur oberflächlich gebildet sein; *~ à polir* Schleiflack *m; ~ à ongles* Nagellack *m;* **~issage** *m* **1.** Glasieren *n;* Lackierung *f;* Firnissen *n;* **2.** *fig (Kunstausstellung)* Vernissage *f;* **~isser** *tr (Keramik)* glasieren; **~isseur** *m* Lackierer *m.*

vérole [verɔl] *f pop* Syphilis *f.*

véronique [verɔnik] *f bot* Veronika, Männertreu *f,* Ehrenpreis *m.*

verr|at [vɛra] *m zoo* Eber *m;* **~e** [vɛr] *m* **1.** Glas *n;* **2.** *com* Flasche *f;* **3.** *pl* Augengläser *n pl,* Brille *f;* **4.** *de, en ~* gläsern; Glas-; **5.** *avoir un ~ dans le nez (fam)* zu tief ins Glas geguckt haben; **6.** *un petit ~* ein Gläschen (Schnaps); *~ à boire* Trinkglas *n; ~ à bouteilles, de sécurité, à vitre(s)* od *à fenêtre(s)* Flaschen-, Sicherheits-, Fensterglas *n; ~s de contact* Haftschalen *f pl; ~ à vin* Weinglas *n; ~ de vin* Glas *n* Wein; **~erie** [-rəri] *f* Glasbläserei, -hütte, -industrie *f;* Glaswaren *f pl; ~(s)!* Vorsicht, Glas! **~ier** *m* Glasbläser *m;* **~ière** *f* **1.** Glasdach *n;* **2.** große(s) Kirchenfenster *n;* **~oterie** *f* Glasperlen *f pl,* kleine Glaswaren *f pl.*

verr|ou [veru] *m* **1.** (Tür-, Fenster-)Riegel *m,* Sperrklinke *f,* Verschluß *m;* **2.** *(Fußball)* Riegelstellung *f;* **3.** *sous les ~s* hinter Schloß u. Riegel; *mettre, pousser, tirer le ~* den Riegel vor=schieben; *~ de sûreté* Sicherheitsschloß *n;* **~ouillage** [-uj-] *m* **1.** Verriegelung, Blockierung *f;* **2.** *mil* Abriegelung *f;* **~ouiller** *tr* **1.** zu=, verriegeln; **2.** *mil* ab=riegeln; **~ue** *f* Warze *f;* **~uqueux, se** *a* warzenartig.

vers [vɛr] **I.** *s m* Vers *m;* **II.** *prp* gegen, in Richtung auf, nach, zu; *(zeitlich)* gegen, (etwa) um; *~ midi, les cinq heures, Pâques, le printemps* gegen Mittag, fünf Uhr, Ostern, das Frühjahr; *~ l'intérieur du pays* landeinwärts.

vers|ant, e [vɛrsɑ̃] *m* Abhang *m; ~ nord* Nordhang *m;* **~atile** *a* schwankend, wankelmütig; wandelbar; unbeständig; **~atilité** *f* Unbeständigkeit *f,* Wankelmut *m;* **~e** *f* **1.** Liegen *n* des Getreides; **2.** *il pleut à ~* es gießt in Strömen; **~é, e** erfahren, (wohl) bewandert, geübt (*dans* in); **~eau** *m astr* Wassermann *m;* **~ement** *m com* Einzahlung (*à, sur un compte* auf ein Konto); Einlage, Leistung *f; contre ~ de…* gegen Zahlung *gen; en plusieurs ~s* in Raten; *effectuer, faire un ~* e-e Einzahlung vor=nehmen; **~er I.** *tr* **1.** (aus=, weg=, ver)schütten, -gießen; **2.** (hin)ein=gießen, ein=schütten, -füllen, -schenken; *(Tränen, Blut)* vergießen; **3.** um=werfen, -kippen; ab=laden; **4.** *com* ein=zahlen (*à* auf *acc,* bei); **II.** *itr* **5.** um=kippen, -stürzen; **6.** *fig* hin=neigen (*dans* zu); **7.** *~ un acompte* e-e Abzahlung leisten; *~ à boire à qn* jdm ein=schenken; *~ dans le fossé (mot)* in den Graben fahren; *~ dans le ridicule* sich lächerlich machen; **~et** [-ɛ] *m* (Bibel-)Vers *m;* **~eur** *m (Kanne)* Schnabel *m;* **~euse** *f* Tee-, Kaffeekanne *f.*

vers|ificateur [vɛrsifikatœr] *m* Reimschmied *m;* **~ifier I.** *itr* Verse schmieden; **II.** *tr* in Verse bringen; **~ion** *f* **1.** Herübersetzung, Übertragung *f (aus e-r Fremdsprache);* **2.** Version, Fassung, Darstellung, Auffassung, Lesart *f;* **3.** *(Geburtshilfe)* Wendung *f;* — *en ~ originale sous-titrée (film)* in Originalfassung mit Untertiteln; **~o** *m* Rückseite *f (e-s Buches); au ~* umseitig; *voir au ~* bitte wenden, siehe Rückseite.

vert, e [vɛr, vɛrt] **I.** *a* **1.** grün; *(Obst)* unreif; *(Gemüse)* frisch; *(Holz)* noch saftig; *(Wein)* unausgereift, säuerlich, sauer, herb; *(Kaffee)* ungebrannt; *tech* noch unbearbeitet; **2.** *fig* noch rüstig; jugendlich, frisch; **3.** *fig (Tadel)* scharf; *(Vorwurf)* heftig; *fam (Ausdruck, Witz)* derb, saftig; **II.** *s m* **4.** Grün *n;* grüne Farbe *f;* (das) Grüne, Weide *f;* Grünfutter *n;* **5.** *en dire de ~es (pop)* Zoten erzählen; *envoyer au diable ~* zum Teufel jagen; *en être ~ (de peur) (fam)* kreidebleich sein; *se mettre au ~ (fig fam)* ins Grüne hinaus=ziehen; **6.** *ceinture f ~e* Grüngürtel *m; espace m ~* Grünfläche *f; haricots m pl ~s* grüne Bohnen *f pl; plan m ~* Grüne(r) Plan *m;*

révolution ~e völlige Wandlung *f* der Landwirtschaft; **7.** *~-de-gris m* Grünspan *m;* **~ement** *adv reprendre qn ~* jdn heftig tadeln.

vert|ébral, e [vɛrtebral] *a pl-aux anat* Wirbel-; *colonne f ~e* Wirbelsäule *f;* **~èbre** *f anat* Wirbel *m;* **~ébrés** *m pl zoo* Wirbeltiere *n pl;* **~ical, e I.** *a pl -aux* senk-, lotrecht, vertikal; **II.** *s f* Senkrechte, Vertikale *f;* — *coupe f ~e* Längsschnitt *m;* **~ige** *m* **1.** *med* Schwindel *m;* **2.** *fig* Taumel *m; ça me donne le ~* da wird mir schwindlig; *j'ai le ~* mir ist schwindlig; **~igineux, se** *a* schwindlig; schwindelerregend; **~u** *f* **1.** Tugend; **2.** *(Frau)* Sittsamkeit *f;* **3.** *tech* Eigenschaft; *allg* Kraft *f,* Vermögen *n,* Wirksamkeit *f;* **4.** *en ~ de...* kraft, auf Grund, vermöge *gen; ~ curative* Heilwirkung *f;* **~ueux, se** [-tɥø, -øz] *a* tugendhaft, sittsam, keusch.

verv|e [vɛrv] *f* Schwung *m,* Feuer *n,* Begeisterung *f; être en ~* in Schwung sein; **~eine** *f bot* Eisenkraut *n.*

vesce [vɛs] *f bot* Wicke *f.*

vésic|al, e [vezikal] *a pl -aux anat* Blasen-; **~atoire** *m* Zugpflaster *n;* **~ule** *f anat* Bläschen *n,* Blase *f a. med; ~ biliaire* Gallenblase *f.*

vespasienne [vɛspazjɛn] *f* Bedürfnisanstalt *f.*

vess|e [vɛs] *f* lautlose(r) Wind *m;* **~ie** *f anat* (Harn-)Blase *f; faire prendre à qn des ~s pour des lanternes (fam)* jdm ein X für ein U vormachen; *~ de ballon* Gummiblase *f; ~ natatoire* Schwimmblase *f (der Fische).*

vest|e [vɛst] *f* **1.** Jacke *f,* Jackett *n,* Sakko *m;* **2.** *prendre une ~ (pop)* e-e Schlappe erleiden, e-n Reinfall erleben; *retourner sa ~ (fam fig)* um=schwenken; **~iaire** [-tjɛr] *m* Kleiderablage, Garderobe *f (a. die Sachen);* Umkleideraum *m;* **~ibule** *m* **1.** (Vor-)Halle, Diele *f;* Flur, Vorplatz *m;* **2.** *anat* Vorhof *m;* **~ige** *m f pl* Überreste *m pl; (fig)* Spuren *f pl;* **~imentaire** *a* Kleidungs-; *dépenses f pl ~s* Ausgaben *f pl* für Kleider; **~on** *m* Sakko *m;* Jacke *f; ~ croisé, droit* Zwei-, Einreiher *m; ~ d'intérieur* Hausjacke *f.*

vêtement [vɛtmɑ̃] *m* **1.** (Be-)Kleidung *f,* Kleidungsstück *n;* **2.** *pl* Kleider *n pl;* **3.** *changer de ~(s)* sich um=ziehen; **4.** *industrie f du ~* Bekleidungsindustrie *f; ~s de dessous* Unterwäsche *f; ~s de dessus (pour dames, pour hommes)* (Damen-, Herren-)Oberbekleidung *f; ~s d'été, d'hiver* Sommer-, Winterkleidung *f; ~s de femmes, d'hommes* Damen-, Herrenkleidung *f; ~s de sport* Sport(be)kleidung *f; ~s tout fait* Fertigkleidung, Konfektion *f; ~s de travail* Arbeitskleidung *f.*

vétér|an [veterɑ̃] *m mil allg* Veteran *m;* **~inaire I.** *a* tierärztlich; **II.** *s m* Tierarzt *m; médecine f ~* Tierheilkunde *f.*

vétille [vetij] *f meist pl* Kleinigkeit, Bagatelle, Lappalie *f.*

vêtir [ve(ɛ)tir] **I.** *tr* (an=)kleiden; an=ziehen (*qn* jdn); **II.** *v prn se ~* sich (an=) kleiden; sich an=ziehen.

veto [veto] *m inv* Veto *n; mettre son ~ à qc* sein Veto gegen etw ein=legen; gegen etw Einspruch erheben.

vêture [vetyr] *f rel* Einkleidung *f.*

vétust|e [vetyst] *a* alt, abgenutzt, verbraucht; *(Gebäude)* baufällig; **~é** *f* hohe(s) Alter *n;* Baufälligkeit *f.*

veu|f, ~ve [vœf, vœv] **I.** *s m f* Witwe(r *m) f;* **II.** *a* verwitwet; *être ~* verwitwet sein; **~le** [vøl] *a* **1.** schlaff, schlapp, schwach, energielos; **2.** *agr (Boden)* zu leicht; **3.** *(Zweig)* zu dünn; **~lerie** [vø-] *f* Energielosigkeit, Schlappheit; Weichlichkeit *f;* **~vage** [vœ-] *m* Witwer-, Witwenstand *m.*

vex|ant, e [vɛksɑ̃, -ɑ̃t] *a* **1.** *(Bemerkung)* beleidigend; ärgerlich; **2.** *c'est ~* das ist ärgerlich; **~ation** *f* Schikane; Beleidigung; Demütigung *f;* **~atoire** *a* schikanös; **~er I.** *tr* beleidigen; *fam* ärgern, reizen (*qn* jdn); **II.** *v prn se ~* beleidigt sein.

via [vja] *prp* über *acc (e-n Ort fahren);* **~bilisé, e** *a (Gelände)* erschlossen; **~bilité** *f* **1.** Befahrbarkeit *f;* **2.** Lebensfähigkeit *f a. fig;* **3.** *(Gelände)* Erschließung *f;* **~ble** *a* **1.** *(Kind)* lebensfähig *a. fig;* **2.** *fig (Plan)* aus-, durchführbar; **3.** *(Weg fig)* gangbar; **~duc** [-yk] *m* Viadukt *m;* **~ger, ère I.** *a* auf Lebenszeit; **II.** *s m* Leibrente *f.*

viand|e [vjɑ̃d] *f* **1.** Fleisch *n (als Nahrung); ~ congelée* Gefrierfleisch *n; ~ de conserve* Büchsenfleisch *n; ~ fraîche* Frischfleisch *n;* **2.** *pop amène ta ~* komm her; *sac m à ~* Schlafsack *m;* **~er** *itr (Rotwild)* äsen.

viatique [vjatik] *m rel* letzte Wegzehrung *f.*

vibr|ant, e [vibrɑ̃, -ɑ̃t] *a* **1.** schwingend, vibrierend; **2.** *(Stimme)* klang-, kraftvoll; **3.** *fig* schwungvoll, begeisternd, mitreißend; **~aphone** *m mus* Vibraphon *n;* **~ateur** *m tech* (Beton-)Rüttler *m;* **~ation** *f* **1.** Erzittern, Beben, Vibrieren *n;* **2.** Schwingung; Erschütterung *f;* **3.** *(Luft)* Flimmern *n;* **~atoire** *a* vibrierend, schwingend; Schwingungs-; **~er** *itr* **1.** schwingen, vibrieren; zittern, beben; **2.** *(Luft)* flimmern; **3.** *fig* mit=schwingen; hingerissen sein; *faire ~ une corde (fig)* e-e Saite an=schlagen; **~isses** *f pl* Härchen *n pl* in der Nase; *zoo* Schnurrhaare *n pl.*

vicaire [vikɛr] *m* Vikar *m.*

vic|e [vis] **I.** *s m* **1.** Mangel, Defekt, Fehler *m,* schwache Stelle *f;* **2.** Untugend *f,* Laster *n;* **3.** *~ de construction, d'exécu-*

tion, de fabrication Konstruktions-, Ausführungs-, Fabrikationsfehler *m;* ~ *de forme (jur)* Formfehler *m;* **II.** *in Zssgen:* Vize-, Unter-; stellvertretend; *~-consul, -président m* Vizekonsul, -präsident *m;* **~ié, e** [-sje] *a* **1.** verdorben; *(Luft)* verbraucht; **2.** *jur* ungültig; **~ier** *tr* **1.** *(Luft)* verschmutzen; *(Geschmack)* verderben; **2.** *jur* ungültig machen; **~ieux, se** *a* **1.** fehler-, mangelhaft *a. jur;* **2.** liederlich, schlecht, lasterhaft; **3.** *(Tier)* bösartig; tückisch; *cercle m* ~ *(fig)* Teufelskreis *m;* **~inal, e** [-si-] *a: chemin m* ~ Gemeindeweg *m;* **~issitude** *f pl* Wechselfälle *m pl (des Lebens),* Auf und Ab *n.*

vicomte, esse [vikɔ̃t] *m f* Vicomte(sse *f*) *m.*

vict|ime [viktim] *f* **1.** *rel* Opfer(tier) *n;* **2.** *allg* Opfer *n (Person),* Geschädigte(r), Betroffene(r) *m;* — *faire des ~s* Menschenleben, Opfer fordern; ~ *d'accident de la circulation* Verkehrsopfer *n;* **~oire** *f* Sieg *m; remporter la* ~ den Sieg davon=tragen; ~ *aux points (sport)* Punktsieg *m;* **~orieux, se** *a* siegreich; **~uailles** [viktɥɑ(a)j] *f pl* Lebensmittel *n pl.*

vid|age [vidaʒ] *m* **1.** Entleerung *f;* **2.** *fam* Rausschmiß *m;* **~ange** *f* **1.** Entleerung *f;* **2.** *mot* Ölwechsel *m;* **3.** Fäkalienabfuhr *f;* **4.** *pl* Fäkalien *pl;* **5.** Abfluß(rohr *n*) *m; faire la* ~ *(mot)* Öl wechseln; **~anger** *tr* **1.** *(Abort)* (ent)leeren; **2.** *mot (Öl)* wechseln; **~e I.** *a* **1.** leer; unbewohnt, unbesetzt; **2.** *fig* hohl; unausgefüllt, frei; inhaltlos; nichtig, bedeutungslos; *(Blick)* wesenlos; ~ *de ...* frei, entblößt von ..., ohne; **II.** *s m* **3.** Vakuum *n,* (luft)leere(r) Raum, Hohl-, Zwischenraum *m;* lichte Öffnung *f;* **4.** *geol* Senkung *f;* **5.** *fig* Lücke; Leere; Nichtigkeit *f;* **6.** *à* ~ *(adv)* leer; **7.** *faire le* ~ evakuieren (*dans qc* etw), *autour de qn* jdn isolieren; **8.** *marche f à* ~ Leerlauf *m; ~-ordures m inv* Müllschlucker *m; ~-poches m inv (Zelt)* Innentasche *f; mot* Handschuhfach *n;* Ablage *f;* **~er I.** *tr* **1.** (aus=, ent)leeren, leer machen; *(Glas)* leeren; *(Teich)* ab=lassen; **2.** *(Ort)* räumen; *(Geflügel, Fisch)* aus=nehmen; *(Frucht)* entkernen; *allg* aus=höhlen; **3.** *tech* aus=bohren, aus=schneiden; **4.** *fig fam* ermüden, aus=pumpen; **5.** *(Streit)* beenden, bei=legen; *(Sache)* regeln; *(Rechnung)* begleichen; **6.** *pop* raus=schmeißen, an die Luft setzen; **7.** *v prn se* ~ *de tout sens* jeden Sinn verlieren; **~imer** *tr* beglaubigen.

vidéo [video] *a inv* Fernseh-; *~-cassette f* Videokassette *f; ~phone m* Fernseh-Telefon *n; car m* ~ Fernseh-Aufnahmewagen *m.*

vie [vi] *f* **1.** Leben; Dasein *n;* **2.** Lebensdauer *f,* -lauf *m,* -geschichte, -weise, -führung, -haltung *f;* **3.** Lebensunterhalt *m;* **4.** Lebendigkeit, Lebhaftigkeit *f;* **5.** *à* ~ auf Lebenszeit; lebenslänglich; *au péril de ma, ta etc* ~ unter Lebensgefahr; *en* ~ am Leben; *jamais de la* ~ niemals; *pour la* ~ für immer; *sans* ~ leblos, unbelebt; kraftlos; *la* ~ *durant* sein Leben lang, lebenslang; **6.** *donner la* ~ das Leben schenken (*à* dat), ins Leben rufen (*à* acc); *gagner sa* ~ s-n Lebensunterhalt verdienen; *rendre la* ~ *dure à qn* jdm das Leben schwer machen; **7.** *assurance f sur la* ~ Lebensversicherung *f; coût m de la* ~ Lebenshaltungskosten *pl; niveau m de* ~ Lebensstandard *m; qualité f de la* ~ Lebensqualität *f;* **8.** ~ *active* Erwerbsleben *n;* ~ *en commun* Gemeinschaftsleben *n;* ~ *conjugale* Eheleben *n;* ~ *économique* Wirtschaftsleben *n;* ~ *d'étudiant, de garçon* Studenten-, Junggesellenleben *n;* ~ *familiale* Familienleben *n;* ~ *financière, sportive* Börsen-, Sportteil *m (e-r Zeitung);* ~ *professionnelle* Berufsleben *n.*

vieill|ard [vjɛjar] *m* Greis, alte(r) Mann *m; maison f de ~s* Altersheim *n;* **~e I.** *s f* alte Frau, Greisin *f;* **II.** *a s. vieux;* **~erie** *f* **1.** alte(r) Kram, Plunder *m;* **2.** *fig* abgedroschene Sachen *f pl;* **~esse** *f* **1.** (Greisen-)Alter *n;* (hohes) Alter *n;* **2.** alte Leute *pl; mourir de* ~ an Altersschwäche sterben; **~ir I.** *itr* **1.** altern, alt werden; **2.** veralten; außer Gebrauch kommen; **II.** *tr* alt machen, ein älteres Aussehen geben *od* verleihen *(qc* e-r S *dat); laisser* ~ ab=lagern; **~issant, e** *a* alternd; **~issement** *m* **1.** Altern *n;* **2.** *(Bevölkerung)* Überalterung *f;* **~ot, te** [-jo, -ɔt] *a* **1.** ältlich; **2.** altmodisch.

vielle [vjɛl] *f mus* (Dreh-)Leier *f.*

vierge [vjɛrʒ] **I.** *s f* Jungfrau *f a. astr; la V~* die Jungfrau Maria; *V~* Marienbild *n,* Madonna *f;* **II.** *a* **1.** jungfräulich, unberührt, unschuldig, rein; *(rel)* unbefleckt; **2.** ungebraucht, unbenutzt; **3.** *(Papier)* unbeschrieben; **4.** *(Film)* unbelichtet; *forêt f* ~ Urwald *m.*

vieux, vieil, vieille [vjø, vjɛj] **I.** *a* **1.** alt; **2.** veraltet; **3.** langjährig; altmodisch; **II.** *s m f* Alte(r *m*) *f; pl pop* (die) Alten, Eltern *pl; mon ~!* mein Lieber! *avoir l'air* ~ alt aus=sehen; *ne pas faire de* ~ *os (fam)* nicht alt werden *a. fig.*

vif, vive [vif, viv] **I.** *a* **1.** lebendig, lebend, am Leben; **2.** lebhaft *a. fig,* beweglich, rege, aufgeweckt; schwungvoll; *(Bewegung)* schnell; **3.** hitzig, heftig; stark, streng, scharf *(a. Kälte);* **4.** *(Ausdruck)* drastisch; **5.** *(Licht)* hell, grell; **6.** *(Firnis)* hell; **7.** *(Grat)* scharf; **8.** *(Fels)* nackt; **9.** *(Kalk)* gebrannt; **10.** *(Holz)* frisch, im Saft stehend; **11.** *(Wald, Gegend)* wildreich; **12.** *el* unter Spannung; **II.** *s m* **1.** *jur* Lebende(r) *m;* **2.** *de vive force* mit nackter Gewalt; im Handstreich; *de vive voix* mündlich; **3.** *couper, trancher dans le ~* energisch vor=gehen; *entrer dans le ~ du sujet* zum Wesentlichen, zum Kern der Sache kommen; *piquer au ~* schwer beleidigen; *toucher au ~* ins Mark treffen; *prendre sur le ~* nach der Natur zeichnen *od* auf=nehmen; aus dem Leben greifen; **4.** *eau f vive* Quellwasser *n; haie f vive* lebende Hecke *f; kilo m ~* Kilo *n* Lebendgewicht *n; plaie f vive* offene Wunde *f; ~-argent m inv: c'est du ~* er ist ein Quecksilber.

vigi|e [viʒi] *f mar* Ausguck *m;* **~lance** *f* Wachsamkeit *f;* **~lant, e** *a* wachsam, umsichtig, aufmerksam; **~le** *f* **1.** *rel* Vigilie *f;* **2.** Nachtwächter *m.*

vign|e [viɲ] *f* **1.** *(cep m de ~)* Rebe *f,* Weinstock *m;* **2.** Weinberg *m; être dans les ~s du Seigneur (fig)* in weinseliger Laune sein; **~eron, ne** *m f* Winzer(in *f*) *m;* **~ette** *f* **1.** Vignette *f;* Einbandzeichnung *f;* **2.** *(Soz. Versicherung)* Kontrollabschnitt *m;* Banderole; Kfz-Steuermarke; Gebührenmarke *f;* **3.** *com* Gütesiegel *n;* **~oble** *m* Weinberg, -garten *m,* -gegend *f.*

vig|oureux, se [vigurø] *a* **1.** kräftig, kraftvoll, stark; **2.** fest, nachdrücklich, energisch; **~ueur** [-gœr] *f* **1.** (Körper-, Lebens-, Ausdrucks-)Kraft; Stärke *f;* **2.** Nachdruck *m,* Energie, Festigkeit; Geisteskraft *f;* **3.** *(jur) en ~* geltend; in Kraft; *(Versicherung)* bestehend; **4.** *plein de ~* kraftvoll, -strotzend; *sans ~* kraftlos; *(Kunst)* matt; **5.** *entrer, être, mettre en ~* in Kraft treten, sein, setzen; *entrée f en ~* Inkrafttreten *n; mise f en ~* Inkraftsetzung *f.*

vil, e [vil] *a* **1.** gemein, niederträchtig; **2.** *à ~ prix* spottbillig, zu e-m Spottpreis; **~ain, e I.** *a* **1.** gemein, schlecht, böse, übel, niederträchtig, schändlich; **2.** widerlich, häßlich, gräßlich; **3.** *(Wetter)* garstig, *fam* scheußlich; **II.** *s m f* ungezogene(r) Junge *m;* unartige(s) Mädchen *n; il fait ~* es ist scheußliches Wetter; *cela tourne au ~* das wird ungemütlich; **~ebrequin** [-brəkɛ̃] *m* **1.** *tech* Bohrwinde; **2.** *mot* Kurbelwelle *f;* **~ipender** *tr* verächtlich behandeln; gering=schätzen; schlecht sprechen (*qn* von jdm, über jdn).

vill|a [vil(l)a] *f* Landhaus *n,* Villa *f;* **~age** [vilaʒ] *m* Dorf *n; ~ de toile* Zeltstadt *f; ~ de vacances* Feriendorf *n;* **~ageois, e I.** *s m f* Dorfbewohner(in *f*) *m;* **II.** *a* ländlich; **~e** *f* Stadt *f;* **1.** *à la ~* in der Stadt *(Gegensatz: auf d. Lande); en ~* in der Stadt, außer Haus; *(postalisch)* hier; **2.** *toute la ~ en parle* das ist Stadtgespräch; **3.** *aménagement m des ~s* Stadtplanung *f; chaussure, tenue, robe f de ~* Straßenschuh, -anzug *m,* -kleid *n; grande ~* Großstadt *f; hôtel m de ~* Rathaus *n; petite ~* Kleinstadt *f; vieille ~* Altstadt *f;* **4.** *~ de congrès* Kongreßstadt *f; ~ jumelée* Patenstadt *f; ~ littorale, portuaire, satellite* Küsten-, Hafen-, Trabantenstadt *f; ~-musée f* sehenswürdige Stadt *f;* **~égiature** *f* Sommerfrische *f;* **~égiaturer** *itr* in der Sommerfrische sein.

vin [vɛ̃] *m* Wein *m; entre deux ~s* nicht ganz nüchtern; *cuver son ~* s-n Rausch aus=schlafen; *mettre de l'eau dans son ~ (fig)* gelindere Saiten auf=ziehen; *~ blanc, chaud, du cru* od *du pays, mousseux, ordinaire, rouge* Weiß-, Glüh-, Land-, Schaum-, Tisch-, Rotwein *m; ~ rosé* Rosé, Schiller; Bleichert *m;* **~aigre** [vinɛgr] *m* Essig *m; faire ~ (fam)* schnell machen, rennen; *tourner au ~ (fig)* e-e schlechte Wendung nehmen; *cornichon m au ~* Essiggurke *f; ~ de vin* Weinessig *m;* **~aigrer** *tr* mit Essig an=machen; **~aigrette** *f* Salatsauce *f;* **~aigrier** *m* Essigfabrikant, -händler *m,* -flasche *f;* **~asse** *f fam* **1.** schlechte(r) Wein *m;* **2.** Schlempe *f.*

vind|as [vɛ̃dɑ(s)] *m* **1.** *mar* Gangspill *n;* **2.** Rundlauf *m (Turngerät);* **~icatif, ive** *a* rachsüchtig.

vin|ée [vine] *f* Weinlese, -ernte *f;* **~er** *tr* Alkohol zu=setzen (*le vin* dem Wein); **~eux, se** *a (Wein)* alkoholreich; weinfleckig; nach Wein riechend; *rouge ~* weinrot.

vingt [vɛ̃] **I.** *a* zwanzig; **II.** *s m* Zwanzig(er *m*) *f;* der Zwanzigste; **~aine** *f: une ~ de ...* etwa zwanzig ...; **~ième I.** *a* zwanzigste(r, s); **II.** *s m* Zwanzigstel *n;* **~ièmement** *adv* zwanzigstens; **~-quatre** *a* vierundzwanzig; *~ heures sur ~* rund um die Uhr.

vini|cole [vinikɔl] *a* Weinbau-; *région f ~* Weinbaugebiet *n;* **~culture** *f* Weinbau *m;* Weinerzeugung *f;* **~fication** *f* Weinbereitung *f.*

viol [vjɔl] *m* Vergewaltigung, *jur* Notzucht *f;* **~acé, e** *a* ins Violette spielend; **~ateur, trice** *m f jur (~ des lois)* Rechtsbrecher *m; rel* Kirchenschänder *m;* **~ation** *f* Übertretung, Verletzung *(e-s Gesetzes);* Schändung *f; ~ de domicile* Hausfriedensbruch *m; ~ de frontière* Grenzverletzung *f; ~ du secret des lettres, du secret professionnel* Verletzung *f* des Brief-, des Berufsgeheimnisses; *~ de sépulture* Grabschändung *f;* **~e** *f mus* Viola *f;* **~emment** [-amɑ̃] *adv* heftig; **~ence** *f* **1.** Heftigkeit *f; (Sturm)* Wüten, Toben *n;* **2.** Brutalität, Gewaltsamkeit; Gewalt(tätigkeit) *f; faire ~ à qn* jdm Gewalt an=tun; *se faire ~* sich zs.=nehmen, -reißen, sich zwingen; *user de ~, employer la ~, faire ~ (à)* Gewalt gebrauchen (gegen); **~ent, e** *a* **1.** heftig, stürmisch, stark, gewaltig; **2.** brutal, gewalttätig; **3.** *sport* anstrengend; **4.** *(fam) c'est un peu ~* das geht zu weit; **~enter** *tr* zwingen; Gewalt an=tun (*qn, qc* jdm, e-r S); **~er** *tr* schänden; vergewaltigen, notzüchtigen; **~et, ette** [-lɛ, -ɛt] **I.** *a* violett, veilchenblau; **II.** *s m* Violett *n;* **III.** *s f bot* Veilchen *n;* **~ier** *m bot* Levkoje *f;* **~on** *m* **1.** *mus* Geige, Violine *f;* **2.** Geiger *m;* **3.** *fam* Arrestlokal, Polizeigewahrsam *n;* **~oncelle** *m mus* Cello *n;* **~oncelliste** *m* Cellist *m;* **~oniste** *m f* Geiger(in *f*) *m.*

viorne [vjɔrn] *f bot* Schneeball *m.*

vipère [vipɛr] *f* **1.** *zoo* Viper, Otter *f;* **2.** *fig* Giftnudel *f.*

vir|age [viraʒ] *m* **1.** Wendung *f, mar* Wenden *n;* Drehung *f,* Drehen *n;* **2.** *mot* Kurve *a. aero,* Kehre, Straßenbiegung, -krümmung *f;* **3.** *phot* Tonung *f;* **4.** (Farb-)Umschlagen *n;* **5.** *s'engager dans le ~* in die Kurve gehen; *opérer un ~ à gauche* e-e Schwenkung nach links vornehmen; *prendre un ~ à la corde* e-e Kurve schneiden; **6.** *~ à 180 degrés* Schwenkung *f* um 180°; *~ à droite, à gauche* Rechts-, Linkskurve *f;* *~ en épingle à cheveux* Haarnadelkurve *f;* *~ relevé* überhöhte Kurve *f;* **~ago** *f* Mannweib *n;* **~ée** *f fam* Spritztour *f;* **~ement** *m* **1.** *mar (~ de bord)* Wenden *n;* **2.** *com* Überweisung *f,* Giro *n;* **3.** *effectuer, opérer un ~* girieren, überweisen; *payer, régler par ~* durch Überweisung, bargeldlos zahlen; **4.** *avis m de ~* Gutschriftanzeige *f;* *carnet m de ~s* Überweisungsheft *n;* *chèques et ~s postaux* Postscheck- u. Giroverkehr *m;* *compte m de ~* Girokonto *n;* *ordre m de ~* Überweisungsauftrag *m;* *~ bancaire, postal* Bank-, Postüberweisung *f;* **~er I.** *itr* **1.** sich wenden, sich drehen; **2.** *mot* die Kurve nehmen, kurven; die Richtung ändern; **3.** *fig* s-e Meinung ändern; **4.** *(Farbe)* spielen *(à* in *acc);* **II.** *tr* **5.** *mar* wenden; **6.** *com* überweisen *(au compte de* auf das Konto, zugunsten *gen);* **7.** *phot* tönen; **8.** *fam* hinauswerfen (*qn* jdn); *se faire ~* hinausgeworfen werden; **9.** *~ de bord (mar)* wenden; *fig* umschwenken; ins andere Lager über=gehen; *~ à droite, à gauche* rechts, links abbiegen; **~evolte** *f meist pl* **1.** Wendungen *f pl;* Drehungen *f pl;* *(Tänzerin)* Umherwirbeln *n;* **2.** *fig* plötzliche Meinungsänderung *f;* **~evolter** *itr* sich drehen; umherwirbeln.

virg|inal, e [virʒinal] *a* jungfräulich; **~inie** *m* Virginia *m (Tabak);* **~inité** *f* Jungfräulichkeit, Reinheit, Unberührtheit *f a. fig;* **~ule** *f* Komma *n.*

vir|il, e [viril] *a* **1.** männlich; **2.** *fig* mannhaft; Mannes-; **~iliser** *tr* vermännlichen; **~ilité** *f* **1.** Männlichkeit; Mannbarkeit, Manneskraft *f;* Mannesalter *n;* **2.** *fig* Mannhaftigkeit *f;* **~ole** *f* **1.** *tech* Zwinge *f;* **2.** Prägering *m.*

virtu|alité [virtɥalite] *f* Virtualität *f;* **~el, le** *a* **1.** virtuell *a. phys opt;* **2.** theoretisch möglich; **~ose** *m f* Virtuose *m,* Virtuosin *f;* **~osité** *f* Virtuosität, Meisterschaft; vollendete Technik *f.*

viru|lence [virylɑ̃s] *f* **1.** *med* Virulenz; *(Substanz)* Giftigkeit *f;* **2.** *(Reaktion)* Heftigkeit, Schärfe *f;* **~lent, e** *a* **1.** *med* virulent; **2.** *(Rede)* heftig, scharf; **3.** *(Bemerkung)* bissig.

virus [virys] *m* **1.** *biol* Virus *n* od *m;* **2.** *attraper le ~ du cinéma (fig)* ein Kinonarr werden.

vis [vis] *f* Schraube *f;* *(fig) serrer la ~ à qn* jdn kurz=halten; *~ sans fin* Schnekke *f;* **~a** *m* Visum *n,* Sichtvermerk *m;* **~age** *m* **1.** Gesicht *n;* Gesichtszüge *m pl;* **2.** Gesichtsausdruck *m,* Miene *f;* **3.** Gesicht *n,* Person *f;* **4.** *fig* Gesicht *n,* Seite *f;* *agir à ~ découvert* ohne Hintergedanken handeln; *changer de ~* die Farbe wechseln; *faire bon ~* katzenfreundlich sein (*à qn* zu jdm); *(fam) trouver ~ de bois* vor verschlossener Türe stehen; *~ sans expression* Pokergesicht *n;* *~ pales* Bleichgesichter *n pl;* **~agiste** *m f* (Gesichts-)Kosmetiker(in *f*) *m.*

vis-à-vis [vizavi] **I.** *prp (örtlich)* gegenüber *(de dat);* *habiter ~ de la gare* gegenüber dem Bahnhof wohnen; *(fig fam) il a agi très mal ~ de sa famille* er hat sich gegenüber s-r Familie sehr schlecht benommen; **II.** *adv* einander gegenüber; *se trouver ~* plötzlich einander gegenüber=stehen; **III.** *s m (Person, Sache)* Gegenüber *n;* *être en ~* einander gegenüber=liegen, =stehen; *la maison n'a pas de ~* das Haus hat kein Gegenüber.

visc|éral, e [viseral] *a* **1.** *anat* Eingeweide-; **2.** *fig* irrational; tief verwurzelt; *(Haß)* abgründig; **~ères** *m pl anat* Eingeweide *n pl.*

viscos|e [viskoz] *f. chem* Viskose *f;* **~imètre** *m tech* Viskosimeter *n;* **~ité** *f* **1.** *phys* Viskosität, Zähflüssigkeit *f;* **2.** Glitschigkeit *f.*

visé [vize] *m* Zielen *n;* *tirer au ~* gezielt schießen.

vis|ée [vize] *f* **1.** *(Geometer)* Visieren *n;* **2.** *pl fig* Absichten *f pl;* *avoir des ~s ambitieuses* hochfliegende Pläne haben; *avoir des ~s sur qc* Absichten auf etw haben; etw im Auge haben; **~er I.** *itr* **1.** hin=, ab=zielen *(à* auf *acc),* trachten *(à* nach *acc);* erstreben (*à qc* etw); **2.** *~ à améliorer qc* etw bessern wollen; **II.** *tr* **3.** zielen (*à* auf); anvisieren (*qc* etw); **4.** *(Bemerkung)* gemünzt sein (*qn* auf jdn); ab=zielen (*qn* auf jdn); sich beziehen (*qn* auf jdn); bestimmt sein (*qn* für jdn); **5.** *pop* angucken, anschauen; **6.** *(Paß)* mit e-m Visum versehen; **7.** *~ trop haut* zu hoch hinaus=wollen; *~ qn* *à la tête* auf jds Kopf zielen; **~eur** *m* **1.** Visier *n;* **2.** *phot* Sucher *m;* **~ibilité** *f* **1.** Sicht; Sichtweite *f;* **2.** Sichtbarkeit *f;* ~ *réduite à 100 m* Sichtweite 100 m; *donner une bonne* ~ gute Sicht gewähren; *pilotage m sans* ~ Blindflug *m;* **~ible** *a* **1.** sichtbar, wahrnehmbar, erkennbar (*à l'œil nu* mit bloßem Auge); **2.** sichtlich, offensichtlich, merklich; **3.** *elle n'est pas* ~ sie ist nicht zu sprechen; *il est* ~ *que* es ist offensichtlich, liegt auf der Hand, daß; **~iblement** *adv* sichtlich, merklich; **~ière** [-zjɛr] *f* (Helm-)Visier *n;* (Mützen-)Schirm *m; lever la* ~ *(fig)* Farbe bekennen; *rompre en* ~ *à qn (fig)* jdm etw ins Gesicht sagen.

vision [vizjɔ̃] *f* **1.** Sehen, Sehvermögen *n;* **2.** Vision *f,* Gesicht *n,* Erscheinung *f;* **3.** Vorstellung *f,* Bild *n; double* ~ zweite(s) Gesicht *n; troubles m pl de la* ~ Sehstörungen *f pl;* **~naire I.** *a* seherisch; schwärmerisch, phantastisch; **II.** *s m f* Seher(in *f*); Träumer(in *f*); Phantast(in *f*), Schwärmer(in *f*) *m;* **~ner** *film* mit dem Bildwerfer betrachten; *allg* in Augenschein nehmen; **~neuse** *f film* Bildwerfer, -betrachter *m (Gerät).*

visit|ation [vizitasjɔ̃] *f: la* ~ *(rel)* die Heimsuchung *f* Mariä; **~e** *f* **1.** Besuch *m;* Besichtigung *f;* **2.** Revision, Überprüfung; *mar* Durchsuchung *f;* **3.** Besucher *m;* **4.** *(~ médicale)* Untersuchung; Visite *f;* **5.** *être en* ~ *chez qn* bei jdm zu, auf Besuch sein; *faire, rendre* ~ *à qn* jdn besuchen, jdm e-n Besuch ab=statten; *carte f de* ~ Visitenkarte *f; heures f pl de* ~ Besuchszeit *f;* ~ *des bagages* Gepäckkontrolle *f;* *~-conférence* Führung *f;* ~ *domiciliaire* Haussuchung *f;* ~ *de la douane, douanière* Zollabfertigung *f;* ~ *guidée* Führung *f;* ~ *des lieux (jur)* Lokaltermin *m;* ~ *de reprise* Nachuntersuchung *f;* **~er** *tr* **1.** *(Person)* besuchen; **2.** *(Sache)* besichtigen, in Augenschein nehmen; **3.** *(Arzt)* Kranken-, Hausbesuch machen (*qn* bei jdm); **4.** durch-, untersuchen; visitieren; **5.** *rel* heim=suchen; **~eur, se** *m f* **1.** Besucher(in *f*) *m;* **2.** Kontrolleur, Inspekteur *m; infirmière-~euse f* Gesundheitsfürsorgerin *f;* ~ *forain* Messebesucher *m.*

vis|on [vizɔ̃] *m zoo* Nerz; Nerzmantel *m.*

visqueux, se [viskø, -øz] *a* **1.** viskos, zäh (-flüssig); **2.** *(Haut)* glitschig; **3.** *fig (Person)* aalglatt.

viss|age [visaʒ] *m* Verschraubung *f;* **~er** *tr* **1.** (an=, auf=, fest=, zu=)schrauben *(à, sur* an, auf *acc);* **2.** *pop* tüchtig ran=kriegen; **3.** *être vissé (fig) sur sa chaise* sitzen bleiben, *dans son emploi* schon ewig da sein; **~erie** *f* Schrauben(fabrik *f*) *f pl.*

visualis|er [vizyalize] *tr* **1.** *tech* sichtbar machen; **2.** *film* in Bilder umsetzen; **3.** auf einem Bildschirm sichtbar werden lassen.

visuel, le [vizɥɛl] *a* visuell; *angle m* ~ Blick-, Gesichtswinkel *m; champ m* ~ Blick-, Gesichtsfeld *n.*

vit|ale, e [vital] *a* vital; lebenswichtig; *espace m* ~ Lebensraum *m; minimum m* ~ Existenzminimum *n;* **~alité** *f* Lebenskraft, Vitalität *f;* **~amine** *f* Vitamin *n;* **~aminé, e** *a* mit Vitaminen angereichert, vitaminiert.

vite [vit] **I.** *a sport* schnell; **II.** *adv* schnell, rasch, geschwind; — *au plus* ~ möglichst schnell; schnellstens; *aussi* ~ *que possible* so schnell wie möglich, auf dem schnellsten Wege; *avoir* ~ *fait de qc* etw rasch erledigt haben; *faites* ~*!* beschleunigen Sie sich!

vitesse [vitɛs] *f* **1.** Schnelligkeit; Geschwindigkeit; Raschheit, Flinkheit *f;* **2.** Zügigkeit *f;* **3.** *sport* Kurzstreckenlauf *m;* Laufbegabung *f;* **4.** *mot* Gang *m; tech* Dreh-, Tourenzahl *f;* **5.** *à toute* ~ in aller Eile; mit Volldampf; *à la* ~ *de la lumière* mit Lichtgeschwindigkeit; *en* ~ *(fam)* schnellstens; *en grande, petite* ~ als Eil-, Frachtgut; **6.** *changer de* ~ *(mot)* um=schalten; *descendre la* ~ *(mot)* zurückschalten; *être en perte de* ~ *(fig)* an Bedeutung *od* Einfluß verlieren; *gagner qn de* ~ jdm zuvor=kommen; *mettre la première* ~, *passer en deuxième* ~ *(mot)* den ersten, zweiten Gang ein=schalten; *réduire la* ~ die Geschwindigkeit herab=setzen, ab=bremsen; **7.** ~ *initiale, maxima, minima, moyenne, de pointe, du son, du vent, du vol* Anfangs-, Höchst-, Mindest-, Durchschnitts-, Spitzen-, Schall-, Wind-, Fluggeschwindigkeit *f.*

viti|cole [vitikɔl] *a* Weinbau-; *region f* ~*e* Weinbaugebiet *n;* **~culteur** *m* Winzer; *österr* Weinhauer *m;* **~culture** *f* Weinbau *m.*

vitr|age [vitraʒ] *m* **1.** Verglasung *f;* **2.** Glaswand, -tür *f;* Fenster *n pl;* **3.** Glaserarbeiten *f pl;* **4.** *(rideau de ~)* Scheibengardine *f;* **~ail** [-aj] *m* Kirchenfenster *n;* **~e** *f* **1.** Fensterscheibe *f;* **2.** *loc* Fenster; *mot* Seitenfenster *n;* **3.** *casser les ~s (fig)* Krach schlagen; **4.** *verre m à ~s* Fensterglas *n;* ~ *anti-buée* Klarsichtscheibe *f;* ~ *arrière, avant* Heck-, Frontscheibe *f;* **~é, e** *a* verglast; Glas-; *porte f ~ée* Glastür *f;* **~er** *tr* verglasen; **~erie** *f* Glaserei *f;* Glaserhandwerk *n,* Glashandel *m,* -waren *f pl;* **~eux, se** *a* glasartig; *(Blick)* glasig; **~ier** [-trije] *m* Glaser *m;* **~ifier** *tr* **1.** zu Glas verarbeiten; **2.** *(Parkett)* versiegeln; **~ine** *f* **1.** Vitrine *f,* Glasschrank *m;* **2.** Schaufenster *n,* -kasten *m; montrer qc en* ~ etw im Schaufenster ausstellen.

vitriol [vitrijɔl] *m chem* Vitriol *n;* **~er** *tr* Vitriol ins Gesicht spritzen (*qn* jdm).

vitupér|ation [vityperasjɔ̃] *f meist pl* heftige Vorwürfe *m pl;* **~er** wettern, schimpfen, protestieren (*contre* gegen *acc*).
vivable [vivabl] *a fam ce n'est pas ~* hier kann man nicht leben.
viv|ace [vivas] *a* **1.** *(Kind)* lebenskräftig; **2.** *fig* langlebig; beharrlich; *(Vorurteil)* eingewurzelt; **3.** *bot* ausdauernd; **~acité** *f* **1.** Lebhaftigkeit *f;* **2.** *fig* Heftigkeit, Hitze *f;* **3.** *(Gefühl)* Stärke, Kraft *f;* **4.** Aufgewecktheit, Regsamkeit *f;* **~andière** *f früher* Marketenderin *f;* **~ant, e I.** *a* **1.** lebendig, lebend, am Leben; lebenswahr, -voll; **2.** *fig* lebhaft; **3.** *(Straße)* belebt, verkehrsreich; **II.** *s m* **1.** Überlebende(r) *m; les ~s* die Lebenden; **2.** *de son ~* zu s-n Lebzeiten; **3.** *bon ~* Genießer *m;* **~at** [-va] Vivat *n;* **~ement** *adv* **1.** rasch, schnell; **2.** lebhaft, kräftig; **3.** heftig, eifrig, nachdrücklich, scharf; *~ que cela finisse!* wenn das nur schon zu Ende wäre! **~eur** *m* Lebemann *m;* **~ier** [-vje] *m* Fischteich, -behälter *m;* **~ifiant, e** *a* belebend; kräftigend, stärkend; **~ifier** *tr* **1.** beleben, mit Leben erfüllen, beseelen; **2.** kräftigen, stärken; **~ipare** *a zoo* lebendige Junge zur Welt bringend; **~isection** [-ksjɔ̃] *f med* Vivisektion *f;* **~oir** *m (kanadisch)* Wohnzimmer *n;* **~oter** [-vɔte] *itr fam* kümmerlich leben, vegetieren.
vivre [vivr] **I.** *itr* **1.** leben *a. fig,* (am Leben) sein, existieren, bestehen; **2.** fort=leben, -bestehen, dauern; **3.** wohnen; **4.** sich ernähren, leben (*de* von); **5.** aus=kommen (*avec qn* mit jdm); **II.** *tr* **6.** (er)leben; durchmachen; *(Tage)* verleben; *(ein Ereignis)* ganz mitleben; **III.** *s m pl* **7.** Verpflegung *f,* Mundvorrat, Proviant *m; le ~ et le couvert* Unterkunft und Verpflegung; **8.** *avoir juste de quoi ~* gerade noch durch=kommen; *faire ~ qn* für jds Lebensunterhalt aufkommen; *jdn* ernähren; *~ comme un coq en pâte* leben wie Gott in Frankreich; *~ d'amour et d'eau fraîche* von Luft und Liebe leben; *~ au jour le jour* von der Hand in den Mund leben; *qui vive?* wer da? **9.** *dépôt m de ~s (mil)* Verpflegungslager *n; ~s de réserve (mil)* eiserne Ration *f; ~s de route (mil)* Marschverpflegung *f.*
vlan, v'lan [vlɑ̃] *interj* bums!
voc|able [vɔkabl] *m* Wort *n,* Benennung *f; sous le ~ de saint Joseph (rel)* dem heiligen Josef geweiht; **~abulaire** *m* **1.** Wortschatz *m;* **2.** Terminologie *f;* **3.** Wörterverzeichnis, Vokabular *n;* **~al, e** *a* Stimm-; *cordes f pl ~es (anat)* Stimmbänder *n pl; musique f ~e* Vokalmusik *f;* **~alique** *gram* vokalisch; **~alisation** *f gram* **1.** Vokalisierung *f;* **2.** *mus* Stimmübung *f;* **~alise** *f* Stimmübung *f; air m à ~s* Koloraturarie *f;* **~aliser I.** *itr mus* Stimmübungen machen; **II.** *tr gram* vokalisieren; **~atif** *m gram* Vokativ *m;* **~ation** *f* **1.** Berufung, Bestimmung *f;* **2.** Neigung, Anlage *f;* **3.** Rolle, Bestimmung, Aufgabe *f; — avoir ~ à qc* die Bedingungen für etw erfüllen; *manquer sa ~* s-n Beruf verfehlen; **~iférations** [-si-] *f pl* Geschrei, Gebrüll, Gezeter *n;* **~iférer I.** *itr* schreien, brüllen, toben; **II.** *tr* heraus=brüllen.
vœu [vø] *m, pl -x* **1.** Gelübde *n;* **2.** (Glück-)Wunsch *m;* **3.** Versprechen *n;* **4.** Wunsch *m;* Begehren, Verlangen *n;* **5.** *faire ~* geloben; sich ernstlich vor=nehmen (*de* zu); *faire des ~x pour la prospérité de qn* jdm alles Gute wünschen; *formuler un ~* e-n Wunsch äußern; **6.** *carte f de ~x* Glückwunschkarte *f; ~x de bonne année* Glückwünsche *m pl* zum Jahreswechsel.
vogue [vɔg] *f* Beliebtheit *f; être en ~* beliebt sein, Zulauf haben; Mode, im Schwange sein.
voici [vwasi] *adv* hier, da ist, sind; *et ~ comment* u. zwar, nämlich; *la lettre que ~* dieser Brief hier; *me ~* da bin ich; *les ~* da sind sie; *~ pourquoi* ... der Grund dafür, die Veranlassung dazu war (ist), daß ...; *~ venir le printemps* der Frühling steht vor der Tür.
voie [vwa] *f* **1.** Weg *m,* Straße, Strecke; Bahn *f;* **2.** *loc* Gleis *n;* **3.** Fahrbahn *f,* Bahnkörper *m;* Spurweite *f;* **4.** *(Jagd)* Spur, Fährte *f;* **5.** *min* Strecke *f,* Ort *m;* **6.** *anat* Weg *m,* Bahn *f,* Gang, Kanal *f;* **7.** *fig* Weg *m,* Vermittlung *f,* Mittel *n;* **8.** *à ~ étroite* schmalspurig; *à plusieurs ~s* mehrgleisig; *à ~ unique* eingleisig; *en ~ de* auf dem Wege, im Begriff zu; *en bonne ~* auf dem richtigen Wege; *en ~ de préparation* in Vorbereitung; *par la ~ de* durch, auf dem Wege *gen; par ~ d'affiche* durch Anschlag; *par ~ ferrée* mit der Bahn; *par la ~ hiérarchique* auf dem Dienstwege; **9.** *être en ~ d'amélioration* Fortschritte machen, sich bessern, besser werden; *être toujours par ~ et par chemin* dauernd unterwegs sein; *faire une ~ d'eau* leck werden; *mettre qn sur la ~ (fig)* jdm auf die Spur, die Sprünge helfen; *mettre sur une ~ de garage (fig)* kalt=stellen, (jdn) aufs Abstellgleis schieben; *ouvrir la ~ à qn (fig)* jdm den Weg ebnen; *prendre la ~ des airs, de mer, de terre* den Luft-, See-, Landweg benutzen; **10.** *ligne f à ~ unique, à double ~* ein-, zweigleisige Strecke *f; ~ d'accès (à l'autoroute)* Auffahrt *f* (zur Autobahn); *~ d'arrivée, de départ (loc)* Ankunfts-, Abfahrtgleis *n; ~ carrossable* Fahrweg *m,* -straße *f; ~ à grande circulation* Hauptverkehrsstraße *f; ~ de contournement* Umgehungsstraße *f; ~ de grande communication* Fernverkehrsstraße *f; ~ de dé-*

part (aero) Startbahn *f; ~ d'eau* Wasserstraße *f; (Schiff)* Leck *n; ~ ferrée* Schienenweg, -strang *m;* Gleis(anlage *f*) *n; ~ lactée (astr)* Milchstraße *f; ~ maritime* Schiffahrtsweg *m; ~ de navigation intérieure* Binnenschiffahrtstraße *f; ~ nerveuse (anat)* Nervenbahn *f; ~ de raccordement* Tangentenverbindung *f; ~s respiratoires (anat)* Atemwege *m pl; ~ terrestre* Landweg *m; ~ à sens unique* Einbahnstraße *f.*

voilà [vwala] *adv* da, dort, hier ist, sind; *~!* da! *me ~* da bin ich; *nous y ~* da haben wir's! *vous y ~* nun haben Sie's geschafft; *~ ce que c'est que de*... so geht es, wenn ...; *~ bien parler* das nenne ich reden; *~ pourquoi* deshalb; *~ tout* das ist alles; *(fam) ne ~-t-il pas qu'il pleut?* da regnet es tatsächlich.

voil|e [vwal] **I.** *f* **1.** Segel *n;* **2.** Segeln *n,* Segelsport *m;* **3.** Segelschiff *n;* **4.** *avoir du vent dans les ~s (pop fig)* Schlagseite haben; *faire ~* segeln (*vers* nach); *faire force de ~s* mit vollen Segeln fahren; *(fam) mettre les ~s* abhauen; sich verdünnisieren; **II.** *m* **1.** Schleier *m a. fig;* **2.** Voile *m (Stoff);* **3.** Vorhang *m;* **4.** *anat* Velum *n;* **5.** *sous le ~ de* unter dem Deckmantel *gen;* **6.** *jeter le ~ sur qc* etw verschleiern, vertuschen; **7.** *vol m à ~* Segelflug *m; ~ de brume* Nebelschleier *m; ~ de deuil, de mariée* Trauer-, Brautschleier *m;* **~é, e 1.** verschleiert *(a. Blick),* verhüllt *a. fig; (Himmel)* bewölkt, bedeckt; **2.** *(Stimme)* belegt, heiser; *(Vorwurf)* versteckt; **3.** *tech* verzogen, verbogen; **~er I.** *tr* **1.** verschleiern, verhüllen *a. fig;* **2.** *fig* verbergen, bemänteln (*de* mit); **3.** *(Blick)* trüben; **4.** *tech* verbiegen; **II.** *v prn se ~* sich verbiegen, sich verziehen, sich werfen; **~ette** *f* Hutschleier *m;* **~ier** *m* **1.** Segelschiff *n,* Segler *m;* **2.** Segelmacher *m; ~ d'entraînement* Segelschulschiff *n;* **~ure** *f* **1.** *mar* Segelwerk *n;* **2.** *aero* Tragfläche *f,* -flügel *m;* **3.** *(Fallschirm)* Hülle, Kappe *f;* **4.** *tech* Verziehen, Sichwerfen *n;* **5.** *(Rad)* Achter *m.*

voir [vwar] **I.** *tr* **1.** (an=)sehen, erblicken, zu Gesicht bekommen; **2.** wahr=nehmen, bemerken; finden, fest=stellen; **3.** besuchen, Umgang haben, verkehren, zs.=kommen (*qn* mit jdm); **4.** *(Besuch)* empfangen; **5.** (nach=)prüfen, durch=, nach=sehen; **6.** beurteilen, an=sehen, auf=fassen; **7.** ein=sehen, verstehen, begreifen, wissen; **II.** *itr* **8.** sehen (können); die Aussicht haben *(sur* auf *acc);* **9.** achten *(à* auf *acc),* sehen (*à* nach), sorgen (*à* für), sich kümmern (*à* um); **III.** *v prn se ~* **10.** sich sehen; sich (häufig) treffen, zs.=sein; in Verbindung stehen, mitea. verkehren; **11.** *aller, venir ~* besuchen (*qn* jdn); besichtigen, an=sehen (*qc* etw); nach=sehen, sich erkundigen; *avoir qc à ~ avec qc* etw mit e-r S zu tun haben; *faire ~* zeigen; *en faire ~ à qn (de toutes les couleurs)* jdm Sorgen, Kummer machen; *se faire ~* sich sehen lassen, sich zeigen; *laisser ~* sehen, sichtbar werden lassen; *y ~ clair* im Bilde sein, Bescheid wissen; wissen, wie der Hase läuft; *n'y ~ que de feu (fam)* nichts bemerken, verstehen; *n'y ~ goutte* nichts sehen; *~ le jour* das Licht der Welt erblicken; *~ de loin (fig)* von weitem kommen sehen; *ne pas ~ plus loin que le bout de son nez (fig)* nicht über s-e Nasenspitze hinaus=sehen; *~ la mort de près* dem Tod ins Auge sehen; *~ en rose* durch e-e rosa (-rote) Brille sehen; *~ venir* kommen sehen; ab=warten; es sich überlegen; *qn* jdn durchschauen; **12.** *voyons!* na also! hör mal! kein Unsinn! *voyons-les venir* warten wir's ab!; *allons ~ (fam)* wir wollen mal sehen; *je demande à ~ (fam)* ich muß mal sehen; *j'en ai vu bien d'autres* ich habe (schon) ganz was anderes mitgemacht; *on aura tout vu* das ist doch die Höhe! das auch noch! *c'est tout vu* das ist ein für allemal erledigt; darüber ist kein Wort mehr zu verlieren; *cela n'a rien à y ~* das hat nichts damit zu tun, tut nichts zur Sache; *cela se voit tous les jours* das ist nichts Besonderes, nichts Neues; *cela ne s'est jamais vu* das ist noch nie dagewesen; *voyez-vous cela?* da haben wir's! *essayez pour ~* versuchen Sie's mal! *peut-on ~ M. X.?* Ist Herr X. zu sprechen?

voir|e [vwar] *adv* sogar, selbst; *~ même (fam)* ja sogar; **~ie** *f* **1.** Straßen-, Wegebauamt *n;* **2.** öffentliche Straßen *f pl;* **3.** Schuttabladeplatz *m;* städtische Müllabfuhr *f.*

voisin, e [vwazɛ̃, -in] **I.** *a* **1.** benachbart, Nachbar-; **2.** (an)grenzend *(de* an *acc);* nahe (*de* bei); **3.** *fig* nahe verwandt; **4.** *(zeitlich)* um, gegen; **II.** *s m f* Nachbar(in *f*) *m;* **~age** [-in] *m* **1.** Nachbarschaft *f;* **2.** *fig* Nähe, Verwandtschaft, Ähnlichkeit *f; dans le ~ immédiat* ganz in der Nähe; **~er** *itr* gute Nachbarschaft halten, verkehren *(avec* mit *dat); fig* stehen, liegen (*avec* neben *dat*).

voitur|e [vwatyr] *f* **1.** Auto *n,* Wagen *m;* **2.** *loc* Wagen, Waggon *m;* **3.** Karren, Wagen *m;* **4.** *monter en ~* ein=steigen; *en ~! (loc)* einsteigen! *la ~ tient bien la route (mot)* der Wagen liegt gut auf der Straße; **5.** *lettre f de ~* Frachtbrief *m;* **6.** *~-ambulance f* Krankenwagen *m; ~-atelier f mot* Werkstattwagen *m; ~-bar f* Eisenbahnwagen *m* mit Bar; *~ à bras* Handwagen *m; ~ de correspondance, directe (loc)* Kurswagen *m; ~-couchettes f* Liegewagen *m; ~ d'enfant* Kinderwagen *m; ~-lits f* Schlafwagen *m; ~ d'occasion* Gebrauchtwagen *m; ~ parti-*

culière Privatwagen *m; ~ à poupée(s)* Puppenwagen *m; ~-restaurant f* Speisewagen *m; ~ de série* Serienwagen *m; ~ de sport* Sportwagen *m; ~ de tête* Wagen *m* an der Spitze (des Zuges); **~er** *tr* (mit e-m Wagen) transportieren *a. allg;* **~ette** *f* Hand-, *mot* Kleinwagen *m;* **~ier** *m* Fuhrmann *m.*

voix [vwa] *f* **1.** Stimme *f a. allg fig;* **2.** *fig* Ansicht, Auffassung, Meinung *f;* **3.** (Wahl-)Stimme *f;* **4.** *à basse, à haute ~* leise, laut; *à la majorité des ~* mit Stimmenmehrheit; *à plusieurs ~ (mus)* mehrstimmig; *à l'unanimité des ~* einstimmig; *de vive ~* mündlich; *en ~* bei Stimme; *en cas de partage égal des ~* bei Stimmengleichheit; *par 3 ~ contre 2* mit 3 gegen 2 Stimmen; **5.** *aller, passer aux ~ (parl)* zur Abstimmung schreiten; *avoir ~ au chapitre (fig)* ein Wort mitzureden haben; *avoir ~ prépondérante* den Ausschlag geben; *avoir toutes les ~* einstimmig gewählt werden; *donner de la ~ (Hund)* an=schlagen, bellen; *(Mensch)* schreien; *mettre aux ~* zur Abstimmung stellen; *parler à haute ~, à basse ~* laut, leise reden; *recueillir 10 ~* 10 Stimmen erhalten; **6.** *il n'y a qu'une ~* es herrscht Einstimmigkeit; **7.** *majorité, parité f des ~* Stimmenmehrheit, -gleichheit *f;* **8.** *~ active (parl)* aktive(s) Wahlrecht; *gram* Aktiv *n; ~ consultative* beratende Stimme *f; ~ exprimées* abgegebene Stimmen *f pl; ~ passive (parl)* passive(s) Wahlrecht; *gram* Passiv *n.*

vol [vɔl] **I.** *s m* **1.** Flug *m,* Fliegen *n a. aero;* **2.** *(Vogel)* Flugstrecke; Spannweite *f;* **3.** Schwarm *m;* **4.** *au ~* im Flug; *à ~ d'oiseau* aus der Vogelschau; in Luftlinie, in gerader Linie; **5.** *prendre son ~* ab=fliegen; *fig* sich frei= machen; flügge werden; **6.** *~ acrobatique* Kunstflug *m; ~ à basse altitude* Tiefflug *m; ~ sans escale, d'essai* Nonstop-, Versuchsflug *m; ~ habité* bemannte(r) Raumflug *m; ~ de nuit, plané, à voile* Nacht-, Gleit-, Segelflug *m; ~-au-vent m inv* (Blätterteig-)Pastete *f; ~ sans visibilité* Blindflug *m;* **II.** *s m* **1.** Diebstahl; Raub *m;* **2.** *c'est un ~!* das ist der reinste Diebstahl, Betrug! **3.** *assurance f (contre le) ~* Diebstahlversicherung *f; ~ avec effraction, à l'étalage* Einbruchs-, Schaufensterdiebstahl *m; ~ qualifié* schwere(r) Diebstahl *m.*

vol|age [vɔlaʒ] *a* flatterhaft, wankelmütig, wetterwendisch, unbeständig; **~aille** [-ɑ(a)j] *f* **1.** Geflügel *n;* **2.** Stück *n* Geflügel; **~ailler** *m* Geflügelhändler *m;* **~ant, e I.** *a* **1.** fliegend; **2.** *(Blatt)* lose; **3.** beweglich, transportabel; **II.** *s m* **4.** *mot* Steuer-, Lenkrad *n;* **5.** *tech* Schwungrad *n;* **6.** *(Textil)* Falbel *f,* Volant *m;* **7.** Federball(spiel *n*) *m;* **8.** *com* Rücklage, Reserve *f;* **9.** Abreißblatt *n;* **10.** *les ~s* das fliegende Personal *(aero); personnel m ~* jederzeit an jedem Ort einsatzbereites Personal *n;* **11.** *prendre le ~* sich ans Steuer setzen; *pont m ~* fliegende Brücke *f;* **~atil, e** *a chem* flüchtig; **~atile** *m* Stück *n* Geflügel; **~atilisation** *f chem* Verflüchtigung, Verdunstung *f;* **~atiliser I.** *tr* verflüchtigen; *fig fam (Sorgen)* verjagen; **II.** *v prn se ~* **1.** verdunsten; **2.** *fam* sich verdünnisieren; **~atilité** *f chem* Flüchtigkeit *f.*

volcan [vɔlkɑ̃] *m* Vulkan *m;* **~ique** [-ka-] *a* vulkanisch.

vol|é, e [vɔle] **I.** *a (Sache)* gestohlen; *(Person)* bestohlen; **II.** *s m f* Bestohlene(r *m*) *f;* **~ée** *f* **1.** *(Vögel)* Flug *m;* **2.** *(Vögel, Kinder)* Schwarm *m; (Rebhühner)* Volk *n,* Kette *f;* **3.** *fig* Menge *f;* **4.** *(~ de coups)* Tracht *f* Prügel; **5.** (Geschoß-)Hagel *m;* **6.** *arch* Treppenstück *n,* Lauf *m;* **7.** *(Kran)* Arm, Ausleger *m;* **8.** *à la ~* im Fluge; in vollem Schwung; *prendre sa ~* auf=fliegen; **~er I.** *itr* **1.** fliegen; **2.** *fig (Person)* eilen; **3.** *(Zeit)* verfliegen; *~ en éclats* zersplittern; **II.** *tr* **1.** stehlen, entwenden (*qc* e-e S), bestehlen (*qn* jdn); **2.** *(Kunden)* betrügen, aus=nehmen, *fam* neppen; **3.** *(Titel)* sich unrechtmäßig an=eignen; **4.** *ne l'avoir pas volé* es ehrlich verdient haben; **~et** [-lɛ] *m* **1.** Fensterladen *m;* **2.** (Verschluß-)Klappe *f a. tele aero;* **3.** *mot* Drossel(klappe) *f;* **4.** *(Altarbild)* Flügel *m;* **5.** *(Schriftstück)* Blatt *n,* Teil *m;* **6.** *fig* Teil *m;* **7.** *trier sur le ~* sorgfältig aus=suchen; *~ d'atterrissage (aero)* Landeklappe *f;* **~eter** *itr* (herum=)flattern; **~eur, se I.** *a* diebisch; **II.** *s m f* Dieb(in *f*); Spitzbube, Gauner *m; être ~* stehlen; *(Kaufmann)* ein Halsabschneider sein; **~ière** *f* Vogelhaus *n.*

volleyeur [vɔlɛjœr] *m* Volleyballspieler *m.*

volont|aire [vɔlɔ̃tɛr] **I.** *a* **1.** freiwillig; **2.** absichtlich; eigenwillig, -sinnig; **II.** *s m* Freiwillige(r) *m;* **~airement** *adv* **1.** unaufgefordert; aus freien Stücken; **2.** absichtlich; **~ariat** [-a] *m mil* freiwillige(r) Militärdienst *m;* **~é** *f* **1.** Wille *m,* Willenskraft, -stärke *f;* **2.** Anordnung *f,* Gebot *n;* Verfügung *f;* **3.** *à ~* nach Belieben, nach Wunsch; *faire ses quatre ~s* nur nach s-m Kopf handeln; **4.** *les dernières ~s* der Letzte Wille; *bonne, mauvaise ~* Gut-, Böswilligkeit *f; homme m de bonne ~* Mensch *m* guten Willens; *manque m de ~* Willensschwäche *f;* **~iers** [-tje] *adv* gern, mit Vergnügen; bereitwillig.

volt [vɔlt] *m el* Volt *n;* **~age** *m el* Spannung *f;* **~ampère** *m* Voltampere *n;* **~e** *f* Volte *f; ~-face f inv* **1.** Kehrtwendung *f;* **2.** *fig* Sinnes-, Meinungsänderung *f;* **~er** *itr* voltigieren; **~ige** *f haute ~* Akrobatik *f* auf dem Seil; *fig* gewagte(s) Unternehmen *n; ~ intellectuelle* Gehirnakrobatik *f;* **~iger** *itr* **1.** hin u. her fliegen, flattern *a. fig;* **2.** *(Schmetterling)* gaukeln; **3.** *(Lächeln)* spielen (*sur les lèvres* um die Lippen); **4.** *(Kind)* herumtanzen *(autour de* um *acc);* **5.** *(Papier)* umherflattern; **~igeur** *m* Trapezkünstler *m;* **~mètre** *m el* Voltmeter *n.*

volub|ile [vɔlybil] **1.** zungenfertig, redselig; **2.** *plante f ~* Schlingpflanze *f;* **~ilis** [-is] *m bot* Winde *f;* **~ilité** *f* Zungenfertigkeit *f.*

volucompteur [vɔlykõtœr] *m WZ* Zählwerk *n (e-r Zapfsäule).*

volum|e [vɔlym] *m* **1.** *(Buch)* Band *m;* **2.** *phys* Volumen *n,* Rauminhalt *m;* **3.** Menge *f,* Ausmaß *n,* Umfang *m;* **4.** *(Kunst)* Körper *m;* **5.** *faire ~* Platz beanspruchen; **6.** *~ de la circulation, de la construction* Verkehrs-, Bauvolumen *n; ~ de logement* Wohnraum *m; ~ sonore* Lautstärke *f; ~ du trafic* Verkehrsaufkommen *n; ~ des ventes* Absatzmenge *f; ~ de la voix* Stimmfülle; **~étrique** *a* volumetrisch, maßanalytisch; **~ineux, se** *a* umfangreich.

volupt|é [vɔlypte] *f* **1.** (Sinnen-)Lust, Wollust *f;* **2.** Wonne *f;* Hochgenuß *m,* große(s) Vergnügen *n;* **~ueux, se** [-tɥø, -øz] *a* sinnenfreudig, sinnlich; wollüstig.

volute [vɔlyt] *f* **1.** *arch* Volute; **2.** *(Geige)* Schnecke *f; ~s de fumée* Rauchkringel *m pl.*

vom|ique [vɔmik] *a noix f ~* Brechnuß *f;* **~ir** *tr* **1.** (er)brechen, von sich geben; **2.** *(Blut, Feuer) fig (Verderben)* speien; heraus=schleudern, aus=speien; **3.** *(Beleidigungen)* aus=stoßen; — *c'est à ~* das ist widerlich; **~issement** *m* **1.** (Er-)Brechen *n;* **2.** Erbrochene(s) *n;* **~itif, ive I.** *a pharm* Brechreiz hervorrufend, Brech-; **II.** *s m* Brechmittel *n.*

vorac|e [vɔras] *a* **1.** gefräßig; **2.** *fig* gierig; **~ité** *f* **1.** Gefräßigkeit *f;* **2.** *fig* Gier *f.*

vos [vo] *prn pl s. votre.*

vot|ant, e [vɔtɑ̃, -ɑ̃t] **1.** *m f* Abstimmende(r *m*), Stimmberechtigte(r *m*) *f;* **2.** *m pl* abgegebene Stimmen *f pl;* **~ation** *f (Schweiz)* Abstimmung, Wahl *f;* **~e** *m* **1.** Abstimmung; (Wahl-)Stimme *f;* Votum *n; (Haushalt)* Verabschiedung; *(Gesetz)* Annahme; *(Kredit)* Bewilligung *f;* **2.** *s'abstenir du ~* sich der Stimme enthalten; *avoir droit de ~* stimmberechtigt sein; *donner son ~* s-e Stimme (ab=)geben; *procéder à un ~ sur qc* über e-e S ab=stimmen; **3.** *bulletin m de ~* Wahl-, Stimmzettel *m; droit m de ~* Wahl-, Stimmrecht *n; local, bureau m de ~* Wahllokal *n; majorité f des ~s* Stimmenmehrheit *f; résultat m du ~* Abstimmungsergebnis *n;* **4.** *~ par acclamations* Abstimmung *f* durch Zuruf; *~ par assis et levé* Abstimmung *f* durch Sitzenbleiben u. Aufstehen; *~ de confiance* Vertrauensvotum *n; ~ de défiance, de censure* Mißtrauensvotum *m; ~ à mains levées* Abstimmung *f* durch Handzeichen, durch Erheben der Hand; *~ nul, en blanc* ungültige Stimme *f;* **~er I.** *itr* (ab=)stimmen (*pour, contre* für, gegen); wählen; **II.** *tr* ab=stimmen (*qc* über e-e S); (durch Abstimmung) genehmigen, bewilligen; *(Haushalt)* verabschieden; *~ la confiance à qn (parl)* jdm das Vertrauen aus=sprechen; **~if, ive** *a* Votiv-, Weih-.

votre, *pl* **vos** [vɔtr, vo] *prn* euer, eure; Ihr(e).

vôtre [votr] *prn* eur(ig)e; Ihr(ig)e; *à la ~! (entgegnend)* auf das Ihre *(Wohl); je suis des ~s* ich mache mit; *les ~s* Ihre Angehörigen, Ihre Familie.

vou|er [vwe] **I.** *tr* **1.** *(Gefühl)* hegen; **2.** *(sein Leben)* weihen *a. fig,* dar=bringen, widmen *a. fig;* geloben; **3.** bestimmen (*à qc* zu etw); **II.** *v prn se ~ à qc* sich e-r S *(dat)* widmen; — *ne savoir à quel saint se ~* nicht ein noch aus wissen; *voué à l'échec* zum Scheitern verurteilt.

voul|oir [vulwar] **I.** *tr* **1.** wollen, willens sein (*inf.* zu); beabsichtigen, sich vornehmen; **2.** wünschen, haben wollen; fordern, verlangen, befehlen; **3.** erfordern, brauchen; **4.** einverstanden sein (*qc* mit etw), ein=willigen (*qc* in e-e S); **II.** *itr* **5.** *en ~* böse sein (*à qn* jdm, auf jdn); *en ~ à qn* es jdm übel=nehmen, zürnen (*de* wegen); **6.** trachten (*à* nach), Absichten haben *(à* auf *acc);* **III.** *v prn se ~* **7.** sein wollen; **8.** die Absicht haben; **IV.** *s m* **9.** Wollen *n,* Wille *m;* **10.** *sans le ~* (ganz) unabsichtlich; **11.** *je voudrais bien* ich hätte, möchte gern; *je voudrais bien savoir* ich möchte gern wissen, wüßte gern; *je le veux bien* ich habe nichts dagegen; *à qui en voulez-vous?* wem soll das gelten? wen meinen Sie damit? *~ du bien à qn* es gut mit jdm meinen; *~ dire* sagen wollen, meinen; bedeuten, zu sagen haben, heißen; *bon ~* gute(r) Wille *m,* Bereitwilligkeit *f;* **~u, e** *a* erforderlich, vorgeschrieben; beabsichtigt; *en temps ~* zu gegebener Zeit; *c'est ~* das ist beabsichtigt.

vous [vu] *prn* ihr; Sie; euch; Ihnen; *de ~ à moi* unter uns gesagt.

vouss|oir [vuswar] *m arch* Wölb-, Bogenstein *m;* **~ure** *f arch* Wölbung *f; (Fenster)* Laibungsbogen *m.*

voût|e [vut] *f arch* Gewölbe *n,* Wölbung *f; ~ en berceau* Tonnengewölbe *n;* **~é,**

e *a* **1.** *arch* gewölbt; gebogen, gekrümmt; **2.** *(Mensch)* gebeugt; **~er** *tr* **1.** *arch* überwölben; **2.** *allg* krümmen, beugen; *l'âge l'a vouté* er ist vom Alter gebeugt.

vou|voiement [vuvwamɑ̃] *m* Siezen *n;* **~voyer** *tr* siezen.

voyag|e [vwajaʒ] *m* **1.** Reise (*en Amérique* nach Amerika, *à Rome* nach Rom); **2.** Fahrt *f;* **3.** *(Waren)* Transport *m;* **4.** *(Rauschgiftsüchtiger)* Trip *m;* **5.** *au retour de mon ~* bei meiner Rückkehr; *aller en ~* auf Reisen gehen; *être en ~ d'affaires* auf Geschäftsreise, geschäftlich verreist sein; *faire un ~* e-e Reise machen; *partir en ~* e-e Reise an=treten; *il a fallu trois ~s au camion* man mußte dreimal mit dem Lastwagen fahren; **6.** *agence f, articles m pl, chèque m, frais m pl, nécessaire m de ~* Reisebüro *n,* -artikel *m pl,* -scheck *m,* -kosten *pl,* -necessaire *n; ~ d'affaires, d'agrément, circulaire, d'études, à forfait, en groupe, de noces, de service* Geschäfts-, Vergnügungs-, Rund-, Studien-, Pauschal-, Gesellschafts-, Hochzeits-, Dienstreise *f; ~ d'aller et retour* Hin- u. Rückreise *f; ~ en avion, en bateau* Flug-, Schiffsreise *f; ~ d'essai* Probefahrt *f; ~ en train* Bahnfahrt *f;* Reise *f* mit der Eisenbahn; *~ en voiture* Autofahrt *f;* **~er** *itr* **1.** reisen; e-e Reise machen *od* unternehmen; **2.** *(Waren)* transportiert werden; **3.** sich bewegen; *~ pour affaires* (Geschäfts-)Reisender sein; **~eur, se I.** *s m f* Reisende(r *m*) *f; m* Fahrgast, Passagier; Wanderer *m;* **II.** *a* Reise-, Wander- — *avoir l'humeur voyageuse* reiselustig sein; *pigeon m ~* Brieftaube *f; wagon m de ~s (loc)* Personenwagen *m; ~ de commerce* (Handlungs-)Reisende(r) *m; ~-kilomètre m* Personenkilometer *m.*

voy|ance [vwajɑ̃s] *f* (das) zweite Gesicht *n;* **~ant, e I.** *a* auffallend; *(Farbe)* schreiend, grell; *(Lüge)* durchsichtig; **II.** *s m f* **1.** Hellseher(in *f*) *m;* **2.** *m* Kontrollicht, Leuchtzeichen *n;* **~elle** *f* Vokal, Selbstlaut *m;* **~ou** *m pop* **1.** Gassenjunge; Strolch, Rocker *m;* **2.** Ganove *m.*

vrac [vrak] *loc adv: en ~* **1.** *(com)* lose; unverpackt; **2.** *fig* unordentlich; *laisser qc en ~* etw unordentlich herumliegen lassen; *marchandises f pl en ~ (com)* Schüttgut *n.*

vrai [vrɛ] **I.** *a* **1.** wahr; **2.** wahrhaft, aufrichtig, wahrheitsliebend; **3.** *meist vorangestellt* echt; naturgetreu, lebenswahr, wirklich; **4.** rein, unverfälscht; **II.** *adv* **5.** *(fam) dire ~* die Wahrheit sagen; *faire ~* echt wirken; *~!* wirklich! stimmt! **III.** *s m* **6.** (das) Wahre, (die) Wahrheit *f;* — *à ~ dire, à dire ~* offen gestanden; eigentlich; *pas ~?* nicht wahr? *pour de ~ (fam)* im Ernst; *être dans le ~* das Richtige getroffen haben; *il est ~ que* es stimmt zwar, daß; *il n'en est pas moins ~ que* trotzdem ist es wahr, daß; **~ment** *adv* wirklich, wahrhaftig; wahrlich; **~semblable** [-sɑ̃-] *a* wahrscheinlich; **~semblance** *f* Wahrscheinlichkeit *f; selon toute ~* aller Wahrscheinlichkeit nach.

vrill|e [vrij] *f* **1.** (Nagel-)Bohrer *m;* **2.** *bot* Ranke *f;* **3.** *descendre en ~ (aero)* ab=trudeln; **~er I.** *tr (mit e-m Bohrer)* durchbohren; **II.** *itr* **1.** sich spiralig ein=rollen; **2.** *(Geschoß, Rakete)* in Schraubenlinie auf=steigen; **3.** *aero* trudeln; **4.** *(Seil)* sich verdrehen; **5.** *la douleur lui vrille la crâne* er hat rasende Kopfschmerzen.

vromb|ir [vrɔ̃bir] *itr* **1.** *(Insekt)* summen, surren; brummen; **2.** *(Motor)* dröhnen; **~issement** *m* Brummen, Surren, Summen *n.*

vu, e [vy] **I.** *a* geprüft, gesehen; *être bien ~ (fig)* gern gesehen, gut angeschrieben sein (*de qn* bei jdm; *pour qc* wegen e-r S); *être mal ~ partout* e-n schlechten Ruf haben; *ni ~ ni connu* heimlich, geheimgehalten; *(c'est bien) ~?* verstanden? *c'est tout ~!* das ist für mich erledigt! **II.** *prp* in Anbetracht (*qc* gen); *~ les circonstances* angesichts der Umstände; **III.** *conj: ~ que* in Anbetracht dessen, daß; mit Rücksicht darauf, daß; **IV.** *s m: au ~ (et au su) de tout le monde* vor aller Augen, offenkundig; *(jur) sur le ~ des pièces* nach Prüfung der Unterlagen.

vue [vy] *f* **1.** Gesichtssinn *m,* Sehkraft *f,* -vermögen; Sehen, Gesicht *n,* Augen(licht *n*) *n pl;* **2.** (An-, Aus-)Sicht *f;* (An-, Aus-)Blick *m;* **3.** *fig* Ansicht, Meinung, Auffassung *f;* Gedanken *m pl;* **4.** Absichten *f pl,* Pläne *m pl;* **5.** *com* Sicht *f;* **6.** Lichtöffnung *f;* Fenster(öffnung *f*) *n;* **7.** *à ~* auf Sicht; *aero mar* mit Sicht; *à 3 jours de ~* 3 Tage nach Sicht; *à première ~* auf den ersten Blick; *à ~ de nez (fam)* über den Daumen gepeilt; *à ~ d'œil* zusehends; *à perte de ~* soweit das Auge reicht; *en ~* in Sicht; *en ~ de ...* angesichts *gen, fig* im Hinblick auf *acc;* **8.** *avoir bonne ~* gute Augen haben; *avoir la ~ courte (fig)* kurzsichtig sein; *connaître qn de ~* jdn vom Sehen kennen; *être en ~ (fig)* an hervorragender Stelle stehen; *garder à ~* im Auge behalten; *mettre en ~* offen zeigen; *fig* deutlich sichtbar machen; *(fig fam) en mettre plein la ~ à qn* jdm Sand in die Augen streuen; *perdre de ~* aus den Augen verlieren; **9.** *argent m à ~* tägliche(s) Geld *n; payable à ~* zahlbar bei Sicht; *prise f de ~s* Filmaufnahme *f; traite f à ~* Sichtwechsel *m;* **10.** *~ aérienne* Luftbild *n; ~ basse, courte*

Kurzsichtigkeit *f; ~ d'ensemble, de face, latérale* Gesamt-, Vorder-, Seitenansicht *f; ~ imprenable* unverbaubare Aussicht *f; ~ rapprochée* Groß-, Nahaufnahme *f; ~ du sol (aero)* Bodensicht *f.*

vul|canisation [vylkanizasjɔ̃] *f tech* Vulkanisierung *f;* **~caniser** *tr tech* vulkanisieren; **~gaire** [-gɛr] **I.** *a* **1.** *(vorangestellt)* gewöhnlich; **2.** *(nachgestellt)* gemein, ordinär, vulgär; **3.** Volks-; **II.** *s m lit* gemeine(s) Volk *n;* (das) Gemeine; *latin m ~* Vulgärlatein *n; tomber dans le ~* gemein werden; **~garisateur, trice** *m f* Autor(in *f*) *m* populärwissenschaftlicher Werke; **~garisation** *f* allgemeinverständliche Darstellung *f; ouvrage m de ~* populärwissenschaftliche(s) Werk *n;* **~gariser** *tr* gemeinverständlich dar=stellen; allgemein verbreiten; **~garité** *f* Gemeinheit *f;* **~nérabilité** *f* Verwundbarkeit *f;* **~nérable** *a* **1.** verwundbar; **2.** *fig* empfindlich, schwach; *point m ~* wunde(r) Punkt *m.*

vulve [vylv] *f anat* Scham *f.*

W

wagon [vagɔ̃] *m* **1.** Eisenbahn-, *loc nur* Güterwagen, Waggon *m;* **2.** Wagenladung *f;* — *franco sur* ~ franko Waggon; ~ *à bagages* Gepäckwagen *m;* ~-*-bar m* Eisenbahnwagen *m* mit Bar; ~ *à bestiaux* Viehwagen *m;* ~*-citerne,* ~*-réservoir m* Kesselwagen *m;* ~*-foudre* Faßwagen *m;* ~ *frigorifique* Kühlwagen *m;* ~*-lit* Schlafwagen *m;* ~ *de marchandises* Güterwagen *m;* ~*-poste m* Postwagen *m;* ~*-restaurant m* Speisewagen *m;* ~ *de voyageurs* Personenwagen *m;* ~**nage** [-gɔ-] *m* Beförderung *f* mit Eisenbahnwagen; ~**net** [-nɛ] *m* Lore *f;* ~**nier** *m* Rangierer *m.*

walkie-talkie [wɔkitɔki] *m* tragbare(s) Funksprechgerät *n.*

walk-over [walkɔvœr] *m fig fam* einseitige(r) Wettbewerb *m;* leichte(s) Spiel *n.*

wallon, ne [walɔ̃, -ɔn] **I.** *a* wallonisch; **II.** *W*~, *ne m f* Wallone *m,* Wallonin *f.*

warrant [w(v)arɑ̃] *m com* Lagerschein *m;* ~**er** [-te] *tr com* durch Lagerschein sichern.

waters [watɛr] *m pl fam* Klosett *n.*

watt [wat] *m el* Watt *n;* ~*-heure f* Wattstunde *f.*

week-end [wikɛnd] *m* Wochenende *n; partir en* ~ übers Wochenende wegfahren; ~ *gastronomique* Feinschmeckerwochenende *n.*

western [wɛstɛrn] *m* Wildwestfilm *m.*

wolfram [vɔlfram] *m* Wolframit *n.*

X

x [iks] *m* **1.** *math* x *n* *(Unbekannte);* **2.** *arg* (Student *m* der) École polytechnique in Paris; **3.** *Monsieur X* Herr X; — *jambes en* ~ X-Beine; *rayons m pl X* Röntgenstrahlen *m pl.*

xénophob|e [ksenɔfɔb] *a* ausländer-, fremdenfeindlich; **~ie** *f* Fremdenhaß *m.*

xérès [xerɛs] *m* Sherry *m (Wein).*

xylo|graphie [ksilɔgrafi] *f* Holzschneidekunst *f;* **~phone** *m* Xylophon *n.*

Y

y I. [igrɛk] *m (Buchstabe)* y, Y ['ypsilon]; **II.** [i] *adv* da, dort; dort-, dahin; da dort hinauf, hinunter; **III.** *prn* darin, daran, darauf; dazu, dafür; *~ compris* … einschließlich *gen; j'~ suis (fam)* ich verstehe; *j'~ tiens* ich lege Wert darauf; *il ~ a* (*fam* ja) es gibt; vor; *il ~ va de qc* es geht um etw; *nous ~ sommes? (fam)* klar? **IV.** *pop* für *a) lui: j'~ dit* ich hab ihm gesagt; *b) il: c'est-~ une honte!* das ist doch e-e Schande!

yacht [jɔt, jak] *m mar* Jacht *f; ~ à voiles* Segeljacht *f;* **~ing** [jɔtiŋ] *m* Segelsport *m; ~ sur glace* Eissegeln *n.*

yaourt [jaur] *m* Joghurt *m* od n.

yeuse [jøz] *f bot* Steineiche *f.*

yeux [jø] *m pl s. œil.*

yoga [jɔga] *m* Joga *n.*

yole [jɔl] *f mar* Jolle *f,* Beiboot *n.*

youyou [juju] *m mar* Ding(h)i *n.*

Z

z [zɛd] *m: depuis a jusqu'à* ~ von A bis Z.
zazou [zazu] *s m fam* exzentrische(r) Jazzfan *m.*
zèbre [zɛbr] *m* **1.** *zoo* Zebra *n;* **2.** *pop* Kerl *m.*
zébr|é, e [zebre] *a* gestreift; **~ure** *f* (Zebra-)Streifen *m pl.*
zébu [zeby] *m zoo* Zebu *m,* Buckelochse *m.*
zégisme [zeʒism] *m com* Nullwachstum *n.*
zèle [zɛl] *m* Eifer *m* (*de* für); Beflissenheit; *avec* ~ eifrig; *faire du* ~ *(fam)* übereifrig sein; *grève du* ~ Bummelstreik, Dienst *m* nach Vorschrift.
zélé, e [zele] *a* eifrig, voll Eifer.
zenith [zenit] *m* **1.** *astr* Zenit *m;* **2.** *fig* Höhe (-punkt *m*) *f,* Gipfel *m;* — *être au* ~ im Zenit stehen; *fig* auf dem Höhepunkt sein.
zéphyre, *a.* **-ire** [zefir] *m* Zephir *(a. Stoff),* Zephyr *m.*
zéro [zero] **I.** *s m* **1.** Null(punkt *m*) *f;* **2.** *fig* Null *f (Mensch);* **II.** *a* null; *être à* ~ auf Null stehen; *reprendre, repartir à* ~ wieder von vorn an=fangen; *c'est* ~ *(fam)* das ist nichts; *5 buts à* ~ 5 zu 0; *point m* ~ *(fig)* Ausgangspunkt *m; faute, heure* ~ null Fehler, null Uhr.
zest [zɛst] *interj (fam) être entre le zist et le* ~ nicht wissen, was man tun soll; unentschlossen sein; **~e** *m* (Zitronen-, Orangen-)Schale *f.*
zéz|aiement [zezɛmɑ̃] *m* Lispeln *n;* **~ayer** *itr* lispeln.
zibeline [ziblin] *f zoo* Zobel *m (a. Pelz).*
zieuter *s. zyeuter.*
zig|(ue) [zig] *m pop* Kerl, Bursche *m;* **~omar, ~oto** *m: faire le* ~ sich auf=spielen.
zigouiller [ziguje] *tr pop* abmurksen.
zigzag [zigzag] *m* Zickzack(linie *f*) *m; faire des* ~*s (Weg)* sich schlängeln; *(Betrunkener)* in Schlangenlinien gehen, fahren; **~uer** [-ge] *itr* im Zickzack gehen; hin u. her taumeln, torkeln.
zin|c [zɛ̃g] *m* **1.** Zink *n;* **2.** *fam* Theke *f,* Schanktisch *m;* **3.** *fam* Flugzeug *n,* Kiste *f; sur le* ~ an der Theke; **~cifère** [-si-] *a* zinkhaltig; **~cographie** [-kɔ-] *f* Zinkdruck *m;* **~guer** *tr* **1.** verzinken; **2.** *(Dach)* mit Zinkblech decken.
zinnia [zinja] *m bot* Zinnie *f.*
zinzin [zɛ̃zɛ̃] **I.** *s m fam* Ding *n;* **II.** *a inv fam* verrückt, plemplem.
zip [zip] *m* WZ Reißverschluß *m;* **~per** *tr* mit e-m Reißverschluß versehen.
zist *s. zest.*
zizanie [zizani] *f semer la* ~ Zwietracht stiften.
zizi [zizi] *m* **1.** *orn* Zaunammer *f;* **2.** *(Kindersprache)* Pimmel *m;* **~que** *m arg* Musik *f.*
zodiaque [zɔdjak] *m astr* Tierkreis *m; signe m du* ~ Tierkreiszeichen *n.*
zona [zɔna] *m med* Gürtelrose *f.*
zon|age [zonaʒ] *m (Städtebau)* Aufteilung *f* in Nutzungsflächen; **~e** [zon] *f* **1.** *geog allg* Zone *f,* Streifen *m;* **2.** Bereich *m,* Gebiet *n,* Bezirk *m;* **3.** Raum; Landstrich *m;* **4.** ~ *d'action* Wirkungsbereich *m;* ~ *(anti)cyclonique, de (haute) basse pression (Meteorologie)* (Hoch-) Tiefdruckgebiet *n;* ~ *bleue* Kurzparkzone *f;* ~ *côtière* Küstengebiet *n;* ~ *dangereuse* Gefahrenzone *f,* -gebiet *n;* ~ *d'influence* Einflußbereich *m;* ~*monétaire* Währungsraum *m;* ~ *de parcage* Abstellraum *m;* ~ *résidentielle* Wohngebiet *n;* ~*s de salaire* Lohnzonen; Gehaltsstufen *f pl;* ~ *de silence* Gebiet *n,* in dem kein Signal gegeben werden darf; ~ *de mauvais temps* Schlechtwettergebiet *n;* ~ *torride, tempérée, glaciale* heiße, gemäßigte, kalte Zone *f;* ~ *de verdure* Grünstreifen *m (e-r Stadt).*
zoo [zo(o), in Zssgen zɔɔ] *m* zoologische(r) Garten, Zoo *m; in Zssgen* Tier-; **~logie** *f* Zoologie *f;* **~logique** *a* zoologisch; **~logiste** *m* Zoologe *m;* **~technie** *f* Tierzucht *f.*
zoom [zum] *m phot* Gummilinse *f.*
zouave [zwav] *m faire le* ~ *(pop)* renommieren; den Hanswurst spielen.
zozo [zozo] *m fam* Dummkopf, Dussel *m.*
zozoter [zɔzɔte] *s. zézayer.*
zut [zyt] *interj fam* ach, was! Unsinn! Quatsch! *je lui dis* ~ *(fam)* ich pfeif ihm was.
zyeuter [zjøte] *tr pop* an=glotzen, -gaffen, -starren.
zygoma [zigɔma] *m anat* Jochbein *n.*

Konjugation der französischen Verben

Hilfsverb avoir

INDIKATIF		CONDITIONNEL	SUBJONCTIF
Présent	*Passé composé*	*Présent*	*Présent*
j'ai tu as il a nous avons vous avez ils ont	j'ai eu tu as eu il a eu nous avons eu vous avez eu ils ont eu	j'aurais tu aurais il aurait nous aurions vous auriez ils auraient	que j'aie que tu aies qu'il ait que nous ayons que vous ayez qu'ils aient
Imparfait	*Plus-que-parfait*	*Passé 1re forme*	*Imparfait*
j'avais tu avais il avait nous avions vous aviez ils avaient	j'avais eu tu avais eu il avait eu nous avions eu vous aviez eu ils avaient eu	j'aurais eu tu aurais eu il aurait eu nous aurions eu vous auriez eu ils auraient eu	que j'eusse que tu eusses qu'il eût que nous eussions que vous eussiez qu'ils eussent
Passé simple	*Passé antérieur*	*Passé 2e forme*	*Passé*
j'eus tu eus il eut nous eûmes vous eûtes ils eurent	j'eus eu tu eus eu il eut eu nous eûmes eu vous eûtes eu ils eurent eu	j'eusse eu tu eusses eu il eût eu nous eussions eu vous eussiez eu ils eussent eu	que j'aie eu que tu aies eu qu'il ait eu que nous ayons eu que vous ayez eu qu'ils aient eu
Futur simple	*Futur antérieur*	IMPÉRATIF	*Plus-que-parfait*
j'aurai tu auras il aura nous aurons vous aurez ils auront	j'aurai eu tu auras eu il aura eu nous aurons eu vous aurez eu ils auront eu	*Présent* aie ayons ayez	que j'eusse eu que tu eusses eu qu'il eût eu que nous eussions eu que vous eussiez eu qu'ils eussent eu

INFINITIF			
Présent		*Passé*	
avoir		avoir eu	

PARTICIPE			
Présent		*Passé*	
ayant		eu ayant eu	

Hilfsverb être

INDICATIF		CONDITIONNEL	SUBJONCTIF
Présent	*Passé composé*	*Présent*	*Présent*
je suis tu es il est nous sommes vous êtes ils sont	j'ai été tu as été il a été nous avons été vous avez été ils ont été	je serais tu serais il serait nous serions vous seriez ils seraient	que je sois que tu sois qu'il soit que nous soyons que vous soyez qu'ils soient
Imparfait	*Plus-que-parfait*	*Passé 1re forme*	*Imparfait*
j'étais tu étais il était nous étions vous étiez ils étaient	j'avais été tu avais été il avait été nous avions été vous aviez été ils avaient été	j'aurais été tu aurais été il aurait été nous aurions été vous auriez été ils auraient été	que je fusse que tu fusses qu'il fût que nous fussions que vous fussiez qu'ils fussent
Passé simple	*Passé antérieur*	*Passé 2e forme*	*Passé*
je fus tu fus il fut nous fûmes vous fûtes ils furent	j'eus été tu eus été il eut été nous eûmes été vous eûtes été ils eurent été	j'eusse été tu eusses été il eût été nous eussions été vous eussiez été ils eussent été	que j'aie été que tu aies été qu'il ait été que nous ayons été que vous ayez été qu'ils aient été
Futur simple	*Futur antérieur*	IMPÉRATIF	*Plus-que-parfait*
je serai tu seras il sera nous serons vous serez ils seront	j'aurai été tu auras été il aura été nous aurons été vous aurez été ils auront été	*Présent* sois soyons soyez	que j'eusse été que tu eusses été qu'il eût été que nous eussions été que vous eussiez été qu'ils eussent été

INFINITIF			
Présent		*Passé*	
être		avoir été	

PARTICIPE			
Présent		*Passé*	
étant		été ayant été	

Verben auf -er

arriver

INDICATIF		CONDITIONNEL	SUBJONCTIF
Présent	*Passé composé*	*Présent*	*Présent*
j'arrive tu arrives il arrive nous arrivons vous arrivez ils arrivent	je suis arrivé tu es arrivé il est arrivé nous sommes arrivés vous êtes arrivés ils sont arrivés	j'arriverais tu arriverais il arriverait nous arriverions vous arriveriez ils arriveraient	que j'arrive que tu arrives qu'il arrive que nous arrivions que vous arriviez qu'ils arrivent
Imparfait	*Plus-que-parfait*	*Passé 1re forme*	*Imparfait*
j'arrivais tu arrivais il arrivait nous arrivions vous arriviez ils arrivaient	j'étais arrivé tu étais arrivé il était arrivé nous étions arrivés vous étiez arrivés ils étaient arrivés	je serais arrivé tu serais arrivé il serait arrivé nous serions arrivés vous seriez arrivés ils seraient arrivés	que j'arrivasse que tu arrivasses qu'il arrivât que nous arrivassions que vous arrivassiez qu'ils arrivassent
Passé simple	*Passé antérieur*	*Passé 2e forme*	*Passé*
j'arrivai tu arrivas il arriva nous arrivâmes vous arrivâtes ils arrivèrent	je fus arrivé tu fus arrivé il fut arrivé nous fûmes arrivés vous fûtes arrivés ils furent arrivés	je fusse arrivé tu fusses arrivé il fût arrivé nous fussions arrivés vous fussiez arrivés ils fussent arrivés	que je sois arrivé que tu sois arrivé qu'il soit arrivé que nous soyons arrivés que vous soyez arrivés qu'ils soient arrivés
Futur simple	*Futur antérieur*	IMPÉRATIF	*Plus-que-parfait*
j'arriverai tu arriveras il arrivera nous arriverons vous arriverez ils arriveront	je serai arrivé tu seras arrivé il sera arrivé nous serons arrivés vous serez arrivés ils seront arrivés	*Présent* arrive arrivons arrivez *Passé* sois arrivé soyons arrivés soyez arrivés	que je fusse arrivé que tu fusses arrivé qu'il fût arrivé que nous fussions arrivés que vous fussiez arrivés qu'ils fussent arrivés

INFINITIF			
Présent		*Passé*	
arriver		être arrivé	

PARTICIPE			
Présent		*Passé*	
arrivant		arrivé étant arrivé	

Verben auf -ir

finir

INDICATIF		CONDITIONNEL	SUBJONCTIF
Présent	*Passé composé*	*Présent*	*Présent*
je finis tu finis il finit nous finissons vous finissez ils finissent	j'ai fini tu as fini il a fini nous avons fini vous avez fini ils ont fini	je finirais tu finirais il finirait nous finirions vous finiriez ils finiraient	que je finisse que tu finisses qu'il finisse que nous finissions qúe vous finissiez qu'ils finissent
Imparfait	*Plus-que-parfait*	*Passé 1re forme*	*Imparfait*
je finissais tu finissais il finissait nous finissions vous finissiez ils finissaient	j'avais fini tu avais fini il avait fini nous avions fini vous aviez fini ils avaient fini	j'aurais fini tu aurais fini il aurait fini nous aurions fini vous auriez fini ils auraient fini	que je finisse que tu finisses qu'il finît que nous finissions que vous finissiez qu'ils finissent
Passé simple	*Passé antérieur*	*Passé 2e forme*	*Passé*
je finis tu finis il finit nous finîmes vous finîtes ils finirent	j'eus fini tu eus fini il eut fini nous eûmes fini vous eûtes fini ils eurent fini	j'eusse fini tu eusses fini il eût fini nous eussions fini vous eussiez fini ils eussent fini	que j'aie fini que tu aies fini qu'il ait fini que nous ayons fini que vous ayez fini qu'ils aient fini
Futur simple	*Futur antérieur*	IMPÉRATIF	*Plus-que-parfait*
je finirai tu finiras il finira nous finirons vous finirez ils finiront	j'aurai fini tu auras fini il aura fini nous aurons fini vous aurez fini ils auront fini	*Présent* finis finissons finissez *Passé* aie fini ayons fini ayez fini	que j'eusse fini que tu eusses fini qu'il eût fini que nous eussions fini que vous eussiez fini qu'ils eussent fini

INFINITIF			
Présent		*Passé*	
finir		avoir fini	

PARTICIPE			
Présent		*Passé*	
finissant		fini ayant fini	

Verben auf -re

rompre

INDICATIF		CONDITIONNEL	SUBJONCTIF
Présent	*Passé composé*	*Présent*	*Présent*
je romps tu romps il rompt nous rompons vous rompez ils rompent	j'ai rompu tu as rompu il a rompu nous avons rompu vous avez rompu ils ont rompu	je romprais tu romprais il romprait nous romprions vous rompriez ils rompraient	que je rompe que tu rompes qu'il rompe que nous rompions que vous rompiez qu'ils rompent
Imparfait	*Plus-que-parfait*	*Passé 1re forme*	*Imparfait*
je rompais tu rompais il rompait nous rompions vous rompiez ils rompaient	j'avais rompu tu avais rompu il avait rompu nous avions rompu vous aviez rompu ils avaient rompu	j'aurais rompu tu aurais rompu il aurait rompu nous aurions rompu vous auriez rompu ils auraient rompu	que je rompisse que tu rompisses qu'il rompît que nous rompissions que vous rompissiez qu'ils rompissent
Passé simple	*Passé antérieur*	*Passé 2e forme*	*Passé*
je rompis tu rompis il rompit nous rompîmes vous rompîtes ils rompirent	j'eus rompu tu eus rompu il eut rompu nous eûmes rompu vous eûtes rompu ils eurent rompu	j'eusse rompu tu eusses rompu il eût rompu nous eussions rompu vous eussiez rompu ils eussent rompu	que j'aie rompu que tu aies rompu qu'il ait rompu que nous ayons rompu que vous ayez rompu qu'ils aient rompu
Futur simple	*Futur antérieur*	IMPÉRATIF	*Plus-que-parfait*
je romprai tu rompras il rompra nous romprons vous romprez ils rompront	j'aurai rompu tu auras rompu il aura rompu nous aurons rompu vous aurez rompu ils auront rompu	*Présent* romps rompons rompez *Passé* aie rompu ayons rompu ayez rompu	que j'eusse rompu que tu eusses rompu qu'il eût rompu que nous eussions rompu que vous eussiez rompu qu'ils eussent rompu

INFINITIF			
Présent		*Passé*	
rompre		avoir rompu	

PARTICIPE			
Présent		*Passé*	
rompant		rompu ayant rompu	

Reflexive Verben

se reposer

INDICATIF		CONDITIONNEL	SUBJONCTIF
Présent	*Passé composé*	*Présent*	*Présent*
je me repose tu te reposes il se repose nous nous reposons vous vous reposez ils se reposent	je me suis reposé tu t'es reposé il s'est reposé nous nous sommes reposés vous vous êtes reposés ils se sont reposés	je me reposerais tu te reposerais il se reposerait nous nous reposerions vous vous reposeriez ils se reposeraient	que je me repose que tu te reposes qu'il se repose que nous nous reposions que vous vous reposiez qu'ils se reposent
Imparfait	*Plus-que-parfait*	*Passé 1re forme*	*Imparfait*
je me reposais tu te reposais il se reposait nous nous reposions vous vous reposiez ils se reposaient	je m'étais reposé tu t'étais reposé il s'était reposé nous nous étions reposés vous vous étiez reposés ils s'étaient reposés	je me serais reposé tu te serais reposé il se serait reposé nous nous serions reposés vous vous seriez reposés ils se seraient reposés	que je me reposasse que tu te reposasses qu'il se reposât que nous nous reposassions que vous vous reposassiez qu'ils se reposassent
Passé simple	*Passé antérieur*	*Passé 2e forme*	*Passé*
je me reposai tu te reposas il se reposa nous nous reposâmes vous vous reposâtes ils se reposèrent	je me fus reposé tu te fus reposé il se fut reposé nous nous fûmes reposés vous vous fûtes reposés ils se furent reposés	je me fusse reposé tu te fusses reposé il se fût reposé nous nous fussions reposés vous vous fussiez reposés ils se fussent reposés	que je me sois reposé que tu te sois reposé qu'il se soit reposé que nous nous soyons reposés que vous vous soyez reposés qu'ils se soient reposés
Futur simple	*Futur antérieur*	IMPÉRATIF	*Plus-que-parfait*
je me reposerai tu te reposeras il se reposera nous nous reposerons vous vous reposerez ils se reposeront	je me serai reposé tu te seras reposé il se sera reposé nous nous serons reposés vous vous serez reposés ils se seront reposés	*Présent* repose-toi reposons-nous reposez-vous	que je me fusse reposé que tu te fusses reposé qu'il se fût reposé que nous nous fussions reposés que vous vous fussiez reposés qu'ils se fussent reposés

INFINITIF		PARTICIPE	
Présent		*Présent*	
se reposer		se reposant	
Passé		*Passé*	
s'être reposé		s'étant reposé	

Übersicht über die wichtigsten unregelmäßigen und unvollständigen Verben

aller

INDICATIF		CONDITIONNEL	SUBJONCTIF
Présent	*Passé composé*	*Présent*	*Présent*
je vais tu vas il va nous allons vous allez ils vont	je suis allé tu es allé il est allé nous sommes allés vous êtes allés ils sont allés	j'irais tu irais il irait nous irions vous iriez ils iraient	que j'aille que tu ailles qu'il aille que nous allions que vous alliez qu'ils aillent
Imparfait	*Plus-que-parfait*	*Passé 1re forme*	*Imparfait*
j'allais tu allais il allait nous allions vous alliez ils allaient	j'étais allé tu étais allé il était allé nous étions allés vous étiez allés ils étaient allés	je serais allé tu serais allé il serait allé nous serions allés vous seriez allés ils seraient allés	que j'allasse que tu allasses qu'il allât que nous allassions que vous allassiez qu'ils allassent
Passé simple	*Passé antérieur*	*Passé 2e forme*	*Passé*
j'allai tu allas il alla nous allâmes vous allâtes ils allèrent	je fus allé tu fus allé il fut allé nous fûmes allés vous fûtes allés ils furent allés	je fusse allé tu fusses allé il fût allé nous fussions allés vous fussiez allés ils fussent allés	que je sois allé que tu sois allé qu'il soit allé que nous soyons allés que vous soyez allés qu'ils soient allés
Futur simple	*Futur antérieur*	IMPÉRATIF	*Plus-que-parfait*
j'irai tu iras il ira nous irons vous irez ils iront	je serai allé tu seras allé il sera allé nous serons allés vous serez allés ils seront allés	*Présent* va allons allez *Passé* sois allé soyons allés soyez allés	que je fusse allé que tu fusses allé qu'il fût allé que nous fussions allés que vous fussiez allés qu'ils fussent allés

INFINITIF			
Présent		*Passé*	
aller		être allé	

PARTICIPE			
Présent		*Passé*	
allant		allé, e étant allé	

faire

INDICATIF		CONDITIONNEL	SUBJONCTIF
Présent	*Passé composé*	*Présent*	*Présent*
je fais tu fais il fait nous faisons vous faites ils font	j'ai fait tu as fait il a fait nous avons fait vous avez fait ils ont fait	je ferais tu ferais il ferait nous ferions vous feriez ils feraient	que je fasse que tu fasses qu'il fasse que nous fassions que vous fassiez qu'ils fassent
Imparfait	*Plus-que-parfait*	*Passé 1re forme*	*Imparfait*
je faisais tu faisais il faisait nous faisions vous faisiez ils faisaient	j'avais fait tu avais fait il avait fait nous avions fait vous aviez fait ils avaient fait	j'aurais fait tu aurais fait il aurait fait nous aurions fait vous auriez fait ils auraient fait	que je fisse que tu fisses qu'il fît que nous fissions que vous fissiez qu'ils fissent
Passé simple	*Passé antérieur*	*Passé 2e forme*	*Passé*
je fis tu fis il fit nous fîmes vous fîtes ils firent	j'eus fait tu eus fait il eut fait nous eûmes fait vous eûtes fait ils eurent fait	j'eusse fait tu eusses fait il eût fait nous eussions fait vous eussiez fait ils eussent fait	que j'aie fait que tu aies fait qu'il ait fait que nous ayons fait que vous ayez fait qu'ils aient fait
Futur simple	*Futur antérieur*	IMPÉRATIF	*Plus-que-parfait*
je ferai tu feras il fera nous ferons vous ferez ils feront	j'aurai fait tu auras fait il aura fait nous aurons fait vous aurez fait ils auront fait	*Présent* fais faisons faites *Passé* aie fait ayons fait ayez fait	que j'eusse fait que tu eusses fait qu'il eût fait que nous eussions fait que vous eussiez fait qu'ils eussent fait

INFINITIF			
Présent		*Passé*	
faire		avoir fait	

PARTICIPE			
Présent		*Passé*	
faisant		fait ayant fait	

Die Übersicht über die wichtigsten unregelmäßigen und unvollständigen Verben führt folgende Formen auf:
Infinitiv — Indikativ Präsens — Konjunktiv Präsens historisches Perfekt — Futur — Perfekt.
Gebräuchliche Personen und Zeiten der unvollständigen Verben sind besonders bezeichnet.

abattre *s.* **battre**
absoudre — absous, absolvons — absolve, absolvions — fehlt — absoudrai, absoudrons — j'ai absous, (absoute); *ppr* absolvant.
abstenir, s' *s.* **tenir**
abstraire *s.* **traire**
accroître *s.* **croître** — *jedoch hist. Perfekt* accrus, accrûmes — *Perfekt* il a *od* est accru.
accueillir *s.* **cueillir**
acquérir — acquiers, acquérons, acquièrent — acquière, acquérions, acquièrent — acquis, acquîmes — acquerrai — j'ai acquis.
admettre *s.* **mettre**
aller *s. S. 587*
apercevoir *s.* **recevoir**
apparaître *s.* **connaître**
appartenir *s.* **tenir**
apprendre *s.* **prendre**
assaillir *s.* **tressaillir**
asseoir — assieds, assieds, assied, asseyons, asseyez, asseyent (*a.* assois, assois, assoit, assoyons, assoyez, assoient) — asseye, asseyions (*a.* assoie, assoyions) — assis, assîmes — assiérai, assiérons (*a.* assoirai, assoirons) — je suis assis.
atteindre — atteins, atteignons — atteigne, atteignions — atteignis, atteignîmes — atteindrai, atteindrons — j'ai atteint.
avoir *s. S. 581*
battre — bats, battons — batte, battions — battis, battîmes — battrai, battrons — j'ai battu.
boire — bois, buvons, buvez, boivent — boive, buvions — bus, bûmes — boirai, boirons — j'ai bu.
bouillir — bous, bouillons — bouille, bouillions — bouillis, bouillîmes — bouillirai, bouillirons — j'ai bouilli.
braire *s.* **traire**
bruire — *Ind. Präsens* il bruit — *Imperfekt* il bruissait, ils bruissaient — *ppr* bruissant.
ceindre *s.* **atteindre**
choir — *pp* chu *(nur diese beiden Formen sind gebräuchlich).*
circoncire — circoncis, circonsisons — circoncise, circonsisions — circoncis, circoncîmes — circoncirai, circoncirons — j'ai circoncis — *ppr* circoncisant.
clore — *Ind. Präsens* je clos, tu clos, il clôt — *Konj. Präsens* je close *etc* — *Futur* je clorai *etc* — *Konditional* je clorais *etc* — *Imperativ* clos — *pp* clos, e.

combattre *s.* **battre — commettre** *s.* **mettre**
comparaître *s.* **connaître — complaire** *s.* **plaire**
comprendre *s.* **prendre — compromettre** *s.* **mettre**
concevoir *s.* **recevoir**
conclure — conclus, concluons — conclue, concluions — conclus, conclûmes — conclurai, conclurons — j'ai conclu.
conduire — conduis, conduisons — conduise, conduisions — conduisis, conduisîmes — conduirai, conduirons — j'ai conduit.
confire — confis, confisons — confise, confisions — confis, confîmes — confirai, confirons — j'ai confit.
connaître — connais, connais, connaît, connaissons, connaissez, connaissent — connaisse, connaissions — connus, connûmes — connaîtrai, connaîtrons — j'ai connu.
conquérir *s.* **acquérir — consentir** *s.* **dormir**
construire *s.* **conduire**
contenir *s.* **tenir**
contraindre *s.* **craindre**
contredire *s.* **dire** — *jedoch Ind. Präsens 2. Pers. Pl.* contredisez.
contrefaire *s.* **faire — convaincre** *s.* **vaincre**
convenir *s.* **venir**
coudre — couds, cousons — couse, cousions — cousis, cousîmes — coudrai, coudrons — j'ai cousu.
courir — cours, courons — coure, courions — courus, **courûmes** — courrai, courrons — j'ai couru.
couvrir — couvre, couvrons — couvre, couvrions — couvris, couvrîmes — couvrirai, couvrirons — j'ai couvert.
craindre — crains, crains, craint, craignons, craignez, craignent — craigne, craignions — craignis, craignîmes — craindrai, craindrons — j'ai craint.
croire — crois, croyons — croie, croyions — crus, crûmes — **croirai**, croirons — j'ai cru.
croître — croîs, croîs, croît, croissons, croissez, croissent — croisse, croissions — crûs, crûmes — *Konj. Imperf.* crûsse, crût, crûssions — croîtrai, croîtrons — j'ai crû (crue, crus, crues).
cueillir — cueille, cueillons — cueille, cueillions — cueillis, cueillîmes — cueillerai, cueillerons — j'ai cueilli.
cuire *s.* **conduire**
débattre *s.* **battre**
décevoir *s.* **recevoir**
déchoir — *Ind. Präsens* déchois *etc*, déchoyons *etc*; *Konj. Präsens* déchoie *etc*, déchoyions *etc* — *hist. Perfekt* déchus *etc*, déchûmes *etc* — *Futur* déchoirai *etc*, déchoirons *etc* — *Perfekt* j'ai *od* je suis déchu; *kein Imperfekt.*
découvrir *s.* **couvrir**
décrire *s.* **écrire**
décroître *s.* **croître** — *jedoch hist. Perfekt* décrus, décrûmes — *Perfekt* il a *od* est décru.
dédire *s.* **dire** — *jedoch Indikativ Präsens 2. Pers. Pl.* dédisez.
défaillir — *nur gebräuchlich:* nous défaillons, vous défaillez, ils défaillent

— *Imperfekt* défaillais *etc* — *Perfekt u. die anderen zs.gesetzten Zeiten* j'ai défailli — *ppr* défaillant.
défaire *s.* **faire**
démentir *s.* **sentir**
déplaire *s.* **plaire**
desservir *s.* **sentir** — **détenir** *s.* **tenir**
détruire *s.* **conduire**
devenir *s.* **venir**
devoir — dois, dois, doit, devons, devez, doivent — doive, devions — dus, dûmes — devrai, devrons — j'ai dû (due, dus, dues).
dire — dis, dis, dit, disons, dites, disent — dise, disions — dis, dis, dit, dîmes, dîtes, dirent — dirai, dirons — j'ai dit.
disparaître *s.* **connaître**
dissoudre — dissous, dissolvons — dissolve, dissolvions — *hist. Perfekt fehlt* — dissoudrai, dissoudrons — j'ai dissous (dissoute); *ppr* dissolvant.
dormir — dors, dors, dort, dormons, dormez, dorment — dorme, dormions — dormis, dormîmes — dormirai, dormirons — j'ai dormi.
échoir — *Ind. Präsens* il échoit, ils échoient — *hist. Perfekt* il échut — *Futur* il échoira, ils échoiront — *Konditional* il échoirait, ils échoiraient; *ppr* échéant; *pp* échu, e.
éclore *s.* **clore** *im Ind. Präsens* éclot *u.* éclôt.
écrire — écris, écrivons — écrive, écrivions — écrivis, écrivîmes — écrirai, écrirons — j'ai écrit.
élire *s.* **lire** — **émettre** *s.* **mettre**
émouvoir *s.* **mouvoir** — *jedoch Perfekt* je suis ému.
endormir *s.* **dormir** — **enfuir, s'** *s.* **fuir** — **enquérir** *s.* **acquérir**
ensuivre, s' *s.* **suivre** — **entreprendre** *s.* **prendre**
entretenir *s.* **tenir**
entrevoir *s.* **voir**
envoyer — envoie, envoyons — envoie, envoyions — envoyai, envoyâmes — enverrai, enverrons — j'ai envoyé.
équivaloir *s.* **valoir**
éteindre *s.* **atteindre**
être *s. S. 582*
exclure *s.* **conclure** — **extraire** *s.* **traire**
faillir — *hist. Perfekt* je faillis *etc* — *Futur* je faillirai *etc* — *Konditional* je faillirais *etc* — *Perfekt* j'ai failli.
faire *s. S. 588*
falloir — il faut — il faille — il fallut — il faudra — il a fallu.
feindre *s.* **atteindre**
fleurir — *nur fig Imperfekt* florissait, *a.* fleurissait — *ppr* florissant *(sonst regelmäßig).*
frire — *Ind. Präsens* je fris, tu fris, il frit — *Futur* je frirai *etc* — *Konditional* je frirais *etc* — *Perfekt* j'ai frit.
fuir — fuis, fuyons — fuie, fuyions — fuis, fuîmes — fuirai, fuirons — j'ai fui.
gésir — *Ind. Präsens* je gis, tu gis, il gît, nous gisons, vous gisez, ils gisent — *Imperfekt* je gisais *etc* — *ppr* gisant. *Der Infinitiv ist nicht gebräuchlich.*

haïr — hais, haïssons, haïssent — haïsse, haïssions — haïs, haïmes — haïrai, haïrons — j'ai haï.
inclure — inclus, incluons — inclue, incluions — inclus, inclûmes — inclurai, inclurons — j'ai inclus. *Bes. gebräuchlich:* ci-inclus.
inscrire *s.* **écrire — instruire** *s.* **conduire**
interdire *s.* **dire** — *jedoch Indikativ Präsens 2. Pers. Pl.* interdisez.
intervenir *s.* **venir**
introduire *s.* **conduire**
joindre — joins, joins, joint, joignons, joignez, joignent — joigne, joignions — joignis, joignîmes — joindrai, joindrons — j'ai joint.
lire — lis, lisons — lise, lisions — lus, lûmes — lirai, lirons — j'ai lu.
luire — luis, luisons — luise, luisions — luisis, luisîmes — luirai, luirons — j'ai lui.
maintenir *s.* **tenir**
maudire — *geht wie* **finir** — *jedoch pp* maudit, e.
méconnaître *s.* **connaître**
médire *s.* **dire** — *jedoch Ind. Präsens 2. Pers. Pl.* médisez — *pp nur m:* médit.
mentir *s.* **sentir**
méprendre, se *s.* **prendre**
mettre — mets, mets, met, mettons, mettez, mettent — mette, mettions — mis, mîmes — mettrai, mettrons — j'ai mis.
moudre — mouds, moulons — moule, moulions — moulus, moulûmes — j'ai moulu.
mourir meurs, mourons — meure, mourions — mourus, mourûmes — mourrai, mourrons — il est mort.
mouvoir — meus, meus, meut, mouvons, mouvez, meuvent — meuve, mouvions — mus, mûmes — mouvrai, mouvrons — j'ai mû (mue, mus, mues).
naître — il naît, ils naissent — il naisse, ils naissent — je naquis, nous naquîmes — je suis né.
nuire *s.* **luire**
obtenir *s.* **tenir**
offrir — offre, offres, offre, offrons, offrez, offrent — offre, offrions — offris, offrîmes — offrirai, offrirons — j'ai offert.
oindre — *pp* oint, e — *selten sind: Ind. Präsens* oins, oins, oint, oignons — *Imperfekt* oignais, oignions — *hist. Perfekt* oignis, oignîmes — *Futur* oindrai, oindrons — *pp* oignant.
omettre *s.* **mettre**
ouïr — *pp* ouï, e.
ouvrir *s.* **offrir**
paître — pais, paît, paissions — paisse, paissions — *Imperfekt* paissais *etc* — *hist. Perfekt fehlt* — *Konj. Imperfekt fehlt* — paîtrai, paîtrons — *pp fehlt* — *Imperativ* pais, paissons, paissez.
paraître *s.* **connaître**
parfaire *s.* **faire**
partir — pars, pars, part, partons, partez, partent — parte, partions — partis, partîmes — partirai, partirons — je suis parti.
parvenir *s.* **venir**

peindre *s.* **atteindre**
percevoir *s.* **recevoir**
permettre *s.* **mettre — plaindre** *s.* **craindre**
plaire — plais, plais, plaît, plaisons, plaisez, plaisent — plaise, plaisions — plus, plûmes — plairai, plairons — j'ai plu.
pleuvoir — il pleut — il pleuve — il plut — il pleuvra — il a plu.
poindre — *Ind. Präsens* il point — *Futur* il poindra; *Konditional* il poindrait — *Perfekt* il a point — *gelegentlich hist. Perfekt* il poignit.
poursuive *s.* **suivre**
pourvoir — pourvois, pourvoyons — pourvoie, pourvoyions — pourvus, pourvûmes — pourvoirai, pourvoirons — j'ai pourvu.
pouvoir — peux, peux, peut, pouvons, pouvez, peuvent — puisse, puissions — pus, pûmes — pourrai, pourrons — j'ai pu.
Besondere Formen: je ne puis; puis-je?
prédire *s.* **dire** — *jedoch Ind. Präsens 2. Pers. Pl.* prédisez.
prendre — prends, prends, prend, prenons, prenez, prennent — prenne, prenions, prennent — pris, prîmes — prendrai, prendrons — j'ai pris.
prescrire *s.* **écrire**
pressentir *s.* **sentir**
prévaloir *s.* **valoir** — *jedoch Konj. Präsens* il prévale.
prévenir *s.* **venir**
prévoir *s.* **voir** — *jedoch Futur* prévoirai, prévoirons.
produire *s.* **conduire**
promettre *s.* **mettre**
promouvoir *s.* **mouvoir** — *jedoch Perfekt* j'ai promu.
proscrire *s.* **écrire**
provenir *s.* **venir**
rabattre *s.* **battre**
rasseoir, se *s.* **asseoir**
recevoir — reçois, reçois, reçoit, recevons, recevez, reçoivent — reçoive, recevions — reçus, reçûmes — recevrai, recevrons — j'ai reçu.
reconnaître *s.* **connaître — reconstruire** *s.* **conduire**
recouvrir *s.* **offrir — recueillir** *s.* **cueillir**
redire *s.* **dire**
réduire *s.* **conduire**
refaire *s.* **faire**
rejoindre *s.* **joindre**
reluire *s.* **luire**
remettre *s.* **mettre**
repaître *s.* **paître** — *jedoch zusätzliche Formen: hist. Perfekt* repus, repûmes — *Konj. Imperfekt* repût — *pp* repu.
repartir *s.* **partir — repentir, se** *s.* **sentir**
reprendre *s.* **prendre**
requérir *s.* **acquérir**
résoudre — résous, résous, résout, résolvons, résolvez, résolvent — résolve, résolvions — résolus, résolûmes — résoudrai, résoudrons — j'ai résolu *ich habe beschlossen;* j'ai résous (résoute) *ich habe aufgelöst.*
ressentir *s.* **sentir — ressortir** *s.* **dormir**
restreindre *s.* **craindre**

retenir *s.* **tenir — revêtir** *s.* **vêtir — revenir** *s.* **venir**
revoir *s.* **voir**
rire — ris, rions — rie, riions — ris, rîmes — rirai, rirons — j'ai ri.
satisfaire *s.* **faire**
savoir — sais, savons — sache, sachions — sus, sûmes — saurai, saurons — j'ai su — *Imperativ* sache, sachons; sachez — *ppr* sachant.
séduire *s.* **conduire**
sentir — sens, sens, sent, sentons, sentez, sentent — sente, sentions — sentis, sentîmes — sentirai, sentirons — j'ai senti.
seoir — *Ind. Präsens* il sied, ils siéent — *Imperfekt* il seyait, ils seyaient — *Futur* il siéra, ils siéront — *Konditional* il siérait, ils siéraient — *ppr* seyant *und* séant; *pp* sis. *Der Infinitiv ist nicht gebräuchlich.*
servir *s.* **sentir — sortir** *s.* **dormir — souffrir** *s.* **offrir**
soumettre *s.* **mettre — sourire** *s.* **rire — souscrire** *s.* **écrire**
soutenir *s.* **tenir — souvenir, se** *s.* **venir — subvenir** *s.* **venir**
suffire — suffis, suffisons — suffise, suffisions — suffis, suffîmes — suffirai, suffirons — j'ai suffi.
suivre — suis, suivons — suive, suivions — suivis, suivîmes — suivrai, suivrons — j'ai suivi.
surprendre *s.* **prendre**
survivre *s.* **vivre**
taire, se — je me tais, nous nous taisons — je me taise, nous nous taisions — je me tus *ich verstummte,* nous nous tûmes — je me tairai, nous nous tairons — je me suis tu.
teindre *s.* **atteindre**
tenir — tiens, tenons, tiennent — tienne, tenions, tiennent — tins, tînmes, tîntes, tinrent — tiendrai, tiendrons — j'ai tenu.
traire — trais, trais, trait, trayons, trayez, traient — traie, trayions — *hist. Perfekt und Konj. Imperfekt fehlen* — trairai, trairons — j'ai trait.
transcrire *s.* **écrire**
transmettre *s.* **mettre**
tressaillir — tressaille, tressaillons — tressaille, tressaillions — tressaillis, tressaillîmes — tressaillirai, tressaillirons — j'ai tressailli.
vaincre — vaincs, vaincs, vainc, vainquons, vainquez, vainquent — vainque, vainquions — vainquis, vainquîmes; vaincrai, vaincrons — j'ai vaincu.
valoir — vaux, valons — vaille, valions — valus, valûmes — vaudrai, vaudrons — j'ai valu.
venir — viens, venons, viennent — vienne, venions — vins, vînmes, vîntes, vinrent — viendrai, viendrons — je suis venu.
vêtir — vêts, vêtons — vête, vêtions — vêtis, vêtîmes — vêtirai, vêtirons — j'ai vêtu.
vivre — vis, vivons — vive, vivions — vécus, vécûmes — vivrai, vivrons — j'ai vécu.
voir — vois, voyons — voie, voyions — vis, vîmes — verrai, verrons — j'ai vu.
vouloir — veux, veux, veut, voulons, voulez, veulent — veuille, voulions — voulus, voulûmes — voudrai, voudrons — j'ai voulu — *Imperativ* veuille, *a.* veux; veuillez, *a.* voulez; ne m'en veux pas; ne m'en voulez pas.

Abréviations — Abkürzungen

A Ampère.
ACF Automobile Club de France.
ACO Action catholique ouvrière.
AD Anno Domini (année du Seigneur).
AELE Association européenne de libre-échange.
AF Allocations familiales.
AFNOR Association Française de Normalisation.
AFP Agence France-Presse.
AIEA Agence Internationale de l'Énergie Atomique.
AIT Association Internationale du Tourisme.
AJ Auberge de la Jeunesse.
AM Ante meridiem (avant midi).
AME Accord Monétaire Européen.
AMM Association Médicale Mondiale.
Anc. Ancien.
ANPE Agence nationale pour l'emploi.
AP Assistance Publique.
AR Accusé de réception. Aller et retour.
arr. Arrivée. Arrondissement.
art. Article.
AS Assurances Sociales. Association sportive.
ASCOFAM Association Mondiale de la Lutte contre la Faim.
AT Admission Temporaire. Ancien Testament.
Av. Avenue.
av. J.-C. Avant Jésus-Christ.

BCG Bacille Calmette-Guérin.
bd, boul. Boulevard.
BENELUX Belgique-Nederland-Luxembourg.
BEP Brevet d'études professionelles.
BFCE Banque française du commerce extérieur.
BIRD Banque Internationale pour la Reconstruction et le Développement.
BIT Bureau International du Travail.
BNCI Banque Nationale pour le Commerce et l'Industrie.
BNP Banque Nationale de Paris.
BO Bulletin officiel.
BP Boîte postale.
BPF Bon pour francs.
br. Broché.
BRI Banque des Règlements Internationaux.
BT Brevet de technicien.

c.-à-d. C'est-à-dire.
CAF Coût, Assurance, Fret. Caisse d'Allocations Familiales.
CAP Certificat d'Aptitude Professionnelle. Certificat d'Aptitude pédagogique (1er degré).
CAPES Certificat d'Aptitude au professorat d'enseignement secondaire. Certificat d'aptitude pédagogique à l'enseignement secondaire.
CC Corps Consulaire.
CCI Chambre de Commerce Internationale.
CCP Compte Chèques Postaux.
C. civ. Code civil.
C. com. Code de commerce.
CD Corps Diplomatique.
CE Comité d'entreprise.
CEA Commissariat à l'Énergie Atomique.
CECA Communauté Européenne du Charbon et de l'Acier.
CED Communauté Européenne de Défense.
CEDEX Courrier d'Entreprise à Distribution Exceptionnelle.
CEE Communauté Économique Européenne.
CEEA Communauté Européenne de l'Énergie Atomique.

CEN Centre d'Études Nucléaires.
CERN Conseil européen pour la recherche nucléaire.
CFDT Confédération Française et Démocratique du Travail.
CFF Chemins de Fer Fédéraux (Suisse).
CFTC Confédération Française des Travailleurs Chrétiens.
CGC Confédération Générale des Cadres.
CGS Centimètre, Gramme, Seconde.
CGT Compagnie Générale Transatlantique. Confédération Générale du Travail.
CICR Comité International de la Croix-Rouge.
CIO Comité international olympique.
CISL Confédération Internationale des Syndicats Libres.
CNAF Caisse nationale des allocations familiales.
CNE Caisse Nationale d'Épargne.
CNES Centre national d'études spatiales.
CNPF Conseil National du Patronat Français.
CNRS Centre National de la Recherche Scientifique.
CODER Commission de développement économique régional.
Com. Commission.
C. Q. F. D. Ce qu'il fallait démontrer.
CREDIF Centre de recherche et d'étude pour la diffusion du français.
CREPS Centre régional d'éducation physique et sportive.
CRF Croix-Rouge Française.
ct. (du mois) courant.

DATAR Délégation à l'aménagement du territoire et à l'action régionale.
DDT Dichloro-Diphényl-Trichloréthane.
Dépt. Département.
DEUG Diplôme d'études universitaires générales.
DPLG Diplômé par le Gouvernement.
DST Direction de la Surveillance du Territoire.

E Est.
éd. Éditions. Éditeur.
EDF Électricité de France.
ENA École Nationale d'Administration.
ENS École normale supérieure.
ESSEC École supérieure des sciences économiques et commerciales.
Ets. Établissements.
EV En ville.
ex. Exemple.
exp. Expéditeur.

F Franc.
FED Fonds Européen de Développement.
FFA Forces Françaises en Allemagne.
FFAJ Fédération Française des Auberges de la Jeunesse.
FGDS Fédération de la gauche démocrate et socialiste.
FIFA Fédération internationale de football association.
FIT Fédération internationale des traducteurs.
FLN Front de Libération Nationale.
FMI Fonds Monétaire International.
FNSEA Fédération Nationale des Syndicats d'Exploitants Agricoles.
FO Force Ouvrière.
FS Faire suivre (Postes). Franc Suisse.
FSM Fédération Syndicale Mondiale.

GDF Gaz de France.
GO Grandes Ondes.
GQG Grand Quartier Général.
GV Grande vitesse.

HCR Haut-Commissariat des Nations Unies pour les Réfugiés.
HEC Hautes Études Commerciales. Heure de l'Europe centrale.
HF Haute Fréquence (Electricité).
HLM Habitation à Loyer Modéré.

IEP Institut d'études politiques.
IFOP Institut français d'opinion publique.
INED Institut National d'Études Démographiques.
INRA Institut national de la Recherche agronomique.
INSEE Institut National de la Statistique et des Études Économiques.
INSERM Institut National de la Santé et de la Recherche Médicale.
IUT Institut universitaire de technologie.

J.-C. Jésus-Christ.
JEC Jeunesse Étudiante Chrétienne.
JO Journal Officiel. Jeux Olympiques.

kg Kilogramme(s).
kHz Kilohertz.
km Kilomètre(s).
km/h Kilomètre(s)-heure *od* kilomètre(s) à l'heure.
kW Kilowatt(s).

M. Monsieur.
m Mètre(s).
mb Millibar(s).
Me Maître.
Messrs. Messieurs.
MF Modulation de fréquence.
mg Milligramme(s).
Mgr Monseigneur.
MHz Mégahertz.
Mlle Mademoiselle.
MM. Messieurs.
mm Millimètre(s).
Mme Madame.
mn Minute(s).
MRP Mouvement Républicain Populaire.
ms Manuscrit.
MTS Mètre, Tonne, Seconde.
MW Mégawatt(s).

N. Nord.
ND Notre-Dame.
NDLR Note de la Rédaction.
N.-O. Nord-ouest.
No. Numéro.
NRF Nouvelle Revue Française.
N.-S.J.-C. Notre Seigneur Jésus-Christ.

O. Ouest.
OACI Organisation de l'Aviation Civile Internationale.
OC Ondes courtes.
OCDE Organisation de Coopération et de Développement Économiques.
OEA Organisation des États Américains.
OECE Organisation Européenne de Coopération Économique.
OIT Organisation Internationale du Travail.
OMM Organisation Météorologique Mondiale.
OMS Organisation Mondiale de la Santé.
ONM Office National Météorologique.
ONU Organisation des Nations Unies.
OPEP Organisation des pays exportateurs de pétrole.

ORTF Office de Radiodiffusion--Télévision Française.
OS Ouvrier spécialisé.
OTAN Organisation du Traité de l'Atlantique Nord.
OTASE Organisation du Traité de l'Asie du Sud-Est.
OUA Organisation de l'Unité Africaine.
OVNI Objet volant non identifié.

p. Page(s).
P. Père.
p. a. Per annum (Par an).
PC Parti Communiste. Poste de Commandement.
PCC Pour copie conforme.
PDG Président-directeur général.
p. ex. Par exemple.
PIB Produit Intérieur Brut.
PJ Police Judiciaire. Pièce jointe.
PME Petites et Moyennes Entreprises.
PMU Pari mutuel urbain.
PNB Produit National Brut.
PO Petites ondes.
P. p. c. Pour prendre congé.
Pr. Professeur.
PR Poste restante. Parti républicain.
PS Post-Scriptum. Parti socialiste.
PSU Parti Socialiste Unifié.
PSV Pilotage sans Visibilité.
PTT Postes, Télégraphes, Téléphones. Postes et Télécommunications.
PV Procès Verbal. Petite vitesse.

q Quintal, quintaux.
QG Quartier Général.
QI Quotient d'Intelligence.

R. Rue. Réponse. Recommandé.
RATP Régie Autonome des Transports Parisiens.
RDA République Démocratique Allemande.
RER Réseau express régional.
RF République Française.
RFA République Fédérale d'Allemagne.
RN Revenu National. Route Nationale.
Rp Réponse payée.
RSFSR République soviétique fédérative socialiste de Russie.
RSVP Répondez s'il vous plaît.
Rte Route.
RTF Radiodiffusion-Télévision Française.
RTL Radio — Télé — Luxembourg.

S. Sud.
SA Société Anonyme.
SABENA Société Anonyme Belge de la Navigation Aérienne.
SACEM Société des Auteurs, Compositeurs et Éditeurs de Musique.
SARL Société à Responsabilité Limitée.
SDN Société des Nations (1919—1945).
SEO Sauf erreur ou omission.
SF Sans frais.
SFIO Section Française de l'Internationale Ouvrière.
SGEN Syndicat général de l'Éducation Nationale.
SI Syndicat d'Initiative.
SMAG Salaire Minimum Agricole Garanti.
SME Système monétaire européen.
SMIC Salaire Minimum Interprofessionnel de Croissance.
SMIG Salaire Minimum Interprofessionnel Garanti.
SNCF Société Nationale des Chemins de Fer Français.
SNI Syndicat National des Instituteurs.
SPA Société Protectrice des Animaux.
SS Sécurité Sociale.

Sté Société.
SVP S'il vous plaît.

t Tonne(s).
t. Tome.
Tél. Téléphone.
TF 1 Télévision française un.
TNP Théâtre National Populaire.
TNT Trinitrotoluène.
TOM Territoires d'Outre-Mer.
TSF Télégraphie sans fil.
TSVP Tournez s'il vous plaît.
TTC Toutes Taxes Comprises (Prix).
TVA Taxe sur la Valeur Ajoutée.

UEP Union européenne des paiements.
UER Union Européenne de Radiodiffusion.
UIPE Union Internationale de Protection de l'Enfance.
UIT Union Internationale des Télécommunications.
UNEF Union Nationale des Étudiants de France.
UPU Union Postale Universelle.
URSS Union des Républiques Socialistes Soviétiques.

V. Voir, voyez.

WC Water-closet.

XP Exprès payé.

Z Zéro.
ZUP Zone à Urbaniser en Priorité.

PONS

Deutsch-Französisch

von
Dr. Heinrich Mattutat

Erläuterungen

1. Schriftarten

Fettdruck	für die Stichworteinträge und für die römischen und arabischen Ziffern;
Grundschrift	für die französischen Übersetzungen der deutschen Stichwörter, Anwendungsbeispiele und Redewendungen;
Kursivschrift	für Angaben von Wortart und Genus etc., für Erklärungen, für Bezeichnungen des Sachgebiets und der Sprachebene sowie für Anwendungsbeispiele und Redewendungen;
Kursivschrift	in ⟨ . . . ⟩ für die Grundformen der starken und unregelmäßigen deutschen Verben und Unregelmäßigkeiten der Steigerung bei deutschen Adjektiven.

Beispiel: **beschlagen I.** ⟨*beschlägt, beschlug, beschlagen*⟩ **1.** *tr* garnir, armer, ferrer; *(mit Nägeln)* clouter; *(Pferd)* ferrer; **2.** *itr* ⟨*sein*⟩ *(Glas etc)* se couvrir de buée, s'embuer, suer; *(schimmeln)* moisir; **II.** *a* **1.** armé, garni, ferré; *(mit Nägeln)* clouté; **2.** *(angelaufen)* embué; **3.** *fig (Mensch)* versé (*in* dans); *fam* ferré, calé (*in* en); *in s-m Fach, auf s-m Gebiet sehr ~ sein* être rompu au métier; être un expert dans son domaine.

2. Stichwortanordnung und Gliederung der Stichworteinträge

Alle fettgedruckten Stichwörter sind alphabetisch angeordnet. Die Umlaute ä, ö, ü sind den Buchstaben a, o, u gleichgestellt.

Römische Ziffern kennzeichnen die verschiedenen Wortarten, denen ein Stichwort angehört.

Beispiel: **kritiklos I.** *a (Mensch)* sans esprit critique; **II.** *adv* sans critiquer.

Grundlegend verschiedene Bedeutungen eines Stichworts sind durch *arabische Ziffern* differenziert.

Beispiel: **Kiel** *m* ⟨-(e)s, -e⟩ [ki:l] **1.** *(Feder~)* tuyau *m;* **2.** *(Schiff)* quille, carène *f.*

Arabische Ziffern in runden Klammern unterteilen Homographe.

Beispiel: **Kiefer** ['ki:fər] **(1)** *m* ⟨-s, -⟩ *anat* mâchoire *f; scient* maxillaire *m;* **(2)** *f* ⟨-, -n⟩ *bot* pin *m.*

3. Tilde ~

Die Tilde ~ ersetzt:

a) den fettgedruckten Titelkopf (Hauptstichwort).

Beispiel: **Färber** *m* ⟨-s, -⟩ [ˈfɛrbər] teinturier *m;* **~ei** = Färberei.

b) den durch | abgetrennten ersten Teil des Titelkopfes.

Beispiel: **genieß|bar** [gəˈniːs-] *a (Speise)* mangeable ...; **~en** = genießen.

c) in Redewendungen und Anwendungsbeispielen den vorhergehenden fettgedruckten Untertitel.

Beispiel: **Gratul|ation** *f* ... ; **g~ieren** *itr: jdm zu etw ~* féliciter qn de qc.

4. Grammatische Angaben

Es ist bei allen Wörtern und Ausdrücken nicht nur auf die genaue Erfassung und Gleichsetzung der Bedeutungen Wert gelegt worden, sondern auch auf die Art und Weise, wie sie sich in ein Satzganzes einfügen. Diesem Zweck dienen die grammatischen Angaben, die auf die Besonderheiten im Gebrauch der Redeteile aufmerksam machen und Schwierigkeiten beheben. So ist in allen Fällen, die irgendwelche Zweifel aufkommen lassen könnten, angegeben, welche Präposition ein Wort regiert, ob ein Infinitiv mit à, de oder ohne Präposition gebraucht wird, und wann der Konjunktiv steht.
Das Geschlecht der Substantive ist in beiden Sprachen bei allen Einzelwörtern angegeben. Folgen in der Reihe der deutschen und der französischen Bedeutungen mehrere Wörter gleichen Geschlechts aufeinander, dann ist dieses nur beim letzten Wort angegeben. Es gilt also immer die nächstfolgende Geschlechtsangabe in der Reihe der Substantive gleicher Sprache.

Beispiel: **Kahn** *m* ... canot *m,* barque; *(kleiner)* petite barque, nacelle *f; (großer)* bateau; *(Lastkahn)* chaland *m; (Schleppkahn)* péniche *f* ...

Auf die Geschlechtsangabe folgt in ⟨...⟩ die Angabe des Genitiv Singular und des Nominativ Plural.

Beispiel: **Haar** *n* ⟨-(e)s, -e⟩ ...

Sind Singular- und Plural-Schreibweise identisch, so steht bei der Pluralangabe -.

Beispiel: **Hamster** *m* ⟨-s, -⟩ ...

Das Zeichen ø bedeutet, daß sich kein Plural bilden läßt.

Beispiel: **Haß** *m* ⟨-sses, ø⟩ ...

Werden Vokale (a, o, u) bei der Pluralbildung umgelautet (ä, ö, ü), so ist dies durch das Zeichen ¨ kenntlich gemacht.

Beispiel: **Haus** *n* ⟨-es, ¨er⟩ ...

Bei den deutschen Verben ist immer genau angegeben, ob oder in welcher Bedeutung sie transitiv oder intransitiv sind. Die Grundbedeutungen sind danach eingeteilt. Der Gebrauch der französischen Entsprechungen ist, wenn er abweicht, stets angegeben.

Beispiel: **fallen** ... *itr* ... frapper (*auf etw* qc).

Wird ein Verbum auch reflexiv oder unpersönlich gebraucht, so folgen diese Bedeutungen den transitiven und intransitiven Grundbedeutungen.
Bei den starken und unregelmäßigen deutschen Verben sind die Grundformen in ⟨...⟩ angegeben. In Zweifelsfällen wird darauf hingewiesen, ob die zusammengesetzten Zeiten mit „haben" oder „sein" gebildet werden.

Beispiel: **ein=gehen** ⟨*ging ein, eingegangen*⟩ *itr* ⟨*sein*⟩ **1.** *(Brief)* arriver; ... *tr* ⟨*sein*⟩ **4.** *(Ehe, Geschäft)* conclure, contracter ...

Unfeste Zusammensetzungen von (deutschen) Verben mit Partikeln sind durch Paralleltilde = getrennt.

Beispiel: **vor=schreiben.**

Bei allen deutschen Wörtern ist angegeben worden, zu welcher der zehn Grundwortarten es gehört. Dabei schließt die Bezeichnung des Geschlechts ein, daß es sich um ein Substantiv handelt; und ein Wort, das als transitiv oder intransitiv gekennzeichnet ist, ist stets ein Verbum.

5. Aussprache

Zur Bezeichnung der Aussprache wurden die phonetischen Zeichen der Internationalen Lautschrift verwendet (siehe Liste der Lautschriftzeichen). Im allgemeinen ist nur das fettgedruckte Hauptstichwort phonetisch umschrieben. Entspricht jedoch die Aussprache der fetten untergeordneten Stichwörter nicht den Grundregeln der deutschen Aussprache, so ist diese ganz oder in dem Teil bezeichnet, der die Abweichung aufweist.
Die Aussprache der zusammengesetzten deutschen Stichwörter ist unter den einzelnen Wortbestandteilen zu finden.

6. Einige Besonderheiten

Die *Tilde* bedeutet nicht nur eine bestimmte Buchstabengruppe, sondern auch, daß der erste Buchstabe entweder ein *Groß- oder* ein *Kleinbuchstabe* ist, je nach der voll ausgedruckten Schreibweise des Hauptstichwortes. Weicht ein Unterstichwort in der Groß- und Kleinschreibung vom Hauptstichwort ab, dann wird, und zwar in jedem einzelnen Fall, der große bzw. kleine Anfangsbuchstabe vor die Tilde gesetzt, zeigt dann also nur an, ob der erste Buchstabe der aufgelösten Tilde groß oder klein geschrieben wird.

Beispiel: **Alkohol** ... ; **a~frei** ...
blind ... ; **B~darm** ...

Gerät ein *Bindestrich* ans Zeilenende, so daß er, was in normalen Texten der Fall ist, für einen Trennungsstrich (Divis) gehalten werden muß, wird er am Anfang der folgenden Zeile wiederholt, damit man die richtige Schreibung im Normalfall (in einer Zeile) erkennen kann.

Beispiel: soi-
-même (soi-même)

Die *Betonung* eines deutschen Wortes ist stets dann durch ein der betonten Silbe vorangestelltes ' angegeben, wenn sie wechselt und das Wort je nach der Betonung verschiedene Bedeutungen hat.

Beispiel: **'übersetzen** ... ;
über'setzen ...

Für die *Rechtschreibung* der deutschen Wörter diente als Grundlage *Duden, Rechtschreibung der deutschen Sprache und der Fremdwörter, 18. Aufl., Mannheim 1980,* und für die Rechtschreibung der französischen Wörter der *Petit Robert, Dictionnaire alphabétique et analogique de la langue française, Société du Nouveau Littré, Nouvelle édition, Paris 1978.*

Liste der Lautschriftzeichen

Vokale

geschlossen

[i]	Idee [i'de:]
	bieten ['bi:tən]
[y]	Physik [fy'si:k]
	Mühe ['my:ə]
[u]	Musik [mu'si:k]
	Uhr [u:r]
[e]	egal [e'ga:l]
	See [ze:]
[ø]	Ödem [ø'de:m]
	Öse ['ø:zə]
	adieu [a'diø:]
[o]	Tomate [to'ma:tə]
	Ofen ['o:fən]

offen

[ɪ]	bitten ['bɪtən]
[ʏ]	dünn [dʏn]
[ʊ]	Druck [drʊk]
[ɛ]	ändern ['ɛndərn]
	Antenne [an'tɛnə]
	Bär [bɛ:r]
[œ]	öffnen ['œfnən]
[ɔ]	offen ['ɔfən]
[a]	hat [hat]
	Rat [ra:t]

Murmellaut

[ə]	Alter ['altər]

Diphtonge

[aɪ]	Ameise ['a:maɪzə]
	Laib [laɪp]
[aʊ]	Baum [baʊm]
[ɔʏ]	äußern ['ɔʏsərn]
	heute ['hɔʏtə]

Halbvokal

[j]	ja [ja:]
[w]	Memoiren [me'mwa:rən]

Konsonanten

[b]	bar [ba:r]
[ç]	Arche ['arçə]
	König ['kønɪç]
[x]	auch [aʊx]
[d]	du [du:]
[f]	auf [aʊf]
	Vater ['fa:tər]
	Asphalt [as'falt]
[g]	gern ['gɛrn]
[ʒ]	Genie [ʒe'ni:]
	Jackett [ʒa'kɛt]
[h]	Hut [hu:t]
[k]	Kur [ku:r]
	Antrag ['antra:k]
	Geschmack [gə'ʃmak]
[kv]	Qual [kva:l]
[l]	leben ['le:bən]
[m]	am [am]
[n]	an [an]
[ŋ]	Angst [aŋst]
	Onkel ['ɔŋkəl]
[p]	apart [a'part]
	ab [ap]
[r]	arm [arm]
[s]	als [als]
	Kissen ['kɪsən]
	Fluß [flʊs]
[z]	Rose [ro:zə]
[ʃ]	schwer [ʃve:r]
	Straße ['ʃtra:sə]
[t]	alt [alt]
	Hand [hant]
[v]	wo [vo:]
[ts]	Zimmer ['tsɪmər]
	C [tse:]

Nasale

[ã]	Chance [ʃã:s(ə)]
[õ]	Annonce [a'nõ:sə]
[œ̃]	Parfum [par'fœ̃:]
[ɛ̃]	Bulletin [bʏl'tɛ̃:]

: bedeutet, daß der unmittelbar davor stehende Vokal lang ist.

ˈ bezeichnet den stärksten Akzent (steht vor der Akzentsilbe).

ˌ bezeichnet den Nebenakzent.
Beispiel: ausstaffieren [ˈausʃtaˌfiːrən].

ʔ bezeichnet den festen Stimmeinsatz bei Vokalen am Anfang einer Silbe.
Beispiel: erinnern [ɛrˈʔɪnərn].

- waagerechte Striche geben die Silben eines Stichworts wieder.
Beispiel: Alarm [aˈlarm] ... alarmieren [-ˈmiː-].
In Verbindung mit dem Akzentstrich bedeuten sie, daß die zuvor angegebene Aussprache auch in der so gekennzeichneten Betonung gilt.
Beispiel: anbei [ˈanbaɪ, -ˈ-].

A

A, a *n* ‹-, -› [a:] *(Buchstabe)* A, a *m; mus* la *m; von A bis Z* de(puis) A (jusqu')à Z, d'un bout à l'autre; *von A bis Z erfunden* inventé de toutes pièces; *wer A sagt, muß auch B sagen (prov)* (quand) le vin est tiré, il faut le boire.

Aachen *n* ‹-s, ø› ['a:xən] *geog* Aix-la--Chapelle *f.*

Aal *m* ‹-(e)s, -e› [a:l] *zoo* anguille *f; sich wie ein ~ winden* se tortiller comme une anguille; **a~en,** *sich (fam: sich faul ausstrecken)* tirer sa flemme, s'étirer; *sich in der Sonne ~* faire le lézard; **a~glatt** *a fig* souple comme une anguille.

Aas *n* ‹-es, -e› [a:s, '-zə] *(Tierleiche)* charogne *f, a. fig pej;* cadavre *m; pop (gerissene Person)* roué(e *f*); madré(e *f*) *m; kein ~ (pop)* pas un chat, personne; **~fliege** *f* mouche *f* à viande; **~fresser** *m zoo* nécrophage *m;* **~geier** *m, a. fig* vautour *m;* **~käfer** *m* silphe *m.*

ab [ap] **I.** *adv (~gegangen, ~getrennt, los)* parti, perdu; *~sein (a.)* manquer; *loc* départ; *Köln ~ 7.15* Cologne départ 7.15; *~ und an, ~ und zu* par-ci, par-là; de temps en temps, de loin en loin, quelquefois; *von ... ~ (zeitl.)* à partir de ..., dès ...; *von heute ~* à partir d'aujourd'hui; *von jetzt ~* dès maintenant; *weit ~ von* loin de; *Hut ~!* chapeau bas! *~ nach Kassel! (fam)* oust(e)! filez! **II.** *prp (örtl.)* pris, départ *(adv); ~ Werk, Lager* pris à l'usine, au dépôt; *(zeitl.)* à partir de; *~ 1. April* à partir du 1er avril.

ab=änder|n ['apˀɛndərn] *tr* modifier, varier, changer; *(umarbeiten)* remanier, retoucher; *jur (Urteil)* commuer; *parl* amender, réformer; **A~ung** *f* modification, variation *f,* changement; *(Umarbeitung)* remaniement *m,* retouche; *jur* commutation *f; parl* amendement *m,* réforme *f;* **A~ungsantrag** *m parl* amendement *m.*

ab=arbeiten 1. *tr (e-e Schuld)* acquitter par son travail; **2.** *refl: sich ~* s'épuiser *od* s'éreinter (à force de travail), s'esquinter.

Abart *f* ['apˀa:rt] *bes. biol* variété, variante *f;* **a~ig** *a* ano(r)mal; **~igkeit** *f* anomalie *f.*

Abbau *m* **1.** *(Ausea.nehmen)* démontage; *(e-r Fabrikeinrichtung a.)* démantelage *m;* **2.** *mines* exploitation *f* (minière); **3.** *chem (e-r Verbindung)* décomposition, dégradation *f;* **4.** *fig (Bestände, Preise, Gehälter, Personal)* réduction, diminution *f;* **5.** *(Maßnahme, Einrichtung, Dienststelle)* suppression *f* (graduelle); *~ der Zollschranken* suppression *f* graduelle des barrières douanières; **ab=bauen** *tr* **1.** *(ausea.nehmen)* défaire, démonter; *(Zelt a.)* plier; *(Maschine)* démonter; *(Fabrikeinrichtung a.)* démanteler; **2.** *mines* exploiter; **3.** *chem* décomposer, dégrader; **4.** *fig (Bestände etc)* réduire, diminuer; *(Beamte, Angestellte)* congédier, licencier, renvoyer; *(Angestellte a.)* débaucher; **5.** *(Maßnahme etc)* supprimer graduellement.

ab=beißen ‹*biß ab, abgebissen*› *tr* arracher avec les dents; *sich lieber die Zunge ~ (fam)* préférer se faire couper la langue (*als* que de).

ab=beizen *tr* décaper, dérocher.

ab=bekommen ‹*bekam ab, abbekommen*› *tr* **1.** *(losbekommen)* (réussir à) détacher; **2.** *(erhalten)* emporter; *(Schlag)* attraper; *etw ~* avoir sa part.

ab=beruf|en ‹*berief ab, abberufen*› *tr (Diplomaten)* rappeler; *aus diesem Leben* od *in die Ewigkeit ~ werden* être rappelé à Dieu; **A~ung** *f* rappel *m.*

ab=bestell|en ‹*ohne -ge-*› *tr com* décommander, contremander; *(Zeitung)* résilier *od* faire cesser l'abonnement de; *(Person)* décommander; **A~ung** *f* contrordre, contremandement *m; (Zeitung)* cessation *f* d'abonnement *od* de l'abonnement (de).

ab=betteln *tr: jdm etw ~* obtenir qc de qn à force de prier, soutirer qc à qn.

ab=bezahl|en ‹*ohne -ge-*› *tr* achever de payer; amortir; *(in Raten)* payer en *od* par acomptes; **A~ung** *f* amortissement *m.*

ab=biegen ‹*bog ab, abgebogen*› *tr* ‹*h*› **1.** courber, plier, écarter en pliant; **2.** *fig (ablenken)* détourner, écarter; *itr* ‹*sein*› **3.** *(vom Weg, weg aus s-r Richtung)* tourner.

Abbild *n (Ebenbild)* image *f; fig* reflet *m;* **ab=bilden** *tr* figurer, représenter; **~theorie** théorie *f* du reflet; **~ung** *f typ* figure, illustration, reproduction *f; mit ~en (attr)* illustré.

ab=binden ‹*band ab, abgebunden*› *tr* **1.** *(losbinden)* délier, détacher; **2.** *med (Ader)* ligaturer, lier.

Abbitte *f* excuses *f pl; (öffentliche)* amende *f* honorable; *~ leisten* od *tun* demander pardon; *(öffentlich)* faire amende honorable; **ab=bitten** ‹*bat ab,* *abgebeten⟩ tr: jdm etw* ~ demander pardon à qn de qc.

ab=blasen ⟨*bläst, blies ab, abgeblasen*⟩ *tr* **1.** *(Staub)* enlever en soufflant; **2.** *fig fam (Veranstaltung, Streik)* supprimer, annuler, *(nach Beginn)* interrompre.

ab=blättern *itr (Farbe)* s'écailler, s'enlever.

ab=blend|en *tr* **1.** *(durch Abdecken)* voiler, masquer; *mot* mettre en code; **2.** *phot* diaphragmer; *itr* **3.** *mot* baisser les phares, mettre (les phares) en code; *abgeblendet haben (mot)* être en code; **A~licht** *n* phare *m* code.

ab=blitzen *itr: jdn ~ lassen (fam)* envoyer qn promener, éconduire qn.

ab=brausen 1. *itr* ⟨*sein*⟩ *fam (schnell abfahren)* partir en flèche; filer; **2.** *refl: sich* ~ se doucher.

ab=brechen ⟨*bricht, brach ab, abgebrochen*⟩ *tr* ⟨*h*⟩ **1.** rompre, briser, détacher; *(Zweig)* casser; **2.** *(Mauer, Gebäude)* démolir; *(Zelt)* démonter, plier; **3.** *fig (Tätigkeit)* interrompre, arrêter, suspendre; *(Kampf)* arrêter, cesser; *(Streik)* cesser; *(Verhandlungen, Beziehungen)* rompre; *itr* **4.** ⟨*h*⟩ *fig (aufhören)* s'arrêter, cesser; *(in der Rede)* s'interrompre; **5.** ⟨*sein*⟩ se rompre, se briser; — *die Beziehungen zu jdm* od *den Verkehr mit jdm* ~ rompre les relations avec qn; *kurz ~ (itr: in der Rede)* couper court; *tr (Rede: plötzlich aufhören)* couper court à; *das Lager ~ (mil)* lever le camp; *die Zelte ~ (fig)* abattre les tentes.

ab=brennen ⟨*brannte ab, abgebrannt*⟩ *tr* ⟨*h*⟩ brûler, réduire en cendres; *itr* ⟨*sein*⟩ brûler, être consumé par le feu; *ein Feuerwerk* ~ tirer un feu d'artifice.

ab=bringen ⟨*brachte ab, abgebracht*⟩ *tr* **1.** enlever; **2.** *fig: jdn von etw* ~ détourner, faire revenir qn de qc; *jdn von s-r Meinung* ~ faire changer qn d'avis; *vom Thema* ~ écarter du sujet; *sich von etw nicht ~ lassen* ne pas démordre de qc; *davon lasse ich mich nicht* ~ on ne peut (pas) m'enlever cette idée (de la tête).

ab=bröckeln *itr* ⟨*sein*⟩ s'émietter, se détacher par fragments.

Abbruch *m* **1.** *(e-s Gebäudes)* démolition *f;* **2.** *fig (der Beziehungen, Verhandlungen)* rupture *f; (e-s Wettkampfes)* arrêt *m;* — *e-r S ~ tun* porter atteinte *od* préjudice à qc; *e-r S keinen ~ tun (a.)* ne rien enlever à qc; *(Haus) auf ~ verkaufen* vendre pour la démolition; *~ der diplomatischen Beziehungen* rupture *od* suspension *f* des relations diplomatiques; **a~reif** *a (Haus)* croulant, délabré.

ab=buch|en *tr com (abziehen)* déduire; *(zur Last schreiben)* débiter; *(abschreiben, streichen)* amortir; **A~ung** *f* déduction *f;* débit *m,* charge *f;* amortissement *m.*

ab=bürsten *tr (Gegenstand)* brosser; *(Schmutz)* enlever avec une brosse.

ab=büßen *tr (Schuld)* expier; *jur (Strafe)* purger.

Abc *n* ⟨-, -⟩ [abeˈtseː] alphabet; *fig (Anfangsgründe)* abc *m;* **~-Schütze** *m (Schulanfänger)* enfant *m* qui (n')en est (qu')à l'abc *od* aux rudiments; **ABC--Staaten,** *die, m pl pol* l'Argentine *f,* le Brésil et le Chili; **ABC-Waffen** *f pl* armes ABC, armes *f pl* atomiques, biologiques et chimiques.

ab=dank|en *itr (sein Amt niederlegen)* démissionner, donner sa démission; *(Fürst)* abdiquer; **A~ung** *f* ⟨-, -en⟩ démission; *(Fürst)* abdication *f.*

ab=decken *tr* **1.** *(Belag, Decke: abnehmen)* enlever; *(Dach, Haus, Beet: freilegen)* découvrir; *(Tisch)* desservir; **2.** *(zudecken)* (re)couvrir.

ab=dicht|en *tr allg* obturer; *(Loch)* boucher, colmater, aveugler; *(Ritze)* calfeutrer; *(wasserdicht machen)* rendre étanche, étancher; *mar* calfater; **A~ung** *f* obturation *f;* colmatage; calfeutrage *m;* calfatage *m.*

ab=drängen *tr* repousser, refouler.

ab=drehen *tr* **1.** détacher *od* enlever en tordant; **2.** *(Wasser)* couper, fermer; *(Gas)* fermer; *el (Licht)* éteindre.

ab=drosseln *tr (Gas, el)* étrangler; *mot* mettre au ralenti.

Abdruck *m* **1.** ⟨-(e)s, ¨e⟩ [ˈapdruk, -ʏkə] empreinte *(a. d. Fingers),* marque *f;* **2.** ⟨-s, -e⟩ *typ* reproduction, copie *f;* **ab=drucken** *tr typ* imprimer, tirer, reproduire, copier; *(veröffentlichen)* publier.

ab=drücken 1. *tr (Gewehr)* décharger; appuyer sur *od* lâcher la détente; faire partir le coup; **2.** *refl: sich ~ (in etw Weiches)* s'empreindre.

ab=dunkeln *tr (Raum)* obscurcir.

ab=ebben *itr* ⟨*sein*⟩ *(Flut)* reculer, se retirer; *fig* baisser, décliner.

Abend *m* ⟨-s, -e⟩ [ˈaːbənt, -də] *(als Zeiteinheit)* soir; après-dîner *m; (in s-m Verlauf, mit Bezug auf s-n Inhalt)* soirée *f; am ~, des ~s* le soir; *am ~ vorher* la veille (au soir); *am folgenden* ~ le lendemain soir; *eines ~s* un (beau) soir; *gestern a~* hier (au) soir; *heute a~* ce soir; *morgen a~* demain soir; *zu ~ essen* dîner (*etw* de qc); *jdm e-n guten ~ wünschen* souhaiter *od* donner le bonsoir à qn; *es wird* ~ le soir tombe; *bis heute a~!* à ce soir! *guten ~!* bonsoir! *es ist noch nicht aller Tage ~ (prov)* qui vivra verra; *man soll den Tag nicht vor dem ~ loben (prov)* il ne faut pas trop tôt chanter victoire; *der Heilige* ~ la veille de Noël; **~anzug** *m* tenue *f* de soirée; **~brot** *n,* **~essen** *n* repas du soir, dîner *m;* **~dämmerung** *f* crépuscule *m;* **a~-**

füllend *a: ~er Film m* grand film, long métrage *m;* **~gesellschaft** *f* soirée *f* (*mit Tanz* dansante); **~gottesdienst** *m (kath.)* vêpres *f pl; (evang.)* culte *m* du soir; **~kasse** *f theat: an der ~* à l'entrée; **~kleid** *n* robe *f* de soirée *od* du soir; *im ~* en grande toilette; **~kurs** *m* cours *m* du soir; **~land,** *das* l'Occident *m;* **a~ländisch** *a* occidental; **~mahl** *n rel* cène; *(Kunst)* Cène *f;* **~mahlzeit** *f* repas *m* du soir; **~rot** *n,* **~röte** *f* coucher *m* de soleil; **a~s** *adv* le soir; **~schule** *f* école *f od* cours *m pl* du soir; **~sonne** *f* soleil *m* couchant; **~stern** *m* étoile *f* du soir *od* du berger; **~stunden** *f pl* soirée, veillée *f.*

Abenteu|er *n* ⟨-s, -⟩ ['a:bəntɔʏər] aventure *f; auf ~ ausgehen* chercher des aventures, courir l'aventure; **a~erlich** *a* aventureux; **~erlust** *f* aventurisme *m;* **~erroman** *m* roman *m* d'aventures; **~rer** *m* ⟨s, -⟩ aventurier *m.*

aber ['a:bər] **I.** *conj* mais; *(indessen, jedoch)* cependant, pourtant, toutefois; *(trotzdem, dennoch, nichtsdestoweniger)* néanmoins; *nun ~* or; *oder ~* ou bien, autrement; *~ ja!* mais oui! *~ natürlich!* mais naturellement! bien sûr! *~ nein!* mais *od* que non! *~ sicher!* mais certainement! **II.** *adv: ~ und ~mals* toujours de nouveau; *tausend und ~ tausend, Tausende und ~ Tausende* des milliers et des milliers; **III. A~** *n* ⟨-s, -⟩ mais *m; nach vielem Wenn und ~* après beaucoup de si et de mais; **A~glaube** *m* superstition *f;* **~gläubisch** *a* superstitieux.

ab=erkenn|en ⟨*erkannte ab, aberkannt*⟩ *tr* contester, refuser (*jdm etw* qc à qn); *jur* priver, déposséder (*jdm etw* qn de qc); **A~ung** *f* contestation *f,* refus *m; jur* privation, dépossession *f; ~ der bürgerlichen Ehrenrechte* privation des droits civiques, dégradation *f* civique.

abermals *adv* de nouveau, encore (une fois).

ab=ernten *tr (Feld)* moissonner.

Abessin|ien *n* ⟨-s, ø⟩ [abɛ'si:niən] *geog* l'Abyssinie *f;* **~ier(in** *f***)** *m* ⟨-s, -⟩ [-niər] Abyssin(e *f*); Abyssinien(ne *f*) *m;* **a~isch** *a* abyssin(ien).

ab=fahr|en ⟨*fährt, fuhr ab, abgefahren*⟩ *itr* ⟨*sein*⟩ **1.** *allg* partir (*nach* pour); *(Fahrzeug)* démarrer; **2.** *(Schi: abwärts fahren)* descendre; *tr* ⟨*h*⟩ **3.** *(Last)* transporter; charrier, voiturer, camionner; **4.** *(Körperteil bei e-m Unfall)* écraser; **5.** *(e-e Strecke)* couvrir, faire; **A~t** *f* **1.** *allg* départ; *(Fahrzeug)* démarrage *m;* **2.** *(Schi: Talfahrt)* descente *f;* **3.** *(Autobahn)* (embranchement *m* de) sortie *f;* **~(ts)bereit** *a* prêt à partir; *mar* en partance (*nach* pour); **A~t(s)signal** *n* signal *m* du départ *od mar* de partance; **A~tsstrecke** *f (Schi)* parcours *m* de descente; **A~t(s)zeit** *f* heure *f* de *od* du départ.

Abfall *m* **1.** *(wertlose Überbleibsel, meist pl: Abfälle)* résidu *m,* décombres *m pl,* rebut *m,* déchets *m pl; (im Haus)* ordures *f pl; (in der Küche)* épluchures *f pl;* **2.** *fig mil pol* défection *f; (e-r Provinz)* soulèvement *m;* **~eimer** *m* boîte à ordures, poubelle *f.*

ab=fallen ⟨*fällt, fiel ab, abgefallen*⟩ *itr* ⟨*sein*⟩ **1.** *(herunterfallen)* tomber, se détacher; *(Früchte, vorzeitig)* avorter; **2.** *(Gelände)* s'incliner, aller en pente; *(Straße)* descendre; **3.** *fig pol* faire défection; abandonner, renier, déserter (*von jdm, von etw* qn, qc); **4.** *(schlechter sein)* être inférieur (*gegen* à); **5.** *es fällt etw, nichts für mich ab* j'en aurai ma part; je n'en aurai rien; **a~d** *a (Gelände)* en pente, incliné.

abfällig *a fig (Urteil)* défavorable.

Abfall|produkt *n (verwertbar)* sous-produit *m;* **~verwertung** *f* utilisation *f* des déchets.

ab=fangen ⟨*fängt, fing ab, abgefangen*⟩ *tr* **1.** *(Boten, Brief, tele)* intercepter; *radio* capter; **2.** *(Stoß)* amortir; *(Schlag)* parer; **3.** *(Flugzeug)* redresser.

ab=färben *itr, a. fig* déteindre (*auf* sur); *fig* influencer (*auf jdn* qn).

ab=fassen *tr (verfassen, schreiben)* rédiger, composer, écrire, faire; *jur (aufsetzen)* dresser, minuter, libeller.

ab=feilen *tr* enlever avec la lime, limer.

ab=fertig|en *tr* **1.** expédier *(a. Zug); (Gepäck)* enregistrer; *(zollamtlich)* dédouaner; *(Schiff)* armer; **2.** *(Kunden)* servir; — *jdn bevorzugt ~* accorder le tour de faveur à qn; *jdn kurz ~* expédier qn; **A~ung** *f* expédition *f; (Gepäck)* enregistrement *m.*

ab=feuern *tr (Schuß, Geschütz)* tirer; *(Gewehr)* décharger.

ab=find|en ⟨*fand ab, abgefunden*⟩ *tr (entschädigen)* dédommager, indemniser (*für etw* de qc); *sich mit etw ~* s'accommoder, s'arranger, prendre son parti de qc; se résigner à qc; *sich mit jdm (gütlich) ~* s'arranger (à l'amiable), composer avec qn; **A~ung** *f* ⟨-, -en⟩ *(Entschädigung)* dédommagement *m,* indemnisation; indemnité *f* (forfaitaire); *(Vergleich)* accord *m.*

ab=flachen *tr* aplatir, aplanir, niveler.

ab=flauen ['apflauən] *itr* ⟨*sein*⟩ *(Wind)* mollir, se calmer; *fig (Interesse)* diminuer.

ab=fliegen ⟨*flog ab, abgeflogen*⟩ *itr* ⟨*sein*⟩ *aero* s'envoler, décoller, partir (*nach* pour).

ab=fließen ⟨*floß ab, abgeflossen*⟩ *itr* ⟨*sein*⟩ s'écouler.

Abflug *m (der Zugvögel, aero)* départ; *aero* envol, décollage *m.*

Abfluß *m* (voie *f* d')écoulement *m; (e-s*

Teiches, Staubeckens) décharge *f;* **~rinne** *f* déversoir, caniveau *m;* **~rohr** *n* tuyau *m* d'écoulement *od* de décharge.

ab=fordern *tr: jdm etw ~* demander *od* réclamer qc à qn, exiger qc de qn.

ab=fragen *tr* faire réciter (*etw* od *jdn* qc *od* qn).

Abfuhr *f* ‹-, -en› ['apfu:r] **1.** transport, charriage, camionnage *m;* **2.** *fig fam (Zurückweisung)* refus *m,* rebuffade *f; jdm e-e ~ erteilen* éconduire qn.

ab=führ|en *tr* **1.** *(Gefangenen)* emmener; **2.** *fig (vom Thema)* écarter; **3.** *(Geld)* verser; *(Schuld)* acquitter; *itr* **4.** *med* purger, évacuer; **A~mittel** *n* purgatif *m,* purge *f,* laxatif *m; ein ~ nehmen* se purger.

ab=füll|en *tr (Flüssiges)* soutirer; *(in Flaschen)* mettre en bouteilles, embouteiller; **A~ung** *f* soutirage *m;* mise *f* en bouteilles.

Abgabe *f* **1.** *(Ablieferung)* délivrance, livraison *f;* **2.** *(Verkauf)* vente *f;* **3.** *meist pl adm* droits, impôts *m pl,* taxes *f pl,* contribution(s *pl) f; — ~ e-r Erklärung* émission *f* d'une déclaration; **a~nfrei** *a* exempt d'impôts; **a~npflichtig** *a* soumis *od* assujetti à l'impôt, imposable.

Abgang *m* **1.** *theat sport (von der Schule)* sortie; *(aus e-r Stelle, e-m Amt)* retraite *f;* **2.** *(Verlust)* perte *f; (bei Flüssigkeiten)* coulage *m;* **~szeugnis** *n* certificat *m* de fin d'études.

Abgas *n, a. pl tech mot* gaz *m* d'échappement *od* de combustion.

abgearbeitet *a* surmené; éreinté de travail.

ab=geben ‹*gibt, gab ab, abgegeben*› *tr* **1.** remettre, (dé)livrer, donner; *(in der Garderobe)* déposer; *(Handgepäck)* mettre en consigne, consigner; **2.** *sport (Ball)* passer; **3.** *(Erklärung)* faire; **4.** *(verkaufen)* vendre; *(abtreten)* céder; **5.** *(Amt)* se démettre de, résigner; **6.** *(darstellen, auftreten als)* faire; **7.** *phys (Wärme)* dégager; *(Strahlungsenergie)* émettre; *— sich mit etw ~ (befassen)* se mêler *od* s'occuper de qc; *sich mit jdm ~* s'occuper de qn; *e-n Schuß ~* tirer un coup; *s-e Stimme für jdn ~ (parl)* donner sa voix à qn, voter pour qn; *sein Urteil über etw ~* donner son jugement sur qc; *abgegebene Stimmen f pl (parl)* suffrages *m pl* exprimés.

abgebrannt *a (Mensch)* sinistré; *fig fam (ohne Geld)* à sec, raide, fauché.

abgebrüht *a fig fam (erfahren)* dur à cuire; *~ sein (a.)* être blindé, ne plus rougir de rien.

abgedroschen *a fig* usé, galvaudé, rebattu, banal, trivial; *~e Redensart f* expression *f* banale, cliché *m.*

abgefeimt *a (schlau)* fieffé, roué.

abgehackt *a, a. fig* haché; *fig (Sprechweise, Stil)* saccadé, sautillant.

ab=gehen ‹*ging ab, abgegangen*› *itr* ‹*sein*› **1.** *(abfahren)* s'en aller, partir (*nach* pour); *(Schauspieler von der Bühne)* quitter la scène, sortir; *(Schüler)* sortir, quitter l'école; *(Beamter)* prendre sa retraite; **2.** *(sich lösen, z. B. Sohle, Rad)* se détacher; *(Knopf)* s'en aller, sauter; *(Farbe)* passer; **3.** *(Ware: sich verkaufen)* se vendre, se débiter, s'écouler; **4.** *(abzweigen)* bifurquer; **5.** *fig (von s-r Meinung)* se départir, démordre (*von* de); *impers* **6.** *(fehlen)* manquer, faire faute (*jdm* à qn); *— von s-n Forderungen ~* réduire ses exigences; *reißend ~ (com)* s'enlever; *von der Wahrheit ~* s'écarter de la vérité; *sich nichts ~ lassen* ne se priver de rien; *es ist alles gut* od *glatt abgegangen* tout s'est bien passé; *es ging nicht ohne Streit ab* on en est venu aux coups; *es gehen 3 Mark ab* trois marks sont à déduire.

abgekämpft *a mil* u. *allg* usé, épuisé.

abgekartet *a: ~es Spiel n* jeu *m* joué.

abgeklärt *a (Flüssigkeit* u. *fig)* décanté, clarifié; *fig (Mensch: ruhig, heiter)* calme, serein; *(weise)* sage.

abgelagert *a (Brot)* rassis; *(Wein)* vieilli en cave; *(Holz)* bien sec.

abgelaufen *a* **1.** *(Schuhe)* usé; **2.** *(Termin, Frist)* expiré.

abgelegen *a* éloigné, écarté, reculé, isolé, perdu; *(einsam)* solitaire.

abgemacht *a* convenu, entendu, fait; *~!* (c'est) convenu *od* entendu! d'accord!

abgeneigt *a* pas *od* peu disposé, peu enclin; *e-r S ~ sein* répugner à qc, avoir de la répugnance à *od* pour qc.

abgenutzt *a* usé; *(Kleidung)* râpé.

Abgeordnete *m f* ‹-n, -n› *parl* député; délégué(e *f) m;* **~enhaus** *n,* **~enkammer** *f* Chambre *f* des députés.

abgerissen *a* **1.** *(zerlumpt)* déguenillé, dépenaillé; **2.** *fig (Worte)* incohérent; *~e Sätze m pl* phrases *f pl* décousues.

abgerundet *a, a. fig* arrondi; *(Zahl)* en chiffres ronds.

abgeschieden *a* **1.** *(einsam)* isolé, à l'écart; retiré; solitaire; **2.** *(verstorben)* décédé, trépassé, défunt; **A~heit** *f* ‹-, ø› isolement *m;* solitude *f.*

abgeschlossen *a* **1.** *(eingeschlossen)* (ren)fermé; *(getrennt)* séparé, isolé; **2.** *fig (beendet)* fini, achevé; complet.

abgeschmackt ['apgəʃmakt] *a fig (fade)* fade, plat, insipide; *(albern)* inepte, saugrenu; *~es Zeug n* fadaises, sornettes *f pl;* **A~heit** *f* fadeur, platitude; ineptie *f.*

abgesehen: *~ von* abstraction faite de, à côté de, sans parler de; *davon ~* à part cela, à cela près; *von einigen Ausnahmen ~* à quelques exceptions près.

abgespannt *a (müde)* fatigué; *(erschöpft)* épuisé, abattu; **A~heit** *f* ‹-, ø› fatigue *f;* épuisement, abattement *m.*
abgestanden *a (Wein, Bier)* éventé.
abgestorben *a* mort.
abgestumpft *a* **1.** *math (Kegel)* tronqué; **2.** *fig (Sinn)* usé; *(seelisch, geistig)* insensible, indifférent (*gegen* à); *(stumpf)* hébété, abruti; **A~heit** *f* ‹-, ø› *fig (geistige)* indifférence *f;* hébétement *m.*
abgetragen *a (Kleidung)* usé, râpé.
ab≈gewinnen ‹*gewann ab, abgewonnen*› *tr (Geld)* gagner (*jdm etw* qc sur qn); *e-r S Geschmack* ~ trouver *od* prendre goût à qc.
ab≈gewöhnen *tr: jdm etw* ~ déshabituer, désaccoutumer qn de qc, faire perdre l'habitude de qc à qn; *sich etw* ~ se déshabituer, se désaccoutumer de qc, perdre l'habitude de qc; *sich das Rauchen* ~ se déshabituer de fumer.
Abglanz *m fig* reflet *m.*
Abgott *m* faux dieu *m,* idole *f.*
ab≈grasen *tr* brouter.
ab≈grenz|en *tr* délimiter, démarquer; *sport (Spielfeld)* marquer; **A~ung** *f* ‹-, -en› délimitation, démarcation *f.*
Abgrund *m* gouffre; *a. fig* précipice, abîme *m; an den Rand des ~s bringen, am Rande des ~s stehen (fig)* amener, être au bord de la ruine *od* du gouffre.
ab≈gucken *tr: jdm etw* ~ apprendre qc en imitant qn; *(Schüler: abschreiben)* copier (*von* sur).
Abguß *m metal* moulage *m.*
ab≈hacken *tr* découper.
ab≈haken *tr (auf e-r Liste)* pointer.
ab≈halten ‹*hält, hielt ab, abgehalten*› *tr* **1.** *(weghalten)* tenir à distance, écarter; **2.** *(Kind)* faire faire ses besoins à; **3.** *(zurück-, fernhalten)* arrêter, retenir; **4.** *(hindern)* empêcher (*von* de); *(von der Arbeit)* détourner (*von* de); **5.** *(Veranstaltung)* tenir; — *Gericht* ~ siéger; *Gottesdienst* ~ célébrer l'office, officier; *Unterricht* ~ faire la classe; *sich durch nichts* ~ *lassen* aller contre vent et marée.
ab≈handeln *tr* **1.** *(abkaufen)* acheter (*jdm etw* qc à qn); **2.** *vom Preis* ~ faire rabattre du prix; **3.** *fig (schriftl. erörtern)* traiter.
abhanden *adv (weg, verloren)* perdu; ~ *kommen* se perdre, s'égarer; *er ist mir* ~ *gekommen* je l'ai perdu.
Abhandlung *f* traité *m,* dissertation *f.*
Abhang *m* pente *f,* penchant, versant *m,* côte *f; steiler* ~ escarpement *m.*
ab≈häng|en *tr* **1.** *(herabnehmen)* dépendre; *(Bild, Hörer)* décrocher *a. loc; loc (Wagen)* découpler; **2.** *fam (überholen)* semer *pop; sport* distancer; *itr* ‹*hing ab, abgehangen*› **3.** *fig (Sache)* être fonction *od* tributaire (*von* de); *von jdm, etw* ~ dépendre de qn, de qc; *es hängt nur von Ihnen ab* il ne tient qu'à vous; **~ig** *a* dépendant (*von* de); tributaire (*von* de); *gram* subordonné (*von* à); *etw* ~ *machen von* subordonner qc à; *von jdm* ~ *sein* dépendre de qn; *pol* prendre loi, recevoir *od* subir la loi (*von* de); **A~igkeit** *f* ‹-, ø› *fig* dépendance *f* (*von* de); sujétion *a. pol; bes. gram* subordination *f; gegenseitige* ~ interdépendance *f.*
ab≈härt|en *tr* endurcir, aguerrir, rompre (*gegen* à); **A~ung** *f* endurcissement *m* (*gegen* à).
ab≈hauen **1.** *tr* ‹*hieb ab, hat abgehauen*› couper, trancher; **2.** *itr* ‹*haute ab, ist abgehauen*› *pop (weggehen)* filer, décoller, s'emballer; *hau ab!* va-t'en!
ab≈heben ‹*hob ab, abgehoben*› *tr* **1.** *(hochheben)* enlever, ôter; *(Decke)* soulever; *(Hörer)* dédrocher; *(Spielkarten)* couper; **2.** *(Geld)* retirer, prélever; *refl* **3.** *sich* ~ *(sich abzeichnen)* se dessiner, se silhouetter; avoir du relief; *sich* ~ *von* se détacher; se découper sur.
ab≈helfen ‹*hilft, half ab, abgeholfen*› *itr: e-r S* ~ remédier, porter remède à qc; *dem kann abgeholfen werden* il y a remède à cela.
ab≈hetzen, *sich* s'éreinter.
Abhilfe *f* remède, redressement *m,* réparation *f;* ~ *schaffen* porter remède, y remédier.
ab≈hobeln *tr* raboter, dégauchir.
ab≈holen *tr (Person u. Sache)* aller *od* venir chercher *od* prendre; *jdn vom Bahnhof* ~ aller attendre qn à la gare; *vom Hause* ~ *(com)* prendre à domicile; ~ *lassen* envoyer chercher, faire prendre; *nicht abgeholt (Brief)* non réclamé, en souffrance.
ab≈holzen *tr* déboiser.
ab≈horchen *tr* écouter, épier; *tele radio* intercepter; *med* ausculter.
ab≈hören *tr* **1.** *(aufsagen lassen)* faire réciter; **2.** *tele radio* écouter; *(überwachen)* intercepter, capter; **A~** *n* ‹-s, ø› écoute; *(Abhorchen)* interception *f.*
ab≈irren *itr* ‹*sein*› dévier (*von* de).
Abitur *n* ‹-s, (-e)› [abiˈtuːr] baccalauréat; *fam* bachot *m;* **~ient** *m* ‹-en, -en› [abituriˈɛnt] *(bei der Prüfung)* candidat au baccalauréat; *(nach bestandener Prüfung)* bachelier *m.*
ab≈jagen *tr: jdm etw* ~ arracher qc à qn.
ab≈kapseln, *sich* [ˈapkapsəln] *fig* s'isoler, se retrancher du monde.
ab≈kaufen *tr: jdm etw* ~ acheter qc à *od* de qn.
ab≈kehren, *sich* se détourner (*von* de).
ab≈klappern *tr fig fam (der Reihe nach aufsuchen)* courir.
ab≈klären *tr (Flüssigkeit)* décanter.
Abklatsch *m fig (Nachahmung)* imitation, (mauvaise) copie *f.*

ab=klingen ⟨*klang ab, abgeklungen*⟩ *itr* ⟨*sein*⟩ *(Ton)* s'évanouir, mourir; *fig (Erregung)* s'affaiblir; *(Schmerz)* s'adoucir, s'apaiser.
ab=klopfen *tr med* percuter.
ab=kneifen ⟨*kniff ab, abgekniffen*⟩ *tr*, **ab=knipsen** *tr* enlever, pincer; *(Draht)* couper.
abknöpfbar *a* détachable; **ab=knöpfen** *tr* **1.** déboutonner; **2.** *fig fam: jdm etw ~* soutirer, soustraire qc à qn.
ab=knutschen *tr fam* bécoter; manger de caresses; *sich ~* se bécoter.
ab=kochen 1. *tr (Wasser)* faire bouillir; **2.** *itr (im Freien kochen)* faire la cuisine en plein air.
ab=kommandieren ⟨*ohne -ge-*⟩ *tr mil* détacher.
Abkomme *m* ⟨-n, -n⟩ ['apkɔmə] *(Nachkomme)* descendant *m;* **ab=kommen** ⟨*kam ab, abgekommen*⟩ *itr* ⟨*sein*⟩ **1.** *(vom Weg)* s'écarter, dévier (*von* de); **2.** *sport (starten)* partir; *aero* décoller; **3.** *fig (vom Thema)* s'écarter (*von* de); **4.** *(sich abgewöhnen)* sortir (*von* de); **5.** *(Brauch)* tomber en désuétude, passer (de mode), se perdre; — *gut ~ (sport)* prendre un bon départ; *vom Kurs ~ (mar aero)* s'écarter de sa route *od* du cap; *von s-r Rede ~* perdre le fil de son discours; *vom Thema ~ (a.)* sortir de la question; *vom Weg ~ (a.)* perdre son chemin, s'égarer; *vom geraden* od *rechten Weg ~ (fig)* quitter le droit chemin; *ich komme nicht davon ab* cela ne me sort pas de l'idée; *ich bin längst davon abgekommen* j'en suis revenu depuis longtemps; **~n** *n* **1.** ⟨-s, ø⟩ *sport* départ *m;* **2.** ⟨-s, -⟩ *(Übereinkunft, Vertrag)* accord *m,* convention *f,* pacte *m; ein ~ treffen* faire un arrangement, conclure une convention.
abkömm|lich ['apkœm-] *a* disponible, libre; **A~ling** *m* ⟨-s, -e⟩ = *Abkomme.*
ab=koppeln *tr loc* décrocher.
ab=kratzen 1. *tr (Schmutz, Farbe)* enlever en grattant; *(Gegenstand)* gratter, racler; *(Wand, Mauer)* décrépir; **2.** *itr* ⟨*sein*⟩ *vulg (sterben)* claquer, casser sa pipe.
ab=kriegen *tr fam = abbekommen; etw ~ (s-n Teil)* avoir part au gâteau *fam; Schläge* od *was ~* prendre qc, ramasser une raclée.
ab=kühl|en 1. *tr* rafraîchir, refroidir *a. fig; fig* calmer, apaiser; **2.** *itr* ⟨*sein*⟩ se refroidir, tiédir; **3.** *refl: sich ~ (Mensch)* se rafraîchir, prendre le frais; **A~ung** *f* rafraîchissement; refroidissement *m, a. mete* u. *fig.*
ab=kürz|en *tr (kürzer machen, a. fig)* écourter; *(Weg, Verfahren)* raccourcir; *(Wort)* abréger; **A~ung** *f* **1.** raccourcissement *m;* **2.** *(kürzerer Weg)* raccourci *m;* **3.** *(abgekürztes Wort)* abréviation *f.*

ab=laden ⟨*lädt, lud ab, abgeladen*⟩ *tr* décharger.
Ablage *f* **1.** *(von Akten)* rangement, classement *m;* **2.** *(Ort)* dépôt, magasin *m.*
ab=lager|n 1. *tr (Wein)* laisser vieillir; **2.** *refl: sich ~ (als Bodensatz)* se déposer; **A~ung** *f* dépôt *m.*
Ablaß *m* ⟨-sses, ⸚sse⟩ ['aplas, -ɛ-] **1.** *(Abfluß)* écoulement *m; tech* décharge *f;* **2.** *rel* indulgence *f.*
ab=lassen ⟨*läßt, ließ ab, abgelassen*⟩ *tr* **1.** *(Flüssigkeit)* faire écouler; *(Wein)* (sou)tirer; *(Faß, Teich)* vider; *(Luft)* faire *od* laisser échapper; *(Dampf)* lâcher; *mot* vidanger; **2.** *(abgeben)* céder; *(verkaufen)* vendre; — *von etw ~* se départir *od* se désister *od* démordre de qc; *von jdm ~* lâcher qn.
Ablauf *m* **1.** *(e-s Vorgangs)* déroulement *m;* **2.** *(e-r Frist, e-s Vertrages)* expiration *f; nach ~ (gen)* après expiration (de); *nach ~ der Frist* à terme échu; **ab=laufen** ⟨*läuft, lief ab, abgelaufen*⟩ *itr* ⟨*sein*⟩ **1.** *(Vorgang, Film)* se dérouler; **2.** *(zu Ende gehen)* se terminer, finir; *(Frist, Vertrag)* expirer; *tr* ⟨*h*⟩ **3.** *(Schuhe, Sohlen)* user, éculer.
Ablaut *m gram* alternance vocalique, apophonie *f.*
ab=lecken *tr* enlever en léchant, lécher; *sich die Finger ~* se lécher les doigts.
ab=legen *tr* **1.** déposer; **2.** *(Kleider)* enlever, ôter; **3.** *(für immer)* mettre au rebut; **4.** *(Maske)* lever; **5.** *(Karten im Spiel)* écarter; **6.** *(Brief, Akten)* classer; **7.** *fig (Gewohnheit, Vorurteil)* se défaire de, se débarrasser de; — *e-n Eid ~* prêter serment; *e-n Fehler ~* se corriger d'un défaut; *ein Geständnis ~* faire un aveu; *e-e Probe ~* donner *od* fournir une preuve; *e-e Prüfung ~* passer *od* subir un examen; *Rechenschaft* od *Rechnung ~* rendre compte (*über* de); *die Trauer ~* quitter le deuil; *ein Zeugnis ~* rendre témoignage (*von* de); *legen Sie ab!* débarrassez-vous! *abgelegte Kleider n pl* vieux habits *m pl.*
ab=lehn|en *tr* refuser; *(Vorschlag, Einladung, Ehre)* décliner; *(Antrag)* rejeter, repousser; *jur (Richter, Zeugen)* récuser; **~end** *a* défavorable, négatif; *sich ~ verhalten* se montrer défavorable (*gegenüber e-r S* à qc); *~e Antwort f* refus *m;* **A~ung** *f* ⟨-, -en⟩ refus; *(e-s Antrags)* rejet *m; jur* récusation *f.*
ab=leit|en *tr* **1.** *(Wasser; el: Strom, Blitz)* détourner; **2.** *(Wasserlauf; med; fig; gram)* dériver; **3.** *philos (folgern)* déduire; — *sich ~ aus (gram)* dériver de; **A~ung** *f* détournement *m;* dérivation *f.*
ab=lenk|en *tr* **1.** détourner, dévier; *opt* diffracter; **2.** *fig* détourner; *(Verdacht)* écarter; **3.** *(zerstreuen)* distraire, diver-

tir; **A~ung** *f* **1.** détournement *m,* déviation; *opt* diffraction *f;* **2.** *fig* distraction, diversion *f.*

ab≈lesen *tr* **1.** *(Rede)* lire (*von* sur); **2.** *(e-n Zähler)* relever; — *jdm etw an den Augen, von den Lippen ~* lire qc dans les yeux, sur les lèvres de qn.

ab≈leugnen *tr* (dé)nier *a. jur;* désavouer; *s-n Glauben ~* renier sa foi.

ab≈liefer|n *tr* (dé)livrer, remettre; **A~ung** *f* délivrance, remise *f.*

ablös|bar *a* **1.** détachable; **2.** *fin* rachetable, amortissable; *(Anleihe)* remboursable; **ab≈lösen** *tr* **1.** détacher (*von* de); **2.** *fig (bei e-r Arbeit; mil: e-e Einheit)* relayer; *(bei e-r Tätigkeit; mil: Wachtposten)* relever; *(im Amt)* remplacer; **3.** *fin* racheter, amortir; *(Anleihe)* rembourser; *(Hypothek)* purger; *refl:* **4.** *sich ~* se détacher (*von* de); *(abblättern)* s'écailler; **A~ung** *f* **1.** *(bei e-r Tätigkeit, mil)* relève *f; (im Amt)* remplacement *m;* **2.** *fin* rachat, amortissement *m.*

ab≈mach|en *tr* **1.** *(losmachen)* défaire, détacher; **2.** *(e-n Handel)* faire, conclure; *(vereinbaren)* convenir de, accorder; *jur (vertraglich)* stipuler; *gütlich* od *im guten ~* régler à l'amiable; *das war nicht abgemacht* cela n'était pas convenu; *das sollen sie unter sich ~!* à eux de s'arranger! **A~ung** *f* ‹-, -en› arrangement, règlement *m;* convention *f,* accord *m; jur* stipulation *f.*

ab≈magern ['apma:gərn] *itr* ‹*sein*› (a)maigrir.

ab≈malen *tr (nach d. Natur)* peindre; *(kopieren)* copier.

Abmarsch *m* départ *m, a. mil;* **ab≈marschieren** ‹*ohne -ge-*› *itr* ‹*sein*› partir (*nach* pour); se mettre en marche *od* en route.

ab≈meld|en: *sich (polizeilich) ~* déclarer son départ (à la police); **A~ung** *f (polizeiliche)* déclaration *f* de départ.

ab≈messen ‹*mißt, maß ab, abgemessen*› *tr* mesurer; *(Gelände)* arpenter; *(dosieren)* doser.

ab≈montieren ‹*ohne -ge-*› *tr* démonter.

ab≈mühen, *sich* se donner du mal *od* de la peine.

ab≈nagen *tr* ronger.

Abnahme *f* ‹-, ø› **1.** *(Wegnehmen)* enlèvement *m; med (e-s Gliedes)* amputation, ablation *f;* **2.** *(Prüfung)* contrôle *m,* inspection; *(e-s Neubaus, e-r neuen Maschine)* réception; *(e-r Rechnung)* audition *f;* **3.** *(Kauf)* achat *m;* **4.** *fig (Kleinerwerden)* diminution *f; (Schwächerwerden)* affaiblissement, déclin *m;* — *bei ~ von ... (com)* pour l'achat de ...

ab≈nehm|en ‹*nimmt, nahm ab, abgenommen*› *tr* **1.** *(Bild; tele: Hörer)* décrocher; *(Wäsche)* dépendre; *(Hut)* ôter; *(Brille, Verband)* enlever; *med (amputieren)* amputer, couper; **2.** *(Ausweis, Fahrkarte)* retirer; *(wegnehmen)* prendre, enlever; *(durch List)* soutirer; **3.** *(prüfen)* contrôler; *(e-n Neubau, e-e neue Maschine)* recevoir; *(e-e Rechnung)* examiner, vérifier; **4.** *(kaufen)* acheter, prendre; *itr* **5.** *(kleiner, kürzer werden)* diminuer *(a. Tage); (schwächer werden)* baisser; *(Mond, Tage)* décroître; *(Mensch, Tier)* maigrir (*10 Pfund* de 10 livres); *(Kräfte)* s'affaiblir, décliner; — *den Hut vor jdm ~ (a.)* se découvrir devant qn; *jdm die Arbeit ~* décharger qn; *jdm e-e Sorge ~* délivrer qn d'un souci; *e-e (Truppen-)Parade ~* passer les troupes en revue; *jdm ein Versprechen ~* faire promettre qc à qn; **A~er** *m com* acheteur, preneur *m; (e-n) ~ finden* trouver acheteur.

Abneigung *f* aversion, antipathie *f* (*gegen* pour); *(Widerwille)* répugnance, répulsion *f,* dégoût *m* (*gegen* pour).

abnorm [ap'nɔrm] *a* anormal; **A~ität** *f* ‹-, -en› [-'tɛ:t] anomalie *f.*

ab≈nötigen *tr* extorquer (*jdm etw* qc à qn).

ab≈nutz|en *tr* user; *sich ~* s'user; **A~ung** *f* usure *f.*

Abonn|ement *n* ‹-s, -s› [abɔn(ə)'mã(s)] abonnement *m* (*auf* à); *sein ~ aufgeben* se désabonner; *das ~ erneuern* se réabonner; *ein ~ haben (theat)* être abonné; **~ent** *m* ‹-en, -en› [abɔ'nɛnt] abonné *m;* **a~ieren** ‹*ohne ge-*› *tr* abonner, s'abonner à.

ab≈ordn|en *tr* déléguer; *parl* députer; **A~ung** *f* délégation; députation *f.*

Abort *m* ‹-s, -e› **1.** ['apˀɔrt] *(Klosett)* cabinets *od* lieux *m pl; fam* water *m;* **2.** (*a.* **~us** ‹-, ø›) [a'bɔrt(us)] *(Fehlgeburt)* avortement *m,* fausse couche *f.*

ab≈pflücken *tr* cueillir.

ab≈prallen *itr* ‹*sein*› (re)bondir, rejaillir (*an* sur); ricocher.

ab≈putzen *tr (Staub etc)* enlever; *(Gegenstand)* nettoyer.

ab≈quälen, *sich* se tourmenter, se torturer.

ab≈rackern, *sich (fam)* se donner du mal, s'éreinter, s'échiner.

ab≈rahmen *tr (Milch)* écrémer.

ab≈raten ‹*rät, riet ab, abgeraten*› *tr* u. *itr: jdm (von) etw ~* déconseiller qc à qn, dissuader qn de qc.

Abraum *m* ‹-(e)s, ø› *mines* morts-terrains; *(Schutt)* déblais *m pl.*

ab≈räumen *tr (Sachen vom Tisch)* enlever; *(den Tisch)* desservir.

Abraumhalde *f* terril *m.*

ab≈rechn|en *tr* **1.** *(abziehen)* décompter, déduire; **2.** *(Konto)* régler, liquider; *itr: mit jdm ~ (a. fig)* régler ses comptes avec qn; **A~ung** *f* **1.** *(Abzug)* décompte *m,* déduction *f;* **2.** *(e-s Kontos)* liquidation *f; — nach ~ (gen)* après déduction (de), déduction faite (de).

Abrede *f: in ~ stellen (bestreiten)* mettre en doute, contester; *e-e ~ treffen* tomber d'accord, se concerter.

ab=reiben ⟨*rieb ab, abgerieben*⟩ *tr* frotter, frictionner.

Abreise *f* départ *m* (*nach* pour); *bei meiner ~* à mon départ; **ab=reisen** *itr* ⟨*sein*⟩ partir (*nach* pour).

ab=reiß|en ⟨*riß ab, abgerissen*⟩ *tr* ⟨*h*⟩ **1.** arracher; **2.** *(Gebäude)* démolir; *itr* ⟨*sein*⟩ **3.** se rompre; *nicht ~ (fam: nicht aufhören)* n'en finir jamais; **A~kalender** *m* calendrier *m* à effeuiller, éphéméride *f*.

ab=richten *tr (Tier)* dresser; *(Pferd)* entraîner.

ab=riegeln *tr* verrouiller *a. mil; (Straße)* barr(icad)er; *mil* barrer.

Abriß *m (Skizze)* esquisse, ébauche *f; (kurze Darstellung)* abrégé, précis *m*.

ab=rollen **1.** *tr* dérouler, dévider; **2.** *itr fig (Ereignis)* se dérouler.

ab=rücken *tr*⟨*h*⟩ **1.** *(Möbel)* écarter, éloigner; *itr* ⟨*sein*⟩ **2.** (se) reculer, se retirer (*von* de); *fig* s'écarter, s'éloigner, se distancer (*von jdm, von etw* de qn, de qc); **3.** *mil* partir (*nach* pour).

Abruf *m* appel *m; auf ~* sur appel; **ab=rufen** ⟨*rief ab, abgerufen*⟩ *tr* rappeler.

ab=runden *tr (Zahl)* arrondir; *s. a. abgerundet*.

abrupt [ap'rupt] *a* abrupt, brusque, soudain.

ab=rüst|en *tr* u. *itr mil* désarmer; **A~ung** *f* désarmement *m*; **A~ungskonferenz** *f* conférence *f* du désarmement.

ab=rutschen *itr* ⟨*sein*⟩ glisser; *mot aero* déraper.

ab=sacken *itr* ⟨*sein*⟩ *(sich senken)* s'enfoncer, s'affaisser; *(sinken)* couler, sombrer; *aero* faire une abattée.

Absage *f* ⟨-, -n⟩ refus *m; e-e ~ erteilen* refuser; **ab=sagen** **1.** *tr (rückgängig machen)* révoquer; **2.** *itr* refuser.

ab=sägen *tr* **1.** couper avec une scie, scier; **2.** *fig fam pol* débarquer, limoger.

Absatz *m* **1.** *(im Gelände)* terrasse; *(an e-r Böschung)* berme *f*; **2.** *(Treppen~)* palier *m;* **3.** *(Schuh~)* talon *m;* **4.** *(Schrift, Druck)* alinéa, paragraphe *m;* **5.** *(Verkauf)* écoulement, débit *m*, vente *f*; volume *m* des ventes; chiffre *m* d'affaires; *— ~ finden (com)* se vendre, trouver un débouché; *reißenden ~ finden* s'enlever; *e-n ~ machen (beim Schreiben)* aller à la ligne; *~! (beim Diktat)* alinéa! à la ligne! **~gebiet** *n*, **~markt** *m* débouché, marché *m; neue ~märkte erschließen* créer de nouveaux débouchés.

ab=schaben *tr* racler, ratisser.

ab=schaff|en *tr* **1.** *(aufheben)* abolir, supprimer; *(Gesetz)* abroger; *(Mißbrauch)* supprimer, réformer; **2.** *(Hund, Telefon etc)* se défaire de, se débarrasser de; **A~ung** *f* abolition; suppression *f*.

ab=schalten **1.** *tr el (Strom)* couper, interrompre; *(Gerät: ausschalten)* mettre hors circuit, fermer; *tech (Maschine)* débrayer, désaccoupler; **2.** *itr fig fam: abgeschaltet haben* ne plus faire attention.

ab=schätz|en *tr (mit den Augen)* estimer, mesurer des yeux; *(berechnend)* évaluer, taxer, priser; *jur* expertiser, faire l'expertise de; **~ig** *adv: von jdm ~ sprechen* médire de qn.

Abschaum *m* ⟨-(e)s, ø⟩ écume *f a. fig; der ~ der Menschheit* la lie du genre humain.

Abscheu *m* ⟨-(e)s, ø⟩ détestation, exécration *f; (Ekel)* dégoût *m; (Abneigung)* aversion, répugnance, répulsion *f; ~ erregen* faire horreur; **a~lich** *a* détestable, exécrable, dégoûtant; horrible, répugnant, repoussant.

ab=schicken *tr* envoyer, expédier.

ab=schieben ⟨*schob ab, abgeschoben*⟩ *tr* **1.** *(wegschicken)* renvoyer, chasser; *(unerwünschte Ausländer)* expulser; **2.** *(Schuld, Verantwortung)* refuser, repousser.

Abschied *m* ⟨-(e)s, (-e)⟩ ['apʃi:t(s), -dəs] **1.** départ *m*, adieux *m pl;* **2.** *(Ausscheiden aus dem Amt)* congé *m*, retraite *f; — s-n ~ einreichen* demander sa retraite; *jdm den ~ geben* mettre qn à la retraite; *von jdm ~ nehmen* faire ses adieux à qn, prendre congé de qn; *s-n ~ nehmen* prendre sa retraite, donner sa démission, démissionner; *bes. mil* quitter le service; **~sfeier** *f* fête *f* d'adieux; **~srede** *f* discours *m* d'adieux; **~sworte** *n pl* paroles *f pl* d'adieux.

ab=schießen ⟨*schoß ab, abgeschossen*⟩ *tr* **1.** *(Vogel)* abattre; *(Flugzeug)* abattre, descendre; **2.** *(Pfeil)* décocher; *(Geschoß)* tirer; *(Gewehr)* décharger; *(Torpedo, Rakete)* lancer; *(Schuß)* tirer; **3.** *(Körperteil)* arracher d'un coup de feu; *— den Vogel ~ (fig)* décrocher la timbale.

ab=schirmen *tr (Licht)* tamiser; *el* blinder; *radio (gegen Nebengeräusche)* antiparasiter; *TV* mettre sous écran.

ab=schlachten *tr (Tier)* tuer, abattre; *pej* égorger.

Abschlag *m com* réduction, déduction *f; auf ~ zahlen* payer par acomptes *od* par traites; **ab=schlagen** ⟨*schlägt, schlug ab, abgeschlagen*⟩ *tr* **1.** *(abtrennen, a. den Kopf)* couper, trancher; *(Nüsse)* gauler; **2.** *(Gerüst)* démonter; **3.** *fig* refuser (*jdm etw* qc à qn); *(Bitte, Angriff)* repousser; *so etwas schlägt* *man nicht ab* cela ne se refuse pas, ce n'est pas de refus.

abschlägig I. *a: ~e Antwort f* réponse *f* négative, refus *m;* **II.** *adv: ~ beschieden werden* essuyer *od* éprouver un refus.

Abschlagszahlung *f com* (paiement par) acompte(s) *m;* paiements *m pl* échelonnés.

ab≈schleifen, *sich* ‹*schliff ab, abgeschliffen*› se polir *a. fig; fig* se dégrossir.

Abschlepp|dienst *m mot* (service de) dépannage *m;* **ab≈schleppen** *tr (Fahrzeug)* remorquer; *mot* dépanner; **~seil** *n* câble *m* de remorquage *od* de dépannage; **~wagen** *m* dépanneuse *f.*

ab≈schließ|en ‹*schloß ab, abgeschlossen*› *tr* **1.** *(zuschließen)* fermer à clé, donner un tour de clé à; **2.** *fig (beenden)* achever, terminer, finir; *(erledigen, bereinigen)* régler; *bes. com* clôturer; *(Debatte)* clore; *(Rechnung)* régler, balancer; *(Konto, die Bücher)* arrêter; **3.** *(eingehen, bes. Versicherung)* contracter; *(Vertrag)* conclure, passer; *itr* **4.** *(enden)* s'achever, se terminer; *refl* **5.** *sich ~* s'enfermer, s'isoler; — *mit e-m Gewinn ~* se solder par un bénéfice; *ein Geschäft ~* conclure *od* faire un marché; *luftdicht ~* fermer hermétiquement, sceller; **~end I.** *a* définitif; **II.** *adv* pour finir, finalement, en conclusion.

Abschluß *m* **1.** *com (der Bücher)* arrêté, bilan *m;* **2.** *(e-s Geschäftes)* marché *m; jur (e-s Vertrags)* conclusion *f;* — *zum ~* pour (en) finir, finalement; *zum ~ bringen* achever, terminer; **~prüfung** *f* examen *m* de fin d'études; **~zeugnis** *n* certificat *m* de fin d'études.

ab≈schmecken *tr (Speise)* goûter; *ein Gericht (mit etw) ~* assaisonner un plat (de qc).

ab≈schmieren *tr mot* faire un graissage général de, graisser; **A~** *n* graissage *m.*

ab≈schminken *tr* démaquiller; *sich ~* se démaquiller.

ab≈schnallen *tr* déboucler.

ab≈schneiden ‹*schnitt ab, abgeschnitten*› *tr* **1.** (dé)couper, trancher; **2.** *fig (unterbinden)* couper; — *jdm den Rückzug ~* couper la retraite à qn; *itr: gut ~* faire bonne figure, réussir, obtenir un bon résultat; *schlecht ~* faire mauvaise figure; *(scheitern)* échouer.

Abschnitt *m* **1.** *(Teil)* section, division; tranche *f;* **2.** *(Kontroll~)* souche *f; com* talon; *fin* coupon *m;* **3.** *mil (Front~)* secteur; *(Straße, loc: Bau~)* tronçon *m;* **4.** *(Schriftstück, Buch)* passage *m;* **5.** *(Zeit~)* époque; *(Lebens~)* période *f.*

ab≈schöpfen *tr (das Fett)* dégraisser (*von etw* qc); *die überschüssige Kaufkraft ~* éponger le pouvoir d'achat excédentaire.

ab≈schrauben *tr* dévisser.

ab≈schreck|en *tr* effrayer, rebuter; *(entmutigen)* décourager *(jdn von etw* qn de qc); *sich durch nichts ~ lassen* aller contre vent et marée; **~end** *a* effrayant, rebutant, repoussant; *~e(s) Beispiel n* exemple *m* à ne pas suivre; **A~ung** *f* ‹-, -en› découragement *m; mil* dissuasion *f;* **A~ungswaffe** *f* arme (atomique) de dissuasion *od* arme *f* de dissuasion nucléaire.

ab≈schreib|en ‹*schrieb ab, abgeschrieben*› *tr* **1.** copier (*von* sur); *(ins reine schreiben)* écrire *od* mettre au propre; **2.** *(plagiieren)* plagier; *(Schule)* copier (*vom Nachbarn* sur le voisin) **3.** *(abziehen, -rechnen)* déduire, décompter; *fin (tilgen)* amortir; **4.** *fig (nicht mehr rechnen mit)* ne plus compter sur; *itr* **5.** *(sich entschuldigen)* s'excuser; **A~ung** *f* consommation *f* de capital fixe; *pl* amortissements *m pl* fiscaux; *(Anrechnung)* imputation *f; com fin (Wertminderung)* amortissement *m* (pour usure).

Abschrift *f* copie *f; für die Richtigkeit der ~* pour copie conforme; *beglaubigte ~* copie *f* certifiée conforme.

ab≈schürf|en *tr (die Haut)* érafler; *(stärker)* écorcher; **A~ung** *f* écorchure *f.*

Abschuß *m* **1.** *(Starten e-s Torpedos, e-r Rakete)* lancement *m;* **2.** *(Zerstörung e-s Panzers, e-s Flugzeugs)* destruction *f;* **~basis** *f,* **~rampe** *f (für Raketen)* base *od* rampe *f* de lancement.

abschüssig ['apʃʏsɪç] *a* escarpé, abrupt.

ab≈schütteln *tr (Obst)* faire tomber; *a. fig (das Joch)* secouer.

ab≈schwächen *tr* affaiblir, diminuer; *(Stoß, Geräusch, Farbe)* amortir; *(Ausdruck, Behauptung)* atténuer, modérer.

ab≈schweif|en *itr* ‹*sein*› *(in der Rede)* s'éloigner *od* s'écarter (*vom Gegenstand* du sujet), digresser, divaguer; **A~ung** *f* ‹-, -en› *fig* digression, divagation *f.*

absehbar *a: in ~er Zeit* dans un avenir prévisible; *nicht ~ (Folgen)* imprévisible; **ab≈sehen** ‹*sieht, sah ab, abgesehen*› *: es auf jdn, etw abgesehen haben* viser à qn, à qc; avoir qn, qc en vue *od* des visées sur qn, sur qc; *von etw ~* faire abstraction de qc; *(auf etw verzichten)* renoncer à qc; *jdm etw an den Augen ~* lire qc dans les yeux de qn; *es ist noch kein Ende abzusehen* on ne peut pas encore en prévoir l'issue.

abseits *adv* à l'écart.

ab≈send|en ‹*sandte* od *sendete ab, abgesandt* od *abgesendet*› *tr* envoyer, expédier; **A~er** *m* expéditeur *m; zurück an ~* retour à l'expéditeur.

absetz|bar *a* **1.** *(Beamter)* amovible, révocable; **2.** *(Betrag)* déductible; **3.** *(Ware)* vendable; **ab≈setzen** *tr* **1.** déposer, mettre à terre; *(Trinkglas, Ge-*

wehr) reposer; **2.** *(Hut)* ôter; **3.** *(abrükken)* écarter; **4.** *(Beamten)* destituer, révoquer, suspendre; *(Monarchen)* déposer, détrôner; **5.** *(von der Tagesordnung, vom Haushaltsplan)* rayer; *theat (vom Spielplan)* remettre; **6.** *(abziehen, -rechnen)* déduire, décompter (*von* de); **7.** *(verkaufen)* écouler, vendre; *refl: sich* ~ **8.** *(chem)* se déposer; **9.** *mil* se replier, se retirer; — *ohne abzusetzen* d'un(e) trait(e), d'une haleine; **A~ung** *f* ⟨-, -en⟩ destitution, révocation *f;* détrônement *m; theat* remise; déduction *f.*

Absicht *f* ⟨-, -en⟩ intention *f; (Vorhaben)* dessein; projet; *(Ziel)* but *m; in der ~ zu …* dans le but *od* dessein de …; *in der besten ~* avec les meilleures intentions; *in böser ~* dans une mauvaise intention; *in welcher ~?* pour quel motif? *mit ~* à dessein, intentionnellement; *mit (voller) ~* de propos délibéré, délibérément; *ohne ~* sans dessein; *das lag nicht in meiner* od *war nicht meine ~* je ne l'ai pas fait exprès; **a~lich I.** *a* intentionnel, volontaire, fait à dessein; **II.** *adv* exprès, intentionnellement.

ab=sitzen ⟨*saß ab, abgesessen*⟩ **1.** *itr* ⟨*sein*⟩ *(vom Pferd)* descendre de cheval; **2.** *tr* ⟨*h*⟩ *fam (e-e Strafe)* purger; *(Stunden im Büro)* tirer *fam.*

absolut [apzo'lu:t] **I.** *a* absolu; **II.** *adv* absolument; ~ *nicht (fam)* pas le moins du monde; **A~ion** *f* ⟨-, -en⟩ *rel* absolution, rémission *f; jdm ~ erteilen* absoudre qn; **A~ismus** *m* ⟨-, ø⟩ [-'tɪs-] *pol* absolutisme *m;* **~istisch** *a* absolutiste.

ab=sonder|n *tr* **1.** isoler; séparer (*von* de); **2.** *physiol* sécréter, excréter; *refl* **3.** *sich ~* s'isoler, se séparer (*von* de); **A~ung** *f* ⟨-, -en⟩ **1.** isolement *m,* séparation *f;* **2.** *physiol* sécrétion, excrétion *f.*

absor|bieren [apzɔr'bi:rən] ⟨*ohne ge-*⟩ *tr* absorber; **A~ption** *f* absorption *f.*

ab=spalten 1. *tr* détacher; **2.** *refl: sich ~ (von e-r Gruppe)* se détacher (*von* de).

abspenstig *a: ~ machen* détourner; *jdm seine Freunde ~* machen détourner qn de ses amis.

ab=sperr|en *tr* **1.** *(Straße)* barrer; **2.** *(zuschließen)* fermer (à clé); **A~hahn** *m tech* robinet *m* d'arrêt.

ab=spielen 1. *tr (Schallplatte, Band)* jouer; *mus* déchiffrer; **2.** *refl: sich ~ (sich ereignen)* se dérouler, se passer, avoir lieu.

Absprache *f* accord *m,* convention *f.*

ab=sprechen ⟨*spricht, sprach ab, abgesprochen*⟩ *tr* **1.** convenir (*etw mit jdm* de qc avec qn); **2.** contester, dénier *(jdm etw* qc à qn); *(verweigern)* refuser (*jdm etw* qc à qn); *refl* **3.** *sich ~* se donner le mot.

ab=springen ⟨*springt, sprang ab, abgesprungen*⟩ *itr* ⟨*sein*⟩ **1.** sauter (à *od* en bas); *aero* sauter en parachute; **2.** *(Lack, Farbe)* tomber par écailles.

Absprung *m* saut; *(mit dem Fallschirm)* saut *m* en parachute; *sport* appel *m.*

ab=spülen *tr* rincer, laver.

ab=stamm|en *itr* descendre, sortir (*von* de); **A~ung** *f* ⟨-, -en⟩ descendance, extraction *f;* **A~ungslehre** *f biol* théorie *f* de la descendance *od* de l'évolution.

Abstand *m* **1.** *(räuml.)* écart; *(räuml. u. zeitl.)* espace *m,* distance *f,* intervalle *m;* **2.** *fig (Unterschied)* différence *f;* **3.** *(~ssumme)* indemnité *f; (Reuegeld)* dédit, forfait *m;* **4.** *fig (innerer ~)* recul *m;* — *in gewissen Abständen* de distance en distance; *in regelmäßigen Abständen* à intervalles réguliers; *mit ~ (bei weitem)* de beaucoup, de loin; *von etw ~ nehmen (fig)* renoncer à qc, se désister de qc.

ab=statten *tr: jdm e-n Besuch ~* faire une visite à qn; *jdm s-n Dank ~* présenter ses remerciements à qn.

ab=stauben *tr* **1.** épousseter; **2.** *arg (in s-n Besitz bringen)* entôler.

ab=stech|en ⟨*sticht, stach ab, abgestochen*⟩ *tr* **1.** *(Rasen, Torf)* couper; **2.** *(Schlachttier)* saigner; *itr* **3.** contraster, jurer (*gegen* od *von etw* avec qc); *(bes. von Farben)* trancher (sur qc); **A~er** *m* ⟨-s, -⟩ *(kleiner Zwischenausflug)* crochet *m; fig (Abschweifung)* digression *f.*

ab=stecken *tr (abgrenzen)* délimiter; *(Baulinie: festlegen)* tracer; *(mit Fähnchen od Fluchtstäben)* jalonner.

ab=stehen ⟨*stand ab, abgestanden*⟩ *itr* **1.** être distant *od* écarté (*von* de); **2.** *(vorspringen)* être en *od* faire saillie; **3.** *(schal werden)* s'éventer; — *~de Ohren n pl* oreilles *f pl* écartées *od* décollées.

ab=steigen ⟨*stieg ab, abgestiegen*⟩ *itr* ⟨*sein*⟩ *(vom Pferd, Rad, in e-m Hotel)* descendre (*von* de, *in* à dans).

ab=stell|en *tr* **1.** *(in e-m Hotel)* descendre; *(absetzen, hinstellen)* déposer, mettre à terre; *(Fahrzeug: parken, a. loc)* garer; **2.** *(Leitung, Versorgungsnetz: sperren)* couper; *(außer Betrieb setzen)* mettre hors service, arrêter, stopper; *(abschalten a.)* fermer; **3.** *fig (unterbinden, aufheben)* supprimer, abroger; *(Mißbrauch)* réformer, redresser; **A~gleis** *n loc* u. *fig* voie *f* de garage; **A~raum** *m* (cabinet de) débarras *m.*

ab=stempeln *tr* **1.** timbrer, estampiller; *(Briefmarke)* oblitérer; **2.** *fig (bezeichnen)* qualifier (*als* de).

ab=sterben ⟨*stirbt, starb ab, abgestorben*⟩ *itr* ⟨*sein*⟩ *bot* se faner, se dessécher, se flétrir; *med* se nécroser.

Abstieg *m* ⟨-(e)s, -e⟩ **1.** descente *f;* **2.** *fig* déclin *m.*

Abstillen *n (Säugling)* sevrage *m.*

ab=stimm|en 1. *tr* (*Musikinstrument* u.

fig) accorder, mettre d'accord (*auf* avec); *(aufea.)* harmoniser, mettre en harmonie; *(Farben)* assortir; *tech* synchroniser; *radio* régler; **2.** *itr* voter (*über etw* qc); — *über etw ~ lassen* mettre qc aux voix; *aufea. abgestimmt sein (mus* u. *fig)* s'accorder; *etw mit jdm ~* convenir de qc avec qn; **A~knopf** *m radio* bouton d'accord, syntonisateur *m;* **A~ung** *f* **1.** accord(age) *m;* harmonisation, mise *f* en harmonie; *radio* accordage *m (a. TV),* syntonisation *f,* réglage *m;* **2.** *(Wahl)* vote; *(geheime)* scrutin; *(Volks~)* plébiscite, référendum *m; in öffentlicher, geheimer ~* par un scrutin public, secret; *~ durch Handaufheben* vote *m* à main levée; *namentliche ~* vote *m* par appel nominal; **A~ungsergebnis** *n* résultat *m* du vote.

abstinen|t [apsti'nɛnt] *a* abstinent; **A~z** *f* ‹-, ø› [-'nɛnts] abstinence *f;* **A~zler** *m* ‹-s, -› abstinent *m.*

ab=stoßen ‹*stößt, stieß ab, abgestoßen*› *tr* **1.** *a. fig* repousser; *(Ball, loc: Wagen)* lancer; *(Boot vom Ufer)* éloigner; **2.** *(die Ecken)* écorner; **3.** *(schnell u. billig verkaufen)* solder; **4.** *fig* rebuter, répugner à; dégoûter, écœurer; *itr* **5.** *mar: vom Lande ~* démarrer, prendre le large; **~d** *a fig* repoussant, rebutant, répugnant.

abstra|hieren [apstra'hi:rən] ‹*ohne ge-*› *tr (zum Begriff erheben)* abstraire; **~kt** [-'strakt] *a* abstrait; *~e Kunst f* art abstrait, abstractionisme *m;* **A~ktion** *f* ‹-, -en› abstraction *f.*

ab=streich|en ‹*strich ab, abgestrichen*› *tr (Schuhe: sauber kratzen)* décrotter; **A~er** *m* ‹-s, -› *(Sache)* décrottoir; *tech* racloir, grattoir *m.*

ab=streifen *tr (Asche von der Zigarre* od *Zigarette)* faire tomber.

ab=streiten ‹*stritt ab, abgestritten*› *tr* contester; *(leugnen)* (dé)nier; *ich streite es nicht ab* je ne dis pas le contraire.

ab=stuf|en *tr fig* graduer; *(Farben)* dégrader; **A~ung** *f* ‹-, -en› grad(u)ation; dégradation *f.*

ab=stumpfen *tr fig* engourdir, hébéter, rendre indifférent; *(Gefühl)* affaiblir.

Absturz *m* chute *f, a. aero.*

ab=stürzen *itr* ‹*sein*› tomber (d'en haut); faire une chute *a. aero; (Bergsteiger) a.* dérocher, *fam* dévisser; *aero* s'abattre.

Absturzstelle *f aero* point *m* de chute.

ab=stützen *tr* étayer, *bes. mines* étançonner; *(Baum)* tuteurer.

ab=suchen *tr* fouiller, chercher dans; *(durchkämmen)* ratisser.

absurd [ap'zurt] *a* absurde; **A~ität** [-'tɛ:t] *f* ‹-, -en› absurdité *f.*

Abszeß *m* ‹-sses, -sse› [aps'tsɛs] *med* abcès *m.*

Abszisse *f math* abscisse *f.*

Abt *m* abbé, prieur *m;* **~ei** *f* abbaye *f.*

ab=tasten *tr* tâter, palper; *radio* balayer; *TV* lire; *fig* sonder.

Abteil *n loc* compartiment *m;* **ab=teilen** *tr (einteilen)* diviser, partager; *(durch Zwischenwände)* cloisonner; *(trennen)* partager, séparer; **~ung** *f* **1.** ['---] *(Einteilung)* division; *(Trennung)* séparation *f;* **2.** [-'--] *(Teil)* partie, division *f; adm* département *m; com* section, branche *f, (bes. Warenhaus)* rayon; *(Dienststelle)* service; *mil allg* détachement; *(Gruppe)* groupe *m;* **~ungsleiter** *m* chef *m* de section *od* de département *od* de rayon.

Äbtissin *f* ‹-, -nen› [ɛp'tɪsɪn] abbesse *f.*

ab=töten *tr* **1.** *(Nerv)* dévitaliser; **2.** *fig (Gefühl)* supprimer, étouffer, amortir.

ab=tragen ‹*trägt, trug ab, abgetragen*› *tr* **1.** *(Speisen, Geräte vom Tisch)* desservir; **2.** *(Erde, Schutt)* déblayer; *(Geländeerhebung)* aplanir, niveler; *(Bauwerk)* démolir, raser; **3.** *(Kleidung)* user; **4.** *(Schuld)* acquitter, amortir.

abträglich ['aptrɛ:klɪç] *a* défavorable, désavantageux, préjudiciable.

Abtragung *f* ‹-, -en› **1.** déblaiement; aplanissement, nivellement *m;* **2.** *geol* érosion *f;* **3.** acquittement, amortissement *m.*

Abtransport *m (von Material* u. *Gegenständen)* transport; *(a. von Truppen* u. *Gefangenen)* enlèvement *m;* **ab=transportieren** ‹*ohne -ge-*› *tr* transporter; enlever.

ab=treib|en ‹*trieb ab, abgetrieben*› *tr* ‹*h*› **1.** déporter; *mar a.* drosser; **2.** *(Leibesfrucht)* faire avorter; *itr* ‹*sein*› **3.** *mar aero* dériver; **A~ung** *f* ‹-, -en› *med* avortement *m* provoqué.

ab=trennen *tr* détacher, séparer; *(Angenähtes)* découdre.

ab=tret|en ‹*tritt, trat ab, abgetreten*› *tr* ‹*h*› **1.** *(die Schuhe)* décrotter, essuyer; **2.** *fig (überlassen)* céder *bes. pol,* abandonner (*jdm etw* qc à qn); *itr* ‹*sein*› **3.** *(hinausgehen, sich zurückziehen)* sortir, se retirer; *theat* sortir de scène; **4.** *fam (von e-m Amt)* rentrer dans l'ombre, s'effacer; **A~er** *m* paillasson; *(aus Metall)* décrottoir *m;* **A~ung** *f* ‹-, -en› cession *f (a. e-s Gebietes).*

ab=trocknen *tr* essuyer.

abtrünnig ['aptrʏnɪç] *a, bes. pol* révolté, rebelle; **A~e** *m f* ‹-n, -n› *pol* révolté(e *f)* *m,* rebelle *m f; rel* renégat(e *f*), apostat(e *f*) *m.*

ab=tun ‹*tut, tat ab, abgetan*› *tr (zurückweisen)* repousser, rejeter; *damit ist's nicht abgetan* tout n'est pas encore dit.

ab=urteilen *tr* juger, condamner.

ab=wägen ‹*wog* od *wägte ab, abgewogen* od *abgewägt*› *tr fig* (sou)peser, (bien) considérer; *(gegenea.)* (bien) comparer.

ab≈wälzen *tr* rouler (*von* de); *fig: etw auf jdn* ~ se décharger de qc sur qn.

ab≈wandeln *tr* varier, modifier.

ab≈wandern *itr* ⟨*sein*⟩ *(auswandern)* émigrer.

ab≈warten 1. *tr* attendre, laisser *od* voir venir; *(Gelegenheit)* guetter; **2.** *itr* attendre, demeurer *od* rester dans l'expectative; — *das bleibt abzuwarten* il faut voir; *warten wir (mal) ab!* attendons! **~d** *a: e-e ~e Haltung einnehmen* garder une attitude d'expectative.

abwärts ['apvɛrts] *adv* vers le bas, en bas; *(fluß~)* en aval; ~ *fahren,* ~ *gehen* descendre; *der Weg führt* ~ le chemin va en descendant.

abwasch|bar *a* lavable; **A~becken** *n* évier *m;* **ab≈waschen** ⟨*wäscht, wusch ab, abgewaschen*⟩ *tr* laver, nettoyer; *das Geschirr* ~ faire la vaisselle; **A~en** *n* lavage, nettoyage *m;* **A~lappen** *m* lavette *f;* **A~schüssel** *f* bassine *f* à vaisselle.

Abwässer *n pl* eaux d'égout *od* résiduaires *od* usées, eaux-vannes *f pl;* **~entsorgung** *tech* traitement *m* des eaux usées.

ab≈wechs|eln *itr* changer, varier; *sich* ~ *(sich ablösen)* se relayer; *(regelmäßig wechseln)* alterner; **~elnd I.** *a* alternant, alternatif; **II.** *adv* à tour de rôle; alternativement; **A~(e)lung** *f* ⟨-, -en⟩ changement *m,* variation; *(Mannigfaltigkeit)* variété, diversité *f; zur* ~ pour changer; ~ *in etw bringen* varier, diversifier qc; **~lungsreich** *a* varié, mouvementé.

Abweg *m, meist pl: auf ~e führen (fig)* détourner du bon chemin; *auf ~e geraten (fig)* s'écarter du bon chemin; **a~ig** *a* déroutant, faux.

Abwehr *f* défense; *(Widerstand)* résistance *f; (Spionage~)* contre-espionnage *m;* **ab≈wehren** *tr* **1.** *(Schlag, Stoß)* parer; *(Angriff)* repousser, refouler; **2.** *(Fliegen)* chasser; **3.** *(Dank)* refuser.

ab≈weich|en ⟨*wich ab, abgewichen*⟩ *itr* ⟨*sein*⟩ **1.** *mar aero (vom Kurs)* dévier; *phys astr* décliner; *(von e-m Thema, e-r Gewohnheit)* s'écarter, s'éloigner, dévier (*von* de); **2.** *vonea.* ~ diverger; différer (*in* en); **A~ung** *f* ⟨-, -en⟩ **1.** *(mar, aero, Geschoß)* dérivation; *phys astr* déclinaison, variation *f;* **2.** *(Unterschied)* différence *f.*

ab≈weisen ⟨*wies ab, abgewiesen*⟩ *tr* **1.** *(Besucher)* éconduire; *(Bittsteller)* renvoyer, congédier; **2.** *(Bitte)* refuser, rejeter, rebuter; *(Wechsel)* refuser; *jur* décliner; — *jdn kurz* ~ congédier qn brièvement; **~d** *a* repoussant; *jdm gegenüber* ~ *sein* faire mauvaise mine à qn.

ab≈wenden ⟨*wandte* od *wendete ab, abgewandt* od *abgewendet*⟩ *tr* **1.** *(das Gesicht, den Blick)* détourner; **2.** *(Gefahr, Unglück)* écarter, prévenir; — *sich von jdm, von etw* ~ se détourner de qn, de qc.

ab≈werfen ⟨*wirft, warf ab, abgeworfen*⟩ *tr* **1.** *(Pferd den Reiter)* démonter; **2.** *(Ballast)* jeter, lâcher; *(Flugblätter, Bomben)* lancer, larguer; **3.** *(Spielkarte)* se débarrasser de; **4.** *fig (Gewinn)* rapporter, rendre; — *mit dem Fallschirm* ~ parachuter; *das Gehörn, Geweih* ~ jeter ses bois.

ab≈wert|en ['apve:rtən] *tr fin* dévaluer; **A~ung** *f* dévaluation *f.*

abwesen|d ['apve:zənt] *a* **1.** absent; *jur* défaillant; **2.** *fig (geistes~)* distrait; **A~de** *m f* ⟨-n, -n⟩ absent(e *f*) *m;* **A~heit** *f* ⟨-, ø⟩ absence *f; jur* défaut *m* de comparution; *in* ~ *(jur)* par contumace; *in jds* ~ en l'absence de qn.

ab≈wickeln *tr* **1.** dérouler; *(Garn)* dévider; **2.** *com adm* liquider.

ab≈wiegen ⟨*wog ab, abgewogen*⟩ *tr* peser; *mit der Hand* ~ soupeser.

ab≈wimmeln *tr fam: jdn* od *etw* ~ se débarrasser de qn *od* de qc, envoyer promener qn *od* qc.

ab≈winken *itr* faire signe que non.

ab≈wischen *tr (Staub etc)* enlever; *(Gegenstand)* essuyer, nettoyer; *sich die Stirn* ~ s'éponger le front; *sich die Tränen* ~ essuyer ses larmes.

Abwurf *m aero* largage; *(Fallschirm~)* parachutage *m.*

ab≈zahlen *tr (tilgen)* amortir; *(in Raten)* payer par acomptes.

ab≈zählen *tr* dénombrer; compter; *mil* décompter; *mit abgezähltem Geld bezahlen* faire l'appoint; *das läßt sich an den Fingern* ~ *(fig)* cela se compte sur les doigts.

Abzahlung *f* règlement, liquidation *f;* = *Ratenzahlung;* amortissement *m; auf* ~ *kaufen* acheter à tempérament.

Abzählvers *m* comptine *f.*

Abzeichen *n (Vereins- etc, Rang~)* insigne *m.*

ab≈zeichnen *tr* **1.** dessiner; *(Bild)* copier; **2.** *(mit s-m Handzeichen versehen)* parapher; *refl* **3.** *sich* ~ *(sich abheben)* se dessiner, s'esquisser, se préciser.

ab≈ziehen ⟨*zog ab, abgezogen*⟩ *tr* ⟨*h*⟩ **1.** (re)tirer; **2.** *(Wein)* (sou)tirer; **3.** *(Ring, Schlüssel)* retirer; **4.** *(Bett)* dégarnir; **5.** *(Hasen)* dépouiller; **6.** *(Klinge)* repasser, aiguiser; **7.** *math* ôter, soustraire; *com* déduire (*von* sur); *itr* ⟨*sein*⟩ **8.** *(Rauch)* sortir; **9.** *mil* se retirer, lever le camp; *fam allg* décamper; — *vom Lohn* ~ retenir sur le salaire; *sang- und klanglos* ~ déloger sans tambour ni trompette.

ab≈zielen *itr: auf etw* ~ viser à qc; *auf jdn* ~ faire allusion à qn, viser qn.

Abzug *m* **1.** *(des Rauchs)* sortie *f;* **2.** *(am Gewehr)* détente, gâchette *f;* **3.** *phot typ* épreuve *f; typ* tirage *m;* **4.** *com* déduction, *(am Lohn)* retenue (*an* sur) *f;* — *nach ~ der Kosten* après déduction des frais, déduction faite des frais; *in ~ bringen (com)* faire déduction *od* décompte de; **abzüglich** *prp: ~ der Kosten* après déduction des frais, déduction faite des frais; **a~sfähig** *a com* déductible, déduisible.

ab=zweig|en *tr* **1.** détourner; brancher (*von* sur), dériver (*von* de); **2.** *fig (Geld)* prélever; *itr ‹sein›* **3.** *(Straße, loc)* détourner, bifurquer; **A~ung** *f* ‹-, -en› **1.** détournement *m;* **2.** *(e-r Straße, loc)* embranchement *m,* bifurcation *f;* **3.** *el* branchement *m,* dérivation *f.*

ach [ax] *interj (Klage)* hélas! *fam (Erstaunen)* ah! tiens! pas possible! *~ ja!* mais oui! *~ so!* ah, bon! ah, c'est ça! *~ was! ~ wo!* bah! allons donc!

Achat *m* ‹-(e)s, -e› [a'xa:t] *min* agate *f.*

Achse *f* ‹-, -n› ['aksə] **1.** *(e-s Wagens)* essieu *m;* **2.** *mot math pol* axe *m;* — *auf ~ (fam)* en route; *sich um s-e eigene ~ drehen (mot)* faire un tête-à--queue.

Achsel *f* ‹-, -n› ['aksəl] *anat* aisselle; *(Schulter)* épaule *f; die* od *mit den ~n zucken* hausser les épaules; **~höhle** *f* creux *m* de l'aisselle; **~zucken** *n* haussement *m* d'épaules.

Achs|(en)bruch *m* rupture *f* d'essieu; **~enkreuz** *n math* système *m* de coordonnées; **~lager** *n* boîte *f* d'essieu.

acht [axt] *(Zahlwort)* huit; *alle ~ Tage* tous les huit jours; *(heute, Montag) in ~ Tagen* dans une huitaine; *vor ~ Tagen* il y a huit jours.

Acht [axt] **(1)** *f* ‹-, -en› huit *m;* **(2)** *f* ‹-, ø› *(Aufmerksamkeit) außer acht lassen* négliger; *sich in acht nehmen vor* se mettre en garde contre; **(3)** *f* ‹-, ø› *(Bann)* ban *m; in ~ und Bann tun (fig)* mettre au ban.

achtbar *a* respectable, honorable; **A~keit** *f* ‹-, ø› respectabilité *f.*

Acht|eck *n math* octogone *m;* **a~eckig** *a* octogonal, octogone; **~el** *n* ‹-s, -› ['axtəl] huitième *m;* **~elnote** *f mus* croche *f;* **~elpause** *f mus* demi-soupir *m.*

achten ['axtən] *itr* **1.** *auf etw ~* faire attention, regarder à qc; **2.** *(Rücksicht nehmen auf)* prendre soin de qc; *tr* **3.** *(hoch~)* considérer, respecter, estimer.

ächten ['ɛçtən] *tr* bannir; *a. fig* proscrire, mettre au ban; *gesellschaftlich ~* mettre au ban de la société; *den Krieg ~* mettre la guerre hors la loi.

achtens *adv* huitièmement.

acht|e(r, s) *a* huitième; **A~er** *m* ‹-s, -› = *Acht* **(1); A~erbahn** *f* montagnes *f pl* russes; **~erlei** ['-'laɪ] *a* de huit sortes *od* espèces; **~fach** *a* octuple; *das Achtfache* huit fois autant.

acht|=geben ‹*gibt, gab acht, achtgegeben*› *itr* être *od* se tenir en garde *od* sur ses gardes; *auf etw ~ = auf etw achten;* **~los** *a* inattentif; négligent; **A~losigkeit** *f* ‹-, ø› inattention, négligence *f.*

acht|malig *a* octuple, fait *od* répété huit fois; **A~stundentag** *m* journée *f* de huit heures; *der ~ (a.)* les huit heures *f pl;* **~tägig** ['-tɛ:gıç] *a* de huit jours.

Achtung *f* ‹-, ø› ['axtʊŋ] *(Hoch~)* considération *f,* respect *m,* estime *f; aus ~ vor* par respect pour; *jdm ~ entgegenbringen* od *erweisen* porter du respect à qn, avoir de grands égards pour qn; *~ genießen* être respecté; *hoch in jds ~ stehen* tenir une grande place dans l'estime de qn; *sich ~ verschaffen* se faire respecter; *~!* attention! gare! prenez garde! *mil* garde à vous! fixe! *alle ~!* mince (alors)! *pop; ~, fertig, los! (sport)* à vos marques! prêts! partez!

Ächtung *f* ‹-, ø› ['ɛçtʊŋ] bannissement *m; bes. fig* proscription *f.*

acht|zehn *(Zahlwort)* dix-huit; **A~zehntel** *n* dix-huitième m; **~zehnte(r, s)** *a* dix-huitième; **~zig** *(Zahlwort)* quatre-vingt(s); *(Schweiz)* huitante; *(Belgien)* octante; *in den ~er Jahren (e-s Jahrhunderts)* dans les années quatre-vingts à quatre-vingt-dix; **A~ziger(in** *f***)** *m* ‹-s, -› octogénaire *m f;* **~zigjährig** *a* octogénaire; **A~zigstel** *n* ‹-s, -› quatre-vingtième *m;* **~zigste(r, s)** *a* quatre-vingtième.

ächzen ['ɛçtsən] *itr* geindre, gémir.

Acker *m* ‹-s, ¨› ['akər, 'ɛkər] champ *m;* **~bau** *m* agriculture *f; ~ treiben* cultiver la terre; **~baukunde** *f* agronomie *f;* **a~bautreibend** *a* agricole; **~boden** *m* terre *f* arable *od* labourable; **~fläche** *f* surface *f* labourée; **~land** *n* terre *f* labourable *od* en labour; **a~n** *itr* labourer; *fig fam (schwer arbeiten) = schuften;* **~pferd** *n* cheval *m* de labour.

ad absurdum [at ap'zurdum] : *jdn ~ führen* réduire qn à l'absurde; *etw ~ führen* prouver l'absurdité de qc.

Adams|apfel *m anat* pomme *f* d'Adam, nœud *m* de la gorge; **~kostüm** *n fam* tenue *f* d'Adam *od* d'Ève.

adäquat [adɛ'kva:t, atˀ-] *a* adéquat, conforme (*dat* à).

add|ieren [a'di:rən] ‹*ohne ge-*› *tr math* additionner, faire l'addition; **A~iermaschine** *f* additionneuse *f;* **A~ition** *f* ‹-, -en› [-si'o:n] addition *f.*

ade [a'de:] *interj* adieu!

Ad|el *m* ‹-s, ø› ['a:dəl] *a. fig* noblesse *f; der ~ (die Adligen)* les nobles *m pl; ~ verpflichtet (prov)* noblesse oblige; **a~(e)lig** *a* noble; *(Adels-)* nobiliaire; **~(e)lige** *m f* ‹-n, -n› noble *m f;* gentil-

homme *m;* **a~eln** *tr* anoblir; *fig* ennoblir.
Ader *f* ‹-, -n› ['a:dər] *anat (Blut~; a. in Holz od Gestein)* veine; *(Schlag~; a. fig: Verkehrs~)* artère *f; min a.* filon; *el (Kabel~)* fil *m,* âme *f; e-e poetische ~ haben* avoir une veine *od* fibre poétique; **~laß** *m* ‹-sses, ¨-sse› *a. fig* saignée *f.*
adieu [a'diø:] *interj* adieu!
Adjektiv *n* ‹-s, -e› ['atjɛkti:f, --'-; -ti:və] *gram* adjectif *m;* **a~isch** *a* adjectif.
Adler *m* ‹-s, -› ['a:dlər] *orn* aigle *m; (Feldzeichen* u. *Wappentier)* aigle *f;* **~horst** *m* aire *f* (de l'aigle); **~nase** *f* nez *m* aquilin *od* busqué.
Admiral *m* ‹-s, -e/(¨e)› [atmi'ra:l] *mar* amiral *m;* **~ität** *f* ‹-, -en› [-'tɛ:t] amirauté *f.*
adopt|ieren [adɔp'ti:rən] ‹*ohne ge-*› *tr* adopter; **A~ion** *f* ‹-, -en› [-tsi'o:n] adoption *f;* **A~ivsohn** [-'ti:f-] *m,* **A~ivvater** *m* fils, père *m* adoptif.
Adressat *m* ‹-en, -en› [adrɛ'sa:t] *(Empfänger)* destinataire; *(e-s Wechsels)* tiré *m.*
Adreßbuch [a'drɛs-] *n* bottin, annuaire.
Adress|e *f* ‹-, -n› [a'drɛsə] adresse *f; an die falsche ~ geraten (fig)* se tromper d'adresse; *an die richtige ~ kommen (fig)* aller à la bonne adresse; **a~ieren** [-'si:rən] ‹*ohne ge-*› *tr* adresser; *falsch ~* mal adresser; **~iermaschine** [-'si:r-] *f* machine *f* à adresser, adressographe *m.*
Adria ['a:dria], *die* l'Adriatique *f; das Adriatische Meer* la mer Adriatique.
A-Dur *n* ['a:du:r] *mus* la *m* majeur.
Advent *m* ‹-(e)s, (-e)› [at'vɛnt] *rel* Avent *m;* **~szeit** *f* temps *m* de l'Avent.
Adverb|(ium) *n* ‹-s, -ien› [at'vɛrp, -bium, -biən] *gram* adverbe *m;* **a~ial** [-bi'al] *a* adverbial.
Advokat *m* ‹-en, -en› [atvo'ka:t] *(plädierender)* avocat; *(Rechtsberater)* avoué *m.*
Aerodynamik *f* [aero-] aérodynamique *f.*
Affäre *f* ‹-, -n› [a'fɛ:rə] affaire *f; sich aus der ~ ziehen* se tirer d'affaire.
Affe *m* ‹-n, -n› ['afə] **1.** *zoo* singe *m;* **2.** *fig fam pej (Geck)* fat *m.*
affig ['afıç] *a fig fam (eingebildet)* précieux.
Affekt *m* ‹-(e)s, -e› [a'fɛkt] *(Gemütsbewegung)* émotion *f,* état *m* passionnel; *im ~ handeln (jur)* commettre un acte passionnel; **a~iert** [-'ti:rt] *a* affecté, minaudier.
affen|artig *a: mit ~er Geschwindigkeit (fig fam)* à une vitesse vertigineuse; **A~brotbaum** *m bot* baobab *m;* **A~liebe** *f* amour *m* aveugle; **A~schande** *f: das ist e-e ~! (fam)* c'est un scandale!
Äffin *f* guenon *f.*
Afrika *n* ‹-s, ø› ['a(:)frika] l'Afrique *f;* **~ner(in** *f*) *m* ‹-s, -› [-'ka:-] Africain(e *f*) *m;* **a~nisch** [-'ka:-] *a* africain, d'Afrique; **afro-asiatisch** *a* afro-asiatique.
After *m* ‹-s, -› ['aftər] *anat* anus *m.*
Ägä|is [ɛ'gɛ:ıs], *die* l'Égée *f;* **ä~isch** *a geog* égéen; *das Ägäische Meer* la mer Égée.
Agent *m* ‹-en, -en› [a'gɛnt] agent; *(Vertreter)* représentant *m;* **~ur** *f* ‹-, -en› [-'tu:r] agence *f.*
Aggregat *n* ‹-(e)s, -e› [agre'ga:t] agrégat; *el* groupe *m.*
Aggress|ion *f* ‹-, -en› [agrɛsi'o:n] *(Angriff)* agression, attaque *f;* **a~iv** [-'si:f] *a* agressif.
Agonie *f* ‹-, -n› [ago'ni:] *(Todeskampf)* agonie *f.*
Agrar|ier *m* ‹-s, -› [a'gra:riər] *(Landwirt)* agrarien *m;* **~land** *n* pays *m* agricole; **~markt** *m* marché *m* agricole; **~politik** *f* politique *f* agraire *od* agricole; **~reform** *f* réforme *f* agraire.
Ägypt|en *n* ‹-s, ø› [ɛ'gʏptən] l'Égypte *f;* **~er(in** *f*) *m* ‹-s, -› Égyptien(ne *f*) *m* **ä~isch** *a* égyptien, d'Égypte; *e-e ~e Finsternis (fig)* des ténèbres *f pl* épaisses.
ah [a(:)] *interj* ah! ha! *~ so!* tiens!
aha [a'ha(:)] *interj* ah! (ah!); voilà!
Ahle *f* ‹-, -n› ['a:lə] *(Werkzeug)* alêne *f.*
ahnden ['a:ndən] *tr (bestrafen)* punir, châtier.
Ahn|e *f* ‹-, -n› , **~frau** *f* ‹-, -en› aïeule *f.*
ähneln ['ɛ:nəln] *itr* ressembler (un peu).
ahnen ['a:nən] *tr* pressentir, présager; *fam* flairer; *(vermuten)* se douter de; *(kommen sehen)* voir venir; *das konnte ich nicht ~* je ne suis pas devin.
Ahnen *m pl* ['a:nən] aïeux, ancêtres *m pl;* **~galerie** *f* galerie *f* des ancêtres; **~kult** *m rel* culte *m* des ancêtres; **~tafel** *f* carte *f* généalogique.
ähnlich I. *a (dem Wesen nach, a. math)* semblable; *(von Menschen, dem Aussehen nach)* ressemblant; *(gleichartig, entsprechend)* pareil, similaire, analogue; **II.** *adv* de (la) même (façon); *jdm ~ sehen* od *sein* ressembler à qn; *das sieht dir ~!* cela te ressemble! on te reconnaît bien là! c'est bien toi! **Ä~keit** *f* ‹-, -en› ressemblance; *bes. math* similitude; *(Gleichartigkeit)* analogie *f.*
Ahnung *f* ‹-, -en› *(Vorgefühl)* pressentiment, présage; *(Vermutung)* soupçon *m; (Befürchtung)* appréhension *f; keine (blasse)* od *nicht die geringste ~ haben* ne pas avoir la moindre idée (*von etw* de qc); *(ich habe) keine ~!* aucune idée! **a~slos I.** *a* inconscient; **II.** *adv* sans se douter de rien; **~slosigkeit** *f* inconscience *f.*
Ahorn *m* ‹-s, -e› ['a:hɔrn] *bot* érable *m.*
Ähre *f* ‹-, -n› ['ɛ:rə] épi *m; ~n lesen* glaner.
Akadem|ie *f* ‹-, -n› [akade'mi:] académie

f; **~iker** *m* ‹-s, -› [-ˈde:mikər]: ~ *sein* avoir fait des études universitaires; **a~isch** [-ˈde:-] *a* académique; *(Universitäts-)* universitaire; *die ~e Jugend* la jeunesse estudiantine; *~es Proletariat n* prolétariat *m* intellectuel *od* des bacheliers.

Akazie *f* ‹-, -n› [aˈka:tsiə] *bot* acacia *m.*

akklimatisieren [aklimatiˈzi:ren] ‹*ohne ge-*› *tr* acclimater.

Akkord *m* ‹-(e)s, -e› [aˈkɔrt, -də] **1.** *mus* accord *m;* **2.** *im ~ arbeiten* travailler à la *od* aux pièce(s) *od* à la tâche *od* à forfait; **~arbeit** *f* travail *m* à la *od* aux pièce(s); **~eon** *n* ‹-s, -s› [aˈkɔrdeɔn] *mus* accordéon *m.*

akkreditieren [akrediˈti:rən] ‹*ohne ge-*› *tr (beglaubigen, bevollmächtigen)* accréditer.

Akkumulator *m* ‹-s, -en› [akumuˈla:tɔr, -ˈto:rən] *el (Akku)* accu(mulateur) *m.*

akkurat [akuˈra:t] *a (genau)* exact; *(ordentlich)* ordonné, rangé; *(sorgfältig)* soigneux.

Akkusativ *m* ‹-s, -e› [ˈakuzati:f, ---ˈ-, -və] *gram* accusatif *m;* **~objekt** *n* complément *m* d'objet direct.

Akrobat *m* ‹-en, -en› [akroˈba:t] acrobate *m;* **~ik** *f* ‹-, ø› [-ˈba:tɪk] acrobatie *f;* **a~isch** *a* acrobatique.

Akropolis *f* ‹-, -polen› [aˈkro:polɪs, -ˈpo:lən] *hist* acropole *f.*

Akt *m* ‹-(e)s, -e› [akt] **1.** *(Handlung)* acte *m,* action *f;* **2.** *jur theat* acte *m;* **3.** *(Geschlechts~)* acte *m* sexuel; **4.** *(Kunst)* nu *m,* académie *f;* **5.** *— feierlicher ~* cérémonie *f.*

Akte *f* ‹-, -n› [ˈaktə] *adm jur* acte *m,* pièce *f,* document *m; zu den ~n legen* classer, joindre au dossier; *fig* considérer comme réglé; **~ndeckel** *m* chemise *f;* **a~nkundig** *a* enregistré; **~nmappe** *f = ~ntasche;* **~nschrank** *m* classeur, casier, cartonnier *m;* **~ntasche** *f* serviette *f;* **~nvermerk** *m* aide-mémoire *m;* **~nzeichen** *n* numéro *m* du dossier, référence *f.*

Aktie *f* ‹-, -n› [ˈaktsiə] *fin* action *f; s-e ~n fallen (fig fam)* ses actions sont en baisse; *s-e ~n steigen (fig fam)* ses actions remontent; *wie stehen die ~n? (fig fam)* comment vont les affaires? **~ngesellschaft** *f (AG)* société *f* par actions *od* anonyme (S.A.); **~nkapital** *n* capital-actions, fonds *m* social; **~nkurse** *m pl* cours *m pl* des actions; **~npaket** *n* paquet *od* lot *m* d'actions; **~nrecht** *n* droit *m* des sociétés anonymes et en commandite.

Aktion *f* ‹-, -en› [aktsiˈo:n] action; *mil* opération *f; in ~ treten* entrer en action; **~är** *m* ‹-s, -e› [-ˈnɛ:r] *fin* actionnaire *m;* **~sradius** *m, a. mil* rayon *m* d'action.

aktiv I. [akˈti:f] *a* **1.** actif; **2.** *(unternehmend)* entreprenant; **II. A~** *n* **1.** ‹-s, (-e)› [ˈak-] *gram* actif *m;* **2.** *pl* **A~a, A~en** [akˈti:va, -vən] *fin* actif *m,* masse *f* active; *Aktiva und Passiva* l'actif *m* et le passif; **~ieren** [-ˈvi:rən] ‹*ohne ge-*› *tr (beleben)* activer, stimuler; **A~ierung** *f* ‹-, ø› *allg* stimulation; *scient, a. psych* activation *f;* **A~ität** *f* ‹-, -en› [-ˈtɛ:t] activité *f;* **A~posten** *m com* actif *m,* valeur *f* active.

Aktu|alität *f* ‹-, -en› [aktualiˈtɛ:t] actualité *f;* **a~ell** [aktuˈɛl] *a* actuel, à l'ordre du jour; *noch nicht ~* prématuré.

Akust|ik *f* ‹-, ø› [aˈkustɪk] *(Schallehre)* acoustique; *(Klangwirkung)* sonorité *f;* **a~isch** *a* acoustique.

akut [aˈku:t] *a* **1.** *med* aigu; **2.** *fig (dringend)* urgent.

Akzent *m* ‹-(e)s, -e› [akˈtsɛnt] **1.** *gram* accent *m;* **2.** *(Aussprache)* prononciation *f; — den ~ legen auf (fig)* mettre l'accent sur.

Akzept *n* ‹-(e)s, -e› [akˈtsɛpt] *fin (Wechsel: Annahmeerklärung)* acceptation; *(a~ierter Wechsel)* lettre de change, traite *f;* **a~abel** [-ˈta:bəl] *a (annehmbar)* acceptable; **a~ieren** [-ˈti:-] ‹*ohne ge-*› *tr* accepter; *fin a.* faire honneur à.

Alabaster *m* ‹-s, (-)› [alaˈbastər] *min* albâtre *m.*

Alarm *m* ‹-(e)s, -e› [aˈlarm] alarme; *bes. mil* alerte *f; ~ blasen, schlagen* sonner, donner l'alarme *od* l'alerte; *blinder* od *falscher ~* fausse alarme *od* alerte; **~anlage** *f* avertisseur *m;* **a~bereit** *a = in Alarmbereitschaft;* **~bereitschaft** *f; in ~* en état d'alerte; **a~ieren** [-ˈmi:-] ‹*ohne ge-*› *tr* alarmer; *mil* alerter; **a~ierend** *a fig (beunruhigend)* alarmant, inquiétant; **~zustand** *m* état *m* d'alerte.

Alaun *m* ‹-(e)s, -e› [aˈlaun] *min* alun *m.*

Alban|er(in *f***)** *m* ‹-s, -› [alˈba:nər] Albanais(e *f*) *m;* **~ien** *n* ‹-s, ø› [alˈba:niən] l'Albanie *f;* **a~isch** *a* albanais; *(das) Albanisch(e)* l'albanais.

Albatros *m* ‹-, -se› [ˈalbatrɔs, -sə] *orn* albatros *m.*

albern [ˈalbərn] **I.** *a* sot; niais, inepte; *(blöde)* nigaud; *~es Zeug n* niaiseries *f pl;* **II.** *itr* faire *od* dire des bêtises *od* des niaiseries; **A~heit** *f* ‹-, -en› niaiserie; sottise *f.*

Albin|ismus *m* ‹-, ø› [albiˈnɪsmus] *med* albinisme *m;* **~o** *m* ‹-s, -s› [-ˈbi:no] albinos *m.*

Album *n* ‹-s, -ben› [ˈalbum, -bən] album *m.*

Alchim|ie *f* ‹-, ø› [alçiˈmi:] alchimie *f;* **~ist** *m* ‹-en, -en› [-ˈmɪst] alchimiste *m;* **a~istisch** *a* alchimique.

Alemann|e *m* ‹-n, -n› [aləˈmanə] Alaman *m;* **a~isch** *a* alémanique.

Alge *f* ‹-, -n› [ˈalgə] *bot* algue *f.*

Algebra *f* ‹-, ø› ['algebra] algèbre *f;* **a~isch** [-'bra:-] *a* algébrique.

Alger|ien *n* ‹-s, ø› [al'ge:riən] *(Land)* l'Algérie *f;* **~ier(in *f*)** *m* ‹-s, -› [-riɛr] Algérien(ne *f*) *m;* **a~isch** *a* algérien, d'Algérie.

Algier ['alʒi:r] *n (Stadt)* Alger *m.*

Alibi *n* ‹-s, -s› ['a:libi] *jur* alibi *m; sein ~ nachweisen* fournir un alibi solide.

Alimente *n pl* [ali'mɛntə] *jur* pension *f* alimentaire.

Alkohol *m* ‹-s, -e› ['alkohɔl/-ho:l] alcool *m;* **a~frei** *a* sans alcool; non-alcoolisé; **~gegner** *m* antialcoolique *m;* **~gehalt** *m* degré *m* d'alcool; *~ des Blutes (fam: Promille)* taux *m* d'alcool dans le sang; **~iker** *m* ‹-s, -› [-'ho:likər] *(Trinker)* alcoolique *m;* **a~isch** [-'ho:-] *a* alcoolique, spiritueux; *~e Getränke n pl* spiritueux *m pl;* **~ismus** *m* ‹-, ø› [-'lɪsmʊs] *(Trunksucht)* alcoolisme *m;* **~nachweis** *m* alcootest *m*, vérification *f* du dosage d'alcool; **~spiegel** *m* taux *m* d'alcool (dans le sang); **~verbot** *n* prohibition *f;* **~vergiftung** *f (akute)* intoxication *f* par l'alcool; *(chronische)* alcoolisme, éthylisme *m.*

All *n* ‹-s, ø› [al] univers *m.*

all [al] **I.** *(alle, aller, alles) a* tout, e; *pl* tous les, toutes les; *~e beide* tous les deux; *mit ~er Deutlichkeit* clairement, nettement; **II.** *(alle) s pl* tous, toutes *m f pl; wir sind ~e da* nous sommes au complet; **III.** *(alles)* tout; *dies* od *das ~es* tout cela; *~es in ~em* à tout prendre, somme toute; *trotz ~em* malgré tout; *nicht um ~es in der Welt* pour rien au monde, pas pour tout l'or du monde; *vor ~em* avant tout, surtout; *das ist* od *wäre ~es* c'est *od* voilà tout; *damit ist ~es gesagt* c'est tout dire; *ist das ~es?* n'est-ce que cela? *da hört doch ~es auf!* c'est trop *od* un peu fort! *fam* c'est du propre! *mein ein und ~es* tout mon bonheur.

alle ['alə] *a fam (Vorrat: aufgebraucht)* épuisé; *(Speise)* mangé; *(Getränk)* bu; *(Geld)* dépensé; *der Wein ist ~* il n'y a plus de vin; **~dem** ['aləde:m, --'-] : *trotz ~ (conj: trotzdem)* malgré tout.

Allee *f* ‹-, -n› [a'le:, -'le:ən] *(baumbestandener Weg)* allée; *(Prachtstraße)* avenue *f.*

allein [a'laɪn] **I.** *a* seul; *(einsam)* solitaire, isolé; *ganz ~* tout seul; *mit jdm ~ sein* être seul *od* en tête-à-tête avec qn; *mit jdm ~ sprechen* parler à *od* avec qn en particulier; *etw ~ tun* faire qc soi-même; *er ~ (als einziger) sprach* lui seul parlait, il était le seul à parler; **II.** *adv (nur)* seulement, uniquement; *von ~* tout seul; *~ der Gedanke* la seule pensée; **III.** *conj (jedoch)* cependant, toutefois, mais; **A~eigentümer** *m* propriétaire *m* unique; **A~erbe** *m* héritier *m* unique; **A~herrschaft** *f* pouvoir *m* absolu; **A~sein** *n* solitude *f;* **~stehend** *a* (vivant) seul; *(ohne Hilfe)* sans appui; *(ledig)* célibataire, sans famille; **A~verkauf** *m* vente *f* exclusive; **A~vertretung** *f* représentation *f* exclusive; **A~vertrieb** *m* vente exclusive, exclusivité *f*, monopole *m.*

allemal ['alə'ma:l] *adv* toutes les fois, toujours; *ein für ~* une fois pour toutes.

allenfalls ['alən'fals] *adv (höchstens)* tout au plus; *(notfalls)* au besoin, à la rigueur; *(äußerstenfalls)* au pis aller.

aller|beste(r, s) ['alər'bɛstə] (le, la) meilleur(e) de tous, de toutes, de tout; *das Allerbeste (a.)* le fin du fin, le dessus du panier; *am allerbesten (adv)* le mieux du monde; **~dings** *adv* **1.** *(einschränkend)* à la vérité; **2.** *(in der Tat)* en effet, bien sûr; *~! (da haben Sie recht!)* ma foi, oui! **~erste(r, s)** *a* le premier de tous, la première de toutes.

Allerg|ie *f* ‹-, -n› [alɛr'gi:] *med (Überempfindlichkeit)* allergie *f;* **a~isch** [-'lɛrgɪʃ] *a* allergique.

aller|hand *a = allerlei; fam (viel)* toutes sortes de, pas mal de; *~ mitgemacht haben* en avoir vu de toutes les couleurs; *das ist ja ~! (fam)* c'est trop fort! c'est du propre! **A~heiligen** *n rel* la Toussaint; **~lei** ['--'laɪ] *a* toute sorte de, de toute(s) sorte(s), de *od* en tout genre; **A~lei** *n* ‹-s, (-s)› pot-pourri, pêle-mêle *m; Leipziger ~ (Küche)* macédoine *f;* **~letzte(r, s)** *a* le dernier de tous, la dernière de toutes; **~liebst** *a* très gentil, ravissant; **~meisten I.** *a: die ~* la plupart de; **II.** *adv: am ~* le plus souvent; **~neueste(r, s)** *a* le plus nouveau *od* récent, le dernier; *das Allerneueste* la dernière nouveauté, le dernier cri; **A~seelen** *n rel* le jour *od* la fête des morts *od* des trépassés; **~seits** *adv* de tous côtés, partout; **A~weltskerl** *m* gaillard; *fam* homme *m* à toutes mains; **A~wenigste,** *das* le minimum; *am allerwenigsten (adv)* le moins du monde.

allgemein ['algə'maɪn] **I.** *a (überwiegend)* général; *(umfassend)* universel; *(gemeinsam)* commun; *~e Dienstpflicht f* service *m* obligatoire; *~es Wahlrecht n* suffrage *m* universel; **II.** *adv* u. *im ~en* en général, généralement; *(ganz) ~ gesprochen (adv)* généralement parlant; **A~bildung** *f* culture *od* formation *f* générale; **A~gut** *n: ~ werden* se vulgariser; **A~heit** *f* ‹-, -en› généralité, universalité *f; im Interesse der ~* dans l'intérêt général; *~ zugänglich (zu besichtigen)* ouvert au public; **~verständlich** *a* à la portée de tous; **A~zustand** *m med* état *m* général.

Allheilmittel *n* [al'haɪl-] panacée *f.*

Allianz *f* ‹-, -en› [ali'ants] *pol* alliance *f.*

Alligator *m* ‹-s, -en› [ali'ga:tɔr, -'to:rən] *zoo* alligator *m*.
Alliierten, *die, m pl* [ali'i:rtən] les puissances *f pl* alliées, les Alliés *m pl*.
alljährlich ['al'jɛ:r-] **I.** *a* annuel; **II.** *adv a.* tous les ans.
All|macht *f* ‹-, ø› ['almaxt] toute-puissance *f;* **a~mächtig** [-'mɛçtıç] *a* tout-puissant; *der A~e (Gott)* le Tout-Puissant.
allmählich [al'mɛ:lıç] **I.** *a* graduel; **II.** *adv a.* peu à peu, petit à petit, par degrés.
allseitig ['al-] *a* universel.
Alltag ['alta:k] *m* **1.** *(Werktag)* jour *m* ouvrable *od* ordinaire; **2.** *der ~ (fig)* la vie quotidienne; *der graue ~* le train-train quotidien.
alltäglich *a* **1.** ['---] quotidien, journalier, de tous les jours; **2.** [-'--] *fig (gewöhnlich)* ordinaire, commun; *nicht ~ (a.)* hors du commun.
alltags *adv* dans la semaine.
allwissend [-'--] *a* omniscient.
allzu ['altsu:] *adv* (par) trop; **~sehr** *adv* (par) trop; **~viel** *pron* trop.
Allzweck . . . *(in Zssgen)* à toute fin.
Alm *f* ‹-, -en› [alm] alpe *f,* pâturage *m* alpestre.
Almosen *n* ‹-s, -› ['almo:zən] aumône *f; (jdm ein) ~ geben* faire l'aumône *od* la charité (à qn).
Alpdruck *m* ['alpdruk] cauchemar *m*.
Alpen *die, f pl,* ['alpən] les Alpes *f pl;* **~paß** *m* col *m* des Alpes; **~rose** *f* rhododendron (des Alpes), rosage *m;* **~straße** *f* route *f* des Alpes; **~veilchen** *n* cyclamen *m*.
Alphabet *n* ‹-(e)s, -e› [alfa'be:t] alphabet *m;* **a~isch** **I.** *a* alphabétique; **II.** *adv: ~ (an)ordnen* classer par ordre alphabétique.
alpin [al'pi:n] *a scient* alpin.
Alraun *m* ‹-(e)s, -e› , **-e** *f* ‹-, -n› [al'raun(ə)] *bot* mandragore *f*.
als [als] *conj* **1.** *(zeitl.)* quand; *(genauer bestimmend)* lorsque; *(die Gleichzeitigkeit betonend)* comme; **2.** *(in der Eigenschaft ~)* comme, en, en qualité de, en tant que, à titre de; *(anstelle)* en guise de; **3.** *(nach dem Komparativ)* que, *(vor Zahlen)* de; — *100 DM ~ Belohnung erhalten* recevoir 100 DM de récompense; *zu stolz, als daß . . .* trop fier pour . . .; *damals, ~* alors que; *erst, ~* ne . . . que; *e-s Tages, ~* un jour que; *~ ob, ~ wenn* comme si; *nicht ~ ob* non (pas) que *subj; so tun, ~ ob . . .* faire semblant de *inf; schon ~ Kind* étant encore enfant; **~bald** [-'-] *adv* aussitôt.
also ['alzo:] *conj (folglich)* donc, par conséquent, en conséquence; *interj (= nun)* voyons; *~?* alors? *na ~!* eh bien, voilà!
Alt *m* ‹-es, (-e)› [alt] *mus* (contr)alto *m*.
alt [alt] *a* ‹*älter, ältest*› **1.** vieux; **2.** *(schon lange bestehend)* de vieille date; **3.** *(von Menschen, mit Angabe des Alters)* âgé (de . . . ans); **4.** *(ehemalig)* ancien; **5.** *(altertümlich, antik)* antique; **6.** *com (gebraucht)* usagé; **7.** *pop (schlecht)* tocard; — *auf meine ~en Tage* sur mes vieux jours; *~ aussehen* avoir l'air vieux; *alles beim ~en lassen* laisser les choses comme elles sont; *20 Jahre ~ sein* avoir 20 ans; *~ genug sein, um zu . . .* être d'âge à *od* en âge de . . .; *zu ~ sein* avoir passé l'âge (*um zu . . .* de . . .); *~ werden* vieillir; *80 Jahre ~ werden* atteindre l'âge de 80 ans; *wir sind gleich ~* vous êtes, il, elle est de mon (notre) âge; *er ist immer der ~e (derselbe)* il est toujours le même; *er sieht nicht so ~ aus, wie er ist* on ne lui donnerait pas son âge; *es bleibt alles beim ~en* rien n'a changé; *wie ~ sind Sie?* quel âge avez-vous? *für wie ~ halten Sie mich?* quel âge me donnez-vous? *~er Junge!* mon vieux! *~e (antiquarische) Bücher n pl* livres *m pl* d'occasion; *~es Eisen n* ferraille *f; die ~en Griechen, Römer* les anciens Grecs, Romains *m pl; ~ und jung* tout le monde, jeunes et vieux, grands et petits; *das Alte Testament* l'Ancien Testament.
Altar *m* ‹-(e)s, ¨-e› [al'ta:r, -'tɛ:rə] *rel* autel *m*.
alt|backen *a* rassis; **A~bau** *m* construction *f* ancienne; **~bewährt** *a* éprouvé par l'usage; **A~e,** *der* vieux, vieillard *m; der ~ (fam: Chef)* le singe, le patron; *mein Alter (fam: Vater)* mon père; **A~eisen** *n* ferraille *f;* **A~eisenhändler** *m* ferrailleur *m*.
älter ['ɛltər] *a* **1.** *(Komparativ von: alt)* plus âgé; *(von Geschwistern)* aîné; **2.** *(nicht mehr jung)* d'un certain âge, entre deux âges; — *~ werden* avancer en âge; *er ist zwei Jahre ~ als ich* il a deux ans de plus que moi, il est mon aîné de deux ans.
Alter *n* ‹-s, -› ['altər] âge; *(hohes)* âge *m* avancé, vieillesse *f; das ~* les vieux jours *m pl; (von Sachen)* vétusté *f; im ~ von* à l'âge de, âgé de; *im besten ~* dans la force de l'âge; *in meinem ~* à mon âge; *seit a~s, von a~s her* de tout temps; *vor a~s* autrefois, jadis, anciennement; *er ist in meinem ~* il est de mon âge; *man sieht ihm sein ~ nicht an* il ne paraît pas son âge; *hohes ~* grand âge *m; vorgerücktes ~* âge *m* avancé; **a~n** *itr* ‹*sein*› vieillir, se faire vieux, prendre de l'âge.
Alternative *f* ‹-, -n› [alterna'tivə] alternative *f*.
Alters|erscheinung *f* ['altərs-] signe *m* de vieillesse; **~grenze** *f* limite *f* d'âge; âge *m* limite; *die ~ erreichen* arriver à la limite d'âge; **~heim** *n* maison *f* de re-

traite, asile *m* de vieillards; **~rente** *f* rente *od* pension de vieillesse, retraite *f* des vieux; **~schwäche** *f* débilité, sénilité, décrépitude *f; an ~ sterben* mourir de vieillesse; **~unterschied** *m* différence *f* d'âge; **~versicherung** *f* assurance-vieillesse *f.*

Altertum *n* ⟨-s, ø⟩ ['altərtu:m] antiquité *f; pl s. Altertümer.*

Altertüm|er ['altərty:mər] *n pl* antiquités *f pl;* **a~lich** *a (Gegenstand)* antique; *(Wort, Redensart, Stil)* archaïque.

Alt|französisch(e, *das***)** l'ancien français *m;* **~griechisch(e,** *das***)** le grec ancien; **~hochdeutsch(e,** *das***)** l'ancien haut allemand *m.*

altklug *a* blanc-bec *pred.*

ältlich *a* vieillot.

Alt|material *n* vieux matériel *m;* **~metall** *n* vieux métal *m;* **a~modisch** *a* passé de mode, démodé; **~papier** *n* vieux papiers *m pl;* **~schnee** *m* neige *f* ancienne; **~stadt** *f* vieille ville, cité *f;* **~stadtsanierung** *f* remodelage *m* des quartiers anciens; **~stimme** *f* voix *f* d'alto; **~warenhändler** *m* brocanteur, fripier *m;* **~warenhandlung** *f* bric-à--brac, décrochez-moi-ça *m;* **~weibersommer** *m (schöner Spätherbst)* été *m* de la Saint-Martin.

Aluminium *n* ⟨-s, ø⟩ [alu'mi:nium] aluminium *m.*

am [am] *(= an dem) s. an; (bei Daten u. anderen Zeitangaben steht im Französ. der acc mit best. Artikel): ~ 14. Juli* le quatorze juillet; *~ Abend* le soir; *~ besten* le mieux; *~ meisten* le plus.

Amalgam *n* ⟨-s, -e⟩ [amal'ga:m] *chem* amalgame *m.*

Amateur *m* ⟨-s, -e⟩ [ama'tø:r] *bes. sport* amateur *m;* **~sport** *m* amateurisme *m.*

Amboß *m* ⟨-sses, -sse⟩ ['ambɔs] *a. anat* enclume *f.*

ambulant [ambu'lant] *a com* ambulant; *med* ambulatoire; *~e Behandlung f* traitement *m* ambulatoire; *~es Gewerbe n* métier *m* ambulant.

Ameise *f* ⟨-, -n⟩ ['a:maɪzə] fourmi *f;* **~nbär** *m* fourmilier, tamanoir *m;* **~nhaufen** *m* fourmilière; *fig a.* ruche *f;* **~nsäure** *f* acide *m* formique; **~nstaat** *m* république *od* société *f* de fourmis.

amen ['a:mən] *interj* amen! ainsi soit-il! *zu allem ja und ~ sagen* dire amen à tout.

Amerika *n* ⟨-s, ø⟩ [a'me:rika] *(a. = USA)* l'Amérique *f;* **~ner(in)** *m* ⟨-s, -⟩ (*f* ⟨-, -nen⟩) [-'ka:nər(ɪn)] Américain(e *f*) *m;* **a~nisch I.** *a* américain, d'Amérique; **II.** *adv* à l'américaine; **~nismus** *m* ⟨-, -men⟩ [-'nɪsmus, -mən] américanisme *m.*

Amethyst *m* ⟨-(e)s, -e⟩ [ame'tʏst] *min* améthyste *f.*

Aminosäuren [a'mi:no-] *f pl chem* amino-acides, acides *m pl* aminés.

Amme *f* ⟨-, -n⟩ ['amə] nourrice *f;* **~nmärchen** *n* conte *m* de bonne femme *od* de ma mère l'oie.

Ammoniak *n* ⟨-s, ø⟩ ['amoniak, ---'-] *chem* ammoniac *m;* **~lösung** *f* ammoniaque *f.*

Amnestie *f* ⟨-, -n⟩ [amnɛs'ti:] *jur (Begnadigung)* amnistie *f;* **a~ren** [-'ti:rən] ⟨*ohne ge-*⟩ *tr* amnistier.

Amöbe *f* ⟨-, -n⟩ [a'mø:bə] *zoo* amibe *f.*

Amok|(laufen *n***)** ['a:mɔk/a'mɔk] *m* folie *f;* meurtrière; **~läufer** *m* amok *m.*

a-Moll *n* ['a:mɔl] *mus* la *m* mineur.

Amortis|ation *f* ⟨-, -en⟩ [amɔrtizatsi'o:n] *fin* amortissement *m;* **a~ieren** ⟨*ohne ge-*⟩ *tr* amortir.

Ampel *f* ⟨-, -n⟩ ['ampəl] **1.** *(Hängelampe)* lampe *f* suspendue; **2.** *(Verkehrs~)* feux *m pl.*

Ampere *n* ⟨-(s), -⟩ [ã'pɛ:r, am'pɛ:r] *el* ampère *m;* **~meter** *n* ampèremètre *m.*

Amphib|ie *f* ⟨-, -n⟩ [am'fi:biə] *zoo* amphibie *m; pl (als Klasse)* amphibiens, batraciens *m pl;* **~ienfahrzeug** *n* véhicule *m* amphibie; **~ienflugzeug** *n* avion *m* amphibie; **a~isch** *a* amphibie.

Ampulle *f* ⟨-, -n⟩ [am'pulə] *med* ampoule *f.*

Amput|ation *f* ⟨-, -en⟩ [amputatsi'o:n] *med* amputation *f;* **a~ieren** [-'ti:rən] ⟨*ohne ge-*⟩ *tr* amputer.

Amsel *f* ⟨-, -n⟩ ['amzəl] *orn* merle *m.*

Amt *n* ⟨-(e)s, ¨er⟩ [amt, 'ɛmtər] **1.** *(Dienststellung, Aufgabe)* fonction *f,* emploi *m;* charge; *(~sgewalt)* compétence *f;* **2.** *(Dienststelle, -raum)* bureau, office, service *m,* administration *f; tele* central *m* (téléphonique); **—** *im ~* en service; en exercice; *in Ausübung meines ~es* dans l'exercice de mes fonctions; *kraft meines ~es* en vertu de ma charge; *ein ~ antreten* od *übernehmen* entrer en charge *od* en fonction, prendre ses fonctions; *ein ~ ausüben* exercer *od* remplir une fonction; *im ~ bleiben* rester *od* demeurer en fonction; *jdn in sein ~ einführen* initier qn à ses fonctions; *jdn s-s ~es entheben* destituer *od* relever *od* renvoyer qn de ses fonctions; *fam* mettre qn à pied; *sein ~ niederlegen* résigner ses fonctions, démissionner; *s-s ~es walten* s'acquitter de ses fonctions; **a~ieren** [-'ti:rən] ⟨*ohne ge-*⟩ *itr* être en fonction(s); **a~ierend** *a* actuel; **a~lich** *a* officiel, d'office; *in ~er Eigenschaft* dans l'exercice de mes *etc* fonctions; **~mann** *m* ⟨-s, -leute/-männer⟩ secrétaire; *hist* bailli *m.*

Amts|antritt *m* ['amts-] entrée *f* en charge *od* en fonction(s); **~arzt** *m* médecin *m* administratif; **~befugnis** *f* compétence *f; s-e ~se überschreiten* outrepasser les limites de sa compétence;

~enthebung *f* suspension, destitution *f;* **~führung** *f* gestion, administration *f;* **~geheimnis** *n* secret *m* professionnel; **~gericht** *n* tribunal *m* cantonal *od* de première instance; **~geschäfte** *n pl* fonctions *f pl* publiques; **~handlung** *f* acte *m* officiel *od* de fonction, opération *f* administrative; **~niederlegung** *f* démission *f;* **~richter** *m* juge *m* de première instance; **~schimmel** *m hum* carriole *f* administrative; **~tracht** *f* costume *m* officiel, robe *f* (de magistrat).

Amulett *n* ‹-(e)s, -e› [amu'lɛt] amulette *f,* talisman.

amüs|ant [amy'zant] *a* amusant, divertissant; **~ieren** [-'zi:rən] ‹*ohne ge-*› *tr* amuser; *sich köstlich ~* s'amuser (follement).

an [an] **I.** *prp (Grundbedeutung)* à; **1.** *(räuml.) ~ der Wand* au mur; *~ der (Land-)Straße* au bord de la route; *~ e-m Fluß, am Rhein,* sur une rivière, sur le Rhin; *~ e-r Stelle* à un endroit; *am Feuer* près du feu; *am Kopf* à la tête; *~ der Hand (a. halten)* à la main; *Haus ~ Haus* une maison après l'autre; *~ die Wand stellen, werfen* mettre, jeter contre le mur; *~ allen Gliedern zittern* trembler de tous ses membres; **2.** *(zeitl.) ~ e-m bestimmten Tage* à un jour fixé; *am Tage der Prüfung* le jour de l'examen; *~ e-m kalten Tage* par un jour froid; *am hellen Tage* en plein jour; *am Abend* le soir; *es ist ~ der Zeit zu* il est temps de; **3.** *(instrumental) ~ den Fingern herzählen* compter sur les doigts; *~ der Hand, Leine führen* mener par la main, en laisse; *~ Krücken gehen* marcher avec des béquilles; **4.** *(kausal) ~ etw liegen (von etw herrühren)* venir de qc; *~ etw leiden, sterben* souffrir, mourir de qc; **5.** *(verschiedene Beziehungen ausdrückend): sich ~ jdn wenden* s'adresser à qn; *gut, schlecht ~ jdm handeln* agir bien, mal envers qn; *~ etw arbeiten* travailler à *od* sur qc; *~ etw erkranken* être pris *od* atteint de qc; *das liegt ~ Ihnen* cela vous regarde; *~ der Sache ist kein wahres Wort* c'est une fable *od* une invention pure; *arm, reich ~* pauvre, riche en; *~ (und für) sich (im Grunde)* au fond, en fait; **6.** *~ die (mit e-m Zahlwort: gegen, ungefähr)* à peu près, environ; **II.** *(adv) von jetzt* od *nun ~* à partir de ce moment, désormais, dorénavant; *von morgen ~* dès demain; *~sein (angestellt, eingeschaltet sein)* marcher, fonctionner; *(Feuer, Licht)* être allumé.

analog [ana'lo:k, -gə] *a (ähnlich, entsprechend)* analogue; **A~ie** *f* ‹-, -n› [-lo'gi:] analogie *f.*

Analphabet *m* ‹-en, -en› ['an-, analfa'be:t] analphabète, illettré *m;* **~entum** *n* ‹-s, ø› analphabétisme *m.*

Analy|se *f* ‹-, -n› [ana'ly:zə] analyse *f;* **a~sieren** [-'zi:rən] ‹*ohne ge-*› *tr* analyser; **a~tisch** [-'ly:tıʃ] *a* analytique.

Ananas *f* ‹-, -/se› ['ananas] ananas *m.*

Anarch|ie *f* ‹-, -n› [anar'çi:] anarchie *f;* **a~isch** [-'narçıʃ] *a* anarchique; **~ist** *m* ‹-en, -en› [-'çıst] anarchiste *m;* **a~istisch** [-'çıstıʃ] *a* anarchiste.

Anatom|ie *f* ‹-, -n› [anato'mi:] **1.** anatomie *f;* **2.** *(Hörsaal)* amphithéâtre *m* d'anatomie; **a~isch** [-'to:mıʃ] *a* anatomique.

an≈bahnen *tr* ouvrir la voie à, amorcer; *sich ~* se préparer, s'amorcer.

an≈bändeln *itr fam: mit jdm ~* faire la cour à qn, chercher le contact avec qn, flirter avec qn.

Anbau *m* **1.** ‹-(e)s, -ten› *arch* agrandissement *m,* annexe *f;* **2.** ‹-(e)s, ø› *agr (von Pflanzen)* culture *f;* **an≈bauen** *tr* **1.** *arch* ajouter, adosser (*an* à); **2.** *agr* planter, cultiver; **~möbel** *n pl* meubles *m pl* par éléments.

anbei ['anbaı, -'-] *adv* ci-inclus, ci-joint, sous ce pli.

an≈beißen ‹*biß an, angebissen*› **1.** *tr* mordre dans; **2.** *itr (Fisch beim Angeln u. fig)* mordre à l'hameçon; — *zum A~ hübsch* joli à croquer.

an≈belangen ‹*ohne ge-*› *tr impers: was mich anbelangt* quant à moi.

an≈bellen *tr* aboyer (*jdn* après qn).

an≈beraumen ‹*ohne ge-*› *tr adm jur* (pré)fixer; *einen Termin ~* fixer une date.

an≈bet|en *tr, a. fig* adorer; **A~er** *m* adorateur *m;* **A~ung** *f* ‹-, ø› adoration *f.*

Anbetracht: *in ~ (gen)* en considération (de), eu égard (à), vu, attendu.

an≈biedern, *sich* se faire bien vu (*bei jdm* de qn).

an≈biet|en ‹*bot an, abgeboten*› *tr* offrir; *zum Kauf ~* mettre en vente.

an≈binden ‹*band an, angebunden*› **1.** *tr* lier, attacher (*an* à); **2.** *itr fig: mit jdm ~* chercher querelle *od* noise à qn; — *kurz angebunden sein* ne pas répondre grand chose, ne pas faire de frais de politesse.

Anblick *m* **1.** *(das Anblicken)* vue *f,* regard *m;* **2.** *(Aussehen)* aspect *m;* — *beim ~ (gen)* à la vue (de); **an≈blicken** *tr* regarder.

an≈bohren *tr* forer, percer.

an≈brechen ‹*bricht, brach an, angebrochen*› **1.** *tr* ‹*h*› *(Vorrat, Packung, Flasche)* entamer; **2.** *itr* ‹*sein*› *(beginnen)* commencer; *(Tag)* se lever; *(Nacht)* tomber.

an≈brennen ‹*brannte an, angebrannt*› *itr* ‹*sein*› *(Speise)* commencer à brûler, attacher; *angebrannt riechen* sentir le brûlé.

an≈bringen ‹*brachte an, angebracht*› *tr* **1.** *(hintun u. befestigen)* mettre, poser, placer, installer, appliquer; **2.** *(zur Sprache bringen)* exposer, mettre sur le tapis; *(Kenntnisse zeigen)* exposer, débiter.

Anbruch *m* ⟨-(e)s, ø⟩ *(Beginn)* commencement *m; (der Nacht)* tombée; *(des Tages)* pointe *f.*

an≈brüllen *tr* vociférer (*jdn* contre qn); *fam* rabrouer, *pop* engueuler.

Andacht *f* ⟨-, -en⟩ ['andaxt] **1.** *(innere Haltung)* recueillement *m;* **2.** *rel* acte *m* de dévotion, dévotions *f pl; (Gebet)* prière *f;* **andächtig** ['-dɛçtıç] *a rel* recueilli.

Andalus|ien *n* ⟨-s, ø⟩ [anda'lu:ziən] l'Andalousie *f;* **~ier(in** *f***)** *m* ⟨-s, -⟩ [-'lu:ziər] Andalou(se *f*) *m;* **a~isch** [-'lu:zıʃ] *a* andalou.

an≈dauern *itr* durer, continuer; **~d I.** *a* continuel; **II.** *adv a.* à tout moment, constamment.

Anden ['andən] *pl* Andes *pl;* Cordillère *f* des Andes.

Andenken *n* ⟨-s, -⟩ **1.** *(Gedenken)* mémoire *f;* **2.** *(Erinnerungsstück)* souvenir *m;* — *zum ~ an* en mémoire de.

ander|(e, er, es) ['andər-] *pron* autre; *ein ~er, (pl) ~e (allg)* autrui *m; die ~en (a.)* le reste; *jeder ~e* tout autre; *kein ~er* aucun *od* nul autre, personne (d')autre; *der eine und der ~e* l'un et l'autre; *weder der eine noch der ~e* ni l'un ni l'autre; *etwas ~es* autre chose; *alles ~e* tout le reste; *alles ~e als* rien moins que; *nichts ~es* rien (d')autre; *am ~en Tage* le lendemain; *auf der ~en Seite (a. fig)* de l'autre côté; *einer nach dem ~en* l'un après l'autre; *(abwechselnd)* tour à tour; *ein Fehler nach dem ~en* faute sur faute; *ein ums ~e Mal* une fois sur deux; *einen Tag um den ~en* tous les deux jours; *unter ~em* entre autres (choses); *mit ~en Worten* en d'autres termes; *ein ~es Hemd, Kleid anziehen* changer de chemise, de robe; *~er Meinung* od *~en Sinnes sein* avoir changé d'avis; *ein ganz ~er geworden sein* être tout changé; *von etwas ~em sprechen* changer de conversation; *sich auf ~e verlassen* compter sur autrui; *sie sind einer wie der ~e* l'un vaut l'autre; *das ist etwas ~es* c'est autre chose, c'est différent; *es verging ein Monat um den ~en* les mois s'écoulaient; *das machen Sie e-m ~n weis!* à d'autres! **~(e)nfalls** ['--(-)'-] *adv* autrement, sinon; **~(er)seits** ['--(-)'-] *adv* d'autre part, d'(un) autre côté; *(dafür)* en revanche; *(dagegen)* par contre; **~mal** ['--'-]: *ein ~* une autre fois, un autre jour.

ändern ['ɛndərn] **1.** *tr* changer, modifier; *(Kleidung)* retoucher; **2.** *refl: sich ~* changer; *(bes. Preise)* varier; — *den Kurs ~ (mar aero)* changer de route *od* de cap; *s-e Meinung ~* changer d'avis; *das ändert nichts an der Sache* cela n'y fera rien; *daran ist nichts zu* od *läßt sich nichts ~* il n'y a rien à faire.

anders ['andərs] *adv* autrement, d'une autre manière *od* façon, différemment; *nirgend(wo) ~* nulle part ailleurs; *~ ausgedrückt* od *gesagt* autrement dit; *sich ~ besinnen* se raviser; *ich kann nicht ~* je ne puis faire autrement; *ich kann nicht ~, ich muß lachen* je ne puis m'empêcher de rire; *mir geht's nicht ~* il n'en va pas autrement pour moi; *das klingt schon ganz ~* voilà qui est différent; *das muß ~ werden* il faut que ça change; *jemand ~* quelqu'un d'autre; *niemand ~ (als er)* personne d'autre (que lui); *wer ~ (als er)?* qui d'autre (que lui)? *erzählen Sie das jemand ~!* à d'autres! **~artig** *a* différent; **A~denkende** *m f pol* dissident(e *f*) *m;* **~herum** ['---'-] *adv* dans l'autre sens; **~wo** ['--'-] *adv* ailleurs, autre part; **~woher** ['---'-] *adv* d'ailleurs; **~wohin** ['---'-] *adv* ailleurs, autre part.

anderthalb ['andərt'halp] *(Zahlwort)* un et demi; *~ Jahre n pl* dix-huit mois *m pl; ~ Stunden f pl* une heure et demie.

Änderung *f* ⟨-, -en⟩ ['ɛndəruŋ] changement *m,* modification; retouche; variation *f; ~en vorbehalten (pp)* sous réserve de modifications.

ander|wärts ['--'-] *adv* = *anderswo;* **~weitig** ['--'--] **I.** *a* autre; **II.** *adv* autrement; *(anderswo)* ailleurs.

an≈deut|en *tr (durch Zeichen)* indiquer (par des signes); *(zu verstehen geben)* donner à entendre, faire comprendre; **A~ung** *f* indication *f,* signe *m; auf e-e (bloße) ~ hin* à demi-mot; *~en machen* parler à demi-mot *od* à mots couverts.

Andrang *m* ⟨-(e)s, ø⟩ *(Drängen)* affluence, presse *f; (Menschenstrom)* foule *f.*

an≈drehen *tr* **1.** *(Schraube)* serrer (en tournant); **2.** *(el: Licht)* allumer; *radio* faire marcher; — *jdm etw ~ (fig fam: aufschwatzen)* refiler qc à qn.

an≈eignen, *sich* **1.** s'approprier (*etw* qc); *(sich e-r S bemächtigen)* s'emparer, se saisir (*etw* de qc); *(widerrechtlich)* s'arroger, usurper (*etw* qc); **2.** *(e-e Fremdsprache)* s'assimiler (*das Französische* le français); *(Kenntnisse)* acquérir.

aneinander [--'--] *adv* l'un à *od* contre l'autre; *~ hängen (fig)* être inséparable; **~≈grenzen** *itr* se toucher, être contigu; *(Staaten a.)* être limitrophe; **~≈reihen** *tr* mettre à la file, aligner.

Anekdote *f* ⟨-, -n⟩ [anɛk'do:tə] anecdote *f.*

an≈ekeln ['an-] *tr* dégoûter, écœurer, rebuter.

Anemone *f* ⟨-, -n⟩ [ane'mo:nə] *bot* anémone *f.*

anerkannt *a* reconnu; *(allgemein ~)* généralement admis.

an=erkenn|en ⟨*erkannte an, anerkannt*⟩ *tr* **1.** reconnaître (*als* pour); *(eingestehen)* avouer; *jur (gerichtlich, gesetzlich ~)* légitimer, légaliser; *fin (Wechsel)* accepter; **2.** *(zu schätzen wissen)* rendre justice à, apprécier; **~end** *a (Worte)* favorable, élogieux; **~enswert** *a* louable; **A~ung** ['an-, anˀɛr'kɛnuŋ] *f* **1.** reconnaissance *f;* aveu *m; jur* légitimation, légalisation; *fin* acceptation *f;* **2.** appréciation *f; ~ finden* être apprécié.

an=fachen *tr (Feuer)* souffler; *a. fig (Leidenschaft)* attiser, allumer.

an=fahr|en ⟨*fährt, fuhr an, angefahren*⟩ *tr* ⟨*h*⟩ **1.** *(heranschaffen)* amener, charrier; **2.** *(mit e-m Fahrzeug anstoßen)* accrocher; **3.** *(mit Worten)* brusquer, rudoyer; *itr* ⟨*sein*⟩ **4.** *(sich in Bewegung setzen)* se mettre en marche, s'ébranler; *mot a.* démarrer; **A~t** *f (Zufahrt)* accès, abord *m,* approche; *(Ankunft)* arrivée *f.*

Anfall *m med* attaque *f,* accès *m;* **an=fallen** ⟨*fällt, fiel an, angefallen*⟩ **1.** *tr* ⟨*h*⟩ *(überfallen)* assaillir; attenter (*jdn* à qn); attaquer; **2.** *itr* ⟨*sein*⟩ *(Produkt, Abfall)* être produit.

anfällig *a* susceptible (*für* de), *med* réceptif (*für* à); *~ sein für Erkältungen* être sujet aux refroidissements; **A~keit** *f* ⟨-, ø⟩ susceptibilité, réceptivité *f,* manque *m* de résistance.

Anfang *m* ⟨-(e)s, ¨-e⟩ commencement, début *m; (Ursprung)* origine *f; am, im, zu ~* au commencement, au début; *gleich zu ~* au premier *od* de prime abord; *von ~ an* dès le début; *von ~ bis zu Ende* du commencement à la fin; *~ Mai* au début de mai; *den ~ machen* commencer; *noch in den (ersten) Anfängen stecken* n'en être qu'à ses débuts; *aller ~ ist schwer (prov)* il n'y a que le premier pas qui coûte; **an=fangen** ⟨*fängt, fing an, angefangen*⟩ *tr* **1.** commencer; **2.** *fam (tun)* faire, entreprendre; *itr* **3.** commencer (*zu tun* à *od* de faire); *damit ~, daß* commencer par *inf;* se mettre (*zu tun* à faire); *(zum erstenmal tun)* débuter; — *alles (mögliche) ~* entreprendre toutes sortes de choses; *ein Gespräch ~* entamer une conversation; *mit nichts angefangen haben* être parti de rien; *etw richtig ~* prendre qc par le bon bout; *Streit mit jdm ~* chercher querelle à qn; *(wieder) von vorn ~* recommencer, reprendre (à zéro); *mit etw nichts anzufangen wissen* ne savoir que faire de qc; *fange nicht immer wieder davon an (fam)* change de disque, ne reviens pas toujours là-dessus; *das fängt ja gut an!* voilà qui commence bien!

Anfäng|er(in *f*) *m* ⟨-s, -⟩ débutant(e *f*) *m;* **a~lich I.** *a* premier, initial; **II.** *adv* = *anfangs.*

anfangs ['anfaŋs] *adv* au commencement, au début; *gleich ~* dès le début.

Anfangs|buchstabe *m* ['anfaŋs-] (lettre) initiale *f; großer, kleiner ~* majuscule, minuscule *f;* **~geschwindigkeit** *f* vitesse *f* initiale.

an=fassen *tr* **1.** *(berühren)* toucher (à); **2.** *(anfangen, in Angriff nehmen)* commencer; se prendre à; **3.** *(jdn behandeln)* prendre, traiter; — *sich (ea.) ~* se donner les mains; *es falsch* od *verkehrt ~* s'y prendre de travers; *etw richtig ~* prendre qc par le bon bout.

anfecht|bar *a a. jur* contestable; **an=fechten** ⟨*ficht, focht an, angefochten*⟩ *tr jur (nicht anerkennen)* contester; **A~ung** *f* ⟨-, -en⟩ **1.** *jur* contestation *f;* **2.** *fig (Versuchung)* tentation *f.*

an=fertig|en *tr* faire; *(im großen)* fabriquer, manufacturer, confectionner; **A~ung** *f* fabrication, confection *f.*

an=feuchten *tr* mouiller, humecter.

an=feuern *tr fig bes. sport* encourager.

an=flehen *tr* implorer.

an=fliegen ⟨*flog an, angeflogen*⟩ *tr aero* **1.** aborder; **2.** *(Zwischenlandung machen in)* faire escale à; *regelmäßig ~* desservir.

Anflug *m* **1.** *aero* (vol *m* d')approche; arrivée *f;* **2.** *fig* teinte, idée *f,* soupçon *m* (*von* de).

an=forder|n *tr (Sache)* demander; *(S u. Person)* réclamer; **A~ung** *f* **1.** demande; réclamation *f;* **2.** *(Erfordernis)* exigence *f; hohe ~en an jdn stellen* exiger beaucoup de qn.

Anfrage *f* demande, question, requête; *parl* interpellation *f; auf ~* sur demande; **an=fragen** *itr: bei jdm ~* demander, s'adresser à qn.

an=freunden, *sich* se lier d'amitié (*mit jdm* avec qn).

an=fühlen: *sich hart, weich ~* être dur, mou au toucher.

Anfuhr *f* ⟨-, -en⟩ transport, camionnage *m.*

an=führ|en *tr* **1.** conduire; *(a. den Tanz)* mener; *mil* commander; **2.** *(Text)* citer; *(Beispiel)* donner; *(Grund)* alléguer; **3.** *(täuschen)* tromper, duper, attraper; *von jdm angeführt werden (a.)* être la dupe de qn; **A~er** *m* conducteur, chef; *pol pej* meneur; *mil* commandant; *sport* leader *m;* **A~ungszeichen** *n pl* guillemets *m pl.*

an=füllen *tr* (r)emplir (*mit* de).

Angabe *f* **1.** *(Hinweis)* indication; *(Auskunft)* information *f;* **2.** *fam (Prahlerei)* fla-fla *m,* esbroufe; vantardise *f;* — *nach s-n ~n* selon ses dires, d'après lui; *nähere ~n* détails *m pl,* spécifications *f pl.*

an=geb|en ⟨*gibt, gab an, angegeben*⟩ *tr* **1.** indiquer; *(s-n Namen)* décliner; *(erklären, bes. Wert, Einkommen)* déclarer;

(Gründe) donner, alléguer; **2.** *(bei d. Polizei etc anzeigen)* dénoncer; *(verpetzen, bes. in d. Schule)* moucharder, cafarder; *itr* **3.** *fam (prahlen)* faire du fla--fla *od* de l'esbroufe; se vanter (*mit* de); — *als Entschuldigung* ~ alléguer *od* donner comme excuse; *den Ton* ~ *(mus u. fig)* donner le ton; **A~er** *m* **1.** *(Denunziant)* dénonciateur, délateur; *(Petzer, bes. in d. Schule)* rapporteur, cafard *m;* **2.** *fam (Prahler)* crâneur, esbroufeur *m;* **A~erei** *f* ‹-, -en› *fam* = *Angabe (Prahlerei);* **~lich I.** *a* prétendu, soi-disant *a. adv;* **II.** *adv* à ce qu'on dit.

angeboren *a* inné, natif, de naissance; *scient* congénital.

Angebot *n* offre *f;* ~ *und Nachfrage* l'offre et la demande.

angebracht *a* opportun, convenable; *nicht* ~ déplacé.

angegossen *a: wie* ~ *sitzen (Kleidungsstück)* aller comme un gant.

angegriffen *a fig (müde)* fatigué, épuisé; *~e Gesundheit f* mauvaise santé *f.*

angeheitert *a (beschwipst)* un peu gai.

an=gehen ‹*ging an, angegangen*› *tr* ‹*h*› **1.** *(betreffen)* regarder, concerner; **2.** *(Problem)* aborder; *itr* ‹*sein*› **3.** *(Feuer)* prendre; **4.** *(ankämpfen)* lutter (*gegen etw* contre qc); **5.** *(erträglich sein)* être passable *od* supportable; pouvoir aller; *(angebracht, passend sein)* être convenable, se faire; — *was mich angeht* quant à moi; *das geht mich (nichts) an* cela (ne) me regarde (pas), c'est (ce n'est pas) mon affaire; **~d** *a (Mensch in e-m Stand* od *Beruf)* jeune; *ein ~er Arzt* un jeune médecin.

an=gehör|en ‹*angehört*› *itr* appartenir *(e-r Organisation* à une organisation), être membre (*e-r Organisation* d'une organisation); **A~ige** *m, f* ‹-n, -n›, *meist pl: die ~n (Mitglieder)* les membres *m pl; (e-s Betriebes)* le personnel; *meine ~n* ma famille, les miens; *die nächsten ~n* les plus proches parents *m pl.*

Angeklagte *m f* ‹-n, -n› *jur* accusé(e *f*), prévenu(e *f*) *m.*

Angel *f* ‹-, -n› ['aŋəl] **1.** *(~schnur)* ligne, canne *f* (à pêche); **2.** *(Tür~)* gond, pivot *m; aus den ~n heben (Tür* u. *fig)* sortir, faire sortir de ses gonds.

Angelegenheit *f* affaire; *bes. jur* cause *f; in welcher ~ kommen Sie?* quel est le but de votre démarche? *ich will mit d(ies)er ganzen ~ nichts zu tun haben* je ne veux être mêlé en rien à cette affaire.

angelernt *a* **1.** *(Können)* acquis, appris; **2.** *(Arbeiter)* spécialisé; *~er Arbeiter m* ouvrier *m* spécialisé (O. S.).

Angel|haken *m* ['aŋəl-] hameçon *m;* **a~n** *tr* u. *itr* pêcher à la ligne; *itr* chercher à décrocher (*nach etw* qc); **~n** *n* pêche *f* à la ligne; **~rute** *f* gaule, canne *f* à pêche.

Angel|sachse ['aŋəl-] *m* Anglo-Saxon *m;* **a~sächsisch** *a* anglo-saxon; *(das) A~(e)* (l')anglo-saxon *m.*

Angelschnur *f* ['aŋəl-] fil *m* de la ligne.

angemessen *a (passend)* convenable.

angenehm *a* agréable; *(Mensch a.)* sympathique; *(willkommen)* bienvenu; *sehr ~! (beim Vorstellen)* très heureux, enchanté.

angenommen I. *a* **1.** *(Fall: gesetzt)* supposé, hypothétique; **2.** *(Name)* d'emprunt, de guerre; **3.** *(Kind)* adoptif; **II.** *conj:* ~ *(gesetzt), daß* à supposer que *(subj).*

angeregt *a* animé; *sich ~ unterhalten* avoir une conversation animée.

angesehen *a (geachtet)* considéré, estimé, renommé.

Angesicht *n* ‹-(e)s, (-e/-er)› *lit poet* face *f;* **a~s** *prp gen fig (im Hinblick auf)* eu égard à, devant.

Angestellte *m f* ‹-n, -n› employé(e *f*) *m; die ~n pl* le personnel; *kaufmännischer ~r* employé *m* de commerce; *leitender ~r* employé occupant un poste de direction, employé *m* en position de cadre.

angestrengt *adv (arbeiten)* avec beaucoup d'efforts, avec bien du mal.

angetrunken *a* un peu gris.

angewandt *a (Wissenschaft: praktisch)* appliqué; *~e Psychologie f* psychologie *f* appliquée.

angewiesen *(pp von: anweisen) a: auf jdn ~ sein* dépendre de qn; *auf etw ~ sein* avoir besoin de qc.

an=gewöhnen ‹*angewöhnt*›: *sich etw ~* s'accoutumer *od* s'habituer à qc, prendre l'habitude de qc.

Angewohnheit *f* habitude, accoutumance *f; aus ~* par habitude.

Angina *f* ‹-, ø› [aŋ'gi:na] *med* angine *f.*

an=gleichen ‹*glich an, angeglichen*› *tr* conformer (*an* à).

Angler *m* ‹-s, -› ['aŋlər] pêcheur *m* (à la ligne).

an=gliedern *tr* joindre, rattacher.

Anglikan|er *m* ‹-s, -› [aŋgli'ka:nər] *rel* anglican *m;* **a~isch** *a* anglican.

angli|sieren [aŋgli'zi:rən] ‹*ohne ge-*› *tr (englisch machen)* angliciser; **A~st** *m* ‹-en, -en› [-'glɪst] angliciste; *(Student a.)* anglicisant *m;* **A~stik** *f* ‹-, ø› [-'glɪstɪk] philologie *f* anglaise; **A~zismus** *m* ‹-, -men› [-'tsɪsmus, -mən] anglicisme *m.*

Angloamerikaner *m* ['aŋglo-] Anglo--américain *m.*

angreif|bar *a* attaquable; **an=greifen** ‹*griff an, angegriffen*› *tr* **1.** attaquer *a. fig;* assaillir; **2.** *(die Gesundheit beeinträchtigen)* affecter, ébranler; *(ermüden)* fatiguer, épuiser; *(auf die Nerven* *gehen)* taper sur les nerfs; *(seelisch)* secouer; *chem (zersetzen)* corroder, altérer; **A~er** *m* ‹-s, -› attaquant, assaillant, agresseur *m.*

an≈grenzen *itr* confiner (*an* à); avoisiner (*an etw* qc); **~d** *a (bes. Grundstück)* contigu, adjacent (*an* à); *(Gebiet)* limitrophe (*an* de).

Angriff *m allg* attaque, agression (*auf* contre); *mil (Sturm~)* charge *f*, assaut *m; (Groß~)* offensive *f; (Luft~)* raid *m; jds ~en ausgesetzt sein* être en butte aux attaques de qn; *in ~ nehmen (fig)* se prendre à, entreprendre, attaquer; *zum ~ übergehen* passer à l'attaque, prendre l'offensive; **~skrieg** *m* guerre *f* d'agression; **a~slustig** *a* prompt à attaquer, agressif.

Angst *f* ‹-, ⸗e› [aŋst, 'ɛŋstə] peur (*vor* de); angoisse; *(innere Unruhe)* anxiété, inquiétude; *(Todes~)* détresse *f*, transes *f pl; med (krankhafte ~)* phobie *f; (es mit der) ~ bekommen* od *in ~ geraten* prendre peur, s'effrayer; *~ haben* avoir peur (*vor* de); *jdm ~ machen* faire peur à qn, effrayer qn; **a~** *a (bange): mir war ~ und bange* j'étais dans les transes; **~hase** *m fam* poule *f* mouillée, poltron *m.*

ängst|igen, *sich* ['ɛŋstɪgən] s'inquiéter, se tourmenter (*um* de); *sich zu Tode ~* mourir de peur; **~lich** *a* peureux, craintif; *(schüchtern)* timide; **Ä~lichkeit** *f* ‹-, ø› timidité *f.*

Angst|schweiß *m* ['aŋst-] sueur *f* froide; *der ~ trat mir auf die Stirn* j'en ai eu une suée; **a~voll** *a* angoissé.

an≈gucken *tr fam* regarder.

an≈gurten, *sich (im Auto)* mettre *od* boucler sa ceinture.

an≈haben ‹*hat, hatte an, angehabt*› *tr* **1.** *(Kleidungsstück tragen)* porter, être vêtu de; **2.** *jdm nichts ~ können* n'avoir pas de prise sur qn, ne rien pouvoir faire à qn.

an≈haften *itr* adhérer (*e-r S* à qc).

Anhalt *m* ‹-(e)s, (-e)› = *~spunkt; jdm e-n ~ geben* mettre qn sur la voie; **an≈halten** ‹*hält, hielt an, angehalten*› *tr* **1.** *(zum Stehen bringen)* arrêter, (faire) stopper; **2.** *(ermahnen)* inviter, exhorter (*jdn zu etw* qn à qc); *itr* **3.** *(stehenbleiben)* s'arrêter, stationner; **4.** *(andauern)* durer, persister; continuer; **5.** *(sich bewerben)* demander, solliciter (*um etw* qc); — *den Atem ~* retenir son souffle; **a~end** *a (andauernd)* continu(el), permanent; *~er Beifall m* applaudissement *m* nourri; *~e Nachfrage f (com)* demande *f* suivie (*nach etw* de qc); **~er** *m fam: per ~* en stop; *per ~ fahren* faire de l'autostop; **~spunkt** *m* point de repère, indice *m*, indication *f.*

anhand [an'hant] *prp gen* od *von ...* à partir de, en s'appuyant sur.

Anhang *m* **1.** *(zu e-m Buch)* appendice; *(Nachtrag)* supplément *m; (zu e-m Vertrag)* annexe *f;* **2.** *(Anhängerschaft)* adhérents, partisans *m pl; pej* coterie, clique *f;* — *ohne ~ (alleinstehend)* libre, sans attaches familiales.

an≈häng|en ‹*hing an, angehängt*› *tr* **1.** suspendre; *(an e-n Haken)* accrocher (*an* à); **2.** *tele (Hörer)* raccrocher; **3.** *(Wagen, Anhänger ankuppeln)* atteler (*an* à); **4.** *(am Schluß e-r Schrift hinzufügen)* ajouter (*an* à); — *jdm was ~ (fam: Übles nachsagen)* médire de qn, *fam* déblatérer contre qn; **A~er** *m* **1.** *(Schmuck)* pendentif *m*, breloque *f;* **2.** *(beschrifteter)* étiquette *f;* **3.** *(Straßenbahn)* baladeuse; *mot* remorque *f;* **4.** *fig (Mensch)* adhérent, partisan; *(e-r Lehre)* adepte; *(Schüler)* disciple; *sport* supporter *m;* **A~erschaft** *f* ‹-, ø› adhérents, partisans *m pl;* **~lich** *a* attaché, dévoué, fidèle; **A~lichkeit** *f* ‹-, ø› attachement *m* (*an* pour).

an≈häuf|en *tr* accumuler, amasser, amonceler; agglomérer; *sich ~* s'accumuler, s'amasser, s'amonceler; **A~ung** *f* accumulation *f;* amoncellement *m*, agglomération *f.*

an≈heben ‹*hob an, angehoben*› *tr* (sou)lever; *(Preis)* relever.

an≈heften *tr* attacher, fixer (*an* à).

an≈heim|eln *tr: jdn ~* rappeler le foyer à qn; **~≈fallen** ‹*fällt, fiel anheim, anheimgefallen*› *itr* ‹*sein*› *: der Vergessenheit ~* tomber dans l'oubli; **~≈stellen** *tr: jdm ~, etw zu tun* laisser qn libre de faire qc; *das stelle ich Ihnen anheim* je m'en remets *od* rapporte à vous.

an≈heuern *tr (Matrosen)* engager.

Anhieb *m: auf ~* du premier coup.

Anhöhe *f* hauteur, élévation, éminence *f.*

an≈hören *tr* écouter; *sich gut ~* être agréable à entendre; *das hört sich (so) an, als ob ...* on croirait que ...

animieren ‹*ohne ge-*› *tr* exciter, entraîner.

Anis *m* ‹-es, -e› ['a:nɪs, a'ni:s] *bot* anis *m;* **~likör** *m* anisette *f.*

Ankauf *m* achat *m*, acquisition *f;* **an≈kaufen** *tr* acheter, acquérir.

Anker *m* ‹-s, -› ['aŋkər] *mar arch tech (Uhr)* ancre *f; el* portant, induit *m*, armature *f; vor ~ gehen, sich vor ~ legen* jeter *od* mouiller l'ancre, mouiller; *den ~ lichten* lever l'ancre; **a~n** *itr* mouiller; **~winde** *f mar* cabestan, guindeau *m.*

an≈ketten *tr* enchaîner.

Anklage *f allg* u. *jur* accusation, inculpation; *jur* prévention *f; ~ gegen jdn erheben, jdn unter ~ stellen* mettre qn en accusation, accuser *od* poursuivre qn; *unter ~ stehen* être en état d'accusation (*wegen* pour); **~bank** *f* banc *m* des accusés *od* des prévenus; **an≈klagen** *tr*

accuser, inculper (*e-r S* de qc); *(anschuldigen)* incriminer.
Ankläger *m* accusateur *m*.
Anklage|schrift *f* acte *m* d'accusation; **~vertreter** *m* ministère *m* public.
an≈klammern, *sich* s'accrocher, se cramponner, s'agripper (*an* à, *fig* ne pas démordre de).
Anklang *m* **1.** *fig (Erinnerung)* réminiscence *f* (*an* de); **2.** *(Beifall)* résonance *f*, écho *m* (favorable); ~ *finden* trouver écho, avoir du succès (*bei jdm* auprès de qn).
an≈kleben *tr* coller *(Plakat)* afficher, apposer; *itr* se coller, adhérer (*an* à); *A~ verboten!* défense d'afficher!
an≈kleiden *tr* habiller; *sich* ~ s'habiller.
an≈klopfen *itr* frapper à la porte.
an≈knipsen *tr (das Licht)* allumer; *das Licht ~ (a.)* tourner le bouton.
an≈knüpfen 1. *tr fig: Beziehungen ~* entrer en relations (*zu jdm* avec qn); **2.** *itr fig: an etw (e-e Äußerung des Gesprächspartners) ~* partir de qc.
an≈kommen ‹*kam an, angekommen*› *itr* ‹*sein*› **1.** arriver, venir; **2.** *(Erfolg haben)* avoir du succès; — *impers: es kommt auf … an (hängt von … ab)* il dépend de …; *(entscheidend, wichtig ist)* ce qui importe, c'est; *es darauf ~ lassen* courir sa chance; *darauf kommt es nicht so (sehr) an* peu importe; *darauf soll es nicht ~* qu'à cela ne tienne! *das kommt darauf an* cela dépend, c'est selon; **Ankömmling** *m* ‹-s, -e› ['ankœmlıŋ] nouveau venu *m*.
an≈kreuzen *tr* marquer d'une croix.
an≈kündig|en *tr* **1.** annoncer, faire savoir *od* connaître; *(amtlich mitteilen)* notifier; *(öffentlich bekanntmachen)* publier; **2.** *(vorbedeuten)* présager; *refl* **3.** *sich ~* s'annoncer; **A~ung** *f* **1.** annonce; notification; publication *f*; **2.** présage *m*.
Ankunft *f* ‹-, ø› arrivée *f*; *(gleich) bei der ~* à l'arrivée.
an≈kuppeln *tr loc* accoupler.
an≈kurbel|n *tr* **1.** donner un tour de manivelle à; **2.** *fig (in Gang bringen)* mettre en marche, encourager; **A~ung** *f* ‹-, ø› *(Wirtschaft)* relance *f*; *fig* mise *f* en marche, encouragement *m*.
an≈lächeln *tr* sourire (*jdn* à qn).

Anlage *f* **1.** *(Anordnung)* disposition *f*, arrangement; plan *m*; *arch* construction, *tech (Tätigkeit* u. *Ergebnis)* installation *f*; *(Einrichtung)* dispositif, groupe *m*; **2.** *fin (Geld~)* placement, investissement *m*; **3.** *(~ zu e-m Schriftstück)* pièce jointe, annexe *f*; **4.** *fig (Veranlagung, Neigung)* disposition *f*, penchant *m* (*zu* pour); *(Befähigung)* aptitude *f* (*zu* à), talent *m* (*zu* pour); **5.** *pl (Park)* parc, jardin *m*; **6.** *tech (Betriebs~n)* matériel *m*; — *als ~, in der ~* ci-inclus, ci-joint, en annexe.
Anlaß *m* ‹-sses, ⸚sse› ['anlas, '-lɛsə] **1.** *(Ursache)* cause; *(Grund)* raison *f*; *(Beweggrund)* motif *m*; **2.** *(Gelegenheit)* occasion *f*; — *aus ~ (gen) = anläßlich; aus diesem ~* pour cette raison; *ohne jeden ~* sans aucun motif; *~ geben zu* donner lieu *od* sujet à, prêter à; *~ haben zu (inf)* avoir sujet de *inf*.
an≈lass|en ‹*läßt, ließ an, angelassen*› *tr* **1.** *(Kleidungsstück anbehalten)* garder (sur soi), ne pas ôter; **2.** *tech mot (in Gang setzen)* mettre en marche, lancer; *mot* démarrer; **A~er** *m* ‹-s, -› *mot* démarreur, starter *m*.
anläßlich ['anlɛslıç] *prp gen* à l'occasion de.
Anlauf *m* élan *m*; *im ersten ~* du premier coup, d'emblée; *e-n ~ nehmen* prendre son élan; **an≈laufen** ‹*läuft, lief an, angelaufen*› *tr* ‹*h*› **1.** *mar* toucher *od* faire escale (*e-n Hafen* à un port); *itr* ‹*sein*› **2.** *fig (anfangen)* commencer, démarrer; *tech* se mettre en marche, *mot* démarrer; **3.** *(Glas: beschlagen)* s'embuer, se ternir; — *blau, rot ~ (physiol)* bleuir, rougir (*vor* de); *angelaufen kommen* arriver en courant.
Anlaut *m gram* son *m* initial.
an≈leg|en *tr* **1.** *(Schmuck, Kleidung)* mettre; *(Verband)* appliquer; **2.** *(Gewehr)* épauler; **3.** *(Stadt, Gebäudekomplex)* fonder; *(Fabrik)* établir; *(Garten)* planter, aménager; *(Weg)* tracer; *(Kanal)* creuser, percer; *tech* installer, construire; *(Sammlung, Kartei)* faire, constituer; **4.** *fin* placer, investir; *itr* **5.** *(mit dem Gewehr zielen)* coucher en joue (*auf jdn* qn); **6.** *mar* aborder, accoster (*an etw* qc); faire escale (*in e-m Hafen* à un port); — *es darauf ~, zu …* viser à …, prendre à tâche de …; *die letzte Hand ~* mettre la dernière main (*an etw* à qc); *e-n Maßstab an etw ~* appliquer une norme à qc; **A~eplatz** *m*, **A~estelle** *f mar* embarcadère, appontement *m*.
an≈lehn|en *tr* appuyer, adosser (*an* à, contre); *(Tür, Fenster)* laisser entrouvert; *sich ~* s'appuyer, s'adosser (*an* contre); **A~ung** *f* ‹-, (-en)› *fig: in ~ an* suivant l'exemple de.
Anleihe *f* ‹-, -n› ['anlaıə] *fin (erhaltene)* emprunt; *(gewährte)* prêt *m*; *e-e ~ aufnehmen* contracter un emprunt; *e-e ~ zeichnen* souscrire à un emprunt.
an≈leimen *tr* coller (*an* à, contre).
an≈leit|en *tr* diriger, instruire; *jdn zu etw ~* montrer à qn le chemin de qc; **A~ung** *f* direction(s *pl*), instruction(s *pl*) *f*, directives *f pl*; *unter jds ~* sous la direction *od* conduite de qn.
an≈lernen *tr (Lehrling)* instruire, former.

an=lieg|en ‹*lag an, angelegen*› *itr (Kleidungsstück)* être ajusté; *eng* ~ coller, se mouler; **A~en** *n (Wunsch)* désir *m; (Bitte)* prière, demande *f; ein* ~ *vorbringen* présenter une prière; **~end** *a (Kleidungsstück)* juste; *(eng~)* collant; **A~er** *m* ‹-s, -› *(Anwohner)* riverain *m.*

an=locken *tr (Tier mit e-m Köder)* appâter, *fig* allécher, attirer.

an=löten *tr* souder (*an* à).

an=lügen ‹*log an, angelogen*› *tr* mentir (*jdn* à qn).

an=machen *tr* **1.** *(festmachen)* attacher (*an* à), fixer (*an* sur); **2.** *(Mörtel, Kalk, Beton)* gâcher; *(Salat)* assaisonner; — *Feuer* ~ faire du feu; *Licht* ~ donner de la *od* allumer la lumière.

an=malen *tr* peindre.

an=maß|en, *sich* avoir la prétention *od* l'audace, se permettre (*etw zu tun* de faire qc), se permettre, s'arroger (*etw* qc); *ich maße mir nicht an, darüber zu urteilen* je ne me permettrais pas d'en juger; *sich ein Recht* ~ usurper un droit; **~end** *a (anspruchsvoll)* prétentieux, arrogant; *(dünkelhaft)* présomptueux, suffisant; *(unverschämt)* impertinent, insolent; **A~ung** *f* ‹-, -en› prétention, arrogance; présomption, suffisance; impertinence, insolence *f; widerrechtliche* ~ usurpation *f.*

an=melden *tr* annoncer; *adm* déclarer; *sich* ~ s'annoncer; *Konkurs* ~ se déclarer en faillite, déposer son bilan; *sich zu einem Kurs* ~ s'inscrire à un cours; *ein Patent* ~ déposer un brevet; *sich polizeilich* ~ faire sa déclaration de séjour, déclarer son arrivée.

Anmeld|eschein *m (polizeilicher)* bulletin *m od* fiche *f* de déclaration; **~ung** *f* annonce; déclaration *f; polizeiliche* ~ déclaration *f* d'arrivée *od* de séjour.

an=merk|en *tr* **1.** (an)noter, prendre note de; **2.** *jdm etw* ~ lire qc sur le visage de qn; *sich nichts* ~ *lassen* ne pas en avoir l'air, ne faire semblant de rien; *man merkt ihm s-e Verlegenheit an* son embarras est visible; **A~ung** *f* ‹-, -en› *(in e-m Buch)* note.

Anmut *f* ‹-, ø› ['anmu:t] grâce, gracilité *f,* charme *m;* **a~ig** *a* gracieux, charmant.

an=nähen *tr* coudre, attacher (*an* à).

an=näher|n *tr* (r)approcher (*dat* de); **~nd I.** *a* approximatif; **II.** *adv* approximativement, à peu de chose près; *nicht* ~ *(so viel)* bien moins, tant s'en faut; **A~ung** *f* ‹-, -en› approche *f; fig* rapprochement *m;* **A~ungsversuch** *m* tentative *f od* effort *m* de rapprochement.

Annahme *f* ‹-, (-n)› **1.** *(Empfang, bes. loc: Gepäck~)* réception; *(e-s Angebots, Geschenks, Wechsels)* acceptation; *(e-s Schülers)* admission; *(an Kindes Statt; e-s Antrags, Gesetzes, Glaubens, e-r Lehre)* adoption *f;* **2.** *(Vermutung)* supposition, hypothèse *f;* — *in der* ~, *daß* en supposant que, à supposer que *subj;* ~ *verweigert! (auf e-r Postsendung)* refusé!

annehm|bar *a (a. Preis)* acceptable; *(zulässig)* admissible; *jur* recevable; **an=nehmen** ‹*nimmt, nahm an, angenommen*› *tr* **1.** *allg* recevoir; *(Angebot, Geschenk, Wechsel)* accepter; *(Kind, Vorschlag, Antrag, Gesetz, rel: Lehre, Glauben)* adopter; *(Religion)* embrasser; *(Rat)* suivre; *(Farbe, Geschmack; Namen, Titel)* prendre; **2.** *(vermuten)* supposer, présumer; — *sich jds* ~ prendre soin *od* s'occuper de qn; *sich e-r S* ~ se charger de qc; *e-n Auftrag* ~ se charger d'une commission; *angenommen werden (parl)* passer; *es wird allgemein angenommen, daß* ... il est communément admis que ...; **A~lichkeit** *f* ‹-, -en› agrément, côté *m* agréable.

annektieren [anɛk'ti:rən] ‹*ohne ge-*› *tr* annexer.

Annonc|e *f* ‹-, -n› [a'nɔ̃:sə] , **a~ieren** [-'si:rən] ‹*ohne ge-*› *tr s. Anzeige (Zeitung) etc.*

annullier|en [anʊ'li:rən] ‹*ohne ge-*› *tr* annuler; **A~ung** *f* ‹-, -en› annulation *f.*

an=öden *tr fam (langweilen)* ennuyer, embêter; *pop* raser.

anomal [ano'ma:l] *a (regelwidrig)* anomal; **A~ie** *f* ‹-, -n› [-ma'li:] anomalie, irrégularité *f.*

anonym [ano'ny:m] *a* anonyme; *(Buch a.)* sans nom d'auteur; **A~ität** *f* ‹-, -en› [-nymi'tɛ:t] anonymat *m.*

an=ordn|en *tr* **1.** *(ordnen)* disposer, arranger; *(in Reihen* od *Stößen)* ranger; *(in Gruppen)* grouper; **2.** *(bestimmen, festlegen)* régler, fixer, arrêter; *(befehlen; med: verordnen)* ordonner; *(vorschreiben)* prescrire; **A~ung** *f* **1.** disposition *f,* arrangement *m,* distribution *f;* rangement; groupement *m;* **2.** règlement *m,* fixation *f;* ordre *m; bes. med* ordonnance; prescription *f; (Erlaß)* décret, arrêté, édit *m.*

anorganisch ['an-, anɔr'ga:nɪʃ] *a scient* inorganique; *~e Chemie f* chimie *f* minérale.

an=packen *tr* empoigner; *fig fam (Arbeit, Problem)* aborder, attaquer; *itr (fam) mit* ~ donner un coup de main.

an=pass|en *tr* **1.** *(angleichen)* accommoder, ajuster, adapter (*an* à); **2.** *(anprobieren)* essayer; *refl* **3.** *sich* ~ s'accommoder, s'adapter, se conformer (*an* à); *biol* s'adapter, s'assimiler; **A~ung** *f* ‹-, ø› accomodation *f,* ajustement *m,* adaptation *a. biol, biol a.* assimilation *f; (der Renten)* rajustement *m;* **~ungsfähig** *a (Mensch)* souple, adaptatif; **A~ungsvermögen** *n* souplesse, faculté *f* d'adaptation.

an≈peilen *tr mar* mettre le cap sur; *(durch Funk)* relever, repérer.
an≈pflanzen *tr* planter.
Anprall *m* ‹-(e)s, (-e)› choc; *(Zs.stoß)* impact *m*.
an≈prangern *tr fig* clouer au pilori, dénoncer publiquement.
an≈preisen ‹*pries an, angepriesen*› *tr* recommander, louer, préconiser; *com* faire de la réclame pour.
Anprobe *f* essayage *m;* **an≈probieren** ‹*ohne -ge-*› *tr* essayer.
an≈pumpen *tr fig fam* taper.
an≈rechn|en *tr* **1.** compter, mettre en compte; *com* facturer; *com jur* imputer (*auf* sur); *(zu Lasten schreiben)* débiter (*jdm etw* qn de qc); **2.** *(zugute halten)* tenir compte de; *jdm etw hoch ~* savoir beaucoup de gré à qn de qc; *sich etw als Verdienst ~* se faire un mérite de qc; **A~ung** *f* mise en compte; imputation *f* (*auf* sur); *in ~ bringen (com)* passer *od* porter en compte.
Anrecht *n* droit, titre *m* (*auf* à); *ein ~ haben auf* avoir droit à.
Anrede *f (Titel)* titre *m;* **an≈reden** *tr* adresser la parole à; *(gelegentlich)* aborder, accoster; *jdn mit Du, mit Sie ~* tutoyer, vouvoyer *od* voussoyer qn.
an≈reg|en *tr* **1.** *(lebhafter machen)* animer, inciter, exciter; *(begeistern)* inspirer; *a. med* stimuler; *(den Appetit)* ouvrir, exciter, aiguiser; **2.** *(vorschlagen)* proposer, suggérer; — *wir haben uns angeregt unterhalten* nous avons eu une conversation animée; **~end** *a* animateur, excitant; *a. med* stimulant; *(Buch)* intéressant; *med* incitant; **A~ung** *f* **1.** animation, incitation; excitation; inspiration; stimulation *f;* **2.** *(Anstoß)* impulsion; *(Vorschlag)* suggestion *f; auf jds ~ hin* à l'instigation de qn.
Anreiz *m (von außen)* incitation, instigation, *a. med* excitation *f;* **an≈reizen** *tr* inciter, *a. med* exciter (*zu* à).
an≈rempeln *tr fam* bousculer.
an≈rennen ‹*rannte an, angerannt*› *itr* ‹*sein*›*: gegen etw ~ (fig)* lutter contre qc, combattre qc; *angerannt kommen* arriver en courant.
Anrichte *f* ‹-, -n› ['anrıçtə] **1.** *(Küchenmöbel)* dressoir, bahut *m;* **2.** *(Raum)* office *f;* **an≈richten** *tr* **1.** *(Speise)* dresser, préparer; *(Salat)* assaisonner; **2.** *fig (tun)* faire, causer, occasionner; *Schaden ~* causer des dégâts; *da haben Sie etwas Schönes angerichtet! (fam)* vous en avez fait de belles.
anrüchig ['anrʏçıç] *a (verdächtig)* suspect.
Anruf *m* **1.** (cri d')appel *m;* **2.** *tele* appel, coup *m* de téléphone *od fam* de fil; **an≈rufen** ‹*rief an, angerufen*› *tr* **1.** appeler, interpeller; *(Schiff, Taxi)* héler; *mil* sommer; **2.** *tele* appeler (au téléphone), téléphoner à, donner un coup de téléphone *od fam* de fil à, sonner; **3.** *rel* invoquer.
an≈rühren *tr* **1.** toucher (à); **2.** *(Speise, Farbe)* délayer; *(Mörtel, Kalk, Beton)* gâcher; — *nicht ~* ne pas toucher (du bout des doigts) à.
Ansage *f* ‹-, -n› *(Bekanntgabe)* avis *m*, notification; *bes. radio* annonce *f;* **an≈sagen** *tr* avertir, notifier; *bes. radio* annoncer; *(durchsagen)* communiquer; *s-n Besuch od sich ~* annoncer sa visite; *jdm den Kampf ~* défier qn; **~r** *m* ‹-s, -› ['-za:gər] *(Kleinkunstbühne)* présentateur; *radio* speaker *m;* **~rin** *f radio* speakerine *f*.
an≈samm|eln *tr* (r)amasser; accumuler; *sich ~* s'amasser, s'accumuler; *(Menschen)* se rassembler, s'attrouper; **A~lung** *f* amas *m;* accumulation *f;* rassemblement, attroupement *m*.
ansässig ['anzɛsıç] *a* établi, domicilié, résident.
Ansatz *m* **1.** *(Verlängerungsstück)* rallonge *f;* **2.** *fig (Anfang)* commencement, début *m*, ébauche *f;* **3.** *(Haar)* naissance *f*.
an≈schaff|en *tr* acquérir, acheter; *sich eigene Möbel ~* se mettre dans ses meubles; **A~ung** *f* ‹-, -en› achat *m*, acquisition *f*.
an≈schalten *tr el* mettre en circuit; *das Licht ~* allumer la lumière.
an≈schau|en *tr* regarder; *(lange)* contempler; **~lich** *a* clair et expressif, évident; *~ machen (a.)* mettre en évidence; **A~lichkeit** *f* ‹-, ø› clarté, évidence *f*, caractère *m* expressif; **A~ung** *f* **1.** ‹-, ø› contemplation; *(innere)* intuition *f;* **2.** ‹-, -en› *(Überzeugungen, Meinung)* idées *f pl*, opinion *f;* **A~ungsmaterial** *n* matériel *m* documentaire.
Anschein *m* ‹-(e)s, ø› apparence *f; dem ~ nach* selon les apparences, à en juger par l'apparence; *sich den ~ geben, als ob ...* faire semblant de *inf*, se donner l'air de *inf; es hat den ~, als ob ...* il semble que *subj*, il paraît que *(Indikativ);* **a~end** *adv* apparemment, visiblement.
an≈schicken, *sich* se disposer, se préparer (*etw zu tun* à faire qc).
an≈schieben ‹*schob an, angeschoben*› *tr (Auto)* pousser.
an≈schießen ‹*schoß an, angeschossen*› *tr (durch e-n Schuß verletzen)* blesser (légèrement).
Anschlag *m* **1.** *(Plakat~, ~ am Schwarzen Brett)* affichage *m;* **2.** *(Schreibmaschine)* frappe *f;* **3.** *(Klavier, Pianist)* toucher *m;* **4.** *(Gewehr)* mise *f* en joue; **5.** *(Hund)* aboiement *m;* **6.** *(~zettel)* affiche *f*, placard *m*, pancarte *f*, écriteau *m;* **7.** *(Veranschlagung, Kosten~)* estimation, évaluation, taxation *f*, devis *m;* **8.** *(Plan)* projet, plan *m; (geheimer ~)*

machination *f; (Verschwörung)* complot; *(Mord~)* attentat *m;* **an≈schlagen** *(schlägt, schlug an, angeschlagen) tr* **1.** *(Plakat, Bekanntmachung)* afficher, apposer; **2.** *(Klavier, Saite)* frapper; *(Glocke)* sonner; *(Ton)* prendre; **3.** *sport* toucher; **4.** *(Ball)* servir; **5.** *(Gewehr)* mettre en joue; **6.** *(Geschirr: beschädigen)* ébrécher; *itr* **7.** *(Hund)* aboyer; **8.** *med (wirken)* faire de l'effet, opérer (*auf jdn* sur qn); **~säule** *f* colonne *f* d'affichage, poteau-affiches *m.*

an≈schließen *(schloß an, angeschlossen) tr* **1.** *(Fahrrad mit e-r Kette)* attacher, enchaîner; **2.** *el* relier, connecter (*an* à); brancher (*an* sur); *tele* raccorder (*an* à); *radio* relayer; **3.** *com* affilier (*an* à); *refl* **4.** *sich ~ (Mensch)* se joindre, se rattacher, s'associer; — *sich jds Meinung ~* se ranger à l'avis de qn; *sich e-r Partei ~* s'affilier à *od* entrer dans un parti; *angeschlossen die Sender …* relayé par les émetteurs …; **~d I.** *a* suivant; **II.** *adv* ensuite, par la suite, (immédiatement) après.

Anschluß *m* **1.** *(an Wasser, Gas)* distribution; *el* connexion *f,* branchement, raccordement; *tele (dauernde Einrichtung)* raccord, abonnement *m; (zeitweilige Verbindung)* communication *f;* **2.** *loc* correspondance *f;* **3.** *fig a. pol hist* rattachement *m; com* affiliation *f* (*an* à); — *im ~ an* comme suite à, faisant suite à; *den ~ erreichen (loc)* avoir *od* attraper la correspondance; *~ suchen (Bekanntschaft)* chercher à lier connaissance; **~zug** *m loc* (train *m* de) correspondance *f.*

an≈schmiegen, *sich* se serrer, se blottir (*an* contre).

an≈schnall|en *tr* boucler; *sich ~ (mot aero)* s'attacher; **A~gurt** *m mot aero* ceinture (de sécurité); *aero* sangle *f.*

an≈schnauzen *tr fam* rabrouer, passer un savon à; *pop* engueuler.

an≈schneiden *(schnitt an, angeschnitten) tr (Lebensmittel, Stoff, fig: Thema)* entamer.

Anschovis *f* ⟨-, -⟩ [an'ʃo:vɪs] *(gesalzene Sardelle)* anchois *m.*

an≈schrauben *tr* visser (*an* à).

an≈schreiben *(schrieb an, angeschrieben) tr* **1.** *(an die Tafel)* écrire; **2.** *(Schuld)* mettre *od* porter au compte; — *~ lassen* prendre à crédit; *bei jdm gut (schlecht) angeschrieben sein* être bien (mal) vu *od* en faveur auprès de qn.

an≈schreien *(schrie an, angeschrien) tr* rudoyer.

Anschrift *f* adresse *f.*

an≈schuldig|en *tr* accuser, inculper, incriminer; **A~ung** *f* ⟨-, -en⟩ accusation, inculpation, incrimination *f.*

an≈schweißen *tr tech* souder (*an* à).

an≈schwellen *(schwillt, schwoll an, angeschwollen) itr (sein)* enfler *a. med; med* se tuméfier; *(sich blähen)* so gonfler; *(allmählich)* grossir; *(Fluß a.)* monter; *mus u. fig* aller crescendo.

an≈schwemmen *tr (Holz)* flotter; *(Sand)* charrier; *(Erdboden)* déposer.

an≈seh|en *(sieht, sah an, angesehen) tr* **1.** *(anblicken)* regarder; *(lange)* contempler; *(prüfen)* examiner; **2.** *(halten für)* regarder, considérer (*als* comme); *(beurteilen)* juger; **3.** *(besichtigen)* visiter; — *angesehen werden als* passer pour; *etw mit ~ (dabeisein)* assister à qc; *(dulden)* laisser faire, tolérer qc; *jdn schief ~* regarder qn de travers; *etw nicht mehr mit ~ können* ne plus pouvoir supporter le spectacle de qc; *man sieht es ihm an, daß …* on voit à sa mine que …, il a l'air de *inf; man sieht es ihm nicht an* il n'en a pas l'air; *sieh mal (einer) an!* tiens, tiens! **A~en** *n* ⟨-s, ø⟩ **1.** *(Anblick)* vue *f,* aspect *m;* **2.** *fig (Achtung)* considération *f,* respect *m; (Ruf)* réputation; *(Geltung)* autorité *f,* standing, prestige *m;* — *dem ~ nach zu urteilen* à en juger sur l'apparence; *hohes ~ genießen* jouir d'un grand crédit; **~nlich** *a* **1.** *(stattlich)* beau, de belle apparence; **2.** *fig (Person)* notable, respectable, honorable; *(Sache)* considérable, important; *eine ~e Summe* une belle somme.

an≈seilen *tr (Bergsteiger)* encorder.

an≈setzen *tr* **1.** mettre (*an* à, contre), *(Leiter)* poser; *(Trinkgefäß an die Lippen)* porter (*an* à); **2.** *(anfügen, anstükken)* ajouter, apposer; **3.** *(einschätzen)* évaluer, taxer, priser; *itr* **4.** commencer, prendre un élan; *refl* **5.** *sich ~* s'attacher (*an* à); *chem* se déposer; — *Bauch ~* prendre du ventre; *zur Landung ~ (aero)* se préparer à atterrir, amorcer l'atterrissage.

Ansicht *f* ⟨-, -en⟩ **1.** *(Tätigkeit)* vue *f,* aspect *m; (Prüfung)* inspection *f,* examen *m; (Bild)* vue *f;* **2.** *(Meinung)* vue, façon *od* manière de voir, opinion *f,* avis *m,* idée *f;* — *meiner ~ nach* à mon avis, selon moi, à ce que je crois; *s-e ~ ändern* changer d'idée *od* d'avis; *s-e ~ äußern* donner son avis *od* opinion; *der ~ sein, die ~ vertreten, daß …* être d'avis que …; *verschiedener, entgegengesetzter ~ sein* être d'un avis différent, contraire *od* opposé; *zur ~ senden (com)* envoyer à vue *od* au choix *od (Buch)* en communication; **~s(post)karte** *f* carte *f* (postale) illustrée; **~ssendung** *f com* envoi *m* à vue *od* au choix.

an≈sied|eln *tr* établir, domicilier; *(Nomaden)* fixer; *sich ~* s'établir, se domicilier; se fixer; **A~(e)lung** *f* **1.** *(Vorgang)* colonisation *f,* établissement *m;* **2.** *(Ergebnis: Ort)* colonie *f.*

Ansinnen *n* ⟨-s, -⟩ exigence, prétention *f.*

an=spannen *tr* **1.** *(Pferd, Wagen)* atteler; **2.** *(straffen)* bander; **3.** *a. fig (s-e Kräfte, s-n Geist)* tendre.

an=speien ‹*spie an, angespien*› *tr* cracher sur.

Anspiel *n sport* commencement *m* du jeu; **an=spielen** *itr* **1.** jouer (le premier); *sport* commencer à jouer; **2.** *fig* faire allusion (*auf etw* à qc); **~ung** *f* ‹-, -en› allusion *f*, sous-entendu *m; in versteckten ~en* à mots couverts.

an=spitzen *tr allg* appointer, aiguiser; *(Bleistift)* tailler.

Ansporn *m* ‹-(e)s, ø› excitation, stimulation *f;* **an=spornen** *tr (Pferd* u. *fig)* éperonner, talonner; *fig* stimuler, encourager.

Ansprache *f* allocution, harangue *f; arg (Schule)* laïus *m; e-e ~ halten* adresser une allocution, haranguer.

ansprech|bar *a physiol* réactif; **an=sprechen** ‹*spricht, sprach an, angesprochen*› **1.** *tr* adresser la parole à, aborder, accoster; **2.** *itr physiol* réagir (*auf etw* à qc); **~end** *a* attirant; sympathique.

an=springen ‹*sprang an, angesprungen*› *itr* ‹*sein*› *mot* partir, démarrer.

Anspruch *m (Recht)* droit (*auf* sur); *(Rechts~)* titre *m; a. fig* prétention; *jur* réclamation *f* (*auf* de); *~ auf etw erheben* od *machen* prétendre à qc, réclamer, revendiquer qc; *auf etw ~ haben* avoir droit à qc; *hohe Ansprüche stellen* affecter de grandes prétentions, faire des embarras; *etw in ~ nehmen* avoir recours à qc; faire appel à, user de qc; *sehr in ~ genommen sein* être fort occupé; **a~slos** *a* sans prétention(s), modeste; **~slosigkeit** *f* ‹-, ø› modestie, simplicité *f;* **a~svoll** *a* prétentieux, exigeant.

an=spucken *tr = anspeien.*

Anstalt *f* ‹-, -en› ['anʃtalt] établissement *m;* institution *(a. Schule); (Schule)* école *f; (Internat)* internat; *(Heim)* asile *m; ~en machen* se préparer, se disposer (*zu etw* à qc, *etw zu tun* à faire qc).

Anstand *m* **1.** ‹-(e)s, ¨e› *(Jagd)* affût *m*, hutte *f;* **2.** ‹-(e)s, ø› *(gutes Benehmen)* (bonne) tenue *f*, bonnes manières *f pl*, savoir-vivre *m; (Schicklichkeit)* bienséance, décence *f; — mit ~* décemment, convenablement; *auf den ~ gehen (Jäger)* se mettre à l'affût; *den ~ verletzen* manquer aux od enfreindre les convenances; *den ~ wahren* garder les bienséances; **~sbesuch** *m* visite *f* de courtoisie; **~sdame** *f* chaperon *m;* **a~shalber** *adv* par convenance; **a~slos** *adv* sans hésiter *od* hésitation, sans (la moindre) difficulté.

anständig I. *a* **1.** *(schicklich)* bienséant, décent, convenable; *(ehrbar)* honnête; **2.** *fig fam (groß)* suffisant, raisonnable; **II.** *adv* décemment, convenablement, dûment, comme il faut; — *sich ~ benehmen* se tenir bien; *~er Mensch m* homme *m* (de) bien; *~e Menschen m pl* gens *m pl* (de) bien, honnêtes gens; **A~keit** *f* ‹-, ø› honnêteté; bonne conduite *f*.

an=starren *tr* regarder fixement.

anstatt [an'ʃtat] **I.** *prp gen* à la place de; **II.** *conj: ~ zu (inf), ~ daß ...* au lieu de *inf.*

an=staunen *tr* regarder avec étonnement; *(bewundern)* admirer.

an=stechen ‹*sticht, stach an, angestochen*› *tr (Faß)* mettre en perce.

an=steck|en *tr* **1.** attacher (avec des épingles); *(Ring)* mettre; *(Abzeichen)* arborer; **2.** *(anzünden)* allumer; *(in Brand stecken)* mettre le feu à; **3.** *med* infecter, contaminer; *itr fig = ansteckend sein (fig); sich ~ (med)* s'infecter, se contaminer; **~end** *a med* infectieux, contagieux; *~ sein (med a.)* se communiquer, se gagner; *fig (Lachen, Gähnen)* être contagieux; **A~ung** *f* ‹-, -en› *med* infection, contagion, contamination *f.*

an=stehen ‹*stand an, angestanden*› *itr (Schlange stehen)* faire la queue.

an=steigen ‹*stieg an, angestiegen*› *itr* ‹*sein*› monter; *(Weg)* aller en montant; *steil ~ (fig)* monter en flèche; **A~** *n com fin* hausse *f; ~ der Preise* hausse *f* des prix.

anstelle [an'ʃtɛlə] = *an Stelle.*

an=stell|en ['an-] *tr* **1.** mettre, poser, placer (*an* contre); *(Leiter)* (ap)poser; **2.** *(Maschine)* mettre en marche; *radio* faire marcher, allumer; **3.** *(in Arbeit nehmen)* embaucher, engager, employer; **4.** *fig* faire, arranger; — *sich ~ (Schlange stehen)* prendre la file, faire la queue; *fig (sich zieren)* faire des manières *od* des façons; *angestellt werden* obtenir un *od* l'emploi; *sich dumm ~* faire la bête *od* l'imbécile; *sich geschickt, ungeschickt (dabei) ~* s'y prendre bien, mal; *was hast du da wieder angestellt?* qu'as tu encore fait comme bêtises? *wie hast du (denn) das angestellt?* comment t'y es-tu pris? **A~ung** *f* engagement, placement, emploi *m;* embauche *f; feste ~* situation *f* stable *od* fixe.

Anstich *m (e-s Fasses)* mise *f* en perce.

Anstieg *m* ‹-(e)s, -e› montée, ascension *f.*

an=stift|en *tr* **1.** *(verursachen)* causer, provoquer, susciter; *pej (anzetteln)* machiner, tramer; **2.** *(jdn veranlassen)* pousser, inciter, exciter (*zu etw* à qc); **A~er** *m pej* provocateur, instigateur, fauteur *m;* **A~ung** *f pej* incitation, excitation *f.*

an=stimmen *tr (Lied)* entonner.

Anstoß *m* **1.** choc, heurt *m;* **2.** *sport*

coup *m* d'envoi; **3.** *fig (Antrieb)* impulsion *f*, branle *m*; **4.** *(Ärgernis)* offense *f*, scandale *m*; — *bei jdm ~ erregen* froisser, choquer, scandaliser, offenser qn; *zu etw den ~ geben* donner l'impulsion *od* le branle à qc, déclencher qc; *an etw ~ nehmen* être choqué par qc, se froisser, se formaliser, se scandaliser de qc; **an=stoßen** ⟨*stößt, stieß an, angestoßen*⟩ **1.** *tr* choquer, heurter, cogner; **2.** *itr* se heurter (*an* à); — *mit den Gläsern ~* choquer les verres, trinquer.

anstößig ['anʃtø:sɪç] *a* choquant, scandaleux; indécent; *(schlüpfrig)* scabreux, grivois; **A~keit** *f* ⟨-, -en⟩ indécence *f*.

an=strahlen *tr allg (mit Scheinwerfern)* illuminer.

an=streich|en ⟨*strich an, angestrichen*⟩ *tr* **1.** *(mit Farbe)* peindre, badigeonner; **2.** *(kennzeichnen)* marquer (d'un trait); **A~er** *m* ⟨-s, -⟩ peintre (en bâtiment(s)); badigeonneur *m*.

an=streng|en *tr* **1.** *(den Geist)* tendre; **2.** *(ermüden)* fatiguer; *refl* **3.** *sich ~* faire des efforts, se donner du mal; — *e-n Prozeß gegen jdn ~* intenter un procès contre qn; **~end** *a (Arbeit)* fatigant; **A~ung** *f* ⟨-, -en⟩ **1.** effort *m*; *(geistige)* contention *f*; **2.** *(Strapaze)* fatigue *f*.

Anstrich *m (Farbe)* couleur; *(Überzug)* couche *f* (de peinture), enduit *m*.

an=stücken *tr* (r)ajouter (une pièce à), rapiécer, rapporter.

Ansturm *m* assaut *m*, ruée; *(von Kunden)* affluence *f*; **an=stürmen** *itr* ⟨*sein*⟩: *~ gegen* donner l'assaut à, assaillir.

an=suchen *itr*: *bei jdm um etw ~* demander qc à qn; solliciter qc de qn; **A~** *n* ⟨-s, -⟩ demande, requête *f*; *auf jds ~* sur la demande, à la requête de qn.

Antarkt|is [ant'ʔarktɪs], *die, geog* l'Antarctique, l'Antarctide *f*; **a~isch** *a* antarctique.

an=tasten *tr* **1.** *(Vorrat)* toucher à, entamer; **2.** *fig* porter atteinte à, attenter à.

Anteil *m* part, portion, quote-part *f*; *an etw ~ haben* avoir part, participer à qc; *an etw ~ nehmen* prendre part, s'intéresser à qc; **a~ig** *a* proportionné; **a~mäßig** *adv* proportionnellement; **~nahme** *f* ⟨-, ø⟩ intérêt *m*, sympathie; *(Mitgefühl)* compassion *f*; *(Beileid)* condoléances *f pl*.

an=telephonieren ⟨*ohne -ge-*⟩ *tr* téléphoner à, donner un coup de téléphone à.

Antenne *f* ⟨-, -n⟩ [an'tɛnə] *zoo (Fühler), radio TV* antenne *f*; *radio TV* collecteur *m* d'ondes.

Anthrazit *m* ⟨-s, (-e)⟩ [antra'tsɪt] *min* anthracite *m*.

Anthropo|logie *f* ⟨-, ø⟩ [antropolo'gi:] anthropologie *f*; **a~logisch** [-'lo:gɪʃ] *a* anthropologique.

Anti|alkoholiker ['anti-] *m* antialcoolique *m*; **~biotikum** *n* ⟨-s, -tika⟩ [-bi'o:tikum, -ka] *pharm* antibiotique *m*.

antik [an'ti:k] *a* antique; **A~e** *f* ⟨-, -n⟩ *(Altertum)* antiquité *f*; *(antikes Kunstwerk)* antique *f*; *pl* antiquités *f pl*.

Anti|klopfmittel *n* ['anti-] *mot* antidétonant *m*; **~körper** *m physiol* anticorps *m*.

Antillen [an'tɪlən] *die, pl geog* les Antilles *f pl*.

Antilope *f* ⟨-, -n⟩ [anti'lo:pə] *zoo* antilope *f*.

Antimon *n* ⟨-s, ø⟩ [anti'mo:n] *chem* antimoine *m*.

Anti|pathie *f* ⟨-, -n⟩ [antipa'ti:] antipathie *f*; **~pode** *m* ⟨-n, -n⟩ [-'po:də] *geog* u. *fig* antipode *m*.

Antiqu|a *f* ⟨-, ø⟩ [an'ti:kva] *typ* caractères *m pl* romains; **~ar** *m* ⟨-s, -e⟩ [-'kva:r] *(Altbuchhändler)* marchand de livres d'occasion; *fam* bouquiniste *m*; **~ariat** *n* ⟨-s, -e⟩ [-ri'at] librairie *f* d'occasion; *(seltener)* brocante *f*; *moderne(s) ~ (Bücher im Ausverkauf)* livres *m pl* soldés *od* en solde, surplus *m* d'éditeurs; **a~arisch** [-'kva:rɪʃ] **I.** *a* ancien, d'occasion; **II.** *adv*: *~ kaufen* acheter d'occasion; **~ität** *f* ⟨-, -en⟩ [-'tɛ:t] objet *m* ancien *od* d'époque; **~itätenhändler** *m* antiquaire.

Anti|semitismus *m* ⟨-, ø⟩ [antizemi'tɪsmus] antisémitisme *m*; **a~septisch** [-'zɛptɪʃ] *a* antiseptique.

Antlitz *n* ⟨-es, (-e)⟩ ['antlɪts] *poet* face *f*.

Antrag *m* ⟨-(e)s, ¨-e⟩ ['antra:k, '-trɛ:gə] **1.** proposition; *(Angebot)* offre; *(Heirats~)* demande *f* en mariage; **2.** *(Gesuch)* pétition; *jur* demande, requête; *parl* motion *f*; — *auf ~ (gen)* sur la proposition de, à la demande de; *jur* à la requête de; *e-n ~ einbringen (parl)* soumettre une proposition, présenter une motion; *e-n ~ stellen* faire une proposition *od* demande, présenter une requête *od parl* une motion; **an=tragen** ⟨*trägt, trug an, angetragen*⟩ *tr (vorschlagen)* proposer; *(anbieten)* offrir; *jdm s-e Dienste ~* offrir ses services à qn; **~sformular** *n* formulaire *m od* formule *f* de demande; **~steller** *m* pétitionnaire; *jur* demandeur, requérant.

an=treffen ⟨*trifft, traf an, angetroffen*⟩ *tr* rencontrer, trouver.

an=treiben ⟨*trieb an, angetrieben*⟩ *tr* **1.** *(Vieh)* aiguillonner; *(mit e-r Peitsche)* fouailler; **2.** *tech* commander, actionner; *bes. mot mar aero* propulser; **3.** *fig* inciter, exciter, stimuler (*zu* à); **4.** *angetrieben werden (auf dem Wasser)* arriver en flottant.

an=treten ⟨*tritt, trat an, angetreten*⟩ *itr mil* se rassembler; *fig* se présenter; *e-e Reise ~ (a.)* partir en voyage; *e-e Stelle ~* entrer en place.

Antrieb *m* **1.** *tech* commande *f*, actionnement *m; bes. mot mar aero* propulsion *f*, entraînement *m; (~sübertragung)* transmission *f;* **2.** *fig* impulsion, instigation, stimulation *f; aus eigenem ~* de mon *etc* propre mouvement, de ma *etc* propre initiative.

Antritt *m: ~ e-r Reise* départ *m* (en voyage); *~ e-r Stelle* entrée *f* en place; **~sbesuch** *m* visite *f* d'entrée; **~srede** *f* discours *m* inaugural *od* d'inauguration.

an≈tun ⟨*tut, tat an, angetan*⟩ *tr (erweisen)* faire; *sich etwas* od *ein Leid ~* attenter à ses jours; *es jdm ~* charmer qn, jeter un sort à qn.

Antwerpen *n* ⟨-s, ø⟩ [antˈvɛrpən] *geog* Anvers *m*.

Antwort *f* ⟨-, -en⟩ [ˈantvɔrt] réponse, réplique; *(schnelle)* repartie; *(scharfe)* riposte *f; jdm die ~ schuldig bleiben* laisser qn sans réponse; *keine ~ schuldig bleiben* avoir réponse à tout; *das ist keine ~ (auf meine Frage)* ce n'est pas une réponse; *um ~ wird gebeten* réponse, s'il vous plaît (= R.S.V.P.); *keine ~ ist auch eine ~ (prov)* le silence vaut une réponse; **a~en** *tr* u. *itr* répondre, répliquer; *(schnell)* repartir; *(scharf)* riposter (*auf* à); *itr* faire réponse (*auf* à); **~karte** *f* carte-réponse *f;* **~schreiben** *n* (lettre *f* de) réponse *f;* **~telegramm** *n* télégramme-réponse *m*.

an≈vertrauen ⟨*ohne -ge-*⟩ *tr* confier (*jdm etw* qc à qn); *sich jdm ~ (gesprächsweise)* se confier, s'ouvrir, s'épancher auprès de qn.

an≈wachsen ⟨*wächst, wuchs an, angewachsen*⟩ *itr* ⟨*sein*⟩ **1.** *(Pflanze)* prendre racine; *med* s'agglutiner; **2.** *fig (zunehmen)* (s'ac)croître, s'accumuler.

Anwalt *m* ⟨-(e)s, ¨e⟩ [ˈanvalt, ˈ-vɛltə] *(bevollmächtigter Vertreter)* mandataire, syndic; *fig (Fürsprecher)* défenseur, tuteur *m;* = *Rechts~;* **~sbüro** *n* cabinet *m* (d'affaires), étude *f;* **~skosten** *pl* frais *m pl* d'avocat.

Anwandlung *f* velléité, bouffée *f; ~ von Edelmut* accès *od* élan *m* de générosité.

Anwärter *m* ⟨-s, -⟩ candidat; *(Thron~)* prétendant *m* (*auf* à).

Anwartschaft *f* ⟨-, (-en)⟩ candidature *f* (*auf* à).

an≈weis|en ⟨*wies an, angewiesen*⟩ *tr* **1.** *(zuweisen)* assigner; **2.** *(anleiten)* diriger; *(belehren)* instruire; **3.** *(befehlen)* ordonner, donner des ordres (*jdn* à qn); **4.** *fin (Zahlung)* ordonnancer; *(Summe)* mandater; — *jdm e-n Platz ~ (a.)* placer qn; *vgl. angewiesen;* **A~ung** *f* **1.** *(Anleitung)* directives *f pl; (Belehrung)* instruction *f;* **2.** *(Befehl, Vorschrift)* ordre, précepte *m; mil* consigne *f;* **3.** *fin* assignation, affectation *f;* mandat *m*.

anwend|bar *a* applicable (*auf* à); **an≈wenden** *tr* appliquer; *(verwenden, gebrauchen)* utiliser, faire usage de, employer; *Gewalt ~* user de *od* employer la *od* faire violence; **A~ung** *f* ⟨-, -en⟩ application; utilisation *f*, usage emploi *m; ~ finden, zur ~ kommen* s'appliquer (*auf* à); **A~ungsbereich** *m* champ *od* domaine *m* d'application.

an≈werb|en ⟨*wirbt, warb an, angeworben*⟩ *tr (Arbeiter)* embaucher; *(Mitglieder)* recruter; *mil* enrôler, recruter; **A~ung** *f* embauchage *m*, embauche *f;* recrutement; enrôlement *m*.

Anwesen *n* ⟨-s, -⟩ *(Grundstück)* (bien-)fonds *m;* **a~d** *a* présent; *~ sein bei* être présent à, assister à; *nicht ganz ~ sein (fig)* avoir une absence; **~de** *m pl* assistants *m pl, die ~n* l'assistance *f; (sehr) verehrte ~!* mesdames et messieurs! **~heit** *f* ⟨-, ø⟩ présence *f; in ~ (gen)* en présence (de).

an≈widern *tr* dégoûter, répugner à; *das widert mich an (a.)* cela me répugne *od* dégoûte.

an≈wurzeln *itr* ⟨*sein*⟩*: wie angewurzelt dastehen (fig)* être cloué sur place.

Anzahl *f* ⟨-, ø⟩ nombre *m*, quantité *f; e-e ganze ~ ...* bon nombre de ...

an≈zahl|en *tr* faire un premier versement de; **A~ung** *f (Vorgang)* premier versement; *(Summe)* acompte *m*.

an≈zapfen *tr (Faß)* mettre en perce; *tele (Leitung)* brancher; *fig fam (Geld aus jdm herausholen)* taper; soutirer de l'argent (*jdn* à qn).

Anzeichen *n* signe, indice; *(Vorzeichen)* présage, augure; *med* symptôme *m; es sind alle ~ dafür vorhanden, daß* tout laisse présager que.

Anzeige *f* ⟨-, -n⟩ [ˈantsaɪgə] **1.** *allg* indication *f;* **2.** *(bei e-r Behörde)* déclaration; *jur* dénonciation, délation *f;* **3.** *(Zeitungs~)* annonce, insertion *f; (im Textteil)* entrefilet, communiqué; *(Familien~)* faire-part *m;* — *jdn zur ~ bringen, ~ gegen jdn erstatten* dénoncer qn; **an≈zeigen** *tr* **1.** *(bezeichnen)* indiquer; *(Meßinstrument)* marquer; *(andeuten)* dénoter; *(vorbedeuten)* présager, pronostiquer; **2.** *(mitteilen)* informer, avertir, aviser (*jdm etw* qn de qc); **3.** *(bei e-r Behörde)* déclarer, faire déclaration de; *jur* dénoncer, porter plainte contre; **4.** *(ankündigen, a. in e-r Zeitung)* annoncer; *(Familienereignis)* faire part de; *(bekanntmachen)* notifier; *com (Warenempfang)* aviser, donner avis de; *den Empfang ~* accuser réception (*e-r S* de qc); **~nannahme** *f* réception *f* des annonces, office *m* de publicité; **~nblatt** *n* feuille *f* de publicité; **~nseite** *f (e-r Zeitung)* page *f* de publicité *od* d'annonces; **~nteil** *m (e-r Zeitung* rubrique *f* de publicité *od* des annonces; **~r** *m* **1.** *jur (Person)* dénonciateur, délateur, rapporteur *m;* **2.** *(Gerät)* appareil *m* indicateur; **3.** *(Zeitung)* moniteur *m.*

an≈zetteln *tr fig* tramer, ourdir.

an≈zieh|en ‹*zog an, angezogen*› *tr* **1.** *allg* u. *phys* attirer; **2.** *(spannen)* tirer; *(Saite)* tendre; *(Schraube, Bremse)* serrer; **3.** *chem (Feuchtigkeit)* absorber; *(Geruch)* s'imprégner de *od* prendre l'odeur de; **4.** *(Kleidungsstück)* mettre; *(Menschen ankleiden)* habiller; **5.** *fig (reizen, fesseln)* attirer, intéresser; *itr* **6.** *com fin (steigen)* monter, hausser, être en hausse; *refl:* **7.** *sich* ~ s'habiller, faire sa toilette; — *(die) Handschuhe* ~ *(a.)* se ganter; *ein anderes Kleid, frische Wäsche* ~ changer de robe, de linge; *(die) Schuhe* ~ se chausser; **~end** *a fig* attractif; attrayant, attirant; **A~ung** *f phys* u. *fig* attraction *f; fig* attrait, charme *m;* **A~ungskraft** *f phys* force d'attraction, gravitation *f; fig* attrait, charme *m.*

Anzug *m (Jacke u. Hose)* costume, complet *m; im* ~ *sein* (s')approcher, se préparer, s'amorcer; *ein Gewitter ist im* ~ un orage s'annonce, il y a un orage dans l'air; *fertiger* ~ costume *m* tout fait.

anzüglich ['antsy:klıç] *a (zweideutig)* équivoque, à double entente; ~ *werden* commencer à faire des personnalités; **A~keit** *f* allusion *f* désobligeante.

an≈zünden *tr* allumer, enflammer; *(Streichholz a.)* frotter; *(in Brand stekken)* mettre le feu à, incendier.

an≈zweifeln *tr* mettre en doute.

apart [a'part] *a* particulier, original; **A~heid** *f* ‹-, ø› [a'pa:rthaıt] *pol (Rassentrennung in Südafrika)* ségrégation *f* raciale.

Apath|ie *f* ‹-, -n› [apa'ti:] apathie, indolence, indifférence *f;* **a~isch** [-'pa:tıʃ] *a* apathique, indolent, indifférent.

Apennin(en, *die pl***)** [apɛ'ni:n(ən)] *der, geog* les Apennins *m pl.*

Apfel *m* ‹s, ¨› ['ap-, 'ɛpfəl] pomme *f; in den saueren* ~ *beißen (fig)* avaler la pilule, s'exécuter; *der* ~ *fällt nicht weit vom Stamm (prov)* tel arbre, tel fruit; tel père, tel fils; **~baum** *m* pommier *m;* **~kuchen** *m* gâteau *m od* tarte *f* aux pommes; **~most** *m* cidre *m;* **~mus** *n* purée *f* de pommes; **~saft** *m* jus *m* de pommes; **~schnaps** *m* calvados *m;* **~sine** *f* ‹-, -n› [-'zi:nə] orange *f;* **~sinenbaum** *m* oranger *m;* **~strudel** *m (Gebäck)* chausson *m* aux pommes; **~wein** *m* cidre *m.*

Apostel *m* ‹-s, -› [a'pɔstəl] apôtre *m;* **~geschichte,** *die* les Actes *m pl* des Apôtres.

Apostroph *m* ‹-s, -e› [apɔs'tro:f] *gram* apostrophe *f;* **a~ieren** [-tro'fi:rən] ‹*ohne ge-*› *tr gram* mettre une apostrophe à.

Apothek|e *f* ‹-, -n› [apo'te:kə] pharmacie *f;* **~er** *m* ‹-s, -› pharmacien *m.*

Apparat *m* ‹-(e)s, -e› [apa'ra:t] **1.** appareil *a. tele; tele (Nebenanschluß)* poste (supplémentaire); *radio* poste *m;* **2.** *(Ausrüstung)* équipement *m;* — *am* ~*! (tele)* c'est lui-même, elle-même; *bleiben Sie am* ~*! (tele)* ne quittez pas (l'écoute)! ~ *27 (tele)* poste 27; **~ur** *f* ‹-, -en› [-ra'tu:r] appareillage, mécanisme *m.*

Appell *m* ‹-s, -e› [a'pɛl] **1.** *mil* revue *f;* **2.** *allg* appel *m* (*an* à); *e-n* ~ *richten an* en appeler à; **~ationsgericht** *n* cour *f od* tribunal *m* d'appel; **a~ieren** [-pɛ'li:rən] ‹*ohne ge-*› *itr* en appeler, faire appel (*an* à).

Appetit *m* ‹-(e)s, (-e)› [ape'ti:t] appétit *m* (*auf* de); *fig (Gelüst)* envie *f;* ~ *haben* avoir de l'appétit; *jdm den* ~ *nehmen* od *verschlagen* ôter *od* couper l'appétit à qn; *den* ~ *verlieren* perdre l'appétit; *der* ~ *kommt beim Essen (prov)* l'appétit vient en mangeant; **a~anregend** *a* apéritif; **a~lich** *a* appétissant *a. fig; fig* joli, séduisant; **a~los** *a* sans appétit; **~losigkeit** ‹-, ø› manque *m* d'appétit.

applau|dieren [aplau'di:rən] ‹*ohne ge-*› *itr* applaudir (*jdm* qn); **A~s** *m* ‹-es, (-e)› [a'plaus, -zə] applaudissements *m pl.*

Aprikose *f* ‹-, -n› [apri'ko:zə] abricot *m;* **~nbaum** *m* abricotier *m.*

April *m* ‹(-s), (-e)› [a'prıl] avril *m; jdn in den* ~ *schicken* faire un poisson d'avril à qn; **~scherz** *m* poisson *m* d'avril.

Apsis *f* ‹-, -iden› ['apsıs, ap'si:dən] *arch rel* abside *f,* chevet *m.*

Aquädukt *m* ‹-(e)s, -e› [akvɛ'dukt] aqueduc *m.*

Aquamarin *m* ‹-s, -e› [akvama'ri:n] *min* aigue-marine *f.*

Aquarell *n* ‹-(e)s, -e› [akva'rɛl] aquarelle *f.*

Aquarium *n* ‹-s, -rien› [a'kva:rium, -iən] aquarium *m.*

Äquator *m* ‹-s, ø› [ɛ'kva:tɔr] *geog* équateur *m;* **ä~ial** [-tori'a:l] *a* équatorial; **~taufe** *f* baptème *m* de la ligne.

Ar *n, a. m* ‹-(e)s, (-e)› [a:r] *(100 qm)* are *m.*

Ära *f* ‹-, (Ären)› ['ɛ:ra] ère *f.*

Arab|er *m* ‹-s, -› ['a:rabər] Arabe *m;* **~eske** *f* ‹-, -n› [ara'bɛskə] *(Ornament)* arabesque *f;* **~ien** *n* ‹-s, ø› [a'ra:biən] l'Arabie *f;* **a~isch** *a* arabe; *(das) A~(e)* l'arabe *m.*

Arbeit *f* ‹-, -en› ['arbaıt] **1.** travail *m,* besogne *f; pop* boulot, turbin *m; (Beschäftigung)* occupation *f,* emploi; *(Feld~)* labour *m; (Fron~, Last)* corvée *f; (mühsame ~, Mühe)* labeur *m,* peine; *(Anstrengung)* fatigue; *(Aufgabe)* tâche, besogne; *(Hand~)* main-d'œuvre; *(Werk, Schaffen)* œuvre *f,* travail;

(~sweise, Machart) travail *m,* façon; *(Ausführung, Gestaltung)* facture *f;* **2.** *(fertiges Werk)* ouvrage, travail; *(Kunstwerk)* œuvre; *(wissenschaftl. ~)* travail *m,* étude *f; (Schule: Übungs~)* exercice; *(schriftl. Haus~)* devoir *m; (Prüfungs~)* composition *f; (Straf~)* pensum *m;* — *für alle (vorkommenden) ~en* toutes mains; *in ~* en mains, sur le chantier *od* métier; *die ~ aufnehmen* prendre son service; *die ~ einstellen* od *niederlegen* cesser le travail, se mettre en grève; *~ finden* trouver un emploi; *etw in ~ geben* commander qc; *an die ~ gehen, sich an die ~ machen* se mettre au travail *od* à l'ouvrage, mettre la main à l'œuvre; *keine ~ haben, ohne ~ sein* être sans travail *od* sur le pavé, chômer; *keine ~ scheuen* ne pas reculer *od fam* renâcler devant la besogne; *mit ~ überhäuft sein* être accablé *od* excédé de travail; *~ suchen* chercher un emploi; *schwere ~* rude besogne *f.*

arbeiten ['arbaıtən] *itr* **1.** travailler; *arg* bosser, turbiner; *(beschäftigt sein)* être occupé (*mit etw* à qc); **2.** *(Maschine)* fonctionner, marcher; *(Holz)* travailler, jouer; *(Kapital)* travailler; *tr* **3.** *(herstellen)* faire; — *an etw ~* travailler à qc, avoir qc sur le chantier; *bei jdm ~ (in Arbeit stehen)* travailler chez qn, être au service de qn; *nicht ~ (a.)* ne rien faire; *es arbeitet sich schlecht bei dieser Beleuchtung* on travaille mal avec cet éclairage; **~d** *a: die ~e Bevölkerung* la population active; *~es Kapital n* capital *m od* fonds *m pl* de roulement *od* investi(s).

Arbeiter *m* ‹-s, -› ['arbaıtər] *(Arbeitender)* travailleur; *(Fabrik~; Standesangehöriger)* ouvrier *m; (Ameise)* fourmi *f* ouvrière; *pl (e-r Firma)* personnel *m* ouvrier; *die ~ (als Stand)* les ouvriers *m pl; angelernter ~* ouvrier semi-qualifié, manœuvre *m* spécialisé; *geistiger ~, ~der Stirn* travailleur *m* intellectuel; *gelernter ~* ouvrier *m* qualifié; *tüchtiger ~* bon ouvrier, abatteur *m* de besogne; *ungelernter ~* ouvrier *m* non-qualifié; *~ und Angestellte m pl* employés et ouvriers *m pl;* **~bewegung** *f* mouvement ouvrier *od* travailliste, travaillisme *m;* **~gewerkschaft** *f* syndicat *m* ouvrier; **~in** *f* travailleuse; *(Fabrik~)* ouvrière *f;* = *Arbeitsbiene;* **~klasse** *f* classe *f* ouvrière *od* laborieuse; **~partei** *f* parti *m* ouvrier; **~priester** *m* prêtre-ouvrier *m;* **~schaft** *f* ‹-, (-en)› ouvriers *m pl,* main-d'œuvre *f; (Belegschaft)* personnel *m* ouvrier; **~vertreter** *m* représentant *od* délégué *m* ouvrier; **~vertretung** *f* représentation *f* des travailleurs; **~viertel** *n* quartier *m* ouvrier.

Arbeit|geber *m* ['arbaıt-] employeur, patron; *arg* dab(e) *m;* **~geberanteil** *m (an den Sozialbeiträgen)* cotisation *f* patronale; **~geberschaft** *f* patronat *m;* **~geberverband** *m* syndicat *m od* fédération patronal(e), association *f* d'employeurs; **~nehmer** *m* salarié *m; die ~* le salariat; **~nehmeranteil** *m (an den Sozialbeiträgen)* cotisation *f* ouvrière; **~nehmerverband** *m* syndicat *m* ouvrier, fédération *f* des travailleurs.

Arbeits|amt *n* ['arbaıts-] agence *f* pour l'emploi; office *m* du travail *od* de placement; **~ausfall** *m* perte *f* de travail; **~bedingungen** *f pl* conditions *f pl* de *od* du travail; **~biene** *f* abeille *f* ouvrière; **~eifer** *m* application, assiduité *f;* **~einstellung** *f* cessation *od* interruption *f* du travail; débrayage *m;* **~einteilung** *f* répartition *f* du travail; **~erlaubnis** *f* permis *m* de travail(ler); **~essen** *n (auf Treffen u. Tagungen)* déjeuner *m* d'affaires; **a~fähig** *a* apte *od* propre au travail; **~fähigkeit** *f* aptitude au *od* capacité *f* de travail; **~feld** *n,* **~gebiet** *n* champ *m* d'activité; **~friede** *m* paix *f* sociale; **~gang** *m* phase *f* de travail; *in e-m einzigen ~* en une seule opération; **~gemeinschaft** *f com* groupement *m* d'entreprises *od (Schule)* d'études; **~gerät** *n* instrument *m* de travail; **~gericht** *n* tribunal *m* du travail; conseil *m* des prud'hommes; **~gruppe** *f pol* groupe *m* de travail; **~kleidung** *f* vêtements *m pl* de travail; **~kosten** *pl* charges *f pl* salariales; **~kraft** *f (e-s Menschen)* capacité *od* faculté de travail; *(e-r Maschine)* puissance *f* de travail; *(Arbeiter)* ouvrier *m; pl* main-d'œuvre *f,* bras, ouvriers *m pl;* **~kreis** *m* groupe *m* (de travail); **~lager** *n* camp *m* de travail; **~leistung** *f (e-r Maschine)* puissance *f* de travail, rendement *m; (geleistete Arbeit)* travail produit, débit *m;* **a~los** *a* sans travail, en chômage; **~lose** *m f* sans-travail, chômeur *m,* -euse *f;* **~losengeld** *n* allocation *od* indemnité *f* (de) chômage; **~losenversicherung** *f* assurance-chômage *f;* **~losigkeit** *f* chômage *m;* **~markt** *m* marché *m* du travail; **~niederlegung** *f* = *~einstellung;* **~ordnung** *f* règlement *m* du travail.

arbeitsparend *a* qui épargne du travail.

Arbeits|platz *m* **1.** *(räuml.)* place *f* de travail; **2.** *(feste Arbeit)* poste *m* de travail; **~recht** *n* droit *m* ouvrier; *(Gesetzsammlung)* législation *f* du travail; **a~scheu** *a* rétif au travail, paresseux, fainéant; **~stunde** *f* heure de travail; *(Werteinheit)* heure-travail *f;* **~teilung** *f* division *od* répartition *f* du travail; **a~unfähig** *a* incapable de travailler, inapte au travail; *dauernd ~* invalide; **~unfähigkeit** *f* incapacité de *od* inaptitude *f* au travail; **~unfall** *m* accident *m* de *od* du travail; **~verhältnis** *n jur* état *m* de travail; *pl* conditions *f pl* de travail; **~weise** *f (e-r Person)* manière *od* méthode *f* de travailler; **~zeit** *f* horaire *m od* durée *f* de travail; *gleitende ~* horaire *m* mobile; **~zimmer** *n* cabinet *m* de travail *od* d'études, étude *f.*

arch|aisch [ar'ça:ɪʃ] *a (sehr alt, altertümlich)* archaïque; **A~aismus** *m* ‹-, -men› [-ça'ɪsmus, -mən] *(altertüml. Ausdruck)* archaïsme *m;* **A~äologe** *m* ‹-en, -en› [-çɛo'lo:gə] archéologue *m;* **A~äologie** *f* ‹-, ø› [-lo'gi:] archéologie *f;* **~äologisch** [-'lo:gɪʃ] *a* archéologique.

Arche *f* ‹-, -n› ['arçə] *: ~ (Noah)* arche *f* (de Noé).

Architekt *m* ‹-en, -en› [arçi'tɛkt] architecte *m;* **a~onisch** [-'to:-] *a* architectonique; **~ur** *f* ‹-, -en› [-'tu:r] architecture *f.*

Archiv *n* ‹-s, -e› [ar'çi:f, -və] archives *f pl;* **~ar** *m* archiviste *m.*

Ardennen *die, pl* [ar'dɛnən] les Ardennes *f pl.*

Areal *n* ‹-s, -e› [are'a:l] *(Bodenfläche)* aire, superficie *f.*

Arena *f* ‹-, -en› [a're:na, -ən] arène *f.*

arg [ark, '-gə] **I.** *a ‹ärger, ärgst› (böse)* méchant; *(boshaft)* malin, malicieux; *(schlecht, schlimm)* mauvais; *(mißlich)* fâcheux; **II.** *adv (stark)* fort, très; *fam (heftig)* rudement; *(sehr)* bien, fort; — *im ~en liegen* aller mal; *es zu ~ treiben* aller trop loin; *das Ärgste verhüten* éviter le pire; *(immer) ärger werden* aller de mal en pis; *es ist ärger denn je* c'est pire que jamais.

Argentin|ien *n* ‹-s, ø› [argɛn'ti:niən] *geog* l'Argentine *f;* **~ier(in)** *m* ‹-s, -› (*f* ‹-, -nen›) [-'ti:niər] Argentin(e *f*) *m;* **a~isch** *a* argentin.

Ärger *m* ‹-s, ø› ['ɛrgər] *(Verdruß)* dépit, déplaisir, ennui *m,* vexation *f; (Unannehmlichkeit)* désagrément *m,* contrariété *f, fam* embêtement *m; aus* od *vor ~* de dépit; *s-n ~ an jdm auslassen* décharger sa bile sur qn; *viel ~ haben* avoir beaucoup d'ennuis *od* de contrariétés; *s-n ~ hinunterschlucken* ronger son frein; **ä~lich** *a* **1.** *(Mensch)* fâché, contrarié, vexé (*über* de); **2.** *(Sache)* fâcheux, ennuyeux, contrariant, vexant; *fam* embêtant; *wie ~!* que c'est embêtant! **ä~n 1.** *tr* fâcher; *(verdrießen)* ennuyer, contrarier, vexer, chagriner; *(schikanieren)* chicaner, tracasser; *(reizen)* taquiner, offusquer, agacer; *fam* embêter; *pop* faire bisquer; **2.** *refl: sich ~* se faire de la bile *od* du mauvais sang, *pop* bisquer; *sich über etw ~* se fâcher, se scandaliser de qc; **~nis** *n* ‹-ses, -se› scandale, esclandre *m; (öffentliches) ~ erregen* faire du scandale *od* de l'esclandre; *Erregung f öffentlichen ~ses* outrage *m* public à la pudeur.

Arg|list *f* ‹-, ø› ['arklɪst] *jur* dol *m;* astuce, malice; perfidie *f;* **a~listig** *a* astucieux, malicieux; perfide; **a~los** *a* sans malice; *(unbefangen)* ingénu, naïf; **~losigkeit** *f* ‹-, ø› ingénuité, naïveté *f.*

Argument *n* ‹-(e)s, -e› [argu'mɛnt] argument *m;* **a~ieren** [-'ti:rən] *‹ohne ge-› itr* argumenter, arguer, raisonner.

Arg|wohn *m* ‹-(e)s, ø› ['arkvo:n] soupçon *m,* suspicion; *(Mißtrauen)* défiance, méfiance *f; jds ~ erregen* éveiller les soupçons de qn; *gegen jdn ~ hegen* soupçonner qn, se méfier de qn; *jds ~ zerstreuen* dissiper les soupçons de qn; **a~wöhnen** *tr* soupçonner; **a~wöhnisch** *a* soupçonneux, ombrageux; défiant, méfiant.

Arie *f* ‹-, -n› ['a:riə] *mus* air *m,* aria *f.*

Arier *m* ‹-s, -› ['a:riər] Aryen *m.*

Aristokrat *m* ‹-en, -en› [arɪsto'kra:t] aristocrate *m;* **~ie** *f* ‹-, -n› [-'ti:] aristocratie *f;* **a~isch** [-'kra:-] aristocratique.

Arithmet|ik *f* ‹-, ø› [arɪt'me:tɪk] arithmétique *f;* **a~isch** [-'me:-] *a* arithmétique.

Arkade *f* ‹-, -n› [ar'ka:də] *arch* arcade *f.*

Arkt|is ['arktɪs] *,die* l'Arctique *f;* **a~isch** *a* arctique.

arm [arm] *a ‹ärmer, ärmst›* **1.** pauvre (*an* en); *(mittellos)* dépourvu; *(bedürftig)* indigent, nécessiteux; besogneux; **2.** *fig (unglücklich, bedauernswert)* pauvre, malheureux, infortuné, misérable; — *~ machen* appauvrir; *~ werden* s'appauvrir; *ich war um 10 DM ärmer* j'avais perdu *od* dépensé 10 DM; j'étais soulagé de 10 DM; *ich Ärmster!* misérable que je suis! *du Ärmster!* mon pauvre!

Arm *m* ‹-(e)s, -e› [arm] *a. tech* u. *fig* bras *m (a. e-s Flusses); (Leuchter)* branche *f; (Deichsel)* limon *m; (Kran)* volée *f; ~ in ~* bras dessus, bras dessous; *jdm den ~ anbieten, geben, reichen* offrir, donner le bras à qn; *jdn mit offenen ~en aufnehmen* accueillir qn à bras ouverts; *jdn in die ~e nehmen* embrasser *od* étreindre qn; *die Beine unter die ~e nehmen (fam)* prendre ses jambes à son cou; *mit verschränkten ~en dastehen* rester là les bras croisés.

Armatur *f* ‹-, -en› [arma'tu:r] armature; *tech (Ausrüstung)* garniture *f;* **~enbrett** *n mot aero* tableau *m* de bord *od* de commande.

Arm|band *n* bracelet *m;* **~banduhr** *f* montre-bracelet *f;* **~binde** *f (Abzeichen)* brassard *m; med* écharpe *f.*

Armee *f* ‹-, -n› [ar'me:, -e:ən] armée *f;* **~korps** *n* corps *m* d'armée.

Ärmel *m* ‹s, -› ['ɛrməl] manche *f; etw aus dem ~* od *den ~n schütteln* faire qc en un tournemain; **~aufschlag** *m* revers de manche, parement *m;* **~kanal,** *der* la Manche; **ä~los** *a* sans manches.

Armen|ien *n* ‹-s, ø› [ar'me:niən] l'Arménie *f;* **~ier(in)** *m* ‹-s, -› (*f* ‹-, -nen›) [-niər] Arménien(ne *f*) *m;* **a~isch** [-'me:-] *a* arménien.

Armenrecht *n* assistance *f* judiciaire (gratuite).

Arm|lehne *f* bras, accoudoir, accotoir *m;* **~leuchter** *m* candélabre *m.*

ärmlich ['ɛrmlɪç] *a (von Sachen)* pauvre; *(dürftig)* chétif, mesquin, piètre; **Ä~keit** *f* ‹-, ø› pauvreté; mesquinerie *f.*

Arm|reif *m* tour *m* de bras; **~schlinge** *f med* écharpe *f.*

armselig *a* pauvre, triste, misérable, pitoyable; **A~keit** *f* ‹-, ø› pauvreté, misère *f.*

Armut *f* ‹-, ø› pauvreté (*an* de); *(Bedürftigkeit)* indigence *f* (*an* de); ~ *schändet nicht (prov)* pauvreté n'est pas vice; **~szeugnis** *n: sich ein ~ ausstellen (fig)* faire preuve de son incapacité.

Armvoll *m* brassée *f* (de).

Aroma *n* ‹-s, -men/-as/(-mata)› [a'ro:ma, -mən/-mas/-mata] arôme, parfum *m;* **a~tisch** [-'ma:-] *a* aromatique.

Arrak *m* ‹-s, -e/-s› ['arak] arac(k) *m.*

Arrest *m* ‹-(e)s, -e› [a'rɛst] *mil* arrêts *m pl;* ~ *haben* être aux arrêts; **~ant** *m* ‹-en, -en› [-'tant] détenu *m;* **~lokal** *n* salle *f* de police.

Arsch *m* ‹-(e)s, ¨-e› [arʃ, 'ɛrʃə] *vulg* cul *m;* **~kriecher** *m vulg* lèche-cul *m pop;* **~lecker** *m* = **~kriecher; ~loch** *n vulg* pauvre type, trou *m* du cul.

Arsen *n* ‹-s, ø› [ar'ze:n] *chem* arsenic *m.*

Arsenik *n* ‹-s, ø› [ar'ze:nɪk] arsenic *m* (blanc).

Art *f* ‹-, -en› [a:rt] **1.** *(~ u. Weise)* manière, façon *f,* mode *m;* **2.** *(Wesen, Beschaffenheit)* nature *f,* naturel, caractère *m;* **3.** *(Sorte)* sorte, espèce *f,* genre *m, zoo bot* espèce *f;* — *aller ~* de *od* en tout genre; *auf diese ~* de cette manière *od* façon; *in d(ies)er ~* de ce genre; *einzig in seiner ~* seul de son espèce; *nach ~ (gen)* à la manière *od* façon, *lit* à l'instar (de); ~ *und Weise* = *~;* **a~en** *itr: nach jdm ~* tenir de qn; **~erhaltung** *f biol* conservation *f* de l'espèce.

Arterie *f* ‹-, -n› [ar'te:riə] *anat* u. *fig* artère *f;* **~nverkalkung** *f med* artériosclérose *f.*

artfremd *a* étranger à l'espèce.

artig *a* **1.** *(Kind)* sage; **2.** *(nett, liebenswürdig)* gentil, gracieux; *(galant)* galant, courtois; — *sehr ~* sage comme une image.

Artik|el *m* ‹-s, -› [ar'ti:kəl, -'tɪ-] *a. gram com* article *m; e-n ~ führen (com)* faire un article; *gängiger ~ (com)* article *m* d'écoulement facile; *(un)bestimmter ~ (gram)* article *m* (in)défini; **a~ulieren** [-'li:rən] ‹*ohne ge-*› *tr (deutl. aussprechen)* articuler.

Artillerie *f* ‹-, (-n)› [artɪlə'ri:] artillerie *f;* **~beschuß** *m: unter ~ liegen* être exposé au feu de l'artillerie; **~feuer** *n* feu *od* tir *m* d'artillerie.

Artillerist *m* ‹-en, -en› [artɪlə'rɪst] artilleur *m.*

Artischocke *f* ‹-, -n› [arti'ʃɔkə] *bot* artichaut *m.*

Artist *m* ‹-en, -en› [ar'tɪst] artiste *m* de cirque; **a~isch** [-'tɪs-] *a allg* artistique.

Arznei *f* ‹-, -en› [a:rts'naɪ] médicament, remède *m;* **~mittel** *n* = *~;* **~mittellehre** *f* pharmacologie *f;* **~waren** *f pl* produits *m pl* pharmaceutiques.

Arzt *m* ‹-es, ¨-e› [a:rtst, 'ɛ:rtstə] médecin; *fam* docteur; *arg* toubib *m; behandelnder, beratender ~* médecin *m* traitant, consultant; *praktischer ~* généraliste, omnipraticien *m.*

Ärzteschaft *f* ‹-, ø› corps *m* médical.

Arztgebühren *f pl* honoraires *m pl* médicaux.

Ärztin *f* ‹-, -nen› femme médecin; *fam* doctoresse *f.*

Arztkosten *pl* frais *m pl* de médecin.

ärztlich *a* médical; *in ~er Behandlung sein* se faire soigner par un médecin; *~es Attest n, ~e Bescheinigung f* certificat *m* médical; *~e Behandlung f* soins *m pl* médicaux; *~e Hilfe f* assistance *f* d'un *od* du médecin; *~e Schweigepflicht f* secret *m* médical; *~e Untersuchung f* examen *m* médical; *~e Verordnung f* ordonnance *f* (médicale).

Arzt|praxis *f* cabinet *m* médical *od* de médecin; **~wahl** *f: freie ~* libre choix *m* du médecin.

as *n* ‹-, -› [as] *mus* la *m* bémol.

As *n* ‹-ses, -se› [as] *(Spielkarte)* as *m.*

Asbest *m* ‹-(e)s, -e› [as'bɛst] *min* amiante, asbeste *m.*

Asch|e *f* ‹-, (-n)› ['aʃə] cendre *f (in Redensarten meist pl); in Schutt und ~ legen* réduire en cendres; **~enbahn** *f sport* (piste) cendrée *f;* **~enbecher** *m* cendrier *m;* **~enbrödel** *n* Cendrillon *f; fig* souffre-douleur *m;* **~ermittwoch** *m rel* mercredi *m* des Cendres; **a~fahl** *a,* **a~grau** *a* gris cendré.

As-Dur *n* ['asdu:r] *mus* la *m* bémol majeur.

äsen ['ɛ:zən] *itr (Wild: fressen)* viander.

Asi|at(in) *m* ‹-en, -en› (*f* ‹-, -nen›) [azi'a:t] Asiatique *m f;* **a~atisch** [-zi'a:-] *a* asiatique; **~en** *n* ‹-s, ø› ['a:ziən] l'Asie *f.*

Asket *m* ‹-en, -en› [as'ke:t] ascète *m;* **a~isch** *a* ascétique.

as-Moll *n* ['asmɔl] *mus* la *m* bémol mineur.

asozial ['azotsia:l, ---'-] *a* asocial.

Asphalt *m* ‹-(e)s, -e› [as'falt] asphalte,

bitume *m;* **~decke** *f* revêtement *m* en asphalte; **a~ieren** [-ˈtiːrən] ‹*ohne ge-*› *tr* asphalter, bitumer.

Assel *f* ‹-, -n› [ˈasəl] *zoo* cloporte *m.*

Assessor *m* ‹-s, -en› [aˈsɛsɔr, -ˈsoːrən] *(Schule)* (jeune) professeur; *jur* (jeune) juge *m.*

Assimil|ation *f* ‹-, -en› [asimilatsiˈoːn] assimilation; *physiol a.* animalisation *f;* **a~ieren** ‹*ohne ge-*› *tr* assimiler; *physiol a.* animaliser.

Assist|ent *m* ‹-en, -en› [asɪsˈtɛnt] assistant, aide *m;* **~enzarzt** *m* médecin assistant; *(in e-m Krankenhaus)* interne (des hôpitaux); *mil* médecin *m* sous-lieutenant; **a~ieren** [-ˈtiːrən] ‹*ohne ge-*› *itr* assister *(jdm* qn, *bei etw* à qc).

Assyr|ien *n* ‹-s, ø› [aˈsyːriən] *hist* l'Assyrie *f;* **~(i)er(in)** *m* ‹-s, -› (*f* ‹-, -nen›) [-riər] Assyrien(ne *f*) *m;* **a~isch** [-ˈsyː-] *a* assyrien.

Ast *m* ‹-(e)s, ⸚e› [ast, ˈɛstə] **1.** branche *f;* **2.** *(im Holz)* nœud *m;* — *sich e-n ~ lachen (fam)* rire comme un bossu, se tordre de rire.

Aster *f* ‹-, -n› [ˈastər] *bot* aster *m.*

astfrei *a (Holz)* sans nœuds.

Ästhet *m* ‹-en, -en› [ɛsˈteːt] esthète *m;* **~ik** *f* ‹-, (-en)› [-ˈteːtɪk] esthétique *f;* **ä~isch** [-ˈteːtɪʃ] *a* esthétique.

Asthma *n* ‹-s, ø› [ˈastma] *med* asthme *m;* **~tiker** *m* ‹-s, -› [-ˈmaːtikər] asthmatique *m;* **a~tisch** [-ˈmaː-] *a* asthmatique.

Ast|loch *n* trou *m;* **a~rein** *a* sans nœuds; *nicht ganz ~ (fig fam)* (qui n'est) pas très catholique.

Astro|loge *m* ‹-n, -n› [astroˈloːgə] astrologue *m;* **~logie** *f* ‹-, ø› [-loˈgiː] astrologie *f;* **a~logisch** [-ˈloː-] *a* astrologique; **~naut** *m* ‹-en, -en› [-ˈnaut] astronaute *m;* **~nom** *m* ‹-en, -en› [-ˈnoːm] astronome *m;* **~nomie** *f* ‹-, ø› [-noˈmiː] astronomie *f;* **a~nomisch** [-ˈnoː-] *a (a. fig: unvorstellbar groß)* astronomique; **~physik** *f* [-fyˈziːk] astrophysique *f.*

Asyl *n* ‹-(e)s, -e› [aˈzyːl] asile *a. fig; fig (Zuflucht)* refuge, abri *m;* **~recht** *n* droit *m* d'asile.

Asymmetr|ie *f* ‹-, -n› [azʏmeˈtriː] asymétrie *f;* **a~isch** [-ˈmeː-] *a* asymétrique.

Asymptote *f* ‹-, -n› [azʏmˈptoːtə] *math* asymptote *f.*

Atelier *n* ‹-s, -s› [atəliˈeː] *(Werkstatt)* atelier; *(e-s Künstlers) a.* studio *m.*

Atem *m* ‹-s, ø› [ˈaːtəm] haleine; *(Atmung)* respiration *f; (~zug)* souffle *m; außer ~* hors d'haleine, à bout de souffle, essoufflé; *den ~ anhalten* retenir son haleine *od* sa respiration; *jdn in ~ halten (fig)* tenir qn en haleine; *(tief) ~ holen* respirer (profondément); *nach ~ ringen* haleter; **a~beraubend** *a (Erzählung etc)* palpitant; *fam* époustouflant; **~beschwerden** *f pl* troubles *m pl* respiratoires; = *~not;* **~gerät** *n* appareil *m* respiratoire; **a~los** *a* hors d'haleine, à bout de souffle, essoufflé; *jdn in ~er Spannung halten* tenir qn hors d'haleine; **~luft** *f* air *m* respirable; **~not** *f* essoufflement, suffocation *f;* **~pause** *f* **1.** temps *m* d'arrêt respiratoire; **2.** *fig (Frist)* répit *m;* — *e-e ~ einlegen* od *einschieben* faire une pause, souffler; **~wege** *m pl anat* voies *f pl* respiratoires; **~zug** *m* souffle *m; in einem ~* tout d'une haleine; *bis zum letzten ~* jusqu'au dernier soupir.

Athe|ismus *m* ‹-, ø› [ateˈɪsmus] athéisme *m;* **~ist** *m* ‹-en, -en› [-teˈɪst] athée *m;* **a~istisch** *a* athée.

Athen *n* ‹-s, ø› [aˈteːn] *geog* Athènes *f sing.*

Äther *m* ‹-s, ø› [ˈɛːtər] *philos* u. *chem* éther *m;* **ä~isch** [ɛˈteːrɪʃ] *a chem* u. *fig (leicht)* éthéré; *~es Öl n* huile *f* volatile.

Äthiop|ien *n* ‹s, ø› [ɛtiˈopiən] *geog* l'Éthiopie *f;* **ä~isch** *a* éthiopien.

Athlet *m* ‹-en, -en› [atˈleːt] athlète *m;* **a~isch** *a* athlétique.

Atlant|ik [atˈlantɪk] , *der* l'Atlantique *m; jenseits des ~s* outre-Atlantique; **a~isch** *a* atlantique; *der A~e Ozean* l'océan *m* Atlantique.

Atlas *m* **(1)** ‹-/-ses, -se/Atlanten› [ˈatlas, -sə(s), atˈlantən] *(Kartenwerk)* atlas; **(2)** ‹-/-ses, -se› [ˈatlas, -sə(s)] *(Textil)* satin *m.*

atmen [ˈaːtmən] **1.** *tr* u. *itr* respirer; **2.** *tr (ausdunsten)* exhaler; — *wieder ~ können* reprendre haleine.

Atmosphär|e *f* ‹-, -n› [atmoˈsfɛːrə] *a. fig* atmosphère; *fig* ambiance *f,* milieu *m;* **a~isch** *a* atmosphérique.

Atmung *f* ‹-, ø› [ˈaːtmuŋ] respiration *f; künstliche ~* respiration *f* artificielle.

Atoll *n* ‹-s, -e› [aˈtɔl] *geog (Koralleninsel)* atoll *m.*

Atom *n* ‹-s, -e› [aˈtoːm] atome *m;* **a~ar** [atoˈmaːr] *a* atomique, nucléaire; *~es Wettrüsten n* course *f* aux armements nucléaires; **~bombe** *f* bombe *f* atomique *od* nucléaire *od* A; **~energie** *f* énergie *f* atomique *od* nucléaire; *friedliche Nutzung f der ~* utilisation *f* pacifique de l'énergie atomique; **~explosion** *f* explosion *f* nucléaire; **~forscher** *m* (savant) atomiste *m;* **~gemeinschaft** *f: Europäische ~ (Euratom)* Communauté *f* européenne de l'énergie atomique; **~gesetz** *n* loi *f* atomique; **~gewicht** *n* poids *m od* masse *f* atomique; **~industrie** *f* industrie *f* nucléaire; **a~isieren** [-miˈziːrən] ‹*ohne ge-*› *tr (in kleinste Teile teilen)* atomiser; **~kern** *m* noyau *m* atomique; *Aufbau m des ~s* édifice *m* nucléaire; *(Zssgen s. unter Kern);* **~kraftwerk** *n* centrale *f* atomique *od* nucléaire;

~krieg *m* guerre *f* atomique; **~macht** *f pol* puissance *f* nucléaire; **~meiler** *m* pile *f* atomique; **~müll** *m* déchets *m pl* atomiques; **~physik** *f* physique *f* nucléaire; **~streitmacht** *f* force *f* nucléaire; **~uhr** *f* horloge *f* atomique; **~versuch** *m* essai *m od* expérience *f* atomique *od* nucléaire; **~waffen** *f pl* armes *f pl* atomiques; **a~waffenfrei** *a: ~e Zone f* zone *f* désatomisée *od* dénucléarisée; *Schaffung f e-r ~en Zone* dénucléarisation *f;* **~wissenschaft** *f* science *f* de l'atome; **~zahl** *f chem* numéro *od* nombre *m* atomique; **~zeitalter** *n* âge *m* atomique; **~zerfall** *m,* **~zertrümmerung** *f* désintégration *f* de l'atome.

atonal ['a:-, ato'na:l] *a mus* atonal.

ätsch [ɛ:tʃ] *interj fam* hou! c'est bien fait!

Attent|at *n* ‹-(e)s, -e› [atɛn'ta:t] attentat *m* (*auf jdn* contre qn); **~äter** *m* ‹-s, -› [-'tɛ:tər] auteur *m* d'un *od* de l'attentat.

Attest *n* ‹-(e)s, -e› [a'tɛst] attestation *f,* certificat *m.*

Attrakt|ion *f* ‹-, -en› [atraktsi'o:n] attraction *f;* **a~iv** [-'ti:f, -və] *a* attirant, attrayant; séduisant.

Attrappe *f* ‹-, -n› [a'trapə] *(vorgetäuschter Gegenstand)* simulacre *m; com (Schaupackung)* présentation *f* factice.

Attribut *n* ‹-(e)s, -e› [atri'bu:t] **1.** *(Merkmal, Zeichen)* attribut *m;* **2.** *(Sinnbild)* symbole, emblème *m;* **3.** *gram* épithète *f,* déterminatif *m;* **a~iv** ['a-, -bu'ti:f, -və] *a: ~es Adjektiv n* adjectif *m* épithète.

ätzen ['ɛtsən] *tr chem* corroder; *allg (angreifen)* attaquer, ronger; *(Kunst: Radierung)* graver à l'eau-forte; *med* cautériser; **~d** *a* **1.** *chem* corrosif; *med* u. *fig* caustique; **2.** *fig (beißend)* mordant.

au [au] *interj* (oh) oh! *~weh!* aïe!

Aubergine *f* ‹-, -n› [obɛr'ʒi:nə] *bot* aubergine *f.*

auch [aux] **I.** *conj (unbetont)* aussi, (aussi) bien; *(aber)* mais; *(nur im Satzganzen zum Ausdruck kommend:) heute oder ~ morgen* aujourd'hui ou bien demain; *ohne ~ nur zu fragen* sans même demander; *so reich du ~ sein magst* si riche que tu sois; *was es ~ sei* quoi que ce soit; *wenn er ~ reich ist* quoiqu'il *od* bien qu'il soit riche; *wie dem ~ sei* quoi qu'il en soit; *wo er ~ sein mag* où qu'il se trouve; *wozu ~?* (mais) à quoi bon? *und wenn ~! (fam)* et même! **II.** *adv (betont) (desgleichen, ebenso)* de même, également; *(vor Substantiv)* même; *ich ~ nicht* (ni) moi non plus; *ich kenne ihn ~ nicht* je ne le connais pas non plus; *er tut es ja ~* il en fait bien autant; *sie ist nicht nur hübsch, sondern ~ klug* elle est non seulement jolie, mais aussi *od* encore intelligente; *~ der Klügste* même le plus malin; *das ~ noch!* il ne manquait plus que cela! *~ gut!* soit! *~ recht!* comme vous voudrez! *~ nicht schlecht!* pas mal non plus!

Audienz *f* ‹-, -en› [audi'ɛnts] audience *f; e-e ~ geben* donner audience; **~zimmer** *n* salle *f* d'audience.

Audion(röhre *f*) *n* ‹-s, -s/-onen› ['audiɔn, -di'o:nən] *n radio* lampe *f* détectrice.

audiovisuell [audiovizu'ɛl] *a (Unterrichtsmethode)* audio-visuel.

Auditorium *n* ‹-s, -rien› [audi'to:rium] **1.** *(Hörsaal)* salle *f* de conférences; *(Univ.)* amphithéâtre *m;* **2.** *(Zuhörerschaft)* auditoire *m.*

Au(e) *f* ‹-, -en› [au(ə)] prairie *f.*

Auer|hahn ['auər-] *m orn* coq de bruyère, (grand) tétras *m;* **~ochse** *m* aurochs *m.*

auf [auf] **I.** *prp* **1.** *(räuml.) meist:* sur; *~ dem, den Tisch* sur la table; *~ dem, das Dach* sur le toit; *~ dem Boden* od *der Erde* sur le sol; *~ den Boden* od *die Erde* à terre; *~ dem Meer* sur la mer; *(zu Schiff)* en mer; *~ der Treppe, dem Hof, der Straße, der Wiese, der Insel* dans l'escalier, la cour, la rue, le pré, l'île; *~ der (ganzen) Welt* dans le monde (entier), par (toute) la terre; *~ dieser Steite* de ce côté; **2.** *(räuml. u. zugleich e-e innere Beziehung ausdrückend:) ~ dem Zimmer* dans la chambre; *~ dem Bahnhof, dem Feld, dem Fest, dem Lande, dem Markt, der Post (alle a.•im acc)* à la gare, aux champs, à la fête, à la campagne, au marché, à la poste; *~ der Welt (da, am Leben)* au monde; **3.** *(in bestimmten Situationen:) ~ Besuch, ~ der Reise, dem Wege, der Flucht* en visite, en voyage, en chemin *od* route, en fuite; *~ der Jagd* à la chasse; **4.** *(zeitl.) ~ e-n Augenblick, ~ acht Tage, ~ lange Zeit, ~ immer* pour un moment, pour huit jours, pour longtemps, pour toujours *od* à jamais; *~ einmal (plötzlich)* subitement, soudain; *~ e-n Sonntag fallen* tomber un dimanche; *es geht ~ 4 Uhr* il est vers les quatre heures; *~ morgen!* à demain! **5.** *(Art u. Weise:) ~ diese (Art und) Weise* de cette façon *od* manière, de la sorte; *~ diesem Wege* par ce chemin; *fig* de cette façon *od* manière; *~ deutsch* en allemand; **6.** *(Folge:) ~ Anfrage* sur demande; *~ Befehl* par ordre; *~ jds Bitte* à la prière de qn; *~ e-e Drohung (hin)* sur une menace; *~ jds Rat* sur le conseil de qn; **7.** *(Bezug:) ~ 10 km (im) Umkreis* à 10 km à la ronde; *~ sechs Schwarze kommt ein Weißer* il y a un blanc pour six noirs; *~ den Kopf der Bevölkerung* par homme *od* tête; **8.** *(besondere Wendungen:) ~ meine Kosten* à mes frais; *~ der einen, ander(e)n Seite (einer-,* *and(e)rerseits)* de l'un, de l'autre côté; *Monat ~ Monat verging* les mois passaient; *das hat etwas ~ sich* c'est important; **II.** *adv (~gestanden, nicht im Bett)* debout, sur pied, levé; *(~stehend, offen)* ouvert; *von Jugend ~* dès ma *etc* jeunesse; *~ und ab (hin~ u. hinunter)* de haut en bas; *(hin u. her)* de long en large; *~ und davon* parti, déjà loin; *~ und ab gehen (a.)* faire les cent pas; *sich ~ und davon machen* prendre le large, *fam* filer; *~!* debout! *(vorwärts)* allons! marche! en route! **III.** *s: das A~ und Ab (des Lebens)* les hauts et les bas *m pl* (de la vie); **IV.** *conj: ~ daß* afin que, pour que *subj;* afin de, pour *inf.*

auf≈arbeiten *tr* **1.** *(alten Gegenstand)* remettre à neuf; *fam* retaper; **2.** *(aufs laufende bringen)* mettre à jour; *e-n Stoß Briefe ~* traiter une pile de courrier en retard.

auf≈atmen *itr fig* respirer, se sentir soulagé.

auf≈bahren *tr* exposer sur le catafalque.

Aufbau *m* ‹-(e)s, ø› **1.** *(Tätigkeit)* construction; *(Errichtung)* érection *f; tech* montage *m; fig* organisation *f;* **2.** *(Gefüge)* structure; *fig* organisation *f,* système *m;* **3.** ‹*pl* -ten› *(Gegenstand) mot* carrosserie; *mar* superstructure *f;*

auf≈bauen *tr* **1.** construire; ériger; *tech* monter; **2.** *fig* créer, organiser; **~ten** *m pl mar* superstructure *f.*

auf≈bäumen, *sich (Pferd* u. *fig)* se cabrer; *fig* se révolter (*gegen* contre).

auf≈bauschen *tr fig* exagérer.

auf≈begehren ‹*ohne -ge-*› *itr (mit Worten)* protester; *(mit Taten)* se révolter.

auf≈behalten ‹*behält, behielt auf, aufbehalten*› *tr (Kopfbedeckung)* garder; *den Hut ~ (a.)* rester couvert.

auf≈bereit|en ‹*ohne -ge-*› *tr metal* préparer, traiter, séparer; **A~ung** *f* ‹-, -en› préparation *f,* traitement *m.*

auf≈bessern *tr (Summe, Lohn)* arrondir, augmenter.

auf≈bewahr|en ‹*ohne -ge-*› *tr* garder, conserver, réserver; *(für jem anders)* avoir en dépôt; **A~ung** *f* ‹-, ø› garde, conservation *f.*

auf≈bieten ‹*bot auf, aufgeboten*› *tr* **1.** *(einberufen)* convoquer; *mil* lever, appeler sous les drapeaux; **2.** *adm (Brautpaar)* publier les bans de; **3.** *fig (Kraft, Eifer, Einfluß)* employer, user de, mettre en œuvre; *alle Kräfte ~* faire tous ses efforts; *s-e ganze Beredsamkeit ~* déployer toute son éloquence (*um zu* pour).

auf≈binden ‹*band auf, aufgebunden*› *tr* **1.** *(losmachen)* délier, dénouer; **2.** *(hochbinden)* relever; — *jdm etwas* od *e-n Bären ~* en faire accroire à qn, la bailler belle à qn.

auf≈blähen 1. *tr* enfler, gonfler, bouffir; *fig* gonfler artificiellement; rendre pléthorique; **2.** *refl: sich ~* s'enfler, se gonfler; *fig* se rengorger.

auf≈bleiben ‹*blieb auf, aufgeblieben*› *itr* ‹*sein*› *(nicht zu Bett gehen)* rester debout *od* levé, veiller; *lange ~* veiller tard.

auf≈blenden *itr mot* mettre en phare.

auf≈blicken *itr* lever les yeux.

auf≈blitzen *itr (Licht* u. *fig: Gedanke)* jaillir comme un éclair.

auf≈blühen *itr* ‹*sein*› **1.** éclore, s'épanouir; **2.** *fig* prendre un essor, prospérer.

auf≈bocken ['aufbɔkən] *tr mot* mettre sur cales.

auf≈brausen *itr* ‹*sein*› **1.** bouillonner, entrer en effervescence; **2.** *fig* se mettre en colère, s'emballer; *gleich* od *leicht ~* avoir la tête près du bonnet.

auf≈brechen ‹*bricht, brach auf, aufgebrochen*› *tr* ‹*h*› **1.** briser, rompre, casser; *(Möbelstück)* forcer; *(Tür)* enfoncer; *itr* ‹*sein*› **2.** *(aufspringen, platzen)* percer, éclater, crever; *(Wunde)* se rouvrir; *(Geschwür)* aboutir; *(Knospe)* éclore, s'ouvrir; **3.** *(weggehen)* partir, se mettre en route.

auf≈brennen ‹*brannte auf, aufgebrannt*› *tr: e-m Tier ein Zeichen ~* marquer un animal.

auf≈bringen ‹*brachte auf, aufgebracht*› *tr* **1.** *(Geld)* trouver, mobiliser; *(Kosten, Steuern)* faire face à; **2.** *(Gerücht)* lancer; *(Mode)* lancer, introduire; — *jdn gegen sich ~* se mettre qn à dos; *den Mut ~* avoir le courage (*etw zu tun* de faire qc); *Verständnis ~* montrer de la compréhension.

Aufbruch *m* **1.** *(Abreise)* départ *m;* **2.** *fig pol* nouveau départ *m.*

auf≈brühen *tr* faire bouillir; *(Tee)* infuser.

auf≈brummen *tr fig fam: jdm etw ~* coller, flanquer qc à qn.

auf≈bürden *tr, a. fig: jdm etw ~* mettre qc sur le dos de qn; charger qn de qc.

auf≈decken *tr, a. fig (enthüllen)* découvrir; *fig* dévoiler, déceler, révéler; *s-e Karten ~ (a. fig)* découvrir *od* montrer son jeu.

auf≈donnern, *sich fam* s'attifer, se mettre sur son trente et un.

auf≈drängen 1. *tr* imposer (*jdm etw* qc à qn); **2.** *refl: sich ~* s'imposer *(a. Gedanke).*

auf≈drehen *tr* ouvrir en tournant.

aufdringlich *a* importun; **A~keit** *f* ‹-, ø› importunité *f.*

auf≈drücken *tr* **1.** *(Stempel, Siegel)* mettre, appliquer; **2.** *(durch Drücken öffnen)* ouvrir en poussant, pousser; **3.** *med (Geschwür)* crever; *itr* **4.** *(beim Schreiben)* appuyer.

aufeinander [aufaɪ'nandər] *adv (räuml.)* l'un sur l'autre; *(zeitl.)* l'un après l'autre; *(gegenea.)* l'un contre l'autre; **~≈legen** *tr* mettre l'un sur l'autre; **~≈prallen** *itr* ⟨*sein*⟩ se heurter, s'entrechoquer; *loc (zwei Züge)* se tamponner.

Aufenthalt *m* ⟨-(e)s, -e⟩ ['aufˀɛnthalt] séjour, stationnement; *loc* arrêt *m;* ~ *unbekannt* sans domicile connu; *5 Minuten* ~ *(loc)* 5 minutes d'arrêt; **~sgenehmigung** *f* permission *f,* permis *m* de séjour *od* de résidence temporaire; **~sort** *m* (lieu de) séjour *m;* **~sraum** *m* salle *f* de séjour.

auf≈erlegen ⟨*ohne -ge-*⟩ *tr (Verpflichtung)* imposer (*jdm etw* qc à qn); *(Strafe)* infliger.

auf≈ersteh|en ⟨*erstand auf, auferstanden*⟩ *itr* ⟨*sein*⟩ *rel* ressusciter; **A~ung** *f* ⟨-, ø⟩ résurrection *f.*

auf≈erweck|en ⟨*ohne -ge-*⟩ *tr (Toten)* ressusciter; **A~ung** *f* ⟨-, ø⟩ résurrection *f.*

auf≈essen ⟨*ißt, aß auf, aufgegessen*⟩ *tr* achever de manger; *itr* manger tout.

auf≈fahr|en ⟨*fährt, fuhr auf, aufgefahren*⟩ *tr* ⟨*h*⟩ **1.** *mil (Geschütze)* mettre en batterie; **2.** *fam (Getränke, Speisen)* faire servir; *itr* ⟨*sein*⟩ **3.** *(anfahren u. Aufstellung nehmen)* se présenter, se ranger; **4.** *(aufprallen)* heurter, tamponner (*auf etw* qc); *loc* buter (*auf etw* contre qc); *mot* donner (*auf etw* contre qc); **5.** *(aus dem Schlaf)* s'éveiller en sursaut; *(im Wachen)* se lever brusquement, sursauter; **A~t** *f* **1.** *(Aufstieg)* montée, ascension *f;* **2.** *(vor e-m Schloß etc)* rampe *f; (zur Autobahn)* embranchement *m* d'accès, bretelle *f* (d'autoroute).

auf≈fallen ⟨*fällt, fiel auf, aufgefallen*⟩ *itr* ⟨*sein*⟩ *(im günstigen Sinn)* se (faire) remarquer; *(neutral)* se singulariser; *(im ungünstigen Sinn)* s'afficher; *jdm* ~ frapper, étonner, surprendre qn; *nicht* ~ passer inaperçu; *unangenehm* ~ faire (une) mauvaise impression, faire tache; *es fällt mir auf, daß ...* ce qui me frappe, c'est que ...

auffällig *a* frappant, étonnant; *(Farbe, Kleidung)* voyant, tape-à-l'œil.

auf≈fangen ⟨*fängt, fing auf, aufgefangen*⟩ *tr* **1.** *(Gegenstand in der Luft)* saisir au vol, attraper; *(Menschen mit den Armen)* recueillir; **2.** *(Stoß)* amortir, absorber; **3.** *(abstürzendes Flugzeug)* redresser; **4.** *(Flüssigkeit)* recueillir; **5.** *(Worte)* intercepter.

auf≈fass|en *tr (verstehen)* concevoir, comprendre; *wörtlich* ~ prendre à la lettre; **A~ung** *f* conception, vue; *(Meinung)* opinion *f,* avis *m; meiner* ~ *nach* à mon avis, à mon idée; **A~ungsgabe** *f* compréhension, intelligence *f; schnelle* ~ esprit *m* prompt.

auf≈finden *tr* trouver.

auf≈fliegen ⟨*flog auf, aufgeflogen*⟩ *itr* ⟨*sein*⟩ **1.** *(Vogel)* s'envoler; **2.** *(Tür)* s'ouvrir brusquement; **3.** *fig fam (ein Ende nehmen, sich auflösen)* éclater.

auf≈forder|n *tr (höflich)* inviter, convier, engager (*zu* à); *(mahnend)* exhorter (*zu* à); *(ersuchen)* requérir, sommer (*zu* de); *(befehlen)* ordonner (*zu* de); *jur* mettre en demeure (*zu* de); *jur mil* sommer (*zu* de); **A~ung** *f* invitation *f,* engagement, appel *m; adm* intimation; *jur* mise en demeure, *a. mil* sommation *f.*

auf≈forst|en ['auffɔrstən] *tr* reboiser; **A~ung** *f* ⟨-, -en⟩ reboisement *m.*

auf≈fressen ⟨*frißt, fraß auf, aufgefressen*⟩ *tr* manger; *a. fig* dévorer.

auf≈frischen **1.** *tr (a. fig: Kenntnisse etc)* rafraîchir; *(Farben)* raviver; *(el. Batterie)* régénérer; *mil* remettre en condition; *fig (Erinnerung, Bekanntschaft)* raviver, renouveler; **2.** *itr (Wind)* fraîchir.

auf≈führ|en *tr* **1.** *(verzeichnen)* consigner, mentionner; *(aufzählen)* énumérer; **2.** *theat* représenter, jouer, donner; *mus* exécuter; *refl* **3.** *sich* ~ *(sich benehmen)* se conduire, se comporter; *sich gut, schlecht* ~ avoir une bonne, mauvaise conduite; se conduire bien, mal; *einzeln* ~ *(in e-r Rechnung)* spécifier; **A~ung** *f* **1.** mention, énumération *f;* **2.** *theat* représentation; *mus* exécution f; **3.** *(Betragen)* conduite *f,* comportement *m;* — *zur* ~ *bringen (theat)* faire jouer; *mus* exécuter.

auf≈füllen *tr (Gefäß: wieder ganz füllen)* remplir; *(Loch, Lücke)* combler; *(Gelände)* remblayer. *sein Lager* ~ *(com)* remonter ses stocks;

Aufgabe *f* **1.** *(e-r Postsendung)* expédition, remise *f; (e-s Telegramms)* envoi *m; loc (des Gepäcks a.)* expédition *f,* enregistrement *m;* **2.** *(Pflicht)* devoir *m; (Auftrag, Bestimmung)* tâche, mission; *(dienstliche Funktion)* fonction *f;* **3.** *(Schul~, mündlich)* leçon *f, (schriftlich)* devoir; *math* problème *m;* **4.** *jur (Verzicht)* abandon *m, a. sport,* renonciation; *(Besitz~)* renonciation *f,* délaissement *m; (e-s Amtes)* résignation; *(e-s Geschäftes)* cessation *f;* — *es sich zur* ~ *machen zu ...* prendre à tâche de ... *(lit); e-r* ~ *gewachsen sein* être à la hauteur d'une tâche; *jdm e-e* ~ *stellen* donner une tâche à qn.

auf≈gabeln *tr fig fam (finden)* raccrocher, pêcher, dénicher.

Aufgabenbereich *m* ressort *m,* compétence *f.*

Aufgang *m* **1.** *astr* levée *f;* **2.** *arch* montée, rampe *f; (Treppe)* escalier *m.*

auf≈geben ⟨*gibt, gab auf, aufgegeben*⟩ *tr* **1.** *(Postsendung)* expédier, remettre; *(Telegramm)* envoyer, expédier; *(Inserat)* insérer; *com (Bestellung)* passer, faire; *loc (Gepäck)* expédier, faire enregistrer; **2.** *(Schulaufgabe)* donner; *(Rätsel)* poser; **3.** *(verzichten auf)* renoncer à, abandonner; *(Amt, Stelle)* résigner; *(Geschäft)* se retirer de; *(abschreiben, nicht mehr glauben an)* enterrer, faire son deuil de; *(Hoffnung)* perdre; *(Schachpartie)* remettre; *itr sport* abandonner, lâcher; — *den Geist* ~ rendre l'âme *od* l'esprit; *etw zu raten* ~ donner qc à deviner; *das Spiel* ~ abandonner *od* quitter la partie.

aufgebläht *a fig pej* boursouflé.

aufgeblasen *a fig* bouffi d'orgueil, ampoulé, rengorgé.

Aufgebot *n adm (von Verlobten)* publication *f* des bans (de mariage); *unter* ~ *aller Kräfte* en convoquant le ban et l'arrière-ban; *ein großes* ~ *an* un grand déploiement de.

aufgebracht *a* fâché, irrité, furieux, indigné (*über etw* de qc).

aufgedonnert *a fam* attifée, parée comme une épousée de village.

aufgedunsen ['aufgədunzən] *a* bouffi, boursouflé.

auf≈gehen ⟨*ging auf, aufgegangen*⟩ *itr* ⟨*sein*⟩ **1.** *(astr, Vorhang)* se lever; **2.** *(Samen, Teig)* lever; **3.** *(sich öffnen)* s'ouvrir; *(Knospe, Blüte)* éclore, s'épanouir; *(Geschwür)* percer, crever; **4.** *(Haar, Knoten)* se défaire, se dénouer; *(Naht)* se découdre, se défaire; *(Kleidungsstück)* se défaire, se déboutonner; **5.** *math* être divisible (sans reste); — *in der Arbeit* ~ être absorbé par le travail; *mir gingen die Augen auf (fig)* mes yeux se dessillaient.

aufgehoben *a: gut* ~ *sein* être en bonnes mains.

aufgeklärt *a* éclairé, instruit.

aufgelegt *a (gelaunt)* disposé (*zu* à); ~ *sein, etw zu tun* être d'humeur à *od* en humeur de faire qc; *gut, schlecht* ~ *sein* être bien, mal disposé.

aufgeräumt *a fig (heiter)* gai, dispos, enjoué.

aufgeregt *a* excité, agité; **A~heit** *f* ⟨-, ø⟩ excitation, agitation *f.*

aufgeschlossen *a fig (empfänglich)* ouvert, compréhensif; ~ *für* sensible à.

aufgeschmissen *a fam* fichu, perdu.

aufgeschossen *a: hoch ~er Mensch m* grande perche *f; (Gemüse)* monté.

aufgesprungen *a (Hände)* gercé; *(Lippen)* crevassé.

aufgeweckt *a fig* éveillé, dégourdi.

auf≈gießen ⟨*goß auf, aufgegossen*⟩ *tr* verser; *den Kaffee, Tee* ~ verser de l'eau sur le café, le thé.

auf≈glieder|n *tr* diviser (*in* en); **A~ung** *f* division, classification *f.*

auf≈greifen ⟨*griff auf, aufgegriffen*⟩ *tr* attraper, saisir; *fig (Frage)* soulever.

aufgrund [auf'grunt] *prp gen = auf Grund.*

Aufguß *m (Küche, pharm)* infusion *f.*

auf≈haben ⟨*hat, hatte auf, aufgehabt*⟩ *tr* **1.** *(Kopfbedeckung)* avoir sur la tête, porter; **2.** *(offen haben, a. Laden)* être ouvert; **3.** *(Schularbeiten)* avoir à faire *od* à apprendre.

auf≈halten ⟨*hält, hielt auf, aufgehalten*⟩ *tr* **1.** *(offenhalten)* tenir *od* laisser ouvert; **2.** *(zurückhalten)* retenir; *(verzögern)* retarder; *(Hieb, Schlag)* parer; *refl: sich* ~ **3.** s'arrêter, s'attarder (*bei* od *mit etw* à qc); **4.** *(länger bleiben)* séjourner, faire un séjour; **5.** *(sich aufregen)* trouver à redire *(über etw* à qc).

auf≈häng|en *tr* **1.** suspendre; *(an e-m Haken* od *Nagel)* accrocher; *(Wäsche)* étendre; *(Gardinen)* pendre; **2.** *fam (erhängen)* pendre; **A~er** *m* ⟨-s, -⟩ *(an Kleidungsstücken)* attache *f.*

auf≈heb|en ⟨*hob auf, aufgehoben*⟩ *tr* **1.** *(vom Boden)* ramasser; **2.** *(aufbewahren)* garder, conserver; **3.** *(abbrechen, beenden)* lever; *(aufhören lassen)* faire cesser; *(Verlobung)* rompre; *(Vertrag)* résilier; *(abschaffen)* abolir, supprimer; *adm (für ungültig, nichtig erklären)* révoquer, annuler; *jur* annuler, rescinder; *(Urteil in letzter Instanz)* casser; *(Gesetz)* abroger; *refl* **4.** *sich* od *ea.* ~ *(ausgleichen)* se compenser, s'annuler; *a. chem* se neutraliser; **A~** *n: viel ~s um* od *von etw machen* faire beaucoup de bruit autour de qc, faire grand cas de qc; **A~ung** *f* ⟨-, ø⟩ *(Abbruch, Beendigung)* levée; cessation; *(der Verlobung)* rupture; *(e-s Vertrages)* résiliation; *(Abschaffung)* abolition, suppression; *(Ungültigkeitserklärung)* révocation, annulation; *(e-s Urteils)* cassation, rescision; *(e-s Gesetzes)* abrogation *f.*

auf≈heiter|n *tr* épanouir, rasséréner, égayer; *sich* ~ s'épanouir, se dérider; *(Himmel)* s'éclaircir; **A~ung** *f* ⟨-, -en⟩ **1.** *(e-s Menschen)* épanouissement *m;* **2.** *mete* amélioration *f.*

auf≈hellen, *sich* s'éclaircir *a. fig, (Gesicht)* s'épanouir; *(Himmel)* se dégager.

auf≈hetzen *tr* exciter, inciter, monter; dresser, *(e-e Gruppe)* ameuter *(gegen jdn* contre qn).

auf≈holen *tr (Vorsprung, Zeitverlust)* rattraper, récupérer; *itr sport* gagner (du terrain).

auf≈horchen *itr* dresser l'oreille; *jdn* ~ *lassen (fig)* éveiller l'intérêt de qn.

auf≈hören *itr* cesser, (s')arrêter, finir (*etw zu tun* de faire qc); *mit etw* ~ en finir avec qc; *nicht* ~ n'en plus finir (*zu ...* de ...); *hören Sie auf damit!* finissez-en! *da hört (doch) alles auf! (fam)* c'est la fin de tout.

auf≈kaufen *tr* acheter en masse *od* en bloc; *pej* accaparer.
auf≈keimen *itr ⟨sein⟩ fig* naître.
aufklappbar *a* relevable; *mot (Verdeck)* décapotable; *mit ~em Verdeck* à toit ouvrant; **auf≈klappen** *tr (Messer, Buch)* ouvrir; *(Verdeck)* décapoter.
auf≈klär|en 1. *tr (aufhellen)* éclaircir; *fig (erhellen, aufdecken)* éclaircir, tirer au clair; *(Menschen)* éclairer (*über etw* sur qc); *(Mitteilung machen)* informer, instruire; *mil* éclairer, reconnaître; **2.** *itr mil* aller en reconnaissance; *aero* entreprendre des vols de reconnaissance; **3.** *refl: sich ~ (mete)* s'éclaircir, se remettre au beau; — *jdn über e-n Irrtum ~* tirer qn d'erreur; *es hat sich alles aufgeklärt* tout s'est expliqué; *ein Kind ~* parler de problèmes sexuels avec un enfant; **A~er** *m* ⟨-s, -⟩ *mil* éclaireur.
Aufklärung *f* **1.** *(Aufhellung)* éclaircissement *m; (Unterrichtung)* information *f*, renseignement *m;* **2.** *philos hist* philosophie *f* des lumières, rationalisme *m;* **3.** *(sexuelle)* initiation *f;* **4.** *mil (taktische)* reconnaissance *f;* **~sflug** *m* vol *m* de reconnaissance; **~sflugzeug** *n* avion *m* de reconnaissance.
auf≈kleben *tr* coller (*auf* sur, à); *e-e Briefmarke auf den Brief* od *die Karte ~* affranchir la lettre *od* la carte.
auf≈knöpfen *tr* déboutonner.
auf≈knoten *tr* déficeler.
auf≈kochen *tr* faire bouillir, amener à ébullition.
auf≈kommen *⟨kam auf, aufgekommen⟩ itr ⟨sein⟩* **1.** *(Brauch, Mode)* se répandre; **2.** *für etw ~ (etw ersetzen)* répondre de qc, subvenir à qc; — *keinen Zweifel ~ lassen* ne laisser s'élever aucun doute; *für jdn ~ (jdn ernähren) müssen* avoir qn à sa charge.
auf≈krempeln *tr* (re)trousser.
auf≈lachen *itr: laut ~* éclater *od* pouffer de rire, rire aux éclats.
auf≈laden *⟨lädt, lud auf, aufgeladen⟩ tr (Last auf e-n Wagen; el: Batterie, Akku)* charger.
Auflage *f* **1.** *(Überzug)* revêtement, enduit *m*, couche *f;* **2.** *(Verpflichtung)* charge, obligation *f;* **3.** *(e-s Buches)* édition *f; (e-r Zeitung)* tirage *m;* — *jdm e-e ~ machen* imposer une charge à qn; *durchgesehene, verbesserte, vermehrte ~* édition *f* revue, corrigée, augmentée; **~(n)höhe** *f* tirage *m.*
auf≈lassen *⟨läßt, ließ auf, aufgelassen⟩ tr* **1.** *(offenlassen)* laisser ouvert; **2.** *(Kopfbedeckung)* garder; **3.** *(Brieftauben)* lâcher, lancer.
auf≈lauern *itr* guetter, épier (*jdm* qn).
Auflauf *m* **1.** attroupement, rassemblement *m;* **2.** *(Küche)* soufflé *m;* **auf≈laufen** *⟨läuft, lief auf, aufgelaufen⟩ itr ⟨sein⟩ mar* (s')échouer (*auf* sur).
auf≈leben *itr: wieder ~ (fig)* renaître, reprendre.
auf≈legen *tr* **1.** *(Tischdecke, Schallplatte)* mettre; *tele (Hörer)* raccrocher; *(Pflaster)* appliquer; *(Farbe, Schminke)* mettre; **2.** *(Buch)* éditer; — *e-e neue (Schall-)Platte ~* changer de disque.
auf≈lehnen, *sich fig* se soulever, se révolter, se rebeller (*gegen* contre).
auf≈lesen *⟨liest, las auf, aufgelesen⟩ tr* ramasser, (re)cueillir.
auf≈leuchten *itr ⟨h* od *sein⟩* s'allumer, flamboyer.
auf≈locker|n *tr* **1.** *(Erdboden)* remuer; *(Federbett)* taper; **2.** *(Raum, Vortrag)* égayer; *(Stimmung)* détendre; **A~ung** *f fig (Wohngebiet, Verkehr)* décongestion *f.*
auf≈lös|en *tr* **1.** *(in e-r Flüssigkeit)* diluer, délayer; **2.** *chem, fig (Verein, Versammlung, Parlament, Haushalt)* dissoudre; *(Geschäft)* liquider; *(Vertrag)* annuler; *(Verlobung)* rompre; **3.** *(Rätsel)* résoudre; *refl: sich ~* **4.** se délayer, se diluer; **5.** *chem, fig* se dissoudre; *pol (in Teilstaaten)* se démembrer; **A~ung** *f* **1.** *(in Wasser)* délayage *m*, dilution; *chem* (dis)solution *f;* **2.** *math mus* résolution; *TV (Bild~)* définition; *(e-s Rätsels, Problems)* solution *f;* **3.** *pol* démembrement *m; jur parl etc* dissolution; *com* liquidation *f;* **A~ungszeichen** *n mus* bécarre *m.*
auf≈mach|en 1. *tr (öffnen)* ouvrir; *(Flasche)* déboucher; *(Paket, Knoten, das Haar)* défaire; **2.** *refl: sich ~ (aufbrechen, abreisen)* s'en aller, partir, se mettre en route; **A~ung** *f* ⟨-, ø⟩ *(e-r Ware)* présentation *f; (Äußeres bei Menschen)* tenue *f.*
Aufmarsch *m mil* déploiement *m; (strategisch)* concentration *f; (Parade)* défilé *m; fig* entrée *f* en lice; **auf≈marschieren** *⟨ohne -ge-⟩ itr ⟨sein⟩* se déployer; se concentrer; *(bei e-r Parade)* défiler.
auf≈merk|en *itr* dresser l'oreille, écouter; **~sam** *a* **1.** attentif (*auf* à); **2.** *(höflich)* attentionné, plein d'attentions; — *jdn auf etw ~ machen* attirer l'attention de qn sur qc; *das ist sehr ~ von Ihnen* c'est très gentil à vous; **A~samkeit** *f* ⟨-, -en⟩ **1.** *(ohne pl)* attention *f;* **2.** *meist pl (Höflichkeiten)* attentions, prévenances *f pl*, égards, petits soins *m pl;* — *s-e ~ auf etw richten* porter *od* fixer son attention sur qc; *die ~ auf sich ziehen* retenir l'attention.
auf≈munter|n ['aufmuntərn] *tr* (r)animer; *fig* encourager; *(aufheitern)* égayer; **A~ung** *f* ⟨-, ø⟩ encouragement *m.*
Aufnahme *f* ⟨-, -n⟩ **1.** *(Empfang)* accueil *m*, réception *f;* **2.** *(in e-e Schule, e-n Verein, ein Krankenhaus)* admission *f* (*in* à); **3.** *fin (von Kapital)* emprunt *m;*

4. *phot (Vorgang)* pose; *(Bild auf d. Filmstreifen)* image; *(Foto)* photo(graphie); *film* prise *f* de vues et de son; *(Ton~ auf Platte od Band)* enregistrement *m*; **5.** *(~ von Beziehungen)* établissement *m* (*von* de), entrée (*von* en); *(von Verhandlungen)* ouverture *f*; — *e-e ~ machen (phot)* faire une photo; *Achtung, ~! (film)* silence, on tourne! **a~fähig** *a (Markt)* capable d'absorber; **~gebühr** *f* droit(s *pl*) *m* d'admission *od* d'entrée; **~prüfung** *f* examen *od* concours *m* d'admission *od* d'entrée.

auf=nehmen ‹*nimmt, nahm auf, aufgenommen*› *tr* **1.** *(empfangen)* accueillir, recevoir (*in* dans); **2.** *(in e-e Schule, e-n Verein etc)* admettre (*in* à); **3.** *fin (Geld, Kapital)* emprunter; *(Anleihe)* contracter; *(Bestellung, Hypothek)* prendre; **4.** *phot* prendre *od* faire une photo de, photographier; *film* tourner, réaliser; *(Schallplatte, Tonband, radio)* enregistrer; **5.** *(e-e Tätigkeit: beginnen)* commencer; *(Arbeit)* embrayer; *(Verhandlungen)* engager; **6.** *(ansehen, beurteilen)* prendre; — *es mit jdm ~* se mesurer avec qn; tenir tête à qn; *jdn freundlich ~* faire bon accueil à qn; *etw gut, übel ~* prendre qc en bonne, mauvaise part; *mit jdm Verbindung ~* entrer en relation(s) avec qn; *wie hat sie die Nachricht aufgenommen?* comment a-t-elle pris la nouvelle?

auf=nötigen *tr,* **auf=oktroyieren** [-ɔktroa'ji:rən] ‹*ohne -ge-*› *tr* imposer (*jdm etw* qc à qn).

auf=opfern, *sich* faire abnégation de soi; *sich für jdn ~* se sacrifier pour qn.

auf=pass|en *itr* faire attention (*auf* à); *(Kind)* surveiller; *(auf der Hut sein)* être sur ses gardes; *(zuhören)* écouter; *~! aufgepaßt!* attention! **A~er** *m* ‹-s, -› surveillant *m*.

auf=peitschen *tr fig (Sturm das Meer)* soulever; *(Leidenschaft)* exciter.

auf=pflanzen *tr (Fahne)* planter, arborer; *(das Seitengewehr)* mettre au canon; *sich vor jdm ~* se planter devant qn.

auf=platzen *itr* ‹*sein*› crever, éclater.

Aufprall *m* choc, heurt *m;* **auf=prallen** *itr* ‹*sein*› heurter (*auf etw* qc).

auf=probieren ‹*ohne -ge-*› *tr (Hut)* essayer.

auf=pumpen *tr (Reifen)* gonfler.

auf=raffen, *sich* se relever; *(zu e-m Entschluß, zu e-r Tat)* faire le saut; finir par se décider.

auf=räum|en *tr* ranger; *(Zimmer a.)* faire; *(von Trümmern befreien)* déblayer; *itr fig: mit etw ~* faire table rase de qc; **A~ungsarbeiten** *f pl* travaux *m pl* de déblaiement.

aufrecht ['aufrɛçt] **I.** *a* **1.** *a. fig* droit; *(senkrecht)* vertical; **2.** *fig (redlich)* loyal, intègre; **II.** *adv* debout; — *sich ~ hinsetzen* se mettre sur son séant; *~e Haltung f (biol: des Menschen)* station *f* droite; **~=erhalten** ‹*erhält, erhielt aufrecht, aufrechterhalten*› *tr fig (Behauptung)* maintenir.

auf=reg|en *tr* émouvoir, agiter, irriter; *refl: sich ~* s'émouvoir, s'irriter (*über* de); s'énerver; se faire du mauvais sang (*wegen e-r S* pour qc); *regen Sie sich nur nicht auf!* ne vous en faites donc pas! *fam;* **~end** *a* émouvant, irritant, énervant; **A~ung** *f* ‹-, -en› émoi *m*, agitation, excitation *f; in ~ versetzen* mettre en émoi.

aufreibend *a (Arbeit* épuisant, exténuant.

auf=reißen ‹*riß auf, aufgerissen*› *tr* **1.** déchirer *(a. e-e Wunde),* arracher *(a. d. Straßenpflaster);* **2.** *(schnell öffnen)* ouvrir brusquement.

auf=reizen *tr* irriter, exciter; pousser (*zu etw* à) **~d** *a (erregend)* irritant, provocant.

auf=richt|en *tr* **1.** mettre debout, dresser, élever; **2.** *fig (trösten)* consoler, remonter; *refl* **3.** *sich ~* se mettre debout, se (re)dresser; *(im Bett)* se mettre sur son séant; — *wieder ~* relever, redresser.

aufrichtig *a* sincère, droit, franc; *mein ~es Beileid* mes sincères condoléances; **A~keit** *f* ‹-, ø› sincérité, droiture, bonne foi *f*.

auf=riegeln *tr* déverrouiller.

auf=rollen *tr* **1.** *(zs.rollen)* (en)rouler; **2.** *(ausea.rollen)* dérouler; **3.** *fig (Frage)* entamer.

Aufruf *m* appel *m* (*zu* à); *(Aufforderung)* sommation; *adm* proclamation *f;* **auf=rufen** ‹*rief auf, aufgerufen*› *tr* **1.** appeler (*zu* à); *(auffordern)* sommer (*zu tun* de faire); **2.** *(Schüler)* interroger.

Aufruhr *m* ‹-(e)s, -e› ['-ru:r] *allg* tumulte; *(Aufstand)* soulèvement *m*, insurrection, rébellion *f; in ~* en tumulte.

auf=rühr|en *tr fig (in Erinnerung bringen, wieder aufleben lassen)* réveiller; **A~er** *m* ‹-s, -› émeutier, insurgé, rebelle *m;* **~erisch** *a* rebelle, séditieux.

auf=runden *tr (Zahl, Summe)* arrondir; *auf volle DM ~* arrondir au mark supérieur.

auf=rüst|en *tr u. itr* (ré)armer; **A~ung** *f* (ré)armement *m*.

auf=rütteln *tr, a. fig* secouer.

auf=sagen *tr* réciter.

auf=sammeln *tr* ramasser, recueillir.

aufsässig ['-zɛsɪç] *a* insubordonné, récalcitrant.

Aufsatz *m* **1.** *(arch* u. *Möbel)* chapiteau *m; (Schornstein~)* mitre *f;* **2.** *fig (Abhandlung)* essai (*über* sur); *(Zeitungs~)* article *m; (Schul~)* rédaction, *(in der Oberstufe)* dissertation *f*.

auf=saugen *tr, a. fig* absorber.
auf=schauen *itr* lever les yeux.
auf=scheuchen *tr (Wild)* débucher, débusquer; *(a. Menschen)* effaroucher.
auf=schichten *tr* entasser, empiler.
auf=schieben ‹*schob auf, aufgeschoben*› *tr fig* différer, remettre, reculer; *jur* proroger; *besser aufgeschoben als aufgehoben (prov)* mieux vaut tard que jamais.
Aufschlag *m* **1.** *(am Ärmel, an der Hose)* revers; *(am Kleid)* parement *m;* **2.** *(Aufprall)* chute *f; (e-s Geschosses)* impact *m;* **3.** *com (Preis~)* augmentation, majoration *f;* **auf=schlagen** ‹*schlägt, schlug auf, aufgeschlagen*› *tr* ‹*h*› **1.** *(Nuß, Ei)* casser; *(Eis)* percer; **2.** *(Buch, Stelle in e-m Buch)* ouvrir; **3.** *(Bett)* monter; *(Zelt, Lager)* dresser; **4.** *(die Ärmel)* retrousser; *(Kragen)* remonter; *itr* **5.** ‹*sein*› *(beim Fall)* tomber (*auf* sur); donner (*auf* contre); *(Geschoß, Flugzeug)* percuter; **6.** ‹*h*› *(Preis)* monter, augmenter; — *die Augen ~* lever *od* ouvrir les yeux; *sich den Kopf, das Knie ~* se blesser à la tête, au genou; *Milch hat aufgeschlagen* le lait a augmenté.
auf=schließen ‹*schloß auf, aufgeschlossen*› *tr* ouvrir.
auf=schlitzen *tr* fendre, taillader; *jdm den Bauch ~* éventrer qn.
Aufschluß *m: jdm über etw ~ geben* renseigner qn sur qc, informer qn de qc, donner *od* fournir des explications sur qc à qn; **a~reich** *a* instructif; significatif, révélateur.
auf=schlüsseln *tr (verteilen)* répartir.
auf=schnallen *tr (lösen)* déboucler.
auf=schnappen *tr fig fam (zufällig hören)* apprendre par hasard.
auf=schneid|en ‹*schnitt auf, aufgeschnitten*› **1.** *tr* couper *(a. Buch); (Fleisch)* découper, trancher; *med* inciser; *(Geschwür a.)* percer; **2.** *itr fig fam* blaguer; hâbler, fanfaronner; **A~er** *m* ‹-s, -› *fig fam* blagueur, fanfaron *m.*
Aufschnitt *m (kalter ~)* viande froide, charcuterie *f.*
auf=schnüren *tr* déficeler, défaire.
auf=schrauben *tr (öffnen)* dévisser.
auf=schrecken *tr* ‹*h*› *(bes. Tiere)* effaroucher; *(Menschen)* alarmer; faire réveiller en sursaut; *itr* ‹*sein*› sursauter; *aus dem Schlaf ~* s'éveiller en sursaut.
Aufschrei *m* (grand) cri, cri *m* perçant.
auf=schreiben ‹*schrieb auf, aufgeschrieben*› *tr* mettre par écrit, noter; *jdn ~ (vom Verkehrspolizisten)* dresser procès-verbal à qn.
auf=schreien ‹*schrie auf, aufgeschrien*› *itr* pousser un cri *od* des cris; *vor Schmerz ~* crier de douleur.
Aufschrift *f allg* inscription *f.*
Aufschub *m* délai *m; (absichtlich)* remise *f,* renvoi; *(Verzögerung)* retard *m.*
auf=schütt|eln *tr* secouer, remuer; *(Kissen)* tapoter; **~en** *tr* entasser; *(Erde)* rapporter; *(Straße)* remblayer; *(Damm)* élever.
auf=schwatzen *tr: jdm etw (e-e Ware) ~* persuader qn d'acheter qc.
auf=schwingen, *sich* ‹*schwang auf, aufgeschwungen*› s'élancer; *(Vogel, fig: Geist, Phantasie)* prendre son essor; *sich zu etw ~ (fig: sich entschließen)* se résoudre à qc.
Aufschwung *m* **1.** *sport (am Reck)* saut *m* en suspension; **2.** *fig* élan, essor; *com* redressement *m,* extension, expansion *f; e-n neuen ~ nehmen* reprendre.
auf=seh|en ‹*sieht, sah auf, aufgesehen*› *itr = aufschauen;* **A~en** *n* ‹-s, ø› sensation *f; um jedes ~ zu vermeiden* pour éviter tout incident; *~ erregen* faire sensation *od* de l'éclat *od* du bruit; **~enerregend** *a* sensationnel, retentissant; **A~er** ‹-s, -› *m* contrôleur, inspecteur; *(Wächter)* garde, gardien; *(in e-m französ. Internat)* surveillant *m.*
auf=sein ‹*ist, war auf, aufgewesen*› *itr* ‹*sein*› **1.** *(geöffnet sein)* être ouvert; **2.** *(nicht im Bett sein)* être levé; *noch ~ (a.)* n'être pas encore couché; *(noch) spät ~* veiller tard.
auf=setzen *tr* **1.** mettre, poser (*auf* sur); *(Flugzeug)* poser; *(Kopfbedeckung, Brille)* mettre; *(Küche)* mettre sur le feu; *(Flicken)* appliquer; **2.** *(schriftlich)* mettre par écrit, rédiger, composer; *jur* libeller; *(Rechnung, Vertrag)* dresser, établir; *(Urkunde)* minuter; *itr* **3.** *aero* se poser.
Aufsicht *f* surveillance; inspection *f,* contrôle *m; die ~ über etw führen* od *haben* surveiller qc; *unter (polizeilicher) ~ stehen* être sous surveillance; **~führende** *m f* ‹-n, -n› surveillant(e *f*) *m;* **~sbeamte** *m* ‹-n, -n› inspecteur, contrôleur, surveillant *m;* **~spersonal** *n* personnel *m* de surveillance; **~srat** *m com* conseil *m* de surveillance *od* d'administration.
auf=sitzen ‹*saß auf, aufgesessen*› *itr* ‹*sein*› *(aufs Pferd steigen)* monter à cheval; (*auf ein Fahr- od Motorrad steigen)* monter sur le siège; *hinten* od *mit ~ (auf e-m Pferd)* monter en croupe.
auf=spannen *tr* tendre; *(Schirm)* ouvrir; *(Segel)* déployer.
auf=sparen *tr* réserver, économiser; *das Beste bis zuletzt ~* garder qc pour la bonne bouche.
auf=speichern *tr agr* engranger; *com* stocker; *(Energie, bes. el)* accumuler.
auf=sperren *tr (aufschließen)* ouvrir; *(die Augen)* écarquiller; *Mund und Nase ~ (fam)* rester bouche bée.
auf=spielen **1.** *itr (zum Tanz)* jouer (une

danse); **2.** *refl: sich ~ (fig)* se donner des airs.
auf=spießen *tr* embrocher.
auf=springen ‹*sprang auf, aufgesprungen*› *itr* ‹*sein*› **1.** *(Mensch: vom Sitz)* (sur)sauter, bondir; **2.** *(auf ein Pferd, Fahrzeug)* monter; **3.** *(Ball)* rebondir; **4.** *(Tür: sich öffnen)* s'ouvrir (brusquement); *(platzen)* éclater, crever; *(die Haut)* (se) gercer, se crevasser.
auf=spulen *tr tech* (em)bobiner.
auf=spüren *tr (Wild)* flairer, dépister; *(chem, Radar)* détecter; *fig* flairer.
auf=stacheln *tr, a. fig* aiguillonner.
Aufstand *m* soulèvement *m*, insurrection, sédition, rébellion, révolte *f*.
Aufständische *m f* ‹-n, -n› insurgé(e *f*) *m*; rebelle *m*.
auf=stapeln *tr* empiler, entasser.
auf=stauen *tr (Wasser)* refouler.
auf=stechen ‹*sticht, stach auf, aufgestochen*› *tr* percer; *med* crever.
auf=stecken *tr* **1.** *(mit Stecknadeln befestigen)* épingler; **2.** *(Kerze)* mettre (*auf* sur); **3.** *(Haar, Vorhang)* relever; **4.** *fig fam (aufgeben)* abandonner, laisser tomber.
auf=stehen ‹*stand auf, aufgestanden*› *itr* ‹*sein*› se lever (*vom Tisch* de table); *da hätten Sie früher ~ müssen, wenn ... (fam)* vous ne vous êtes pas levé assez tôt pour ...; **A~** *n* lever *m*; *beim ~* au lever, au saut du lit.
auf=steigen ‹*stieg auf, aufgestiegen*› *itr* ‹*sein*› **1.** *(aufs Pferd, auf ein Fahrzeug; Saft in der Pflanze)* monter; **2.** *(Mensch im Ballon)* faire une ascension; *(Rauch, Nebel)* s'élever; *(Gestirn, Rakete)* se lever; *(Flugzeug)* prendre l'air, décoller; **3.** *fig (beruflich)* avancer; **—** *mir stieg der Verdacht auf* le soupçon s'éveilla en moi; **~d** *a* montant; *(Gestirn, Wind)* ascendant.
auf=stell|en *tr* **1.** mettre (debout), placer, poser; *(aufrichten)* élever; *(errichten)* ériger; **2.** *(anordnen)* (ar)ranger, disposer; *(Bett)* monter, dresser; *(Leiter, Kegel, Schachfiguren)* dresser; *(Falle)* tendre; **3.** *(Maschine)* monter, installer; *mil (Geschütz)* mettre en batterie; **4.** *(Posten)* placer, poster; **5.** *(Liste, Inventar, Bilanz, Rechnung)* faire, dresser, établir; *(Programm, Haushaltsplan)* établir; *(Theorie)* échafauder; *refl* **6.** *sich ~* se placer, se poster; *mil* se former; **—** *e-n Kandidaten ~* présenter un candidat; *sich als Kandidaten ~ lassen* se porter candidat; **A~ung** *f* **1.** placement *m*, pose; élévation, érection *f*; **2.** *(Anordnung)* (ar)rangement *m*, disposition *f*; **3.** *(e-r Maschine)* montage *m*, installation; *mil (e-s Geschützes)* mise *f* en batterie; **4.** *(der Posten)* disposition *f*; **5.** *sport (e-r Mannschaft)* composition *f*; **6.** *(e-r Liste, e-s Inventars, e-r Bilanz, e-s Programms)* établissement *m*; *e-e ~ machen* faire *od* dresser *od* établir une liste.
Aufstieg *m* ‹-(e)s, -e› ['-ʃti:k, -gə] **1.** *(a. Schi)* montée; *(e-s Ballons od Luftschiffs)* ascension *f*; *(e-s Flugzeugs)* départ, décollage *m*; **2.** *fig (beruflicher)* avancement *m*, ascension *f*; **~smöglichkeiten** *f pl (berufliche)* perspectives *f pl* de carrière.
auf=stöbern *tr (Wild)* débusquer; *fig (Seltenheit)* déterrer, dénicher.
auf=stocken *tr* **1.** *arch* surélever, exhausser (*um* de); **2.** *fin* augmenter.
auf=stoßen ‹*stößt, stieß auf, aufgestoßen*› *tr* ‹*h*› **1.** ouvrir en poussant, pousser; *(Faß)* défoncer; *itr* **2.** ‹*sein*› heurter (*auf etw* contre qc); **3.** ‹*h*› *(rülpsen)* avoir des renvois, éructer, *pop* roter; **A~** *n* ‹-s, ø› *(Rülpsen)* renvois *m pl*, éructation *f*.
auf=streichen ‹*strich auf, aufgestrichen*› *tr* étendre, étaler (*auf* sur); *(Farbe)* appliquer (*auf* sur).
auf=stülpen *tr (Hut)* enfoncer.
auf=stützen *tr (die Arme)* appuyer (*auf* sur); *sich ~* s'appuyer (*auf* sur).
auf=suchen *tr (Arzt)* consulter.
Auftakt *m (Eröffnung, Beginn)* ouverture *f*, prélude, début *m*.
auf=tanken *itr mot* faire son plein d'essence, (re)faire le plein.
auf=tauchen *itr* ‹*sein*› **1.** émerger; *(U-Boot)* faire surface; *(Lebewesen)* remonter à la surface; **2.** *fig fam* faire une apparition; *wieder ~* faire sa réapparition, *fam* refaire surface.
auf=tauen **1.** *tr* ‹*h*› dégeler *(a. fin: Kapital)*; *(Tiefkühlkost)* décongeler; **2.** *itr* ‹*sein*› *(Erde etc)* dégeler; *fig (geselliger werden)* se dégeler, se dégourdir.
auf=teil|en *tr* répartir, partager; *(Baugelände)* lotir; *(Grundbesitz)* morceler; *(Staat)* démembrer; **A~ung** *f* répartition *f*; lotissement; morcellement; démembrement *m*.
auf=tischen ['-tɪʃən] *tr* servir (*jdm etw* qc à qn).
Auftrag *m* ‹-(e)s, ¨-e› charge *f*; *(Befehl)* ordre *m*; *(Besorgung)* course; *com* commission; *(Bestellung)* commande *f*, ordre *m*; *im ~ (gen)* par ordre *od* délégation (de); *in besonderem ~* en mission spéciale; *e-n ~ ausführen* exécuter une commande; *jdm e-n ~ erteilen* passer une commande à qn; *den ~ haben zu ...* être chargé de ...; **auf=tragen** ‹*trägt, trug auf, aufgetragen*› *tr* **1.** *(Speisen)* servir, apporter; **2.** *(Farbe)* mettre, étaler; — *jdm etw ~ (fig)* charger qn de qc; *dick ~ (fig fam)* bluffer, exagérer, forcer la note; **~geber** *m* commettant; *jur* mandant *m*; **~nehmer** *m jur* mandataire *m*; **~sbestätigung** *f* confirmation *f* de commande.

auf=treiben ⟨*trieb auf, aufgetrieben*⟩ *tr* **1.** *fig (bekommen, finden)* déterrer, dénicher; trouver; **2.** *(anschwellen lassen)* gonfler; *med* ballonner.

auf=trennen *tr* découdre; *(Naht)* défaire.

auf=treten ⟨*tritt, trat auf, aufgetreten*⟩ *itr* ⟨*sein*⟩ **1.** marcher; **2.** *(in Erscheinung treten)* se présenter (*als* comme); se produire; **3.** *(sich benehmen)* se conduire; faire figure (*wie ein, als* de); *(sich ausgeben)* se poser (*als* en); **4.** *(in die Schranken treten)* prendre parti (*gegen jdn* contre qn); **5.** *theat* entrer en scène, faire son entrée; **6.** *(Krankheit)* se déclarer, se manifester; — *sicher ~ (fig)* avoir de l'aplomb; *als Zeuge (vor Gericht) ~* comparaître en témoin; **A~** *n* **1.** marche *f;* **2.** présentation *f;* **3.** *theat* entrée *f* (en scène); — *erstes ~* début *m; sicheres ~ (fig)* assurance *f,* aplomb *m.*

Auftrieb *m* **1.** *(Vieh auf e-m Markt)* arrivage *m;* **2.** *phys aero* portance *f* (aérodynamique); **3.** *fig (Anstoß)* impulsion *f,* élan, essor *m; e-r S neuen ~ geben* donner un nouvel essor à qc.

Auftritt *m* **1.** *theat (Vorgang)* entrée *f* (en scène); **2.** *(Teil e-s Aufzuges; fig)* scène *f; es kam zu e-m peinlichen ~* il y eut une scène pénible.

auf=trumpfen *itr* (lui, leur) dire son fait.

auf=tun ⟨*tut, tat auf, aufgetan*⟩ *tr: den Mund nicht ~ (fam)* ne pas dire un *od* souffler mot, ne pas desserrer les dents; *sich ~* s'ouvrir.

auf=türmen *tr* amonceler, entasser; *sich ~ (fig: Schwierigkeiten)* surgir, s'accumuler.

auf=wachen *itr* ⟨*sein*⟩ s'éveiller, se réveiller.

auf=wachsen ⟨*wächst, wuchs auf, aufgewachsen*⟩ *itr* ⟨*sein*⟩ *(Kind)* grandir.

auf=wallen *itr a. fig:* bouillonner.

Aufwand *m* ⟨-(e)s, ø⟩ *(Luxus, Pomp)* luxe *m,* pompe *f,* faste; *(Zurschaustellung)* étalage *m; unter großem ~ von* à grand renfort de; **~sentschädigung** *f* indemnité *f* de représentation.

auf=wärmen *tr (Speise)* réchauffer; *fig pej (Vergangenes)* réveiller.

aufwärts ['aufvɛrts] *adv* en haut, vers le haut; **A~bewegung** *f (der Preise u. Kurse)* hausse; *(Konjunktur)* reprise *f;* **A~entwicklung** *f* extension *f,* progrès *m.*

Aufwasch *m* ⟨-(e)s, ø⟩ ['-vaʃ] vaisselle *f* à laver; **auf=waschen** ⟨*wäscht, wusch auf, aufgewaschen*⟩ *tr* laver *od* faire la vaisselle.

auf=wecken *tr* réveiller, éveiller.

auf=weichen *tr* (r)amollir; *(Weg)* détremper.

auf=weisen ⟨*wies auf, aufgewiesen*⟩ *tr* présenter, offrir.

auf=wend|en *tr* mettre en œuvre; *(Geld)* mettre, dépenser; **~ig** *a (luxuriös)* luxueux; coûteux; *sehr ~ leben* vivre sur un grand pied; **A~ung** *f: ~en machen* faire des dépenses.

auf=werfen ⟨*wirft, warf auf, aufgeworfen*⟩ *tr* **1.** *(Damm)* élever; **2.** *fig (Frage)* soulever, mettre sur le tapis.

auf=wert|en *tr fin* revaloriser; **A~ung** *f* revalorisation, réévaluation *f.*

auf=wickeln *tr* **1.** (en)rouler (*auf* sur); *(Garn)* pelot(onn)er; **2.** *(lösen)* dérouler, développer; *(Garn)* dévider.

auf=wieg|eln *tr* agiter, soulever, ameuter, révolter; **A~(e)lung** *f* ⟨-, ø⟩ agitation *f,* soulèvement *m.*

auf=wiegen ⟨*wog auf, aufgewogen*⟩ *tr, a. fig* contrebalancer; *fig* compenser; *das ist nicht mit Gold aufzuwiegen (fig)* cela n'a pas de prix.

Aufwiegler *m* agitateur *m.*

auf=wirbeln *tr* ⟨*h*⟩ *(Staub, Sand, Blätter)* soulever; *viel Staub ~ (fig)* faire grand bruit; *itr* ⟨*sein*⟩ monter en tourbillons.

auf=wischen *tr* enlever avec un torchon *od* une serpillière, essuyer.

auf=wühlen *tr (die Erde)* retourner, fouiller; *fig* remuer, retourner.

auf=zähl|en *tr* énumérer, dénombrer; **A~ung** *f* énumération *f.*

auf=zäumen *tr* brider.

auf=zehren *tr (auf-, verbrauchen)* consumer; *(erschöpfen)* épuiser.

auf=zeichn|en *tr (aufschreiben)* noter; *(registrieren)* enregistrer; **A~ung** *f (Notiz)* note *f; (Registrierung)* enregistrement *m.*

auf=ziehen ⟨*zog auf, aufgezogen*⟩ *tr* ⟨*h*⟩ **1.** *(bes. Vorhang, Schlagbaum, Zugbrücke)* lever; **2.** *(Fahne)* hisser; *(Segel)* mettre; **3.** *(Uhr)* remonter; **4.** *(Schublade öffnen)* tirer; **5.** *(auf e-e Schnur ziehen)* enfiler; *(auf e-n Rahmen, Saite auf ein Instrument)* monter; *(auf Leinwand)* entoiler; **6.** *fig (Veranstaltung, Unternehmung)* organiser; **7.** *(Pflanzen)* cultiver; *(Tiere)* élever; *(Kind)* élever, nourrir; **8.** *(necken)* railler, taquiner; *itr* ⟨*sein*⟩ **9.** *(Wache, Wolken)* monter; *(Gewitter)* approcher, s'élever; — *wie aufgezogen (ganz regelmäßig)* réglé comme une horloge.

Aufzucht *f* ⟨-, ø⟩ *(von Pflanzen)* culture *f; (von Tieren)* élevage *m.*

Aufzug *m* **1.** *(für Lasten)* élévateur, monte-charge(s); *(Fahrstuhl)* ascenseur *m;* **2.** *(festlicher Aufmarsch)* cortège *m,* procession *f;* **3.** *fam pej (lächerlicher ~)* accoutrement, affublement *m;* **4.** *theat* acte *m.*

auf=zwingen ⟨*zwang auf, aufgezwungen*⟩ *tr: jdm etw ~* imposer qc à qn (de force).

Augapfel *m* ['auk-] globe *m* de l'œil; *etw wie s-n ~ hüten* tenir à qc comme à la prunelle de ses yeux.

Auge *n* ⟨-s, -n⟩ ['augə] **1.** œil *m, pl* yeux *(a. auf d. Suppe u. bot);* **2.** *bot (Knospe) a.* pointe *f,* bourgeon *m;* gemme *f;* **3.** *(Würfel-, Kartenspiel)* point *m;* **4.** *(Blick)* regard *m; (Sehen)* vue *f;* — *mit bloßem ~* à l'œil nu; *mit eigenen ~n* de mes *etc* (propres) yeux; *mit offenen, geschlossenen ~n (a. fig)* les yeux ouverts, fermés; *so weit das ~ reicht* à perte de vue; *unter vier ~n* entre quatre yeux, tête à tête; *vor aller ~n* au vu et au su de tout le monde; *vor ~n* sous les yeux; *vor meinen ~n* sous mes yeux; *etw mit anderen ~n ansehen (fig)* voir qc d'un autre œil *od* avec d'autres yeux; *im ~ behalten (fig)* garder à *od* ne pas perdre de vue; *mit e-m blauen ~ davonkommen* l'échapper belle; *in die ~n fallen* od *springen* od *stechen* sauter aux yeux, attirer l'œil; *etw ins ~ fassen* envisager qc; *jdm etw vor ~n führen* démontrer qc à qn; *blaue ~n haben* avoir les yeux bleus; *ein blaues ~ haben (durch e-n Schlag)* avoir l'œil poché *od* au beurre noir; *gute, schwache ~n haben* avoir la vue bonne, faible; *etw im ~ haben (fig)* avoir des visées *od* des vues sur qc; *sich etw vor ~n halten* se rappeler qc; *nicht aus den ~n lassen* ne pas quitter des yeux; *große ~n machen* ouvrir de grands yeux, avoir les yeux écarquillés; *jdm die ~n öffnen* ouvrir *od* dessiller les yeux à qn (*über* sur); *e-r Gefahr ins ~ sehen* faire face à un danger; *ganz ~ und Ohr sein* être tout yeux et tout oreilles; *jdm unter die ~n treten* paraître devant qn; *sich die ~n verderben* s'abîmer *od* se crever les yeux; *nicht aus den ~n verlieren* ne pas perdre de vue; *vor etw die ~n verschließen (fig)* fermer les yeux sur qc; *(die ganze Nacht) kein ~ zutun (können)* ne pas fermer l'œil de (toute) la nuit; *ich habe es mit eigenen ~n gesehen (a.)* je l'ai vu de mes yeux, mes yeux en furent témoins; *aus den ~n, aus dem Sinn (prov)* loin des yeux, loin du cœur; *magisches ~ (in der Haus-* od *Wohnungstür)* microviseur; *radio* œil *m* magique; *ins ~ springend* en vedette.

Augen|arzt *m* ['augən-] oculiste, ophtalmologiste, ophtalmologue *m;* **~blick** *m* clin d'œil, moment, instant *m; im ersten ~* au premier abord; *im nächsten ~* l'instant d'après; *in diesem ~* à *od* en ce moment; *jeden ~* à tout (tous) moment(s), à tout *od* chaque instant; *vom ersten ~ an* dès l'abord, de prime abord; *er muß jeden ~ kommen* il devrait être là d'un instant à l'autre; *einen ~!* un instant! un moment! (une) minute! *der rechte ~* la bonne heure; **a~blicklich I.** *a* momentané, instantané; *(gegenwärtig)* présent, actuel; **II.** *adv* momentanément, à l'instant, sur *od* pour le moment; **~braue** *f* sourcil *m;* **a~fällig** *a* apparent, évident; qui saute aux yeux; **~farbe** *f* couleur *f* des yeux; **~heilkunde** *f* ophtalmologie *f;* **~höhe** *f: in ~* au niveau de l'œil; **~höhle** *f anat* orbite *f;* **~klinik** *f* clinique *f* ophtalmologique; **~licht** *n (Sehkraft)* vue *f;* **~lid** *n* paupière *f;* **~maß** *n* mesure *f* à vue (d'œil); *nach ~* à vue d'œil *od fam* de nez; *ein gutes ~ haben* avoir le coup d'œil; **~merk** *n* ⟨-(e)s, ø⟩ *: sein ~ auf etw richten* faire attention à qc; viser à qc; **~schein** *m* ⟨-(e)s, ø⟩ apparence, évidence *f; etw in ~ nehmen* inspecter, examiner qc; *sich durch den ~ von etw überzeugen* constater de visu; *jur* faire une descente sur les lieux; **a~scheinlich I.** *a* apparent, évident; **II.** *adv a.* selon toute apparence; **~spiegel** *m med* ophtalmoscope, rétinoscope *m;* **~weide** *f* régal *m* pour l'œil; **~winkel** *m* coin *m* de l'œil; **~zeuge** *m* témoin *m* oculaire.

August *m* **(1)** ['august] *(Vorname)* Auguste; *dummer ~* auguste, clown, paillasse *m;* **(2)** ⟨-(e)s/-, (-e)⟩ [au'gust] *(Monat)* août *m.*

Auktion *f* ⟨-, -en⟩ [auktsi'o:n] vente aux enchères, criée *f;* **~ator** *m* ⟨-s, -en⟩ [-'na:tɔr, -na'to:rən] commissaire-priseur *m.*

Aula *f* ⟨-, -len/-s⟩ ['aula(s), -lən] salle *f* des fêtes.

Aurikel *f* ⟨-, -n⟩ [au'ri:kəl] *bot* oreille-d'ours *f.*

aus [aus] **I.** *prp* **1.** *(räuml.: ~ ... heraus)* de; *~ der Kiste, ~ dem Hause, ~ Paris, ~ Deutschland* de la caisse, de la maison, de Paris, d'Allemagne; *~ der Hand fressen (Tier)* manger dans la main; *etw ~ e-r Schublade nehmen* prendre qc dans un tiroir; *~ e-m Teich schöpfen* puiser dans un étang; *~ dem Fenster sehen* regarder par la fenêtre; *~ e-m Glas, e-r Tasse trinken* boire dans un verre, dans une tasse; *jdn ~ dem Hause werfen* mettre qn à la porte; **2.** *(zeitl.) ~ dem 18. Jahrhundert, ~ dem Jahre 1843* du 18ᵉ siècle, de l'année 1843; **3.** *(Stoff)* de, en; *~ Eisen, Holz, Kunststoff* de *od* en fer, bois, matière plastique; *ein Kleid ~ etw schneidern* tailler une robe dans qc; **4.** *(Herkunft)* de; *~ gutem Hause* de bonne famille; *~ guter Quelle* de bonne source; *~ dem Französischen (übersetzt)* du français; **5.** *(kausal)* par, pour, de; *~ Angst* de peur (*vor* de); *~ Erfahrung* par expérience; *~ Gefälligkeit* par complaisance; *~ diesem Grunde* pour cette raison; *~ Mangel an* faute de; *~ Mitleid* par pitié; *~ Überzeugung* par conviction; **6.** *(modal) ~ Leibeskräften* de toutes mes *etc* forces; *~ dem Kopf (auswendig)* par cœur; **7.** *(Trennung) ~ dem Gebrauch* hors d'usage; *~ der Mo-*

de passé de mode; **II.** *adv (vorbei, vorüber)* fini, passé; *(Feuer, Licht)* éteint; *(Aufschrift auf Geräten)* arrêt; *sport* hors jeu; *von hier* ~ d'ici; *von meinem Fenster* ~ de ma fenêtre; *von Haus* ~ de naissance; *von mir* ~ quant à moi; *(meinetwegen)* si tu veux, si tu y tiens; *von diesem Standpunkt* ~ de ce point de vue; *auf etw* ~ *sein* chercher qc, aspirer à qc; *darauf* ~ *sein, etw zu tun* chercher à faire qc; *bei jdm* ~ *und ein gehen* avoir ses entrées chez qn; *nicht (mehr)* ~ *noch ein wissen* ne plus savoir sur quel pied danser; *alles ist* ~ tout est fini, c'est la fin de tout; *Licht* ~*!* éteignez la lumière!

aus≈arbeit|en 1. *tr* élaborer; *(schriftlich)* composer, rédiger; **2.** *refl: sich (körperlich)* ~ se dépenser physiquement; — *sorgfältig* ~ fignoler, ouvrager; **A~ung** *f* élaboration; composition, rédaction *f.*

aus≈arten *itr ‹sein›* dégénérer (*in, zu* en).

aus≈atmen *tr u. itr* expirer.

aus≈baggern *tr* draguer, excaver.

Ausbau *m* ‹-(e)s, ø› **1.** *arch* menus ouvrages *m pl;* aménagement *m;* **2.** *fig (Erweiterung)* élargissement, agrandissement *m;* **3.** *tech (Herausnehmen)* démontage *m;* **aus≈bauen** *tr* **1.** *arch (Haus, Wohnung)* aménager; **2.** *fig (erweitern)* élargir, agrandir; *(entwickeln)* développer; **3.** *tech (herausnehmen)* démonter; **a~fähig** *a fig* susceptible d'agrandissement *od* de développement.

aus≈bedingen ‹*ausbedungen*› *tr, bes. jur* stipuler; *sich etw* ~ se réserver qc; *sich das Recht* ~*,* zu ... se réserver le droit de ...

aus≈beißen ‹*biß aus, ausgebissen*› *tr: sich e-n Zahn* ~ se casser une dent; *du kannst dir die Zähne daran* ~ c'est un vrai casse-tête; tu auras beaucoup de mal.

aus≈besser|n *tr allg* réparer, refaire; *(Kleidung, Wäsche)* ravauder; *(flicken)* raccommoder; *(stopfen)* repriser; *(Gemälde)* restaurer; **A~ung** *f* réparation, réfection *f;* ravaudage, raccommodage *m;* restauration *f.*

Ausbeut|e *f* **1.** rendement, produit; *(Gewinn)* gain, profit, bénéfice *m;* **2.** *mines (Fördermenge)* extraction *f;* **aus≈beuten** *tr agr mines* exploiter *a. fig, fig* tirer parti *od* profit de, profiter de; *jdn* ~ *(ausnutzen)* abuser de qn; **~er** *m* exploitant, *pej* exploiteur *m;* **~erei** *f* ‹-, -en› *pej,* **~ung** *f* ‹-, ø› *a. fig* exploitation *f.*

aus≈bezahlen ‹*ohne -ge-*› *tr* **1.** *(Geld)* payer (entièrement), débourser; **2.** *(Menschen mit Anrechten)* désintéresser.

aus≈bild|en *tr* **1.** former, développer; **2.** *(unterrichten, a. mil)* instruire (*in etw* en qc); *refl* **3.** *sich* ~ se former; se perfectionner; *er läßt sich in Gesang* ~ il prend des cours de chant; **A~er** *m* ‹-s, -› *allg* formateur; *bes. mil* instructeur, moniteur *m;* **A~ung** *f* ‹-, (-en)› formation *f,* développement; *(e-s Lehrlings)* apprentissage *m; (Unterricht, a. mil)* instruction *f; militärische* ~ instruction *f od* entraînement *m* militaire.

aus≈bitten ‹*bat aus, ausgebeten*› *tr: sich etw* ~ demander qc; *(fordern)* exiger qc, insister sur qc.

aus≈blasen ‹*bläst, blies aus, ausgeblasen*› *tr (Streichholz, Kerze)* souffler, éteindre; *(Hochofen)* éteindre; mettre hors feu.

aus≈bleiben ‹*blieb aus, ausgeblieben*› *itr ‹sein›* **1.** ne pas venir *od* rentrer; **2.** ne pas avoir lieu, faire défaut; — *lange* ~ se faire attendre; *es konnte nicht* ~*, daß* il était inévitable que; *der Erfolg blieb aus* ce fut un échec.

Ausblick *m* vue *f.*

aus≈bohren *tr* forer, creuser, tarauder; *(aushöhlen)* (é)vider.

aus≈borgen *tr* emprunter (*von* à).

aus≈brech|en ‹*bricht, brach aus, ausgebrochen*› *tr* ‹*h*› **1.** arracher; *itr ‹sein›* **2.** *(Mensch aus d. Gefängnis, Tier aus d. Käfig)* s'évader, s'échapper; *mil* faire une sortie; **3.** *(Vulkan)* faire éruption; *(Feuer)* prendre; *(Feuer, Krankheit)* se déclarer; *(Krieg)* éclater; — *in Gelächter* ~ éclater de rire; *in Tränen* ~ fondre en larmes; **A~er** *m* ‹-s, -› évadé, échappé *m.*

aus≈breit|en *tr* **1.** *(a. d. Arme)* étendre; *(entfalten, a. die Flügel)* déployer, déplier; *(aufrollen)* dérouler; **2.** *(Waren auslegen)* étaler; *refl* **3.** *sich* ~ *(Feuer)* se propager; *(Krankheit, phys: Wellen)* se répandre; *(Unsitte)* faire tache d'huile; **A~ung** *f* ‹-, ø› **1.** *phys* diffusion; *(des Lichtes)* propagation *f;* **2.** *(e-r Krankheit)* extension *f.*

aus≈brennen ‹*brannte aus, ausgebrannt*› *tr* ‹*h*› brûler; *med (Wunde)* cautériser; *itr ‹sein› (innen verbrennen)* être consumé par le feu.

aus≈bringen ‹*brachte aus, ausgebracht*› *tr: e-n Trinkspruch auf jdn* ~ porter un toast à qn.

Ausbruch *m* **1.** *mil (Ausfall)* sortie *f;* **2.** *(e-s Vulkans)* éruption, explosion; *(e-r Krankheit)* apparition; *(e-r Seuche)* invasion *f; (e-s Krieges)* déclenchement; *(e-s Gefühls)* déchaînement; *(der Freude)* transport *m; zum* ~ *kommen (Krankheit)* se déclarer; *(Wut etc)* se manifester, éclater.

aus≈brüten *tr* **1.** *(Eier)* couver; **2.** *fig (aushecken)* couver, machiner, *fam* concocter.

aus≈buddeln ['-budəln] *tr fam* déterrer.

Ausbund *m* ‹-(e)s, ø› *(von e-m Menschen: Muster)* modèle, parangon *m;*

ein ~ von Gelehrsamkeit un prodige d'érudition.

aus≈bürger|n ['-bʏrgərn] *tr* déclarer déchu de sa nationalité, expatrier; **A~ung** *f* ⟨-, -en⟩ privation *f* de nationalité.

aus≈bürsten *tr* brosser.

Ausdauer *f* endurance, persévérance, ténacité *f*.

aus≈dehn|en *tr* étendre, élargir; *phys* dilater, amplifier; *(verlängern)* allonger; *(zeitl.)* prolonger; *fig* étendre; *(vergrößern)* agrandir; *(erweitern)* amplifier; *sich ~* s'étendre *a. fig*, s'élargir, se dilater; s'allonger; se prolonger (*über den ganzen Abend* toute la soirée); *fig* s'agrandir; **A~ung** *f* **1.** *(Vorgang)* extension *f*, élargissement *m; phys* dilatation *f; (Verlängerung)* allongement *m; (zeitl.)* prolongation *f; (Vergrößerung)* agrandissement *m;* **2.** *(Weite, Umfang)* étendue *f*.

aus≈denken ⟨*dachte aus, ausgedacht*⟩ *tr* imaginer; *(ersinnen)* concevoir; *(erfinden)* inventer; *sich etw ~* s'imaginer qc; *das* od *es ist nicht auszudenken* c'est inimaginable; *es ist nicht auszudenken, was passiert wäre, wenn ...* on imagine mal ce qui se serait passé, si ...

aus≈drehen *tr (Gas)* fermer, éteindre; *(Licht)* éteindre.

Ausdruck *m* ⟨-(e)s, ¨e⟩ *allg* expression *f; (Fach~)* terme *m; (Redensart)* locution *f; zum ~ bringen* exprimer, formuler; *(e-m Gefühl) ~ geben* exprimer (un sentiment); *zum ~ kommen (Gefühl)* se traduire (*durch* par).

aus≈drück|en *tr* **1.** *(Zitrone, Schwamm)* presser; *(Saft e-r Frucht)* extraire, pressurer, exprimer; **2.** *(Zigarette)* écraser; **3.** *fig (zum Ausdruck bringen)* exprimer; *(erkennen lassen)* trahir, révéler; *(äußern)* énoncer; *sich ~* s'exprimer; s'énoncer; *(Gefühl)* se traduire (*durch* par); *etw klar* od *deutlich ~* expliciter qc; *sich klar und deutlich ~ (a.)* mettre les points sur les i; **~lich I.** *a* explicite; exprès, formel, strict; **II.** *adv* expressément.

ausdrucks|los *a* sans expression, inexpressif; *(Stil)* sans relief, plat; **~voll** *a* plein d'expression, expressif; **A~weise** *f* manière *od* façon de s'exprimer; *(Sprechweise)* manière de parler, diction, élocution *f; (Schreibart, Stil)* style *m*.

auseinander [ausʔaɪ'nandər] *adv* séparés, éloignés (l'un de l'autre); *~ legen* od *rücken* od *setzen* od *stellen, ~ schreiben* séparer; **~≈bringen** ⟨*brachte auseinander, auseinandergebracht*⟩ *tr* séparer, désunir; *(Sache)* disjoindre; **~≈fahren** ⟨*fährt, fuhr auseinander, auseinandergefahren*⟩ *itr* ⟨*sein*⟩ *fig* se séparer, s'écarter brusquement; **~≈fallen** ⟨*fällt, fiel auseinander, auseinandergefallen*⟩ *itr* ⟨*sein*⟩ tomber en morceaux, se défaire; **~≈falten** *tr (Taschen-, Mundtuch etc)* déplier; **~≈gehen** ⟨*ging auseinander, auseinandergegangen*⟩ *itr* ⟨*sein*⟩ **1.** se séparer; *(Volksmenge)* se disperser; **2.** *(sich lockern)* se disloquer; *(aus den Fugen gehen)* se disjoindre; *(sich auflösen)* se dissoudre; **3.** *(strahlenförmig verlaufen)* diverger; **4.** *fam* grossir, prendre de l'embonpoint; **5.** *fig (Meinungen)* diverger, différer; — *im guten ~* se séparer à l'amiable; **~≈halten** ⟨*hält, hielt auseinander, auseinandergehalten*⟩ *tr fig* distinguer, discerner; **~≈klaffen** *itr* ⟨*sein*⟩ béer, être béant; **~≈nehmen** ⟨*nimmt, nahm auseinander, auseinandergenommen*⟩ *tr (zerlegen)* défaire, démonter; **~≈rücken** *itr* ⟨*sein*⟩ s'écarter, s'espacer; **~≈setzen** *tr (erklären)* expliquer, exposer; *im einzelnen* détailler; *sich mit jdm über etw ~* s'expliquer avec qn sur qc; *sich mit e-m Problem ~* réfléchir à un problème; **A~setzung** *f* ⟨-, -en⟩ *(Streit)* discussion, dispute, querelle *f; mit jdm e-e ~ haben* avoir une discussion avec qn.

auserlesen *a* choisi, de choix, sélectionné; *(nur Sache)* exquis.

auserwählt *a* choisi; *bes. rel* élu.

ausfahr|bar *a tech* à chariot; **aus≈fahren** ⟨*fährt, fuhr aus, ausgefahren*⟩ *tr* ⟨*h*⟩ **1.** *(spazierenfahren)* promener; **2.** *tech (Fahrgestell)* sortir, baisser, descendre; *mil (Panzerturm)* extraire; *itr* ⟨*sein*⟩ **3.** aller se promener *od* sortir en voiture; **4.** *mines* (re)monter, sortir; **A~t** *f* **1.** *(Herausfahren)* sortie *f;* **2.** *(Spazierfahrt)* sortie *od* promenade *f* en voiture; **3.** *(~stelle)* sortie de voiture; *mines* remontée *f; ~ freihalten!* sortie de voiture.

Ausfall *m* **1.** *(beim Fechten)* fente, botte; *mil* sortie *f;* **2.** *(Wegfallen)* manque *m*, perte *f*, *(e-r Silbe)* chute *f; com* moins-perçu *m*, différence *f* en moins; *fin (Fehlbetrag)* déficit *m;* **3.** *tech mot* arrêt *m*, panne; *loc (von Zügen)* suppression *f;* — *~ in der Produktion* chute *f* de la production; **aus≈fallen** ⟨*fällt, fiel aus, ausgefallen*⟩ *itr* ⟨*sein*⟩ **1.** *(Haare, Zähne)* tomber; **2.** *(wegfallen)* manquer, faire défaut; *tech mot* s'arrêter, tomber en panne; **3.** *(Veranstaltung)* n'avoir pas lieu; *(a. loc: Zug)* être supprimé; **4.** *(ausgehen, zu e-m Ergebnis kommen)* être, tourner, réussir; — *gut, schlecht ~* avoir un bon, un mauvais résultat; *die Schule fällt aus* il n'y a *bzw* aura pas classe; *wie ist das Spiel ausgefallen?* quel est le résultat du match?

ausfall|end, ausfällig *a (beleidigend)* agressif, offensant, insultant; **A~straße** *f* route *f* de sortie.

aus=feilen *tr* limer; *fig (sprachlich)* limer, raboter, châtier.

aus=fertig|en *tr (Urkunde)* rédiger, dresser; *jur* grossoyer; **A~ung** *f* **1.** *(e-r Urkunde)* rédaction, passation; *jur* grosse *f;* **2.** *(Exemplar e-r Urkunde)* exemplaire *m; in doppelter, dreifacher* ~ en double, triple exemplaire.

ausfindig *a:* ~ *machen* trouver, découvrir, déterrer, dénicher.

aus=fließen ⟨*floß aus, ausgeflossen*⟩ *itr* ⟨*sein*⟩ s'écouler, fuir.

Ausflucht *f* ⟨-, ¨e⟩ *fig* faux-fuyant, subterfuge *m,* tergiversation *f; Ausflüchte machen* faire des détours, tergiverser; *leere Ausflüchte f pl* pauvres excuses *f pl.*

Ausflug *m* excursion, randonnée *f,* tour *m; e-n* ~ *machen* faire une excursion.

Ausflügler *m* ⟨-s, -⟩ ['-fly:klər] excursionniste *m.*

Ausfluß *m* écoulement *m,* fuite; *(~öffnung)* issue; *(e-s Teichs)* décharge *f;* **~rohr** *n* tuyau *m* de décharge.

aus=fragen *tr* questionner, interroger *(über* sur).

aus=fressen ⟨*frißt, fraß aus, ausgefressen*⟩ *tr (Krippe, Trog, Napf)* vider; *etw ausgefressen haben (fig fam)* avoir qc sur la conscience.

Ausfuhr *f* ⟨-, -en⟩ exportation, sortie *f;* **~artikel** *m* article *m* d'exportation.

ausführbar *a (durchführbar)* faisable, exécutable, réalisable.

Ausfuhr|beschränkung *f* restriction *f* à l'exportation *od* aux exportations; **~bestimmungen** *f pl* règlements *m pl* de l'exportation; **~bewilligung** *f,* **~genehmigung** *f* licence *f od* permis *m* d'exportation.

aus=führen *tr* **1.** *(spazierenführen)* sortir, promener; **2.** *com* exporter; **3.** *(durchführen)* effectuer; *(Auftrag, Befehl)* exécuter, accomplir; *(Plan)* mettre en action, réaliser; **4.** *(darlegen)* traiter, exposer; **A~de** *m f* ⟨-n, -n⟩ *mus* exécutant(e *f*) *m;* interprète *m f.*

Ausfuhr|erklärung *f* déclaration *f* d'exportation; **~hafen** *m* port *m* d'exportation; **~handel** *m* commerce *m* d'exportation; **~land** *n* pays *m* exportateur.

ausführlich I. *a* ample, détaillé, circonstancié; **II.** *adv* en détail; ~ *über etw sprechen* discourir sur *od* de qc; **A~keit** *f* ⟨-, ø⟩ abondance des détails; *(Weitschweifigkeit)* prolixité *f.*

Ausfuhr|subvention *f* subvention *f* à l'exportation; **~überschuß** *m* excédent *m* d'exportation.

Ausführung *f* **1.** *(e-r Arbeit, e-s Auftrags)* exécution *f,* accomplissement *m; (e-s Plans)* réalisation, mise *f* en action; **2.** *(Bauart, Stil, mus)* facture; *(Anfertigung)* confection *f; (Herstellungsweise, Modell)* type, modèle *m; (Qualität)* qualité *f;* **3.** *(Darlegung: Tätigkeit)* développement *m,* explication *f; (das Dargelegte)* exposé *m;* — *zur* ~ *kommen* être exécuté; se réaliser; **~sbestimmungen** *f pl* disposition *od* ordonnance *f* d'exécution *od* d'application; *pol* décret *m* d'application.

Ausfuhr|verbot *n* défense *f* d'exporter, embargo *m;* **~zoll** *m* droit(s *pl*) *m* d'exportation.

aus=füllen *tr* **1.** *(Loch, Graben)* combler (*mit* de); *(aufschütten)* remblayer; **2.** *(Formular)* remplir; **3.** *(Posten, Stellung)* tenir, remplir; *sein Beruf füllt ihn aus* il est comblé sur le plan professionnel.

Ausgabe *f* **1.** *(Verteilung)* distribution; *(von Banknoten und Wertpapieren)* émission; *(von Fahrkarten etc)* délivrance *f;* **2.** *(Geld~)* dépense *f;* **3.** *(e-s Buches)* édition *f.*

Ausgang *m* **1.** sortie *f; (e-s Engpasses)* débouché *m;* **2.** *(Ende)* fin *f,* dénouement; *(Ergebnis)* résultat *m;* **3.** *pl (ausgehende Post)* courrier *m* à poster; — ~ *haben (Hausangestellte)* avoir sortie; *kein* ~*!* sortie interdite, impasse; **~spunkt** *m* point de départ, point zéro; *scient* épicentre *m;* **~sstellung** *f* position *f* initiale *od* de départ.

aus=geben ⟨*gibt, gab aus, ausgegeben*⟩ *tr* **1.** *(verteilen)* distribuer; *(Banknoten und Wertpapiere)* émettre, mettre en circulation; *(Fahrkarten etc)* délivrer; *(Befehl, mil: Parole)* donner; *(Bericht)* publier; **2.** *(Ertrag geben)* rendre, être rentable; **3.** *(Geld)* dépenser, débourser; *refl* **4.** *sich* ~ *als, für* (se) faire passer pour, (se) donner pour; — *einen* ~ *(fam: etw spendieren)* payer une bouteille *od* un coup à boire *pop.*

ausgedehnt *a* étendu; *(groß)* vaste.

ausgedient *a* **1.** *mil (entlassen)* libéré, *fam (pensioniert)* retraité, en retraite; **2.** *(Gebrauchsgegenstand)* hors d'usage *od* de service, usé.

ausgefallen *a (seltsam, selten)* étrange, singulier, rare.

ausgefranst *a* effrangé, effil(och)é.

ausgeglichen *a* **1.** *(in der Form)* (bien) proportionné; *(Budget)* en équilibre; **2.** *(Mensch)* (bien) équilibré; *(Charakter)* pondéré, harmonieux; *sie hat ein ~es Wesen* elle est très équilibrée; **A~heit** *f* ⟨-, ø⟩ équilibre *m;* pondération, harmonie *f.*

aus=gehen ⟨*ging aus, ausgegangen*⟩ *itr* ⟨*sein*⟩ **1.** sortir; **2.** *(Haare)* tomber; **3.** *(Feuer, Licht, Zigarre)* s'éteindre; **4.** *(Ware, Geld)* commencer *od* venir à manquer; *(Vorrat)* s'épuiser; **5.** *(enden)* finir, tourner (*gut* bien, *schlecht* mal); **6.** *(Wort)* se terminer (*auf* en, *auf e-n Vokal* par une voyelle); — ~ *von (fig)* se dégager de, émaner de; *(herkom-*

men, s-n Ausgang nehmen) partir de, commencer par; *gut ~ (a.)* avoir une heureuse issue; *leer ~* revenir les mains vides *od* bredouille; *die Geduld geht mir aus* ma patience est à bout.
ausgehungert *a* affamé, famélique.
ausgeklügelt *a* raffiné.
ausgekocht *a fig fam (gerissen)* retors, roublard.
ausgelassen *a* gaillard, folâtre; **A~heit** *f* ⟨-, ø⟩ gaillardise, folâtrerie *f.*
ausgemacht *a (vereinbart)* entendu, arrêté; *(Preis)* convenu.
ausgenommen *prp* excepté, à l'exception de, exception faite de.
ausgeprägt *a fig* marqué, prononcé.
ausgerechnet *adv* justement, précisément.
ausgeruht *a* bien reposé.
ausgerüstet *a* garni, muni (*mit* de).
ausgeschlossen *a* exclu; *~!* impossible!
ausgeschnitten *a (Kleid)* décolleté.
ausgeschrieben *a (nicht abgekürzt)* en toutes lettres.
ausgesprochen I. *a fig* prononcé, marqué; **II.** *adv* décidément, nettement, vraiment.
ausgestorben *a: wie ~ (pred)* désert.
ausgesucht *a* choisi, sélectionné.
ausgetreten *a (Weg)* battu.
ausgewählt *a* sélectionné, choisi.
ausgewogen *a (ebenmäßig)* (bien) proportionné; *(Satz)* arrondi.
ausgezeichnet ['----, '--'--] **I.** *a* excellent; distingué; **II.** *adv a.* à merveille *(oft iron); ~!* parfait! fameux! à merveille!
ausgiebig *a* ample, copieux, abondant; *~en Gebrauch von etw machen* faire ample usage de qc.
aus=gießen ⟨*goß aus, ausgegossen*⟩ *tr (Flüssigkeit)* verser, répandre; *(ausschütten)* déverser.
Ausgleich *m* ⟨-(e)s, -e⟩ égalisation; *(von Gegensätzen)* harmonisation; *(gleichmäßige Verteilung von Steuern etc)* péréquation *f; (Vergleich, a. pol)* arrangement, accord *m; (~ e-s Kontos, des Haushalts)* balance *f,* équilibre *m; (Ersatz)* compensation *f; zum ~ für* en compensation de; **aus=gleichen** ⟨*glich aus, ausgeglichen*⟩ *tr* égaliser; *(Gegensätze)* harmoniser; *(gleichmäßig verteilen)* faire la péréquation de; *(Konto, Haushalt)* balancer, équilibrer; *(Verlust)* compenser; *(Defizit)* combler; *sport* handicaper; *sich ~* s'égaliser; *(sich aufheben)* se compenser; *(sich das Gleichgewicht halten)* s'équilibrer; **a~end** *a* compensateur.
aus=gleiten ⟨*glitt aus, ausgeglitten*⟩ *itr* ⟨*sein*⟩ glisser.
aus=grab|en ⟨*gräbt, grub aus, ausgegraben*⟩ *tr allg* déterrer; *(Verschütteten)* dégager; *(Leiche)* exhumer; *(zu Forschungszwecken)* fouiller; *fig (wieder ans Licht ziehen)* déterrer; réveiller; *fam* ressortir; *(literarisches Werk)* exhumer, redécouvrir; **A~ung** *f* ⟨-, -en⟩ déterrement *m;* exhumation; *(des Forschers)* fouille(s *pl*) *f.*
Ausguck *m* ⟨-(e)s, -e⟩ ['-guk] poste *m* d'observation.
Ausguß *m (in der Küche)* évier *m.*
aus=hacken *tr (die Augen)* crever.
aus=halten ⟨*hält, hielt aus, ausgehalten*⟩ *tr* **1.** *(Druck, Belastung, a. fig)* soutenir; *fig (ertragen)* supporter, endurer; **2.** *(Menschen unterhalten, ernähren)* entretenir; *itr* **3.** *(durchhalten)* tenir (bon), durer, persévérer; *ich halte es nicht mehr aus* je n'en puis plus; *es ist nicht (mehr) zum A~* c'est à n'y plus tenir.
aus=handeln *tr (durch Verhandlung festlegen)* négocier.
aus=händig|en ['-hɛndɪgən] *tr* remettre; délivrer; **A~ung** *f* ⟨-, ø⟩ remise, délivrance *f.*
Aushang *m* ⟨-(e)s, ⸚e⟩ *(Plakat)* affiche *f,* placard *m.*
aus=häng|en *tr* ⟨*hat ausgehängt*⟩ **1.** *(Fenster)* décrocher; *(Tür)* déboîter; *tech* dé(sem)brayer, démonter; **2.** *(Plakat, Schild)* afficher; *itr* ⟨*hat ausgehangen*⟩ **3.** *(Plakat)* être affiché; **A~eschild** *n* enseigne *f; als ~ dienen (fig: Reklame machen)* servir d'argument publicitaire *od* de faire-valoir.
aus=harren *itr* persévérer (*in* dans).
aus=hauchen *tr* expirer, exhaler.
aus=heben ⟨*hob aus, ausgehoben*⟩ *tr* **1.** *(Erde, Steine)* extraire, enlever; *(Graben, a. mil)* creuser, déblayer; **2.** *(Tür)* déboîter; *(Fenster)* décrocher; **3.** *(Vögel aus dem Nest, a. fig: Verbrecher)* dénicher; *mil (feindliche Stellung)* dénicher, déloger; **4.** *mil (Truppen)* lever, recruter.
aus=hecken *tr fam (ersinnen)* machiner, tramer, ourdir; élucubrer, imaginer, *fam* concocter, pondre.
aus=heilen *tr* ⟨*h*⟩ u. *itr* ⟨*sein*⟩ guérir (complètement).
aus=helfen ⟨*hilft, half aus, ausgeholfen*⟩ *itr* aider, assister; *jdm ~* donner un coup de main à qn; *fam* dépanner qn; *er hat mir mit 10 DM ausgeholfen* il m'a prêté 10 DM pour me dépanner.
Aushilf|e *f* aide, assistance *f,* secours *m; Stenotypistin zur ~* sténo *f* intérimaire; *= Aushilfskraft;* **~skellner** *m* extra *m;* **~skraft** *f* aide, auxiliaire *m f;* **a~sweise** *adv* provisoirement.
aus=höhlen *tr* creuser, excaver.
aus=holen *itr* **1.** *(zum Schlag)* lever *od* allonger le bras, lever la main; **2.** *weit ~ (fig: in der Erzählung)* remonter au déluge.
aus=horchen *tr: jdn ~* sonder qn (*über* sur); tâter le pouls à qn.

aus≈kennen, *sich ⟨kannte aus, ausgekannt⟩* s'y connaître; *fig* s'y retrouver; *sich nicht mehr ~* ne plus s'y reconnaître; *sich in etw gut ~* être ferré sur qc.
aus≈klammern *tr* **1.** *math* enlever les parenthèses de; **2.** *allg fig* exclure, ignorer, laisser de côté.
Ausklang *m fig (e-s Festes)* fin *f*.
ausklappbar *a tech* amovible, escamotable.
aus≈kleiden *tr* **1.** déshabiller; **2.** *mit etw ~ (Fläche, Raum)* revêtir *od* garnir de qc; *refl* **3.** *sich ~* se déshabiller.
aus≈klingen *⟨klang aus, ausgeklungen⟩ itr ⟨sein⟩* **1.** *(Ton)* expirer, mourir; **2.** *fig* s'achever (*mit* par); *harmonisch ~ (Fest)* se terminer dans la bonne entente.
aus≈klopf|en *tr (Kleider, Teppich)* battre frapper, épousseter; *(Pfeife)* débourrer; **A~er** *m ⟨-s, -⟩ (Gerät)* tapette *f*.
aus≈kneifen *⟨kniff aus, ausgekniffen⟩ itr ⟨sein⟩ fig fam* filer, se défiler.
aus≈knipsen *tr fam (Licht)* éteindre.
ausknöpfbar *a (Mantelfutter)* amovible, mobile.
aus≈kochen *tr (Fleisch)* faire bien cuire; *(den Saft)* extraire par la cuisson; *(Wäsche)* faire bouillir.
aus≈kommen *⟨kam aus, ausgekommen⟩ itr ⟨sein⟩* **1.** *mit jdm ~* s'entendre avec qn; *mit jdm gut ~* s'accorder bien *od* être en bons termes avec qn; **2.** *mit etw ~* avoir assez de qc; *mit s-m Geld (gerade) ~* joindre les deux bouts; *ohne etw ~ können* savoir se passer de qc; **A~** *n: sein ~ haben* avoir de quoi vivre; *sein gutes ~ haben* avoir largement de quoi vivre; *es ist kein ~ mit ihm* on ne sait par quel bout *od* par où le prendre, il est insupportable.
auskömmlich ['auskœmlıç] **I.** *a (Gehalt)* suffisant; **II.** *adv* suffisamment, assez.
aus≈kosten *tr (genießen)* jouir de ... (jusqu'au bout), savourer.
aus≈kramen *tr* **1.** *fam (Behälter)* vider; **2.** *(Waren, fig: Neuigkeiten)* déballer, étaler.
aus≈kratzen *tr (die Augen)* arracher (avec les ongles).
aus≈kundschaften *tr* espionner.
Auskunft *f ⟨-, ⸚e⟩* ['-kunft, '-kynftə] **1.** information *f;* renseignement *m* (*über* sur); **2.** *die ~* le bureau d'information, *(Bahnhof)* les renseignements; — *jdn um ~ bitten* demander des renseignements à qn; *über jdn, etw Auskünfte einholen* prendre des renseignements sur qn, sur qc; *nähere ~ erteilt* od *erteilen* ... pour de plus amples renseignements s'adresser à ...
aus≈kuppeln *tr loc* désaccoupler; *mot* débrayer.
aus≈lachen *tr: jdn ~* rire, se moquer, se gausser de qn.
aus≈laden *⟨lädt, lud aus, ausgeladen⟩* **1.** *tr* décharger; *mar* débarquer, débarder; **2.** *(Gast)* désinviter, décommander l'invitation de; **3.** *itr, bes. arch (weit vorstehen)* faire saillie; **~d** *a, bes. arch* saillant, en saillie, proéminent.
Auslage *f* **1.** *com* étalage *m;* montre *f; (vor dem Laden)* éventaire *m;* **2.** *pl (Geld~n)* débours *m (pl); jdm die* od *s-e ~n (zurück)erstatten* od *vergüten* rembourser ses frais *od* dépenses à qn, rembourser qn de ses frais *od* dépenses.
Ausland *n ⟨-(e)s, ø⟩* étranger, extérieur *m; ins ~ gehen* aller à l'étranger; *aus dem ~ kommen* venir de l'étranger; *im ~ leben* vivre à l'étranger.
Ausländ|er *m ⟨-s, -⟩* étranger *m;* **~erin** *f* étrangère *f;* **a~isch** *a* étranger; *com* provenant de l'étranger; *~e Zahlungsmittel n pl* devises *f pl*.
Auslands|aufenthalt *m* séjour *m* à l'étranger; **~beziehungen** *f pl* relations *f pl od* rapports *m pl* avec l'étranger; **~deutsche** *m f ⟨-n, -n⟩* Allemand(e *f*) *m* vivant à l'étranger; **~erzeugnis** *n* produit *m* étranger; **~geschäft** *n* opération *f* avec l'étranger; **~guthaben** *n* avoir *m* à l'étranger; **~korrespondent** *m* **1.** *(e-r Zeitung)* correspondant *m* à l'étranger; **2.** *(e-r Firma)* correspondancier *m* pour l'étranger; **~markt** *m* marché *m* étranger *od* extérieur; **~porto** *n* port pour l'étranger, tarif *m* international; **~postanweisung** *f* mandat *m* (de poste) international.
aus≈lass|en *⟨läßt, ließ aus, ausgelassen⟩ tr* **1.** *(Saum am Kleid)* défaire, sortir; **2.** *(Fett)* faire fondre; **3.** *(weglassen)* omettre, oublier; *(absichtlich)* supprimer, retrancher; — *sich über etw ~ (äußern)* s'étendre, s'expliquer sur qc; *s-e Wut an jdm ~* passer *od* décharger sa colère sur qn; **A~ung** *f* **1.** *(Weglassung)* omission *f;* **2.** *jur* = *Aussage;* **A~ungspunkte** *m pl gram* points *m pl* de suspension; **A~ungszeichen** *n gram* apostrophe *f*.
Auslauf *m ⟨-(e)s, ⸚e)⟩* **1.** *(des Geflügels)* basse-cour *f;* **2.** *(Schi)* piste *f* de descente; **3.** *(e-s Schiffes)* départ *m;* **4.** *aero* dégagement, espace libre; *(Pisten~)* bout *m* de piste; **aus≈laufen** *⟨läuft, lief aus, ausgelaufen⟩ itr ⟨sein⟩* **1.** sortir; *(Schiff)* partir (*nach* pour), prendre la mer; **2.** *(abfließen)* (s'é)couler, fuir; *(Gefäß, Behälter)* fuir; **3.** se terminer; *spitz ~* se terminer en pointe; *refl* **4.** *sich ~ (fam)* faire une longue marche.
Ausläufer *m* **1.** *bot* rejeton *m;* **2.** *(e-s Gebirges)* contrefort *m*.
Auslaut *m gram* son *m* final, finale *f*.

aus=leben, *sich* vivre sa vie; *sich hemmungslos* ~ s'abandonner à la luxure.
aus=lecken *tr* lécher, *(Tier)* laper.
aus=leeren *tr* vider; *(Grube)* vidanger.
aus=leg|en *tr* **1.** *(Waren)* étaler; **2.** *(verkleiden, überziehen)* revêtir, garnir (*mit* de); *(Boden)* recouvrir (*mit* **de**); *mit Fliesen* ~ carreler; *(inkrustieren)* incruster, marqueter; **3.** *(Geld: vorschießen)* avancer; **4.** *(deuten)* interpréter; *(erklären)* expliquer, commenter; *falsch* ~ mal interpréter; **A~er** *m* ‹-s, -› **1.** *(e-s Krans)* bras *m*, flèche *f*; **2.** commentateur *m*; **A~ung** *f* ‹-, -en› *fig* interprétation; explication *f*, commentaire *m*; *(der Bibel)* exégèse *f*.
Ausleihe *f* ‹-, -n› **1.** *(von Büchern)* prêt *m* à domicile; **2.** *(Raum)* salle *f* de prêt; **aus=leihen** ‹*lieh aus, ausgeliehen*› *tr* prêter; *sich etw von jdm* ~ emprunter qc à qn.
aus=lernen *itr (Lehrling)* finir son apprentissage; *man lernt nie aus (prov)* on n'a jamais fini d'apprendre.
Auslese *f* ‹-, ø› **1.** choix; *(durch Sortieren)* tri(age) *m*; *bes. biol* sélection *f*; **2.** *(Wein)* grand vin, vin *m* de cru; **3.** élite *f*; **aus=lesen** ‹*liest, las aus, ausgelesen*› *tr* **1.** *(auswählen)* choisir, élire; *(sortieren)* trier; *bes. biol* sélectionner; **2.** *(zu Ende lesen)* lire jusqu'au bout, achever de lire.
aus=liefer|n *tr* **1.** *(Ware)* (dé)livrer, expédier; **2.** *(Verbrecher)* remettre, extrader; *jdm, e-r S ausgeliefert sein (fig)* être à la merci *od* au gré de qn, de qc; **A~ung** *f* **1.** *(von Waren)* délivrance, livraison, expédition *f*; **2.** *(e-s Verbrechers)* extradition *f*.
aus=liegen ‹*lag aus, ausgelegen*› *itr (Buch)* être en consultation *od* sur présentoir; *(Zeitung)* être à la disposition des clients.
aus=löschen *tr* **1.** *(Feuer, Licht)* éteindre; **2.** *(Schrift* u. *fig)* effacer.
aus=lös|en *tr* **1.** *(Pfand)* dégager, retirer; *(Wechsel)* acquitter; *(Gefangenen)* racheter; **2.** *tech phot fig (veranlassen)* déclencher; *tech* débrayer; **3.** *fig (Empfindungen, Gefühle)* provoquer, susciter; **A~er** *m* ‹-s, -› *tech phot* déclencheur *m*; **A~ung** *f* **1.** dégagement; acquittement; rachat *m*; **2.** déclenchement; débrayage *m*.
aus=los|en *tr (verlosen)* mettre en loterie; **A~ung** *f* ‹-, (-en)› *(Verlosung)* mise *f* en loterie; *(das Losen)* tirage *m* (au sort).
aus=machen *tr* **1.** *(Kartoffeln aus d. Erde)* arracher; *(Hülsenfrüchte aus d. Schale)* écosser; **2.** *(Feuer, Licht)* éteindre; *(Hochofen)* mettre hors feu; *radio* fermer; **3.** *(sichten)* trouver, détecter, distinguer; *mil (Ziel)* repérer, identifier; **4.** *(verabreden)* convenir de, arrêter, décider, fixer, stipuler; **5.** *(e-e größere Einheit bilden)* former, constituer; — *das war nicht ausgemacht* cela n'était pas convenu; *würde es Ihnen etwas* ~, *wenn ich rauche?* cela vous dérange que je fume? *das müssen od sollen sie unter sich* ~*!* à eux de décider entre eux!
aus=malen *tr* **1.** *(Raum)* peindre; *(kolorieren)* colorier, enluminer; **2.** *fig (schildern)* dépeindre, broder; *refl* **3.** *sich etw* ~ *(fig)* se figurer, s'imaginer qc.
Ausmaß *n* mesure, étendue, dimension *f*; *in geringem, großem* ~ dans une faible, large mesure; *beträchtliche* ~*e annehmen* prendre des proportions considérables.
aus=merzen ['-mɛrtsən] *tr (aussondern)* éliminer, retrancher; *(Worte aus e-m Text)* supprimer; *(vernichten)* extirper, anéantir.
aus=messen ‹*mißt, maß aus, ausgemessen*› *tr* mesurer, prendre les mesures de; *(nach Metern)* métrer; *(Flächeninhalt)* arpenter; *(Rauminhalt)* cuber; *mar (Tonnage)* jauger.
aus=misten *tr (Stall)* nettoyer de son fumier; *fig fam* mettre de l'ordre dans.
Ausnahme *f* ‹-, -n› exception *f (von* à); *mit* ~ *(gen)* excepté, à l'exception (de), exception faite (de), sauf; *ohne jede* ~ sans aucune exception; *e-e* ~ *bilden* faire exception; *bei jdm e-e* ~ *machen* faire une exception pour *od* en faveur de qn; ~*n bestätigen die Regel (prov)* l'exception confirme la règle; **~fall** *m* cas *m* exceptionnel, exception *f*; **~zustand** *m pol* état *m* d'exception *od* d'urgence.
ausnahms|los *a* u. *adv* sans exception; **~weise** *adv* par exception, exceptionnellement, à titre exceptionnel.
aus=nehmen ‹*nimmt, nahm aus, ausgenommen*› *tr* **1.** *(Eier, junge Vögel)* dénicher; **2.** *(Wild, Geflügel, Fisch)* vider; **3.** *jdn von etw* ~ exclure qn de qc; *refl* **4.** *sich* ~ *wie* avoir l'air de, faire l'effet de; *sich gut (schlecht)* ~ faire bon (mauvais) effet; **~d** *adv (sehr)* extraordinairement, extrêmement.
aus=nutzen *tr* **1.** *(Sache)* exploiter, profiter de, bénéficier de; **2.** *pej (Person)* abuser de, exploiter; — *s-e Zeit* ~ profiter de tout son temps.
aus=packen *tr* **1.** *(Paket od Behälter u. Inhalt)* déballer; *(Inhalt)* dépaqueter; *(Koffer)* défaire; **2.** *fig fam (Neuigkeiten)* faire un déballage de; vider son sac.
aus=pfeifen ‹*pfiff aus, ausgepfiffen*› *tr (Schauspieler etc)* siffler, huer.
aus=plaudern *tr* raconter, colporter.
aus=plündern *tr* dévaliser, dépouiller.
aus=posaunen ‹*ohne -ge-*› *tr fig fam* trompeter, crier sur les toits.
aus=pressen *tr* **1.** *(Früchte)* press(ur)er; *(Saft)* exprimer; *(Öl)* extraire; **2.** *fig*

(Menschen) pressurer, extorquer; *(durch Fragen)* tourner et retourner.
aus=probieren ⟨*ohne -ge-*⟩ *tr (versuchen)* essayer (*an* sur); *(erproben)* éprouver, mettre à l'épreuve *od* à l'essai.
Auspuff *m* ⟨-(e)s, -e⟩ *mot* échappement *m;* **~gase** *n pl* gaz *m pl* d'échappement; **~rohr** *n* conduite *f od* tuyau *m* d'échappement.
aus=pumpen *tr (Raum, Behälter)* vider; *(Flüssigkeit)* pomper; *med (den Magen)* laver.
aus=pusten *tr fam* souffler.
aus=putzen *tr* **1.** *(innen reinigen)* nettoyer; **2.** *(Baum)* émonder, élaguer.
aus=quartieren ['-kvarti:rən] ⟨*ohne -ge-*⟩ *tr* déloger.
aus=quetschen *tr* **1.** *(Frucht)* press(ur)er; **2.** *fig fam (ausfragen)* presser de questions, tourner et retourner.
aus=radieren ⟨*ohne -ge-*⟩ *tr* effacer; *(mit e-m Messer)* gratter; *(mit e-m Gummi)* gommer.
aus=rangieren ⟨*ohne -ge-*⟩ *tr (Sache)* mettre au rebut *od* hors de service; *fam* réformer.
aus=rauben *tr = ausplündern.*
aus=räuchern *tr (Wespennest etc)* enfumer.
aus=raufen *tr (Haare)* arracher.
aus=räumen *tr (Möbelstück, Schublade)* vider; *(Zimmer)* dégarnir.
aus=rechnen *tr* calculer, compter.
Ausrede *f (Ausflucht)* détour, faux-fuyant, subterfuge *m,* échappatoire *f; (Vorwand)* prétexte *m; (Entschuldigung)* excuse *f; e-e ~ haben (a.)* répondre par une échappatoire; *um e-e ~ nie verlegen sein* trouver toujours des excuses; *faule ~* mauvaise excuse *f;* **aus=reden 1.** *tr: jdm etw ~* dissuader qn de qc, ôter qc de l'esprit *od* de la tête de qn; **2.** *itr* finir de parler; *jdn nicht ~ lassen* couper la parole à qn; *lassen Sie mich (doch) ~!* laissez-moi finir.
aus=reichen *itr* suffire; **~d I.** *a* suffisant; **II.** *adv* suffisamment.
aus=reifen *itr* ⟨*sein*⟩ *a. fig* (bien) mûrir.
Ausreise *f* sortie *f;* **~erlaubnis** *f,* **~genehmigung** *f* permis *m* de sortie; **aus=reisen** *itr* ⟨*sein*⟩ sortir du pays; **~visum** *n* visa *m* de sortie.
aus=reiß|en ⟨*riß aus, ausgerissen*⟩ *tr* ⟨*h*⟩ **1.** *(Haare, Unkraut)* arracher; *itr* ⟨*sein*⟩ **2.** *(sich abtrennen)* se déchirer; *(Naht)* se découdre; **3.** *fig fam (weglaufen)* détaler, décamper; — *sich kein Bein ~ (fig)* ne pas se mettre en quatre, ne pas se casser la tête; **A~er** *m fam* fuyard, évadé; *mil* déserteur *m.*
aus=reiten ⟨*ritt aus, ausgeritten*⟩ *itr* ⟨*sein*⟩ sortir *od* se promener à cheval.
aus=renken ['-rɛŋkən] *tr med* démettre, disloquer; luxer; *sich den Arm ~* se démettre le bras.
aus=richt|en *tr* **1.** axer (*auf* sur); *mil* aligner; **2.** *(Bestellung)* faire, s'acquitter de; *(Gruß)* transmettre; *refl* **3.** *sich ~ (mil)* s'aligner; *fig, a. pol* s'orienter (*auf* sur); — *etwas ~ (zuwege bringen)* arriver à qc, réussir (à faire qc); *richten Sie ihm e-n Gruß aus!* saluez-le de ma part; *richte ihm aus, daß ...* dis-lui de ma part que ... ; **A~ung** *f (geistige, a. pol)* orientation *f.*
Ausritt *m* sortie *od* promenade *f* à cheval.
aus=rollen *tr (Teig)* étendre; *(Kabel)* dérouler.
aus=rott|en ['-rɔtən] *tr, a. fig* extirper, exterminer; **A~ung** *f* ⟨-, ø⟩ extermination *f.*
aus=rücken *tr* ⟨*h*⟩ **1.** *tech* déclencher, dé(sem)brayer; *itr* ⟨*sein*⟩ **2.** *mil* sortir, partir; **3.** *fam (weglaufen) = ausreißen.*
Ausruf *m* exclamation *f,* cri *m;* **aus=rufen** ⟨*rief aus, ausgerufen*⟩ *tr (Waren, Zeitungen)* crier; *(bekanntmachen)* publier; *(feierlich)* proclamer (*jdn zum König* qn roi); **~er** *m* ⟨-s, -⟩ crieur *m;* **~esatz** *m gram* proposition *f* exclamative; **~ewort** *n gram* interjection *f;* **~ung** *f* ⟨-, ø⟩ *(öffentliche)* publication; *(feierliche)* proclamation *f;* **~ungszeichen** *n gram* point *m* d'exclamation.
aus=ruhen *itr* u. *refl* se reposer, se délasser (*von* de).
aus=rüst|en *tr* équiper; *mar a.* armer; *(mit Werkzeugen)* outiller; *fig* munir, pourvoir (*mit* de); **A~ung** *f* équipement; *mar a.* armement *m.*
aus=rutschen *itr* ⟨*sein*⟩ glisser; *mot* déraper; *ich bin ausgerutscht* le pied m'a glissé.
Aussaat *f* semailles *f pl.*
aus=säen *tr* semer *a. fig.*
Aussage *f* ⟨-, -n⟩ énoncé *m,* déclaration *f,* rapport *m; jur (Zeugen~)* déposition *f; nach jds ~* au dire de qn, d'après les dires de qn; *bei s-r ~ bleiben* maintenir sa déposition; *e-e falsche ~ machen* faire une fausse déposition; *die ~ verweigern* refuser le témoignage; *s-e ~ widerrufen* se rétracter, se dédire; **aus=sagen** *tr* énoncer, déclarer, rapporter, dire; *jur* déposer (en justice), témoigner (*über* de); **~satz** *m gram* proposition *f* affirmative.
Aussatz *m* ⟨-es, ø⟩ ['-zats] *med (Lepra)* lèpre *f.*
aussätzig ['-zɛtsɪç] *a* lépreux; **A~e** *m f* ⟨-n, -n⟩ lépreux *m,* -euse *f.*
aus=saugen *tr* **1.** sucer, vider en suçant; **2.** *fig (Menschen)* gruger, plumer.
aus=schachten ['-ʃaxtən] *tr* excaver, creuser.
aus=schalt|en *tr* **1.** *tech mot* arrêter,

mettre au point mort; *(elektr. Strom)* mettre hors circuit, couper, interrompre; *(Licht)* éteindre; *radio* fermer; **2.** *fig* écarter, éliminer, exclure; *fam* limoger; **A~ung** *f fig* élimination; exclusion *f.*
Ausschank *m* ‹-(e)s, ¨e› ['-ʃaŋk, '-ʃɛŋkə] débit *m* de boissons.
Ausschau *f* ‹-, ø›: ~ *halten* scruter l'horizon; **aus=schauen** *itr* **1.** *nach jdm* ~ chercher qn des yeux *od* du regard; **2.** = *aussehen.*
aus=scheid|en ‹*schied aus, ausgeschieden*› *tr* ‹*h*› **1.** *chem* dégager, extraire; *physiol* sécréter; **2.** *(herausnehmen u. wegtun)* écarter; *sport* éliminer; *itr* ‹*sein*› **3.** *(aus e-r Gemeinschaft)* se séparer, sortir (*aus* de); *sport* être éliminé; — *aus dem Dienst* ~ quitter le *od* sortir du service; *das scheidet aus (kommt nicht in Betracht)* cela n'entre pas en ligne de compte; cela est exclu; **A~ung** *f* ‹-, -en› **1.** *chem* dégagement *m,* extraction; *physiol* sécrétion, excrétion, élimination *f;* **2.** *sport* élimination *f;* **A~ungskampf** *m sport* (épreuve *f od* match *m*) éliminatoire *f;* **A~ungsspiel** *n sport* match *m* éliminatoire.
aus=schelten ‹*schilt, schalt aus, ausgescholten*› *tr* gronder, tancer.
aus=schenken *tr (gewerbl.)* débiter.
aus=schicken *tr (Boten)* envoyer; *nach jdm* ~ envoyer chercher qn.
aus=schießen ‹*schoß aus, ausgeschossen*› *tr (ein Auge)* crever d'un coup de feu.
aus=schiffen, *sich* débarquer.
aus=schimpfen *tr* = *ausschelten.*
aus=schirren *tr (Pferd)* déharnacher.
aus=schlachten *tr* **1.** *(Tier)* dépecer; **2.** *(Maschine, Auto)* démonter, casser.
aus=schlafen ‹*schläft, schlief aus, ausgeschlafen*› **1.** *itr u. refl* dormir son content; **2.** *tr: s-n Rausch* ~ cuver son vin.
Ausschlag *m* **1.** *med (Haut~)* éruption *f,* eczéma *m;* **2.** *(der Waage)* trait *m; (des Pendels)* oscillation; *(der Magnetnadel)* déviation *f;* — *den* ~ *geben (fig)* faire pencher *od* emporter la balance, être décisif; **aus=schlagen** ‹*schlägt, schlug aus, ausgeschlagen*› *tr* **1.** *(Zahn)* casser; *(Auge)* crever; **2.** *(Raum verkleiden)* garnir, tapisser (*mit* de); **3.** *fig (zurückweisen)* refuser, rejeter; *(Erbschaft)* répudier; *(ablehnen)* décliner; *itr* **4.** *(Pferd)* ruer; **5.** *(Waage)* pencher, trébucher; *(Pendel)* osciller; *(Zeiger, Magnetnadel)* dévier; **6.** *(Baum)* bourgeonner, pousser; — *zu jds Vorteil (Nachteil)* ~ tourner à l'avantage (au désavantage) de qn; **a~gebend** *a* décisif, déterminant.
aus=schließ|en ‹*schloß aus, ausgeschlossen*› *tr:* **1.** *jdn* ~ *(aus e-r Gemeinschaft)* exclure qn (*aus* de); **2.** *(unmöglich machen)* exclure; **3.** *(ausnehmen)* excepter; *refl* **4.** *sich* ~ s'exclure (*von* de); — *um Mißverständnisse auszuschließen* pour éviter des malentendus; **~lich I.** *a* exclusif; **II.** *prp gen* à l'exclusion de.
aus=schlüpfen *itr* ‹*sein*› *(aus d. Ei)* éclore.
Ausschluß *m (aus e-r Gemeinschaft)* exclusion; *sport* disqualification *f; unter* ~ *(gen)* à l'exclusion (de).
aus=schmück|en *tr* orner, décorer, parer (*mit* de); *a. fig* embellir; *fig (Erzählung)* enrichir; **A~ung** *f* ‹-, -en› ornementation *f, a. fig* embellissement; *fig* enrichissement *m.*
aus=schneiden ‹*schnitt aus, ausgeschnitten*› *tr (her~)* découper (*aus* dans); *(Kleid)* échancrer; *(am Hals)* décolleter.
Ausschnitt *m* **1.** *(Zeitungs~)* coupure; *(Bild~)* coupe *f; (Film)* extrait *m,* séquence *f; (aus e-m Gemälde etc)* détail, fragment *m;* **2.** *(e-s Kleides)* découpe *f; (am Hals)* décolleté *m.*
aus=schöpfen *tr (Behälter)* épuiser; *(Flüssigkeit)* puiser; *alle Möglichkeiten* ~ *(fig)* épuiser toutes les possibilités.
aus=schrauben *tr* dévisser.
aus=schreib|en ‹*schrieb aus, ausgeschrieben*› *tr* **1.** *(Wort)* écrire en toutes lettres *od* en entier; **2.** *(Rechnung)* dresser, établir; *(Scheck, Wechsel)* remplir; **3.** *(bekanntmachen)* publier, annoncer; *(öffentliche Arbeit)* mettre en adjudication; *(Stelle, Amt)* déclarer vacant, mettre au concours; *(Wettbewerb)* ouvrir; *(neue Steuern)* imposer; *Wahlen* ~ annoncer des élections; **A~ung** *f* ‹-, -en› *(von Arbeiten)* mise au concours; imposition *f.*
aus=schreit|en ‹*schritt aus, ausgeschritten*› *itr* ‹*sein*› marcher à grands pas; **A~ung** *f* ‹-, -en› *fig (Gewalttat)* acte *m* de violence; *es kam zu ~en* il y a eu des violences.
Ausschuß *m* **1.** *(minderwertige Ware)* (marchandise *f* de) rebut *m,* camelote *f;* **2.** *(Kommission)* comité *m,* commission *f; e-n* ~ *einsetzen* constituer un comité; **~mitglied** *n* membre *m* d'un *od* du comité; **~ware** *f* marchandise de rebut, camelote *f.*
aus=schütteln *tr* secouer.
aus=schütt|en *tr* **1.** *(Inhalt)* verser, répandre; *(Gefäß)* vider; **2.** *(Dividende)* distribuer, répartir; **A~ung** *f* ‹-, -en› *fin* distribution, répartition *f.*
ausschweif|end *a (Phantasie)* extravagant, déréglé; *(Leben)* déréglé, dissolu; *ein ~es Leben führen* se livrer à la débauche; **A~ung** *f* ‹-, -en› *fig* excès *m,* débauche *f.*
ausschwenkbar *a tech (horizontal)*

basculant; *(senkrecht)* pivotant; **aus=schwenken** *tr tech* basculer, pivoter.

aus=sehen ‹*sieht, sah aus, ausgesehen*› *itr (wirken)* paraître (*jung* jeune); avoir l'air, faire l'effet (*wie* de; *als ob* ... de *inf*); *fam* faire (*jung* jeune); *(ähnlich sehen)* ressembler (*wie* à); *älter, jünger ~, als man ist* paraître plus, moins que son âge; *gut, schlecht* od *nicht gut ~ (gesundheitlich)* avoir bonne, mauvaise mine; *es sieht ganz danach aus, als ob* on a bien l'impression que; *es sieht nach Regen aus* le temps est à la pluie; *wie siehst du (nur) aus!* de quoi as-tu l'air! *so siehst du aus! (fam iron)* penses-tu! **A~** *n* ‹-s, ø› air *m; (Ausdruck)* mine, figure *f; (Anblick)* aspect *m; nach dem ~ zu urteilen* à en juger sur l'apparence.

außen ['ausən] *adv* (en *od* au) dehors, à l'extérieur; *nach ~* en dehors; *von ~* de dehors; *von innen nach ~* du dedans au dehors; *von ~ (gesehen)* du dehors, vu de l'extérieur; *nach ~ aufgehen (Tür)* s'ouvrir vers l'extérieur.

Außen|antenne *f* ['ausən-] antenne *f* extérieure; **~aufnahme** *f film* extérieurs *m pl; ~n machen* filmer en extérieur; **~bezirk** *m (e-r Stadt)* quartier *m* extérieur; **~bordmotor** *m mar* (moteur) hors-bord; *aero* moteur *m* extérieur.

aus=senden ‹*sandte* od *sendete aus, ausgesandt* od *ausgesendet*› *tr (Boten)* envoyer; *lit (Strahlen)* darder, lancer.

Außen|dienst *m (mil, Polizei, adm)* service *m* extérieur; **~durchmesser** *m* diamètre *m* extérieur; **~fläche** *f* surface *f* extérieure; **~hafen** *m mar* avant-port *m;* **~handel** *m* commerce *m* extérieur; **~handelsbilanz** *f* bilan *m od* balance *f* du commerce extérieur; **~minister** *m* ministre des Affaires étrangères; *(von Großbritannien)* secrétaire d'État aux Affaires étrangères; *(der USA)* secrétaire *m* au Département d'État; **~ministerium** *n* ministère *m* des Affaires étrangères; **~politik** *f* politique *f* extérieure *od* étrangère; **a~politisch** *a* de la politique extérieure *od* étrangère; *~e Lage f* situation *f* extérieure; **~seite** *f* (côté) extérieur *m,* face *f* extérieure; **~seiter** *m allg* marginal, non-conformiste; *sport* outsider *m;* **~stände** *m pl com* créances (à recouvrer), dettes *f pl* actives; *~ eintreiben* od *einziehen* opérer des rentrées; **~stehende** *m f* ‹-n, -n› *(Laie, allg)* profane *m f;* **~stelle** *f com* agence *f;* **~stürmer** *m sport* ailier *m;* **~temperatur** *f* température *f* extérieure; **~welt** *f* monde *m* extérieur; **~winkel** *m math* angle *m* externe.

außer ['ausər] **I.** *prp (örtl. u. zeitl. nur noch in bestimmten Wendungen, s. u.: ausgenommen, ohne)* excepté *(vor- od nachgestellt),* à l'exception de, sauf, sans; *(neben, über ... hinaus)* en dehors de, outre, à côté de; *(zusätzlich zu)* en sus de; *~ Betrieb, ~ Dienst (nicht im Dienst)* hors service; *~ Haus* en ville; *~ sich sein* être hors de soi; *~ sich sein vor Freude* être transporté *od* ivre de joie, ne pas se tenir *od* se sentir *od* se posséder de joie; *~ sich sein (vor Zorn)* être outré (de colère); **II.** *conj: ~ daß* sauf que, sinon que, sauf si; *~ wenn* à moins que ... ne *subj.*

außer|beruflich ['ausər-] *a* en dehors du travail professionnel; **~dem** ['-de:m, --'-] *adv* en outre, outre cela, de *od* en plus, au surplus; *(obendrein)* par-dessus le marché; *(übrigens)* d'ailleurs, par ailleurs, du reste; **~dienstlich** *a* en dehors du service.

äußere(r, s) ['ɔʏsərə] *a* extérieur, externe; extrinsèque; **Ä~,** *das* ‹-(e)n, ø› **1.** *(Erscheinungsbild)* l'extérieur *m,* les dehors *m pl; (Schein)* les apparences; **2.** *pol* les affaires *f pl* étrangères; — *zuviel auf das ~ geben* se fier trop aux apparences; *ein angenehmes ~s haben* avoir un physique agréable.

außer|ehelich *a* extraconjugal; *(Kind)* illégitime, naturel; **~europäisch** *a* extra-européen; **~gewöhnlich** *a* insolite, exceptionnel, extraordinaire; **~halb I.** *adv* au dehors, à l'extérieur; **II.** *prp (gen)* hors (de), en dehors (de); *von ~* du dehors.

äußerlich ['ɔʏsərlɪç] **I.** *a* extérieur, externe; *(Mensch) (oberflächlich)* superficiel; *(scheinbar)* apparent; *~! (pharm)* réservé à l'usage externe; **II.** *adv a.* en apparence; **Ä~keit** *f* ‹-, -en› formalité *f; pl* dehors *m pl.*

äußern ['ɔʏsərn] *tr* **1.** *(aussprechen)* dire, proférer, émettre; *(Wunsch)* exprimer; *refl* **2.** *sich ~ (sich zeigen)* se manifester; **3.** *sich zu etw ~* dire son avis sur qc.

außer|ordentlich I. *a* extraordinaire; **II.** *adv a.* extrêmement; **~planmäßig** *a* extraordinaire, hors cadre, hors programme.

äußerst ['ɔʏsərst] *adv* extrêmement, au plus haut degré, du dernier, on ne peut plus.

außerstand(e) *adv: ~ sein, etw zu tun* être hors d'état *od* incapable de faire qc.

äußerste(r, s) *a* **1.** *(räuml.)* le plus éloigné; **2.** *fig* extrême; *(Preis)* dernier; *am ~n Ende (gen)* à l'extrémité (de); *mit ~r Anstrengung* en y mettant toute sa force; *von ~r Wichtigkeit* de toute première importance; *~r Termin m* dernier délai *m;* **Ä~,** *das* l'extrême *m; (Ende)* l'extrémité *f; aufs ~ gefaßt sein* s'attendre au pire; *bis zum ~n gehen* aller jusqu'au bout; *etw aufs ~ treiben* pousser qc jusqu'au bout; *jdn zum ~n treiben* pousser qn à bout; **~nfalls** *adv* à la rigueur; *(schlimmstenfalls)* au pis aller.

Äußerung *f* ‹-, -en› ['ɔʏsəruŋ] *(Worte)* dires, propos *m pl; (Bekundung)* manifestation *f.*

aus≈setz|en *tr* **1.** *(Boot)* mettre à la mer; *(Menschen auf e-e einsame Insel, neugeborenes Kind)* abandonner; *(das Allerheiligste)* exposer; **2.** *(Belohnung)* offrir; *(Preis)* proposer; *(Rente)* constituer; *(Vermächtnis)* faire (*jdm* pour qn); **3.** *jur (bes. Strafe)* surseoir (à); *itr* **4.** *(stocken, s-e Tätigkeit unterbrechen)* cesser, (s')arrêter; *(e-e Pause machen)* s'interrompre, faire une pause; *(Motor)* avoir des ratés; *(zeitweise ~)* être intermittent; *mit etw ~* interrompre, suspendre qc; *refl* **5.** *sich ~ (der Witterung, dem Spott)* s'exposer (*dat* à); — *an allem etwas auszusetzen haben* trouver à redire *od* à reprendre à tout, chercher la petite bête; *e-r S ausgesetzt sein* être exposé *od* en butte à qc; *auf s-n Kopf sind 10.000 DM ausgesetzt* sa tête est mise à prix pour 10.000 DM; **A~en** *n* ‹-s, ø› cessation *f,* arrêt *m;* interruption *f;* **A~ung** *f* ‹-, -en› **1.** *(von Menschen)* abandon *m;* **2.** *(e-r Belohnung)* offre *f;* **3.** *jur (e-r Strafe)* sursis *m.*

Aussicht *f* **1.** vue (*auf* sur); *(Fernsicht)* perspective *f a. fig;* **2.** *fig (Erfolgs~)* chance; *(Hoffnung)* espérance *f;* — *mit schöner ~ (Gebäude etc)* panoramique; *etw in ~ haben (fig)* avoir qc en vue; *gute ~en haben (fig)* avoir de bonnes chances (*zu* de); *geringe ~en haben (fig)* avoir peu de chances (*zu* de); *jdm etw in ~ stellen* faire entrevoir qc à qn; **a~slos** *a* sans espoir, sans chance de succès; *~er Fall m (a. med)* cas *m* désespéré; **~slosigkeit** *f* ‹-, ø› inutilité *f;* **a~sreich** *a* plein de promesses, prometteur; **~sturm** *m* belvédère *m.*

aus≈söhn|en, *sich* se réconcilier, se raccommoder, faire la paix (*mit* avec); **A~ung** *f* ‹-, ø› réconciliation *f,* raccommodement *m.*

aus≈sortieren ‹*ohne -ge-*› *tr* trier, mettre à part.

aus≈spannen *tr* **1.** *(Netz, Flügel)* (é)tendre, déployer; **2.** *(Pferd)* dételer; **3.** *fig fam (stibitzen)* chiper (*jdm etw* qc à qn); *itr* **4.** se détendre, se reposer.

aus≈speien ‹*spie aus, ausgespien*› *tr* cracher.

aus≈sperr|en *tr* fermer la porte à; *(Arbeiter)* lock-outer; **A~ung** *f* ‹-, -en› *(Kampfmaßnahme der Arbeitgeber)* lock-out *m.*

aus≈spielen **1.** *tr (Karte)* jouer; **2.** *itr (im Kartenspiel)* jouer le premier, avoir la main; *sport* servir; *wer spielt aus?* à qui l'entame?

aus≈spionieren ‹*ohne -ge-*› *tr* espionner.

Aussprache *f* **1.** prononciation *f; (Tonfall)* accent *m;* **2.** *(Erörterung)* explication, discussion *f; parl* débat *m, meist pl.*

aus≈sprechen ‹*spricht, sprach aus, ausgesprochen*› *tr* **1.** *(sagen)* dire, proférer; *(Gedanken)* énoncer; *(Wunsch)* exprimer, form(ul)er; **2.** *(lautlich wiedergeben)* prononcer; *itr* **3.** *(zu Ende sprechen)* finir, achever; *refl* **4.** *sich ~ (s-e Meinung sagen)* s'exprimer; *(sein Herz ausschütten)* s'épancher; — *sich für, gegen jdn, etw ~* se prononcer, se déclarer pour, contre qn, qc; *sich mit jdm* od *gegenseitig ~* s'expliquer (*über etw* sur qc); *lassen Sie mich (doch) ~!* laissez-moi finir!

Ausspruch *m (e-s Weisen* od *Dichters)* sentence, parole *f,* mot *m.*

aus≈spucken *tr* cracher; *(fig fam) Geld ~* cracher au bassinet.

aus≈spülen *tr* rincer, laver.

aus≈staffieren ['ausʃtaˌfiːrən] ‹*ohne -ge*› *tr* garnir, équiper (*mit* de); *sich ~ (pej)* s'accoutrer, s'affubler.

Ausstand *m (Streik)* grève *f; in den ~ treten* se mettre en grève.

aus≈stanzen *tr tech* poinçonner.

aus≈statt|en ['ausʃtatən] *tr (versehen mit)* garnir, munir, équiper, pourvoir (*mit* de); **A~ung** *f* ‹-, -en› équipement; *(e-r Wohnung)* ameublement; mobilier *m; theat* décor *m.*

aus≈stech|en ‹*sticht, stach aus, ausgestochen*› *tr* **1.** *(Rasen)* enlever; **2.** *(die Augen)* crever; **3.** *fig (Menschen)* supplanter, éclipser; **A~form** *f (des Bäkkers)* moule *m* à découper.

aus≈stehen ‹*stand aus, ausgestanden*› **1.** *itr (noch erwartet werden)* être en retard *od* en souffrance; **2.** *tr (ertragen)* endurer, supporter; — *Angst ~* avoir peur; *jdn nicht ~ können* ne pouvoir voir qn en peinture; *die Antwort steht noch aus* on n'a pas encore de réponse.

aus≈steigen ‹*stieg aus, ausgestiegen*› *itr* ‹*sein*› descendre (*aus* de); mettre pied à terre; *mar* débarquer; *alles ~! (loc)* tout le monde descend! **A~** *n* descente *f* (de voiture).

aus≈stell|en *tr* **1.** *(Waren)* étaler; *(auf e-r Messe* od *Ausstellung)* exposer; **2.** *(Urkunde)* dresser; *(Bescheinigung, Zeugnis, Paß)* délivrer; *(Rechnung)* établir; *(Scheck)* tirer; *(Wechsel)* tirer (*auf jdn* sur qn); souscrire; **A~er** *m* ‹-s, -› **1.** *(auf e-r Messe)* étalagiste; *(auf e-r Ausstellung)* exposant *m;* **2.** *(e-s Schecks)* tireur; *(e-s Wechsels)* tireur, souscripteur *m;* **A~ung** *f* ‹-, -en› **1.** étalage *m;* exposition *f,* salon *m;* **2.** *(e-s Schriftstücks)* délivrance *f; (e-s Schecks, Wechsels)* tirage *m,* création *f;* — *land-*

wirtschaftliche ~ concours *m* agricole; **A~ungsgelände** *n* terrain *m* d'exposition *od* de l'exposition; **A~ungshalle** *f* salle *f od* hall *od* pavillon *m* d'exposition; **A~ungsstand** *m* stand *m* (d'exposition).

aus=sterben ⟨*stirbt, starb aus, ausgestorben*⟩ *itr* ⟨*sein*⟩ *biol* disparaître; **A~** *n* disparition *f; im* ~ menacé de disparition.

Aussteuer *f* ⟨-, ø⟩ *(e-r Braut)* trousseau *m.*

Ausstieg *m* ⟨-(e)s, -e⟩ sortie *f.*

aus=stopfen *tr (Tierbalg)* empailler.

Ausstoß *m* ⟨-ßes, (¨ße)⟩ ['-ʃto:s] *tech com* rendement; **aus=stoßen** ⟨*stößt, stieß aus, ausgestoßen*⟩ *tr* **1.** *(Menschen aus e-r Gemeinschaft)* expulser, exclure (*aus* de); chasser; **2.** *tech* éjecter; **3.** *(Laut; Drohung, Fluch)* proférer; *(Schrei, Seufzer)* pousser; **4.** *tech com (herstellen u. verkaufen)* produire, débiter; **~ung** *f* ⟨-, ø⟩ **1.** expulsion, exclusion *f;* **2.** *tech* éjection *f.*

aus=strahl|en *tr* **1.** *(Licht, Wärme)* répandre; **2.** *radio* diffuser, émettre; **A~ung** *f* ⟨-, (-en)⟩ **1.** *(von Licht, Wärme)* rayonnement *m,* (ir)radiation *f;* **2.** *radio* diffusion, émission *f.*

aus=strecken *tr (den Arm)* étendre, allonger; *(die Hand)* tendre; *sich (lang)* ~ s'étendre (tout de son long).

aus=streichen ⟨*strich aus, ausgestrichen*⟩ *tr (Geschriebenes)* rayer.

aus=streuen *tr* disperser, disséminer, répandre.

aus=strömen *itr* ⟨*sein*⟩ *(Flüssigkeit)* s'écouler; *(Dampf)* s'échapper; *(Gas)* fuir; *tr* ⟨*h*⟩ *(Wärme, Geruch)* répandre.

aus=suchen *tr (auswählen)* choisir.

Austausch *m* ⟨-(e)s, ø⟩ échange *m; im* ~ *gegen* en échange de; **a~bar** *a, a. tech* échangeable, interchangeable; **~barkeit** *f* ⟨-, ø⟩ interchangeabilité *f;* **aus=tauschen** *tr* échanger *(gegen* contre); *(im Tauschhandel)* troquer (*gegen* contre).

aus=teilen *tr (verteilen)* distribuer, répartir, partager; *(Schläge)* donner.

Auster *f* ⟨-, -n⟩ ['austər] *zoo* huître *f;* **~nbank** *f* banc *m* d'huîtres, huîtrière *f;* **~nzucht** *f* ostréiculture; industrie *f* huîtrière.

aus=toben, *sich (s-n Zorn ~)* donner libre cours à *od* décharger sa colère; *(sich ausleben)* s'abandonner à ses passions; *(Kinder)* s'en donner à cœur joie, s'ébattre librement; *(sich die Hörner abstoßen)* jeter sa gourme.

aus=tragen ⟨*trägt, trug aus, ausgetragen*⟩ *tr* **1.** *(Waren, Zeitungen)* porter à domicile; distribuer; **2.** *fig (Streit: regeln)* régler, arranger; *sport* disputer.

Austral|ien *n* ⟨-s, ø⟩ [aus'tra:liən] l'Australie *f;* **~ier(in *f*)** *m* ⟨-s, -⟩ Australien (ne *f*) *m;* **a~isch** [-'tra:-] *a* australien, d'Australie.

aus=treiben ⟨*trieb aus, ausgetrieben*⟩ *tr* expulser, chasser (*aus* de); *(bösen Geist, den Teufel)* exorciser; *fig (Unart, Hochmut)* faire passer; *ich werde dir deine Frechheit schon ~!* je te guérirai de ton insolence.

aus=treten ⟨*tritt, trat aus, ausgetreten*⟩ *tr* ⟨*h*⟩ **1.** *(Feuer)* éteindre avec le(s) pied(s); **2.** *(Schuhe)* éculer; *(Treppe)* user; *itr* ⟨*sein*⟩ **3.** *(aus e-r Gemeinschaft)* sortir de, quitter; **4.** *(zur Toilette gehen)* sortir; *fam* aller quelque part; **5.** *(Blut)* s'extravaser; *(Gas)* s'échapper, fuir; — *aus e-r Partei* ~ quitter un parti.

Austritt *m (aus e-r Gemeinschaft)* sortie *f,* retrait *m;* **~serklärung** *f* déclaration *f* de sortie *od* de démission.

aus=trockn|en *itr* ⟨*sein*⟩ se dessécher, s'assécher; *(Quelle)* tarir; **A~ung** *f* dessèchement, assèchement *m,* dessiccation *f;* tarissement *m.*

aus=üb|en *tr (Beruf, Amt, Kunst; Macht, Druck, Reiz, Einfluß)* exercer; *(Wirkung)* produire (*auf jdn* sur qn); **A~ung** *f* exercice *m;* pratique *f; in* ~ *s-s Dienstes* dans l'exercice de ses fonctions.

Ausverkauf *m com* soldes *m pl; (Total~)* liquidation *f;* ~ *wegen Geschäftsaufgabe* liquidation *f* pour cause de cessation de commerce; **aus=verkaufen** *tr* solder; *a. itr* liquider; **a~t** *a (Ware)* épuisé; *vor ~em Hause spielen* faire salle comble; jouer à bureaux fermés; *~! (theat)* complet!

Auswahl *f* ⟨-, ø⟩ **1.** *(Vorgang)* choix *m,* sélection *f;* **2.** *(Ergebnis)* choix *m* (*an* de); *com* assortiment; *(aus e-m Buch* od *Gesamtwerk)* choix *m;* — *zur* ~ au choix; *e-e große* ~ *haben (com)* être bien assorti; *e-e* ~ *treffen* faire un choix.

aus=wählen *tr* choisir, sélectionner (*unter* parmi); *ausgewählte Gedichte n pl* choix *m* de poésies; *ausgewählte Werke n pl* œuvres *f pl* choisies.

aus=walzen *tr metal* laminer.

Auswander|er *m* émigrant *m;* **aus=wandern** *itr* ⟨*sein*⟩ émigrer; **~ung** *f* émigration *f.*

auswärt|ig ['ausvɛrtıç] *a pol* extérieur, étranger; *das A~e Amt* le ministère des Affaires étrangères; *~es Mitglied n (e-r Gesellschaft)* membre *m* correspondant; **~s** *adv* (en) dehors, au-dehors; hors de la ville; *nach* ~ en dehors; *von* ~ de *od* du dehors; ~ *essen* manger en ville; ~ *schlafen* découcher; **A~sspiel** *n sport* match *m* à l'extérieur.

aus=waschen ⟨*wäscht, wusch aus, ausgewaschen*⟩ *tr* **1.** *(Kleidung, Wunde)* laver; **2.** *geol* ronger.

auswechs|elbar *a* échangeable; *bes. tech* amovible; *(unterea. ~)* interchangeable; *(ersetzbar)* remplaçable; **aus=wechseln** *tr* (é)changer, rechanger; *(ersetzen)* remplacer; **A~(e)lung** *f* ‹-, -en› échange, rechange; remplacement *m*.

Ausweg *m* ['ausve:k] sortie; *a. fig* issue *f; fig* moyen, expédient *m; immer e-n ~ wissen* avoir toujours une porte de sortie; *fam* être débrouillard; *einziger ~* seul parti *m* à prendre; **a~los** *a fig* sans issue; *in e-r ~en Lage* dans une situation désespérée.

aus=weich|en ‹*wich aus, ausgewichen*› *itr* ‹*sein*› se garer, se ranger (de côté), s'effacer; *jdm, e-r S ~* faire place, céder le pas *od* la route à qn, à qc, *(aus dem Wege gehen)* éviter qn, qc; *e-m Schlag, e-r Schwierigkeit geschickt ~* esquiver un coup, une difficulté; *rechts ~, links überholen!* se ranger à droite, doubler à gauche! **~end I.** *a (Antwort)* évasif; **II.** *adv: ~ antworten* répondre évasivement, faire une réponse de Normand; **A~möglichkeit** *f* possibilité *f* d'évitement.

aus=weiden *tr (Wild etc)* étriper.

aus=weinen, *sich* pleurer son content.

Ausweis *m* ‹-es, -e› ['ausvaıs, -zə] pièce *f* d'identité; **aus=weisen** ‹*wies aus, ausgewiesen*› **1.** *tr* expulser, chasser (*aus* de); **2.** *refl: sich ~* établir *od* prouver son identité; **~hülle** *f* porte-carte(s) *m;* **~karte** *f* carte *f* d'identité; **~papiere** *n pl* papiers *m pl* d'identité; **~ung** *f* expulsion *f*.

aus=weit|en *tr* élargir; *a. fig (Handel, Macht etc)* étendre; *sich ~ (a.)* prendre de l'ampleur; **A~ung** *f* ‹-, -en› *fig* extension, expansion *f*.

auswendig *a: ~ können, lernen* savoir, apprendre par cœur.

aus=werfen ‹*wirft, warf aus, ausgeworfen*› *tr* **1.** *(Angel, Netz, Anker)* jeter; **2.** *(Erde)* jeter; *(Graben)* creuser; *(Asche, von e-m Vulkan)* lancer, vomir.

aus=wert|en *tr (Unterlagen, Statistiken)* exploiter, dépouiller; *phot mil* interpréter; **A~ung** *f* exploitation *f;* dépouillement *m; (wissenschaftliche)* interprétation *f*.

aus=wickeln *tr* désenvelopper.

aus=wirk|en 1. *tr (erwirken, verschaffen)* obtenir *(jdm e-e Vergünstigung* une faveur à qn); **2.** *refl: sich ~* se répercuter, retentir, avoir tel ou tel effet (*auf etw* sur qc); *sich voll ~* produire son plein *od* tout son effet *(auf* sur); **A~ung** *f* effet *m*, conséquence *f*.

aus=wischen *tr* **1.** *(Gefäß)* essuyer; **2.** *(Schrift)* effacer; *(mit e-m Schwamm)* éponger; — *jdm eins ~ (fig fam)* jouer un tour à qn, *fam* faire une crasse à qn.

aus=wringen ‹*wrang aus, ausgewrungen*› *tr (Wäsche)* tordre, essorer.

Auswuchs *m allg* **1.** excroissance *f;* **2.** *pl fig (Übertreibungen)* excès, abus *m; Auswüchse der Phantasie* produits *m pl* monstrueux de l'imagination.

Auswurf *m* **1.** *physiol* crachat *m; med* expectoration *f;* **2.** *fig (Abschaum)* déjection *f*, rebut *m*, lie *f*.

aus=zahlen *tr* **1.** payer; *(Rente)* servir, verser; **2.** *(Teilhaber, Gläubiger)* désintéresser; *refl* **3.** *sich ~ (fam: sich lohnen)* être payant.

aus=zählen *tr* **1.** *die Stimmen ~ (parl)* dépouiller le scrutin; **2.** *(Boxer)* compter out.

Auszahlung *f* paiement *m*.

aus=zeichn|en *tr* **1.** *(kennzeichnen)* marquer; *(Waren)* étiqueter, coter; *typ* mettre en vedette; **2.** *(Menschen)* distinguer; *(mit e-m Orden)* décorer; *refl* **3.** *sich ~* se distinguer, se signaler (*durch* par); **A~ung** *f* **1.** marquage *m; com* étiquetage *m;* **2.** distinction; mention *f* honorable; *(bes. Schule)* accessit *m; mil* citation (à l'ordre du jour); *(mit e-m Orden)* décoration *f; die Prüfung mit ~ bestehen* passer l'examen avec mention.

auszieh|bar *a (Tisch)* extensible, à rallonge(s); **aus=ziehen** ‹*zog aus, ausgezogen*› *tr* ‹*h*› **1.** *(Nagel, Zahn)* arracher, extraire; **2.** *(Tisch)* rallonger; **3.** *(Kleidungsstück)* ôter, retirer, enlever; *(entkleiden)* déshabiller; **4.** *metal (strekken)* étirer, étendre; **5.** *(Stoffe aus e-r Pflanze; Sonne: Farbe* od *Feuchtigkeit; Schrift(steller) exzerpieren)* extraire; *itr* ‹*sein*› **6.** partir (*zu* pour); **7.** *(aus e-r Wohnung)* déménager, déloger; *refl* **8.** *sich ~* se déshabiller; — *auf Abenteuer ~* partir à l'aventure, partir courir l'aventure; **A~en** *n (der Kleider)* déshabillage *m;* **A~leiter** *f* échelle *f* à coulisse; **A~tisch** *m* table *f* à rallonges *od* à tirants.

Auszug *m* **1.** *(aus Pflanzenstoffen, aus e-m Register)* extrait; *(Abriß, Zs.fassung)* extrait, abrégé, précis *m;* **2.** *(Rechnungs-, Konto~)* relevé *m;* **3.** *(aus e-r Wohnung)* déménagement *m;* **a~sweise** *adv* par extraits.

aus=zupfen *tr* arracher.

autark [au'tark] *a* autarcique; **A~ie** *f* ‹-, (-n)› [-'ki:] autarcie *f*.

authent|isch [au'tɛntıʃ] *a* authentique; **A~izität** *f* ‹-, ø› [-titsi'tɛ:t] authenticité *f*.

Auto *n* ‹-s, -s› ['auto] *(kurz für: ~mobil)* auto, voiture *f; ein ~ fahren* conduire une auto; *(im) ~ fahren* aller en auto; **~antenne** *f* antenne *f* de voiture; **~bahn** *f* autoroute *f; (in Kanada)* superboulevard *m;* **~bahnauffahrt** *f* bretelle *f* d'accès; **~bahnbrücke** *f* pont *m* d'autoroute; **~bahnraststätte** *f* restoroute *m*.

Autobiograph|ie *f* ‹-, -n› [autobiogra'fi:]

autobiographie *f;* **a~isch** [-'gra:fɪʃ] *a* autobiographique.

Autobus *m* ['auto-] autobus; *fam* bus; *(Überland-, Reisebus)* autocar *m;* **~bahnhof** *m* gare *f* routière.

Autodidakt *m* ‹-en, -en› [autodi'dakt] autodidacte *m;* **a~isch** *a* autodidacte.

Auto|fähre *f* ['auto-] bac *m* à voitures; **~fahrer** *m (Herrenfahrer)* automobiliste; *(Führer)* chauffeur *m; schlechter* od *rücksichtsloser ~ (a. fam)* chauffard *m;* **~fahrt** *f* promenade *f* en auto *od* en voiture; **~friedhof** *m* cimetière *m* de voitures.

auto|gen [auto'ge:n] *a: ~e Schweißung f* soudage *m od* soudure *f* autogène; **A~gramm** *n* autographe *m.*

Auto|händler *m* ['auto-] concessionnaire *m* en automobiles; **~karte** *f* carte *f* routière; **~kino** *n* autorama *m.*

Autokrat|ie *f* ‹-, -n› [-kra'ti:] autocratie *f;* **a~isch** [-'kra:tɪʃ] *a* autocratique.

Automarder *m* ['auto-] voleur *m* de voitures.

Automat *m* ‹-en, -en› [auto'ma:t] automate *m;* machine *f* automatique; *(Spiel~)* machine à sous; *(Waren~)* distributeur automatique; **~ik** *f* ‹-, (-en)› [-'ma:tɪk] automatisme *m;* **~ion** *f* ‹-, ø› [-tsi'o:n] automation *f;* **a~isch** [-'ma:-] *a* automatique; *hum* presse-bouton; **a~isieren** [-ti'zi:rən] ‹*ohne ge-*› *tr* automatiser; **~isierung** *f* automatisation *f.*

Automechaniker *m* ['auto-] = *Autoschlosser.*

Automobil *n* ‹-s, -e› [automo'bi:l] automobile *f; vgl. Auto;* **~ausstellung** *f* salon *m* de l'automobile; **~bau** *m* construction *f* d'automobiles; **~industrie** *f* industrie *f* automobile; **~ist** *m* ‹-en, -en› [-'lɪst] automobiliste *m;* **~klub** *m* club *m* automobile.

autonom [-auto'no:m] *a* autonome; **A~ie** *f* ‹-, ø› [-no'mi:] autonomie *f.*

Autonummer *f* numéro *m* d'immatriculation.

Autor *m* ‹-s, -en› ['autɔr, -'to:rən] auteur *m.*

Auto|radio *n* ['auto-] auto-radio *f;* **~reifen** *m* pneu(matique); *fam* caoutchouc *m;* **~reisezug** *m* train *m* auto-couchettes; **~rennen** *n* course *f* d'automobiles; **~reparaturwerkstatt** *f* atelier de réparation (d'autos), service de dépannage, garage *m.*

Autor|in *f* [au'to:rɪn] (femme *f*) auteur *m;* **a~isieren** [-tori'zi:rən] ‹*ohne ge-*› *tr* autoriser (*zu* à); *autorisierte Übersetzung f* traduction *f* autorisée; **a~itär** [-ri'tɛ:r] *a* autoritaire; **~ität** *f* ‹-, -en› [-'tɛ:t] autorité *f* (*über* sur); *s-e ~ festigen* raffermir son autorité; *als ~ gelten* faire autorité.

Auto|schlange *f* ['auto-] file *f* de voitures; **~schlosser** *m* mécanicien (d'automobiles *od* en automobiles), (monteur-)dépanneur, garagiste; *fam* mécano *m;* **~schlüssel** *m pl* clés *f pl* de voiture.

Autosuggestion *f* [autozugɛsti'o:n] autosuggestion *f.*

Auto|unfall *m* ['auto-] accident *m* d'auto; **~verkehr** *m* trafic *m od* circulation *f* automobile; **~vermietung** *f* location *f* de voitures.

Aval *m* ‹-s, -e› [a'val] *fin jur (Wechselbürgschaft)* aval, cautionnement *m.*

avancieren [avã'si:rən] ‹*ohne ge-*› *itr* ‹*sein*› *(befördert werden, aufrücken)* avancer.

Avantgard|e *f* ‹-, -n› [a'vã:gardə] *(in der Kunst)* avant-garde *f;* **~ist** *m* ‹-en, -en› [-'dɪst] homme *od* artiste *m* d'avant-garde; **a~istisch** *a* d'avant-garde.

avisieren [avi'zi:rən] ‹*ohne ge-*› *tr (benachrichtigen)* aviser, donner avis à, prévenir.

Axiom *n* ‹-s, -e› [aksi'o:m] *philos math (Grundsatz)* axiome *m.*

Axt *f* ‹-, ¨-e› [akst, 'ɛkstə] hache, cognée *f.*

Azal|ee *f* ‹-, -n› [atsa'le:ə, -(ə)n] , **~ie** *f* ‹-, -n› [a'tsa:liə] *bot* azalée *f.*

Azoren [a'tso:rən] *die, pl geog* les Açores *f pl.*

B

B, b *n* ‹-, -› [be:] *(Buchstabe)* B, b *m; mus* si *m* bémol.

Baby *n* ‹-s, -s› ['be:bi] bébé *m;* **~ausstattung** *f,* **~wäsche** *f* layette *f;* **~sitter** *m* garde *f* d'enfants.

Bach *m* ‹-(e)s, ¨-e› [bax, 'bɛçə] ruisseau *m.*

Bache *f* ‹-, -n› ['baxə] *(Wildsau)* laie *f.*

Bach|forelle *f* ['bax-] truite *f* de rivière; **~stelze** *f orn* bergeronnette *f; (weiße)* ~ hochequeue *m.*

Backbord ['bak-] *n mar (linke Schiffsseite, von hinten gesehen)* bâbord *m.*

Backe *f* ‹-, -n› ['bakə] joue *(a. der Zange); (Schraubstock)* mâchoire *f; mit vollen ~n kauen* manger à belles dents.

backen ['bakən] **1.** ‹*bäckt, backte, hat gebacken*› *tr* cuire, faire; *(in der Pfanne)* frire; **2.** ‹*hat gebackt*› *itr (kleben)* coller (*an* à); *(Schnee)* prendre.

Backen|bart ['bakən-] *m* favoris *m pl, fam* côtelettes *f pl;* **~knochen** *m* os *m* de la pommette; **~tasche** *f zoo* abajoue *f;* **~zahn** *m* (dent) molaire, *pop* grosse dent *f.*

Bäcker *m* ‹-s, -› ['bɛkər] boulanger *m;* **~ei** *f* ‹-, -en› [-'raɪ] boulangerie *f;* **~meister** *m* maître *m* boulanger; **~(s)frau** *f* boulangère *f.*

Back|fisch ['bak-] *m* **1.** poisson *m* frit; **2.** *fig fam* petite jeune fille *f;* **~form** *f* moule *m* (à pâtisserie); **~mulde** *f* pétrin *m;* huche *f;* **~obst** *n* fruits *m pl* séchés *od* secs; **~ofen** *m* four *m; fig* fournaise *f;* **~pfeife** *f* gifle, claque, *fam* taloche *f;* **~pflaume** *f* pruneau *m;* **~pulver** *n* levure *f* en poudre *od* chimique *od* alsacienne; **~stein** *m* brique *f;* **~stube** *f* fournil *m,* boulangerie *f;* **~trog** *m* = *Backmulde;* **~waren** *f pl* pain *m* et pâtisserie *f;* **~werk** *n* pâtisserie *f.*

Bad *n* ‹-(e)s, ¨-er› [ba:t 'bɛ:dər] **1.** bain; *(~eanstalt)* établissement *m* de bain(s); *(~ezimmer)* salle de bains; *(Hallenbad, Freibad)* piscine *f;* **2.** *(~eort)* station thermale, (ville *f* d')eaux *f pl; (Seebad)* station *f* balnéaire; **3.** *(Handlung)* bain *m,* baignade *f; — ein ~ nehmen* prendre un bain; *ins ~ reisen* aller aux eaux.

Bade|anstalt ['ba:də-] *f* établissement *m* de bain(s), piscine *f;* **~anzug** *m* costume *od* maillot *m* de bain; **~hose** *f* caleçon de bain, slip *m* (de bain); **~kappe** *f* bonnet *m* de bain; **~mantel** *m* peignoir *m* (de bain), sortie *f* de bain; **~meister** *m* maître *m* baigneur *od* nageur; **~mütze** *f* = *Badekappe.*

baden ['ba:dən] *tr* baigner; donner un bain (*jdn* à qn); *itr* u. *sich ~* prendre un bain; *(im Freien)* se baigner; **B~** *n* ‹-s, ø› bain *m,* baignade *f.*

Baden-Württemberg *n* le Bade-Wurtemberg.

Bade|ofen ['ba:də-] *m* chauffe-bain *m;* **~ort** *m* (ville *f* d')eaux *f pl;* **~schuhe** *m pl* chaussures *f pl* de bain; **~strand** *m* plage *f;* **~tuch** *n* serviette *f od* drap *m od* sortie *f* de bain; **~wanne** *f* baignoire *f;* **~wasser** *n* eau *f* pour le *od* du bain; **~zeug** *n* affaires *f pl* de bain; **~zimmer** *n* salle *f* de bains.

baff [baf] *a fam* épaté, ebahi.

Bagatell|e *f* ‹-, -n› [baga'tɛlə] bagatelle *f;* **b~isieren** [-tɛli'zi:rən] ‹*ohne ge-*› *tr* minimiser.

Bagger *m* ‹-s, -› ['bagər] excavateur *m,* excavatrice *f; (Schwimmbagger)* drague *f;* **b~n** *itr* excaver; draguer.

Bahn *f* ‹-, -en› [ba:n] **1.** *(Weg)* voie *f,* chemin *m,* route; *sport* piste *f; (e-s einzelnen Wettkämpfers)* couloir *m;* **2.** *(Eisen~)* chemin *m* de fer; **3.** *(~hof)* gare *f;* **4.** *(Strecke)* ligne, voie *f* ferrée; **5.** *(Straßen~)* tram(way) *m;* **6.** *phys* parcours *m; (Flug~)* trajectoire *f; astr* cours *m;* orbite *f (a. d. Elektronen); anat med* trajet *m,* voie *f;* **7.** *tech* table; face *f;* **8.** *(Tuch)* lé, panneau *m;* **9.** *fig* chemin *m,* carrière *f,* cours *m; — an der ~* à la gare; *mit der ~, per ~* par voie ferrée, par chemin de fer; *jdn zur ~ bringen* conduire qn à la gare; *mit der ~ fahren* voyager par le train; *auf die schiefe ~ geraten* s'écarter du droit chemin, être sur une mauvaise pente; *freie ~ haben* avoir le champ libre; *~ frei!* (attention!) cédez la piste! laissez le passage! **~anlagen** *f pl* installations *f pl* ferroviaires; **~arbeiter** *m* ouvrier *m* des chemins de fer; **~bau** *m loc* construction *f* de chemins de fer; **~beamte** *m* ‹-n, -n› employé de chemin de fer, *fam* cheminot *m;* **b~brechend** *a* qui ouvre *od* fraie de nouvelles voies, qui fait époque, initiateur; **~brecher** *m* pionnier, initiateur *m;* **~damm** *m* (ligne *f* en) remblai *m.*

bahnen ['ba:nən] *tr (e-n Weg, a. fig)* frayer; *sich e-n Weg ~* se frayer un chemin *od* un passage (*durch* par, *durch die Menge* à travers la foule).

Bahn|fahrt *f* ['ba:n-] voyage *m* en train; **~gelände** *n* emprises *f pl* de la voie.

Bahnhof *m* ['ba:n-] gare, station *f;*

~shalle *f* hall *m* (de la gare); **~svorsteher** *m* chef *m* de gare; **~swirtschaft** *f* buffet *m* (de la gare); *(einfache)* buvette *f.*

Bahn|körper *m* ['ba:n-] terre-plein, corps *m* de la voie; **b~lagernd** *adv* en gare (bureau restant), gare restante; **~polizei** *f* police *f* des chemins de fer; **~post** *f* bureau *m od* poste *f* ambulant(e); **~postamt** *n* bureau *m* (de) gare; **b~postlagernd** *adv* gare restante; **~schranke** *f* barrière *f;* **~station** *f* station, gare *f;* **~steig** *m* quai *m;* **~steigkante** *f* bordure *f* de quai; **~steigkarte** *f* billet *od* ticket *m* de quai; **~steigkartenautomat** *m* distributeur *m* (automatique) de billets *od* tickets de quai; **~strecke** *f* ligne *f od* parcours *m* (de chemin de fer); *(Teilstrecke)* section *f od* tronçon *m* de voie; **~transport** *m* transport *m* par chemin de fer *od* voie ferrée *od* wagon; **~übergang** *m: schienengleicher ~* passage *m* à niveau; *(un)beschrankter ~* passage *m* à niveau (non) gardé; **~verbindung** *f* communication *f* par voie ferrée; **~wärter** *m* garde-barrière, garde-voie *m.*

Bahre *f* ⟨-, -n⟩ ['ba:rə] civière *f,* brancard *m; (Totenbahre)* bière *f.*

Bai *f* ⟨-, -en⟩ [baı] *(Bucht)* baie *f,* golfe *m; (kleine)* crique, anse *f.*

Baiser *n* ⟨-s, -s⟩ [bɛ'ze:] *(Gebäck)* meringue *f.*

Baisse *f* ⟨-, -n⟩ ['bɛ:sə] *fin* baisse *f;* **~spekulant** *m* baissier *m;* **~spekulation** *f* spéculation *f* à la baisse.

Bajonett *n* ⟨-(e)s, -e⟩ [bajo'nɛt] baïonnette *f; mit aufgepflanztem ~* baïonnette au canon.

Bake *f* ⟨-, -n⟩ ['ba:kə] *mar* balise, bouée *f; pl* balisage *m; mit ~n bezeichnet* balisé.

Bakelit *n* ⟨-s, ø⟩ [bake'li:t, -'lıt] *(Kunststoff)* bakélite *f.*

Bakkarat *n* ⟨-s, ø⟩ ['bakara(t)] *(Glücksspiel)* baccara *m.*

Bakteri|e *f* ⟨-, -n⟩ [bak'te:riə] bactérie *f;* microbe *m;* **b~ell** [-teri'ɛl] *a* bactérien; **~enkultur** *f* culture *f* bactérienne; **~ologe** *m* ⟨-n, -n⟩ [-rio'lo:gə] bactériologiste, bactériologue *m;* **~ologie** *f* ⟨-, ø⟩ [-lo'gi:] bactériologie *f;* **b~ologisch** [-'lo:-] *a* bactériologique.

Balanc|e *f* ⟨-, -n⟩ [ba'lã:s(ə)] equilibre *m; die ~ halten, verlieren* tenir, perdre l'équilibre; **b~ieren** [-'si:rən] ⟨*ohne ge-*⟩ *tr* ⟨*h*⟩ balancer, *(Ball)* faire tenir en équilibre; *itr* ⟨*sein*⟩ se balancer, se tenir en équilibre.

bald [balt] *adv (in naher Zukunft)* bientôt, sous peu, avant peu, dans peu de temps; *(früh)* tôt; *(beinahe)* presque; *(leicht)* facilement; *möglichst ~, so ~ als* od *wie möglich* aussitôt que possible, le plus tôt possible, au plus tôt; *nicht so ~* (ne ...) pas de sitôt, (ne ...) pas si vite; *~ ..., ~ ...* tantôt ..., tantôt ...; *~ da, ~ dort* tantôt ici, tantôt là; un peu partout; *~ darauf* aussitôt *od* peu (de temps) après; *~ hierhin, ~ dorthin* çà et là; *~ etw tun (a.)* ne pas tarder à faire qc; *ich hätte ~ gesagt* j'allais dire; *ich wäre ~ hingefallen* j'ai failli tomber.

Baldachin *m* ⟨-(e)s, -e⟩ ['baldaxi:n] baldaquin, dais *m.*

bald|ig ['baldıç] *a* prochain; *auf ~es Wiedersehen!* à bientôt! **~igst** *adv* au plus tôt; **~möglichst** *adv* le plus tôt possible, aussitôt que possible, dans le plus bref délai.

Baldrian *m* ⟨-s, -e⟩ ['baldria:n] *bot pharm* valériane *f;* **~tropfen** *m pl* teinture *f* de valériane.

Balearen [bale'a:rən], *die pl* les (îles) Baléares *f pl.*

Balg (1) *m* ⟨-(e)s, ⸚e⟩ [balk, 'bɛlgə] peau, dépouille *f; anat* follicule; **(2)** *m* od *n* ⟨-(e)s, ⸚er⟩ [balk, 'bɛlgər] *fam (ungezogenes Kind)* gamin(e *f*) *m;* marmot, moutard *m;* **b~en,** *sich (fam)* se chamailler, s'accrocher; **~erei** *f* [-'raı] *fam* chamaill(eri)e, bagarre, rixe *f.*

Balkan ['balka:n], *der (Gebirge)* les (monts) Balkans *m pl; = ~länder;* **~halbinsel,** *die* la péninsule des Balkans, les Balkans *m pl;* **~länder,** *die n pl* les Balkans *m pl;* **~staaten,** *die m pl* les États *m pl* des Balkans.

Balken *m* ⟨-s, -⟩ ['balkən] poutre, solive; *(kleiner)* poutrelle *f,* soliveau; *(Waage)* bras *m; (Holz) zu ~ schneiden* équarrir; **~decke** *f* plafond *m* à solives *od* enfoncé; **~waage** *f* peson *m,* romaine, balance *f* à fléau; **~werk** *n* poutrage, solivage *m,* charpente *f.*

Balkon *m* ⟨-s, -s/-e⟩ [bal'kõ:, -'ko:n(ə)] *(a. theat, Kino)* balcon *m,* galerie *f;* **~tür** *f* porte de balcon; **~zimmer** *n* pièce *f* avec balcon.

Ball *m* ⟨-(e)s, ⸚e⟩ [bal, 'bɛlə] **(1)** balle *f; (großer, a. Fußball)* ballon *m; (Kugel)* boule *(a. Billard),* pelote *f; ~ spielen* jouer à la balle; **(2)** *(Tanz)* bal *m; auf dem ~* au bal; *auf den ~ gehen* aller au bal.

Ballade *f* ⟨-, -n⟩ [ba'la:də] ballade *f.*

Ballast *m* ⟨-(e)s, (-e)⟩ ['balast, -'-] lest, ballast; *fig* fatras, remplissage *m; ~ abwerfen (a. fig)* jeter du lest; *aero* délester.

ballen ['balən] *tr (die Faust)* fermer, serrer; *sich ~* se pelotonner, se serrer; *(Wolken)* s'amasser.

Ballen *m* ⟨-s, -⟩ ['balən] **1.** *com* balle *f; (kleiner)* ballot *m; (Zählmaß für Papier: 10 Ries)* dix rames *f pl;* **2.** *anat* thénar *m,* saillie, éminence *f;* **—** *in ~ (ver)packen* mettre en balles.

Ballerina *f* ‹-, -nen› [balə'ri:na, -nən] *(Tänzerin)* ballerine *f.*
ballern ['balərn] *itr fam (schießen)* tirer.
Ballett *n* ‹-(e)s, -e› [ba'lɛt] ballet *m;* **~korps** *n* corps *m* de ballet; **~meister** *m* maître *m* de ballet; **~musik** *f* musique *f* de ballet; **~röckchen** *n* tutu *m;* **~schuhe** *m pl* chaussons *m pl* de danse; **~(t)änzer(in** *f)* *m* danseur *m,* -euse *f* de ballet; *f* ballerine *f;* **~truppe** *f* = *Ballettkorps.*
Ball|junge *m* ['bal-] rammasseur *m* de balles; **~kleid** *n* robe *f* de bal *od* à danser.
Ballon *m* ‹-s, -s/-e› [ba'lɔ̃:(s), -'lo:n(s); -'lo:nə] ballon; *(kleiner)* ballonnet; *(Luftballon)* ballon, aérostat; *(Korbflasche)* ballon *m;* bonbonne, dame-jeanne *f;* **~aufstieg** *m* ascension *f* d'un ballon; **~reifen** *m* pneu *m* ballon.
Ball|saal *m* ['bal-] salle *f* de bal; **~spiel** *n* jeu *m* de balle *od* de paume, paume *f;* **~spieler** *m* joueur *m* de balle *od* de paume; **~technik** *f* technique *f* de balle.
Ballung *f* ‹-, -en› ['baluŋ] amas *m,* agglomération *f;* **~sgebiet** *n geog* concentration urbaine, région *f* à grande densité démographique.
Balsam *m* ‹-s, -e› ['balza(:)m] *a. fig* baume *m;* **b~ieren** [-'mi:rən] ‹*ohne ge-*› *tr* embaumer; **b~isch** [-'za:mɪʃ] *a* balsamique; embaumé.
Balt|e *m* ‹-n, -n› ['baltə], **~in** *f* Balte *m f;* **~ikum** ['baltikum], *das* les pays *m pl od* provinces *f pl* baltiques; **b~isch** *a* baltique.
Balustrade *f* ‹-, -n› [balus'tra:də] balustrade *f.*
Balz *f* ‹-, (-en)› [balts], **~zeit** *f orn* pariade *f;* **b~en** *itr* être en chaleur.
Bambus *m* ‹-/-ses, -se› ['bambus] *bot* bambou *m;* **~rohr** *n,* **~stab** *m,* **~stock** *m* (bâton *m od* canne *f* de) bambou *m.*
Bammel *m* ‹-s, ø› ['baməl] *pop (Angst)* trac *m,* frousse *f.*
banal [ba'na:l] *a* banal, plat; **B~ität** *f* ‹-, -en› [-li'tɛ:t] banalité, platitude *f.*
Banane *f* ‹-, -n› [ba'na:nə] banane *f;* **~npflanzung** *f* bananeraie *f;* **~nstaude** *f* bananier *m;* **~nstecker** *m el* fiche *f* banane.
Banause *m* ‹-n, -n› [ba'nauzə] homme *m* terre à terre *od (fam)* popote.
Band (1) 1. *n* ‹-(e)s, ¨-er› [bant, 'bɛndər] ruban *m; (Bindfaden, Schnur)* ficelle *f; (Haar-, Stirn-, Mützenband)* bandeau *m; (Kinnband)* bride; *(Kleiderbesatz)* bande; *(Gurt-, Förderband)* courroie *f; arch* ruban, bandeau *m,* bandelette *f; anat (Gelenkband)* ligament, tendon; *(Zunge)* filet *m; radio (Bereich)* bande *f; am laufenden ~* à la chaîne, constamment; *fig fam* sans repos; *auf ~ aufnehmen* enregistrer sur bande (magnétique); **2.** *n* ‹-(e)s, -e› [bant, '-də] *fig (innere Bindung)* lien *m; (Fesseln)* liens, fers *m pl;* **(2)** *m* ‹-(e)s, ¨-e› [bant, 'bɛndə] volume; *(starker)* tome *m; (Einband, in Zssgen)* reliure *f; Bände sprechen (fig)* en dire long; **(3)** *f* ‹-, -s› [bɛnt(s)] *(Kapelle)* orchestre *m.*
Bandag|e *f* ‹-, -n› [ban'da:ʒə] *med (a. Schutzbinde)* bandage *m;* **b~ieren** [-'ʒi:rən] ‹*ohne ge-*› *tr* bander.
Band|arbeit *f* ['bant-] travail *m* à la chaîne; **~aufnahme** *f* enregistrement *m* sur bande *od* sur ruban magnétique; **~breite** *f radio* largeur *f* de bande.
Bande *f* ‹-, -n› ['bandə] *(Gruppe, Schar)* bande, horde, troupe *f,* troupeau *m,* volée, *fam* smalah *f; (Verbrecherbande)* gang *m; feige ~! (pop)* bande de lâches! **~nführer** *m* chef de meute *od* de brigands, meneur *od* chef *m* de (la) bande; **~nkrieg** *m* guérilla *f.*
Banderole *f* ‹-, -n› [bandə'ro:lə] banderole, bandelette; *(Zigarre)* bague *f* fiscale.
Band|fertigung *f* ['bant-] fabrication *f* à la chaîne; **~führung** *f (Schreibmaschine)* guidage *m* du ruban.
bändig|en ['bɛndɪgən] *tr* **1.** *(zähmen)* dompter, apprivoiser; **2.** *fig* maîtriser, contrôler, refréner; **B~ung** *f* ‹- (-en)› **1.** domptage, apprivoisement *m;* **2.** *fig* maîtrise, refrénation *f.*
Bandit *m* ‹-en, -en› [ban'di:t] bandit, brigand *m.*
Band|maß *n* ['bant-] mètre *m od* mesure *od* jauge *f* à ruban, ruban-mesure *m,* roulette *f* d'arpentage; **~montage** *f* montage *m* à la chaîne; **~säge** *f* scie *f* à ruban; **~scheibe** *f anat* disque *m* intervertébral; **~schreiber** *m* enregistreur *m* à papier déroulant; **~wurm** *m* ver solitaire, ténia *m.*
bang|(e) [baŋ(ə)] *a* ‹*banger* od *bänger, am bangsten* od *bängsten*› craintif, peureux, anxieux; *(besorgt)* inquiet; *in ~er Erwartung* plein d'inquiétude; *jdm ~e machen* faire peur à qn, intimider qn; *nicht ~e (dreist) sein (fam)* n'être pas timide; *mir ist (angst und) ~e* j'ai grand-peur (*vor* de), je tremble (*vor* devant); *davor ist mir nicht ~e* je n'en ai pas peur; **B~e** *f* ‹-, ø› : *(haben Sie) keine ~!* n'ayez pas peur; ne vous inquiétez pas; **~en** *itr* avoir peur (*vor* de), appréhender, redouter (*vor etw* qc); craindre, trembler (*um* pour); *um sein Leben ~* craindre pour sa vie; *mir bangt davor* j'en ai peur, je tremble à cette idée; **B~igkeit** *f* ‹-, ø› angoisse, anxiété, inquiétude *f.*
Bank *f* **(1)** ‹-, ¨-e› [baŋk, 'bɛŋkə] *(Möbel)* banc *m; loc mot* banquette *f; (Werkbank)* établi; *(Verkaufstisch)* étal *m;* **(2) 1.** ‹-, -en› *fin* banque; *(Spielbank)* banque, maison *f* de jeu; **2.** ‹-, ¨-e› *geol*

(Lager, Schicht) banc, sillon, lit; *(Sandbank)* banc (de sable); *(Untiefe)* haut-fond *m; — durch die* ~ sans distinction *od* exception, en tas; *Geld auf der ~ haben* avoir de l'argent en banque; *auf die lange ~ schieben* faire traîner, remettre; *vor leeren Bänken spielen (theat)* jouer pour les banquettes.

Bank|angestellte *m f* ‹-n, -n› ['baŋk-] employé(e *f*) *m* de banque; **~anweisung** *f* chèque *m* (bancaire), assignation *f* sur une banque; **~auszug** *m* relevé *m* de banque; **~beamte** *m* ‹-n, -n› employé *m* de banque; **~direktor** *m* directeur *m* d'une *od* de la banque; **~einlage** *f* dépôt *m* en banque.

Bankett *n* ‹-(e)s, -e› [baŋ'kɛt] banquet, festin, dîner *m* de gala; *a.* **~e** *f* ‹-, -n› *(Straße)* banquette *f*, accotement *m*.

Bank|fach *n* ['baŋk-] banque *f*; **b~fähig** *a* bancable, négociable; **~geheimnis** *n* secret *m* de banque; **~geschäft** *n* **1.** *(Institut)* établissement *m* de banque *od* bancaire; **2.** *(Vorgang)* opération *f* de banque *od* bancaire; **~guthaben** *n* avoir *od* dépôt *m* en banque; **~halter** *m (Spiel)* banquier *m*; **~ier** *m* ‹-s, -s› [-ki'e:] banquier, financier *m*; **~konto** *n* compte *od* dépôt *m* de *od* en banque *od* bancaire; **~note** *f* billet *m* de banque; **~notenausgabe** *f* émission *f* de billets de banque; **~notenumlauf** *m* circulation *f* monétaire *od* de billets de banque; **~raub** *m* hold-up d'une banque, coup *m* à main armée contre une banque.

Bankrott *m* ‹-(e)s, -e› [baŋ'krɔt] banqueroute; *a. fig* faillite *f*; *~ machen* tomber en *od* faire faillite, sauter; *fig* échouer; *betrügerischer ~* banqueroute *od* faillite *f* frauduleuse; **b~** *a* en faillite, insolvable; *für ~ erklären* déclarer *od* mettre en faillite.

Bank|schalter *m* ['baŋk-] guichet *m* de banque; **~schließfach** *n* coffre-fort *m*; **~überweisung** *f* virement *m* de banque *od* bancaire; **~verbindung** *f* relation *f* bancaire; **~verkehr** *m* transactions *od* opérations *f pl* bancaires.

Bann *m* ‹-(e)s, ø› [ban] **1.** *hist* ban; *rel* excommunication *f*; **2.** *fig (Zauber)* charme *m*, fascination *f*; *— mit dem ~ belegen (hist)* mettre au ban; *rel* excommunier; *den ~ brechen (fig)* rompre le charme; **b~en** *tr* **1.** *fig (vertreiben)* bannir; *(Gefahr)* conjurer; **2.** *(einnehmen, fesseln)* captiver, charmer, fasciner; *(wie) gebannt auf etw starren* regarder qc fixement.

Banner *n* ‹-s, -› ['banər] bannière *f*, étendard *m*.

Bannkreis *m* ['ban-] *fig* (sphère d')influence *f*.

Bantamgewicht *n* ['bantam-] *sport* poids *m* coq.

bar [ba:r] **I.** *a* **1.** *(nur mit s im gen) lit (ohne)* dépourvu, dénué, exempt de; **2.** *fin* comptant; liquide, effectif; **II.** *adv fin* comptant; *— gegen ~, in ~(em Gelde)* au comptant, en espèces, en numéraire; *~ bezahlen* payer (en argent) comptant *od* en espèces; *etw für ~e Münze nehmen* prendre qc pour argent comptant; *~es Geld n* argent *m* comptant *od* liquide, espèces *f pl*, numéraire *m*.

Bar *f* ‹-, -s› [ba:r] bar *m*.

Bär *m* ‹-en, -en› [bɛ:r] ours *m*; *jdm e-n ~en aufbinden* monter un bateau à qn; *der Große, Kleine ~ (astr)* la Grande, Petite Ourse.

Baracke *f* ‹-, -n› [ba'rakə] baraque *f*; **~nlager** *n* baraquement *m*.

Barbar|(in *f*) *m* ‹-en, -en› [bar'ba:r] barbare *m f*; **~ei** *f* [-'raı] barbarie *f*; **b~isch** [-'ba:rıʃ] *a* barbare.

bärbeißig ['bɛ:rbaısıç] *a* hargneux, bourru, grognon; *~er Mensch m* ours *m*.

Bar|bestand *m* ['ba:r-] avoir *m* en espèces, encaisse *f*; **~betrag** *m* montant *m* en espèces.

Barchent *m* ‹-s, -e› ['barçənt] *(Textil)* futaine *f*.

Bardame *f* ['ba:r-] barmaid *f*.

Bareinnahme *f* ['ba:r-] recettes *od* entrées *f pl* de caisse, rentrée *f* en numéraire.

Bären|haut *f* ['bɛ:rən-] : *auf der ~ liegen (fam)* fainéanter; **~hunger** *m fam* faim *f* de loup *od* du diable; *e-n ~ haben (a.)* avoir l'estomac dans les talons.

Barett *n* ‹-(e)s, -e/(-s)› [ba'rɛt] barrette; toque *f*.

barfuß, barfüßig ['ba:rfu:s, -fy:sıç] **I.** *a u. adv* nu-pieds; **II.** *adv* pieds nus.

Bar|geld *n* ['ba:r-] = *bares Geld*; **b~geldlos** *a* par virement *od* mandat; *~er Zahlungsverkehr m* transactions *f pl* par virement; **~geschäft** *n* marché *m* comptant.

bar|haupt, ~häuptig ['ba:r-] **I.** *a u. adv* nu-tête; **II.** *adv* tête nue.

Barhocker *m* ['ba:r-] tabouret *m* de bar.

Bärin *f* ‹-, -nen› ['bɛ:rın] ourse *f*.

Bariton *m* ‹-s, -e› ['ba:ritɔn, '-to:nə] *mus* baryton *m*.

Barium *n* ‹-s, ø› ['ba:rium] *chem* baryum *m*.

Barkasse *f* ‹-, -n› [-'kasə] barcasse *f*.

Barkauf *m* ['ba:r-] achat *m* au comptant.

Barke *f* ‹-, -n› ['barkə] barque, barge *f*.

Barkeeper *m*, **Barmixer** *m* ['ba:r-] barman *m*.

barmherzig [barm'hɛrtsıç] *a* miséricordieux, charitable; *~er Gott!* (Dieu de) miséricorde! **B~keit** *f* ‹-, ø› miséricorde, pitié, charité *f*; *~ üben* faire la charité.

Barock *n* od *m* ‹-s, ø› [ba'rɔk] baroque

m; **b~** *a (Kunst u. fig)* baroque; *fig* bizarre.
Barometer *n* [baro'me:tər] baromètre *m; das ~ steht auf veränderlich* le baromètre est au variable; **~stand** *m* hauteur *od* cote *f* barométrique *od* du baromètre.
Baron *m* ‹-s, -e› [ba'ro:n] baron *m;* **~esse** *f* ‹-, -n› [-ro'nɛsə] , **~in** *f* baronne *f.*
Barpreis *m* ['ba:r-] prix *m* comptant.
Barren *m* ‹-s, -› ['barən] **1.** *(Handelsform d. Metalle)* lingot *m,* barre *f;* **2.** *sport* barres *f pl* parallèles; **~gold** *n* or *m* en lingots *od* en barres.
Barriere *f* ‹-, -n› [bari'ɛ:rə] barrière *f a. fig.*
Barrikad|e *f* ‹-, -n› [bari'ka:də] barricade *f;* **~enkämpfe** *m pl* combats *m pl* sur les barricades.
Barsch *m* ‹-(e)s, -e› [ba:rʃ] *(Fisch)* perche *f.*
barsch [barʃ] *a* brusque, rude, âpre.
Bar|schaft *f* ['ba:r-] argent *m* comptant; **~scheck** *m* chèque *m* ordinaire *od* payable au comptant.
Bart *m* ‹-(e)s, ¨-e› [ba:rt, 'bɛ:rtə] **1.** barbe; *bot* arête, barbe *f;* **2.** *(des Schlüssels)* panneton *m;* — *in den ~ brummen* murmurer *od* parler entre ses dents, grommeler; *jdm um den ~ gehen* courtiser, flatter qn, passer la main dans le dos à qn; *sich den* od *e-n ~ wachsen* od *stehen lassen* se laisser pousser sa barbe; *der ~ ist ab (fig fam)* c'est fini; *das hat so einen ~ (fam)* cela date du *od* remonte au déluge; ce n'est pas d'hier; **~flechte** *f bot med* lichen *m;* **~haar** *n* poil *m* de la barbe; **~wuchs** *m* barbe *f.*
Baryt *m* ‹-(e)s, -e› [ba'ry:t, -'rʏt] *min* baryte *f.*
Barzahlung *f* ['ba:r-] paiement *m* comptant *od* en espèces; *nur gegen ~* payable au comptant, exclusivement contre paiement en argent comptant.
Basalt *m* ‹-(e)s, -e› [ba'zalt] *min* basalte *m.*
Basar *m* ‹-s, -e› [ba'za:r] *(Verkaufsstätte)* bazar *m.*
Base *f* ‹-, -n› ['ba:zə] **(1)** cousine *f;* **(2)** *chem* base *f.*
Basel *n* ‹-s, ø› ['ba:zəl] Bâle *f.*
basieren [ba'zi:rən] ‹*ohne ge-*› *tr* baser, fonder (*auf* sur); *itr* se baser, se fonder (*auf* sur).
Basilika *f* ‹-, -ken› [ba'zi:lika, -kən] *arch* basilique *f.*
Basis *f* ‹-, Basen› ['ba:zɪs, -zən] *arch* base *f,* fondement *m; math fig (Grundlage)* base *f.*
basisch ['ba:zɪʃ] *a chem* basique.
Bask|e *m* ‹-n, -n› ['baskə], **~in** *f* Basque *m,* Basquaise *f;* **~enland** *n* pays *m* basque; **~enmütze** *f* béret *m* basque.
Basrelief *n* ‹-s, -s/-e› ['barelïɛf, ---'-] *(Kunst)* bas-relief *m.*
Baß *m* ‹-sses, ¨-sse› [bas, 'bɛsə] *(Stimme u. Sänger)* basse; *(Instrument)* contre-basse *f.*
Bassin *n* ‹-s, -s› [ba'sɛ̃:] bassin *a. mar,* réservoir *m.*
Bassist *m* ‹-en, -en› [ba'sɪst] *(Spieler)* contrebassiste *m; (Sänger)* basse *f.*
Baßschlüssel *m* ['bas-] clef *f* de fa.
Bast *m* ‹-(e)s, -e› [bast] liber *m,* fibre végétale; *(Rinde)* écorce; *(Werg)* filasse *f; (der Nadelpalme)* raphia *m.*
basta ['basta] *interj* assez! baste! *und damit ~!* pas un mot de plus!
Bastard *m* ‹-(e)s, -e› ['bastart, -də] **1.** *(uneheliches Kind)* bâtard, enfant *m* naturel; **2.** *(Mischling)* hybride, métis *m.*
Bast|ei *f* ‹-, -en› [bas'taɪ], **~ion** *f* ‹-, -en› [-ti'o:n] *mil* bastion *m.*
Bast|elei *f* ‹-, -en› [bastə'laɪ], **~eln** ['bastəln] *n* bricolage *m;* **b~eln** *tr* u. *itr* bricoler.
Bastfaser *f* ['bast-] fibre *f* d'écorce.
Bastler *m* ‹-s, -› ['bastlər] bricoleur *m.*
Bataillon *n* ‹-s, -e› [batal'jo:n] bataillon *m.*
Batist *m* ‹-(e)s, -e› [ba'tɪst] *(Textil)* batiste *f.*
Batterie *f* ‹-, -n› [batə'ri:] **1.** *mil* batterie *f;* **2.** *el* batterie, pile *f,* accumulateur *m; mot* pile *f* (d'allumage); **~empfänger** *m,* **~gerät** *n radio* poste *m* sur accu; **~zündung** *f mot* allumage *m* par batterie *od* accumulateur.
Bau *m* ‹-(e)s, -ten› [bau, '-tən] **1.** *(Tätigkeit u. Gebäude)* construction; *(Tätigkeit)* édification *f;* **2.** *(Gebäude)* bâtiment *m,* bâtisse *f,* édifice; *zoo* terrier *m;* **3.** *allg (Gefüge, Gliederung)* architecture, structure, organisation *f;* **4.** *pl (~ten) film* décors *m pl;* — *im ~ (befindlich)* en (cours *od* voie de) construction *od* (d')édification, en chantier; *vom ~ sein (fam)* être du bâtiment, être du métier; **~abschnitt** *m* période de construction, tranche *f* (des travaux); **~amt** *n* office *m* des constructions, inspection *f* des bâtiments, service *m* des travaux publics; **~arbeiten** *f pl* travaux *m pl* de construction *od* du bâtiment *od* en cours; *(Achtung) ~!* travaux! **~arbeiter** *m* ouvrier *od fam* gars *m* du *od* en bâtiment(s); **~art** *f* genre *m* de construction; *tech* construction *f;* **~baracke** *f* baraque *f* de chantier; **~büro** *n* bureau *m* de construction.
Bauch *m* ‹-(e)s, ¨-e› [baux, 'bɔʏçə] ventre; *(Unterleib)* abdomen; *(starker Leib)* embonpoint *m; ~ ansetzen, e-n ~ bekommen* prendre du ventre *od* de l'embonpoint; *den ~ einziehen* rentrer le ventre; *e-n ~ haben* avoir du ventre; *sich den ~ vor Lachen halten* se tenir les côtes *od* se pâmer de rire; *sich auf den ~ legen, auf dem ~ liegen* se coucher, être à plat ventre; *sich den ~ voll-*

schlagen (pop) se remplir le jabot; *voller ~* ventrée *f pop;* **~atmung** *f* respiration *f* abdominale; **~binde** *f* **1.** ceinture (abdominale), ventrière *f;* **2.** *fam (Zigarre)* bague *f* (de cigare); **~fell** *n anat* péritoine *m;* **~fellentzündung** *f* péritonite *f;* **~höhle** *f* cavité *f* abdominale; **b~ig** *a* bombé, convexe; **~laden** *m* éventaire *m;* **~landung** *f aero* atterrissage *m* sur le ventre *od* train rentré; *e-e ~ machen* se poser sur le ventre *od* train rentré; **~redner** *m* ventriloque *m;* **~speck** *m (Küche)* petit lard, lard *m* maigre; **~speicheldrüse** *f anat* pancréas *m;* **~weh** *n* mal *m* au ventre; colique *f.*

Bau|denkmal *n* ['baʊ-] : *geschütztes ~* monument *m* public; **b~en** *tr* **1.** bâtir, construire, édifier; *(errichten)* élever, dresser; *tech* construire; *(Tunnel)* percer; *(Nest)* faire; **2.** *agr (anbauen)* planter, cultiver; **3.** *fig* baser, fonder (*auf* sur); *itr* **4.** travailler à la construction (*an* de); **5.** *fig* compter (*auf jdn* sur qn); avoir confiance (en qn).

Bauer ['baʊər] **(1)** *m* ‹-n/(-s), -n› *(Landwirt)* paysan; *(Pächter)* fermier; *(Landmann)* agriculteur, cultivateur, laboureur; *(Landbewohner)* campagnard, villageois; *(Schach)* pion; **(2)** *n, a. m* ‹-s, -› *(Käfig)* cage *f.*

Bäuer|in *f* ['bɔʏər-] paysanne, fermière; campagnarde, villageoise *f;* **b~lich** *a* paysan, rustique, campagnard; *(ländlich)* rural, champêtre.

Bauern|brot *n* ['baʊərn-] pain *m* de campagne; **~gut** *n,* **~haus** *n,* **~hof** *m* ferme, métairie *f;* **~möbel** *n pl* meubles *m pl* rustiques; **~regel** *f (Wetterregel)* dicton *m* sur le temps; **b~schlau** *a* malin, madré, finaud; **~verband** *m* syndicat *m* paysan.

Bauers|frau *f* ['baʊərs-] paysanne, fermière *f;* **~leute** *pl* paysans *m pl.*

bau|fällig ['baʊ-] *a* croulant, délabré, vétuste; *~ sein* menacer ruine; **B~fälligkeit** *f* délabrement *m,* vétusté *f;* **B~firma** *f* entreprise *f* de construction; **B~führer** *m* maître d'œuvre, chef de chantier *od* de construction; conducteur *m* de travaux; **B~gelände** *n* terrain *m* à bâtir; **B~genehmigung** *f* permis *m* de construire, autorisation *f* de construire *od* de bâtir *od* de construction; **B~gerüst** *n* échafaudage *m;* **B~gesellschaft** *f* société *f* de construction *od* immobilière; **B~gewerbe** *n* (industrie *od* profession *f* du) bâtiment *m;* **B~grube** *f* fouille *f* de construction; **B~handwerker** *m* ouvrier *m* du bâtiment; **B~herr** *m* maître d'œuvre; promoteur *m;* **B~holz** *n* bois *m* de charpente *od* d'œuvre *od* de construction; **B~ingenieur** *m* ingénieur *m* des travaux publics; **B~jahr** *n* année *f* de construction *od* de fabrication; **B~kasten** *m* boîte *f od* jeu *m* de construction; **B~klotz** *m* bloc *m* de jeu de construction; *~klötze staunen* être ébahi; **B~kosten** *pl* frais *m pl* de construction; **B~kostenzuschuß** *m* subvention de construction, quote-part *f* des frais de construction; **B~kunst** *f* architecture *f;* **B~leiter** *m* directeur de(s) travaux, chef *m* de chantier; **B~leitung** *f* direction *f* des travaux; **b~lich** *a* architectonique; architectural; constructif.

Baum *m* ‹-(e)s, ⸚e› [baum, 'bɔʏmə] arbre *m; ich könnte Bäume ausreißen* je pourrais soulever des montagnes; *alte Bäume versetzt man nicht (prov)* les vieux arbres ne se transplantent pas.

Baumaterial *n* ['baʊ-] matériaux *m pl* de construction.

Baum|bestand *m* ['baum-] peuplement *m* forestier; **b~bestanden** *a* planté d'arbres; **~blüte** *f (Vorgang und Zeit)* floraison, fleuraison *f.*

Baumeister *m* ['baʊ-] architecte; *allg* constructeur *m.*

baumeln ['bauməln] *itr* pendiller, brandiller; *~ lassen (die Beine)* balancer.

bäumen ['bɔʏmən] , *sich* se cabrer, se dresser.

Baum|grenze *f* ['baum-] *geog* limite *f* d'arbres; **~gruppe** *f* bosquet, bouquet *m* d'arbres; **~krone** *f* cime *f* d'arbre; **b~lang** *a: ein ~er Kerl* un type élancé, *fam* un grand gaillard; **b~los** *a* sans arbres, dépourvu d'arbres; **~marder** *m* martre *f* (commune); **~pfahl** *m* tuteur *m;* **~reihe** *f* rangée *f* d'arbres; **~rinde** *f* écorce *f* d'arbre; **~säge** *f* (scie) égoïne *od* égohine *f;* **~schule** *f* pépinière *f;* **~stamm** *m* tronc d'arbre; fût *m;* **b~stark** *a* fort comme un chêne *od* un Turc; **~stumpf** *m* souche *f* d'arbre, chicot *m.*

Baumwoll|e *f* ['baumvɔlə] coton *m;* **b~en** *a* de *od* en coton; **~ernte** *f* récolte *f* du coton; **~industrie** *f* industrie *f* cotonnière *od* du coton; **~pflanzung** *f* cotonnerie; plantation *f* de coton; **~spinnerei** *f* filature de coton, cotonnerie *f;* **~staude** *f* cotonnier *m;* **~stoff** *m* cotonnade, étoffe *f* de coton; **~waren** *f pl,* **~zeug** *n* cotonnades *f pl,* articles *m pl* en coton; **~weberei** *f* tissage *m* de coton.

Bau|plan *m* ['baʊ-] *arch* plan *od* projet *od* programme de construction; *tech* plan *m* de montage; **~platz** *m* terrain à bâtir; *(nach Beginn d. Arbeiten)* chantier *m* (de construction); **~polizei** *f* police *f* des constructions.

bäurisch ['bɔʏrɪʃ] *a pej* rustaud, rustre.

Bausch *m* ‹-(e)s, -e/⸚e› [baʊʃ, 'bɔʏʃə] *(fester)* bourrelet, coussinet; *(Wattebausch)* tampon; *(lockerer)* bouffant, renflement *m; in ~ und Bogen (a. kau-*

fen) en bloc; **b~en** *tr* faire bouffer; *itr (Segel)* s'enfler; *sich* ~ bouffer, blouser; **b~ig** *a* bouffant.

Bau|schlosser *m* ['bau-] serrurier *m* en bâtiments; **~schreiner** *m* menuisier *m* en bâtiments; **~schutt** *m* décombres *m pl;* **~sparkasse** *f* caisse d'épargne de construction; société *f* d'épargne pour prêts à la construction; **~stein** *m* pierre *f* à bâtir; *fig* élément *m* constitutif; **~stelle** *f* chantier *m* (de construction); *~!* Travaux! *Betreten der ~ verboten!* chantier interdit au public; **~stil** *m* style *m* (architectural); **~stoffe** *m pl* matériaux *m pl* de construction; **~stoffindustrie** *f* industrie *f* des matériaux de construction; **~tischler** *m* menuisier *m* en bâtiments; **~trupp** *m* équipe *f* de montage; **~unternehmer** *m* entrepreneur *m* de bâtiment(s) *od* de construction; **~verbot** *n* interdiction *f* de construire; **~vorhaben** *n* projet *m* de construction *od* de travaux; **~weise** *f* méthode *f od* mode *od* genre *m* de construction; **~werk** *n* édifice, bâtiment *m,* bâtisse *f;* **~wirtschaft** *f* industrie *f* du bâtiment.

Bauxit *m* ‹-s, -e› [bau'ksi:t, -'ksɪt] *min* bauxite *f.*

Bay|er(in) *m* ‹-n, -n› (*f* ‹-, -nen›) ['baɪər] Bavarois(e *f*) *m;* **b~(e)risch** *a* bavarois; **~ern** *n* la Bavière.

Bazillus *m* ‹-, -llen› [ba'tsɪlus, -lən] bacille *m.*

B-Dur *n* ['be:du:r] *mus* si *m* bémol majeur.

beabsichtig|en ‹*ohne ge-*› *tr* vouloir, entendre, compter, penser (*etw zu tun* faire qc); avoir l'intention, envisager, projeter (*etw zu tun* de faire qc); songer, viser (*etw zu tun* à faire qc); intentionner (*etw* qc); **~t** *a bes. jur* intentionnel; *das hatte ich nicht ~* je ne l'ai pas fait exprès; *die ~e Wirkung* l'effet *m* voulu.

beacht|en ‹*ohne ge-*› *tr* **1.** faire attention, avoir égard (*etw* à qc); *(berücksichtigen)* tenir compte (*etw* de qc), considérer, prendre en considération; **2.** *(befolgen) (Rat)* suivre, écouter, *(Regel, Vorschrift)* observer, respecter; **~enswert** *a* remarquable, notable; **~lich** *a* appréciable, considérable, important; **B~ung** *f* ‹-, ø› **1.** attention; *(Berücksichtigung)* considération *f;* **2.** *(Befolgung)* observation *f;* — *~ finden* intéresser; *jdm, e-r S ~ schenken* avoir égard, faire attention à qn, à qc.

Beamt|e *m* ‹-n, -n› [bə'ʔamtə] *allg* agent; *(Staatsbeamter)* fonctionnaire, officier; *(Justiz-, Verwaltungsbeamter)* magistrat; homme de robe; *(sonstiger)* employé *m;* **~enapparat** *m* appareil *m* administratif; **~enbestechung** *f* corruption *f* de fonctionnaires *od* d'employés; **~enlaufbahn** *f* carrière *f* de fonctionnaire; **~enschaft** *f* ‹-, (-en)› fonctionnaires *m pl;* **b~et** *a* titulaire; en charge; **~in** *f* (femme) fonctionnaire; employée *f.*

beängstigen ‹*ohne ge-*› *tr* faire peur (*jdn* à qn); inquiéter, alarmer (*jdn* qn); **~d** *a* inquiétant, alarmant.

beanspruch|en ‹*ohne ge-*› *tr* **1.** *(Person)* réclamer; prétendre (*etw* à qc); *(fordern)* revendiquer; **2.** *(Sache) (erfordern)* demander, exiger, nécessiter; *(Aufmerksamkeit, Kraft)* absorber; *(Zeit)* prendre; *tech* employer, solliciter, fatiguer; — *jds Hilfe ~* mettre qn à contribution; *die Arbeit beansprucht ihn ganz* il est absorbé par son travail; **~t** *a (vielbeschäftigt)* occupé; *(finanziell)* engagé; **B~ung** *f* ‹-, -en› **1.** réclamation; revendication *f;* **2.** sollicitation, fatigue; occupation *f,* engagement *m.*

beanstand|en ‹*ohne ge-*› *tr* réclamer (*etw* contre qc); *(Einwendungen machen)* faire *od* formuler des objections *od* des critiques (*etw* à qc); *(Einspruch erheben)* contester; **B~ung** *f* ‹-, -en› réclamation; objection, critique; contestation *f.*

beantragen ‹*ohne ge-*› *tr* demander, solliciter; *jur* requérir; *ein Stipendium ~* faire une demande de bourse.

beantwort|en ‹*ohne ge-*› *tr* répondre (*etw* à qc); **B~ung** *f* ‹-, -en› réponse *f* (*e-r S* à qc); *in ~ Ihres Schreibens vom* ... en réponse à votre lettre du ...

bearbeit|en ‹*ohne ge-*› *tr* **1.** *(arbeiten an)* travailler, œuvrer à, manier; traiter *a. jur; (ausarbeiten)* élaborer; *(gestalten)* former; *(redigieren)* rédiger; *(überarbeiten)* remanier, refondre; *mus* arranger; *theat film radio* adapter (*für die Bühne, den Film, den Funk, das Fernsehen* à la scène, à l'écran, à la radio, à la télévision); **2.** *tech* travailler, usiner, façonner, tailler; *agr* cultiver; **3.** *fig fam (Menschen zu überreden suchen)* travailler; **B~ung** *f* ‹-, -en› **1.** travail; traitement *m a. jur;* formation; rédaction *f;* remaniement *m,* refonte *f; mus* arrangement *m; theat film* adaptation *f* (*für die Bühne, den Film, den Funk, das Fernsehen* à la scène, à l'écran, à la radio, à la télévision); **2.** *tech* travail *m,* (opération *f* d')usinage, façonnage, façonnement *m;* — *in ~* en préparation, en étude.

Beatmungsgerät *n* appareil *m* de réanimation.

beaufsichtig|en ‹*ohne ge-*› *tr* surveiller, contrôler, inspecter, garder; **B~ung** *f* ‹-, -en› surveillance *f,* contrôle *m,* inspection *f.*

beauftrag|en ‹*ohne ge-*› *tr* charger *(a. e-n Rechtsanwalt)* (*jdn mit etw* qn de qc); mandater, déléguer (*jdn mit etw* qn à qc); *mit etw beauftragt sein* avoir mission de *od* pour qc; **B~te** *m f* ⟨-n, -n⟩ chargé(e *f*) d'affaires, mandataire, délégué(e *f*) *m*.

bebau|en ⟨*ohne ge-*⟩ *tr* **1.** bâtir, couvrir de bâtiments; **2.** *(Acker)* cultiver; **~t** *a* bâti; **B~ungsplan** *m* plan *m* d'aménagement.

beben ['be:bən] *itr* trembler, frémir; **B~** *n* tremblement *m*; **~d** *a* tremblant.

bebildern ⟨*ohne ge-*⟩ *tr* illustrer.

Becher *m* ⟨-s, -⟩ ['bɛçər] gobelet *m*, timbale *f*; *mil* quart; *(kleiner; Baggereimer)* godet *m*; *bot* cupule *f*, *(der Eichel)* godet *m*; **b~förmig** *a* en forme de gobelet; **b~n** *itr fam* picoler, pinter.

Becken *n* ⟨-s, -⟩ ['bɛkən] **1.** *(flaches Gefäß)* bassin *m* *(a. Hafen-, Schwimmbecken, geog, anat)*; *(Waschbecken)* cuvette; *(Brunnenbecken)* vasque *f*; **2.** *pl mus* cymbales *f pl*; **~knochen** *m* os *m* du bassin.

bedacht [bə'daxt] *a*: *auf etw ~ sein (nach etw streben)* songer à qc; avoir grand soin, être soucieux, s'inquiéter de qc; **B~** *m*: *mit ~* avec circonspection, à tête reposée; *(mit Absicht)* de propos délibéré.

bedächtig [bə'dɛçtɪç] **I.** *a (besonnen)* réfléchi; *(gesetzt)* posé; *(vorsichtig)* prudent; **II.** *adv* avec circonspection; posément; **B~keit** *f* ⟨-, ø⟩ réflexion, prudence *f*.

bedachtsam [bə'daxtza:m] *a (besonnen)* réfléchi; *(umsichtig)* circonspect.

bedanken, *sich* ⟨*ohne ge-*⟩ **1.** remercier (*bei jdm für etw* qn de qc); **2.** *(ablehnen)* refuser (avec politesse) (*für etw* qc).

Bedarf *m* ⟨-(e)s, ø⟩ [bə'darf] **1.** besoins *m pl* (*an* de), quantité *f* nécessaire; **2.** *(Nachfrage)* demande *f* (*an* de); — *bei ~* en cas de besoin, si nécessaire; *nach ~* selon *od* suivant les besoins; *den ~ decken* couvrir les besoins, satisfaire aux besoins; *~ haben an* avoir besoin de; *den ~ übersteigen* excéder les besoins; *Gegenstände m pl des täglichen, gehobenen ~s* articles *m pl* d'usage courant, de demi-luxe; **~sartikel** *m* article *m* courant; *pl* fournitures *f pl*; **~sfall** *m*: *im ~* en cas de besoin, au besoin; **~sgüter** *n pl* biens *m pl* de consommation; **~shaltestelle** *f* arrêt *m* facultatif.

bedauer|lich *a (Sache)* regrettable, déplorable; *(beklagenswert)* lamentable; *es ist ~, daß* il est à regretter *od* regrettable que; **~licherweise** *adv* malheureusement; **~n** ⟨*ohne ge-*⟩ *tr* **1.** *(Sache)* regretter; *(beklagen)* déplorer; **2.** *(Menschen)* plaindre, avoir pitié de; — *zu ~ sein* être à plaindre; *(ich) bedauere* je regrette; mille regrets! **B~n** *n* **1.** regret *m*; **2.** *(Anteilnahme)* compassion *f*; — *mit ~* avec regret; *zu meinem (großen) ~* à mon (grand) regret; **~nswert** *a (Sache)* lamentable, déplorable; *(bedauerlich)* regrettable.

bedeck|en ⟨*ohne ge-*⟩ *tr* couvrir, recouvrir, revêtir (*mit* de); *(verbergen)* cacher; *(schützen)* abriter; *sich ~ (den Hut aufsetzen)* se couvrir *(a. vom Himmel)*; **~t** *a (Himmel)* couvert, voilé; *(Gelände)* couvert; **B~ung** *f* ⟨-, (-en)⟩ *(Schutz)* abri *m*.

bedenk|en ⟨*bedachte, bedacht*⟩ *tr* **1.** *(erwägen)* considérer, prendre en considération; penser, songer (*etw* à qc); **2.** *(beachten)* prendre garde à, tenir compte de; *refl* **3.** *sich ~* réfléchir, délibérer; — *wenn man bedenkt, daß ...* dire que ...; *zu ~ geben* donner à réfléchir; *die Folgen ~* peser les conséquences; *er hat mich bedacht mit ... (e-m Geschenk, im Testament)* il m'a offert ..., il m'a légué ...; **B~en** *n* **1.** ⟨-s, ø⟩ *(Erwägung)* réflexion; délibération, considération *f*; **2.** ⟨-s, -⟩ *(Zweifel, Befürchtungen)* doutes *m pl*, préoccupations *f pl*; — *ohne ~* sans hésiter, sans hésitation, en toute assurance; *gegen etw ~ äußern* faire *od* formuler des réserves sur qc; *~ haben* hésiter (*etw zu tun* à faire qc); **~enlos** *adv* sans hésitation, sans scrupule; **~lich** *(Sache) (besorgniserregend)* inquiétant; *(ernst)* sérieux, grave; *(gefährlich)* dangereux, scabreux; *das macht* od *stimmt ~* cela donne à réfléchir; **B~zeit** *f* temps *m* de (la) réflexion; *jdm drei Tage ~ geben* donner trois jours de réflexion à qn.

bedeut|en ⟨*ohne ge-*⟩ *tr* **1.** *(besagen) (Sache)* signifier, vouloir dire; *(vorbedeuten)* présager; *(mit sich bringen)* comporter, entraîner; **2.** *(Mensch) (zu verstehen geben)* signifier, notifier (*jdm etw* qc à qn); — *etwas ~ (wichtig sein)* avoir de l'importance, être de conséquence; *jdm etwas ~ (wert sein)* signifier qc pour qn; *das bedeutet, daß ...* autant dire que ...; *das hat etwas zu ~* il y a anguille sous roche; *das hat nichts zu ~* cela n'a aucune importance *od* pas d'importance, cela ne signifie rien, ce n'est rien; *das bedeutet nichts Gutes* cela ne présage rien de bon; *was soll das ~?* qu'est-ce que cela signifie *od* veut dire? **~end** **I.** *a (wichtig)* important; *(hervorragend)* éminent; *(beachtlich, beträchtlich)* notable, remarquable; **II.** *adv* considérablement, sensiblement; **~sam** *a* significatif, révélateur; **B~ung** *f* **1.** *(Sinn)* signification *f*, sens *m*; *(e-s Wortes)* acception *f*; *(Vorbedeutung)* présage *m*; **2.** *(Wichtigkeit)* importance; *(Tragweite)* portée, conséquence *f*; *ohne (jede) ~* sans aucune importance; *von (ausschlaggebender) ~* d'importance (décisive); *e-r S ~ beimessen* attacher de l'importance à qc; *~ gewinnen* prendre de l'importance; *~ haben* importer (*für etw* pour qc); *von ~ sein* être d'importance *od* de conséquence; **~ungslos** *a* insignifiant, négligeable; peu important; **B~ungslosigkeit** *f* ‹-, ø› insignifiance *f;* **B~ungsumfang** *m* étendue; *(e-s Wortes)* aire *f* sémantique; **~ungsvoll** *a* significatif.

bedien|en ‹*ohne ge-*› *tr* **1.** *(Menschen, Maschine, schwere Waffe)* servir; *tech (Apparat, Maschine) a.* manier, manœuvrer, manipuler; **2.** servir (*bei Tisch* à table); **3.** *(Kartenspiel)* fournir, donner; *refl.* **4.** *sich ~* se servir (*e-r S* de qc); — *~ Sie sich!* servez-vous (, s'il vous plaît); *ich bin bedient!* je suis servi! **B~stete** *m f* employé(e *f*) *m;* **B~ung** *f* ‹-, -en› **1.** *(ohne pl) (Tätigkeit)* service; *tech* maniement *m,* manœuvre *f;* **2.** *(Personal)* gens *pl* de service, personnel *m,* domestiques *m pl; (Kellnerin)* serveuse *f;* — *~ inbegriffen* service compris; **B~ungsvorschrift** *f* instructions *f pl* d'utilisation *od* d'emploi.

beding|en [bəˈdɪŋən] ‹*ohne ge-*› *tr* **1.** *(voraussetzen)* conditionner, présupposer; *(erfordern)* exiger, nécessiter; **2.** *(verursachen)* causer, occasionner; **~t** **I.** *a* conditionnel *a. jur; (beschränkt)* limité; *~ durch* dû à; **II.** *adv* sous (certaines) réserve(s); relativement; *~ gültig* d'une validité relative; **B~ung** *f* ‹-, -en› **1.** *(Voraussetzung)* condition; *(Erfordernis)* exigence *f;* **2.** *(Vertragsbestimmung)* stipulation; clause; modalité *f; pol* préalable *m;* **3.** *pl (Verhältnisse)* conditions, modalités *f pl;* — *unter der ~, daß ...* sous condition de *inf,* que ..., à (la) condition que ... *(subj); unter diesen ~en* dans la situation actuelle; dans ces conditions; *e-e ~ erfüllen* remplir une condition; *etw zur ~ machen* imposer qc comme condition; **~ungslos** **I.** *a* inconditionné, inconditionnel; **II.** *adv* sans condition, sans réserve; — *~e Kapitulation f* capitulation *f* inconditionnelle.

bedräng|en ‹*ohne ge-*› *tr (bestürmen)* presser, tourmenter, embarrasser; *hart ~* serrer de près; *in bedrängter Lage* dans l'embarras; *(finanziell)* dans la gêne; **B~nis** *f* ‹-, -se›, **B~ung** *f* ‹-, -en› embarras *m; (Notlage)* gêne *f; in äußerster ~ sein* être aux abois.

bedroh|en ‹*ohne ge-*› *tr* menacer; *tätlich ~* menacer de voies de fait; **~lich** *a* menaçant; **B~ung** *f* menace *f; ~ des Friedens* menace *f* pour la paix.

bedrucken ‹*ohne ge-*› *tr* imprimer.

bedrück|en ‹*ohne ge-*› *tr* oppresser, opprimer, déprimer, accabler, affliger; **~end** *a* oppressif, accablant; **~t** *a* accablé, déprimé, affligé; **B~theit** *f* ‹-, ø› dépression *f,* accablement, serrement *m* de cœur.

Beduine *m* ‹-n, -n› [beduˈiːnə] Bédouin *m.*

bedürf|en ‹*bedarf, bedurfte, bedurft*› *itr* avoir besoin (*e-r S* de qc); *(Sache) (erfordern)* nécessiter, demander, exiger (*e-r S* qc); *es bedarf großer Anstrengungen* il faut de grands efforts; *das bedarf e-r Erklärung* cela demande des explications; *es bedarf nur e-s Wortes* il suffit d'une parole, une parole suffit; **B~nis** *n* ‹-ses, -se› besoin *m; (Erfordernis)* nécessité (*nach* de), exigence *f; ein ~ befriedigen (physiol)* faire *od* satisfaire ses besoins; *ein ~ verspüren* éprouver *od* ressentir un besoin; *es ist mir ein ~ zu ...* j'éprouve le besoin de ...; **B~nisanstalt** *f* cabinet *m* d'aisance; *(nur Pissoir)* urinoir, pissoir *m;* **~nislos** *a (Mensch)* frugal, sans besoins; *(bescheiden)* modeste; **B~nislosigkeit** *f* frugalité *f;* **~tig** *a (Mensch)* indigent, besogneux, nécessiteux; **B~tigkeit** *f* ‹-, ø› indigence *f.*

Beefsteak *n* ‹-s, -s› [ˈbiːfsteːk] bifteck *m; deutsches ~* boulette *f.*

beehren ‹*ohne ge-*› *tr* honorer (*mit* de); *refl: sich ~* avoir l'honneur (*etw zu tun* de faire qc).

beeid|(ig)en ‹*ohne ge-*› *tr (Aussage)* affirmer sous serment; *(nur:)* **~en** ‹*ohne ge-*› *(Person)* assermenter; faire prêter serment (*jdn* à qn); **~igt** *a (Aussage)* sous serment; *(Person)* assermenté, juré.

beeilen, *sich* ‹*ohne ge-*› se dépêcher, se hâter; s'empresser (*etw zu tun* de faire qc).

beeindrucken ‹*ohne ge-*› *tr* impressionner.

beein|flußbar [-ˈ-flus-] *a* influençable; **~flussen** ‹*ohne ge-*› *tr* influencer, influer sur; **B~flussung** ‹-, (-en)› *f* influence (*gen* sur).

beeinträchtig|en ‹*ohne ge-*› *tr* porter préjudice *od* atteinte à; **B~ung** *f* ‹-, -en› préjudice *m,* atteinte *f.*

beend|(ig)en ‹*ohne ge-*› *tr* terminer, finir, achever, mettre fin à; *(vollenden)* achever, accomplir, parfaire, parachever; *(aufhören mit)* cesser; *die Sitzung ~* clore *od* lever la séance; **B~igung** *f* ‹-, ø› achèvement *m;* cessation *f.*

beengen ‹*ohne ge-*› *tr* (res)serrer; gêner *a. fig; fig* oppresser; *beengt leben* vivre à l'étroit.

beerben ‹*ohne ge-*› *tr* hériter (*jdn* de qn).

beerdig|en [bəˈeːrdɪgən] ‹*ohne ge-*› *tr* enterrer, inhumer, ensevelir; **B~ung** *f* ‹-, -en› **1.** enterrement *m,* inhumation *f,* ensevelissement *m;* sépulture *f;* **2.** *(feierliche Handlung)* funérailles, obsèques *f pl;* **B~ungsinstitut** *n* pompes *f pl* funèbres.

Beere *f* ‹-, -n› [ˈbeːrə] baie *f; (Weinbee-*

re) grain *m;* **~nfrüchte** *f pl,* **~nobst** *n* baies *f pl.*

Beet *n* ⟨-(e)s, -e⟩ [be:t] *agr* planche; *(Rabatte)* plate-bande *f,* parterre *m.*

befähig|en ⟨*ohne ge-*⟩ *tr* rendre apte (*zu* à); rendre capable (*zu* de), qualifier (*zu* pour); **~t** *a* apte (*zu* à), capable (*zu* de), qualifié (*zu* pour); **B~ung** *f* ⟨-, (-en)⟩ aptitude, capacité (*zu* à), qualification *f* (*zu* pour).

befahr|bar *a (Straße)* praticable; **~en I.** ⟨*befährt, befuhr, befahren*⟩ *tr* circuler, passer (*etw* sur qc); *mar* naviguer (*etw* sur qc); **II.** *a (Straße)* fréquenté.

Befall *m* ⟨-(e)s, ø⟩ *(durch Parasiten)* envahissement *m;* **b~en** ⟨*befällt, befiel, befallen*⟩ *tr (Ungeziefer)* envahir, infester; *(Krankheit)* attaquer, atteindre, saisir; *(Furcht)* saisir.

befangen *a* **1.** *(Mensch) (eingeschüchtert, verwirrt)* intimidé, embarrassé, gêné; **2.** *(voreingenommen)* prévenu; *(parteiisch)* partial; — *in e-m Irrtum ~* dans l'erreur; *in Vorurteilen ~* imbu de préjugés; **B~heit** *f* ⟨-, ø⟩ **1.** timidité *f;* embarras *m,* gêne *f;* **2.** prévention; partialité *f.*

befassen, *sich* ⟨*ohne ge-*⟩ **1.** s'occuper, se mêler (*mit* de), s'employer (*mit* à); **2.** *(handeln von)* traiter (*mit* de).

befehden [bə'fe:dən] ⟨*ohne ge-*⟩*: sich* od *ea. ~ (a. fig)* se combattre, se faire la guerre.

Befehl *m* ⟨-(e)s, -e⟩ [bə'fe:l] ordre, commandement *m; auf ~* par ordre; *gen* sur ordre de; *e-n ~ ausführen* exécuter un ordre; *e-n ~ erteilen* donner un ordre; *~ ist ~* un ordre est un ordre; *ausdrücklicher* od *strikter ~* injonction *f;* **b~en** ⟨*befiehlt, befahl, befohlen*⟩ **1.** *tr* ordonner, commander, donner (l')ordre (*etw zu tun* de faire qc); **2.** *itr (herrschen)* avoir le commandement; être (le) maître (*über* de); — *wie Sie ~* comme vous voudrez, comme il vous plaira; **b~end** *a,* **b~erisch** *a* impérieux, dictatorial; **b~igen** ⟨*ohne ge-*⟩ *tr* commander; **~sform** *f gram* impératif *m;* **b~sgemäß** *adv* selon *od* siuvant les ordres reçus; **~sgewalt** *f* commandement *m;* **~shaber** *m* commandant, chef *m; oberster ~* commandant *m* en chef; **~sstand** *m,* **~sstelle** *f mil* poste *m* de commandement; **~ston** *m* ton *m* de dictateur; **~sverweigerung** *f* refus *m* d'obéissance.

befestig|en [bə'fɛstɪgən] ⟨*ohne ge-*⟩ *tr* **1.** fixer, attacher (*an* à), affermir; **2.** *(Straße)* revêtir; **3.** *mil* fortifier; **4.** *fig* fortifier, (r)affermir; consolider, stabiliser; **B~ung** *f* ⟨-, (-en)⟩ **1.** *(Festmachen)* fixation *f; tech* serrage *m;* **2.** *mil* fortification *f;* **3.** *fig* raffermissement *m,* consolidation *f.*

befeuchten ⟨*ohne ge-*⟩ *tr* humecter, mouiller.

befeuern ⟨*ohne ge-*⟩ *tr* **1.** *aero* baliser; **2.** *fig* inspirer, passionner.

befind|en ⟨*befand, befunden*⟩ *tr* **1.** *(erachten)* trouver, juger; *itr* **2.** *jur (entscheiden)* juger, décider (*über* de); *refl: sich ~* **3.** *(örtlich)* se trouver, être; *geog* être situé; **4.** *(gesundheitlich)* se porter, se trouver; **B~en** *n* ⟨-s, ø⟩ **1.** *(Meinung)* avis *m,* opinion *f;* **2.** *(gesundheitlich)* (état *m* de) santé *f; sich nach jds ~ erkundigen* demander des nouvelles de la santé de qn; **~lich** *a: im Bau ~* en construction.

beflagg|en ⟨*ohne ge-*⟩ *tr* pavoiser; **B~ung** *f* ⟨-, (-en)⟩ pavoisement *m.*

beflecken ⟨*ohne ge-*⟩ *tr* tacher (*mit* de); *(beschmutzen)* salir, souiller; *fig* entacher, souiller.

befleißigen, *sich* ⟨*ohne ge-*⟩ s'appliquer (*e-r S* à qc), prendre à tâche (*e-r S* qc).

befliegen ⟨*beflog, beflogen*⟩ *tr aero: e-e Flugstrecke ~* desservir une ligne aérienne.

beflissen [bə'flɪsən] *a (eifrig)* empressé, assidu, appliqué; **B~heit** *f* ⟨-, ø⟩ empressement *m,* assiduité, application *f.*

beflügeln ⟨*ohne ge-*⟩ *tr fig* rendre agile; *(s-e Schritte)* accélérer, hâter.

befolg|en ⟨*ohne ge-*⟩ *tr (Rat)* suivre; *(Anweisung)* observer, obéir à; **B~ung** *f* ⟨-, (-en)⟩ observation; obéissance (*e-r S* à qc).

beförder|n ⟨*ohne ge-*⟩ *tr* **1.** *(transportieren)* transporter; expédier, acheminer; *(Telegramm)* transmettre; **2.** *(fördern, unterstützen)* favoriser, protéger; *(die Verdauung)* stimuler; **3.** *(im Rang)* promouvoir, élever (*zum* od *zur* au rang de); *befördert werden* être promu; avancer; **B~ung** *f* ⟨-, -en⟩ **1.** transport *m;* expédition *f,* acheminement *m; tele* transmission *f;* **2.** *(im Rang)* promotion *f;* avancement *m;* **B~ungsart** *f* mode *m* de transport *od* d'expédition; **B~ungsbedingungen** *f pl* conditions *f pl* de *od* du transport; **B~ungsmittel** *n* moyen *m* de transport.

befrachten ⟨*ohne ge-*⟩ *tr (Wagen)* charger; *mar* affréter.

befrag|en ⟨*ohne ge-*⟩ *tr* interroger; *(um Rat fragen)* consulter; *(ausfragen)* questionner, interviewer; *(verhören)* questionner; **B~ung** *f* ⟨-, (-en)⟩ consultation; interview; information *f; jur* interrogatoire; *(Umfrage)* sondage *m,* enquête *f.*

befrei|en ⟨*ohne ge-*⟩ *tr* **1.** libérer, délivrer; *(Sklaven)* affranchir; *(Gefangenen, Sträfling)* relâcher; *(von e-r Hülle)* débarrasser, dégager; *(aus d. Abhängigkeit)* émanciper; *(entlasten)* dégager, décharger; **2.** *(etw erlassen)* dispenser (*jdn von etw* qn de qc); *(freistellen)* exempter; **3.** *(aus e-r Gefahr)* tirer, sauver (*aus* de); *refl* **4.** *sich* ~ se libérer; se débarrasser (*aus, von* de); — *sich aus e-r schwierigen Lage* ~ se sortir *od* se tirer d'une position difficile; *vom Wehrdienst befreit* libéré des obligations militaires; **B~er** *m* ⟨-s, -⟩ libérateur *m;* **B~ung** *f* ⟨-, ø⟩ **1.** libération, délivrance *f;* affranchissement *m;* émancipation *f;* **2.** dégagement *m;* dispense; *mil* exemption *f.*

befremd|en ⟨*ohne ge-*⟩ *tr* étonner, frapper, déconcerter; *(abstoßen)* répugner; **B~en** *n* ⟨-s, ø⟩ , **B~ung** *f* ⟨-, ø⟩ étonnement *m;* **~end** *a,* **~lich** *a* étrange, insolite.

befreund|en, *sich* ⟨*ohne ge-*⟩ se lier d'amitié (*mit jdm* avec qn); **~et** *a: ich bin mit ihm* ~ *(a.)* je suis un de ses amis; *ein ~es Land* un pays ami.

befried|en ⟨*ohne ge-*⟩ *tr pol (beruhigen)* pacifier; **B~ung** *f* ⟨-, (-en)⟩ pacification *f.*

befriedig|en [bəfri:dɪgən] ⟨*ohne ge-*⟩ *tr (zufriedenstellen)* satisfaire, contenter; *(beschwichtigen)* apaiser, calmer; *(Wunsch, Bedürfnis)* donner satisfaction à; *(Begierde, Trieb)* assouvir; **B~ung** *f* ⟨-, ø⟩ **1.** *(Zufriedenheit)* contentement *m,* satisfaction *f;* **2.** *(e-r Begierde, e-s Wunsches)* apaisement, assouvissement *m.*

befrist|en ⟨*ohne ge-*⟩ *tr* fixer un délai (*etw* pour *od* à qc); **~et** *a com fin* limité, à terme; *kurz* ~ à court terme.

befrucht|en ⟨*ohne ge-*⟩ *tr a. fig* féconder; être fécond pour; *künstlich* ~ inséminer; **B~ung** *f* ⟨-, -en⟩ fécondation *f; künstliche* ~ fécondation artificielle, insémination *f.*

Befug|nis *f* ⟨-, -se⟩ autorisation *f,* pouvoir, droit *m; s-e ~se überschreiten* outrepasser *od* excéder ses pouvoirs; **b~t** *a* autorisé (*zu* à).

befühlen ⟨*ohne ge-*⟩ *tr* palper, tâter.

befummeln ⟨*ohne ge-*⟩ *tr fam* tripoter; *(fig) e-e Sache* ~ goupiller une affaire.

Befund *m* ⟨-(e)s, -e⟩ *(Feststellung)* constatation *f; (Bericht)* rapport *m; ohne* ~ *(o. B.)* néant; *ärztlicher* ~ rapport *m* médical.

befürcht|en ⟨*ohne ge-*⟩ *tr* craindre, appréhender, redouter; *es ist* od *steht zu ~, daß* ... il est à craindre que *(subj);* **B~ung** *f* ⟨-, -en⟩ crainte; appréhension *f.*

befürwort|en ⟨*ohne ge-*⟩ *tr* parler en faveur de, recommander, plaider pour; **B~er** *m* ⟨-s, -⟩ préconiseur; avocat *m;* **B~ung** *f* ⟨-, -en⟩ avis *m* favorable, recommandation *f.*

begab|t [bə'ga:pt] *a* doué (*für* pour); *fam* talentueux; **B~ung** *f* ⟨-, -en⟩ [-bʊŋ] don; talent *m.*

begatt|en, *sich* ⟨*ohne ge-*⟩ s'accoupler; **B~ung** *f* ⟨-, -en⟩ coït *m; (bei Tieren)* accouplement *m.*

begeb|bar [-'ge:p-] *a fin* négociable; **~en** [-bən] ⟨*begibt, begab, begeben*⟩ **1.** *tr (Anleihe)* émettre; *(Wechsel)* négocier; **2.** *refl: sich* ~ *(gehen, fahren)* se rendre, aller (*nach* vers); *an etw* se mettre à qc; **3.** *impers (sich ereignen)* arriver, se passer; — *sich in Gefahr* ~ encourir *od* s'exposer à un danger; *sich zur Ruhe* ~ aller se coucher; **B~enheit** *f* ⟨-, -en⟩ événement, incident *m;* **B~ung** *f* ⟨-, -en⟩ (Anleihe) émission; *(Wechsel)* négociation *f.*

begegn|en [bə'ge:gnən] ⟨*ohne ge-*⟩ *itr* ⟨*sein*⟩ **1.** *(treffen)* rencontrer (*jdm* qn); *(Schwierigkeiten)* recontrer, se heurter à; **2.** *fig (entgegentreten)* prévenir, empêcher (*e-r S* qc); *impers* **3.** *(widerfahren)* arriver; *refl* **4.** *sich* od *ea.* ~ se rencontrer; **B~ung** *f* ⟨-, -en⟩ rencontre, entrevue *f.*

begehen ⟨*beging, begangen*⟩ *tr* **1.** *(Weg)* passer sur; *(prüfend)* inspecter; **2.** *(Tat, Verbrechen)* commettre, perpétrer, accomplir; *(Sünde)* commettre; **3.** *(Fest)* célébrer, fêter; — *e-e Dummheit, e-n Fehler* ~ faire une bêtise, commettre une erreur; *(Tag) feierlich* ~ commémorer; *Selbstmord* ~ se suicider.

Begehr|(en *n***)** *m* od *n* ⟨-s, ø⟩ [bə'ge:r] désir *m,* envie *f;* **b~en** ⟨*ohne ge-*⟩ *tr* désirer, convoiter, envier; *(verlangen)* demander (*zu* de); *ein Mädchen zur Frau* ~ vouloir épouser une fille; **b~enswert** *a* désirable, convoitable; **b~lich** *a* avide, convoiteur; *(lüstern)* concupiscent; **~lichkeit** *f* ⟨-, -en⟩ avidité, convoitise; *(Lüsternheit)* concupiscence *f;* **b~t** *a* recherché; *com* demandé.

begeister|n ⟨*ohne ge-*⟩ **1.** *tr* enthousiasmer, passionner, exalter, inspirer; *jdn für e-e S* ~ gagner qn à qc; **2.** *refl: sich* ~ s'enthousiasmer, se passionner (*für etw* pour qc); **~t** *a (Mensch)* enthousiaste, passionné; *~er Anhänger m* fanatique; *fam* fan *m;* **B~ung** *f* ⟨-, ø⟩ enthousiasme *m,* passion; exaltation *f; ein Sturm der* ~ un enthousiasme frénétique.

Begier *f* ⟨-, ø⟩ [bə'gi:r] , **~de** *f* ⟨-, -n⟩ désir *m,* envie; avidité, convoitise (*nach* de); *(Lüsternheit)* concupiscence; *fig (Verlangen)* soif *f* (*nach* de); **b~ig I.** *a* désireux, envieux, avide (*auf, zu* de); *(lüstern)* concupiscent; *(bedacht auf)* désireux (*auf* de); **II.** *adv* avidement.

begießen ⟨*begoß, begossen*⟩ *tr* arroser.

Beginn *m* ⟨-(e)s, ø⟩ [bə'gɪn] commencement; début *m; (Ursprung)* origine, naissance *f; (Ausgangspunkt)* (point de) départ *m; bei* ~ au commencement, à l'entrée (*gen* de); *gleich zu* ~ dès le début; **b~en** ⟨*begann, begonnen*⟩ *tr, itr* **1.** commencer débuter; se mettre, procéder (*mit* à); *(Gespräch)* engager, entamer; **2.** *(unternehmen)* entreprendre; *(tun)* fair.

beglaubig|en ‹*ohne ge-*› *tr* **1.** attester, certifier, vérifier; *(Unterschrift)* légaliser; vidimer; **2.** *(e-n Diplomaten)* accréditer (*bei jdm* auprès de qn); — *etw ~ lassen (a.)* demander acte de qc; *Abschrift beglaubigt* copie conforme; **B~ung** *f* ‹-, -en› attestation, certification, vérification; légalisation *f; zur ~ (adm)* pour ampliation; **B~ungsschreiben** *n (e-s Diplomaten)* lettres *f pl* de créance.

begleich|en ‹*beglich, beglichen*› *tr (bezahlen)* régler, payer, acquitter; **B~ung** *f* ‹-, (-en)› règlement, paiement, acquittement *m*.

Begleit|brief *m* [bəˈglaɪt-] bordereau *m* d'expédition, feuille *od* lettre *f* d'accompagnement; **b~en** ‹*ohne ge-*› *tr* accompagner *a. mus* (*auf d. Klavier* au piano); *(Anstandsdame)* chaperonner; *mil* escorter; *mar* convoyer; *nach Hause ~* raccompagner, reconduire; **~er** *m* ‹-s, -› **1.** compagnon; *(e-r Dame)* cavalier *m;* **2.** *mus mil* accompagnateur *m*, -trice *f;* **~erscheinung** *f* phénomène *m* concomitant; **~flugzeug** *n* avoin *m* d'escorte *od* d'accompagnement, escorte *f;* **~musik** *f* accompagnement *m; film* musique *f* scénique; **~schein** *m* feuille *f* de route; *(Zoll)* acquit-à-caution *m;* **~schiff** *n* convoyeur, escorteur *m;* **~schreiben** *n* lettre *f* d'envoi; **~ung** *f* ‹-, -en› **1.** *a. mus* accompagnement *m;* **2.** *(Gefolge)* compagnie *f*, cortège *m*, suite *f;* — *in ~ (gen)* en compagnie de, accompagné *od* suivi de.

beglück|en ‹*ohne ge-*› *tr* rendre heureux, ravir; *jdn ~* faire plaisir à qn; **~end** *a* réjouissant, béatifique; **~t** *a* heureux, ravi; **~wünschen** ‹*ohne ge-*› *tr* féliciter, congratuler (*zu* de).

begnad|et *a* béni, doué; **~igen** ‹*ohne ge-*› *tr* gracier, amnistier; **B~igung** *f* ‹-, -en› grâce *f*, pardon *m;* amnistie *f;* **B~igungsgesuch** *n* recours *m* en grâce; **B~igungsrecht** *n* droit *m* de grâce.

begnügen [bəˈgny:gən], *sich* ‹*ohne ge-*› se contenter, être content (*mit* de).

Begonie *f* ‹-, -n› [beˈgo:niə] *bot* bégonia *m*.

begraben ‹*begräbt, begrub, begraben*› *tr* enterrer *a. fig (bes. Hoffnung)*, inhumer, ensevelir; *etw endgültig ~ (fig)* faire *od* mettre une croix sur qc; *dort möchte ich nicht ~ sein* je ne voudrais pas y être, même en peinture.

Begräbnis *n* ‹-ses, -se› [bəˈgrɛ:pnɪs] enterrement; ensevelissement *m;* sépulture *f*.

begradigen [bəˈgra:dɪgən] ‹*ohne ge-*› *tr* rectifier.

begreif|en ‹*begriff, begriffen*› *tr* u. *itr (verstehen)* comprendre, saisir, entendre; *schwer ~ (a.)* avoir la tête dure; *das begreife ich nicht (a.)* cela me dépasse; **~lich** *a* compréhensible, concevable, intelligible; *jdm etw ~ machen* faire comprendre qc à qn; *das ist ~* cela se comprend; **~licherweise** *adv* naturellement.

begrenz|en ‹*ohne ge-*› *tr* limiter, borner; *(abgrenzen)* délimiter, circonscrire; *(einschränken)* restreindre; **~t** *a* limité, restreint; *(Verstand)* borné; *~ haltbar (Lebensmittel)* périssable; **B~ung** *f* ‹-, -en› limitation; délimitation; restriction *f*.

Begriff *m* ‹-(e)s, -e› notion *f*, concept *m*, idée *f; im ~ zu* sur le point de, près de, en train de; *e-n ~ von etw haben* avoir une idée *od* notion de qc; *sich e-n ~ von etw machen* s'imaginer qc; *sich e-n falschen ~ von etw machen* se faire une fausse idée de qc; *sich keinen ~ von etw machen* n'avoir pas la moindre notion de qc; *schwer von ~ sein (fam)* avoir la tête dure; *ist dir das ein ~?* est-ce que cela te dit quelque chose? **b~en** *a: im Entstehen ~* en (voie de) formation; *mitten in den Vorbereitungen ~* en pleins préparatifs.

begründ|en ‹*ohne ge-*› *tr* **1.** *(gründen)* fonder, établir, constituer; **2.** *(den Grund angeben für)* motiver; *(bes. Anspruch)* justifier (*damit, daß ...* en disant que ...); **~et** *a* motivé; (bien) fondé; *(berechtigt)* justifié; **B~ung** *f* **1.** *(Gründung)* fondation *f*, établissement *m;* **2.** explication, justification; *(Motivierung)* motivation *f; mit der ~, daß* en donnant pour motif que.

begrüß|en ‹*ohne ge-*› *tr* **1.** saluer; *(feierlich)* souhaiter la bienvenue (*jdn* à qn); **2.** *(gern sehen)* se réjouir, se féliciter (*etw* de qc); **B~ung** *f* ‹-, -en› salutation *f*, salut *m;* **B~ungsrede** *f* allocution *f* de bienvenue.

begünstig|en [bəˈgʏnstɪgən] ‹*ohne ge-*› *tr* **1.** favoriser, avantager, privilégier; **2.** *(fördern)* appuyer, protéger; **3.** *jur (Verbrechen)* prêter assistance à; **B~ung** *f* ‹-, -en› **1.** traitement *m* de faveur *od* préférentiel; **2.** *(Förderung)* appui *m*, protection *f;* **3.** *jur* complicité *f* après coup.

begutacht|en ‹*ohne ge-*› *tr* expertiser; *allg* donner son avis sur; **B~ung** *f* ‹-, -en› expertise *f; allg* avis, jugement *m*.

begütert [-ˈgʏ:-] *a (Person)* aisé, fortuné, riche.

behaart *a* poilu; *bot* peluché; *dicht* od *stark ~* velu.

behäbig [bəˈhɛ:bɪç] *a* **1.** *(Person)* à son aise; tout en rondeur; qui aime ses aises; **2.** *(bequem)* commode; *(behaglich)* confortable.

behaftet *a* atteint, affecté (*mit* de).

behag|en [bə'ha:gən] ⟨*ohne ge-*⟩ *itr impers: das behagt mir nicht* cela ne me plaît pas; **B~en** *n* ⟨-s, ø⟩ : *mit* ~ à mon *etc* aise; avec plaisir; **~lich** *a (Sache)* confortable, agréable; *sich* ~ *fühlen* être à son aise; **B~lichkeit** *f* ⟨-, ø⟩ confort *m*.

behalten ⟨*behält, behielt, behalten*⟩ *tr* **1.** garder, conserver; **2.** *(im Gedächtnis)* retenir; *etw im Auge* ~ ne pas perdre qc de vue.

Behälter *m* ⟨-s, -⟩ [bə'hɛltər] récipient; *(für Flüssigkeiten)* réservoir *m*, citerne *f; (Akku)* bac; *loc* container *m*.

behand|eln ⟨*ohne ge-*⟩ *tr* **1.** *(Menschen, Sache, Thema)* traiter (*jdn als* qn en; *etw (ein Thema)* de qc); **2.** *(Kranken, Wunde)* soigner; **3.** *(handhaben)* manier; — *jdn von oben herab* ~ traiter qn de haut; *schlecht* ~ maltraiter; *behandelnder Arzt m* médecin *m* traitant; **B~lung** *f* **1.** traitement *m;* **2.** *med* soins *m pl* (médicaux); thérapeutique *f;* **3.** *(Handhabung)* maniement *m;* — *in* ~ en traitement; *ärztliche* ~ traitement *m* médical, soins *m pl* médicaux.

behängen ⟨*ohne ge-*⟩ *tr (Wand)* tapisser; *(drapieren)* draper (*mit* de).

beharr|en ⟨*ohne ge-*⟩ *itr* persévérer, persister (*auf, in etw* dans qc); *(auf e-r Meinung)* insister (*auf* sur), tenir ferme (*auf etw* à qc); *bei s-m Entschluß* ~ maintenir fermement sa décision; **~lich** *a (Mensch)* persévérant, persistant, constant; **B~lichkeit** *f* ⟨-, ø⟩ esprit *m* de suite, persévérance, persistance, constance *f*.

behauen ⟨*behaute, behauen*⟩ *tr (Steine)* tailler; *(a. Holz)* dégrossir, façonner.

behaupt|en ⟨*ohne ge-*⟩ *tr* **1.** *(die Behauptung aufstellen)* prétendre, avancer; *(beteuern)* maintenir, affirmer, assurer; **2.** *(erfolgreich verteidigen)* tenir, soutenir; *(Stellung)* maintenir; *mil* tenir; rester maître (*etw* de qc); *refl* **3.** *sich* ~ se maintenir, tenir bon *od* ferme; *(Preise, Kurse)* être ferme; — *etw steif und fest* ~ soutenir qc mordicus *od* avec assurance; *das habe ich nicht behauptet* je n'ai pas dit cela; **B~ung** *f* ⟨-, -en⟩ **1.** affirmation, assertion *f;* **2.** *(ohne pl) (Halten, Wahrung)* maintien *m;* — *die* ~ *aufstellen, daß ...* avancer *od* prétendre que ...

Behausung *f* ⟨-, -en⟩ *(Wohnung)* demeure *f; ärmliche* ~ taudis, galetas *m*.

beheben ⟨*behob, behoben*⟩ *tr (Mißstand abstellen)* enlever, faire disparaître *od* cesser, remédier à.

beheimatet *a* originaire (*in* de), domicilié (*in* à).

Behelf *m* ⟨-(e)s, -e⟩ [bə'hɛlf] expédient, moyen *m* de fortune; **b~en,** *sich* ⟨*behilft, behalf, beholfen*⟩ s'arranger, se tirer d'affaire *od* d'embarras, s'en tirer; *fam* se débrouiller; *sich mit etw* ~ recourir, avoir recours à, se contenter de qc; *sich ohne etw* ~ se passer de qc; **~slösung** *f* palliatif, pis-aller *m;* **b~smäßig I.** *a* provisoire, improvisé, de fortune; **II.** *adv* provisoirement.

behelligen [bə'hɛligən] ⟨*ohne ge-*⟩ *tr* importuner, molester.

behend|(e) [bə'hɛnt,-də] *a (flink)* agile, leste; **B~igkeit** *f* ⟨-, ø⟩ agilité *f*.

beherbergen ⟨*ohne ge-*⟩ *tr* héberger, loger.

beherrsch|en ⟨*ohne ge-*⟩ *tr* **1.** *pol* régner sur, dominer; commander, contrôler; **2.** *fig (großen Einfluß haben)* avoir de l'emprise *od* de l'ascendant (*jdn* sur qn); **3.** *(Leidenschaft in der Gewalt haben)* maîtriser, avoir de l'empire sur; **4.** *(e-e Kunst, e-e Sprache)* posséder; **5.** *(übertragen)* dominer; *refl* **6.** *sich* ~ se dominer, se maîtriser; *ich kann mich* ~ *(iron)* je me ferai une raison; je m'en garderais bien; **~end** *a* dominant; **~t** *a* maître de soi; **B~theit** *f* ⟨-, ø⟩ maîtrise *f* de *od* empire *m* sur soi(-même); **B~ung** *f* ⟨-, ø⟩ domination *f* (*gen* de), empire *m* (*gen* sur).

beherz|igen [bə'hɛrtsɪgən] ⟨*ohne ge-*⟩ *tr* prendre à cœur; *(Rat)* suivre; **B~igung** *f* ⟨-, ø⟩ (prise en) considération *f;* **~t** *a* courageux, brave, vaillant, hardi; **B~theit** *f* ⟨-, ø⟩ courage *m*, bravoure, vaillance, hardiesse *f*.

behilflich *a* secourable, serviable; *jdm* ~ *sein* aider qn (*bei etw* à qc).

behinder|n ⟨*ohne ge-*⟩ *tr* gêner, embarrasser, entraver, handicaper; **B~ung** *f* ⟨-, -en⟩ empêchement *m*, entrave *f*, handicap *m*.

Behörd|e *f* ⟨-, -n⟩ [bə'hø:rdə] autorité, administration *f; die* ~*n (pl)* les pouvoirs *m pl* publics; **b~lich** *a* officiel; administratif; *mit* ~*er Genehmigung,* ~ *genehmigt* autorisé par le gouvernement.

behüten ⟨*ohne ge-*⟩ *tr* garder (*vor* de); sauvegarder, protéger (*vor* contre, de); *Gott behüte!* à Dieu ne plaise!

behutsam [bə'hu:tza:m] **I.** *a* précautionneux, circonspect, prudent; **II.** *adv* avec précaution *od* ménagement; ~ *vorgehen* agir en douceur; **B~keit** *f* ⟨-, ø⟩ précaution; circonspection, prudence *f*.

bei [baɪ] *prp dat* **1.** *(örtlich: in der Nähe von)* près de, auprès de; ~ *Paris* près de Paris; ~*m Ofen* auprès du poêle; *nahe, dicht* ~ tout près de; *die Schlacht* ~ *Marathon* la bataille de Marathon; *(räumliche Bezogenheit:)* ~ *jdm (in der Wohnung)* chez qn; *(auf Briefen)* aux bons soins de; ~ *sich (unterwegs mitgeführt)* avec soi; *(in der Kleidung)* sur soi; **2.** *(zeitlich: während, gleichzeitig mit)* à, pendant, lors de, au moment de; ~ *meiner Ankunft* à mon arrivée; ~ *meinem Besuch* lors de ma visite; ~*m*

Eintritt in ... en entrant *od* au moment d'entrer dans ...; ~ *jds Lebzeiten* du vivant de qn; ~*m Lesen* en lisant; ~*m Mittagessen* au *od* pendant le déjeuner; ~ *Tag, Nacht* le *od* de jour, la *od* de nuit; ~ *e-m Unfall (während e-s Unfalles)* dans un accident; **3.** *(begründend: in Hinblick* od *mit Rücksicht auf)* en considération de, tenant compte de, étant donné, eu égard à; ~ *deiner Erkältung* enrhumé comme tu l'es; ~ *so vielen Schwierigkeiten* en considération de tant de difficultés; **4.** *(einräumend: trotz)* malgré, en dépit de, avec; ~ *alledem* malgré tout cela; ~ *aller Vorsicht* malgré *od* en dépit de toutes les précautions; ~*m besten Willen* avec la meilleure volonté du monde; **5.** *(verschiedene Wendungen:)* ~*m Bäcker* chez le boulanger; ~ *den Chinesen (von Zuständen, Gewohnheiten, Sitten)* chez les Chinois; ~ *der Hand (nehmen)* par la main; ~*m Kragen (packen)* par le col, au collet; ~ *guter, schlechter Laune* de bonne, mauvaise humeur; ~ *der Luftwaffe (fam)* dans l'aviation; ~ *Molière (in den Werken M.s)* chez *od* dans Molière; ~ *e-m Unfall (im Falle e-s Unfalls)* en cas d'accident; ~ *gutem, schlechtem Wetter* par beau, mauvais temps; ~ *sich anfangen* commencer par soi-même; *ich dachte ~ mir* je pensais en moi-même; ~ *Gott!* par Dieu!

bei≈behalten ⟨*behält, behielt bei, beibehalten*⟩ *tr* garder, conserver.

bei≈bringen ⟨*brachte bei, beigebracht*⟩ *tr* **1.** *(Unterlagen)* fournir, présenter; *(Zeugen)* produire; **2.** *(zufügen)* infliger, faire subir; **3.** *fam (lehren)* apprendre, enseigner, inculquer (*jdm etw* qc à qn).

Beicht|e *f* ⟨-, -n⟩ [baıçtə] confession *f; e-e ~ ablegen* faire une confession; **b~en** *tr* confesser; *itr* se confesser; **~geheimnis** *n* secret *m* de la confession; **~kind** *n* pénitent *m;* **~stuhl** *m* confessionnal *m;* **~vater** *m* confesseur; directeur *m* de conscience.

beide [baıdə] *a* les deux, tous (les) deux, l'un et l'autre; *die ~n* les deux; *alle ~* tous les deux; *einer, eins, von ~n* l'un ou l'autre, l'un des deux; *keiner von ~n* aucun des deux, ni l'un ni l'autre; *wir ~* nous deux; *meine ~n Brüder* mes deux frères; *es gibt nur eins von ~n* c'est l'un ou l'autre; **~mal** *adv* les deux fois; **~rlei** [-'laı] *a inv* des deux sortes *od* espèces; ~ *Geschlechts* des deux sexes; **~rseitig I.** *a* **1.** des deux côtés; bilatéral; **2.** *(gegenseitig)* réciproque, mutuel, respectif; **II.** *adv: ~ tragbar (Kleidung)* réversible; **~rseits** *adv* des deux côtés *od* parts, de part et d'autre.

beieinander [-'nandər] *adv* ensemble; l'un avec l'autre.

Beifahrer *m (Mitfahrender)* passager, compagnon *m* de route.

Beifall *m* ⟨-s, ø⟩ **1.** *(durch Klatschen)* applaudissement(s *pl*) *m; (durch Zurufe)* acclamation(s *pl*) *f;* **2.** *(Zustimmung)* approbation *f,* assentiment *m;* — ~ *ernten* être applaudi (*jds* par qn); *(Zustimmung)* être approuvé (*jds* par qn); ~ *klatschen* od *spenden* applaudir.

beifällig I. *a* approbateur; **II.** *adv* dans un sens favorable.

bei≈füg|en *tr* ajouter; *(bes. in Brief)* joindre, annexer; **B~ung** *f gram (Attribut) (a)* éphithète *f, (s)* complément *m* de nom.

Beigabe *f* **1.** *(zum Hauptgericht)* garniture *f;* **2.** *com* prime *f, fam* extra *m.*

beige ['bɛ:ʒə, 'be:ʒə] *a (sandfarben)* beige.

bei≈geben ⟨*gibt, gab bei, beigegeben*⟩ *tr* ajouter, (ad)joindre; *klein ~ (fam)* filer doux.

Beigeschmack *m* ⟨-(e)s, ø⟩ arrière-goût *m.*

Beiheft *n* supplément *m.*

Beihilfe *f* **1.** aide *f,* secours *m;* assistance *f;* **2.** *jur* complicité *f* par assistance; *jdm ~ leisten (jur)* agir de complicité avec qn.

bei≈kommen ⟨*kam bei, beigekommen*⟩ *itr* ⟨*sein*⟩ *(Schwierigkeiten)* maîtriser, venir à bout de; *ihm ist nicht beizukommen* il ne donne pas prise sur lui; *wie wäre ihm beizukommen?* par quel biais le prendre?

Beil *n* ⟨-(e)s, -e⟩ hache, hachette *f.*

Beilage *f* **1.** *allg* pièce *f* jointe; **2.** *(zur Zeitung)* supplément *m;* **3.** *(Küche)* garniture *f; mit ~ (Küche)* garni.

beiläufig I. *a (Bemerkung)* fait en passant; **II.** *adv* en passant.

bei≈leg|en *tr* **1.** *(beifügen)* ajouter, joindre; inclure *(e-m Brief* dans une lettre); **2.** *(zuschreiben)* attribuer, prêter, imputer; **3.** *(Titel geben)* conférer, donner; **4.** *(Streit: schlichten)* arranger, régler; terminer; — *e-r Sache große Bedeutung ~* attacher beaucoup d'importance à quelque chose; *gütlich, friedlich ~* régler à l'amiable; **B~ung** *f* ⟨-, ø⟩ arrangement, règlement *m,* cessation *f; gütliche ~* arrangement *od* règlement à l'amiable, accommodement *m.*

beileibe [baı'laıbə] *adv: ~ nicht!* pas du tout!

Beileid *n* ⟨-(e)s, ø⟩ condoléances *f pl; jdm sein ~ aussprechen, bezeigen* présenter des, exprimer ses condoléances; **~sbesuch** *m* visite *f* de condoléances; *von ~en bitten wir abzusehen* la famille s'excuse de ne pas recevoir; **~sbrief** *m,* **~sschreiben** *n* lettre *f* de condoléances.

bei≈liegen ⟨*lag bei, beigelegen*⟩ *itr* être

joint (*e-r S* à qc); **~d I.** *a* ci-joint; **II.** *adv* sous ce pli.

bei≈meng|en *tr*, **B~ung** *f s. beimischen.*

bei≈messen ⟨*mißt, maß bei, beigemessen*⟩ *tr (Bedeutung, Wert)* attacher, attribuer.

bei≈misch|en *tr* mélanger (*e-r S etw* qc et qc), mêler (*e-r S* à qc); **B~ung** *f* addition *f;* mélange *m.*

Bein *n* ⟨-(e)s, -e⟩ [baın] **1.** *(Mensch, Pferd)* jambe; *(Tier)* patte *f;* **2.** *(Tisch, Stuhl)* pied *m;* **3.** *(Knochensubstanz)* os *m;* — *(wieder) auf den ~en* sur pied; *sich kein ~ ausreißen (fam)* ne pas se fouler *od* se casser; *auf die ~e bringen (fig)* mettre sur pied *od* debout; *wieder auf die ~e bringen (e-n Kranken)* remettre sur pied; *jdm wieder auf die ~e helfen (a. fig)* remettre qn sur ses pieds, *fig* à flot; *wieder auf die ~e kommen (fig)* se remettre à flot; *jdm ~e machen (fig)* faire partir *od (fam)* décamper qn; *immer auf den ~en sein* être toujours debout; *mit einem ~ im Grabe stehen* avoir un pied dans la tombe; *sich die ~e in den Leib stehen* faire le pied de grue; *jdm ein ~ stellen* faire un croc-en--jambe à qn; *sich die ~e vertreten* se dégourdir les jambes; *auf einem ~ ist nicht gut stehen* on ne s'en va pas sur une jambe.

beinahe [baı'na:ə] *adv* presque, à peu (de chose) près; peu s'en faut; *~ eine Million* près d'un million; *ich wäre ~ gefallen* j'ai failli tomber *od* manqué de tomber.

Beiname *m* surnom *m.*

Bein|bruch *m* ['baın-] fracture *f* de la jambe; **b~ern** *a* d'os, en os.

beinhalten [bə'ınhaltən] ⟨*ohne ge-*⟩ *tr* comprendre, comporter.

Bein|haus *n* ['baın-] ossuaire, charnier *m;* **~prothese** *f* jambe *f* artificielle *od* articulée.

bei≈pflichten *itr* se ranger à l'avis, adopter l'opinion (*jdm* de qn); approuver (*jdm* qn, *e-r S* qc).

beirren ⟨*ohne ge-*⟩ *tr* déranger, déconcerter, embarrasser; *sich nicht ~ lassen* aller droit devant soi, aller son chemin.

beisammen [baı'zamən] *adv* ensemble; *wenn ich die Summe ~ habe* lorsque j'aurai réuni la somme; *s-e Gedanken nicht ~ haben* être distrait; *~ sein* être réunis; **B~sein** *n* réunion *f.*

Beischlaf *m* ⟨-(e)s, ø⟩ coït *m,* cohabitation *f.*

Beisein *n: im ~ (gen)* en présence (de).

beiseite [baı'zaıtə] *adv* à part, de côté, à l'écart; *~ lassen* laisser de côté; *~ legen* mettre à part; *(sparen)* mettre de côté; *~ schaffen* mettre à l'écart; faire disparaître; *~ schieben* écarter *a. fig; ~ treten* se mettre à l'écart; *Scherz* od *Spaß ~!* trêve de plaisanteries *od* railleries!

bei≈setz|en *tr (beerdigen)* enterrer, inhumer; **B~ung** *f* ⟨-, -en⟩ funérailles, obsèques *f pl; die ~ fand in aller Stille statt* les obsèques ont eu lieu dans l'intimité.

Beisitzer *m jur* assesseur *m.*

Beispiel *n* exemple *m; als ~* à titre d'exemple; *nach dem ~ (gen)* à l'exemple (de); *zum ~* par exemple; *als ~ dienen* servir d'exemple (*für* à); *sich an jdm ein ~ nehmen* prendre modèle *od* exemple sur qn, prendre qn pour modèle; *mit gutem ~ vorangehen* prêcher l'exemple, donner l'exemple *od* le bon exemple; **b~haft** *a* exemplaire; **b~los** *a* sans exemple, sans précédent; *(unvergleichlich)* incomparable; **b~sweise** *adv* à titre d'exemple, par exemple.

bei≈springen ⟨*sprang bei, beigesprungen*⟩ *itr* ⟨*sein*⟩ *jdm ~* aider, secourir qn, venir à la rescousse de qn.

beiß|en ['baısən] ⟨*biß, gebissen*⟩ **1.** *tr* mordre; **2.** *refl: sich ~ (Farben)* jurer; — *sich auf die Lippen ~* se mordre les lèvres; *nichts zu ~ haben (fam)* n'avoir rien à se mettre sous la dent; **~end** *a* **1.** mordant, piquant *a. fig; (scharf)* acéré, âcre *a. fig;* **2.** *fig* caustique, amer; sarcastique; **B~zange** *f* tenaille(s *pl*), pince *f* coupante.

Beistand *m* **1.** *(Hilfe)* (entr)aide *f,* secours *m,* assistance *f;* appui, soutien *m;* **2.** *(Person)* soutien, défenseur; *(Rechtsbeistand)* conseiller *m* juridique; — *jdm ~ leisten* prêter assistance *od* son appui à qn; **~spakt** *m pol* pacte *m* d'assistance.

bei≈stehen ⟨*stand bei, beigestanden*⟩ *itr* secourir, aider, assister, seconder (*jdm* qn).

bei≈steuern *tr* contribuer (*zu* à); *dazu ~* donner sa quote-part.

bei≈stimmen *itr* consentir; approuver (*jdm* qn); être de l'avis, se ranger à l'avis (*jdm* de qn).

Beistrich *m (Komma)* virgule *f.*

Beitrag *m* **1.** contribution *f,* apport *m* (*zu* à) *a. fig; (Mitgliedsbeitrag)* cotisation *f;* **2.** *(Zeitungsartikel)* article *m;* — *e-n ~ leisten* contribuer (*zu etw* à qc); *s-n ~ leisten* apporter sa contribution (*zu* à); **bei≈tragen** ⟨*trägt, trug bei, beigetragen*⟩ *tr* contribuer, concourir, aider (*zu* à); *wesentlich, wenig, nichts ~ zu etw* être pour beaucoup, peu rien dans qc; **b~spflichtig** *a* assujetti à des cotisations.

bei≈treten ⟨*tritt, trat bei, beigetreten*⟩ *itr* ⟨*sein*⟩ *(e-m Verein etc)* adhérer, s'affilier (*dat* à), entrer (*dat* dans).

Beitritt *m* affiliation, adhésion (*zu* à); entrée *f* (*zu* dans); *s-n ~ erklären* donner son adhésion.

Beiwagen *m (am Motorrad)* side-car *m; (Straßenbahn)* voiture *f* (supplémentaire).

bei=wohnen *itr* **1.** assister, participer, prendre part (*e-r S* à qc); **2.** *(beischlafen)* cohabiter, avoir des rapports sexuels (*jdm* avec qn).

Beize *f* ‹-, -n› ['baɪtsə] *tech* corrodant, mordant; *(für Metall)* décapant; *(Gerberei)* tan *m*.

beizeiten [baɪ'tsaɪtən] *adv (früh)* de bonne heure.

beizen ['baɪtsən] *tr tech* corroder, mordre; *(Metall)* décaper; *(Holz)* teindre; *(Tabak)* saucer; *schwarz* ~ ébéner.

bejahen ‹*ohne ge-*› *tr* affirmer; **~d** *a* affirmatif; ~ *antworten* répondre affirmativement.

bejahrt [bə'ja:rt] *a* âgé, vieux.

Bejahung *f* affirmation; réponse *f* affirmative.

bejammern ‹*ohne ge-*› *tr* déplorer.

bekämpf|en ‹*ohne ge-*› *tr* combattre; lutter (*etw* contre qc); **B~ung** *f* ‹-, -en› combat *m*, lutte *f* (*e-r S* contre qc).

bekannt [bə'kant] *a* **1.** connu (*als* comme; *für* pour; *bei* de); **2.** *(Sache)* public, notoire; **3.** *(berühmt)* renommé, célèbre, fameux; — *persönlich* ~ connu de sa personne; *jdn mit jdm ~ machen* présenter qn à qn, faire faire la connaissance de qn à qn; *allgemein ~ sein (Sache)* être notoire *od* de notoriété; *dafür ~ sein, daß ...* être connu pour *inf; mit jdm ~ sein* connaître qn; *etw als ~ voraussetzen* supposer la connaissance de qc; ~ *werden* se faire connaître *od* un nom *od* une réputation; *(Sache)* s'ébruiter; **B~e** *m f* ‹-n, -n› connaissance *f; ein ~r, e-e ~ von mir* une personne de ma connaissance, un(e) de mes ami(e)s; **B~enkreis** *m* cercle *m* d'amis; **~ermaßen** *adv* notoirement; **B~gabe** *f* communication, notification *f;* **~geben** ‹*gibt, gab bekannt, bekanntgegeben*› *tr* communiquer, notifier, annoncer; **~lich** *adv* comme on sait; **~machen** *tr* annoncer, publier, afficher; **B~machung** *f* ‹-, -en› annonce *f*, avis *m*, publication *f;* **B~schaft** *f* ‹-, -en› **1.** connaissance *f;* **2.** *(Personenkreis)* connaissances *f pl;* — *jds* od *mit jdm ~ machen* faire la connaissance de qn, faire *od* lier connaissance avec qn.

bekehr|en ‹*ohne ge-*› *tr* convertir (*zu* à); **B~ung** *f* ‹-, -en› conversion *f*.

bekenn|en ‹*bekannte, bekannt*› *tr* confesser; avouer; *sich ~ zu (bes. rel)* professer, suivre; *Farbe ~ (fig)* lever le masque, *fam* annoncer la couleur; *sich schuldig ~* s'avouer coupable; **B~tnis** *n* ‹-ses, -se› confession *f a. rel;* aveu *m; (Sünden-, Schuldbekenntnis)* confiteor *m*.

beklag|en ‹*ohne ge-*› **1.** *tr* déplorer, plaindre, regretter; **2.** *refl: sich ~* se plaindre (*bei jdm über etw* de qc à qn); **~enswert** *a* **1.** *(Mensch)* à plaindre; **2.** *(Sache)* déplorable, regrettable; **B~te** *m f* ‹-n, -n› *jur* défendeur *m*, défenderesse *f*.

bekleben ‹*ohne ge-*› *tr* coller (*etw mit etw* qc sur qc).

bekleckern ‹*ohne ge-*› *tr fam* barbouiller.

bekleid|en ‹*ohne ge-*› *tr* **1.** habiller, vêtir (*mit* de); **2.** *(ein Amt)* occuper, remplir, exercer; **B~ung** *f* habillement, vêtement(s *pl*) *m*.

beklemm|en ‹*ohne ge-*› *tr* oppresser, serrer le cœur à; **~end** *a* angoissant, étouffant; **B~ung** *f* ‹-, -en› oppression *f*, serrement *m* de cœur, angoisse *f*.

beklommen [bə'klɔmən] *a* oppressé, serré; **B~heit** *f* ‹-, ø› serrement *m* de cœur.

bekommen ‹*bekam, bekommen*› *tr* **1.** recevoir; *(durch Bemühung)* obtenir; *(e-e Krankheit)* attraper, contracter; **2.** *itr impers (guttun)* réussir, faire du bien (*jdm* à qn); — *e-n Bauch ~* prendre du ventre; *graue Haare ~* grisonner; *Schläge ~* être battu; *e-n Schnupfen ~* s'enrhumer; *Zähne ~* faire ses dents; *ich habe es geschenkt ~* on me l'a offert; *das bekommt mir gut* cela me fait du bien; *das bekommt mir nicht* cela ne me vaut rien; *es ist nirgends zu ~* on ne le trouve nulle part; *wir werden Regen ~* il pleuvra, il va pleuvoir; ~ *Sie schon?* on vous sert? *was ~ (wünschen) Sie?* vous désirez? *was* od *wieviel ~ Sie?* je vous dois combien? *wo bekommt man ...?* où trouve-t-on ...? *wohl bekomm's!* à votre santé! grand bien vous fasse!

bekömmlich [bə'kœmlɪç] *a (Speise)* digest(ibl)e, sain et léger; **B~keit** *f* ‹-, ø› digestibilité *f*.

beköstig|en [bə'kœstɪgən] ‹*ohne ge-*› *tr* nourrir; **B~ung** *f* ‹-, ø› nourriture, alimentation *f*.

bekräftig|en [bə'krɛftɪgən] ‹*ohne ge-*› *tr* confirmer, (ré)affirmer, corroborer; **B~ung** *f* confirmation, affirmation, corroboration *f*.

bekränzen ‹*ohne ge-*› *tr* couronner (*mit* de).

bekreuzigen, *sich* ‹*ohne ge-*› se signer.

bekriegen ‹*ohne ge-*› *tr* faire la guerre (*jdn* à qn).

bekritteln ‹*ohne ge-*› *tr* gloser; critiquer.

bekritzeln ‹*ohne ge-*› *tr* griffonner (*etw* sur qc).

bekümmer|n ‹*ohne ge-*› **1.** *tr* chagriner, peiner, affliger; **2.** *refl: sich ~* se soucier (*um* de); avoir soin (*um* de); **~t** *a* chagrin, peiné, affligé.

bekunden ‹*ohne ge-*› *tr* manifester, montrer, exprimer; *(durch Worte)* témoigner (*etw* de qc).

belächeln ‹*ohne ge-*› *tr* sourire (*jdn, etw* de qn, de qc).

beladen ⟨*belädt, belud, beladen*⟩ *tr* charger (*mit* de).

Belag *m* ⟨-(e)s, ⸚e⟩ [bə'la:k, -'lɛ:gə] couche *f*, enduit; *(Spiegel)* tain; *(Straße)* revêtement *m* (routier); *(Küche)* garniture *f*; *med (Zahnbelag)* dépôt *m*; *e-n ~ auf der Zunge haben* avoir la langue chargée.

Belager|er *m* ⟨-s, -⟩ assiégeant *m*; **b~n** ⟨*ohne ge-*⟩ *tr* assiéger; **~ung** *f* ⟨-, -en⟩ siège *m*; **~ungszustand** *m pol* état *m* de siège.

Belang *m* ⟨-(e)s, -e⟩ [bə'laŋ] *(nur in bestimmten Wendungen); pl (~e)* intérêts *m pl*; *von ~* d'importance; *nicht von ~, ohne ~* sans importance *od* conséquence; **b~en** ⟨*ohne ge-*⟩ *tr: gerichtlich ~* traduire *od* attaquer en justice; *was mich belangt* quant à moi; **b~los** *a* sans importance, insignifiant, négligeable; **~losigkeit** *f* ⟨-, -en⟩ insignifiance *f*.

belassen ⟨*beläßt, beließ, belassen*⟩ *tr* laisser; *es dabei ~* s'en tenir là.

Belast|barkeit *f* ⟨-, ø⟩ capacité *od* charge *f* admise; **b~en** ⟨*ohne ge-*⟩ *tr* **1.** charger (*mit* de); **2.** *com (Person)* inscrire *od* porter (*etw* qc) au débit (*jdm* de qn); *(Konto)* débiter (*mit* de); *(Grundstück)* grever d'une hypothèque, hypothéquer; *(mit Steuern)* grever (*mit* de); **3.** *(beschuldigen)* charger, incriminer; **4.** *fig* grever, accabler; *refl* **5.** *sich ~* se charger (*mit* de); **b~end** *a: ~es Material n (jur)* pièces *f pl* à conviction; **b~et** *a: erblich ~* héréditairement taré; *mit e-r Hypothek ~* grevé d'une hypothèque, hypothéqué.

belästig|en [bə'lɛstɪgən] ⟨*ohne ge-*⟩ *tr* incommoder, importuner, molester; *(stören)* déranger, gêner; *jdn mit Fragen ~* accabler qn de questions; **B~ung** *f* ⟨-, -en⟩ molestation *f*, dérangement *m*.

Belastung *f* ⟨-, -en⟩ [bə'lastuŋ] **1.** charge *f*; **2.** *tech (Beanspruchung)* effort *m*; *tele* débit *m*; **3.** *com* inscription au débit (*e-s Kontos* d'un compte); *(e-s Grundstücks)* hypothèque *f*; **4.** *jur* charge, incrimination *f*; **5.** *fig* accablement *m*; — *erbliche ~* tare *f* héréditaire, fardeau *m* génétique; **~sgrenze** *f tech* degré *m od* limite *f* de charge; **~smaterial** *n jur* pièces *f pl* à conviction; **~sprobe** *f tech* essai *m* de charge; *fig* épreuve *f*; **~szeuge** *m jur* témoin *m* à charge.

belaubt *a* feuillu; *dicht ~* touffu.

belauern ⟨*ohne ge-*⟩ *tr* guetter, épier.

belaufen ⟨*beläuft, belief, belaufen*⟩: *sich ~ auf* s'élever à, se chiffrer à *od* par, s'établir à.

belauschen ⟨*ohne ge-*⟩ *tr* épier (les paroles de).

Belchen ⟨-s, ø⟩ ['bɛlçən]: *der Elsässer ~ (Berg)* le Ballon d'Alsace.

beleb|en ⟨*ohne ge-*⟩ *tr* (r)animer, vivifier, aviver; *sich ~* s'animer, se ranimer; **~end** *a* animateur, vivifiant; **~t** *a (verkehrsreich)* fréquenté, animé; **B~theit** *f* ⟨-, ø⟩ *(e-r Straße, e-s Platzes)* animation *f*; **B~ung** *f* ⟨-, ø⟩ animation; *com* reprise *f*; *~ der Wirtschaft* redressement *m* économique.

Beleg *m* ⟨-(e)s, -e⟩ [bə'le:k, -gə] **1.** *(Nachweis für Zahlung)* quittance *f*; **2.** *(Beweis)* preuve; *(Beweisstück)* pièce *f* à l'appui *od (bes. com)* justificative, document; *(Beispiel)* exemple *m* attesté; *als ~* à titre documentaire; *als ~ für* à l'appui de; **b~en** ⟨*ohne ge-*⟩ *tr* **1.** *(bedekken)* (re)couvrir (*mit* de); *(verkleiden, überziehen)* revêtir (*mit* de); *(Scheibe Brot)* garnir (*mit* de); **2.** *agr (weibl. Tier)* couvrir; **3.** *(e-n Platz)* retenir, réserver; *(Zimmer, Haus)* occuper; *(Vorlesung)* s'inscrire à; **4.** *(mit Abgaben)* grever (*mit* de); **5.** *fig (durch ein Schriftstück beweisen)* prouver, justifier; appuyer (*mit* par); — *den zweiten etc Platz ~ (sport)* se classer *od* placer deuxième *etc*; **~exemplar** *n* exemplaire *m* justificatif; **~schaft** *f* ⟨-, -en⟩ personnel *od* effectif *m* d'une *od* de l'entreprise; **b~t** [-'le:kt] *a* **1.** *(Platz)* réservé; occupé *a. tele*; **2.** *(Stimme)* couvert, voilé; **3.** *(Wortform)* attesté; **4.** *(Zunge)* chargé, empâté; — *~es Brot n* sandwich *m*.

belehr|en ⟨*ohne ge-*⟩ *tr* instruire, renseigner (*jdn über etw* qn sur qc), informer (*jdn über etw* qn de qc); *jdn e-s Besseren ~* détromper qn, ouvrir les yeux à qn; **B~ung** *f* ⟨-, -en⟩ instruction *f*, renseignement *m*, information; leçon *f*.

beleibt [bə'laɪpt] *a* corpulent, replet, gros; **B~heit** *f* ⟨-, ø⟩ corpulence *f*, embonpoint *m*.

beleidig|en [-'laɪd-] ⟨*ohne ge-*⟩ *tr* offenser, insulter, injurier, outrager; *sich beleidigt fühlen* se sentir offensé; *gleich* od *leicht beleidigt sein* se vexer pour un rien, prendre la mouche; **~end** *a* injurieux, offensant, insultant; **B~ung** *f* ⟨-, -en⟩ offense, insulte, injure *f*, affront, outrage *m*; *e-e ~ hinnehmen* od *einstecken* souffrir une insulte, avaler un affront.

beleih|en ⟨*belieh, beliehen*⟩ *tr* **1.** *(Geldgeber)* prêter *od* avancer sur; **2.** *(Geldnehmer)* gager (un emprunt sur); **B~ung** *f* ⟨-, -en⟩ mise *f* en gage, prêt *m* sur gage.

belesen *a (Mensch)* qui a beaucoup lu; instruit; **B~heit** *f* ⟨-, (-en)⟩ instruction *f*.

beleucht|en ⟨*ohne ge-*⟩ *tr* éclairer; *(festlich)* illuminer; **B~ung** *f* ⟨-, (-en)⟩ éclairage *m*; illumination *f*; *künstliche ~* éclairage *m* artificiel; **B~ungskörper** *m* appareil d'éclairage, luminaire *m*.

Belg|ien *n* ⟨-s, ø⟩ ['bɛlgiən] la Belgique; **~ier(in *f*)** *m* ⟨-s, -⟩ [-giər] Belge *m f*; **b~isch** *a* belge.

belicht|en ⟨*ohne ge-*⟩ *tr phot* exposer; **B~ung** *f* ⟨-, (-en)⟩ exposition, pose *f;* **B~ungsmesser** *m* posemètre *m;* **B~ungszeit** *f* (temps *m* de) pose *f.*

belieb|en ⟨*ohne ge-*⟩ *itr (wünschen, geruhen)* daigner (*zu tun* faire), condescendre (*zu tun* à faire); *wie es Ihnen beliebt* à votre aise *od* gré *od* guise; **B~en** *n* ⟨-s, ø⟩ volonté *f,* gré; (bon) plaisir *m; nach ~* à volonté, à discrétion, à mon *etc* gré; *(ganz) nach Ihrem ~* comme il vous plaira, à votre gré; **~ig** *a* au choix, quelconque, n'importe quel; *(wahlfrei)* facultatif; *adv = nach Belieben; jeder ~e* le premier venu, qui que ce soit, n'importe qui; *zu jeder ~en Zeit* à n'importe quelle heure; *~ viel(e)* n'importe combien; **~t** *a (Mensch)* favori, aimé, populaire; *(Sache)* recherché, en vogue; *sich ~ machen* se faire bien voir (*bei jdm* de qn); **B~theit** *f* ⟨-, ø⟩ popularité *f; sich großer ~ erfreuen* jouir d'une grande popularité.

beliefer|n ⟨*ohne ge-*⟩ *tr* fournir (*jdn mit etw* qc à qn); **B~ung** *f* fourniture *f.*

bellen ['bɛlən] *itr* aboyer.

Belletristik *f* ⟨-, ø⟩ [bɛle'trɪstɪk] (belles-)lettres *f pl.*

belohn|en ⟨*ohne ge-*⟩ *tr* récompenser (*für* de); **B~ung** *f* ⟨-, -en⟩ récompense *f; zur ~* pour récompense; *zur ~ für* en récompense de; *e-e ~ aussetzen* offrir une récompense.

Belüftung *f* ⟨-, (-en)⟩ aérage *m,* aération *f.*

belügen ⟨*belog, belogen*⟩ *tr* mentir (*jdn* à qn).

belustig|en ⟨*ohne ge-*⟩ *tr* amuser, égayer; **~t** *a* amusé (*über* de); **B~ung** *f* ⟨-, (-en)⟩ amusement *m.*

bemächtigen [-'mɛçt-], *sich* ⟨*ohne ge-*⟩ s'emparer (*e-r S* de qc).

bemalen ⟨*ohne ge-*⟩ *tr* peindre.

bemängeln ⟨*ohne ge-*⟩ *tr* critiquer, blâmer; trouver regrettable (*daß* que).

bemannt *a (Rakete, Raumfahrzeug)* habité.

bemänteln [bə'mɛntəln] ⟨*ohne ge-*⟩ *tr* pallier; masquer.

bemerk|bar *a: sich ~ machen* se faire remarquer *od* sentir; *(Person)* se mettre en évidence; attirer l'attention; **~en** ⟨*ohne ge-*⟩ *tr* **1.** *(wahrnehmen)* percevoir, apercevoir, s'apercevoir de, remarquer *(a. äußern);* **2.** *(erwähnen)* mentionner, signaler; **~enswert** *a* remarquable; **B~ung** *f* ⟨-, -en⟩ remarque, observation *f.*

bemessen *a: knapp ~* mesuré trop juste.

bemitleiden [bə'mɪtlaɪdən] *tr* s'apitoyer (*jdn* sur qn); *du bist zu ~* tu es à plaindre; **~swert** *a* digne de pitié, pitoyable.

bemoost [bə'mo:st] *a* moussu, couvert de mousse; *~es Haupt n* tête *f* chenue.

bemüh|en [bə'my:ən] ⟨*ohne ge-*⟩ *tr* mettre en peine, déranger; *sich ~* se donner de la peine *od* du mal (*um etw* pour qc); *sich ~, etw zu tun* se mettre en peine *od* s'efforcer de faire qc; *sich für jdn ~* faire des démarches pour qn; *sich umsonst od vergeblich ~* perdre son temps; *~ Sie sich nicht!* ne vous dérangez pas; **~t** *a: (darum) ~ sein, etw zu tun* s'efforcer de faire qc; **B~ung** *f* ⟨-, -en⟩ effort, empressement *m; ärztliche ~en (pl)* soins *m pl* médicaux.

bemüßigt [bə'my:sɪçt] *a: sich ~ fühlen* se voir contraint *od* obligé.

bemuttern ⟨*ohne ge-*⟩ *tr* entourer de soins maternels; *iron* dorloter.

benachbart [-'nax-] *a* voisin, avoisinant.

benachrichtig|en [-'na:x-] ⟨*ohne ge-*⟩ *tr* informer, avertir, prévenir (*von etw* de qc); **B~ung** *f* ⟨-, -en⟩ information *f,* avertissement *m; ohne vorherige ~* sans avis préalable.

benachteilig|en [-'na:x-] ⟨*ohne ge-*⟩ *tr* désavantager, handicaper *a. sport;* **~t** *a* désavantagé, handicapé; **B~ung** *f* ⟨-, -en⟩ désavantage, handicap *m.*

benehmen, *sich* ⟨*benimmt, benahm, benommen*⟩ se comporter, se conduire (*wie, als* comme, en); *sich (gut) ~* bien se conduire; *sich ~ können* avoir du savoir-vivre; **B~** *n* ⟨-s, ø⟩ comportement *m,* conduite *f,* manières *f pl; gutes ~* bonnes manières *f pl;* savoir-vivre *m.*

beneiden ⟨*ohne ge-*⟩ *tr* envier (*jdn um etw* qc à qn); *er beneidet dich um dein Glück* il est jaloux de ton bonheur; **~swert** *a* enviable.

Benelux(staaten *m pl***)** [bene'luks, 'be:-] pays *m pl* du Benelux *od* Bénélux.

benenn|en ⟨*benannte, benannt*⟩ *tr* **1.** dénommer, désigner; *(Straße)* baptiser; **2.** *(vorschlagen)* proposer (*als* comme); **B~ung** *f* ⟨-, -en⟩ dénomination, désignation *f.*

Bengel *m* ⟨-s, -/-s⟩ ['bɛŋəl] gamin, *fam* gosse *m.*

benommen *a* engourdi, abasourdi, étourdi; *von etw ~ sein* être sous le coup de qc; **B~heit** *f* ⟨-, ø⟩ engourdissement *m.*

benötig|en [bə'nø:tɪgən] ⟨*ohne ge-*⟩ *tr* avoir besoin (*etw* de qc), nécessiter; *etw dringend ~* avoir grand besoin *od* un besoin urgent de qc; **~t** *a (erforderlich)* nécessaire.

benutz|bar *a* utilisable; *(Weg, Straße)* praticable; **~en, benützen** ⟨*ohne ge-*⟩ *tr* utiliser, employer; user, faire usage (*etw* de qc); *(Weg, Fahrzeug)* emprunter; *(Fahrkarte)* utiliser; *die Gelegenheit ~* profiter de l'occasion; **B~ung** *f* utilisation *f,* emploi; usage *m;* **B~ungsgebühr** *f* droit d'utilisation, *(Straße)* (droit *m* de) péage *m.*

Benzin *n* ⟨-s, -e⟩ [bɛn'tsi:n] *mot chem*

benzine; *mot (Petroleumbenzin)* essence *f;* **~feuerzeug** *n* briquet *m* à essence; **~kanister** *m* bidon *m* d'essence, jerrycan *m;* **~kocher** *m* réchaud *m* à essence; **~lager** *n* dépôt *od* entrepôt *m* d'essence; **~pumpe** *f* pompe *f* à essence; **~stand** *m* niveau *m* d'essence; **~tank** *m* réservoir *m* à essence; **~verbrauch** *m* consommation *f* d'essence.

Benzol *n* ⟨-s, -e⟩ [bɛn'tso:l] *chem* benzène *m.*

beobacht|en [bə'ʔo:baxtən] ⟨*ohne ge-*⟩ *tr* **1.** observer; *(genau)* examiner, scruter; *(heimlich)* épier; **2.** *(beachten)* suivre; *(einhalten)* observer, garder; **B~er** *m* ⟨-s, -⟩ observateur; **B~ung** *f* ⟨-, -en⟩ *a. tech* observation *f; e-e* od *die ~ machen* observer; *unter ~ (med)* en observation; *unter ~ stehen* être surveillé; **B~ungsgabe** *f* pouvoir *od* esprit *m* d'observation.

beordern ⟨*ohne ge-*⟩ *tr* commander; envoyer (*zu* chez; *nach* à).

bepacken ⟨*ohne ge-*⟩ *tr* charger (*mit* de); *schwer bepackt* lourdement chargé.

bepflanz|en ⟨*ohne ge-*⟩ *tr* planter (*mit* de); **B~ung** *f* plantation *f.*

bequem [bə'kve:m] *a* **1.** *(Sache)* commode, aisé; *(behaglich)* confortable; *(Ausrede)* (trop) facile, commode; **2.** *(Mensch: umgänglich)* facile, agréable; qui aime ses aises; *fam (träge)* paresseux; — *es sich ~ machen* se mettre à l'aise; **~en,** *sich* ⟨*ohne ge-*⟩ s'accomoder, condescendre, se prêter (*zu etw* à qc); **B~lichkeit** *f* ⟨-, -en⟩ **1.** commodité *f,* aises *f pl,* confort *m;* **2.** (*ohne pl*) paresse, nonchalance *f.*

berat|en I. ⟨*berät, beriet, beraten*⟩ *tr.* **1.** conseiller; **2.** *itr* u. *sich ~ (ratschlagen)* délibérer, conférer (*über etw* sur qc); réfléchir (*ob* pour savoir si); tenir conseil; *jdn gut, schlecht ~* donner de bons, mauvais conseils à qn; **II.** *pp* u. *a: gut, schlecht ~* bien, mal conseillé *od* avisé; **~end** *a* consultatif; *~e Stimme haben* avoir voix consultative; *~er Arzt m* médecin *m* consultant; **B~er** *m* ⟨-s, -⟩ conseiller; **~schlagen** *itr* ⟨*ohne ge-*⟩ = *beraten itr* u. *sich beraten;* **B~ung** *f* ⟨-, -en⟩ délibération, conférence *f; bes. jur med* consultation *f; ärztliche ~* consultation *f* médicale; **B~ungsstelle** *f* service *m* de consultation.

berauben ⟨*ohne ge-*⟩ *tr* voler, dépouiller, dévaliser; *fig (e-s Rechts, e-s Vorteils)* priver (*gen* de).

berausch|en ⟨*ohne ge-*⟩ *tr a. fig* griser, enivrer; *fig* passionner, enthousiasmer; *sich ~ (a. fig)* se griser, s'enivrer (*an* de); **~end** *a* capiteux; *a. fig* enivrant; **~t** *a* gris; *a. fig* ivre.

berechenbar *a* [bə'rɛçən-] calculable; appréciable; **B~keit** *f* ⟨-, ø⟩ appréciabilité *f.*

berechn|en ⟨*ohne ge-*⟩ *tr* **1.** calculer, compter (*jdm etw* qc à qn); *(schätzen)* évaluer, estimer; **2.** *(in Rechnung stellen)* mettre en compte; **~end** *a (auf s-n Vorteil bedacht)* intéressé, égoïste; **~et** *a: auf etw ~ sein* être destiné *od* fait pour qc; **B~ung** *f* **1.** calcul, compte *m;* évaluation, estimation *f; (Voranschlag)* devis *m; (Anrechnung)* mise *f* en compte; **2.** *fig (Absicht)* politique *f;* — *aus ~* par politique, par calcul; *~en anstellen* faire *od* effectuer des calculs.

berechtig|en [-'rɛç-] ⟨*ohne ge-*⟩ *tr* autoriser, donner droit, habiliter (*zu* à); **~t** *a (Anspruch, Forderung etc, a. fig)* juste, légitime, fondé, justifié; *~ sein zu* être autorisé à; **~terweise** *adv* légitimement; **B~te** *m f* ⟨-n, -n⟩ ayant droit *m;* **B~ung** *f* ⟨-, (-en)⟩ autorisation *f,* droit (*zu* à); *jur* bien-fondé *m; mit voller ~* à juste titre.

bered|en ⟨*ohne ge-*⟩ *tr* **1.** parler (*etw* de qc), discuter, débattre; **2.** *(überreden)* persuader; *refl* **3.** *sich ~* conférer (*mit jdm über etw* avec qn au sujet de qc); **B~samkeit** *f* ⟨-, ø⟩ éloquence *f;* **~t** *a* **1.** *(Mensch)* éloquent, disert; **2.** *(Sache) (vielsagend)* significatif, expressif.

Bereich *m, a. n* ⟨-(e)s, -e⟩ **1.** *(Gebiet)* région, zone *f;* district *m;* **2.** *fig* secteur, rayon, domaine; *(Aufgaben~)* ressort *m; tech, a. radio* gamme; *radio* bande *f; im ~ der Möglichkeit* dans le domaine du possible.

bereicher|n ⟨*ohne ge-*⟩ *tr* enrichir; *sich ~* s'enrichir (*um etw* de qc; *an etw* grâce à, sur qc; *an jdm (fam)* sur le dos de qn); **B~ung** *f* ⟨-, ø⟩ enrichissement *m; (des Wissens)* augmentation *f.*

bereifen ⟨*ohne ge-*⟩ *tr mot* munir *od* équiper de pneus *od* de bandages.

bereift *a (mit Rauhreif)* givré, givreux.

Bereifung *f* ⟨-, (-en)⟩ *mot* (équipement *m* de) bandages *od* pneus *m pl.*

bereinigen ⟨*ohne ge-*⟩ *tr (Angelegenheit)* arranger, mettre ordre à; *(Schuld)* régler; *(Rechnung, Konto)* apurer.

bereisen ⟨*ohne ge-*⟩ *tr* voyager (*ein Land* dans un pays).

bereit [bə'raɪt] *a* **1.** *(Mensch)* prêt, disposé (*zu* à); **2.** *(Sache) (verfügbar)* disponible; — *sich ~ erklären zu* consentir à; *sich ~ finden zu* être prêt *od* disposé à; *wir sind gern ~* nous sommes tout disposés (*zu* à); **~en** ⟨*ohne ge-*⟩ *tr* **1.** *(vorbereiten)* préparer, apprêter, disposer (*zu* à); **2.** *(zubereiten)* préparer, faire; *(herstellen)* faire, fabriquer; **3.** *fig (verursachen)* faire, causer, occasionner; *jdm Kummer ~* affliger qn; **~=halten** ⟨*hält, hielt bereit, bereitgehalten*⟩ *tr* tenir prêt; **~=legen** *tr* mettre en place; **~=machen** *tr* préparer, disposer; **~s** *adv* déjà; **B~schaft** *f* disposition; disponibilité *f; in ~* en alerte; *~ haben* être de permanence *od* de piquet; **B~schaftsdienst** *m* service *m* de permanence *od* de réserve; *ärztlicher ~* permanence *f* médicale, service *m* d'urgence; **~=stehen** ⟨*stand bereit, bereitgestanden*⟩ *itr* être prêt (*zu* à); *(verfügbar sein)* être à la disposition (*für jdn* de qn); **~=stellen** *tr* mettre à la disposition (*jdm* de qn); **~willig I.** *a* disposé, prêt; *(dienstfertig)* obligeant; **II.** *adv* volontiers, avec empressement; **B~willigkeit** *f* disposition *f;* empressement *m;* obligeance *f.*

bereuen ⟨*ohne ge-*⟩ *tr* se repentir (*etw* de qc).

Berg *m* ⟨-(e)s, -e⟩ [bɛrk, -gə] *allg* montagne *f; (bes. in Namen)* mont *m; (kleiner)* colline *f,* monticule *m; (Steigung)* côte; *mines* gangue *f* stérile; *fig* montagne *f;* tas *m; pl (Gebirge)* montagne *f; über ~ und Tal* par monts et par vaux; *mit etw (nicht) hinter dem ~e halten* (ne pas) cacher, dissimuler qc; *(noch nicht) über den ~ sein* (n')avoir (pas encore) fait le plus difficile; *~e versetzen (fig)* déplacer des montagnes; *goldene ~e versprechen* promettre monts et merveilles; *er ist über alle ~e* il est (parti) bien loin; **b~ab** [-'ʔap] *adv* en descendant; *(beim Abstieg)* à la descente; *~ gehen (Geschäft)* être *od* aller à la dérive; *es geht mit ihm ~ (geschäftlich)* ses affaires vont mal; *(gesundheitlich)* il baisse, il décline; **~akademie** *f* école *f* (supérieure) des mines; **~amt** *n* administration *f od* bureau *m* des mines; **~arbeiter** *m* (ouvrier) mineur *m;* **b~auf** [-'ʔauf] *adv* en montant; *(beim Aufstieg)* à la montée; *es geht mit ihm ~ (geschäftlich)* ses affaires vont bien; *(gesundheitlich)* il va mieux; **~bau** *m* exploitation des mines, industrie *f* minière; **~baugebiet** *n* région *f* minière, bassin *m* minier; **~bauingenieur** *m* ingénieur *m* des mines; **~besteigung** *f* ascension *f;* **~dorf** *n* village *m* de montagne;

bergen ['bɛrgən] ⟨*birgt, barg, geborgen*⟩ *tr* **1.** *(retten)* sauver; *(in Sicherheit bringen)* mettre en sûreté *od* à l'abri, abriter; *(Tote, Verschüttete)* dégager, ramener à la surface; *(einbringen, -fahren)* rentrer, garer; **2.** *fig (enthalten)* contenir, renfermer, comprendre; comporter.

Berg|fried *m* ⟨-(e)s, -e⟩ ['bɛrkfri:t] *arch hist* donjon *m;* **~führer** *m* guide *m* de montagne; **~geist** *m* génie *m* des montagnes; **b~ig** *a* montagneux, montueux; **~kette** *f* chaîne *f* de montagnes; **~kristall** *m* cristal *m* de roche *od* de montagne; **~kuppe** *f* sommet (arrondi), ballon, mamelon *m;* **~land** *n* pays *m* de montagnes; **~mann** *m* ⟨-(e)s, -leute⟩ = *Bergarbeiter;* **~massiv** *n* massif *m* (montagneux); **~predigt** *f* sermon *m* sur la montagne; **~recht** *n* droit des mines; code *m* minier; **~rücken** *m* croupe *f* (de montagne); **~rutsch** *m* glissement *m* de terrain; **~schuhe** *m pl* chaussures *f pl* de montagne; **~steigen** *n* alpinisme *m;* **~steiger** *m* alpiniste, ascensionniste; **~sturz** *m* = *Bergrutsch;* **~-und-Tal-Bahn** *f* montagnes *f pl* russes.

Bergung *f* ⟨-, (-en)⟩ ['bɛrgʊŋ] sauvetage *m;* **~sarbeiten** *f pl* travaux *m pl* de sauvetage; **~smannschaft** *f* colonne *f* de sauvetage.

Berg|wacht *f* ['bɛrg-] secours *m* en montagne; **~wand** *f* paroi *f,* flanc *m;* **~werk** *n* mine; *(Kohlenbergwerk)* houillère *f,* charbonnage *m,* mine *f* de charbon.

Bericht *m* ⟨-(e)s, -e⟩ [bə'rɪçt] rapport, exposé, compte rendu, mémoire; *(längerer)* récit *m,* relation *f; (amtlicher)* communiqué *m,* notification *f; (Zeitung, radio)* reportage *m; laut ~* suivant avis; *~ erstatten* rapporter (*über etw* qc), faire un rapport (*über* sur); **b~en** ⟨*ohne ge-*⟩ *tr* rapporter, exposer; rendre compte de; *(erzählen)* relater, raconter; *(amtlich)* communiquer; *über etw ~* faire un rapport de qc; faire le récit de qc; *von sich ~* parler de soi *od* de ce qu'on a fait; **~erstatter** *m allg (a. auswärtiger ~ e-r Zeitung)* correspondant; *(Zeitung)* reporter, échotier; *radio* radioreporter; *pol (Referent)* rapporteur; *jur* juge *m* rapporteur; **~erstattung** *f allg* rapport *m,* relation, chronique *f; (Zeitung)* reportage *m;* correspondance *f; radio* radioreportage *m.*

berichtig|en ⟨*ohne ge-*⟩ *tr* corriger, rectifier, redresser; *tech* mettre au point *od* en ordre, régler; **B~ung** *f* ⟨-, -en⟩ correction, rectification *f,* redressement *m; tech* mise *f* au point, réglage *m.*

Berichtszeit *f* [bə'rɪçts-] période *f* de rapport.

berieseln ⟨*ohne ge-*⟩ *tr* **1.** irriguer, arroser; **2.** *fig (mit Musik, Reklame)* abreuver, inonder (*mit* de); **B~ung** *f* ⟨-, ø⟩ **1.** irrigation *f,* arrosage, épandage *m;* **2.** *fig (mit Musik)* flot *m* ininterrompu; **B~ungsanlage** *f* installation *f* d'irrigation *od* d'arrosage.

beritten *a* monté, à cheval.

Bernhard *m* ['bɛrnhart] Bernard; **~iner(hund)** *m* ⟨-s, -⟩ [-'di:nər] saint-bernard *m.*

Bernstein *m* ⟨-(e)s, ø⟩ ['bɛrn-] ambre jaune; succin *m.*

bersten ['bɛrsten] ⟨*birst, barst, geborsten*⟩ *itr* ⟨*sein*⟩ se fendre, se crevasser; *(platzen, a. fig)* crever, éclater.

berüchtigt [bə'rʏçtɪçt] *a* mal famé.

berücksichtig|en [-'rʏkzɪçt-] ⟨*ohne ge-*⟩ *tr (erwägen)* considérer, prendre en considération; avoir égard (*etw* à qc); tenir compte (*etw* de qc); *berücksichtigt (bedacht) werden* entrer en considération; **B~ung** *f* ‹-, ø› (prise en) considération *f; ohne ~ (gen)* sans égard (pour); *unter ~ (gen)* en considération (de), tenant compte (de), eu égard (à); *~ finden* entrer en considération *od* en ligne de compte.

Beruf *m* ‹-(e)s, -e› profession *f*, métier *m; freier ~* profession *f* libérale; *ohne ~* sans profession; *von ~* de (son) métier; *e-n ~ ausüben, e-m ~ nachgehen* exercer une profession *od* un métier; *e-n ~ ergreifen* choisir une profession; *s-n ~ wechseln* changer de métier; **b~en I.** ‹*berief, berufen*› **1.** *tr (ernennen)* nommer, appeler (*zu* à); **2.** *refl: sich ~ auf* se référer, se reporter, se rapporter à, s'appuyer sur; **II.** *a (befähigt)* qualifié; *(zuständig)* compétent; *(befugt)* autorisé; *zu etw ~ sein* avoir mission de *od* pour *od* la vocation de qc; **b~lich** *a* professionnel; *~ tätig sein* exercer une profession *od* un métier; **~s...** professionnel; *(vor e-r Berufsbezeichnung)* de métier; **~sausbildung** *f* formation *f* professionnelle; **~sausübung** *f* exercice *m* d'une *od* de sa profession; **~sberater** *m* conseiller d'orientation professionnelle, orienteur *m;* **~sberatung** *f* orientation *f* professionnelle; **~sboxer** *m* boxeur *m* professionnel; **~serfahrung** *f* expérience *f* professionnelle; **~sgenossenschaft** *f* syndicat *m od* corporation *f* professionnel(le); **~sgruppe** *f* groupe *m* professionnel; **~sheer** *n* armée *f* de métier; **~skleidung** *f* vêtements *m pl* de travail; **~skrankheit** *f* maladie *f* professionnelle; **~soffizier** *m* officier *m* de carrière *od* d'active; **~sschule** *f* école *f* professionnelle *od* d'apprentissage; **~ssoldat** *m* militaire de carrière, soldat *m* de carrière *od* de métier; **~ssport** *m* professionnalisme *m;* **b~stätig** *a* qui exerce une profession *od* un métier; *~ sein* exercer une profession *od* un métier; *~e Bevölkerung f* population *f* active; **~sverband** *m* association *od* fédération *od* union *f* professionnel(le); **~sverbot** *n* mise à pied, interdiction *f* professionnelle; **~swahl** *f* choix *m* de la profession; **~szweig** *m* branche, spécialité *f*.

Berufung *f* ‹-, -en› **1.** *(ohne pl) (innere)* vocation, mission *f* (*zum* od *zur* ... de ...); **2.** *(Ernennung)* nomination, promotion *f;* **3.** *jur* appel, recours *m; — unter* od *mit ~ auf* se référant à; *e-e ~ ab-* od *zurückweisen* od *verwerfen* rejeter un appel; *eine ~ als Professor annehmen* accepter une chaire professorale; *~ einlegen (jur)* interjeter appel, se pourvoir en appel; *e-r ~ stattgeben* admettre un appel; **~sgericht** *n* cour d'appel, justice *f* de ressort; **~sklage** *f* appel *m;* **~sverfahren** *n* procédure de recours, instance *f* d'appel; **~sweg** *m: auf dem ~ (jur)* par voie d'appel.

beruh|en ‹*ohne ge-*› *itr* reposer, être fondé, s'appuyer (*auf* sur); *(s-e Ursache haben in)* provenir (*auf* de), relever, dépendre (*auf* de); *auf e-m Irrtum ~* provenir d'une erreur; *auf Wahrheit ~* être vrai; *etw auf sich ~ lassen* laisser dormir qc; *das beruht auf Gegenseitigkeit* c'est réciproque; **~igen** ‹*ohne ge-*› *tr* tranquilliser, calmer, rassurer, apaiser; *(entspannen)* détendre; *(trösten)* consoler; *refl: sich ~* se calmer, se rassurer; *(Wind)* tomber; *(Wetter, Lage)* s'arranger; *da bin ich (ja) beruhigt!* me voilà tranquille; **~igend** *a* **1.** rassurant; **2.** *med* calmant, sédatif; **B~igung** *f* ‹-, ø› apaisement, soulagement *m;* **B~igungsmittel** *n med* tranquillisant, sédatif *m*.

berühmt *a* célèbre, illustre, fameux, renommé; *das ist nicht ~ (hum)* ce n'est pas fameux; **B~heit** *f* ‹-, -en› célébrité *(a. Person)*, renommée *f; ~ erlangen* devenir célèbre.

berühr|en ‹*ohne ge-*› *tr* **1.** toucher (à); *(streifen)* effleurer, frôler; *fig (e-n Ort auf d. Reise)* passer par; **2.** *(erwähnen)* effleurer, mentionner; **3.** *(angehen)* toucher, regarder, concerner; *refl* **4.** *sich ~* se toucher; *fig* rejoindre; avoir des points communs (*mit jdm* avec qn); — *jdn (un)angenehm ~* être (dés)agréable à qn; **B~ung** *f* ‹-, -en› contact, attouchement; effleurement *m; in ~ bringen* mettre en contact; *in ~ kommen mit* entrer en rapport avec; **B~ungspunkt** *m a. fig* point *m* de contact.

besät *a fig* (par)semé; jonché (*mit* de).

besag|en ‹*ohne ge-*› *tr (bedeuten)* dire, signifier; *das hat nichts zu ~* cela ne prouve rien; **~t** *a* susmentionné, susnommé, susdit.

besänftig|en ‹*ohne ge-*› *tr* apaiser, adoucir; **B~ung** *f* ‹-, ø› apaisement, adoucissement *m*.

Besatz *m (Textil)* garniture *f*.

Besatzung *f* ‹-, -en› **1.** *(Garnison)* garnison *f; (Truppen)* troupes *f pl* d'occupation; **2.** *mar aero (Bemannung)* équipage *m;* **~sarmee** *f*, **~sheer** *n* armée *f* d'occupation; **~sgebiet** *n* zone *f* d'occupation; **~smacht** *f* puissance occupante *od* d'occupation, force *f* d'occupation; **~sstreitkräfte** *f pl* forces *f pl* d'occupation; **~szone** *f* zone *f* d'occupation.

besaufen, *sich* ‹*besäuft, besoff, besoffen*› *pop* se soûler, se saouler, se cuiter, prendre une biture.

beschädig|en [-'ʃɛːd-] ‹*ohne ge-*› *tr* endommager, détériorer, dégrader; **B~ung** *f* **1.** *(Vorgang)* endommagement *m,* détérioration, dégradation *f;* **2.** *(Zustand)* dommage, dégât *m.*

beschaff|en I. ⟨*ohne ge-*⟩ *tr* procurer; pourvoir, approvisionner (*jdm etw* qn de qc); *sich etw* ~ se procurer qc; **II.** *a: gut, schlecht* ~ en bon, mauvais état; *so* ~, *daß* de nature à; **B~enheit** *f* ⟨-, ø⟩ *(Zustand)* état *m,* condition; qualité *f;* **B~ung** *f* ⟨-, ø⟩ approvisionnement *m,* acquisition *f.*

beschäftig|en [-ˈʃɛft-] ⟨*ohne ge-*⟩ *tr* **1.** occuper (*mit* à); **2.** *(als Arbeitskraft)* employer; **3.** *fig (geistig)* (pré)occuper; — *sich* ~ s'occuper (*mit* de); *sich intensiv mit etw* ~ s'adonner, s'attacher, s'acharner à qc; **~t** *a* occupé (*mit* à); *sehr* ~ affairé; absorbé, accaparé (*mit* par); **B~ung** *f* ⟨-, -en⟩ **1.** occupation *f;* **2.** *(durch e-n Arbeitgeber)* emploi *m;* **3.** *(Arbeit)* travail *m;* activité *f;* *(Zeitvertreib)* passe-temps *m.*

beschäm|en ⟨*ohne ge-*⟩ *tr* humilier, confondre, rendre honteux *od* confus; **~end** *a* humiliant; **~t** *a* honteux, confus, confondu.

beschatten ⟨*ohne ge-*⟩ *tr fig (heimlich überwachen)* filer, prendre en filature.

Beschau *f* ⟨-, ø⟩ *(Untersuchung)* contrôle *m,* inspection *f;* **b~en** ⟨*ohne ge-*⟩ *tr* **1.** regarder, contempler; **2.** *(prüfen)* inspecter, examiner, contrôler; **~er** *m* **1.** spectateur *m;* **2.** *(Prüfer)* inspecteur *m;* **b~lich** *a* contemplatif; pensif; **~lichkeit** *f* contemplation *f.*

Bescheid *m* ⟨-(e)s, -e⟩ **1.** *(Mitteilung)* avis *m,* communication; *(Antwort)* réponse *f;* *(Auskunft)* renseignement *m,* information *f;* **2.** *(Anweisung)* ordre; *(behördlicher)* décret *m;* **3.** *(Entscheidung)* décision *f, bes. jur* arrêt *m;* — ~ *bekommen* avoir une réponse; recevoir un avis; *jdm* ~ *geben* avertir, renseigner, informer qn; répondre, donner une réponse à qn; *jdm gehörig* od *tüchtig* ~ *sagen (fam)* dire son fait, faire la leçon à qn; ~ *wissen* y voir clair, être fixé, savoir à quoi s'en tenir; *damit* ~ *wissen* savoir s'y prendre; *über etw* ~ *wissen* être au courant *od* au fait; *nun wissen Sie* ~! maintenant vous savez; *abschlägiger* ~ refus, rejet *m;* *gerichtlicher* ~ exploit *m* d'huissier; **b~en I.** ⟨*beschied, beschieden*⟩ *tr* **1.** *(benachrichtigen)* informer, renseigner; **2.** *(beordern)* mander, citer; *(vorladen)* assigner; *refl* **3.** *sich* ~ *(sich begnügen)* se contenter (*mit* de); se résigner (*mit* à); — *abschlägig beschieden werden* essuyer un refus; *jur* être débouté; **II.** *a* **1.** modeste; humble; discret; *(anspruchslos)* simple; **2.** *(gering)* petit; *(mäßig)* modéré; **~enheit** *f* ⟨-, ø⟩ modestie; humilité; discrétion; simplicité; modicité *f;* *in aller* ~ en toute humilité.

bescheinen ⟨*beschien, beschienen*⟩ *tr: von der Sonne beschienen* ensoleillé.

bescheinig|en [-ˈʃaın-] ⟨*ohne ge-*⟩ *tr* attester, certifier; *den Empfang e-s Briefes* ~ accuser réception d'une lettre; **B~ung** *f* ⟨-, -en⟩ *(Vorgang u. Schriftstück)* attestation *f;* *(Schriftstück)* certificat *m;* *e-e* ~ *ausstellen* donner *od* délivrer un certificat.

beschenk|en ⟨*ohne ge-*⟩ *tr* faire un cadeau (*jdn* à qn); *reichlich* ~ combler de cadeaux; **B~te** *m f* ⟨-n, -n⟩ *jur* donataire *m.*

bescher|en ⟨*ohne ge-*⟩ [-ˈʃeːr-] *tr* donner, offrir; **B~ung** *f* ⟨-, (-en)⟩ distribution *f* des étrennes; *das ist ja eine schöne* ~! *da haben wir die* ~! nous voilà dans de beaux draps!

beschieß|en ⟨*beschoß, beschossen*⟩ *tr* **1.** faire feu sur, tirer contre *od* sur; *(mit MG)* mitrailler; *(mit schweren Waffen)* canonner, bombarder; **2.** *phys* irradier *(mit Neutronen* par des neutrons); **B~ung** *f* ⟨-, (-en)⟩ **1.** tir; bombardement *m;* **2.** irradiation *f.*

beschimpf|en ⟨*ohne ge-*⟩ *tr* insulter, injurier, outrager; **B~ung** *f* ⟨-, -en⟩ affront *m,* insulte, injure *f,* outrage *m.*

beschirmen ⟨*ohne ge-*⟩ *tr* abriter, protéger (*vor* contre *od* de).

beschissen *a vulg* merdeux; *es ist* ~ c'est emmerdant.

Beschlag *m* **1.** *(Metallteile auf Holz)* garniture, armature, ferrure *f;* **2.** *(Feuchtigkeit auf Glas etc)* buée; *(Schimmel)* moisissure *f;* — *mit* ~ *belegen (jur mar mil)* = *beschlagnahmen; fig hum (bes. Menschen)* accaparer; **b~en I.** ⟨*beschlägt, beschlug, beschlagen*⟩ **1.** *tr* ⟨*h*⟩ garnir, armer, ferrer; *(mit Nägeln)* clouter; *(Pferd)* ferrer; **2.** *itr* ⟨*sein*⟩ *(Glas etc)* se couvrir de buée, s'embuer, suer; *(schimmeln)* moisir; **II.** *a* **1.** armé, garni, ferré; *(mit Nägeln)* clouté; **2.** *(angelaufen)* embué; **3.** *fig (Mensch)* versé (*in* dans); *fam* ferré, calé (*in* en); *in s-m Fach, auf s-m Gebiet sehr* ~ *sein* être rompu au métier; être un expert dans son domaine; **~enheit** *f* ⟨-, ø⟩ savoir *m,* connaissances *f pl;* **~nahme** *f* ⟨-, -n⟩ *jur* saisie; mainmise *f,* (mise *f* sous) séquestre *m,* séquestration *f;* *die* ~ *aufheben* lever la saisie; **b~nahmen** ⟨*ohne ge-*⟩ *tr jur* saisir, confisquer, séquestrer.

beschleunig|en *a* [-ˈʃlɔyn-] ⟨*ohne ge-*⟩ *tr* accélérer, dépêcher, activer; *s-e Schritte* ~ presser le pas; **~t** *a* accéléré; *(Puls a.)* rapide; **B~ung** *f* ⟨-, (-en)⟩ accélération *f.*

beschließen ⟨*beschloß, beschlossen*⟩ *tr* **1.** *(beenden)* terminer, achever, finir; mettre fin à; *(e-e Reihe)* fermer; **2.** *(den Beschluß fassen)* décider, résoudre; se décider, se résoudre (*zu* à); *(überein-*

kommen) convenir (*zu* de); **3.** *jur* décréter, décerner; *parl* voter; — *sein Leben* ~ achever ses jours; *es ist beschlossene Sache* la décision est prise.

Beschluß [-ˈʃlus] *m* **1.** *(Schluß)* clôture, fin *f;* **2.** *(Entscheid)* conclusion, résolution, délibération, *a. jur* décision *f; jur* décret, arrêt(é); *parl* vote *m; e-n* ~ *fassen* adopter une résolution, prendre une décision; *e-n Antrag zum* ~ *erheben (pol)* déposer une motion de clôture; **b~fähig** *a (parl)* en nombre; **b~unfähig** *a:* ~ *sein* n'être pas en nombre.

beschmieren ⟨*ohne ge-*⟩ *tr* barbouiller.

beschmutzen ⟨*ohne ge-*⟩ *tr a. fig* salir, souiller, encrasser.

beschneid|en ⟨*beschnitt, beschnitten*⟩ *tr* **1.** couper, cisailler; *(bes. Buchbinderei)* rogner; *(Baum)* tailler, ébrancher, émonder; *rel* circoncire; **2.** *fig* rogner, retrancher; restreindre, réduire; *jdm die Flügel* ~ *(fig)* rogner les ailes à qn; **B~ung** *f* ⟨-, -en⟩ **1.** *rel* circoncision *f;* **2.** *fig* restriction, réduction *f.*

beschnüffeln ⟨*ohne ge-*⟩ *tr a. fig* flairer; *alles* ~ fourrer son nez partout.

beschönig|en ⟨*ohne ge-*⟩ *tr* colorer, farder, pallier; **B~ung** *f* ⟨-, -en⟩ palliation *f.*

beschränk|en ⟨*ohne ge-*⟩ *tr* limiter, borner, restreindre, réduire (*auf* à); *refl: sich* ~ se limiter, se borner, se restreindre (*auf* à); *sich auf das Notwendigste* ~ s'en tenir à l'essentiel.

beschrankt *a (Bahnübergang)* gardé.

beschränk|t I. *a* **1.** *fig* limité, borné, restreint; *(knapp)* étroit; **2.** *(Geist)* borné, rétréci; **II.** *adv* avec des restrictions; *in ~en Verhältnissen leben* être à l'étroit; ~ *geschäftsfähig* de capacité limité *od* restreinte; **B~theit** *f* ⟨-, ø⟩ **1.** *(geringer Umfang)* limites, bornes *f pl; (Knappheit)* gêne, insuffisance *f;* **2.** *(geistige)* étroitesse *od* médiocrité *f* d'esprit; **B~ung** *f* ⟨-, -en⟩ *(Vorgang u. Zustand)* limitation, restriction; *(Vorgang)* réduction *f.*

beschreib|en ⟨*beschrieb, beschrieben*⟩ *tr* **1.** *(Papier)* écrire (*etw* sur qc), couvrir d'écriture; **2.** *(schildern)* décrire, (dé)peindre; tracer; *(genau)* détailler; *(Person)* signaler; **3.** *math (Kurve)* décrire, tracer, dessiner; **~end** *a* descriptif; **B~ung** *f* ⟨-, -en⟩ description, peinture *f; das spottet jeder* ~ cela défie toute description.

beschreiten ⟨*beschritt, beschritten*⟩ *tr: den Rechtsweg* ~ recourir à la justice; *neue Wege* ~ quitter les sentiers battus.

beschrift|en ⟨*ohne ge-*⟩ *tr* inscrire, mettre une inscription (*etw* sur qc); *(etikettieren)* étiqueter; **B~ung** *f* ⟨-, -en⟩ **1.** *(Tätigkeit)* étiquetage *m;* **2.** *(Ergebnis)* inscription, légende; étiquette *f.*

beschuldig|en ⟨*ohne ge-*⟩ *tr* inculper, incriminer, accuser *(e-r S* de qc); **B~ung** *f* ⟨-, -en⟩ inculpation, incrimination, accusation *f; e-e* ~ *gegen jdn erheben* porter une accusation contre qn.

Beschuß *m* ⟨-sses, ø⟩ [-ˈʃus] = *Beschießung.*

beschütz|en ⟨*ohne ge-*⟩ *tr* protéger, abriter; couvrir, mettre à l'abri; *(protegieren)* protéger, patronner; **B~er** *m* ⟨-s, -⟩ protecteur; patron *m.*

beschwatzen ⟨*ohne ge-*⟩ *tr (einreden auf)* bavarder, papoter (*jdn* avec qn); *(überreden)* enjôler, *fam* embobiner.

Beschwerde *f* ⟨-, -n⟩ [-ˈʃveːrdə] **1.** *(Mühe)* peine, fatigue; *(Bürde)* charge *f,* poids; *(Leiden)* malaise *m,* infirmité *f,* troubles *m pl;* **2.** *(Klage)* plainte, charge, réclamation *f,* grief; *jur* pourvoi, recours *m;* **3.** *pl (körperliche)* incommodités; *jur* doléances *f pl;* — *über etw* ~ *führen* réclamer qc (*bei jdm* auprès de qn); *zu ~n Anlaß geben* donner lieu à des réclamations; **~grund** *m* sujet de plainte, grief *m;* **~schrift** *f* acte *m* de pourvoi, plainte *f;* **~weg** *m: auf dem* ~ par voie de recours.

beschwer|en ⟨*ohne ge-*⟩ **1.** *tr (belasten)* alourdir, charger, lester; peser (*etw* sur qc); **2.** *refl: sich* ~ se plaindre (*bei jdm* à qn, *über jdn, etw* de qn, qc); porter plainte (*über jdn* contre qn); **~lich** *a* pénible; fatigant, accablant; malaisé, incommode; **B~lichkeit** *f* ⟨-, -en⟩ peine *f,* fatigues *f pl,* accablement *m;* incommodité *f.*

beschwichtigen [-ˈʃvıçt-] ⟨*ohne ge-*⟩ *tr* apaiser, calmer.

beschwindeln ⟨*ohne ge-*⟩ *tr* tromper, berner.

beschwingt *a* enjoué, gai; *(Gang)* léger.

beschwipst *a fam* gris, éméché.

beschwör|en ⟨*beschwor, beschworen*⟩ *tr* **1.** *jur* affirmer par serment, jurer; **2.** *(Geister)* conjurer, évoquer; *(Schlangen)* charmer; **3.** *(anflehen)* adjurer, conjurer; supplier, implorer; **B~ung** *f* ⟨-, -en⟩ **1.** évocation *f,* conjurations *f pl;* **2.** adjuration, supplication, imploration *f.*

beseelt *a* animé.

besehen I. ⟨*besieht, besah, besehen*⟩ *tr* regarder (de près); **II.** *pp: bei Lichte* ~ regardé au grand jour.

beseitig|en ⟨*ohne ge-*⟩ *tr* **1.** écarter, éloigner; supprimer; se débarrasser (*etw* de qc); *(wegschaffen)* enlever, éliminer; *(abschaffen)* abolir, abroger; **2.** *(beheben)* réparer; remédier (*etw* à qc); relever, faire cesser; *(Hindernis)* éliminer, écarter; *(Schwierigkeit)* lever; *(Zweifel)* dissiper; **3.** *fig (Menschen entfernen)* éliminer, mettre à l'écart; se débarrasser (*jdn* de qn); *(verschwinden lassen)* supprimer; **B~ung** *f* ⟨-, ø⟩ **1.** éloignement; enlèvement *m,* élimination *f;*

2. abolition, cessation; réparation; solution, dissipation *f.*

Besen *m* ‹-s, -› ['be:zən] balai *m; ich fresse e-n ~, wenn* ... je veux qu'on me pende si ...; *neue ~ kehren gut (prov)* tout nouveau, tout beau; **~schrank** *m* placard *m* à balais; **~stiel** *m* manche *m* à balai.

besessen [-'zɛsən] *a* **1.** *(innerlich erfüllt)* obsédé (*von* de *od* par); fanatique; *pej* maniaque; **2.** *(vom bösen Geist)* possédé du démon, démoniaque; *wie ~ (adv)* comme possédé (du démon) *od* forcené; **B~e** *m f* ‹-n, -n› maniaque *m; wie ein ~r arbeiten* travailler comme un damné.

besetz|en ‹*ohne ge-*› *tr* **1.** *(mit Besatz)* garnir (*mit* de); *(besäen)* piqueter (*mit Sternen* d'étoiles); *(mit Speisen)* charger (*mit* de); **2.** *(e-n Platz)* occuper; *(mil: ein Land, e-e Stadt)* occuper (militairement); **3.** *mar (bemannen)* équiper; *(Stelle)* pourvoir à; *theat film (die Rollen)* distribuer; *(Gewässer mit Fischen)* empoissonner, peupler; *(mit Fischbrut)* aleviner; **~t** *a* **1.** garni (*mit* de); chargé; **2.** *(Platz)* occupé; réservé; *mil tele* occupé; *(Fahrzeug)* complet; *~es Gebiet n* territoire *m* occupé; **B~tzeichen** *n tele* signal *m* de ligne occupée; **B~ung** *f* ‹-, -en› **1.** *mil* occupation *f;* **2.** *theat film* distribution *f.*

besichtig|en ‹*ohne ge-*› *tr* regarder; visiter; inspecter; *(prüfend)* examiner; *mil* passer en revue; **B~ung** *f* ‹-, -en› visite; inspection *f;* examen *m; mil* revue *f;* **B~ungszeit** *f* heures *f pl* d'ouverture.

besied|eln ‹*ohne ge-*› *tr* coloniser; *(bevölkern)* peupler; **~elt** *a: dicht, dünn ~* surpeuplé, sous-peuplé; **B~(e)lung** *f* ‹-, (-en)› colonisation *f,* peuplement *m.*

besiegeln ‹*ohne ge-*› *tr* sceller *a. fig; sein Schicksal ist besiegelt* il est condamné.

besieg|en ‹*ohne ge-*› *tr* vaincre; battre; *a. fig* l'emporter (*jdn, etw* sur qn, qc); *fig* surmonter, maîtriser; **B~te** *m f* ‹-n, -n› vaincu(e *f*) *m.*

besinn|en, *sich* ‹*besann, besonnen*› **1.** *(überlegen)* réfléchir; **2.** *(sich erinnern)* se souvenir (*auf etw* de qc), se rappeler (*auf etw* qc); — *ohne sich (lange) zu ~* sans hésiter; *sich anders* od *e-s anderen ~* changer d'avis *od* d'idée, se raviser; **~lich** *a (Mensch)* pensif, songeur, méditatif; *(Zeit)* calme, paisible; **B~ung** *f* ‹-, ø›: *jdn zur ~ bringen* ramener qn à la raison; *(wieder) zur ~ kommen* reprendre connaissance, revenir (à soi); *fig* revenir à la raison; *die ~ verlieren* perdre connaissance; **~ungslos** *a* sans connaissance, évanoui.

Besitz *m* ‹-es, ø› possession, propriété; *jur* détention; *(Vermögen)* fortune *f,* biens *m pl,* avoir; patrimoine *m; im ~ (gen)* en possession (de); *von etw ~ ergreifen, etw in ~ nehmen* prendre possession de qc, entrer en possession de qc; *im ~ e-r S sein* être en possession de qc, être détenteur de qc, jouir de qc; *gemeinsamer ~* copropriété *f;* **b~anzeigend** *a gram: ~es Fürwort n* pronom *m* possessif; **b~en** ‹*besaß, besessen*› *tr* posséder; être en possession de; *(innehaben)* détenir; avoir; être pourvu *od* muni de; *gemeinsam ~* posséder en commun; **~er(in)** *m* ‹-s, -› (*f* ‹-, -nen›) possesseur; *(Eigentümer)* propriétaire; *jur* détenteur; *(Inhaber)* porteur *m; den ~ wechseln* changer de main(s) *od* de propriétaire, passer en d'autres mains; **~ergreifung** *f* entrée en possession, prise *f* de possession; **b~los** *a* sans biens, pauvre; **~tum** *n* ‹-s, ¨er› possession, fortune *f,* biens *m pl;* avoir *m;* **~ung** *f (Landgut)* propriété *f,* terres *f pl,* fonds (de terre), domaine *m; (Kolonie)* colonie *f,* possessions *f pl;* territoires *m pl; überseeische ~en* territoires *m pl* d'outre-mer.

besoffen *a pop* soûl, saoul, plein; *total ~* soûl comme un Polonais.

besohlen ‹*ohne ge-*› *tr* ressemeler.

besold|en [-'zɔld-] ‹*ohne ge-*› *tr* salarier; *(höher)* appointer; **B~ung** *f* ‹-, ø› *mil* solde *f; allg* paiement *m,* rémunération, rétribution *f.*

besonder|e(r, s) [-'zɔndər] *a* spécial, particulier; *(gesondert)* séparé, individuel; *(unterschiedlich)* distinct, différent; *(eigentümlich)* particulier, singulier; *(ungewöhnlich)* exceptionnel; *etwas B~s* quelque chose de spécial; *im ~en* en particulier; **B~heit** *f* ‹-, -en› spécialité, particularité; individualité; *(einzelne)* caractéristique, singularité *f;* **~s** *adv* **1.** *(insbesondere)* spécialement, particulièrement, en particulier, notamment; *(für sich allein)* à part; **2.** *(hauptsächlich)* surtout, par-dessus tout, principalement; **3.** *(außerordentlich)* exceptionnellement, extraordinairement; **4.** *(ausdrücklich)* expressément; — *nicht ~* ... pas trop ..., pas tellement ...

besonnen *a* réfléchi; *(vernünftig)* raisonnable; *(ausgeglichen)* pondére; *(gesetzt)* posé; *(vorsichtig)* prudent, circonspect, avisé; **B~heit** *f* ‹-, ø› réflexion, sagesse; pondération; prudence *f.*

besorg|en ‹*ohne ge-*› *tr* **1.** *(betreuen)* avoir *od* prendre soin (*etw* de qc); *(erledigen)* faire, expédier; **2.** *(beschaffen)* procurer; pourvoir, approvisionner (*jdm etw* qn de qc); *(einkaufen)* acheter; — *(sich) etw ~* (se) procurer, acheter qc; *den Haushalt ~* faire le ménage; **B~nis** *f* ‹-, -se› crainte, appréhension; inquiétude, préoccupation, sollicitude *f; ~ erregen, zu ~ Anlaß geben* donner de l'inquiétude; **~niserregend** *a* inquiétant, préoccupant; **~t** *a* **1.** inquiet, soucieux, préoccupé; **2.** *(fürsorglich)* soigneux, prévoyant; empressé, plein d'égards; — *(sehr)* ~ *sein um* être en souci de, se faire du souci *od* des soucis pour; **B~theit** *f* ‹-, ø› inquiétude, préoccupation, sollicitude *f;* **B~ung** *f* ‹-, -en› **1.** *(ohne pl) (Wartung)* entretien; soin(s *pl*) *m,* conduite *f;* **2.** *(Auftrag)* commission; *(Erledigung)* course, expédition, exécution *f; (Beschaffung)* approvisionnement *m;* fourniture *f; (Einkauf)* achat *m,* emplette *f; ~en machen* faire des courses *od* des commissions.

bespann|en ‹*ohne ge-*› *tr* **1.** atteler (*e-n Wagen mit Pferden* des chevaux à une voiture); **2.** *(Fläche, Wand, Rahmen)* tendre, revêtir (*mit* de); *mit Stoff ~ (a. aero)* entoiler; **B~ung** *f* ‹-, ø› **1.** attelage *m;* **2.** *allg* revêtement *m,* garniture *f;* entoilage *m.*

bespielen ‹*ohne ge-*› *tr* **1.** *(Schallplatte, Tonband)* enregistrer; **2.** *theat (e-n Ort)* jouer dans.

bespitzeln ‹*ohne ge-*› *tr* moucharder, espionner.

besprech|en ‹*bespricht, besprach, besprochen*› *tr* **1.** *(sprechen über)* commenter; *(rezensieren)* critiquer, faire le compte rendu de; **2.** *(beraten)* discuter, débattre; délibérer (*etw* de, sur qc); **3.** *(magisch beschwören)* conjurer; **4.** *(Schallplatte, Tonband)* enregistrer; *refl* **5.** *sich ~* s'aboucher *(mit jdm* avec qn); **B~ung** *f* ‹-, -en› **1.** commentaire *m;* critique *f,* compte *m* rendu; **2.** *(Unterredung)* entretien, colloque *m;* discussion *f;* **4.** *(Beschwörung)* conjuration *f;* **5.** *(Schallplatte, Tonband)* enregistrement *m;* **B~ungsexemplar** *n,* **B~ungsstück** *n* exemplaire *m* de presse *od* pour compte rendu.

bespritzen ‹*ohne ge-*› *tr* mouiller; *(mit Schmutz)* éclabousser; *(mit Farbe, Blut)* tacher (*mit* de).

besser ['bɛsər] *(Komparativ von: gut)* **I.** *a* meilleur; **II.** *adv* mieux; — *immer ~* de mieux en mieux, de plus en plus beau; *um so ~* tant mieux; *~ gesagt (adv)* pour mieux dire; *es ~ haben* vivre mieux; *etw ~ können* savoir mieux faire qc; *es ~ machen* faire mieux (*als irgend jemand sonst* que personne); *~ sein (a.)* valoir mieux; *~ (daran) tun* faire mieux; *~ werden* se bonifier, s'améliorer; *es ~ wissen* en savoir davantage *od* plus (long); *es geht mir ~, mir ist ~* je suis *od* vais mieux; *es ist ~, du kommst sofort* il vaut mieux que tu viennes tout de suite; *es wäre ~* mieux vaudrait (*zu gehen* aller); **B~e,** *das* (le *od* du) meilleur; *zum ~n* en mieux; *jdn eines ~n belehren* détromper qn; *sich eines ~n besinnen* se raviser; *ich könnte nichts ~es tun als* ... je ne saurais faire mieux que de ...; **~gestellt** *a* plus riche; **~n** *tr (sittlich)* amender; *refl: sich ~* devenir meilleur, s'améliorer, se bonifier; *(bes. sittlich)* s'amender; *(Gesundheit)* se rétablir, aller mieux; *(Wetter)* se remettre (au beau), s'améliorer; **~=stellen** *tr: jdn ~* augmenter (le salaire de) qn; **B~ung** *f* ‹-, ø› *(a. med com mete)* amélioration *f; (sittlich)* amendement; *(Gesundheit)* rétablissement *m; auf dem Wege der ~ sein* aller mieux; *gute ~!* meilleure santé! **B~wisser** *m* ergoteur *m.*

Bestand *m* **1.** *(Bestehen)* existence; *(Fortdauer)* persistance, permanence, continuité, durée *f;* **2.** *com (Vorrat)* stock *m; (Kassenbestand)* encaisse *f; (Saldo)* solde; *(Viehbestand)* cheptel *m;* — *mit reichem ~* bien fourni; *ohne ~* instable *a; den ~ aufnehmen* faire *od* dresser *od* établir l'inventaire; *~ haben, von ~ sein* durer, persister, subsister; *eiserner ~* stock *m* permanent; **b~en** *a* **1.** *(mit Pflanzen)* couvert (*mit* de); *(Straße mit Bäumen)* bordé (*mit* de); **2.** *fig (Prüfung)* réussi.

beständig **I.** *a (dauerhaft)* constant, permanent, persistant, persévérant, durable; *a. chem mete fin* stable; *tech* résistant, inattaquable; *(Farbe)* indélébile; *(andauernd)* continu(el); **II.** *adv (immer)* constamment, continuellement, incessament, sans cesse; **B~keit** *f* ‹-, ø› constance, permanence, persistance, persévérance, durabilité; stabilité; continuité *f.*

Bestand|saufnahme *f* (établissement *m* de l')inventaire *m; ~ machen = den ~ aufnehmen;* **~teil** *m (stofflich)* ingrédient, *bes. chem* composant *m; allg* partie *f* (constituante); élément *m; sich in seine ~e auflösen* se désintégrer; *e-n ~ bilden* entrer dans la composition (*gen* de); *wesentlicher ~* élément *m* constitutif *od* essentiel.

bestärken ‹*ohne ge-*› *tr: jdn in etw ~* fortifier, (r)affermir qn dans qc.

bestätig|en [-'ʃtɛ:t-] ‹*ohne ge-*› *tr* **1.** *(Worte, Verdacht)* confirmer, (ré)affirmer, vérifier; **2.** *(bescheinigen)* attester, certifier; *(anerkennen)* reconnaître; *sport* homologuer; *(Urteil)* valider; *refl* **3.** *sich ~* se confirmer, se vérifier; s'avérer; *amtlich* od *gerichtlich ~* légaliser, sanctionner, ratifier; **B~ung** *f* ‹-, -en› **1.** confirmation, affirmation, vérification *f;* **2.** attestation *f,* certificat(ion *f*) *m;* validation *f.*

bestatt|en ‹*ohne ge-*› *tr* inhumer, enterrer; **B~ung** *f* ‹-, -en› inhumation *f,* enterrement *m,* sépulture *f,* funérailles *f pl.*

bestäub|en [-'ʃtɔʏb-] ‹*ohne ge-*› *tr bot* féconder; **B~ung** *f* ‹-, -en› *bot* fécondation, pollinisation *f.*

bestech|en ‹*besticht, bestach, bestochen*› *tr* **1.** corrompre, acheter; *(e-n Zeugen)* suborner; **2.** *fig* séduire, éblouir; — *sich ~ lassen (Beamter)* trafiquer; **~end** *a fig* séduisant, éblouissant; **~lich** *a* corruptible, vénal; **B~lichkeit** *f* corruptibilité, vénalité; corruption *f;* **B~ung** *f* ⟨-, -en⟩ corruption; *(von Zeugen)* subornation *f.*

Besteck *n* ⟨-(e)s, -e/(-s)⟩ [-'ʃtɛk] **1.** *(Eßbesteck)* couvert *m;* **2.** *med* trousse *f;* **~kasten** *m* **1.** casier *m* à couverts, ménagère *f;* **2.** *med* boîte *f* à chirurgie.

bestehen ⟨*bestand, bestanden*⟩ **1.** *tr (Kampf, Probe)* soutenir; *(Prüfung)* subir, passer; réussir à; **2.** *itr (existieren)* exister, être; *(dauern)* durer, subsister, persister; — *auf etw ~* insister, appuyer sur qc; s'obstiner à qc; *auf s-m Recht ~* faire valoir obstinément ses droits; *darauf ~, daß* insister (à nouveau) pour que; *~ aus* se composer de, être composé de, être constitué par; *darin ~, daß* consister à *inf;* **B~** *n.* **1.** réussite *f;* **2.** existence, persistance; subsistance *f;* *seit ~ der Welt* depuis la création du monde; **~=bleiben** ⟨*blieb bestehen, bestehengeblieben*⟩ *itr* ⟨*sein*⟩ rester, demeurer, continuer; **~d** *a* existant; *(gegenwärtig)* présent; *(Gesetz)* établi, en vigueur.

bestehlen ⟨*bestiehlt, bestahl, bestohlen*⟩ *tr* voler, dévaliser.

besteig|en ⟨*bestieg, bestiegen*⟩ *tr* monter sur; *(Berg)* gravir, escalader; faire l'ascension de; *(Fahrrad)* enfourcher; *das* od *ein Pferd ~* monter à cheval; *den Thron ~ (fig)* accéder au trône; **B~ung** *f (e-s Berges)* ascension *f.*

bestell|en ⟨*ohne ge-*⟩ *tr* **1.** *agr* cultiver, labourer, mettre en valeur; **2.** *(Sendung)* délivrer, remettre, distribuer; *(Nachricht)* communiquer; *(Grüße)* transmettre; **3.** *com* commander, passer (une) commande de; *(reservieren lassen)* retenir; **4.** *(kommen lassen)* faire venir; *jdn ~* mander, citer, convoquer qn; **5.** *(ernennen)* nommer, instituer (*zu etw* qc); — *auf 2 Uhr bestellt sein* avoir rendez-vous à 2 heures; *ich soll Ihnen ~, daß* on m'a dit de vous dire que; **B~er** *m* ⟨-s, -⟩ *com* commettant; *(Abonnent)* abonné *m;* **B~karte** *f* carte *f* de commande; **B~nummer** *f com* numéro *m* de commande *od* de rappel; **B~schein** *m com* bon *od* bulletin de commande; *(Bibliothek)* bulletin *m* de demande; **B~ung** *f* ⟨-, -en⟩ **1.** *agr* mise *f* en valeur; **2.** *(Sendung)* délivrance, remise, distribution; *(Nachricht)* communication; *(Grüße)* transmission *f;* **3.** *com* commande *f,* ordre *m,* commission *f;* **4.** *(Ernennung)* nomination, institution *f;* — *auf ~* sur commande; *bei ~* à la commande; *bei ~ von* sur la commande de; *e-e ~ aufgeben* faire une commande (*bei jdm* à qn) .

beste(r, s) ['bɛst-] *a (Superlativ von: gut)* le, la meilleur, e; *der erste ~* le premier venu; *am ~n, aufs ~* le mieux (du monde), au mieux; *aufhören, wenn es am ~n schmeckt* rester sur son appétit; *etwas zum ~n geben* régaler (*jdm etw* qn de qc); *jdn zum ~n haben* se jouer de qn; *es ist am ~n, wenn ich gehe* le mieux est de m'en aller; *es wird das ~ sein, wenn* le mieux, c'est que; *~n Dank!* merci bien! grand merci! *(a. iron); der erste ~* le premier venu; **B~** *m f* ⟨-n, -n⟩ *(e-r Klasse od Gruppe)* le premier, la première; le leader; **B~,** *das* le meilleur; le mieux; *das ~* le dessus du panier, le suc; la fine fleur; *fam* la crème (*an e-r S* de qc); *zu jds ~n* pour le bien *od* dans l'intérêt de qn; *sein ~s geben* od *tun, das ~ herausholen* faire de son mieux; *hoffen wir das ~!* espérons que tout ira pour le mieux; **~nfalls** *adv* au mieux, dans le meilleur des cas, dans le cas le plus favorable; *(höchstens)* (tout) au plus, au maximum; **~ns** *adv* au mieux; parfaitement.

besteuer|n ⟨*ohne ge-*⟩ *tr* imposer, taxer; *(hoch)* grever d'impôts; **B~ung** *f* imposition, taxation *f.*

besti|alisch [bɛsti'a:lɪʃ] *a* bestial; **B~alität** *f* ⟨-, ø⟩ [-ali'tɛ:t] bestialité *f.*

besticken ⟨*ohne ge-*⟩ *tr* garnir de broderies.

Bestie *f* ⟨-, -n⟩ ['bɛstiə] bête féroce; *fig (Mensch)* brute *f.*

bestimm|en ⟨*ohne ge-*⟩ *tr* **1.** *(festsetzen)* décider, déterminer, désigner, fixer; *(anordnen)* ordonner, commander, arrêter, décréter; *(genau festlegen)* préciser, spécifier, qualifier, déterminer; *(Begriff)* définir; **2.** *(Pflanze)* identifier; **3.** *(überreden)* décider, déterminer, persuader (*zu tun* à faire); **4.** *(ernennen)* nommer, désigner; *(zuweisen, zudenken)* destiner, affecter (*für* à), désigner, prévoir (*für* pour); *(Summe)* appliquer (*zu* à); *itr* **5.** *(entscheiden)* décider (*über* de); *(verfügen)* disposer (*über* de); **~end** *a* déterminant, décisif; **~t I.** *a* **1.** *(festgelegt)* décidé, déterminé, résolu; *(Artikel)* défini; *(Zeitpunkt, Preis)* fixé; **2.** *(entschieden)* décisif, catégorique; **3.** *(gewiß)* sûr, certain; *(genau)* précis, spécifié, explicite; *(deutlich)* net; *(endgültig)* définitif; **4.** *(vorgeschrieben)* prescrit; ordonné, décrété; **5.** *(zugedacht)* destiné, affecté (*für* à), désigné, prévu (*für* pour); **6.** *(Mensch) (fest in der Haltung)* ferme; *(selbstsicher)* assuré; *(Ton)* affirmatif; **II.** *adv* sûrement, certainement, à coup sûr, pour sûr; *(sicherlich)* sans doute; *ganz ~* sans aucun doute; il n'y a pas d'erreur; *etw ganz ~ tun* ne pas manquer de faire qc; **B~theit** *f* ⟨-, ø⟩ certitude; fermeté *f;* **B~ung** *f* **1.** *(Entscheidung)* décision; *(Festsetzung)* détermination, fixation;

(Anordnung) ordonnance *f*, décret, arrêt *m*, prescription; *(genaue Festlegung)* précision, spécification, détermination; *(e-s Begriffes)* définition; *gram* détermination *f;* **2.** *(e-r Pflanze)* identification *f;* **3.** *(Ernennung)* désignation; *(Zuweisung)* destination, affectation; désignation *f;* **4.** *(Vertragsbestimmung)* stipulation, clause; *(a. gesetzliche)* disposition *f;* **5.** *(Berufung)* vocation, mission *f; (Schicksal)* destin *m*, destinée *f*, sort *m;* **B~ungsbahnhof** *m* gare *f* destinataire *od* de destination.

Bestleistung *f sport* record *m*.

bestraf|en ‹*ohne ge-*› *tr* punir (*für etw, mit etw* de qc); **B~ung** *f* ‹-, -en› punition *f*.

bestrahl|en ‹*ohne ge-*› *tr* éclairer (de ses rayons); *phys* irradier; *(der Bestrahlung aussetzen)* exposer, *med* traiter aux rayons; **B~ung** *f phys* irradiation; *(Lichtbad)* exposition à l'action des rayons, séance *f* de rayons.

bestreb|en, *sich* ‹*ohne ge-*› s'efforcer (*etw zu tun* de faire qc), s'appliquer, chercher (*etw zu tun* à faire qc), tâcher (*etw zu tun* de faire qc); **B~en** *n* effort *m*, application, aspiration *f;* **~t** *a:* ~ *sein* = *sich bestreben;* **B~ung** *f* ‹-, -en› (meist pl) tentative *f*, essai; effort *m*.

bestreichen ‹*bestrich, bestrichen*› *tr* enduire (*mit* de); *mit Butter* ~ beurrer.

bestreiken ‹*ohne ge-*› *tr (Betrieb)* immobiliser par une grève.

bestreiten ‹*bestritt, bestritten*› *tr* **1.** contester; *(abstreiten)* (dé)nier; se défendre (*etw* de qc); démentir, désavouer; **2.** *(Kosten)* payer; subvenir, pourvoir, fournir (*etw* à qc); *(Unterhalt)* suffire, faire face (*etw* à qc); — *die Unterhaltung* ~ faire les frais de la conversation; *das bestreite ich nicht* je ne dis pas le contraire.

bestreuen ‹*ohne ge-*› *tr* (par)semer, (*mit* de); *(mit Salz, Zucker, Mehl)* saupoudrer (*mit* de).

bestürmen ‹*ohne ge-*› *tr* assaillir *a. fig*, donner l'assaut à; *mit Fragen* od *Bitten* ~ assaillir, assiéger, presser de questions *od* de demandes.

bestürz|end *a* bouleversant, stupéfiant; **~t** *a* bouleversé, confondu, stupéfait, consterné; **B~ung** *f* ‹-, ø› bouleversement *m*, stupéfaction, consternation *f*.

Bestwert *m* ['bɛst-] *fin* valeur *f* optimale; **~zeit** *f* temps *m* record.

Besuch *m* ‹-(e)s, -e› [bə'zu:x] **1.** visite; *(Besichtigung)* inspection *f; (Aufenthalt)* séjour *m; (häuslicher od regelmäßiger)* fréquentation *f;* **2.** *(Gast)* visiteur, hôte *m;* — *auf* od *zu* ~ en visite; *jdm e-n* ~ *abstatten* faire *od* rendre visite à qn; *zu jdm auf* ~ *kommen* venir voir qn; *es ist* ~ *da* il y a du monde; **b~en** ‹*ohne ge-*› *tr* aller *od* venir voir, faire *od* rendre visite à; visiter *a. med u. com; (häufig od regelmäßig)* fréquenter; *(häufig, eifrig)* courir, hanter; *com (Kunden, a.)* travailler; *die Schule* ~ aller à l'école; *e-e Versammlung* ~ assister à une réunion; *e-e Vorlesung* ~ suivre un cours; **~er** *m* ‹-s, -› visiteur; *(Gast)* hôte *m;* **~szeit** *f* heures *f pl* de visite; **~szimmer** *n* salon *m;* **b~t** *a: gut* ~ suivi; *viel* ~ *(Ort)* fréquenté.

besudeln ‹*ohne ge-*› *tr* barbouiller, souiller.

betagt [-'ta:kt] *a* (très) âgé, d'un âge (très) avancé, vieux.

betasten ‹*ohne ge-*› *tr* tâter, palper.

betätig|en ‹*ohne ge-*› **1.** *tr tech* commander, manœuvrer; *(a. Waffe)* actionner; **2.** *refl: sich* ~ *(sich beschäftigen)* s'occuper, travailler; *sich politisch* ~ avoir *od* exercer une activité politique; **B~ung** *f* ‹-, -en› **1.** *(ohne pl) tech* commande, manœuvre *f;* **2.** *(Beschäftigung)* travail *m;* occupation, activité *f;* **B~ungsfeld** *n* champ *m* d'activité.

betäub|en ‹*ohne ge-*› *tr* **1.** *(durch Lärm)* assourdir, abasourdir, étourdir; **2.** *(Schmerz)* assoupir, engourdir; *(Gefühl, Gewissen)* tromper; **3.** *med* endormir, insensibiliser, anesthésier; *örtlich* ~ anesthésier localement; **~end** *a (Lärm)* assourdissant; *fig (Duft)* entêtant; **B~ung** *f* ‹-, -en› **1.** assourdissement, étourdissement, engourdissement *m;* **2.** *med* anesthésie, narcose *f; örtliche* ~ anesthésie *f* locale; **B~ungsmittel** *n* anesthésique, narcotique, stupéfiant *m*.

Bete *f* ‹-, -n› ['be:tə]: *rote* ~ *(Rübe)* betterave *f* rouge.

beteilig|en ‹*ohne ge-*› *tr* **1.** faire participer, intéresser (*jdn an etw* qn à qc); *com* accorder un intérêt (*jdn* à qn); *refl: sich* ~ **2.** se joindre, s'intéresser (*an etw* à qc); **3.** *(beteiligt sein)* participer, prendre part (*an etw* à qc); partager (*an etw* qc); *(mitarbeiten)* collaborer, coopérer (*an* à); — *jdn am Gewinn* ~ intéresser qn aux bénéfices; **~t** *a com* intéressé (*an* à, dans); ~ *sein* = *sich beteiligen; daran* ~ *sein* en faire partie; *an e-m Unfall* ~ *sein* être impliqué dans un accident; **B~te** *m f* ‹-n, -n› participant, intéressé; *(Teilhaber)* associé, partenaire; *(Vertragspartei)* contractant *m*, partie *f* contractante *od* intéressée; *(an e-m Verbrechen)* complice *m;* **B~ung** *f* ‹-, -en› **1.** participation *f;* **2.** *com* intérêt *m (an etw* à *od* dans qc); **3.** *(Mitwirkung)* collaboration, coopération *f;* concours *m; (an e-m Verbrechen)* complicité *f*.

beten ['be:tən] *tr* u. *itr* prier (*zu Gott* Dieu); *itr* dire une *od* sa prière.

beteuer|n ‹*ohne ge-*› *tr* affirmer; protester (*etw* de qc); *hoch und heilig* ~ affirmer bien haut; **B~ung** *f* affirmation; protestation *f*.

betiteln ⟨*ohne ge-*⟩ *tr* intituler, appeler, nommer; donner le titre de (*jdn* à qn).
Beton *m* ⟨-s, -s⟩ [be'tõ:, -'to:n] béton *m*.
betonen [-'to:n-] ⟨*ohne ge-*⟩ *tr* mettre l'accent (*etw* sur qc); *a. fig* accentuer; *fig* souligner, faire ressortir; appuyer (*etw* sur qc).
beton|ieren [beto'ni:rən] ⟨*ohne ge-*⟩ *tr* bétonner; **B~ieren** *n* ⟨-s, ø⟩, **B~ierung** *f* ⟨-, -en⟩ bétonnage *m*; **B~mischer** *m*, **B~mischmaschine** *f* bétonnière *f*, malaxeur *od* mélangeur *m* à béton.
beton|t [bə'to:nt] *adv fig* ostensiblement; **B~ung** *f* ⟨-, -en⟩ accentuation *f*, accent *m*.
betören [-'tø:r-] ⟨*ohne ge-*⟩ *tr fig* fasciner, enjôler; **~d** *a* enjôleur, enchanteur.
Betracht *m* ⟨-(e)s, ø⟩ [bə'traxt]: *außer ~ bleiben* ne pas être pris en considération; *(nicht) in ~ kommen* (ne pas) entrer en ligne de compte *od* en considération; *außer ~ lassen* faire abstraction, ne pas tenir compte (*etw* de qc); *in ~ ziehen* prendre en considération, faire entrer en ligne de compte; **b~en** ⟨*ohne ge-*⟩ *tr* **1.** regarder, contempler; *(genau)* étudier; *(prüfen)* examiner, scruter; **2.** *(halten für)* regarder, considérer (*als* comme); tenir, compter (*als* pour); — *genau betrachtet (adv)* tout bien considéré, tout compte fait; **~er** *m* ⟨-s, -⟩ contemplateur, spectateur, observateur *m*.
beträchtlich [-'trɛçt-] **I.** *a* considérable, notable, important; **II.** *adv* nettement, sensiblement.
Betrachtung *f* ⟨-, -en⟩ contemplation; considération, réflexion *f*; *bei näherer ~* à y regarder de plus près.
Betrag *m* ⟨-(e)s, ⸚e⟩ montant *m*, somme *f*; *(bis zum) im ~ von* (jusqu')à concurrence de; *~ erhalten (Quittungsformel)* reçu, pour acquit; *~ in Worten* somme *f* en (toutes) lettres; **b~en** ⟨*beträgt, betrug, betragen*⟩ **1.** *itr (sich belaufen auf)* faire; s'élever, (se) monter, se chiffrer à; **2.** *refl: sich ~ (sich benehmen)* se conduire, se comporter; **~en** *n* conduite *f*, manières *f pl*; *schlechtes ~* inconduite *f*.
betrauen ⟨*ohne ge-*⟩ *tr* confier (*jdn mit etw* qc à qn); charger (*mit etw* de qc).
betrauern ⟨*ohne ge-*⟩ *tr* porter le deuil (*jdn* de qn), pleurer (*jdn* qn).
Betreff *m* ⟨-(e)s, ø⟩: *in b~ (gen)* concernant, touchant; quant (à), au sujet (de); **b~en** ⟨*betrifft, betraf, betroffen*⟩ *tr (angehen)* concerner, toucher, regarder; *(sich beziehen auf)* se rapporter, avoir rapport; betroffen sein von être affecté de; *betrifft (im Brief)* objet; *was ... betrifft = in betreff; was das betrifft* pour cela, quant à cela; *was mich betrifft* quant à moi, pour ma part, en ce qui me concerne; *das betrifft mich nicht* cela ne me regarde pas; **b~end I.** *a* en question; *(erwähnt)* mentionné; **II.** *prp* concernant, touchant; *der B~e* l'intéressé *m*; **b~s** *prp gen = in betreff.*
betreiben ⟨*betrieb, betrieben*⟩ *tr* **1.** *(durchführen)* poursuivre, mener; *(eifrig)* se livrer à; *(dringen auf)* activer, pousser; **2.** *(Beruf, Gewerbe)* exercer; *(Handwerk)* suivre; *(Geschäft)* tenir, exploiter; *(Politik)* pratiquer; *(Prozeß)* poursuivre; *(Studien)* faire, poursuivre; **B~** *n*: *auf jds ~* à l'instigation de qn.
betreten I. ⟨*betritt, betrat, betreten*⟩ *tr (Haus, Raum)* entrer, mettre le pied (*etw* dans qc); *(Rasen)* marcher sur; **II.** *a* **1.** *(Weg)* frayé, battu, fréquenté; **2.** *fig (verlegen)* gêné, embarrassé, confus; **B~** *n* ⟨-s, ø⟩ accès; passage *m*; *~ verboten!* défense d'entrer, interdit; *~ des Rasens verboten* ne pas marcher sur la pelouse, pelouse interdite.
betreuen ⟨*ohne ge-*⟩ *tr* soigner; prendre *od* avoir soin (*jdn* de qn, *etw* de qc); *(beaufsichtigen)* avoir la garde *od* charge (*jdn* de qn), surveiller; parrainer; *(leiten)* être en charge (*etw* de qc).
Betrieb ⟨-s, -e⟩ *m* **1.** entreprise, exploitation *f*; **2.** *tech (Arbeiten)* marche *f*, fonctionnement; *(Bedienung)* service, maniement *m*; **3.** *(Verkehr)* circulation *f*, trafic; *(Rummel)* mouvement *m*; activité, animation *f*; — *außer ~* hors service; arrêté, désaffecté; *(nicht betriebsfähig)* en panne; *in ~* en marche, en service; en exploitation; *den ~ (wieder)aufnehmen* reprendre le travail (d'une exploitation); *den ~ einstellen* arrêter *od* suspendre l'exploitation; *in ~ nehmen* mettre en service, ouvrir à l'exploitation; *außer ~ setzen* mettre hors marche, arrêter; *in ~ setzen* mettre en marche *od* action *od* activité *od* exploitation, faire marcher, actionner; *vorübergehend außer ~!* arrêt momentané; *handwerklicher ~* entreprise *f* artisanale; *landwirtschaftlicher ~* exploitation *f* agricole; **b~lich** *a* de l'entreprise, de l'exploitation; **b~sam** *a (Mensch)* actif, agissant; affairé; **~samkeit** *f* activité *f*, affairement *m*; **~sangehörige** *m f* ressortissant(e *f*) *m* d'une *od* de l'entreprise *od* exploitation; *m pl* personnel *m* de l'entreprise *od* exploitation; **~sarzt** *m* médecin *m* d'entreprise; **~sausflug** *m* excursion *f* de l'entreprise; **b~sbereit** *a* prêt à être mis en service *od* en marche; **b~seigen** *a* appartenant à l'entreprise; **b~sfähig** *a* en état d'exploitation, exploitable; prêt à marcher *od* à fonctionner; *~er Zustand m*, **~sfähigkeit** *f* état *m* d'exploitation; **~sferien** *pl* fermeture *f* annuelle; **~sführer** *m* chef *m* d'entreprise *od* d'exploitation; **~sführung** *f* gestion de l'entreprise; direction *f* de l'exploitation;

~sgelände *n* terrain *m* de l'exploitation; **~skapital** *n* fonds *m pl* de roulement; capital *m* d'exploitation; **~skosten** *pl* frais *m pl* d'exploitation *od* généraux; **~sleiter** *m* = *Betriebsführer;* **~sleitung** *f* direction *f* d' *od* de l'entreprise; **~srat** *m* ‹-(e)s, ¨-e› délégués *m pl* du personnel; comité *od* conseil *m* d'entreprise; **~sratsvorsitzende** *m f* président *m* du comité d'entreprise; **~sunfall** *m* accident *m* du travail; **~sversammlung** *f* réunion *f* du personnel; **~swirt** *m* spécialiste *m* de micro-économie; **~swirtschaft** *f* économie *f* des entreprises; **~swirtschaftslehre** *f* micro-économie *f.*

betrinken, *sich* ‹*betrank, betrunken*› s'enivrer, se griser.

betroffen *a (pp von: betreffen)* **1.** *(gemeint)* intéressé; **2.** *(ergriffen, fassungslos)* saisi, consterné, interdit; **B~e** *m f* ‹-n, -n› victime *f;* **B~heit** *f* ‹-, (ø)› consternation *f.*

betrüb|en ‹*ohne ge-*› *tr* attrister, contrister, affliger; **~lich** *a (Sache)* triste, affligeant, désolant; *(bedauerlich)* regrettable; **B~nis** *f* ‹-, -se› tristesse, affliction *f;* **~t** *a* triste, affligé; *(tief~)* désolé.

Betrug *m* ‹-(e)s, ø› tromperie, fraude, supercherie, imposture; *(Täuschung)* duperie, mystification; *(im Spiel)* tricherie *f; jur* dol *m; frommer ~* fraude *f* pieuse.

betrüg|en [bəˈtryːgən] ‹*betrog, betrogen*› *tr* tromper *(a. in der Liebe),* frauder; *(fam)* refaire; frustrer (*um* de); *(beschwindeln)* duper; *(im Spiel)* tricher; *von jdm betrogen (beschwindelt) werden* être la dupe de qn; **B~er** *m* ‹-s,-› trompeur, fraudeur, imposteur; tricheur *m;* **~erisch** *a* frauduleux; *jur* dolosif; *in ~er Absicht* dans l'intention de frauder, frauduleusement.

betrunken *a* ivre, soûl, saoul; *in ~em Zustand* en état d'ivresse *od* d'ébriété; *völlig ~* ivre mort.

Bett *n* ‹-(e)s, -en› [bɛt] **1.** *(a. e-s Flusses)* lit *m; loc* couchette *f;* **2.** *mines* couche, veine *f;* **3.** *tech* banc *m,* table *f,* plateau *m;* — *ein ~ aufschlagen* dresser *od* monter un lit; *zu ~ bringen* coucher, mettre au lit; *zu ~ gehen, sich zu ~ legen* aller se coucher, aller *od* se mettre au lit; *das ~ hüten, ans ~ gefesselt sein* garder le lit, être alité; *sich ins gemachte ~ legen (fig)* trouver nappe mise; avoir une situation toute faite *im ~ liegen* être au lit; *das ~ machen* faire le lit; *das ~ überziehen* mettre des draps; **~bezug** *m* draps *m pl od* garniture *f* de lit; **~couch** *f* divan-lit, divan *m* transformable; **~decke** *f* couverture *f* de lit.

Bettel *m* ‹-s, ø› **1.** mendicité *f;* **2.** *fig (Plunder)* fatras *m,* guenille, vétille *f;* **b~arm** *a* pauvre comme Job *od* comme un rat d'église, miséreux, gueux; **~ei** *f* ‹-, -en› [-ˈlaɪ] mendicité *f;* **~mönch** *m* moine mendiant, frère *m* quêteur; **b~n** *itr* **1.** mendier; demander l'aumône *od* la charité; **2.** *fig* quémander; **~orden** *m* ordre *m* mendiant; **~sack** *m* besace *f;* **~stab** *m: an den ~ bringen* réduire à la mendicité *od* besace; **~volk** *n* gueusaille *f.*

bett|en [ˈbɛtən], *sich* s'allonger, se coucher; *wie man sich bettet, so schläft man (prov)* comme on fait son lit, on se couche; **B~federn** *f pl* duvet *m;* **B~flasche** *f* bouillotte *f;* **B~gestell** *n* bois de lit, châlit *m;* **~lägerig** *a* alité; **B~lägerigkeit** *f* alitement *m;* **B~laken** *n* drap *m* (de lit).

Bettler *m* ‹-s, -› mendiant, gueux *m; zum ~ machen* réduire à la mendicité.

Bett|nässen *n* ‹-s, ø› [ˈbɛt-] *med* incontinence d'urine, énurèse *f;* **~ruhe** *f* repos *m* au lit; **~schüssel** *f* bassin de lit *od* hygiénique, plat *m* de lit; **~(t)uch** *n* = *Bettlaken;* **~ung** *f* ‹-, -en› *tech* lit, radier; *loc* ballast *m;* **~vorlage** *f,* **~vorleger** *m* descente *f* de lit; **~wanze** *f* punaise *f* des lits; **~wäsche** *f* linge *m* de lit, blanc *m;* **~zeug** *n* literie *f.*

betupfen ‹*ohne ge-*› *tr* tamponner.

Beug|emuskel *m* [ˈbɔʏgə-] fléchisseur *m;* **b~en** *tr* **1.** (in)fléchir, plier, ployer, courber; *fig (demütigen)* humilier; *(den Stolz)* rabattre; **2.** *phys (Licht)* diffracter; **3.** *gram (Hauptwort)* décliner; *(Zeitwort)* conjuguer; *refl* **4.** *sich ~* se plier, se courber, fléchir; se pencher; s'incliner (*dat* od *vor mit dat* devant); *(sich demütigen)* s'humilier (*vor* devant); **~er** *m* ‹-s, -› *anat* fléchisseur *m;* **~ung** *f* ‹-, -en› **1.** fléchissement *m,* flexion *f;* **2.** *phys* diffraction *f;* **3.** *gram* flexion; déclinaison; conjugaison *f.*

Beule *f* ‹-, -n› [ˈbɔʏlə] *allg* bosselure; bosse *a. med; med (Schwellung)* enflure *f.*

beunruhig|en ‹*ohne ge-*› *tr* inquiéter, préoccuper, agiter, alarmer; *sich ~* s'inquiéter, se préoccuper (*über* de); **~end** *a (Sache)* inquiétant, préoccupant, alarmant, alarmiste; **B~ung** *f* ‹-, -en› inquiétude, préoccupation, agitation *f.*

beurkund|en ‹*ohne ge-*› *tr (schriftlich)* dresser *od* passer un acte de; documenter, attester, certifier; *(urkundlich belegen)* prouver *od* confirmer par des titres *od* documents; *~ lassen* demander acte (*etw* de qc); **B~ung** *f* ‹-, -en› documentation, attestation, certification *f.*

beurlauben ‹*ohne ge-*› *tr (entlassen)* congédier, licencier, donner congé à; *(Beamten)* suspendre.

beurteil|en ‹*ohne ge-*› *tr* juger (*etw* de qc); *(abschätzen)* estimer, apprécier; *soweit sich das ~ läßt* autant qu'on puisse en juger; **B~ung** *f* ‹-, -en› jugement *m,* appréciation; critique *f.*

Beute *f* ‹-, ø› ['bɔʏtə] *allg* u. *mil* butin *m; dépouilles f pl; (Raub)* rapine, *(a. von Raubtieren)* proie; *mar* prise; *(Fang)* capture *a. mar; fig (Opfer)* proie, victime *f; auf ~ ausgehen* chercher une proie; *jdm zur ~ fallen* tomber entre les mains de qn; *~ machen* faire du butin; *reiche ~* dépouilles *f pl* opimes; **b~gierig** *a* avide de butin, âpre à la curée.

Beutel *m* ‹-s, -› ['bɔʏtəl] sac, sachet *m; (Geldbeutel)* bourse *f,* porte-monnaie *m; zoo* poche *f; e-n leeren ~ haben (fig)* avoir la bourse plate; **~ratte** *f* rat *m* à bourse, sarigue *f od m,* opossum *m;* **~tiere** *n pl* marsupiaux *m pl.*

bevölker|n [-'fœlk-] ‹*ohne ge-*› *tr* peupler (*mit* de); **~t** *a* peuplé; *dicht* od *stark ~* très peuplé, populeux; *dünn* od *schwach ~* peu peuplé; **B~ung** *f* ‹-, (-en)› **1.** *(Besiedlung)* peuplement *m;* **2.** *(Einwohner)* population *f;* habitants *m pl; eingesessene ~* indigénat *m;* **B~ungsdichte** *f* densité *f* de la population *od* d'habitants; **B~ungszunahme** *f* accroissement *m* démographique *od* de la population, augmentation *f* démographique.

bevollmächtig|en [-'fɔlmɛçt-] ‹*ohne ge-*› *tr* donner pouvoir *od* procuration (*jdn* à qn); *com* fonder (qn) de procuration; *(ermächtigen)* autoriser, habiliter (*zu* à); déléguer, mandater; **~t** *a* autorisé, habilité (*zu* à); **B~te** *m f* ‹-n, -n› mandataire; *com* fondé de pouvoir, procureur; *pol* plénipotentiaire; délégué *m* spécial.

bevor [bə'fo:r] *conj* avant que *subj;* avant de *inf; nicht ~* pas avant que *subj; ~ ich nicht weiß* tant que je ne sais pas.

bevormund|en ‹*ohne ge-*› *tr fig* tenir en tutelle; mener en laisse; **B~ung** *f* ‹-, -en› *fig* tutelle *f; (Politik f der) ~* paternalisme *m.*

bevorrechtigt *a* privilégié.

bevor≈stehen ‹*stand bevor, bevorgestanden*› *itr* être imminent *od* en perspective; attendre (*jdm* qn); **~d** *a* imminent, proche.

bevorzug|en ‹*ohne ge-*› *tr* préférer, aimer mieux; *zoo (als Aufenthaltsort)* se plaire dans; *bevorzugt behandelt werden* jouir d'un traitement de faveur; **B~ung** *f* ‹-, -en› préférence *f;* traitement *m* de faveur;

bewach|en ‹*ohne ge-*› *tr* garder; *(überwachen)* surveiller; **~t** *a (Parkplatz)* gardé; *~er Parkplatz m (a.)* parking *od* garage *m* payant; **B~ung** *f* ‹-, -en› gardiennage *m;* surveillance *f; unter ~* sous garde; gardé à vue.

bewachsen [-'vaksən] *a* recouvert (*mit* de).

bewaffn|en ‹*ohne ge-*› *tr* armer, équiper (*mit* de); **~et** *a* armé; à main armée *a. adv; ~e Neutralität f* neutralité *f* armée; **B~ung** *f* ‹-, (-en)› **1.** armement, équipement *m* (en armes); **2.** *(Waffen)* armes *f pl.*

bewahren ‹*ohne ge-*› *tr* **1.** garder (*vor* de); *(schützen)* protéger (*vor* contre), préserver (*vor* de); **2.** *(erhalten)* conserver; maintenir, entretenir; *(Gott) bewahre!* à Dieu ne plaise! jamais de la vie!

bewähr|en [-'vɛ:r-] , *sich* ‹*ohne ge-*› faire ses preuves; donner de bons résultats; *sich nicht ~* ne pas résister à l'épreuve; **~t** *a* éprouvé; **B~ung** *f* épreuve *f; jur* sursis *m;* **B~ungsfrist** *f jur* sursis *m.*

bewahrheiten, *sich* ‹*ohne ge-*› s'avérer, se prouver, se confirmer.

bewaldet *a* boisé, couvert de bois.

bewältigen [-'vɛlt-] , ‹*ohne ge-*› *tr (Arbeit)* venir à bout (*etw* de qc); *(Schwierigkeit)* surmonter; *(Strecke)* faire, couvrir.

bewandert *a (Mensch)* versé (*in* dans); *fam* ferré, calé, fort (*in* en).

Bewandtnis *f* ‹-, (-se)› : *damit hat es folgende ~* voici ce qu'il en est.

bewässer|n [-'vɛs-] ‹*ohne ge-*› *tr* irriguer, arroser; **B~ung** *f* ‹-, -en› irrigation *f,* arrosage *m.*

beweg|en (1) ‹*ohne ge-*› **1.** *tr* mouvoir, remuer; *a. fig* agiter; *(in Gang bringen, bes. tech)* actionner, mettre en marche *od* en mouvement *od* en action; animer; *fig* émouvoir, toucher, attendrir; *(erregen)* exciter, irriter; **2.** *refl: sich ~* se mouvoir, (se) remuer, bouger, se déplacer, évoluer; *tech* marcher, fonctionner; *sich frei ~ können* être libre de ses mouvements; *sich nicht von der Stelle ~* rester sur place; **(2)** ‹*bewog, bewogen*› *tr (zu dem Entschluß bringen)* amener, porter, pousser, inciter, déterminer (*zu* à); **B~grund** *m* motif, mobile *m,* cause, raison *f;* **~lich** *a* **1.** *(Sache)* mobile, mouvant; *(transportierbar)* (trans)portable; **2.** *(Mensch: gelenkig)* agile, souple; *(regsam)* actif; *(lebhaft)* vif, animé; **3.** *tech* articulé, volant; **4.** *jur* mobilier, meuble; *~e Habe f (jur)* biens *m pl* meubles *od* mobiliers; **B~lichkeit** *f* ‹-, ø› mobilité; agilité; activité; vivacité, animation *f;* **~t** *a* **1.** *(Sache)* en mouvement, agité; *(See)* agité, houleux, gros; *(Stimme)* tremblant; **2.** *(Mensch) fig* ému, touché; **3.** *(Leben)* mouvementé, accidenté, agité; **B~ung** *f* ‹-, -en› **1.** mouvement *m,* agitation *f; (mit der Hand)* geste *m;* **2.** *(körperliche)* exercice *m;* **3.** *fig* émotion, agitation *f,* attendrissement, saisissement *m;* **4.** *pol* mouvement *m; — bei der geringsten ~* au moindre geste; *in ~* en mouvement; *tech* en marche; *sich in ~ setzen* se mettre en marche *od* en mouvement *od* en branle *a. loc mot;* s'ébranler;

B~ungsfreiheit *f* liberté *f* des mouvements, *fig* d'action *od* de manœuvre; *~ haben* avoir les coudées franches; **~ungslos** *a* immobile, sans mouvement; **B~ungslosigkeit** *f* immobilité *f.*

beweinen ⟨*ohne ge-*⟩ *tr* pleurer, déplorer.

Beweis *m* ⟨-es, -e⟩ [-ˈvaɪs] **1.** preuve, justification (*für* de); *math philos* démonstration *f; (~grund)* argument *m; (~stück)* pièce *f* justificative; **2.** *(Zeichen)* signe *m,* marque *f; — als* od *zum ~ für* comme preuve de, à l'appui de; *bis zum ~ des Gegenteils* jusqu'à preuve du contraire; *den ~ erbringen* od *führen* od *liefern* fournir *od* produire *od* établir la *od* des preuve(s); *etw unter ~ stellen* faire preuve *od* acte de qc; *schlagender, schlüssiger, zwingender ~* preuve *f* éclatante, concluante *od* formelle, irrécusable; **~aufnahme** *f* audition *od* administration des preuves, procédure *f* probatoire; **b~bar** *a* prouvable, démontrable; **b~en** ⟨*bewies, bewiesen*⟩ *tr* **1.** prouver, démontrer; faire preuve *od* foi de; **2.** *(bezeigen)* manifester, témoigner; **~führung** *f* démonstration; argumentation *f,* raisonnement *m;* **~grund** *m* argument *m,* raison *f* probante; **~kraft** *f* force *f* démonstrative *od* probante; *~ haben* faire foi; **b~kräftig** *a* probant, concluant; démonstratif; **~material** *n* preuves; pièces *f pl* à l'appui; *urkundliches ~* documentation *f.*

bewenden *itr: es bei etw ~ lassen* se borner, s'en tenir, en rester à qc; se contenter de qc; **B~** *n: mag es mit … sein ~ haben!* passe pour …!

bewerb|en [-ˈvɛrbən] , *sich* ⟨*bewirbt, bewarb, beworben*⟩ demander (*bei jdm um etw* qc à qn); aspirer (*um etw* à qc*); (um ein Amt, e-e Stelle)* offrir ses services; solliciter, postuler (*um etw* qc); *(kandidieren)* présenter sa candidature, se porter candidat (*als* au poste de); **B~er** *m* ⟨-s, -⟩ aspirant, solliciteur, postulant, candidat; *(Freier)* prétendant *m;* **B~ung** *f* ⟨-, -en⟩ demande (d'emploi), offre de service; sollicitation; candidature *f.*

bewerfen ⟨*bewirft, bewarf, beworfen*⟩ *tr* jeter (*etw mit etw* qc sur qc; *jdn mit etw* qc à qn).

bewerkstelligen ⟨*ohne ge-*⟩ *tr* effectuer, réaliser, mettre en œuvre, exécuter.

bewert|en [-ˈveːrt-] ⟨*ohne ge-*⟩ *tr* **1.** *(abschätzen)* évaluer, taxer, supputer; *(einschätzen)* estimer, apprécier, priser; **2.** *(Schule)* noter; *sport* classer; — *zu hoch ~* surévaluer, surestimer; *zu niedrig ~* sous-évaluer, sous-estimer; *richtig ~* estimer à sa juste valeur; **B~ung** *f* **1.** évaluation, taxation, supputation; estimation, appréciation *f;* **2.** *(Schule)* note *f; sport* classement *m.*

bewillig|en ⟨*ohne ge-*⟩ *tr* accorder, octroyer, concéder, autoriser; *(bes. Geld)* allouer; *(genehmigen)* permettre; *parl* voter; **B~ung** *f* ⟨-, -en⟩ octroi *m,* concession, autorisation; allocation; permission *f.*

bewirken ⟨*ohne ge-*⟩ *tr* effectuer, opérer; occasionner, causer; provoquer, amener, avoir pour conséquence.

bewirt|en ⟨*ohne ge-*⟩ *tr (mit Essen u. Trinken)* régaler, traiter; *jdn fürstlich ~* traiter qn comme un prince; **~schaften** ⟨*ohne ge-*⟩ *tr* **1.** *agr* exploiter, faire valoir, cultiver; **2.** *adm com* réglementer, contingenter, rationner; **B~schaftung** *f* ⟨-, ø⟩ **1.** exploitation *f,* faire-valoir *m,* culture *f;* **2.** réglementation *f;* contingentement, rationnement *m;* **B~ung** *f* ⟨-, -en⟩ traitement *m.*

bewohn|bar *a* habitable; **B~barkeit** *f* ⟨-, ø⟩ habitabilité *f;* **~en** ⟨*ohne ge-*⟩ *tr* habiter; habiter *od* demeurer à *od* dans; *(Haus)* occuper; **B~er** *m* ⟨-s, -⟩ habitant *m.*

bewölk|en [-ˈvœlk-] , *sich* ⟨*ohne ge-*⟩ se couvrir de nuages, s'ennuager; **~t** *a* couvert de nuages, nuageux; **B~ung** *f* ⟨-, ø⟩ nuages *m pl.*

Bewunder|er *m* ⟨-s, -⟩ [-ˈvʊndər-] admirateur *m;* **b~n** ⟨*ohne ge-*⟩ *tr* admirer; **b~nswert** *a,* **b~nswürdig** *a* admirable, digne d'admiration; **~ung** *f* ⟨-, ø⟩ admiration *f; ~ erregen* exciter l'admiration.

bewußt [bəˈvʊst] **I.** *a* conscient; *jur (überlegt)* délibéré, réfléchi, intentionnel; **II.** *adv (besagt)* en question, dénommé; sciemment, en connaissance de cause; — *sich e-r S ~ sein* avoir conscience de qc; *sich keiner Schuld ~ sein* n'avoir rien à se reprocher; **~los** *a* sans connaissance, évanoui, inanimé; *~ werden = das Bewußtsein verlieren;* **B~losigkeit** *f* ⟨-, ø⟩ perte de connaissance; inconscience *f,* évanouissement *m,* défaillance, pâmoison *f;* **B~sein** *n* ⟨-s, ø⟩ conscience, connaissance *f* de soi; *(nicht) bei vollem ~ (med)* (in)conscient; *ohne ~* sans connaissance; *jdm etw zum ~ bringen* faire sentir qc à qn; *wieder zu(m) ~ kommen* od *das ~ wiedererlangen* reprendre connaissance; *das ~ verlieren* perdre connaissance *od* l'usage de ses sens, s'évanouir, défaillir, se pâmer; *es kam mir zum ~* je m'en rendis compte; **B~seinsspaltung** *f med* dédoublement *m* de la personnalité, schizophrénie *f.*

bezahl|en *tr* ⟨*ohne ge-*⟩ **1.** payer (*etw, für etw* qc); **2.** *(Rechnung a.)* régler; *(Schuld)* régler, acquitter, liquider, *(Wechsel)* honorer; *(Auslagen)* rembourser; **3.** *(entlohnen)* payer, rémunérer, rétribuer, salarier; *(Arzt, Anwalt)* honorer; — *bar ~* payer en espèces; *teuer ~ (a. fig)* payer cher; *im voraus ~* payer d'avance; *sich bezahlt machen* valoir la peine, *fam* payer; **B~ung** *f* paiement; règlement; acquittement *m;* liquidation *f,* remboursement *m;* rémunération, rétribution *f; gegen ~* contre *od* moyennant paiement.

bezaubern ‹*ohne ge-*› *tr* enchanter, charmer, fasciner; **~d** *a* enchanteur; charmant, fascinant.

bezeichn|en ‹*ohne ge-*› *tr* **1.** *(mit e-m Zeichen versehen)* marquer, étiqueter; **2.** *(benennen)* désigner, (dé)nommer, appeler; qualifier, traiter (*als* de); **3.** *(kennzeichnen)* caractériser, spécifier, définir; *(angeben)* indiquer, dénoter; **~end** *a* significatif; caractéristique, typique; **B~ung** *f* **1.** marque, étiquette *f,* indice; *a. math mus* signe *m;* **2.** *(Benennung)* désignation, dénomination; appellation; qualification *f;* **3.** *(Kennzeichnung)* caractérisation, spécification, définition; *(Angabe)* indication *f.*

bezeigen ‹*ohne ge-*› *tr* montrer, manifester, témoigner, marquer, exprimer.

bezeug|en ‹*ohne ge-*› *tr* témoigner, attester; **B~ung** *f* témoignage *m,* attestation *f.*

bezichtig|en ‹*ohne ge-*› *tr* accuser, inculper, incriminer (*jdn e-r S* qn de qc); **B~ung** *f* ‹-, -en› accusation, inculpation *f.*

bezieh|bar *a (Wohnung)* livrable, habitable; **~en** ‹*bezog, bezogen*› *tr* **1.** *(überziehen, bedecken)* couvrir, revêtir, garnir (*mit* de); *(Bett)* mettre des draps à; *(Kopfkissen)* mettre une taie à; **2.** *(Wohnung, Haus)* aller occuper; s'établir, s'installer dans *od a.* à; *(Universität)* aller (étudier) à; *(Markt, Messe)* exposer à; *mil* s'établir dans; **3.** *(bekommen)* percevoir, recevoir; *(Ware)* acheter; *(Zeitung)* être abonné à; — *etw auf etw ~* appliquer, rapporter qc à qc; *sich ~ (Himmel)* se couvrir, s'ennuager; *sich auf etw ~* se référer à qc, se recommander de qc, *a. gram* se rapporter à qc; *(Sache)* avoir rapport *od* trait à qc, porter sur qc, concerner qc; **B~er** *m* ‹-s, -› *(e-r Ware)* acheteur; *(e-r Zeitung)* abonné *m;* **B~ung** *f* relation, correspondance *f, a. gram* rapport *m; (Verbindung)* liaison *f,* contact *m,* connexion *f,* commerce *m; in dieser ~* à ce sujet, à cet égard, sous ce rapport; *in gewisser ~* à certains égards, sous certains rapports; *in jeder ~* à tous (les) égards, sous toutes ses formes; *in mancher ~* à maints égards; *mit guten ~en (bes. com)* qui a de bonnes relations; *alle ~en zu jdm abbrechen* rompre *od* cesser tous rapports avec qn; *~en zu jdm aufnehmen, mit jdm in ~en treten* entrer en rapport avec qn, établir des relations avec qn; *geschlechtliche ~en haben* avoir des rapports intimes (*mit* avec); *gute ~en haben (fam)* avoir du piston; *in ~ setzen zu* mettre en rapport avec; *(diplomatische) ~en unterhalten mit* entretenir des relations (diplomatiques) avec; *enge, freundschaftliche, geschäftliche, nachbarliche ~en* rapports *m pl* intimes, amicaux, d'affaires *od* commerciaux, de voisinage; **~ungslos** *a* incohérent, décousu; **~ungsweise** *adv* respectivement; ou (bien), ou encore, ou plutôt.

beziffern ‹*ohne ge-*› *tr (schätzen)* évaluer, estimer, supputer (*auf* à); *sich ~* monter, s'élever (*auf* à); se chiffrer (*auf* par).

Bezirk *m* ‹-(e)s, -e› district *m;* circonscription; *(Gebiet)* zone, région *f; (Stadtbezirk)* quartier; *(Bereich)* secteur, rayon *m.*

Bezug *m* **1.** *(Überzug)* revêtement *m,* garniture; *(Hülle)* housse, poche *f; (Bett)* drap *m; (Kissen)* taie *f;* **2.** *(Erhalt)* perception, réception *f; (von Ware)* achat *m,* acquisition; commande *f; (Zeitung)* abonnement *m;* **3.** *pl (Einkommen)* émoluments *m pl,* rémunération *f,* revenu; *(Gehalt)* traitement; *(Lohn)* salaire *m;* — *bei ~ von (com)* à la commande de; *in b~ auf* par rapport à, relativement à, à l'égard de, touchant, concernant; quant à; *auf etw ~ nehmen* se référer, se rapporter à qc.

bezüglich [bəˈtsyːklɪç] **I.** *a* relatif (*auf* à); concernant; **II.** *prp gen = in bezug auf.*

Bezug|nahme *f* référence *f; unter ~ auf* (en) nous référant à; **~sbedingungen** *f pl (Zeitung)* conditions d'abonnement; **b~sfertig** *a (Haus)* prêt à être occupé, livrable; **~spreis** *m (Zeitung)* prix *m* d'abonnement; **~squelle** *f* source d'approvisionnement, ressource *f.*

bezwecken ‹*ohne ge-*› *tr fig* avoir pour objet *od* pour but; viser; tendre (*etw* à qc).

bezweifeln ‹*ohne ge-*› *tr* douter (*etw* de qc), mettre *od* révoquer en doute.

bezwingen ‹*bezwang, bezwungen*› *tr (besiegen)* vaincre; *(unterwerfen)* soumettre, assujettir; *(Herr werden über)* triompher (*etw* de qc); *(bewältigen)* venir à bout (*etw* de qc); *(meistern)* maîtriser; *(Schwierigkeit)* surmonter; *(Gefühl, Leidenschaft)* dompter, mater; *refl: sich ~* se maîtriser; se dominer.

Bibel [ˈbiːbəl], *die* ‹-, -n› la Bible, l'Écriture *f* sainte; *fig* la bible *f;* **b~fest** *a* versé dans la Bible; **~spruch** *m* verset *m;* **~übersetzung** *f* traduction *f* de la Bible.

Biber *m* ‹-s, -› [ˈbiːbər] *zoo (a. Pelz)* castor *m.*

Biblio|graphie *f* ‹-, -n› [bibliograˈfiː] bibliographie *f;* **~thek** *f* ‹-, -en› [-ˈteːk] bibliothèque *f; öffentliche, wissenschaftliche ~* bibliothèque *f* publique, de recherche; **~thekar** *m* ‹-s, -e› [-'ka:r] bibliothécaire, conservateur *m* de bibliothèque.

biblisch ['bi:blɪʃ] *a* biblique; *B~e Geschichte f* histoire *f* sainte.

bieder ['bi:dər] *a* **1.** brave, honnête, probe; *(redlich)* loyal, droit; **2.** *(einfältig)* simple; **B~keit** *f* ‹-, ø› **1.** honnêteté, probité; loyauté, droiture *f;* **2.** simplicité *f;* **B~mann** *m* ‹-s, -männer› brave *od* honnête homme *m.*

bieg|en ['bi:gən] ‹*bog, gebogen*› **1.** *tr* ‹*h*› courber, plier, ployer, fléchir; *tech* cintrer, couder; **2.** *itr* ‹*sein*› (con)tourner (*um etw* qc); **3.** *refl: sich ~* se courber, se plier, se ployer; — *um die Ecke ~* prendre le tournant; *sich ~ vor Lachen* se tordre de rire, rire à se tordre; **B~en** *n: auf ~ oder Brechen* quoi qu'il advienne; **~sam** ['bi:k-] *a* flexible, pliable, ployable, pliant, souple; **B~samkeit** *f* ‹-, ø› flexibilité, souplesse *f;* **B~ung** *f* ‹-, -en› ['-gʊŋ] **1.** courbure *f,* pliage; pli, ploiement, fléchissement *m,* flexion *f;* cintrage *m;* **2.** *(e-r Straße)* tournant *m.*

Biene *f* ‹-, -n› ['bi:nə] abeille, mouche *f* à miel; **~nfleiß** *m* zèle *m,* ardeur *f* de bénédictin; **~nhaus** *n* rucher *m;* **~nhonig** *m* miel *m* d'abeille(s); **~nkönigin** *f* reine des abeilles, abeille mère, mère *f* abeille; **~nschwarm** *m* essaim *m* d'abeilles; ruchée *f;* **~nstaat** *m* cité *f* des abeilles; **~nstock** *m* ruche *f;* **~nvolk** *n* ruche, ruchée *f.*

Bier *n* ‹-(e)s, -e› [bi:r] bière *f; ~ anstechen* mettre de la bière en perce; *~ aus-, einschenken* débiter, verser de la bière; *Glas n ~* bock, demi *m; helles, dunkles ~* bière *f* blonde, brune; **~deckel** *m* dessous, rond *m;* **~faß** *n* tonneau *m* à bière; **~flasche** *f* bouteille *f* à bière; **~glas** *n* verre *m* à bière; **~hefe** *f* levure *f* de bière; **~krug** *m* cruche *f od* cruchon *od* pot *m* à bière; **~keller** *m* cave *f* à bière.

Biest *n* ‹-(e)s, -er› [bi:st] *fam pej* bête, brute *f.*

biet|en [bi:tən] ‹*bot, geboten*› **1.** *tr* offrir; proposer; *(auf e-r Versteigerung)* miser; **2.** *refl: sich ~ (bes. Gelegenheit)* se présenter, s'offrir; — *höher ~ als jmd (Versteigerung)* enchérir sur qn; *sich etw ~ lassen* accepter, souffrir qc; *sich alles ~ lassen* encaisser tout (en silence), se laisser arracher la barbe poil à poil; *das lasse ich mir nicht ~* je vous, te, lui, leur montrerai de quel bois je me chauffe; **B~er** *m* ‹-s, -› offrant; *(Versteigerung)* enchérisseur *m.*

Bigam|ie *f* ‹-, ø› [biga'mi:] bigamie *f;* **~ist** *m* ‹-en, -en› [-ga'mɪst] bigame *m.*

bigott [bi'gɔt] *a* bigot; hypocrite.

Bikini *m* ‹-s, -s› [bi'ki:ni] *(zweiteiliger Badeanzug)* bikini, deux-pièces *m.*

Bilanz *f* ‹-, -en› [bi'lants] *a. fig* bilan *m;* balance *f* (des comptes); *fig* résultat *m; ~ der Kapitalbewegungen* balance *f* des mouvements de capitaux; *die ~ aufstellen* dresser *od* établir *od* arrêter le bilan, faire la balance; *die ~ ziehen (fig)* faire le bilan *od* la balance; *aktive, passive ~* bilan *m* excédentaire, déficitaire; **~verschleierung** *f* maquillage *od* camouflage *m* de bilan, dissimulation *f* d'actif.

Bild *n* ‹-(e)s, -er› [bɪlt, '-dər] **1.** image *f a. phot film tele; (Ölbild)* tableau; *(Bildnis)* portrait *m; (Abbildung)* illustration, figure; *(auf Spielkarten)* figure; *(auf Münzen)* effigie; *(Lichtbild)* photo(graphie); *(Abzug)* épreuve *f;* **2.** *theat* tableau *m;* **3.** *(Götzenbild)* idole *f;* **4.** *(Sinnbild)* symbole *m; (Gleichnis)* parabole *f;* **5.** *(Redefigur)* métaphore, figure *f;* **6.** *(Vorstellung)* idée *f;* — *sich ein ~ von etw machen* se faire une idée de qc; *im ~e sein (fam)* y voir clair, être à la page *od* au fait *od* au courant; *du machst dir kein ~ davon* tu ne saurais te l'imaginer; *ein ~ des Jammers* un aspect lamentable; un spectacle de désolation; **~archiv** *n* archives *f pl* photographiques, photothèque *f;* **~ausschnitt** *m* détail *m;* **~band** *m* livre-album *m;* **~beilage** *f* supplément *m* illustré; **~bericht** *m* reportage *m* illustré *od* par l'image; **~bericht(erstatt)er** *m* reporter *m* photographe.

bilden ['bɪldən] *tr* **1.** *(gestalten)* former, façonner; modeler; *(schaffen)* créer, faire; *gram (Wort, Satz)* former; *(zs.stellen, organisieren)* former, organiser, établir; **2.** *(Menschen)* cultiver, humaniser; *(den Geist, Verstand)* former; **3.** *(darstellen, sein)* constituer, être; *refl* **4.** *sich ~ (entstehen)* se former, se développer, naître; **5.** *(Mensch)* se cultiver; *(lernen)* s'instruire; — *e-e Regierung ~* former un gouvernement; **~d** *a* **1.** *(gestaltend)* formateur; **2.** *(belehrend, erzieherisch)* formatif; instructif; éducateur, éducatif; — *die ~en Künste f pl* les arts *m pl* plastiques.

Bilder|bibel *f* ['bɪldər-] Bible *f* illustrée; **~bogen** *m* feuille *f* d'images; **~buch** *n* livre *m* d'images; **~galerie** *f* galerie *f* de tableaux, musée *m* de peinture; **~rahmen** *m* cadre *m;* **~rätsel** *n* rébus *m;* **~schrift** *f* écriture figurative *od* pictographique *od* idéographique, idéographie *f.*

Bild|fläche *f* ['bɪlt-] surface *f* de l'image; *film* écran *m; auf der ~ erscheinen (fig)* apparaître; *von der ~ verschwinden* disparaître, s'éclipser; **~folge** *f film* séquence *f;* **~funk** *m* téléphoto(graphie), transmission d'images; *TV* télévision *f;* **b~haft** *a* métaphorique; fleuri; **~hauer** *m* sculpteur, statuaire *m;* **~hauerei** *f,* **~hauerkunst** *f* sculpture, statuaire *f;* **b~hübsch** *a* ravissant; **b~lich I.** *a* figuré, métaphorique, figuratif; **II.** *adv* au figuré, figurément; — *~er Ausdruck m* expression figurée, métaphore *f; ~e Darstellung f* figuration *f;* **~nis** *n* ‹-ses, -se› portrait *m; (auf Münzen)* effigie *f;* **~reportage** *f* reportage *m* illustré *od* par l'image; **~säule** *f* statue *f;* **~schirm** *m film* écran; *TV* télécran *m;* **b~schön** *a* beau comme un astre *od* le jour; **~stelle** *f* laboratoire *m* photo(graphique); **~streifen** *m phot* pellicule *f,* film *m;* **~sucher** *m phot* viseur *m;* **~telegramm** *n* phototélégramme *m;* **~telegraphie** *f* phototélégraphie *f;* **~telephonie** *f* phonévision *f.*

Bildung *f* ‹-, -en› ['bɪldʊŋ] **1.** *allg (Vorgang u. Zustand)* formation *f; (Entwicklung)* développement *m,* évolution *f;* **2.** *(Schaffung)* création, élaboration; organisation *f,* établissement *m; (Gründung)* fondation; *(Aufbau)* structure, organisation *f;* **3.** *(Erziehung)* éducation, culture; *allgemeine ~* culture générale; *(Wissen)* instruction *f,* connaissances *f pl; (Gelehrsamkeit)* érudition *f; ohne ~* inculte; sans éducation; *politische ~* éducation *f* politique; **~sanstalt** *f* maison d'éducation; école *f;* **b~sfähig** *a* éducable; **~shunger** *m* désir *m* de s'instruire; **~slücke** *f* ignorance, lacune *f* dans les connaissances; **~sstand** *m* niveau *m* culturel; **~swesen** *n* enseignement *m.*

Bild|unterschrift *f* ['bɪlt-] légende *f;* **~werfer** *m* projecteur; appareil *m od* lanterne *f* de projection, diascope *m; film* visionneuse *f; mit dem ~ betrachten (film)* visionner; **~werk** *n* sculpture *f;* **~wörterbuch** *n* dictionnaire *m* illustré; **~zeile** *f TV* ligne *f* d'analyse *od* d'exploration.

Billard *n* ‹-s, -e› ['bɪliart, -də] billard *m; ~ spielen* jouer au billard; **~kugel** *f* bille *f* de billard.

Billiarde *f* ‹-, -n› [bɪli'ardə] mille billions *m pl.*

billig ['bɪlɪç] *a* **1.** *(gerecht)* équitable, juste; **2.** *(wohlfeil)* bon marché (*Komparativ:* meilleur marché), de prix modique *od* modéré, pas cher, à bon compte; **3.** *fig pej* sans valeur, (trop) simple; facile; mauvais; — *~e Ausrede* mauvaise excuse; *~ kaufen* acheter bon marché; *~er werden* diminuer de prix; **~en** *tr* approuver, agréer, souscrire; consentir à; **B~keit** ‹-, ø› **1.** *(Gerechtigkeit)* équité, justice *f;* **2.** *(Ware)* modicité *f* du prix, bas prix, bon marché *m;* **B~ung** *f* ‹-, ø› approbation *f,* agrément, consentement, assentiment *m.*

Billion *f* ‹-, -en› [bɪli'o:n] billion *m.*

bim [bɪm] *interj: ~ bam!* bim, bam, bum! din, din, don! drelin, drelin!

Bimsstein *m* pierre *f* ponce.

Binde *f* ‹-, -n› ['bɪndə] *allg* bande *f,* bandeau; *med* bandage *m; (Schlinge)* écharpe *f; einen hinter die ~ gießen (fam)* od *kippen (pop)* s'enfiler un verre *fam; pop* se rincer la dalle; **~gewebe** *n anat* tissu *m* conjonctif; **~glied** *n* lien *m;* **~haut** *f anat* conjonctive *f;* **~hautentzündung** *f* conjonctivite *f;* **~mittel** *n tech* matière *f* agglutinante, agglutinant *m.*

binden ['bɪndən] ‹*band, gebunden*› *tr* **1.** lier, nouer; *(befestigen)* attacher; *(fesseln)* enchaîner; ligoter; *(Garbe, Bürste, Besen, Schleife)* faire; *(Krawatte)* nouer; *(Blumen)* faire un bouquet de; **2.** *(Buch)* relier; **3.** *(Küche)* lier; *chem* lier, combiner; **4.** *(absorbieren)* absorber; *(Wärme)* conserver, emmagasiner; *mil (Kräfte), fin (Geldmittel)* engager; **5.** *(Phonetik, mus)* lier; **6.** *fig (verpflichten)* obliger, engager (*an* à); *itr* **7.** *(Phonetik, mus)* faire la liaison; *refl* **8.** *sich ~ (fig)* s'engager, s'obliger (*jdm gegenüber* envers qn); **~d** *a fig* obligatoire; engageant; *~ sein* faire loi.

Binde|strich *m* ['bɪndə-] trait *m* d'union; **~wort** *n gram* conjonction *f.*

Bind|faden ['bɪnt-] *m* ficelle *f; es regnet Bindfäden* il pleut des cordes *od* des hallebardes *od* à verse; **~ung** *f* ‹-, -en› ['-dʊŋ] **1.** fixation *(a. med u. Schi),* liaison *f;* **2.** *(Band)* lien *m,* attache *f;* **3.** *(Textil)* croisement *m;* armure *f;* **4.** *chem* liaison *f;* **5.** *(Absorbierung)* absorption *f;* **6.** *mil fin* engagement *m;* **7.** *fig (Verpflichtung)* obligation *f,* engagement *m;* **8.** *pl fig* liens *m pl,* attaches *f pl.*

binnen ['bɪnən] *prp* dans, dans le délai de, en l'espace de; *~ kurzem* sous *od* avant *od* d'ici peu; *~ 48 Stunden* dans les *od* sous 48 heures; **B~fischerei** *f* pêche *f* en eau douce; **B~gewässer** *n pl* eaux *f pl* intérieures *od* continentales; **B~hafen** *m* port *m* intérieur *od* fluvial; **B~handel** *m* commerce *m* intérieur; **B~land** *n* intérieur *m* (du pays); **B~markt** *m* marché *m* intérieur *od* national; **B~meer** *n* mer *f* intérieure; **B~schiffahrt** *f* navigation *f* intérieure *od* fluviale; **B~see** *m* lac *m* intérieur.

Binse *f* ‹-, -n› ['bɪnzə] jonc *m; in die ~n gehen (fig fam)* aller à vau-l'eau; être fichu; **~nwahrheit** *f* vérité *f* de La Palice; truisme *m.*

Bio|chemie *f* ‹-, ø› [bioçe'mi:] biochimie, chimie *f* biologique; **~chemiker** *m* biochimiste *m;* **~graphie** *f* ‹-, -n› [-'fi:] biographie *f;* **b~graphisch** [-'gra:-] *a* biographique; **~loge** *m* ‹-n, -n› [-'lo:gə]

biologiste *m;* **~logie** *f* ‹-, ø› [-'gi:] biologie *f;* **b~logisch** [-'lo:-] *a* biologique.
Birett *n* ‹-(e)s, -e› [bi'rɛt] *rel* barrette *f.*
Birk|e *f* ‹-, -n› ['bɪrkə] bouleau *m;* **~enwald** *m* boulaie *f;* **~hahn** *m orn* coq de bouleau, petit tétras *m.*
Birma *n* ‹-s, ø› ['bɪrma] la Birmanie; **~ne** *m* ‹-n, -n› [-'ma:nə] , **~nin** *f* ‹-, -nen› Birman(e *f*) *m;* **b~nisch** *a* birman.
Birn|baum ['bɪrn-] *m (a. Holz)* poirier *m;* **~e** *f* **1.** poire *f;* **2.** *el* ampoule *f;* **3.** *pop (Kopf)* caboche *f; e-e weiche ~ haben (fam)* avoir le cerveau ramolli; **b~enförmig** *a* en poire.
bis [bɪs] *prp (zeitl. u. räuml.)* jusque, jusqu'à, à; *(zwischen zwei aufea.folgenden Zahlen das Ungefähre ausdrückend)* entre ... et ..., ... ou ...; *~ auf (außer)* sauf, excepté, à l'exception de; *~ zu (Reihenfolge)* jusqu'à; à ... près; *conj (a.: ~ daß)* jusqu'à ce que, en attendant que; *von Anfang ~ Ende* depuis le début jusqu'à la fin, du début à la fin; *von früh ~ spät* du matin au soir; *von Kopf ~ Fuß, vom Scheitel ~ zur Sohle* de la tête aux pieds, de pied en cap; *~ bald* à bientôt; *~ da-* od *dorthin* jusque-là; *~ einschließlich* ... jusque et y compris ...; *~ zu Ende* jusqu'au bout, jusqu'à la fin; *~ gleich!* à tout à l'heure! *~ heute* jusqu'aujourd'hui, jusqu'à ce jour; *~ hier(her) (a. fig)* jusqu'ici; *~ jetzt* jusqu'à présent, jusqu'ici; *~ jetzt noch nicht* pas encore; *~ ins kleinste* jusqu'au moindre détail; *~ (spät) in die Nacht (hinein)* jusque (tard) dans la nuit; *~ wann?* jusqu'à quand? *~ auf weiteres* jusqu'à nouvel ordre; pour le moment.
Bisam *m* ‹-s, -e/-s› ['bi:zam] **1.** *(Droge)* musc *m;* **2.** = *~fell;* **~fell** *n,* **~ratte** *f* rat *m* musqué.
Bischof *m* ‹-s, ¨-e› ['bɪʃɔf, -ʃø:fə/-ʃœfə] évêque *m.*
bischöflich *a* épiscopal.
Bischofs|amt *n* épiscopat, évêché *m;* **~mütze** *f* mitre *f;* **~sitz** *m* siège épiscopal; évêché *m;* **~stab** *m* crosse, houlette *f.*
bisexuell [bizɛksu'ɛl] *a* bis(s)exuel, bis(s)exué.
bis|her [bɪs'he:r] *adv,* **~lang** [bɪs'laŋ] *adv* jusqu'ici, jusqu'à présent; *bisher* od *bislang noch nicht* pas encore.
Biskaya [bɪs'ka:ja], *die* la Biscaye; *der Golf von ~* le Golfe de Gascogne.
Biskuit *n* od *m* ‹-(e)s, -s/-e› [bɪs'kvi:t] biscuit *m.*
Bison *m* ‹-s, -s› ['bi:zɔn] *zoo* bison *m.*
Biß *m* ‹-sses, -sse› [bɪs, '-sə] **1.** *(Tätigkeit)* coup *m* de dent; **2.** *(Ergebnis)* morsure *f;* = *~wunde.*
bißchen ['bɪsçən] *: ein ~ (...)* un *od* quelque peu (de); un doigt *od* une pointe (de); *fam* un atome, un brin, une idée; *das ~ ...* le peu de ...; *ein klein(es) ~* un tantinet (de); *ein ganz kleines ~* un tout petit peu, un tant soit peu; *kein, nicht ein ~* rien de tout; pas du tout.
Biss|en *m* ‹-s, -› ['bɪsən] morceau *m; (Mundvoll)* bouchée *f; keinen ~ hinunterbringen (können)* ne pas pouvoir avaler une bouchée; *ihm blieb der ~ im Halse stecken* il manqua s'étrangler; **b~ig** *a* **1.** *(Hund)* méchant, hargneux; **2.** *fig (Bemerkung)* mordant, caustique; — *Vorsicht, ~er Hund!* chien méchant; **~igkeit** *f* ‹-, ø› **1.** méchanceté *f;* **2.** *fig* mordant *m,* causticité *f.*
Bißwunde *f* ['bɪs-] morsure *f.*
Bistum *n* ‹-s, ¨-er› ['bɪstu:m, -ty:mər] évêché; *(Diözese)* diocèse *m.*
bisweilen [bɪs'vaɪlən] *adv* parfois, quelquefois, de temps en temps.
Bitte *f* ‹-, -n› ['bɪtə] prière, demande; *(Ansuchen)* requête *f; dringende* od *inständige* od *flehentliche ~* supplication, adjuration, conjuration, instance, sollicitation, déprécation *f; auf jds ~* à la prière *od* demande *od* requête de qn; *e-e ~ abschlagen* rejeter *od* repousser *od* refuser une demande; *e-e ~ äußern* faire *od* formuler *od* présenter une demande; *e-e ~ gewähren* accorder *od* exaucer *od* satisfaire une demande; *ich habe e-e ~ an Sie* j'ai une prière à vous faire, je voudrais vous demander une faveur; *~ um Auskunft* demande *f* d'information; **b~** *interj* s'il vous, te plaît; je vous, te prie; de grâce; *(auf Schildern)* S.V.P.; *(e-r Bitte nachkommend) ~ schön!* je vous, t'en prie; à votre service; *wie ~?* vous dites? **b~n** ['bɪtən] ‹*bat, gebeten*› *tr* prier (*jdn, etw zu tun* qn de faire qc); demander (*jdn um etw* qc à qn); *dringend* od *inständig od flehentlich ~* implorer, supplier, adjurer, conjurer (*jdn* qn); solliciter (*um etw* qc); *jdn um e-n Gefallen ~* demander une faveur à qn; *ums Wort ~* demander la parole; *sich lange ~ lassen* se faire prier *od (fam)* tirer l'oreille; *ich lasse ~* faites entrer; *ich bitte Sie darum* je vous en prie; *ich bitte um Verzeihung* je vous demande pardon; excusez-moi; *darf ich ~? (zum Tanz)* puis-je me permettre? *darf ich Sie um das Salz ~?* voudriez-vous me passer le sel? *wenn ich ~ darf* je vous prie.
bitter ['bɪtər] *a* **1.** *a. fig* amer; *fig* acerbe, algre, acrimonieux; *(a. Kälte)* piquant; **2.** *(Armut, Not)* extrême; — *das ist ~* c'est dur; *~ schmecken* avoir un goût amer; *es ist ~ kalt* il fait un froid de loup; *du hast es ~ nötig* tu en as vraiment besoin; **~böse** *a* très mauvais; *(sehr erzürnt)* très fâché; **B~e** *m* ‹-n, -n› *(Branntwein)* amer, bitter *m;* **~ernst** *a* très sérieux; **B~keit** *f* ‹-, ø› amertume *a. fig; fig* aigreur, âcreté, acrimonie, acerbité *f; ein Gefühl der ~ haben* res-

sentir de l'amertume; **~lich** *adv fig* amèrement.
Bittschrift *f* ['bɪt-] pétition *f.*
Biwak *n* ‹-s, -e/-s› ['bi:vak] bivouac *m.*
bizarr [bi'tsar] *a* bizarre, fantasque; singulier.
bläh|en ['blɛ:ən] **1.** *tr* gonfler, enfler, ballonner; **2.** *itr physiol* causer des vents *od* des flatuosités, ballonner; **3.** *refl: sich* ~ se gonfler; (s')enfler, ballonner; **~end** *a physiol* flatueux, venteux; **B~ung** *f* ‹-, -en› physiol flatulence, flatuosité *f.*
blam|abel [bla'ma:bəl] *a* honteux; **B~age** *f* ‹-, -n› [-'ma:ʒə] (courte) honte *f;* **~ieren** [-'mi:rən] ‹*ohne ge-*› *tr* discréditer; ridiculiser; *refl: sich* ~ se couvrir de honte, se rendre ridicule.
blank [blaŋk] *a* **1.** *(glänzend)* brillant, (re)luisant; poli; *(glatt)* lisse; *(hell)* clair; *(sauber)* propre; **2.** *(bloß, nackt)* nu, dénudé; *fig fam (ohne Geld)* raide; — ~ *putzen (allg)* astiquer; *(Metall)* fourbir; *(Leder, Schuhe)* lustrer; ~ *sein (fig fam)* être à sec *od* sans le sou.
blanko ['blaŋko] *a fin jur* en blanc, à découvert; **B~scheck** *m* chèque *m* en blanc; **B~unterschrift** *f* signature *f* en blanc; **B~vollmacht** *f* plein pouvoir *m;* procuration *f* en blanc.
Blase *f* ‹-, -n› ['bla:zə] **1.** bulle; *(in zähflüssiger Masse)* boursouflure, cloque *f;* **2.** *anat* vessie; *med* ampoule *f.*
Blase|balg *m* ['bla:zə-] soufflet *m; den ~ treten* souffler; **b~n** ['bla:zən] ‹*bläst, blies, geblasen*› *tr* **1.** *allg (a. Glas)* souffler; **2.** *mus* sonner (*ein Instrument* d'un instrument); *zum Rückzug ~* sonner la retraite.
Blasenstein *m* ['bla:zən-] calcul vésical, urolithe *m; pl* lithiase *f* vésicale.
Bläser *m* ‹-s, -› ['blɛ:zər] **1.** *mus* joueur *m* (d'un instrument à vent); **2.** *tech* souffleur *m.*
blasiert [bla'zi:rt] *a* blasé, désabusé, hautain.
Blas|instrument *n* ['bla:s-] instrument *m* à vent; **~kapelle** *f,* **~orchester** *n* orchestre *m* à cuivres.
Blasphem|ie *f* ‹-, -n› [blasfe'mi:] *(Gotteslästerung)* blasphème *m.*
Blasrohr *n* ['bla:s-] sarbacane *f.*
blaß [blas] *a* ‹*blasser* od *blässer, blassest* od *blässest*› pâle; *(bleich)* blême, blafard, hâve; *(fahl)* livide, terreux; *(farblos, a. fig)* décoloré; *(Erinnerung)* vague; *keine blasse Ahnung* od *keinen blassen Schimmer von etw haben* ne pas avoir la moindre idée de qc; *vor Neid ~ werden* pâlir d'envie, être dévoré *od* rongé d'envie; **~blau** *a* bleu pâle.
Blässe ['blɛsə] *f* pâleur *f.*
Bläßhuhn ['blɛs-] *n orn* foulque, poule *f* d'eau.
Blatt *n* ‹-(e)s, ¨-er› [blat, 'blɛtər] **1.** *(bot, Papier, Zeitung)* feuille *f;* journal *m; (Buch)* feuillet, folio *m;* **2.** *tech (Metallscheibe)* lame; *(Ruder, Propeller)* pale *f;* **3.** *(Fleischerei; Schulter)* épaule *f;* **4.** *(Kartenspiel)* main *f;* — *(Spiel) ein gutes ~ haben* avoir une belle main; *kein ~ vor den Mund nehmen* ne pas mâcher ses mots *od* paroles, ne pas y aller par quatre chemins; *ein unbeschriebenes ~ sein (fig)* être page blanche, ne pas avoir encore fait ses preuves; *vom ~ singen, spielen* chanter, jouer à première vue; *(beides a.)* lire, déchiffrer; *das steht auf einem anderen ~* c'est une autre histoire *od* une autre paire de manches *loses ~* feuille *f* détachée, papier *m* volant.
blättern ['blɛtərn] *itr* feuilleter (*in e-m Buch* un livre).
Blatter|n ['blatərn] *f pl med* variole, petite vérole *f;* **b~narbig** *a* marqué de (la) petite vérole, vérolé, grêlé.
Blätter|teig *m* ['blɛtər-] pâte *f* feuilletée, (gâteau) feuilleté, mille-feuille *m;* **~teigpastete** *f* vol-au-vent *m;* **~werk** *n = Blattwerk.*
Blatt|gold *n* ['blat-] or *m* en feuilles *od* en paillettes *od* laminé; **~grün** *n* vert *m* des feuilles, chlorophylle *f;* **~laus** *f* puceron *m;* **~pflanze** *f* plante *f* verte *od* à feuilles *od* d'ornement; **~stiel** *m* pétiole *m;* **~werk** *n* feuillage *m,* feuilles *f pl.*
blau [blau] *a* **1.** bleu; *(himmelblau)* azur(é); **2.** *fig fam (besoffen)* plein; *pop* rond, noir; — *~ anlaufen (lassen)* bleuir; ~ *(besoffen) sein (a.)* avoir une cuite; ~ *werden* bleuir; *pop (besoffen)* prendre une cuite; *~es Auge n* œil *m* poché, *fam* au beurre noir; *~es Blut n* sang *m* bleu *od* noble; *~er Fleck m med* bleu *m;* **B~** *n* ‹-s, -(s)› bleu *m;* **~äugig** *a* aux yeux bleus; **B~beere** *f* airelle, myrtille *f;* **~blütig** *a (adlig)* de sang bleu *od* noble; **B~e,** *das: ins ~ hinein reden* parler à tort et à travers *od* en l'air *od* dans le vide; *das ~ vom Himmel versprechen* promettre la lune; *Fahrt f ins ~* voyage-surprise *m.*
Bläue *f* ‹-, ø› ['blɔʏə] bleu *m,* couleur *f* bleue.
Blau|felchen *m* ['blau-] *(Fisch)* ombre *m* bleu, lavaret *m;* **~fuchs** *m* renard *m* bleu; **b~grau** *a* gris bleu; **b~grün** *a* vert bleu.
bläulich ['blɔʏlɪç] *a* bleuâtre, céruléen; bleuté.
Blau|meise *f* ['blau-] mésange *f* bleue; **~säure** *f chem* acide *m* prussique *od* cyanhydrique; **b~schwarz** *a* noir bleuâtre; **~stift** *m* crayon *m* bleu; **~strumpf** *m fig* bas *m* bleu.
Blech *n* ‹-(e)s, -e› [blɛç] **1.** tôle *f; (Weißblech)* fer-blanc *m;* **2.** *(Kuchenblech)* plafond *m;* **3.** *(Orchester)* cuivres *m pl;*

4. *fig fam (Quatsch)* radotage *m*, bêtises *f pl*, non-sens *m; ~ reden (fig fam)* dire des bêtises, radoter; **~büchse** *f*, **~dose** *f* boîte *f* de fer-blanc; **b~en** *tr pop (bezahlen)* cracher, abouler; *itr arg* casquer; **b~ern** *a* **1.** de *od* en tôle *od* fer-blanc; **2.** *(Klang, Stimme)* creux, blanc; **~instrument** *n mus* (instrument de) cuivre *m;* **~kanister** *m* bidon *m* en tôle; **~musik** *f* (musique *f* de) cuivres *m pl;* **~napf** *m* gamelle *f;* **~schere** *f* cisailles *f pl* à tôle *od* de ferblantier; **~trommel** *f* tambour *m* en fer-blanc; **~verkleidung** *f* revêtement *m* en tôle; **~walzwerk** *n* tôlerie *f*, laminoir *m* à tôles; **~waren** *f pl* tôlerie, ferblanterie *f.*

Blei *n* ‹-(e)s, -e› [blaɪ] **1.** *(Metall)* plomb *m;* **2.** *(Lot)* fil *m* à plomb; *mar* sonde *f;* — *mit ~ belegen* od *beschweren* plomber; *es liegt mir wie ~ in den Gliedern* j'ai les membres comme du plomb; *das liegt wie ~ im Magen* c'est un plomb sur l'estomac.

Bleibe *f* ‹-, (-n)› ['blaɪbə] gîte, asile; logis *m; keine ~ haben* être sans logis, vagabonder.

bleiben ['blaɪbən] ‹*blieb, geblieben*› *itr* ‹*sein*› **1.** rester, demeurer; **2.** *(andauern)* durer, se maintenir; *(weiterexistieren, -leben)* survivre; **3.** *(beharren)* persister (*bei* dans); — *dabei ~, daß* en revenir à dire que; *draußen ~* rester dehors; *gesund ~* rester en bonne santé; *zu Hause ~* rester à la maison *od* chez soi; *bei der Wahrheit ~* s'en tenir à la vérité; *nicht wissen, wo man ~ soll* ne savoir où se mettre; *hier bleibe ich nicht lange* je ne vais pas moisir ici *fam; das bleibt abzuwarten* il faut attendre; *es bleibt alles beim alten* rien n'est changé; *wo bleibt er nur?* où peut-il bien être? *wo ist mein Hut geblieben?* où est passé mon chapeau? *wo bleibt mein Kaffee?* et mon café? *~ wir dabei!* restons-en-là! *~ Sie am Apparat! (tele)* ne quittez pas (l'écoute); *dabei bleibt's! es bleibt dabei!* ce qui est dit est dit; *das muß dahingestellt ~* laissons cela pour le moment; *das bleibt unter uns!* que cela reste entre nous; **B~** *n: hier ist meines ~s nicht länger* je ne peux *od* veux pas rester; **~d** *a* durable; permanent; *~er Wert m* valeur *f* durable; **~=lassen** ‹*läßt, ließ bleiben, bleibenlassen*› laisser, se garder de; *laß das bleiben!* laisse cela! *wenn Sie nicht wollen, lassen Sie es bleiben!* c'est à prendre ou à laisser.

Bleibergwerk *n* ['blaɪ-] mine *f* de plomb.

bleich [blaɪç] *a* blême, blafard, hâve; *(blaß)* pâle; *~ werden* blêmir, pâlir; **~en** *tr* blanchir; *(die Haare)* décolorer, platiner; **B~en** *n* blanchiment, blanchissage *m;* **B~gesicht** *n* visage *m* pâle; **B~sucht** *f* ‹-, ø› anémie, chlorose *f*, pâles couleurs *f pl;* **~süchtig** *a* anémique, chlorotique.

Blei|dach *n* ['blaɪ-] couverture *od* toiture *f* en plomb; **~dämpfe** *m pl* fumée *f* de plomb; **b~ern** *a a. fig* de plomb; **~erz** *n* minerai *m* de plomb; **b~farben** *a* plombé; livide, blafard; **~glanz** *m min* galène *f; chem* sulfure *m* de plomb; **~glätte** *f min* massicot *m*, litharge *f;* **b~haltig** *a* plombifère; **~hütte** *f* plomberie *f;* **~kammer** *f chem* chambre *f* de plomb; **~kristall** *n* cristal *m* au plomb; **~mantel** *m tech* gaine *od* enveloppe *f* de plomb; **~mine** *f* mine *f* de plomb; **~rohr** *n* tuyau *od* conduit *m* de *od* en plomb; **b~schwer** *a fig* lourd comme du plomb; **~stift** *m* crayon *m;* **~stifthalter** *m* porte-crayon *m;* **~stiftmine** *f* mine *f* de crayon; **~stiftspitzer** *m* taille-crayon(s) *m;* **~stiftzeichnung** *f* dessin *m* au crayon (noir); **~vergiftung** *f* intoxication *f od* empoisonnement *m* saturnin(e), saturnisme *m;* **~verglasung** *f* résille *f;* **~weiß** *n* blanc *m* de plomb, céruse *f.*

Blend|e *f* ‹-, -n› ['blɛndə] **1.** *(Scheuklappe)* œillère *f; (Lichtschirm)* écran; *phot* diaphragme *m*, ouverture *f;* **2.** *(Mineral)* blende *f;* **b~en** *tr* **1.** crever les yeux à, rendre aveugle; *a. fig* aveugler; *(vorübergehend durch Licht u. fig)* éblouir; **2.** *fig* fasciner, séduire; **3.** *(täuschen)* tromper; *mil* camoufler; *itr* **4.** *(Lichtreflexe bilden)* jeter des reflets variés; *fig (schillern)* miroiter; — *sich ~ (täuschen) lassen* se laisser éblouir *od* tromper; *geblendet sein* n'y voir que du feu; **b~en** *a* **1.** aveuglant, resplendissant; *a. fig* éblouissant; **2.** *fig* éclatant, brillant; *fam (ausgezeichnet)* formidable, excellent; **~laterne** *f* lanterne *f* sourde; **~schutzscheibe** *f mot* pare-soleil *m;* **~ung** *f* ‹-, -en› **1.** aveuglement *m;* **2.** *fig (Täuschung)* tromperie *f;* **~werk** *n* illusion *f;* mirage *m.*

Blesse *f* ‹-, -n› ['blɛsə] *(Stirnfleck)* étoile *f.*

Blick *m* ‹-(e)s, -e› [blɪk] **1.** regard; *(kurzer* od *rascher)* coup *m* d'œil; *(verstohlener* od *liebevoller)* œillade *f;* **2.** *(An-, Ausblick)* vue; *phot film* plongée *f;* — *auf den ersten ~* du premier coup d'œil, à première vue; *mit ~ auf* face à, avec vue sur; *mit einem ~* d'un seul regard; *mit e-m schnellen ~* d'un coup d'œil; *e-n ~ für etw haben* avoir l'œil pour qc; *die ~e auf sich lenken* concentrer les regards sur soi; *s-n ~ richten auf* lever les yeux sur, porter ses regards sur; *s-e ~e schweifen lassen* promener ses regards; *e-n ~ werfen auf* jeter un coup d'œil sur; *jdn keines ~es würdigen* ne pas daigner honorer qn d'un regard; *die ~e auf sich ziehen* attirer les regards;

jdm e-n vernichtenden ~ zuwerfen mitrailler qn du regard; *wenn ~e töten könnten* si tes, vos, ses, leurs yeux étaient des pistolets; *böser ~* mauvais œil *m; forschender ~* regard *m* investigateur; *verstohlener ~* regard *m* furtif *od* en coulisse; **b~en** *itr* regarder; *~ lassen* montrer; *sich ~ lassen* se faire voir; *tief ~ lassen* donner à entendre; **~fang** *m* point de mire; *pej* tape-à-l'œil *m;* **~punkt** *m opt* point de vue; *fig* point *m* de mire *od* principal; **~richtung** *f* direction *f* de regard *od* de visée; **~winkel** *m fig* angle *m.*

blind [blɪnt] **I.** *a* **1.** *a. fig* aveugle (*gegen, für* pour); **2.** *(glanzlos)* terne, mat; **3.** *(vorgetäuscht, falsch)* feint, fictif, faux; *(Schuß)* à blanc; **II.** *adv* = *~lings; — nicht ~ sein (fig)* avoir des yeux; *~ werden* perdre la vue; *(Spiegel)* se ternir; *~er Eifer schadet nur (prov)* trop de zèle nuit; *~er Alarm m* fausse alarme *od* alerte *f; ~er Gehorsam m* obéissance *f* aveugle; **B~darm** *m* cæcum; *(Wurmfortsatz)* appendice *m;* **B~darmentzündung** *f* appendicite; typhlite *f;* **B~e** *m f* ⟨-n, -n⟩ aveugle *m f; das sieht ja ein B~r!* cela saute aux yeux; **B~ekuh(spiel** *n) f* colin-maillard *m;* **B~enheim** *n* maison *f od* foyer *m* d'aveugles; **B~enhund** *m* chien *m* d'aveugle; **B~enschrift** *f* (écriture *f*) braille *m;* **B~flug** *m aero* vol *m* sans visibilité *od* aux instruments; **B~gänger** *m mil* obus *m od* grenade *f* non-éclaté(e); **~geboren** *a* aveugle-né; **B~geborene** *m f* aveugle-né(e *f*) *m;* **B~heit** *f* ⟨-, ø⟩ cécité *f; fig* aveuglement *m; mit ~ geschlagen (fig)* aveuglé; **B~landung** *f* atterrissage *m* en aveugle *od* sans visibilité; **~lings** *adv* aveuglément, en aveugle, à l'aveuglette, à tâtons; *(aufs Geratewohl)* au hasard; **B~schleiche** *f* orvet, serpent *m* aveugle *od* de verre.

blink|en ['blɪŋkən] *itr* **1.** clignoter, scintiller, étinceler; **2.** *mil (Blinkzeichen geben)* faire des signaux lumineux; *tr* **3.** signaler par moyens optiques; **B~er** *m* ⟨-s, -⟩ *(Gerät)* appareil de signalisation optique; *mot* (feu) clignotant *m;* **B~licht** *n* feu *m od* lumière *f* clignotant(e); **B~zeichen** *n* signal *m* lumineux *od* par projecteur.

blinzeln ['blɪntsəln] *itr* cligner les *od* des yeux, clignoter, battre des paupières.

Blitz *m* ⟨-es, -e⟩ [blɪts] éclair *m,* foudre *f (poet a. m); wie der ~* comme un éclair; *wie ein geölter ~ davonsausen (fam)* décamper en moins de deux; *ein ~ aus heiterem Himmel (fig)* un coup de foudre *od* de tonnerre; *vom ~ getroffen* foudroyé; *wie vom ~ getroffen* comme frappé par la foudre; **~ableiter** *m* paratonnerre, parafoudre; *fig fam* bouc *m* émissaire; **b~artig I.** *a* foudroyant; **II.** *adv* en un éclair, comme l'éclair; **b~blank** *a* brillant, reluisant; **b~en** *itr (funkeln)* fulgurer, étinceler, briller; *(Augen)* flamboyer; *vor Zorn ~ (Augen)* lancer des éclairs; *es blitzt* il fait des éclairs; **~gerät** *n phot* flash *m;* **~gespräch** *n tele* entretien-éclair *m,* conversation-éclair *f;* **~krieg** *m* guerre-éclair *f;* **~licht** *n* ⟨-(e)s, -er⟩ *phot* flash *m,* lumière *f* au magnésium; **~lichtaufnahme** *f* prise au magnésium, photo *f* au flash; **~lichtgerät** *n* lampe-flash *f,* flash *m;* **b~sauber** *a* éclatant de propreté; **~schlag** *m* coup *m* de foudre; **b~schnell I.** *a* rapide comme l'éclair; **II.** *adv* comme un éclair *od* la foudre, avec la rapidité de la foudre.

Block *m* [blɔk] **1.** ⟨-(e)s, ¨-e⟩ bloc; *(Holzblock)* billot *m,* bille; *(Felsblock)* roche *f; (Gußblock)* lingot *m,* barre *f; (Schokolade)* bâton *m;* **2.** ⟨-(e)s, ¨-e/-s⟩ *(Notiz-, Brief-, Zeichenblock)* bloc *m;* **3.** ⟨-(e)s, -s⟩ *(Häuserblock)* pâté *m;* **4.** *fig pol parl* bloc *m; e-n ~ bilden* faire bloc; **~ade** ⟨-, -n⟩ [-'ka:də] *pol* blocus *m; die ~ aufheben* lever le blocus; *die ~ brechen* forcer le blocus; *die ~ verhängen* faire le blocus; **~bildung** *f pol* formation *f* d'un bloc; **~flöte** *f* flûte *f* à bec *od* douce; **b~frei** *a pol* non-engagé, non-aligné; *die B~en m pl* les non-engagés *m pl;* **~freiheit** *f pol* non-alignement, non-engagement *m;* **~haus** *n* maison *f* en bois *od* blindée; *mil* blockhaus *m ;* **b~ieren** [-'ki:rən] ⟨*ohne ge-*⟩ *tr* **1.** bloquer; barrer, barricader; **2.** *tech* verrouiller; **3.** *fin (sperren)* bloquer, barrer; **b~iert** *a fig* gelé; *fam* coincé; **~ierung** *f* ⟨-, -en⟩ **1.** blocage *m;* **2.** *tech* verrouillage *m;* **~schrift** *f* (lettres *f pl*) égyptienne(s) *f; in ~* en gros, en majuscules *f pl* d'imprimerie; **~stelle** *f loc* poste *m* d'aiguilleur.

blöd|(e) [blø:t, '-də] *a* **1.** *(schwachsinnig)* débile, infirme, imbécile; **2.** *(schüchtern)* timide, gauche; *(albern)* niais, inepte; *(dumm)* sot, stupide; *fam (dämlich)* farfelu, gaga; **3.** *fam (dumm, ärgerlich)* embêtant, ennuyeux, fâcheux; — *~er Kerl m* sot; *sich ~ anstellen (fam)* faire l'idiot *od* l'âne; **~eln** [-dəln] *itr* dire des sottises; **B~heit** *f* ⟨-, -en⟩ **1.** *(Schwachsinn)* imbécillité *f;* **2.** *(Dummheit)* bêtise, sottise *f;* **B~sinn** *m (Unsinn)* non-sens *m;* idiotie *f;* bêtises *f pl; so ein ~!* (que) c'est idiot! **~sinnig I.** *a* **1.** *(schwachsinnig)* imbécile, idiot; **2.** *(dumm)* sot, stupide; **II.** *adv fam (übertreibend)* formidablement, énormément.

blöken ['blø:kən] *itr (Schaf)* bêler.

blond [blɔnt] *a* blond; *~ werden* blondir; **~ieren** [-'di:rən] ⟨*ohne ge-*⟩ *tr* blondir, oxygéner; **B~ine** *f* ‹-, -n› [-'di:nə] blonde, blondine *f*.

bloß [blo:s] **I.** *a* **1.** *(nackt)* nu, découvert; **2.** *(rein, nichts als)* pur, seul, simple; **II.** *adv (nur)* seulement, simplement; ne ... que; *(in abgeschwächter Bedeutung)* donc *(od unübersetzt)*; — *der ~e Anblick* le seul fait de voir, la seule vue; *auf ~en Verdacht* sur un simple soupçon; *mit ~em Auge* à l'œil nu; *mit ~en Füßen* pieds nus, nu-pieds; *wo bleibst du ~?* où es-tu donc? *wie machst du das ~?* comment arrives-tu à faire cela? *~ nicht!* surtout pas; *~ jetzt nicht!* surtout pas maintenant! *der ~e Gedanke* rien que la pensée.

Blöße *f* ‹-, -n› ['blø:sə] **1.** nudité *f*; **2.** *(Lichtung)* clairière *f*; — *fig: sich e-e ~ geben* donner prise *od* de l'emprise sur soi, donner prise, prêter le flanc; *sich keine ~ geben* jouer (un jeu) serré.

bloß|≈legen *tr* ['blo:s-] mettre à nu, dénuder, découvrir; *fig* dévoiler, révéler; **~≈stellen** *tr* mettre à nu, démasquer; compromettre; **B~stellung** *f* compromission *f*.

Bluff *m* ‹-s, -s› [bluf] bluff *m*; *fam* esbroufe *f*; **b~en** *itr* bluffer.

blühen ['bly:ən] *itr* être en fleur; *a. fig* fleurir; *fig* être florissant, prospérer; *wer weiß, was uns noch blüht!* qui sait ce qui nous attend; **~d** *a* fleuri, en fleur; *fig* florissant, prospère; *(Stil)* fleuri; *(Schönheit)* éclatant; *im ~en Alter* à la fleur de l'âge; *wie das ~e Leben aussehen* avoir une mine de prospérité.

Blume *f* ‹-, -n› ['blu:mə] **1.** fleur *f*; **2.** *(Bierschaum)* mousse *f*; **3.** *(d. Weines)* bouquet *m*; — *durch die ~* à demi-mot; *mit ~n schmücken* garnir de fleurs, fleurir; *durch die ~ sprechen* parler à mots couverts; **~nbeet** *n* massif de fleurs; parterre *m*; **~nblatt** *n* pétale *m*; **~ngarten** *m* jardin *m* de fleurs; **~ngeschäft** *n* magasin *m* de fleuriste; **~nkasten** *m* caisse *f* à fleurs; **~nkohl** *m* chou-fleur *m*; **~nkorso** *m* corso *m* fleuri, fête *od* bataille *f* de fleurs; **~nladen** *m* boutique *f* de fleuriste; **~nmädchen** *n* bouquetière *f*; **~nständer** *m* jardinière *f*, porte-plante *m*; **~nstock** *m* pot *m* de fleurs; **~nstrauß** *m* ‹-es, ¨-e› bouquet *m* (de fleurs); *(großer)* botte *f* de fleurs; **~ntopf** *m* pot *m* à *od* de fleurs; **~nvase** *f* vase à fleurs, bouquetier *m*; *(kleine)* porte-bouquet *m*.

blumig ['blu:mıç] *a (Stil)* maniéré.

Bluse *f* ‹-, -n› ['blu:zə] corsage *m*; blouse *f*; *(Hemdbluse)* chemisier *m*, blouse-chemise *f*.

Blut *n* ‹-(e)s, ø/*(med)* -e› [blu:t] *a. fig* sang *m*; *fig (Abstammung)* origine, race *f*; *bis aufs ~* jusqu'au sang; *jdn bis aufs ~ aussaugen* sucer qn jusqu'à la moelle, tirer à qn la moelle des os; *ruhig ~ bewahren* conserver son sang-froid; *~ geleckt haben (fig fam)* avoir trouvé du goût à qc; *böses ~ machen* provoquer le mécontentement; *~ und Wasser schwitzen (fig)* avoir une peur bleue; *~ spenden* donner son sang; *~ vergießen* verser du sang; *das liegt* od *steckt mir im ~* j'ai cela dans le sang, *fam* dans la peau; *immer ruhig ~!* du calme! *die Bande des ~es* les liens du sang; *blaues ~* sang *m* bleu; **~ader** *f* veine *f*; **~alkohol** *m* alcoolémie *f*; **~andrang** *m* congestion *f*; **'b~arm** *a* anémique; **b~'arm** *fig (sehr arm)* pauvre comme Job; **~armut** *f med* anémie *f*; **~bad** *n* bain de sang, massacre, carnage *m*; **~bank** *f* ‹-, -en› *med* banque *f* de sang; **b~bildend** *a* hématopoïétique; **~bildung** *f* hématopoïèse *f*; **~buche** *f bot* hêtre *m* rouge *od* pourpre; **~druck** *m* ‹-(e)s, ø› pression sanguine *od* vasculaire *od* artérielle, tension *f* artérielle; *hoher ~* hypertension *f*; *niedriger ~* hypotension *f*.

Blüte *f* ‹-, -n› ['bly:tə] **1.** fleur *f*; **2.** *(Zeit)* floraison *f*; **3.** *fig (Höhepunkt)* prospérité *f*, apogée *m*; **4.** *(Elite)* fleur, élite *f*; **5.** *(Stilblüte)* perle *f*; **6.** *(falscher Geldschein)* faux billet *m*; — *in (voller) ~* en fleur; *in ~ stehen* être en fleur, fleurir.

Blut|egel *m* ['blu:t-] *zoo* sangsue *f*; **b~en** *itr* saigner (*aus* de); *(Rebe)* pleurer; *~ müssen (fig)* le payer; *mir blutet das Herz (fig)* le cœur me saigne; *meine Nase blutet* je saigne du nez.

Blütenblatt *n* ['bly:tən-] pétale *m*.

blutend ['blu:tənt] *a* saignant; *~en Herzens (fig)* le cœur navré.

Blüten|kelch *m* ['bly:tən-] calice *m*; **~stand** *m bot* inflorescence *f*; **~staub** *m* pollen *m*.

Blutentnahme *f* ['blu:t-] prise *f* de sang, prélèvement *m* de sang *od* sanguin.

blütenweiß ['bly:tən-] *a* d'ivoire.

Blut|er *m* ‹-s, -› ['blu:tər] *med* hémophile *m*; **~erguß** *m* épanchement *m* de sang, hémorragie *f*; **~erkrankheit** *f* hémophilie *f*.

Blütezeit *f* ['bly:tə-] floraison; *fig* prospérité *f*, apogée *m*.

Blut|fleck *m* ['blu:t-] tache *f* de sang; **~gefäß** *n anat* vaisseau *m* sanguin; **~gerinnsel** *n* caillot (de sang), thrombus *m*; **~geschwür** *n* furoncle; *pop* clou *m*; **~gier** *f* férocité *f*; **b~gierig** *a* altéré de sang, féroce, sanguinaire; **~gruppe** *f* groupe *m* sanguin; **~hund** *m* bouledogue; *fig (Mensch)* homme sanguinaire, boucher *m*; **~husten** *m med* hémoptysie *f*; **b~ig** *a* sanglant, saigneux, ensanglanté; *(blutbefleckt)* taché *od* souillé de sang; *(Fleisch)* saignant; *~er Anfänger* parfait débutant *m*; **b~jung** *a* très *od* tout jeune, à l'âge tendre; **~körperchen** *n* globule *m* (du sang); *rotes* ~ globule *m* rouge, hématie *f; weißes* ~ globule blanc, leucocyte *m;* **~kreislauf** *m* circulation *f* du sang *od* sanguine; **~lache** *f* mare *f* de sang; **b~leer** *a* exsangue; **~orange** *f* orange *f* sanguine; **~probe** *f* **1.** *med* prise de sang, analyse *f* du sang; **2.** *(entnommene Blutmenge)* échantillon *m* sanguin; **~rache** *f* vendetta *f;* **b~reinigend** *a* dépuratif; **b~rot** *a* rouge sang(uin); **b~rünstig** *a* sanguinaire, ivre de sang; **~sauger** *m* suceur de sang; *fig* vampire *m,* sangsue *f;* **~schande** *f* inceste *m;* **~schuld** *f* crime capital; homicide, meurtre *m;* **~senkung** *f* sédimentation *f* du sang; **~serum** *n* sérum *m* (du sang); **~spender** *m* donneur *m* de sang; **~spur** *f* trace *f* de sang; **b~stillend** *a* hémostatique; **~stropfen** *m* goutte *f* de sang; *bis zum letzten* ~ *(fig)* jusqu'à la dernière goutte de sang; **~sturz** *m med* coup *m* de sang, hémoptysie *f* violente; **b~sverwandt** *a* consanguin; **~sverwandte** *m f* consanguin(e *f*) *m;* **~sverwandtschaft** *f* consanguinité *f;* **~tat** *f* crime de sang, meurtre *m;* **b~überströmt** *a* noyé de sang, tout en sang; **~übertragung** *f* transfusion *f* sanguine; **~ung** *f* ‹-, -en› écoulement *m od* perte de sang; *scient* hémorragie *f;* **b~unterlaufen** *a* ecchymosé; **~untersuchung** *f* examen *m* de sang; **~vergießen** *n* effusion *f* de sang; **~vergiftung** *f* empoisonnement *m* du sang; *scient* septicémie *f;* **~verlust** *m* perte *f* de sang; **~wurst** *f* boudin *m.*

b-Moll *n* ['be:mɔl] *mus* si *m* bémol mineur.

Bö *f* ‹-, -en› [bø:, '-ən] *(Windstoß)* rafale *f.*

Bock *m* ‹-(e)s, ⁻̈e› [bɔk] **1.** *(Ziegenbock)* bouc; *(Schafbock)* bélier; *(Rehbock)* chevreuil *m;* **2.** *tech (Gestell)* chevalet, tréteau, support; *(Turngerät)* cheval d'arçon; *(Kutschbock)* siège *m* du cocher; **3.** *fam (Fehler)* bévue *f;* — *den* ~ *zum Gärtner machen* donner la brebis à garder au loup, enfermer le loup dans la bergerie; *e-n* ~ *schießen (fig)* faire une gaffe *od* une bourde; gaffer; **b~beinig** *a fig* récalcitrant, entêté; **~bier** *n* bière *f* de mars *od* forte; **b~en** *itr (Pferd)* se cabrer; *fig* être récalcitrant, s'entêter; **~leiter** *f* échelle *f* double *od* pliante; **~shorn** *n: jdn ins* ~ *jagen (fig fam)* faire peur à qn, intimider qn; *sich nicht ins* ~ *jagen lassen* se piquer au jeu; ne pas se laisser intimider; **~springen** *n (Spiel)* saute-mouton, saut *m* de mouton; **~sprung** *m sport* saut *m* au cheval d'arçon.

Boden *m* ‹-s, ⁻̈› ['bo:dən, 'bø:-] **1.** *(Erdboden)* sol, fond *m,* terre; *(Ackerboden)* terre *f* arable; *(~fläche)* terrain; *(Grund und Boden)* terroir, fonds *m,* glèbe *f; (Meeresboden,* ~ *e-s Gefäßes od Behälters)* fond *m;* **2.** *(Fußboden)* sol, plancher, parquet; *(Dachboden)* grenier; *(Heuboden)* fenil *m;* **3.** *fig (Grundlage)* fond *m,* base *f;* — *auf festem* ~ sur la terre ferme; *auf französischem* ~ sur le territoire français; *auf dem* ~ *der Verfassung* conformément à la constitution; *mit doppeltem* ~ à double fond; *zu* ~ *fallen* tomber par terre; *zu* ~ *gehen (sport)* aller à terre; *(an)* ~ *gewinnen (fig)* gagner du terrain, faire tache d'huile; *festen* ~ *unter den Füßen haben (fig)* être sur un terrain solide; *auf den* ~ *legen* od *stellen* mettre à terre; *sich auf den* ~ *der Tatsachen stellen* s'en tenir aux faits; *zu* ~ *strecken* étendre sur le carreau, terrasser; *an* ~ *verlieren (fig)* perdre du terrain; *den (festen)* ~ *unter den Füßen verlieren* perdre pied, se perdre dans le vague; **~anlage** *f aero* installation *f* au sol; **~belag** *m (Platten)* pavage, pavement, dallage; *(Pflaster)* pavé *m;* **~beleuchtung** *f aero* balisage *m;* **~beschaffenheit** *f* nature *od* qualité *f* du sol; état *m* du terrain; **~erhebung** *f* élévation, éminence *f;* **~ertrag** *m* revenu *m* foncier; **~feuchtigkeit** *f* humidité *f* du sol; **~form(en** *pl*) *f* tracé *m od* formes *f pl* du terrain; mouvements *m pl* du sol; **~frost** *m* gelée *f* au sol; **~gestaltung** *f geol* relief *m* du sol; **~kammer** *f* mansarde *f;* **b~los** *a* **1.** sans fond; **2.** *fig (unerhört)* inouï; *~e Frechheit f* grande impertinence *f;* **~nebel** *m* brouillard *m* au sol, mince couche *f* de brouillard; **~personal** *n aero* personnel *m* au sol *od* non-navigant; **~platte** *f* plaque (de fond), dalle *f,* carreau *m;* **~recht** *n* droit *m* foncier; **~reform** *f* réforme *f* agraire; **~rente** *f* rente *f* foncière; **~satz** *m chem* résidu, sédiment *m; (in e-m Faß)* baissière *f; (von Wein od Bier)* dépôt *m,* lie *f;* **~schätze** *m pl* richesses *f pl* du sol *od* souterraines *od* minières; **~see,** *der* le Lac de Constance; **~senkung** *f* affaissement du sol, repli *m* (de terrain); **~station** *f (radio; Raumfahrt)* station *f* au sol; **~streitkräfte** *f pl mil* forces *f pl* de surface; **~temperatur** *f* température *f* au sol; **~turnen** *n* exercices *m pl* (gymnastiques) au sol, gymnastique *f* au sol; **~untersuchung** *f* sondage *m.*

Bogen *m* ‹-s, -/⁻̈› ['bo:gən, 'bø:-] **1.** *(math, arch, Waffe)* arc *m;* **2.** *arch (Gewölbebogen)* cintre, arceau *m; (Biegung)* courbe, courbure *f,* coude *m; anat* arcade *f;* **3.** *(Geigenbogen)* archet *m;* **4.** *(Eislauf)* volte *f; (Schisport)* virage *m;* **5.** *(Papier)* feuille *f;* — *in hohem* ~ *(fig fam)* à la volée; *e-n (großen)* ~ *um jdn machen* (faire un détour pour) éviter qn; *den* ~ *raushaben, rauskrie-*

gen connaître le joint, trouver le filon; *mit dem ~ schießen* tirer à l'arc; *den ~ spannen* bander l'arc; *den ~ überspannen (fig)* aller trop loin, en demander trop; **b~förmig** *a* en arc, arqué, cintré, voûté; **~gang** *m* arcade *f;* **~gewölbe** *n* voûte *f* en plein cintre; **~lampe** *f* lampe *f* à arc; **~licht** *n* lumière *f* à arc; **~schütze** *m* archer; *(sport)* tireur *m* à l'arc.

Bohle *f* ⟨-, -n⟩ ['bo:lə] *(starkes Brett)* planche *f* (épaisse), madrier, ais *m.*

Böhm|en *n* ⟨-s, ø⟩ ['bø:mən] la Bohême; **b~isch** *a* bohémien; *das sind ~e Dörfer für mich* c'est de l'algèbre *od* du grec *od* de l'hébreu pour moi.

Bohne *f* ⟨-, -n⟩ ['bo:nə] **1.** *bot* haricot *m;* **2.** *(Kaffeebohne)* grain *m;* — *nicht die ~ (fig pop)* rien du tout; *grüne, weiße ~n* haricots *m pl* verts, blancs; **~nkaffee** *m* café *m;* **~nsalat** *m* salade *f* de haricots; **~nstange** *f* rame de haricots; *fig fam* (grande) perche *f,* échalas *m;* **~nstroh** *n: dumm wie ~ (fam)* bête à manger du foin *od* du chardon; **~nsuppe** *f* potage *m* aux haricots.

Bohner *m* ⟨-s, -⟩ ['bo:nər] , **~besen** *m* cireuse *f;* **~maschine** *f* cireuse *f* mécanique; **b~n** *tr* cirer, encaustiquer; *itr* faire le parquet; **~wachs** *n* encaustique; cire *f* (à parquet).

bohr|en ['bo:rən] *tr* **1.** percer, forer, sonder; **2.** *(nach Erdöl)* prospecter; **3.** *fig fam (nachforschen)* fouiller, fouiner; **4.** *(dringen)* presser, insister; — *mit dem Finger in der Nase ~* se mettre le doigt dans le nez; *in den Grund ~ (mar)* couler, saborder; *ein Loch ~* percer *od* creuser *od* faire un trou; **~end** *a (zoo, med, Schmerz)* aigu, térébrant; **B~er** *m* ⟨-s, -⟩ *(Werkzeug)* perçoir *m,* perceuse *f,* foret, alésoir *m; (des Zahnarztes)* fraise *f* (de dentiste); **B~loch** *n* forure *f,* trou de forage *od* de sonde; puits *m* de sondage *od* à pétrole; **B~maschine** *f* foreuse, perceuse, machine à percer, aléseuse, perforatrice; sondeuse; *fam* chignole; *(Zahnarzt)* fraise *f* (de dentiste); **B~turm** *m* tour *f* de sondage, derrick, pylône *m* de forage; **B~ung** *f* ⟨-, -en⟩ perçage, alésage; *(Erdöl)* forage, sondage; *(Tunnel)* percement *m; (Probebohrung)* prospection *f;* **B~winde** *f* vilebrequin *m.*

Boiler *m* ⟨-s, -⟩ ['bɔʏlər] chauffe-eau *m.*

Boje *f* ⟨-, -n⟩ ['bo:jə] *mar* bouée, balise *f.*

Bolivi|aner(in) *m* ⟨-s, -⟩ (*f* ⟨-, -nen⟩) [bolivi'a:nər] Bolivien(ne *f*) *m;* **b~anisch** *a* bolivien; **~en** *n* ⟨-s, ø⟩ [-'li:viən] la Bolivie.

Bollwerk *n* ⟨-(e)s, -e⟩ ['bɔlvɛrk] bastion, *a. fig* rempart, boulevard *m.*

Bolschewis|mus *m* ⟨-, ø⟩ [bɔlʃe'vɪsmus] bolchevisme *m;* **~t** *m* ⟨-en, -en⟩ [-'vɪst] bolcheviste *m;* **b~tisch** [-'vɪstɪʃ] *a* bolcheviste, bolchevique.

Bolzen *m* ⟨-s, -⟩ ['bɔltsən] boulon, goujon *m; (Zapfen)* cheville, broche *f,* pivot *m.*

Bombard|ement *n* ⟨-s, -s⟩ [bɔmbardə'mã, -s] bombardement *m;* **b~ieren** [-'di:rən] ⟨*ohne ge-*⟩ *tr mil, a. phys* bombarder; *(mit Artillerie)* canonner *(a. fig fam: bestürmen);* **~ierung** *f* ⟨-, -en⟩ mil phys bombardement *m.*

Bombast *m* ⟨-(e)s, ø⟩ [bɔm'bast] *(Schwulst)* emphase, enflure *f;* phrases *f pl* ampoulées; **b~isch** *a (Stil)* emphatique, ampoulé.

Bombe *f* ⟨-, -n⟩ ['bɔmbə] bombe *f; ~n abwerfen* lâcher *od* larguer *od* lancer *od* jeter des bombes (*über* sur); *die ~ zum Platzen bringen (fig)* mettre le feu aux poudres; *die ~ ist geplatzt (fig)* le feu prend aux poudres; la nouvelle s'est répandue, le scandale a éclaté.

Bomben|abwurf *m* lancement *od* largage *m* de bombes; **~angriff** *m* raid *m* aérien, attaque *f* à la bombe; **~attentat** *n* attentat *m* à la bombe; **~erfolg** *m fam* succès *m* monstre *od* fou; *e-n ~ haben (theat)* être porté aux nues; **~flugzeug** *n* avion de bombardement, bombardier *m;* **b~geschädigt** *a* sinistré; **~geschädigte,** *der* sinistré *m;* **~geschäft** *n fam: ~e machen* réaliser de gros gains, faire des affaires d'or; **~hagel** *m* grêle *f* de bombes; **b~sicher** *a* **1.** anti-bombes; **2.** *fig fam* absolument sûr; — *~er Unterstand m* abri *m* à l'épreuve des bombes; **~teppich** *m* tapis *m* de bombes; **~trichter** *m* entonnoir *m* de bombe.

Bomber *m* ⟨-s, -⟩ ['bɔmbər] bombardier, avion *m* de bombardement; **~formation** *f* formation *f* de bombardiers.

Bon *m* ⟨-s, -s⟩ [bɔ̃:, -s] *(Gutschein)* bon *m;* **~bon** *m* od *n* ⟨-s, -s⟩ [bɔ̃'bɔ̃:, -s] bonbon *m,* dragée *f;* **~bonniere** *f* ⟨-, -n⟩ [bɔ̃bɔni'ɛ:rə] bonbonnière *f.*

Bonze *m* ⟨-n, -n⟩ ['bɔntsə] *rel* bonze; *pol pej (Parteigröße)* bonze *od* ponte *m* (de parti).

Boot *n* ⟨-(e)s, -e⟩ [bo:t] bateau *m,* embarcation, barque *f,* canot; *(kleines)* batelet *m; ~ fahren* faire du canot; *wir sitzen alle in e-m ~ (fig)* nous sommes tous logés à la même enseigne; **~sfahrt** *f* promenade *f* en bateau; **~shaken** *m* gaffe *f;* **~shaus** *n* hangar à bateaux, garage *m* (à canots); **~smann** *m* ⟨-s, -leute⟩ *(Deckoffizier)* premier maître *m;* **~srennen** *n* régates *f pl.*

Bor *n* ⟨-s, ø⟩ [bo:r] *chem* bore *m.*

Bord ⟨-(e)s, -e⟩ [bɔrt, '-də] **(1)** *n dial (Bücherbrett)* rayon *m,* étagère, tablette *f;* **(2)** *m (Schiffsrand);* bord *m; an ~* à bord; *an ~ bringen* embarquer; *über ~ fallen* tomber à la mer; *an ~ gehen* aller à bord, s'embarquer; *über ~ gespült werden* être enlevé par une lame; *über ~ werfen* jeter par-dessus bord; *fig* se débarrasser (*etw* de qc); *Mann über ~! (Notschrei)* un homme à la mer! **~anlagen** *f pl aero* installations *f pl* de bord.

Bordell *n* ‹-s, -e› [bɔr'dɛl] bordel *m*, maison *f* publique *od* de tolérance.

Bord|funker *m* ['bɔrt-] *mar; aero* radio *m* (de bord *od* navigant); **~ingenieur** *m* mécanicien *m* navigant; **~instrumente** *n pl* appareils *od* instruments *m pl* de bord; **~mechaniker** *m aero* mécanicien *m* de bord; **~personal** *n mar aerc* personnel *m* de bord; **~stein** *m* bordure de trottoir; (pierre de) bordure *f*; **~waffen** *f pl aero* armes *f pl* de bord; *mit ~ beschießen* tirer contre *od* sur ... à l'aide des armes de bord.

Borg *m* ‹-(e)s, ø› [bɔrk, '-g(ə)s]: *auf ~* à crédit; **b~en** [-g-] *tr* **1.** *(leihen)* prêter (*jdm etw* qc à qn); **2.** *(entleihen)* emprunter (*etw von jdm* qc à qn).

Borke *f* ‹-, -n› ['bɔrkə] **1.** *(Baumrinde)* écorce; *(Kruste)* croûte *f*; **2.** *med (Schorf)* croûte, escarre *f*; **~nkäfer** *m ent* bostryche *f*.

borniert [bɔr'ni:rt] *a* borné, étroit; **B~heit** *f* ‹-, -en› étroitesse *f* (d'esprit).

Borsalbe *f* ['bo:r-] vaseline *f* boriquée.

Börse *f* ‹-, -n› ['bø:rzə, 'bœrzə] **1.** *fin* bourse; *(als Gebäude)* Bourse *f*; **2.** *(Geldbeutel)* porte-monnaie *m*; — *an der ~ notiert werden* être coté à la *od* en bourse.

Börsen|bericht *m* bulletin *m* de la bourse *od* financier; **~blatt** *n* bulletin de la bourse; journal *m* financier; **b~fähig** *a* négociable en bourse; *(zur Börse zugelassen)* admis à la bourse; *~e Papiere n pl* valeurs *f pl* de bourse; **~geschäft** *n* opération *od* transaction *f* de bourse; *~e betreiben* traiter à la bourse; **~jobber** *m* ‹-s, -› [-dʒɔbər] boursier, tripoteur *m*; **~krach** *m* krach *m*, débâcle *f* boursière; **~kurs** *m* cours *m* de bourse, cote *f* de la bourse; **~makler** *m* agent de change, courtier *m* en valeurs; **~notierung** *f* cotation en bourse, cote *f*; **~schwankungen** *f pl* fluctuations *f pl* des cours; **~schwindel** *m* boursicotage, tripotage *m*; **~schwindler** *m* tripoteur *m*; **~spekulant** *m* spéculateur *od* joueur à la *od* en bourse; boursicotier, boursicoteur, agioteur *m*; **~spekulation** *f* spéculation *f* à la bourse, agiotage *m*.

Borst|e *f* ‹-, -n› ['bɔrstə] soie *f* (de porc); **~entier** *n* porc *m*; **b~ig** *a* **1.** sétifère; hérissé; **2.** *fig (Person)* revêche, *(fam)* de mauvais poil.

Borte *f* ‹-, -n› ['bɔrtə] bordure *f*, passepoil, galon *m*.

Borwasser *n* ['bo:r] eau *f* boriquée.

bösartig ['bø:s-] *a* **1.** méchant, malin, malfaisant; *(Tier)* malicieux; **2.** *med* malin, pernicieux; **B~keit** *f* ‹-, ø› **1.** méchanceté, malignité, malice *f*; **2.** *med* malignité, virulence *f*.

Böschung *f* ‹-, -en› ['bœʃuŋ] talus *m*, berge, pente *f*.

bös(e) [bø:s, -zə] *a* **1.** *(Mensch)* méchant, mauvais; *(unartig)* malin, vilain; **2.** *(ärgerlich)* fâché, irrité; **3.** *(Sache: schlimm)* mauvais; grave, fort; *(Krankheit)* dangereux, pernicieux; — *ohne ~e Absicht* sans mauvaise intention, sans penser à mal; *~e ansehen* regarder de travers; *auf jdn* od *mit jdm ~e sein* être fâché avec qn, en vouloir à qn; *sich ~e sein* être fâchés *od* brouillés; *~e werden* se fâcher, entrer en colère *od* fureur; *es sieht ~ aus (fig)* ça va mal; *ich hab' es nicht ~ gemeint, es war nicht ~ gemeint* je n'ai pas pensé à mal; *~e Angelegenheit f* sale histoire, vilaine affaire *f*; *~er Blick m* mauvais coup d'œil; mauvais œil *m*; *~e Folgen f pl* conséquences *f pl* fâcheuses; *~er Geist m (rel)* (esprit) malin, démon *m*; *e-e ~e Zunge* une méchante *od* mauvaise langue, une langue de vipère; **B~e,** *der* le malin, le diable; **B~e,** *das* mal *m*; *B~s ahnen* avoir de sombres pressentiments; *jdm etw B~s antun* faire du mal à qn; *sich bei etw nichts B~s denken* ne pas entendre malice à qc; *B~s im Sinn haben* od *im Schilde führen* avoir de mauvaises intentions; *B~s mit Gutem vergelten* rendre le bien pour le mal; **B~ewicht** *m* ‹-(e)s, -er/-e› ['--vɪçt] méchant, malfaiteur; coquin, vaurien *m*.

bos|haft ['bo:shaft] *a* malin, malicieux, malfaisant; **B~haftigkeit** *f* ‹-, -en› méchanceté, malignité, malice *f*; **B~heit** *f* ‹-, -en› méchanceté, malice *f*; *aus reiner ~* par pure méchanceté *od* malice.

Bosnien *n* ‹-s, ø› ['bɔsniən] la Bosnie.

Bosporus ['bɔsporus] *der, geog* le Bosphore.

böswillig ['bø:s-] **I.** *a* malintentionné, malveillant; malicieux; **II.** *adv* par mauvaise volonté, de mauvaise foi; — *in ~er Absicht (jur)* avec intention délictueuse; *~ verlassen (jur)* abandonner malicieusement; **B~keit** *f* ‹-, ø› malveillance; malice; mauvaise volonté *f*.

Botan|ik *f* ‹-, ø› [bo'ta:nɪk] botanique *f*; **~iker** *m* ‹-s, -› [-'ta:nikər] botaniste; **b~isch** *a* botanique; **b~isieren** [-tani'zi:rən] ‹*ohne ge-*› *itr* botaniser, herboriser.

Bote *m* ‹-n, -n› ['bo:tə] *(Kurier)* messager, courrier; garçon *m* de courses; *(Dienstmann)* facteur, commissionnaire; *fig (Vorbote)* héraut *m*; *durch ~n* par porteur *od* messager; **~ngang** *m* course, commission *f*.

botmäßig ['bo:tmɛ:sɪç] *a* soumis, obéissant; *pol* tributaire; **B~keit** *f* ‹-, -en› soumission *f.*

Botschaft *f* ‹-, -en› ['bo:tʃaft] **1.** *(Nachricht)* message *m;* communication *f;* **2.** *pol (a. Gebäude)* ambassade *f;* — *e~e ~ übermitteln* transmettre un message; **~er(in)** *m* ‹-s, -› (*f* ‹-, -nen›) ambassadeur *m,* ambassadrice *f;* **~spersonal** *n* personnel *m* de l'ambassade; **~srat** *m* conseiller *m* d'ambassade; **~ssekretär** *m* secrétaire *m* d'ambassade.

Böttcher *m* ‹-s, -› ['bœtçər] tonnelier *m.*

Bottich *m* ‹-(e)s, -e› ['bɔtıç] cuve *f,* bac, baquet *m.*

Bouillon *f* ‹-, -s› [bu'ljõ:] bouillon, consommé *m;* **~reis** *m* riz *m* au gras; **~würfel** *m* cube *m* de consommé.

Boulevardpresse *f* [bulə'va:r-] presse *f* à sensation *od* de boulevard.

Bowle *f* ‹-, -n› ['bo:lə] **1.** *(Getränk)* vin *m* aromatisé; **2.** *(Gefäß)* bol *m.*

box|en ['bɔksən] *itr* boxer; **B~er** *m* ‹-s, -› boxeur *m;* **B~handschuh** *m* gant *m* de boxe; **B~kampf** *m* combat *od* match *m* de boxe; **B~sport** *m* boxe *f.*

Boykott *m* ‹-(e)s, -e› [bɔy'kɔt] boycottage *m;* **b~ieren** [-'ti:rən] ‹*ohne ge-*› *tr* boycotter.

brach [bra:x] *a agr* inculte, en friche; **B~e** *f* ‹-, -n› **B~feld** *n,* **B~land** *n* (champ *m od* terre en) friche *f od* repos *m.*

Brachialgewalt [braxi'a:l-] *f* force *f* brutale.

brachliegen ['bra:x-] ‹*lag brach, brachgelegen*› *itr* **1.** reposer, rester inculte, être en friche; **2.** *fig* être en friche, reposer, dormir.

brack|ig ['brakıç] *a* saumâtre; **B~wasser** *n* eau *f* saumâtre.

Branche *f* ‹-, -n› ['brã:ʃə] *com* branche, spécialité *f,* genre *m* d'affaires; **~nadreßbuch** *n* annuaire *m* du commerce.

Brand *m* ‹-(e)s, ¨-e› [brant, 'brɛndə] **1.** *(Feuer)* feu; *(Feuersbrunst)* incendie; *(großer)* embrasement *m;* **2.** *bot* rouille *f; (Getreidebrand)* charbon *m,* nielle *f;* **3.** *med* gangrène, nécrose *f;* — *in ~ geraten* prendre feu, s'enflammer, s'embraser; *etw in ~ setzen* od *stecken* mettre le feu à qc *od* qc en feu, incendier qc; **~bekämpfung** *f* lutte *f* contre le feu; **~bombe** *f* bombe *f* incendiaire.

branden ['brandən] *itr (Wellen)* déferler *a. fig,* se briser (*gegen* contre).

Brand|fackel *f* ['brant-] torche *f* incendiaire; *fig* brandon *m;* **~gefahr** *f* danger *m* d'incendie; **~herd** *m* foyer *od* lieu *m* de l'incendie, source *f* de feu; **b~ig** *a* **1.** *bot* rouillé, charbonné, niellé; **2.** *med* gangrené, gangreneux; — *~ werden (bot)* se nieller; *med* se nécroser; **~leiter** *f* échelle *f* à *od* d'incendie *od* de pompiers; **~mal** *n* ‹-s, -e› marque *f* de brûlure; stigmate *m a. fig; fig* marque *f* d'infamie; **b~marken** *tr* marquer au fer rouge; stigmatiser *a. fig; fig* flétrir; **~mauer** *f (zwischen zwei Häusern)* mur mitoyen *od* coupe-feu, pare--feu; *(Rückwand e-s Kamins)* contrecœur *m;* **~schaden** *m* dégâts *m pl* causés par l'incendie; **~sohle** *f* semelle *f* intérieure; **~stätte** *f,* **~stelle** *f* lieu *m* d'incendie; **~stifter** *m* incendiaire *m;* **~stiftung** *f jur* incendie *m* volontaire *od* criminel.

Brandung ['brandʊŋ] *f* ‹-, (-en)› brisant, déferlement, ressac *m.*

Brand|wache *f* ['brant-] *(Person)* piquet *m* d'incendie; **~wunde** *f* brûlure *f;* **~zeichen** *n* marque *f* au fer rouge.

Branntwein ['brant-] *m* eau-de-vie *f.*

Brasil|ianer(in) *m* ‹-s, -› (*f* ‹-, -nen›) [brazili'a:nər] Brésilien(ne *f*) *m;* **b~ianisch** *a* brésilien; **~ien** *n* ‹-s, ø› [-'zi:liən] le Brésil.

Brat|apfel *m* ['bra:t-] pomme *f* cuite; **b~en** ‹*brät, briet, gebraten*› *tr (Fleisch)* rôtir, cuire; *(in der Pfanne)* frire; *(auf dem Rost)* griller; *itr* rôtir, cuire, frire, griller; *braun ~ (itr)* (*tr* faire) rissoler; *(in der Sonne ~* rôtir, griller; **~en** *n (Tätigkeit)* rôtissage *m,* friture *f;* **~en** *m* ‹-s, -› *(Fleisch)* rôti *m;* **~enfett** *n* graisse de rôti, friture *f;* **~ensaft** *m* jus *m* de viande; **~enwender** *m* tourne-broche *m;* **~hering** *m* hareng *m* frit *od* grillé; **~huhn** *n* poulet *m* rôti; **~kartoffeln** *f pl* pommes *f pl* de terre sautées; **~pfanne** *f* poêle *f* à frire; **~rost** *m* gril *m.*

Bratsche *f* ‹-, -n› ['bra:tʃə] *mus* alto *m.*

Brat|spieß *m* ['bra:t-] broche *f* (à rôtir), hâtier *m;* **~wurst** *f* saucisse *f* à griller *od* grillée.

Brauch ‹-(e)s, ¨-e› [braux, 'brɔyçə] *(Sitte, Herkommen)* coutume *f,* usage *m,* tradition *f; das ist so ~* c'est la coutume.

brauchbar ['braux-] *a (verwendbar)* utilisable; *(Kleidung)* mettable; **B~keit** *f* ‹-, ø› utilité *f.*

brauch|en ['brauxən] *tr* **1.** *(benutzen)* employer, se servir de, user de, faire usage de, utiliser; **2.** *(nötig haben)* avoir besoin de; falloir; *ich brauche Geld* il me faut de l'argent; *lange ~, um zu ...* être long à ...; *zwei Stunden ~, um zu ...* mettre deux heures à ... *od* pour ...; *ich brauche Ihnen nicht zu sagen, daß ...* je n'ai pas besoin de vous dire que ..., inutile de vous dire que ...; *das ist genau, was ich brauche* c'est juste ce qu'il me faut, cela fait mon affaire; *man braucht nur zu läuten* il n'y a qu'à *od* il suffit de sonner; *Sie ~ es nur zu sagen* vous n'avez qu'à le dire; **B~tum** *n* ‹-s, ¨-er› mœurs et coutumes *f pl.*

Braue *f* ‹-, -n› ['brauə] sourcil *m.*

brau|en *tr (Bier)* brasser; **B~er** *m* ‹-s, -›

brasseur *m;* **B~erei** *f* ⟨-, -en⟩ [-ˈraɪ] , **B~haus** *n* brasserie *f;* **B~kessel** *m,* **B~pfanne** *f* chaudière *f* à brasser, brassin *m.*

braun [braʊn] *a* brun, marron; *(Haar)* brun; *(Pferd)* bai; *(~gebrannt)* basané, bronzé, tanné, hâlé; *~ färben* od *machen* brunir; *~ und blau schlagen* rouer de coups; *~ werden* brunir; *(Mensch in der Sonne)* brunir, se bronzer, se hâler.

Bräun|e *f* ⟨-, ø⟩ [ˈbrɔʏnə] **1.** couleur *f* brune; *(Hautfarbe)* hâle *m;* **2.** *med* angine *f;* **b~en** *tr* brunir; *(die Haut)* brunir, bronzer, hâler; **b~lich** *a* brunâtre.

Braunschweig *n* ⟨-s, ø⟩ [ˈbraʊnʃvaɪk] Brunswick *m.*

Brause *f* ⟨-, -n⟩ [ˈbraʊzə] **1.** douche *f; (Gießkanne)* arrosoir *m; (~kopf)* pomme *f* d'arrosoir; **2.** *(Getränk)* eau *f* gazeuse; **~bad** *n* douche *f;* **~kopf** *m* **1.** pomme *f* d'arrosoir; **2.** *fig (Hitzkopf)* tête *f* chaude, *fam* soupe *f* au lait; **b~n** *itr* **1.** ⟨*h*⟩ bruire; bourdonner, gronder; *(Wind)* souffler; *(Wogen) a.* mugir; **2.** ⟨*sein*⟩ *(Fahrzeug)* aller *od* filer à grande vitesse; *refl* **3.** *sich ~* se doucher; **b~nd** *a* bruyant, bourdonnant; **~pulver** *n* poudre effervescente, limonade *f* sèche.

Braut *f* ⟨-, ¨-e⟩ [braʊt, ˈbrɔʏtə] fiancée; *fam* prétendue; *(am Hochzeitstag)* (nouvelle) mariée *f;* **~führer** *m* garçon *m* d'honneur; **~geschenk** *n* cadeau *m* de fiançailles; *(Blumen am Hochzeitstage)* corbeille *f* de mariage.

Bräutigam *m* ⟨-s, -e⟩ [ˈbrɔʏtigam] fiancé; *fam* prétendu; *(am Hochzeitstag)* (jeune) marié *m.*

Braut|jungfer *f* [ˈbraʊt-] demoiselle *f* d'honneur; **~kleid** *n* robe *f* de mariée *od* nuptiale; **~leute** *pl* fiancés, futurs époux *m pl;* **~paar** *n* (nouveaux) mariés *m pl;* **~schleier** *m* voile *m* de mariée.

brav [braːf] *a* brave; *(gut, nett)* bon, gentil; *(Kind)* sage.

Brech|durchfall *m* [ˈbrɛç-] *med* cholérine *f;* **~eisen** *n* pince-monseigneur *f.*

brechen [ˈbrɛçən] ⟨*bricht, brach, gebrochen*⟩ *tr* ⟨*h*⟩ **1.** *(entzweibrechen)* rompre; *(zerbrechen)* casser; *(in Stücke ~)* briser, mettre en morceaux, fracasser; *(Steine)* extraire; *(Papier)* plier; *(Hanf)* broyer; *(Flachs)* briser; *(Blumen, Obst)* cueillir; *med (Knochen)* casser, fracturer; **2.** *(von sich geben)* vomir; **3.** *opt* réfracter; **4.** *fig (den Frieden, e-n Vertrag, ein Gelübde)* rompre; *itr* ⟨*sein*⟩ **5.** (se) rompre, (se) casser, se briser; *(Damm)* crever; *(Stoff)* se couper; **6.** *(sich erbrechen)* vomir, rendre; **7.** *fig (mit jdm)* rompre (avec qn); *refl* **8.** *sich ~ (Wellen)* se briser (*an* contre); *(Licht)* se réfracter; — *sich den Arm, das Bein ~* se casser *od* se fracturer le bras, la jambe; *e-n Eid ~* violer *od* trahir un serment; *jdm das Genick ~ fig* briser, anéantir qn; *den Redord ~* battre le record; *den Streik ~* refuser de faire grève; *den Widerstand ~* briser la résistance; *mir bricht das Herz* j'ai le cœur brisé.

Brech|er *m* ⟨-s, -⟩ [ˈbrɛçər] *(Sturzwelle)* lame *f* brisante; *tech* concasseur, broyeur *m;* **~mittel** *n pharm* vomitif, émétique *m;* **~reiz** *m* envie de vomir, nausée *f;* **~ung** *f* ⟨-, (-en)⟩ *opt* réfraction *f.*

Brei *m* ⟨-(e)s, -e⟩ [braɪ] *(halbflüssige Speise)* bouillie; *(fester)* pâtée; *(Kartoffel-, Erbsbrei)* purée; *(bes. von Obst)* marmelade; *pharm* pulpe; *tech (Masse)* pâte *f; zu ~ schlagen (fig fam)* réduire en bouillie, hacher (menu) comme chair à pâté; **b~ig** *a* comme de la bouillie; *(Omelett)* baveux; *allg* pultacé; *anat, bot* pulpeux.

breit [braɪt] *a* large; *(weit, ausgedehnt)* ample, vaste; *fig (weitschweifig)* ample, prolixe; *1 m ~ liegen (Stoff)* avoir 1 m de large; *~er machen* élargir; *~er werden* s'élargir; *mach dich nicht so ~! (fam)* ne prends pas toute la place! *1 m ~* large d'un mètre; **~beinig** *adv* les jambes écartées; **~≈drücken** *tr* aplatir; **B~e** *f* ⟨-, -n⟩ largeur; *(Weite, Ausdehnung)* étendue *f; (Stoff)* lé *m,* laize; *geog astr* latitude; *fig (Stil)* ampleur, prolixité *f; in die ~ gehen* grossir; *nördliche ~* latitude *f* nord; **~en** *tr (ausbreiten)* étendre; **B~engrad** *m geog* degré de latitude, parallèle *m;* **~≈machen,** *sich (fam)* s'installer *a. fig; fig* faire l'important; prendre ses aises; **~randig** *a* à bord large *(Buch)* à grande marge; **~≈schlagen** ⟨*schlägt, schlug breit, breitgeschlagen*⟩ *tr: sich ~ lassen* se laisser enjôler *od* amadouer *od* persuader; **~schult(e)rig** *a* large *od* carré d'épaules; *~ sein* avoir les épaules carrées; **B~seite** *f mar* bordée *f;* **~≈treten** ⟨*tritt, trat breit, breitgetreten*⟩ *tr fig (e-n Gesprächsgegenstand)* s'appesantir sur, rabâcher; **B~wand** *f film* grand écran, écran *m* panoramique; **B~wandfilm** *m* film *m* sur grand écran.

Bremen *n* ⟨-s, ø⟩ [ˈbreːmən] Brême *f.*

Brems|e *f* ⟨-, -n⟩ [ˈbrɛmzə] **(1)** *tech* frein *m;* **(2)** *ent* taon *m;* **b~en 1.** *itr* freiner, serrer le(s) frein(s), donner un coup de frein; *scharf ~* freiner brusquement; **2.** *tr (a. e-e Bewegung, Geschwindigkeit u. fig fam)* freiner, enrayer; *er ist nicht zu ~! (hum)* on ne peut plus l'arrêter; **~er** *m* ⟨-s, -⟩ *loc* serre-freins, garde-frein *m;* **~fläche** *f* surface *f* de freinage; **~hebel** *m* levier *m od* manette *f* de frein; **~klotz** *m* sabot *od* patin *m* de frein, cale *f* de roue; **~pedal** *n* pédale *f* de frein; **~spur** *f* trace *f* de freinage; **~strecke** *f = Bremsweg;* **~vorrichtung** *f* dispositif *m* de freinage; **~weg** *m* parcours *m od* course *f* de freinage.

brenn|bar ['brɛn-] *a* **1.** combustible; **2.** *(entzündlich)* inflammable; **B~barkeit** *f* ⟨-, ø⟩ **1.** combustibilité *f;* **2.** inflammabilité *f;* **~en** ⟨*brannte, gebrannt*⟩ ['brɛnən] *itr* **1.** brûler, être en flammes; **2.** *(Licht)* être allumé; *(Ofen)* marcher; **3.** *(auf der Haut)* piquer; *(in der Kehle)* écorcher; *(Augen, Wunde)* cuire; *tr* **4.** brûler; *(Porzellan, Kalk, Ziegel)* cuire; *(Kaffee)* torréfier, griller; *(Branntwein)* distiller; *(die Haare)* friser; *med* cautériser; *(brandmarken)* marquer (au fer rouge); — *fig: darauf ~, etw zu tun* être impatient, brûler de faire qc; *vor Ungeduld ~* brûler *od* griller d'impatience; *diese Arbeit brennt mir auf den Nägeln* c'est un travail urgent; *die Sonne brennt* le soleil est brûlant; *das Streichholz brennt nicht, will nicht ~* l'allumette ne prend pas; *es brennt!* au feu! *fam* ça brûle! *(ein) gebranntes Kind scheut das Feuer* chat échaudé craint l'eau froide; **~end** *a* **1.** brûlant, ardent, en feu, en flammes; **2.** *(Licht, Streichholz)* allumé; **3.** *(Schmerz)* cuisant *a. fig; (Brennen verursachend, von e-r Pflanze* od *e-m Insektenstich)* urticant; **4.** *fig* brûlant, ardent; *(Interesse)* vif; *(Problem)* actuel; **B~er** *m* ⟨-s, -⟩ *(Gerät)* brûleur; *(Gasbrenner)* bec *m;* **B~erei** *f* ⟨-, -en⟩ [-'raɪ] *(Schnapsbrennerei)* distillerie *f;* **B~glas** *n* verre *m* ardent; **B~holz** *n* bois *m* de chauffage; **B~material** *n* combustible *m;* **B~(n)essel** *f* ⟨-, -n⟩ ['brɛnnɛsəl] *bot* ortie *f;* **B~punkt** *m* **1.** *phys* foyer *a. fig; scient* focus *m; in Zssgen* focal; **2.** *fig* centre *m; im ~ stehend (fig)* central; **B~schere** *f* fer *m* à friser; **B~spiritus** *m* alcool *m* à brûler; **B~stoff** *m* = *Brennmaterial; mot aero* carburant *m,* essence *f;* **B~weite** *f opt* distance du foyer *od* focale, longueur *f* focale.

brenzlig ['brɛntslɪç] *a* qui sent le brûlé *od* le roussi; *fig fam (bedenklich)* délicat, précaire; *~ riechen* sentir le brûlé *od* le roussi; *es wird ~ (fig fam: gefährlich)* ça sent le roussi.

Bresche *f* ⟨-, -n⟩ ['brɛʃə] brèche *f; e-e ~ schlagen* ouvrir une brèche; *in die ~ springen (fig)* intervenir.

Bret|agne [bre'tanjə], *die* la Bretagne; **~one** *m* ⟨-n, -n⟩, **~onin** [bre'to:nə, -nɪn] *f* Breton(ne *f*) *m;* **b~onisch** *a* breton.

Brett *n* ⟨-(e)s, -er⟩ [brɛt] **1.** planche *f; vx* ais *m; (e-s Regals)* tablette *f; (Bücherbrett)* rayon *m;* **2.** *die ~er pl (Schier)* les skis *m pl;* **3.** *(Boxring)* le ring; *theat (Bühne)* les planches *f pl,* les tréteaux *m pl;* **4.** *(Schach, Dame)* échiquier, damier *m;* — *ein ~ vor dem Kopf haben (fig)* avoir un bandeau sur les yeux, être aveugle; *Schwarze(s) ~* tableau (noir) *m;* **~erverschlag** *m* barrage *m* de *od* cloison *f* en planches; **~erwand** *f,* **~erzaun** *m* clôture *f* de planches; **~spiel** *n* jeu *m* de table.

Brezel *f* ⟨-, -n⟩ ['bre:tsəl] bretzel, craquelin *m.*

Brief *m* ⟨-(e)s, -e⟩ [bri:f] lettre; *(Handschreiben)* missive; *rel lit iron* épître *f; eingeschriebener ~* lettre *f* recommandée; *ein ~ Nadeln* un paquet d'aiguilles; **~ablage** *f adm com* classement *m;* **~beschwerer** *m* presse-papiers, serre-papiers *m;* **~block** *m* ⟨-s, -s⟩ bloc-correspondance *m;* **~bogen** *m* feuille *f* de papier à lettres; **~geheimnis** *n* secret *m* des lettres *od* de la *od* des correspondance(s); **~karte** *f* carte-lettre *f;* **~kasten** *m* **1.** boîte *f* aux lettres; **2.** *(Zeitungsrubrik)* courrier *m* des lecteurs; — *den ~ leeren* faire la levée; *in den ~ stecken* od *werfen* déposer dans la boîte aux lettres; *der ~ wird dreimal täglich geleert* il y a trois levées par jour; **~kopf** *m* tête *f od* en-tête *m* de lettre; **b~lich** *a* u. *adv* par lettre, par écrit, par poste; *~ mit jdm verkehren* correspondre avec qn; **~marke** *f* timbre-poste *m;* **~markenalbum** *n* album *m* de timbres-poste; **~markenautomat** *m* distributeur *m* de timbres-poste; **~markensammler** *m* philatéliste *m;* **~markensammlung** *f* collection *f* de timbres-poste; **~öffner** *m* ouvre-lettres, coupe-papier *m;* **~ordner** *m* classeur *m* (de lettres); **~papier** *n* papier *m* à lettre(s); **~partner(in *f*)** *m* correspondant(e *f*) *m;* **~stil** *m* style *m* épistolaire; **~tasche** *f* portefeuille; **~taube** *f* pigeon *m* voyageur; **~telegramm** *n* lettre-télégramme *f,* télégramme-lettre *m;* **~träger** *m* facteur *m;* **~umschlag** *m* enveloppe *f,* pli *m;* **~waage** *f* pèse-lettre(s) *m;* **~wahl** *f pol* vote *m* par correspondance; **~wechsel** *m* échange *m* de lettres *od* épistolaire, correspondance *f; mit jdm in ~ stehen* correspondre, être en relations épistolaires *od* en correspondance avec qn.

Brigade *f* ⟨-, -n⟩ [bri'ga:də] *mil* brigade *f;* **~general** *m (Generalmajor)* général *m* de brigade.

Brigg *f* ⟨-, -s⟩ [brɪk] *mar* brick *m.*

Brikett *n* ⟨-s, -s/(-e)⟩ [bri'kɛt] briquette *f,* aggloméré *m.*

brillant [brɪl'jant] *a* brillant, excellent; **B~** *m* ⟨-en, -en⟩ *(Edelstein)* brillant *m;* **B~ring** *m* bague *f* à brillant(s).

Brille *f* ⟨-, -n⟩ ['brɪlə] **1.** (paire *f* de) lunettes *f pl;* **2.** *(Klosettbrille)* lunette *f;* — *durch die ~ (gen) (fig)* à travers le prisme (de); *e-e ~ aufsetzen* mettre des lunettes; *durch e-e rosige ~ sehen (fig)* voir en rose.

Brillen|etui *n* ['brɪlən-], **~futteral** *n* étui *m* à lunettes; **~glas** *n* verre *m* de lunettes; **~schlange** *f zoo* serpent à lunettes, naja *m;* **~träger** *m* porteur *m* de lunettes.

bringen ['brɪŋən] ‹*brachte, gebracht*› *tr* **1.** *(Gegenstand* od *kleines Tier an e-n bestimmten Ort tragen* od *schaffen)* porter, transporter; mettre; *(herbeitragen* od *-schaffen)* apporter; **2.** *(Menschen* od *großes Tier an e-n bestimmten Ort führen)* mener, conduire; *(herbeiführen)* amener; — *etw an sich* ~ s'emparer de qc; s'approprier qc; *etw wieder an sich* ~ recouvrer qc; *jdn auf etw (e-e Idee)* ~ donner l'idée de qc à qn; *es dahin* od *so weit* ~, *daß* faire en sorte que; en venir à *inf; jdn dahin* od *dazu* od *so weit* ~, *daß* amener qn à *inf; etw hinter sich* ~ en terminer avec qc; *mit sich* ~ *(zur Folge haben)* traîner (après soi), entraîner, comporter; *es über sich* ~ faire un effort sur soi-même; *jdn um etw* ~ faire perdre qc à qn; *(berauben)* priver *od* frustrer qn de qc; *es weit* ~, *es (noch) zu etw* ~ aller loin, *fam* faire son chemin *od* trou; *zustande* od *zuwege* ~ réaliser, venir à bout de; *in Gang* ~ mettre en marche; *Glück* ~ porter bonheur; *zum Lachen* ~ faire rire; *in Sicherheit* ~ mettre en sûreté; *um den Verstand* ~ rendre fou; *Zinsen* ~ porter des intérêts; *was* ~ *die Zeitungen darüber?* qu'en disent les journaux?

Bringschuld ['brɪŋ-] *f* dette *f* portable.

Brise *f* ‹-, -n› ['bri:zə] brise *f,* vent *m* frais; *steife* ~ grand frais *m.*

Brit|annien *n* ‹-s› [bri'taniən] *hist* la Grande-Bretagne; **~e** *m* ‹-n, -n› ['brɪ-, 'bri:tə], **~in** *f* Britannique *m f;* **b~isch** *a* britannique; *die B~en Inseln f pl* les îles *f pl* Britanniques.

bröckeln ['brœkəln] *itr* ‹*sein*› s'émietter.

Brocken *m* ‹-s, -› ['brɔkən] bribe *f a. fig; (Stückchen)* morceau; fragment *m; harter* ~ *(fig)* tâche *f* ardue, gros morceau *m; ein paar* ~ *Latein* quelques bribes de latin; **b~weise** *adv* par bribes, par (petits) morceaux, par fragments.

brodeln ['bro:dəln] *itr* bouillonner.

Brokat *m* ‹-(e)s, -e› [bro'ka:t] brocart *m.*

Brom *n* ‹-s, ø› [bro:m] *chem* brome *m.*

Brombeer|e *f* ‹-, -n› ['brɔmbe:rə] mûre *f* sauvage, mûron *m;* **~strauch** *m* ronce *f.*

bronch|ial [brɔnçi'a:l] *a anat* bronchial, bronchique; **B~ialkatarrh** *m,* **B~itis** *f* ‹-, ø› [brɔn'çi:tɪs] bronchite *f;* **B~ien** *f pl* ['brɔnçiən] bronches *f pl.*

Bronz|e *f* ‹-, -n› ['brɔ̃:sə] bronze *m;* **b~efarben** *a* couleur (de) bronze; bronzé; **b~en** *a* de bronze; **~ezeit** *f* âge *m* de bronze; **b~ieren** [-'si:rən] ‹*ohne ge-*› *tr* bronzer.

Brosch|e *f* ‹-, -n› ['brɔʃə] broche *f;* **b~iert** *a* broché; **~üre** *f* ‹-, -n› [brɔ'ʃy:rə] brochure, plaquette *f,* prospectus *m.*

Brot *n* ‹-(e)s, -e› [bro:t] **1.** pain *m;* **2.** *fig (Lebensunterhalt)* (gagne-)pain *m;* — *sich das* ~ *vom Munde absparen* s'ôter le pain de la bouche; *sein* ~ *verdienen* gagner son pain *od* sa vie; *er kann mehr als* ~ *essen* il sait plus que son bréviaire; *belegtes* ~ tartine *f,* sandwich *m; geröstetes* ~ pain grillé, toast *m; Laib m* ~ miche *f* (de pain); *langes* ~ baguette, flûte *f; Schnitte f* ~ tranche *f* de pain; *schwarzes* ~ pain *m* noir *od* bis; *Stück n* ~ morceau *m* de pain; *das tägliche* ~ le pain quotidien; **~beutel** *m* panetière; *mil* musette *f.*

Brötchen *n* ‹-s, -› ['brø:tçən] petit pain *m; belegtes* ~ sandwich *m;* **~geber** *m hum (Arbeitgeber)* singe *m pop.*

Brot|kanten *m,* **~knust** *m* ['bro:t-] croûton *m;* **~korb** *m* panier *m* à pain; *jdm den* ~ *höher hängen (fig)* tenir la bride haute à qn; **~krume** *f* miette *f* (de pain); **~kruste** *f* croûte *f* de pain; **b~los** *a: jdn* ~ *machen* ôter ses moyens d'existence à qn; *~e Kunst f* art *m* peu lucratif; **~rinde** *f* = *Brotkruste;* **~röster** *m (Gerät)* grille-pain *m;* **~schneidemaschine** *f* coupe-pain *m;* **~suppe** *f* panade *f.*

Bruch *m* ‹-(e)s, ⸚e› [brux, 'brʏçə] **1.** *(Brechen)* cassure, brisure; *a. fig* rupture; *(Zerbrochenes)* casse *f; tech* bris *m; com (Schokolade etc)* débris, déchets *m pl; (~stelle)* cassure, crevasse, fente *f;* **2.** *(Falte)* pli *m;* **3.** *geol (Verwerfung)* faille *f;* **4.** *med (Knochenbruch)* fracture *f;* **5.** *(Eingeweidebruch)* hernie *f, fam* effort *m;* **6.** *math* fraction *f;* **7.** *fig (e-s Vertrages etc)* rupture, infraction, violation *f;* **8.** *(Spaltung, Zerwürfnis)* scission *f;* **9.** *fam (Schund, Dreck)* pacotille *f,* toc *m;* — *in die Brüche gehen (fig)* faire le saut, échouer, sombrer; *gemeiner* ~ *(math)* fraction *f* ordinaire; *gemischter* ~ nombre *m* fractionnaire; **~band** *n med* bandage *m* herniaire; **~bude** *f fam* château *m* de cartes, cambuse *f;* **b~fest** *a* résistant à la rupture.

brüchig ['brʏçɪç] *a (zerbrechlich)* fragile; *(spröde)* cassant; *(bröckelig)* friable; *(zerbrochen)* cassé.

Bruch|operation *f* ['brux-] *med* herniotomie *f;* **~rechnen** *n* calcul *m* fractionnaire; **~stein** *m* pierre *f* de taille, moellon *m;* **~strich** *m math* barre *f* de fraction; **~stück** *n* fragment *m;* **b~stückweise** *adv* en *od* par fragments; **~teil** *m* fraction *f.*

Brücke *f* ‹-, -n› ['brʏkə] **1.** pont *m a. el sport fig;* **2.** *(Fußgängerbrücke* u. *mar: Kommandobrücke)* passerelle *f;* **3.**

tech (e-r Brückenwaage) plate-forme *f;* **4.** *(kleiner Teppich)* carpette *f;* **5.** *(Zahnersatz)* bridge *m; — alle ~n hinter sich abbrechen (fig)* couper les ponts, brûler ses vaisseaux; *e-e ~ schlagen (a. fig)* jeter *od* lancer un pont (*über* sur).

Brücken|bau *m* ['brʏkən-] construction *f* de ponts, pontage *m;* **~bogen** *m* arche *f; kleiner ~* arceau *m;* **~geländer** *n* garde-fou, parapet *m od* balustrade *f* (de pont); **~geld** *n* (droit de) péage *m;* **~kopf** *m mil* tête *f* de pont; **~waage** *f* pont *m* à bascule; **~zoll** *m = Brückengeld.*

Bruder *m* ⟨-s, ¨-⟩ ['bru:dər, 'bry:-] frère *a. rel (Ordensbruder); fam* frangin; *allg* camarade, *pop* copain *m; unter Brüdern* entre amis; *lustiger ~, ~ Lustig* joyeux compère *m.*

Brüder|chen *n,* **~lein** *n* ⟨-s, -⟩ ['bry:dərçən, -laɪn] petit frère, *fam* frérot *m.*

Bruderkrieg *m* ['bru:dər-] guerre *f* fratricide.

brüderlich ['bry:dər-] **I.** *a* fraternel, de frère; **II.** *adv a.* en frère(s); **B~keit** *f* ⟨-, ø⟩ fraternité *f.*

Bruder|mord *m,* **~mörder** *m* ['bru:dər-] fratricide *m;* **~schaft** *f rel* confrérie, congrégation *f.*

Brüderschaft *f* ['bry:dər-] fraternité; *fig (Kollegialität)* confraternité *f; mit jdm ~ schließen (trinken)* fraterniser avec qn (en trinquant).

Brüh|e *f* ⟨-, -n⟩ ['bry:ə] **1.** *(Fleischbrühe)* bouillon, consommé; *(klare)* coulis *m; (Soße)* sauce *f; (Saft)* jus *m;* **2.** *pej (Schmutzwasser)* eau *f* sale *od* de vaisselle; **b~en** *tr (kochen)* ébouillanter, échauder; **b~warm** *a: etw ~ erzählen* servir une nouvelle toute chaude; **~würfel** *m* cube *m* de consommé.

brüllen ['brʏlən] *itr (Rind)* mugir, beugler; *(Löwe)* rugir; *(Mensch)* beugler, hurler; *pop* gueuler.

Brumm|bär ['brum-] *m fam (mürrischer Mensch)* ours, grognard, *fam* bougon(neur) *m; alter ~* vieux grognon *m;* **b~eln** *itr* u. *tr fam* grognonner, grommeler; **b~en** *itr* **1.** *(Bär)* grogner; gronder; *fig (Mensch)* grogner, bougonner; **2.** *(Insekt, Kreisel)* bourdonner; *mot* ronfler; *aero* vrombir; *tr* **3.** *(Mensch)* grogner, grommeler, murmurer; *— in den Bart ~* marmonner; *mir brummt der Schädel (pop)* j'ai la tête cassée; **~er** *m* ⟨-s, -⟩ *ent fam (Blaue Schmeißfliege)* mouche *f* bleue *od* à viande; *dikker ~ (fam)* poids lourd; **b~ig** *a fam (mürrisch)* grognon, grognard; *fam* bougon.

brünett [bry'nɛt] *a* brun, brunet.

Brunnen *m* ⟨-s, -⟩ ['brunən] *(Springbrunnen)* fontaine *f; (Ziehbrunnen)* puits *m; (Pumpe)* pompe; *(Heilquelle)* source *f* thermale, eaux *f pl* (minérales); **~bekken** *n* bassin *m* de fontaine, vasque *f;* **~haus** *n* maisonnette *f* de source; **~rand** *m* margelle *f;* **~röhre** *f* tuyau *m* de fontaine.

Brunst *f* ⟨-, ¨-e⟩ [brunst, 'brʏnstə] *zoo* rut *m,* chaleur *f.*

brünstig ['brʏnstɪç] *a zoo* en chaleur.

brüsk [brʏsk] *a* brusque, rude; **~ieren** [-'ki:rən] ⟨*ohne ge-*⟩ *tr* brusquer, rudoyer.

Brüssel *n* ['brʏsəl] Bruxelles *f.*

Brust *f* ⟨-, ¨-e⟩ [brust, 'brʏstə] **1.** poitrine *f; (Busen)* sein *m,* gorge; *(Mutterbrust)* mamelle *f,* téton; *(des Pferdes)* poitrail; *(~korb, ~kasten* u. *ent)* thorax *m;* **2.** *fig (Herz, Seele)* cœur, sein *m; — aus voller ~* à pleine gorge, à gorge déployée; *jdn an die ~ drücken* presser *od* étreindre qn sur sa poitrine; *(e-m Kind) die ~ geben* donner le sein (à un enfant); *sich in die ~ werfen* se rengorger *a. fig; fam* se pavaner; **~bein** *n anat* sternum *m;* **~beutel** *m* sachet *m* porté sur la poitrine; **~bild** *n* (portrait en) buste *m.*

brüsten ['brʏstən] , *sich* se rengorger, se pavaner; *sich mit etw ~* se vanter, faire parade de qc.

Brust|fell *n* ['brust-] *anat* plèvre *f;* **~fellentzündung** *f med* pleurésie *f;* **~kasten** *m,* **~korb** *m* cage *f* thoracique, thorax; *fam* coffre *m;* **~muskel** *m anat* pectoral *m;* **~stimme** *f* voix *f* de poitrine *od* de gorge; **~tasche** *f (äußere)* poche (de) poitrine; *(innere)* poche *f* intérieure; **~umfang** *m,* **~weite** *f* tour *m* de poitrine.

Brüstung *f* ⟨-, -en⟩ ['brʏstuŋ] balustrade *f,* parapet, appui, garde-fou *m.*

Brustwarze *f* ['brust-] mamelon, tétin *m.*

Brut *f* ⟨-, -en⟩ ['bru:t] *(das Brüten)* incubation; *(Eier od Junge von Vögeln)* couvée, nichée *f; (Fischbrut)* frai, alevin; *ent* couvain *m; fig pej (von Menschen)* engeance *f.*

brutal [bru'ta:l] *a* brutal; **B~ität** *f* ⟨-, (-en)⟩ [-tali'tɛ:t] brutalité *f.*

Brut|apparat *m,* **~maschine** *f,* **~ofen** *m* ['bru:t-] couveuse *f* (artificielle), incubateur *m.*

brüten ['bry:tən] *itr* couver *a. fig; über etw ~* méditer *od* machiner qc.

Brut|hitze *f* ['bru:t-] *fig fam* chaleur *f* d'étuve; **~stätte** *f fig* foyer *m,* officine *f.*

brutto ['bruto] *a* u. *adv com* brut; fort *inv;* **B~einkommen** *n* revenu *m* brut; **B~gewicht** *n* poids *m* brut *od* fort; **B~preis** *m* prix *m* fort *od* brut; **B~registertonne** *f mar* tonneau *m* de jauge brut.

Brutzeit *f* ['bru:t] couvaison *f.*

brutzeln ['brutsəln] *itr (hörbar braten)* grésiller.

Bub *m* ⟨-en, -en⟩ [bu:p, '-bən] *(süddeutsch: Junge)* garçon, gars, gamin, *fam* gosse *m;* **~e** *m* ‹-n, -n› **1.** *(Schurke)* coquin, fripon, fourbe *m;* **2.** *(im Kartenspiel)* valet *m;* **bübisch** ['by:bɪʃ] *a* polisson, méchant; fripon, fourbe.

Buch *n* ‹-(e)s, ¨-er› [bu:x, 'by:çər] livre; *com a.* registre *m; (zu e-r Oper)* livret; *(Zählmaß für Papier)* main *f; wie es (a. er, sie) im ~ steht* exemplaire, typique; *péj* le (la) parfait(e) ...; *über etw ~ führen* tenir registre de qc; *die Bücher führen (com)* tenir les livres *od* les écritures; *das ist mir ein ~ mit sieben Siegeln* c'est de l'hébreu pour moi; *antiquarisches ~* livre d'occasion, bouquin *m; Goldenes ~ (e-r Stadt)* livre *m* d'or; *das ~ der Bücher (Bibel)* la Sainte Écriture, la Bible; **~ausstellung** *f* exposition *f* de livres; **~binder** *m* relieur *m;* **~binderei** *f (Werkstatt)* atelier *m* de relieur; *(Gewerbe)* reliure *f;* **~druck** *m* impression *f* typo(graphique); **~drucker** *m* imprimeur; typographe *m;* **~druckerei** *f* imprimerie; typographie *f.*

Buch|e *f* ‹-, -n› ['bu:xə] *bot* hêtre *m;* **~ecker** *f* faîne *f.*

buchen ['bu:xən-] *tr* **1.** *com* prendre note, inscrire dans *od* porter sur les *od* aux livres, passer aux comptes; **2.** *sport* marquer; *(Platz, Zimmer)* retenir, réserver; — *e-n Erfolg ~ (können)* enregistrer un succès.

Buchen|holz *n* ['bu:xən-] hêtre *m;* **~wald** *m* hêtraie *f.*

Bücher|brett *n* ['by:çər-] tablette *f,* rayon *m,* étagère *f;* **~bus** *m (fahrbare Bücherei)* bibliobus *m;* **~ei** *f* ‹-, -en› [by:çə'raɪ] bibliothèque *f;* **~freund** *m* amateur de livres, bibliophile *m;* **~revisor** *m* = *Buchprüfer;* **~sammlung** *f* collection de livres, bibliothèque *f;* **~schrank** *m* bibliothèque *f;* **~stütze** *f* serre-livres *m;* **~wand** *f* bibliothèque *f* murale; **~weisheit** *f* érudition *f* livresque; **~wurm** *m* **1.** *ent* teigne *f* (des livres), ver *m* rongeur; **2.** *fig* rat de bibliothèque, bouquineur *m.*

Buchfink *m* ['bu:x-] pinson *m*

Buch|führung *f* ['bu:x-] tenue des livres, comptabilité *f; einfache, doppelte ~* comptabilité *f* en partie simple, double; **~halter** *m* teneur de livres *od* d'écritures, commis aux écritures, comptable *m;* **~haltung** *f* (service *m* de la) comptabilité *f,* bureau *m* comptable; **~handel** *m* librairie *f;* **~händler** *m* libraire *m;* **~handlung** *f* librairie *f; ~ und Antiquariat* librairie *f* ancienne et moderne; **~hülle** *f* liseuse *f,* couvre-livre *m;* **~macher** *m sport* bookmaker *m;* **~malerei** *f* peinture *f* de manuscrits; **~messe** *f* foire *f* du livre; **~prüfer** *m com* expert-comptable *m;* **~prüfung** *f com* vérification *f* des livres *od* des écritures.

Buchs(baum) ['buks-] *m bot* buis *m.*

Buchse *f* ‹-, -n› ['buksə] *tech* douille *f,* manchon *m.*

Büchse *f* ‹-, -n› ['bʏksə] **1.** boîte *f; (Kapsel)* étui *m;* **2.** *(Gewehr)* fusil *m,* carabine *f;* **~nmilch** *f* lait *m* condensé; **~nöffner** *m* ouvre-boîtes *m.*

Buchstab|e *m* ‹-ns/(-n), -n› ['bu:xʃta:bə] lettre *f,* caractère *m; in ~n (Zahl)* en toutes lettres; *nach dem ~n des Gesetzes* à la lettre de la loi; *großer ~* majuscule *f; kleiner ~* minuscule *f;* **b~ieren** [-'bi:rən] ‹*ohne ge-*› *tr* épeler; **~iertafel** *f tele* tableau *m* d'épellation.

buchstäblich ['bu:xʃtɛ:plɪç] *a (dem Buchstaben nach)* à la lettre, au pied de la lettre; *fig (geradezu)* littéralement.

Bucht *f* ‹-, -en› [buxt] baie; *(kleine)* anse, crique *f.*

Buchung *f* ‹-, -en› ['bu:xʊŋ] *com (Vorgang)* passation d'écriture (en compte *od* sur les livres); *(a. Ergebnis)* écriture, entrée *f.*

Buchweizen *m*['bu:x-] blé noir, sarrasin *m.*

Buck|el *m* ‹-s, -› ['bukəl] **1.** *(Höcker, a. med)* bosse, gibbosité *f;* **2.** *fam (Rükken)* dos *m;* **3.** *(Hügel)* colline; *(erhabene Metallverzierung)* bosse *f;* — *e-n ~ haben* être bossu; *e-n ~ machen (Katze)* faire le gros dos; *du kannst mir den ~ runterrutschen! (fam)* je me fiche de toi! **b~(e)lig** *a* bossu; **~(e)lige** *m f* ‹-n, -n› bossu(e *f*) *m.*

bück|en ['bʏkən], *sich* se baisser (*nach etw* pour ramasser qc); *gebückt (gehen)* (se tenir) courbé (en marchant); **B~ling** *m* ‹-s, -e› ['bʏklɪŋ] **(1)** *(Verbeugung)* courbette, révérence *f;* **(2)** *(geräucherter Hering)* hareng *m* saur *od* fumé.

buddeln ['budəln] *itr fam (wühlen)* fouiller.

Buddh|ismus *m* ‹-, ø› [bu'dɪsmus] bouddhisme *m;* **~ist(in** *f***)** *m* ‹-en, -en› [-'dɪst] bouddhiste *m f;* **b~istisch** *a* bouddhique.

Bude *f* ‹-, -n› ['bu:də] **1.** *allg* baraque; *(Verkaufsstand)* échoppe *f;* **2.** *fam pej (Zimmer)* piaule, *pop* turne *f;* — *jdm auf die ~ rücken (fam)* importuner, relancer qn.

Budget *n* ‹-s, -s› [bʏ'dʒe:] *(Haushaltsplan)* budget *m.*

Büfett *n* ‹-(e)s, -s/-e› [bʏ'fɛt, -'fe:] *(Anrichte)* buffet, bahut; *(Schanktisch)* buffet, comptoir, *pop* zinc *m;*

Büffel *m* ‹-s, -› ['bʏfəl] *zoo* buffle *m;* **b~n** *itr fam* bûcher, bachoter, potasser.

Bug *m* [bu:k] **(1)** ‹-(e)s, -e/¨-e› ['by:gə] *(Schulterteil des Pferdes u. des Rindes)* paleron *m;* **(2)** ‹-(e)s, -e› *mar* proue *f.*

Bügel *m* ‹-s, -› ['by:gəl] **1.** *allg* pièce *f* courbe; **2.** *(Kleiderbügel)* cintre *m;* **3.** *(Korb)* anse; *(Handtasche)* monture *f;* **4.** *(Brille)* branche *f;* **5.** *tech* archet *m;* **6.** *mil (Gewehrabzug)* pontet *m;*

~brett *n* planche *f* à repasser; **~eisen** *n* fer à repasser; *(des Schneiders)* carreau *m* (de tailleur); **~falte** *f* pli *m* (de pantalon); **b~frei** *a* sans repassage; qui ne se repasse pas; **b~n** *tr (Wäsche, Kleider)* repasser; **Büglerin** *f* repasseuse *f.*

buhlen ['bu:lən]: *um jds Gunst ~* briguer la faveur de qn; *um die Gunst der Masse ~* briguer les suffrages de la foule.

Bühne *f* ‹-, -n› ['by:nə] *theat* scène *f a. fig,* plateau *m; (Theater)* théâtre *m; (Gerüst)* estrade, tribune *f; (Arbeitsbühne)* échafaudage *m,* plate-forme *f; die ~ (a.)* les planches *f pl; für die ~ bearbeiten* adapter à la scène; *über die ~ gehen (Stück)* être représenté.

Bühnen|anweisung *f* ['by:nən-] indication *f* scénique *m;* **~arbeiter** *m* machiniste *m;* **~aussprache** *f* prononciation *f* de *od* employée au théâtre; **~bearbeitung** *f* adaptation *f* au théâtre; **~bild** *n* décors *m pl;* **~bildner** *m* peintre *m* décorateur *od* de décors; **~künstler** *m* artiste *m* dramatique; **~name** *m* nom *m* de guerre; **~sprache** *f = Bühnenaussprache;* **~stück** *n* pièce *f* de théâtre; **b~wirksam** *a* scénique; **~wirkung** *f* effet *m* théâtral.

Bukett *n* ‹-(e)s, -e/-s› [bu'kɛt] *(Blumenstrauß; Duft des Weines)* bouquet *m.*

Bulgar|e *m* ‹-n, -n› [bul'ga:rə], **~in** *f* Bulgare *m f;* **~ien** *n* ‹-s, ø› [-'ga:riən] la Bulgarie; **~isch** *a* bulgare.

Bull|auge ['bul-] *n arch* œil-de-bœuf; *mar aero* hublot *m;* **~dogge** *f zoo* (boule)dogue *m;* **~dozer** *m* ‹-s, -› [-do:zər] *tech* bulldozer *m;* **~e** *m* ‹-n, -n› **1.** *(Stier)* taureau *m;* **2.** *fig fam (starker Mann)* bœuf, mastodonte *m;* **~enhitze** *f fam* chaleur à étouffer, fournaise *f.*

Bulletin *n* ‹-s, -s› [bʏl'tɛ̃:] *(amtl. Bekanntmachung, Tages-, Krankenbericht)* bulletin *m.*

Bumerang *m* ‹-s, -e/-s› ['bu:-, 'buməraŋ] boomerang *m.*

Bummel *m* ‹-s, -› ['buməl] *fam (Spaziergang)* balade, virée *f; e-n ~ machen* être en goguette, *pop* vadrouiller; *e-n ~ (Schaufenster~) machen* faire du lèche-vitrines; **~ant** *m* ‹-en, -en› [-'lant] *fam* lambin, traînassier *m;* **~ei** *f* ‹-, -en› [-'laɪ] *(Getrödel)* lambinerie *fam; (Langsamkeit)* lenteur; *(Nachlässigkeit)* négligence *f;* **b~ig** *a (langsam)* lambin, lent; *(nachlässig)* négligent; **b~n** *itr* **1.** ‹*sein*› *(umherschlendern)* flâner, se balader; **2.** ‹*h*› *(trödeln)* traîner, mus(ard)er, lambiner; **~streik** *m* grève *f* perlée *od* du zèle; **~zug** *m loc fam* tortillard *m.*

bums [bums] *interj* boum! crac! patatras!

Bund (1) *m* ‹-(e)s, ¨-e› [bunt, 'bʏndə] **1.** *allg* lien *m; (Band)* bande *f,* bandeau; *(Schleife, Knoten)* nœud *m;* **2.** *tech* cercle, anneau, collier *m;* **3.** *fig (Bündnis)* union, alliance; *(Schutzbündnis)* ligue; *(Staaten~)* confédération, *(zu e-m best. Zweck)* coalition *f; (Vertrag)* pacte *m; im ~e mit* (ré)uni à, avec le concours de; *e-n ~ schließen* contracter une alliance (*mit jdm* avec qn); *mit jdm im ~e sein* être l'allié de qn; **(2)** *n* ‹-(e)s, -e› [bunt, '-də] *(Bündel)* faisceau, paquet; *(Garn)* écheveau *m* de fil; *(Stroh, Heu, gewisse Gemüse)* botte *f; (Holz)* fagot *m.*

Bündel *n* ‹-s, -› ['bʏndəl] *(Heu, Stroh)* botte *f; (Reisig)* fagot; *(Pack)* paquet *m,* trousse, *(Akten)* liasse *f,* dossier; *(Liktoren-, Strahlen~)* faisceau *m; in ein ~ schnüren* taponner; *sein ~ schnüren (fig)* faire son paquet *od* sa malle; *fam* plier bagage; **b~n** *tr* lier ensemble *od* en faisceau; *(Heu, Stroh)* botteler; *(Holz)* fagoter.

Bundes|bahn *f* ['bundəs-] chemin *m* de fer fédéral; **~behörde** *f* autorité *f* fédérale; **~genosse** *m* allié, confédéré *m;* **~kanzler** *m* chancelier *m* de la République fédérale (Allemagne, Autriche); **~kanzleramt** *n* chancellerie *f* fédérale; **~minister** *m* ministre *m* de la République fédérale (Allemagne, Autriche); **~präsident** *m* président (de la République) fédéral(e) (Allemagne, Autriche, Suisse); *(Schweizer)* président *m* de la Confédération; **~rat** *m (Schweiz, Deutschland)* conseil *m* fédéral; **~regierung** *f* gouvernement *m* fédéral; **~republik** *f* république *f* fédérale; *die ~ (Deutschland)* la République fédérale (d'Allemagne); **~schatzbrief** *m* bon *m* du Trésor; **~staat** *m* confédération *f;* État fédératif *od* fédéral *od* confédéré; *(Teilstaat)* État *m* fédéral; **~straße** *f* route *f* fédérale; **~tag** *m* diète *f* fédérale; **~verfassungsgericht** *n* tribunal *m* constitutionnel de la République fédérale.

bünd|ig ['bʏndɪç] **I.** *a: kurz und ~* court et frappant; **II.** *adv* de manière concise, en peu de mots; **B~nis** *n* ‹-ses, -se› union, alliance; coalition *f; ein ~ schließen, besiegeln* contracter, sceller une alliance; **~nisfrei** *a (neutral)* non-engagé.

Bundweite *f* ['bunt-] *(Hose)* ceinture *f.*

Bunker *m* ‹-s, -› ['bunkər] **1.** *mar (Kohlenbunker)* soute *f* à charbon; **2.** *mil* abri *m* bétonné *(a. Luftschutzbunker),* casemate *f.*

bunt [bunt] **I.** *a* **1.** *(mehrfarbig)* de diverses couleurs, multicolore, *scient* polychrome; *(farbig)* de *od* en couleur; *(~scheckig)* tacheté, diapré, bariolé, bigarré, *fam* panaché; **2.** *fig (verschiedenartig, gemischt)* varié, mélangé; *(verworren)* confus; **II.** *adv (~*

durchea.) pêle-mêle; — *es zu ~ treiben* aller trop loin; *das wird mir zu ~!* c'est trop fort! c'en est trop! *es wird immer ~er* l'affaire se complique de plus en plus; *~er Abend m* soirée *f* de variétés; *~es Programm n* programme *m* varié; *~er Teller (, auf dem verschiedene Dinge liegen)* assiette *f* garnie; **B~heit** *f* ‹-, ø› **1.** diversité de couleurs; *(Buntscheckigkeit)* bigarrure *f,* bariolage *m;* **2.** *fig* variété, diversité *f;* **B~sandstein** *m* grès *m* bigarré; **B~specht** *m* pic *m* rouge, épeiche *f;* **B~stift** *m* crayon *m* de couleur.

Bürde *f* ‹-, -n› ['bʏrdə] *a. fig* charge *f,* fardeau *m.*

Burg *f* ‹-, -en› [burk, '-gən] **1.** *(Wehrbau)* château (fort), castel; *(Spielzeug)* fort *m;* **2.** *fig (Zuflucht)* refuge, asile *m.*

Bürge *m* ‹-n, -n› ['bʏrgə] *allg* garant, répondant *m; fin* caution *f,* accréditeur *m; e-n ~n stellen* fournir caution; **b~n** *itr* garantir; répondre, se porter garant *(für jdn, etw* de *od* pour qn, qc); parrainer qn, qc; *für e-n Wechsel ~ (fin)* avaliser un effet *od* une traite.

Bürger *m* ‹-s, -› ['bʏrgər] *hist (e-r Stadt), pol* bourgeois; *(Städter)* citadin; *(Staatsbürger)* citoyen *m;* **~initiative** *f pol* groupement de défense, comité *m* d'usagers; **~krieg** *m* guerre *f* civile *od* intestine; **b~lich** *a* **1.** *hist, (soziologisch)* bourgeois; *(nicht adlig)* roturier; **2.** *allg u. jur* civil; *(staatsbürgerlich)* civique; *im ~en Leben* dans le civil; *B~e(s) Gesetzbuch n* code *m* civil; *(Aberkennung f od Verlust m der) ~e(n) Rechte n pl* (dégradation civique, privation *f* des) droits *m pl* civiques; **~meister** *m (französischer)* maire; *(ausländischer u. in Belgien)* bourgmestre *m; Regierender ~ (von Berlin)* bourgmestre *m* régnant; **~meisteramt** *n,* **~meisterei** *f* mairie; *(Belgien, Schweiz)* maison *f* communale; **~recht** *n* droit de cité *a. fig;* indigénat *m;* **~schaft** *f* ‹-, (-en)› bourgeoisie *f,* bourgeois *m pl;* **~steig** *m* trottoir *m;* **~tum** *n* ‹-s, ø› bourgeoisie *f;* **~versammlung** *f* assemblée *f* communale.

Burg|frieden *m* ['burk-] *pol parl* trêve *f* (politique, parlementaire); *~ schließen (pol parl)* conclure *od* faire une trêve; **~graben** *m* fossé *m* d'un *od* du château, douve *f;* **~ruine** *f* château *m* en ruine.

Bürgschaft *f* ‹-, -en› ['bʏrk-] garantie; caution *f,* cautionnement *m; gegen ~* sous caution; *~ leisten für* fournir caution pour.

Burgund *n* [bur'gunt] la Bourgogne; **~er(in)** *m* ‹-s, -› (*f* ‹-, -nen›) Bourguignon(e *f*) *m; m pl (hist: germanischer Stamm)* Burgondes *m pl;* **~er** *m* ‹-s, -› *(Wein)* bourgogne *m;* **b~isch** *a* bourguignon.

burlesk [bur'lɛsk] *a (possenhaft)* burlesque.

Burma *n* ['burma] *geog* la Birmanie.

Burnus *m* ‹-ses, -se› ['burnus] *(Beduinenmantel)* burnous *m.*

Büro *n* ‹-s, -s› [by'ro:] bureau, office *m;* **~angestellte** *m f* employé(e *f*) *m* de bureau; **~arbeit** *f* travail *m* de bureau *od* comptable; **~bedarf** *m* fournitures *f pl od* matériel *m* de bureau; **~einrichtung** *f* équipement *od* mobilier *od* matériel *m* de bureau; **~haus** *n* immeuble de bureau, building *m* (administratif *od* commercial); **~klammer** *f* attache *f,* trombone *m;* **~kratie** *f* ‹-, -n› [-rokra'ti:] bureaucratie *f,* fonctionnarisme *m;* **b~kratisch** [-'kra:-] *a* bureaucratique; **~maschine** *f* machine *f* de bureau *od* de comptabilité; **~material** *n* matériel *m* de bureau; **~möbel** *n pl* meubles *m pl* de bureau; **~stunden** *f pl* heures *f pl* de bureau; **~vorsteher** *m* chef de bureau, principal (clerc); *(e-s Rechtsanwalts)* permier clerc *m.*

Bursch|e *m* ‹-n, -n› ['burʃə] *(Kerl)* gaillard, *fam* gars, *pop* type, zig(ue) *m; die jungen ~n* les jeunes gens *m pl; übler ~* vilain monsieur, mauvais sujet *m;* **b~ikos** [-ʃi'ko:s] *a* sans façons, sans-gêne; *fam* décontracté; **Bürschchen** *n,* **Bürschlein** *n* ‹-s, -› ['bʏrʃçən, -laın] petit drôle; *(kleiner Schelm)* petit coquin *m.*

Bürste *f* ‹-, -n› ['bʏrstə] brosse *f; el* balai *m;* **b~n** *tr* brosser; **~nbinder** *m* brossier *m;* **~nfabrikation** *f,* **~nhandel** *m,* **~nwaren** *f pl* brosserie *f.*

Bürzel *m* ‹-s, -› ['bʏrtsəl] *(Schwanzwurzel der Vögel)* croupion; *(Küche a.)* sot-l'y-laisse *m.*

Bus *m* ‹-ses, -se› [bus, '-sə] *(Autobus)* (auto)bus *m.*

Busch *m* ‹-es, ¨-e› [buʃ, 'bʏʃə] **1.** *(Strauch)* buisson, arbuste, arbrisseau *m;* **2.** *(Gehölz)* petit bois, bosquet; *(Dickicht)* taillis, hallier *m,* brousse *f;* — *auf den ~ klopfen (fig fam)* battre les buissons, tâter *od* sonder le terrain; **~bohne** *f* haricot *m* nain.

Büschel *n* ‹-s, -› ['bʏʃəl] *(Bündel)* faisceau *m; (Handvoll)* poignée; *(bes. Haare)* touffe *f,* toupet, épi *m; (a. Federn)* houppe; *bes. ent* u. *el* aigrette *f;* **b~weise** *adv* par faisceaux, par touffes.

Busch|hemd *n* ['buʃ-] chemisette, saharienne *f;* **b~ig** *a (mit Gebüsch bestanden)* buissonneux, broussailleux; *(dicht gewachsen)* touffu; **~männer,** *die m pl (südafrikan. Volk)* les Boschimans, les Bushmen *m pl;* **~messer** *n* sabre *m* d'abattis, machette *f;* **~windröschen** *n bot* anémone *f.*

Busen *m* ‹-s, -› ['bu:zən] **1.** *(weiblicher)* sein *m,* poitrine *f; fam* téton *m;* **2.** *(Meerbusen)* golfe *m,* baie *f;* **3.** *fig (In-*

nere, Herz) cœur *m;* **~freund** *m* ami *m* intime.

Bussard *m* ⟨-s, -e⟩ ['busart, -də] *orn (Mäusebussard)* buse *f.*

Buße *f* ⟨-, -n⟩ ['bu:sə] **1.** *bes. rel* pénitence; *(Sühne)* expiation *f;* **2.** *jur (Geldbuße)* amende *f;* — *~ tun* faire pénitence.

büß|en ['by:sən] *tr (sühnen)* expier; *itr* faire pénitence, porter la peine (*für etw* de qc); *für etw ~ müssen* pâtir *od* être puni de qc; *etw mit s-m Leben ~ müssen* payer qc de sa vie; *das sollst du mir ~!* tu me le paieras cher; **B~er(in)** *m* ⟨-s, -⟩ (*f* ⟨-, -nen⟩) pénitent(e *f*) *m.*

Bußtag *m* ['bu:s-] *(~- und Bettag)* jour *m* de pénitence et de prières.

Büste *f* ⟨-, -n⟩ ['bʏstə] **1.** *(weibl. Brust)* buste, sein *m,* gorge *f;* **2.** *(Kunst)* buste *m;* **~nhalter** *m* soutien-gorge *m.*

Butangas *n* [bu'ta:n-] gaz butane, butagaz *m.*

Bütte *f* ⟨-, -n⟩ ['bʏtə] *(hölzernes Gefäß)* cuve *f,* cuveau, baquet *m,* hotte *f;* **~npapier** *n* papier *m* à la cuve *od* à la main.

Butter *f* ⟨-, ø⟩ ['butər] beurre *m; mit ~ bestreichen* beurrer; *es ist alles in ~ (fig fam)* l'affaire est dans le sac; *pop* ça roule; *braune, zerlassene ~* beurre *m* noir, fondu; **~blume** *f* (renoncule *f)* bouton-d'or *m;* **~brot** *n* tartine (de beurre), beurrée *f; für ein ~ (fig fam)* pour une bouchée de pain, au rabais; **~brotpapier** *n* papier *m* à beurre *od* sulfurisé; **~dose** *f (Teller mit Deckel)* boîte *f* à beurre; *(ohne Deckel)* beurrier *m;* **~faß** *n (zum Buttern)* baratte *f;* **~keks** *m* petit beurre *m;* **~krem** *f* crème *f* au beurre; **~maschine** *f* machine à beurre *od* à baratter; baratte *f;* **~milch** *f* lait de beurre, petit lait, babeurre *m;* **b~n** *itr* faire du beurre, battre le beurre, baratter; **~schmalz** *n* beurre *m* fondu (et refroidi); **b~weich** *a* mou comme du beurre.

Butze|mann *m* ⟨-s, -männer⟩ ['butsə-] *(Kobold)* lutin, farfadet *m;* **~nscheibe** *f* vitre *f od* vitrail *m* en cul-de-bouteille.

C

C, c *n* ‹-, -› [tse:] *(Buchstabe)* C, c *m; mus* do, ut *m.*
Café *n* ‹-s, -s› [ka'fe:] *(Kaffeehaus)* café *m.*
camp|en ['kɛmpən] *itr fam (zelten)* camper, faire du camping; **C~ing** *n* ‹-s, ø› ['kɛmpɪŋ] camping *m;* **C~ingausrüstung** *f* matériel *m* de camping; **C~ingplatz** *m* terrain de camping, camp *m.*
C-Dur *n* ['tse:du:r] *mus* do *od* ut *m* majeur.
Cell|ist *m* ‹-en, -en› [tʃɛ'lɪst] *mus* violoncell(ist)e *m;* **~o** *n* ‹-s, -i/-s› ['tʃɛlo, -li] violoncelle *m.*
Cellophan *n* ‹-s, ø› [tsɛlo'fa:n] cellophane *f; in ~ verpackt* sous cellophane, cellophané.
Cembalo *n* ‹-s, -i/-s› ['tʃɛmbalo, -li] *mus* clavecin *m.*
ces *n* [tsɛs] *mus* ut *m* bémol; **C~-Dur** *n* ut *m* bémol majeur.
Ceylon *n* ‹-s, ø› ['tsaɪlɔn] *geog* Ceylan *m;* **~ese** *m* ‹-n, -n› [-lo'ne:zə] , **~esin** *f* ‹-, -nen› Cing(h)alais(e *f*) *m;* **c~esisch** *a* cing(h)alais.
Chamäleon *n* ‹-s, -s› [ka'mɛleɔn] *zoo* caméléon *m a. fig.*
Champagner *m* ‹-s, -› [ʃam'panjər] vin de Champagne, champagne *m.*
Champignon *m* ‹-s, -s› ['ʃampɪnjɔ̃, ʃɑ̃pi'ɲɔ̃] *(Edelpilz)* champignon *m* de culture *od* de couche.
Chance *f* ‹-, -n› ['ʃɑ̃:s(ə), -ən] chance *f; pl (Aussichten) a.* possibilités *f pl; jdm e-e ~ geben* donner une chance à qn.
Chanson(n)ette *f* ‹-, -n› [ʃɑ̃sɔ'nɛt(ə)] chanteuse (de variété *od* de café-concert), divette *f.*
Chao|s *n* ‹-, ø› ['ka:ɔs] chaos *m;* **c~tisch** [ka'o:tɪʃ] *a* chaotique.
Charakter *m* ‹-s, -e› [ka'raktər, -'te:rə] caractère *m; (Wesensart)* nature *f,* naturel, tempérament *m; e-n guten ~ haben (Mensch)* avoir bon caractère; *vertraulichen ~ haben (Unterredung)* être confidentiel; *ein Mann von ~* un homme de caractère; **~eigenschaft** *f* qualité *f* de caractère; **~fehler** *m* défaut *m* de caractère; **c~fest** *a* d'un caractère ferme; **~festigkeit** *f* fermeté *f* de caractère; **c~isieren** [-teri'zi:rən] ‹*ohne ge-*› *tr (beschreiben)* caractériser, dépeindre; **~isierung** *f* caractérisation *f;* **~istik** *f* ‹-, -en› [-'rɪstɪk] caractéristique *f; (Personenbeschreibung)* portrait *m* moral, peinture *f* de caractère; **~istikum** *n* ‹-s, -ka› [-'rɪstikum] trait *m* caractéristique; **c~istisch** *a* caractéristique; typique (*für etw* de qc); **c~lich** [-'rak-] **I.** *a* de caractère, caractériel; **II.** *adv: ~ einwandfrei* d'un caractère impeccable; **c~los** *a* sans caractère; **~losigkeit** *f* manque *m* de caractère; **c~voll** *a* de caractère; **~zug** *m* trait de caractère, trait *m* caractéristique.
charm|ant [ʃar'mant] *a* charmant, ravissant; **C~e** *m* ‹-s, ø› [ʃarm] charme *m,* appas *m pl.*
Charta *f* ‹-, -s› ['karta] *(Verfassungsurkunde)* charte *f; die ~ der Vereinten Nationen (von 1945)* la Charte des Nations Unies.
chartern ['tʃartərn] *tr mar* affréter, prendre à fret.
Chassis *n* ‹-, -› [ʃa'si:] *mot radio* châssis *m.*
Chauff|eur *m* ‹-s, -e› [ʃɔ'fø:r] chauffeur, conducteur *m;* **c~ieren** [-'fi:rən] ‹*ohne ge-*› *tr* u. *itr mot* conduire.
Chauvinismus *m* ‹-, ø› [ʃovi'nɪsmus] chauvinisme *m.*
Chef *m* ‹-s, -s› [ʃɛf] chef *a. mil; (e-r Firma)* patron; *arg* singe *m;* **~arzt** *m* médecin en chef, médecin-chef *m;* **~in** *f* patronne; *fam* chef(f)esse *f;* **~redakteur** *m* rédacteur *m* en chef.
Chem|ie *f* ‹-, ø› [çe'mi:] chimie *f; analytische, synthetische ~* chimie *f* analytique, synthétique; *angewandte ~* chimie *f* appliquée; *anorganische ~* chimie *f* minérale; *organische ~* chimie *f* organique; *physikalische ~* physico-chimie *f;* **~iefaser** *f* fibre *f* synthétique; **~ikalien** *f pl* [-mi'ka:liən] produits *m pl* chimiques; **c~ikalienfest** *a* résistant aux agents chimiques; **~iker** *m* ‹-s, -› ['çe:mikər] chimiste *m;* **c~isch** ['çe:mɪʃ] *a* chimique, de chimie; *auf ~em Wege* chimiquement; *~e Fabrik f* usine *od* fabrique *f* de produits chimiques; *~e Formel f* formule *f* chimique *od* de constitution; *~es Laboratorium n* laboratoire *m* de chimie; *~-physikalisch a* chimico-physique; *~ rein* chimiquement pur; *~e Reinigung f* nettoyage *m* à sec; *~e Untersuchung f* analyse *f* chimique; *~e Verbindung f (Vorgang)* combinaison *f* chimique; *(Produkt)* combiné *m* chimique; **c~otherapeutisch** [çemo-] *a med* chimiothérapeutique; **~otherapie** *f med* chimiothérapie *f.*
Chicorée *f* ‹-, ø› [ʃiko're:] *bot* endive *f.*
Chiffr|e *f* ‹-, -n› ['ʃfər] *(Kennziffer,*

-wort; Geheimschrift) chiffre; *(Anzeige)* numéro *m; unter der ~ ...* aux initiales ..., sous la rubrique ...; **~etelegramm** *n* télégramme *m* chiffré; **c~ieren** [-'fri:rən] ‹*ohne ge-*› *tr (verschlüsseln)* chiffrer, écrire en chiffre; **~ierer** *m* ‹-s, -› chiffreur *m;* **~ierkunst** *f* cryptographie *f;* **~iermaschine** *f* machine *f* à chiffrer; **~ierschlüssel** *m* code *m;* **~ierverfahren** *n* procédé *m* de chiffrement.

Chile *n* ‹-s, ø› ['çi:le, 'tʃi:le] le Chili; **~ne** *m* ‹-n, -n› [-'le:-], **~nin** *f* ‹-, -nen› Chilien(ne *f*) *m;* **c~nisch** *a* chilien.

Chin|a *n* ‹-s, ø› ['çi:na] la Chine; **~ese** *m* ‹-n, -n› [-'ne:zə] , **~esin** *f* ‹-, -nen› Chinois(e *f*) *m;* **c~esisch** *a* chinois, de (la) Chine; *die C~e Mauer* la Muraille de Chine.

Chinin *n* ‹-s, ø› [çi'ni:n] *pharm* quinine *f.*

Chirurg *m* ‹-en, -en› [çi'rurk, -gən] chirurgien, opérateur *m;* **~ie** *f* ‹-, -n› [-'gi:] chirurgie, médecine *f* opératoire; **c~isch** [-'rurg-] *a* chirurgical, chirurgique; *~er Eingriff m* intervention *f* chirurgicale.

Chlor *n* ‹-s, ø› [klo:r] *chem* chlore *m;* **c~en** *tr* chlorurer; **c~haltig** *a* chloré; **~id** *n* ‹-(e)s, -e› [-'ri:t, -də] chlorure *m;* **c~ieren** [-'ri:rən] ‹*ohne ge-*› *tr = chloren;* **c~ig** *a* chloreux; **~oform** *n* ‹-s, ø› [-ro'fɔrm] chloroforme *m;* **c~oformieren** [-'mi:rən] ‹*ohne ge-*› *tr* chloroform(is)er; **~ophyll** *n* ‹-s, ø› [-'fʏl] *bot (Blattgrün)* chlorophylle *f;* **~wasserstoff** *m* acide *m* chlorhydrique.

Cholera *f* ‹-, ø› ['ko:lera] *med* choléra *m;* **~epidemie** *f* épidémie *f* de choléra.

Chole|riker *m* ‹-s, -› [ko'le:rikər] *(Jähzorniger)* colérique *m;* **c~risch** [-'le:-] *a* colérique, coléreux; *(sehr reizbar)* bilieux, irascible, irritable.

Cholesterin *n* ‹-s, ø› [çoleste'ri:n] *physiol (Gallenfett)* cholestérol *m,* cholestérine *f.*

Chor [ko:r, 'kø:rə] **(1)** *m* ‹-(e)s, ⸚e› *mus theat* chœur *m; im ~* en chœur; *im ~ sprechen* faire chorus; **(2)** *m,* a. *n* ‹-(e)s, -e/⸚e› *arch rel* chœur *m;* **~al** *m* ‹-s, ⸚e› [ko'ra:l, -'rɛ:lə] choral, cantique *m,* hymne *f;* **~eographie** *f* ‹-, -n› [-reogra'fi:] *(Tanzbeschreibung, -entwurf)* chorégraphie *f;* **~knabe** *m* enfant de chœur, clergeon *m;* **~sänger** *m* choriste *m.*

Christ *m* ‹-en, -en› [krɪst] chrétien *m;* **~baum** *m* arbre *m* de Noël; **~enheit** *f* ‹-, ø› chrétienté *f;* **~entum** *n* ‹-, ø› christianisme *m; zum ~ bekehren* christianiser; **~fest** *n* Noël *m;* **~kind** *n* petit Noël *m; das ~ (Jesus selbst)* l'enfant *m* Jésus; **c~lich** *a* chrétien; *die ~e Zeitrechnung* l'ère *f* chrétienne; **~messe** *f,* **~mette** *f* messe *f* de minuit; **~nacht** *f* nuit *f* de Noël; **~rose** *f bot* rose *f* de Noël, ellébore *m* (noir); **~us** ['krɪstus] *m* Jésus-Christ *m,* le Christ; *vor, nach Christi Geburt* avant, après Jésus-Christ; *er sieht aus wie das Leiden Christi* il a une tête d'enterrement.

Chrom *n* ‹-s, ø› [kro:m] *chem* chrome *m;* **c~atisch** [-'ma:-] *a (farbig, mus)* chromatique; **~osom** *n* ‹-s, -en› [-mo'zo:m] *biol* chromosome *m;* **~stahl** *m* acier *m* chromé.

Chron|ik *f* ‹-, -en› ['kro:nɪk] chronique *f;* **c~isch** *a bes. med* chronique; **~ist** *m* ‹-en, -en› [kro'nɪst] chroniqueur *m;* **~ologie** *f* ‹-, -n› [-nolo'gi:] *(Zeitrechnung, -folge)* chronologie *f;* **c~ologisch** [-'lo:-] *a* chronologique; **~ometer** *n* ‹-s, -› [-'me:tər] *(Zeit-* od *Taktmesser)* chronomètre *m.*

Chrysantheme *f* ‹-, -n› [kryzan'te:mə] *bot* chrysanthème *m.*

circa ['tsɪrka] *adv* environ, à peu près.

cis *n* ‹-, -› [tsɪs] *mus* ut *m* dièse; **C~-Dur** *n* ut *m* dièse majeur; **~-Moll** *n* ut *m* dièse mineur.

Clearing *n* ‹-s, -s› ['kli:rɪŋ] *fin (Ausgleich)* clearing *m,* compensation *f;* **~abkommen** *n* accord *m* de clearing.

Clique *f* ‹-, -n› ['klɪkə] clique, coterie *f,* clan *m.*

Clown *m* ‹-s, -s› [klaun] clown, paillasse *m.*

c-Moll *n* ['tse:mɔl] *mus* ut *m* mineur.

Cocktail *m* ‹-s, -s› ['kɔkte:l] cocktail *m;* **~kleid** *n* robe *f* de cocktail; **~party** *f* cocktail *m.*

Computer *m* ‹-s, -› [kɔm'pju:tər] ordinateur *m.*

Conférencier *m* ‹-s, -s› [kɔ̃ferɑ̃si'e:] *(Ansager)* présentateur, animateur *m.*

Container *m* ‹-s, -› [kɔn'te:nər] (gros) container *m.*

Corpus delicti *n* ‹--, -pora delicti› ['kɔrpus, 'kɔrpora de'lɪkti] *jur* corps *m* du délit.

Couch *f* ‹-, -es› [kautʃ] divan *m.*

Coupon *m* ‹-s, -s› [ku'pɔ̃:] *fin (Abschnitt)* coupon, talon *m,* souche *f.*

Cousin *m* ‹-s, -s› [ku'zɛ̃:] *(Vetter)* cousin *m;* **~e** *f* ‹-, -n› [-'zi:nə] *(Base)* cousine *f.*

Cowboy *m* ‹-s, -s› ['kaubɔʏ] cow-boy *m.*

Creme *f* ‹-, -s› [krɛ:m, kre:m] crème *f* a. *fig; die ~ (fig) (das Beste)* le fin du fin; **~farbe** *f,* **c~farben** *a* couleur *(f)* crème; **~torte** *f* gâteau *m* à la crème.

Cut(away) *m* ‹-s, -s› ['kat-, 'kœtəve] jaquette *f.*

Cutter *m* ‹-s, -› ['katər] *film (Schnittmeister)* monteur *m.*

D

D, d *n* ‹-, -› [de:] *(Buchstabe)* D, d; *mus* ré *m.*

da [da:] **I.** *adv* **1.** *(örtlich)* là, y; *(hier)* ici; *hier und* ~, ~ *und dort* ça et là; par-ci, par-là; de loin en loin; ~ *bin ich* me voilà; me voici; (je suis) présent; *ich bin gleich wieder* ~ je reviens tout de suite *od* à l'instant; ~ *ist* od *sind* ... voilà ...; ~ *bist du ja!* ah, te voilà! ~*!* ~ *hast du's!* tiens! voilà! *das Buch* ~ ce livre-là, le livre que voilà; **2.** *(zeitlich)* à ce moment; alors; en ce temps(-là); *von* ~ *ab* od *an,* dès *od* depuis lors, à partir de ce moment(-là); ~ *siehst du* ... tu vois maintenant ...; ~ *haben wir's!* nous y voilà! ça y est! ~ *haben wir den Salat! (fam)* c'est le bouquet! **3.** *(in diesem Fall, in dieser Lage)* alors, en ce cas, dans cette situation *od* ces circonstances; **II.** *conj (kausal)* comme; *(im Nachsatz)* parce que; ~ *doch,* ~ *ja* puisque, étant donné que, attendu que, vu que; ~ *dem so ist* puisqu'il en est ainsi; cela étant.

dabei [da'baɪ, 'da:baɪ] *adv* **1.** *(örtlich)* (tout) près, auprès; *(mit* ~*)* de la partie; **2.** *(bei dieser Gelegenheit)* à cette occasion, à ce propos; en l'occurrence; **3.** *(übrigens, außerdem)* avec cela, en outre, de *od* en plus; or; en même temps; *(doch)* cependant, pourtant; — *es* ~ *bewenden lassen,* ~ *bleiben (bei e-r Meinung)* en rester là, s'en tenir là; ~ *bleiben, daß* persister à dire que; *nichts Böses* ~ *denken* ne pas penser à mal; ~ *sein zu* ... être en train de ... *od* occupé à ...; *ich bin* ~*!* je suis de la partie, j'en suis; *ich kann nichts* ~ *finden* quel mal à cela? *ich verliere nichts* ~ je n'y perds rien; *das ist das Gute, Schlimme* ~ c'est le bon, mauvais côté de la chose; *es bleibt* ~ c'est entendu; ~ *kommt nichts heraus* il n'en sortira rien (de bon), cela ne mène *od* sert à rien; *es ist nichts* ~ il n'y a rien là-dedans; *(das ist nicht schwer)* ça va (bien); *(das macht nichts)* cela ne fait rien; *was ist (denn) (schon)* ~*! (fam)* quel mal *od* danger y a-t-il? où est le mal? **~=sein** ‹*ist, war dabei, dabeigewesen*› *itr* ‹*sein*›: *mit* ~ y être (présent), participer, en être, être de la partie *od* de la fête; *(beim Unterricht)* faire attention; *überall* ~ être de toutes les fêtes *od* sorties.

da=bleiben ‹*blieb da, dageblieben*› *itr* ‹*sein*› rester (là); *Sie können ruhig* ~ vous n'êtes pas de trop.

Dach *n* ‹-s, ¨-er› [dax, 'dɛçər] toit *m; (Bedachung)* toiture, couverture *f; (~stuhl)* comble *m; unterm* ~ au grenier; *unter* ~ *und Fach (fig)* à l'abri, à couvert; *das* ~ *abdecken* enlever la toiture; *das* ~ *decken* couvrir le bâtiment *od* la maison; *kein* ~ *über dem Kopf haben* (n')avoir ni feu ni lieu, être sans feu ni lieu; *eins aufs* ~ *kriegen (fig fam)* recevoir une taloche; se faire rabrouer, essuyer une remontrance; *mit jdm unter e-m* ~ *wohnen* habiter sous le même toit que qn; **~balken** *m* entrait *m; pl* charpente *f;* **~boden** *m* grenier *m;* **~decker** *m* couvreur *m;* **~fenster** *n* lucarne *f; (rundes)* œil *m* de bœuf; **~first** *m* faît(ag)e *m;* **~garten** *m* jardin-terrasse, jardin *m* suspendu; **~gepäckträger** *m mot* galerie *f* (porte-bagages); **~geschoß** *n* combles *m pl; (ausgebautes)* étage *m* mansardé; **~gesellschaft** *f com* holding *m;* **~kammer** *f* chambre mansardée, mansarde *f; pej* galetas *m;* **~luke** *f* lucarne, (fenêtre à) tabatière *f;* **~pappe** *f* carton-pierre, carton *od* papier *m* goudronné; **~reiter** *m arch* clocheton *m,* tour(elle) *f* du transept; **~rinne** *f* gouttière *f,* chéneau *m.*

Dachs *m* ‹-es, -e› [daks] *zoo* blaireau *m.*

Dach|stuhl *m* ['dax-] comble(s *pl*) *m,* ferme *f;* **~wohnung** *f* logement *m* mansardé; *fam* pigeonnier *m;* **~ziegel** *m* tuile *f.*

Dackel *m* ‹-s, -› ['dakəl] basset *m.*

dadurch ['da:durç] *adv* **1.** *(örtlich)* par(-)là; **2.** *(Mittel, Art u. Weise)* par là, par cela, par ce moyen, de cette façon *od* manière, (c'est) ainsi (que); ~, *daß (conj)* étant donné que, du fait que; *(bei gleichem Subjekt in Haupt- und Nebensatz Gerundium:)* en; *er rettete sich* ~, *daß er aus dem Fenster sprang* il se sauva en sautant par la fenêtre.

dafür ['da:-, da'fy:r] *adv* **1.** *allg* pour cela; à cela, de cela; y, en; **2.** *(zum Ersatz)* en échange, en revanche; *(als Gegenleistung)* en retour; *(zum Lohn)* en récompense; *(aber)* mais; — ~, *daß* pour *inf;* ~ *sein* approuver; ~ *oder dagegen sein* être pour ou contre; ~ *sorgen, daß* avoir soin de *od* que; veiller à ce que; *ich bin* ~, *daß* je suis d'avis que *subj; ich bürge* ~, *ich stehe* ~ j'en réponds; *ich halte ihn* ~ je le tiens pour tel *od* crois tel; *ich werde* ~ *sorgen* j'y pourvoirai; *man hält ihn* ~ il passe pour tel; *was* *geben Sie ~?* qu'en donnez-vous? *sind Sie ~?* est-ce votre avis? approuvez-vous cela? *wer kann etwas ~?* à qui la faute? *alles spricht ~, daß* tout semble indiquer que; **D~halten** *n* opinion *f; nach meinem ~* à mon avis, selon moi; **~=können** ⟨*kann, konnte dafür, dafürgekonnt*⟩ *itr: ich kann nichts dafür* je n'y puis rien, je n'y suis pour rien, ce n'est pas ma faute.

dagegen ['da:-, da'ge:gən] *adv* **1.** *allg* contre cela; là-contre; à cela, y; **2.** *(im Vergleich dazu)* en comparaison, en regard, auprès de cela; **3.** *(hingegen, indessen)* par contre, au contraire, d'autre part; — *etwas ~ haben* n'être pas d'accord; *nichts ~ haben* n'avoir rien contre, ne pas s'y opposer; ne pas (y) voir d'inconvénient; *~ sein* être contre, être d'(un) avis contraire, s'y opposer; *nichts ~ tun können* ne rien pouvoir faire contre; *wenn Sie nichts ~ haben (a.)* si vous voulez (bien me le permettre); **~=halten** ⟨*hält, hielt dagegen, dagegengehalten*⟩ *tr* **1.** *(damit vergleichen)* comparer (à cela); **2.** *(einwenden)* opposer, rétorquer.

daheim [da'haım] *adv* chez moi, toi etc; à la maison; *(in der Heimat)* dans mon, ton *etc* pays; *~ bleiben, ~ sein* rester chez soi, être à la maison *od* au logis; **D~** *n* ⟨-s, ø⟩ chez-soi, foyer, intérieur *m.*

daher ['da:-, da'he:r] **I.** *adv* **1.** *(örtlich)* de là, de ce côté(-là); **2.** *(kausal)* de là, d'où *(am Satzanfang); das kommt ~, daß* od *weil ...* cela vient de ce que ...; *~ die Aufregung!* d'où l'excitation! **II.** *conj (deshalb)* c'est pourquoi, pour cette raison, à cause de cela, par conséquent; *(~ auch)* aussi *(am Satzanfang mit Inversion);* **~=reden** *tr* parler sans réfléchir; *itr: dumm ~* débiter des sottises.

dahin ['da:-, da'hın] *adv* **1.** *(örtlich)* là (-bas), vers cet endroit(-là); y; *bis ~* jusque là, d'ici là; **2.** *(zeitlich: bis ~) (Vergangenheit)* jusqu'alors, jusqu'à ce moment-là; *(Futur)* d'ici là; **3.** *(vergangen)* passé; *(verloren)* perdu; *fam (futsch)* fichu; — *es ~ bringen, daß ...* arriver, parvenir, réussir à *inf; jdn ~ bringen, daß er ...* amener qn à *inf; etw (so) ~ sagen* venir à dire qc; *~ ist es (nun* od *also) gekommen!* c'est là que les choses en sont venues! on en est donc arrivé là! **~gehend** *adv (sich äußern)* en ce sens; **~=raffen** *tr* emporter, enlever, faucher, moissonner; **~=siechen** *itr* ⟨*sein*⟩ dépérir, aller en dépérissant; **~=stellen** *tr: dahingestellt sein lassen* laisser en suspens, ne pas se prononcer sur; *das mag dahingestellt bleiben* passons là-dessus.

dahint|en ['da:-, da'hıntən] *adv* là-bas (derrière); **~er** *adv* (là-)derrière; *viel Aufhebens und nichts ~ fam* du vent! de l'esbroufe!; **~er=kommen** ⟨*kam dahinter, dahintergekommen*⟩ *itr* ⟨*sein*⟩ *fam (in Erfahrung bringen)* trouver le joint, éventer la mèche, découvrir le pot aux roses; **~er=stecken** *itr: da* od *es steckt etwas dahinter* il y a quelque chose dessous, il y a anguille sous roche; *da* od *es steckt nichts dahinter (bei ihm)* il n'y a rien derrière.

Dahlie *f* ⟨-, -n⟩ ['da:liə] *bot* dahlia *m.*

Dalmatien *n* [dal'matsiən] *geog* la Dalmatie.

damal|ig ['da:ma:lıç] *a* d'alors, de ce temps-là, de cette époque-là; **~s** *adv* alors; en ce temps-là, à cette époque; *schon ~* dès cette époque; *seit ~* depuis lors.

Damast *m* ⟨-(e)s, -e⟩ [da'mast] *(Textil)* damas *m.*

Dame *f* ⟨-, -n⟩ ['da:mə] dame *f (a. im Dame-, Schach- u. Kartenspiel); ~ (das Spiel) spielen* jouer aux dames; *die (große) ~ spielen* faire la grande dame, jouer à la madame; *meine ~n und Herren!* mesdames et messieurs! *junge ~* demoiselle, jeune fille *f;* **~brett** *n* damier *m.*

Damen|binde *f* ['da:mən-] serviette *f* hygiénique; **~(fahr)rad** *n* bicyclette *f* de dame; **~friseur** *m* coiffeur *m* pour dames; **~handtasche** *f* sac *m* de dame; **~kleidung** *f* vêtement de femme, habillement *m* féminin; **~kostüm** *n* (costume) tailleur *m;* **~mannschaft** *f sport* équipe *f* féminine; **~mantel** *m* manteau *m* de dame; *(auf Taille gearbeitet)* redingote *f;* **~mode** *f* mode *f* féminine; **~oberbekleidung** *f* vêtements *m pl* pour dames; **~salon** *m (beim Friseur)* salon *m* de coiffure pour dames; **~schneider** *m* tailleur *m* pour dames; **~sitz** *m: im ~* à l'écuyère; *im ~ reiten* monter en amazone; **~wahl** *f (Tanz)* choix *m* du cavalier.

Dame|spiel *n* ['da:mə-] jeu *m* de dames; *das ~* les dames *f pl;* **~stein** *m* pion *m.*

Damhirsch *m* ['dam-] *zoo* daim *m.*

damit ['da:-, da'mıt] **I.** *adv allg* avec cela; de cela, à cela, en, y; *(dadurch)* par cela, par ce moyen, par là; **II.** *conj* afin que, pour que *subj; (bei gleichem Subjekt)* afin de, pour *inf;* — *ich bin ~ einverstanden, zufrieden* j'y consens, j'en suis d'accord, cela me va, d'accord là-dessus; *~ ist mir nicht gedient* cela ne me sert à rien, cela ne m'arrange pas du tout; *~ ist alles gesagt* c'est tout dire; *das hat nichts ~ zu tun* cela n'a rien à faire à cela *od* rien à y voir; *was soll ich ~ (anfangen)?* que voulez-vous que j'en fasse? *was wollen Sie ~ sagen?* que voulez-vous dire par là?

dämlich ['dɛ:mlıç] *a fam (dumm)* ballot, jobard.

Damm *m* ⟨-(e)s, ¨-e⟩ [dam, 'dɛmə] **1.** *(Aufschüttung)* remblai *a. loc,* terrassement *m; (Straße)* chaussée *f;* **2.** *(Deich)* digue *a. fig,* levée *f;* **3.** *anat* périnée *m;* **4.** *fig (Schranke)* barrière *f;* — *e-n ~ aufschütten* élever une digue; *nicht auf dem ~ sein (fig fam)* n'être pas *od* ne pas se sentir dans son assiette, être mal fichu; **~bruch** *m* rupture *f* de (la) digue.

dämmer|ig ['dɛmərıç] *a* crépusculaire; *allg* sombre; *es wird ~ = es dämmert;* **D~licht** *n* lueur *f* du crépuscule *od* de l'aube; **~n** *itr (vom Morgen)* poindre; *impers: es dämmert (morgens)* le jour *od* l'aube point, il commence à faire jour; *(abends)* la nuit *od* le soir tombe, il commence à faire nuit; *jetzt dämmert es bei mir (fig fam)* (maintenant) je commence à voir clair, il me vient une lueur; **D~ung** *f* ⟨-, -en⟩ *(Abend~)* crépuscule *m,* nuit tombante; *(Morgen~)* aube *f,* point(e *f*) *m* du jour; *in der ~ (abends)* à la nuit tombante, à la tombée de la nuit, entre chien et loup; *(morgens)* à l'aube, au point *od* à la pointe du jour.

Dämon *m* ⟨-s, -en⟩ ['dɛ:mɔn, dɛ'mo:nən] démon; génie *m;* **d~isch** [-'mo:-] *a* démoniaque; *pej (teuflisch)* diabolique, satanique, infernal.

Dampf *m* ⟨-(e)s, ¨-e⟩ [dampf, 'dɛmpfə] vapeur; *(~wolke)* buée; *(Rauch)* fumée *f; unter ~ (tech)* sous pression; *den ~ ablassen* lâcher la vapeur; *~ hinter etw machen (fig fam)* pousser qc; **~bad** *n* bain *m* de vapeur; **~druck** *m* pression *od* tension *f* de vapeur; **d~en** *itr* dégager des vapeurs, fumer.

dämpfen ['dɛmpfən] *tr* **1.** *allg* traiter à la vapeur; *tech* étouffer; *(Textil)* décatir; **2.** *(Küche)* étuver, cuire à l'étuvée; **3.** *fig (abschwächen, mildern)* affaiblir, adoucir; *(Stoß, radio)* amortir; *(Schall)* assourdir; mettre la sourdine à; *(die Stimme)* étouffer; *die Konjunktur ~ (fin)* donner un coup de frein à l'économie; *mit gedämpfter Stimme* à voix étouffée, à mi-voix.

Dampfer *m* ⟨-s, -⟩ ['dampfər] (bateau à) vapeur, steamer *m.*

Dämpfer *m* ⟨-s, -⟩ ['dɛmpfər] **1.** *allg* étouffeur; *phys chem* modérateur *m;* **2.** *mus u. fig* sourdine *f; fig* douche *f; jdm e-n ~ aufsetzen (fig fam)* doucher qn, faire déchanter qn.

Dampferlinie *f* ['dampfər-] ligne *f* de navigation.

Dampf|hammer *m* ['dampf-] marteau-pilon *m* à vapeur; **~heizung** *f* chauffage *od* calorifère *m* à vapeur; **d~ig** *a* vaporeux; **~kessel** *m* chaudière *f* à vapeur, générateur *m* (de vapeur); **~kochtopf** *m* marmite *f* à pression *od* autocuiseur *m,* cocotte-minute *f;* **~kraftwerk** *n,* **~kraftzentrale** *f* centrale *f* thermique; **~lokomotive** *f* locomotive *f* à vapeur; **~maschine** *f* machine *f* à vapeur; **~schiff** *n = Dampfer;* **~schiffahrt** *f* navigation *f* à vapeur; **~turbine** *f* turbine *f* à vapeur.

Dämpfung *f* ⟨-, -en⟩ ['dɛmpfuŋ] **1.** *tech (Textil)* vaporisage, décatissage *m;* **2.** *fig (Abschwächung)* affaiblissement, adoucissement *m.*

Dampf|ventil *n* ['dampf-] soupape *f* à vapeur; **~walze** *f* rouleau *m* compresseur; **~wolke** *f* buée *f.*

danach ['da:-, da'na:x] *adv* **1.** *(zeitlich)* après (cela *od* quoi), puis, ensuite; à la suite de quoi; **2.** *(in bezug auf ein Ziel)* vers cela; *allg* à *od* de cela, y, en; **3.** *fam (demzufolge, dementsprechend)* d'après *od* suivant *od* selon cela, conformément à cela; — *bald, kurz, lange, unmittelbar ~* peu, aussitôt, longtemps, immédiatement après; *~ aussehen* en avoir l'air; *sich ~ erkundigen* s'en informer; *nichts ~ fragen* ne s'en soucier guère; *sich ~ richten* s'y conformer; *sich ~ sehnen* soupirer après; *~ streben* y aspirer; *ich frage nichts ~* cela ne m'intéresse pas; *~ habe ich nicht gefragt* ce n'est pas ce que j'ai demandé; *richten Sie sich ~!* tenez-vous-le pour dit!

Dän|e *m* ⟨-n, -n⟩ ['dɛ:nə], **~in** *f* ⟨-, -nen⟩ Danois(e *f*) *m.*

daneben [da'ne:bən, 'da:ne:bən] *adv* **1.** *(örtlich)* à côté (de cela), (au)près (de cela); *dicht ~* tout contre; **2.** *(außerdem)* outre cela, en outre, en plus; **3.** *(gleichzeitig)* en même temps; **~=gehen** ⟨*ging daneben, danebengegangen*⟩ *itr* ⟨*sein*⟩ *(Schuß)* manquer.

Dän|emark *n* ⟨-s, ø⟩ ['dɛ:nəmark] le Danemark; **d~isch** *a* danois.

Dank *m* ⟨-(e)s, ø⟩ [daŋk] remerciement *m; (~barkeit)* gratitude, reconnaissance *f; mit ~* avec reconnaissance; *zum ~ für* en reconnaissance de; *jdm zu ~ verpflichtet sein* être obligé à *od* envers qn; *Gott sei ~!* Dieu merci! *besten* od *vielen (herzlichen) ~!* merci beaucoup od bien! grand merci! mes *od* nos meilleurs remerciements! *mit ~ zurück!* avec mes remerciements; **d~** *prp gen* grâce à; à la faveur de; **d~bar I.** *a* **1.** *(Mensch)* reconnaissant (*für* de) *(verpflichtet)* obligé; **2.** *(Sache) fig* aisé, facile, qui rend bien, *fam* payant; *(lohnend)* profitable, lucratif; *theat (Publikum)* excellent; *(Rolle)* à grand effet; **II.** *adv* avec reconnaissance *od* gratitude; — *jdm für etw ~ sein* savoir gré de qc à qn; *ein ~es Motiv (phot)* un sujet photogénique; **~barkeit** *f* ⟨-, ø⟩ *(Gefühl)* gratitude; *(Äußerung)* reconnaissance *f* (*für* de); *aus ~* par reconnaissance (*für* de); **d~en** *itr* **1.** remercier (*jdm für etw* qn de *od* pour qc); *(den Gruß erwidern)* rendre le salut; **2.** *(höflich ablehnen)* refuser poliment; *tr* **3.** *(verdanken)* devoir (*jdm etw* qc à qn); **4.** *(vergelten)* récompenser (*jdm etw* qn de qc); — *jdm etw nicht* ~ savoir peu de *od* ne savoir pas gré à qn de qc; *~d erhalten (com)* pour acquit; *nichts zu ~!* (il n'y a) pas de quoi; *danke, gleichfalls!* merci, également! *danke (, nein); nein, danke!* non, merci! je vous remercie; *danke schön* od *sehr* od *vielmals!* merci bien *od* beaucoup! **d~enswert** *a* digne de reconnaissance; **~sagung** *f* remerciement(s *pl*) *m.*

dann [dan] *adv* **1.** *(darauf)* alors, puis, ensuite, après (cela); **2.** *(außerdem)* de plus, en outre, outre cela; **3.** *(in diesem Fall)* alors, dans *od* en ce cas; — *selbst ~ nicht* même pas dans ce cas(-là); *~ und wann* de temps en temps, de temps à autre; *~ (eben) nicht!* eh bien alors, non! *und* od *was ~?* et après? et puis? et ensuite?

daran [da'ran, 'da:ran], *fam* **dran** [dran] *adv* **1.** *(örtlich)* (là-)dessus, sur cela; *(daneben)* (au)près, à côté; **2.** *allg* à *od* de cela; y, en; — *~ denken, glauben* y penser, croire; *gut ~ sein* être en bonne posture; *nahe ~ sein zu ...* être près de ...; *schlecht* od *übel ~ sein* être en mauvaise posture; *gut ~ tun zu (inf)* faire bien de *inf; ich bin ~ (an der Reihe)* c'est mon tour (*zu* de); *ich bin nicht schuld ~* ce n'est pas ma faute; *ich war nahe ~ zu fallen* j'ai manqué de *od* j'ai failli tomber; *ich denke ja gar nicht ~!* je n'y pense pas, pour moi il n'en est pas question; *~ erkenne ich ihn* je le reconnais bien là; *ich weiß nicht, wie ich ~ bin* je ne sais où j'en suis; *du kommst auch noch dran* ton tour viendra; *man weiß nicht, wie man mit ihm ~ ist* on ne sait à quoi s'en tenir avec lui; *es liegt mir viel ~* j'y tiens beaucoup, *es liegt mir wenig ~* peu m'importe (*zu* de); *es ist etwas Wahres ~* il y a du vrai là-dedans; *wenn du ~ vorbeikommst* quand tu passeras devant; *wer ist dran?* à qui le tour? *Sie sind ~!* c'est à vous, c'est votre tour; *~ soll es nicht liegen!* qu'à cela ne tienne! **~=gehen** ‹*ging daran, darangegangen*› *itr* ‹*sein*› s'y mettre, commencer; **~=machen,** *sich* se mettre (*zu* à); **~=setzen** *tr (aufs Spiel setzen)* risquer, hasarder; *alles ~ (a.)* mettre tout en œuvre.

darauf ['da:-, da'rauf], *fam* **drauf** [drauf] *adv* **1.** *(örtlich)* (là-)dessus, sur cela; **2.** *(zeitlich)* puis, ensuite, après (cela *od* quoi), là-dessus, sur ce(la); **3.** *allg* à *od* de cela; y, en; — *gleich ~* immédiatement après; *kurz ~* peu après; *am Tag ~* le lendemain; *~ achten* y prendre garde; *es ~ ankommen lassen* accepter le risque; *hundert drauf haben (mot fam)* faire du cent; *drauf und dran sein* être sur le point (*zu* de); *stolz ~ sein* en être fier; *sich ~ verlassen* compter là-dessus; *~ gebe ich nichts* je n'y attache pas d'importance; *er ist nur ~ aus zu ...* il ne pense qu'à ...; *es, (fam) das kommt ~ an* ça dépend, c'est selon; *~ kommt es nicht an* ça n'a pas d'importance; *wenn es ~ ankommt* en cas de besoin; *wie kommst du ~?* d'où te vient cette idée? **drauf=gehen** ‹*ging drauf, draufgegangen*› *itr* ‹*sein*› *(verbraucht werden) (Person)* disparaître, périr; *(Sache)* être consommé, dépensé; *mein ganzes Geld ist draufgegangen* tout mon argent y est passé; *dabei geht viel Zeit drauf* cela prend beaucoup de temps; **~hin** [--'-, '---] *adv (zeitlich)* là-dessus, sur ce(la); *(demgemäß)* d'après cela *od* quoi; **drauflos=reden** *itr* parler à tort et à travers; **drauflos=schlagen** ‹*schlägt, schlug drauflos, drauflosgeschlagen*› *itr: blind ~* taper dans le tas, frapper comme un sourd.

daraus ['da:-, da'raus], *fam* **draus** [draus] *adv* de là, de cela, en, par là; *ich mache kein Geheimnis ~* je n'en fais pas de mystère; *ich mache mir nichts ~* je ne m'en soucie guère, je m'en moque; *ich werde nicht klug ~* je n'y comprends rien; *~ folgt, daß ...* il s'ensuit que ...; *~ wird nichts* cela ne se fera pas.

darben ['darbən] *itr* être dans la besoin, manquer du nécessaire; *fam* vivoter.

dar=biet|en ['da:r-] ‹*bot dar, dargeboten*› *tr: (sich) ~* (s')offrir, (se) présenter; *theat* représenter; **D~ung** *f* offre, présentation *f.*

darein [da'raın, 'da:raın], *fam* **drein** [draın] *adv* dans ce lieu, là-dedans, y; **~=finden,** *sich* ‹*fand darein, dareingefunden*› s'y résigner; **~=reden** *itr* se mêler à *od* intervenir dans la conversation.

darin ['da:-, da'rın], *fam* **drin** [drın] *adv (örtlich)* (là-)dedans, y; *fig* en cela; *~ inbegriffen* y compris; *~ haben Sie recht, irren Sie sich* en cela vous avez raison, vous vous trompez; **~nen,** *fam* **drinnen** *adv* (là-)dedans.

dar=legen ['da:r-] *tr* exposer, faire voir, (dé)montrer; *(erklären)* expliquer.

Darlehen *n* ‹-s, -› ['da:r-] prêt *m; ein ~ aufnehmen* contracter un emprunt; *jdm ein ~ geben* faire un prêt à qn; **~sgeber** *m* prêteur *m* (d'argent); **~skasse** *f* caisse *od* banque *f* de prêts; **~snehmer** *m* emprunteur *m;* **~svertrag** *m* contrat *m* de prêt.

Darm *m* ‹-(e)s, ¨e› [darm, 'dɛrmə] intestin, boyau *m;* **~bein** *n anat* ilion *m;* **~flora** *f* flore *f* intestinale; **~ge-**

schwür *n* ulcère *m* intestinal; **~krebs** *m med* cancer *m* intestinal; **~saite** *f (an Geige, Tennisschläger)* corde *f* à *od* de boyau; **~wand** *f* paroi *f* intestinale; **~zotten** *f pl* villosités *f pl* (intestinales).

dar=reichen ['da:r-] *tr* tendre, présenter, offrir.

dar=stell|en ['da:r-] *tr* **1.** *(veranschaulichen)* démontrer, exposer; *(mit Worten darlegen)* développer; *(beschreiben)* décrire *a. math,* (dé)peindre; **2.** *(bedeuten)* représenter; **3.** *theat* représenter, jouer, faire; **4.** *chem* préparer; — *bildlich* ~ figurer; **D~er(in** *f***)** *m theat* interprète *m f,* acteur *m,* actrice *f;* **~erisch** *a* d'interprète; **D~ung** *f* ‹-, -en› **1.** démonstration, exposition *f;* développement *m;* description *f;* **2.** représentation, interprétation *f;* **3.** *chem tech* préparation *f;* **4.** *(ausgeführte ~)* exposé *m;* — *bildliche* ~ figuré *m; graphische* ~ graphique, diagramme *m;* **D~ungsweise** *f* manière *f* de décrire *od* de (dé)peindre *od* de (re)présenter.

dar=tun ‹*tut, tat dar, dargetan*› ['da:r-] *tr* (dé)montrer, faire voir; *(erklären)* expliquer.

darüber ['da:-, da'ry:bər] , *fam* **drüber** ['dry:bər] *adv* **1.** *(örtlich)* au-dessus (de cela), (là-)dessus, par-dessus; *(~ hinweg)* par-delà, au-delà; **2.** *(zeitlich)* là-dessus, sur ces entrefaites, pendant ce temps (-là); **3.** *allg* là-dessus, de cela, en, y; **4.** *fig* en outre, au reste, par-dessus le marché; — *~ hinaus (örtl., zeitl.)* au-delà; *sich ~ freuen* s'en réjouir; *~ hinweg sein* pouvoir s'en passer; *sich ~ hinwegsetzen* s'en passer; *es geht nichts ~* il n'y a rien de mieux; *~ besteht kein Zweifel* cela ne fait pas de doute.

darum ['da:-, da'rum], *fam* **drum** [drum] *adv* **1.** *(örtlich) (~ herum)* autour (de cela), tout autour; **2.** *(hinweisend)* pour *od* de cela, en; **3.** *(kausal: deshalb)* c'est *od* voilà pourquoi, à cause de cela, pour cette raison; — *~ bringen* en frustrer; *sich ~ kümmern* s'en soucier; *ich bitte Sie ~* je vous en prie; *ich gäbe viel ~, wenn ...* je donnerais beaucoup pour *inf; es handelt sich nicht ~* il ne s'agit pas de cela; *warum? ~!* pourquoi? parce que!

darunter ['da:-, da'runtər], *fam* **drunter** ['druntər] *adv* **1.** *(örtlich)* (au-)dessous, là-dessous, par-dessous; **2.** *fig (unter e-r bestimmten Anzahl, Größe, Summe)* au-dessous, moins, à moins; **3.** *(unter e-r Anzahl)* dans le *od* du nombre; — *~ leiden* en souffrir; *es geht alles drunter und drüber* tout va à vau-l'eau; *was verstehen Sie ~?* qu'entendez-vous par là? **~=liegen** ‹*lag darunter, daruntergelegen*› *itr* être *od* se trouver (là-)dessous *od* en bas.

das [das] *(Artikel u. Relativpron) s. der; (Demonstrativpron)* cela, ceci, ce, *fam* ça; *~ ist, sind* c'est, ce sont; *(wenn gegenwärtig)* voici, *fam* voilà; *~ bin ich* c'est moi; *~ ist meine Frau (a.)* voici ma femme; *~ ist gut (a.)* voilà qui est bien; *was ist ~?* qu'est-ce (que c'est *od* cela)? *auch ~ noch! und nicht nur ~!* et cela encore en plus! il ne manquait plus que cela! *~ war e-e Freude!* quelle joie!

da=sein ['da:zaın] ‹*ist, war da, dagewesen*› *itr* ‹*sein*› *(anwesend, vorhanden sein)* être présent *od* arrivé; être là; *(existieren)* exister; *nicht ~ (a.)* être absent; faire défaut; *es ist alles schon (einmal) dagewesen* il n'y a rien de nouveau sous le soleil; *das ist noch nie dagewesen* c'est sans précédent; *ist jemand dagewesen?* est-ce qu'on m'a demandé? **D~** *n* ‹-s, ø› *(Anwesenheit)* présence; *(Leben)* existence, vie *f;* **D~sberechtigung** *f* droit *m* à l'existence, raison *f* d'être; **D~skampf** *m* lutte *f* pour la vie.

da=sitzen ‹*saß da, dagesessen*› *itr* **1.** être assis (là); **2.** *(untätig)* ne rien faire, se croiser les bras.

daß [das] *conj allg* que; *(final) (auf ~)* afin que, pour que *subj,* afin de, pour *inf; bis ~* jusqu'à ce que *subj; (so) ~* de sorte que, de manière que; *es sei denn, ~* à moins que ne *subj; nicht ~ ich wüßte!* pas que je sache; *~ du mir ja nicht darangehst!* surtout ne touche pas à ça!

dasselbe *pron s. derselbe; immer ~ sagen* chanter toujours la même chanson; *das ist (genau) ~* c'est exactement la même chose.

da=stehen ‹*stand da, dagestanden*› *itr* être là *od* debout; *wie angewachsen* od *angewurzelt ~* être comme une statue.

Daten|bank *f* ['da:tən-] banque *f* de données; **~erfassung** *f* saisi *f* des données; **~verarbeitung** *f* traitement *m* de l'information.

datier|en [da'ti:rən] ‹*ohne ge-*› **1.** *tr* dater, mettre la date à; **2.** *itr (bestehen)* dater (*von* de); — *datiert sein* porter une date; **D~ung** *f* ‹-, -en› datation *f.*

Dativ *m* ‹-s, -e› ['da:ti:f, -və] *gram* datif *m.*

Dattel *f* ‹-, -n› ['datəl] datte *f;* **~palme** *f* dattier *m.*

Datum *n* ‹-s, Daten› ['da:tum, -tən] **1.** date *f;* **2.** *pl (Daten) bes. math (das Gegebene)* données *f pl;* — *unter dem heutigen ~* en date de ce jour; *jüngeren* od *neueren ~s* de nouvelle *od* fraîche date; *welches ~ haben wir heute?* quel jour, *fam* le combien sommes-nous aujourd'hui? *technische Daten* indications *f pl* techniques; *~ des Poststempels* date *f* de la poste; **~(s)stempel** *m* (tampon *od* timbre) dateur, composteur *m.*

Daube *f* ‹-, -n› ['daubə] *tech* douve *f.*

Dauer *f* ‹-, ø› ['dauər] **1.** *(Zeit)* durée,

période *f*, temps *m*; **2.** *(Fortdauer)* continuité, permanence, persistance; *(Beständigkeit)* durabilité, stabilité, solidité *f*; — *auf die* ~ à demeure, à la longue, *fam* à perpette; *für die* ~ *von* ... pour une durée de ...; *von kurzer, langer* ~ de courte, longue durée; *von* ~ *sein* se maintenir; **~auftrag** *m com* ordre *m* permanent; **~ausscheider** *m med* contact *m*; **~brenner** *m* poêle *m* à feu continu; **~fahrt** *f sport* épreuve *f* de fond, raid *m*; **d~haft** *a* durable, *(beständig)* stable; *(fest)* solide; **~haftigkeit** *f* ⟨-, ø⟩ durabilité; stabilité; solidité *f*; **~lauf** *m sport* course *f* de fond, raid *m*; **d~n (1)** *itr* durer; *(fortdauern)* continuer, persister, subsister, *das dauert nicht lange* cela ne durera pas longtemps; les choses n'iront pas loin; *es dauert lange, bis er kommt* il est long à venir; *es dauerte nicht lange, bis er kam* il ne tarda pas à venir; *es dauert (mir) zu lange* c'est trop long (pour moi); *wie lange dauert es, bis Sie ...?* combien de temps mettez-vous à *od* vous faut-il pour *inf*? **(2)** *tr (leid tun)* faire pitié (*jdn* à qn); **d~nd I.** *a* continu, persistant; *(ständig)* permanent; **II.** *adv* à tout moment, à tous moments; constamment; *für* ~ pour toujours, à demeure; **~obst** *n* fruits *m pl* de garde; **~stellung** *f (im Beruf)* situation stable *od* d'avenir, stabilité d'emploi; *mil* position *f* fixe; **~welle(n** *pl***)** *f (Frisur)* permanente, indéfrisable *f*; **d~wellen** *tr (Haar)* permanenter; **~wirkung** *f* effet *m* persistant; **~wurst** *f* saucisson *m* de garde; **~zustand** *m* état *m* permanent *od* endémique.

Daumen *m* ⟨-s, -⟩ ['daumən] pouce *m*; *die* ~ *drehen (vor Langeweile)* se tourner les pouces; *jdm den* ~ *halten (Glück wünschen)* brûler une chandelle pour qn; *am* ~ *lutschen* sucer son pouce; **~ballen** *m* éminence *f* thénar.

Daunen *pl* ['daunən] duvet *m*; **~decke** *f* édredon *m*.

davon ['da:-, da'fɔn] *adv* de là, de cela, en; par là; *etwas* od *mehr* ~ *haben* en profiter, y gagner; ~ *wissen* être au courant; *das kommt* ~, *daß* ... cela vient de ce que ...; ~ *ist er wach geworden* cela l'a réveillé; *was habe ich* ~? à quoi cela me sert-il? **~≈fliegen** ⟨*flog davon, davongeflogen*⟩ *itr* ⟨*sein*⟩ s'envoler; **~≈gehen** ⟨*ging davon, davongegangen*⟩ *itr* ⟨*sein*⟩ *(weggehen)* s'en aller; **~≈kommen** ⟨*kam davon, davongekommen*⟩ *itr* ⟨*sein*⟩ s'en tirer; *(Kranker)* en revenir, en réchapper; *noch mal* ~ revenir de loin; *mit e-m blauen Auge* od *mit knapper Not* ~ l'échapper belle; *mit heiler Haut* ~ s'en tirer sain et sauf; *mit dem Leben* ~ sauver sa vie; *mit dem (bloßen) Schrecken* ~ en être quitte pour la peur; **~≈laufen** ⟨*läuft, lief davon, davongelaufen*⟩ *itr* ⟨*sein*⟩ *(weglaufen)* détaler, filer; *es ist zum D~!* *(fam)* c'est à n'y pas tenir; **~≈machen,** *sich* filer, décamper; **~≈tragen** ⟨*trägt, trug davon, davongetragen*⟩ *tr* emporter; *von e-m Unfall Verletzungen* ~ être blessé dans un accident; *den Sieg* ~ l'emporter, remporter la victoire (*über jdn* sur qn).

davor ['da:-, da'fo:r] *adv* **1.** *(örtlich)* devant; **2.** *allg* de cela, en; *mir graut* ~ j'ai horreur de cela, j'en ai horreur; **~≈stehen** ⟨*stand davor, davorgestanden*⟩ *itr* être *od* se trouver devant.

dazu ['da:-, da'tsu:] *adv* **1.** *(örtlich)* y; **2.** *(zu diesem Zweck)* à cela, pour cela, à cet effet, à cette fin, dans ce but; **3.** *(außerdem)* en outre, de *od* en plus, avec cela, en même temps; — *noch* ~ par surcroît, par-dessus le marché; en sus; *~gehören* en être, en faire partie; *sich ~ äußern* s'exprimer sur ce point; *endlich komme ich* ~, *zu* ... enfin je parviens à ...; ~ *kommt, daß* ajoutez (à cela) que; *was sagen Sie ~?* qu'en dites-vous? *wie kommen Sie ~?* qu'est-ce qui vous a pris? **~gehörig** *a* qui en fait partie; **~mal** ['---] *adv*: *Anno* ~ *(hum)* alors, en ce temps-là; **~≈tun** ⟨*tut, tat dazu, dazugetan*⟩ *tr (hinzutun)* (y) ajouter; **D~tun** *n*: *ohne mein* ~ sans mon intervention.

dazwischen ['da:-, da'tsvɪʃən] *adv* **1.** *(örtlich* u. *fig)* entre (les deux); **2.** *(zwischendurch)* entre-temps; **~≈fahren** ⟨*fährt, fuhr dazwischen, dazwischengefahren*⟩ *itr* ⟨*sein*⟩ intervenir énergiquement; **~≈kommen** ⟨*kam dazwischen, dazwischengekommen*⟩ *itr* ⟨*sein*⟩ *(Sache)* survenir; *wenn nichts dazwischenkommt* s'il n'arrive rien (d'ici là), sauf imprévu; **~≈treten** ⟨*tritt, trat dazwischen, dazwischengetreten*⟩ *itr* ⟨*sein*⟩ intervenir, s'interposer.

D-Dur *n* ['de:du:r] *mus* ré *m* majeur.

Debatt|e *f* ⟨-, -n⟩ [de'batə] *(parl nur)* débat *m*; *allg* discussion *f*; *zur* ~ *stehen* être en question; *zur* ~ *stellen* (sou)mettre en discussion *od* au débat; *das steht hier nicht zur* ~ la question n'est pas là; ce n'est pas de cela qu'il s'agit; **d~ieren** [-'ti:rən] ⟨*ohne ge-*⟩ *tr* u. *itr* débattre, discuter (*etw* od *über etw* qc).

Debüt *n* ⟨-s, -s⟩ [de'by:] *theat (erstes Auftreten)* début *m*; **d~ieren** [-'ti:rən] ⟨*ohne ge-*⟩ *itr theat* débuter, jouer son premier rôle.

dechiffrieren [deʃɪ'fri:rən] ⟨*ohne ge-*⟩ *tr* déchiffrer.

Deck *n* ⟨-(e)s, -s/(-e)⟩ [dɛk] *mar* pont *m*; *alle Mann an ~!* tout le monde sur le pont! **~bett** *n (Federbett)* édredon *m*; *(Decke)* couverture *f* (de lit); **~blatt** *n* **1.** *bot* bractée *f*; **2.** *(e-r Zigarre)* feuille *f* de robe; **~e** *f* ⟨-, -n⟩ **1.** *(a. Textil)* couverture *f; (Tischdecke)* tapis *m* de table; *(Pferdedecke)* housse; *(Wagendekke)* bâche *f;* **2.** *(deckende Schicht)* couche *f; (Straßendecke)* tapis (routier), revêtement *m;* **3.** *(Zimmerdecke)* plafond; *mines* ciel, plafond *m;* **4.** *bot, zoo* tégument *m;* **5.** *mot (Reifendecke)* enveloppe *f,* bandage *m; — an die ~ gehen (fig fam)* s'emporter; *mit jdm unter einer ~ stecken (fig)* être d'intelligence *od fam* de mèche avec qn; *sich nach der ~ strecken (fig)* s'accommoder aux circonstances, vivre selon ses moyens.

Deckel *m* ⟨-s, -⟩ ['dɛkəl] **1.** couvercle *m;* **2.** *(Buch)* couverture *f;* **3.** *(Taschenuhr)* cuvette *f;* **4.** *bot, zoo* opercule; dôme *m;* **5.** *tech* chapeau *m,* calotte *f;* **6.** *pop (Hut)* galurin, *hum* couvre-chef *m; — einen auf den ~ kriegen (fig fam)* recevoir une tuile *od* un coup.

deck|en *tr* **1.** *(Dach)* couvrir *(a. von e-r Farbe);* **2.** *(Bedarf)* satisfaire à; *(Kosten)* couvrir; *(Fehlbetrag)* combler; *fin (Wechsel)* honorer; **3.** *(schützen)* couvrir, abriter, mettre à l'abri, protéger; **4.** *agr (beschälen)* couvrir, monter, sauter, saillir; *refl: sich* ~ **5.** *(bes. math)* coïncider (*mit* avec); **6.** *fig (Meinung)* être identique (*mit* à); **7.** *bes. fin (sich sichern)* se couvrir, se nantir (*vor* de); — *für 6 Personen ~ (den Tisch)* mettre 6 couverts; *den Schaden, e-n Verlust ~* réparer les dégâts, une perte; *den Tisch ~* mettre le couvert; *es ist gedeckt* le couvert est mis; **D~enbeleuchtung** *f* éclairage *m* du *od* illumination *f* de plafond; **D~engemälde** *n* (fresque *f* de) plafond *m;* **D~mantel** *m fig: unter dem ~ (gen)* sous le manteau *od* couvert (de); **D~name** *m* nom d'emprunt *od* de guerre, pseudonyme; *(e-s Schriftstellers) a.* nom *m* de plume; **D~offizier** *m mar* sous-officier *m* de marine; **D~stuhl** *m mar* transatlantique *m.*

Deckung *f* ⟨-, (-en)⟩ ['dɛkuŋ] **1.** *mil* couvert, abri *m,* protection *f;* **2.** *fin* couverture, sûreté, garantie *f,* nantissement *m; — ohne ~ (fin)* à découvert; *(Wechsel)* sans provision; *zur ~ der Kosten* pour couvrir les dépenses; *in ~ gehen, ~ nehmen (mil)* se couvrir, se mettre à couvert *od* à l'abri; *~ haben (fin)* être (à) couvert, avoir des garanties; *(Schach)* exposer; **d~sgleich** *a math* congruent.

defekt [de'fɛkt] *a* défectueux; *(beschädigt)* endommagé, gâté; abîmé, en panne; **D~** *m* ⟨-(e)s, -e⟩ défaut, manque *m; mot* panne *f.*

defensiv [defɛn'zi:f] *a* défensif; **D~e** *f* ⟨-, -n⟩ défensive *f; in der ~* sur la défensive.

defin|ieren [defi'ni:rən] ⟨*ohne ge-*⟩ *tr* définir; **D~ition** *f* ⟨-, -en⟩ [-tsi'o:n] définition *f;* **~itiv** [-ni'ti:f] *a* définitif.

Defizit *n* ⟨-s, -e⟩ ['de:fitsɪt] *fin* déficit, découvert *m; ein ~ aufweisen* accuser un déficit.

Deflation *f* ⟨-, -en⟩ [deflatsi'o:n] *fin* déflation *f.*

deformieren [defɔr'mi:rən] ⟨*ohne ge-*⟩ *tr* déformer.

Degen *m* ⟨-s, -⟩ ['de:gən] *(Waffe)* épée *f,* sabre *m; den ~ ziehen* dégainer.

degenerieren [degene'ri:rən] ⟨*ohne ge-*⟩ *itr* ⟨*sein*⟩ dégénérer.

degradier|en [degra'di:rən] ⟨*ohne ge-*⟩ *tr mil* dégrader; *adm* rétrograder; **D~ung** *f* dégradation; rétrogradation *f.*

dehn|bar ['de:n-] *a* **1.** extensible, élastique; *phys* dilatable; *(Gas)* expansible; *(Gewebe, Leder)* souple, qui se prête; *(Metall)* ductile, malléable; **2.** *fig* élastique; *(Begriff)* vague, mal défini; **D~barkeit** *f* ⟨-, ø⟩ extensibilité, élasticité *a. fig;* dilatabilité; expansibilité; souplesse; ductilité, malléabilité *f;* **~en** *tr* **1.** étendre; *(in die Breite)* élargir; *(in die Länge)* allonger; *phys* dilater; *(Gewebe, Metall)* étirer; **2.** *(Worte)* traîner; *mus* filer; **D~ung** *f* ⟨-, -en⟩ extension *f;* élargissement, allongement *m;* dilatation, expansion *f;* étirage *m.*

Deich *m* ⟨-(e)s, -e⟩ [daɪç] digue (maritime), levée *f.*

Deichsel *f* ⟨-, -n⟩ ['daɪksəl] timon, limon *m,* flèche; *(Gabeldeichsel)* limonière *f,* brancards *m pl;* **d~n** *tr fam (hinkriegen) pop* goupiller; arranger.

dein [daɪn] *pron* ton, ta, *pl* tes; *der, die, das ~e* le tien, la tienne; *die D~en (pl)* les tiens *m pl; ich bin ~* je suis à toi; **~erseits** *adv* de ta part, de ton côté, à ton tour; **~esgleichen** *pron* ton (tes) pareil(s), ton (tes) semblable(s); **~ethalben** *adv,* **~etwegen** *adv,* **~etwillen** *adv: um ~* à cause de toi, pour (l'amour de) toi; **~ige** ['-nɪgə] *(mit best. Artikel) = deine.*

Dekade *f* ⟨-, -n⟩ [de'ka:də] décade *f.*

dekaden|t [deka'dɛnt] *a* décadent, déliquescent; **D~z** *f* ⟨-, ø⟩ [-'dɛnts] décadence, déliquescence *f.*

Dekan *m* ⟨-s, -e⟩ [de'ka:n] *(rel, Univ.)* doyen *m;* **~at** *n* ⟨-(e)s, -e⟩ [-ka'na:t] *rel* doyenné; *(Univ.)* décanat *m.*

Deklam|ation *f* ⟨-, -en⟩ [deklamatsi'o:n] déclamation, récitation *f;* **d~ieren** [-'mi:rən] ⟨*ohne ge-*⟩ *tr (auswendig hersagen)* déclamer, réciter.

Deklar|ation *f* ⟨-, -en⟩ [deklaratsi'o:n] *(grundsätzl. Erklärung)* déclaration *f;* **d~ieren** [-'ri:rən] ⟨*ohne ge-*⟩ *tr* déclarer.

Deklin|ation *f* ⟨-, -en⟩ [deklinatsi'o:n] *gram phys astr* déclinaison *f;* **d~ieren** [-'ni:rən] ⟨*ohne ge-*⟩ *tr gram* décliner.

Dekor|ateur *m* ⟨-s, -e⟩ [dekora'tø:r] décorateur; *(Polsterer)* tapissier; *(Schaufenster~)* étalagiste *m;* **~ation** *f* ⟨-, -en⟩ [-tsi'o:n] décoration *f; theat*

décor(s *pl*) *m;* **d~ieren** [-'ri:rən] ‹*ohne ge-*› *tr* décorer.
Dekret *n* ‹-(e)s, -e› [de'kre:t] *(Erlaß)* décret *m;* **d~ieren** [-kre'ti:rən] ‹*ohne ge-*› *tr* décréter.
Deleg|ation *f* ‹-, -en› [delegatsi'o:n] délégation *f;* **d~ieren** [-'gi:rən] ‹*ohne ge-*› *tr* déléguer; **~ierte** *m f* délégué(e *f*) *m.*
delikat [deli'ka:t] *a* **1.** *(Sache) (lecker)* délicat, délicieux, fin; **2.** *(heikel)* délicat, difficile; **D~esse** *f* ‹-, -n› [-ka'tɛsə] **1.** *(Leckerbissen)* friandise *f;* morceau *m* délicat; **2.** *(Zartgefühl)* délicatesse *f;* **3.** *pl com* comestibles *m pl* de choix; **D~essengeschäft** *n* épicerie *f* fine.
Deli|kt *n* ‹-(e)s, -e› [de'lɪkt] *jur* délit *m,* infraction *f;* **~nquent** *m* ‹-en, -en› [-lɪŋ'kvɛnt] délinquant; criminel *m.*
Delirium *n* ‹-s, -rien› [de'li:rium, -riən] *med* délire *m.*
Delphin *m* ‹-s, -e› [dɛl'fi:n] *zoo* dauphin *m.*
Delta *n* ‹-(s), -s/-ten› ['dɛlta] *(griech. Buchstabe, geog)* delta *m.*
dem [de(:)m] *(dat von: der* u. *das): wenn ~ so ist* s'il en est ainsi; *wie ~ auch sei* quoi qu'il en soit.
Demagog|e *m* ‹-n, -n› [dema'go:gə] démagogue *m;* **~ie** *f* ‹-, -n› [-go'gi:] démagogie *f;* **d~isch** [-'go:gɪʃ] *a* démagogique.
demaskieren [demas'ki:rən] ‹*ohne ge-*› *tr* démasquer.
Dement|i *n* ‹-s, -s› [de'mɛnti] démenti *m;* **d~ieren** [-'ti:rən] ‹*ohne ge-*› *tr* démentir.
dem|entsprechend I. *a* conforme à cela; **II.** *adv,* **~gemäß** *adv,* **~nach** *adv,* **~zufolge** *adv* conformément à cela, en conséquence, par conséquent, dès lors; **~gegenüber** *adv* par contre, d'autre part.
Demission *f* ‹-, -en› [demɪsi'o:n] démission *f.*
demnächst *adv (nächstens)* bientôt, prochainement, sous peu.
Demokrat *m* ‹-en, -en› [demo'kra:t] démocrate *m;* **~ie** *f* ‹-, -n› [-kra'ti:] démocratie *f;* **d~isch** [-'kra:tɪʃ] *a (von Sachen)* démocratique; *(von Personen)* démocrate; **d~isieren** [-ti'zi:rən] ‹*ohne ge-*› *tr* démocratiser; **~isierung** *f* ‹-, ø› démocratisation *f.*
demolieren [demo'li:rən] ‹*ohne ge-*› *tr* démolir.
Demonstr|ant *m* ‹-en, -en› [demɔn'strant] *bes. pol* manifestant *m;* **~ation** *f* ‹-, -en› [-stratsi'o:n] **1.** *(Darlegung)* démonstration *f;* **2.** *bes. pol* manifestation *f;* **~ationszug** *m* cortège *m* de manifestants; **d~ativ** [-stra'ti:f] *a* démonstratif; **~ativpronomen** *n gram (substantivisches)* pronom démonstratif; *(adjektivisches)* adjectif *m* démonstratif; **d~ieren** [-'stri:rən] ‹*ohne ge-*› **1.** *tr (darlegen)* démontrer; **2.** *itr bes. pol* manifester, faire une manifestation.
Demont|age *f* ‹-, -n› [demɔn'ta:ʒə, -mõ-] *tech* démontage *m;* **d~ieren** ‹*ohne ge-*› *tr* démonter.
Demoralis|ation *f* ‹-, ø› [demoralɪzatsi'o:n], **~ierung** *f* [-'zi:ruŋ] démoralisation *f;* **d~ieren** ‹*ohne ge-*› *tr* démoraliser.
Demoskop|ie *f* ‹-, -n› [demɔsko'pɪ:] étude *od* science *f* de l'opinion; **d~isch** *a: D~es Institut n* Institut *m* d'opinion publique.
Demut *f* ‹-, ø› ['de:mu:t] humilité, soumission *f.*
demütig ['de:my:tɪç] *a (Mensch)* humble; *(unterwürfig)* soumis; **~en** *tr* humilier, abaisser, confondre, mortifier; *sich ~* s'humilier, s'abaisser, se prosterner, *rel* se mortifier; **~end** *a* humiliant, abaissant; **D~ung** *f* ‹-, -en› humiliation *f,* abaissement *m,* mortification *f.*
denk|bar ['dɛŋk-] *a* imaginable, concevable; *auf die ~ einfachste Art* de la plus simple manière possible; **~en** ['dɛŋkən] ‹*dachte, gedacht*› *tr* **1.** penser; croire; *itr* **2.** penser (*an* à, *über, von* de), songer (*an* à), présumer (*von* de); *(nachdenken)* réfléchir (*über* à *od* sur); *(sinnen)* méditer (*über* sur); **3.** *(vorhaben)* penser, compter (*etw zu tun* faire qc); **4.** *(der Ansicht sein)* être d'avis (*daß* que); *refl* **5.** *sich ~ (sich vorstellen)* s'imaginer, se figurer, se représenter; *(rechnen mit)* s'attendre à; — *bei sich ~* penser à part soi; *daran ~, etw zu tun* penser à faire qc; *gut, schlecht von jdm ~* avoir bonne, mauvaise opinion de qn; *nicht daran ~ zu ...* ne pas penser à ...; *gar nicht daran ~ zu ...* être bien loin de ...; *zu ~ geben* donner à penser *od* songer *od* réfléchir; *für jdn gedacht (bestimmt) sein* être destiné à qn; *ich denke mir mein(en) Teil (dabei)* j'ai mon idée à moi; *ich habe mir nichts Böses dabei gedacht* je ne songeais pas à mal; *das kann ich mir ~* je m'en doute; *das kann ich mir nicht ~* cela me paraît impossible, cela passe mon imagination; *du wirst noch (mal) daran ~* tu t'en (res)souviendras; *Sie haben an alles gedacht* vous avez tout prévu; *Sie können sich ~ ...* vous jugerez bien ...; *das übrige können Sie sich ~* vous devinez le reste; *man denkt nie an alles* on ne peut tout prévoir; *das gibt mir zu ~* cela me donne à penser, cela m'intrigue; *gedacht, getan* aussitôt dit, aussitôt fait; *wer hätte das gedacht?* qui aurait dit cela? *ich denke ja gar nicht daran!* je m'en garderai bien! ce n'est nullement mon intention; *das habe ich mir gedacht!* c'est ce que j'ai pensé, je m'y attendais, je m'en doutais; *wenn ich bloß*

daran denke! rien que d'y penser! *denkste! (fam)* pas question! bernique! pas de ça, Lisette! ~ *Sie mal!* figurez-vous! pensez donc! *wo ~ Sie hin!* quelle idée! y pensez-vous! *der Mensch denkt und Gott lenkt* l'homme propose et Dieu dispose; **D~en** *n* ‹-s, ø› pensée; *logisches ~* esprit *m* de suite, justesse *f* de pensée; **D~er** *m* ‹-s, -› penseur; philosophe, esprit *m;* **D~mal** *n* ‹-s, -mäler/(-male)› monument *m; jdm ein ~ errichten* élever une statue à qn; **D~malschutz** *m* protection *f* des monuments; *unter ~ stehen, stellen* être classé, classer monument historique; **D~schrift** *f* mémoire, mémorandum *m;* **D~-sport(aufgabe** *f***)** *m* jeu *m* d'esprit; **D~zettel** *m fig iron* (bonne) leçon, correction *f; jdm e-n ~ geben* donner une leçon, administrer une correction à qn.

denn [dɛn] **I.** *conj (kausal)* car; *(nach Komparativ: als)* que; **II.** *adv (eigentlich, überhaupt)* donc; *— mehr ~ je* plus que jamais; *wieso ~?* comment donc? *es sei ~, daß ...* à moins que ne *subj; wo bist du ~?* où es-tu donc?

dennoch ['dɛnɔx] *adv* u. *conj* cependant, pourtant; néanmoins, quand même.

Denunz|iant *m* ‹-en, -en› [denuntsi'ant] dénonciateur, délateur *m;* **~iation** *f* ‹-, -en› [-tsiatsi'o:n] dénonciation, délation *f;* **d~ieren** [-'tsi:rən] ‹*ohne ge-*› *tr* dénoncer.

Depesch|e *f* ‹-, -n› [de'pɛʃə] dépêche *f,* télégramme; *fam* câble *m;* **d~ieren** [-'ʃi:rən] ‹*ohne ge-*› *tr* télégraphier; *itr* envoyer un télégramme.

deponieren [depo'ni:rən] ‹*ohne ge-*› *tr* déposer, mettre en dépôt.

Depositen [depo'zi:tən] *pl fin* dépôt(s *pl*) *m;* valeurs *f pl* en dépôt.

Depot *n* ‹-s, -s› [de'po:] dépôt, entrepôt, magasin *m.*

Depression *f* ‹-, -en› [deprɛsi'o:n] dépression *f.*

deprimieren [depri'mi:rən] ‹*ohne ge-*› *tr (seelisch niederdrücken)* déprimer, décourager, accabler.

Deput|at *n* ‹-(e)s, -e› [depu'ta:t] *(Naturallohn)* allocation *od* rémunération *f* en nature; **~ation** *f* ‹-, -en› [-tatsi'o:n] *(Abordnung)* députation, délégation *f;* **d~ieren** [-'ti:rən] ‹*ohne ge-*› *tr* députer, déléguer; **~ierte** *m f* ‹-n, -n› député(e *f*), délégué(e *f*) *m.*

der, die, das, *pl* **die** [de(:)r, di(:), das] *(Artikel)* le, la, *pl* les; *(Demonstrativpron) s. dieser; jener; derjenige; (Relativpron) s. welcher;* **~art** *adv* tellement, de telle manière, de la sorte, de ce genre; *(so sehr)* tant; *~, daß* de sorte que, à tel point que; **~artig** *a* tel, pareil, semblable, de cette sorte.

derb [dɛrp] *a* **1.** *(fest)* ferme, solide; *(hart)* dur; *(kräftig)* fort, vigoureux; **2.** *(grob)* rude, grossier, vert; *(Ausdruck)* cru, trivial, vulgaire; *~er Witz m* gauloiserie *f;* **D~heit** *f* **1.** fermeté, solidité; dureté; vigueur *f;* **2.** rudesse, grossièreté; *(des Ausdrucks)* crudité, trivialité *f.*

der|enthalben *adv,* **~entwegen** *adv,* **~entwillen,** *um (adv)* à cause *od* pour l'amour de qui *od* duquel, de laquelle, desquel(le)s; **~gestalt** *adv (so): ~(, daß)* de façon (à ce que); **~gleichen** *a inv* tel, pareil, semblable; *nichts ~ tun* n'en rien faire; *nichts ~!* rien de pareil! pas de ça! **~jenige, diejenige, dasjenige,** *pl* **diejenigen** ['-je:nɪg-] *pron* celui, celle, *pl* ceux *m,* celles *f* (*welche(r, s)* qui); **~maßen** *adv (so sehr)* tant; *~, daß* au point de *inf;* **~selbe, dieselbe, dasselbe,** *pl* **dieselben** *pron* le, la même, *pl* les mêmes.

Derwisch *m* ‹-s, -e› ['dɛrvɪʃ] *rel* derviche *m.*

derzeit *adv* à l'heure qu'il est, à présent, actuellement; **~ig** *a* présent, actuel.

des [dɛs] **(1)** *(gen von: der* u. *das);* **(2)** *n mus* ré *m* bémol.

Des-Dur *n* ré *m* bémol majeur.

Desert|eur *m* ‹-s, -e› [dezɛr'tø:r] déserteur *m;* **d~ieren** [-'ti:rən] ‹*ohne ge-*› *itr* déserter; **~ion** *f* ‹-, -en› [-'tsio:n] désertion *f.*

des|gleichen [dɛs'glaɪçən] *adv* de même, pareillement; **~halb, ~wegen** ['dɛs-] *adv (kausal* u. *final)* c'est *od* voilà pourquoi, pour *od* à cause de cela, pour cette raison; *(final)* à cet effet; *eben ~ ...* c'est bien pourquoi ...; *deshalb, weil* (c'est) parce que.

Desin|fektion *f* ‹-, -en› [dezɪnfɛktsi'o:n] *med* désinfection *f;* **d~fizieren** [-fi'tsi:rən] ‹*ohne ge-*› *tr* désinfecter, assainir.

Despot *m* ‹-en, -en› [dɛs'po:t] despote, tyran *m;* **d~isch** *a* despotique, tyrannique.

dessen ['dɛsən] *(gen der Relativpron der u. das u. des Demonstrativpron dieser); = seine(r, s); Ich bin mir ~ bewußt* j'ai conscience de cela, j'en ai conscience; **~ungeachtet** *adv* malgré cela, nonobstant, néanmoins.

Dessert *n* ‹-s, -s› [dɛ'sɛ:r, -'sɛrt] dessert *m.*

Destill|at *n* ‹-(e)s, -e› [dɛstɪ'la:t] *chem* distillat *m;* **~ation** *f* ‹-, -en› [-latsi'o:n] *chem* distillation *f;* **d~ieren** [-'li:rən] ‹*ohne ge-*› *tr* distiller, passer à l'alambic; **~ierkolben** *m* matras à distillation, alambic *m.*

desto ['dɛsto] *adv* d'autant; *je ..., ~ ...* plus ..., plus .. ; *~ mehr* d'autant plus; *je schneller, ~ besser* plus cela ira vite; mieux cela vaudra; *~ besser!* tant mieux! *~ schlimmer!* tant pis!

Detail *n* ‹-s, -s› [de'taɪ(l), -'ta(:)j] détail

m; ins ~ gehen entrer dans le(s) détail(s); **d~lieren** [-ta'ji:rən] ‹*ohne ge-› tr (einzeln darlegen)* détailler, spécifier.

Detektiv *m* ‹-s, -e› [detɛk'ti:f, -və] détective *m;* **~film** *m,* **~roman** *m* film, roman *m* policier.

Detektor *m* ‹-s, -en› [de'tɛktɔr, -'to:rən] *radio* détecteur *m.*

Deton|ation *f* ‹-, -en› [detonatsi'o:n] détonation *f;* **d~ieren** [-to'ni:rən] ‹*ohne ge-› itr ‹sein› chem* détoner, exploser.

deut|eln ['dɔʏtəln] *itr* subtiliser, ratiociner (*an etw* sur qc); **~en** *tr* **1.** *(auslegen) (a. Träume)* interpréter; *(erklären)* expliquer; *itr* **2.** *auf jdn (mit dem Finger, der Hand) ~* montrer qn (du doigt, de la main); **3.** *auf etw ~* annoncer, présager qc; *alles deutet darauf hin, daß* tout porte à croire que; **~lich** *a* **1.** *(gut unterscheidbar)* distinct; *(klar)* clair, net, précis; bien défini; **2.** *(Schrift)* lisible; **3.** *(spürbar)* sensible; **4.** *(ausgeprägt)* marqué; — *sich ~ ausdrücken (a.)* mettre les points sur les i; *jdm etw ~ machen* faire comprendre qc à qn; **D~lichkeit** *f* distinction; clarté, netteté, précision; lisibilité *f;* **D~ung** *f* interprétation; explication *f.*

deutsch [dɔʏtʃ] *a* allemand, d'Allemagne; *lit* germanique; *bes. hist* teuton(ique); *auf ~* en allemand; *mit jdm ~ (deutlich) reden* parler français à qn; *~-französisch (a)* franco-allemand; *(Wörterbuch)* allemand-français; *die ~e Schweiz* la Suisse alémanique; *(das) D~(e)* l'allemand *m,* la langue allemande; **D~e,** *m f* Allemand(e *f) m;* **~feindlich** *a* germanophobe; **~freundlich** *a* germanophile; **D~land** *n* ‹-s, ø› l'Allemagne *f;* **~sprachig** *a* germanophone.

Devise *f* ‹-, -n› [de'vi:zə] **1.** *(Wahlspruch)* devise *f;* **2.** *pl fin* devises *f pl,* changes *m pl.*

Devisen|bestimmungen [de'vi:zən-] *f pl* règlement *m* sur les monnaies; **~bewirtschaftung** *f* réglementation *f od* contrôle *m* des devises *od* changes; **~handel** *m* commerce *m* des devises; **~markt** *m* marché *m* des changes *od* devises.

devot [de'vo:t] *a* **1.** *(gottergeben)* dévot; **2.** *(unterwürfig)* soumis.

Dezember *m* ‹-(s), (-)› [de'tsɛmbər] décembre *m.*

dezent [de'tsɛnt] *a* **1.** *(anständig)* décent; **2.** *(zurückhaltend)* réservé, discret; **3.** *(zart)* tendre, délicat; **4.** *mus (gedämpft)* amorti.

Dezern|at *n* ‹-(e)s, -e› [detsɛr'na:t] *adm* ressort, service *m;* **~ent** *m* ‹-en, -en› [-'nɛnt] chef *m* de service.

dezimal [detsi'ma:l] *a math* décimal; **D~bruch** *m* (fraction) décimale *f;* **D~stelle** *f* décimale *f;* **D~system** *n* système *m* décimal *od* métrique.

dezimieren [detsi'mi:rən] ‹*ohne ge-› tr* décimer.

Dia *n* ‹-s, -s› ['di:a] , **~positiv** *n* ‹-s, -e› [diapozi'ti:f] *phot* dia(positive) *f.*

Diabet|es *m* ‹-, ø› [dia'be:tɛs] *med (Zuckerkrankheit)* diabète *m;* **~iker** *m* ‹-s, -› [-'be:tikər] diabétique *m;* **d~isch** *a* diabétique.

diabolisch [dia'bo:lɪʃ] *a (teuflisch)* diabolique.

Diadem *n* ‹-s, -e› [dia'de:m] diadème *m.*

Diagno|se *f* ‹-, -n› [dia'gno:zə] *med* diagnostic *m;* **~stik** *f* ‹-, (-en)› [-g'nɔstɪk] diagnose *f;* **d~stisch** *a* diagnostique; **d~stizieren** [-nɔsti'tsi:rən] ‹*ohne ge-› tr* diagnostiquer.

diagonal [diago'na:l] *a math* diagonal; *~ (flüchtig) lesen (fam)* lire en diagonale; **D~e** *f* ‹-, -n› *math* diagonale *f.*

Diagramm *n* ‹-s, -e› [dia'gram] *(Schaubild)* diagramme, graphique *m.*

Diakon *m* ‹-s/-en, -e/-en› [dia'ko:n] *rel* diacre *m;* **~issin** *f* diaconesse *f.*

Dialekt *m* ‹-(e)s, -e› [dia'lɛkt] *(Mundart)* dialecte, patois *m;* **~ik** *f* ‹-, ø› [-'lɛktɪk] *philos* dialectique *f.*

Dialog *m* ‹-(e)s, -e› [dia'lo:k] dialogue *m.*

Diamant *m* ‹-en, -en› [dia'mant] diamant *m;* **d~en** *a* de diamant(s); en diamants; *~e Hochzeit f* noces *f pl* de diamants; **~enhalsband** *n* rivière *f* de diamants; **~händler** *m* diamantaire *m.*

Diät *f* ‹-, ø› [di'ɛ:t] diète *f; med* régime *m* (alimentaire); **~en** *pl parl (Tagegelder)* indemnité *f* (parlementaire); *d~ leben* faire diète; *auf ~ setzen (med)* mettre au régime; *strenge ~* grand régime *m;*

dich [dɪç] *pron (mit v verbunden)* te; *(unverbunden u. nach prp)* toi.

dicht [dɪçt] **I.** *a* **1.** *(~ stehend)* dense *(a. Bevölkerung);* épais *(bes. Nebel);* dru *(a. Regen); (buschig)* touffu; *(gedrängt)* serré; *(~ u. fest)* compact, solide, consistant; *(Stoff)* serré; **2.** *(luftdicht)* hermétique; *(wasserdicht)* étanche, imperméable; **II.** *adv: ~ an etw* à même qc; *~ bei* tout près de; *~ dabei* tout près; *~ hinter ...* juste derrière ...; **D~e** *f* ‹-, (-n)›, **D~igkeit** *f* ‹-, ø› **1.** densité *a. phys;* épaisseur; compacité, solidité, consistance *f;* **2.** étanchéité, imperméabilité *f.*

dichten ['dɪçtən] **(1)** *tr tech (verstopfen)* boucher, bourrer, colmater; *(mit Werg)* étouper; étancher; *mar* calfater; **(2)** *tr poet* faire, écrire, composer; *itr* faire des vers.

Dichter *m* ‹-s, -› ['dɪçtər] poète; *allg* rêveur *m;* **~in** *f* femme poète, poétesse *f;* **d~isch** *a* poétique; **~ling** *m* ‹-s, -e› versificateur, rim(aill)eur *m.*

dicht=halten ['dɪçt-] ‹*hält, hielt dicht, dichtgehalten› itr fam (nichts verraten)* garder le secret *od fam* sa langue.

Dichtkunst *f* ['dɪçt-] art *m* poetique, poésie *f.*
Dichtung *f* ‹-, -en› ['dɪçtuŋ] **(1)** *tech* bourrage, joint *m;* étoupement; étanchement; *mar* calfatage *m;* **(2)** *poet* poésie; *(einzelnes Werk)* œuvre *f* poétique; *(Epos)* poème *m; allg* fiction *f.*
dick [dɪk] *a* **1.** *(dem Durchmesser nach)* épais; *(dem Umfang nach)* gros, fort, corpulent, replet; **2.** *(geschwollen, von e~m Körperteil)* enflé, gonflé; **3.** = *dicht (stehend);* **4.** = *~flüssig;* — *mit jdm durch ~ und dünn gehen* suivre qn toujours et partout; *~ machen* grossir; *(fett)* engraisser; *~(er) machen (erscheinen lassen)* grossir; *e-n Meter ~ sein* avoir un mètre d'épaisseur; *~(er) werden (Mensch)* prendre de l'embonpoint *od* de la graisse, grossir, faire de la graisse; *~ angezogen* très vêtu; *~e Milch f* lait *m* caillé *od* pris; **~bäuchig** *a (Mensch)* ventru, pansu; **D~darm** *m anat* gros intestin *m;* **D~e** *f* ‹-, -n› épaisseur; grosseur; corpulence *f,* embonpoint *m;* **~fellig** *a fig* endurci, insensible; **~flüssig** *a* épais, filant, consistant, visqueux; **D~häuter** *m zoo* pachyderme *m;* **D~icht** *n* ‹-(e)s, -e› ['-kɪçt] fourré; *(Gebüsch)* taillis *m,* broussailles *f pl;* **D~kopf** *m* forte *od* mauvaise tête *f; e-n ~ haben* avoir la tête dure; **~köpfig** *a* entêté, têtu; **D~schädel** *m fam* mule *f;* **D~wanst** *m* patapouf *m.*
Didakt|ik *f* ‹-, ø› [di'daktɪk] didactique *f;* **d~isch** [-'daktɪʃ] *a (lehrhaft)* didactique.
die [di(:)] *(Artikel, Relativpron) s. der; (Demonstrativpron) s. dieser* u. *jener.*
Dieb *m* ‹-(e)s, -e› [di:p] voleur, larron; *(Einbrecher)* cambrioleur *m; ~e! haltet den ~!* au voleur! **~in** *f* voleuse *f;* **d~isch I.** *a* enclin au vol, voleur; **II.** *adv fig: sich ~ freuen* se frotter les mains; **~stahl** *m* vol *m; pop* fauche *f; (kleiner)* larcin; *geistiger ~* plagiat, larcin *m* littéraire; *schwerer ~ (jur)* vol *m* qualifié.
Diele *f* ‹-, -n› ['di:lə] **1.** *(Brett)* planche *f,* madrier *m;* **2.** *(Hausflur)* vestibule *m.*

dien|en ['di:nən] *itr* **1.** servir (*jdm* qn, *zu etw* à qc), rendre service (*jdm zu etw* de qc à qn), être utile (*jdm* à qn, *zu etw* à qc); **2.** *(in Stellung sein)* être en service *od* condition (*bei jdm* chez qn); *mil* servir, faire son service militaire; — *als etw ~* servir de qc, faire fonction *od* office de qc; *als (Ersatz für) etw ~* tenir lieu de qc, remplacer qc; *damit ist mir nicht gedient* cela ne me sert à rien, cela ne fait pas mon affaire; *womit kann ich Ihnen ~?* qu'y a-t-il pour votre service? **D~er** *m* ‹-s, -› **1.** serviteur; *(Dienstbote)* domestique, valet; *(Lakai)* laquais; *(Knecht)* valet; *rel* ministre *m;* **2.** *fig (Verbeugung)* révérence *f;* **D~erin** *f* ‹-, -nen› servante *f;* **D~erschaft** *f* ‹-, ø› domestiques, gens *m pl* de maison; **~lich** *a* **1.** *(brauchbar)* utile, propre (*zu* à); *(zweckdienlich)* convenable, expédient; **2.** *(heilsam)* salutaire.
Dienst *m* ‹-es, -e› [di:nst] **1.** service; *(Amt)* office *m,* charge; *(Stellung)* place, condition *f,* emploi *m; (Funktion)* fonction *f;* **2.** *(Liebes~)* bon office *m;* **3.** *rel* office, ministère *m;* — *außer ~* hors (du) service; *(im Ruhestand) (Abkürzung: a. D.)* en retraite, ancien ...; *im ~ (befindlich)* de service; *(während des ~es)* pendant le service; *im ~ (gen)* au service (de); *den ~ antreten* entrer en service; *jdm e-n ~ erweisen* od *leisten* rendre (un) service à qn; *~ haben* être de service, *mil a.* de semaine; *jds ~e in Anspruch nehmen* utiliser les services de qn; mettre qn à contribution; *zu jds ~en stehen* être à la disposition *od* aux ordres de qn; *meine Beine versagen den ~* mes jambes se dérobent; *was steht zu ~en?* qu'y a-t-il pour votre service? *Offizier, Unteroffizier m vom ~* officier, sergent *m* de service; **~abteil** *n loc* compartiment *m* de service.
Dienstag *m* ‹-(e)s, -e› ['di:nsta:k] mardi *m.*

Dienst|alter *n* ['di:nst-] ancienneté, date *f* du brevet; *nach dem ~* par rang *od* ordre d'ancienneté; **~älteste** *m f* le (la) plus ancien(ne); doyen(ne *f*) *m;* **~anweisung** *f* instruction *f* de service; **~bote** *m* domestique *m f;* **~eifer** *m* zèle, empressement *m;* **d~eifrig** *a* zélé, empressé; *(gefällig)* serviable, obligeant; **d~frei** *a* libre *od* exempt de service; *~ haben* n'être pas de service; **~grad** *m mil* grade *m* (militaire); **d~habend** *a* de service; **~jahr** *n* année *f* de service; *pl* état *m* de service; **~leistung** *f* (prestation *f* de) service *m; (als Arbeitsentgelt)* rémunération *f* en services; *die ~en pl* les services *m pl,* le (secteur) tertiaire *m;* **d~lich I.** *a* officiel; **II.** *a. adv* de service, d'office; *~ verhindert* retenu par le service; **~mädchen** *n* bonne, domestique *f;* **~pflicht** *f: allgemeine ~ (mil)* service *m* militaire obligatoire; **~reise** *f* déplacement *m* (de service); **~stelle** *f* service, office, bureau *m; vorgesetzte ~* autorité *f* hiérarchique supérieure; **~stunden** *f pl* heures *f pl* de service; **d~tuend** *a bes. mil* de service; **~vorschrift** *f* règlement *m od* instruction *f od* ordre *m* de service; *mil* consigne *f;* **~wagen** *m* voiture *f* de service; **~weg** *m* voie *f* hiérarchique; *auf dem ~e* par la voie hiérarchique; *den ~ einhalten* suivre *od* respecter la voie hiérarchique; **~wohnung** *f* logement *m* de service; **~zeit** *f* **1.** *mil* durée *f*, années *f pl* de service; **2.** *(Bürostunden)* (temps *m od* heures *f pl* de) service *m; — aktive ~ (mil)* présence *f* (réelle) sous les drapeaux.

diesbezüglich ['di:s-] **I.** *a* relatif; **II.** *a. adv* à ce sujet, à cet effet.

Diesel|kraftstoff *m* ['di:zəl-] combustible *m* pour moteurs diesel; **~lok(omotive)** *f* locomotive *f* (à moteur) diesel; **~motor** *m* moteur *m* diesel.

dies|e(r, s) ['di:zə-] *pron* ce (*vor Vokal* cet), cette, *pl* ces; *(substantivisch)* celui-ci, celle-ci, *pl* ceux-ci, celles-ci; *~er und jener* l'un et l'autre; **~(es)** *(substantivisch)* ceci; *von ~em und jenem sprechen* parler de choses et d'autres; *~ ist ...* c'est ..., voici ...; **~jährig** ['di:s-] *a* de cette année; **~mal** *adv* cette fois; **~seitig** *a* de ce côté(-ci), en deçà; **~seits I.** *adv* de ce côté(-ci), en deçà; **II.** *prp gen* en deçà de.

diesig ['di:zıç] *a* brumeux, nébuleux.

Dietrich *m* ‹-s, -e› ['di:trıç] *(Nachschlüssel)* passe-partout, crochet; *fam* rossignol *m; mit e-m ~ öffnen* crocheter.

diffamieren [dıfa'mi:rən] ‹*ohne ge-*› *tr (verleumden)* diffamer, calomnier, dénigrer.

Differ|ential *n* ‹-s, -e› [dıferɛntsi'a:l] *math* différentielle *f;* **~entialrechnung** *f* calcul *m* différentiel; **~enz** *f* ‹-, -en› [-'rɛnts] **1.** *(Unterschied)* différence *f;* **2.** *fig (Streit)* différend *m;* **d~enzieren** [-rɛn'tsi:rən] ‹*ohne ge-*› *tr (unterscheiden)* différencier *a. math;* **~enzierung** *f (Unterscheidung)* différentiation *f;* **d~ieren** [-'ri:rən] ‹*ohne ge-*› *itr (vonea. abweichen)* différer, être différents.

Dikt|aphon *n* ‹-(e)s, -e› [dıkta'fo:n] *(Tonbandgerät)* dictaphone *m*, machine *f* à dicter; **~at** *n* ‹-(e)s, -e› [dık'ta:t] **1.** *(Nachschrift)* dictée *f;* **2.** *(strenger Befehl)* injonction *f; pol* traité *m* imposé; *— nach jds ~* sous la dictée de qn; *ein ~ aufnehmen* écrire sous la dictée; *ein ~ schreiben* faire une dictée; **~ator** *m* ‹-s, -en› [-'ta:tɔr, -'to:rən] dictateur *m;* **d~atorisch** [-'to:rıʃ] *a* dictatorial; **~atur** *f* ‹-, -en› [-'tu:r] dictature *f;* **d~ieren** [-'ti:rən] ‹*ohne ge-*› *tr (Text, Bedingungen)* dicter; *pol* imposer; **~iergerät** [-'ti:r-] *n,* **~iermaschine** *f = Diktaphon.*

Dilemma *n* ‹-s, -s/-ata› [di'lɛma, -ta] dilemme *m.*

Dilettant *m* ‹-en, -en› [dilɛ'tant] *(Halbwisser)* dilettante; *(Liebhaber)* amateur *m.*

Dill *m* ‹-(e)s, -e› [dıl] *bot* anet(h); *(Küche: meist)* fenouil *m.*

Diluvium *n* ‹-s, ø› [di'lu:vium] *geol* ère *f* glaciaire, diluvium *m.*

Dimension *f* ‹-, -en› [dimɛnzi'o:n] dimension *f.*

Ding *n* ‹-(e)s, -e› [dıŋ] **1.** chose *f; (Gegenstand)* objet *m;* **2.** *(Angelegenheit)* affaire *f;* **3.** *fam (Person)* ‹-(e)s, -er› être *m*, créature *f; — vor allen ~en* avant tout, surtout; *wie die ~e nun einmal liegen* dans les circonstances actuelles, au point où nous en sommes; *unverrichteterdinge abziehen* s'en retourner comme on était venu, revenir bredouille; *guter ~e sein* être de bonne humeur; *das geht nicht mit rechten ~en zu* le diable s'en mêle, ce n'est pas naturel; *das ist ein ~ der Unmöglichkeit* c'est une chose infaisable, c'est impossible; *so liegen die ~e* voilà où en sont les choses ; **d~en** ‹*dingte, gedungen* od *gedingt*› *tr (anwerben)* engager, embaucher; *(Mörder)* soudoyer; **d~fest** *a: ~ machen* mettre en état d'arrestation, arrêter; **~s** *n* ‹-, ø› *fam* chose *f*, machin; truc *m.*

dinieren [di'ni:rən] ‹*ohne ge-*› *itr* dîner.

Diphtherie *f* ‹-, (-n)› [difte'ri:] *med* diphtérie *f.*

Diphthong *m* ‹-(e)s, -e› [dif'tɔŋ] *gram* diphtongue *f.*

Diplom *n* ‹-(e)s, -e› [di'plo:m] diplôme, brevet *m;* **~at** *m* ‹-en, -en› [-plo'ma:t] diplomate *m;* **~aten(akten)tasche** *f* serviette *f* état-major, *fam* maroquin *m;* **~atie** *f* ‹-, ø› [-ma'ti:] diplomatie *f;* **~atik** *f* ‹-, ø› [-'ma:tık] *(Urkundenlehre)* diplomatique *f;* **d~atisch** [-'ma:tıʃ] *a* diplomatique; *(von Personen)* diplomate; *die ~en Beziehungen abbrechen, (wieder) aufnehmen* rompre, (r)établir les relations diplomatiques; *das ~e Korps* le corps diplomatique; **~ingenieur** *m* ingénieur *m* diplômé.

dir [di:r] *pron dat (mit v verbunden)* te; *(unverbunden)* à toi; *(mit prp)* toi.

direkt [di'rɛkt] **I.** *a* direct, (tout) droit; *(unmittelbar)* immédiat; **II.** *adv* **1.** directement, en droite ligne, immédiatement; **2.** *(geradezu)* absolument; vraiment, véritablement; *— es war mir ~ peinlich* je me sentais vraiment gêné; *~e Rede f (gram)* discours *m* direct; **D~flug** *m* vol *m* direct; **D~ion** *f* ‹-, -en› [-tsi'o:n] **1.** *(Leitung)* direction; *(Verwaltung)* administration *f;* **2.** *(Vorstand)* conseil *m* d'administrateurs *od* de gérants; **D~ive** *f* ‹-, -n› [-'ti:və] *(Weisung)* directive *f; pl* instructions *f pl* (générales); **D~or** *m* ‹-s, -en› [-'rɛktɔr, -'to:rən] *allg adm com* directeur; *adm* gouverneur; *(Geschäftsführer)* gérant; *(e-r staatl. höheren Schule (lycée))* proviseur; *(e-r städt. höheren Schule (collège))* principal *m; stellvertretender, Zweiter ~* sous-directeur *m;* **D~orin** [-'to:rın] *f*, **D~rice** *f* ‹-, -n› [-'tri:sə] directrice *f;* **D~orium** *n* ‹-s, -rien› [-'to:rium, -riən] comité *m* directeur; **D~übertragung** *f radio TV; als ~* en direct.

Dirig|ent *m* ‹-en, -en› [diri'gɛnt] *mus* chef *m* d'orchestre; **d~ieren** [-'gi:rən] ‹*ohne ge-*› *tr* diriger; *mus mil* conduire.
Dirne *f* ‹-, -n› ['dɪrnə] **1.** *vx* (jeune) fille *f;* **2.** *(Prostituierte)* fille (publique), prostituée, putain *f.*
dis *n* ‹-, -› [dɪs] *mus* ré *m* dièse.
Disharmon|ie *f* ‹- -n› [dɪsharmo'ni:] *mus* dissonance, discordance; *fig* désunion, dissension, discorde *f;* **d~isch** [-'mo:nɪʃ] *a mus* dissonant; *a. fig* discordant.
Diskont *m* ‹-(e)s, -e› [dɪs'kɔnt] **1.** *fin* escompte *m;* **2.** *com (Nachlaß)* réduction, remise *f;* **d~fähig** *a* escomptable; **d~ieren** [-'ti:rən] ‹*ohne ge-*› *tr* escompter; faire l'escompte de; **~satz** *m* taux *m* d'escompte.
Diskothek *f* ‹-, -en› [dɪsko'te:k] discothèque *f.*
diskreditieren [dɪskredi'ti:rən] ‹*ohne ge-*› *tr (in Verruf bringen)* discréditer, déprécier, décrier.
Diskrepanz *f* ‹-, -en› [dɪskre'pants] divergence *f.*
diskret [dɪs'kre:t] *a* discret; **D~ion** *f* ‹-, ø› [-kretsi'o:n] discrétion *f; (strenge)* *~ wird zugesichert* discrétion assurée *od* garantie.
diskriminier|en [dɪskrimi'ni:rən] ‹*ohne ge-*› *tr* discriminer; **~end** *a* discriminatoire; **D~ung** *f* discrimination *f.*
Diskus *m* ‹-, -se/Disken› ['dɪskus] *sport* disque *m;* **~werfen** *n,* **~wurf** *m* lancement *m* du disque.
Disku|ssion *f* ‹-, -en› [dɪskusi'o:n] discussion *f,* débats *m pl; sich mit jdm in e-e ~ einlassen* entrer en discussion avec qn; *etw zur ~ stellen* mettre qc en discussion; **d~tieren** ‹*ohne ge-*› *tr* discuter, débattre, agiter; *itr* discuter (*über etw* de qc).
dis-Moll *n* ['dɪsmɔl] ré *m* dièse mineur.
Dispens *m* ‹-es, -e› [dɪs'pɛns, -zə], **~ation** *f* ‹-, -en› [-zatsi'o:n] *(Befreiung)* dispense, exemption *f;* **d~ieren** [-'zi:rən] ‹*ohne ge-*› *tr* dispenser, exempter (*jdn von etw* qn de qc).
dispo|nieren [dɪspo'ni:rən] ‹*ohne ge-*› *itr* **1.** *(verfügen)* disposer (*über etw* de qc); **2.** *(planen)* projeter; **D~sition** *f* ‹-, -en› [-zitsi'o:n] *allg* disposition *f; (Anordnung) a.* arrangement *m; (Anlage) a.* prédisposition, aptitude *f.*
Disput *m* ‹-(e)s, -e› [dɪs'pu:t] dispute, discussion, altercation *f;* **d~ieren** [-pu'ti:rən] ‹*ohne ge-*› *itr* disputer, discuter (*über etw* de *od* sur qc).
Disqualifi|kation *f* ‹-, -en› [dɪskvalifikatsi'o:n] *bes. sport* disqualification *f;* **d~zieren** [-'tsi:rən] ‹*ohne ge-*› *tr bes. sport* disqualifier.
Dissertation *f* ‹-, -en› [dɪsɛrtatsi'o:n] *(Abhandlung)* dissertation; *(Doktor~)* thèse *f* de doctorat.
Dissident *m* ‹-en, -en› [dɪsi'dɛnt] *rel* dissident, non-conformiste *m.*
Dissonanz *f* ‹-, -en› [dɪso'nants] *mus* u. *fig* dissonance *f.*
Distanz *f* ‹-, -en› [dɪs'tants] distance *f a. fig;* **d~ieren** [-'tsi:rən] ‹*ohne ge-*› *tr bes. sport* distancer; *sich von jdm ~ (fig)* prendre ses distances à l'égard de qn, se désolidariser d'avec qn.
Distel *m* ‹-, -n› ['dɪstəl] *bot* chardon *m;* **~fink** *m orn* chardonneret *m.*
Distrikt *m* ‹-(e)s, -e› [dɪs'trɪkt] district, arrondissement *m.*
Disziplin *f* ‹-, -en› [dɪstsi'pli:n] **1.** *(Zucht)* discipline *f;* **2.** *(Fachgebiet)* discipline, branche *od* matière (d'enseignement); spécialité *f;* — *~ halten* maintenir la discipline; **d~arisch** [-'na:rɪʃ] *a* disciplinaire; **d~iert** [-'ni:rt] *a* discipliné; **~iertheit** *f* ‹-, ø› esprit *m* de discipline; **d~los** *a* indiscipliné; **~losigkeit** *f* ‹-, ø› indiscipline *f.*
Diva *f* ‹-, -s/-ven› ['di:va] diva, vedette, star, étoile *f.*
divers [di'vɛrs] *a pl attr* divers, différents.
Divid|end *m* ‹-en, -en› [divi'dɛnt] *math* dividende *m;* **~ende** *f* ‹-, -n› [-'dɛndə] *fin* dividende *m;* **d~ieren** [-'di:rən] ‹*ohne ge-*› *tr math* diviser (*durch* par).
Division *f* ‹-, -en› [divizi'o:n] *math mil* division *f.*
Diwan *m* ‹-s, -e› ['di:va(:)n] divan *m.*
d-Moll *n* ['de:mɔl] *mus* ré *m* mineur.
doch [dɔx] *adv* u. *conj (jedoch, dennoch)* cependant, pourtant; quand même, tout de même; néanmoins; *(abgeschwächt)* donc *(od bleibt unübersetzt); interj (in Abrede Gestelltes bekräftigend)* si (fait), mais si *od* oui; *du weißt ~, daß ...* tu sais bien que ...; *das ist ~ die Höhe!* alors ça, c'est le bouquet! *kommen Sie ~ herein!* entrez donc! *wenn er ~ käme!* si seulement il venait! *also ~!* qu'est-ce que je disais! *ja ~!* mais oui! mais si! *nicht ~!* mais non! que non! non pas!
Docht *m* ‹-(e)s, -e› [dɔxt] mèche *f.*
Dock *n* ‹-(e)s, -s› [dɔk] *mar* dock, bassin *m* (de construction *od* de radoub); cale *f;* **~arbeiter** *m* docker *m.*
Dogge *f* ‹-, -n› ['dɔgə] *(Hunderasse)* dogue; *(Bulldogge)* bouledogue *m.*
Dogma *n* ‹-s, -men› ['dɔgma] *rel, allg* dogme *m;* **d~tisch** [-'ma:tɪʃ] *a* dogmatique.
Dohle *f* ‹-, -n› ['do:lə] *orn* choucas *m;*
Doktor *m* ‹-s, -en› ['dɔktɔr, -'to:rən] *(a. pop: Arzt)* docteur *m (entspricht in Frankr. eher dem deutschen Dr. habil); den* od *(fam) s-n ~ machen, ~ werden* passer *od* être reçu docteur, passer son doctorat; *Herr ~!* monsieur! *(nur wenn ein Arzt angeredet wird)* docteur! *~ der Medizin (Dr. med.), der Philosophie*

(Dr. phil.) docteur *m* en médecine, ès lettres; **~arbeit** *f*, **~dissertation** *f* thèse *f* de doctorat; **~grad** *m*, **~titel** *m* grade *od* titre *m* de docteur.

Doktrin *f* ‹-, -en› [dɔk'tri:n] doctrine *f*.

Dokument *n* ‹-(e)s, -e› [doku'mɛnt] document *m*, pièce *f*, certificat; *jur* acte, instrument *m*; **~arfilm** [-'ta:r-] *m* (film) documentaire *m*; **d~arisch** [-'ta:rɪʃ] *a* documentaire; **~ation** *f* ‹-, -en› [-tatsi'o:n] documentation *f*; **d~ieren** [-'ti:rən] ‹*ohne ge-*› *tr* documenter, attester, certifier.

Dolch *m* ‹-(e)s, -e› [dɔlç] poignard; *(kleiner)* stylet *m*; *(großer)* dague *f*.

Dolde *f* ‹-, -n› ['dɔldə] *bot* ombelle *f*.

Dollar *m* ‹-s, -s› ['dɔlar] dollar *m*.

Dolmetsch|(er) *m* ‹-s, -› ['dɔlmɛtʃ(ər)] interprète *a. fig (deutsch a.: ~)*; **d~en** *tr* interpréter; traduire; *itr* servir d'interprète.

Dom *m* ‹-(e)s, -e› [do:m] *(Bischofskirche)* cathédrale *f*; *(in Italien)* dôme *m*.

Domäne *f* ‹-, -n› [do'mɛ:nə] terre *f* domaniale; domaine *m* de l'État *od* public.

Domherr *m* ['do:m-] chanoine *m*.

domin|ant [domi'nant] *a biol* dominant; **D~ante** *f* ‹-, -n› *bes. mus* dominante *f*; **~ieren** [-'ni:rən] ‹*ohne ge-*› *tr* u. *itr* dominer (*über* sur); **D~o** ['do:mino] *n* ‹-s, -s› *(Spiel)* (jeu *m* de) dominos *m pl*; **D~ostein** *m* domino *m*.

Dompfaff *m* ['do:m-] *orn* bouvreuil *m*.

Dompteur *m* ‹-s, -e› [dɔmp'tø:r] dompteur *m*.

Donau ['do:nau], *die* le Danube; **~länder,** *die n pl* la région danubienne.

Donner *m* ‹-s, -› ['dɔnər] tonnerre *m*; *ich bin wie vom ~ gerührt* je suis comme frappé de la foudre; **d~n** *itr* **1.** tonner; **2.** *fig (Mensch)* tempêter, fulminer (*gegen jdn* contre qn); — *es donnert* il tonne; **~schlag** *m* coup *m* de tonnerre *od* de foudre; **~stag** *m* ‹-(e)s, -e› jeudi *m*; **~wetter** *n*: *~! (fam)* (mille) tonnerre(s)! sacristi! sapristi!

doof [do:f] *a pop (blöde)* bête, godichon.

dop|en ['do:pən] *tr sport* doper; **D~ing** *n* ‹-s, -s› ['-pɪŋ] doping, dopage *m*.

Doppel *n* ‹-s, -› ['dɔpəl] *(Duplikat)* double, duplicata; *(Tennis)* double *m*; *gemischtes ~* double *m* mixte; **~bett** *n* lit *m* à deux personnes *od* de milieu, grand lit; lits *m pl* jumeaux; **~bettzimmer** *n* chambre *f* à grand lit; **~decker** *m aero* biplan *m*; **~deckomnibus** *m* autobus *m* à impériale; **~fenster** *n* double fenêtre, contre-fenêtre *f*, vitrage *m* double; **~gänger** *m* double, sosie *m*; **~kinn** *n* double menton *m*; **d~n** *tr* doubler; **~name** *m* double nom *m*; **~punkt** *m* deux points *m pl*; **~rolle** *f theat* deux rôles *m pl*; **d~seitig** *a (Kleidung)* réversible; **~sinn** *m* double sens *m*, équivoque, ambiguïté *f*; **~stecker** *m el* prise *f* double *od* bipolaire.

doppelt ['dɔpəlt] **I.** *a* double; **II.** *adv* en double, deux fois; — *in ~er Ausfertigung* en double; *~ soviel* deux fois autant; *~ bezahlen* payer double; *~ soviel bezahlen* payer le double; *etw ~ haben* avoir qc en double; *ein ~es Spiel treiben* jouer double jeu; *~e Buchführung f (com)* comptabilité *f* en partie double.

Doppel|tür *f* ['dɔpəl-] contre-porte *f*; **~verdiener** *m* cumulard *m*; **~währung** *f* double étalon, bimétallisme *m*; **~zentner** *m* quintal *m* métrique; **~zimmer** *n* chambre *f* à deux lits.

Dorf *n* ‹-(e)s, ⸚er› [dɔrf, 'dœrfər] village; *(Weiler)* hameau *m*; **~bewohner** *m* villageois *m*; **~schule** *f* école *f* de village.

Dorn [dɔrn] *m* **1.** ‹-(e)s, -en/(⸚er)› *bot* épine *f*, piquant *m*; **2.** ‹-(e)s, -e› *(an e-r Schnalle)* ardillon *m*; *tech* broche, tige *f*, goujon, mandrin *m*, chevillette *f*; — *jdm ein ~ im Auge sein* être la bête noire de qn, offusquer, *fam* hérisser qn; **~enkrone** *f (rel)* couronne *f* d'épines; **d~enreich** *a*, **d~envoll** *a fig* pénible, plein de difficultés; **d~ig** *a* épineux *a. fig*; *fig = dornenreich*; **~röschen** *n (Märchengestalt)* la Belle au bois dormant.

dörr|en ['dœrən] *tr* (des)sécher; *(rösten)* torréfier, sécher au four; **D~obst** *n* fruits *m pl* secs *od* séchés.

Dorsch *m* ‹-(e)s, -e› [dɔrʃ] *zoo* (petite) morue *f*.

dort [dɔrt] *adv* là; y; *da und ~* çà et là; *von ~* de là; en; *~ drüben, hinten* là-bas; *~ oben, unten* là-haut, là-bas; *~ ist, ~ sind* voilà; **~her** *adv* de (par) là, de là-bas, en; *von ~* de ce côté(-la); **~hin** *adv* de ce côté-là, par là, là-bas, y; **~hinein** *adv* là-dedans; **~ig** *a* de *od* situé là-bas, en ce lieu(-là).

Dose *f* ‹-, -n› ['do:zə] **1.** boîte; *(Konservendose)* boîte *f* de conserves; **2.** *el (Steckdose)* (boîte de) prise *f* de courant.

dösen ['dø:zən] *itr fam* sommeiller, somnoler; rêvasser.

Dosen|milch *f* ['do:zən-] lait *m* (condensé *od* concentré) en boîte; **~öffner** *m* ouvre-boîtes *m*.

dos|ieren [do'zi:rən] ‹*ohne ge-*› *tr med pharm fig* doser; **D~ierung** *f* ‹-, -en› dosage *m*; **D~is** *f* ‹-, Dosen› ['do:zɪs, -zən] *med pharm fig* dose, quantité *f*.

dotieren [do'ti:rən] ‹*ohne ge-*› *tr* doter (*mit* de).

Dotter *m* od *n* ‹-s, -› ['dɔtər] jaune *m* d'œuf.

Double *n* ‹-s, -s› ['du:b(ə)l] *film* doublure *f*.

Doz|ent *m* ‹-en, -en› [do'tsɛnt] maître de conférences, chargé *m* de cours; **d~ie-**

ren [-'tsi:rən] ‹*ohne ge-*› *tr* u. *itr (lehren)* enseigner; professer.

Drache *m* ‹-n, -n› ['draxə] *(Fabeltier)* dragon *m;* **~n** *m* ‹-s, -› **1.** *(Spielzeug)* cerf-volant *m;* **2.** *fig fam (böse Frau)* dragon *m,* mégère *f.*

Draht *m* ‹-(e)s, ¨-e› [dra:t, 'drɛ:tə] fil métallique, *(Eisendraht)* fil de fer; *tele (Kabel)* câble *m; per ~ (tele)* par câble; *auf ~ sein (fam)* être débrouillard; être en forme, être plein d'allant; **~anschrift** *f* adresse *f* télégraphique; **~bürste** *f* brosse *f* métallique; **d~en** *tr* télégraphier, câbler; **~gitter** *n* grillage *m* métallique; **~glas** *n* verre *m* filé *od* armé; **d~haarig** *a (Hund)* à poil dur; **d~los I.** *a* radiotélégraphique, radiotéléphonique; **II.** *a. adv* sans fil, par radio; *~e Telegraphie f* télégraphie sans fil (T.S.F.), radiotélégraphie *f; ~e Telephonie f* téléphonie sans fil, radiotéléphonie *f;* **~seil** *n* câble métallique, filin *m* d'acier; **~seilbahn** *f* (chemin de fer) funiculaire *m;* **~zaun** *m* treillage *m* métallique; **~zieher** *m fig* meneur, instigateur, machinateur *m* (d'intrigues); *der ~ sein (fig)* tirer les ficelles.

drakonisch [dra'ko:nɪʃ] *a (streng)* draconien.

drall [dral] *a (kräftig, stramm)* vigoureux, plantureux, solide.

Drall *m* ‹-(e)s, -e› [dral] **1.** *(Geschoßdrehung)* dérivation *f; (Ball)* effet *m;* **2.** *(Windung der Züge in Feuerwaffen)* pas *m* de rayure.

Drama *n* ‹-s, -men› ['dra:ma, '-mən] drame *m;* **~tiker** *m* ‹-s, -› [-'ma:tikər] auteur dramatique, dramaturge *m;* **d~tisch** [-'ma:tɪʃ] *a* dramatique, *fig a.* théâtral; **d~tisieren** [-ti'zi:rən] ‹*ohne ge-*› *tr* dramatiser.

dran [dran] *adv fam = daran.*

drän|ieren [drɛ'ni:rən] ‹*ohne ge-*› *tr (unterirdisch entwässern)* drainer; **D~(ier)ung** *f* drainage *m.*

Drang *m* ‹-(e)s, (¨-e)› [draŋ] **1.** *(Druck)* (op)pression *f; (Dringlichkeit)* besoin *m* (urgent), urgence *f;* **2.** *(Trieb)* poussée, impulsion *f,* instinct *m; (Hang)* tendance *f,* penchant (*zu* à), désir *m (zu* de).

Drängelei *f* ‹-, -en› [drɛŋə'laɪ] *fam* presse *f;* **d~eln** ['drɛŋəln] *tr* u. *itr fam* **1.** pousser, bousculer; *itr a.* jouer des coudes; **2.** tarabuster, tanner; *er hat so lange gedrängelt, bis ich nachgegeben habe* il m'a tarabusté jusqu'à ce que je cède; **d~en** *tr* **1.** *(drücken)* presser, serrer, pousser (*gegen* contre); **2.** *fig (antreiben)* pousser (*zu* à), presser (*zu* de); *(e-n Schuldner)* opprimer, obséder, tourmenter; *itr* **3.** presser; insister (*auf etw* sur qc); *refl* **4.** *sich ~* se presser (*um* autour de), se pousser; — *sich an die Wand ~ lassen* se laisser passer devant; *die Sache drängt* il y a urgence; *die Zeit drängt* le temps presse; **~en** *n* poussée; *fig* oppression, obsession; *(dringende Bitten)* insistance *f; auf jds ~* sur les instances de qn.

Drangsal *f* ‹-, -e› ['draŋza:l] *(Bedrängnis)* détresse, calamité *f,* tourment *m;* **d~ieren** [-'li:rən] ‹*ohne ge-*› *tr (quälen)* tourmenter, tracasser.

drastisch ['drastɪʃ] *a (Sache) (derb)* fort, vif, vert; *(sehr wirksam)* rigoureux, draconien.

drauf [drauf] *adv fam = darauf.*

Draufgänger *m* risque-tout, casse-cou, dur, sabreur *m.*

Draufgeld *n com* arrhes *f pl.*

draußen ['drausən] *adv* (au) dehors; *von ~* de *od* du dehors.

drechs|eln ['drɛksəln] *tr* tourner; *fig (Worte)* façonner méticuleusement; **D~ler** *m* ‹-s, -› tourneur *m;* **D~lerei** *f* ‹-, -en› [-slə'raɪ] *(Werkstatt)* atelier *m* de tourneur.

Dreck *m* ‹-(e)s, ø› [drɛk] **1.** saleté, ordure, crasse; *(Straßenschmutz)* boue, crotte *f;* **2.** *pop (Schund)* pacotille, camelote *f;* **3.** *pop (Kleinigkeit)* bagatelle, vétille *f;* — *sich über jeden ~ ärgern (pop)* se fâcher pour un rien; *~ am Stekken haben (fig)* avoir de la poix aux mains, être soi-même compromis *od fam* mouillé; *durch den ~ ziehen (fig)* traîner dans la boue; *das geht Sie e-n ~ an! (pop)* mêlez-vous de vos affaires! *mach deinen ~ allein!* débrouille-toi tout seul! **d~ig** *a* sale, crasseux; *(Straße)* boueux, crotté; *es geht mir ~ (fam)* ça va mal, *pop* je suis dans la mouise.

Dreh *m* ‹-(e)s, -s/-e› [dre:] *fam (Handgriff, Trick)* truc *m, pop* combine *f; den ~ heraushaben* avoir trouvé *od* connaître le truc; **~arbeiten** *f pl film* (travaux *m pl* de) tournage *m;* **~bank** *f* tour *m;* **d~bar** *a* tournant, rotatif; **~bleistift** *m* crayon à coulisse, porte--mine à vis, stylomine *m;* **~buch** *n film* scénario *m;* **~buchautor** *m* scénariste *m;* **d~en** *tr* **1.** *allg* tourner *a. tech;* **2.** *(Zigarette)* rouler; **3.** *(Fahrzeug)* virer; **4.** *(Film)* tourner, réaliser; *refl* **5.** *sich ~* tourner (*um etw* autour de qc), virer, pivoter; — *sich um etw ~ (fig fam)* tourner autour de qc, s'agir de qc; *(bes. Gespräch)* rouler sur qc; *ein Ding ~ (pop)* faire un coup; *sich im Kreise ~* tourner sur soi-même, tournoyer, *(auf e-m Fuß)* pirouetter; *fig* tourner en rond, *fam* se mordre la queue; *darum dreht sich alles* tout roule là-dessus; *der Wind dreht sich* le vent tourne; **~er** *m* ‹-s, -› tourneur *m;* **~kreuz** *n (Wegsperre)* tourniquet *m;* **~orgel** *f mus* orgue *m* de Barbarie; **~scheibe** *f tech* tour *m; loc* plaque *od* plate-forme *f* tournante; **~strom** *m el* courant *m* triphasé;

~stuhl *m* chaise *f* pivotante *od* tournante *od* à pivot; **~tür** *f* porte *f* tournante *od* pivotante; **~ung** *f* ‹-, -en› **1.** *(um sich selbst)* tour, mouvement *m* giratoire, rotation; *halbe ~ rechts* demi-tour à droite; **2.** *(um e-n anderen Körper)* révolution *f;* **3.** *(Wendung)* virage *m.*

drei [draı] *(Zahlwort)* trois; *für ~ essen* manger comme quatre; *nicht bis ~ zählen können (fig)* être bouché *od* bête comme ses pieds; **D~** *f* ‹-, -en› trois *m;* **D~achser** *m mot* camion *m* à trois essieux; **~beinig** *a* à trois pieds; **~dimensional** *a* à trois dimensions; *~er Film m (a.)* cinéma *m* en relief; **D~eck** *n* **1.** *math* triangle *m;* **2.** *(Zeichengerät)* équerre *f;* **~eckig** *a* triangulaire; **D~einigkeit** *f rel* trinité *f;* **D~er** *m* ‹-s, -› = *Drei;* **~erlei** [-'laı] *a* de trois sortes *od* espèces; *auf ~ Art* od *Weise* de trois manières (différentes); **~fach** *a* triple; **D~fachstecker** *m el* fiche *f* tripolaire; **D~faltigkeit** *f* = *Dreieinigkeit;* **D~fuß** *m* trépied *m;* **D~ganggetriebe** *n mot* boîte *f* à trois vitesses; **~hundert** *(Zahlwort)* trois cent(s); **~jährig** *a* **1.** *(drei Jahre alt)* (âgé) de trois ans; **2.** *(von ~er Dauer)* triennal; **D~kampf** *m sport* triathlon *m;* **~kantig** *a* triangulaire; **D~käsehoch** *m fam* nabot, marmouset *m;* **D~königsfest** *n* jour *m od* fête des Rois, Epiphanie *f;* **~motorig** *a aero* trimoteur; **D~rad** *n* tricycle; *(Lieferdreirad)* triporteur *m;* **D~satz** *m math* règle *f* de trois; **~spaltig** *a typ* à trois colonnes; **D~spitz** *m (Hut)* tricorne *m.*

dreißig ['draısıç] *(Zahlwort)* trente; *etwa ~ (...)* une trentaine (de); *in den ~er Jahren (e-s Jahrhunderts)* dans les années trente (à quarante); **D~er** *m* ‹-s, -› homme *m* de trente ans; **D~erjahre** *n pl: in den ~n (e-s Menschenlebens) sein* avoir entre trente et quarante ans; **~jährig** *a* de trente ans; *der D~e Krieg* la guerre de Trente Ans; **D~stel** *n* ‹-s, -› trentième *m;* **~ste(r, s)** *a* trentième.

dreist [draıst] *a (Mensch, Sache) (kühn)* hardi, audacieux; *(frech)* effronté, impertinent, impudent; *fam* culotté.

dreistellig ['draı-] *a (Zahl)* de trois chiffres.

Dreistigkeit *f* ‹-, -en› ['draıstıçkaıt] hardiesse, audace; *pej* effronterie, impertinence *f.*

drei|stöckig ['draı-] *a* à *od* de trois étages; **~tägig** *a* de trois jours; **~teilig** *a* (divisé) en trois parties, triparti, tripartite; **~viertellang** *a (Kleidungsstück)* trois-quarts; **D~viertelstunde** *f* trois quarts *m pl* d'heure; **D~vierteltakt** *m mus* mesure *f* à trois temps; **D~zack** *m (des Poseidon)* trident *m;* **~zehn** *(Zahlwort)* treize; *jetzt schlägt's aber ~! (fam)* c'est le comble! c'en est trop! **D~zehntel** *n* treizième *m;* **~zehnte(r, s)** *a* treizième; **D~zimmerwohnung** *f* trois-pièces *m inv.*

Dresch|e *f* ‹-, ø› ['drɛʃə] *pop* fessée, rossée, trempe *f;* **d~en** ‹*drischt, drosch, gedroschen*› *tr* **1.** *agr* battre; **2.** *pop (prügeln)* fesser, rosser; **~er** *m* ‹-s, -› batteur *m;* **~flegel** *m* fléau *m;* **~maschine** *f* batteuse *f.*

dress|ieren [-'si:rən] ‹*ohne ge-*› *tr* dresser; **D~ur** *f* ‹-, -en› [-'su:r] dressage *m.*

Drift *f* ‹-, -en› [drıft] courant *m* de surface, dérive *f.*

Drill *m* ‹-(e)s, ø› [drıl] *mil* entraînement, dressage; *gram* exercice, drill; *pej* caporalisme *m;* **~bohrer** *m tech* drille *f;* **d~en** *tr* **1.** *tech (mit d. Drillbohrer bohren)* forer; **2.** *mil* entraîner, dresser, exercer.

Drillich *m* ‹-s, -e› [drılıç] *(Stoff)* treillis, coutil *m.*

Drilling *m* ‹-s, -e› ['drılıŋ] *(Jagdgewehr)* fusil *m* à trois coups *od* à triple canon; **~e** *pl* triplés *m pl.*

drin, ~nen [drın, '-ən] = *darin.*

dring|en ['drıŋən] ‹*dringt, drang, gedrungen*› *itr* ‹*sein*› *: in etw ~* entrer, pénétrer dans qc; *durch etw ~* pénétrer à travers qc, passer par qc; *an die Öffentlichkeit ~* transpirer dans le public; *in jdn ~* presser qn (de questions); *in jdn ~, etw zu tun (inf)* presser qn de faire qc; ‹*h*› *auf etw ~ (fig)* insister sur qc *od* pour avoir qc; *darauf ~, daß ...* insister pour que *subj; auf Bezahlung ~* insister pour être payé; **~end** *a* pressant, urgent, impérieux; *(Bitte)* instant; *in ~en Fällen* dans les cas urgents *od* d'urgence; *etw ~ benötigen* od *brauchen* avoir grand besoin de qc; *es* od *die Sache ist (sehr) ~* il y a urgence; *~e Bitte f* instance *f;* **~lich** *a* = *dringend;* **D~lichkeit** *f* urgence *f.*

dritte(r, s) ['drıtə] *a* troisième; *aus ~r Hand* d'un tiers; *in Gegenwart e-s D~n* en présence d'un tiers *od* d'une tierce personne; *der lachende D~* le troisième larron; **D~l** *n* ‹-s, -› tiers *m;* **~ns** *adv* troisièmement, en troisième lieu; tertio.

droben ['dro:bən] *adv* en haut; là-haut.

Drog|e *f* ‹-, -n› ['dro:gə] drogue *f;* **~enabhängigkeit** *f* accoutumance *f* à la drogue, toxicomanie *f;* **~erie** *f* ‹-, -en› [-gə'ri:] droguerie *f;* **~ist** *m* ‹-en, -en› [-'gıst] droguiste *m.*

Droh|brief *m* ['dro:-] lettre *f* de menaces *od* comminatoire; **d~en** *itr* menacer (*mit etw* de qc); *einzustürzen ~* menacer ruine; *ihm droht Gefängnis* il est menacé d'emprisonnement; **d~end** *a* menaçant; *~e Gefahr f* danger *m* imminent.

Drohne *f* ‹-, -n› ['dro:nə] *ent* faux(-)bourdon *m.*
dröhnen ['drø:nən] *itr* résonner, retentir; *mir dröhnt der Kopf* ma tête bourdonne.
Drohung *f* ‹-, -en› ['dro:uŋ] menace *f; ~en ausstoßen* proférer des menaces.
drollig ['drɔlɪç] *a* drôle, amusant, comique, *fam* cocasse, *pop* rigolo.
Dromedar *n* ‹-s, -e› ['dro:-, drome'da:r] *zoo* dromadaire *m.*
Drops *m (n)* ‹-, -› [drɔps] *pl: saure ~* (bonbons) acidulés *m pl.*
Droschke *f* ‹-, -n› ['drɔʃkə] *(Pferde~)* fiacre *m,* voiture *f* de place; *(Auto)* taxi *m.*
Drossel *f* ‹-, -n› ['drɔsəl] **(1)** *orn (Gattung)* merle *m;* **(2)** *tech* étrangleur; *mot* volet *m;* **d~n** *tr tech* étrangler, étouffer, amortir, réduire; *mot* mettre au ralenti; *fig* restreindre, réduire, freiner; **~ung** *f* ‹-, -en› *tech* étranglement *m; fig* restriction *f; ~ der Produktion* freinage *m* de la production.
drüb|en ['dry:bən] *adv* de l'autre côté, au-delà, par-delà; **~er** *adv = darüber.*
Druck *m* **1.** ‹-(e)s, ⁻e› [druk, 'drʏkə] *phys tech fig* pression; *(großer Massen, e-s Gewölbes)* poussée; *phys med* compression; *(Bedrückung)* oppression *f;* **2.** ‹-(e)s, -e› *typ allg* impression *f, (Vorgang; Auflage)* tirage *m; — e-n ~ ausüben* exercer une pression (*auf* sur); *jdn unter ~ setzen* presser qn; *unter ~ stehen* être sous contrainte; **~ausgleich** *m tech* compensation *f* de pression; *mit ~* pressurisé; **~bogen** *m* feuille *f,* placard *m;* **~buchstabe** *m* lettre *f od* caractère *m* d'imprimerie.
Drückeberger *m* ['drʏkə-] *fam* lâcheur, tire-au-flanc; *mil* embusqué *m.*
drucken ['drukən] *tr typ* imprimer, tirer; *neu ~* réimprimer; *~ lassen a.* mettre sous presse.

drück|en ['drʏkən] *tr* **1.** presser, serrer; *(zs.~)* comprimer; **2.** *(Gewichtheben)* jeter; **3.** *(Siegel)* appliquer, apposer (*auf* sur); **4.** *(Preise)* faire baisser; **5.** *fig (bedrücken)* opprimer, oppresser; accabler, affliger; peser sur le cœur (*jdn* à qn); *itr* **6.** *(lasten)* peser, presser (*auf* sur); *(auf e-n elektr. Knopf)* appuyer (*auf* sur), presser (*auf* acc); **7.** *(Kleidung, Schuh)* gêner, serrer; *refl* **8.** *sich ~ (fam)* filer (en douce), s'esquiver, se tirer, tirer au flanc; *bes. mil* s'embusquer; — *sich vor etw ~* s'efforcer de couper à qc; *jdm die Hand ~* serrer la main à qn; *jdm etw in die Hand ~* glisser qc dans la main de qn; *ich weiß, wo dich der Schuh drückt (fam)* je sais où le bât te blesse; **d~end** *a* pesant, lourd; *(Hitze)* accablant, étouffant; *fig* accablant, déprimant; *(Schulden)* écrasant; **~er** *m* ‹-s, -› *(Türklinke)* poignée, clenche *f,* loquet *m.*
Druck|er *m* ‹-s, -› ['drukər] imprimeur, typographe *m;* **~erei** [-'raɪ] *f* imprimerie *f;* **~erlaubnis** *f* permission *f* d'imprimer, imprimatur *m;* **~erschwärze** *f* encre *f* d'imprimerie; **~fehler** *m* faute *od* erreur *f* d'impression *od* typographique; **~fehlerverzeichnis** *n* errata *m;* **d~fertig** *a* bon à tirer; **d~fest** *a tech* résistant à la (com)pression; **~kabine** *f aero* cabine *f* pressurisée; **~knopf** *m (am Kleid)* bouton-pression; *el* bouton-poussoir *m;* **~legung** *f* mise *f* à l'impression *od* sous presse; **~luft** *f* air *m* comprimé; **~luftbohrer** *m mines* perceuse *f* à air comprimé; **~maschine** *f typ* machine à imprimer, presse *f* (typographique); **~messer** *m tech* indicateur de pression, manomètre *m;* **~mittel** *n fig* moyen *m* de pression *od* de coercition; **~pumpe** *f* pompe *f* de pression *od* foulante; **~regler** *m tech* régulateur *m* de pression; **d~reif** *a typ* bon à tirer, imprimable; **~sache** *f typ* imprimé *m;* **~schrift** *f* **1.** *typ (Schriftart)* caractères *m pl* d'imprimerie *od* typographiques; *in ~* en capitales d'imprimerie; **2.** *(gedrucktes Werk)* (ouvrage) imprimé; livre *m.*
drucksen ['druksən] *itr fam (zögern)* lambiner, hésiter, vaciller.
drum [drum] *adv = darum; sei's ~!* soit, tant pis; *das D~ und Dran (fam)* tout le tremblement.
drunt|en ['druntən] *adv* en bas, là-bas; **~er** *adv = darunter.*
Drüse *f* ‹-, -n› ['dry:zə] *anat* glande *f.*
Dschungel *m* od *n* ‹-s, -› *a. f* ‹-, -n› ['dʒuŋəl] jungle *f.*
Dschunke *f* ‹-, -n› ['dʒuŋkə] jonque *f.*
du [du:] *pron (mit v verbunden)* tu; *(unverbunden)* toi.
Dualsystem *n* [du'a:l-] *math* numération *f* binaire.
Dübel *m* ‹-s, -› ['dy:bəl] *tech (Pflock)* cheville *f,* goujon, tampon *m.*
Dubl|ee *n* ‹-s, -s› [du'ble:] *(Metall mit Überzug)* doublé, plaqué *m;* **~ette** *f* ‹-, -n› [-'blɛtə] *(Doppelstück)* double; *gram* doublet *m.*
duck|en ['dukən] *tr (senken)* baisser; *fig* (r)abaisser, humilier; *refl: sich ~ (sich bücken)* se baisser; *(niederkauern)* se blottir, se tapir, s'accroupir; *fig* se plier, courber l'échine, se soumettre; **D~mäuser** *m* ‹-s, -› ['-mɔʏzər] *(Heuchler)* sournois, hypocrite; *(Feigling)* poltron *m.*
Dudelsack *m* ['du:dəlzak] *mus* cornemuse, musette *f.*
Duell *n* ‹-s, -e› [du'ɛl] duel *m;* **~ant** *m* ‹-en, -en› [-'lant] duelliste *m;* **d~ieren** [-'li:rən], *sich* ‹*ohne ge-*› se battre en duel (*mit jdm* avec qn).

Duett *n* ⟨-(e)s, -e⟩ [du'ɛt] *mus* duo *m.*
Duft *m* ⟨-(e)s, ¨-e⟩ [duft, 'dʏftə] *(Geruch)* odeur *f; (Wohlgeruch)* parfum, arôme *m,* senteur; **d~en** *itr* répandre *od* exhaler une odeur *od* un parfum; sentir bon; *nach etw ~* sentir qc; **d~end** *a* odor(ifér)ant, parfumé, embaumé, aromatique; **d~ig** *a = duftend; fig (leicht u. zart)* léger, flou, aérien.
duld|en ['duldən] *tr* **1.** *(erleiden)* souffrir; *(ertragen)* endurer, supporter; *(über sich ergehen lassen)* subir; **2.** *(zulassen, erlauben)* admettre, permettre; *bes. rel pol* tolérer; *keinen Aufschub ~* ne souffrir aucun retard *od* point de délai; **D~en** *n* ⟨-s, ø⟩ *(Leiden)* souffrance *f;* **D~er** *m* ⟨-s, -⟩ souffre-douleur, martyr *m;* **~sam** *a (nachsichtig)* indulgent; *bes. rel pol* tolérant; **D~samkeit** *f* ⟨-, ø⟩ indulgence; tolérance *f;* **D~ung** *f* ⟨-, (-en)⟩ tolérance *f.*
dumm [dum] *a* ⟨*dümmer, dümmst*⟩ **1.** *(Mensch)* stupide, sot, bête; inintelligent; *(unwissend)* ignorant; *(beschränkt)* borné; *(einfältig)* simple, inbécile; *(blöde)* idiot; *(albern)* inepte, niais; **2.** *(von e-r S: unangenehm)* désagréable, ennuyeux, fâcheux; — *ein ~es Gesicht machen* avoir l'air bête; *~es Zeug reden* dire des bêtises *od* des inepties, radoter; *jdn für ~ verkaufen* duper qn; *das wird mir zu ~* j'en ai assez; *da müßte ich ja schön ~ sein!* il faudrait que je sois bien bête; *das ist (aber) ~!* c'est bête; *pop* ça la fout mal; *~es Zeug!* chansons que tout cela! *e-e ~e Geschichte* une vilaine histoire; **D~heit** *f* ⟨-, -en⟩ **1.** stupidité, sottise, bêtise; inintelligence; ignorance; imbécillité; idiotie; ineptie, niaiserie *f;* **2.** *(Handlung)* sottise, bêtise *f; (Schnitzer)* gaffe *f; ~en machen* faire des folies; **D~kopf** *m* sot, idiot, bêta, benêt, imbécile; *fam* crétin *m.*
dumpf [dumpf] *a* **1.** *(schwül)* lourd, étouffant; *(drückend)* accablant; **2.** *(muffig)* moisi; **3.** *(Geräusch, Schmerz)* sourd; **4.** *(Ahnung)* vague; *(Gefühl)* engourdi, apathique; **D~heit** *f* ⟨-, ø⟩ *fig* engourdissement *m,* torpeur; apathie *f.*
Düne *f* ⟨-, -n⟩ ['dy:nə] dune *f.*
Dung *m* ⟨-(e)s, ø⟩ [duŋ] engrais, fumier *m.*
Düng|emittel *n* ['dʏŋə-] = *Dünger;* **d~en** *tr* engraisser, fumer; *itr* servir d'engrais; **~er** *m* ⟨-s, -⟩ engrais *m;* **~ung** *f* ⟨-, ø⟩ fumage *m.*
dunkel ['duŋkəl] *a* **1.** obscur; *(düster, finster)* sombre, ténébreux; **2.** *(Farbe)* foncé; **3.** *(Vokal)* sourd; **4.** *fig (unverständlich)* obscur, confus; *(unbestimmt)* vague *(mehrdeutig)* douteux; **5.** *(verdächtig)* louche; — *im D~n* dans l'obscurité; *im D~n tappen* aller à l'aveuglette, marcher à tâtons; *fig (im d~)* marcher dans les ténèbres; *ich erinnere mich ~* je me rappelle vaguement; *es wird ~* il se fait nuit, la nuit tombe; *dunkles Bier n* bière *f* brune; *dunkle Nacht f* nuit *f* épaisse *od* noire; **D~** *n* ⟨-s, ø⟩ obscurité *f,* ténèbres *f pl.*
Dünkel *m* ⟨-s, ø⟩ ['dʏŋkəl] présomption, suffisance, fatuité, infatuation *f.*
dünkelhaft ['dʏŋkəl-] *a* présomptueux, suffisant, (in)fat(ué).
dunkel|blau, ~braun, ~grau, ~grün, ~rot ['duŋkəl-] bleu, brun, gris, vert, rouge foncé; **~blond** châtain; **D~heit** *f* ⟨-, (-en)⟩ obscurité *f a. fig,* ténèbres *f pl;* **D~kammer** *f phot* chambre *f* noire; **D~mann** *m* ⟨-s, -männer⟩ obscurantiste *m;* **~n** *itr impers: es dunkelt* la nuit tombe.
dünken ['dʏŋkən] *impers: mich* od *mir dünkt* il me paraît *od* semble.
dünn [dʏn] **I.** *a* **1.** *(dem Durchmesser nach)* mince; *(Stoff)* léger; *(dem Umfang nach)* menu; **2.** *(lang u. ~)* grêle, fluet; *(schlank)* svelte, délié, élancé; *(mager)* maigre, décharné, sec; **3.** *(fein)* fin; *(schwach, brüchig)* ténu; *(spärlich, ~gesät)* rare, clairsemé; **4.** *(schwach: von e-m Getränk)* clair, faible; *(Luft)* léger; **5.** *fig (Leistung)* mince, (un peu) léger, inconsistant; — *~ werden* s'amincir, (s')amaigrir; *(Haar, Flüssigkeit)* s'éclaircir; **II.** *adv: ~ auftragen* appliquer en couche mince; **~bevölkert** *a* peu peuplé; **D~darm** *m anat* intestin *m* grêle; **D~e** *f* ⟨-, ø⟩, **D~heit** *f* ⟨-, ø⟩ **1.** minceur; légèreté *f;* **2.** sveltesse; maigreur *f;* **3.** finesse *f;* **4.** ténuité; rareté *f;* **~gesät** *a* clairsemé *a. fig; fig* rare; **~= machen,** *sich (fig fam) = sich drükken.*
Dunst *m* ⟨-es, ¨-e⟩ [dunst, 'dʏnstə] **1.** *(Dampf)* vapeur; *(schwacher Nebel)* brume légère, nébulosité *f;* **2.** *(Ausdünstung)* exhalaison, émanation; *(Feuchtigkeit)* moiteur; *(Wäschedunst)* buée *f;* **3.** *(Rauch)* fumée *f;* — *keinen blassen ~ von etw haben* n'avoir pas la moindre idée *od* le moindre soupçon de qc.
dünsten ['dʏnstən] *tr (Küche: dämpfen)* étuver, cuire à l'étuvée.
dunstig ['dunstɪç] *a* vaporeux; *(neblig)* nébuleux; *(feucht)* humide.
Duplikat *n* ⟨-(e)s, -e⟩ [dupli'ka:t] duplicata, double *m.*
Dur *n* ⟨-, ø⟩ [du:r] *f mus* mode *m* majeur.
durch [durç] **I.** *prp acc* **1.** *(örtlich)* par, par la voie de; *(quer~)* à travers, au travers de; **2.** *(zeitlich)* pendant, durant; **3.** *(vermittels)* par, au moyen de, moyennant, à force de; *(dank)* grâce à; *(infolge)* par suite de; — *~ die Post* par la poste; *~ Zufall* par hasard, par accident; *~ den Fluß schwimmen* traverser la rivière à la nage; *~ die Luft fliegen* fendre l'air; *~ die Nase sprechen* parler

du nez; **II.** *adv:* ~ *und* ~ d'un bout à l'autre, de bout en bout, de part en part; *fig* tout à fait; ~ *und* ~ *naß* trempé (*Mensch:* jusqu'aux os); ~ *sein (örtlich)* être passé; *(fertig)* avoir fini (*mit etw* qc); *(außer Gefahr)* être hors de danger; *(~s Examen)* avoir réussi; *(von Sachen: kaputt)* être percé *od* déchiré; *es ist zwei Uhr* ~ il est deux heures passées.

'durch≈arbeiten 1. *tr (durchtrainieren)* entraîner; *(Buch)* étudier à fond; **2.** *itr (ohne Unterbrechung)* travailler sans interruption *od* sans relâche; *die (ganze) Nacht* ~ travailler (pendant) toute la nuit.

'durch≈atmen *itr* respirer à fond.

durchaus *adv (vollständig)* complètement, entièrement, tout à fait, à fond; *(unbedingt)* absolument; ~ *nicht* pas *od* point du tout, pas le moins du monde, nullement.

'durch≈betteln, *sich* vivre de mendicité.

'durch≈blättern, durch'blättern ‹*ohne -ge-*› *tr* feuilleter; parcourir (en feuilletant).

Durchblick *m* échappée *f;* **'durch≈blikken** *itr:* ~ *lassen (fig)* laisser entrevoir, donner à entendre.

durch'blut|en ‹*ohne ge-*› *tr physiol* irriguer; **D~ung** *f* irrigation *f* sanguine.

durch'bohren, ‹*ohne ge-*› *tr* perforer, (trans)percer; **'durch≈bohren** *tr: ein Loch* ~ percer un trou, trouer; **durch'bohrend** *ppr u. a (Blick)* perçant.

'durch≈braten ‹*brät, briet durch, durchgebraten*› *tr* bien rôtir *od* cuire; *nicht durchgebraten* saignant.

'durch≈brechen ‹*bricht, brach durch, durchgebrochen*› *tr* **1.** *(zerbrechen)* casser, briser, rompre; *itr* ‹*sein*› **2.** se casser, se briser, se rompre; **3.** *(Keim, Zahn)* percer; *(die Sonne)* percer les nuages *od* le brouillard; **4.** *fig* se faire jour, se montrer, se révéler; **durch'brechen** ‹*durchbricht, durchbrach, durchbrochen*› *tr* **1.** (trans)percer; *(einstoßen)* enfoncer; *mil (die Front)* percer, enfoncer; *(Blockade)* rompre; **2.** *fig (Regel)* violer.

'durch≈brennen ‹*brannte durch, durchgebrannt*› *itr* ‹*sein*› **1.** *el (Sicherung)* fondre, fuser, sauter; *(Lampe, Röhre)* brûler; **2.** *fig fam (fliehen)* filer, prendre la poudre d'escampette.

'durch≈bringen ‹*bringt, brachte durch, durchgebracht*› *tr* **1.** faire passer *(a. ein Gesetz); (Kandidaten)* faire réussir; *(Kranken)* tirer d'affaire; **2.** *(Geld)* dissiper, dilapider, gaspiller.

durch'brochen *a (Gewebe)* ajouré, à jour.

Durchbruch *m* ‹-(e)s, ⸚e› ['-brux] **1.** *(Vorgang)* percement *m,* percée *f a. mil;* **2.** *(Stelle)* rupture *f;* **3.** *fig (plötzliches Auftreten)* irruption *f;* — *zum* ~ *kommen (fig)* se faire jour.

'durch≈denken ‹*dachte durch, durchgedacht*›, **durch'denken** ‹*durchdachte, durchdacht*› *tr* approfondir, examiner à fond.

'durch≈drängen, *sich* passer de force, se frayer un passage *od* un chemin.

durch'dring|en ‹*durchdrang, durchdrungen*› *tr* **1.** pénétrer, (trans)percer; *(Strahlen)* traverser; **2.** *(ganz eindringen in)* s'infiltrer dans, imprégner; *von etw durchdrungen (fig)* pénétré, imbu de qc; **'durch≈dringen** ‹*drang durch, durchgedrungen*› *itr* ‹*sein*› **1.** pénétrer, percer; se frayer un passage; **2.** *(Stimme)* porter; **3.** *fig (sich durchsetzen)* se faire jour, réussir, l'emporter; **D~ung** [-'--] *f* ‹-, ø› pénétration; infiltration *f.*

'durch≈drücken *tr fig fam (durchsetzen)* faire passer *od* admettre; *die Knie* ~ effacer les genoux.

durcheinander [durçʔaɪ'nandər] *adv* pêle-mêle, à la débandade, sens dessus dessous; *ganz* ~ *(verwirrt) sein* avoir la tête à l'envers; **D~** *n* ‹-s, (-)› *(Unordnung)* confusion *f,* désordre *m;* **~≈bringen** ‹*brachte durcheinander, durcheinandergebracht*› *tr (Gedanken)* (em)brouiller; *(verwechseln)* confondre; *jdn* ~ renverser l'esprit *od* la cervelle à qn; **~≈werfen** ‹*wirft, warf durcheinander, durcheinandergeworfen*› *tr fig (Begriffe)* (em)brouiller, mettre sens dessus dessous.

durch'fahr|en ‹*durchfährt, durchfuhr, durchfahren*› *tr (Ort, Gegend)* traverser, passer par; **'durch≈fahren** ‹*fährt, fuhr durch, durchgefahren*› *itr* ‹*sein*› ne pas interrompre le parcours; *(nicht umsteigen)* ne pas changer de train; *die Nacht* ~ passer la nuit en roulant *od* en voiture; *der Zug fährt durch* le train brûle la station; **D~t** *f* ['--] **1.** passage *m,* traversée *f;* **2.** *(Torweg)* porte *f* cochère; — ~ *verboten!* passage interdit, défense de passer.

'Durchfall *m* **1.** *fig (Versagen)* échec; *theat* four *m;* **2.** *med* diarrhée, *fam* colique *f;* **'durch≈fallen** ‹*fällt, fiel durch, durchgefallen*› *itr* ‹*sein*› **1.** tomber à travers; **2.** *fig (versagen)* échouer, ne pas réussir; *(bei e-r Prüfung)* être refusé *od* recalé; *fam* être collé; *parl* être blackboulé; *theat* tomber à plat, faire un four.

'durch≈feilen *tr* **1.** percer *od* couper à la lime; **2.** *fig (Text)* repasser la lime sur, limer, polir, *fam* fignoler.

'durch≈finden, *sich* ‹*fand durch, durchgefunden*› trouver son chemin, se retrouver; *fig* se débrouiller.

durch'fließen ‹*durchfloß, durchflossen*› *tr (Fluß)* traverser, arroser, baigner;

'durch=fließen ⟨*floß durch, durchgeflossen*⟩ *itr* ⟨*sein*⟩ couler à travers.

durch'forschen ⟨*ohne ge-*⟩ *tr* examiner (à fond), sonder, scruter; *(Land)* explorer.

'durch=fragen, *sich* demander son chemin.

Durchfuhr *f* ⟨-, -en⟩ ['durçfu:r] passage; *com* transit *m.*

durchführ|bar ['durç-] *a* exécutable, faisable, réalisable, viable; **D~barkeit** *f* ⟨-, ø⟩ faisabilité, possibilité *f* de réaliser; **'durch=führen** *tr* exécuter, mettre à exécution, mener à bien *od* à bonne fin; *(verwirklichen)* réaliser; *(vollenden)* accomplir, (par)achever; **D~ung** ['---] *f* exécution, réalisation; *(Anwendung)* (mise en) application *f; (Vollendung)* accomplissement, achèvement *m;* **D~ungsbestimmungen** *f pl jur* dispositions *od* modalités *f pl* d'application.

Durchgang *m* ['--] **1.** passage *m, a. phys astr; (zwischen zwei Mauern)* allée *f; arch* couloir; **2.** *com* transit *m; — ~ verboten! kein ~!* passage interdit, défense de passer, circulation interdite; **~slager** *n* camp *m* de passage *od* de triage; **~sland** *n* pays *m* transitaire; **~sstraße** *f* route directe; *(in Frankr.)* route *f* nationale; **~sverkehr** *m loc* service direct; *com* (trafic de) transit *m.*

durchgängig I. *a* général; **II.** *adv* en entier, dans son ensemble.

'durch=geben ⟨*gibt, gab durch, durchgegeben*⟩ *tr (Meldung)* transmettre; *(Befehl)* faire passer.

durchgedreht ['---] *a fam (verwirrt)* déconcerté, désorienté.

'durch=gehen ⟨*ging durch, durchgegangen*⟩ *itr* ⟨*sein*⟩ **1.** passer; **2.** *(Pferd)* s'emballer; prendre le mors aux dents *(a. von e-m Menschen); fam (Mensch)* filer, décamper, prendre la poudre d'escampette; *(Kassierer)* lever le pied, manger la grenouille; **3.** *parl (Antrag)* passer, être adopté; *tr* ⟨*h*⟩ **4.** *fig (Schriftstück, Buch)* parcourir; *(prüfend)* examiner, contrôler, reviser, passer en revue; **— ~** *lassen* (laisser) passer *a. fig (jdm etw* qc à qn); *etw ~ lassen* fermer les yeux sur qc; *für diesmal mag es ~* passe pour cette fois; **~d** ['---] **I.** *a* ininterrompu, continu *(a. Arbeitszeit); ~er Zug m* train *m* direct; **II.** *adv* en général, généralement; *(ohne Ausnahme)* sans exception; *~ geöffnet (Geschäft)* ouvert sans interruption.

'durch=greifen ⟨*griff durch, durchgegriffen*⟩ *itr* **1.** passer la main à travers; **2.** *fig* prendre des mesures énergiques, trancher net; **~d** *a* énergique, décisif, tranchant, radical.

'durch=halten ⟨*hält, hielt durch, durchgehalten*⟩ *itr (bis zum Ende aushalten)* tenir bon *od* ferme, ne pas céder, aller jusqu'au bout.

'durch=hauen ⟨*haute* od *hieb durch, durchgehauen*⟩ *tr (spalten)* fendre, couper en deux; *(Knoten)* trancher; *sich ~* se frayer un chemin.

'durch=helfen ⟨*hilft, half durch, durchgeholfen*⟩ *itr: jdm ~* tirer qn d'affaire; *sich ~* s'en tirer, se tirer d'affaire, *fam* se débrouiller.

'durch=kämmen *tr (das Haar)* démêler (avec le peigne); **durch'kämmen** ⟨*ohne -ge-*⟩ *tr (mil, Polizei)* ratisser, fouiller.

'durch=kommen ⟨*kam durch, durchgekommen*⟩ *itr* ⟨*sein*⟩ **1.** (parvenir à) passer; *(Zahn)* percer (*bei jdm* à qn); **2.** *fig (entkommen)* se sauver; **3.** *(genesen)* guérir, *fam* en réchapper; **4.** *(bei e-r Prüfung)* réussir, être reçu; **5.** *(auskommen) fam* y arriver; *— die Sonne kommt durch* le soleil arrive.

durch'kreuzen ⟨*ohne -ge-*⟩ *tr fig (stören)* contrecarrer, contrarier.

'durch=lassen ⟨*läßt, ließ durch, durchgelassen*⟩ *tr* **1.** laisser passer, donner *od* livrer passage à; **2.** *opt* transmettre; **3.** *(bei e-r Prüfung)* ne pas refuser.

durchlässig ['---] *a (bes. für Wasser)* perméable, poreux;*(für Licht)* transparent, diaphane.

'durch=laufen ⟨*läuft, lief durch, durchgelaufen*⟩ **1.** *itr* ⟨*sein*⟩ passer (en courant) (*durch* par); *(Flüssigkeit)* passer (en coulant), filtrer; **2.** *tr* ⟨*h*⟩ *(Schuhsohlen)* percer; user; **durch'laufen** ⟨*durchläuft, durchlief, durchlaufen*⟩ *tr* courir à travers, passer par; *fig* parcourir.

'durch=lesen *tr* ⟨*liest, las durch, durchgelesen*⟩ lire.

durch'leucht|en ⟨*ohne -ge-*⟩ *tr* **1.** pénétrer de lumière; **2.** *(Eier)* examiner à la lumière; *med* examiner aux rayons X, radiographier; **3.** *fig (aufhellen)* tirer au clair; **D~ung** [-'--] *f* ⟨-, -en⟩ *med* examen *m* radioscopique, radioscopie, radiographie *f.*

durch'löchern ⟨*ohne -ge-*⟩ *tr* trouer, cribler.

'durch=machen *tr* passer par, traverser; *(erleben, bes. Unangenehmes)* voir, éprouver; *viel ~* passer par de rudes épreuves, en voir de dures; *fam* manger de la vache enragée.

'Durchmarsch *m mil* passage *m;* **'durch=marschieren** ⟨*ohne -ge-*⟩ *itr* ⟨*sein*⟩ passer (par).

Durchmesser *m* ⟨-s, -⟩ ['---] *math* diamètre; *tech* calibre *m.*

durchnäßt [-'nɛst] *pp u. a* mouillé, trempé.

'durch=nehmen *tr* ⟨*nimmt, nahm durch, durchgenommen*⟩ *(im Unterricht)* s'occuper de, traiter.

'durch=pausen *tr* poncer, calquer.

ˈ**durch=peitschen** *tr* **1.** fouetter, fouailler, fustiger, cravacher; **2.** *fig (Unterrichtsstoff; parl: Gesetz)* expédier.

ˈ**durch=probieren** ⟨*ohne ge-*⟩ *tr* essayer, *(Speisen)* déguster l'un après l'autre.

ˈ**durch=prügeln** *tr* rosser, rouer de coups.

durchˈquer|en ⟨*ohne -ge-*⟩ *tr* traverser; **D~ung** *f* ⟨-, -en⟩ traversée *f.*

ˈ**durch=rechnen** *tr* calculer (d'un bout à l'autre), faire le compte de.

Durchreise *f* [ˈ---] passage *m; auf der ~* de passage; ˈ**durch=reisen** *itr* ⟨*sein*⟩ passer; **durchˈreisen** ⟨*ohne ge-*⟩ *tr* parcourir, traverser; **~nde** *m f* passant(e *f*), voyageur *m,* -euse *f;* **~visum** *n* visa *m* de transit.

ˈ**durch=reißen** ⟨*riß durch, durchgerissen*⟩ *tr* ⟨*h*⟩ déchirer; *itr* ⟨*sein*⟩ se déchirer.

ˈ**durch=ringen,** *sich* ⟨*rang durch, durchgerungen*⟩ surmonter tous les obstacles; *sich zu e-r Überzeugung ~* s'affermir dans une conviction.

ˈ**durch=rosten** *itr* ⟨*sein*⟩ se rouiller de part en part, être percé par la rouille.

ˈ**durch=rühren** *tr (Küche: durch ein Sieb)* passer à la passoire.

Durchsage *f* ⟨-, -n⟩ [ˈ---] *radio* transmission *f* verbale; ˈ**durch=sagen** *tr mil (Befehl)* faire passer; *radio* transmettre oralement.

ˈ**durch=sägen** *tr* couper à la scie, scier.

durchˈschauen ⟨*ohne -ge-*⟩ *tr fig (Absicht)* percer à jour, pénétrer, déchiffrer; *jdn ~* voir venir qn.

ˈ**durch=scheinen** ⟨*schien durch, durchgeschienen*⟩ *itr* luire à travers, transparaître; **~d** *a* translucide, transparent, diaphane.

ˈ**durch=schlafen** ⟨*schläft, schlief durch, durchgeschlafen*⟩ *itr* dormir sans se réveiller *od* d'un trait.

Durchschlag *m* [ˈ--] **1.** *(e-s Geschosses)* pénétration *f;* **2.** *(Küche: Sieb)* passoire *f,* passe-bouillon *m;* **3.** *(Schreibmaschine)* copie *f;* ˈ**durch=schlagen** ⟨*schlägt, schlug durch, durchgeschlagen*⟩ *itr* ⟨*sein*⟩ **1.** *(Geschoß)* percer, traverser (*durch etw* qc); *(Nässe, Farbe)* pénétrer; *(Papier)* boire; *el (Funken)* percer, claquer; **2.** *(sich durchsetzen)* être efficace, réussir; *refl* **3.** *sich ~* se frayer un passage *od* un chemin; *fam* se défendre; *sich kümmerlich ~* vivoter, *fam* tirer le diable par la queue; **d~end** *a (wirksam)* efficace; *(entscheidend)* décisif, éclatant, percutant; **~papier** *n (Kohlepapier)* papier *m* pelure; **~skraft** *f (e-s Geschosses)* force *od* puissance de perforation *od* de pénétration; *fig* force *f* percutante.

ˈ**durch=schlängeln** [ˈ-ʃlɛŋəln], *sich* serpenter *od* se glisser à travers; se faufiler.

ˈ**durch=schleusen** *tr (Schiff)* écluser; *fig* faire passer.

ˈ**durch=schlüpfen** *itr* ⟨*sein*⟩ (se) glisser à travers, se faufiler.

ˈ**durch=schmuggeln** *tr* faire passer en fraude *od* en contrebande.

ˈ**durch=schneiden** ⟨*schnitt durch, durchgeschnitten*⟩ *tr* couper (en deux), trancher; **durchˈschneiden** ⟨*durchschnitt, durchschnitten*⟩ *tr* couper, croiser, traverser.

Durchschnitt *m* [ˈ--] *(Mittelwert)* moyenne *f; im ~* en moyenne; *über, unter dem ~* au-dessus, au-dessous de la moyenne; **d~en** [-ˈ--] *a (Gelände)* accidenté, tourmenté; **d~lich I.** *a* moyen; **II.** *adv = im Durchschnitt;* **~salter** *n* âge *m* moyen; **~seinkommen** *n* revenu *m* moyen; **~sgeschwindigkeit** *f* vitesse *f* moyenne; **~smensch** *m* homme *m* médiocre *od* ordinaire; **~swert** *m* valeur *f* moyenne.

Durchschrift *f* [ˈ--] copie *f,* double *m.*

Durchschuß *m* [ˈ--] **1.** *mil* perforation *f;* **2.** *(Buch: unbedruckte Blätter)* interfoliage; *typ (Zeilenabstand)* interlignage *m.*

durch|schwimmen ⟨*durchschwamm, durchschwommen*⟩ *tr* traverser à la nage.

ˈ**durch=schwitzen** *tr* tremper de sueur.

ˈ**durch=sehen** ⟨*sieht, sah durch, durchgesehen*⟩ *tr* parcourir (du regard); *(prüfend)* passer en revue, examiner, vérifier; *typ* corriger.

ˈ**durch=seihen** *tr* passer au tamis, filtrer, tirer au clair.

ˈ**durch=setzen** *tr* faire passer *od* exécuter *od* adopter; *es ~, daß* obtenir que; *sich ~* s'imposer, triompher, se faire jour.

Durchsicht *f* [ˈ--] **1.** *(zwischen Häusern etc)* échappée; *(im Wald)* percée *f;* **2.** *(Prüfung)* inspection *f,* examen *m,* révision; *typ* correction *f; bei ~ der Bücher* à l'examen des livres; *zur ~* à l'examen; **d~ig** *a* **1.** *(Glas)* transparent; *(Flüssigkeit) a.* limpide; **2.** *fig (klar)* clair; *(offensichtlich)* évident, manifeste; **~igkeit** *f* transparence; limpidité; clarté; évidence *f.*

ˈ**durch=sickern** *itr* ⟨*sein*⟩ **1.** suinter à travers; filtrer; **2.** *fig (Nachricht, Geheimnis)* transpirer, s'ébruiter.

ˈ**durch=sprechen** ⟨*spricht, sprach durch, durchgesprochen*⟩ *tr (Plan, Problem)* discuter, débattre.

durchˈstöbern ⟨*ohne -ge-*⟩, ˈ**durch=stöbern** *tr* fouiller, fureter, retourner.

Durchstoß *m* [ˈ--] *mil* percée, poussée *f;* **durchˈstoßen** ⟨*durchstößt, durchstieß, durchstoßen*⟩ *tr (Wand, Damm etc)* (trans)percer (*mit* de).

ˈ**durch=streichen** ⟨*strich durch, durch-*

gestrichen› *tr (Geschriebenes* od *Gedrucktes)* rayer, barrer, biffer.

durch'streifen ‹*ohne -ge-*› *tr (Gelände)* parcourir (en tous sens); *das Gelände, die Gegend* ~ battre la campagne.

durch'such|en ‹*ohne -ge-*› *tr (Haus)* fouiller; *(amtlich)* visiter; *jur* perquisitionner; **D~ung** *f* ‹-, -en› [-'--] fouille; visite; perquisition *f.*

'durch=treten ‹*tritt, trat durch, durchgetreten*› *tr (Schuhsohlen, Fußboden)* user; *den Gashebel* ~ *(mot)* donner des gaz à fond.

durchtrieben *a* fin(aud), rusé, madré, matois; **D~heit** *f* ‹-, ø› finesse, ruse *f.*

durch'wachen ‹*ohne -ge-*› *tr: die Nacht* ~ passer la nuit à veiller, veiller toute la nuit; *durchwachte Nacht f* nuit *f* blanche.

durchwachsen [-'--] *a (Fleisch)* entrelardé; *(Speck)* maigre.

durch'waten ‹*ohne -ge-*› *tr,* **'durch=waten** *itr* ‹*sein*› passer à gué.

durchweg(s) ['-vɛk, -'-/ '-ve:ks, -'-] *adv* **1.** d'un bout à l'autre, de bout en bout, toujours et partout; **2.** *(ganz allgemein)* généralement; *(ganz u. gar)* tout à fait; *(ausnahmslos)* sans exception.

'durch=winden, *sich* ‹*wand durch, durchgewunden*› se faufiler, se tirer d'affaire, se débrouiller.

durch'wühlen ‹*ohne -ge-*› *tr,* **'durch=wühlen** *tr* fouiller; *pop* trifouiller.

'durch=zählen *tr* compter (un à un).

'durch=zechen *itr: bis zum Morgen* ~ boire toute la nuit; **durch'zechen** *tr* ‹*ohne -ge-*› passer la nuit à boire.

'durch=ziehen ‹*zieht, zog durch, durchgezogen*› *tr* ‹*h*› tirer à travers; faire passer; *itr* ‹*sein*› passer; **durch'ziehen** ‹*durchzog, durchzogen*› *tr (Land)* parcourir, traverser.

Durchzug *m* ['--] **1.** passage *m (a. der Vögel);* **2.** *(Zugluft)* courant *m* d'air.

'durch=zwängen, *sich* passer de force, forcer le passage.

dürfen ['dʏrfən] ‹*darf, durfte, gedurft*› *itr* avoir la permission *od* le droit de, être autorisé à; pouvoir; *nicht* ~ ne pas devoir; *ich darf keinen Kaffee trinken (a.)* le café m'est défendu; *ich glaube sagen zu* ~ je me crois autorisé à dire; *wenn ich bitten darf* s'il vous plaît; *das* ~ *Sie nicht vergessen* vous ne devez pas oublier cela; *das dürfte stimmen* je crois que c'est juste *od* comme cela; *darf ich?* puis-je? vous permettez? tu permets? *darf hier geraucht werden?* est-il permis de fumer ici?

dürftig ['dʏrftɪç] *a (armselig)* pauvre, chétif, mesquin; *fig (ungenügend)* maigre, insuffisant; **D~keit** *f* ‹-, ø› pauvreté; *fig* insuffisance, mesquinerie *f.*

dürr [dʏr] *a* **1.** *(Pflanzenteil: abgestorben, trocken)* mort; **2.** *(Mensch, Tier: mager)* maigre, décharné, grêle; **3.** *fig (unfruchtbar)* aride, stérile; — *mit ~en Worten* sèchement, en peu de mots; **D~e** *f* ‹-, -n› **1.** *(Trockenheit)* sécheresse *f;* **2.** maigreur *f;* **3.** *fig* aridité, stérilité *f.*

Durst *m* ‹-es, ø› [dʊrst] soif *f* (*nach* de) *a. fig;* ~ *bekommen, (fam) kriegen* commencer à avoir soif; ~ *haben* avoir soif; *s-n* ~ *löschen* boire à sa soif, étancher sa soif, se désaltérer; *(Tier)* s'abreuver; *jds* ~ *stillen* désaltérer qn; *e-n über den* ~ *trinken* boire un coup de trop; *ich habe e-n furchtbaren* od *schrecklichen* ~ je boirais la mer et les poissons; **d~en, dürsten** *itr* avoir soif (*nach* de) *a. fig; nach Rache dürsten (a.)* avoir soif de vengeance; **d~ig** *a* altéré, *bes. fig* assoiffé (*nach* de); ~ *machen* donner soif; ~ *sein* avoir soif; **d~löschend** *a,* **d~stillend** *a* désaltérant.

Dusche *f* ‹-, -n› ['du:-, 'dʊʃə] douche *f; kalte* ~ *(fig)* douche *f* glacée; **d~n** *itr* u. *sich* ~ se doucher, prendre une douche.

Düse *f* ‹-, -n› ['dy:zə] *tech* tuyère, buse *f* diffuseur; *mot aero* gicleur, injecteur *m.*

Dusel *m* ‹-s, ø› ['du:zəl] *fam (Glück)* chance, veine *f;* ~ *haben* avoir de la veine, être en veine, être verni.

Düsen|antrieb *m* ['dy:zən-] *aero* propulsion *f* par réaction; *mit* ~ à réaction, réacteur; *mit doppeltem* ~ biréacteur; **~flugzeug** *n* avion *m* à réaction.

düster ['dy:stər] *a* **1.** sombre, ténébreux, obscur; **2.** *fig* sombre; *(traurig)* triste, morne, funèbre; *(unheilverkündend)* lugubre.

Dutzend *n* ‹-s, -e› ['dʊtsənt] douzaine *f; zu ~en* par douzaines; *im* ~ *billiger* treize à la douzaine; *halbes* ~ demi-douzaine; **d~(e)mal** *adv* des douzaines de fois; **d~weise** *adv* à la douzaine, par douzaines.

duzen ['du:tsən] *tr* tutoyer; *sich* ~ se tutoyer, être à tu et à toi.

Dyn *n* ‹-s, -› [dy:n] *phys (Krafteinheit)* dyne *f;* **~amik** *f* ‹-, ø› [dy'na:mɪk] *phys u. fig* dynamique *f;* **d~amisch** [-'na:-] *a* dynamique; **~amit** *n* ‹-(e)s, ø› [-na'mɪt, -'mi:t] dynamite *f;* **~amo(maschine** *f***)** *m* ‹-s, -s› [-'na:mo, 'dy:namo] *el mot* dynamo, génératrice *f;* **~amometer** *n (Kraftmesser)* dynamomètre *m.*

D-Zug *m* ['de:-] (train) express *od* rapide *m.*

E

E, e *n* ‹-, -› [e:] *(Buchstabe)* E, e *mus* mi *m.*
Ebb|e *f* ‹-, -n› ['ɛbə] marée *f* basse, reflux, jusant *m; es ist ~* la marée descend *od* baisse; *~ und Flut* le flux et le reflux, la marée; **~strom** *m* marée *f* descendante; jusant, reflux *m.*
eben ['e:bən] **I.** *a (flach)* plat; *(Boden)* ras, de plain-pied; *(Weg)* égal; *(glatt)* uni, lisse; *math* plan; **II.** *adv (~ gerade)* justement, juste à l'instant, précisément, tout à l'heure, à l'instant même; — *zu ~er Erde* au rez-de-chaussée, de plain-pied; *~ das* précisément cela. c'est précisément ce qui; *~ erst* à peine; *~ machen (Boden)* affleurer; *ich wollte ~ sagen* j'allais dire; *ich habe ~ gegessen* je viens de manger; *sie ist nicht ~ hübsch* elle n'est pas jolie à proprement parler; *ich will ~ nicht* mais c'est que je ne veux pas.
Eben|bild *n* ['e:bən-] image *f*, portrait *m; er ist das ~ s-s Vaters* il est tout le portrait de son père; **e~bürtig** *a* égal (par la naissance) *a. fig;* de même condition; *fig* l'égal (*dat* de), de pair; *sie ist ihm ~* elle le vaut bien.
Eben|e *f* ‹-, -n› ['e:bənə] **1.** plaine *f;* **2.** *(gleiche Höhe)* niveau *m;* **3.** *math* plan *m;* — *auf gleicher ~* de niveau, du *od* au niveau (*mit, wie* de); *auf höherer ~ (fig)* sur un plan élevé; *auf höchster ~ (pol)* au niveau le plus élevé, au sommet; **e~erdig** *a* au niveau du sol.
ebenfalls ['e:bən-] *adv* également, pareillement, de même, aussi.
Ebenholz *n* ['e:bən-] (bois *m* d')ébène *f.*
Eben|maß *n* ['e:bən-] harmonie *f*, proportions *f pl* harmonieuses; **~mäßig** *a* égal, bien proportionné.
ebenso ['e:bənzo:] *adv* pareillement, semblablement, de même, aussi; *~ wie* aussi bien que, à l'égal de; *~ ... wie ...* aussi ... que ...; *es ~ machen* faire de même; *es geht mir ~* je me trouve dans le même cas; c'est (exactement) mon cas; **~gut** ['---,-] *adv* tout aussi bien; *~ könnte man sagen, daß ...* autant dire que ...; **~lange** ['---,--] *adv* (tout) aussi longtemps; **~oft** ['---,-] *adv* (tout) aussi souvent; **~sehr** *adv*, **~viel** ['---,-] *adv* (tout, juste) autant (*wie* de, que), d'autant; *~ wie* à l'égal de; **~wenig** ['---,--] *adv* (tout) aussi peu (*wie* de, que), (ne ...) pas plus (*wie* de, que).
Eber *m* ‹-s, -› ['e:bər] verrat *m; wilder ~* sanglier *m* (mâle); **~esche** *f bot* sorbier *m.*
ebnen ['e:bnən] *tr (Boden)* aplanir, niveler; *jdm den Weg ~ (fig)* frayer la voie *od* le chemin à qn.
Echo *n* ‹-s, -s› ['ɛço] écho *m a. fig u. tele; ein ~ geben* faire écho; **~lot** *n* écho--sonde, sonde-écho *f.*
echt [ɛçt] **I.** *a* **1.** véritable, vrai; *(Urkunde)* authentique; *(Farbe)* bon teint, solide, indélébile; **2.** *fig* naturel, original; bon, réel, vrai; *(rein)* pur; **3.** *(recht-, gesetzmäßig)* légal, légitime; **II.** *adv* bien, tout à fait; — *~er Edelstein m* pierre *f* précieuse véritable; **E~heit** *f* ‹-, ø› *a. fig* bonne qualité; ver(ac)ité; *(Urkunde)* authenticité; *(Farbe)* solidité *f; fig* naturel *m; (Reinheit)* pureté; *(Recht-, Gesetzmäßigkeit)* légalité, légitimité *f.*
Eck *n* ‹-(e)s, -e(n)› [ɛk] *dial* = *~e; über ~* en diagonale; **~e** *f* ‹-, -n› **1.** coin *m; (Zimmer) a.* encoignure *f;* **2.** *(Spitze)* angle *m; (vorspringende, a. arch)* corne *f; (Straße)* tournant *m;* **3.** *(Ende)* bout; *fam (kurze Entfernung)* bout *m* de chemin; — *an allen ~en und Enden* dans tous les coins, de tous côtés, partout; *gleich um die ~* (tout) à côté, tout près; *um die ~ biegen* tourner à l'angle *od* au coin; *um die ~ bringen (fig fam)* faire disparaître, expédier, assassiner; **e~ig** *a* **1.** anguleux, angulaire; **2.** *fig (linkisch)* gauche, maladroit; *(ungeschliffen)* mal dégrossi; *~e Klammern f pl (typ)* crochets *m pl;* **~lohn** *m* salaire *m* de référence; **~stein** *m arch* pierre *f* angulaire *(a. fig) od* de refend; **~zahn** *m* (dent) canine, dent *f* angulaire.
edel ['e:dəl] *a* **1.** *lit (adlig) u. fig (Charakter; Körperteil)* noble; *fig* généreux; **2.** *(Pferd)* de race; *(Frucht)* exquis, sélectionné; *(Wein)* de cru, fin, généreux; *lit (Metall, Stein)* précieux; **E~gas** *n* gaz *m* rare; **E~kastanie** *f (Frucht)* châtaigne *f*, marron *m; (Baum)* châtaignier, marronnier *m;* **E~mann** *m* ‹-s, -leute› gentilhomme, noble *m;* **E~metall** *n* métal *m* précieux; **E~mut** *m* générosité, noblesse *f* (de cœur); **~mütig** *a* généreux, noble; **E~stein** *m* pierre précieuse, gemme *f; pl* pierreries *f pl; echter, falscher, synthetischer ~* pierre *f* précieuse véritable, fausse, artificielle; **E~tanne** *f* sapin *m* argenté *od* blanc; **E~weiß** *n bot* edelweiss, pied-de-lion *m*, immortelle *f* des neiges.
Edikt *n* ‹-(e)s, -e› [e'dɪkt] édit, décret *m*, ordonnance *f.*

E-Dur *n* ['e:du:r] mi *m* majeur.

Efeu *m* ⟨-s, ø⟩ ['e:fɔʏ] lierre *m*.

Effeff *m* ['ɛf'ʔɛf]: *aus dem ~ verstehen* savoir sur le bout du doigt.

Effekt *m* ⟨-(e)s, -e⟩ [ɛ'fɛkt] **1.** *(Wirkung)* effet *m;* **2.** *tech* (Nutzen) puissance *f*, rendement *m;* **~en** *pl fin (Wertpapiere)* effets, titres *m pl*, valeurs *f pl* mobilières; **~enmarkt** *m* marché *m od* bourse *f* des titres *od* des valeurs; **~hascherei** *f* recherche de l'effet, pose *f*, fla-fla *m;* **e~iv** [ɛfɛk'ti:f] *a* effectif, réel.

egal [e'ga:l] *a* égal, pareil; *(fam) das ist ~* c'est la même chose; *das ist mir (völlig, ganz) ~* ça m'est (tout à fait) égal.

Egge *f* ⟨-, -n⟩ ['ɛgə] herse *f;* **e~n** *tr* herser.

Egois|mus *m* ⟨-, ø⟩ [ego'ɪsmus] égoïsme *m;* **~t** *m* ⟨-en, -en⟩ [-'ɪst] égoïste *m;* **e~tisch** [-'ɪstɪʃ] *a* égoïste.

ehe ['e:ə] *conj* avant que *subj*, *(bei gleichem Subjekt)* avant de *inf*.

Ehe *f* ⟨-, -n⟩ ['e:ə] mariage, ménage *m; aus erster ~ (Kind)* du premier lit; *in zweiter ~ (heiraten)* en secondes noces; *die ~ brechen* commettre un adultère; *e-e ~ eingehen* od *schließen* contracter mariage, conclure un mariage; *wilde ~* union *f* libre, faux ménage, concubinage *m;* **~beratung** *f* conseil *m* conjugal; **~brecher(in** *f***)** *m* (homme *m*, femme *f*) adultère *m f;* **~bruch** *m* adultère *m; ~ begehen* commettre un adultère; **~frau** *f*, **~gattin** *f* femme (mariée), épouse, conjointe *f;* **~gatte** *m* mari, époux, conjoint *m;* **~hälfte** *f: meine bessere ~ (fam)* ma chère moitié *f;* **~leute** *pl* couple *m*, époux, conjoints *m pl; wie ~ zs.leben* vivre maritalement; **e~lich** *a* **1.** conjugal, *bes. jur* matrimonial; **2.** *(Kind)* légitime; *für ~ erklären* légitimer; **e~los** *a* célibataire, non marié, resté(e) garçon (fille); **~losigkeit** *f* célibat *m*.

ehemalig ['e:əma:lɪç] *a* ancien, d'autrefois, ci-devant; *pol* ex-.

Ehe|mann *m* ⟨-(e)s, -männer⟩ ['e:ə-] = *Ehegatte; junger ~* (jeune) marié *m;* **~paar** *n* couple *m*, époux *m pl; das junge ~* les nouveaux mariés *m pl*, le jeune ménage.

eher ['e:ər] *adv* **1.** *(früher)* plus tôt, avant, antérieurement (*als* à); **2.** *(lieber)* plutôt, de préférence; — *je ~, je lieber* od *je ~, desto besser* le plus tôt sera le mieux; *nicht ~ als* pas plus tôt que; *ich würde ~ ... als ...* j'aimerais mieux ... que (de) ...; *nicht ~ bis (ich zurückkomme)* pas avant (mon retour); *das läßt sich schon ~ hören* voilà qui sonne mieux à l'oreille; à la bonne heure!

Ehering *m* ['e:ə-] alliance *f*.

ehern ['e:ərn] *a fig* d'airain.

Ehe|scheidung *f* ['e:ə-] divorce *m;* **~schließung** *f* (conclusion *od* célébration *f* du) mariage *m; Zahl f der ~en* nuptialité *f*.

Ehr|abschneider *m* ['e:r-] diffamateur, calomniateur *m;* **e~bar** *a* **1.** *(Mensch)* honorable, respectable; **2.** *(Benehmen) (anständig)* honnête, décent; **~barkeit** *f* ⟨-, (-en)⟩ **1.** honorabilité, respectabilité *f;* **2.** honnêteté, décence *f;* **~e** *f* ⟨-, -n⟩ honneur *m; (Auszeichnung)* distinction; *auf ~ und Gewissen* en mon âme et conscience; *in ~n* avec honneur; *in allen ~n* (en tout bien et) en tout honneur; *zu jds ~(n)* en *od* pour l'honneur, à la gloire de qn; *zu ~n bringen* mettre en honneur; *wieder zu ~n bringen* réhabiliter, faire revivre; *jdm die ~ erweisen zu ...* faire à qn l'honneur de ...; *jdm die letzte ~ erweisen* rendre les derniers devoirs *od* les honneurs funèbres à qn; *sich die ~ geben, die ~ haben zu ...* avoir l'honneur de ...; *jdn, etw in ~n halten* honorer, respecter qn *od* qc; *jdm ~ machen* faire honneur à qn; *es ist mir e-e ~ zu ...* c'est un honneur pour moi de ...; cela me fait honneur de ...; *Mann m von ~* homme *m* d'honneur; **e~en** *tr* **1.** honorer (*durch, mit* de), rendre honneur *od* gloire à; **2.** *(achten)* respecter, estimer, considérer; — *sich geehrt fühlen* se sentir honoré; *(sehr) geehrter Herr! (Briefanrede)* Monsieur; **~enamt** *n* charge *od* fonction *f od* poste *m* honorifique; **e~enamtlich** *a* bénévole; **~enbezeigung** *f mil (Gruß)* salut *m;* **~enbürger** *m* citoyen *m* d'honneur; **~endoktor** *m* docteur *m* honoris causa; **~enerklärung** *f* réparation *f* d'honneur; **e~enhaft** *a (Sache)* honorable; *(Person)* honnête; **~enhaftigkeit** *f* ⟨-, ø⟩ honorabilité; honnêteté *f;* **e~enhalber** *adv* pour l'honneur, honoris causa; **~enmal** *n* ⟨-(e)s, ¨er/(-e)⟩ monument *m* aux morts *od* aux victimes de la guerre; **~enmann** *m* ⟨-s, -männer⟩ homme d'honneur *od* de bien; galant homme *m;* **~enmitglied** *n* membre *m* honoraire *od* d'honneur; **~enplatz** *m* place *f* d'honneur *od* de choix; **~enrechte** *n pl: die bürgerlichen ~* les droits *m pl* civiques; *Verlust m der bürgerlichen ~* dégradation civique, privation *f* des droits civiques; **~enrettung** *f* réhabilitation *f* (d'honneur); *fig (Verteidigung)* apologie *f;* **e~enrührig** *a* injurieux, diffamant, infamant; **~ensache** *f* point *m* d'honneur; **~entag** *m* anniversaire *m;* **~enurkunde** *f* diplôme *m* d'honneur; **e~envoll I.** *a* honorable; **II.** *adv* avec honneur; **e~enwert** *a* honorable, respectable; **~enwort** *n* ⟨-(e)s, -e⟩ parole *f* d'honneur; *auf ~* sur parole; *sein ~ geben* donner *od* engager sa parole d'honneur; **e~erbietig** *a* respectueux; **~erbietung** *f* (témoignage de) respect *m*, considération, révérence, déférence *f;* **~furcht** *f (Verehrung)* vénération *f (vor* pour*); (Achtung)* respect *m* (*vor* de, pour); *aus ~ vor* par respect pour *od* de; *~ gebieten* forcer le respect; **e~furchtsvoll** *a,* **e~fürchtig** *a* respectueux; **~gefühl** *n* sens *od* sentiment *m* de l'honneur; **~geiz** *m* ambition *f;* amour-propre, désir *m* de vaincre; **e~geizig** *a* ambitieux, qui a de l'amour-propre; **e~lich** *a* **1.** *(Person)* honnête; *(rechtschaffen)* probe, loyal, intègre; **2.** *(Person* u. *Sache) (aufrichtig)* sincère, de bonne foi; **—** *~ (gesagt* od *gestanden)* pour parler franc(hement), à dire vrai; *es mit jdm ~ meinen* être sincère avec qn; *~ währt am längsten (prov)* avec la bonne foi on va loin; *der ~e Finder (jur)* l'inventeur honnête; **~lichkeit** *f* ‹-, ø› **1.** honnêteté; probité, loyauté, intégrité *f;* **2.** sincérité, bonne foi *f;* **e~los** *a* sans honneur, malhonnête, infâme; **~losigkeit** *f* ‹-, ø› déshonneur *m,* infamie *f;* **~ung** *f* ‹-, -en› distinction *f* honorifique; *(Huldigung)* hommage *m;* **~würden** *(Anrede): Ew. ~!* Votre Révérence! **e~würdig** *a* **1.** vénérable, respectable; **2.** *(Geistlicher)* révérend.

Ei *n* ‹-(e)s, -er› [aı] œuf *m; ~er legen* pondre; *faules ~* œuf *m* gâté *od* pourri; *frisches ~* œuf *m* frais *od* du jour; *hartgekochtes ~* œuf *m* dur; *rohes ~* œuf *m* cru; *verlorene ~er* œufs *m pl* pochés; *weichgekochtes ~* œuf *m* à la coque; *das ~ des Kolumbus* l'œuf de Christophe Colomb; *wie aus dem ~ gepellt (fam)* tiré à quatre épingles.

Eibe *f* ‹-, -n› ['aıbə] *bot* if *m.*

Eichamt *n* ['aıç-] administration *f* des poids et mesures; poids *m* public.

Eiche *f* ‹-, -n› ['aıçə] chêne *m;* **~l** *f* ‹-, -n› ['aıçəl] *bot anat* gland *m;* **~lhäher** *m orn* geai *m.*

eichen ['aıçən] **I.** *tr allg* vérifier; *(Maße u. Gewichte)* étalonner; *(Waage)* ajuster; *(Gefäß)* jauger; **II.** *a* de *od* en chêne.

Eich|enholz *n* ['aıçən-] bois *m* de chêne; **~enwald** *m* forêt de chênes, chênaie *f;* **~hörnchen** *n* écureuil *m.*

Eid *m* ‹-(e)s, -e› [aıt, '-də] serment *m; an ~es Statt* à titre de serment; *e-n ~ ablegen* od *leisten* od *schwören* prêter serment; *unter ~ aussagen* attester *od* déposer sous (la foi du) serment; *ich könnte e-n ~ darauf schwören* j'en jurerais, *fam* j'en mettrais ma main au feu; **e~brüchig** *a* parjure; *~ werden* se parjurer.

Eidechse *f* ‹-, -n› ['aıdɛksə] lézard *m.*

Eid|esformel *f* ['aıdəs-] formule *f* de serment; **~esleistung** *f* prestation *f* de serment; **e~esstattlich** *a: ~e Erklärung* od *Versicherung f* déclaration *f* tenant lieu de serment, affidavit *m;* **~genossenschaft** *f: die Schweizerische ~* la Confédération helvétique; **e~lich** ['aıtlıç] **I.** *a* sous serment; **II.** *adv* sous (la foi du) serment, par serment; *~e Aussage f* déposition *f* sous serment.

Eier|becher *m* ['aıər-] coquetier *m;* **~brikett** *n,* **~kohle** *f* boulet *m* (de charbon); **~kuchen** *m* omelette *f; (bretonischer ~)* crêpe *f* (bretonne); **~likör** *m* liqueur *f* au jaune d'œuf; **~schale** *f* coquille *f* (d'œuf); **~stock** *m anat* ovaire *m.*

Eifer *m* ‹-s, ø› ['aıfər] zèle *m,* assiduité *f; (Geschäftigkeit)* empressement *m; (Leidenschaft)* ardeur, ferveur *f,* feu, fanatisme *m; (Zorn)* emportement *m; im ~ des Gefechts (fig)* dans le feu de l'action; *blinder ~ schadet nur (prov)* trop de zèle nuit; **~er** *m* ‹-s, -› zélateur, fanatique *m;* **e~n** *itr* s'emporter (*gegen* contre); **~sucht** ['-zuxt] *f* jalousie, rivalité *f;* **e~süchtig** *a* jaloux (*auf* de).

eiförmig ['aı-] *a,* **eirund** *a* ovale, ové, oviforme, ovoïde.

eifrig ['aıfrıç] **I.** *a* zélé, assidu; *(geschäftig)* empressé; *(leidenschaftlich)* ardent (*in* à), fervent; **II.** *adv* avec zèle, avec empressement.

Eigelb *n* ['aı-] jaune *m* d'œuf.

eigen ['aıgən] *a* **1.** propre; personnel, privé, à moi *etc;* **2.** *(besonderer)* spécial, à part; séparé; **3.** *(~tümlich)* particulier, caractéristique, spécifique; **4.** *(~artig)* singulier, étrange, curieux; **5.** *(Mensch) (wählerisch)* difficile, exigeant; *(sorgfältig, genau)* soigneux, méticuleux, exact; **6.** *(Sache) (heikel)* délicat; **—** *in ~er Person* en personne; *Zimmer mit ~em Eingang* pièce avec entrée indépendante; *auf ~e Gefahr* à ses risques et périls; *das sind s-e ~en Worte* ce sont ses propres termes; **E~art** *f* propriété, particularité, individualité *f,* caractère *m;* **~artig** *a* **1.** particulier, caractéristique; **2.** *(sonderbar)* singulier, étrange, curieux; **E~bedarf** *m* consommation *f* privée *od* propre; **E~brötler** *m* ‹-s, -› ['-brø:tlər] original, drôle (de pistolet); *fam* ours *m;* **E~gewicht** *n* poids *m* propre *od* mort; *(Wagen)* tare *f;* **~händig** *a u. adv* de ma *etc* propre main; en main propre; *~ geschrieben* autographe; *(Testament)* olographe; **E~heim** *n* maison *f* individuelle; **E~kapital** *n* capital propre, apport personnel; *fin* actif net, passif *m* non exigible; **E~liebe** *f* amour *m* de soi; **~mächtig I.** *a* arbitraire, autoritaire; **II.** *adv* de ma *etc* propre autorité, de mon *etc* propre chef; **E~name** *m* nom *m* propre; **E~nutz** *m* intérêt particulier *od* personnel, égoïsme *m;* **~nützig I.** *a* intéressé, égoïste; **II.** *adv* par intérêt (particulier *od* personnel); **~s** *adv* exprès, spécialement, particulièrement; **E~schaft** *f* ‹-, -en› *allg* qualité *f*, caractère, attribut *m; scient* propriété *f; in s-r ~ als* en qualité de, à titre de; *erworbene, vererbte ~en pl (biol)* caractères *m pl* acquis, héréditaires; **E~schaftswort** *n* ‹-(e)s, ¨er› *gram* adjectif *m;* **E~sinn** *m* obstination, opiniâtreté *f*, entêtement *m;* **~sinnig** *a* obstiné, opiniâtre, entêté, têtu; *~ bestehen auf* s'obstiner à, s'entêter dans; **~tlich I.** *a* **1.** *(wirklich)* réel, vrai, véritable; **2.** *(wesentlich)* essentiel, intrinsèque; — *im ~en Sinn* au sens propre; *das ~ Frankreich* la France proprement dite; *der ~ Wert* la valeur intrinsèque; **II.** *adv* **1.** *(in Wirklichkeit)* en effet, en réalité, en vérité, en fait; **2.** *(genaugenommen)* à proprement parler, à vrai dire, à dire vrai, proprement dit; *(im Grunde)* au *od* dans le fond; **E~tum** *n* ‹-s, ø› ['-tu:m] propriété *f; geistiges ~* propriété *f* intellectuelle; **E~tümer** *m* ‹-s, -› ['-ty:mər] propriétaire *m;* **~tümlich** *a* **1.** caractéristique, particulier, spécifique; **2.** *(sonderbar)* singulier, curieux, drôle de ...; **E~tümlichkeit** *f* ‹-, -en› caractère (propre), trait *m* caractéristique; particularité, singularité *f;* **E~tumsvorbehalt** *m* (clause *f* de) réserve *f* de propriété; **E~-tumswohnung** *f* copropriété *f;* **~willig** *a* **1.** volontaire, arbitraire; capricieux; **2.** *(dickköpfig)* opiniâtre, entêté, têtu.

eign|en ['aɪgnən]: *sich ~ zu* od *für* être apte *od* propre à *od* qualifié pour; *(Sache)* se prêter à; *er eignet sich nicht zum Lehrer* il ne fait pas un bon professeur; **E~ung** *f* ‹-, ø› qualification, aptitude *f*.

Eil|bote *m* ['aɪl-]: *durch ~n* par exprès; **~brief** *m* lettre *f* (par) exprès; **~e** *f* ‹-, ø› hâte, précipitation *f; in ~* à la *od* en hâte; *in aller ~* en toute hâte, précipitamment, à toute vitesse; *es hat keine ~* cela ne presse pas, rien ne presse.

Eileiter *m* ['aɪ-] *anat (Mensch)* trompe *f* utérine; *(Tier)* oviducte *m*.

eil|en ['aɪlən] *itr* **1.** ‹*sein*› *(Mensch)* courir, marcher à grands pas; *(Zeit)* passer rapidement, fuir; **2.** ‹*h*› *(Sache)* presser; *refl:* **3.** *sich ~* se hâter, se dépêcher; — *zu Hilfe ~* voler au secours; *es eilt* cela presse; *es eilt nicht* il n'y a pas d'urgence *od* de presse; *eilt! (auf Postsendungen)* urgent; **E~gut** *n* (marchandises *f pl od* envoi *m* en) grande vitesse *f;* colis *m* exprès; **~ig I.** *a (Sache)* pressant, urgent; *(schnell)* rapide, prompt; **II.** *adv* à la hâte; — *in ~en Fällen* dans les cas d'urgence; *es ~ haben* être (em)pressé, marcher à grands pas, avoir hâte (*mit, zu* de); *die Sache* od *es ist (sehr) ~* cela presse (beaucoup); *warum so ~?* pourquoi si vite? **E~sendung** *f* envoi *m* exprès; **E~zug** *m* rapide, train *m* direct.

Eimer *m* ‹-s, -› ['aɪmər] seau *m; im ~ sein (Sache) (pop)* être dans le lac *od* à l'eau.

ein [aɪn] **(1)** *(unbest. Artikel u. Zahlwort)* un, une; *der, die ~e (pron)* (l')un *m*, (l')une *f; ~er (jemand)* quelqu'un(e *f*) *m*, on, vous; *~ für allemal* une fois pour toutes, une bonne fois; *~er nach dem andern* l'un après l'autre, chacun à son tour, tour à tour, à tour de rôle; *in ~em fort* continuellement; *~ ums andere Mal* une fois sur deux; alternativement; *weder ~ noch aus wissen* ne (pas) savoir où donner de la tête; *was ist denn das für ~er? (fam)* quel est cet individu? *~ und derselbe* le même, une seule et même personne; *der ~e ..., der andere* l'un ..., l'autre; *~er von beiden* l'un des deux, l'un ou l'autre; *~s von beiden* de deux choses l'une; **(2) I.** *interj el (= einschalten!)* fermé; **II.** *adv (auf Geräten)* mise en marche.

Einakter *m theat* pièce *f* en un acte.

einander [aɪ'nandər] *adv* l'un (à) l'autre, les uns aux *od* les autres, mutuellement, réciproquement; *~ helfen* s'entraider; *~ schaden* s'entre-nuire.

ein=arbeit|en *tr: jdn ~* initier qn au travail, mettre qn au courant; *sich ~ in* se mettre en train, se mettre au courant de; **E~ung** *f* ‹-, (-en)› mise au courant *od* en train, adaptation, formation *f*.

einarmig *a* manchot.

ein=äscher|n ['-ɛʃərn] *tr* réduire en cendres; *(Leiche)* incinérer; **E~ung** *f* ‹-, -en› incinération, crémation *f*.

ein=atmen *tr* aspirer, respirer.

einäugig *a* borgne.

Einbahnstraße *f* (rue *od* voie *f* à) sens *m* unique.

ein=balsamieren ‹*ohne -ge-*› *tr* embaumer.

Einband *m* ‹-(e)s, ¨e› *(Buch)* reliure *f*.

einbändig *a* en un volume.

Einbau *m* ['aɪnbaʊ] *allg* mise *f* en place; *(von Möbeln)* aménagement, encastrement *m; tech* installation *f*, montage *m;* **ein=bauen** *tr* mettre en place; *(Möbel)* aménager, encastrer; *(fam)* rajouter; *tech* installer, monter.

Einbaum *m (Boot)* pirogue *f*.

Einbau|möbel *n pl* ['aɪnbaʊ-] meubles *m pl* encastrés; **~motor** *m (Fahrrad)* moteur auxiliaire, propulseur *m;* **~schrank** *m* placard *m*.

einbegriffen *a* y compris; implicite; *alles ~* tout compris.

ein=behalten ‹*behält, behielt ein, einbehalten*› *tr* retenir (*vom Lohn* sur le salaire).

ein=beruf|en ‹*berief ein, einberufen*› *tr allg* convoquer; *(Wehrpflichtigen)* appeler (sous les drapeaux); *parl* réunir:

E~ung *f* convocation *f; mil* appel *m* (sous les drapeaux).
ein=betonieren ⟨*ohne -ge-*⟩ *tr* encastrer en *od* enrober de béton.
ein=betten *tr tech* encastrer, enrober.
Einbettzimmer *n* chambre *f* à un lit.
ein=beulen *tr* bosseler, bossuer.
ein=biegen ⟨*bog ein, eingebogen*⟩ *itr* ⟨*sein*⟩: *nach links, rechts ~* tourner *od* virer à gauche, à droite.
ein=bild|en, *sich* **1.** *(sich vorstellen)* se représenter, se figurer, s'imaginer; **2.** *(überzeugt sein)* être persuadé (*von* de, *daß* que); — *sich etwas ~ auf* être fier de, se prévaloir de, se piquer de; *bilden Sie sich ja nicht ein, daß* ... n'allez pas croire que ...; **E~ung** *f* **1.** *(Vorstellung)* imagination, fantaisie; *(bloße Annahme)* pure imagination, illusion chimère; *(krankhafte ~)* fabulation *f;* **2.** *(Dünkel)* prétention, présomption, vanité, infatuation *f;* **E~ungskraft** *f* imagination, faculté *od* puissance *f* imaginative.
ein=blenden *tr film radio TV* enchaîner.
Einblick *m fig* aperçu *m (in etw* de qc); *jdm e-n ~ in etw gewähren* mettre qn au courant de qc, donner un aperçu de qc à qn.
ein=brech|en ⟨*bricht, brach ein, eingebrochen*⟩ *itr* ⟨*sein*⟩ **1.** faire irruption (*in* dans); *(mit Gewalt)* entrer de force (*in* dans); *(Einbrecher)* cambrioler (*in etw* qc); **2.** *(Decke)* s'écrouler, s'effondrer; *(Mensch auf dem Eis)* s'enfoncer; **E~er** *m* ⟨-s, -⟩ cambrioleur *m.*
ein=brennen ⟨*brannte ein, eingebrannt*⟩ *tr (Zeichen)* brûler.
ein=bringen ⟨*brachte ein, eingebracht*⟩ *tr* **1.** *(Ernte)* rentrer, engranger; **2.** *(Geld)* rapporter, réaliser; **3.** *parl (Antrag, Gesetzentwurf)* déposer; **4.** *fig* valoir, mériter (*jdm etw* qc à qn); **5.** *(aufholen)* recouvrer, regagner, *(verlorene Zeit)* rattraper.
ein=brocken *tr (Brot)* tremper; *da hast du dir aber etwas Schönes eingebrockt! (fig fam)* tu t'es mis dans de beaux draps *od* dans un sacré pétrin!
Einbruch *m* ⟨-(e)s, ⸚e⟩ ['-brux] **1.** *allg* irruption *f;* **2.** *(in ein Land)* invasion; *(in ein Haus)* effraction *f,* cambriolage *m;* — *bei ~ der Dunkelheit* od *Nacht* à la tombée de la nuit; **~diebstahl** *m* vol avec effraction, cambriolage *m.*
ein=bürgern **1.** *tr* naturaliser; **2.** *refl: sich ~ (fig)* s'introduire, s'établir, devenir une habitude, passer dans l'usage.
Einbuße *f* atteinte, perte *f;* **ein=büßen** *tr* perdre, essuyer une perte de.
ein=dämmen *tr* endiguer *a. fig.*
ein=decken: *sich ~ mit* se pourvoir de, s'approvisionner en.
Eindecker *m* ⟨-s, -⟩ *aero* monoplan *m.*
eindeutig *a* sans équivoque, clair, univoque; **E~keit** *f* ⟨-, ø⟩ clarté, univocité *f.*
ein=dicken *(Küche) tr* épaissir, condenser; *chem* concentrer.
ein=dring|en ⟨*drang ein, eingedrungen*⟩ *itr* ⟨*sein*⟩ pénétrer, entrer de force, faire irruption (*in* dans); forcer l'entrée (de); *(Flüssigkeit, a. mil)* s'infiltrer; *in ein Land ~* envahir un pays; **~lich I.** *a (Sache)* pénétrant, pressant, énergique; **II.** *adv* avec insistance; **E~lichkeit** *f* ⟨-, ø⟩ insistance *f;* **E~ling** *m* ⟨-s, -e⟩ ['-lɪŋ] intrus; *mil* envahisseur *m.*
Eindruck *m* ⟨-(e)s, ⸚e⟩ **1.** empreinte *(a. sport, im Boden),* marque *f;* **2.** *fig* impression *f,* effet *m; auf jdn ~ machen* faire impression sur qn, impressionner qn; *e-n guten ~ machen* faire *od* produire un bon effet; *e-n schlechten ~ machen* faire mauvais effet, une mauvaise impression; *ich habe den ~, daß* j'ai l'impression que *od* de, il me semble que.
ein=drücken *tr (platt drücken)* aplatir; *(einstoßen)* enfoncer; *(zerdrücken)* écraser, casser.
eindrucksvoll *a* impressionnant, imposant, qui fait de l'effet.
ein=ebnen *tr* aplanir, niveler, égaliser.
Einehe *f* monogamie *f.*
eineiig ['aɪnʔaɪɪç]: *~e Zwillinge m pl* jumeaux *m pl* univitellins, vrais jumeaux.
einen ['aɪnən] *tr (einigen)* uni(fie)r.
ein=engen *tr* mettre à l'étroit, rétrécir, resserrer; *fig* gêner.
einer ['aɪnər] *s. ein;* **E~** *m* ⟨-s, -⟩ **1.** *math* unité *f;* **2.** *(Boot)* canot à un rameur, skiff *m;* **~lei** [-'laɪ] *a inv* de la même sorte; *~ was, wann, wo, wie* n'importe quoi, quand, où, comment; *das ist mir ~* cela *od fam* ça m'est égal, peu m'importe; **E~lei** *n* ⟨-s, ø⟩ uniformité, monotonie *f;* **~seits** *adv* d'une part, d'un côté.
einesteils *adv* = *einerseits.*
einfach I. *a* simple; ordinaire *(a. Brief);* élémentaire; *(leicht zu tun)* facile; *(schlicht)* modeste, naturel; *(Essen)* frugal; *(Stil)* uni, sans recherche; **II.** *adv* simplement; — *ganz ~ (adv)* tout simplement *od* bonnement; *das ist nicht so ~, wie es aussieht (a.)* cela ne s'enfile pas comme des perles; *~e Fahrkarte f* aller *m* simple; **E~heit** *f* ⟨-, ø⟩ simplicité; frugalité; modestie *f; der ~ halber* par simplicité.
ein=fädeln *tr* **1.** *(Nadeln)* enfiler; **2.** *fig* engager, entamer, amorcer.
ein=fahr|en ⟨*fährt, fuhr ein, eingefahren*⟩ *tr* ⟨*h*⟩ **1.** *(Ernte)* rentrer, engranger; *aero (Fahrgestell)* rentrer, escamoter; **2.** *mot* roder; enfoncer; *itr* ⟨*sein*⟩ **3.** *mines* descendre (dans le puits); **4.** *loc* entrer (en gare); **E~t** *f* **1.** entrée; *(Torweg)* porte *f* cochère; **2.** *mines* descente *f* (dans le puits); **3.** *mar* détroit *m; (Kanal)* tête *f;* **4.** *loc* entrée *f* en gare; — *keine ~! ~ verboten!* sens interdit! ~

freihalten! sortie de voiture, prière de ne pas stationner.

Einfall *m* **1.** *phys (Licht)* incidence *f;* **2.** *mil* invasion, irruption, incursion *f;* **3.** *fig (Gedanke)* idée *f; (launiger ~)* caprice *m,* fantaisie, lubie; *(witziger ~)* boutade, saillie, pointe *f; auf den ~ kommen* avoir l'idée, s'aviser (*zu* de); **ein=fallen** ⟨*fällt, fiel ein, eingefallen*⟩ *itr* ⟨*sein*⟩ **1.** *(einstürzen)* s'effondrer, s'écrouler, (s')ébouler, tomber en ruine; **2.** *opt* entrer, faire incidence; **3.** *mil* faire irruption (*in* dans), envahir (*in etw* qc); **4.** *(in den Sinn kommen)* entrer *od* venir à la pensée *od* l'idée *od* l'esprit; *mir ist etw eingefallen* il m'est venu qc à l'idée; *das fällt mir (gar) nicht ein!* je n'y pense pas; j'en suis bien loin; *was fällt dir (denn) (überhaupt) ein?* qu'est-ce qui te prend? de quoi t'avises--tu? **~slosigkeit** *f* absence *f* d'idées; **~swinkel** *m opt* angle *m* d'incidence.

Einfalt *f* ⟨-, ø⟩ simplicité, naïveté, ingénuité *f;* **einfältig** *a* simple; naïf, ingénu; *pej* niais, sot; **~spinsel** *m* simple, niais, nigaud, benêt, imbécile *m.*

Einfamilienhaus *n* maison *od* villa *f* individuelle.

ein=fangen ⟨*fängt, fing ein, eingefangen*⟩ *tr* prendre, capturer.

einfarbig *a* d'une seule couleur, unicolore; *(Stoff)* uni; *typ* monochrome.

ein=fass|en *tr* **1.** *(umgeben)* entourer, encadrer, enclore, enceindre; **2.** *(Schmuck)* monter, sertir, enchâsser; **3.** *(säumen)* border, garnir (*mit* de); **E~ung** *f* bande *f,* (re)bord *m; (Saum)* bordure *f.*

ein=fetten *tr* graisser, lubrifier.

ein=finden, *sich* ⟨*fand ein, eingefunden*⟩ se retrouver; se trouver, se rendre (*zu* à).

ein=flößen *tr* **1.** *(Flüssigkeit)* instiller, ingurgiter (*jdm etw* qc à qn); **2.** *fig (Gefühl)* inspirer, insinuer.

Einflugschneise *f aero* axe *m* d'atterrissage.

Einfluß *m fig* influence (*auf* sur), action *f; (Ansehen)* crédit *m; auf jdn e-n ~ ausüben, ~ haben* avoir de l'influence *od* de l'emprise sur qn; *unter jds ~ stehen* subir l'influence de qn; *ich habe keinen ~ darauf* je n'y peux rien; **e~reich** *a* influent; puissant.

einförmig *a* uniforme; *fig* monotone; **E~keit** *f* uniformité; *fig* monotonie *f.*

ein=fried(ig)|en *tr* (en)clore, clôturer; **E~ung** *f* enclos *m,* clôture, enceinte *f.*

ein=frieren ⟨*fror ein, eingefroren*⟩ *itr* ⟨*sein*⟩ **1.** geler; **2.** *fig fin* geler; — *das E~ der Preise* le blocage *m* des prix.

ein=fügen *tr* emboîter, encastrer, enchâsser; *fig (Wort)* ajouter, insérer.

ein=fühl|en: *sich in jdn, etw ~* s'identifier à *od* avec qn, qc; **E~ung(svermögen** *n***)** *f* intuition *f.*

Einfuhr *f* ⟨-, -en⟩ importation *f;* **~bestimmungen** *f pl* règlements *m pl* d'importation.

ein=führen *tr* **1.** *(Menschen in e-e Gesellschaft)* introduire (*bei* auprès de, chez); *(in ein Amt)* installer (*in* dans); *(in e-e Tätigkeit, Wissenschaft)* initier (*in* à); **2.** *(Ware)* importer; *(Brauch)* introduire, établir; *(Mode)* lancer; **3.** *tech (Werkstück), med (Instrument)* introduire, insinuer.

Einfuhr|genehmigung permis *m od* autorisation *f* d'importation; **~sperre** *f* interdiction *od* prohibition *f* d'importation.

Einführung *f* **1.** *(Mensch)* introduction, présentation; *(in ein Amt)* installation; *(in e-e Wissenschaft)* initiation *f;* **2.** *(Brauch)* introduction *f,* établissement *m; (in den Handel)* lancement *m;* **3.** *tech* introduction, entrée; *med (Instrument)* introduction, insinuation *f;* **~spreis** *m com* prix *m* de lancement.

Einfuhrzoll *m* droit *m* d'entrée, taxe *f* d'importation.

ein=füllen *tr* verser (*in* dans); *mot* remplir.

Eingabe *f (Schreiben)* demande, pétition, supplique, *jur* requête *f.*

Eingang *m* **1.** *allg* entrée *f;* **2.** *(Zugang)* accès *m;* **3.** *com (Ware)* (r)entrée *f,* arrivage *m, (a. Brief)* arrivée *f;* **4.** *(Geld)* rentrée, recette *f,* recouvrement *m; pl (eingegangene Waren)* rentrées *f pl;* — *mit eigenem ~ (Zimmer)* indépendant; *~ verboten!* entrée interdite.

eingebaut *a* encastré, incorporé; *tech* monté; *(Gerät)* fixe.

ein=geb|en ⟨*gibt, gab ein, eingegeben*⟩ *tr* **1.** *(Arznei)* donner, administrer; **2.** *fig* suggérer, inspirer, insinuer.

eingebildet *a* **1.** *(Sache) (vorgestellt)* imaginaire, fictif; **2.** *(Mensch) (eitel)* vaniteux, suffisant, (in)fat(ué), prétentieux, présomptueux; *auf etw ~ sein* se piquer de qc.

eingeboren *a* indigène; **E~e** *m f* indigène *m f;* natif *m,* native *f;* aborigène *m f.*

Eingebung *f* ⟨-, -en⟩ *fig* inspiration *f.*

eingefallen *a (Wangen)* creux, cave.

eingefleischt *a* invétéré; *~er Junggeselle m* célibataire *m* endurci.

ein=gehen ⟨*ging ein, eingegangen*⟩ *itr* ⟨*sein*⟩ **1.** *(Brief)* arriver; *(Geld)* rentrer; **2.** *(Stoff)* rétrécir, se raccourcir; **3.** *(absterben)* dépérir, s'éteindre; *(Tier)* crever (*an* de); *com (Geschäft)* cesser (d'exister), disparaître; *(Zeitung)* disparaître, cesser de paraître; *tr* ⟨*sein*⟩ **4.** *(Ehe, Geschäft)* conclure, contracter; — *auf etw ~ (e-r S zustimmen)* accepter qc, consentir, souscrire, acquiescer à qc;

auf jds Bitte, Verlangen ~ se rendre à la demande de qn; *auf (die) Einzelheiten* ~ entrer dans les détails; *ein Risiko* ~ prendre un risque; *e-e Verpflichtung* ~ prendre un engagement; *e-e Wette* ~ faire un pari; **~d I.** *a* détaillé, minutieux, circonstancié; **II.** *adv* à fond, longuement.

eingeklemmt *a med (Bruch)* étranglé.

eingelegt *a (Holz)* incrusté.

Eingemachte(s) *n* conserves; *(Obst)* confitures *f pl.*

ein=gemeind|en *tr* incorporer; **E~ung** *f* incorporation *f* communale.

eingenommen *a:* ~ *für, gegen* prévenu en faveur de, contre; *(sehr) von sich* ~ *sein* se croire (beaucoup).

eingerichtet: *auf alles* ~ *sein* faire la part de l'imprévu.

eingerostet *a* rouillé *(a. fig).*

eingeschnappt *a: gleich* ~ *sein (fam)* se blesser *od* se froisser pour un rien.

eingeschneit *a* bloqué par les neiges.

eingeschrieben *a (Brief)* recommandé, sous pli.

eingesessen *a (Bevölkerung)* indigène.

eingestandenermaßen *adv* de façon avouée.

Eingeständnis *n* aveu *m.*

ein=gestehen *tr* ‹*gestand ein, eingestanden*› avouer, reconnaître, confesser; *(zugeben)* admettre.

eingetragen *a adm* déclaré, enregistré; *~e Schutzmarke f (com)* marque *f* déposée.

Eingeweide *n (pl)* viscères *m pl,* entrailles *f pl; (Gedärm)* intestins *m pl, (von Tieren)* tripes *f pl.*

eingeweiht *a* initié (*in* à), informé (*in* de); **E~e** *m f* ‹-n, -n› initié(e *f*) *m,* adepte *m.*

ein=gewöhnen, *sich* s'habituer (*in* à).

eingleisig *a loc* à voie unique.

ein=gliedern *tr* incorporer, intégrer (*jdn, etw e-r S* qn, qc à qc).

ein=graben ‹*gräbt, grub ein, eingegraben*› *tr* enterrer, enfouir; *sich* ~ *(mil)* se retrancher; *(Tier)* se terrer.

ein=gravieren ‹*ohne -ge-*› *tr* graver (*in* sur).

ein=greifen ‹*griff ein, eingegriffen*› *itr* **1.** mettre la main (*in* dans); *fig* entrer en action *od* jeu, intervenir (*in* dans) *a. mil;* se mêler (*in* de); *(ins Gespräch)* interrompre (*in etw* qc); **2.** *tech (Maschinenteil)* engrener (*in* avec), mordre *(a. Anker);* — *in jds Rechte* ~ porter atteinte à *od* empiéter sur les droits de qn; **E~** *n* **1.** intervention *f;* **2.** *tech* engrenage *m;* **~d** *a (Maßnahme)* énergique, efficace.

Eingriff *m* **1.** *med* intervention (chirurgicale), opération *f;* **2.** *(in ein Recht)* atteinte *f* (*in* à), empiétement *m* (*in* sur).

ein=haken *tr* agrafer, accrocher; *jdn* ~ prendre le bras de qn.

Einhalt *m: e-r S* ~ *gebieten* arrêter qc, mettre un terme *od* un frein à qc; **ein=halten** ‹*hält, hielt ein, eingehalten*› **1.** *tr (Bedingung, Frist, Vertrag, Regel)* observer; *(Datum)* respecter; *(Verpflichtung, Versprechen, a. Straßenseite)* tenir; *(Richtung)* suivre; **2.** *itr: mit etw* ~ s'interrompre dans qc; cesser de faire qc; *haltet ein!* cessez! **~ung** *f* observation *f.*

ein=hämmern *tr fig: jdm etw* ~ faire entrer qc dans la tête de qn.

ein=handeln *tr* faire emplette de; *gegen etw* ~ échanger contre qc.

einheimisch *a* du pays, du cru, natif; *bot zoo* indigène; **E~e** *m f* natif *m,* native *f.*

ein=heimsen *tr (zs. tragen)* rassembler, engranger; *fig (einstecken)* recueillir, empocher, *fam* encaisser, grignoter.

einheiraten *itr* entrer par mariage (*in* dans).

Einheit *f* ‹-, -en› ['aınhaıt] unité *f a. math, phys, tech, mil; e-e* ~ *bilden* faire corps (*mit* avec); **e~lich** *a* **1.** unitaire, uniforme, homogène; **2.** *(übereinstimmend)* suivi, conforme à l'ensemble; **~lichkeit** *f* ‹-, ø› **1.** unité, uniformité, homogénéité *f;* **2.** suite, conformité *f;* **~s...** unique, unifié *a; pol* unioniste; *(Typ)* standardisé; **~spreis(geschäft n)** *m* (magasin à) prix *m* unique; **~sschule** *f* école *f* unique.

ein=heizen *itr* chauffer; *fig: jdm tüchtig* ~ *(fam)* secouer les puces à qn.

einhellig I. *a* unanime; **II.** *adv* à l'unanimité, d'un commun accord.

ein=holen *tr* **1.** aller chercher, acheter; *(die Ernte)* rentrer, engranger; **2.** *(erreichen)* rejoindre, rattraper *a. fig,* atteindre; *itr* **3.** *(einkaufen)* aller aux provisions, faire des courses *od* des emplettes; — *e-e Erlaubnis, Genehmigung* ~ demander une autorisation; *ein Gutachten, Auskünfte, Nachrichten* ~ (aller) prendre une expertise, des renseignements, des nouvelles.

ein=hüllen *tr* envelopper (*in* dans).

einig ['aınıç] *a (einmütig)* unanime; *sich* ~ *sein* être d'accord (*über* sur; *daß* pour dire que); *(sich)* ~ *werden* tomber d'accord (*über* sur); **~e** ['-nıgə] **I.** *pron a* quelque, un peu de, *fam* une certaine dose de; *pl* quelques; **II.** *s pl* quelques-un(e)s *m (f) pl;* — *nach ~r Zeit* au bout d'un certain temps; **~emal** *adv* quelquefois, parfois; **~en** *tr (Land)* unifier; *sich über etw* ~ tomber *od* se mettre d'accord sur qc; **~ermaßen** *adv* dans une certaine mesure, en quelque sorte; *(leidlich)* tant bien que mal, passablement, assez bien; *so* ~ *(fam)* pas (trop) mal; **E~keit** *f* ‹-, ø› concorde *f;* ~

macht stark (prov) l'union fait la force; **E~ung** *f* ‹-, (-en)› unification *f.*
ein≈impfen *tr* inoculer; *jdm etw ~ (fig)* inculquer qc à qn.
ein≈jagen *tr: jdm e-n Schreck ~* effrayer qn.
einjährig *a* **1.** *(ein Jahr alt)* d'un an; **2.** *(ein Jahr dauernd, a. bot)* annuel.
ein≈kalkulieren ‹*ohne -ge-*› *tr* mettre en ligne de compte; inclure dans ses calculs.
ein≈kassieren ‹*ohne -ge-*› *tr* encaisser, recouvrer.
Einkauf *m* achat *m; (kleiner ~)* emplette *f; (s-e) Einkäufe machen* od *tätigen* faire des achats *od* emplettes, faire ses *od* aller aux provisions; **ein≈kaufen** *tr* acheter, faire emplette de; *~ gehen* faire son marché *od* ses provisions.
Einkäufer *m* acheteur *m.*
Einkaufs|bummel *m: e-n ~ machen* courir les magasins; **~genossenschaft** *f* coopérative *f;* **~preis** *m* prix *m* d'achat *od* coûtant; *zum ~* au prix coûtant.
Einkehr *f* ‹-, ø› **1.** entrée *f* (dans une auberge); **2.** *fig* recueillement *m; ~ halten (fig)* rentrer en soi-même, se recueillir; **ein≈kehren** *itr* ‹*sein*› entrer dans un restaurant; descendre dans un hôtel.
ein≈kellern *tr* encaver, mettre en cave.
ein≈klammern *tr (Wort)* mettre en(tre) parenthèses *(runde) od* entre crochets *(eckige Klammern).*
Einklang *m* accord *m,* harmonie *f; sich in ~ befinden, in ~ stehen mit* être en harmonie avec; *in ~ bringen* mettre d'accord, harmoniser, accorder, adapter.
ein≈kleben *tr* coller (*in* dans).
ein≈kleid|en *tr* vêtir; habiller *a. mil.*
ein≈klemmen *tr* serrer, coincer.
ein≈kochen *tr (Obst)* confire; *allg* mettre en conserve.
ein≈kommen ‹*kam ein, eingekommen*› *itr* ‹*sein*› *(Geld)* rentrer; *um etw ~* demander, solliciter qc; **E~** *n* ‹-s, -› revenu *m* salarial, salaire *m; kein gesichertes ~ haben* n'avoir ni office ni bénéfice; *steuerpflichtiges ~* revenu *m* imposable; **E~sgruppe** *f* tranche *f* de revenus; **E~steuer** *f* impôt *m* sur le(s) revenu(s).
ein≈kreisen *tr* cerner; encercler *a. mil; pol a.* isoler.
Einkünfte *pl* ['-kʏnftə] revenu(s *pl*) *m,* rentes *f pl.*
ein≈lad|en ‹*lädt, ludt ein, eingeladen*› *tr* **1.** *(verladen)* mettre, charger, embarquer (*in* dans); **2.** *(Gast)* inviter, convier, prier (*zu* à); **E~** *n* chargement, embarquement *m;* **~end** *a* engageant, attrayant, accueillant; **E~ung** *f* ‹-, -en› invitation *f* (*zu* à); *auf ~ (gen)* sur l'invitation (de).
Einlage *f* **1.** *(Schuh)* support, cambrillon *m;* **2.** *(Suppe)* garniture *f; (Zahn)* plombage *m;* **3.** *fig allg* insertion *f; theat* entracte *m;* **4.** *fin* mise *f* de fonds, dépôt *m.*
ein≈lagern *tr* emmagasiner, entreposer, mettre en dépôt (*bei* chez).
Einlaß *m* ‹-sses, ⸚sse› ['-las, '-lɛsə] admission *f a. tech mot.*
ein≈lassen ‹*läßt, ließ ein, eingelassen*› *tr* **1.** laisser entrer, admettre; **2.** *(Wasser)* faire couler; **3.** *(einfügen)* encastrer, emboîter, enchâsser; — *eingelassene Arbeit f* incrustation *f; sich auf etw ~* consentir à qc; *sich mit jdm in ein Gespräch ~* engager une conversation avec qn.
ein≈laufen ‹*läuft, lief ein, eingelaufen*› *itr* **1.** *mar* entrer au port; **2.** *(Stoff)* (se) rétrécir; *nicht ~d (Stoff)* irrétrécissable.
ein≈leben: *sich ~ in* s'acclimater dans; *fig* s'habituer à, s'adapter à.
ein≈leg|en *tr* **1.** mettre (*in* dans); *(in e-n Brief)* inclure, joindre; **2.** *(Heringe)* mariner; *(Früchte)* confire; **3.** *(in Holz)* incruster, marqueter; *(in Metall)* damasquiner; **4.** *fig* insérer *a. theat;* — *Ehre mit etw ~* retirer de la gloire de qc; *e-n Film ~ (phot)* charger l'appareil; *e-e Pause ~* faire une pause; **E~esohle** *f* semelle *f* intérieure.
ein≈leit|en *tr* **1.** introduire, commencer *(mit* par); **2.** préparer, ménager; **3.** *(Buch)* préfacer; **4.** *jur* ouvrir; *(Prozeß)* instruire; *(Verfahren)* informer; *(Verhandlungen)* ouvrir, engager, entamer; **~end** *a* introductif, (pré)liminaire; *mil* préparatoire; **E~ung** *f* **1.** introduction, ouverture *f;* **2.** préparatif *m, bes. mil* préparation *f;* **3.** *(Vorrede)* préambule *m; (Buch)* préface *f,* avant-propos; *mus* prélude *m,* ouverture *f;* **4.** *jur* commencement *m, (a. Verhandlungen)* ouverture *f.*
ein≈lenken *itr* se raviser, en rabattre, faire machine arrière.
ein≈leuchten *itr* être *od* paraître clair *od* évident; *das leuchtet ein* cela saute aux yeux; **~d** *a* clair, évident.
ein≈liefer|n *tr* (dé)livrer, remettre; *ins Krankenhaus ~* transporter à l'hôpital; **E~ung** *f* livraison, remise *f,* dépôt *m;* **E~ungsschein** *m com* reçu, récépissé (postal); bulletin *m* de dépôt.
ein≈lös|en *tr* **1.** racheter, dégager; *(Pfand)* retirer; **2.** *(Banknote)* rembourser; *(Scheck)* toucher, encaisser; *(Wechsel)* acquitter, honorer; *(Wertpapier)* convertir; *(Zinsschein)* payer; **3.** *fig (sein Wort, Versprechen)* tenir, s'acquitter de; **E~ung** *f* **1.** rachat, dégagement; *(Pfandschein)* amortissement, dégagement *m;* **2.** *(Banknote)* remboursement; *(Scheck)* encaissement; *(Wechsel, Zinsschein)* paiement *m; (Wertpapier)* conversion *f.*

ein=mach|en *tr* mettre en conserve, conserver; *(in Zucker od Essig)* confire; **E~glas** *n* bocal à conserves, verre *m* à confiture(s).

einmal ['aınma:l] *adv* une fois; *(einst)* autrefois, jadis; *(künftig)* un jour; *auf ~ (zugleich)* à la fois, en même temps; *(plötzlich)* tout à coup, soudain; *nicht ~* pas même; *(beim v)* ne ... même pas; *noch ~* encore une fois, de nouveau; *wenn ~* ... une fois que ...; *~ ..., ~ ...* tantôt ..., tantôt ... ; *das ist nun ~ so* voilà, c'est comme ça; *es war ~* il y avait *od* il était une fois; *~ ist keinmal (prov)* une fois n'est pas coutume; **E~eins** *n* 〈-, ø〉 [-'aıns] table *f* de multiplication; **~ig** *a* unique *a. fig; fig* exceptionnel, hors série; *~e Gelegenheit f* occasion *f* unique; **E~igkeit** *f* 〈-, ø〉 originalité, unicité *f.*

Einmarsch *m mil* entrée *f;* **ein=marschieren** 〈*ohne -ge-*〉 *itr* 〈*sein*〉 entrer, faire son entrée (*in* dans).

ein=misch|en: *sich ~ in* se mêler de *od* à, s'immiscer dans, s'ingérer dans, intervenir dans; **E~ung** *f* immixtion, ingérence, intervention *f.*

einmotorig *a aero* monomoteur.

ein=mumme(l)n *tr: (sich) ~* (s')emmitonner, (s')emmitoufler.

ein=münden *itr* 〈*sein*〉 *(Straße)* entrer (*in* dans), aboutir (*in* à, dans, sur).

einmütig I. *a* unanime; **II.** *adv* à l'unanimité; **E~keit** *f* 〈-, ø〉 unanimité *f.*

Einnahme *f* 〈-, -en〉 **1.** *(ohne pl) mil (e-r Stadt)* prise *f;* **2.** *com fin* recette; *(Steuern)* perception *f; theat* recettes *f pl* de caisse; **~quelle** *f* source de revenus, ressource *f.*

ein=nehmen 〈*nimmt, nahm ein, eingenommen*〉 *tr* **1.** *(Mahlzeit, Arznei, Platz, Stadt)* prendre; *(Arznei)* s'administrer; absorber; *loc, mar (Kohlen, Wasser)* faire (du charbon, de l'eau); **2.** *(Geld)* toucher, encaisser; *(Steuern)* percevoir; **3.** *(Raum)* occuper; *(Stellung)* tenir; *(Haltung)* observer; **4.** *(jdn)* captiver, charmer, séduire; — *jds Stelle ~* remplacer qn; **~d** *a fig* prévenant, engageant, captivant, séduisant; *~es Wesen n* manières *f pl* avenantes.

ein=nicken *itr* 〈*sein*〉 *fam* s'assoupir.

ein=nisten, *sich* se nicher; *fig* s'établir, s'installer; *fig fam* s'implanter.

Einöde *f* 〈-, -n〉 ['aın?ø:də] lieu *m od* région *f* désert(e).

ein=ölen *tr* huiler, lubrifier, graisser.

ein=ordnen *tr* ranger, caser, classer; *(in Rubriken)* classifier; *sich rechts, links, in der Mitte einordnen (mot)* se mettre dans la file de droite, de gauche, du milieu.

ein=packen 1. *tr* empaqueter, *com* emballer; **2.** *itr fig fam* plier bagage.

ein=passen *tr tech* ajuster, adapter.

ein=pferchen *tr (Schafe)* parquer *a. fig; fig* serrer, *fam* entasser.

ein=präg|en *tr* empreindre, imprimer (*in* dans), graver (*in* sur); *fig: sich etw ~* se graver qc dans la mémoire; **~sam** *a* impressionnant; qui reste *od* marque.

ein=quartier|en ['-kvarti:rən] 〈*ohne -ge-*〉 *tr* loger, installer, *mil a.* cantonner; **E~ung** *f* logement *m,* installation *f, mil a.* (mise *f* en) cantonnement *m.*

ein=rahmen *tr* encadrer.

ein=rammen *tr* enfoncer.

ein=rasten *itr* s'enclencher.

ein=räumen *tr* **1.** *(Sachen)* ranger, mettre en place; *(Schrank, Wohnung)* aménager; **2.** *fig (Recht)* concéder, reconnaître; *(Frist, Kredit)* accorder; **3.** *(zugeben)* admettre (*etw* qc, *daß* que), convenir (*etw* de qc); — *jdm Kredit ~* faire crédit à qn.

ein=rechnen *tr: (nicht) eingerechnet* y compris (non compris).

einreden *tr: jdm etw ~* faire croire *od fam* avaler qc à qn; *sich ~, daß* ... se persuader (à tort) que ...; *itr: auf jdn ~* chercher à persuader qn.

ein=reib|en 〈*rieb ein, eingerieben*〉 *tr* frotter (*mit etw* de qc), frictionner (*mit etw* avec qc); **E~ung** *f* frottement *m,* friction *f.*

ein=reichen *tr* présenter, remettre, déposer; *e-n Antrag, ein Gesuch ~* déposer *od* faire une demande.

ein=reihen *tr* ranger (*unter* parmi), insérer (*unter* dans); *sich ~* s'inscrire, prendre rang (*unter* parmi).

Einreise *f* entrée *f;* **ein=reisen** *itr* entrer; **~visum** *n* visa *m* d'entrée.

ein=reißen 〈*riß ein, eingerissen*〉 *itr* 〈*sein*〉 *fig (Unsitte)* prendre racine, s'enraciner.

ein=renken ['-rɛŋkən] *tr* **1.** *(Glied)* remettre, remboîter; **2.** *fig fam (wieder ~)* arranger.

ein=rennen 〈*rannte ein, eingerannt*〉 *tr: jdm das Haus ~ (fig)* assiéger qn.

ein=richt|en *tr* **1.** arranger, disposer; **2.** *(Wohnung)* meubler, aménager; *(Bad, WC)* installer; *(Geschäft)* monter; **3.** *(Filiale)* ouvrir; *(Dienst, Verwaltung)* organiser; **4.** *tech (justieren)* ajuster, régler; — *es* od *sich so ~, daß* faire en sorte que *subj,* s'arranger pour que *od* de manière à *inf; sich ~* s'installer, s'organiser; *(häuslich)* monter son ménage; *(mit s-n Mitteln)* s'arranger; **E~ung** *f* **1.** arrangement *m;* mise *f* au point; **2.** *(e-r Wohnung)* ameublement, aménagement *m; (Ausstattung)* installation *f,* équipement *m;* **3.** *(öffentliche ~)* institution *f;* service *m;* **4.** *tech (Vorrichtung)* dispositif, mécanisme *m, (Anlage)* disposition *f; sanitäre ~* appareil *m* sanitaire.

ein=ritzen *tr* graver (*in* sur).

ein=rollen *tr* enrouler; *(Geld)* mettre en rouleaux.
ein=rosten *itr* ⟨*sein*⟩ (se) rouiller *a. fig.*
ein=rücken *tr* ⟨*h*⟩ **1.** *typ* (faire) rentrer; **2.** *tech* enclencher; *itr* ⟨*sein*⟩ **3.** entrer (*in* dans); *mil* entrer (en garnison), partir (au service militaire).
eins [aıns] *(Zahlwort)* un; *die E~ (pl: die Einsen)* le (nombre) un; *~ a (Ia)* excellent, parfait; de premier ordre; *um ~ (1 Uhr)* à une heure; *~ (einig) werden* tomber d'accord; *das läuft auf ~ hinaus* cela revient au même.
ein=sacken *tr* mettre en sac, ensacher.
ein=salzen ⟨*salzte ein, eingesalzen*⟩ *tr* saler.
einsam ['-za:m] *a (Mensch)* seul, solitaire; retiré; *(Ort)* isolé, désert; **E~keit** *f* ⟨-, ø⟩ solitude *f*, isolement *m*.
ein=sammeln *tr* recueillir *(bes. Geld); (vom Boden, a. die Hefte)* ramasser.
Einsatz *m* **1.** *(Koffer~)* châssis; *(Kleidung)* empiècement; *(Topf)* accessoire *m*; **2.** *(im Spiel)* mise *f* (en jeu), enjeu *m*; **3.** *allg* utilisation *f*, engagement *m*, mise *f* en œuvre; *(Arbeits~, ~ von Arbeitskräften)* mise au travail; *mil, a. aero* (mise *od* entrée en ligne *od* en) action, mission *f*; **4.** *theat* entrée; *mus* attaque, rentrée *f*; — *durch ~ (gen)* en utilisant . . . ; *im ~* en action; *unter ~ des eigenen Lebens* au péril de sa vie; **e~bereit** *a allg* disponible; *mil* prêt (à l'action *od* à entrer en ligne); *aero* prêt (à décoller); **~bereitschaft** *f* disponibilité *f*.
ein=saugen *tr (Luft)* aspirer, inhaler, humer; *(Flüssigkeit)* s'imbiber de, s'imprégner de, absorber.
ein=schalt|en *tr* **1.** insérer, intercaler, interpoler; **2.** *el* mettre en circuit, allumer; *radio mot* mettre; *mot tech* embrayer; *(Strom)* établir le contact, fermer le circuit; *refl* **3.** *sich ~ (fig)* s'interposer, intervenir; — *eingeschaltet (pp el)* en circuit; *das Licht ~* tourner le bouton; *den ersten Gang ~* passer la première; **E~ung** *f* ⟨-, (-en)⟩ **1.** insertion; intercalation, interpolation *f*; **2.** *el* fermeture, mise *f* en circuit *od* sous tension; *tech mot* embrayage *m*; **3.** *fig* intervention *f*.
ein=schärfen *tr* inculquer (*jdm etw* qc à qn).
ein=schätzen *tr* évaluer, taxer; *richtig ~* estimer à sa juste valeur.
ein=schenken *tr* verser; *itr* verser *od* servir à boire.
ein=schicken *tr* envoyer; *(Geld)* (faire) remettre.
ein=schieben ⟨*schob ein, eingeschoben*⟩ *tr* insérer, intercaler, interpoler.
ein=schiff|en: *sich ~ nach* s'embarquer pour; **E~ung** *f* ⟨-, (-en)⟩ embarquement *m*.
ein=schlafen ⟨*schläft, schlief ein, eingeschlafen*⟩ *itr* **1.** s'endormir, s'assoupir; **2.** *(Glied)* s'engourdir; **3.** *(sterben)* s'éteindre, mourir; **4.** *fig (allmählich aufhören)* se refroidir, se ralentir; — *vor dem E~* avant de s'endormir; *wieder ~* se rendormir; *das Bein ist mir eingeschlafen* j'ai la jambe engourdie.
ein=schläfern *tr* endormir, assoupir; **~d** *a* soporifique, somnifère *a. fig.*
Einschlag *m* **1.** *(Holz)* coupe, vente *f*; **2.** *(Blitz)* chute; *(Geschoß)* arrivée *f* du coup, point *m* de chute *od* d'impact; **3.** *(Weberei)* trame *f*; *(Kleidung)* repli *m*; **4.** *fig (Anflug)* nuance, teinte, pointe *f*;
ein=schlagen ⟨*schlägt, schlug ein, eingeschlagen*⟩ *tr* **1.** *(Nagel, Pfahl)* planter, enfoncer; **2.** *(Tür)* enfoncer; *(Fenster, Zähne)* casser; **3.** *(Holz im Wald)* couper; **4.** *(Weberei)* tramer; *(Kleiderrand)* rentrer; **5.** *(einwickeln)* empaqueter, envelopper, emballer; **6.** *fig (Weg, Richtung)* prendre, suivre, entrer dans; *itr* **7.** *(auf jdn)* tomber (sur qn) à bras raccourcis; **8.** *(in jds Hand)* toper; **9.** *(Blitz, Geschoß)* tomber, éclater (*in* sur); **10.** *fig (Erfolg haben)* réussir, tourner bien; *(Anklang finden)* être bien accueilli; prendre (*bei* sur); **einschlägig** *a* relatif à; *(Geschäft)* spécialisé; *~e Literatur f* littérature *f* relative au sujet.
ein=schleichen, *sich* ⟨*schlich ein, eingeschlichen*⟩ se glisser, se faufiler, *fig* s'insinuer (*in* dans).
ein=schleppen *tr (Seuche)* introduire, importer, amener.
ein=schließ|en ⟨*schloß ein, eingeschlossen*⟩ *tr* **1.** mettre sous clef, (r)enfermer; serrer; **2.** *(umgeben)* entourer, encercler; *(umzäunen)* enclore; *mil (Feind)* envelopper; *(Festung)* cerner, bloquer; **3.** *fig* inclure, englober; *(enthalten)* renfermer, contenir, comprendre; **~lich I.** *adv* inclusivement; **II.** *prp gen* y compris; *bis ~* jusque(s) et y compris.
Einschluß *m min* inclusion *f*.
ein=schmeicheln: *sich bei jdm ~* s'insinuer auprès de qn *od* dans les bonnes grâces de qn; **~d** *a* insinuant, câlin.
ein=schmieren *tr* enduire (*mit* de); *tech mot* graisser, lubrifier; *(mit Öl)* huiler; *(mit Salbe)* oindre, pommader.
ein=schmuggeln *tr: (sich) ~* (s')introduire furtivement.
ein=schnappen *itr* ⟨*sein*⟩ *tech* se fermer (à ressort); *fig s. eingeschnappt.*
ein=schneiden ⟨*schnitt ein, eingeschnitten*⟩ **1.** *tr* inciser, taillader; **2.** *itr* couper; *(ins Fleisch)* entrer (*in* dans); **~d** *a* incisif; *(Maßnahme)* radical, de rigueur.
Einschnitt *m* **1.** incision, taillade, (dé)coupure *f (a. im Gelände)*; **2.** *fig (Wendepunkt)* tournant *m*.
ein=schnüren *tr* lacer, serrer.
ein=schränk|en *tr* borner, limiter, res-

treindre; *sich* ~ se restreindre; *(in s-n Ausgaben)* réduire ses dépenses; **~end** *a (Maßnahme)* restrictif, limitatif; **E~ung** *f* ‹-, -en› limitation, restriction; réserve *f; mit, ohne* ~ sous, sans restriction; *mit der* ~, *daß* avec la restriction que.

Einschreib|(e)brief *m,* **~(e)sendung** *f* lettre *f,* envoi *m* recommandé(e); **ein=schreiben** ‹*schrieb ein, eingeschrieben*› *tr* inscrire (*in* dans); *(eintragen)* enregistrer; *sich in ...* ~ s'inscrire dans ... ; *sich an e-r Universität* ~ *lassen* s'inscrire, se faire immatriculer, prendre ses inscriptions (*in* à); **~en** *n* enregistrement *m; (Brief)* lettre *f* recommandée; *als* ~, ~! recommandé! **~ung** *f* inscription; *(Universität)* immatriculation *f.*

ein=schreiten ‹*schritt ein, eingeschritten*› *itr* ‹*sein*› intervenir; prendre des mesures; **E~** *n* intervention; *jur* action *f* en justice.

ein=schrumpfen *itr* ‹*sein*› (se) rétrécir.

Einschub *m* insertion *f.*

ein=schüchter|n *tr* intimider; **E~ung** *f* intimidation *f.*

ein=schul|en *tr* scolariser; mettre à l'école; **E~ung** *f* scolarisation *f.*

Einschuß *m* **1.** *(~stelle)* entrée *f* (d'une balle); **2.** *(Textil)* trame *f.*

ein=segn|en *tr* bénir, consacrer; *(Kind)* confirmer; **E~ung** *f* bénédiction, consécration; confirmation *f.*

ein=sehen ‹*sieht, sah ein, eingesehen*› *tr* **1.** regarder dans, jeter un coup d'œil dans *od* sur; *(Akten)* prendre connaissance de; **2.** *fig (begreifen)* voir, comprendre, se rendre compte de; *(Fehler)* reconnaître; *etw nicht* ~ *wollen* fermer les yeux à qc, s'aveugler sur qc.

ein=seifen *tr* **1.** savonner; **2.** *fig fam: jdn* ~ rouler qn.

einseitig *a bes. scient jur* unilatéral; *(Schmerzen)* d'un seul côté; *(Ernährung)* mal équilibré; *(Mensch)* étroit, simpliste; trop spécialisé; *(parteiisch)* partial; **E~keit** *f* simplisme *m,* étroitesse; partialité *f.*

ein=send|en ‹*sandte* od *sendete ein, eingesandt* od *eingesendet*› *tr* envoyer, expédier; *(e-r Zeitung)* communiquer; **E~er** *m* expéditeur; *(Zeitung)* correspondant *m;* **E~eschluß** *m* date *f* limite (d'envoi).

ein=setz|en *tr* **1.** mettre, placer (*in* dans); *(Pflanze)* planter; *(Flicken)* mettre; *(Fensterscheibe, Stiftzahn)* poser; **2.** *(Pfand)* mettre en jeu, miser; **3.** *(Person)* installer, investir, affecter; *mil (Truppen)* engager, mettre en ligne; **4.** commencer, s'ouvrir; *(Sache)* s'amorcer; *mus* attaquer, rentrer; — *sich für etw* ~ s'employer à qc; *sich für jdn* ~ intervenir pour *od* en faveur de qn, prendre fait et cause *od* la défense de qn; **E~ung** *f* ‹-, -en› insertion; institution *f,* établissement *m; (in ein Amt)* installation, investiture *f.*

Einsicht *f* ‹-, -en› **1.** *(Verständnis)* compréhension, intelligence *f,* entendement, discernement, jugement *m;* **2.** *(ohne pl)* ~, **~nahme** *f* révision, inspection *f,* examen *m,* examination *f;* — *in etw Einsicht nehmen* prendre communication *od* connaissance de qc, examiner qc; *zur Einsicht kommen, daß* se rendre compte que; **e~ig** *a,* **e~svoll** *a* compréhensif, intelligent, judicieux.

ein=sickern *itr* s'infiltrer (*in* dans) *a. fig.*

Einsiedler *m* ermite, anachorète *m.*

einsilbig *a* **1.** *gram* monosyllab(iqu)e; **2.** *fig (schweigsam)* taciturne.

ein=sinken ‹*sank ein, eingesunken*› *itr* ‹*sein*› (s')enfoncer.

ein=spannen *tr (Pferd)* atteler, *a. fig fam (Menschen; in etw* à qc).

ein=spar|en *tr* économiser; **E~ung** *f* ‹-, -en› économie, compression *f.*

ein=sperren *tr* enfermer; *(im Gefängnis)* mettre en prison, emprisonner, incarcérer, écrouer; *fam* coffrer.

ein=spielen, *sich (sport)* s'exercer, s'entraîner (à jouer); *(Waage)* s'équilibrer, *(Wasserwaage, Kompaß)* se stabiliser; *gut eingespielt sein (Orchester, theat, Mannschaft)* être au point.

ein=springen ‹*sprang ein, eingesprungen*› *itr: für jdn* ~ remplacer qn.

ein=spritzen *tr tech* injecter; *med* seringuer.

Einspruch *m* réclamation, objection, protestation *f;* ~ *erheben* émettre une protestation, déposer une réclamation (*gegen* contre).

einspurig *a* à une voie.

einst [aınst] *adv* **1.** *(ehemals)* une fois, autrefois, (au temps) jadis; **2.** *(dereinst)* un jour, quelque jour.

ein=stampfen *tr (in ein Faß)* fouler, pilonner; *(Buch)* mettre au pilon.

Einstand *m: den* ~ *geben* payer sa bienvenue.

ein=stecken *tr* **1.** mettre, fourrer dans sa poche; *(Geld)* empocher; **2.** *(Brief)* mettre à la boîte; *(el: Stecker)* ficher; **3.** *fig fam (~ müssen)* essuyer, *(Schlag)* encaisser, *(Beleidigung)* recevoir, avaler; *(Tadel, Vorwurf)* essuyer.

ein=stehen ‹*stand ein, eingestanden*› *itr: für jdn* ~ répondre de qn; *dafür* ~ payer de sa personne.

ein=steigen ‹*stieg ein, eingestiegen*› *itr* ‹*sein*› monter (en voiture); *loc* monter dans le train; *fig fam* s'embarquer (*in* dans); *in ein Geschäft* ~ *(fam)* s'associer à une affaire; *(alles)* ~! *(loc)* en voiture (, S.V.P.)!

einstellbar *a tech* ajustable, réglable.

ein=stellen *tr* **1.** *(Buch im Regal)* mettre en place; *(Pferdewagen)* remiser; *loc mot* garer; **2.** *(Arbeitskraft)* embaucher, engager; **3.** *tech* ajuster, régler; braquer *(a. Feuerwaffe); phot* mettre au point; *radio (Gerät)* régler, *(Sender)* prendre; *(Fernseher)* mettre (*auf* sur); **4.** *(aufhören mit)* cesser, arrêter; suspendre *jur (Prozeß, Verfahren)* arrêter, mettre hors de cour; *refl* **5.** *sich ~ (kommen)* venir, arriver, apparaître; se montrer, se présenter; *(Schmerz)* se faire sentir; — *sich auf etw ~* se préparer à qc; *(sich anpassen)* s'adapter à qc; *die Arbeit ~ (streiken)* se mettre en grève.

einstellig *a math* d'un (seul) chiffre.

Einstellung *f* **1.** *(Aufbewahrung)* mise *f* en dépôt; **2.** *(von Arbeitern)* embauchage *m,* embauche *f;* **3.** *tech* ajustement, ajustage, réglage *m; phot* mise *f* au point; *radio* réglage, accord *m;* **4.** *(von Zahlungen)* suspension; *(Arbeit)* cessation *f; (Betrieb, Verkehr, jur: Verfahren)* arrêt *m; mil (Feuer)* suspension, cessation *f;* **5.** *(innere ~)* manière de voir, attitude *f;* point *m* de vue (*zu* sur).

Einstieg *m* ‹-s, -e› entrée *f.*

ein=stimmen *itr mus u. fig* joindre sa voix (*in* à); *in ein Lied ~* entonner une chanson.

einstimmig I. *a* **1.** *mus* à une (seule) voix; **2.** *fig* unanime; **II.** *adv* à l'unanimité (*parl* des voix), unanimement; — *nach ~em Urteil* de l'aveu de tout le monde; **E~keit** *f* ‹-, ø› unanimité *f.*

einstöckig *a* à un *od* d'un étage.

ein=stoßen ‹*stößt, stieß ein, eingestoßen*› *tr (Tür)* enfoncer, effondrer.

Einstrahlung *f* ‹-, (-en)› *(der Sonne)* irradiation *f.*

ein=streichen ‹*strich ein, eingestrichen*› *tr fam (Geld)* empocher.

ein=streuen *tr (Bemerkungen, Zitate)* insérer, semer (*in* dans).

ein=studier|en ‹*ohne -ge-*› *tr theat (Stück)* mettre à l'étude, répéter; *(Rolle)* étudier; **E~ung** *f* répétition *f.*

ein=stuf|en *tr* classer, classifier (*in* dans); *(in e-e Steuerklasse)* coter; **E~ung** *f* classement *m,* classification; *(in e-e Steuerklasse)* cote *f.*

einstündig *a* d'une heure.

ein=stürmen *itr: auf jdn ~* fondre sur qn; *(feindlich)* assaillir qn.

Einsturz *m* chute *f,* (é)croulement *m;* **ein=stürzen** *itr* ‹*sein*› tomber en ruine, (s'é)crouler, s'effondrer; **~gefahr** *f* danger *m* d'écroulement.

einstweil|en ['aɪnst'-] *adv* en attendant, entre-temps; **~ig** *a* temporaire, intérimaire, *jur* provisionnel; *~e Verfügung f* mesure *od* ordonnance *f* provisoire.

eintägig *a* d'un jour.

Eintags|... *(in Zssgen) fig* éphémère *a;* **~fliege** *f ent* éphémère *m.*

ein=tauchen *tr* plonger, immerger.

ein=tauschen *tr* (é)changer, troquer (*gegen* contre); faire l'échange de.

ein=teil|en *tr* diviser (*in* en); *(in Grade)* graduer; *(in Klassen)* class(ifi)er; *(verteilen)* distribuer, partager, répartir; **E~ung** *f* division, graduation *f,* classement *m,* classification; distribution *f,* partage *m,* répartition *f.*

eintönig *a* monotone, uniforme; **E~keit** *f* ‹-, ø› monotonie, uniformité *f.*

Eintopf(gericht *n***)** *m* plat *m* unique.

Eintracht *f* ‹-, ø› concorde, harmonie *f,* accord *m;* **einträchtig I.** *a* uni, en harmonie; **II.** *adv* en bonne harmonie *od* intelligence.

Eintrag *m* = *~ung;* **ein=tragen** ‹*trägt, trug ein, eingetragen*› *tr* **1.** *(in ein Buch, e-e Liste)* inscrire (*in* sur), enregistrer (*in* dans); *jur* entériner; **2.** *(Gewinn)* rapporter, rendre, valoir; — *eingetragener Verein m* association *f* déclarée.

einträglich *a* profitable, lucratif, de bon rapport.

Eintragung *f* inscription *f,* enregistrement; *jur* entérinement *m.*

ein=träufeln *tr* instiller.

ein=treffen ‹*trifft, traf ein, eingetroffen*› *itr* ‹*sein*› **1.** *(ankommen)* arriver; **2.** *(geschehen)* se produire, s'accomplir, se réaliser, s'avérer.

eintreib|bar *a* recouvrable, exigible; **ein=treiben** ‹*trieb ein, eingetrieben*› *tr (Außenstände, Steuern)* faire rentrer, recouvrer; **E~ung** *f (von Geldern)* rentrée *f,* recouvrement *m.*

ein=treten ‹*tritt, trat ein, eingetreten*› *tr* ‹*h*› **1.** *(Tür)* enfoncer (d'un coup de pied); *itr* ‹*sein*› **2.** entrer (*in* dans); *(in e-n Verein, e-e Partei)* adhérer (*in* à), entrer (*in* dans); **3.** *für jdn ~ (jdn vertreten)* remplacer qn; *(für jdn einstehen)* répondre de qn; *(jdn verteidigen)* être *od* se ranger du parti de qn; *für etw ~* préconiser qc; **4.** *(geschehen)* arriver, avoir lieu, se produire, *(überraschend)* survenir.

ein=trichtern *tr fig fam: jdm etw ~* fourrer *od* enfoncer qc dans le crâne *od* dans la tête de qn, seriner qc à qn.

Eintritt *m* **1.** entrée; *(in e-n Verein, e-e Partei)* entrée, admission, adhésion *f;* **2.** *(e-s Ereignisses, Beginn)* arrivée *f;* — *~ frei!* entrée gratuite! *~ verboten!* entrée interdite! défense d'entrer! **~skarte** *f* (billet *m,* carte *f* d')entrée, carte *f* d'admission, ticket *m, theat* place *f.*

ein=trocknen *itr* ‹*sein*› (se des)sécher.

ein=tunken *tr* tremper (*in* dans).

ein=üben *tr* étudier; *(Person)* exercer.

ein- und ausgehen: *bei jdm ~* avoir ses entrées chez qn.

ein=verleiben ‹*ohne ge-*› *tr* incorporer (*in* dans, à), englober (*in* dans); *(Gebiet)* annexer (*in* à).

Einvernehmen *n* accord *m,* entente, in-

telligence *f; im ~ mit* d'accord avec; *in gutem ~* en bonne entente *od* intelligence *od* harmonie, en bons termes.
einver|standen *a: mit etw ~ sein* approuver qc; *ich bin damit ~* j'en conviens; *~!* d'accord! entendu! tope (là)! **E~ständnis** *n* ‹-ses, (-se)› accord, consentement *m,* entente, intelligence; *(strafbares)* connivence, collusion *f; im ~ mit* en accord, de concert avec, *pej* de connivence avec; *in beider-, gegenseitigem ~* par consentement mutuel, d'un commun accord.
Einwand *m* ‹-(e)s, ⸚e› objection *f; e-n ~ erheben* faire *od* élever une objection.
Einwander|er *m* immigrant *m; (Eingewanderter)* immigré *m;* **ein=wandern** *itr ‹sein›* immigrer; **~ung** *f* immigration *f.*
einwandfrei *a* irréprochable, impeccable, sans (aucun) défaut.
einwärts *adv* en dedans.
ein=weichen *tr* tremper; *(Wäsche)* tremper, essanger, prélaver.
ein=weih|en *tr rel* consacrer, bénir; *(Gebäude, Denkmal)* inaugurer; *(Gebrauchsgegenstand)* étrenner; *jdn in etw ~* mettre qn au courant *od* au fait de qc; *eingeweiht sein* être au fait *od* dans le secret; **E~ung** *f* ‹-, (-en)› **1.** *rel* consécration, bénédiction; *allg* inauguration; *(erster Gebrauch)* étrenne *f;* **2.** *(in ein Geheimnis)* initiation *f* (*in* à).
ein=weis|en ‹*wies ein, eingewiesen*› *tr* diriger, donner des directives *od* des instructions à, instruire; *(in ein Amt)* introduire, installer (*in* dans); *jdn in ein Krankenhaus ~* diriger qn sur un hôpital, hospitaliser qn; **E~ung** *f* direction, instruction; introduction, installation *f.*
ein=wend|en ‹*wandte* od *wendete ein, eingewandt* od *eingewendet*› *tr* objecter, opposer (*gegen* à); *dagegen ist nichts einzuwenden* il n'y a pas d'objection à cela, il n'y a rien à dire à cela; **E~ung** *f* objection, opposition *f (gegen* à).
ein=werfen ‹*wirft, warf ein, eingeworfen*› *tr* **1.** *(Brief)* mettre (à la boîte), poster; **2.** *(Fenster)* casser (*mit ...* à coups de ...); **3.** *fig* objecter.
ein=wickeln *tr* **1.** *(einrollen)* enrouler; *com* envelopper; **2.** *fig fam (betrügen)* embobiner, rouler.
ein=willig|en *itr* consentir (*in* à), agréer (*in etw* qc), donner son assentiment (*in* à), souscrire (*in* à); **E~ung** *f* consentement *m,* approbation *f,* agrément, assentiment *m,* permission *f.*
ein=wirk|en *itr* agir, influer, exercer une influence (*auf* sur); **E~ung** *f* ‹-, -en› action, influence *f* (*auf* sur).

Einwohner|(in *f***)** *m* habitant(e *f*) *m;* **~meldeamt** *n* bureau *m* d'inscription; **~schaft** *f* ‹-, ø› habitants *m pl,* population *f.*
Einwurf *m* **1.** *(für Briefe)* ouverture; *(für Münzen)* fente *f;* **2.** *fig* objection, remarque, observation *f.*
Einzahl *f gram* singulier *m.*
ein=zahl|en *tr* payer, verser; **E~ung** *f* paiement, versement *m.*
ein=zäunen *tr* enclore, entourer d'une clôture *od* haie.
Einzel *n* ‹-s, -› ['aɪntsəl] *(Tennis)* simple *m;* **~fall** *m* cas *m* isolé *od* d'espèce; **~gänger** *m zoo u. fig* solitaire *m;* **~haft** *f* emprisonnement *m od* détention *f od* isolement *m* cellulaire; **~handel** *m* commerce de détail, petit commerce *m;* **~händler** *m* (marchand) détaillant *m;* **~heit** *f* détail *m,* particularité *f; in allen ~en (a.)* point par point; *(nicht) auf ~en eingehen* (ne pas) entrer dans les détails.
einzellig *a biol* unicellulaire.
einzeln ['aɪntsəln] **I.** *a (alleinig)* seul, unique; *(Sonder ...)* individuel, particulier; *(für sich betrachtet)* particulier; *(abgetrennt)* séparé, détaché, isolé; *(paariger Gegenstand)* dépareillé; **II.** *adv* individuellement; en particulier, séparément, isolément, un(e) à un(e); — *der e~e* l'individu *m; im ~en* en détail; *~ aufführen* spécifier; *jeder ~e* chacun en particulier.
Einzel|person *f* ['aɪntsəl-] individu *m;* **~stück** *n* exemplaire *m* isolé *od* dépareillé; **~teil** *n* pièce *f* détachée; **~zimmer** *n (im Hotel)* chambre *f* à un lit.
einzieh|bar *a* **1.** *aero (Fahrgestell)* escamotable; **2.** *(Geld)* recouvrable; **ein=ziehen** ‹*zog ein, eingezogen*› *tr* ‹*h*› **1.** *(Faden, Band)* faire entrer, introduire (*in* dans); **2.** *(Krallen)* rentrer; *(Schultern)* effacer; *(Bauch)* rentrer; *(Segel, Flagge)* amener; *aero (Fahrgestell)* escamoter; *(Antenne)* rentrer; **3.** *(Gelder, Wechsel)* encaisser; *(Außenstände, Beitrag)* recouvrer; *(Steuer)* percevoir; *(beschlagnahmen)* confisquer, saisir; **4.** *mil (Rekruten)* appeler (sous les drapeaux), mobiliser, incorporer; *itr ‹sein›* **5.** *(s-n Einzug halten)* entrer, faire son entrée (*in* dans); *(in e-e Wohnung)* emménager; *bei jdm ~* aller loger chez qn; **6.** *(Flüssigkeit)* s'infiltrer (*in* dans), être absorbé (*in* par); **E~ung** *f* **1.** *(von Außenständen)* recouvrement *m,* rentrée; *(von Steuern)* perception; *(Beschlagnahme)* confiscation *f; (e-r Geldsorte)* retrait *m;* **2.** *mil* appel *m* (sous les drapeaux), mobilisation *f.*
einzig ['aɪntsɪç] **I.** *a* seul, unique; *pred fam* extraordinaire; **II.** *adv (nur in Wendungen): ~ und allein* purement et simplement, uniquement; **~artig** *a* unique (dans son genre), sans pareil, hors ligne, extraordinaire.

ein=zuckern *tr (mit Zucker überstreuen)* saupoudrer de sucre; *(einmachen)* confire.

Einzug *m (in e-e Stadt)* entrée *f, a. mil; (in e-e Wohnung)* emménagement *m.*

Eis *n* ⟨-es, ø⟩ [aɪs] *(a. Speise~)* glace *f; das ~ brechen (a. fig)* rompre la glace; *~ führen (Fluß)* charrier de la glace; *auf ~ legen* mettre à la glace; *fig (zurückstellen)* remettre à plus tard; *e-e Portion ~* une glace; *~ am Stiel* bâton(net) glacé, esquimau *m* (glacé); **~bahn** *f* patinoire *f;* **~bär** *m* ours *m* blanc; **~bein** *n (Küche)* jambonneau, jarret *m* de porc; **~berg** *m* iceberg *m,* montagne *f* de glace; **~beutel** *m med* vessie *f* à *od* de glace; **~blumen** *f pl (am Fenster)* fleurs *f pl* de givre; **~bombe** *f (Küche)* bombe *f* glacée; **~brecher** *m mar* brise-glace *m; (Brükke)* éperon, avant-bec *m;* **~diele** *f* (café) glacier *m.*

Eisen *n* ⟨-s, -⟩ ['aɪzən] fer *m (a. als Werkzeug); aus ~ (a. fig)* de fer, en fer; *mehrere, zwei ~ im Feuer haben (fig)* avoir plusieurs *od* plus d'une, deux corde(s) à son arc; manger à plusieurs, deux râteliers; n'avoir pas tous ses œufs dans le même panier; *zum alten ~ gehören (fig fam) (Mensch)* être mûr pour la retraite; *(Sache)* être bon pour la casse; *heiße(s) ~ (fig)* terrain *m* brûlant.

Eisenbahn *f* ['aɪzən-] chemin *m* de fer; *(in bestimmten Zssgen)* voie *f* ferrée, rail *m; mit der ~ fahren* aller en, prendre le chemin de fer; *es ist höchste ~ (fig fam)* il n'y a plus une minute à perdre; **~brücke** *f* pont *m* de chemin de fer; **~direktion** *f* direction *f* des chemins de fer; **~er** *m* cheminot *m;* **~ergewerkschaft** *f* syndicat *m* des cheminots; **~erstreik** *m* grève *f* des cheminots *od* du rail; **~fähre** *f* ferry-boat *m;* **~fahrplan** *m* indicateur *od* horaire *m* (des chemins de fer); **~fahrt** *f* voyage *m* en chemin de fer; **~gesellschaft** *f* compagnie *f* des chemins de fer *od* ferroviaire; **~knotenpunkt** *m* nœud *m* ferroviaire; **~netz** *n* réseau *m* (de voies) ferré(es) *od* ferroviaire; **~tarif** *m* tarif *m* de chemin de fer *od* ferroviaire; **~tunnel** *m* tunnel *m* de chemin de fer; **~überführung** *f* passage *m* supérieur de chemin de fer; **~unglück** *n* accident *m* de chemin de fer, catastrophe *f* ferroviaire; **~unterführung** *f* (passage) souterrain *m* (de chemin de fer); **~verwaltung** *f* administration *f* des chemins de fer; **~wagen** *m* wagon *m,* voiture *f* (de chemin de fer).

Eisen|beschlag *m* ['aɪzən-] garniture de fer, ferrure *f;* **e~beschlagen** *a* armé de fer; **~beton** *m* béton *od* ciment *m* armé; **~blech** *n* tôle *f* (de fer), fer battu, fer-blanc *m;* **~draht** *m* fil *m* de fer; **~erz** *n* minerai *m* de fer; **~erzlager** *n* gisement *m* de minerai *n* de fer; **~gitter** *n* grille *f* en fer; **e~haltig** *a* ferrugineux; **~händler** *m* quincaillier, ferronnier *m;* **~handlung** *f* quincaillerie *f;* **~hüttenwerk** *n* usine *f od* établissements *m pl* sidérurgique(s); **~industrie** *f* industrie du fer *od* sidérurgique, sidérurgie, métallurgie *f* de fer; **~oxyd,** *scient* **~oxid** *n* oxyde *m* de fer; **~stange** *f* barre *f* de fer; **~waren** *f pl* quincaillerie *f.*

eisern ['aɪzərn] *a* de fer *a. fig,* en fer; *fig a.* d'airain, de bronze; *(Wille)* tenace; *~e Lunge f (med)* poumon *m* d'acier; *~e Ration f mil* vivres *m pl* de réserve; *~er Vorhang (theat), E~er Vorhang (pol)* rideau *m* de fer.

eis|frei *a* débarrassé des glaces; **E~gang** *m* débâcle *f;* **~gekühlt** *a* glacé, *(Wein)* frappé; *die* **E~heiligen** *m pl* les saints *m pl* de glace; **E~hockey** *n* hockey *m* sur glace; **~ig** *a, a. fig,* **~(ig)kalt** *a* glacé *a. fig; fig* glacial, glaçant, de glace; *(Empfang)* glacé; **E~kaffee** *m* café *m* glacé *od* liégeois; **E~keller** *m, a. fig fam* glacière *f;* **E~krem** *f* crème *f* glacée, ice-cream *m;* **E~(kunst)lauf** *m* patinage *m* (artistique); sports *m pl* de glace; **eis=laufen** *itr* patiner; **E~läufer** *m* patineur *m;* **E~maschine** *f* machine à glace, glacière, sorbetière *f;* **E~meer** *n* mer *f* de glace; *das Nördliche, Südliche ~* l'océan *m* Glacial Arctique, Antarctique; **E~pickel** *m (Bergsport)* piolet *m;* **E~scholle** *f* glaçon *m;* **E~schrank** *m* glacière *f;* **E~vogel** *m orn* alcyon, martin-pêcheur *m;* **E~würfel** *m (für Getränke)* cube de glace, glaçon *m;* **E~zapfen** *m* glaçon *m;* **E~zeit** *f* période *od* époque *f* glaciaire.

eitel ['aɪtəl] *a* **1.** *(Mensch) (eingebildet)* vain, vaniteux, suffisant; *(putz-, gefallsüchtig)* coquet; **2.** *(Sache) (nichtig)* vain, futile; **3.** *lit (rein)* pur; **E~keit** *f* **1.** vanité, présomption, suffisance; coquetterie *f;* **2.** *(Nichtigkeit)* vanité, futilité *f.*

Eiter *m* ⟨-s, ø⟩ ['aɪtər] pus *m,* matière *f* purulente; **e~ig** *a* purulent, suppurant; **e~n** *itr* suppurer.

Ei|weiß *n* ['aɪ-] blanc d'œuf; *scient* albumen *m; chem* albumine *f; (rohes)* glaire *f;* **~zelle** *f biol* ovule *m.*

Ekel (1) *m* ⟨-s, ø⟩ ['e:kəl] *(Übelkeit)* nausée *f,* écœurement *a. fig; pop* mal au cœur; *fig* dégoût *m* (*vor* de), aversion (*vor* pour), répugnance *f; ~ erregen* soulever le cœur; *fig* dégoûter (*jds* qn); **(2)** *n* ⟨-s, -⟩ répugnant personnage; *pop* affreux *m;* **e~erregend** *a,* **e~haft** *a,* **e~ig** *a,* **eklig** *a* nauséabond, écœurant, dégoûtant, répugnant, rebutant; **e~n** *tr od itr, impers: mich* od *mir ekelt (es) davor* cela me donne des nausées *od* me soulève le cœur *od* me dégoûte; *sich vor etw* ~ être dégoûté de qc.

Eksta|se *f* ‹-, -n› [ɛk'sta:sə] extase *f; in ~ geraten* s'extasier; **e~tisch** *a* extatique.

Ekzem *n* ‹-s, -e› [ɛk'tse:m] *med* eczéma *m.*

elast|isch [e'lastɪʃ] *a* élastique, flexible *a. fig;* **E~izität** *f* ‹-, ø› [-itsi'tɛ:t] élasticité, flexibilité *f,* ressort *m, a. fig.*

Elch *m* ‹-(e)s, -e› [ɛlç] *zoo* élan *m.*

Elefant *m* ‹-en, -en› [ele'fant] éléphant *m.*

elegan|t [ele'gant] *a* élégant, *fam* chic, chouette; **E~z** *f* ‹-, ø› [-'gants] élégance *f, fam* chic *m.*

elektrifizier|en [elɛktrifi'tsi:rən] ‹*ohne ge-*› *tr* électrifier; **E~ung** *f* électrification *f.*

Elektriker *m* ‹-s, -› [e'lɛktrikər] électricien *m.*

elektrisch [e'lɛktrɪʃ] **I.** *a* électrique; **II.** *adv:* ~ *beleuchten, betreiben* éclairer, actionner à l'électricité.

elektrisieren [elɛktri'zi:rən] ‹*ohne ge-*› *tr* électriser *a. fig.*

Elektrizität *f* ‹-, ø› électricité *f;* **~sgesellschaft** *f* compagnie *f* d'électricité; **~swerk** *n* centrale *od* station *od* usine *f* électrique.

Elektrode *f* ‹-, -n› [elɛk'tro:də] électrode *f.*

Elektro|gerät *n* [e'lɛktro-] appareil *m* électrique *od* électroménager; **~herd** *m* cuisinière *f* électrique; **~industrie** *f* industrie *f* électrique; **~ingenieur** *m* ingénieur *m* électricien; **~kardiogramm** *n (EKG) med* électrocardiogramme *m;* **~lyse** *f* ‹-, -n› [-'ly:zə] électrolyse *f;* **~magnet** *m* électro-aimant *m;* **e~magnetisch** *a: ~e Wellen f pl* ondes *f pl* hertziennes *od* électromagnétiques; **~meter** *n* électromètre *m;* **~motor** *m* moteur électrique, électromoteur *m.*

Elektron *n* ‹-s, -en› ['e:lɛktrɔn, (elɛk'tro:n), -'tro:nən] *phys (Elementarteilchen)* électron *m.*

Elektronen|... [elɛk'tro:nən-] électronique *a;* **~blitz** *m phot* flash *m* électronique; **~gehirn** *n* cerveau électronique, ordinateur *m;* **~mikroskop** *n* microscope *m* électronique; **~rechner** *m* calculateur *m* électronique; **~röhre** *f* tube *m* électronique; **~schleuder** *f,* **~strahlerzeuger** *m* canon électronique, cyclotron *m;* **~strahl** *m* faisceau *od* rayon *m* électronique; **~strahlung** *f* radiation *f* électronique.

Elektron|ik *f* ‹-, ø› [elɛk'tro:nɪk] électronique *f;* **e~isch** [-'tro:nɪʃ] *a* électronique.

Elektro|schock *m* [e'lɛktro-] *med* électrochoc *m;* **~technik** *f* électrotechnique *f;* **~techniker** *m (Ingenieur)* ingénieur-électricien; *(Handwerker)* électricien *m.*

Element *n* ‹-(e)s, -e› [ele'mɛnt] *chem* élément *a. allg,* corps simple; *el* élément *m* (primaire), pile *f,* couple *m; in s-m ~ sein (fig)* être dans son élément *od* sur son terrain; **e~ar** [-mɛn'ta:r] *a* élémentaire, primaire.

Elend *n* ‹-(e)s, ø› ['e:lɛnt, -dəs] *(Not)* misère, détresse *f; (große Armut)* dénuement *m; ins ~ bringen od stürzen* réduire à la misère; *fam* mettre sur la paille; *es ist ein ~, daß, zu* c'est une calamité que, que de; **e~** *a* misérable; *(kümmerlich)* chétif; *(jämmerlich)* lamentable, pitoyable, piètre; *(unglücklich)* malheureux; *(krank)* malade; *~ aussehen* avoir (très) mauvaise mine, faire triste figure; *mir ist, wird ganz* od *so ~* j'ai mal au cœur; **~squartier** *n* taudis *m; pl* immeuble(s *pl) od* îlot *m* insalubre(s); **~sviertel** *n* quartier *m* insalubre.

elf [ɛlf] onze; *die E~* le (numéro) onze; *sport* le onze, l'équipe *f.*

Elf *m* ‹-en, -en› [ɛlf] elfe, sylphe *m;* **~e** *f* ‹-, -n› sylphide *f.*

Elfenbein *n* ‹-(e)s, ø› ['ɛlfənbaɪn] ivoire *m;* **e~ern** *a* en ivoire, d'ivoire; **e~farben** *a* ivoirin; **~küste,** *die geog* la Côte-d'Ivoire; **~schnitzerei** *f (Kunst u. Gegenstand)* ivoirerie *f.*

Elf|meter *m* ['ɛlf-] *sport* penalty *m;* **e~te(r, s)** *a* onzième; onze; **~tel** *n* ‹-s, -› onzième *m.*

eliminieren [elimi'ni:rən] ‹*ohne ge-*› *tr* éliminer.

Elite *f* ‹-, -n› [e'li:tə] élite, fleur; *fam* crème *f,* dessus du panier; *pop* gratin *m; die geistige ~* l'élite *f* intellectuelle.

Elixier *n* ‹-s, -e› [elɪ'ksi:r] élixir *m.*

Ellbogen *m* ‹-s, -› ['ɛlbo:gən] coude *m; jdn mit dem ~ (an)stoßen* pousser qn du coude; *die ~ gebrauchen (a. fig)* jouer des coudes; *sich auf den ~ stützen* s'accouder; **~freiheit** *f: ~ haben (fig)* avoir ses coudées franches.

Elle *f* ‹-, -n› ['ɛlə] **1.** *anat* cubitus *m;* **2.** *(Maß)* aune *f.*

Ellip|se *f* ‹-, -n› [ɛ'lɪpsə] *math gram* ellipse *f;* **e~tisch** [ɛ'lɪptɪʃ] *a* elliptique.

Elsaß ['ɛlzas], *das* l'Alsace *f; ~-Lothringen n* l'Alsace-Lorraine *f.*

Elsäss|er(in) *m* ‹-s, -› (*f* ‹-, -nen›) ['ɛlzɛsər] Alsacien(ne *f*) *m;* **e~isch** *a* alsacien, d'Alsace.

Elster *f* ‹-, -n› ['ɛlstər] *orn* pie; *pop* agasse *od* agace *f.*

elterlich ['ɛltərlɪç] *a* des parents; *~e Gewalt f* pouvoir *m od* puissance *f* paternel(le).

Eltern *pl* ['ɛltərn] parents *m pl,* père et mère; **~haus** *n* maison *f* familiale; **~liebe** *f* amour *m* des parents (pour leurs enfants); **e~los** *a* orphelin.

Email *n* ‹-s, -s›, **~le** *f* ‹-, -n› [e'ma:j, -'maı(l)] émail *m;* **e~lieren** [-'(l)ji:rən] ‹*ohne ge-*› *tr* émailler.

Emanzip|ation *f* ‹-, (-en)› [emantsipatsi'o:n] émancipation *f;* **e~ieren** [-'pi:rən] ‹*ohne ge-*› *tr* émanciper.

Embargo *n* ‹-s, -s› [ɛm'bargo] embargo *m.*

Embryo *m* ‹-s, -nen› ['ɛmbryo, -'o:nən] *physiol* embryon *m;* **e~nal** [-'na:l] *a a. fig* embryonnaire.

Emigr|ant *m* ‹-en, -en› [emi'grant] *pol* émigré *m;* **~ation** *f* ‹-, (-en)› [-tsi'o:n] émigration *f;* **e~ieren** [-'gri:rən] ‹*ohne ge-*› *itr* émigrer.

Emission *f* ‹-, -en› [emısi'o:n] *phys fin* émission *f.*

emittieren [emi'ti:rən] ‹*ohne ge-*› *tr phys fin* émettre.

e-Moll *n* ['e:mɔl] mi *m* mineur.

Empfang *m* ‹-(e)s, ¨-e› [ɛm'pfaŋ, -'pfɛŋə] **1.** *(Person* od *Sache)* réception *f; (Person)* accueil *m; (Audienz)* audience *f;* **2.** *radio* réception, audition, écoute *f;* — *bei* ~ au reçu; *nach* ~ après la réception; *den* ~ *bescheinigen* od *bestätigen* accuser réception, donner quittance *od* acquit (*e-r S* de qc); *etw in* ~ *nehmen* prendre livraison *od* réception de qc, réceptionner qc; *den* ~ *bescheinigt (com)* pour acquit; **e~en** ‹*empfängt, empfing, empfangen*› *tr* **1.** *(Person* od *Sache, a. fig)* recevoir; *(Person)* accueillir; **2.** *(zustehendes Geld, bes. Lohn u. (mil) Löhnung)* toucher; **3.** *radio* recevoir, *fam* prendre; *itr* **4.** *physiol* concevoir, devenir enceinte; — *jdn (un)freundlich* ~ faire bonne (mauvaise) mine à qn.

Empfäng|er *m* ‹-s, -› [ɛm'pfɛŋər] **1.** *(e-r Postsendung)* destinataire; *(e-r Ware)* consignataire *m,* partie *f* prenante; *(e-r Zahlung)* bénéficiaire *m;* **2.** *radio (Gerät)* (poste) récepteur *m;* **e~lich** *a* **1.** accessible (*für* à), susceptible (*für* de); *(für Komplimente, Wohltaten)* sensible (*für* à); *(für Eindrücke)* impressionnable; **2.** *med* prédisposé, réceptif (*für* à); **~nis** *f* ‹-, (-se)› *physiol* conception *f;* **e~nisverhütend** *a: ~es Mittel n* contraceptif *m;* **~nisverhütung** *f* contraception *f.*

Empfangs|bescheinigung *f* [ɛm'pfaŋs-] *com* reçu, récépissé *m;* **~büro** *n (Hotel)* (bureau *m* de) réception *f;* **~chef** *m (Hotel)* chef *m* de (la) réception; **~station** *f radio* (poste) récepteur *m;* **~zimmer** *n* salon *m* (de réception).

empfehl|en [ɛm'pfe:lən] ‹*empfiehlt, empfahl, empfohlen*› **1.** *tr* recommander; *s-e Seele Gott* ~ recommander son âme à Dieu; **2.** *refl: sich* ~ *(sich verabschieden)* se retirer, prendre congé, tirer sa révérence; — *sich französisch* ~ *(fig)* filer à l'anglaise; *es empfiehlt sich* il convient, il y a avantage (*zu* à), il est bon *od* recommandé (*zu* de); **~enswert** *a* recommandable; **E~ung** *f* recommandation *f; pl (Zeugnisse)* références *f pl; auf* ~ *(gen)* sur la recommandation (de); ~ *an Herrn X., Frau Y.* mes compliments à M. X., mes hommages à Mme Y.; **E~ungsbrief** *m,* **E~ungsschreiben** *n* lettre *f* de recommandation *od* d'introduction.

empfind|en ‹*empfand, empfunden*› *tr* sentir, éprouver; *(seelisch)* ressentir; **~lich** *a* **1.** *(Person u. Sache)* sensible *a. phot* (*für, gegen* à); *(zartfühlend; heikel)* délicat; **2.** *(Person) (leicht verletzt)* susceptible, chatouilleux; *(reizbar)* irritable *a. med;* **3.** *(Schmerz, Kälte)* vif; — *~e Stelle f* point *m* sensible; *~er Verlust m* grosse perte; **E~lichkeit** *f* ‹-, (-en)› **1.** sensibilité; délicatesse *f;* **2.** susceptibilité; irritabilité *f;* **~sam** *a* sensible, émotif, sentimental; **E~samkeit** *f* ‹-, (-en)› sensibilité, émotivité, sentimentalité *f;* **E~ung** *f* ‹-, -en› **1.** sensation *f;* **2.** *fig (Gefühl)* sentiment *m;* **E~ungs...** *anat* sensoriel.

empor [ɛm'po:r] *adv* en haut, vers le haut, en l'air; **~=arbeiten,** *sich (fig)* se hisser; *sich wieder* ~ *(fig)* revenir à la surface; **E~e** *f* ‹-, -n› [ɛm'po:rə] *(in e-r Kirche)* galerie *f; (in e-m Theater)* balcon *m.*

empör|en [ɛm'pø:rən] ‹*ohne ge-*› **1.** *tr fig (entrüsten)* indigner; **2.** *refl: sich* ~ se soulever, se révolter, se rebeller, s'insurger; *fig* s'indigner; **~end** *a* révoltant; **E~er** *m* ‹-s, -› révolté, rebelle, insurgé *m.*

Empor|kömmling *m* ‹-s, -e› [ɛm'po:rkœmlıŋ] arriviste, parvenu *m;* **e~=ragen** *itr* se dresser, s'élever (*über* au-dessus de); **e~=schwingen,** *sich* ‹*schwang empor, emporgeschwungen*› prendre l'essor *od* son essor; **~t** *a* indigné (*über* de).

Empörung *f* ‹-, -en› [ɛm'pøruŋ] **1.** soulèvement *m,* révolte, rébellion, insurrection, sédition *f;* **2.** *(ohne pl) fig (Entrüstung)* indignation *f.*

emsig ['ɛmzıç] *a* diligent, appliqué, assidu, laborieux; **E~keit** *f* ‹-, ø› diligence, application, assiduité *f.*

End|... ['ɛnt-] *(in Zssgen)* final, terminal, définitif; **~bahnhof** *m* (gare *f*) terminus *m;* **~buchstabe** *m* finale *f;* **~e** *n* ‹-s, -n› ['ɛndə] **1.** *(räuml.)* bout *m; (e-r Kolonne)* queue *f; (Geweih)* andouiller *m; tech* about *m;* **2.** *(zeitl.)* fin; *(Ausgang)* issue; *(Tod)* fin, mort *f; fig* terme *m,* fin *f; (Ziel)* but, effet *m;* — *am* ~ finalement; à la fin, à l'issue (*gen* de); *(ohne Mittel)* à bout, au bout du *od* en fin de compte; *(schließlich)* après tout; *(vielleicht)* peut-être; *am anderen* ~ *der*

Stadt à l'autre bout de la ville; *am äußersten* ~ tout au bout; *am unteren* ~ au bas (bout) (*gen* de); *am* ~ *der Welt* au bout du monde; *an allen (Ecken und)* ~*n* dans tous les coins, de toutes parts; *bis zum (bitteren)* ~ jusqu'au bout; *gegen* ~ *(gen)* vers la fin (de); *letzten* ~*s* au bout du *od* en fin de compte; ~ *Mai* (à la) fin (de) mai; *e-r S ein* ~ *bereiten* od *machen* mettre fin *od* un terme à qc; *zu* ~ *bringen* finir, terminer, achever, venir à bout de; *zu e-m* od *zum guten* ~ *bringen* od *führen* mener à bonne fin *od* à bien, faire aboutir; *zu* ~ *gehen, s-m* ~ *zugehen* toucher *od* tirer à sa fin, prendre fin; *(Frist)* expirer; *ein* ~ *haben* od *nehmen* finir, prendre fin; *zu keinem* ~ *kommen* n'en plus finir; *ein* ~ *machen (a. fam)* mettre le holà; *sich s-m* ~ *nähern* tirer *od* toucher à sa fin; *ein schlimmes* ~ *nehmen* finir mal; *am* ~ *sein* être (réduit) à quia; *gen* être à *od* au bout de; *am* ~ *s-r Kraft* od *Kräfte sein* n'en pouvoir plus, être à bout de forces; *am* ~ *s-r Kunst sein* être au bout de son savoir; *das nimmt kein* ~, *das will ja gar kein* ~ *nehmen* cela n'en finit jamais, c'est à n'en plus finir; *das muß ein* ~ *haben* il faut que cela *od* ça finisse; *das dicke* ~ *kommt nach* à la queue gît le venin; ~ *gut, alles gut (prov)* tout est bien qui finit bien; **e~en 1.** *itr* finir (*mit* par), aboutir (*mit* à), cesser, être à sa fin; *(Frist)* expirer; *gram* se terminer (*auf* en); *(sterben)* mourir; **2.** *tr* finir, terminer, achever, mettre fin à; — *nicht* ~ *wollender Beifall m* des applaudissements *m pl* à n'en plus finir; **~ergebnis** *n* résultat final *od* définitif, effet *m* final; **~geschwindigkeit** *f* vitesse *f* finale; **e~gültig** *a* définitif.

Endivie *f* ‹-, -n› [ɛn'di:viə] *bot* endive, chicorée *f;* **~nsalat** *m* salade *f* de chicorée.

End|kampf *m* ['ɛnt-] *sport* finale *f;* **e~lich I.** *a* **1.** *(begrenzt)* fini, limité; **2.** *(abschließend)* final; *(endgültig)* définitif; **II.** *adv* enfin, finalement, à la fin, en définitive; ~*!* enfin! **e~los I.** *a* infini, interminable; **II.** *adv* sans fin, à l'infini, à n'en plus finir, à perte de vue, à perdre haleine; *das dauert ja* ~ *lange* mais ça n'en finit plus; **~losigkeit** *f* infinité *f;* **~phase** *f* phase *f* finale; **~produkt** *n* produit *m* final; **~punkt** *m* point *m* d'arrêt *od* d'arrivée; **~runde** *f sport* round *m* final; **~silbe** *f* (syllabe) finale *f;* **~spiel** *n sport* (rencontre *od* poule) finale *f;* **~spurt** *m* finish *m;* **~stadium** *n* phase *f* finale; **~station** *f* (station *f*) terminus *m;* **~summe** *f* somme *f* totale, total *m;* **~ung** *f gram* terminaison, désinence *f;* **~ziel** *n* objectif final, terme *m.*

Energie *f* ‹-, -n› [enɛr'gi:] **1.** *phys* force (motrice), puissance, énergie *f a. fig;* **2.** *psych* vigueur, activité *f,* dynamisme *m;* **~art** *f* forme *f* d'énergie; **~bedarf** *m* demande *f* d'énergie, besoins *m pl* énergétiques; **~erzeugung** *f* production *f* énergétique *od* d'énergie; **~problem** *n* problème *m* énergétique; **~quelle** *f* source d'énergie, ressource *f* d'énergie *od* énergétique; **~übertragung** *f* transmission *f od* transport *m* d'énergie; **~umwandlung** *f* transformation *f* d'énergie; **~verbrauch** *m* consommation *f* d'énergie *od* énergétique; **~versorgung** *f* alimentation *f od* approvisionnement *m* en énergie (électrique).

energisch [e'nɛrgɪʃ] **I.** *a* énergique; **II.** *adv* à fond; — ~ *sein* avoir de l'énergie; *nicht* ~ *genug sein* manquer d'énergie.

eng [ɛŋ] *a* **1.** étroit *a. fig,* serré; **2.** *fig (eingeschränkt)* restreint; **3.** *(Beziehung)* intime; — *im* ~*sten Familienkreis* dans la plus stricte intimité; *im* ~*eren Sinn* au sens étroit, proprement dit; ~*er machen (werden)* (se) rétrécir; *in die* ~*ere Wahl kommen* avoir réussi le premier test; avoir subi une première sélection.

Engag|ement *n* ‹-s, -s› [ãgaʒə'mã] engagement *m;* obligation *f;* **e~ieren** [-'ʒi:rən] ‹*ohne ge-*› *tr (anstellen)* employer, *bes. theat* engager; *sich* ~ *(sich binden)* s'engager.

eng|anliegend ['ɛŋ-] *a,* **~anschließend** *a (Kleidung)* collant, juste; **~befreundet** *a* lié d'étroite amitié; **E~e** *f* ‹-, -n› ['ɛŋə] étroitesse *f a. fig;* exiguïté; *fig* goulot *m* d'étranglement; *jdn in die* ~ *treiben* serrer qn de près, coincer *od* acculer qn, mettre qn au pied du mur.

Engel *m* ‹-s, -› ['ɛŋəl] ange *m (a. als Kosewort); rettender* ~ bon ange *m;* **e~haft** *a,* angélique, séraphique; **~sgeduld** *f* patience *f* d'ange.

Engerling *m* ‹-s, -e› ['ɛŋərlɪŋ] *ent* ver blanc, turc *m.*

eng|herzig ['ɛŋ-] *a* étroit, mesquin; **E~herzigkeit** *f* sécheresse de cœur, mesquinerie *f.*

Eng|land *n* ['ɛŋlant] l'Angleterre *f;* **~länder** *m* ‹-s, -› **1.** Anglais *m;* **2.** *tech* clé *f* anglaise; **~länderin** *f* Anglaise *f;* **e~lisch** *a* anglais, d'Angleterre; *(in Zssgn)* anglo-; *(das) E~(e), die* ~*e Sprache* l'anglais, la langue anglaise; ~*e Krankheit f* rachitisme *m;* **e~lischsprechend** *a* anglophone.

eng|maschig ['ɛŋ-] *a* à mailles serrées; **E~paß** *m* **1.** *geog* défilé, goulet *m,* gorge *f;* **2.** *fig com* goulot *m* d'étranglement; **~stirnig** *a* borné; **E~stirnigkeit** *f* étroitesse *f* d'esprit.

Enkel *m* ‹-s, -› ['ɛŋkəl] petit-fils *m, pl* petits-enfants *m pl;* **~in** *f* petite-fille *f;* **~kind** *n* petit-enfant *m.*

Enklave *f* ‹-, -n› [ɛn'kla:və] *geog* enclave *f*.
enorm [e'nɔrm] **I.** *a* énorme; **II.** *adv* énormément.
Ensemble *n* ‹-s, -s› [ã'sãbəl] *(Kleidung, theat mus)* ensemble *m; theat* troupe *f*.
entart|en ‹*ohne ge-*› *itr* ‹*sein*› *(a. Rasse)* dégénérer (*in, zu* en); **~et** *a* dégénéré, décadent; **E~ung** *f* ‹-, (-en)› dégénération, dégénérescence, décadence *f*.
entäußer|n ‹*ohne ge-*›: *sich e-r S* ~ se dessaisir, se défaire, se dépouiller de qc; **E~ung** *f* dessaisissement *m*.
entbehr|en [ɛnt'be:rən] ‹*ohne ge-*› *tr* être dépourvu *od* privé de, manquer de; *etw ~ können* (pouvoir) se passer de qc; **~lich** *a* superflu; **E~ung** *f* ‹-, -en› privation *f*.
entbind|en ‹*entband, entbunden*› *tr* **1.** *fig (von e-r Pflicht, e-m Eid, e-r Aufgabe)* délier, décharger (*von* de); **2.** *med* accoucher; *entbunden werden (med)* accoucher (*von* od *gen* de); **E~ung** *f* ‹-, -en› **1.** déliement *m;* **2.** *med* accouchement *m,* délivrance *f;* **E~ungsheim** *n* maison d'accouchement, maternité *f*.
entblöß|en [ɛnt'blø:sən] ‹*ohne ge-*› *tr* découvrir, mettre à nu, dénuder; **~t** *a* **1.** nu; **2.** *fig* dénué, privé, démuni (*e-r S* de qc).
entbrennen ‹*entbrannte, entbrannt*› *itr* ‹*sein*› *fig* s'enflammer, s'allumer (*in* de); *(Kampf)* éclater.
entdeck|en ‹*ohne ge-*› *tr* découvrir; **E~er** *m* ‹-s, -› découvreur, explorateur *m;* **E~ung** *f* ‹-, -en› découverte *f;* **E~ungsreise** *f* voyage *m* de découverte.
Ente *f* ‹-, -n› ['ɛntə] **1.** canard *m; (weibliche ~)* cane *f;* **2.** *(Zeitungs~)* canard, bobard *m;* — *junge ~* caneton *m*.
entehr|en ‹*ohne ge-*› *tr* déshonorer, flétrir; *(entwürdigen)* dégrader, avilir; *(schänden)* mettre à mal; abuser de; **~end** *a* déshonorant; *(Strafe)* infamant; **E~ung** *f* déshonneur *m,* flétrissure; dégradation *f,* avilissement *m*.
enteign|en ‹*ohne ge-*› *tr (Person)* exproprier, déposséder; **E~ung** *f* expropriation, dépossession; séquestration *f*.
enteilen ‹*ohne ge-*› *itr* ‹*sein*› s'enfuir; *fig (Zeit)* fuir.
enteisen ‹*ohne ge-*› *tr (Wasserweg, Straße)* déglacer; *aero* dégivrer.
enteisenen ‹*ohne ge-*› *tr chem* déferrer.
Enten|braten *m* ['ɛntən-] canard *m* rôti; **~ei** œuf *m* de cane.
enterben ‹*ohne ge-*› *tr* déshériter.
Enterich *m* ‹-s, -e› ['ɛntərıç] canard *m* mâle.
entern ['ɛntərn] *tr* accrocher, aborder.
entfachen ‹*ohne ge-*› *tr* attiser *a. fig*.
entfahren ‹*entfährt, entfuhr, entfahren*› *itr* ‹*sein*› échapper (*jdm* à qn).
entfallen ‹*entfällt, entfiel, entfallen*› *itr* ‹*sein*› **1.** échapper (*den Händen* des mains); *fig* échapper (*jdm* à qn); **2.** *(Anteil)* revenir (*auf jdn* à qn); **3.** *fin* cesser d'être attribué; — *entfällt (auf Formularen)* sans object; *das ist mir ~* cela m'échappé *od* m'est sorti (de la mémoire); *entfällt (Antwort auf Fragebogen)* néant.
entfalt|en ‹*ohne ge-*› *tr* déplier; déployer *(a. fig: Fähigkeit, Tätigkeit) (entwikkeln)* développer; *sich ~* se déployer; *(Blume)* s'épanouir; *fig* se développer; **E~ung** *f* dépliage; déploiement; développement; *(Blume)* épanouissement *m*.
entfärben ‹*ohne ge-*› *tr* décolorer; *sich ~* se décolorer, se déteindre; *(Gesicht)* changer de couleur, pâlir.
entfern|en ‹*ohne ge-*› **1.** *tr* éloigner; *(wegnehmen)* ôter; *(wegschaffen)* écarter, faire disparaître; *(verweisen, streichen)* exclure; *(Fleck)* enlever; *chem* éliminer; *med* extirper; *(Mandeln)* enlever; **2.** *refl: sich ~* s'éloigner, s'écarter; *(abweichen)* dévier (*von* de); *(weggehen)* partir, *(heimlich)* filer, s'esquiver; *(sich zurückziehen)* se retirer; **~t** *a (räuml. u. zeitl. fern)* lointain, distant; *(abgelegen)* écarté, reculé; *nicht im ~esten* pas le moins du monde; *ich denke nicht im ~esten daran!* je suis loin d'y penser; loin de moi cette pensée! *~e Ähnlichkeit f* vage ressemblance *f; ~e Verwandte pl* parents *m pl* éloignés; **E~ung** *f* ‹-, -en› **1.** *(Wegschaffen)* éloignement *m,* élimination *f; (von Schutt)* déblaiement *m; med* extirpation; *(aus d. Amt)* révocation *f;* **2.** *(Abstand)* écartement *m,* distance *f;* — *auf e-e ~ von* à une distance de; *auf kurze, weite ~* à courte *od* faible *od* petite, à grande distance; *aus der ~* à distance; *in einiger, geringer ~* à quelque distance (*von* de); *operative ~ (med)* ablation, résection *f;* **E~ungsmesser** *m phot* télémètre *m*.
entfessel|n ‹*ohne ge-*› *tr* déchaîner *a. fig;* **E~ung** *f fig* déchaînement *m*.
Entfettungskur *f* cure *f* d'amaigrissement.
entflammen ‹*ohne ge-*› **1.** *tr* ‹*h*› *(a. fig)* enflammer, allumer, embraser; *fig* électriser, passionner, enthousiasmer; **2.** *itr* ‹*sein*› s'enflammer, s'allumer, s'embraser *a. fig*.
entflecht|en ‹*entflicht, entflocht, entflochten*› *tr fin* décentraliser, décartelliser; **E~ung** *f* déconcentration, décentralisation, décartellisation *f*.
entfliegen ‹*entflog, entflogen*› *itr* ‹*sein*› s'envoler.
entfliehen ‹*entfloh, entflohen*› *itr* ‹*sein*› **1.** s'enfuir, se sauver; **2.** *fig (Zeit)* fuir.
entfremd|en ‹*ohne ge-*› *tr* aliéner, éloigner, détourner; **E~ung** *f* aliénation, désaffection *f*.
entführ|en ‹*ohne ge-*› *tr* enlever, ravir;

(Kind) a. kidnapper; **E~er** *m* ravisseur *m;* **E~ung** *f* enlèvement, *(vx)* ravissement *m.*

entgegen [ɛnt'ge:gən] *prp dat* **1.** *(Richtung)* vers, au-devant de, à la rencontre de; **2.** *(Gegensatz)* contre, contraire à; *~ der Ankündigung* contrairement à ce qui a été annoncé; **~=bringen** ⟨*brachte entgegen, entgegengebracht*⟩ *tr* **1.** porter à la rencontre (*jdm* de qn); **2.** *fig (Gefühle)* éprouver (*jdm* pour qn); **~=gehen** ⟨*ging entgegen, entgegengegangen*⟩ *itr* ⟨*sein*⟩ aller au-devant (*jdm* de qn); *(zum Treffpunkt, freundl. od feindl.)* aller à la rencontre (*jdm* de qn); *s-m Ende ~* toucher *od* tirer *od* tendre à sa fin; **~gesetzt** *a* contraire, opposé (*dat* à); *im ~en Fall* dans le cas contraire; *in ~er Richtung* dans le sens opposé; *~er Meinung sein* être d'opinion contraire; **~=halten** ⟨*hält, hielt entgegen, entgegengehalten*⟩ *tr* tendre (*jdm* à qn), *(einwenden)* objecter; **~=kommen** ⟨*kam entgegen, entgegengekommen*⟩ *itr* **1.** *(Person)* venir au-devant *od* à la rencontre (*jdm* de qn); *(Fahrzeug)* venir en sens inverse; **2.** *fig* faire des avances (*jdm* à qn); se montrer prévenant; faire un pas; *jdm auf halbem Weg ~* rencontrer qn à mi-chemin; *das kommt mir sehr entgegen* cela me convient *od fam* m'arrange tout à fait; **E~kommen** *n* complaisance, obligeance, prévenance *f,* avances *f pl;* **~kommend** *a fig* complaisant, prévenant; **E~nahme** *f* réception, acceptation *f;* **~=nehmen** ⟨*nimmt, nahm entgegen, entgegengenommen*⟩ *tr* recevoir, accepter; **~=sehen** *itr (e-m Ereignis)* envisager, *com* attendre (*e-r S* qc); **~=setzen** *tr fig* opposer; **~=stehen** ⟨*stand entgegen, entgegengestanden*⟩ *itr fig: dem steht nichts entgegen* rien ne s'y oppose; **~=treten** ⟨*tritt, trat entgegen, entgegengetreten*⟩ *itr* s'opposer (*jdm* à qn).

entgegn|en [ɛnt'ge:gnən] ⟨*ohne ge-*⟩ *tr* répondre, répliquer; *(schnell)* repartir; *(schlagfertig)* riposter; **E~ung** *f* réponse, réplique; repartie; riposte *f.*

entgehen ⟨*entging, entgangen*⟩ *itr* ⟨*sein*⟩ échapper à; *sich etw (nicht) ~ lassen* (ne pas) laisser échapper qc.

entgeistert *a* pétrifié, ébahi.

Entgelt *n a. m* ⟨-(e)s, -e⟩ [ɛnt'gɛlt] **1.** *(Lohn)* salaire *m; (Entlohnung)* rémunération, rétribution; **2.** *(Entschädigung)* compensation *f,* dédommagement *m;* **e~en** ⟨*entgilt, entgalt, entgolten*⟩ *tr (entlohnen)* rémunérer.

entgleis|en ⟨*ohne ge-*⟩ *itr* ⟨*sein*⟩ *loc* sortir des rails; dérailler *a. fig; zum E~ bringen* faire dérailler; **E~ung** *f* ⟨-, -en⟩ *loc* déraillement *a. fig.*

entgleiten ⟨*entglitt, entglitten*⟩ *itr* ⟨*sein*⟩: *jdm ~* échapper *od* glisser des mains de qn.

entgräten ⟨*ohne ge-*⟩ *tr (Fisch)* enlever les arêtes de.

enthaar|en ⟨*ohne ge-*⟩ *tr* (d)épiler; **E~ungsmittel** *n* dépilatoire *m.*

enthalt|en ⟨*enthält, enthielt, enthalten*⟩ *tr* contenir; *(fassen)* tenir; *fig (einschließen, umfassen)* renfermer, comprendre; *(in sich begreifen)* embrasser, impliquer; *sich der Stimme ~ (pol)* s'abstenir (de voter); **~sam** *a* abstinent, tempérant; *(geschlechtl.)* continent, chaste; *(mäßig im Genuß)* sobre; **E~samkeit** *f* abstinence, tempérance; continence, chasteté; sobriété *f.*

enthärten ⟨*ohne ge-*⟩ *tr (Wasser)* adoucir.

enthaupt|en ⟨*ohne ge-*⟩ *tr* décapiter; **E~ung** *f* décapitation *f.*

entheben ⟨*enthob, enthoben*⟩ *tr (von etw Lästigem)* délivrer, débarrasser, dispenser (*gen* de); *s-s Amtes ~* destituer, déposer, relever de sa charge.

enthüll|en ⟨*ohne ge-*⟩ *tr* découvrir, dévoiler; *(Denkmal)* inaugurer; *fig* révéler; **E~ung** *f* découverte; inauguration *f;* dévoilement *m,* révélation *f.*

enthülsen ⟨*ohne ge-*⟩ *tr* écosser, monder, *(Reis)* décortiquer.

Enthusias|mus *m* ⟨-, ø⟩ [ɛntuzi'asmus] enthousiasme *m;* **e~tisch** [-'astɪʃ] **I.** *a* enthousiaste; **II.** *adv* avec enthousiasme.

entjungfern ⟨*ohne ge-*⟩ *tr* déflorer.

entkernen ⟨*ohne ge-*⟩ *tr* ôter les noyaux *od* pépins de, dénoyauter, vider.

entkleiden ⟨*ohne ge-*⟩ *tr* déshabiller, dévêtir; *sich ~* se déshabiller, se dévêtir.

entkommen ⟨*entkam, entkommen*⟩ *itr* ⟨*sein*⟩ s'échapper (*aus* de), échapper à *a. fig,* se sauver; *mit knapper Not ~* l'échapper belle.

entkorken ⟨*ohne ge-*⟩ *tr* déboucher.

entkräft|en ⟨*ohne ge-*⟩ *tr* **1.** affaiblir, débiliter, exténuer, épuiser, user; **2.** *fig (Argument)* infirmer, annuler; **E~ung** *f* affaiblissement *m,* débilitation *f,* épuisement *m,* exténuation *f.*

entlad|en ⟨*entlädt, entlud, entladen*⟩ **1.** *tr (ab-, ausladen)* décharger *(a. Gewehr u. el); mar* débarquer, débarder; **2.** *refl: sich ~* se décharger *a. el; (Feuerwaffe)* partir; *(Gewitter, Zorn)* éclater; **E~ung** *f* **1.** *(Ab-, Ausladen)* déchargement, *mar* débarquement, débardage *m;* **2.** *el* décharge *f* (électrique).

entlang [ɛnt'laŋ] *adv: an ... ~* u. *prp (nachgestellt mit acc, seltener mit nachfolgendem dat)* le long de; **~=fahren** ⟨*fährt, fuhr entlang, entlanggefahren*⟩ *itr,* **~=gehen** ⟨*ging entlang, entlanggegangen*⟩ *itr* ⟨*sein*⟩ longer (*an etw* qc).

entlarven ⟨*ohne ge-*⟩ *tr fig* démasquer.

entlass|en ‹*entläßt, entließ, entlassen*› *tr* **1.** *(bes. Schüler)* renvoyer; *(aus dem Krankenhaus)* laisser sortir; *(aus der Haft)* libérer, relâcher, relaxer; *(verabschieden)* congédier, donner congé à; **2.** *(absetzen)* destituer; *(e-n Beamten)* relever de ses fonctions, mettre à pied, révoquer; *(Angestellten) a.* remercier; *(Arbeiter)* licencier, débaucher; *fristlos* ~ renvoyer sans préavis; **E~ung** *f* **1.** renvoi; congé(diement) *m; jur* libération, relaxe, relaxation *f;* **2.** destitution; révocation *f;* licenciement *a. mil,* débauchage *m; s-e ~ einreichen* donner *od* présenter sa démission; **E~ungsgesuch** *n* (demande de *od* lettre de) démission, demande *f* de licenciement; **E~ungsschein** *m* bulletin de sortie; *mil* certificat *m* de démobilisation.

entlast|en ‹*ohne ge-*› *tr* **1.** décharger (*von* de); *tech arch* soulager; *fig (erleichtern)* soulager, alléger, débarrasser; **2.** *(von e-r Verpflichtung, e-r Schuld)* décharger, exonérer (*von* de); *(von e-r Steuer; Grundstück von Schuld)* dégrever; **3.** *(Straße vom Verkehr)* dégager, décongestionner; *(den Verkehr)* désembouteiller; **4.** *den Angeklagten (durch s-e Aussage) entlasten* témoigner à la décharge de l'accusé; **E~ung** *f* ‹-, (-en)› **1.** décharge *f; tech* délestage; *fig* soulagement, allégement, débarras *m;* **2.** dégrèvement *m; fin* décharge *f,* quitus *m;* **3.** *jur* décharge, exonération *f; (vom Verkehr)* décongestion *f;* **E~ungszeuge** *m* témoin *m* à décharge; **E~ungszug** *m loc (Vorzug)* train *m* supplémentaire.

entlaufen ‹*entläuft, entlief, entlaufen*› *itr* ‹*sein*› *(Tier)* échapper.

entlausen ‹*ohne ge-*› *tr* épouiller.

entledigen [ɛnt'le:dɪgən] ‹*ohne ge-*›: *sich s-r Kleider ~* se défaire de ses vêtements; *sich s-r Aufgabe ~* accomplir, s'acquitter de sa tâche.

entleeren ‹*ohne ge-*› *tr* vider, dépoter; *(Darm)* évacuer; *(Abort, Benzintank)* vidanger.

entlegen [ɛnt'le:gən] *a* éloigné, écarté, isolé.

entleih|en ‹*entlieh, entliehen*› *tr* emprunter (*etw von jdm* qc à qn); **E~ung** *f* ‹-, -en› emprunt *m.*

entlocken ‹*ohne ge-*› *tr (Töne e-m Instrument)* tirer (*dat* de); *(Geheimnis)* arracher, soutirer (*jdm etw* qc à qn); *(Geständnis, Tränen)* arracher.

entlohn|en ‹*ohne ge-*› *tr* payer, rémunérer, rétribuer; **E~ung** *f* ‹-, -en› rémunération *f.*

entlüft|en ‹*ohne ge-*› *tr* (dés)aérer, ventiler; **E~ung** *f* aérage *m,* aération, ventilation *f.*

entmann|en ‹*ohne ge-*› *tr* châtrer, castrer; **E~ung** *f* ‹-, (-en)› castration *f.*

entmilitarisieren ‹*ohne ge-*› *tr* démilitariser.

entmündig|en ‹*ohne ge-*› *tr* mettre sous tutelle; **E~ung** *f* mise *f* sous tutelle.

entmutig|en ‹*ohne ge-*› *tr* décourager, rebuter, démoraliser; **E~ung** *f* découragement *m.*

Entnahme *f* prise *f; (e-r Probe)* prélèvement; *fin* retrait, décaissement *m.*

entnehmen ‹*entnimmt, entnahm, entnommen*› *tr* **1.** *(wegnehmen)* prendre (*dat* de, à); *(Probe)* prélever; *(e-m Buch)* tirer (*dat* de); *fin* retirer; **2.** *(ersehen)* voir, remarquer (*aus* par); *(folgern)* conclure (*aus* de).

entpuppen, *sich* ‹*ohne ge-*› jeter le masque; se dévoiler, se révéler (*als etw* qc).

entrahmen ‹*ohne ge-*› *tr (Milch)* écrémer.

enträtseln ‹*ohne ge-*› *tr* débrouiller, dévoiler; *(Schrift)* déchiffrer.

entrechten ‹*ohne ge-*› *tr* priver de ses droits.

entreißen ‹*entriß, entrissen*› *tr* arracher; *fig (Geheimnis)* extorquer, extraire (*jdm etw* qc à qn).

entrichten ‹*ohne ge-*› *tr (Betrag)* payer.

entrinnen ‹*entrann, entronnen*› *itr* ‹*sein*› échapper (*e-r Gefahr* à un danger).

entrollen ‹*ohne ge-*› *tr, a. fig* dérouler.

entrosten ‹*ohne ge-*› *tr* dérouiller.

entrümpeln ‹*ohne ge-*› *tr* déblayer.

entrüst|en, *sich* ‹*ohne ge-*› s'indigner, se fâcher (*über* de); **~et** *a* indigné, outré; **E~ung** *f* ‹-, (-en)› indignation *f.*

entsagen ‹*ohne ge-*› *itr* se résigner; *e-r S ~* renoncer à qc.

entschädig|en ‹*ohne ge-*› *tr* dédommager, *(gesetzlich)* indemniser (*für etw* de qc); **E~ung** *f* **1.** *(Vorgang)* dédommagement *m,* indemnisation, réparation *f* du préjudice; **2.** *(Schadenersatz)* dommages-intérêts *m pl; (Summe)* indemnité *f;* — *als ~ für* à titre d'indemnité de; *allg* en compensation de.

entschärfen ‹*ohne ge-*› *tr (Schußwaffe, Munition, Mine, Bombe)* désamorcer.

Entscheid *m* ‹-(e)s, -e› [ɛnt'ʃaɪt, -də] *bes. jur* = *~ung;* **e~en** ‹*entschied, entschieden*› **1.** *tr (Frage)* décider (*etw* qc, *über etw* de qc), trancher; régler, déterminer; *jur* juger (*über etw* qc), statuer (*über etw* sur qc), prononcer (*auf etw* qc); *(durch Schiedsspruch)* arbitrer; **2.** *refl: sich ~* se décider (*für* pour, à), se déterminer (*für* à); adopter (*für etw* qc); — *die Mehrheit entscheidet* la majorité est décisive; *morgen wird sich entscheiden, ob* ... c'est demain qu'on verra si ...; **e~end** *a* décisif, crucial; *das E~e dabei ist* ... l'essentiel ici est ...; *der ~e Augenblick* le moment psychologique; **~ung** *f* ‹-, -en› **1.** décision; *(Entschluß)* résolution *f;* **2.** *jur (der Geschworenen)* verdict; *(des Gerichts)* jugement; *(der* *letzten Instanz)* arrêt *m; (des Schiedsgerichts)* (sentence *f* d')arbitrage; *(Verfügung)* arrêté *m;* — *e-e ~ treffen* prendre une décision; **~ungsspiel** *n sport* match *m* décisif, belle *f.*

entschieden [ɛntˈʃiːdən] **I.** *a* **1.** *(Sache)* décidé; **2.** *(Person: fest, energisch)* ferme, énergique; *(entschlossen)* résolu, déterminé; *(Ton)* affirmatif; **3.** *(eindeutig)* net, évident; **II.** *adv* **1.** décidément; **2.** résolument; catégoriquement; **3.** nettement; **E~heit** *f* ‹-, ø› *(Entschlossenheit)* résolution, détermination *f.*

entschlafen ‹*entschläft, entschlief, entschlafen*› *itr* ‹*sein*› s'endormir *a. fig (sterben); fig* s'éteindre.

entschließ|en, *sich* ‹*entschloß, entschlossen*› se résoudre, se décider, se déterminer (*etw zu tun* à faire qc); prendre un parti; *sich anders ~* se raviser, changer d'avis; **E~ung** *f parl* résolution *f.*

entschlossen [ɛntˈʃlɔsən] *a* **1.** résolu, décidé, déterminé (*etw zu tun* à faire qc); fixé; **2.** *(charakterfest)* ferme, énergique; — *kurz ~* sans hésiter; **E~heit** *f* ‹-, ø› **1.** résolution, (esprit *m* de) décision *f;* **2.** *(Festigkeit)* fermeté, énergie *f.*

entschlüpfen ‹*ohne ge-*› *itr* ‹*sein*› échapper.

Entschluß *m* résolution, décision, détermination *f; e-n ~ fassen* prendre un parti *od* une résolution *od* une décision.

entschlüssel|n ‹*ohne ge-*› *tr* déchiffrer; **E~ung** *f* déchiffrage, déchiffrement *m.*

entschuld|bar *a* excusable, pardonnable; **~igen** ‹*ohne ge-*› *tr* **1.** excuser, pardonner; **2.** *(rechtfertigen)* expliquer, justifier (*durch* en alléguant); disculper (*wegen e-r S* de qc); *refl* **3.** *sich ~* s'excuser (*bei jdm wegen e-r S* de qc auprès de qn); — *~ Sie!* excusez-moi! pardon! **E~igung** *f* ‹-, -en› **1.** excuse *f,* pardon *m;* **2.** *(Rechtfertigung)* justification *f;* — *als ~ für* comme excuse de; *jdn um ~ bitten* demander pardon à qn; *ich bitte vielmals um ~* je vous en fais toutes mes excuses; *zu s-r ~ kann man sagen* ... on peut dire à sa décharge ...; *dafür gibt es keine ~* c'est inexcusable; **E~ung** *f fin* désendettement *m.*

entschwinden ‹*entschwand, entschwunden*› *itr* ‹*sein*› disparaître, se perdre (au loin); *das ist mir entschwunden* je ne m'en souviens plus.

entseelt [ɛntˈzeːlt] *a (tot)* mort.

entsenden ‹*entsandte* od *entsendete, entsandt* od *entsendet*› *tr* envoyer; *(Vertreter)* déléguer, députer.

entsetz|en, *sich* ‹*ohne ge-*› s'effrayer, s'épouvanter (*über* de); **E~en** *n* ‹-s, ø› frayeur, épouvante, horreur *f,* effroi *m;* **~lich** *a* effrayant, *a. fam (übertreibend)* épouvantable, effroyable, affreux.

entsichern ‹*ohne ge-*› *tr (Schußwaffe)* enlever la sûreté (*etw* de qc), *(Mine)* armer.

entsiegeln ‹*ohne ge-*› *tr* décacheter, *jur* desceller, lever les scellés de.

entsinnen ‹*entsann, entsonnen*›: *sich e-r S ~* se souvenir de qc, se rappeler qc; *ich entsinne mich, daß* il me souvient que.

Entsorgung *f tech (Abfälle, Abwässer)* élimination, évacuation *f.*

entspann|en ‹*ohne ge-*› **1.** *tr* détendre, relâcher; *(Bogen) a.* débander; *(Muskel)* décontracter; **2.** *refl: sich ~* se détendre, se relâcher; *(Muskel, Gesicht)* se décontracter; *fig* se détendre, se délasser, se reposer; *die Lage entspannt sich (pol)* la tension diminue; **~t** *a pol* décontracté; **E~ung** *f* **1.** détente *f,* relâchement *m; (Muskel)* décontraction *f;* **2.** *fig* détente *f;* relâchement *m,* relaxation *f; (Zerstreuung)* délassement *m,* distraction *f;* **E~ungspolitik** *f* politique *f* de détente.

entspinnen, *sich* ‹*entspann, entsponnen*› *(beginnen)* commencer, naître, s'amorcer.

entsprech|en ‹*entspricht, entsprach, entsprochen*› *itr dat* **1.** correspondre à, être conforme à; *(zuea. passen)* s'accorder à *od* avec; **2.** *(e-m Wunsch)* se conformer (à), satisfaire (à); *(e-r Bitte, e-m Antrag)* faire droit (à), donner suite (à), admettre; — *jds Erwartungen ~* satisfaire *od* répondre à l'attente de qn; **~end I.** *a* correspondant, conforme, proportionné (*dat* à); *(gleichwertig)* adéquat (*dat* à); analogue; **II.** *adv* au fur et à mesure, à l'avenant; — *den Umständen ~* suivant les circonstances, selon le cas; **E~ung** *f* ‹-, -en› correspondance, conformité; analogie *f; (Wort)* équivalent *m.*

entspringen ‹*entsprang, entsprungen*› *itr* ‹*sein*› **1.** *(Fluß)* prendre sa source *od* sa naissance (*in, auf* de); **2.** *fig (herrühren)* provenir, descendre (*dat* de).

entstammen ‹*ohne ge-*› *itr* ‹*sein*› descendre, provenir, naître, être issu (*dat* de).

entsteh|en ‹*entstand, entstanden*› *itr* ‹*sein*› naître, prendre naissance, tirer son origine, provenir, résulter (*aus* de); *(sich bilden)* se former; *(Feuer)* se déclarer; *(Streit)* s'élever; *(Schaden)* être causé (*durch* par); *(Kosten)* être occasionné; *(Wörter, Begriffe)* apparaître, se créer; *im E~ begriffen* en voie de formation, naissant; **E~ung** *f* ‹-, (-en)› origine, naissance; formation; *scient* genèse *f.*

entsteigen ‹*entstieg, entstiegen*› *itr* ‹*sein*› sortir, surgir (*dat* de).

entsteinen ‹*ohne ge-*› *tr (Obst)* dénoyauter.

entstell|en ‹*ohne ge-*› *tr* **1.** *(verunstal-*

ten) défigurer, déformer; **2.** *fig (die Tatsachen)* dénaturer; *(den Sinn)* altérer, travestir; **~end** *a (Narbe)* inesthétique; **E~ung** *f* ‹-, -en› défiguration, déformation *f.*

entstör|en ‹*ohne ge-*› *tr tech* dépanner; *el* blinder; *radio* déparasiter; **E~ung** *f* ‹-, (-en)› dépannage; blindage; déparasitage *m.*

entströmen ‹*ohne ge-*› *itr* ‹*sein*› *(Flüssigkeit)* s'écouler, *(Gas)* s'échapper (*dat* de).

enttäusch|en ‹*ohne ge-*› *tr* décevoir, désappointer, désabuser, désillusionner; *(ernüchtern)* désenchanter; **E~ung** *f* déception *f,* désappointement *m,* désillusion *f;* désenchantement *m; e-e ~ erleben* éprouver une déception.

entthronen ‹*ohne ge-*› *tr* détrôner *a. fig.*

entvölkern ‹*ohne ge-*› *tr* (*sich* se) dépeupler.

entwaffn|en ‹*ohne ge-*› *tr* désarmer; **E~ung** *f* ‹-, ø› désarmement *m.*

entwarn|en ‹*ohne ge-*› *itr (nach Fliegeralarm)* sonner la fin de l'alerte; **E~ung** *f* fin *f* d'alerte.

entwässer|n ‹*ohne ge-*› *tr agr* drainer; *(Wiese) a.* saigner; *(trockenlegen)* dessécher; **E~ung** *f* ‹-, -en› canalisation *f* d'écoulement, drainage; dessèchement, assèchement *m; chem* déshydratation, concentration.

entweder [ɛntˈveːdər] *conj: ~ ... oder* ou (bien) ... ou (bien), soit ... soit; *— ~ oder! (fam)* de deux choses l'une! c'est à prendre ou à laisser!

entweichen ‹*entwich, entwichen*› *itr* ‹*sein*› s'évader, (s')échapper *(a. Gas); (Gas) a.* se dégager; *~ lassen (tech)* faire échapper.

entweih|en ‹*ohne ge-*› *tr rel* profaner, violer; **E~ung** *f* ‹-, (-en)› profanation *f,* sacrilège *m.*

entwenden ‹*ohne ge-*› *tr (stehlen)* voler, dérober; détourner.

entwerfen ‹*entwirft, entwarf, entworfen*› *tr (Plan)* dresser, tracer, dessiner; *(flüchtig beschreiben)* esquisser, ébaucher, crayonner; *(Vertrag)* rédiger; *(Gesetz)* projeter.

entwert|en [ɛntˈveːrtən] ‹*ohne ge-*› *tr* déprécier, avilir; *fin* dévaluer, dévaloriser, *(Geld)* démonétiser; *(Briefmarke)* oblitérer; **E~ung** *f* dépréciation *f,* avilissement *m;* dévaluation, dévalorisation, démonétisation; oblitération *f.*

entwick|eln ‹*ohne ge-*› *tr* **1.** développer *(a. fig u. phot); phot a.* révéler; **2.** *chem (Dampf, Gas)* dégager; **3.** *(wirtschaftlich, tech)* réaliser; **4.** *fig (entfalten)* déployer; **5.** *(Gedanken, Plan)* concevoir, élaborer, exposer, expliquer; *refl: sich ~* **6.** se développer *(a. fig);* **7.** *chem* se dégager; **8.** *fig* se former, évoluer; *sich zu etw ~* devenir qc, *biol* évoluer vers qc; **E~ler** *m* ‹-s, -› *phot* révélateur *m;* **E~(e)lung** *f* ‹-, -en› **1.** développement *m (a. fig u. phot);* **2.** déploiement *m a. mil;* **3.** *chem* dégagement *m;* **4.** *(Verwirklichung)* réalisation *f;* **5.** *fig* conception, formation, élaboration, exposition, explication *f;* **6.** *(Aufwärtsentwicklung)* évolution *f a. biol; — noch in der ~ (tech)* (encore) à l'étude; **E~lungsalter** *n* (époque de la) puberté *f;* **~lungsfähig** *a* évolutif; **E~lungsgeschichte** *f biol* génétique *f;* **E~lungshilfe** *f pol* aide *f* aux pays en voie de développement; **E~lungsland** *n pol* pays *m* en voie de développement; **E~lungsstadium** *n* stade *m* de développement; **E~lungsstufe** *f* degré *m* d'évolution.

entwirren ‹*ohne ge-*› *tr, a. fig* démêler, débrouiller.

entwischen ‹*ohne ge-*› *itr* ‹*sein*› *fam* (s')échapper.

entwöhnen [ɛntˈvøːnən] ‹*ohne ge-*› *tr* désaccoutumer, déshabituer (*e-r S* de qc); *(Kind)* sevrer.

Entwurf *m* **1.** ébauche *f,* linéaments *m pl,* projet *m;* **2.** *(Skizze)* esquisse *f,* croquis *m,* maquette *f.*

entwurzeln ‹*ohne ge-*› *tr* déraciner *a. fig; ein entwurzelter Mensch* un homme déraciné.

entzerren ‹*ohne ge-*› *tr (Luftaufnahme)* redresser, restituer; *tele radio* corriger la distorsion de.

entzieh|en ‹*entzog, entzogen*› *tr* **1.** retirer, soustraire, enlever, ôter, dérober (*jdm etw* qc à qn), priver (*jdm etw* qn de qc); *(entwöhnen)* sevrer (*jdm etw* qn de qc); **2.** *chem* extraire (*e-r S etw* qc à qc); *refl* **3.** *sich ~* se dérober, se soustraire (*e-r unangenehmen S* à qc), esquiver (*e-r Verpflichtung* une obligation); *— sich der Strafe, der Strafverfolgung ~* se soustraire à sa punition, à la justice; *jdm das Wort ~ (parl)* retirer la parole à qn; *das entzieht sich meiner Kenntnis* je ne suis pas au courant; j'ignore; pas que je sache; **E~ung** *f* ‹-, ø› **1.** *(Wegnahme)* privation *f,* enlèvement; *(e-r Berechtigung, bes. des Führerscheins)* retrait *m, (befristet)* suspension *f;* **2.** *chem* extraction *f;* **E~ungskur** *f med* cure *f* de désintoxication.

entziffer|n ‹*ohne ge-*› *tr allg* déchiffrer; *nicht zu ~(d)* indéchiffrable; **E~ung** *f* ‹-, -en› déchiffrement *m.*

entzück|en ‹*ohne ge-*› *tr* ravir, charmer, enchanter, émerveiller; **E~en** *n* ‹-s, ø› ravissement, enchantement, émerveillement *m;* **~end** *a* ravissant, charmant; **~t** *a* ravi, enchanté (*über, zu* de).

Entzug *m allg* u. *jur = Entziehung.*

entzünd|bar *a* inflammable; **~en** ‹*ohne ge-*› **1.** *tr* mettre le feu à; enflammer, allumer *a. fig;* **2.** *refl: sich ~* prendre feu;

s'enflammer *a. fig u. med;* s'allumer *a. fig;* **~et** *a med* enflammé; **~lich** *a* inflammable; **E~ung** *f* ‹-, -en› inflammation *a. med u. tech; med a.* irritation *f.*

entzwei *adv* en deux; *(in Stücke)* en morceaux; *(zerbrochen)* cassé, rompu, brisé; *(zerrissen)* déchiré; *fam* fichu; **~en** ‹*ohne ge-*› *tr* désunir, diviser, brouiller; *sich* ~ se désunir, se diviser, se brouiller; **~t** *a (uneinig)* désuni; **E~ung** *f* ‹-, -en› **1.** désunion, division *f;* **2.** *(Streit)* dissension, querelle *f.*

Enzian *m* ‹-s, -e› ['ɛntsia:n] *(bot* u. *Likör)* gentiane *f.*

Enzyklopäd|ie *f* ‹-, -n› [ɛntsyklopɛ'di:] encyclopédie *f;* **e~isch** [-'pɛ:dɪʃ] *a* encyclopédique.

Epidem|ie *f* ‹-, -n› [epide'mi:] épidémie *f;* **e~isch** [-'de:mɪʃ] *a* épidémique.

Ep|ik *f* ‹-, ø› ['e:pɪk] poésie *f* épique; **~iker** *m* ‹-s, -› ['e:pikər] poète *m* épique.

Epilep|sie *f* ‹-, ø› [epilɛ'psi:] *med* épilepsie *f,* mal caduc, haut mal *m;* **~tiker** *m* ‹-s, -› [-'lɛptikər] épileptique *m;* **e~tisch** [-'lɛptɪʃ] *a* épileptique.

Epilog *m* ‹-s, -e› [epi'lo:k, -gə] épilogue *m.*

episch ['e:pɪʃ] *a* épique.

Episode *f* ‹-, -n› [epi'zo:də] épisode *m.*

Epoche *f* ‹-, -n› [e'pɔxə] époque *f;* ~ *machen* faire époque; **e~machend** *a* qui fait époque *od* date, mémorable, sensationnel.

Epos *n* ‹-, Epen› ['e:pɔs, -pən] épopée *f,* poème *m* épique.

er [e:r] *pron (mit v verbunden)* il; *(unverbunden)* lui; ~ *selbst* lui-même; ~ *ist es* c'est lui; *da ist* ~ le voilà.

erachten [ɛr'ʔ-] ‹*ohne ge-*› *tr: für gut* ~ *(zu ...)* juger à propos (de ...); **E~** *n: meines ~s, nach meinem* ~ à mon avis *od* gré.

erarbeiten ‹*ohne ge-*›: *sich etw* ~ acquérir *od* gagner qc par son travail; *fig* acquérir qc.

Erbanlage *f biol* caractère *m* héréditaire.

erbarmen [ɛr'barmən] ‹*ohne ge-*›: *sich jds* od *über jdn* ~ avoir pitié de qn; **E~** *n* ‹-s, ø› pitié, miséricorde, commisération, compassion *f; zum* ~ à faire pitié; **~swert** *a,* **~swürdig** *a* digne de pitié, pitoyable.

erbärmlich *a* **1.** pitoyable, piteux, déplorable, misérable; **2.** *(gemein)* bas, vil; **E~keit** *f* ‹-, ø› **1.** état *m* pitoyable *od* misérable; misère *f;* **2.** *(Gemeinheit)* bassesse *f.*

erbarmungslos [ɛr'barmuŋs-] *a* sans merci *od* pitié.

erbau|en ‹*ohne ge-*› *tr* **1.** bâtir, construire, élever; **2.** *(Stadt)* fonder; **E~er** *m* ‹-s, -› **1.** constructeur, architecte *m;* **2.** *(Gründer)* fondateur *m;* **~lich** *a rel* édifiant; **~t** *a fig hum: von etw nicht gerade sehr* ~ *sein* ne pas être très édifié de qc; **E~ung** *f* ‹-, ø› **1.** construction *f;* **2.** *(Gründung)* fondation *f.*

Erbe ['ɛrbə] **(1)** *m* ‹-n, -n› héritier; *(e-s Vermächtnisses)* légataire *m; jdn zum ~n bestimmen, als ~n einsetzen* instituer qn son héritier, faire son héritier de qn; **(2)** *n* ‹-s, ø› héritage *m;* succession *f; (elterliches)* patrimoine *m; jur* hérédité *f; ein* ~ *antreten* recueillir un héritage.

erbeben ‹*ohne ge-*› *itr* ‹*sein*› trembler, frémir (*vor* de).

erben ['ɛrbən] *tr* hériter (*etw* de qc; *etw von jdm* qc de qn).

erbetteln ‹*ohne ge-*› *tr* obtenir en mendiant.

erbeuten ‹*ohne ge-*› *tr mil* capturer, enlever, prendre; *fam allg* faire un butin de.

Erb|faktor *m* ['ɛrp-] *biol* facteur *m* héréditaire; **~fall** *m* cas *m* de succession; **~folge** *f* ordre héréditaire *od* successoral, (ordre *m* de) succession *f; (in Zssgen)* successoral *a; gesetzliche* ~ ordre *m* légal des successions; **~gut** *n* bien héréditaire, patrimoine; *biol* patrimoine *m* héréditaire.

erbieten ‹*erbot, erboten*›: *sich* ~ *zu tun* s'offrir à faire.

Erbin *f* ‹-, -nen› ['ɛrbɪn] héritière *f.*

erbitten ‹*erbat, erbeten*› *tr: etw von jdm* ~ demander qc à qn, solliciter qc de qn.

erbitter|t *a* exaspéré; *(Kampf, Ringen)* acharné; **E~ung** *f* ‹-, ø› irritation, aigreur, exaspération *f.*

Erbkrankheit *f* ['ɛrp-] maladie *f* héréditaire.

erblassen ‹*ohne ge-*› *itr* ‹*sein*› pâlir, blêmir (*vor* de).

Erb|lasser(in *f*) *m* ‹-s, -› ['ɛrp-] testateur *m,* testatrice *f;* **e~lich** *a* héréditaire *od* génétique; *biol* transmissible; *nicht* ~ *(biol)* intransmissible; ~ *belastet* héréditairement taré; *~e Belastung f* tare *f* héréditaire; **~lichkeit** *f* ‹-, ø› , *a. biol* hérédité *f.*

erblicken ‹*ohne ge-*› *tr* voir, apercevoir; *(entdecken)* découvrir; *das Licht der Welt* ~ voir le jour.

erblind|en ‹*ohne ge-*› *itr* ‹*sein*› devenir aveugle, perdre la vue; **E~ung** *f* ‹-, (-en)› perte *f* de la vue.

erblühen ‹*ohne ge-*› *itr* ‹*sein*› fleurir; *fig* s'épanouir.

Erbmasse *f* ['ɛrp-] *jur* héritage, patrimoine *m; biol* idioplasma *m.*

erbrechen ‹*erbricht, erbrach, erbrochen*› **1.** *tr (Behältnis)* ouvrir avec effraction, rompre, briser; *(Brief)* décacheter; *(Schloß)* fracturer; *(Tür)* enfoncer, forcer; **2.** *itr* u. *sich* ~ *(med)* vomir; *das Essen* ~ rendre son repas; **E~** *n* ‹-s, ø› *med* vomissement *m.*

Erbrecht *n* ['ɛrp-] droit *m* de succession *od* à l'héritage *od* successoral.

erbringen ⟨*erbrachte, erbracht*⟩ *tr: den Beweis* ~ produire la preuve.
Erb|schaft *f* ⟨-, -en⟩ ['ɛrp-] héritage *m*, succession *f; e-e* ~ *antreten* recueillir un héritage; *e-e* ~ *machen (fam)* faire un héritage; **~schaftssteuer** *f* droit *od* impôt successoral, impôt *m* sur les successions, taxe *f* successorale; **~schleicher** *m* captateur *m* (d'héritage); **~schleicherei** *f* captation *f* (d'héritage).
Erbse *f* ⟨-, -n⟩ ['ɛrpsə] *bot* pois *m; junge ~n* petits pois *m pl;* **~nsuppe** *f* potage *m* aux pois.
Erb|stück *n* ['ɛrp-] objet *m* hérité; **~sünde** *f rel* péché *m* originel; **~teil** *n* od *m* part d'héritage *od* héréditaire, *jur* portion *f* héréditaire.
Erd|achse *f* ['e:rt-] axe *m* de la terre; **~anziehung** *f* gravité *f;* **~arbeiten** *f pl* travaux *m pl* de terrassement; **~bahn** *f astr* orbite *f* terrestre; **~ball** *m* globe *m* terrestre; **~beben** *n* tremblement de terre, mouvement sismique, séisme *m;* **~beere** *f (Frucht)* fraise *f; (Pflanze)* fraisier *m;* **~beschleunigung** *f* accélération *f* de la pesanteur; **~boden** *m* sol *m*, terre *f*, terrain *m; unmittelbar am* ~ à ras de terre, au ras du sol; *dem* ~ *gleichmachen* raser; **~drehung** *f* rotation *f* de la terre; **~durchmesser** *m* diamètre *m* de la terre; **~e** *f* ⟨-, -n⟩ ['e:rdə] **1.** *geog astr* terre *f; (Welt)* monde *m;* **2.** *(Boden)* terre *f*, terrain, sol *m;* **3.** *el radio* terre, masse *f;* **4.** *pl chem* terres *f pl;* — *über der* ~ au-dessus du sol; *unter der* ~ sous terre; *auf die* ~ *fallen* tomber à *od* par terre; *auf die* ~ *legen* od *stellen* mettre à terre; *mit beiden Beinen auf der* ~ *stehen (fig)* avoir les pieds sur terre; **e~en** *tr el radio* mettre à la terre *od* à la masse; **~enbürger** *m poet* mortel *m*.
erdenk|en ⟨*erdachte, erdacht*⟩ *tr* imaginer, concevoir, inventer; **~lich** *a: alle(s) ~e* ... tout le, toute la ... imaginable.
erd|farben ['e:rt-] *a* couleur de terre, terreux; **E~floh** *m ent* altise *f;* **E~gas** *n* gaz *m* naturel; **E~geist** *m* gnome *m;* **E~geschoß** *n arch* rez-de-chaussée *m;* **E~halbkugel** *f* hémisphère *m*.
erdicht|en ⟨*ohne ge-*⟩ *tr* inventer, imaginer; *(in böser Absicht)* forger, controuver; **~et** *a* controuvé, fictif.

erd|ig ['e:rdıç] *a* terreux; **E~innere,** *das* les entrailles *f pl* de la terre; **E~karte** *f* planisphère *m* terrestre, mappemonde *f;* **E~kreis** *der (poet)* le monde (entier); **E~kugel** *f* globe *m* (terrestre); **E~kunde** *f* géographie *f;* **~kundlich** *a* géographique; **E~leitung** *f el* conduite *f* souterraine; **E~magnetismus** *m* magnétisme *m* terrestre; **E~mittelpunkt** *m* centre *m* de la terre; **E~nuß** *f* *bot* arachide, cacah(o)uète *f;* **E~oberfläche** *f* surface *f* de la terre.
Erdöl *n* ['e:rtʔø:l] huile *f* minérale, pétrole, naphte *m;* **~chemie** *f* pétrochimie *f;* **~felder** *n pl* champs *m pl* pétrolifères; **~gebiet** *n* région *f* pétrolifère; **~industrie** *f* industrie *f* du pétrole *od* pétrolière; **~raffinerie** *f* raffinerie de pétrole, pétrolerie *f;* **~vorkommen** *n* gisement *m* pétrolifère.
Erdreich *n* ['e:rt-] terre *f*, terrain *m*.
erdreisten ⟨*ohne ge-*⟩*: sich* ~, *etw zu tun* avoir l'audace *od* le front de faire qc.
Erdrinde *f* ['e:rt-] écorce terrestre *od* du globe, lithosphère *f*.
erdrücken ⟨*ohne ge-*⟩ *tr (zermalmen)* écraser; *fig: ~de Beweise m pl* preuves *f pl* accablantes.
Erd|rutsch *m* ['e:rt-] glissement de terrain, éboulement *m;* **~scholle** *f* motte, glèbe *f;* **~stoß** *m* mouvement *m* sismique, secousse *f* tellurique; **~teil** *m* partie *f* du monde, continent *m*.
erdulden ⟨*ohne ge-*⟩ *tr* souffrir, subir, essuyer.
Erd|umdrehung *f* ['e:rt-] *(Rotation)* rotation *f* de la terre; **~umkreisung** *f (e-s Satelliten)* révolution *f* autour de la terre, vol *m* orbital; **~umseg(e)lung** *f* circumnavigation *f* de la terre; **~ung** *f* ⟨-, (-en)⟩ *el radio* mise à la masse *od* terre; *radio* prise *f* de terre.
ereifern, *sich* ⟨*ohne ge-*⟩ s'emporter, s'échauffer, se gendarmer (*gegen* contre).
ereig|nen [ɛrˈʔaıgnən], *sich* ⟨*ohne ge-*⟩ se passer, se produire; *(plötzlich)* survenir; **E~is** *n* ⟨-ses, -se⟩ événement, incident *m;* **~isreich** *a* mouvementé.
Eremit *m* ⟨-en, -en⟩ [ereˈmi:t] ermite *m*.
erfahr|en I. ⟨*erfährt, erfuhr, erfahren*⟩ *tr* **1.** *(erleben)* faire l'expérience de, éprouver; *(erleiden)* subir, essuyer; **2.** *(hören)* apprendre; avoir bruit (*etw* de qc); *etw von jdm* ~ *haben* tenir qc de qn; **II.** *a (bewandert)* entendu; versé (*in* dans); *(geschickt)* expert (*in* en), rompu (*in* à); **E~enheit** *f* ⟨-, ø⟩ *(nur Zustand)* = *Erfahrung;* **E~ung** *f* ⟨-, -en⟩ *(Vorgang u. Endzustand)* expérience *f; (praktische)* usage *m*, pratique; *(meist pej)* routine *f; aus (eigener)* ~ par expérience; *mit* ~ *in (Stellenanzeige)* confirmé dans; *in* ~ *bringen* apprendre; ~ *haben* avoir de l'expérience (*in etw* de qc); *mit etw e-e schlechte* ~ *machen* se trouver mal de qc; *durch* ~ *klug werden* devenir sage par expérience; **~ungsgemäß** *adv* par expérience.
erfass|en ⟨*ohne ge-*⟩ *tr* **1.** *(meist fig)* saisir; *fig (geistig)* comprendre, concevoir; **2.** *(registrieren)* enregistrer, *bes. mil* recenser; **3.** *(durch Werbung)* toucher, atteindre; — *von einem Lastwagen erfaßt werden* se faire accrocher *od* hap-

per par un camion; **E~ung** *f* ‹-, ø› *(Registrierung)* enregistrement, *mil* recensement *m*.

erfind|en ‹*erfand, erfunden*› *tr* inventer, imaginer; *(frei ~)* controuver, fabriquer; **E~er** *m* ‹-s, -› inventeur *m*; **~erisch** *a* inventif; *(findig)* ingénieux; **E~ung** *f* ‹-, -en› invention; *(freie)* fiction *f*.

Erfolg *m* ‹-(e)s, -e› [ɛrˈfɔlk, -gə] **1.** *(guter)* succès *m*, réussite *f*; **2.** *(Ausgang, Ergebnis)* issue *f*, résultat *m*; *(Folge, Wirkung)* suite, conséquence *f*; — *mit, ohne ~* avec, sans succès; *zum ~ führen* mener à bien; *~ haben* avoir du succès, réussir, arriver, parvenir; *jdm, e-r S zum ~ verhelfen* contribuer au succès de qn, de qc; **e~en** ‹*ohne ge-*› *itr* ‹*sein*› *(geschehen)* arriver, se faire, se produire; *(stattfinden)* avoir lieu; *(Zahlung)* être effectué, s'effectuer; *(Angabe, Auskunft)* être donné; **e~los** *a* sans succès *a. adv*, inutile; **~losigkeit** *f* insuccès *m*, inutilité; vanité *f*; **e~reich I.** *a* couronné de succès; **II.** *adv* avec succès; — *e-e ~e Laufbahn* une carrière brillante; **~saussichten** *f pl* chances *f pl* de succès *od* de réussite; **e~versprechend** *a* prometteur.

erforder|lich *a* nécessaire, exigé, voulu, *(Alter)* requis; *soweit ~* si nécessaire; *~ machen = erfordern;* **~n** *tr* exiger, réclamer, demander, nécessiter; **E~nis** *n* ‹-ses, -se› **1.** *(Bedürfnis)* exigence *f*, besoin *m*; **2.** *(Notwendigkeit)* nécessité; *(Bedingung)* condition *f*.

erforsch|en ‹*ohne ge-*› *tr* **1.** *(Land)* explorer; **2.** *allg* rechercher, étudier; *(die Meinung)* sonder, scruter; *(Geheimnis)* sonder; *sein Gewissen ~* interroger sa conscience, s'examiner; **E~ung** *f* ‹-, ø› **1.** *(e-s Landes)* exploration *f*; **2.** *allg* recherche, étude *f*, sondage *m*.

erfragen ‹*ohne ge-*› *tr (sich erkundigen nach)* s'informer de; *zu ~ bei* s'adresser à.

erfreu|en ‹*ohne ge-*› *tr* réjouir; *(Vergnügen machen)* faire plaisir à, plaire à; *sich an etw ~* avoir *od* prendre *od* trouver plaisir, se délecter à qc; *sich e-r guten Gesundheit ~* jouir d'une bonne santé; *ich bin darüber erfreut* j'en suis content *od* heureux; **~lich** *a* réjouissant, agréable; *es ist ~ zu ...* il fait bon de, c'est un plaisir de ...; **~licherweise** *adv* heureusement, par bonheur.

erfrieren ‹*erfror, erfroren*› *itr* ‹*sein*› *(Pflanze, Körperglied)* geler; *(Mensch, Tier)* mourir de froid.

erfrisch|en ‹*ohne ge-*› *tr (sich* se) rafraîchir; **~end** *a* rafraîchissant; **E~ung** *f* ‹-, -en› rafraîchissement *m*; **E~ungsraum** *m* buvette *f*; *(im Warenhaus)* salon *m* de thé.

erfüll|en ‹*ohne ge-*› *tr* **1.** remplir (*mit* de); **2.** *fig (Wunsch, Versprechen, Pflicht, Aufgabe, Zweck)* remplir; *(Versprechen, Pflicht, Aufgabe)* accomplir, acquitter; **3.** *(Bedingung, Voraussetzung)* justifier, *a. math* satisfaire à; *refl* **4.** *sich ~ (Hoffnung, Wunsch)* s'accomplir, se réaliser; **E~ung** *f* **1.** *(Aufgabe, Pflicht, Versprechen)* accomplissement *m*; *(Wunsch, Hoffnung)* réalisation *f*; **2.** *(Vollendung)* consommation *f*; — *in ~ gehen* s'accomplir, se réaliser.

ergänz|en [ɛrˈgɛntsən] ‹*ohne ge-*› *tr (vervollständigen)* compléter, parfaire, *(Vorrat)* suppléer à; *(Lücke)* combler; *(lückenhaften Text)* restituer; *sich ~* se compléter; **~end** *a* complémentaire; *(zusätzlich)* supplémentaire; **E~ung** *f (Vervollständigung)* complément *m a. gram math*; *(e-s Textes)* restitution *f*; *(Buch)* supplément *m*; **E~ungs...** supplétif *a*, supplémentaire *a*, d'appoint; **E~ungswinkel** *m math* angle *m* complémentaire.

ergattern ‹*ohne ge-*› *tr fam* accrocher, décrocher.

ergeb|en I. ‹*ergibt, ergab, ergeben*› *tr* **1.** *(zeitigen)* donner, produire, livrer, fournir; *(einbringen)* rapporter; **2.** *(sich belaufen auf)* se monter à, s'élever à, se chiffrer à; *refl sich ~* **3.** *(mil)* se rendre, capituler; *(in sein Schicksal)* se soumettre (à), se résigner (à); *(e-m Laster)* se livrer (à), s'a(ban)donner (à); **4.** *(folgen)* résulter, s'ensuivre; — *hieraus* od *daraus ergibt sich, daß* il s'ensuit que, il ressort de là que; *die Umfrage hat ~, daß* le sondage a révélé que; **II.** *a* **1.** dévoué; **2.** *(gehorsam)* obéissant; *(unterwürfig)* soumis, humble; **3.** *(gefaßt)* résigné (*dat* à); **E~enheit** *f* ‹-, ø› **1.** dévouement, attachement *m*; **2.** *(Gefaßtheit)* résignation *f*; **E~nis** *n* ‹-ses, -se› résultat *m*; *(End~)* conclusion; *(Ausgang)* issue *f*; *math* résultat; *sport (Punktzahl)* score *m*; *(Folge)* conséquence *f*; *gute ~se erzielen* donner de bons résultats; **~nislos** *a* sans fruit *od* résultat; *(vergeblich)* inutile, vain; **E~ung** *f* ‹-, ø› *(in das Schicksal)* résignation *f* (*in* à).

ergehen ‹*erging, ergangen*›: *etw über sich ~ lassen* essuyer, endurer, supporter, souffrir qc (patiemment); *sich in Vermutungen ~* se perdre en conjectures; *wie ist es dir ergangen?* qu'es-tu devenu? **E~** *n*: *ich fragte nach s-m ~* je demandai de ses nouvelles.

ergiebig [ɛrˈgiːbɪç] *a agr (Boden)* productif, fertile; *~ sein (allg)* rendre bien; **E~keit** *f* ‹-, ø› *agr* productivité, fertilité *f*.

ergießen, *sich* ‹*ergoß, ergossen*› se déverser, s'épandre (*über* sur); *(Fluß)* se jeter (*in* dans); *fig* s'épancher.

erglühen ‹*ohne ge-*› *itr* ‹*sein*› *a. fig* rougir, s'empourprer; s'enflammer (*für* pour).

ergrauen ⟨*ohne ge-*⟩ *itr* ⟨*sein*⟩ grisonner.

ergreif|en ⟨*ergriff, ergriffen*⟩ *tr* **1.** saisir (*beim Arm* par le bras), *a. fig;* prendre; *(packen)* empoigner; **2.** *(erwischen, fangen)* attraper; *(festnehmen)* arrêter, capturer; **3.** *fig (rühren)* toucher, émouvoir, captiver, affecter; — *das Wort* ~ prendre la parole; **~end** *a* saisissant, touchant, émouvant; **E~ung** *f* ⟨-, ø⟩ *(Festnahme)* prise, arrestation, capture *f.*

ergriffen [ɛr'grɪfən] *a fig (gerührt)* touché, ému; **E~heit** *f* ⟨-, ø⟩ émotion *f* (ressentie).

ergründen ⟨*ohne ge-*⟩ *tr* **1.** sonder *a. fig; fig* étudier à fond, approfondir, pénétrer; **2.** *(herausbekommen)* découvrir.

Erguß *m* ⟨-sses, ⸚sse⟩ [ɛr'gus, -'gʏsə] *a. med u. fig* effusion *f,* épanchement *m.*

erhaben *a* **1.** proéminent, élevé *a. fig;* **2.** *(Kunst)* en relief; **3.** *fig* éminent, auguste, sublime; — *über etw ~ sein* être au-dessus de qc; traiter qc par le mépris; **E~heit** *f fig* sublimité *f.*

erhalten I. ⟨*erhält, erhielt, erhalten*⟩ *tr* **1.** *(bekommen)* recevoir; *(durch Bemühungen)* obtenir; **2.** *(Strafe fam)* être condamné; **3.** *(bewahren)* conserver, garder; *(in e-m Zustand)* maintenir; *(unterhalten, z. B. Straßen)* entretenir; **4.** *(ernähren)* entretenir, soutenir, sustenter; **5.** *(Endprodukt)* s'obtenir (*aus* à partir de); — *Betrag (dankend) ~* pour acquit; **II.** *a: gut, schlecht ~* en bon, mauvais état (de conservation); bien, mal conservé.

erhältlich [ɛr'hɛltlɪç] *a com* en vente (*bei* chez, *in* dans); *überall ~* en vente partout.

Erhaltung *f* ⟨-, ø⟩ *(Bewahrung)* conservation *f; ~ der Energie* conservation *f* de l'énergie.

erhängen, *sich* ⟨*ohne ge-*⟩ se pendre; **E~** *n* ⟨-s, ø⟩ pendaison *f.*

erhärten ⟨*ohne ge-*⟩ *tr* **1.** rendre dur, durcir; **2.** *fig (Aussage)* confirmer, corroborer; **3.** *itr* u. *sich ~* devenir dur, (se) durcir.

erhaschen ⟨*ohne ge-*⟩ *tr* saisir; attraper *a. fig (Blick, Worte).*

erheb|en ⟨*erhob, erhoben*⟩ *tr* **1.** *(Körperteil)* lever; *(Gegenstand)* élever *a. fig;* **2.** *fig* ériger (*zu* en); *math (in e-e Potenz)* élever; **3.** *fin (Gebühr, Abgabe)* lever, *(Steuer)* percevoir; *(Beitrag)* demander; prélever; *refl: sich ~* **4.** *(aufstehen, a. Wind)* se lever; **5.** *fig (Frage, Streit)* s'élever; *(Schwierigkeiten)* surgir; **6.** *(sich empören)* se soulever, s'insurger, se révolter; — *ein Geschrei ~* pousser des cris; **E~** *n: durch ~ der Hand, von den Plätzen (abstimmen)* (voter) à main levée, par assis et levé; **~end** *a* qui élève *od* exalte l'âme *od* l'esprit; **~lich** *a* considérable, important; **E~ung** *f* ⟨-, -en⟩ **1.** *(Bodenerhebung)* éminence *f;* **2.** *fig (Umfrage)* enquête, recherche *f;* **3.** *(von Abgaben, Steuern)* levée, perception, imposition *f;* **4.** *pol (Aufstand)* soulèvement *m,* insurrection *f.*

erheitern ⟨*ohne ge-*⟩ *tr* égayer; *(unterhalten)* amuser, divertir; *sich ~ (Gesicht)* se dérider; **~d** *a* amusant, divertissant.

erhellen ⟨*ohne ge-*⟩ *tr fig* éclaircir, répandre de la lumière sur; *sein Gesicht erhellt sich* son visage s'éclaire.

erhitzen ⟨*ohne ge-*⟩ *tr* chauffer; *fig* échauffer; *sich ~* chauffer; *fig* s'échauffer.

erhoffen ⟨*ohne ge-*⟩ *tr* espérer, s'attendre à, escompter.

erhöh|en ⟨*ohne ge-*⟩ *tr* **1.** *a. fig* élever, relever, hausser; *arch (aufstocken)* surélever, *(a. aufschütten)* exhausser; **2.** *fig (Geschwindigkeit, Summe, Wert)* augmenter (*um* de); *(Preise)* majorer (*um* de); *(Löhne, Tarife, Steuern)* relever (*um* de); *(Strafe)* aggraver; *mus* diéser; *refl* **3.** *sich ~ (a. fig)* s'élever, hausser, augmenter; *sich ~ auf* passer (*auf* à); *(Zahl, Summe, Kapital)* augmenter; **~t** *a (Puls)* élevé; *(Tätigkeit)* accru; **E~ung** *f* ⟨-, -en⟩ **1.** élévation *a. fig; (Anhöhe)* hauteur, éminence *f; (Aufschüttung, -stockung)* exhaussement *m;* **2.** *fig* augmentation, majoration *f;* relèvement *m;* aggravation *f;* **E~ungszeichen** *n mus* dièse *m.*

erhol|en, *sich* ⟨*ohne ge-*⟩ **1.** *(von e-r Krankheit)* se rétablir, se remettre, se remonter, *(von e-m Schrecken)* se remettre, *(von e-r Überraschung)* revenir (*von* de); **2.** *(ausruhen)* prendre du repos, se reposer, se récréer, *(sich entspannen)* se délasser, se détendre; **3.** *fig com (Preise, Markt)* se refaire, se remettre; *fin (Kurse)* se relever; *(Börse)* reprendre, être en reprise; **~sam** *a* reposant; **E~ung** *f* ⟨-, ø⟩ **1.** rétablissement *m;* **2.** *(Ruhe)* repos *m,* récréation *f; (Entspannung)* délassement *m,* détente *f;* **E~ungsaufenthalt** *m* séjour *m* de repos; **E~ungsheim** *n* maison *f* de repos, préventorium *m.*

erhören ⟨*ohne ge-*⟩ *tr (Bitte)* exaucer, accueillir.

erinner|n ⟨*ohne ge-*⟩ *tr: jdn an etw ~* rappeler qc à qn, faire penser qn à qc; *sich an etw ~* se souvenir de qc, se rappeler qc; *wenn ich mich recht erinnere* si j'ai bonne mémoire; *ich kann mich nicht mehr daran ~* je ne m'en souviens plus; **E~ung** *f* ⟨-, -en⟩ souvenir *m; in ~ an etw* en mémoire de qc; *zur ~ an jdn* à la mémoire de qn; *etw (noch) in frischer* od *guter ~ haben* se rappeler qc encore parfaitement; *alte ~en* souvenirs *m pl* lointains.

erkalten ⟨*ohne ge-*⟩ *itr* ⟨*sein*⟩ (se) refroidir *a. fig.*

erkält|en, *sich* ⟨*ohne ge-*⟩ *(med)* se refroidir, attraper *od* prendre froid, s'enrhumer; *erkältet sein* être enrhumé; **E~ung** *f* ⟨-, -en⟩ *med* refroidissement, rhume *m* (de cerveau).

erkämpfen ⟨*ohne ge-*⟩ *tr* gagner de haute lutte; *(Sieg)* remporter.

erkenn|bar *a* reconnaissable; *(wahrnehmbar)* perceptible; *(mit dem bloßen Auge)* discernable; *ohne ~en Grund* sans cause apparente; **~en** ⟨*erkannte, erkannt*⟩ *tr* **1.** *(bes. Menschen)* reconnaître (*an der Stimme* à la voix); **2.** *(wahrnehmen)* (s')apercevoir (de); *itr* **3.** *jur* prononcer (*auf e-e Strafe* une peine); — *sich zu ~ geben* se faire (re)connaître; *deutlich* od *klar zu ~ sein (fig)* ressortir clairement; **~tlich** *a (dankbar): sich ~ zeigen* témoigner de la reconnaissance; **E~tnis** *f* ⟨-, -se⟩ **1.** connaissance, notion, science; cognition; *die ~ (ohne pl)* la connaissance, la science; **2.** constatation *f; jur* jugement *m,* sentence *f;* **E~ung** *f* ⟨-, (-en)⟩ reconnaissance *f; med (e-r Krankheit)* dépistage *m;* **E~ungsmarke** *f mil* plaque *f* d'identité; **E~ungszeichen** *n* signe *m od* marque *f* de reconnaissance, (in)signe *m* distinctif *a. aero.*

Erker *m* ⟨-s, -⟩ ['ɛrkər] *arch* (pièce en) saillie *f.*

erklär|bar *a* explicable, interprétable; **~en** ⟨*ohne ge-*⟩ *tr* **1.** *(erläutern)* expliquer, rendre raison de; *(ausführlich)* exposer; *(ein Wort)* définir; *(e-n Text)* commenter; *(auslegen, deuten)* interpréter; *(erhellen)* éclaircir, élucider; **2.** *(aussagen)* déclarer; *(verkünden)* proclamer; **~lich** *a* explicable; *(verständlich)* compréhensible; *(augenscheinlich)* évident; **~t** *a* déclaré, avoué; *ein ~er Gegner* un adversaire déclaré; **E~ung** *f* ⟨-, -en⟩ **1.** explication; exposition; définition *f;* commentaire *m;* interprétation *f;* éclaircissement *m;* **2.** déclaration; proclamation *f;* — *e-e ~ abgeben* faire *od* émettre une déclaration (*über* au sujet de); *von jdm e-e ~ fordern* demander raison à qn; *eidesstattliche ~* déclaration *f* à titre de serment.

erklingen ⟨*erklang, erklungen*⟩ *itr* ⟨*sein*⟩ résonner, retentir.

erkrank|en *itr* ⟨*sein*⟩ tomber malade, attraper *od* contracter une maladie; *~ an* être atteint de; **E~ung** *f* ⟨-, -en⟩ maladie *f; wegen ~* pour cause de maladie.

erkund|en ⟨*ohne ge-*⟩ *tr* sonder; *(ausspionieren)* espionner; *mil* reconnaître, éclairer; *das Gelände ~ (mil u. fig)* sonder, tâter le terrain; **~igen** ⟨*ohne ge-*⟩: *sich bei jdm nach etw ~* s'informer de qc auprès de qn, se renseigner sur qc auprès de qn, s'enquérir de qc auprès de qn; **E~igung** *f* ⟨-, -en⟩ information *f* (*nach* sur); *(Auskunft)* renseignement *m (über* sur); *~en einholen* od *einziehen* prendre des *od* aller aux informations, prendre des renseignements (*über* sur); **E~ung** *f mil* reconnaissance *f.*

erlahmen ⟨*ohne ge-*⟩ *itr* ⟨*sein*⟩ *fig (nachlassen)* s'affaiblir, diminuer, *(Eifer)* se refroidir.

erlangen ⟨*ohne ge-*⟩ *tr* atteindre; *(durch Bemühungen)* obtenir.

Erlaß *m* ⟨-sses, -sse⟩ [ɛr'las, -sə] **1.** *(Befreiung)* dispense, exemption; *(e-r Arbeit, Strafe, Schuld)* remise *f;* **2.** *(Verordnung)* édit *m,* ordonnance *f; (der Regierung)* décret; *(ministerieller)* arrêté *m.*

erlassen ⟨*erläßt, erließ, erlassen*⟩ *tr* **1.** *jdm etw ~* dispenser, exempter qn de qc; *(Arbeit, Strafe, Schuld)* remettre qc à qn; *(Gebühren, Steuer, Zoll)* exonérer qn de qc; **2.** *(verordnen)* édicter, ordonner, décréter, arrêter.

erlaub|en ⟨*ohne ge-*⟩ *tr* permettre (*jdm etw* qc à qn; *jdm, etw zu tun* à qn de faire qc), autoriser (*jdm, etw zu tun* qn à faire qc); *sich ~, etw zu tun* se permettre de faire qc, oser faire qc, prendre la hardiesse *od* la liberté de faire qc; *(sich gönnen, sich leisten)* se payer, s'offrir; *wenn Sie ~* si vous permettez; *was ~ Sie sich?* que vous permettez-vous? *~ Sie, bitte!* permettez, s'il vous plaît; **E~nis** *f* ⟨-, ø⟩ [-'laup-] permission, autorisation *f; (Einwilligung)* consentement *m; um die ~ bitten zu tun* demander la permission de faire.

erläuter|n ⟨*ohne ge-*⟩ *tr* expliquer, clarifier; *(Text)* interpréter; *(kommentieren)* commenter; **E~ung** *f* explication; interprétation *f;* commentaire *m.*

Erle *f* ⟨-, -n⟩ ['ɛrlə] au(l)ne *m.*

erleb|en ⟨*ohne ge-*⟩ *tr* vivre, voir, connaître; *(durchmachen)* subir, essuyer, éprouver; *etwas ~* avoir une aventure; *hat man so was schon erlebt?* a-t-on jamais vu chose pareille? *der kann was ~! (iron)* il en entendra parler! **E~nis** *n* ⟨-ses, -se⟩ chose vécue, expérience *f; (großes)* événement *m; (aufregendes)* aventure *f.*

erledig|en [ɛr'le:dɪgən] ⟨*ohne ge-*⟩ *tr (Arbeit)* expédier, finir, terminer; *(Auftrag)* exécuter, s'acquitter de; *(Angelegenheit)* régler; *(die Post)* mettre à jour; **~t** *a* **1.** *(Sache)* terminé; réglé; **2.** *fam (erschöpft)* rompu de fatigue; *pop* crevé, vanné; *(am Ende)* ratiboisé, fini; **E~ung** *f* ⟨-, ø⟩ expédition, terminaison; exécution; liquidation *f;* règlement *m;* mise *f* à jour.

erlegen ⟨*ohne ge-*⟩ *tr (Wild)* tuer.
erleichter|n ⟨*ohne ge-*⟩ *tr* **1.** *fig* alléger; faciliter; **2.** *iron fam (um einiges ~)* délester; — *sein Gewissen ~* s'alléger la conscience; **E~ung** *f* ⟨-, -en⟩ allégement *m;* facilitation; décharge *f.*
erleiden ⟨*erlitt, erlitten*⟩ *tr* éprouver, subir, essuyer.
erlernen ⟨*ohne ge-*⟩ *tr* apprendre, faire l'apprentissage de.
erlesen *a* choisi, de choix.
erleucht|en ⟨*ohne ge-*⟩ *tr* éclairer; *fig* éclaircir, inspirer; **~et** *a: hell, schwach ~* bien, mal éclairé; **E~ung** *f fig* éclaircissement *m;* inspiration, intuition *f.*
erliegen ⟨*erlag, erlegen*⟩ *itr* succomber (*dat* à).
Erlös *m* ⟨-es, -e⟩ [ɛrˈløːs, -zəs] *(Ertrag)* recette *f.*
erlöschen ⟨*erlosch, erloschen*⟩ *itr* ⟨*sein*⟩ **1.** s'éteindre *a. fig;* **2.** *adm jur* expirer, arriver à expiration; *(Firma)* cesser d'exister; **E~** *n* extinction *a. fig; adm jur* expiration, déchéance *f.*
erlös|en [-ˈløːzən] ⟨*ohne ge-*⟩ *tr* délivrer (*von* de); *rel* sauver, racheter; **E~er** *m* ⟨-s, ø⟩ *rel* Sauveur, Rédempteur *m;* **E~ung** *f* ⟨-, ø⟩ délivrance, libération *f; rel* rachat *m,* Rédemption *f.*
ermächtig|en ⟨*ohne ge-*⟩ *tr* autoriser, *jur* habiliter (*zu* à); **E~ung** *f* ⟨-, -en⟩ autorisation; *jur* habilitation *f.*
ermahn|en ⟨*ohne ge-*⟩ *tr* exhorter (*zu* à), recommander; *(verwarnen)* admonester; **E~ung** *f* exhortation, recommandation; admonestation *f.*
ermangel|n ⟨*ohne ge-*⟩ *itr: e-r S ~* manquer de qc; **E~ung** *f: in ~ (gen)* faute (de), à défaut (de), par manque (de); *in ~ e-s Besseren* faute de mieux.
ermäßig|en [ɛrˈmɛːsɪgən] ⟨*ohne ge-*⟩ *tr (Preis)* réduire, baisser, diminuer; *zu ermäßigten Preisen* à prix réduits; **E~ung** *f* réduction, diminution *f.*
ermatt|en ⟨*ohne ge-*⟩ *tr (itr)* (se) fatiguer, (se) lasser; (s')affaiblir; *itr fig* se ralentir; **~et** *a* fatigué, las, exténué; **E~ung** *f* ⟨-, ø⟩ fatigue, lassitude *f,* affaiblissement *m.*
ermessen ⟨*ermißt, ermaß, ermessen*⟩ *tr* **1.** *fig (abschätzen, überschauen)* estimer, apprécier; **2.** *(geistig erfassen)* concevoir, juger de; **E~** *n: nach jds ~* au jugement de qn, à la discrétion de qn; *richterliches ~* pouvoir *m* discrétionnaire du juge; **E~sfrage** *f* question *f* d'appréciation.
ermitt|eln ⟨*ohne ge-*⟩ *tr (forschen nach)* rechercher; enquêter; *(ausfindig machen)* trouver, découvrir; **E~lung** *f* ⟨-, -en⟩ **1.** *(Nachforschung)* recherche, investigation, enquête; *(Ausfindigmachen)* découverte *f;* **2.** *jur* instruction *f* judiciaire; — *~en anstellen* faire des recherches; **E~lungsverfahren** *n jur* instruction *f* pénale.
ermöglichen ⟨*ohne ge-*⟩ *tr* rendre possible.
ermord|en ⟨*ohne ge-*⟩ *tr* assassiner; **E~ung** *f* ⟨-, -en⟩ meurtre, assassinat *m.*
ermüden [-ˈmyːdən] ⟨*ohne ge-*⟩ *tr (itr)* ⟨*h (sein)*⟩ (se) fatiguer, (se) lasser; **~end** *a* fatigant; **E~ung** *f* ⟨-, ø⟩ fatigue *a. tech,* lassitude *f.*
ermuntern ⟨*ohne ge-*⟩ *tr* **1.** *(aufheitern)* égayer; **2.** *(anregen)* animer, exciter (*zu* à); *(ermutigen)* encourager (*zu* à); *jdn ~d ansehen* encourager qn du regard.
ermutigen ⟨*ohne ge-*⟩ *tr* encourager (*zu* à).
ernähr|en ⟨*ohne ge-*⟩ *tr* **1.** *physiol* nourrir; *(verpflegen)* alimenter; **2.** *(versorgen)* faire vivre, entretenir, sustenter; *refl* **3.** *sich ~* se nourrir (*von* de); **E~er** *m* ⟨-s, -⟩ *(e-r Familie)* soutien *m;* **E~ung** *f* ⟨-, ø⟩ **1.** *physiol* nutrition; *(Verpflegung)* alimentation *f;* **2.** *(Unterhalt)* entretien *m,* sustentation *f;* — *falsche ~* malnutrition *f; schlechte ~* sous-alimentation *f.*
ernenn|en ⟨*ernannte, ernannt*⟩ *tr: ~ zu* nommer, désigner, promouvoir; **E~ung** *f* nomination, désignation, promotion *f.*
erneu|e(r)n ⟨*ohne ge-*⟩ *tr* **1.** renouveler *(a. im Sinne von wieder anfangen, wiederholen); (Beziehungen)* renouer; *pol (Vertrag)* prolonger; **2.** *(ersetzen, auswechseln)* remplacer; *(wieder instand setzen, auffrischen)* réparer, rénover, remettre en état *od* à neuf; *(Farbe)* rafraîchir; *mot (Reifen)* rechaper; *mot (Öl)* vidanger; **E~erung** *f* ⟨-, -en⟩ **1.** renouvellement; renouement; ravivement *m; pol* prolongation *f;* **2.** remplacement *m;* réparation, rénovation *f;* rafraîchissement *m;* **~ert I.** *a* répété, réitéré; **II.** *adv* à *od* de nouveau.
erniedrig|en ⟨*ohne ge-*⟩ *tr* **1.** *fig (demütigen)* abaisser, humilier, avilir; **2.** *mus* bémoliser; *refl* **3.** *sich ~* s'abaisser, s'humilier, s'avilir; **E~ung** *f* ⟨-, -en⟩ *fig* abaissement *m,* humiliation *f;* avilissement *m;* **E~ungszeichen** *n mus* bémol *m.*
Ernst *m* ⟨-es, ø⟩ [ɛrnst] **(1)** sérieux *m; (Würde; Gefährlichkeit)* gravité *f; allen ~es* tout de bon, pour de bon; *mit etw ~ machen* prendre qc au sérieux; *das ist Ihr ~? im ~?* sérieusement? pour de bon? *pop* sans blague? *das ist (doch) nicht Ihr ~!* vous plaisantez, vous n'y pensez pas; **(2)** *(Vorname)* Ernest *m;* **e~** *a (Person u. Sache)* sérieux; *(würdevoll; gefährlich)* grave; *~ bleiben* garder *od* tenir son sérieux; *(nicht) ~ nehmen* (ne pas) prendre au sérieux; **~fall** *m mil* cas *m* de conflit *od* guerre; *im ~* au *od* en cas de besoin; **e~gemeint** *a,* **e~haft** *a* sérieux; **~haftig-**

keit *f* sérieux *m;* **e~lich** *adv* sérieusement, vraiment.

Ernte *f* ‹-, -n› ['ɛrntə] **1.** récolte *a. fig; (Getreide)* moisson; *(Heu)* fenaison; *(Obst)* cueillette; *(Wein)* vendange *f;* **2.** *fig (Ertrag)* rapport *m;* — *die ~ einbringen* faire *od* enlever *od* rentrer la récolte *od* la moisson; **~arbeiter** *m* moissonneur *m;* **~dankfest** *n,* **~danktag** *m* (fête *f* d')actions *f pl* de grâces pour la récolte; **e~n** *tr* récolter *a. fig; (Getreide)* moissonner; *(Obst)* cueillir; *fig* recueillir; *itr* faire la moisson; **~schäden** *m pl* dégâts *m pl* causés à la récolte *od* moisson; **~zeit** *f* temps *m* de la moisson.

ernüchter|n ‹*ohne ge-*› *tr* désenivrer; dégriser *a. fig; fig* désenchanter; désillusionner; **E~ung** *f* ‹-, -en› dégrisement *a. fig; fig* désenchantement *m,* désillusion *f.*

Erober|er *m* ‹-s, -› [ɛr'ʔo:bərər] conquérant *m;* **e~n** ‹*ohne ge-*› *tr, a. fig* conquérir, faire la conquête de; *(Festung, Stadt)* prendre; **~ung** *f* ‹-, -en› conquête *a. fig;* prise *f.*

eröffn|en ‹*ohne ge-*› *tr* **1.** *(bes. Geschäft, Konto, Kredit, Testament)* ouvrir; **2.** *(feierlich)* inaugurer; *(anfangen)* commencer, *(bes. Aussprache, Kampf, mil: Gefecht)* engager, entamer; *mil (Feuer)* ouvrir; **3.** *(mitteilen)* faire savoir, communiquer, signaler (*jdm etw* qc à qn), faire part, s'ouvrir (*jdm etw* de qc à qn); **E~ung** *f* **1.** ouverture; inauguration *f;* **2.** *(Mitteilung)* communication *f.*

erörter|n ‹*ohne ge-*› *tr* discuter, débattre; **E~ung** *f* ‹-, -en› discussion *f,* débat *m.*

Erosion *f* ‹-, -en› [erozi'o:n] *geol* érosion *f.*

Erot|ik *f* ‹-, ø› [e'ro:tɪk] érotisme *m;* **e~isch** [e'ro:tɪʃ] *a* érotique.

Erpel *m* ‹-s, -› ['ɛrpəl] *zoo* canard *m* (mâle).

erpicht [ɛr'pɪçt] *a: auf etw ~* avide de qc.

erpress|en ‹*ohne ge-*› *tr* extorquer, *(Geständnis)* arracher (*etw von jdm* qc à qn); *~ jdn (durch Androhung von Enthüllungen) ~* faire chanter qn; **E~er** *m* ‹-s, -› exacteur; maître chanteur *m;* **~erisch** *a* extorsionnaire; **E~ung** *f* ‹-, -en› extorsion, exaction *f;* chantage *m.*

erprob|en ‹*ohne ge-*› *tr* éprouver, faire l'épreuve de, mettre à l'épreuve; *tech* essayer, expérimenter; **~t** *a* éprouvé, à toute épreuve; **E~ung** *f* ‹-, -en› épreuve *f,* essai *m,* expérimentation *f;* **E~ungsflug** *m* vol *m* d'essai.

erquicken ‹*ohne ge-*› *tr* rafraîchir, ranimer, récréer; *fig* réconforter; **~d** *a* rafraîchissant; *fig* réconfortant.

erraten ‹*errät, erriet, erraten*› *tr* deviner; *(Sie haben es) ~!* vous y êtes!

errechnen ‹*ohne ge-*› *tr* calculer.

erreg|bar [ɛr're:kba:r] *a* excitable, irritable; **E~barkeit** *f* ‹-, ø› excitabilité, irritabilité *f;* **~en** [-'re:gən] ‹*ohne ge-*› *tr* **1.** *(in Erregung bringen)* émouvoir, agiter, exciter, irriter; **2.** *(hervorrufen)* provoquer, faire naître, causer; *(Begierde)* éveiller; *(Neid)* susciter; **E~er** *m* ‹-s, -› *med* agent *m* (pathogène); **~t** *a* ému, agité, excité, irrité; *(Diskussion)* animé, vif; **E~ung** *f* ‹-, -en› agitation, excitation, irritation *f.*

erreich|bar *a* **1.** *(zugänglich)* accessible; **2.** *fig (Ziel) attr* qu'on peut atteindre; *pred: ~ sein* pouvoir être atteint; **~en** ‹*ohne ge-*› *tr* **1.** arriver à, parvenir à, accéder à, gagner; *(einholen)* rejoindre, rattraper; **2.** *fig (Ziel)* atteindre; **3.** *(gleichkommen)* égaler (*jdn* qn, *e-e S* qc).

erretten ‹*ohne ge-*› *tr* sauver; *(befreien)* délivrer.

erricht|en ‹*ohne ge-*› *tr (Gebäude)* construire; *(Gebäude, Denkmal)* élever, ériger; *math (Lot)* élever; *fig* ériger, implanter, établir, fonder, créer; **E~ung** *f* construction *f;* établissement *m,* fondation, création *f.*

erringen ‹*errang, errungen*› *tr* gagner; *den Sieg ~* remporter la victoire.

erröten [ɛr'rø:tən] ‹*ohne ge-*› *itr* ‹*sein*› rougir (*über, vor* de).

Errungenschaft *f* ‹-, -en› [ɛr'ruŋənʃaft] acquisition *f.*

Ersatz *m* ‹-es, ø› **1.** *(Auswechslung)* remplacement *m;* **2.** *(Erstattung)* restitution *f; (Schadenersatz)* dédommagement *m,* indemnité *f;* **3.** *(gleichwertiger)* équivalent; *(Ersatzstoff)* produit de remplacement, succédané, ersatz *m; med* prothèse *f;* **4.** *mil* réserve, recrue *f;* — *als* od *zum ~* en compensation, en remplacement, en revanche; *als ~ für* en échange de, à la place de; *als ~ dienen für* tenir lieu de; **~...** de rechange, de réserve; **~batterie** *f el* pile *f* de rechange; **~dienst** *m mil (für Kriegsdienstverweigerer)* service *m* compensatoire; **~kasse** *f (priv. Krankenkasse)* caisse *f* privée d'assurance-maladie; **~mann** *m* ‹-s, -leute› remplaçant, suppléant *m; sport s. ~spieler;* **~reifen** *m* pneu *m* de rechange *od* de secours; **~teil** *n (od m) tech* élément *m* od pièce *f* de rechange; **~teillager** *m* dépôt *m* de pièces de rechange; **e~weise** *adv* subsidiairement.

ersaufen ‹*ersäuft, ersoff, ersoffen*› *itr* ‹*sein*› *agr tech mines u. pop (ertrinken)* se noyer.

ersäufen ‹*ohne ge-*› *tr (ertränken)* noyer.

erschaff|en ‹*erschuf, erschaffen*› *tr lit* créer; **E~ung** *f* ‹-, ø› *(der Welt)* création *f.*

erschallen ‹*erscholl* od *erschallte, er-*

schallt od *erschollen*⟩ *itr* ⟨*sein*⟩ résonner, retentir.

erschauern *itr* frissonner (*vor* de).

erschein|en ⟨*erschien, erschienen*⟩ *itr* ⟨*sein*⟩ **1.** paraître, se montrer, se présenter; *(ankommen)* arriver; *(plötzlich, a. von Geistern)* apparaître; *(vor Gericht)* comparaître; **2.** *(Buch)* paraître; — *nicht* ~ *(vor Gericht)* faire défaut; ~ *als* faire figure de; *es erscheint mir merkwürdig, daß* je trouve étrange que; *soeben erschienen (Buch)* vient de paraître; **E~en** *n* **1.** arrivée; *jur* comparution *f;* **2.** *(Buch)* parution *f; sein, ihr* ~ *einstellen (Zeitung, Zeitschrift)* suspendre sa parution; **E~ung** *f* ⟨-, -en⟩ **1.** *(Geister)* apparition; *(inneres Gesicht)* vision *f;* **2.** *(Tatsache)* fait, phénomène *m;* **3.** *(Symptom)* symptôme; *(Krankheits~)* accident *m;* — *in* ~ *treten* se montrer; se manifester, se déclarer; *äußere* ~ *(e-s Menschen)* aspect, extérieur, physique *m;* **E~ungsfest** *n rel* Épiphanie, fête *f* des Rois.

erschieß|en ⟨*erschoß, erschossen*⟩ *tr* tuer (d'un coup de feu); *(auf Grund e-s Urteils)* fusiller, passer par les armes; *sich* ~ se brûler la cervelle; *ich bin erschossen (pop)* je suis complètement crevé; **E~ung** *f* ⟨-, -en⟩ mil exécution *f; standrechtliche* ~ exécution *f* militaire.

erschlaff|en ⟨*ohne ge-*⟩ *itr* ⟨*sein*⟩ *fig* se relâcher, s'amollir, s'alanguir, s'affaiblir; **E~ung** *f* ⟨-, ø⟩ relâchement, amollissement, alanguissement, affaiblissement *m.*

erschlagen ⟨*erschlägt, erschlug, erschlagen*⟩ *tr* assommer; *vom Blitz* ~ *werden* être frappé par la foudre; *ich bin* ~! *(fam)* je suis mort de fatigue.

erschleichen ⟨*erschlich, erschlichen*⟩ *tr* obtenir par ruse *od* frauduleusement; *(Erbschaft)* capter.

erschließ|en ⟨*erschloß, erschlossen*⟩ *tr fig (sein Herz; Markt, Reisegebiet)* ouvrir; *(Land)* aménager; *Baugelände, Einnahmequelle)* mettre en valeur; **E~ung** *f* ⟨-, -en⟩ ouverture; mise *f* en valeur.

erschöpf|end I. *a fig* complet, exhaustif, *(Auskunft)* détaillé; **II.** *adv* à fond; — ~ *behandeln (Thema, Frage)* épuiser; **~t** *a (Mensch, Tier)* épuisé, exténué, harassé; *(Kräfte)* épuisé; *(Geduld)* à bout; *agr (Boden)* fatigué, amaigri; *meine Mittel sind* ~ je suis au bout de mes moyens; **E~ung** *f* ⟨-, ø⟩ épuisement *m,* exténuation *f.*

erschrecken 1. ⟨*erschreckte, erschreckt*⟩ *tr* ⟨*h*⟩ terrifier, effrayer, épouvanter, faire peur à; **2.** ⟨*erschrak, erschrocken*⟩ *itr* ⟨*sein*⟩ s'effrayer, s'épouvanter (*über, vor* de); **~d** *a* effroyable, épouvantable.

erschütter|n ⟨*ohne ge-*⟩ *tr* **1.** *a. fig* ébranler, secouer; **2.** *fig (seelisch)* frapper, troubler, bouleverser; **~nd** *a* poignant, bouleversant; **E~ung** *f* ⟨-, -en⟩ **1.** trépidation, vibration *f;* *a. fig* ébranlement *m,* secousse *f,* choc *m;* **2.** *fig* grosse émotion *f,* bouleversement *m.*

erschweren ⟨*ohne ge-*⟩ *tr (schwieriger machen)* apporter des difficultés à, rendre plus difficile, compliquer; *~de Umstände m pl (jur)* circonstances *f pl* aggravantes.

erschwinglich *a (Preis)* abordable.

ersehen ⟨*ersieht, ersah, ersehen*⟩ *tr* voir (*aus* dans, par); *daraus ist zu* ~ od *ersieht man* on voit par là, il en ressort.

ersehnen ⟨*ohne ge-*⟩ *tr* désirer ardemment.

ersetzen ⟨*ohne ge-*⟩ *tr* **1.** *(auswechseln)* remplacer; **2.** *(erstatten)* restituer, rembourser, rendre; *(Verlust, Schaden)* compenser, réparer; *jdm etw* ~ dédommager qn de qc.

ersichtlich *a* évident, manifeste.

ersinnen ⟨*ersann, ersonnen*⟩ *tr* imaginer.

erspähen ⟨*ohne ge-*⟩ *tr* épier, découvrir; *mil* repérer.

erspar|en ⟨*ohne ge-*⟩ *tr* **1.** *(Geld)* mettre de côté, économiser; **2.** *fig (Arbeit, Mühe)* épargner; *jdm etw* ~ épargner, éviter qc à qn; **E~nis** *f* ⟨-, -se⟩ économie, épargne *f.*

ersprießlich *a (heilsam)* salutaire; *(nützlich)* utile, profitable.

erst [e:rst] *adv* **1.** *(zuerst)* premièrement, en premier lieu; *(anfangs)* d'abord, au commencement; *(vorher)* avant; **2.** *(noch, nicht eher als)* ne ... que, pas avant, seulement; **3.** *(steigernd: gar)* donc; *(erst einmal)* une fois *(meist nicht zu übersetzen);* — *eben* od *gerade* ~ tout à l'heure, il n'y a qu'un instant; ~ *gestern* hier seulement; ~ *heute morgen* pas plus tôt que ce matin; ~ *vor einem Monat* il n'y a qu'un mois; ~ *recht* à plus forte raison; ~ *recht nicht* bien moins encore; *wenn ich* ~ *mal weg bin* une fois parti; *ich bin eben* ~ *angekommen* je viens d'arriver; *es ist* ~ *2 Uhr* il n'est que deux heures; *ich kann* ~ *morgen kommen* je ne peux pas venir avant demain; *und ich* ~! et moi donc! *nun* ~ *recht!* raison de plus! *nun* ~ *recht nicht!* moins que jamais!

erstarr|en ⟨*ohne ge-*⟩ *itr* ⟨*sein*⟩ **1.** (se) raidir; *(Flüssigkeit, weiche Substanz)* se solidifier, se figer; *fig (Blut)* se glacer; **2.** *(Mensch)* être glacé; — ~ *lassen* raidir; figer; glacer; *das Blut* ~ *lassen (fig)* tourner le sang; **~t** *a: vor Kälte* ~ transi (de froid), glacé; *er stand wie* ~ *(da)* il était là comme pétrifié; **E~ung** *f* ⟨-, ø⟩ raideur *f,* raidissement *m;* torpeur *f.*

erstatt|en ⟨*ohne ge-*⟩ *tr (bes. Geld)* rendre, rembourser, restituer; *jdm s-e Auslagen* ~ rembourser qn de ses frais;

E~ung *f* restitution *f; (der Auslagen)* remboursement *m.*

Erstaufführung *f* ['e:rst-] *theat* première; *mus* première audition *f.*

erstaun|en ‹*ohne ge-*› **1.** *tr* ‹*h*› étonner, surprendre; **2.** *itr* ‹*sein*› s'étonner, s'ébahir (*über* de); **E~en** *n* ‹-s, ø› étonnement *m,* surprise *f,* ébahissement *m;* stupéfaction *f; zu meinem größten* ~ à ma grande surprise; *in* ~ *setzen* étonner, ébahir, frapper; **~lich I.** *a* étonnant, surprenant; **II.** *adv* étonnamment; **~t** *a* étonné, ébahi.

Erstausgabe *f* ['e:rst-] *(Buch)* édition *f* originale *od* princeps.

erste(r, s) ['e:rstə] *a* premier, première; *fig a.* meilleur, meilleure; *das erste* la première chose; *der erstere* le premier; *als erster* le premier; *an erster Stelle* en premier lieu; *fürs erste* premièrement, d'abord; *(einstweilen)* pour le moment; *im 1. Stock* au premier; *der, die Erste sein (a.)* remporter la victoire *od* le prix; *zum ersten! (Auktion)* une fois! *der erste beste* le premier venu; *1. Klasse (loc)* première *f.*

erstechen ‹*ersticht, erstach, erstochen*› *tr* poignarder.

erstehen ‹*erstand, erstanden*› **1.** *tr* ‹*h*› acheter, acquérir; **2.** *itr* ‹*sein*› *(Neubau)* être en cours *od* en voie de construction.

ersteigen ‹*erstieg, erstiegen*› *tr* monter, gravir; *fig* parvenir à.

Ersteiger|er *m* adjudicataire *m;* **e~n** ‹*ohne ge-*› *tr* acheter aux enchères.

Ersteigung *f* ascension *f.*

erstellen ‹*ohne ge-*› *tr* aménager, élaborer.

erstens [['e:rstəns] *adv* premièrement, primo (1°), d'abord.

erstick|en ‹*ohne ge-*› *tr* ‹*h*› étouffer, suffoquer; *itr* ‹*sein*› *a. fig* (s')étouffer, suffoquer (*vor* de); **E~** *n,* **E~ung** *f* étouffement *m,* suffocation; asphyxie *f.*

erst|klassig ['e:rst-] *a* de première qualité, de (premier) choix; **e~malig** *a* sans précédent; **e~mals** *adv* (pour) la première fois.

erstorben [ɛr'ʃtɔrbən] *a (Gefühl)* éteint.

erstreben ‹*ohne ge-*› *tr* tendre à, s'efforcer d'atteindre; viser à; *(Amt, Ehre)* aspirer à, prétendre à; **~swert** *a* digne d'efforts.

erstrecken, *sich* ‹*ohne ge-*› s'étendre (*bis an* od *zu* jusqu'à; *über* [*a. zeitl.*] sur); *sich auf etw* ~ *(fig)* s'appliquer à qc, couvrir qc.

erstürmen ‹*ohne ge-*› *tr* prendre d'assaut, enlever.

ersuchen ‹*ohne ge-*› *tr* **1.** *(bitten)* demander (*jdn um etw* qc à qn; *jdn, etw zu tun* à qn de faire qc); solliciter (*jdn um etw* qc de qn; *jdn, etw zu tun* qn de faire qc); **2.** *(auffordern)* requérir, sommer (*jdn, etw zu tun* qn de faire qc); **E~** *n* **1.** demande, sollicitation *f;* **2.** requête, sommation *f;* — *auf jds* ~ sur la demande, à la requête de qn.

ertappen ‹*ohne ge-*› *tr* prendre, attraper.

erteilen ‹*ohne ge-*› *tr* donner; *Auskunft* ~ donner des renseignements; *ein Patent, ein Visum* ~ délivrer un brevet, un visa; *das Wort* ~ donner *od* accorder la parole.

ertönen ‹*ohne ge-*› *itr* ‹*sein*› retentir, (ré)sonner.

Ertrag *m* ‹-(e)s, ¨-e› [ɛr'tra:k, -'trɛ:gə] **1.** rapport, produit *m;* **2.** *(e-s landwirtsch. od industr. Betriebs)* rendement; *mines* tonnage; *fin* taux *m* de capitalisation; **3.** *(Einnahme)* revenu *m; (Erlös)* recette *f; pl fin* produits *m pl* financiers; — *e-n guten* ~ *bringen* être d'un bon rendement; **e~en** ‹*erträgt, ertrug, ertragen*› *tr (aushalten)* supporter, soutenir, endurer; *(dulden)* tolérer; *nicht zu ~(d)* insupportable, intolérable; **e~fähig** *a* productif; **~fähigkeit** *f* productivité *f.*

erträglich [-'trɛ:k-] *a* supportable.

ertragreich [ɛr'tra:k-] *a* de bon rapport, à gros rendement.

ertränken ‹*ohne ge-*› *tr* noyer; *sich* ~ se jeter à l'eau.

ertrinken ‹*ertrank, ertrunken*› *itr* ‹*sein*› se noyer; **E~** *n* noyade *f.*

ertüchtig|en ‹*ohne ge-*› *tr* fortifier, entraîner; *(abhärten)* endurcir; **E~ung** *f* ‹-, ø› entraînement, endurcissement *m.*

erübrigen [ɛr'ˀy:brɪgən] ‹*ohne ge-*› **1.** *tr* épargner, économiser; *(Zeit)* trouver; **2.** *refl: sich* ~ *(überflüssig sein)* être inutile *od* superflu.

erwachen ‹*ohne ge-*› *itr* ‹*sein*› s'éveiller *a. fig,* se réveiller; **E~** *n* ‹-s, ø› réveil *m; beim* ~ au réveil.

erwachsen I. ‹*erwächst, erwuchs, erwachsen*› *itr lit:* ~ *zu* grandir et devenir; *fig (hervorgehen)* naître, sortir, résulter (*aus* de); **II.** *a (pp)* adulte, grand; **E~e** *m f* adulte *m; die E~n (pl)* les adultes *m pl;* **E~enbildung** *f* formation des adultes; éducation *f* permanente.

erwäg|en ‹*erwog, erwogen*› *tr* peser, faire état de; *(bedenken)* considérer; *(prüfen)* examiner (avec soin); songer *(zu* à), penser (*zu inf); alles wohl erwogen* tout bien pesé; **E~ung** *f* ‹-, -en› considération *f;* examen *m; in* ~ *ziehen* prendre en considération.

erwähn|en ‹*ohne ge-*› *tr* mentionner, faire mention de; **E~ung** *f* mention *f.*

erwärm|en ‹*ohne ge-*› **1.** *tr* chauffer; (r)échauffer; **2.** *refl: sich* ~ se chauffer; s'échauffer *a. fig* (*für* au sujet de); **E~ung** *f* ‹-, (-en)› (r)échauffement *m.*

erwart|en ‹*ohne ge-*› *tr* **1.** attendre, escompter; **2.** *(rechnen mit)* s'attendre à; — *ich kann es kaum ~, daß ich …* il me tarde de …; *es ist zu ~, daß* il est à présumer *od* supposer que; *das* od *es war zu ~* on pouvait s'y attendre; **E~** *n: über alles ~* au-delà de toute attente; *wider E~* contre toute attente; **E~ung** *f* attente, expectative; *(Hoffnung)* espérance *f; entgegen allen ~en* contre toute attente *od* prévision; *in ~ (gen)* dans l'attente (de); *voll(er) ~*, **~ungsvoll** *a* plein d'espoir.

erwecken ⟨*ohne ge-*⟩ *tr fig* éveiller; exciter, susciter, provoquer, faire naître; *vom Tode ~* ressusciter.

erwehren ⟨*ohne ge-*⟩*: sich jds ~* se défendre de qn.

erweichen ⟨*ohne ge-*⟩ *tr fig (rühren, umstimmen)* fléchir, attendrir, émouvoir; *sich ~ lassen* se laisser fléchir *od* toucher.

Erweis *m* ⟨-es, -e⟩ [ɛrˈvaɪs, -zə]: *den ~ erbringen* fournir la preuve; **e~en** ⟨*erwies, erwiesen*⟩ *tr* **1.** *(beweisen)* prouver (dé)montrer; **2.** *(Dankbarkeit)* montrer, témoigner; **3.** *(e-n Dienst)* rendre; *(e-e Ehre, e-n Gefallen)* faire; *(e-e Gunst)* accorder; *refl* **4.** *sich ~* se (dé)montrer, se révéler, se trouver; *sich als wahr ~* s'avérer.

erweiter|n ⟨*ohne ge-*⟩ *tr* **1.** élargir; *(Öffnung)* évaser; *(ausdehnen)* étendre, dilater; **2.** *fig (liter. Werk)* amplifier; *(vermehren)* augmenter; *(Geschäft)* agrandir; *(Sammlung)* enrichir; *refl* **3.** *sich ~* s'élargir; s'évaser; s'étendre, se dilater; augmenter; s'agrandir; **E~ung** *f* **1.** élargissement; évasement *m;* extension, dilatation *f;* **2.** amplification; augmentation *f;* agrandissement; enrichissement *m.*

Erwerb *m* ⟨-(e)s, -e⟩ [ɛrˈvɛrp, -bə] **1.** *(Erwerbung)* acquisition *f;* **2.** *(Broterwerb)* gagne-pain, travail *m;* **e~en** ⟨*erwirbt, erwarb, erworben*⟩ *tr (a. sich ~)* acquérir; *(durch Arbeit u. fig)* gagner; *sich jds Achtung ~* gagner l'estime de qn; *sich Kenntnisse ~* acquérir des connaissances; **e~slos** *a* sans travail, chômeur; **e~stätig** *a: ~ sein* exercer une profession salariée; **e~sunfähig** *a* incapable de gagner sa vie; **~szweig** *m* branche *f* d'activité; **~ung** *f* acquisition *f.*

erwider|n ⟨*ohne ge-*⟩ *tr* **1.** répondre (*auf* à), répliquer; *(schlagartig)* riposter, repartir; **2.** *(Gruß, Besuch, mil: das Feuer)* rendre; *(Gefühl)* payer de retour; **E~ung** *f* ⟨-, -en⟩ réponse, réplique; riposte, repartie *f.*

erwiesenermaßen [ɛrˈviːzənərˈmaːsən] *adv* il a été prouvé que.

erwirken ⟨*ohne ge-*⟩ *tr* obtenir.

erwischen ⟨*ohne ge-*⟩ *tr (Delinquenten) fam* attraper, pincer, coincer; *sich ~ lassen (a.)* se faire prendre *od* pincer; *wenn ich den erwische!* si je le rattrape!

erwünscht *a* souhaité, désiré.

erwürgen ⟨*ohne ge-*⟩ *tr* étrangler.

Erz (1) [eːrts] *n* ⟨-es, -e⟩ **1.** *(metallhaltiges Gestein)* minerai *m;* **2.** *lit (Bronze)* airain, bronze *m; abbauwürdiges ~* minerai *m* exploitable; **(2) ~...** [ˈɛrts-] *(in Zssgen) rel, hist* arch(i)-; *pej* achevé, consommé, fieffé, parfait; **~ader** *f* filon *m od* veine *f* métallifère.

erzähl|en ⟨*ohne ge-*⟩ *tr* (ra)conter, dire, narrer; *von etw ~* faire le récit de qc; *ich kann etwas davon ~* j'en sais qc; *man erzählt sich, daß* on dit que; *das kannst du anderen ~!* à d'autres! **~end** *a* narratif; **E~er** *m* ⟨-s, -⟩ conteur, narrateur *m;* **E~ung** *f* ⟨-, -en⟩ **1.** *(Tätigkeit)* narration *f;* **2.** *(Geschichte)* histoire *f,* conte *m; (Novelle)* nouvelle *f.*

Erz|bischof *m* [ˈɛrts-] archevêque, métropolitain *m;* **e~bischöflich** *a* archiépiscopal, métropolitain; **~bistum** *n* ⟨-s, ¨-er⟩ [-bɪstuːm, -tyːmər] *(Gebiet)* archevêché; *(Amt, Würde)* archiépiscopat *m;* **~engel** *m* archange *m.*

erzeug|en ⟨*ohne ge-*⟩ *tr* **1.** *physiol* procréer; engendrer *a. fig;* **2.** *fig (schaffen)* créer, faire naître; *(hervorbringen)* former; **3.** *(herstellen)* produire, fabriquer; *chem (Wärme)* dégager; **E~er** *m* ⟨-s, -⟩ **1.** procréateur, père *m;* **2.** *agr tech* producteur *m;* **E~nis** *n* ⟨-ses, -se⟩ produit *m,* production, fabrication *f; gewerbliches, landwirtschaftliches ~* produit *m* fabriqué *od* industriel *od* manufacturé, agricole; **E~ung** *f* **1.** *(Zeugung)* procréation, génération *f;* **2.** *fig (wirtschaftl.)* production, fabrication *f.*

Erz|feind *m* [ˈɛrts-] ennemi juré, grand ennemi *m;* **~herzog** *m hist* archiduc *m.*

erzieh|bar *a: schwer ~* difficile; **~en** ⟨*erzog, erzogen*⟩ *tr* élever, éduquer; *(schulen)* former, faire; *gut, schlecht erzogen* bien, mal élevé; **E~er** *m* ⟨-s, -⟩ éducateur, pédagogue; *(Hauslehrer)* précepteur *m;* **E~erin** *f* ⟨-, -nen⟩ éducatrice; *(Hauslehrerin)* gouvernante, préceptrice *f;* **~erisch** *a* éducatif, pédagogique; **E~ung** *f* ⟨-, ø⟩ éducation, instruction *f; e-e gute ~ genossen haben* avoir reçu une bonne éducation; **E~ungswesen** *n* instruction *f* publique; **E~ungswissenschaft** *f* pédagogie *f.*

erzielen ⟨*ohne ge-*⟩ *tr (erreichen)* obtenir, atteindre, parvenir à, aboutir à; *com (Preis)* atteindre, *(Gewinn)* réaliser.

Erzreichtum *m* [ˈeːrts-] richesse *f* en minerai.

erzürnen ⟨*ohne ge-*⟩ *tr (refl)* (se) fâcher, (s')irriter, (se) mettre en colère.

erzwingen ⟨*erzwang, erzwungen*⟩ *tr* forcer, obtenir de *od* par force, extorquer (*von jdm* à qn).

es [ɛs] **I.** *pron* **1.** *(stellvertretend für ein s) (Nominativ)* il, elle; *acc* le, la, l'; *ich sehe ~ (das Buch, das Meer)* je le vois (le livre), je la vois (la mer); *ich habe ~ (das Buch, das Meer) gesehen* je l'ai vu (le livre), je l'ai vue (la mer); *sind Sie der Vater, die Mutter? — ja, ich bin ~* êtes-vous le père, la mère? — oui, je le suis; **2.** *(unpersönlich) (Nominativ)* il, ce (c'), on, *(bleibt unübersetzt); ~ gibt* il y a; *~ regnet* il pleut; *~ ist (nicht) wahr* c'est vrai (ce n'est pas vrai); *~ arbeitet sich hier besser* on travaille mieux ici; *wer ist da? — ich bin ~* qui va là? — c'est moi; *~ klopft* on frappe; *~ lebe der Kaiser!* vive l'empereur! *gen* en; *ich bereue ~* je m'en repens; *dat* y; *ich bin ~ gewohnt* j'y suis habitué; *acc (wird anders ausgedrückt; s. jeweils das v); ich halte ~ nicht mehr aus* je n'y tiens plus; *~ gut haben* être à son aise; **II.** *n* ‹-, -› *mus* mi *m* bémol.

Esche *f* ‹-, -n› ['ɛʃə] frêne *m*.

Es-Dur *n* ['ɛsdu:r] mi *m* bémol majeur.

Esel *m* ‹-s, -› ['e:zəl] âne *a. fig pej; (Zuchtesel)* baudet *m; ich ~!* imbécile que je suis! *(du, Sie) ~!* espèce d'animal! *alter ~!* vieille bête! *kleiner ~*, **~chen** *n* petit âne, ânon, bourricot, bourriquet *m;* **~in** *f* ânesse, bourrique *f;* **~sbrücke** *f fig fam* pont *m* aux ânes; **~sohr** *n (im Buch)* corne *f;* **~srücken** *m arch* accolade *f;* **~treiber** *m* ânier *m*.

Eskalation *f* ‹-, -en› [ɛskalatsi'o:n] *(Steigerung)* escalade *f*.

Eskimo *m* ‹-s, -s› ['ɛskimo] Esquimau *m*.

es-Moll *n* ['ɛsmɔl] mi *m* bémol mineur.

Essai *od* **Essay** *m* od *n* ‹-s, -s› [ɛ'se:, 'ɛse] *lit* essai *m*.

eß|bar ['ɛsba:r] *a* mangeable, bon à manger; *(genießbar, bes. Pilz)* comestible; **E~besteck** *n* couvert *m*.

Esse *f* ‹-, -n› ['ɛsə] cheminée; *(Schmiede)* forge *f*.

essen ['ɛsən] ‹*ißt, aß, gegessen*› *tr* manger; *itr* faire *od* prendre un repas; *zu Abend, zu Mittag ~* dîner, déjeuner; *etw (sehr) gern ~* aimer (être gourmand de) qc; *tüchtig ~* manger de bon appétit; mordre à belles dents; *jdm zu ~ geben* donner à manger à qn; *gut ~ und trinken* faire bonne chère.

Essen *n* ‹-s, -› ['ɛsən] *allg* manger; *(Speise)* mets, plat; *(Mahlzeit)* repas; *(Mittagessen)* déjeuner; *(Abendessen)* dîner; *(Festessen)* festin, banquet *m; (Imbiß)* collation *f*, casse-croûte *m; (Kost)* nourriture *f; fam* fricot *m; beim ~* pendant le repas; *das ~ ist hier sehr gut* on mange très bien ici; **~szeit** *f* heure *f* du repas.

Essenz *f* ‹-, -en› [ɛ'sɛnts] essence, huile *f* essentielle.

Esser *m* ‹-s, -› ['ɛsər] mangeur *m; starker ~* gros mangeur *m; unnützer ~* bouche *f* inutile.

Eßgeschirr *n* ['ɛs-] service *m* de table; *mil* gamelle *f*.

Essig *m* ‹-s, (-e)› ['ɛsɪç] vinaigre *m;* **~gurke** *f* cornichon *m* au vinaigre; **e~sauer** *a chem: essigsaure Tonerde f* acétate *m* d'alumine.

Eß|kastanie *f* ['ɛs-] marron *m*, châtaigne *f;* **~löffel** *m* cuiller *od* cuillère *f* à bouche *od* à soupe *od* de table; **~löffelvoll** *m* cuillerée *f* à bouche; **~waren** *f pl* comestibles *m pl*, denrées *f pl* (alimentaires); **~zimmer** *n* salle *f* à manger.

Est|e *m* ‹-n, -n› ['ɛstə/'e:stə], **~länder** *m* ‹-s, -› Estonien *m*.

Ester *m* ‹-s, -› ['ɛstər] *chem* ester, éther-sel *m*.

Est|in *f* Estonienne *f;* **~land** *n* l'Estonie *f;* **e~ländisch** *a*, **e~nisch** *a* estonien.

Etage *f* ‹-, -n› [e'ta:ʒə] étage *m;* **~nheizung** *f* chauffage *m* par appartement; **~nwohnung** *f* appartement *m*.

Etappe *f* ‹-, -n› [e'tapə] **1.** *(Teilstrecke e-r Reise, mil: e-s Marsches)* étape *f;* **2.** *mil (rückwärtige Verbindung)* ligne *f* d'approvisionnement; *mil (rückwärtiges Gebiet)* arrière *m*.

Etat *m* ‹-s, -s› [e'ta:] *(Staatshaushalt)* budget *m*.

Eth|ik *f* ‹-, ø› ['e:tɪk] éthique, morale *f;* **e~isch** ['e:tɪʃ] *a* éthique, (d'ordre) moral.

Ethno|graphie *f* ‹-, -n› [-gra'fi:] ethnographie *f;* **~logie** *f* ‹-, -n› [-lo'gi:] ethnologie *f*.

Etikett *n* ‹-(e)s, -e/-s› [eti'kɛt] *(Schildchen)* étiquette, *com* marque *f;* **~e** *f* ‹-, -n› *(besondere Umgangsformen)* étiquette *f; gegen die ~ verstoßen* manquer à l'étiquette; **e~ieren** [-'ti:rən] ‹*ohne ge-*› *tr* étiqueter.

etliche ['ɛtlɪçə] *pron (s) pl* quelques -un(e)s; *(a) pl* quelques.

Etui *n* ‹-s, -s› [ɛt'vi:, ety'i:] étui *m*, gaine, trousse *f*.

etwa ['ɛtva] *adv* **1.** *(ungefähr)* environ, autour de; **2.** *(vielleicht)* peut-être, *fam* par hasard; **3.** par exemple, disons; **— ~** *hundert* dans les cent; *~ seit* depuis environ; *vor ~ einer Stunde* il y a environ une heure; *denken Sie ~ an ...* pensez par exemple à ...; *denken Sie nicht ~, daß ...* n'allez pas penser que ...

etwaige(r, s) [ɛt'va:ɪç, '---] *a* éventuel.

etwas ['ɛtvas] **I.** *pron* **1.** *(s)* quelque chose *m; das ist ~ für mich* c'est mon affaire; *das ist immerhin ~* c'est déjà quelque chose; **2.** *(a)* quelque, un peu de; *das ist ~ anderes* c'est autre chose, c'est différent; *~ Schönes* quelque chose de beau; **II.** *n* ‹-, ø› *ein gewisses E~* un je(-)ne(-)sais(-)quoi; **III.** *adv* un *od* quelque peu.

Etymolog|ie *f* ‹-, -n› [etymolo'gi:] étymologie *f;* **e~isch** [-'lo:gɪʃ] *a* étymologique.

euch [ɔʏç] *pron (dat u. acc von: ihr)* vous; *(dat unverbunden)* à vous.

euer, eu(e)re [ˈɔʏər, ˈɔʏ(ə)rə] *pron* votre, *pl* vos; *der, die, das Eu(e)re, die Eu(e)ren,* le, la, les vôtre(s); **~sgleichen, ~twegen, ~twillen** *s. euresgleichen etc.*

Eugen|ik [ɔʏˈge:nɪk] *f* ‹-, ø› eugénique *f,* eugénisme *m;* **e~isch** [-ˈge:nɪʃ] *a* eugénique.

Eule *f* ‹-, -n› [ˈɔylə] *orn* hibou *m;* chouette *f; ~n nach Athen tragen (fig)* porter (de) l'eau à la mer *od* à la rivière; **~nspiegel** *m (Schalk)* espiègle *m;* **~nspiegelei** *f* espièglerie *f.*

Eunuch *m* ‹-en, -en› [ɔʏˈnu:x] eunuque *m.*

Euphem|ismus *m* ‹-, -men› [ɔʏfeˈmɪsmus] euphémisme *m;* **e~istisch** [-ˈmɪstɪʃ] *a* euphémistique.

eur|erseits [ˈɔʏr-] *adv* de votre côté *od* part; **~esgleichen** *pron* vos pareils; **~etwegen** *adv, um* **~etwillen** *adv* à cause de vous, pour (l'amour de) vous; **E~ige** *pron (s): der, die, das ~, die ~n* le, la, les vôtre(s).

Euro|geld *n* monnaie *f* européenne; **~markt** *m* marché *m* commun.

Europ|a *n* [ɔʏˈro:pa] l'Europe *f;* **~äer** *m* ‹-s, -› [-ˈpɛ:ər] Européen *m;* **e~äisch** [-ˈpɛ:ɪʃ] *a* européen; *~er Gedanke m* européanisme *m;* **e~äisieren** [-pɛiˈzi:rən] ‹*ohne ge-*› *tr* européaniser; **~arat** *m* conseil *m* de l'Europe (C. E.).

Euter *n* ‹-s, -› [ˈɔʏtər] pis *m.*

evakuier|en [evakuˈi:rən] ‹*ohne ge-*› *tr (Gebiet von Menschen; Menschen aus e-m Gebiet)* évacuer; **E~ung** *f* évacuation *f.*

evangel|isch [evaŋˈge:lɪʃ] *a* évangélique; protestant; **E~ist** *m* ‹-en, -en› [-geˈlɪst] évangéliste *m;* **E~ium** *n* ‹-s, -lien› [-ˈge:lium, -liən] *(Lehre)* évangile; *(Buch)* Evangile *m.*

eventuell [-tuˈɛl] *a (adv)* éventuel(lement).

ewig [ˈe:vɪç] *a* **1.** *rel philos* éternel; *(immerwährend; a. Schnee)* perpétuel; **2.** *fam (dauernd)* continuel, incessant; *pej* sempiternel, qui n'en finit pas; — *auf ~* à (tout) jamais, pour jamais; *das dauert ja ~! (fam)* ça n'en finit pas; **E~keit** *f* ‹-, (-en)› éternité *f; fam* siècle *m; in (alle) ~* à tout jamais.

exakt [ɛˈksakt] *a* exact, précis; **E~heit** *f* ‹-, ø› exactitude, précision *f.*

Exam|en *n* ‹-s, -/-mina› [ɛˈksa:mən, -mina] examen *m (Redewendungen s. unter: Prüfung);* **e~inieren** [-ˈni:rən] ‹*ohne ge-*› *tr* examiner.

Exekutive *f* ‹-, -n› [ɛkseku'ti:və] (pouvoir) exécutif *m.*

Exempl|el *n* ‹-s, -› [ɛˈksɛmpəl] exemple *m; ein ~ statuieren* faire un exemple; **~lar** *n* ‹-s, -e› [-ˈpla:r] exemplaire *m;* **e~larisch** [-ˈpla:rɪʃ] *a (adv* de manière) exemplaire.

exerzier|en [ɛksɛrˈtsi:rən] ‹*ohne ge-*› *itr mil* faire l'exercice; **E~platz** *m* champ *m* de mars *od* de manœuvre, place *f* d'armes.

Exil *n* ‹-s, -e› [ɛˈksi:l] exil *m; ins ~ gehen* s'exiler.

Exist|entialismus *m* ‹-, ø› [-tiaˈlɪsmus] existentialisme *m;* **~enz** *f* ‹-, -en› [-ˈtɛnts] existence *f (a. als Auskommen);* **~enzberechtigung** *f* droit *m* à l'existence, raison *f* d'être; **e~enzfähig** *a* capable d'exister; **~enzminimum** *n* minimum *m* vital *od* nécessaire à l'existence *od* indispensable pour subsister; **e~ieren** [-ˈti:rən] ‹*ohne ge-*› *itr* **1.** exister; vivre; **2.** *(auskömmlich leben)* subsister, vivre.

exklusiv [ɛkskluˈzi:f] *a* exclusif; *fam (Gruppe, Wohnung)* huppé, sélect.

exkommunizieren [ɛkskɔmuniˈtsi:rən] ‹*ohne ge-*› *tr* excommunier.

Exlibris *n* ‹-, -› [ɛksˈli:brɪs] *(Bücherzeichen)* ex-libris *m.*

Exmatrikul|ation *f* ‹-, -en› [ɛksmatrikulatsiˈo:n] radiation *f* (de la liste des étudiants); **e~ieren** [-ˈli:rən] ‹*ohne ge-*› *tr* rayer de la liste (des étudiants); *sich ~ lassen* se faire rayer de la liste (des étudiants).

exotisch [ɛˈkso:tɪʃ] *a* exotique.

Expan|der *m* ‹-s, -› [ɛksˈpandər] *sport* extenseur *m;* **~sion** *f* ‹-, -en› [-ziˈo:n] *phys pol* expansion *f.*

Expedition *f* ‹-, -en› [ɛkspeditsiˈo:n] **1.** expédition *f;* **2.** *(e-r Zeitung)* bureau *m.*

Experiment *n* ‹-(e)s, -e› [ɛksperiˈmɛnt] expérience *f;* **e~ell** [-ˈtɛl] *a* expérimental; **e~ieren** [-ˈti:rən] ‹*ohne ge-*› *itr* expérimenter (*mit etw* qc; *an etw* sur qc).

Expert|e *m* ‹-n, -n› [ɛksˈpɛrtə] expert *m;* **~ise** *f* ‹-, -n› [-ˈti:zə] *(Gutachten)* expertise *f.*

explo|dieren [ɛksploˈdi:rən] ‹*ohne ge-*› *itr* ‹*sein*› exploser, faire explosion, détoner, éclater, crever, sauter; **E~sion** *f* ‹-, -en› [-ziˈo:n] explosion, détonation *f;* **E~sionsgefahr** *f* danger *od* risque *m* d'explosion; **E~sionsmotor** *m* moteur *m* à explosion; **~siv** *a* explosif.

Expon|ent *m* ‹-en, -en› [ɛkspoˈnɛnt] *math* exposant *m;* **e~ieren** [-ˈni:rən], *sich* ‹*ohne ge-*› s'exposer (*dat* à).

Export *m* ‹-(e)s, -e› [ɛksˈpɔrt] exportation *f;* **~artikel** *m* article *m* d'exportation; **~eur** *m* ‹-s, -e› [-ˈtø:r] exportateur *m;* **~firma** *f* firme *f* d'exportation *od* exportatrice; **~handel** *m* commerce *m* d'exportation; **e~ieren** [-ˈti:rən] ‹*ohne ge-*› *tr* exporter; **~überschuß** *m* excédent *m* d'exportation.

Expression|ismus *m* ‹-, ø›

[ɛksprɛsio'nɪsmus] expressionisme *m;* **e~istisch** [-'nɪstɪʃ] *a* expressionniste.

exquisit *a* exquis, choisi.

Exterritorialität *f* ⟨-, ø⟩ [ɛkstɛrito-riali'tɛ:t] *pol* franchise *f.*

extra ['ɛkstra] **(1)** *a, attr inv fam* extra(ordinaire), additionnel, supplémentaire; **(2)** *adv* **1.** *(noch dazu)* en plus, en sus; **2.** *(absichtlich)* exprès; **E~blatt** *n (Zeitung)* (édition) spéciale *f;* **~fein** *a* extra-fin, su(pe)rfin.

Extrakt *m a. n* ⟨-(e)s, -e⟩ [ɛks'trakt] extrait *m; fig* essence *f.*

extravagan|t [ɛkstrava'gant] *a* extravagant; **E~z** *f* ⟨-, -en⟩ [-'gants] extravagance *f.*

Extra|wurst *f* ['ɛkstra-] *fig fam: e-e ~* qc de particulier; **E~zug** *m loc* train *m* spécial

extrem [ɛks'tre:m] *a* extrême; **E~** *n* ⟨-s, -e⟩ extrême *m; von e-m ~ ins andere fallen* passer d'un extrême à l'autre, tomber d'une extrémité dans l'autre; **E~ist** *m* ⟨-en, -en⟩ [-'mɪst] ultra *m;* **E~itäten** *f pl* [-'tɛ:tən] *anat* extrémités *f pl.*

Exzellenz *f* ⟨-, -en⟩ [ɛkstsɛ'lɛnts] Excellence *f.*

exzentrisch [ɛks'tsɛntrɪʃ] *a* excentrique *a. fig; fig (überspannt)* exalté, extravagant.

Exzeß *m* ⟨-sses, -sse⟩ [ɛks'tsɛs] excès *m.*

F

F, f *n* ‹-, -› [ɛf] *(Buchstabe)* F, f *m; mus* fa *m.*

Fabel *f* ‹-, -n› ['fa:bəl] **1.** *(Literaturgattung)* fable *f; (Handlung e-r Dichtung)* action, intrigue *f;* **2.** *allg (erfundene Geschichte)* fiction, invention *f,* conte *m;* **f~haft** *a* **1.** *(unwirklich, phantastisch)* fabuleux, imaginaire, phantastique; **2.** *fam (übertreibend: großartig)* épatant, étonnant; fabuleux; prodigieux, merveilleux; magnifique; **f~n** *itr (sich nicht an die Wahrheit halten)* raconter des histoires; *(phantasieren, Unsinn reden)* radoter, divaguer; **~tier** *n,* **~wesen** *n* monstre *m* fabuleux.

Fabrik *f* ‹-, -en› [fa'bri:k, -'brɪk] usine, fabrique, manufacture *f; ab* od *frei ~* rendu à l'usine; **~ant** *m* ‹-en, -en› [-'kant] industriel, fabricant, manufacturier, usinier *m;* **~arbeiter(in** *f***)** *m* ouvrier *m,* -ière *f* (d'usine); **~at** *n* ‹-(e)s, -e› [-'ka:t] produit *m* (manufacturé); **~ation** *f* ‹-, -en› [fabrikatsi'o:n] fabrication *f,* usinage *m;* production *f;* **~ationsfehler** *m* défaut *od* vice *m* de fabrication; **~besitzer** *m* propriétaire d'usine, industriel *m;* **f~neu** *a* sortant de l'usine.

fabrizieren [fabri'tsi:rən] ‹*ohne ge-*› *tr* fabriquer, usiner; *allg (machen)* faire; *(erzeugen)* produire.

Fach *n* ‹-(e)s, ¨-er› [fax, 'fɛçər] **1.** *(in e-m Behälter, bes. e-r Tasche, e-m Koffer)* compartiment *m; (in e-m Möbelstück)* case *f; (in e-m Bücherschrank, -gestell)* rayon; *(Schubfach)* tiroir *m;* **2.** *fig (Berufszweig)* branche, spécialité; *(Lehr-, Unterrichtsfach)* discipline, matière *f;* — *unter Dach und ~ bringen* mener à bien; *vom ~ sein* être du métier *od* de la branche; *das schlägt nicht in* od *das ist nicht mein ~* ce n'est pas de mon ressort; **~arbeiter** *m* ouvrier qualifié *od* professionnel *m; pl* main-d'œuvre *f* spécialisée; **~arzt** *m* médecin *m* spécialiste; **~ausdruck** *m* terme *m* technique *od* de métier, expression *f* technique; **~buch** *n* livre *m* spécialisé *od* technique.

fächeln ['fɛçəln] *tr* éventer (*jdn* qn).

Fächer *m* ‹-s, -› ['fɛçər] éventail *m.*

Fach|gebiet *n* ['fax-] matière, spécialité *f;* **~geschäft** *n* magasin *m od* maison *f* spécialisé(e); **~kenntnisse** *f pl* connaissances *f pl* professionnelles *od* spéciales; **f~kundig** *a* compétent, expert; **f~lich** *a* professionnel; *die ~en Voraussetzungen erfüllen* être qualifié; **~literatur** *f* littérature *f* spécialisée; **~mann** *m* ‹-s, -leute/(-männer)› homme de *od* du métier, spécialiste, expert *m;* **f~männisch** *a* professionnel, spécial; d'homme du métier, d'expert; **~schule** *f* école *f* professionnelle; **f~simpeln** *itr* parler métier; **~sprache** *f* langage technique *od* du métier; *pej* jargon *m;* **~werk** *n arch* colombage *m;* **~werkhaus** *n* maison *f* à colombage; **~zeitschrift** *f* périodique *m od* revue *f* spécial(e) *od* professionnel(le).

Fackel *f* ‹-, -n› ['fakəl] flambeau *m a. fig;* torche *f;* **f~n** *itr fam (zögern): nicht lange ~* ne faire ni une ni deux; *(gleich zuschlagen)* n'avoir pas les bras gourds; **~zug** *m* retraite *f* aux flambeaux.

fad(e) [fa:t, '-də] *a (Speise u. fig)* fade, insipide; *(abgeschmackt, geistlos)* plat.

Faden *m* ['fa:dən] **1.** ‹-s, ¨-› *a. fig* fil; *(sehr dünner ~; anat, zoo, bot; Glühfaden)* filament *m;* **2.** ‹-s, -› *mar (Längenmaß)* brasse *f;* — *keinen trockenen ~ am Leibe haben* n'avoir pas un poil de sec; *die Fäden in der Hand haben* od *halten (fig)* tenir *od* tirer les ficelles; *nur (noch) an e-m (seidenen) ~ hängen (fig)* ne tenir (plus) qu'à un fil, tenir à un cheveu; *den ~ (der Rede) verlieren* perdre le fil (de son discours); *roter ~ fig* fil *m* conducteur; **~nudeln** *f pl* vermicelle *m;* **f~scheinig** *a* **1.** usé jusqu'à la corde, élimé, râpé; **2.** *fig (Vorwand)* cousu de fil blanc, transparent.

Fadheit *f* ‹-, ø› ['fa:thaɪt] fadeur *f.*

Fagott *n* ‹-(e)s, -e› [fa'gɔt] *mus* basson *m.*

fähig ['fɛ:ɪç] *a (tüchtig, tauglich)* capable (*zu* de); apte (*zu* à); *(bereit)* capable, susceptible (*zu* de); *dazu ~ (imstande) sein, etw zu tun (a.)* être homme à faire qc; **F~keit** *f* ‹-, -en› *(Tüchtigkeit)* capacité, aptitude, faculté *f.*

fahl [fa:l] *a (von matter, trüber Farbe)* terne; *(bleich)* blême, blafard; *(blaß)* pâle; *(erdfarben)* terreux; *(bleifarben)* livide.

fahnd|en ['fa:ndən] *itr: nach jdm ~* rechercher qn; **F~ung** *f* ‹-, -en› recherche(s *pl*) *f.*

Fahne *f* ‹-, -n› ['fa:nə] drapeau *m; pl typ = ~nabzug; mit fliegenden ~n* bannières déployées; *e-e ~ haben (fam: betrunken sein)* sentir l'alcool à plein nez.

Fahnen|abzug *m* ['fa:nən-] *typ* placard *m;* **~eid** *m* serment *m* de fidélité au drapeau; **~flucht** *f* désertion *f;*

f~flüchtig *a* déserteur; **~stange** *f* hampe *f* de drapeau; **~träger** *m, a. fig* porte-drapeau *m.*

Fähnrich *m* ⟨-s, -e⟩ ['fɛ:nrɪç] *hist* cornette *m.*

Fahr|bahn *f* ['fa:r-] voie; *(Straßendamm)* chaussée; *sport* piste *f;* **f~bar** *a (beweglich)* mobile; **~damm** *m (e-r Straße)* chaussée *f;* **~dienstleiter** *m loc* chef *m* de service *od* du mouvement.

Fähre *f* ⟨-, -n⟩ ['fɛ:rə] bac *m; (Seilfähre)* traille *f.*

fahren ['fa:rən] ⟨*fährt, fuhr, gefahren*⟩ *itr* ⟨*sein*⟩ **1.** *(Fahrzeug)* marcher, se déplacer; *(bes. Auto)* rouler; **2.** *(Mensch)* aller *(mit dem Fahrrad, dem Wagen, der Bahn, dem Schiff* à *od* en bicyclette, en voiture, en chemin de fer, en bateau); **3.** *(abfahren, -reisen)* partir; *tr* ⟨*h*⟩ **4.** *(ein Fahrzeug)* conduire, piloter; **5.** *(Menschen, Tier)* conduire, transporter; *(Last)* transporter, *(schwere)* charrier; **6.** *(haben, besitzen) e-n VW ~* avoir une VW *od* rouler en VW; — *durch* od *über Paris ~* passer par Paris; *sich (mit der Hand) über die Stirn ~* se passer vivement la main sur le front; *jdn über den Haufen ~ (pop)* renverser qn; *jdn nach Hause ~* ramener qn (à la maison) en voiture; *aus der Haut ~ (fig)* sortir de ses gonds, se mettre hors de soi; *in die Höhe ~* sursauter; *rückwärts ~* reculer, faire marche arrière *od loc* machine arrière; *Schi ~* faire du ski; *zur See ~ (Seemann sein)* être marin; *ein Gedanke fuhr mir durch den Kopf* une idée m'a traversé l'esprit *od* m'est passée par la tête; *der Schreck fuhr mir in die* od *durch alle Glieder* la frayeur m'a coupé bras et jambes; *Sie ~ besser, wenn ... (fam)* vous avez intérêt à *inf; rechts ~!* serrez à droite; **~d** *ppr loc* en marche.

Fahr|er *m* ⟨-s, -⟩ ['fa:rər] conducteur; *mot* chauffeur, pilote *m;* **~erflucht** *f* délit *m* de fuite; **~ersitz** *m mot* siège *m* du chauffeur; **~gast** *m* passager *m;* **~geld** *n* frais *m pl* de transport; **~gelegenheit** *f* moyen *m* de transport; **~gestell** *n* **1.** *mot* châssis *m;* **2.** *aero* train d'atterrissage, atterrisseur *m;* **f~ig** *a (unruhig)* agité; *(zerstreut)* distrait; *(nervös)* nerveux; **~karte** *f loc* billet *m; halbe ~ (für Kinder)* demi-place *f;* **~kartenautomat** *m* distributeur *m* de tickets; **~kartenschalter** *m* guichet *m;* **f~lässig** *a* négligent, nonchalant; *(sorglos)* insouciant; *~e Körperverletzung, Tötung f* blessure *f,* homicide *m* par imprudence; **~lässigkeit** *f* négligence, imprudence, nonchalance *f;* **~lehrer** *m mot* moniteur *m* d'auto-école.

Fährmann *m* ⟨-s, -männer/-leute⟩ ['fɛ:r-] batelier, passeur *m.*

Fahr|plan *m* ['fa:r-] horaire; *(in Heftform)* indicateur *m;* **f~planmäßig** *a* prévu; **~preis** *m* prix *m* du transport *od (Taxi)* de la course; **~prüfung** *f* examen *m* du permis de conduire; **~rad** *n* bicyclette *f; fam* vélo *m; ~ mit Hilfsmotor* motocycle *m;* **~radständer** *m* support *m* pour bicyclettes; **~rinne** *f mar* chenal *m;* **~schein** *m* ticket *m.*

Fährschiff *n* ['fɛ:r-] ferry-boat *m.*

Fahr|schule *f* ['fa:r-] auto-école *f;* **~schüler** *m* élève *m* d'auto-école; **~stuhl** *m* ascenseur, lift *m;* **~stuhlführer** *m* liftier *m.*

Fahrt *f* ⟨-, -en⟩ [fa:rt] **1.** *(Bewegung e-s Fahrzeuges)* marche *f;* **2.** *(Ortsveränderung mit Hilfe e-s Fahrzeuges)* course *f,* trajet *m; (Ausflug)* promenade, sortie *f; (Reise)* voyage *m;* **3.** *(Fahrstrecke)* parcours *m;* — *auf der ~* en route (*nach* pour); *in (voller) ~ (Fahrzeug)* en (pleine) marche; *in ~ (fig: in Schwung, in lebhafter Stimmung)* en train, en verve; *fam (in Wut)* en rage, enragé, furieux; *gute ~!* bonne route!

Fährte *f* ⟨-, -n⟩ ['fɛ:rtə] trace, piste *f; jdn auf die richtige, falsche ~ bringen (fig)* mettre qn sur la bonne, mauvaise piste.

Fahrt|enbuch *n* ['fa:rtən-] livret *m* de transport; **~enmesser** *n* poignard *m* scout; **~richtungsanzeiger** *m mot* indicateur *m* (de changement) de direction, flèche *f.*

Fahr|wasser *n* ['fa:r-] passe *f,* chenal *m;* **~zeit** *f* durée *f* de *od* du parcours *od bes. mar* du trajet; **~zeug** *n* véhicule *m.*

fair [fɛ:r] *a* loyal.

Faksimile *n* ⟨-s, -s⟩ [fak'zi:mile] fac-similé *m.*

fakt|isch ['faktɪʃ] **I.** *a (tatsächlich)* réel, effectif; **II.** *adv a.* en réalité; **F~or** *m* ⟨-s, -en⟩ ['faktɔr, -'to:rən] *math allg* facteur; **F~um** *n* ⟨-s, -ten⟩ ['faktum] *(Tatsache)* fait *m;*

Fakult|ät *f* ⟨-, -en⟩ [fakul'tɛ:t] *(Univ.)* faculté *f;* **f~ativ** [-ta'ti:f] *a (wahlfrei)* facultatif.

Falke *m* ⟨-n, -n⟩ ['falkə] *orn* faucon *m.*

Fall *m* ⟨-(e)s, ⸚e⟩ [fal, 'fɛlə] **1.** *(das Fallen, a. phys* u. *fig)* chute *f;* **2.** *(Umstand)* cas *m,* circonstance, occurrence *f; (Einzelfall, Vorkommen)* cas *m a. med;* **3.** *jur (Strafsache)* affaire *f;* **4.** *gram* cas *m;* — *auf alle Fälle, auf jeden ~* en tout cas, dans tous les cas; *(unbedingt)* de toute façon *od* manière, à tout prix; *auf keinen ~* en aucun cas, en aucune façon, à aucun prix; *für alle Fälle* à toute(s) fin(s utiles); *für den ~, daß ...; im ~e, daß ...* au cas où *cond; in d(ies)em ~* en *od* dans ce cas; *von ~ zu ~* selon le cas, suivant les circonstances; *zu ~ bringen (fig)* faire tomber; *das ist ein klarer ~* od *(fam) klarer ~! (fam)* c'est clair comme le jour; *das ist nicht mein ~*

(fam) ce n'est pas mon genre; *setzen wir* od *gesetzt den* ~, *daß* ... supposons *od* à supposer que *subj;* **~beil** *n* guillotine *f.*

Falle *f* ‹-, -n› ['falə] **1.** *a. fig* piège *m,* attrape *f,* traquenard; *(für Vögel)* trébuchet; *fig* guet-apens *m;* **2.** *pop (Bett)* pieu, portefeuille *m;* — *in e-e* ~ *locken* attirer dans une guet-apens; *jdm e-e* ~ *stellen* tendre un piège *od* un guet--apens à qn.

fallen ['falən] ‹*fällt, fiel, gefallen*› *itr* ‹*sein*› **1.** *(stürzen)* tomber, faire une chute; **2.** *(Soldat im Kriege)* tomber *od* être tué (à la guerre *od* à l'ennemi); **3.** *(Hochwasser, Temperatur, Barometer, Preise etc)* baisser; *(Hochwasser a.)* décroître; **4.** *(treffen)* tomber (*auf* sur), frapper (*auf etw* qc); *(Blick)* rencontrer (*auf jdn, auf etw* qn, qc); *(Verdacht, Wahl)* se porter; **5.** *(Ereignis auf e-n Wochentag)* tomber (*auf e-n Sonntag* un dimanche); **6.** *(Licht a.)* venir, pénétrer (*durch etw* par qc); **7.** *(in e-n Zustand geraten)* tomber *(mit adverb. Bestimmung);* devenir *(mit a);* **8.** *(unter ein Gesetz etc)* tomber (*unter* sous); *(unter e-n Begriff)* rentrer (*unter* dans); **9.** *(Entscheidung: vollzogen werden)* être pris *od* prononcé; **10.** *(Schuß)* partir; — *impers: es ist Regen, Schnee gefallen* il est tombé de la pluie, de la neige; *zu Boden* od *auf die Erde* ~ tomber à *od* par terre; *immer auf den gleichen Tag* ~ tomber un jour fixe; ~ *lassen* laisser tomber *od* choir; *(e-e Masche* ~ *lassen u. fig: ein Wort ~lassen)* lâcher, laisser échapper; *(absichtlich)* glisser; *~lassen (sich nicht mehr kümmern um)* se désintéresser *(jdn* de qn); *(verzichten auf)* renoncer à; *das fällt mir schwer* j'ai de la peine à le faire; *er ließ kein Wort darüber* ~ il n'en souffla mot; **F~** *n* **1.** chute *f;* **2.** *fig (Abnahme)* diminution; *fin* baisse *f.*

fällen ['fɛlən] *tr* **1.** *(Baum)* abattre; **2.** *chem* précipiter; **3.** *math (Lot)* abaisser; **4.** *ein Urteil* ~ *(jur)* porter *od* rendre un jugement; **F~** *n* abattage *m.*

Fallensteller *m* ['falən-] trappeur *m.*

Fall|geschwindigkeit *f* ['fal-] vitesse *f* de chute; **~gesetze** *n pl phys* lois *f pl* du mouvement de chute; **~grube** *f* trappe *f.*

fällig ['fɛlıç] *a fin* échéant, échu; *(zahlbar)* payable, dû; *(Schuld)* exigible; ~ *werden* venir *od* arriver à échéance; **F~keit** *f* ‹-, ø› *fin* échéance; exigibilité *f.*

Fallobst *n* ['fal-] fruits *m pl* tombés *od* talés.

falls [fals] *conj* au cas où *cond,* si.

Fallschirm *m* ['falʃırm] parachute *m; mit dem* ~ *abspringen* faire une descente *od* sauter en parachute; *mit dem* ~ *abwerfen (Geräte od Material)* parachuter, larguer; **~absprung** *m* descente *f od* saut *m* en parachute; **~jäger** *m* parachutiste *m;* **~springen** *n* parachutage, parachutisme *m;* **~springer** *m* parachutiste *m.*

Fallstrick *m* ['fal-] *fig* piège *m.*

Fällung *f* ‹-, (-en)› ['fɛluŋ] **1.** *chem* précipitation *f;* **2.** *math* abaissement *m.*

falsch [falʃ] **I.** *a* **1.** *(verkehrt)* faux; *(nicht der richtige, nur mit best. Artikel)* pas le bon, le mauvais; *(irrtümlich)* erroné; *(unkorrekt, unvorschriftsmäßig)* incorrect; *(unpassend)* impropre; **2.** *(nachgemacht, unecht, bes. von Haaren u. Bärten)* postiche; *(nachgeahmt)* imité; *(künstlich)* artificiel, *(von Zähnen)* faux; *(Würfel, Spielkarte)* faussé, truqué; *(Spielkarte: gezinkt)* biseauté; *(Name)* faux, emprunté, d'emprunt; **3.** *(geheuchelt)* feint, simulé; *(Mensch: unaufrichtig)* faux, pas *od* peu sincère; *(doppelzüngig)* double; *(heuchlerisch)* dissimulé, hypocrite; *(heimtückisch, hinterhältig)* sournois, insidieux; *(heimtückisch, treulos, verräterisch)* perfide, traître; **II.** *adv* faux; mal; — *es* ~ *anfangen* od *anfassen* s'y prendre de travers; *jdn* ~ *anfassen* od *behandeln* prendre qn à l'envers, *fam* à rebrousse--poil; *etw* ~ *auffassen* od *verstehen* prendre qc de travers; ~ *aussprechen* prononcer mal; ~ *gehen (Uhr)* n'être pas à l'heure; ~ *machen* faire de travers; ~ *schreiben* mal orthographier; ~ *spielen (mus)* jouer faux; *(beim Kartenspiel)* tricher (au jeu); *(Sie sind)* ~ *verbunden* il y a erreur.

fälsch|en ['fɛlʃən] *tr (nachmachen)* falsifier; *(bes. Banknoten, Unterschrift)* contrefaire; *(abändern)* altérer; *(verfälschen, entstellen)* fausser; **F~er** *m* ‹-s, -› falsificateur, faussaire *m.*

Falsch|geld *n* ['falʃ-] fausse(-)monnaie *f;* **F~heit** *f* ‹-, ø› fausseté; duplicité; hypocrisie; sournoiserie; perfidie *f.*

fälschlich ['fɛlʃlıç] **I.** *a* faux, erroné; **II.** *adv* faussement, à faux, par erreur.

Falschmünzer *m* ['falʃ-] faux-monnayeur *m.*

Fälschung *f* ['fɛlʃuŋ] **1.** *(Tätigkeit)* falsification; altération *f;* **2.** *(Ergebnis)* contrefaçon *f,* faux *m.*

Falt|blatt *n* ['falt-] dépliant *m;* **~boot** *n* canot *od* bateau *m* pliant; **~e** *f* ‹-, -n› **1.** pli *m;* **2.** *(Runzel)* ride *f;* — *e-e* ~ *bekommen (Stoff, Papier)* prendre un pli; *~n bekommen (Stoff)* goder, se chiffonner; *(Gesicht vom Alter)* se rider; *in ~n legen (Stoff)* plisser; *die Stirn in ~n legen* od *ziehen* froncer les sourcils; **f~en** *tr* plier; *die Hände* ~ joindre les mains; **f~enlos** *a* **1.** sans plis; **2.** *(Gesicht)* sans rides; **f~enreich** *a (Gesicht)* ridé; **~enrock** *m* jupe *f* plissée; **~en-**

wurf *m* draperie *f;* **~er** *m* ‹-s, -› *ent* papillon *m;* **f~ig** *a* plissé, à plis; **~prospekt** *m* dépliant *m.*

Falz *m* ‹-es, -e› [falts] **1.** *(Nut)* rainure; feuillure; *(Gleitrille)* coulisse *f;* **2.** *(Buchbinderei)* onglet *m; (Briefmarkenfalz)* charnière *f;* **f~en** *tr* **1.** *(nuten)* rainer; **2.** *(Blech)* replier; *(Buchbinderei)* plier, encarter.

famili|är [famili'ɛ:r] *a (vertraut, vertraulich)* familier; **F~e** *f* ‹-, -n› [-'mi:liə] famille; *(Verwandtschaft)* parenté *f; zur ~ gehören* faire partie de la famille; *große ~ (a. fam)* smala(h) *f; Ihre ~* les vôtres; *kinderreiche ~* famille *f* nombreuse.

Familien|anschluß [fa'mi:liən-] *m: mit ~ (in e-r Anzeige)* vie de famille; **~anzeige** *f* (lettre *f* de) faire-part *m;* déclaration *f* personnelle; **~kreis** *m: im ~* en famille, au sein de la famille; *im engsten ~(e)* dans la plus stricte intimité; **~leben** *n* vie *f* de famille; **~mitglieder,** *die n pl* les membres *m pl* de la famille; **~name** *m* nom *m* de famille; **~oberhaupt** *n* chef *m* de famille; **~stand** *m* état *m* de famille; **~vater** *m* père *m* de famille.

famos [fa'mo:s] *a fam* fameux, épatant.

Fanat|iker *m* ‹-s, -› [fa'na:tikər] fanatique *m;* **f~isch** [-'na:tɪʃ] *a* fanatique; **~ismus** *m* ‹-, ø› [-'tɪsmus] fanatisme *m.*

Fanfare *f* ‹-, -n› [fan'fa:rə] *mus* fanfare *f.*

Fang *m* ‹-(e)s, ⸚e› [faŋ, 'fɛŋə] **1.** *(Tätigkeit)* capture, prise *f;* **2.** *(Ergebnis)* prise; *(Beute)* proie *f,* butin *m; (beim Fischen)* pêche *f;* **3.** *zoo (Stoßzahn)* défense *f,* croc *m;* **4.** *(Raubvogel: Fuß)* serre *f;* — *e-n guten ~ machen* faire une bonne prise; **~arm** *m zoo (Polyp)* tentacule, bras *m;* **f~en** ['faŋən] ‹*fängt, fing, gefangen*› *tr* saisir; *a. fig* prendre, attraper; *er hat sich wieder gefangen (fig)* il a retrouvé son équilibre; **~leine** *f* **1.** *(Jagd)* lasso *m; (zur Lebensrettung)* corde *f* de sauvetage; **2.** *pl (e-s Fallschirms)* suspentes *f pl.*

Farb|aufnahme *f* ['farp-] photo *f* en couleurs; **~band** *n (der Schreibmaschine)* ruban *m;* **~e** *f* ‹-, -n› ['-bə] **1.** *a. fig* couleur *f; (Gesichtsfarbe)* teint *m;* **2.** *(Färbemittel)* teinture; *(Material zum Malen, Anstreichen)* peinture, couleur; *typ* encre *f;* **3.** *(~ der Spielkarten)* couleur *f;* — *e-e ~ auftragen* étaler *od* mettre une couleur; *~ bekennen (fig)* jouer cartes sur table; *die ~ verlieren* perdre ses couleurs; *die ~ wechseln* changer de couleur; **f~echt** ['farp-] *a,* **~echtheit** *f* grand teint *m.*

färben ['fɛrbən] **1.** *tr* colorer; *(bes. Stoffe, gewerblich)* teindre; **2.** *itr (abfärben)* déteindre; — *sich ~* se colorer; *blau, rot ~* teindre en bleu, en rouge; *sich gelb ~* prendre un ton jaune; jaunir.

farb|enblind ['farbən-] *a med* daltonien; **F~enblindheit** *f* daltonisme *m;* **F~(en)druck** *m* ‹-(e)s, -e› impression *f* (en) couleur(s); **~enfreudig** *a,* **~enfroh** *a* haut en couleur; **F~(en)kasten** *m* boîte *f* de *od* à couleurs; **F~(en)photographie** *f* photographie *f* en couleurs; **F~enpracht** *f* éclat *m* (des couleurs); **~enprächtig** *a* haut en couleur.

Färber *m* ‹-s, -› ['fɛrbər] teinturier *m;* **F~ei** [-'raɪ] *f* teinturerie *f.*

Farb|fernsehen *n* ['farp-] télévision *f* en couleurs; **~film** *m* film *m* en couleurs; **~foto** *n* photo(graphie) *f* en couleurs; **f~ig** ['-bɪç] *a* coloré, de *od* en couleur; *fig (Stil)* haut en couleur; **~ige** *m f* ‹-n, -n› homme *m,* femme *f* de couleur; **~kissen** ['farp-] *n (zum Stempeln)* tampon *m* (encreur); **f~kräftig** *a* haut en couleur; **f~los** *a, a. fig* incolore, sans couleur; **~spritz(verfahr)en** *n* peinture *f* au pistolet; **~stift** *m* crayon *m* de couleur *od* (de) pastel; **~stoff** *m* matière *od* substance *f* colorante, produit *m* tinctorial; **~ton** *m* ton *m.*

Färbung *f* ‹-, -en› ['fɛrbuŋ] *(Farbe)* coloration *f,* coloris *m,* teinte; *(Farbton)* nuance *f,* ton *m.*

Farm *f* ‹-, -en› [farm] exploitation *f* agricole; **~er** *m* ‹-s, -› exploitant *m* agricole.

Farnkraut ['farn-] *n* fougère *f.*

Färse *f* ‹-, -n› ['fɛrzə] *(junge Kuh)* taure, génisse *f.*

Fasan *m* ‹-(e)s, -e(n)› [fa'za:n] faisan *m;* **~erie** *f* ‹-, -n› [-nə'ri:] faisanderie *f.*

Fasching *m* ‹-s, -e/-s› ['faʃɪŋ] carnaval *m.*

Fasch|ismus *m* ‹-, ø› [fa'ʃɪsmus] *pol* fascisme *m;* **~ist** *m* ‹-en, -en› [-'ʃɪst] fasciste *m;* **f~istisch** [-'ʃɪstɪʃ] *a* fasciste.

Fasel|ei *f* ‹-, -en› [fa:zə'laɪ] radotage *m;* **f~n** *itr* **1.** *(wirr reden)* dérailler, divaguer, radoter; **2.** *(schwatzen)* bavarder.

Faser *f* ‹-, -n› ['fa:zər] filament *m,* fil *m; bes. scient* u. *tech* fibre *f;* **f~ig** *a* filamenteux, filandreux; fibreux; **f~n** *itr* s'effil(och)er.

Faß *n* ‹-sses, ⸚sser› [fas, 'fɛsər] tonneau; *(bes. für Wein)* fût *m; (bes. für Bier)* futaille; *(großes)* tonne *f,* foudre; *(kleines)* baril, tonnelet *m; (Stückfaß)* barrique, pièce; *(Butterfaß)* baratte; *vom ~ (Wein)* à la tireuse; *(Bier)* à la pression; *ein ~ ohne Boden (fig)* un gouffre.

Fassade *f* ‹-, -n› [fa'sa:də] *arch* façade *f, (e-s repräsentativen Gebäudes)* frontispice *m.*

faßbar ['fasba:r] *a* saisissable; *fig (verständlich)* compréhensible, concevable.

fassen ['fasən] *tr* **1.** *(ergreifen, a. e-n verfolgten Menschen)* saisir, empoigner, prendre; *jur* appréhender; *(festnehmen)* arrêter; **2.** *(aufnehmen können,* *von e-m Behälter)* avoir une contenance de; *(a. von e-m Raum)* contenir; **3.** *(einfassen)* sertir, enchâsser; *(einrahmen)* encadrer; **4.** *(e-e Quelle)* capter; **5.** *fig (begreifen, verstehen)* saisir, comprendre; *refl* **6.** *sich ~ (sich wieder beruhigen)* se ressaisir, revenir (à soi), se calmer; — *jdn bei der Hand ~* prendre la main à qn; *sich kurz ~* se résumer, être bref; *ich kann es nicht ~* je n'en reviens pas; *das ist nicht zu ~!* c'est impensable! *(ein Glücksumstand)* c'est un rêve!

faßlich ['faslıç] *a (verständlich)* compréhensible, intelligible.

Fassung *f* ‹-, (-en)› ['fasʊŋ] **1.** *(Einfassung)* monture; *(bes. von Edelsteinen)* sertissure; *el* douille *f;* **2.** *(Gestaltung, Bearbeitung e-s Kunst-, Literaturwerks, bes. in e-r anderen Sprache)* version *f;* — *in dieser ~ (a.)* sous cette forme; *(die) ~ bewahren (fig)* garder son calme *od* son sang-froid; *jdn aus der ~ bringen* faire perdre contenance à qn, décontenancer, désarçonner qn; **~skraft** *f fig (Verständnis)* compréhension, intelligence *f;* **f~slos** *a* décontenancé, déconcerté; **~svermögen** *n* contenance, capacité *f,* volume *m.*

fast [fast] *adv* presque, à peu (de chose) près; *ich wäre ~ gefallen* j'ai failli tomber, j'ai manqué de tomber.

fast|en ['fastən] *itr (nichts essen, bes. rel)* jeûner; *rel (kein Fleisch essen)* faire maigre; **F~en** *n rel* jeûne, *pl* carême *m;* **F~enzeit** *f rel* carême *m;* **F~nacht** *f* mardi *m* gras.

Faszin|ation *f* ‹-, -en› [fastsinatsi'o:n] fascination *f;* **f~ieren** [-'ni:rən] ‹*ohne ge-*› *tr* fasciner; charmer, enchanter; **f~ierend** *a* charmant.

fatal [fa'ta:l] *a (ärgerlich)* fâcheux, ennuyeux; *(unangenehm)* désagréable, contrariant; *(peinlich)* pénible; **F~ismus** *m* ‹-, ø› [-ta'lısmʊs] fatalisme *m;* **~istisch** [-'lıstıʃ] *a* fataliste.

Fatzke *m* ‹-n/-s, -n/-s› ['fatskə] *fam* gommeux, fat *m.*

fauchen ['fauxən] *itr (Katze)* souffler; *fig fam (schimpfen)* rouspéter, gronder.

faul [faul] *a* **1.** *(Mensch) (träge)* paresseux, fainéant; **2.** *(Nahrungsmittel)* gâté; *(organische Substanz)* pourri, corrompu; **3.** *fig (fragwürdig)* douteux, véreux, mauvais; — *das sieht ~ aus* ça ne sent pas bon; *~e Stelle f (im Obst)* gâté *m.*

Fäule *f* ‹-, ø› ['fɔʏlə] pourriture *f.*

faul|en ['faulən] *itr* ‹*sein*› pourrir, se gâter; se corrompre, se décomposer; **~enzen** ['faulɛntsən] *itr* paresser, fainéanter, cagnarder; **F~enzer** *m* ‹-s, -› paresseux, fainéant *m;* **F~enzerei** *f* ‹-, (-en)› [-'raı], **F~heit** *f* ‹-, ø› paresse, fainéantise *f;* **~ig** *a* pourri, corrompu; *med* putride.

Fäulnis *f* ‹-, ø› ['fɔʏlnıs] pourriture, décomposition, putréfaction *f;* **~erreger** *m (Bakterie)* microbe saprogène; agent *m* de décomposition.

Faul|pelz *m* ['faul-] = *Faulenzer;* **~tier** *n zoo* paresseux; *scient* aï, bradype *m; fig fam = Faulenzer.*

Fauna *f* ‹-, -nen› ['fauna] *(Tierwelt)* faune *f.*

Faust *f* ‹-, ⸚e› [faust, 'fɔʏstə] poing *m; auf eigene ~* de son propre chef, de sa propre initiative; *die ~ ballen* serrer le poing; *das paßt wie die ~ aufs Auge* cela rime comme hallebarde et miséricorde; *fam* cela vient comme un cheveu sur la soupe.

Fäustchen *n* ‹-s, -› ['fɔʏstçən] : *sich ins ~ lachen* rire dans sa barbe *od* sous cape.

faust|dick ['faust-] *a: es ~ hinter den Ohren haben* être madré *od* un malin *od* un fin matois; **F~handschuh** *m* moufle *f;* **F~pfand** *n* gage *m* mobilier; **F~regel** *f* règle *f* générale *od* approximative; **F~schlag** *m* coup *m* de poing.

Favorit *m* ‹-en, -en› [favo'ri:t] *sport* favori *m.*

Fazit *n* ‹-s, -e/-s› ['fa:tsıt] *(Schlußsumme)* bilan, total; *fig (Ergebnis, Folge)* bilan, résultat *m; das ~ ziehen (fig)* dresser le bilan.

F-Dur *n* ['ɛfdu:r] *mus* fa *m* majeur.

Februar *m* ‹-(s), (-e)› ['fe:brua:r] février *m.*

fecht|en [fɛçtən] ‹*ficht, focht, gefochten*› *itr* se battre (à l'épée *od* au sabre); tirer les armes; *sport* faire de l'escrime; **F~en** *n = Fechtsport;* **F~er** *m* ‹-s, -› *sport* escrimeur, tireur *m;* **F~lehrer, F~meister** *m* maître *m* d'armes; **F~saal** *m* salle *f* d'escrime *od* d'armes; **F~sport** *m* escrime *f.*

Feder *f* ‹-, -n› ['fe:dər] **1.** *(Vogel- und Stahlfeder)* plume *f;* **2.** *(Sprungfeder)* ressort *m;* — *~n lassen (fig fam)* (y) laisser des plumes; *noch in den ~n (im Bett) liegen (fam)* être encore au plumard *od* au lit; *sich mit fremden ~n schmücken (fig)* se parer des plumes du paon; **~ball** *m* **1.** *(Spielzeug)* volant *m;* **2.** *(Spiel)* badminton *m;* **~bett** *n* édredon *m;* **~busch** *m* plumet, panache *m,* aigrette *f;* **~fuchser** *m fam pej* gratte-papier, scribouillard *m;* **~gewicht** *n (Boxen)* poids *m* plume; **~halter** *m* porte-plume *m;* **f~leicht** *a* léger comme une plume; **~lesen** *n: nicht viel ~s machen* ne pas (y) aller par quatre chemins, ne pas prendre de gants; **f~n 1.** *itr tech* faire ressort; *gut ~ (Wagen)* être bien suspendu; **2.** *refl: sich ~ (die Federn verlieren)* perdre ses plumes, se déplumer; *(sich mausern)* muer; **f~nd**

a (elastisch) élastique, souple; **~ung** *f a. mot* suspension *f* (à ressort); *mot* ressort *m* de voiture; **~vieh** *n* volaille *f;* **~zeichnung** *f (Kunst)* dessin *od* croquis *m* à la plume.

Fee *f* ‹-, -n› [fe:, 'fe:ən] fée *f;* **f~nhaft** *a* féerique, fabuleux; merveilleux.

Feg|efeuer *n* ['fe:gə-] *rel* purgatoire *m;* **f~en 1.** *tr* balayer, nettoyer; *(Schornstein)* ramoner; **2.** *itr* ‹*sein*› *(Wind; fam: Mensch)* passer en tourbillon.

Fehde *f* ‹-, -n› ['fe:də] *(Streit, meist hist od fig)* querelle *f,* démêlé *m,* lutte *f.*

fehl [fe:l] *adv:* ~ *am Ort* od *Platz* mal placé, déplacé, pas de mise; **F~anzeige** *f* état *m* néant; **F~betrag** *m* déficit, écart *m; e-n ~ aufweisen* être déficitaire *od* en déficit.

fehlen ['fe:lən] *itr* u. *impers* **1.** *(mangeln, nicht vorhanden sein)* manquer, être manquant, faire faute *od* défaut; **2.** *(abwesend sein a.)* être absent; — *mir fehlt etw, es fehlt mir (an) etw* il me manque qc, je manque de qc; *es an nichts ~ lassen* ne rien négliger, faire son possible; *mir fehlt nichts (ich bin wohlauf)* je suis bien; *du fehlst mir sehr* tu me manques beaucoup; *es hätte nicht viel gefehlt* il s'en est fallu de peu, à peu (de chose) près; *was fehlt dir? wo fehlt es?* qu'est-ce que tu as? qu'est-ce qui ne va pas? où as-tu mal? *das fehlte (gerade) noch! (iron)* il ne manquait (plus) que cela! *weit gefehlt!* tant s'en faut! erreur! loin de là!

Fehler *m* ‹-s, -› ['fe:lər] **1.** *(Sache: Mangel, Defekt)* manque, défaut, vice *m;* **2.** *(Person: Versehen, Vergehen)* faute; *(Irrtum)* erreur *f;* — *e-n ~ machen* od *begehen* faire *od* commettre une faute; *0 (null) ~* zéro faute; **f~frei** *a* exempt de défauts, sans défaut(s); correct; *(Schul-, Prüfungsarbeit)* exempt de fautes, sans faute(s); **f~haft** *a* défectueux; incorrect; **~quelle** *f* source *od scient* cause *f* d'erreur.

Fehl|geburt *f* ['fe:l-] fausse couche *f,* avortement *m;* **f~≈gehen** ‹*ging fehl, fehlgegangen*› *itr* ‹*sein*› *(Schuß)* manquer; *nicht ~ (fig: sich nicht irren)* ne pas se tromper; **~griff** *m* méprise *f,* impair *m,* bévue *f;* **~schlag** *m* coup manqué *od* raté, avorton *m;* **f~≈schlagen** ‹*schlägt, schlug fehl, fehlgeschlagen*› *itr* ‹*sein*› *(erfolglos bleiben)* avorter, échouer; **~schluß** *m* raisonnement *m* faux, conclusion *f* erronée; **~start** *m sport* faux départ, départ manqué; *aero* décollage *od* départ *m* manqué; *e-n ~ machen (sport)* faire un faux départ; **~tritt** *m a. fig* faux pas *m; e-n ~ begehen* faire un faux pas; *(Frau) fam a.* fauter; **~urteil** *n* **1.** contrevérité *f;* **2.** *jur* jugement *m* erroné, erreur *f* judiciaire.

Feier *f* ‹-, -n› ['faɪər] *(Festlichkeit)* fête; *(feierliche Handlung)* cérémonie, solennité; *(kleine, bes. Familienfeier)* réunion *f; zur ~ des Tages* pour célébrer le jour; **~abend** *m* **1.** *(abendliche Freizeit)* soirée *f;* **2.** *(Beginn d. abendl. Freizeit, Arbeitsschluß)* cessation *f* du travail; — *am* od *nach ~* pendant la soirée, après travail; **f~lich** *a* solennel; **~lichkeit** *f* **1.** *(Eigenschaft)* solennité *f,* air *m* solennel; **2.** *(Handlung)* solennité, cérémonie *f;* **f~n 1.** *tr* fêter, célébrer; *(Menschen verherrlichen, ehren)* fêter, faire fête à, honorer; **2.** *itr (nicht arbeiten)* se reposer, chômer; ne rien faire; *krank~ (hum)* se faire porter pâle; **~tag** *m rel* u. *pol* jour de fête; *(freier Tag)* jour *m* férié *od* de repos; *gesetzlicher ~* fête *f* légale.

feig(e) [faɪk, '-gə] *a* lâche, poltron, couard.

Feige *f* ‹-, -n› ['faɪgə] *bot* figue *f;* **~nbaum** *m* figuier *m;* **~nblatt** *n (Kunst)* feuille *f* de vigne.

Feig|heit *f* ‹-, ø› ['faɪkhaɪt] lâcheté, poltronnerie, couardise *f;* **F~ling** *m* ‹-s, -e› lâche, poltron, couard *m.*

Feil|e *f* ‹-, -n› ['faɪlə] lime *f;* **f~en** *tr* limer; *fig (Text)* polir; **~icht** *n* ‹-s, ø› ['-lɪçt] , **~späne** *m pl,* **~staub** *m* limaille, limure *f.*

feilschen ['faɪlʃən] *itr a. fig* marchander.

fein [faɪn] *a* **1.** *(dünn, zart)* fin, mince, menu, délié, ténu; *(klein zerteilt)* fin; **2.** *(genau)* fin, exact; *(Sinn: scharf)* fin; *(spitzfindig)* subtil; *(~fühlend)* délicat; *(sehr gut, ausgezeichnet)* fin, bon, raffiné, exquis; **3.** *(vornehm)* distingué; *(Herr)* galant, *(Dame)* élégant; *(wohlerzogen)* bien élevé; — *sich ~ machen* se faire beau; s'endimancher; *das hast du ~ gemacht! (fam)* c'est très bien! tu t'en es bien tiré! *~e Dame f (a.)* élégante *f; ~er Herr* od *Mann m (a.)* homme *m* de qualité *od* de bien.

Feind *m* ‹-(e)s, -e› [faɪnt, '-də] ennemi; *(Gegner)* adversaire *m; jdn zum ~ haben* avoir qn pour ennemi; **~eshand** *f: in ~* pris *od* occupé par l'ennemi; **~esland** *n: in ~* en pays ennemi; **f~lich** *a* **1.** ennemi *bes. mil;* hostile; **2.** *(gegnerisch)* adverse, opposé; **~lichkeit** *f* ‹-, (-en)› hostilité, inimitié *f;* **~schaft** *f* inimitié, hostilité; animosité *f;* **f~selig** *a* haineux, hostile; **~seligkeit** *f* hostilité *f; die ~en eröffnen, einstellen* ouvrir, suspendre les hostilités; *Eröffnung, Einstellung f der ~en* ouverture, suspension *f* des hostilités.

Fein|einstellung *f* ['faɪn-] réglage *m* de précision *od* parfait, *radio* démultiplication *f;* **f~fühlig** *a* délicat, sensible; **~gefühl** *n* délicatesse *f,* tact *m;* **~gehalt** *m (chem u. Edelmetall)* titre *m;* **~gold** *n* or *m* raffiné *od* fin; **~heit** *f* ‹-,

-en› **1.** *(Zartheit)* finesse *f;* **2.** *(Genauigkeit)* exactitude; *(Spitzfindigkeit)* subtilité *(Feinfühligkeit)* délicatesse *f;* **3.** *(hohe Qualität)* finesse, excellence *f;* **~kost(geschäft, -haus** *n***)** *f* (magasin *m* de) comestibles *m pl;* **~mechanik** *f* mécanique *f* de précision; **~schmekker** *m* gourmet, friand *m;* **~waschmittel** *n* poudre *f* pour tissus délicats.

feist [faɪst] *a (fett, dick)* gras, replet, gros.

feixen ['faɪksən] *itr fam (grinsen)* ricaner.

Feld *n* ‹-(e)s, -er› [fɛlt, '-dər] **1.** *(Gelände)* champs *m pl,* campagne; *(Ebene)* plaine *f; (Geländestück)* terrain; *(Akker)* champ *m,* pièce *f* de terre; **2.** *arch* champ, panneau *m,* travée; *(Schachbrett)* case *f;* **3.** *phys el* champ *m; TV* section *f;* **4.** *fig (Gebiet)* champ, terrain, domaine *m;* — *das ~ behaupten* rester maître du terrain; *(Gründe) ins ~ führen* avancer, invoquer; *das ~ räumen (fig)* abandonner le terrain, battre en retraite; *das ist ein weites ~ (fig)* c'est un vaste domaine; **~arbeit** *f* travail *m* agricole; *pl a.* travaux *m pl* des champs; **~bett** *n mil* lit *m* de camp; **~flasche** *f* bidon *m;* **~geistliche** *m* aumônier *m* (militaire); **f~grau** *a mil* gris verdâtre; **~herr** *m* général *m* (commandant en chef); **~hüter** *m* garde *m* champêtre; **~küche** *f mil* (cuisine) roulante *f;* **~lager** *n mil* camp, bivouac *m;* **~lazarett** *n* hôpital *m* de campagne, ambulance *f;* **~marschall** *m* maréchal *m;* **f~marschmäßig** *a* en tenue de campagne; **~marschall** *m* maréchal *m;* **f~marschmäßig** *a* en tenue de campagne; **~maus** *f* campagnol *m;* **~messer** *m* arpenteur *m;* **~post** *f* poste *f* militaire *od* aux armées; *(Aufschrift auf Sendungen)* franchise militaire (F.M.); **~postnummer** *f* (numéro du) secteur *m* postal; **~salat** *m* mâche, doucette *f;* **~spat** *m min* feldspath *m;* **~stecher** *m opt* jumelle(s *pl*) *f* de campagne; **~webel** *m* adjudant *m;* **~weg** *m* chemin *m* rural; **~zug** *m* campagne, expédition *f.*

Felge *f* ‹-, -n› ['fɛlgə] *(Radkranz)* jante *f.*

Fell *n* ‹-(e)s, -e› [fɛl] *(Tierhaut)* peau; *(des Pferdes)* robe *f; (Pelz)* pelage *m,* fourrure *f; pop (vom Menschen)* cuir *m; ein dickes ~ haben (fig fam)* avoir la peau dure; *jdm das ~ über die Ohren ziehen (fig fam)* rouler qn.

Fels *m* ‹-en, -en›, **~en** *m* ‹-s, -› [fɛls, '-zən] roc; *(~hang, ~wand)* rocher *m; (~block, ~gestein)* roche *f;* **~block** *m* (bloc *m* de) roche *f;* **f~enfest** *a fig* inébranlable; *~ an etw glauben* croire qc dur comme fer *od* fermement; **~(en)wand** *f* paroi *f* rocheuse; **~gestein** *n* roche *f;* **f~ig** *a* rocheux; **~massiv** *n* massif rocheux, groupe *m* de rochers.

Fenchel *m* ‹-s, -› ['fɛnçəl] *bot* fenouil, aneth *m* doux.

Fenster *n* ‹-s, -› ['fɛnstər] fenêtre, croisée *f; zum ~ hinausschauen* regarder par la fenêtre; *aus dem ~ werfen* jeter par la fenêtre; **~bank** *f* appui *od* rebord *m* (de la fenêtre); **~brett** *n* planche *od* tablette *f* d'appui; **~briefumschlag** *m* enveloppe *f* à fenêtre; **~flügel** *m* battant *m* (de fenêtre); **~glas** *n* verre *m* à vitres; **~kitt** *m* mastic *m* de(s) vitrier(s); **~kurbel** *f mot* manivelle *f* de lève-fenêtre; **~laden** *m* volet; *(äußerer)* contre-vent *m;* **~leder** *n* peau *f* de chamois; **~nische** *f* embrasure *f;* **~platz** *m* coin-fenêtre *m;* **~putzer** *m* laveur *m* de carreaux; **~rahmen** *m* châssis *m;* **~scheibe** *f* vitre *f,* carreau *m.*

Ferien *pl* ['fe:riən] vacances *f pl; (Urlaub)* congé *m; jur* vacations *f pl;* **~heim** *n* centre *m* de vacances; **~kurs** *m* cours *m* de vacances; **~lager** *n* camp *m* de vacances; **~zeit** *f* temps *m* des vacances.

Ferkel *n* ‹-s, -› ['fɛrkəl] **1.** petit cochon, porcelet, goret *m;* **2.** *fig fam (schmutziger Mensch)* cochon *m.*

Ferment *n* ‹-(e)s, -e› [fɛr'mɛnt] *chem biol* ferment *m.*

fern [fɛrn] **I.** *a* lointain, éloigné, distant; *(a. zeitl.)* reculé; **II.** *adv* loin; — *~ von* loin de, à l'écart de; *von ~ betrachtet* vu de loin; *in nicht zu ~er Zeit* avant peu, sous peu; *der F~e Osten* l'Extrême-Orient *m.*

Fern|amt *n* ['fɛrn-] *tele* (service) interurbain *m;* **f~≈bleiben** ‹*blieb fern, ferngeblieben*› *itr* ‹*sein*› **1.** *(Unterricht, Veranstaltung)* ne pas se rendre (*e-r S* à qc); **2.** ne pas participer, ne pas se mêler (*e-r S* à qc); **~blick** *m* vue *f* panoramique; **~e** *f* ‹-, ø› lointain, éloignement *m,* distance *f; aus der ~* de loin; *in der ~* au loin, dans le lointain; *das liegt noch in weiter ~* nous en sommes encore (bien) loin; **~empfang** *m* réception *f* à grande distance; **f~er** *adv (außerdem)* en outre; encore; *~ liefen (beim Rennen u. fig)* le (gros du) peloton; **f~erhin** *adv (in Zukunft)* à l'avenir, désormais; **~fahrer** *m* (chauffeur) routier *m;* **~fahrt** *f* long trajet; **~flug** *m* vol à (grande) distance; long-courrier; *mil* raid *m;* **~gas** *n* gaz *m* (amené) à longue distance; **f~gelenkt** *a* téléguidé, télécommandé; **~gespräch** *n tele* conversation *od* communication *f* interurbaine; **f~gesteuert** *a* = *ferngelenkt;* **~glas** *n* jumelle(s *pl*) *f;* **f~≈halten** ‹*hält, hielt fern, ferngehalten*› *tr* tenir éloigné *od* à l'écart (*jdn von etw* qn de qc); *sich von jdm ~* éviter qn; *sich von* *etw* ~ se tenir à l'écart de qc, ne pas se mêler de qc; ~**heizung** *f* chauffage *m* à distance *od* urbain; **f~her** *adv* de loin; ~**kurs(us)** *m* cours *m* par correspondance; ~**laster** *m fam,* ~**lastzug** *m mot* convoi *m;* ~**leitung** *f tele* circuit *m* interurbain; ~**leitungsnetz** *n tele* réseau *m* interurbain; ~**lenkung** *f* téléguidage *m,* télécommande *f;* **f~=liegen** ‹*lag fern, ferngelegen*› *itr: das liegt mir fern* c'est loin de ma pensée; ~**meldetechnik** *f* télétechnique *f;* ~**meldewesen** *n* télécommunications *f pl;* **f~mündlich I.** *a* téléphonique; **II.** *adv* par téléphone; ~**ost:** *in* ~ en Extrême-Orient; **f~östlich** *a* d'Extrême-Orient; ~**rohr** *n* longue-vue, lunette *f* d'approche; ~**ruf** *m* **1.** *(Telephongespräch)* appel *m* téléphonique; **2.** *(Telefonnummer)* numéro *m* de téléphone; ~**schnellzug** *m loc* train *m* direct; ~**schreiben** *n* télex *m,* lettre *f* télétypée; ~**schreiber** *m (Apparat)* téléscripteur, télétype, téléimprimeur, télex *m; (Mensch),* ~**schreiberin** *f* télexiste *m f;* ~**schreibnetz** *n* réseau *m* télex.

Fernseh|ansager(in *f***)** *m* ['fɛrnze:-] speaker(ine *f*) *m* de télévision; ~**antenne** *f* antenne *f* de télévision; ~**apparat** *m* appareil *od* poste de télévision, téléviseur *m;* ~**aufnahme** *f* prise *f* de télévision; **fern=sehen** ‹*sieht, sah fern, ferngesehen*› *itr* regarder la télévision; ~**en** *n* télévision; *fam* télé *f; im* ~ *übertragen* téléviser; ~**er** *m* **1.** *(Person)* téléspectateur *m;* **2.** *(Gerät)* téléviseur *m;* ~**film** *m* film *m* pour la télévision; ~**gebühren** *f pl* taxe *f* de télévision; ~**gerät** *n* appareil *od* poste *od* récepteur de télévision, téléviseur *m;* ~**kamera** *f* caméra de télévision, télécaméra *f;* ~**nachrichten** *f pl* journal *m* télévisé; ~**netz** *n* réseau *m* télévisé *od* de télévision; ~**programm** *n* programme *m* de télévision; ~**sender** *m* émetteur *m od* station *f* de télévision; ~**sendung** *f* émission *f* de télévision; ~**spiel** *n* jeu *m* télévisé; ~**studio** *n* studio *m* (de télévision); ~**technik** *f* télétechnique *f;* ~**techniker** *m* technicien de la télévision, télétechnicien *m;* ~**teilnehmer(in** *f***)** *m* téléspectateur *m,* -trice *f;* ~**turm** *m* tour *f* de télévision; ~**übertragung** *f* émission *od* transmission *f* de télévision.

Fernsicht *f* ['fɛrn-] vue *f* sur le lointain.

Fernsprech|amt *n* ['fɛrnʃprɛç-] bureau téléphonique *od* du téléphone; central *m* (téléphonique); ~**anlage** *f* installation *f od* poste *m* téléphonique; ~**apparat** *m* appareil *m* téléphonique; ~**er** *m (Apparat)* appareil téléphonique, téléphone *m;* ~**gebühr** *f* taxe *f* téléphonique; ~**geheimnis** *n* secret *m* des communications téléphoniques; ~**netz** *n* réseau *m* téléphonique; ~**stelle** *f* poste *m* téléphonique; ~**teilnehmer** *m* abonné *m* au téléphone; ~**verkehr** *m* trafic *m od* communication *f* téléphonique; ~**vermittlung** *f* central *m* (du téléphone); ~**zelle** *f* cabine *f* téléphonique; ~**zentrale** *f* central *m.*

fern|=stehen ['fɛrn-] ‹*stand fern, ferngestanden*› *itr: jdm, e-r S* ~ être étranger à qn, à qc; **F~steuerung** *f* manœuvre à distance, télécommande *f,* téléguidage *m;* **F~verkehr** *m* trafic à grande distance; *loc* service des grandes lignes; *tele* service *m* interurbain; **F~verkehrsstraße** *f* route *od* voie *f* de *od* à grande circulation; **F~weh** *n* nostalgie *f* du voyage; **F~wirkung** *f* effet *m* de distance.

Ferse *f* ‹-, -n› ['fɛrzə] *anat (a. des Strumpfes)* talon *m; jdm auf den* ~*n sein* être sur les talons *od* aux trousses de qn, talonner qn; ~**nbein** *n anat* calcanéum *m;* ~**ngeld** *n:* ~ *geben (fam: fliehen)* tourner les talons, lever le pied.

fertig ['fɛrtıç] *a* **1.** *(~gestellt, vollendet)* fini, achevé; **2.** *(bereit)* prêt (*zu* à); **3.** *fam (erschöpft)* rompu de fatigue; *pop* canné; **4.** *fam (erledigt, zugrunde gerichtet)* fini, perdu; — *mit etw* ~ *sein* avoir fini *od* terminé *od* achevé qc; *mit etw* ~ *werden (beenden, vollenden)* finir, terminer, achever qc; *(zustande kommen)* venir à bout, se tirer de qc; *ohne jdn, etw* ~ *werden* savoir se passer de qn, de qc; *nicht damit* ~ *werden (sich erfolglos bemühen)* ne pas en sortir; *ich bin gleich* ~ je suis à vous tout de suite; *sieh zu, wie du damit* ~ *wirst!* débrouille-toi tout seul! ~ *verpackt* préemballé; **F~bau(weise** *f***)** *m* construction *f* en éléments préfabriqués; ~**=bringen** ‹*brachte fertig, fertiggebracht*› *tr* venir à bout de; *es* ~ *(können)* en trouver le moyen, y arriver; ~**en** [-gən] *tr (herstellen)* fabriquer, produire, faire; **F~fabrikat** *n* produit *m* fini *od* préfabriqué; **F~haus** *n* maison *f* préfabriquée; **F~keit** *f (Gewandtheit)* adresse; *(Geschicklichkeit)* habileté, dextérité *f;* **F~kleidung** *f* (vêtements *m pl*) prêt(s) *m* à porter, confection *f,* tout fait *m;* ~**=machen** *tr* **1.** achever, finir; *(bereit machen)* préparer; **2.** *fig fam (müde u. nervös machen)* esquinter, achever; **3.** *(heruntermachen)* éreinter, déchirer à belles dents; ~**=stellen** *tr* achever, finir; **F~stellung** *f* achèvement *m,* finition, mise *f* au point; **F~teil** *n* élément *m* préfabriqué; **F~ung** *f* ‹-, (-en)› *tech* usinage *m;* fabrication, production *f.*

fes *n* [fɛs] *mus* fa *m* bémol.

fesch [fɛʃ] *a (schick)* chic, pimpant; *fam* chouette; *(flott, forsch)* fringant.

Fessel *f* ‹-, -n› ['fɛsəl] lien *m; (Kette)*

chaîne *f*, fers *m pl; (Fußfessel; fig: Hindernis, Einengung)* entrave *f; jdm ~n anlegen, jdn in ~n legen* lier qn, mettre qn aux fers; **~ballon** *m* ballon *m* captif; **f~n** *tr* **1.** ligoter, enchaîner, charger de chaînes *od* de fers; *(Tier)* entraver; **2.** *fig* captiver, hypnotiser; *jds Aufmerksamkeit ~* fixer l'attention de qn; **f~nd** *a (spannend)* captivant.

Fest *n* ⟨-(e)s, -e⟩ [fɛst] fête *f; ein ~ feiern* célébrer une fête, fêter; *bewegliches, unbewegliches ~* fête *f* mobile, fixe.

fest [fɛst] *a* **1.** *(nicht flüssig)* solide; *(nicht weich)* ferme; *(hart)* dur; **2.** *(nicht lose)* fixe; **3.** *fig (energisch, unerschütterlich; unabänderlich, endgültig)* ferme; **4.** *(beständig, a. von e-m Arbeitsplatz, e-m Börsenkurs)* stable; *(keiner Veränderung, keinem Wechsel unterworfen, a. von Wohnsitz, Preis, Lohn, Gehalt, Kundschaft)* fixe; — *~ bleiben (standhalten)* tenir ferme; *schlafen* dormir à poings fermés; *~ (davon) überzeugt sein, daß ...* avoir la ferme conviction que ...; *sich ~ vornehmen, etw zu tun* prendre la ferme résolution de faire qc; *~ werden (erstarren)* se solidifier, faire prise; *~es Gehalt n (a.)* fixe *m*.

Festakt *m* ['fɛst-] cérémonie *f*.

fest|angestellt ['fɛst-] *a* employé en permanence, titularisé; **~=beißen,** *sich* ⟨*biß fest, festgebissen*⟩ ne pas démordre; **~=binden** ⟨*band fest, festgebunden*⟩ *tr* lier *od* attacher solidement.

Festessen *n* ['fɛst-] banquet, dîner de gala; *fig (übertreibend: gutes Essen)* régal *m*.

fest|=fahren ['fɛst-] ⟨*fährt, fuhr fest, festgefahren*⟩ *itr: festgefahren sein* être embourbé *od* en panne, ne plus pouvoir avancer; *fig* être au point mort; *sich ~ (fig)* s'embourber, s'enferrer, s'enliser; **~gesetzt** *a: zur ~en Zeit* à l'heure dite, à point nommé; **~gewurzelt** *a* (profondément) enraciné; **~=halten** ⟨*hält, hielt fest, festgehalten*⟩ *tr* **1.** *(zurückhalten)* retenir, clouer; *(anhalten)* arrêter; **2.** *(gefangenhalten)* détenir; **3.** *fig (in Worten, im Bild, in der Erinnerung)* retenir; *itr* **4.** *fig* tenir ferme (*an* à); ne pas démordre (*an* de); — *sich an etw ~* se tenir ferme, s'accrocher à qc; *starr an etw ~ (fig)* être entiché de qc; **~igen** *tr fig* affermir *a. fin;* fortifier, consolider; **F~igkeit** *f* ⟨-, ø⟩ **1.** *(fester Zustand)* consistance; *(Dichtigkeit)* compacité; *(Härte)* dureté *f;* **2.** *(Widerstandsfähigkeit)* résistance; *(Dauerhaftigkeit)* stabilité *f;* **3.** *fig (Standhaftigkeit)* fermeté *f a. fin;* aplomb *m*, persévérance *f;* **F~igung** *f* ⟨- ø⟩ affermissement *m;* consolidation, solidification *f;* **~=kleben 1.** *tr* coller; **2.** *itr* ⟨*sein*⟩ *(Vorgang)* s'attacher (solidement); **F~land** *n* terre *f* ferme; *(Kontinent)* continent *m;* **~=legen** *tr* **1.** *(bestimmen)* déterminer, établir, arrêter, fixer; **2.** *fin* immobiliser; *refl* **3.** *sich ~ (sich binden)* se lier, s'engager (*auf etw* à qc); **F~legung** *f* **1.** détermination *f*, établissement *m*, fixation *f;* **2.** *fin mil* immobilisation *f*.

festlich ['fɛstlɪç] **I.** *a* de fête; *(feierlich)* solennel; *in ~er Stimmung* en fête; **II.** *adv: ~ begehen* célébrer en grande pompe; *~ gekleidet* endimanché; *~ geschmückt* paré pour la fête; **F~keit** *f* ⟨-, -en⟩ *(Fest)* fête; *(Feier)* cérémonie *f*.

fest|=liegen ['fɛst-] ⟨*lag fest, festgelegen*⟩ *itr a. fin* être immobilisé; **~=machen** *tr* **1.** *(befestigen, festbinden)* fixer, attacher, lier; *mar* amarrer; **2.** *(abmachen, vereinbaren)* arrêter, fixer; *itr* **3.** *mar* ancrer; **F~meter** *m (cbm Holz)* stère *m;* **~=nageln** *tr* **1.** clouer; **2.** *fig fam* river son clou à; **F~nahme** *f* arrestation, capture *f;* **~=nehmen** ⟨*nimmt, nahm fest, festgenommen*⟩ *tr (verhaften)* saisir, appréhender, arrêter.

Fest|mahl *n* ['fɛst-] banquet *m;* **~platz** *m* place *f* des fêtes; **~rede** *f* discours *m* (solennel); **~redner** *m* orateur *m*.

fest|=schnallen ['fɛst-] *tr* boucler; **~=schrauben** *tr* visser; **~=setzen** *tr* **1.** *(inhaftieren)* emprisonner, écrouer; **2.** *fig (bestimmen)* fixer, arrêter; **~=sitzen** ⟨*saß fest, festgesessen*⟩ *itr* **1.** *(nicht von der Stelle können)* ne (pas) pouvoir bouger, être immobilisé *od* en panne; **2.** *fig fam (nicht weiterkönnen)* être au bout de son latin.

Festspiel|e *n pl* ['fɛst-] festival *m;* **~haus** *n* théâtre *m* des fêtes.

fest|=stecken ['fɛst-] *tr* attacher *od* fixer *od* maintenir par des épingles; **~=stehen** ⟨*stand fest, festgestanden*⟩ *itr fig* être arrêté *od* un fait établi; *impers: es steht fest, daß ...* il est établi, c'est un fait, il est de fait que ...; *eins steht ~* une chose est sûre; **~stellbar** *a (erkennbar)* reconnaissable; **~=stellen** *tr* **1.** *tech* arrêter, fixer, bloquer; **2.** *fig (erkennen)* constater, vérifier; *jds Personalien ~* établir l'identité de qn; **F~stellung** *f fig* constatation, vérification *f;* établissement *m*.

Festtag *m* ['fɛst-] jour *m* de fête; **f~s** *adv* les jours de fête.

Festung *f* ['fɛstuŋ] forteresse, place *f* forte.

festverzinslich ['fɛst-] *a* à taux d'intérêt fixe.

Festzug *m* ['fɛst-] cortège *m* (solennel).

Fetisch *m* ⟨-(e)s, -e⟩ ['fe:tɪʃ] *rel* u. *fig* fétiche *m;* **~ismus** *m* ⟨-, ø⟩ [-'ʃɪsmus] *rel* u. *med* fétichisme *m*.

fett [fɛt] *a* **1.** *(Tier; Mensch: pop; Fleisch, Speise)* gras; *(Boden)* gras, fertile; **2.** *fig (groß, reich)* gros, riche, bon;

3. *(einträglich)* lucratif; — *dick und* ~ gros et gras; *zu* ~ *(Nahrung)* trop riche; **F~** *n* **1.** graisse *f; (fettes Fleisch)* gras *m;* **2.** *chem* matière *f* grasse; *pl* corps gras; — *das* ~ *abschöpfen* dégraisser (*von etw* qc); *fig* prendre la meilleure part; **F~auge** *n (auf der Suppe)* œil *m* (de graisse); **~en** *tr* u. *itr* graisser; **F~fleck** *m* tache *f* de graisse; **~gedruckt** *a typ* imprimé en (caractères) gras; **F~gehalt** *m* teneur *f* en matières grasses; **~ig** *a* graisseux; *(Haut, Haar)* gras; **~leibig** *a* obèse, gras; *(dick)* gros, replet; **F~leibigkeit** *f* obésité *f;* **F~näpfchen** *n: ins* ~ *treten (fig fam)* mettre les pieds dans le plat; **F~polster** *n anat* coussinet de graisse *od* adipeux; *pej* bourrelet *m* de graisse; **F~säure** *f chem* acide *m* gras; **F~schicht** *f* couche *f* de graisse; **F~sucht** *f med* adipose *f.*

Fetus *m* ⟨-/-ses, -se/Feten⟩ ['fe:tus, -sə] *physiol* fœtus *m.*

Fetzen *m* ⟨-s, -⟩ ['fɛtsən] lambeau *a. fig;* chiffon *m.*

feucht [fɔʏçt] *a* humide, mouillé, moite; ~ *werden* s'humidifier, s'humecter; **~heiß** *a* = *feuchtwarm;* **F~igkeit** *f* ⟨-, ø⟩ humidité, moiteur *f;* **~warm** *a* d'une chaleur humide.

feudal [fɔʏ'da:l] *a* **1.** *hist* féodal; **2.** *fig fam (piekfein, luxuriös)* somptueux, fastueux, luxueux; **F~ismus** *m* ⟨-, ø⟩ [-'lɪsmʊs] féodalisme *m.*

Feuer *n* ⟨-s, -⟩ ['fɔʏər] *a. mil* u. *fig* feu *m; bei gelindem, starkem* ~ à petit, à grand feu; *wie* ~ *und Wasser* comme le jour et la nuit; ~ *(an)machen* od *anzünden* faire du feu, allumer un feu; *jdn um* ~ *bitten* demander du feu à qn; *das* ~ *einstellen (mil)* cesser le feu; *das* ~ *eröffnen (mil)* ouvrir le feu; ~ *fangen (a. fig)* prendre feu; *(in Brand geraten)* s'allumer, s'enflammer; *für jdn durchs* ~ *gehen* se jeter au feu, passer dans le feu, se mettre en quatre pour qn; ~ *und Flamme sein* être tout feu tout flamme (*für jdn* pour qn); *mit dem* ~ *spielen* jouer avec le feu; ~*!* au feu! **~alarm** *m* alerte *f* au feu; **~anzünder** *m* allume-feu *m;* **~befehl** *m mil* ordre *m* de tir; **f~beständig** *a* résistant au feu; *scient* réfractaire; **~bestattung** *f* incinération *f;* **~eifer** *m* zèle *m* ardent, ferveur *f;* **~einstellung** *f mil* cessez-le-feu *m;* **f~fest** *a* résistant au feu, incombustible; ignifugé; **f~gefährlich** *a* facilement inflammable; **~gefecht** *n* combat *m* par le feu; **~haken** *m (Schüreisen)* tisonnier, pique-feu; *(der Feuerwehr)* croc *m* à incendie; **~land** *n geog* la Terre de Feu; **~länder(in** *f***)** *m* Fuégien, ne *m, f;* **~leiter** *f* échelle *f* à *od* d'incendie *od* de sauvetage; **~löscher** *m* extincteur *m* d'incendie; **~melder** *m* avertisseur *m* d'incendie; **f~n** *itr* **1.** *(heizen)* chauffer, faire du feu; **2.** *mil* faire feu (*auf* sur); *tr* **3.** *fam* jeter, balancer; *(entlassen)* virer; **~pause** *f mil* interruption *od* suspension *f* du feu; **f~rot** *a* rouge feu *od* comme une pivoine; **~sbrunst** *f* incendie *m;* **~(s)gefahr** *f* danger *m* d'incendie; **f~sicher** *a* à l'épreuve du feu; **f~speiend** *a:* ~*er Berg m* volcan *m;* **~spritze** *f* pompe *f* à incendie; **~stein** *m* pierre *f* à feu *od* à briquet *od* à fusil; *geol* silex *m;* **~überfall** *m mil* tir *m* de surprise; **~ung** *f* ⟨-, -en⟩ **1.** *(ohne pl) (Tätigkeit)* chauffage *m;* **2.** *(ohne pl) (Brennmaterial)* combustible *m;* **3.** *(Anlage)* four, fourneau *m;* **~versicherung** *f* assurance *f* contre l'incendie; **~wache** *f* poste *m* d'incendie; **~wehr** *f* (corps *m* des) sapeurs-pompiers *m pl;* **~wehrauto** *n* fourgon-pompe *m,* voiture *f* de(s) pompiers; **~wehrleiter** *f* échelle *f* de(s) pompiers; **~wehrmann** *m* (sapeur-)pompier *m;* **~wehrschlauch** *m* manche *f* à incendie; **~werk** *n* feu *m* d'artifice; **~werker** *m a. mil* artificier, pyrotechnicien *m;* **~zeug** *n* briquet *m.*

Feuilleton *n* ⟨-s, -s⟩ [fœj(ə)'tõ(:)] *(e-r Zeitung)* feuilleton *m;* **~ist** *m* ⟨-en, -en⟩ [-to'nɪst] feuilletoniste *m.*

feurig ['fɔʏrɪç] *a* de feu, ardent; *fig* plein de feu, brûlant, fervent, *(Pferd)* fringant; *(Wein)* généreux.

Fez *m* ⟨-es, ø⟩ [fe:ts] *(fam dial: Spaß)* plaisanterie *f.*

ff ['ɛf'ɛf] *a com (prima)* de première qualité.

Fiasko *n* ⟨-s, -s⟩ [fi'asko] *(Mißerfolg)* fiasco; *theat* four *m; ein* ~ *erleben* ramasser une veste.

Fibel *f* ⟨-, -n⟩ ['fi:bəl] abécédaire; *(in Zssgen: Elementarbuch)* abrégé *m* (de ...).

Fichte *f* ⟨-, -n⟩ ['fɪçtə] *bot* sapin (rouge); *scient* épicéa *m.*

ficken ['fɪkən] *tr vulg* baiser.

fidel [fi'de:l] *a fam (lustig)* joyeux, gai.

Fieber *n* ⟨-s, (-)⟩ ['fi:bər] fièvre; *fig* fièvre, passion *f;* ~ *haben* avoir de la fièvre *od* de la température; *fam* faire de la température; *hohes* ~ forte fièvre *f;* **~anfall** *m* accès *m* de fièvre; **f~frei** *a* sans fièvre; **f~haft I.** *a a. fig* fiévreux, fébrile; **II.** *adv fig a.* avec fièvre; **~kurve** *f* courbe *f* de température; **f~n** *itr* **1.** avoir de la fièvre *od* de la température, être fiévreux; **2.** *nach etw* ~ *(fig)* attendre qc fiévreusement; **~phantasie** *f* hallucination *f;* **~thermometer** *n* thermomètre *m* médical; **fieb(e)rig** *a* fiévreux, fébrile.

Fiedel *f* ⟨-, -n⟩ ['fi:dəl] *fam (Geige)* violon; *pop* crincrin *m;* **f~n** *itr fam* râcler du violon.

Figur *f* ⟨-, -en⟩ [fi'gu:r] **1.** *(Gestalt)*

silhouette, stature, taille *f;* **2.** *(Standbild)* statue; *(kleinere)* statuette, figurine; *(e-s Schachspiels)* pièce; *(auf e-r Spielkarte)* figure *f;* **3.** *(math, Tanz, Eiskunstlauf)* figure; *aero* acrobatie *f;* **4.** *(in e-r Handlung, e-m Geschehen)* personne *f,* personnage *m;* — *e-e gute Figur haben* être bien fait *od* bien bâti; *e-e gute ~ machen* faire (bonne) figure; *keine gute ~ machen (fam)* ne pas faire bonne figure.

figürlich [fi'gy:rlıç] *a* u. *adv gram* au figuré.

Filet *n* ‹-s, -s› [fi'le:] *(Küche)* filet *m;* **~braten** *m* filet *m* (rôti).

Filial|e *f* ‹-, -n› [fili'a:lə] *com* (magasin *m*) succursale, filiale *f;* **~leiter** *m* gérant *m* d'une *od* de la succursale.

Film *m* ‹-(e)s, -e› [fılm] **1.** *(dünne Haut)* film *m,* pellicule *f;* **2.** *phot (Lichtbildstreifen)* pellicule *f,* film *m;* **3.** *(Kunstwerk)* film *m;* **4.** *(Lichtspielwesen)* film, cinéma *m;* — *mit e-m ~ überziehen (tech)* filmer; *e-n ~ drehen (a. von e-m Schauspieler)* tourner un film; *e-n ~ vorführen* présenter un film; *der ~ läuft* on passe le film; **~archiv** *n* cinémathèque, filmothèque *f;* **~atelier** *m* studio *m;* **~aufnahme** *f* prise *f* de vues de cinéma *od* cinématographiques; **f~en 1.** *tr* filmer, cinématographier; **2.** *itr (a. von e-m Schauspieler)* faire du cinéma, tourner; **~en** *n* ‹-s, ø› filmage *m;* **~festspiele** *n pl* festival *m* cinématographique *od* du cinéma; **~industrie** *f* industrie *f* cinématographique *od* du cinéma; **~kamera** *f* caméra *f* (de cinéma); **~kunst** *f* art *m* cinématographique, cinématographie *f;* **~produzent** *m* producteur *m* cinématographique; **~projektor** *m* projecteur *m* cinématographique; **~prüfstelle** *f* office *m* de contrôle des films; **~regisseur** *m* metteur en scène, réalisateur *m;* **~reportage** *f* reportage *m* cinématographique *od* filmé; **~schauspieler(in** *f***)** *m* acteur *m,* actrice *f* de cinéma; **~star** *m* vedette de cinéma *od* de l'écran, star *f;* **~theater** *n* (salle *f* de) cinéma *m;* **~verleih** *m* location *od* distribution de films; *(einzelnes Unternehmen)* maison *f* de location de films; **~vorführung** *f* projection *f* de films; **~vorschau** *f* bande *f* de lancement; **~zensur** *f* censure *f* cinématographique.

Filter *m* od *n* ‹-s, -› ['fıltər] filtre *a. opt phot radio; opt phot a.* écran *m;* **~einsatz** *m (d. Gasmaske)* cartouche *f* (du masque à gaz); **~mundstück** *n (e-r Zigarette)* bout *m* filtre; **f~n** *tr* filtrer; **~papier** *n* papier-filtre *m;* **~zigarette** *f* cigarette-filtre *f.*

Filz *m* ‹-es, -e› [fılts] **1.** feutre *m;* **2.** *fig fam (Geizhals)* ladre, pingre, grippe-sou *m;* **f~en** *tr* **1.** feutrer; **2.** *(durchsuchen)* fouiller; **f~ig** *a* **1.** feutré; **2.** *fig fam* ladre, pingre; **~laus** *f ent* morpion *m;* **~pantoffeln** *m pl* pantoufles *f pl* en feutre.

Fimmel *m* ‹-s, -› ['fıməl] *fam* toquade; folie *f; e-n ~ haben* être toqué (*für* de).

Finale *n* ‹-s, -/(-s)› [fi'na:lə] **1.** *mus* finale *m;* **2.** *sport* (épreuve *od* poule) finale *f.*

Finanz *f* ‹-, -en› [fi'nants] **1.** *(Geldwesen; Geldleute)* finance *f;* **2.** *pl (Geldangelegenheiten)* finances *f pl;* **~amt** *n* perception *f;* **~beamte** *m* fonctionnaire *m* aux finances; **f~iell** [-tsi'ɛl] *a* financier; **f~ieren** [-'tsi:rən] ‹*ohne ge-*› *tr* financer; **~ierung** *f* ‹-, ø› financement *m;* **~lage** *f* situation *f* financière, état *m* des finances; **~minister** *m* ministre *m* des finances; **~ministerium** *n* ministère *m* des finances; **~politik** *f* politique *f* financière *od* des finances *od* budgétaire; **~verwaltung** *f* administration *od* régie *f* financière *od* des finances.

Find|elkind *n* ['fındəl-] enfant *m* trouvé; **f~en** ‹*fand, gefunden*› **1.** *tr a. fig* trouver; *(antreffen)* rencontrer; *(entdekken) a.* découvrir, mettre au jour; **2.** *refl: sich ~ (wieder zum Vorschein kommen)* être retrouvé; *(vorkommen)* se trouver; — *Ruhe ~* trouver la paix; *sich ins Unabänderliche ~* se résigner à l'irrémédiable; *nicht zu ~ sein* être introuvable; *das finde ich nicht nett von dir* je ne trouve pas ça bien de ta part; *es fand sich, daß* il se trouva que; *das wird sich (schon) ~* on va le retrouver; on verra bien; tout va s'arranger; **~er** *m* ‹-s, -› trouveur; *jur* inventeur *m;* **~erlohn** *m* droit *m* de trouvaille; **f~ig** *a* ingénieux; inventif; **~igkeit** *f* ‹-, ø› ingéniosité, inventivité *f;* **~ling** *m* ‹-s, -e› **1.** enfant *m* trouvé; **2.** *geol* block *m* erratique.

Finger *m* ‹-s, -› ['fıŋər] doigt *m; an den ~n abzählen* compter sur ses doigts *od* sur les doigts de la main; *etw mit spitzen ~n anfassen* saisir qc du bout des doigts; *jdm auf die ~ klopfen* taper *od* donner sur les doigts à qn; *die ~ von etw lassen* ne pas se mêler de qc; *keinen ~ krumm machen (fig)* ne rien faire de ses dix doigts; *sich etw aus den ~n saugen (fig fam: frei erfinden)* inventer qc de toutes pièces; *sich in den ~ schneiden* se couper le doigt; *jdm auf die ~ sehen (fig)* avoir qn à l'œil; *sich die ~ verbrennen* se brûler les doigts *od fig* les ailes *od* à la chandelle; *mit dem ~ auf jdn zeigen (a. fig)* montrer qn du *od* avec le doigt; *den kann man um den ~ wickeln (fig fam)* il est souple comme un gant; *~ weg! (fam)* bas les mains! bas les pattes! *kleiner ~* petit doigt, (doigt) auriculaire *m;* **~abdruck** *m* ‹-(e)s, ¨-e› empreinte *f* digitale; **f~dick** *a* gros comme le doigt; de l'épaisseur d'un doigt; **f~fertig** *a* habile de ses doigts *od* de ses mains; **~fertigkeit** *f* habileté des doigts *od* des mains, dextérité *f;* **~glied** *n anat* phalange *f;* **~hut** *m* **1.** dé *m* à coudre; **2.** *bot* digitale *f;* **f~n** *itr: an etw ~* manier, manipuler, tripoter qc; **~nagel** *m* ongle *m;* **~spitze** *f* bout *m* du doigt; *mit (den) ~n* du bout des doigts; **~spitzengefühl** *n fig* doigté; tact *m;* **~zeig** *m* avertissement *m,* indication *f;* avis *m.*

fingieren [fɪŋ'gi:rən] ‹*ohne ge-*› *tr* feindre, simuler.

Fink *m* ‹-en, -en› [fɪŋk] *orn* pinson *m.*

Finn|e *m* ‹-n, -n›, **~in** *f* ‹-, -nen› ['fɪnə, -ɪn] Finlandais(e *f*) *m;* **f~isch** *a* finnois, finlandais; *(das) F~(e)* le finnois; **~land** *n* ‹-s, ø› la Finlande.

finster ['fɪnstər] *a* sombre; obscur; *fig* sombre, ténébreux, morne; *(unheilvoll)* lugubre, sinistre; *im ~n tappen (fig)* errer dans les ténèbres; *das ~e Mittelalter* l'obscur moyen âge; *~e Nacht f* nuit *f* noire *od* épaisse; **F~nis** *f* ‹-, -se› **1.** *a. fig* ténèbres *f pl,* obscurité *f;* **2.** *astr* éclipse *f.*

Finte *f* ‹-, -n› ['fɪntə] *(List)* ruse *f.*

Firma *f* ‹-, -men› ['fɪrma, -mən] **1.** *com* firme, maison *f* (de commerce); **2.** nom *m od* raison *f* social(e).

Firmament *n* ‹-(e)s, -e› [fɪrma'mɛnt] firmament *m.*

firmen ['fɪrmən] *tr rel* confirmer.

Firmenstempel *m* ['fɪrmən-] cachet *m* de la maison *od* de la firme.

Firm|ling *m* ‹-s, -e› ['fɪrm-] confirmand *m;* **F~ung** *f* ‹-, -en› confirmation *f.*

Firn(schnee) *m* ‹-(e)s, -e› [fɪrn(-)] *(Altschnee)* neiges *f pl* éternelles *od* perpétuelles.

Firnis *m* ‹-ses, -se› ['fɪrnɪs] vernis *m;* **f~-sen** *tr* vernir, vernisser.

First *m* ‹-es, -e› [fɪrst] **1.** *(Dachfirst)* faîte, comble *m;* **2.** *(Berggipfel)* sommet *m; (Grat)* crête *f.*

fis *n* ‹-, -› [fɪs] *mus fa m* dièse.

Fisch *m* ‹-(e)s, -e› [fɪʃ] poisson *m; weder ~ noch Fleisch* ni chair ni poisson; mi-figue, mi-raisin; *munter wie ein ~ im Wasser* (heureux) comme un poisson dans l'eau; *stumm wie ein ~* muet comme une carpe; **~bein** *n* (fanon *m* de) baleine *f;* **~besteck** *n* couvert *od* service *m* à poisson; **~dampfer** *m* bateau de pêche, pêcheur; chalutier *m;* **f~en** *tr* u. *itr* pêcher; *im trüben ~ (fig)* pêcher en eau trouble; **~er** *m* ‹-s, -› pêcheur *m;* **~erboot** *n* bateau *m od* barque *f* de pêche *od* de pêcheur; **~erei** *f* [-'raɪ] pêche *f;* **~ereigebiet** *n* pêcherie *f;* **~fang** *m* capture du poisson; pêche *f;* **~geschäft** *n* poissonnerie *f;* **~händler(in** *f***)** *m* marchand(e *f*) *m* de poisson; poissonnier *m,* -ière *f;* **~laich** *m* frai *m;* **~mehl** *n* farine *f* de poisson; **~netz** *n* filet *m* de pêche; **~otter** *m, a. f* loutre *f;* **f~reich** *a* poissonneux; **~suppe** *f* soupe de poisson; bouillabaisse *f;* **~teich** *m* vivier *m;* **~vergiftung** *f* intoxication *f* par le poisson; **~zucht** *f* pisciculture *f.*

Fis-Dur *n* ['fɪsdu:r] *mus* fa *m* dièse majeur.

fisk|alisch [fɪs'ka:lɪʃ] *a adm* fiscal; **F~us** *m* ‹-, (-ken/-se)› ['fɪskus, -kən] fisc; Trésor *m.*

fis-Moll *n* ['fɪsmɔl] *mus* fa *m* dièse mineur.

Fistel *f* ‹-, -n› ['fɪstəl] *med* fistule *f;* **~stimme** *f* voix *f* de tête, fausset *m.*

fit [fɪt] *a sport* en forme, en condition physique.

fix [fɪks] *a* **1.** *(fest)* fixe; **2.** *fam (flink, gewandt)* leste, preste, prompt; *(geschickt)* adroit, habile; — *~!* vivement! vite, vite! *~ und fertig* fin prêt; *fam (erschöpft)* lessivé, vanné; **~ieren** ‹*ohne ge-*› *tr* **1.** *(festhalten, -machen)* fixer; **2.** *(anstarren)* fixer du regard, regarder fixement *od* dans les yeux; **~iert** *a fam: auf etw ~ sein* être obsédé par qc; **F~ierung** *f* ‹-, ø› fixation *f;* **F~igkeit** *f* ‹-, ø› *fam (Schnelligkeit, Gewandtheit)* prestesse, promptitude; adresse, habileté *f;* **F~um** *n* ‹-s, -xa› ['fɪksum, -sa] *(festes Gehalt)* fixe *m.*

flach [flax] *a* **1.** *(eben)* plat, plan, ras; **2.** *(untief)* bas; peu profond *a. fig;* **3.** *fig (oberflächlich)* superficiel, plat; — *mit der ~en Hand* du plat de la main; *~ auf dem* od *den Boden* (tout) à plat.

Flach|dach *n* ['flax-] toit *m* plat; **~druck** *m* ‹-(e)s, -e› *typ* impression *f* à plat.

Fläche *f* ‹-, -n› ['flɛçə] **1.** surface *f a. math; math* plan *m;* **2.** *(Oberfläche)* superficie *f.*

Flächen|antenne *f* ['flɛçən-] antenne *f* en nappe; **~ausdehnung** *f* superficie *f;* **f~gleich** *a math* égal en surface; **~inhalt** *m math* superficie, aire *f;* **~maß** *n* mesure *f* de superficie.

Flach|hang *m* ['flax-] pente *f* douce; **~küste** *f* côte *f* plate *od* basse; **~land** *n* pays *m* plat.

Flachs *m* ‹-es, ø› [flaks] *bot* lin *m;* **f~blond** *a* blond filasse.

flackern ['flakərn] *itr* vaciller, danser.

Fladen *m* ‹-s, -› ['fla:dən] **1.** *(flacher Kuchen)* galette *f;* **2.** *(Kuhmist)* bouse *f* (de vache).

Flagg|e *f* ‹-, -n› ['flagə] *mil bes. mar* pavillon *m; unter deutscher ~* sous pavillon allemand; *die ~ aufziehen* od *hissen* arborer *od* hisser le pavillon; *die französische ~ führen, unter französischer ~ segeln* battre pavillon français; *die ~ streichen* amener le pavillon, mettre pavillon bas; **f~en** *itr* pavoiser;

~ensignal *n* signalisation *f* par fanions; **~schiff** *n* vaisseau *m* amiral.

Flak *f* ‹-, -(s)› [flak] *(Kurzwort für: Fliegerabwehrkanone u. -artillerie)* canon *m* contre avion *od* de D.C.A. *od* antiaérien; *(als Waffengattung)* arme antiaérienne, défense *f* contre avions, D.C.A.

Flakon *n* od *m* ‹-s, -s› [fla'kõ:] *(Fläschchen)* flacon *m*.

Flame *m* ‹-n, -n› ['fla:mə], **Flamin** *od* **Flämin** *f* Flamand(e *f*) *m*.

Flamingo *m* ‹-s, -s› [fla'mıŋgo] *orn* flamant *m*.

flämisch ['flɛ:mıʃ] *a* flamand.

Flamme *f* ‹-, -n› ['flamə] flamme *f*; *in ~n aufgehen* être la proie des flammes; *in ~n stehen* être en flammes; **f~n** *itr* flamber, flamboyer; **f~nd** *a* **1.** flamboyant, enflammé; **2.** *fig* flamboyant, ardent; **~nschutz** *m tech* pare-flamme *m*; **~nwerfer** *m mil* lance-flammes *m*.

Flandern *n* ‹-s, ø› ['flandərn] la Flandre.

Flanell *m* ‹-s, -e› [fla'nɛl] *(Stoff)* flanelle *f*.

Flank|e *f* ‹-, -n› ['flaŋkə] **1.** *allg* u. *mil (Seite), anat (Weiche)* flanc, côté *m*; **2.** *sport* saut *m* de côté; **f~ieren** [-'ki:rən] ‹*ohne ge-*› *tr* flanquer.

Flansch *m* ‹-(e)s, -e› [flanʃ] *tech* bride *f*.

Flasche *f* ‹-, -n› ['flaʃə] **1.** bouteille *f*; *(Saugflasche)* biberon *m*; **2.** *pop pej (Mensch)* cloche, savate *f*, pauvre type *m*; — *in ~n* en bouteilles, embouteillé; *e-m Kind die ~ geben* donner le biberon à un enfant; *(gleich) aus der ~ trinken* boire à même la bouteille *od* au goulot; *auf ~n ziehen* mettre en bouteilles, embouteiller.

Flaschen|bier *n* ['flaʃən-] bière *f* en bouteilles *od* canettes; **~bürste** *f* goupillon *m*; **~gestell** *n* porte-bouteilles *m*; **~hals** *m* goulot *od* col *m* de bouteille; **~kürbis** *m* calebasse *f*; **~öffner** *m* débouchoir, décapsuleur *m*; **~pfand** *n* consigne *f* (de bouteilles); **~post** *f* bouteille *f* à la mer; **~zug** *m tech* moufle *f*, palan *m*.

Flaschner *m* ‹-s, -› ['flaʃnər] *(Klempner, Spengler)* plombier-zingueur *m*.

flatter|haft ['flatər-] *a* volage, léger, inconstant; **F~haftigkeit** *f* ‹-, ø› humeur volage, légèreté, inconstance *f*; **~n** *itr* **1.** ‹*sein*› *(Tier)* voleter, voltiger; **2.** ‹*h*› *(Fahne etc im Wind)* flotter, s'agiter; *(Segel a.)* battre.

flau [flau] *a* **1.** *(schlaff, weich)* mou; *(schwach)* faible; *(Farbe: matt)* mat; **2.** *fig (Stimmung)* indolent, languissant; *fin* calme, sans activité; — *mir wird ~ (schlecht)* je vais me trouver mal; **F~heit** *f* ‹-, ø› mollesse; faiblesse; indolence *f*.

Flaum *m* ‹-(e)s, ø› [flaum] *(weiche Federn od Haare)* duvet; *(erster Bart)* poil follet, duvet *m*; **~feder** *f* plumule *f*; **f~ig** *a* duveté, cotonneux; **f~weich** *a a. fig* moelleux.

Flaus *m* ‹-es, -e›, **Flausch** *m* ‹-(e)s, -e› [flaus, -ʃ] *(Textil)* frise *f*; **flauschig** *a (weich)* cotonneux.

Flausen *f pl* ['flauzən] *fam* fariboles, bourdes, sornettes *f pl*; blague *f*.

Flaute *f* ‹-, -n› ['flautə] **1.** *(Windstille)* calme *m* (plat); **2.** *fin* marasme *m*; morte-saison, période *f* creuse.

Flecht|e *f* ‹-, -n› ['flɛçtə] **1.** *(Zopf)* natte, tresse *f*; **2.** *bot* lichen *m*; **3.** *med* dartre, gourme *f*; **f~en** ‹*flicht, flocht, geflochten*› *tr (Zopf)* tresser, natter; *(Flechtwerk)* entrelacer, clayonner, clisser; *(Korbwaren)* tresser; *(Stuhl, Kranz)* faire; **~werk** *n* clayonnage *m*, clisse *f*.

Fleck *m* ‹-(e)s, -e›, **~en** *m* ‹-s, -› ['flɛk(ən)] **1.** *(Flicken, Stück)* pièce *f*, morceau *m*; **2.** *(Schmutz-, Farbfleck)* tache; *(Schmutzfleck)* souillure *f*; **3.** *(Stelle, Ort)* endroit *m*; place *f*; — *e-n ~ entfernen* enlever une tache; *nicht vom ~ kommen* ne pas avancer d'un pouce; *blauer ~ (med)* bleu *m*; *scient* ecchymose *f*; **~en** *m* ‹-s, -› *(Ortschaft)* bourg(ade *f*) *m*; **f~enlos** *a* sans tache, immaculé; **~enwasser** *n* produit *m* à détacher, détacheur, détachant *m*; **~fieber** *n*, **~typhus** *m med* typhus *m* (exanthématique); **f~ig** *a (schmutzig)* taché; souillé, sale; *(Obst)* tavelé.

Fledermaus *f* ['fle:dər-] *zoo* chauve-souris *f*.

Flegel *m* ‹-s, -› ['fle:gəl] *(Rüpel)* mufle, malotru, mal élevé *m*; **~ei** *f* ‹-, -en› [-'laı] muflerie *f*; **f~haft** *a* mufle; impertinent, malappris; **~jahre** *n pl* âge *m* ingrat.

flehen ['fle:ən] *itr* implorer, supplier (*zu jdm* qn); **F~** *n* imploration, supplication *f*; **~tlich** *adv* instamment, avec ferveur.

Fleisch *n* ‹-(e)s, ø› [flaıʃ] **1.** *(am Körper)* chair *f*; **2.** *(als Nahrungsmittel u. Speise)* viande *f*; **3.** *(Fruchtfleisch)* chair, pulpe *f*; — *ins ~ schneiden (fig)* couper dans le vif; *(Strick)* entrer dans la chair; *sich ins eigene ~ schneiden (fig)* se faire tort à soi-même; **~beschau** *f* inspection *f* sanitaire de la viande; **~brühe** *f* bouillon *m* de viande; *fette ~* bouillon *m* gras; **~brühwürfel** *m* dé *m* de bouillon; **~er** *m* ‹-s, -› boucher; *(Fleischwarenhersteller)* charcutier *m*; **~erei** *f* ‹-, -en› [-'raı] boucherie; charcuterie *f*; **~extrakt** *m* extrait *m* de viande; **f~farben** *a* couleur chair, incarnat; **f~fressend** *a zoo* carnivore; **f~ig** *a* charnu; *bot* pulpeux; **~klößchen** *n* ['kløsçən] boulette *f* de viande, godiveau *m*; **f~lich** *a* charnel, de la chair; **f~los** *a* **1.** *(lebende Glieder)* décharné; **2.** *(Kost, Mahlzeit)* sans viande, maigre; **~vergiftung** *f* empoisonnement *m od* intoxication *f* par la viande; ~**waren** *f pl* charcuterie *f;* ~**wolf** *m* hachoir, moulin *m* à viande; ~**wunde** *f* blessure *f* qui n'atteint que les chairs.

Fleiß *m* ⟨-es, ø⟩ [flaɪs] application, assiduité; diligence *f; ohne ~ kein Preis (prov)* nul bien sans peine; **f~ig** *a* appliqué; diligent; laborieux, travailleur; *(Arbeit)* fait avec soin.

flennen ['flɛnən] *itr fam (weinen, heulen)* pleurnicher.

fletschen ['flɛtʃən] *tr: die Zähne ~* montrer les dents.

flex|ibel [flɛ'ksi:bəl] *a (biegsam)* flexible; **F~ion** *f* ⟨-, -en⟩ [-si'o:n] *gram (Beugung)* flexion *f.*

Flick|arbeit *f* ['flɪk-] **1.** rapiècement, rapiéçage *m;* **2.** *fig (Stümperei)* fagotage, bousillage *m;* **f~en** *tr* rapiécer; *(ausbessern)* raccommoder, repriser, ravauder; *(Schuh)* rapetasser; ~**en** *m* ⟨-s, -⟩ *(Stück Stoff)* pièce *f,* morceau *m;* reprise *f;* pan d'étoffe, chiffon *m;* ~**wort** *n gram* mot *m* explétif; *(in Gedichten)* cheville *f;* ~**zeug** *n* nécessaire *m* de réparation.

Flieder *m* ⟨-s, -⟩ ['fli:dər] *bot* lilas; *(Holunder)* sureau *m;* ~**tee** *m* infusion *f* de sureau.

Fliege *f* ⟨-, -n⟩ ['fli:gə] **1.** *(ent* u. *Bärtchen an der Unterlippe)* mouche *f;* **2.** *(Querbinder)* nœud *m* papillon; — *zwei ~n mit einer Klappe schlagen (fig)* faire d'une pierre deux coups; *keiner ~ etw tun (können)* être incapable de faire du mal à une mouche; *ihn ärgert* od *stört die ~ an der Wand* un rien l'irrite.

fliegen ['fli:gən] ⟨*flog, geflogen*⟩ *itr* ⟨*sein*⟩ **1.** voler; **2.** *aero* aller en avion; **3.** *fig (geworfener Gegenstand)* être précipité; **4.** *(sich werfen, eilen)* se précipiter, se jeter, sauter; **5.** *fam (aus e-r Stelle)* sauter, être viré; *tr* ⟨*h*⟩ **6.** *aero (e-e Maschine)* piloter; **7.** *(Person)* transporter par avion; — *durch etw ~* traverser qc; *gegen etw ~* frapper, heurter qc; *(Flugzeug)* s'écraser contre qc; *Passagiere nach Rom ~* conduire des passagers en avion à Rome; *in die Luft ~ (explodieren)* sauter, exploser; *~ lassen (Vogel)* laisser la liberté à; **F~** *n* ⟨-s, ø⟩ vol *m;* aviation *f;* ~**d** *a* volant.

Fliegen|fänger *m* ['fli:gən-] attrape-mouches *m;* ~**gewicht** *n (Boxen)* poids *m* mouche; ~**gitter** *n* toile *f* métallique; ~**klappe** *f,* ~**klatsche** *f* tapette *f;* ~**pilz** *m bot* tue-mouches *m,* fausse oronge *f.*

Flieger *m* ⟨-s, -⟩ ['fli:gər] **1.** *(Flugzeug)* avion *m;* **2.** *(Flugzeugführer)* aviateur; aéronaute; pilote; *(Luftwaffensoldat)* aviateur *m;* ~**abwehr(kanone)** *f* = *Flak;* ~**alarm** *m* alerte *f* aérienne *od* aux avions; *~ geben* sonner la sirène d'alerte; ~**angriff** *m* attaque *f* aérienne *od* par avions, raid *m* aérien; ~**horst** *m* base *f* aérienne *od* d'aviation.

fliehen ['fli:ən] ⟨*floh, geflohen*⟩ **1.** *itr* ⟨*sein*⟩ fuir, s'enfuir, prendre la fuite; *vor jdm ~* s'enfuir devant qn; **2.** *tr* ⟨*h*⟩ fuir, éviter; ~**d I.** *ppr* fuyant, en fuite; **II.** *a fig (Stirn)* fuyant.

Fliese *f* ⟨-, -n⟩ ['fli:zə] dalle *f,* carreau *m;* ~**nleger** *m* carreleur *m.*

Fließ|arbeit *f* [fli:s-] travail *m* à la chaîne; ~**band** *n* chaîne *f* de montage; ~**bandfertigung** *f* production *f* à la chaîne; **f~en** ['fli:sən] ⟨*floß, geflossen*⟩ *itr* ⟨*sein*⟩ *a. fig* couler; *durch etw ~ (von e-m Fluß)* traverser, arroser qc; *in etw ~ (Fluß)* se verser dans, être tributaire de qc; *der Schweiß floß mir von der Stirn* mon front ruisselait de sueur; **f~end I.** *a: ~es Wasser n (in e-m Zimmer)* eau *f* courante; **II.** *adv (sprechen)* couramment; ~**papier** *n* papier *m* buvard.

flimmern ['flɪmərn] *itr* scintiller; *(Licht)* trembloter; vaciller; *a. film* vibrer.

flink [flɪŋk] *a* **1.** rapide, prompt; *(behende)* preste, leste, agile; **2.** *(munter, lebhaft)* alerte, fringant, vif.

Flinte *f* ⟨-, -n⟩ ['flɪntə] fusil *m,* carabine *f; die ~ ins Korn werfen (fig)* jeter le manche après la cognée.

Flirt *m* ⟨-(e)s, -s⟩ [flɪrt] flirt *m;* **f~en** *itr* flirter.

Flitter *m* ⟨-s, -⟩ ['flɪtər] **1.** *(einzelner)* paillette *f;* **2.** *allg* clinquant *m;* ~**gold** *n* oripeaux *m pl;* ~**wochen** *f pl* lune *f* de miel.

flitzen ['flɪtsən] *itr* ⟨*sein*⟩ *fam (sausen, rennen)* filer comme une flèche.

Flock|e *f* ⟨-, -n⟩ ['flɔkə] flocon *m; in großen, dichten ~n fallen (Schnee)* tomber à gros flocons *od* à flocons serrés; **f~ig** *a* floconneux, pelucheux.

Floh *m* ⟨-(e)s, ¨-e⟩ [flo:, 'flø:ə] *ent* puce *f; jdm e-n ~ ins Ohr setzen (fig)* mettre la puce à l'oreille à qn; ~**markt** *m* marché *m* aux puces.

Flor [flo:r] *m* **1.** ⟨-s, -e⟩ *(Blumenfülle, Blüte)* floraison, fleuraison *f;* **2.** ⟨-s, -e/¨-e)⟩ *(Textil)* crêpe, voile *m; (dünner)* gaze *f;* ~**a** *f* ⟨-, -ren⟩ *bot* flore *f.*

Florenz *n* [flo'rɛnts] *geog* Florence *f.*

Florett *n* ⟨-(e)s, -e⟩ [flo'rɛt] *(Stoßwaffe)* fleuret *m;* ~**fechten** *n* escrime *f* au fleuret.

florieren [flo'ri:rən] ⟨*ohne ge-*⟩ *itr (blühen, fig)* être florissant *od* en fleur.

Floskel *f* ⟨-, -n⟩ ['flɔskəl] *(Redensart)* fleur *f* de rhétorique; **f~haft** *a (Stil)* fleuri.

Floß *n* ⟨-es, ¨-e⟩ [flo:s, 'flø:sə] radeau; train *m* de bois.

Flosse *f* ⟨-, -n⟩ ['flɔsə] **1.** *zoo* nageoire *f;* aileron *m;* **2.** *aero* plan *m* fixe.

flöß|en ['flø:s-] *tr (Holz)* (faire) flotter; **F~er** *m* ⟨-s, -⟩ flotteur; batelier *m* d'un radeau; **F~erei** *f* ‹-, ø› [-ˈraɪ] flottage *m* (du bois).

Flöt|e *f* ‹-, -n› [ˈfløːtə] *mus* flûte *f;* **f~en** *itr* jouer de la flûte; **~enbläser** *m* flûtiste *m,* (joueur *m* de) flûte *f;* **f~en=gehen** ‹*ging flöten, flötengegangen*› *itr* ‹*sein*› *fam (verlorengehen)* se perdre; s'envoler; **~enspieler** *m,* **~ist** *m* ‹-en, -en› [-ˈtɪst] = *Flötenbläser;* **~enton** *m: jdm die Flötentöne beibringen (fig fam)* apprendre la civilité à qn.

flott [flɔt] *a* **1.** *mar* à flot; **2.** *fig (flink, leicht)* dégagé, déluré, dégourdi, léger; *(leicht, leichtlebig)* gai, gaillard, joyeux; **3.** *(schick)* chic, élégant; *(Stil)* cursif; — *~ gehen* marcher d'un pas léger; *fig (Geschäft)* marcher bien; *~ leben* mener joyeuse vie, mener la vie à grandes guides; *wieder ~ werden (mar)* revenir sur l'eau.

Flotte *f* ‹-, -n› [ˈflɔtə] *mar* flotte; *(Marine)* marine *f;* **~nparade** *f* revue *f* navale; **~nstützpunkt** *m* point *m* d'appui de la flotte, base *f* navale.

Flöz *n* ‹-es, -e› [fløːts] *geol* couche sédimentaire, stratification *f* horizontale.

Fluch *m* ‹-(e)s, ¨-e› [fluːx, ˈflyːçə] **1.** *(Verfluchung)* malédiction, imprécation *f; rel* anathème, blasphème *m;* **2.** *(Unsegen)* malédiction *f,* malheur *m;* **3.** *(ungehöriger, derber Ausruf)* juron, gros mot *m;* **f~en** *itr* **1.** maudire; *jdm* od *auf jdn ~* maudire qn, donner sa malédiction à qn; **2.** *(e-n Fluch, Flüche ausstoßen)* jurer, pester, maugréer, lancer un *od* des juron(s); *über etw ~* pester contre qc.

Flucht *f* ‹-, -en› [fluxt] **(1)** *(zu: fliehen)* fuite; *(aus etw)* évasion *f; fig (Verlassen, Auszug)* exode *m; die ~ ergreifen* prendre la fuite *od fam* le large; *in die ~ schlagen* mettre en fuite *od* en déroute, faire fuir; *auf der ~ sein* être en fuite; **(2)** *(zu: fliegen; gerade Linie, Aufeinanderfolge)* alignement *m,* enfilade *f;* **f~artig** *adv* précipitamment.

flücht|en [ˈflʏçtən] *itr* ‹*sein*› u. *sich ~* fuir, s'enfuir, prendre la fuite; se sauver; se réfugier; **~ig I.** *a* **1.** *(fliehend)* fuyant, en fuite; fugitif, fuyard; **2.** *(schnell vergehend)* fugitif, fugace, passager; **3.** *(oberflächlich)* superficiel; *(Eindruck)* vague; *(nachlässig)* négligent, inattentif, distrait; **4.** *chem* volatil; **II.** *adv a.* à la hâte; superficiellement; *~ lesen* parcourir; *fam* lire en diagonale; **F~igkeit** *f* ‹-, ø› **1.** rapidité *f;* **2.** négligence, inattention, distraction *f;* **F~igkeitsfehler** *m* faute *od* erreur *f* d'inattention; **F~ling** *m* ‹-s, -e› réfugié *m;* **F~lingslager** *n* camp *m* de réfugiés.

Flucht|versuch *m* [ˈfluxt-] tentative *f* de fuite; **~weg** *m* parcours *m* de la fuite.

Flug *m* ‹-(e)s, ¨-e› [fluːk, ˈflyːgə] **1.** vol *m a. aero;* **2.** *(Vogelschwarm)* volée *f;* **3.** *fig (der Gedanken)* envol(ée *f*) *m;* — *die Zeit verging (wie) im ~e* le temps passa très vite; **~abwehr** *f* défense *f* antiaérienne *od* contre avions; **~bahn** *f mil* trajectoire *f; aero* trajet *m;* **~blatt** *n* feuille *f* volante, tract *m; Flugblätter abwerfen* lancer des tracts; **~boot** *n* hydravion *m* à coque; **~dauer** *f* durée de vol *od* de trajet.

Flügel *m* ‹-s, -› [ˈflyːgəl] **1.** *zoo* u. *aero* aile *f; (Tragfläche)* plan *m;* **2.** *(e-r Bombe)* ailette; *tech* ailette, pale; *(Windmühlenflügel; arch)* aile *f; (Tür-, Fensterflügel)* battant; *(Altarflügel)* volet; *(Lungenflügel)* lobe *m; (Nasenflügel; mil)* aile *f;* **3.** *mus* piano *m* à queue; — *jdm die ~ beschneiden (fig)* couper *od* rogner les ailes *od* les ongles à qn; **~altar** *m* retable *m* à volets; **~decke** *f ent* élytre *m;* **~mutter** *f tech* écrou *m* à ailettes *od* à oreilles *od* à papillon; **~schlag** *m orn* coup *m* d'aile; **~schraube** *f* vis *f* à ailettes; **~tür** *f* porte *f* battante *od* à deux battants.

Fluggast *m* [ˈfluːk-] passager (d'un avion), voyageur *m* aérien.

flügge [ˈflʏgə] *a* prêt à quitter le nid; *~ werden (fig)* prendre sa volée.

Flug|gesellschaft *f* [ˈfluːk-] compagnie *f* de navigation aérienne; **~hafen** *m* aéroport, aérodrome *m;* **~höhe** *f* altitude *od* hauteur *f* (de vol); **~kapitän** *m* chef-pilote *m;* **~lehrer** *m* moniteur de vol, pilote-instructeur *m;* **~leitung** *f* direction *f* de l'aéroport; **~netz** *n* réseau *m* d'aviation; **~personal** *n* personnel *m* navigant; **~plan** *m (Heft)* indicateur *od* horaire *m* aérien; **~platz** *m* aérodrome, champ *m* d'aviation; **~prüfung** *f* essai *m* en vol.

flugs [flʊks] *adv* **1.** à la volée, rapidement, vite; **2.** *(sofort)* aussiôt, tout de suite.

Flug|sand *m* [ˈfluːg-] sables *m pl* mouvants; **~schein** *m (e-s Piloten)* brevet de pilote aviateur; *(e-s Fluggastes)* billet *m* d'avion; **~schrift** *f* tract, pamphlet, libelle *m,* brochure *f* de propagande; **~schule** *f* école *f* d'aviation; **~sicherheit** *f* sécurité *f* du vol; **~sicherung** *f* sécurité *f* aérienne; **~steig** *m* aire *f* de débarquement et d'embarquement; **~technik** *f* aérotechnique *f;* **f~technisch** *a* aérotechnique; **~verkehr** *m* trafic *m* aérien; **~weg** *m* itinéraire *m* aérien; route *f* aérienne; **~werk** *n* voilure *f; (e-r Rakete a.)* empennage *m;* **~wesen** *n* aviation *f;* **~zeit** *f* durée *f* de vol *od* de trajet; temps *m* du parcours.

Flugzeug *n* ‹-(e)s, -e› [ˈfluːktsɔʏk] avion *m; ein ~ steuern* piloter un avion; **~absturz** *m* chute *f* d'un avion; **~bau** *m* construction *f* aéronautique *od* des avions; **~besatzung** *f* équipage *m* (d'un *od* de l'avion); **~fabrik** *f* usine *f* d'avions *od* d'aviation *od* aéronautique; **~führer** *m* pilote *m* (d'avion); **~halle** *f* hangar *m* (d'avion); *in der ~ abstellen* garer; **~industrie** *f* industrie *f* aéronautique; **~konstrukteur** *m* constructeur *m* d'avions; **~ladung** *f* charge *f* de l'avion; **~mechaniker** *m* mécanicien *m* d'avion; **~modell** *n* modèle *m* d'avion; **~mutterschiff** *n* (navire de) transport *m* d'avions; **~träger** *m* (navire) porte-avions *m; auf e-m ~ landen* apponter; **~typ** *m* type *m* d'avion; **~unglück** *n* accident *m* d'avion *od* aérien; **~verband** *m* formation *f* d'avions.

fluktuieren [fluktu'i:rən] ⟨*ohne -ge*⟩ *itr (schwanken)* fluctuer; **F~** *n* fluctuation(s *pl*) *f*.

Flunker|ei *f* ⟨-, -en⟩ [fluŋkə'raɪ] *dial (kleine Lüge)* menterie *f;* **f~n** *itr (lügen)* mentir.

Fluor *n* ⟨-s, ø⟩ ['flu:ɔr] *chem* fluor *m;* **~eszenz** *f* ⟨-, ø⟩ [fluorɛs'tsɛnts] fluorescence *f;* **f~eszieren** [-'tsi:rən] ⟨*ohne ge-*⟩ *itr (aufleuchten)* être fluorescent; **f~eszierend** *a* fluorescent.

Flur [flu:r] **(1)** *f* ⟨-, -en⟩ *(Wiesen u. Felder)* champs *m pl;* **(2)** *m* ⟨-(e)s, -e⟩ *(Hausflur)* vestibule; *(Treppenflur)* palier *m; (Wohnungsflur)* entrée *f,* couloir *m.*

Flur|bereinigung *f* ['flu:r-] remembrement rural; remaniement *m* parcellaire *od* des parcelles; **~frevel** *m* délit *m* rural; **~hüter** *m* garde *m* champêtre; **~name** *m* nom toponymique; lieu-dit *m;* **~schaden** *m* dégâts *m pl* causés aux cultures.

Fluß *m* ⟨-sses, ⸗sse⟩ [flus, 'flʏsə] **1.** *(fließendes Gewässer)* rivière *f;* **2.** *(Fließen)* écoulement; *(der Tränen)* flot; *(des Blutes)* flux; *fig (der Worte)* flot, flux; *tech* flux *m;* **3.** *(fließende Masse)* coulée *f;* — *wieder in ~ bringen* remettre en train, renouveler; *in ~ kommen* se mettre en train; **f~ab(wärts)** *adv* en aval; **~arm** *m* bras *m* de rivière; **f~auf(wärts)** *adv* en amont; **~bett** *n* lit *m* (d'un fleuve); **~fisch** *m* poisson *m* de rivière *od* d'eau douce.

flüssig ['flʏsɪç] *a* **1.** liquide, fluide; *(geschmolzen, bes. Metall)* fondu; **2.** *fig (Stil)* coulant, aisé; **3.** *fin (verfügbar)* liquide, disponible; — *kein Geld ~ haben* ne pas avoir d'argent liquide; *~ machen (schmelzen)* liquéfier, rendre liquide; **F~keit** *f* ⟨-, -en⟩ ['flʏsɪçkaɪt] liquide, fluide *m;* **~≈machen** *tr fin* liquider, réaliser.

Fluß|krebs *m* ['flus-] écrevisse *f* à pattes rouges; **~lauf** *m* cours *m* (de la rivière); **~pferd** *n* hippopotame *m;* **~regulierung** *f* rectification *f* d'un fleuve; **~schiffahrt** *f* navigation fluviale, batellerie *f;* **~spat** *m min* spath *m* fluor, fluorine *f;* **~ufer** *n* rive *f;* bord *m od* berge *f* (d'une *od* de la rivière).

flüster|n ['flʏstərn] *tr* chuchoter, murmurer; *lit* susurrer; *jdm etw ins Ohr ~* chuchoter *od* glisser qc à l'oreille de qn; **F~propaganda** *f* propagande *f* chuchotée *od* clandestine;

Flut *f* ⟨-, -en⟩ [flu:t] **1.** flux, flot *m; poet* onde *f;* **2.** *(Hochwasser)* inondation *f,* déluge *m;* **3.** *(Gezeitenstand)* marée *f* montante *od* haute; **4.** *fig* flot, déluge, torrent *m;* **5.** *pl* vagues *f pl,* flots *m pl;* — *~ von Tränen* torrent *m* de larmes; **f~en** *itr* ⟨*sein*⟩ couler *od* arriver à flots; *in* od *über etw ~ (a. fig)* inonder qc; **~kraftwerk** *n* usine *f* marémotrice; **~licht(lampe** *f*) *n* (projecteur *m* à) flots *m pl* de lumière; **~welle** *f* raz *m* de marée.

f-Moll *n* ['ɛfmɔl] *mus* fa *m* mineur.

Föderalis|mus *m* ⟨-s, ø⟩ [fødera'lɪsmus] *pol* fédéralisme *m;* **f~tisch** [-'lɪstɪʃ] *a* fédéraliste.

Fohlen *n* ⟨-s, -⟩ ['fo:lən] *zoo* poulain *m; (Stutfohlen)* pouliche *f;* **f~** *itr* pouliner.

Föhn *m* ⟨-(e)s, -e⟩ [fø:n] *mete* fœhn *m.*

Föhre *f* ⟨-, -n⟩ ['fø:rə] *bot (Kiefer)* pin *m* sylvestre.

Folg|e *f* ⟨-, -n⟩ ['fɔlgə] **1.** *(Ergebnis)* suite, conséquence *f;* résultat, effet *m;* **2.** *(Abfolge, Reihe)* suite, succession, série *f;* **3.** *(Fortsetzung)* continuation *f;* — *in der ~* dans *od* par la suite; *an die ~n denken* considérer *od* peser les conséquences, réfléchir aux conséquences; *etw zur ~ haben* avoir qc pour conséquence; être suivi de qc; *~n haben* être de *od* tirer à conséquence; **~eerscheinung** *f* conséquence *f,* effet *m;* **f~en** *itr* ⟨*sein*⟩ **1.** *(nachgehen)* suivre (*jdm* qn); **2.** *fig (befolgen, nachahmen)* suivre (*e-r S* qc); **3.** *(zeitl. ~)* venir après; ⟨*h*⟩ **4.** *(gehorchen)* obéir (*jdm* qn); — *e-r S ~* suivre qc, succéder à qc; *aus e-r S ~* résulter de qc; *jdm auf Schritt und Tritt ~* ne pas lâcher qn d'un pas; *(geistig) ~ (können)* (être capable de) suivre; *daraus folgt* il en résulte, il s'ensuit *(daß* que); *wie folgt* comme suit; *Fortsetzung folgt* à suivre; **f~end** *a* suivant, successif, subséquent; *~es* les choses suivantes, ce qui suit; *er schreibt ~es* voici ce qu'il écrit; *der, das F~e* le suivant; **f~endermaßen** *adv,* **f~enderweise** *adv* de la façon *od* de la manière suivante; **f~enschwer** *a* lourd *od* gros de conséquences, grave; **f~erichtig** *a* conséquent, concluant, logique; **~erichtigkeit** *f* conséquence *f;* **f~ern** *tr* déduire, conclure (*aus* de); **~erung** *f* ⟨-, -en⟩ déduction, conclusion *f; die ~ aus etw ziehen* tirer la conséquence de qc; **~ezeit** *f: in der ~* par la suite; **f~lich** ['fɔlk-] *adv* par conséquent, en conséquence; par suite, partant, dès lors; *(also)* donc, ainsi; **f~sam** *a* obéissant, soumis, docile; **~samkeit** *f* ‹-, ø› obéissance, soumission, docilité *f.*

Foli|ant *m* ‹-en, -en› [foli'ant] *(Buch in Folio)* in-folio *m;* **~e** *f* ‹-, -n› ['fo:liə] *tech* feuille *f; (des Spiegels)* tain *m;* **~o** *n* ‹-s, -s/-lien› ['fo:lio, '-liən] *(Buchformat; Blatt im Geschäftsbuch)* folio *m.*

Folter *f* ‹-, -n› ['fɔltər] **1.** *(~bank)* chevalet *m;* **2.** *(~ung)* torture *f;* — *jdn auf die Folter spannen (a. fig)* mettre qn à la torture *od* à la question *od* au supplice; donner la question à qn; **f~n** *tr* torturer; = *auf die ~ spannen;* **~ung** *f* torture *f.*

Fön *m* ‹-(e)s, -e› [fø:n] *el* séchoir (à cheveux), sèche-cheveux *m.*

Fonds *m* ‹-, -› [fɔ̃:], *des ~* [fɔ̃(s)], *die ~* [fɔ̃:s] *fin* fonds, capital *m.*

Fontäne *f* ‹-, -n› [fɔn'tɛ:nə] jet *m* d'eau.

foppen ['fɔpən] *tr* mystifier, duper, berner.

forcieren [fɔr'si:rən] ‹*ohne ge-*› *tr (mit Gewalt vorantreiben* od *steigern)* forcer.

Förder|anlage *f* ['fœrdər-] *mines* installation *f* d'extraction *od* de transport; **~band** *n* bande *f* transporteuse; **~er** *m* ‹-s, -› *(Unterstützer)* promoteur *m;* **~gerüst** *n mines* charpente *f* d'extraction; **~korb** *m* cage (d'extraction), benne *f;* **~kurs** *m* cours *od* stage *m* de perfectionnement; **~leistung** *f* production *f* minière; **f~lich** *a* profitable, utile.

fordern ['fɔrdərn] *tr* **1.** demander *(a. e-n Preis); (Anspruch erheben auf)* réclamer; **2.** *(erfordern, voraussetzen, erwarten)* exiger; **3.** *(zum Duell)* provoquer; — *von jdm Genugtuung, Rechenschaft (a. fig) ~* demander réparation, des comptes à qn; *viele Opfer ~* coûter beaucoup de vies humaines.

förder|n ['fœrdərn] *tr* **1.** *(weiterbringen, unterstützen)* faire progresser *od* avancer, pousser; encourager; favoriser, promouvoir; **2.** *mines* extraire; hercher, transporter; — *zu Tage ~ (fig)* mettre au jour; *~des Mitglied n* membre *m* bienfaiteur; **F~schacht** *m mines* puits *m* d'extraction; **F~turm** *m* = *Fördergerüst.*

Forderung *f* ['fɔrderuŋ] **1.** demande; réclamation *f;* **2.** *(zum Duell)* provocation *f* (en duel); **3.** *com* créance *f; fin* réalisable *m;* — *e-e ~ erheben* od *geltend machen* prétendre; *e-e ~ erfüllen* satisfaire à une demande; *~en an jdn stellen* exiger de qn.

Förder|ung ['fœrdəruŋ] *f* **1.** avancement; encouragement; secours *m;* **2.** *mines* extraction, récolte *f;* herchage *m;* **3.** *tech* transport *m;* **~wagen** *m mines* wagonnet *m* de mine.

Forelle *f* ‹-, -n› [fo'rɛlə] truite *f; ~ blau* truite au bleu.

Form *f* ‹-, -en› [fɔrm] **1.** *(äußere Gestalt)* forme *f;* **2.** *fig* formes *f pl,* façon *f;* **3.** *gram* forme; *(aktive u. passive)* voix *f;* **4.** *tech* moule *m;* — *in ~ (sport)* en condition; *feste ~en annehmen (fig)* prendre corps; *gefährliche ~en annehmen* prendre une tournure inquiétante; *e-r S e-e feste ~ geben (fig)* donner une forme plus concrète à qc; *in ~ sein (fam)* être en forme *od* d'attaque; *die ~en verletzen (fig)* manquer aux usages; *die ~ wahren* garder les formes; **f~al** [-'ma:l] *a (die Form betreffend; förmlich)* formel; **~alität** *f* ‹-, -en› [-li'tɛ:t] *(Förmlichkeit)* formalité *f;* **~at** *n* ‹-(e)s, -e› [-'ma:t] **1.** format *m;* **2.** *(Bildformat)* cadrage *m; typ* garniture *f;* — *ein Mann von ~* un homme d'envergure; **~ation** *f* ‹-, -en› [-matsi'o:n] *mil geol* formation *f; geschlossene ~ (aero)* formation *f* de vol serrée; **f~bar** *a* plastique; **~barkeit** *f* ‹-, ø› plasticité *f;* **f~beständig** *a* indéformable; **~blatt** *n* formulaire *m,* formule *f* imprimée, imprimé *m;* **~el** *f* ‹-, -n› *math chem* formule *f; auf e-e ~ bringen* formuler; **f~elhaft** *a* stéréotypé; **f~ell** [-'mɛl] **I.** *a* formel; **II.** *adv a.* selon les formes; **f~en** *tr* former, modeler, façonner; *(machen)* faire; **~enlehre** *f gram* morphologie *f;* **f~enreich** *a* aux formes multiples, multiforme; **~er** *m* ‹-s, -› *(Arbeiter)* (ouvrier) mouleur *m;* **~erei** *f* [-'raı] moulerie *f,* atelier *m* de moulage; **~fehler** *m* défaut *od jur* vice *m* de forme; **f~ieren** [-'mi:rən] ‹*ohne ge-*› *tr (bilden; mil: aufstellen)* former; **~ierung** *f* formation *f.*

förmlich ['fœrmlıç] **I.** *a* **1.** *(in den gehörigen Formen)* dans les formes, en bonne et due forme; **2.** *(steif)* guindé; *(feierlich)* cérémonieux; **3.** *(regelrecht, wirklich)* véritable; **II.** *adv* **1.** formellement, en bonne et due forme; **2.** *fam (fast)* presque; littéralement; **F~keit** *f* formalité *f; ohne ~en* sans cérémonie.

form|los ['fɔrm-] *a* **1.** sans forme; *(unförmig)* informe, difforme; **2.** *(ungezwungen)* sans façon(s); **F~sache** *f* formalité *f; das ist (nur) ~* ce n'est qu'une formalité; **F~ular** *n* ‹-s, -e› [-mu'la:r] formulaire *m,* formule *f* (imprimée); *ein ~ ausfüllen* remplir un formulaire; **~ulieren** [-'li:rən] ‹*ohne ge-*› *tr* formuler; *(ausdrücken)* exprimer; **F~ulierung** *f* ‹-, -en› formulation *f,* mode *m* d'expression; **F~ung** *f* ‹-, ø› formation *f; tech* façonnage, moulage *m;* **~vollendet** *a* de forme parfaite.

forsch [fɔrʃ] *a (kräftig, draufgängerisch)* robuste, crâne; fringant, plein d'entrain.

forsch|en ['fɔrʃən] *itr* faire des recherches; rechercher, explorer (*nach etw* qc); **F~er** *m* ‹-s, -› chercheur, investigateur; *(Gelehrter)* savant *m;* **F~ung** *f*

⟨-, -en⟩ recherche; investigation, exploration *f*.
Forschungs|anstalt *f* ['fɔrʃungs-] institut *m* de recherche; **~reise** *f* (voyage *m* d')exploration *f*; **~stätte** *f* centre *m* de recherche; *kernphysikalische ~* centre *m* de physique nucléaire.
Forst *m* ⟨-(e)s, -e(n)⟩ [fɔrst] forêt *f*; **~amt** *n* administration *f od* service *m* des eaux et forêts; **~aufseher** *m* garde forestier, inspecteur *m* des eaux et forêts; **~beamte** *m* employé *m* de l'administration des eaux et forêts.
Förster *m* ⟨-s, -⟩ ['fœrstər] (garde) forestier *m*.
Forst|frevel *m* ['fɔrst-] délit *m* forestier; **~haus** *n* maison *f* forestière; **~wirt** *m* sylviculteur, exploitant *m* forestier; **~wirtschaft** *f* sylviculture, exploitation *f* forestière.
fort [fɔrt] *adv (weg)* (ne ...) pas ici *od* là, parti, absent; au loin; *in einem ~* sans relâche *od* discontinuer, d'un trait; *und so ~* et ainsi de suite; *~ (mit dir)!* va-t'en!
Fort *n* ⟨-s, -s⟩ [fo:r] *mil* fort; *(kleines)* fortin *m*.
Fortbestand *m* continuation, continuité *f*, maintien *m*; **fort=bestehen** ⟨*bestand fort, fortbestanden*⟩ *itr* continuer (d'exister), subsister, persister.
fort=beweg|en, *sich* avancer; se déplacer; **F~ung** *f* locomotion *f*.
fort=bild|en, *sich* continuer *od* poursuivre ses études, se perfectionner; **F~ung** *f* perfectionnement *m*; **F~ungskurs** *m* cours *m* d'adultes.
fort=bringen ⟨*brachte fort, fortgebracht*⟩ *tr* déplacer; emporter; *(Menschen)* emmener; faire partir.
Fortdauer *f* continuation, persistance, durée *f*; **fort=dauern** *itr* continuer; durer.
fort=entwick|eln, *sich* continuer à se développer; **F~(e)lung** *f* développement *m* ultérieur.
fort=fahren ⟨*fährt, fuhr fort, fortgefahren*⟩ *itr* ⟨*sein*⟩ **1.** partir, s'en aller; **2.** *fig (weitermachen)* continuer, poursuivre; *in s-r Rede ~* continuer son discours.
Fortfall *m* ⟨-(e)s, ø⟩ suppression, abolition *f*; **fort=fallen** ⟨*fällt, fiel fort, fortgefallen*⟩ *itr* ⟨*sein*⟩ être supprimé *od* aboli.
fort=fliegen ⟨*flog fort, fortgeflogen*⟩ *itr* ⟨*sein*⟩ s'envoler.
fort=führ|en *tr (fortsetzen)* continuer, prendre la suite de; **F~ung** *f (Fortsetzung)* continuation *f*.
Fortgang *m* ⟨-(e)s, (¨-e)⟩ **1.** *(Weggang)* départ *m*; **2.** *fig (weiterer Ablauf)* suite *f*; *s-n ~ nehmen* continuer, se poursuivre; **fort=gehen** ⟨*ging fort, fortgegangen*⟩ *itr* ⟨*sein*⟩ s'en aller, partir.
fortgeschritten *a fig* avancé, développé; *Kursus m für F~e* cours *m* supérieur.
fortgesetzt *a (andauernd)* continu(el), permanent.
fort=jagen *tr* chasser, mettre à la porte.
fort=kommen ⟨*kam fort, fortgekommen*⟩ *itr* ⟨*sein*⟩ **1.** (parvenir à) s'en aller, échapper; **2.** *fig (weiterkommen)* faire des progrès; faire son chemin, réussir; — *machen Sie, daß Sie ~!* allez-vous-en! décampez! filez! **F~** *n fig* avancement, progrès *m*.
fort=laufen ⟨*läuft, lief fort, fortgelaufen*⟩ *itr* ⟨*sein*⟩ s'éloigner (en courant); s'enfuir, s'échapper, se sauver; **~d** *a* suivi, continu; *~ numerieren* numéroter en continu.
fort=leben *itr* survivre.
fort=pflanz|en **1.** *tr* transmettre; **2.** *refl: sich ~ (biol)* se reproduire; *phys* se propager; *fig* se répandre, se perpétuer; **F~ung** *f* ⟨-, ø⟩ *biol* reproduction, génération; *a. phys* propagation *f*; **~ungsfähig** *a* reproductif; **F~ungsfähigkeit** *f* reproductivité *f*.
fort=räumen *tr* enlever, débarrasser.
fort=schaffen *tr* enlever, ôter, faire disparaître; *(Menschen)* emmener.
fort=schicken *tr (Sache u. Person)* expédier; *(Person)* renvoyer, congédier.
fort=schreiten ⟨*schritt fort, fortgeschritten*⟩ *itr* ⟨*sein*⟩ *(Arbeit, Zeit)* avancer; **~d** *a* progressif.
Fortschritt *m* progrès, avancement *m*; *~e machen* faire des progrès, progresser; *(Arbeit)* avancer; **f~lich** *a* progressiste; avancé; **~lichkeit** *f* progressisme *m*.
fort=setz|en *tr* continuer, poursuivre; **F~ung** *f* ⟨-, -en⟩ **1.** *(Vorgang)* continuation *f*; **2.** *(Ergebnis)* suite *f*; — *in ~en* en feuilleton; *~ folgt* à suivre; **F~ungsroman** *m* (roman-)feuilleton *m*.
fortwährend **I.** *a* continuel, constant; **II.** *adv* continuellement.
fort=werfen ⟨*wirft, warf fort, fortgeworfen*⟩ *tr* jeter.
fossil [fɔ'si:l] *a geol* fossile; **F~** *n* ⟨-s, -ien⟩ [-'si:liən] fossile *m*.
Foto|album *n* ['fo:to-] album *m* de photo(graphie)s; **~apparat** *m* appareil *m* photo(graphique); **~atelier** *n* atelier *m* de photographie; **~labor** *n* laboratoire *m* photo(graphique).
Fötus *m* ['fø:tus] = *Fetus*.
Fracht *f* ⟨-, -en⟩ [fraxt] **1.** *mar aero* fret *m*, cargaison; *allg* charge *f*; **2.** *(~gebühr, ~geld)* fret *m*; **~brief** *m* lettre *f* de voiture *od* de chargement; *mar* connaissement *m*; **~dampfer** *m*, **~er** *m* ⟨-s, -⟩ cargo *m*; **~flugzeug** *n* avion-cargo, cargo *m* aérien; **f~frei** *a* (en) port *od* fret payé, franco de port; **~gut** *n* (marchandise en) petite vitesse *f*; *als ~* en *od* par petite vitesse; **~kahn** *m* chaland *m*;

~kosten *pl* frais *m pl* de transport; **~raum** *m mar* tonnage *m;* **~schiff** *n = Frachtdampfer;* **~stück** *n* colis *m;* **~verkehr** *m* transport *m* des marchandises.

Frack *m* ‹-(e)s, ¨e/-s› [frak, 'frɛkə] habit, frac *m.*

Frage *f* ‹-, -n› ['fra:gə] question, demande; *bes. gram* interrogation *f; ohne ~ (fig)* sans aucun doute; *fam* pour sûr; *e-e ~ stellen* poser une question; *e-e ~ beantworten* répondre à une question; *die ~ bejahen, verneinen* répondre affirmativement, négativement; *jdn mit ~n bestürmen* assaillir qn de questions; *in ~ kommen* entrer en ligne de compte; *(Bewerber)* être un candidat valable; *etw in ~ stellen* mettre qc en question *od* en doute *od* en cause; *das ist die ~* c'est la question; *das ist noch die ~* c'est à savoir; *das kommt nicht in ~* il n'en est pas question; *das steht außer ~* il n'y a pas *od* cela ne fait pas de doute; *dumme ~!* belle *od* quelle question! **~bogen** *m* questionnaire *m.*

frage|n ['fra:gən] **1.** *tr (Sache u. Person)* demander (*jdn nach etw* qc à qn); *(Person be-, ausfragen)* questionner; interroger; **2.** *itr: nach* od *wegen etw ~* demander qc; **3.** *refl: sich ~* se demander (*ob* si); **4.** *impers: es fragt sich* reste à savoir (*ob* si); — *jdn nach dem Weg ~* demander son chemin à qn; *ich frage nicht viel danach* je ne m'en soucie guère, je m'en moque (bien), je n'en fais pas grand cas; *da ~ Sie mich zuviel!* demandez-moi pourquoi; *sehr gefragt (Ware)* très demandé; **F~rei** *f* [-'raɪ] *pej* interrogatoire *m;* **F~satz** *m gram* proposition *f* interrogative; **F~stellung** *f* **1.** *gram* forme *f* interrogative; **2.** *allg* termes *m pl* du problème; **F~zeichen** *n* point *m* d'interrogation.

frag|lich ['fra:k-] *a* **1.** *(zur Rede stehend)* en question, en cause; **2.** *(ungewiß)* incertain, peu sûr; mal assuré; *(zweifelhaft)* douteux, problématique; **~los** *adv* incontestablement, sans aucun doute.

Fragment *n* ‹-(e)s, -e› [fra'gmɛnt] *(Bruchstück)* fragment *m;* **f~arisch** [-'ta:rɪʃ] *a* fragmentaire.

fragwürdig ['fra:k-] *a (zweifelhaft)* douteux, problématique.

Fraktion *f* ‹-, -en› [fraktsi'o:n] *parl* fraction *f,* groupe *m* (parlementaire); **~sführer** *m* président *m* du groupe (parlementaire).

frank [fraŋk] *adv: ~ und frei* franchement, carrément, nettement.

frankier|en [fraŋ'ki:rən] ‹*ohne ge-*› *tr (Postsendung: freimachen)* affranchir; **F~ung** *f* ‹-, ø› affranchissement *m.*

Frank|e *m* ‹-n, -n› ['fraŋkə] Franconien; *hist* Franc *m;* **~en** *n geog* la Franconie; **~furt** ['-fʊrt] *n* Francfort *f.*

Fränk|in *f* ['frɛŋk-] Franconienne *f;* **f~isch** *a geog* franconien; *hist* franc, *f* franque.

franko ['fraŋko] *adv (postfrei)* franco; franc de port.

Frankreich *n* ['fraŋkraɪç] la France.

Frans|e *f* ‹-, -n› ['franzə] frange *f;* **f~en** *tr* u. *itr* franger; **f~ig** *a* frangé.

Franz [frants] *m (Name)* François; **~iska** [-'tsɪska] *f* Françoise *f.*

Franz|ose *m* ‹-n, -n› [fran'tso:zə] Français *m;* **f~osenfeindlich** *a* francophobe; **f~osenfreundlich** *a* francophile; **f~ösieren** [-tsø'zi:rən] *tr (französisch machen)* franciser; **~ösierung** *f* francisation *f;* **~ösin** [-'tsø:zɪn] *f* Française *f;* **f~ösisch** *a* français; *(das) F~(e)* (le) français; *sich ~ empfehlen, ~en Abschied nehmen* filer à l'anglaise, brûler la politesse; *die ~e Schweiz* la Suisse romande; **f~ösischsprechend** *a* francophone.

fräs|en ['frɛ:zən] *tr* fraiser, tailler (à la fraise); **F~maschine** *f* fraiseuse *f.*

Fraß *m* ‹-es, ø› [fra:s] *pop pej* mangeaille, rata(touille *f*) *m,* bouffe *f.*

Fratze *f* ‹-, -n› ['fratsə] **1.** grimace *f;* **2.** caricature, figure *f* grotesque; — *hübsche ~* joli minois *m; ~n schneiden* faire des grimaces.

Frau *f* ‹-, -en› [frau] femme *f; meine, Ihre ~* ma, votre femme; *Ihre ~ Gemahlin* madame (X.); *Ihre ~ Mutter* madame votre mère; *~ X.* Madame X.; *gnädige ~* Madame; *zur ~ nehmen* prendre pour femme *od* en mariage, épouser.

Frauen|arzt *m* ['frauən-] gynécologue *m;* **~klinik** *f* clinique gynécologique; maternité *f;* **~krankheit** *f* maladie *f* de femme; **~zeitschrift** *f* périodique *m* féminin; **~zimmer** *n meist pej* femme; fille; bougresse; donzelle *f; liederliches ~* femme *f* de mauvaise vie.

Fräulein *n* ‹-s, -› ['frɔʏlaɪn] (ma)demoiselle *f; Ihr ~ Tochter* mademoiselle votre fille; *~ X.* Mademoiselle X.; *gnädiges ~* Mademoiselle.

fraulich ['fraulɪç] *a* qui sied à la femme.

frech [frɛç] *a* insolent, effronté, impertinent, impudent; *jdn ~ ansehen* regarder qn sous le nez; **F~dachs** *m* insolent, audicieux *m;* **F~heit** *f* insolence, effronterie, impertinence, impudence *f; fam* culot, toupet *m; die ~ besitzen zu ...* avoir l'audace *od fam* le toupet de ...; *so eine ~!* quelle insolence *od* impertinence! *fam* quel toupet!

Fregatte *f* ‹-, -n› [fre'gatə] *mar* frégate *f;* **~nkapitän** *m* capitaine *m* de frégate.

frei [fraɪ] **I.** *a* **1.** libre (*von* de); *(in F~heit)* en liberté; *(ungebunden, unabhängig)* indépendant; **2.** *(befreit)* exempt, quitte (*von* de); **3.** *(offen, unbedeckt)* (à) découvert, dégagé; **4.** *(unbesetzt)* libre; *(Gebiet)* inoccupé; *(Stelle, Arbeitsplatz)* vacant; *(verfügbar)* disponible; **5.** *(gratis)* gratuit; *(Postsendung)* franc *inv* de port, franco *inv; (~gemacht)* affranchi; *(Eintritt)* libre, gratuit; **6.** *(Ansichten)* libéral; *(Benehmen)* (trop) libre, sans gêne, sans retenue; **II.** *adv (~mütig, offen)* franchement, tout net, sans fard; **—** ~ *Bahnhof, Fabrik, Haus (com)* franco *od* rendu en gare, à l'usine, à domicile; ~ *nach (Text)* adapté de; *~e Kost, ~e Wohnung haben* être nourri, logé; *den Rücken ~ haben (fig)* être couvert sur ses arrières; *(die) ~e Wahl haben* avoir libre choix; *~en Zutritt haben* avoir libre accès; ~ *lassen (nicht beschreiben)* laisser en blanc; *sich ~ machen* se déshabiller; ~ *(aus dem Stegreif) sprechen* improviser; ~ *stehen (Fußball)* être démarqué; ~ *werden (Energie)* se libérer; *(Gas)* se dégager; *(geistiges Eigentum)* tomber dans le domaine public; *ich bin so ~* si vous permettez; *haben Sie noch ein Zimmer ~?* avez-vous encore une chambre libre? *die ~en Berufe m pl* les professions *f pl* libérales; *ein ~es Leben* une vie indépendante; *~e Liebe f* union *f* libre; *~er Schriftsteller, Journalist m* écrivain, journaliste *m* indépendant; *~e Seite f (in e-m Buch* od *Heft)* page *f* en blanc; *~er Tag m* jour *m* de congé; *~e Übersetzung f* traduction *f* libre.

Frei|bad *n* ['fraɪ-] piscine *f* (à ciel ouvert); **f~beruflich** *a* u. *adv:* ~ *tätig sein* excercer une profession libérale; **~betrag** *m fin (Steuer)* montant *m* exonéré, exonération, tolérance *f;* **f~bleibend I.** *a com* facultatif, conditionnel; **II.** *adv* sans engagement, sans obligation; **~brief** *m (Vorrecht)* privilège *m;* **~denker** *m* libre penseur *m;* **~e,** *das: im ~n* en plein air, au grand air; *im ~n schlafen* coucher *od* dormir à la belle étoile; **~exemplar** *n (Buch)* exemplaire *m* gratuit *od* de presse; **~fahrt** *f* parcours *m* gratuit; **f~≈geben** ‹*gibt, gab frei, freigegeben*› *tr* **1.** *(Menschen)* relâcher, remettre en liberté, relaxer; congédier; **2.** *(behördlich)* homologuer; *(aus e-r Sperre)* débloquer; *(Eigentum)* lever la réquisition de; *itr* **3.** *(Film)* autoriser la sortie de; **—** *jdm* ~ donner du congé à qn; *für den Verkehr* ~ ouvrir à la circulation; **f~gebig** *a* libéral, généreux; *sehr* ~ munificent; *mit etw sehr ~ sein* ne pas marchander qc; **~gebigkeit** *f* libéralité, générosité, largesse *f; große* ~ munificence *f;* **~geist** *m* libre penseur *m;* **~gelassene** *m f (ehemaliger Sklave)* affranchi(e *f*), émancipé(e *f*) *m;* **~gepäck** *n* franchise *f* de bagages; **~grenze** *f fin* tolérance, limite *f* d'imposition; **f~≈haben** ‹*hat, hatte frei, freigehabt*› *itr* être libre, ne pas être de service; **~hafen** *m* port *m* franc *od* ouvert; **f~≈halten** ‹*hält, hielt frei, freigehalten*› *tr* **1.** *(nicht versperren)* tenir dégagé; *(Garage)* ne pas stationner devant; **2.** *(Stuhl, Platz)* garder; **3.** *(beim Trinken)* défrayer, régaler; **—** *Ausfahrt ~!* sortie de voiture; **~handel** *m* libre-échange *m;* **f~händig** *adv (zeichnen, radfahren)* à main levée; *(schießen)* à bras franc.

Freiheit *f* ‹-, -en› ['fraɪhaɪt] **1.** *(ohne pl)* liberté; *(Unabhängigkeit)* indépendance *f;* **2.** *(Bewegungsfreiheit)* latitude, *(Freiheiten)* facilités; *(Ungezwungenheit)* franchise *f;* **3.** *adm (Befreiung)* exemption; *(Sonderstellung)* immunité *f;* **—** *sich gegen jdn ~en herausnehmen* se permettre des familiarités envers qn; *jdm alle* od *volle ~ lassen* laisser toute latitude, lâcher la bride à qn; *sich die ~ nehmen, zu ...* prendre la liberté *od* la hardiesse de ..., se permettre de ...; *in ~ setzen* mettre en liberté; **f~lich** *a* libéral; **~sberaubung** *f* privation *f* de *od* attentat *m* à la liberté; **~sdrang** *m* soif de liberté, indépendance *f;* **~skrieg** *m* guerre *f* d'indépendance; **~sstrafe** *f* peine *f* privative de liberté.

Frei|karte *f* ['fraɪ-] *theat* billet *m* de faveur; **~körperkultur** *f* nudisme; naturisme *m;* **~landgemüse** *n* légumes *m pl* de plein champ; **f~≈lassen** ‹*läßt, ließ frei, freigelassen*› *tr* **1.** *(Gefangenen)* relâcher, (re)mettre en liberté, relaxer; **2.** *(Sklaven)* affranchir, émanciper; **~lassung** *f* **1.** (re)mise en liberté, libération *f;* **2.** affranchissement *m*, émancipation *f;* **~lauf** *m (am Fahrrad)* roue *f* libre; **f~≈legen** *tr* mettre à nu *od* à découvert, dégager; déblayer; *(bei Ausgrabungen)* mettre au jour; **~legung** *f* mise *f* à nu *od* à découvert, dégagement *m;* mise *f* au jour; **~leitung** *f el* ligne *f* aérienne; **f~lich** *adv (allerdings)* à dire vrai, à vrai dire, à la vérité, certes, il est vrai que... ; *~!* mais *od* ah oui! certainement! bien sûr! je crois bien! **~lichtbühne** *f* scène *f* en plein air; **~lichtmuseum** *n* village *m* reconstitué; **~lichttheater** *n* théâtre *m* en plein air *od* de verdure; **~los** *n (bei d. Lotterie)* billet *m* gratuit; **f~≈machen** *tr (Postsendung)* affranchir; **~machung** *f (Post)* affranchissement *m;* **~maurer** *m* franc-maçon *m;* **~maurerei** *f* franc-maçonnerie *f;* **f~maurerisch** *a* franc-maçonnique; **~mut** *m*, **~mütigkeit** *f* franchise; caractère ouvert; *(im Reden)* franc-parler *m;* **f~mütig I.** *a* franc, ouvert, sincère; **II.** *adv a.* avec rondeur, à cœur ouvert; **~≈sprechen** ‹*spricht, sprach frei, freigesprochen*› *tr* acquitter; *jur* déclarer non coupable; **~sprechung** *f*, **~spruch** *m jur* (jugement *od* verdict d')acquittement *m;* **~staat** *m* république *f;* **~statt** *f*, **~stätte** *f* asile *m;* **f~≈stehen** ‹*stand* *frei, freigestanden›* *itr impers: es steht Ihnen frei zu …* vous êtes libre de …, libre à vous de …; **~stelle** *f (Stipendium)* bourse *f;* **f~≈stellen** *itr: jdm ~, etw zu tun* laisser qn libre *od* laisser à qn le choix *od* permettre à qn de faire qc; **~stoß** *m (beim Fußball)* coup *m* franc.

Freitag *m* ‹-(e)s, -e› ['fraɪta:k] vendredi *m.*

Frei|tisch *m* ['fraɪ-] entretien *m od* pension gratuit(e); *(für Studenten)* allocation *f* de repas; **~tod** *m* mort *f* volontaire; **~treppe** *f* escalier extérieur, perron *m;* **~übungen** *f pl sport* exercices *m pl* d'assouplissement *od* à mains libres; **~umschlag** *m* enveloppe *f* affranchie *od* timbrée; **~wild** *n fig* hors-la-loi *m;* **f~willig I.** *a* **1.** *(Mensch, Handlung)* volontaire; *(Handlung)* spontané; **2.** *(Veranstaltung, bes. Unterricht)* facultatif; **II.** *adv a.* de bon *od* de son (bon) gré, de plein gré; **~willige** *m f a. mil* volontaire *m f;* **~willigkeit** *f* spontanéité *f;* bon gré *m;* **~zeit** *f* (heures *f pl* de) loisir *m,* loisirs *m pl;* **~zeitgestaltung** *f* organisation *f* des loisirs; **~zeitkleidung** *f* tenue *f* de loisirs; **~zügigkeit** *f* liberté *f* du choix de la résidence.

fremd [frɛmt] *a* **1.** *(anderer)* étranger, autre; *(~artig)* différent; étrange, singulier; **2.** *(unbekannt)* étranger, inconnu; **3.** *(e-m anderen gehörig)* d'autrui; *(geliehen, angenommen)* emprunté; — *sich ~ fühlen* se trouver dépaysé; *ein ~es Land* un autre pays; **~artig** *a* étrange, singulier, bizarre; exotique; **F~artigkeit** *f* ‹-, ø› étrangeté *f;* exotisme *m;* **F~e** ['-də] **(1)** *f* ‹-, ø› (pays) étranger *m;* **(2)** *m f* ‹-n, -n› étranger *m,* -ère *f;* **F~enführer** *m* guide *m;* **F~enheim** *n* maison *f* de repos, hôtel *m* (garni); **F~enlegion** *f mil* légion *f* étrangère; **F~enverkehr** *m* tourisme *m;* **F~herrschaft** *f* domination *f* étrangère; **F~kapital** *n* capitaux *m pl* confiés *od* empruntés; **F~körper** *m* corps *m* étranger; **~ländisch** *a* étranger; **F~ling** *m* ‹-s, -e› étranger *m;* **F~sprache** *f* langue *f* étrangère; **F~sprachenkorrespondent(in** *f***)** *m* correspondancier *m,* -ière *f* pour les langues étrangères; **~sprachig** *a (e-e fremde Sprache sprechend)* parlant une langue étrangère; **~sprachlich** *a (e-e fremde Sprache betreffend)* concernant une langue étrangère; **F~wort** *n* mot *m* étranger *od* d'emprunt.

Frequenz *f* ‹-, -en› [fre'kvɛnts] *phys radio* fréquence *f;* **~bereich** *m* gamme *f* de fréquences.

Fresk|e *f* ‹-, -n›, **~o** *n* ‹-s, -ken› ['frɛskə, '-o] *(Kunst)* fresque *f;* **~omalerei** *f* peinture *f* à fresque.

Fress|alien *pl* [frɛ'sa:liən] *hum (Eßwaren)* comestibles *m pl,* manger *m; pop* bouffe *f;* **~e** *f* ‹-, -n› *vulg (Mund)* gueule *f; jdm in die ~ schlagen* donner sur la gueule à qn; **f~en** ['frɛsən] ‹*frißt, fraß, gefressen*› *tr* u. *itr* **1.** *(Tier)* manger; *vulg (Mensch)* bouffer, bâfrer; **2.** *(Rost)* corroder; — *jdn gefressen haben (fig fam: nicht leiden können)* avoir qn dans le nez; *sich voll ~* s'empiffrer, se gaver; *jetzt hat er's endlich gefressen!* il a enfin pigé! **~en** *n* ‹-s, ø› *(der Tiere)* manger *m; vulg* boustifaille, bâfre *f; der Hund hat sein ~* on a donné à manger au chien; *das war ein gefundenes ~ für mich* ce fut une bonne aubaine pour moi.

Freßnapf ['frɛsnapf] *m (für Hund od Katze)* écuelle *f.*

Frettchen *n* ‹-s, -› ['frɛtçən] *zoo* furet *m.*

Freud|e *f* ‹-, -n› ['frɔʏdə] joie; *(Fröhlichkeit)* réjouissance *f; (Vergnügen)* plaisir *m; mit ~n* avec plaisir; *(außer sich) vor ~* (transporté) de joie; *~ an etw haben* trouver plaisir à qc; *jdm ~ machen* faire plaisir à qn; *jdm e-e (kleine) ~ machen* faire une amabilité à qn; *jdm die ~ verderben* gâter la joie de qn; *geteilte ~ ist doppelte ~ (prov)* plaisir partagé, plaisir doublé; **~enschrei** *m* cri d'allégresse, hosanna *m;* **f~estrahlend** *a* rayonnant de joie, épanoui; **f~ig** *a* joyeux; **f~los** *a* sans joie, triste, morne; **~losigkeit** *f* ‹-, ø› tristesse *f.*

freuen ['frɔʏən], *sich* être joyeux *od* heureux; *sich über etw ~* se réjouir, être bien aise de qc; *sich auf etw ~* se réjouir (d'avance) de qc; *impers: das freut mich* cela me fait plaisir, j'en suis bien aise *od* heureux; *das freut mich sehr* j'en suis ravi.

Freund *m* ‹-(e)s, -e› [frɔʏnt, '-də] **1.** ami *m;* **2.** *(Liebhaber von Sachen)* amateur *m;* — *ein (guter) ~ von mir* un (bon) ami à moi, un de mes (bons) amis; *~e gewinnen* gagner *od* se faire des amis; *kein ~ von etw sein* ne pas aimer qc; **~in** *f* amie *f;* **f~lich** *a* **1.** *(Mensch: liebenswürdig, nett)* aimable, bienveillant, avenant, accueillant, affable; *(herzlich)* cordial, amical; **2.** *(Wohnung)* (clair et) accueillant; *(Gegend)* riant; *(Farbe)* gai; *com (Tendenz)* bien disposé; — *das ist sehr ~ von Ihnen* c'est très aimable à vous; *seien Sie so ~ und …* faites-moi l'amitié de …, soyez assez bon pour …; *~e Grüße m pl* amitiés *f pl;* **~lichkeit** *f* ‹-, -en› **1.** *(ohne pl)* amabilité, bienveillance, affabilité *f;* **2.** *(freundliches Entgegenkommen)* marque d'amitié, obligeance, civilité *f;* **~schaft** *f* amitié *f; ~ schließen* contracter *od* lier amitié (*mit jdm* avec qn); **f~schaftlich** *a* amical, d'ami; *etw ~ regeln* régler qc à l'amiable; *~e Beziehungen f pl, ~es Verhältnis n* relations *f pl* amicales; **~schafts-**

spiel *n sport* match *m* amical; **~schaftsvertrag** *m pol* traité *m* d'amitié.

Frev|el *m* ‹-s, -› ['fre:fəl] méfait, forfait, crime; *rel* sacrilège *m;* **f~elhaft** *a* criminel; *rel* sacrilège, impie; **f~eln** *itr* se rendre coupable d'un crime; **~ler** *m* ‹-s, -› scélérat, criminel; *rel* sacrilège, impie *m.*

Frieden *m* ‹-s, (-)› ['fri:dən] **1.** paix *f;* **2.** *fig (Ruhe, Stille)* repos, calme *m,* tranquillité *f;* — *um des lieben ~s willen* pour avoir la paix; *um ~ bitten* demander la paix; *in ~ leben* vivre en paix; *~ schließen* faire la paix; *~ stiften* faire régner la paix; *den ~ stören* troubler la paix.

Friedens|bruch *m* ['fri:dəns-] infraction à *od* rupture *f* de la paix; **~konferenz** *f* conférence *f* de la paix; **~pfeife** *f* calumet *m* de la paix; **~richter** *m* juge *m* de paix; **~schluß** *m* conclusion *f* de la paix; **~(s)tifter** *m* pacificateur *m;* **~verhandlungen** *f pl* négociations *f pl* de paix; **~vertrag** *m* traité *m* de paix; **~zeit** *f: in ~en* en temps de paix.

fried|fertig [fri:t-] *a* pacifique, paisible; **F~hof** *m* cimetière *m;* **~lich** *a* **1.** pacifique; **2.** *fig (ruhig)* paisible, calme, tranquille; — *mit ~en Mitteln, auf ~em Wege* pacifiquement, en paix; *~e Beilegung f* règlement *m* pacifique; *~e Koexistenz f* coexistence *f* pacifique; **~liebend** *a* pacifique, épris de paix.

Friedrich *m* ['fri:drıç] Frédéric *m.*

frieren [fri:rən] ‹*fror, gefroren*› *itr* **1.** ‹*sein*› *(gefrieren)* geler, se congeler, prendre; **2.** ‹*h*› *(Mensch, Tier)* geler, avoir froid; *impers: es friert* il gèle; *es friert mich* je gèle, j'ai froid.

Fries *m* ‹-es, -e› [fri:s, '-ze] *(arch, Textil)* frise *f.*

Fries|e *m* ‹-n, -n› ['fri:zə], **~in** *f* ‹-, -nen› Frison(ne *f*) *m;* **f~isch** *a* frison; **~land** *n* ‹-s, ø› la Frise.

frisch [frıʃ] *a* **1.** *(in ~em Zustand, bes. von Nahrungsmitteln)* frais; *(Gemüse)* vert; **2.** *(Teint)* frais; *(Mensch) (gesund u. munter)* frais, éveillé, dispos, alerte, gaillard; en bonne santé; **3.** *(kühl)* frais; *fam* frisquet; **4.** *(unverbraucht, neu)* frais, nouveau; — *~e Wäsche anziehen* changer de linge; *das Bett ~ beziehen* changer les draps du lit; *~ gewagt ist halb gewonnen (prov)* la fortune sourit aux audacieux; *~ gebacken (fig fam: gerade ernannt* od *befördert)* frais émoulu; *~e Luft f* air frais, grand air *m;* **F~e** *f* ‹-, ø› fraîcheur *f,* frais *m; fig* verdeur, vigueur *f; in alter ~* frais et dispos comme toujours; **F~fleisch** *n* viande *f* fraîche; **F~gemüse** *n* légumes *m pl* verts *od* frais; **F~ling** *m* ‹-s, -e› *zoo* marcassin *m.*

Fris|eur *m* ‹-s, -e› [fri'zø:r] coiffeur *m; zum ~ gehen* aller chez le coiffeur; **~euse** *f* ‹-, -n› [-'zø:zə] coiffeuse *f;* **f~ieren** ‹*ohne ge-*› *tr* **1.** coiffer; **2.** *fig (wirkungsvoller machen)* arranger; *com (Bilanz)* maquiller; **~iermantel** *m* peignoir *m;* **~iersalon** *m* salon *m* de coiffure.

Frist *f* ‹-, -en› [frıst] **1.** *(Termin)* terme, délai *m;* **2.** *(Aufschub)* répit *m; com fin* prolongation, prorogation *f;* moratorium; *jur* sursis *m;* **3.** *allg (Zeitraum)* temps *m,* période *f;* — *in kürzester ~* dans le plus bref délai; *nach Ablauf der ~* à terme échu; *die ~ einhalten* observer le délai; *e-n Monat ~ haben* avoir un mois de répit; *die ~ läuft (am ...) ab* le délai échoit (le ...); **f~en** *tr: kümmerlich sein Leben ~* vivoter, tirer le diable par la queue; **f~los** *a* u. *adv* sans délai; *~ entlassen* renvoyer sans préavis.

Frisur *f* ‹-, -en› [fri'zu:r] coiffure *f.*

frivol [fri'vo:l] *a (leichtfertig)* frivole; *(schlüpfrig)* lascif.

froh [fro:] *a* joyeux, bien aise, content; *(erfreut)* ravi; *(heiter)* gai; *s-s Lebens nicht mehr ~ werden* ne plus avoir de goût à vivre; *ich bin ~ (darüber), daß ...* je suis content que ..., je me réjouis du fait que ...

fröhlich ['frø:lıç] *a* joyeux, réjoui, enjoué, épanoui, jovial; **F~keit** *f* ‹-, ø› joie *f,* enjouement *m,* jovialité, gaieté, gaîté *f.*

froh|locken [fro'lɔkən] *itr* ‹*ohne ge-*› être transporté de joie, pousser des cris de joie *od* d'allégresse; exulter; **F~sinn** *m* gaieté *f,* enjouement *m.*

fromm [frɔm] ‹*frommer* od *frömmer, frommst* od *frömmst*› *a* **1.** *(Mensch)* pieux, dévot, religieux; **2.** *(Pferd)* doux, docile; — *~es Werk n* œuvre *f* pie.

Frömm|elei *f* ‹-, en› [frœmə'laı] fausse dévotion, bigoterie, cagoterie, tartuferie *f;* **f~eln** ['frœməln] *itr* faire le dévot *od* le cagot; **~igkeit** *f* ‹-, ø› piété, dévotion, religiosité *f;* **~ler** *m* ‹-s, -› faux dévot, bigot, cagot, tartufe *m.*

Fron(arbeit) *f* ['fro:n-] *m hist u. fig* corvée *f.*

frönen ['frø:nən] *itr (e-m Laster huldigen)* s'adonner, s'abandonner (à).

Fronleichnam *m* [fro:n'laıçna:m] *rel* Fête-Dieu *f.*

Front *f* ‹-, -en› [frɔnt] **1.** *arch* façade *f,* frontispice *m;* **2.** *mil* front *m;* première ligne *f;* **3.** *mete* u. *fig, bes. pol* front *m;* — *die ~ wechseln (a. fig)* faire volte-face; **f~al** [-'ta:l] *a* frontal; **~verlauf** *m* tracé *m* du front.

Frosch *m* ‹-(e)s, ⸚e› [frɔʃ, 'frœʃə] grenouille *f; e-n ~ im Hals haben (fig fam)* avoir un chat dans la gorge; **~laich** *m* frai *m* de grenouille; **~mann** *m* ‹-(e)s, ⸚er› homme-grenouille *m;* **~perspektive** *f* perspective *f* à ras de terre; **~schenkel** *m* cuisse *f* de grenouille; **~teich** *m* grenouillère, mare *f* aux grenouilles.

Frost *m* ‹-(e)s, ⸚e› [frɔst, 'frœstə] gelée *f*, froid *m*; *starker, strenger ~* grand froid *m*, forte gelée *f*; **~aufbruch** *m* *(der Straßen)* soulèvement *m* dû au gel; **~beule** *f* engelure *f*.

frösteln ['frœstəln] *itr* avoir froid *od* des frissons; *impers: mich fröstelt* j'ai des frissons.

frost|empfindlich ['frɔst-] *a* sensible au gel; **~frei** *a* sans gelée; **~ig** *a* **1.** froid, glacial, glacé, de glace; **2.** *fig* froid; **F~schäden** *m pl* dégâts *m pl* dus à *od* causés par la gelée; **F~schutzmittel** *n* (produit) antigel *m*.

Frott|ee(stoff *m*) *n* od *m* ‹-/-s, -s› [frɔ'te:] tissu-éponge *m*; **f~ieren** [-'ti:rən] ‹*ohne ge-*› *tr* frotter, frictonner.

Frucht *f* ‹-, ⸚e› [fruxt, 'frʏçtə] **1.** fruit *m*; **2.** *(Leibesfrucht)* fruit, embryon, fœtus *m*; **3.** *fig (Ergebnis, Wirkung)* fruit, produit, résultat, effet *m*; — *die ~ (das Getreide)* les blés *m pl*, la récolte; *Früchte ansetzen (Baum)* se mettre à fruit; *Früchte tragen* affruiter; *a. fig* fructifier, porter des fruits; **f~bar** *a a. fig* fertile, fécond, productif; *(Land a.)* généreux; **~barkeit** *f* ‹-, ø› fertilité, fécondité, productivité *f*; **f~en** *itr: nichts ~ (nichts nützen)* rester *od* demeurer sans effet; **~fleisch** *n* pulpe *f*; **f~ig** *a (Wein)* fruité; **f~los** *a fig* infructueux, inutile, inefficace; sans fruit, sans résultat, sans effet; **~losigkeit** *f* ‹-, ø› inutilité, inefficacité *f*; **~presse** *f* presse-fruits *m*; **~saft** *m* jus *m* de fruits; **~wechsel** *m* alternance *f* des cultures.

früh [fry:] **I.** *a (vor der festgesetzten Zeit)* avant l'heure fixée; *(vorzeitig)* précoce, prématuré; *(~ am Tage)* matinal; *(Gemüse u. Obst: ~reif)* hâtif; *am ~en Morgen* de grand matin; *~e Kindheit f* première enfance *f*; *ein ~er Winter m* un hiver précoce; **II.** *adv* de bonne heure, tôt; *gestern ~* hier matin; *heute ~* ce matin; *von ~ bis spät* du matin (jusqu')au soir; *zu ~* trop tôt, avant l'heure; en avance, d'avance, par avance; *zu ~er Stunde* tôt le matin; aux aurores; **F~aufsteher** *m* lève-tôt *m fam*; *ein ~ sein* être matinal; **F~e** *f* ‹-, ø›: *in der ~* le matin; *in aller ~* de grand *od* de bon matin; **~er** *(Komparativ von ~, adv)* **1.** *(eher, zeitiger)* plus tôt, de meilleure heure; **2.** *(einst, ehemals)* autrefois, jadis; — *je ~, desto besser* le plus tôt sera le mieux; *~ oder später* tôt ou tard, un jour ou l'autre; **~ere(r, s)** *(Komparativ von früh, a)* antérieur; *(ehemaliger)* ancien; *(erster)* premier; *in ~n Zeiten* autrefois, au temps jadis; **~estens** *adv* au plus tôt; **~este(r, s)** *(Superlativ von früh, a)* premier; *(ältester)* (le) plus ancien; **F~geburt** *f* **1.** *(Vorgang)* naissance *f* avant terme; **2.** *(Kind)* enfant né avant terme, prématuré *m*; **F~gemüse** *n* primeurs *f pl*; **F~jahr** *n* printemps *m*; **F~jahrsmüdigkeit** *f* fatigue *f* due au printemps; **F~kartoffeln** *f pl* pommes *f pl* de terre nouvelles *od* primeurs; **F~ling** *m* ‹-s, -e› printemps; *poet* renouveau *m*; **~morgens** *adv* de grand *od* de bon matin; **F~obst** *n* fruits *m pl* précoces; **~reif** *a* hâtif; *a. fig* précoce; **F~reife** *f a. fig* précocité; *fig* maturité *f* précoce; **F~schicht** *f*: *~ haben* être du matin; **F~schopppen** *m* (petit) verre *m* du matin; **F~sport** *m* gymnastique *f* matinale; **F~stück** *n* petit déjeuner *m*; **~stücken** *itr* déjeuner, prendre le petit déjeuner; **~zeitig I.** *a* prématuré, précoce; **II.** *adv* de bonne heure, tôt.

Fuchs *m* ‹-es, ⸚e› [fuks, 'fʏksə] **1.** *(Tier u. Pelz)* renard *m*; **2.** *(Pferd)* alezan *m*; — *alter* od *schlauer ~ (fig)* vieux *od* fin renard, fin *od* rusé compère *m*; *junger ~* renardeau *m*; **~bau** *m* renardière *f*, terrier *m* de *od* du renard.

Füchsin *f* ‹-, -nen› ['fʏksɪn] renarde *f*.

Fuchs|jagd *f* ['fuks-] chasse *f* au renard; **~pelz** *m* renard *m*; **f~rot** *a* roux; roussâtre; **~schwanz** *m* **1.** queue *f* de renard; **2.** *bot* queue-de-renard *f*; **3.** *(Säge)* scie *f* égohine; **f~(teufels)wild** *a* fâché tout rouge, hors de ses gonds.

Fuchtel *f* ‹-, -n› ['fuxtəl] *(Stock)*: *unter jds ~ stehen (fig)* être sous la férule *od* la coupe de qn; **f~n** *itr* agiter les bras, gesticuler.

Fug *m* [fu:k]: *mit ~ und Recht* à bon droit, en bonne justice.

Fuge *f* ‹-, -n› ['fu:gə] **(1)** *(Furche)* sillon *m*; *(Nute)* rainure *f*, joint *m*, jointure *f*; *aus den ~n gehen* se disjoindre, se disloquer (complètement); **(2)** *mus* fugue *f*.

füg|en ['fy:gən] *tr* **1.** *tech* joindre, jointoyer, emboîter, assembler; **2.** *fig lit (anordnen)* disposer, régler; *refl: sich ~* **3.** *(sich einordnen)* se conformer, s'accommoder, s'adapter; **4.** *(sich ergeben, resignieren)* se résigner; **~sam** *a* docile, soumis; **F~samkeit** *f* ‹-, ø› docilité, soumission *f*; **F~ung** *f* ‹-, -en› *(Schicksal)* destinée *f*.

fühl|bar [fy:l-] *a* tangible, palpable, sensible; *(spürbar, deutlich)* sensible; *sich ~ machen* se faire sentir; **~en** *tr* **1.** *(tasten)* tâter, palper; **2.** *(empfinden)* sentir, éprouver; *refl* **3.** *sich ~* se sentir; — *sich als ... ~ (sich für ... halten)* se prendre pour ...; *sich für etw verantwortlich ~* se sentir responsable de qc; *sich nicht wohl ~* ne pas se sentir bien; *wie fühlst du dich?* comment te trouves-tu? **F~er** *m* ‹-s, -› *zoo* tentacule *m*, antenne *f*; *die ~ ausstrecken (fig)* lancer un ballon d'essai; **F~ung** *f* ‹-, ø› contact *m; mit jdm in ~ bleiben* rester en contact avec qn; **F~ungnahme** *f* prise *f* de contact.

Fuhre *f* ⟨-, -n⟩ ['fu:rə] **1.** *(Fahrt)* charriage, roulage, transport *m;* **2.** *(Ladung)* charroi *m,* charretée, charge *f.*

führen ['fy:rən] *tr* **1.** *(geleiten)* conduire, mener, guider; **2.** *(leiten)* conduire, guider; *mar* gouverner, barrer; *aero* piloter; **3.** *mil* mener, diriger; *(anführen, befehligen)* commander; **4.** *(mit sich ~, bei sich haben)* porter, avoir sur *(am Leibe) od* avec *(in der Hand, in e-r Trage)* soi; **5.** *(im Wappen)* avoir (dans ses armes); **6.** *(Fluß: Geröll, Eis)* charrier; **7.** *com (e-n Artikel)* tenir, avoir; **8.** *(etw Langes u. Schmales, e-n Graben, e-e Mauer etc anlegen, ziehen)* établir, dresser; *itr* **9.** *(an erster Stelle stehen)* être en tête, tenir la tête; *sport* mener; **10.** *(hinführen, s-e Richtung nehmen)* mener; *refl* **11.** *sich ~ (sich betragen)* se conduire; — *etw zu Ende ~* achever, terminer, finir qc; *sich gut ~* avoir une bonne conduite; *e-n Namen, Titel ~* porter un nom, un titre; *zu nichts ~* ne mener *od* n'aboutir à rien; *Verhandlungen ~* négocier; *das führt zu nichts (a.)* cela ne donne rien; c'est une impasse; *das würde zu weit ~* cela nous entraînerait trop loin; *was führt Sie zu mir?* qu'est-ce qui *od* quel bon vent vous amène? *wohin soll das (noch) ~?* à quoi cela aboutira-t-il? **~d** *a (Persönlichkeit)* dirigeant; *com (Haus)* le *od* la plus renommé(e) *od* connu(e); *(Hotel)* le meilleur.

Führer *m* ⟨-s, -⟩ ['fy:rər] **1.** chef, directeur, conducteur; *mil* commandant en chef; *pol* leader *m;* **2.** *loc* mécanicien; *(e-s öffentl. Verkehrsmittels)* conducteur; *mot* chauffeur; *mar aero* pilote *m;* **3.** *(Fremden-, Reiseführer)* guide *m (a. Buch);* **~haus** *n mot* cabine *f;* **~kabine** *f aero* poste de pilotage, habitacle (du pilote), cockpit *m;* **f~los** *a (fahrendes Fahrzeug)* sans chauffeur; *(Flugzeug)* sans pilote; **~natur** *f* nature *f* de chef; **~schein** *m mot* permis de conduire; *aero* brevet *m* de pilote; *s-n ~ machen* passer son permis de conduire; **~sitz** *m* siège *m* du chauffeur *(mot) od* du pilote *(aero);* **~stand** *m tech* cabine de conduite *od* de manœuvre; *loc* cabine *f od* poste *m* de mécanicien *od* de conduite *od* d'équipage.

Fuhr|mann *m* ⟨-(e)s, -leute/(-männer)⟩ ['fu:r-] voiturier, charretier, roulier *m;* **~park** *m (Kraftwagenbestand)* parc *m.*

Führung *f* ⟨-, -en⟩ ['fy:rʊŋ] **1.** *(Leitung)* conduite, direction, gestion; *(Verwaltung)* administration *f; pol* leadership *m;* **2.** *(Besichtigung)* visite *f* guidée *od* commentée; **3.** *tech* guide, guidage *m,* glissière *f;* **4.** *(Benehmen)* conduite *f;* — *wegen guter ~ vorzeitig entlassen werden* bénéficier d'une remise de peine pour bonne conduite; *in ~ liegen (sport)* être en tête; *die ~ übernehmen* prendre la direction; **~skraft** *f (leitender Angestellter)* cadre *m;* **~sleiste** *f tech* barre *f* conductrice; **~sschiene** *f tech* (rail-)guide *m,* glissière; *(für Raketenstart)* rampe *f* de lancement; **~sstab** *m mil* état-major *m* de commandement *od* d'exécution; **~szeugnis** *n* certificat *m* de bonne conduite *od* de bonne vie et mœurs.

Fuhrunternehm|en *n* ['fu:r-] entreprise *f* de transports, messageries *f pl;* **~er** *m* entrepreneur *m* de transports *od* de roulage.

Füll|bleistift *m* ['fʏl-] porte-mine *m;* **~e** *f* ⟨-, ø⟩ plénitude; *(große Menge)* grande quantité, masse; *(Reichtum)* richesse, opulence; *(Überfluß)* abondance, profusion *f; in verschwenderischer ~* en abondance, à profusion, à foison; **f~en** *tr* **1.** emplir, remplir; garnir (*mit etw* de qc); *(vollstopfen)* bourrer, gonfler; *(Küche)* farcir; *(hohlen Zahn)* plomber, obturer; **2.** *(Buch-, Heftseiten)* couvrir; — *in Flaschen ~* mettre en bouteilles; *in e-n Sack* od *in Säcke ~* ensacher; **~er** *m* ⟨-s, -⟩ *fam (Füllhalter)* stylo *m;* **~federhalter** *m* stylo(graphe), stylo *m* à encre *od* à plume; **~horn** *n* corne *f* d'abondance; **f~ig** *a (rundlich)* rondelet, replet; **~material** *n* matériel *m* de remplissage; **~sel** *n* ⟨-s, -⟩ ['-zəl] remplissage *m; (Küche)* farce *f;* **~ung** *f* ⟨-, -en⟩ **1.** remplissage; *(mit Luft, e-m Gas)* gonflement; *(e-s Zahnes)* plombage *m,* obturation; *(Küche)* farce *f;* **2.** *(e-r Tür)* panneau; *arch* entrevous *m.*

fummeln ['fʊməln] *itr fam* tripoter.

Fund *m* ⟨-(e)s, -e⟩ [fʊnt, '-də] **1.** *(Auffindung, a. fig)* découverte *f;* **2.** *(~stück)* objet *m* trouvé; *(glücklicher ~)* trouvaille, aubaine *f; e-n (guten* od *glücklichen) ~ machen* faire une trouvaille.

Fundament *n* ⟨-(e)s, -e⟩ [fʊnda'mɛnt] *arch* u. *fig* fondation *f,* fondement(s *pl*) *m; fig* base *f; das ~ legen (a. fig)* jeter *od* poser le(s) fondement(s) (*zu* de); **f~al** [-'ta:l] *a (grundlegend)* fondamental.

Fund|büro *n* ['fʊnt-] bureau *m* des objets trouvés; **~grube** *f fig* mine *f.*

fundieren [fʊn'di:rən] ⟨*ohne ge-*⟩ *tr (gründen, begründen)* fonder; *gut fundiert (pp, fin)* bien fondé.

fündig ['fʏndɪç] *a mines* exploitable, riche; *~ werden (ein Lager finden)* découvrir (un gisement).

Fund|sache *f* ['fʊnt-] objet *m* trouvé; **~unterschlagung** *f* détournement *m* d'objets trouvés.

fünf [fʏnf] *(Zahlwort)* cinq; *~ gerade sein lassen (fig)* ne pas y regarder de trop près; *das ~te Rad am Wagen sein (fam)* être la cinquième roue du carrosse; **F~** *f* ‹-, -en› cinq *m;* **F~eck** *n* pentagone *m;* **~eckig** *a* pentagonal; **F~er** *m* ‹-s, -› = *Fünf;* **~erlei** ['--'laı] *a* de cinq sortes *od* espèces; **~fach** *a* quintuple; *das F~e* cinq fois autant; **F~flächner** *m math* pentaèdre *m;* **~hundert** *(Zahlwort)* cinq cent(s); **F~jahr(es)plan** *m* plan *m* quinquennal *od* de cinq ans; **F~kampf** *m sport* pentathlon *m;* **F~linge** *pl* quintuplé(e)s *m (f) pl;* **~mal** *adv* cinq fois; **F~markstück** *n* pièce *f* de cinq marks; **F~tagewoche** *f* semaine *f* de cinq jours; **F~tel** *n* ‹-s, -› cinquième *m;* **~tens** *adv* cinquièmement; **~te(r, s)** *a* cinquième; **~zehn** *(Zahlwort)* quinze; **F~zehntel** *n* quinzième *m;* **~zehnte(r, s)** *a* quinzième; **~zig** *(Zahlwort)* cinquante; **F~ziger(in** *f***)** *m* quinquagénaire *m f;* **F~zigmarkschein** *m* billet *m* de cinquante marks; **~zigste(r, s)** *a* cinquantième.

fungieren [fuŋ'gi:rən] ‹*ohne ge-*› *itr (ein Amt ausüben)* faire fonction (*als* de).

Funk *m* ‹-s, ø› ['fuŋk] *(Rundfunk; drahtlose Telegraphie)* radio, T.S.F. *f;* **~amateur** *m* amateur *m* de radio; **~ausstellung** *f* salon *m* de la radio; **~bearbeitung** *f* adaptation radiophonique, mise *f* en ondes; **~bericht** *m* reportage *m* radiodiffusé.

Funk|e *m* ‹-ns, -n›, **~n** *m* ‹-s, -› ['fuŋkə(n)] étincelle; *(großer)* flammèche *f; keinen ~n Verstand haben* ne pas avoir un grain *od* un brin de raison; *~n sprühen* jeter des étincelles; **f~eln** *itr* étinceler, scintiller, pétiller, éclater; **f~elnagelneu** *a* (tout) flambant neuf.

funk|en ['fuŋkən] **1.** *tr* radiotélégraphier, transmettre par radio; **2.** *itr fam* fonctionner, marcher; **F~en** *n* ‹-s, ø› radiotélégraphie *f;* **F~er** *m* ‹-s, -› *a. mar aero* radio(télégraphiste), opérateur *m* radio; **F~erraum** *m aero* poste *m* du radiotélégraphiste; **F~fernsprecher** *m (Gerät)* radiotéléphone *m;* **F~gerät** *n* appareil *m* (de) radio *od* radioélectrique; **F~haus** *n* station *f* émettrice *od* d'émission(s) *od* de T.S.F.; **F~kolleg** *n* cours *m pl* radiodiffusés; **F~navigation** *f* radionavigation *f;* **F~netz** *n* réseau *m* radio(électrique); **F~schatten** *m* zone *f* morte dans les radioémissions; **F~signal** *n* signal *m* radioélectrique; **F~spruch** *m* radio(télé)gramme, message *m* radio(-phonique), radiocommunication *f;* radio *m; durch ~* par radio; *e-n ~ aufnehmen* recevoir un message (radio); **F~station** *f* station *f od* poste radio(télégraphique) *od* de radiodiffusion *od* d'émission *od* de T.S.F.; poste *m* émetteur, station *f* émettrice; **F~stille** *f* silence radio, temps *m* mort, suspension *f* (des émissions radio); **F~streifenwagen** *m* voiture *f* radio; **F~technik** *f* technique radiophonique, radiotechnique *f.*

Funktion *f* ‹-, -en› [fuŋktsi'o:n] **1.** *(Tätigkeit)* fonction, activité *f;* **2.** *(Amt)* fonction, charge *f;* **3.** *math* fonction *f;* — *in ~ treten* entrer en fonction(s); **~är** *m* ‹-s, -e› [-'nɛ:r] fonctionnaire *m;* **f~ieren** [-'ni:rən] ‹*ohne ge-*› *itr* fonctionner; *(betriebsfähig sein, a.)* marcher; *gut ~ (tech)* être au point.

Funk|turm *m* ['fuŋk-] pylône *m* de T.S.F., tour *f* hertzienne; **~verbindung** *f* liaison *f* (par) radio *od* hertzienne, contact *m* radio; *in ~ stehen* être en contact par radio; **~verkehr** *m* trafic *m od* communication radio, radiocommunication *f.*

für [fy:r] *prp* **1.** *(zugunsten)* pour; en faveur de; *sich ~ jdn, ~ etw einsetzen, ~ jdn, ~ etw eintreten* prendre fait et cause pour qn, pour qc; prendre le parti de qn, prendre parti pour qc; *~ jdn einspringen* remplacer qn; **2.** *(in bezug auf)* pour; quant à; *~ mich genügt es* pour moi, ça suffit; *ich ~ meine Person ...* pour ma part, en ce qui me concerne, je ...; *das ist das beste ~ dich* c'est la meilleure solution pour toi; *an und ~ sich* en soi, en lui-même, en elle-même; *~ diesmal* pour cette fois; **3.** *(im Verhältnis zu)* pour; vu; *~ e-n Ausländer spricht er gut Deutsch* pour un étranger il parle bien l'allemand; **4.** *(gegen, bes. von Heilmitteln)* pour, contre; **5.** *(anstelle von)* pour; à la place de, en échange de, contre; *~ jdn bezahlen* payer à la place de qn; *ich habe ihm ein Buch ~ das Bild gegeben* je lui ai donné un livre pour *od* en échange de l'image; **6.** *(als)* comme; pour; *ich halte ihn ~ ein Genie* je le tiens pour un génie; *das halte ich ~ richtig* cela me semble correct; **7.** *Schritt ~ Schritt* pas à pas; *Tag ~ Tag* jour après jour; **8.** *was ~ (ein) ...?* quel ...? *was ~ ein Glück!* quelle chance! **F~** *n: das F~ und (das) Wider* le pour et le contre.

Furche *f* ‹-, -n› ['furçə] *(Ackerfurche)* sillon, rayon; *(Runzel)* sillon *m; e-e ~ ziehen* tracer un sillon; **f~n** *tr* sillonner.

Furcht *f* ‹-, ø› [furçt] crainte; *(Angst)* peur; *(Ängstlichkeit)* timidité; *(Befürchtung)* appréhension *f; aus ~* de crainte (*vor* de); *~ empfinden* od *haben* avoir peur; *~ erwecken* faire peur; **f~bar I.** *a* **1.** redoutable, effrayant; **2.** *a. fam (übertreibend)* effroyable; terrible; **II.** *adv fam (übertreibend)* énormément, rudement, diablement; — *das ist ~ einfach* c'est simple comme bonjour; *das ist ~ nett von Ihnen* c'est tout à fait gentil à vous.

fürcht|en ['fʏrçtən] *tr* craindre; avoir

peur de, redouter; *(befürchten)* appréhender; *sich ~* avoir peur (*vor* de); *für jds Leben ~* trembler pour la vie de qn; *er fürchtet, zu spät zu kommen* il craint d'être en retard; **~erlich I.** *a a. fam (übertreibend)* effroyable, formidable, terrible, horrible, épouvantable, affreux; **II.** *adv fam (übertreibend)* = *furchtbar adv.*

furcht|los ['furçt-] *a* sans peur; intrépide; **F~losigkeit** *f* ‹-, ø› intrépidité *f;* **~sam** *a* craintif, peureux; *(ängstlich)* timide; **F~samkeit** *f* ‹-, ø› timidité *f.*

füreinander [fy:rʔaɪ'nandər] *adv* l'un pour l'autre; les uns pour les autres.

Furie *f* ‹-, -n› ['fu:riə] furie *f.*

Furnier *n* ‹-s, -e› [fur'ni:r] *tech* (feuille *f* de) placage *m;* **f~en** ‹*ohne ge-*› *tr* (contre-)plaquer.

Furore *f* [fu'ro:rə] : *~ machen (fam: Aufsehen erregen)* faire fureur *od* florès.

Fürsorge *f* ‹-, ø› ['fy:rzɔrgə] soins *m pl,* sollicitude *f;* = *~unterstützung; öffentliche ~* assistance *f* publique; *soziale ~* assistance *f* sociale; **~amt** *n* bureau *m* d'assistance publique *od* de bienfaisance; **~unterstützung** *f* secours *m.*

Für|sprache *f* ['fy:rʃpra:xə] intervention, intercession *f; ~ für jdn einlegen* intervenir *od* intercéder en faveur de qn; **~sprecher** *m* intercesseur, porte-parole *m.*

Fürst *m* ‹-en, -en› [fʏrst] prince; *(Herrscher)* souverain *m;* **~enhaus** *n* maison princière, dynastie *f;* **~entum** *n* ‹-s, ¨-er› principauté *f;* **~in** *f* ‹-, -nen› princesse *f;* **f~lich** *a* princier *a. fig;* de prince.

Furt *f* ‹-, -en› [furt] gué *m.*

Furunkel *m* ‹-s, -› [fu'ruŋkəl] *med* furoncle, *fam* clou *m.*

Fürwort *n* ['fy:r-] pronom *m.*

Furz *m* ‹-es, ¨-e› [furts, 'fʏrtsə] *pop* pet *m;* **f~en** *itr* péter.

Fusel *m* ‹-s, -› ['fu:zəl] *fam* tord-boyaux *m.*

Fusion *f* ‹-, -en› [fuzi'o:n] *phys chem (Verschmelzung), com (Zs.schluß)* fusion *f;* **f~ieren** [-zio'ni:rən] ‹*ohne ge-*› *tr (verschmelzen; zs.schließen)* fusionner.

Fuß *m* ‹-es, ¨-e› [fu:s, 'fy:sə] **1.** *a. allg* u. *fig* pied *m; (bei vielen Tieren, bes. orn* u. *ent)* patte *f;* **2.** *(Maß, Versfuß)* pied *m;* — *am ~e des Berges* au pied de *od* au bas de *od* en bas de la montagne; *(festen) ~ fassen* prendre pied; *zu ~ gehen* aller à pied; *kalte Füße haben* avoir froid aux pieds; *auf großem ~e leben* vivre sur un grand pied; mener grand train; *gut, schlecht zu ~ sein* être bon, mauvais marcheur; *jdn auf freien ~ setzen* mettre qn en liberté; *auf eigenen Füßen stehen (fig)* voler de ses propres ailes; *mit jdm auf gutem ~ stehen* être en bons termes avec qn; *auf schwachen Füßen stehen (fig)* être mal fondé; *jdm auf den ~ treten* marcher sur le pied de qn; *mit Füßen treten (fig)* fouler aux pieds; **~abstreicher** *m* décrottoir *m;* **~angel** *f mil* chausse-trape *f;* **~bad** *n* bain de pieds, pédiluve *m;* **~ball** *m* **1.** *(Spiel)* football *m;* **2.** *(Ball)* ballon *m* (de football); **~ballmannschaft** *f* équipe *f* de football; **~ballplatz** *m* terrain *m* de football; **~ballspiel** *n* match *m* de football; **~ball(spiel)er** *m* footballeur *m;* **~bank** *f* bout *m* de pied; **~boden** *m* plancher; sol *m; auf dem ~ (a.)* sur la dure; **~bodenbelag** *m* revêtement *m* pour planchers; **~breit** *m* ‹-, -›: *keinen ~ zurückweichen* ne pas reculer d'une semelle; **~bremse** *f mot* frein *m* à pédale.

Fussel *f* ‹-, -n› ['fusəl] *fam (Fädchen)* petit bout *m* de fil; **f~ig** *a* effiloché; *sich den Mund ~ reden (fig fam)* perdre *od* dépenser sa salive.

fuß|en ['fu:sən] *itr fig (beruhen)* être fondé, se fonder, reposer (*auf* sur); **F~ende** *n (e-s Bettes)* pied *m* (d'un lit); **F~gänger** *m* piéton *m;* **F~gängerbrücke** *f* passerelle *f;* **F~gängerüberweg** *m* passage *m* pour piétons; **F~gängerzone** *f* zone *f* piétonne; **F~gelenk** *n* cou-de-pied *m;* **F~matte** *f* paillasson, tapis-brosse, essuie-pieds *m;* **F~note** *f* note (au bas de la *od* des pages), annotation *f;* **F~pflege** *f* soins *m pl* donnés par un pédicure; **F~sack** *m* chauffe-pieds *m,* chancelière *f;* **F~schaltung** *f mot* commande *f* à pied *od* par pédale; **F~sohle** *f* plante *f* du pied; **F~spitze** *f* pointe *f* du pied; **F~spur** *f,* **F~(s)tapfen** *m* empreinte, trace *f,* vestige *m; in jds ~ treten (fig)* marcher sur les pas *od* sur les traces de qn, suivre les brisées de qn; **F~tritt** *m* coup *m* de pied; **F~weg** *m (neben e-r Landstraße)* accotement, bas-côté *m.*

futsch [futʃ] *adv fam (weg)* fichu; *pop* foutu.

Futter *n* ['futər] **(1)** ‹-s, ø› *(Fressen für Tiere)* nourriture *f;* fourrage *m,* pâture, pâtée, mangeaille *f;* **(2)** ‹-s, -› *(innerer Stoff von Kleidungsstücken)* doublure; *tech* garniture *f; ausknöpfbares ~* doublure *f* (d'hiver) amovible.

Futteral *n* ‹-s, -e› [futə'ra:l] étui *m,* gaine *f,* fourreau *m.*

Futter|getreide *n* ['futər-] céréales *f pl* secondaires; **~mittel** *n pl* produits *m pl* de fourrage; **f~n** *itr pop (essen)* becqueter, béqueter, bouffer.

füttern ['fʏtərn] *tr* **(1)** *(Tier)* donner à manger à; **(2)** *(Schneiderei)* doubler.

Futter|napf *m* ['futər-] = *Freßnapf;* **~neid** *m* jalousie *f* du ventre; **~pflanze** *f* plante *f* fourragère.

Fütterung *f* ‹-, -en› ['fʏtəruŋ] distribution *f* de la nourriture.

Futur *n* ‹-s, -e› [fu'tu:r] *gram* futur *m.*

G

G, g *n* ‹-, -› [ge:] *(Buchstabe)* G, g *m; mus* sol *m.*

Gabe *f* ‹-, -n› ['ga:bə] **1.** *(Geschenk)* don, présent, cadeau *m; (Opfer~)* offrande; *(milde ~)* aumône, charité *f;* **2.** *(Begabung)* don, talent *m,* faculté, aptitude *f.*

Gabel *f* ‹-, -n› ['ga:bəl] *(Eß~)* fourchette *a. tele; (Ast~, Heu~, Rad~ etc a. mil)* fourche *f;* **~bissen** *m pl* bouchées *f pl;* **g~förmig** *a* fourchu; **~frühstück** *n* lunch *m;* **g~n,** *sich* bifurquer; **~stapler** *m* chariot *m* élévateur à fourche; **~ung** *f* ‹-, -en› **1.** *(Baum, Geweih)* enfourchure *f;* **2.** *(Rohr-, Verkehrs-, Wegegabelung etc)* embranchement *m,* bifurcation *f.*

gackern ['gakərn] *itr (Henne)* caqueter.

gaff|en ['gafən] *itr* badauder, bayer aux corneilles; regarder bouche bée; **G~er** *m* ‹-s, -› badaud(e *f*) *m.*

Gage *f* ‹-, -n› ['ga:ʒə] *(e-s Schauspielers)* traitement; *(einmalige)* cachet *m.*

gähnen ['gɛ:nən] *itr* **1.** bâiller (*vor, aus* de); **2.** *fig (Abgrund)* s'ouvrir.

Gala *f* ‹-, ø› ['ga(:)la]: *in ~* en tenue de soirée.

Galan *m* ‹-s, -e› [ga'la:n] galant *m.*

galant [ga'lant] *a* galant, courtois.

Galeere *f* ‹-, -n› [ga'le:rə] galère *f;* **~nsklave** *m,* **~nsträfling** *m* galérien *m.*

Galerie *f* ‹-, -n› [galə'ri:] *arch* galerie *f.*

Galgen *m* ‹-s, -› ['galgən] potence *f; (kleiner)* gibet *m;* **~frist** *f* délai *od* quart *m* d'heure de grâce; **~humor** *m* humour *m* noir *od* macabre; **~strick** *m fam* pendard, gibier *m* de potence.

Gall|apfel *m* ['gal-] (noix de) galle *f;* **~e** *f* ‹-, -n› **1.** *anat physiol* bile *f, zoo* fiel *m;* **2.** *fig (Bitterkeit)* fiel *m,* amertume *f;* — *mir läuft die ~ über* ça m'échauffe la bile; je suis hors de moi; **g~enbitter** *a* amer comme du fiel; **~enblase** *f* vésicule *f* biliaire; **~enkolik** *f* colique *f* hépatique; **~enleiden** *n* affection *f* biliaire; **~ensteine** *m pl* calculs *m pl* biliaires; lithiase *f* biliaire.

Gallert *n* ‹-(e)s, -e›, **~e** *f* ‹-, -n› ['ga-, ga'lɛrtə] gélatine *f* (végétale); *(Sülze)* gelée *f;* **g~artig** *a* gélatineux.

Gall|ien *n* ['galiən] la Gaule; **~ier** *m* ‹-s, -› ['-liər] Gaulois *m.*

gallig ['galıç] *a* bilieux *a. fig; fig* fielleux, plein de fiel; *(griesgrämig)* atrabilaire; *(bissig)* mordant, piquant.

gallisch ['galıʃ] *a* gaulois.

Galopp *m* ‹-s, -s/-e› [ga'lɔp] galop *m, a. Tanz; im ~* au galop; **g~ieren** [-'pi:rən] ‹*ohne ge-*› *itr* ‹*sein*› galoper; aller au galop.

Galvan|isation *f* ‹-, ø› [galvanizatsi'o:n] *tech med* galvanisation *f;* **g~isch** [-'va:nıʃ] *a* galvanique; **g~isieren** ‹*ohne ge-*› *tr tech med* galvaniser.

Gamasche *f* ‹-, -n› [ga'maʃə] guêtre; *(hohe)* jambière *f.*

gamm|eln *itr fam* traînasser; *pop* glander; **G~ler** *m* ‹-s, -› ['gamlər] traîne-savates, *pop* branleur, glandeur.

Gang ‹-s, ⸚e› [gaŋ, 'gɛŋə] **1.** *(~art)* façon *f* de marcher, allure *f,* train *m;* (dé)marche *f (a. einzelner);* **2.** *(einzelner, Besorgung)* course, *(Besorgung)* commission *f; (a. Spazier~)* tour *m; (Spazier~)* promenade *f;* **3.** *fig (Verlauf)* marche *f,* cours, train *m; (Geschäft)* marche *f;* **4.** *tech* marche *f,* jeu, mouvement, fonctionnement *m,* activité; *mot* vitesse *f;* **5.** *arch* galerie *f,* corridor, couloir *a. loc,* passage *m; (zwischen Sitzreihen)* allée *f;* **6.** *bot anat* canal, tube; *anat* conduit *m;* voie *f;* **7.** *mines* veine *f,* filon *m;* **8.** *sport* reprise *f; (Fechten)* assaut *m;* **9.** *(Küche)* service; *(Speisen)* plat *m;* — *im ~(e), in vollem ~(e)* en (pleine) marche *od* activité; *in ~ bringen* faire marcher, mettre en marche *od* en mouvement *od* en route *od* en train *od* en branle, amorcer; *e-n ~ einschalten (mot)* passer (en) une vitesse; *s-n ~ gehen (fig)* aller son train, suivre son cours; *in ~ kommen* s'amorcer; *es geht alles s-n ~* tout va son petit train-train.

gang [gaŋ] *adj: ~ und gäbe* (tout à fait) courant, chose courante.

Gang|art *f* ['gaŋ-] *(Mensch)* façon *f* de marcher, (dé)marche, allure *f,* train; *(Pferd)* air *m;* **g~bar** *a (Weg)* praticable; *fig* viable; *~ sein (fig)* avoir cours.

Gängel|band *n* ['gɛŋəl-]: *am ~ führen,* **g~n** *tr fig* mener à la lisière, tenir en laisse.

gängig ['gɛŋıç] *a* **1.** *(gebräuchlich)* usité, courant; **2.** *(Ware)* marchand, de bon débit.

Gangschalt|hebel *m* ['gaŋ-] *mot* levier *m* de (changement de) vitesse; **~ung** *f mot* changement *m* de vitesse.

Gangster *m* ‹-s, -› ['gɛŋstər] gangster, bandit *m.*

Gangway *f* ‹-, -s› ['gɛŋwɛı] *mar* passerelle *f.*

Gans *f* ‹-, ⸚e› [gans, 'gɛnzə] oie *f; dumme ~ (fig pej)* oie, dinde, bécasse *f.*

Gänse|blümchen *n* ['gɛnzə-] pâquerette *f*; **~braten** *m* oie *f* rôtie; **~fett** *n* graisse *f* d'oie; **~füßchen** *n pl (Satzzeichen)* guillemets *m pl*; **~haut** *f fig* chair *f* de poule; **~klein** *n* abattis *m* d'oie; **~leberpastete** *f* (pâté de) foie *m* gras; **~marsch** *m*: *im ~ gehen* marcher à la file indienne; **~rich** *m* ‹-s, -e› [-rɪç] jars *m*; **~schmalz** *n* = *~fett*.

ganz [gants] **I.** *a* **1.** tout, entier, total; *(vollständig, -zählig)* complet; **2.** *(unversehrt)* intact; **3.** *(vollkommen)* parfait; **II.** *s*: *das G~e* le tout, le total, l'ensemble *m*; *ein G~es (math)* un entier; **III.** *adv* **1.** tout (à fait), entièrement, totalement, complètement, absolument; **2.** *(vollkommen)* parfaitement; **3.** *fam (recht, ziemlich)* assez; — *als G~es, im ~en* en bloc, en corps, en entier, dans l'ensemble, au total; *nicht (so) ~* pas tout à fait; *voll und ~* à fond, pleinement, sans réserves; *~ und gar* tout à fait, de fond en comble; *~ und gar nicht* (pas *od* point) du tout, pas le moins du monde; *~ genau (adv)* fort exactement; *~ wenig* bien peu; *ein G~es bilden* faire *od* former corps; *aufs G~e gehen* risquer le tout pour le tout; *ich bin ~ Ihrer Meinung* je suis tout à fait de votre avis; *~ recht!* c'est vrai, c'est ça, fort bien, parfaitement! **~jährig** *adv* (pendant) toute l'année.

gänzlich ['gɛntslɪç] **I.** *a* entier, total, complet; **II.** *adv* entièrement, totalement, complètement, absolument, tout à fait.

gar [ga:r] **I.** *a* **1.** *(Küche)* assez *od* bien cuit, à point; *(fertig)* prêt; **2.** *(Leder)* tanné; *(Stahl)* affiné; **II.** *adv* **1.** *(recht, ganz, sehr)* bien, tout, très, *(bei Verneinung)* du tout; **2.** *(sogar)* même; — *~ kein* pas de ... du tout; *~ nicht* pas *od* point du tout, nullement; *(rein) ~ nichts* rien du tout, absolument rien.

Garage *f* ‹-, -n› [ga'ra:ʒə] garage *m*; *in die ~ fahren, stellen* garer, rentrer au garage.

Garant *m* ‹-en, -en› [ga'rant] garant *m*; **~ie** *f* ‹-, -ien› [-ran'ti:] garantie; *(Bürgschaft)* caution *f*; *fig* certificat *m*; *die ~ übernehmen* se porter garant *(für etw* de qc); **g~ieren** [-'ti:rən] ‹*ohne ge-*› *tr* garantir; *garantiert (frisch)* garanti (frais); **~ieschein** *m* lettre *f od* bulletin *od* bon *m* de garantie; homologation *f*.

Garaus *m* ['ga:rˀaus] : *jdm den ~ machen* donner le coup de grâce à qn, achever qn.

Garbe *f* ‹-, -n› ['garbə] *agr* gerbe *f*.

Garde *f* ‹-, -n› ['gardə] garde *f*.

Garderob|e *f* ‹-, -en› [gardə'ro:bə] **1.** *(Kleidung)* vêtements *m pl*, garde-robe *f*; **2.** *(Kleiderablage)* garde-robe *f*; *theat etc* vestiaire *m*; *(e-s Künstlers)* loge *f*; *an der ~ abgeben* déposer au vestiaire; **~enständer** *m* portemanteau *m*; **~iere** *f* ‹-, -n› [-bi'ɛ:rə] préposée *f* au vestiaire.

Gardine *f* ‹-, -n› [gar'di:nə] rideau *m*; *hinter schwedischen ~n (fam)* sous les verrous, à l'ombre; *die ~ auf-, zuziehen* tirer le rideau; **~npredigt** *f* sermon *m* (conjugal), semonce *f*; *jdm e-e ~ halten* sermonner qn; **~nschnur** *f* tirette *f*, cordon *m* de rideau; **~nstange** *f* tringle *f* (de rideau).

Gardist *m* ‹-en, -en› [gar'dɪst] garde *m*.

gären ['gɛ:rən] *itr* **1.** ‹*gegoren; h* od *sein*› fermenter; *der Wein hat* od *ist gegoren* le vin a fermenté; **2.** ‹*gegärt; h*› *fig: es gärt im Volk* le peuple est en agitation.

Garn *n* ‹-(e)s, -e› [garn] fil *m*; *(Netz)* filet, rets, panneau *m*.

Garnele *f* ‹-, -n› [gar'ne:lə] *zoo* crevette *f*.

garn|ieren [gar'ni:rən] ‹*ohne ge-*› *tr (Kleid, Speise)* garnir (*mit* de); **G~ison** *f* ‹-, -en› [-ni'zo:n] garnison *f*; *in ~ (liegen)* (être) en garnison; **G~itur** *f* ‹-, -en› [-'tu:r] **1.** *(Besatz)* garniture *f*, parement *m*; **2.** *(Kleidung)* garniture *f*; **3.** *(Satz zs.gehöriger Dinge)* assortiment, assemblage, jeu *m*; — *zweite ~ fam* les doublures *f pl*; *~ Bettwäsche* garniture *f* de lit.

Garn|knäuel *m* od *n* ['garn-] pelote *f* de fil; **~rolle** *f* bobine *f* de fil.

garstig ['garstɪç] *a (häßlich)* laid, vilain; *(abstoßend)* repoussant, répugnant; *(böse)* méchant; *(unangenehm)* déplaisant.

Garten *m* ‹-s, ¨-› ['gartən, 'gɛr-] jardin *m*; *e-n ~ anlegen* planter un jardin; *im ~ arbeiten* jardiner; **~arbeit** *f* jardinage *m*; **~architekt** *m* architecte *m* paysagiste; **~bau** *m* ‹-(e)s, ø› jardinage *m*, horticulture *f*; **~fest** *n* garden-party *f*; **~gerät** *n* outil *od* ustensile *m* de jardinage; **~haus** *n* pavillon *m*; **~laube** *f* tonnelle *f*, berceau *m*; **~messer** *n* serp(ett)e *f*, émondoir *m*; **~möbel** *n pl* meubles *m pl* de jardin; **~schau** *f* exposition *f* d'horticulture; **~schere** *f* cisailles *f pl* de jardinier; sécateur *m*; **~stadt** *f* cité-jardin *f*; **~weg** *m* allée *f* de jardin; **~zaun** *m* clôture *f*.

Gärtner *m* ‹-s, -› ['gɛrtnər] jardinier, horticulteur, *(Gemüse~)* maraîcher *m*; **~ei** *f* [-'raɪ] **1.** *(Gewerbe)* jardinage *m*, horticulture *f*; **2.** *(Betrieb)* exploitation *f* maraîchère.

Gärung *f* ['gɛ:rʊŋ] fermentation *f*.

Gas *n* ‹-es, -e› [ga:s, '-zə] gaz *m (a. als Leucht~)*; *das ~ andrehen* ouvrir le gaz; *das ~ abstellen* fermer le gaz; *~ geben (mot fam)* mettre les gaz, accélérer, appuyer sur l'accélérateur *od fam* sur le champignon; *~ wegnehmen (mot)* couper les gaz; **~anzünder** *m (Gerät)* allume-gaz *m*; **~beleuchtung** *f* éclairage *m* au gaz; **~brenner** *m* brûleur à *od* bec *m* de gaz; **~druck** *m phys* pression *od* énergie *f* du gaz; **~feuerzeug** *n* briquet *m* à gaz; **g~förmig** *a* gazéiforme, gaseux; **~gemisch** *n* mélange *m* gazeux; **~generator** *m* gazogène *m;* **~glühlicht** *n* lumière *f* à incandescence; **~hahn** *m* robinet *m* à gaz; **~hebel** *m mot* (pédale *f* d')accélérateur *m,* manette *f* des gaz, levier de démarrage, *fam* champignon *m; aero* manette *f* des gaz; **~heizung** *f* chauffage *m* au gaz; **~herd** *m* cuisinière *f od* réchaud *od* fourneau *m* à gaz; **~kocher** *m* réchaud *m* à gaz; **~lampe** *f* lampe *f* à gaz; **~leitung** *f* conduite *f* de gaz; gazoduc; *tech* feeder *m;* **~mann** *m* contrôleur *m* du gaz; **~maske** *f* masque *m* à gaz; **~messer** *m (Gerät)* compteur *m* à gaz; **~olin** *n* ‹-s, ø› [-zo'li:n] gazoline *f;* **~ometer** *m* gazomètre *m;* **~pedal** *n mot* (pédale *f* d')accélérateur *m;* **~rohr** *n* tuyau *m* à gaz, conduite *f* de gaz.

Gasse *f* ‹-, -n› ['gasə] rue (étroite), ruelle *f.*

Gast *m* ‹-es, ⸚e› [gast, 'gɛstə] **1.** hôte, invité; *(Tisch~)* convive *m;* **2.** *(Fremder)* étranger; *(Besucher)* visiteur *m;* **3.** *(in e-r Gaststätte)* consommateur; *(in e-m Hotel)* voyageur; *(in e-r Pension)* pensionnaire *m; — zu ~ bitten* od *laden* inviter; *die Gäste begrüßen* faire les honneurs de la maison *od* de la table; *Gäste haben* avoir du monde; *bei jdm zu* od *jds ~ sein* être l'hôte *od* l'invité de qn; **~arbeiter** *m* travailleur *m* immigré; *pl* main-d'œuvre *f* étrangère.

Gäste|buch *n* ['gɛstə-] livre *m* d'hôtes; **~zimmer** *n (privat)* chambre *f* d'amis.

gast|frei ['gast-] *a,* **~freundlich** *a* hospitalier, accueillant; **G~freundschaft** *f* hospitalité *f;* **G~geber(in** *f***)** *m* hôte *m,* hôtesse *f;* amphitryon *m;* **G~haus** *n,* **G~hof** *m* (petit) hôtel *m,* hôtellerie *f;* **G~hörer** *m (Univ.)* auditeur *m* libre; **~ieren** [-'ti:rən] ‹*ohne ge-*› *itr theat* jouer en tournée, donner une représentation de tournée; **~lich** *a* hospitalier; **G~professor** *m* professeur *m* étranger *od* associé; **G~recht** *n* lois *f pl* de l'hospitalité.

Gastronomie *f* ‹-, ø› [gastrono:'mi:] gastronomie *f.*

Gast|spiel *n* ['gast-] représentation *f* d'acteurs en tournée; **~stätte** *f* café *m,* auberge *f;* **~stätten- und Beherbergungsgewerbe** *n* industrie *f* hôtelière; **~stube** *f (in e-r Gaststätte)* salle *f;* **~wirt** *m* hôtelier, aubergiste; *(Schank~)* cafetier, cabaretier; *(Speise~)* restaurateur *m;* **~wirtschaft** *f* = *Gaststätte;* **~zimmer** *n (Hotel)* salle *f* (d'hôtel).

Gas|uhr *f* ['ga:s-] = *Gasmesser;* **~vergiftung** *f* empoisonnement *m* par un gaz, intoxication *f* par le gaz; **~werk** *n* usine *f* à gaz.

Gatte *m* ‹-n, -n› ['gatə] mari, époux *m; die ~n m pl* les époux *m pl.*

Gatter *n* ‹-s, -› ['gatər] grille, claire-voie *f.*

Gattin *f* ['gatın] épouse, femme *f.*

Gattung *f* ‹-, -en› ['gatuŋ] *(allg. Sammelbegriff)* genre *m,* espèce, sorte *f; bot zoo* genre *m.*

Gaudi *n* ‹-s, ø› , *f* ‹-, ø› ['gaudi] *fam,* **~um** *n* ‹-s, ø› [-dium] amusement *m.*

Gauk|elei *f* [gaukə'laı] jonglerie *f,* escamotage *m;* **g~eln** *itr* **1.** *(flattern)* voltiger; **2.** *(Taschenspieler)* jongler; **~ler** *m* ‹-s, -› jongleur, prestidigitateur *m.*

Gaul *m* ‹-(e)s, ⸚e› [gaul, 'gɔʏlə] cheval *m; alter ~* rosse, haridelle *f.*

Gaumen *m* ‹-s, -› ['gaumən] palais *m;* **~platte** *f* palais *m* artificiel.

Gauner *m* ‹-s, -› ['gaunər] filou, fripon, coquin; *(Betrüger)* escroc, tricheur, trompeur, fraudeur, imposteur *m;* **~ei** *f* [-'raı] filouterie, escroquerie, friponnerie, fourberie *f;* **~sprache** *f* langue *f* verte *od* du milieu.

Gaze *f* ‹-, -n› ['ga:zə] gaze *f.*

Gazelle *f* ‹-, -n› [ga'tsɛlə] *zoo* gazelle *f.*

G-Dur *n* ['ge:du:r] *mus* sol *m* majeur.

Gebäck *n* ‹-(e)s, ø› pâtisserie(s *pl*) *f,* (petits) gâteaux *m p.*

Gebälk *n* ‹-(e)s, ø› charpente *f,* poutrage *m.*

geballt *a (Faust)* fermé, serré.

Gebärde *f* ‹-, -n› [gə'bɛ:rdə] geste *m;* **g~n:** *sich ~ wie* prendre des allures de.

gebär|en [ge'bɛ:rən] ‹*gebiert, gebar, geboren*› *tr* accoucher de, mettre au monde, enfanter; **G~mutter** *f anat* matrice *f,* utérus *m.*

Gebäude *n* ‹-s, -› [gə'bɔʏdə] bâtiment, immeuble *m,* construction *f; (großes)* édifice, monument *m;* **~komplex** *m* groupe *m* d'édifices.

gebaut *a: gut ~ (Mensch)* bien bâti *od* fait *od* taillé *od* tourné.

Gebeine *n pl* os *m pl; (menschl. Überreste)* ossements *m pl.*

Gebell *n* ‹-(e)s, ø› aboiement(s *pl*) *m.*

geben ['ge:bən] ‹*gibt, gab, gegeben*› *tr* **1.** donner; *(schenken)* faire cadeau *od* présent de; **2.** *(reichen)* tendre, passer; **3.** *(gewähren)* accorder, offrir, procurer; *(zuteilen)* attribuer, assigner; **4.** *(Ohrfeige)* donner; **5.** *(Karten)* servir; **6.** *theat* donner, représenter, jouer; **7.** *tele* transmettre; **8.** *(Ertrag)* donner, rendre, rapporter; *(liefern)* fournir; — *von sich ~ (Ton)* proférer; *(Nahrung)* rendre; *(Worte)* lâcher; *sich gelassen ~* prendre un air dégagé; *sich ~ (Kälte)* s'adoucir; *(Schmerz)* s'apaiser; *(Schwierigkeit)* s'arranger, *fam* se tasser; *(Eifer)* se relâcher; *zu ge~er Zeit* en temps opportun *od* utile; *zu denken ~* donner à penser *od* à réfléchir; *sich zu erkennen* ~ se faire connaître; *sich geschlagen* ~ s'avouer vaincu; *Kredit, Rabatt* ~ faire crédit, un rabais; *jdm Stunden* ~ donner un cours à qn; *zu verstehen* ~ donner à entendre; *dem habe ich es aber ordentlich ge~!* je l'ai envoyé promener, je lui ai dit ce que je pensais; *wer gibt? (Karten)* à qui la donne? ~ *Sie mir Herrn X.! (tele)* passez-moi M. X.! *es gibt* il y a; *was gibt's (Neues)?* qu'est-ce qu'il y a de nouveau? *gibt es Regen?* aurons-nous de la pluie? *das gibt es nicht* cela n'existe pas; *(das) gibt's nicht!* jamais! *ge~e Größe f (math)* donnée *f*.

Geber *m* ‹-s, -› ['ge:bər] **1.** donneur, donateur *m;* **2.** *tele (Mensch)* transmetteur; *(Gerät)* appareil *m* de transmission.

Gebet *n* ‹-(e)s, -e› [gə'be:t] prière, oraison *f; jdn ins* ~ *nehmen* confesser qn, mettre qn sur la sellette; **~buch** *n* livre d'heures *od* de prières *od* de messe, paroissien *m*.

Gebiet *n* ‹-(e)s, -e› [gə'bi:t] **1.** région, zone *f; adm pol* territoire *m;* **2.** *fig (Fach~)* ressort *m*, spécialité, branche; *(geistiges ~)* sphère *f*, domaine *m;* — *auf allen ~en (fig)* dans tous les domaines; *auf dem* ~ *(der Technik)* en matière (de technique), en ce qui concerne (la technique).

gebiet|en [gə'bi:tən] ‹*gebot, geboten*› **1.** *tr (befehlen)* commander, ordonner (*jdm etw* qc à qn); *(einschärfen)* enjoindre (*jdm etw* qc à qn); *(fordern)* exiger, réclamer; **2.** *itr* commander (*über ein Volk* à un peuple); *(verfügen)* disposer (*über* de); **G~er** *m* ‹-s, -› maître, seigneur, souverain *m;* **G~erin** *f* maîtresse, souveraine *f;* **~erisch** *a* impérieux, impératif, dictatorial, despotique; *(anmaßend)* arrogant; *(entschieden)* catégorique, péremptoire; *(unwiderstehlich)* irrésistible.

Gebilde *n* ‹-s, -› **1.** *(Schöpfung, Werk)* création, œuvre *f*, produit *m;* **2.** *(Gestalt)* forme, figure, configuration *f;* **g~t** *a* cultivé, civilisé, instruit, lettré.

Gebinde *n* ‹-s, -› *(Bündel)* faisceau; *(Blumen)* gerbe *f; (Garn)* écheveau *m*.

Gebirg|e *n* ‹-s, -› [gə'bɪrgə] montagne *f*, monts *m pl;* **~ig** *a* montagneux; **~sbach** *m* rivière *f od* torrent *m* de montagne; **~sjäger** *m pl mil* infanterie *f* de montagne, *(speziell)* chasseurs *m pl* alpins; **~szug** *m* chaîne *f od* système *m* de montagnes.

Gebiß *n* ‹-sses, -sse› [gə'bɪs] **1.** *(natürliches)* denture, dentition *f;* **2.** *(künstliches)* appareil dentaire, dentier *m;* **3.** *(am Zaum)* mors, frein *m*.

geblümt *a (Textil)* à fleurs.

gebogen *a* (re)courbé, courbe, arqué.

geboren *(pp von: gebären)* né, de naissance; *(Frau) ~e X.* née X; *~er Deutscher m* Allemand *m* de naissance; ~ *werden* naître, être né.

geborgen *(pp von: bergen)* sauvé; *a* en sûreté, à l'abri (*vor* de).

Gebot *n* ‹-(e)s, -e› [gə'bo:t] **1.** *vx rel (Befehl)* commandement *m;* **2.** *(Auktion)* offre, enchère *f;* — *ein* ~ *abgeben, machen* faire une offre; *jdm zu ~e stehen* être à la disposition *od* aux ordres de qn; *die Zehn ~e (rel)* les dix commandements; *ein* ~ *der Menschlichkeit* un devoir d'humanité; *das* ~ *der Stunde* les nécessités *f pl* de l'heure; **g~en** *a* nécessaire; ~ *sein* s'imposer.

Gebrauch *m* ‹-(e)s, (¨e)› [gə'braux, -brɔʏçə] **1.** *(ohne pl) (Anwendung)* usage, emploi; *(Handhabung)* maniement *m;* **2.** *(Brauch)* coutume, habitude *f;* — *außer* ~ hors d'usage; *in* ~ en usage, en service; *von etw* ~ *machen* se servir de qc; *in* ~ *nehmen* mettre en usage; **g~en** ‹*gebraucht*› *tr* employer, faire usage de, user de, se servir de; *(nutzbar machen)* utiliser; *(handhaben)* manier; *(Arznei)* prendre, user de; *zu nichts zu* ~ *sein* être la cinquième roue à un carrosse; *nicht mehr zu ~(d)* hors d'usage *od* de service.

gebräuchlich [gə'brɔʏçlɪç] *a* en usage; *(üblich)* usuel, d'usage; *(Ausdruck)* usité, usuel, courant; *nicht mehr* ~ hors d'usage, désuet; ~ *sein (a.)* avoir cours.

Gebrauchs|anweisung *f* [gə'brauxs-] mode *m* d'emploi; **g~fertig** *a* prêt à l'usage *od* à servir; **~gegenstand** *m* objet d'usage courant, objet *m* usuel.

gebraucht [gə'brauxt] *a (schon benutzt)* qui a déjà servi, usagé; *(alt, (Buch: antiquarisch)* d'occasion; **G~wagen** *m* voiture *f* d'occasion.

Gebrech|en *n* ‹-s, -› *(Körperfehler)* infirmité *f;* **g~lich** *a (körperbehindert)* infirme, invalide; **~lichkeit** *f* ‹-, ø› infirmité, invalidité *f*.

gebrochen I. *a: mit ~er Stimme* d'une voix étranglée; *ganz* ~ *(fig)* accablé de douleur; **II.** *adv:* ~ *Deutsch sprechen* écorcher l'allemand.

Gebrüder *pl* frères *m pl;* ~ *Müller (com)* Muller frères.

Gebrüll *n* ‹-(e)s, ø› *(Rinder u. fig)* mugissement; *(wilde Tiere)* rugissement *m*.

Gebühr *f* ‹-, -en› [gə'by:r] **1.** *(meist pl)* tarif *m; (Abgabe)* taxe *f*, droit(s *pl*), impôt *m; (nur pl)* vacations *f pl; (Arzt, Rechtsanwalt)* honoraires *m pl; e-e* ~ *erheben* lever *od* percevoir une taxe; **2.** *(ohne pl; nur in bestimmten Wendungen: Pflicht, Schicklichkeit) nach* ~ dûment, comme il convient; *über* ~ outre mesure, plus que de raison.

gebühren [gə'by:rən] ‹*gebührt*› *itr* être dû, revenir de droit (*jdm* à qn).

Gebührenansage *f* [gə'by:rən-] *tele* indication *od* notification *f* de la taxe.
gebührend [ge'by:rənt] *a*, **gebührlich** *a* *(schuldig)* dû (*dat* à); *(verdient)* convenable, mérité; *(zukommend)* qui revient, revenant.
Gebühren|erhöhung *f* [gə'by:rən-] majoration *f* des droits; **~erlaß** *m* remise *f* des droits; **g~frei** *a* exempt de droits *od* taxes, en franchise; **~freiheit** *f* franchise *f*; **g~pflichtig** *a* soumis aux droits *od* à la taxe, taxé; *(Straße, Brücke)* à péage; *~e Verwarnung f* contravention *f*.
gebunden 1. *(Buch)* relié; **2.** *mus* lié; **3.** *fig* engagé, assujetti (*an* à).
Geburt *f* ⟨-, -en⟩ [gə'bu:rt] **1.** naissance *a. fig; (Vorgang)* mise *f* au monde, enfantement, accouchement *m;* **2.** *(Abstammung, Ursprung)* origine *f*; — *von ~ an* de naissance; *das war e-e schwere ~ (fig)* cela a été laborieux; *Deutscher m von ~* Allemand *m* de naissance; **~enkontrolle** *f*, **~enregelung** *f* contrôle *m od* régulation *f* des naissances; **~enrückgang** *m* recul *m* des naissances, dénatalité *f*; **~enüberschuß** *m* excédent *m* des naissances; **~enziffer** *f* natalité *f*; **~enzuwachs** *m* augmentation *f* de la natalité.
gebürtig [gə'bʏrtɪç] *a*: *~ aus* natif de, originaire de, né à.
Geburts|datum *n* [gə'bu:rts-] date *f* de naissance; **~fehler** *m* tare *f* congénitale; **~haus** *n* maison *f* natale; **~jahrgang** *m*: *~ 1950* génération *f* de l'année 1950; *mil* classe *f*; **~ort** *m* lieu *m* de naissance; **~register** *n* registre *m* des naissances; **~tag** *m* jour *m* de (la) naissance; *(als Fest)* anniversaire *m;* **~tagskind** *n* celui, celle qui fête son anniversaire; **~urkunde** *f* acte *m* de naissance; **~wehen** *f pl* mal d'enfant, travail *m*.
Gebüsch *n* ⟨-es, -e⟩ buissons *m pl*.
Geck *m* ⟨-en, -en⟩ [gɛk] fat, dandy, gandin, freluquet *m*.
gedacht *a* imaginaire.
Gedächtnis *n* ⟨-ses, -se⟩ [gə'dɛçtnɪs] **1.** mémoire *f*; **2.** *(Erinnerung)* commémoration *f*, souvenir *m*; — *aus dem ~* de mémoire; *(auswendig)* par cœur; *zum ~* en mémoire *od* en commémoration (*an jdn* od *etw* de qn *od* de qc); *sich etw ins ~ zurückrufen* se remémorer qc; *mein ~ läßt mich im Stich* la mémoire me fait défaut; *ein schlechtes ~, ein ~ wie ein Sieb* une mémoire de lièvre; **~stütze** *f* moyen *m* mnémotechnique.
gedämpft *a* **1.** *(Küche)* à l'étouffée *od* à l'étuvée; **2.** *(Schall)* amorti.
Gedanke *m* ⟨-ns, -n⟩ **1.** pensée; *(Einfall)* idée, conception *f*; **2.** *(Begriff)* notion *f*, concept *m*; **3.** *pl (Denken)* pensées *f pl*, réflexion, méditation *f*; **4.** *(Absicht)* intention *f*; *(Plan)* projet, dessein *m*; — *in ~n* en pensée; *(aus Zerstreutheit)* par distraction, sans y penser; *auf den ~n bringen, daß* amener à penser que; donner l'idée de *inf*; *jdn auf andere ~n bringen* changer les idées à qn; distraire qn; *auf den ~n kommen zu …* s'aviser de …; *~n lesen* lire dans la pensée; *sich ~n machen* s'inquiéter, être préoccupé (*über* de); *mit dem ~ spielen zu …* nourrir *od* caresser l'idée de …; *auf diesen ~n wäre ich nie gekommen* cette idée ne me serait jamais venue; *mir kam der ~* j'eus l'idée (*zu* de); *der bloße ~, schon der ~* la seule pensée, rien que d'y penser; *in ~n (versunken)* plongé dans la *od* ses méditation(s); **~naustausch** *m* échange *od* commerce des idées, échange *m* d'idées *od* de vues; **~ngang** *m* fil *m* des idées; **g~nlos I.** *a* irréfléchi, étourdi, distrait; *(mechanisch)* machinal; **II.** *adv a.* sans réfléchir, sans y penser; machinalement; **~nlosigkeit** *f* irréflexion, étourderie *f*; *aus ~* par étourderie *od* inadvertance; **~nstrich** *m* tiret *m*; **~nübertragung** *f* transmission *f* de pensée; **g~nvoll** *a (nachdenklich)* pensif.
gedanklich *a* mental, idéel.
Gedärm *n* ⟨-(e)s, -e⟩ [gə'dɛrm] boyaux, intestins *m pl*.
Gedeck *n* ⟨-(e)s, -e⟩ couvert; *(im Restaurant)* menu, repas *m* à prix fixe.
Gedeih *m*: *auf ~ und Verderb* à la grâce de Dieu; **g~en** [gə'daɪən] ⟨*gedieh, gediehen*⟩ *itr* ⟨*sein*⟩ *bot* pousser *od* venir bien; *allg* prospérer; *(sich entwickeln)* se développer; *nicht ~ (bot) a.* se déplaire; *prächtig ~* être en pleine prospérité; *fig* ne faire que croître et embellir; *die Sache ist so weit gediehen, daß* la chose en est arrivée au point que; *wie weit sind die Verhandlungen gediehen?* où en sont les négociations? **g~lich** *a (günstig)* profitable.
gedenk|en [gə'dɛŋkən] ⟨*gedachte, gedacht*⟩ *itr* **1.** *jds (ehrend) ~* évoquer la mémoire de qn; **2.** *(beabsichtigen)* penser, compter (*zu tun* faire), avoir l'intention, se proposer (*zu tun* de faire); **G~feier** *f* fête *f* commémorative; **G~tafel** *f* plaque *f* commémorative.
Gedicht *n* ⟨-(e)s, -e⟩ *(längeres)* poème *m*, *(kurzes)* poésie *f*; **~sammlung** *f* recueil *m* de poésies, anthologie *f* (lyrique).
gediegen *a* **1.** *(Metall: rein)* natif, vierge, pur; *fig allg (echt)* vrai, de bon aloi; **2.** *(zuverlässig)* ferme; *(Möbel)* solide; *(Wissen)* solide, approfondi.
gedörrt *a (Obst)* tapé.
Gedräng|e *n* ⟨-s, ø⟩ **1.** presse, cohue; *(Menge)* foule *f*; **2.** *fig (Notlage)* embarras *m*; *ins ~ kommen* se trouver dans l'embarras; **g~t** *a* pressé, serré, com-

pact; *(Stil)* concis, dense; ~ *voll (von Menschen)* comble, bondé.

gedrückt *a fig (Mensch)* déprimé; *(Lage)* pénible, gêné.

gedrungen *a (Körper)* trapu.

Geduld *f* ‹-, ø› [gəˈdʊlt] patience; *(Nachsicht)* indulgence; *(Langmut)* longanimité *f; sich in ~ fassen* prendre patience; ~ *haben* avoir de la patience, patienter; *die ~ verlieren* perdre patience, s'impatienter; **g~en,** *sich* [-dən] ‹*geduldet*› pendre patience, patienter; **g~ig** *a* patient; *(nachsichtig)* indulgent; ~ *ertragen* prendre en patience; **~sfaden** *m: mir reißt der ~* la patience m'échappe, ma patience est à bout.

gedungen [gəˈdʊŋən] *a: ~er Mörder m* tueur *m* à gages.

gedunsen [gəˈdʊnzən] *a* bouffi, boursouflé.

geehrt *a* honoré; *sehr ~er Herr!* Monsieur; *Ihr ~es Schreiben* votre honorée.

geeignet *a* apte, propre (*zu, für* à); *(passend)* convenable (*zu* à); *(Person, Mittel)* approprié.

geerdet [gəˈˀeːrdət] *a el radio* mis à la terre.

Gefahr *f* ‹-, -en› danger, péril *m; auf die ~ (gen) hin* au risque de; *auf die ~ hin, daß* quitte à, même si; *auf eigene ~* à ses risques; *auf Ihre Rechnung und ~* à vos risques et périls; *außer ~* hors de danger; *bei ~* en cas de danger; *in ~ bringen* mettre en danger *od* péril; ~ *laufen zu* courir le danger *od* risque de; *es besteht keine ~* il n'y a pas de danger; *wer sich in ~ begibt, kommt darin um* qui cherche le péril y périt.

gefährd|en [gəˈfɛːrdən] ‹*gefährdet*› *tr* mettre en danger; **~et** *a* menacé, en danger; **G~ung** *f* ‹-, -en› danger (*gen* pour), risque *m (gen* de).

Gefahren|gebiet *n* [gəˈfaːrən-] zone *f* dangereuse; **~herd** *m pol* foyer *m* de troubles; **~quelle** *f* source *f* de périls; **~zone** *f* = *Gefahrengebiet.*

gefährlich [gəfɛːrlɪç] *a* dangereux, *(nur Sache)* périlleux; ~ *verletzt* od *verwundet* grièvement blessé; **G~keit** *f* ‹-, ø› danger *m; (e-r Krankheit)* gravité *f.*

gefahrlos [gəˈfaːr-] *a* sans danger *od* risque, sûr.

Gefährt|e *m* ‹-n, -n› [gəˈfɛːrtə] compagnon; camarade *m;* **~in** *f* compagne; camarade *f.*

Gefälle *n* ‹-s, -› inclinaison, déclivité *(a. Fluß); loc* pente, rampe; *(Wasserkraftwerk)* différence *f* de niveau.

Gefallen [gəˈfalən] **1.** *m* ‹-s, -› complaisance *f,* service *m; jdm e-n ~ tun* od *erweisen* rendre un service à qn, obliger qn; *jdm den ~ tun zu ...* faire à qn le plaisir de ... **2.** *n* ‹-s, ø› plaisir *m; an etw ~ finden* se (com)plaire à qc, trouver *od* prendre plaisir à qc.

gefallen [gəˈfalən] **I.** ‹*gefällt, gefiel, gefallen*› *itr (angenehm sein)* plaire, agréer (*jdm* à qn); *sich ~ in* se (com-)plaire à *od* en *od* dans; *sich alles ~ lassen* encaisser tout *fam; das gefällt mir (gut)* cela me plaît (bien); *wie gefällt Ihnen der Film?* comment trouvez-vous le film? **II.** *(pp von fallen)* tombé; **III.** *a mil* mort; **G~e** *m: die ~n (mil)* les morts *m pl;* **G~endenkmal** *n* monument *m* aux morts.

gefällig [gəˈfɛlɪç] *a* **1.** complaisant, aimable, accommodant; **2.** *(dienstfertig)* obligeant, serviable; *(zuvorkommend)* avenant, prévenant, empressé; **3.** *(angenehm)* agréable, plaisant; — *jdm ~ sein* obliger qn; **G~keit** *f* ‹-, -en› **1.** *(ohne pl)* complaisance; prévenance *f,* empressement *m;* **2.** obligeance *f,* service *m;* — *aus ~* par complaisance; *jdn um e-e ~ bitten* demander un service à qn; *jdm e-e ~ erweisen* obliger qn; **~st** *adv: hör ~ zu* voudrais-tu m'écouter? *sieh ~ nach!* prends la peine de regarder.

gefangen *a* en prison, prisonnier, captif; *(inhaftiert)* détenu; **G~e** *m f* prisonnier *bes. mil,* captif; *(Inhaftierter)* détenu *m;* **G~enaustausch** *m* échange *m* de prisonniers; **G~enlager** *n* camp *m* de prisonniers; **G~enwärter** *m* gardien de prison, porte-clefs *m;* **~=halten** ‹*hält, hielt gefangen, gefangengehalten*› *tr* tenir en captivité, retenir prisonnier; **G~nahme** *f,* **G~nehmung** *f* arrestation *f,* emprisonnement *m; mil* capture *f;* **~=nehmen** ‹*nimmt, nahm gefangen, gefangengenommen*› *tr* arrêter, emprisonner; *mil* faire prisonnier, capturer; **G~schaft** *f* ‹-, ø› captivité; *(Haft)* détention *f; aus der ~ entlassen* libérer (de captivité); *in ~ geraten (mil)* être fait prisonnier.

Gefängnis *n* ‹-ses, -se› [gəˈfɛŋnɪs] **1.** *(Ort)* prison, maison *f* centrale *od* de réclusion; **2.** *(Strafe)* prison *f;* **~direktor** *m* directeur *m* de prison; **~hof** *m* préau *m;* **~strafe** *f* peine *f* de prison; *zu e-r ~ verurteilen* condamner à la prison.

Gefäß *n* ‹-es, -e› [gəˈfɛːs] **1.** vase, récipient *m;* **2.** *anat bot* vaisseau *m.*

gefaßt [gəˈfast] *a* **1.** *(innerlich vorbereitet)* préparé (*auf* à); *(ergeben)* résigné; **2.** *(ruhig)* calme, tranquille; — *sich auf etw ~ machen* s'attendre *od* faire face à qc; *auf alles* od *aufs Schlimmste ~ sein* être prêt à tout, s'attendre à tout *od* au pire.

Gefecht *n* ‹-(e)s, -e› [gəˈfɛçt] *(Kampfhandlung)* action, affaire *f; (Zs.stoß)* engagement *m; (Treffen)* rencontre *f; (Kampf)* combat *m; außer ~ setzen* mettre hors de combat; *klar zum ~ (mar)* disposé pour le combat; **g~sbereit** *a* en garde, prêt à combattre; ~

machen mettre en garde; **~sstand** *m* poste *m* de combat *od* de commandement.

gefeit [gəˈfaɪt] *a (geschützt)* invulnérable (*gegen* à).

Gefieder *n* ‹-s, -› [gəˈfiːdər] plumage *m;* **g~t** *a* emplumé.

Gefilde *n* ‹-s, -› [gəˈfɪldə] *(pl) poet (Fluren)* guérets, sillons *m pl.*

Geflecht *n* ‹-(e)s, -e› **1.** entrelacs; *(aus Zweigen)* treillis *m; (aus Weidenruten)* claie *f,* clayon *m;* **2.** *anat* plexus *m.*

gefleckt *a* tacheté, moucheté.

geflissentlich [gəˈflɪsəntlɪç] **I.** *a* intentionnel, prémédité; **II.** *adv* à dessein, exprès.

Geflügel *n* ‹-s, ø› volaille *f; Stück n ~* morceau *m* de volaille; **~farm** *f* ferme *f* avicole; **~händler** *m* marchand *m* de volaille; **g~t** *a orn* ailé; *ent* alifère; *~e Worte n pl* sentences *f pl,* adages *m pl;* **~zucht** *f* aviculture *f;* **~züchter** *m* aviculteur *m.*

Geflüster *n* ‹-s, ø› chuchotement; *fig* murmure *m.*

Gefolg|e *n* ‹-s, ø› suite *f,* cortège *m,* escorte *f;* **~schaft** *f* ‹-, ø› suite *f; pol (Anhänger)* partisans, adhérents; *(Schüler, Jünger)* disciples *m pl.*

gefragt *a (begehrt)* en faveur; *stark, wenig ~* très, peu demandé.

gefräßig [gəˈfrɛːsɪç] *a* glouton, vorace; **G~keit** *f* ‹-, ø› gloutonnerie, voracité *f.*

Gefreite *m* ‹-n, -n› caporal; brigadier *m.*

Gefrier|anlage *f* installation *f* de congélation; **g~en** ‹*gefror, gefroren*› *itr* ‹*sein*› (se) geler, se congeler; *(Gewässer)* prendre; **~fleisch** *n* viande *f* frigorifiée; **~punkt** *m* point *m* de congélation; *auf, über, unter dem ~* à, au-dessus de, au-dessous de zéro; **~truhe** *f* surgélateur *m.*

gefroren *a* gelé; **G~e** *n* ‹-n, ø› glace *f.*

Gefüg|e *n* ‹-s, -› [gəˈfyːgə] *(Struktur)* structure *f;* **g~ig** *a (fügsam)* accommodant, docile.

Gefühl *n* ‹-(e)s, -e› **1.** *(mit pl)* sentiment *m,* émotion *f;* **2.** *(ohne pl) (Sinnesempfindung)* sensation *f; (Tastsinn)* toucher *m;* **3.** *(Sinn, Verständnis)* sens (*für etw* de qc); *(Takt)* tact *m; mit ~* avec âme; **g~los** *a* insensible (*für* à), apathique, sans âme, impassible; **~losigkeit** *f* insensibilité, apathie, impassibilité *f;* **~sausbruch** *m* transport *m* de passion; **~sduselei** *f fam* sensiblerie *f;* **~sleben,** *das* la vie affective; **g~voll** *a* plein de sentiment, sentimental; *(empfindsam)* sensible.

gefüllt *a (Blume)* double; *~es Bonbon* bonbon *m* fourré.

gefüttert *a (Kleidungsstück)* doublé; *(mit Pelz od Wolle)* fourré.

gegeben *a: zu ~er Zeit* en temps voulu *od* utile; **~enfalls** *adv* le cas échéant, à l'occasion, s'il y a lieu.

gegen [ˈgeːgən] *prp* **1.** *(feindlich)* contre, à l'encontre de; *(meist freundlich)* envers, pour; **2.** *(entgegen)* contraire à; *~ meinen Willen (a.)* malgré moi; **3.** *(im Tausch)* en échange de, pour, contre; **4.** *(auf ... zu)* vers; *(Zeit)* vers, sur; **5.** *(etwa)* à peu près, environ, autour de; **6.** *(im Vergleich zu)* auprès de, comparé à, en comparaison de; — *~ 4 Uhr* vers (les) 4 heures; *~ Quittung* contre quittance, sur reçu; *(gut) ~ Kopfweh* (bon) pour le mal de tête; *ich wette 10 ~ 1* je parie à dix contre un.

Gegenangriff *m* contre-attaque, contre-offensive *f.*

Gegenbeweis *m* preuve *f* (du) contraire; *den ~ liefern* fournir la preuve du contraire.

Gegend *f* ‹-, -en› [ˈgeːgənt] *(Landstrich)* contrée, région *f,* site; *(Stadtviertel)* quartier *m.*

Gegendienst *m: jdm e-n ~ leisten* payer qn de retour.

gegeneinander [-ˈnandər] *adv* l'un contre *od* envers *od* pour l'autre; *~halten (vergleichen)* comparer.

Gegengewicht *n* contrepoids *m; das ~ halten* contrebalancer (*e-r S* qc).

Gegengift *n* contrepoison, antidote *m,* antitoxine *f.*

Gegenkandidat *m pol* candidat *m* de l'opposition.

Gegenklage *f jur* action *od* demande reconventionnelle, plainte *f* récriminatoire.

gegenläufig *a tech* contraire, opposé.

Gegenleistung *f* contre-valeur, contrepartie *f; als ~ für* en échange de.

Gegenlicht *n* contre-jour *m, a. phot.*

Gegenliebe *f: keine ~ finden* ne pas être aimé en retour.

Gegenmaßnahme *f* contre-mesure; *(gewaltsame)* mesure *f* de rétorsion, représaille(s *pl*) *f; ~n ergreifen* od *treffen* prendre des contre-mesures; user de représailles.

Gegenpapst *m* antipape *m.*

Gegenpartei *f pol* parti *m* d'opposition; *jur* partie *f* adverse.

Gegenprobe *f* essai *m* contradictoire; contre-épreuve *f, a. pol.*

Gegenrede *f* **1.** *(Widerspruch)* contradiction *f;* **2.** *(Erwiderung)* réplique *f.*

Gegenreformation *f rel hist* Contre-Réforme *f.*

Gegensatz *m* **1.** contraire, opposé *m;* **2.** *(Widerspruch)* contraste *m,* opposition, contradiction *f;* — *im ~ zu* au contraire de, contrairement à, par contraste avec, à l'opposé de, au rebours de; *e-n ~ bilden zu* contraster avec; *Gegensätze ziehen sich an* les extrêmes s'attirent.

gegensätzlich *a* opposé, contrastant; antithétique.
Gegenschlag *m* contrecoup *m.*
Gegenseit|e *f* côté *m* opposé; *fig* opposition; *jur* partie *f* adverse; **g~ig I.** *a* mutuel, réciproque; **II.** *adv a.* par réciprocité; — *in ~em Einvernehmen* d'un commun accord; *sich ~ helfen* s'entraider; **~igkeit** *f* ⟨-, ø⟩ mutualité, réciprocité *f; das beruht auf ~* c'est réciproque, c'est à charge de revanche.
Gegenspieler *m fig* rival, adversaire, antagoniste *m.*
Gegenspionage *f* contre-espionnage *m.*
Gegenstand *m* **1.** objet *m;* **2.** *(Angelegenheit)* affaire *f;* **3.** *(Thema)* sujet *m,* matière *f;* **g~slos** *a* sans objet *od* intérêt *od* raison d'être; *~ werden* perdre sa raison d'être.
Gegenstoß *m* contrecoup, retour *m* offensif; *(Fechten)* riposte; *mil* contre-attaque *f* immédiate.
Gegenströmung *f* contre-courant *m.*
Gegenstück *n* pendant, homologue *m; das ~ bilden zu* faire pendant à.
Gegenteil *n* contraire, opposé, inverse *m; im ~* au contraire, à l'opposé; **g~ig** *a* contraire, opposé.
gegenüber [-'y:bər] **I.** *adv* vis-à-vis, en face; *das Haus ~* la maison d'en face; **II.** *prp dat* **1.** vis-à-vis de, en face de; **2.** *fig (im Vergleich mit)* en face de, auprès de, par rapport à; **3.** *(angesichts)* en présence de; *mir ~ (im Umgang mit mir)* envers moi, à mon égard; **G~** *n* ⟨-s, -⟩ *(Person)* vis-à-vis *m;* **~liegend** *a* d'en face, opposé; **~=stehen,** *sich* ⟨*stand gegenüber, gegenübergestanden*⟩ se faire face; **~=stellen** *tr* **1.** mettre en face, opposer; *fig* mettre en regard (*dat* de); *jur* confronter (*dat* avec); **2.** *(vergleichen)* comparer, rapprocher; **G~stellung** *f* **1.** opposition; *jur* confrontation *f;* **2.** *fig* comparaison *f.*
Gegenverkehr *m* circulation *f* en sens inverse *od* à contre-voie.
Gegen|wart *f* ⟨-, ø⟩ ['ge:gənvart] **1.** présence *f;* **2.** *(Jetztzeit)* temps présent, notre temps *m,* époque *f* actuelle *od* contemporaine; *gram* présent *m;* — *in ~ (gen)* en face (de), *(fig)* à la face (de); en présence (de); *in meiner ~* en ma présence; **g~wärtig I.** *a* **1.** présent; **2.** *(jetzig)* actuel; du moment; **3.** *fig (erinnerlich)* présent à l'esprit; **II.** *adv* à présent, présentement, actuellement, à l'heure actuelle.
Gegenwehr *f* défense, résistance *f.*
Gegenwert *m* contre-valeur, contrepartie *f,* équivalent *m.*
Gegenwind *m* vent *m* contraire *od* debout.
Gegenwinkel *m math* angle *m* opposé.
gegen=zeichnen *tr* contresigner.

Gegner|(in *f)* *m* ⟨-s, -⟩ ['ge:gnər] adversaire *m f,* antagoniste *m f; jur* opposant(e *f)* *m; (Feind)* ennemi(e *f)* *m;* **g~isch** *a, a. jur u. pol* adverse, opposé, *mil* ennemi; **~schaft** *f* ⟨-, ø⟩ opposition *f,* antagonisme *m.*
Gehabe *n* ⟨-s, ø⟩ manières *f pl* affectées.
Gehackte *n* ⟨-n, ø⟩ viande *f* hachée.
Gehalt [gə'halt] **(1)** *m* ⟨-(e)s, -e⟩ **1.** *(Anteil, bes. chem min)* teneur *f,* titre *m;* **2.** *fig (Wesen, Qualität, Wert)* consistance *f,* fond *m,* solidité, valeur *f;* **(2)** *n* ⟨-(e)s, ⃛er⟩ *(der Staatsbeamten)* traitement *m; (der Offiziere)* solde *f; (der Angestellten)* appointements; *(der Hausangestellten)* gages *m pl;* — *ein ~ beziehen* toucher un traitement *od* des appointements, être aux appointements (*von* de), émarger (*aus der Staatskasse* au budget); *festes ~* traitement *m* fixe; **g~los** *a* vide, futile, insignifiant; **~sansprüche** *m pl* prétentions *f pl;* **~sempfänger** *m* salarié, employé *m;* **~serhöhung** *f* augmentation *f* de traitement; **~sstufe** *f* échelon *m* de traitement; **~szulage** *f* supplément *m* de traitement; **g~voll** *a* **1.** *(Erz)* riche (*an* en), de bon aloi; *(Nahrung)* substantiel, nutritif; **2.** *fig* fondé, solide.
gehässig [gə'hɛsıç] *a* haineux; *(zänkisch)* hargneux; *(gallig, giftig)* fielleux; **G~keit** *f* ⟨-, -en⟩ haine; hargne *f;* fiel *m.*
Gehäuse *n* ⟨-s, -⟩ *tech* abri, carter, boisseau, *(a. Uhr)* boîtier *m; (Wanduhr)* cage *f; (Rundfunkgerät)* coffre *m.*
Gehege *n* ⟨-s, -⟩ [gə'he:gə] (en)clos *m,* enceinte *f; (für Tiere)* parc *m; (Jagd)* réserve *f* de chasse; *jdm ins ~ kommen (fig)* aller *od* marcher sur les brisées de qn.

geheim [gə'haım] *a* secret; *(versteckt)* caché, dérobé; *(okkult)* occulte; *(unbekannt)* inconnu; *(heimlich)* clandestin; *(vertraulich)* confidentiel; *(vertraut)* intime; *(in Titeln)* privé, intime; *im ~en* en secret, en cachette; *streng (vertraulich und) ~* strictement confidentiel; **G~agent** *m* agent secret, affidé *m;* **G~dienst** *m* service *m* secret; **G~fach** *n* compartiment *m* à secrets; **~=halten** ⟨*hält, hielt geheim, geheimgehalten*⟩ *tr* tenir secret; **G~haltung** *f* conservation *f* du secret; **G~nis** *n* ⟨-ses, -se⟩ secret; *bes. rel* mystère *m; das ~ (be)wahren* garder le secret; *das ~ lüften* dévoiler le secret; *aus etw ein ~ machen* faire un secret *od* mystère de qc; *ein offenes ~* un secret de Polichinelle; **G~niskrämer** *m* cachottier *m;* **G~niskrämerei** *f* cachotterie *f;* **~nisvoll** *a* mystérieux; *~ tun* faire le mystérieux; **G~polizei** *f* police *f* secrète; **G~schrift** *f* cryptographie *f;* **G~tinte** *f* encre *f* sympathique; **G~tür** *f* porte *f* dérobée *od* secrète.

Geheiß *n* ‹-es, ø› : *auf jds* ~ sur l'ordre de qn.

gehemmt *a psych* refoulé, refréné.

gehen ['ge:ən] ‹*ging, gegangen*› *itr* ‹*sein*› **1.** *allg* aller; *(zu Fuß)* aller à pied, marcher, cheminer; *(spazierengehen)* se promener; *(nach links, rechts)* prendre (à gauche, à droite); **2.** *(weggehen)* s'en aller, partir; *(Zug, Schiff: abfahren)* partir; **3.** *tech (a. Uhr)* marcher, fonctionner; **4.** *(Ware)* se vendre, se débiter; *(Geschäft)* marcher, réussir; **5.** *(Gerücht)* courir, circuler; **6.** *(Teig)* lever; **7.** *(Tür)* battre, claquer; — ~ *auf* ouvrir sur, *(Fenster)* donner sur; *mit jdm* ~ accompagner qn; *(mit e-m Mädchen)* fréquenter qn; *zu jdm* ~ *(jdn besuchen)* aller voir qn; *zum Arzt* ~ aller chez le médecin; *in sich* ~ rentrer en *od* descendre en *od* se replier sur soi-même; *auf und ab* ~ se promener de long en large; *auf die 50* ~ aller sur ses 50 ans; *nach dem Äußeren* ~ juger sur les apparences; *bei jdm aus und ein* ~ fréquenter qn; *essen* ~ aller déjeuner *od* dîner; *gut* ~ *(com)* bien marcher, se vendre facilement; *so weit* ~, *etw zu tun* aller jusqu'à faire qc; *ich gehe jetzt* je vous (te) laisse *(fam); geh(e) (doch* od *schon)!* va (donc)! *impers: es geht* ça va *(a. gesundheitlich); es geht nicht anders* c'est le seul moyen, il faut en passer par là; *es geht auf Mittag* il va être midi, midi approche; *es geht mir gut* je vais *od* me porte bien, *fam* ça va bien; *es* od *das geht nicht* cela ne se peut pas, (ça,) c'est impossible, il n'y a pas moyen; *es geht mir schlecht* je ne vais pas bien, *fam* ça va mal, ça ne va pas; *es geht schon, es wird schon* ~ cela s'arrangera, ça ira; *es geht (so, einigermaßen) (fam)* ça va *od* ça marche (pas trop mal); *es geht mir auch so* il en est de même pour moi, c'est la même chose pour moi; *so geht es nicht* cela ne va pas comme ça; *es geht nichts über . . .* il n'y a rien de tel que; . . .; *es geht um . . .* il y va de . . .; *darum geht es (hier) nicht* la question n'est pas là; *es geht um Leben und Tod* c'est une question de vie ou de mort, il y va de la vie; *das geht zu weit* cela va trop loin, c'en est trop; *worum geht's?* de quoi s'agit-il? *wie geht es Ihnen?* comment allez-vous? comment vous portez-vous? *wenn es nach mir ginge* si ce n'était que de moi; *wenn es (gar) nicht anders geht* si c'est indispensable; **G**~ *n* marche *f, a. sport; das* ~ *wird mir sauer* j'ai de la peine à marcher; **~=lassen** ‹*läßt, ließ gehen, gehenlassen*› **1.** *tr (in Ruhe l.)* laisser tranquille; **2.** *refl: sich* ~ *(im Benehmen)* se laisser aller; *(in der Kleidung)* se laisser aller, se négliger.

Geher *m* ‹-s, -› ['ge:ər] *sport* marcheur *m.*

gehetzt *a fig* traqué, bousculé.

geheuer [gə'hɔʏər] *a (nur verneint): das kommt mir nicht* ~ *vor* l'affaire est suspecte.

Gehilf|e *m* ‹-n, -n›, **~in** *f* ‹-, -nen› aide *m f,* assistant(e *f*) *m; (Amts~)* adjoint(e *f*) *m.*

Gehirn *n* ‹-(e)s, -e› **1.** *(als Substanz)* cervelle *f;* **2.** *(als Organ)* cerveau *m;* **~erschütterung** *f* commotion *f* cérébrale; **~haut** *f* méninge *f;* **~hautentzündung** *f* méningite *f;* **~schlag** *m* apoplexie, congestion *od* embolie *f* cérébrale, *fam* coup *m* de sang; **~tumor** *m med* tumeur *f* cérébrale; **~wäsche** *f pol* lavage *m* de cerveau.

Gehöft *n* ‹-(e)s, -e› [gə'hø:ft] ferme, métairie *f.*

Gehölz *n* ‹-es, -e› [gə'hœlts] bois, bosquet, boqueteau *m.*

Gehör *n* ‹-(e)s, ø› **1.** *(Sinn)* ouïe *f;* **2.** *(Sinn für Musik)* oreille *f; — nach* ~ *(mus)* à l'oreille; ~ *finden* avoir, trouver audience (*bei jedem* auprès de qn); *ein gutes* ~ *haben* avoir l'oreille fine; *sich* ~ *verschaffen* se faire écouter.

gehorchen ‹*gehorcht*› *itr* obéir (*jdm* à qn); *jdm nicht* ~ désobéir à qn.

gehör|en ‹*gehört*› *itr* **1.** *(a. als Besitz)* appartenir, être (*dat* à); **2.** *(als Teil)* faire partie (*zu* de); *(zu e-r Zahl, Gemeinschaft)* être (au nombre, au rang) de; **3.** avoir sa place, avoir à faire; — *wie es sich gehört* selon les règles, en bonne règle, comme il faut *od* convient; *das gehört sich nicht* cela ne se fait pas; *dazu gehört nicht viel* il ne faut pas être grand clerc *od* sorcier pour cela, ce n'est pas sorcier; *diese Frage gehört nicht hierher* cette question n'a rien à voir ici; *du gehörst ins Bett* tu devrais être au lit; **~ig I.** *a* **1.** *(gebührend)* dû; *(nötig)* nécessaire, requis; *(passend)* convenab|e; **2.** *(tüchtig)* bon, grand; *e-e ~e Tracht Prügel* une bonne rossée; **II.** *adv (gebührend)* dûment, comme il faut, bien; en toute franchise.

gehör|los [gə'hø:r-] *a* sourd; **~losigkeit** *f* ‹-, ø› surdité *f;* **~nerv** *m* nerf *m* auditif.

gehorsam [gə'ho:rza:m] *a* obéissant, docile; **G**~ *m* ‹-s, ø› obéissance, docilité *f.*

Gehörsinn *m* [gə'hø:r-] (sens *m* de l')ouïe *f.*

Gehweg *m* ‹-s, -e› ['ge:ve:k] trottoir *m.*

Geier *m* ‹-s, -› ['gaɪər] vautour *m.*

Geige *f* ‹-, -n› ['gaɪgə] violon *m; die erste* ~ *spielen (fig)* jouer le premier rôle; *der Himmel hängt ihm voller ~n* il est aux anges, il baigne dans la joie; **g~n** *itr* jouer du violon; **~nbauer** *m* luthier *m;* **~nbogen** *m* archet *m;* **~r** *m* ‹-s, -› joueur de violon, violoniste *m.*

Geigerzähler *m* ['gaɪgər-] *phys* compteur *m* (de) Geiger.

geil [gaıl] *a* **1.** *bot (üppig, wuchernd)* luxuriant, exubérant; **2.** *zoo (brünstig)* chaud, en chaleur, en rut; *(Mensch: wollüstig)* luxurieux, lascif, salace; excité (*auf* par).

Geisel *m* ‹-s, -› *od f* ‹-, -n› ['gaızəl] otage *m;* **~nahme** *f* prise *f* d'otage(s).

Geiß *f* ‹-, -en› [gaıs] chèvre *f;* **~blatt** *n bot* chèvrefeuille *m;* **~bock** *m* bouc *m.*

Geißel *f* ‹-, -n› ['gaısəl] fouet *m, a. fig; rel* discipline *f; fig (Plage)* fléau *m;* **g~n** *tr* fouetter; fustiger *a. fig; rel* flageller *a. fig; fig* châtier, stigmatiser.

Geist *m* [gaıst] **1.** ‹-(e)s, ø› esprit; génie *m; (Verstand)* intelligence *f,* entendement *m;* **2.** ‹-(e)s, -er› *(Gespenst)* fantôme, spectre, revenant *m;* **3.** ‹-(e)s, -e› alcool, esprit *m;* — *den ~ aufgeben* rendre l'âme *od* l'esprit; *von allen guten ~ern verlassen sein* avoir perdu le sens; *ich weiß, wes ~es Kind er ist* je sais de quel bois il se chauffe; *der böse ~* l'esprit malin; *der Heilige ~* l'Esprit saint, le Saint-Esprit.

Geister|erscheinung *f* ['gaıstər-] apparition, vision *f;* **~glaube** *m* spiritisme *m;* **g~haft** *a* spectral, fantômatique, surnaturel; **g~n** *itr ‹sein›* rôder (en fantôme); **~stunde** *f* heure *f* des revenants.

geistes|abwesend ['gaıstəs-] *a* absent, distrait; **G~abwesenheit** *f* absence (d'esprit), distraction *f;* **G~blitz** *m* éclair *od* éclat de génie, trait *m* d'esprit, saillie, boutade *f;* **G~gegenwart** *f* présence *f* d'esprit; **~gestört** *a* aliéné; *~ sein* avoir l'esprit dérangé; **G~haltung** *f* état *m od* tournure d'esprit, mentalité *f;* **~krank** *a* aliéné: **G~kranke** *m f* ‹-n, -n› malade *m f* mental(e); **G~krankheit** *f* maladie *od* aliénation *f* mentale; **G~leben** *n* vie *f* intellectuelle; **~verwandt** *a* congénial (*jdm* à qn); **G~wissenschaften** *f pl* lettres *f pl;* **G~zustand** *m* état *m* mental; *jdn auf s-n ~ untersuchen* soumettre qn à un examen mental.

geistig ['gaıstıç] *a* **1.** intellectuel, mental; *(immateriell)* spirituel, immatériel; **2.** *(alkoholisch)* spiritueux.

geistlich ['gaıstlıç] *a rel* spirituel; *(kirchlich)* ecclésiastique; *(klerikal)* clérical; *mus* sacré; **G~e** *m* ‹-n, -n› *allg* ecclésiastique, clerc; *(kath. Pfarrer)* curé, prêtre; *(evang. Pfarrer)* pasteur, ministre *m* (de l'Évangile); **G~keit** *f* ‹-, ø› clergé *m,* gens *pl* d'église.

geist|los ['gaıstlo:s] *a* sans esprit; *(dumm)* stupide; *(nichtssagend)* banal, insignifiant; **~reich** *a* spirituel; *~er Mann m* homme *m* d'esprit; **~tötend** *a fig* abrutissant, assommant.

Geiz *m* ‹-es, ø› [gaıts] avarice; *(übertriebene Sparsamkeit)* parcimonie; *(Knauserei)* ladrerie, lésine, mesquinerie *f;* **g~en** *itr* être avare (*mit* de); *mit jedem Pfennig ~* être très près de ses sous; **~hals** *m,* **~kragen** *m* avare, ladre, lésineur; *fam* grippe-sou *m;* **g~ig** *a* avare, avaricieux; *(zu sparsam)* parcimonieux; *(knauserig)* ladre; lésinant, lésineur; mesquin.

Gejammer *n* ‹-s, ø› lamentations *f pl.*

Gejohle *n* ‹-s, ø› criaillerie *f; (Hohngeschrei)* huées *f pl.*

Gekicher *n* ‹-s, ø› rires *m pl* étouffés.

Gekläff *n* ‹-(e)s, ø› jappement, glapissement *m.*

Geklapper *n* ‹-s, ø› claquement *m.*

Geklirr *n* ‹-(e)s, ø› cliquetis *m.*

gekonnt [gə'kɔnt] *a (Darbietung)* bien exécuté, très réussi.

Gekritzel *n* ‹-s, ø› griffonnage *m;* écriture *f* de chat, pattes *f pl* de mouche.

gekünstelt *a (Benehmen)* affecté; *(Stil)* apprêté, affété, artificiel, factice; *(unnatürlich)* forcé; *(gesucht)* recherché; étudié; *(geziert)* maniéré; *(geschraubt)* guindé.

Gelächter *n* ‹-s, -› [gə'lɛçtər] rire; *(Hohn~)* ricanement *m; in ~ ausbrechen* partir d'un éclat de rire, éclater de rire; *sich dem ~ aussetzen* s'exposer à la risée.

Gelage *n* ‹-s, -› banquet, festin *m; (Zech~)* beuverie, goguette *f.*

gelähmt *a* paralysé, perclus; **G~e** *m f* paralytique *m f.*

Gelände *n* ‹-s, -› [gə'lɛndə] *geog mil* terrain; *(Gebiet)* territoire *m; (Stück Land)* (pièce de) terre *f; (Bau~)* terrain à bâtir, emplacement *m; ebenes* od *flaches ~* terrain *m* plat *od* de niveau; *hügeliges ~* terrain *m* accidenté; *offenes ~* terrain *m* découvert; **~abschnitt** *m* secteur *m* de terrain; **~beschaffenheit** *f* nature *f* du terrain; **~fahrt** *f* cross-country *m; ~ machen* faire du tout-terrain; **g~gängig** *a* tout-terrain; **~gängigkeit** *f* capacité tout-terrain, aptitude *f* au tout-terrain; **~lauf** *m sport* cross-country *m.*

Geländer *n* ‹-s, -› [gə'lɛndər] **1.** balustrade *f,* parapet, accoudoir *m;* **2.** *(an Brücken, Ufern etc)* garde-fou *m; (Treppen~)* rampe *f; tech u. mar* garde-corps *m.*

gelangen [gə'laŋən] *‹gelangt› itr ‹sein›* (par)venir, arriver, atteindre (*zu, nach* à; *bis zu* od *nach* jusqu'à); *in den Besitz e-r S ~* acquérir *od* gagner qc; *zu Reichtum ~* faire fortune.

gelassen I. *a (ruhig)* calme, tranquille; *(gleichmütig)* impassible; *(geduldig)* patient; *(ergeben)* résigné; **II.** *adv* sans s'émouvoir; *~ bleiben* garder son calme; **G~heit** *f* ‹-, ø› calme *m;* impassibilité; patience *f.*

Gelatine *f* ‹-, ø› [ʒela'ti:nə] gélatine *f* culinaire.

geläufig [gəˈlɔʏfɪç] *a (Ausdruck, Redensart)* courant; *jdm ~ sein* être familier à qn.
gelaunt *a* disposé; *gut, schlecht ~* bien, mal disposé *od fam* luné; de bonne, mauvaise humeur.
Geläut *n* ‹-(e)s, -e›, **~ e** *n* ‹-s, -› sonnerie *f; (von Glöckchen)* tintement *m.*
gelb [gɛlp] *a* jaune; *~ färben* od *werden* jaunir; **~braun** *a* brun jaune; **G~fieber** *n* fièvre *f* jaune; **~lich** *a* jaunâtre; **G~sucht** *f* jaunisse *f, scient* ictère *m.*
Geld *n* ‹-(e)s, -er› [gɛlt, ˈ-dər] argent *m, (bes. kleineres)* monnaie *f; mit s-m ~ auskommen* joindre les deux bouts; *~ haben (reich sein)* avoir de quoi; *~ wie Heu haben* rouler sur l'or, être tout cousu d'or; *kein ~ bei sich haben* n'avoir point d'argent sur soi; *keinen Pfennig ~ haben* n'avoir pas le sou, être sans le sou; *zu ~ machen* convertir en argent; *im ~ schwimmen* rouler sur *od* nager dans l'or, être tout cousu d'or; *um ~ spielen* jouer pour de l'argent; intéresser la partie; *~ verdienen* gagner de l'argent; *das ist (so gut wie) bares ~* c'est de l'or en barre; *das ist nicht mit ~ zu bezahlen* c'est impayable; *~ regiert die Welt (prov)* l'argent mène le monde; *bares ~* argent comptant *od* en caisse, numéraire *m,* espèces *f pl; echtes, falsches ~* monnaie forte, fausse monnaie *f; öffentliche ~er pl* deniers *m pl* publics; **~anlage** *f* placement *m* de fonds; **~aufwertung** *f* réévaluation *f* de la monnaie; **~betrag** *m* somme *f* (d'argent); **~beutel** *m (fast nur noch fig)* bourse *f;* **~brief** *m* lettre *f* chargée; **~briefträger** *m* facteur *m* qui apporte de l'argent; **~einwurf** *m (Schlitz am Automaten)* fente *f;* **~entwertung** *f* dépréciation monétaire *od* de l'argent, dévaluation, dévalorisation, inflation *f;* **~geber** *m* prêteur (d'argent), bailleur *m* de fonds; **~gier** *f* cupidité *f;* **g~gierig** *a* avide d'argent, cupide; **~institut** *n* institut *m* bancaire; **~knappheit** *f* pénurie d'argent, rareté *f* de l'argent; **~mittel** *n pl* ressources *f pl* financières *od* en argent; **~quelle** *f* ressource *f* (d'argent); **~reserve** *f* réserve *f* monétaire; **~schein** *m* billet de banque, *pop* fafiot *m;* **~schrank** *m* coffre(-fort) *m;* **~sorte** *f* espèce *f;* **~strafe** *f* amende *f;* **~stück** *n* pièce *f* de monnaie; **~summe** *f* somme *f* d'argent; **~umlauf** *m* circulation *f* monétaire; **~verknappung** *f* resserrement *m* du marché monétaire; **~volumen** *n* masse *f* monétaire; **~wert** *m* valeur *f* monétaire *od* en argent; **~wesen** *n* monnaie *f;* système *m* monétaire.
Gelee *n* od *m* ‹-s, -s› [ʒeˈle:] gelée *f.*
gelegen I. *a* **1.** *(örtlich)* situé; *(Zimmer)* donnant (*nach* sur); **2.** *(passend)* opportun; **II.** *adv* à propos, à point; — *es ist mir daran ~, daß* il m'importe que *subj; das kommt mir sehr ~* cela arrive à point nommé pour moi, cela m'arrange (très) bien; *mir ist nicht viel daran ~* peu m'importe; **G~heit** *f (Anlaß, Möglichkeit)* occasion; *(günstige)* chance, facilité (*zu* de); *(Zufall)* occurrence *f; bei ~* à l'occasion; *gen* à l'occasion de, à propos de; *bei dieser ~* en cette occurrence *od* en l'occurrence; *~ haben zu* avoir l'occasion de; *die ~ nutzen* profiter de l'occasion; *es bietet sich e-e ~* il se présente une occasion; *~ macht Diebe (prov)* l'occasion fait le larron; *e-e gute, günstige ~* une bonne *od* belle occasion, une occasion favorable; **G~heitsarbeit** *f* travail *m* occasionnel *od* de circonstance; **G~heitskauf** *m* (achat *m* d')occasion *f;* **~tlich I.** *a* occasionnel, de rencontre; *(zufällig)* accidentel; **II.** *adv* occasionnellement, par occurrence.
gelehr|ig *a* docile (d'esprit); *(klug)* intelligent; **G~samkeit** *f* ‹-, ø› érudition *f,* savoir *m;* **~t** *a* savant, érudit, docte; **G~te** *m f* ‹-n, -n› savant, érudit, homme *m* d'étude.
Geleise *n* ‹-s, -› *(vgl. Gleis)* **1.** *(Wagenspur)* ornière *f a. fig;* **2.** *loc* voie *f* (ferrée), rails *m pl;* — *wieder ins ~ bringen (fig)* remettre dans la bonne voie; *aus dem ~ springen* dérailler.
Geleit *n* ‹-(e)s, -e› *(Begleitung)* accompagnement *m,* (re)conduite; *mil* escorte *f; mil mar* convoi; *(Trauer~)* cortège *m; jdm das ~ geben* faire escorte à qn; *freies ~* sauf-conduit *m;* **~schutz** *m* convoyage *m;* **~wort** *n (Buch)* préface *f,* avant-propos *m;* **~zug** *m mar* convoi *m.*
Gelenk *n* ‹-(e)s, -e› *anat bot* jointure, articulation *f; tech* joint *m* (articulé); **~entzündung** *f* arthrite *f;* **g~ig** *a* **1.** *(gegliedert)* articulé; *(biegsam)* pliant, pliable, flexible; **2.** *(Person: geschmeidig)* souple; **~igkeit** *f* ‹-, ø› flexibilité; souplesse *f;* **~rheumatismus** *m* rhumatisme *m* articulaire.
gelernt *a: ~er Arbeiter m* ouvrier *m* qualifié.
geliebt *a* aimé, chéri; **G~e** *m f* ‹-n, -n› bien-aimé(e *f*) *m; m fam* gigolo *m; f* maîtresse *f.*
gelind|(e) [gəˈlɪnt, (-də)] *a (mild, sanft)* doux, modéré, faible; *~ere Saiten aufziehen* adoucir *od* baisser le ton, filer doux.
gelingen [gəˈlɪŋən] ‹*gelang, gelungen*› *itr* ‹*sein*› *(Unternehmen)* réussir; *impers: es gelingt mir* je réussis (*zu* à), j'arrive (*zu* à); **G~** *n* réussite *f,* succès *m.*
gellen [ˈgɛlən] *itr* retentir, résonner; *es gellt mir in den Ohren* les oreilles me tintent; **~d** *a* perçant, strident, aigu.

geloben *tr* promettre, (solennellement), faire vœu de; *das Gelobte Land (rel)* la Terre promise.

Gelöbnis *n* ‹-ses, -se› [gəˈløːpnɪs] promesse *f* (solennelle), vœu *m.*

gelten [ˈgɛltən] ‹*gilt, galt, gegolten*› *tr* **1.** *(wert sein)* valoir; *itr* **2.** *(gültig sein)* être valable *od* valide *od* en vigueur, avoir cours; **3.** *(maßgebend sein)* faire autorité *od* loi; **4.** *(betreffen)* regarder (*jdm* qn), concerner (*jdm* qn), s'adresser (*jdm* à qn); — ~ *als, für* être réputé *od* passer pour; *impers: es gilt zu* il s'agit de, il faut, c'est le moment de; *etwas* ~ être estimé *od* en réputation, avoir du crédit; ~ *lassen* laisser passer, admettre; *das gilt mir (a.)* c'est une pierre dans mon jardin; c'est moi qui suis visé; *das gilt Ihnen* c'est à votre adresse; *das gilt nicht* cela ne compte pas, *fam* cela n'est pas de jeu; *es gilt!* va! tope! **~d** *a (Bestimmung, Gesetz)* en vigueur; ~ *machen (sich berufen auf)* se prévaloir de; *(durchsetzen)* faire valoir, affirmer; *für sich ~ machen* se prévaloir de.

Geltung *f* ‹-, ø› [ˈgɛltʊŋ] **1.** *(Gültigkeit)* validité, vigueur *f;* **2.** *(Ansehen)* crédit *m,* autorité *f;* **3.** *(Bedeutung)* importance *f;* — *zur ~ bringen* mettre en valeur, faire valoir; ~ *haben* faire autorité; *(gültig sein)* être valable *od* applicable; *zur ~ kommen* se faire valoir; *(Bild, Kleid)* faire de l'effet; *sich ~ verschaffen* se faire valoir, s'imposer; **~sbedürfnis** *n,* **~strieb** *m* besoin *m* de se faire valoir; **~sbereich** *m* domaine *od* champ *m* d'application; **~sdauer** *f* durée *f* de la validité.

Gelübde *n* ‹-s, -› [gəˈlʏpdə] promesse *f* solennelle, engagement (religieux), vœu *m; ein ~ ablegen* faire un vœu.

gelungen *(pp von: gelingen)* bien réussi *od* venu.

gemächlich [gəˈmɛ(ː)çlɪç] **I.** *a (ruhig, gemütlich)* nonchalant; **II.** *adv a.* à son aise.

Gemahl *m* ‹-(e)s, (e)› [gəˈmaːl] époux *m;* **~in** *f* épouse *f; Ihre Frau ~* Madame N.

gemahnen *tr: jdn an etw ~* rappeler qc à qn.

Gemälde *n* ‹-s, -› [gəˈmɛːldə] *allg* peinture *f; (Tafelbild)* tableau *m; (auf Leinwand)* toile; **~ausstellung** *f* exposition *f* de peinture *od* de tableaux, salon *m;* **~galerie** *f* galerie *f od* musée *m* de peinture *od* de tableaux.

Gemarkung *f* ‹-, -en› *(Feldmark)* finage *m.*

gemasert *a* veiné.

gemäß [gəˈmɛːs] **I.** *a (entsprechend)* conforme *(dat* à); **II.** *prp (a. angehängt)* conformément à, en conformité de *od* avec, par application de, selon, suivant, d'après.

gemäßigt [gəˈmɛːsɪçt] *a* modéré; *(Klima)* tempéré.

Gemäuer *n* ‹-s, -› [gəˈmɔʏər] murailles *f pl,* masure *f.*

Gemecker(e) *n* ‹-s, ø› [gəˈmɛkər(ə)] *(Nörgeln)* rouspétance *f.*

gemein [gəˈmaɪn] *a* **1.** commun; **2.** *(gewöhnlich)* ordinaire, vulgaire; **3.** *pej* bas, vil(ain), infâme; — *etw mit jdm ~ haben* avoir qc de commun avec qn; *~er Bruch m (math)* fraction *f* ordinaire; *~er Kerl m* gredin, gueux *m,* canaille *f.*

Gemeinde *f* ‹-, -n› [gəˈmaɪndə] **1.** *adm* commune; *rel (Pfarr~)* paroisse *f;* **2.** *(beim Gottesdienst)* les fidèles *m pl;* **~beamte** *m* ‹-n, -n› officier *od* fonctionnaire *od* employé *m* communal; **~haus** *n rel* maison *f* paroissiale; **~kasse** *f* caisse *f* communale; **~ordnung** *f* loi *f* sur les communes; **~rat** *m (Körperschaft)* conseil *m* municipal; *(Person)* conseiller *m* municipal; **~schwester** *f rel* infirmière *f* paroissiale; **~steuer** *f* impôt *m od* taxe communal(e), taxe *f* locale; **~verwaltung** *f* administration municipale, municipalité *f;* **~wahl** *f* élection *f* municipale.

Gemein|eigentum *n* ‹-s, ø› [gəˈmaɪn-] propriété *f* collective; *in ~ überführen* collectiviser; **g~gefährlich** *a* constituant un danger public; **~gut** *n* bien *m* commun; **~heit** *f (Gesinnung)* vulgarité, bassesse *f;* **2.** *(gemeine Handlung)* infamie *f;* **g~hin** *adv* ordinairement, d'ordinaire; **~nutz** *m* intérêt *m* général; *~ geht vor Eigennutz (prov)* l'intérêt particulier doit céder à l'intérêt général; **g~nützig** *a* d'intérêt général, d'utilité publique; *~e Einrichtung f* institution *f* d'utilité publique; **~platz** *m* lieu *m* commun, banalité *f;* **g~sam I.** *a* commun, collectif; **II.** *adv* **1.** en commun; **2.** *(mitea.)* ensemble; — *~e Sache machen* se solidariser, faire cause commune (*mit jdm* avec qn); *der G~e Markt* le marché commun; **~schaft** *f* ‹-, -en› **1.** communauté, collectivité; *rel* communion *f;* **2.** *(Beziehungen, Verkehr)* commerce *m,* relation(s *pl*) *f;* — *in ~ mit* en société de; *häusliche ~* communauté *f* de ménage; **~schaftsantenne** *f* antenne *f* collective; **~schaftsgefühl** *n,* **-geist** *m* solidarité *f;* **~schaftsproduktion** *f film* coproduction *f;* **~schaftsraum** *m* salle *f* commune; **g~verständlich** *a* populaire, à la portée de tous; **~wohl** *n* bien *m* public.

Gemenge *n* ‹-s, -› mélange; *geol* agrégat *m.*

gemessen *a* **1.** mesuré, précis; **2.** *fig (bedächtig, ernst)* réservé, grave; *~en Schrittes* à pas mesurés.

Gemetzel *n* ‹-s, -› massacre, carnage *m.*

Gemisch *n* ⟨-(e)s, -e⟩ mélange *m*, mixture *f; (Treibstoff~)* polycarburant *m;* **g~t** *a* mélangé; *(Ehe, Schule, Zug)* mixte; *(Körperschaft)* mi-parti; *(Gesellschaft, Gefühle)* mêlé, *(Gesellschaft)* mélangé; *(Gefühl)* empreint (*mit* de); *(Salat)* panaché.

Gemme *f* ⟨-, -n⟩ ['gɛmə] gemme, pierre *f* gravée.

Gemse *f* ⟨-, -n⟩ ['gɛmzə] chamois; *(in den Pyrenäen)* isard *m*.

Gemunkel *n* ⟨-s, ø⟩ *(heimliches Gerede)* chuchotements *m pl*, rumeurs *f pl*.

Gemurmel *n* ⟨-s, ø⟩ murmure(s *pl*).

Gemüse *n* ⟨-s, -⟩ [gə'my:zə] légume(s *pl*) *m; gemischtes ~* macédoine *f* (de légumes); **~bau** *m* culture *f* maraîchère; **~garten** *m* jardin maraîcher, (jardin) potager *m;* **~gärtner** *m* maraîcher; primeuriste *m;* **~händler(in** *f***)** *m* marchand(e *f*) *m* de légumes *od* de primeurs.

Gemüt *n* ⟨-(e)s, -er⟩ [gə'my:t] âme *f*, cœur, sentiment(s *pl*) *m; die ~er pl* les esprits *m pl; sich etw zu ~e führen (fam)* **1.** déguster qc, se régaler de qc; **2.** *(beherzigen)* prendre qc à cœur; **g~lich I.** *a* **1.** confortable, agréable, intime; **2.** *(Mensch)* bonhomme, débonnaire; aimable; **II.** *adv (in Ruhe)* doucement; — *es sich ~ machen* se mettre à l'aise; *hier ist es ~* il fait bon ici; **~lichkeit** *f* ⟨-, ø⟩ confort(able) *m*, intimité *f*.

Gemüts|art *f* [gə'my:ts-] naturel, tempérament, caractère *m*, complexion *f;* **~bewegung** *f* émotion *f;* **g~krank** *a* aliéné; **~mensch** *m fam* homme *m* de cœur; **~ruhe** *f: in aller ~ (fam)* tout doucement; **~verfassung** *f* état *m* d'âme, disposition d'esprit, humeur *f*, moral *m*.

Gen *n* ⟨-s, -e⟩ [ge:n] *biol* gène *m* (héréditaire).

genannt [gə'nant] *a* nommé, appelé, dit; surnommé.

genau [gə'naʊ] **I.** *a* exact; *(bestimmt)* précis; *(ausführlich)* détaillé; *(richtig, knapp)* juste; *(peinlich ~)* scrupuleux, minutieux; *(streng)* strict, rigoureux; **II.** *adv a.* au juste, avec justesse, de près, à *od* au pied de la lettre, exactement; — *~ um 3 Uhr* à trois heures précises; *~ gehen (Uhr)* aller juste; *jdn ~ kennen* connaître qn à fond; *es ~ nehmen mit (gewissenhaft beachten)* suivre à la lettre; *es nicht so ~ nehmen* ne pas y regarder de si près; *~ passen* aller juste; *sich etw ~ überlegen* réfléchir bien à qc; *das ist ~ dasselbe* c'est absolument la même chose; **~genommen** *adv* strictement parlant; **G~igkeit** *f* ⟨-, ø⟩ exactitude; précision, *(e-r Waage)* sensibilité; régularité; justesse; minutie; rigueur; *(in der Wiedergabe)* fidélité *f;* **~so** *adv: ~ gut* aussi bien, autant.

Gendarm *m* ⟨-en, -en⟩ [ʒan'darm] gendarme *m;* **~erie** *f* ⟨-, -n⟩ [-mə'ri:] gendarmerie *f; (Polizeistation)* poste *od* commissariat *m* de police.

genehm [gə'ne:m] *a pred: jdm ~ sein* convenir à qn, être agréable à qn; **~igen** ⟨*genehmigt*⟩ *tr* **1.** *(billigen)* consentir à, approuver, agréer; **2.** *(gestatten, zulassen)* permettre, autoriser; *(gewähren)* accorder; *refl:* **3.** *sich ~ (fam)* s'envoyer, se taper *(ein Gläschen* un verre*); — amtlich* od *behördlich, gerichtlich ~* homologuer; **G~igung** *f* ⟨-, -en⟩ consentement, assentiment *m*, approbation *f*, agrément *m;* permission, autorisation *f; mit ~ (gen)* avec l'autorisation (de) . . .; *die ~ einholen* demander l'autorisation; *e-e ~ erteilen* accorder *od* octroyer une permission; **~igungspflichtig** *a* soumis à l'approbation *od* à une autorisation.

geneigt *a* **1.** *(abfallend)* incliné, penché; *(abschüssig)* (en) déclive; **2.** *fig (aufgelegt)* d'humeur, disposé (*zu* à); *(gesonnen)* porté, enclin (*zu* à); **G~heit** *f* ⟨-, ø⟩ *fig* disposition *f* (*zu* à); *(fig: Hang)* penchant *m*, inclination *f*.

General *m* ⟨-s, -e/¨-e⟩ [gene'ra:l] général *m;* **~direktor** *m* directeur général, gouverneur *m;* **~intendant** *m mil* intendant en chef; *theat* directeur *m* général; **~konsul** *m* consul *m* général; **~konsulat** *n* consulat *m* général; **~major** *m* général de division; **~probe** *f theat* (répétition) générale *f;* **~sekretär** *m* secrétaire *m* général; **~staatsanwalt** *m* procureur *m* général; **~stab** *m: Großer ~* état-major *m* général; **~streik** *m* grève *f* générale; **~überholung** *f mot* révision *f* générale; **~versammlung** *f* assemblée *f* générale.

Gener|ation *f* ⟨-, -en⟩ [generatsi'o:n] génération *f;* **~ationswechsel** *m biol* génération *f* alternante; **~ator** *m* ⟨-s, -en⟩ [-'ra:tɔr, -'to:rən] *el* générateur *m*, dynamo *f; (Gas~)* gazogène *m;* **g~ell** [-'rɛl] *(allgemein) a* général.

genes|en [gə'ne:zən] ⟨*genas, genesen*⟩ *itr* ⟨*sein*⟩ guérir, se rétablir, recouvrer la santé; **G~ende** *m f* ⟨-n, -n⟩ convalescent(e *f*) *m;* **G~ung** *f* ⟨-, ø⟩ guérison *f*, rétablissement *m*, convalescence *f; auf dem Wege der ~* en convalescence.

Genetik *f* ⟨-, ø⟩ [ge'ne:tɪk] génétique *f*.

Genf *n* [gɛnf] Genève *f;* **~er** *m* ⟨-s, -⟩ Genevois *m; der ~ See* le (lac) Léman.

genial [geni'a:l] *a* génial, de génie; **G~ität** *f* ⟨-, ø⟩ [-li'tɛ:t] génialité *f*, génie *m*.

Genick *n* ⟨-(e)s, -e⟩ nuque *f; (Hals)* cou *m;* **~starre** *f* méningite *f* cérébro-spinale.

Genie *n* ⟨-s, -s⟩ [ʒe'ni:] (homme de) génie *m; verkanntes ~* incompris *m*.

genieren, *sich* [ʒe'ni:rən] ⟨*ohne ge-*⟩ se gêner, éprouver de la gêne *od* de l'em-

barras; *sich vor jdm ~ (a.)* se sentir gêné devant qn; *~ Sie sich nicht!* ne vous gênez pas!
genieß|bar [gə'ni:s-] *a (Speise)* mangeable, bon à manger; *(Getränk)* potable, buvable, bon à boire; **~en** ⟨*genoß, genossen*⟩ *tr* **1.** *(Speise)* manger; *(Getränk)* boire, prendre; **2.** *(mit Genuß verzehren)* savourer; *fig* jouir de; **G~er** *m* ⟨-s, -⟩ jouisseur; *(Feinschmecker)* gourmet *m;* **~erisch** *adv* en gourmet *od* connaisseur.
Genitalien *f* [geni'ta:liən] *pl anat* parties *f pl* génitales.
Genitiv *m* ⟨-s, -e⟩ ['ge:niti:f, -və] *gram* génitif *m.*
Genius *m* ⟨-, -nien⟩ ['ge:nius, -niən] génie *m.*
genormt *a* standard(isé).
Genosse *m* ⟨-n, -n⟩ [gə'nɔsə] **1.** *(Kamerad)* camarade *a. pol,* compagnon, *fam* compère, copain *m;* **2.** *(Helfershelfer)* complice, acolyte *m; — und ~n (pej)* et consorts.
Genossenschaft *f* [gə'nɔsənʃaft] *com* association; (société) coopérative *f,* syndicat *m; (sich) zu e-r ~ zs.schließen* (se) syndiquer; *landwirtschaftliche ~* syndicat *m* agricole; **g~lich** *a* coopératif; **~sbank** *f* banque *f* coopérative.
Genua *n* ['ge:nua] Gênes *f.*
genug [ge'nu:k] *adv* assez (de), suffisamment; en suffisance; *nicht ~ (a.)* trop peu; *~ haben von* avoir assez de; *es damit nicht ~ sein lassen* ne pas en rester là; *das Beste ist gerade gut ~ für ihn* rien n'est trop beau pour lui.
Genüg|e *f* ⟨-, ø⟩ [gə'ny:gə] *(nur in Wendungen): zur ~* assez, en suffisance, suffisamment; **g~en** ⟨*genügt*⟩ *itr* suffire; *jdm ~* satisfaire *od* contenter qn; *den Anforderungen ~* satisfaire aux exigences; *das genügt* cela suffit, cela fera l'affaire; **g~end** *a* suffisant, satisfaisant; *(wertend)* passable, *pred* assez bien; **g~sam** *a (Mensch)* facile à satisfaire, content de peu; *(mäßig)* sobre, frugal; **~samkeit** *f* ⟨-, ø⟩ sobriété, frugalité *f.*
Genugtuung *f* [gə'nu:ktu:uŋ] satisfaction; *(nur: gegebene)* réparation *f; von jdm für etw ~ fordern* demander satisfaction *od* réparation *od* raison de qc à qn.
Genuß *m* ⟨-sses, ⸚sse⟩ [gə'nus, -'nʏsə] **1.** *(Besitz)* jouissance *f; (Gebrauch)* usage; *jur (Nießbrauch)* usufruit *m;* **2.** *(Verzehr)* consommation *f;* **3.** *(Vergnügen)* plaisir *m,* jouissance *f; — in den ~ e-r S kommen* entrer en jouissance de qc; **~mittel** *n* produit *m* de consommation de luxe; **g~reich** *a* délicieux; **~sucht** *f* goût *m* du plaisir; **g~süchtig** *a* avide de jouissances *od* de plaisir, adonné aux plaisirs.
Geo|graphie *f* ⟨-, ø⟩ [geogra'fi:] géographie *f;* **g~graphisch** [-'gra:fɪʃ] *a* géographique; **~logie** *f* ⟨-, ø⟩ [-'gi:] géologie *f;* **g~logisch** [-'lo:gɪʃ] *a* géologique; **~metrie** *f* ⟨-, -n⟩ [-'tri:] géométrie *f; analytische, darstellende, ebene ~* géométrie *f* analytique, descriptive, plane; **g~metrisch** [-'me:trɪʃ] *a* géométrique.
Gepäck *n* ⟨-(e)s, ø⟩ [gə'pɛk] bagage(s *pl*) *m,* effets *m pl; mil* paquetage *m; sein ~ aufgeben* (faire) enregistrer ses bagages; *diplomatisches ~* valise *f* diplomatique; **~abfertigung** *f,* **~annahme** *f,* **~aufgabe** *f (Stelle)* (bureau d(')enregistrement *m* des bagages; **~aufbewahrung** *f* consigne *f* (des bagages); **~(aufbewahrungs)schein** *m* bulletin *m* de consigne; **~ausgabe** *f* livraison *f* des bagages; **~mehrgewicht** *n* excédent *m* de bagages; **~netz** *n* filet *m* (à bagages); **~schließfach** *n* consigne *f* automatique; **~stück** *n* colis *m;* **~träger** *m* **1.** *(Person)* porteur *(a. e-s Hotels),* commissionnaire *m;* **2.** *(am Fahrrad)* porte-bagages *m; mot* galerie *f;* **~wagen** *m* fourgon *m.*
Gepard *m* ⟨-s, -e⟩ ['ge:part, -də] *zoo* guépard *m.*
gepfeffert *a* poivré *a. fig; fig (Preis, Rechnung)* salé.
gepflegt *a (Person)* soigné; *(Haus)* entretenu, bien tenu.
Gepflogenheit *f* ⟨-, -en⟩ [gə'pflo:gənhaɪt] coutume *f.*
Geplänkel *n* ⟨-s, -⟩ [gə'plɛŋkəl] *mil* escarmouche *f.*
Geplapper *n* ⟨-s, ø⟩ [gə'plapər] babil(lage), bavardage, caquet *m.*
Geplätscher *n* ⟨-s, ø⟩ gazouillement *m.*
Geplauder *n* ⟨-s, ø⟩ causerie *f,* bavardage *m.*
Gepolter *n* ⟨-s, ø⟩ fracas, vacarme *m.*
Gepräge *n* ⟨-s, -⟩ empreinte; *fig* marque *f,* cachet, coin *m.*
Gepränge *n* ⟨-s, ø⟩ [gə'prɛŋə] parade, pompe *f.*
gerade [gə'ra:də] **I.** *a* **1.** *(geradlinig)* droit, aligné; **2.** *fig (unmittelbar)* direct; **3.** *(Charakter)* droit, sincère, franc, loyal; **4.** *(Zahl)* pair; **II.** *adv* **1.** droit, en ligne droite; directement; **2.** *(genau)* juste(ment), précisément, exactement; **3.** *(soeben)* tout à l'heure, il y a un instant; **4.** *fam (absichtlich)* exprès; *— ~ recht (zeitl.)* à point nommé; *~ wie* tout comme; *fünf ~ sein lassen* ne pas y regarder de trop près; *ich bin ~ gekommen* je viens d'arriver; *ich will ~ gehen* je suis en train *od* sur le point de partir; *da fällt mir ~ ein* à propos; *das fehlte ~ noch!* il ne manquait plus que cela! *nun ~!* exprès! **G~** *f* ⟨-n, -n⟨ (ligne) droite *f;* **~aus** *adv* tout droit; *~ gehen* aller droit devant soi; **~≈biegen** ⟨*bog gerade, geradegebogen*⟩ *tr fig* redresser; **~her-**

aus *adv* franchement, sans détour, *fam* carrément.

gerädert [gəˈrɛːdərt] *a: wie ~* rompu *od* brisé *od* assommé *od* accablé de fatigue.

gerade|so [gəˈraːdə-] *adv* pareillement; **~=stehen** ‹*stand gerade, geradegestanden*› *itr* se tenir droit; *für etw ~ (fig)* répondre de qc; **~wegs** *adv* directement; **~zu** *adv* **1.** tout droit, directement; **2.** *fig (freimütig)* franchement, rondement, sans façons, *fam* carrément; **3.** *(sogar)* même; — *das ist ja ~ Wahnsinn* c'est tout simplement de la folie *od* de la folie pure et simple.

Gerad|heit *f* ‹-, ø› [gəˈraːt-] rectitude *a. fig; fig (Redlichkeit)* droiture, probité, sincérité, loyauté *f;* **g~linig** *a math* rectiligne; *allg* en ligne droite.

Geran|ie *f* ‹-, -n›, **~ium** *n* ‹-s, -nien› [geˈraːniə, -nium] *bot* géranium *m.*

Gerassel *n* ‹-s, ø› [gəˈrasəl] cliquetis *m.*

Gerät *n* ‹-(e)s, -e› [gəˈrɛːt] **1.** ustensile(s *pl*); *(notwendiges ~)* nécessaire; *(Werkzeug)* outil(s *pl*), outillage; *(Mal-, Jagd-, Fisch~)* attirail; *a. mil* engin; *(komplizierteres)* instrument; *(Apparat)* appareil; *radio* poste; *(Turn~)* agrès *m pl;* **2.** *tech mil (Ausrüstung)* équipement; *mil* matériel *m; (Schiffs~)* apparaux *m pl.*

geraten [gəˈraːtən] **(1) I.** ‹*gerät, geriet, geraten*› *itr* ‹*sein*› **1.** *(zufällig kommen)* arriver (par hasard), parvenir (*an* à); entrer (*in* dans), tomber (*in* dans *od* entre); *(auf e-n Weg)* s'engager (*auf* dans); **2.** *(ausfallen)* tourner; *(gelingen)* réussir; *(gedeihen)* prospérer; — *an jdn ~* tomber sur qn; *außer sich ~* sortir de ses gonds; *an den Falschen ~* mal tomber; *in schlechte Gesellschaft ~* tomber en mauvaise compagnie; **II.** *pp, a: gut, schlecht ~ (Sache)* bien, mal réussi; *(Lebewesen)* bien, mal tourné; *er ist ganz nach s-m Vater ~* c'est le portrait de son père; **(2)** *(pp von: raten): für ~ halten* juger à propos (*zu* de).

Geräteturnen *n* [gəˈrɛːtə-] gymnastique *f* avec agrès.

Geratewohl *n* [gəraːtəˈvoːl]: *aufs ~* au hasard, à tout hasard, de but en blanc.

geraum *a attr: ~e Zeit (lange)* longtemps; *seit ~er Zeit* depuis longtemps.

geräumig [gəˈrɔʏmɪç] *a* spacieux, vaste, ample.

Geräusch *n* ‹-(e)s, -e› bruit *m; beim leisesten ~* au moindre bruit; **g~arm** *a* silencieux; **~dämpfung** *f* isolation *f* acoustique *od* phonique; **~kulisse** *f* **1.** *film radio* bruitage *m;* **2.** *fam* bruit *m* de fond; **g~los** *a* sans bruit; **g~voll** *a* bruyant.

gerb|en [ˈgɛrbən] *tr (Felle)* corroyer; *(rot ~)* tanner; raffiner; *jdm das Fell ~ (fig)* rosser qn; **G~er** *m* ‹-s, -› corroyeur, tanneur *m;* **G~erei** *f* ‹-, -en› [-ˈraɪ] corroierie, tannerie *f;* **G~erlohe** *f* tan *m;* **G~säure** *f* acide *m* tannique; **G~stoff** *m* tan(n)in *m.*

gerecht *a* juste; *(Person: unparteiisch; Sache: angemessen)* équitable; *(Forderung, Anspruch)* légitime; *(Strafe)* mérité; *jdm ~ werden* rendre justice à qn; apprécier qn à sa juste valeur; *e-r S ~ werden* faire justice à qc, satisfaire à qc; **G~igkeit** *f* ‹-, ø› justice; probité, honnêteté *f; ausgleichende ~* justice *f* commutative.

Gerede *n* ‹-s, ø› verbiage; *(Geschwätz)* bavardage *m,* racontars *m pl,* potin(s *pl*) *m; ins ~ bringen* décrier, compromettre, *(Frau)* afficher; *ins ~ kommen* être décrié *od* affiché.

gereichen ‹*gereicht*› *itr: jdm zu ... ~* servir, contribuer à ... de qn; *jdm zur Ehre ~* faire honneur à qn.

gereizt *a* irrité; **G~heit** *f* ‹-, ø› irritation *f.*

Gericht *n* ‹-(e)s, -e› [gəˈrɪçt] **(1) 1.** *jur (Behörde)* cour (de justice), justice *f,* tribunal *m;* **2.** *(Gebäude)* palais *m* de justice; **3.** *(die Richter)* les juges *m pl;* **4.** *(~sbarkeit)* juridiction, justice *f;* — *jdn vor ~ bringen* traduire *od* déférer qn en justice; *vor ~ erscheinen* (com)paraître à la barre; *mit jdm ins ~ gehen (fig)* critiquer, juger qn; *über jdn, über etw zu ~ sitzen* juger qn, porter jugement sur qc; *das höchste* od *oberste ~* la Cour suprême *od* la Haute Cour de Justice; *das Jüngste ~ (rel)* le Jugement dernier; *zuständiges ~* justice *f* de ressort; **(2)** *(Küche)* mets, plat *m; fertiges ~* plat *m* cuisiné.

gerichtlich *a* judiciaire; juridique; *(adv) auf ~em Wege* par voie de droit; par les voies légales; *jdn ~ belangen* od *verfolgen* poursuivre qn en justice, intenter des poursuites contre qn; *~ bestätigen* homologuer; *~ vorgehen* se pourvoir en justice.

Gerichts|akten *f pl* [gəˈrɪçts-] dossier *m* judiciaire; **~arzt** *m* médecin *m* légiste; **~barkeit** *f* juridiction *f;* **~diener** *m* huissier *m* (audiencier); **~entscheid** *m* décision *f* judiciaire; **~ferien** *pl* vacances judiciaires, vacations *f pl;* **~hof** *m* cour *f* (de justice), tribunal, siège *m; Oberster ~* Cour suprême *od* Haute Cour *f* de Justice; **~kosten** *pl* frais *m pl* de justice *od* de procédure; **~saal** *m* audience *f,* auditoire *m;* **~stand** *m* lieu *m* de juridiction; **~verfahren** *n* procédure *f* (judiciaire); **~verhandlung** *f* débat(s *pl*) *m* judiciaire(s); **~vollzieher** *m* huissier *m.*

gerieben [gəˈriːbən] *a* fin(aud), rusé, retors.

gering [gəˈrɪŋ] *a* petit; minime; *(Preis)* bas, modique; *kein G~erer als* nul autre que; *nicht im ~sten* (ne ...) pas le moins du monde, (ne ...) pas du tout; **~=ach-**

ten *tr* faire peu de cas de; mépriser; **~fügig** *a* petit; insignifiant, futile; **G~fügigkeit** *f* petitesse *f;* **~schätzig** *a* méprisant, dédaigneux; **G~schätzung** *f* mépris, dédain *m.*

gerinn|en [gə'rınən] ⟨*gerann, geronnen*⟩ *itr* ⟨*sein*⟩ se figer, se coaguler; *(Milch)* se cailler; *zum G~ bringen, ~ lassen* figer, coaguler, cailler; **G~sel** *n* ⟨-s, -⟩ [-zəl] *(Rinnsal)* ruisselet, filet *m* d'eau; *(Blut~)* caillot *m* de sang; **G~ung** *f* ⟨-, (-en)⟩ coagulation *f.*

Gerippe *n* ⟨-s, -⟩ [gə'rıpə] squelette *m,* ossature, carcasse *f.*

gerissen *a* **1.** *(zerrissen, geplatzt)* déchiré, crevé; **2.** *fig (schlau) = gerieben.*

German|e *m* ⟨-n, -n⟩ [gɛr'ma:nə] Germain *m;* **g~isch** *a* germanique; *hist* germain; **~istik** *f* ⟨-, ø⟩ [-'nıstık] germanistique *f;* étude *f* de la langue allemande (*od* des langues germaniques).

gern [gɛrn] *adv* volontiers, avec plaisir, de bon gré; *herzlich ~* de gaieté de cœur; de tout mon cœur; *~ mögen* aimer; *~ tun* aimer faire; *ich glaube es ~* je veux bien le croire, je le crois sans peine; *ich hätte gern ...* je voudrais bien ...; *ich möchte ~ wissen* je voudrais bien savoir; *~ geschehen!* (il n'y a) pas de quoi; *~ haben* aimer; *du kannst mich mal ~ haben* fiche-moi le camp! je ne veux plus rien savoir de toi! **G~egroß** *m* ⟨-es, -e⟩ fanfaron, hâbleur *m.*

Geröll *n* ⟨-(e)s, -e⟩ [gə'rœl] éboulis *m,* galets *m pl.*

Gerste *f* ⟨-, ø⟩ ['gɛrstə] orge *f;* **~nkorn** *n* grain d'orge *a. med; med* orgelet *m.*

Gerte *f* ⟨-, -n⟩ ['gɛrtə] verge, baguette *f.*

Geruch *m* ⟨-(e)s, ⸚e⟩ [gə'rux, -'rʏçə] **1.** odeur *f; (Wohl~)* senteur *f,* parfum *m;* **2.** *(Sinn)* odorat; *(Spürsinn)* flair *m;* **3.** *fig (Ruf)* odeur, réputation *f;* — *den ~ e-r S annehmen* prendre un goût de qc; **g~los** *a* inodore, sans odeur; **~snerv** *m* nerf *m* olfactif; **~ssinn** *m* odorat *m.*

Gerücht *n* ⟨-(e)s, -e⟩ [gə'rʏçt] bruit *m,* rumeur *f; es geht das ~* le bruit court.

gerufen *a: wie ~ kommen* arriver *od* venir à propos.

geruh|en ⟨*geruht*⟩ *itr* daigner (*zu tun* faire); **~sam** *a* calme, paisible.

Gerümpel *n* ⟨-s, ø⟩ [gə'rʏmpəl]: *altes ~* bric-à-brac, fatras *m,* vieux meubles *m pl.*

Gerundium *n* ⟨-s, -dien⟩ [ge'rundium, -diən] *gram* gérondif *m.*

Gerüst *n* ⟨-(e)s, -e⟩ **1.** *(Bau~)* échafaudage *m;* **2.** *(Schau~)* tribune *f;* — *ein ~ aufschlagen* monter *od* dresser un échafaudage.

ges *n* ⟨-, -⟩ [gɛs] *mus* sol *m* bémol.

gesagt *(pp von: sagen): ~, getan* aussitôt dit, aussitôt fait.

gesalzen *a, a. fig fam* salé.

gesamt [gə'zamt] *a* total, (tout) entier, global, collectif; tout le, tout la.

Gesamt *n* ⟨-s, ø⟩ (le) total, (la) totalité, (l')ensemble *m,* (le) tout; *(in Zssgen) = gesamt;* **~ansicht** *f* vue *f* d'ensemble *od* générale; **~ausgabe** *f* **1.** édition *f* complète; **2.** *pl (an Geld)* frais *m pl* totaux; **~betrag** *m* montant *m,* somme *f* total(e), total *m;* **~eindruck** *m* effet *m od* vue *f* d'ensemble; **~heit** *f* ⟨-, ø⟩ totalité *f,* tout, ensemble *m; (von Menschen)* collectivité *f,* corps *m;* **~kosten** *pl* coût *m* total; **~preis** *m* prix *m* global *od* d'ensemble; **~schaden** *m* dommage *m* total; **~strafe** *f* peine *f* collective *od* d'ensemble; **~summe** *f* somme *f* totale; **~übersicht** *f* plan d'ensemble, exposé *m* général; **~vermögen** *n* totalité *f* des biens, avoir *m* total; **~wert** *m* valeur *f* totale.

Gesandt|e *m* ⟨-n, -n⟩ *pol* envoyé (extraordinaire), ministre *m* plénipotentiaire; **~schaft** *f* légation *f.*

Gesang *m* ⟨-(e)s, ⸚e⟩ [gə'zaŋ, -'zɛŋə] **1.** chant; *orn a.* ramage *m;* **2.** *(Teil e-s Epos)* chant *m;* **~buch** *n rel* livre *m* de cantiques; **~lehrer** *m* professeur *m* de chant; **~verein** *m* société chorale *od* de chant, chorale *f,* orphéon *m.*

Gesäß *n* ⟨-es, -e⟩ [gə'zɛ:s] séant *m,* fesses *f pl,* derrière *m;* **~tasche** *f* poche *f* revolver.

Geschädigte *m f* ⟨-n, -n⟩ victime *f.*

Geschäft *n* ⟨-(e)s, -e⟩ [gə'ʃɛft] **1.** *(Vorgang)* affaire; *(Beschäftigung)* occupation, besogne *f; (Gewerbe)* métier *m; (Handel)* affaires *f pl,* commerce, négoce *m;* **2.** *(Unternehmen, Firma)* entreprise *f,* fonds *m od* maison *f* de commerce, établissement; *(Büro)* bureau; *(Laden)* magasin *m, (kleinerer)* boutique *f (für etw* de qc); **3.** *fam (Notdurft)* besoins *m pl;* — *ein ~ abschließen* conclure un marché; *ein schlechtes ~ gemacht haben* avoir fait une *od* de mauvaise(s) affaire(s); *ein (gutes) ~ machen* faire une (bonne) affaire; *dunkle* od *unsaubere ~e machen* faire des affaires louches, tripoter; *jdm das ~ verderben* gâter le marché *od* le métier à qn; *sein ~ verstehen* entendre bien son métier; *wie geht das ~?* comment vont les affaires? **g~ig** *a* affairé, empressé, agissant, actif; *~ tun* faire l'empressé; **~igkeit** *f* ⟨-, ø⟩ affairement; empressement *m,* activité *f;* **g~lich I.** *a* d'affaires; commercial; **II.** *adv* pour affaires; *jdn ~ sprechen* parler affaires avec qn; *~ verhindert* empêché par les affaires.

Geschäfts|abschluß *m* [gə'ʃɛfts-] conclusion d'une *od* de l'affaire *od* d'un *od* du marché; opération, transaction *f;* **~anteil** *m* part *f* sociale; **~aufgabe** *f* cessation d'affaires *od* de commerce; *(Liquidation)* liquidation *f;* **~bereich**

m champ d'activité, cercle d'affaires; *pol* portefeuille; *adm* ressort *m*, compétence *f;* **~bericht** *m com* compte rendu d'exploitation; *allg* compte rendu *m* de gestion; *(e-s Vereins)* bilan *m* de société; **~beziehungen** *f pl* relations *f pl* d'affaires; **~brief** *m* lettre *f* d'affaires; **~eröffnung** *f* ouverture *f* de l'entreprise *od* du magasin; **g~fähig** *a* capable de contracter *od* de disposer; *~ sein* avoir capacité de disposer; **~fähigkeit** *f* capacité *f* de contracter *od* négociante; **~frau** *f* marchande *f;* **~freund** *m* correspondant *m;* **g~führend** *a* gérant, gestionnaire; **~führer** *m com* gérant (d'affaires), directeur gérant; *(e-s Vereins)* secrétaire *m;* **~führung** *f* gestion *od* direction des affaires; gérance *f;* **~gang** *m (Besorgung)* course *f* pour affaires; *(Gang der Geschäfte)* courant *m od* marche *od* allure *f* des affaires; **~gründung** *f* fondation *f* d'une *od* de la maison; **~haus** *n* maison *f* (de commerce), établissement *m;* **~inhaber** *m* propriétaire *m* d'une maison de commerce *od* d'un magasin; **~interesse** *n* intérêt *m* des affaires; *pl* intérêts *m pl* commerciaux; **~jahr** *n* année *f* commerciale *od* sociale; exercice *m;* **~leben** *n* vie *f* commerciale, affaires *f pl;* **~leitung** *f* gestion des affaires, direction *f;* **~leute** *pl* gens d'affaires, commerçants, négociants *m pl;* **~mann** *m* ⟨-(e)s, -leute/(-männer)⟩ homme d'affaires, négociant, commerçant *m;* **~ordnung** *f adm* règlement *m* intérieur; *pol parl* réglement; *e-e ~ aufstellen, sich e-e ~ geben* arrêter *od* établir son règlement; *zur ~!* point d'ordre! **~räume** *m pl* bureaux, locaux *m pl* à usage commercial; **~reise** *f* voyage *od* déplacement *m* d'affaires; *auf ~* en voyage d'affaires; **~reisende** *m* voyageur *od* voyageur-représentant de commerce, *vx* commis *m* (voyageur); **~schluß** *m* heure *f* de fermeture; **~stelle** *f* bureau, secrétariat *m; (untergeordnete)* agence *f;* **~straße** *f* rue *f* marchande *od* commerçante; **~stunden** *f pl* heures *f pl* de bureau; **~träger** *m pol* chargé *m* d'affaires; **g~tüchtig** *a* habile en affaires; **g~unfähig** *a* incapable de contracter; **~unfähigkeit** *f* incapacité *f* légale (de contracter); **~unkosten** *pl* frais *m pl* généraux; **~verbindung** *f* relations *f pl* d'affaires; *mit jdm in ~ stehen, treten* avoir affaire, entrer en relations d'affaires avec qn; **~verkehr** *m* mouvement *m* d'affaires, opérations *f pl;* **~viertel** *n* quartier *m* d'affaires *od* commercial *od* de commerce; **~zeit** *f (Büro)* heures *f pl* de bureau *od (Laden)* d'ouverture; **~zimmer** *n* bureau *m.*

geschärft *a (Bombe)* armé.

geschätzt *a (geachtet)* estimé.

gescheh|en [gəˈʃeːən] ⟨*geschieht, geschah, geschehen*⟩ *itr* ⟨*sein*⟩ arriver, se passer, se produire; *(stattfinden)* avoir lieu, se faire; *(getan werden)* être fait, s'accomplir; *(zustoßen)* advenir; *als wenn nichts ~ wäre* comme si de rien n'était; *(das ist) gern ~!* (il n'y a) pas de quoi; *das geschieht dir (ganz) recht (so)* c'est bien fait pour toi, tu as ce que tu mérites, tu l'as voulu; *was ~ ist, ist ~* ce qui est fait est fait; *es muß etwas ~!* il faut faire qc! *was auch ~ mag* quoi qu'il advienne; **G~nis** *n* ⟨-ses, -se⟩ événement; *(Vorfall)* fait *m.*

gescheit [gəˈʃaɪt] *a (klug)* intelligent; *(vernünftig)* raisonnable, sensé; *(scharfsinnig)* judicieux, sagace; *du bist (wohl) nicht recht ~!* tu n'as pas toute ta raison.

Geschenk *n* ⟨-(e)s, -e⟩ don, présent; *(kleines)* cadeau *m; (großzügiges)* largesse *f; jdm etw zum ~ machen* faire présent *od* cadeau de qc à qn; *kleine ~e erhalten die Freundschaft* les petits présents entretiennent l'amitié.

Geschicht|e *f* ⟨-, -n⟩ [gəˈʃɪçtə] **1.** *(Wissenschaft u. wissenschaftl. Darstellung)* histoire *f;* **2.** *(Erzählung)* histoire *f,* conte; récit *m;* **3.** *(Angelegenheit)* affaire *f; (Ereignis)* événement *m;* — *mach keine ~n! (fam)* ne fais pas d'histoires; *Alte, Mittlere, Neuere, Neueste ~* histoire *f* ancienne, du Moyen Age, moderne, contemporaine; *Biblische ~* histoire *f* sainte; **g~lich** *a* historique.

Geschichts|schreiber *m* [gəˈʃɪçts-] historien, historiographe *m;* **~wissenschaft** *f* (science de l')histoire *f.*

Geschick *n* ⟨-(e)s, -e⟩ [gəˈʃɪk] *(Schicksal)* sort, destin *m,* destinée *f;* **~lichkeit** *f* ⟨-, ø⟩ *n* ⟨-(e)s, ø⟩ adresse, habileté, dextérité *f,* savoir-faire *m;* **g~t** *a* adroit, habile (*in etw* dans qc, *im* ... à *inf*).

geschieden [gəˈʃiːdən] *a* séparé; *(Familienstand)* divorcé (*von jdm* d'avec qn); *wir sind ~e Leute* tout est fini entre nous.

Geschirr *n* ⟨-(e)s, -e⟩ [gəˈʃɪr] **1.** *(Tafel-, Tisch~)* vaisselle; *(Küchen~)* batterie *f* de cuisine; **2.** *(Pferde~)* harnais, harnachement *m;* — *(das) ~ spülen* faire la vaisselle; **~schrank** *m* vaisselier, buffet *m;* **~spülautomat** *m,* **~spülmaschine** *f* machine *f* à laver la vaisselle; lave-vaisselle *m;* **~spüler** *m* **1.** plongeur *m;* **2.** = *Geschirrspülautomat;* **~tuch** *n* torchon *m;* **~wärmer** *m* chauffe-plats *m inv.*

Geschlecht *n* ⟨-(e)s, -er⟩ [gəˈʃlɛçt] **1.** *(Familie)* famille, race, lignée, descendance *f;* **2.** *(Menschenalter)* génération *f;* **3.** *biol* sexe *m;* **4.** *gram* genre *m;* — *das schöne ~* le beau sexe; *das schwache, starke ~* le sexe faible, fort; **g~lich**

a sexuel; **~sakt** *m* acte sexuel, coït *m;* **~skrankheit** *f* maladie *f* vénérienne; **~sorgan** *n* organe *m* génital; **~steile** *n (a. m) pl* parties *f pl* génitales; **~strieb** *m* instinct *m* sexuel *od* génésique; **~sverkehr** *m* rapports *m pl* sexuels *od* intimes; **~swort** *n gram* article *m.*

geschliffen *a (Stein)* taillé; *(Glas)* poli, biseauté.

geschlossen *(pp von: schließen) adv* **1.** *(ausnahmslos)* à l'unanimité, en corps; **2.** *mil* en formation serrée *od* dense *od* compacte; — *~! (theat)* relâche! *~e Gesellschaft f* société fermée; réunion *f* privée; *~e Ortschaft f* agglomération *f;* **G~heit** *f* ‹-, ø› ensemble; accord *m,* harmonie *f.*

Geschmack *m* ‹-(e)s, ⸚e(r)› [gəˈʃmak] **1.** *(Speise)* goût *m* (*nach etw* de qc); *(Wohl~)* saveur *f;* **2.** *fig* goût *m;* — *mit ...geschmack* parfumé au, à la ...; *an etw ~ finden* prendre (du) goût à qc, goûter qc; *~ haben (fig)* avoir du goût; *das ist nicht mein ~* cela n'est pas à mon goût; cela ne me plaît pas; *über den ~ soll man nicht streiten (prov)* des goûts et des couleurs il ne faut pas discuter; **g~los** *a* **1.** sans goût, sans saveur; *(fade)* fade, insipide; **2.** *fig* de mauvais goût; *sich ~ anziehen* od *kleiden (fam a.)* se fagoter, se ficeler; **~losigkeit** *f* ‹-, -en› **1.** fadeur, insipidité *f;* **2.** *fig* mauvais goût; *(Taktlosigkeit)* manque *m* de goût; **~snerv** *m* nerf *m* gustatif; **~(s)sache** *f: das ist ~* c'est une affaire de goût; **~sverirrung** *f* aberration du *od* erreur *f* de goût; **g~voll** *a, a. fig* de bon goût *od* ton; *~ gekleidet* mis avec goût *od* élégance.

Geschmeide *n* ‹-s, -› [gəˈʃmaɪdə] *lit poet* joyaux, bijoux *m pl,* parure *f.*

geschmeidig *a (biegsam)* pliant, flexible, souple; *fig (wendig)* souple, maniable; *~ sein (a.)* avoir les reins souples; **G~keit** *f* ‹-, ø› flexibilité, souplesse *f a. fig.*

Geschöpf *n* ‹-(e)s, -e› créature *f.*

Geschoß *n* ‹-sses, -sse› [gəˈʃɔs] **1.** projectile *m; (Gewehr)* balle *f;* **2.** *(Stockwerk)* étage *m.*

geschraubt *a (Haltung, Benehmen)* affecté, guindé, gourmé; *(Sprache, Stil)* apprêté, forcé, recherché, affecté, affété, maniéré, contourné, guindé.

Geschrei *n* ‹-s, ø› cris *m pl,* criaillerie, clameur *f,* vociférations *f pl; fig* bruit, tapage *m; um etw viel ~ machen* faire grand bruit autour de qc.

Geschütz *n* ‹-es, -e› pièce (d'artillerie), bouche *f* à feu, canon *m; schweres ~ auffahren (fig)* dresser ses batteries; **~feuer** *n* tir *m* d'artillerie; canonnade *f;* **~stellung** *f* position *f* de (la) pièce.

geschützt *a: ~ gegen* od *vor* à l'abri de.

Geschwader *n* ‹-s, -› [gəˈʃva:dər] *mar aero* escadre *f.*

Geschwätz *n* ‹-es, ø› [gəˈʃvɛts] babil(lage), bavardage, caquet *m;* **g~ig** *a* bavard, loquace; *(Kind; Vogel)* babillard; **~igkeit** *f* ‹-, ø› loquacité, verbosité *f.*

geschweige I. *adv (um so weniger)* encore (bien) moins; **II.** *conj: ~ denn, daß* à moins que.

geschwind [gəˈʃvɪnt] **I.** *a (schnell)* rapide, prompt; **II.** *adv a.* vite; **G~igkeit** *f* ‹-, -en› *phys tech (a. geringe)* vitesse; *(hohe)* rapidité, célérité; *(im Handeln)* promptitude *f; mit e-r ~ von* à la vitesse de; *überhöhte ~* vitesse *f* excessive; **G~igkeitsbegrenzung** *f* limitation *f* de (la) vitesse.

Geschwister *pl* [gəˈʃvɪstər] frère(s) *m (pl)* et sœur(s) *f (pl);* **~paar** *n* frère *m* et sœur *f.*

geschwollen *a* **1.** *med* enflé, *(entzündet)* tuméfié; *(Auge)* bouffi; *(Ader)* gonflé; **2.** *(Stil)* ampoulé; *~ reden* parler avec emphase.

Geschworene *m f* [-ˈʃvo:r-] *jur* juré *m; die ~n* les jurés *m pl,* le jury; **~ngericht** *n* (cour *f* d')assises *f pl.*

Geschwulst *f* ‹-, ⸚e› enflure *f.*

Geschwür *n* ‹-(e)s, -e› [gəˈʃvy:r] ulcère, abcès *m.*

Ges-Dur *n* [ˈgɛsdu:r] *mus* sol *m* bémol majeur.

Gesell|e *m* ‹-n, -n› [gəˈzɛlə] **1.** *(Handwerks~)* compagnon, garçon *m* (*z. B.: Schneider~* garçon tailleur); **2.** *(Kerl)* gaillard *m; lustiger ~* joyeux compère *od* drille *m;* **g~en** ‹*gesellt*› *tr* joindre, assembler, associer, réunir; *sich ~* se joindre (*zu* à), s'assembler, s'associer, se réunir (*zu* avec); **~enprüfung** *f* épreuve *f* de compagnon; **g~ig** *a* sociable, liant; *~es Beisammensein n* réunion amicale *f;* **~igkeit** *f* ‹-, -en› sociabilité, mondanité; réunion *f* amicale.

Gesellschaft *f* ‹-, -en› [gəˈzɛlʃaft] **1.** compagnie; *(organisierte u. soziologische)* société; *(Organisation a.)* association *f; (kleinere)* club, cercle *m; theat* troupe; *pej* clique *f;* **2.** *(gesellschaftl. Veranstaltung)* réunion; *(Abend~)* soirée *f;* — *in guter, schlechter ~* en bonne, mauvaise compagnie; *geschlossene ~* société *f* fermée; réunion *f* privée; *~ mit beschränkter Haftung (GmbH)* société *f* à responsabilité limitée (S.A.R.L.); **~er** *m* ‹-s, -› **1.** *allg* compagnon *m;* **2.** *com* sociétaire, associé *m;* — *stiller ~ (com)* commanditaire *m; guter ~* homme *m* de bonne compagnie; **~erin** *f* ‹-, -nen› dame *od (ledige)* demoiselle *f* de compagnie; **g~lich** *a* social; de société, mondain.

Gesellschafts|anzug *m* tenue *f* de soirée; *(Frack)* habit *m;* **g~fähig** *a* présentable; **~reise** *f* voyage *m* organisé *od* en groupe *od* d'entreprise; *pl* tourisme *m* collectif; **~schicht** *f* couche *f* sociale; **~spiel** *n* jeu *m* de société.

Gesetz *n* ‹-es, -e› [gə'zɛts] loi *f*, *a. fig; im Namen des ~es* au nom de *od* de par la loi; *nach dem ~* d'après la loi; *ein ~ abändern* amender une loi; *ein ~ annehmen* adopter une loi; *ein ~ aufheben* abroger une loi; *~e geben* od *machen* légiférer; *ein ~ übertreten* contrevenir à une loi; **~blatt** *n* bulletin *od* corps *od* recueil des lois, bulletin *m* officiel; **~buch** *n* code *m;* **~entwurf** *m* projet *m* de loi; **~esänderung** *f* modification *f* à la loi; **~eskraft** *f: ~ erlangen, haben* acquérir, avoir force de loi; **~esvorlage** *f* projet *m* de loi; *e-e ~ einbringen* présenter un projet de loi; **g~gebend** *a* législatif; **~geber** *m* législateur *m;* **~gebung** *f* législation *f;* **g~lich** *a* légal; *(gesetzmäßig)* conforme à la loi; *(rechtmäßig)* légitime; *~er Erbe m* héritier *m* légitime; *~er Feiertag m* fête *f* légale; *~ geschützt* breveté; marque déposée; *~er Vertreter m* mandataire, représentant *m* légal; *~es Zahlungsmittel n* cours *m od* monnaie *f* légal(e); **g~los** *a* sans loi, anarchique; **~losigkeit** *f* anarchie *f;* **g~mäßig** *a* conforme à la loi, légal; *(rechtmäßig)* légitime; **~mäßigkeit** *f* **1.** légalité; légitimité *f;* **2.** *scient* régularité *f.*

gesetzt *(pp von: setzen) a (ruhig)* posé, rassis; *(ernst)* sérieux, grave; *~ den Fall, daß* soit, supposons que; *~es Wesen n,* **G~heit** *f* ‹-, ø› esprit *m* mûr; pondération *f.*

gesichert *a* **1.** assuré, en sûreté *(gegen* contre); sûr, à couvert, à l'épreuve *(gegen* de); **2.** *(Gewehr)* (mis) au cran d'arrêt; *tech* bloqué.

Gesicht *n* [gə'zɪçt] **1.** ‹-(e)s, -er› visage *m,* figure; *scient lit poet* face; *(~ssinn)* vue *f;* **2.** *n* ‹-(e)s, -e› *(Vision, Erscheinung)* vision, apparition *f;* — *zu ~ bekommen* voir; *jdm ins ~ lachen* rire au nez de qn; *ein finsteres ~ machen* faire grise mine *od* la mine; *ein langes ~ machen* avoir la mine longue; *jdm etw ins ~ sagen* dire qc à qn en face; *jdm ins ~ sehen* regarder qn en face; *jdm wie aus dem ~ geschnitten sein* être le portrait du qn; *über das ganze ~ strahlen* avoir une mine joyeuse; *das ~ verlieren (fig)* perdre la face; *das ~ wahren* sauver la face.

Gesichts|ausdruck *m* [gə'zɪçts-] expression du visage; physionomie *f;* **~farbe** *f* teint *m; e-e gesunde ~ haben* avoir le teint coloré *od* bonne mine; **~feld** *n* champ *m* visuel *od* de vision; **~kreis** *m* horizon *m, a. fig;* **~punkt** *m fig* point de vue, aspect *m; unter diesem ~* de ce point de vue, sous cet angle; **~winkel** *m* **1.** *anat* angle facial; *opt* angle *m* visuel; **2.** *fig* aspect *m;* **~züge** *m pl* traits *m pl.*

Gesims *n* ‹-es, -e› [gə'zɪms, -zə] *arch (Mauerwerk)* entablement *m; (Zierleiste)* moulure, corniche *f.*

Gesinde *n* ‹-s, -› [gə'zɪndə] domestiques *m pl;* **~l** *n* ‹-s, ø› canaille, racaille *f.*

gesinn|t *a (nur in Zssgen)* qui a telle ou telle opinion; *feindlich ~* hostile; **G~ung** *f* ‹-, (-en)› *(Denkart)* manière de penser; *(Überzeugung)* conviction, opinion *f, a. pol; pol* principes *m pl;* **G~ungsgenosse** *m* ami *m* politique; **~ungslos** *a* sans aveu; **G~ungswechsel** *m* changement *m* d'opinion, volte-face *f.*

gesittet *a (von guten Umgangsformen)* de bonnes manières, civil; *(kultiviert)* civilisé.

gesonnen [gə'zɔnən] *a* disposé *(zu* à); *~ sein, etw zu tun (a.)* avoir l'intention de faire qc.

Gespann *n* ‹-(e)s, -e› *(Zugtiere)* attelage *m.*

gespannt *a* **1.** *allg* tendu; *(Muskel, Sehne, Feder tech)* bandé; *(Pistole, Revolver)* armé; **2.** *fig (Mensch)* suspendu (*auf* à), captivé; *(Aufmerksamkeit)* soutenu; **3.** *(Lage, Verhältnisse)* tendu; — *ich bin ~ auf deinen Freund* je suis curieux de voir ton ami; *ich bin ~, was er berichten wird* j'attends son récit avec impatience; **G~heit** *f* ‹-, ø› *fig* attention soutenue, impatience *f; (der Lage)* tension *f.*

Gespenst *n* ‹-(e)s, -er› [gə'ʃpɛnst] fantôme, spectre; *(Geist e-s Toten)* revenant *m;* **g~erhaft** *a,* **g~ig** *a,* **g~isch** *a* fantomal, fantomatique, spectral.

gesperrt *pp a* **1.** *(Weg)* barré; *(Konto)* bloqué; **2.** *typ* espacé; — *~!* interdit!

Gespött *n* ‹-(e)s, ø› moquerie, raillerie, dérision *f; sich zum ~ (gen) machen, zum ~ (gen) werden* devenir la risée (de).

Gespräch *n* ‹-(e)s, -e› [gə'ʃprɛːç] **1.** conversation *f, a. tele,* entretien, dialogue *m; (Plauderei)* causerie *f; (gelehrtes)* colloque; *(Debatte)* débat *m,* discussion; *pl pol* dialogue *m;* **2.** *tele* communication *f;* — *das ~ auf etw bringen* faire tomber la conversation sur qc; *mit jdm ein ~ führen* s'entretenir avec qn; *~ unter vier Augen* tête-à-tête *m;* **g~ig** *a* causeur, communicatif; **~igkeit** *f* ‹-, ø› humeur *f* causeuse; **~spartner(in** *f***)** *m* interlocuteur *m,* -trice *f; tele a.* correspondant(e *f*) *m;* **~sstoff** *m,* **~sthema** *n* sujet *m* de conversation; *~ sein* être le sujet de (la) conversation, être sur le tapis.

gespreizt *pp, a* **1.** écarté; **2.** *fig* affecté, guindé; *(Stil)* apprêté, bouffi.

gesprenkelt *a* tacheté, moucheté.

Gestalt *f* ‹-, -en› **1.** forme, figure; *(nicht*

genau erkennbar) silhouette *f;* **2.** *(Figur, Körperbau)* figure, tournure, *(Wuchs)* stature, taille *f;* **3.** *lit* personnage *m,* figure *f;* — *in ~ (gen)* sous (la) forme (de), sous la figure (de), en la personne (de); *(feste) ~ annehmen* prendre corps, se former, *(Plan)* se dessiner, se concrétiser; *menschliche ~* silhouette, forme *f* humaine; **g~en** ‹*gestaltet*› *tr* former, figurer, façonner; *sich ~* se former, prendre corps, se développer; **~ung** *f* ‹-, (-en)› (con)formation, configuration *f; (Formgebung)* façonnement *m; (Kunst)* réalisation *f.*

Gestammel *n* ‹-s, ø› balbutiements, bégaiements *m pl.*

geständ|ig *a: ~ sein* faire des aveux, avouer; **G~nis** *n* ‹-ses, -se› aveu *m,* confession *f; ein ~ ablegen = geständig sein.*

Gestank *m* ‹-(e)s, ø› [gəˈʃtaŋk] mauvaise odeur, puanteur *f.*

gestatten [gəˈʃtatən] ‹*gestattet*› *tr* permettre; *(gewähren)* accorder; *wenn Sie (mir) ~* si vous voulez bien me permettre, sauf votre respect; *~ Sie!* permettez, pardon (... Monsieur, Madame, Mademoiselle).

Geste *f* ‹-, -n› [ˈgɛstə] geste *m.*

gestehen ‹*gestand, gestanden*› *tr (bekennen)* confesser, avouer, faire l'aveu de; *itr* faire des aveux; *(zugeben)* admettre, convenir de; *offen gestanden* à vrai dire, à dire vrai.

Gestein *n* ‹-(e)s, -e› pierres *f pl; min* roche(s *pl*) *f,* minéral *m.*

Gestell *n* ‹-(e)s, -e› **1.** bâti; *(Stütze)* support; *(Bock)* tréteau, chevalet *m; (Möbel)* étagère *f;* **2.** *(Wagen)* train; *(Fahr~) mot* châssis, *aero* train d'atterrissage, atterrisseur *m.*

gestern [ˈgɛstərn] *adv* hier; *~ früh* od *morgen, abend* hier matin, soir; *~ vor acht Tagen* il y a eu huit jours hier; *nicht von ~ sein (fig fam)* n'être pas tombé de la dernière pluie, n'être pas né d'hier.

Gestikul|ation *f* ‹-, ø› [gɛstikulatsiˈo:n] gesticulation *f;* **g~ieren** [-ˈli:rən] ‹*ohne ge-*› *itr* gesticuler, faire des gestes; *lebhaft ~* faire de grands gestes.

Gestirn *n* ‹-(e)s, -e› [gəˈʃtɪrn] astre *m,* étoile *f;* **g~t** *a (Himmel)* étoilé, (par) semé d'étoiles.

gestört *a radio* brouillé.

Gestotter *n* ‹-s, ø› bégaiements, balbutiements *m pl.*

Gesträuch *n* ‹-(e)s, -e› buissons *m pl.*

gestreift *a* rayé, zébré; strié.

gestrich|elt *a: ~e Linie f* ligne *f* discontinue; **~en** *a (bemalt)* peint; *(Vorsicht,) frisch ~!* attention *od* prenez garde à la peinture, peinture fraîche; *~ voll (Maß)* ras.

gestrig [ˈgɛstrɪç] *a* d'hier; *am ~en Tage* hier.

Gestrüpp *n* ‹-(e)s, -e› [gəˈʃtrʏp] broussailles *f pl,* fourré *m.*

Gestüt *n* ‹-(e)s, -e› [gəˈʃty:t] haras *m.*

Gesuch *n* ‹-(e)s, -e› [gəˈzu:x] demande, *bes. jur* requête; *(Bewerbung)* sollicitation; *(Bittschrift)* pétition, supplique *f; ein ~ einreichen* faire *od* formuler *od* présenter une demande, présenter requête (*an* à).

gesucht *a* **1.** recherché; *com* demandé; **2.** *fig (gekünstelt)* affecté, maniéré.

gesund [gəˈzʊnt] *a* ‹*gesunder* od *gesünder, gesundest* od *gesündest*› sain *a. fig;* en bonne santé; *pred* bien (portant); *(kräftig)* valide; *(Gesichtsfarbe)* frais; *(Appetit, Schlaf)* bon; *(heilsam, z. B. Klima)* sain, salubre; *fig* salutaire, bon; *(Verstand, Urteil)* sain; *~ aussehen* avoir un air de santé; *ein ~es Urteil haben* avoir du jugement; avoir le jugement sain; *~ machen* guérir; *wieder ~ werden = ~en; das ist für ihn ganz ~* cela lui fait du bien; *~ und munter* (frais et) gaillard; **~en** [-dən] ‹*gesundet*› *itr* ‹*sein*› guérir, se rétablir, recouvrer la santé; **G~heit** *f* ‹-, ø› santé; *(Heilsamkeit)* salubrité *f; bei bester ~ sein* être en parfaite santé; *auf jds ~ trinken* boire à la santé de qn, porter une santé à qn; *~!* à vos souhaits! *zerrüttete ~* santé *f* délabrée; **~heitlich I.** *a* sanitaire, hygiénique; **II.** *adv* quant à la santé; *aus ~en Gründen* pour raison de santé; **G~heitsamt** *n* office *m* de la santé *od* d'hygiène, service *m* d'hygiène; **G~heitsministerium** *n* ministère *m* de la santé publique; **~heitsschädlich** *a* nuisible à la santé; **G~heitszustand** *m: (allgemeiner)* état *m* (général) de la santé; *guter, schlechter ~* bonne, mauvaise santé *f;* **G~ung** *f* ‹-, ø›: *~ der Wirtschaft* rétablissement *m* économique.

Getier *n* ‹-(e)s, ø› animaux *m pl.*

Getöse *n* ‹-s, ø› fracas, vacarme *m.*

getragen *a (Kleidung)* usagé.

Getrampel *n* ‹-s, ø› trépignements, piétinements *m pl.*

Getränk *n* ‹-(e)s, -e› boisson *f,* breuvage *m; geistige ~e* spiritueux *m pl;* **~esteuer** *f* droit *od* impôt *m* sur les boissons.

getrauen, *sich* ‹*getraut*› oser (*zu tun* faire), se faire fort (*zu tun* de faire).

Getreide *n* ‹-s, -› céréales *f pl,* blé *m,* grains *m pl;* **~(an)bau** *m* céréaliculture *f;* **~art** *f* espèce *od* sorte *f* de céréales; **~ernte** *f* récolte *f* des grains *od* des blés; **~handel** *m* commerce *m* des céréales *od* des blés *od* des grains; **~händler** *m* négociant *m* en blés; **~produkt** *n* produit *m* de céréales; **~produktion** *f* production *f* céréalière;

~silo *m* silo *m* à blé; **~vorrat** *m* provision *f* de blé.
getreu *a* fidèle, loyal.
Getriebe *n* ‹-s, -› **1.** *tech* train (d'engrenages), engrenage, rouage *m;* transmission *f;* **2.** *(Betriebsamkeit)* agitation *f,* mouvement *m.*
getrost [gə'tro:st] *adv* avec confiance, en toute tranquillité.
Getto *n* ‹-s, -s› ['gɛto] *(Judenviertel u. fig)* ghetto *m.*
Getue *n* ‹-s, ø› [gə'tu:ə] manières *f pl* (affectées), affectation, minauderie *f.*
Getümmel *n* ‹-s, -› [gə'tʏməl] **1.** *(Gedränge)* presse, cohue *f;* **2.** *(Tumult)* tumulte, vacarme *m.*
getüpfelt [gə'tʏpfəlt] *a (gefleckt)* moucheté; *(Stoff)* à pois; *weiß* ~ à pois blancs.
geübt *a* exercé, entraîné.
Gewächs *n* ‹-es, -e› [gə'vɛks] **1.** plante *f,* végétal *m;* **2.** *(Wein)* cru *m.*
gewachsen *a: jdm* ~ *sein* tenir tête à qn; *e-r S* ~ *sein* être à la hauteur de qc; *gut* ~ d'une belle venue; *~er Boden m* sol *m* naturel.
Gewächshaus *n* [gə'vɛks-] serre *f.*
gewagt *a* osé, risqué, hasardé, hasardeux; *ein ~es Spiel treiben* jouer gros (jeu); *e-e ~e Sache* un saut périlleux.
gewählt *a (bes. Ausdruck)* choisi.
Gewähr *f* ‹-, ø› [gə'vɛ:r] garantie, caution, sûreté *f; ohne* ~ sans garantie; *für etw* ~ *leisten* garantir qc, se porter garant *od* répondre de qc; **g~en** ‹*gewährt*› *tr* **1.** *(Bitte)* accorder, accueillir; accéder à; **2.** *(Kredit)* accorder, octroyer; *fig (geben, verschaffen)* donner, offrir, procurer; — *jdn* ~ *lassen* laisser faire qn; *Vorteile* ~ offrir des avantages.
gewahren ‹*gewahrt*› *tr* voir, remarquer, s'apercevoir de.
gewährleist|en [gə'vɛ:r-] ‹*gewährleistet*› *tr* garantir, se porter garant de; **G~ung** *f* ‹-, ø› (prestation de) garantie *f.*
Gewahrsam *m* ‹-s, -e› [gə'va:rza:m] *(Obhut)* garde; *(Haft)* détention *f; in* ~ *nehmen* prendre en garde *od* sous sa garde.
Gewähr|smann *m* agent *m* de renseignement; **~ung** *f* ‹-, ø› accord; octroiement *m.*
Gewalt *f* ‹-, -en› [gə'valt] **1.** *(zwingende Kraft)* force; *(Zwang)* contrainte *f; (Macht)* pouvoir *m,* puissance *f;* **2.** *(staatliche, a. sittliche)* autorité *f; (großer Einfluß)* ascendant; *(Herrschaft)* empire; contrôle *m;* **3.** *(~tätigkeit)* violence; *(Heftigkeit)* véhémence *f;* — *mit* ~ de *od* par force, de haute lutte; *mit aller* ~ à toute force; à tour de bras; *mit nackter* od *roher* ~ de vive force; ~ *anwenden* recourir à *od* employer la force *od* la violence; *jdn in s-e* ~ *bringen* mettre *od* porter la main sur qn; *sich in der* ~ *haben* être maître de soi, se maîtriser, se posséder; *in jds* ~ *sein* être entre les mains *od* à la merci *od fam* entre les pattes de qn; *gesetzgebende, richterliche, vollziehende* ~ pouvoir *m* législatif, judiciaire, exécutif; *höhere* ~ *(jur)* force *f* majeure; *elterliche* ~ autorité *f* paternelle; **~enteilung** *f pol* division *od* séparation *f* des pouvoirs; **~herrschaft** *f* autocratie, dictature, tyrannie *f;* despotisme *m;* **g~ig I.** *a* **1.** *(mächtig)* puissant; *(stark)* fort; *(heftig)* violent, rude; **2.** *(sehr groß)* gros, énorme, immense, vaste, colossal; **II.** *adv* grandement; **~losigkeit** *f* ‹-, ø› *pol* non-violence *f;* **g~sam I.** *a* violent; *(Tod)* sanglant; **II.** *adv a.* de *od* par force; — ~ *öffnen (Tür)* forcer; *~er Umsturz m* révolution *f* sanglante; **~streich** *m* coup *od* tour *m* de force; **g~tätig** *a* violent, brutal; **~tätigkeit** *f* violence, brutalité *f.*
Gewand *n* ‹-(e)s, ¨er› vêtement, habit *m.*
gewandt [gə'vant] *a (flink)* agile, leste; *(geschmeidig)* souple; *(geschickt)* adroit, habile (*in* en); *(Stil)* aisé, coulant; **G~heit** *f* agilité; souplesse; adresse, habileté *f.*
Gewässer *n* ‹-s, -› [gə'vɛsər] *pl geog* eaux *f pl; mar* parages *m pl.*
Gewebe *n* ‹-s, -› [gə've:bə] tissu *m, a. anat u. fig.*
Gewehr *n* ‹-(e)s, -e› fusil *m;* arme *f;* **~kolben** *m* crosse *f;* **~kugel** *f* balle *f* de fusil.
Geweih *n* ‹-(e)s, -e› bois *m,* ramure, tête *f.*
Gewerbe *n* ‹-s, -› **1.** (arts et) métier(s) *m (pl),* industrie *f,* commerce *m;* **2.** *allg* travail *m,* activité; *(Beruf)* profession *f;* — *ein* ~ *betreiben* exercer un métier; *ambulantes* ~ commerce *m* ambulant; **~aufsicht(samt** *n)* *f* inspection *f* des métiers, (office *m* d')inspection *f* du travail; **~betrieb** *m* exploitation *f* industrielle *od* commerciale; **~ordnung** *f* réglementation des *od* loi *f* sur les professions; **~schein** *m* patente, licence *f;* **~schule** *f* école *f* professionnelle *od* industrielle *od* des arts et métiers; **~steuer** *f* patente *f;* **~treibende** *m f* ‹-n, -n›: *selbständiger ~r* travailleur indépendant; chef *m* d'entreprise.
gewerb|lich [gə'vɛrplɪç] *a* industriel; professionnel; *~e Wirtschaft* industrie *f* et artisanat *m;* **~smäßig** *a* professionnel, de profession, de métier.
Gewerkschaft *f* [-'vɛrk-] syndicat *m,* union *od* association *f* syndicale; **~(l)er** *m* ‹-s, -› syndiqué, syndicaliste, unioniste *m;* **g~lich** *a* syndical(iste); ~ *organisiert* syndiqué; **~sbewegung** *f* mouvement syndical; syndicalisme *m;* **~sführer** *m* dirigeant *m* syndicaliste;

~sfunktionär *m* permanent *m* syndical; **~shaus** *n* bourse *f* du travail.

Gewicht *n* ⟨-(e)s, -e⟩ [gəˈvɪçt] poids *m, a. fig; fig (Wichtigkeit)* importance *f; nach ~ (com)* au poids; *ins ~ fallen* être de poids, avoir de l'importance; *spezifisches ~* poids *m* spécifique; **~heben** *n sport* poids *m* et haltères *m pl*, haltérophilie *f;* **g~ig** *a fig* de (grand) poids, important; **~sverlust** *m* perte *f* de poids; **~szunahme** *f* augmentation *f* du poids; **~ung** *f* ⟨-, -en⟩ *(Statistik)* pondération *f.*

gewieft [gəˈviːft] *a,* **gewiegt** *a fam (schlau)* futé, *pop* roublard.

Gewieher *n* ⟨-s, ø⟩ hennissements *m pl; fig fam (lautes Gelächter)* fou rire *m.*

gewillt *a* disposé, d'humeur (*zu* à).

Gewimmel *n* ⟨-s, ø⟩ fourmillement, grouillement *m.*

Gewinde *n* ⟨-s, -⟩ **1.** *tech* filet, pas *m* de vis; **2.** *(Girlande)* guirlande *f,* feston *m;* **~bohrer** *m* taraud *m;* **~gang** *m* spire *f,* filet, pas *m* de vis.

Gewinn *m* ⟨-(e)s, -e⟩ [gəˈvɪn] **1.** *(Vorteil)* avantage; *(Nutzen)* profit; *(Verdienst m)* gain; *com* bénéfice, lucre; *(Ertrag)* revenu, rendement, produit *m;* **2.** *(im Spiel, durch Spekulation)* gain; *(in der Lotterie)* lot *od* billet *od* numéro *m* gagnant; — *~ bringen* donner du bénéfice *od* des profits; *am ~ beteiligt sein* être intéressé aux bénéfices; *mit ~ verkaufen* vendre avec bénéfice; *~ und Verlust* profits et pertes; **~anteil** *m* part *f* de bénéfice *od* bénéficiaire *od* de profit; **~ausschüttung** *f* distribution d'un *od* du bénéfice, répartition *f* de(s) bénéfice(s); **~beteiligung** *f* participation *f* aux bénéfices; intéressement du personnel; **g~bringend** *a* profitable, lucratif; *~ anlegen (Geld)* faire profiter; **g~en** ⟨*gewann, gewonnen*⟩ *tr* **1.** gagner *a. fig; (Preis im Wettkampf)* remporter; **2.** *fig* prendre, (s')attirer; **3.** *mines chem* extraire; *(durch Verarbeitung)* tirer (*aus* de); *itr* **4.** *(an Wert zunehmen)* gagner (*an* en); — *sich ~ lassen für* se laisser faire pour; *damit ist nicht viel gewonnen* on n'y gagne guère; *frisch gewagt ist halb gewonnen (prov)* qui ne risque rien n'a rien; *wie gewonnen, so zerronnen (prov)* ce qui vient par la flûte s'en retourne par le tambour; **g~end** *ppr a* **1.** gagnant; **2.** *fig (Äußeres, Wesen)* séduisant; **~er** *m* ⟨-s, -⟩ gagnant; vainqueur *m;* **~liste** *f* liste *f* des (numéros) gagnants; **~spanne** *f* marge *f* bénéficiaire *od* de bénéfice; **g~süchtig** *a* âpre à la curée *od* au gain, avide de gain; **~ung** *f* ⟨-, ø⟩ *mines chem* extraction *f.*

Gewinsel *n* ⟨-s, ø⟩ gémissements *m pl.*

gewiß [gəˈvɪs] **I.** *a* sûr, assuré, certain; **II.** *adv* sûrement, assurément, certainement, certes, à coup sûr, pour sûr, sans aucun doute, sans faute; *(unbetont, im Sinne von: wohl)* sans doute; **III.** *interj* mais oui! bien sûr! — *ganz ~!* sans aucun doute, infailliblement; *bis zu e-m gewissen Grad* dans une certaine mesure; *gewisses Etwas n* je-ne-sais-quoi *m; ein gewisser N.* un certain *od* nommé N.

Gewissen *n* ⟨-s, -⟩ conscience *f* (morale); *etw auf dem ~ haben* avoir qc sur la conscience; *ein gutes* od *reines ~ haben* avoir la conscience nette *od* pure *od* tranquille; *ein schlechtes ~ haben* avoir mauvaise conscience; *sich ein ~ aus etw machen* se faire un cas de conscience *od* un scrupule de qc; *jdm ins ~ reden* faire appel *od* s'adresser à la conscience de qn; *ein gutes ~ ist ein sanftes Ruhekissen (prov)* une conscience pure est un bon oreiller; **g~haft** *a* consciencieux, scrupuleux; *(peinlich genau)* minutieux, méticuleux; **~haftigkeit** *f* ⟨-, ø⟩ (délicatesse de) conscience, probité *f;* **g~los** *a* sans scrupules, sans principes; **~losigkeit** *f* ⟨-, ø⟩ manque *m* de conscience *od* de scrupules; **~sbisse** *m pl* reproches de la conscience, remords; *(vor d. Tat)* scrupules *m pl;* **~sfreiheit** *f* liberté *f* de conscience; **~skonflikt** *m* conflit *m* de conscience; **~szwang** *m* contrainte *f* morale.

gewissermaßen *adv* en quelque sorte, de quelque manière; pour ainsi dire.

Gewißheit *f* certitude, assurance *f; ~ erlangen* obtenir des certitudes; *sich ~ über etw verschaffen* s'assurer de qc.

Gewitter *n* ⟨-s, -⟩ [gəˈvɪtər] orage *m,* tempête *f; es ist ein ~ im Anzug* le temps est à l'orage; **gewitt(e)rig** *a* orageux; **g~n** ⟨*gewittert*⟩ *itr* faire de l'orage; **~regen** *m* pluie *f* d'orage; **~wolke** *f* nuage *m* orageux.

gewitz(ig)t *a* débrouillard, déluré; *(schlau)* rusé, malin.

gewogen [gəˈvoːgən] *a: jdm ~ sein* être bien disposé pour *od* envers qn *od* à l'égard de qn.

gewöhnen [gəˈvøːnən] ⟨*gewöhnt*⟩ *tr: (sich) ~ an* (s')accoutumer à, (s')habituer à, (se) familiariser avec; *man gewöhnt sich an alles* on se fait à tout.

Gewohnheit *f* ⟨-, -en⟩ [gəˈvoːnhaɪt] *(persönliche)* habitude, accoutumance, coutume *f,* usage *m,* pratique *f; aus ~* par habitude; *die ~ haben, etw zu tun* avoir coutume de faire qc; *sich etw zur ~ machen* se faire une habitude de qc; *zur ~ werden* tourner en habitude, passer en coutume; *die Macht der ~* la force de l'habitude; **g~smäßig I.** *a* habituel; routinier; **II.** *adv* par habitude, (comme) de coutume; **~smensch** *m* homme d'habitude, routinier *m;* **~srecht** *n* droit *m* coutumier, loi *f* coutumière; **~strinker** *m* buveur *m* invétéré; **~sverbre-**

cher *m* récidiviste *m*, *fam* cheval *m* de retour.
gewöhnlich [gəˈvøːn-] **I.** *a* **1.** *(gewohnt)* habituel; *(üblich)* usuel; *(alltäglich)* ordinaire, terre-à-terre; **2.** *(mittelmäßig)* commun; *(einfach)* simple; *(unfein, gemein)* vulgaire; **II.** *adv* d'habitude; d'ordinaire, en (règle) général(e); *wie* ~ comme à l'ordinaire, comme d'habitude.
gewohnt *a (Sache, Vorgang)* habituel, coutumier, d'usage; *etw ~ sein* être habitué *od* accoutumé *od* fait à qc, avoir l'habitude de qc.
Gewöhnung *f* ‹-, ø› [gəˈvøːnuŋ] accoutumance *f.*
Gewölb|e *n* ‹-s, -› [gəˈvœlbə] **1.** voûte *f;* **2.** *(Gruft)* caveau *m;* **g~t** *a arch* voûté, cintré.
Gewühl *n* ‹-(e)s, ø› [gəˈvyːl] *(Menschenmenge)* foule, presse, cohue *f.*
gewunden *a* **1.** *(gedreht)* tors, tortu, spiral, en spirale; *(Weg: sich schlängelnd)* tortueux; *(Fluß)* sinueux; **2.** *fig (geschraubt)* contourné.
gewürfelt *a* coupé en petits carrés; *(Stoff)* quadrillé.
Gewürm *n* ‹-(e)s, ø› [gəˈvyrm] vermine *f.*
Gewürz *n* ‹-es, -e› [gəˈvyrts] épice *f*, condiment *m;* **~gurke** *f* cornichon *m;* **g~t** *a* épicé, aromatisé; *stark ~* relevé.
gezackt *a* denté, dentelé, crénelé.
Gezänk *n* ‹-(e)s, ø› [gəˈtsɛŋk] querelles, criailleries *f pl.*
Gezeiten *pl* marées *f pl;* **~kraftwerk** *n* usine *f* marémotrice; **~strom** *m*, **~strömung** *f* courant *m* de marée.
Gezeter *n* ‹-s, ø› [gəˈtseːtər] clameurs, vociférations *f pl.*
geziemen, *sich* [gəˈtsiːmən] ‹*geziemt*› *(impers)* convenir, être convenable; *wie es sich geziemt* comme il convient, comme il faut.
geziert [gəˈtsiːrt] *a (gekünstelt)* affecté; maniéré, recherché.
Gezirp(e) *n* ‹-(e)s, ø› [gəˈtsɪrpə] *ent* chant, grésillement *m.*
Gezweig *n* ‹-(e)s, ø› ramure *f*, branchage *m.*
Gezwitscher *n* ‹-s, ø› gazouillement, ramage *m.*
gezwungen *a (Miene, Lachen)* de commande; *~ lachen (lächeln)* (sou)rire du bout des lèvres *od* des dents; **~ermaßen** *adv* obligatoirement.
Ghana *n* [ˈgaːna] *geog* le Ghana.
Gicht *f* [gɪçt] **(1)** ‹-, ø› *med* goutte, arthrite *f;* **(2)** ‹-, -en› *tech* gueulard *m.*
Giebel *m* ‹-s, -› [ˈgiːbəl] *arch* pignon, fronton *m;* **~feld** *n* tympan *m.*
Gier *f* ‹-, ø› [giːr] **1.** *(Begierde)* avidité, soif *f* (*nach* de); **2.** *(Freß~)* gloutonnerie, voracité *f;* **g~ig** *a* **1.** avide (*nach* de), âpre (*nach* à); **2.** *(freß~)* glouton, vorace.
Gieß|bach [ˈgiːs-] *m* torrent *m*, ravine *f;* **g~en** ‹*goß, gegossen*› *tr* **1.** verser; répandre (*über* sur); **2.** *(Glas, Metall)* fondre, couler; *(Bildwerk)* jeter en fonte, mouler; *itr impers* **3.** *es gießt* il pleut à verse; *es gießt wie aus Kübeln* od *in Strömen* il pleut à seaux *od* à verse; **~er** *m* ‹-s, -› *(Arbeiter)* fondeur *m;* **~erei** *f* [-ˈraɪ] fonderie *f;* atelier *m* de moulage; moulerie *f;* **~form** *f* moule *m;* **~kanne** *f* arrosoir *m;* **~ofen** *m* fourneau *m* (de fonderie).
Gift *n* ‹-(e)s, -e› [gɪft] poison; *(tierisches, a. fig: Bosheit)* venin *m; ~ sein für (fig fam)* être meurtrier pour; *~ und Galle speien* vomir *od* cracher son venin, épancher sa bile *od* son fiel; *darauf können Sie ~ nehmen* j'en donnerais ma tête à couper; *schleichendes ~* poison *m* lent; **~gas** *n* gaz *m* toxique; **g~grün** *a* vert acide; **g~ig** *a* **1.** *zoo* venimeux; *(bot min)* vénéneux; **2.** *(vergiftet)* empoisonné; **3.** *scient* toxique, virulent; **4.** *fig* envenimé, plein de fiel; *(boshaft)* malicieux; *~er Blick m (a.)* regard *m* venimeux; **~mischer(in** *f*) *m* empoisonneur *m*, -euse *f;* **~mord** *m* meurtre *m* par empoisonnement; **~pflanze** *f* plante *f* vénéneuse; **~pilz** *m* champignon *m* vénéneux; **~schlange** *f* serpent *m* venimeux; **~stoff** *m* toxique; *med* virus *m*, toxine *f;* **~zahn** *m* crochet *m* (à venin).
Gigant *m* ‹-en, -en› [giˈgant] géant *m;* **g~isch** *a* gigantesque, colossal.
Gimpel *m* ‹-s, -› [ˈgɪmpəl] **1.** *orn* bouvreuil *m;* **2.** *fig* serin, dindon, sot *m.*
Ginster *m* ‹-s, -› [ˈgɪnstər] *bot* genêt *m.*
Gipfel *m* ‹-s, -› [ˈgɪpfəl] **1.** *(e-s Berges)* sommet *m*, tête; *(steiler)* cime *f;* **2.** *fig (Höhepunkt)* comble, point culminant, zénith, apogée *m; das ist (doch) der ~!* c'est un comble! *der ~ der Frechheit* le comble de l'insolence; **~konferenz** *f pol* conférence *f* au sommet; **g~n** *itr fig* atteindre son point culminant, culminer, parvenir à son apogée; **~punkt** *m* point *m* culminant.
Gips *m* ‹-es, -e› [gɪps] *min* gypse; *(gebrannt)* plâtre *m;* **~abguß** *m* moulage *m* (en plâtre); **g~en** *tr* plâtrer; **~er** *m* ‹-s, -› plâtrier *m;* **~figur** *f* moulage, plâtre *m;* **~verband** *m med* bandage *m* plâtré.
Giraffe *f* ‹-, -n› [giˈrafə] girafe *f.*
Gir|ant *m* ‹-en, -en› [ʒiˈrant] *fin* endosseur *m;* **~at** *m* ‹-en, -en› [-ˈraːt] endossé *m;* **g~ieren** [-ˈriːrən] ‹*ohne ge-*› *tr* transférer.
Girlande *f* ‹-, -n› [gɪrˈlandə] guirlande *f*, feston *m.*
Giro *n* ‹-s, -s› [ˈʒiːro] *(bargeldlose Überweisung)* virement, transfert *m;* **~einlagen** *f pl* dépôts *m pl* à vue *od* en compte courant; **~kasse** *f* banque *f* de vire-

ment; **~konto** *n* compte *m* de virement; **~verkehr** *m* transactions *od* opérations *f pl* de virement; **~zentrale** *f* banque *f* centrale de virement.
girren ['gɪrən] *itr (Taube)* roucouler.
gis *n* ⟨-, -⟩ [gɪs] *mus* sol *m* dièse.
Gischt *m* ⟨-es, (-e)⟩ *od f* ⟨-, -en⟩ [gɪʃt] écume *f; (Meer)* embrun *m*.
gis-Moll *n* ['gɪsmɔl] sol *m* dièse mineur.
Gitarre *f* ⟨-, -n⟩ [gi'tarə] guitare *f*.
Gitter *n* ⟨-s, -⟩ ['gɪtər] grille *f*, grillage, treillage, treillis *m*, claire-voie *f; radio* grille *f;* **~fenster** *n* fenêtre *f* grillagée *od* à barreaux; **g~förmig** *a* treillissé, grillagé; **~werk** *n* grillage, treillage, treillis *m;* **~zaun** *m* clôture *f* à claire-voie, treillis *m*.
Glacéhandschuhe [gla'se:-] *m pl* gants *m pl* glacés.
Gladiole *f* ⟨-, -n⟩ [gladi'o:lə] *bot* glaïeul, lis *m* de Saint-Jean.
Glanz *m* ⟨-es, ø⟩ [glants] **1.** *(blendender, a. fig)* éclat; *(heller, a. fig)* brillant; *(e-r glatten Fläche)* lustre; *(Schimmer)* luisant, *(e-s Stoffes)* lissé; *tech (Leder, Stoff, Papier)* apprêt *m;* **2.** *fig (Pracht, Herrlichkeit)* splendeur, magnificence; *(Jugend, Blütezeit)* fleur; *(Ruhmes~)* gloire, illustration *f*.
glänzen ['glɛntsən] *itr* **1.** briller *a. fig; (schimmern, leuchten)* (re)luire; *(strahlen)* resplendir, rayonner; **2.** *fig (in e-m Fach)* exceller (*in* en), *fam* faire des étincelles; *tr* **3.** *tech (polieren)* polir; *(Metall)* brunir; *(Papier)* lisser; *(Stoff)* lustrer, *(Leder)* vernir; — *mit etw ~* exhiber, faire étalage de qc; *es ist nicht alles Gold, was glänzt (prov)* tout ce qui brille n'est pas or; **~d I.** *a* **1.** brillant; *(schimmernd)* (re)luisant; *(leuchtend)* radieux; *(strahlend)* resplendissant, rayonnant; **2.** *tech (poliert)* poli; *(Metall)* bruni; *(Papier)* lissé; *(Stoff)* lustré; *(Leder)* verni; **3.** *fig* splendide, superbe, magnifique; **II.** *adv fig* avec éclat; — *e-e ~de Idee* une idée de génie.
Glanz|leistung *f* ['glants-] brillante performance *f;* **g~los** *a* sans lustre; *(matt)* mat; *(trübe)* terne; *(Augen)* éteint; **~nummer** *f* clou *m fam;* **~papier** *n* papier *m* lissé *od* glacé *od* satiné; **g~voll** *a fig* brillant, magnifique, glorieux; **~zeit** *f* fleur *f*, apogée *m*.

Glas *n* ⟨-es, ¨er⟩ [gla:s, '-zəs, 'glɛ:zər] **1.** verre *m;* **2.** *(Brille)* verres *m pl*, lunettes *f pl; (Fernglas)* jumelle(s *pl*) *f;* **3.** *tech* tube *m* (à essai); — *zu tief ins ~ gucken* boire plus que de raison; *Vorsicht, ~!* verre(s)! *geschliffenes ~* verre *m* taillé; *ein ~ Wasser* un verre d'eau; **~auge** *n* œil *m* artificiel *od* de verre; **~ballon** *m (Korbflasche)* dame-jeanne *f; chem* ballon *m* (de verre); **~bläser** *m* souffleur (de verre), verrier *m;* **~bläserei** *f* verrerie *f;* **~er** *m* ⟨-s, -⟩ vitrier *m;* **~erei** *f* ⟨-, -en⟩ [-'raɪ] vitrerie *f*.
gläsern ['glɛ:zərn] *a* de verre; *(Klang)* cristallin.
Glas|fabrik *f* ['gla:s-] verrerie *f;* **~glokke** *f* globe *m; (über e-r Pflanze)* cloche *f;* **~haus** *n* serre *f;* **g~ieren** [gla'zi:rən] ⟨*ohne ge-*⟩ *tr tech* émailler, vernir, vernisser; *(a. Konditorei)* glacer; **g~ig** *a (a. Blick)* vitreux; **~industrie** *f* verrerie *f;* **~kasten** *m* cage vitrée, vitrine *f;* **~körper** *m anat* corps *m* vitré; **~malerei** *f* peinture *f* d'apprêt; **~perle** *f* perle *f* de verre; **~platte** *f* plaque *f* de verre; **~röhre** *f* tube *m* de verre; **~scheibe** *f* vitre *f*, carreau *m* (de verre); **~scherbe** *f* tesson *m* de verre; **~schrank** *m* armoire vitrée, vitrine *f;* **~splitter** *m* éclat *m* de verre; **~tür** *f* porte-fenêtre, porte *f* vitrée; **~ur** *f* ⟨-, -en⟩ [-'zu:r] *tech* émail; *(Porzellan)* vernis *m*, glaçure *f; (Leder, Stoff)* glacé *m; (Küche)* glace *f;* **~waren** *f pl* verrerie *f;* **~wolle** *f* laine *f* de verre.
glatt [glat] **I.** *a* **1.** lisse; *(Stoff)* uni; *(Haut)* doux; lisse, sans rides; *(Haare)* plat, lisse; *(kahl)* ras, sans poil, glabre; *(~rasiert)* ras(é); *(sauber)* net; *(geglättet)* poli, lissé; *(schlüpfrig)* glissant; **2.** *fig (einfach, z.B. Rechnung)* simple; **3.** *(strikt, z. B. Weigerung)* catégorique; **4.** *(wendig)* souple; *(einschmeichelnd)* insinuant, patelin, flatteur, mielleux; — *e-e ~e Rechnung* un compte rond; **II.** *adv* **1.** facilement, aisément, sans difficulté, sans encombre, sans accroc; **2.** *fam = ~weg;* **3.** *fam (restlos, ganz)* complètement, entièrement, absolument.
Glätte *f* ⟨-, (-n)⟩ ['glɛtə] **1.** lisse *m; (Glatteis)* état *m* glissant; **2.** *(Benehmen)* manières *f pl* insinuantes; *(Stil)* élégance *f*.
Glatteis *n* ['glat-] verglas *m; jdn aufs ~ führen (fig)* tendre un piège à qn.
glätten ['glɛtən] *tr* **1.** lisser, effacer les plis de; *(Falten)* effacer; *tech* polir, planer; *(Holz)* unir; *(Metall)* adoucir, brunir; *(Papier)* satiner; *(Stoff)* lustrer; **2.** *fig (den Stil)* limer, polir; *refl* **3.** *sich ~ (Gesichtszüge)* se dérider.
glatt|rasiert *a* rasé de près; **~weg** ['-vɛk] *adv* nettement, (tout) net, sans façon, bel et bien.
Glatz|e *f* ⟨-, -n⟩ ['glatsə] tête *f* chauve, crâne *m* dénudé; *fam* tête *f* pelée; *e-e ~ haben* être chauve; **~kopf** *m fam* pelé, chauve *m;* **g~köpfig** *a fam* pelé, chauve.
Glaube *(seltener ~n) m* ⟨-ns, (-n)⟩ ['glaubə(n)] **1.** *rel (e-s einzelnen)* foi, croyance (*an etw* à qc, *an Gott* en Dieu); *allg* créance *f*, crédit *m; (Überzeugung)* conviction; *(Meinung)* opinion *f;* **2.** *(Konfession, Religion)* foi, confession, religion *f;* — *jdm, e-r S ~n*

schenken donner créance *od* faire crédit à qn, ajouter foi à qc.

glauben ['glaubən] *tr* **1.** *(für wahr halten)* croire (*jdm* qn, *etw* qc); **2.** *(meinen)* penser; *(vermuten)* supposer, présumer; **3.** *(vertrauen auf)* avoir confiance en; *itr* **4.** *rel* avoir foi *(an* en), croire (*an* à); — *wenn man ihm ~ darf* à l'en croire; *dran ~ müssen (fam)* déchanter; faire son deuil (de qc); *fam* passer le pas; *ich glaube dir aufs Wort* je te crois sur parole; *das glaube ich gern* je veux bien le croire; *ich glaube nicht daran* je n'y crois pas; *ich möchte fast ~* ... j'ai presque l'impression ...; *man könnte ~, daß* on dirait que; *das ist nicht* od *kaum zu ~* c'est à n'y pas croire; *~ Sie mir!* croyez-moi; *wer das glaubt!* à d'autres!

Glaubens|bekenntnis *n* ['glaubəns-] profession de foi, confession *f* (de foi); credo *m, a. pol;* **~freiheit** *f* liberté *f* religieuse *od* des cultes; **~genosse** *m* coreligionnaire *m;* **~krieg** *m* guerre *f* de religion; **~satz** *m* article de foi, dogme *m.*

glaubhaft ['glaup-] *a* **1.** croyable, digne de foi; **2.** *(verbürgt)* authentique; — *etw ~ machen* donner créance à qc; **G~igkeit** *f* ⟨-, ø⟩ crédibilité *f.*

gläubig ['glɔʏbɪç] *a rel* croyant, fidèle; **G~e** *m* ⟨-n, -n⟩ *rel, meist pl: die ~n* les croyants, fidèles *m pl;* **G~er** *m* ⟨-s, -⟩ ['-gər] *com* créancier, créditeur *m;* **G~keit** *f* ⟨-, ø⟩ ['-bɪç-] foi, religiosité *f.*

glaub|lich *a: es ist kaum ~* c'est difficile à croire; **~würdig** *a* digne de foi; **G~würdigkeit** *f* ⟨-, ø⟩ crédibilité *f.*

gleich [glaɪç] **I.** *a* égal *a. math; (identisch)* identique, le *od* la même, *pred* la même chose; *(~artig)* pareil, semblable; **II.** *adv* **1.** *(vor a) (ebenso)* aussi, autant, également; *(vor s)* comme, tel; **2.** *(anschließend)* d'emblée, *fam* de suite; *(sofort)* aussitôt, tout de suite, à l'instant, immédiatement, sur-le-champ; *(bald)* tout à l'heure, dans un moment; — *~ als* ... dès que ...; *~ zu Anfang* dès le début, dès l'abord; *im ~en Augenblick* au même moment; *~ breit, groß, hoch* de la même largeur, grandeur *od* taille, hauteur; *~ darauf* l'instant d'après; *~ heute* dès aujourd'hui; *~, ob er kommt* qu'il vienne ou non; *~ viel (die ~e Menge)* autant; *in ~er Weise* également, semblablement; *~ wie* n'importe comment; *zu ~er Zeit* en même temps; *jdm, e-r S ~ sein* égaler qn, qc; *das ~e tun* faire la même chose *od* de même; *G~es mit G~em vergelten* rendre la pareille, rendre la monnaie de sa pièce; *das dachte ich mir ~* je m'en doutais bien; *ich komme ~* je viens tout de suite; *das ist mir ~* cela m'est égal; *das bleibt sich ~* c'est tout un, *fam* c'est tout comme; *das läuft aufs ~e hinaus* cela revient au même; *habe ich das nicht ~ gesagt!* ne l'avais-je pas dit; *fam* qu'est-ce que je disais! *wie war doch ~ Ihr Name?* quel est votre nom déjà? *~!* un moment! on y va! *bis ~!* à tout à l'heure, à tout de suite, à tantôt; *~ und ~ gesellt sich gern (prov)* qui se ressemble s'assemble; **~alt(e)rig** *a* du même âge; **~artig** *a* du même genre, similaire; **~bedeutend** *a* équivalent (*mit* à); **~berechtigt** *a* égal en droits; à droits égaux; **G~berechtigung** *f* égalité *f* des droits; **~bleibend** *a* toujours égal; **~en** ⟨*glich, geglichen*⟩ *itr (sehr ähneln)* ressembler (*jdm* à qn), être semblable (*e-r S* à qc); *sie ~ sich wie ein Ei dem anderen, sie ~ einander aufs Haar* ils se ressemblent comme deux gouttes d'eau; **~ermaßen** *adv,* **~erweise** *adv* pareillement, de la même façon *od* manière; **~falls** *adv* également, pareillement, semblablement, de même; *danke, ~!* merci, également *od* pour vous de même! **~förmig** *(eintönig)* monotone; **G~förmigkeit** *f* monotonie *f;* **~gesinnt** *a* sympathisant; **~gestellt** *a* du même rang; **G~gewicht** *n* équilibre *m,* balance *f, a. pol; ins ~ bringen* mettre en équilibre, équilibrer, balancer; *aus dem ~ bringen* déséquilibrer, désaxer; *sich das ~ halten* se faire équilibre; *das ~ stören* déranger *od* troubler *od* rompre l'équilibre; *das ~ verlieren* perdre l'équilibre; *seelisches ~* équilibre *m* moral *od* psychologique; **G~gewichtssinn** *m* sens *m* de l'équilibre; **G~gewichtsstörung** *f* déséquilibre *m;* **G~gewichtszustand** *m* état *m* d'équilibre; **~gültig I.** *a* indifférent (*gegen* à); *(uninteressiert)* détaché, désintéressé; **II.** *adv* avec indifférence; *das ist mir ~* cela m'est égal *od* indifférent, cela ne m'intéresse pas, peu m'importe; **G~gültigkeit** *f* indifférence *f;* détachement, désintéressement *m; rel* indifférentisme *m; pop* je-m'en-foutisme *m;* **G~heit** *f* ⟨-, ø⟩ égalité, parité, *(Gleichartigkeit)* similarité, similitude *f;* **G~heitszeichen** *n math* signe *m* d'égalité; **~=kommen** ⟨*kam gleich, gleichgekommen*⟩ *itr* ⟨*sein*⟩ *: jdm ~* égaler qn (*an* en); *e-r S ~ (fast gleich sein)* égaler (presque) qc; **~lautend** *a (Texte)* identique, conforme, similaire; homophone; *~e Abschrift f* copie *f* conforme; **~=machen** *tr* rendre égal, égaliser, niveler; *dem Erdboden ~* raser; **G~maß** *n* (bonnes) proportion(s *pl*), harmonie *f;* **~mäßig** *a* régulier; *~ verteilt* régulièrement distribué; **G~mäßigkeit** *f* régularité *f;* **G~mut** *m* ⟨-(e)s, ø⟩ impassibilité *f,* calme *m;* **~mütig** *a* impassible, calme; **G~nis** *n* ⟨-ses, -se⟩ **1.** *(Sinnbild)* symbole *m;* **2.** *(Vergleich)* comparaison *f;* **3.** *(bildl. Erzählung)* allégorie, parabole *f;* **G~richter** *m el* redresseur; *radio* rectificateur, détecteur *m;* **~sam** *adv* pour ainsi dire, en quelque sorte; **~=schalten** *tr pol* mettre au pas, normaliser, uniformiser; **G~schaltung** *f pol* mise au pas, normalisation, uniformisation *f;* **~schenk(e)lig** *math* isocèle; **G~schritt** *m, bes. mil* pas *m* cadencé; cadence *f; im ~* au pas cadencé; **~seitig** *a math* équilatéral; **~=stellen** *tr* mettre au même niveau *od* rang, mettre sur le même pied; *jur* assimiler; **G~stellung** *f jur* assimilation; émancipation *f;* **G~strom** *m el* courant *m* continu; **~=tun** ‹*tut, tat gleich, gleichgetan*› *tr: es jdm ~* égaler qn; *es jdm ~ wollen* rivaliser avec qn; **G~ung** *f* ‹-, -en› *math* équation *f; ~ mit einer, mit mehreren Unbekannten* équation *f* à une, à plusieurs inconnue(s); *die ~ geht auf* l'équation a une solution; **~viel** *adv* tout autant; ~, *ob* peu importe que *subj;* **~wertig** *a* **1.** équivalent; **2.** *chem gram* de même valence; **~wie** *conj* comme, ainsi que, de même que; **~wink(e)lig** *a math* équiangle, isogone; **~wohl** *adv* pourtant, cependant, toutefois; **~zeitig I.** *a* simultané; **II.** *adv* en même temps, du coup, simultanément; *~ betreiben* od *(durch)führen* mener de front; **G~zeitigkeit** *f* simultanéité *f.*

Gleis *n* ‹-es, -e› [glaɪs, '-zə(s)] = *Geleise;* **~abstand** *m* entrevoie *f;* **~anschluß** *m (e-r Fabrik)* raccordement de voie ferrée; *mit ~* embranché sur le chemin de fer; **~arbeiten** *f pl* travaux *m pl* de voie ferrée.

gleißen ['glaɪsən] *itr (glänzen)* (re)luire, briller.

Gleit|bahn ['glaɪt-] *f (Schlittenbahn)* glissoire, glissade; *tech* glissière *f;* **~boot** *n* hydroplane, hydroglisseur *m;* **g~en** ‹*glitt, geglitten*› *itr* ‹*sein*› glisser; *mot* déraper; *tech (in e-r Vorrichtung)* coulisser; *(nicht fassen)* patiner; *aero* planer; *auf dem Wasser ~ (a.)* hydroplaner; *~ lassen (Hand)* glisser; *(Blick)* laisser errer; *~de Arbeitszeit f* horaire *m* souple; **~flug** *m* vol *m od* descente *f* plané(e); *im ~ niedergehen* descendre en vol plané; **~mittel** *n* lubrifiant *m;* **~schiene** *f* glissière *f;* **~schutz** *m mot* (enveloppe *f*) antidérapant(e) *m.*

Gletscher *m* ‹-s, -› ['glɛtʃər] glacier *m;* **~brand** *m med* dermite *f* des neiges; **~see** *m* lac *m* glaciaire; **~spalte** *f* crevasse *f* de glacier.

Glied *n* ‹-(e)s, -er› [gli:t, 'gli:dər] **1.** *a. math (Gleichung)* membre *m; (Finger~)* phalange *f; (des Bandwurmes)* segment *m;* **2.** *(Ketten~)* chaînon, maillon *m;* **3.** *gram (Satz~)* partie *f,* terme *m;* **4.** *mil* rang *m,* file *f;* — *an allen ~ern zittern* trembler de tous ses membres; *männliches ~* membre *m* viril; **~erfüßer** *m pl zoo* arthropodes *m pl;* **g~ern** *tr* diviser (*in* en); *(inea.fügen)* articuler; *(ordnen, einrichten)* organiser; *(einteilen)* grouper, classifier; *(logisch anea.reihen)* enchaîner; *sich ~ in* se diviser en; **~erung** *f* ‹-, -en› **1.** *anat* articulation *f;* **2.** *allg* division; *(Aufbau)* organisation *f; (Einteilung)* groupement *m,* classification *f; (logische Verknüpfung)* enchaînement *m; (e-r Rede)* structure *f,* plan *m; mil* division, articulation *f;* **~maßen** *f pl* membres *m pl,* extrémités *f pl* (du corps).

glimmen [glɪmən] ‹*glomm* od *glimmte; geglommen* od *geglimmt*› *itr* jeter une faible lueur, brûler sans flamme; *(unter Asche)* couver.

Glimmer *m* ‹-s, -› ['glɪmər] *min* mica *m.*

glimpflich ['glɪmpflɪç] *adv: ~ davonkommen* s'en tirer à bon compte.

glitschig *a* glissant.

glitzern ['glɪtsərn] *itr* étinceler, scintiller.

Globus *m* ‹-/-ses, -ben/-busse› ['glo:bus] globe *m* (terrestre).

Glocke *f* ‹-, -n› ['glɔkə] **1.** cloche *f; (Klingel)* sonnette *f; (am Fahrrad)* timbre *m;* **2.** *bot* cloch(ett)e *f; (e-r Lampe)* globe *m;* **3.** *tech (Luftpumpe)* récipient *m; (Gasometer)* cuve *f;* — *an die große ~ hängen* crier sur les toits, carillonner; *die ~n läuten (tr)* sonner les cloches; *wissen, was die ~ geschlagen hat* savoir à quoi s'en tenir; **~nblume** *f* campanule, clochette *f;* **g~nförmig** *a* en (forme de) cloche; **~ngeläut(e)** *n* carillon *m; unter ~* au son des cloches; **~ngießer** *m* fondeur *m* de cloches; **~nschlag** *m* coup *m* de cloche; *auf den ~* à l'heure sonnante; **~nspiel** *n* carillon *m;* **~nstuhl** *m* beffroi *m;* **~nturm** *m* clocher, campanile, beffroi *m; (kleiner)* clocheton *m.*

Glor|ie *f* ‹-, -n› ['glo:riə] gloire *f;* **g~ifizieren** [-rifi'tsi:rən] ‹*ohne ge-*› *tr* glorifier; **g~reich** *a* glorieux.

Gloss|ar *n* ‹-s, -e› [glɔ'sa:r] glossaire *m;* **~e** *f* ‹-, -n› ['glɔsə] note marginale, glose *f, a. pej; ~n machen über,* **g~ieren** [-'si:rən] ‹*ohne ge-*› *tr* gloser sur, commenter; *pej* gloser.

glotzen ['glɔtsən] *itr* ouvrir de grands yeux, *fam* faire des yeux ronds.

Glück *n* ‹-(e)s, ø› [glʏk] **1.** *(gutes ~)* bonheur *m, fam* veine; *(~sfall, Zufall)* fortune *f,* coup *m* de chance; *(Erfolg)* (bonne) chance, bonne fortune *f,* succès *m; (dauerndes)* prospérité *f;* **2.** *(inneres)* bonheur *m,* félicité *f;* — *auf gut ~* à tout hasard, au petit bonheur, à l'aventure; *zum ~* par bonheur, heureusement; *~ bringen* porter bonheur; *~ haben* avoir de la chance *od fam* de la veine; *mehr ~ als Verstand haben* avoir plus d'heur que de science, être plus heureux que sage; *sein ~ machen* faire fortune; *von ~ sagen können, daß* pouvoir s'estimer heureux de ce que; *sein ~ suchen* chercher fortune; *jdm zu etw ~ wünschen* féliciter qn pour *od* de qc; *viel ~!* bonne chance! *~ und Glas, wie leicht bricht das! (prov)* le bonheur est aussi fragile que le verre; **g~bringend** *a* heureux, qui porte bonheur, favorable.

Glucke [glʊkə] *f* ‹-, -n› (poule) couveuse *f.*

glücken ['glʏkən] *itr* ‹*sein*› *(gelingen)* réussir; *es ist mir geglückt* j'ai réussi (*zu* à); *das ist schlecht geglückt* c'est manqué.

gluckern ['glʊkərn] *itr (Flüssigkeit)* glouglouter.

glück|lich ['glʏk-] **I.** *a (beglückt)* heureux; *(vom ~ gesegnet)* fortuné; *(günstig)* favorable; **II.** *adv* bien; — *~ machen* rendre heureux; *sich ~ schätzen* s'estimer heureux; *~e Reise!* bon voyage! **~licherweise** *adv* heureusement, par bonheur; **~selig** *a* bienheureux; **G~seligkeit** *f* félicité, *rel* béatitude *f;* **G~sfall** *m* coup *m* de chance *od* de hasard, baraka, aubaine *f;* **G~skäfer** *m* bête *f* à bon Dieu; **G~spilz** *m* veinard, chançard *m;* **G~srad** *n* roue *f* de la Fortune; *(der Spielbank)* roulette *f;* **G~ssache** *f: das ist ~* c'est un coup de dé(s); **G~sspiel** *n* jeu *m* de hasard; **~strahlend** *a* rayonnant de bonheur, radieux; **G~wunsch** *m* vœux, compliments, souhaits *m pl,* félicitations *f pl;* congratulation *f; herzlichen ~! herzliche Glückwünsche!* toutes mes félicitations; **G~wunschkarte** *f,* **G~wunschschreiben** *n,* **G~wunschtelegramm** *n* carte, lettre *f,* télégramme *m* de félicitation(s).

Glüh|birne *f* ['gly:-] *el* ampoule *f;* **g~en** *itr* **1.** être ardent *od* rouge; **2.** *fig* brûler (*vor Eifer* de zèle), être enflammé; *mir glüht der Kopf* la tête me brûle, j'ai la tête en feu; **g~end** *a* **1.** brûlant, rouge; **2.** *fig* ardent, fervent, volcanique; — *~ heiß* brûlant; *(Luft)* torride; *~e Hitze f* fournaise *f;* **~faden** *m el* filament *m* (à incandescence); **~würmchen** *n* ver *m* luisant, luciole *f.*

Glut *f* ‹-, -en› [glu:t] **1.** chaleur ardente, ardeur; *(Feuer)* braise *f,* brasier *m; (Hitze)* chaleur *f* torride; **2.** *fig* chaleur, ardeur, ferveur *f;* **g~rot** *a* rouge ardent.

g-Moll *n* ['ge:mɔl] *mus* sol *m* mineur.

Gnade *f* ‹-, -n› ['gna:də] **1.** grâce; *(Gunst)* faveur *f;* **2.** *(Erbarmen)* miséricorde; *(Milde)* clémence; *(des Siegers)* merci *f; (Schonung)* pardon, *mil* quartier *m;* — *um ~ bitten* demander grâce (*jdn* à qn); *sich jdm auf ~ und Ungnade ergeben* se livrer à la merci de qn; *vor jds Augen ~ finden* trouver grâce aux yeux de qn; *~ vor Recht ergehen lassen* préférer miséricorde à justice; *~ walten lassen* faire grâce, user de clémence *od* d'indulgence.

Gnaden|brot *n* ['gna:dən-]: *das ~ essen* être entretenu par charité; **~erlaß** *m* amnistie *f;* **~frist** *f* délai *m* de grâce; **~gesuch** *n* demande *f od* recours *m* en grâce; *ein ~ einreichen* former un recours en grâce, se pourvoir en grâce; **~stoß** *m* coup *m* de grâce.

gnädig ['gnɛ:dɪç] *a* **1.** *(huldreich)* gracieux, clément; *(gütig)* bénin; *(wohlwollend)* bienveillant; **2.** *(günstig gesinnt)* favorable, propice; **3.** *(herablassend)* condescendant.

Gneis *m* ‹-es, -e› [gnaɪs, '-ze] *min* gneiss *m.*

Gnom *m* ‹-en, -en› [gno:m] *(Zwerg)* gnome *m.*

Gobelin *m* ‹-s, -s› [gobə'lɛ̃:] tapisserie *f.*

Gockel(hahn) *m* ‹-s, -› ['gɔkəl(-)] *fam* coq *m.*

Gold *n* ‹-(e)s, ø› [gɔlt, '-dəs] or *m; nicht mit ~ aufzuwiegen sein, ~ wert sein* valoir son pesant d'or; **~barren** *m* barre *f od* lingot *m* d'or; **~bestand** *m* réserve d'or, encaisse-or *f;* **~brokat** *m* brocart *m* d'or; **~deckung** *f fin* couverture-or *f;* **~dublee** *n* doublé *m* (d')or; **g~en** ['-dən] *a* d'or, en or; *(~farbig)* doré; *~e Uhr f* montre *f* en or; **~fasan** *m* faisan *m* doré; **~feder** *f (am Füller)* plume *f* en or; **~fisch** *m* poisson *m* rouge *od* doré, daurade *f* chinoise, cyprin *m* doré; **~gehalt** *m* poids d'or fin, titre *m;* **g~gelb** *a* (jaune) doré; **~gewinnung** *f* production *f* aurifère; **~gräber** *m* chercheur *m* d'or; **~grube** *f* mine *f* d'or *a. fig;* **g~ig** ['-dɪç] *a* doré; *fig fam* joli (petit), mignon; **~käfer** *m* scarabée *od* escarbot *m* doré; **~lack** *m bot* giroflée *f* jaune; **~medaille** *f* médaille *f* d'or; **~münze** *f* pièce *od* monnaie *f* d'or; **~regen** *m bot* cytise *m;* **~reserve** *f* réserve *f* d'or; **~schmied** *m* orfèvre *m;* **~schnitt** *m (Buch)* dorure *f* sur tranche; *mit ~* doré sur tranche; **~standard** *m* étalon-or *m;* **~staub** *m* or *m* moulu; **~stück** *n (Münze)* pièce *od* monnaie *f* d'or, *fam* jaunet *m;* **~sucher** *m* chercheur *m* d'or; **~vorkommen** *n mines* gisement *m* aurifère; **~waage** *f* trébuchet *m; auf die ~ legen (fig)* peser; **~währung** *f* étalon-or *m;* **~waren** *f pl* orfèvrerie *f.*

Golf [gɔlf] **(1)** *m* ‹-(e)s, -e› *geog* golfe *m;* **(2)** *n* ‹-s, ø› *sport* golf *m.*

Golf|platz *m* ['gɔlf-] terrain *m* de golf; **~schläger** *m (Gerät)* club *m;* **~(spiel)er** *m* golfeur *m.*

Golfstrom, *der* le Gulf Stream.

Gondel *f* ‹-, -n› ['gɔndəl] **1.** gondole *f;* **2.** *aero* nacelle *f.*

Gong *m* ‹-s, -s› [gɔŋ] gong *m.*

gönn|en ['gœnən] *tr (nicht neiden)* ne

pas envier (*jdm etw* qc à qn); *nicht ~* envier (*jdm etw* qc à qn); *sich etw ~* s'accorder qc; *ich gönne es dir* grand bien te fasse, tant mieux pour toi; **G~er(in)** *m* ⟨-s, -⟩ (*f* ⟨-, -nen⟩) protecteur *m*, -trice *f*; *(Wohltäter)* bienfaiteur *m*, -trice *f*, patron(ne *f*) *m*; *(e-s Künstlers)* mécène *m*; **~erhaft** *a* protecteur; **G~ermiene** *f* air *m* protecteur.

Gör *n* ⟨-(e)s, -en⟩, **~e** *f* ⟨-, -n⟩ gosse *m f*, gamin(e *f*) *m*.

Gorilla *m* ⟨-s, -s⟩ [go'rɪla] *zoo* gorille *m*.

Gosse *f* ⟨-, -n⟩ ['gɔsə] caniveau, ruisseau *m*; *in der ~ enden (fig)* finir dans la rue.

Got|en *m pl* ['go:tən] *hist* Goths *m pl*; **~ik** *f* ⟨-, ø⟩ [-tɪk] (style) gothique *m*; **g~isch** [-tɪʃ] *a (Sprache)* gotique; *(Kunst)* gothique.

Gott *m* ⟨-es/(-s), ⸚er⟩ [gɔt, 'gœtər] *(der eine)* Dieu; *(heidnischer)* dieu *m*; *leider ~es* hélas, malheureusement; *mit ~es Hilfe* grâce(s) à *od* par la grâce de Dieu; *so ~ will* s'il plaît à Dieu; *um ~es willen* pour l'amour de Dieu; *an ~ glauben* croire en Dieu; *den lieben ~ e-n guten Mann sein lassen* ne se soucier de rien; *wie ~ in Frankreich leben* vivre comme un coq en pâte *od* être comme un poisson dans l'eau; *auf ~ vertrauen* s'en remettre à Dieu; *bei ~!* par Dieu! *großer ~! o (mein) ~!* grand *od* juste Dieu! mon Dieu! *grüß ~!* bonjour; *vergelt's ~!* Dieu vous (te) le rende! *weiß ~!* Dieu sait! *das wissen die Götter!* Dieu seul le sait; *~ bewahre! da sei ~ vor!* Dieu m'en, t'en *etc* préserve! à Dieu ne plaise! *~ sei Dank!* Dieu merci! Dieu soit loué! *der liebe ~* le bon Dieu.

Götterbild *n* ['gœtər-] idole *f*.

Gottes|anbeterin *f* ['gɔtəs-] *ent* mante *f* religieuse *od* prie-Dieu; **~dienst** *m* service divin, office (divin), culte *m*; **~furcht** *f* crainte de Dieu; piété, religion *f*; **g~fürchtig** *a* craignant Dieu; pieux, religieux; **~haus** *n* maison *f* de Dieu *od* du Seigneur; **~lästerung** *f* blasphème, sacrilège *m*; **~mutter** *f* mère *f* de Dieu; **~urteil** *n hist* ordalie *f*, jugement *m* de Dieu.

Gottheit *f* ['gɔt-] *(göttl. Natur)* divinité; *(Gott)* déité *f*.

Gött|in *f* ['gœt-] déesse *f*; **g~lich** *a* divin.

gott|lob ['gɔt-] *interj* Dieu (en) soit loué! **~los** *a* athée, irréligieux; *pej* impie; **G~losigkeit** *f* athéisme *m*, irréligiosité; impiété *f*; **G~vater** *m* Dieu le Père; **~verlassen** *a* **1.** *(verdammt)* réprouvé, maudit; **2.** *fam (abgelegen)* solitaire; **G~vertrauen** *n* confiance *f* en Dieu.

Götze *m* ⟨-n, -n⟩ ['gœtsə] faux dieu *m*, idole *f*; **~ndienst** *m* idolâtrie *f*.

Grab *n* ⟨-(e)s, ⸚er⟩ [gra:p, 'grɛ:bər] **1.** tombeau *m*; *lit* tombe *f*, sépulcre *m*; **2.** *(~stelle, Grube)* fosse *f*; — *mit ins ~ nehmen (fig: ein Geheimnis)* emporter dans la tombe; *sich sein (eigenes) ~ schaufeln (fig)* creuser son (propre) tombeau; *(fam) mit einem Bein im ~e stehen (fig)* avoir un pied dans la tombe; *zu ~e tragen* porter en terre; *sich im ~e umdrehen (fig)* se retourner dans sa tombe; *schweigen wie ein ~* être muet comme la tombe; **~(denk)mal** *n* monument *m* funéraire; **~en** *m* ⟨-s, ⸚⟩ fossé *a. geol*; *(Wasser~)* canal *m*, rigole; *mil* tranchée *f*; *in den ~ fahren (mot)* verser dans le fossé; **g~en** ⟨*gräbt, grub, gegraben*⟩ *tr* **1.** *(Loch)* creuser; *(Brunnen)* foncer, forer; **2.** *mines* extraire; *itr* **3.** fouiller; *agr* bêcher; *(Ausgrabungen machen)* faire des fouilles; **~gewölbe** *n* caveau *m*; **~hügel** *m* tombe *f*; *hist* tumulus *m*; **~mal** *n* tombeau; monument *m* funéraire; **~platte** *f* dalle funéraire *od* tumulaire, pierre *f* sépulcrale *od* tombale; **~rede** *f* oraison *f* funèbre; **~schändung** *f* violation *f* de sépulture *od* de tombeau; **~stein** *m* pierre *f* tombale *od* tumulaire *od* funéraire; **~ung** *f (archäologische)* fouilles *f pl*.

Grad *m* ⟨-(e)s, -e/aber: 3 Grad⟩ [gra:t, '-də] **1.** degré *m*, *a. math phys geog*; **2.** *(Univ.: Würde)* grade *m*; — *bis zu e-m gewissen ~* jusqu'à un certain degré *od* point, dans une certaine mesure; *in hohem ~* à un haut degré; extrêmement; *im höchsten ~* au plus haut *od* au dernier degré; *zweiten ~es (Verwandtschaft)* au deuxième degré; *fam* à la mode de Bretagne; *math* du deuxième degré; *akademischer ~* grade *m* universitaire; *bei drei ~ Celsius, Wärme, Kälte* par trois degrés centigrades, au-dessus de zéro, au-dessous de zéro; **~einteilung** *f* graduation, division *f* en degrés; **~messer** *m* échelle graduée; *fig* échelle *f*; **~netz** *n geog* canevas *m* de lignes géographiques.

Graf *m* ⟨-en, -en⟩ [gra:f] comte *m*.

Gräfin *f* ['grɛ:fɪn] comtesse *f*.

Grafschaft *f* ['gra:f-] comté *m*.

Gram *m* ⟨-(e)s, ø⟩ [gra:m] chagrin, tourment *m*, affliction *f*; **g~** *a*: *jdm ~ sein* en vouloir *od* garder rancune à qn.

gräm|en ['grɛ:mən], *sich* se chagriner, s'affliger (*über etw* de qc); **~lich** *a* chagrin, morose.

Gramm *n* ⟨-s, -e/aber: 3 Gramm⟩ [gram] gramme *m*.

Grammat|ik *f* ⟨-, -en⟩ grammaire *f*; **g~(ikal)isch** [-'mat(i'ka:l)ɪʃ] *a* grammatical; *~er Fehler m* faute *f* de grammaire.

Granat *m* ⟨-(e)s, -e⟩ [gra'na:t] *min* grenat *m*; **~apfel** *m bot* grenade *f*; **~(apfel)baum** *m* grenadier; **~e** *f* ⟨-, -n⟩ *mil* obus *m*; **~feuer** *n* tir *m* à obus; **~splitter** *m* éclat *m* d'obus; **~trichter** *m* trou d'obus, puits d'éclatement, entonnoir *m*;

~werfer *m mil (Waffe)* lance-grenades *m.*
grandios [grandi'o:s] *a* grandiose.
Granit *m* ‹-s, -e› [gra'ni:t, -'nɪt] *min* granit *m.*
Granne *f* ‹-, -n› ['granə] *bot* arête *f; pl* barbe *f.*
Graph|ik *f* ‹-, -en› ['gra:fɪk] art *m* graphique; *(graphische Blätter)* estampes *f pl;* **~iker** *m* ‹-s, -› ['-fikər] dessinateur (publicitaire) *m;* **g~isch** *a* graphique; *~e Darstellung f* graphique, diagramme *m; ~es Gewerbe n* industrie *f* polygraphique; **~it** *m* ‹-(e)s, -e› [-'fi:t, -'fɪt] *min* graphite *m,* plombagine *f; tech* mine *f* de plomb.
Gras *n* ‹-es, ¨-er› [gra:s, 'grɛ:zər] herbe *f; ins ~ beißen (müssen)* passer le pas; *fam* mordre la poussière; *das ~ wachsen hören* se croire très fin; *über etw ~ wachsen lassen* laisser faire le temps; *darüber ist längst ~ gewachsen* c'est une affaire oubliée depuis longtemps; **g~bewachsen** *a* herbeux, herbu; **~decke** *f* couche *f* végétale; **g~en** *itr* paître, brouter; **g~grün** *a* vert comme l'herbe; **~halm** *m* brin *m* d'herbe; **~hüpfer** *m ent* sauterelle *f;* **~land** *n* prairie *f;* **~mücke** *f orn* fauvette *f.*
grassieren [gra'si:rən] ‹*ohne ge-*› *itr med (wüten)* régner, sévir.
gräßlich ['grɛslɪç] *a* horrible, affreux, atroce, épouvantable *a. fam (übertreibend).*
Grat *m* ‹-(e)s, -e› [gra:t] *geog (Kammlinie)* crête, arête *f; a. arch (Dach~).*
Gräte *f* ‹-, -n› ['grɛ:tə] arête *f.*
Gratifikation *f* ‹-, -en› [gratifikatsi'o:n] gratification, prime *f* d'encouragement *m.*
gratis ['gra:tɪs] *adv* gratis, gratuitement, à titre gracieux; **G~angebot** *n* offre *f* gratuite.
Gratul|ation *f* ‹-, -en› [gratulatsi'o:n] félicitation(s *pl*) *f;* **g~ieren** [-'li:rən] ‹*ohne g-*› *itr: jdm zu etw ~* féliciter qn de *od* pour qc; *ich gratuliere Ihnen herzlich* toutes mes *od* je vous présente mes félicitations cordiales.
grau [grau] *a* gris; *fig (düster)* sombre; *~ werden (Haare)* grisonner; *darüber lasse ich mir keine ~en Haare wachsen* je ne m'en soucie pas, c'est le moindre *od* le cadet de mes soucis; **G~** *n* ‹-s, -/(-s)› gris *m,* couleur *f* grise; **~braun** *a* gris(-)brun, bis; **G~brot** *n* pain *m* bis; **G~bünden** *n* les Grisons *m pl.*
grauen ['grauən] **(1)** *itr: der Tag graut* le jour commence à poindre; **(2)** *impers: mir graut davor* cela me fait horreur, j'en ai la hantise; **G~** *n (Schauder)* (frisson *m* d')horreur *f,* effroi *m;* **~erregend** *a,* **~haft** *a,* **~voll** *a* horrible, affreux, atroce.
grau|haarig ['grau-] *a* à cheveux gris; **~meliert** *a (Haar)* grisonnant, *fam* poivre et sel.
Graup|eln *f* ['graupəln] *pl mete* grésil *m;* **g~eln** *itr impers* grésiller; *es graupelt* il grésille; **~elschauer** *m* giboulée *f.*
Graupen *f pl* ['graupən] orge *m* mondé.
grausam ['grauza:m] **I.** *a* cruel; **II.** *adv fig fam (sehr)* énormément; **G~keit** *f* ‹-, -en› cruauté *f.*
graus|en ['grauzən] *itr impers: mir graust* j'ai horreur, je frémis *od* je frissonne d'horreur (*vor* devant); **G~en** *n* horreur, épouvante *f,* effroi *m;* **~ig** *a* horrible, épouvantable, affreux.
Grav|eur *m* ‹-s, -e› [gra'vø:r] graveur *m;* **g~ieren** ‹*ohne ge-*› *tr* graver.
Gravit|ation *f* ‹-, ø› [gravitatsi'o:n] *phys astr* gravitation *f;* **~ationsgesetz** *n* loi *f* de la gravitation; **g~ätisch** [-'tɛ:tɪʃ] *a* grave, solennel.
Grazi|e *f* ‹-, -n› ['gra:tsiə] (bonne) grâce *f;* **g~ös** [-'tsiø:s] *a* gracieux; *(reizend)* charmant.
Greif *m* ‹-(e)s/-en, -e/-en› [graɪf] *(Fabeltier)* griffon *m.*
Greif|bagger *m* ['graɪf-] excavateur *m od* grue *f* à grappin *od* à benne preneuse; **g~bar** *a* **1.** *(zur Hand)* à portée de la main; **2.** *fig (konkret, real)* saisissable, palpable, tangible; — *in ~er Nähe* tout proche; **g~en** ‹*griff, gegriffen*› *tr* prendre, (se) saisir (de); *(packen)* empoigner, *fam* agripper; *mus (Saite)* toucher; *itr: zu etw ~ (fig)* avoir recours à qc; *um sich ~* s'étendre, se répandre, se propager, gagner du terrain, faire tache d'huile; *das ist zu hoch gegriffen* c'est exagéré; **~er** *m* ‹-s, -› *tech* griffe *f a. typ,* harpon; *(e-s Baggers)* grappin *m,* benne *f* preneuse.
greinen ['graɪnən] *itr* pleurnicher, larmoyer.
Greis *m* ‹-es, -e› [graɪs, '-zə] vieillard *m;* **g~** *a attr* vieux, âgé; **~enalter** *n* vieillesse *f;* **g~enhaft** *a* sénile; **~enhaftigkeit** *f* sénilité *f;* **~in** *f* vieille (femme) *f.*
grell [grɛl] *a (Farbe)* cru, voyant, criard; *(Licht)* cru, vif, éblouissant; *(Ton)* strident, aigu, perçant.
Gremium *n* ‹-s, -mien› ['gre:mium, '-miən] *pol* organe *m,* commission *f.*
Grenz|berichtigung *f* [grɛnts-] rectification *f* de frontière; **~bewohner** *m* frontalier *m;* **~bezirk** *m* district *m* frontalier, région *f* front(al)ière *od* limitrophe; **~e** *f* ‹-, -n› *allg* limite; *pol* frontière *f; (~gebiet)* confins *m pl; (~punkt)* terme *m; (Schranke)* borne(s *pl*) *f; (äußerste ~)* extrémité *f,* confins *m pl; an der ~ (pol)* à *od* sur la frontière; *über die grüne ~ gehen* passer la frontière en fraude; *sich in ~n halten (fig)* rester dans les bornes; *e-r S ~n setzen* mettre des bornes à qc; *die ~ überschreiten* passer la frontière; *die ~n überschrei-*

ten (fig) dépasser *od* franchir les bornes; *alles hat s-e ~n* il y a une limite à tout, il y a raison en *od* pour tout; *äußerste ~* extrémité *f;* **g~en** *itr: ~ an* **1.** être attenant *od* contigu, confiner, être voisin *od* limitrophe de; **2.** *fig* approcher, tenir de, friser; *das grenzt an Wahnsinn* cela frise la démence; *das grenzt ans Wunderbare* cela tient du miracle; **g~enlos** *a* sans bornes *od* limites, illimité; *(unendlich)* infini; *fig* immense, *fam* énorme; **~fall** *m* cas *m* limite *od* extrême; **~gänger** *m* travailleur *m* frontalier; **~korrektur** *f pol* rectification *f* de la frontière; **~land** *n* pays *m* limitrophe; **~linie** *f* ligne *f* limitrophe *od* de démarcation; *fig* limite *f;* **~schutz** *m* garde *f* des frontières; **~stadt** *f* ville *f* frontière; **~station** *f* station *f* frontière; **~stein** *m* borne frontière, pierre *f* de bornage; **~streit(igkeiten** *f pl***)** *m* différend *m od* querelle *f* de frontière; **~übertritt** *m* passage *m* de la frontière; **~verkehr** *m* trafic *m* frontalier; *kleiner ~* circulation *f* frontalière; **~verletzung** *f* violation *f* de frontière; **~wert** *m math* valeur limite; *tech* limite *f;* **~zwischenfall** *m* incident *m* de frontière.

Greuel *m* ⟨-s, -⟩ ['grɔʏəl] horreur, abomination *f;* **~märchen** *n* atrocité *f;* **~tat** *f* atrocité *f.*

greulich ['grɔʏlɪç] *a* horrible, abominable, exécrable, atroce.

Griech|e *m* ⟨-n, -n⟩ ['gri:çə] Grec *m;* **~enland** *n* la Grèce; **~in** *f* ⟨-, -nen⟩ Grecque *f;* **g~isch** *a* grec, hellénique.

Gries|gram *m* ⟨-(e)s, -e⟩ ['gri:sgra:m] grincheux, bourru, grognon *m;* **g~grämig** *a* morose, grincheux, bourru, grognon.

Grieß *m* ⟨-es, -e⟩ [gri:s, '-səs] **1.** *(grober Sand)* gravier *m;* **2.** *(Küche)* semoule *f;* **3.** *med* gravelle *f;* **~brei** *m* bouillie *f* de semoule; **~suppe** *f* potage *m* à la semoule.

Griff *m* ⟨-(e)s, -e⟩ [grɪf] **1.** *(beim Ringen)* prise *f; mus* touche *f; pl mil* maniement *m* d'armes; **2.** *(Stiel)* manche *m; (Tür, Koffer, Stock, Degen)* poignée; *(Schere)* branche; *(Henkel)* anse; *tech* attelle *f;* — *etw im ~ haben (fig)* avoir l'habitude de qc; **g~bereit** *a* à portée de la main.

Griffel *m* ⟨-s, -⟩ ['grɪfəl] **1.** crayon *m* d'ardoise; **2.** *bot* style, pistil *m.*

griffig ['grɪfɪg] *a (Autoreifen)* antidérapant; *~ sein* adhérer à la route.

Grill *m* ⟨-s, -s⟩ [grɪl] gril *m.*

Grille *f* ⟨-, -n⟩ ['grɪlə] **1.** *zoo* grillon, *pop* cricri *m;* **2.** *(Laune)* caprice *m,* chimère, fantaisie, *fam* lubie *f.*

grillen ['grɪlən] *tr* griller.

Grimasse *f* ⟨-, -n⟩ [gri'masə] grimace *f; ~n schneiden* faire des grimaces, grimacer.

Grimm *m* ⟨-(e)s, ø⟩ [grɪm] *lit* courroux *m;* **g~ig** *a* furieux, féroce, farouche; *~e Kälte f* froid *m* de canard *od* de loup.

Grind *m* ⟨-(e)s, -e⟩ [grɪnt, '-də] *med* escarre *f.*

grinsen ['grɪnzən] *itr* ricaner; **G~** *n* ricanement *m.*

gripp|al [grɪ'pa:] *a* grippal; **G~e** *f* ⟨-, -n⟩ ['grɪpə] grippe, influenza *f; die ~ haben* être grippé.

Grips *m* ⟨-es, -e⟩ [grɪps] *pop: ~ (Köpfchen) haben* avoir de la jugeotte.

grob [gro:p] ⟨*gröber, gröbst*⟩ *a* **1.** gros; *(plump)* grossier; *(bäurisch)* lourdaud, rustaud; **2.** *(unhöflich)* impoli; *(roh)* rude, brutal; **3.** *(Fehler, Verstoß)* grave, grossier; — *in ~en Zügen (schildern)* d'une manière globale; à grands traits; *das Gröbste ist getan* le plus gros est fait; *~e Beleidigung f* injure *f* grossière; *~e Fahrlässigkeit f* négligence *f* grave; *~er Fehler m* faute *f* grossière *od* grave; **G~einstellung** *f radio* réglage *m* approximatif *od* grossier; mise *f* rapide; **G~heit** *f* **1.** grossièreté; rusticité *f;* **2.** impolitesse; rudesse, brutalité *f, (grobes Wort)* gros mot *m; sich ~en an den Kopf werfen* s'engueuler comme du poisson pourri *pop;* **G~ian** *m* ⟨-(e)s, -e⟩ ['gro:bia:n] grossier, lourdaud, rustre, ours *m* mal léché; **~körnig** *a* à gros grains.

gröblich ['grø:plɪç] **I.** *a* gros(sier); **II.** *adv* grossièrement.

grobmaschig ['gro:p-] *a* à grosses mailles.

Grog *m* ⟨-s, -s⟩ [grɔk] grog *m.*

grölen *itr* brailler.

Groll *m* ⟨-(e)s, ø⟩ [grɔl] ressentiment *m,* rancœur; rancune; *(Verbitterung)* aigreur, amertume; *(Feindseligkeit)* animosité *f;* **g~en** *itr* entretenir des ressentiments; *jdm ~* garder rancune, en vouloir à qn, bouder qn; *der Donner grollt* le tonnerre gronde; **g~end** *a* plein de ressentiments, rancunier.

Grönland *n* ['grø:n-] le Grœnland.

Gros *n* ⟨-, -⟩ [gro:, *gen, pl* gro:s] *mil* gros *m; das ~ des Heeres* le gros de l'armée.

groß [gro:s] ⟨*größer, größt*⟩ *a* **1.** grand; *(~ u. dick)* gros; *(ausgedehnt)* vaste, ample; *(geräumig)* spacieux; *(lang, a. zeitl.)* long; *(hoch)* haut; *(hochgewachsen)* de grande *od* haute taille; **2.** *(erwachsen)* adulte; **3.** *(wichtig)* important; *(bedeutend)* grand; **4.** *(Fehler)* gros, grave; **5.** *(Hitze)* gros, fort; *(Kälte)* intense; — *im ~en (und) ganzen* en gros, en général, en somme, somme toute, à tout prendre; *jdn ~ anschauen* od *ansehen* regarder qn avec surprise; ouvrir grand les yeux en voyant qn; *nur ~es Geld haben* ne pas avoir de monnaie; *~e Stücke auf jdn halten* avoir une haute opinion de qn; *größer ma-*

chen agrandir; ~ *(mit ~em Anfangsbuchstaben) schreiben* écrire avec une majuscule; *gleich ~ sein* être de la même taille; ~ od *größer werden* grandir, croître, pousser; *wie ~ bist du?* quelle est ta taille? ~ *und klein* grands et petits; *e-e größere Summe* une assez grosse somme; **G~abnehmer** *m* gros consommateur *m;* **G~aktionär** *m* gros actionnaire, actionnaire *m* principal; **~artig I.** *a* grandiose, magnifique, imposant, monumental; *(ausgezeichnet)* excellent; *fam* fameux, épatant, grandissime, super; **II.** *adv* à merveille; — *das ist (ja) ~! (fam)* c'est sensationnel; **G~aufnahme** *f film* gros plan *m;* **G~auftrag** *m com* grande *od* grosse commande *f;* **G~betrieb** *m* grande entreprise *od* exploitation, exploitation *f* en grand; **G~britannien** *n* la Grande-Bretagne; **~britannisch** *a* britannique; **G~buchstabe** *m* lettre majuscule *od* capitale, majuscule *f.*

Größe *f* ‹-, -n› ['grø:sə] **1.** grandeur *a. fig; (Dicke, Stärke)* grosseur; *(Ausdehnung, Umfang)* étendue; *(Weite)* ampleur *f; (Rauminhalt)* volume *m; (Fassungsvermögen)* contenance, capacité; *(Länge, a. zeitl.)* longueur; *(Höhe)* hauteur; *(Körper~)* taille; *(Kleidungsstück: Nummer)* taille; *(Hut, Handschuhe, Schuhe)* pointure; *math* grandeur, quantité; *astr (e-s Sternes)* magnitude; *(Stärke)* force, intensité; *(Erhabenheit)* sublimité, majesté *f;* **2.** *(berühmte Person)* célébrité *f,* grand personnage; *fam (auf e-m Gebiet)* as *m, sport* vedette *f;* — *der ~ nach* par ordre de grandeur, par rang de taille; ... *in jeder ~* toute la gamme des ...; *in natürlicher ~ (Kunst, Abbildung)* en grandeur nature; *unbekannte ~ (math)* inconnue *f.*

Groß|einkauf *m* ['gro:s-] achat *m* en gros; **G~eltern** *pl* grands-parents *m pl.*

Größenordnung *f* ['grø:sən-] ordre *m* de grandeur; *in der ~ (gen)* de l'ordre (de).

großenteils ['gro:sən-] *adv* en grande partie.

Größenwahn *m* ['grø:sən-] folie des grandeurs, mégalomanie *f;* **g~sinnig** *a* mégalomane.

Groß|e *m* ['gro:s-] **1.** *pol* grand *m;* **2.** *fam (Erwachsener)* grande personne *f;* **~format** *n* grand format *m;* **~grundbesitzer** *m* grand propriétaire, (gros) propriétaire *m* terrien; **~handel** *m* commerce *m* en *od* de gros; **~händler** *m* marchand *od* négociant en gros, grossiste *m;* **~handlung** *f* magasin *m* de gros; **g~herzig** *a* magnanime, généreux; **~herzigkeit** *f* magnanimité, générosité *f;* **~herzog** *m* grand-duc *m;* **~herzogin** *f* grande-duchesse *f;* **~herzogtum** *n* grand-duché *m;* **~hirn** *n* cerveau *m;* **~hirnrinde** *f* écorce *f* cérébrale.

Grossist *m* ‹-en, -en› [grɔ'sɪst] grossiste, négociant *od* marchand *m* en gros.

Groß|macht *f* ['gro:s-] *pol* grande puissance *f;* **~markt** *m* marché-gare *m;* **~maul** *n* vantard, fanfaron, hâbleur; **~mut** *f* magnanimité, générosité *f;* **g~mütig** *a* magnanime, généreux; **~mutter** *f* grand-mère *f;* **~neffe** *m* petit-neveu *m;* **~nichte** *f* petite-nièce *f;* **~onkel** *m* grand-oncle *m;* **~-Paris** *n* l'agglomération *od* la région *f* parisienne; **~reinemachen** *n* grand nettoyage *m;* **~stadt** *f* grande ville *f;* **~städter** *m* habitant *m* d'une grande ville; *pl* habitants *m pl* des grandes villes; **g~städtisch** *a* des grandes villes, métropolitain; **~tante** *f* grand-tante *f;* **~teil** *m* grande partie *f.*

größtenteils *adv* pour la plus grande partie, pour la plupart; *(zeitl.)* la plupart du temps.

Groß|unternehmen *n* ['gro:s-] grande entreprise *f;* **~vater** *m* grand-père *m;* **~veranstaltung** *f* grande manifestation *f;* **~verbraucher** *m* gros consommateur *m;* **~vieh** *n* gros bétail *m;* **~wild** *n* gros gibier *m;* **g~≈ziehen** ‹*zog groß, großgezogen*› *(aufziehen) tr* élever; **g~zügig** *a* **1.** *(in der Form)* de grand style; **2.** *(in den Ansichten)* large d'esprit, à larges vues; **3.** *(freigebig)* généreux, libéral; **~zügigkeit** *f* **1.** grand style *m;* **2.** largeur *f* de vues; **3.** générosité, libéralité *f.*

grotesk [gro'tɛsk] *a* grotesque.

Grotte *f* ‹-, -n› ['grɔtə] grotte *f.*

Grube *f* ‹-, -n› ['gru:bə] **1.** fosse *f, a anat;* creux *m, a. anat;* **2.** *mines* mine, *offene)* carrière *f;* — *wer andern e-e ~ gräbt, fällt selbst hinein (prov)* tel est pris qui croyait prendre.

Grübel|ei *f* [grybə'laɪ] rêverie *f;* **g~n** *itr* ruminer.

Gruben|bahn *f* ['gru:bən-] voie *f* de mine; **~brand** *m* incendie *od* feu *m* de mine; **~explosion** *f* explosion *f* de mine; **~gas** *n* grisou *m;* ~ *enthaltend* grisouteux; **~lampe** *f* lampe *f* de mineur; **~unglück** *n* accident *m* minier, catastrophe *f* minière.

Grübler *m* ‹-s, -› ['gry:blər] rêveur *m.*

Gruft *f* ‹-, ¨-e› [gruft, 'grʏftə] *(Grab)* fosse, tombe *f; (Grabgewölbe)* caveau *m; (Krypta)* crypte *f.*

Grum(me)t *n* ‹-(e)s, ø› ['grum(ə)t] regain *m,* recoupe *f.*

grün [gry:n] *a* **1.** vert; *(Frucht: unreif)* vert; *(Getreide)* en herbe; **2.** *fig fam (neu, unerfahren)* neuf, inexpérimenté; — *am ~en Tisch (fig)* autour du tapis vert; *sich ~ und gelb ärgern* être fou furieux *fam;* *~er Junge m* blanc-bec *m.*

Grund *m* ‹-(e)s, ¨-e› [grunt, 'grʏndə] **1.**

(ohne pl) (tiefste Stelle) fond *m;* **2.** *(ohne pl) (Erdboden)* sol, terrain *m;* **3.** *(ohne pl) (~lage)* fondement *m,* base *f;* **4.** *fig (Ursache)* cause, raison, source *f; (Beweg~)* motif; *(Beweis~)* argument; *(Anlaß)* sujet *m;* — *auf ~ (a. aufgrund) (gen)* en raison *od* vertu *od* faveur (de), sur la base (de); *auf eigenem ~ und Boden* sur mes, tes *etc* terres; *aus diesem ~e* pour cette raison, en raison de quoi, de ce chef; *aus gutem ~* et pour cause; *im ~e (genommen)* au fond, dans le fond, après tout, au fait; *von ~ auf* od *aus* à fond, de fond en comble, du tout au tout; *e-r S auf den ~ gehen* aller au fond *od* à la racine de qc; *~ haben (im Wasser)* avoir pied; *(allen) ~ haben zu* avoir (tout) lieu de; *s-e guten Gründe haben* avoir de bonnes raisons; *es besteht ~ zu …* il y a lieu de …; *das ist ein ~ mehr* raison de plus; *das ist kein ~ zum Lachen* il n'y a pas là matière à plaisanterie; il n'y a pas de quoi rire; *ich habe meine Gründe (dafür)* j'ai mes raisons; *triftiger ~* raison *f* valable; *zwingender ~* motif *m* contraignant, raison *f* impérieuse; **~ausbildung** *f mil* instruction *f* élémentaire; **~ausstattung** *f mot* équipement *m* de série; **~bedeutung** *f* sens *m* premier *od* primitif; **~bedingung** *f* condition *f* fondamentale; **~begriff** *m* notion *od* conception *f* fondamentale; **~besitz** *m* propriété foncière *od* immobilière, possession *f* foncière; **~besitzer** *m* propriétaire *m* foncier *od* terrien; **~bestandteil** *m* élément *m* constitutif; *chem* (composé *m* de) base *f;* **~buch** *n* cadastre, livre *od* registre *m* foncier.

gründ|en ['grʏndən] *tr* **1.** fonder; *(einrichten)* établir; *(be~, stiften)* instituer; *(ins Leben rufen)* créer; **2.** *fig (stützen)* appuyer *od* baser *od* faire reposer (*auf* sur); — *sich ~ auf* être fondé *od* se fonder *od* s'appuyer *od* reposer sur; **G~er** *m* ⟨-s, -⟩ fondateur; créateur *m.*

grund|falsch ['grunt'-] *a* absolument faux; **G~farbe** *f phys* couleur *f* simple *od* primaire; *(Malerei, Zeugdruck)* fond *m;* **G~feste** *f: in s-n ~n erschüttern* ébranler jusque dans ses fondements; **G~fläche** *f math* base *f,* plan *m* inférieur; **G~form** *f* forme *f* primitive; *gram* infinitif *m;* **G~gebühr** *f* taxe de base *od* fixe; *tele* taxe *f* d'abonnement; **G~gedanke** *m* idée *f* fondamentale *od* dominante; **G~gesetz** *n (Verfassung)* loi *f* fondamentale *od* constitutionnelle *od* organique *od* constitutive; **~ieren** [-'di:rən] ⟨*ohne ge-*⟩ *tr (Malerei)* apprêter, imprimer; *(Färberei)* piéter; **G~ierung** *f* ⟨-, -en⟩ *(Malerei)* couche *od* peinture de fond, apprêt *m;* **G~lage** *f* base *f,* fondement *m; fig* assise, pierre *f* fondamentale; *auf der ~ (gen)* à partir de; *die ~ bilden* servir de base; *die ~n legen* jeter *od* poser les fondements; jeter les bases (*für etw* de qc) **G~lagenforschung** *f* recherche(s *pl*) *f* fondamentale(s) *od* de base; **~legend I.** *a* fondamental, foncier; *von ~er Bedeutung* d'une importance capitale; **II.** *adv* complètement, du tout au tout.

gründlich I. *a* **1.** solide, profond; **2.** *(exakt)* détaillé, scrupuleux; **II.** *adv* profondément; à fond, de fond en comble, du tout au tout; — *er hat sich ~ blamiert* il a été totalement ridicule; *~e Kenntnisse f pl* connaissances *f pl* approfondies; **G~keit** *f* ⟨-, ø⟩ **1.** solidité; *(Tiefe)* profondeur *f;* **2.** *(Genauigkeit)* exactitude, minutie *f.*

Grund|lohn *m* ['grunt-] salaire *m* de base; **g~los** *a* **1.** *(Gewässer)* sans fond, insondable; *(Weg)* défoncé; **2.** *fig (unbegründet)* sans fondement *od* motif.

Gründonnerstag *m* [gry:n'dɔn-] jeudi *m* saint.

Grund|rechnungsart *f* ['grunt-]: *die vier ~en* les quatre opérations *f pl* fondamentales; **~regel** *f* règle *f* fondamentale, principe *m;* **~rente** *f* rente *f* foncière; **~riß** *m arch* plan *m od* section horizontal(e), vue *f* en plan; **~satz** *m* principe, axiome *m; (Lebensregel)* maxime *f; e-n ~ aufstellen* poser un principe; *(starr) an s-n Grundsätzen festhalten* tenir (bon) à ses principes; *(sich) etw zum ~ machen* poser qc en principe, se faire un principe de qc; **~satzerklärung** *f pol* déclaration *f* de principes; **g~sätzlich I.** *a* fondé sur des principes; **II.** *adv* par *od* en principe; **~schuld** *f* dette *f* foncière; **~schule** *f* école *f* élémentaire *od* primaire; **~stein** *m arch* pierre de base, première pierre; *fig* pierre *f* fondamentale; *den ~ legen* poser la première pierre *od fig* les fondements; **~steinlegung** *f (feierl.)* pose *f* de la première pierre; **~steuer** *f* impôt *m* foncier *od* immobilier; **~stock** *m fin* base *f,* capital *m;* **~stoff** *m chem* corps simple, élément *m; tech (Rohstoff)* matière *f* première *od* de base, produit *m* de base; **~stoffindustrie** *f* industrie *f* primaire *od* de base; **~stück** *n* (bien-)fonds, bien foncier, terrain *m;* **~stücksmakler** *m* agent *m* immobilier; **~ton** *m* **1.** *mus* (note) tonique; *(Malerei)* nuance *f* de fond; **2.** *fig (e-r Rede)* note *f* générale; **~übel** *n* vice *od* mal foncier, grand mal *m;* **~umsatz** *m physiol* métabolisme *m* basal.

Gründung *f* ⟨-, -en⟩ ['grʏndʊŋ] fondation *f;* établissement *m;* institution; création *f.*

grund|verschieden ['grunt-] *a* tout à fait différent; *~ sein (a.)* différer du tout au tout; **G~wahrheit** *f* vérité *f* fondamentale; **G~wasser** *n* eau(x *pl*) *f* souterraine(s); **G~wasserspiegel** *m* nappe *f* souterraine *od* phréatique; **G~wasserstand** *m* niveau *m* d'eau souterraine; **G~zahl** *f gram* nombre *m* cardinal; *math* base *f;* **G~zug** *m* trait *m* fondamental *od* principal; *pl (e-r Wissenschaft)* éléments *m pl.*

Grün|(e) *n* ‹-s, -› ['gry:n-] vert *m; (Natur)* verdure *f; im G~en* dans la verdure; **g~en** *itr* verdir; *poet* verdoyer; **~fläche** *f* espace *m* vert; **~futter** *n* (fourrage) vert, herbage *m;* **~gürtel** *m (e-r Stadt)* ceinture *f* verte *od* de verdure; **g~lich** *a* verdâtre; **~schnabel** *m* blanc-bec, béjaune *m,* jeune barbe *f;* **~span** *m* vert-de-gris *m; ~ ansetzen* se vert-de-griser; **~streifen** *m (entlang e-r Straße)* ligne *f* de verdure.

grunzen ['gruntsən] *itr* grogner.

Grupp|e *f* ‹-, -n› ['grupə] *allg* groupe, groupement *m, a. com pol mil; (Klasse)* classe, catégorie; *(organisierte)* troupe, formation *f; (Besoldungs~)* échelon; *mil* groupe *m; (Korporalschaft)* escouade *f,* peloton *m; (von Arbeitern od Sportlern)* équipe *f; in der ~* en groupe; *in ~n* en *od* par groupes; **~enaufnahme** *f,* **~enbild** *n phot* groupe *m;* **~enbildung** *f* groupement *m;* **~enführer** *m mil* chef *m* de groupe *od* de file; **g~enweise** *adv* par *od* en groupes; **g~ieren** [-'pi:rən] ‹*ohne ge-*› *tr (anordnen)* grouper, masser, disposer en groupes; *(klassifizieren)* classifier; *sich ~* se grouper, se masser; **~ierung** *f* ‹-, -en› groupement *m,* disposition en groupes; classification *f.*

grusel|ig ['gru:zəlıç] *a* qui fait frissonner *od* dresser les cheveux, qui donne le frisson *od* la chair de poule; **~n** *impers: mir* od *mich gruselt's* j'ai le frisson.

Gruß *m* ‹-es, ⸚e› [gru:s, 'gry:sə] salut *m, a. mil; (schriftlicher)* compliments, respects, hommages *m pl; mit besten* od *herzlichen Grüßen, viele liebe Grüße (sendet Dir* od *Ihnen)* bien des choses (de ma part), mon meilleur souvenir, avec toutes mes amitiés; *e-n ~ erwidern* rendre un salut; *richten Sie ihm meine herzlichsten Grüße aus!* faites-lui mes amitiés; *~ aus X (auf Andenken)* souvenir de X.

grüßen ['gry:sən] *tr* saluer; *mil* faire le salut militaire (*jdn* à qn); *jdn ~ lassen* dire bien des choses, faire ses amitiés à qn; *~ sie ihn von mir!* faites-lui mes amitiés.

gucken ['gukən] *itr fam* regarder, jeter un coup d'œil; *(verstohlen)* lorgner, guigner (*nach etw* qc); *aus dem Fenster ~* regarder par la fenêtre; *guck mal!* regarde (donc); **G~loch** *n* judas *m.*

Guerillakrieg *m* [ge'rıl(j)a-] guérilla *f.*

Guillotin|e *f* ‹-, -n› [gıljo'ti:nə, gijo'ti:nə] guillotine *f;* **g~ieren** [-'ni:rən] ‹*ohne ge-*› *tr* guillotiner.

Guinea *n* [gi'ne:a] la Guinée.

Gulasch *n* od *m* ‹-(e)s, -e› ['gu:-, 'gulaʃ] goulasch *m;* **~kanone** *f fam* (cuisine) roulante *f.*

Gulden *m* ‹-s, -› ['guldən] florin *m.*

gültig ['gʏltıç] *a* valable; de mise *(a. Geld); jur* valide; *(gesetzlich)* légal, légitime; *für ~ erklären* rendre valable, valider; légaliser, légitimer; *~ sein* être valable; *(Geld)* avoir cours; *ab ... ~ sein* s'appliquer à compter de ...; **G~keit** *f* ‹-, ø› validité, *jur* vigueur; légalité, légitimité *f; (Geld)* cours *m.*

Gummi *n* od *m* ‹-s, -(s)› ['gumi] **1.** *(Material)* caoutchouc *m;* **2.** *(Radier~)* gomme *f* (à effacer); **~ball** *m* balle *f* de caoutchouc *od* élastique; **~band** *n* ruban élastique *od* caoutchouté, élastique *m;* **~baum** *m* caoutchouc, gommier *m;* **g~eren** [-'mi:rən] ‹*ohne ge-*› *tr* gommer; *(Stoff)* caoutchouter; *(Papier)* dextriner, encoller; *gummiertes Papier n* papier *m* gommé; **~erung** *f* gommage; caoutchoutage, encollage *m;* **~handschuh** *m* gant *m* de caoutchouc; **~knüppel** *m* matraque *f* de caoutchouc; **~mantel** *m* manteau de caoutchouc, imperméable *m;* **~reifen** *m* pneu(matique) *m;* **~ring** *m* bague *f* de caoutchouc; **~schlauch** *m* tuyau de *od* boyau *m* en caoutchouc; **~schuhe** *m pl* caoutchoucs *m pl;* **~sohle** *f* semelle *f* en *od* de caoutchouc; **~stiefel** *m pl* bottes *f pl* en caoutchouc.

Gunst *f* ‹-, ø› [gunst] faveur; *(Wohlwollen)* grâce *f,* bonnes grâces *f pl,* bienveillance *f; zu jds ~en* en faveur de qn; *jdm e-e ~ erweisen* faire une faveur à qn; *bei jdm in ~ stehen* être en grâce *od* en faveur auprès de qn, être dans les bonnes grâces de qn; **~beweis** *m,* **~bezeigung** *f* (marque de) faveur *f.*

günst|ig ['gʏnstıç] *a* favorable, propice, opportun; *(vorteilhaft)* avantageux; **~igstenfalls** *adv* en mettant les choses au mieux; **G~ling** *m* ‹-s, -e› favori *m;* **G~lingswirtschaft** *f* favoritisme *m.*

Gurgel *f* ‹-, -n› ['gurgəl] gosier *m,* gorge *f; jdn an* od *bei der ~ packen* saisir *od* tenir *od* prendre qn à la gorge; **g~n** *itr* **1.** *(gluckern)* gargouiller; **2.** *(die Gurgel spülen)* se gargariser.

Gurke *f* ‹-, -n› ['gurkə] **1.** concombre; *(kleine)* cornichon *m;* **2.** *pop (Nase)* pif *m;* — *saure ~* cornichon *m* au vinaigre; **~nsalat** *m* salade *f* de concombres.

gurren ['gurən] *itr (Taube)* roucouler.

Gurt *m* ‹-(e)s, -e› [gurt] *(Riemen)* courroie, bande; *(Bett~, Sattel~)* sangle; *(Gürtel)* ceinture *f, mil* ceinturon *m; (Trag~)* bretelle; *aero* ralingue *f.*

Gürtel *m* ‹-s, -› ['gʏrtəl] **1.** ceinture *f, a. fig;* **2.** *(Absperrung)* cordon *m;* **3.** *geog* zone *f;* — *den* ~ *enger schnallen (fig)* se serrer la ceinture; **~rose** *f med* zona, herpès *m* zoster; **~schlaufe** *f* passe-ceinture *m;* **~tier** *n* tatou *m.*

gürten ['gʏrtən] *tr* ceindre.

Guß *m* ‹-sses, ¨-sse› [gʊs] **1.** *(Wasserstrahl)* jet *m,* douche; *(Regen~)* averse, ondée *f;* **2.** *tech* fonte, coulée *f;* — *aus einem* ~ d'un seul jet *a. fig; fig* tout d'une venue; **~eisen** *n* fer *m* coulé *od* de fonte, fonte *f* (de fer); **g~eisern** *a* de *od* en fonte; **~form** *f* moule *m* à fonte, lingotière *f;* **~stahl** *m* acier *m* coulé *od* fondu.

gut [gu:t] ‹*besser, best*› **I.** *a* **1.** bon; de bon aloi; *(~mütig, gütig)* bon; *(sittlich ~, rechtschaffen)* bon, vertueux, honnête, brave; **2.** *(richtig)* juste, correct; **3.** *(nützlich)* utile; *(dienlich)* propre (*zu* à); *(förderlich, heilsam)* salutaire; *(vorteilhaft)* avantageux; **4.** *(~ erhalten)* en bon état; *(Gedächtnis)* bon, fidèle; **5.** *fin (Scheck)* bon, valable; **6.** *(reichlich)* bon, considérable; **II.** *adv* **1.** bien; *(günstig)* favorablement; **2.** *(richtig, einwandfrei)* correctement; **3.** *(ausreichend)* suffisamment; *(reichlich)* amplement, abondamment; — *das G~e* le bien; le bon; *im ~en* amicalement, à l'amiable, de gré à gré; ~ *und gern* bel et bien; *mehr als ~ ist* plus que de raison; *so ~ wie* pour ainsi dire, presque; *so ~ wie möglich* aussi bien que possible, le mieux possible; *wenn alles ~ geht* si tout va bien; ~ *riechen (itr)* sentir bon; *zu etw ~ sein* être bon à qc; *jdm ~ sein* aimer qn, vouloir du bien à qn; *des G~en zuviel sein* passer la mesure; *mit jdm (sehr) ~ stehen* être bien *od* en bons termes (au mieux) avec qn; ~ *(daran) tun zu* faire bien de; *wieder ~ werden* s'arranger; ~ *wiegen (com)* faire bon poids; *es geht mir ~* je vais bien, je me porte bien; *mir ist nicht ~* je suis indisposé; j'ai un malaise; je ne me sens pas bien; *uns steht nichts G~es bevor* il y a des points noirs à l'horizon; *Sie haben ~ reden, lachen* vous avez beau dire, rire; *es ist ~, daß ...* il est bon que *subj,* heureusement que; *wozu ist das ~* od *soll das ~ sein?* à quoi cela sert-il? à quoi bon? *lassen wir es ~ sein!* n'en parlons plus! brisons là(-dessus)! *seien Sie so ~ und ...* ayez la bonté de ..., soyez assez bon pour ..., veuillez ...; *Sie sind ~! (fam)* vous êtes bon! *alles G~e!* bonne chance! ~ *(so)!* bon! *(es ist ja) schon ~!* soit! passe! va! (c'est) entendu! *ein ~er Mensch* un homme de bien; *~es Wetter n* beau temps *m.*

Gut *n* ‹-(e)s, ¨-er› [gu:t, 'gy:tər] **1.** *(Besitz)* bien *m;* **2.** *(Land~)* (fonds *m* de) terre, propriété *f,* domaine *m; (Pacht~, Bauern~)* ferme *f;* **3.** *pl (Waren)* marchandises *f pl;* — *unrecht ~ gedeihet nicht (prov)* bien mal acquis ne profite jamais.

Gut|achten *n* ['gu:t-] avis (consultatif *od* d'expert), rapport *m* (d'expert), expertise *f; jur pol* mémoire *m; ein ~ abgeben* donner un avis, rendre un rapport; *ein ~ einholen* recueillir un avis; **~achter** *m* expert *m;* **g~artig** *a* **1.** *(Tier)* inoffensif; **2.** *med* bénin; **~dünken** *n: nach ~* à volonté, à discrétion.

Güte *f* ‹-, ø› ['gy:tə] **1.** *(e-s Menschen)* bonté; *(Herzens~)* bénignité; *(Freundlichkeit)* bienveillance, douceur; *(Gefälligkeit)* obligeance, complaisance *f;* **2.** *(e-r Ware)* (bonne) qualité; *(Gediegenheit)* solidité; *(Vortrefflichkeit)* supériorité *f;* — *du meine ~!* mon Dieu!

Güter|abfertigung *f* ['gy:tər-] (bureau *m* d')expédition *f* de(s) marchandises; **~bahnhof** *m* gare *f* de(s) *od* aux marchandises; **~fernverkehr** *m* transport *m* à longue distance; **~gemeinschaft** *f: eheliche ~* communauté *f* des biens, régime *m* de (la) communauté (des biens); **~nahverkehr** *m* transport *m* à courte distance; **~tarif** *m* tarif *m* marchandises; **~transport** *m* transport *m* de marchandises; **~trennung** *f jur* (régime *m* de la) séparation *f* des biens; **~wagen** *m* wagon de marchandises, camion *m;* **~zug** *m* train *m* de marchandises.

Gütezeichen *n* ['gy:tə-] marque *f* de qualité.

gut|gehend *a* ['gu:t-] *(Geschäft)* bien achalandé; **~gelaunt** *a* de bonne humeur; **~gemeint** *a* fait dans une bonne intention; **~gläubig** *a* **1.** de bonne foi; **2.** *(leichtgläubig)* crédule; **~=haben** ‹*hat, hatte gut, gutgehabt*› *tr com* avoir à son crédit *od* actif; **G~haben** *n fin* avoir, actif; *(Spareinlage)* dépôt *m;* **~=heißen** ‹*hieß gut, gutgeheißen*› *tr* approuver; acquiescer à.

güt|ig ['gy:tɪç] *a* bon; *(freundlich)* aimable; *(zuvorkommend)* obligeant; **g~lich I.** *a* amiable; **II.** *adv* u. *auf ~em Wege* à l'amiable, amicalement; — *sich ~ tun* se donner du bon temps, se régaler (*an etw* de qc).

gut|mütig ['gu:t-] *a* bon; *~er Mensch m* bonne pâte *f* d'homme; **G~mütigkeit** *f* bonté, bonhomie *f,* bon cœur *m;* **G~sbesitzer** *m,* **G~sherr** *m* propriétaire *m* foncier *od* terrien; **G~schein** *m* bon *m;* **~=schreiben** ‹*schrieb gut, gutgeschrieben*› *tr fin: jdm etw ~* porter qc à l'avoir *od* à l'actif *od* au crédit de qn, passer qc au crédit de qn; **G~schrift** *f* créance *f;* **G~shof** *m* ferme *f;* **~situiert** *a (Mensch)* aisé; **G~sverwalter** *m* directeur d'exploitation, gérant *m* d'un domaine *od* d'une propriété; **~=tun** ‹*tut, tat gut, gutgetan*› *itr: jdm ~* faire du bien à qn; **~willig I.** *a* de bonne volonté; **II.** *adv* de son gré, de (son) bon gré.

Gymnas|iast *m* ⟨-en, -en⟩ [gʏmnazi'ast] lycéen, collégien *m;* **~ium** *n* ⟨-s, -ien⟩ [-'na:zium, -ziən] *(deutsches u. schweizerisches; altgriechisches)* gymnase; *(französisches, staatliches)* lycée, collège; *(nicht staatliches)* collège *m* privé.

Gymnastik *f* ⟨-, ø⟩ [gʏm'nastɪk] gymnastique *f.*

H

H, h *n* ‹-, -› [ha:] *(Buchstabe)* H, h *m; mus* si *m.*
ha [ha] *interj* ha! *fam* hein!
Haar *n* ‹-(e)s, -e› [ha:r] **1.** *(Kopfhaar)* cheveu *m; das ~, die ~e (des Kopfes)* les cheveux *m pl,* la chevelure; **2.** *(Bart-, Körper-, Tier-, Pflanzenhaar)* poil *m; — aufs ~* exactement, au plus juste, *fam* au poil; *mit Haut und ~en (fig)* à corps perdu, totalement; *um ein ~* à peu de chose près; d'un rien; à un cheveu près; *ein ~ in der Suppe finden* trouver à redire (à qc); *sich in die ~e geraten* s'attraper *od* se prendre aux cheveux; *jdm kein ~ krümmen* ne pas toucher un cheveu à qn; *sich keine grauen ~e wachsen lassen (fig)* ne pas se faire des cheveux (blancs); *an jdm kein gutes ~ lassen* déchirer qn à belles dents; *sich in den ~en liegen* être aux prises, s'arracher les yeux, se prendre aux cheveux; *sich die ~e raufen* s'arracher les cheveux; *fig* se mordre les doigts *fam; sich die ~e schneiden (lassen)* se (faire) couper les cheveux; *da stehen einem die ~e zu Berge* cela fait dresser les cheveux sur la tête; *das ist an den ~en herbeigezogen* c'est tiré par les cheveux; **~ausfall** *m* chute *f* des cheveux; **~balg** *m anat* follicule *m* pileux; **~breit** *n: um ein ~* à un cheveu (près); **~bürste** *f* brosse *f* à cheveux; **h~en,** *sich (Tier, Fell, Pelz)* perdre son poil; **~entfernungsmittel** *n* dépilatoire *m;* **~esbreite** *f: um ~ = um ein Haarbreit;* **~farbe** *f* couleur *f* de cheveux; **h~genau** *adv fam* très exactement; *(erzählen)* par le menu, ric-(à-)rac; **h~ig** *a* poilu, velu; **~klammer** *f* pince *f* à cheveux; **~kleid** *n zoo* pelage *m;* **h~klein** *adv = haargenau;* **~knoten** *m* chignon *m;* **~nadel** *f* épingle *f* à cheveux; **~nadelkurve** *f (Straße)* virage *od* tournant *m* en épingle à cheveux; **~netz** *n* filet *m* à cheveux, résille *f;* **h~scharf I.** *a* **1.** bien affilé, tranchant; **2.** *fig* très exact *od* précis; **II.** *adv (ganz dicht)* tout près (*an ... vorbei* de); **~schleife** *f* ruban, *(im Haar)* nœud *m;* **~schneiden** *n* coupe *od* taille *f* des cheveux; *~, bitte!* une coupe, s'il vous plaît! **~schnitt** *m = Haarschneiden; (Frisur)* coiffure *f;* **~spalterei** *f* subtilité *f; ~ treiben* couper les cheveux en quatre; **~spray** *m* od *n* [-ʃpre:] laque *f;* **h~sträubend** *a* horripilant; à faire dresser les cheveux sur la tête; **~tracht** *f* coiffure *f;* **~trockner** *m* sèche-cheveux *m;* **~waschen** *n,* **~waschmittel** *n* shampooing *m;* **~wasser** *n* lotion *f* capillaire; **~wuchs** *m* **1.** *(Vorgang)* pousse *f* des cheveux; **2.** *(Zustand)* chevelure *f;* **~wuchsmittel** *n* produit *m* capillaire; **~wurzel** *f* racine *f* capillaire *od* des cheveux.
Hab [ha:p] : *mein (ganzes) ~ und Gut n* tout mon avoir *m,* toutes mes affaires *f pl;* **~e** *f* ‹-, ø› ['ha:bə] bien, avoir *m; (persönliche)* effets *m pl* (personnels); *(Eigentum)* propriété; *(Besitz)* possession *f;* **h~en** ‹*hat, hatte, gehabt*› *tr* avoir; *(besitzen)* posséder, (dé)tenir; *(erhalten haben)* tenir (*von* de); *(enthalten)* contenir; *sich ~ (fam: so tun)* se conduire, se comporter; faire des manières; *bei sich ~ (am Körper)* avoir *od* porter sur soi; *etw für sich ~* avoir quelque chose de bon; *gegen jdn etw ~* avoir de l'animosité *od* une dent contre qn; *mit jdm etw ~* avoir des histoires avec qn; *es mit jdm zu tun ~* avoir affaire à qn; *jdn über sich ~* avoir qn pour supérieur; *jdn unter sich ~* avoir qn sous ses ordres; *etw (e-e Eigenschaft) von s-m Vater ~* tenir qc de son père; *jdn zum besten ~* (se) jouer (de) qn; *nichts dagegen ~* n'avoir rien contre, le vouloir bien; *jdn zum Freund ~* avoir qn pour ami; *es gut ~* être à son aise *od* heureux; vivre bien; *es im Hals ~* avoir mal à la gorge; *lieber ~* aimer mieux, préférer; *am liebsten ~* aimer le mieux; *Zeit ~* avoir le temps; *zu ~ sein (com)* se vendre, être en vente; *etw ~ wollen* vouloir qc; *(fordern)* exiger qc; *ich hab's* j'y suis; *ich hätte gern* je voudrais bien; *beinahe hätte ich ...* j'ai failli *inf; ich ~ ihn (erwischt)* je le tiens; *wir ~ jetzt Winter* (maintenant) nous sommes en hiver; *das hat nichts auf sich* od *nichts zu sagen* cela ne veut rien dire, ce n'est rien; *was habe ich (denn) davon?* qu'est-ce que j'y gagne? *welchen Tag, (fam) den wievielten ~ wir heute? — wir ~ den 10. Juni* quel jour *od fam* le combien sommes-nous aujourd'hui? — nous sommes le 10 juin; *was hast du? (was ist dir?)* qu'est-ce que tu as? *welche Größe, Nummer ~ Sie?* quelle est votre taille, pointure? *pop* quelle taille, pointure faites-vous? *und damit hat sich's (fam)* et voilà! c'est fini! *da ~ wir's!* od *(fam) die Bescherung!* od *(pop) den Salat!* nous voilà propres *od*

bien lotis *od fam* dans de beaux draps! **~en** *n* ‹-, ø› *com* avoir, crédit *m;* **~enichts** *m* ‹-(es), -e› pauvre hère *od* diable, sans-le-sou *m;* **~gier** *f* avidité, cupidité, rapacité *f;* **h~gierig** *a* avide, cupide, rapace; **h~haft** *a: jds, e-r S ~ werden* s'emparer de, se saisir de, mettre la main sur qn, qc.

Habicht *m* ‹-s, -e› ['ha:bıçt] *orn* autour *m.*

Hab|seligkeiten *f pl* ['ha:p-] nippes, frusques *f pl,* tout le saint-frusquin *od* saint-crépin; **~sucht** *f* = *Habgier;* **h~süchtig** = *habgierig.*

Hackbraten ['hak-] *m* rôti de viande hachée; *(als Aufschnitt)* pâté *m* de viande.

Hacke *f* ‹-, -n› ['hakə] **(1)**. houe; *mines* sape *f;* **(2)** *(Ferse)* talon *m.*

hack|en *tr* **1.** *(den Boden)* houer, piocher; *(Holz)* fendre; *(Fleisch)* hacher; **2.** *(picken)* becqueter; **H~fleisch** *n* viande *f* hachée; hachis *m;* **H~klotz** *m* billot *m;* **H~messer** *n* hachoir, couperet *m.*

Häcksel *n (a. m)* ‹-s, ø› ['hɛksəl] paille *f* hachée.

Hader *m* ‹-s, ø› ['ha:dər] *lit (Zank)* querelle, dispute, discorde *f;* **h~n** *itr: mit jdm ~* se quereller avec qn; *mit dem Schicksal ~* accuser son sort.

Hafen *m* ‹-s, ¨› ['ha:-, 'hɛ:fən] port *m, a. fig; e-n ~ anlaufen* faire escale dans un port; *aus e-m ~ auslaufen* quitter un port; *in den ~ einlaufen* entrer au port; **~anlagen** *f pl* installations *f pl* portuaires; **~arbeiter** *m* ouvrier portuaire, docker *m;* **~becken** *n* bassin *m,* darse *f;* **~behörde** *f* service *m* portuaire, autorités *f pl* du port; **~einfahrt** *f* entrée *f* du port; *enge ~* goulet *m;* **~gebühr(en** *pl***)** *f* droits *m pl* de port, droit *m* de quai; **~polizei** *f,* **~wache** *f* police *f* de(s) port(s); **~sperre** *f* embargo *m;* **~stadt** *f* ville *f* portuaire, port *m* (de mer).

Hafer *m* ‹-s, ø› ['ha:fər] avoine *f; ihn sticht der ~ (fig)* sa fortune lui monte à la tête; il a la tête enflée; **~flocken** *f pl* flocons *m pl* d'avoine.

Haft *f* ‹-, ø› [haft] détention, prison *f,* emprisonnement *m; in ~* détenu *a;* en prison; *aus der ~ entlassen* relâcher, libérer, élargir; *in ~ nehmen* arrêter, emprisonner; **~anstalt** *f* maison *f* d'arrêt; **h~bar** *a* responsable; *jdn für etw ~ machen* rendre qn responsable de qc; *persönlich ~* contraignable par corps; **~befehl** *m* mandat d'arrêt *od* de dépôt, ordre *m* d'écrou; **h~en** *itr* **1.** *(festsitzen)* coller, tenir, s'attacher, adhérer (*an* à); *im Gedächtnis ~* s'imprimer dans la mémoire; **2.** *für etw ~ (verantwortlich sein)* répondre de qc; **~entlassung** *f* levée *f* d'écrou; **~gläser** *n pl opt* verres *m pl* de contact.

Häftling *m* ‹-s, -e› ['hɛftlıŋ] détenu *m.*

Haft|pflicht *f* ['haft-] responsabilité *f* civile (*für* en matière de); **h~pflichtig** *a* civilement responsable; **~pflichtversicherung** *f* assurance *f* responsabilité civile; **~schalen** *f pl* = *Haftgläser;* **~ung** *f* ‹-, ø› responsabilité *f; für etw die ~ übernehmen* assumer *od* prendre la responsabilité de qc *Gesellschaft mit beschränkter ~ (GmbH)* société *f* à responsabilité limitée.

Hagebutte *f* ‹-, -n› ['ha:gəbutə] cynorhodon, fruit *m* de l'églantier *od* du rosier; *pop* gratte-cul *m.*

Hagel *m* ‹-s, ø› ['ha:gəl] grêle *f (a. fig von Steinen, Pfeilen etc);* **~korn** *n* grêlon *m;* **h~n** ‹*hagelt*› *impers* grêler; *es (a.)* il tombe de la grêle; **~schaden** *m* dommage *m* causé par la grêle; **~schauer** *m* orage *m* de grêle; **~schlag** *m* chute *f* de grêle; **~versicherung** *f* assurance *f* contre la grêle.

hager ['ha:gər] *a (mager)* maigre, (grand et) sec, grêle, décharné.

haha [ha'ha(:)] *interj* hi, hi, hi!

Häher *m* ‹-s, -› ['hɛ:ər] *orn* geai *m.*

Hahn *m* ‹-(e)s, ¨e› [ha:n, 'hɛ:nə] **1.** *orn* coq *m;* **2.** *tech* robinet *m;* **3.** *(Faß)* canelle *f;* **4.** *(Gewehr)* chien *m; — den ~ aufdrehen (zudrehen)* ouvrir *od* tourner (fermer) le robinet; *es kräht kein ~ danach* personne ne s'en soucie *od* n'y fait attention; *~ im Korb* coq *m* du village; **~enfuß** *m bot* renoncule *f;* **~enschrei** *m: beim ersten ~* au chant du coq; **~entritt** *m (im Ei)* chalaze *f.*

Hai(fisch) *m* ‹-(e)s, -e› [haı] requin, squale *m.*

Hain *m* ‹-(e)s, -e› [haın] *poet* bois, bosquet *m.*

häkel|n ['hɛ:kəln] *tr* faire au crochet; *itr* faire du crochet; **H~nadel** *f* crochet *m* (à dentelle).

Haken *m* ‹-s, -› ['ha:kən] **1.** croc; *(kleiner)* crochet *m; (Kleider-, Wandhaken)* patère *f,* portemanteau; *(Angelhaken)* hameçon *m; (Klammer)* agrafe *f; arch* crampon *m,* harpe *f,* harpon *m; tech* griffe *f;* **2.** *(Boxen)* crochet *m; — vom ~ nehmen* décrocher; *e-n ~ schlagen (Hase, a. fig)* faire un crochet; *die Sache hat e-n ~* il y a quelque chose qui cloche dans l'affaire; **~kreuz** *n* croix *f* gammée, svastika *m.*

halb [halp] **I.** *a* demi; *(in Zssgen)* demi-, mi-, semi-, quasi-; **II.** *adv* à demi, (à) moitié; *— ~ und ~* moitié moitié, entre les deux; *(so) ~ und ~ (fam)* couci-couci, couci-couça, presque; *auf ~em Wege* à moitié chemin, à mi-chemin; *um ~ drei* à deux heures et demie; *zum ~en Preis* à moitié prix; *(Tür) ~ öffnen* entrebâiller, entrouvrir; *es schlägt ~* la demie sonne; *das ist ~ so schlimm (fam)* ce n'est qu'un demi-mal; *das ist nichts H~es und nichts Ganzes* ce n'est ni fait ni à faire; **~amtlich** *a* semi-officiel, officieux; **~automatisch** *a* semi-automatique; **H~bruder** *m* demi-frère; *(väterlicherseits)* frère consanguin; *(mütterlicherseits)* frère *m* utérin; **H~dunkel** *n* demi-jour *m;* **H~edelstein** *m* pierre *f* demi-précieuse.

halber ['halbər] *prp (nachgestellt, a. angehängt)* pour (des raisons de), à cause de; *der Ehre ~ (ehrenhalber)* pour l'honneur.

Halb|fabrikat *n* ['halp-] **~fertigware** *f* produit (de)mi-fini *od* semi-fini, demi-produit *m;* **~geschwister** *pl* enfants *m pl* de deux lits; **~gott** *m* demi-dieu *m;* **~heit** *f* ‹-, -en› *(Unvollkommenheit)* imperfection, insuffisance *f;* **h~ieren** [-'bi:rən] ‹*ohne ge-*› *tr* partager *od* couper en deux *od* par le milieu; **h~iert** *a* mi-parti; **~ierung** *f* ‹-, -en› mi-partition; *math* bissection *f;* **~insel** *f* presqu'île; *(große)* péninsule *f;* **~jahr** *n* semestre *m;* **h~jährlich I.** *a* semestriel; **II.** *adv* tous les six mois, par semestre; **~kreis** *m* demi-cercle, hémicycle *m;* **~kugel** *f* hémisphère *m;* **h~laut** *a* u. *adv* à (de)mi-voix; **~leder(ein)band** *m* demi-reliure *f;* **~leinen** *n (Buch)* demi-toile *f;* **~leiter** *m el* semi-conducteur *m;* **~links** *m* ‹-, -› *sport* inter *m* gauche; **h~mast** *adv: auf ~* en berne; *~ flaggen (itr)* mettre le pavillon en berne; **~messer** *m* rayon *m;* **~mond** *m* demi-lune *f (a. als Symbol)* croissant *m;* **h~nackt** *a* à demi *od* à moitié nu; **h~offen** *a (Tür)* entrouvert; **~pension** *f* demi-pension *f;* **~rechts** *m* ‹-, -› *sport* inter *m* droit; **h~rund** *a* semi-circulaire; *~er Platz, Tisch m* demi-lune *f;* **~schatten** *m* pénombre; *(Kunst)* demi-teinte *f;* **~schuh** *m* chaussure *f* basse; **~schwergewicht** *n sport* poids *m* mi-lourd; **~schwester** *f* demi-sœur *f;* **~starke** *m* demi-sel, blouson *m* noir; **~tagsarbeit** *f,* **~tagsbeschäftigung** *f* travail *od* emploi *m* à temps partiel *od* à mi-temps; **h~tot** *a* (de)mi-mort, à demi *od* à moitié mort; **h~voll** *a* à moitié plein; **~waise** *f* orphelin(e *f*) de père *od* de mère; **h~wegs** ['-ve:ks] *adv (leidlich)* passablement, tant bien que mal; **~welt** *f* demi-monde *m;* **~wertzeit** *f phys chem* demi-vie, période *f* (radioactive); **~zeit** *f sport* mi-temps *f.*

Halde *f* ‹-, -n› ['haldə] **1.** *(Hang)* pente *f,* versant, coteau *m;* **2.** *(Schutthalde)* éboulis *m; mines* halde *f,* terril, carreau *m;* **~nbestand** *m* **~nvorrat** *m* stock *m* sur le carreau.

Hälfte *f* ‹-, -n› ['hɛlftə] moitié *f; bis zur ~ (Mitte)* jusqu'au milieu; *zur ~* à *od* par moitié; *zur ~ beteiligen, beteiligt sein (com)* mettre, être de moitié; *meine bessere ~ (hum: Ehefrau)* ma moitié.

Halle *f* ‹-, -n› ['halə] *(Saal)* salle *f,* hall *m; (langer Saal)* galerie *f; (Eingang)* vestibule, hall; *(Bahnhof)* hall; *aero* hall, hangar *m.*

hallen ['halən] *itr (schallen)* résonner, retentir.

Hallen|bad *n* ['halən-] piscine *f* (couverte); **~sport** *m* sport *m* sur terrain couvert; **~turnen** *n* gymnastique *f* en salle.

hallo [ha'lo:, 'halo] *interj* eh *od* hé (là-bas)! ho! hep! holà! *tele* allô!

Halm *m* ‹-(e)s, -e› [halm] brin; *(Getreidehalm)* chaume, tuyau *m; auf dem ~ (agr)* sur pied.

Halogenscheinwerfer *m* [halo'ge:n-] *mot* phare *m* à iode.

Hals *m* ‹-es, ¨-e› [hals, 'hɛlzə] **1.** cou *m;* **2.** *(Kehle)* gorge *f,* gosier *m;* **3.** *(Flasche)* col *m;* **4.** *(Geige)* manche *m;* — *aus vollem ~e* à pleine gorge, à gorge déployée, à pleins poumons; *bis an den ~, bis zum ~* par-dessus la tête; *~ über Kopf* précipitamment, la tête la première; *sich den ~ brechen* se casser *od* se rompre le cou; *jdm um den ~ fallen* se jeter *od* sauter au cou de qn; *es im ~ haben* avoir mal à la gorge; *jdn, etw auf dem ~e haben* avoir qn, qc sur les bras *od* sur le dos; *in den falschen ~ kriegen* avaler de travers; *fig* prendre en mauvaise part; *aus vollem ~e lachen* rire à plein gosier *od* à pleine gorge *od* à gorge déployée; *e-n langen ~ machen, den ~ recken (um etw zu sehen)* allonger le cou; *sich jdn, etw vom ~e schaffen* se débarrasser, se défaire de qn, de qc; *jdm den ~ umdrehen* tordre le cou à qn; *sich jdm an den ~ werfen* se jeter au cou de qn; *das hängt mir zum ~(e) raus (fig fam)* j'en ai par-dessus la tête, ça me fait suer, *arg* j'en ai marre; *bleiben Sie mir damit vom ~e!* ne m'embêtez pas *od* laissez-moi tranquille *od fam* fichez-moi la paix avec cela! *steifer ~ (med)* torticolis *m;* **~abschneider** *m fig fam (Wucherer)* requin, usurier *m;* **~ader** *f* (veine) jugulaire *f;* **~band** *n* collier *m;* **h~brecherisch** *a* à se casser le cou, périlleux; **~entzündung** *f* inflammation de la gorge, angine *f;* **~kette** *f* collier *m;* **~schlagader** *f* carotide *f;* **~schmerzen** *m pl* mal *m* de gorge; *~ haben* avoir mal à la gorge; **h~starrig** *a* obstiné, opiniâtre, entêté, têtu (comme un mulet); **~starrigkeit** *f* obstination, opiniâtreté *f;* entêtement *m;* **~tuch** *n* cache-col *m,* écharpe *f,* cache-nez, foulard, *(für Damen)* fichu *m;* **~wirbel** *m* vertèbre *f* cervicale.

Halt *m* ‹-(e)s, -e› [halt] **1.** *(Anhalten)* arrêt *m;* halte *f;* **2.** *(Stütze, Unterstützung)* appui, soutien, support *m;* **3.** *fig*

(Festigkeit) fermeté, fixité, solidité; *(innerer ~)* consistance, tenue *f; — ohne ~* instable, inconstant, sans caractère; *(beim Klettern) keinen ~ finden* ne pas trouver de prise; *den ~ verlieren (fig)* perdre pied; **h~** *interj* halte(-là)! holà! stop! arrêtez-vous! *~! wer da? (mil)* halte-là! qui vive? **h~bar** *a* **1.** *(dauerhaft)* durable, consistant, résistant, *(Lebensmittel)* de garde; **2.** *(stabil)* stable, solide; *tech* soutenable; *— ~ machen (Lebensmittel)* conserver; **~barkeit** *f* ‹-, ø› **1.** endurance, durabilité, consistance, résistance *f*, bon usage *m;* **2.** stabilité, solidité *f;* **~barmachung** *f* ‹-, ø› *(von Lebensmitteln)* conservation *f;* **h~en** ‹*hält, hielt, gehalten*› *tr* **1.** tenir; *mus (Ton)* soutenir; *(stützen, festhalten)* soutenir, supporter; **2.** *(anhalten)* arrêter; *(zurückhalten)* retenir; **3.** *(aufrechterhalten)* maintenir; conserver; *(enthalten)* contenir; **4.** *(einhalten)* garder, oberver; *(Versprechen)* tenir; **5.** *(besitzen, unterhalten)* avoir, entretenir; **6.** *(abhalten, begehen, feiern)* célébrer; *itr* **7.** *(anhalten, stehenbleiben)* s'arrêter, faire (une) halte; *(mit dem Wagen)* arrêter sa voiture; *(stehenbleiben ohne auszusteigen)* stationner; **8.** *(festsitzen)* tenir (ferme); *(dauern, dauerhaft sein)* tenir, durer, être solide *od* de bon usage; *refl: sich ~* **9.** *(sich aufrecht ~)* se (main)tenir, se soutenir, se tenir debout; **10.** *(sich verhalten)* se conduire, se comporter; **11.** *(dauern, bleiben, nicht vergehen)* durer; *(Lebensmittel)* se conserver; *(Farbe)* tenir; *(Wetter)* persister, se maintenir, être constant; *(Preise)* être stable; *mil* se tenir; *— ~ für* prendre pour, regarder *od* considérer comme, croire, juger; *für zwanzig ~ (fam)* donner vingt ans à; *für (recht, wahr, nötig) ~* tenir pour, croire (juste, vrai, nécessaire); *für gut ~* trouver bon; *ge~ werden für* passer pour; *es mit jdm* od *zu jdm ~* être pour qn *od* du côté de qn; *große Stücke auf jdn ~* avoir une haute opinion de qn; *sich an etw ~ (fest~)* se tenir, s'accrocher à qc; *fig* s'en tenir à qc; *an sich ~* se contenir, se retenir; *etw auf sich ~* se croire quelqu'un; *sich gerade ~* se tenir droit; *sich nicht* od *schlecht ~ (Lebensmittel)* se conserver mal; *nichts von etw ~* ne faire aucun cas de qc; *e-e Predigt ~* faire un sermon; *sein Versprechen nicht ~* trahir sa promesse; *viel von jdm ~* avoir qn en grande estime; *(nicht) viel von etw ~* faire grand (ne faire aucun) cas de qc; *sich vor Lachen nicht mehr ~ können* ne plus se tenir de rire; *ich weiß, was ich davon zu ~ habe* je sais à quoi m'en tenir; *das hält* cela tient; *das hält nicht* cela ne tient pas (debout); *wofür ~ Sie mich denn eigentlich* od *überhaupt?* mais pour qui me prenez-vous? *was ~ Sie davon?* qu'en pensez-vous? que vous en semble? **~estelle** *f* station *f*, (point d')arrêt *m;* **~everbot** *n mot* interdiction *f* de stationner; **h~los** *a* **1.** *(Mensch)* sans consistance, faible, mou; instable; **2.** *(Behauptung)* insoutenable, sans fondement; **~losigkeit** *f* ‹-, ø› **1.** *(Mensch)* inconsistance, faiblesse, mollesse *f;* **2.** *(Behauptung)* manque *m* de fondement; **h~=machen** *itr* s'arrêter, faire (une) halte; **~ung** *f* **1.** *(Körperhaltung)* tenue *f*, maintien *m; (Stellung)* posture, position, pose *f;* **2.** *fig* état *m* moral; *(Einstellung)* attitude; *(Verhalten)* conduite *f*, maintien *m*, tenue *f; — s-e ~ (Einstellung) ändern* changer d'attitude; *(stramme) ~ annehmen (mil)* se mettre au garde-à-vous; *die ~ bewahren* faire bonne contenance *od* figure; *e-e ~ einnehmen* prendre une attitude; *die ~ verlieren* perdre contenance; *aufrechte ~ (biol: als Merkmal des Menschen)* station *f* verticale.

Halunke *m* ‹-n, -n› [ha'lʊŋkə] coquin *a. hum*, fripon, gredin, forban, chenapan *m*, canaille *f*.

hämisch ['hɛmɪʃ] *a* méchant, malicieux.

Hammel *m* ‹-s, -/(¨)› ['ha-,'hɛməl] mouton *m;* **~braten** *m* rôti de mouton, mouton *m* rôti; **~fleisch** *n* mouton *m;* **~herde** *f pej* troupeau *m;* **~keule** *f* gigot *m;* **~kotelett** *n* côtelette *f* de mouton; **~ragout** *n* ragoût *m* de mouton; **~rücken** *m* selle *f* de mouton.

Hammer *m* ‹-s, ¨› ['ha-, 'hɛmər] **1.** marteau *a. anat; (Schmiedehammer)* martinet *m;* **2.** *(~werk)* forge, usine *f* métallurgique; *— unter den ~ kommen (a. fig)* être vendu aux enchères; *~ und Sichel (pol)* la faucille et le marteau.

hämmern ['hɛmərn] *tr* battre au marteau, marteler; *itr* marteler.

Hammerwerfen *n* ['hamər-] *sport* lancement *m* du marteau.

Hämorrhoiden *f pl* [hɛmoro'i:dən] *med* hémorroïdes *f pl*.

Hampelmann *m* ‹-(e)s, ¨er› ['hampəl-] pantin *m*.

Hamster *m* ‹-s, -› ['hamstər] *zoo* hamster *m;* **~er** *m* ‹-s, -› accapareur (de marchandises), thésauriseur *m;* **h~n** *tr* accaparer; *itr (~ gehen)* aller au ravitaillement.

Hand *f* ‹-, ¨e› [hant, 'hɛndə] main *(a. = ~schrift); pop* patte *f; an, bei der ~ (nehmen)* par la main; *an ~ (gen)* au moyen de; en s'appuyant sur; *aus erster, zweiter ~* de première, seconde main; *bei der ~* à la main, sous (la) main, en main, à portée de la main; *in der ~* à *od* dans la main, en main; *~ in ~* la main dans la main; *mit der ~* manuellement, à la main; *mit beiden Händen* à *od* des deux mains; *mit eigener* ~ de sa (propre) main, de ses mains; *mit vollen Händen* à pleines mains; *a. fig* à poignée, sans compter; *unter der* ~ *(unterderhand) (fig)* en sous-main, sous le manteau, en secret; *von* ~ *zu* ~ de main en main; *zur* ~ = *bei der* ~; *zu Händen (gen) (Post)* aux bons soins de, à l'attention de, à remettre à; *um jds* ~ *anhalten* od *bitten* demander la main de qn *od* qn en mariage; *selbst* ~ *anlegen* mettre la main à la pâte, prêter la main; *mit leeren Händen dastehen (fig)* être bredouille; *jdm die* ~ *drücken* serrer *od* toucher la main, donner une poignée de main à qn; *jdm in die Hände fallen (Sache)* tomber sous la main de qn; *in jds Hände fallen (Person)* tomber au pouvoir *od* aux mains de qn; *jdm aus der* ~ *fressen (Tier, a. fig von Menschen)* manger dans la main à *od* de qn; *jdm die* ~ *geben* tendre la main à qn; *jdm an die* ~ *gehen* donner un coup de main à qn; *jdn in der* ~ *haben (fig)* avoir qn sous sa coupe; *freie* ~ *haben (fig)* avoir les mains libres *od* le champ libre, avoir carte blanche; ~ *und Fuß haben (fig)* tenir debout; *e-e glückliche* ~ *haben* avoir la main heureuse *od (im Spiel)* un beau jeu; *kalte Hände haben* avoir froid aux mains; *bei etw s-e* ~ *im Spiel haben* avoir la main, être pour quelque chose dans qc; *alle Hände voll zu tun haben* être débordé de travail, ne savoir où donner de la tête; *in andere Hände kommen (fig)* changer de mains; *sich mit Händen greifen lassen (fig)* tomber sous le sens; *von der* ~ *in den Mund leben* vivre au jour le jour, tirer le diable par la queue; *von s-r Hände Arbeit leben* vivre du travail de ses mains; *aus der* ~ *legen* mettre de côté; *die letzte* ~ *an etw legen* mettre la dernière main à qc, donner la dernière touche à qc; *s-e* ~ *für etw ins Feuer legen (fig)* mettre sa main au feu pour qc; *die Hände in den Schoß legen* se croiser les bras; *sich die Hände schmutzig machen* se salir les mains; *jdn bei der* ~ *nehmen* prendre qn par la main; *etw in die* ~ *nehmen (a. fig)* prendre qc en main(s); *jdm die* ~ *reichen* tendre la main à qn; *die Hände ringen* se tordre les mains; *nicht die* ~ *vor den den Augen sehen* ne voir goutte; *in jds* ~ od *Händen sein* être entre les mains *od* au pouvoir de qn; *zur* ~ *sein* être à portée de la main; *jdn auf Händen tragen (fig)* faire tout pour qn; *in andere Hände übergehen* changer de mains; *von langer* ~ *vorbereiten* préparer de longue main *od* date; *s-e Hände in Unschuld waschen* s'en laver les mains; *sich mit Händen und Füßen dagegen wehren, daß ...* faire des pieds et des mains pour ne pas ...; *von der* ~ *weisen* repousser, rejeter; *die Hände über dem Kopf zs.schlagen (erstaunt)* lever les bras au ciel; *(verzweifelt)* s'arracher les cheveux; *dafür lege ich meine* ~ *ins Feuer* j'en mettrais ma main au feu; *mir sind die Hände gebunden (fig)* j'ai les mains liées; *das ist nicht von der* ~ *zu weisen* cela mérite considération, ce n'est pas méprisable; *die Arbeit geht ihm leicht von der* ~ il travaille vite; *das hat weder* ~ *noch Fuß* cela n'a ni rime ni raison *od* ni queue ni tête; *das liegt auf der* ~ c'est manifeste *od* évident *od* une chose évidente; ~ *aufs Herz!* la main sur la conscience! ~ *drauf!* tope (là)! touchez là! *Hände hoch!* haut les mains! *Hände weg!* bas les mains! *e-e* ~ *wäscht die andere (prov)* une main lave l'autre; donnant donnant; *flache* ~ plat *m* de la main, paume *f; hohle* ~ creux *m* de la main; *die öffentliche* ~ les pouvoirs *m pl* publics, le fisc; *rechte* ~ *(fig: unentbehrlicher Helfer)* bras droit, *fam* sous-verge *m;* **~arbeit** *f* **1.** *(Tätigkeit)* travail *od* ouvrage *m* manuel; **2.** *(Produkt)* travail *m od* fabrication *f* à la main, ouvrage *m* fait à la main; **3.** *pl (weibliche)* ouvrages *m pl* de dames; **~ball** *m* **1.** *(Spiel)* handball *m;* **2.** *(Ball)* ballon *m* de handball; **~bewegung** *f* geste *m* de la main; **~bibliothek** *f,* **~bücherei** *f* bibliothèque *f* de consultation sur place; **~bremse** *f mot* frein *m* à main; *die* ~ *ziehen* mettre le frein à main; **~buch** *n* manuel *m.*

Händedruck *m* ‹-(e)s, ⸚e› ['hɛndə-] poignée *f od* serrement *m* de main.

Handel *m* ‹-s, ø› ['handəl] **1.** *allg (Gewerbe)* commerce; *(Großhandel)* négoce; *(Wirtschaftszweig)* trafic *m;* **2.** *(einzelner Vorgang)* marché; *(Tausch)* troc *m;* **3.** *fig (Angelegenheit, Geschichte)* affaire *f;* — *nicht im* ~ *(befindlich)* hors commerce; *mit jdm* ~ *treiben* faire du commerce *od* commercer avec qn.

Händel *m pl* ['hɛndəl] querelle *f; mit jdm* ~ *suchen* chercher querelle à qn.

handeln ['handəln] *itr* **1.** *(Handel treiben)* faire du commerce *od* négoce; *mit etw* ~ faire le commerce de qc, trafiquer qc; **2.** *(feilschen)* marchander; **3.** *allg (tätig sein)* agir (*an jdm* envers qn); **4.** *(Literaturwerk, Buch)* traiter (*von etw* de qc), avoir pour sujet (*von etw* qc); — *gehandelt werden (an der Börse)* se négocier; *impers: es handelt sich um* il s'agit de, il est question de; il y va de; *worum handelt es sich (eigentlich)?* de quoi s'agit-il? **H~** *n (Feilschen)* marchandage *m.*

Handels|abkommen *n* ['handəls-] accord *m od* convention *f* commercial(e); **~artikel** *m* article *m* de commerce;

~bank *f* banque *f* commerciale *od* de commerce; **~beziehungen** *f pl* relations *f pl* commerciales, échange(s *pl*) *m* commercial (commerciaux); **~bilanz** *f* bilan *m od* balance *f* commercial(e); **h~einig** *a: ~ sein, werden* être, tomber d'accord en affaire; **~flagge** *f* pavillon *m* marchand; **~flotte** *f* flotte *f* commerciale; **~freiheit** *f* liberté *f* de *od* du commerce; **~gericht** *n* tribunal *m* de commerce; **~gesellschaft** *f* société *od* association *od* compagnie *f* de commerce *od* commerciale; *Offene ~* société *f* en nom collectif; **~gesetz** *n* loi *f* commerciale; **~hafen** *m* port *m* de commerce *od* marchand; **~haus** *n* maison *f* (de commerce); **~hochschule** *f* école supérieure de commerce; **~index** *m* indice *m* de commerce; **~kammer** *f* chambre *f* de commerce; **~korrespondent** *m* correspondancier *m;* **~korrespondenz** *f* correspondance *f* commerciale; **~marine** *f* marine *f* marchande; **~mission** *f* mission *f* commerciale; **~niederlassung** *f (im Ausland)* factorerie *f,* comptoir *m;* **~recht** *n* droit *m* commercial; **~register** *n* registre *m* du commerce; **~schiff** *n* navire *od* vaisseau *od* bâtiment *m* marchand *od* de commerce; **~schule** *f* école *f* de commerce *od* commerciale; **h~üblich** *a* d'usage; **~vertrag** *m* traité de commerce; contrat *m* de société; **~vertreter** *m* représentant de commerce, agent *m* commercial; **~vertretung** *f* agence *f* commerciale; **~ware** *f* article *m* de commerce; **~zentrum** *n* centre *m* commercial; **~zweig** *m* branche *f* de commerce.

Handeltreibende *m* ‹-n, -n› commerçant, marchand *m.*

händeringend ['hɛndə-] *a adv* se tordant les mains.

Hand|fertigkeit *f* ['hant-] habileté *f* manuelle; **h~fest** *a* solide, fort, robuste, vigoureux; *ein ~er Bursche* un rude gaillard; **~feuerwaffe** *f* arme *f* à feu portative; **~fläche** *f* paume *f od* plat *m* de la main; **h~gearbeitet** *a* fait à la main; **~gelenk** *n* poignet *m; aus dem ~ (fig)* en un tour de main; **h~gemacht** *a* fait à la main; **h~gemein** *a: ~ werden* en venir aux mains; **~gemenge** *n* corps à corps *m,* mêlée *f;* **~gepäck** *n* bagages à main, petits bagages *m pl;* **h~geschrieben** *a* écrit à la main, manuscrit; **~granate** *f* grenade *f* (à main); *scharfe ~* grenade *f* réelle; **h~greiflich** *a fig* palpable, évident, manifeste; *~ werden* passer à des voies de fait; **~griff** *m* **1.** *(zum Handhaben od Festhalten)* poignée, manette; *mot* brassière, croisée *f;* **2.** *(Bewegung)* tour de main; *(Kunstgriff)* truc *m,* ficelle *f;* **~habe** *f fig* prise *f; e-e ~ bieten* donner prise; **h~haben** ‹*handhabt, handhabte, gehandhabt*› *tr* **1.** manier, manipuler, employer; *tech* manœuvrer; **2.** *fig (anwenden)* appliquer; *leicht zu ~(d)* maniable; **~habung** *f* **1.** maniement *m,* manipulation *f,* emploi *m; tech* manœuvre *f;* **2.** *fig* application *f; sichere ~* sécurité *f* d'emploi; **~harmonika** *f* accordéon *m;* **~karren** *m* charrette à bras, poussette *f;* **~koffer** *m* valise, mallette *f;* **~kuß** *m* baisemain *m;* **~langer** *m* manœuvre *a. fig,* homme de peine; *(e-s Maurers)* aide-maçon; *fig* suppôt *m.*

Händler *m* ‹-s, -› ['hɛndlər] marchand, commerçant, *a. pej* trafiquant; *(Kleinhändler)* détaillant *m.*

hand|lich ['hantlıç] *a* maniable, facile à manier; **H~lichkeit** *f* ‹-, ø› maniabilité *f;* **H~linie** *f* ligne *f* de la main; *die ~n deuten* lire dans la main *od* les lignes de la main.

Handlung *f* ‹-, -en› ['handluŋ] **1.** *(Tätigkeit)* action *f; (Tat)* acte, fait *m;* **2.** *theat film* action *f;* **3.** *(Geschäft)* commerce *m; (Handelshaus)* maison (de commerce); *(Laden)* boutique *f,* magasin *m; — strafbare, unerlaubte ~ (jur)* acte *m* punissable, illicite; **~sbevollmächtigte** *m com* mandataire commercial, fondé *m* de pouvoir; **h~sfähig** *a* capable d'agir; **~sfähigkeit** *f* capacité *f* d'agir *od jur* d'exercice des droits civils; **~sfreiheit** *f* liberté *f* d'action; **h~sunfähig** *a* incapable d'agir; **~sweise** *f* manière *od* façon *f* d'agir.

Hand|rücken *m* ['hant-] dos *od* revers *m* de la main, arrière-main *f;* **~satz** *m typ* composition *f* à la main *od* manuelle; **~schellen** *f pl* menottes *f pl; jdm ~ anlegen* menotter qn; **~schlag** *m* coup *m od* poignée *f* de main; *etw durch ~ bekräftigen* toper pour qc; *keinen ~ tun* ne faire œuvre de ses dix doigts; **~schrift** *f* **1.** main, écriture *f;* **2.** *(handgeschriebenes Buch)* manuscrit *m;* **h~schriftlich I.** *a* écrit à la main, manuscrit; **II.** *adv* par écrit; **~schuh** *m* gant *m; jdn (nicht) mit seidenen ~en anfassen* (ne pas) mettre *od* prendre des (de) gants avec qn; **~schuhnummer** *f* pointure *f; ~ 7 haben* ganter du sept; **~spiegel** *m* miroir *m od* glace *f* à main; **~stand** *m sport* arbre *m* droit sur les mains; **~tasche** *f* sac *m* à main; **~teller** *m* paume *f;* **~tuch** *n (einfaches)* essuie-main(s) *m; (Toiletten~)* serviette *f* (de toilette); **~tuchhalter** *m* porte-serviette(s) *m;* **~umdrehen** *n: im ~* en un tour de main *od* tournemain; *pop* en cinq sec; **~voll** *f* ‹-, -› : *e-e ~ (gen)* une poignée (de); **~wagen** *m* voiture à bras, voiturette *f;* **~werk** *n* métier *m; das ~ (die Handwerker)* le corps de métier, l'artisanat *m; jdm das ~ legen (fig)* mettre fin aux menées *od*

agissements de qn; *jdm ins ~ pfuschen* od *reden* vouloir en remontrer à qn; **~werker** *m* artisan, homme *m* du métier; **~werksbetrieb** *m* entreprise *f* artisanale; **~werkskammer** *f* chambre *f* des métiers; **~werksmeister** *m* maître artisan, patron *m;* **~werkszeug** *n* outils *m pl,* outillage *m;* **~wurzel** *f anat* carpe *m;* **~zeichnung** *f* dessin *m.*
hanebüchen ['ha:nəby:çən] *a (unerhört)* inouï, incroyable.
Hanf *m* ‹-(e)s, ø› [hanf] *bot* chanvre *m.*
Hänfling *m* ‹-s, -e› ['hɛnflɪŋ] *orn* linot(te *f*) *m.*
Hang *m* ‹-(e)s, ¨-e› [haŋ, 'hɛŋə] **1.** *(Abhang)* pente *f; lit* penchant, versant *m;* **2.** *fig (Neigung)* penchant *m,* inclination (*zu* pour), propension, tendance, disposition *f* (*zu* à).
Hänge|boden *m* ['hɛŋə-] *arch* soupente *f;* **~brücke** *f* pont *m* suspendu; **~lampe** *f* (lampe à) suspension *f;* **~matte** *f* hamac *m;* **h~n** *tr* ‹*hängt, hängte, gehängt*› **1.** *(aufhängen)* (sus)pendre; *(auf e-n Haken)* accrocher; *(henken)* pendre; *itr* ‹*hängt, hing, gehangen*› **2.** pendre, être (sus)pendu; *(an e-m Haken)* être accroché; *(haften)* adhérer (*an* à); **3.** *fig* tenir, être attaché (*an* à); **4.** *(in der Schwebe sein)* être *od* rester en suspens; — *an den Nagel ~ (fig) (aufgeben)* pendre au clou; *sehr an etw ~* tenir beaucoup à qc; **~n** *n: mit ~ und Würgen (fam)* à grand-peine; **h~n≈bleiben** ‹*blieb hängen, hängengeblieben*› *itr* ‹*sein*› **1.** s'accrocher (*an etw* à qc); **2.** *fig fam (nicht wegfinden)* prendre racine; **h~nd** *a* pendant; suspendu; **h~n≈lassen** ‹*läßt, ließ hängen, hängenlassen*› *(vergessen)* laisser; oublier; *den Kopf ~* baisser l'oreille, *pop* avoir le cafard; ne pas avoir le moral *fam.*
Hans *m* [hans] Jean *m.*
Hans|a, ~e, *die* ['hanza, -zə] *(hist)* la Hanse.
Hansdampf *m* ‹-(e)s, -e› ['hans-] *: ~ in allen Gassen* brasseur *m* d'affaires.
Hänsel|ei *f* ‹-, -en› [hɛnzə'laɪ] taquinerie, brimade *f;* **h~n** ['hɛnzəln] *tr* taquiner, brimer, lutiner.
Hansestadt *f* ['hanzə-] ville *f* hanséatique.
Hanswurst *m* ‹-(e)s, -e/(¨-e)› bouffon, paillasse, baladin, pitre *m.*
Hantel *f* ‹-, -n› ['hantəl] *sport* haltère *m.*
hantier|en [han'ti:rən] ‹*ohne ge-*› *itr (handhaben)* manier, manipuler (*mit etw* qc); *(sich zu schaffen machen)* être à la besogne, s'affairer, s'occuper.
hapern ['ha:pərn] *itr (nicht recht funktionieren)* boiter; *fam* clocher; *impers: es hapert an etw* il y a qc qui ne marche pas.
Happ|en *m* ‹-s, -› ['hapən] morceau *m,* bouchée *f; leckerer ~* morceau *m* friand; **h~ig** *a: das ist ein bißchen ~ (fam)* c'est un peu fort.
Harem *m* ‹-s, -s› ['ha:rɛm] harem *m.*
Harfe *f* ‹-, -n› ['harfə] harpe *f; ~ spielen,* **h~n** *itr* jouer de la harpe.
Harke *f* ‹-, -n› ['harkə] râteau *m;* **h~n** *tr* ratisser.
Harlekin *m* ‹-s, -e› ['harleki:n] arlequin *m.*
Harm *m* ‹-(e)s, ø› [harm] *(Kummer)* affliction *f,* chagrin, tourment *m.*
härmen, *sich* ['hɛrmən] s'affliger, se chagriner, se tourmenter (*um etw* de qc).
harmlos ['harmlo:s] *a* **1.** *(ungefährlich)* inoffensif, *bes. med* bénin, anodin; **2.** *(unschuldig, friedlich)* innocent, ingénu, paisible; **H~igkeit** *f* ‹-, ø› **1.** caractère *m* inoffensif; *med* bénignité *f;* **2.** innocence, ingénuité *f.*
Harmon|ie *f* ‹-, -n› [harmo'ni:] *mus* harmonie *f, a. fig;* **h~ieren** [-'ni:rən] ‹*ohne ge-*› *itr* s'accorder (*mit* avec); *mitea. ~* s'entendre, être à l'unisson; **~ika** *f* ‹-, -s/-ken› [-'mo:nika] *(Mund- od Zieh~)* harmonica; *(Zieh~)* accordéon *m;* **h~isch** [-'mo:nɪʃ] *a mus* harmonique; *allg* harmonieux, (bien) proportionné; **~ium** *n* ‹-s, -nien› [-'mo:nium, -niən] *mus* harmonium *m.*
Harn *m* ‹-(e)s, ø› [harn] urine *f;* **~blase** *f* vessie *f;* **h~en** *itr* uriner; **~glas** *n* urinal *m.*
Harnisch *m* ‹-(e)s, -e› ['harnɪʃ] harnais *m; (Brust~)* cuirasse; *(Rüstung)* armure *f; jdn in ~ bringen* mettre qn en colère.
Harn|leiter *m* ['harn-] *anat* uretère *m;* **~röhre** *f* urètre *m;* **~säure** *f* acide *m* urique; **h~treibend** *a* diurétique; **~untersuchung** *f* uroscopie *f.*
Harpun|e *f* ‹-, -n› [har'pu:nə] harpon *m;* **h~ieren** [-'ni:rən] ‹*ohne ge-*› *tr* harponner.
harren ['harən] *itr lit* attendre (*e-r S* od *auf etw* qc), être dans l'attente (*e-r S* od *auf etw* de qc).
harsch [harʃ] *a* dur, rude, âpre; **H~** *m* ‹-es, ø› *(Schnee)* neige *f* croûtée.

hart [hart] ‹*härter, härtest*› **I.** *a* **1.** dur *a. fig;* **2.** *(fest)* ferme, solide, résistant; **3.** *(rauh)* rude, âpre; *(drückend)* lourd, pesant; *(schwer, mühsam)* difficile, rude, pénible; **4.** *(streng)* sévère, rigoureux; *(unbeugsam)* inflexible, raide, de fer; **5.** *(~herzig, gefühllos)* endurci, insensible; **II.** *adv (dicht, sehr nahe): ~ an* tout près de; *jdn ~ anfassen* mener qn durement; *jdm ~ zusetzen* serrer qn de près; *~ machen* rendre dur, *a. fig* (en)durcir; *chem* solidifier; — *~ werden* (se) durcir, prendre; *chem* se solidifer; *es geht ~ auf ~* c'est un combat acharné; ils ne se font pas de cadeaux *fam;* ils se rendent coup pour coup; *~e Droge f* drogue *f* forte; *~e Landung f (aero)* atterrissage *m* brutal; *~es Los* od *Schicksal n* sort *m* cruel.

Härte *f* ⟨-, -n⟩ ['hɛrtə] **1.** dureté *a. fig; (Haut)* rudesse; *(Stahl)* trempe; *(Farbe)* sécheresse *f;* **2.** *fig (Maßnahme, Schicksal)* rigueur; *(Strenge)* sévérité *f;* **3.** *(Roheit)* rudesse, cruauté *f;* **~grad** *m* degré de dureté; *(Stahl)* degré *m* de trempe; **h~n** *tr* (en)durcir; *(Stahl)* tremper; *sich ~* (se) durcir, s'endurcir.

Hart|faserplatte *f* ['hart-] panneau *m* dur, plaque *f* en fibre dure; **h~gefroren** *a* gelé, glacé; **h~gekocht** *a (Ei)* dur; **~geld** *n* monnaie *f* (métallique), argent sonnant, numéraire *m;* **h~gesotten** *a fig* endurci, inflexible, *fam* dur à cuire; **~gummi** *m* caoutchouc *m* durci, ébonite *f;* **h~herzig** *a* dur, impitoyable; *~ sein (a.)* avoir le cœur dur; **~herzigkeit** *f* dureté *od* sécheresse *f* de cœur; **~holz** *n* bois *m* dur; **h~leibig** *a* constipé; *~ sein* avoir le ventre dur; **h~näckig** *a* opiniâtre, obstiné, tenace, acharné, entêté, têtu; *med* persistant; *er bestand ~ darauf* il n'en voulut pas démordre; **~näckigkeit** *f* opiniâtreté, obstination, ténacité *f,* acharnement, entêtement *m; med* persistance *f;* **~spiritus** *m* alcool *m* solidifié.

Härtung *f* ⟨-, ø⟩ ['hɛrtʊŋ] durcissement; *(Stahl)* trempage *m,* trempe *f.*

Harz *n* ⟨-es, -e⟩ [ha:rts] résine *f;* **h~ig** *a* résineux.

Hasch *n* ⟨-s, ø⟩ [haʃ] *(fam)* haschich *m.*

Haschee *n* ⟨-s, -s⟩ [ha'ʃe:] *(Hackfleisch)* hachis *m,* viande *f* hachée.

haschen ['haʃən] **1.** *tr* attraper (au vol), saisir au vol, happer; **2.** *itr* chercher à attraper *od* saisir (*nach etw* qc), *fig* viser, aspirer, tendre (*nach etw* à qc); *nach Effekt ~* viser à l'effet.

Häschen *n* ⟨-s, -⟩ ['hɛ:sçən] levraut *m; mein ~! (fam)* mon petit lapin!

haschieren [ha'ʃi:rən] ⟨*ohne ge-*⟩ *tr* hacher.

Hase *m* ⟨-n, -n⟩ ['ha:zə] lièvre; *(Rammler)* bouquin *m; alter ~ (fig)* vieux renard *m; wissen, wie der ~ läuft (fig)* y voir clair, *pop* connaître la musique; *da liegt der ~ im Pfeffer!* c'est là que gît le lièvre! voilà le hic! *falscher ~ m (Hackbraten)* pâté *m* de viande.

Hasel|(busch *m***)** *f* ⟨-, -n⟩ ['ha:zəl(-)], **~strauch** *m* noisetier, coudrier *m;* **~nuß** *f* noisette *f.*

Hasen|braten *m* ['ha:zən-] lièvre *m* rôti; **~nfuß** *m fig* poltron *m,* poule *f* mouillée; **~npfeffer** *m (Ragout)* civet *m* de lièvre; **~nscharte** *f med* bec-de-lièvre *m.*

Häsin *f* ⟨-, -nen⟩ ['hɛ:zɪn] hase *f.*

Haß *m* ⟨-sses, ø⟩ [has] haine (*auf, gegen* de, pour, contre); *(Erbitterung)* animosité; *(Groll)* rancune *f,* ressentiment *m.*

hassen ['hasən] *tr* haïr, avoir en haine, détester; **~swert** *a* haïssable, odieux.

haßerfüllt *a* haineux.

häßlich ['hɛslɪç] *a* laid *a. fig,* hideux, affreux; *fig (Worte, Charakter)* vilain; *(widerlich)* odieux; *~ machen, ~ werden* enlaidir; *~ wie die Nacht* laid comme un pou *od* un singe; **H~keit** ⟨-, ø⟩ *f* laideur *f.*

Hast *f* ⟨-, ø⟩ [hast] hâte, précipitation *f;* **h~en** *itr* ⟨*sein*⟩ se hâter, se précipiter; **h~ig I.** *a* précipité; *fig (aufgeregt)* emporté; **II.** *adv* en hâte.

hätscheln ['hɛ(:)tʃəln] *tr* **1.** *(liebkosen)* caresser, cajoler; **2.** *(verzärteln)* choyer, dorloter.

Haube *f* ⟨-, -n⟩ ['haubə] **1.** bonnet *m,* capeline; *(Trachten- und Schwestern~)* coiffe *f; (e-r Krankenschwester)* bandeau *m;* **2.** *orn* h(o)uppe, crête *f;* **3.** *tech* hotte *f; mot aero* capot *m; — unter die ~ bringen* marier, *fam (Mädchen)* caser.

Hauch *m* ⟨-(e)s, (-e)⟩ [haux] **1.** souffle *m, a. fig; (Ausdünstung)* exhalaison; *(Duft)* odeur *f,* parfum *m;* **2.** *fig (Andeutung, Anflug)* trace, idée *f,* soupçon *m;* **h~dünn** *a* mince comme un fil; **h~en** *tr* souffler; **h~zart** *a* léger comme un souffle.

Hau|degen *m* ['hau-] *(Mensch)* sabreur, baroudeur *m;* **~e** *f* ⟨-, -n⟩ **1.** *(Hacke)* houe, pioche *f,* pic *m;* **2.** *fam (Schläge)* fessée, rossée *f;* **h~en** ⟨*haute* od *hieb, gehauen*⟩ *tr* **1.** *(schlagen)* battre, frapper, taper; *(prügeln) fam* rosser; **2.** *mines* extraire; *(Stein, Feile)* tailler; — *sich ~* se battre, *fam* se rosser; *um sich ~* distribuer des coups; **~er** *m* ⟨-s, -⟩ **1.** *(Eckzahn e-s Ebers)* défense, broche *f;* **2.** (*a.* **Häuer** *m* ⟨-s, -⟩ ['hɔʏər]) abatteur, haveur, mineur *m.*

häuf|eln ['hɔʏfəln] *tr agr* butter, terrer; **~en 1.** *tr* entasser, accumuler, amonceler, amasser; **2.** *sich ~ (fig)* s'accumuler, s'amonceler, s'amasser, se multiplier.

Haufen *m* ⟨-s, -⟩ ['haufən] **1.** tas, amas, monceau, *(wertloser)* ramassis *m; (geschichteter)* pile *f;* **2.** *(große Zahl)* grand nombre *m,* quantité *f; (Schar)* groupe *m,* troupe, bande *f, pej* troupeau *m; (Volks~)* foule, multitude *f; — e-n ~ Geld ausgeben* dépenser une fortune; *über den ~ werfen* renverser, bouleverser, culbuter; *fig* jeter par-dessus bord, *fam* chambarder; **~wolke** *f* cumulus *m.*

häuf|ig ['hɔʏfɪç] **I.** *a* fréquent; *(zahlreich)* nombreux; *(wiederholt)* répété; **II.** *adv* fréquemment, bien des fois, souvent; *~ besuchen* fréquenter; **H~igkeit** *f* ⟨-, ø⟩ grand nombre *m,* fréquence *f a. scient;* **H~ung** *f* ⟨-, ø⟩ entassement *m,* accumulation *f,* amoncellement *m; fig* multiplication *f.*

Haupt *n* ⟨-(e)s, ¨er⟩ [haupt, 'hɔʏptər] **1.**

tête *f, a. fig; (Ober~, Führer)* chef; *(e-r Partei) a.* leader, coryphée *m;* **2.** *(in Zssgen)* principal *a,* capital *a,* cardinal *a,* général *a,* central *a;* — *erhobenen ~es* la tête haute, le nez en l'air *od* au vent; *gesenkten ~es* la tête basse; *gekröntes ~* tête *f* couronnée; **~altar** *m* maître-autel *m;* **~anschluß** *m tele* raccordement *m od* ligne *f* principal(e); **~arbeit** *f* gros *m* de l'ouvrage, grosse besogne *f;* **~aufgabe** *f* tâche *od* mission *od adm* fonction *f* principale; **~augenmerk** *n: sein ~ richten auf* diriger son attention principalement sur; **~bahnhof** *m* gare *f* centrale; **~bedingung** *f* condition *f* essentielle; **~beruf** *m* profession *f* principale; **h~beruflich** *a adv* à temps complet *od* plein; **~bestandteil** *m* élément *m* principal *od* dominant *od* constitutif; **~buch** *n com* grand livre, sommier *m;* **~darsteller(in** *f) m theat* premier rôle *m,* vedette *f,* protagoniste *m;* **~gericht** *n (e-r Mahlzeit)* plat *m* de résistance; **~geschäftszeit** *f* heures *f pl* d'affluence *od* de pointe; **~gewinn** *m (Lotterie)* gros lot *m;* **~grund** *m* raison *f* principale; **~hahn** *m tech* robinet *m* principal; **~leitung** *f tech el* conduite *f* principale.

Häuptling *m* ‹-s, -e› ['hɔʏptlɪŋ] chef *m* de tribu.

Haupt|mahlzeit *f* ['haupt-] repas *m* principal; **~mann** *m* ‹-(e)s, -leute› *mil* capitaine; *allg* chef *m;* **~merkmal** *n* caractère *m* principal *od* distinctif; **~mieter** *m* locataire *m* principal; **~nenner** *m math* dénominateur *m* commun; **~person** *f* personnage *m* principal *od* central *od* de premier plan; *~ sein (fam)* jouer le premier rôle; **~post(amt** *n***)** *f* (bureau *m* de) poste central(e), grande poste *f,* hôtel *m* des Postes; **h~postlagernd** *a* poste restante bureau central; **~problem** *n* problème *m* cardinal; **~quartier** *n: das (Große) ~ (mil)* le (grand) Quartier *m* général; **~rolle** *f theat, a. fig* premier rôle; *fig* rôle *m* principal; *die ~ spielen (theat u. fig)* avoir la vedette; **~sache,** *die* la chose principale, le principal, l'essentiel *m; in der ~* en substance; *(im Grunde)* au fond; *zur ~ kommen* en venir au fait; *das ist die ~ (a.)* c'est le principal *od* l'essentiel; *die ~ dabei ist zu* le tout est de; *die ~ fehlt noch* ce n'est pas le tout; **h~sächlich I.** *a* principal, essentiel, capital, majeur; **II.** *adv* principalement, notamment, surtout, avant tout; **~saison** *f* saison *f* de pointe; **~satz** *m gram* proposition *f* principale; *mus* thème, motif *m;* **~schalter** *m el* commutateur *m* central; **~schlagader** *f* aorte *f;* **~schlüssel** *m* passe-partout *m;* **~schuld** *f* faute principale; *fin* dette *f* principale; **~schuldige** *m, f jur* principal(e) coupable *m (f);* **~sicherung** *f el* coupe-circuit *m* principal; **~stadt** *f* capitale, *allg* métropole *f;* **~straße** *f (in e-r Stadt)* grande rue, grand-rue *f;* **~treffer** *m (Lotterie)* gros lot *m;* **~treppe** *f* grand escalier *m;* **~ursache** *f* cause *f* principale; **~verhandlung** *f jur* audience *f* principale; **~verkehrsstraße** *f* grande route, route *od* artère principale, route *od* voie *f* à grande circulation; **~verkehrszeit** *f* heures *f pl* d'affluence *od* de pointe; **~versammlung** *f* assemblée *f* générale; **~verwaltung** *f* direction *f* générale; **~wachtmeister** *m* adjudant-chef *m* de compagnie; **~wort** *n gram* nom, substantif *m.*

Haus *n* ‹-es, ¨er› [haus, 'hɔʏzər] **1.** maison; *fam* bâtisse *f; (Gebäude)* bâtiment, édifice; *(herrschaftl. Stadthaus)* hôtel; *(Herrenhaus e-s Gutes)* manoir *m; (Wohnhaus)* habitation; *(Wohnung)* demeure *f,* domicile, logis; *(Heim)* foyer *f;* **2.** *(~halt)* ménage *m;* **3.** *(Dienerschaft, Personal)* maison *f,* personnel *m;* **4.** *(Familie)* famille, lignée; *(Fürsten~)* maison, dynastie *f;* **5.** *(Handels~, Firma)* maison (de commerce), firme *f;* **6.** *theat* salle *f* (de spectacles); *(Publikum)* public *m;* **7.** *parl (Kammer)* chambre *f;* — *aus gutem ~e* de bonne famille, bien né; *frei ~ (com)* franco *od* rendu à domicile; *nach ~(e)* à la maison, chez soi; *von ~ aus* d'origine, originairement, de naissance; à l'origine; *von ~ zu ~ gehen* aller de porte en porte; *jdn nach ~e begleiten* od *bringen* reconduire qn chez lui; *zu ~e bleiben* rester à la maison *od* chez soi, garder le logis; *das ganze ~ nach jdm, e-r S durchsuchen* chercher qn, qc de la cave au grenier; *sich (ganz) wie zu ~e fühlen* être comme chez soi, ne pas se gêner; *nach ~e gehen* rentrer (à la maison *od* chez soi); *das ~ hüten* garder la maison; *in etw zu ~e (fig fam: beschlagen, bewandert) sein* être sur son terrain; *in Paris zu ~e sein* être de Paris, habiter Paris; *vor ausverkauftem (leerem) ~e spielen* jouer à bureaux fermés (devant *od* pour les banquettes); *jdm das ~ verbieten* fermer *od* défendre *od* (faire) refuser sa porte à qn; *wo sind Sie zu ~e?* d'où êtes-vous? *tun Sie (ganz), als ob Sie zu ~e wären!* faites comme chez vous! ne vous gênez pas! *Dame* od *Frau f des ~es* maîtresse *f* de maison; *fideles ~ (fam)* joyeux compère *od* drille *m; gelehrtes ~ (fam)* puits *m* de science, encyclopédie *f* vivante; *Herr m des ~es* maître *m* de maison; **~angestellte** *m, f* employé(e *f*) *m* de maison; *pl* gens *pl* de maison; **~apotheke** *f* armoire à pharmacie, pharmacie *f* de famille; **~arbeit** *f (der Hausfrau)* travaux *m pl* domestiques *od* du ménage, travail *m* ménager; *s. a. Hausaufgabe;* **~arrest** *m* privation *f* de sortie; **~arzt** *m* médecin *m* de famille *od* habituel; **~aufgabe** *f (Schule)* devoir *m;* **h~backen** *a fig* terre-à-terre, prosaïque; terne; *fam* pot-au-feu, pantouflard; **~bar** *f: fahrbare ~* chariot *m* à liqueurs; **~besitzer(in** *f***)** *m* propriétaire *m, f* (de la maison); **~bewohner** *m* habitant *m* de la maison.

Häuschen *n* ‹-s, -› ['hɔʏsçən] maisonnette *f,* pavillon *m; ganz aus dem ~ (fig fam)* hors de soi, estomaqué.

Haus|dame *f* ['haus-] dame *f* de compagnie; **~diener** *m* domestique, valet *m;* **~einfahrt** *f* porte *f* cochère.

hausen ['hauzən] *itr pej u. fam* gîter, nicher, percher; *übel ~* faire des ravages.

Häuser|block *m* ['hɔʏsər-] îlot *od* pâté *m* de maisons; **~reihe** *f* rangée *f* de maisons.

Haus|flur *m* ['haus-] vestibule *m;* **~frau** *f* ménagère; *(in der Statistik)* femme *f* au foyer; **~freund** *m* ami de la maison; *pej* sigisbée *m;* **~friedensbruch** *m* violation *f* de *od* du domicile; **~gebrauch** *m: für den ~* à usage domestique; **~gehilfin** *f* aide de ménage *od* domestique, bonne *f* (à tout faire); **~halt** *m* ‹-(e)s, -e› **1.** *(a. com)* ménage *m;* **2.** *(Staats~)* budget *m; — die privaten ~e (Statistik)* les ménages *m pl* privés; *(jds ~* od *jdm) den ~ führen* od *besorgen* tenir le ménage *od* la maison (de qn); *den ~ verabschieden (parl)* approuver le budget; **h~=halten** ‹*hält, hielt haus, hausgehalten*› *itr* tenir le ménage *od* la maison; *mit s-n Kräften ~* ménager ses forces; **~hälterin** *f* femme *f* de ménage; **h~hälterisch I.** *a* ménager, économe; **II.** *adv* avec économie; **~halt(s)artikel** *m pl* articles *m pl* de ménage; **~haltsdebatte** *f parl* débat *m od* discussion *f* budgétaire; **~halt(s)geld** *n* argent *m* du ménage; **~halt(s)gerät** *n* ustensile *m* de ménage; **~haltsjahr** *n* année *f od* exercice *m* budgétaire; **~haltsplan** *m* budget *m; den ~ aufstellen* établir *od* fixer le budget; **~haltung** *f* **1.** ménage, *adm* foyer *m* domestique; **2.** budget *m* familial; **~haltungsschule** *f* école *f* ménagère; **~haltungsvorstand** *m* chef *m* de ménage; **~herr(in** *f***)** *m* maître(ss)e *m (f)* de maison, maître *m* de céans; *(Gastgeber)* hôt(ess)e *m (f);* **h~hoch** *a fig (Überlegenheit)* écrasant; *~ schlagen (sport)* écraser.

hausieren [hau'ziːrən] ‹*ohne ge-*› *itr* faire du porte-à-porte, colporter (*mit etw* qc) *a. fig;* **H~er** *m* ‹-s, -› colporteur, porte-balle, marchand *m* ambulant.

Haus|kleid *n* ['haus-] robe *f* d'intérieur; négligé, deshabillé *m;* **~lehrer** *m* précepteur *m.*

häuslich ['hɔʏslɪç] *a* **1.** domestique; **2.** *(Mensch)* sédentaire, casanier; — *sich ~ einrichten* se mettre en ménage; *sich ~ niederlassen (fam)* s'installer, planter sa tente; **H~keit** *f* ‹-, ø› **1.** *(Ort)* intérieur, chez soi; home *m;* **2.** *fig* (goût *m* de la) vie *f* de famille.

Haus|mädchen *n* ['haus-] servante, bonne *f* (à tout faire); **~mannskost** *f* nourriture *f* ordinaire; **~meister** *m* concierge, portier *m;* **~mittel** *n pharm* remède *m* de bonne femme; **~nummer** *f* numéro *m* d'habitation; **~ordnung** *f (e-r Anstalt)* règlement *m* intérieur; **~putz** *m* nettoyage *m;* **~rat(s)versicherung** *f* assurance *f* mobilière; **~schlüssel** *m* clé *f* de la maison; **~schuhe** *m pl* chaussons *m pl,* pantoufles *f pl;* **~schwamm** *m* bolet destructeur, *scient* fungus *m.*

Hausse *f* ‹-, -n› ['hoːs(ə)] *fin (Steigen der Kurse)* hausse *f; auf ~ spekulieren* spéculer à la hausse.

Haus|stand *m* ['haus-] ménage *m;* **~suchung** *f jur* visite domiciliaire, perquisition domiciliare *od* à domicile, fouille à domicile, *jur* descente *f* de justice; **~telefon** *n* téléphone privé, interphone *m;* **~tier** *n* animal *m* domestique; **~tür** *f* porte *f* de la maison; **~verwalter** *m* gérant *m* d'immeubles; **~wirt(in** *f***)** *m* propriétaire *m, f, arg* proprio *m.*

Haut *f* ‹-, ¨-e› [haut, 'hɔʏtə] peau *f, (Tierhaut)* cuir *m; (abgeworfene* od *abgezogene)* dépouille *f; zoo bot* tégument *m,* tunique; *(e-r Frucht)* peau, pelure; *(Milch)* peau; *(flache, gespannte)* membrane *f; mit ~ und Haaren* cuir et poil, tout cru, tout entier; *die ~ abziehen* dépouiller, écorcher (*e-m Tier* un animal); *(bei e-m Geschäft)* plumer *fam; mit heiler ~ davonkommen* s'en tirer sain et sauf *od* sans une égratignure, l'échapper belle; *aus der ~ fahren* éclater, sortir de ses gonds, se mettre dans tous ses états; *auf der faulen ~ liegen* ne faire rien, *fam* se la couler douce; *sich s-r ~ wehren* défendre sa peau; *sich in s-r ~ wohl fühlen* se sentir bien dans sa peau; *ich möchte nicht in s-r ~ stecken* je ne voudrais pas être dans sa peau; *niemand kann aus seiner ~ (heraus)* on est ce qu'on est *fam; bis auf die ~ durchnäßt* trempé jusqu'aux os; **~abschürfung** *f* excoriation *f;* **~arzt** *m* dermatologue *m;* **~atmung** *f* respiration *f* cutanée; **~ausschlag** *m* éruption *f* cutanée.

Häutchen *n* ‹-s, -› ['hɔʏtçən] pellicule; *anat* membrane, *a. bot* cuticule *f; (auf e-r Flüssigkeit, tech)* film, *tech (auf Öl)* feuil *m.*

Hautcreme *f* ['haut-] crème *f* de beauté.

häuten ['hɔʏtən] *tr* enlever la peau à, écorcher, dépouiller; *sich ~ (die Haut verlieren)* peler; *(die Haut erneuern)*

quitter sa *od* changer de peau, faire peau neuve; *zoo* se dépouiller, muer.
hauteng ['haut-] *a (Hose, Kleid)* collant, qui moule les formes.
Hautevolee *f* ‹-, ø› [(h)o:tvo'le:] grand monde; *pop* gratin *m*, haute *f*.
Haut|farbe *f* ['haut-] teint *m;* **~krankheit** *f*, **~leiden** *n* maladie de la peau, dermatose *f;* **~pflege** *f* hygiène *f* de la peau; **~übertragung** *f anat* transplantation *f* cutanée.
Häutung *f* ‹-, -en› ['hɔʏtʊŋ] *zoo* mue *f*.
Havarie *f* ‹-, -n› [hava'ri:] *(Seeschaden)* avarie *f*.
H-Dur *n* ['ha:du:r] *mus* si *m* majeur.
he [he:] *interj* hé! eh! ohé! hep! holà!
Hebamme *f* ‹-, -n› ['he:pˀamə, 'he:bamə] sage-femme, accoucheuse *f*.
Hebe|bock *m* ['he:bə-] *mot* chèvre *f*, vérin *m;* **~bühne** *f mot* plate-forme *f* d'élévation, pont élévateur, élévateur *m* d'auto(mobile)s.
Hebel *m* ‹-s, -› ['he:bəl] levier *m*, *a. fig; (kleiner)* manette *f; alle ~ in Bewegung setzen* faire jouer tous les ressorts, mettre tout en œuvre; **~arm** *m* bras *m* de levier; **~wirkung** *f* effet *m* de levier.
heb|en ['he:bən] ‹*hob, gehoben*› *tr* **1.** *(hochheben)* lever, élever, soulever; *(hochwinden)* hisser, guinder; *(Schiff)* renflouer; *(Auto)* soulever, hausser; *(anheben, erhöhen, a. fig)* lever, hausser; *fig (die Stimme)* élever, hausser; **2.** *(Stimmung)* relever; *(vermehren, steigern)* augmenter; *(verbessern)* améliorer, réformer; *(fördern)* relever, encourager; **3.** *(hervorkehren)* relever, mettre en relief, faire ressortir, rehausser; *refl* **4.** *sich ~* se lever, s'élever *a. fig, fig* se relever, reprendre; *(steigen)* hausser; *(zunehmen)* augmenter; — *einen ~ (fam) (trinken)* boire un coup, lever *od* hausser le coude; **H~er** *m* ‹-s, -› **1.** *(Saugheber)* siphon *m;* **2.** *(Auto)* cric *m;* **H~ewerk** *n* appareil de levage *od* élévatoire; *mar* élévateur *m* à bateaux.
hebräisch [he'brɛ:ɪʃ] *a* hébraïque; *(das) H~(e) (Sprache)* l'hébreu *m*.
Hebung *f* ‹-, ø› ['he:bʊŋ] **1.** levée *f*, levage; *(e-s Schiffes)* renflouage *m; (des Bodens)* élévation *f*, soulèvement *m;* **2.** *fig (Vermehrung)* augmentation *f; (Steigerung)* relèvement *m;* **3.** *(Förderung)* encouragement *m; com* reprise *f*.
Hecht *m* ‹-(e)s, -e› [hɛçt] brochet *m;* **~sprung** *m (Schwimmsport)* saut *m* de carpe.
Heck *n* ‹-(e)s, -e/-s› [hɛk] *mar* poupe *f; mot aero* arrière *m; aero* queue *f*.
Hecke *f* ‹-, -n› ['hɛkə] *(Einfriedung)* haie *f* (vive).
hecken ['hɛkən] *itr (Vögel: Junge zur Welt bringen)* faire des petits, couver; *(nisten)* nicher.
Hecken|rose *f* ['hɛkən-] **1.** *(Strauch)* églantier, rosier *m* sauvage; **2.** *(Blüte)* églantine, rose *f* sauvage *od* des chiens; **~schere** *f* cisailles *f pl*, sécateur *m;* **~schütze** *m* franc-tireur *m*.
Heck|fenster *n* ['hɛk-] lunette *f* arrière; **~motor** *m mot* moteur *m* à l'arrière; **~scheibe** *f mot* lunette *f* arrière.
heda ['he:da] *interj* hé! ho(là)!
Heer *n* ‹-(e)s, -e› [he:r] **1.** armée *f* (de terre); **2.** *(Unzahl)* légion, foule, multitude, masse *f;* — *ein ganzes ~ von* un régiment de; *stehendes ~* armée *f* permanente; **~esgruppe** *f* groupe *m* d'armées; **~esleitung** *f* direction *f* de l'armée; **~führer** *m* commandant d'armée; *allg* général, capitaine *m;* **~scharen** *f pl fig* légions *f pl*.
Hefe *f* ‹-, -n› ['he:fə] levain *m*, *(bes. Bierhefe)* levure; *(bes. Weinhefe)* lie; *(Bodensatz)* lie *f;* **~teig** *m* levain *m*.
Heft *n* ‹-(e)s, -e› [hɛft] **1.** *(Griff)* manche *m; (e-r Waffe)* poignée *f;* **2.** *(Schreib~)* cahier; *(Notiz~)* carnet *m; (Lese~)* brochure *f;* — *das ~ in d. Hand haben (fig)* tenir les commandes; *fam* tenir la queue de la poêle, être du côté du manche; **h~en** *tr* **1.** *(mit Nadeln befestigen)* épingler; *(mit Nägeln)* clouer; *(mit Fäden)* faufiler; *(anhaken)* agrafer; *(kleben)* coller; *(Buch)* brocher; *(Kleid)* bâtir; **2.** *fig (s-n Blick)* fixer (*auf* sur), plonger (*auf* dans); — *sich an jds Fersen ~* suivre qn comme son ombre; **~er** *m* ‹-s, -› *(Schnell~)* classeur *m;* **~faden** *m* faufil; *(des Schneiders)* bâti; *(des Buchbinders)* fil *m* à brocher.
heftig ['hɛftɪç] **I.** *a* **1.** violent, véhément; *(stark)* fort, intense; *(Regen)* abondant; *(Wind)* grand; *(Schmerz)* aigu; *(Tadel)* brusque; *(Streit)* animé; *(Leidenschaft)* ardent; **2.** *(stürmisch, ungestüm)* rude, impétueux; *(aufbrausend)* emporté, irascible; **II.** *adv* violemment; fortement; — *~ werden* s'emporter; **H~keit** *f* ‹-, ø› **1.** violence, véhémence; intensité, acuité; brusquerie; ardeur *f;* **2.** rudesse, impétuosité *f;* emportement *m*, irascibilité *f*.
Heft|maschine *f* ['hɛft-] agrafeuse *f*, *(für Bücher)* brocheuse *f;* **~pflaster** *n* emplâtre (adhésif *od* agglutinant), taffetas d'Angleterre, sparadrap *m; ein ~ auflegen* appliquer, mettre un emplâtre; **~zwecke** *f* punaise *f*.
Hege *f* ‹-, ø› ['he:gə] *(des Wildes)* conservation *f*.
Hegemonie *f* ‹-, -n› [hegemo'ni:] hégémonie *f*.
hegen ['he:gən] *tr* **1.** *(erhalten, schonen)* conserver; *(für die Erhaltung, bes. des Wildes, sorgen)* avoir *od* prendre soin de; **2.** *fig (Gefühle)* avoir, éprouver, entretenir, nourrir; *(Hoffnung a.)* caresser; — *~ und pflegen* choyer.

Hehl *n, a. m* [he:l] *lit: kein(en) ~ aus etw machen* ne pas faire mystère de qc, ne pas dissimuler qc; **~er** *m* ‹-s, -› receleur *m;* **~erei** *f* [-'raı] recel, recèlement *m.*

hehr [he:r] *a poet (erhaben)* auguste, sublime.

Heide ['haıdə] **(1)** *f* ‹-, -n› *bot* bruyère; *(Landschaft)* lande(s *pl*); *(Ödland)* garrigue, varenne *f;* **(2)** *m* ‹-n, -n› *rel* païen *m.*

Heidekraut *n* ['haıdə-] bruyère, *(Büschel)* brande *f.*

Heidelbeere *f* ['haıdəl-] myrtille, airelle *f.*

Heiden|angst *f* ['haıdən-] *fam* peur bleue, *pop* frousse *f;* **~arbeit** *f: das ist e-e ~* c'est le diable à confesser; c'est un travail de bénédictin; **~geld** *n: ein ~* un argent fou; **~lärm** *m* vacarme infernal, tapage; *fam* chambard *m;* **~spaß** *m* plaisir *m* fou; **~tum** *n* ‹-s, ø› paganisme *m.*

heidnisch ['haıdnıʃ] *a* païen; *(ungläubig)* mécréant.

heikel ['haıkəl] *a* **1.** *(Sache: kitzlig)* délicat, précaire; **2.** *(Person: schwierig, wählerisch)* difficile.

Heil *n* ‹-(e)s, ø› [haıl] *(Glück)* bonheur *m,* félicité; *(Gedeihen)* prospérité *f; bes. rel* salut *m; ~ (dat)* gloire (à); *sein ~ versuchen* tenter sa fortune *od* sa chance, chercher une chance de salut; *~!* salut! *~ und Segen* salut et prospérité; **h~** *a (ganz, unbeschädigt)* entier, intact, indemne; *~ und gesund* sain et sauf.

Heiland *m* ‹-(e)s, -e› ['haılant] *rel* le Sauveur.

Heil|anstalt *f* ['haıl-] établissement *m* hospitalier; **h~bar** *a* guérissable, curable; **~barkeit** *f* ‹-, ø› curabilité *f;* **~butt** *m zoo* flétan *m;* **h~en 1.** *tr* ‹*h*› guérir (*von* de); **2.** *itr* ‹*sein*› *(Wunde)* (se) cicatriser; **h~froh** *a* très content (d'en avoir fini); **~gymnastik** *f* gymnastique *f* médicale *od* fonctionnelle; **~gymnastiker(in *f*)** *m* kinésithérapeute *m f.*

heilig ['haılıç] *a* **1.** saint, sacré; **2.** *(unverletzlich)* inviolable; — *bei allem, was (mir) ~ ist* par tout ce qu'il y a de plus sacré (pour moi); *hoch und ~ versprechen* promettre solennellement; *der H~e Stuhl* le Saint-Siège; *der H~e Vater (Papst)* le Saint-Père; **H~e** *m f* ‹-n, -n› saint(e *f*) *m;* **~en** *tr* **1.** sanctifier; *(weihen)* consacrer; **2.** *fig (rechtfertigen)* justifier, sanctionner; **H~enschein** *m* auréole; *(Kunst)* gloire *f,* nimbe *m;* **H~keit** *f* ‹-, ø› sainteté *f; Seine ~ (der Papst)* Sa Sainteté; **~=sprechen** ‹*spricht, sprach heilig, heiliggesprochen*› *tr* canoniser; **H~sprechung** *f* canonisation *f;* **H~tum** *n* ‹-(e)s, ¨er› *(Tempel)* sanctuaire, lieu *m* saint.

Heil|kraft *f* ['haıl-] vertu *f* médicinale *od* curative; **~kräuter** *n pl* herbes *od* plantes *f pl* médicinales *od* officinales, *(einheimische)* simples *m pl;* **~kunde** *f* médecine, science *f* médicale; **~praktiker** *m* guérisseur *m;* **h~los** *a (unselig)* malheureux, *(bedauerlich)* déplorable; *(unabänderlich)* irrémédiable; *(furchtbar, schrecklich)* terrible; *(Durcheinander)* épouvantable; **~mittel** *n* remède, médicament *m;* **~pflanze** *f* plante *f* officinale, *(einheimische)* simple *m;* **~quelle** *f* source *f* médicinale *od* thermale; **h~sam** *a (gesund, wirkungsvoll, gut)* salutaire; **~sarmee,** *die* l'armée *f* du salut; **~ung** *f* ‹-, (-en)› **1.** guérison *f,* rétablissement *m;* cure *f;* **2.** *(e-r Wunde)* cicatrisation *f.*

Heim *n* ‹-(e)s, -e› [haım] **1.** domicile *m,* habitation *f; (eigenes, trautes)* intérieur, chez-soi, home *m;* **2.** *(soziale Einrichtung)* foyer *m,* maison *f,* home *m;* **h~** *adv* à la maison, chez soi; dans son pays; **~arbeit** *f* travail *m* à domicile; *~ machen* travailler à domicile; **~arbeiter** *m* façonnier, ouvrier à façon, travailleur *m* à domicile.

Heimat *f* ‹-, ø› ['haıma:t] pays *m,* patrie *f; mil* intérieur *m;* **~land** *n* pays *m* (natal), patrie *f;* **h~lich** *a* du *od* de mon, ton *etc* pays; **h~los** *a* sans patrie; *jur* apatride; **~lose** *m f* ‹-n, -n› sans-patrie *m;* apatride *m f;* **~recht** *n* droit de domicile *od* de naturalité, indigénat *m;* **~stadt** *f* ville *f* natale; **~vertriebene** *m, f* expulsé(e *f*) *m.*

Heimchen *n* ‹-s, -› ['haımçən] *zoo* grillon, *fam* cricri *m.*

heim|=fahren ['haım-] ‹*fährt, fuhr heim, heimgefahren*› *itr* ‹*sein*› rentrer; **H~fahrt** *f* retour *m; auf der ~* en rentrant; **H~industrie** *f* industrie *f* domestique; **~isch** *a* local, du pays; *sich ~ fühlen, ~ sein* être (comme) chez soi; *~ machen (werden)* (s')acclimater, (s')habituer; **H~kehr** *f* retour *m,* rentrée *f;* **~=kehren** *itr* ‹*sein*› retourner *od* rentrer chez soi; **H~kehrer** *m* (prisonnier de guerre) rapatrié *m;* **~=leuchten** *itr: jdm ~ (fig fam)* envoyer promener qn.

heimlich ['haımlıç] **I.** *a* secret, clandestin, dérobé; *(verstohlen)* furtif; **II.** *adv a.* en secret, en cachette, à la dérobée; **H~keit** *f* ‹-, (-en)› clandestinité *f; in aller ~* dans le plus grand secret; *~en vor jdm haben* (avoir à) cacher qc à qn; **H~tuerei** *f* cachotterie *f;* **~=tun** ‹*tut, tat heimlich, heimlichgetan*› *itr* se donner des airs mystérieux.

Heim|reise *f* ['haım-] retour *m;* **h~=schicken** *tr* renvoyer; **h~=suchen** *tr (Krankheit, Unwetter, Naturkatastrophe)* toucher, atteindre, frapper; **h~tückisch** *a* malicieux, malin *(a. Krankheit),* sournois; *(verräterisch)* traître, perfide; *(falsch)* faux; **h~wärts** *adv* chez soi, à la maison; **~weg** *m* retour *m; auf dem ~* au retour, en rentrant; *sich auf den ~ machen* prendre le chemin du retour; **~weh** *n* mal *m* du pays, nostalgie *f; fam* cafard *m;* **h~zahlen** *tr fig: es jdm ~* rendre la pareille à qn, rendre à qn la monnaie de sa pièce.

Hein|rich *m* ['haınrıç] *m,* **~z** *m* Henri *m.*

Heirat *f* ‹-, -en› ['haıra:t] mariage *m;* **h~en** *tr* épouser; prendre *(vom Mann)* pour épouse *od* femme, *(von der Frau)* pour époux *od* mari; *itr* se marier; **~santrag** *m* proposition de *od* demande *f* en mariage; *jdm e-n ~ machen* demander qn en mariage; **~sanzeige** *f (Bekanntmachung)* annonce *f od* faire-part *m* de mariage; *(Ehewunsch)* annonce *f* matrimoniale; **h~sfähig** *a* mûr pour le mariage, mariable; *(Mädchen)* nubile; *~es Alter n* âge *m* nubile; *~e Tochter f* fille *f* à marier; **~surkunde** *f* acte *m* de mariage; **~svermittler(in** *f***)** *m* courtier, -ière *m, f* matrimonial(e), agent *m* matrimonial.

heischen ['haıʃən] *tr* demander, exiger.

heiser ['haızər] *a (durch Erkältung* od *Schreien)* enroué; *sich ~ schreien* s'égosiller; *~ werden* s'enrouer; **H~keit** *f* ‹-, ø› enrouement *m.*

heiß [haıs] *a* **1.** chaud; *(Zone)* torride; **2.** *fig* ardent, fervent, passionné; *(Tränen)* brûlant; — *~ machen, ~ werden* chauffer; *es ist ~* il fait chaud; *mir ist ~* j'ai chaud; *es ging ~ her* ça chauffait; *es wird ~! (Spiel)* vous brûlez; *~e Quelle f* source *f* thermale; **~blütig** *a fig* chaud, passionné, fougueux.

heißen ['haısən] ‹*hieß, geheißen*› *tr* **1.** *(nennen)* appeler, nommer; **2.** *(bedeuten)* vouloir dire, signifier; **3.** *(befehlen:) jdn etw tun ~* ordonner *od* commander *od* dire à qn de faire qc; *itr* **4.** s'appeler, se nommer, avoir nom; — *es heißt, daß …* on dit, le bruit court que …; *das heißt* c'est-à-dire; ou du moins; *das heißt mit anderen Worten* cela revient à dire; *das soll nicht ~, daß* cela ne veut pas dire *od* ce n'est pas pour cela; … pour autant; *hier heißt es schnell handeln* là, il s'agit de faire vite; *wie ~ Sie?* comment vous appelez-vous? quel est votre nom? *wie heißt dieser Ort?* quel est le nom de ce lieu? *wie heißt das auf französisch?* comment cela se dit-il en français? *was soll das ~?* qu'est-ce à dire? qu'est-ce que cela veut dire?

heiß|geliebt ['haıs-] *a* passionnément aimé; **H~hunger** *m* faim dévorante *od* féroce; *med* boulimie *f;* **~laufen,** *sich* ‹*läuft, lief heiß, heißgelaufen*› *(tech)* s'échauffer, surchauffer; **H~luft** *f* air *m* chaud; **H~mangel** *f* repasseuse *f* mécanique; **H~sporn** *m* ‹-(e)s, -e› tête *f* chaude; **H~wasserspeicher** *m* accumulateur *m* d'eau chaude.

heiter ['haıtər] *a* **1.** serein, hilare, gai, joyeux; **2.** *(Himmel)* clair, pur; — *das kann ja ~ werden! (fam)* ça s'annonce bien! **H~keit** *f* ‹-, ø› sérénité, hilarité, gaieté *f,* enjouement *m;* clarté, pureté *f.*

Heiz|anlage *f* ['haıts-] installation de chauffage, chaufferie *f;* **h~bar** *a: ~es Zimmer n* chambre *f* avec possibilité de chauffage; **~decke** *f el* couverture *f* chauffante; **h~en** *tr* chauffer (*mit* à); *itr* chauffer, faire du feu; **~er** *m* ‹-s, -› chauffeur *m;* **~kessel** *m* chaudière *f* (de chauffage); **~kissen** *n* coussin *m* électrique; **~körper** *m (d. Zentralheizung)* corps de chauffage; radiateur *m* (d'appartement); **~lüfter** *m* radiateur *m* soufflant; **~material** *n* combustible *m;* **~öl** *n* mazout, fuel, pétrole *m* combustible; **~sonne** *f: elektrische ~* radiateur *m* électrique; **~ung** *f* ‹-, -en› **1.** ‹*ohne pl*› *(Heizen)* chauffage *m,* chauffe *f;* **2.** *(Anlage)* chauffage *m; die ~ an-, abstellen* faire marcher, arrêter le chauffage; **~wert** *m* pouvoir *m* calorifique.

Hektar *n (a. m)* ‹-s, -e› ['hɛk-, hɛk'ta:r] hectare *m.*

hektisch ['hɛktıʃ] *a med* hectique.

hektographieren [hɛktogra'fi:rən] ‹*ohne ge-*› *tr* polycopier, ronéotyper.

Hektoliter *n* (a. *m*) [hɛkto'li:tər] hecto(litre) *m.*

Held *m* ‹-en, -en› [hɛlt, '-dən] héros; *(Vorkämpfer)* champion *m; der ~ des Tages* l'homme *m od* l'idole *f* du jour; **~engedicht** *n* épopée; *(bes. altfranzösisches)* chanson *f* de geste; **h~enhaft** *a,* **h~enmütig** *a* héroïque; **~enmut** *m* héroïsme *m;* **~ensage** *f* légende *f;* **~entat** *f* action héroïque, prouesse *f,* haut fait, exploit *m;* **~entum** *n* ‹-s, ø› héroïsme *m;* **~in** *f* ‹-, -nen› héroïne *f.*

helf|en ['hɛlfən] ‹*hilft, half, geholfen*› *itr* **1.** aider, assister, secourir, seconder (*jdm* qn); *(unterstützen)* donner un coup d'épaule (*jdm* à qn); soutenir (*jdm* qn); **2.** *(nützen)* être utile, profiter (*jdm* à qn); — *ea. ~* s'entraider; *gegen etw ~ (Arznei)* être bon pour *od* efficace contre qc; *jdm bei der Arbeit ~* aider qn dans son travail; *jdm in den Mantel ~* aider qn à mettre son manteau; *sich zu ~ wissen* ne pas être embarrassé; *fam* savoir se débrouiller *od* se tirer d'affaire; *ich kann mir nicht ~, ich muß es sagen* je ne puis m'empêcher de le dire; *ich weiß mir nicht mehr zu ~* je ne sais plus que faire; *das hilft nichts* cela ne sert à rien; *es hilft nichts, du mußt …* rien à faire, il faut que tu …; *hilf dir selbst, so hilft dir Gott! (prov)* aide-toi, le Ciel t'aidera; **H~er(in)** *m* ‹-s, -› (*f* ‹-, -nen›) aide *m f;* assistant(e *f*) *m;*

H~ershelfer *m* homme de main, complice, suppôt *m.*

hell [hɛl] *a* **1.** clair; *(Licht, Schein)* vif; **2.** *fig (Klang, bes. Stimme)* clair; **3.** *(Kopf)* lucide; *fam (aufgeweckt, klug)* prudent, circonspect, perspicace, clairvoyant; — *am ~en Tag* en plein *od* au grand jour; *es ist ~* il fait clair; *es ist schon ~(er Tag)* il fait déjà grand jour; *es wird ~* le jour se lève, il commence à faire jour; *ein H~es!* une blonde! **~blau** *a* bleu clair; **~blond** *a* blond; **H~dunkel** *n (Kunst)* clair-obscur *m;* **H~e** *f* ‹-, ø› : *strahlende ~* brillance, vive lumière *f,* éclat *m;* **~gelb** *a,* **~grün** *a* jaune, vert clair; **~hörig** *a: ~ sein* **1.** avoir l'oreille *od* l'ouïe fine; **2.** *(Wohnung)* être sonore; **H~igkeit** *f* ‹-, ø› clarté, lumière *f;* **~(l)icht** *a: am ~en Tage = am hellen Tag;* **H~sehen** *n* seconde *od* double vue, voyance *f;* **H~seher(in** *f***)** *m* ‹-s, -› (clair)voyant(e *f*) *m;* **~wach** *a* éveillé.

Helm *m* ‹-(e)s, -e› [hɛlm] casque *m;* **~busch** *m* panache *m.*

Hemd *n* ‹-(e)s, -en› [hɛmt, '-dən] chemise *f;* **~bluse** *f* chemisier *m;* **h~särmelig** *a* en manches de chemise.

Hemisphäre *f* ‹-, -n› [hemi'sfɛ:rə] hémisphère *m.*

hemm|en ['hɛmən] *tr (anhalten)* arrêter, retenir; *(verlangsamen)* ralentir; *(verzögern)* retarder; *(bremsen)* freiner, *(hindern, a. fig)* gêner, entraver, embarrasser; *fig (zügeln)* enrayer, freiner, mettre un frein à, *bes. psych* refréner, inhiber; **H~nis** *n* ‹-ses, -se› entrave *f,* embarras; *(Hindernis)* obstacle, empêchement *m;* **H~schuh** *m* patin *od* sabot d'enrayage, sabot *m* d'arrêt; *loc* cale *f; fig = Hemmnis;* **H~ung** *f* ‹-, -en› **1.** arrêt *m,* rétention *f;* ralentissement *m;* retardement *m;* freinage; *(Behinderung, a. fig)* empêchement *m;* **2.** *tech* arrêt; *(Uhr)* échappement *m;* **3.** *psych (Zügelung)* refrènement *m,* inhibition *f; pl (Schüchternheit)* gêne *f; (keine) ~en haben* être gêné; être inhibé; (ne pas se gêner); **~ungslos** *a* effréné, sans frein; **H~ungslosigkeit** *f* ‹-, ø› impétuosité *f,* emportement *m.*

Hengst *m* ‹-es, -e› [hɛŋst] cheval *m* entier.

Henkel *m* ‹-s, -› ['hɛŋkəl] *(Tasse, Topf)* oreille; *(Korb)* anse; *(Handtasche)* poignée *f;* **~korb** *m* panier *m* à anse.

henk|en ['hɛŋkən] *tr* pendre; **H~er** *m* ‹-s, -› bourreau *m;* **H~ersmahl(zeit** *f***)** *n* dernier repas du condamné; *fig* dîner *m* d'adieu.

Henne *f* ‹-, -n› ['hɛnə] poule *f; junge ~* poulette *f.*

her [he:r] *adv* **1.** *(örtlich)* (par) ici, de ce côté(-ci); *um ... ~* autour de ...; *von ... ~* de ...; **2.** *(zeitlich) von ... ~ (seit)* depuis ...; *es ist ... ~* il y a ...; — *hin und ~* par-ci, par-là; de côté et d'autre; *Freund hin, Freund ~ ...* ami ou pas ...; *hinter etw (jdm) ~ sein (fam)* être après qc (qn); *damit ist es nicht weit ~ (fam)* ce n'est pas grand-chose, ça ne va pas loin; *das ist (schon) lange ~* il y a (bien) longtemps; *es ist (bald) ein Jahr ~* ça fait (va faire) un an; *wo hast du (denn) das ~?* où as-tu pris cela? *~ damit! (pop)* aboule!

herab [hɛ'rap] *adv* en bas, vers le bas; *von ... ~* en *od* au bas de, du haut de; *von oben ~ (fig)* de haut; *(sprechen)* du haut de sa grandeur; **~≈blicken** *itr: auf jdn ~ (fig)* regarder qn de haut; **~≈fallen** ‹*fällt, fiel herab, herabgefallen*› *itr* ‹*sein*› tomber; **~≈lassen** ‹*läßt, ließ herab, herabgelassen*› *tr* **1.** descendre; *sich (an e-m Seil) ~* se laisser descendre (le long d'une corde); **2.** *(fig)* s'abaisser; condescendre (*zu etw* à qc); *sich ~, etw zu tun* s'abaisser jusqu'à *od* à faire qc, daigner faire qc; **~lassend** *a* condescendant, protecteur; dédaigneux; **H~lassung** *f* condescendance *f;* **~≈sehen** ‹*sieht, sah herab, herabgesehen*› *itr = herabblicken;* **~≈setzen** *tr (Preis)* (a)baisser, réduire, diminuer; *jur (Strafe)* réduire; **H~setzung** *f* ‹-, -en› réduction, diminution *f; (des Preises)* abaissement *m,* réduction *f,* rabais *m; jur* commutation.

Heraldik *f* ‹-, ø› [he'raldɪk] héraldique *f,* blason *m.*

heran [hɛ'ran] *adv* tout près; **~≈bilden** *tr* former; **~≈fahren** ‹*fährt, fuhr heran, herangefahren*› *itr* ‹*sein*› *: rechts, links ~* serrer à droite, à gauche; **~≈kommen** ‹*kam heran, herangekommen*› *itr* ‹*sein*› **1.** (s')approcher (*an jdn, etw* de qn, qc); **2.** *fig (sich vergleichen können)* égaler (*mit jdm, etw* qn, qc); — *an sich ~ lassen* attendre (patiemment); *die Dinge an sich ~ lassen* temporiser, prendre une attitude passive; voir venir; **~≈machen,** *sich* s'approcher (*an jdn* de qn), accoster (*an jdn* qn); *sich an etw ~* se mettre à qc; **~≈nahen** *itr* ‹*sein*› *(örtl. u. zeitl.)* (s')approcher; **~≈reichen** *itr: an etw ~* atteindre à qc; *an jdn ~ (fig)* égaler qn; **~≈wachsen** ‹*wächst, wuchs heran, herangewachsen*› *itr* ‹*sein*› croître, grandir; **H~wachsende** *m f* ‹-n, -n› jeune homme *m,* jeune fille *f* (de 18 à 21 ans); **~≈ziehen** ‹*zog heran, herangezogen*› *tr: jdn zu etw ~* soumettre qn à qc; *jdn zur Mitarbeit ~* utiliser les services de qn, se servir de qn.

herauf [hɛ'rauf] *adv* en haut, vers le haut; **~≈beschwören** ‹*beschwor herauf, heraufbeschwören*› *tr* **1.** évoquer; **2.** *(e-e Gefahr, ein Unheil)* provoquer, amener, susciter, déclencher; **~≈holen** *tr (Sache)* monter; *(Person)* faire monter; **~≈kommen** ‹*kam herauf, herauf-*

gekommen⟩ itr ⟨sein⟩ monter; **~=ziehen** *⟨zog herauf, heraufgezogen⟩* **1.** *tr ⟨h⟩* tirer en haut; **2.** *itr ⟨sein⟩ (Gewitter)* monter, s'élever, s'approcher.

heraus [hɛˈraus] *adv* (en) dehors; *aus ... ~* hors (de); *von innen ~* du dedans; *~ sein (Zahn, Nagel, Fremdkörper; fam: veröffentlicht sein)* être sorti; *(Geheimnis)* avoir transpiré, être public; *es ist ~ (es ist gesagt)* le mot est lâché; *~ damit! ~ mit der Sprache!* parlez! expliquez-vous! **~=bekommen** *⟨bekam heraus, herausbekommen⟩ tr* **1.** *(Nagel, Zahn)* parvenir à arracher; **2.** *(herausfinden)* (re)trouver; *(raten)* deviner; *(lösen)* résoudre; **3.** *(als Ergebnis erhalten)* obtenir, recevoir; — *aus jdm nichts ~ (durch Fragen)* ne pouvoir rien tirer de qn; *ich bekomme 3 Mark ~* il me revient 3 marks; **~=bringen** *⟨brachte heraus, herausgebracht⟩ tr* **1.** porter dehors, sortir; **2.** *(Fleck)* enlever, faire partir; **3.** *(Ware)* sortir, lancer; *(Buch)* éditer, publier; *theat* porter à la scène; *film* porter à l'écran; **4.** *(raten)* deviner; *(in Erfahrung bringen)* savoir; — *aus jdm nichts ~* ne pouvoir rien tirer de qn; *kein Wort ~ können* ne pouvoir dire *od* proférer un (seul) mot; **~=fahren** *⟨fährt, fuhr heraus, herausgefahren⟩ itr ⟨sein⟩ (Wort)* échapper; **~=finden** *⟨fand heraus, herausgefunden⟩* **1.** *tr* (re)trouver, découvrir, dénicher, déchiffrer; **2.** *itr* u. *sich ~* trouver la sortie; s'en sortir; **H~forderer** *m* provocateur; *sport* challenger *m;* **~=fordern** *tr* provoquer (*zu* à); *(zum Duell)* provoquer en duel; *sport* challenger; *zu e-m Boxkampf, Wettlauf ~* défier à la boxe, à la course; **~fordernd** *a* provocant *(a. Blick);* provocateur; **H~forderung** *f* provocation *f;* défi; *sport* challenge *m; die ~ annehmen* relever le gant; **~=geben** *⟨gibt, gab heraus, herausgegeben⟩ tr* **1.** *(Buch)* éditer; *(veröffentlichen)* publier; **2.** *(Geld)* donner en retour, rendre; *auf 10 Mark ~* rendre la monnaie sur 10 marks; **H~geber** *m (e-s Buches)* éditeur; *(e-r Zeitung)* (administrateur-) gérant *m;* **~=gehen** *⟨ging heraus, herausgegangen⟩ itr ⟨sein⟩ (Fleck)* partir, s'en aller; *aus sich ~ (fig)* parler franchement; perdre sa timidité; se dégeler; **~=greifen** *⟨griff heraus, herausgegriffen⟩ tr (auswählen)* choisir (au hasard); **~=gucken** *itr fam (aus e-m Fenster)* regarder dehors; *aus e-r Tasche ~* sortir; **~=haben** *⟨hat, hatte heraus, herausgehabt⟩ tr: es ~* toucher *od* frapper au but; *den Bogen ~ (fam)* avoir trouvé le truc; savoir s'y prendre; **~=halten** *⟨hält, hielt heraus, herausgehalten⟩ : sich aus etw ~* rester en dehors de qc; ne pas vouloir être mêlé à qc; **~=hängen** *tr* suspendre au dehors; **~=heben** *⟨hob heraus, herausgehoben⟩ tr (hervortreten lassen)* faire ressortir, relever; **~=holen** *tr* **1.** sortir; **2.** *fig (Gewinn, Vorteil)* tirer; *etw ~ aus* tirer profit de; **~=kommen** *⟨kam heraus, herausgekommen⟩ itr ⟨sein⟩* **1.** sortir, déboucher (*aus* de); **2.** *(die Folge sein)* résulter, être le résultat (*bei* de); **3.** *(bekanntwerden)* transpirer, s'ébruiter, se répandre; **4.** *(Buch)* sortir, paraître; — *aus dem Staunen nicht ~* ne pas revenir de son étonnement; *das kommt auf eins ~* cela revient au même; *dabei kommt nichts ~* cela ne mène à rien, c'est peine perdue; **~=kriegen** *fam für: herausbekommen;* **~=lesen** *⟨liest, las heraus, herausgelesen⟩ tr (aus e-m Text)* retirer; **~=nehmen** *⟨nimmt, nahm heraus, herausgenommen⟩ tr* sortir, retirer, enlever, ôter; prendre (*aus* dans); *sich jdm gegenüber etw* od *allerhand* od *zuviel ~* prendre des licences *od* des privautés avec qn; *jdm die Mandeln ~* opérer qn des amygdales; **~=ragen** *itr* faire saillie; *aus etw ~* s'élever au-dessus de qc, dominer qc; **~=reden,** *sich* trouver une bonne excuse; s'en tirer avec de belles paroles; **~=reißen** *⟨riß heraus, herausgerissen⟩ tr* arracher; **~=rücken** *tr ⟨h⟩* **1.** *(Geld)* financer, *fam* casquer; **2.** *(Stuhl)* écarter, pousser; *itr ⟨sein⟩* **3.** faire voir (*mit etw* qc); *mit d. Sprache ~ (fam)* accoucher; **~=schauen** *itr = herausgucken;* **~=schlagen** *⟨schlägt, schlug heraus, herausgeschlagen⟩* **1.** *tr ⟨h⟩ fam (Vorteil, Gewinn)* gratter; tirer (*aus* de); **2.** *itr ⟨sein⟩ (Flamme)* sortir; **~=spritzen** *itr ⟨sein⟩* jaillir, gicler; **~=stellen** *tr* **1.** mettre dehors; **2.** *fig (hervorheben)* mettre en évidence *od* en lumière *od* en vedette *od* en relief; *refl* **3.** *sich ~ (sich zeigen)* se montrer, apparaître, se faire jour; *sich als richtig ~* se révéler, s'avérer juste; *es hat sich herausgestellt, daß* il est apparu que; **~=streichen** *⟨strich heraus, herausgestrichen⟩ tr fig fam (hervorheben: Sache)* mettre en relief, *(Person)* faire mousser; **~=wachsen** *⟨wächst, wuchs heraus, herausgewachsen⟩ itr ⟨sein⟩* sortir (*aus* de); *ich bin aus meinen Sachen herausgewachsen* mes habits sont devenus trop petits; **~=wirtschaften** *tr (Gewinn)* tirer (*aus* de); **~=ziehen** *⟨zog heraus, herausgezogen⟩ tr* (re)tirer, arracher (*aus* de).

herb [hɛrp] *a* **1.** *(im Geschmack)* revêche, âpre, acerbe; *(Wein)* sec, vert; **2.** *fig (bitter)* amer, acerbe, *(Worte) a.* dur, rude, vert; *allg (streng, rauh)* austère.

Herbarium *n* ⟨-s, -rien⟩ [hɛrˈbaːrium, -rien] herbier *m.*

herbei [hɛrˈbaɪ] *adv* (par) ici, de ce côté-ci; *~!* approchez! (venez) à moi! **~=eilen**

itr ‹*sein*› accourir; **~≠führen** *tr fig (verursachen)* causer, occasionner; *(absichtlich)* arranger; **~≠lassen,** *sich* ‹*läßt, ließ herbei, herbeigelassen*› consentir *od* condescendre (*zu etw* à qc); **~≠rufen** ‹*rief herbei, herbeigerufen*› *tr* appeler, faire venir, héler; **~≠sehnen** *tr,* **~≠wünschen** *tr* désirer (ardemment); **~≠ziehen** ‹*zog herbei, herbeigezogen*› *tr: an den Haaren ~ (fig)* tirer par les cheveux.

Herberge *f* ‹-, -n› ['hɛrbɛrgə] *(Unterkunft)* gîte, logis *m.*

Herbst *m* ‹-(e)s, -e› [hɛrpst] automne *m; (Erntezeit)* récolte; *(Weinlese)* vendange *f;* **h~lich** *a* d'automne, automnal; **~zeitlose** *f* ‹-, -n› *bot* colchique, *pop* tue-chien *m.*

Herd *m* ‹-(e)s, -e› [he:rt, '-də] **1.** *(Feuerstelle)* foyer, âtre; *(Küchenherd)* fourneau *m* (de cuisine), cuisinière *f;* **2.** *fig (Ausgangspunkt)* foyer *m; — am häuslichen ~* au coin du feu.

Herde *f* ‹-, -n› ['he:rdə] troupeau *a. fig;* **~nmensch** *m: ein ~ sein* avoir l'esprit moutonnier *od* des réactions grégaires; **~ntrieb** *m* instinct grégaire *a. fig; fig* esprit *m* moutonnier.

Herd|platte *f* ['he:rt-] sole *f;* **~ring** *m (zum Verkleinern der Öffnung)* diminutif *m.*

herein [hɛ'raın] *adv* (en) dedans; *~!* entrez! *hier ~, bitte!* (entrez) par ici, s'il vous plaît! **~≠bekommen** ‹*bekam herein, hereinbekommen*› *tr* **1.** *com (Ware)* recevoir; **2.** *radio (Sender)* capter; **~≠brechen** ‹*bricht, brach herein, hereingebrochen*› *itr* ‹*sein*› **1.** *(Unglück)* fondre (*über jdn* sur qn); **2.** *(Nacht)* tomber, descendre, arriver; **~≠fallen** ‹*fällt, fiel herein, hereingefallen*› *itr* ‹*sein*› *fig fam (betrogen werden)* tomber dans le piège *od* dans le panneau; *fam* donner dedans *od* dans le panneau; *auf etw ~* couper dans qc; *auf jdn ~* se faire avoir *od* posséder par qn *pop; darauf fällt jeder herein* chacun s'y laisse prendre; **~≠holen** *tr (Sache)* aller chercher; *(Person)* faire entrer, amener; **~≠kommen** ‹*kam herein, hereingekommen*› *itr* ‹*sein*› entrer; **~≠lassen** ‹*läßt, ließ herein, hereingelassen*› *tr* laisser *od* faire entrer; **~≠legen** *tr fig fam (betrügen, anführen)* mettre *od* ficher *od* fourrer dedans, *sich ~ lassen* se laisser envelopper (*von* par); **~≠regnen** *itr impers: es regnet herein* la pluie entre.

her|≠fallen ['he:r-] ‹*fällt, fiel her, hergefallen*› *itr* ‹*sein*› *über etw, über jdn ~* tomber, fondre, se jeter, se ruer sur qc, sur qn; **H~gang** *m fig (Verlauf)* marche, succession *f; (Einzelheiten)* détails *m pl;* **~≠geben** ‹*gibt, gab her, hergegeben*› *tr* donner, passer, remettre, céder; *wieder ~* rendre; *das Letzte ~* se donner complètement; fournir l'effort maximum; *sich zu etw ~* se prêter à qc, prêter la main à qc; **~gebracht** *a* traditionnel, coutumier, d'usage; **~≠gehen** ‹*ging her, hergegangen*› *itr* ‹*sein*› *: hinter jdm ~* suivre qn; **~gelaufen** *a: ~er Mensch m* homme *m* de rien *od* sans aveu; **~≠halten** ‹*hält, hielt her, hergehalten*› *tr: ~ müssen* devoir payer, être le souffre-douleur *od* la tête de Turc; **~≠holen** *tr (Sache)* aller chercher; *(Person)* amener; **~≠hören** *itr* écouter.

Hering *m* ‹-s, -e› ['he:rıŋ] **1.** hareng *m;* **2.** *(Zeltpflock)* piquet *m* (de tente); — *grüner, marinierter ~* hareng *m* frais, mariné.

her|≠kommen ['he:r-] ‹*kam her, hergekommen*› *itr* ‹*sein*› **1.** venir (ici); *(sich nähern)* (s')approcher; **2.** *(herrühren)* provenir (*von* de); *(Wort: sich ableiten)* être dérivé (*von* de); *(die Folge sein)* résulter (*von* de); **~kömmlich** *a = hergebracht;* **H~kunft** *f* ‹-, ø› *(Abstammung)* naissance; *(soziale)* extraction; *(Ursprung)* origine; *com (von Waren)* provenance; *(Ableitung e-s Wortes)* dérivation, étymologie *f;* **~≠leiern** *tr* psalmodier; *(Rede)* débiter; **~≠leiten** *tr fig (ableiten)* dériver (*von* de); *sich ~* tirer son origine (*von* de); **~≠machen:** *sich über etw ~* se mettre à qc, se jeter sur qc; *(etw in Angriff nehmen)* entreprendre, attaquer qc; *sich über jdn ~* fondre, tomber, se jeter sur qn.

Hermelin *n* ‹-s, -e› [hɛrmə'li:n] *zoo* hermine *f;* **~(pelz** *m)* *m* ‹-s, -e› hermine *f, com* roselet *m.*

hermetisch [hɛr'me:tıʃ] *a* hermétique.

hernach [hɛr'na:x] *adv* après (cela), puis, ensuite, par la suite, plus tard.

her≠nehmen ['he:r-] ‹*nimmt, nahm her, hergenommen*› *tr* prendre, tirer.

hero|isch [he'ro:ıʃ] *a* héroïque; **H~ismus** *m* ‹-, ø› [-ro'ısmus] héroïsme *m.*

Herold *m* ‹-(e)s, -e› ['he:rɔlt, -də] héraut; *fig* messager, précurseur *m.*

Herr *m* ‹-n/(-en), -en› [hɛr] **1.** *allg* monsieur *m; ~ Müller* Monsieur Müller; **2.** *(beim Tanz)* cavalier; *(Gebieter)* maître; *(Eigentümer)* propriétaire; *(Arbeitgeber)* chef, patron; *(Vorgesetzter)* supérieur; *(Adliger, hist: Lehnsherr)* seigneur; *(Herrscher)* souverain *m;* **3.** *der ~ (Gott)* le Seigneur; — *sein eigener ~ sein* être son maître; *~ im Hause sein* être maître chez soi; *~ der Lage sein* être maître de la situation; *e-r S ~ werden* vaincre qc; *mein* od *gnädiger* od *(im Brief) sehr geehrter ~!* monsieur; *meine ~en!* messieurs; *~ X.!* monsieur (M.) X.; *~ General! ~ Feldwebel!* mon général! mon adjudant! *niemand kann zwei ~en dienen (prov)* nul ne peut servir deux maîtres; *meine (Damen und) ~en!* (Mesdames et) Messieurs! *der ~ des Hauses* le maître de la maison; **~enartikel** *m pl* articles *m pl* pour messieurs; **~en(be)kleidung** *f* vêtements *m pl* pour hommes; **~enfriseur** *m* coiffeur *m* pour hommes; **~enhaus** *n (e-s Gutes)* maison *f* seigneuriale, manoir, château *m;* **~enleben** *n: ein ~ führen* mener grand train; **h~enlos** *a* abandonné, non réclamé; *jur* vacant; *~es Gut n* épave *f;* **~enmode(n** *pl***)** *f* mode(s *pl*) *f* masculine(s); **~enschneider** *m* tailleur *m* pour hommes; **~entoilette** *f* W.-C. *m* pour hommes; **~gott,** *der* le Seigneur, Dieu *m;* **~gottsfrühe** *f: in aller ~* de bon *od* grand matin.

her≈richten ['he:r-] *tr* arranger; *neu ~* mettre à neuf.

Herr|in *f* ‹-, -nen› ['hɛrɪn] maîtresse *f;* **h~isch** *a* de maître, impérieux, magistral, despotique; *(barsch)* brusque; *(stolz)* hautain; *ein ~es Auftreten* l'air hautain; **h~lich I.** *a (großartig)* magnifique, superbe; *(ausgezeichnet)* excellent; *(prächtig)* somptueux; *(glänzend)* brillant, splendide; *(ausgesucht)* exquis; *(köstlich)* délicieux; *(wunderbar)* merveilleux; *(glorreich)* glorieux; **II.** *adv a.* à merveille; **~schaft** *f* ‹-, -en› **1.** *(ohne pl) (Beherrschung)* domination, maîtrise *f* (*über* de) *a. fig; (Befehlsgewalt)* commandement *m* (*über* de, sur), autorité *f; (Regierung e-s Fürsten)* règne, empire *m; (Herrschergewalt)* souveraineté *f;* **2.** *(Gebiet)* domaine *m;* **3.** *die ~* les maîtres, les patrons *m pl, (in der Sprache der Dienerschaft)* Monsieur et Madame; — *meine ~en! (Anrede)* Mesdames et Messieurs! *~ des Volkes* souveraineté *f* populaire; **h~schaftlich** *a (grundherrlich)* seigneurial; *(Wohnung)* de maître, grand et beau; **h~schen** *itr* **1.** *(Herr sein)* dominer (*über* sur); *(befehlen)* commander (en maître); *(Fürst)* régner (*über* sur); **2.** *fig (Seuche, Not)* sévir; *(Ordnung, Ruhe)* régner; *es herrscht Schweigen* le silence règne; **h~schend** *a (vorherrschend)* régnant, (pré)dominant; **~scher** *m* ‹-s, -› *(Gebieter)* dominateur, maître; *(Landesherr)* souverain; *(regierender Fürst)* prince (régnant), potentat *m;* **~scherhaus** *n* dynastie, maison *f* (régnante); **~schsucht** *f* soif *f* de pouvoir, caractère despotique, despotisme *m;* **h~schsüchtig** *a* impérieux, autoritaire.

her|≈rühren ['he:r-] *itr* (pro)venir, prendre source (*von* dans); **~≈sagen** *tr* dire, réciter; **~≈stellen** *tr* **1.** *(hierher stellen)* mettre ici; **2.** *(produzieren)* produire, faire, fabriquer, manufacturer, confectionner, créer; *(fabrikmäßig)* usiner; **3.** *(schaffen, ins Leben rufen)* créer, réaliser; *tele (Verbindung)* établir; **H~steller** *m* ‹-s, -› producteur, fabricant, manufacturier *m;* **H~stellung** *f* ‹-, ø› **1.** production, fabrication, manufacture, confection *f;* **2.** création, réalisation *f;* **H~stellungskosten** *pl* frais *m pl* de fabrication *od* de production; **H~stellungsland** *n* pays *m* producteur.

herüber [hɛ'ry:bər] *adv* par ici, de ce côté-ci, en deçà; *~ und hinüber* deçà (et) delà; **~≈kommen** ‹*kam herüber, herübergekommen*› *itr* ‹*sein*› venir (par) ici.

herum [hɛ'rʊm] *adv* autour, à l'entour; *um ... ~ (prp; räuml.)* autour de, à l'entour de; *(zeitl.)* autour de, *(gegen)* vers; *(bei Zahlenangaben)* environ; *um Weihnachten ~* aux environs de *od* vers Noël; *im Kreise ~* à la ronde; *~ sein (fam: zeitl.)* être fini; *immer um jdn ~ (fig: bemüht) sein* s'empresser autour de qn; **~≈bummeln** *itr* flâner, battre le pavé, traîner; **~≈drehen** *tr* (re)tourner; *sich ~* se retourner, faire demi-tour; *den Schlüssel zweimal ~* fermer à double tour; **~≈fahren** ‹*fährt, fuhr herum, herumgefahren*› *itr* ‹*sein*› *fam (ziellos)* aller çà et là *od* par-ci, par-là; **~≈fuchteln** *itr: mit dem Säbel ~* ferrailler; **~≈führen** *tr* conduire çà et là; *(in der Stadt)* piloter; **~≈fummeln** *itr fam* tripoter (*an etw* qc); **~≈gehen** ‹*ging herum, herumgegangen*› *itr* ‹*sein*› **1.** circuler, se promener, flâner; **2.** passer (de mains en mains); **3.** *(Zeit)* passer, s'écouler; **4.** contourner; — *das geht mir im Kopf herum* cela me trotte dans la tête *od* la cervelle; **~≈horchen** *itr* écouter partout; **~≈irren** *itr* errer; **~≈kommen** ‹*kam herum, herumgekommen*› *itr* ‹*sein*› *um etw nicht ~ (fam)* ne pas pouvoir échapper *od fam* couper à qc; *in der Welt ~* courir le monde, voir du pays; *ich bin darum herumgekommen (fam)* cela m'a été épargné; **~≈kramen** *itr fam* (far)fouiller (*in* dans); **~≈kriegen** *tr fam = herumbekommen;* **~≈laufen** ‹*läuft, lief herum, herumgelaufen*› *itr* ‹*sein*› *(ziellos)* courir çà et là; *so kannst du nicht ~!* tu ne peux tout de même pas sortir dans cette tenue! **~≈liegen** ‹*lag herum, herumgelegen*› *itr (unordentlich)* traîner; **~≈lungern** *itr* battre le pavé; traîner la savate; *arg* glander; **~≈meckern** *itr fam,* **~≈nörgeln** *itr* geindre *fam;* râler *pop;* **~≈reichen** *tr* faire passer; **~≈reisen** *itr* ‹*sein*› *(planlos)* voyager çà et là; voir du pays; **~≈reiten** ‹*ritt herum, herumgeritten*› *itr* ‹*sein*› *fig* être à cheval *od* insister (*auf etw* sur qc); **~≈schlagen,** *sich* ‹*schlägt, schlug herum, herumgeschlagen*› se battre, *fig (mit Worten)* batailler, *fam* se chamailler (*mit jdm* avec qn); **~≈schleppen** *tr: etw mit sich ~* traîner *od fam* trimbaler qc avec soi; *e-e Erkältung mit sich ~* se trimbaler avec un rhume; **~=schnüffeln** *itr* mettre *od* fourrer son nez *od* fureter partout; **~=sitzen** ⟨*saß herum, herumgesessen*⟩ *itr fig (nichts tun)* ne rien faire; **~=sprechen,** *sich* ⟨*spricht, sprach herum, herumgesprochen*⟩ passer de bouche en bouche, se divulguer; se répandre; **~=stehen** ⟨*stand herum, herumgestanden*⟩ *itr (Sachen)* traîner; *(Mensch)* badauder, bayer aux corneilles; **~=stöbern** *itr* fouiller, fureter (*in* dans); **~=streiten,** *sich* ⟨*stritt herum, herumgestritten*⟩ se prendre de parole *od fam* de bec; **~=suchen** *itr* chercher partout; **~=toben** *itr* faire le diable (à quatre); **~=treiben,** *sich* traîner, vagabonder, courir les cafés; **~=werfen** ⟨*wirft, warf herum, herumgeworfen*⟩ *tr: das Steuer ~ (fig)* renverser la vapeur; **~=wühlen** *itr = herumstöbern; fig* fourrager, tripoter (*in* dans); **~=ziehen** ⟨*zog herum, herumgezogen*⟩ *itr* ⟨*sein*⟩ flâner, vagabonder, rôder.

herunter [hɛ'runtər] **I.** *adv* en bas, à bas, à terre, du haut; **II.** *a fam (gesundheitl.)* bas; — *von ... ~ (prp)* du haut de *a. fig,* à bas de; *von oben ~* du haut en bas; *ich kann nicht ~* je ne puis descendre; *~!* descends! descendez! **~=fallen** ⟨*fällt, fiel herunter, heruntergefallen*⟩ *itr* ⟨*sein*⟩ tomber; **~=gehen** ⟨*ging herunter, heruntergegangen*⟩ *itr* ⟨*sein*⟩ *fig (Fieber)* diminuer; *(Preis)* baisser; **~gekommen** *a fig (Mensch u. Geschäft)* à la dérive, en dérive, *fam* déliquescent; qui a beaucoup baissé; **~=handeln** *tr (e-n Betrag)* gagner en marchandant; **~=hauen** ⟨*heruntergehauen*⟩ *tr: jdm eine ~* gifler qn; **~=holen** *tr (Sache)* descendre; *(Vogel, Flugzeug) a.* abattre; **~klappbar** *a* rabattable; **~=klappen** *tr (Kragen, Sitz)* rabattre; *(Verdeck)* baisser; **~=kommen** ⟨*kam herunter, heruntergekommen*⟩ *itr* ⟨*sein*⟩ **1.** venir en bas, descendre; **2.** *fig (sittlich)* s'encanailler; *er ist sehr heruntergekommen* il est très diminué; il a beaucoup baissé; il se laisse aller; **~=leiern** *tr* ânonner, bêler; **~=machen** *tr fig (schmähen)* ravaler, mettre à bas, rabaisser; **~=nehmen** ⟨*nimmt, nahm herunter, heruntergenommen*⟩ *tr* descendre, dépendre, décrocher; **~=purzeln** *itr* ⟨*sein*⟩ dégringoler; **~=schlucken** *tr* avaler; **~=wirtschaften** *tr* ruiner.

hervor [hɛr'fo:r] *adv* en avant; dehors; *unter dem Bett ~* de dessous le lit; **~=bringen** ⟨*bringt, brachte hervor, hervorgebracht*⟩ *tr* produire, engendrer, créer, enfanter, faire naître; *(Ton, Wort)* proférer; *(bewirken)* opérer; **~=gehen** ⟨*ging hervor, hervorgegangen*⟩ *itr* ⟨*sein*⟩ *fig (herkommen)* sortir, provenir (*aus* de); *(sich ergeben)* relever, ressortir, résulter, s'ensuivre (*aus* de); *als Sieger aus ... ~* sortir vainqueur de ...; *daraus geht hervor, daß* il en résulte, il ressort de là, il s'ensuit que; **~=heben** ⟨*hob hervor, hervorgehoben*⟩ *tr fig* mettre en relief *od* en évidence *od* en vedette, mettre l'accent sur, accentuer, souligner; appuyer sur; **~=holen** *tr* tirer (*aus* de); **~=locken** *tr* attirer (dehors); **~=ragen** *itr* **1.** s'élever au-dessus de *a. fig;* avancer, saillir, être en saillie; émerger (*aus* de); **2.** *fig* se distinguer, exceller; *über jdn, etw ~* dépasser qn, qc; **~ragend** *a* **1.** saillant, en saillie, proéminent; **2.** *fig* (pré)éminent, excellent, exceptionnel, hors ligne *od* classe; **~=rufen** ⟨*rief hervor, hervorgerufen*⟩ *tr* **1.** *(Schauspieler)* rappeler (par des applaudissements); **2.** *(verursachen)* causer, engendrer, *med* provoquer; *(erregen)* soulever, susciter; *(Bewunderung)* exciter; **~stechend** *a fig (auffallend)* saillant, éminent, frappant; **~=treten** ⟨*tritt, trat hervor, hervorgetreten*⟩ *itr* ⟨*sein*⟩ *fig* apparaître; *(sich abheben)* se détacher, ressortir, se dessiner; *~ lassen (fig)* donner du relief à, faire ressortir, marquer; **~=tun,** *sich* ⟨*tut, tat hervor, hervorgetan*⟩ se mettre en évidence, se faire remarquer, se distinguer, se signaler; **~=wagen,** *sich* oser sortir.

Herz *n* ⟨des -ens, dem -en, *pl* -en⟩ [hɛrts] **1.** cœur *m (a. im Kartenspiel u. fig);* **2.** *fig a.* entrailles *f pl; (Gemüt, Seele)* âme; *(Mitleid)* pitié *f; (Mut)* courage *m;* **3.** *(Kern, Mittelpunkt)* cœur, centre *m;* — *im ~en Deutschlands* au cœur de l'Allemagne; *leichten ~ens* d'un cœur léger; *schweren ~ens* le cœur gros; *von ganzem ~en* de tout mon *etc* cœur, de tout *od* grand cœur, de toute mon *etc* âme; *von ~en gern* de bon cœur; bien volontiers; je ne demande pas mieux; *sein ~ ausschütten* ouvrir *od* épancher son cœur, s'épancher (*jdm* à qn); *es nicht übers ~ bringen zu ...* ne pas avoir le cœur *od* le courage de ...; *sich ein ~ fassen* prendre courage, *fam* prendre son courage à deux mains; *alle ~en gewinnen* attirer *od* gagner tous les cœurs; *etw auf dem ~en haben* avoir qc sur le cœur; *ein gutes ~ haben (fig)* avoir bon cœur, être généreux; *das ~ auf dem rechten Fleck haben* avoir le cœur bien placé; *jdn in sein ~ geschlossen haben* porter qn dans son cœur; *das ~ auf der Zunge haben* avoir le cœur sur les lèvres; *jds ~ höher schlagen lassen* faire battre le cœur à qn; *jdm ans ~ legen, etw zu tun* conjurer qn de faire qc; *von ~en lieben* aimer d'amour; *s-m ~en Luft machen (fam)* se décharger la rate; *sich etw zu ~en nehmen* prendre qc à cœur; *jdm ans ~ gewachsen sein* tenir au cœur à qn; *ein ~ und eine Seele sein* ne faire qu'un, n'être qu'un en deux corps; *das ~ blutet mir* j'ai le cœur qui saigne; *mir fällt ein Stein vom ~en* je me sens soulagé d'un (grand) poids; *mir fiel das ~ in die Hosen (fig fam)* le cœur me manqua; *mir klopft das ~* mon cœur bat; *das ~ schlug ihm bis zum Hals* son cœur bondit; *mir wird das ~ schwer* j'ai le cœur gros; *Hand aufs ~!* la main sur la conscience!

her=zählen ['he:r-] *tr: an den Fingern ~ können* savoir sur le bout du doigt.

Herz|anfall *m* ['hɛrts-] défaillance *od* crise *f* cardiaque; **~beschwerden** *f pl* troubles *m pl* cardiaques; **~beutel** *m anat* péricarde *m;* **~eleid** *n* affliction *f,* chagrin, crève-cœur *m;* **h~en** *tr* presser contre *od* sur son cœur, caresser, cajoler; **~ensbildung** *f* noblesse *f* de cœur; **h~ensgut** *a* qui a un cœur d'or; **~enslust** *f: nach ~* à cœur joie, tout son content; **h~ergreifend** *a* touchant, saisissant; **~fehler** *m* vice *m* du cœur, *scient* déficience *f* cardiaque; **~grube** *f anat* creux *m* de l'estomac *od scient* épigastrique; **h~haft I.** *a* brave, courageux, hardi; bon; **II.** *adv: ~ lachen* rire de bon cœur.

her=ziehen ['he:r-] ‹*zog her, hergezogen*› *itr* ‹*sein*›: *über jdn ~ (schimpfen)* dire du mal de qn.

herzig ['hɛrtsɪç] *a* mignon, charmant, gentil.

Herz|infarkt *m* ['hɛrts-] infarctus *m* du myocarde; **~kammer** *f anat* ventricule *m* du cœur; **~kirsche** *f* bigarreau *m,* guigne *f;* **~klappe** *f anat* valvule *f* du cœur; **~klappenfehler** *m* affection *f* valvulaire; **~klopfen** *n* battement *m* du cœur, palpitations *f pl; ich habe ~* j'ai le cœur qui bat; **h~krank** *a,* **h~leidend** *a* cardiaque; **~krankheit** *f,* **~leiden** *n* maladie de cœur; *scient* affection cardiaque, cardiopathie *f;* **h~lich I.** *a* cordial, sincère, affectueux; **II.** *adv a.* bien; de tout mon *etc* cœur; **—** *~ gern* très volontiers, de bon cœur, avec le plus grand plaisir; je ne demande pas mieux; *(mit) ~e(n) Grüße(n)* cordialement, amicalement; avec toutes mes *etc* amitiés; **~lichkeit** *f* ‹-, ø› cordialité, tendresse, affection *f;* **h~los** *a fig* sans cœur, de marbre, froid comme un marbre, dur, sec, insensible; **~-Lungen-Maschine** *f med* machine *f* cœur-poumon; **~mittel** *n* cardiotonique *m;* **~muskel** *m* myocarde *m.*

Herzog *m* ‹-(e)s, ⸚e (-e)› ['hɛrtso(:)k] duc *m;* **~in** *f* duchesse *f;* **h~lich** *a* ducal; **~tum** *n* ‹-(e)s, ⸚er› duché *m.*

Herz|schlag *m* ['hɛrts-] *med* arrêt *m* du cœur; insuffisance *f* cardiaque; **~spezialist** *m* cardiologue *m;* **~stillstand** *m* arrêt *m* du cœur; **~tätigkeit** *f* activité *f* fonctionnelle du cœur; **~ton** *m* bruit *m* du cœur; **~wand** *f* paroi *f* du cœur; **h~zerreißend** *a* déchirant, poignant, navrant, à fendre le cœur *od* l'âme.

Hess|e *m* ‹-n, -n› ['hɛsə] Hessois *m;* **~en** *n* la Hesse; **h~isch** *a* hessois, de (la) Hesse.

Hetz|e *f* ‹-, -n› ['hɛtsə] *(Eile)* hâte, précipitation *f;* **h~en** *tr* **1.** ‹*h*› *(jagen)* chasser, traquer; *(Hund)* lâcher (*auf* sur); *(Menschen: verfolgen)* pourchasser, traquer, talonner; poursuivre, persécuter; *itr* **2.** ‹*sein*› *(eilen)* être pressé; **3.** ‹*h*› *(Hetzreden halten)* tenir des propos incendiaires; *(den Streit schüren)* souffler la discorde; *gegen jdn ~* exciter les passions contre qn; **~jagd** *f* chasse *f* à courre; *fig = Hetze;* **~rede** *f* discours *m* provocateur *od* incendiaire.

Heu *n* ‹-(e)s, ø› [hɔʏ] foin *m; ~ machen* faire les foins, faner; **~boden** *m* grenier à foin, fenil *m.*

Heuch|elei *f* ‹-, -en› [hɔʏçə'laɪ] hypocrisie, affectation, feinte, dissimulation *f; (Scheinheiligkeit)* pharisaïsme *m,* tartuferie, papelardise *f;* **h~eln** ['hɔʏçəln] *tr (vortäuschen)* feindre, affecter, simuler; *Mitleid ~* feindre la pitié; *itr (sich verstellen)* feindre, faire semblant; **~ler(in)** *m* ‹-s, -› (*f* ‹-, -nen›) hypocrite *m f,* grimacier *m,* -ière *f;* faux dévot *m,* fausse dévote *f,* tartufe *m,* cafard(e *f*) *m;* **h~lerisch** *a (falsch)* faux, dissimulé, hypocrite, grimacier; *(scheinheilig)* cafard, cagot.

heuer ['hɔʏər] *adv* cette année.

Heu|ernte *f* ['hɔʏ-] récolte des foins, fenaison *f;* **~gabel** *f* fourche *f* à foin; **~haufen** *m* tas *m od* meule *f* de foin.

heulen ['hɔʏlən] *itr* **1.** hurler; *(Sturm)* gémir, mugir; *(Sirene)* hurler; **2.** *fam (weinen)* pleur(nich)er; *(Kind)* piailler, piauler

Heu|schnupfen *m* ['hɔʏ-] rhume *m* des foins; **~schober** *m,* **~schuppen** *m,* **~stadel** *m* fenil *m;* **~schrecke** *f ent* sauterelle, locuste *f.*

heut|e ['hɔʏtə] *adv* **1.** aujourd'hui; **2.** = *heutzutage;* — *ab ~, von ~ ab* od *an* à partir d'aujourd'hui; *bis ~* jusqu'à aujourd'hui; *noch ~, ~ noch* aujourd'hui même, dès aujourd'hui; *(noch immer)* encore aujourd'hui; *von ~ auf morgen* du jour au lendemain; *~ abend* ce soir; *~ morgen* ce matin; *~ (nach)mittag* cet après-midi; *~ nacht* cette nuit; *~ vormittag* ce matin; *~ in acht, vierzehn Tagen* (d')aujourd'hui en huit, quinze; **~ig** *a* **1.** d'aujourd'hui, de ce jour; **2.** *(gegenwärtig)* présent; *(neuzeitlich)* actuel, moderne; **~zutage** *adv* de nos jours.

Heu|wagen *m* ['hɔʏ-] chariot *m* à foin; **~wender** *m (Gerät)* faneuse *f.*

Hexe *f* ‹-, -n› ['hɛksə] sorcière, magicienne *f;* **h~n** *itr* être sorcier *od* sorcière, pratiquer la magie; *ich kann nicht ~* je ne suis pas sorcier; **~nkessel** *m fig* chaudron *m* aux sorcières; **~nschuß** *m med* tour de reins, lumbago *m;* **~rei** *f* ‹-, (-en)› [-'raı] sorcellerie, magie *f;* sortilège, maléfice *m.*

Hieb *m* ‹-(e)s, -e› [hi:p, '-bə] **1.** coup *m* (tranchant *od* de taille); **2.** *(Baum~)* coupe *f;* **3.** *fig (bissige Bemerkung)* coup *m* de bec *od* dent *od* patte; — *~e bekommen* recevoir des coups; **h~- und stichfest** *a fig* à toute épreuve, irréfutable.

hier [hi:r] *adv* **1.** ici; en ce lieu; *(auf Erden)* en ce monde; **2.** *(in diesem Augenblick)* à ce moment; *(bei diesen Worten)* à ces mots; — *attr (nachstehend)* -ci: *dieser ~* celui-ci, *d(ies)er Brief ~* cette lettre-ci, la lettre que voici; *~ und da* çà et là; par-ci, par-là; de loin en loin; *von ~* d'ici; *von ~ an* à partir d'ici; *~ ist, sind* voici, *fam* voilà; *~ bin ich* me voici *od fam* voilà; *ich bin nicht von ~* je ne suis pas d'ici; *hier X. (tele)* X. à l'appareil; ~! *(mil)* présent! **~an** *adv* à *od* en ceci; *~ sehen Sie* vous voyez par là; **~auf** *adv (zeitl.)* après cela, ensuite; **~aus** *adv fig* de ceci, de *od* par là; **~bei** *adv* à ceci, à cela; **~=bleiben** ‹*blieb hier, hiergeblieben*› *itr* ‹*sein*› rester (ici); **~durch** *adv fig* de cette façon, comme cela; *(im Brief)* par la présente; **~für** *adv* pour ceci *od* cela; **~her** *adv* (par) ici, de ce côté-ci; *~! (a.)* à moi! *bis ~ (örtl. u. zeitl.)* jusqu'ici; *das gehört nicht ~* cela n'a rien à voir *od* à faire ici; **~in** *adv* là-dedans; *fig* en cela; **~mit** *adv* avec cela; c'est ainsi que; *(im Brief)* par la présente; **~über** *adv fig* là-dessus; **~unter** *adv, fig* là-dessous; *~ versteht man* on entend par là; **~von** *adv* de cela, en; **~zu** *adv* **1.** *(zu diesem)* à ceci, à cela; sur ce point; y; **2.** *(zu diesem Zweck)* à cet effet; — *~ kommt noch, daß* ajoutez que.

hiesig ['hi:zıç] *a* d'ici, de cet endroit, de cette ville, de ce pays; *(örtlich)* local.

Hilf|e *f* ‹-, -n› ['hılfə] **1.** aide *f,* secours; *(Unterstützung)* appui *m; (Beistand, bes. med)* assistance *f;* **2.** *(Hilfsperson)* auxiliaire *m f;* — *mit ~ (gen)* à l'aide (de), au *od* par le moyen (de), à la faveur (de), au prix (de); *ohne fremde ~* tout seul; sans l'aide de personne; par moi(toi, lui)-même; *jdn um ~ bitten* demander du secours *od* de l'aide à qn; *jdm zu ~ kommen* venir en aide à qn *od* au secours *od* à la rescousse de qn; *um ~ rufen* crier *od* appeler au secours; *jdn zu ~ rufen* appeler qn à l'aide *od* à son aide; *(zu) ~!* à l'aide! au secours! à moi! *Erste ~ (med)* secourisme *m;* **~eleistung** *f* secours *m,* assistance *f, bes. med; unterlassene ~ (jur)* non-assistance *f* à personne en danger; **~eruf** *m* appel *m* à l'aide *od* au secours; **h~los** *a* **1.** impuissant; *(Kranker)* impotent; **2.** *(ratlos)* embarrassé; qui ne sait pas se tirer d'affaire; **~losigkeit** *f* **1.** impuissance, impotence *f;* **2.** embarras *m;* **h~reich** *a* secourable, serviable.

Hilfs|... ['hılfs-] *(Ersatz-)* auxiliaire *a,* de secours, de fortune; **~arbeiter** *m* manœuvre, homme *m* de peine; **h~bedürftig** *a* qui a besoin d'aide; indigent; **h~bereit** *a* secourable, serviable; **~bereitschaft** *f* serviabilité *f;* **~dienst** *m* secours; service *m* de secourisme *od mil* auxiliaire; **~kraft** *f (Person)* aide *m f;* **~mittel** *n* moyen (d'action), expédient *m,* ressource *f;* **~motor** *m (a. am Fahrrad)* moteur auxiliaire, servo-moteur *m;* **~quellen** *f pl* ressources *f pl;* **~verb(um)** *n,* **~zeitwort** *n* (verbe) auxiliaire *m;* **~werk** *n* œuvre *f* sociale *od* de secours.

Himbeer|e *f* ‹-, -n› ['hımbe:rə] framboise *f;* **~saft** *m,* **~sirup** *m* sirop *m* de framboises; **~strauch** *m* framboisier *m.*

Himmel *m* ‹-s, -› ['hıməl] **1.** ciel *m a. rel* (*pl* cieux); **2.** *(am Bett)* ciel (de lit) (*pl* ciels); *(Thron-, Altar~)* baldaquin *m;* — *am ~* au *od* dans le ciel; *im ~* au ciel; *unter freiem ~* en plein air; *(schlafen)* à la belle étoile; *jdn, etw in den ~ heben (fig)* porter qn, qc aux nues; *in den ~ kommen* aller au ciel, gagner le ciel; *im siebten ~ sein* être au septième ciel *od* aux anges; *~ und Hölle versprechen* promettre la lune; *das schreit zum ~* cela crie vengeance; c'est un scandale! *du lieber ~!* Dieu du ciel! *um ~s willen!* au nom du ciel! pour l'amour de Dieu! **h~angst** *a: mir ist ~* j'ai une peur du diable; **~bett** *n* lit *m* à ciel *od* à baldaquin; **h~blau** *a* bleu (de) ciel *od* horizon *od* azuré, azur; **~fahrt** *f: Christi ~* l'Ascension *f; Mariä ~* l'Assomption *f;* **~reich** *n* royaume *m* des cieux *od* céleste *od* éternel; **h~schreiend** *a* qui crie vengeance, révoltant, inouï, scandaleux; **~skörper** *m* corps *m* céleste; **~srichtung** *f* point *m* cardinal; **h~weit** *a: das ist ein ~er Unterschied* c'est tout à fait différent, cela fait une grosse différence.

himmlisch ['hımlıʃ] *a* céleste, du ciel.

hin [hın] **I.** *adv (örtl.)* y, là; **II.** *a pred fam (verflossen)* fini, passé, *(kaputt)* fichu, flambé, *pop* foutu; — *auf etw ~ (auf Grund e-r S)* sur, à cause de qc; *~ und her* çà et là; de long en large; *~ und wieder* de temps en temps *od* à autre, de loin en loin; *durch Jahre ~* pendant des années; *~ und zurück (loc)* aller et retour; *(sich) ~ und her bewegen* (s')agiter; *~ und her drehen* tourner et retourner; *~ und her gehen* faire les cent pas; *~ und her schwanken* balancer; *~ und her überlegen* peser et repeser, tourner et retourner; *Dankbarkeit*

~, *Dankbarkeit her!* gratitude par-ci, gratitude par-là! *wo ist er ~?* où est-il allé? *das H~ und Her* le va-et-vient, les allées et venues *f pl; fig: nach langem* od *vielem H~ und Her* après d'interminables débats; *~- und hergerissen werden (fig)* être tiraillé entre des sentiments contraires; *H~- und Rückfahrt f* aller et retour *m.*

hinab [hɪ'nap] *adv* en bas; en descendant; **~=fahren** ⟨*fährt, fuhr hinab, hinabgefahren*⟩ *itr,* **~=gehen** ⟨*ging hinab, hinabgegangen*⟩ *itr,* **~=steigen** ⟨*stieg hinab, hinabgestiegen*⟩ *itr* ⟨*sein*⟩ descendre; **~=schauen** *itr,* **~=sehen** ⟨*sieht, sah hinab, hinabgesehen*⟩ *itr* regarder en bas; **~=stürzen** *itr* ⟨*sein*⟩ tomber, dégringoler.

hin=arbeiten ['hɪn-] *itr: auf etw ~* poursuivre qc, viser à qc.

hinauf [hɪ'nauf] *adv* en haut, vers le haut; en montant; *da ~* par là; **~=fahren** ⟨*fährt, fuhr hinauf, hinaufgefahren*⟩ *itr* ⟨*sein*⟩ monter; *(e-n Fluß)* remonter; **~=gehen** ⟨*ging hinauf, hinaufgegangen*⟩ *itr* ⟨*sein*⟩ aller en haut, monter *(a. Preis);* **~=steigen** ⟨*stieg hinauf, hinaufgestiegen*⟩ *itr* ⟨*sein*⟩ monter.

hinaus [hɪ'naus] *adv* (en) dehors, vers le dehors; *da ~* par là; *darüber ~* au-delà; *fig* de plus; par-dessus le marché; *hier ~* par ici; *nach vorn, hinten ~ (Zimmer)* sur le devant, sur la cour; *über ... ~ (räuml.)* au-dessus de, au-delà de; *(zeitl.)* au-delà de; *(mehr als)* au-dessus de, en sus de; *zum Fenster, zur Tür ~* par la fenêtre, par la porte; *zum Haus ~* hors de la maison; *wo geht es ~?* où est la sortie? *worauf geht* od *soll das ~?* à quoi cela aboutira-t-il? *~ mit Ihnen!* sortez! **~=begleiten** ⟨*ohne -ge-*⟩ *tr* reconduire; **~=gehen** ⟨*ging hinaus, hinausgegangen*⟩ *itr* ⟨*sein*⟩ aller dehors, sortir; *über etw ~* dépasser qc; **~=laufen** ⟨*läuft, lief hinaus, hinausgelaufen*⟩ *itr* ⟨*sein*⟩ : *auf etw ~ (fig)* aboutir *od* se ramener *od* se réduire à qc; *auf eins* od *dasselbe ~* revenir au même; **~=lehnen,** *sich* se pencher en dehors; *nicht ~!* ne pas se pencher en dehors; **~=schicken** *tr* envoyer dehors, faire sortir; **~=schießen** *itr: übers Ziel ~ (fig fam)* dépasser le but; **~=werfen** ⟨*wirft, warf hinaus, hinausgeworfen*⟩ *tr (Sache)* jeter dehors *od* par la fenêtre; *(Person)* mettre à la porte *(a. aus e-r Stelle) od* dehors; **~=wollen** ⟨*will, wollte hinaus, hinausgewollt*⟩ *itr* vouloir sortir; *auf etw ~ (hinzielen)* viser, vouloir en venir à qc; *hoch ~* avoir de hautes visées; *worauf ich hinauswill, ist* je veux dire que; *worauf wollen Sie hinaus?* où voulez-vous en venir?

Hinblick *m* ['hɪn-] *: in* od *im ~ auf* en considération *od* vue de, par égard à *od* pour, eu égard à.

hin=bringen ['hɪn-] ⟨*brachte hin, hingebracht*⟩ *tr (Sache)* y porter; *(Person)* y conduire *od* accompagner; *s-e Zeit mit ... ~* passer son temps à ....

hinder|lich ['hɪndərlɪç] *a (lästig, störend)* gênant, embarrassant, encombrant; *(ungelegen)* importun; *jdm ~ sein (Person)* gêner, contrarier qn; **~n** *tr* **1.** *(versperren)* encombrer; *(hemmen)* empêcher, entraver; *(behindern)* contrarier, faire obstacle à; **2.** *(stören)* déranger, gêner, incommoder, embarrasser; *ich hindere dich nicht daran zu (inf)* je ne t'empêche pas de *inf; ich weiß nicht, was mich daran hindert* je ne sais ce qui me retient; **H~nis** *n* ⟨-ses, -se⟩ *allg* obstacle; *fig* pierre *f* d'achoppement; *(Behinderung)* empêchement *m; (Schwierigkeit)* difficulté *f,* embarras *m; allen ~sen zum Trotz* contre *od* malgré vent et marée; *jdm ~se in den Weg legen* mettre des obstacles, causer des difficultés à qn; *ein ~ aus dem Weg räumen* lever *od* écarter un obstacle; *auf ein ~ stoßen* rencontrer un obstacle; **H~nislauf** *m,* **H~nisrennen** *n* course *f* d'obstacles *od* de steeple *od* de haies; **H~ungsgrund** *m* (motif *m* d') empêchement *m.*

hin=deuten ['hɪn-] *itr* **1.** montrer, désigner (du doigt) (*auf etw* qc); **2.** *fig (andeuten)* donner à entendre; faire allusion (*auf etw* à qc); **3.** laisser prévoir (*auf etw* qc); *(hinweisen)* indiquer (*auf etw* qc).

Hindu *m* ⟨-(s), -(s)⟩ ['hɪndu] Hindou *m.*

hindurch [hɪn'durç] *adv* **1.** *(örtl.)* à travers; **2.** *(zeitl.)* pendant, durant; — *durch etw ~* à travers qc, au travers de qc, en traversant qc; *das ganze Jahr ~* pendant toute l'année; *Jahre ~* des années entières *od* durant; *mitten ~* en traversant en plein milieu.

hinein [hɪ'naɪn] *adv* dedans; *~ in* dans; *mitten in etw ~* au beau milieu de qc; *(bis) tief in die Nacht ~* bien avant dans la nuit; **~=finden** ⟨*fand hinein, hineingefunden*⟩ *sich in etw ~* se familiariser avec qc, s'accommoder de qc, se faire à qc; **~=gehen** ⟨*ging hinein, hineingegangen*⟩ *itr* ⟨*sein*⟩ **1.** entrer; **2.** *(hineinpassen)* entrer, tenir (*in* dans); **~=knien:** *sich in etw ~ (fig)* s'atteler à qc; prendre qc à bras-le-corps; **~=legen** *tr fig (prellen)* mettre dedans; **~=passen** *itr* entrer, tenir (*in* dans); **~=reden** *itr: in etw ~* se mêler de qc; **~=stecken** *tr* mettre *od* fourrer dedans; *(den Finger)* introduire; **~=versetzen:** *sich in jds Lage ~* se mettre à la place de qn.

hin|=fahren ⟨*fährt, fuhr hin, hingefahren*⟩ **1.** *tr* ⟨*h*⟩ y conduire (en voiture); *(Lasten)* y transporter *od* charrier; **2.**

itr ‹sein› y aller; **H~fahrt** *f* aller *m; auf der ~* à l'aller; *(nur) ~! (loc)* aller *m* simple; **~≈fallen** *‹fällt, fiel hin, hingefallen› itr ‹sein›* tomber (par terre); *lang* od *der Länge nach ~* s'étaler de tout son long; **~fällig** *a* **1.** *(schwach)* faible, débile; *(gebrechlich)* infirme, fragile, caduc; *(vor Alter)* décrépit; **2.** *(haltlos)* illusoire, vain, insoutenable; **3.** *(ungültig)* caduc, (an)nul(é), périmé; **H~fälligkeit** *f ‹-, ø›* **1.** faiblesse, débilité; infirmité, fragilité, décrépitude *f;* **2.** illusion, vanité *f;* **3.** caducité, nullité *f;* **H~flug** *m aero* vol *m* aller; **~≈führen** *tr* (y) conduire *(zu* à, chez, vers); *fig* mener (*zu* à); *wo soll das ~?* où cela nous mènera-t-il? **H~gabe** *f (Ergebenheit)* dévouement; *(Eifer)* zèle *m,* application *f;* **~≈geben** *‹gibt, gab hin, hingegeben›* **1.** *tr* donner; *(überlassen)* laisser; *(preisgeben)* abandonner; *(opfern)* sacrifier; **2.** *refl: sich ~* se donner (*jdm* à qn); s'adonner (*e-r S* à qc), suivre (*e-r S* qc); **~gebungsvoll I.** *a (ergeben)* dévoué; **II.** *adv* avec abandon; **~gegen** [-'--] *adv* au contraire, par contre; **~≈gehen** *‹ging hin, hingegangen› itr ‹sein›* **1.** (y) aller, s'y rendre; **2.** *(Zeit)* (se) passer; — *jdm etw ~ lassen* passer qc à qn; *diesmal mag es noch ~* passe pour cette fois; **~gerissen** *a* transporté, ravi **~≈halten** *‹hält, hielt hin, hingehalten› tr* **1.** tendre, présenter; **2.** *fig (warten lassen)* faire attendre, lanterner, amuser; — *s-n Kopf für etw ~* assumer pleinement (la responsabilité de) qc; **~≈hauen** *‹haute hin, hingehauen› tr fam (Arbeit)* trousser, bâcler, *pop* torcher; *das haut hin! (pop)* c'est bien vu! c'est au poil! ça gaze! **~≈horchen** *itr,* **~≈hören** *itr* écouter; prêter l'oreille (*auf* à).

hinken ['hıŋkən] *itr* boiter (*auf dem rechten, linken Fuß* du pied droit, gauche); clocher *a. fig (Vergleich); fam* clopiner; **~d I.** *a* boiteux *a. fig;* **II.** *adv* clopin-clopant.

hin|≈knien ['hın-] *itr* u. *sich ~* se mettre à genoux, s'agenouiller; **~länglich I.** *a* suffisant; **II.** *adv a.* assez; **~≈legen 1.** *tr* mettre, (dé)poser, placer; **2.** *refl: sich ~* s'étendre, s'allonger; *(zu Bett gehen)* se coucher; *(infolge Krankheit)* s'aliter; *~! (mil)* couchez-vous! **~≈nehmen** *‹nimmt, nahm hin, hingenommen› tr* **1.** prendre, accepter; **2.** *fig (erdulden)* supporter; *(einstecken, hinunterschlukken)* avaler; **~≈raffen** *tr* enlever, emporter; **~reichend I.** *a* suffisant; **II.** *adv a.* assez; **H~reise** *f* (voyage) aller *m; auf der ~* à l'aller; **~≈reißen** *‹riß hin, hingerissen›: sich ~ lassen zu* se laisser entraîner *od* aller à, s'abandonner à; **~reißend** *a* entraînant, ravissant, à ravir; **~≈richten** *tr (töten)* exécuter; **H~richtung** *f ‹-, -en›* exécution *f* (capitale), supplice *m;* **~≈schmeißen** *‹schmiß hin, hingeschmissen› tr* **1.** *fam* jeter, flanquer (à terre); **2.** *fig fam (Arbeit)* envoyer promener; **~≈sehen** *‹sieht, sah hin, hingesehen› itr* y regarder; *genau ~* regarder de près; *ohne hinzusehen* sans regarder; **~≈setzen,** *sich* s'asseoir; **H~sicht** *f: in ~ auf* en considération de, en ce qui concerne, eu égard à; *in dieser ~* à cet égard, à ce sujet, sous ce rapport, de ce côte; *in gewisser ~* à certains égards; *in jeder ~* à tous égards, sous tous les rapports, de *od* en tout point; **~sichtlich** *prp gen* à l'égard de, par rapport à, en ce qui concerne, quant à; **~≈stellen** *tr* **1.** (y) mettre, placer, poser; **2.** *fig (darstellen)* présenter, dépeindre (*als* comme); *refl* **3.** *sich ~* se placer, se planter, se poster (*vor jdn* devant qn); — *er hat die Sache so hingestellt, als ob ...* à l'entendre, on aurait pu croire que ...

hinten ['hıntən] *adv* **1.** derrière, à l'arrière; *(im Hintergrund)* au fond; **2.** *(hinter anderen)* en arrière, en queue; *(am Ende)* au bout, à la *od* en queue; — *nach ~* en arrière; *nach ~ hinaus s. hinaus; von ~* par derrière, de dos; *~ im Buch* à *od* vers la fin du livre; **~herum** *adv* par derrière; *etw ~ kriegen (com fam)* obtenir qc par la bande; **~über** [--'--] *adv* à la renverse.

hinter ['hıntər] *prp* **1.** *(örtl.)* derrière; en arrière de; **2.** *(in der Reihenfolge)* après, à la suite de; — *einer ~ dem andern* l'un après l'autre, à la file, à la queue leu leu; *~ sich* derrière soi; *etw ~ sich bringen* en finir avec qc, parvenir au bout de qc; *(Entfernung)* couvrir; *etw ~ sich haben* en avoir fini avec qc; venir de faire *od* vivre qc; *~ etw kommen (entdecken)* découvrir qc; *(erkennen)* saisir, comprendre; *~ sich lassen (überholen)* dépasser, devancer, distancer; *(übertreffen)* surpasser; *die Tür ~ jdm zumachen* fermer la porte sur qn; **H~achse** *f loc mot* essieu, *mot a.* pont *m* arrière; **H~backe** *f* fesse *f;* **H~bein** *n* patte *f* de derrière; *sich auf die ~e stellen (Pferd)* se cabrer; *fig* regimber, se dresser *od* monter sur ses ergots; **H~bliebenen,** *die* la famille (du défunt); *adm jur* les ayants cause *od* droit; **~bringen** *‹hinterbrachte, hinterbracht› tr (heimlich mitteilen)* rapporter, dénoncer; **~e** *a* arrière, de derrière; *(im Hintergrund befindlich)* du fond, reculé; **~einander** [---'--] *adv* **1.** *(örtl.)* l'un(e) derrière l'autre, à la file, en file, d'affilée; *el* en série; **2.** *(zeitl.)* l'un après l'autre; *(Reihenfolge)* successivement; — *sich ~ aufstellen* prendre la file; *zwei Jahre ~* deux ans de suite, deux années consécutives; *~ gehen* od *laufen, marschieren* aller à la file, marcher l'un après l'autre; **H~gedanke** *m* arrière-pensée *f;* **~gehen** ‹*hinterging, hintergangen*› *tr (betrügen)* tromper, duper, abuser, frauder; **H~grund** *m* **1.** fond *(a. Kunst); theat u. fig* arrière-plan *m;* **2.** *pl fig* dessous *m pl;* — *im ~ bleiben (fig)* rester dans l'ombre; *sich im ~ halten (fig)* se tenir derrière le rideau; *in den ~ treten (fig)* passer à l'arrière--plan; **H~halt** *m* embuscade *f;* guet--apens *m; in e-n ~ locken* attirer dans une embuscade; **~hältig** *a* insidieux, sournois, dissimulé; **H~haus** *n* bâtiment *m od* maison *f* sur (la) cour, arrière-corps *m;* **~her** ['--- / --'-] *adv* **1.** *(als letzter)* après les autres, *fam* à la queue; **2.** *(nachher)* après coup, plus tard; **~her=laufen** ‹*läuft, lief hinterher, hinterhergelaufen*› *itr* ‹*sein*›: *jdm ~* courir après qn; **H~hof** *m* arrière-cour *f;* **H~kopf** *m* derrière de la tête, occiput *m;* **H~land** *n* arrière-pays, hinterland *m;* **~lassen** ‹*hinterläßt, hinterließ, hinterlassen*› *tr* **1.** *(e-e Nachricht)* laisser, déposer; *(unordentliches Zimmer)* laisser derrière soi; **2.** *(als Erbe)* laisser en mourant, transmettre; **H~lassenschaft** *f* héritage *m; jur* succession *f;* **~lastig** *a aero* lourd de l'arrière; **H~lauf** *m (Wild)* pied *m* de derrière; **~legen** ‹*ohne -ge-*› *tr (Gepäck)* mettre en dépôt (*bei* chez), consigner; *(Geld)* déposer; **H~leib** *m ent* abdomen *m;* **H~list** *f* ruse *f,* artifice, guet-apens *m; (Verschlagenheit)* astuce *f;* **~listig** *a* rusé, artificieux; astucieux; *(~hältig)* sournois, insidieux; **H~mann** *m* ‹-(e)s, ⸚er› **1.** homme de derrière, suivant *m;* **2.** *fig (Helfer)* soutien; *(Drahtzieher)* instigateur, machinateur *m;* — *mein (etc) ~* l'homme *m* derrière moi *etc;* **H~n** *m* ‹-s, -› *fam* derrière, postérieur *m;* **H~rad** *n* roue *f* arrière *od* de derrière; **~rücks** *adv* par derrière; *fig (heimtückisch)* insidieusement; *jdn ~ überfallen* tirer dans les jambes de qn; **H~sitz** *m mot* siège *m* arrière; **~ste(r, s)** *a* dernier; **H~treffen** *n: ins ~ geraten* od *kommen (fig)* être en perte de vitesse, être éclipsé; **~treiben** ‹*hintertrieb, hintertrieben*› *tr* faire échouer, déjouer, traverser, contrecarrer; **H~treppe** *f* escalier *m* de service; **H~tür** *f* porte *f* de derrière *od* de sortie *od* dérobée; *sich eine ~ (ein Hintertürchen) offenhalten (fig)* se ménager une porte de sortie; **H~wäldler** *m* homme des bois, *fam* ours *m;* **~ziehen** ‹*hinterzog, hinterzogen*› *tr (Geld)* détourner, soustraire; *Steuern, Zoll ~* frauder l'impôt, les droits de douane.

hinüber [hɪ'ny:bər] **I.** *adv* au-delà, de l'autre côté; *da ~* par là; *über etw ~* par-dessus qc; **II.** *a pred fam (kaputt)* fichu; **~=springen** ‹*sprang hinüber, hinübergesprungen*› *itr* ‹*sein*› sauter de l'autre côté; **~=wollen** ‹*will, wollte hinüber, hinübergewollt*› *itr* vouloir passer de l'autre côté.

hinunter [hɪ'nuntər] *adv* en bas; *(zur Erde)* à *od* par terre; *(da) ~!* descendez *bzw* descends (par là); *den Berg ~* en descendant la montagne; **~=fahren** ‹*fährt, fuhr hinunter, hinuntergefahren*› *itr* ‹*sein*›, **~=gehen** ‹*ging hinunter, hinuntergegangen*› *itr* ‹*sein*› descendre; **~=kippen** *tr,* **~=spülen** *tr, pop (Getränk)* lamper, siffler; **~=schlucken** *tr* avaler, engloutir, gober; *s-n Ärger ~* ravaler sa colère; **~=werfen** ‹*wirft, warf hinunter, hinuntergeworfen*› *tr* jeter en bas; *jdn die Treppe ~* jeter qn au bas de l'escalier.

Hinweg *m* ['hɪnve:k] aller *m; auf dem ~* à l'aller, en y allant.

hinweg [hɪn'vɛk] *adv* (au) loin; *~!* loin d'ici! va-t'en! *~ damit!* ôtez cela de ma vue! *itr: über etw ~ sein* en avoir fini avec qc; **~=gehen** ‹*ging hinweg, hinweggegangen*› *itr* ‹*sein*› : *über jdn ~ (a. fig)* passer sur le corps *od* le ventre de qn; *(flüchtig) über etw ~* glisser, passer, ne pas insister sur qc; **~=kommen** ‹*kam hinweg, hinweggekommen*› *itr* ‹*sein*› : *über etw ~ (fig)* se consoler de qc; **~=sehen** ‹*sieht, sah hinweg, hinweggesehen*› *itr* **1.** regarder (*über* par--dessus); **2.** *fig* fermer les yeux (*über* sur); *darüber will ich noch ~ (, aber)* passe encore (, mais); **~=setzen:** *sich über etw ~* se mettre au-dessus de qc, passer par-dessus qc.

Hin|weis *m* ‹-es, -e› ['hɪnvaɪs] mention, indication *f,* renseignement, avertissement *m; (Anweisung)* directive; *(Verweisung)* référence *f,* renvoi *m* (*auf* à); *unter ~ auf* avec mention de; **h~=weisen** ‹*wies hin, hingewiesen*› *tr: jdn auf etw ~* faire observer *od* donner à entendre qc à qn; *itr: auf etw ~* indiquer, signaler qc; *darauf ~, daß* mentionner, faire observer que, attirer l'attention sur le fait que; **~weiszeichen** *n* signe *m* de renvoi; **h~=werfen** ‹*wirft, warf hin, hingeworfen*› *tr* **1.** jeter (à terre); **2.** *fig (Zeichnung)* esquisser; — *ein Wort ~* jeter un mot en passant; **h~=ziehen,** *sich* ‹*zog hin, hingezogen*› *(zeitl.)* se prolonger, se traîner en longueur; *sich zu jdm hingezogen fühlen* être *od* se sentir attiré par qn; *sich zu etw hingezogen fühlen* avoir de l'inclination pour qc.

hinzu [hɪn'tsu:] *adv (außerdem)* de *od* en plus, en outre, en sus; **~=fügen** *tr* ajouter (*zu* à); **~=kommen** ‹*kam hinzu, hinzugekommen*› *itr* ‹*sein*› **1.** s'approcher, (sur)venir; **2.** *(Sache)* s'ajouter; *es kommt noch ~, daß; ~ kommt noch, daß* à cela s'ajoute que, joignez à cela que; **~=zählen** *tr* ajouter (en comptant) (*zu* à); **~ziehen** ‹*zog hinzu, hinzugezogen*› *tr (zur Beratung)* faire appel à, *(Arzt)* consulter; *e-n Spezialisten* ~ avoir recours à un spécialiste.

Hirn *n* ‹-(e)s, -e› [hɪrn] **1.** *(Organ)* cerveau *m;* **2.** *(Substanz u. Speise)* cervelle *f;* **3.** *fig (Verstand)* cervelle *f,* cerveau *m; sich das ~ zermartern* se creuser la cervelle; **~gespinst** *n* chimère *f,* fantôme *m,* utopie *f;* **~haut** *f* méninge *f;* **~hautentzündung** *f* méningite *f;* **~schale** *f* boîte *f* crânienne, crâne *m;* **h~verbrannt** *a fam* complètement fou, absurde.

Hirsch *m* ‹-(e)s, -e› [hɪrʃ] cerf *m;* **~fänger** *m* couteau de chasse, coutelas *m;* **~geweih** *n* bois *m od* ramure *f* de cerf; **~käfer** *m* cerf-volant, lucane *m;* **~kalb** *n* faon *m;* **~keule** *f* cuissot *m* de cerf; **~kuh** *f* biche *f.*

Hirse *f* ‹-, ø› ['hɪrzə] *bot* millet, mil *m.*

Hirt *m* ‹-en, -en› [hɪrt] pâtre; *a. fig (Seelenhirt)* pasteur; *(Schaf~)* berger *m;* **~enbrief** *m rel* lettre *f od* mandement *m* pastoral(e).

his *n* ‹-, -› [hɪs] *mus* si *m* dièse.

hissen ['hɪsən] *tr* hisser; *bes. mar* arborer.

Histor|ie *f* ‹-, -n› [hɪs'to:riə] histoire *f;* **~iker** *m* ‹-s, -› [-'to:rikər] historien *m;* **h~isch** [-'to:rɪʃ] *a* historique; ~ *sein* appartenir à l'histoire.

Hitz|e *f* ‹-, ø› ['hɪtsə] **1.** chaleur *f;* **2.** *(Erregung)* irritation *f;* — *in der ~ des Gefechts* au fort du combat; *fig* dans le feu de l'action *od* de la discussion; *drückende ~* chaleur *f* accablante *od* étouffante; **h~ebeständig** *a* résistant à la chaleur; ~ *sein* aller au feu; **h~eempfindlich** *a* sensible à la chaleur; **~ewelle** *f* vague *od* onde *f* de chaleur; **h~ig** *a* **1.** *med* fébrile; *(Fieber)* aigu; **2.** *(Person: leicht erregbar)* très irritable; irascible; *(heftig, ungestüm)* impétueux, bouillant; **3.** *(Debatte)* violent; **~kopf** *m* tête *f* chaude; **~schlag** *m* coup *m* de chaleur, insolation *f.*

hm [hm] *interj* hem! heu!

h-Moll *n* ['ha:mɔl] *mus* si *m* mineur.

Hobby *n* ‹-s, -s› ['hɔbi] cheval de bataille, dada *m.*

Hobel *m* ‹-s, -› ['ho:bəl] rabot *m;* **~bank** *f* établi *m* (de menuisier); **h~n** *tr* raboter; *wo gehobelt wird, fallen Späne (prov)* on ne peut pas faire une omelette sans casser d'œufs.

hoch [ho:x] ‹*höher, höchst*› **I.** *a* **1.** haut (*zehn Meter* de dix mètres); **2.** *fig (Ton)* élevé, aigu; **3.** *(Stellung, Zahl, Preis)* élevé; *(Strafe)* sévère; *(Geldstrafe)* fort; **4.** *(erhaben)* sublime; *(hervorragend, bedeutend)* grand, éminent; **II.** *adv fig* beaucoup, bien, fort, très; — *im hohen Norden* à l'extrême Nord; *drei Mann ~* au nombre de trois; *drei Treppen ~* au 3ᵉ (étage); ~ *erfreut* très heureux; *nicht zu ~ gegriffen (Zahl)* pas exagéré, raisonnable; *wenn es ~ kommt* tout au plus; ~ *oben* tout en haut; ~ *4 (math)* à la puissance 4; *jdm etw ~ anrechnen* tenir grand compte de qc à qn; savoir gré à qn de qc; ~ *und heilig versprechen* promettre solennellement; *(zu) ~ hinauswollen* viser (trop) haut; *das ist mir zu ~* cela me dépasse, c'est au-dessus *od* hors de ma portée; *es geht ~ her* on s'en donne à cœur joie; *wie ~ schätzen Sie ...?* à combien évaluez-vous ...? *~ lebe der König!* vive le roi! *er lebe ~!* vivat! *hohes Alter n* grand *od* bel âge, âge *m* avancé; *hohe Ehre f* grand honneur *m; hoher Feiertag m* grande fête *f; das Hohe Gericht* la Haute Cour; *hoher Offizier m* officier *m* supérieur; *hohe Zinsen m pl* gros intérêts *m pl;* **H~** *n* ‹-s, -s› **1.** *mete* (zone de) haute pression *f,* anticyclone *m;* **2.** *(Hochruf)* vivat *m; ein dreifaches ~ für ...!* trois hourras pour ...! **H~achtung** *f* haute considération, grande estime *f,* grand respect *m; mit vorzüglicher ~,* **~achtungsvoll** *adv (am Briefende)* avec mes (nos) salutations distinguées; agréez *od* veuillez agréer l'assurance de ma (notre) considération distinguée *od* de mes (nos) sentiments distingués; **H~altar** *m* maître-autel *m;* **H~amt** *n rel* grand-messe *f;* **~arbeiten,** *sich (fig)* se hisser à la force du poignet; **H~bahn** *f* chemin de fer *od* métro *m* aérien; **H~bau** *m* construction au-dessus du sol, superstructure *f;* **~begabt** *a* extrêmement doué; **H~behälter** *m* réservoir *m* surélevé; **~berühmt** *a* illustre; **~betagt** *a* chargé d'ans; **H~betrieb** *m* grande activité; activité *f* intense; **H~burg** *f fig pol* citadelle *f,* fief *m;* **~deutsch** *a* haut-allemand; *(das) H~(e)* (le) haut-allemand; **H~druck** *m* **1.** *tech mete* haute pression *f;* **2.** *typ* impression *od* gravure *f* en relief; — *mit ~ (fig)* sous pression; **H~ebene** *f* haut plateau *m;* **~erfreut** *a* enchanté, ravi; **~explosiv** *a* brisant; **~fahren** ‹*fährt, fuhr hoch, hochgefahren*› *itr* ‹*sein*› : *aus dem Schlaf ~* se réveiller en sursaut, sursauter; **~fahrend** *a* hautain, altier, arrogant, orgueilleux; **H~finanz,** *die* la haute finance; **~fliegend** *a fig* élevé, ambitieux, vaste; **H~format** *n* format *m* en hauteur *od* à la française *od* à l'italienne; **H~frequenz** *f* haute fréquence, hyperfréquence *f;* **H~gebirge** *n* haute montagne *f;* **H~gefühl** *n* exaltation *f,* enthousiasme *m;* **~gehen** ‹*ging hoch, hochgegangen*› *itr* ‹*sein*› **1.** *(Vorhang)* se lever; *mil (Mine)* sauter; **2.** *fam (zornig werden)* s'échauffer, s'emporter, se monter; **H~genuß** *m* haute jouissance *f,* délice *m,* volupté *f;*

~gespannt *a fig: ~e Erwartungen f pl* grands espoirs *m pl;* **H~glanz** *m: auf ~ polieren* faire briller *od* reluire; **~gradig I.** *a* d'un haut degré; *fig* intense, excessif, extrême; **II.** *adv* à un haut degré; **~≈halten** ‹*hält, hielt hoch, hochgehalten*› *tr* **1.** *(hochheben)* relever; **2.** *fig (achten)* tenir en haute estime; **H~haus** *n* immeuble-tour, building *m;* **~heben** ‹*hob hoch, hochgehoben*› *tr* (é)lever, relever, soulever; **~industrialisiert** *a* fortement industrialisé; **~kant** *a* de champ, debout; **H~konjunktur** *f* haute conjoncture *f;* **H~land** *n* massif *m* montagneux; **~modern** *a* ultra-moderne; **H~moor** *n* fagne; tourbière *f* émergée; **H~mut** *m* hauteur *f,* orgueil *m,* arrogance, présomption, suffisance, morgue *f;* **~mütig** *a* altier, hautain, orgueilleux, arrogant, présomptueux, suffisant; **H~nebel** *m* brouillard *m* élevé; **H~ofen** *m* haut fourneau *m;* **H~parterre** *n* rez-de-chaussée *m* surélevé; **~prozentig** *a* d'un pourcentage élevé; **~qualifiziert** *a* hautement qualifié; **H~relief** *n (Kunst)* haut-relief, plein relief, relief *m* entier; **H~ruf** *m* vivat *m;* **H~saison** *f* pleine saison *f; in der ~* en pleine saison; **H~schule** *f* école supérieure, académie, université *f;* **H~schüler** *m* étudiant *m;* **H~schullehrer** *m* professeur *m* de faculté; **H~schulreife** *f* baccalauréat *m;* **H~schulstudium** *n* études *f pl* supérieures *od* universitaires; **H~schulzulassung** *f* admission *f* à la université; **~schwanger** *a* en état de grossesse avancée; **H~see** *f* haute mer *f;* **H~seefischerei** *f* pêche hauturière *f;* **H~sitz** *m (Jagd)* affût *m* perché; **H~sommer** *m: im ~* en plein été; au fort de l'été; **H~spannung** *f el* haute tension *f;* **H~spannungsleitung** *f* ligne *f* à haute tension; **H~spannungsmast** *m* pylône *m* métallique à haute tension; **H~sprache** *f* langage *m* écrit *od* littéraire; **H~sprung** *m sport* saut *m* en hauteur.

höchst [hø:çst] *adv* tout à fait, extrêmement, au suprême degré, au dernier point.

Höchst| ... ['hø:çst-] *(in Zssgen, bes. scient u. tech)* maximum *a,* maxima *a, a.* maximal *a;* **~alter** *n* âge *m* limite.

Hochstapler *m* ['ho:x-] chevalier d'industrie, aigrefin, escroc, flibustier, imposteur, *fam* rasta(quouère) *m.*

Höchst|betrag *m* ['hø:çst-] montant *m* maximum; *bis zum ~ von* jusqu'à concurrence de; **h~e(r, s)** *a* **1.** *(Superlativ von: hoch)* le plus haut, le plus élevé *a. fig; (größte)* le plus grand; **2.** *fig (äußerste)* extrême, suprême, dernier, ultime; — *aufs höchste, im höchsten Grad, in höchstem Maße = höchst adv;* **~r** *Punkt m* point *m* culminant; **h~ens** *adv* tout au plus, à la rigueur, au maximum; **~fall** *m: im ~* au maximum; **~gebot** *n* offre maximum *od* la plus élevée, enchère *f* maximum; **~geschwindigkeit** *f* vitesse *f* maximum *od* maxima *od* plafond; *zulässige ~* limitation *f* de vitesse; **~grenze** *f* plafond *m; die ~ festsetzen für* plafonner; **~leistung** *f* **1.** *tech* effet *od* rendement *od* débit *m od* puissance *od* capacité *f* maximum; **2.** *sport* record *m;* **~maß** *n: ein ~ an (Verantwortung)* un maximum de (responsabilité); **~preis** *m* prix *m* maximum *od* limite *od* plafond; **h~wahrscheinlich** *adv* selon toutes probabilités; **h~zulässig** *a: ~e Belastung* charge *f* maximum admissible.

Hoch|tour *f* ['ho:x-]: *auf ~en laufen* battre son plein; **h~trabend** *a fig* emphatique; prétentieux, pompeux; **~verrat** *m* (crime *m* de) haute trahison *f;* **~wald** *m* (haute) futaie *f;* **~wasser** *n (e-s Flusses)* crue, inondation; *(des Meeres)* marée *f* haute; **h~wertig** *a* de haute qualité, de qualité supérieure; *com* de prix; **~wild** *n* gros gibier *m.*

Hochzeit *f* ['hɔx-] *(Trauung)* mariage *m; (~sfest)* noce(s *pl*) *f; silberne, goldene, diamantene ~* noces *f pl* d'argent, d'or, de diamant; **~sfeier** *f* célébration *f* du mariage; **~sgast** *m* invité *m* de mariage; **~sgeschenk** *n* cadeau *od* présent *m* de noce(s) *od* de mariage; **~snacht** *f* nuit *f* de noce(s); **~sreise** *f* voyage *m* de noces; **~stag** *m* **1.** jour *m* des noces; **2.** *(jährlich wiederkehrender)* anniversaire *m* de mariage.

Hock|e *f* ‹-, -n› ['hɔkə] *sport* accroupissement *m;* saut *m* groupé; **h~en** *itr* **1.** être accroupi; **2.** *fam (sitzen)* être assis, ne pas bouger; — *immer zu Hause ~* être casanier *od fam* pantouflard; **~er** *m* ‹-s, -› *(Schemel)* tabouret, escabeau *m.*

Höcker *m* ‹-s, -› ['hœkər] *(Auswuchs)* excroissance, protubérance; *med* gibbosité, tubérosité; *(Buckel, a. d. Kamels)* bosse *f;* **h~ig** *a (uneben)* bosselé, raboteux.

Hockey *n* ‹-s, ø› ['hɔki] *sport* hockey *m;* **~schläger** *m* crosse de hockey, canne *f.*

Hode *f* ‹-, -n› od *m* ‹-n, -n›, **~n** *m* ‹-s, -› ['ho:də(n)] *anat* testicule *m;* **~nsack** *m* scrotum *m.*

Hof *m* ‹-(e)s, ¨-e› [ho:f, 'hø:fə] **1.** cour *f; (Kloster-, Krankenhaus-, Gefängnis-, überdachter Schul~)* préau *m;* **2.** *(Bauern~)* ferme, métairie *f;* **3.** *(Gerichts-, Fürsten~)* cour *f;* **4.** *astr* auréole *f,* halo *m;* — *auf dem ~* dans la cour; *jdm den ~ machen* faire la cour, conter fleurette à qn, courtiser qn.

hoff|en ['hɔfən] *itr* espérer (*auf etw* qc);

auf bessere Zeiten ~ espérer des temps meilleurs; *ich hoffe es* j'espère, je l'espère; *ich hoffe nicht, ich will nicht* ~ j'espère que non; *ich will es* ~ j'y compte bien; ~ *wir das Beste!* espérons que tout ira pour le mieux! ayons bon espoir! **~entlich** *adv* espérons que, il faut espérer que; *~!* espérons-le! ~ *kommst du!* j'espère (nous espérons) que tu viendras.

Hoffnung *f* ‹-, -en› ['hɔfnʊŋ] *(unbestimmte)* espérance *f; (bestimmte)* espoir *m* (*auf* de); *(Erwartung)* attente *f; in der* ~ avec *od* dans l'espoir (*zu* de, *daß* que); *die* ~ *aufgeben* perdre tout espoir; *keine* ~ *mehr haben* n'avoir plus d'espoir; *jdm* ~ *machen* donner l'espoir à qn; encourager qn; *sich ~en machen* se nourrir de l'espoir; *wieder* ~ *schöpfen* reprendre espoir, renaître à l'espoir; *s-e* ~ *auf etw, jdn setzen* mettre, placer ses espérances dans qc, mettre son espoir en qn; *sich in falschen ~en wiegen* se bercer de faux espoirs; *letzte* ~ suprême espérance *f;* **h~slos** *a* **1.** sans espoir, désespéré; **2.** *(Sache)* sans issue; **~slosigkeit** *f* désespérance *f,* désespoir *m;* **~sschimmer** *m,* **~sstrahl** *m* lueur *f,* rayon *m* d'espérance *od* d'espoir; **h~svoll** *a* **1.** plein d'espoir; **2.** *(vielversprechend)* qui donne de grandes espérances, qui promet beaucoup, prometteur.

Hofhund *m* ['ho:f-] chien de garde, mâtin *m.*

höf|isch ['høfɪʃ] *a* de (la) cour, de courtisan; **~lich** *a* poli, civil; *(ritterlich)* galant, courtois; **H~lichkeit** *f* politesse, civilité; galanterie, courtoisie; obligeance *f;* **H~lichkeitsbesuch** *m* visite *f* de courtoisie *od* de cérémonie; **H~ling** *m* ‹-s, -e› courtisan *m.*

Hof|marschall *m* ['ho:f-] maréchal *m* du palais; **~meister** *m* **1.** intendant, majordome *m;* **2.** *(Prinzenerzieher)* gouverneur, précepteur *m;* **~narr** *m* bouffon (de la cour), fou *m;* **~tor** *n* porte *f* cochère.

Höhe *f* ‹-, -n› ['hø:ə] **1.** hauteur *f, a. math;* **2.** *(Anhöhe)* haut *m,* élévation, éminence *f; (Gipfel~)* sommet, point *m* culminant; **3.** *(Meeres~,* ~ *über dem Erdboden, astr)* altitude *f;* **4.** *(gleiche ~, bes. d. Wassers, fig)* niveau *m;* **5.** *mus (Ton~)* hauteur, acuité *f;* **6.** *fin (e-s Betruges)* montant; *(~ d. Steuer etc, Satz)* taux *m;* — *auf der* ~ *von* à la hauteur de; *auf gleicher (geogr.)* ~ au même niveau, de front; *(Stadt, Ort)* à la même latitude; *auf gleicher* ~ *mit, in gleicher* ~ *wie* au niveau de, de niveau avec, de plain-pied avec, au ras de, à fleur de; *auf* od *in halber* ~ à mi-côte; *bis zur* ~ *von ... (Betrag)* jusqu'à concurrence de ...; *in der* od *die* ~ en haut; *in die* ~ en l'air; *in* ~ *von ... (Betrag)* d'un montant de ...; *in die* ~ *schießen (bot)* monter en graine; *(Mensch)* pousser comme un champignon; *nicht auf der* ~ *sein (körperlich)* ne pas être *od* se sentir bien d'aplomb *od* dans son assiette; *fam* ne pas être très en forme; *wieder auf der* ~ *sein (fig)* avoir repris du poil de la bête *fam; das ist (doch) die ~! (fam)* (ça,) c'est le comble!

Hoheit *f* ‹-, -en› ['ho:haɪt] **1.** *(Erhabenheit)* grandeur, noblesse, sublimité *f;* **2.** *(Majestät)* majesté, *pol* souveraineté; *(Anrede)* (votre) Altesse *f; Königliche* ~ Altesse royale; **~sgebiet** *n* territoire *m* national; **~sgewässer** *n pl* eaux *f pl* territoriales, mer *f* territoriale *od* littorale *od* juridictionnelle; **h~svoll** *a* majestueux; **~szeichen** *n* insigne *od* emblème *m* de souveraineté *od* de nationalité *od* national; *aero* cocarde *f.*

Höhen|kurort *m* ['hø:ən-] station *f* d'altitude *od* de montagne; **~messer** *m (Gerät)* baromètre altimétrique, altimètre, hypsomètre *m;* **~sonne** *f (Gerät)* lampe *f* (électrique) à rayons ultraviolets; *mit* ~ *bestrahlen* exposer aux rayons ultraviolets; **~unterschied** *m* différence *f* de niveau; **~zug** *m geog* chaîne *f* de collines.

Höhepunkt *m* ['hø:ə-] **1.** point culminant; *(Gipfel)* sommet, faîte *m;* **2.** *fig* comble, summum, apogée, acmé, *bes. med* paroxysme *m; auf dem* ~ *der Macht* à l'apogée du pouvoir.

höher ['hø:ər] *a (Komparativ von: hoch)* plus haut; *(~liegend)* plus élevé; *fig* supérieur (*als* à); *auf ~en Befehl* par ordre supérieur; *~es Gebot n (com)* surenchère *f; ~e Gewalt f* force *f* majeure; *~e Mathematik f* hautes mathématiques, mathématiques *f pl* supérieures; *~e Schule f* école *f* secondaire.

hohl [ho:l] *a* **1.** creux, cave; *(Klang)* caverneux; **2.** *fig (leer)* creux, vide; *(nichtssagend)* vain, futile; — ~ *klingen* sonner creux; ~ *machen* creuser; ~ *werden* se creuser; *die ~e Hand* le creux de la main; *~e See f* houle *f; ~er Zahn m* dent *f* creuse *od* cariée.

Höhle *f* ‹-, -n› ['hø:lə] **1.** *(in d. Erde)* caverne *f; (Hohlraum)* creux *m,* cavité *f; (~ wilder Tiere)* tanière *f,* terrier, repaire; *poet* antre *m;* **2.** *anat* cavité *f,* ventricule *m;* **h~n** *tr* creuser, excaver; **~nforscher** *m* spéléologue *m;* **~nforschung** *f,* **~nkunde** *f* spéléologie *f.*

Hohl|heit *f* ‹-, ø› *fig (Leere)* vide *m;* **~kopf** *m* tête creuse *od* vide; *fam* tête de linotte, buse *f;* **~körper** *m* corps *m* creux; **~kugel** *f* sphère *f* creuse; **~maß** *n* mesure *f* de capacité; ; **~raum** *m* espace *m* creux *od* vide, cavité, *geol* vacuole *f;* **~saum** *m* ourlet *m* à jour; **~spiegel** *m* miroir *m* concave.

Höhlung *f* ‹-, -en› ['hø:lʊŋ] cavité *f*.
Hohl|weg *m* ['ho:l-] chemin *m* creux; **~ziegel** *m* tuile creuse *od* en S; *(Ziegelstein)* brique *f* creuse.
Hohn *m* ‹-(e)s, ø› [ho:n] dérision, raillerie, moquerie; *(feiner)* ironie *f; (bitterer)* sarcasme *m*.
höhnen ['hø:nən] *tr* railler, bafouer; se moquer de.
Hohn|gelächter *n* ['ho:n-] rire de dérision, ricanement *m;* **~geschrei** *n* huées *f pl; mit ~ empfangen* huer.
höhnisch ['hø:nɪʃ] **I.** *a* railleur, moqueur, ironique, sarcastique; *(Lachen)* sardonique; **II.** *adv* d'un air moqueur; *~ lachen* ricaner.
Höker *m* ‹-s, -› ['hø:kər] *(Kleinhändler)* brocanteur, revendeur; *(Straßenhändler)* camelot, marchand *m* des quatre-saisons.
Hokuspokus *m* ‹-, ø› [ho:kus'po:kus] **1.** tour *m* de bateleur *od* passe-passe, jonglerie *f;* **2.** *pej* charlatanerie, duperie *f*.
hold [hɔlt] *a* **1.** *(geneigt, vom Glück)* favorable, propice; **2.** *(anmutig)* gracieux, charmant, doux; — *das Glück ist mir ~* la fortune me sourit.
holen ['ho:lən] *tr* aller *od* venir chercher *od* prendre; *(fam) sich e-e Krankheit ~* attraper une maladie; *sich e-e Abfuhr ~* essuyer un camouflet *od* une rebuffade; *sich bei jdm Rat ~* prendre conseil de qn, consulter qn; *sich e-n Schnupfen ~* attraper un rhume; *~ lassen* envoyer chercher, faire venir; *da ist nichts zu ~ (fam)* il n'y a rien à y gagner; c'est sans intérêt; *hol' dich der Teufel* od *Henker! (interj fam)* que le diable t'emporte!
Holl|and *n* ['hɔlant] la Hollande; **~änder** *m* ‹-s, -› Hollandais; *(Käse)* hollande *m;* **~änderin** *f* ‹-, -nen› Hollandaise *f;* **h~ändisch** *a* hollandais, de Hollande; *(das) H~(e)* le hollandais.
Höll|e *f* ‹-, ø› ['hœlə] enfer(s *pl*) *m, a. fig; in die ~ kommen* aller en enfer, être damné; *jdm die ~ heiß machen (fig fam)* retourner qn sur le gril, échauffer les oreilles de qn; **~enlärm** *m* bruit d'enfer, bruit *od* tapage *od* vacarme infernal, tapage *m* de tous les diables; *e-n ~ machen (a. pop)* faire un foin du diable; **~enmaschine** *f* machine *f* infernale; **~enstein** *m pharm* pierre *f* infernale; **h~isch** *a* **1.** d'enfer, infernal; **2.** *fam (riesig)* énorme, colossal.
Hollywoodschaukel *f* ['hɔlɪwud-] balancelle *f*.
Holm *m* ‹-(e)s, -e› [hɔlm] *(an Leitern)* montant *m; (des Barrens)* barre *f*.
holp|erig ['hɔlpərɪç] *a* = *holprig;* **~ern** *itr ‹sein› (sich ungleichmäßig fortbewegen)* (s')avancer d'un pas inégal; *(stolpern)* broncher; *(Wagen)* cahoter; **~rig** *a* **1.** *(Weg)* cahoteux, raboteux, rude, inégal; **2.** *fig (Stil)* raboteux, rocailleux, heurté.
Holschuld *f* ['ho:l-] dette (re)quérable, quérabilité *f*.
Holunder *m* ‹-s, -› [ho'lʊndər], **~baum** *m* sureau *m*.
Holz *n* ‹-es, ¨-er› [hɔlts, 'hœltsər] *(Material u. kleinerer Wald)* bois *m; (größerer Wald)* forêt *f; dürres* od *trockenes ~* bois *m* mort; *grünes ~* bois *m* vert *od* vif; **h~artig** *a* ligneux; **~bau(weise** *f***)** *m* construction *f* en bois; **~bearbeitung** *f* travail *m* (industriel) du bois; **~bock** *m ent* capricorne *m;* **~bohrer** *m* **1.** *ent* xylophage *m;* **2.** *(Gerät)* foret *m* à bois; **~einschlag** *m* coupe *od* récolte *f* du bois.
hölzern ['hœltsərn] *a* **1.** de *od* en bois; **2.** *fig (steif)* raide, sec; *(schwerfällig)* lourd.
Holz|fäller *m* ['hɔlts-] bûcheron *m;* **~faser** *f* fibre *f od* fil *m* de bois; **~faserplatte** *f* panneau *m* de fibres de bois isolant *od* d'aggloméré; **h~frei** *a (Papier)* sans bois, exempt de pâte mécanique; **~gas** *n* gaz *m* de bois; **~hacker** *m (Holzspalter)* coupeur de bois; *(Holzfäller)* bûcheron *m;* **~hammer** *m* maillet *m;* **~handel** *m* commerce *m* de bois; **~händler** *m* marchand *m* de bois; **~hauer** *m* = *Holzfäller;* **~haufen** *m* tas *m* de bois; **~haus** *n* maison *f* de *od* en bois; **h~ig** *a (holzartig)* ligneux; *(hart, von Gemüse)* dur; **~klotz** *m* billot *m* de bois; **~kohle** *f* charbon *m* de bois; **~lager** *n* dépôt de bois, chantier *m* à bois; **~pantine** *f* sabot *m* (de bois), galoche *f;* **~schnitt** *m* gravure sur bois, estampe *f* en bois; **~schnitzer** *m* sculpteur *m* sur bois; **~schnitzerei** *f* sculpture *f* sur bois; **~schuh** *m* sabot *m;* **~schuppen** *m* hangar *m od* remise *f* à bois, bûcher *m;* **~schwamm** *m bot* bolet *m* destructeur; **~stich** *m typ* gravure *f* sur bois; **~stoß** *m* pile *f* de bois, bûcher *m;* **~teer** *m* goudron *m* végétal; **h~verarbeitend** *a: ~e Industrie f* industrie *f* transformatrice du bois; **~wand** *f* cloison *f* de bois; **~weg** *m* chemin *m* forestier; *auf dem ~ sein (fig)* faire fausse route, se fourvoyer; *da bist du auf dem ~ (fam)* je t'en fiche; **~wolle** *f* fibre *od* laine *f* de bois; **~wurm** *m* ver du bois, perce-bois, xylophage *m*.
homogen [homo'ge:n] *a (gleichartig)* homogène: **~isieren** [-geni'zi:rən] *‹ohne ge-› tr (innig vermischen)* homogénéiser; **H~ität** *f* ‹-, ø› [-geni'tɛ:t] homogénéité *f*.
Homöopath|ie *f* ‹-, ø› [homøo'pati:] *(Heilverfahren)* homéopathie *f;* **h~isch** [-'patɪʃ] *a* homéopathique.
Homosexu|alität [homozɛksuali'tɛ:t] *f* homosexualité, inversion *f* sexuelle, *pej*

mœurs *f pl* spéciales; **h~ell** *a* homosexuel.

Honig *m* ‹-s, ø› ['ho:nɪç] miel *m; ~ sammeln (Biene)* butiner; *mit ~ gesüßt* miellé; **h~artig** *a* mielleux; **~biene** *f* mouche *f* à miel; **~kuchen** *m* pain *m* d'épice; **~scheibe** *f*, **~wabe** *f* rayon *od* gâteau *m* de miel; **h~süß** *a* **1.** doux comme le miel, miellé; **2.** *fig pej* mielleux.

Honor|ar *n* ‹-s, -e› [hono'ra:r] *(Arbeitsvergütung)* honoraire *m (meist pl); (Autoren~)* droits *m pl* d'auteur; **~atioren** *pl* [-ratsi'o:rən] notabilités *f pl;* **h~ieren** [-'ri:rən] ‹*ohne ge-*› *tr* **1.** *(Anwalt, Arzt)* rétribuer; **2.** *fin (Wechsel)* faire honneur à, honorer, accepter.

Hopfen *m* ‹-s, -› ['hɔpfən] houblon *m; da ist ~ und Malz verloren (fig)* c'est peine perdue; *mit ~ versehen,* **h~** *tr* houblonner; **~feld** *n* houblonnière *f;* **~stange** *f* **1.** perche *f* à houblon; **2.** *fig (langer Mensch)* (grande) perche *f, fam* manche *m* à balai.

hopp [hɔp] *interj: ~, ~!* et au galop! *fam* et que ça saute! **~la** *interj fam* hop (là)!

hops [hɔps] *a fam (verloren)* fichu, perdu; *pop* foutu; *~ gehen (pop: verlorengehen)* se perdre, s'égarer; **~a** *interj fam* hop (là)! **~en** *itr* ‹*sein*› *fam* saut(ill)er, gambader.

Hör| ... ['hø:r-] *(in Zssgen)* auditif; **h~bar** *a* perceptible (à l'oreille), audible; **~bereich** *m allg* fréquences *f pl* audibles; *radio (e-s Senders)* zone *f* d'audibilité; portée *f;* **h~bereit** *a tele* à l'écoute; **~brille** *f (Brille mit Hörgerät)* lunettes *f pl* acoustiques *od* auditives.

horch|en ['hɔrçən] *itr* écouter (*auf etw, jdn* qc, qn; *ob* pour voir si), prêter l'oreille, être aux écoutes, avoir l'oreille au guet; *(spionieren)* espionner; *an der Tür ~* écouter à la porte; **H~er** *m* ‹-s, -› écouteur (aux portes), indiscret *m;* **H~posten** *m mil* poste *m* d'écoute.

Horde *f* ‹-, -n› ['hɔrdə] **1.** *(Flechtwerk)* claie *f;* **2.** *(ungezügelte Schar)* horde, bande, troupe *f.*

Hör|empfang *m* ['hø:r-] *radio* réception *f* auditive; **h~en** *tr* **1.** entendre; **2.** *(erfahren)* apprendre, savoir; *itr* **3.** *(lauschen, a. radio)* écouter; *radio* être *od* se mettre à l'écoute; **4.** *(achtgeben)* faire attention (*auf etw* à qc); **5.** *(gehorchen)* obéir (*auf jdn* à qn); — *gut ~* avoir l'ouïe *od* l'oreille bonne *od* fine; *auf den Namen ... ~ (bes. Hund)* répondre au nom de ...; *nur auf e-m Ohr ~* n'entendre que d'une oreille; *fig* faire la sourde oreille; *sich gern reden ~* s'écouter parler; *regelmäßig ~ (radio: Sendung)* suivre; *schwer* od *schlecht ~* être dur d'oreille; *e-e Vorlesung ~* suivre un cours: *(nichts) von sich ~ lassen* (ne pas) donner de (ses) nouvelles; *nichts ~ wollen* ne vouloir rien savoir (*von etw* de qc); *das ist das erste, was ich höre* première nouvelle! *mir ist H~ und Sehen vergangen* j'en ai vu trente-six chandelles; *hör mal!* voyons! tiens! *(na) ~ Sie mal!* attendez (donc)! allons! dites (donc)! tenez! *Sie werden noch von mir ~* vous aurez de mes nouvelles; *das läßt sich (schon) ~!* à la bonne heure! *wer nicht ~ will, muß fühlen (prov)* la désobéissance se paie toujours; **~ensagen** *n* ouï-dire *m; vom ~* par ouï-dire, de réputation; **~er** *m* ‹-s, -› **1.** *(Person, a. radio)* auditeur; *(ständiger) radio* usager *m;* **2.** *(Gerät, tele)* récepteur *m; den ~ abnehmen, auflegen (tele)* décrocher, raccrocher le récepteur; **~erschaft** *f* auditoire *m; radio* auditeurs *m pl;* **~fehler** *m* **1.** erreur *f* d'audition; **2.** *med (Gebrechen)* défaut *m* de l'ouïe; **~folge** *f radio (Sendereihe)* série *f* radiophonique; **~gerät** *n (für Schwerhörige)* appareil *m* auditif, aide-ouïe *f;* **h~ig** *a (leibeigen)* serf; *fig: jdm ~ sein* être l'esclave de qn; être entièrement soumis à qn; **~igkeit** *f* ‹-, ø› *fig* sujétion *f;* dépendance *f* totale.

Horizont *m* ‹-(e)s, -e› [hori'tsɔnt] horizon *m, a. fig; am ~* à l'horizon; *e-n engen ~ haben (fig)* avoir l'esprit étroit; *das geht über meinen ~* cela me dépasse; **h~al** [-'ta:l] *a (waagerecht)* horizontal; de niveau; **~ale** *f* ‹-, -n› (ligne) horizontale *f.*

Hormon *n* ‹-s, -e› [hɔr'mo:n] *physiol* hormone *f.*

Hörmuschel *f* ['hø:r-] *tele* écouteur *m.*

Horn *n* ‹-(e)s, ¨-er› [hɔrn, 'hœrnər] **1.** *(Körperteil, Substanz, Gerät)* corne *f;* **2.** *mus (Blasinstrument)* cor, clairon *m;* **3.** *geog (Bergspitze)* pic *m,* dent, aiguille *f;* — *sich die Hörner abstoßen* od *(abus) ablaufen (fig)* jeter sa gourme; *ins ~ stoßen* donner du cor; *ins gleiche ~ stoßen (fig)* s'entendre comme larrons en foire; **~brille** *f* lunettes *f pl* (à monture) de corne *od* d'écaille.

Hörnchen *n* ‹-s, -› ['hœrnçən] *(Gebäck)* croissant *m.*

Hörnerv *m* ['hø:r-] *anat* nerf *m* auditif.

Hornhaut *f* ['hɔrnhaut] **1.** callosité *f, (Schwiele)* durillon *m;* **2.** *(des Auges)* cornée *f;* **~übertragung** *f med* greffe de la cornée, kératoplastie *f.*

Hornisse *f* ‹-, -n› [hɔr'nɪsə, 'hɔr-] *ent* frelon *m.*

Hornist *m* ‹-en, -en› [hɔr'nɪst› corniste, cor *m.*

Horn|ochse *m* ['hɔrn-] *(Dummkopf)* benêt, idiot *m;* **~vieh** *n* bêtes *f pl* à cornes.

Hörorgan *n* ['hø:r-] organe *m* de l'ouïe.

Horoskop *n* ‹-s, -e› [horo'sko:p] horoscope *m; jds ~ stellen* tirer *od* dresser *od* faire l'horoscope de qn.

Hör|rohr *n* ['hø:r-] **1.** *(für Schwerhörige)* cornet *m* acoustique; **2.** *med* stéthoscope *m;* **~saal** *m* salle *f* de cours *od* de conférences; **~spiel** *n radio* pièce *f* radiophonique.

Horst *m* ‹-(e)s, -e› [hɔrst] **1.** *bot* touffe *f;* **2.** *(Raubvogelnest)* nid *m; (e-s Adlers)* aire *f;* **3.** *aero (Flieger~)* base *f* aérienne; **h~en** *itr (nisten, von Raubvögeln)* faire son nid, nicher.

Hort *m* ‹-(e)s, -e› [hɔrt] **1.** *(Schatz)* trésor *m;* **2.** *fig (Zufluchtsort)* rempart, asile *m,* retraite *f;* **h~en** *tr (Geld, Waren)* thésauriser, stocker, accumuler; **~ung** *f* ‹-, -en› *(von Geld, Waren)* thésaurisation *f,* stockage *m* (excessif), accumulation *f.*

Hörweite *f* ['hø:r-] portée *f* d'ouïe; *außer ~* hors de portée d'ouïe; *in ~* à portée de la voix.

Hose *f* ‹-, -n› ['ho:zə] *fam a. pl (lange)* pantalon *m; (kurze* od *Knie~)* culotte *f; (enganliegende Damen~)* collant *m; die ~n anhaben (fig hum)* porter la culotte; *ein Paar ~n (fam)* un pantalon, une paire de culottes; **~naufschlag** *m* revers *m* de pantalon; **~nbein** *n* jambe *f* de pantalon; **~nboden** *m* fond *m* de culotte; **~nbund** *m* ceinture *f* de pantalon; **~nklammer** *f (für Radfahrer)* pince *f* à pantalon; **~nrock** *m* jupe-culotte *f;* **~nrolle** *f theat* travesti *m;* **~nschlitz** *m* braguette *f;* **~ntasche** *f* poche *f* de pantalon; *mit den Händen in der ~* les mains dans ses poches; **~nträger** *m (pl)* bretelles *f pl.*

Hosp|ital *n* ‹-s, -e/¨er› [hɔspi'ta:l(ə), -'tɛ:lər] hôpital *m;* **~iz** *n* ‹-es, -e› [-'pi:ts] hospice *m.*

Hostie *f* ‹-, -n› ['hɔstiə] *rel* hostie *f.*

Hotel *n* ‹-s, -s› [ho'tɛl] hôtel *m;* **~besitzer** *m* hôtelier *m;* **~boy** *m* chasseur, groom *m;* **~diener** *m* garçon *m* d'hôtel; **~gewerbe** *n* industrie hôtelière, hôtellerie *f;* **~rechnung** *f* note *f* d'hôtel; **~zimmer** *n* chambre *f* d'hôtel.

hott [hɔt] *interj* hue! haïe!

hü [hy:] *interj* hue! haïe! *der eine will ~ und der andere hott (fig)* l'un tire à hue et l'autre à dia.

hübsch [hʏbʃ] **I.** *a* joli; *(schön)* beau; *(niedlich)* mignon; *(reizend)* charmant, gentil; **II.** *adv* joliment, gentiment, bien; — *ganz ~ (adv) (nicht wenig)* pas mal; *es ~ bleibenlassen* s'en garder bien; *sich ~ machen (fam)* se pomponner; *eine (ganz) ~e Summe f* une coquette somme; une somme rondelette.

Hubschraube *f* ['hu:p-] hélice *f* sustentatrice, rotor *m;* **~r** *m aero* hélicoptère *m; mit ~(n) befördert, ~- (in Zssgen)* héliporté *a;* **~rlandeplatz** *m* héliport *m,* héligare *f.*

huckepack [hukəpak] *adv fam: (auf dem Rücken): jdn ~ tragen* porter qn sur son dos *od* à califourchon.

Huf *m* ‹-(e)s, -e› [hu:f] sabot, ongle *m;* **~eisen** *n* fer *m* à cheval; **h~eisenförmig** *a* en fer à cheval; **~eisenmagnet** *m* aimant *m* en fer à cheval; **~nagel** *m* clou *m* à cheval; **~schmied** *m* maréchal-ferrant *m.*

Hüft|bein *n* ['hʏft-] *anat* os *m* iliaque; **~e** *f* ‹-, -n› hanche *f; bis an die ~* à mi-corps; **~gegend,** *die* les reins *m pl;* **~former** *m,* **~gürtel** *m,* **~halter** *m* gaine *f;* **~gelenk** *n* articulation *f* de la hanche; **h~lahm** *a* déhanché; **~weite** *f* tour *m* de hanches.

Hügel *m* ‹-s, -› ['hy:gəl] colline *f,* coteau *m,* butte; *(Anhöhe)* élévation, éminence *f; (kleiner)* monticule, tertre; *(rundlicher)* mamelon *m;* **h~ig** *a* montueux, vallonné, mamelonné; *(uneben)* accidenté.

Huhn *n* ‹-(e)s, ¨er› [hu:n, 'hy:nər] **1.** *(Henne)* poule *f;* **2.** *(als Art)* coq *m; pl a.* volaille *f;* — *da lachen ja die Hühner! (fig fam)* c'est parfaitement ridicule! *gebratenes ~* poulet *m* rôti; *gemästetes ~* poularde *f; junges ~* poulette *f.*

Hühnchen *n* ‹-s, -› ['hy:nçən] poulet *m; mit jdm noch ein ~ zu rupfen haben (fig fam)* avoir maille à partir avec qn.

Hühner|auge *n* ['hy:nər-] *med* cor, œil-de-perdrix *m;* **~augenmittel** *n pharm* coricide *m;* **~brühe** *f* consommé *m* de poulet; **~ei** *n* œuf *m* de poule; **~farm** *f* ferme *f* à poulets; **~hof** *m* basse-cour *f;* **~leiter** *f* échelle *f* de poulailler; **~stall** *m* poulailler *m;* **~stange** *f* perchoir, juchoir *m;* **~suppe** *f* bouillon *m* de poule; **~zucht** *f* élevage *m* de (la) volaille, aviculture *f.*

Huld *f* ‹-, ø› [hult] *(Geneigtheit)* grâce; *(Gunst)* faveur; *(Wohlwollen)* bienveillance *f;* **h~igen** ['-dɪgən] *itr, a. fig* rendre hommage (*jdm* à qn); **~igung** *f* ‹-, -en› hommage(s *pl*) *m;* **h~reich** *a,* **h~voll** *a* plein de grâce, gracieux; *(wohlwollend)* bienveillant.

Hüll|e *f* ‹-, -n› ['hʏlə] enveloppe; *(Decke, Umschlag)* couverture *f; (Gehäuse)* étui *m,* gaine *f; (Buch)* emboîtage *m; (Fallschirm)* voilure *f; in ~ und Fülle* en abondance, en masse, à profusion, à foison; *die sterbliche ~* la dépouille mortelle; **h~en** *tr (einwickeln)* envelopper, draper (*in* de); *(bedecken)* couvrir (*in* de); *in Dunkel ~* obscurcir, assombrir; *fig (verschleiern)* voiler; **h~enlos** *a (unverhüllt, nackt, a. fig)* (à) nu.

Hülse *f* ‹-, -n› ['hʏlzə] **1.** *bot* peau; *(Schote)* cosse, gousse *f;* **2.** *(Geschoß~, tech)* douille *f;* **~nfrüchte** *f pl bot* légumineuses *f pl; (trockene)* légumes *m pl* secs.

human [hu'ma:n] *a* humain; **H~ismus**

m ‹-, ø› [-'nɪsmus] humanisme *m;* **~itär** [-ni'tɛ:r] *a* humanitaire; **H~ität** *f* ‹-, ø› [-'tɛ:t] humanité *f.*
Hummel *f* ‹-, -n› ['huməl] *ent* bourdon *m.*
Hummer *m* ‹-s, -› ['humər] *zoo* homard *m.*
Humor *m* ‹-s, ø› [hu'mo:r] **1.** humour *m;* **2.** *(fröhliche Stimmung)* bonne humeur *f;* — *~ haben* avoir de l'humour; **~eske** *f* ‹-, -n› [-'rɛskə] *(Erzählung)* histoire humoristique; *theat* pièce *f* humoristique; **h~istisch** [-'rɪstɪʃ] *a* humoristique; **h~los** *a* sans humour, dépourvu d'humour; **h~voll** *a* humoristique.
humpeln ['humpəln] *itr* ‹*h* od *sein*› boiter, aller clopin-clopant.
Humpen *m* ‹-s, -› ['humpən] hanap *m.*
Humus *m* ‹-, ø› ['hu:mus] *agr* humus, terreau *m,* terre *f* végétale; **~boden** *m,* **~erde** *f* terre *f* végétale.
Hund *m* ‹-(e)s, -e› [hunt, '-də] **1.** chien; *pl zoo (als Gattung)* canins *m pl;* **2.** *mine (Förderwagen)* chien *m,* berline *f,* wagonnet *m;* — *auf den ~ kommen* tomber dans la misère; *bekannt sein wie ein bunter ~* être connu comme le loup blanc; *das ist ein dicker ~!* quelle bévue! *a.* c'est un sacré problème! *er ist mit allen ~en gehetzt* il a plus d'un tour dans son sac; *den letzten beißen die ~e* c'est le dernier qui trinque *fam; da liegt der ~ begraben* c'est là que gît le lièvre, voilà le hic; voilà le fond de l'affaire; *~e, die bellen, beißen nicht (prov)* (tous les) chien(s) qui aboie(nt) ne mord(ent) pas; *bei diesem Wetter jagt man keinen ~ vor die Tür* c'est un temps à ne pas mettre un chien dehors; **h~eelend** *a: mir ist ~* je suis malade comme un chien; **~ehütte** *f* niche *f* (à chien), chenil *m;* **~ekälte** *f* froid *m* noir *od* de loup *od* de canard; **~eleben** *n fig* vie *f* de chien; **~eleine** *f* laisse *f;* **h~emüde** *a pred* exténué, harassé, éreinté; *ich bin ~ (a.)* je tombe de fatigue; **~erasse** *f* race *f* canine *od* de chiens.
hundert ['hundərt] cent; *gegen* od *etwa* od *ungefähr* od *circa* od *an die ~* une centaine; **H~** *n* ‹-s, -e› cent *m,* centaine *f; zu ~en* par centaines; *vom ~* pour cent; **H~er** *m* ‹-s, -› **1.** *math* centaine *f;* **2.** *(Geldschein)* billet *m* de cent; **~erlei** [-'laɪ] *a* de cent espèces; *allg (mancherlei)* trente-six choses; **~fach, ~fältig I.** *a* centuple; **II.** *adv* au centuple; **H~jahrfeier** *f* [-'ja:rfaɪər] centenaire *m;* **~jährig** *a* centenaire, séculaire; **H~jährige** *m f* centenaire *m;* **~mal** *adv* cent fois; **~prozentig** *a u. adv* pour cent; **H~satz** *m* pourcentage *m;* **H~stel** *n* ‹-s, -› centième *m;* **~ste(r, s)** *a* centième; *vom H~n ins Tausendste kommen* parler à bâtons rompus, faire des coq-à-l'âne; **~tausend** cent mille; **H~tausende** *pl* des centaines *f pl* de mille (*von* de).
Hunde|steuer *f* ['hundə-] taxe *f od* impôt *m* sur les chiens; **~zwinger** *m* chenil *m.*
Hünd|in *f* ['hʏndɪn] chienne *f;* **h~isch** *a fig* ‹-, -nen› *(kriecherisch)* rampant, servile.
Hunds|stern, *der* ['hunts-] *(astr)* la canicule, Sirius *m;* **~tage,** *die* les jours *m pl* caniculaires, la canicule.
Hüne *m* ‹-n, -n› ['hy:nə] géant, colosse *m;* **~ngrab** *n* dolmen *m,* table *f* du diable.
Hunger *m* ‹-s, ø› ['huŋər] faim (*nach* de); *fig (Verlangen)* faim, soif *f,* appétit *m* (*nach* de); *~ bekommen* commencer à avoir faim; *(keinen) ~ haben* (n')avoir (pas) faim; *großen ~ haben* avoir très faim; *~ leiden* souffrir de la faim; *s-n ~ stillen* apaiser *od* assouvir *od* calmer *od* rassasier sa faim; *~ ist der beste Koch (prov)* il n'est sauce que d'appétit; **~künstler** *m* jeûneur *m;* **~kur** *f med* diète *f* absolue, régime *m* de jeûne; **~leider** *m* famélique, claquefaim, meurt-de-faim *m;* **~lohn** *m* salaire *m* de famine *od* dérisoire; **h~n** *itr* ne pas manger à sa faim; *(fasten)* jeûner; *(aus gesundheitlichen Gründen)* faire diète; **~ödem** *n med* œdème *m* d'alimentation *od* de carence *od* de dénutrition *od* épidémique *od* de guerre; **~snot** *f* famine; *(Teuerung)* disette *f;* **~streik** *m* grève *f* de la faim; **~tuch** *n: am ~ nagen* manger de la vache enragée, tirer le diable par la queue; **hungrig** *a* ayant faim, affamé; *(sehr) ~ sein = (großen) Hunger haben.*
Hupe *f* ‹-, -n› ['hu:pə] *mot* (cornet) avertisseur *m,* corne, trompe *f;* klaxon *m;* **h~n** *itr* donner un coup de corne, corner; klaxonner; *H~ verboten!* avertisseurs sonores interdits.
hüpfen ['hʏpfən] *itr* ‹*sein*› sautiller; bondir; *(springen)* sauter; *auf einem Bein ~* sauter à cloche-pied.
Hürde *f* ‹-, -n› ['hʏrdə] **1.** claie *f,* clayon *m;* **2.** *sport* haie *f;* **~nlauf** *m,* **~nläufer** *m sport* course *f,* coureur *m* de haies; **~nsprung** *m* saut *m* de haie.
Hure *f* ‹-, -n› ['hu:rə] prostituée, putain, fille *od* femme *f* de mauvaises mœurs.
hurra [hu'ra:, 'hura] *interj* hourra!; *~ rufen, ~ schreien* pousser des hourras, chanter victoire; **H~patriot** *m* chauvin, patriotard *m;* **H~patriotismus** *m* chauvinisme, patriotisme *m* cocardier.
husch [huʃ] *interj: ~, ~!* hop(, hop)! vite(, vite)! **~en** *itr* ‹*sein*› (se) glisser *od* passer rapidement *od* furtivement.
hüsteln ['hy:stəln] *itr* toussoter.
Husten *m* ‹-s, ø› ['hu:stən] toux *f,* rhume *m;* **h~** *itr* tousser; *auf etw ~ (fig)* cracher sur qc, faire fi de qc; **~anfall** *m*

quinte *f* de toux; **~mittel** *n* antitussique, béchique *m;* **~reiz** *m* irritation des bronches, envie *f* de tousser.

Hut (1) *m* ‹-(e)s, ¨-e› [hu:t, 'hy:tə] chapeau *m a. bot (Pilz); vor jdm den ~ abnehmen* od *ziehen* ôter son chapeau, donner un coup de chapeau à qn, se découvrir devant qn; *den ~ aufsetzen* mettre son chapeau; *unter einen ~ bringen (fig)* mettre d'accord; harmoniser; *da geht einem (ja) der ~ hoch* c'est à n'y plus tenir; *~ ab!* chapeau bas! *alter ~ (fig fam)* vieille histoire; de l'histoire ancienne; **(2)** *f* ‹-, ø› [hu:t]*: auf der ~ sein* être *od* se tenir sur ses gardes, se tenir sur la réserve, prendre garde.

hüt|en ['hy:tən] *tr (bewachen)* garder, surveiller; veiller sur *od* à; *~ vor (schützen)* préserver de, garantir de *od* contre; *sich ~ vor* se garder de, prendre garde à; *sich ~, etw zu tun* se garder de faire qc; *das Bett ~ (wegen Krankheit)* garder le lit; *ich werde mich ~!* je m'en garderai bien! *hüte dich, daß du nicht ...* prends garde à ne pas ...; *~ Sie sich!* soyez sur vos gardes! **H~er** *m* ‹-s, -› gardien; *(Viehhüter)* gardeur *m.*

Hut|geschäft *n* ['hu:t-] chapellerie *f;* **~krempe** *f* bord *m* d'un *od* du chapeau, **~macher** *m* chapelier *m;* **~schnur** *f: das geht mir über die ~ (fig fam)* j'en ai par-dessus la tête; **~ständer** *m* porte-chapeau(x) *m.*

Hütte *f* ‹-, -n› ['hʏtə] **1.** *(kleines, ärmliches Haus)* cabane; *(mit Strohdach)* chaumière; *(aus Holz)* baraque; *(kleine ~, bes. primitiver Völker)* hutte, case, cahute; *(kleine, bes. Wald~)* loge *f; (Berg-, bes. Senn~)* chalet *m; (elende)* masure *f;* **2.** *tech (Eisen~)* usine métallurgique, aciérie; *(meist pl)* forge; *(Schmelz~)* fonderie *f;* **~narbeiter** *m* ouvrier *m* métallurgiste; **~nbesitzer** *m* maître *m* de forges; **~nkunde** *f* métallurgie *f.*

Hyäne *f* ‹-, -n› [hy'ɛ:nə] *zoo* hyène *f.*

Hyazinthe *f* ‹-, -n› [hya'tsɪntə] *bot* jacinthe *f.*

Hydrant *m* ‹-en, -en› [hy'drant] *tech* bouche à eau *od* d'incendie, borne d'incendie, prise *f* d'eau.

Hydraul|ik *f* ‹-, ø› [hy'draulɪk] *phys tech* hydraulique *f;* **h~isch** [-'draulɪʃ] *a* hydraulique.

hydrieren [hy'dri:rən] ‹*ohne ge-*› *tr* hydrogéner.

Hydro|dynamik *f* [hydrody'na:mɪk] *phys (Strömungslehre)* hydrodynamique *f;* **~therapie** *f (Wasserheilkunde)* hydrothérapie *f.*

Hygien|e *f* ‹-, ø› [hygi'e:nə] hygiène *f;* **h~isch** [-gi'e:nɪʃ] *a* hygiénique.

Hymne *f* ‹-, -n› ['hʏmnə] hymne *m, rel f.*

Hyperbel *f* ‹-, -n› [hy'pɛrbəl] *(math; Redekunst: Übertreibung)* hyperbole *f.*

Hypno|se *f* ‹-, -n› [hʏp'no:zə] hypnose *f;* **h~tisieren** [-ti'zi:rən] ‹*ohne ge-*› *tr* hypnotiser.

Hypotenuse *f* ‹-, -n› [hypote'nu:zə] *math* hypoténuse *f.*

Hypothek *f* ‹-, -en› [hypo'te:k] hypothèque *f* (*auf* sur); *e-e ~ abtragen* amortir une hypothèque; *e-e ~ aufnehmen* asseoir *od* lever *od* prendre une hypothèque; *mit e-r ~ belasten* grever d'une hypothèque, hypothéquer; *erste, zweite ~* hypothèque *f* de premier, second rang; **~enbank** *f* banque *f* hypothécaire *od* foncière *od* immobilière; **~enbrief** *m* lettre *od* cédule *f od* titre *m* hypothécaire *od* d'hypothèque; **h~enfrei** *a* libre d'hypothèques; **~enpfandbrief** *m* obligation *f* hypothécaire *od* foncière; **~enschuld** *f* dette *f* hypothécaire.

Hypothe|se *f* ‹-, -n› [hypo'te:zə] hypothèse; *(Annahme)* supposition, présomption *f;* **h~tisch** [-'te:tɪʃ] *a* hypothétique.

Hyster|ie *f* ‹-, -n› [hʏste'ri:] *med* hystérie *f;* **h~isch** [-'te:rɪʃ] *a* hystérique.

I

I, i *n* ‹-, -› [i:] *(Buchstabe)* I, i *m*.
i [i:] *interj* fi! pouah! ~ *bewahre!* ~ *wo!* mais non! allons donc!
I a *a (sprich: eins a)* marqué de l'A.
ich [ıç] *pron (mit v verbunden)* je; *(unverbunden)* moi; ~ *auch nicht* (ni) moi non plus; ~ *für meine Person (fam)* quant à moi; ~ *selbst* moi-même; ~ *bin's* c'est moi; *hier bin* ~ me voici; ~ *Ärmster!* malheureux que je suis! *und* ~ *erst!* et moi donc! **I~,** *das* ‹-(s), -(s)› le moi; *ein zweites* ~ un autre moi-même.
Ideal *n* ‹-s, -e› [ide'a:l] idéal; *(Muster)* prototype *m; das* ~ *e-s, e-r* . . . un, e . . . par excellence; **i~** *a* idéal, parfait; **~fall** *m* cas *m* idéal; **i~isieren** [-ali'zi:rən] ‹*ohne ge-*› *tr* idéaliser; **~ismus** *m* ‹-, ø› [-'lısmus] idéalisme *m;* **~ist** *m* ‹-en, -en› [-'lıst] idéaliste *m;* **i~istisch** [-'lıstıʃ] *a* idéaliste.
Idee *f* ‹-, -n› [i'de:, i'de:ən] idée; *(Vorstellung)* conception; *(Begriff)* notion *f*, concept *m; (Gedanke)* pensée; *(Einfall)* inspiration; *(Vorschlag)* suggestion *f; e-e* ~ *(fam: ein ganz klein wenig)* une idée, un tout petit peu; *e-e* ~ *Salz* un soupçon *m* de sel; *voller* ~*n stecken* être plein d'idées; *das ist e-e* ~*!* tiens! c'est une idée; *fixe* ~ idée fixe, obsession *f; geniale* ~ *(a.)* idée *f* de génie; **i~nreich** *a* riche en idées.
ident|ifizieren [idɛntifi'tsi:rən] ‹*ohne ge-*› *tr* identifier; **I~ifizierung** *f* identification *f;* **~isch** [i'dɛntıʃ] *a* identique (*mit* à); **I~ität** *f* ‹-, ø› [-ti'tɛ:t] identité *f*.
Ideologie *f* ‹-, -n› [ideolo'gi:] idéologie *f*.
idiomatisch [idio'ma:tıʃ] *a* idiomatique.
Idiot *m* ‹-en, -en› [idi'o:t] idiot, *fam* fou *m;* **~ie** *f* ‹-, -n› [-'ti:] idiotie, *fam* folie *f;* **i~isch** [idi'o:tıʃ] *a* idiot, *fam* fou.
Idol *n* ‹-s, -e› [i'do:l] idole *f*.
Idyll *n* ‹-s, -e› [i'dʏl] idylle *f;* **i~isch** [i'dʏlıʃ] *a* idyllique.
Igel *m* ‹-s, -› ['i:gəl] *zoo* hérisson *m*.
Ignor|ant *m* ‹-en, -en› [ıgno'rant] ignorant; **~anz** *f* ‹-, ø› [-'rants] ignorance *f;* **i~ieren** [-'ri:rən] ‹*ohne ge-*› *tr (nicht wissen wollen)* ignorer; *(nicht beachten)* faire semblant *od* affecter *od* feindre de ne pas connaître (*jdn* qn); ne pas tenir compte (*etw* de qc).
ihm [i:m] *pron (mit v verbunden* u. *mit prp)* lui; *(unverbunden)* à lui.
ihn [i:n] *pron (mit v verbunden)* le; *(unverbunden)* (c'est) lui (que); *(mit prp)* lui.
ihnen [i:nən] *pron (mit v verbunden)* leur; *(unverbunden)* à eux *m*, à elles *f; (mit prp)* eux *m*, elles *f;* **I~** *(Höflichkeitsanrede, sing u. pl) (mit v verbunden* u. *mit prp)* vous; *(unverbunden)* à vous.
ihr [i:r] *pron ‹dat von: sie (sing)› ; mit v verbunden)* lui; *(unverbunden)* à elle; *(mit prp)* elle; *pl* vous; *(possessiv) (ein weibl. Besitzer)* son *m*, sa *f*, ses *pl; (mehrere Besitzer)* leur *sing*, leurs *pl; der, die, das* ~*(ig)e (ein weibl. Besitzer)* le sien, la sienne; *(a. die I~(ig)en)* les siens *m pl; (mehrere Besitzer)* le, la leur; *(a. die I~(ig)en)* les leurs; **I~** *pron (possessiv, Höflichkeitsform)* votre; *pl (~e)* vos; *der, die, das* ~*(ig)e*, le, la vôtre; *auf das* ~*e! (Wohl; entgegnend)* à la vôtre! *ganz der* ~*e* tout à vous; **~er** ‹*gen von: sie (pl)*› d'eux, d'elles; *es waren* ~ *drei* ils, elles étaient trois; **~erseits** *adv (auf eine weibl. Person bezogen)* de sa part, de son côté; *(auf mehrere Personen bezogen)* de leur part *od* côté; **I~erseits** *adv (Höflichkeitsform)* de votre part *od* côté; **~esgleichen** *pron (auf eine Person bezogen)* son, *(auf mehrere)* leur pareil; **I~esgleichen** *pron (Höflichkeitsform)* votre pareil; **~ethalben** *adv*, **~etwegen** *adv*, **~etwillen,** *um (adv)* à cause d'elle, d'eux, d'elles; pour elle, eux, elles; *(mit großen Anfangsbuchstaben, Höflichkeitsform)* à cause de *od* pour vous.
illegal ['ılega:l, --'-] *a* illégal; **I~ität** *f* ‹-, ø› [-'tɛ:t] illégalité *f*.
illegitim ['ılegiti:m, ---'-] *a (ungesetzlich; unehelich)* illégitime; **I~ität** *f* ‹-, ø› [-'tɛ:t] illégitimité *f*.
Illumin|ation *f* ‹-, -en› [ıluminatsi'o:n] *(Festbeleuchtung)* illumination *f;* **i~ieren** [-'ni:rən] ‹*ohne ge-*› *tr* **1.** *(festlich beleuchten)* illuminer; **2.** *(Buch ausmalen)* enluminer.
Illus|ion *f* ‹-, -en› [ıluzi'o:n] illusion *f; sich* ~*en hingeben, sich* ~*en machen* se faire des illusions, se flatter d'illusions, s'illusionner (*über* sur); *sich keine* ~*en machen* ne pas se dissimuler; **i~orisch** [-'zo:rıʃ] *a* illusoire.
Illustr|ation *f* ‹-, -en› [ılustratsi'o:n] illustration *f;* **i~ieren** [-'tri:rən] ‹*ohne ge-*› *tr* illustrer *a. fig (anschaulich machen);* **i~iert** *a* illustré; ~*e Zeitung f*, **~ierte** *f* ‹-n, -n› (journal) illustré *m*.
Iltis *m* ‹-ses, -se› ['ıltıs] *zoo* putois *m*.

im [ım] = *in dem*.

imaginär [imagi'nɛ:r] *a, a. math* imaginaire.

Imbiß *m* ⟨-sses, -sse⟩ ['ɪmbɪs] collation *f, fam* casse-croûte *m; e-n ~ nehmen* prendre une collation, manger un morceau, *fam* casser une *od* la croûte; **~halle** *f,* **~stube** *f* buvette *f,* bar *m.*

Imit|ation *f* ⟨-, -en⟩ [imitatsi'o:n] imitation *f; (unechter Schmuck)* simili *m;* **i~ieren** [-'ti:rən] ⟨*ohne ge-*⟩ *tr* imiter.

Imker *m* ⟨-s, -⟩ ['ɪmkər] apiculteur *m.*

Immatrikul|ation *f* ⟨-, -en⟩ [ɪmatrikulatsi'o:n] *(Univ.)* immatriculation, inscription *f;* **i~ieren** [-'li:rən] ⟨*ohne ge-*⟩ *tr* immatriculer, inscrire; *sich ~ (lassen)* se faire inscrire, s'inscrire (*in* à).

immer ['ɪmər] *adv* toujours; *(unaufhörlich)* sans cesse, continuellement, constamment; *wann auch ~ ...* à quelque moment que *subj; was auch ~* quoi que *subj; wer auch ~ ...* qui que ce soit qui *subj; wie auch ~ ...* de quelque façon que *subj; wo auch ~ ...* où que *subj; auf* od *für ~* pour toujours, à (tout) jamais, à perpétuité; *noch ~, ~ noch* toujours, encore; *schon ~* (depuis) toujours; de tout temps; *~ besser* de mieux en mieux; *~ größer* de plus en plus grand; *~ mehr* de plus en plus; *~, wenn ...* toutes les fois que; *~ wieder* toujours; *~ größer werden (a.)* grandir de jour en jour; *er kommt ~ noch nicht* il ne vient toujours pas; **~grün** *a bot* à feuilles persistantes; **I~grün** *n* ⟨-s, -e⟩ *bot* pervenche *f;* **~hin** *adv* toujours (est-il que), toutefois; en tout cas; *(wenigstens)* du moins; *das ist ~ (et)was* c'est toujours ça; *er hat sich ~ entschuldigt* en tout cas, il s'est excusé; *~! (meinetwegen!)* à la bonne heure! soit! *(im Ton des Vorwurfs)* tout de même! **~zu** *adv* toujours, sans cesse *od* arrêt.

Immobilien *pl* [ɪmo'bi:liən] immeubles, biens *m pl* immeubles *od* immobiliers *od* fonciers; **~markt** *m* marché *m* immobilier *od* d'immeubles.

immun [ɪ'mu:n] *a med* immunisé (*gegen* contre); *~ machen = ~isieren;* **~isieren** [-ni'zi:rən] ⟨*ohne ge-*⟩ *tr med* immuniser; **I~isierung** *f* ⟨-, ø⟩ *med* immunisation *f;* **I~ität** *f* ⟨-, ø⟩ [-ni'tɛ:t] *med jur parl* immunité *f.*

Imperativ *m* ⟨-s, -e⟩ ['ɪmperati:f, ---'-] *gram* impératif *m.*

Imperfekt *n* ⟨-s, -e⟩ ['ɪmpɛrfɛkt, --'-] *gram* imparfait *m.*

Imperialis|mus *m* ⟨-, ø⟩ [ɪmperia'lɪsmus] *pol* impérialisme *m;* **i~tisch** [-'lɪstɪʃ] *a* impérialiste.

Impf|... ['ɪmpf-] *(in Zssgen)* vaccinal; **i~en** *tr (Menschen)* vacciner (*gegen* contre); *(mit Impfstoff)* inoculer; **~en** *n,* **~ung** *f* ⟨-, -en⟩ vaccination, inoculation *f;* **~ling** *m* ⟨-s, -e⟩ vacciné, e *m f;* **~pflicht** *f,* **~zwang** *m* vaccination *f* obligatoire; **~schein** *m* certificat *m* de vaccination; **~stoff** *m* vaccin *m.*

imponieren [ɪmpo'ni:rən] ⟨*ohne ge-*⟩ *itr: jdm ~* en imposer à qn, impressionner qn; **~d** *a* imposant.

Import *m* ⟨-(e)s, -e⟩ [ɪm'pɔrt] *com* importation *f;* **~eur** *m* ⟨-s, -e⟩ [-'tø:r] importateur *m;* **i~ieren** [-'ti:rən] ⟨*ohne ge-*⟩ *tr* importer.

impoten|t ['ɪmpotɛnt, --'-] *a med* impuissant; **I~z** *f* ⟨-, ø⟩ ['ɪmpotɛnts, --'-] impuissance *f.*

imprägnieren [ɪmprɛ'gni:rən] ⟨*ohne ge-*⟩ *tr chem* imprégner, imbiber (*mit* de), *(wasserdicht machen)* imperméabiliser.

Impressionis|mus *m* ⟨-, ø⟩ [ɪmprɛsio'nɪsmus] impressionisme *m;* **i~tisch** [-'nɪstɪʃ] *a* impressionniste.

improvisieren [ɪmprovi'zi:rən] ⟨*ohne ge-*⟩ *tr u. itr.* improviser.

Impuls *m* ⟨-es, -e⟩ [ɪm'puls, -lzə] impulsion; *phys* quantité de mouvement; *radio* impulsion *f;* **i~iv** [-'zi:f] *a* impulsif.

imstande [ɪm'ʃtandə] *a: ~ sein zu* être de force *od* homme, femme à *od* en état *od* à même *od* capable de *od* en mesure de.

in [ɪn] *prp (Grundbedeutung)* dans, en; à; **1.** *(räuml.): ~ der Hand, Tasse, Kiste* dans la main, tasse, caisse; *~ e-m Wagen* dans une *od* à bord d'une voiture; *~ dem* od *im Zimmer, Haus(e), Gebiet, Land(e)* dans la chambre, la maison, le district, le pays; *~ Deutschland* en Allemagne; *im katholischen Spanien* dans l'Espagne catholique; *~ Brasilien* au Brésil; *es ~ sich haben (fig) (Mensch)* tromper son monde, être plus fort qu'on n'en a l'air; *(Sache)* être plus difficile qu'on ne croyait; *im Garten* au jardin; *~ diesem Garten* dans ce jardin; *~ der Stadt (allg)* dans la ville; *(nicht zu Hause)* en ville; *~ Paris* à Paris; *(innerhalb, im Gebiet von)* dans Paris; *~ der Schule, im Theater (im Gebäude)* dans l'école, dans le théâtre; *(beim Unterricht, bei der Vorstellung)* à l'école, au théâtre; *im Regen* sous la pluie; *im Buch, Roman, Film* dans le livre, roman, film; **2.** *(zeitl.): im Anfang* au commencement, au début; *~ der Nacht* dans *od* pendant la nuit; *~ e-r kalten Nacht* par une nuit froide; *~ der nächsten Woche* la semaine prochaine; *im Mai* en mai; *im Monat Mai* au mois de mai; *im Frühling* au printemps; *im Sommer, Herbst, Winter* en été, automne, hiver; *~ diesem Jahr* cette année; *im Jahre 1970* en 1970; *~ zehn Jahren (zukünftiger Zeitpunkt)* dans dix ans; *(Zeitraum)* en dix ans; *~ kurzer Zeit* en peu de temps; *~ kurzem* sous peu; *im Alter* pendant la vieillesse; *im Alter von ...* à l'âge de ...; **3.** *(Art u. Weise): im Chor* en chœur; *~ Eile* à la hâte; *~ eigener*

Person lui-même *od* elle-même; en personne; ~ *strengem Ton* d'un ton sévère; *(Stoff)* ~ *Gold, Marmor, Leder* en or, marbre, cuir; *er spricht* ~ *Rätseln* il parle par énigmes; — *etw* ~ *der Hand haben* od *halten* avoir *od* tenir qc à la main; ~ *drei Teile teilen* diviser en trois parties; *ins Wasser werfen* jeter à l'eau; ~ *der ... straße wohnen* habiter rue ...

inaktiv ['ɪnʔakti:f, --'-] *a (untätig)* inactif.

Inanspruchnahme *f* ‹-, -n› *(e-s Gegenstandes)* utilisation; *(Gelder)* mobilisation; *(e-s Menschen)* occupation; *(von Hilfsquellen)* mise *f* à contribution.

Inbegriff *m* incarnation, personnification *f;* parangon *m (lit); der* ~ *der Dummheit* la sottise personnifiée *od* en personne; **i~en** *a* (y) compris, inclusivement.

Inbetriebnahme *f* ‹-, -n› mise *f* en exploitation.

Inbrunst *f* ‹-, ø› ['ɪnbrʊnst] ferveur, ardeur *f;* **inbrünstig I.** *a* fervent, ardent; **II.** *adv a.* avec ferveur.

indem [ɪn'de:m] *conj* **1.** *(während)* pendant que; **2.** *(dadurch, daß)* en ..., *er bleibt in Form,* ~ *er ständig trainiert* il reste en forme grâce à un entraînement suivi; ~ *er das sagte (a.)* en disant cela.

Inder *m* ‹-s, -› ['ɪndər] Indien, Hindou *m.*

indes(sen) [ɪn'dɛs(ən)] **I.** *adv* **1.** *(zeitl.)* pendant ce temps, cependant, en attendant, sur ces entrefaites; **2.** *(einräumend)* cependant, pourtant, néanmoins, toutefois; **II.** *conj (einräumend)* tandis que.

Index *m* ‹-(es), -e/Indizes› ['ɪndɛks, '-ditsɛs] **1.** *math com* indice *m;* **2.** *(Register)* index *m a. rel,* table *f* alphabétique.

Indian|er *m* ‹-s, -› [ɪndi'a:nər] Indien *m;* **~erstamm** *m* tribu *f* indienne; **i~isch** *a* indien.

Indien *n* ['ɪndiən] les Indes *f pl,* l'Inde *f.*

indifferent ['ɪndɪferɛnt, ---'-] *a* **1.** *phys* indifférent; *chem* neutre, inerte; **2.** *fig (teilnahmslos, gleichgültig)* indifférent, inerte.

Indikativ *m* ‹-s, -e› ['ɪndikati:f, ---'-] *gram* indicatif *m.*

indirekt ['ɪndirɛkt, --'-] **I.** *a* indirect *(a. Beleuchtung);* **II.** *adv a.* par contrecoup *od* ricochet; — *~es Licht n* faux jour *m.*

indisch ['ɪndɪʃ] *a* indien, hindou, des Indes; *der I~e Ozean* l'océan *m* Indien.

indiskret ['ɪndɪskre:t, --'-] *a* **1.** indiscret; *(neugierig)* curieux; **2.** *(taktlos)* indélicat; **I~ion** *f* ‹-, -en› [-tsi'o:n] **1.** indiscrétion; curiosité *f;* **2.** indélicatesse *f.*

Individu|alismus *m* ‹-, ø› [ɪndividua'lɪsmʊs] individualisme *m;* **~alist** *m* ‹-en, -en› [-'lɪst] individualiste *m;* **~alität** *f* ‹-, (-en)› [-'tɛ:t] individualité *f;* **i~ell** [-du:ɛl] *a* individuel; **~um** *n* ‹-s, -duen› [ɪndɪ'vi:duum, -duən] individu.

Indizien *n pl* [ɪn'di:tsiən] indices *m pl;* **~beweis** *m jur* preuve *f* par indices.

Indo|china *n* [ɪndo'çi:na] l'Indochine *f;* **~germanen,** *die m pl* les Indo-européens *m pl;* **i~germanisch** *a* indo-européen; **~nesien** *n* [-'ne:ziən] l'Indonésie *f;* **~nesier(in** *f***)** *m* ‹-s, -› [-'ne:ziər] Indonésien(ne *f*) *m;* **i~nesisch** *a* indonésien.

indossieren [ɪndɔ'si:rən] ‹*ohne ge-*› *tr (Wechsel)* endosser.

Induktion *f* ‹-, (-en)› [ɪndʊktsi'o:n] *philos, el* induction *f.*

industrialisier|en [ɪndustriali'zi:rən] ‹*ohne ge-*› *tr* industrialiser; **I~ung** *f* ‹-, -en› industrialisation *f.*

Industrie *f* ‹-, -n› [ɪndʊs'tri:] industrie *f; chemische* ~ industrie *f* chimique; *holz-, eisenverarbeitende* ~ industrie *f* travaillant le bois, le fer; *verarbeitende* ~ industrie *f* de transformation *od* transformatrice *od* utilisatrice; **~abwässer** *n pl* effluents *m pl* industriels; **~betrieb** *m* entreprise *f* industrielle; **~erzeugnis** *n* produit *m* industriel *od* fabriqué *od* manufacturé; **~gebiet** *n* district *m od* région *f* industriel(le); **~gelände** *n* terrain *m od* zone *f* industriel(le); **~gewerkschaft** *f* syndicat *m* des ouvriers industriels *od* d'usine; **~land** *n* pays *m* industriel; **i~ll** [-tri'ɛl] *a* industriel; **~lle** *m* ‹-n, -n› industriel *m;* **~messe** *f* foire *f* industrielle; **~produkt** *n* produit *m* industriel; **~staat** *m* État *m* industriel; **~stadt** *f* ville-usine *f;* **~- und Handelskammer** *f* Chambre *f* du Commerce et de l'Industrie; **~zentrum** *n* centre *od* foyer *m* industriel; **~zweig** *m* branche *f* d'industrie *od* de l'industrie.

ineinander [ɪnʔaɪ'nandər] *adv* l'un(e) dans l'autre, les un(e)s dans les autres; **~greifen** ‹*griff ineinander, ineinandergegriffen*› *itr* **1.** s'engrener; *fig* s'enchaîner; **2.** *(zs.arbeiten)* collaborer, coopérer; **~schiebbar** *a* télescopique; **~schieben,** *sich* ‹*schob ineinander, ineinandergeschoben*› se télescoper.

infam [ɪn'fa:m] *a* infâme, éhonté.

Infanter|ie *f* ‹-, -n› [ɪnfantə'ri:] *mil* infanterie *f;* **~ist** *m* ‹-en, -en› [-'rɪst] fantassin *m.*

infantil [ɪnfan'ti:l] *a (kindlich, unreif)* infantile.

Infarkt *m* ‹-(e)s, -e› [ɪn'farkt] *med* infarctus *m.*

Infektion *f* ‹-, -en› [ɪnfɛktsi'o:n] *med* infection *f;* **~sherd** *m* foyer *m* d'infection; **~skrankheit** *f* maladie *f* infectieuse.

infiltrieren [ɪnfɪl'tri:rən] ‹*ohne ge-*› *tr* (*itr* s')infiltrer.

Infinitiv *m* ‹-s, -e› ['ɪnfiniti:f, ---'-] *gram* infinitif *m.*

infizieren [ɪnfi'tsi:rən] ‹*ohne ge-*› *tr med* infecter (*mit* de).

Inflation *f* ‹-, -en› [ɪnflatsi'o:n] inflation *f; angebotsbedingte* ~ inflation par l'offre; *galoppierende* ~ inflation galopante, hyperinflation *f; schleichende* ~ inflation *f* rampante.
infolge [ɪn'fɔlgə] *prp gen* par suite de, en conséquence de; **~dessen** *adv* par suite, par conséquent, en conséquence (de quoi), dès lors.
Inform|ation *f* ‹-, -en› [ɪnfɔrmatsi'o:n] information; *(Nachricht)* nouvelle *f; (Auskunft)* renseignement *m; ~en einholen* prendre des renseignements; **i~ieren** [-'mi:rən] ‹*ohne ge-*› *tr* informer, mettre au courant (*über* de); renseigner (*über* sur); *über etw informiert sein* avoir connaissance de qc; **i~iert** *a: gut* od *genau, schlecht* od *ungenau* ~ bien, mal informé.
infra|rot ['ɪnfraro:t] *a* infrarouge; **I~rotstrahlung** *f* radiation *f* infrarouge; **I~struktur** *f* infrastructure *f.*
Ingenieur *m* ‹-s, -e› [ɪnʒeni'ø:r]: *leitender* ~ ingénieur *m* en chef; **~büro** *n* bureau *m* des constructions.
Ingredien|s *n* ‹-, -dienzien› [ɪn'gre:diɛns], **~z** *f* ‹-, -en› [ɪngredi'ɛnts(iən)] *(beide meist pl)* ingrédient *m.*
Ingrimm *m* ‹-s, ø› ['ɪngrɪm] **1.** rage contenue, fureur *f* rentrée; **2.** *(Groll)* rancune *f,* ressentiment *m.*
Ingwer *m* ‹-s, ø)› ['ɪŋvər] *(bot u. Gewürz)* gingembre *m.*
Inhaber *m* ‹-s, -› ['ɪnha:bər] **1.** *(e-s Geschäftes)* détenteur, propriétaire, patron; *(e-r Gaststätte)* tenancier; *(Besitzer)* possesseur; *(Eigentümer)* propriétaire *m;* **2.** *(e-s Amtes, Titels a. sport, e-r Urkunde, e-s Ausweises)* titulaire; *(e-r Berechtigung, e-s Patentes, e-r Aktie, sport: e-s Titels)* détenteur; *(e-s Ausweises, e-r Aktie; fin: Überbringer)* porteur; *(e-r Schuldverschreibung)* obligataire *m; auf den* ~ *lauten (fin)* être (libellé) au porteur.
inhaftieren [ɪnhaf'ti:rən] ‹*ohne ge-*› *tr* arrêter, emprisonner.
Inhal|ation *f* ‹-, -en› [ɪnhalatsi'o:n] *med* inhalation *f;* **i~ieren** [-'li:rən] ‹*ohne ge-*› *tr* inhaler; *itr* prendre *od* faire des inhalations.
Inhalt *m* ‹-(e)s, -e› ['ɪnhalt] **1.** *(e-s Behälters* od *Gefäßes, von etw Gesprochenem, Geschriebenem* od *Gedrucktem)* contenu; *math (Rauminhalt)* volume *m, (Flächeninhalt)* contenance *f;* **2.** *(~sverzeichnis)* table *f* (des matières); — *dem* ~ *nach* en substance; *ohne* ~ *(fig)* vidé de sa substance; *(Leben)* privé de sens, vide; *zum* ~ *haben* avoir pour sujet; **i~lich I.** *a* concernant le contenu; **II.** *adv* quant au *od* dans le contenu; **~sangabe** *f* **1.** résumé, sommaire, précis, abrégé *m,* analyse *f;* **2.** *(bei Postsendungen)* déclaration *f* (du contenu); **i~(s)los** *a* **1.** vide, creux; **2.** *fig* sans fond, superficiel; **i~svoll** *a* substantiel; *(bedeutsam)* significatif; **~sübersicht** *f,* **~sverzeichnis** *n* table *f* analytique *od* des matières.
Initial|e *f* ‹-, -n› [initsi'a:lə] *typ* (lettre) initiale; lettrine *f;* **~zündung** *f* amorçage *m* initial.
Initiat|ive *f* ‹-, -n› [initsia'ti:və] **1.** initiative *f;* **2.** *(Unternehmungsgeist)* esprit *m* d'entreprise; — *aus eigener* ~ de sa propre initiative, de son propre chef *od* mouvement; *die* ~ *ergreifen* prendre l'initiative; **~or** *m* ‹-s, -en› [-'a:tɔr, -'to:rən] animateur, promoteur *m.*
Injektion *f* ‹-, -en› [ɪnjɛktsi'o:n] *med* injection, piqûre *f;* **injizieren** [-ji'tsi:rən] ‹*ohne ge-*› *tr* injecter.
Inkasso *n* ‹-s, -s/(-kassi)› [ɪn'kaso] *com* encaissement, recouvrement *m.*
inklusive [ɪnklu'zi:və] inclusivement, (y) compris.
inkognito [ɪn'kɔgnito] *adv* incognito; **I~** *n* ‹-s, -s› incognito *m.*
inkonsequen|t ['ɪnkɔnzekvɛnt, ---'-] *a* inconséquent; **I~z** *f* ‹-, -en› ['ɪnkɔnzekvɛnts, ---'-] inconséquence *f.*
Inkrafttreten *n* [ɪn'kraft-] entrée *f* en vigueur; *Zeitpunkt m des ~s* date *f* d'entrée en vigueur.
Inkubations|stadium [ɪnkubatsi'o:ns-] *n med* stade *m* d'incubation; **~zeit** *f* période *f* d'incubation.
Inland *n* ['ɪnlant] intérieur *m.*
inländisch ['ɪn-] *a* intérieur; *(Erzeugnis)* national, du pays.
Inlands|markt *m* ['ɪnlants-] marché *m* intérieur *od* national; **~porto** *n* affranchissement *m* en régime intérieur.
Inlaut *m* ['ɪnlaut] *gram* son *m* médial.
Inlett *n* ‹-(e)s, -e› ['ɪnlɛt] enveloppe *f* d'édredon.
inliegend *a* ci-inclus, ci-joint.
inmitten [ɪn'mɪtən] *prp gen* au milieu de.
inne≈|haben ['ɪnə-] ‹*hat, hatte inne, innegehabt*› *tr* **1.** avoir (en sa possession); **2.** *(Amt, Stellung)* occuper, exercer; *sport (Titel)* détenir; **~≈halten** ‹*hält, hielt inne, innegehalten*› *itr (aufhören)* s'arrêter; ~ *mit* cesser de.
innen ['ɪnən] *adv* à l'intérieur, (au *od* en) dedans; *nach* ~ en dedans, vers le dedans, vers l'intérieur; *von* ~ *(heraus)* du *od* en dedans, de l'intérieur; **I~ansicht** *f* intérieur *m;* **I~antenne** *f radio* antenne *f* intérieure; **I~architekt** *m* architecte-décorateur, ensemblier *m* (décorateur); **I~aufnahme** *f photo, film* intérieur *m;* **I~dienst** *m* service de bureau; *mil* service *m* intérieur; **I~einrichtung** *f* aménagement *od* équipement *od* appareillage *m* intérieur; **I~leben** *n* vie *f* intérieure; **I~minister(ium n)** *m* minist(è)re *m* de l'intérieur; **I~po-**

litik *f* politique *f* intérieure; **~politisch** *a* dans le domaine intérieur; **I~raum** *m* intérieur *m;* **I~seite** *f* côté *m* intérieur; **I~stadt** *f* centre *m* de la ville, cité *f;* **I~wand** *f* mur *m* de refend, cloison, paroi *f.*

Inner|asien *n* ['ɪnər-] l'Asie *f* centrale; **i~deutsch** *a* interne de l'Allemagne; **i~e(r, s)** *a* **1.** *(räuml.)* intérieur; *adm, med* interne; *(körpereigen)* intestin; **2.** *(Gefühl)* intime; *(wesentlich, eigentlich)* intrinsèque — ~ *Angelegenheit f* affaire *f* intérieure *od* interne; ~ Medizin *f* pathologie *f* interne; *innerste Überzeugung f* conviction *f* intime; *~r Wert m* valeur *f* intrinsèque; *das* **~e** **1.** *(räumlich)* l'intérieur, le dedans, le centre; **2.** *fig (der Kern)* les entrailles *f pl,* le cœur, l'âme *f;* — *im ~n* au dedans; *im ~n von (geog)* à l'intérieur de, au fond de; *in meinem ~n, im ~n* dans *od* en mon for intérieur; *Minister(ium n) m des ~n = Innenminister(ium);* **~eien** [-'raɪən] *f pl (Fleisch)* cinquième quartier *m;* abats *m pl;* **i~halb I.** *prp gen* **1.** *(örtl.)* à l'intérieur de, au *od* en dedans de, dans, en, au sein de; **2.** *(zeitl.)* dans *od* en l'espace de, dans le délai de, en; **II.** *adv* à l'intérieur, au dedans; **i~lich I.** *a* intérieur; interne; *(seelisch)* intime; **II.** *adv* intérieurement, dans le fond du cœur; ~ *(med: anzuwenden)* ingestible; **~lichkeit** *f* ⟨-, ø⟩ profondeur *f* des sentiments; **i~ste(r, s) 1.** *a (räuml.); = innere(r, s);* **2.** *fig* intime; (le) plus profond *od* secret; *im innersten Herzen* au fond du cœur; *das* **~ste** le centre; le noyau; *bis ins ~* jusqu'au fond des entrailles, jusqu'à la moelle.

inne|≈werden ['ɪnə-] ⟨*wird, wurde inne, innegeworden*⟩ *itr* ⟨*sein*⟩ *: e-r S ~* s'apercevoir de qc, se rendre compte de qc; **~≈wohnen** *itr* être inhérent (*dat* à).

innig ['ɪnɪç] *a (tiefempfunden, herzlich)* cordial; *(stark, heiß)* fervent, ardent; *(lebhaft)* vif; *(aufrichtig)* sincère; *(zärtlich)* tendre; *(vertraut)* intime; **I~keit** *f* ⟨-, ø⟩ cordialité; ferveur, ardeur; vivacité; sincérité; tendresse; intimité *f.*

Innung *f* ⟨-, -en⟩ ['ɪnʊŋ] corporation *f,* corps *m* de métier.

inoffiziell ['ɪnˀɔfitsiɛl, ---'-] *a* non officiel.

ins [ɪns] = *in das.*

Insasse *m* ⟨-n, -n⟩ ['ɪnzasə] *(e-r Anstalt)* pensionnaire; *(e-s Fahrzeugs)* occupant *m.*

insbesondere [ɪnsbə'zɔndərə] *adv* surtout, spécialement, particulièrement, notamment.

Inschrift *f* ['ɪn-] inscription *f.*

Insekt *n* ⟨-(e)s, -en⟩ [ɪn'zɛkt] insecte *m;* **~enfresser** *m zoo* insectivore *m;* **~enkunde** *f* entomologie *f;* **~enmittel** *n* insecticide *m;* **~enpulver** *n* poudre *f* insecticide; **~enstich** *m* piqûre *f* d'insecte *f.*

Insel *f* ⟨-, -n⟩ ['ɪnzəl] île *f; auf e-r ~* dans une île; *kleine ~* îlot *m;* **~gruppe** *f* groupe *m* d'îles.

Inser|at *n* ⟨-(e)s, -e⟩ [ɪnze'ra:t] annonce *f; ein ~ aufgeben = inserieren;* **~atenannahme** *f,* **~atenbüro** *n* bureau *m* d'annonces; **~ent** *m* ⟨-en, -en⟩ [-'rɛnt] annonceur *m;* **i~ieren** [-'ri:rən] ⟨*ohne ge-*⟩ *tr* mettre une annonce.

ins|geheim [ɪnsgə'haɪm] *adv* secrètement, en secret, en cachette, sous le manteau; **~gesamt** *adv* tous (ensemble), dans l'ensemble, en totalité, au total, en tout, en corps.

inso|fern ['ɪnzo'fɛrn, ɪn'zo:fɛrn] *adv,* **~weit I.** *adv* jusqu'à ce point, dans cette mesure; **II.** *conj* en tant que, dans la mesure où.

Inspekt|eur *m* ⟨-s, -e⟩ [ɪnspɛk'tø:r] inspecteur, surveillant, visiteur *m;* **~ion** *f* ⟨-, -en⟩ [-tsi'o:n] inspection; *(Aufsicht)* surveillance *f; (Prüfung)* contrôle *m;* **~ionsfahrt** *f,* **~ionsreise** *f* tournée *f* d'inspection; **~or** *m* ⟨-s, -en⟩ [-'spɛktɔr, -'to:rən] = *Inspekteur; agr* gérant *od* administrateur *m.*

Install|ateur *m* ⟨-s, -e⟩ [ɪnstala'tø:r] installateur, appareilleur *m;* **~ation** *f* ⟨-, -en⟩ [-tsi'o:n] installation *f;* **~ationsarbeiten** *f pl* travaux *m pl* d'installation; **~ationsgeschäft** *n* plomberie *f,* installations *f pl* sanitaires; **i~ieren** [-'li:rən] ⟨*ohne ge-*⟩ **1.** *tr* installer; *tech* équiper; **2.** *refl: sich ~ (fig: sich niederlassen)* s'établir.

instand [ɪn'ʃtant]: ~ *halten (tr)* entretenir, (main)tenir en (bon) état; ~ *setzen (tr) (befähigen)* mettre en état (*zu* de); *(reparieren)* (re)mettre en (bon) état, remettre à neuf, réparer; *mot a.* dépanner; *(ausbessern, flicken)* rapiécer, raccommoder.

inständig ['ɪnʃtɛndɪç] **I.** *a* pressant, instant; **II.** *adv: ~ bitten* prier instamment, implorer (*jdn um etw* qc à qn); — *~e Bitten f pl (a.)* instances *f pl.*

Instandsetzung *f* ⟨-, -en⟩ [ɪn'ʃtant-] (re)mise en état, réparation *f; mot a.* dépannage; rapiéçage, raccommodage *m.*

Instanz *f* ⟨-, -en⟩ [ɪn'stants] *jur* instance *f; in erster, letzter ~* en première, dernière instance, en premier, dernier ressort; *sich an e-e ~ wenden* s'adresser à une instance *f; höhere ~ (jur)* instance *od adm* autorité *f* supérieure; **~enweg** *m: auf dem ~* par la voie hiérarchique; *den ~ einhalten* suivre la voie hiérarchique.

Instinkt *m* ⟨-(e)s, -e⟩ [ɪn'stɪŋkt] instinct *m; aus ~* d'instinct, par instinct, instinctivement; *~ haben* avoir de l'instinct; *e-n untrüglichen ~ haben* avoir un instinct infaillible; *aus ~ handeln* agir d'instinct; **i~iv** [-'ti:f] *a*, **i~mäßig** *a* instinctif.

Institut *n* ‹-(e)s, -e› [ɪnsti'tu:t] institution *f; (Anstalt)* établissement; *(Lehranstalt)* institut; *(für Mädchen)* pensionnat *m;* **~ion** *f* ‹-, -en› [-tsi'o:n] *(Einrichtung)* institution *f.*

instru|ieren [ɪnstru'i:rən] ‹*ohne ge-*› *tr* instruire, donner des instructions à; **I~ktion** *f* ‹-, -en› [-struktsi'o:n] instruction; *(Anweisung)* direction, directive *f.*

Instrument *n* ‹-(e)s, -e› [ɪnstru'mɛnt] **1.** instrument *a. mus; phys a.* appareil; *(Werkzeug)* outil; *(Gerät)* ustensile *m;* **2.** *jur (Urkunde)* instrument, acte (juridique), document *m* officiel; **i~al** [-'ta:l] *a* instrumental; **~enlandung** *f aero* atterrissage *m* aux instruments *od* sans visibilité; **~enmacher** *m mus* fabricant *m* d'instruments de musique.

Insulaner *m* ‹-s, -› [ɪnzu'la:nər] insulaire, îlien *m.*

inszenier|en [ɪnstse'ni:rən] ‹*ohne ge-*› *tr* **1.** *theat film* mettre en scène; **2.** *fig* arranger, monter; **I~ung** *f* ‹-, -en› *theat film* mise *f* en scène.

intakt [ɪn'takt] *a* intact.

Intarsia *f* ‹-, -sien› [ɪn'tarzia, -ziən] marqueterie *f.*

Integr|al *n* ‹-s, -e› [ɪnte'gra:l] *math* intégrale *f;* **~alrechnung** *f* calcul *m* intégral; **~ation** *f* ‹-, -en› [-gratsi'o:n] *(Vervollständigung, Zs.schluß)* intégration *f;* **i~ieren** [-'gri:rən] ‹*ohne ge-*› *tr (ergänzen, zs.schließen) a. math* intégrer; *~der Bestandteil m* partie *f* intégrante.

Intellekt *m* ‹-(e)s, ø› [ɪntɛ'lɛkt] intellect *m;* **i~uell** [-tu'ɛl] *a* intellectuel; **~uelle** *m f* ‹-n, -n› intellectuel(le *f*) *m; die Intellektuellen pl (a.)* l'intelligentsia *f.*

intelligen|t [ɪntɛli'gɛnt] *a* intelligent; **I~z** *f* ‹-, -en› [-'gɛnts] intelligence *f* (supérieure); *die ~ (Schicht der wissenschaftl. Gebildeten)* les intellectuels *m pl,* l'intelligentsia *f.*

Intendant *m* ‹-en, -en› [ɪntɛn'dant] intendant *m a. mil theat;* **~ur** *f* ‹-, -en› [-'tu:r] intendance *f a. mil.*

Intens|ität *f* ‹-, ø› [ɪntɛnzi'tɛ:t] intensité *f;* **i~iv** [-tɛn'zi:f] *a* intense; *bes. agr u. tech* intensif; **i~ivieren** [-'vi:rən] ‹*ohne ge-*› *tr* intensifier.

interess|ant [ɪnterɛ'sant] *a* intéressant; *(anziehend, reizvoll)* attirant, attrayant; **I~e** *n* ‹-s, -n› intérêt *m (an* à, *für* pour); *im ~ der Allgemeinheit* dans l'intérêt public; *von allgemeinem ~* d'intérêt général; *an etw ~ finden, an* od *für etw ~ haben* s'intéresser à qc; *an etw ~ haben* être intéressé par, avoir envie d'acheter qc; *in jds ~ liegen* être dans l'intérêt de qn; *das ~ an etw verlieren* se désintéresser de qc; *jds ~n vertreten* défendre les intérêts de qn; **~elos** *a* désintéressé; **I~elosigkeit** *f* ‹-, ø› désintéressement *m;* **I~engemeinschaft** *f* communauté *f* d'intérêts; **I~enkonflikt** *m* conflit *m od* discussion *f* d'intérêts; **I~ent** *m* ‹-en, -en› [-'sɛnt] intéressé *m;* **~ieren** [-'si:rən] ‹*ohne ge-*› *tr* intéresser; *sich für jdn, etw ~* s'intéresser à qn, qc.

Interim *n* ‹-s, -s› ['ɪnterɪm] *(vorläufige Regelung)* intérim *m;* **i~istisch** [-'mɪstɪʃ] **I.** *a* intérimaire, provisoire, temporaire; **II.** *adv a.* par intérim.

Interjektion *f* ‹-, -en› [ɪntɛrjɛktsi'o:n] *gram* interjection *f.*

Intermezzo *n* ‹-s, -s/...zzi› [ɪntɛr'mɛtso] *theat mus* intermède *a. fig,* divertissement *m.*

intern [ɪn'tɛrn] *a* interne; **I~at** *n* ‹-(e)s, -e› [-'na:t] internat *m,* maison *f* d'éducation.

international [ɪnternatsio'na:l] *a* international.

internier|en [ɪntɛr'ni:rən] ‹*ohne ge-*› *tr* interner; **I~te** *m f* ‹-, -n› interné(e *f*) *m;* **I~ung** *f* ‹-, -en› internement *m;* **I~ungslager** *n* camp *m* d'internement.

interpellieren [ɪntɛrpɛ'li:rən] ‹*ohne ge-*› *itr parl* interpeller.

interpolieren [ɪntɛrpo'li:rən] ‹*ohne ge-*› *tr (einschalten, a. math)* interpoler.

Interpret *m* ‹-en, -en› [ɪntɛr'pre:t] interprète *m;* **~ation** *f* ‹-, -en› [-tsi'o:n] *(Auslegung)* interprétation *f;* **i~ieren** [-'ti:rən] ‹*ohne ge-*› *tr (deuten)* interpréter; *(erklären)* expliquer.

Interpunktion(szeichen *n***)** *f* ‹-, (-en)› [ɪntɛrpuŋktsi'o:n] (signe *m* de) ponctuation *f.*

Intervall *n* ‹-s, -e› [ɪntɛr'val] *mus* intervalle *m.*

interven|ieren [ɪntɛrve'ni:rən] ‹*ohne ge-*› *itr pol* intervenir; **I~tion** *f* ‹-, -en› [-vɛntsi'o:n] intervention *f.*

Interview *n* ‹-s, -s› [ɪntɛr'vju:, 'ɪntɛrvju] interview *f;* **i~en** [-'vju:ən] ‹*ohne ge-*› *tr* interviewer; **~er** *m* ‹-s, -› interviewer *m.*

intim [ɪn'ti:m] *a* intime; *(vertraut)* familier; *~er Verkehr m* rapports *m pl* sexuels; **I~ität** *f* ‹-, -en› [-mi'tɛ:t] intimité *f.*

intoleran|t ['ɪntolerant, ---'-] *a* intolérant; **I~z** *f* ‹-, (-en)› [-'rants] intolérance *f.*

intransitiv ['ɪntranziti:f, ---'-] *a gram* intransitif, neutre.

intrig|ant [ɪntri'gant] *a* intrigant; **I~ant(-in)** *m* ‹-en, -en› (*f* ‹-, -nen›) intrigant(e *f*) *m;* finassier *m,* -ière *f;* **I~e** *f* ‹-, -n› [-'tri:gə] intrigue, cabale *f;* **~ieren** [-'gi:rən] ‹*ohne ge-*› *itr* intriguer (*gegen* contre).

Invalid|e *m* ‹-n, -n› [ɪnva'li:də] invalide; *mil* mutilé *m;* **~ität** *f* ‹-, ø› [-di'tɛ:t] invalidité *f.*

Invasion *f* ‹-, -en› [ɪnvazi'o:n] invasion *f.*

Invent|ar *n* ‹-s, -e› [ɪnvɛn'ta:r] inventaire *m; das ~ aufnehmen* faire *od* dresser *od* établir l'inventaire; **~araufnahme** *f,* **~arisation** *f* ‹-, -en› [-rizats'o:n] établissement *m* de l'inventaire; **~ur** *f* ‹-, -en› [-'tu:r] *com* inventaire *m; ~ machen* dresser *od* établir *od* faire l'inventaire.

invest|ieren [ɪnvɛs'ti:rən] ‹*ohne ge-*› *tr fin (anlegen)* placer, investir, engager; **I~ition** *f* ‹-, -en› [-titsi'o:n] *com* placement, investissement *m;* **I~itionsgüter** *n pl* biens *m pl* d'investissement.

inwendig ['ɪn-] **I.** *a* intérieur; **II.** *adv* à l'intérieur, au-dedans.

inwie|fern, ~weit [--'-] *adv* combien, dans quelle mesure, (jusqu')à quel point.

Inzucht *f* ‹-, ø› ['ɪn-] **1.** *(unter Vieh)* croisement *m* d'animaux apparentés; **2.** *(unter Menschen)* union *f* consanguine.

inzwischen [ɪn'tsvɪʃən] *adv* entre-temps, en attendant; provisoirement.

Ion *n* ‹-s, -en› [i'o:n] *phys* ion *m;* **i~isieren** [-ni'zi:rən] ‹*ohne ge-*› *tr phys* ioniser.

I-Punkt *m* ‹-(e)s, -e› point *m* sur l'i.

Iran *m* [i'ra:n] l'Iran *m;* **~(i)er(in)** *m* ‹-s, -› (*f* ‹-, -nen›) [i'ra:n(i)ər] Iranien(ne *f*) *m;* **i~isch** [i'ra:nɪʃ] *a* iranien.

ird|en ['ɪrdən] *a* de *od* en terre; *~es Geschirr n* poterie *f;* **~isch** *a astr* terrestre; *(nicht himmlisch)* de ce monde, d'ici-bas.

Ire *m* ‹-n, -n› ['i:rə], **Irin** *f* Irlandais(e *f*) *m.*

irgend ['ɪrgənt] *adv: wenn ich ~ kann, wenn es ~ geht* od *möglich ist* pour peu que ce soit possible, s'il y a la moindre possibilité; *so gut es ~ geht* du mieux possible; *~ etwas* n'importe quoi; quelque chose; *~ jemand* n'importe qui; quelqu'un; **~ein(e)** [-ˀaɪn] *pron a* quelconque, n'importe quel, quelque; **~eine(r)** *pron s* n'importe lequel, laquelle; quelqu'un(e); **~wann** *adv* n'importe quand, en quelque temps *od* à quelque moment que ce soit; **~wie** *adv* n'importe comment, d'une manière quelconque; **~wo** *adv,* **~wohin** *adv* quelque part, n'importe où; **~woher** *adv* de n'importe où.

irisch ['i:rɪʃ] *a* irlandais; **Irland** *n* l'Irlande *f.*

Iron|ie *f* ‹-, -n› [iro'ni:] ironie *f;* **i~isch** [i'ro:nɪʃ] *a* ironique.

irrational ['ɪratsiona:l, ----'-] *a, a. math* irrationnel.

irr|(e) ['ɪr(ə)] *a (verrückt)* fou, dément, aliéné; *an jdm ~ werden* ne plus savoir que penser de qn; perdre la confiance en qn; **I~e** *f* ‹-, ø› : *in die ~ führen* égarer; *fig (täuschen)* mystifier, duper; *in die ~ gehen* s'égarer; **I~e** *m f* ‹-, -n› fou *m,* folle *f,* dément *m,* aliéné(e *f*) *m.*

irreal ['ɪrea:l, --'-] *a* irréel; **I~ität** *f* ‹-, -en› [-'tɛ:t] irréalité *f.*

irre|führen ['ɪrə-] *tr fig* induire en erreur, donner le change à, tromper; **~führend** *a (täuschend)* trompeur, faux; *~e Werbung f* publicité *f* mensongère; **~≈gehen** ‹*ging irre, irregegangen*› *itr* ‹*sein*› **1.** s'égarer, faire fausse route, se fourvoyer; *(Brief)* s'égarer; **2.** *fig* se tromper.

irrelevant ['ɪrelevant, ---'-] *a* insignifiant, non pertinent, sans importance.

irre≈machen ['ɪrə-] ‹*macht, machte irre, irregemacht*› *tr* déconcerter, désorienter; *sich nicht ~ (von s-r Meinung abbringen) lassen* ne pas démordre de son opinion.

irren ['ɪrən] *itr* **1.** ‹*sein*› *(umherschweifen)* errer; *fig (Gedanken)* vaguer; **2.** ‹*h*› *(falscher Meinung sein)* être dans l'erreur; *refl* **3.** *sich ~* se tromper (*in* dans, *in jdm* sur le compte de qn), se méprendre, s'abuser, être dans l'erreur, faire fausse route; *sich gewaltig* od *schwer ~ (fam)* se ficher *od* se fourrer dedans, se mettre *od* se ficher *od* se fourrer le doigt dans l'œil; *wenn ich (mich) nicht irre* si je ne me trompe, si je ne m'abuse, si j'ai bonne mémoire, sauf erreur de ma part; *ich habe mich gründlich in ihm geirrt* je me suis complètement trompé sur son compte; **I~anstalt** *f,* **I~haus** *n* asile *od* hospice *m od* maison d'aliénés, maison *f* de santé; **I~arzt** *m* psychiatre *m.*

Irr|fahrt *f* ['ɪr-] course vagabonde, odyssée *f;* **~garten** *m* labyrinthe, dédale *m;* **i~ig** *a (falsch)* erroné, faux; **i~igerweise** *adv* par erreur.

irritieren [ɪri'ti'rən] ‹*ohne ge-*› *tr (reizen)* irriter, agacer; *(verwirren)* déconcerter.

Irr|läufer *m* ['ɪr-] *(Post)* envoi *m* en souffrance; **~licht** *n* ‹-(e)s, -er› feu *m* follet; **~sinn** *m* ‹-(e)s, ø› *a. fam (übertreibend)* folie; démence *f;* **i~sinnig** *a* fou, dément, aliéné; **~tum** *m* ‹-s, ⸚er› *(falsche Meinung)* erreur *f; (Mißverständnis)* malentendu *m; (Versehen)* méprise, bévue *f; jdn über e-n ~ aufklären* tirer qn d'erreur; *sich im ~ befinden, im ~ sein* être dans l'erreur; *Sie sind* od *da sind Sie im ~* vous vous trompez; *das ist ein ~* il y a malentendu *od fam* maldonne; *das war ein ~ von mir* j'ai fait erreur, je me suis trompé; **i~tümlich I.** *a* erroné; **II.** *adv* par erreur *od* méprise.

Ischias *m (n, f)* ‹-, ø› ['ɪʃias] goutte *f* sciatique.

Islam *m* ‹-s, ø› ['ɪslam, -'-] *rel* Islam, islamisme *m;* **i~isch** [-'la:mɪʃ] *a allg* islamique.

Island *n* ['i:slant] l'Islande *f;* **Isländer(in)** *m* ‹-s, -› (*f* ‹-, -nen›) Islandais(e *f*) *m;* **isländisch** *a* islandais.

Isobare *f* ‹-, -n› [izo'ba:rə] *mete* isobare *f.*

Isolat|ion *f* ‹-, -en› [izolatsi'o:n] **1.** *(Absonderung)* isolement *m;* **2.** *el* isolation *f;* **~or** *m* ⟨-s, -en⟩ [-'la:tɔr, -'to:rən] *el* isolateur *m,* isoloir, isolant *m.*

Isolier|band *n* [izo'li:r-] ruban *m od* bande isolant(e), bande *f* isolatrice, chatterton *m;* **i~en** ⟨*ohne ge-*⟩ *tr* isoler *a. el;* **~haft** *f* isolement *m* cellulaire; **~material** *n,* **~mittel** *n* matière *f* isolante, isolant *m,* matériaux *m pl* isolants; **~raum** *m med* chambre *f* d'isolement, *(kleiner)* box *m;* **~ung** *f* ⟨-, -en⟩ **1.** *(Absonderung)* isolement *m;* **2.** *el (Vorgang)* isolation *f;* **3.** *(Material)* enveloppe *f* isolante; **~zelle** *f jur* prison *f* cellulaire.

Isotherme *f* ⟨-, -n⟩ [izo'tɛrmə] *mete geog* isotherme *f.*

Israel *n* ['ɪsraɛl] *(Staat, hist u. rel: Volk)* Israel *m;* **~i** *m* ⟨-(s), -(s)⟩ [-ra'e:li] *pol* Israélien(ne *f*) *m;* **i~isch** [-'e:lɪʃ] *a* israélien; **~it(in)** *m* ⟨-en, -en⟩ (*f* ⟨-, -nen⟩) [-e'li:t] *rel u. hist* Israélite *m f;* **i~itisch** [-'li:tɪʃ] *a* israélite.

Ist| ... ['ɪst-] ... effectif, réel; **~-Bestand** *m* (inventaire) effectif *m.*

Isthmus *m* ⟨-, -men⟩ ['ɪstmus, -mən] *geog (Landenge)* isthme *m.*

Ital|ien *n* [i'ta:liən] l'Italie *f;* **~iener(in)** *m* ⟨-s, -⟩ (*f* ⟨-, -nen⟩) [-li'e:nər] Italien(ne *f*) *m;* **i~ienisch** [-li'e:nɪʃ] *a* italien, d'Italie; *(das) I~(e) n* l'italien *m.*

I-Tüpfelchen *n* ⟨-s, -⟩ *fig fam* iota; point *m* sur l'i.

J

J, j *n* ⟨-, -⟩ [jɔt] *(Buchstabe)* J, j *m.*

ja [ja:] **1.** *(bejahend)* oui; **2.** *(nachdrücklich)* bien, mais; **3.** *(sogar)* et même; — *~?* tu dis? vous dites? *fam* hein? *aber ~!* mais si! *na ~! (fam)* après tout; enfin! *nun ~!* hé, hé! *o ~!* mais oui! oh oui! certes! *~ dann* alors; *~ doch!* mais oui! mais si! si, si! si fait! *~ freilich (adv)* bien sûr; sans doute, vraiment; *interj* mais oui! *~ nicht* surtout pas; *~ sogar* et même, voire même; *mit Ja antworten* répondre affirmativement; *~ sagen* dire que oui; *zu etw ~ sagen* consentir à qc; *zu allem ~ (und amen) sagen* consentir à tout; être un beni-oui-oui *fam; mit Ja stimmen (parl)* voter pour; *ich habe es ~ gesagt* je l'avais bien dit; *Sie wissen ~ ...* vous savez bien ...; *glaube ~ nicht ...!* ne va pas croire ..., ne crois surtout pas ...; *sage ~ nicht ...!* ne va pas dire ..., garde-toi bien de dire ..., surtout ne dis pas ...; *da bist du ~!* mais te voilà! tiens, te voilà! te voilà enfin! *das ist ~ furchtbar* mais c'est terrible! *das ist ~ e-e schöne Geschichte! (iron)* en voilà une belle affaire!

Jacht *f* ⟨-, -en⟩ [jaxt] *mar* yacht *m.*

Jack|e *f* ⟨-, -n⟩ ['jakə] *(Herrenjacke)* veston *m,* veste; *(Damenjacke, Kostümjakke)* veste, jaquette *f; (Unterjacke)* gilet *m* de laine; **~ett** *n* ⟨-(e)s, -e/-s⟩ [ʒa'kɛt] = *Jacke.*

Jagd *f* ⟨-, -en⟩ [ja:kt, '-dən] **1.** chasse *f;* **2.** *(Verfolgung)* poursuite *f (auf* de); **3.** *(~wesen)* vénerie *f;* — *auf die ~ gehen* aller *od* partir à la chasse; *auf etw ~ machen* faire la chasse à qc; **~aufseher** *m* garde-chasse *m;* **~beute** *f* tableau *m* de chasse; **~bomber** *m* chasseur *m* bombardier; **~flugzeug** *n* avion de chasse, chasseur *m;* **~gewehr** *n* fusil *m* de chasse; **~haus** *n* rendez-vous *m* de chasse; **~hund** *m* chien de chasse; *(Vorstehhund)* chien *m* d'arrêt; **~hütte** *f* pavillon *m* de chasse; **~revier** *n* réserve *f* de chasse; **~schein** *m* permis *m* de chasse; **~tasche** *f* gibecière, carnassière *f;* **~zeit** *f* saison *f* de la chasse.

jagen ['ja:gən] *tr* ⟨*h*⟩ **1.** chasser, faire la chasse à; **2.** *(verfolgen)* poursuivre, pourchasser; *itr* **3.** ⟨*h*⟩ chasser; **4.** ⟨*sein*⟩ *(dahinjagen)* courir, galoper, aller à toute vitesse *od* à fond de train; *fig* aller *od* prendre le grand galop; — *nach etw ~* courir après qc; *damit kannst du mich ~* ça me dégoûte; *ein Ereignis jagt das andere* les événements se succèdent rapidement.

Jäger *m* ⟨-s, -⟩ ['jɛ:gər] **1.** chasseur *m a. mil;* **2.** *aero* avion de chasse, chasseur *m;* **~ei** *f* ⟨-, ø⟩ [-'raɪ] chasse, vénerie *f.*

Jaguar *m* ⟨-s, -e⟩ ['ja:gua:r] *zoo* jaguar *m.*

jäh [jɛ:] **I.** *a* **1.** *(steil)* escarpé, raide, abrupt; **2.** *(plötzlich)* soudain, brusque; *(überstürzt)* précipité; **3.** *(ungestüm)* impétueux; *(aufbrausend)* fougueux; **II.** *adv a. (mit plötzlicher Heftigkeit)* brusquement.

Jahr *n* ⟨-(e)s, -e⟩ [ja:r] *(als bloße Zeiteinheit)* an *m; (in s-m Verlauf, mit Bezug auf s-n Inhalt)* année; *arg* berge *f; alle zwei ~e* tous les deux ans; *ein paar* od *einige ~e (lang)* quelques années; *einmal im ~* une fois par an; *~ für ~* chaque année; une année après l'autre; *die dreißiger ~e* les années trente; *das ganze ~ (hindurch* od *über)* (pendant) toute l'année; *im ~, aufs ~ gerechnet* par an; *im ~e 1960* en (l'an) 1960; *in den besten ~en (im besten Alter)* à la fleur de l'âge; *in einem ~, übers ~* dans un an, d'ici un an; au bout d'un an; *jedes ~* tous les ans; *letztes* od *vergangenes* od *voriges ~* l'an dernier *od* passé, l'année dernière *od* passée; *mit den ~en* avec les années *od* le temps *od* l'âge; l'âge venant; *nächstes ~* l'année prochaine; *seit ~ und Tag* depuis (bien) longtemps; *viele ~e lang* pendant bien des années; *von ~ zu ~* d'année en année; *vor einem ~* il y a un an; *in die ~e kommen (alt werden)* prendre de l'âge; *jdm ein glückliches neues ~ wünschen* souhaiter la bonne année à qn; *die besten ~e (des Lebens)* les belles années; *ein dreiviertel, ein halbes ~* neuf, six mois *m pl; das laufende ~* l'année *f* courante; *das neue ~* la nouvelle année.

jahr|aus [ja:r'ʔaus] *adv: ~, jahrein* bon an, mal an; d'une année à l'autre; **J~buch** *n* ['ja:r-] annuaire, almanach *m;* **~elang I.** *a* qui a *od* avait duré des années; **II.** *adv* pendant de longues années.

jähren, sich ['jɛ:rən]: *sein Tod jährt sich heute zum erstenmal* il y a aujourd'hui un an qu'il est mort; *der Tag jährt sich bald, an dem ...* c'est bientôt l'anniversaire du jour où ...

Jahres|abschlußprämie *f* ['ja:rəs-] prime *f* de fin d'année; **~anfang** *m* commencement *m* de l'année; **~beitrag** *m* cotisation *f* annuelle; **~durchschnitt** *m* moyenne *f* annuelle; **~einkommen** *n* revenu *m* annuel; **~ende** *n* fin *f* d'année *od* de l'année; **~tag** *m* anniversaire *m;* **~urlaub** *m* congé *m od* vacances *f pl* annuel(les), *mil* permission *f* annuelle; **~wechsel** *m,* **~wende** *f* nouvel an *m;* **~zahl** *f* (chiffre *m* de l')année *f; (auf Münzen)* millésime *m;* **~zeit** *f* saison *f;* **j~zeitlich** *a* saisonnier.

Jahr|gang *m* ['ja:r-] **1.** *(Geburtsjahrgang)* génération; *(Rekrutenjahrgang)* classe; *(Schule)* promotion *f;* **2.** *(Wein, Zeitschrift)* année *f;* **~hundert** *n* ⟨-s, -e⟩ [ja:r'hʏndərt] siècle *m;* **j~hundertelang** *adv* pendant des siècles; **~hundertwende** *f* tournant *od* changement *m* de siècle.

...jährig [...jɛ:rıç] *a (an eine Zahl angehängt)* de ... ans.

jährlich ['jɛ:rlıç] **I.** *a* annuel; **II.** *adv* par an; *einmal* ~ une fois par an.

Jahr|markt *m* ['ja:r-] foire *f;* **~marktsbude** *f* baraque *f* foraine; **~tausend** *n* millénaire *m;* **~zehnt** *n* ⟨-(e)s, -e⟩ [ja:r'tse:nt] période de dix ans, décennie *f;* **j~zehntelang** *adv* pendant des dizaines d'années.

Jähzorn *m* ['jɛ:tsɔrn] **1.** *(Eigenschaft)* caractère emporté, tempérament *m* colérique, irascibilité *f;* **2.** *(Zornausbruch)* colère *f* subite, accès de colère, emportement *m;* **j~ig** *a* irascible; colère, coléreux, colérique; emporté, fougueux.

Jalousie *f* ⟨-, -n⟩ [ʒalu'zi:] *(zum Ziehen)* jalousie; *(zum Klappen)* persienne *f.*

Jammer *m* ⟨-s, ø⟩ ['jamər] **1.** *(Elend)* misère, calamité, détresse *f;* **2.** *(Kummer)* chagrin *m,* affliction; *(Verzweiflung)* désolation *f,* désespoir *m;* **3.** *(Wehklagen)* plaintes, lamentations, jérémiades *f pl;* — *es ist ein ~ (, daß ...)* c'est malheureux, quel malheur (que *subj*); *es wäre ein ~, wenn* il serait vraiment dommage que *subj.*

jämmerlich ['jɛmərlıç] *a (elend)* misérable; *(erbärmlich)* pitoyable, piteux, minable, *(mitleiderregend)* à faire pitié.

jammer|n ['jamərn] *itr* se lamenter; *(klagen)* se plaindre; *nach jdm* od *etw* ~ réclamer qn *od* qc d'un ton plaintif; *das jammert mich* cela me fait pitié; **~schade** *a: das ist ~!* c'est grand dommage, c'est déplorable.

Januar *m* ⟨-(s), -e⟩ ['janua:r] janvier *m.*

Japan *n* ['ja:pan] le Japon; **~er(in)** *m* ⟨-s, -⟩ (*f* ⟨-, -nen⟩) [ja'pa:nər] Japonais(e *f*) *m;* Nippon(ne *f*) *m;* **j~isch** [-'pa:nıʃ] *a* japonais, du Japon, nippon; *(das) J~(e)* (le) japonais.

Jasmin *m* ⟨-s, -e⟩ [jas'mi:n] *bot* jasmin *m.*

Jaspis *m* ⟨-ses, -se⟩ ['jaspıs, -sə] *min* jaspe *m.*

jäten ['jɛ:tən] *tr agr* sarcler; *(entkrauten)* désherber.

Jauche *f* ⟨-, -n⟩ ['jauxə] *agr* purin *m* eaux-vannes *f pl;* **~(n)grube** *f* fosse *f* à purin, purot *m.*

jauchz|en ['jauxtsən] *itr* pousser des cris d'allégresse, exulter, *fam* jubiler; **J~er** *m* ⟨-s, -⟩ cri *m* d'allégresse.

jaulen ['jaulən] *itr (Hund)* pleurer.

jawohl [ja'vo:l] (mais) oui! parfaitement!

Jazz *m* ⟨-, ø⟩ [dʒɛs, jats] jazz *m;* **~kapelle** *f* orchestre de jazz, jazz-band *m.*

je [je:] **I.** *adv* **1.** *(jemals)* jamais; **2.** *(vor e-r Zahl)* chaque, chacun *(nachgestellt);* à la fois; **II.** *conj ~ ..., desto ... (mit Komparativen)* plus ..., plus ... *(mit Positiven);* — *~ mehr, weniger ..., desto mehr, weniger* ... plus, moins ... plus, moins ...; *~ nachdem* c'est selon; *~ nachdem, ob* selon que, suivant que; *~ nach Größe* par rang de taille; *~ nach dem Fall, den Umständen* selon le cas, les circonstances; *~ eher, ~ lieber* le plus tôt sera le mieux; *~ mehr, desto besser* plus il y en a, mieux cela vaut; *ich gebe euch ~ zwei Mark* je vous donne deux marks chacun; *wer hätte das ~ gedacht!* comment imaginer une chose semblable!

jed|enfalls ['je:dən-] *adv* en tout cas, de toute façon, quoi qu'il en soit, toujours est-il que; **~e(r, s) I.** *pron a* tout; chaque; *~(r, s) dritte etc* ... un(e) ... sur trois *etc;* *~r von uns* chacun d'entre nous; **II.** *s (alleinstehend)* chacun, tout le monde; *~r, der* quiconque; *~m das Seine* à chacun sa part; *~r beliebige* le premier venu; *~r einzelne* chacun en particulier; **~ermann** *pron* chacun, tout le monde; **~erzeit** *adv* en tout temps, à tout moment, à tous moments; à toute(s les) heure(s), toujours; **~esmal I.** *adv* chaque fois, toutes les fois; **II.** *conj: ~, wenn* chaque fois que, toutes les fois que.

jedoch [je'dɔx] *adv* cependant, pourtant, toutefois.

je|her ['je:he:r, '-'-] *adv: von ~* de tout temps, depuis toujours; **~mals** ['je:ma:ls] *adv* jamais; *hat man ~ so etwas gesehen?* a-t-on jamais vu chose semblable?

jemand ['je:mant] *pron* quelqu'un; *(verneint)* personne, aucun; *es ist ~ da* il y a quelqu'un *od* du monde; *~ anders, sonst ~* quelqu'un d'autre.

jen|e(r, s) ['je:nə] *pron* **I.** *a* ce(t) *m,* cette *f,* ces *pl* (*mit angehängtem* -là); *an ~m Tage* ce jour-là; **II.** *s* celui-là *m,* celle-là *f,* ceux-là *m pl,* celles-là *f pl;* **~seitig** *a* de l'autre côté, au-delà, ultérieur; *am ~en Ufer* sur l'autre rive; **~seits I.** *adv* de l'autre côté, au-delà; **II.** *prp gen* de l'autre côté de, au-delà de, par-delà;

J~seits, *das* l'au-delà, l'autre monde *m.*

Jesuit *m* ⟨-en, -en⟩ [jezu'i:t] jésuite *m;* **~enorden,** *der* la Société *od* Compagnie de Jésus.

Jesus *m* ['je:zus] Jésus *m; ~ Christus m* Jésus-Christ *m.*

jetz|ig ['jɛtsɪç] *a* présent, actuel; d'aujourd'hui, d'à présent, de nos jours; **~t** [jɛtst] *adv* maintenant, à présent, présentement, actuellement; *(dann)* alors; *bis ~* jusqu'à présent, jusqu'ici; *erst ~ ...* ce n'est que maintenant que ...; *gerade ~* juste en ce moment; *von ~ an* à partir de maintenant, désormais, dorénavant, à l'avenir.

jeweil|ig ['je:vaɪlɪç] *a* **1.** *(derzeitig)* actuel; **2.** *(betreffend)* respectif; **~s** *adv (jedesmal)* chaque fois.

Job *m* ⟨-s, -s⟩ [dʒɔb] *fam* travail; boulot *m;* **j~ben** *itr fam* travailler (occasionnellement); avoir un job.

Joch *n* ⟨-(e)s, -e⟩ [jɔx] **1.** joug *m;* **2.** *arch* travée *f;* **3.** *geog (Paß)* col *m; — sein ~ abschütteln (fig)* secouer son joug;

Jockei *m* ⟨-s, -s⟩ ['jɔkaɪ, 'dʒɔki] jockey *m.*

Jod *n* ⟨-(e)s, ø⟩ [jo:t, '-dəs] *chem* iode *m.*

jod|eln ['jo:dəln] *tr* u. *itr* iouler, jodler; **J~ler** *m* ⟨-s, -⟩ ['-dlər] *(das Jodeln)* tyrolienne *f.*

Jodtinktur *f* ['jo:t-] *pharm* teinture *f* d'iode.

Joghurt *m* od *n* ⟨-s, -s⟩ ['jo:gurt] yaourt, yogourt *m.*

Johann|(es) *m* ['jo:han, jo'han(əs)] Jean *m; ~es der Täufer* (Saint) Jean-Baptiste; **~i(s)** *n,* **~istag** *m* [-'hani, -nɪs-] *(24. Juni)* la Saint-Jean; **~isbeere** *f* groseille *f; schwarze ~* cassis *m;* **~isbrot** *n bot* caroube *f;* **~isbrotbaum** *m* caroubier *m.*

johlen ['jo:lən] *itr* criailler, hurler.

Jongl|eur *m* ⟨-s, -e⟩ [ʒɔ̃'glø:r] jongleur *m;* **j~ieren** [-'gli:rən] ⟨*ohne ge-*⟩ *itr* jongler.

Joppe *f* ⟨-, -n⟩ ['jɔpə] veston *m,* vareuse *f.*

Jordan, *der* ['jɔrdan] le Jourdain; **~ien** *n* [-'da:niən] la Jordanie.

Journal *n* ⟨-s, -e⟩ [ʒur'na:l] *(Tagebuch)* journal (intime); *com* livre-journal *m; ins ~ eintragen* noter sur son journal; **~ismus** *m* ⟨-, ø⟩ [-'lɪsmus] journalisme *m;* **~ist** *m* ⟨-en, -en⟩ [-'lɪst] journaliste *m.*

jovial [jovi'a:l] *a* jovial, gaillard.

Jubel *m* ⟨-s, ø⟩ ['ju:bəl] jubilation, exultation *f;* cris d'allégresse, transports *m pl* de joie; **~jahr** *n: alle ~e (einmal)* bien rarement; **j~n** *itr* exulter, triompher, pousser des cris d'allégresse, *fam* jubiler.

Jubil|ar(in *f)* *m* ⟨-s, -e⟩ [jubi'la:r] personne *f od* celui *m* (celle *f*) qui fête son anniversaire *od* jubilé; **~äum** *n* ⟨-s, -läen⟩ [-'lɛ:um, -ən] fête *f* anniversaire; *fünfzigjähriges ~* jubilé *m.*

juck|en ['jukən] **1.** *itr u. tr (Körperstelle)* démanger (*jdn* à qn); *impers: es juckt mich* cela me démange, j'ai des démangeaisons; **2.** *refl: sich ~* se gratter; **J~en** *n,* **J~reiz** *m* démangeaison(s *pl*) *f; med* prurit *m.*

Jude *m* ⟨-n, -n⟩ ['ju:də] juif *m; der Ewige ~* le Juif errant; **~ntum** *n* ⟨-s, ø⟩ judaïsme *m.*

Jüd|in *f* ⟨-, -nen⟩ ['jy:dɪn] juive *f;* **j~isch** *a* juif; *rel* judaïque.

Jugend *f* ⟨-, ø⟩ ['ju:gənt] jeunesse; *(Kindheit)* enfance; *(Jünglingsalter)* adolescence *f; die ~ (die jungen Leute)* la jeunesse *f,* les jeunes gens *pl; von (früher) ~ an* dès sa jeunesse, dès l'âge tendre; *frühe ~* première jeunesse *f;* **~amt** *n* office *m* de la jeunesse *od* de l'enfance *od* des mineurs; **~buch** *n* livre *m* pour la jeunesse; **~erinnerung** *f* souvenir *m* de jeunesse; **~freund** *m (alter Freund)* ami *od* camarade *m* d'enfance; **~herberge** *f* auberge *f* de jeunesse; **~kriminalität** *f* délinquance *f* juvénile; **j~lich** *a* **1.** juvénile; **2.** *(jung)* jeune, adolescent; *(von ~er Frische)* frais, vigoureux; *~ aussehen* avoir l'air jeune, faire jeune; *~es Aussehen n* air *m* de jeunesse; **~liche** *m, f* mineur *m; ~ unter 16 Jahren haben keinen Zutritt* interdit aux (mineurs de) moins de seize ans; **~lichkeit** *f* ⟨-, ø⟩ juvénilité, jeunesse *f; (Aussehen)* air *m* jeune; **~schutz** *m* protection *f* de l'enfance *od* de la jeunesse; **~zeit** *f* jeunesse, adolescence *f.*

Jugoslaw|e *m* ⟨-n, -n⟩ [jugo'sla:və], **~in** *f* ⟨-, -nen⟩ Yougoslave *m f;* **~ien** [-'sla:viən] *n* la Yougoslavie; **j~isch** [-'sla:vɪʃ] *a* yougoslave.

Juli *m* ⟨-(s), -s⟩ ['ju:li] (mois de) juillet *m.*

jung [juŋ] ⟨*jünger, jüngst*⟩ *a* **1.** jeune; **2.** *fig* nouveau; *— in ~en Jahren* dans la jeunesse; *von ~ auf* de jeunesse; dès son (mon, ton *etc*) jeune âge; *~ aussehen* avoir l'air jeune, faire jeune; *nicht mehr ~ (Mensch)* d'un certain âge, entre deux âges; *~ und alt* jeunes et vieux; *~e Erbsen f pl* petits pois *m pl; ~es Gemüse n* légumes *m pl* frais; *~er Wein m* vin *m* nouveau *od* vert; **J~e** *m* ⟨-n, -n/Jungs/-ns⟩ garçon, gars, gamin, *fam* gosse *m; kleiner ~* garçonnet, *fam* bambin, mioche *m;* **J~e** *n* ⟨-n, -n⟩ *(Tier)* petit *m; ~ werfen,* **~en** *itr* mettre bas.

jünger ['jyŋər] *a (Komparativ von: jung)* plus jeune; *(Bruder, Schwester)* cadet, puîné; *er ist 5 Jahre ~ als ich* il est mon cadet de 5 ans; *er sieht ~ aus, als er ist* il ne paraît pas son âge; *der J~e (von zwei Künstlern gleichen Namens)* le jeune; *(als Sohn)* fils; **J~** *m* ⟨-s, -⟩ disciple *m.*

Jung|fer *f* ⟨-, -n⟩ ['juŋfər]*: alte ~* vieille

fille *f;* **~fernfahrt** *f mar* croisière *f* inaugurale; **~fernhäutchen** *n anat* hymen *m;* **~frau** *f* vierge, pucelle *f;* **j~fräulich** *a* virginal, (de) vierge; *(keusch)* chaste; **~geselle** *m* célibataire, (vieux) garçon *m; eingefleischter ~* célibataire *m* endurci.

Jüng|ling *m* ‹-s, -e› ['jʏŋlɪŋ] *vx u. poet* jeune homme, adolescent, *lit* éphèbe; *hum, sonst vx* jouvenceau *m;* **j~st** *adv* dernièrement, (tout) récemment; **j~ste(r, s)** *a (Superlativ von: jung)* (le, la) plus jeune; *(letzter)* dernier; *der, die J~ (Bruder, Schwester)* le, la cadet(te); *das J~ Gericht, der J~ Tag (rel)* le Jugement dernier.

Jung|steinzeit *f* ['jʊŋ-] néolithique *m;* **~vieh** *n* jeunes bêtes *f pl.*

Juni *m* ‹-(s), -s› ['ju:ni] (mois de) juin *m.*

junior ['ju:niɔr] *a (nachgestellt)* junior, fils; **J~chef** *m* chef *m* junior.

Jura ['ju:ra] **(1)** *n pl (die Rechte): ~ studieren* étudier le *od* faire son droit; **(2),** *der (geog)* le Jura; *der Schweizer ~* le Iura franco-suisse.

Jur|isprudenz *f* ‹-, ø› [jurɪspru'dɛnts] jurisprudence, science *f* juridique; **~ist** *m* ‹-en, -en› [-'rɪst] **1.** juriste, homme de loi, légiste; *(Rechtsgelehrter)* jurisconsulte *m;* **2.** *(Student)* étudiant *m* en droit; **j~istisch** [-'rɪstɪʃ] *a* juridique; *~er Beistand m* conseiller *m* juridique; *~e Fakultät f* faculté *f* de droit; *~e Person f* personne *f* juridique *od* civile *od* morale; **~y** *f* ‹-, -s› [ʒy'ri:, 'ʒy:ri] *(Schwur-, Preisgericht)* jury *m.*

just [just] *adv* juste(ment), précisément.

justieren [jus'ti:rən] ‹*ohne ge-*› *tr tech* ajuster, régler; *typ* justifier.

Justiz *f* ‹-, ø› [jus'ti:ts] justice *f;* **~beamte** *m* magistrat *m* (judiciaire); **~gebäude** *n* palais *m* de justice; **~minister** *m* ministre de la justice; *(in Frankreich a.)* garde *m* des sceaux; **~ministerium** *n* ministère *m* de la justice; **~palast** *m* = *Justizgebäude;* **~vollzugsanstalt** *f* maison *f* d'arrêt.

Juwel *n* ‹-s, -en, *fig* -e› [ju've:l] joyau, bijou *m; pl a.* joaillerie *f;* **~enhandel** *m* joaillerie, bijouterie *f;* **~enhändler** *m,* **~ier** *m* ‹-s, -e› [-ve'li:r] joaillier, (orfèvre) bijoutier *m;* **~iergeschäft** *n,* **~ierladen** *m* bijouterie *f.*

Jux *m* ‹-es, -e› [juks] *fam* blague, *pop* rigolade *f; aus ~* pour blaguer, rigoler.

K

K, k *n* ⟨-, -⟩ [ka:] *(Buchstabe)* K, k *m.*
Kabarett *n* ⟨-s, -s/-e⟩ [kabaˈrɛt, -ˈre:] cabaret *m* (artistique), *fam* boîte *f* de nuit.
Kabel *n* ⟨-s, -⟩ [ˈka:bəl] *tech* câble *m.*
Kabeljau *m* ⟨-s, -e/-s⟩ [ˈka:bəljau] *zoo* cabillaud *m,* morue *f.*
Kabel||leger *m* [ˈka:bəl-] *mar* mouilleur *m* de câbles; **k~n** *tr u. itr* câbler; **~rolle** *f* tambour *m* à câble; **~schacht** *m* puits *m* à câbles.
Kabine *f* ⟨-, -n⟩ [kaˈbi:nə] cabine; *aero* carlingue *f,* habitacle *m;* **~nkoffer** *m* malle-cabine *f;* **~nroller** *m mot* scooter *m* à cabine.
Kabinett *n* ⟨-s, -e⟩ [kabiˈnɛt] **1.** *(kleines Zimmer, Museum, pol)* cabinet *m;* **2.** *pol a.* ministère *m;* **~sbeschluß** *m* décision *f* du cabinet; **~schef** *m* chef *m* de cabinet; **~skrise** *f* crise *f* ministérielle; **~ssitzung** *f* séance *f* du conseil des ministres; **~sumbildung** *f* remaniement *m* du cabinet.
Kabriolett *n* ⟨-s, -s⟩ [kabrioˈlɛt] cabriolet *m a. mot; mot* décapotable *f.*
Kachel *f* ⟨-, -n⟩ [ˈkaxəl] carreau *m;* **k~n** *tr* carreler; **~ofen** *m* poêle *m* de *od* en faïence.
Kadaver *m* ⟨-s, -⟩ [kaˈda:vər] cadavre *m;* **~gehorsam** *m* obéissance *f* aveugle.
Kader *m* ⟨-s, -⟩ [ˈka:dər] *mil (Stamm)* cadre *m.*
Kadmium *n* ⟨-s, ø⟩ [ˈkatmium] *chem* cadmium *m.*
Käfer *m* ⟨-s, -⟩ [ˈkɛ:fər] coléoptère *m.*
Kaff *n* ⟨-s, -s/-e⟩ [kaf] *pop pej (Ort)* patelin, bled *m.*
Kaffee *m* ⟨-s, ø⟩ [ˈkafe, kaˈfe:] *(bot u. Getränk)* café *m;* ~ *kochen, trinken* faire, prendre *od* boire du café; *schwarzer* ~ café noir *od* nature, *fam* noir *m; Tasse f* ~ tasse *f* de café; ~ *mit Milch* café crème *od* au lait, crème *m;* **~bohne** *f* grain *m* de café; **~-Ersatz** *m* succédané *m* de café; **~-Extrakt** *m* essence *f* de café; **~haus** *n* café *m;* **~kanne** *f* cafetière *f;* **~klatsch** *m* commérage *m;* **~löffel** *m* cuiller à café, petite cuiller *f;* **~maschine** *f* cafetière *f* automatique, percolateur *m;* **~mühle** *f* moulin *m* à café; **~pflanzung** *f,* **~plantage** *f* plantation de café, caféière *f;* **~satz** *m* marc *m* de café; **~service** *n* service *m* à café; **~strauch** *m* caféier *m;* **~tasse** *f* tasse *f* à café; **~wärmer** *m* couvre-cafetière, cosy *m.*
Käfig *m* ⟨-s, -e⟩ [ˈkɛ:fɪç] cage *f.*
kahl [ka:l] *a* **1.** *(Kopf, Mensch)* chauve; pelé *(a. Gegend),* dégarni *(a. Baum, Zimmer); (Baum, Gegend, Zimmer, Wand)* nu; dépouillé; **2.** *fig (ärmlich)* pauvre, triste, misérable; — ~ *scheren* tondre; *arg* mettre la boule à zéro; ~ *werden (Mensch, Kopf) a. fam* se dégarnir, se déplumer; *allg* se dénuder, se dépouiller; **~≈fressen** ⟨*frißt, fraß kahl, kahlgefressen*⟩ *tr* tondre; **~geschoren** *a* tondu; **K~heit** *f* ⟨-, ø⟩ **1.** *allg* nudité *f;* **2.** *fig (Ärmlichkeit)* pauvreté *f;* **K~kopf** *m* (tête *f*) chauve, *fam* pelé *m;* **~köpfig** *a* chauve, pelé; **K~schlag** *m (Wald)* coupe *f* blanche *od* nette.
Kahn *m* ⟨-(e)s, ⸚e⟩ [ka:n, ˈkɛ:nə] canot *m,* barque; *(kleiner)* petite barque, nacelle *f; (großer)* bateau; *(Lastkahn)* chaland *m; (Schleppkahn)* péniche *f;* ~ *fahren* faire du canotage, canoter; **~fahrt** *f,* **~partie** *f* promenade *f* en canot *od* sur l'eau.
Kai *m* ⟨-s, -e/-s⟩ [kaɪ] *mar* quai; débarcadère *m;* **~anlagen** *f pl* quais *m pl;* **~mauer** *f* mur *m* d'un *od* du quai.
Kaiser *m* ⟨-s, -⟩ [ˈkaɪzər] empereur *m;* **~adler** *m orn* aigle *m* royal; **~haus** *n (Dynastie)* maison *f* impériale; **~in** *f* impératrice *f;* **~krone** *f a. bot* couronne *f* impériale; **k~lich** *a* impérial, d'empereur; **~reich** *n* empire *m;* **~schnitt** *m med* (opération) césarienne, hystérotomie *f;* **~tum** *n* ⟨-s, ø⟩ **1.** *(Reich)* empire *m;* **2.** *(Würde)* dignité *f* impériale.
Kajüte *f* ⟨-, -n⟩ [kaˈjy:tə] *mar* cabine *f,* salon *m.*
Kakadu *m* ⟨-s, -s⟩ [ˈkakadu] *orn* cacatoès, cacatois *m.*
Kakao *m* ⟨-s, ø⟩ [kaˈka:o, -ˈkau] cacao *m; jdn durch den* ~ *ziehen (fig fam)* tourner qn en ridicule, blaguer qn; **~baum** *m* cacaotier, cacaoyer *m;* **~bohne** *f* (amande *f* de) cacao *m.*
Kakerlak *m* ⟨-s/-en, -en⟩ [ˈka:kərlak] **1.** *ent* blatte *f,* cafard, cancrelat *m;* **2.** *(Albino)* albinos *m.*
Kak|teen *f pl* [kakˈte:ən] *bot (Familie)* cactées; **~tus** *m* ⟨-/(-ses), -teen/(-se)⟩ [ˈkaktus, -sə] cactus, cactier *m.*
Kalauer *m* ⟨-s, -⟩ [ˈka:lauər] calembour *m.*
Kalb *n* ⟨-(e)s, ⸚er⟩ [kalp, ˈkɛlbər] veau *m;* **k~en** *itr* vêler; **~fleisch** *n* veau *m,* viande *f* blanche; **~sbraten** *m* veau rôti, rôti *m* de veau; **~(s)leder** *n* veau; *(Schuhe, Taschen)* box *m;* **~sschnitzel** *n* escalope *f* de veau.

Kaldaunen *f pl* [kal'daunən] *(Gekröse der Schlachttiere)* tripes *f pl.*
Kaleidoskop *n* ‹-s, -e› [kalaɪdo'sko:p] kaléidoscope *m.*
Kalend|arium *n* ‹-s, -rien› [kalɛn'da:rium, -iən] calendrier *m;* **~er** *m* ‹-s, -› [-'lɛndər] calendrier; *(Buch)* almanach *m;* **~erjahr** *n* année *f* civile.
Kali *n* ‹-s, -s› ['ka:li] *min* potasse *f,* kali *m.*
Kaliber *n* ‹-s, -› [ka'li:bər] *mil tech* calibre.
Kalifornien *n* [kali'fɔrniən] la Californie.
Kalium *n* ‹-s, ø› ['ka:lium] potassium *m.*
Kalk *m* ‹-(e)s, -e› [kalk] chaux *f;* ~ *brennen* cuire de la chaux; *(un)gelöschter* ~ chaux *f* éteinte (vive); **~ablagerung** *f* dépôt *m* calcaire; **~bildung** *f* formation *f* calcaire; **~brennerei** *f* chaufournerie *f;* **k~en** *tr (tünchen)* enduire de chaux, blanchir à la chaux; **~felsen** *m pl* roches *f pl* calcaires; **~(halt)ig** *a* calcaire, calcarifère; **~mangel** *m* manque *m* de chaux; **~ofen** *m* four à chaux, chaufour *m;* **~stein** *m* pierre *f* à chaux, calcaire *m.*
Kalkul|ation *f* ‹-, -en› [kalkulatsi'o:n] *com* calcul *m;* **k~ieren** [-'li:rən] ‹*ohne ge-*› *tr u. itr* calculer; *a. fig* faire le décompte (*etw* de qc); *scharf* ~ calculer au (plus) juste.
Kalor|ie *f* ‹-, -n› [kalo'ri:] calorie *f; große* ~ *(1000 ~n)* frigorie *f;* **~ienbedarf** *m* besoins *m pl* énergétiques; **~ienmenge** *f: ausreichende* ~ suffisance *f* énergétique; **~ik** *f* ‹-, ø› [-'lo:rɪk] thermologie *f.*
kalt [kalt] ‹*kälter, kältest*› **I.** *a* **1.** froid; *pop* frisquet; *(kühl)* frais; *(eis~)* glacé, glacial; *geog (arktisch)* arctique; **2.** *fig* froid, glacial; *(unempfindlich, gefühllos)* frigide; *(leidenschaftslos)* impassible; *(gleichgültig)* indifférent; *(hart, schroff, scharf)* sec; **II.** *adv* u. *auf ~em Wege (tech)* à froid; — ~ *essen* manger froid; ~ *werden* (se) refroidir; *das läßt mich* ~ *(fig)* cela me laisse froid, cela ne me fait ni chaud ni froid; *es lief mir* ~ *über den Rücken, es überlief mich* ~ cela m'a fait froid dans le dos, j'ai eu des frissons, je frissonnais; *mir ist* ~ j'ai froid; *es ist* ~ il fait froid; **~blütig I.** *a* **1.** *zoo* à sang froid; **2.** *fig* de sang-froid; **II.** *adv* avec sang-froid, sans sourciller; **K~blütigkeit** *f* ‹-, ø› *fig* sang-froid *m.*
Kälte *f* ‹-, ø› ['kɛltə] **1.** *(tiefe Temperatur)* froid *m; (Winterkälte)* froidure *f; (Frost)* gel *m;* gelée *f;* **2.** *fig (Gefühlskälte)* froideur, frigidité, apathie; *(Gleichgültigkeit)* indifférence *f;* — *wir haben 5°* ~ il fait cinq degrés au-dessous de zéro; *fam* il fait moins cinq; *große* od *strenge* ~ grand froid *m;* **k~beständig** *a* résistant au froid; **k~empfindlich** *a* sensible au froid; **~grad** *m* degré *m* de froid; **~mischung** *f* mélange *m* frigorifique *od* réfrigérant; **~schutzmittel** *n mot* antigel *m;* **~welle** *f* vague *f* de froid.
Kalt|luft *f* ['kalt-] *mete* air *m* froid; **k~=machen** *tr pop (töten)* descendre *arg;* **~schale** *f (Küche)* potage *m* froid aux fruits; **k~schnäuzig** *a* insolent, effronté; **k~=stellen** *tr fig pol* mettre à pied *od* sur une voie de garage, éliminer, limoger; **~welle** *f (Frisur)* permanente, indéfrisable *f* à froid.
Kalvarienberg *m* [kal'va:riən-] *rel* calvaire *m.*
Kalvin|ismus *m* ‹-, ø› [kalvi'nɪsmus] *rel* calvinisme *m;* **k~(ist)isch** [-'vi:nɪʃ, -vi'nɪstɪʃ] *a* calvinien (calviniste).
Kalzium *n* ‹-s, ø› ['kaltsium] *chem* calcium *m.*
Kambodscha *n* [kam'bɔdʒa] le Cambodge.
Kamel *n* ‹-(e)s, -e› [ka'me:l] chameau; *fig fam pej* imbécile *m,* bête *f;* ~! espèce d'idiot! **~haar** *n* poil *m* de chameau.
Kamelie *f* ‹-, -n› [ka'me:liə] *bot* camélia *m.*
Kamel|stute *f* [ka'me:l-] chamelle *f;* **~treiber** *m* chamelier *m.*
Kamera *f* ‹-, -s› ['kamera] appareil *m* (photographique); *film* caméra *f.*
Kamerad *m* ‹-en, -en› [kamə'ra:t, -dən] camarade, compagnon, *fam* copain *m;* **~schaft** *f* ‹-, ø› camaraderie *f;* **k~schaftlich I.** *a* de bon camarade; **II.** *adv* en bon camarade; **~schaftsgeist** *m* esprit *m* de camaraderie *od* d'équipe *od* de corps.
Kameramann *m* ['kamera-] ‹-(e)s, -männer/-leute› *film* caméraman, opérateur *m.*
Kamille *f* ‹-, -n› [ka'mɪlə] *bot* camomille *f;* **~ntee** *m* infusion *f* de camomille.
Kamin *m* ‹-s, -e› [ka'mi:n] *(a. im Gebirge)* cheminée *f; am* ~ au coin *m* du feu; **~aufsatz** *m* manteau *m* de cheminée; **~feger** *m* ramoneur *m.*
Kamm *m* ‹-(e)s, ⸚e› [kam, 'kɛmə] **1.** peigne; *(weiter)* démêloir *m;* **2.** *(Hahnen~, Wellen~)* crête; *(Gebirgs~)* crête, arête *f;* **3.** *(Fleischerei: Nackenstück)* collet *m;* — *alles über einen* ~ *scheren (fig)* mettre tout dans le même sac; *ihm schwillt der* ~ *(fig)* il a la tête enflée; *a.* il monte sur ses grands chevaux.
kämmen ['kɛmən] *tr* peigner *(a. Textil);* donner un coup de peigne à; *sich* ~ se peigner.
Kammer *f* ‹-, -n› ['kamər] **1.** *(kleines Zimmer)* chambre *a. pol jur com tech; (Schlafzimmer)* chambre *f* à coucher; **2.** *tech* alvéole *m.*
Kämmerchen *n* ‹-s, -› ['kɛmərçən] chambrette *f.*
Kammer|diener *m* ['kamər-] valet *m* de chambre; **~musik** *f* musique *f* de

chambre; **~ton** *m mus* la *m* du diapason.

Kampf *m* ‹-(e)s, ¨-e› [kampf, 'kɛmpfə] **1.** *allg, a. fig* lutte *f;* **2.** *(Gefecht, ~handlung)* combat *m,* action *f; (Schlacht)* bataille; *(Krieg)* guerre *f a. fig;* **3.** *(Ausea.setzung)* conflit *m; (Streit)* querelle, dispute, controverse, altercation; *(Schlägerei)* bagarre, rixe *f, fam* grabuge *m;* **4.** *(Wettkampf)* compétition *f,* concours, match, championnat *m;* — *den ~ aufgeben* abandonner le combat; *~ ums Dasein* lutte *f* pour la vie *od* l'existence; *~ auf Leben und Tod* lutte *f* mortelle; *~ bis aufs Messer* lutte *f* à couteaux tirés; **~ansage** *f* défi *m;* **~bahn** *f sport* stade *m,* arène *f;* **k~bereit** *a* prêt au combat *od* à se battre, en état de se battre.

kämpf|en ['kɛmpfən] *itr* **1.** *allg, a. fig* lutter (*für, um* pour); **2.** *bes. mil* combattre (*gegen jdn* qn); battre, être aux prises (*mit jdm* avec qn); **3.** *(im Wettkampf)* jouter (*mit jdm* avec qn); — *mit Schwierigkeiten zu ~ haben* avoir à combattre *od* à essuyer des difficultés; *mit sich selbst ~ (fig)* faire un effort sur soi-même; prendre sur soi (*zu* de); *mit den Tränen ~* refouler *od* retenir ses larmes; se retenir de pleurer; **~end** *a: die ~e Truppe* la troupe combattante; **K~er** *m* ‹-s, -› lutteur; *mil* combattant; *fig (Vor~)* champion, protagoniste, militant *m.*

Kampfer *m* ‹-s, ø› ['kampfər] *pharm* camphre *m.*

kampferfahren ['kampf-] *a: ~ sein* avoir l'expérience du combat.

kämpferisch ['kɛmpfərıʃ] *a* combatif.

kampf|erprobt ['kampf-] *a* aguerri; **~fähig** *a* en état de combattre; apte au combat; **K~flugzeug** *n* avion *m* de combat; **K~führung** *f* tactique *od* conduite *f* du combat; **K~gebiet** *n* zone *f* de combat; **K~gefährte** *m* compagnon *m* d'armes; **K~geist** *m* esprit *m* combatif *od* d'attaque; **K~geschwader** *n aero* escadre *f* de combat; **~gewohnt** *a* aguerri; **K~gewühl** *n* mêlée *f;* **K~gruppe** *f mil* groupe de combat, groupement *m* tactique; **K~handlung** *f* opération, action *f; die ~en beginnen od eröffnen, beenden od einstellen* ouvrir, cesser *od* suspendre les hostilités; **K~kraft** *f* combativité, force *od* valeur *f* combative; **~los** *adv* sans combattre; sans coup férir; **K~platz** *m* champ *m* de bataille *a. fig; fig* lice, arène *f; den ~ betreten* entrer en lice; **K~richter** *m sport* arbitre *m;* **~unfähig** *a* hors de combat; *~ machen* mettre hors de combat; **K~verband** *m* formation *f* de combat *od aero* de bombardiers *od* d'avions de chasse; **K~wille** *m* volonté *f* de combattre.

kampieren [kam'pi:rən] ‹*ohne ge-*› camper.

Kanad|a *n* ['kanada] le Canada; **~ier(in** *f***)** *m* ‹-s, -› [-'na:diər] Canadien(ne *f*) *m;* **k~isch** [-'na:dıʃ] *a* canadien, du Canada.

Kanal *m* ‹-s, ¨-e› [ka'na:l, -'nɛ:lə] **1.** canal *m;* **2.** *(Abwasser~)* égout *m;* **3.** *tech, anat* conduit; *anat med* trajet; *anat bot* tube *m;* **4.** *der ~ (Ärmel~)* la Manche; **~deckel** *m* bouche *f* d'égout, tampon *m* de fosse; **~inseln,** *die f pl* les îles *f pl* anglo-normandes; **~isation** *f* ‹-, -en› [-lizatsi'o:n], **~isierung** *f* canalisation *f* d'écoulement; **k~isieren** [-'zi:rən] ‹*ohne ge-*› *tr* canaliser; **~netz** *n* réseau *m* de canaux *od (für Abwässer)* de la canalisation; **~reiniger** *m* égoutier *m.*

Kanarienvogel *m* [ka'na:riən-] canari *m.*

Kandid|at *m* ‹-en, -en› [kandi'da:t] candidat (*für* à); *(Bewerber)* aspirant *m; e-n ~en aufstellen* présenter un candidat; **~atur** *f* ‹-, -en› [-da'tu:r] candidature *f; von s-r ~ zurücktreten* retirer sa candidature; **k~ieren** [-'di:rən] ‹*ohne ge-*› *itr* se porter candidat, poser sa candidature (*für* à).

kand|ieren [kan'di:rən] ‹*ohne ge-*› *tr (Küche): kandierte Früchte f pl* fruits *m pl* confits; **K~is(zucker)** *m* ‹-, ø› ['kandıs] (sucre) candi *m.*

Känguruh *n* ‹-s, -s› ['kɛŋguru] *zoo* kangourou *m.*

Kaninchen *n* ‹-s, -› [ka'ni:nçən] lapin *m; junges ~* lapereau *m; wildes, zahmes ~* lapin *m* de garenne, de clapier; **~fell** *n* peau *f* de lapin; **~stall** *m* clapier *m.*

Kanister *m* ‹-s, -› [ka'nıstər] bidon *m.*

Kännchen *n* ‹-s, -› ['kɛnçən] petit pot *m;* burette *f.*

Kanne *f* ‹-, -n› ['kanə] pot; *(kleine)* pichet; *(große)* broc, bidon *m.*

Kannibal|e *m* ‹-n, -n› [kani'ba:lə] cannibale, anthropophage; *fig a.* ogre *m;* **~ismus** *m* ‹-, ø› [-'lısmus] cannibalisme *m,* anthropophagie *f.*

Kanon|ade *f* ‹-, -n› [kano'na:də] *mil* canonnade *f;* **~e** *f* ‹-, -n› [-'no:nə] **1.** canon *m,* pièce (d'artillerie) *od* bouche *f* à feu; **2.** *fig fam, bes. sport* as *m;* — *mit ~n auf* od *nach Spatzen schießen (fig)* tirer sa poudre aux moineaux; *das ist unter aller ~ (fam)* cela ne vaut rien; **~enboot** *n* canonnière *f;* **~enfutter** *n fig fam* chair *f* à canon; **~enkugel** *f* boulet *m;* **~enrohr** *n* canon *m,* bouche *f* à feu; **~enschuß** *m* coup *m* de canon; **~ier** *m* ‹-s, -e› [-'ni:r] canonnier, artilleur *m.*

Kant|e *f* ‹-, -n› ['kantə] **1.** arête *f* (vive); **2.** *(Rand)* bord *m,* bordure *f;* **3.** *(Ski~)* carre *f;* — *sich etw auf die hohe ~ legen (fig fam)* mettre qc de côté, en mettre à gauche; **k~en** *tr* **1.** *(auf die*

Kante stellen) mettre sur la carne, pencher, *(Faß)* hausser; **2.** *(beim Skilaufen)* mettre de la carre; **3.** *(Stein)* tailler; *(Holz)* équarrir; — *nicht ~!* ne pas culbuter; **~en** *m* ⟨-s, -⟩ *(Brotrest)* croûton, quignon *m;* **~holz** *n* bois *m* équarri *od* carré *od* à arêtes vives; **k~ig** *a* carré, équarri, à arête(s) vive(s); *(Form, bes. Gesicht)* anguleux.

Kantine *f* ⟨-, -n⟩ [kan'ti:nə] *(mil u. Werks~)* cantine *f;* **~nwirt** *m* cantinier *m.*

Kanton *m* ⟨-s, -e⟩ [kan'to:n] *(Verwaltungsbezirk)* canton *m.*

Kanu *n* ⟨-s, -s⟩ ['ka:nu, ka'nu:] *sport* canoë, canot *m,* pirogue *f;* **~fahren** *n,* **~sport** *m* canoéisme, canotage *m.*

Kanzel *f* ⟨-, -n⟩ ['kantsəl] **1.** *rel* chaire *f;* **2.** *aero* coupole (avant) *f,* nez du fuselage, balcon *m;* **~redner** *m* prédicateur *m.*

Kanzl|ei *f* ⟨-, -en⟩ [kants'laı] chancellerie, secrétairerie *f,* secrétariat; *jur* bureau *m;* **~eibeamte** *m* employé *m* de chancellerie; **~er** *m* ⟨-s, -⟩ ['kantslər] chancelier *m;* **~eramt** *n* chancellerie *f.*

Kap *n* ⟨-s, -s⟩ [kap] *geog* cap, promontoire *m.*

Kapaun *m* ⟨-s, -e⟩ [ka'paun] chapon *m.*

Kapazität *f* ⟨-, -en⟩ [kapatsi'tɛ:t] **1.** capacité *f a. fig (Mensch);* **2.** *fig (Mensch)* expert *m,* autorité *f;* **3.** *(e-r Maschine) a.* puissance *f.*

kapieren [ka'pi:rən] ⟨*ohne ge-*⟩ *tr pop* comprendre, saisir, *arg* piger.

Kapell|e *f* ⟨-, -n⟩ [ka'pɛlə] **1.** *rel arch* chapelle *f;* **2.** *mus* orchestre *m; mil* musique *f;* **~meister** *m* chef *m* d'orchestre, *mil* de musique.

Kaper *f* ⟨-, -n⟩ ['ka:pər] *(Gewürz)* câpre *f.*

kapern ['ka:pərn] *tr* capturer, preindre, enlever.

Kapital *n* ⟨-s, -e/-ien⟩ [kapi'ta:l, -liən] capital, principal *m;* fonds *m pl; das ~ angreifen* entamer le capital; *~ aufnehmen* se procurer *od* trouver des capitaux; *das ~ erhöhen* faire une augmentation de capital; *~ aus etw schlagen (fig)* exploiter qc, tirer profit de qc; *sein ~ in etw stecken* investir son capital dans qc; **~anlage** *f* placement de capital *od* de capitaux, investissement *m* de fonds; **~bedarf** *m* besoin *m* en capital; **~beschaffung** *f* financement *m* du capital (de l'entreprise); **~einlage** *f* mise *f* de fonds; **~ertrag** *m* rendement *od* produit d'un *od* du capital, taux *m* de capitalisation; **~flucht** *f* émigration *od* fuite *f od* exode *m* de(s) capitaux; **~gesellschaft** *f* société *f* de capitaux; **~ismus** *m* ⟨-, ø⟩ [-'lısmus] capitalisme *m;* **~ist** *m* ⟨-en, -en⟩ [-'lıst] capitaliste *m;* **k~istisch** [-'lıstıʃ] *a* capitaliste; **k~kräftig** *a* bien pourvu de fonds; **~mangel** *m* manque *m od* pénurie *f* de capitaux; **~markt** *m* marché *m* financier *od* des valeurs.

Kapitän *m* ⟨-s, -e⟩ [kapi'tɛ:n] *mar* capitaine; *aero* commandant *m; ~ zur See (Dienstgrad)* capitaine *m* de vaisseau; **~leutnant** *m* lieutenant *m* de vaisseau.

Kapitel *n* ⟨-s, -⟩ [ka'pıtəl] chapitre *m a. rel; das ist ein ~ für sich* c'est une affaire à part.

Kapitell *n* ⟨-s, -e⟩ [kapi'tɛl] *arch* chapiteau *m.*

Kapitelüberschrift *f* [ka'pıtəl-] titre *m* du *od* tête *f* de chapitre.

Kapitul|ation *f* ⟨-, -en⟩ [kapitulatsi'o:n] *mil* capitulation *f;* **k~ieren** [-'li:rən] ⟨*ohne ge-*⟩ *itr* capituler, se rendre.

Kaplan *m* ⟨-s, ¨-e⟩ [ka'pla:n, -'plɛ:nə] *rel* vicaire, chapelain *m.*

Kappe *f* ⟨-, -n⟩ ['kapə] **1.** bonnet *m,* toque, calotte *f; (enganliegende)* serre-tête *m;* **2.** *(am Schuh)* bout *m;* **3.** *tech* chape, coiffe *f;* — *etw auf s-e ~ nehmen (fig)* prendre qc sous son bonnet.

kappen ['kapən] *tr* **1.** *(Baum: entwipfeln)* étêter; **2.** *(Hahn: verschneiden)* chaponner; **3.** *mar (Mast: abschlagen; Tau, Anker: abschneiden)* couper.

Kapri|ole *f* ⟨-, -n⟩ [kapri'o:lə] **1.** *(Luftsprung)* cabriole *f;* **2.** *(närrischer Einfall)* caprice *m;* **k~ziös** [-pritsi'ø:s] *a (launenhaft)* capricieux.

Kapsel *f* ⟨-, -n⟩ ['kapsəl] **1.** capsule *f a. bot;* **2.** *(Behälter)* boîte *f,* étui *m.*

kaputt [ka'put] *a* **1.** *fam (zerbrochen)* cassé; *fam* fichu; *pop* foutu; **2.** *(erschöpft)* fourbu, épuisé; **~=gehen** ⟨*ging kaputt, kaputtgegangen*⟩ *itr* ⟨*sein*⟩ se casser; **~=machen** *tr (Sache)* esquinter, abîmer; *pop* amocher, bigorner; *alles* être brisé-tout; *die Arbeit macht mich ganz kaputt* le travail me tue *fam.*

Kapuze *f* ⟨-, -n⟩ [ka'pu:tsə] capuchon *m,* capuche; *(am Hals geschlossene)* cagoule *f.*

Kapuziner *m* ⟨-s, -⟩ [kapu'tsi:nər] capucin *m;* **~kresse** *f bot* capucine *f.*

Karabiner *m* ⟨-s, -⟩ [kara'bi:nər] *mil* carabine *f;* **~haken** *m* porte-mousqueton *m.*

Karaffe *f* ⟨-, -n⟩ [ka'rafə] carafe *f; (kleine)* carafon *m.*

Karambol|age *f* ⟨-, -n⟩ [karambo'la:ʒə] *(Billard, fam: mot)* carambolage *m;* **k~ieren** [-'li:rən] ⟨*ohne ge-*⟩ *itr (Billard u. mot)* caramboler.

Karamel *m* ⟨-s, ø⟩ [kara'mɛl] caramel *m.*

Karat *n* ⟨-(e)s, -e⟩ [ka'ra:t] carat *m;* ...**karätig** *a (an e-e Zahl angehängt)* de ... carats.

Karawan|e *f* ⟨-, -n⟩ [kara'va:nə] caravane *f;* **~serei** *f* ⟨-, -en⟩ [-vanzə'raı] caravansérail *m.*

Karbid *n* ⟨-(e)s, -e⟩ [kar'bi:t, -də] carbure *m;* **~lampe** *f* lampe *f* à acétylène.

Kardinal *m* ‹-s, ¨-e› [kardiˈna:l, -ˈnɛ:lə] *rel* cardinal *m*; **~zahl** *f* nombre *m* cardinal.
Kardiogramm *n* ‹-s, -e› [kardioˈgram] *med* cardiogramme *m*.
Karenz(frist, -zeit) *f* ‹-, -en› [kaˈrɛnts] *(Warte-, Sperrzeit)* délai *m* (de carence).
Karfreitag *m* [ka:rˈfraɪta:k] Vendredi *m* saint.
karg [kark] ‹*karger* od *kärger, kargste* od *kärgste*› *a* **1.** *(sparsam)* économe, ménager; *(geizig)* avare (*mit* de); *(knauserig)* parcimonieux, chiche, ladre; **2.** *(ärmlich, dürftig, von e-r Sache)* maigre, mesquin; *(Mahl)* frugal; *(Boden)* pauvre (*an* en); **~en** *itr* être avare (*mit etw* de qc).
kärglich [ˈkɛrklɪç] *a* pauvre, maigre, chiche, mesquin; *(Mahlzeit)* frugal, maigre; *in ~en Verhältnissen leben* vivre petitement *od* chichement.
kariert [kaˈri:rt] *a (Papier)* quadrillé; *(Stoff)* à carreaux.
Karies *f* ‹-, ø› [ˈka:riɛs] *med* carie *f*.
Karik|atur *f* ‹-, -en› [karikaˈtu:r] caricature *f*, (portrait-)charge *f (m)*; **k~ieren** [-ˈki:rən] ‹*ohne ge-*› *tr* caricaturer, charger.
kariös [kariˈø:s] *a* carié.
Karl *m* [karl] Charles *m*; *~ der Große* Charlemagne *m*; *~ V. (deutscher Kaiser)* Charles-Quint *m*.
Karneval *m* ‹-s, -e/-s› [ˈkarnəval] carnaval *m*.
Kärnten *n* [ˈkɛrntən] la Carinthie.
Karo *n* ‹-s, -s› [ˈka:ro] carreau *m (a. Spielkarte)*.
Karolinger *m* ‹-s, -› [ˈka:rolɪŋər] *hist* Carolingien *m*.
Karosse *f* ‹-, -n› [kaˈrɔsə] carrosse *m*; **~rie** *f* ‹-, -n› [-səˈri:] *loc mot* carrosserie *f*; *mot* châssis *m* d'automobile.
Karotte *f* ‹-, -n› [kaˈrɔtə] carotte *f*.
Karpaten, *die pl* [karˈpa:tən] les Karpates *f pl*.
Karpfen *m* ‹-s, -› [ˈkarpfən] carpe *f*; *~ blau (Küche)* carpe *f* au bleu; **~teich** *m* carpier *m*.
Karre *f* ‹-, -n›, **~n** *m* ‹-s, -› [ˈkarə(n)] **1.** *(vierrädrig)* chariot *m*; *(zweirädrig)* carriole, charrette *f*; **2.** *(nur: ~) pop (Fahrrad)* bécane *f*; — *alte Karre (Auto) pop* chignole *f*, vieux clou *m*; *den ~n in den Dreck fahren (fig fam)* jeter la carriole dans l'ornière; *den ~n aus dem Dreck ziehen (fig fam)* tirer le char de l'ornière.
Karriere *f* ‹-, -n› [kariˈɛ:rə] *fig (Laufbahn)* carrière *f*; *~ machen* faire carrière *od* son chemin.
Karte *f* ‹-, -n› [ˈkartə] **1.** *allg (Land-, Spiel-, Speise-, Post-, Visitenkarte)* carte *f*; *(Karteikarte)* fiche *f*; **2.** *(Eintritts-, Fahrkarte)* billet, ticket *m*; — *nach der ~ (essen)* à la carte; *s-e ~n aufdecken (a. fig)* montrer *od* étaler *od* découvrir son jeu; *gute, schlechte ~n haben (Spiel)* avoir du, ne pas avoir de jeu; *sich nicht in die ~n sehen lassen (a. fig), fig: mit verdeckten ~n spielen* cacher *od* couvrir son jeu; *die ~n legen* tirer les cartes; *alles auf eine ~ setzen (fig)* jouer son va-tout, risquer le tout pour le tout; *~n spielen* jouer aux cartes; *ein Spiel ~n* un jeu de cartes.
Kartei *f* ‹-, -en› [karˈtaɪ] fichier *m*; **~karte** *f* fiche *f*; **~kasten** *m* fichier, casier, classeur *m*.
Kartell *n* ‹-s, -e› [karˈtɛl] *com* cartel *m*.
Karten|haus *n* [ˈkartən-] *mar* **1.** *mar* chambre *f* des cartes; **2.** *fig* château *m* de cartes; — *wie ein ~ zs.fallen* s'effondrer comme un château de cartes; **~kunststück** *n* tour *m* de cartes; **~legen** *n* cartomancie *f*; **~legerin** *f* tireuse de cartes, cartomancienne *f*; **~spiel** *n* jeu *m od* partie *f* de cartes; **~spieler** *m* joueur *m* de cartes; **~ständer** *m* support *m* pour cartes; **~tasche** *f* étui à cartes, porte-cartes *m*; **~vorverkauf** *m theat* location *f*.
Kartoffel *f* ‹-, -n› [karˈtɔfəl] pomme de terre; *fam* patate *f*; *~n schälen* éplucher *od* peler des *od* les pommes de terre; **~anbau** *m* culture *f* des pommes de terre; **~brei** *m* purée *f* de pommes de terre; **~ernte** *f* récolte *f* des pommes de terre; **~käfer** *m ent* doryphore *m*; **~puffer** *m* crêpe *f* aux pommes de terre; **~püree** *n* = *Kartoffelbrei*; **~quetsche** *f (Küche)* presse-purée, passe-purée *m*; **~salat** *m* salade *f* de pommes de terre; **~schalen** *f pl* épluchures, pelures *f pl* de pommes de terre.
Karton *m* ‹-s, -s/(-e)› [karˈtõ:, -ˈto:n] **1.** *(Pappe)* carton *m* (d'emballage); **2.** *(Pappschachtel; Kunst)* carton *m*; **k~ieren** [-toˈni:rən] ‹*ohne ge-*› *tr (Buch)* cartonner.
Karussell *n* ‹-s, -s/-e› [karuˈsɛl] manège de chevaux de bois, carrousel *m*.
Karwoche *f* [ˈka:rvɔxə] semaine *f* sainte.
Käse *m* ‹-s, -› [ˈkɛ:zə] **1.** fromage *m*; **2.** *fig fam* baratin *m*, imbécillités *f pl*; **k~artig** *a* caséeux; **~blatt** *n fam pej (Provinzzeitung)* feuille *f* de chou; **~brot** *n* tartine *f* de fromage; **~geschäft** *n*, fromagerie *f*; **~glocke** *f* cloche *f* à fromage; **~kuchen** *m* gâteau *m* au fromage; **~rei** *f* [-ˈraɪ] fromagerie *f*.
Kasern|e *f* ‹-, -n› [kaˈzɛrnə] *mil* caserne *f*, quartier *m*; **~enhof** *m* cour *f* de (la) caserne; **k~ieren** ‹*ohne ge-*› *tr* (en)caserner.
käsig [ˈkɛ:zɪç] *a* **1.** caséeux; **2.** *fig fam (Gesichtsfarbe)* blême.
Kasino *n* ‹-s, -s› [kaˈzi:no] casino, club, cercle; *mil* cercle militaire, mess *m*.
Kaskoversicherung *f* [ˈkasko-] assurance tous risques, assurance-corps *f*.
Kasperle *n* od *m* ‹-s, -› [ˈkaspərlə] poli-

chinelle, guignol, pantin *m;* **~theater** *n* guignol *m.*

Kasse *f* ⟨-, -n⟩ ['kasə] **1.** *(Behälter)* caisse *f;* **2.** *(Zahltisch)* comptoir *m;* **3.** *(Raum)* caisse *f,* comptoir *m;* **4.** *(Zahlstelle, Institut)* caisse *f;* **5.** *(Bargeld)* encaisse *f,* fonds *m pl,* espèces *f pl,* comptant *m;* — *mit der ~ durchgehen, (fam) durchbrennen* partir avec la caisse, *fam* manger la grenouille; *die ~ führen* tenir la caisse *od* les cordons de la bourse; *~ machen* faire sa *od* la caisse; *(gut) bei ~ sein* avoir la bourse bien garnie, être à flot *od* en fonds *od pop* argenté; *schlecht* od *knapp* od *nicht bei ~ sein* avoir la bourse plate, être à court d'argent; être raide *fam;* **~nabschluß** *m* balance *f od* arrêté *m* de caisse; **~narzt** *m* médecin *m* de caisse *od* conventionné; **~nbestand** *m* fonds de *od* argent *m* en caisse, encaisse *f,* fonds *m* de roulement; **~nbuch** *n* livre *m* de caisse; **~nstunden** *f pl* heures *f pl* d'ouverture des guichets; **~nsturz** *m: ~ machen* vérifier la caisse.

Kass|ette *f* ⟨-, -n⟩ [ka'sɛtə] cassette *f;* **k~ieren** [-'si:rən] ⟨*ohne ge-*⟩ *tr* **1.** *(ein~)* encaisser, faire la recette (*etw* de qc); **2.** *fig fam (entwenden)* se mettre dans la poche, ramasser; **3.** *(für ungültig erklären)* annuler, rescinder, invalider, vicier, rendre nul; *(Gerichtsurteil)* casser, infirmer; **~ierer** *m* ⟨-s, -⟩ [-'si:rər] caissier, buraliste *m;* **~iererin** *f* ⟨-, -nen⟩ *(in e-m Geschäft)* caissière *f.*

Kastagnette *f* ⟨-, -n⟩ [kastan'jɛtə] *mus* castagnette *f.*

Kastanie *f* ⟨-, -n⟩ [kas'ta:niə] *(Roß- u. Eßkastanie)* châtaigne *f; (Eßkastanie)* marron *m; die ~n aus dem Feuer holen (fig)* tirer les marrons du feu; **~nbaum** *m (Eß~)* châtaignier, marronnier; *(Roß~)* marronnier *m* (d'Inde); **k~nbraun** *a* marron *inv.*

Kästchen *n* ⟨-s, -⟩ ['kɛstçən] boîte *f, (bes. Schmuck~)* coffret *m.*

Kaste *f* ⟨-, -n⟩ ['kastə] caste *f.*

kasteien [kas'taıən] ⟨*ohne ge-*⟩ *tr rel* mortifier, châtier.

Kastell *n* ⟨-s, -e⟩ [kas'tɛl] *allg* fortification *f; (Burg)* château *m* fort.

Kasten *m* ⟨-s, ¨/(-)⟩ ['kastən, 'kɛstən] *allg* caisse, boîte *f; (mit Fächern)* boîtier; *(Truhe)* coffre, bahut *m; (Schrank)* armoire *f; alter ~ (fam: Auto)* bagnole, chignole *f;* vieux tacot *m.*

kastrieren [kas'tri:rən] ⟨*ohne ge-*⟩ *tr* châtrer, émasculer.

Katakombe *f* ⟨-, -n⟩ [kata'kɔmbə] catacombe *f.*

Katalog *m* ⟨-(e)s, -e⟩ [kata'lo:k, -gə] catalogue *m,* liste, nomenclature; *com* documentation *f;* **k~isieren** [-gi'zi:rən] ⟨*ohne ge-*⟩ *tr* cataloguer; **~nummer** *f* cote *f.*

Katalysator *m* ⟨-s, -en⟩ [kataly'za:tɔr, -'to:rən] *chem* catalyseur *m.*

Katapult *m* od *n* ⟨-(e)s, -e⟩ [kata'pult] catapulte *f;* **k~ieren** [-'ti:rən] ⟨*ohne ge-*⟩ *tr aero* tapulter.

Katarrh *m* ⟨-s, -e⟩ [ka'tar] *med* catarrhe, rhume *m.*

Kataster *m* od *n* ⟨-s, -⟩ [ka'tastər] cadastre *m;* **~amt** *n* bureau *od* office *m* du cadastre.

katastroph|al [katastro'fa:l] *a* catastrophique; **K~e** *f* ⟨-, -n⟩ [-'tro:fə] catastrophe *f;* cataclysme *m.*

Katechismus *m* ⟨-, -men⟩ [katɛ'çısmus, -mən] catéchisme *m.*

Kategor|ie *f* ⟨-, -n⟩ [katego'ri:] catégorie *f;* **k~isch** [-'go:rıʃ] *a* catégorique; *(im weiteren Sinne a.)* péremptoire.

Kater *m* ⟨-s, -⟩ ['ka:tər] **1.** chat (mâle), matou *m;* **2.** *fig fam (Katzenjammer)* mal *m* aux cheveux.

Katheder *n, a. m* ⟨-s, -⟩ [ka'te:dər] chaire *f.*

Kathedrale *f* ⟨-, -n⟩ [kate'dra:lə] cathédrale *f.*

Kathode *f* ⟨-, -n⟩ [ka'to:də] *el* cathode *f.*

Kathol|ik(in) *m* ⟨-en, -en⟩ (*f* ⟨-, -nen⟩) [kato'li:k] catholique *m f;* **k~isch** [-'to:lıʃ] *a* catholique; **~izismus** *m* ⟨-, ø⟩ [-li'tsısmus] catholicisme *m.*

Kattun *m* ⟨-s, -e⟩ [ka'tu:n] *(Baumwollstoff)* toile de coton, cotonnade *f,* calicot *m.*

katz|balgen, *sich* ['kats-] se prendre aux cheveux; **~buckeln** *itr* faire patte de velours *od* la chattemite; *vor jdm ~* faire des courbettes devant qn *od pop* lécher les bottes de qn.

Katze *f* ⟨-, -n⟩ ['katsə] *(als Art u. allg)* chat *m; (nur weibl.)* chatte *f; für die Katz (vergeblich)* en pure perte; *pop* pour la peau; *wie die ~ um den heißen Brei herumgehen* tourner autour du pot; *die ~ im Sack kaufen (fig)* acheter chat en poche *od* les yeux fermés; *die ~ aus dem Sack lassen (fig)* livrer un secret; *fam* vendre la mèche; *die ~ läßt das Mausen nicht (prov)* qui naît poule aime à gratter; *falsche ~ (fig)* chattemite *f;* **k~nartig** *a* félin; **~nauge** *n (Rückstrahler)* réflecteur rouge, cataphote *m;* **k~nfreundlich** *a: ~ sein* faire patte de velours; **~nmusik** *f fig* charivari *m,* musique *f* de chiens et de chats *od* enragée; **~nsprung** *m fam* enjambée; *das ist nur ein ~ (von hier)* c'est à deux pas (d'ici); **~nwäsche** *f: ~ machen (fam)* se laver le bout de nez.

Kauderwelsch *n* ⟨-(s), ø⟩ ['kaudərvɛlʃ] baragouin, charabia *m;* **k~en** *itr* baragouiner.

kauen ['kauən] *tr* mâcher; *scient* mastiquer; *langsam* od *mühsam ~* mâchonner.

kauern ['kauərn] *itr* se tenir accroupi *od*

à croupetons; *sich* ~ s'accroupir, se tapir, se blottir.

Kauf *m* ‹-(e)s, ⸚e› [kauf, 'kɔʏfə] achat *m; (kleiner)* emplette; *(Erwerbung)* acquisition *f; e-n ~ rückgängig machen* révoquer un marché; *etw (mit) in ~ nehmen* s'accommoder de qc; **k~en** *tr* **1.** acheter (*etw von jdm* qc à qn); faire emplette de; acquérir; **2.** *(bestechen)* acheter; — *sich jdn ~ (fig)* demander des comptes à qn.

Käufer *m* ‹-s, -› ['kɔʏfər] acheteur, acquéreur; *(Abnehmer)* preneur *m; e-n ~ finden (Ware)* trouver acheteur *od* preneur.

Kauf|haus *n* ['kauf-] grand magasin *m;* **~kraft** *f* pouvoir *m* d'achat.

käuflich ['kɔʏflıç] **I.** *a fig (bestechlich)* vénal, corruptible, mercenaire; **II.** *adv: ~ erwerben* acquérir par (voie d')achat *od* à titre onéreux.

Kauf|mann *m* ‹-(e)s, -leute› ['kauf-] **1.** *(Krämer)* épicier; *(mit Ladengeschäft)* marchand *m;* **2.** *(Großkaufmann)* commerçant, négociant; *(Geschäftsmann)* homme *m* d'affaires; **k~männisch** *a: ~er Angestellter m* employé *m* de commerce; *~er Betrieb m* exploitation *f* commerciale; **~preis** *m,* **~summe** *f* prix *m* d'achat; **~vertrag** *m* contrat *m* d'achat *od* de vente; **~zwang** *m* obligation *f* d'achat; *kein ~* entrée libre.

Kaugummi *m* ['kau-] chewing-gum *m.*

Kaulquappe *f* ‹-, -n› ['kaulkvapə] *zoo* têtard *m.*

kaum [kaum] *adv* **1.** *(nur mit Mühe)* à grand-peine; **2.** *(nicht viel, schwerlich)* ne ... guère; sans doute pas; **3.** *(gerade, eben)* à peine; — *etw ~ erwarten können* attendre qc avec impatience; *ich kann es ~ glauben* j'ai de la peine à le croire; *~ war er zu Hause, da rief er mich an* à peine arrivé chez lui, il m'appela au téléphone.

Kau|muskel *m* ['kau-] muscle masticateur, masséter *m;* **~tabak** *m* tabac *m* à chiquer.

Kaution *f* ‹-, -en› [kautsi'o:n] *jur* caution, garantie *f; (~ssumme)* cautionnement *m; gegen ~* sous caution; *e-e ~ stellen* verser une *od* fournir (une) caution.

Kautschuk *m* ‹-s, -e› ['kautʃuk] caoutchouc *m;*

Kauz *m* ‹-es, ⸚e› [kauts, 'kɔʏtsə] *orn* chevêche *f; komischer ~ (fig)* drôle *m* de citoyen *od* de paroissien *od* de type.

Kavalier *m* ‹-s, -e› [kava'li:r] cavalier, homme *m* du monde; **~sdelikt** *n* peccadille *f.*

Kavaller|ie *f* ‹-, -ien› [kavalə'ri:] *mil* cavalerie *f;* **~ist** *m* ‹-en, -en› [-'rıst] cavalier *m.*

Kaviar *m* ‹-s, -e› ['ka:viar] caviar *m.*

keck [kεk] *a* **1.** hardi, audacieux, osé; *(tapfer)* brave; *(mutig)* courageux; *(verwegen)* téméraire; *(forsch)* fringant; **2.** *(frech)* effronté, impertinent, impudent; **K~heit** *f* ‹-, ø› **1.** hardiesse, audace; bravoure *f;* courage *m;* témérité *f;* **2.** effronterie, impertinence, impudence *f.*

Kegel *m* ‹-s, -› ['ke:gəl] **1.** *math* cône *m;* **2.** *(Berg~)* montagne *f* conique; **3.** *(des Spiels)* quille *f;* — *die ~ aufstellen* planter les quilles; *~ schieben* jouer aux quilles; **~bahn** *f* jeu *m* de quilles; **k~förmig** *a* conique; **k~n** *itr* jouer aux quilles; **~schnitt** *m math* section *f* conique; **~spiel** *n* neu *m* de quilles; **Kegler** *m* ‹-s, -› joueur *m* de quilles.

Kehl|deckel *m* ['ke:l-] *anat* épiglotte *f;* **~e** *f* ‹-, -n› **1.** gorge *f,* gosier, *fam* sifflet, *pop* goulot *m;* **2.** *arch (Hohlkehle)* cannelure, gorge *f;* — *aus voller ~* à pleine gorge, à gorge déployée; *etw in die falsche ~ kriegen (fam)* avaler qc de travers; *jdm das Messer an die ~ setzen (fig)* mettre à qn le couteau sous la gorge *od* l'épée dans les reins; *jdm an die ~ springen* sauter à la gorge de qn; *mir war die ~ wie zugeschnürt* j'avais la gorge serrée; **~kopf** *m anat* larynx *m;* **~laut** *m* gutturale *f.*

Kehrbesen *m* ['ke:r-] balai *m.*

Kehre ['ke:rə] *f* ‹-, -n› **1.** tournant; *(Kurve)* virage *m;* **2.** *sport* volte-face *f.*

kehren ['ke:rən] *tr* **1.** *(wenden)* tourner; *sich ~ an* se soucier de, faire attention à *od* cas de, tenir compte de; *das Oberste zuunterst ~* mettre tout sens dessus dessous; *in sich gekehrt* replié sur soi-même; **2.** *(fegen)* balayer; *(den Schornstein)* ramoner; *kehre vor deiner eigenen Tür!* mêle-toi de tes affaires!

Kehr|icht *m, a. n* ‹-s, ø› ['ke:rıçt] balayures, ordures *f pl;* **~ichteimer** *m* boîte à ordures, poubelle *f;* **~maschine** *f* balayeuse *f.*

Kehr|reim *m* ['ke:r-] refrain *m;* **~seite** *f* envers, *fig (der Medaille)* revers (de la médaille); *(Schattenseite)* mauvais côté *m;* **k~t=machen** *itr (umkehren)* revenir sur ses pas, rebrousser chemin; **~twendung** *f* volte-face *f a. fig; fig* retournement *m.*

keifen ['kaıfən] *itr (schimpfen)* gronder, *(schreien)* cri(aill)er.

Keil *m* ‹-(e)s, -e› [kaıl] **1.** coin *m; (Bremsklotz)* cale *f;* **2.** *(Stoffkeil, Zwikkel)* élargissure *f;* **3.** *tech* coin *m,* clavette *f;* **~e** *f* ‹-, -ø› *fam (Schläge)* raclée, rossée *f;* **k~en 1.** *tr tech (ver~, fest~)* coincer, claveter, caler; **2.** *refl: sich ~ (pop)* se rosser; **~er** *m* ‹-s, -› *zoo* sanglier *m* mâle; **~erei** *f* [-'raı] *fam* bagarre, rixe, chamaillerie *f,* grabuge *m;* **k~förmig** *a* en forme de coin; *scient* cunéiforme; **~hose** *f* (pantalon) fuseau *m;* **~schrift** *f* écriture *f* cunéiforme.

Keim *m* ‹-(e)s, -e› [kaım] **1.** *allg* u. *fig*

germe *m;* **2.** *scient* u. *fig* embryon *m;* **3.** *fig* semence *f;* — *im ~ ersticken* étouffer dans l'œuf; *den ~ e-r Krankheit in sich tragen* couver une maladie; *~e treiben* germer; **~drüse** *f anat* glande *f* génitale; **k~en** *itr* **1.** germer *a. fig;* **2.** *fig (entstehen)* naître, se préparer; **k~frei** *a* stérilisé, aseptique; *(Milch)* pasteurisé; **~ling** *m* ‹-s, -e› *bot* germe, embryon *m;* **k~tötend** *a* antiseptique, germicide, bactéricide; **~ung** *f* germination *f;* **~zelle** *f* **1.** *biol* cellule *f* germinale; **2.** *fig* semence, origine *f.*

kein [kaın] *pron a* (ne ...) pas *od* point (de), ne ... aucun; *~ ... mehr* (ne ...) plus (de); *~ anderer (als er)* personne d'autre (que lui); *~ Mensch fam* personne; pas un chat; **~e(r, s)** *s* pas un(e) *od* aucun(e) *od* nul(le) *od* personne (... ne); *keine(r, s) von beiden* ni l'un ni l'autre, aucun des deux (... ne); **~erlei** [-'laı] *a* (ne ...) aucun, nul; **~esfalls** *adv,* **~eswegs** *adv* (ne ...) en aucun cas, en aucune façon, en rien (du tout), rien moins que, pas *od* point du tout, aucunement, nullement.

Keks *m* od *n* ‹-(es), -(e)› [ke:ks] biscuit(s *pl*), gâteau(x *pl*) *m* sec(s); **~fabrik** *f* biscuiterie *f.*

Kelch *m* ‹-(e)s, -e› [kɛlç] coupe *f; bot rel* calice *m; den ~ bis zur Neige leeren (fig)* boire la coupe *od* le calice jusqu'à la lie.

Kelle *f* ‹-, -n› ['kɛlə] cuiller à pot, louche *f,* puisoir *m; (der Maurer)* truelle *f.*

Keller *m* ‹-s, -› ['kɛlər] cave *f; (kleiner)* caveau; *(Weinkeller, nicht gewölbt)* cellier *m;* **~assel** *f zoo* cloporte *m;* **~fenster** *n,* **~loch** *n* soupirail *m;* **~geschoß** *n* sous-sol *m;* **~meister** *m* caviste, sommelier *m.*

Kellner *m* ‹-s, -› ['kɛlnər] garçon *m* (de café, d'hôtel); **~in** *f* serveuse, fille *f* de salle.

Kelte *m* ‹-n, -n› ['kɛltə] Celte *m.*

Kelter *f* ‹-, -n› ['kɛltər] pressoir *m;* **k~n** *tr* press(ur)er.

keltisch ['kɛltıʃ] *a* celtique.

Kenn|buchstabe *m* ['kɛn-] lettre *f* distinctive; **k~en** ‹*kannte, gekannt*› *tr* connaître; savoir; *etw in- und auswendig ~* connaître qc comme sa poche; *jdn dem Namen nach ~* connaître qn de nom; *nicht ~ (a.)* ignorer; *keine Rücksicht ~* être impitoyable *od* sans scrupules; *sich vor Wut nicht mehr ~* ne plus se connaître *od* posséder de colère; **k~en=lernen** *tr* faire la connaissance (*jdn* de qn), faire *od* lier connaissance (*jdn* avec qn); apprendre à connaître (*etw* qc); *jdn näher ~* faire plus ample connaissance de *od* avec qn; **~er** *m* ‹-s, -› connaisseur, bon juge; *(Sachverständiger)* expert *m;* **~erblick** *m: mit ~* en connaisseur; **~karte** *f* carte *f* d'identité; **~(n)ummer** *f* numéro *m* indicatif; **k~tlich** *a* (re)connaissable (*an* à); *~ machen* marquer, désigner; **~tnis** *f* ‹-, -se› **1.** connaissance, notion *f;* **2.** *pl a. (Wissen)* savoir *m,* intelligence, instruction *f;* — *von etw ~ erhalten* prendre connaissance de qc; *von etw ~* od *etw zur ~ nehmen* prendre connaissance *od* acte de qc; **~tnisnahme** *f: zur ~* à titre d'information; pour votre information; **~wort** *n mil* mot *m* d'ordre *od* de passe *od* de ralliement; **~zeichen** *n* marque *f,* signe, indice *m,* caractéristique; marque *f* distinctive, critère, critérium *m; amtliches ~ (mot)* numéro *m* d'immatriculation; *besondere ~ (Paßvermerk)* signes *m pl* particuliers; **k~zeichnen** *tr* **1.** marquer; **2.** *fig* caractériser; **k~zeichnend** *a* caractéristique; **~ziffer** *f math* index *m; (Logarithmus)* caractéristique *f; com* chiffre-indice, code *m.*

kentern ['kɛntərn] *itr* ‹*sein*› *mar* chavirer.

Keram|ik *f* ‹-, -en› [ke'ra:mık] céramique; *(Gegenstände)* poterie *f;* **k~isch** *a* céramique.

Kerb|e *f* ‹-, -n› ['kɛrbə] (en)coche, entaille *f,* cran *m; in die gleiche ~ hauen (fig)* enfoncer le même clou; **k~en** *tr* (en)cocher, marquer d'une coche, entailler; **~holz** ['kɛrp-] *n: etw auf dem ~ haben (fig)* avoir qc sur la conscience.

Kerl *m* ‹-(e)s, -e/(-s)› [kɛrl] homme, individu, garçon, *fam* gaillard, drôle, lascar, *pop* type, bougre *m; pej (mit a)* espèce *f* de *(mit s); anständiger ~* honnête homme *m; armer ~* pauvre diable *od* hère *m; blöder* od *dämlicher* od *dummer ~* espèce *f* d'imbécile, nigaud *m; ganzer ~* ce qu'on appelle un homme; **~chen** *n* petit bonhomme *m.*

Kern *m* ‹-(e)s, -e› [kɛrn] **1.** *(e-r Kernfrucht)* pépin; *(e-r Steinfrucht)* noyau *m; (e-r Nuß)* amande; *(e-r Melone, e-s Kürbisses, e-r Gurke)* graine *f; biol (Zellkern), phys (a. Atomkern), tech (Formkern), fig (~punkt)* noyau *m;* **2.** *fig (die Hauptsache, das Wesentliche)* substance, quintessence *f,* cœur, essentiel, vif *m;* — *e-n guten ~ haben (Mensch)* avoir un bon fond; *zum ~ der Sache vordringen* od *vorstoßen* entrer dans le vif du sujet; *das also ist des Pudels ~* c'était donc cela! voilà le fin mot de l'histoire! **~energie** *f* énergie *f* nucléaire; **~explosion** *f* explosion *f* nucléaire; **~forschung** *f* recherche *od* science *f* nucléaire; **~gehäuse** *n* trognon *m;* **k~gesund** *a* foncièrement sain, plein de santé; **k~ig** *a* **1.** *(Frucht)* plein de pépins; **2.** *fig (kräftig)* vigoureux, solide; *(markig)* nerveux, énergique; **~kraftwerk** *n* centrale *f* nucléaire; **~ladung** *f* **1.** *phys* charge *f* du noyau; **2.** *(Rakete)* tête *f* atomique;

k~los *a* sans pépins; **~obst** *n* fruits *m pl* à pépins; **~physik** *f* physique *od* science *f* nucléaire; **~punkt** *m* vif *m;* **~reaktion** *f phys* réaction *f* nucléaire; **~reaktor** *m* réacteur *m* nucléaire, pile *f* atomique; **~schatten** *m* noyau *m* d'ombre, ombre *f* pure; **~spaltung** *f* fission *f* nucléaire; **~stück** *n* pièce *od* partie essentielle, pièce *f* maîtresse, noyau, cœur *m;* **~teilung** *f biol* mitose (du noyau), caryocinèse, karyokinèse *f;* **~umwandlung** *f phys* transformation *f* nucléaire; **~verschmelzung** *f phys* fusion *f* nucléaire; **~waffen** *f pl* armes *f pl* nucléaires.

Kerze *f* ‹-, -n› ['kɛrtsə] **1.** *(Talgkerze)* chandelle; *(Wachs-, Stearinkerze)* bougie *f; rel (große Wachskerze)* cierge *m;* **2.** *mot (Zündkerze)* bougie *f* (d'allumage); **k~ngerade** *a* droit comme un cierge; **~nhalter** *m* chandelier; *(kleiner)* bougeoir *m;* **~nlicht** *n: bei ~* aux chandelles.

keß [kɛs] *a ‹kesser, kessest› fam* déluré, aguichant.

Kessel *m* ‹-s, -› ['kɛsəl] **1.** chaudron *m; (großer, bes. tech)* chaudière; *(Kochtopf)* marmite; *(Teekessel)* bouilloire *f;* **2.** *(Talkessel)* vallée *f* encaissée, cirque *m;* **3.** *mil* zone *f* d'encerclement; **~schmied** *m* chaudronnier *m;* **~stein** *m* (dépôt de) tartre *m,* incrustations *f pl; pop* calcaire *m; den ~ entfernen* détartrer (*aus etw* qc); **~treiben** *n (Jagd)* battue *f; fig* encerclement *m.*

Kette *f* ‹-, -n› ['kɛtə] **1.** chaîne *f; (Halskette)* collier *m; tech (Raupenkette)* chenille *f;* **2.** *(Weberei)* chaîne *f;* **3.** *(Bergkette)* chaîne *f* (de montagnes); **4.** *(Postenkette)* cordon *m;* — *e-e ~ bilden* faire la chaîne; *an die ~ legen (Hund)* mettre à la chaîne; *in ~n legen (Menschen)* mettre aux fers; **k~n** *tr (verbinden)* lier, joindre; *an jdn gekettet sein (fig)* être attaché à qn; **~nfahrzeug** *n* véhicule *m* à chenilles; **~ngelenk** *n,* **~nglied** *n* chaînon, anneau *m;* **~nhund** *m* chien *m* d'attache; **~nraucher** *m* fumeur *m* acharné *od* enragé; **~nreaktion** *f phys chem fig* réaction *f* en chaîne *od* caténaire.

Ketzer *m* ‹-s, -› ['kɛtsər] hérétique *m;* **~ei** *f* ‹-, -en› [-'raı] hérésie *f;* **k~isch** *a* hérétique.

keuchen ['kɔʏçən] *itr* haleter, souffler.

Keule *f* ‹-, -n› ['kɔʏlə] **1.** *(Waffe)* massue *f; sport* mil *m;* **2.** *(Kalb)* cuisse; *(Rind)* culotte *f; (Hammel)* gigot; *(Wild)* cuissot *m.*

keusch [kɔʏʃ] *a* chaste, continent; **K~heit** *f* ‹-, ø› chasteté, continence *f.*

Khaki *n* ‹-, ø› *(Farbe), m* ‹-, ø› *(Stoff)* ['ka:ki] kaki *m;* **k~farben** *a* kaki *inv.*

kichern ['kıçərn] *itr* rire sous cape, ricaner.

Kiebitz *m* ‹-es, -e› ['ki:bıts] *orn* vanneau *m.*

Kiefer ['ki:fər] **(1)** *m* ‹-s, -› *anat* mâchoire *f, scient* maxillaire *m;* **(2)** *f* ‹-, -n› *bot* pin *m.*

Kiefernwald *m* ['ki:fərn-] pinède *f.*

Kiel [ki:l] *m* ‹-(e)s, -e› **1.** *(Feder~)* tuyau *m;* **2.** *(Schiff)* quille, carène *f;* **k~holen** *tr* caréner; **~raum** *m* (fond *m* de) cale *f; im ~* à fond de cale; **~wasser** *n* sillage *a. fig,* remous *m.*

Kiemen *f pl* ['ki:mən] *zoo* branchies, ouïes *f pl.*

Kiepe *f* ‹-, -n› ['ki:pə] *(Rückentragkorb)* hotte *f.*

Kies *m* ‹-es, -e› [ki:s, '-zə(s)] gravier *m; (grober)* pierraille *f.*

Kiesel *m* ‹-s, -› ['ki:zəl] *(rauher)* caillou, *(glatter)* galet *m;* **~erde** *f min* terre siliceuse; *chem* silice *f.*

Kiesgrube *f* [ki:s-] gravière *f.*

kikeriki [kikəri'ki:] *interj* cocorico, coquerico.

kill|en ['kılən] *tr arg* estourbir; **K~er** *m* ‹-s, -› *allg* tueur; *(Messerstecher) arg* chourineur *m.*

Kilo|(gramm) *n* ‹-s, -(s)› ['ki:lo] kilo (gramme) *m;* **~hertz** *n radio* kilocycle *m;* **~meter** *m* kilomètre *m; ... ~ fahren* faire ... kilomètres; *~ fressen (fam)* avaler *od pop* bouffer des kilomètres, faire de la route; **~meterfresser** *m fam* mangeur *m* de kilomètres; **~metergeld** *n* indemnité *f* kilométrique; **~meterstein** *m* borne *f* kilométrique; **~meterzähler** *m mot* compteur kilométrique, kilométreur *m;* **~watt** *n* kilowatt *m;* **~wattstunde** *f* kilowatt-heure *m,* calorie-heure *f.*

Kind *n* ‹-(e)s, -er› [kınt, '-dər] enfant *m f, fam* gamin(e, *f*) *m,* gosse *m f; von ~ auf* dès mon *etc od* l'enfance; *mit ~ und Kegel (fam)* avec armes et bagages, avec toute la smala(h); *an ~es Statt annehmen* adopter; *das ~ mit dem Bade ausschütten (fig)* jeter l'or avec les crasses *od (Neologismus)* jeter l'enfant avec l'eau du bain; *ein ~ erwarten (schwanger sein)* attendre un enfant; *sich bei jdm lieb ~ machen* s'attirer les bonnes grâces de qn; *das ~ beim (rechten) Namen nennen* appeler un chat un chat; *kein ~ mehr sein* être sorti de l'enfance; *das weiß jedes ~* c'est enfantin; *das ist ein totgeborenes ~! (fig)* l'affaire est condamnée *od fam* ratée d'avance; *aus ~ern werden Leute (prov)* on ne voit pas grandir ses enfants; *~er und ~eskinder* enfants et petits-enfants; *ein ~ s-r Zeit* un enfant de son époque; **~bett** *n* couches *f pl; im ~* en couches.

Kinder|arzt *m* ['kındər-] pédiatre *m;* **~buch** *n* livre *m* d'enfant *od* pour enfants; **~ei** *f* [-'raı] enfantillage *m,* puérilité; *(Streich)* gaminerie *f;* **~fahrkarte**

f billet *m* demi-tarif; **~garten** *m* jardin *m* d'enfants; **~gärtnerin** *f* jardinière *od* gardienne *f* d'enfants; **~geld** *n* allocation *f* familiale; **~heilkunde** *f* médecine infantile, pédiatrie *f;* **~heim** *n* maison *f od* home *m* d'enfants; **~hort** *m* crèche, garderie *f;* **~klinik** *f* clinique *f* pédiatrique *od* pour enfants; **~krankheit** *f* maladie *f* des enfants *od* d'enfants *od* infantile; **~lähmung** *f: spinale ~* paralysie infantile, poliomyélite *f;* **k~leicht** *a* simple comme bonjour, enfantin; **k~lieb** *a: ~ sein* aimer les enfants; **k~los** *a (Ehepaar)* sans enfant(s); *(Ehe)* stérile; **~mädchen** *n* bonne *f* d'enfants; **~nahrung** *f* alimentation *f* infantile; **~psychologie** *f* psychologie *f* de l'enfant; **k~reich** *a: ~e Familie f* famille *f* nombreuse; **~schuhe** *m pl: noch in den ~n stecken* être encore dans les langes *od* au maillot; *den ~n entwachsen (a)* sorti de l'enfance; **~spiel** *n* jeu *m* d'enfant *a. fig;* **~spielplatz** *m* terrain *m* de jeux pour enfants; **~sprache** *f* langage *m* enfantin; **~sterblichkeit** *f* mortalité *f* infantile; **~stube** *f fig: e-e gute, schlechte ~ haben* être bien, mal élevé; **~wagen** *m* voiture *f* d'enfant; **~zimmer** *n* chambre *f* d'enfant(s); **~zulage** *f* allocation *f* familiale.

Kindes|alter *n* ['kɪndəs-] enfance *f,* bas âge *m;* **~beine** *n pl: von ~n an* dès la *od* sa *etc* plus tendre enfance.

Kind|heit *f* ‹-, ø› ['kɪnthaɪt] enfance *f,* bas âge *m;* **k~isch** ['-dɪʃ] *a* **1.** *(Mensch)* enfantin, niais; **2.** *(Handlung)* puéril; — *sich ~ benehmen* faire l'enfant; *~ werden* tomber en enfance *od* dans le radotage; **k~lich** *a* **1.** enfantin, d'enfant; **2.** *(unschuldig)* innocent, candide; *(naiv)* naïf, ingénu; **~taufe** *f* baptême *m.*

kinetisch [ki'ne:tɪʃ] *a phys* cinétique.

Kinn *n* ‹-(e)s, -e› [kɪn] menton; *vorspringendes, zurücktretendes ~* menton *m* saillant, fuyant; **~backe(n** *m)* *f,* **~lade** *f* mâchoire, mandibule *f;* **~bart** *m,* **~bärtchen** *n* barbiche, impériale *f;* **~haken** *m sport* crochet à la mâchoire, uppercut *m.*

Kino *n* ‹-s, -s› ['ki:no] cinéma, *pop* ciné *m; ins ~ gehen* aller au cinéma; **~besucher** *m* spectateur *m* de cinéma; **~vorstellung** *f* séance *f* cinématographique *od* de cinéma.

Kiosk *m* ‹-(e)s, -e› [ki'ɔsk] kiosque *m.*

Kipp|e *f* ‹-, -n› ['kɪpə] **1.** *(Kante)* arête *f;* **2.** *fam (Zigarettenstummel) pop* mégot *m;* — *auf der ~ stehen fig* ne tenir qu'à un fil; **~en 1.** *tr ‹h›* pencher, faire basculer; *(umkippen)* renverser, culbuter; **2.** *itr ‹sein› (umkippen)* faire la bascule, chavirer; — *aus den Latschen ~ pop fig* tomber sur le derrière; en rester comme deux ronds de flan; **K~schalter** *m* interrupteur *m* culbuteur *od* à bascule; **K~wagen** *m* wagon *m* basculant *od* à bascule, benne *f* basculante.

Kirche *f* ‹-, -n› ['kɪrçə] **1.** *(Gebäude)* église *f, (evang.)* temple *m;* **2.** *(Einrichtung)* Église *f;* **3.** *(Gottesdienst)* service (divin *od* religieux), office *m;* — *in die* od *zur ~ gehen, die ~ besuchen* aller à l'église; *die ~ im Dorf lassen (fig)* garder la tête froide.

Kirchen|älteste *m* ['kɪrçən-] ancien *m;* **~besuch** *m* fréquentation *f* des offices; **~buch** *n* registre *m* paroissial; **~chor** *m* lutrin *m,* maîtrise *f;* **~diener** *m (Küster) (kath.)* sacristain, bedeau; *(evang.)* marguillier *m;* **k~feindlich** *a* anticlérical; **~fenster** *n* vitrail *m* (*pl* vitraux); **~fest** *n* fête *f* religieuse; **~fürst** *m* prince *m* de l'Église; **~gemeinde** *f* paroisse *f;* **~geschichte** *f* histoire *f* ecclésiastique; **~jahr** *n* année *f* ecclésiastique *od* religieuse; **~konzert** *n* concert *m* spirituel; **~licht** *n fig: er ist kein (großes) ~* ce n'est pas une lumière; **~maus** *f: arm wie e-e ~* pauvre comme un rat d'église *od* comme Job; **~recht** *n* droit *m* canon; **~schändung** *f* profanation *f,* sacrilège *m;* **~staat,** *der* les États *m pl* de l'Église; **~steuer** *f* impôt *m* ecclésiastique; **~vater** *m hist* Père *m* de l'Église.

Kirch|hof *m* ['kɪrç-] *(Friedhof)* cimetière *m;* **k~lich** *a* ecclésiastique, religieux, spirituel; de l'Église; *sich ~ trauen lassen* se marier à l'église; *~e Trauung f* mariage *m* religieux; **~turm** *m* clocher *m,* tour *f* d'église; **~turmpolitik** *f* politique *f* de clocher; **~weih** *f* fête patronale, kermesse *f.*

kirre ['kɪrə] *a: jdn ~ machen* apprivoiser qn.

Kirsch *m* ‹-(e)s, -› [kɪrʃ] = *~wasser;* **~baum** *m* cerisier *m;* **~blüte** *f* fleur *f* de cerisier; **~e** *f* ‹-, -n› cerise *f; mit ihm ist nicht gut ~n essen* il ne fait pas bon se frotter à lui, il est mauvais coucheur, c'est un rude joueur; **~kern** *m* noyau *m* de cerise; **~kuchen** *m* tarte *f* aux cerises; **~wasser** *n (Schnaps)* kirsch *m.*

Kissen *n* ‹-s, -› ['kɪsən] coussin; *(Kopfkissen)* oreiller *m;* **~bezug** *m* taie *f* d'oreiller.

Kiste *f* ‹-, -n› ['kɪstə] caisse; *(kleinere, bes. Zigarrenkiste)* boîte *f.*

Kitsch *m* ‹-(e)s, ø› [kɪtʃ] œuvre *f* de basse qualité, tape-à-l'œil; *(Neologismus)* kitsch *m;* **k~ig** *a* de mauvais goût; *(Neologismus) kitsch.*

Kitt *m* ‹-(e)s, -e› [kɪt] *(Glaserkitt)* mastic; *chem tech* lut *m.*

Kittchen *n* ‹-s, -› ['kɪtçən] *pop (Gefängnis)* bloc, violon *m,* taule *f,* cabanon *m.*

Kittel *m* ‹-s, -› ['kɪtəl] *(Arbeits~)* blouse *f;* **~schürze** *f* blouse-tablier *f,* tablier-blouse *m.*

kitten ['kɪtən] *tr* mastiquer; luter.
Kitz *n* ‹-es, -e›, **~e** *f* ‹-, -n› ['kɪts(ə)] **1.** *(Zicklein)* chevreau *m*; **2.** *(Reh)* faon *m*.
Kitz|el *m* ‹-s, -› ['kɪtsəl] chatouillement *m*; *fig (Gelüst)* envie *f*; **k~(e)lig** *a* **1.** chatouilleux; **2.** *fig (heikel)* délicat, graveleux, scabreux; **k~eln** *tr u. itr* chatouiller, titiller; **~ler** *m* ‹-s, -› *anat* clitoris *m*.
klaffen ['klafən] *itr* béer, bâiller, être entrouvert.
kläffen ['klɛfən] *itr (Hund)* japper, glapir.
klaffend ['klafənt] *a (Wunde)* béant.
Kläffer *m* ‹-s, -› ['klɛfər] *(Hund)* jappeur, roquet *m*.
Klage *f* ‹-, -n› ['klagə] **1.** *allg u. jur* plainte; *jur* demande, action *f*; **2.** *(Beschwerde)* (com)plainte *f*, doléances *f pl*, grief *m*; *— e-e ~ abweisen* rejeter une demande; *gegen jdn ~ erheben* porter une accusation contre qn; *~ führen über* se plaindre de; **~geschrei** *n* lamentations *f pl*; **~laut** *m*: *keinen ~ von sich geben* ne pas laisser échapper une plainte; **~lied** *n* complainte *f*, *pej* jérémiades *f pl*; *~er singen (fig)* chanter le miséréré, se répandre en jérémiades; **k~n** *itr* **1.** se plaindre (*über etw* de qc); *(jammern)* se lamenter; *(wehklagen)* gémir; **2.** *jur* porter plainte (en justice) (*gegen jdn* contre qn, *wegen etw* pour qc).
Kläger(in) *m* ‹-s, -› (*f* ‹-, -nen›) ['klɛ:gər] *jur* plaignant(e *f*) *m*; demandeur *m*, demanderesse *f*.
Klage|schrift *f* ['klagə-] *jur* plainte (écrite), demande *f*; **~weg** *m*: *auf dem ~* par voie de justice.
kläglich ['klɛ:klɪç] *a* **1.** *(jammernd)* plaintif, dolent; **2.** *(beklagenswert)* lamentable, déplorable; *(jämmerlich)* pitoyable, piteux, misérable; *der Versuch ist ~ mißlungen* la tentative a lamentablement échoué.
klamm [klam] *a* **1.** *(feucht)* moite; **2.** *(starr vor Kälte)* (en)gourd(i).
Klamm *f* ‹-, -en› [klam] *(Felsschlucht mit Wasserlauf)* gorge *f*, ravin *m*.
Klammer *f* ‹-, -n› ['klamər] **1.** pince *f*, crochet *m*; *med* agrafe *f*; *(Krampe)* crampon *m*, crampe *f*; **2.** *mus typ* accolade *f*; *— in ~n setzen* mettre entre parenthèses; *runde, eckige ~* parenthèse *f*, crochet *m*; **k~n** *tr (befestigen)* fixer avec des pinces; *med* agrafer; *(mit Krampen)* cramponner; *sich ~ an* se raccrocher, se cramponner à *a. fig*.
Klamotten *f pl* [kla'mɔtən] *fam pej* nippes, hardes *f pl*; *pop* fringues, frusques *f pl*.
Klang *m* ‹-(e)s, ¨-e› [klaŋ, 'klɛŋə] son, ton; *(der Stimme)* timbre *m*; *(e-s bewegten Gegenstandes)* résonance *f*; *e-n guten ~ haben* sonner bien; *dumpfer, heller, tiefer ~* son *m* sourd, clair, grave *od* bas; **~farbe** *f* timbre *m*; *radio* tonalité *f*; **~(farben)regler** *m radio* régulateur *od* contrôleur *m* de la tonalité; **~fülle** *f* puissance du son, sonorité *f*; **k~voll** *a* sonore; *(Stimme)* étoffé, vibrant.
Klapp|bett *n* ['klap-] lit pliant, lit-cage *m*; **~e** *f* ‹-, -n› **1.** trappe *f*, abattant *m*, patte *f*; *(~deckel)* couvercle; *(e-s Briefumschlags)* rabattant *m*; **2.** *(Schneiderei)* patte *f*; *(e-r Tasche)* rabat *m* (de poche); **3.** *mus (Blasinstrument)* clé *f*; **4.** *anat, bot* valvule *f*; **5.** *(Klappventil)* valve *f*, clapet *m*; *— halt die ~! (pop)* ta gueule! boucle-la! **k~en** *itr* **1.** *(schlagen)* claquer, battre; **2.** *fam fig (in Ordnung gehen)* marcher à souhait; *— es hat geklappt (fam)* ça a marché; *es klappt alles tadellos* od *wie am Schnürchen (fam)* tout va très bien *od* comme sur des roulettes; c'est réglé comme du papier à musique.
Klapper *f* ‹-, -n› ['klapər] claquet *m*, claquette, cliquette; *(Knarre)* crécelle *f*; *(Spielzeug)* hochet *m*; **k~dürr** *a* maigre comme un clou; **~gestell** *n* **1.** *fam (dürrer Mensch)* squelette *m*; **2.** *fam (altes Auto)* os; tas *m* de ferraille; **k~ig** *a* **1.** branlant, fragile; **2.** *fig fam (Mensch)* rabougri; **~kasten** *m fam (Klavier)* chaudron *m*, casserole *f*; *tech* clou; *mot* tacot, tapecul *m*; **k~n** *itr* **1.** claquer, cliqueter; **2.** *(Storch)* craqueter, claqueter; **~schlange** *f zoo* serpent à sonnettes, crotale *m*.
Klaps *m* ‹-es, -e› [klaps] *fam* tape, claque, taloche *f*; *e-n ~ haben* avoir un grain (de folie).
Klapp|sitz *m* ['klap-] strapontin *a. theat mot*; siège *m* abattant *od* rabattable *od* basculant *od* escamotable; **~stuhl** *m* chaise *f* pliante, (siège) pliant *m*; **~tisch** *m* table *f* pliante; **~verdeck** *n mot* capote *f* (amovible).
klar [kla:r] *a* **1.** *(hell)* clair; *(rein)* pur; *(deutlich)* net, distinct; *(durchsichtig)* transparent; *(Himmel, Flüssigkeit)* limpide; *(Wetter) a.* serein; *(Verstand) a.* lucide; **2.** *fig (deutlich)* clair; *(verständlich)* intelligible; *(offenbar)* évident; **3.** *mar (bereit)* dégagé, paré; *— ~ und deutlich (adv)* avec précision; *sich über etw im ~en sein* voir clair dans qc; *sich über etw ~ werden* (commencer à) comprendre qc; *das ist doch ~* cela s'entend, c'est évident.
Klär|anlage *f* ['klɛ:r-] station *f* d'épuration; **~becken** *n* bassin *m* de décantation *od* de décantage; **k~en** *tr* **1.** clarifier; *(Flüssigkeit)* décanter; **2.** *fig* éclaircir, tirer au clair, élucider; *refl* **3.** *sich ~* s'éclaircir.
Klarheit *f* ‹-, ø› ['kla:rhaɪt] **1.** clarté; pureté; netteté; transparence, limpidité; sérénité; lucidité *f*; **2.** évidence *f*.

Klarinette *f* ⟨-, -n⟩ [klari'nɛtə] *mus* clarinette *f*.
klar|=legen ['kla:r-] *tr*, **~=machen** *tr fig* expliquer, exposer, éclaircir; *jdm etw* ~ faire comprendre qc à qn; **~=sehen** ⟨*sieht, sah klar, klargesehen*⟩ *itr* voir clair; **~=stellen** *tr* (re)mettre au point, mettre en évidence; **K~stellung** *f* mise *f* au point.
Klasse ['klasə] **I.** *f* ⟨-, -n⟩ classe *(a. bot, zoo, Soziologie, Schule, sport, loc, mar); allg a.* catégorie, division *f;* **II.** *a pop (prima)* bath, chouette; — *in ~n einteilen* class(ifi)er, répartir par classes; *erster ~ fahren* voyager en première classe; *e-e ~ überspringen, wiederholen* sauter, redoubler une classe; *die besitzende ~* les possédants *m pl;* **~narbeit** *f,* **~naufsatz** *m* composition *f* (écrite); **~nbuch** *n (Schule)* journal *m* (de la classe); **~nkamerad** *m* camarade *m* de classe; **~nkampf** *m* lutte *f* des classes; **~nlehrer** *m* professeur *m* principal; **~nzimmer** *n* (salle de) classe *f*.
klass|ifizieren [klasifi'tsi:rən] ⟨*ohne ge-*⟩ *tr* class(ifi)er; **K~ik** *f* ⟨-, ø⟩ ['klasɪk] classicisme *m;* **K~iker** *m* ⟨-s, -⟩ ['klasikər] classique *m;* **~isch** ['klasɪʃ] *a* classique.
Klatsch *m* [klatʃ] **1.** ⟨-(e)s, -e⟩ *(Klaps)* claque *f;* **2.** ⟨-(e)s, ø⟩ *fam (Geschwätz)* cancan; caquet, potin *m* racontar; bavardage, commérage *m;* **~base** *f* cancanière, commère *f;* **k~en** *itr* **1.** *(klapsen)* claquer; **2.** *(schwatzen)* bavarder, jaser; — *Beifall ~* applaudir (*jdm* qn); *in die Hände ~* battre *od* claquer des mains; **~maul** *n* potinier *m,* -ière *f;* cancanier *m;* -ière *f;* **~mohn** *m* pavot, coquelicot *m;* **k~naß** *a* trempé jusqu'aux os.
Klaue *f* ⟨-, -n⟩ ['klauə] **1.** *zoo (Kralle)* griffe *f,* ongle *m; (Fuß)* patte *f,* pied *m;* **2.** *tech* griffe, patte *f;* **3.** *pl tech, a. fig* tenailles *f pl;* — *in jds ~n geraten, sein* tomber sous les griffes, être entre les pattes de qn; **k~n** *tr fam (stehlen)* chiper, faucher, chaparder.
Klause *f* ⟨-, -n⟩ ['klauzə] **1.** *(Mönchszelle)* cellule *f; (Einsiedelei)* ermitage *m;* **2.** *(Schlucht)* cluse *f,* défilé *m*.
Klausel *f* ⟨-, -n⟩ ['klauzəl] clause, réserve, stipulation *f*.
Klausner *m* ⟨-s, -⟩ ['klauznər] *rel* reclus, ermite, solitaire *m*.
Klavier *n* ⟨-s, -e⟩ [kla'vi:r] piano *m; am ~* au piano; *~ spielen* jouer du piano; **~hocker** *m* tabouret *m* de piano; **~lehrer(in *f*)** *m* professeur *m* de piano; **~spiel** *n* jeu *m* du piano; **~spieler(in *f*)** *m* planiste *m f;* **~stimmer** *m* accordeur *m* de pianos.
kleb|en ['kle:bən] **1.** *tr* coller; *(Anschlagzettel)* afficher; *bes. med* agglutiner; **2.** *itr (haften)* (se) coller, être collant, (s')attacher, adhérer, tenir (*an* à) *a. fig; med* s'agglutiner; — *jdm eine ~ (pop)* flanquer une tarte *od* un marron à qn; **K~(e)streifen** *m* ruban *m* adhésif *od* de fixage; **~rig** *a* collant, gluant, adhésif; **K~stoff** *m* substance adhésive, colle *f* (blanche).
kleckern ['klɛkərn] *itr fam* faire des taches.
Klecks *m* ⟨-es, -e⟩ [klɛks] *(bes. Tintenfleck)* tache *f* (d'encre), pâté *m;* **k~en** *itr* faire des taches *od* pâtés; *(Feder)* cracher.
Klee *m* ⟨-s, ø⟩ [kle:] *bot* trèfle *m; vierblättriger ~* trèfle *m* à quatre feuilles; **~blatt** *n* feuille *f* de trèfle.
Kleid *n* ⟨-(e)s, -er⟩ [klaɪt, '-dər] **1.** *allg* habit, vêtement *m;* **2.** *(Frauenkleid)* robe, *(elegantes)* toilette *f;* — *~er machen Leute (prov)* l'habit fait le moine; **k~en** *tr* **1.** habiller; **2.** *(gut stehen)* aller bien, seoir (*jdn* à qn); — *sich ~* s'habiller; *in Worte ~ (fig)* mettre en forme, donner forme à, exprimer; **~erablage** *f* vestiaire *m;* **~erbügel** *m* cintre *m;* **~erbürste** *f* brosse *f* à habits; **~erhaken** *m* portemanteau *m,* patère *f;* **~erschrank** *m* garde-robe (*pl* garde-robes), armoire *f* à habits; **k~sam** *a* seyant; *~ sein* aller bien; **~ung** *f* habillement *(a. Vorgang),* vêtements, habits *m pl,* costume *m; getragene ~* habits *m pl* usagés; **~ungsstück** *n* vêtement *m*.
Kleie *f* ⟨-, -n⟩ ['klaɪə] son; *(grobe)* bran *m*.
klein [klaɪn] *a* **1.** petit *a. fig,* menu; *(winzig)* exigu, infime; **2.** *(unbedeutend)* faible, médiocre, insignifiant; minime, peu important; — *ein ~ wenig* un (tout) petit peu, un tantinet; *von ~ auf* dès mon *etc* enfance; *~ anfangen (fam)* partir de rien; *~ beigeben (fam)* céder le terrain, filer doux; *jdn von ~ auf kennen* avoir vu naître qn; *~er machen* diminuer; *(auf) ~ stellen (Gasflamme)* mettre en veilleuse; *~er werden* rapetisser, diminuer; *~er Fehler m* faute *f* légère; *der ~e Mann (fig)* l'homme *m* du peuple.
Klein *n* ⟨-s, ø⟩ [klaɪn] *(~fleisch)* abattis *m pl;* **~asien** *n* l'Asie *f* Mineure; **~bauer** *m* petit cultivateur *od* propriétaire *m;* **~betrieb** *m* petite exploitation *od* entreprise *f;* **~buchstabe** *m* (lettre) minuscule, petite lettre *f;* **~bürger** *m* petit bourgeois *m;* **~bürgertum** *n* petite bourgeoisie *f;* **~geld** *n* (petite *od* menue) monnaie *f;* **k~gläubig** *a* pusillanime; **~handel** *m* petit commerce, commerce *m* de détail; **~heit** *f* ⟨-, ø⟩ petitesse; *(Geringfügigkeit)* exiguïté *f;* **~hirn** *n anat* cervelet *m;* **~holz** *n* **1.** petit *od* menu bois *m;* **2.** *arg aero* casse *f;* **~igkeit** *f* bagatelle *f,* rien *m, fam* vétille, babiole *f; sich über jede ~ ärgern* od *aufregen* se fâcher pour un rien; *(das ist e-e) ~!* c'est un jeu d'enfant; la belle affaire! *das ist keine ~!* ce n'est pas une petite affaire, *fam* ce n'est pas de la tar-

te! **~igkeitskrämer** *m* pédant, vétillard, tatillon *m;* **~kalibergewehr** *n* carabine *f* de petit calibre *od* miniature; **~kind** *n* petit enfant *m;* **~kram** *m* riens *m pl,* vétilles, *fam* babioles, broutilles *f pl,* menu fretin *m;* **~krieg** *m* guerre de partisans, guérilla *f;* **k~=kriegen** *tr fig fam (e-n Gegner)* aplatir; *nicht kleinzukriegen(d) a* de fer; **k~laut** *a* décontenancé, interdit, découragé; **k~lich** *a* **1.** petit, pédant, vétilleux, tatillon; *(genau)* minutieux; *(mit Geld)* chiche; **2.** *(engstirnig)* étroit, borné, mesquin; **~lichkeit** *f* pédanterie; mesquinerie *f;* **~möbel** *n pl* petits meubles *m pl;* **k~mütig** *a* pusillanime, timoré, découragé; **~od** *n* ‹-(e)s, -e/-dien› ['klaɪno:t, -də, -'no:diən] *a. fig* bijou; joyau; *fig* trésor *m;* **k~schneiden** ‹*schneidet, schnitt klein, kleingeschnitten*› *tr (Küche)* émincer; **~sparer** *m* petit épargnant *m;* **~staat** *m* petit État; **~staaterei** *f* particularisme *m;* **~stadt** *f* petite ville *f;* **~vieh** *n* petit *od* menu bétail *m;* **~wagen** *m mot* voiture *f* de petite cylindrée.

Kleister *m* ‹-s, -› ['klaɪstər] colle *f* (d'amidon *od* de pâte); **k~n** *tr* coller.

Klemme *f* ‹-, -n› ['klɛmə] **1.** *(Klammer)* pince *f; el* serre-fils *m,* borne *f;* **2.** *fig fam* pétrin *m, (geldlich)* gêne *f; in die ~ geraten* avoir des ennuis; *in der ~ sein* od *sitzen (fam)* être coincé *od* dans le pétrin *od* pris entre deux feux *od* pris en sandwich; *(geldlich)* tirer le diable par la queue; **k~n 1.** *tr* serrer, presser, pincer; **2.** *itr (verklemmt sein)* coincer.

Klempner *m* ‹-s, -› ['klɛmpnər] ferblantier; *(~ u. Rohrleger)* plombier(-zingueur) *m;* **~ei** *f* [-'raɪ] ferblanterie; plomberie *f.*

Klepper *m* ‹-s, -› ['klɛpər] *fam (schlechtes Pferd)* canasson *m,* rosse, haridelle *f.*

kler|ikal [kleri'ka:l] *a pol* clérical; **K~iker** *m* ‹-s, -› ['kle:rikər] *rel* ecclésiastique *m;* **K~us** *m* ‹-, ø› ['kle:rus] *(Geistlichkeit)* clergé *m.*

Klette *f* ‹-, -n› ['klɛtə] **1.** *bot* bardane *f,* glouteron *m;* **2.** *fig fam (Mensch)* crampon *m.*

Kletter|eisen *n* ['klɛtər-] crampon, grappin *m;* **~mast** *m,* **~stange** *f (Turngerät)* mât; *(mit aufgehängten Preisen)* mât *m* de cocagne; **k~n** *itr* ‹*sein*› grimper (*auf* sur, *an* à); *~ auf* escalader; **~pflanze** *f* plante *f* rampante; **~rose** *f (als Pflanze)* rosier *m* sarmenteux.

Klima *n* ‹-s, (-s/-te)› ['kli:ma, -'ma:tə] climat *m;* **~anlage** *f* conditionnement de l'air, climatiseur *m; mit (e-r) ~ (ausgestattet)* climatisé, à air conditionné; **k~tisch** [-'ma:tɪʃ] *a* climatique; **k~tisieren** [-ti'zi:rən] ‹*ohne ge-*› *tr (mit e-r Klimaanlage versehen)* climatiser, conditionner.

klimm|en ['klɪmən] ‹*klomm* od *klimmte; geklommen* od *geklimmt*› *itr* ‹*sein*› grimper; **K~zug** *m sport* suspension *f* fléchie.

klimpern ['klɪmpərn] *itr* **1.** tinter; **2.** *mus (auf dem Klavier)* tapoter (du piano), *fam* pianoter.

Klinge *f* ‹-, -n› ['klɪŋə] lame; *(Degen)* épée *f,* fer *m.*

Klingel *f* ‹-, -n› ['klɪŋəl] sonnette; *(Schelle)* clochette *f; (am Fahrrad)* timbre *m; elektrische ~* sonnerie *f* électrique; **k~n** *itr* sonner; *es klingelt* on sonne; *das Telefon klingelt* le téléphone sonne; **~zeichen** *n* coup *m* de sonnette.

klingen ['klɪŋən] ‹*klang, geklungen*› *itr* **1.** sonner, résonner, retentir; *(Glocke)* tinter; **2.** *fig (Worte)* sonner, *(auf den Sinn bezogen)* paraître; — *es klingt ja, als ob du ...* à t'entendre on a l'impression que tu ...; *das klingt wie ein Vorwurf* on dirait un reproche; *die Ohren ~ mir, es klingt mir in den Ohren* les oreilles me tintent.

Klin|ik *f* ‹-, -en› ['kli:nɪk] clinique *f;* **k~isch** ['kli:nɪʃ] *a* clinique.

Klinke *f* ‹-, -n› ['klɪŋkə] *(Türklinke)* poignée, clenche *f,* loquet; *tech (Sperr-, Schaltklinke)* cliquet *m.*

Klinker *m* ‹-s, -› ['klɪŋkər] *(Baustein)* brique *f* hollandaise *od* recuite *od* vernissée.

klipp [klɪp] *adv: ~ und klar* clair et net.

Klippe *f* ‹-, -n› ['klɪpə] écueil, brisant *m.*

klirren ['klɪrən] *itr* cliqueter; *(Gläser)* tinter.

Klisch|ee *n* ‹-s, -s› [klɪ'ʃe:] *typ* cliché, galvano *m;* **k~ieren** [-'ʃi:rən] ‹*ohne ge-*› *tr* clicher.

klitschnaß ['klɪtʃ'nas] *a* trempé jusqu'aux os *od* comme une soupe.

Klo *n* ‹-s, -s› [klo:] *fam* toilettes *f pl; aufs ~ gehen* aller aux toilettes.

Kloake *f* ‹-, -n› [klo'a:kə] égout; *a. zoo u. fig* cloaque *m.*

klobig ['klo:bɪç] *a* **1.** *(Möbelstück)* massif, trapu; aux lignes lourdes; **2.** *(Mensch: plump)* grossier, rude, pataud.

klopf|en ['klɔpfən] *itr* **1.** *(an die Tür)* frapper; **2.** *(Herz)* battre, palpiter; *(Herz, Motor)* cogner; *tr* **3.** *(Teppich)* battre; *(Fleisch)* taper; *(sanft)* tapoter (*auf etw* qc); **4.** *(Steine)* casser; — *jdm auf die Finger ~* donner sur les doigts à qn; *es klopft* on frappe; **~fest** *a mot* antidétonant; **K~sauger** *m* aspiro-batteur *m.*

Klöppel *m* ‹-s, -› ['klœpəl] **1.** *(Glockenklöppel)* battant *m;* **2.** *(Spitzenklöppel)* fuseau *m* (à dentelle); **k~n** *tr u. itr* faire de la dentelle aux fuseaux; **~spitze** *f* dentelle *f* au(x) fuseau(x).

Klops *m* ‹-es, -e› [klɔps] *dial (Kloß)* quenelle *f.*

Klosett *n* ‹-s, -e/-s› [klo'zɛt] cabinets,

lieux *m pl* d'aisance, water-closet, W.-C. *m*, *fam* waters *m pl;* **~becken** *n* cuvette *f* de W.-C.; **~bürste** *f* balai *m* de W.-C.; **~papier** *n* papier *m* hygiénique.

Kloß *m* ‹-es, ¨-e› [klo:s, 'klø:sə] *(geformte Kugel)* boule; *(Küche)* boulette *f*.

Kloster *n* ‹-s, ¨-› ['klo:stər, 'klø:stər] monastère, couvent *m;* **~kirche** *f* église *f* conventuelle; **~schule** *f* école *f* conventuelle *od* monastique.

Klotz *m* ‹-es, ¨-e/(¨-er)› [klɔts, 'klœtsə] **1.** bloc *m* de bois, bûche *f; (Hackklotz)* billot *m;* **2.** *fig fam (Tölpel)* masse *f* de chair, lourdaud, rustre *m; grober ~ (fig)* ours *m* mal léché; **k~ig** *a* **1.** *(massig)* massif; *(schwer)* lourd; *(grob)* grossier; **2.** *fig fam (riesig)* énorme.

Klub *m* ‹-s, -s› [klup] club, cercle *m;* **~sessel** *m* fauteuil-club *m*.

Kluft *f* ‹-, ¨-e› [kluft] **1.** *(Spalte)* fente, crevasse; *(Schlucht)* ravine, gorge *f;* **2.** *fig* fossé *m*.

klug [klu:k] ‹*klüger, klügst*› *a* intelligent; *(scharfsinnig)* sagace, perspicace; *(aufgeweckt)* éveillé; *(vernünftig)* sensé, judicieux; *(weise)* sage; *(schlau, vorsichtig)* prudent, avisé; *(listig)* astucieux, rusé, fin; *(erfinderisch)* ingénieux; *~ genug sein, um zu (a.)* avoir le bon esprit de; *nicht ~ werden aus* ne rien comprendre à; *das war sehr ~ von dir* tu t'y es pris très astucieusement; *der Klügere gibt nach (prov)* reculer n'est pas céder; *durch Schaden wird man ~ (prov)* dommage rend sage; **K~heit** *f* ‹-, ø› intelligence; sagacité, perspicacité; sagesse; prudence; astuce, finesse; ingéniosité *f*.

Klump|en *m* ‹-s, -› ['klumpən] boule, pelote; *(Masse)* masse *f; (Haufen)* tas *m; (Erd-, Butter~)* motte *f; (Metall~)* bloc *m;* **~fuß** *m* pied *m* bot.

Klüngel *m* ‹-s, -› ['klʏŋəl] *pej (Sippschaft)* clique, coterie *f*, clan *m*.

knabbern ['knabərn] *tr (a. itr: ~ an)* croquer, grignoter.

Knabe *m* ‹-n, -n› ['kna:bə] garçon(net), enfant *m*.

Knack *m* ‹-(e)s, -e› [knak] *(leichter Knall)* craquement *m;* **k~** *interj* crac! **k~en 1.** *itr* craquer; **2.** *tr (Nüsse)* casser; *(Geldschrank)* forcer, ouvrir par effraction; **~s** *m* ‹-es, -e› *(Sprung, Riß)* fêlure *f*.

Knall *m* ‹ -(e)s, (-e)› [knal] éclat; *(Tür, Peitsche)* claquement *m; (Feuerwaffe)* détonation *f*, coup *m* de feu; *(Explosion, a. mot)* explosion, fulmination *f; ~ und Fall (adv)* au coup de marteau; **~bonbon** *m* od *n* bonbon *m* fulminant; **k~en** *itr* **1.** éclater; *(Tür, Peitsche)* claquer; *(explodieren)* faire explosion, exploser, détoner, fulminer; **2.** *fam (schießen)* tirer; **—** *jdm eine ~ (pop) (runterhauen)* flanquer une gifle à qn; *mit der Peitsche ~* faire claquer son fouet; **~erbse** *f* pois *m* fulminant; **~frosch** *m* pétard *m;* **~gas** *n* gaz détonant *od* oxhydrique, mélange *m* tonnant.

knapp [knap] **I.** *a* **1.** *(eng)* étroit, serré, juste; **2.** *(spärlich)* rare, maigre; *(geringfügig)* modique, exigu; *(beschränkt)* borné, limité; *(Zeit)* bref; **3.** *(Stil)* concis, succinct; **II.** *adv (kaum)* de justesse, (tout) juste, à peine, ne ... guère; **— ~** *dran sein, sein ~es Auskommen haben* avoir tout juste de quoi vivre; *~ werden (Ware)* s'épuiser; *und nicht zu ~! (fam)* et comment! *~e Mehrheit f (parl)* faible majorité *f; e-e ~e Stunde* une petite heure; à peine une heure.

Knappe *m* ‹-n, -n› ['knapə] **1.** *hist* écuyer, valet *m;* **2.** *mines* mineur *m*.

Knappheit *f* ‹-, ø› ['knaphaɪt] **1.** *(Enge)* étroitesse, justesse *f;* **2.** *(Mangel)* rareté, pénurie, disette *f;* **3.** *(des Stils)* concision *f*.

Knappschaft ['knapʃaft] *f mines* corporation *f od* corps *m* des mineurs.

Knarre *f* ‹-, -n› ['knarə] **1.** *(Spielzeug)* crécelle *f;* **2.** *pop (Gewehr)* flingot, flingue *m;* **k~n** *itr* craquer; *(Tür)* grincer, gémir.

Knast *m* ‹-(e)s, -e› [nast] *arg (Gefängnis)* taule *f*.

knattern ['knatərn] *itr* pétiller, *fam* péter; pétarader *a. mot*.

Knäuel *m* od *n* ‹-s, -› ['knɔʏəl] peloton *m; (Garn)* pelote *f; fig (Menschen)* tas *m*.

Knauf *m* ‹-(e)s, ¨-e› [knauf, 'knɔʏfə] *(Degen)* pommeau; *(Tür)* bouton *m*.

Knauser *m* ‹-s, -› ['knauzər] lésineur, ladre *m;* **~ei** *f* [-'raɪ] lésin(eri)e, ladrerie, *fam* pingrerie, économie *f* de bouts de chandelle; **k~ig** *a* lésineur, ladre, chiche; **k~n** *itr* lésiner.

knautsch|en ['knautʃən] *tr fam* froisser, chiffonner; **K~lackleder** *n* cuir *m* verni frippé.

Knebel *m* ‹-s, -› ['kne:bəl] **1.** bâillon *m;* **2.** *(Spannkeil)* garrot *m a. med;* **~bart** *m* barbiche, impériale *f;* **k~n** *tr a. fig* bâillonner *a. fig (unterdrücken)* supprimer.

Knecht *m* ‹-(e)s, -e› [knɛçt] *(Bauern~)* garçon *od* valet de ferme; *(Haus~)* domestique, valet; *allg (Diener)* valet, serviteur *m;* **k~en** *tr* asservir, réduire en servitude; **k~isch** *a* servile; **~schaft** *f* ‹-, ø› servitude *f*, servage, esclavage *m*.

kneifen ['knaɪfən] ‹*kniff, gekniffen*› *tr* **1.** pincer *(jdn in die Backe* la joue à qn); *itr* **2.** *(Gegenstand am Körper)* pincer; **3.** *fig fam (sich drücken)* s'éclipser, se dérober, s'esquiver.

Kneipe *f* ‹-, -n› ['knaɪpə] *fam* bistrot, assommoir *m; pej* boîte *f;* **k~n** *itr fam (zechen)* chopiner, *pop* riboter.

knet|en ['kne:tən] *tr (Teig)* pétrir;

(Wachs) modeler; *(massieren)* masser; **K~maschine** *f* pétrin mécanique, malaxeur *m;* **K~masse** *f* plastiline *f.*

Knick *m* ‹-(e)s, -e› [knɪk] *(unvollständiger Bruch)* brisure *f; (Falte)* pli *m,* pliure, froissure *f; (Biegung)* coude *m,* courbure *f;* **k~en** *tr ‹h›* **1.** *(unvollständig brechen)* briser; *(falten)* plier, plisser; *(biegen, krümmen)* couder, courber; **2.** *fig (seelisch)* affliger, accabler; *itr ‹sein›* **3.** *(umknicken)* briser; — *nicht ~!* ne pas plier! **~s** *m* ‹-es, -e› révérence *f;* **k~sen** *itr* faire une révérence.

Knie *n* ‹-s, -› [kniː, 'kniːə] genou *a. tech; tech* coude; *allg (Biegung, bes. e-r Straße, e-s Flusses)* coude *m; auf den ~n* à genoux; *die ~ beugen* fléchir les genoux (*vor* devant); *übers ~ brechen (fig)* brusquer, décider à la légère; *in die ~ gehen (fig)* céder, s'incliner, plier le genou; *in die ~ zwingen* (faire) mettre à genoux; faire toucher les épaules; *fig* subjuguer, triompher de; **~beuge** *f sport* flexion *f* des genoux; **k~frei** *a: ~er Rock m* jupe *f* arrêtée au-dessus du genou; **~gelenk** *n* articulation *od* jointure *f* du genou; **~kehle** *f* jarret, creux *m* poplité; **k~n** ['kniːən] ‹*kniete, gekniet*› *itr* s'agenouiller, se mettre à genoux; *(Zustand)* être à genoux (*vor jdm* devant qn); **~scheibe** *f anat* rotule *f;* **~schützer** *m* protège-genou *m;* **~strumpf** *m* (de)mi-bas *m,* chaussette *f* (montante); **~stück** *n tech* genou, raccord *od* tuyau *m* coudé; **~wärmer** *m* genouillère *f.*

Kniff *m* ‹-(e)s, -e› [knɪf] **1.** *(Falte)* pli *m;* **2.** *fig (Kunstgriff)* artifice *m,* ruse, ficelle, finasserie *f; pl* tripotage *m;* **k~en** *tr* plier, plisser; **k~(e)lig** *a (Sache)* délicat, subtil, épineux.

knipsen ['knɪpsən] *itr* **1.** claquer (*mit den Fingern* des doigts); **2.** *fam phot* photographier; **3.** *el* tourner le bouton; *tr* **4.** *(wegschnellen)* lancer du bout des doigts *od* d'une chiquenaude; **5.** *(lochen)* poinçonner, perforer; **6.** *phot* prendre en instantané, photographier.

Knirps *m* ‹-es, -e› [knɪrps] *(Mensch)* bout d'homme, nabot, *fam* mioche, marmo(use)t *m.*

knirschen ['knɪrʃən] *itr* craquer, crier, crisser; *mit den Zähnen ~* grincer des dents.

knistern ['knɪstərn] *itr* craqueter; *(Feuer)* pétiller; *(Stoff)* crépiter.

knitter|frei ['knɪtər-] *a* infroissable; **~n** *itr* se froisser, se chiffonner.

knobeln ['knoːbəln] *itr* **1.** *(würfeln)* jouer aux dés; *(losen)* tirer au sort; **2.** *fig (herumraten)* se creuser la cervelle.

Knoblauch *m* ‹-(e)s, ø› ['knoːplaux] *bot* ail *m.*

Knöchel *m* ‹-s, -› ['knœçəl] *anat (Finger)* nœud *m; (Fuß)* cheville, malléole *f.*

Knochen *m* ‹-s, -› ['knɔxən] os *m; das ist mir so in die ~ gefahren (fig fam)* cela m'a cassé bras et jambes; *mir tun alle ~ weh (fam)* je suis brisé de fatigue; **~bruch** *m* fracture *f;* **~gerüst** *n* ossature, charpente *f* osseuse, squelette *m;* **~mark** *n* moelle *f* (osseuse).

knöchern ['knœçərn] *a* **1.** osseux, d'os, en os; **2.** *fig* sec, raide, racorni.

knochig ['knɔxɪç] *a* osseux, décharné; *(grob~)* ossu.

Knockout *m* ‹-(s), -s› [nɔk'ˀaut] *sport* knock-out *m,* mise *f* hors de combat.

Knödel *m* ‹-s, -› ['knøːdəl] *(Küche)* boulette *f.*

Knolle *f* ‹-, -n› ['knɔlə] *bot* tubercule; *(Zwiebel)* bulbe *m;* **~n** *m* ‹-s, -› *(Klumpen)* grumeau *m;* **~nblätterpilz** *m* oronge *f* vineuse; **~ngewächs** *n bot* plante *f* bulbeuse.

Knopf *m* ‹-(e)s, ¨-e› [knɔpf, 'knœpfə] **1.** bouton *m;* **2.** *(Knauf)* pomme *f,* pommeau *m;* **3.** *(Drücker)* poussoir; *(Klingelknopf)* bouton *m;* — *e-n ~ annähen* coudre un bouton; *auf den ~ drücken* presser le bouton, pousser le *od* appuyer sur le déclic.

knöpfen ['knœpfən] *tr* boutonner.

Knopfloch *n* ['knɔpf-] boutonnière *f.*

Knorp|el *m* ‹-s, -› ['knɔrpəl] *anat* cartilage; *(im Fleisch)* croquant *m;* **k~(e)lig** *a* cartilagineux.

Knorr|en *m* ‹-s, -› ['knɔrən] *(im Holz)* nœud *m; (am Stamm* od *Ast)* loupe *f,* broussin *m;* **k~ig** *a* noueux, raboteux.

Knospe *f* ‹-, -n› ['knɔspə] *(Blatt~)* bourgeon; *(Blüten~)* bouton *m; (der Fortpflanzung dienende)* gemme *f; ~n treiben,* **k~n** *itr* bourgeonner; boutonner.

Knot|en *m* ‹-s, -› ['knoːtən] **1.** nœud *m a. mar, bot;* **2.** *fig* nœud, obstacle *m;* complication *f, fam* hic; **3.** *(Haar~)* chignon *m;* — *e-n ~ machen aufmachen* od *lösen* faire, défaire un nœud; **k~en** *tr* nouer; *itr* faire un nœud; *(Netz)* faire du filet; **~enpunkt** *m* point *m* de raccordement, (point *m* de) jonction, patte-d'oie *f; loc* nœud *m* ferroviaire, gare *f* de jonction *od* d'embranchement *od* de bifurcation; **~enstock** *m* bâton *m* noueux; **k~ig** *a* noueux.

knüllen ['knʏlən] *tr* froisser, chiffonner.

Knüller *m* ‹-s, -› ['knʏlər] *fam (Schlager, Reißer)* sensation *f; (Lied)* tube *m.*

knüpfen ['knʏpfən] *tr* **1.** *a. fig* nouer, lier; **2.** *(Knoten, Netz)* faire; — *etw an e-e Bedingung ~* soumettre qc à une condition.

Knüppel *m* ‹-s, -› ['knʏpəl] *(Stock)* bâton, gourdin *m,* matraque *f; (Rundholz)* rondin *m; jdm (e-n) ~ zwischen die Beine werfen (fig)* mettre des bâtons dans les roues à qn; **~damm** *m* chemin *m* de rondins; **k~dick** *a fam: er hat es ~ hinter den Ohren* c'est un madré.

knurr|en ['knʊrən] *itr (Hund)* gronder; *(Magen)* grouiller, gargouiller; *fig (Mensch)* grogner; *mein Magen knurrt* j'ai des gargouillements; **~ig** *a (Mensch)* grondeur, grognon.

knusp|(e)rig ['knʊsp(ə)rɪç] *a (Küche)* croustillant, croquant; **~ern** *tr* croquer, croustiller, grignoter.

knutschen ['knu:tʃən] *tr pop (herzen)* caresser, *fam* bécoter, tripoter, *pop* peloter.

Koalition *f* ⟨-, -en⟩ [koalitsi'o:n] *pol* coalition *f;* **~sregierung** *f* gouvernement *m* de coalition.

Kobalt *n* ⟨-s, ø⟩ ['ko:balt] *chem* cobalt *m.*

Kobold *m* ⟨-(e)s, -e⟩ ['ko:bɔlt, -də] lutin, farfadet *m.*

Koch *m* ⟨-(e)s, ⸚e⟩ [kɔx, 'kœçə] cuisinier *m; viele Köche verderben den Brei (prov)* trop de cuisiniers gâtent la sauce; **~buch** *n* livre *m* de cuisine; **k~en** *itr* **1.** *(Flüssigkeit)* bouillir; *(Speise)* cuire; **2.** *(die Küche führen)* faire la cuisine; *tr* **3.** cuisiner, préparer, faire; — *gut ~ (können)* être bon cuisinier, bonne cuisinière; *vor Wut ~* bouillir de colère, bouillonner de fureur; **~en** *n* **1.** *(Sieden)* cuisson; *(Aufwallen)* ébullition *f;* **2.** *(Tätigkeit)* cuisine *f;* **k~end** *a* bouillant, en ébullition; **~er** *m* ⟨-s, -⟩ *(Gerät)* réchaud *m.*

Köcher *m* ⟨-s, -⟩ ['kœçər] carquois *m.*

Kochgeschirr *n* ['kɔx-] batterie de cuisine; *mil* gamelle *f.*

Köchin *f* ⟨-, -nen⟩ ['kœçɪn] cuisinière *f.*

Koch|kiste *f* ['kɔx-] marmite *f* norvégienne; **~kunst** *f* art *m* culinaire, gastronomie *f;* **~löffel** *m* cuiller *f* de bois *od* à pot; **~rezept** *n* recette *f;* **~salz** *n* sel *m* de cuisine; **~topf** *m* pot *m,* marmite *f; (großer)* fait-tout *m.*

Köder *m* ⟨-s, -⟩ ['kø:dər] appât *m,* amorce *f;* leurre *m a. fig;* **k~n** *tr* appâter, amorcer, leurrer; *fig* allécher.

Koedukation *f* ⟨-, ø⟩ [koedukatsi'o:n] éducation *f od* enseignement *m* mixte.

Koexistenz *f* ⟨-, ø⟩ [koɛksɪs'tɛnts] *pol* coexistence *f; friedliche ~* coexistence *f* pacifique.

Koffein *n* ⟨-s, ø⟩ [kɔfe'i:n] caféine *f;* **k~frei** *a* décaféiné; **k~haltig** *a* caféiné.

Koffer *m* ⟨-s, -⟩ ['kɔfər] *(großer)* coffre *m,* malle; *(Handkoffer)* valise, mallette *f; s-e ~ packen (abreisen)* faire *od* boucler ses valises; **~fernseher** *m* téléviseur *m* portatif; **~radio** *n* poste (de radio) portatif, récepteur *m* portatif; **~raum** *m mot* coffre *m; a. mar aero* soute *f.*

Kohl *m* [ko:l] **(1)** ⟨-(e)s, -e⟩ chou *m; das macht den ~ nicht fett (fig fam)* ça ne met pas de beurre dans les épinards; **(2)** ⟨-(e)s, ø⟩ *fam (Geschwätz, Unsinn)* bavardage, radotage, galimatias *m.*

Kohldampf *m* ['ko:l-] *fam* faim-valle *f; ~ schieben (fam)* se mettre la ceinture, *pop* bouffer des briques.

Kohle *f* ⟨-, -n⟩ ['ko:lə] **1.** charbon *m; (Steinkohle)* houille *f;* **2.** *(Zeichenkohle)* fusain *m;* — *mit ~n heizen* chauffer au charbon; *(wie) auf glühenden ~n sitzen* être sur des charbons ardents, être sur la braise *od* sur le gril *od* au supplice; *weiße ~* houille *f* blanche; **~hydrate** *n pl* **1.** *chem* hydrates *m pl* de carbone; **2.** *biol* glucides *m pl;* **k~n** *itr (verkohlen)* carboniser, charbonner.

Kohlen|abbau *m* ['ko:lən-] exploitation *od* extraction *f* de la houille; **~becken** *n* **1.** *geol* bassin *m* houiller; **2.** *(Gerät)* brasier, brasero *m;* **~bergbau** *m* charbonnage *m;* **~bergwerk** *n* houillère, mine *f* de houille *od* de charbon; **~dioxid** *n* anhydride *m* carbonique; **~flöz** *n* couche *od* veine *f* de houille, gîte *m* houiller; **~förderung** *f* production *f* charbonnière *od* houillère; **~gebiet** *n* bassin *m* houiller; **~grus** *m* menu (charbon), charbon menu, grésillon *m;* **~halde** *f* stock *m* de charbon, charbonnerie *f;* **~händler** *m* charbonnier *m;* **~handlung** *f* commerce *m* de charbon; **~herd** *m* fourneau *m* à charbon; **~kasten** *m* caisse *f* à charbon; **~keller** *m* cave *f* à charbon, charbonnier *m;* **~ofen** *m* four *od* poêle *m* à charbon; **~oxid, ~oxyd** *n chem* oxyde *m* de carbone; **~säure** *f* acide *m* carbonique; **~schaufel** *f* pelle *f* à charbon, *tech* à feu *od* de four; **~staub** *m* poussier *m;* **~stoff** *m chem* carbone *m;* **~teer** *m* goudron de houille, coaltar *m;* **~vorkommen** *n* gisement *m* houiller; **~vorrat** *m* approvisionnement *od* stock *m* de charbon; **~wagen** *m* **1.** *mines* banne, benne, berline *f;* **2.** *loc* tender *m;* **~wasserstoff** *m chem* carbure *m* d'hydrogène; **~zange** *f* pince *f* à charbon.

Kohlepapier *n* ['ko:lə-] papier *m* carbone.

Köhler *m* ⟨-s, -⟩ ['kø:lər] charbonnier *m.*

Kohlezeichnung *f* ['ko:lə-] (dessin au) fusain *m.*

Kohlkopf *m* ['ko:l-] (tète *f* de) chou *m.*

kohl(raben)schwarz ['ko:l-] *a* de jais, noir comme (du) jais *od* de la suie.

Kohl|rabi *m* ⟨-(s), -(s)⟩ [ko:l'ra:bi] chou-rave *m;* **~rübe** *f* chou-navet, rutabaga *m;* **~weißling** *m ent* piéride *f* du chou.

Koitus *m* ⟨-, -⟩ ['ko:itus] *physiol* coït *m.*

Koje *f* ⟨-, -n⟩ ['ko:jə] *mar* cabine, couchette *f.*

Kokain *n* ⟨-s, ø⟩ [koka'i:n] *pharm* cocaïne, drogue blanche, *arg* neige *f.*

Kokarde *f* ⟨-, -n⟩ [ko'kardə] cocarde *f.*

Kokerei *f* ⟨-, -en⟩ [ko:kə'raɪ] cokerie *f.*

kokett [ko'kɛt] *a* coquet; **K~erie** *f* ⟨-, -n⟩

[-tə'ri:] coquetterie *f;* **~ieren** [-'ti:rən] ‹*ohne ge-*› *itr* coqueter, flirter.

Kokon *m* ‹-s, -s› [ko'kõ:] *ent* cocon *m.*

Kokos|faser *f* ['ko:kɔs-] fibre *f* de coco; **~fett** *n* beurre *m* de coco; **~makrone** *f* congolais *m;* **~matte** *f* natte *f* (en fibres) de coco; **~milch** *f* lait *m* de coco; **~nuß** *f* noix *f* de coco; **~öl** *n* huile *f* de coco, *pop* de copra(h); **~palme** *f* cocotier *m.*

Kokotte *f* ‹-, -n› [ko'kɔtə] femme galante, cocotte *f.*

Koks *m* ‹-es, -e› [ko:ks] coke *m.*

Kolben *m* ‹-s, -› ['kɔlbən] **1.** *(Keule)* massue; *(Gewehr~)* crosse *f;* **2.** *(Glasgefäß)* ballon, matras *m; (Retorte)* cornue *f,* alambic *m;* **3.** *tech* piston *m;* **4.** *bot (Blüten~)* régime *m; (Schilfrohr)* panicule *f; (Mais)* épi *m;* **~hub** *m tech* course *f* de piston; **~motor** *m* moteur *m* à piston(s); **~ring** *m* segment *m* de piston.

Kolchose *f* ‹-, -n› [kɔl'ço:zə] kolkhoze *m.*

Kolibakterien *pl* ['ko:li-] colibacilles *m pl.*

Kolibri *m* ‹-s, -s› ['ko:libri] *orn* colibri, oiseau-mouche *m.*

Kolik *f* ‹-, -en› ['ko:lɪk, ko:'li:k] *med* colique *f,* tranchées *f pl.*

Kollaborateur *m* ‹-s, -e› [kɔlabora'tø:r] collaborateur *m.*

Kolleg *n* ‹-s, -s/-ien› [kɔ'le:k, -giən] *(akadem. Vorlesung)* cours *m;* **~e** *m* ‹-n, -n› [-gə], **~in** *f* *(Amtsgenosse)* collègue *m f,* confrère *m; pol* homologue *m;* **k~ial** [-gi'a:l] **I.** *a* de collègue, de confrère, confraternel; **II.** *adv* en collègue, en confrère; **~ium** *n* ‹-s, -ien› [-'le:gium, -giən] corps *m,* assemblée *f,* conseil *m;* **~mappe** *f* porte-documents *m.*

Kollekt|e *f* ‹-, -n› [kɔ'lɛktə] *(Geldsammlung)* collecte, quête *f;* **~ion** *f* ‹-, -en› [-tsi'o:n] *com* collection *f;* **~iv** *n* ‹-s, -e/(-s)› collectif *m;* **k~iv** [-'ti:f] *a* collectif; **~ivismus** *m* ‹-, ø› [-'vɪsmus] *pol* collectivisme *m;* **~ivwirtschaft** *f* économie *f* collectiviste, collectivisme *m;* **~or** *m* ‹-s, -en› [-'lɛktɔr, -'to:rən] *el* collecteur *m.*

Koller *m* ‹-s, -› ['kɔlər] *fam* (accès *m* de) colère *od* fureur *f.*

kollidieren [kɔli'di:rən] *itr* ‹*sein* od *h*› **1.** entrer en collision; **2.** *(zeitlich)* coïncider.

Kollier *n* ‹-s, -s› [kɔli'e:] collier, tour *m* de cou.

Kollision *f* ‹-, -en› [kɔlizi'o:n] collision *f.*

Kolloquium *n* ‹-s, -quien› [kɔ'lo:kvium, -kviən] *(wissenschaftl. Unterhaltung)* colloque *m.*

Köln *n* [kœln] Cologne *f.*

kolon|ial [koloni'a:l] *a* colonial; **K~ie** *f* ‹-, -n› [-'ni:] colonie *f; ehemalige ~* ex-colonie *f;* **K~isation** *f* ‹-, -en› colonisation *f;* **~isieren** [-'zi:rən] ‹*ohne ge-*› *tr* coloniser; **K~ist** *m* ‹-en, -en› [-'nɪst] colon, planteur *m.*

Kolonnade *f* ‹-, -n› [kolɔ'na:də] *arch* colonnade *f.*

Kolonne *f* ‹-, -n› [ko'lɔnə] **1.** *mil typ* colonne *f;* **2.** *(Arbeiter)* équipe *f;* — *geschlossene ~ (mil)* colonne *f* serrée; **~nführer** *m* *(Vorarbeiter)* chef *m* d'équipe.

kolor|ieren [kolo'ri:rən] ‹*ohne ge-*› *tr* colorier; **K~it** *n* ‹-(e)s, -e› [kolo'ri:t, -'rɪt] coloris *m.*

Kolo|ß *m* ‹-sses, -sse› [ko'lɔs, -sə] colosse *m;* **k~ssal** *a* **1.** colossal, énorme; **2.** *fam (übertreibend)* formidable, faramineux.

Kolumne *f* ‹-, -n› [ko'lumnə] *typ* colonne *f;* **~ntitel** *m typ* ligne *f* de tête.

Koma *n* ‹-s, -s/-ta› ['ko:ma, -ta] *med* coma *m.*

Kombin|at *n* ‹-(e)s, -e› [kɔmbi'na:t] combinat *m;* **~ation** *f* ‹-, -en› [kɔmbinatsi'o:n] **1.** *(Verbindung, Zs.stellung, Gedankenfügung; sport)* combinaison *f;* **2.** *(Vermutung)* conjecture *f;* **3.** *(Hemdhose, einteiliger Schutzanzug)* combinaison *f;* **4.** *(Herrenanzug aus Hose und andersfarbigem Sakko)* ensemble *m;* **~ationsgabe** *f,* **~ationsvermögen** *n* esprit *m* de combinaison; **k~ieren** [-'ni:ən] ‹*ohne ge-*› *tr* **1.** combiner; **2.** *(vermuten)* conjecturer.

Kombiwagen *m* ['kɔmbi-] *mot* fourgonnette *f.*

Kombüse *f* ‹-, -n› [kɔm'by:zə] *mar (Küche)* cambuse *f.*

Komet *m* ‹-en, -en› [ko'me:t] *astr* comète *f.*

Komfort *m* ‹-s, ø› [kɔm'fo:r] confort, standing *m; mit allem ~* grand confort; **k~abel** [-fɔr'ta:bəl] *a* confortable.

Kom|ik *f* ‹-, ø› ['ko:mɪk] comique *m;* **~iker** *m* ‹-s, -› ['-mikər] comique *m;* **k~isch** ['ko:mɪʃ] *a* comique, bouffon; un, une drôle de ....

Komitee *n* ‹-s, -s› [komi'te:] comité *m.*

Komma *n* ‹-s, -s/-ta› ['kɔma, -ta] *gram math* virgule *f.*

Kommand|ant *m* ‹-en, -en› [kɔman'dant] *mil mar* commandant *m;* **~antur** *f* ‹-, -en› [-'tu:r] *mil* état-major *m* de la place; **~eur** *m* ‹-s, -e› [-'dø:r] *mil* commandant, chef (d'unité); *(e-s Ordens)* commandeur *m;* **k~ieren** [-'di:rən] ‹*ohne ge-*› *tr* **1.** commander; **2.** *(ab~)* détacher (*zu* à); — *jdn ~ (fam)* faire marcher qn (à la baguette); **~itgesellschaft** *f* [-'di:t-] *com* (société en) commandite *f;* **~itist** *m* ‹-en, -en› [-di'tɪst] *com* commanditaire *m.*

Kommando *n* ‹-s, -s› [kɔ'mando] **1.** *(formelhafter Befehl; Befehlsgewalt)* commandement *m;* **2.** *(Abteilung)* détachement *m; (Arbeits~)* équipe, corvée *f; (Sondertruppe)* commando *m; — auf ~* au commandement; *das ~ übernehmen, führen, niederlegen* prendre, avoir, déposer le commandement; **~brücke** *f mar* passerelle *f* (de commandement).

kommen ['kɔmən] ⟨*kam, gekommen*⟩ *itr* ⟨*sein*⟩ **1.** venir, *(zu e-m anderen)* aller; *(ankommen)* arriver; *(sich nähern)* (s')approcher; **2.** *(gelangen)* parvenir *(zu* à); *(eintreffen, -treten)* arriver, se faire, se produire; **3.** *(herkommen, -rühren)* résulter, être le résultat *od* la conséquence, (pro)venir (*von* de); **4.** *(wohin gehören)* se ranger; — *wenn Sie mir so ~* si vous le prenez sur ce ton-là; *wenn es hoch kommt* tout au plus; *was auch ~ mag* quoi qu'il arrive; *auf etw ~* trouver qc, se rappeler qc; *auf etw zu sprechen ~* en venir à parler de qc; *dazu ~ zu* arriver à, parvenir à; *gegangen, geritten, gefahren, geflogen ~* venir *od* aller *od* arriver à pied, à cheval, eb voiture, en avion; *gelaufen od* gerannt *~* accourir; *sehr gelegen ~* arriver *od* venir fort à propos *od* à point; *hinter etw ~ (fig fam)* trouver, découvrir, éventer qc; *ans Licht, an den Tag ~* venir au jour, percer; *zu etw (einfach) nicht ~ (fig)* ne pas trouver le temps de qc; *zu nichts ~* n'arriver à rien; *um etw ~* perdre qc, être frustré de qc; *vor jdm ~ (rangieren)* précéder qn; *nicht sehr weit mit etw ~ (fig)* ne pas aller bien loin dans qc; *wieder zu sich ~* reprendre connaissance *od* ses esprits, revenir à soi *od* d'un évanouissement; *jdn ~ lassen* faire venir, appeler qn; *es dahin ~ lassen* laisser les choses en venir là; *ich komme zu Ihnen* j'irai vous voir; *ich komme nicht darauf (fig)* cela ne me revient pas; *mir kam der Gedanke* il me vint l'idée; *das kam mir* od *mich teuer zu stehen* cela m'a coûté cher; *die Tränen kamen ihr* les larmes lui montèrent aux yeux; *das Beste kommt noch* vous n'avez pas tout vu; vous verrez encore mieux; *das kommt daher, daß ...* cela vient de ce que, la cause en est que ...; *das ist von (ganz) allein gekommen* cela s'est fait tout seul; *ich habe es ~ sehen (fig)* je l'avais bien dit; *das kommt auf 10 Mark* cela va coûter 10 marks; *dazu kommt noch, daß ...* ajoutez à cela que ...; *es hat so ~ müssen* c'était écrit; *es ist so weit gekommen, daß ...* les choses en sont à un point tel que ...; *da kommt nicht viel bei raus (pop)* ça ne sert pas à grand-chose; *wie ~ Sie dazu?* qu'est-ce qui vous prend? *wie ~ Sie (denn) darauf?* qu'allez-vous chercher là? *(pop); wie kommt es, daß ...?* comment se fait-il que ...? *woher kommt es, daß ...?* d'où vient que ...? *(ich) komme (gleich* od *schon)!* j'arrive! *komm her!* viens (ici); *komm! komm! (beschwichtigend)* allons! allons! *wo ~ Sie denn her?* d'où sortez-vous (donc)? *~ Sie mir nicht damit! so können Sie mir nicht ~!* laissez-moi tranquille avec cela; pas de ces manières-là! *da kommt er!* le voilà! *das kommt davon!* vous y voilà! *das kommt davon, wenn ... (Schadenfreude)* voilà ce qui arrive quand ...; *komme, was da wolle!* advienne que pourra! vogue la galère! *kommt Zeit, kommt Rat (prov)* la nuit porte conseil; *wer zuerst kommt, mahlt zuerst (prov)* les premiers chaussent les bottes; **K~** *n* venue, arrivée *f; das ~ und Gehen* le va-et-vient, les allées et venues *f pl;* **~d** *a* à venir, qui vient; *die ~e Woche* la semaine prochaine.

Komment|ar *m* ⟨-s, -e⟩ [kɔmɛn'ta:r] commentaire *m;* **~ator** *m* ⟨-s, -en⟩ [-'ta:tɔr, -'to:rən] commentateur *m;* **k~ieren** *tr* [-'ti:rən] ⟨*ohne ge-*⟩ commenter.

kommerziell [kɔmɛrtsi'ɛl] *a* commercial.

Kommilitone *m* ⟨-n, -n⟩ [kɔmili'to:nə] camarade *m* d'études.

Kommiß *m* ⟨-sses, ø⟩ [kɔ'mɪs] *fam* (service) militaire *m; beim ~* dans le militaire.

Kommiss|ar *m* ⟨-s, -e⟩ [kɔmɪ'sa:r] commissaire *m;* **~ariat** *n* ⟨-(e)s, -e⟩ [-sari'a:t] commissariat *m;* **k~arisch** [-'sa:rɪʃ] **I.** *a* (à titre) provisoire; **II.** *adv* provisoirement.

Kommißbrot *n* [kɔ'mɪs-] pain *m* de munition.

Kommission *f* ⟨-, -en⟩ [kɔmɪsi'o:n] **1.** *pol com (Auftrag)* commission *f,* ordre *m;* **2.** *(Ausschuß) a.* comité *m;* **~är** *m* ⟨-s, -e⟩ [-sio'nɛ:r] *com* commissionnaire *m.*

Kommode *f* ⟨-, -n⟩ [kɔ'mo:də] commode *f.*

Kommodore *m* ⟨-s, -s/-n⟩ [kɔmo'do:rə] *mar* chef *m* d'escadre.

kommunal [kɔmu'na:l] *a* communal, municipal; **K~politik** *f* politique *f* communale.

Kommunion *f* ⟨-, -en⟩ [kɔmuni'o:n] *rel* communion *f; (der Sterbenden)* viatique *m.*

Kommuniqué *n* ⟨-s, -s⟩ [kɔmyni'ke:] *pol* communiqué *m.*

Kommun|ismus *m* ⟨-, ø⟩ [kɔmu'nɪsmʊs] communisme *m;* **K~ist** *m* ⟨-en, -en⟩ [-'nɪst] communiste *m;* **~istisch** [-'nɪstɪʃ] *a* communiste.

Komöd|iant *m* ⟨-en, -en⟩ [komødi'ant] comédien *m;* **~ie** *f* ⟨-, -n⟩ [-'mø:diə] comédie *f; ~ spielen (fig)* jouer la comédie.

Kompagnon *m* ⟨-s, -s⟩ [kɔmpan'jõ:] *com* associé *m.*

Kompanie *f* ⟨-, -n⟩ [kɔmpa'ni:] *mil com*

compagnie *f;* **~chef** *m,* **~führer** *m* commandant *m* de compagnie.

Komparativ *m* ⟨-s, -e⟩ ['kɔm-, kɔmpara'ti:f] *gram* comparatif *m.*

Komparse *m* ⟨-n, -n⟩ [kɔm'parzə] *theat film* figurant *m.*

Kompaß *m* ⟨-sses, -sse⟩ ['kɔmpas] boussole *f; mar aero* compas *m; nach dem ~* à la boussole, *mar aero* au compas; **~häuschen** *n mar* habitacle *m;* **~nadel** *f* aiguille *f* de (la) boussole.

Kompens|ation *f* ⟨-, -en⟩ [kɔmpɛnzatsi'o:n] compensation *f;* **k~ieren** [-'tsi:rən] ⟨*ohne ge-*⟩ *tr* compenser.

kompeten|t [kɔmpe'tɛnt] *a* compétent; **K~z** *f* ⟨-, -en⟩ [-'tɛnts] compétence, attribution *f;* **K~zstreit** *m* conflit *m* de compétence *od* d'attribution.

komplett [kɔm'plɛt] *a* complet, entier.

Komplex *m* ⟨-es, -e⟩ [kɔm'plɛks] **1.** complexe *m a. psychol;* **2.** *arch* ensemble *m;* **k~** *a* complexe.

Komplikation *f* ⟨-, -en⟩ [kɔmplikatsi'o:n] complication *f; med* accident *m.*

Kompliment *n* ⟨-(e)s, -e⟩ [kɔmpli'mɛnt] compliment *m; mein ~!* mes compliments!

Komplize *m* ⟨-n, -n⟩ [kɔm'pli:tsə] complice *m.*

komplizier|en [kɔmpli'tsi:rən] ⟨*ohne ge-*⟩ *tr* compliquer; **~t** *a* compliqué; *med (Knochenbruch)* multiple; **K~theit** *f* ⟨-, ø⟩ complication, complexité *f.*

Komplott *n* ⟨-(e)s, -e⟩ [kɔm'plɔt] complot *m,* conspiration *f; ein ~ schmieden* former *od* tramer *od* ourdir un complot.

Kompo|nente *f* ⟨-, -n⟩ [kɔmpo'nɛntə] composante *f;* **k~nieren** [-'ni:rən] ⟨*ohne ge-*⟩ *tr mus* composer; **~nist** *m* ⟨-en, -en⟩ [-'nɪst] compositeur *m;* **~sition** *f* ⟨-, -en⟩ [-zitsi'o:n] *allg (Aufbau), mus* composition *f.*

Kompost *m* ⟨-(e)s, -e⟩ [kɔm'pɔst] *agr* compost *m.*

Kompott *n* ⟨-(e)s, -e⟩ [kɔm'pɔt] compote *f.*

Kompress|e *f* ⟨-, -n⟩ [kɔm'prɛsə] *med* compresse *f;* **~or** *m* ⟨-s, -en⟩ [-'prɛsɔr, -'so:rən] *mot* compresseur *m.*

komprimieren [kɔmpri'mi:rən] ⟨*ohne ge-*⟩ *tr* comprimer.

Komprom|iß *m (n)* ⟨-sses, -sse⟩ [kɔmpro'mɪs] compromis *m; ein(en) ~ eingehen, schließen* accepter, faire *od* passer un compromis; **~ißbereitschaft** *f* attitude *f* conciliante; **k~ittieren** [-mɪ'ti:rən] ⟨*ohne ge-*⟩ *(sich* se) compromettre.

Kondens|ator *m* ⟨-s, -en⟩ [kɔndɛn'za:tɔr, -'to:rən] **1.** *tech* condenseur *m;* **2.** *el* condensateur *m;* **k~ieren** [-'zi:rən] ⟨*ohne ge-*⟩ *tr* condenser; *kondensierte Milch f,* **~milch** *f* lait *m* condensé *od* concentré; **~streifen** *m aero* traînée *f* de condensation; **~wasser** *n* eau *f* de condensation *od* condensée.

Konditor *m* ⟨-s, -en⟩ [kɔn'di:tɔr, -'to:rən] pâtissier (et confiseur) *m;* **~ei** *f* ⟨-, -en⟩ [-'raɪ] , **~waren** *f pl* pâtisserie (et confiserie) *f.*

Kondom *m* od *n* ⟨-s, -e/(-s)⟩ [kɔn'do:m] *med* préservatif *m.*

Konfekt *n* ⟨-(e)s, -e⟩ [kɔn'fɛkt] (articles *m pl* de) confiserie *f,* sucreries, dragées *f pl,* bonbons *m pl.*

Konfektion *f* ⟨-, ø⟩ [kɔnfɛktsi'o:n] *(Fertigkleidung)* confection *f,* (vêtements *m pl* tout faits *od*) prêt(s) *m* à porter.

Konferenz *f* ⟨-, -en⟩ [kɔnfe'rɛnts] **1.** conférence *f;* **2.** *(Lehrerkonferenz)* conseil *m* des professeurs; *e-e ~ abhalten* tenir conférence; **~dolmetscher** *m* interprète *m* de conférence; **~raum** *m* salle *f* de conférence; **~zimmer** *n* = *Konferenzraum; (Schule)* salle *f* du conseil.

konferieren [kɔnfe'ri:rən] ⟨*ohne ge-*⟩ *itr* tenir conférence.

Konfession *f* ⟨-, -en⟩ [kɔnfɛsi'o:n] *rel (Bekenntnis)* confession *f;* **k~ell** [-sio'nɛl] *a* confessionnel; **k~slos** *a* sans confession.

Konfetti *pl* [kɔn'fɛti] confetti *m pl.*

Konfirm|and *m* ⟨-en, -en⟩ [kɔnfɪr'mant, -dən] confirmand *m;* **~ation** *f* ⟨-, -en⟩ [-matsi'o:n] confirmation *f;* **k~ieren** [-'mi:rən] ⟨*ohne ge-*⟩ *tr* confirmer.

konfiszieren [kɔnfɪs'tsi:rən] ⟨*ohne ge-*⟩ *tr* confisquer.

Konfitüre *f* ⟨-, -n⟩ [kɔnfity:rə] *(Marmelade)* confiture *f.*

Konflikt *m* ⟨-(e)s, -e⟩ [kɔn'flɪkt] conflit *m; in ~ geraten* entrer en conflit.

konform [kɔn'fɔrm] **I.** *a* conforme (*mit* à); **II.** *adv: ~ gehen mit (fam)* être d'accord avec.

konfrontieren [kɔnfrɔn'ti:rən] ⟨*ohne ge-*⟩ *tr* confronter (*mit* avec).

konfus [kɔn'fu:s] *a* confus; troublé, déconcerté; *~ machen* troubler, déconcerter, embrouiller.

Kongreß *m* ⟨-sses, -sse⟩ [kɔn'grɛs(əs)] congrès *m.*

kongruent [kɔngru'ɛnt] *a math* congruent, coïncident.

König *m* ⟨-(e)s, -e⟩ ['kø:nɪç, -gə] roi *m; die Heiligen Drei ~e* les Rois *m pl* mages; **~in** *f* ⟨-, -nen⟩ reine *f;* **k~lich** [-nɪklɪç] *a* royal, de *od* du roi; **~reich** [-nɪk-] *n* royaume *m;* **~smord** *m,* **~smörder** *m* régicide *m;* **~tum** *n* ⟨-s, ø⟩ royauté *f.*

Konjug|ation *f* ⟨-, -en⟩ [kɔnjugatsi'o:n] *gram* conjugaison *f;* **k~ieren** [-'gi:rən] ⟨*ohne ge-*⟩ *tr* conjuguer.

Konjunkt|ion *f* ⟨-, -en⟩ [kɔnjuŋktsi'o:n] *gram astr* conjonction *f;* **~iv** *m* ⟨-s, -e⟩ ['kɔnjunkti:f, -'ti:f] *gram* subjonctif *m;*

~ur *f* ‹-, -en› [-'tuːr] *com* conjoncture, situation *f* économique *od* du marché.

konkret [kɔn'kreːt] *a* concret, réel, tangible; *im ~en Fall* dans la réalité; *~e Formen annehmen* se concrétiser.

Konkurr|ent *m* ‹-en, -en› [kɔnku'rɛnt] concurrent, rival, compétiteur *m;* **~enz** *f* ‹-, -en› [-'rɛnts] **1.** concurrence, rivalité, compétition *f;* **2.** *(die Konkurrenten)* les concurrents *m pl;* — *außer ~* hors concours; *jdm ~ machen* faire concurrence à qn, concurrencer qn; **k~enzfähig** *a* capable de concurrencer; concurrentiel, *(Preis)* compétitif; **~enzkampf** *m* concurrence *f;* **k~enzlos** *a* sans concurrence; *(Ware, Preis)* hors (de) pair; **k~ieren** [-ku'riːrən] ‹*ohne ge-*› *itr* concourir; *mit jdm ~* concurrencer qn.

Konkurs *m* ‹-es, -e› [kɔn'kʊrs, -zə] *com jur* faillite, banqueroute *f;* *~ anmelden* se déclarer en faillite, déposer son bilan; **~masse** *f* masse *f od* actif *m* de la faillite; **~verfahren** *n* procédure *f* de faillite; **~verwalter** *m* administrateur *m* de la faillite.

können ['kœnən] ‹*kann, konnte, gekonnt*› *aux tr u. itr* **1.** *(unter gewissen Umständen in der Lage* od *imstande sein, die Möglichkeit haben)* pouvoir; **2.** *(kunstgerecht ausüben* od *ausführen können, wissensmäßig beherrschen, gelernt haben)* savoir; **3.** *(imstande, fähig sein zu)* être capable *od* en mesure *od* à même *od* en état de; *(die Möglichkeit haben zu)* avoir la faculté de; **4.** *(dürfen)* pouvoir; — *so gut ich (es) kann* de mon mieux; *etwas ~* avoir de l'étoffe; *für etw nichts ~* n'être pour rien dans qc; *nicht mehr (laufen) ~* ne plus pouvoir marcher; *ich kann nicht anders* je ne puis faire autrement; *ich kann nichts dafür* je n'y peux rien; *ich kann nicht mehr (fam)* je n'en peux plus; *~ vor Lachen!* comment voulez-vous que je fasse? *wer kann das getan haben?* qui peut bien (en) être responsable? *ich kann es Ihnen (leider) nicht sagen* je ne saurais vous le dire; *ich lief, so schnell ich konnte* je courais à toutes jambes; *er kann sich noch so anstrengen* il aura beau faire, quoi qu'il fasse; *Sie ~ es mir glauben* croyez-moi; *das ~ Sie sagen, tun* dites-le! faites-le! *man könnte meinen, daß ...* on dirait que ...; *das kann sein* cela se peut, c'est possible; *es könnte sein, daß* il se pourrait *od* il est possible que *subj;* **K~** *n* **1.** pouvoir *m;* **2.** *(Wissen)* savoir *m;* **3.** *(Fähigkeit)* faculté, capacité *f.*

konsequen|t [kɔnze'kvɛnt] *a* conséquent; *~ sein* avoir l'esprit de suite; **K~z** *f* ‹-, -en› [-'kvɛnts] **1.** *(Folgerichtigkeit, Zielstrebigkeit)* conséquence *f,* esprit *m* de suite; **2.** *(Folgerung)* conséquence *f;* **3.** *(Folge)* conséquence *f,* résultat *m;* — *die ~en ziehen* tirer les conséquences.

konserv|ativ [kɔnzɛrva'tiːf] *a* conservateur; **K~e** *f* ‹-, -n› [-'zɛrvə] conserve *f;* **K~enbüchse** *f,* **K~endose** *f* boîte *f* de conserve; **K~enfabrik** *f* conserverie *f;* **~ieren** [-'viːrən] ‹*ohne ge-*› *tr* conserver; **K~ierung(smittel** *n***)** *f* (substance de) conservation *f.*

Konsole *f* ‹-, -n› [kɔn'zoːlə] *arch* console *f,* corbeau *m;* *(Brettstütze)* console *f,* support *m.*

konsolidieren [kɔnzoli'diːrən] *tr* consolider.

Konsonant *m* ‹-en, -en› [kɔnzo'nant] *gram* consonne *f.*

konstant [kɔn'stant] *a math phys* constant; *allg* stable; **K~e** *f* ‹-, -n› *math phys* (quantité) constante *f.*

konstatieren [kɔnsta'tiːrən] ‹*ohne ge-*› *tr* constater.

Konstitution *f* ‹-, -en› [kɔnstitutsi'oːn] *pol med* constitution *f;* **k~ell** [-tsio'nɛl] *a* constitutionnel.

konstru|ieren [kɔnstru'iːrən] ‹*ohne ge-*› *tr* **1.** *tech math gram* construire; **2.** *(entwerfen)* concevoir, projeter; **K~kteur** *m* ‹-s, -e› [-truk'tøːr] (ingénieur) constructeur *m;* **K~ktion** *f* ‹-, -en› [-tsi'oːn] **1.** *tech math gram* construction *f;* **2.** *(Entwurf)* conception *f,* projet *m;* **K~ktionsfehler** *m* défaut *od* vice *m* de construction.

Konsul *m* ‹-s, -n› ['kɔnzʊl] consul *m;* **~at** *n* ‹-(e)s, -e› [-'laːt] consulat *m;* **k~tieren** [-'tiːrən] ‹*ohne ge-*› *tr* consulter.

Konsum *m* ‹-s, ø› [kɔn'zuːm] consommation *f;* **~ent** *m* ‹-en, -en› [-'mɛnt] consommateur *m;* **~güter** *n pl* articles *m pl* de consommation; **k~ieren** [-'miːrən] ‹*ohne ge-*› *tr* consommer.

Kontakt *m* ‹-(e)s, -e› [kɔn'takt] contact *m a. el,* relation *f;* *mit jdm ~ aufnehmen, in ~ treten* entrer en contact avec qn; *mit jdm ~ haben, in ~ stehen* être en contact avec qn; *fam* avoir le contact avec qn; **~gläser** *n pl opt* verres *m pl* de contact; **~mine** *f mil* mine *f* automatique;

Konter|admiral *m* ['kɔntər-] *mar* contre-amiral *m;* **~bande** *f (Schmuggelware)* contrebande *f;* **~revolution** *f* contre-révolution *f.*

Kontinent *m* ‹-(e)s, -e› ['kɔn-, kɔnti'nɛnt] continent *m;* **k~al** [-'taːl] *a* continental.

Kontingent *n* ‹-(e)s, -e› [kɔntɪŋ'gɛnt] *(Anteil)* contingent, quota *m;* **k~ieren** [-'tiːrən] ‹*ohne ge-*› *tr* contingenter, fixer le contingent de.

kontinu|ierlich [kɔntinu'iːrlɪç] *a* continu(el), suivi; **K~ität** *f* ‹-, ø› [-i'tɛːt] continuité *f.*

Konto *n* ‹-s, -ten/(-s/-ti)› ['kɔnto, -tən/

-ti] *fin* compte *m; ein ~ eröffnen* ouvrir un compte (*bei* à); **~auszug** *m* extrait *od* relevé *od* bordereau *m* de compte; **~inhaber** *m* titulaire *m* d'un compte, ayant compte *m;* **~korrent** *n* ‹-s, ø› [-kɔ'rɛnt] compte *m* courant.

Kontor *n* ‹-s, -e› [kɔn'to:r] comptoir, bureau *m;* **~ist(in** *f***)** *m* ‹-en, -en› [-'rɪst] employé(e *f*) *m* de bureau.

Kontrahent *m* ‹-en, -en› [kɔntra'hɛnt] *jur* contractant *m,* partie *f* contractante.

Kontrakt *m* ‹-(e)s, -e› [kɔn'trakt] contrat *m,* convention *f,* accord, pacte, traité *m.*

Kontrast *m* ‹-(e)s, -e› [kɔn'trast] contraste *m;* **k~ieren** [-'ti:rən] ‹*ohne ge-*› *itr* contraster, être en *od* faire contraste (*mit* avec); *(stark)* trancher (*mit* sur).

Kontroll|abschnitt *m* [kɔn'trɔl-] coupon *m od* fiche *f od* talon de contrôle, talon *m;* **~e** *f* ‹-, -n› contrôle *m; (Prüfung)* vérification; *(Überwachung)* surveillance *f;* **~eur** *m* ‹-s, -e› [-'lø:r] contrôleur *m;* **~gang** *m* ronde *f;* **k~ierbar** *a* contrôlable; **k~ieren** [-'li:rən] ‹*ohne ge-*› *tr* contrôler, examiner, inspecter, passer en revue; vérifier; *(Rechnung a.)* apurer; *(überwachen)* surveiller; **~maßnahme** *f* mesure *f* de contrôle; **~organ** *n* organe *m* de contrôle; **~schein** *m,* **~zettel** *m* fiche *f* de contrôle; **~turm** *m aero* tour *f* de contrôle; **~uhr** *f* montre *od* horloge de contrôle, contrôleuse *f,* contrôle *m* de présence.

Kontroverse *f* ‹-, -n› [kɔntro'vɛrzə] controverse *f.*

Kontur *f* ‹-, -en› [kɔn'tu:r] contour *m.*

Konvention *f* ‹-, -en› [kɔnvɛntsi'o:n] convention *f,* accord, traité *m;* **~alstrafe** *f* peine *f* conventionnelle *od* contractuelle; **k~ell** [-tsio'nɛl] *a* conventionnel; *~e Waffen f pl* armes *f pl* classiques.

Konversation *f* ‹-, -en› [kɔnvɛrzatsi'o:n] conversation *f,* entretien, colloque *m;* **~slexikon** *n* encyclopédie *f.*

konvert|ierbar [kɔnvɛr'ti:r-] *a fin* convertible; **K~ierbarkeit** *f* convertibilité *f;* **~ieren** ‹*ohne ge-*› **1.** *tr fin* convertir; **2.** *itr rel* se convertir; **K~it** *m* ‹-en, -en› [-'ti:t] *rel* converti *m.*

konvex [kɔn'vɛks] *a opt* convexe, bombé.

Konzentr|ation ‹-, -en› [kɔntsɛntratsi'o:n] concentration *f;* **~ationsfähigkeit** *f* faculté *f* de concentration; **~ationslager** *n* camp *m* de concentration; **k~ieren** [-'tri:rən] ‹*ohne ge-*› *tr* concentrer; **k~isch** [-'tsɛntrɪʃ] *a math* concentrique.

Konzept *n* ‹-(e)s, -e› [kɔn'tsɛpt] brouillon *m,* minute *f; jdn aus dem ~ bringen* faire perdre le fil à qn.

Konzern *m* ‹-s, -e› [kɔn'tsɛrn] *fin* groupe, groupement (industriel *od* d'entreprises), trust, cartel, consortium *m.*

Konzert *n -(e)s, -e›* [kɔn'tsɛrt] **1.** *(Musikaufführung)* concert *m;* **2.** *(Musikstück)* concerto *m;* **~flügel** *m* piano *m* de concert; **k~ieren** [-'ti:rən] *itr* donner un concert *od* récital; **~meister** *m* chef *m* d'orchestre *od* de musique; **~saal** *m* salle *f* de concert.

Konzession *f* ‹-, -en› [kɔntsɛsi'o:n] **1.** *(Zugeständnis)* concession *f;* **2.** *com* concession, licence, patente *f;* **3.** *pol (Gebiet)* concession *f.*

Konzil *n* ‹-s, -e/-ien› [kɔn'tsi:l(ə/iən)] *rel* concile *m.*

koordinieren [koɔrdi'ni:rən] ‹*ohne ge-*› *tr* coordonner.

Kopf *m* ‹-(e)s, ¨-e› [kɔpf, 'kœpfə] **1.** tête *f a. fig u. tech;* **2.** *(Briefkopf)* en-tête *m; (Titel)* tête, manchette *f,* chapeau *m; (Vorderseite e-r Münze)* face *f;* **3.** *(Verstand)* tête *f,* esprit, cerveau *m,* cervelle *f;* **4.** *(kluger Mensch)* tête, capacité *f;* **5.** *(Person, in Zahlenangaben)* tête, personne *f;* — *am ~ (gen) (fig)* à la tête (de); *~ an ~* serrés les uns contre les autres; *pro ~* par tête *od* personne; *aus dem ~* par cœur, de mémoire; *im ~* en tête; *(Rechnen)* de tête; *von ~ bis Fuß* des pieds à la tête, de la tête aux pieds, de pied en cap; *klaren ~ behalten* garder la tête froide; *im ~ behalten* retenir; *mit dem ~ durch die Wand gehen (fig fam)* suivre son idée fixe; *im ~ haben (fam)* avoir en tête; *e-n schweren ~ haben* avoir la tête lourde *od* pesante; *ein Brett vor dem ~ haben (fam)* être bouché; *nur nach s-m ~ handeln* n'en faire qu'à sa tête *od* volonté, faire ses quatre volontés; *e-n roten ~ kriegen* piquer un fard; *den ~ hängenlassen (fig)* avoir la tête basse; *sich etw durch den ~ gehen lassen* réfléchir à qc; *jdn (um) e-n ~ kürzer machen (pop)* raccourcir qn d'une tête; *sich etw aus dem ~ schlagen* s'ôter qc de la tête *od* de l'esprit; *den ~ schütteln* hocher *od* secouer la tête (*über etw* devant qc); *ein kluger ~ sein* avoir de la tête, être un(e) homme (femme) de tête; *nicht auf den ~ gefallen sein (fam)* ne pas être tombé sur la tête; *wie vor den ~ geschlagen sein (fam)* être hébété; être *od* rester *od* demeurer interdit *od* abasourdi *od* stupéfait; *(um) e-n ~ größer sein als jem* avoir une tête de plus que qn; *sich etw in den ~ setzen* se mettre qc en tête *od* dans la tête *od* dans l'idée; se fourrer qc dans la tête; *den ~ in den Sand stecken (fig)* adopter la politique de l'autruche; *auf dem ~ stehen* être la tête en bas; *fig* être sens dessus dessous; *zu ~ steigen (Wein)* monter à la tête *a. fig od* au cerveau, porter à la tête, être capiteux; *auf den ~ stellen (fig)* mettre sens dessus dessous, invertir, dénaturer; *jdn vor den ~ stoßen* *(fig)* heurter, choquer, brusquer, désobliger qn, heurter qn de front; *jdm den ~ verdrehen (fig)* (faire) tourner la tête *od* la cervelle à qn; *den ~ verlieren* perdre la tête *od* l'esprit; *jdm den ~ waschen (fig fam)* laver la tête *od* frotter les oreilles à qn; *jdm etw an den ~ werfen (fig fam)* jeter qc à la face *od* à la figure de qn; *nicht wissen, wo einem der ~ steht* ne (pas) savoir où donner de la tête; *mit dem ~ durch die Wand wollen (fig)* donner de la tête contre les murs; *sich den ~ zerbrechen (fig)* se casser *od* se creuser la tête, se creuser la cervelle *od* l'esprit; *die Köpfe zs.stekken* chuchoter; *er ist mir über den ~ gewachsen (fig)* je ne viens plus à bout de lui; *das geht mir im ~ herum* cela me trotte dans la tête *od* la cervelle, cela me hante; *das will mir nicht in den ~ hinein* cela ne veut pas m'entrer (dans) la tête, cela me dépasse; *das hat ihn den ~ gekostet* il l'a payé de sa vie; *~ oder Schrift? (Münze)* pile ou face? *~ hoch!* du courage! *~ weg!* gare (à) la tête! *was man nicht im ~ hat, muß man in den Beinen haben (prov)* quand on n'a pas de tête, il faut avoir des jambes; *ein heller ~* un esprit ouvert *od* éveillé; **~bahnhof** *m* tête de ligne, gare *f* en cul-de-sac; **~bedeckung** *f* coiffure *f*, couvre-chef *m*.

köpfen ['kœpfən] *tr* décapiter, guillotiner; *(Baum)* étêter, écimer.

Kopf|ende *n* ['kɔpf-] *(e-s Bettes)* chevet *m*; **~haar** *n* cheveux *m pl*, chevelure *f*; **~haut** *f* cuir *m* chevelu; **~hörer** *m tele radio* écouteur, casque *m* d'écoute *od* téléphonique *od* radio; **~kissen** *n* oreiller *m*; **k~lastig** *a mar aero* lourd de l'avant, versable; **~laus** *f* pou *m* de tête; **k~los** *a fig* écervelé, sans cervelle, étourdi; **~rechnen** *n* calcul *m* mental; **~salat** *m bot* laitue (pommée); *(Küche)* salade *f* de laitue; **k~scheu** *a (Mensch)* effarouché; *jdn ~ machen* effaroucher qn; **~schmerzen** *m pl* maux *m pl* de tête, migraine *f*; *~ haben* avoir mal à la tête *od* la migraine; *sich um etw ~ machen* se faire du souci *od fam* de la bile pour qc; **~sprung** *m sport* plongeon *m*; *e-n ~ machen (a.)* piquer une tête; **~stimme** *f* voix *f* de tête, fausset *m*; **~stütze** *f mot* appuie-tête *m*; **~tuch** *n* foulard, fichu *m*, fanchon *f*; **k~über** *adv* **1.** la tête la première; **2.** *fig* à corps perdu; **~weh** *n* = *Kopfschmerzen*.

Kopie *f* ⟨-, -n⟩ [ko'pi:] **1.** *(Abschrift; Kunst; film)* copie *f*; **2.** *(Nachahmung)* imitation, contrefaçon *f*; **3.** *phot* épreuve *f*.

kopier|en [ko'pi:rən] ⟨*ohne ge-*⟩ *tr* **1.** copier, prendre copie de; **2.** *fig* imiter, contrefaire; **3.** *phot* tirer; **K~maschine** *f* machine *f* à copier.

Kopilot *m* ['ko:-] *aero* copilote *m*.

Kopp|el ['kɔpəl] **(1)** *n* ⟨-s, -⟩ *(~riemen)* couple, laisse *f*; *mil* ceinturon *m*; **(2)** *f* ⟨-, -n⟩ **1.** *(durch Riemen verbundene Tiere)* couple *f*; **2.** *(Weide)* pâturage, enclos *m*; **k~eln** *tr* **1.** *(Tiere)* coupler; **2.** *allg (verbinden)* jumeler *(mit* à*)*; *el* (ac)coupler, connecter; *radio* accoupler, réagir; **~(e)lung** *f radio* couplage, accouplement *m*.

Koralle *f* ⟨-, -n⟩ [ko'ralə] corail *m*; **~ninsel** *f* île *f* corallienne, atoll *m*; **~nkette** *f* collier *m* de corail; **~nriff** *n* récif *m* corallien.

Koran [ko'ra:n, 'ko:ran] *der, rel* le Coran.

Korb *m* ⟨-(e)s, ¨-e⟩ [kɔrp, 'kœrbə] **1.** panier *m*; *(ohne Henkel)* corbeille, *(länglicher)* bourriche *f*, mannequin *m*; *(großer, bes. Waschkorb)* manne *f*; *(Binsen-, Einkaufskorb)* cabas *m*; *(kleiner Henkelkorb)* manette *f*; **2.** *fig (Absage)* refus *m*; *e-n ~ bekommen* essuyer *od* s'attirer un refus; *jdm e-n ~ geben* éconduire qn; **~ball** *m sport* (ballon de) basket-ball *m*; **~flasche** *f* bouteille clissée; *(große)* dame-jeanne, bonbonne *f*; **~flechter** *m*, **~macher** *m* vannier *m*; **~flechterei** *f*, **~macherei** *f*, **~waren** *f pl* vannerie *f*; **~möbel** *n pl* meubles *m pl* en rotin.

Kordel *f* ⟨-, -n⟩ ['kɔrdəl] cordon *m*.

Korinthe *f* ⟨-, -n⟩ [ko'rɪntə] raisin *m* de Corinthe.

Kork *m* ⟨-(e)s, -e⟩ [kɔrk] **1.** *(Material)* liège *m*; **2.** *(Pfropfen)* bouchon *m* (de liège); **~eiche** *f* chêne-liège *m*; **~en** *m* ⟨-s, -⟩ = *Kork (Pfropfen)*; **~enzieher** *m* tire-bouchon *m*; **~sohle** *f* semelle *f* de liège.

Korn [kɔrn, 'kœrnər] **(1)** *n* ⟨-(e)s, ¨-er⟩ grain; *(Getreide)* blé *m*, grains *m pl*; **(2)** *m* ⟨-(e)s, -⟩ *(Schnaps)* eau-de-vie *f* de grain; — *etw aufs ~ nehmen* coucher *od* mettre qc en joue, viser qc; *jdn aufs ~ nehmen (fig fam)* repérer qn, avoir qn à l'œil; **~blume** *f* bl(e)uet *m*.

körnen ['kœrnən] *tr (körnig formen)* grener; *(zerkleinern)* granuler.

Kornfeld *n* ['kɔrn-] champ *m od* pièce *f* de blé.

körnig ['kœrnɪç] *a* grenu, granulaire, granuleux.

Korn|kammer *f* ['kɔrn-] *fig* grenier *m*; **~silo** *m* silo *m* à blé; **~speicher** *m* grenier *m* à blé.

Körper *m* ⟨-s, -⟩ ['kœrpər] *anat phys* corps *m*; *fester ~* (corps) solide *m*; **~bau** *m* conformation (du corps), *fam* anatomie *f*; **k~behindert** *a* handicapé physiquement, infirme; **~behinderte** *m f* diminué(e *f*) *od* handicapé(e *f*) physique, mutilé(e *f*) *m*; **~haltung** *f* tenue *f*, port, maintien *m*; **~kraft** *f* force *f* physique; **k~lich** *a* **1.** corporel, physique; **2.** *(stofflich)* matériel; **3.** *(Arbeit)* manuel; — *~e Ertüchtigung f* entraînement *m* (physique); **~pflege** *f* hygiène *f* du corps *od* corporelle, soins *m pl* corporels; **~puder** *m* talc *m;* **~schaft** *f adm* corps *m,* corporation, société *f; gesetzgebende ~* législature *f; ~ des öffentlichen Rechts* collectivité de *od* entité *f* du droit public; **~schaftssteuer** *f* impôt *m* sur les sociétés *od* sur le revenu des personnes morales; **~teil** *m* partie *f* du corps; **~verletzung** *f jur* lésion *f* corporelle; *fahrlässige, schwere ~* lésion *f* corporelle par imprudence, grave.

Korps *n* ⟨-, -⟩ [ko:r, *gen* ko:r(s), *pl* ko:rs] *mil* corps *m; diplomatisches ~* corps *m* diplomatique.

korpulen|t [kɔrpu'lɛnt] *a* corpulent, replet, obèse; **K~z** *f* ⟨-, ø⟩ [-'lɛnts] corpulence, réplétion, obésité *f,* embonpoint *m.*

korrekt [kɔ'rɛkt] *a* correct; **K~heit** *f* ⟨-, ø⟩ correction *f;* **K~or** *m* ⟨-s, -en⟩ [-'rɛktɔr, -'to:rən] *typ* correcteur (d'imprimerie), réviseur *m;* **K~ur** *f* ⟨-, -en⟩ [-'tu:r] correction; *typ* épreuve *f; ~ lesen* lire *od* corriger *od* revoir une (*od* des *od* les) épreuve(s); **K~urfahne** *f* (épreuve *f* en) placard *m;* **K~urzeichen** *n typ* signe *m od* marque *f* de correction.

Korrespond|ent *m* ⟨-en, -en⟩ [kɔrɛspɔn'dɛnt] **1.** correspondant *m;* **2.** *com (Angestellter)* correspondancier *m;* **~enz** *f* ⟨-, -en⟩ [-'dɛnts] correspondance *f,* courrier *m;* **k~ieren** [-'di:rən] ⟨*ohne ge-*⟩ *itr* être en correspondance, correspondre (*mit jdm* avec qn).

Korridor *m* ⟨-s, -e⟩ ['kɔrido:r] *(Gang)* corridor; *(kleiner)* couloir; *(Hausflur)* vestibule *m.*

korrigieren [kɔri'gi:rən] ⟨*ohne ge-*⟩ *tr (e-n Text)* corriger *a. typ; allg* rectifier, amender.

Korruption *f* ⟨-, -en⟩ [kɔruptsi'o:n] corruption *f.*

Kors|e *m* ⟨-n, -n⟩ ['kɔrzə], **~in** *f* ⟨-, -nen⟩ Corse *m f.*

Korsett *n* ⟨-(e)s, -e/-s⟩ [kɔr'zɛt] corset *m,* gaine *f.*

Kors|ika *n* ['kɔrzika] la Corse; **k~isch** ['kɔrzɪʃ] *a* corse.

Korvette *f* ⟨-, -n⟩ [kɔr'vɛtə] *mar* corvette *f;* **~nkapitän** *m* capitaine *m* de corvette.

Koryphäe *f* ⟨-, -n⟩ [kory'fɛ:ə] coryphée, *fam* as *m.*

koscher ['ko:ʃər] *a rel u. allg* ca(w)cher.

kose|n ['ko:zən] **1.** *tr* caresser, câliner; **2.** *itr* échanger des caresses; **K~name** *m* diminutif *m* affectueux; **K~wort** *n* mot *m* tendre.

Kosinus *m* ⟨-, -/(-se)⟩ ['ko:zinus] *math* cosinus *m.*

Kosmet|ik *f* ⟨-, ø⟩ [kɔs'me:tɪk] cosmétique, esthétique *f;* **~iker(in** *f***)** *m* ⟨-s, -⟩ [-'me:tikər] esthéticien(ne *f*) **k~isch** [-'me:tɪʃ] *a* cosmétique.

kos|misch ['kɔsmɪʃ] *a* cosmique; *~e Strahlung f* rayons *m pl* cosmiques; **K~monaut(in** *f***)** *m* ⟨-en, -en⟩ [-mo'naut] cosmonaute *m f;* **K~mopolit** *m* ⟨-en, -en⟩ [-po'li:t] cosmopolite *m;* **K~mos** *m* ⟨-, ø⟩ ['kɔsmɔs] univers *m.*

Kost *f* ⟨-, ø⟩ [kɔst] *(Essen)* nourriture, (bonne) chère; *(Verpflegung)* table *f,* manger *m; freie ~ haben* être nourri; *gesunde ~* régime *m* sain *od* équilibré; *schmale ~* maigre pitance *f; schwere ~* régime *m* trop riche; *fig* plat *m* indigeste.

kostbar ['kɔst-] *a (wertvoll)* précieux, de (grand) prix; *(prächtig)* magnifique, somptueux; **K~keit** *f* grande valeur *f,* grand prix; *(Gegenstand)* objet *m* précieux.

Kosten *pl* ['kɔstən] *(vgl. Unkosten)* coût *m,* frais, dépens *m pl; (Ausgaben)* dépenses *f pl; auf ~ (gen)* aux frais (de); *fig* au détriment (de); *auf eigene ~* à ses (propres) frais; *für die ~ aufkommen* faire face aux frais; *~ mit sich bringen* entraîner des frais; *jdm die ~ ersetzen* od *erstatten* rembourser les frais à qn; *auf s-e ~ kommen* rentrer dans *od* faire ses frais *a. fig, fig* trouver son compte *(bei etw* à qc*);* être content; *(bei e-r Abendunterhaltung)* s'amuser, se distraire; *keine ~ scheuen* ne pas regarder à la dépense; *e-n Teil der ~ übernehmen* participer aux frais; *mit ~ verbunden sein, ~ verursachen* entraîner *od* occasionner des dépenses *od* des frais.

kosten ['kɔstən] *tr* **1.** *(probieren)* goûter (*etw* qc); *(Getränk)* déguster; **2.** coûter, revenir à, valoir; *fig* prendre, demander, exiger; — *es sich etw ~ lassen* ne pas regarder à la dépense, y mettre le prix; *es hat mich einige Überwindung gekostet* il a fallu je fasse un certain effort; *was kostet das?* combien cela coûte-t-il? *pop* ça fait combien? *koste es, was es wolle!* coûte que coûte!

Kosten|beteiligung *f* ['kɔstən-] participation *f* aux frais; **k~los I.** *a* sans frais, exempt de frais, gratuit; **II.** *adv* gratuitement, à titre gracieux; **~voranschlag** *m* devis *m* estimatif; *e-n ~ machen* établir un devis estimatif.

köstlich ['kœstlɪç] *a* **1.** *(Speise)* délicat, délicieux, savoureux; **2.** *(ausgezeichnet)* exquis; *(reizend, reizvoll)* charmant.

Kost|probe *f* ['kɔst-] **1.** *(Tätigkeit)* dégustation *f;* **2.** *(Warenprobe)* échantillon *m;* **k~spielig** *a* cher, coûteux, dispendieux, onéreux.

Kostüm *n* ⟨-s, -e⟩ [kɔs'ty:m] **1.** *allg* costume *m;* **2.** *(Jackenkleid)* (costume) tailleur *m;* **3.** *(Maskenkostüm)* travesti *m,* robe *f* de bal masqué; **~ball** *m,*

~fest *n* bal *m* costumé *od* travesti; **k~ieren** [-ty'mi:rən] ‹*ohne ge-*› *tr* costumer.

Kostverächter *m* ['kɔst-] *: kein ~ sein* ne pas bouder la bonne chère.

Kot *m* ‹-(e)s, ø› [ko:t] **1.** *(Straßenschmutz)* boue, crotte, fange, gadoue; *(Matsch)* bourbe *f;* **2.** *(Exkremente)* excréments *m pl; (Mist)* fiente *f;* — *mit ~ bespritzen* crotter, éclabousser; *in den ~ ziehen (a. fig)* traîner dans la boue.

Kotelett *n* ‹-(-e)s, -s/(-e)› [kotə'lɛt, ko'tlɛt] *(Küche)* côtelette *f;* **~en** *pl (Backenbart)* favoris *m pl.*

Köter *m* ‹-s, -› ['kø:tər] *pej* mâtin; *(kleiner)* roquet *m.*

Kotflügel *m* ['ko:t-] *mot* aile *f,* garde--boue *m.*

kotzen ‹*du kotzt; hat gekotzt*› ['kɔtsən] *itr pop* dégueuler, dégobiller.

Krabbe *f* ‹-, -n› ['krabə] **1.** *zoo (Taschenkrebs)* crabe, cancre *m; (Garnele)* crevette *f;* **2.** *arch* crochet *m;* **k~ln 1.** *itr* ‹*sein*› *(Käfer)* marcher, grimper; *fam (Kind)* marcher à quatre pattes; *(wimmeln)* grouiller; **2.** *tr* ‹*h*› *fam* démanger, gratter.

Krach *m* ‹-(e)s, -e/-s/(¨e)› [krax, ('krɛçə)] **1.** craquement; claquement; *fam (Lärm)* bruit, tapage, fracas, vacarme, *(Radau)* chahut *m;* **2.** *fam (Streit)* brouillerie *f,* grabuge *m;* **3.** *fin* krach *m,* débâcle *f;* — *~ machen (fam) (lärmen)* faire du chahut; *~ schlagen (fam)* faire un esclandre; **k~en** *itr* **1.** ‹*h*› *(Donner)* gronder, rouler; *(Bett, Fußboden)* craquer; *(Tür, Schuß)* claquer; **2.** ‹*sein*› *(bersten)* éclater.

krächzen ['krɛçtsən] *itr (Rabe)* croasser.

Kraft *f* ‹-, ¨e› [kraft, 'krɛftə] **1.** *allg u. phys* force, énergie; *tech* puissance *f;* **2.** *fig (Macht)* pouvoir *m;* intensité *f,* nerf; *(Schwung)* élan *m; (Tatkraft)* énergie; *(Lebenskraft)* vigueur, sève; *(innewohnende, sittliche ~)* vertu; *(Wirksamkeit)* vertu, efficacité *f;* **3.** *(Hilfs-, Arbeitskraft)* aide *m f;* — *aus eigener ~* par ses propres moyens; *mit aller ~* de toutes mes *etc* forces; *mit voller ~* à plein rendement, à pleins bras; *nach Kräften, nach (besten) Kräften* de mon *etc* mieux; *wieder zu Kräften kommen* reprendre des *od* réparer *od* recouvrer ses forces (*durch* par); *s-e Kräfte mit jdm messen* mesurer ses forces avec qn; *Kräfte sammeln* rassembler ses forces; *neue ~ schöpfen* puiser de nouvelles forces (*in* dans); *am Ende s-r ~ sein* être à bout (de son rouleau); *in ~ sein (adm jur)* être en vigueur; *außer ~ setzen* abolir; *(wieder) in ~ setzen* (re)mettre en vigueur; *in ~ treten* entrer en vigueur, prendre effet; *das geht über meine ~* od *Kräfte* cela (sur)passe mes forces; c'est au-dessus de mes forces *od* de mes facultés; *meine Kräfte haben nachgelassen* mes forces ont baissé *od* diminué; *treibende ~* force motrice, puissance *f* pilote; **k~** *prp gen* en vertu de; **~aufwand** *m* dépense *f* d'énergie *od* de(s) forces; **~ausdruck** *m* mot fort, gros mot *m.*

Kräfte|gleichgewicht *n* ['krɛftə-] équilibre *m* des forces; **~verfall** *m med* dépérissement, marasme *m.*

Kraft|fahrer *m* ['kraft-] automobiliste, chauffeur *m;* **~fahrzeug** *n* (véhicule *m*) automobile *f;* **~fahrzeughändler** *m* concessionnaire *m* en automobiles; **~fahrzeugsteuer** *f* taxe *f od* impôt *m* sur les véhicules *od* voitures *od* automobiles; **~fahrzeugversicherung** *f* assurance *f* (sur les) automobiles; **~feld** *n phys* champ *m* de force; **~futter** *n* fourrage *m* concentré.

kräftig ['krɛftıç] **I.** *a* **1.** fort, robuste, solide, puissant, vigoureux; **2.** *(Nahrung)* substantiel; **II.** *adv* vigoureusement; **k~en** *tr* fortifier, affermir, restaurer, donner des forces à.

kraft|los ['kraft-] *a* sans force *od* énergie *od* vigueur *od* vie; *(schwach)* faible, débile; *(Stil)* cotonneux; **K~post** *f* poste *f* automobile; **K~probe** *f* épreuve *f od* tour *m* de force; **K~rad** *n* moto(cyclette) *f;* **K~reserve** *f* réserve *f od* appoint *m* de puissance; **K~stoff** *m* carburant *m; (Benzin)* essence *f;* **K~stoffgemisch** *n* mélange *m* d'essence; **K~strom** *m* force *f* (motrice); **~strotzend** *a* plein de vigueur; **K~übertragung** *f* transmission *f* de puissance; **~voll** *a* plein de force *od* de vigueur, vigoureux; *(tatkräftig)* énergique; *(Stimme)* vibrant; **K~wagen** *m* auto(mobile), voiture *f;* **K~werk** *n* centrale *f* (électrique).

Kragen *m* ‹-s, -› ['kra:gən] *(allg)* col; *(Kleid, Rock, Mantel a.)* collet; *(loser Hemd~)* faux col *m; jdn beim ~ packen* saisir *od* prendre qn au collet; *da platzt einem ja der ~! (fam)* je finirai par éclater! **~knopf** *m* bouton *m* de col; **~weite** *f* encolure *f.*

Krähe *f* ‹-, -n› ['krɛ:ə] *orn* corneille *f; eine ~ hackt der anderen nicht die Augen aus (prov)* les loups ne se mangent pas entre eux; **k~n** *itr (Hahn)* chanter; *fig (Mensch)* crier, piailler; **~nfüße** *m pl (Runzeln)* pattes-d'oie *f pl.*

Krakeel *m* ‹-s, ø› [kra'ke:l] *fam (Lärm)* tapage, grabuge, chahut *m;* **k~en** ‹*ohne ge-*› *itr* faire du tapage *od* grabuge *od* chahut.

Kralle *f* ‹-, -n› ['kralə] ongle *m; (Raubtier, Raubvogel)* griffe; *(Raubvogel)* serre *f; die ~n zeigen (bes. fig)* montrer les griffes; **k~n** *tr* **1.** *(mit den Krallen packen)* griffer; **2.** *(kratzen)* égratigner.

Kram *m* ‹-(e)s, ø› [kra:m] *pej fam (Plunder)* fatras, fourbi *m; das paßt mir nicht in den* ~ cela ne fait pas mon affaire; *alter* ~ vieillerie *f; der ganze* ~ *(pop)* tout le bazar, toute la boutique; **k~en** *itr* fouiller, farfouiller (*in* dans).

Krämer|geist *m* ['krɛmər-] *pej* esprit *m* mercantile *od* marchand; **~seele** *f pej* âme *f* mercantile, épicier *m*.

Krampf *m* ‹-(e)s, ⸚e› [krampf, 'krɛmpfə] **1.** *med* crampe, convulsion *f*, spasme *m;* **2.** *(fig fam)* embarras *m pl;* simagrées *f pl;* — *Krämpfe bekommen* être saisi de convulsions; **~ader** *f* varice *f;* **k~en,** *sich* se crisper, se contracter convulsivement; **k~haft** *a* convulsif, spasmodique; *~e Anstrengungen machen* faire des efforts désespérés.

Kran *m* ‹-(e)s, ⸚e/(-e)› [kra:n, 'krɛ:nə] *tech* grue *f*, appareil *m* de levage; **~führer** *m* grutier, conducteur *m* de grue.

Kranich *m* ‹-s, -e› ['kra:nıç] *orn* grue *f*.

krank [kraŋk] malade; *(leidend)* souffrant; ~ *machen* rendre malade; *sich* ~ *melden* se faire porter malade; ~ *schreiben* déclarer malade; *sich* ~ *stellen* faire le malade, *fam* tirer au flanc; ~ *werden* tomber malade; attraper *od* contracter une *od* être pris d'une maladie; **K~e** *m f* malade *m f; (Patient)* client(e *f*) *m*.

kränkeln ['krɛŋkəln] *itr* être maladif *od* souffreteux.

kranken ['kraŋkən] *itr* **1.** être malade, souffrir, être atteint (*an* de); **2.** *fig* pécher (*an* par); *am Mangel an Vorbereitung* ~ pécher par manque de préparation.

kränken ['krɛŋkən] *tr* **1.** *(verletzen)* blesser, froisser, mortifier; *(beleidigen)* offenser; **2.** *(weh tun)* chagriner, peser sur le cœur (*jdn* à qn).

Kranken|besuch *m* ['kraŋkən-] visite *f* à un malade; **~bett** *n* lit *m* de malade; **~geld** *n* allocation *od* prestation de maladie, indemnité *f* de maladie; **~haus** *n* hôpital; *(städtisches)* hôtel-Dieu *m; (privates)* maison *f* de santé; *in ein* ~ *aufnehmen, einliefern, einweisen (a.)* hospitaliser; **~kasse** *f* caisse *f* de maladie *od* d'assurance-maladie; **~kost** *f* diète *f*, régime *m;* **~pflege** *f* soins *m pl* (donnés aux malades); **~pfleger(in** *f***)** *m* infirmier *m*, infirmière *f*, garde-malade *m f; f* aide *f* soignante; **~schein** *m* certificat *m od* feuille *f* de maladie; **~schwester** *f* = *Krankenpflegerin;* **~versicherung** *f* assurance-maladie *f;* **~wagen** *m* (fourgon *od* véhicule *m* d')ambulance, voiture-infirmerie, voiture *f* sanitaire; **~zimmer** *n* **1.** *(im Privathaus)* chambre *f* de malade; **2.** *(im Krankenhaus)* salle *f* des malades.

krank=feiern ['kraŋk-] *itr fam* prétexter une maladie (pour ne pas travailler); avoir une maladie diplomatique; *arg mil* se faire porter pâle.

krankhaft ['kraŋkhaft] *a* maladif, morbide.

Krankheit *f* ‹-, -en› ['kraŋkhaıt] maladie *f*, mal *m*, affection; *(Leiden)* souffrance *f; e-e* ~ *bekommen, sich e-e* ~ *zuziehen* attraper *od* contracter *od* prendre une maladie, être pris d'une maladie; *sich e-e* ~ *holen (fam)* prendre mal; **~serreger** *m* agent *od* principe *m* pathogène; **~serscheinung** *f* symptôme *m* de maladie; **~sherd** *m* foyer *m* de la maladie; **~skeim** *m* germe *m* pathogène; **~sverlauf** *m* marche *f od* cours *m* d'une *od* de la maladie.

kränk|lich ['krɛŋklıç] *a* maladif, souffreteux, infirme; **K~ung** *f* ‹-, -en› blessure *f*, froissement *m*, mortification *f*.

Kranz *m* ‹-es, ⸚e› [krants, 'krɛntsə] couronne; *(Toten~)* couronne *f* mortuaire.

kränzen ['krɛntsən] *tr* couronner.

kraß [kras] *a* crasse *(nur f)*, grossier, cru.

Krater *m* ‹-s, -› ['kra:tər] *geol* cratère *m*.

Krätze *f* ‹-, ø› ['krɛtsə] *med* gale, psore, psora *f*.

kratz|en ['kratsən] **1.** gratter, racler; *(ritzen)* égratigner; *(Katze)* griffer; **2.** *tech (Wolle)* carder; *itr* **3.** gratter; *(Schreibfeder)* crier, grincer; — *im Hals* ~ gratter la gorge; *sich (am Kopf, hinter dem Ohr)* ~ se gratter (la tête, l'oreille); *im Sand* ~ *(Hund)* gratter le sable; **K~er** *m* ‹-s, -› *Kratzspur)* rayure; *(Kratzwunde)* égratignure *f*.

krauen ['krauən] *tr*, **kraulen** ['kraulən] **1.** *tr* gratter doucement; *(streicheln)* caresser; **2.** *itr sport* nager le crawl.

kraus [kraus] *a* **1.** *(Haar)* crépu, frisé; *(Stirn)* ridé; *(Stoff)* froissé; **2.** *fig (Gedanken)* embrouillé, confus.

kräuseln ['krɔYzəln] *tr (Haare)* fris(ott)er, onduler, boucler; *(Wasser)* rider; *(Stoff)* crêper, froncer; *sich* ~ *(Wasser)* se rider; *(Rauch)* tourbillonner.

Krauskopf *m* ['kraus-] tête *f* crépue *od* frisée.

Kraut *n* ‹-(e)s, ⸚er› [kraut, 'krɔYtər] **1.** herbe *f;* **2.** *(Kohl)* chou *m;* **3.** *(Pflanzenabfall)* tiges *f pl* (feuillues); — *mit fein(gehackt)en Kräutern (Küche)* aux fines herbes; *wie* ~ *und Rüben (durchea.)* sens dessus dessous; *ins* ~ *schießen* monter en graine.

Kräuter|essenz *f* ['krɔYtər-], **~extrakt** *m* jus *m* d'herbes; **~käse** *m* fromage *m* aux herbes; **~tee** *m* tisane, infusion *f*.

Krautkopf *m* ['kraut-] tête *f* de chou.

Krawall *m* ‹-s, -e› [kra'val] tumulte *m*, bagarre *f*, tapage, *fam* chahut *m*.

Krawatte *f* ‹-, -n› [kra'vatə] cravate *f;* **~nnadel** *f* épingle *f* de cravate.

kraxeln ['kraksəln] *itr* ⟨*sein*⟩ *dial u. fam* grimper.

Kreatur *f* ⟨-, -en⟩ [krea'tu:r] créature *f*.

Krebs *m* ⟨-es, -e⟩ [kre:ps] **1.** *zoo* écrevisse *f*; *(Taschenkrebs)* crabe, cancre *m*; **2.** *med* cancer, carcinome *m*; **k~artig** *a* **1.** *zoo* crustacé; **2.** *med* cancéreux; **k~erregend** *a* cancérigène; **~gang** *m* marche *f* en écrevisse *od* à reculons; **~geschwulst** *f*, **~geschwür** *n* tumeur *f* cancéreuse, carcinome *m*; **k~krank** *a* cancéreux; **~schaden** *m fig* chancre *m*, gangrène *f*; **~suppe** *f* bisque *f*.

Kredit (1) *m* ⟨-(e)s, -e⟩ [kre'di:t] **1.** *fin* crédit *m*; **2.** *fig (Ansehen)* crédit *m*, réputation *f*; **(2)** *n* ⟨-s, -s⟩ ['kre:dıt] *(Haben)* avoir *m*; — *auf ~* à crédit, à terme; *e-n ~ aufnehmen* avoir recours à un crédit; *jdm e-n ~ einräumen* od *gewähren* od *geben* accorder *od* allouer *od* consentir un crédit à qn; *~ haben* avoir du crédit; *fig* jouir d'un (grand) crédit; **~anstalt** *f*, **~bank** *f* établissement *m od* institution *od* banque *f* de crédit; **~brief** *m* lettre *f* de crédit, accréditif *m*; **k~fähig** *a* solvable; **~fähigkeit** *f* solvabilité *f*; **~geber** *m* créditeur *m*; **k~ieren** [-'ti:rən] ⟨*ohne ge-*⟩ *tr* créditer *(jdm etw* qn de qc*)*; **~nehmer** *m* emprunteur *m*; **k~würdig** *a* digne de crédit, solide.

Kreide *f* ⟨-, -n⟩ ['kraıdə] craie *f*; *bei jdm in der ~ stehen (fam)* avoir une ardoise chez qn; *bunte ~* craie *f* de couleur; *Stück n ~* bâton *m* de craie; **k~bleich** *a*, **k~weiß** *a fig* blanc comme un linge; **~fels(en)** *m* roche *f* crétacée; **~zeichnung** *f* (dessin au) crayon *m*; **~zeit** *f geol* crétacé *m*.

Kreis *m* ⟨-es, -e⟩ [kraıs, '-zə(s)] **1.** *math u. fig* cercle; *allg* rond *m*; **2.** *fig (bes. Sagen~)* cycle *m*; **3.** *(Lebens~, Bereich)* sphère *f*, milieu, domaine *m*; **4.** *(~ Gleichgesinnter)* cercle, *(kleiner)* cénacle *m*; **5.** *(Verwaltungsbezirk)* district, arrondissement, canton *m*; — *im ~* en rond, circulairement; *fig (mit gen)* au *od* dans le sein (de); *in (gut)unterrichteten ~en* dans les milieux (bien) informés; *im ~e der Seinen* od *s-r Lieben* au sein de sa famille, parmi les siens; *e-n ~ beschreiben* décrire *od* tracer un cercle; *immer weitere ~e ziehen (fig) (Vorfall)* avoir des répercussions de plus en plus larges; **~bahn** *f astr* orbite *f*; *in e-e ~ (um die Erde) bringen* mettre en *od* sur orbite, satelliser; **~bewegung** *f* mouvement *m* circulaire *od* giratoire *od* de rotation; **~bogen** *m math* arc *m* (de cercle).

kreischen ['kraıʃən] *itr* **1.** criailler; *(Vögel)* piailler; **2.** *(Säge, Tür)* crier, grincer; **~d** *a (Stimme)* aigu, perçant, criard.

Kreis|el *m* ⟨-s, -⟩ ['kraızəl] toupie *f*; *(kleiner)* sabot *m*; **k~en** *itr* ⟨*sein*⟩ **1.** effectuer un mouvement circulaire, tourner (*um* autour de); *(Raubvogel, aero)* tournoyer; **2.** *(Blut, Geld)* circuler; *in der Runde ~ (Becher)* circuler à la ronde; **~fläche** *f* (aire *f* du) cercle *m*; **k~förmig** *a* circulaire, rond, orbiculaire, en cercle; **~lauf** *m* **1.** mouvement *m* circulaire, rotation *f*; **2.** *(Blut)* circulation *f*; **3.** *astr* révolution *f*; **4.** *(der Natur)* cycle *m*; **~laufstörungen** *f pl* troubles *m pl* circulatoires *od* de la circulation; **~säge** *f* scie *f* circulaire; **~stadt** *f* chef-lieu *m* (d'arrondissement *etc*); **~umfang** *m math* circonférence *f* (du cercle); **~verkehr** *m mot* trafic circulaire, sens *m* giratoire.

Krematorium *n* ⟨-s, -rien⟩ [krema'to:rium, -riən] crématorium, (four) crématoire *m*.

Krempe *f* ⟨-, -n⟩ ['krɛmpə] *(Hut)* (re)bord *m*.

Krempel *m* ⟨-s, ø⟩ ['krɛmpəl] *fam (Kram)* fatras fourbi, bric-à-brac *m*; *der ganze ~ (pop)* tout le bazar *od* tremblement.

krepieren ⟨*ohne ge-*⟩ [kre'pi:rən] *itr* ⟨*sein*⟩ **1.** *(Lebewesen)* crever; **2.** *mil* éclater.

Krepp *m* ⟨-s, -s/-e⟩ [krɛp] *(Flor, Gummi)* crêpe *m*.

Kresse *f* ⟨-, -n⟩ ['krɛsə] *bot* cresson *m*.

Kreuz *n* ⟨-es, -e⟩ [krɔyts] **1.** *allg u. rel* croix *f*; **2.** *mus* dièse *m*; **3.** *(Kartenspiel)* trèfle *m*; **4.** *fig (Leid)* croix, souffrance, affliction *f*, chagrin *m*; **5.** *anat* reins *m pl*; — *k~ und quer* en tous sens, à hue et à dia; *über ~* en croix; *aufs ~ fallen (fig fam)* tomber des nues; *vor jdm zu ~e kriechen* fléchir *od* plier le genou, courber l'échine devant qn; *ein ~ schlagen* faire le signe de la croix, se signer; *mir tut das ~ weh* j'ai mal aux reins; *es ist ein ~* c'est un malheur *od* un calvaire; **~bandsendung** *f* envoi *m* sous bande; **k~en** *tr* ⟨*h*⟩ **1.** croiser; *(Straße)* couper; *(überschreiten)* traverser; **2.** *(Rassen)* croiser, hybrider, métisser; *itr* ⟨*sein*⟩ **3.** *mar* croiser; *(beim Segeln)* louvoyer; *refl* **4.** *sich ~ (Straßen)* se couper; *(Briefe, Rassen)* se croiser; **~er** *m* ⟨-s, -⟩ *mar* croiseur *m*; **~fahrt** *f* **1.** *hist* croisade *f*; **2.** *mar* croisière *f*; **~feuer** *n* feu *m* croisé; **k~fidel** *a* gai comme un pinson; **~gang** *m arch rel* cloître *m*; **k~igen** *tr* crucifier; **~igung** *f* mise en croix, crucifixion *f*, crucifiement *m*; **k~lahm** *a* éreinté, fourbu; **~otter** *f* vipère *f* commune; **~schmerzen** *m pl* mal *m* aux *od* de reins; *~ haben* avoir mal aux reins; **~ung** *f* **1.** croisement *m a. loc biol*; **2.** *(Weg~)* croisée *f*; *(Straßen~)* carrefour *m*, intersection *f*; **~verhör** *n jur* audition *f od* interrogatoire *m* contradictoire; *ins ~ nehmen* interroger contradictoirement; **~weg** *m* **1.** carrefour *m;* **2.** *rel* chemin *m* de croix; **~weise** *adv* en (forme de) croix; **~worträtsel** *n* mots *m pl* croisés; **~zug** *m hist* croisade *f.*

kribb|(e)lig ['krıb(ə)lıç] *a fam* irritable, nerveux; **~eln** *itr fam (jucken)* démanger.

kriech|en [kri:çən] ⟨*kroch, gekrochen*⟩ *itr* ⟨*sein*⟩ ramper, se traîner; *bot* ramper, tracer; *vor jdm (fig)* ~ ramper devant qn, flagorner qn; *zu Kreuze* ~ baisser pavillon, faire amende honorable; **K~er** *m* ⟨-s, -⟩ *fig pej* flagorneur *m.*

Krieg *m* ⟨-(e)s, -e⟩ [kri:k, '-gə(s)] guerre; *jdm den ~ erklären* déclarer la guerre à qn; *gegen jdn ~ führen* faire la guerre à qn; *~ spielen (Kinder)* jouer à la petite guerre; *heißer, kalter ~* guerre *f* chaude, froide.

kriegen ['kri:gən] *tr* **1.** *fam (bekommen, erhalten)* avoir, recevoir, *(Erstrebtes)* obtenir; **2.** *(e-e Krankheit)* attraper, prendre; — *ein Kind ~ (erwarten)* attendre un enfant, *(zur Welt bringen)* accoucher (de); *nicht genug ~ (können)* ne jamais avoir assez (*von* de); *Hunger, Durst ~* prendre faim, soif; *geschenkt ~* recevoir en cadeau; *da kriegst du es mit mir zu tun* tu auras affaire à moi.

Krieg|erdenkmal *n* ⟨-s, ¨-er⟩ ['kri:gər-] monument *m* aux morts (de la guerre); **k~erisch** *a* guerrier, belliqueux, belliciste, martial; **~erwitwe** *f* veuve *f* de guerre; **k~führend** *a* belligérant; *die ~en Mächte f pl* les belligérants *m pl;* **~führung** *f* conduite *od* direction *f* de la guerre.

Kriegs|ausbruch *m* ['kri:ks-]: *bei ~* à la déclaration de guerre, au dédut des hostilités; **~auszeichnung** *f* médaille *f* militaire; **~beil** *n: das ~ begraben, wieder ausgraben* enterrer la hache de guerre, reprendre le sentier de la guerre; **k~bereit** *a, in* **~bereitschaft** *f* sur le pied de guerre; **~bericht(erstatt)er** *m* correspondant *m* aux armées; **~beschädigte** *m* mutilé *m* de (la) guerre; **~dienstverweigerer** *m* objecteur *m* de conscience; **~erklärung** *f* déclaration *f* de guerre; **~fall** *m: im ~* en cas de guerre; **~fuß** *m: mit jdm auf dem ~ stehen* être *od* vivre sur le pied de guerre avec qn; **~gefangene** *m* prisonnier *m* de guerre; **~gefangenschaft** *f* captivité *f; in ~ geraten* od *kommen* être fait prisonnier (de guerre); **~gericht** *n* conseil *m* de guerre, cour *f* martiale; *vor ein ~ stellen* traduire en conseil de guerre; **~hafen** *m* port *m* de guerre *od* militaire; **~handlung** *f* acte *od* fait *m* de guerre; **~kamerad** *m* compagnon *m* d'armes; **~list** *f* ruse *f* de guerre, stratagème *m;* **~marine** *f* marine *f* de guerre; **~opfer** *n* victime *f* de guerre; **~recht** *n* droit *m* de (la) guerre; *nach ~* de bonne guerre; **~schauplatz** *m* théâtre *m* de la guerre *od* des opérations; **~schiff** *n* navire *od* bâtiment *od* vaisseau *m* de guerre; **~teilnehmer** *m* *(ehemaliger)* ancien combattant *m;* **~verbrechen** *n* crime *m* de guerre; **~verbrecher** *m* criminel *m* de guerre; **~versehrte** *m* = *~beschädigte;* **~zustand** *m* état *m* de guerre; *sich im ~ befinden* être en guerre.

Krim, *die* [krım] la Crimée.

krimin|al [krimi'na:l] *a* criminel; **K~albeamte** *m* officier *m* de police judiciaire; **K~alfall** *m* affaire *f* criminelle; **K~alfilm** *m* film *m* policier; **K~alistik** *f* ⟨-, ø⟩ [-'lıstık] criminologie *f;* **K~alität** *f* ⟨-, ø⟩ [-li'tɛ:t] criminalité *f;* **K~alpolizei** *f* police *f* judiciaire; **K~alroman** *m* roman *m* policier; **~ell** [-'nɛl] *a* criminel; **K~ologie** *f* ⟨-, ø⟩ [-nolo'gi:] criminologie *f.*

Krimskrams *m* ⟨-(es), ø⟩ ['krımskrams] *fam (Plunder)* bric-à-brac, fatras, fourbi *m.*

Krippe *f* ⟨-, -n⟩ ['krıpə] **1.** *(Futter~)* mangeoire, crèche *f;* **2.** *(Weihnachts~; Anstalt)* crèche *f.*

Krise *f* ⟨-, -n⟩ ['kri:zə] crise *f;* **k~ln** *itr impers: es kriselt* une crise se prépare; **k~nfest** *a* à l'abri des crises.

Kristall [krıs'tal] **(1)** *m* ⟨-s, -e⟩ *min* cristal *m;* **(2)** *n* ⟨-s, ø⟩ *(geschliffenes Glas)* cristal *m;* **k~en** *a* de cristal, cristallin; **~glas** *n* cristal *m;* **k~in(isch)** [-'li:n(ıʃ)] *a* cristallin; **k~isieren** [-li'zi:rən] ⟨*ohne ge-*⟩ *tr* cristalliser; *itr* (se) cristalliser; **k~klar** *a* cristallin; **~sachen** *f pl,* **~waren** *f pl* cristaux *m pl;* **~zucker** *m* sucre *m* cristallisé.

Krit|erium *n* ⟨-s, -rien⟩ [kri'te:rium, -riən] critérium, critère *m;* **~ik** *f* ⟨-, -en⟩ [-'ti:k] critique *f,* examen *m; (negative a.)* censure *f; unter aller ~* au-dessous de tout; **~iker** *m* ⟨-s, -⟩ ['kri:tikər] critique, censeur *m;* **k~iklos I.** *a (Mensch)* sans esprit critique; **II.** *adv* sans critiquer; **k~isch** ['kri:tıʃ] *a* critique; *~er Moment m* moment *m* psychologique; **k~isieren** [-ti'zi:rən] ⟨*ohne ge-*⟩ *tr* critiquer; *(negativ)* censurer.

kritteln ['krıtəln] *itr* ergoter (*an, über etw* sur qc).

Kritzel|ei *f* ⟨-, -en⟩ [krıtsə'laı] griffonnage *m;* pattes *f pl* de mouche; **k~n** *tr u. itr* griffonner.

Krokodil *n* ⟨-s, -e⟩ [kroko'di:l] crocodile *m;* **~stränen** *f pl* larmes *f pl* de crocodile.

Krokus *m* ⟨-, -(se)⟩ [kro:kus] *bot* crocus *m.*

Krone *f* ⟨-, -n⟩ ['kro:nə] **1.** couronne *f (a. als Währungseinheit, Zahnersatz u. tech);* **2.** *(Baumkrone)* cime, houppe *f;* **3.** *arch* couronnement *m;* — *einen in* *der ~ (e-n Schwips) haben (fam)* être éméché; *das setzt allem die ~ auf* c'est le comble.

krönen ['krø:nən] *tr a. fig* couronner; *fig* mettre le sceau à; *von Erfolg gekrönt sein (a.)* se solder par un succès.

Kron|leuchter *m* ['kro:n-] lustre *m;* **~prinz** *m* prince impérial, royal; *(französischer)* dauphin *m;* **~prinzessin** *f* princesse *f* impériale, royale.

Krönung *f* ‹-, -en› ['krø:nuŋ] couronnement *m.*

Kronzeuge *m* ['kro:n-] témoin principal *od* numéro un, témoin-clé *m.*

Kropf *m* ‹-(e)s, ⸚e› [krɔpf, 'krœpfə] **1.** *orn* jabot, gésier *m;* **2.** *med* goitre *m.*

Krösus *m* ‹-/(-ses), -se› ['krø:zus, -sə] *(Reicher)* crésus, nabab *m.*

Kröte *f* ‹-, -n› ['krø:tə] *zoo* crapaud *m.*

Krücke *f* ‹-, -n› ['krʏkə] béquille *f; an ~n gehen* marcher avec des béquilles.

Krug *m* ‹-(e)s, ⸚e› [kru:k, 'kry:gə] cruche, jarre *f,* broc; *(kleiner)* cruchon, pichet *m; der ~ geht so lange zum Brunnen, bis er bricht (prov)* tant va la cruche à l'eau qu'à la fin elle se casse.

Krume *f* ‹-, -n› ['kru:mə] *(Brot~)* mie *f.*

Krüm|el *m* ‹-s, -› ['kry:məl] *(kleine Krume)* miette *f; allg* brin *m;* **k~(e)lig** *a* friable; **k~eln** *tr* émietter; *itr* s'émietter.

krumm [krum] *a* courbe, courbé, crochu; *(verkrümmt, verwachsen, schief)* tordu, *(Beine)* tors; *~ biegen* courber, tordre; *~ werden* se courber; se voûter; *~e Beine n pl* jambes *f pl* torses; **~beinig** *a* aux jambes torses.

krümmen ['krʏmən] *tr* (re)courber, (re-)plier, cambrer; *(verbiegen)* contourner, déformer; *sich ~* se courber, se (re)plier; *(sich winden)* se tordre, se tortiller; *ihm wurde kein Haar gekrümmt* on n'a pas touché (à) un cheveu de sa tête.

krumm≈nehmen ['krum-] ‹*nimmt, nahm krumm, krummgenommen*› *tr fam (übelnehmen)* prendre de travers.

Krümmung *f* ‹-, -en› ['krʏmuŋ] courbe, courbure *f.*

Kruppe *f* ‹-, -n› ['krupə] *(des Pferdes)* croupe *f.*

Krüppel *m* ‹-s, -› ['krʏpəl] estropié, infirme, invalide *m; zum ~ machen* estropier; **k~haft** *a,* **krüpp(e)lig** *a* estropié, infirme.

Kruste *f* ‹-, -n› ['krustə] croûte *f a. med;* **~nbildung** *f* **1.** encroûtement *m;* **2.** *geol* incrustation *f;* **3.** *med* escarrification *f;* **~ntier** *n* crustacé *m.*

Kruzifix *n* ‹-es, -e› ['kru:-, krutsi'fiks] crucifix *m.*

Krypta *f* ‹-, -ten› ['krʏpta] *arch rel* crypte *f.*

Kübel *m* ‹-s, -› ['ky:bəl] baquet, cuveau *m,* benne, tinette *f; (Eimer)* seau *m.*

Kubik|meter *n, a. m* [ku'bi:k-] mètre cube; *(Holzmaß)* stère *m;* **~wurzel** *f math* racine *f* cubique; **~zahl** *f* (nombre) cube *m;* **~zentimeter** *n, a. m* centimètre *m* cube.

kubisch ['ku:bɪʃ] *a* cubique.

Küche *f* ‹-, -n› ['kʏçə] cuisine; *fam* popote *f; die ~ besorgen* faire la cuisine; *kalte ~* repas *m (pl)* froid(s); *moderne ~* cuisine *f* fonctionnelle.

Kuchen *m* ‹-s, -› ['ku:xən] gâteau *m; (Feingebäck)* pâtisserie *f; Stück n ~* morceau *m od* tranche *f* de gâteau; **~blech** *n* plaque *f* (à gâteaux).

Küchenchef *m* ['kʏçən-] chef (de cuisine *od* cuisinier), cuisinier *m* chef.

Kuchen|form *f* ['ku:xən-] forme *f od* moule *m* à gâteau(x) *od* à pâtisserie; **~gabel** *f* fourchette *f* à gâteaux.

Küchen|herd *m* ['kʏçən-] fourneau *m* de cuisine, cuisinière *f;* **~messer** *n* couteau de cuisine; *(großes)* coutelas *m;* **~personal** *n* cuisine *f;* personnel *m* de la cuisine; **~schabe** *f ent* cafard, cancrelat *m;* **~schrank** *m* buffet *m* de cuisine.

Kuchenteig *m* ['ku:çən-] pâte *f* de gâteau.

Küchenzettel *m* ['kʏçən-] menu *m.*

Kuckuck *m* ‹-s, -e› ['kukuk] *orn* coucou *m; das weiß der ~!* qui diable peut le savoir! *zum ~ (noch mal)!* au diable! que diable! morbleu! **~suhr** *f* coucou *m.*

Kufe *f* ‹-, -n› ['ku:fə] *(Schlitten~)* patin *m a. aero.*

Küfer *m* ‹-s, -› ['ky:fər] *(Böttcher)* tonnelier *m.*

Kugel *f* ‹-, -n› ['ku:gəl] **1.** *allg* boule *f,* globe *m; (kleine)* bille *f;* **2.** *math* sphère *f;* **3.** *(Erd~)* globe *m;* **4.** *(Geschoß)* balle *f; (Kanonen~)* boulet *m;* **5.** *(Billard~, tech)* bille *f;* **6.** *sport (zum Stoßen)* poids *m; — jdm, sich e-e ~ durch den Kopf jagen* loger à qn une balle dans la tête; se faire sauter *od* se brûler la cervelle; **~blitz** *m* éclair en boule, globe *m* fulminant; **~fang** *m* pare-balles *m,* butte *f;* **k~fest** *a* à l'épreuve des balles, pare-balles; **k~förmig** *a* sphérique, globulaire, globuleux, en boule; **~lager** *n tech* roulement *m* à billes; **k~n** *tr* rouler; *itr* ‹*sein*› u. *sich ~* rouler (comme une boule); *sich ~ vor Lachen (fam)* se tordre de rire; **k~rund** *a* rond comme une boule; **~schreiber** *m* stylo *m* à bille; **k~sicher** *a = kugelfest;* **~stoßen** *n sport* lancement *m* du poids.

Kuh *f* ‹-, ⸚e› [ku:, 'ky:ə] vache *f;* **~handel** *m fig* marchandage, maquignonnage *m;* **~haut** *f: das geht auf keine ~ (fig fam)* c'est incroyable *od* inouï; **~hirt** *m* vacher *!*

kühl [ky:l] **1.** frais, *fam* frisquet; **2.** *fig* froid, glacial, de glace; *(Empfang)* glacé; *— ~ werden* se rafraîchir; *~ aufbewahren* od *lagern!* garder au frais!

K~anlage *f tech* refroidisseur, frigorifique *m;* **K~e** *f* ‹-, ø› frais *m,* fraîcheur *f;* **~en** *tr (abkühlen lassen)* refroidir; *(erfrischen)* rafraîchir; *(Lebensmittel, Getränke)* frigorifier; *(Getränk)* frapper (*mit Eis* de glace); *phys tech* réfrigérer; **K~er** *m* ‹-s, -› *tech mot* refroidisseur; *mot aero* radiateur *m* (d'automobile, d'avion); **K~erhaube** *f* couvre-radiateur, revêtement *m* du radiateur, calandre *f,* capot *m;* **K~haus** *n* dépôt *od* entrepôt *od* magasin *m* frigorifique; **K~raum** *m* chambre *f* froide *od* frigorifique; **K~schrank** *m* réfrigérateur *m,* glacière *f;* **K~truhe** *f* congélateur *m;* **K~turm** *m (Kernkraftwerk)* tour *f* de réfrigération; **K~ung** *f* **1.** *(Erfrischung)* rafraîchissement *m;* **2.** *tech* réfrigération *f; mot* refroidissement *m;* **K~wagen** *m loc* wagon *m* réfrigérant *od* frigorifique *od* isothermique; **K~wasser** *n mot* eau *f* de refroidissement.

Kuhmilch *f* ['ku:-] lait *m* de vache.

kühn [ky:n] *a* **1.** hardi, courageux, audacieux; *(tollkühn)* téméraire; **2.** *(Behauptung)* osé; **K~heit** *f* ‹-, (-en)› hardiesse *f,* courage *m,* audace; témérité *f.*

Kuhstall *m* ['ku:-] étable à vaches, vacherie *f.*

Küken *n* ‹-s, -› ['ky:kən] *orn* poussin *m.*

Kuli *m* ‹-s, -s› ['ku:li] **1.** coolie *m;* **2.** *mot (Gepäckständer)* galerie *f,* porte-bagages *m.*

kulinarisch [kuli'na:rɪʃ] *a* culinaire.

Kulisse *f* ‹-, -n› [ku'lɪsə] *theat* coulisse *f; pl* cantonade *f; hinter den ~n (a. fig)* dans la coulisse; *e-n Blick hinter die ~ tun (fam)* voir le dessous des cartes.

Kult *m* ‹-(e)s, -e› [kult] *rel* culte *m; e-n ~ mit etw treiben (fig)* idolâtrer qc; **k~isch** *a* cultuel; **k~ivieren** [-ti'vi:rən] ‹*ohne ge-*› *tr* **1.** *agr u. fig* cultiver; **2.** *fig* civiliser; **k~iviert** *a fig* cultivé, civilisé; **~stätte** *f* lieu *m* sacré; **~ur** *f* ‹-, -en› [-'tu:r] **1.** *agr u. fig (e-s einzelnen)* culture *f;* **2.** *fig (e-r größeren Gemeinschaft)* civilisation *f;* **~uraustausch** *m* échange *m* culturel; **k~urell** [-tu'rɛl] *a* culturel; **~urfilm** *m* (film) documentaire *m;* **~urgeschichte** *f* histoire *f* de la civilisation; **~urgüter** *n pl* biens *m pl* culturels; **~urstufe** *f* degré *m* de civilisation; **~urvolk** *n* peuple *m* civilisé; **~urzentrum** *n* centre *m* culturel; **~usminister(ium** *n***)** *m* minist(è)re *m* de l'éducation nationale et de la culture.

Kümmel *m* ‹-s, -› ['kʏməl] **1.** *(bot, Gewürz)* cumin *m;* **2.** *(Schnaps)* kummel *m.*

Kummer *m* ‹-s, ø› ['kumər] chagrin *m,* peine, affliction *f; jdm ~ bereiten* od *machen* causer *od* faire du chagrin, faire de la peine à qn.

kümmer|lich ['kʏmərlɪç] *a* **1.** *(elend)* misérable; *(erbärmlich)* piteux; **2.** *(ärmlich, dürftig)* pauvre, maigre, mesquin, chiche; **~n,** *sich* se soucier, s'occuper, prendre soin (*um* de); *sich um etw nicht ~* ne pas se soucier, ne pas avoir cure de qc; *was kümmert Sie das?* que vous importe? *~ Sie sich (doch) um Ihre Angelegenheiten!* mêlez-vous de vos affaires.

kummervoll ['kumərfɔl] *a* chagrin, soucieux.

Kump|an *m* ‹-s, -e› [kum'pa:n] compagnon, camarade *m;* **~el** *m* ‹-s, -(s)› **1.** *mines* (ouvrier) mineur *m;* **2.** *allg fam* copain *m.*

kündbar ['kʏnt-] *a* **1.** *(Vertrag)* résiliable, résoluble; **2.** *(Geld)* remboursable.

Kund|e ['kundə] **(1)** *f* ‹-, -n› *(Nachricht)* nouvelle; *(Kenntnis)* connaissance; *(Lehre)* science *f;* **(2)** *m* ‹-n, -n›, **~in** *f* ‹-, -nen› *(Käufer)* client(e *f*) *m;* acheteur *m,* -euse *f;* (Stammkunde) habitué(e *f*) *m;* pratique *f;* **~endienst** *m* service *m* après-vente(s); **k~≈geben** ‹*gibt, gab kund, kundgegeben*› *tr* publier, manifester; *(mitteilen)* annoncer, *(äußern, enthüllen)* faire connaître *od* savoir, manifester, révéler; *(bekanntmachen)* annoncer, notifier, publier; **~gebung** *f* ‹-, -en› *allg* démonstration; *pol* manifestation *f;* **k~ig** *a (unterrichtet, wissend)* instruit, informé (*gen* de); *(erfahren)* entendu (*gen* à), expérimenté, versé (*gen* dans).

kündig|en ['kʏndɪgən] **1.** *tr allg (z. B. e-e Freundschaft)* retirer *(jdm etw* qc à qn); *(Vertrag)* dénoncer, résilier; *(Darlehen, Hypothek)* donner avis de retrait de; **2.** *itr (dem Arbeitnehmer, Arbeitgeber, Mieter, Vermieter)* donner congé (*jdm* à qn); — *fristlos ~* dénoncer sans préavis; *ihm ist gekündigt worden* il a reçu son congé *od* avis de licenciement; **K~ung** *f* ‹-, -en› **1.** *allg (e-s Vertrages)* dénonciation, résiliation *f; (fristgerechte)* préavis; *(e-s Darlehens, e-r Hypothek)* (avis de) retrait *m;* **2.** *(e-s Arbeits- od Mietverhältnisses)* congé; *(vorherige Benachrichtigung)* préavis *m;* — *mit monatlicher ~* avec préavis d'un mois; **K~ungsfrist** *f* délai *m od* période *f* de préavis *od* d'avertissement, délai-congé *m;* **K~ungsgrund** *m* motif *m* de congédiement *od* renvoi.

Kundschaft *f* ‹-, ø› ['kundʃaft] *com* clientèle, pratique *f,* achalandage *m;* **k~en** *itr* aller aux nouvelles *od* aux informations *od* à la découverte.

künftig ['kʏnftɪç] **I.** *a* futur, à venir; **II.** *adv* à l'avenir; *(von jetzt ab)* désormais, dorénavant.

Kunst *f* ‹-, ¨e› [kunst, 'kʏnstə] **1.** art *m;* **2.** *(Geschicklichkeit)* adresse, habileté *f;* **3.** *(~griff)* artifice *m,* ruse *f;* — *am Ende s-r ~ sein* être au bout de son latin; *das ist keine ~ (fam)* ce n'est pas sorcier, *pop* ce n'est pas malin; *die bildenden Künste* les arts *m pl* plastiques; *die Schwarze ~* la magie noire; **~akademie** *f* école *f* des beaux-arts; **~ausstellung** *f* exposition *f* artistique; **~dünger** *m* engrais *m* artificiel *od* chimique; **~faser(stoff** *m***)** *f* (étoffe de) fibre(s) *f* artificielle(s) *od* synthétique(s); **k~fertig** *a* adroit, habile, ingénieux; **~fertigkeit** *f* adresse, habileté, ingéniosité *f,* savoir-faire *m;* **~gegenstand** *m* objet *m* d'art; **k~gerecht I.** *a* conforme aux règles de l'art; méthodique; **II.** *adv a.* avec méthode; **~geschichte** *f* histoire *f* de l'art; **~gewerbe** *n* art(s *pl*) *m* décoratif(s) *od* appliqué(s) *od* industriel(s); **~griff** *m (Kniff)* tour *m* de main; **~händler** *m* marchand *m* d'objets d'art; **~handlung** *f* galerie *f* d'art; **~handwerk** *n* métier *od* artisanat *m* d'art; **~kenner** *m* connaisseur *m* d'art; **~kritiker** *m* critique *m* d'art; **~leder** *n* cuir *m* artificiel.

Künst|ler(in) *m* ⟨-s, -⟩ (*f* ⟨-, -nen⟩) ['kʏnstlər(ɪn)] artiste *m f;* **k~lerisch** *a* **1.** *(Person)* artiste; **2.** *(Sache)* artistique; **~lername** *m* nom *m* de guerre *od* d'artiste; **k~lich** *a* artificiel; *chem* synthétique; *(nachgemacht)* factice.

Kunst|liebhaber *m* ['kunst-] amateur *m* d'art; **k~los** *a* sans art; *fig* simple; **~maler** *m* artiste *m* peintre; **~pause** *f fam* pause *f* intentionnelle; **~reiter** *m* écuyer *m;* **~sammlung** *f* collection *f* (d'objets) d'art; **~seide** *f* soie artificielle, rayonne *f;* **~stoff** *m* matière *f* plastique *od* synthétique, plastique, produit *m* artificiel *od* synthétique; **k~=stopfen** *tr* stopper; **~stopfen** *n* stoppage *m;* **~stück** *n* tour *m* d'adresse; *~e vorführen* bateler, faire des tours d'adresse; *das ist kein (großes) ~ (fig fam)* ce n'est pas sorcier; **~verständnis** *n* intelligence *f* de l'art; **~werk** *n* œuvre *f* d'art; **~wert** *m* valeur *f* artistique.

kunterbunt ['kuntər-] *a (buntscheckig)* bariolé.

Kupfer *n* ⟨-s, ø⟩ ['kupfər] cuivre *m;* **~draht** *m* fil *m* de cuivre; **~geschirr** *n* cuivres *m pl;* **k~n** *a* de *od* en cuivre; **~schmied** *m* chaudronnier *m;* **~stich** *m* gravure sur cuivre *od* au burin, taille-douce *f;* **~vitriol** *n chem* vitriol *m* de cuivre *od* bleu.

Kuppe *f* ⟨-, -n⟩ ['kupə] **1.** *(e-s Berges)* sommet *m* (arrondi); **2.** *(e-s Fingers)* bout *m.*

Kuppel *f* ⟨-, -n⟩ ['kupəl] *arch* coupole *f,* dôme *m.*

Kupp|elei *f* ⟨-, -en⟩ [kupə'laɪ] proxénétisme *m;* **k~eln** ['kupəln] *tr* **1.** accoupler; *tech* (ac)coupler, accrocher; *loc* atteler, réunir; **2.** *mot* embrayer; **~(e)lung** *f* **1.** *tech* couplage, accouplement; *loc* attelage *m;* **2.** *mot* embrayage *m;* **~ler(in** *f***)** *m* ⟨-s, -⟩ entremetteur *m,* -euse *f;* proxénète *m f,* maquereau *m,* maquerelle *f.*

Kur *f* ⟨-, -en⟩ [ku:r] *med* cure *f,* traitement *m.*

Kuratorium *n* ⟨-s, -rien⟩ [kura'to:rium, -riən] conseil *m* administratif *od* d'administration.

Kurbel *f* ⟨-, -n⟩ [kurbəl] manivelle *f;* **~antrieb** *m* commande *f* par bielle; **k~n** *itr* tourner la manivelle; **~stange** *f tech* bielle *f;* **~welle** *f* arbre *od* essieu coudé, arbre de manivelle, vilebrequin *m.*

Kürbis *m* ⟨-ses, -se⟩ ['kʏrbɪs, -sə] citrouille, courge *f,* potiron *m;* **~flasche** *f* calebasse *f.*

Kurfürst|(in *f***)** ['ku:r-] *m hist* Électeur, -trice *m, f;* **~entum** *n* électorat *m.*

Kur|gast *m* ['ku:r-] curiste *m;* **~haus** *n* maison *f* de cure, établissement thermal, casino *m.*

Kurie *f* ⟨-, -n⟩ ['ku:riə] *hist u. rel* curie *f.*

Kurier *m* ⟨-s, -e⟩ [ku'ri:r] courrier, messager *m.*

kurieren [-'ri:rən] ⟨*ohne ge-*⟩ *tr (ärztl. behandeln)* traiter, soigner; *(heilen)* guérir.

kurios [kuri'o:s] *a* curieux, drôle, bizarre; **K~ität** *f* ⟨-, -en⟩ [-riozi'tɛ:t] curiosité, bizarrerie; *(einzelne)* chose *f* curieuse.

Kur|ort *m* ['ku:r-] ville d'eau, station thermale station *f* climatique; **~pfuscher** *m* charlatan, médicastre, médecin *m* marron; **~pfuscherei** *f* charlatanerie *f.*

Kurs *m* ⟨-es, -e⟩ [kurs, '-zə(s)] **1.** *mar* route *f; mar aero* cap *m; (Ortung, fig: Orientierung, a. pol)* orientation *f;* **2.** *fin (Umlauf)* cours *m,* circulation *f;* **3.** *(Kursus)* cours *m;* — *zum ~ von (fin)* au cours de; *den ~ ändern, wechseln, e-n neuen ~ einschlagen (a. fig)* changer de cap; *~ nehmen auf (mar)* faire route vers; *mar aero* mettre le cap sur; *amtlicher, gesetzlicher ~* cours *m* officiel, légal; *harter ~ (pol)* ligne *f* dure; **~bericht** *m com* bulletin *m* de la bourse; **~buch** *n loc* indicateur *m.*

Kürschner *m* ⟨-s, -⟩ ['kʏrʃnər] pelletier, fourreur *m.*

kursieren [kur'zi:rən] ⟨*ohne ge-*⟩ *itr* **1.** *(Geld)* circuler, avoir cours; **2.** *(Gerücht)* courir.

Kursive *f* ⟨-, -n⟩ [kur'zi:və] *typ* italique *f.*

Kurs|notierung *f* ['kurs-] *fin* cote *f* (des cours); **~schwankungen** *f pl com* fluctuations *f pl* des cours; **~teilnehmer** *m* stagiaire *m;* **~us** *m* ⟨-, Kurse⟩ ['kurzus, '-zə] *(Lehrgang)* cours, stage *m;* **~verlust** *m fin* perte *f* au *od* sur le change; **~wagen** *m loc* voiture *f* directe; **~zettel** *m fin* bulletin *m* des cours *od* changes *od* de la cote.

Kurtaxe *f* ['ku:r-] taxe *f* de séjour.

Kurve *f* ‹-, -n› ['kurvə, '-fə] **1.** *math* (ligne) courbe *f;* **2.** *allg* courbe *f,* tournant *m;* **3.** *(Straße, aero)* virage *m;* — *in die ~ gehen (loc mot)* s'inscrire dans la courbe; *mot* s'engager dans le virage; *die ~ nehmen* virer, prendre le virage; *aus der ~ geschleudert werden (mot)* déraper dans le virage; **k~n** *itr* virer; **~nlineal** *n* règle *f* courbe, pistolet *m;* **k~nreich** *a* sinueux.

kurz [kurts] **I.** *a* **1.** *(räumlich)* court; *(Schritt)* petit; **2.** *(zeitlich)* bref, de peu de durée; **3.** *(summarisch)* sommaire; **4.** *(schroff)* prompt, brusque; **II.** *adv* bref, brièvement, en somme; — *binnen* od *in ~em* dans peu (de temps), avant (qu'il soit) peu, d'ici peu, sous peu, prochainement; *bis vor ~em* jusqu'à une date récente; *seit ~em* depuis peu; *über ~ oder lang* tôt ou tard, un jour ou l'autre; *(noch) vor ~em* il y a peu de temps, il n'y a pas longtemps, l'autre jour; *~ und bündig (adv)* clairement, sans détour; *~ danach* od *darauf* peu de temps après; *~ gesagt, ~ und gut* pour tout dire, en somme, somme toute; enfin, en un mot; *~ vorher* od *zuvor* peu (de temps) avant; *um es ~ zu machen* pour abréger, pour en finir, pour être bref; *ein ~es Gedächtnis haben* avoir la mémoire courte; *bei etw zu ~ kommen* ne pas trouver son compte à qc; *es ~ machen (fig)* ne pas faire de façons; *kürzer machen* raccourcir; *(ganz) ~ schneiden (Haare)* couper (très) court; *kürzer werden* (se) raccourcir; *den kürzeren ziehen* avoir le dessous; *fasse dich ~!* sois bref; *~ angebunden (fig)* avare de paroles, peu aimable; **K~arbeit** *f* travail à temps réduit; chômage *m* partiel; **~atmig** *a* asthmatique, poussif.

Kürze *f* ‹-, ø› ['kʏrtsə] **1.** *(räumlich)* peu *m* de longueur; **2.** *(zeitlich)* courte durée, brièveté *f;* **3.** *(des Ausdrucks)* brièveté, concision *f;* — *in ~ (bald)* sous peu, dans peu (de temps), avant peu; *(kurz zs.gefaßt)* en peu de mots; **k~n** *tr* **1.** raccourcir; *(ab-, ver~)* écourter, abréger; **2.** *(verringern)* diminuer, réduire; *(Beträge)* rogner; *(Kredit)* amputer; **3.** *math* réduire, simplifier.

kurz|erhand ['kurtsər'hant/'---] *adv* sans hésiter, sans autre forme de procès; **~fristig** *a* à court terme, à bref délai, à courte date *od* échéance; **K~geschichte** *f* historiette *f,* récit *m;* **~≈halten** ‹*hält, hielt kurz, kurzgehalten*› *tr: jdn ~* tenir la bride (serrée) à qn; **~lebig** *a* **1.** de courte durée, éphémère; **2.** *(Güter)* périssable.

kürzlich ['kʏrtslɪç] *adv* récemment, dernièrement, l'autre jour, ces derniers jours.

Kurz|nachrichten *f pl* ['kurts-] *radio* flash *m;* **~schluß** *m el* court-circuit *m;* **~schrift** *f* sténographie *f;* **k~sichtig** *a, a. fig* myope; *~ sein (a.)* avoir la vue courte *od* basse; **~sichtigkeit** *f* ‹-, ø› myopie; *a. fig* vue *f* courte *od* basse; **k~um** *adv* bref, en un mot, enfin.

Kürzung *f* ‹-, -en› ['kʏrtsuŋ] **1.** raccourcissement *m;* **2.** *(Verringerung)* diminution, réduction *f;* **3.** *math* simplification *f;* **4.** *theat* coupure *f.*

Kurz|waren *f pl* ['kurts-] (articles *m pl* de) mercerie *f;* **~weil** *f* ‹-, ø› passe-temps, amusement, divertissement *m;* **k~weilig** *a* amusant, divertissant; **~welle(n** *pl***)** *f radio* onde(s *pl*) *f* courte(s).

kuscheln, sich ['kuʃəln] se lover, se pelotonner.

Kusine *f* ‹-, -n› [ku'zi:nə] cousine *f.*

Kuß *m* ‹-sses, ⁼sse› [kus, 'kʏsə] baiser *m;* **k~echt** *a,* **k~fest** *a (Lippenstift)* indélébile.

küssen ['kʏsən] *tr* embrasser; *(die Hand, die Stirn)* baiser.

Küste *f* ‹-, -n› ['kʏstə] côte *f,* rivage, bord *m* de la mer; — *an der ~* sur la côte; *an der ~ entlangfahren* longer la côte; côtoyer (*gen* qc).

Küsten|gebiet *n* ['kʏstən-] pol territoire *m* maritime; zone *f* côtière; **~gewässer** *n pl* mer *f* territoriale; eaux *f pl* territoriales; **~schiffahrt** *f* navigation *f* côtière, cabotage *m;* **~streifen** *m* littoral *m.*

Küster *m* ‹-s, -› ['kʏstər] sacristain, bedeau; *(evang.)* marguillier *m.*

Kustos *m* ‹-, -toden› ['kustɔs, -'to:dən] conservateur *m* de musée.

Kutsche *f* ‹-, -n› ['kutʃə] calèche *f;* *(stattliche)* carrosse, équipage *m;* **~r** *m* ‹-s, -› cocher *m.*

Kutte *f* ‹-, -n› ['kutə] *rel* froc *m.*

Kutter *m* ‹-s, -› ['kutər] *mar* cotre *m.*

Kuvert *n* ‹-(e)s, -e/-s› [ku'vɛrt, -'vɛ:r] *(Briefumschlag)* enveloppe *f.*

Kybernetik *f* ‹-, ø› [kybɛr'ne:tɪk] cybernétique *f.*

kyrillisch [ky'rɪlɪʃ] *a (Schrift)* cyrillique.

L

L, l *n* ‹-, -› [ɛl] *(Buchstabe)* L, l *m* od *f*.
laben ['la:bən] *tr* rafraîchir; *a. fig* réconforter; *sich* ~ *(fig)* se délecter; *sich an etw* ~ se repaître de qc.
labil [labi:l] *a phys, a. fig* instable; *chem biol, a. fig* labile; **L~ität** *f* ‹-, ø› [-li'tɛ:t] instabilité *f; (seelische)* déséquilibre *m* (psychique).
Labor *n* ‹-s, -s/(-e)› [la'bo:r] *fam (~atorium)* labo *m;* **~ant** *m* ‹-en, -en› [-bo'rant] préparateur *m;* **~antin** *f* préparatrice, laborantine *f;* **~atorium** *n* ‹-s, -rien› [-ra'to:rium, -riən] laboratoire *m*.
Labsal *n* ‹-(e)s, -e› ['la:pza:l] soulagement; *fig* réconfort *m*.
Labyrinth *n* ‹-(e)s, -e› [laby'rɪnt] *(Irrgang)* labyrinthe *a. anat;* dédale *m a. fig*.
Lache *f* ‹-, -n› ['laxə] *(Pfütze)* flaque; *(a. Blutlache)* mare *f*.
lächeln ['lɛçəln] sourire *(über* de); avoir un sourire; **L~** *n* sourire *m*.
lach|en ['laxən] *itr* rire *(über* de); *jdm ins Gesicht* ~ rire au nez à qn; *hämisch* od *höhnisch* ~ ricaner; *herzlich* od *von Herzen* ~ rire de bon cœur; *sich krank* ~ se pâmer de rire; *nichts zu* ~ *haben (fig)* n'être pas couché sur des roses; *da gibt's nichts zu* ~ il n'y a pas (là) de quoi rire; *daß ich nicht lache!* vous me faites (tu me fais) rire; *Sie haben gut* ~*!* vous en riez à votre aise; *das wäre ja gelacht, wenn ...!* il ferait beau voir que ...; *wer zuletzt lacht, lacht am besten (prov)* rira bien qui rira le dernier; **L~en** *n* rire *m; sich biegen* od *kugeln vor* ~ *(fam)* se tordre de rire; *jdn zum* ~ *bringen* faire rire qn; *sich nicht halten können vor* ~ ne plus pouvoir se tenir de rire; *sich das* ~ *verbeißen* od *verkneifen* étouffer un rire; *sich das* ~ *nicht verbeißen* od *verkneifen können* ne pouvoir s'empêcher de rire; *mir ist (gar) nicht zum* ~ *(zumute)* je ne suis pas d'humeur *od* je n'ai pas le cœur à rire; *das ist nicht zum* ~ il n'y a pas de quoi rire, il n'y a pas là matière à plaisanterie; **~end** *a* riant; **L~er** ‹-s, -› *m* rieur *m; die* ~ *auf seiner Seite haben* avoir les rieurs de son côté.
lächerlich ['lɛçərlɪç] *a* **1.** ridicule; **2.** *(zum Lachen)* risible; — *sich* ~ *machen* se rendre ridicule; se couvrir de ridicule, se ridiculiser, prêter à rire; *jdn* ~ *machen* tourner qn en ridicule, couvrir qn de ridicule, ridiculiser qn; jeter du ridicule sur qn; *etw* ~ *machen* tourner qc en plaisanterie *od* en ridicule, ridiculiser qc; *machen Sie sich nicht* ~*!* ne soyez pas *od* ne vous rendez pas ridicule! *das ist doch* ~*!* mais c'est ridicule!
Lachgas *n* ['lax-] gaz *m* hilarant.
Lachs *m* ‹-es, -e› [laks] *zoo* saumon *m;* **l~farben** *a* saumon; **~forelle** *f* truite *f* saumonée; **~schinken** *m* jambon *m* saumoné.
Lack *m* ‹-(e)s, -e› [lak] (gomme) laque *f*, vernis *m;* **l~ieren** [-'ki:rən] ‹*ohne ge-*› *tr* laquer, vernir, vernisser; **~leder** *n* (cuir) verni *m*.
Lackmus *m* od *s* ‹-, ø› ['lakmus] *chem* tournesol *m;* **~papier** *n* papier *m* de tournesol.
Lackschuhe *m pl* ['lak-] (chaussures *f pl*) verni(e)s *m pl*.
Lade *f* ‹-, -n› ['la:də] *(Truhe)* coffre, bahut *m; allg (Kasten)* caisse *f*.
Lade|gewicht *n* ['la:də-] poids *m* de chargement; *zulässiges* ~ charge *f* admise; **~hemmung** *f mil* incident de chargement, enrayage *m;* **~kran** *m* grue *f* de chargement.
laden [la:dən] ‹*lädt, lud, geladen*› *tr* **1.** *(Fracht, mil, el)* charger; **2.** *(einladen)* inviter, convier, prier; *jur* citer, appeler, assigner; — *vor Gericht* ~ citer en justice; *Holz auf einen Wagen* ~ charger du bois sur une voiture; *ge~ sein (fig fam)* être furieux.
Laden *m* ‹-s, ¨-› ['la:-, 'lɛ:dən] **1.** *(Kauf~)* boutique *f; (größerer)* magasin; *(Geschäft)* fonds *m* (de commerce); **2.** *(Fenster~)* volet *m;* **~dieb** *m* voleur *m* à l'étalage; **~diebstahl** *m* vol *m* à l'étalage; **~hüter** *m (unverkäufliche Ware)* rossignol *m;* **~preis** *m* prix de vente *od* de détail; *(Buch)* prix *m* fort *od* de librairie; **~schild** *n* enseigne *f;* **~schluß** *m* fermeture *od* clôture *f* des magasins; **~tisch** *m* comptoir *m*.
Lade|rampe *f* ['la:də-] rampe *f* de chargement; **~raum** *m* **1.** espace *m* chargeable; **2.** *mar* cale; *aero* soute *f*.
lädieren [lɛ'di:rən] ‹*ohne ge-*› *tr (beschädigen)* endommager.
Ladung *f* ‹-, -en› ['la:dʊŋ] **1.** *(Nutzlast)* charge *a. el; (Tätigkeit)* chargement *m; mar* cargaison *f;* **2.** *jur* citation, assignation *f*.
Lage *f* ‹-, -n› ['la:gə] **1.** situation, posture *f;* **2.** *(Verhältnisse)* conditions, circonstances *f pl;* **3.** *(Wohnlage, Standort)* site, emplacement *m; (e-s Gebäudes)* ex-

position *f* (*nach Süden* au midi); **4.** *(Stellung)* position, posture *f;* **5.** *(Schicht)* couche *f;* (*~ Papier)* cahier *m; geol* strate *f;* **6.** *(Runde)* tournée *f* (*Bier* de bière); — *bei dieser ~ der Dinge* dans cet état de choses; *in allen ~n* en toute(s) circonstance(s); *die ~ erkunden* reconnaître *od* tâter le terrain; *in e-r heiklen ~ sein* être dans une situation critique; *in e-r schwierigen ~ sein* être en porte-à-faux, ne pas en mener large; *in der ~ sein, etw zu tun* être en état *od* en mesure *od* à même de faire qc; *nicht in der ~ sein, etw zu tun* être *od* se trouver dans l'impossibilité de faire qc; ne pas être en mesure de faire qc; *jdn in die ~ versetzen zu ...* mettre qn à même de *od* en état de ...; *sich in jds ~ versetzen* se mettre à la place de qn; *die ~ beruhigt sich* les choses s'arrangent; *schwierige ~ (a.)* mauvaise passe *f;* **~bericht** *m* rapport sur la situation, compte rendu *od* exposé *m* de la situation; **~besprechung** *f* analyse *f* de la situation.

Lager *n* ‹-s, -› ['lagər] **1.** *(Bett)* couche *f,* lit; *(Unterkunft; ~ wilder Tiere)* gîte *m;* **2.** *(Truppen-, Zelt~)* camp, campement *m;* **3.** *fig (Partei, Seite)* camp, côté *m;* **4.** *n* ‹-s, -/(¨)› *(Depot)* dépôt, magasin, *(Vorrat)* stock, fonds *m* (de commerce); **5.** *geol (Vorkommen)* gisement, gîte *m,* couche *f;* **6.** *tech* boîte *f,* boîtier, coussinet, palier, roulement; *(Stütze)* appui *m;* — *ab ~* pris à l'entrepôt, ex magasin; *auf ~* en magasin, en stock, en rayon; *das ~ abbrechen* lever le camp; *auf ~ haben* od *halten* avoir *od* tenir en magasin, stocker; **~bestand** *m* stock, stock(s *pl*) *m* disponible(s) *od* en magasin; **~bier** *n* bière *f* de fermentation basse; **~feuer** *n* feu *m* de camp; **~gebühr** *f* (droit de) magasinage *m,* taxe *f* d'entrepôt; **~halle** *f* halle *f* de dépôt; **~haltung** *f* stockage, magasinage *m;* **~haus** *n* entrepôt; *mar* dock *m;* **~ist** *m* ‹-en, -en› [-'rɪst] magasinier *m;* **~leiter** *m* chef *m* de camp; **~leitung** *f* commandement *m od* autorités *f pl* du camp; **~metall** *n chem mot* métal *od* alliage antifriction; régule *m;* **l~n** *itr* **1.** *(auf dem Boden liegen)* être étendu *od* installé par terre; être couché; *fam* gîter; **2.** *(kampieren, a. mil)* camper; **3.** *(Vorrat, Ware)* être en magasin *od* en stock *od* emmagasiné *od* stocké; *(Wein)* être sur le chantier, reposer; *tr* **4.** *(Ware)* mettre en magasin *od* en dépôt *od* en stock, emmagasiner, stocker; *(Wein)* mettre sur le chantier; — *~ lassen* garder *od* laisser en dépôt; *dieser Fall ist ähnlich gelagert* ce cas présente des ressemblances; **~platz** *m* **1.** *(e-s Zeltlagers)* emplacement *m* du camp; **2.** *(Warenlager)* chantier, dépôt, lieu *od* emplacement *m* de stockage; **~raum** *m* halle *f* de dépôt; **~schein** *m* bulletin de dépôt, récépissé *m od* quittance *f* d'entrepôt; **~schuppen** *m* hangar *m;* **~ung** *f com* stockage, (em)magasinage, entreposage *m;* **~verwalter** *m* magasinier, garde-magasin; chef *m* de magasin; **~zeit** *f* (temps de) magasinage *m.*

lahm [la:m] **1.** *(gelähmt)* paralysé *a. fig;* perclus; *(hinkend)* boiteux; **2.** *(schlaff, schwach)* mou, sans force; *fam (ermüdet)* courbatu, éreinté; **3.** *fig* faible, insuffisant; *eine ~ Entschuldigung* une piètre excuse; **L~e** *m f* ‹-n, -n› paralysé(e *f*); *(Hinkender)* boiteux *m,* -euse *f;* **~en** *itr* traîner la jambe; *(hinken)* boiter, être boiteux, clopiner.

lähmen ['lɛ:mən] *tr med u. fig* paralyser.

lahm≈legen ['la:m-] *tr* paralyser.

Lähmung *f* ['lɛ:mʊŋ] *a. fig* paralysie *f; halbseitige ~ (med)* hémiplégie *f.*

Laib *m* ‹-(e)s, -e› [laɪp, '-bə] *(Brot)* miche; *(Käse)* meule *f.*

Laich *m* ‹-(e)s, -e› [laɪç] *zoo* frai *m;* **l~en** *itr* frayer; **~platz** *m* frayère *f;* **~zeit** *f* saison *f* du frai; *(Heringe)* relouage *m.*

Laie *m* ‹-n, -n› ['laɪə] **1.** *rel* laïque, séculier *m;* **2.** *(Nichtfachmann)* profane *m;* **~nbruder** *m rel* (frère) lai, frère *m* convers; **l~nhaft I.** *a* de profane; **II.** *adv* en profane.

Lakai *m* ‹-en, -en› [la'kaɪ] *a. fig (Kriecher)* laquais *m.*

Lake *f* ‹-, -n› ['la:kə] *(Salzlösung)* saumure *f.*

Laken *n* ‹-s, -› ['la:kən] *(Bettuch)* drap *m* (de lit).

Lakritze *f* ‹-, -n› [la'krɪtsə] (suc *m* de) réglisse *f.*

lallen ['lalən] *itr* bredouiller, bégayer.

Lama ['la:ma] **(1)** *n* ‹-s, -s› *zoo* lama *m;* **(2)** *m* ‹-(s), -s› *(buddhistischer Priester)* lama *m;* **~ismus** *m* ‹-, ø› [-'ɪsmus] *rel* lamaïsme *m.*

Lamelle *f* ‹-, -n› [la'mɛlə] lam(ell)e; *tech* ailette, touche *f,* disque, segment *m.*

Lametta *n* ‹-s, ø› [la'mɛta] *(Metallfäden als Christbaumschmuck)* lamelles *f pl* (de métal).

Lamm *n* ‹-(e)s, ¨er› [lam, 'lɛmər] agneau *m;* **l~en** *itr (Schaf)* agneler; *(Ziege)* chevroter, chevret(t)er; **~fell** *n* peau d'agneau, toison *f.*

Lamp|e *f* ‹-, -n› ['lampə] lampe *f; sich einen auf die ~ gießen (pop)* s'arroser le gosier; **~enfieber** *n fam* trac *m;* **~enschirm** *m* abat-jour *m;* **~ion** *m* ‹-s, -s› [lãpi'ɔ̃:, lampi'o:n] lampion *m;* lanterne *f* vénitienne.

lancieren [lã'si:rən] ‹*ohne ge-*› *tr* lancer.

Land *n* ‹-(e)s, ¨er› [lant, 'lɛndər] **1.** *(im Gegensatz zum Wasser)* terre *f;* **2.** *(Staat)* pays *m;* **3.** *(im Gegensatz zur Stadt)* campagne *f;* **4.** *(Ackerland)* terre *f*, champs *m pl*, bien *m*; — *auf dem* ~*e* à la campagne; *aus aller Herren Länder* de tous les pays du monde; *an* ~ *gehen*, *ans* ~ *kommen* aller *od* descendre à terre, débarquer; *des* ~*es verweisen* exiler, expulser; *das feste* ~ la terre ferme; *das Gelobte, Heilige* ~ *(Palästina)* la Terre promise *od* sainte; ~ *und Leute* le pays et ses habitants; ~**adel** *m* aristocratie terrienne, noblesse *f* campagnarde; ~**arbeiter** *m* ouvrier *m* agricole; ~**besitz** *m* propriété *f* rurale; ~**bevölkerung** *f* population *f* rurale *od* de la campagne.

Lande|bahn *f* ['landə-] *aero* piste *f* d'atterrissage; ~**erlaubnis** *f aero* autorisation *f* d'atterrir.

landeinwärts [lant'-] *adv* vers l'intérieur du pays.

landen ['landən] *itr* ‹*sein*› **1.** *mar* prendre *od* toucher terre, aborder, accoster; **2.** *a. aero* atterrir; *aero a.* se poser, arriver; *(auf e-m Flugzeugträger)* apponter; *(auf dem Mond)* alunir; **3.** *fig fam* arriver, donner *od* tomber (*in* dans); finir; *tr* ‹*h*› **4.** *(an Land setzen, bes. Truppen)* débarquer, mettre à terre; **5.** *fig fam (Schlag)* flanquer, porter.

Landenge *f* ['lant-] isthme *m*.

Landeplatz *m* ['landə-] **1.** *mar* poste *m* d'accostage; **2.** *aero* champ *od* terrain *m* d'atterrissage; ~ *für Hubschrauber* héliport *m*, héligare *f*.

Ländereien *f pl* [lɛndə'raɪən] terres *f pl*, biens *m pl* ruraux.

Länder|kampf *m*, ~**spiel** *n* ['lɛndər-] *sport* match *m od* rencontre *f* international(e).

Landes|bischof *m* ['landəs-] *(evang. dtsch.)* évêque *m* d'une Église provinciale; ~**ebene** *f*: *auf* ~ à l'échelle nationale *od (in Deutschland)* du Land; ~**farben** *f pl* couleurs *f pl* nationales; ~**grenze** *f* frontière *f*.

Landesignal *n* ['landə-] *aero* signal *m* d'atterrissage.

Landes|innere, *das* ['landəs-] l'intérieur *m* du pays; ~**regierung** *f* gouvernement *m* national *od (in Deutschland)* du Land; ~**sprache** *f* langue *f* nationale *od* du pays.

Lande|steg *m* ['landə-] *mar* embarcadère *m*; ~**stelle** *f* **1.** *mar* lieu *m* de débarquement; **2.** *aero* lieu *m* d'atterrissage.

Landes|trauer *f* ['landəs-] deuil *m* national; **l**~**üblich** *a* en usage dans le pays, usuel; ~**vater** *m* souverain *m*; ~**verrat** *m* (haute) trahison *f*; crime *m* contre la sûreté extérieure de l'État; ~**verteidigung** *f* défense *f* nationale *od* du territoire; ~**verweisung** *f* expulsion, expatriation, proscription *f*, bannissement *m*; ~**währung** *f* monnaie *f* nationale.

Land|flucht *f* ['lant-] exode *m* rural, désertion *f* des campagnes; ~**friedensbruch** *m* violation *f* de la paix publique; ~**gemeinde** *f* commune *f* rurale; ~**gut** *n* propriété *f* rurale, fonds de terre, domaine *m*; ~**haus** *n* maison *f* de campagne; *kleines* ~ *(a.)* cottage *m*; ~**karte** *f* carte *f* géographique; ~**kreis** *m* arrondissement *m* (rural); **l**~**läufig** *a* courant, généralement usité, commun(ément admis); ~**leben** *n* vie *f* rurale *od* champêtre *od* à la campagne.

ländlich ['lɛntlɪç] *a* rural, rustique, villageois; champêtre, agreste.

Land|luft *f* ['lant-] air *m* de la campagne; ~**mann** *m* ‹-(e)s, -leute› campagnard; *(Bauer)* paysan *m*; ~**maschinen** *f pl* machines *f pl* agricoles; ~**messer** *m* arpenteur, géomètre *m*; ~**plage** *f* calamité *f* (publique), fléau *m*; ~**rat** *m (etwa:)* sous-préfet *m*; ~**ratsamt** *n (etwa:)* sous-préfecture *f*; ~**ratte** *f fig fam* terrien *m*; ~**regen** *m* pluie *f* générale *od* continue.

Landschaft *f* ‹-, -en› ['lantʃaft] paysage *(a. Kunst)*, site *m*; **l**~**lich** *a* de *od* du paysage; régional; ~**sgärtner** *m* (jardinier) paysagiste *m*; ~**sgestaltung** *f* architecture *f* de paysage; ~**sschutz** *m* protection *f* des paysages *od* sites; ~**sschutzgebiet** *n* zone *f* protégée.

Landschulheim *n* ['lant-] internat *m* à la campagne.

Lands|knecht *m* ['lants-] *hist* lansquenet *m*; ~**leute** *pl* compatriotes *m pl*; *wir sind* ~ *(a.)* nous sommes du même pays; ~**mann** *m* ‹-(e)s, -leute/(-männer)› compatriote *m*; *was für ein* ~ *sind Sie?* d'où *od* de quel pays êtes-vous? ~**männin** *f* compatriote *f*.

Land|straße *f* ['lant-] grand-route, route *f* départementale; ~**streicher** *m* vagabond, chemineau *m*; ~**streicherei** *f* vagabondage *m*; ~**tag** *m* diète *f*; ~**- und Seestreitkräfte** *f pl* forces *f pl* de terre et de mer.

Landung *f* ‹-, -en› ['landʊŋ] *aero (Flugzeug)* atterrissage; *(auf e-m Flugzeugträger)* appontage *m*; *(Passagiere)* descente *f* d'avion; *zur* ~ *ansetzen (aero)* amorcer l'atterrissage, s'apprêter à atterrir; ~ *auf dem Mond* alunissage *m*; ~**sboot** *n* bateau *m* de débarquement; ~**sbrücke** *f (Flugzeugträger)* pont d'atterrissage, appontement *m*.

Land|vermessung *f* ['lant-] arpentage *m*; ~**weg** *m* voie *f* de terre *od* terrestre; *auf dem* ~ par voie de terre; ~**wein** *m* vin *m* du pays *od* du cru; ~**wirt** *m* agriculteur, cultivateur, exploitant *m* agricole; ~**wirtschaft** *f* agriculture, économie *f* rurale; **l**~**wirtschaftlich** *a* agricole, rural, agronomique; ~*er Betrieb m* exploitation *f* agricole *od* rurale; ~*e Genossenschaft f* coopérative *f* agricole; *~e Geräte n pl* outillage *m* agricole; **~wirtschaftsausstellung** *f* exposition *f* agricole, salon *m* de l'agriculture; **~wirtschaftsminister(ium** *n*) *m* minist(è)re *m* de l'Agriculture; **~wirtschaftsschule** *f* école *f* d'agriculture; **~zunge** *f geog* pointe (de terre), langue *f* de terre.

lang [laŋ] *a* long; *(mit Zahlenangabe)* d'une longueur de ..., ... de *od* en long; *gleich, verschieden ~ (räuml.)* de (la) même longueur, de *od* d'une longueur différente; *(zeitl.)* de (la) même durée, de *od* d'une durée différente; *des ~en und breiten = ~ und breit (adv); adv: 10 Jahre ~* dix ans durant, pendant dix ans; *~ und breit (fig)* longuement, en long et en large; *sich ~ und breit über etw auslassen* s'étendre sur qc; *den ganzen Tag ~* tout au long de la journée; *über kurz oder ~* tôt ou tard; *~ hinfallen* tomber de tout son long *od* de sa hauteur.

lang|anhaltend ['laŋ-] *a* long, de longue durée; **~beinig** *a* à longues jambes.

lange ['laŋə] *adv* **1.** *(lange Zeit)* longtemps; **2.** (de) beaucoup; — *nicht ~ darauf* peu (de temps) après; *noch ~ nicht* pas de sitôt, il s'en faut de beaucoup; *schon ~* depuis longtemps, de loin; *seit ~m* depuis longtemps, de longue date; *so ~ wie* aussi longtemps que, tant que; *wie ~?* combien de temps? *~ vor (zeitl.)* bien avant; *~ aufbleiben* veiller tard; *~ brauchen (viel Zeit benötigen)* mettre longtemps (*zu etw* à faire qc); *~ dauern* être long; *nicht ~ fragen* ne pas s'arrêter à poser des questions; *~ reichen (Vorrat)* mener loin; *~ schlafen* être un gros dormeur; *~ auf sich warten lassen* se faire attendre; *es ist schon ~ her* il y a bien longtemps *od* beau temps *od (fam)* belle lurette; *warten Sie schon ~?* y a-t-il longtemps que vous attendez? *da kannst du ~ warten! (fam)* tu peux toujours attendre!

Länge *f* ‹-, -n› ['lɛŋə] **1.** *(ohne pl)* longueur *f a. sport;* **2.** *(ohne pl) geog astr math* longitude *f;* **3.** *(ohne pl) (Filmstreifen)* métrage *m;* **4.** *(ohne pl) (Dauer)* dureé *f;* **5.** *(lange Silbe)* longue *f;* **6.** *pl fig (e-s Buches)* longueurs; — *der ~ nach* d'après la *od* en longueur; *in die ~* en long; *von 10 m ~* de dix mètres de long; *der ~ nach hinfallen* tomber de tout son long; *(sich) in die ~ ziehen (fig)* tirer *od* traîner en longueur; faire long feu.

langen ['laŋən] *itr* **1.** *fam (genügen)* suffire, être suffisant *od* assez; **2.** *(greifen)* saisir, prendre, atteindre (*nach etw* qc); — *tr: jdm eine ~ (Ohrfeige)* flanquer une gifle à qn; *mir langt's! (fam)* j'en ai jusque-là; *das langt* ça suffit.

Längen|grad *m* ['lɛŋən-] degré de longitude, méridien *m;* **~maß** *n* mesure *f* de longueur *od* linéaire.

länger ['lɛŋər] **I.** *a (Komparativ von lang)* **1.** plus long; **2.** *(ziemlich lang)* long, prolongé; **II.** *adv (Komparativ von lange)* plus longtemps, davantage; — *einen Tag ~* un jour de plus; *je ~, je lieber; je ~, desto besser (zeitl.)* le plus longtemps sera le mieux; *~ machen (tr)* (r)allonger; *~ werden* s'allonger, se rallonger; *(die Tage im Frühling)* allonger, augmenter, croître.

Lang|eweile *f* ‹-, ø› ['laŋəvaılə] ennui *m; aus, vor Langerweile* par ennui, d'ennui; **~finger** *m fam (Dieb)* chapardeur, larron *m;* **l~fristig** *a* à long terme, à longue date *od* durée *od* échéance; **l~gestreckt** *a* allongé, oblong; **l~haarig** *a (Tier)* à poil(s) long(s); *(Mensch)* aux cheveux longs; **~holz** *n* bois *m* en long *od* de fil; **l~jährig** *a* **1.** qui dure *od* a duré de longues années, long; **2.** *(Freund)* vieux; **~lauf** *m (Schi)* course *f* de fond; **l~lebig** *a* qui vit longtemps; **~lebigkeit** *f* longévité *f.*

länglich ['lɛŋlıç] *a* allongé, oblong.

lang|=liegen ['laŋ-] ‹*liegt, lag lang, langgelegen*› *itr fam (a. krank)* être sur le dos *od* le flanc; **L~mut** *f* ‹-, ø› longanimité, indulgence, patience *f;* **~mütig** *a* indulgent, patient.

längs [lɛŋs] *adv = der Länge nach prp gen* od *dat* le long de; **L~achse** *f* axe *m* longitudinal *od* de roulis.

lang|sam ['laŋza:m] *a* lent; *(schleppend)* traînant; *~er fahren* ralentir; *~er gehen* ralentir le pas; *nur* od *immer ~!* doucement! **L~samkeit** *f* ‹-, ø› lenteur *f;* **L~schläfer** *m* grand dormeur *m;* **L~spielplatte** *f* (disque) microsillon *m* (de) longue durée.

Längs|schnitt *m* ['lɛŋs-] plan *m od* section *od* coupe *f* longitudinal(e) *od* vertical(e); **~streifen** *m* rayure *f* longitudinale.

längst [lɛŋst] *adv: schon ~* depuis longtemps; *~ nicht so* ... bien loin de ..., beaucoup moins ....

Langstrecken|bomber *m* ['laŋ-] bombardier *m* à grand rayon d'action *od* stratégique *od* transcontinental; **~flug** *m* vol *m* de distance; *m;* **~lauf** *m (über 5000 m) sport* course *f* de (grand) fond.

Languste *f* ‹-, -n› [laŋ'gustə] *zoo* langouste *f.*

Lang|weile *f* ['laŋ-] = *Langeweile;* **l~weilen** *tr* ennuyer; *fam* embêter; *sich entsetzlich* od *zu Tode ~* s'ennuyer comme une carpe; mourir *od* périr d'ennui, s'ennuyer à mourir; **l~weilig** *a* ennuyeux; assommant; *~es Zeug n (pop)* rasoir *m;* **~welle(n** *pl***)** *f* grandes ondes, ondes *f pl* longues; **l~wierig** *a* de longue haleine *od* durée; *~e Arbeit f* ouvrage *m* de patience.

Lanze *f* ‹-, -n› ['lantsə] lance *f; für jdn e-e ~ brechen* rompre une (*od* des) lance(s) pour qn *od* en faveur de qn.
Lapis(lazuli) *m* ‹-, -ides (-, ø)› ['la:pɪs('la:tsuli)] *min* lapis(-lazuli) *m*, lazulite *f*.
Lappalie *f* ‹-, -n› [la'pa:liə] bagatelle, vétille; futilité *f*.
Lappen *m* ‹-s, -› ['lapən] **1.** *(Lumpen)* chiffon, lambeau; *(Wisch~)* torchon *m;* **2.** *anat bot* lobe, *a.* appendice *m;* — *jdm durch die ~ gehen (fam: entwischen)* filer entre les doigts à qn.
läppisch ['lɛpɪʃ] *a* niais, inepte.
Lärche *f* ‹-, -n› ['lɛrçə] *bot* mélèze *m*.
Lärm *m* ‹-(e)s, ø› [lɛrm] (grand) bruit; *(Krach)* vacarme, fracas, tapage *m; ~ machen = lärmen; ~ schlagen (a.)* donner l'alerte; *viel ~ um nichts* beaucoup de bruit pour rien; **~bekämpfung** *f* lutte *f* contre le bruit; **l~en** *itr* faire du bruit *od* du tapage; **l~end** *a* bruyant, tapageur, tumultueux.
Larve *f* ‹-, -n› [larfə] **1.** *(Maske)* masque *m;* **2.** *ent* larve *f*.
lasch [laʃ] *a dial fam (schlaff)* mou, flasque.
Lasche *f* ‹-, -n› ['laʃə] **1.** *tech* couvre-joint *m*, menotte *f;* **2.** *(Schuh)* languette *f*.
Laser *m* ‹-s, -› ['le:zər] laser *m*.
lassen ['lasən] ‹*läßt, ließ, gelassen*› *tr* **1.** *(zulassen)* laisser; *(gestatten)* permettre (*tun* de faire); **2.** *(veranlassen)* faire; **3.** *(nicht tun)* ne pas faire; *(absehen von)* renoncer (*etw* à qc); **4.** *(Gegenstand liegen~* od *stehen~)* laisser; **5.** *(Menschen ver~, zurück~)* laisser, quitter — *jdn* od *von jdm etw machen ~* faire faire qc à *od* par qn; *sich etw nicht nehmen ~ (fig)* ne pas renoncer à qc, ne pas se désister *od* se départir de qc; *ich lasse bitten* faites entrer; *ich kann es nicht ~* c'est plus fort que moi; *er läßt mit sich reden* od *handeln* on peut discuter avec lui; il est ouvert au dialogue; *das muß man ihm ~ (fig)* il faut lui rendre cette justice; *~ wir das!* n'insistons pas, n'en parlons plus, passons; *laß(t) uns gehen!* partons; *laß das (sein)!* laisse cela! *~ Sie mich!* laissez-moi! *~ Sie nur!* allez! *~ Sie (doch) (das)!* laissez donc! *~ Sie sich nicht stören!* ne vous dérangez pas! *tun Sie, was Sie nicht ~ können!* faites ce que bon vous semble!
lässig ['lɛsɪç] *a* nonchalant; *(Haltung)* décontracté; *(gleichgültig)* indolent; *(nachlässig)* négligent; **L~keit** *f* ‹-, ø› nonchalance; décontraction; indolence; négligence *f*.
Lasso *m* od *n* ‹-s, -s› ['laso] lasso *m*.
Last *f* ‹-, -en› [last] **1.** *(Traglast a. fig)* fardeau; *(Bürde)* faix *m; (Belastung, a. el)* charge *f;* **2.** *(Ladung)* cargaison *f*, chargement; *(Gewicht)* poids *m;* **3.** *(undankbare Arbeit)* corvée *f;* **4.** *pl (Abgaben)* charges *f pl; (Steuern)* impôts *m pl;* — *zu ~en (gen)* à la charge (de); *zu Ihren ~en* à votre débit; *jdm zur ~ fallen* être à charge à qn, tomber sur le dos *od* sur les bras de qn; *(lästig sein)* importuner qn; *jdm etw zur ~ legen* mettre qc à la charge de qn; **~auto** *n* camion; poids lourd *m;* **l~en** *itr a. fig* peser (*auf* sur); *fig a.* s'appesantir (*auf* sur); **~enaufzug** *m* monte-charge *m;* **l~enfrei** *a* exempt de charges.
Laster ['lastər] **(1)** *m* ‹-s, -› *fam = Lastauto;* **(2)** *n* ‹-s, -› vice *m; e-m ~ frönen* od *verfallen sein* être adonné à un vice; être l'esclave d'un vice.
Lästerer *m* ‹-s, -› ['lɛstərər] médisant *m*.
laster|haft ['lastər-] *a* vicieux, immoral; dépravé, débauché, dissolu; **L~haftigkeit** *f* ‹-,ø› immoralité, dépravation *f;* **L~höhle** *f* sentine *f* (du vice), antre *m* du vice.
Läster|maul *n* ['lɛstər-] mauvaise *od* méchante langue; langue *f* de serpent *od* de vipère *od* venimeuse; **l~n** *tr* médire (*(über) jdn* de qn); *(Gott ~)* blasphémer.
lästig ['lɛstɪç] *a* **1.** importun, embarrassant; *(unbequem)* incommode, gênant, malaisé; **2.** *(Mensch) (aufdringlich)* fâcheux, *fam* collant; — *jdm ~ fallen* importuner *od* incommoder qn; *jdm ~ werden* commencer à importuner *od* à incommoder qn.
Last|kahn *m* ['last-] péniche *f*, chaland *m;* **~kraftwagen** *m = Lastauto;* **~schrift** *f com* note *f* de débit; **~tier** *n* bête *f* de somme *od* de charge, animal *m* de bât; **~träger** *m* portefaix *m;* **~wagen** *m* camion *m; mot = Lastauto;* **~wagenfahrer** *m* camionneur *m;* **~zug** *m* camion à remorque, train *m* routier.
Lasur *f* ‹-, -en› [la'zu:r], **~farbe** *f* glacis *m;* **~stein** *m* lapis-lazuli *m*, lazulite *f*.
lasziv [las'tsi:f] *a* lascif, voluptueux; **L~ität** *f* ‹-, ø› [-vi'tɛ:t] lascivité *f*.
Latein *n* ‹-s, ø› [la'taɪn] latin *m*, langue *f* latine; **~amerika** *n* l'Amérique *f* latine; **l~amerikanisch** *a* latino-américain; **l~isch** *a* latin.
Laterne *f* ‹-, -n› [la'tɛrnə] lanterne *f; (Hand~)* falot; *(Straßen~)* réverbère *m;* **~npfahl** *m* réverbère *m*.
Latsche *f* ‹-, -n› ['latʃə] *bot* pin *m* nain *od* de montagne.
Latschen *m* ‹-s, -› (*od* **Latsche** *f* ‹-, -n›) ['la:tʃə(n)] *fam (Hausschuh)* pantoufle; *(abgetragener Schuh)* savate; *pop* godasse *f;* **l~** *itr* ‹*sein*› traîner les pieds *od fam* la patte; *über den Hof ~* traverser la cour d'un pas traînant.
Latte *f* ‹-, -n› ['latə] latte, tringle *f*, liteau *m; sport* barre *f; lange ~ (fam: großer Mensch)* grande perche *f*, manche *m* à

balai; *eine lange ~ (fig fam)* une longue liste; *jdn auf der ~ haben* détester, ne pas pouvoir supporter qn; **~nkiste** *f* caisse *f* à claire-voie; **~nverschlag** *m*, **~nzaun** *m* lattis *m*.

Latz *m* ‹-es, ¨-e› [lats, 'lɛtsə] **1.** *(Brust~)* bavette *f;* **2.** *(Hosen~)* pont *m*.

Lätzchen *n* ‹-s, -› ['lɛtsçən] bavette *f*.

Latzhose *f* ['lats-] pantalon *m* à bavette, cotte-tablier, cotte *f* américaine.

lau [lau] *a* **1.** tiède, attiédi; **2.** *fig* indifférent; — *~ werden* tiédir, *a. fig* s'attiédir.

Laub *n* ‹-(e)s, ø› [laup, '-bəs] feuillage *m*, feuilles *f pl*, verdure; *(~werk)* frondaison *f; (welkes ~)* fanes *f pl;* **~baum** *m* arbre *m* à feuilles (caduques).

Laube *f* ‹-, -n› ['laubə] **1.** tonnelle *f;* **2.** *arch (Bogengang)* arcade *f*.

Laub|frosch *m* ['laup-] rainette *f;* **~säge** *f* scie *f* à chantourner *od* à découper; **~wald** *m* forêt *f* à essences feuillues.

Lauer *f* ‹-, ø› ['lauər]: *auf der ~* au guet; *sich auf die ~ legen* se mettre aux aguets; *auf der ~ liegen* être aux aguets; **l~n** *itr* guetter; *fig a.* attendre (*auf etw* qc).

Lauf *m* ‹-(e)s, ¨-e› [lauf, 'lɔʏfə] **1.** *(a. Wettlauf)* course *f;* **2.** *(Verlauf)* cours, courant *m;* **3.** *astr* cours *m;* **4.** *tech* marche, allure *f*, fonctionnement; *(Fahrzeug)* roulement *m;* **5.** *(Schußwaffe)* canon *m;* **6.** *(Jägersprache: Bein, Fuß)* jambe *f*, pied *m*, patte *f;* — *im ~ (beim ~en)* en courant; *im ~e des Gesprächs* au cours de l'entretien; *im ~e der Woche, des Jahres* au cours *od* dans le courant de la semaine, de l'année; *im ~e der Zeit* avec le temps; *e-r S freien ~ lassen* donner *od* laisser libre cours à qc; *den Dingen ihren ~ lassen* laisser les choses aller leur train; **~bahn** *f (im Beruf)* carrière *f; e-e ~ einschlagen* entrer dans *od* choisir *od* embrasser une carrière; **~bursche** *m* garçon *m* de courses *od* de magasin *od* livreur.

laufen ['laufən] ‹*läuft, lief, gelaufen*› *itr* ‹*sein*› **1.** courir; **2.** *fam (gehen)* aller à pied, marcher; **3.** *(Maschine)* fonctionner, marcher; *(Motor)* tourner; *(Fahrzeug)* rouler; **4.** *(Tränen)* rouler; *(Flüssigkeit)* couler; **5.** *(Gefäß)* fuir; **6.** *jur fin* courir, prendre cours (*von* à partir de); **7.** *film* passer; *tr* ‹*h*› **8.** parcourir; — *100 Meter ~ sport* faire un cent mètres; *Schi, Schlittschuh ~* faire du ski, du patin; *durch etw ~* traverser qc; *um etw ~* tourner autour de qc; *jdm in den Weg ~* croiser qn sur son chemin, rencontrer qn inopinément; *ge~ kommen* arriver en courant; *nicht mehr ~ können* ne plus pouvoir mettre un pied devant l'autre; *~lassen (freilassen)* laisser partir; *ihm läuft die Nase* il a la goutte au nez, il a la roupie; **~d** **I.** *a fig (gegenwärtig, im Ablauf befindlich)* courant, en cours; **II.** *adv (durchgehend)* en permanence, sans interruption; — *am ~en Band* à la chaîne; *fig* sans arrêt; *auf dem ~en bleiben* se tenir au courant; *(sich) auf dem ~en halten (Person)* (se) tenir au courant *od* à jour; (*über etw* de qc) (se) mettre au fait; *auf dem ~en sein (Person)* être au courant *od* à jour; *(Person od Sache)* être à jour (*mit* de).

Läufer *m* ‹-s, -› ['lɔʏfər] **1.** *(Person)* coureur; *(Fußball)* demi; *(Schach)* fou *m;* **2.** *(Teppich)* chemin, tapis *m* d'escalier; **3.** *(Schieber)* curseur; *el* rotor, induit *m*.

Lauf|feuer *n* ['lauf-] : *sich wie ein ~ verbreiten (fig)* se répandre comme une traînée de poudre; **~junge** *m* = *Laufbursche;* **~kran** *m* grue *f* locomobile *od* roulante; **~kundschaft** *f* clientèle *f* de passage; **~masche** *f* maille *f* tombée *od* filée; *~n bekommen* se démailler; **~paß** *m: jdm den ~ geben* envoyer qn promener *od* au diable; **~planke** *f mar* traversine *f; pl* passavant *m;* **~schiene** *f* glissière *f;* **~schritt** *m* pas *m* (de) gymnastique; **~stall** *m* parc *m* pour bébé; **~steg** *m* passerelle *f;* **~zeit** *f* **1.** *sport* temps *m* de *od* du parcours; **2.** *(Uhr)* durée *f* de marche; **3.** *film* durée *f* de projection; **4.** *radio* temps *m* de propagation; **5.** *(Radar)* période *f;* **6.** *allg* durée *f* d'acheminement, délai de circulation, terme *m* d'échéance; **7.** *(Brunstzeit bei Hündinnen)* (époque *f* des) chaleurs *f pl*, rut *m;* **~zettel** *m* feuille *f* de recherches *od* d'enquête.

Lauge *f* ‹-, -n› ['laugə] lessive *f a. chem;* **l~n** *tr (Wäsche)* lessiver.

Lauheit *f* ‹-, ø› ['lau-] *fig* indifférence *f*.

Laun|e *f* ‹-, -n› ['launə] *(Stimmung)* humeur *f; (Grille, Marotte)* caprice *m*, lubie; *(flüchtige Neigung)* passade *f; s-e schlechte ~ an jdm auslassen* passer sa mauvaise humeur sur qn; *jdn bei guter ~ halten* entretenir qn dans de bonnes dispositions; *gute, schlechte ~ haben, in guter, schlechter ~ sein* être de bonne, mauvaise humeur; *fam* être bien, mal luné; *gute ~ haben (a.)* être dans son bon jour; *schlechte ~ haben (a.)* avoir de l'humeur; **l~enhaft** *a (launisch)* instable, lunatique, d'humeur changeante; *(eigenwillig)* capricieux; **~enhaftigkeit** *f* ‹-, ø› caractère *m* changeant *od* capricieux; **l~ig** *a (witzig)* amusant, divertissant; **l~isch** *a* = *launenhaft*.

Laus *f* ‹-, ¨-e› [laus, 'lɔʏzə] pou *m; dir ist wohl e-e ~ über die Leber gekrochen!* quelle mouche t'a piqué? **~bub** *m*, **~ejunge** *m* gamin, mauvais garnement *m*.

lausch|en ['lauʃən] *itr* **1.** écouter (attentivement), prêter l'oreille; **2.** *(heimlich)* être aux écoutes; **L~er** *m* ‹-s, -› écouteur *m; ~ig a (traulich)* discret, intime.

laus|en ['lauzən] *tr* épouiller; **~ig** *a* **1.** pouilleux; **2.** *fig fam (armselig)* misérable; *es ist ~ kalt* il fait un froid de canard.

laut [laut] **I.** *a* haut; *(~stark, kräftig)* intense, fort; *(hörbar)* perceptible; *(lärmend)* bruyant; *~ werden fig (Stimmen, Rufe)* s'élever; **II.** *adv (vernehmlich)* haut; *(kräftig)* fort; *(mit ~er Stimme)* à haute voix; *ganz ~* tout haut; *so ~ ich (etc) konnte* à tue-tête; *~ denken* penser tout haut; *~ lachen* rire bruyamment *od* aux éclats; *~ singen* chanter fort; *~ (und deutlich) sprechen* parler haut (et distinctement); *~er!* plus haut! plus fort! **III.** *prp gen (nach, gemäß)* d'après, suivant, selon; *~ Befehl* conformément à l'ordre *od* aux ordres; *~ Gesetz* aux termes de *od* conformément à la loi; *~ Weisung* selon les instructions.

Laut *m* ‹-(e)s, -e› [laut] son *m; ~ geben (Hund)* donner de la voix; *keinen ~ von sich geben* ne souffler mot.

lauten ['lautən] *itr* **1.** *(klingen)* sonner; **2.** *(folgenden Wortlaut haben)* être, dire, porter; — *der Titel lautet* le titre est; *das Urteil lautet auf ...* c'est une sentence de ... ; *auf jds Namen ~d* fait *od* établi au nom de qn.

läuten ['lɔʏtən] *tr u. itr* sonner; *es hat geläutet* on a sonné.

lauter ['lautər] **I.** *a* **1.** *(rein)* pur, net, clair, limpide; **2.** *fig (ehrlich)* honnête, sincère; intègre; **II.** *adv (nichts als)* rien que, ne ... que; *das sind ~ Lügen* ce ne sont que des mensonges.

läuter|n ['lɔʏtərn] *tr* **1.** *chem* épurer, purifier, clarifier; *tech* affiner; **2.** *fig (charakterlich)* corriger, réformer; **L~ung** *f* ‹-, ø› *fig* correction, réforme *f*.

Laut|lehre *f* ['laut-] phonétique *f;* **l~lich** *a* phonétique.

Lautsprecher *m* ['laut-] diffuseur; *radio* haut-parleur *m;* **~wagen** *m* voiture *f* haut-parleur.

laut|stark ['laut-] *a* intense, fort, puissant; **L~stärke** *f* intensité sonore; *radio* puissance *f* du son, niveau *m* (de réception); **L~stärkeregler** *m radio* régleur *m* de puissance.

lauwarm ['lauvarm] *a* tiède.

Lava *f* ‹-, (-ven)› ['la:va] *geol* lave *f*.

Lavendel *m* ‹-s, -› [la'vɛndəl] *bot* lavande *f*.

lavieren [la'vi:rən] ‹*ohne ge-*› *itr mar a. fig* louvoyer.

Lawine *f* ‹-, -n› [la'vi:nə] *a. fig* avalanche *f;* **~ngefahr** *f* danger *m* d'avalanche.

lax [laks] *a (schlaff)* lâche; *(Mensch)* veule.

Lazarett *n* ‹-(e)s, -e› [latsa'rɛt] hôpital *m* (militaire); **~schiff** *n* navire-hôpital, vaisseau-hôpital *m;* **~zug** *m* train sanitaire.

Lebemann *m* ‹-(e), ¨er› ['le:bə-] viveur *m*.

leben ['le:bən] *itr* **1.** *allg* vivre, être en vie *od* vivant; exister; **2.** *(sich erhalten)* vivre (*von* de); **3.** avoir tel ou tel train de vie; — *nicht mehr ~* n'être plus de ce monde; *für jdn, etw ~ (fig)* s'être voué à qn, à qc; *~ in (e-m Land, e-r Stadt) a.* habiter *acc; flott ~* mener grande vie; *gut, schlecht ~* faire bonne, mauvaise chère; *zu ~ haben* avoir de quoi vivre *od* son pain assuré; *~ Sie wohl!* adieu! *es lebe die Freiheit!* vive la liberté!

Leben *n* ‹-s, -› ['le:bən] **1.** vie; existence *f;* **2.** *(Beseeltheit)* âme *f;* **3.** *(reges ~)* animation *f;* mouvement *m; (Lebhaftigkeit)* vivacité *f,* entrain *m;* **4.** *(~sweise)* façon *f* de vivre; train *m* de vie; **5.** *(~sgeschichte)* vie, biographie *f;* — *am ~* en vie; *auf der Höhe des ~s (Mann)* dans la force *od (Frau)* à la fleur de l'âge; *auf ~ und Tod* à la vie et à la mort; *für mein ~ gern würde ich ...* je donnerais ma vie pour *(inf); nie im ~* jamais de la vie; *zeit meines ~s, mein ~ lang* (pendant) toute ma vie, ma vie durant; *ein ~ lang* toute une vie; *mit dem ~ bezahlen* payer de sa vie; *am ~ bleiben* rester en vie; *~ in etw bringen* animer qc; *ums ~ bringen* mettre à mort; *mit dem ~ davonkommen* s'en tirer vivant; *sein ~ einsetzen* od *aufs Spiel setzen* od *(fam) in die Schanze schlagen* exposer, risquer sa vie; *am ~ erhalten* maintenir en vie; *zu neuem ~ erwecken (fig)* faire revivre, ressusciter, renouveler; *sein ~ (kümmerlich) fristen* traîner sa misère; vivoter, végéter; *das ~ genießen* jouir de la vie; *genug zum ~ haben* avoir de quoi vivre; *am ~ hängen* tenir à la vie; *ums ~ kommen, sein ~ verlieren* perdre la vie, périr; *s-m ~ ein Ende machen, sich das ~ nehmen* mettre fin à ses jours, se donner la mort; *jdm das ~ schwermachen* rendre la vie dure à qn; *jdm das ~ retten* sauver la vie à qn; *etw ins ~ rufen* donner la vie *od* le jour *od* naissance à qc, faire naître *od* surgir qc; *das ~ schenken (e-m Kind)* donner la vie *od* le jour à; *(e-m Besiegten)* donner *od* faire quartier à, faire grâce de la vie à; *zwischen ~ und Tod schweben* être entre la vie et la mort; *(nicht mehr) am ~ sein* (n')être (plus) en vie; *jdm nach dem ~ trachten* attenter aux jours de qn; *sein ~ teuer verkaufen* vendre chèrement sa vie; *(mitten) aus dem ~ gerissen werden* être arraché à la vie; *ein erfülltes ~* une existence bien remplie; *ein lustiges ~* une joyeuse vie; *das öffentliche ~* la vie publique; *aus* *dem ~ gegriffen* pris sur le vif; *das ~ nach dem Tode (rel)* la survie.

lebend ['le:bənt] *a, a. fig* vivant; *es war kein ~es Wesen zu sehen* il n'y avait âme qui vive; *~e Sprachen f pl* langues *f pl* vivantes; *~es Wesen n* être *m* vivant; **L~e** *m* vivant; *jur* vif *m; unter L~n (jur)* entre vifs; **L~gewicht** *n* poids *m* vif *od* vivant; *Kilo ~* kilo vif; **~ig** [le'bɛndıç] *a* vivant, vif, animé; *bei ~em Leib verbrennen* être brûlé vif; **L~igkeit** *f* ‹-, ø› vivacité, animation *f.*

Lebens|abend, *der* ['le:bəns-] le soir de la vie, les vieux jours *m pl;* **~ader** *f fig* artère *f;* **~alter** *n* âge *m;* **~art** habitudes, manières *f pl; ~ haben* avoir du savoir-vivre *od* des manières; **~aufgabe** *f* but *m* suprême, tâche *f* de toute une vie; **~baum** *m bot* thuya *m;* **~bedingungen** *f pl* conditions *f pl* vitales *od* d'existence; **~dauer** *f* durée (de la vie); *tech* durée (d'existence); *(Dauerhaftigkeit)* durabilité *f;* **~elixier** *n* élixir *m* de longue vie; **~ende** *n* terme *m* de la vie; *bis an sein ~* jusqu'à sa mort; **~erfahrung** *f* expérience *f* de la vie; **~erwartung** *f* espérance de vie (à la naissance), vie *f* moyenne; **l~fähig** *a biol u. fig* viable; **~freude** *f* joie *f* de vivre; **~gefahr** *f* danger *m* de mort; *unter ~* au péril de ma *etc* vie; *in ~ schweben* être entre la vie et la mort; *~! (Warnschild)* danger de mort! **l~gefährlich** *a* très dangereux, périlleux; **~gefährte** *m* compagnon, époux *m;* **~gefährtin** *f* compagne, épouse *f;* **~gewohnheiten** *f pl* mœurs, habitudes *f pl;* **l~groß** *a* grandeur nature; **~haltungsindex** *m* indice *m* du coût de la vie; **~haltungskosten** *pl* coût *m* de la vie; **~jahr** *n* année *f* (de la vie); *im 40. ~ stehen* être dans sa quarantième année; *f;* **~künstler** *m: ein ~ sein* savoir vivre; **l~länglich 1.** *a u. adv, jur* à vie, à perpétuité; **2.** *a (Rente)* viager; — *~e Haft f* emprisonnement *m* à vie; **~lauf** *m (geschriebener)* curriculum vitae *m;* **l~lustig** *a* heureux de vivre; **~mittel** *n pl* vivres *m pl,* denrées *f pl; (Eßwaren)* comestibles, produits *m pl* alimentaires; **~mittelgeschäft** *n* (magasin *m* d')alimentation, épicerie *f;* **~mittelhändler** *m* épicier *m;* **~mittelversorgung** *f* ravitaillement, approvisionnement *m* en vivres; **~mittelvorrat** *m* provisions *f pl* (de vivres); **l~müde** *a* las de vivre *od* de la vie, dégoûté de la vie; **~mut** *m* courage, espoir, optimisme *m;* **l~nah** *a* actuel, pratique; **~nerv** *m fig* centre *m* vital; **l~notwendig** *a* vital, (absolument) indispensable; **~retter** *m* sauv(et)eur *m;* **~standard** *m* niveau *m* de vie; **~stellung** *f* situation *od* position *f* permanente *od* sociale; **~unterhalt** *m* subsistance *f,* entretien *m,* moyens *m pl* d'existence; *s-n ~ verdienen* gagner sa vie; **l~untüchtig** *a* mal adapté à la vie; **~versicherung** *f* assurance sur la vie, assurance-vie *f;* **~wandel** *m* conduite, vie, manière *f* de vivre; mœurs *f pl;* **~weg** *m* (chemin *od* cours *m* de la) vie, carrière *f;* **~weise** *f* **1.** genre *od* train *od* style *m* de vie, manière *f* de vivre; **2.** *med* régime *m;* **3.** *zoo* mœurs *f pl;* **~weisheit** *f* sagesse *f* pratique; **~werk** *a (Gesamtwerk)* œuvre *m;* **l~wert** *a (Leben)* digne d'être vécu; **l~wichtig** *a* (d'intérêt) vital; essentiel; *physiol* vital; *~e Güter n pl* produits *m pl* de première nécessité; *~e Interessen n pl* intérêts *m pl* vitaux; **~zeichen** *n* signe *od scient* indice *m* de vie; *kein ~ von sich geben* ne pas donner signe de vie; **~zeit** *f: auf ~* à vie, pour la vie, à perpétuité.

Leber *f* ‹-, -n› ['le:bər] foie *m; frisch von der ~ weg* ouvertement, franchement; **~fleck** *m* tache *f* hépatique, nævus *m;* **~haken** *m sport* crochet *m* au foie; **~krankheit** *f,* **~leiden** *n* maladie *f* de *od* du foie; **~pastete** *f* pâté *m* de foie (gras); **~tran** *m* huile *f* de foie de morue; **~wurst** *f* pâté *m* de foie.

Lebe|wesen *n* ['le:bə-] être vivant; organisme *m;* **~wohl** *n* ‹-(e)s, -s/-e› [-'vo:l] adieu *m; jdm ~ sagen* dire adieu *od* faire ses adieux à qn.

lebhaft ['le:p-] *a* **1.** *(a. Phantasie, Farbe)* vif, plein de vie *od* de vivacité; actif; *(munter)* alerte; fringant; éveillé; *(temperamentvoll)* sémillant; **2.** *(Handel, Verkehr)* animé, intense; **3.** *(Schilderung)* vivant; *(Stil)* alerte, haut en couleur; **L~igkeit** *f* ‹-, ø› vivacité, activité; *(Munterkeit)* alacrité; *(Temperament)* sémillance *f.*

Lebkuchen *m* ['le:p-] pain *m* d'épice(s).

leb|los ['le:p-] *a (wie tot)* sans vie, inanimé; **L~zeiten** *f pl: zu ~ (gen)* du vivant (de); *zu s-n ~* de son vivant.

lechzen ['lɛçtsən] *itr (dürsten)* avoir soif, être assoiffé *od* altéré (*nach* de) *a. fig.*

Leck *n* ‹-(e)s, -s› [lɛk] *(undichte Stelle)* fuite; *mar* voie *f* d'eau; **l~** *a: ~ (undicht) sein* fuir, avoir une fuite *od* une voie d'eau, faire eau.

lecken ['lɛkən] **(1)** *itr* fuir, avoir une fuite *od* une voie d'eau; **(2)** *tr* lécher; *wie geleckt (fam)* tiré à quatre épingles.

lecker ['lɛkər] *a* **1.** *(Sache) (schmackhaft)* délicieux, délicat; *(appetitlich)* appétissant; **2.** *(Person) (wählerisch)* friand, gourmand, difficile; **L~bissen** *m,* **L~ei** *f* [-'raı] friandise *f,* morceau *m* friand *od* de choix; **L~maul** *n fam* fine bouche *f,* gourmet *m, pop* fine gueule *f.*

Leder *n* ‹-s, -› ['le:dər] cuir *m,* peau *f;* **~einband** *m* reliure *f* en cuir; **~handschuh** *m* gant *m* de peau; **~hose** *f* culotte *f* de cuir *od* de peau; **~industrie** *f* industrie *f* du cuir; **~jacke** *f* veste *f* en cuir; **~koffer** *m* malle *od* valise *f* en cuir; **~mantel** *m* manteau *m* de cuir; **l~n** *a* de *od* en cuir; de *od* en peau; **~riemen** *m* courroie *f*; **~sohle** *f* semelle *f* de cuir; **~waren** *f pl* articles *m pl* de maroquinerie; **~warenhandel** *m*, **~warenhandlung** *f* maroquinerie *f*; **~warenhändler** *m* maroquinier *m*.

ledig ['le:dıç] *(unverheiratet)* non marié, célibataire; *~e Mutter f* mère *f* célibataire, *(vx)* fille-mère *f*; **~lich** [-klıç] *adv* uniquement, purement, simplement; seulement; ne ... que.

Lee *f* ‹-, ø› [le:] côté *m* sous le *od* abrité du vent.

leer [le:r] **I.** *a* **1.** vide; *(unbeschrieben)* blanc; *el (Batterie)* à plat; *(nicht möbliert)* non meublé; *(unbesetzt)* inoccupé, libre, vacant; **2.** *fig (nichtssagend, wertlos)* vain, sans valeur; **II.** *adv bes. tech* à vide; — *mit ~en Händen* les mains vides; *~ ausgehen (fig)* revenir les mains vides; *~ laufen (mot)* tourner à vide; *~laufen (Gefäß)* se vider; *~ machen* vider; *vor ~em Haus spielen (theat)* jouer pour les banquettes; *~ stehen* être vide *od* inoccupé; *~ werden* se vider; **L~e** *f* ‹-, ø› **1.** vide *m*; **2.** *fig* inanité, vanité *f*; **~en** *tr* vider, désemplir; *(Abort)* vidanger; **L~gewicht** *n* poids *m* à vide; **L~gut** *n loc* emballages *m pl* vides; **L~lauf** *m* **1.** marche *f* à vide *a. fig od* au point mort, roulement à vide; *mot aero* ralenti *m*; **2.** *fig* piétinement *m*; **L~ung** *f (Briefkasten)* levée *f* (du courrier).

legal [le'ga:l] *a* légal; **~isieren** [-gali'zi:rən] ‹*ohne ge-*› *tr* légaliser; **L~ität** *f* ‹-, ø› [-li'tɛ:t] légalité *f*.

Legat *m* [le'ga:t] **1.** ‹-en, -en› *(päpstlicher Gesandter)* légat *m*; **2.** *n* ‹-(e)s, -e› *jur (Vermächtnis)* legs *m*.

legen ['le:gən] *tr* **1.** mettre, poser, placer; *(lang hinlegen)* coucher; *(ausbreiten)* étendre (*über* sur); **2.** *(Karten zum Wahrsagen)* tirer; **3.** *(Wäsche)* plier; **4.** *(Vögel: Eier)* pondre; *refl: sich ~* **5.** *(sich hinlegen)* se coucher; *(sich ausstrecken)* s'étendre, s'allonger; *(Getreide)* verser; **6.** *(nachlassen)* se calmer; *(Wind, Fieber)* s'abattre, s'apaiser, tomber; — *jdm etw in den Mund ~ (fig: eingeben)* insinuer, suggérer qc à qn; *das wird sich ~ (fam)* ça va se tasser.

legend|är, ~enhaft [legɛn'dɛ:r] *a* légendaire; **L~e** *f* ‹-, -n› [le'gɛndə] *(Sage; Umschrift)* légende *f*.

legier|en [le'gi:rən] ‹*ohne ge-*› *tr metal* allier; *(Küche)* lier; **L~ung** *f metal* alliage *m*.

Legion *f* ‹-, -en› [legi'o:n] *a. fig* légion *f*, **~är** *m* ‹-s, -e› [-'nɛ:r] , légionnaire *m*.

Legislat|ive *f* ‹-, -n› [legısla'ti:və] *pol* pouvoir *m* législatif; **~urperiode** *f* [-'tu:r-] *parl* législature *f*.

legitim [legi'ti:m] *a* légitime; **~ieren** [-'mi:rən] ‹*ohne ge-*› *tr* légitimer; *sich ~ (sich ausweisen)* établir *od* prouver son *od* justifier de son identité; **L~ität** *f* ‹-, ø› [-'tɛ:t] légitimité *f*.

Lehen *n* ‹-s, -› ['le:ən] *hist* fief *m*.

Lehm *m* ‹-(e)s, -e› [le:m] (terre) glaise, (terre) argil(eus)e *f*; **~grube** *f* glaisière *f*; **l~ig** *a* glaiseux, argileux.

Lehn|e *f* ‹-, -n› ['le:nə] **1.** *(Rücken~)* dos, dossier; *(Arm~)* accoudoir, bras *m*; **2.** *allg (Stütze)* appui, support *m*; **3.** *(Abhang)* pente *f*; versant, talus *m*; **l~en 1.** *tr* appuyer (*an* contre), adosser (*an* à); **2.** *itr* u. *refl: sich ~* s'appuyer (*an* contre), s'adosser (*an* à); *sich aus dem Fenster ~* se pencher par la fenêtre; **~sessel** *m*, **~stuhl** *m* fauteuil *m*, bergère *f*.

Lehns|herr *m* ['le:ns-] suzerain *m*; **~mann** *m* homme lige, feudataire, vassal *m*.

Lehnwort *n* ['le:n-] *gram* mot *m* d'emprunt.

Lehr|amt *n* ['le:r-] fonctions *f pl* d'instituteur *od* de professeur; *(Univ.)* professorat *m*; **~anstalt** *f* établissement *m* d'enseignement, institution *f* (d'enseignement); **~beauftragte** *m* chargé *m* de cours; **~beruf** *m* **1.** profession *f* d'enseignant; **2.** métier *m* qualifié; **~brief** *m* certificat *m* d'aptitude *f* professionnelle; *(bei Fernlehrgang:)* cahier *m* d'enseignement; **~buch** *n allg* livre d'enseignement; *(größeres)* manuel, cours; *(mittleres)* traité; *(kleineres)* précis, abrégé *m*.

Lehre *f* ‹-, -n› ['le:rə] **1.** *(Vorschrift)* leçon *f*, précepte; *(Warnung)* avertissement *m*; *(Unterweisung)* instruction *f*, enseignement *m*; **2.** *(Handwerks~)* apprentissage *m*; **3.** *rel* dogme *m*, doctrine; *scient* théorie *f*; **4.** *(Meßinstrument)* jauge *f*, calibre, gabarit *m*; — *jdm e-e ~ sein (fig)* servir de leçon à qn; *aus etw e-e ~ ziehen* tirer une leçon de qc; *das soll mir e-e ~ sein (a.)* cela m'apprendra (à vivre).

lehren ['le:rən] *tr* enseigner; *jdn etw ~* apprendre qc à qn, instruire qn dans qc.

Lehrer(in) *m* ‹-s, -› (*f* ‹-, -nen›) ['le:rər(-)] instituteur *m*, -trice *f*; maître *m*, maîtresse *f*; *(höhere Schule)* professeur *m*; **~schaft** *f* corps *m* enseignant, enseignants; professeurs, instituteurs *m pl*.

Lehr|film *m* ['le:r-] film *m* éducatif *od* documentaire *od* d'enseignement; **~gang** *m* cours (d'instruction *od* d'études); *(Praktikum)* stage *m*; **~gangsteilnehmer** *m* stagiaire *m*; **~geld** *n hist* frais *m pl* d'apprentissage; *~ (be)zahlen* od *geben (fig)* apprendre à ses dépens; **~herr** *m* maître, patron *m*;

~jahr *n* année *f* d'apprentissage; *pl fig* années *f pl* de formation; **~kräfte** *f pl* enseignants *m pl;* **~ling** *m* ⟨-s, -e⟩ apprenti; **~mittel** *n pl* matériel *m* d'enseignement; **~mittelfreiheit** *f* gratuité *f* des livres scolaires; **~plan** *m* programme scolaire, programme *od* plan *m* d'études; **l~reich** *a* instructif; **~satz** *m allg* thèse *f; math* théorème; *rel* dogme *m;* **~stuhl** *m* chaire *f* (*für* de); **~zeit** *f* (temps d')apprentissage *m.*

Leib *m* ⟨-(e)s, -er⟩ [laɪp, '-bər] **1.** *(Körper)* corps *m a. fig;* **2.** *(Bauch)* ventre; *(Unterleib)* abdomen *m;* **3.** *fig (Inneres)* entrailles *f pl,* sein *m;* — *bei lebendigem ~e* vif; *mit ~ und Seele* corps et âme; *am eigenen ~e erfahren* apprendre à ses dépens; *e-r Sache zu ~e gehen* s'attaquer à qc; *sich jdn vom ~e halten* tenir qn à distance; *jdm auf den ~ rükken* serrer qn de près; *bleiben Sie mir damit vom ~e!* ne m'importunez pas avec cela! ne m'ennuyez pas avec cela! **~arzt** *m* médecin *m* personnel; **~binde** *f* ceinture *f* hypogastrique *od* orthopédique *od* de soutien; **l~en** *itr (nur noch in der Wendung:) wie er leibt und lebt* (juste) comme il est; *fam* tout craché; **~eserziehung** *f* éducation *f* physique; **~eskräfte** *f pl: aus ~n schreien* crier de toutes ses forces *od* à plein gosier *od* à tue-tête; **~esübungen** *f pl* exercices *m pl od* culture physique(s); gymnique *f;* **~esvisitation** *f* fouille *f* à corps; **~garde** *f,* **~gardist** *m* garde *m* du corps; **~gericht** *n* mets *od* plat *m* favori *od* préféré *od* de prédilection; **l~haftig** *a* en chair et en os, en personne; personnifié, incarné; **l~lich** *a* corporel, physique; *sein ~er Sohn* son propre fils; **~schmerzen** *m pl* mal *m* au ventre, douleurs intestinales, coliques *f pl;* **~- und Magengericht** *n* = *Leibgericht;* **~wache** *f* = *Leibgarde;* **~wächter** = *Leibgardist;* **~wäsche** *f* linge *m* de corps.

Leiche *f* ⟨-, -n⟩ ['laɪçə] corps, cadavre; *(Toter)* mort; *(Anatomie)* sujet *m; über ~n gehen (fig)* être sans scrupules.

Leichen|begängnis *n* ['laɪçən-] funérailles, obsèques *f pl,* enterrement *m;* **l~blaß** *a* pâle comme un mort, plus pâle que la mort; **~gift** *n* virus *m* cadavérique; **~halle** *f,* **~haus** *n* dépôt *m od* maison *f* mortuaire; morgue *f;* institut *m* médico-légal; **~rede** *f* oraison *f* funèbre; **~schändung** *f* violation *f* de sépulture; **~schauhaus** *n* morgue *f;* **~starre** *f* rigidité *f* cadavérique; **~tuch** *n* linceul, suaire, drap *m* mortuaire; **~verbrennung** *f* crémation *f;* **~wagen** *m* corbillard, char funèbre, fourgon *m* funéraire; **~zug** *m* cortège funèbre *od* de deuil, convoi *m* funèbre.

Leichnam *m* ⟨-[e]s, -e⟩ ['laɪçna:m] = *Leiche.*

leicht [laɪçt] *a* **1.** *(von geringem Gewicht)* léger *(a. Kleidung, Speise, Getränk, Erkältung, Musik etc);* **2.** *(schwach, unbedeutend)* léger, petit, insignifiant; *(Schlaf)* léger, délicat; *(Fehler)* véniel; **3.** *(Arbeit, Aufgabe)* facile; *(bequem)* aisé; *(mühelos)* sans peine; *(einfach)* simple; **4.** *(oberflächlich)* superficiel; *(leichtsinnig)* léger, étourdi; — *es nicht ~ haben* avoir la vie dure; *das ist mir ein ~es* ce n'est qu'un jeu pour moi; *das ist ~ gesagt* cela est vite dit; *das ist ~ zu machen* c'est facile à faire; *wie ~ ist ein Unglück passiert!* un malheur est vite arrivé; *~ zugänglich* d'accès facile; **L~athlet** *m* sportif *m* pratiquant l'athlétisme; **L~athletik** *f* athlétisme *m.*

Leichter *m* ⟨-s, -⟩ ['laɪçtər] *mar* allège *f.*

leicht|=fallen ['laɪçt-] ⟨*fällt, fiel leicht, leichtgefallen*⟩ *itr* ⟨*sein*⟩, *impers: jdm ~* être facile à *od* pour qn; *es fällt mir nicht ~, das zu tun* j'ai de la peine à faire cela; **~fertig I.** *a* léger, volage; peu scrupuleux; = *leichtsinnig;* **II.** *adv* à la légère; sans scrupules; **L~gewicht** *n (Boxen)* poids *m* léger; **~gläubig** *a* crédule; **L~gläubigkeit** *f* ⟨-, ø⟩ crédulité *f;* **~hin** *adv* à la légère; **L~igkeit** *f* ⟨-, ø⟩ légèreté; facilité; *(Ungezwungenheit)* aisance; *(Behendigkeit)* agilité *f; mit ~ (a.)* en se jouant; **~=machen** *tr: jdm etw ~* rendre qc facile *od* faciliter qc à qn; *es sich ~* se donner du bon temps; *fam* en prendre à son aise; **L~metall** *n* métal léger; *(Legierung)* alliage *m* léger; **~=nehmen** ⟨*nimmt, nahm leicht, leichtgenommen*⟩ *tr* prendre à la légère; *etw ~ (auf die leichte Schulter nehmen)* prendre qc à la légère; **L~sinn** *m* ⟨-(e)s, ø⟩ légèreté; *(Leichtfertigkeit)* frivolité; *(Sorglosigkeit)* insouciance; *(Unbesonnenheit)* étourderie, irréflexion; *(Unbedachtsamkeit)* imprudence *f;* **~sinnig I.** *a* léger; *(flatterhaft)* volage, évaporé; *(sorglos)* insouciant; imprudent; *(unbesonnen)* étourdi; *(kopflos)* écervelé; **II.** *adv* à l'étourdie; **~sinnigerweise** *adv* à la légère, par légèreté; étourdiment; **~verdaulich** *a* facile à digérer, léger; **~verderblich** *a* périssable; **~verletzt** *a,* **~verwundet** *a* légèrement blessé; **L~verletzte** *m f,* **L~verwundete** *m f* blessé *m* léger, blessée *f* légère.

leid [laɪt] *: ~ tun* faire de la peine; *er tut mir ~, es tut mir ~ um ihn* il me fait pitié *od* de la peine, je le prends en pitié; *das* od *es tut mir (sehr, fam: schrecklich) ~* je regrette, j'ai le regret (*daß* que), je suis au(x) regret(s), j'en suis navré *od* désolé *od* fâché; *das bin ich ~, ich bin es ~* j'en suis las.

Leid *n* ‹-(e)s, ø› [laɪt(s), ˈ-dəs] **1.** peine, affliction *f*, souffrance; *(Schmerz)* douleur *f; (Kummer)* chagrin *m;* **2.** *(Elend)* misère *f; (Übel)* mal *m;* — *jdm ein ~ (an)tun* od *zufügen* faire du mal à qn; *sich ein ~ antun* attenter à ses jours; *jdm sein ~ klagen* conter ses peines à qn.

leiden [ˈlaɪdən] ‹*leidet, litt, gelitten*› *itr* **1.** *allg* souffrir (*an, unter etw* de qc); avoir mal, être souffrant; **2.** *(dulden, ertragen)* endurer, éprouver, essuyer, subir; **3.** *(dulden, zulassen)* supporter, tolérer, permettre; — *an Krebs ~* être atteint du cancer; *an Schwindel ~* être sujet au vertige; *durch den Frost ~ (Bäume)* souffrir du gel; *unter der Einsamkeit ~* souffrir de la solitude; *jdn nicht ~ können* être mal disposé pour *od* envers qn, avoir de l'aversion pour *od* contre qn, avoir qn en aversion, ne pas pouvoir souffrir qn; *(gut) ~ mögen* aimer bien; **L~** *n* **1.** souffrance, peine; *(Schmerz)* douleur *f;* **2.** *(Krankheit)* affection, maladie *f;* **~d** *a* souffrant; *(kränklich)* souffreteux; **L~schaft** *f* passion *f; allg* emportement *m; von e-r heftigen ~ (für jdn) ergriffen werden* s'éprendre violemment (de qn), se prendre d'une grande passion (pour qn); *meine ~ ist ...* j'ai la passion de ... ; **~schaftlich I.** *a* **1.** passionné, emporté; *(glühend, feurig)* brûlant, fervent, ardent, fougueux, enragé; **II.** *adv* passionnément; ardemment; violemment; — *~ werden* se passionner; **L~schaftlichkeit** *f* ‹-, ø› **1.** passion; *(Inbrunst)* ferveur *f;* **2.** *(Heftigkeit)* véhémence, violence *f*, emportement *m;* fougue *f;* **~schaftslos** *a* **1.** sans passion; **2.** *fig a.* impassible, indolent, flegmatique; *(Stil, Redner)* glacial; **L~schaftslosigkeit** *f* ‹-, ø› impassibilité, apathie, indolence *f*, flegme *m;* **L~sfähigkeit** *f* capacité *f* de souffrance; **L~sgenosse** *m* compagnon *od* frère *m* d'infortune.

leid|er [ˈlaɪdər] *adv* malheureusement; *interj* hélas! *~ muß ich sagen, daß ...* je regrette d'avoir à dire que ... ; **~ig** *a* *(ärgerlich)* fâcheux; *(unangenehm)* désagréable, déplaisant; **~lich** [ˈ-tlɪç] **I.** *a* passable; *pred* pas trop mal; convenable; **II.** *adv* passablement, pas trop mal.

Leid|tragende *m f* ‹-n, -n› [ˈlaɪt-] **1.** personne *f* qui est en *od* porte le deuil; **2.** *fig* victime *f; bei etw der ~ sein* avoir à souffrir de qc; **l~voll** *a* douloureux, plein de douleur(s); **~wesen** *n: zu meinem ~* à mon (grand) regret *od* déplaisir *od* chagrin.

Leier *f* ‹-, -n› [ˈlaɪər] *mus* lyre *f; das ist (immer) die alte ~ (fam)* c'est toujours la même chanson *od* litanie *od* rengaine; **~kasten** *m* orgue *m* de Barbarie; **~kastenmann** *m* ‹-(e)s, ¨er› joueur *m* d'orgue (de Barbarie); **~n** *itr fig (monoton sprechen)* parler d'une voix monotone.

Leih|amt *n* [ˈlaɪ-] mont-de-piété; *(in Frankr.)* Crédit *m* municipal; **~bibliothek** *f*, **~bücherei** *f* bibliothèque *f* de prêt; **l~en** ‹*lieh, geliehen*› *tr* **1.** prêter (*jdm etw* qc à qn); **2.** emprunter (*etw von jdm* qc à qn); **~frist** *f* délai *m* de prêt; **~gabe** *f* prêt, commodat *m;* **~gebühr** *f* taux *m* de prêt; **~haus** *n* = *Leihamt;* **l~weise** *adv* à titre de prêt; en location.

Leim *m* ‹-(e)s, -e› [laɪm] colle *f* forte; *jdm auf den ~ gehen* s'en laisser conter par qn; *aus dem ~ gehen* se décoller, se disloquer, se disjoindre, se défaire; *(fam)* se déglinguer; **l~en** *tr* coller; *(Papier, Stoff)* encoller; **~farbe** *f* peinture à la colle, détrempe *f;* **~ring** *m agr* ceinture-piège *f*.

Lein *m* ‹-(e)s, -e› [laɪn] *bot* lin *m*.

Leine *f* ‹-, -n› [ˈlaɪnə] corde *f*, cordeau *m; (Hunde~)* laisse; *(Lauf~)* longe *f; an der ~ führen* mener *od* tenir en laisse.

Lein|en *n* ‹-s, -› [ˈlaɪnən] toile *f* (de lin); *grobes ~* grosse toile *f; in ~ (gebunden)* (relié) en toile; **l~en** *a* de lin, de toile, de fil; **~enzeug** *n* linge *m;* **~öl** *n* huile *f* de lin; **~saat** *f*, **~samen** *m* graine de lin, linette *f;* **~tuch** *n* drap *m* de toile; **~wand** *f* toile *f; film* écran *m;* **~weber** *m* toilier *m;* **~weberei** *f* toilerie *f*.

leise [ˈlaɪzə] **I.** *a (tonschwach)* bas, faible; *(leicht)* léger; *(sanft)* doux; **II.** *adv* sans bruit; — *(mit ~r Stimme)* bas, à voix basse; *~r stellen (radio)* baisser; *nicht die ~ste Ahnung, Spur* pas l'ombre d'un doute *od* d'une trace; **L~treter** *m* personne *f* sournoise.

Leiste *f* ‹-, -n› [ˈlaɪstə] **1.** bande, latte, tringle *f;* liteau, listel, listeau, liston *m; (Zierleiste)* baguette; *arch* moulure *f;* **2.** *typ* bordure *f;* **3.** *anat* aine *f*.

Leisten *m* ‹-s, -› [ˈlaɪstən] *(Schuhform)* forme *f; alles über e-n ~ schlagen (fig)* mettre tout dans le même sac.

leisten [ˈlaɪstən] *tr* **1.** *(tun)* faire, accomplir; *(ausführen)* exécuter, effectuer, réaliser; *(hervorbringen)* produire; **2.** *tech* rendre, avoir un rendement de; — *etwas, viel ~* travailler bien, beaucoup; *sich etw ~ (gönnen)* se permettre, s'offrir, se payer qc; *nichts (Rechtes) ~* ne faire rien qui vaille; *sich etw (finanziell) ~ können* avoir les moyens de se payer *od* s'offrir qc; *sich etw ~ (erlauben, herausnehmen) können* pouvoir se permettre qc; *das kann ich mir (finanziell) ~* c'est à ma portée; *die geleistete Arbeit* les travaux *m pl* accomplis.

Leisten|bruch *m* [ˈlaɪstən-] *med* hernie *f* inguinale; **~drüse** *f* ganglion *m* de l'aine; **~gegend** *f* région *f* inguinale.

Leistung *f* ‹-, -en› [ˈlaɪstʊŋ] **1.** *(Ausfüh-*

rung) accomplissement *m*, exécution, réalisation *f;* **2.** *(Produktion)* production *f;* **3.** *(Zahlung)* paiement *m; (Beitrag)* contribution; *(Lieferung)* fourniture *f;* **4.** *tech* travail *m* effectué *od* fourni; **5.** *(Ausstoß)* rendement, débit *m;* efficience *f;* **6.** *(~sfähigkeit)* puissance, capacité *f;* **7.** *sport* performance *f;* **8.** *fin adm (Dienst), jur (Eid)* prestation *f;* — *e-e ~ vollbringen* accomplir un effort *od* un exploit; *große ~* (grand) exploit *m*, prouesse *f*, beau résultat *m; soziale ~en* prestations *f pl* sociales.

leistungs|fähig ['laɪstʊŋs-] *a* efficace; efficient; *tech* puissant; à grande puissance; de haute performance; *com* capable (de produire); **L~fähigkeit** *f* **1.** énergie *f* productrice; **2.** *tech* (capacité *f* de) rendement *m*, puissance *f;* — *körperliche ~* endurance *f*, moyens *m pl* physiques; *wirtschaftliche ~* capacité *f* de production; **L~gesellschaft** *f* société *f* productiviste *od* basée sur la compétition; **L~sport** *m* sport *m* de compétition.

Leit|artikel *m* ['laɪt-] éditorial, article *m* de fond *od* de tête; **~artikler** *m* éditorialiste *m;* **~bild** *n* idéal, guide *m*.

leiten ['laɪtən] *tr* **1.** mener; *a. phys* conduire; *a. fig* guider, diriger; **2.** *(den Vorsitz haben)* présider (*über etw* qc); *(verwalten)* administrer, gérer, diriger; *(regieren)* gouverner, régir; **3.** *(Verkehr: umleiten)* détourner; — *sich von etw ~ lassen* être guidé par qc, s'inspirer de qc; **~d** *a* **1.** *(führend)* dirigeant, principal; en chef; *(anweisend)* directeur; **2.** *el* conducteur; — *gut, schlecht ~ (el)* bon, mauvais conducteur; *~ er Angestellter m* cadre *m* (supérieur).

Leiter ['laitər] **(1)** *m* ‹-s, -› **1.** *(Führer)* guide, dirigeant, conducteur; *(Dienststellen~)* chef de service; *(Direktor)* directeur; *(Geschäftsführer)* gérant *m;* **2.** *el* conducteur *m;* **(2)** *f* ‹-, -n› échelle *a. fig; (Stufen-, Ton~)* gamme *f; von der ~ fallen* tomber en bas de l'échelle; **~wagen** *m* voiture *f od* chariot *m* à ridelles.

Leit|faden *m* ['laɪt-] *(Lehrbuch)* manuel, guide; compendium; abrégé, précis *m;* **l~fähig** *a el* conductible; **~fähigkeit** *f* conductibilité *f*, pouvoir *m* conducteur; **~gedanke** *m* idée générale *od* directrice; idée *f* mère; **~hammel** *m* bélier *m; der ~ sein (fig) a.* mener le branle *od* la danse; **~satz** *m* principe *m* directeur, directive *f;* **~signal** *n* (signal) pilote *m;* **~stelle** *f mil* poste régulateur (des mouvements); *allg* poste directeur; *tele* poste du chef de réseau; *aero* poste de commande; *radio* poste *m* directeur; **~stern** *m fig* guide *m*.

Leitung *f* ['laɪtʊŋ] **1.** *(Führung)* conduite, direction; *(Verwaltung)* gestion, administration *f;* **2.** *tech (Rohr~)* tuyauterie, canalisation; *(Gas-, Wasser~)* conduite *f;* **3.** *el* ligne *f*, fil, câble *m; tele* ligne, jonction *f;* — *unter der ~ (gen)* sous la direction (de); *e-e lange ~ haben (fig fam)* ne pas avoir la comprenette facile; *e-e ~ legen (tele)* établir une ligne; *die ~ e-r S übernehmen* prendre la direction de qc; *die ~ ist besetzt* la ligne est occupée.

Leitungs|netz *n* ['laɪtʊŋs-] **1.** *(Wasser)* canalisation *f;* **2.** *el* réseau électrique *od* de distribution; *tele* réseau *m* (de lignes); **~rohr** *n* tube *od* tuyau *m* de conduite *od* de canalisation; **~wasser** *n* eau *f* de la ville *od* du robinet; **~widerstand** *m el* résistance *f* de la ligne.

Lekt|ion *f* ‹-, -en› [lɛktsi'o:n] *a. fig* leçon *f; jdm e-e ~ erteilen (fig)* donner une leçon à qn; **~or** *m* ‹-s, -en› ['lɛktɔr, -'to:rən] *(Univ., Verlag, theat)* lecteur *m;* **~üre** *f* ‹-, -n› [-'ty:rə] lecture *f*.

Lende *f* ‹-, -n› ['lɛndə] *(meist pl) anat* lombes; *(Kreuz)* reins *m pl;* **~nbraten** *m (vom Rind)* (rôti *m* d')aloyau *m;* **~ngegend** *f* région lombaire, (région *f* des) reins *m pl;* **l~nlahm** *a* **1.** éreinté; **2.** *fig (Beweisführung, Entschuldigung)* faible, boiteux; **~nschurz** *m* pagne *m;* **~nstück** *n (Rind)* aloyau, filet *m;* **~nwirbel** *m* vertèbre *f* lombaire.

lenk|bar ['lɛŋk-] *a* **1.** *tech* dirigeable, gouvernable; **2.** *fig (Mensch)* traitable, docile; **~en** *tr* **1.** diriger, guider; *(Fahrzeug)* conduire; *aero* piloter; *(führen)* mener; **2.** *fig (Menschen)* gouverner, régir; **3.** *adm (Wirtschaft)* planifier; **4.** *(Gedanken, Blick)* aiguiller; — *auf sich ~* attirer sur *od* à soi; *jds Aufmerksamkeit auf etw ~* appeler l'attention de qn sur qc; *seine Schritte ~ nach* diriger ses pas vers; *gelenkte Wirtschaft f* économie *f* dirigée *od* planifiée; **L~er** *m* ‹-s, -› **1.** *(Fahrer)* conducteur *m;* **2.** *(Lenkstange)* guidon *m;* **L~rad** *n* volant *m* (de direction); **~sam** *a (Mensch)* traitable, docile; **L~samkeit** *f* ‹-, ø› docilité *f;* **L~stange** *f* **1.** *(Fahrrad)* guidon *m;* **2.** *mot* barre de *f* direction *od* directrice; **3.** *tech* bielle *f;* **L~ung** *f (Leitung, Führung)* direction *f*.

Lenz *m* ‹-es, -e› [lɛnts] *poet* printemps, renouveau *m*.

Leopard *m* ‹-en, -en› [leo'part, -dən] *zoo* léopard *m*.

Lepra *f* ‹-, ø› ['le:pra] *med* lèpre *f;* **~kranke** *m f* lépreux *m*, -euse *f;* **~station** *f* léproserie *f*.

Lerche *f* ‹-, -n› ['lɛrçə] *orn* alouette *f*.

lern|begierig ['lɛrn-] *a*, **~eifrig** *a* avide *od* désireux d'apprendre, studieux, appliqué; **~en** ['lɛrnən] **1.** *tr* apprendre (*etw zu tun* à faire qc); *(studieren)* étudier; *fam* bûcher, potasser; **2.** *itr (in der Lehre sein)* être en apprentissage; — *auswendig ~* apprendre par cœur; *le-*

sen, schreiben, rechnen ~ apprendre à lire, à écrire, à compter; *man lernt nie aus* on apprend à tout âge; **L~prozeß** *m* processus *m* d'apprentissage.

Les|art *f* ['le:s-] version; *(andere ~)* variante *f;* **l~bar** *a (leserlich)* lisible, déchiffrable; **~barkeit** *f* ‹-, ø› lisibilité *f.*

Lese|buch *n* ['le:zə-] livre *m* de lecture; anthologie, *scient* chrestomathie *f;* **~lampe** *f* veilleuse, lampe *f* de lecture.

lesen ['le:zən] ‹*liest, las, gelesen*› *tr* **1.** *(Text)* lire; **2.** *(sammeln, bes. Reisig)* ramasser; *(Ähren)* glaner; *(Trauben)* vendanger; *(pflücken)* cueillir; **3.** *(aus-, ver~)* trier; *itr* **4.** *(Kolleg ~)* faire un cours (*über* sur); — *laut* ~ lire à haute voix; **L~** *n* lecture *f;* **~swert** *a* digne d'être lu; ~ *sein* mériter d'être lu.

Leseprobe *f* ['le:zə-] échantillon *m* de lecture; *theat* lecture *f.*

Leser *m* ‹-s, -› ['le:zər] lecteur, liseur *m; pl* public *m.*

Leseratte *f* ['le:zə-] rat *m* de bibliothèque; liseur *m,* liseuse *f.*

Leser|brief *m* ['le:zər-] *(in e-r Zeitung)* lettre *f* à la rédaction; **~kreis** *m,* **~schaft** *f* ‹-, ø› cercle de lecteurs, public *m.*

leserlich ['le:zərlıç] *a* = *lesbar;* **L~keit** *f* ‹-, ø› = *Lesbarkeit.*

Lese|saal *m* ['le:zə-] salle *f* de lecture; **~stoff** *m* lecture *f;* **~stück** *n* (morceau *m* de) lecture *f;* **~zeichen** *n* liseuse *f; (festes Band)* signet *m.*

Lesung *f* ‹-, -en› ['le:zuŋ] lecture *f; in erster, zweiter* ~ *(parl)* en première, seconde lecture.

Lett|e *m* ‹-n, -n› ['lɛtə] , **~in** *f* ‹-, -nen› Letton(ne *f*) *m.*

Letter *f* ‹-, -n› ['lɛtər] *typ* lettre *f,* caractère *m* typographique *od* d'imprimerie.

lett|isch ['lɛtıʃ] *a* letton; *(das) L~(e)* (le) letton, (le) lette; **L~land** *n* la Lettonie.

Letzt *f* [lɛtst] : zu guter ~ en fin de compte; **l~e(r, s)** *a* **1.** dernier, ultime; *(abschließende)* final; **2.** *(neueste)* (le) plus récent, (le) dernier; **3.** *(äußerste)* extrême, suprême; — *~n Endes* en fin de compte; au bout du compte; *als ~s Mittel, als ~ Rettung* en désespoir de cause; *in den ~n Jahren, Tagen* ces dernières années, ces derniers jours; *~ Woche* la semaine dernière; *das L~ daransetzen* jouer son va-tout; *zum ~n Mittel greifen* recourir aux moyens extrêmes; *das L~* od *sein L~s (her)geben (verschenken)* donner jusqu'à sa dernière chemise (*für* pour); *ich wäre der ~, der ...* je suis le dernier homme qui ...; *den ~n beißen die Hunde (prov)* au dernier les os; *das wäre das L~!* ce serait la fin de tout *od* un pis aller; *(fam) mit ihm ist Matthäi am ~n* il est à l'article de la mort; **l~enmal:** *zum* ~ pour la dernière fois; **l~ens** *adv* dernièrement, l'autre jour, récemment; **l~ere(r)** ce dernier, celui-ci; **l~jährig** *a* de l'an dernier, de l'année dernière; **l~lich** = *letztens;* = *letzten Endes;* **l~willig I.** *a jur* testamentaire; **II.** *adv* par testament; — *~e Verfügung f* acte *m* de dernière volonté.

Leucht|bake *f* ['lɔʏçt-] , **~boje** *f* balise *od* bouée *f* lumineuse; **~bombe** *f* bombe *f* éclairante; **~e** *f* ‹-, -n› **1.** *(Licht)* lumière; *(Lampe)* lampe *f,* appareil *m* d'éclairage; **2.** *fig (Mensch)* lumière *f; fam* as *m;* **l~en** *itr* **1.** luire, donner de la lumière, être lumineux; **2.** *(glänzen)* briller, resplendir; *fig (Augen)* rayonner; — *jdm* ~ éclairer qn; **l~end** *a* **1.** lumineux; *(Farbe)* vif; *(strahlend)* rayonnant; **2.** *fig* éclatant, frappant; *~es Vorbild n* exemple *m* éclatant; **~er** *m* ‹-s, -› *(Kerzen~)* chandelier; *(Hand~)* bougeoir; *(Arm~; Kandelaber)* candélabre *m; (Wand~)* applique *f; (Kron~)* lustre *m;* **~farbe** *f* peinture *f* lumineuse; **~feuer** *n mar* fanal, phare *m;* **~gas** *n* gaz *m* éclairant *od* d'éclairage; **~käfer** *m* ver *m* luisant, luciole *f;* **~kraft** *f* pouvoir *m* éclairant; puissance *od* intensité *f* lumineuse; **~rakete** *f* fusée *f* éclairante; **~signal** *n* signal *m* lumineux; **~stofflampe** *f,* **~stoffröhre** *f* lampe *f od* tube *m* fluorescent(e); **~turm** *m* phare *m;* **~zeichen** *n* appel *od* signal lumineux, voyant *m;* **~zifferblatt** *n* cadran *m* lumineux.

leugnen ['lɔʏgnən] *tr* nier, désavouer, démentir; *(abstreiten)* contester; *jur* dénier; *der Angeklagte leugnet* l'accusé nie; *ich leugne es nicht (a.)* je ne dis pas le contraire; *es kann nicht geleugnet werden, daß ...* on ne saurait nier que ...

Leumund *m* ‹-(e)s, ø› ['lɔʏmunt, -dəs] réputation *f,* renom *m;* renommée *f; guter, schlechter* ~ bonne, mauvaise réputation *f.*

Leute *pl* ['lɔʏtə] **1.** gens *m pl (wenn ein a mit weibl. Endung unmittelbar vorausgeht: f pl);* monde *m;* **2.** *(Personal)* gens *pl* de maison, domestiques; *(Arbeitskräfte, Soldaten)* hommes *m pl;* — *unter die ~ bringen* faire circuler, divulguer; *wir sind (fortan) geschiedene ~* tout est fini entre nous (désormais); *was werden die ~ dazu sagen?* qu'en dira-t-on? *alle ~* tout le monde, tous les gens; *junge, alte ~* jeunes *m,* vieilles *f* gens; *es sind ~ bei uns (Besuch)* nous avons du monde; *meine ~ (fam: Familie)* les miens, ma famille; *(Personal)* mes gens; *(Arbeiter, Soldaten)* mes hommes.

Leutnant *m* ‹-e, -s/(-e)› ['lɔʏtnant] sous-lieutenant *m.*

leutselig ['lɔʏt-] *a* **1.** affable; **2.** *(wohl-*

wollend) bienveillant; **L~keit** *f* affabilité *f.*

Levante, *die* [le'vantə] le Levant.

Leviten *pl* [le'vi:tən] : *jdm die ~ lesen* faire la morale à qn; sermonner, chapitrer qn.

Levkoje *f* ⟨-, -n⟩ [lɛf'ko:jə] *bot* giroflée *f.*

lexik|alisch [lɛksi'ka:lɪʃ] *a* lexical; **L~on** *n* ⟨-s, -ka/(-ken)⟩ ['lɛksikɔn] dictionnaire; *(Handwörterbuch)* lexique *m; (Konversations~)* encyclopédie *f.*

Liban|ese *m* ⟨-n, -n⟩ [liba'ne:zə] Libanais *m;* **l~esisch** [-'ne:zɪʃ] *a* libanais; **~on** ['li:banɔn], *der (Gebirge u. Staat)* le Liban.

Libelle *f* ⟨-, -n⟩ [li'bɛlə] **1.** *ent* libellule, demoiselle *f;* **2.** *(Wasserwaage)* niveau *m* d'eau.

liberal [libe'ra:l] *a pol allg* libéral; **~isieren** [-li'zi:rən] ⟨*ohne ge-*⟩ *tr* libéraliser; **L~isierung** *f* libéralisation *f;* **L~ismus** *m* ⟨-, ø⟩ [-'lɪsmus] libéralisme *m.*

Liberi|a *n* [li'be:ria] *geog* le Libéria; **l~anisch** [-ri'a:nɪʃ] *a* libérien; **~er(in)** *m* ⟨-s, -⟩ (*f* ⟨-, -nen⟩) [-'be:riər] Libérien(ne *f*) *m.*

Liby|en *n* ⟨-s, ø⟩ ['li:byən] la Libye; **l~sch** ['li:bʏʃ] *a* libyen.

Licht *n* ⟨-(e)s, -er⟩ [lɪçt] **1.** lumière *a. fig; (Helligkeit)* clarté *f; (Beleuchtung)* éclairage *m; (~schein)* lueur *f; (Tages~)* jour *m;* **2.** *(pl a, ~e) (Talg~)* chandelle; *(Wachs~)* bougie *f; (Verkehrssignal, mar)* feu *m;* — *bei ~* à la lumière; *bei ~ besehen* od *betrachtet (fig)* regardé de près; *in günstigem ~* sous un jour favorable; *~ (an)machen* od *anzünden* od *einschalten* allumer la lumière *od* l'électricité; *das ~ ausmachen* od *ausschalten* éteindre la lumière; *~ in etw bringen (fig)* jeter le *od* du jour sur qc, faire la lumière sur *od* dans qc, éclaircir qc; *das ~ der Welt erblicken* voir le jour *od* la lumière; *jdn hinters ~ führen* donner le change à qn, duper, tromper qn, en faire accroire à qn; *ans ~ kommen (fig)* se faire jour *od* connaître, se découvrir, se dévoiler; *etw ins rechte ~ rücken* od *setzen* mettre qc dans son vrai jour *od* en (bonne) lumière *od* en valeur; *das ~ scheuen (fig)* fuir le jour, redouter la lumière; *jdm im ~ stehen* cacher le jour à qn; *sein ~ unter den Scheffel stellen (fig)* mettre sa lumière sous le boisseau; *mir geht ein ~ auf* il me vient une lueur, je commence à comprendre *od* à y voir clair; *er ist kein großes ~* il n'est pas une lumière; *das ~ ist an, aus* la lumière est allumée, éteinte; *gelbes, grünes, rotes ~* feu *m* orange, vert, rouge; *schlechtes ~* mauvaise lumière *f; a. fig* faux jour *m.*

licht [lɪçt] *a* **1.** *(hell)* clair; **2.** *(dünn, spärlich)* clairsemé, rare; — *am ~en Tage* au grand *od* en plein jour.

Licht|anlage *f* ['lɪçt-] installation *f* d'éclairage; *automatische ~* minuterie *f;* **~bild** *n* photo(graphie) *f;* **~bildervortrag** *m* conférence *f* avec *od* accompagnée de projections (lumineuses); **~blick** *m fig* éclaircie, perspective *f* réjouissante, rayon *m* d'espérance; **~bogen** *m* arc *m* électrique; **~brechung** *f* réfraction *f;* **~druck** *m* phototypie, héliogravure *f;* **l~durchlässig** *a* translucide, diaphane; **l~echt** *a* résistant à la lumière; bon *od* grand teint; **~einwirkung** *f* action *f* de la lumière; **l~empfindlich** *a* sensible à la lumière, impressionnable.

lichten ['lɪçtən] **(1)** *tr (Wald)* éclaircir; *(Baum)* élaguer; *fig (die Reihen)* décimer **(2)** *tr: den Anker ~* lever l'ancre, appareiller.

lichter|loh ['lɪçtər'lo:] *adv: ~ brennen* être tout en flammes, flamber; **L~meer** *n poet* océan *m* de lumière.

Licht|fleck *m* ['lɪçt-] *(auf d. Radarschirm)* spot *m* (lumineux); **~geschwindigkeit** *f* vitesse *f* de la lumière; **~hof** *m* **1.** *arch* cour *f* intérieure *od* vitrée; **2.** *phot* halo *m;* **~hupe** *f* avertisseur *m* lumineux; **~jahr** *n astr* année-lumière *f;* **~leitung** *f* câble *od* circuit *m* d'éclairage; ligne *f* électrique; **~maschine** *f* dynamo, génératrice *f;* **~mast** *m* pylône *m;* **~meß** *f rel* chandeleur *f;* **~messer** *m (Gerät)* photomètre *m;* **~pause** *f* copie *f* héliographique; photocalque *m;* **~quelle** *f* source *od* fontaine *f* lumineuse; **~reklame** *f* publicité *od* réclame *f* lumineuse; **~schacht** *m* cour *f* intérieure; **~schalter** *m* commutateur *od* interrupteur *m* (électrique); **~schein** *m* lueur *f,* reflet *m* de lumière; **l~scheu** *a* qui craint *od* fuit la lumière *od* le jour; *fig* ténébreux; **~signal** *n* signal lumineux *od* optique; **~spielhaus** *n,* **~spieltheater** *n* (théâtre) cinéma(tographe) *m;* **l~stark** *a* **1.** de grande intensité lumineuse; **2.** *phot* à grande ouverture; **~stärke** *f* intensité *od* puissance lumineuse; *opt* luminosité *f;* **~strahl** *m* rayon lumineux *od* de lumière; trait *m* de lumière; **~-und Schattenseiten** *f pl (fig)* avantages et inconvénients *m pl;* **~ung** *f (im Walde)* clairière *f;* **~wellen** *f pl* ondes *f pl* lumineuses.

Lid *n* ⟨-(e)s, -er⟩ [li:t, '-dər] *anat* paupière *f.*

lieb [li:p] *a* **1.** *(wert, teuer)* cher; *(geliebt)* (bien-)aimé, chéri; **2.** *(angenehm)* agréable; *(nett)* gentil; *(liebenswürdig)* aimable, charmant; — *den ~en langen Tag* toute la sainte journée; *wenn dir dein Leben ~ ist* si tu tiens à la vie; *seien Sie so ~ und* ... ayez la bonté de ...; *mein L~er!* mon cher! *fam* mon vieux! mon brave! mon chéri! **~äugeln:** *mit* *etw* ~ *(fig)* lorgner qc; **L~chen** *n* bien-aimée, chérie; *pop* petite *od* bonne amie *f;* **L~e** *f* ‹-, ø› ['li:bə] amour *m* (*zu* de, pour, envers), affection, inclination; *(Nächsten~)* charité *f; aus ~ zu* par amour pour, pour l'amour de; ~ *macht blind (prov)* l'amour est aveugle; ~ *auf den ersten Blick* coup *m* de foudre; **L~elei** *f* [-'laɪ] amourette *f,* flirt *m;* aventure galante, intrigue *f* amoureuse; **~en** *tr* aimer, chérir, affectionner; *über alles* ~ aimer par-dessus *od* plus que tout; *was sich liebt, das neckt sich (prov)* qui s'aime, se chamaille; **L~ende** *m f* amant(e *f*) *m,* amoureux *m,* -euse *f;* **~enswert** *a* digne d'amour, chérissable; **~enswürdig** *a* aimable, gentil, amène; *das ist sehr ~ von Ihnen* c'est très aimable à vous; vous êtes trop aimable; *wären Sie so ~ und ...?* voudriez-vous avoir la gentillesse de ...? **L~enswürdigkeit** *f* amabilité, gentillesse *f;* **~er** *adv (Komparativ von: gern)* plutôt, mieux; ~ *haben* aimer mieux, préférer; *etw ~ tun* aimer mieux *od* préférer faire qc; *das habe ich ~, das ist mir ~* j'aime mieux cela; *ich hätte ~ gehen sollen* j'aurais mieux fait de partir; *ich wüßte nicht, was ich ~ täte* je ne demande pas mieux (*als zu* que de); *tue es ~ nicht!* il vaut mieux que tu ne le fasses pas; ~ *nicht! (fam)* j'aime mieux pas; **L~esbrief** *m* lettre *f* d'amour, billet doux, poulet *m;* **L~esdienst** *m* complaisance, obligeance *f; jdm e-n ~ erweisen* obliger qn; **L~eserklärung** *f* déclaration *f* d'amour; *e-e ~ machen* se déclarer; **L~esgaben** *f pl* dons *m pl* charitables; **L~esknochen** *m (Gebäck)* éclair *m;* **L~eskummer** *m* chagrin *m* d'amour; **L~esleben** *n* vie *f* sexuelle; **L~eslied** *n* chanson *f* d'amour; **L~esmüh(e)** *f: verlorene ~* peines *f pl* (d'amour) perdues; **L~espaar** *n* couple *m* d'amoureux; **~evoll** *a* affectueux, tendre; **~≈gewinnen** ‹*gewann lieb, liebgewonnen*› *tr: jdn ~* prendre qn en affection; se prendre d'amitié pour qn, concevoir de l'amitié pour qn; **~≈haben** ‹*hat, hatte lieb, liebgehabt*› *tr* aimer; **L~haber** *m* **1.** amant, amoureux *m;* **2.** *fig (Sammler)* amateur *m;* **L~haberei** *f* passion, prédilection *f; aus ~* en amateur; **L~haberwert** *m* valeur *f* d'amateur; **~kosen** *tr* caresser, cajoler, câliner; **L~kosung** *f* caresse, cajolerie *f;* **~lich** *a* amène, *(Duft)* suave; *(anmutig)* gracieux *(Landschaft)* riant; *(angenehm)* agréable, plaisant; *(reizvoll)* charmant; **L~ling** *m* ‹-s, -e› **1.** chéri(e *f*); mignon(ne *f*); bien-aimé(e *f*) *m;* **2.** *(Kind)* enfant *m* gâté; *kleiner ~* (petit) jésus *m;* **L~lings...** *(in Zssgen)* favori, préféré, de prédilection; **~los** *a* **1.** sans amour; **2.** *(kalt, hartherzig)* froid, sec, dur; **L~losigkeit** *f* sécheresse de cœur, dureté *f;* **L~schaft** *f* liaison; amourette *f,* flirt *m;* **~ste(r, s)** *a (Superlativ von: lieb) = Lieblings...; am ~n (adv, Superlativ von: gern)* de préférence; *am ~n haben* préférer, aimer par-dessus tout; **L~ste** *m f* bien-aimé(e *f*) *m.*

Lied *n* ‹-(e)s, -er› [li:t, '-dər] chanson *f; (ernstes)* chant *m; davon kann ich ein ~ singen (fig)* j'en sais quelque chose; j'ai passé par là; je suis payé pour le savoir; *es ist immer das alte ~* c'est toujours la même chanson *od* antienne; *das ist das Ende vom ~* cela devait arriver *od* finir ainsi; **~erbuch** *n* recueil *m* de chansons.

liederlich ['li:dərlɪç] *a* **1.** *(Lebenswandel, Mensch)* débauché, déréglé, dissolu, dévergondé; *(unordentlich)* désordonné; *(schlampig)* négligent; **2.** *(Arbeit)* négligé, bâclé, *fam* bousillé; **L~keit** *f* ‹-, ø› **1.** débauche *f,* dérèglement, dévergondage *m,* inconduite *f,* libertinage *m;* **2.** *(Unordentlichkeit)* désordre *m.*

Liefer|ant *m* ‹-en, -en› [lifə'rant] fournisseur, pourvoyeur, approvisionneur *m;* **l~bar** *a* livrable, disponible; *jederzeit* od *sofort ~* livrable à tout moment; **~bedingungen** *f pl* conditions *f pl od* termes *m pl* de livraison; **~firma** *f* fournisseur *m;* **~frist** *f* délai *od* terme *m* de livraison; **l~n** *tr* **1.** livrer; fournir; **2.** *(Wasser, Strom)* débiter; **3.** *fig (Beweis)* fournir, donner, administrer; — *ins Haus ~* livrer *od* porter à domicile; **~schein** *m* bon *od* bordereau *od* bulletin *od* certificat *od* récépissé *m* de livraison; **~ung** *f* **1.** livraison, fourniture, remise *f;* **2.** *(Buch)* fascicule *m;* — *bei, nach ~* à, après livraison; ~ *frei Haus* livraison *f* à domicile *od* gratuite; **~wagen** *m* voiture de livraison; camionnette, fourgonnette *f.*

Liege *f* ‹-, -n› ['li:gə] couchette, chaise *f* longue.

liegen ['li:gən] ‹*lag, gelegen*› *itr* **1.** être placé *od* couché *od* étendu; *(sich befinden)* se trouver, être; **2.** *(Zimmer)* donner (*nach* sur), être exposé (*nach* à), *(geog: gelegen sein)* être situé; **3.** *mil (Truppenteil)* être stationné; *mar* mouiller, être amarré; **4.** *fig (ruhen)* reposer; **5.** *(beruhen)* tenir (*auf* à), résider (*auf* dans); **6.** *(zusagen, gefallen)* convenir (*jdm* à qn), être dans le genre (*jdm* de qn); — *im Bett ~* être au lit; *über, unter dem Durchschnitt ~* être supérieur, inférieur à la moyenne; *es liegt mir (viel) daran, Ihnen zu sagen* je tiens à vous dire; *es liegt mir (viel) daran, daß Sie kommen* il m'importe que vous veniez; *das liegt mir nicht* ce n'est pas mon genre; *das liegt an Ihnen* cela dépend de vous; *das liegt ganz bei dir* fais comme tu l'entends; *das liegt daran, daß* ... c'est que ...; *daran soll es nicht* ~ qu'à cela ne tienne; *zehn Jahre* ~ *zwischen* ... *und* ... dix ans séparent ... et ...; *an wem liegt das?* à qui la faute? *woran liegt das?* d'où cela vient-il? à quoi cela tient-il? **~=bleiben** ⟨*blieb liegen, liegengeblieben*⟩ *itr* ⟨*sein*⟩ **1.** *(auf dem Boden)* rester par terre; ne pas se relever; **2.** *(im Bett)* rester couché (au lit); **3.** *(vergessen werden, unerledigt bleiben)* être oublié; rester en souffrance; **4.** *(Schnee)* tenir; **~d** *a* couché; **~=lassen** ⟨*läßt, ließ liegen, liegengelassen*⟩ *tr* laisser (là *od* traîner), abandonner; *jdn links* ~ *(fig)* tourner le dos à qn.

Liege|platz *m* ['li:gə-] *loc* couchette *f*; **~stuhl** *m* chaise *f* longue; *mar* transatlantique *m*; **~wagen** *m* *loc* voiture-couchettes *f*; **~wiese** *f* pelouse *f* pour la cure d'air.

Lift *m* ⟨-(e)s, -e/-s⟩ [lɪft] *(Fahrstuhl)* ascenseur; *(Aufzug)* monte-charge *m*; **~boy** *m* liftier, garçon *m* d'ascenseur.

Liga *f* ⟨-, -gen⟩ ['li:ga, -gən] **1.** *hist pol sport* ligue *f*; **2.** *sport a.* division *f*.

Likör *m* ⟨-s, -e⟩ [li'kø:r] liqueur; *(dickflüssiger)* crème *f*; **~glas** *n* verre *m* à liqueur.

lila ['li:la] *a* lilas.

Lilie *f* ⟨-, -n⟩ ['li:liə] *bot* lis *m*.

Liliputaner(in) *m* ⟨-s, -⟩ (*f* ⟨-, -nen⟩ [lilipu'ta:nər] lilliputien(ne *f*) *m*.

Limonade *f* ⟨-, -n⟩ [limo'na:də] limonade *f*.

Limousine *f* ⟨-, -n⟩ [limu'zi:nə] *mot* limousine, conduite *f* intérieure.

lind [lɪnt] *a (lau)* doux, mou, suave.

Linde *f* ⟨-, -n⟩ ['lɪndə] , **~nbaum** *m* tilleul *m*.

linder|n ['lɪndərn] *tr* adoucir, alléger, calmer; *med* soulager, apporter un soulagement à, lénifier; *(Schmerz)* apaiser; **L~ung** *f* ⟨-, ø⟩ adoucissement, soulagement; apaisement *m*; *jdm* ~ *verschaffen* soulager qn.

Lineal *n* ⟨-s, -e⟩ [line'a:l] règle *f*.

Linguist *m* ⟨-en, -en⟩ [lɪŋgu'ɪst] linguiste *m*; **~ik** *f* ⟨-, ø⟩ [-'ɪstɪk] linguistique *f*; **l~isch** [-'ɪstɪʃ] *a* linguistique.

Linie *f* ⟨-, -n⟩ ['li:niə] **1.** ligne *f a. math mil*; **2.** *(Genealogie)* branche *f*; **3.** *(mar: Äquator)* ligne *f* (équinoxiale); **4.** *(öffentlicher Verkehr)* ligne *f*; **5.** *typ* filet *m*; — *auf der ganzen* ~ *(fig)* sur toute la ligne; *in erster* ~ en première ligne, en premier lieu; *in zweiter* ~ en second lieu; *die* ~ *passieren (mar)* couper l'équateur; *die schlanke* ~ la ligne (svelte); **~nblatt** *n* transparent *m*; **~nführung** *f* tracé *m* (de la ligne); **l~ntreu** *a pol* dans la ligne.

lin(i)ier|en [lini'i:rən, -'ni:rən] ⟨*ohne ge-*⟩ *tr* régler; **~t** *a* réglé.

link|e(r, s) [lɪŋkə] *a* gauche; **~r** *Hand* à (main) gauche, sur la gauche; *mein* ~*r Nachbar* od *Nebenmann* mon voisin de gauche; ~ *Seite f* (côté *m*) gauche *f*; *(untere Seite)* revers; *(Stoff)* envers *m*; **L~e** *f* ⟨-n, -n⟩ *(linke Hand; parl)* gauche *f*; *zur* ~*n* à gauche; *äußerste* ~ *(pol)* extrême gauche *f*; *gemäßigte* ~ *(pol)* centre *m* gauche; **~isch** *a* gauche, maladroit, embarrassé; ~*es Wesen n* gaucherie, maladresse *f*.

links [lɪŋks] *adv* **1.** à gauche, du côté gauche; **2.** *(auf der unteren Seite)* à l'envers; — *nach* ~ *(hin)* à gauche; *von* ~ *(her)* de (la) gauche; *von* ~ *nach rechts* de gauche à droite; ~ *von mir* à ma gauche; **L~außen(stürmer)** *m sport* ailier *m* gauche; **L~händer** *m* ⟨-s, -⟩ ['-hɛndər] gaucher *m*; **~händig** ['-hɛndɪç] *a* gaucher; **L~innen(stürmer)** *m sport* inter *m* gauche; **L~partei** *f* parti *m* de gauche; **~radikal** *a* de l'extrême gauche; **~rheinisch** *a* de la *od* situé sur la rive gauche du Rhin; **L~verkehr** *m* circulation *f* à gauche.

Linol|eum *n* ⟨-s, ø⟩ [li'no:leum] linoléum *m*; **~schnitt** *m* gravure *f* sur linoléum.

Linse *f* ⟨-, -n⟩ ['lɪnzə] **1.** *bot opt* lentille *f*; **2.** *anat* cristallin *m*; **l~nförmig** *a* lentiforme, lenticulaire.

Lippe *f* ⟨-, -n⟩ ['lɪpə] **1.** lèvre *f a. anat*; **2.** *zoo* babine *f*; — *sich auf die* ~*n beißen* se mordre les lèvres; *aufgesprungene* ~*n haben* avoir les lèvres gercées *od* crevassées; *an die* ~*n setzen* porter aux lèvres; *kein Wort kam über s-e* ~*n* il n'a pas desserré les dents *od* soufflé mot; **~nbekenntnis** *n* aveu *m od* formule *f* prononcé(e) du bout des lèvres; **~nstift** *m* (bâton *od* crayon de) rouge *m* à lèvres.

liquid|ieren [likvi'di:rən] ⟨*ohne ge-*⟩ *tr* **1.** *fin (auflösen)* liquider; **2.** *(in Rechnung stellen)* compter; **3.** *pol* limoger *fam*; **L~ität** *fin* liquidité *f*.

lispeln ['lɪspəln] *itr u. tr* zézayer; bléser; **L~** *n* zézaiement; susurrement *m*.

List *f* ⟨-, -en⟩ [lɪst] ruse *f*; *(Trick)* artifice, tour (d'adresse), *fam* truc; *(Kriegslist)* stratagème *m*; *zu e-r* ~ *greifen* recourir à la ruse.

Liste *f* ⟨-, -n⟩ ['lɪstə] liste *f*, relevé, état, tableau; *(Steuerliste)* rôle; *com* catalogue *m*; *e-e* ~ *aufstellen* établir *od* dresser une liste; *auf der schwarzen* ~ *stehen* être à l'index *od* sur la liste noire; **~npreis** *m com* prix *m* de catalogue.

listig ['lɪstɪç] *a* rusé, astucieux, fin(aud), subtil, artificieux; **L~keit** *f* ⟨-, ø⟩ astuce, malice, finesse *f*.

Litanei *f* ⟨-, -en⟩ [lita'naɪ] **1.** *rel* litanies *f pl*; **2.** *fig fam* litanie, antienne, kyrielle *f*.

Litau|en *n* ⟨-s, ø⟩ ['lɪtauən, 'li:-] la Lituanie; **~er(in)** *m* ⟨-s, -⟩ (*f* ⟨-, -nen⟩) Lituanien(ne *f*) *m*; **l~isch** *a* lituanien.

Liter *n, fam m* ‹-s, -› ['li:tər] litre *m.*
liter|arisch [lıte'ra:rıʃ] *a* littéraire; **L~at** *m* ‹-en, -en› [-'ra:t] homme de lettres, littérateur; *pej* écrivassier *m; pl* gens *pl* de lettres; **L~atur** *f* ‹-, -en› [-ra'tu:r] littérature *f; schöne ~* (belles-)lettres *f pl;* **L~aturangaben** *f pl* bibliographie *f;* **L~aturgeschichte** *f* histoire *f* littéraire *od* de la littérature.
Litfaßsäule *f* ['lıtfas-] colonne d'affiches; colonne *f* Morris.
Lithograph|ie *f* ‹-, -n› [litogra'fi:] lithographie *f;* **l~isch** [-'gra:fıʃ] *a* lithographique.
Liturg|ie *f* ‹-, -n› [litur'gi:] *rel* liturgie *f;* **l~isch** [-'turgıʃ] *a* liturgique.
Litze *f* ‹-, -n› ['lıtsə] cordon, passepoil *m,* soutache *f.*
Livland *n* ‹-s, ø› ['li:flant] la Livonie.
Livree *f* ‹-, -n› [li'vre:, -'vre:ən] livrée *f.*
Lizenz *f* ‹-, -en› [li'tsɛnts] *(Genehmigung)* licence *f; in ~* sous licence; *e-e ~ erteilen, zurückziehen* accorder, retirer une licence; **~gebühr** *f* droit *m* de licence, redevance *f;* **~nehmer** *m* licencié *m;* **~vertrag** *m* contrat *m* de licence.
Lob *n* ‹-(e)s, ø› [lo:p, '-bəs] **1.** louange *f,* éloge; *(schmeichelhaftes)* compliment *m;* **2.** *(ehrenvolle Erwähnung, bes. a. Schule)* accessit *m;* — *zu jds ~* à la louange de qn; *(das höchste) ~ ernten* recevoir des éloges (le plus bel éloge); *ein ~ verdient haben* être digne de louange; **l~en** ['lo:bən] *tr* louer, faire l'éloge de; *(überschwenglich)* vanter; *(preisen)* prôner, exalter; *(Gott)* glorifier; **l~end** *a* élogieux; **l~enswert** *a,* **l~enswürdig** *a* louable, digne d'éloges.
löblich ['lø:plıç] *a* louable.
Lob|lied *n* ['lo:p-] *: ein ~ auf jdn singen* chanter *od* célébrer les louanges de qn; **~rede** *f* éloge, panégyrique *m;* **~redner** *m* apologiste; panégyriste *m.*
Loch *n* ‹-(e)s, ¨-er› [lɔx, 'lœçər] **1.** trou *m; (Lücke)* trouée; *(Öffnung)* ouverture; *(Bresche)* brèche *f; (Höhlung)* creux *m,* cavité *f; (im Käse)* œil *m;* **2.** *(Billard)* blouse *f; (Schlag~)* nid-de-poule *m;* **3.** *fam (schlechte Wohnung)* trou, taudis, galetas *m;* **4.** *(ohne pl) pop (Gefängnis)* tôle *f;* trou, bloc *m;* — *jdm ein ~ in den Bauch fragen (fam)* cribler qn de questions; *auf* od *aus dem letzten ~ pfeifen (fig)* être à bout (de ressources) *od* aux abois *od* réduit à la dernière extrémité; **~eisen** *n* emporte-pièce, mandrin *m;* **l~en** *tr* perforer; poinçonner; **~er** *m* ‹-s, -› perforateur *m;* **~karte** *f* carte *f* perforée; **~stanze** *f* poinçonneuse *f;* **~stickerei** *f* broderie *f* à jour; **~streifen** *m* bande *f* perforée; **~ung** *f* perforation *f,* perçage, poinçonnage *m;* **~zange** *f* **1.** emporte-pièce *m;* **2.** *(für Fahrkarten)* poinçonneuse *f,* perforateur *m;* **~ziegel** *m* brique *f* perforée.
Locke *f* ‹-, -n› ['lɔkə] boucle *f* (de cheveux); *in ~n legen* mettre en boucles, boucler.
locken ['lɔkən] **(1)** *tr (reizen)* charmer; *(anziehen)* attirer, allécher; *(ködern)* leurrer, appâter; *fig* amorcer; *(Vogel s-e Jungen)* appeler; *jdm das Geld aus der Tasche ~* soutirer de l'argent à qn; *damit lockt man keinen Hund vom Ofen* ça ne prend pas; **(2)** *tr* boucler, friser; *sich ~* boucler; **~d** *a* attrayant, séduisant.
Locken|kopf *m* ['lɔkən-] tête *f* bouclée; **~wickel** *m* papillote *f; (aus Metall)* bigoudi, rouleau *m.*
locker ['lɔkər] *a* **1.** *(Masse)* poreux, spongieux; *(Teig, Backware)* léger; *(Erdboden)* meuble; **2.** *(schlaff, weich)* lâche; **3.** *(lose, wackelnd)* branlant; *(Knoten)* mal *od* peu serré; **4.** *fig (Lebenswandel)* léger, relâché, déréglé, dissolu, licencieux, libertin; — *(zu) ~ sein (Seil, Kette)* avoir du mou; *~ sitzen* avoir du jeu; *~ werden (schlaff werden)* se relâcher; *(sich lockern)* se desserrer; *(Zahn)* se déchausser; **~=lassen** ‹*läßt, ließ locker, lockergelassen*› *nicht ~ (fam)* ne pas démordre, revenir à la charge; s'obstiner, s'entêter; **~n** *tr* **1.** desserrer; **2.** *(den Körper)* assouplir; **3.** *fig (die Disziplin)* relâcher.
lockig ['lɔkıç] *a* bouclé.
Lock|mittel *n* ['lɔk-] appât *m,* amorce *f;* **~spitzel** *m* (agent) provocateur; mouchard *m;* **~ung** *f* **1.** *(Reiz)* charme, attrait, appât *m;* **2.** *(Versuchung)* tentation *f.*
lodern ['lo:dərn] *itr* flamber, flamboyer.
Löffel *m* ‹-s, -› ['lœfəl] cuiller, cuillère *f; jdm einen* od *eins hinter die ~ geben (fam)* frotter les oreilles à qn; **~bagger** *m* pelle *f* (mécanique *od* à godets); **l~n** *tr* u. *itr* manger *od* puiser à la cuiller; **~voll** *m* cuillerée *f.*
Logarithmentafel *f* [loga'rıtmən-] table *f* de(s) logarithmes.
Loge *f* ‹-, -n› ['lo:ʒə] *theat* loge, baignoire; *(Freimaurerei)* loge *f.*
Logik *f* ‹-, ø› ['lo:gık] logique *f.*
Logis *n* ‹-, -› [lo'ʒi:, *gen* -'ʒi:(s), *pl* -'ʒi:s] *(Wohnung)* logement, logis *m; Kost und ~ haben* avoir la table et le logis, être logé et nourri.
logisch ['lo:gıʃ] *a* logique.
Lohgerber *m* ['lo:-] tanneur *m;* **~ei** *f* [-'raı] tannerie *f.*
Lohn *m* ‹-(e)s, ¨-e› [lo:n, 'lø:nə] **1.** *allg* salaire *m; (Arbeiter)* paie, paye *f; (Hausangestellte)* gages *f pl;* **2.** *fig (Belohnung)* récompense *f; zum ~ (zur Belohnung)* pour *od* en récompense; **~abbau** *m* réduction *od* diminution *f* des salaires; **~abkommen** *n* convention *f* sala-

riale; **~ausfall** *m* perte *f* de gain; **~buchhaltung** *f*, **~büro** *n* bureau *m* de paie; **~empfänger** *m* **1.** salarié *m* (payé à l'heure); **2.** *pl adm* personnel *m* ouvrier; **l~en 1.** *tr: jdm etw ~* récompenser qn de qc; **2.** *refl: sich ~* être profitable, donner un rendement, rapporter; *fig* valoir la peine; *es lohnt sich (nicht)* cela (ne *od* n'en) vaut (pas) la peine.

löhnen ['lø:nən] *tr* payer (*jdn* qn), faire la paie (*jdn* de qn).

lohn|end ['lo:nənt] *a* payant, rémunérateur; *(einträglich)* lucratif; *(vorteilhaft)* avantageux, profitable; **L~erhöhung** *f* augmentation *od* majoration *f od* relèvement *m* de *od* du salaire; **L~forderung** *f* revendication(s *pl*) salariale(s) **L~kampf** *m* lutte *f* pour l'augmentation des salaires; **L~kürzung** *f* = *Lohnabbau;* **L~steuer** *f* impôt *m* sur les salaires (et les traitements); **L~streifen** *m* bulletin *m* de paie; **L~tarif** *m* tarif *m* de salaires; **L~- und Preisstopp** *m* blocage *m* des salaires et des prix.

Löhnung *f* ‹-, -en› ['lø:nuŋ] salaire *m*, paie; *mil* solde *f*.

Lohn|vereinbarung *f* ['lo:n-] accord *m* salarial; **~verhandlungen** *f pl* négociations *f pl* collectives sur les salaires; **~zahlung** *f* paiement *m* des salaires; **~zettel** *m* fiche *f od* bulletin *m* de paie *od* de salaire.

Lok *f* ‹-, -s› [lɔk] = *Lokomotive.*

Lokal *n* ‹-(e)s, -e› [lo'ka:l] **1.** *(Raum)* local *m*, salle *f;* **2.** *(Gastwirtschaft)* bar, café *m;* **l~** *a* (d'ordre) local; **~bahn** *f* chemin *m* de fer vicinal *od* d'intérêt local; **~blatt** *n* journal *m* local; **~e(s)** *n (in der Zeitung)* chronique *f od* nouvelles *f pl* locale(s), faits *m pl* divers; **l~isieren** [-'zi:rən] ‹*ohne ge-*› *tr* localiser; **~ität** *f* ‹-, -en› [-li'tɛ:t] localité *f;* **~nachrichten** *f pl* nouvelles *f pl* locales; **~patriotismus** *m* patriotisme *m* de clocher; **~teil** *m (e-r Zeitung)* chronique *f* locale; **~termin** *m jur* descente *f* de justice *od* sur les lieux; *e-n ~ abhalten* descendre sur les lieux.

Lokomotiv|e *f* ‹-, -n› [lokomo'ti:və] locomotive *f; mit zwei ~n* à double traction; *elektrische ~ (E-Lok)* locomotive *f* électrique; **~führer** *m* conducteur de machine; mécanicien *m;* **~schuppen** *m* dépôt *m* des locomotives.

London *n* ['lɔndɔn] Londres *f*.

Looping *m* od *s* ‹-s, -s› ['lu:pɪŋ] *aero* looping *m*, boucle *f*.

Lorbeer *m* ‹-s, -en› ['lɔrbe:r] *(Pflanze u. Zweig)* laurier *m; auf s-n ~en ausruhen (fig)* s'endormir sur ses lauriers; *~en ernten (fig)* moissonner des lauriers; **~baum** *m* laurier *m;* **~(blätter** *n pl***)** *m (Küche)* laurier-sauce *m*.

Lore *f* ‹-, -n› ['lo:rə] *loc* lorry, truc *m*.

Lorgnette *f* ‹-, -n› [lɔrn'jɛtə] *opt* face-à-main *m*.

Los *n* ‹-es, -e› [lo:s, '-zə(s)] **1.** *(Schicksal)* sort, destin *m;* **2.** *(Anteil)* lot; *(Lotterie~)* billet de loterie, lot *m; — durch das ~ bestimmen* désigner par tirage au sort; *das Große ~ gewinnen* od *ziehen* gagner le gros lot; *das ~ entscheiden lassen* tirer au sort.

los [lo:s] *a* **1.** *(abgegangen, -gerissen, -gebrochen)* dégagé, détaché, défait, dénoué, délié; parti; **2.** *vgl. lose;* **3.** *interj* marche! allons! allez! partez! vas-y! allez-y! oust(e)! en vitesse! — *(et)was ~ haben (fam)* avoir de l'idée, être calé *od* fort; *etw ~ sein* être quitte de qc; *(von etw befreit sein)* être débarrassé *od* délivré de qc; *ich weiß (nicht), was mit ihm los ist* je sais bien (je ne sais pas) ce qu'il a; *mit ihm ist nicht viel ~ (fig)* ce n'est pas un as, on ne peut pas attendre grand-chose de lui; *was ist denn mit Ihnen ~? (fam)* qu'est-ce qui vous prend? *was ist (denn) ~?* qu'est-ce qu'il y a? qu'est-ce donc? qu'y a-t-il donc? que se passe-t-il? *war etwas ~?* est-ce qu'il s'est passé quelque chose? *auf die Plätze! fertig! ~! (sport)* à vos marques! prêts! partez!

lösbar ['lø:sba:r] *a fig (Probleme)* résoluble.

los|=binden ['lo:s-] ‹*bindet, band los, losgebunden*› *tr* délier, dénouer, détacher, défaire; *mar* démarrer; **~=brechen** ‹*bricht, brach los, losgebrochen*› *itr* ‹*sein*› *fig (Sturm etc)* se déchaîner, éclater.

Löschblatt *n* ['lœʃ-] (papier) buvard *m*.

löschen ['lœʃən] **(1)** *tr* **1.** *(Feuer, Licht, Kalk)* éteindre; *(den Durst)* étancher, apaiser; **2.** *(Schrift)* effacer, biffer, rayer; *(Hypothek)* radier; *tele* annuler; **(2)** *tr (Schiffsladung)* débarquer, décharger.

Lösch|fahrzeug *n* ['lœʃ-] voiture *f* de pompiers *od* à incendie; **~mannschaft** *f* équipe *f* d'incendie; **~papier** *n* (papier) buvard, papier *m* brouillard; **~stelle** *f* poste *m* d'incendie *od* d'eau; **~trupp** *m*, **~zug** *m* équipe *f* de pompiers; **~ung** *f* **(1)** *(e-r Hypothek)* mainlevée, radiation (hypothécaire); *(e-r Firma; jur: Strafe)* radiation *f;* **(2)** *(a. ~en n) (e-r Ladung)* débarquement, déchargement *m*.

lose ['lo:zə] *a* **1.** *(locker, wackelnd)* branlant; *tech* volant; *(Blätter Papier) a.* détaché; *(Haare)* flottant; **2.** *(Ware)* sans emballage, en vrac; — *~ Reden führen* en dire de vertes *fam;* *~s Blatt n* papier *m od* feuille *f* volant(e).

Lösegeld *n* ['lø:zə-] rançon *f*.

losen ['lo:zən] *itr* tirer (au sort).

lösen ['lø:zən] *tr* **1.** *(losmachen)* desserrer, détacher, séparer; *(aufbinden)* délier; **2.** *chem* dissoudre; **3.** *math (Aufgabe)* résoudre, solutionner; *(Rätsel)* deviner, déchiffrer; **4.** *(Fahrkarte)* prendre; *refl: sich* ~ **5.** *(Knoten, Haare)* se défaire; **6.** *chem* se dissoudre.

los|≈fahren ['lo:s-] ‹*fährt, fuhr los, losgefahren*› *itr* ‹*sein*› démarrer, partir; *auf jdn* ~ foncer sur qn; **~≈gehen** ‹*ging los, losgegangen*› *itr* ‹*sein*› **1.** *fam (weggehen)* s'en aller, partir; **2.** *fam (sich lösen)* se défaire, se détacher; **3.** *(anfangen)* se déclencher, commencer; **4.** *(Gewehr)* se décharger; *(Schuß)* partir; — *auf jdn* ~ marcher droit *od* se jeter sur qn; **~≈kaufen** *tr* racheter; **~≈kommen** ‹*kam los, losgekommen*› *itr* ‹*sein*› parvenir à se dégager *od* se débarrasser *od* se libérer (*von* de); **~≈lachen** *itr: laut* ~ partir d'un éclat de rire; **~≈lassen** ‹*läßt, ließ los, losgelassen*› *tr* lâcher; *jdn nicht mehr* ~ *(fig)* retenir l'intérêt de qn, tenir qn sous le charme, fasciner qn.

löslich ['lø:slɪç] *a chem* soluble.

los≈machen ['lo:s-] *tr* détacher, dégager, défaire; *mar* démarrer; **~≈reißen,** *sich* s'arracher, se détacher; *sich von etw* ~ s'arracher à qc.

Löß *m* ‹-sses/-es, -sse/-e› [lœs, lø:s] *geol* lœss *m.*

los≈sagen, *sich* ['lo:s-] se dédire, se désolidariser (*von* de).

Losung *f* ‹-, -en› ['lo:zʊŋ] *mil (Erkennungswort)* mot *m* d'ordre *od* de passe.

Lösung *f* ‹-, -en› ['lø:zʊŋ] **1.** *(Loslösung)* séparation *f;* **2.** *chem* (dis)solution *f;* **3.** *math* (ré)solution; *(Rätsel, Problem)* solution *f; e-e befriedigende* ~ *finden* recevoir une solution satisfaisante; **~smittel** *n chem* (dis)solvant *m.*

los|≈werden ['lo:s-] ‹*wird, wurde los, losgeworden*› *tr* se débarrasser, se défaire de; *ich werde den Gedanken nicht* ~ je ne puis m'ôter cela *od* cette idée de la tête; **~≈ziehen** ‹*zog los, losgezogen*› *itr* ‹*sein*› partir, s'en aller; *fam* se mettre en campagne; *gegen jdn* ~ *(fig fam: auf jdn schimpfen)* déblatérer contre qn.

Lot *n* ‹-(e)s, -e› [lo:t] **1.** *(Senkblei)* fil *m* à plomb, *mar* sonde *f;* **2.** *math (Senkrechte)* perpendiculaire, verticale *f;* — *im* ~ d'aplomb *(a. fig); ein* ~ *fällen* tirer *od* abaisser *od* élever une perpendiculaire (*auf* sur); **l~en** *tr* **1.** passer au fil à plomb; *mar* sonder; **2.** *(Bauwesen)* prendre l'aplomb.

löten ['lø:tən] *tr* souder; *(hart~)* braser.

Lothring|en *n* ‹-s, ø› ['lo:trɪŋən] la Lorraine; **~er(in)** *m* ‹-s, -› (*f* ‹-, -nen›) Lorrain(e *f*) *m;* **l~isch** *a* lorrain.

Löt|kolben *m* ['lø:t-] fer *m* à souder; **~lampe** *f* lampe *f* à souder *od* de soudeur.

Lotos(blume *f*) *m* ‹-, -› ['lo:tɔs] lotus *m.*

lotrecht ['lo:t-] *a* perpendiculaire; d'aplomb.

Lötrohr *n* ['lø:t-] chalumeau *m.*

Lotse *m* ‹-n, -n› ['lo:tsə] pilote, lamaneur *m;* **l~n** *tr* piloter; **~nboot** *n* bateau-pilote *m;* **~ndienst** *m* pilotage, lamanage *m.*

Lötstelle *f* ['lø:t-] (point *m* de) soudure *f,* endroit *m* soudé; brasure *f.*

Lotterie *f* ‹-, -n› [lɔtə'ri:] loterie *f;* **~los** *n* billet de loterie, lot *m.*

lott|(e)rig ['lɔt(ə)rɪç] *a (schlampig)* négligent; *(liederlich)* dissolu, bohème; **L~erleben** *n* vie dissolue *od* de bohème; **L~erwirtschaft** *f* laisser-aller *m,* incurie *f.*

Lotto(spiel) *n* ‹-s, -s› ['lɔto] (jeu de) loto *m.*

Löwe *m* ‹-n, -n› ['lø:və] lion; *m;* **~nanteil** *m: (sich den* ~ *nehmen)* (se tailler *od* prendre la) part *f* du lion; **~nmaul** *n bot* muflier *m,* gueule-de-loup *f;* **~nzahn** *m bot* pissenlit *m,* dent-de-lion *f.*

Löwin *f* ‹-, -nen› ['lø:vɪn] lionne *f.*

loyal [loa'ja:l] *a* loyal; **L~ität** *f* ‹-, ø› [-li'tɛ:t] loyauté *f.*

Luchs *m* ‹-es, -e› [lʊks] *zoo* lynx, loup-cervier *m.*

Lücke *f* ‹-, -n› ['lʏkə] **1.** lacune, trouée, brèche *f,* vide *m,* **2.** *fig (Unterbrechung)* solution *f* de continuité; hiatus, trou *m; (frei gelassene Stelle in e-m Schriftstück)* fenêtre *f;* — *e-e* ~ *schließen* combler une lacune; *mil* colmater une brèche; **~nbüßer** *m* bouche-trou *m;* **l~nhaft** *a* lacuneux; *fig (unvollständig)* défectueux, incomplet; **l~nlos** *a* sans lacune(s) *od* vide(s); *(vollständig)* complet.

Ludwig *m* ['lu:tvɪç] Louis *m.*

Luft *f* ‹-, ¨-e› [luft, 'lʏftə] air; *(Atem, ~zug)* souffle *m; die* ~ *herauslassen aus* dégonfler; *an die* ~ *gehen* prendre l'air; *in die* ~ *gucken* regarder en l'air; *fam* gober les mouches; ~ *holen* (re)prendre haleine; *in die* ~ *jagen (sprengen)* faire sauter; *keine* ~ *kriegen* étouffer; *in der* ~ *liegen (fig)* être dans l'air; *seinem Ärger* ~ *machen* se soulager, exhaler son dépit, épancher sa bile; *s-m Herzen* ~ *machen* ouvrir son cœur; *frische* ~ *schnappen (fam)* prendre un bol d'air, s'aérer; *nach* ~ *schnappen* chercher à respirer; *für jdn* ~ *sein* ne pas exister pour qn; *jdn an die* ~ *setzen (fam)* mettre *od fam* flanquer *od pop* foutre qn à la porte; *fam* flanquer qn dehors; *es hängt noch in der* ~ *(fig)* c'est encore à l'état de projet; *es liegt etw in der* ~ il y a de l'orage dans l'air; *das ist völlig aus der* ~ *gegriffen* c'est inventé de toutes pièces, c'est pure invention; *die* ~ *ist (wieder) rein (fig)* il n'y a (plus) rien à craindre, il n'y a pas (plus) de danger; *heiße, stickige ~* touffeur *f;* **~abschluß** *m: unter ~* à l'abri de l'air; **~abwehr** *f* défense *f* antiaérienne *od* contre avions; **~angriff** *m* raid *m* (aérien), agression *od* attaque *f* aérienne; *(schwerer ~)* bombardement *m* aérien; **~ballon** *m* aérostat, ballon *m;* **~bild** *n* photo(graphie) *od* vue *f* aérienne; **~blase** *f* bulle d'air; *metal* soufflure *f;* **~brücke** *f* pont *m* aérien; **l~dicht** *a* étanche à l'air, hermétique; *~ abgeschlossen* isolé hermétiquement; **~druck** *m* pression *f* atmosphérique *od* barométrique; **~druckwelle** *f* onde *f* explosive; **l~durchlässig** *a* perméable à l'air.

lüften ['lʏftən] *tr* **1.** *(Zimmer)* aérer, éventer; *(Bett, Kleidung)* mettre à l'air; **2.** *(den Hut)* soulever (son chapeau); *itr* **3.** *(die Luft erneuern)* renouveler l'air.

Luft|fahrt *f* ['lʊft-] aviation, aéronautique, navigation *f* aérienne; **~fahrtgesellschaft** *f* compagnie *f* (de navigation) aérienne *od* d'aviation; **~feuchtigkeit** *f* humidité *f* atmosphérique; **~flotte** *f* flotte *f* aérienne; **~fracht** *f* fret *m* aérien;**~gewehr** *n* fusil *m od* carabine *f* à air comprimé; **~hauch** *m* souffle *m* d'air; *warmer ~* bouffée *f* de chaleur; **~hülle** *f* atmosphère *f;* **l~ig** *a* **1.** *(frisch)* exposé à l'air, aéré; **2.** *(leicht)* aérien, vaporeux, léger; **~kampf** *m* combat *od (zwischen zwei Flugzeugen)* duel *m* aérien; **~kissen** *n* coussin à air *od* pneumatique; coussin *m* d'air; **~krieg** *m* guerre *f* aérienne; **~kühlung** *f* refroidissement *m* par air; **~kurort** *m* station *f* climatique; **~landetruppen** *f pl* troupes *f pl* aéroportées *od* parachutées; **~landung** *f* débarquement aéroporté, parachutage *m;* **l~leer** *a* vide (d'air); *~er Raum m* vide *m;* **~linie** *f* ligne droite; *aero* ligne *f* aérienne; *in der ~* à vol d'oiseau, en ligne droite; **~loch** *n* **1.** *tech* évent *m,* ventouse *f;* **2.** *aero* trou *m* d'air, cheminée *f;* **~matratze** *f* matelas *m* pneumatique; **~mine** *f* mine aérienne *od* à paroi mince, torpille *f* aérienne; **~post** *f* courrier *m* aérien, poste *f* aérienne, service *m* postal aérien; *(mit) ~* par avion; **~postbrief** *m* lettre-avion *f;* **~postleichtbrief** *m* aérogramme *m;* **~postpapier** *n* papier *m* pelure *od* par avion; **~pumpe** *f* pompe *f* à air *od* (à) pneumatiques; *mot* gonfleur *m;* **~raum** *m aero* espace *od* domaine *m* aérien; **~reiniger** *m* épurateur *m* d'air; **~reklame** *f* publicité *od* réclame *f* aérienne; **~röhre** *f anat* trachée(-artère) *f,* conduit *m* respiratoire; **~schacht** *m* puits *m* d'air *od* d'aérage *od mines* d'aération; **~schicht** *f* couche *f* atmosphérique *od* d'air; **~schiff** *n* aéronef *m; lenkbares ~* dirigeable *m;* **~schiffahrt** *f* aérostation *f;* **~schlange** *f (aus Papier)* serpentin *m;* **~schleuse** *f* écluse *f* à air; **~schloß** *n* château *m* en Espagne; *Luftschlösser bauen* faire *od* bâtir des châteaux en Espagne; **~schraube** *f* hélice *f;* **~schutz** *m* protection *f* (anti)aérienne; *ziviler ~* défense *f* civile *od* passive; **~schutzbunker** *m* abri *m* (bétonné); **~schutzkeller** *m* cave-abri *f;* **~schutzraum** *m* abri *m;* **~sperrgebiet** *n* zone *f* aérienne interdite; **~spieg(e)lung** *f* mirage *m;* **~sprung** *m (a. e-r Forelle)* saut en l'air; bond *m,* cabriole, gambade *f;* **~streitkräfte** *f pl* forces *f pl* aériennes; **~strömung** *f* courant *m* atmosphérique *od* aérien; **~stützpunkt** *m* base *od* plate-forme *f* aérienne; **~taxi** *n* avion-taxi *m;* **~transport** *m* transport *m* aérien *od* par air *od* par voie aérienne; **~überwachung** *f* surveillance *f* aérienne.

Lüftung *f* ['lʏftʊŋ] aération *f;* aérage *m;* ventilation *f;* **~sschacht** *m* puits *m* d'aérage.

Luft|veränderung *f* ['lʊft-] changement *m* d'air; **~verkehr** *m* circulation *f* aérienne, service *od* trafic *m* aérien; **~verkehrslinie** *f* ligne *f* aérienne; **~verteidigung** *f* défense *f* aérienne; **~verunreinigung** *f* pollution *f* atmosphérique *od* de l'air; **~waffe** *f mil* armée de l'air; force *f* aérienne; **~weg** *m: auf dem ~e* par avion; **~widerstand** *m* résistance *f* aérodynamique *od* de l'air; **~zufuhr** *f, f* adduction *od* amenée *f* d'air; **~zug** *m* courant *m* d'air; **~zwischenfall** *m* incident *m* aérien.

Lüg|e *f* ⟨-, -n⟩ ['ly:gə] mensonge *m; jdn ~n strafen* infliger un démenti à qn, convaincre qn de mensonge; *~n haben kurze Beine (prov)* le mensonge ne mène pas loin, tout finit par se savoir; **l~en** ⟨*log, gelogen*⟩ *itr* mentir, dire un mensonge; *wie gedruckt ~; ~, daß sich die Balken biegen; das Blaue vom Himmel herunter ~ (fam)* mentir comme un arracheur de dents *od* comme on parle *od* respire; *wer einmal lügt, dem glaubt man nicht, und wenn er auch die Wahrheit spricht (prov)* a beau dire vrai qui a menti; **~endetektor** *m (Gerät)* détecteur *m* de mensonges, machine *f* à détecter le mensonge; **l~enhaft** *a* **1.** *(Mensch)* menteur, faux; **2.** *(Sache)* mensonger, faux, controuvé; **~ner(in)** *m* ⟨-s, -⟩ (*f* ⟨-, -nen⟩) [-gnər] menteur *m,* -euse *f;* **l~nerisch** *a* menteur, faux.

Luke *f* ⟨-, -n⟩ ['lu:kə] *arch* lucarne; *mar* écoutille *f.*

lukrativ [lukra'ti:f] *a (einträglich)* lucratif.

lukullisch [lu'kʊlɪʃ] *a* plantureux, somptueux.

Lumberjack *m* ‹-s, -s› ['lambərdʒɛk] veste-blouson *f.*

Lümmel *m* ‹-s, -› ['lʏməl] mufle, goujat, malotru, malappris; *fam* paltoquet; *(Bauern~)* rustre *m.*

Lump *m* ‹-en, -en› [lʊmp] mauvais sujet *m;* **l~en:** *sich nicht ~ lassen* bien faire les choses, ne pas être chiche; **~en** *m* ‹-s, -› **1.** *(Fetzen)* lambeau, haillon *m,* guenille, loque *f; (Lappen)* chiffon *m;* **2.** *(Papierfabrikation)* pilot *m;* — *in ~ (gehüllt)* en guenilles, vêtu de haillons; **~engesindel** *n* canaille, racaille, mauvaise graine; *fam* gueusaille *f;* **~enpack** *n* = *Lumpengesindel;* **~ensammler** *m* **1.** chiffonnier *m;* **2.** *hum (letzte Bahn)* balai *m;* **~erei** *f* [-'raɪ] *(Gaunerei)* gueserie, vilenie *f;* **l~ig** *a* **1.** *(niederträchtig)* vil; **2.** *(armselig)* mesquin, misérable.

Lunge *f* ‹-, -n› ['lʊŋə] **1.** poumon(s *m pl*); **2.** *(Fleischerei)* mou *m;* — *sich die ~ aus dem Leib schreien* s'époumoner, s'user les poumons; *eiserne ~ (med)* poumon *m* d'acier; **~nentzündung** *f* pneumonie *f;* **~nfell** *n* plèvre *f;* **~nfellentzündung** *f* pleurésie *f;* **~nflügel** *m* poumon *m;* **~nheilstätte** *f* sana(torium), aérium *m;* **l~nkrank** *a* phtisique, tuberculeux; **~nkrankheit** *f* affection pulmonaire, maladie *f* de poitrine; **~nkrebs** *m* cancer *m* du poumon; **~nschwindsucht** *f,* **~ntuberkulose** *f* phtisie *od* tuberculose *f* pulmonaire.

Lunte *f* ‹-, -n› ['lʊntə] mèche *f; ~ riechen (fig)* éventer *od* découvrir la mèche.

Lupe *f* ‹-, -n› ['lu:pə] *opt* loupe *f; unter die ~ nehmen (fig)* passer au tamis, scruter, examiner de près.

Lupine *f* ‹-, -n› [lu'pi:nə] *bot* lupin *m.*

Lurch *m* ‹-(e)s, -e› [lʊrç] *zoo* amphibie, batracien *m.*

Lust *f* ‹-, ¨-e› [lʊst, 'lʏstə] **1.** *(Freude)* joie *f; (Vergnügen)* plaisir *m;* **2.** *(Verlangen)* désir *m,* envie *(auf, nach* de*); (Begierde)* appétence *f,* appétit *m,* convoitise *f;* **3.** *(Sinnenlust)* volupté *f;* — *mit ~ und Liebe* avec grand plaisir; *nach ~ und Laune* à mon *etc* gré; au gré de ma *etc* fantaisie; *(große) ~ haben zu* avoir (grande) envie de, être en humeur de; *ich habe ~ auf ein Stück Kuchen fam* j'ai envie d'un morceau de gâteau; *ich habe keine ~ mehr (a.)* cela ne m'intéresse plus; *wenn Sie ~ dazu haben* si le cœur vous en dit; **~barkeit** *f* divertissement *m;* fête *f.*

Lüster *m* ‹-s, -› ['lʏstər] *(Glanzüberzug; Kronleuchter)* lustre *m.*

lüstern ['lʏstərn] *a (begehrlich)* concupiscent; *(sinnlich)* voluptueux, libidineux; *(geil)* lubrique; **L~heit** *f* concupiscence *f,* désir *m* charnel; lubricité *f.*

lustig ['lʊstɪç] *a* **1.** *(Mensch: vergnügt)* joyeux, gai; enjoué; *(unterhaltsam)* plaisant, amusant, drôle, *pop* rigolo; **2.** *(Sache)* amusant, réjouissant, divertissant; — *sich über jdn ~ machen* rire *od* s'égayer aux dépens de qn, tourner qn en ridicule, se moquer de qn; *sich über etw ~machen* se moquer, se ficher de qc; *~ sein (a.)* s'amuser; *(scherzen) pop* rigoler.

Lüstling *m* ‹-s, -e› ['lʏstlɪŋ] satyre, débauché *m.*

lust|los ['lʊst-] *a* **1.** *(Mensch)* sans entrain; **2.** *(Geschäft)* languissant; *(Börse)* sans animation; **L~mord** *m* meurtre *m* avec viol; **L~schloß** *n* château *m* de plaisance; **L~spiel** *n* comédie *f.*

lutherisch ['lʊtərɪʃ, lu'te:rɪʃ] *a* luthérien.

lutsch|en ['lʊtʃən] *tr* u. *itr fam* suçoter, sucer; **L~er** *m* ‹-s, -› sucette; *(Schnuller)* tétine *f.*

Lüttich *n* ['lʏtɪç] Liège *f.*

Luv *f* ‹-, ø› [lu:f] *mar* lof. côté *m* du vent.

Luxemburg *n* ['lʊksəmbʊrk] (*Land:* le, *Stadt:* la) Luxembourg; **~er(in)** *m* ‹-s, -› (*f* ‹-, -nen›) Luxembourgeois(e *f*) *m;* **l~isch** *a* luxembourgeois.

luxuriös [lʊksuri'ø:s] *a* luxueux; somptueux.

Luxus *m* ‹-, ø› ['lʊksʊs] luxe *m,* somptuosité *f;* **~artikel** *m* article *od* objet *od* produit *m* de luxe; **~ausführung** *f* présentation *f* de luxe; **~hotel** *n* hôtel de luxe, palace *m;* **~wagen** *m* voiture *f* de luxe; *loc* pullman *m.*

Luzerne *f* ‹-, -n› [lu'tsɛrnə] *bot* luzerne *f.*

Lymph|e *f* ‹-, -n› ['lʏmfə] **1.** *physiol* lymphe *f;* **2.** *(Impfstoff)* vaccin *m;* **~knoten** *m* ganglion *m* (lymphatique).

lynchen ['lʏnçən] *tr* lyncher.

Lyr|ik *f* ‹-, ø› ['ly:rɪk] poésie *f* lyrique, lyrisme *m;* **l~isch** ['ly:rɪʃ] *a* lyrique.

M

M, m *n* ‹-, -› [ɛm] *(Buchstabe)* M, m *m* u. *f.*

Mach|art *f* ['max-] mode *m* de fabrication; *(Kleidung)* façon *f;* **~e** *f* ‹-, ø› *fam (Vortäuschung)* bluff *m;* feinte; *(Getue)* affectation *f.*

machen ['maxən] *tr* **1.** *allg* faire; *(herstellen)* produire, *pop* fabriquer; *(bilden)* former, composer; *(errichten)* construire; *(zustande bringen)* opérer; *(erschaffen)* créer; *(bewirken)* causer; **2.** *(in e-n Zustand versetzen)* rendre; **3.** *(in Ordnung bringen)* arranger, disposer; **4.** *(ernennen)* nommer, faire *(zu etw* qc); **5.** *(kosten)* faire, coûter, revenir à; *refl:* **6.** *sich ~ (fam: gedeihen, vorankommen)* faire des progrès, s'arranger; — *sich an etw ~ (etw in Angriff nehmen)* se mettre, s'atteler à qc, commencer qc; *den Anfang mit etw ~* être le premier à faire qc; *sich aus etw nichts ~* ne pas s'intéresser à qc, ne faire aucun cas *od* se moquer; *e-n Besuch ~* rendre visite; *sich davon~* s'en aller, décamper; *ein Ende ~ mit* mettre fin à; *sich über etw Gedanken machen* s'inquiéter, se faire du souci au sujet de qc; *kein Geheimnis aus etw ~* ne pas faire mystère de qc; *sich gut ~* faire bien *od* joli; *sich das Haar ~* s'arranger les cheveux; *jdm den Hof ~* faire la cour à qn; *Licht ~* donner de la lumière, allumer la lumière; *Mühe ~* donner du mal; *jdm Mut ~* donner du courage à qn; *es jdm recht ~* contenter, satisfaire qn; *schnell ~* se hâter, se presser; *etw ~ lassen* faire faire qc; *nicht wissen, was man ~ soll (a.)* ne savoir sur quel pied danser; *mit jdm (alles) ~ (können), was man will* faire passer qn par où l'on veut, manipuler qn; *so macht er's immer* il n'en fait jamais d'autres; *das wird so gemacht* ça se fait comme ça; *das* od *so was macht man nicht* ça ne se fait pas; *das macht nichts* cela *od* ça ne fait rien, il n'y a pas de mal; *dagegen ist nichts zu ~* on n'y peut rien; *mach dir nichts d(a)raus!* ne t'en fais pas! *was soll man da ~?* que voulez-vous qu'on y fasse? que pourrait-on bien faire? *was macht das (schon)!* qu'importe! *nichts zu ~!* rien à faire! *mach!* allons! vite, vite! hâte-toi! dépêche-toi! **M~schaften** *f pl* menées, machinations, intrigues *f pl.*

Macher *m* ‹-s, -› ['maxər] homme énergique *od* important, leader *m.*

Macht *f* ‹-, ⁼e› [maxt, 'mɛçtə] **1.** *(ohne pl)* pouvoir *m; allg u. mil* force; *(~bereich)* empire *m; (Autorität)* autorité *f;* **2.** *bes. pol (Staat als ~)* puissance *f;* — *an der ~ (pol)* au pouvoir; *die ~ ergreifen* prendre le *od* s'emparer du pouvoir; *in jds ~ liegen* dépendre de qn; *an der ~ sein* être au pouvoir; *dunkle* od *geheime Mächte pl* puissances *f pl* occultes; *kriegführende Mächte pl* puissances *od* parties *f pl* belligérentes; **~bereich** *m pol* sphère *f* (d'influence); **~haber** *m* homme au pouvoir, potentat *m.*

mächtig ['mɛçtɪç] **I.** *a* **1.** puissant, fort; **2.** *(fähig)* capable; *pred* maître *(e-r S* de qc); **3.** *fig, a. fam (sehr groß)* gigantesque, énorme, immense; **II.** *adv fam (gewaltig)* énormément; *fam* rudement, bigrement, fichtrement; **M~e** *m: die ~n pl les puissants m pl.*

Macht|kampf *m* ['maxt-] lutte *f* pour le pouvoir; **m~los** *a* impuissant; *(schwach)* faible; *dagegen ist man ~* on n'y peut rien, on ne peut rien contre; **~losigkeit** *f* ‹-, ø› impuissance *f;* **~politik** *f* politique *f* de force; **~probe** *f* épreuve *f* de force; **m~voll** *a* puissant; **~vollkommenheit** *f* pouvoir *m* absolu, omnipotence *f;* **~wort** *n: ein ~ sprechen* faire acte d'autorité.

Machwerk *n* ['max-] ouvrage *m* gâché; œuvre *f* de basse qualité.

Madagas|kar *n* [mada'gaskar] Madagascar *f;* **~se** *m* ‹-n, -n› [-'gasə], **~sin** *f* ‹-, -nen› Malgache *m f;* **m~sisch** [-'gasɪʃ] *a* malgache.

Mädchen *n* ‹-s, -› ['mɛːtçən] **1.** *(kleines ~)* petite fille, fillette, *fam* gosse, gamine; *(junges ~)* jeune fille *od* personne; *lit* demoiselle *f;* **2.** *(Dienst~)* bonne, servante *f;* — *leichtes ~* gigolette *f; ~ für alles* bonne *f* à tout faire; **m~haft I.** *a* de jeune fille; **II.** *adv* comme une jeune fille; **~handel** *m* traite *f* des blanches; **~name** *m* nom *m* de jeune fille; **~schule** *f* école *f* de jeunes filles.

Mad|e *f* ‹-, -n› ['maːdə] *ent* asticot; *pop* ver *m; wie die ~ im Speck leben* être (heureux) comme un coq en pâte; **m~ig** *a* véreux; *~ machen (fig fam)* éreinter.

Madonna, *die* [ma'dɔna] la Vierge, la Madone; *(Madonnenbild)* madone *f.*

Magazin *n* ‹-s, -e› [maga'tsiːn] **1.** *(Lager)* magasin, dépôt, entrepôt *m; (e-s Museums)* réserves *f pl;* **2.** *(Zeitschrift)* magazine *m.*

Magd *f* ‹-, ⸚e› [ma:kt, 'mɛ:kdə] servante; *(Bauern~)* fille *f* de ferme.

Magen *m* ‹-s, ⸚/-› ['ma:gən] estomac *m; e-n leeren ~ haben* avoir l'estomac *od* le ventre creux *od* vide; *sich den ~ verderben* attraper une indigestion; **~beschwerden** *f pl* troubles *m pl* gastriques *od* de l'estomac; **~bitter** *m* ‹-s, -› digestif, amer, bitter *m;* **~geschwür** *n* ulcère *m* gastrique *od* de l'estomac; **~grube** *f* creux *m* de l'estomac; **~leiden** *n* affection *f* gastrique *od* de l'estomac; **~säure** *f* acidité *f* gastrique; **~schmerzen** *m pl* douleurs *f pl od* maux *m pl* d'estomac; **~verstimmung** *f* embarras *m* gastrique; indigestion *f.*

mager ['ma:gər] *a* **1.** *(a. Küche, Boden)* maigre; **2.** *fig (dürftig)* maigre, pauvre; — *~ werden* (a)maigrir; *mageres Fleisch n* maigre *m;* **M~keit** *f* ‹-, ø› maigreur *f;* **M~milch** *f* lait *m* écrémé; **M~sucht** *f* maigreur *f* (endocrinienne).

Mag|ie *f* ‹-, ø› [ma'gi:] magie *f;* **~ier** *m* ‹-s, -› ['ma:giər] magicien *m;* **m~isch** ['ma:gɪʃ] *a* magique; *~es Auge n (in d. Haustür)* microviseur; *radio* œil *m* magique, mire *f.*

Magistrat *m* ‹-(e)s, -e› [magɪs'tra:t] municipalité *f,* conseil *m* municipal; **~ur** *f* ‹-, -en› [-tra'tu:r] magistrature *f.*

Magnesium *n* ‹-s, ø› [ma'gne:zium] magnésium *m.*

Magnet *m* ‹-(e)s/-en, -e(n)› [ma'gne:t] aimant *m;* **~feld** *n* champ *m* magnétique; **m~isch** [-'gne:tɪʃ] *a* magnétique; *(~ gemacht)* aimanté; *~ machen* aimanter; *~ werden* s'aimanter; **m~isieren** [-ti'zi:rən] ‹*ohne ge-*› *tr* **1.** *(Eisen)* aimanter; **2.** *(Menschen)* magnétiser; **~nadel** *f* aiguille *f* aimantée; **~ophon** *n* ‹-s, -e› [-to'fo:n] magnétophone *m.*

Magnolie *f* ‹-, -n› [ma'gno:liə] *bot* magnolia, magnolier *m.*

Mahagoni(holz) *n* ‹-s, ø› [maha'go:ni] (bois d')acajou *m.*

Mäh|binder *m* ['mɛ:-] *agr* moissonneuse-lieuse *f;* **~drescher** *m* moissonneuse-batteuse *f;* **m~en** *tr agr* faucher; *(Rasen)* tondre; **~er** *m* ‹-s, -› faucheur *m.*

Mahl *n* ‹-(e)s, -e/(⸚er)› [ma:l] repas; *(Festmahl)* banquet, festin *m;* **~zeit** *f* repas; *e-e ~ einnehmen (mittags)* déjeuner; *(abends)* dîner; *(gesegnete) ~!* bon appétit!

mahlen ['ma:lən] ‹*mahlte, gemahlen*› *tr (Körner)* moudre; *allg* broyer, concasser, écraser; *(fein)* triturer, pulvériser; *grob, fein ~* moudre gros, fin.

Mähmaschine *f* ['mɛ:-] faucheuse, moissonneuse *f.*

Mahn|brief *m* ['ma:n-] lettre *f* monitoire *od* d'avertissement *od* de rappel; **m~en** *tr* **1.** exhorter *(zu* à); **2.** avertir; *(erinnern)* rappeler *(jdn an etw* qc à qn); *(auffordern)* sommer; **3.** *(Schuldner)* mettre en demeure; **~gebühr** *f* frais *m pl* de sommation; **~mal** *n* ‹-(e)s, -e/(⸚er)› mémorial, monument *m* commémoratif; **~ung** *f* **1.** *(Warnung)* avertissement *m; (Aufforderung)* sommation *f;* **2.** *com* rappel *m* de paiement, mise *f* en demeure.

Mai *m* ‹-(e)s/-, -e› [maɪ] mai *m;* **~feier** *f* fête *f* du 1er mai; **~glöckchen** *n bot* muguet *m;* **~käfer** *m* hanneton *m.*

Mailand *n* ['maɪlant] Milan *m.*

Mainz *n* [maɪnts] Mayence *f.*

Mais *m* ‹-es, (-e)› [maɪs] maïs *m;* **~kolben** *m,* **~korn** *n,* **~mehl** *n* épi, grain *m,* farine *f* de maïs.

Majestät *f* ‹-, -en› [majɛs'tɛ:t] majesté *f;* **m~isch** *a* majestueux.

Majonäse *f* ‹-, -n› [majo'nɛ:zə] mayonnaise *f.*

Major *m* ‹-s, -e› [ma'jo:r] commandant *m.*

Majoran *m* ‹-s, -e› ['ma:-, majo'ra:n] *(Pflanze)* marjolaine *f; (Gewürz)* origan *m.*

Majorität *f* ‹-, ø› [majori'tɛ:t] majorité *f.*

Makel *m* ‹-s, -› ['ma:kəl] défaut *m;* tache, tare *f.*

Mäk|elei *f* ‹-, -en› [mɛ:kə'laɪ] critique *f* mesquine, dénigrement *m;* **m~(e)lig** ['mɛ:k(ə)lɪç] *a* **1.** *fam* grincheux; **2.** *(wählerisch)* difficile; *(beim Essen)* délicat.

makellos ['ma:kəllo:s] *a* immaculé, impeccable, irréprochable.

mäkeln ['mɛ:kəln] *itr* trouver à redire (*an etw* sur *od* à qc); critiquer, dénigrer (*an jdm, etw* qn, qc).

Makkaroni *pl* [maka'ro:ni] macaroni *m inv.*

Makler *m* ‹-s, -› ['ma:klər] courtier, agent d'affaires; *(Börsen~)* agent de change; *(für Grundstücke)* agent *m* immobilier; **~gebühr** *f* courtage *m.*

Makrele *f* ‹-, -n› [ma'kre:lə] *(Fisch)* maquereau *m.*

Makrokosmos ['makro-] macrocosme *m.*

Makrone *f* ‹-, -n› [ma'kro:nə] *(Gebäck)* macaron *m.*

Makulatur *f* ‹-, -en› [makula'tu:r] maculature *f,* papier *m* de rebut; *allg* rebut *m.*

mal [ma:l] *adv (a. math)* fois; *2 ~ 2 ist 4* 2 fois 2 font 4; *nicht ~ (fam)* ne ... même pas; *wir wollen ~ sehen (fam)* allons voir; *ich muß ~ (wohin) (aufs WC, fam)* il faut que j'aille quelque part; *besuchen Sie mich doch ~!* venez donc me voir; *denk (dir) ~!* imagine-toi! *denken Sie ~!* pensez donc! *hör ~ (her* od *zu)!* écoute! *sieh ~! schau ~!* voyons! probieren Sie ~! goûtez cela! *versuchen Sie es ~!* essayez donc! (*zu tun* de faire).

Mal [ma:l, 'mɛlər] **(1)** *n* ‹-(e)s, -e› *(nur in*

adverbialen Bestimmungen) fois *f; das erste, zweite* etc, *andere, nächste, vorige* od *letzte* ~ la première, deuxième *od* seconde *etc,* l'autre, la prochaine, la dernière fois; *dieses* ~ cette fois; *ein ums andere* ~ une fois sur deux, alternativement; *mit einem* ~ tout à coup, subitement; *(so) manches* ~ mainte(s) fois; *zum ersten* etc, *letzten* ~ pour la première *etc,* dernière fois; *zu wiederholten ~en* à plusieurs reprises; **(2)** *n* ‹-(e)s, -e/¨er)› *(Zeichen, Fleck)* signe *m,* marque, tache; *(Mutter~)* envie *f,* stigmate, nævus *m.*

Malai|e *m* ‹-n, -n› [ma'laɪə] , **~in** *f* ‹-, -nen› Malais(e *f*) *m;* **m~isch** [-'laɪɪʃ] *a* malais.

Malaria *f* ‹-, ø› [ma'la:ria] malaria *f,* paludisme *m,* fièvre *f* paludéenne.

Malaysia *n* [ma'laɪzia] la Malaisie.

Mal|buch *n* ['ma:l-] livre *m* à colorier; **m~en** *tr* **1.** peindre; *(porträtieren)* faire le portrait de; **2.** *fig (schildern)* (dé)peindre, représenter; *refl* **3.** *sich* ~ *(sich spiegeln)* se peindre, se refléter, se réfléchir; — *sich* ~ *lassen* faire faire son portrait; **~er** *m* ‹-s, -› **1.** *(Kunstmaler)* (artiste) peintre *m;* **2.** *(Anstreicher)* peintre *m* (en bâtiment); **~erei** *f* ‹-, -en› [-'raɪ] peinture *f;* **~erin** *f* ‹-, -nen› femme *f* peintre; **m~erisch** *a* pittoresque; **~kasten** *m* boîte à *od* de couleurs *od* de peinture.

mal=nehmen ['ma:l-] ‹*nimmt, nahm mal, malgenommen*› *tr* multiplier (*5 mit 2* 5 et 2).

Malt|a *n* ['malta] Malte *f;* **~eser(in)** *m* ‹-s, -› (*f* ‹-, -nen›) [-'te:zər] Maltais(e *f*) *m;* **~eserkreuz** *n* croix *f* de Malte.

Malve *f* ‹-, -n› ['malvə] *bot* mauve *f.*

Malz *n* ‹-es, ø› [malts] malt *m;* **~bier** *n* bière *f* de malt; **~bonbon** *m* od *n* cachet *m* de malt; **~kaffee** *m* café *m* de malt.

Mam|a *f* ‹-, -s› ['mama, ma'ma:] *fam* maman *f;* **~i** *f* ‹-, -s› *(Kindersprache)* mémé *f.*

Mammut *n* ‹-s, -e/-s› ['mamut, '-mu:t] *zoo* mammouth *m.*

man [man] **I.** *pron* on, l'on; *(Anrede an Leser)* vous; **II.** *adv dial* = *mal, einmal, nur.*

manag|en ['mɛnɪdʒən] *tr fam* diriger; organiser; **M~er** *m* ‹-s, -› manager, organisateur, dirigeant d'entreprise, cadre *m* supérieur (commercial); **M~erkrankheit** *f* surmenage *m* intellectuel *od* nerveux.

manch|(er, e, es) [manç(-)] *pron* maint, certain, tel, plus d'un; *pl a.* plusieurs, nombre de, (d')aucuns; **~erlei** [-'laɪ] divers, différent; toutes sortes (de); **~es** (bon) nombre (de); maintes choses; ~ *Mal* maintes fois; **~mal** *adv* quelquefois, parfois; mainte(s) fois; *pop* des fois.

Mandant *m* ‹-en, -en› [man'dant] mandant, commettant; *(e-s Rechtsanwalts)* client *m.*

Mandarine *f* ‹-, -n› [manda'ri:nə] mandarine *f.*

Mandat *n* ‹-(e)s, -e› [-man'da:t] *(Auftrag)* mandat (et pouvoir), pouvoir *m; sein* ~ *niederlegen (parl)* renoncer à *od* abandonner son mandat; **~sgebiet** *n* territoire *m* sous mandat.

Mandel *f* ‹-, -n› ['mandəl] **1.** *(Frucht)* amande *f;* **2.** *anat* amygdale *f;* — *gebrannte* ~ amande pralinée, praline *f;* **~baum** *m* amandier *m;* **~entzündung** *f* amygdalite *f;* **m~förmig** *a* en amande; **~öl** *n* essence *od* huile *f* d'amandes.

Mandoline *f* ‹-, -n› [mando'li:nə] mandoline *f.*

Mandschu|rei, *die* [mandʒu'raɪ] la Mandchourie; **m~risch** [-'dʒu:-/-'tʃu:rɪʃ] *a* mandchou.

Manege *f* ‹-, -n› [ma'ne:ʒə] *(Reitbahn)* manège *m.*

Mangan *n* ‹-s, ø› [maŋ'ga:n] *chem* manganèse *m.*

Mangel (1) *m* ‹-s, ¨› ['maŋəl, 'mɛŋəl] **1.** *(Fehlen)* manque *m,* absence *f,* défaut *m* (*an* de); *(Knappheit)* disette, pénurie *f,* dénuement *m;* indigence, rareté; *scient* carence *f;* **2.** *(Fehler)* défaut *m,* défectuosité; *(Unzulänglichkeit)* insuffisance, imperfection *f, jur* vice *m;* — *aus* ~ *an Beweisen (jur)* faute de preuves; ~ *haben an* manquer de; *daran ist kein* ~ ce n'est pas ce qui fait défaut, il n'en manque pas; ~ *an Vitaminen* carence *f* en vitamines; **(2)** *f* ‹-, -n› ['maŋəl] *(Wäscherolle)* calandre *f.*

Mangel|erscheinung *f* ['maŋəl-] *med* trouble *m* carentiel; **m~haft I.** *a* **1.** *(unzureichend)* insuffisant, déficient, imparfait; **2.** *(fehlerhaft)* défectueux, vicieux; *(unbefriedigend)* peu satisfaisant, médiocre; **II.** *adv* insuffisamment, peu, mal; — *~e Ernährung f* carence *f* nutritive *od* alimentaire; **~krankheit** *f* maladie *f* par carence *od* carentielle; **m~n (1)** *itr impers* manquer, faire défaut; **(2)** *tr* calandrer; **m~nd** *a: wegen ~er Erfahrung* faute d'expérience; *~e Erziehung f* manque *m* d'éducation.

Mängelrüge *f* ['mɛŋəl-] avis *m* des défauts, réclamation *f.*

mangel|s ['maŋəls] *prp gen* à défaut de, faute de; **M~ware** *f* marchandise *f* rare.

Manie *f* ‹-, -n› [ma'ni:] manie *f.*

Manier *f* ‹-, -en› [ma'ni:r] **1.** *(ohne pl)* manière, façon *f; (Stil)* style *m;* **2.** *pl* formes *f pl;* — *jdm ~en beibringen* apprendre les bonnes manières à qn, *fam* décrotter qn; *keine ~en haben* manquer de manières; **m~lich** [-'ni:rlɪç] *a* poli, civil.

Manifest *n* ‹-es, -e› [mani'fɛst] *pol* manifeste *m.*
Maniküre *f* ‹-, -n› [mani'ky:rə] **1.** *(ohne pl)* soins *m pl* des mains et des ongles; **2.** *(Handpflegerin)* manucure *f;* **m~n** ‹*ohne ge-*› *tr* manucurer, faire les mains (de).
manisch ['ma:nɪʃ] *a* maniaque.
Manko *n* ‹-s, -s› ['maŋko] **1.** *(Fehlbetrag)* déficit *m;* **2.** *allg fam (Fehler)* manque, défaut *m.*
Mann *m* ‹-(e)s, ¨er› [man, 'mɛnər] **1.** homme *m;* **2.** *(Ehemann)* mari, *fam* légitime *m;* **3.** *(Soldat* od *Arbeiter, mit Zahlwort)* homme *m;* — *bis auf den letzten* ~ jusqu'au dernier (homme); ~ *für* ~ un par un, l'un après l'autre; ~ *gegen* ~ corps à corps; *pro* ~ par homme, par tête; *s-e Ware an den* ~ *bringen* trouver preneur pour *od* débiter sa marchandise; *~s genug sein, um zu* être homme de taille à; *s-n* ~ *stehen* se montrer à la hauteur de sa tâche; *mit* ~ *und Maus untergehen (Schiff)* périr corps et biens; *Sie sind mein* ~ od *der* ~, *den ich brauche!* vous êtes mon homme, vous faites mon affaire! *mein lieber* ~*! (fam)* mon cher! ~ *über Bord!* un homme à la mer! *alle* ~ *an Deck!* tout le monde sur le pont! *selbst ist der* ~*!* ne compte que sur toi; *ein* ~, *ein Wort! (prov)* homme d'honneur n'a qu'une parole; *ein gemachter* ~ un homme arrivé; *der* ~ *auf der Straße* l'homme *m* de la rue; **m~bar** *a* pubère; *(Mädchen)* nubile.
Männ|chen *n* ‹-s, -› ['mɛnçən] *(a.* **~lein** *n)* **1.** petit (bon)homme, bout *m* d'homme; **2.** *(männl. Tier)* mâle *m;* — ~ *machen (Tier)* faire le beau.
Mannequin *n a. m* ‹-s, -s› [manə'kɛ̃:, 'manəkɛ̃] mannequin *m.*
Männer|chor *m* ['mɛnər-] chœur *m* d'hommes; **~stimme** *f* voix *f* d'homme *od* mâle.
Mann|esalter *n* ['manəs-] âge *m* adulte *od* mûr *od* viril; *im besten* ~ dans la force de l'âge; **m~haft** *a* vaillant, énergique, courageux, résolu.
mannig|fach ['manɪç-], *a.* **~faltig I.** *a* varié, divers, différent, multiple; **II.** *adv* diversement, de différentes manières; **M~faltigkeit** *f* ‹-, ø›) variété, diversité *f.*
männlich ['mɛnlɪç] *a* **1.** viril; **2.** *gram* masculin; **3.** *biol* mâle; **M~keit** *f* ‹-, ø› virilité *f.*
Mann|loch *n* ['man-] *tech* trou *m* d'homme, ouverture *f* de visite; **~sbild** *n pop* (bon)homme *m;* **~schaft** *f* **1.** *mil* troupe; *mil sport* équipe *f;* **2.** *mar* équipage *m;* **3.** *pl mil* hommes *m pl* de troupe; **~schaftsführer** *m sport* capitaine, chef *m* d'équipe; **m~shoch** *a* de la hauteur *od* taille d'un homme; **~sleute** *pl pop* hommes *m pl;* **m~stoll** *a* folle des hommes; *scient* nymphomane; **~weib** *n* femme hommasse, virago, amazone *f.*
Manometer *n* ‹-s, -› [mano'me:tər] manomètre *m.*
Manöv|er *n* ‹-s, -› [ma'nø:vər] **1.** *mil u. fig* manœuvre(s *pl*) *f;* **2.** *fig* ruse *f;* **m~rieren** ‹*ohne ge-*› *tr u. itr* manœuvrer; **m~rierfähig** *a* manœuvrable; en état de manœuvrer; *aero* maniable; **~rierfähigkeit** *f* ‹-, ø› manœuvrabilité; *aero* maniabilité *f;* **m~rierunfähig** *a* désemparé; *mar* n'obéissant pas à la barre.
Mansarde *f* ‹-, -n› [man'zardə] mansarde *f.*
Manschette *f* ‹-, -n› [man'ʃɛtə] **1.** manchette *f,* poignet *m;* **2.** *tech* rondelle, rosette, virole *f;* **3.** *(Blumentopf)* cache-pot *m;* **~nknopf** *m* bouton *m* de manchette.
Mantel *m* ‹-s, ¨› ['mantəl, 'mɛntəl] **1.** manteau; *(Herren~)* pardessus *m; mil* capote *f;* **2.** *tech* manteau *m;* chemise, enveloppe *f (a. mot, Fahrrad);* — *den* ~ *nach dem Winde hängen (fig)* retourner sa veste; **~aufschlag** *m* revers *m* de *od* du manteau; **~kragen** *m* collet *m* de manteau; **~tarif** *m* tarif *m* collectif; **~tasche** *f* poche *f* de pardessus; **~vertrag** *m* contrat-cadre, contrat-type *m.*
manuell [manu'ɛl] **I.** *a* manuel; **II.** *adv a.* à *od* avec la main.
Manuskript *n* ‹-(e)s, -e› [manu'skrɪpt] manuscrit *m; typ* copie *f; film* scénario *m.*
Mappe *f* ‹-, -n› ['mapə] **1.** (grand) portefeuille *m; (Sammel~, Ordner)* chemise *f,* classeur; *(Zeichen~)* carton *m; (Umlauf~)* chemise-bordereau *f;* **2.** *(Aktentasche)* serviette *f; (Schul~)* cartable; *(Kolleg~)* porte-documents *m.*
Marabu *m* ‹-s, -s› ['ma:rabu] *orn* marabout *m.*
Märchen *n* ‹-s, -› ['mɛ:rçən] **1.** conte *m* (de fées), fable *f;* **2.** *(dummes Zeug)* conte (bleu); *(Lügengeschichte)* conte *m* (en l'air *od* fait à plaisir), histoire *f;* **~buch** *n* livre *m* de contes; **m~haft** *a* fabuleux, féerique; **~land** *n* pays *m* féerique *od* des merveilles; **~prinz** *m* prince *m* charmant.
Marder *m* ‹-s, -› ['mardər], **~fell** *n* mart(r)e *f.*
Margarine *f* ‹-, ø› [marga'ri:nə] margarine *f.*
Margerite *f* ‹-, -n› [margə'ri:tə] *bot* grande marguerite, marguerite *f* des prés.
Mari|a *f* [ma'ri:a] , **~e** *f* [-'ri:] Marie *f;* **~enkäfer** *m* coccinelle; *pop* bête *f* à bon Dieu.
Marine *f* ‹-, -n› [ma'ri:nə] marine; *mil* force(s *pl*) navale(s), armée *f* de mer;

m~blau *a* bleu marine; **~offizier** *m* officier *m* de marine; **~schule** *f* école *f* navale; **~stützpunkt** *m* base *f* navale.
Marionette *f* ‹-, -n› [mario'nɛtə] marionnette *f a. fig; fig* pantin *m a. fig;* **~ntheater** *n* théâtre *m* de marionnettes.
Mark [mark] **(1)** *n* ‹-(e)s, ø› **1.** *anat* moelle; *bes. bot* pulpe *f;* **2.** *(Küche, bes. in Zssgen)* concentré *m;* **3.** *fig (Kern)* (quint)essence, substance *f; — durch ~ und Bein gehen* pénétrer jusque dans la moelle des os; **(2)** *f* ‹-, -en› *(Grenzgebiet)* marche *f;* **(3)** *f* ‹-, -› *(Währungseinheit)* mark *m.*
markant [mar'kant] *a (auffallend)* marquant; *(ausgeprägt)* marqué, prononcé, accusé.
Marke *f* ‹-, -n› ['markə] **1.** *(Zeichen)* marque *f,* repère *m;* **2.** *(Brief~, Gebühren~)* timbre; *(Lebensmittel~)* ticket; *(Spiel~, Automaten~)* jeton *m; (Erkennungs~)* plaque *f;* **3.** *com (Firma)* marque *f; eingetragene ~* marque déposée; **4.** *fam pej (Typ, Kerl)* numéro, type *m;* **~nartikel** *m* article *od* produit *m* de marque; **~nschutz** *m* protection *f* de la propriété industrielle; **~nware** *f* marchandise *f* de marque.
markerschütternd ['mark-] *a* déchirant.
markier|en [mar'ki:rən] ‹*ohne ge-*› *tr* **1.** marquer; *(auf e-r Karte)* repérer; *(Marschweg)* signaler, jalonner; **2.** *(betonen, hervorheben)* accentuer, souligner; **3.** *fam (simulieren, spielen)* simuler, faire; **M~ung** *f* marquage; repérage; jalonnement *m;* **M~ungspunkt** *m* repère *m;* **M~ungszeichen** *n* repère *m,* balise *f.*
markig ['markɪg] *a* **1.** moelleux; **2.** *fig* énergique, vigoureux.
Markise *f* ‹-, -n› [mar'ki:zə] *(Sonnendach)* marquise *f,* store *m.*
Markknochen *m* ['mark-] os *m* à moelle.
Markstein *m* ['mark-] borne *f; ein ~ sein (fig)* marquer une étape.
Markstück *n* ['mark-] pièce *f* d'un mark.
Markt *m* ‹-(e)s, ¨-e› [markt, 'mɛrktə] **1.** *(Ort)* marché *m;* **2.** *(Jahr~)* foire *f;* **3.** *(Absatz~)* débouché, marché *m; — auf dem ~* au marché; *auf den ~ bringen, kommen* mettre *od* lancer *od* introduire, être mis sur le marché; *freier ~* marché *m* libre; *grauer, schwarzer ~* marché gris, noir; **~analyse** *f* analyse *f* du marché; **~anteil** *m* part *f* du marché; **~bericht** *m* rapport *m od* revue *f od* bulletin *m* du marché, mercuriale *f;* **~bude** *f* échoppe *f;* **~flecken** *m* bourg(ade *f*) *m;* **~forschung** *f* recherche(s *pl*) *f od* sondages *m pl* et études *f pl* de marché, étude *od* analyse *f* du *od* des marché(s); **~frau** *f* marchande *od* dame de la halle; *pej* poissarde *f;* **~halle** *f* halle *f,* marché *m* couvert; **~lage** *f* situation *f* du marché; **~platz** *m* (place *f* du) marché *m;* **~schreier** *m* charlatan, bonimenteur, histrion *m;* **m~schreierisch** *a* charlatanesque; *fig a.* tapageur; **~schwankungen** *f pl* fluctuations *f pl* du marché; **~tag** *m* jour *m* de marché *od* de foire; **~wirtschaft** *f* économie *f* de marché; *freie ~* économie *f* libre.
Marmelade *f* ‹-, -n› [marmə'la:də] confiture *f;* **~(n)brot** *n* tartine *f* de confiture.
Marmor *m* ‹-s, -e› ['marmɔr] marbre *m;* **m~ieren** [-mo'ri:rən] ‹*ohne ge-*› *tr* marbrer; **m~iert** *a* veiné; **~ierung** *f* marbrure *f;* marbre *m* feint; **m~n** ['marmɔrn] *a* marmoréen, de marbre; **~platte** *f* plaque *f* de marbre; **~säule** *f* colonne *f* de marbre; **~tafel** *f* plaque *f* de marbre.
Marokk|aner(in) *m* ‹-s, -› (*f* ‹-, -nen›) [marɔ'ka:nər] Marocain(e *f*) *m;* **m~anisch** [-'ka:nɪʃ] *a* marocain; **~o** [-'rɔko] *n* le Maroc.
Marone *f* ‹-, -n› [ma'ro:nə] marron *m,* châtaigne *f.*
Marotte *f* ‹-, -n› [ma'rɔtə] marotte *f,* caprice *m.*
Mars *m* ‹-, ø› [mars] *rel astr* Mars *m.*
Marsch (1) *m* ‹-(e)s, ¨-e› [marʃ, 'mɛrʃə] *a. mil mus* marche *f; auf dem ~* en marche, en route; *in ~ setzen* mettre en marche *od* en route, acheminer (*nach* sur, vers); **(2)** *f* ‹-, -en› [marʃ] , **~boden** *m,* **~land** *n* noue *f.*
marsch [marʃ] *interj* marche! en avant! *mil* en avant, marche!
Marschall *m* ‹-s, ¨-e› ['marʃal, '-ʃɛlə] maréchal *m.*
marsch|bereit ['marʃ-] *a* prêt à marcher *od* à faire mouvement; **M~gepäck** *n* bagages *m pl od* paquetage *m* de route; **~ieren** ‹*ohne ge-*› *itr* ‹*sein*› marcher; faire mouvement (*auf ... zu* sur, vers); **M~kolonne** *f* colonne *f* de marche *od* de route; *(Fahrzeuge)* convoi *m;* **M~kompaß** *m* boussole *f* de marche; **M~lied** *n* chanson *f* de marche; **M~musik** *f* musique *f* militaire; **M~ordnung** *f: (in) ~* (en) formation *f od* ordre *m* de marche; *sich in ~ aufstellen* se former en colonnes; **M~pause** *f* halte *f* (horaire); **M~route** *f* itinéraire *m;* **M~stiefel** *m* botte de marche, demi-botte *f.*
Marstall *m* ‹-(e)s, ¨-e› ['marʃtal, '-ʃtɛlə] écurie *f* (royale *etc*).
Marter *f* ‹-, -n› ['martər] martyre; *fig* supplice *m,* torture *f;* **m~n** *tr* martyriser; *fig* torturer, mettre au supplice.
Märtyrer|(in) *m* ‹-s, -› (*f* ‹-, -nen›) ['mɛrtyrər] martyr(e *f*) *m; jdn zum ~ machen* faire un martyr de qn; **~tum** *n*

‹-s, ø› , **Martyrium** *n* ‹-s, -rien› [mar'ty:rium, -riən] martyre *m.*

Marx|ismus *m* ‹-, ø› [mar'ksɪsmus] marxisme *m;* **~ist** *m* ‹-en, -en› [-'ksɪst] marxiste *m;* **m~istisch** [-'ksɪstɪʃ] *a* marxiste.

März *m* ‹-es/*poet* -en, -e› [mɛrts] mars *m.*

Marzipan *n, a. m* ‹-s, -e› [martsi'pa:n, 'martsipa:n] massepain *m.*

Masche *f* ‹-, -n› ['maʃə] **1.** *(Schlinge)* maille *f;* point *m; e-e ~ fallen lassen* laisser tomber *od* filer une maille; **2.** *fam (Trick)* combine *f;* **~ndraht** *m* treillis *od* grillage *m* de fil de fer *od* métallique.

Maschine *f* ‹-, -n› [ma'ʃi:nə] **1.** machine *f a. loc; (Gerät)* engin *m;* **2.** *aero* appareil *m; — auf* od *mit der ~ schreiben* taper (à la machine), dactylographier; **m~ll** [-ʃi'nɛl] *a* mécanique, à la machine; *~ bearbeiten* usiner; *~ hergestellt* fait à la machine.

Maschinen|anlage *f* [ma'ʃi:nən-] machinerie, installation *f* mécanique; **~arbeit** *f* travail *od* ouvrage *m* à la machine; **~bau** *m* construction *f* mécanique *od* de machines; **~fabrik** *f* ateliers *m pl* de construction de machines *od* de constructions mécaniques; **m~geschrieben** *a* écrit à la machine; **~gewehr** *n: schweres ~* mitrailleuse *f; leichtes ~* fusil *m* mitrailleur; **~gewehrfeuer** *n* tir *m* de mitrailleuse; **~gewehrschütze** *m* mitrailleur *m;* **~halle** *f* halle *od* salle *f* des machines; **~meister** *m* (contremaître) mécanicien; *bes. theat* machiniste *m;* **~öl** *n* huile *f* à machines; **~pistole** *f* mitraillette *f,* pistolet *m* mitrailleur; **~raum** *m* salle *od* chambre *f* des machines; **~satz** *m* **1.** groupe *m* de machines; **2.** *typ* composition *f* mécanique; **~schaden** *m* avarie *f* de machine; **~schlosser** *m* serrurier-mécanicien *m;* **~schrift** *f* écriture *f* à la machine; *in ~,* **m~schriftlich** dactylographié, écrit *od* tapé à la machine; **~schuppen** *m loc* rotonde *f.*

Maschin|erie *f* ‹-, -n› [maʃinə'ri:] machinerie, mécanique *f;* **~ist** *m* ‹-en, -en› [-'nɪst] machiniste, mécanicien *m.*

Maser *f* ‹-, -n› ['ma:zər] *(im Holz)* madrure *f,* veines *f pl,* ronce *f;* **m~n** *tr* madrer, veiner.

Masern *pl* ['ma:zərn] *med* rougeole *f.*

Maserung *f* ‹-, ø› ['ma:zəruŋ] madrure *f.*

Mask|e *f* ‹-, -n› ['maskə] masque *m; fig* façade *f,* camouflage *m; die ~ abnehmen* od *fallenlassen (fig)* le masque; se démasquer; **~enball** *m* bal *m* masqué; **~enkostüm** *n* travesti, déguisement *m;* **~enzug** *m,* **~erade** *f* ‹-, -n› [-'ra:də] mascarade *f;* **m~ieren** [-'ki:rən] ‹*ohne ge-*› *tr a. fig* masquer; **~ierung** *f* ‹-, -en› **1.** déguisement *m;* **2.** *fig (Tarnung)* camouflage *m.*

Maskottchen *n* ‹-s, -› , **~e** *f* ‹-, -n› [mas'kɔtçən, -'kɔtə] mascotte *f.*

Masochismus *m* ‹-, ø› [mazɔ'xɪsmus] masochisme *m.*

Maß [ma:s] **(1)** *n* ‹-es, -e› **1.** mesure *f; (Eich~)* étalon *m,* jauge *f;* **2.** *(Ausdehnung)* étendue, dimension *f;* **3.** *(Verhältnis)* proportion *f; fig (Grad)* degré *m;* **4.** *(Schranken)* borne(s *pl*), limite(s *pl*) *f;* **(2)** *f* ‹-, -(e)› *(Bierkrug)* chope *f; — in dem ~e, daß ...* à ce point que, au point de *inf; in dem ~e wie* à mesure que, au fur et à mesure que, dans la mesure où *od* de; *in hohem ~e* dans une large mesure; à un haut degré; *kein ~ kennen* n'avoir pas *od* manquer de mesure; *nach ~ machen lassen* faire faire sur mesure; *mit zweierlei ~ messen (fig)* avoir deux poids et deux mesures; *~ nehmen* prendre mesure; *das ~ vollmachen* combler la mesure, faire déborder le vase; *das ~ ist voll* la mesure est pleine *od* (à son) comble; *~e und Gewichte n pl* poids *m pl* et mesures *f pl.*

Massage *f* ‹-, -n› [ma'sa:ʒə] *med* massage *m.*

Massak|er *n* ‹-s, -› [ma'sa:kər] *(Gemetzel)* massacre *m;* **m~rieren** [-'kri:rən] ‹*ohne ge-*› *tr* massacrer.

Maß|anzug *m* ['ma:s-] complet *m* sur mesure; **~arbeit** *f* travail *m* sur mesure.

Masse *f* ‹-, -n› ['masə] **1.** *(Menge)* masse *a. phys, fin; (bes. Menschen)* foule *f; pop (Haufen)* tas *m,* flopée *f; mil* gros *m;* **2.** *(Teig)* pâte; *(unförmiger Gegenstand)* masse *f; — eine ~ ... (pop)* un tas de; beaucoup de; *in der ~ untertauchen* se mêler à la foule; *die breite* od *große ~* la grande masse, les masses *f pl,* le plus grand nombre.

Maßeinheit *f* ['ma:s-] unité *f* de mesure.

Massen|absatz *m* ['masən-] vente *f* en grandes quantités; **~artikel** *m com* article *m* de masse *od* de série, pièce *f* de fabrication en masse; **~auflage** *f typ* gros tirage *m;* **~bewegung** *f pol* mouvement *m* de masses; **~demonstration** *f* manifestation *f* massive *od* en masse; **~elend** *n* paupérisme *m;* **~entlassung** *f* débauchage collectif, coup *m* de balai; **~erzeugung** *f,* **~fertigung** *f* production *od* fabrication *f* en masse *od* en grande série; **~flucht** *f* fuite *f* en masse, exode *m;* **~grab** *n* fosse *f* commune; **m~haft** *a* en masse, massif; **~medien** *pl* [-me:diən] moyens *m pl* audio-visuels, médias *m pl;* **~mensch** *m* homme *m* de la masse *od* des foules; **~mord** *m* meurtre *m* en masse; **~psychologie** *f* psychologie *f* des foules; **~verhaftungen** *f pl* arrestations *f pl* massives *od* en masse; **~versammlung** *f* réunion *f od* meeting *m* de masse.

Mass|eur *m* ‹-s, -e› [ma'sø:r] masseur *m;* **~euse** *f* ‹-, -n› [-'sø:zə] masseuse *f.*

maß|gebend ['ma:s-] *a,* **~geblich** *a* décisif; déterminant; prépondérant; compétent, autorisé; **~geschneidert** *a* *(Anzug)* (fait) sur mesure; **~≈halten** *itr* ‹*hält, hielt maß, maßgehalten*› garder la mesure, se modérer.

massier|en [ma'si:rən] ‹*ohne ge-*› *tr* **1.** *med* masser; **2.** *mil* concentrer, quadriller; **~t** *a (Angriff)* massif, en masse, en force.

massig ['masıç] *a* massif, en amas.

mäßig ['mɛ:sıç] *a* **1.** *(gemäßigt)* modéré; *(genügsam)* frugal, sobre; **2.** *(mittel~)* moyen, médiocre, passable, tel quel; **3.** *(niedrig, bes. Preis)* modéré, modique; **~en** *tr* **1.** modérer; *(mildern)* tempérer; *(Worte)* adoucir; **2.** *(einschränken)* contenir; *(herabsetzen)* diminuer; **M~keit** *f* ‹-, ø› *(Genügsamkeit)* frugalité, sobriété, tempérance *f;* **M~ung** *f* ‹-, ø› **1.** modération *f;* **2.** *(Herabsetzung)* diminution *f.*

massiv [ma'si:f] *a* massif; *arch (~ gebaut)* construit en dur.

Maß|kleidung *f* ['ma:s-] habillement *m od* vêtements *m pl* sur mesure; **~konfektion** *f* mesure industrielle *od* américaine, prémesure *f;* **~krug** *m* chope *f;* **m~los** *a* démesuré, sans *od* outre mesure; *(unmäßig)* immodéré; au-delà de toute mesure; *(übermäßig)* excessif; outrancier, à outrance; **~losigkeit** *f* démesure *f;* excès *m;* **~nahme** *f* ‹-, -n› **1.** *(Maßregel)* mesure *f;* **2.** *(Handlung)* opération, action *f;* — *~n ergreifen* prendre des mesures; **~regel** *f* = *Maßnahme;* **m~regeln** *tr* prendre des mesures disciplinaires contre; **~reg(e)lung** *f* mesure *f* disciplinaire; **~stab** *m* **1.** *(Kartenmaßstab)* échelle *f;* **2.** *(Lineal)* règle *f* (graduée); **3.** *fig* norme *f; (Vergleich)* critère *m;* — *in großem, kleinem ~* sur une grande *od* large, petite échelle; *im ~ 1 : 100 000* au cent millième; *e-n strengen ~ anlegen* appliquer *od* utiliser des critères sévères; **m~voll** *a* mesuré, avec mesure; *(mäßig)* modéré.

Mast [mast] **(1)** *m* ‹-es, -en/(-e)› *(~baum)* mât; *el tele* poteau; *(Gittermast)* pylône *m;* **(2)** *f* ‹-, -en› *agr* engraissement *m.*

Mastbaum *m* ['mast-] mât *m.*

Mastdarm *m* ['mast-] rectum *m.*

mästen ['mɛstən] *tr* engraisser, mettre à l'engrais.

Mast|futter *n* ['mast-] engrais *m;* **~gans** *f* oie *f* grasse.

Mastkorb *m* ['mast-] *mar* hune *f.*

Material *n* ‹-s, -lien› [materi'a:l, -liən] **1.** matériel *m,* matière *f;* *(Baustoff)* matériau(x *pl*) *m;* **2.** *(fig: Unterlagen)* documents *m pl,* documentation *f;* **~fehler** *m* défaut *od* vice *m* de matériel *od* de matière; **~ismus** *m* ‹-, ø› [-'lısmus] matérialisme *m;* **~ist** *m* ‹-en, -en› [-'lıst] matérialiste *m;* **m~istisch** [-'lıstıʃ] *a* matérialiste.

Materi|e *f* ‹-, -n› [ma'te:riə] **1.** matière *a. fig;* substance *f;* **2.** *(Gegenstand e-r Untersuchung)* sujet, thème *m; mit der ~ vertraut (a.)* initié; **m~ell** [-teri'ɛl] *a* matériel; *in ~er Hinsicht* matériellement.

Mathemat|ik *f* ‹-, ø› [matema'ti:k] mathématiques *f pl; höhere ~* mathématiques *f pl* supérieures; *angewandte ~* mathématiques *f pl* pures *od* appliquées; **m~isch** [-'ma:tıʃ] *a* mathématique.

Matjeshering *m* ['matjəs-] hareng *m* vierge.

Matratze *f* ‹-, -n› [ma'tratsə] matelas, *(Feder~)* sommier *m.*

Mätresse *f* ‹-, -n› [mɛ'trɛsə] maîtresse *f.*

Matriarchat *n* ‹-(e)s, -e› [matriar'ça:t] *(Mutterrecht)* matriarcat *m.*

Matrikel *f* ‹-, -n› [ma'tri:kəl] *(Verzeichnis)* matricule *f;* **~nummer** *f* numéro *m* (de) matricule.

Matrize *f* ‹-, -n› [ma'tri:tsə] *tech* matrice *f.*

Matrone *f* ‹-, -n› [ma'tro:nə] matrone *f.*

Matrose *m* ‹-n, -n› [ma'tro:zə] *(a. als Dienstgrad)* matelot; *(Seemann)* marin *m.*

Matsch *m* ‹-(e)s, ø› [matʃ] **1.** *fam (weiche Masse)* gâchis *m;* **2.** *(nasser Schmutz)* boue *f;* **m~ig** *a (schlammig)* boueux; *(Obst)* blet.

matt [mat] *a* **1.** *(glanzlos)* mat, terne, sans lustre; *(Metall)* éteint; *(Glas)* dépoli; *(Schimmer)* pâle, faible; *(Blick)* sans éclat; **2.** *(schlaff, abgespannt)* las, sans énergie; fatigué, épuisé; *(Stimme)* mourant; **3.** *(Schach)* échec et mat; — *~ schleifen* dépolir; *jdn ~ setzen (Schach u. fig)* faire qn échec et mat, donner échec et mat à qn.

Matte *f* ‹-, -n› ['matə] **1.** *(Geflecht)* natte *f;* *(Fuß~)* paillasson; *sport* tapis *m;* **2.** *(Alpenweide)* pâturage (alpestre), alpage *m.*

Matt|glas *n* ['mat-] verre *m* dépoli; **m~ieren** [-'ti:rən] ‹*ohne ge-*› *tr* matir, rendre mat; *(Glas)* dépolir; **~igkeit** *f* ‹-, ø› lassitude, langueur *f,* manque *m* d'énergie; fatigue *f,* épuisement *m;* **~scheibe** *f phot* verre *m* dépoli; *fig fam ~ haben* avoir la comprenette dure.

Matze *f* ‹-, -n›, **~n** *m* ‹-s, -› ['matsə(n)] pain *m* azyme.

Mauer *f* ‹-, -n› ['mauər] mur *m;* muraille *f;* **~absatz** *m* redan, redent *m;* **~blümchen** *n: ~ sein* faire tapisserie; **m~n** *tr*

maçonner; **~segler** *m orn* martinet *m;* **~werk** *n* (ouvrage *m* de) maçonnerie *f.*
Maul *n* ‹-(e)s, ¨-er› [maʊl, 'mɔʏlər] *a. pop u. pej* gueule *f;* mufle *m; das ~ aufreißen (pop)* gueuler, japper; *ein großes ~ haben (pop fig)* être *od* avoir une grande gueule; *jdm das ~ stopfen (pop)* clore *od* clouer le bec, rabattre le caquet à qn; *halt's ~! (pop)* ta gueule!
Maulbeerbaum *m* ['maʊlbe:r-] mûrier *m.*
maulen ['maʊlen] *itr* faire la gueule *od* la moue, faire la *od* sa lippe; bouder; *fam* rouspéter, râler.
Maul|esel *m* ['maʊl-] (petit) mulet *m;* **m~faul** *a: ~ sein* ne pas desserrer les dents, ne pas dire mot; **~held** *m* capitan, fanfaron, bravache *m;* **~korb** *m* muselière *f;* **~taschen** *f pl (Küche)* ravioli *m pl;* **~tier** *n* (grand) mulet *m;* **~tiertreiber** *m* muletier *m;* **~- und Klauenseuche** *f vet* fièvre *f* aphteuse.
Maulwurf *m* ['maʊl-] taupe *f;* **~shaufen** *m,* **~shügel** *m* taupinière *f.*
Maure *m* ‹-n, -n› ['maʊrə] Maure, More *m.*
Maurer *m* ‹-s, -› ['maʊrər] maçon *m;* **~arbeit** *f,* **~ei** *f* [-'raɪ] maçonnage *m,* maçonnerie *f;* **~kelle** *f* truelle *f;* **~polier** *m* contremaître *m* maçon.
maurisch ['maʊrɪʃ] *a* maur(esqu)e, mor(esqu)e.
Maus *f* ‹-, ¨-e› [maʊs, 'mɔʏzə] souris *f; mit Mann und ~ (fig)* corps et biens.
Mäusebussard *m* ['mɔʏzə-] *orn* buse *f.*
Mause|falle *f* ['maʊzə-] souricière *f;* **~loch** *n* trou *m* de souris; **m~n** **1.** *itr (Mäuse fangen)* prendre des souris; **2.** *tr fam hum (stibitzen)* chiper.
Mauser *f* ‹-, ø› ['maʊzər] mue *f; in der ~* en mue; **m~n,** *sich* **1.** muer; **2.** *fig* faire peau neuve.
mausetot ['maʊzə-] *a hum* bien *od* raide mort.
mausig ['maʊzɪç] *a: sich ~ machen (fam)* se dresser *od* se monter sur ses ergots, faire l'important.
Mausoleum *n* ‹-s, -leen› [maʊzo'le:ʊm, -'le:ən] mausolée *m.*
maxim|al [maksi'ma:l] **I.** *a* maximal; *attr* maximum, maxima *inv;* **II.** *adv* au maximum; **M~e** *f* ‹-, -n› [-'ksi:mə] maxime *f;* **M~um** *n* ‹-s, -ma› ['maksimʊm, -ma] maximum *m.*
Mayonnaise *f* ‹-, -n› [majɔ'nɛ:zə] mayonnaise *f.*
Mazedonien *n* [matse'do:niən] la Macédoine.
Mäzen *m* ‹-s, -e› [mɛ'tse:n] *(Gönner)* mécène *m.*
Mechan|ik *f* ‹-, -en› [me'ça:nɪk] mécanique *f;* **~iker** *m* ‹-s, -› [-'ça:nikər] mécanicien; *fam* mécano *m;* **m~isch** [-'ça:nɪʃ] *a, a. fig* mécanique; **m~isieren** [-çani'zi:rən] ‹*ohne ge-*› *tr* mécaniser; **~isierung** *f* mécanisation *f;* **~ismus** *m* ‹-, -men› [-'nɪsmʊs, -mən] mécanisme *m.*
Mecker|er *m* ‹-s, -› ['mɛkərər] *fam* rouspéteur *m;* **m~n** *itr* **1.** *(Ziege)* chevroter, bêler; **2.** *fam (Mensch)* rouspéter.
Medaill|e *f* ‹-, -n› [me'daljə] médaille *f;* **~on** *n* ‹-s, -s› [medal'jõ:] *a. arch* médaillon *m.*
Medien *pl* ['me:diən] = *Massenmedien.*
Medikament *n* ‹-(e)s, -e› [medika'mɛnt] médicament, remède *m.*
Medizin *f* ‹-, -en› [medi'tsi:n] **1.** *(Heilkunde)* médecine *f;* **2.** *(Heilmittel)* médicament, remède *m; — innere ~* médecine *f* interne; **~ball** *m* médecine-ball *m;* **~er** *m* ‹-s, -› **1.** *(Arzt)* médecin *m;* **2.** *(Student)* étudiant *m* en médecine; **m~isch** *a* **1.** *(Medizin-)* de médecine; *(ärztlich)* médical; **2.** *(arzneilich)* médicinal; **~mann** *m* ‹-(e)s, ¨-er› sorcier (guérisseur), guérisseur *m.*
Meer *n* ‹-(e)s, -e› [me:r] mer *f; (Welt~)* océan *m;* **~busen** *m* golfe *m;* **~enge** *f* détroit *m.*
Meeres|arm *m* ['me:rəs-] bras *m* de mer; **~boden** *m,* **~grund** *m* fond *m* de la mer; **~höhe** *f* niveau *m* de la mer; **~kunde** *f* océanographie *f;* **~küste** *f* côte *f* de la mer; **~spiegel** *m* niveau *m od* surface *f* de la mer.
Meer|rettich *m* ['me:r-] raifort *m;* **~saline** *f* marais *m* salant, salanque *f;* **~schaum** *m* écume *f* de mer; **~schweinchen** *n* cochon d'Inde, cobaye *m;* **~wasser** *n* eau *f* de mer.
Mega|hertz *n* ['mega-] *radio* mégacycle *m;* **~phon** *n* ‹-s, -e› [-'fo:n] mégaphone, porte-voix *m.*
Mehl *n* ‹-(e)s, ø/-e› [me:l] farine; *allg* poudre *f; mit ~ bestreuen* (en)fariner; **~handel** *m* minoterie *f;* **~händler** *m* minotier *m;* **m~ig** *a* farineux; **~käfer** *m* ténébrion *m;* **~sack** *m* sac *m* à farine; **~schwitze** *f (Küche)* roux *m;* **~speise** *f* farineux *m;* **~tau** *m (Pflanzenkrankheit)* blanc; *(beim Wein)* mildiou *m;* **~wurm** *m (Larve des Mehlkäfers)* ver *m* de farine.
mehr [me:r] *adv (Komparativ von viel) (vor Substantiv)* plus (de); *(alleinstehend)* plus, davantage; *~ als* plus que; *(vor e-r Zahl)* plus de; *~ und ~, immer ~* de plus en plus; *je ~ ..., desto ...* plus ..., plus ...; *nicht ~* ne ... plus; *nicht ~ und nicht weniger* ni plus ni moins; *nie ~* (ne ...) jamais plus; *noch ~* encore plus, davantage; *um so ~* d'autant plus (*als* que); *(alleinstehend)* à plus forte raison; *~ denn je* plus que jamais; *~ noch* bien plus; *~ tot als lebendig (fam)* plus mort que vif; *nach ~ schmecken* avoir un goût de revenez-y; *was wollen Sie ~?* que voulez-vous de plus? *~ als*

das! il y a mieux que cela; *kein Wort ~!* plus un mot! tais-toi! taisez-vous! *ein Grund ~* raison de plus.

Mehr *n* ‹-(s), ø› [me:r] plus; *(Überschuß)* surplus, excédent *m; ~***arbeit** *f* surcroît *m* de travail; **~belastung** *f* surcharge *f;* **~betrag** *m* (somme *f* en) excédent *m;* **m~deutig** *a* ambigu; **~deutigkeit** *f* ‹-, ø› ambiguïté *f;* **~einnahme** *f* excédent *m* de recettes; **m~en** *tr* augmenter; *sich ~* augmenter, se multiplier, s'accroître; **m~ere** ['me:rərə] plusieurs *pl;* **~erlös** *m,* **~ertrag** *m* surplus, excédent *m;* **m~fach I.** *a* **1.** multiple, plural; **2.** *(wiederholt)* répété, réitéré; **II.** *adv* plusieurs fois, à plusieurs *od* diverses reprises; **~familienhaus** *n* immeuble *m* collectif; **m~gleisig** *a loc* à plusieurs voies; **~heit** *f* ‹-, -en› majorité; *(Vielzahl)* pluralité *f; die ~* le grand nombre; *in der ~ (befindlich)* majoritaire; *die ~ der abgegebenen Stimmen erhalten* od *auf sich vereinigen* recueillir la majorité des suffrages exprimés; *absolute, einfache, kompakte, relative ~* majorité *f* absolue, simple, massive, relative; **~heitsbeschluß** *m parl* décision *f* à la *od* de majorité; **~heitswahl** *f* suffrage *od* scrutin *m* majoritaire; **m~jährig** *a* **1.** de plusieurs années; **2.** *bot* pluriannuel; **~kosten** *pl* excédent *m* de frais, frais *m pl od* dépenses *f pl* supplémentaires; **m~malig** *a* répété, réitéré; **m~mals** *adv* plusieurs fois; à plusieurs reprises; **m~motorig** *a* multimoteur; **~parteiensystem** *n* système *m* pluripartite; **m~phasig** *a el* polyphasé; **m~polig** *a el* multipolaire; **m~silbig** *a* polysyllabe; *~es Wort n* polysyllabe *m;* **m~sprachig** *a* polyglotte; **m~stellig** *a* à plusieurs chiffres; **m~stufig** *a (Rakete)* à plusieurs étages; **m~stündig** *a,* **m~tägig** *a* de plusieurs heures, jours; **~ung** *f* augmentation *f,* accroissement *m;* **~verbrauch** *m* consommation *f* additionnelle, excédent *m* de consommation; **~wert** *m* plus-value *f; (Steuerwesen)* valeur *f* ajoutée; **m~wertig** *a chem* polyvalent; **~wertsteuer** *f* taxe *f* sur la valeur ajoutée (T.V.A.); **~zahl,** *die* **1.** la plus grande partie, la majorité, la plupart; **2.** *gram* le pluriel.

meiden ['maɪdən] ‹*meidet, mied, gemieden*› *tr* éviter; *(e-r Sache ausweichen)* fuir.

Meile *f* ‹-, -n› ['maɪlə] mille *m;* lieue *f;* **~nstein** *m* pierre *od* colonne *f* miliaire.

Meiler *m* ‹-s, -› ['maɪlər] meule (à charbon *od* de charbonnier), charbonnière *f.*

mein|(e) [maɪn] *pron attr* mon, ma; *pl* mes; *pred* **~e(r, s)** u. *der, die, das meine* le mien, la mienne; *~ und dein* le tien et le mien; *für ~ Teil* pour ma part.

Meineid *m* ‹-(e)s, -e› ['maɪnˀaɪt, -də] parjure, faux serment *m; e-n ~ schwören* se parjurer, faire un parjure *od* faux serment; **m~ig** *a* parjure; *~ werden* se parjurer.

meinen ['maɪnən] *tr* **1.** être d'avis; estimer; *(denken)* penser; *(glauben)* croire; **2.** *(aussagen)* déclarer, dire; **3.** *(sagen wollen)* entendre, (vouloir) parler (de); — *es ernst ~* être sérieux, parler sérieusement; *es gut mit jdm ~* vouloir du bien à qn, avoir de bonnes intentions envers qn; *damit sind Sie gemeint* cela s'adresse à vous; *man könnte* od *sollte ~* on dirait, on aurait dit, il est à croire; *es war nicht böse gemeint* il n'y avait pas de mauvaise intention; *das war nicht so gemeint* c'est une façon de parler; *was ~ Sie damit?* qu'entendez-vous *od* que voulez-vous dire par là? *was ~ Sie dazu?* qu'en pensez-vous? *wen ~ Sie?* de qui parlez-vous? *wie ~ Sie?* vous disiez? plaît-il? *wie ~ Sie das?* comment entendez-vous cela? *das will ich ~!* je pense bien! je le crois bien! *wie Sie ~!* comme vous voudrez.

mein|er ['maɪnər] *(gen von: ich)* de moi; *er gedenkt ~* il se souvient de moi; il pense à moi; **~erseits** *adv* de mon côté, de *od* pour ma part; quant à moi; **~esgleichen** *pron sing* mon égal; *pl* mes égaux, mes semblables, mes pareils; **~ethalben** *adv,* **~etwegen** *adv* à cause de *od* pour moi; *~! (ich habe nichts dagegen)* je le veux bien, je ne m'y oppose pas; d'accord! soit! passe! va! **~etwillen** *adv: um ~* pour moi; **~ige,** *der, die, das (pron)* le mien, la mienne; *die M~n pl (meine Familie)* les miens, ma famille.

Meinung *f* ‹-, -en› ['maɪnʊŋ] *(Ansicht)* opinion *f,* avis *m,* manière de voir; *(Idee)* idée, pensée; *pol* optique *f; meiner ~ nach* à mon avis; *s-e ~ ändern* changer d'avis *od* d'idée; *s-e ~ äußern* exprimer *od* faire connaître *od* donner son opinion *od* avis; *sich e-e ~ bilden* se faire une opinion; *e-e gute, schlechte, hohe ~ von ... haben* avoir une bonne, mauvaise, haute opinion de ...; *jdm gehörig die ~ sagen* sonner les cloches à qn *fam; der ~ sein, daß* être d'avis que; *anderer ~ sein* être d'un autre avis; *der gleichen ~ sein wie, einer ~ sein mit* être du même avis que; partager l'opinion de; *die ~en gehen ausea.* od *sind geteilt* les avis sont partagés; *ganz meine ~!* je vous *od* te crois; tout à fait mon avis; *öffentliche ~* opinion *f* (publique); *vorgefaßte ~* idée *f* préconçue, parti *m* pris; **~säußerung** *f* manifestation *f* d'opinion; **~saustausch** *m* échange *m* de vues; **~sforschung** *f* sondage *m* d'opinion, enquête *f* par sondage; **~sverschiedenheit** *f* **1.** divergence *od* différence d'opinions *od* de vues, dissension *f;* **2.** *(Streit)* différend *m.*

Meise *f* ‹-, -n› ['maɪzə] *orn* mésange *f.*
Meißel *m* ‹-s, -› ['maɪsəl] ciseau, burin *m;* **m~n** *tr* ciseler, buriner.
meist [maɪst] *adv* **1.** *(zeitl.)* le plus souvent, la plupart du temps; **2.** *allg* dans la plupart *od* la généralité des cas, généralement; **~bietend** *adv* au plus offrant et dernier enchérisseur; *der M~e* le plus offrant; **~e** *a: der, die, das ~ ...* le plus de, la plupart de ...; *das ~* le plus, la plus grande partie; *die ~n (...) pl* la plupart (de); le plus grand nombre, la majeure partie, la majorité; *am ~n* le plus; *in den ~n Fällen* dans la majorité des cas; *die ~n Leute pl* la plupart *od* les trois-quarts des gens; *die ~ Zeit* la plupart du temps; **~ens** *adv = meist.*
Meister *m* ‹-s, -› ['maɪstər] **1.** maître; *(Chef)* patron *m;* **2.** *sport* champion *m;* — *s-n ~ finden (fig)* trouver son maître *od* plus fort que soi; *es ist noch kein ~ vom Himmel gefallen* apprenti n'est pas maître; il y a commencement à tout; **~brief** *m* brevet *od* diplôme *m* de maîtrise; **m~haft I.** *a* magistral, parfait; **II.** *adv* en maître, magistralement, à la perfection; **~hand** *f: von ~* de main de maître; **~in** *f* ‹-, -nen› **1.** maîtresse; patronne *f;* **2.** *sport* championne *f;* **m~n** *tr (Aufgabe)* s'acquitter de, venir à bout de; *(Schwierigkeit)* vaincre, faire face à; **~prüfung** *f* examen *m* de maîtr(is)e; épreuve *f* de maître; **~schaft** *f* **1.** maîtrise *f;* **2.** *sport* championnat *m;* **~stück** *n,* **~werk** *n* chef-d'œuvre *m.*
Mekka *n* ['mɛka] la Mecque.
Melanchol|ie *f* ‹-, -n› [melaŋko'li:] mélancolie *f;* **m~isch** [-'ko:lɪʃ] *a* mélancolique.
Melde|amt *n* ['mɛldə-] *(Einwohner~)* bureau *m* des déclarations; **~frist** *f* délai *m* de déclaration; **~gänger** *m mil* estafette *f;* **~hund** *m* chien-estafette *m.*
melden ['mɛldən] *tr* **1.** *(ankündigen)* annoncer *(jdn* qn); apprendre *(jdm etw* qc à qn); *(mitteilen)* signaler; avertir, informer *(jdm etw* qn de qc); faire part *(jdm etw* à qn de qc); **2.** *(berichten)* rendre compte *(jdm etw* à qn de qc); rapporter; *tele* transmettre (par message); **3.** *(anmelden)* faire inscrire; *refl: sich ~* **4.** se présenter *(bei jdm* à *od* chez qn; *zu etw* pour qc); **5.** se proposer *(für etw* pour qc); *(Schule)* lever la main; **6.** *(sich anmelden)* se faire inscrire; **7.** *tele* répondre (à l'appel); — *es meldet sich niemand (tele)* ça ne répond pas; *wen darf ich ~?* qui dois-je annoncer?
Meldepflicht *f* ['mɛldə-] **1.** *(für e-e Person)* inscription *f* obligatoire; **2.** *(für e-e Sache)* déclaration *f* obligatoire; **m~ig** *a* **1.** *(Person)* soumis à l'inscription; **2.** *(Sache)* à déclarer.
Meld|er *m* ‹-s, -› ['mɛldər] *mil* estafette *f;* agent *m* de transmission; **~ung** *f* ‹-, -en› **1.** annonce *f;* avertissement, faire-part *m,* notification, information, communication *f;* compte rendu, rapport; *tele* avertissement; *radio* message *m;* **2.** *(An~, bes. sport)* (demande d')inscription *f;* — *jdm ~ machen (mil)* rendre compte à qn; *letzte ~en (Zeitung)* dernière heure *f.*
meliert [me'li:rt] *a* **1.** mélangé; **2.** *(Haar)* grisonnant.
melk|en ['mɛlkən] ‹*melkte* od *molk, gemolken* od *gemelkt*› *tr* traire; **M~er** *m* ‹-s, -› trayeur *m;* **M~maschine** *f* trayeuse *f.*
Melo|die *f* ‹-, -n› [melo'di:] mélodie *f,* air *m;* **m~dienreich** *a,* **m~diös** [-di'ø:s] *a* mélodieux; **m~disch** [-'lo:dɪʃ] *a* mélodique.
Melone *f* ‹-, -n› [me'lo:nə] **1.** *bot* melon *m;* **2.** *(Hut)* (chapeau) melon *m,* cape *f.*
Membran(e) *f* ‹-, -en› [mɛm'bra:n(ə)] membrane *f; bes. tele* diaphragme *m.*
Memme *f* ‹-, -n› ['mɛmə] poltron, couard *m.*
Memoiren *pl* [memo'a:rən] mémoires *f pl.*
Memorandum *n* ‹-s, -den/-da› [memo'randum, -dən/-da] *pol* mémorandum, aide-mémoire *m.*
Menagerie *f* ‹-, -n› [menaʒə'ri:] *(Tierschau)* ménagerie *f.*
Menge *f* ‹-, -n› ['mɛŋə] **1.** quantité *f;* **2.** *(große)* multitude *f,* grand nombre *m,* masse *f; (Haufen)* tas, amas *m;* **3.** *(Menschen~)* foule, cohue *f;* — *e-e (ganze) ~ (gen) (fam)* quantité (de), un tas (de), pas. mal (de), force *(ohne Artikel); pop* des masses (de); *in großen* od *(fam) rauhen ~n* à profusion, en masses, par millions, comme s'il en pleuvait; *in kleinen ~n* par petites quantités; *sich unter die ~ mischen, in der ~ untertauchen* se mêler à *od* avec la foule.
mengen ['mɛŋən] *tr* mêler; mélanger.
Mengen|lehre *f* ['mɛŋən-] *math* **1.** théorie *f* des ensembles; **2.** mathématiques *f pl* modernes; **m~mäßig** *a* quantitatif.
Mensa *f* ‹-, -s/-sen› ['mɛnza, '-zən] restaurant *m* universitaire.
Mensch [mɛnʃ] **1.** *m* ‹-en, -en› homme, être *m* (humain); **2.** *n* ‹-(e)s, -er› *fam pej* créature *f;* — *kein ~ (niemand)* personne; *unter (die) ~en kommen* voir du monde; *ein (ganz) anderer ~ werden (fig)* faire peau neuve; *er ist auch nur ein ~* c'est un homme comme nous; *der ~ denkt, Gott lenkt (prov)* l'homme propose et Dieu dispose; *~! (interj); ~ Meier!* bigre! diantre! nom d'une pipe *od* de nom!
Menschen|affe *m* ['mɛnʃən-] anthropoïde *m;* **~alter** *n* génération *f;* **~bild** *n philos* conception *f* de l'homme; **~feind**

m misanthrope *m;* **~fresser** *m* anthropophage *m;* **~freund** *m* philanthrope *m;* **m~freundlich** *a* philanthropique; *(leutselig)* affable; *(wohlwollend)* bienveillant; **~gedenken** *n: seit ~* de mémoire d'homme; **~geschlecht,** *das* le genre humain, l'espèce *f od* la race humaine; **~kenntnis** *f* connaissance *f* des hommes; **~leben** *n* vie *f* humaine; *~ fordern* od *kosten* faire des victimes; **m~leer** *a* dépeuplé, désert; **~massen** *f pl* masses *f pl;* **~menge** *f* foule, multitude *f;* **m~möglich** *a* humainement possible; *das ~e tun* faire tout son possible; **~potential** *n* ressources *f pl* en hommes; **~rechte** *n pl* droits *m pl* de l'homme; **m~scheu** *a* sauvage; *(schüchtern)* timide; **~schlag** *m* race *f* d'hommes; **~seele** *f: es war keine ~ zu sehen* il n'y avait âme qui vive; **~skind** *n: ~!* mon vieux! **~verstand** *m: gesunder ~* bon sens, sens *m* commun; **~würde** *f* dignité *f* humaine *od* d'homme.

Mensch|heit *f* ‹-, ø› ['mɛnʃhaɪt] humanité *f;* genre *m* humain; **m~lich** *a* humain; **~lichkeit** *f* ‹-, ø› humanité *f;* **~werdung** *f* **1.** *rel* incarnation *f;* **2.** *biol* hominisation *f.*

Menstruation *f* ‹-, -en› [mɛnstruatsi'o:n] *physiol* menstruation *f,* menstrues, règles *f pl.*

Mentalität *f* ‹-, -en› [mɛntali'tɛ:t] mentalité *f.*

Mentor *m* ‹-s, -en› ['mɛntɔr, -'to:rən] mentor; guide, conseiller *m.*

Menuett *n* ‹-(e)s, -e/(-s)› [menu'ɛt] *(Tanz)* menuet *m.*

Mergel *m* ‹-s, -› ['mɛrgəl] *geol* marne *f.*

Meridian *m* ‹-s, -e› [meridi'a:n] *geog* méridien *m.*

merk|bar ['mɛrk-] *a* perceptible, sensible; **M~blatt** *n* feuille *f* de renseignements, (note *f*) aide-mémoire *m;* **~en 1.** *tr* remarquer; *(wahrnehmen)* s'apercevoir de; *(spüren)* sentir; **2.** *refl: sich etw ~* retenir, ne pas oublier qc; — *nichts ~* n'y voir que du feu; *jdn etw nicht ~ lassen* ne pas laisser entendre *od* paraître *od* voir qc à qn; *das werde ich mir ~* je m'en souviendrai; cela me servira de leçon; *das muß man sich ~* c'est bon à savoir; *~ Sie sich das!* retenez bien cela! tenez-vous-le pour dit! **~lich** *a* sensible; visible; évident; *~e Besserung* mieux *m* sensible; **M~mal** *n* ‹-s, -e› marque *f* (distinctive), signe (caractéristique); indice *m,* caractéristique *f; (Unterscheidungs~)* critère *m;* **~würdig** *a* *(seltsam)* curieux, singulier; **~würdigerweise** *adv* curieusement, chose curieuse; **M~würdigkeit** *f* curiosité, singularité; chose *f* curieuse *od* étrange.

Merowinger *m pl* ['me:rovɪŋər] *hist* Mérovingiens *m pl.*

Mesner *m* ‹-s, -› ['mɛsnər] *rel* sacristain *m.*

Meß|apparat *m* ['mɛs-] appareil de mesure, indicateur *m;* **m~bar** *a* mesurable, mensurable; **~becher** *m* gobelet *m* gradué.

Meßbuch *n* ['mɛs-] *rel* livre de messe, missel; paroissien *m.*

Meßdaten *n pl* ['mɛs-] résultats *m pl* des mesures.

Meßdiener *m* ['mɛs-] *rel* servant *od* enfant *m* de chœur.

Messe *f* ‹-, -n› ['mɛsə] **(1)** *rel* messe *f; die ~ lesen* dire *od* célébrer la messe; *feierliche* od *öffentliche ~* grand-messe *f; stille ~* messe *f* basse; **(2)** *com* foire *f;* **(3)** *mil* mess *m;* **~gelände** *n* terrain de (la) *od* champ *m* de foire.

messen ['mɛsən] ‹*mißt, maß, gemessen*› *tr* **1.** *(Tätigkeit)* mesurer, prendre la mesure de; *(mit dem Metermaß)* métrer; *(eichen)* jauger; *(loten)* sonder; **2.** *fig (mit dem Blick)* toiser; *itr* **3.** *(groß, lang sein; mit Zahlenangabe)* mesurer (*zwei Meter* deux mètres); — *sich mit jdm ~* se mesurer, jouter avec qn.

Messer *n* ‹-s, -› ['mɛsər] couteau; *(Operationsmesser)* bistouri *m; jdn ans ~ liefern* livrer qn à la mort; *jdm das ~ auf die Brust* od *an die Kehle setzen* mettre à qn le couteau *od* le poignard sur *od* sous la gorge; **~held** *m* bandit, apache *m;* **~spitze** *f: e-e ~ ...* une pointe de ...; **~stecher** *m* = *Messerheld.*

Messestand *m* ['mɛsə] stand *m* de foire *od* d'exposition.

Meß|fehler *m* ['mɛs-] erreur *f* de mesure; **~gerät** *n* appareil de mesure, mesureur *m.*

Messias, *der* [me'si:as] le Messie.

Messing *n* ‹-s, ø› ['mɛsɪŋ] laiton, cuivre *m* jaune.

Meß|instrument *n* ['mɛs-] instrument *m* de mesure; **~latte** *f* mire *f,* jalon *m.*

Meßopfer *n* ['mɛs-] sacrifice *m* de la messe; oblation *f.*

Meß|stange *f* ['mɛs-] = *Meßlatte;* **~tisch** *m* planchette *f* (topographique); **~tischblatt** *n* feuille *f* de *od* levé à la planchette, plan *m* directeur.

Messung *f* ‹-, -en› ['mɛsuŋ] **1.** *(Tätigkeit)* mesurage, métrage *m;* **2.** *(Körpermessung)* mensuration *f.*

Meß|wert *m* ['mɛs-] valeur *f* mesurée; **~zylinder** *m* éprouvette *f* graduée.

Mestiz|e *m* ‹-n, -n› [mɛs'ti:tsə] , **~in** *f* ‹-, -nen› métis(se *f*) *m.*

Metall *n* ‹-s, -e› [me'tal] métal *m; aus ~* métallique; **~arbeiter** *m* (ouvrier) métallurgiste; *fam* métallo *m;* **~baukasten** *m* boîte *f* de construction métallique; **m~isch** *a* métallique; *~ glänzend* métallin;**~säge** *f* scie *f* à métaux; **~urgie** *f* ‹-, ø› [-lur'gi:] métallurgie *f;* **~verarbeitung** *f* usinage *m* des métaux.

Meta|morphose *f* ⟨-, -n⟩ [metamɔr'fo:zə] *(Verwandlung)* métamorphose *f;* **~pher** *f* ⟨-, -n⟩ [-'tafər] *(bildl. Ausdruck)* métaphore *f;* **~physik** *f philos* métaphysique *f;* **m~physisch** *a* métaphysique.

Meteor *m* od *n* ⟨-s, -e⟩ [mete'o:r] météore, bolide *m;* **~ologe** *m* ⟨-n, -n⟩ [-oro'lo:gə] météorologiste, météorologue *m;* **~ologie** *f* ⟨-, ø⟩ [-lo'gi:] météorologie *f;* **m~ologisch** [-'lo:gɪʃ] *a* météorologique.

Meter *m* od *n* ⟨-s, -⟩ ['me:tər] mètre *m;* **~maß** *n* **1.** mesure *f* métrique, mètre *m;* **2.** *(Zollstock)* mètre *m* pliant.

Method|e *f* ⟨-, -n⟩ [me'to:də] méthode *f;* **m~isch** [-'to:dɪʃ] *a* méthodique.

Methyl *n* ⟨-s, ø⟩ [me'ty:l] *chem* méthyle *m;* **~alkohol** *m (Holzgeist)* alcool *m* méthylique.

Metr|ik *f* ⟨-, ø⟩ ['me:trɪk] métrique *f;* **m~isch** ['me:trɪʃ] *a* métrique; *~es System n* système *m* métrique; **~opole** *f* ⟨-, -n⟩ [-'po:lə] métropole *f;* **~opolit** *m* ⟨-en, -en⟩ [-po'li:t] *rel* métropolite *m.*

Mett *n* ⟨-(e)s, ø⟩ [mɛt] *dial (Hackfleisch)* viande *f* hachée.

Mette *f* ⟨-, -n⟩ ['mɛtə] *rel* matines *f pl.*

Metteur *m* ⟨-s, -e⟩ [mɛ'tø:r] *typ* metteur *m* en pages.

Mettwurst *f* ['mɛt-] andouille *f.*

Metz|elei *f* ⟨-, -en⟩ [mɛtsə'laɪ] massacre *m,* tuerie *f,* carnage *m;* **m~eln** ['mɛtsəln] *tr (niedersäbeln)* sabrer, massacrer; **~ger** *m* ⟨-s, -⟩ ['-gər] boucher; *(Wurstmacher)* charcutier *m;* **~gerei** *f* [-'raɪ] boucherie; charcuterie *f.*

Meuchel|mord *m* ['mɔʏçəl-] (meurtre avec *od* par) guet-apens *m;* **~mörder** *m* assassin, meurtrier *m;* **m~n** *tr* assassiner.

Meute *f* ⟨-, -n⟩ ['mɔʏtə] *(Jagd)* meute; *fig* tourbe *f.*

Meuter|ei *f* ⟨-, -en⟩ [mɔʏtə'raɪ] mutinerie, émeute *f;* **~er** *m* ⟨-s, -⟩ ['mɔʏtərər] mutin, émeutier *m;* **m~n** *itr* se mutiner.

Mexik|aner(in) *m* ⟨-s, -⟩ (*f* ⟨-, -nen⟩) [mɛksi'ka:nər] Mexicain(e *f*) *m;* **m~anisch** [-'ka:nɪʃ] *a* mexicain; **~o** *n* ['mɛksiko] **1.** *(Land)* le Mexique; **2.** *(Stadt)* Mexico *m.*

miauen [mi'auən] *itr* miauler.

mich [mɪç] *pron acc* me; *(an den Imperativ angehängt u. alleinstehend)* moi.

mick(e)rig ['mɪk(ə)rɪç] *a fam (schwach)* faible, faiblard.

Mieder *n* ⟨-s, -⟩ ['mi:dər] corselet *m;* **~waren** *f pl* corsets *m pl.*

Mief *m* ⟨-(e)s, ø⟩ [mi:f] *fam (schlechte Luft)* air *m* vicié *od* confiné.

Miene *f* ⟨-, -n⟩ ['mi:nə] *(Gesichtsausdruck)* mine *f; (Aussehen)* air *m; ~ machen zu* faire mine de; *eine finstere ~ machen* faire grise mine; *gute ~ zum bösen Spiel machen* faire contre mauvaise fortune bon cœur; *keine ~ verziehen* ne pas sourciller; **~nspiel** *n* **1.** mines *f pl,* mimique *f;* **2.** *theat* mime *m.*

mies [mi:s] *a fam* mauvais, moche; *~e Sache f* sale histoire *f; mir ist (so) ~* je suis mal fichu; **M~macher** *m fam* défaitiste *m;* **M~macherei** *f fam* défaitisme *m.*

Miesmuschel *f* ['mi:s-] *zoo* moule *f.*

Miet|beihilfe *f* ['mi:t-] allocation de logement, allocation-logement *f;* **~e** *f* ⟨-, -n⟩ **(1)** loyer *m,* location *f; (Vierteljahres~)* terme; *theat* abonnement *m; zur ~ wohnen* être locataire; **(2)** *agr* meule *f,* silo *m;* **~einnahmen** *f pl* revenu *m* locatif; **m~en** *tr* louer (*von jdm* à qn), prendre en location *od* à bail; **~er** *m* ⟨-s, -⟩ locataire, preneur *m;* **~erhöhung** *f* hausse *f* des loyers; **~erschutz** *m* protection *f* des locataires; **~ertrag** *m* rapport *m* locatif; **m~frei I.** *a* exempt de loyer; **II.** *adv* sans payer de loyer; **~preis** *m* prix *m* locatif *od* de location; **~rückstand** *m* loyer *m* arriéré; **~shaus** *n* maison *f* de rapport; **~vertrag** *m* contrat de location, rapport *m* locatif; **~wagen** *m* voiture *f* de louage; *(Taxe)* taxi *m;* **~wohnung** *f* appartement loué *od* locatif; logement *m* locatif.

Mikro|be *f* ⟨-, -n⟩ [mi'kro:bə] microbe *m;* **~film** *m* microfilm *m;* **~film-Lesegerät** *n* appareil *m* de lecture pour microfilm(s); **~kosmos** *m* microcosme *m;* **~meter** *n* micromètre *m;* **~n** *n* ⟨-s, -⟩ ['mi:krɔn] *(1/1000 mm)* micron *m;* **~organismus** *m biol* micro-organisme *m;* **~phon** *n* ⟨-s, -e⟩ [-'fo:n] microphone, transmetteur *m;* **~skop** *n* ⟨-s, -e⟩ [-'sko:p] microscope *m;* **m~skopisch** *a* microscopique.

Milbe *f* ⟨-, -n⟩ ['mɪlbə] *ent* mite *f.*

Milch *f* ⟨-, ø⟩ [mɪlç] **1.** lait *m;* **2.** *(d. Fische)* lait(anc)e *f;* — *dicke* od *gestandene ~* lait *m* caillé; **~bar** *f* milk-bar *m;* **~bart** *m fam* jeune barbe *f,* poil *m* follet; **~erzeugnisse** *n pl* produits *m pl* laitiers; **~erzeugung** *f* production *f* laitière; **~flasche** *f* bouteille *f* à lait; **~gebiß** *n* première dentition, dentition *f* de lait; **~geschäft** *n* crémerie *f;* **~glas** *n* verre *m* laiteux *od* dépoli; **~händler(in** *f***)** *m* laitier *m,* -ière *f;* **m~ig** *a* laiteux, lacté, lactescent; **~kaffee** *m* café *m* au lait; **~kännchen** *n* crémier *m;* **~kanne** *f (kleine)* pot *m* à lait; *(große)* bidon *m* à lait; **~kuh** *f* vache *f* laitière *od fig* à lait; **~pulver** *n* lait *m* en poudre; **~reis** *m* riz *m* au lait; **~schokolade** *f* chocolat *m* au lait; **~speise** *f* laitage *m;* **~straße** *f astr* voie *f* lactée; **~straßensystem** *n astr* galaxie *f;* **~suppe** *f* soupe *f* au lait; **~topf** *m* pot *m* à lait; **~waage** *f* pèse-lait *m;* **~wagen** *m* voiture *f* de laitier.

mild [mɪlt] *a* **1.** doux; *(Wetter) a.* clément; *(Klima)* tempéré; *(lau)* tiède; **2.** *(gütig)* bénin; *(barmherzig)* charitable; *(großmütig)* clément; *(Strafe)* léger; *~e Gabe f* aumône *f;* **M~e** *f* ⟨-, ø⟩ ['-də] **1.** douceur *f;* **2.** *(Güte)* bonté; *(Großmut)* clémence *f;* **~ern** *tr* adoucir; *(abschwächen)* atténuer, mitiger; *(mäßigen)* modérer; *(Strafe)* commuer; **M~erung** *f* ⟨-, -en⟩ *(Wetter)* adoucissement *m; (Strafe)* atténuation *f;* **~tätig** *a* charitable; **M~tätigkeit** *f* ⟨-, ø⟩ charité *f.*

Milieu *n* ⟨-s, -s⟩ [mili'ø:] milieu *m,* ambiance *f.*

militant [mili'tant] *a (kämpferisch)* militant.

Militär [mili'tɛ:r] **(1)** *m* ⟨-s, -s⟩ *(höherer Offizier)* militaire; soldat, homme *m* de guerre; **(2)** *n* ⟨-s, ø⟩ état *m* militaire; militaires *m pl,* troupes *f pl,* armée *f;* **~arzt** *m* médecin *m* militaire; **~attaché** *m* attaché *m* militaire; **~bündnis** *n* alliance *f* militaire; **~dienst** *m* service *m* militaire; *s-n ableisten* faire son service; **~diktatur** *f* dictature *f* militaire; **~geistliche** *m* aumônier *m* militaire; **~gericht** *n* tribunal *m* militaire; **m~isch** [-'tɛ:rɪʃ] *a* militaire; *~e Ausbildung f* instruction *f* militaire; *~e Ehren f pl* honneurs *f pl* militaires.

Militar|ismus *m* ⟨-, ø⟩ [milita'rɪsmus] militarisme *m;* **m~istisch** [-'rɪstɪʃ] *a* militariste.

Militär|kapelle *f* [mili'tɛ:r-] musique *f* militaire; **~regierung** *f* gouvernement *m* militaire; militaire; = *Militärdienst.*

Miliz *f* ⟨-, -en⟩ [mi'li:ts] *(Bürgerwehr)* milice *f.*

Mill|e *n* ⟨-, -⟩ ['mɪlə] *com (1000 Stück)* mille *m;* **~iampere** *n* ['-li-] *el* milliampère *m;* **~iardär** *m* ⟨-s, -e⟩ [-liar'dɛ:r] milliardaire *m;* **~iarde** *f* ⟨-, -n⟩ [-li'ardə] milliard *m;* **~ibar** *n mete* millibar *m;* **~igramm** *n* milligramme *m;* **~imeter** *m od n* millimètre *m;* **~imeterpapier** *n* papier *m* millimétré; **~ion** *f* ⟨-, -en⟩ [-li'o:n] million *m;* **~ionär** *m* ⟨-s, -e⟩ [-lio'nɛ:r] millionnaire *m.*

Milz *f* ⟨-, -en⟩ [mɪlts] *anat* rate *f.*

mim|en ['mi:mən] *tr fam* **1.** *(nachahmen)* mimer, imiter; **2.** *(so tun, als ob)* feindre, simuler, faire; **M~ik** *f* ⟨-, ø⟩ ['mi:mɪk] *theat* jeux *m pl* de physionomie; **~isch** *a* mimique.

Mimose *f* ⟨-, -n⟩ [mi'mo:zə] *bot* mimosa *m; a. fig* sensitive *f;* **m~nhaft** *a* sensitif.

Minarett *n* ⟨-s, -e/-s⟩ [mina'rɛt] *arch rel* minaret *m.*

minder ['mɪndər] *adv (weniger)* moins; *mehr oder ~* plus ou moins; *nicht ~* pas moins; **~bemittelt** *a* économiquement faible; *geistig ~ (hum)* peu doué; **M~einnahme** *f* moins-perçu *m;* **M~heit** *f* ⟨-, -en⟩ minorité *f; in der ~* en minorité; **~jährig** *a* mineur; **M~jährige** *m f* mineur(e *f*) *m;* **M~jährigkeit** *f* ⟨-, ø⟩ minorité *f;* **~n** *tr* **1.** amoindrir, diminuer, réduire; **2.** *(herabsetzen)* rabaisser, rabattre; déprécier; **3.** *(abschwächen)* atténuer; **M~ung** *f* ⟨-, -en⟩ **1.** amoindrissement *m,* diminution, réduction *f;* **2.** rabaissement *m,* dépréciation *f;* **3.** atténuation *f;* **~wertig** *a* de valeur *od* qualité inférieure; **M~wertigkeit** *f* infériorité *f;* **M~wertigkeitsgefühle** *n,* **M~wertigkeitskomplex** *m* sentiment, complexe *m* d'infériorité.

Mindest|alter *n* ['mɪndəst-] âge *m* minimum *od* requis; **~betrag** *m* (somme *f*) minimum *m;* **m~e,** *das* le moins, la moindre chose, le minimum; *nicht im ~n* absolument pas, pas le moins du monde, nullement; *zum ~n = mindestens; das ist doch das ~* c'est la moindre des choses; **~einkommen** *n* revenu *m* minimum; **m~ens** *adv* au moins, pour le moins; au minimum; **~gewicht** *n* poids *m* minimum; **~lohn** *m* salaire *m* minimum; **~maß** *n* mesure *f* minimale *od* minimum; **~preis** *m* prix minimum, prix-plancher *m;* **~strafe** *f* minimum *m* de la peine.

Mine *f* ⟨-, -n⟩ ['mi:nə] **1.** *(Bergwerk; Sprengkörper)* mine *f;* **2.** *(Drehbleistift)* mine (de plomb); *(Kugelschreiber)* cartouche *f;* — *auf e-e ~ laufen* toucher une *od mar* couler sur une mine; *~n legen* poser *od mar* mouiller des mines; *~n räumen* enlever *od mar* draguer des mines.

Minen|feld *n* ['mi:nən-] champ *m* de mines; **~leger** *m (Schiff)* mouilleur *m* de mines; **~räumboot** *n* dragueur (de mines), bateau *m* dragueur; **~sperre** *f* barrage *m* de mines; **~suchgerät** *n* détecteur *m* de mines; **~werfer** *m* lance-mines *m.*

Mineral *n* ⟨-s, -e/-lien⟩ [mine'ra:l, -liən] minéral *m;* **~bad** *n* station *f* hydrominérale; **m~isch** [-'ra:lɪʃ] *a* minéral; **~ogie** *f* ⟨-, ø⟩ [-lo'gi:] minéralogie *f;* **~öl** *n* huile minérale, essence *f* (minérale); **~ölsteuer** *f* taxe *f* sur le pétrole; **~quelle** *f* source *f* d'eau minérale; **~salz** *n* sel *m* minéral.

Miniatur *f* ⟨-, -en⟩ [minia'tu:r] miniature *f; in ~* en miniature; **~malerei** *f* miniature *f.*

Minigolf *n* ['mi:nigɔlf] golf *m* miniature.

minim|al [mini'ma:l] *a (Mindest-)* minimal; **M~al...** *(in Zssgen)* minimum *a,* minimal; **M~um** *n* ⟨-s, -ma⟩ ['mi:nimum, -ma] minimum *m.*

Minister *m* ⟨-s, -⟩ [mi'nɪstər] ministre *m; ~ ohne Geschäftsbereich* ministre *m* sans portefeuille; **~amt** *n* ministère *m;* **m~iell** [-teri'ɛl] *a* ministériel; **~ium** *n* ⟨-s, -rien⟩ [-'te:rium, -riən] ministère *m;*

~ *für Auswärtige Angelegenheiten* ministère *m* des affaires étrangères; **~konferenz** *f* conférence *f* ministérielle; **~präsident** *m* premier ministre *m;* **~rat** *m* conseil *m* des ministres *od* de cabinet.

Ministrant *m* ‹-en, -en› [minɪsˈtrant] *rel* = *Meßdiener.*

Minorität *f* ‹-, (-en)› [minoriˈtɛ:t] minorité *f.*

minus [ˈmi:nus] *adv* moins; **M~** *n* ‹-, -› différence *f* en moins, déficit *m; ein ~ machen* faire du déficit; **M~zeichen** *n* (signe) moins *m.*

Minute *f* ‹-, -n› [miˈnu:tə] minute *f; auf die ~ (genau)* à la minute; *auf die letzte ~, in letzter ~* à la dernière minute, au tout dernier moment; *keine ruhige ~ haben* n'avoir pas une minute de repos; **m~nlang I.** *a* de plusieurs minutes; **II.** *adv* pendant des minutes; **~nzeiger** *m* aiguille des minutes, grande aiguille *f.*

Minze *f* ‹-, -n› [ˈmɪntsə] *bot* menthe *f.*

mir [mi:r] *pron dat* me; *(an den Imperativ angehängt)* moi; *(alleinstehend)* à moi; *von ~ aus* **1.** quant à moi; **2.** *(als Antwort)* si tu *etc* veux.

Mirabelle *f* ‹-, -n› [miraˈbɛlə] *bot* mirabelle *f.*

Misch|bauweise *f* [ˈmɪʃ-] construction *f* mixte; **~becher** *m* mélangeur *m;* **~brot** *n* pain *m* bis; **~ehe** *f* mariage mixte; *(rassische)* mariage *m* interracial; **m~en** *tr* mêler (*mit* avec, à), mélanger; *(Wein)* couper; *(Gift)* préparer; *(die Karten)* battre; — *sich in etw ~* se mêler de qc; s'ingérer, s'immiscer dans qc; **~er** *m* ‹-s, -› *(Gerät)* mélangeur *m,* mélangeuse *f;* **~futter** *n* mélange *m* de grains; *(für Geflügel)* bisaille *f;* **~gemüse** *n* macédoine *f* (de légumes); **~ling** *m* ‹-s, -e› métis, hybride, sang *m* mêlé; **~masch** *m* ‹-(e)s, -e› [ˈmɪʃmaʃ] pêle-mêle, micmac; *fam* tripotage *m;* **~maschine** *f* machine *f* à mélanger, mélangeur *m,* mélangeuse *f,* malaxeur; mixer, mixeur; batteur *m* électrique; **~trommel** *f* tambour *m* mélangeur; **~ung** *f* ‹-, -en› **1.** mélange *m,* mixtion *f;* **2.** *(Gemischtes)* composé *m;* **3.** *biol (Kreuzung)* métissage *m;* **~wald** *m* forêt *f* à essences mixtes.

miserabel [mizeˈra:bəl] *a fam* misérable, pitoyable.

Mispel *f* ‹-, -n› [ˈmɪspəl] *(Frucht)* nèfle *f; (Strauch)* néflier *m.*

mißacht|en [mɪsˈ-] ‹*ohne ge-*› *tr* mépriser, mésestimer, dédaigner; **M~ung** *f* **1.** mépris *m,* mésestime *f,* dédain *m;* **2.** *(e-s Gesetzes)* non-respect *m,* non-observation *f;* — *unter ~ (gen)* au mépris (de).

Mißbehagen *n* [ˈmɪs-] malaise *m,* gêne *f.*

Mißbildung *f* [ˈmɪs-] déformation *f;* malformation; difformité, monstruosité *f.*

mißbillig|en [mɪsˈbɪlɪgən] ‹*ohne ge-*› *tr* désapprouver, condamner; **~end** *a* désapprobateur, réprobateur; **M~ung** *f* désapprobation, réprobation *f.*

Mißbrauch *m* [ˈmɪsbraux] abus; emploi *m* abusif; *~ treiben mit* faire abus de; *~ der Amtsgewalt* abus *m* de pouvoir *od* d'autorité; **m~en** ‹*ohne ge-*› *tr* abuser de, mal user de, faire mauvais usage de; *(Güte)* exploiter; *(Vertrauen)* trahir; **mißbräuchlich** *a* abusif.

mißdeut|en [mɪsˈdɔʏtən] ‹*ohne ge-*› *tr* mal interpréter; interpréter de travers; **M~ung** *f* interprétation *f* fausse *od* erronée.

Mißerfolg *m* [ˈmɪs-] insuccès, échec *m,* non-réussite, déconvenue *f.*

Mißernte *f* [ˈmɪs-] récolte déficitaire *od* en déficit, mauvaise récolte *f.*

Misse|tat *f* [ˈmɪsə-] méfait, forfait, crime *m;* **~täter** *m* malfaiteur, criminel *m.*

mißfallen [mɪsˈfalən] ‹*mißfällt, mißfiel, mißfallen*› *itr* déplaire (*jdm* à qn); **M~** *n* ‹-s, ø› [ˈ--] déplaisir *m; jds ~ erregen* = *jdm mißfallen;* **mißfällig I.** *a* déplaisant, défavorable; **II.** *adv* avec déplaisir, défavorablement.

mißgebildet [ˈmɪs-] *a* déformé.

Mißgeburt *f* [ˈmɪs-] monstre; *pej* avorton *m.*

mißgelaunt [ˈmɪs-] *a* mal luné *od* disposé, maussade, de mauvaise humeur.

Mißgeschick *n* [ˈmɪs-] disgrâce, mauvaise fortune, adversité, déconvenue *f.*

mißgestimmt [ˈmɪs-] *a* = *mißgelaunt.*

mißglücken [mɪsˈglʏkən] ‹*ohne ge-*› *itr* ‹*sein*› ne pas réussir; mal tourner, échouer; *es ist mir mißglückt* je n'ai pas réussi.

mißgönnen [mɪsˈgœnən] ‹*ohne ge-*› *tr* envier (*jdm etw* qc à qn).

Mißgriff *m* [ˈmɪs-] faute, erreur *f.*

Miß|gunst *f* [ˈmɪs-] envie, jalousie *f;* **m~günstig** *a* envieux, jaloux.

mißhand|eln [mɪsˈhandəln] ‹*ohne ge-*› *tr* maltraiter, brutaliser; **M~lung** *f* mauvais traitement *m.*

Mißheirat *f* [ˈmɪs-] mésalliance *f.*

Mißhelligkeit *f* [ˈmɪs-] discordance; mésentente.

Mission *f* ‹-, -en› [mɪsiˈo:n] *allg* mission *f;* **~ar** *m* ‹-s, -e› [-sioˈna:r] missionnaire *m;* **m~ieren** [-ˈni:rən] ‹*ohne ge-*› *itr* faire *od* prêcher la mission.

Mißklang *m* [ˈmɪs-] *mus* dissonance, note discordante *od* fausse; *(a. sprachlich)* cacophonie *f; fig* désaccord *m.*

Mißkredit *m* [ˈmɪs-] discrédit *m; jdn in ~ bringen* jeter le discrédit sur qn, discréditer qn; *in ~ geraten* od *kommen* tomber en discrédit.

mißlich [ˈmɪslɪç] *a* *(unerfreulich)*

fâcheux, désagréable; **M~keit** *f* ‹-,-en› caractère *m* fâcheux.

mißliebig ['mɪs-] *a* mal vu; impopulaire; *sich bei jdm ~ machen* perdre les bonnes grâces de qn.

mißlingen [mɪs'lɪŋən] ‹*mißlingt, mißlang, mißlungen*› *itr* ‹*sein*› ne pas réussir, échouer; *es mißlingt mir* je ne réussis pas; **M~** *n* non-réussite *f,* insuccès, échec *m;* **mißlungen** *a* mal venu.

Mißmut *m* ['mɪs-] morosité, mauvaise humeur, humeur *f* chagrine; **m~ig** *a* morose.

mißraten [mɪs'ra:tən] **I.** ‹*mißrät, mißriet, mißraten*› *itr* ‹*sein*› ne pas réussir, mal tourner; **II.** *a (Mensch)* mal tourné, dénaturé.

Mißstand *m* ['mɪs-] inconvénient *m.*

Mißstimmung *f* ['mɪs-] **1.** dépit *m;* **2.** *(Unbehagen)* malaise *m.*

Mißton *m* ['mɪs-] son *m* discordant, note discordante; *fig* discordance *f.*

mißtrau|en [mɪs'trauən] ‹*ohne ge-*› *itr* se méfier, se défier (*jdm* de qn); **M~en** *n* ‹-s, ø› ['mɪs-] méfiance, défiance *f* (*gegen* de); *jds ~ erregen* inspirer de la méfiance à qn; **M~ensantrag** *m,* **M~ensvotum** *n parl* motion *f od* vote *m* de défiance; **~isch** *a* défiant, méfiant; *(argwöhnisch)* soupçonneux.

Mißverhältnis *n* ['mɪs-] **1.** disproportion *f,* déséquilibre *m,* disparité *f;* **2.** *fig* discordance, mauvaise harmonie *f.*

mißver|ständlich ['mɪs-] *a* ambigu; *~ sein (a.)* prêter à malentendu; **M~ständnis** *n* malentendu *m,* méprise *f;* **~stehen** ‹*mißverstand, mißverstanden*› *tr* mal comprendre, se méprendre sur, prendre en mauvaise part.

Mißwirtschaft *f* ['mɪs-] mauvaise gérance *od* gestion *od* régie *f.*

Mist *m* ‹-(e)s, ø› [mɪst] **1.** fumier *m; (Kuh~)* bouse; *(Kot)* fiente *f;* **2.** *fig (Dreck, Schund)* camelote *f;* ramassis, fatras; *(Pfusch)* bousillage *m; (Blödsinn)* idiotie, bêtise *f;* — *~ verzapfen (fam)* dégoiser, dire des âneries, des inepties; **~beet** *n* couche *f* de fumier.

Mistel *f* ‹-, -n› ['mɪstəl] *bot* gui *m.*

mist|en ['mɪstən] *tr (Stall)* nettoyer de son fumier; *itr* enlever le fumier; **M~fink** *m fam* sale type; cochon; *pop* sal(ig)aud *m;* **M~gabel** *f* fourche *f* à fumier; **M~haufen** *m* tas *m* de fumier; **~ig** *a fam* sale, boueux; **M~käfer** *m* bousier *m.*

mit [mɪt] *prp* **1.** *(Begleitung)* avec; accompagné de; **2.** *(instrumental)* de, à, par; **3.** *(versehen ~, im Besitz von)* à; **4.** *(bei e-m v)* aussi, également, *fam* avec; — *~ blauen Augen* aux yeux bleus; *~ jedem Jahr* d'année en année; *~ zwanzig Jahren* à (l'âge de) 20 ans; *~ offenem Munde* bouche bée; *~ Recht* à bon droit; *etw nicht ~ ansehen können* ne pas pouvoir supporter (le spectacle de) qc; *es ~ berücksichtigen* en tenir compte également; *~ dabeisein* y participer, y être présent, y assister, en être.

Mitangeklagte *m f* ['mɪt-] coacusé(e *f*), coinculpé(e *f*) *m.*

Mitarbeit *f* ['mɪt-] collaboration, coopération *f, unter ~ (gen)* avec la collaboration (de), en collaboration (avec); **mit=arbeiten** *itr* collaborer, coopérer (*an etw* à qc); **~er** *m* collaborateur; coopérateur *m.*

mit=bekommen ['mɪt-] ‹*bekam mit, mitbekommen*› *tr* **1.** *(als Mitgift)* avoir en dot; **2.** *fam (verstehen)* comprendre.

mit=benutz|en ['mɪt-] ‹*ohne ge-*› *tr* user *od* employer *od* jouir (*etw* de qc) en commun; **M~ung** *f* usage *od* emploi *m* en commun.

Mitbestimmung(srecht *n***)** *f* ['mɪt-] (droit *m* de) cogestion *f.*

Mitbewerber *m* ['mɪt-] compétiteur, concurrent *m.*

Mitbewohner *m* ['mɪt-] cohabitant *m.*

mit=bring|en ['mɪt-] ‹*brachte mit, mitgebracht*› *tr* **1.** *(Person)* (r)amener; **2.** *(Sache)* (r)apporter; **M~sel** *n* ‹-s, -› chose *f* apportée; *(Geschenk)* petit cadeau *m.*

Mitbürger *m* ['mɪt-] concitoyen *m.*

Miteigen|tum *n* ['mɪt-] copropriété; copossession *f;* **~tümer** *m* copropriétaire; copossesseur *m.*

miteinander [mɪtʔaɪ'nandər] *adv* ensemble; en commun; l'un avec l'autre, les uns avec les autres; *alle ~* tous ensemble.

Miterbe *m* ['mɪt-] cohéritier *m.*

mit=erleben ['mɪt-] ‹*ohne ge-*› *tr* vivre, voir; *(aktiv)* assister, participer (*etw* à qc).

Mitesser *m* ['mɪt-] *med* comédon; *fam* point *m* noir.

mit=fahren ['mɪt-] ‹*fährt, fuhr mit, mitgefahren*› *itr* ‹*sein*› aller avec moi *etc;* m'accompagner *etc;* *~ lassen (im Auto)* prendre à bord *fam.*

mit=fühlen ['mɪt-] *itr: mit jdm ~* partager les sentiments de qn, sympathiser avec qn; **~d** *a* compatissant.

mit=geben ['mɪt-] ‹*gibt, gab mit, mitgegeben*› *tr* donner (à emporter); *(als Mitgift)* donner (en dot).

Mitgefangene *m f* ['mɪt-] codétenu(e *f*) *m.*

Mitgefühl *n* ['mɪt-] **1.** compassion *f;* **2.** *(Beileid)* condoléances *f pl.*

mit=gehen ['mɪt-] ‹*ging mit, mitgegangen*› *itr* ‹*sein*› aller avec *fam; mit jdm ~* aller avec qn; accompagner, suivre qn; *~ lassen (fam: stehlen)* subtiliser, chaparder, chiper.

mitgenommen ['mɪt-] *a fam* **1.** *(Mensch)* épuisé, fatigué; **2.** *(Sache)* défait.

Mitgift *f* ‹-, -en› ['mɪt-] dot *f;* biens *m pl* dotaux.
Mitglied *n* ['mɪt-] membre, adhérent, affilié *m; ~ werden* s'affilier (*in* à); **~sbeitrag** *m* cotisation, contribution *f;* **~schaft** *f* qualité de membre, appartenance, adhésion, affiliation *f.*
Mithaftung *f* ['mɪt-] responsabilité *f* commune *od* partagée; coresponsabilité *f.*
mit=halten ['mɪt-] ‹*hält, hielt mit, mitgehalten*› *itr* être de la partie, en être.
mit=helfen ['mɪt-] ‹*hilft, half mit, mitgeholfen*› *itr* assister, coopérer, concourir (*bei* à).
Mithilfe *f* ['mɪt-] assistance, coopération *f,* concours *m.*
mit=hören ['mɪt-] **1.** *tr tele* intercepter, capter; **2.** *itr allg* écouter.
Mitinhaber *m* ['mɪt-] copropriétaire, codétenteur, associé *m.*
Mitkläger *m* ['mɪt-] *jur* codemandeur *m.*
mit=kommen ['mɪt-] ‹*kam mit, mitgekommen*› *itr* ‹*sein*› **1.** *(begleiten)* venir avec *fam;* accompagner (*mit jdm* qn); **2.** *(geistig folgen können)* suivre; *da komme ich nicht (mehr) mit (fig)* cela me dépasse.
mit=kriegen ['mɪt-] *tr fam* = *mitbekommen.*
Mitläufer *m* ['mɪt-] *pol* suiveur, sympathisant *m.*
Mitlaut *m* ['mɪt-] *gram* consonne *f.*
Mitleid *n* ‹-(e)s, ø› ['mɪt-] pitié; *(Mitgefühl)* commisération, compassion *f; jds ~ erregen* od *erwecken* faire pitié à qn; *mit jdm ~ haben* avoir pitié de qn; **~enschaft** *f: in ~ ziehen* affecter; **m~erregend** *a* piteux, pitoyable; **m~ig** *a* compatissant; **m~(s)los** *a* impitoyable, sans pitié.
mit=machen ['mɪt-] **1.** *tr (Veranstaltung)* participer, assister, prendre part (*acc* à); *(Kurs, Mode)* suivre; **2.** *itr (dabei sein)* se mettre *od* être de la partie; *allg* être en jeu, en être; *ich mache mit* je suis des vôtres.
Mitmensch *m* ['mɪt-] prochain; semblable *m.*
mit=nehmen ['mɪt-] ‹*nimmt, nahm mit, mitgenommen*› **1.** *(Sache)* emporter; *(Mensch od größeres Tier)* emmener; **2.** *fam (körperlich od seelisch ermüden)* épuiser, secouer; *arg* od *hart ~* malmener.
mit=reden ['mɪt-] *itr: ein Wort mitzureden haben* avoir voix au chapitre.
Mitreisende *m f* ['mɪt-] compagnon *m,* compagne *f* de voyage; *pl* (les) autres voyageurs.
mit=reißen ['mɪt-] ‹*riß mit, mitgerissen*› *tr* exciter, entraîner, enthousiasmer, passionner.
mit=schicken ['mɪt-] *tr* envoyer en même temps; *(beifügen)* joindre, ajouter (*mit etw* à qc).
mit=schreiben ['mɪt-] ‹*schrieb mit, mitgeschrieben*› *itr* prendre des notes; *tr* prendre note (*etw* de qc).
Mitschuld *f* ['mɪt-] complicité *f;* **m~ig** *a* complice (*an* de).
Mitschüler(in *f***)** *m* ['mɪt-] condisciple *m f,* camarade *m f* de classe.
mit=spielen ['mɪt-] *itr* **1.** prendre part *od* participer au jeu; **2.** *fig (mitwirken, a. von Sachen)* entrer en jeu; — *nicht mehr ~ (fig)* en avoir assez; *jdm übel ~* jouer un mauvais tour, faire un mauvais parti à qn.
Mitsprache(recht *n***)** *f* ['mɪt-] *pol* (droit *m* d')intervention *f;* (droit *m* de) codécision *f;* **mit=sprechen** ‹*spricht, sprach mit, mitgesprochen*› *itr* **1.** *(Mensch)* dire son mot, intervenir; **2.** *fig (Sache)* entrer en considération.
Mittag *m* ['mɪta:k] midi *m; gegen ~* vers midi; *heute m~* à midi; *zu ~ essen* déjeuner; **~essen** *n* déjeuner, lunch *m;* **m~s** *adv* à midi; *(um) 12 Uhr ~* (à) midi; **~spause** *f* pause *f* repas *od* de midi; **~sruhe** *f,* **~(s)schlaf** *m* sieste *f; Mittagsruhe halten, e-n Mittag(s)schlaf machen* faire la sieste; **~stisch** *m: ~ von 12 bis 14 Uhr* service *m* de midi à 14 heures.
Mittäter *m* ['mɪt-] complice; *jur* coauteur *m.*
Mitte *f* ‹-, -n› ['mɪtə] milieu, centre *m; aus unserer ~* d'entre nous; *in der ~* au milieu, au centre; *in unserer ~* parmi nous; *~ Januar* (à la) mi-janvier; *~ Vierzig* entre quarante et cinquante ans; *die goldene ~* le juste milieu.
mitteil|bar ['mɪt-] *a* communicable; **mit=teilen** *tr* communiquer; faire part (*jdm etw* de qc à qn); faire connaître *od* savoir, signaler (*jdm etw* qc à qn); informer, aviser; signaler (*jdm etw* qn de qc); *amtlich ~* notifier; **~sam** *a* communicatif, expansif; **M~ung** *f* ‹-, -en› communication; information *f;* avis; *(amtliche ~)* communiqué *m,* notification; *(vertrauliche ~)* confidence *f.*
Mittel *n* ‹-s, -› ['mɪtəl] **1.** moyen; *(Hilfs~)* expédient *m;* **2.** *(Träger)* véhicule; *(wirkende Kraft)* agent *m;* **3.** *(Heilmittel)* remède *m,* médecine *f;* **4.** *(Durchschnitt)* moyenne *f;* **5.** *pl (Hilfs-, Geldmittel)* moyens *m pl,* ressources *f pl; (Gelder, Vermögen)* capitaux, fonds *m pl;* fortune *f;* — *mit allen ~n* par tous les moyens, de toutes les façons; *~ und Wege finden* trouver moyen; *sich ins ~ legen* s'entremettre, s'interposer, intervenir; *arithmetisches, geometrisches ~* moyenne *f* arithmétique, géométrique *od* proportionnelle; *öffentliche ~ pl (fin)* deniers *m pl* publics; *~ zum Zweck* moyen *m* d'arriver au but; **~al-**

ter *n* Moyen Âge *m;* **m~alterlich** *a* du Moyen Âge; *lit* médiéval; *fam* moyenâgeux; **~amerika** *n* l'Amérique *f* centrale; **m~bar** *a* indirect; **~ding** *n* *fam* chose *f* intermédiaire; **~europa** *n* l'Europe *f* centrale; **m~europäisch** *a:* *~e Zeit f* heure *f* de l'Europe centrale; **~finger** *m* doigt du milieu, majeur; *scient* médius *m;* **~gebirge** *n* montagne *f* moyenne; **~gewicht** *n (Boxen)* poids *m* moyen; **m~hochdeutsch** *a* moyen haut allemand; **m~ländisch** *a: das M~e Meer* la Méditerranée; **~läufer** *m* *sport* demi-centre *m;* **~linie** *f math* (ligne) médiane; *sport* ligne *f* du milieu; **m~los** *a* dépourvu de *od* sans ressources; démuni; *völlig ~ dastehen* être réduit à rien; **~losigkeit** *f* absence *f* de ressources; dénuement *m,* indigence *f;* **m~mäßig** *a (a. pej)* médiocre; *(durchschnittlich)* moyen; **~mäßigkeit** *f* médiocrité *f;* **~meer,** *das* la Méditerranée; **~punkt** *m* **1.** point central; *allg* centre, milieu *m;* **2.** *fig* cœur; *(Brennpunkt)* foyer *m;* **m~s** *prp gen* moyennant, par le *od* au moyen de; **~schiff** *n* *arch rel* nef *f* centrale *od* principale; **~smann** *m* ⟨-(e)s, -leute/-männer⟩ , **~sperson** *f* intermédiaire, tiers *m;* médiateur *m,* -trice *f;* personne *f* interposée; **~stand** *m* classe *f* moyenne; **~streifen** *m (der Autobahn)* bande *f* médiane; **~stürmer** *m sport* (avant-) centre *m;* **~weg** *m fig* moyen terme, compromis *m; e-n ~ gehen* prendre un moyen terme; **~welle(n** *pl* **)** *f radio* onde(s *pl*) *f* moyenne(s); **~wellenbereich** *m* gamme *f* des ondes moyennes; **~wellensender** *m* émetteur *od* poste *m* à onde(s) moyenne(s); **~wert** *m* (valeur) moyenne *f;* **~wort** *n gram* participe *m.*

mitten ['mɪtən] *adv: ~ in* au beau *od* en plein milieu de, en plein centre de; *~ aus* du milieu de; *~ durch* à travers, au travers de; *~ unter* en plein milieu de, parmi; *~ ins Herz* en plein cœur; *~ in der Nacht* en pleine nuit.

Mitternacht *f* ['mɪtər-] minuit *m; um ~* à minuit; **~smesse** *f rel* messe *f* de minuit; **~ssonne** *f* soleil *m* de minuit.

mittler|e(r, s) ['mɪtlərə-] *a* **1.** *allg* moyen; **2.** *(im Mittelpunkt befindlich)* central, du milieu; *(dazwischen befindlich)* intermédiaire; **—** *~n Alters* entre deux âges; *von ~r Größe* de taille moyenne; *der ~ Osten* le Moyen-Orient; **~weile** *adv* entre(-)temps, en attendant, sur ces entrefaites.

Mittwoch *m* ⟨-(e)s, -e⟩ ['mɪtvɔx] mercredi *m.*

mitunter [mɪt'ʔuntər] *adv* parfois, quelquefois, de temps en temps, de temps à autre.

mitverantwortlich ['mɪt-] *a: ~ sein* partager la responsabilité.

Mitverfasser(in *f***)** *m* ['mɪt-] coauteur *m.*

Mitwelt *f* ['mɪt-] contemporains *m pl.*

mit=wirk|en ['mɪt-] *itr* apporter son concours (*an, bei etw* à qc); **M~ung** *f* concours *m;* collaboration; participation *f; unter ~ (gen)* avec le concours de.

Mitwiss|en *n* ['mɪt-] *: ohne mein ~* à mon insu; **~er** *m* ⟨-s, -⟩ confident; complice *m.*

mit=zählen ['mɪt-] **1.** *tr* comprendre, inclure (dans le compte); **2.** *itr (von Bedeutung sein)* compter, faire nombre; avoir son importance.

Mix|becher *m* ['mɪks-] mixe(u)r *m;* **m~en** *tr* mélanger; **~er** *m* ⟨-s, -⟩ *(Bar~)* barman *m;* **~tur** *f* ⟨-, -en⟩ [-'tu:r] mixture, mixtion *f.*

Mob *m* ⟨-s, ø⟩ [mɔp] populace, canaille *f;* *pop* populo *m.*

Möbel *n* ⟨-s, -⟩ ['mø:bəl] meuble *m; pl a.* ameublement, mobilier *m;* **~geschäft** *n* maison *f* d'ameublement; **~händler** *m* marchand *m* de meubles; **~politur** *f* encaustique *f;* **~schreiner** *m,* **~tischler** *m* ébéniste *m;* **~stück** *n* meuble *m;* **~wagen** *m* fourgon *m od* voiture *f* de déménagement.

mobil [mo'bi:l] *a* **1.** *(beweglich)* mobile; **2.** *fam (flink)* actif, vif; *~ machen (tr u. itr)* mobiliser; **M~iar** *n* ⟨-s, -e⟩ [-bili'a:r] mobilier, ameublement *m;* **~isieren** [-li'zi:rən] ⟨*ohne ge-*⟩ *tr mil* u. *fig* mobiliser; **M~isierung** *f* ⟨-, ø⟩ *fig* mobilisation *f;* **M~machung** *f* ⟨-, ø⟩ *mil* mobilisation, mise *f* sur pied de guerre.

möblier|en [mø'bli:rən] ⟨*ohne ge-*⟩ *tr* meubler; **~t** *a (Zimmer, Haus)* meublé, garni; *~ vermieten, wohnen* louer, habiter *od* vivre en meublé *od* garni; *~es Zimmer n* (chambre *f*) meublé(e) *od* garni(e) *m.*

Mode *f* ⟨-, -n⟩ ['mo:də] **1.** mode *f;* **2.** *fam (Brauch)* usage *m,* coutume *f;* **—** *aus der ~ kommen* passer de mode; *~ sein* être en vogue; *(Kleidung)* se faire; *die neueste ~* la dernière mode, le dernier cri; **~geschäft** *n* magasin *m* de modes *od* de nouveautés.

Model *m* ⟨-s, -⟩ ['mo:dəl] *(Form)* moule *m.*

Modell *n* ⟨-s, -e⟩ [mo'dɛl] modèle, type *m,* maquette *f; tech* patron *m; ein ~ von etw anfertigen* modeler qc; *~ stehen (Kunst)* poser; **~eur** *m* ⟨-s,-e⟩ [-'lø:r] , **~ierer** *m* ⟨-s, -⟩ [-'li:rər] modeleur *m;* **m~ieren** [-'li:rən] ⟨*ohne ge-*⟩ *tr* modeler, former, façonner; **~iermasse** *f* pâte *f* à modeler; **~kleid** *n* (robe *f*) modèle *m.*

modeln ['mo:dəln] *tr* modeler, mouler, façonner.

Moder *m* ⟨-s, ø⟩ ['mo:dər] pourri(ture *f*) *m,* moisissure *f.*

Moderator *m* ‹s, -en› [mo:dəˈra:tɔr] *(Radio, Fernsehen)* animateur, meneur *m* de jeu.

Moder|geruch *m* [ˈmo:dər-] odeur *f* de moisi; **m~ig** *a*, **modrig** *a* pourri, moisi; **m~n** *itr* pourrir, moisir.

modern [moˈdɛrn] *a* moderne, à la mode, de mise; ~ *werden (aufkommen)* devenir la mode; **~isieren** [-niˈzi:rən] ‹*ohne ge-*› *tr* moderniser; **M~isierung** *f* ‹-, ø› modernisation *f*.

Mode|(n)schau *f* [ˈmo:də-] présentation *f* de collection; défilé *m* de mannequins; **~salon** *m* maison *f* de couture; **~schöpfer** *m* couturier *m*; **~zeitschrift** *f*, **~zeitung** *f* journal *m* de modes.

modisch [ˈmo:dɪʃ] *a* au goût du jour, à la mode, moderne; fantaisie.

Modistin *f* ‹-, -nen› [moˈdɪstɪn] modiste; marchande *f* de modes *od* de nouveautés.

mogeln [ˈmo:gəln] *itr* tricher, frauder.

mögen [ˈmø:gən] ‹*mag, mochte; möchte; gemocht*› *tr* **1.** *(gern haben)* aimer; goûter; apprécier; **2.** *(haben wollen, wünschen)* vouloir (bien), avoir envie de; désirer; **3.** *(können, dürfen)* pouvoir (bien); — *er mag wollen oder nicht* qu'il le veuille ou non; *(Befehl) er mag ruhig warten!* qu'il attende! *gern* ~ aimer bien; avoir de l'affection (*jdn* pour qn); *(Speise)* être friand de; *lieber* ~ aimer mieux, préférer; *jdn nicht (mehr)* ~ avoir pris qn en grippe; *ich möchte gern* je voudrais *od* j'aimerais bien; *er mag 10 Jahre alt sein* il peut avoir dix ans; *man möchte meinen* on dirait; *das mag sein* cela se peut; *es mag sein, daß* il se peut que *subj; es mochte 12 Uhr sein* il pouvait être midi; *wo mag er bloß sein* od *(fam) stecken?* où peut-il bien être? *das hätte ich sehen ~!* j'aurais (bien) voulu voir cela; *was mag dies bedeuten?* qu'est ce que cela peut signifier? *du magst sagen, was du willst* tu as beau dire.

möglich [ˈmø:klɪç] *a* **1.** possible; **2.** *(aus-, durchführbar)* faisable, praticable; — *so bald wie* ~ le plus tôt possible, aussitôt que possible, au plus tôt; *so gut, so schnell wie* ~ aussi bien, aussi vite que possible; le mieux, le plus vite possible; *so oft wie* ~ le plus souvent possible; *so viel wie* ~ autant que possible, le plus possible; *so wenig wie* ~ le moins possible; *im Bereich des M~en liegen* être du domaine du *od* des choses possible(s); *das ist (durchaus* od *wohl)* ~ c'est (bien) possible, cela se peut (bien); *es ist ~, daß* ... il est possible, il se peut que *subj; (das ist ja) nicht ~!* (mais ce n'est) pas possible! (ça) par exemple! *alles ~e* toutes sortes de choses; **~erweise** *adv* peut-être, éventuellement; **M~keit** *f* ‹-, -en› **1.** possibilité, éventualité *f*; **2.** *(Durchführbarkeit)* praticabilité *f*; — *nach* ~ dans la mesure du possible, autant que possible; **~st** *adv (vor e-m a od adv)* = *so* ... *wie möglich; sein ~es tun* faire (tout) son possible, faire de son mieux.

Mohammed *m* [ˈmo:hamɛt] Mahomet *m*; **~aner(in)** *m* ‹-s, -› (*f* ‹-, -nen›) [-meˈda:nər] Musulman(e *f*); Mahométan(e *f*) *m*; **m~anisch** [-ˈda:nɪʃ] *a* musulman, mahométan.

Mohn *m* ‹-(e)s, -e› [mo:n] pavot *m*; **~(blume** *f*) *m (Klatschmohn)* coquelicot *m*.

Möhre *f* ‹-, -n› [ˈmø:rə] , **Mohrrübe** [ˈmo:r-] *f* carotte *f*.

Mohrenkopf *m* [ˈmo:rən-] *(Gebäck)* chou *m*, profiterole *f*.

mok|ant [moˈkant] *a* moqueur, railleur; **~ieren** [-ˈki:rən] , *sich* ‹*ohne ge-*› se moquer (*über jdn* de qn).

Mokka *m* ‹-s, -s› [ˈmɔka] moka *m*; **~tasse** *f* tasse *f* à moka.

Molch *m* ‹-(e)s, -e› [mɔlç] *zoo* triton *m*.

Mole *f* ‹-, -n› [ˈmo:lə] *mar* môle *m*, jetée *f*.

Molek|ül *n* ‹-s, -e› [moleˈky:l] *phys chem* molécule *f*; **~ulargewicht** *n* poids *m* *od* masse *f* moléculaire.

Molkerei *f* [mɔlkəˈraɪ] laiterie *f*.

Moll *n* ‹-, -› [mɔl] , **~tonart** *f mus* mode *m* mineur.

mollig [ˈmɔlɪç] *a fam* **1.** *(angenehm warm)* bien *od* agréablement chaud; **2.** *(rundlich)* potelé, grassouillet.

Molluske *f* ‹-, -n› [mɔˈluskə] *zoo* mollusque *m*.

Moment [moˈmɛnt] **(1)** *m* ‹-(e)s, -e› *(Augenblick; vgl. d.)* moment, instant *m*; *im ~ (jetzt)* à cette heure, à l'heure qu'il est; *(gerade)* justement, à l'instant même; *im letzten ~* au dernier moment; *~ (mal)!* un instant! minute! *der rechte* od *gegebene ~* le bon moment, la bonne heure; **(2)** *n* ‹-(e)s, -e› **1.** *(Gesichtspunkt)* point *m* de vue; **2.** *phys tech* moment, facteur *m*; **m~an** [-mɛnˈta:n] **I.** *a* momentané; **II.** *adv* momentanément; pour le moment, pour l'instant; **~aufnahme** *f* (photo *od* prise *f*) instantané(e) *m*.

Monarch *m* ‹-en, -en› [moˈnarç] monarque *m*; **~ie** *f* ‹-, -n› [-ˈçi:] monarchie *f*; **m~isch** [-ˈnarçɪʃ] *a* monarchique; **~ist** *m* ‹-en, -en› [-ˈçɪst] monarchiste *m*; **m~istisch** [-ˈçɪstɪʃ] *a* monarchiste.

Monat *m* ‹-(e)s, -e› [ˈmo:nat] mois *m*; *am 10. dieses ~s* le 10 courant; *im Laufe des ~s* dans le courant du mois; *im 6. ~ (Schwangere)* enceinte de 6 mois; *im ~ Mai* au mois de mai; **m~elang** *adv* durant des mois, des mois durant; **m~lich I.** *a* mensuel; **II.** *adv* par mois, au mois; **~sbinde** *f* serviette *f* hygiénique *od* périodique; **~sgehalt** *n* traitement *m od* appointements *m pl* mensuel(s); **~skarte** *f* abonnement *m* mensuel; **~srate** *f* acompte *m* mensuel, mensualité *f*.

Mönch *m* ‹-(e)s, -e› [mœnç] moine; religieux *m;* **~skloster** *n* monastère *m;* **~sorden** *m* ordre *m* religieux *od* monastique.

Mond *m* ‹-(e)s, -e› [mo:nt, '-də] **1.** *(der Erde)* lune *f;* **2.** *astr allg* satellite *m;* — *in den ~ gucken (fig fam: nichts kriegen)* revenir les mains vides, en être pour ses frais, faire chou blanc (*bei etw* de qc); *auf dem ~ landen* alunir; *der ~ scheint* il fait clair de lune; *abnehmender, zunehmender ~* lune *f* décroissante, croissante; **~bahn** *f* orbite *f* de la lune; **~finsternis** *f* éclipse *f* de lune; **~landschaft** *f* paysage *m* lunaire; **~landung** *f* alunissage *m;* **~licht** *n* clair *m* de lune; **~oberfläche** *f* sol *m* lunaire; **~phase** *f* phase *f* de la lune; **~schein** *m* clair *m* de lune; *bei ~* au clair de la lune; **~sichel** *f* croissant *m* de lune; **~viertel** *n* quartier *m* de lune; **~wechsel** *m* changement *m* de lune.

Monegass|e *m* ‹-n, -n› [mone'gasə] *(Einwohner von Monaco)* Monégasque *m;* **m~isch** [-'gasıʃ] *a* monégasque.

Moneten *pl* [mo'ne:tən] *fam (Geld)* picaillons *m pl,* fric; *pop* pognon *m.*

Mongol|e *m* ‹-n, -n› [mɔŋ'go:lə] , **~in** *f* ‹-, -nen› Mongol(e *f) m;* **~ei,** *die* [-go'laı] la Mongolie; **m~isch** [-'go:lıʃ] *a* mongol(ique).

Mono|gamie *f* ‹-, ø› [monoga'mi:] *(Einehe)* monogamie *f;* **~graphie** *f* ‹-, -n› [-gra'fi:] monographie *f;* **~gramm** *n* ‹-s, -e› [-'gram] monogramme *m;* **~kel** *n* ‹-s, -› [-'nɔkəl] monocle *m;* **~kultur** *f agr* monoculture *f;* **~log** *m* ‹-s, -e› [-'lo:k, -gə] monologue *m; e-n ~ halten* monologuer; **~pol** *n* ‹-s, -e› [-'po:l] monopole *m;* **~polstellung** *f* situation *f* de monopole; **~theismus** *m* monothéisme *m;* **m~ton** [-'to:n] *a* monotone.

Monstranz *f* ‹-, -en› [mɔn'strants] *rel* ostensoir *m.*

Monstrum *n* ‹-s, -tren/-tra› ['mɔnstrum] monstre *m.*

Monsun *m* ‹-s, -e› [mɔn'zu:n] *mete* mousson *f.*

Montag *m* ‹-(e)s, -e› ['mo:nta:k] lundi *m; blauen ~ machen* fêter (la) Saint-Lundi.

Montage *f* ‹-, -n› [mɔn'ta:ʒə] montage *a. phot film;* assemblage *m;* **~band** *n* tapis *m* roulant de montage; **~halle** *f* hall *od* atelier *m* de montage.

Montanindustrie *f* [mɔn'ta:n-] industrie *f* minière et métallurgique, mines *f pl* et métallurgie *f.*

Mont|eur *m* ‹-s, -e› [mɔn'tø:r] (ajusteur-) monteur, assembleur *m;* **m~ieren** ‹*ohne ge-*› *tr* monter, assembler; **~ur** *f* ‹-, -en› [-'tu:r] *mil* tenue *f,* uniforme; *(Ausrüstung)* équipement *m.*

Monument *n* ‹-(e)s, -e› [monu'mɛnt] monument *m;* **m~al** [-'ta:l] *a* monumental; **~alfilm** *m* superproduction *f.*

Moor *n* ‹-(e)s, -e› [mo:r] marécage, marais *m.*

Moos (1) *n* ‹-es, -e› [mo:s, '-zə] *bot* mousse *f;* **(2)** *n* ‹-es, ø› [mo:s, '-zəs] *arg* u. *fam (Geld)* trèfle *m,* oseille *f,* pognon *m;* **m~ig** ['-zıç] *a* moussu, couvert de mousse.

Mop *m* ‹-s, -s› [mɔp] balai *m* à franges.

Moped *n* ‹-s, -s› ['mo:pɛt/('mope:t)] cyclomoteur *m.*

Mops *m* ‹-es, ⸚e› [mɔps, 'mœpsə] carlin *m;* **m~en** *tr fam (stehlen)* chiper, gripper.

Moral *f* ‹-, ø› [mo'ra:l] morale; *(Nutzanwendung)* morale, moralité *f;* **m~isch** *a* moral; **~prediger** *m pej* moralisateur; prêcheur, sermonneur *m;* **~predigt** *f: jdm e-e ~ halten* faire la morale à qn.

Moräne *f* ‹-, -n› [mo'rɛ:nə] *geol* moraine *f.*

Morast *m* ‹-(e)s, -e/⸚e› [mo'rast(ə), -'rɛstə] bourbe *f,* marais *m; im ~ stekkenbleiben* s'embourber.

Morchel *f* ‹-, -n› ['mɔrçəl] *bot* morille *f.*

Mord *m* ‹-(e)s, -e› [mɔrt, '-də] meurtre, assassinat *m; e-n ~ begehen* commettre un meutre; *es wird ~ und Totschlag geben* il y aura des morts; **~anschlag** *m* attentat *m* à la vie (*auf jdn* de qn); **m~en** *tr* assassiner; *itr* commettre un *od* des meurtre(s).

Mörder *m* ‹-s, -› ['mœrdər] meurtrier, assassin; homicide *m; (Hilfe) ~!* au meurtre! **~in** *f* ‹-, -nen› meurtrière *f;* **m~isch** *a* meurtrier, homicide; *fig* sanglant.

Mords| ... ['mɔrts' ...] *(in Zssgen) pop* rude; **~hunger** *m* faim de loup, fringale *f;* **~kerl** *m* rude gaillard, type *m* épatant *od* formidable; **m~mäßig** *a fam* rude, formidable, terrible, fou, énorme; **~spaß** *m: es gab e-n ~* on s'est payé une bosse de rire.

Mord|versuch *m* ['mɔrt-] tentative *f* d'assassinat; **~waffe** *f* arme *f* meurtrière.

Morgen *m* ‹-s, -› ['mɔrgən] **1.** matin *m; (Vormittag)* matinée *f;* **2.** *(Feldmaß)* arpent *m;* — *am ~* le matin; *am anderen* od *nächsten ~* le lendemain matin; *eines (schönen) ~s* un (beau) matin, un de ces matins; *früh am ~* le matin de bonne heure; de bon *od* grand matin; *jdm e-n guten ~ wünschen* souhaiter *od* donner le bonjour à qn; *guten ~!* bonjour!

morgen ['mɔrgən] *adv* demain; *ab ~, von ~ an* à partir de demain, dès demain; *(noch) bis ~ (früh)* (jusqu')à demain, d'ici (à) demain; *~ früh, mittag, abend* demain matin, midi, soir; *~ ist Sonntag* c'est demain dimanche.

Morgen|ausgabe *f* ['mɔrgən-] *(Zeitung)* édition *f* du matin; **~dämmerung** *f* aube; pointe *f* du jour; **m~dlich** [-tlıç] *a* matinal, du matin; **~grauen** *n: im ~* à l'aube; à la pointe du jour, au petit jour; **~land,** *das (vx poet)* l'Orient *m;* le Levant; **~luft** *f* air *m* du matin; *~ wittern (fig fam)* flairer une bonne occasion; **~rock** *m* robe *f* de chambre, saut-de-lit, peignoir *m* (d'appartement); **~rot** *n,* **~röte** *f* aurore *f;* **m~s** *adv (am Morgen)* le matin; *(nach e-r Zeitangabe)* du matin; **~sonne** *f* soleil *m* levant; **~stern** *m* étoile *f* matinale *od* du matin.

morgig ['mɔrgıç] *a: der ~e Tag* la journée de demain.

Morphi|nismus *m* ⟨-, ø⟩ [mɔrfi'nısmus] morphinomanie *f;* **~um** *n* ⟨-s, ø⟩ ['mɔrfium] morphine *f.*

morsch [mɔrʃ] *a* pourri.

Morse|alphabet *n* ['mɔrze-] alphabet *m* morse; **~apparat** *m* télégraphe *m* morse; **m~n** *itr* télégraphier.

Mörser *m* ⟨-s, -⟩ ['mœrzər] mortier *m.*

Mörtel *m* ⟨-s, -⟩ ['mœrtəl] mortier *m;* **~kelle** *f* truelle *f.*

Mosaik *n* ⟨-s, -en/(-e)⟩ [moza'i:k] *a. fig* mosaïque *f;* **~fußboden** *m* sol *m* en mosaïque.

Moschee *f* ⟨-, -n⟩ [mɔ'ʃe:, -ən] *rel* mosquée *f.*

Mosel, *die* ['mo:zəl] la Moselle; **~(wein)** *m* moselle *m.*

Moskau *n* ['mɔskau] Moscou *f.*

Moskito *m* ⟨-s, -s⟩ [mɔs'ki:to] *ent* moustique *m;* **~netz** *n* moustiquaire *f.*

Moslem *m* ⟨-s, -s⟩ ['mɔslɛm] Musulman *m.*

Most *m* ⟨-(e)s, -e⟩ [mɔst] *(Trauben~)* moût; *(Apfel~)* cidre *m.*

Motel *n* ⟨-s, -s⟩ [mo'tɛl] motel *m.*

Motiv *n* ⟨-s, -e⟩ [mo'ti:f, -və] **1.** *(Beweggrund)* motif, mobile; *jur* considérant *m;* **2.** *mus* motif; *lit poet* thème *m;* **m~ieren** [-'vi:rən] ⟨*ohne ge-*⟩ *tr* motiver; **~ation, ~ierung** *f* ⟨-, -en⟩ motivation *f.*

Motor *m* ⟨-s, -en⟩ ['mo:tɔr/ mo'to:r(ən)] moteur *m; den ~ abstellen* arrêter le moteur; *den ~ anlassen* mettre le moteur en marche; *den ~ warm werden lassen* faire chauffer le moteur; *der ~ springt an* le moteur part; **~antrieb** *m* commande *f* par moteur; *mit ~* commandé par moteur; **~boot** *n* canot *m* automobile *od* à moteur; **~defekt** *m* défectuosité *od* panne *f* de *od* du moteur; **~enbau** *m* construction *f* de moteurs; **~engeräusch** *n,* **~enlärm** *m* bruit *m* du *od* des moteur(s); **~fahrzeug** *n* véhicule *m* à moteur; **~haube** *f* capot *m* de *od* du moteur; **m~isch** [-'to:rıʃ] *a physiol* moteur; **m~isieren** [-tori'zi:rən] ⟨*ohne ge-*⟩ *tr* motoriser; **~isierung** *f* motorisation *f;* **~jacht** *f* yacht *m* à moteur; **~pflug** *m* charrue *f* automobile *od* à moteur, motoculteur *m;* **~pumpe** *f* pompe à moteur, motopompe *f;* **~rad** *n* motocyclette; *fam* moto *f;* **~radfahrer** *m* motocycliste *m;* **~radrennen** *n* course *f* motocycliste; **~radsport** *m* motocyclisme *m;* **~roller** *m* scooter *m;* **~säge** *f* scie *f* à moteur; **~schaden** *m* = *Motordefekt;* **~schlitten** *m* traîneau *m* à moteur; **~segler** *m* planeur *m* à moteur auxiliaire; **~störung** *f* panne *f* de moteur; *eine ~ beheben* dépanner un moteur; **~triebwagen** *m* autorail *m,* micheline *f.*

Motte *f* ⟨-, -n⟩ ['mɔtə] mite, teigne, gerce *f;* **m~nfest** *a* antimite; **~nfraß** *m* mangeure *f* de mites; **~nloch** *n* trou *m* de mite; **m~nzerfressen** *a* mité.

Motto *n* ⟨-s, -s⟩ ['mɔto] devise, épigraphe *f.*

Möwe *f* ⟨-, -n⟩ ['mø:və] mouette *f; (große)* goéland *m.*

Mücke *f* ⟨-, -n⟩ ['mʏkə] *allg* moucheron; *(Stechmücke)* cousin, moustique *m; aus e-r ~ e-n Elefanten machen (fig)* faire une montagne d'un rien; **~nstich** *m* piqûre *f* de moustique.

Mucker *m* ⟨-s, -⟩ ['mukər] sournois; grognon; *(Frömmler, Heuchler)* bigot, cagot *m.*

müd|e ['my:də] *a* **1.** *(ermüdet)* fatigué; *(abgespannt)* las; *(erschöpft)* éreinté, fourbu, harassé; **2.** *(schläfrig)* pris de sommeil; — *~ machen* fatiguer, lasser; *~ (schläfrig) sein* avoir sommeil; *e-r S ~ sein* être las de qc; *~ werden* se fatiguer, se lasser; *nicht ~ werden, etw zu tun* ne pas se lasser de faire qc; *ich bin es ~, zu inf* j'en ai assez de *inf;* **M~igkeit** *f* ⟨-, ø⟩ fatigue; lassitude *f; vor ~* de fatigue; *(Schläfrigkeit)* de sommeil; *vor ~ umfallen (a.)* n'avoir plus de jambes; dormir debout.

Muff *m* ⟨-(e)s, -e⟩ [muf] *(Handwärmer)* manchon *m.*

Muffe *f* ⟨-, -n⟩ ['mufə] *tech* manchon, raccord *m.*

Muff|el *m* ⟨-s, -⟩ ['mufəl] *fam (brummiger Mensch)* grognon, ronchonneur *m;* **m~(e)lig** *a* grognon, grincheux.

muffig ['mufıç] *a: ~ riechen* sentir le renfermé *od* le moisi *od* le remugle.

Mühe *f* ⟨-, -n⟩ ['my:ə] peine *f; (Anstrengung)* effort *m; mit ~ und Not* à grand-peine; *sich ~ geben* se donner de la peine (*zu* de) *od* du mal (*zu* pour), s'efforcer (*zu* de *od* à); s'évertuer (*zu* à); *sich alle (erdenkliche) ~ geben* se donner toutes les peines du monde, faire tout au monde (*um zu* pour); *sich die ~ machen zu* se donner le mal *od* la peine, prendre la peine de; *keine ~ scheu-*

en ne pas ménager sa peine *od* la fatigue, ne ménager aucun effort; *der ~ wert sein* valoir la peine *od fam* le coup; *das ist verlorene* od *vergebliche ~* c'est peine perdue; *geben Sie sich keine (weitere) ~!* ne vous donnez pas la peine; inutile d'insister; n'insistez pas! **m~los** *adv* sans peine *od* effort *od* difficulté; facilement; **m~n,** *sich* se donner du mal; **m~voll** *a* pénible, difficile.

Mühl|e *f* ‹-, -n› ['my:lə] **1.** moulin *m;* **2.** *fam (Maschine, Fahrrad)* bécane; *(altes Auto)* bagnole *f,* tacot *m;* **~rad** *n* roue *f* de moulin; **~stein** *m* meule *f;* **~werk** *n* moulage *m.*

Müh|sal *f* ‹-, -e› ['my:za:l] peines *f pl; (schwere Arbeit)* labeur, travail *m* pénible; **m~sam, m~selig I.** *a* pénible; **II.** *adv a.* avec peine.

Mulatt|e *m* ‹-n, -n› [mu'latə] , **~in** *f* ‹-, -nen› mulâtre(sse *f*) *m.*

Mulde *f* ‹-, -n› ['muldə] **1.** *(Trog)* auge *f;* **2.** *geog* auge *f,* bassin *m.*

Mull *m* ‹-(e)s, -e› [mul] *(Textil)* voile *m* de mousseline.

Müll *m* ‹-(e)s, ø› [mʏl] ordures; *(Kehricht)* balayures *f pl; atomarer ~ m* déchets *m pl* radioactifs; **~abfuhr** *f* **1.** *(Tätigkeit)* enlèvement *od* ramassage *m od* collecte *f* des ordures (ménagères); **2.** *(Organisation)* ordures *f pl* ménagères, voirie *f.*

Mullbinde *f* ['mul-] (bande de) gaze *f.*

Müll|deponie *f* ['mʏl-] décharge *f;* **~eimer** *m* boîte à *od* aux ordures, poubelle *f.*

Müller *m* ‹-s, -› ['mʏlər] meunier *m.*

Müll|fuhrmann *m* ['mʏl-], **~kutscher** *m* (é)boueur, boueux *m;* **~schlucker** *m* vide-ordures *m;* **~tonne** *f* poubelle *f;* **~verwertung** *f* utilisation *f* des immondices; **~verwertungsanlage** *f* dépotoir *m;* **~wagen** *m* tombereau de nettoyage, camion-benne *m.*

multi|lateral ['multi-] *a (mehrseitig)* multilatéral; **M~millionär** *m* multimillionnaire *m;* **M~plikation** *f* ‹-, -en› [-plikatsi'o:n] multiplication *f;* **~plizieren** [-pli'tsi:rən] ‹*ohne ge-*› *tr* multiplier.

Mumi|e *f* ‹-, -n› ['mu:miə] momie *f;* **m~fizieren** [mumifi'tsi:rən] ‹*ohne ge-*› *tr* momifier.

Mumm *m* ‹-s, ø› [mum] *fam (Schneid)* poigne *f; ~ haben (a.)* avoir du cran.

Mummelgreis *m* ['muməl-] vieillard *m* édenté.

Mumps *m (f)* ‹-, ø› [mumps] *med* oreillons *m pl.*

München *n* ['mʏnçən] Munich *m.*

Mund *m* ‹-(e)s, ⸚er› [munt, 'mʏndər] bouche *f; sich das Brot vom ~(e) absparen* s'ôter le pain de la bouche, prendre sur sa nourriture; *~ und Nase aufsperren (fam), mit offenem ~ dastehen* être *od* rester bouche bée *od* éberlué; *den ~ nicht auftun* ne pas ouvrir la bouche *od* desserrer les dents; *nicht auf den ~ gefallen sein (fig fam)* être prompt à la riposte *od* à la réplique, ne pas avoir la langue dans sa poche; *von ~ zu ~ gehen* passer de bouche en bouche; *den ~ halten* tenir *od* avaler sa langue; *den ~ nicht halten können* avoir la langue trop longue; *jdm den ~ wässerig machen* faire venir l'eau à la bouche de qn; *jdm nach dem ~ reden* flatter qn; *aus dem ~ riechen* sentir de la bouche; *in aller ~e sein* être dans toutes les bouches; *jdm den ~ stopfen* fermer la bouche, clouer le bec à qn; *jdm das Wort im ~ umdrehen* déformer les paroles de qn; *jdm den ~ verbieten* interdire à qn de parler; *sich den ~ verbrennen (fig)* avoir un mot malheureux; *das ist in aller ~e* tout le monde en parle; *halt den ~!* (ferme) ta bouche! **~art** *f* dialecte, patois *m; ~ sprechen* patoiser; **m~artlich** *a* patois, dialectal.

Mündel *n* ‹-s, -› ['mʏndəl] pupille *m f;* **~geld** *n* capital *m* de mineur; **m~sicher** *a jur* de tout repos.

munden ['mundən] *itr: jdm ~* être au goût de qn.

münden ['mʏndən] *itr* **1.** *(Fluß)* se jeter (*in* dans), être tributaire (*in* de); **2.** *(Straße)* déboucher (*in* dans), aboutir (*in* od *auf* à).

mund|faul ['munt-] *a* avare de paroles, peu loquace; **M~harmonika** *f* harmonica *m;* **M~höhle** *f* cavité *f* buccale *od* orale.

mündig ['mʏndɪç] *a* majeur; *~ werden* arriver à sa majorité; **M~keit** *f* ‹-, ø› majorité *f.*

mündlich ['mʏntlɪç] **I.** *a* oral, verbal; **II.** *adv a.* de vive voix; — *~e Prüfung f, M~es n* (examen) oral *m.*

Mund|pflege *f* ['munt-] hygiène *f* de la bouche; **~raub** *m* vol *m* de nourriture; **~stück** *n (Blasinstrument)* embouchure *f,* embouchoir, bec; *(Zigarette)* bout *m;* **m~tot** *a: ~ machen* museler, bâillonner.

Mündung *f* ‹-, -en› ['mʏnduŋ] *allg* bouche; *(Fluß a.)* embouchure *f;* **~sarm** *m (Fluß)* bras *m* de l'embouchure; **~sgebiet** *n geog* delta *m.*

Mund|voll *m* ‹-, -› ['munt-] bouchée *f;* **~vorrat** *m* provisions *f pl* de bouche; **~wasser** *n* eau *f* dentifrice; *pharm* collutoire *m;* **~werk** *n fam: ein gutes ~ haben* avoir la langue bien pendue *od* bien déliée; **~winkel** *m* coin *m* de la bouche, commissure *f* des lèvres; **~-zu-~-Beatmung** *f (Erste Hilfe)* bouche-à-bouche *m.*

Munition *f* ‹-, -en› [munitsi'o:n] munition(s *pl*) *f; s-e ~ verschießen* épuiser ses munitions; **~sdepot** *n* dépôt *m* de munitions, cartoucherie *f;* **~sfabrik** *f* cartoucherie *f;* **~snachschub** *m* ravitaillement *od* réapprovisionnement *m* en munitions.

munkeln ['muŋkəln] *itr fam (heimlich reden)* chuchoter; parler à mots couverts *(von* de*).*

Münster *n* ‹-s, -› ['mʏnstər] cathédrale *f.*

munter ['muntər] *a* **1.** *(wach)* éveillé; **2.** *(lebhaft)* vif; *(flink)* alerte; *(fröhlich)* gai, allègre, enjoué; *(forsch)* fringant; — ~ *machen* (r)éveiller; ~ *werden* s'éveiller, se réveiller; **M~keit** *f* ‹-, ø› *(Lebhaftigkeit)* vivacité *f,* entrain *m.*

Münz|e *f* ‹-, -n› ['mʏntsə] **1.** monnaie *f;* **2.** *(~amt)* Hôtel *m* des monnaies, Monnaie *f;* — *jdm mit gleicher ~ heimzahlen* payer qn de retour; rendre la pareille, rendre *od* donner à qn la monnaie de sa pièce; *etw für bare ~ nehmen* prendre qc pour argent comptant; **~einwurf** *m (an Automaten)* fente *f* pour la monnaie; **m~en** *tr* battre monnaie; monnayer; *das ist auf mich gemünzt* c'est une pierre dans mon jardin; **~fernsprecher** *m* taxiphone *m;* **~prägung** *f* frappe des monnaies, monétisation *f;* **~sammler** *m* collectionneur de médailles, médailliste *m;* **~sammlung** *f* collection *f* de médailles, médaillier *m;* **~stätte** *f* atelier *m* monétaire.

mürbe ['mʏrbə] *a* **1.** *(Küche)* tendre; *(gut gebacken* od *gekocht)* bien cuit; **2.** *(bröckelig)* friable; *(brüchig)* cassant, fragile; *(abgenutzt)* usé; — ~ *machen (Fleisch)* attendrir; *(Menschen)* mater, dompter; *fam* fatiguer, user; **M~teig** *m* pâte *f* brisée.

murmeln ['murməln] *tr u. itr* murmurer, grommeler, marmotter, marmonner; *in den Bart ~* marmotter entre ses dents.

Murmeltier *n* ['murməl-] marmotte *f; wie ein ~ schlafen* dormir comme une marmotte *od* un loir *od* une souche *od* un plomb.

murren ['murən] *itr* gronder (*über* de); grogner.

mürrisch ['mʏrɪʃ] *a (griesgrämig)* grincheux, morose; *(brummig)* grognon.

Mus *n* ‹-es, -e› [mu:s, '-zə] marmelade, purée *f.*

Muschel *f* ‹-, -n› ['muʃəl] **1.** *zoo* coquillage *m; (Mies~)* moule; *(Schale)* coquille *f;* **2.** *(Ohr~)* pavillon; *tele (Hör~)* écouteur *m;* **~fleisch** *n* coquillage *m;* **m~förmig** *a* en forme de coquille; **~zucht** *f* élevage *m* des moules, industrie *f* moulière; **~züchterei** *f* moulière *f.*

Muse *f* ‹-, -n› ['mu:zə] muse *f.*

Museum *n* ‹-s, -seen› [mu'ze:um, -ən] musée; *(für Naturkunde)* muséum *m;* **~swärter** *m* gardien *m* de musée.

Musical *n* ‹-s, -s› ['mju:zɪkəl] comédie *f* musicale.

Musik *f* ‹-, -en› [mu'zi:k] musique *f; ~ machen* faire de la musique; *in ~ setzen* mettre en musique, musiquer, composer; **~akademie** *f* conservatoire *m* (de musique); **~alienhandlung** *f* magasin *m* de musique; **m~alisch** [-'ka:lɪʃ] *a* **1.** *(Musik-)* musical; **2.** *(~ begabt)* musicien; *~ sein (a.)* être doué pour la musique; **~alität** *f* ‹-, ø› [-kali'tɛ:t] *(musikalisches Empfinden)* sens *m* de la musique; *(musikalische Wirkung)* effet *m od* qualité *f* musical(e); **~ant** *m* ‹-en, -en› [-'kant] musicien; *(Dorf~)* ménétrier *m;* **~antenknochen** *m anat fam* petit juif *m;* **~begleitung** *f* accompagnement *m;* **~box** *f* juke-box *m;* **~direktor** *m* chef *m* de musique; **~er** *m* ‹-s, -› ['mu:zikər] musicien *m;* **~freund** *m* mélomane, amateur *m* de musique; **~hochschule** *f* = *Musikakademie;* **~instrument** *n* instrument *m* de musique; **~kapelle** *f* orchestre *m; mil* musique *f;* **~lehrer(in** *f***)** *m* professeur *m* de musique; **~pavillon** *m* kiosque *m* à musique; **~stück** *n* morceau *m* de musique.

musisch ['mu:zɪʃ] *a* artistique; littéraire; musicien.

musizieren [muzi'tsi:rən] ‹*ohne ge-*› *itr* faire de la musique.

Muskat *m* ‹-(e)s, -e› [mus'ka:t] muscade *f;* **~nuß** *f* (noix) muscade *f.*

Muskel *m* ‹-s, -n› ['muskəl] muscle *m; ~n haben (fam)* avoir du muscle *od* du biceps; **~kater** *m* courbature *f;* **~kraft** *f* force *f* musculaire; *mit ~* à bras; **~protz** *m fam* costaud *m pop;* **muskulös** *a* musculeux, musclé; vigoureux.

Muß *n* ‹-, ø› [mus] nécessité *f.*

Muße *f* ‹-, ø› ['mu:sə] loisir *m.*

müssen ['mʏsən] ‹*muß, mußte, gemußt*› *itr: ich muß tun (Notwendigkeit)* il faut que je fasse, il me faut faire; *(Zwang)* je suis contraint *od* forcé de faire; *(Verpflichtung)* je dois faire, j'ai à faire, je suis obligé de faire; *(nicht umhinkönnen)* ne pas s'empêcher de faire, ne pas pouvoir ne pas faire; *(oder) ich müßte mich sehr irren* ou je ne m'y connais plus; *(starke Wahrscheinlichkeit) er muß gleich kommen* il va venir tout de suite; *das muß wahr sein* ce doit être vrai; *er müßte denn krank geworden sein* à moins qu'il ne soit tombé malade; *ich muß in die Stadt* il faut que j'aille en ville; *drei Jahre mußten vergehen, bis* ... il a fallu attendre trois ans pour que *subj; muß ich Ihnen sagen, daß ...?* est-il besoin de vous dire que ...?

Mußestunden *f pl* ['mu:sə-] heures *f pl* de loisir.

müßig ['mʏ:sɪç] *a* **1.** *(Mensch: untätig)* oisif, désœuvré; inoccupé; fainéant; **2.** *(Sache: nutzlos)* oiseux, inutile;

M~gang *m* ‹-(e)s, ø› oisiveté *f,* désœuvrement *m.*

Muster *n* ‹-s, -› ['mustər] **1.** modèle, type; exemple; *(Prototyp)* prototype; *(Vorbild)* idéal; *(Schnittmuster)* patron *m;* **2.** *(Probe)* spécimen, échantillon *m;* — *nach dem ~ (gen)* à l'instar (de); *zum ~ nehmen* prendre pour modèle; **~beispiel** *n* exemple typique; modèle *m;* **~betrieb** *m* exploitation *od* entreprise *f* modèle; **~brief** *m* lettre *f* type; **~exemplar** *n* exemplaire *m* modèle *od* type; **m~gültig** *a,* **m~haft** *a* exemplaire; **~kollektion** *f* collection *f* de modèles *od* d'échantillons, échantillonnage *m;* **~messe** *f com* foire *f* d'échantillons; **m~n** *tr* **1.** *(prüfen)* examiner; *(inspizieren)* inspecter; *(Truppen)* passer en revue; **2.** *(Wehrpflichtigen)* faire passer devant le conseil de révision; **~schüler** *m* écolier *od* élève *m* modèle; **~schutz** *m* protection *f* des modèles (déposés); **~ung** *f* ‹-, -en› **1.** *(Prüfung)* examen *m;* *(Besichtigung)* inspection; *mil* revue *f;* **2.** *(Wehrpflichtiger)* révision *f.*

Mut *m* ‹-(e)s, ø› [mu:t] courage *m;* *(Tapferkeit)* bravoure, vaillance; *(Kühnheit)* audace, hardiesse; *(Unerschrockenheit)* intrépidité *f;* *(Schneid)* cran *m;* *jdm ~ machen* donner *od* inspirer du courage à qn, encourager qn; *jdm den ~ nehmen* décourager qn; *den ~ sinken lassen* od *verlieren* perdre courage, se décourager; *es gehört ~ dazu* il y faut du courage.

Mutation *f* ‹-, -en› [mutatsi'o:n] *biol* mutation *f.*

mut|ig ['mu:tıç] *a* courageux; **~los** *a* découragé; sans courage; *~ machen* décourager, démoraliser; **M~losigkeit** *f* ‹-, ø› manque de courage, découragement *m;* démoralisation *f;* **m~maßen** ['mu:tma:sən] *tr* supposer, présumer, conjecturer; **~maßlich** *a* supposé, présomptif, conjectural; **M~maßung** *f* ‹-, -en› supposition, présomption, conjecture *f.*

Mutter (1) *f* ‹-, ¨-› ['mutər, 'mʏtər] mère *f;* **(2)** *f* ‹-, -n› *tech* écrou *m;* — *keine ~ mehr haben* être orphelin de mère; *werdende und stillende Mütter pl* femmes *f pl* enceintes et allaitantes.

Mütterchen *n* ['mʏtərçən] *: altes ~* (bonne) vieille *f.*

Mutter|gesellschaft *f* ['mutər-] société *f* mère; **~gottes** *f* Mère *f* de Dieu.

Mütterheim *n* ['mʏtər-] maison *f* maternelle, foyer *m* maternel.

Mutter|kuchen *m* ['mutər-] *physiol* placenta; **~land** *n allg* mère patrie; *pol* métropole *f,* territoire *m* métropolitain.

mütterlich ['mʏtərlıç] *a* maternel; **~erseits** *adv* du côté de la mère, maternel.

Mutter|liebe *f* ['mutər-] amour *m* maternel; **m~los** *a* sans mère(s); **~mal** *n* ‹-s, -e› marque de naissance, tache de naissance *od* de vin; envie *f;* *scient* nævus *m;* **~milch** *f* lait *m* maternel; *mit der ~ einsaugen (fig)* sucer avec le lait maternel; **~mord** *m,* **~mörder** *m* matricide *m;* **~recht** *n* matriarcat *m;* **~schaft** *f* ‹-, ø› maternité *f;* **~schiff** *n* (navire *od* bâtiment) ravitailleur *m;* **~schutz** *m* protection *od* assistance *f* maternelle *od* de la maternité; **m~seelenallein** *a* tout *od* absolument seul; **~söhnchen** *n* enfant *m* gâté; **~sprache** *f* langue *f* maternelle; **~stelle** *f: bei jdm ~ vertreten* tenir lieu de mère à qn; **~tag** *m* fête *f* des mères.

Mutti *f* ‹-, -s› ['muti] *(Kindersprache)* maman *f.*

Mutwill|e *m* ['mu:tvılə] pétulance, folâtrerie, espièglerie; *(Schalkhaftigkeit)* malice *f;* **m~ig I.** *a* pétulant, folâtre, espiègle; malicieux; **II.** *adv* de propos délibéré, à dessein; — *~e Zerstörung f* destruction *f* sans motif.

Mütze *f* ‹-, -n› ['mʏtsə] *(mit Schirm)* casquette *f;* *(ohne Schirm)* bonnet; *(Basken~)* béret *m* (basque).

My *n* ‹-(s), -s› [my:] *(1/1000 mm)* micron *m.*

Myriade *f* ‹-, -n› [myri'a:də] *(10 000; Unzahl)* myriade *f.*

Myrte *f* ‹-, -n› ['mʏrtə] *bot* myrte *m.*

myst|eriös [mʏsteri'ø:s] *a* mystérieux; **~erium** *n* ‹-s, -rien› [-'te:rium, -riən] mystère *m;* **M~ik** *f* ‹-, ø› ['mʏstık] mystique *f,* mysticisme *m.*

myth|isch ['my:tıʃ] *a* mythique; **M~ologie** *f* ‹-, -n› [-tolo'gi:] mythologie *f;* **~ologisch** [-'lo:gıʃ] *a* mythologique; **M~os** *m* ‹-, -then› ['my:tɔs] , **M~us** *m* ‹-, -then› ['my:tus, -tən] mythe *m.*

N

N, n *n* ‹-, -› [ɛn] *(Buchstabe)* N, n *m* u. *f.*
na [na] *interj* allons! eh bien! ~? hein? ~, ~! allons! *fam* par exemple! ~ *also!* eh bien! tu vois! vous voyez! ~ *hör mal!* ~ *so was!* ça, par exemple! ça alors! ~ *und?* et alors? mais encore? et puis après?
Nabe *f* ‹-, -n› ['na:bə] *(am Rad)* moyeu *m.*
Nabel *m* ‹-s, -› ['na:bəl] nombril; *a. bot u. fig* ombilic *m;* **~schnur** *f physiol* cordon *m* ombilical.
nach [na:x] *prp* **1.** *(räuml.)* à (destination de), vers; *(~ e-m Lande)* en; *(verkaufen, ausführen ~)* sur; **2.** *(zeitl.)* après, à la suite de, au bout de; **3.** *(Reihenfolge)* après; **4.** *(zufolge, gemäß)* d'après, suivant, selon, conformément à; — *einer ~ dem ander(e)n* l'un après l'autre, un à un; ~ *und ~ (adv)* peu à peu, petit à petit, goutte à goutte, par degré(s); ~ *wie vor* (tout) comme avant; *Viertel ~ fünf* cinq heures et quart; ~ *(französischer etc) Art* à la (française); ~ *dem Gedächtnis* de mémoire; ~ *Geschmack* selon le goût; *der Reihe ~* à tour de rôle, successivement; ~ *der Straße liegen* donner sur la rue; *(je) ~ den Umständen* selon *od* suivant les circonstances; ~ ... *(ab)reisen, fahren* partir pour ...; ~ *jdm arten, kommen, schlagen* tirer sur qn; ~ *jdm fragen* demander qn; *mir ~! (adv)* suivez-moi! ~ *Ihnen!* après vous; *der Zug ~ Paris* le train (à destination) de Paris; ~ *wie vor (adv)* après comme avant.
nach≈äffen ['na:x-] *tr* mimer, contrefaire.
nach≈ahm|en ['na:x-] *tr (Menschen)* imiter, copier; *(Sache)* imiter, contrefaire; *(Kunst)* pasticher; **~enswert** *a* digne d'être imité; exemplaire; **N~ung** *f* ‹-, -en› imitation *f; (Gegenstand)* simili *fam; (Kunst)* pastiche *m; (Fälschung)* contrefaction, contrefaçon *f; vor ~en wird gewarnt!* se méfier des imitations!
Nachbar|(in) *m* ‹-n/-s, -n› (*f* ‹-, -nen›) ['naxba:r] voisin(e *f*) *m;* **~haus** *n* maison *f* voisine; **~land** *n* pays *m* limitrophe; **n~lich I.** *a* voisin; de voisin; **II.** *adv* en (bon) voisin; **~schaft** *f* ‹-, ø› voisinage *m; (Nähe)* proximité *f; die ~ (d. Nachbarn)* les voisins *m pl.*

nach≈bestell|en ['na:x-] ‹*ohne ge-*› *tr* commander en supplément, faire une seconde commande de; **N~ung** *f* ordre *m* supplémentaire, seconde commande *f.*
nach≈bezahlen ['na:x-] ‹*ohne ge-*› **1.** *tr* payer en supplément; **2.** *itr* payer un supplément.
Nachbildung ['na:x-] *f* reproduction; imitation, copie *f; (Kunst)* pastiche *m.*
nach≈datieren ['na:x-] ‹*ohne ge-*› *tr* postdater.
nachdem [na:x'de:m] **I.** *conj* **1.** *(zeitl.)* après que après *inf;* **2.** *(Maß u. Grad: je ~)* selon que, suivant que; **II.** *adv: je ~* selon les circonstances, selon le cas; c'est selon; cela *od fam* ça dépend.
nach≈denk|en ['na:x-] ‹*dachte nach, nachgedacht*› *itr* réfléchir (*über* à), méditer (*über* sur); **~lich** *a* méditatif, pensif.
Nachdruck *m* ['na:x-] **1.** ‹-(e)s, ø› *(Betonung)* insistance, emphase; *(Festigkeit)* fermeté *f;* **2.** ‹-(e)s, -e› *typ* reproduction; *(unerlaubter)* contrefaçon *f; (Buch)* édition *f* pirate *(fam); — mit ~ = nachdrücklich (adv); auf etw ~ legen* insister, appuyer sur qc, souligner qc; ~ *verboten* reproduction interdite; **nach≈drucken** *tr typ* reproduire, réimprimer; *(unerlaubt)* contrefaire; **nachdrücklich I.** *a* emphatique, ferme; **II.** *adv* énergiquement; avec insistance; avec fermeté.
nach≈eifern ['na:x-] *itr: jdm ~* être l'émule de qn; se modeler sur qn.
nach≈eilen ['na:x-] *itr* ‹*sein*› *: jdm ~* courir après qn.
nacheinander [--'--] *adv* l'un après l'autre, à tour de rôle, successivement, de suite.
nach≈empfinden ['na:x-] ‹*empfindet, empfand nach, nachempfunden*› *tr: das kann ich Ihnen ~* je vous comprends tout à fait, je me mets à votre place.
Nachen *m* ‹-s, -› ['naxən] nacelle, barque *f.*
nach≈erzähl|en ['na:x-] ‹*ohne ge-*› *tr* répéter; **N~ung** *f* répétition *f; (Schule)* compte *m* rendu de lecture.
Nachfolge *f* ['na:x-] succession *f;* **nach≈folgen** *itr* ‹*sein*› suivre (*jdm* qn); *fig* suivre les traces (*jdm* de qn); **~r** *m* successeur *m.*
nach≈forder|n ['na:x-] *tr* demander en plus *od* en sus; **N~ung** *f* demande *f* en sus.
nach≈forsch|en ['na:x-] *itr* faire des recherches *od* des enquêtes *od* des inves-

tigations; **N~ung** *f* recherche, enquête, investigation *f; ~en anstellen* faire des recherches (*nach* sur).
Nachfrage *f* ['na:x-] *a. com* demande *f; die ~ befriedigen* satisfaire *od* faire face à la demande; **nach=fragen** ['na:x-] *itr* demander des nouvelles, s'informer, se renseigner.
Nachfrist *f* ['na:x-] prolongation *f* du terme.
nach=fühlen ['na:x-] *tr: jdm (etw) ~* comprendre qn, se mettre à la place de qn.
nach=füllen ['na:x-] *tr* **1.** *(Flüssigkeit)* ajouter; **2.** *(Gefäß, Behälter)* recharger.
nach=geben ['na:x-] ‹*gibt, gab nach, nachgegeben*› *itr* **1.** céder, fléchir, capituler, lâcher prise, battre en retraite; *fam* baisser pavillon; **2.** *tech (sich biegen)* fléchir, ployer; s'affaisser; *(Fuß-, Erdboden)* se dérober (sous les pieds); **3.** *(Wertpapier) fin* fléchir, reculer; être en repli.
nachgeboren ['na:x-] *a* posthume; *(jünger)* puîné, cadet.
Nachgebühr *f* ['na:x-] surtaxe *f.*
Nachgeburt *f* ['na:x-] arrière-faix, délivre *m.*
nach=gehen ['na:x-] ‹*ging nach, nachgegangen*› *itr* ‹*sein*› **1.** suivre (*jdm* qn); **2.** *(nachforschen)* faire des investigations *od* des recherches (*e-r S* sur qc); **3.** *(Uhr)* retarder.
nachgelassen ['na:x-] *a (Werk)* posthume.
Nachgeschmack *m* ['na:x-] arrière -goût *m.*
nachgiebig ['na:x-] *a* **1.** pliant, flexible, souple; **2.** *fig* conciliant, accommodant; **N~keit** *f* ‹-, ø› **1.** flexibilité; souplesse *f a. fig;* **2.** *fig* facilité *f,* esprit conciliant, caractère *m* accommodant.
nach=grübeln ['na:x-] *itr: über etw ~* se creuser la cervelle *od* la tête au sujet de qc.
Nachhall *m* ['na:x-] écho; retentissement *m; phys* résonance *f;* **nach=hallen** *itr* retentir; résonner.
nachhaltig ['na:x-] *a* durable, persistant, constant, permanent; *(wirksam)* efficace; **N~keit** *f* ‹-, ø› persistance, constance; efficacité *f.*
nach=hängen ['na:x-] ‹*hing nach, nachgehangen*› *itr (e-m Gedanken, e-m Traum)* caresser (une idée, un rêve).
nach=helfen ['na:x-] ‹*hilft, half nach, nachgeholfen*› *itr: jdm ~* donner un coup de main à qn, épauler qn.
nachher ['-- / -'-] *adv* après, plus tard; ensuite, puis; *(hinterher)* après coup; *bis ~!* à tout à l'heure! à tantôt!
Nachhilfe *f* ['na:x-] aide, assistance *f;* **~stunden** *f pl,* **~unterricht** *m* leçons particulières *od* de rattrapage, répétitions *f pl.*
nach=hinken ['na:x-] *itr* ‹*sein*› *fig* être à la traîne, ne pas pouvoir suivre (le rythme).
Nachholbedarf *m* ['na:x-] besoins *m pl* de compensation *od* de rattrapage; **nach=holen** *tr* rattraper, récupérer.
Nachhut *f* ‹-, ø› ['na:x-] *mil* arrière-garde *f.*
nach=jagen ['na:x-] **1.** *itr* ‹*sein*› *: e-r S ~* courir après qc; **2.** *tr* ‹*h*› *: jdm e-e Kugel ~* tirer sur qn (qui s'enfuit).
Nachkomme *m* ‹-n, -n› ['na:x-] descendant *m; ~n haben (a.)* faire souche; **nach=kommen** ‹*kam nach, nachgekommen*› *itr* ‹*sein*› **1.** venir plus tard; **2.** *(e-r Aufforderung)* donner suite (à); *(e-r Vorschrift)* se conformer (à); *(e-m Befehl)* exécuter; **—** *s-n Verpflichtungen (nicht) ~* faire honneur à (être en défaut de) ses obligations; *ich komme (euch) nach* je vous suivrai *od* rejoindrai; **~nschaft** *f* descendance, lignée, progéniture, postérité *f.*
Nachkömmling *m* ‹-s, -e› ['na:xkœmlɪŋ] tardillon *m fam,* retardataire; enfant *m* né tardivement.
Nachkriegs|... ['na:x-] *(in Zssgen)* d'après-guerre; **~zeit** *f* après-guerre *m.*
Nachlaß *m* ‹-sses, -sse *oder* ¨sse› ['na:xlas] **1.** *com* réduction, remise *f; (Rabatt)* rabais *m;* **2.** *(Hinterlassenschaft)* succession *f.*
nach=lassen ['na:x-] ‹*läßt, ließ nach, nachgelassen*› *tr* **1.** *(lockern)* (re)lâcher, desserrer, détendre; **2.** *(vom Preis)* rabattre; *itr* **3.** *(schwächer werden)* diminuer d'intensité, s'amoindrir, se relâcher, faiblir; *(Sturm, Lärm)* s'apaiser; *(Schmerz)* se calmer; *(Fähigkeit)* s'appauvrir; *(Eifer)* se refroidir; **N~** *n* diminution *f;* relâchement; apaisement; appauvrissement; refroidissement *m.*
nachlässig ['na:x-] *a (Mensch im Tun)* négligent; nonchalant, inexact; **N~keit** *f* ‹-, -en› négligence *f,* manque *m* de soin, incurie *f,* laisser-aller *m.*
Nachlaßverwalter *m* ['na:xlas-] curateur *od* administrateur *m* (à la succession).
nach=laufen ['na:x-] ‹*läuft, lief nach, nachgelaufen*› *itr* ‹*sein*› courir (*jdm* après qn), (pour)suivre (*jdm* qn).
Nachlese *f* ['na:x-] **1.** *agr (Tätigkeit: Getreide:)* glanage, *(Wein)* grappillage *m;* **2.** *(das Gesammelte)* glanure *f;* **3.** *fig* recueil *m* complémentaire.
nach=lösen ['na:x-] *itr loc* prendre un supplément.
nach=machen ['na:x-] *tr (Mensch u. Sache)* imiter; *(Menschen)* copier; *(fälschen)* contrefaire; *es jdm ~* en faire autant que qn.
nach=messen ['na:x-] ‹*mißt, maß nach, nachgemessen*› *tr* vérifier la mesure de.
Nachmittag *m* ['na:x-] après-midi; **n~s**

adv (dans) l'après-midi; **~svorstellung** *f theat* matinée *f*.

Nachnahme *f* ['na:x-] remboursement *m; gegen ~* contre remboursement; **~gebühren** *f pl* frais *m pl* de remboursement.

Nachname *m* ['na:x-] nom *m* de famille.

Nachporto *n* ['na:x-] surtaxe *f*.

nachprüf|bar ['na:x-] *a* contrôlable, vérifiable; **nach=prüfen** *tr* contrôler, vérifier, récoler; **N~ung** *f* contrôle *m*, vérification, révision *f*.

nach=rechnen ['na:x-] *tr* vérifier.

Nachrede *f* ['na:x-] : *üble ~* médisance, diffamation *f*; **nach=reden** *tr: jdm etw Schlechtes ~* médire, dire du mal de qn.

nach=reichen ['na:x-] *tr* **1.** *(Speise)* repasser; **2.** *(Beleg)* fournir plus tard, faire suivre ultérieurement.

Nachricht *f* ‹-, -en› ['na:xrɪçt] **1.** nouvelle; *(Mitteilung)* information, communication *f*; *(Anzeige)* avis; *(Auskunft, a. mil)* renseignement; *(amtliche ~, a.)* communiqué *m*; **2.** *pl radio* journal *m* parlé, actualités *od* informations *f pl* radiodiffusées; — *ich habe keine ~ von ihm* je n'ai pas de nouvelles de lui; *vermischte ~en* faits *m pl* divers.

Nachrichten|agentur *f* ['na:x-] agence *f* d'information(s) *od* de presse; **~dienst** *m* service *m* d'information *od mil* des transmissions *od (Polizei)* de renseignements; **~satellit** *m* satellite *m* de (télé)communication(s); **~sendung** *f* = *Nachrichten pl*; **~sperre** *f* black-out *m*; **~sprecher** *m radio* speaker *m*; **~truppen** *f pl* service *m* des transmissions; **~wesen** *n* renseignements *m pl*; *mil* transmissions *f pl*;

Nachruf *m* ['na:x-] *(in e-r Zeitung)* article *m* nécrologique, nécrologie *f*; **nach=rufen** ‹*rief nach, nachgerufen*› *tr: jdm etw ~* crier qc après qn.

nach=sagen ['na:x-] *tr (wiederholen)* répéter; *jdm etw Gutes, Schlechtes ~* dire du bien, du mal de qn.

Nachsaison *f* ['na:x-] arrière saison, après-saison *f*.

nach=schauen ['na:x-] *itr: jdm ~* suivre qn du regard *od* des yeux; *~, ob ...* (aller) voir si ...

nach=schicken ['na:x-] *tr* faire suivre (*jdm* qn).

nach=schlag|en ['na:x-] ‹*schlägt, schlug nach, nachgeschlagen*› *tr* ‹*h*› **1.** *(Wort, Stelle, in e-m Buch)* chercher; *itr* **2.** ‹*h*› compulser, consulter (*in e-m Buch* un livre); **3.** ‹*sein*› : *jdm ~ (nacharten)* tenir de qn; **N~ewerk** *n* ouvrage *m* de référence.

Nachschlüssel *m* ['na:x-] fausse(-)clé *f*, passe-partout; *fam* rossignol *m*.

Nachschrift *f* ['na:x-] **1.** notes *f pl*; **2.** *(Nachtrag)* post-scriptum *m*.

Nachschub *m* ['na:x-] renfort(s *pl*); *mil* approvisionnement, ravitaillement *m*; **~weg** *m* voie *f* de ravitaillement.

nach=sehen ['na:x-] ‹*sieht, sah nach, nachgesehen*› *itr* **1.** suivre du regard *od* des yeux (*jdm, etw* qn, qc); **2.** *(sich informieren)* s'informer; *(in e-m Buch)* consulter (*in etw* qc); *tr* **3.** *(durchsehen, prüfen)* vérifier, examiner; **4.** *(entschuldigen)* passer (*jdm etw* qc à qn); **N~** *n: das ~ haben* en être pour ses frais.

nach=senden ['na:x-] ‹*sandte* od *sendete nach, nachgesandt* od *nachgesendet*› *tr* faire suivre; *bitte ~!* prière de faire suivre.

Nachsicht *f* ['na:x-] indulgence, tolérance, complaisance *f*; *gegen jdn ~ üben* user d'indulgence envers qn; **n~ig I.** *a* indulgent; **II.** *adv* avec indulgence.

Nachsilbe *f* ['na:x-] *gram* suffixe *m*.

nach=sinnen ['na:x-] ‹*sann nach, nachgesonnen*› *itr* réfléchir, méditer (*über etw* sur qc); songer (*über etw* à qc); **N~** *n* réflexion, méditation *f*.

nach=sitzen ['na:x-] ‹*saß nach, nachgesessen*› *itr (Schule)* être en retenue; *~ lassen* mettre en retenue; **N~** *n* retenue *f*.

Nachspeise *f* ['na:x-] dessert *m*.

Nachspiel *n* ['na:x-] **1.** *theat* épilogue *m*; **2.** *fig* suite(s *pl*) *f*; *ein gerichtliches ~ haben* avoir des suites judiciaires.

nach=sprechen ['na:x-] ‹*spricht, sprach nach, nachgesprochen*› *tr* répéter.

nächst [nɛ:çst] *prp dat* **1.** *(räuml.)* tout près de; **2.** *(Reihenfolge)* après; **~e(r, s)** *a* **1.** *(räuml.)* (le) plus proche; *(Weg)* (le) plus court; **2.** *(Reihenfolge)* prochain, suivant; premier; — *~s Mal* la prochaine fois; *~n Sonntag* dimanche prochain; *als N~s* ensuite; *am ~n* le plus proche *od* près; *im ~n Augenblick* od *Moment* l'instant d'après; *im ~n Jahr* l'année suivante; *der ~ (in der Reihenfolge)* le suivant; *der ~, bitte!* au suivant, s'il vous plaît; **N~e,** *der (Mitmensch)* le prochain; **N~e,** *das* la première chose (à faire), le plus urgent.

nach=stehen ['na:x-] ‹*stand nach, nachgestanden*› *itr: jdm ~* être inférieur à qn, ne pas égaler qn; *jdm in nichts ~* ne le céder en rien à qn.

nach=stell|en ['na:x-] *tr* **1.** placer après; **2.** *(Uhr)* retarder; *itr* **3.** *jdm ~* poursuivre, chasser qn; **N~ung** *f, meist pl* embûches, poursuites *f pl*.

Nächst|enliebe *f* ['nɛ:çstən-] amour *m* du prochain, charité *f*, altruisme *m*; **N~liegende,** *das (fig)* le plus urgent.

nach=suchen ['na:x-] *itr: um etw ~* solliciter, quémander, demander qc.

Nacht *f* ‹-, ¨e› [naxt, 'nɛçtə] *a. fig* nuit; *(Dunkelheit, a. fig)* obscurité *f*; *fig* ténèbres *f pl*; *die ganze ~ (über)* toute la nuit, jusqu'au matin; *bei ~, des ~s, in der ~* de *od* la nuit, nuitamment; *bei*

Einbruch der ~ à la nuit tombante, à la tombée de la nuit; *bei* ~ *und Nebel, im Schutze der* ~ à la faveur de la nuit, clandestinement; *heute n*~ cette nuit; *über* ~ *(die* ~ *über)* pendant *od* durant la nuit; *(von heute auf morgen, sehr schnell)* du jour au lendemain; *über* ~ *bleiben* rester pour la nuit; *es wird* ~, *die* ~ *bricht herein* il se fait nuit, la nuit descend *od* tombe *od* vient; *gute* ~! bonne nuit! ~**arbeit** *f* travail *m* de nuit, veilles *f pl;* ~**blindheit** *f med* héméralopie *f;* ~**creme** *f* crème *f* de nuit; ~**dienst** *m* service *m* de nuit.

Nachteil *m* ['na:x-] désavantage, inconvénient; *(Schaden)* préjudice, détriment; *(Behinderung)* handicap *m; zum* ~ *(gen)* au préjudice *od* détriment (de); *jdm* ~*e bringen, von* ~ *sein* porter *od* causer préjudice à qn; *im* ~ *sein* être désavantagé; **n~ig** *a* désavantageux; préjudiciable; *(abträglich)* défavorable.

nächtelang ['nɛçtəlaŋ] *adv* (pendant *od* durant) des nuits entières.

Nacht|falter *m* ['naxt-] papillon *m* de nuit, phalène *f;* ~**frost** *m* gelée *f* matinale *od* nocturne; ~**hemd** *n* chemise *f* de nuit.

Nachtigall *f* ‹-, -en› ['naxtɪgal] rossignol *m.*

nächtigen ['nɛçtɪgən] *itr* passer la nuit.

Nachtisch *m* ['na:x-] dessert *m.*

Nacht|klub *m* ['naxt-] club *m* de nuit; ~**lager** *n* gîte *m;* ~**lampe** *f* lampe de chevet, veilleuse *f;* ~**leben** *n* vie *f* nocturne.

nächtlich ['nɛçtlɪç] *a* nocturne.

Nacht|lokal *n* ['naxt-] boîte *f* de nuit; ~**portier** *m* veilleur *m* de nuit; ~**quartier** *n* logis; abri *m* pour la nuit.

Nachtrag *m* ‹-(e)s, ⸚e› ['na:x-] supplément, additif; *(Versicherung)* avenant; *(Testament)* codicille *m;* **nach=tragen** ‹*trägt, trug nach, nachgetragen*› *tr* **1.** *(hinzufügen)* (r)ajouter; **2.** *jdm etw* ~ porter qc derrière qn; **3.** *jdm etw* ~ *(fig)* porter *od* garder rancune à qn de qc; avoir de la rancune contre qn pour qc; **n~end** *a* rancunier.

nachträglich ['na:xtrɛ:klɪç] **I.** *a (später eingehend)* ultérieur, postérieur; *(ergänzend)* supplémentaire; **II.** *adv* après coup.

nach=trauern ['na:x-] *itr: jdm, e-r S* ~ regretter qn, qc.

Nacht|ruhe *f* ['naxt-] repos *m* nocturne; **n~s** *adv* (pendant) la nuit, de nuit, nuitamment; *um 3 Uhr* ~ à 3 heures de la nuit; ~**schicht** *f (Mannschaft)* équipe *f* de nuit; ~ *haben (allg)* être de nuit; ~**stuhl** *m* chaise *f* percée; ~**tarif** *m* tarif *m* de nuit; ~**tisch** *m* table *f* de nuit *od* de chevet; ~**tischlampe** *f* lampe *f* de chevet; ~**topf** *m* vase de nuit, pot *m* de chambre; ~**vorstellung** *f theat film* séance *f* nocturne; ~**wache** *f* garde de nuit; *(mehrerer Personen)* veillée *f;* ~**wächter** *m* gardien *od* veilleur *m* de nuit; ~**zeit** *f: zur* ~ en nocturne, de nuit.

Nachuntersuchung *f* ['na:x-] *med* contre-visite *f* (médicale).

nach=wachsen ['na:x-] ‹*wächst, wuchs nach, nachgewachsen*› *itr* ‹*sein*› repousser; se reproduire, se régénérer.

Nachwahl *f* ['na:x-] élection *f od* scrutin *m* complémentaire.

Nachwehen *pl* ['na:x-] **1.** *physiol* tranchées *f pl* utérines; **2.** *fig* suites *f pl* fâcheuses.

nach=weinen ['na:x-] *itr: jdm, e-r S keine Träne* ~ ne pas regretter qn, qc.

Nachweis *m* ‹-es, -e› ['na:x-] **1.** preuve, justification *f;* **2.** *chem* détection *f;* — *zum* ~ *(gen)* à l'appui (de); *den* ~ *erbringen* od *führen* od *liefern, daß* ... administrer *od* apporter *od* fournir la preuve que ...; **n~bar** *a* **1.** démontrable, vérifiable; **2.** *chem* détectable, décelable; **nach=weisen** ‹*wies nach, nachgewiesen*› *tr* **1.** *(beweisen)* prouver, démontrer, justifier; mettre en évidence; *jur* établir; **2.** *chem* détecter, déceler; — *jdm etw* ~ convaincre qn de qc; **n~lich** *adv* comme on peut en apporter la preuve.

Nachwelt *f* ['na:x-] postérité *f.*

nach=werfen ['na:x-] ‹*wirft, warf nach, nachgeworfen*› *tr: jdm etw* ~ jeter, lancer qc à qn (qui s'éloigne) *od fig* à la tête à qn.

nach=wirk|en ['na:x-] *itr* retentir, avoir des répercussions; **N~ung** *f* action *f* ultérieure; retentissement *m,* répercussions *f pl,* effet *m* ultérieur.

Nachwort *n* ['na:x-] *(Buch)* postface *f,* épilogue *m.*

Nachwuchs *m* ['na:x-] **1.** *bot* rejet; *(Wald)* recrû *m;* **2.** *der* ~ *(Menschen)* les jeunes *m pl;* la relève.

nach=zahlen ['na:x-] **1.** *tr* payer plus tard; **2.** *itr* payer *od* verser un supplément.

nach=zählen ['na:x-] *tr* recompter, vérifier.

Nachzahlung *f* ['na:x-] paiement *od* versement supplémentaire, supplément; rappel *m.*

nach=zeichn|en ['na:x-] *tr* copier; **N~ung** *f* copie *f.*

nach=ziehen ['na:x-] ‹*zog nach, nachgezogen*› *tr* ‹*h*› **1.** tirer *od* traîner après soi; **2.** *(Schraube)* resserrer; **3.** *(Strich)* retracer; *(Augenbrauen)* refaire; *itr* ‹*sein*› **4.** *jdm* ~ suivre qn (qui a changé de résidence); — *das Bein* ~ traîner la jambe *od fam* la patte.

Nachzügler *m* ['na:x-] traînard, retardataire, attardé *m.*

Nacken *m* ‹-s, -› ['nakən] nuque; *(Küche: vom Schwein)* échinée *f; jdm den*

~ *steifen* encourager qn; **~schutz** *m* couvre-nuque, protège-nuque *m;* **~stütze** *f* appuie-tête *m.*

nackt [nakt] *a* nu; *pop* à poil; *fig* dénudé, dépouillé; *(Fels)* vif; *sich ~ ausziehen* se mettre (tout) nu; **N~heit** *f* ‹-, ø› nudité *f.*

Nadel *f* ‹-, -n› ['na:dəl] *(ohne Öhr)* épingle; *(mit Öhr)* aiguille *f;* **~baum** *m* conifère, (arbre) résineux *m;* **~feile** *f* queue-de-rat *f;* **~hölzer** *n pl* conifères *m pl;* **~kissen** *n* pelote *f* (à épingles); **~öhr** *n* trou d'aiguille, chas *m;* **~stich** *m* **1.** piqûre *f od (a. fig)* coup *m* d'épingle; **2.** *(Nähstich)* point *m* (de couture); **~wald** *m* forêt *f* de conifères *od* de résineux.

Nagel *m* ‹-s, ⸚› ['na:gəl, 'nɛ:gəl] **1.** *tech* clou *m; (Holznagel)* cheville *f;* **2.** *anat* ongle *m;* — *mit Nägeln beschlagen* clouter, garnir de clous; *sich die Nägel schneiden, feilen und putzen* se faire les ongles; *an den Nägeln kauen* se ronger les ongles; *sich etw unter den ~ reißen (fam)* gratter *od* chaparder qc; *den ~ auf den Kopf treffen (fig)* mettre le doigt dessus, rencontrer *od* toucher juste; *auf den Nägeln brennen (fig)* être très urgent; **~bürste** *f* brosse *f* à ongles; **~feile** *f* lime *f* à ongles; **~lack** *m* vernis *m* à ongles; **~lackentferner** *m* dissolvant *m;* **n~n** *tr* clouer (*an, auf* à); **n~neu** *a* tout *od* flambant neuf; **~pflege** *f* manucure *f;* **~probe** *f: die ~ machen* faire rubis sur l'ongle; **~reiniger** *m* cure-ongles *m;* **~schere** *f* ciseaux *m pl* à ongles, coupe-ongles *m,* ongliers *m pl;* **~schuhe** *m pl* souliers *m pl* cloutés.

nag|en ['na:gən] *tr a. fig* ronger (*an etw* qc, *an jdm* qn); **~end** *a* **1.** rongeur; **2.** *(Kummer)* déchirant; **N~er** *m* ‹-s, -› , **N~etier** *n* rongeur *m.*

nah(e) [na:(ə)] **I.** *a* ‹*näher, nächst*› *(räuml.)* proche; *(benachbart)* voisin, attenant; *(zeitl.)* proche, imminent; *fig (nahestehend)* intime; **II.** *adv* près; — *~e bei* près de, à proximité de; *~(e) beiea.* l'un près de l'autre; *ganz ~(e)* tout près (*an, bei* de); *von ~ und fern* de près et de loin; *~e kommen* s'approcher (*jdm, e-r S* de qn, de qc); *~(e) sein (zeitl.)* approcher; *jdm zu ~e treten (fig)* froisser qn; *ich war ~e daran zu ...* j'ai failli *inf,* il s'en est fallu de peu que je *subj,* j'étais sur le point de *inf.*

Nähe *f* ‹-, ø› ['nɛ:ə] proximité *f,* voisinage *m; aus nächster ~, ganz aus der ~* de très *od* tout près; *(schießen)* à bout portant; *in der ~* à deux pas d'ici; *gen* près de, à proximité de; *ganz in der ~, in nächster* od *unmittelbarer ~* tout *od* très près, à proximité immédiate, dans le voisinage immédiat.

nahe|bei ['na:ə'baɪ] *adv* tout près; **~=bringen** ‹*brachte nahe, nahegebracht*› *tr: jdm etw ~ (Wissen)* rendre qc accessible à qn, mettre qc à la portée de qn; *(verständlich, vertraut machen)* faire comprendre qc à qn; **~=gehen** ‹*ging nahe, nahegegangen*› *itr* ‹*sein*› *(seelisch ergreifen)* toucher de près (*jdm* qn); **~=kommen** ‹*kam nahe, nahegekommen*› *itr* ‹*sein*› *(beinahe gleichkommen)* approcher (*der Wahrheit* de la vérité); **~=legen** *tr (empfehlen)* donner à entendre, faire comprendre, recommander, suggérer (*jdm etw* qc à qn); **~=liegen** ‹*lag nahe, nahegelegen*› *itr (leicht zu finden sein)* se concevoir aisément *od* facilement; *die Vermutung liegt nahe, daß ...* on est tenté de croire que ...; **~liegend** *a* facile à comprendre *od* à concevoir *od* à imaginer; **~n** *itr* ‹*sein*› u. *sich ~* (s')approcher.

nähen ['nɛ:ən] *tr* **1.** coudre; **2.** *med* suturer; *itr* **3.** *med* faire une suture.

näher ['nɛ:ər] **I.** *a (Komparativ von: nah)* **1.** plus proche; *(Weg)* plus court; **2.** *(genauer)* plus détaillé *od* précis; **II.** *adv* plus près (*an, bei* de); — *~ bestimmen (gram)* déterminer; *jdn ~ kennen* connaître qn bien *od* assez; *jdn ~ kennenlernen* faire plus ample connaissance avec qn; *treten Sie ~!* approchez (-vous); **~=bringen** ‹*brachte näher, nähergebracht*› *tr (vertrauter machen): jdm etw ~* éveiller l'intérêt de qn pour qc; *der Lösung ~* approcher de la solution; **N~es** *n: ~ bei, siehe* pour plus amples renseignements *od* informations s'adresser à, voir.

Näherin *f* ‹-, -nen› ['nɛ:ərɪn] couturière; *(in e-m Modehaus)* petite main; *(Maschinen~)* mécanicienne *f.*

näher|=kommen ['nɛ:ər-] ‹*kam näher, nähergekommen*› *itr fig* s'approcher de; *sich ~ (fig)* se rapprocher l'un de l'autre; **~n,** *sich* (s')approcher (*jdm* de qn); **N~ungswert** *m* valeur *f* approximative.

nahe=stehen ['na:ə-] ‹*stand nahe, nahegestanden*› *itr (vertraut, verbunden sein)* être intime *od* lié (*jdm* avec qn).

nahezu ['na:ə'tsu] *adv* à peu (de chose) près, presque.

Näh|faden *m,* **~garn** *n* ['nɛ:-] fil *m* à coudre.

Nahkampf *m* ['na:-] combat rapproché, (combat) corps à corps *m.*

Näh|kasten *m* ['nɛ:-] boîte à ouvrage, travailleuse *f;* **~korb** *m* panier *m od* corbeille *f* à ouvrage; **~maschine** *f* machine *f* à coudre; **~nadel** *f* aiguille *f* (à coudre).

Nähr|boden *m* ['nɛ:r-] *fig* terrain *m* favorable, bouillon *m* de culture; **n~en** **1.** *tr* nourrir *a. fig (Gefühl);* **2.** *itr (nahrhaft sein)* être nourrissant *od* nutritif; **3.** *refl: sich ~* se nourrir (*von* de).

nahrhaft ['na:rhaft] *a* nourrissant, nutritif.
Nähr|mittel *n pl* ['nɛ:r-] produits *m pl* alimentaires; **~stoff** *m* substance *f* nutritive, nutriment *m.*
Nahrung *f* ‹-, ø› ['naruŋ] nourriture *f; ~ zu sich nehmen* prendre de la nourriture; **~smittel** *n* aliment *m,* denrée *f od* produit *m* alimentaire; **~smittelindustrie** *f* industrie *f* alimentaire *od* de l'alimentation.
Nährwert *m* ['nɛ:r-] valeur nutritive *od* alimentaire *od* énergétique, nutritivité *f.*
Nähseide *f* ['nɛ:-] soie *f* à coudre.
Naht *f* ‹-, ¨e› [na:t, 'nɛ:tə] **1.** couture *f;* **2.** *tech* joint *m,* soudure *f;* **3.** *anat bot* suture *f;* **n~los** *a* **1.** *(Textil)* sans couture; **2.** *tech* sans joint *od* soudure.
Nähtischchen *n* ['nɛ:-] chiffonnier *m.*
Nahverkehr *m* ['na:-] trafic *od* service routier à petite distance; trafic suburbain; *tele* trafic *od* service *m* (téléphonique) à courte distance.
Nähzeug *n* ['nɛ:-] nécessaire *m od* trousse *f* de couture.
naiv [na'i:f] *a* naïf, ingénu; **N~ität** *f* ‹-, ø› [naivi'tɛ:t] naïveté, ingénuité *f.*
Name *m* ‹-ns, -n› ['na:mə] **1.** nom *m; (Benennung)* dénomination; appellation *f;* **2.** *(Ruf)* renom *m,* renommée, réputation *f; — in jds ~n* au nom *od* de la part de qn; *in meinem ~n* en mon nom; *(nur) dem ~n nach* de nom, nominalement; *unter falschem ~n* sous un faux nom, sous une fausse identité; *s-n ~n für etw hergeben* prêter son nom pour qc; *beim ~n nennen* nommer par son nom; *s-n ~n sagen* dire *od* décliner son nom; *s-n ~n unter etw setzen* apposer son nom sous qc, signer qc; *mit vollem ~n unterschreiben* signer en toutes lettres; *wie ist Ihr ~?* quel est votre nom? *auf den ~n lautend* nominatif; **n~nlos** *a* **1.** sans nom, anonyme; **2.** *fig (unsagbar)* indicible, inexprimable; **n~ns I.** *adv (mit Namen)* du nom de, nommé, appelé; **II.** *prp gen (im Namen)* au nom de, de la part de; **~nsänderung** *f* changement *m* de nom; **~nstag** *m* fête *f; jdm zum ~ gratulieren* souhaiter sa fête à qn; **~nsvetter** *m* homonyme *m;* **~nszug** *m* signature, griffe *f; (verkürzt)* parafe *m;* **n~ntlich I.** *a* nominal; nominatif; **II.** *adv* **1.** nominalement, nommément; **2.** *(insbesondere)* notamment; *— ~er Aufruf m* scrutin, appel *m* nominal.
namhaft ['na:mhaft] *a* **1.** *(bekannt)* renommé, réputé, connu; **2.** *(beträchtlich)* considérable, notable, important; *— jdn ~ machen* nommer qn, donner le nom de qn.
nämlich ['nɛ:mlıç] **I.** *a attr: der ~e* le même; *das ~e* la même chose; **II.** *adv* (à) savoir, c'est-à-dire; c'est que.
nanu [na'nu:] *interj fam* ça alors! par exemple! pas possible! hé! quoi donc!
Napalm *n* ‹-s, ø› ['na:palm] napalm *m;* **~bombe** *f* bombe *f* au napalm.
Napf *m* ‹-(e)s, ¨e› [napf, 'nɛpfə] écuelle, terrine; *(Eß~)* gamelle; *(Satte)* jatte *f; (Schale)* bol *m;* **~kuchen** *m* savarin *m.*
Napoleon *m* [na'po:leɔn] Napoléon *m;* **n~isch** [-pole'o:nıʃ] *a* napoléonien.
Narb|e *f* ‹-, -n› ['narbə] **1.** *med* cicatrice *f;* **2.** *bot* stigmate *m;* **3.** *(im Leder)* grain *m;* **4.** *(Pflanzendecke)* couche *f* végétale; **n~ig** *a* cicatrisé; grêlé; *(Leder)* grenu; **~ung** *f (Leder)* grenure *f.*
Narko|se *f* ‹-, -n› [nar'ko:zə] *(Betäubung)* narcose, anesthésie *f;* **n~tisch** [-'ko:tıʃ] *a* narcotique; **n~tisieren** [-koti'zi:rən] ‹*ohne ge-*› *tr* narcotiser.
Narr *m* ‹-en, -en› [nar] fou *a. hist (Hof~); an jdm e-n ~en gefressen haben* avoir le béguin, raffoler, être entiché de qn; *jdn zum ~en haben* mystifier qn, tourner qn en dérision *od* en ridicule; **n~en** *tr* mystifier, duper; se jouer (*jdn* de qn); **~enfreiheit** *f* liberté *f* du fou; **~enhaus** *n* maison *f* de fous; **~enkappe** *f* bonnet *m* de fou, marotte *f;* **~enseil** *n: jdn am ~ führen (fig)* mener qn par le bout du nez; **~en(s)possen** *f pl* bouffonneries, pitreries, arlequinades *f pl;* **~etei** *f* [-'taı], **~heit** *f* folie, facétie *f;* **närrisch** ['nɛrıʃ] *a* fou; *pop* loufoque.
Narzisse *f* ‹-, -n› [nar'tsısə] *bot* narcisse *m.*
nasal [na'za:l] *a scient (Nasen-)* nasal; **~ieren** [-za'li:rən] ‹*ohne ge-*› *tr (durch die Nase aussprechen)* nasaliser; **N~laut** *m gram* nasale *f.*
nasch|en ['naʃən] *tr* manger par gourmandise; *itr* manger des friandises; *von allem nur ~* toucher un peu à tout; **N~erei** *f* ‹-, -en› [-'raı] **1.** *(Naschwerk)* friandise *f;* **2.** *(ohne pl) (Eigenschaft)* gourmandise *f;* **~haft** *a* friand, gourmand; **N~haftigkeit** *f* ‹-, ø› gourmandise *f;* **N~katze** *f* gourmande *f.*
Nase *f* ‹-, -n› ['na:zə] **1.** nez *m;* **2.** *(Geruchs-, fig: Spürsinn)* flair *m;* **3.** *fig (Vorsprung, a. tech)* nez; *(an e-m Gefäß)* bec *m; — jdm etw auf die ~ binden* raconter *od* en faire accroire qc à qn; *e-e feine* od *gute ~ haben* avoir le nez fin *od* creux, avoir du nez *od* du flair; *die ~ von etw voll haben (fam)* avoir plein le dos *od* par-dessus la tête de qc; *jdn an der ~ herumführen* mener qn par le bout du nez, prendre qn pour dupe, duper qn; *jdm auf der ~ herumtanzen* marcher sur les pieds de qn; *auf der ~ liegen (fig)* être malade; *sich die ~ putzen* se moucher; *jdm etwas unter die ~ reiben (fig)* jeter qc au nez *od* à la face *od* à la figure de qn;

durch die ~ sprechen parler du nez; *s-e ~ in etw stecken (fig)* mettre *od* fourrer son nez dans qc, s'ingérer dans qc, se mêler de qc; *die ~ in die Bücher stekken* se coller sur ses livres; *jdn mit der ~ auf etw stoßen (fig)* mettre à qn le nez sur qc; *jdm etw vor der ~ wegschnappen* enlever qc sous le nez de qn; *fasse dich an deiner (eigenen) ~!* occupe-toi *od* mêle-toi de tes affaires!

näseln ['nɛ:zəln] *itr* nasiller, parler du nez.

Nasen|bein *n* ['na:zən-] *anat* os *m* nasal; **~bluten** *n* saignement *m* de nez; *scient* hémorragie *f* nasale; *~ haben* saigner du nez; **~flügel** *m anat* aile *f* du nez; **~höhle** *f* fosse *f* nasale; **~loch** *n* narine *f; (Pferd)* naseau *m;* **~rücken** *m* dos *m* du nez; **~scheidewand** *f* cloison *f* nasale; **~schleimhaut** *f* membrane *f* pituitaire; **~spitze** *f* bout *m* du nez; **~wurzel** *f anat* racine *f od* sommet *m* du nez.

naseweis ['na:zə-] *a* curieux; **N~** *m* ⟨-es, -e⟩ (petit) curieux *m.*

Nashorn *n* ['na:s-] *zoo* rhinocéros *m.*

naß [nas] *a* ⟨*nasser* od *nässer, nassest* od *nässest*⟩ *(durchnäßt)* mouillé, trempé; *(feucht)* humide; *~ machen* mouiller, tremper; *sich ~ machen, ~ werden* se mouiller; *~ bis auf die Haut* trempé jusqu'aux os.

Nässe *f* ⟨-, ø⟩ ['nɛsə] humidité *f; vor ~ (zu) schützen! (com)* craint l'humidité.

naßkalt ['nas-] *a* froid et humide; *es ist ~* il fait un froid humide.

Nation *f* ⟨-, -en⟩ [natsi'o:n] nation *f; die Vereinten ~en pl* les Nations *f pl* unies.

national [natsio'na:l] *a* national; **N~gericht** *n (Speise)* plat *m* national; **N~held** *m* héros *m* national; **N~hymne** *f* hymne *od* chant *m* national; **N~ismus** *m* ⟨-, -men⟩ [-'lɪsmus, -mən] nationalisme *m;* **~istisch** [-'lɪstɪʃ] *a* nationaliste; **N~ität** *f* ⟨-, -en⟩ [-li'tɛ:t] nationalité *f;* **N~itätskennzeichen** *n mot* plaque *f* de nationalité; **N~mannschaft** *f sport* équipe *f* nationale; **N~ökonomie** *f* économie *f* politique; **N~stolz** *m* fierté *f* nationale.

Natrium *n* ⟨-s, ø⟩ ['na:trium] *chem* sodium *m;* **~chlorid** *n (Kochsalz)* chlorure *m* de sodium.

Natron *n* ⟨-s, ø⟩ ['na:trɔn] soude *f.*

Natter *f* ⟨-, -n⟩ ['natər] *zoo* couleuvre; *fig* vipère *f.*

Natur *f* ⟨-, -en⟩ [na'tu:r] **1.** nature *f;* **2.** *(Körperverfassung)* constitution; *(Veranlagung)* complexion *f,* caractère, tempérament *m; — nach der ~ (Kunst)* d'après nature; *von ~ ...* d'un naturel ...; *in der ~ der Sache liegen* être dans la nature des choses; *s-e wahre ~ zeigen (a.)* montrer, laisser passer le bout de l'oreille; **~alien** [-'ra:liən] *pl agr* produits *m pl* du sol; **n~alisieren** [-rali'zi:rən] ⟨*ohne ge-*⟩ *tr (einbürgern)* naturaliser; **~alisierung** *f* ⟨-, ø⟩ naturalisation *f;* **~alismus** *m* ⟨-, -men⟩ [-'lɪsmus, -mən] naturalisme *m;* **n~alistisch** [-'lɪstɪʃ] *a* naturaliste; **~alleistung** *f* prestation *f* en nature; **~allohn** *m* salaire *m* en nature; **~ell** *n* ⟨-s, -e⟩ naturel *m,* complexion *f,* caractère *m;* **~ereignis** *n,* **~erscheinung** *f* phénomène *m* naturel; **n~farben** *a* de couleur *f* naturelle; **~forscher** *m,* **~freund** *m* naturaliste *m;* **n~gemäß** *a* conforme à la nature, naturel; **~gesetz** *n* loi *f* naturelle *od* de la nature; **n~getreu I.** *a* naturel; **II.** *adv* au naturel; **~heilkunde** *f* médecine naturiste, physiothérapie *f;* **~katastrophe** *f* catastrophe *f* naturelle; **~kunde** *f* histoire *f* naturelle.

natürlich [na'ty:rlɪç] **I.** *a* **1.** naturel; (einfach) simple, sans recherche *od* apprêt; *(naiv)* naïf; **2.** *jur (Person)* physique; **II.** *adv (selbstverständlich)* naturellement, évidemment; bien entendu *od* sûr; **N~keit** *f* ⟨-, ø⟩ naturel *m; (Einfachheit)* simplicité; *(Naivität)* ingénuité, naïveté *f.*

Natur|produkt *n* [na'tu:r-] produit *m* naturel; **~recht** *n* droit *m* naturel; **~reich** *n* règne *m* de la nature; **n~rein** *a* naturel; **~schutz** *m* protection *od* défense *f* de la nature; *unter ~ stehen* être classé site naturel protégé; **~schutzgebiet** *n* site *m* protégé; réserve *f,* parc *m* national(e); **~volk** *n* peuple *m* primitif; **~wissenschaften,** *die f pl* les sciences *f pl* (naturelles *od* physiques); **~wissenschaftler** *m* naturaliste *m.*

Navigation *f* ⟨-, ø⟩ [navigatsi'o:n] *(Schiffahrt)* navigation *f;* **~sgeräte** *n pl aero* instruments *m pl* de navigation.

ne [ne:] *fam = nein.*

Neapel *n* [ne'a:pəl] Naples *f.*

Nebel ⟨-s, -⟩ ['ne:bəl] brouillard *m,* brume; *astr* nébuleuse; *fig (vom Alkohol)* fumée *f; in ~ gehüllt* embrumé, pris dans le brouillard; **~bildung** *f* formation *f* brumeuse; **n~haft** *a (Sache)* nébuleux; *fig a.* vague; **~horn** *n* corne *od* trompe de brume; sirène *f* (de brouillard); **n~ig, neblig** ['ne:b(ə)lɪç] *a* brumeux; *es ist ~ = es nebelt;* **~krähe** *f* corneille *f* mantelée; **n~n** *itr impers: es nebelt* il fait de la brume *od* du brouillard, il bruine; **~scheinwerfer** *m* phare *m* antibrouillard; **~schwaden** *m* brouillard *m* flottant.

neben ['ne:bən] *prp* **1.** *(örtl.)* à côté de, près de; **2.** *fig (außer)* en plus de, outre; **3.** comparé à, en comparaison de.

Neben|absicht *f* ['ne:bən-] objectif *od* but *m* secondaire; arrière-pensée *f;* **n~an** [-'ʔan] *adv* à côté; **~anschluß** *m el* dérivation *f,* shunt; *tele (Verbindung)* raccordement *m od* communication secondaire; ligne *f* supplémentaire; *(Stelle)* poste *m* supplémentaire; **~ausgaben** *f pl* dépenses *f pl* accessoires, faux *od* menus frais *m pl;* **~bedeutung** *f* signification *f* secondaire, second sens, sens *m* détourné; **n~bei** [-ˈbaɪ] *adv* **1.** = *nebenan;* **2.** *(beiläufig)* en passant, entre parenthèses, accessoirement; **3.** *(außerdem)* en outre, de plus; — ~ *bemerkt* od *gesagt* soit dit en passant; **~beruf** *m* profession *f* accessoire *od* annexe; **n~beruflich** *a* u. *adv* à titre accessoire, à temps partiel; **~beschäftigung** *f* occupation *f od* emploi *m* accessoire; **~buhler** *m* rival *m;* **n~einander** [-ˈnandər] *adv* l'un à côté de l'autre, de front, côte à côte; ~ *liegend (Zimmer)* jumeaux, jumelles; **~einander** *n* ‹-s, ø› coexistence; simultanéité *f;* **n~einander=legen** *tr,* **=setzen** *tr,* **=stellen** *tr* mettre *od* placer l'un à côté de l'autre, juxtaposer; **~einnahmen** *f pl* revenus *m pl* accessoires *od* casuels; **~fach** *n (Schule)* matière *od* discipline *f* secondaire; **~fluß** *m* affluent *m;* **~gebäude** *n* annexe, dépendance, appartenance *f;* **~gedanke** *m* arrière-pensée *f;* sous-entendu *m;* **~g(e)leis(e)** *n* contre-voie, voie *f* accessoire *od* secondaire; **~geräusch** *n* bruit *m* étranger; *tech* friture *f; radio* (bruit) parasite *m;* **n~her** [-ˈheːr] *adv* **1.** *(nebenhin)* à côté, en passant; **2.** *(gleichzeitig)* en même temps; **3.** *(außerdem)* de plus, en outre; **~hode** *f anat* épididyme *m;* **~klage** *f jur* plainte assortie de constitution de partie civile; demande *f* accessoire; **~kläger** *m* partie *f* civile; **~kosten** *pl* frais accessoires; faux frais *m; jur* loyaux coûts *m pl;* **~linie** *f* **1.** *(Verkehr)* ligne *f* latérale *od* secondaire; **2.** *(Familie)* ligne *f* collatérale; **~mann** *m* ‹-(e)s, -männer/-leute› voisin *m;* **~niere** *f anat* capsule *od* glande *f* surrénale; **~produkt** *n* sous-produit, produit *m* accessoire; **~raum** *m* pièce *f* attenante *od* contiguë *od (kleinerer)* de service; **~sache** *f* chose accessoire *od* secondaire, bagatelle *f; das ist* ~ c'est secondaire *od* sans importance, cela ne compte pas; **n~sächlich** *a* accessoire, secondaire, insignifiant, sans importance; **~satz** *m gram* proposition *f* subordonnée; **n~stehend** *a* u. *adv (Abbildung)* ci-contre; **~stelle** *f* bureau auxiliaire; *tele* poste *m* supplémentaire; **~straße** *f* petite rue; *(Seitenstraße)* rue latérale *od* adjacente; *(Querstraße)* (rue de) traverse *f;* **~strecke** *f loc* voie *f* secondaire; **~tisch** *m* table voisine; *(zum Abstellen)* desserte *f;* **~umstände** *m pl* circonstances *f pl* accessoires; faits *m pl* concomitants; **~verdienst** *m* gain accessoire *od* supplémentaire; casuel *m;* **~winkel** *m math* angle *m* adjacent *od* supplémentaire; **~wirkung** *f allg* effet *m* accessoire; *med* réaction *f* secondaire; **~zimmer** *n* pièce *od* chambre voisine, pièce *f* contiguë; *(kleines)* cabinet *m* particulier; *(e-r Gaststätte)* arrière-salle *f;* **~zweck** *m* but *m* secondaire.

nebst [neːpst] *prp dat* avec; outre.

Necessaire *n* ‹-s, -s› [nesɛˈsɛːr] *(Reise~)* nécessaire *m* (de voyage), trousse *f* (de toilette).

neck|en [ˈnɛkən] *tr* taquiner, lutiner; **~isch** [ˈnɛkɪʃ] *a* taquin, lutin; *(schelmisch)* narquois.

nee [neː] = *ne.*

Neffe *m* ‹-n, -n› [ˈnɛfə] neveu *m.*

negativ [ˈne(ː)gatiːf, negaˈtiːf] *a* **1.** négatif; **2.** *(ungünstig)* défavorable; **N~** *n* ‹-s, -e› *phot* négatif *m;* épreuve *f* négative, cliché *m.*

Neger *m* ‹-s, -› [ˈneːgər] nègre, noir *m; die* ~ *pl (Gesamtheit)* la négritude; **~häuptling** *m* chef *m* nègre; **~in** *f* ‹-, -nen› négresse, noire *f;* **~stamm** *m* tribu *f* nègre.

negieren [neˈgiːrən] ‹*ohne ge-*› *tr* nier.

negroid [negroˈiːt] *a scient* négroïde.

nehmen [ˈneːmən] ‹*nimmt, nahm, genommen*› *tr* **1.** prendre; *(ergreifen)* saisir; **2.** *(an~)* accepter, recevoir; **3.** *(weg~)* ôter, enlever, emporter, retirer; **4.** *(sich aneignen)* s'approprier; — *etw an sich* ~ prendre qc; *etw auf sich* ~ *(fig)* se charger de qc, prendre qc à tâche; *(Entbehrungen)* s'infliger qc; *jdn zu sich* ~ prendre *od* recueillir qn chez soi; *etw zu sich* ~ *(essen)* manger *od* prendre qc; *s-n Anfang* ~ commencer; *ein Ende* ~ prendre fin, finir, se terminer; *es genau* ~ être très consciencieux *od* scrupuleux; *den Mund voll* ~ avoir le verbe haut; *jdn zu* ~ *wissen* savoir prendre qn; *entweder* ~ *Sie es oder Sie* ~ *es nicht!* c'est à prendre ou à laisser; ~ *Sie es nicht tragisch!* ne vous en faites pas! ne le prenez pas au tragique! *wie man es nimmt!* c'est selon, cela dépend.

Neid *m* ‹-(e)s, ø› [naɪt, ˈ-dəs] envie, jalousie *f; aus* ~ par envie; ~ *erregen* exciter la jalousie, faire envie *od* des jaloux; *vor* ~ *platzen* crever d'envie; **n~en** *tr: jdm etw* ~ envier qc à qn; **~er** *m* ‹-s, -› envieux, jaloux *m;* **n~isch** [ˈ-dɪʃ] *a* envieux, jaloux (*auf* de).

Neig|e *f* ‹-, -n› [ˈnaɪgə] *lit* **1.** *(nahendes Ende)* déclin *m,* fin *f;* **2.** *(Rest)* reste *m;* — *zur* ~ *gehen* être à *od* sur son déclin, tirer *od* toucher à sa fin; **n~en** *tr* **1.** pencher, incliner, baisser; *itr* **2.** *fig* tendre, avoir tendance *od* un penchant, être enclin *od* porté (*zu* à); *refl: sich* ~ **3.** se pencher, s'incliner (*zu* vers); **4.** *(Tag)* baisser; *(zu Ende gehen)* décliner, être sur son déclin; **~ung** *f* ‹-, -en› **1.** *(Schräge)* inclinaison; *(stärkere)* pente, déclivité *f;* **2.** *fig (Vorliebe)* penchant *m* (*zu* pour), tendance, propension *f (zu* à); goût *m* (*zu* pour).

nein [naɪn] non; *~ sagen* dire (que) non; *nicht ~ sagen können (a.)* ne pas savoir refuser; *ich glaube, fürchte ~* je crois, j'ai peur que non; *aber ~!* mais non! que non! *~, so was!* (ça) par exemple! **N~** *n* ‹-s, ø› non *m,* réponse *f* négative.

Nektar *m* ‹-s, ø› ['nɛktar] *a. bot* nectar *m.*

Nelke *f* ‹-, -n› ['nɛlkə] **1.** *(Blume)* œillet *m;* **2.** *(Gewürz)* clou *m* de girofle.

nenn|en ['nɛnən] ‹*nannte, genannt*› *tr* **1.** nommer, appeler; *(Namen)* dire; **2.** *(erwähnen)* citer; **3.** *(bezeichnen als)* qualifier, traiter de; *refl: sich ~* **4.** s'appeler; **5.** *(sich ausgeben für)* se dire, s'intituler, se qualifier de; **—** *ein Kind nach jdm ~* donner à un enfant le nom de qn; *das nenne ich ...!* voilà qui s'appelle ... *od* qui est ...! **n~enswert** *a* notable, remarquable, appréciable; **N~er** *m* ‹-s, -› *math* dénominateur *m; auf einen ~ bringen (math)* réduire au même dénominateur; **N~form** *f gram* infinitif *m;* **N~wert** *m fin* valeur *f* nominale; *zum ~* au pair.

Neologismus ‹-, -men› [neolo'gɪsmus] *m (neues Wort)* néologisme *m.*

Neon *n* ‹-s, ø› ['ne:ɔn] *chem tech* néon *m;* **~röhre** *f* tube *m* (de) *od* lampe *f* au néon.

neppen ['nɛpən] *tr fam (prellen)* estamper, étriller, tondre.

Nerv *m* ‹-s, -en› [nɛrf, '-fən] nerf *m; den ~ e-s Zahnes abtöten* désensibiliser une dent; *jdm auf die ~en fallen* od *gehen* taper sur les nerfs à qn; *mit den ~en fertig* od *runter sein (fam)* avoir les nerfs en pelote *od* en boule; *die ~en verlieren* s'affoler; *Sie haben ~en! (pop)* vous en avez une santé! **~enarzt** *m* neurologue, neurologiste *m;* **~enknoten** *m* ganglion *m;* **~enkrankheit** *f,* **~enleiden** *n* affection *od* maladie *f* nerveuse; **~enkrieg** *m* guerre *f* des nerfs; **~ensäge** *f fig fam* scie *f,* gêneur, casse-pieds *m;* **~enschock** *m* choc *m* nerveux, secousse *f* nerveuse; **n~enstärkend** *a pharm* nervin, tonique; **~ensystem** *n* système *m* nerveux; **~enzelle** *f* cellule *f* nerveuse, neurone *m;* **~enzentrum** *n* centre *m* nerveux; **~enzusammenbruch** *m* dépression nerveuse, prostration *f;* **n~ös** [-'vø:s] *a* nerveux; *jdn ~ machen* énerver qn, prendre *od* taper sur les nerfs à qn; *~ werden* s'énerver; **~osität** *f* ‹-, ø› [-vozi'tɛ:t] nervosité *f,* énervement *m.*

Nerz *m* ‹-es, -e› [nɛrts] *zoo (a. Pelz)* vison *m.*

Nessel *f* ‹-, -n› ['nɛsəl] *bot* ortie *f; sich in die ~n setzen (fig)* se mettre dans de beaux draps.

Nest *n* ‹-(e)s, -er› [nɛst] **1.** nid *m a. fig pej;* **2.** *fig pej (kleiner Ort)* trou, patelin, bled *m;* **—** *ein ~* od *~er ausnehmen* dénicher des oiseaux; *das eigene ~ beschmutzen* cracher dans la soupe; *das ~ leer finden (fig) a.* trouver le *od* faire buisson creux; *sich ins warme ~ setzen (fig)* se mettre dans du coton.

nett [nɛt] *a* **1.** *(freundlich)* aimable, gentil, sympathique; **2.** *(hübsch)* joli, coquet, propret; **—** *~ zu jdm sein (a.)* faire bonne mine à qn; *das ist ~ von Ihnen* c'est gentil à vous.

netto ['nɛto] *adv* net; **N~einkommen** *n* revenu *m* net; **N~gehalt** *n* traitement *m* net; **N~gewicht** *n* poids *m* net; **N~lohn** *m* salaire *m* net; **N~preis** *m* prix *m* net.

Netz *n* ‹-es, -e› [nɛts] **1.** *allg* filet, rets, lacis *m;* **2.** *(der Spinne)* toile *f;* **3.** *(Haarnetz)* filet *m,* résille *f;* **4.** *geog (Grad-, Gitternetz)* canevas *m;* **5.** *(Verkehr, tele)* réseau; *el* secteur *m;* **~anschluß** *m el* branchement *m od* alimentation *f* sur le secteur; *radio* réseau *m; mit ~* sur secteur; **n~artig** *a* réticulé; **~auge** *n* œil *m* à faces.

netzen ['nɛtsən] *tr poet (befeuchten)* humecter (*mit* de); mouiller, arroser.

Netz|gerät *n* ['nɛts-] boîte *f* pour branchement sur secteur; **~haut** *f anat* rétine *f;* **~hemd** *n* chemise *f* en cellular *od* en fileté.

neu [nɔʏ] **I.** *a* **1.** *(noch nicht dagewesen)* nouveau; **2.** *(ungebraucht)* neuf, *fam* inédit; *(frisch)* frais; **3.** *(jung)* récent, de fraîche date; **II.** *adv* nouvellement, fraîchement; **—** *aufs ~e* à nouveau; *von ~em* de nouveau; de plus belle; *~ anfangen* recommencer; *~ gestalten* remanier; réorganiser; *das ist mir ~* je ne le savais pas; *das ist nichts N~es* cela se voit tous les jours; *was (gibt's) N~es?* quoi de neuf *od* nouveau? *glückliches ~es Jahr!* bonne année! *~ere Sprachen f pl* langues *f pl* vivantes.

Neu|ankömmling *m* ['nɔʏ-] nouveau venu *m;* **~anschaffung** *f* nouvelle acquisition *f;* **n~artig** *a* inédit; **~auflage** *f (e-s Buches)* nouvelle édition *f;* **~bau** *m* construction *f* nouvelle; **~bearbeitung** *f (Buch)* remaniement *m,* refonte *f;* **~bildung** *f biol* néoformation *f;* **~e** *m f* ‹-n, -n› *(Neuling)* nouveau (venu) *m;* **n~erdings** *adv (kürzlich)* récemment, depuis peu, nouvellement; **~erscheinung** *f (Buch)* nouveauté *f; die letzten ~en* les dernières nouveautés; **~erung** *f* innovation *f;* **~erwerbung** *f* nouvelle acquisition; nouveauté *f; pl (Museum)* derniers enrichissements *m pl;* **n~este(r, s)** *(Superlativ von: neu) a.* dernier; *das N~ (Mode)* les dernières nouveautés *f pl;* ~ *Mode f* dernière mode *f; das N~ vom Tage* l'actualité *f,* les dernières nouvelles, les nouvelles *f pl* du jour; **~fundland** *n* Terre-Neuve *f;* **n~gebacken** *a fig fam* frais émoulu; **n~geboren** *a* nouveau-né; **~geborene** *n* nouveau-né *m;* **~gestaltung** *f* remaniement *m,* réorganisation *f;* **~gier(de)** *f* ‹-, ø› curiosité, indiscrétion *f; aus* ~ par curiosité; **n~gierig** curieux (*auf* de); indiscret; *ich bin ~, ob ...* je suis curieux de savoir si ...; *das macht mich* ~ cela m'intrigue, cela pique ma curiosité; **~gliederung** *f* regroupement *m,* réorganisation *f;* **~griechisch(e,** *das***)** *n* (le) grec moderne; **~guinea** *n* la Nouvelle-Guinée; **~heit** *f* nouveauté *f;* **~hochdeutsch(e,** *das***)** *n* (le) haut allemand moderne; **~igkeit** *f* ‹-, -en› nouvelle *f;* **~inszenierung** *f theat* présentation *f* nouvelle; **~jahr** *n (1. Januar)* jour *m* de l'an; *glückliches ~! (fam) prost ~!* bonne année! **~jahrsbotschaft** *f pol* message *m* de nouvel an; **~jahrstag** *m* premier *od* jour *m* de l'an; **~land** *n* terre *f* nouvelle *od* inconnue; ~ *erschließen* défricher du terrain vierge; **~landgewinnung** *f* défrichement *m;* **n~lich** *adv* dernièrement, ces derniers jours, l'autre jour; ~ *abends* l'autre soir; **~ling** *m* ‹-s, -e› novice, débutant, néophyte *m;* **~mond** *m* nouvelle lune *f.*

neun [nɔʏn] neuf; **N~auge** *n zoo* lamproie *f;* **~hundert** neuf cent(s); **~mal** *adv* neuf fois; **~tausend** neuf mille; **N~tel** *n* ‹-s, -› neuvième *m;* **~tens** *adv* neuvièmement; **~te(r, s)** *a* neuvième; **~zehn** dix-neuf; **~zehnte(r, s)** *a* dix-neuvième; **~zig** quatre-vingt-dix; **~zigjährig** *a* nonagénaire; **~zigste(r, s)** *a* quatre-vingt-dixième; **N~zigstel** *n* ‹-s, -› quatre-vingt-dixième *m.*

Neu|orientierung *f* ['nɔʏ-] orientation *f* nouvelle; **~philologe** *m* professeur *m* de langues modernes.

Neur|algie *f* ‹-, -n› [nɔʏral'gi:] *med* névralgie *f;* **n~algisch** [-'ralgɪʃ] *a a. fig* névralgique; **~asthenie** *f* neurasthénie *f.*

Neu|regelung *f* ['nɔʏ-] nouveau règlement *m;* **n~reich** *a,* **~reiche** *m f* nouveau riche *m;* nouvelle riche *f.*

Neur|ologie *f* ‹-, ø› [nɔʏrolo'gi:] neurologie *f;* **~ose** *f* ‹-, -n› [-'ro:zə] névrose *f;* **~otiker** *m* ‹-s, -› [-'ro:tikər] névrosé *m;* **n~otisch** [-'ro:tɪʃ] *a* névrotique; névrosé.

Neu|schnee *m* ['nɔʏ-] neige *f* nouvelle *od* vierge; **~seeland** *n* la Nouvelle-Zélande; **n~sprachlich** *a* des langues vivantes.

neutr|al [nɔʏ'tra:l] *a* **1.** neutre; **2.** *pol* non aligné; *für ~ erklären,* **~alisieren** [-trali'zi:rən] ‹*ohne ge-*› *tr* neutraliser; **N~alisierung** *f* neutralisation *f;* **N~alität** *f* ‹-, ø› [-li'tɛ:t] neutralité *f; bewaffnete, wohlwollende* ~ neutralité *f* armée, bienveillante; **N~on** *n* ‹-s, -en› ['nɔʏtrɔn] *phys* neutron *m;* **N~um** *n* ‹-s, -tra› ['-trum, '-tra] *gram* (nom) neutre *m.*

Neu|wahl *f* ['nɔʏ-] *parl* nouvelle élection *f;* **n~wertig** *a* à l'état neuf; **~zeit** *f* temps *m pl* modernes; **n~zeitlich** *a* moderne.

nicht [nɪçt] *adv (bei a)* non; *(bei a u. adv)* pas; *(bei v)* ne ... pas; *bestimmt od durchaus od (ganz und) gar* ~ pas le moins du monde, en rien (du tout), aucunement; ne ... point; *auch* ~ (ni *od* ne ... pas) non plus; *das gerade* ~ pas précisément; *wenn ~, wo ~ (sonst)* sinon; ~ *(etwa) daß* ce n'est pas que; ~ *(ein)mal* pas même; ne ... même pas; ~ *mehr* ne ... plus; ~ *mehr und ~ weniger* ni plus, ni moins; ~ *nur ..., sondern auch* non seulement ... mais encore; ~ *viel* (ne ...) pas beaucoup; ~ *weniger als* rien moins que; ~ *wahr?* n'est-ce pas? *dann eben ~!* tant pis! ~ *daß ich wüßte!* pas que je sache; ~ *doch* mais non! ~ *schlecht!* ~ *übel!* pas mauvais! pas mal!

Nicht|achtung *f* ['nɪçt] non-respect *m,* irrévérence *f,* manque *m* d'égards; **~anerkennung** *f jur* désaveu *m (der Vaterschaft* de paternité); *fin pol* non-reconnaissance *f;* **~angriffspakt** *m* pacte *m* de non-agression; **~beachtung** *f* inobservation; *(e-r Verkehrsvorschrift)* non-observation *f,* non-respect, refus *m.*

Nichte *f* ‹-, -n› ['nɪçtə] nièce *f.*

Nicht|einhaltung *f* ['nɪçt-] *(e-r Vorschrift, Anordnung)* inobservance; *(e-s Vertrages, e-r Frist)* inobservation *f;* **~einmischung** *f pol* non-intervention, non-ingérence *f;* **~erscheinen** *f jur* non-comparution, contumace *f;* **~gefallen** *n com: bei ~ Geld zurück* remboursement si pas satisfait.

nichtig ['nɪçtɪç] *a* **1.** *allg* vain, futile; **2.** *jur* nul, non avenu, caduc; — *für ~ erklären* rendre nul, annuler, invalider, *jur* casser; *null und* ~ nul et non avenu; **N~keit** *f* ‹-, (-en)› **1.** *(Wertlosigkeit)* futilité, inanité, vanité *f;* **2.** *(Ungültigkeit)* nullité *f;* **N~keitserklärung** *f* annulation *f.*

nicht|kriegführend ['nɪçt-] *a* non-belligérant; **~leitend** *a el* non-conducteur; **N~leiter** *m el* non-conducteur, isolant *m;* **N~raucher** *m* non-fumeur *m;* **~rostend** *a* inoxydable.

nichts [nɪçts] rien; *(bei v)* ne ... rien; *für ~ und wieder ~* pour rien (du tout); *gar ~, überhaupt ~* (*bei v* ne ...) rien du tout; *ganz und gar ~, rein gar ~* rien de rien; *so gut wie ~* si peu que rien, autant dire rien; *mir ~, dir ~* sans (plus de) façon(s), sans se gêner; *sonst ~, weiter ~* (*bei v* ne ...) rien de plus *od* d'autre; *um ~ und wieder ~* à propos de rien; *~ als* rien que; *~ dergleichen* (ne ...) rien de pareil; *~ mehr* (ne ...) plus rien; *~ Neues* rien de nouveau; *~ weniger als* (ne ...) rien moins que; *zu ~ kommen* ne réussir à rien; *~ dagegen tun* od *machen können (fam)* n'y pouvoir rien (faire); *als ob ~ geschehen wäre* comme si de rien n'était; *ich kann ~ dafür* ce n'est pas ma faute; *da ist ~ zu machen* il n'y a rien à faire; *daraus wird ~* il n'en sortira *od* cela ne donnera rien, cela ne se fera pas; *das hat ~ zu sagen* cela ne veut rien dire; *das ist ~ für mich* ce n'est pas mon affaire; *das ist (immerhin) besser als ~* c'est déjà ça; *das macht ~* cela ne fait rien; *es ist ~ damit* il n'en est rien; *wenn es weiter ~ ist!* si ce n'est que cela! *~ lieber als das!* je ne demande pas mieux; *~ (mehr) zu machen!* (plus) rien à faire! **N~** *n* ‹-, ø› : *das ~* le néant; *ein ~ (so gut wie nichts)* un rien; *vor dem ~ stehen* se trouver acculé à la ruine; **~ahnend** *adv* sans se douter de qc.

Nichtschwimmer *m* ['nɪçt-] non-nageur *m.*

nichtsdestoweniger [nɪçtsdɛsto've:nɪger] *adv* néanmoins, nonobstant.

Nichtsein *n* ['nɪçt-] non-être *m.*

Nichts|nutz *m* ['nɪçts-] propre *od* bon à rien, vaurien *m;* **n~nutzig** *a* **1.** inutile; qui ne vaut rien; **2.** *(ungezogen)* méchant; **n~sagend** *a (Mensch u. Sache)* insignifiant; futile, falot; **~tuer** *m* fainéant; *fam* rossard *m;* **~tun** *n* désœuvrement *m,* oisiveté *f,* farniente *m; (Untätigkeit)* inaction; *(Faulheit)* fainéantise *f;* **n~würdig** *a* bas, vil, abject, misérable.

Nicht|wähler *m* ['nɪçt-] *pol* abstentionniste *m;* **~zahlung** *f* non-paiement *m;* **~zutreffende(s)** *n* mention *f* inutile; *~ streichen* rayez *od* biffez les mentions *od* les indications inutiles.

Nickel *n* ‹-s, ø› ['nɪkəl] nickel *m.*

nick|en ['nɪkən] *itr* **1.** incliner la tête; *(zustimmend)* faire un signe de tête; **2.** *fam (schlummern)* sommeiller; **N~erchen** *n fam* petit somme *m.*

nie [ni:] *adv* (ne ...) jamais; *~ und nimmer* (jamais,) au grand jamais; jamais de la vie; *~ mehr!* jamais plus! *noch ~ dagewesen* sans précédent.

nieder ['ni:dər] **I.** *a* **1.** *(niedrig)* bas; **2.** *fig (Rang)* inférieur; **3.** *(Gesinnung)* bas, vil; **II.** *adv* en bas; — *von ~er Herkunft* de basse origine *od* extraction; *auf und ~ gehen* monter et descendre; *~ mit ...!* à bas ...!

nieder≈beugen ['ni:-] **1.** *tr* courber (vers la terre); **2.** *refl: sich ~* s'incliner, se pencher.

nieder≈brennen ['ni:-] ‹*brannte nieder, niedergebrannt*› **1.** *tr* ‹*h*› réduire en cendres; **2.** *itr* ‹*sein*› être réduit en cendres.

niederdeutsch ['ni:-] *a* bas allemand.

nieder≈drücken ['ni:-] *tr* **1.** baisser, affaisser; **2.** *fig* déprimer.

nieder≈fallen ['ni:-] ‹*fällt, fiel nieder, niedergefallen*› *itr:* ‹*sein*› *: vor jdm ~* se prosterner devant qn, se jeter aux pieds de qn.

Niederfrequenz *f* ['ni:-] *radio* basse fréquence *f.*

Niedergang *m* ['ni:-] *(Rückgang, Verfall)* récession *f;* décadence *f;* déclin *m.*

nieder≈gehen ['ni:-] ‹*ging nieder, niedergegangen*› *itr* ‹*sein*› **1.** *(Regen)* s'abattre; **2.** *aero* descendre, se poser.

niedergeschlagen ['ni:-] **I.** *a fig* abattu, déprimé, accablé, découragé; résigné; **II.** *adv* avec résignation; **N~heit** *f* ‹-, ø› abattement *m,* dépression *f,* accablement, découragement *m;* résignation *f.*

nieder≈holen ['ni:-] *tr (Flagge)* amener.

nieder≈knien ['ni:-] *itr* ‹*sein*› s'agenouiller; se mettre à genoux.

nieder|≈kommen ['ni:-] ‹*kam nieder, niedergekommen*› *itr* ‹*sein*› accoucher (*mit* de); **N~kunft** *f* ‹-, ¨e› accouchement *m.*

Niederlage *f* ['ni:-] **1.** *mil* défaite *f; fig* échec *m;* **2.** *com* (magasin d')entrepôt *m;* **3.** *(Zweigstelle)* succursale *f;* — *jdm e-e ~ beibringen* infliger une défaite à qn; *e-e ~ erleiden* essuyer *od* subir une défaite.

Nieder|lande, *die pl* ['ni:-] les Pays-Bas *m pl;* **~länder(in)** *m* ‹-s, -› (*f* ‹-, -nen›) Néerlandais(e *f*) *m;* **n~ländisch** *a* néerlandais.

nieder≈lass|en ['ni:-] ‹*läßt, ließ nieder, niedergelassen*› *tr* **1.** *(herunterlassen)* (a)baisser, descendre; *refl: sich ~* **2.** *(sich setzen)* s'asseoir, prendre place; *(Vogel)* se poser; **3.** *(s-n Wohnsitz nehmen)* s'établir, s'installer, se fixer; **N~ung** *f* ‹-, -en› établissement *m; (Zweigstelle)* succursale, agence; *(Siedlung)* colonie *f.*

nieder≈leg|en ['ni:-] *tr* **1.** mettre bas; (dé)poser; **2.** *(umhauen)* abattre; *(abbrechen)* démolir; **3.** *(die Arbeit)* arrêter, cesser; *(sein Amt)* déposer, se démettre, démissionner de; *(Waffen)* mettre bas; **4.** *(bestimmen, festlegen)* fixer; *refl* **5.** *sich ~* se coucher; *(ins Bett)* se mettre au lit; — *schriftlich ~* mettre *od* passer par écrit, coucher sur le papier, consigner; **N~ung** *f* ‹-, -en› *(d. Arbeit)* arrêt *m,* cessation; *(d. Amtes)* déposition *f.*

nieder≈machen ['ni:-] *tr,* **nieder≈metzeln** *tr* abattre, massacrer, exterminer.

nieder≈reißen ['ni:-] ‹*riß nieder, niedergerissen*› *tr (Bau)* abattre, démolir.

Niederrhein, *der* ['ni:-] le Rhin inférieur.

Niedersachsen *n* ['ni:-] la Basse-Saxe.
nieder≈schießen ['ni:-] ‹*schoß nieder, niedergeschossen*› **1.** *tr* ‹*h*› abattre d'un coup *od* à coups de fusil; **2.** *itr* ‹*sein*› *(Vogel)* fondre, s'abattre *(auf* sur*)*.
Niederschlag *m* ['ni:-] **1.** *mete* précipitation(s *pl*) *f; chem* précipité *m;* **2.** *(Boxen)* knock-out *m;* **3.** *fig* répercussion, retombée *f;* — *s-n ~ finden (fig)* se traduire (*in* en); *radioaktive Niederschläge m pl* retombée(s *pl*) *f* radioactive(s); **nieder≈schlagen** ‹*schlägt, schlug nieder, niedergeschlagen*› *tr* **1.** abattre, terrasser, étendre par terre, atterrer, assommer; **2.** *(Aufstand)* réprimer; *(Widerstand a.)* détruire; **3.** *(d. Augen)* baisser; *refl: sich ~* **4.** *(Dampf)* se liquéfier; *chem* se précipiter; **5.** *fig* se traduire (*in* en); **~smenge** *f mete* quantité *f* de précipitation.
nieder≈schmettern ['ni:-] *tr* atterrer, terrasser; **~d** *a fig* accablant, foudroyant, catastrophique.
nieder|≈schreiben ['ni:-] ‹*schrieb nieder, niedergeschrieben*› *tr* mettre *od* coucher par écrit, écrire, noter; **N~schrift** *f* **1.** *(Tätigkeit)* mise *f* par écrit; **2.** *(Ergebnis)* écrit; procès-verbal *m.*
nieder≈setzen ['ni:-] *tr* déposer.
nieder≈stoßen ['ni:-] ‹*stößt, stieß nieder, niedergestoßen*› *tr* (*itr* s')abattre.
nieder≈strecken ['ni:-] *tr* étendre par terre; terrasser, abattre.
Nieder|tracht *f* ‹-, ø› ['ni:-] bassesse, infamie, vilenie, abjection *f;* **n~trächtig** *a* bas, infâme, vil, abject; **~trächtigkeit** *f = Niedertracht.*
nieder≈|trampeln ['ni:-] *tr,* **~treten** ['ni:-] ‹*tritt, trat nieder, niedergetreten*› *tr* piétiner, fouler (aux pieds).
Niederung *f* ‹-, -en› ['ni:dəruŋ] terrain bas, bas-fond *m;* dépression *f.*
nieder≈walzen ['ni:-] *tr, a. fig* écraser.
nieder≈werf|en ['ni:-] ‹*wirft, warf nieder, niedergeworfen*› *tr* **1.** jeter (à) bas *od* par terre; **2.** *(Aufstand)* réprimer; *fig* vaincre; *refl: sich ~* **3.** se jeter à terre; **N~ung** *f* ‹-, ø› *(des Feindes)* défaite; *(e-s Aufstandes)* répression *f.*
niedlich ['ni:tlıç] *a allg* joli; *(Mensch)* mignon, gentil; *(Sache)* coquet.
niedrig ['ni:drıç] **I.** *a* **1.** bas *a. fig,* peu élevé; **2.** *(Preis a.)* modéré, modique; **3.** *fig (Gesinnung)* bas, vil; *scient* faible; **II.** *adv* bas; — *~er hängen* od *machen* od *stellen* (a)baisser; *zu ~ schätzen* sous-estimer, sous-évaluer; **N~keit** *f* ‹-, ø› *fig* bassesse *f.*
niemals ['ni:mals] *adv* (*bei v:* ne ...) jamais; *~ mehr* (ne ...) jamais plus.
niemand ['ni:mant] *pron (als Objekt)* ne ... personne; *(als Subjekt)* personne *od* aucun *od* nul ... ne; *(alleinstehend)* personne; *~ außer* personne autre que; *sonst ~, ~ anders* aucun *od* nul autre, personne (d')autre (*als* que); *es ist ~ da* il n'y a personne; **N~sland** *n* no man's land *m,* zone *f* neutre.
Niere *f* ‹-, -n› ['ni:rə] rein; *(Küche)* rognon *m;* **~nbecken** *n anat* bassinet *m* du rein; **~nbraten** *m* longe *f* de veau; **n~nförmig** *a: ~er Tisch m* table *f* haricot; **n~nkrank** *a* néphrétique; **~nleiden** *n* maladie *f* des reins; **~nstein** *m* **1.** *med* calcul rénal, néphrolithe *m;* **2.** *pl (Krankheit)* lithiase *f* rénale.
niesel|n ['ni:zəln] *itr impers* bruiner, brouillasser; **N~regen** *m* bruine, pluie *f* fine.
nies|en ['ni:zən] *itr* éternuer; **N~en** *n* éternuement *m; scient* sternutation *f;* **N~pulver** *n* poudre *f* à éternuer.
Nießbrauch *m* ‹-(e)s, ø› ['ni:s-] *jur* usufruit *m;* jouissance *f* usufruitière.
Niet *m* od *n* ‹-(e)s, -e›, *a.* **~e** *f* ‹-, -n› [ni:t(ə)] *tech* rivet *m;* **N~e** *f* ‹-, -n› **1.** *(Los)* billet *m* non gagnant; **2.** *fig pej (Mensch)* zéro *m;* **n~en** *tr* river, riveter; **n~- und nagelfest** *a: alles, was nicht ~ war* tout ce qui n'était pas fixé solidement.
Nigger *m* ‹-s, -› ['nıgər] *pej (Neger)* négro *m.*
Nikotin *n* ‹-s, ø› [niko'ti:n] nicotine *f;* **n~frei** *a* dénicotinisé; **~vergiftung** *f* intoxication *f* par la nicotine, nicotinisme *m.*
Nilpferd *n* ['ni:l-] hippopotame *m.*
Nimbus *m* ‹-, -se› ['nımbus] **1.** *(Heiligenschein) a. fig* nimbe *m,* auréole *f;* **2.** *fig* prestige *m.*
nimmer ['nımər] *adv dial poet = nie(mals);* **N~leinstag,** *der: auf den ~ verschieben* renvoyer aux calendes grecques; **N~satt** *m* ‹-(e)s, -e› glouton *m;* **N~wiedersehen** *n: auf ~* pour toujours.
nippen ['nıpən] *itr* siroter; goûter (*an etw* qc).
Nipp|es *pl* [nıpəs], **~sachen** *f pl* bibelots, colifichets, objets *m pl* d'étagère.
nirgend|s ['nırgənts] *adv,* **~(s)wo** *adv* nulle part; *sonst nirgends* nulle part ailleurs.
Nische *f* ‹-, -n› ['ni:ʃə] *arch* niche *f.*
Niß *f* ‹-, -sse›, **Nisse** *f* ‹-, -n› [nıs(ə)] *ent* lente *f.*
nist|en ['nısten] *itr* nicher, faire son nid; **N~kasten** *m* nichoir *m.*
Nitrat *n* ‹-(e)s, -e› [ni'tra:t] nitrate, azotate *m.*
Niv|eau *n* ‹-s, -s› [ni'vo:] *a. fig* niveau *m;* **n~ellieren** [-vɛ'li:rən] ‹*ohne ge-*› *tr* niveler; **~ellierung** *f* nivellement *m.*
Nix *m* ‹-es, -e›, **~e** *f* ‹-, -n› [nıks(ə)] ondin(e *f*) *m.*
Nizza *n* ['nıtsa] Nice *f.*
nobel ['no:bəl] *a* **1.** noble; distingué; **2.**

fam (freigebig) chic; sélect *inv; pop* rupin.

Nobelpreis *m* [no'bɛl-] prix *m* Nobel.

noch [nɔx] *adv* encore; *weder ..., ~ ...* ni ..., ni ...; *~ bevor* od *ehe* avant même que *subj od* que de *inf; ~ dazu (außerdem)* de plus, en outre; *~ (ein)mal* encore une fois; *~ einmal so groß* deux fois plus grand; *~ einmal so viel* deux fois autant; le double; *~ heute, heute ~* aujourd'hui même; *~ immer, immer ~* toujours, encore; *~ mehr* plus encore; *~ nicht* pas encore; *~ lange nicht* pas avant longtemps; *~ nie* jamais encore; *~ und ~ (fam)* en masse; *er wird schon ~ kommen* il finira par venir; *wäre er auch ~ so reich, ...* si riche qu'il soit ... *od* soit-il; *(darf es) sonst ~ etwas (sein)?* et avec cela? *und was ~? (fam)* et avec ça? *auch das ~!* il ne manquait plus que cela; **~malig** *a* répété, réitéré, nouveau; **~mals** *adv* encore (une fois).

Nomad|e *m* ⟨-n, -n⟩ [no'ma:də] nomade *m;* **~enleben** *n* vie *f* nomade; **~entum** *n* ⟨-s, ø⟩ nomadisme *m;* **n~isieren** [-madi'zi:rən] ⟨*ohne ge-*⟩ *itr* nomadiser.

Nomen *n* ⟨-s, Nomina⟩ ['no:mɛn, 'no:mina] *gram* nom *m;* **~klatur** *f* ⟨-, -en⟩ [nomɛnkla'tu:r] *scient* nomenclature *f.*

Nomin|ativ *m* ⟨-s, -e⟩ ['no:, nomina'ti:f] *gram* nominatif *m;* **n~ieren** [-'ni:rən] ⟨*ohne ge-*⟩ *tr (ernennen)* nommer; **~ierung** *f* ⟨-, -en⟩ nomination *f.*

Nonne *f* ⟨-, -n⟩ ['nɔnə] religieuse *f;* **~nkloster** *n* couvent *m* de femmes.

Nonstop|flug *m* [nɔn'ʃtɔp-] vol *m* sans escale; **~kino** *n* cinéma *m* permanent.

Nord ... [nɔrt] *(in Zssgen)* du Nord, nord *a,* septentrional; **~afrika** *n* l'Afrique *f* du Nord; **n~afrikanisch** *a* nord-africain; **~amerika** *n* l'Amérique *f* du Nord; **n~atlantisch** *a* de l'Atlantique Nord; **n~deutsch** *a* de l'Allemagne du Nord; **~deutsche** *m f* Allemand(e *f*) *m* du Nord; **~deutschland** *n* l'Allemagne *f* du Nord; **~en** *m* ⟨-s, ø⟩ ['-dən] nord, septentrion *m; im ~ (gen)* au nord (de); *nach ~* vers le nord; *von ~* du nord; **~europa** *n* l'Europe *f* du Nord; **~hang** *m* versant *m* septentrional; **n~isch** *a* nordique; du Nord.

nördlich ['nœrtlɪç] *a* septentrional, (du) nord; *~ (gen)* od *von* au nord (de).

Nord|licht *n* ['nɔrt-] aurore *f* boréale; **~ost(en)** *m* nord-est *m;* **n~östlich** *a* (du) nord-est; **~-Ostsee-Kanal** *m* canal *m* de Kiel; **~pol** *m* pôle *m* nord *od* boréal *od* arctique; **~see,** *die* la mer du Nord; **~seite** *f* côté *m od* face *f* nord; **~west(en)** *m* nord-ouest *m;* **n~westlich** *a* (du) nord-ouest; **~wind** *m* vent *m* du nord.

nörg|eln ['nœrgəln] *itr* grogner, dénigrer, critiquer, ergoter; *fam* rouspéter; **N~ler** *m* ⟨-s, -⟩ [-glər] râleur, ronchonneur; rouspéteur *m.*

Norm *f* ⟨-, -en⟩ [nɔrm] norme; règle *f;* standard *m; als ~ gelten* servir de norme, faire autorité; **n~al** [-'ma:l] *a* normal; **~algröße** *f* taille *f* normale; **n~alisieren** [-mali'zi:rən] ⟨*ohne ge-*⟩ *tr* normaliser; **~alisierung** *f* normalisation *f;* **~almaß** *n* étalon *m;* **~alnull** *n (NN)* zéro normal, niveau *m* moyen de la mer; **~alspur(bahn)** *f loc* (ligne à) voie *f* normale; **~alverbraucher** *m* consommateur *m* normal *od* ordinaire.

Normann|e *m* ⟨-n, -n⟩ [nɔr'manə] Normand *m;* **n~isch** [-'manɪʃ] *a* normand.

norm|ativ [nɔrma'ti:f] *a (maßgebend)* normatif; **~en** *tr* normaliser, standardiser, régler; **N~ierung** *f,* **N~ung** *f* ⟨-, -en⟩ normalisation, standardisation *f.*

Norweg|en *n* ['nɔrve:gən] la Norvège; **~er(in)** *m* ⟨-s, -⟩ (*f* ⟨-, -nen⟩) Norvégien(ne *f*) *m;* **n~isch** *a* norvégien.

Not *f* ⟨-, ⸚e⟩ [no:t, 'nø:tə] *(Notlage)* nécessité *f,* besoin *m; (große ~)* détresse *f; (Mangel)* manque *m,* pénurie *f,* dénuement *m; (Bedürftigkeit)* indigence; *(Armut)* pauvreté; *(Elend)* misère *f; in Nöten (a.)* dans la gêne; *zur ~* au besoin, à la rigueur; *mit knapper ~* de justesse; tout juste, à grand-peine; *mit knapper ~ davon-* od *entkommen* l'échapper belle; *in ~ geraten* tomber dans la misère; *s-e (liebe) ~ haben mit ...* avoir bien du mal avec ...; *jdm aus der ~ helfen* tirer qn d'affaire; *~ leiden* être dans le besoin *od* dans la misère; *aus der ~ eine Tugend machen* faire de nécessité vertu; *wenn ~ am Mann ist* en cas de besoin *od* de nécessité; *~ macht erfinderisch (prov)* nécessité est mère d'inventions *od* d'industrie; **~anker** *m* ancre *f* de secours, *fig* de salut.

Notar *m* ⟨-s, -e⟩ [no'ta:r] notaire, officier public *m;* **~iat** *n* ⟨-(e)s, -e⟩ [-tari'a:t] **1.** *(Amt)* notariat *m;* **2.** *(Büro)* étude *f* de notaire; **n~iell** [-ri'ɛl] **I.** *a* notarial; **II.** *adv* par-devant notaire; — *~ beglaubigt* (certifié par acte) notarié.

Not|ausgang *m* ['no:t-] porte *od* sortie *f* de secours; **~behelf** *m* expédient, pis-aller, provisoire *m;* **~beleuchtung** *f* éclairage *m* de secours *od* de sûreté; **~bremse** *f* frein de secours, signal *m* d'alarme; **~durft** *f* besoin(s *pl*) *m,* nécessité *f; s-e ~ verrichten* faire ses besoins; *fam* se soulager; **n~dürftig I.** *a* **1.** à peine suffisant; **2.** *(behelfsmäßig)* provisoire, de fortune; **II.** *adv* tant bien que mal.

Note *f* ⟨-, -n⟩ ['no:tə] **1.** *(Notiz, Mitteilung; Zensur; mus)* note *f;* **2.** *(Banknote)* billet *m* (de banque); **3.** *fig (Wesenszug)* trait *m,* marque *f,* cachet *m;* — *nach ~n (fig fam)* comme il faut, solidement; *~n lesen (mus)* lire la musique; *ganze ~ (mus)* ronde *f; halbe ~ (mus)* blanche *f;* **~nbank** *f* banque *f* d'émission; **~nblatt** *n* feuillet *m* de musique; **~nheft** *n mus* cahier *m* de musique; **~npapier** *n* papier *m* (à) musique; **~nständer** *m* pupitre *m* de musicien; **~nwechsel** *m pol* échange *m* de notes.

Not|fall *m* ['no:t-] cas *m* de besoin *od* d'urgence; *im ~,* **n~falls** *adv* au besoin, en cas de besoin *od* de nécessité, si besoin est, s'il en est besoin, à la rigueur; **n~gedrungen** *adv* forcément, par nécessité *od* force, bon gré mal gré; **~groschen** *m* encas, en-cas *m;* caisse *f* de prévoyance; *(sich) e-n ~ zurücklegen* garder une poire pour la soif.

notier|en [no'ti:rən] *‹ohne ge-] tr* **1.** noter, prendre note de; **2.** *fin (an der Börse)* coter; **N~ung** *f* ‹-, -en› *fin* cotation, cote *f.*

nötig ['nø:tɪç] *a* nécessaire; *wenn* od *falls ~* s'il le faut; *es ~ haben (zu)* avoir besoin (de); *für ~ halten* croire nécessaire; *~ machen* rendre nécessaire, nécessiter; *das N~e veranlassen* donner les ordres nécessaires; *es ist ~, daß* ... il est nécessaire que, il faut que *subj;* **~en** [-gən] *tr* obliger, contraindre, forcer; *sich nicht lange ~ lassen* ne pas se faire prier; *sich genötigt sehen zu ...* se voir obligé de ...; **~enfalls** *adv = notfalls;* **N~ung** *f* ‹-, ø› obligation, contrainte *f,* instances *f pl.*

Notiz *f* ‹-, -en› [no'ti:ts] not(ic)e *f; sich ~en machen* prendre des notes; *von etw ~ nehmen* prendre connaissance de qc, faire attention à qc; **~block** *m* ‹-(e)s, -s› bloc-notes *m;* **~buch** *n* carnet, calepin, agenda *m.*

Not|lage *f* ['no:t-] détresse, situation critique, calamité *f;* **n~landen** *itr ‹sein› aero* faire un atterrissage forcé; **~landung** *f* atterrissage *m* forcé; **n~leidend** *a* nécessiteux, indigent; **~lösung** *f* expédient *m;* solution *f* provisoire *od* de fortune; **~lüge** *f* pieux mensonge, mensonge *m* diplomatique.

notorisch [no'to:rɪʃ] *a* notoire, public, manifeste.

Not|ruf(säule *f)* *m* ['no:t-] (poste *m*) d'appel *m* de secours; **~signal** *n* signal *m* de détresse *od* d'alarme; **~sitz** *m* siège de réserve, strapontin *m;* **~stand** *m* état de nécessité *od* d'urgence; *jur* cas *m* de nécessité; **~standsgebiet** *n* zone *f* sinistrée; **~standsgesetz** *n* loi *f* (sur l'état) d'urgence; **~taufe** *f (kath.)* ondoiement; *(evang.)* baptême *m* d'urgence; **~verband** *m med* pansement provisoire *od* d'urgence, premier pansement *m;* **~wehr** *f* légitime défense *f; in ~* à son corps défendant; **n~wendig** ['--- / -'--] *a* nécessaire; *(unerläßlich)* indispensable; *~ machen* rendre nécessaire, nécessiter; **n~wendigerweise** *adv* nécessairement, forcément; **~wendigkeit** *f* nécessité *f.*

Nougat *m, a. n* ‹-s, -s› ['nu:gat/nu'ga:] nougat *m.*

Novelle *f* ‹-, -n› [no'vɛlə] nouvelle *f.*

November *m* ‹-(s), -› [no'vɛmbər] novembre *m.*

Nu *m* [nu:] : *im ~* en moins de rien.

nüchtern ['nʏçtərn] **I.** *a* **1.** *(ohne Frühstück)* à jeun; **2.** *(ohne Alkohol)* qui n'a pas bu d'alcool; **3.** *fig (mäßig)* sobre; **4.** *(sachlich)* objectif, réaliste; *(vernünftig)* raisonnable; **5.** *(schmucklos)* sans ornement, simple; *(Stil)* dépouillé, prosaïque; **II.** *adv a.* de sang-froid; objectivement, sans passion; — *nicht ganz ~ (a.)* entre deux vins; *auf ~en* od *mit ~em Magen* à jeun; *(Betrunkenen) ~ machen* dégriser; *~ werden* se dégriser; **N~heit** *f* ‹-, ø› **1.** *(Mäßigkeit)* sobriété; tempérance *f;* **2.** *(Schmucklosigkeit)* simplicité *f; (Poesielosigkeit)* prosaïsme *m.*

nuckeln ['nʊkəln] *itr fam (Säugling)* sucer, têter.

Nudel *f* ‹-, -n› ['nu:dəl] nouille *f meist pl;* **n~n** *tr* gaver, empâter; **~suppe** *f* potage *m* aux nouilles.

Nugat = *Nougat.*

nuklear [nukle'a:r] *a phys (Kern-)* nucléaire.

Null *f* ‹-, -en› [nʊl] **1.** zéro *m;* **2.** *fig fam (Mensch)* nullité *f;* — *~ Komma nichts (fam)* en cinq sec; *~ Fehler m pl* zéro faute; *~ und nichtig* nul et non avenu; *für ~ und nichtig erklären* annuler; *jur* annihiler; **~punkt** *m* (point) zéro *m;* **~tarif** *m* gratuité *f* (des transports en commun urbains); **~wachstum** *n* croissance *f* zéro.

numer|ieren [nume'ri:rən] *‹ohne ge-› tr* numéroter; *fortlaufend ~* numéroter en continu; **N~ierung** *f* ‹-, -en› **1.** *(Tätigkeit)* numérotage *m;* **2.** *(Zustand)* numération *f;* **~isch** [-'merɪʃ] *a* numérique.

Numismatik *f* ‹-, ø› [numɪs'ma:tɪk] numismatique *f.*

Nummer *f* ‹-, -n› ['nʊmər] **1.** numéro *m;* **2.** *(Bekleidung: Größe)* taille, pointure *f;* — *eine gute ~ haben (fam)* avoir la cote (*bei jdm* auprès de qn); *mit einer ~ versehen* numéroter; *die ~ wählen* composer le numéro; **~nkonto** *n* compte *m* anonyme, compte *m* à numéro; **~nscheibe** *f tele* cadran *od* disque *m* d'appel; **~nschild** *n mot* plaque *f* d'immatriculation *od* minéralogique; **~nstempel** *m* numéroteur *m.*

nun [nu:n] *adv (jetzt)* maintenant, à présent; *~?* alors? *von ~ an* dorénavant, désormais, dès à présent, à l'avenir; *~ aber* or; *~ ja* à dire vrai, à la vérité, en effet; *das ist ~ einmal so!* il en est ainsi; *fam* c'est comme ça; *~gut!* eh bien, soit! **~mehr** *adv* à présent, maintenant; *(von nun an)* désormais.

Nuntius *m* ‹-, -tien› ['nʊntsius, -tsiən] nonce *m*.

nur [nu:r] *adv* seulement; *(bei v a.)* ne ... que; *(allerdings)* mais; *(vor e-m s od pron)* seul *a (nachgestellt); nicht ~ ..., sondern auch ...* non seulement ..., mais aussi *od* encore ...; *~ ... nicht* excepté ..., à l'exception de ..., sauf ...; *~ noch (Mengenangabe)* ne ... plus que; *~ noch 3,— DM (com: Preisauszeichnung) a.* soldé 3 DM; *~ so tun (fam)* faire semblant; *lassen Sie mich ~ machen!* vous n'avez qu'à me laisser faire; *~ zu!* allez-y! *wenn ich ~ wüßte ...!* si seulement je savais ...! *ich weiß es ~ zu gut* je ne le sais que trop.

nuscheln ['nʊʃəln] *itr* bredouiller, parler indistinctement.

Nuß *f* ‹-, ¨sse› [nʊs, 'nʏsə] *(Walnuß)* noix; *(Haselnuß)* noisette *f; das ist eine harte ~* c'est un os *od* un dur morceau; cela donne du fil à retordre; **~baum** *m (a. Holz)* noyer *m;* **n~braun** *a* noisette; **~knacker** *m* casse-noix, casse-noisettes *m;* **~schale** *f* coquille *f* de noix.

Nüster *f* ‹-, -n› ['nʏ:stər] *meist pl* narine *f,* naseau *m*.

Nut|(e) *f* ‹-, -en› [nu:t(ə)] *(Fuge)* rainure, entaille *f;* **n~en** *tr* rainer.

Nutte *f* ‹-, -n› ['nʊtə] *pop* putain *f*.

nutz [nʊts] *a: zu nichts ~ sein* n'être bon à rien; **N~anwendung** *f* application, utilisation; *(Lehre)* morale *f;* **~bar** *a* utilisable; *~ machen* utiliser; faire servir, mettre à profit *od* en valeur; **N~barmachung** *f* ‹-, ø› utilisation, mise en valeur, exploitation *f;* **~bringend** *a* profitable, fructueux, lucratif; *~ anlegen (Geld)* faire profiter; **N~effekt** *m* rendement, travail *m* utile, efficience *f;* **~en** *tr* utiliser, mettre à profit, faire valoir; *itr = nützen;* **N~en** *m* ‹-s, ø› *(Nützlichkeit)* utilité *f; (Gewinn)* profit, bénéfice; *(Vorteil)* avantage; *(Ertrag)* rapport, fruit *m; mit ~* avec fruit; *~ bringen, von ~ sein* être utile *od* profitable, faire du profit; *~ ziehen aus* profiter, tirer profit *od* parti de.

nützen ['nʏtsən] *itr* être utile *od* bon, rendre service, profiter (*jdm* à qn); *das nützt nichts* cela ne sert à rien; *was nützt das? (a.)* à quoi bon?

Nutz|fahrzeug *n* ['nʊts-] véhicule *m* utilitaire; **~fläche** *f* surface *f* utile; **~holz** *n* bois *m* d'œuvre; **~last** *f* charge *f* util(isabl)e, poids *m* utile.

nützlich ['nʏtslɪç] *a* utile; *(vorteilhaft)* avantageux; *(gewinnbringend)* profitable, fructueux; *sich ~ machen* se rendre utile; **N~keit** *f* ‹-, ø› utilité *f*.

nutz|los ['nʊts-] *a* inutile; infructueux, vain; **N~losigkeit** *f* ‹-, ø› inutilité; vanité, *f;* **N~nießer** *m* ‹-s, -› ['-ni:sər] *jur* usufruitier; *allg* profiteur *m;* **N~pflanze** *f* plante *f* économique; **N~ung** *f* ‹-, ø› utilisation, exploitation; *(Boden)* mise *f* en culture; **N~ungsrecht** *n* droit *m* usufructuaire *od* de jouissance.

O

O, o *n* ‹-, -› [o:] *(Buchstabe)* O, o *m*.
o [o:] *interj (mit dem darauffolgenden Wort verbunden; alleinstehend s. oh)* ô! *o doch!* mais si! *o ja!* mais oui! *o nein!* eh non! que non! *o weh!* aïe! misère! *o wie schön!* que c'est beau!
Oase *f* ‹-, -n› [o'a:zə] *a. fig* oasis *f*.
ob [ɔp] *conj* si; ~ ... *oder* ~ que ... ou que *subj*; ~ *er kommt oder nicht* qu'il vienne ou non; *als* ~ comme si; *es ist, als* ~ on dirait que; *nicht als* ~ non (pas) que *subj*; *so tun als* ~ ... faire semblant de *inf*; *und* ~*!* et comment! tu penses! ma foi! oui; *und* ~ *er wütend war!* pensez s'il était furieux.
Obdach *n* ‹-(e)s, ø› ['ɔp-] abri, asile, refuge *m*; **o~los** *a* sans abri, sans asile, sans logis; **~lose** *m f* ‹-n, -n› sans-abri, sans-asile, sans-logis *m f*; **~losenasyl** *n* asile de nuit; foyer *m* d'hébergement.
Obduktion *f* ‹-, -en› [ɔpduktsi'o:n] autopsie *f*.
O-Beine *n pl* ['o:-] jambes *f pl* arquées.
oben ['o:bən] *adv* en haut; *(auf der Oberfläche)* à la surface; *(auf Kisten)* haut; *(in e-m Schriftstück, Buch)* ci-dessus; *da* od *dort* ~ là-haut; *nach* ~ en haut, vers le haut; *von* ~ d'en *od* de haut; *von* ~ *herab (fig)* de haut; *von* ~ *bis unten* de *od* du haut en bas, d'un bout à l'autre, de bout en bout; *weiter* ~ plus haut; *von* ~ *herab behandeln* regarder par-dessus l'épaule; *mir steht's bis hier* ~ *(fam)* j'en ai plein le dos *od* une indigestion; **~an** *adv* tout en haut; *(bei Tisch)* au haut bout; *(in der Reihenfolge)* au premier rang; *(in e-r Liste)* en tête; **~auf** *adv* sur le dessus, à la surface; ~ *sein (fig)* avoir le dessus; **~drein** *adv* en outre, par-dessus le marché, de *od* par surcroît, bien plus, qui plus est; **~erwähnt** *a* susmentionné, mentionné plus haut; **~hin** *adv* légèrement, en passant.
Ober *m* ‹-s, -› ['o:bər] *(Kellner)* garçon *m* (de café).
Oberarm *m* ['o:-] (partie *f* supérieure du) bras *m*.
Oberarzt *m* ['o:-] médecin (en) chef, médecin-chef; *mil* médecin *m* lieutenant.
Oberbefehl *m* ['o:-] commandement *m* supérieur *od* en chef; **~shaber** *m* commandant *m* en chef.
Oberbekleidung *f* ['o:-] vêtements *m pl* de dessus.
Oberbett *n* ['o:-] dessus de lit, édredon *m*.
Oberbürgermeister *m* ['o:bər'bʏrger-] (premier) maire, président *m* du conseil municipal.
obere(r, s) ['o:bərə-] *a* **1.** *(höher im Rang, höher gelegen)* supérieur, plus élevé, haut; **2.** *(räuml. darüber liegend)* de dessus, d'en haut.
Oberfeldwebel *m* ['o:-] adjudant-chef *m*.
Oberfläch|e *f* ['o:-] **1.** surface *f*; **2.** *(Außenfläche, bes. math)* superficie *f*; — *an* od *auf der* ~ à la surface; *an die* ~ *kommen* faire surface, émerger; **o~lich** *a, a. fig* superficiel.
Obergeschoß *n* ['o:-] *arch* étage *m* supérieur.
oberhalb ['obərhalp] *prp gen* **1.** au-dessus de; **2.** *(flußaufwärts)* en amont de.
Oberhand *f* ['o:-] : *die* ~ *behalten* prévaloir, l'emporter (*über* sur); *(wieder) die* ~ *gewinnen* (re)prendre le dessus; *die* ~ *haben* avoir la suprématie *od* le dessus (*bei* dans).
Oberhaupt *n* ['o:-] chef *m*.
Oberhaus *n* ['o:-] *pol (Großbritannien)* Chambre *f* haute *od* des lords.
Oberhaut *f* ['o:-] *anat* épiderme *m*.
Oberhemd *n* ['o:-] chemise *f*.
Oberhoheit *f* ['o:-] *pol* suzeraineté *f*.
Oberin *f* ‹-, -nen› ['o:bərɪn] *rel* supérieure, prieure *f*.
oberirdisch ['o:-] *a* au-dessus du sol; *el* aérien.
Oberkellner *m* ['o:-] maître *m* d'hôtel.
Oberkiefer *m* ['o:-] mâchoire *f* supérieure.
Oberkommando *n* ['o:-] *mil* haut commandement *m*.
Oberkörper *m* ['o:-] *anat* haut du corps, buste *m*.
Oberleder *n* ['o:-] *(Schuh)* empeigne *f*.
Oberleitung *f* ['o:-] *el* caténaire *f*, fil *m* aérien, ligne *f* aérienne *od* de contact; **~somnibus** *m* trolleybus *m*.
Oberleutnant *m* ['o:-] lieutenant *m*.
Oberlicht *n* ['o:-] jour d'en haut, éclairage *m* zénithal.
Oberlippe *f* ['o:-] lèvre *f* supérieure.
Oberprima *f* ['o:-] classe *f* terminale (d'un collège).
Oberrhein, *der* ['o:-] le Haut-Rhin.
Oberschenkel *m* ['o:-] cuisse *f*.
Oberschicht *f* ['o:-] classes *f pl* supérieures.

Oberschwester *f* ['o:-] infirmière-major, infirmière *f* en chef.
Oberseite *f* ['o:-] surface *f*, dessus *m*.
Oberst *m* ‹-en/-s, -en/(-e)› ['o:bərst] colonel *m*.
Oberstaatsanwalt *m* ['o:bər'-] procureur *m* général *od (in Frankr.)* de la République.
oberste(r, s) ['o:bərstə] *a (Superlativ von: obere)* **1.** (le) plus haut, (le) plus élevé; *(erste)* premier; **2.** *(fig, bes. adm: höchste)* suprême, supérieur; *das ~ Gericht* la cour suprême.
Oberwasser *n* ['o:-] *(Schleuse)* bief *m* supérieur; *~ haben (fig)* avoir le dessus.
obgleich [ɔp'glaıç] *conj* quoique, bien que, encore que, malgré que *subj*.
Obhut *f* ‹-, ø› ['ɔp-]: *in s-e ~ nehmen* prendre sous sa garde *od* protection.
obige(r, s) ['o:bıgə] *a* susdit, susmentionné; ci-dessus.
Objekt *n* ‹-(e)s, -e› [ɔp'jɛkt] **1.** objet *m*; *(Wertgegenstand)* objet *m* de valeur; **2.** *gram* complément *m* (d'objet); **o~iv** [-'ti:f] *a (sachlich)* objectif; *(unparteiisch)* impartial; **~iv** *n* ‹-s, -e› *opt* objectif *m*; **~ivität** *f* ‹-, ø› [-vi'tɛ:t] objectivité; impartialité *f*.
ob≈liegen ['ɔp-, ɔp'li:gən] *itr* ‹*es obliegt* od *liegt ob, oblag* od *lag ob, es hat obliegen*› *itr: jdm ~* incomber à qn, être à la charge de qn; **O~heit** *f* ‹-, -en› devoir *m*, charge, obligation *f*.
obligat [obli'ga:t] *a (unerläßlich)* de rigueur, indispensable; inévitable; **O~ion** *f* ‹-, -en› [-gatsi'o:n] *fin (persönl. Haftung)* obligation *f*; **~orisch** [-'to:rıʃ] *a* obligatoire.
Obmann *m* ‹-(e)s, -männer/-leute› ['ɔp-] homme *m* de confiance.
Oboe *f* ‹-, -n› [o'bo:ə] *mus* hautbois *m*.
Obolus *m* ‹-, -/-se› ['o:bolus] *(kleiner Beitrag)* obole *f*.
Obrigkeit *f* ‹-, -en› ['o:brıçkaıt] autorité *f*; pouvoir *m* public; **o~lich** *a* de l'autorité; **~sstaat** *m* État *od* régime *m* autoritaire.
obschon [ɔp'ʃo:n] = *obgleich*.
Observatorium *n* ‹-s, -rien› [ɔpzɛrva'to:rium, -riən] = *Sternwarte*.
obskur [ɔps'ku:r] *a* obscur; caché, peu clair.

Obst *n* ‹-(e)s, ø› [o:pst] fruits *m pl*; **~bau** *m* arboriculture *f* (fruitière); **~baum** *m* arbre *m* fruitier; **~ernte** *f* **1.** *(Tätigkeit)* récolte des fruits, cueillette *f*; **2.** *(Zeit f der ~)* cueillaison, cueille *f*; **~garten** *m* jardin fruitier, verger *m*; **~geschäft** *n*, **~handlung** *f* fruiterie *f*; **~kuchen** *m* = *Obsttorte*; **~messer** *n* pèle-fruits *m*; **~pflücker** *m (Gerät)* cueille-fruits *m*; **~plantage** *f* plantation *f* fruitière; **~salat** *m* salade *f* de fruits; **~torte** *f* tarte *f* aux fruits; **~- und Gemüsehändler(in *f*)** *m* marchand(e *f*) *m* de primeurs *od* des quatre-saisons.
obszön [ɔps'tsø:n] *a* obscène; **O~ität** *f* ‹-, -en› [-tsøni'tɛ:t] obscénité *f*.
Obus *m* ‹-ses, -se› ['o:bus, -ə] = *Oberleitungsomnibus*.
obwohl [ɔp'vo:l] = *obgleich*.
Ochse *m* ‹-n, -n› ['ɔksə] **1.** bœuf *m*; **2.** *fig fam (Dummkopf)* idiot, imbécile *m*; — *wie der ~ vorm Berg dastehen* ne savoir que faire; **o~n** *itr fam (pauken)* piocher, potasser; *pop* bûcher; **~nkarren** *m* char *m* à bœufs; **~nmaulsalat** *m* salade *f* de museau de bœuf; **~nschwanzsuppe** *f* potage *m* à la queue de bœuf.
Ocker *m* od *n* ‹-s, -› ['ɔkər] ocre *f*.
Ode *f* ‹-, -n› ['o:də] ode *f*.
öde ['ø:də] *a* **1.** *(wüst)* désert, pelé; *(unbebaut)* inculte, vague; *(unbewohnt)* inhabité; **2.** *fig (langweilig)* monotone, ennuyeux, triste; **Ö~** *f* ‹-, -n› **1.** *(Wüste)* désert *m*; *(Einöde)* solitude *f*; **2.** *fig (Stumpfheit)* monotonie *f*, ennui *m*.
oder ['o:dər] *conj* ou; *(sonst)* autrement, sinon; *entweder ... ~ ...* ou ... ou ...; *~ aber* ou bien; *~ auch* ou bien encore.
Ödland *n* ['ø:t-] terre *f* inculte.
Ofen *m* ‹-s, ¨-› ['o:-, 'ø:fən] poêle, fourneau; *(Back~)* four *m*; **~bank** *f* banquette *f* du poêle; **~rohr** *n* tuyau *m* de poêle; **~schirm** *m* écran *m* (de poêle); **~setzer** *m* fumiste, poêlier *m*.
offen ['ɔfən] **I.** *a* **1.** ouvert *a. fig*; **2.** *(Gelände, Wagen; mil: ungeschützt)* découvert; **3.** *(Stelle: frei)* vacant, libre; **4.** *(Frage) (unentschieden)* indécis, pendant, en suspens; **5.** *(freimütig)* franc, sans réserve; sincère; **6.** *(unverhüllt, unmißverständlich)* manifeste; **II.** *adv* ouvertement, franchement, à cœur ouvert, à visage découvert, sans réserve; — *weit ~* tout(e) *od* grand(e) ouvert(e); *~ und ehrlich (adv)* purement et simplement, ouvertement, rondement; *~ gesagt, ~ gestanden (adv)* à vrai dire, à dire vrai, sans mentir; *die Augen, Ohren ~ haben* avoir l'œil ouvert, l'oreille ouverte; *es ganz ~ sagen* le dire sans ambages; *O~e Handelsgesellschaft f* société *f* en nom collectif; *~e Stelle f* vacance *f*; *~e Wunde f* plaie *f* vive; **~bar** ['--'-/--'-] **I.** *a* apparent, manifeste, évident; **II.** *adv* apparemment, évidemment, manifestement; **~baren** [ɔfən'ba:rən] *tr* ‹*(ge)offenbart*› *bes. rel* révéler; manifester; **O~barung** *f* ‹-, -en› [-'ba:-] révélation; manifestation *f*; **O~barungseid** *m* serment *m* déclaratoire; **~≈bleiben** ‹*blieb offen, offengeblieben*› *itr* ‹*sein*› **1.** rester ouvert; **2.** *fig (unentschieden bleiben)* rester indécis *od* en suspens; **~≈halten** ‹*hält, hielt offen, offengehalten*› *tr* **1.** maintenir ouvert; **2.** *fig* réserver; — *sich einen Aus-*

weg ~ se ménager une issue; **O~heit** *f* ‹-, ø› franchise; sincérité *f; in aller* ~ en toute franchise; **~herzig** *a* franc, sincère; **O~herzigkeit** *f* ‹-, ø› franchise; sincérité *f;* abandon *m;* **~kundig** *a* notoire, patent, manifeste; de notoriété (publique); **~=lassen** ‹*läßt, ließ offen, offengelassen*› *tr* **1.** laisser ouvert *od* à découvert; **2.** *(unbeschrieben lassen)* laisser en blanc; **3.** *fig* laisser en suspens; **~sichtlich I.** *a* évident, manifeste, apparent; qui saute aux yeux; **II.** *adv* évidemment, apparemment.

offensiv [ɔfɛn'zi:f] *a* offensif; **O~e** *f* ‹-, -n› [-və] offensive *f.*

offen=stehen ['ɔfən-] ‹*stand offen, offengestanden*› *itr (geöffnet sein)* être ouvert.

öffentlich ['œfəntlɪç] **I.** *a* public; **II.** *adv* publiquement, en public; — *im ~en Interesse* dans l'intérêt public; ~ *auftreten* se présenter en public; **Ö~keit** *f* ‹-, ø› public *m; in der* ~ en public; *in aller* ~ au vu et au su de tout le monde; *unter Ausschluß der* ~ *(jur)* à huis clos; **Ö~-keitsarbeit** *f* relations *f pl* publiques; **~-rechtlich** *a* de droit public.

offiziell [ɔfitsi'ɛl] *a* officiel.

Offizier *m* ‹-s, -e› [ɔfi'tsi:r] officier *m;* ~ *vom Dienst* officier *m* de jour *od* de semaine *od* de permanence; **~sanwärter** *m* aspirant *m;* **~slaufbahn** *f* carrière *f* d'officier.

öffn|en ['œfnən] *tr* ouvrir; *(Flasche)* déboucher; *(Brief a.)* décacheter; *sich* ~ *(Fallschirm)* se déployer; *mit Gewalt* ~ forcer; *hier ~!* côté à ouvrir; **Ö~ung** *f allg* ouverture *f; (Loch)* trou *m,* trouée *f;* **Ö~ungszeit** *f* temps *m od* heures *f pl* d'ouverture.

Offsetdruck *m* ‹-(e)s, -e› ['ɔfsɛt-] offset *m,* impression *f* offset.

oft [ɔft] *adv* souvent, fréquemment; bien des *od* nombre de fois; *wie ~?* combien de fois? *wie ~...!* que de fois...! **öfters** ['œftərs] *adv* assez souvent; **~mals** *adv* = *oft.*

oh [o:] *interj (alleinstehend)* oh! ho! heu!

Ohm *n* ‹-s, -› [o:m] *el* ohm *m.*

ohne ['o:nə] *prp* sans; *(frei von)* dépourvu de, dénué de, dépouillé de; *daß* sans que *subj;* ~ *(etwas) zu (sagen)* sans (rien dire); ~ *mein Wissen* à mon insu; *ich werde auch* ~ *ihn fertig* je me passerai bien de lui; **~dies** [-'di:s] *adv,* **~hin** [-'hɪn] *adv* sans cela, de toute façon, aussi bien; **~gleichen** [-'glaɪçən] *a inv (nachgestellt)* sans pareil *od* égal *od* précédent; unique.

Ohnmacht *f* ‹-, -en› ['o:n-] **1.** *med* évanouissement *m,* syncope *f;* **2.** *(ohne pl) fig (Machtlosigkeit)* impuissance; faiblesse *f;* — *in* ~ *fallen* s'évanouir, perdre connaissance *od* ses esprits; **ohnmächtig** *a* **1.** évanoui, sans connaissance; **2.** *fig* impuissant; — ~ *werden* = *in Ohnmacht fallen.*

oho [o'ho:] *interj* oh, oh! *od* oh là là!

Öhr *n* ‹-(e)s, -e› [ø:r] *(Nadelöhr)* chas, trou (de l'aiguille); *tech* œillet *m.*

Ohr *n* ‹-(e)s, -en› [o:r] oreille *f; bis über die ~en* jusqu'aux oreilles; *jdm etw ins* ~ *flüstern, sagen* souffler, dire qc à l'oreille de qn; *jdn übers* ~ *hauen (fig fam)* duper qn, *pop* rouler, estamper qn; *sich übers* ~ *hauen lassen (fam)* se laisser tondre, se faire arranger; *zu e-m* ~ *hinein- und zum anderen wieder hinausgehen* entrer par une oreille et sortir par l'autre; *nur mit halbem* ~ *hin-* od *zuhören* n'écouter que d'une oreille; *jdm zu ~en kommen* venir *od* arriver aux oreilles, venir à la connaissance de qn; *sich aufs* ~ *legen* se coucher, (aller) faire un petit somme *od* la sieste; *jdm in den ~en liegen* rebattre *od* rompre les oreilles à qn (*mit etw* avec qc); *sich etw hinter die ~en schreiben (fig)* se tenir qc pour dit; *ganz* ~ *sein* être tout oreilles *od* ouïe; *auf einem* ~ *taub sein* ne pas entendre d'une oreille; *die ~en spitzen* dresser *od* tendre l'oreille *od* les oreilles; *die ~en steifhalten* prendre son courage à deux mains; *mir klingen die ~en* les oreilles me tintent.

ohren|betäubend ['o:rən-] *a* assourdissant, à percer les oreilles, à crever le tympan; **O~sausen** *n* bourdonnement d'oreilles; cornement *m;* **O~schmalz** *n* cérumen *m;* **O~schützer** *m* protège--oreilles *m;* **O~sessel** *m* fauteuil *m* à oreilles; **O~zeuge** *m* témoin *m* auriculaire.

Ohr|feige *f* ['o:r-] gifle *f,* soufflet *m,* claque; *fam* taloche *f;* **o~feigen** *tr* gifler, souffleter; *fam* talocher; **~gehänge** *n* pendant *m* (d'oreille); **~läppchen** *n* lob(ul)e *od* bout *m* d'oreille; **~muschel** *f* conque *f od* pavillon *m* de l'oreille; **~ring** *m* boucle *f* d'oreille; **~wurm** *m* perce-oreille *m.*

okay [o'ke:] *fam (in Ordnung)* d'accord.

okkult [ɔ'kult] *a (verborgen)* occulte; **O~ismus** *m* ‹-, ø› [-'tɪsmus] occultisme *m.*

Ökonom *m* ‹-en, -en› [øko'no:m] **1.** économe *m;* **2.** *(Landwirt)* agronome *m;* **~ie** *f* ‹-, -n› [-no'mi:] économie *f;* **ö~isch** [-'no:mɪʃ] *a* économique.

Okt|aeder *n* ‹-s, -› [ɔkta'e:dər] *math* octaèdre *m;* **~avband** *m,* **~avformat** *n (Buch)* in-octavo *m;* **~ave** *f* ‹-, -n› [-'ta:və] *mus* octave *f.*

Oktober *m* ‹-(s), -› [ɔk'to:bər] octobre *m.*

Okul|ar *n* ‹-s, -e› [oku'la:r] *opt* oculaire *m;* **o~ieren** [-'li:rən] ‹*ohne ge-*› *tr agr* écussonner.

ökumenisch [øku'me:nɪʃ] *a* œcuménique; *~e Bewegung f (rel)* œcuménisme *m.*

Okzident *m* ‹-s, ø› ['ɔk-, ɔktsi'dɛnt] *(Abendland)* occident *m.*

Öl *n* ‹-(e)s, -e› [ø:l] **1.** huile *f;* **2.** essence *f; (Erd~)* pétrole; *(Heiz~)* fuel *m;* — *~ ins Feuer gießen (fig)* jeter *od* verser de l'huile sur le feu; *in ~ malen* peindre à l'huile; *~ wechseln (mot)* faire la vidange; **~baum** *m* olivier *m.*

Oleander *m* ‹-s, -› [ole'andər] *bot* oléandre, laurier-rose *m.*

ölen ['ø:lən] *tr* huiler, lubrifier; *(schmieren)* graisser; *(salben)* oindre; **Ö~** *n* huilage *m,* lubrification *f;* graissage *m.*

Öl|farbe *f* ['ø:l-] couleur *f* à l'huile; **~fleck** *m* tache *f* d'huile; **~förderung** *f* production *f* de pétrole *od* pétrolifère; **~frucht** *f* fruit *m* oléagineux; **~gemälde** *n* peinture *f* à l'huile; **~gemisch** *n* mélange *m* d'huile et d'essence; **~gesellschaft** *f* compagnie *f* pétrolière; **~gewinnung** *f* extraction *f* d'huile; **ö~haltig** *a bot* oléagineux; *geol* pétrolifère; **~heizung** *f* chauffage *m* au mazout; **ö~ig** *a* **1.** huileux; **2.** *(ölhaltig)* oléagineux; **3.** *(fettig)* onctueux; **4.** *(Wein)* velouté.

Oliv|e *f* ‹-, -n› [o'li:və] olive *f;* **~enbaum** *m* olivier *m;* **~enöl** *n* huile *f* d'olive; **o~grün** *a* vert olive, olivacé, (couleur d')olive.

Öl|kanister *m* ['ø:l-] bidon *m* à huile; **~kännchen** *n* burette *f* à huile; **~krise** *f* crise *f* du pétrole; **~kuchen** *m* tourteau, gâteau *m* de marc d'olives; **~lager** *n* entrepôt *m* d'huile; **~leitung** *f* pipe-line *m;* **~ofen** *m* poêle *m* à mazout; **~papier** *n* papier *m* huilé; **~presse** *f* presse *f* à huile; **~pumpe** *f* pompe *f* à huile; **~quelle** *f* source *f* d'huile; **~raffinerie** *f* raffinerie *f* d'huile; **~rückstand** *m* résidu *m* d'huile; **~sardine** *f* sardine *f* à l'huile; **~stand** *m* niveau *m* d'huile; **~standsmesser** *m* indicateur *m od* jauge *f* (de niveau) d'huile; **~tank** *m* réservoir *m* d'huile *od* à huile; caisse *f* à huile; **~tanker** *m* pétrolier *m;* **~ung** *f* ‹-, -en› **1.** huilage *m,* lubrification *f;* graissage *m;* **2.** *rel* onction *f; die Letzte ~ (rel)* l'extrême-onction *f;* **~verbrauch** *m* consommation *f* d'huile; **~vorkommen** *n* gisement *m* pétrolifère; **~wechsel** *m* vidange *f* d'huile.

Olymp|iade *f* ‹-, -n› [olʏmpi'a:də] *hist* olympiade *f; sport* jeux *m pl* Olympiques; **~iasieger** *m* (champion) olympique *m;* **o~isch** [o'lʏmpɪʃ] *a: die O~en (Winter-)Spiele n pl* les jeux *m pl* Olympiques (d'hiver).

Oma *f* ‹-, -s› ['o:ma] *fam* grand-maman, bonne maman, mémère; *(Kindersprache)* mémé *f.*

Omelett *n* ‹-(e)s, -s/-e› , **~e** *f* ‹-, -n› [ɔm(ə)'lɛt] *(Küche)* omelette *f.*

Om|en *n* ‹-s, -/Omina› ['o:mən, -mina] augure, présage *m; ein gutes, böses ~* un bon, mauvais augure; **o~inös** [omi'nø:s] *a* de mauvais augure.

Omnibus *m* ‹-ses, -se› ['ɔmnibus, -ə] omnibus, autobus; *(Reise~, Gesellschafts~)* (auto)car *m;* **~haltestelle** *f* arrêt *m* d'autobus; **~linie** *f* ligne *f* d'autobus.

Onan|ie *f* ‹-, ø› [ona'ni:] onanisme *m,* masturbation *f;* **o~ieren** [-'ni:rən] ‹*ohne ge-*› *itr* se masturber.

Onkel *m* ‹-s, -› ['ɔŋkəl] oncle; *(Kindersprache)* tonton *m.*

Opa *m* ‹-s, -s› ['o:pa] *fam* grand-papa, bon papa, pépère *m.*

Opal *m* ‹-s, -e› [o'pa:l] *min* opale *f.*

Oper *f* ‹-, -n› ['o:pər] *mus* **1.** opéra *m;* **2.** *(Gebäude)* Opéra *m.*

Operat|eur *m* ‹-s, -e› [opera'tø:r] *film* opérateur *m;* **~ion** *f* ‹-, -en› [-tsi'o:n] opération; *med a.* intervention *f* (chirurgicale); *sich e-r ~ unterziehen* se faire opérer; **~ionssaal** *m* salle *f* d'opérations; **~ionstisch** *m* table *f* d'opérations; **o~iv** [-'ti:f] **I.** *a med* opératoire; **II.** *adv med (auf ~em Wege)* par voie opératoire; — *~ entfernen* réséquer; *~er Eingriff m* intervention *f* chirurgicale.

Operette *f* ‹-, -n› [ope'rɛtə] opérette *f.*

operieren [ope'ri:rən] ‹*ohne ge-*› *tr* **1.** *med* opérer; *itr* **2.** *med* faire une opération; **3.** *mil* opérer, manœuvrer, faire une opération; — *sich ~ lassen* se faire opérer.

Opern|ball *m* ['o:pərn-] bal *m* de l'opéra; **~glas** *n* jumelle(s *pl*) de théâtre, lorgnette *f;* **~haus** *n* Opéra, théâtre *m* lyrique; **~sänger(in** *f***)** *m* chanteur *m,* cantatrice *f* d'opéra.

Opfer *n* ‹-s, -› ['ɔpfər] **1.** *(Handlung)* sacrifice *m, a. fig;* offrande; *fig* immolation *f;* **2.** *(~tier, a. fig)* victime *f;* holocauste *m;* — *ein ~ bringen* faire un sacrifice (*jdm* à qn); *fam* faire un effort (pour qn); *jdm, e-r S zum ~ fallen* être la victime de qn, de qc; *kein ~ scheuen* ne reculer devant aucun sacrifice; **~bereitschaft** *f* disposition au sacrifice; abnégation *f;* **o~n** *tr, a. fig* sacrifier, immoler; *sich ~* se sacrifier (*für* pour); faire abnégation de soi; **~ung** *f* ‹-, ø› sacrifice *m* (*gen* de); **o~willig** *a* prêt au sacrifice, dévoué.

Opiat *n* ‹-(e)s, -e› [opi'a:t] *pharm* opiacé *m.*

Opium *n* ‹-s, ø› ['o:pium] opium *m,* drogue *f* brune; **~handel** *m* trafic *m* d'opium; **~raucher** *m* fumeur *m* d'opium; **~sucht** *f* opiomanie *f;* **o~süchtig** *a* opiomane.

Opossum *n, (Pelz) m* ‹-s, -s› [o'pɔsum] *zoo* opossum *m.*

Oppon|ent *m* ‹-en, -en› [ɔpo'nɛnt] *(Geg-*

ner) opposant; adversaire *m;* **o~ieren** [-'ni:rən] ‹*ohne ge-*› *itr* faire de l'opposition; s'opposer (*gegen* à).

opportun [ɔpɔr'tu:n] *a* opportun; **O~ismus** *m* ‹-, ø› [-tu'nɪsmus] opportunisme *m;* **O~ist** *m* ‹-en, -en› [-'nɪst] opportuniste *m;* **~istisch** [-'nɪstɪʃ] *a* opportuniste.

Opposition *f* ‹-, -en› [ɔpozitsi'o:n] opposition *f;* **~sführer** *m pol* chef *m* de l'opposition; **~spartei** *f* parti *m* d'opposition.

Optik *f* ‹-, ø› ['ɔptɪk] **1.** optique *f;* **2.** *fig (Eindruck)* aspect *m,* apparence *f;* **~er** *m* ‹-s, -› ['ɔptikər] opticien; *(Augen~)* lunetier *m.*

optim|al [ɔpti'ma:l] *a* optimum *inv;* **O~ismus** *m* ‹-, ø› [-'mɪsmus] optimisme *m;* **O~ist** *m* ‹-en, -en› [-'mɪst] optimiste *m;* **~istisch** [-'mɪstɪʃ] *a* optimiste; **O~um** *n* ‹-s, -ima› ['ɔptimum, -ma] optimum *m.*

optisch ['ɔptɪʃ] *a* optique; *~e Täuschung f* illusion *f* d'optique.

opulent [opu'lɛnt] *a (üppig)* opulent.

Orakel *n* ‹-s, -› [o'ra:kəl] oracle *m;* **o~n** ‹*ohne ge-*› *itr* rendre un *od* des oracles; *allg fam* jouer les augures.

Orange *f* ‹-, -n› [o'rɑ̃:ʒə] *(Apfelsine)* orange *f;* **o~** *a (gelbrot)* orange; **~ade** *f* ‹-, -n› [-'ʒa:də] *(Getränk)* orangeade *f;* **~at** *n* ‹-s, -e› [-'ʒa:t] *(eingezuckerte Orangenschalen)* orangeat *m;* **o~farben** *a* orange; **~nbaum** *m* oranger *m;* **~nschale** *f* écorce *f* d'orange, zeste *m* (d'orange); **~rie** *f* ‹-, -n› [-ʒə'ri:] orangerie *f.*

Orang-Utan *m* ‹-s, -s› ['o:raŋ'ʔu:tan] *zoo* orang-outan(g).

Oratorium *n* ‹-s, -rien› [ora'to:rium, -riən] *mus* oratorio *m.*

Orchester *n* ‹-s, -› [ɔr'kɛstər] orchestre *m;* **~begleitung** *f* accompagnement *m* d'orchestre, orchestration *f;* **~loge** *f theat* avant-scène *f;* **~sessel** *m theat* fauteuil *m od* stalle *f* d'orchestre.

orchestrieren [ɔrkɛs'tri:rən] ‹*ohne ge-*› *tr* orchestrer.

Orchidee *f* ‹-, -n› [ɔrçi'de:ə] *bot* orchidée *f.*

Orden *m* ‹-s, -› ['ɔrdən] **1.** *(Vereinigung)* ordre; *rel* ordre *m* religieux; **2.** *(Auszeichnung)* ordre *m, mil a.* décoration, médaille *f; jdm e-n ~ verleihen* conférer une décoration à qn; décorer, médailler qn; **~sband** *n* ruban *m* (d'un ordre); **~sgeistliche** *m* membre *m* du clergé régulier; *pl* clergé *m* régulier; **~sregel** *f* règle *f* (d'un *od* de l'ordre); **~sstern** *m* étoile, plaque *f;* **~sträger** *m* décoré, médaillé *m.*

ordentlich ['ɔrdɛntlɪç] **I.** *a* **1.** *(geordnet)* ordonné, en ordre; rangé, réglé; convenable; **2.** *(Mensch)* ordonné, rangé, comme il faut; **3.** *(achtbar)* honnête; **4.** *(regulär)* régulier, ordinaire; **5.** *fam (reichlich)* abondant; copieux; **II.** *adv fam (einigermaßen gut)* comme il faut, convenablement; — *ein ~es Frühstück (fam)* un solide petit déjeûner; *~es Gericht n jur* tribunal *m* ordinaire; *~es Mitglied n* membre *m* titulaire; *~er Professor m (Univ.)* professeur *m* titulaire (de chaire).

Order *f* ‹-, -s/-n› ['ɔrdər] **1.** *(Befehl)* ordre *m;* **2.** *com* commande *f;* — *an die ~ (gen)* à l'ordre de.

Ordinalzahl *f* [ɔrdi'na:l-] nombre *m* ordinal.

ordinär [ɔrdi'nɛ:r] *a pej (gewöhnlich, gemein)* commun, vulgaire, trivial.

Ordinarius *m* ‹-, -rien› [ɔrdi'na:rius, -riən] *(Univ.)* professeur *m* titulaire (de chaire).

ordn|en ['ɔrdnən] *tr* ordonner, mettre en ordre *od* en règle, mettre de l'ordre dans, ranger, régler, classer; *(das Haar)* arranger; *alphabetisch ~* classer par ordre alphabétique, *nach der Größe ~* mettre par rang de taille; **O~er** *m* ‹-s, -› *(Aktenhefter)* (dossier-)classeur *m.*

Ordnung *f* ‹-, -en› ['ɔrdnuŋ] **1.** *(Zustand)* ordre, (bon) état *m;* **2.** *(Handlung)* (ar)rangement, classement, règlement *m,* disposition *f;* **3.** *(Verfassung)* règlement, statut *m;* **4.** *zoo* ordre *m;* — *der ~ halber* pour le bon ordre, pour la bonne forme; *in ~* en (bonne) règle, dans la règle; *tech* en bon état; *fam (Mensch)* de bon acabit; *etw (wieder) in ~ bringen* (re)mettre qc en ordre; *in ~ halten* tenir en ordre *od* en (bon) état; *zur ~ rufen* rappeler à l'ordre; *~ schaffen* faire *od* mettre de l'ordre; *für ~ sorgen* maintenir l'ordre; faire la police; *das werde ich schon in ~ bringen* j'y mettrai bon ordre; *es ist alles in ~* tout est pour le mieux; *geht in ~!* (c'est) entendu! **o~sgemäß I.** *a* conforme aux règles, réglementaire, régulier; **II.** *adv* dûment, en bonne (et due) forme; **~sliebe** *f* goût *m* de l'ordre; **~sruf** *m parl* rappel *m* à l'ordre; **~sstrafe** *f* peine *od* amende *f* disciplinaire; **~szahl** *f math* nombre ordinal; *chem* nombre *od* numéro *m* atomique.

Organ *n* ‹-s, -e› [ɔr'ga:n] **1.** *anat* u. *fig* organe *m;* **2.** *adm* institution *f;* **3.** *pl, anat a.* appareil *m.*

Organisat|ion *f* ‹-, -en› [ɔrganizatsi'o:n] organisation *f;* **~or** *m* ‹-s, -en› [-ni'za:tɔr, -'to:rən] organisateur *m;* **o~orisch** [-'to:rɪʃ] *a* organisateur, relatif à l'organisation; *~e Fähigkeiten f pl* talent *m* d'organisateur.

organisch [ɔr'ga:nɪʃ] *a, a. chem* organique.

organisier|en [ɔrgani'zi:rən] ‹*ohne ge-*› *tr* organiser; **~t** *a pol (gewerksch.)* syndiqué.

Organismus *m* ‹-s, -men› [ɔrgaˈnɪsmus, -mən] organisme *m.*
Organist *m* ‹-en, -en› [ɔrgaˈnɪst] *mus* organiste *m.*
Orgasmus *m* ‹-, -men› [ɔrˈgasmus] *physiol* orgasme *m.*
Orgel *f* ‹-, -n› [ˈɔrgəl] orgue *m; die ~ spielen* jouer de l'orgue; **~konzert** *n* récital *m* d'orgue; **~musik** *f* musique *f* pour orgue; **o~n** *itr* jouer de l'orgue; **~pfeife** *f* tuyau *m* d'orgue; *wie die ~n* en rang d'oignons; **~spieler** *m* joueur *m* d'orgue.
Orgie *f* ‹-, -n› [ˈɔrgiə] orgie *f; ~n feiern* faire des orgies.
Orient, *der* [ˈoːriɛnt, oriˈɛnt] l'Orient *m,* le Levant; **~ale** *m* ‹-n, -n› [-ˈtaːlə] , **~alin** *f* ‹-, -nen› Oriental(e *f*), Levantin(e *f*) *m;* **o~alisch** [-ˈtaːlɪʃ] *a* oriental, levantin; **o~ieren,** *sich* [-ˈtiːrən] ‹*ohne ge-*› *(a. fig)* s'orienter; *fig* prendre le vent, se mettre au courant; **~ierung** *f* ‹-, ø› **1.** orientation *f (a. e-s Gebäudes);* **2.** *(Überblick)* tour *m* d'horizon; **3.** *fig* mise *f* au point; — *die ~ verlieren* perdre l'orientation.
Original *n* ‹-s, -e› [origiˈnaːl] **1.** original; *(Urschrift)* autographe, manuscrit, texte *m;* **2.** *(Mensch)* (homme) original *m;* — *im ~ (Schrift)* dans le texte; **o~** *a* original; *(echt)* authentique; **~ität** *f* ‹-, -en› [-naliˈtɛːt] originalité *f;* **~kopie** *f (Kunst)* répétition *f;* **~packung** *f* emballage *m* d'origine; **~sendung** *f radio* émission *f* en direct.
originell [ɔrigiˈnɛl] *a* **1.** original; **2.** *(eigenartig)* singulier, curieux, drôle.
Orkan *m* ‹-(e)s, -e› [ɔrˈkaːn] ouragan *m;* **o~artig** *a* comme un ouragan, violent.
Orn|ament *n* ‹-(e)s, -e› [ɔrnaˈmɛnt] ornement *m;* **~at** *m* ‹-(e)s, -e› [-ˈnaːt] robe *f* de cérémonie; *rel* habits *m pl* sacerdotaux.
Ort *m* ‹-(e)s, -e/*math* ¨er› [ɔrt] **1.** *(Stelle)* lieu *a. math;* endroit *m,* place *f;* **2.** *(Ortschaft)* endroit *m,* localité *f;* — *geometrischer ~ (math)* lieu *m* géométrique; *an ~ und Stelle* sur les lieux *od* le terrain; *(am rechten ~)* sur place, à sa place; *~ der Handlung (theat)* scène *f;* **o~en** *tr aero* faire le point de, repérer.
orthodox [ɔrtoˈdɔks] *a* orthodoxe.
Orthographi|e *f* ‹-, -n› [ɔrtograˈfiː] orthographe *f;* **o~isch** [-ˈgraːfɪʃ] *a* orthographique; *~er Fehler m* faute *f* d'orthographe.
Orthopäd|e *m* ‹-n, -n› [ɔrtoˈpɛːdə] orthopédiste *m;* **o~isch** [-ˈpɛːdɪʃ] *a* orthopédique; *~e Schuhe m pl* chaussures *f pl* correctives.
örtlich [ˈœrtlɪç] *a* **1.** local; **2.** *med* topique; — *~e Störungen f pl (radio)* parasites *m pl* locaux.
Orts|angabe *f* [ˈɔrts-] indication *f* du lieu; **o~ansässig** *a* résident, établi dans la localité; **~bestimmung** *f* localisation; *mar* détermination *f* du point, relèvement *m.*
Ortschaft *f* ‹-, -en› [ˈɔrtʃaft] localité *f,* endroit *m; geschlossene ~* agglomération *f.*
Orts|gespräch *n* [ˈɔrts-] *tele* communication *f* locale *od* urbaine; **~krankenkasse** *f* caisse *f* locale de maladie; **o~kundig** *a* connaissant les lieux; **~name** *m* nom de lieu, toponyme *m;* **~netz** *n tele* réseau *m* local *od* urbain; **~schild** *n* plaque *f* indicatrice; **~teil** *m* quartier; faubourg *m;* **o~üblich** *a* conforme à l'usage local; **~zeit** *f* heure *f* locale; **~zuschlag** *m* indemnité *f* de résidence.
Ortung *f* ‹-, -en› [ˈɔrtuŋ] orientation *f; (Radar)* repérage *m;* **~spunkt** *m* point *m* de repère.
Öse *f* ‹-, -n› [ˈøːzə] œillet; *(Ring)* anneau *m.*
Ost|afrika *n* [ˈɔst-] l'Afrique *f* orientale; **~asien** *n* l'Extrême-Orient *m;* **~-Berlin** *n* Berlin-Est *m;* **~block,** *der,* **~blockstaaten,** *die m pl* (les pays *m pl* de) l'Est *m;* **~en** *m* ‹-s, ø› *(Himmelsrichtung)* est *m; der ~ (Orient)* l'Orient *m,* le Levant; *pol* l'Est *m; der Nahe, Mittlere, Ferne ~* le Proche-Orient, le Moyen-Orient, l'Extrême-Orient *m.*
Oster|ei *n* [ˈoːstər-] œuf *m* de Pâques; **~hase** *m* lièvre *m* de Pâques.
österlich [ˈøːstərlɪç] *a* pascal.
Ostern *n* ‹-, ø› *od f pl* [ˈoːstərn] Pâques *m; fröhliche ~!* joyeuses Pâques!
Österreich *n* [ˈøːstəraɪç] l'Autriche *f;* **~er(in)** *m* ‹-s, -› (*f* ‹-, -nen›) Autrichien(ne *f*) *m;* **ö~isch** *a* autrichien.
Oster|sonntag *m* [ˈoːstər-] dimanche *m* de Pâques; **~woche** *f* semaine *f* sainte *od* de Pâques.
Ost|europa *n* [ˈɔst-] l'Europe *f* orientale; **~goten** *m pl* [ˈɔstgoːtən] *hist* Ostrogoths *m pl;* **~indien** *n* les Indes *f pl* orientales.
östlich [ˈœstlɪç] **I.** *a* oriental, de l'est, d'est; **II.** *adv* à l'est (*von* de).
Ost|preußen *n* [ˈɔst-] la Prusse orientale; **o~römisch** *a: das O~e Reich (hist)* l'Empire *m* romain d'Orient *od* byzantin; **~see,** *die* la (mer) Baltique; **o~wärts** *adv* vers l'est.
Otter *f* [ˈɔtər] **(1)** *f* ‹-, -n› *(Schlange)* vipère *f;* **(2)** *m* ‹-s, -› *(Fisch~)* loutre *f.*
Ottomotor *m* [ˈɔto-] *m* moteur *m* à carburation.
Ouvertüre *f* ‹-, -n› [uvɛrˈtyːrə] *mus* ouverture *f.*
oval [oˈvaːl] *a* ovale; **O~** *n* ‹-s, -e› ovale *m.*
Ovation *f* ‹-, -en› [ovatsiˈoːn] ovation *f; jdm e-e ~ bringen* ovationner qn.
Overall *m* ‹-s, -s› [ˈouvərɔːl] *(Kleidungsstück)* survêtement *m,* salopette *f.*
Oxyd *(fachsprachlich:* **Oxid***)* *n* ‹-(e)s,

-e› [ɔ'ksy:t (ɔ'ksi:t), -də] *chem* oxyde *m;* **~ation** *f* ‹-, -en› [ɔksydatsi'o:n] oxydation *f;* **o~ieren** ‹*ohne ge-*› *itr* oxyder; **~ierung** *f* ‹-, -en› oxydation *f.*

Ozean *m* ‹-s, -e› ['o:-/otse'a:n] océan *m;* **~dampfer** *m* (navire) long-courrier; *(auf d. Atlantik)* paquebot *m* transatlantique; **~ien** *n* [-'a:niən] l'Océanie *f;* **o~isch** [-'a:nɪʃ] *a* **1.** *allg* océanique; **2.** *(aus Ozeanien)* océanien; **~ographie** *f* ‹-, ø› [-nogra'fi:] *(Meereskunde)* océanographie *f.*

Ozelot *m* ‹-s, -e› ['o:-/'ɔtselɔt] *zoo* ocelot *m.*

Ozon *n* ‹-s, ø› [o'tso:n] *chem* ozone *m.*

P

P, p *n* ⟨-, -⟩ [pe:] *(Buchstabe)* P, p *m.*

paar [pa:r] *a (gleich)* pair; ~ *oder unpaar* pair ou impair; *ein* ~ ... quelques...; peu de ...; *(alleinstehend)* quelques-un(e)s; **P~** *n* ⟨-(e)s, -e⟩ paire *f; (Mann u. Frau, Männchen u. Weibchen)* couple *m; ein* ~ *sein (zs.gehören)* faire la paire; *junges* ~ (nouveaux *od* jeunes) mariés *m pl; ein* ~ *Schuhe* une paire de chaussures; **~en** *tr* **1.** *(Zuchttiere)* accoupler, apparier, appareiller; **2.** *fig (verbinden)* joindre, allier; — *sich* ~ *(Tiere)* s'accoupler; **~ig** *a* géminé *a. biol;* **~mal** *adv: ein* ~ quelques fois; **P~ung** *f* ⟨-, -en⟩ accouplement, appariement *m;* **~weise** *adv* par couples, par paires, deux à deux.

Pacht *f* ⟨-, -en⟩ [paxt] bail; *agr* affermage *m,* ferme *f; in* ~ *haben* tenir à bail; **p~en** *tr* **1.** prendre à bail *od* à ferme; **2.** *fam (für sich beanspruchen)* monopoliser.

Pächter *m* ⟨-s, -⟩ ['pɛçtər] preneur; tenancier; *agr* fermier *m.*

Pacht|land *n* ['paxt-] terre *f* à bail; **~ung** *f* ⟨-, -en⟩ prise *f* à bail; **~vertrag** *m* contrat de fermage, bail *m* à ferme.

Pack (1) *n* ⟨-(e)s, ø⟩ [pak] *(Gesindel)* canaille *f;* **(2)** *m* ⟨-(e)s, (-e/¨-e)⟩ [pak, 'pɛkə] *(Bündel)* paquet *m,* liasse *f; (Ballen)* ballot *m.*

Päckchen *n* ⟨-s, -⟩ ['pɛkçən] (petit) paquet *m.*

Pack|eis *n* ['pak-] pack *m,* banquise *f;* **p~en** *tr* **1.** *(ergreifen)* empoigner; *fam* agripper; *a. fig* saisir; **2.** *fig* émouvoir, toucher; **3.** *(einpacken)* empaqueter, emballer; *(zs.packen)* paqueter; *itr* **4.** *(s-e Koffer* ~*)* faire ses bagages; *refl* **5.** *sich* ~ *(fam: weggehen)* plier bagage, décamper, filer, prendre le large; — *in Kisten* ~ mettre en caisses; **~en** *m* ⟨-s, -⟩ gros paquet; *(Bücher)* ballot *m;* **p~end** *a (fesselnd)* saisissant, captivant; passionnant; **~er** *m* ⟨-s, -⟩ paqueteur, emballeur *m;* **~maschine** *f* machine *f* à emballer; **~papier** *n* papier *m* d'emballage; **~sattel** *m* bât *m;* **~ung** *f* ⟨-, -en⟩ **1.** empaquetage, emballage *m;* **2.** *(Päckchen)* paquet *m;* **3.** *med* enveloppement *m;* **~wagen** *m* fourgon *m.*

Pädagog|e *m* ⟨-n, -n⟩ [pɛda'go:gə] pédagogue *m;* **~ik** *f* ⟨-, ø⟩ [-'go:gɪk] pédagogie *f;* **p~isch** [-'go:gɪʃ] *a* pédagogique.

Paddel *n* ⟨-s, -⟩ ['padəl] pagaie *f;* **~boot** *n* canoë, kayak *m;* **p~n** *itr* pagayer.

paffen ['pafən] *itr fam* fumer à grosses bouffées.

Page *m* ⟨-n, -n⟩ ['pa:ʒə] page; *(Hotel~)* chasseur (d'hôtel), groom *m.*

paginier|en [pagi'ni:rən] ⟨*ohne ge-*⟩ *tr* paginer; marquer les pages de; **P~ung** *f* ⟨-, (-en)⟩ pagination *f.*

Pagode *f* ⟨-, -n⟩ [pa'go:də] *arch rel* pagode *f.*

Paket *n* ⟨-(e)s, -e⟩ [pa'ke:t] *allg* paquet; *(Post~)* colis *m* (postal); **~annahme** *f,* **~ausgabe** *f* réception, livraison *f* des colis; **~karte** *f* feuille *f* de colis, bulletin *m* d'expédition; **~zustellung** *f* distribution *f* des colis.

Pakistan *n* ['pa:kɪsta(:)n] le Pakistan; **~er(in)** *m* ⟨-s, -⟩ (*f* ⟨-, -nen⟩) [-'ta:nər] Pakistanais(e *f*) *m;* **p~isch** [-'ta:nɪʃ] *a* pakistanais.

Pakt *m* ⟨-(e)s, -e⟩ [pakt] pacte *m;* **p~ieren** [-'ti:rən] ⟨*ohne ge-*⟩ *itr* pactiser.

Palast *m* ⟨-es, ¨-e⟩ [pa'last, -'lɛstə] palais; château *m.*

Palästina *n* [palɛ'sti:na] la Palestine.

Palaver *n* ⟨-s, -⟩ [pa'la:vər] palabre *f* u. *m;* **p~n** ⟨*ohne ge-*⟩ *itr fam* palabrer.

Palette *f* ⟨-, -n⟩ [pa'lɛtə] *a. fig* palette *f.*

Palisade *f* ⟨-, -n⟩ [pali'za:də] palissade *f.*

Palm|e ⟨-, -n⟩ ['palmə] **1.** *(Baum)* palmier *m;* **2.** *(Siegespalme)* palme *f;* — *jdn auf die* ~ *bringen (pop)* exaspérer *od* faire bisquer qn; *pop* foutre qn en colère; **~enhaus** *n* palmarium *m;* **~öl** *n* huile *f* de palme; **~wedel** *m,* **~zweig** *m* palme, branche *f* de palmier.

Pampelmuse *f* ⟨-, -n⟩ ['pam-/pampəl'mu:zə] pamplemousse *m.*

Pamphlet *n* ⟨-(e)s, -e⟩ [pam'fle:t] pamphlet *m.*

pampig ['pampɪç] *a fam (frech)* culotté; effronté.

panaschieren [pana'ʃi:rən] ⟨*ohne ge-*⟩ *itr (beim Wählen)* panacher.

panier|en [pa'ni:rən] ⟨*ohne ge-*⟩ *tr (Küche)* paner; **P~mehl** *n* panure, chapelure *f.*

Pan|ik *f* ⟨-, -en⟩ ['pa:nɪk] panique *f;* **~ikstimmung** *f* affolement *m,* panique *f;* **p~isch** ['pa:nɪʃ] *a:* ~*er Schrecken m* terreur *f* panique.

Panne *f* ⟨-, -n⟩ ['panə] *fam* **1.** *(Unfall, Störung)* panne *f;* **2.** ennui, incident *m;* **3.** *(Reifen~)* crevaison *f;* — *e-e* ~ *haben* avoir une panne, tomber en panne.

Panorama *n* ⟨-s, -men⟩ [pano'ra:ma] panorama *m.*

Pansen *m* ‹-s, -› ['panzən] *(Wiederkäuermagen)* panse *f.*
Panther *m* ‹-s, -› ['pantər] *zoo* panthère *f.*
Pantine *f* ‹-, -n› [pan'ti:nə] *(Holzschuh)* sabot *m.*
Pantoffel *m* ‹-s, -n› [pan'tɔfəl] babouche, mule *f; er steht unter dem* ~ sa femme porte la culotte; **~held** *m* mari *m* qui se laisse mener par sa femme; jocrisse *m.*
Pantomime [panto'mi:mə] **(1)** *f* ‹-, -n› pantomime *f; theat* mimodrame *m;* **(2)** *m* ‹-n, -n› mime *m.*
pan(t)schen ['pan(t)ʃən] **1.** *tr (Getränke verfälschen)* mouiller; frelater, sophistiquer; **2.** *itr (planschen)* patauger, barboter.
Panzer *m* ‹-s, -› ['pantsər] **1.** *hist* cuirasse *f;* **2.** *zoo* carapace *f;* **3.** *mil (~wagen)* (engin) blindé, char *m* (de combat); **4.** *(~ung)* blindage *m;* **~glas** *n (schußfestes Verbundglas)* verre *m* blindé; **~granate** *f* obus *m od* grenade *f* antichar *od* perforant(e) *od* de rupture; **~kreuzer** *m mar* croiseur *m* cuirassé; **p~n** *tr* cuirasser *a. fig;* blinder; **~schrank** *m (Geldschrank)* coffre-fort *m;* **~wagen** *m* char *od* engin *m* blindé.
Papa *m* ‹-s, -s› ['papa/pa'pa:] papa *m.*
Papagei *m* ‹-en/-s, -en/(-e)› [papa'gaɪ] perroquet *m;* **~enkrankheit** *f* psittacose *f.*
Papier *n* ‹-s, -e› [pa'pi:r] **1.** papier *m;* **2.** *(Wert~)* effet, titre *m;* **3.** *pl (Ausweise)* papiers *m pl* (d'identité); — *zu ~ bringen* coucher *od* fixer *od* jeter *od* mettre sur le papier; *ein Blatt* od *Bogen ~* une feuille de papier; **~fabrik(ation)** *f* papeterie *f;* **~geld** *n* papier-monnaie *m,* monnaie *f* de papier *od* fiduciaire; **~geschäft** *n* papeterie *f;* **~händler** *m* papetier *m;* **~korb** *m* panier *m od* corbeille *f* à papier(s); *in den ~ werfen* jeter au panier; **~krieg** *m* paperasserie *f;* **~sack** *m,* **~tüte** *f* sac *m* en papier; **~taschentuch** *n* mouchoir *m* en papier *od* à jeter; **~waren** *f pl* papeterie *f.*
Papp|band *m* ['pap-] *(Buch)* volume *m* cartonné; **~e** *f* ‹-, -n› carton *m; das ist nicht von ~ (fig fam)* ce n'est pas de la petite bière; **~einband** *m* reliure *f* papier.
Pappel(holz *n***)** *f* ‹-, -n› ['papəl] (bois de) peuplier *m.*
päppeln ['pɛpəln] *tr fam (Kind füttern)* donner la becquée *od* la bouillie à.
Papp|enstiel *m* ['papən-] *: das ist kein ~ (fig)* ce n'est pas une bagatelle; **p~ig** *a* **1.** *(breiig)* pâteux; **2.** *(Schnee)* tenace; **~maché** *n* ‹-s, -s› [-ma'ʃe:] papier mâché, carton-pâte *m.*
Papp|schachtel *f* ['pap-] (boîte *f* en *od* de) carton *m;* **~schnee** *m* neige *f* mouillée.
Paprika *m* ‹-s, -(s)› ['paprika] *bot (Gewürz)* paprika *m.*
Papst *m* ‹-es, ¨-e› [pa:pst, 'pɛ:pstə] pape, souverain *m* pontife.
päpstlich ['pɛ:pstlɪç] *a* papal, du pape; pontifical; *~er sein als der Papst (fig)* être plus royaliste que le roi.
Papsttum *n* ‹-, ø› ['pa:pst-] papauté *f.*
Parabel *f* ‹-, -n› [pa'ra:bəl] *(math; Gleichnis)* parabole *f.*
Parade *f* ‹-, -n› [pa'ra:də] **1.** *mil* revue *f,* défilé *m;* **2.** *(Fechten, Reiten)* parade *f;* **~schritt** *m* pas *m* de parade; **~uniform** *f* grande tenue *f.*
paradieren [para'di:rən] ‹*ohne ge-*› *itr* parader.
Paradies *n* ‹-es, -e› [para'di:s] paradis *m;* **p~isch** [-'di:zɪʃ] *a* paradisiaque; **~vogel** *m* oiseau de paradis, paradisier *m.*
paradox [para'dɔks] *a* paradoxal.
Paraffin *n* ‹-s, -e› [para'fi:n] paraffine *f.*
Paragraph *m* ‹-en, -en› [para'gra:f] paragraphe; *jur* article *m.*
parallel [para'le:l] *a* parallèle (*zu* à); ~ *dazu* sur un plan parallèle; *~ schalten (el)* monter en parallèle; **P~e** *f* ‹-, -n› parallèle *math: f, fig: m; e-e ~ ziehen (math)* tirer une parallèle; *fig (Vergleich)* tracer *od* établir *od* faire un parallèle (*zwischen* entre); mettre en parallèle; **P~ogramm** *n* ‹-s, -e› [-lo'gram] *math* parallélogramme *m;* **P~straße** *f* rue *f* parallèle.
paraphieren [para'fi:rən] ‹*ohne ge-*› *tr* parapher, parafer.
Parasit *m* ‹-en, -en› [para'zi:t] *biol* u. *allg* parasite *m.*
parat [pa'ra:t] *a (bereit)* prêt.
Paratyphus *m* ['pa:ra-] paratyphoïde *f.*
Parfüm *n* ‹-s, -e/-s› [par'fy:m] parfum *m;* **~erie** *f* ‹-, -n› [-fymə'ri:] *(Fabrikation u. Geschäft)* parfumerie *f;* **~fläschchen** *n* flacon *m* à parfum; **p~ieren** [-mi:rən] ‹*ohne ge-*› *tr* parfumer.
Paria *m* ‹-s, -s› ['pa:ria] *rel* u. *fig* paria; *fig* ilote *m.*
parieren [pa'ri:rən] ‹*ohne ge-*› **1.** *tr (abwehren)* parer; **2.** *itr (gehorchen)* obéir.
Paris|er(in) *m* ‹-s, -› (*f* ‹-, -nen›) [pa'ri:zər] Parisien(ne *f*) *m;* **~er, p~(er)isch** *a* parisien.
Park *m* ‹-s, -s/(-e)› [park] *(Garten; in Zssgen a.: Depot)* parc *m;* **p~en** *tr* parquer, garer; *itr* stationner; **~en** *n* parcage, stationnement *m; ~ erlaubt* od *gestattet* parcage *od* stationnement autorisé; *~ verboten!* défense de parquer *od* de stationner! stationnement interdit! **p~end** *a* en stationnement.
Parkett *n* ‹-(e)s, -e› [par'kɛt] **1.** *arch jur fin* parquet *m;* **2.** *theat* orchestre *m;* **~(fuß)boden** *m* parquet(age) *m.*

Park|gebühr *f* ['park-] taxe *f* de stationnement; **~haus** *n* silo *m* à automobiles; **~platz** *m* parc *m od* place *f* de stationnement, parc (à voitures), parking *m; (großer)* aire *f* de stationnement; *bewachter ~* parking *m* surveillé *od* payant; **~streifen** *m (für Wagen)* accotement *m* de stationnement, allée *f* de garage; **~uhr** *f* parc(o)mètre, compteur, disque *m* de stationnement; **~verbot** *n* interdiction *f* de stationner.

Parlament *n* ‹-(e)s, -e› [parla'mɛnt] parlement *m;* **~arier** *m* ‹-s, -› [-'ta:riər] parlementaire *m;* **p~arisch** [-'ta:rɪʃ] *a* parlementaire; **~sbeschluß** *m* vote *m od* décision *f* du parlement; **~sdebatte** *f* débat *m* parlementaire; **~sferien** *pl* vacances *f pl* parlementaires; **~ssitzung** *f* séance *f* du parlement.

Parod|ie *f* ‹-, -n› [paro'di:] parodie *f;* **p~ieren** [-'di:rən] ‹*ohne ge-*› *tr* parodier; **p~istisch** [-'dɪstɪʃ] *a* parodique.

Parodontose *f* ‹-, -n› [parodɔn'to:zə] *med* déchaussement *m* des dents.

Parole *f* ‹-, -n› [pa'ro:lə] **1.** mot *m* de passe; **2.** *pol* mot *m* d'ordre.

Partei *f* ‹-, -en› [par'taɪ] **1.** *pol* parti *m;* **2.** *jur* partie *f;* — *e-r ~ angehören* être d'un parti; *e-r ~ beitreten, in e-e ~ eintreten* entrer dans *od* adhérer à un parti; *für jdn ~ ergreifen* prendre le parti de qn; embrasser la cause de qn, prendre fait et cause pour qn; **~führer** *m* chef de parti, leader *m;* **~genosse** *m* membre *m* du parti; **p~isch** *a* partial; **~lichkeit** *f* ‹-, ø› partialité *f;* esprit *m* partisan; **p~los** *a* sans appartenance politique; sans parti; indépendant, neutre; **~mitglied** *n* membre *m* du parti; **~nahme** *f* prise *f* de position; **~politik** *f* politique *f* de *od* du parti; **~programm** *n* programme *m* de *od* du parti; **~tag** *m* congrès *m* de *od* du parti; **~zugehörigkeit** *f* appartenance *f* (au parti).

parterre [par'tɛr] *adv* au rez-de -chaussée; **P~** *n* ‹-s, -s› rez-de-chaussée *m.*

Partie *f* ‹-, -n› [par'ti:] **1.** *(Teil, Ab-, Ausschnitt; com; tech; mus; Ausflug)* partie *f;* **2.** *(Heirat)* parti *m; e-e gute ~ machen* faire un bon mariage.

partiell [partsi'ɛl] *a (Teil-)* partiel.

Partisan *m* ‹-s/-en, -en› [parti'za:n] partisan *m;* **~enkrieg** *m* guerre de partisans; guérilla *f.*

Partitur *f* ‹-, -en› [parti'tu:r] *mus* partition *f.*

Partizip *n* ‹-s, -pien› , **~ium** *n* ‹-s, -pia› [parti'tsi:p(ium), -piən/-pia] *gram* participe *m.*

Partner|(in) *m* ‹-s, -› (*f* ‹-, -nen›) ['partnər] partenaire *m f; com* associé *m;* **~schaft** *f* ‹-, -en› participation; *com pol* association *f; (von Städten)* jumelage *m;* **~stadt** *f* ville *f* jumelée.

partout [-'tu:] *adv fam* absolument.

Party *f* ‹-, -s/-ties› ['pa:rti(:s)] partie *f* (de plaisir).

Parzell|e *f* ‹-, -n› [par'tsɛlə] parcelle *f,* lot *m;* **p~ieren** [-'li:rən] ‹*ohne ge-*› *tr* parceller, lotir; **~ierung** *f* ‹-, -en› parcellement, lotissement *m.*

Pascha *m* ‹-s, -s› ['paʃa] pacha *m.*

Paß *m* ‹-sses, ¨-sse› [pas, 'pɛsə] **1.** *(Eng~)* passage, défilé; *(Gebirgs~)* col *m;* **2.** *(Reise~)* passeport *m; e-n ~ ausstellen, erneuern, verlängern* délivrer, renouveler, prolonger *od* proroger un passeport.

Passagier *m* ‹-s, -e› [pasa'ʒi:r] passager *m; blinder ~* passager *m* clandestin; **~dampfer** *m* paquebot *m;* **~flugzeug** *n* avion *m* (de transport) de passagers; **~liste** *f* liste *f* des passagers.

Passah(fest) *n* ‹-s, ø› ['pasa] pâque *f* (juive).

Passant *m* ‹-en, -en› [pa'sant] passant *m.*

Passat(wind) *m* ‹-(e)s, -e› [pa'sa:t] (vent) alizé *m.*

Paßbild *n* ['pas-] photo *f* d'identité.

passen ['pasən] *itr* **1.** *(Kleider, Schuhe etc)* aller (bien), être à la mesure *od* à la taille; **2.** *allg* être juste, convenir; **3.** *(auf ein Spiel verzichten)* passer; *refl* **4.** *sich ~ (sich schicken)* convenir, être convenable *od* séant *od* de mise, se faire; — *zu jdm, etw ~* aller bien avec qn, qc; être assorti, faire pendant à qc; *auf jdn, etw ~ (Beschreibung)* cadrer avec qn, qc; *jdm ~ (gefallen)* convenir à qn; *genau ~* aller juste; *gut ~* aller bien (*zu* avec); *gut zuea. ~ (Mann u. Frau)* faire un (bon) ménage; *nicht zu etw ~* être incompatible avec qc; *das paßt mir nicht* cela ne m'arrange pas, cela ne me va pas; *das würde mir ~* cela m'arrangerait, cela ferait mon affaire; *das paßt sich gut, schlecht* cela tombe bien, mal; *das paßt (zeitlich) schlecht* cela tombe mal; *das könnte Ihnen so ~!* (y) pensez-vous! **~d** *a* **1.** *(geeignet)* approprié; **2.** *(angemessen)* adéquat; convenable, propre; juste; **3.** *(zutreffend)* pertinent; **4.** *(zs.passend)* assorti; — *bei jeder ~en und unpassenden Gelegenheit* à tous propos et hors de propos; *es für ~ halten zu ...* juger à propos de ...

Passepartout *n* ‹-s, -s› [paspar'tu:] *(Hauptschlüssel; Rahmen)* passe-partout *m.*

passier|bar [pa'si:r-] *a (überschreitbar)* franchissable; **~en** ‹*ohne ge-*› *itr* ‹*sein*› **1.** *(vor-, hinübergehen)* passer; **2.** *(sich ereignen)* se passer, se produire, arriver, avoir lieu; — *das soll mir nicht noch einmal ~!* on ne m'y (re)prendra *od* rattrapera plus! *das kann jedem ~* cela peut arriver à tout le monde; *was ist passiert?* qu'est-ce qui est arrivé *od* s'est passé? **P~schein** *m allg* laissez-passer *m.*

Paßinhaber *m* ['pas-] titulaire *m* du passeport.

Passion *f* ‹-, -en› [pasi'o:n] **1.** *(Leidenschaft)* passion *f;* **2.** *rel* Passion *f;* **p~iert** [-sio'ni:rt] *a* passionné; *(Raucher)* invétéré; **~szeit** *f* carême *m.*

passiv ['pa-/pa'si:f] *a (untätig)* passif; *~es Wahlrecht n* éligibilité *f;* **P~** *n* ‹-s, (-e)› *gram* passif *m,* voix *f* passive; **P~a** *pl* [-'si:va] *fin* passif *m,* masse *f* passive; **P~ität** *f* ‹-, ø› [-sivi'tɛ:t] passivité *f.*

Paß|kontrolle *f* ['pas-] contrôle *m* des passeports; **~stelle** *f* bureau *od* office *m* des passeports; **~straße** *f* route *f* de col.

Past|a, ~e *f* ‹-, -ten› ['pasta, -tə] pâte *f.*

Pastell|(bild) *n* ‹-(e)s, -e› [pas'tɛl] (dessin au) pastel *m;* **~farbe** *f* (couleur *f* à) pastel *m;* **~stift** *m* (crayon) pastel *m.*

Pastete *f* ‹-, -n› [pas'te:tə] **1.** *(Paste)* pâté *m;* **2.** *(Gebäck)* vol-au-vent *m.*

pasteurisieren [pastøri'zi:rən] ‹*ohne ge-*› *tr* pasteuriser.

Pastille *f* ‹-, -n› [pas'tɪlə] pastille *f.*

Pastor *m* ‹-s, -en› ['pastɔr, -'to:rən] *(kath.)* curé; *(evang.)* pasteur, ministre *m* (de l'Évangile).

Pate *m* ‹-n, -n› ['pa:tə] parrain *m;* **~nkind** *n* filleul(e *f*) *m;* **~nschaft** *f* ‹-, -en› parrainage *m.*

patent [pa'tɛnt] *a fam (geschickt)* adroit, habile; *(famos)* chic, chouette.

Patent *n* ‹-(e)s, -e› [pa'tɛnt] brevet *m* (d'invention); *ein ~ anmelden* demander *od* déposer un brevet; **~amt** *n* office *od* bureau *m* des brevets (d'invention); **~anwalt** *m* agent *m* de brevets; **p~ieren** [-'ti:rən] ‹*ohne ge-*› *tr* breveter; **~inhaber** *m* détenteur *od* titulaire *m* de *od* d'un brevet; **~lösung** *f* formule *f* passe-partout *od* valable; **~recht** *n* législation *f* sur les brevets.

Pater *m* ‹-s, -/-tres› ['pa:tər, 'patrɛs] *rel* (révérend) père *m;* **~nosterwerk** *n tech* élévateur *m* à godets, noria *f,* chapelet *m.*

path|etisch [pa'te:tɪʃ] *a* déclamatoire; **P~ologie** *f* ‹-, ø› [-lo'gi:] pathologie *f;* **~ologisch** [-'lo:gɪʃ] *a* pathologique; **P~os** *n* ‹-, ø› ['pa:tɔs] pathétique *m;* emphase *f; (Schwulst)* pathos *m.*

Patience *f* ‹-, -n› [pasi'ɑ̃:s] *(Kartenspiel)* patience, réussite *f; e-e ~ legen* faire une patience *od* une réussite.

Patient(in) *m* ‹-en, -en› (*f* ‹-, -nen›) [patsi'ɛnt] malade *m f; (e-s Arztes)* client(e *f*); *(bei e-r Operation)* patient(e *f*) *m; pl a.* clientèle *f.*

Patin *f* ‹-, nen› ['pa:tɪn] marraine *f.*

Patin|a *f* ‹-, ø› ['pa:tina] patine *f;* **p~ieren** [pati'ni:rən] ‹*ohne ge-*› *tr* patiner.

Patr|iarch *m* ‹-en, -en› [patri'arç] *rel* u. *allg* patriarche *m;* **p~iarchalisch** [-'ça:lɪʃ] *a* patriarcal; **~iot** *m* ‹-en, -en› [-tri'o:t] patriote *m;* **p~iotisch** [-'o:tɪʃ] *a* patriotique; *(Mensch)* patriote; **~iotismus** *m* ‹-, ø› [-o'tɪsmus] patriotisme *m;* **~izier(in)** *m* ‹-s, -› (*f* ‹-, -nen›) [-'tri:tsiər] patricien(ne *f*) *m;* **~on(in)** *m* ‹-s, -e› (*f* ‹-, -nen›) [-'tro:n] **1.** *(Schutzheiliger)* patron(ne *f*) *m;* **2.** *hum pej (Kerl)* type *m;* **~onat** *n* ‹-(e)s, -e› [-tro'na:t] *rel* patronage *m.*

Patrone *f* ‹-, -n› [pa'tro:nə] cartouche *f;* **~ntasche** *f* cartouchière, giberne f.

Patrouill|e *f* ‹-, -n› [pa'truljə] patrouille *f;* **p~ieren** [-l'ji:rən] ‹*ohne ge-*› *itr* patrouiller.

Patsch|e *f* ‹-, -n› ['patʃə› **1.** *fam (Händchen)* menotte *f;* **2.** *(ohne pl) fam (Notlage:) jdm aus der ~ helfen* tirer qn d'embarras, sortir qn du pétrin; *in der ~ sitzen* od *stecken* être dans le pétrin; **p~en** *itr (schlagen)* donner une claque *od* tape, claquer, taper (*auf* sur); **~händchen** *n* menotte *f;* **~(e)naß** *a* trempé comme une soupe, mouillé jusqu'aux os.

patzig ['patsɪç] *a* impertinent, insolent.

Pauke *f* ‹-,-n› ['paukə] *mus mil* grosse caisse; *(Kessel~)* timbale *f; die ~ schlagen, (fig) auf die ~ hauen* battre la grosse caisse; *mit ~n und Trompeten durchfallen* échouer lamentablement, *fam* ramasser une fameuse veste; **p~n** *itr fam (angestrengt lernen)* bachoter, piocher, potasser, bûcher; **~nschlag** *m* coup *m* de timbale; **~nwirbel** *m* roulement *m* de timblae; **~r** *m* ‹-s, -› **1.** *(Paukenschläger)* timbalier *m;* **2.** *fam (Lehrer)* prof *m.*

pausbäckig ['pausbɛkɪç] *a* aux joues rondes, poupard; *fam* mafflu, joufflu.

pauschal [pau'ʃa:l] **I.** *a* global, forfaitaire; **II.** *adv* à forfait, en bloc; **P~betrag** *m,* **P~e** *f* ‹-, -n› *od n* ‹-s, -lien› montant *m* global, somme *f* forfaitaire; **P~preis** *m* prix *m* global *od* forfaitaire.

Paus|e *f* ‹-, -n› ['pauzə] **(1)** *(Unterbrechung)* pause *a. mus;* halte *f a. mil;* temps *m* d'arrêt; *(Schule)* récréation *f;* silence *m; theat (Bühnenanweisung)* un temps; *(zwischen den Akten)* entracte *m; (e-e) ~ machen* faire la *od* une pause; **(2)** *(Durchzeichnung)* calque *m;* **p~en** *tr* calquer; **p~enlos** *a* u. *adv* sans pause *od* repos *od* arrêt; **~enzeichen** *n radio* indication *f* de la station, indicatif *m;* **p~ieren** [-'zi:rən] ‹*ohne ge-*› *itr* pauser *a. mus,* faire une pause; **~papier** *n* papier à calquer, papier-calque *m.*

Pavian *m* ‹-s, -e› ['pa:via:n] *zoo* babouin; *scient* cynocéphale *m.*

Pavillon *m* ‹-s, -s› ['pavɪljɔ̃, -l'jo:n, -l'jɔ̃:] *allg* pavillon *m; (Garten~)* gloriette *f.*

Pazif|ik *m* ‹-s, ø› [pa'tsi:fɪk, 'patsifɪk]

(océan) Pacifique *m;* **p~isch** [-'tsi:fɪʃ] *a geog* pacifique; **~ismus** *m* ⟨-s, ø⟩ [-tsi'fɪsmus] pacifisme *m;* **~ist** *m* ⟨-en, -en⟩ [-'fɪst] pacifiste *m;* **p~istisch** [-'fɪstɪʃ] *a* pacifiste.

Pech *n* ⟨-(e)s, (-e)⟩ [pɛç] **1.** poix *f;* **2.** *(ohne pl) fig fam (Unglück)* malchance, déveine; *pop* guigne *f;* — *~ haben (fam)* avoir la *od* être dans la déveine; *wie ~ und Schwefel zs.halten* faire bloc, être inséparables; *vom ~ verfolgt (Person) (fam)* malchanceux; *fam* guignard; **~blende** *f* ⟨-, ø⟩ ['-blɛndə] *geol* pechblende *f;* **p~schwarz** *a fig* noir comme poix *od* du cirage *do* (du) jais; **~strähne** *f fam* série *f* noire; *e-e ~ haben (im Spiel)* jouer de malheur; *allg* être poursuivi par la malchance *od* la guigne; **~vogel** *m* malchanceux, -euse *m, f.*

Pedal *n* ⟨-s, -e⟩ [pe'da:l] pédale *f.*

Pedant *m* ⟨-en, -en⟩ [pe'dant] maniaque, *pop* pinailleur, homme tatillon *m;* **~erie** *f* ⟨-, -n⟩ [-tə'ri:] minutie, méticulosité *f* exagérée; **p~isch** [-'dantɪʃ] *a* pointilleux, maniaque, *pop* pinailleur, vétilleux.

Pedell *m* ⟨-s, -e⟩ [pe'dɛl] *(Univ.)* appariteur *m.*

Pegel *m* ⟨-s, -⟩ ['pe:gəl] échelle *f* fluviale *od* d'eau; étiage *m;* **~stand** *m* niveau *m.*

Peil|anlage *f* ['paɪl-] *aero* goniomètre *m;* **p~en** *tr* prendre le relèvement de, relever, goniomètrer; *fig* sonder; *über den Damen ~ (pop)* juger au pifomètre; **~funk** *m* radiogoniomètrie *f;* **~gerät** *n* appareil *od* récepteur radiogoniométrique, gonio(mètre) *m;* **~station** *f* poste *m* radiogoniométrique.

Pein *f* ⟨-, ø⟩ [paɪn] *(Schmerz)* douleur, peine, souffrance *f; (Qual)* tourment *m,* torture *f;* supplice *m;* **p~igen** *tr* faire souffrir; tourmenter, torturer, tenailler, martyriser; **~iger** *m* ⟨-s, -⟩ tortionnaire, bourreau *m;* **~igung** *f* ⟨-, -en⟩ torture *f,* martyr *m;* **p~lich** *a* pénible, gênant, embarrassant, ennuyeux; *~ (genau)* minutieux, méticuleux; *~ berühren (fig)* gêner, mettre dans l'embarras; *~ einhalten* respecter strictement; *es herrscht ~e Ordnung* tout est soigneusement rangé.

Peitsche *f* ⟨-, -n⟩ ['paɪtʃə] fouet *m; mit der ~ knallen* faire claquer son fouet; **p~n 1.** fouetter; *(aus~)* fustiger; **2.** *fig (heftig schlagen)* battre violemment, cingler; **~nhieb** *m* coup *m* de fouet; **~nstiel** *m* manche *m* de fouet.

Pekinese *m* ⟨-n, -n⟩ [peki'ne:zə] *(Hund)* pékinois *m.*

Pelerine *f* ⟨-, -n⟩ [pele'ri:nə] pèlerine *f.*

Pelikan *m* ⟨-s, -e⟩ ['pe:-, peli'ka:n] *orn* pélican *m.*

Pell|e *f* ⟨-, -n⟩ ['pɛlə] pelure *f; jdm nicht von der ~ gehen (fam)* être toujours sur les talons de qn; **p~en** *tr* peler, éplucher; **~kartoffeln** *f pl* pommes *f pl* de terre en robe des champs *od fam* de chambre.

Pelz *m* ⟨-es, -e⟩ [pɛlts] **1.** *(Fell)* peau *f;* **2.** *(bearbeitet)* fourrure *f;* **p~besetzt** *a* garni de fourrure; **p~gefüttert** *a* doublé de fourrure, fourré; **~geschäft** *n* magasin *m* de fourrures; **~handel** *m* pelleterie *f;* **~händler** *m* fourreur, pelletier *m;* **~kragen** *m* col *m* de fourrure; **~mantel** *m* manteau *m* de fourrure; **~mütze** *f* bonnet *m* de fourrure; *(mit Schirm)* casquette *f* en fourrure; **~tier** *n* animal *m* à fourrure; **~werk** *n* fourrures *f pl,* pelleterie *f.*

Pendel *n* ⟨-s, -⟩ ['pɛndəl] pendule; *(Uhr)* balancier *m;* **p~n** *itr* **1.** ⟨*h*⟩ osciller, balancer; **2.** ⟨*sein*⟩ *(Verkehr)* faire la navette; **~tür** *f* porte *f* battante; **~verkehr** *m* service de navette, trafic *m* de va-et-vient; **~zug** *m* (train *m*) navette *f.*

Pendler *m* ⟨-s, -⟩ ['pɛndlər] migrant (quotidien), banlieusard *m;* **~verkehr** *m* navette, migration *f* alternante.

penetrant [pene'trant] *a (Geruch)* fort, pénétrant.

penibel [pe'ni:bəl] *a fam (peinlich genau)* méticuleux, minutieux.

Penis *m* ⟨-, -se/Penes⟩ ['pe:nɪs, 'pe:nɛs] *anat* pénis, membre *m* viril.

Pennäler *m* ⟨-s, -⟩ [pɛ'nɛ:lər] *fam (Schüler)* potache *m.*

Pennbruder *m* ['pən-] *fam* clochard, vagabond *m.*

Penne *f* ⟨-, -n⟩ ['pɛnə] *fam (Schule)* bahut *m,* boîte *f;* **p~n** *itr pop (schlafen)* roupiller, pioncer.

Pension *f* ⟨-, -en⟩ [pãsi'ɔ̃:, pɛnzi'o:n] **1.** *(Ruhegehalt)* pension, retraite *f;* **2.** *(Ruhestand)* retraite *f;* **3.** *(Fremdenheim)* maison *f* de repos; — *in (voller) ~ (Verpflegung u. Unterkunft)* en pension (complète); *in ~ geben, sein* mettre, être en pension; **~är** *m* ⟨-s, -e⟩ [-sio'nɛ:r] **1.** *(Ruheständler)* retraité *m;* **2.** *(Pensionsgast)* pensionnaire; *(Schüler)* interne *m;* **~at** *n* ⟨-(e)s, -e⟩ [-'na:t] pensionnat; *(Schule)* internat *m;* **p~ieren** [-'ni:rən] ⟨*ohne ge-*⟩ *tr* mettre à la retraite, retraiter; *sich ~ lassen* prendre sa retraite; **p~iert** *a* retraité, en retraite; **~ierung** *f* ⟨-, -en⟩ mise *f* à la retraite; **~salter** *n* âge *m* de la retraite; **p~sberechtigt** *a* ayant *od* qui a droit à une pension; **~sgast** *m* pensionnaire *m;* **~skasse** *f* caisse *f* de(s) pension(s) *od* de retraite.

Pensum *n* ⟨-s, -sen/-sa⟩ ['pɛnzum] *(Aufgabe)* tâche; *(Lehrstoff)* leçon *f,* thème *m.*

per [pɛr] *prp (durch, mit)* par; *~ Adresse ... (bei)* aux soins de ...; *~ Bahn* par (le chemin de) fer; *~ Stück* la pièce.

perfekt [pɛr'fɛkt] *a* **1.** *(vollkommen)* parfait, accompli, achevé, consommé; **2.**

(abgemacht, gültig) conclu, définitif; **P~** *n* ‹-(e)s, -e› ['-- / -'-] *gram* passé *m* composé; **P~ion** *f* perfection *f*.

perforier|en [pɛrfo'ri:rən] ‹*ohne ge-*› *tr* perforer; **P~ung** *f* perforation *f*.

Pergament *n* ‹-(e)s, -e› [pɛrga'mɛnt] parchemin *m*; **~papier** *n* papier *m* parchemin.

Period|e *f* ‹-, -n› [peri'o:də] **1.** *(Zeitraum; gram)* période *f*; **2.** *el* cycle *m*; **3.** *physiol* règles, menstrues *f pl*; **4.** *(Sitzungs~)* session *f*; **p~isch** [-ri'o:dɪʃ] *a* périodique.

Peripherie *f* ‹-, -n› [perife'ri:, -'i:ən] *(Rand, a. fig)* périphérie *f*.

Perl|e *f* ‹-, -n› ['pɛrlə] perle *f*; *~n vor die Säue werfen* jeter des perles aux pourceaux; *echte ~* perle *f* fine; **p~en** *itr* **1.** *(Schweiß)* perler (*von der Stirn* au front); **2.** *(Sekt)* pétiller; **~huhn** *n* pintade *f*; **~muschel** *f* huître *f* perlière; **~mutt(er** *f* ‹-, ø› **)** *n* ‹-s, ø› nacre *f* (de perle); **p~muttern** *a* en *od* de nacre.

permanen|t [pɛrma'nɛnt] *a* *(ständig)* permanent; **P~z** *f* ‹-, ø› permanence *f*.

perplex [pɛr'plɛks] *a* perplexe, stupéfait.

Pers|er(in) *m* ‹-s, -› (*f* ‹-, -nen›) ['pɛrzər] Persan(e *f*) *m*; *die (alten) Perser m pl* les Perses *m pl*; **~ianer** *m* ‹-s, -› [-zi'a:nər] *(Pelz)* astrakan, astracan *m*; **~ien** *n* ['pɛrziən] la Perse; **p~isch** ['pɛrzɪʃ] *a* persan; *der P~e Golf* le golfe Persique.

Person *f* ‹-, -en› [pɛr'zo:n] **1.** *a. gram* personne *f*; **2.** *(Kunst, Literatur, theat)* personnage *m*; **3.** *(Einzel~)* individu *m*; — *in (eigener) ~* en personne, personnellement, en propre; *pro ~* par homme, par tête; *juristische, natürliche ~* personne *f* morale, physique.

Personal *n* ‹-s, ø› [pɛrzo'na:l] personnel; *(Haus~)* personnel *m od* gens *m pl* de maison; **~abteilung** *f*, **~büro** *n* service *m* du personnel; **~akte** *f* dossier *m* personnel *od* individuel; **~ausweis** *m* carte *od* pièce *f* d'identité; **~chef** *m* chef *od* directeur *m* du personnel; **~ien** *pl* [-'na:liən] identité *f*, signalement *m*; *s-e ~ angeben* décliner son identité; *die ~ feststellen* relever l'identité, prendre le signalement; **~mangel** *m* manque *m* de personnel; **~union** *f pol* union *f* personnelle.

personell [pɛrzo'nɛl] *a* **1.** *(persönlich)* personnel; **2.** *(das Personal betreffend)* concernant le personnel.

Personen|aufzug *m* [pɛr'zo:nən-] *(Fahrstuhl)* ascenseur *m*; **~beschreibung** *f* signalement *m*; **~kraftwagen** *m* voiture *f* de tourisme; **~kreis** *m allg* cercle *m*; *adm* catégorie *f* de personnes; **~verkehr** *m* transport *od* trafic *m* des voyageurs; **~waage** *f* bascule *f* pour les personnes, pèse-personne *m*.

personifizieren [pɛrzonifi'tsi:rən] ‹*ohne ge-*› *tr* personnifier.

persönlich [pɛr'zø:nlɪç] **I.** *a* personnel; **II.** *adv* personnellement, en personne; *ich ~* personnellement *od* quant à moi *od* pour ma part, je ...; *~ übergeben* remettre en main(s) propre(s); **P~keit** *f* **1.** personnalité *f*; **2.** *(bedeutender Mensch)* personnage *m*; *bekannte ~* vedette *f*; **P~keitswahl** *f parl* scrutin *m* uninominal.

Perspektive *f* ‹-, -n› [pɛrspɛk'ti:və] perspective; *fig* optique *f*; *pl fig* horizon *m*.

Peru *n* [pe'ru:] le Pérou; **~aner(in)** *m* ‹-s, -› (*f* ‹-, -nen›) [-ru'a:nər] Péruvien(ne *f*) *m*; **p~anisch** [-'a:nɪʃ] *a* péruvien.

Perücke *f* ‹-, -n› [pe'rʏkə] perruque *f*.

pervers [pɛr'vɛrs] *a* pervers; perverti; **P~ion** *f* ‹-, -en› [-zi'o:n] perversion *f*; **P~ität** *f* ‹-, (-en)› [-zi'tɛ:t] perversité *f*.

Pessar *n* ‹-s, -e› [pɛ'sa:r] *med* pessaire, diaphragme *m*.

Pessim|ismus *m* ‹-, ø› [pɛsi'mɪsmus] pessimisme *m*; **~ist** *m* ‹-en, -en› [-'mɪst] pessimiste *m*; **p~istisch** [-'mɪstɪʃ] *a* pessimiste.

Pest *f* ‹-, ø› [pɛst] peste; *fig a.* lèpre *f*; *wie die ~ hassen* haïr comme la peste *od* la mort.

Peter *m* ['pe:tər] Pierre *m*.

Petersilie *f* ‹-, ø› [petər'zi:liə] *bot* persil *m*.

Petroleum *n* ‹-s, ø› [pe'tro:leum] pétrole *m*; **~lampe** *f* lampe *f* à pétrole.

petzen ['pɛtsən] *itr fam (Schule: angeben)* moucharder, rapporter.

Pfad *m* ‹-(e)s, -e› [pfa:t, '-də] sentier *m*; **~finder** *m* (boy-)scout *m*.

Pfaffe *m* ‹-n, -n› ['pfafə] *rel pej* calotin; *pop* corbeau *m*; *pl* calotte, prêtraille *f*.

Pfahl *m* ‹-(e)s, ¨-e› [pfa:l, 'pfɛ:lə] pal, pieu; *(Pfosten)* poteau; *(Zaun-, Schanz~)* palis; *(Grund~, Dalben~)* pilot; *(Reb~)* échalas, paisseau *m*; **~bau** *m* (construction *f* sur) pilotis *m*; **~bauten** *m pl* habitations *f pl* lacustres.

Pfalz, *die* [pfalts] *(geog)* le Palatinat; **pfälzisch** [pfɛltsɪʃ] *a* palatin, du Palatinat.

Pfand *n* ‹-(e)s, ¨-er› [pfant, 'pfɛndər] **1.** gage, nantissement *m*; **2.** *(Bürgschaft, Sicherheit)* garantie, sûreté *f*; **3.** *(Flaschen~)* consigne *f*; — *gegen ~* sur gage *od* nantissement; *ein ~ einlösen* retirer un gage.

pfändbar ['pfɛntbar] *a* saisissable, exploitable.

Pfandbrief *m* ['pfant-] obligation *od* cédule *f* hypothécaire *od* foncière.

pfänd|en ['pfɛndən] *tr* saisir; **P~erspiel** *n* jeu *m* des gages.

Pfand|gläubiger *m* ['pfant-] créancier *m* sur gage *od* gagiste; **~leihe** *f* **1.** prêt *m* sur gage; **2.** *(Leihhaus)* maison *f* de prêt, mont-de-piété *m;* **~schein** *m* reconnaissance *od* quittance *f od* reçu *m* de nantissement; **~schuldner** *m* gageur *m.*

Pfändung *f* ['pfɛndʊŋ] (exploit *m* de) saisie *f.*

Pfann|e *f* ‹-, -n› ['pfanə] **1.** *(Brat~)* poêle, rôtissoire *f; (kleine)* poêlon *m;* **2.** *(Brau~)* brassin *m;* **~kuchen** *m* **1.** *(Omelette)* omelette; *(mit Mehl)* galette, crêpe *f;* **2.** *(Berliner)* beignet *m.*

Pfarr|amt *n* ['pfarˀamt] , **~e** *f* ‹-, -n› ['pfarə] cure *f;* **~bezirk** *m,* **~ei** *f* ‹-, -en› [-'raɪ] , **~gemeinde** *f* paroisse *f;* **~er** *m* ‹-s, -› = *Pastor;* **~haus** *n* maison curiale, cure *f;* presbytère *m;* **~kirche** *f* église *f* paroissiale.

Pfau *m* ‹-(e)s/-en, -en› [pfaʊ] paon *m;* **~enauge** *n* **1.** *ent* paon *m;* **2.** *(Augenfleck)* ocelle *f;* **~enfeder** *f* plume *f* de paon.

Pfeffer *m* ‹-s, ø› ['pfɛfər] poivre *m; geh hin, wo der ~ wächst!* va-t'en à tous les diables; **~korn** *n* grain *m* de poivre; **~kuchen** *m* pain *m* d'épice; **~minze** *f bot* menthe *f* (poivrée *od* anglaise); **~minz(plätzchen)** *n* (pastille de) menthe *f;* **~minztee** *m* **1.** *pharm* feuilles *f pl* de menthe; **2.** *(aufgebrüht)* infusion *od* tisane *f* de menthe; **p~n** *tr* poivrer; **~streuer** *m* poivrière *f.*

Pfeife *f* ‹-, -n› ['pfaɪfə] **1.** *mus (Quer~)* fifre; *(Orgel~)* tuyau; *(Signal~)* sifflet *m;* **2.** *(Tabaks~)* pipe *f;* — *nach jds ~ tanzen (fig)* se laisser mener par qn; être à la botte de qn; **p~n** ‹*pfiff, gepfiffen*› *tr u. itr* siffler (*e-m Hund* un chien); *auf etw ~ (fam)* se balancer, se moquer, faire fi, se ficher, *vulg* se foutre de qc; **~nkopf** *m* tête *f od* fourneau de pipe, godet *m;* **~nreiniger** *m* cure-pipe *m;* **~nstopfer** *m* bourre-pipe *m;* **~r** *m* ‹-s, -› *mus* fifre *m.*

Pfeil *m* ‹-(e)s, -e› [pfaɪl] flèche *f,* trait *m; e-n ~ abschießen* décocher une flèche *od* un trait.

Pfeiler *m* ‹-s, -› ['pfaɪlər] pilier *m; (Brükken~)* pile *f* de pont; *(Stand~)* pylône; *(Wand~)* pilastre *m.*

Pfeil|gift *n* ['pfaɪl-] curare *m;* **p~schnell I.** *a* rapide comme une flèche *od* comme un trait; **II.** *adv* en flèche, à tire-d'aile; **~spitze** *f* pointe *f* de flèche.

Pfennig *m* ‹-(e)s, -e› ['pfɛnɪç, -gə] pfennig *m; keinen ~ (Geld) haben, ohne einen ~ sein* n'avoir pas un centime *od* le sou, être sans le sou; **~fuchser** *m fam* grippe-sou *m.*

Pferch *m* ‹-(e)s, -e› [pfɛrç] parc, enclos *m.*

Pferd *n* ‹-(e)s, -e› ['pfe:rt, -də] **1.** cheval *m;* **2.** *(Turngerät)* cheval *m* d'arçons; — *zu ~e* à cheval; *das ~ am Schwanz aufzäumen (fig)* mettre la charrue devant les bœufs; *ein ~ reiten* monter un cheval; *aufs ~ steigen* monter à cheval; *keine zehn ~e brächten mich dorthin, dazu* je ne voudrais pas y être, même en peinture; le diable ne me ferait pas faire cela; *mit dem kann man ~e stehlen* il est homme à vous suivre partout; *sein bestes ~ im Stall (fig)* la plus belle plume de son aile *od* chapeau.

Pferde|(bestand *m***)** *pl* ['pfe:rdə-] écurie *f;* **~droschke** *f* fiacre *m;* **~fleisch** *n* cheval *m;* **~fleischerei** *f* boucherie *f* chevaline *od* hippophagique; **~fuß** *m* pied *m* de cheval; **~gespann** *n* attelage *m* (de chevaux); **~rennbahn** *f* hippodrome *m;* **~rennen** *n* course *f* de chevaux; **~schwanz** *m* queue *f* de cheval; **~stall** *m* écurie *f;* **~stärke** *f (PS)* cheval-vapeur *m* (C.V.); **~wagen** *m* voiture *f* à chevaux; **~zucht** *f* élevage *m* des chevaux.

Pfiff *m* ‹-(e)s, -e› [pfɪf] **1.** sifflement; *(mit e-r Pfeife)* coup *m* de sifflet; **2.** *fig fam* truc *m;* **p~ig** *a* finaud, malin, madré, rusé; **~igkeit** *f* ‹-, ø› finesse, finauderie, ruse *f;* **~ikus** *m* ‹-/-ses, -/-se› ['pfɪfikʊs] *hum* finaud, débrouillard; *vulg* démerdard *m.*

Pfifferling *m* ‹-s, -e› ['pfɪfərlɪŋ] chanterelle, girolle *f; keinen ~ wert sein (fig fam)* ne pas valoir un sou *od* tripette.

Pfingst|en *n* od *f (pl)* ['pfɪŋstən] la Pentecôte; **~montag** *m,* **~sonntag** *m* lundi, dimanche *m* de la Pentecôte; **~rose** *f* pivoine, rose *f* de Notre-Dame.

Pfirsich *m* ‹-s, -e› ['pfɪrzɪç] pêche *f;* **~baum** *m* pêcher *m.*

Pflanz|e *f* ‹-, -n› ['pflantsə] plante *f,* végétal; *(Setz~)* plant *m;* **p~en** *tr* planter; *(anpflanzen)* cultiver; **~enfaser** *f* fibre *f* végétale; **~enfett** *n* graisse *f* végétale; **~enfresser** *m* herbivore, phytophage *m;* **~enkunde** *f* botanique, phytologie *f;* **~enöl** *n* huile *f* végétale; **~enwuchs** *m* végétation *f;* **~er** *m* ‹-s, -› planteur *m;* **~gut** *n* plants *m pl;* **~schule** *f* pépinière *f;* **~ung** *f* ‹-, -en› plantation *f.*

Pflaster *n* ‹-s, -› ['pflastər] **1.** *med (Zug~)* emplâtre; *(Heft~)* sparadrap, taffetas *m* gommé *od* d'Angleterre; **2.** *(Straßen~)* pavé *m;* **p~n** *tr* paver; **~stein** *m* pierre *f* à paver.

Pflaume *f* ‹-, -n› ['pflaʊmə] prune *f; (Back~)* pruneau *m;* **~nbaum** *m* prunier *m;* **~nkuchen** *m* tarte *f* aux prunes; **~nmus** *n* confiture *f* de prune, prunelée *f.*

Pflege *f* ‹-, -n› ['pfle:gə] **1.** soins *m pl;* **2.** *(Instandhaltung)* entretien *m; tech* maintenance *f;* **3.** *(Verwaltung)* surveillance, administration *f;* **4.** *fig* culture *f;* — *ein Kind in ~ geben, nehmen* mettre, prendre un enfant en nourrice; **p~bedürftig** *a: ~ sein* avoir besoin de *od* demander des soins; **~eltern** *pl* parents *m pl* nourriciers; **~kind** *n* enfant *m* en nourrice; **p~leicht** *a* d'entretien facile, facile au lavage; **~mutter** *f* mère *f* nourrice; **p~n** *tr* **1.** soigner; avoir *od* prendre soin de; **2.** *(Gegenstand)* entretenir; *(Maschine)* surveiller; **3.** *(Garten, Interessengebiet)* cultiver; **4.** *(gewohnt sein)* avoir coutume *od* l'habitude (*zu tun* de faire); **~personal** *n* gardes-malades *m pl;* **~r** *m* ‹-s, -› **1.** *(Kranken~)* garde-malade, infirmier *m;* **2.** *jur* curateur, tuteur; *adm* administrateur *m;* **~rin** *f* aide-soignante; *(Kranken~)* garde-malade, infirmière *f;* **~vater** *m* père *m* nourricier.

Pflegschaft *f* ‹-, -en› ['pfle:kʃaft] curatelle *f.*

Pflicht *f* ‹-, -en› [pflɪçt] devoir *m; (Verpflichtung)* obligation *f; es für s-e ~ halten, etw zu tun* se croire obligé *od* se faire un devoir *od* considérer de son devoir de faire qc; *s-e ~ erfüllen* accomplir *od* remplir son devoir; *s-e ~ (und Schuldigkeit) tun* faire son devoir *od* son office; *es ist meine ~ zu ...* il est de mon devoir de ...; **p~bewußt I.** *a* conscient de son devoir; **II.** *adv* par devoir; **~bewußtsein** *n* conscience *f* du *od* de son devoir; **~erfüllung** *f* accomplissement *m* du devoir; *treue ~* fidélité *f;* **~fach** *n (Schule)* matière *f* obligatoire; **~gefühl** *n* sentiment *m* du devoir *od* de ses devoirs; **~teil** *m* od *n jur* réserve *f* (légale *od* légitime *od* héréditaire); **~übung** *f sport* exercice *m* imposé; **p~vergessen** *a* oublieux de son *od* de ses devoir(s), déloyal.

Pflock *m* ‹-(e)s, ¨-e› [pflɔk, 'pflœkə] cheville *f,* piquet; taquet; *(kleinerer)* goujon *m,* goupille, fiche *f; e-n ~ zurückstecken (fig)* mettre de l'eau dans son vin, rabattre de ses prétentions.

pflück|en ['pflʏkən] *tr* cueillir; **P~er** *m* ‹-s, -› **1.** *(Mensch)* cueilleur *m;* **2.** *(Gerät)* cueilloir *m;* **P~erin** *f* cueilleuse *f.*

Pflug *m* ‹-(e)s, ¨-e› [pflu:k, 'pfly:gə] charrue *f.*

pflügen ['pfly:gən] *tr* passer la charrue sur; *(bestellen)* labourer.

Pforte *f* ‹-, -n› ['pfɔrtə] porte *f.*

Pförtner *m* ‹-s, -› ['pfœrtnər] **1.** portier, concierge; *(im Gefängnis)* guichetier *m;* **2.** *anat* pylore *m;* **~loge** *f* loge *f* de concierge.

Pfosten *m* ‹-s, -› ['pfɔstən] **1.** poteau *m;* **2.** *(Tür-, Fenster~)* montant, jambage *m.*

Pfote *f* ‹-, -n› ['pfo:tə] patte *f.*

Pfriem *m* ‹-(e)s, -e› [pfri:m] *(Werkzeug)* poinçon *m.*

Pfropf *m* ‹-(e)s, -e›, **~en** *m* ‹-s, -› ['pfrɔpf(ən)] *allg* tampon; *(Kork)* bouchon *m.*

pfropfen ['pfrɔpfən] *tr agr* greffer, enter.

Pfründe *f* ‹-, -n› ['pfrʏndə] prébende *f;* bénéfice *m.*

Pfuhl *m* ‹-(e)s, -e› [pfu:l] mare *f; a. fig* bourbier *m.*

pfui [pfuɪ] *interj* fi! pouah! hou!

Pfund *n* ‹-(e)s, -e› [pfunt, '-də] livre *f;* **p~ig** *a fam (großartig)* épatant, chouette; **~skerl** *m* type épatant, chic *od* bon type *m.*

Pfusch *m* ‹-(e)s, ø› [pfuʃ] *fam = ~erei;* **p~en** *tr* bâcler, gâcher; *itr* bousiller; **~er** *m* ‹-s, -› bâcleur, gâcheur, bousilleur *m;* **~erei** *f* ‹-, -en› [-'raɪ] *fam* bousillage; travail *m* bâclé.

Pfütze *f* ‹-, -n› ['pfʏtsə] flaque (d'eau); mare *f.*

Phänomen *n* ‹-s, -e› [fɛno'me:n] phénomène *m;* **p~al** [-me'na:l] *a* phénoménal, prodigieux; *fam* faramineux, formidable.

Phant|asie *f* ‹-, -n› [fanta'zi:] imagination, fantaisie *f;* **~asiegebilde** *n* chimère *f;* **p~asielos** *a* sans imagination; **~asielosigkeit** *f* manque *m* d'imagination; **p~asieren** [-'zi:rən] ‹*ohne ge-*› *itr* **1.** s'abandonner à son imagination, rêvasser; **2.** *(faseln)* radoter, battre la campagne; *fam* dérailler; *med* délirer; *mus* improviser; **~ast** *m* ‹-en, -en› [-'tast] fantasque, rêveur, esprit chimérique *od* romanesque; *pej* songe-creux *m;* **~asterei** *f* ‹-, -en› [-tastə'raɪ] idées *f pl* fantastiques; **p~astisch** [-'tastɪʃ] *a* **1.** fantastique; *(bizarr)* fantasque, fantasmagorique; **2.** *fam (großartig)* faramineux, mirobolant; **~om** *n* ‹-s, -e› [-'to:m] fantôme *m.*

Pharisäer *m* ‹-s, -› [fari'zɛ:ər] *rel, a. fig* pharisien *m.*

Pharma|kologie *f* ‹-, ø› [farmakolo'gi:] pharmacologie *f;* **~zeutik** *f* ‹-, ø› [-'tsɔʏtɪk] pharmaceutique *f;* **p~zeutisch** [-'tsɔʏtɪʃ] *a* pharmaceutique.

Phase *f* ‹-, -n› ['fa:zə] **1.** *a. el* phase *f;* **2.** *fig (Stadium)* stade *m.*

Philippin|en, *die* [fili'pi:nən] *geog* les Philippines *f pl;* **p~isch** [-'pi:nɪʃ] *a* philippin.

Philister *m* ‹-s, -› [fi'lɪstər] **1.** *hist* Philistin *m;* **2.** *fig (Spießer)* philistin, bourgeois, épicier *m.*

Philologie *f* ‹-, ø› [filolo'gi:] philologie *f;* lettres *f pl.*

Philosoph *m* ‹-en, -en› [filo'zo:f] philosophe *m;* **~ie** *f* ‹-, -n› [-zo'fi:] philosophie *f;* **p~ieren** [-'fi:rən] ‹*ohne ge-*› *itr* philosopher; **p~isch** [-'zo:fɪʃ] *a* philosophique.

Phlegmat|iker *m* ‹-s, -› [flɛ'gma:tikər] flegmatique *m;* **p~isch** [-'gma:tɪʃ] *a* flegmatique.

Phon *n* ‹-s, -s› [fo:n] *(Lautstärkeeinheit)* phone, décibel *m;* **~etik** *f* ‹-, ø› [fo'ne:tɪk] phonétique *f;* **p~etisch** [-'ne:tɪʃ] *a* phonétique.

Phosphat *n* ‹-(e)s, -e› [fɔs'fa:t] *chem* phosphate *m;* **~dünger** *m* engrais *m* phosphaté.
Phosphor *m* ‹-s, ø› ['fɔsfɔr] *chem* phosphore *m;* **~eszenz** *f* ‹-, ø› [-forɛs'tsɛnts] phosphorescence *f;* **p~eszierend** [-forɛs'tsi:rənt] *a* phosphorescent.
Photo *n* ‹-s, -s› ['fo:to] *fam* photo *f; vgl. Foto etc;* ~ *m* ‹-s, -s›, **~apparat** *m* appareil *m* photographique; **~graph** *m* ‹-en, -en› [-'gra:f] photographe *m;* **~graphie** *f* ‹-, -n› [-gra'fi:] photographie; *fam* photo *f;* **p~graphieren** [-gra'fi:rən] ‹*ohne ge-*› *tr* photographier; *sich ~ lassen* se faire photographier; **p~graphisch** ['gra:fɪʃ] *a* photographique; **~kopie** *f* photocopie *f;* **p~kopieren** ‹*ohne ge-*› *tr* photocopier; **~montage** *f* montage photographique, photomontage, découpage, truquage *m.*
Phrase *f* ‹-, -n› ['fra:zə] phrase *f; pl* boniments *m pl fam; leere ~n* de belles paroles; *~n machen od (fam) dreschen* faire des phrases od du verbiage, phraser; **~ndrescher** *m* faiseur de phrases, phraseur, déclamateur, rhéteur *m.*
Physik *f* ‹-, ø› [fy'zi:k] physique *f;* **p~alisch** [-zi'ka:lɪʃ] *a* physique; **~er** *m* ‹-s, -› ['fy:zikər] physicien *m.*
Physiognomie *f* ‹-, -n› [fyziogno'mi:] physionomie *f.*
Physiolog|ie *f* ‹-, ø› [-lo'gi:] physiologie *f;* **p~isch** [-'lo:gɪʃ] *a* physiologique.
physisch ['fy:zɪʃ] *a* physique.
Pian|ist(in) *m* ‹-en, -en› (*f* ‹-, -nen›) [pia'nɪst] pianiste *m f.*
picheln ['pɪçəln] *itr fam* chopiner, lamper.
Picke *f* ‹-, -n›, **Pickel** *m* ‹-s, -› ['pɪkə(l)] **(1)** pioche *f,* pic *m;* **(2)** *med* (petit) bouton *m,* pustule *f;* **pick(e)lig** *a* couvert de boutons *od* de pustules; fleuri.
picken ['pɪkən] *itr* becqueter, béqueter; picorer.
Picknick *n* ‹-s, -e/-s› ['pɪknɪk] pique-nique *m.*
piekfein ['pi:k'faɪn] *a dial fam* tiré à quatre épingles; *pop* rupin.
piep [pi:p] *interj* piu! **~en** *itr (Vogel)* pépier; piailler; *(Küken)* piauler; *bei dir piept's wohl?* tu es cinglé? *das ist zum ~ (fam)* c'est rigolo *od* marrant.
Pier *m* ‹-s, -e› *od f* ‹-, -s› [pi:r] *mar* jetée *f,* môle *m.*
piesacken ['pi:zakən] *tr fam (quälen)* tourmenter, tracasser, tarabuster, asticoter.
Pietät *f* ‹-, ø› [pie'tɛ:t] piété *f;* **p~los** *a* impie, sans respect; **~losigkeit** *f* impiété *f,* manque *m* de piété; **p~voll** *a* plein de piété, pieux.
Pigment *n* ‹-(e)s, -e› [pɪ'gmɛnt] *(Farbstoff)* pigment *m.*
Pik [pi:k] **(1)** *m* ‹-s, -e/-s› *(Bergspitze)* pic *m;* **(2)** *m* ‹-s, -e› *fam (Groll)* animosité *f; e-n ~ auf jdn haben* avoir *od* garder *od* conserver une dent contre qn; **(3)** *n* ‹-s, -s› *(Spielkartenfarbe)* pique *m.*
Pik|e *f* ‹-, -n› ['pi:kə] *(Spieß)* pique *f; von der ~ auf dienen* sortir du rang, passer par tous les grades; **p~iert** *a (beleidigt)* piqué, vexé; **p~(s)en** *tr fam (stechen)* piquer.
Pikkolo *m* ‹-s, -s› ['pɪkolo] *(Kellnerlehrling)* piccolo *m;* **~flöte** *f* piccolo *m,* petite flûte *f.*
Pilger|(in) *m* ‹-s, -› (*f* ‹-, -nen›) ['pɪlgər] pèlerin(e *f*) *m;* **~fahrt** *f* pèlerinage *m;* **p~n** *itr* ‹*sein*› faire un *od* aller en pèlerinage.
Pille *f* ‹-, -n› ['pɪlə] *(a. Empfängnisverhütung)* pilule *f; die ~ nehmen* prendre la pilule (anticonceptionnelle); *die (bittere) ~ schlucken (fig)* avaler la pilule *od* la dragée; *die (bittere) ~ versüßen* dorer la pilule.
Pilot *m* ‹-en, -en› [pi'lo:t] pilote *m.*
Pilz *m* ‹-es, -e› [pɪlts] champignon *m; wie ~e aus der Erde schießen* champignonner; **~krankheit** *f* maladie cryptogamique, mycose *f;* **~vergiftung** *f* empoisonnement *m od* intoxication *f* par les champignons; **~züchter** *m* champignonniste *m.*
Pinguin *m* ‹-s, -e› [pɪŋgu'i:n] *orn* pingouin, manchot *m.*
Pinie *f* ‹-, -n› ['pi:niə] *bot* pin *m* pignon *od* parasol.
pinkeln *itr fam* pisser, faire pipi.
Pinscher *m* ‹-s, -› ['pɪnʃər] *(Hunderasse)* griffon *m.*
Pinsel *m* ‹-s, -› ['pɪnzəl] pinceau *m; (breiter)* brosse *f;* **p~n** *itr fam* u. *pej* peinturlurer, barbouiller.
Pinzette *f* ‹-, -n› [pɪn'tsɛtə] pinc(ett)e *f.*
Pionier *m* ‹-s, -e› [pio'ni:r] **1.** *mil* sapeur *m;* **2.** *a. fig* pionnier *m.*
Pirat *m* ‹-en, -en› [pɪ'ra:t] pirate, écumeur *m* de mer.
Pirol *m* ‹-s, -e› [pi'ro:l] *orn* loriot *m.*
Pirsch *f* ‹-, ø› [pɪrʃ] *(Jagd)* chasse *f* à tir.
Pistazie *f* ‹-, -n› [pɪs'ta:tsiə] **1.** *(Nuß)* pistache *f;* **2.** *(Baum)* pistachier *m.*
Piste *f* ‹-, -n› ['pɪstə] *(Spur, Bahn)* piste *f.*
Pistole *f* ‹-, -n› [pɪs'to:lə] **1.** *(Waffe)* pistolet *m;* **2.** *(Münze)* pistole *f;* — *wie aus der ~ geschossen* du tac au tac; *jdm die ~ auf die Brust setzen (fig)* mettre à qn le couteau sur la gorge; **~ntasche** *f* étui *m od* gaine *f* pour pistolet.
plack|en, *sich* ['plakən] se tracasser, s'esquinter; **P~erei** *f* ‹-, -en› [-'raɪ] corvée *f;* tracas(serie *f*) *m.*
pläd|ieren [plɛ'di:rən] ‹*ohne ge-*› *itr* plaider (*für* pour); **P~oyer** *n* ‹-s, -s› [plɛdoa'je:] *allg* plaidoyer *m; (Staats-*

anwalt) réquisitoire, *(Verteidiger)* plaidoirie *f.*

Plage *f* ‹-, -n› ['pla:gə] tourment *m,* peine; *(große)* calamité *f;* fléau *m; (Land~)* plaie *f; (Übel)* mal *m;* **p~n** *tr* **1.** tourmenter, tracasser; **2.** *fig (bedrücken)* préoccuper, travailler; *refl* **3.** *sich ~* se tourmenter.

Plagi|at *n* ‹-(e)s, -e› [plagi'a:t] plagiat, démarquage *m,* piraterie *f;* **~ator** *m* ‹-s, -en› [-gi'a:tɔr, -'to:rən] plagiaire, démarqueur *m;* **p~ieren** [-gi'i:rən] ‹*ohne ge-*› *tr* plagier, démarquer, pirater.

Plakat *n* ‹-(e)s, -e› [pla'ka:t] affiche *f;* placard *m,* pancarte *f; ein ~ ankleben* od *anschlagen* (ap)poser, coller, placarder une affiche; **p~ieren** [-ka'ti:rən] ‹*ohne ge-*› *tr* afficher; **~säule** *f* colonne *f* Morris; **~träger** *m* homme-sandwich *m.*

Plakette *f* ‹-, -n› [pla'kɛtə] plaquette *f.*

plan [pla:n] *a (eben)* plan, uni; **P~** *m* ‹-(e)s, ⸚e› [pla:n, 'plɛ:nə] **1.** *(Karte)* plan *m;* **2.** *(Entwurf)* épure *f,* tracé *m;* **3.** *(Projekt)* projet; *(Absicht)* dessein *m,* visée *f;* **4.** *(Stunden~, Fahr~)* horaire *m; — e-n ~ entwerfen* dresser *od* établir *od* faire un plan; *Pläne schmieden* faire des projets.

Plane *f* ‹-, -n› ['pla:nə] bâche, banne *f;* prélart *m.*

plan|en ['pla:nən] **1.** *tr* projeter; *(ins Auge fassen)* envisager, se proposer; *(organisieren)* planifier; **2.** *itr* faire des projets; **P~er** *m* ‹-s, -› planificateur, planiste, projeteur.

Planet *m* ‹-en, -en› [pla'ne:t] *astr* planète *f;* **p~arisch** [-ne'ta:rɪʃ] *a* planétaire; **~arium** *n* ‹-s, -rien› [-'ta:rium, -riən] planétarium *m.*

planier|en [pla'ni:rən] ‹*ohne ge-*› *tr* aplanir, niveler, planer; **P~raupe** *f* bulldozer, tracteur *m* niveleur.

Planke *f* ‹-, -n› ['plaŋkə] planche *f,* madrier *m.*

Plänkel|ei *f* ‹-, -en› [plɛŋkə'laɪ] *mil* escarmouche *f;* **p~n** ['plɛŋkəln] *itr* tirailler, escarmoucher.

Plankton *n* ‹-s, ø› ['plaŋktɔn] *biol* plancton *m.*

plan|los ['pla:n-] *a* u. *adv* sans plan *od* méthode *od* système; **~mäßig I.** *a* méthodique, systématique; régulier; **II.** *adv* **1.** méthodiquement, avec méthode, systématiquement; **2.** *(wie vorgesehen)* comme prévu.

Plansch|becken *n* ['planʃ-] bassin à barboter, pataugeoir *m,* grenouillère *f;* **p~en** *itr* patauger, barboter.

Plan|skizze *f* ['pla:n-] esquisse *f,* croquis *m;* **~stelle** *f adm* poste *m* prévu dans le tableau des effectifs.

Plantage *f* ‹-, -n› [plan'ta:ʒə] plantation *f.*

Plan|ung *f* ['pla:nuŋ] planification *f; im Stadium der ~* en cours *od* voie d'étude; **p~voll** *a* méthodique, systématique.

Planwagen *m* ['pla:n-] voiture *f* à bâche.

Plan|wirtschaft *f* ['pla:n-] économie *f* planifiée *od* dirigée, planisme *m;* **~ziel** *n* objectif *m* prévu *od* désigné.

Plapper|maul *n* ['plapər-] *fam* moulin *m* à paroles, jacasse *f;* **p~n** ['plapərn] *itr* babiller, bavarder, *fam* jacasser, jaboter.

plärren ['plɛrən] *itr* criailler, piailler, piauler.

Plasma *n* ‹-s, -men› ['plasma] plasma *m.*

Plas|tik *f* ‹-, -en› ['plastɪk] **1.** *(Bildnerei)* sculpture *f;* **2.** *med* greffe *f;* **3.** *(Kunststoff)* matière *f* plastique; plastique *m;* **p~tisch** ['plastɪʃ] *a* plastique; *(reliefartig)* anaglyphe; **~tizität** *f* ‹-, ø› [-titsi'tɛ:t] plasticité *f.*

Platane *f* ‹-, -n› [pla'ta:nə] *bot* platane *m.*

Platin *n* ‹-s, ø› [pla'ti:n, 'pla:ti:n] platine *m;* **p~blond** *a* blond platine.

platonisch [pla'to:nɪʃ] *a* platonique.

plätschern ['plɛtʃərn] *itr* **1.** *(Mensch)* barboter; **2.** *(Wasser)* clapoter, murmurer.

platt [plat] *a* **1.** plat; *(abgeplattet)* aplati; *(Nase)* a. épaté, camus; **2.** *(Reifen)* (tout) à plat; **3.** *fig (gewöhnlich, gemein)* plat, commun, banal, trivial; **4.** *fam (erstaunt)* ébahi, épaté; *— ~ drükken* aplatir, écraser; *da war ich ~!* *(fam)* j'étais renversé *od* baba, cela m'a assis; *da bist du ~! (pop)* tu en restes baba, ça te la coupe; **P~** *n* ‹-(s), ø›, **P~deutsch** *n* bas-allemand *m;* **~deutsch** *a* bas-allemand.

Platte *f* ‹-, -n› ['platə] **1.** plaque *a. phot;* tablette *f;* **2.** *(Fliese)* dalle *f; (Kachel)* carreau *m;* **3.** *tech* planche *f,* plateau *m;* taque; lame *f;* **4.** *(Schallplatte)* disque *m;* **5.** *(flache Schüssel)* plat *m;* **6.** *fam (Glatze)* crâne *m* dénudé; *— e-e andere ~ auflegen (a. fig)* changer de disque; *kalte ~ (Küche)* assiette *f* anglaise.

Plätt|eisen *n* ['plɛt-] fer *m* à repasser; **p~en** *tr* repasser.

Platten|leger *m* ['platən-] carreleur *m;* **~spieler** *m* tourne-disque; pick-up; *(Koffergerät)* électrophone *m;* **~wechsler** *m* changeur *m* de disques.

Plätterin *f* ‹-, -nen› ['plɛtərɪn] repasseuse *f.*

Platt|form *f* ‹-, -en› ['plat-] plate-forme *f;* **~fuß** *m* **1.** pied *m* plat; **2.** *fam (Fahrrad, mot)* pneu *m* à plat; *~ haben (fam mot)* rouler dégonflé *od* à plat.

plattieren [pla'ti:rən] ‹*ohne ge-*› *tr tech* plaquer.

Platz *m* ‹-es, ⸚e› [plats, 'plɛtsə] **1.** place *f (a. Sitz~);* emplacement *m;* **2.** *(Stelle)* endroit; *(Ort)* lieu *m;* **3.** *(Raum)* espace *m;* **4.** *(Sitz~)* siège *m;* **5.** *com (Stadt)* place; *mil (Standort)* garnison *f;* **6.** *(Übungs-, Sport-, Flug~)* terrain *m;* **7.** *(~ in e-r Stadt)* place *f, (runder)* rond-point *m;* — *~ behalten* rester assis; *jds ~ einnehmen* prendre la place de qn; *in e-r S ~ haben* entrer, tenir dans qc; *e-n guten, schlechten ~ haben* être bien, mal placé; *~ lassen für* laisser place à; *jdm ~ machen* faire place *od* céder la place à qn; *an s-m ~e sein* être à sa place; *fehl am ~e sein* être inopportun *od* déplacé, n'avoir que faire là; *~ (da)! ~ gemacht!* place! gare! *auf die Plätze! (sport)* à vos marques! en piste! *der ~ an der Sonne (fig)* la place au soleil; **~angst** *f med* agoraphobie *f;* **~anweiser(in** *f***)** *m* placeur *m;* ouvreuse *f.*

platzen ['platsən] *itr* ⟨*sein*⟩ **1.** *(bersten)* éclater; crever *(a. Reifen); (sich spalten)* se fendre, se fêler; *fam (explodieren)* exploser; **2.** *fig fam* échouer, rater; — *vor Ärger* od *Wut ~* crever *od* étouffer de rage.

Platz|karte *f* ['plats-] ticket de réservation; *loc* ticket *m* de location; **~konzert** *n* concert *m* public *od* en plein air; **~mangel** *m* manque *m* de place; *wegen ~s* faute de place.

Platz|patrone *f* ['plats-] cartouche *f* à blanc; **~regen** *m* pluie battante, averse, ondée *f.*

Plauder|ei *f* ⟨-, -en⟩ [plaudə'raı] causerie *f;* **~er** *m* ⟨-s, -⟩ ['plaudərər] causeur *m; gewandter ~* fin diseur *m;* **p~n** *itr* causer; deviser; *aus der Schule ~ (fig)* être indiscret; **~stündchen** *n* causette *f.*

plausibel [plau'zi:bəl] *a* plausible; *jdm etw ~ machen* faire comprendre qc à qn.

Pleite *f* ⟨-, -n⟩ ['plaıtə] *fam* faillite, banqueroute *f; ~ machen* faire faillite *od* la culbute: **p~** *a* en faillite.

Plen|arsitzung *f* [ple'na:r-] *parl* séance *f* plénière; **~um** *n* ⟨-s, ø⟩ ['ple:num] assemblée *f* plénière.

Pleuel(stange *f***)** *m* ⟨-s, -⟩ ['plɔʏəl] *tech* bielle *f.*

Pliss|ee *n* ⟨-s, -s⟩ [plı'se:] plissé *m;* **p~ieren** [-'si:rən] ⟨*ohne ge-*⟩ *tr (in Falten legen)* plisser.

Plomb|e *f* ⟨-, -n⟩ ['plɔmbə] **1.** *(Bleisiegel)* (sceau de) plomb; plomb *m* de garantie *od* de sûreté; **2.** *(Zahnfüllung)* plombage *m;* **p~ieren** [-'bi:rən] ⟨*ohne ge-*⟩ *tr* plomber.

plötzlich ['plœtslıç] **I.** *a* soudain, subit; brusque; **II.** *adv* soudain, soudainement, subitement, brusquement; tout à coup.

plump [plump] *a* **1.** *(dick u. unförmig)* épais, lourd, pesant, disgracieux; **2.** *(schwerfällig, ungeschickt)* lourdaud, balourd; **3.** *(grob)* grossier, rustaud, rustique; **P~heit** *f* ⟨-, -en⟩ **1.** lourdeur, balourdise *f;* **2.** grossièreté *f;* **~s** *interj* p(l)ouf! floc! **~sen** *itr* ⟨*sein*⟩ faire pouf, tomber lourdement.

Plunder *m* ⟨-s, ø⟩ ['plundər] **1.** *(Lumpen)* guenilles *f pl;* **2.** *(Wust, Trödel)* fatras, bric-à-brac *m.*

Plünder|er *m* ⟨-s, -⟩ ['plʏndərər] pilleur, pillard, maraudeur *m;* **p~n** *tr* piller; *(Ort)* saccager, mettre à sac; *fig* dépouiller; **~ung** *f* ⟨-, -en⟩ pillage, maraudage *m;* sac; *fig* dépouillement *m.*

Plural *m* ⟨-s, -e⟩ ['plu:-, plu'ra:l] *gram* pluriel *m.*

plus [plus] *conj (und)* plus; **P~** *n* ⟨-, -⟩ *(Überschuß)* plus, excédent, surplus *m; das ist ein ~ für mich* c'est un bon point pour moi.

Plüsch *m* ⟨-(e)s, -e⟩ [ply:ʃ] peluche *f.*

Plus|punkt *m* ['plus-] bon point *m;* **~quamperfekt** *n* ⟨-s, -e⟩ [-kvam-] *gram* plus-que-parfait *m;* **~zeichen** *n math* signe *m* plus.

pneumatisch [pnɔʏ'ma:tıʃ] *a* pneumatique.

Pöbel *m* ⟨-s, ø⟩ ['pø:bəl] populace, plèbe, canaille *f;* **p~haft** *a* populacier, vulgaire; poissard, canaille.

pochen ['pɔxən] *itr* **1.** frapper, cogner, heurter (*an* à); **2.** *(Schläfen, Herz)* battre; — *auf etw ~ (fig)* faire valoir qc avec insistance, se prévaloir, se targuer de qc.

Pocke *f* ⟨-, -n⟩ ['pɔkə] **1.** *(Impfpustel)* pustule *f* (variolique); **2.** *pl (Krankheit)* variole, petite vérole *f;* **~nimpfung** *f* vaccination *f* anti-variolique *od* contre la variole; **p~nnarbig** *a* variolé, grêlé.

Podest *n* od *m* ⟨-(e)s, -e⟩ [po'dɛst] palier *m.*

Podium *n* ⟨-s, -dien⟩ ['po:dium, -diən] estrade *f;* podium *m.*

Poe|sie *f* ⟨-, -n⟩ [poe'zi:] poésie *f;* **~t** *m* ⟨-en, -en⟩ [po'e:t] poète *m;* **p~tisch** [-'e:tıʃ] *a* poétique.

Point|e *f* ⟨-, -n⟩ [po'ɛ̃:tə] pointe, chute *f;* mot de la fin, fin mot *m;* **p~ieren** [-'ti:rən] ⟨*ohne ge-*⟩ *tr (hervorheben)* souligner.

Pokal *m* ⟨-s, -e⟩ [po'ka:l] *a. sport* coupe *f.*

Pökel *m* ⟨-s, -⟩ ['pø'kəl] *(Salzlake)* saumure *f;* **~fleisch** *n* viande *f* salée, petit-salé *m,* salaison *f;* **p~n** *tr* saler; saumurer.

Pol *m* ⟨-s, -e⟩ [po:l] *geog phys* pôle *m; ruhender ~ (fig)* point *m* fixe.

polar [po'la:r] *a geog* polaire; **P~eis** *n* glaces *f pl* polaires; **P~expedition** *f* expédition *f* polaire; **P~forscher** *m* explorateur *m* des régions polaires; **P~front** *f mete* front *m* polaire; **~isieren** [-ri'zi:rən] ⟨*ohne ge-*⟩ *tr* polariser; **P~ität** *f* ⟨-, ø⟩ [-ri'tɛ:t] polarité *f; (der Nördliche, Südliche)* **P~kreis** *m* (le) cercle *m* polaire (arctique, antarctique); **P~licht** *n* aurore *f* boréale *od (am*

Südpol) australe; **P~stern** *m* Étoile polaire, Polaire *f.*
Pol|e *m* ‹-n, -n› ['po:lə], **~in** *f* ‹-, -nen› Polonais(e *f*) *m.*
Polem|ik *f* ‹-, -en› [po'le:mɪk] polémique *f;* **p~isch** [-'le:mɪʃ] *a* polémique; **p~isieren** [-mi'zi:rən] ‹*ohne ge-*› *itr* polémiquer.
Polen *n* ‹-s, ø› ['po:lən] la Pologne.
Polente *f* ‹-, ø› [po'lɛntə] *arg (Polizei); pop* rousse *f,* poulets *m pl.*
Police *f* ‹-, -n› [po'li:s(ə)] police *f* (d'assurance).
Polier *m* ‹-s, -e› [po'li:r] *(Vorarbeiter der Bauhandwerker)* contremaître *m.*
polier|en [po'li:rən] ‹*ohne ge-*› *tr* polir, lustrer; fourbir, brunir; vernir; encaustiquer; **~t** *a (Reis)* glacé.
Polit|ik *f* ‹-, (-en)› [poli'ti:k] politique *f; über ~ sprechen* parler *od* discuter politique; **~iker** *m* ‹-s, -› [-'li:tikər] (homme) politique, politicien *m;* **p~isch** [-'li:tɪʃ] *a* politique; **p~isieren** [-liti'zi:rən] ‹*ohne ge-*› **1.** *itr* parler politique; **2.** *tr (e-n politischen Charakter geben)* politiser (*e-e S* qc).
Politur *f* ‹-, -en› [poli'tu:r] poli; vernis *m.*
Polizei *f* ‹-, (-en)› [poli'tsaɪ] police *f;* **~aufsicht** *f* surveillance *f* policière; *unter ~* sous surveillance; **~beamte** *m* agent *od* fonctionnaire de police, policier, officier *m* de paix; **p~lich I.** *a* policier, de la police; **II.** *adv* par mesure de police; **~präsident** *m* préfet *m* de police; **~präsidium** *n* préfecture *f* de police; **~revier** *n* commissariat *od* poste *m* (de police); **~spitzel** *m* indicateur; *arg* indic *m;* **~staat** *m* État *od* régime *m* policier; **~streife** *f* patrouille *f* de police; **~wache** *f* poste *m* de police.
Polizist *m* ‹-en, -en› [poli'tsɪst] agent de police, policier, sergent *m* de ville.
Polka *f* ‹-, -s› ['pɔlka] *(Tanz)* polka *f.*
Pollen *m* ‹-s, -› ['pɔlən] *bot* pollen *m.*
polnisch ['pɔlnɪʃ] *a* polonais; — *(das) P~(e) n* (le) polonais.
Polster *n* ‹-s, -› ['pɔlstər] **1.** *(Kissen)* coussin; *(Wagen~)* matelas *m;* **2.** *fig* réserves *f pl;* **~möbel** *n pl* meubles *m pl* rembourrés *od* capitonnés; **p~n** *tr* rembourrer, capitonner, matelasser; **~sessel** *m,* **~stuhl** *m* fauteuil *m,* chaise *f* rembourré(e); **~ung** *f* ‹-, -en› rembourrage, capitonnage *m.*
Polter|abend *m* ['pɔltər-] veille *f* des noces; **p~n** *itr* tapager, faire du tapage.
Polygamie *f* ‹-, ø› [polyga'mi:] polygamie *f.*
Polyp *m* ‹-en, -en› [po'ly:p] **1.** *zoo* polype, poulpe *m,* pieuvre *f;* **2.** *med* polype *m;* **3.** *hum (Polizist) arg* vache *f.*
Poly|technikum *n* [poly'tɛçnikum] école *f* d'enseignement technique général; **~theismus** *m* [polyte'ɪsmus] polythéisme *m.*
Pomade *f* ‹-, -n› [po'ma:də] pommade *f.*
Pomeranze *f* ‹-, -n› [pomə'rantsə] orange amère, bigarade *f.*
Pommern *n* ['pɔmərn] la Poméranie.
Pomp *m* ‹-(e)s, ø› [pɔmp] pompe *f,* faste *m;* **p~ös** *a* pompeux; fastueux.
Pontifikat *n* ‹-(e)s, -e› [pɔntifi'ka:t] pontificat *m.*
Ponton *m* ‹-s, -s› [pɔ̃-, pɔn'tɔ̃:] *(Brükkenschiff)* ponton *m;* **~brücke** *f* pont *m* de pontons.
Pony *n* ‹-s, -s› ['pɔni, 'po:ni] *zoo* poney *m;* **~frisur** *f* coiffure *f* à la chien *od* à frange.
Popanz *m* ‹-es, -e› ['po:pants] croquemitaine *m.*
Popel *m* ‹-s, -› ['po:pəl] *fam (verhärteter Nasenschleim)* morve *f* endurcie.
pop(e)lig ['po:p(ə)lɪç] *a fam* misérable, pitoyable.
popeln ['po:pəln] *itr fam (in der Nase bohren)* se fourrer le doigt dans le nez.
Popo *m* ‹-s, -s› [po'po:] *fam* postérieur, derrière *m.*
popul|är [popu'lɛ:r] *a* populaire; **~arisieren** [-lari'zi:rən] ‹*ohne ge-*› *tr* populariser, vulgariser; **P~arität** *f* ‹-, ø› [-ri'tɛ:t] popularité *f.*
Por|e *f* ‹-, -n› ['po:rə] pore *m;* **p~ös** [po'rø:s] *a* poreux.
Porree *m* ‹-s, -s› ['pɔre] *bot* poireau *m.*
Portal *n* ‹-s, -e› [pɔr'ta:l] *arch* portail *m.*
Portemonnaie *n* ‹-s, -s› [pɔrtmɔ'nɛ:/-'ne:] bourse *f,* porte-monnaie *m.*
Portier *m* ‹-s, -s› [pɔrti'e:] portier, concierge *m;* **~e** *f* ‹-, -n› [-'tiɛ:rə] portière *f;* **~sloge** *f,* **~swohnung** *f* loge de concierge, conciergerie *f.*
Portion *f* ‹-, -en› [pɔrtsi'o:n] portion *f.*
Porto *n* ‹-s, -s/-ti› ['pɔrto, -ti] port *m;* **p~frei I.** *a* franc *od* exempt de port; **II.** *adv* franco de port, port payé; **p~pflichtig** *a* soumis à la taxe; *~!* port dû; *~e Dienstsache f* lettre *f* officielle en port dû.
Porträt *n* ‹-s/-(e)s, -s/-e› [pɔr'trɛ:(t), -'trɛ:s] portrait *m;* **p~ieren** [-trɛ'ti:rən] ‹*ohne ge-*› *tr* faire le portrait de, portraiturer.
Portug|al *n* ['pɔrtugal] le Portugal; **~iese** *m* ‹-n, -n› [-'gi:zə], **~iesin** *f* ‹-, -nen› Portugais(e *f*) *m;* **p~iesisch** [-'gi:zɪʃ] *a* portugais; *(das) P~(e) n* (le) portugais.
Portwein *m* ['pɔrt-] porto *m.*
Porzellan *n* ‹-s, -e› [pɔrtsɛ'la:n] porcelaine *f;* **~geschirr** *n* porcelaine *f;* **~manufaktur** *f* manufacture *f* de porcelaine.
Posaune *f* ‹-, -n› [po'zaunə] trombone *m.*
Pos|e *f* ‹-, -n› ['po:zə] *(gesuchte Stellung u. Haltung)* pose *f;* **p~ieren** [po'zi:rən] ‹*ohne ge-*› *itr* poser; **~ition** *f* ‹-, -en› [-zitsi'o:n] **1.** position; *(beim Fechten)* figure *f;* **2.** *(im Staatshaushalt)* chapi-

tre *m;* — *in gesicherter, guter* ~ *sein* avoir une position stable; **~itionslicht** *n aero* feu *m* de position *od* de stationnement; **~itur** *f* ‹-, -en› [-'tu:r] posture *f; sich in* ~ *setzen* od *werfen* se rengorger, bomber le torse.

Poss|e *f* ‹-, -n› ['pɔsə] **1.** *theat* farce, facétie, pièce *f* burlesque; **2.** *pl (Späße)* bouffonneries, balivernes *f pl;* **~en** *m* ‹-s, -› *(Streich)* mauvais tour *m; jdm e-n* ~ *spielen* jouer un tour à qn; **p~enhaft** *a* facétieux, burlesque, bouffon; **p~ierlich** [-'si:r-] *a* drôle, plaisant.

Post *f* ‹-, ø› [pɔst] **1.** *(Einrichtung)* poste *f;* **2.** *(Amt, Gebäude)* (bureau *m* de) poste *f;* **3.** *(Briefe)* courrier *m,* lettres *f pl;* — *durch die* od *mit der* ~ par poste; *mit gleicher, mit der nächsten* ~ par le même courrier, par le prochain courrier; *die* ~ *abholen* retirer le courrier; *die* ~ *aufgeben* expédier son courrier; *auf die* od *zur* ~ *bringen* mettre à la poste; *eingehende, ausgehende* ~ courrier *m* à l'arrivée, au départ; **p~alisch** [-'ta:lɪʃ] *a* postal; **~amt** *n* bureau *m* de poste; **~anweisung** *f* mandat-poste, mandat *m* postal; *telegraphische* ~ mandat-poste télégraphique, télégramme *m* mandat; **~auto** *n* fourgon *m od* voiture *f* postal(e), *(Omnibus)* car *m* postal; **~beamter** *m,* **~beamtin** *f* employé(e *f*) *m* des postes; postier *m,* -ière *f;* **~bezug** *m (Zeitung)* abonnement *m* postal; **~bote** *m* facteur *m.*

Posten *m* ‹-s, -› ['pɔstən] **1.** *(Ware)* lot *m;* **2.** *(Buchungsbetrag)* article, poste *m,* entrée *f;* **3.** *(Stellung, Amt)* emploi *m,* position *f,* poste *m,* place, charge *f;* **4.** *mil (Wach~)* poste *m,* sentinelle *f;* — *auf dem* ~ *(an s-m Platz)* à son poste; *fig fam (wohlauf)* gaillard; ~ *stehen* être de *od* en faction; *auf verlorenem* ~ *stehen (fig)* défendre une cause perdue, être perdu.

Post|fach *n* ['pɔst-] boîte *f* postale; **~geheimnis** *n* secret *m* postal; **~karte** *f* carte *f* postale.

postieren [pɔs'ti:rən] ‹*ohne ge-*› **1.** *tr (aufstellen)* poster, placer; **2.** *refl: sich* ~ se planter.

Post|kutsche *f* ['pɔst-] *hist* diligence *f;* **p~lagernd** *adv* poste restante; **~leitzahl** *f* (numéro *m* de) code *m* postal; **~paket** *n* colis *m* postal; **~scheck** *m* chèque *m* postal; **~scheckamt** *n* office *od* bureau *od* centre *m* de(s) chèques postaux; **~scheckkonto** *n* compte *m* (de) chèques postaux; **~sparbuch** *n* livret *m* d'épargne postal; **~sparkasse** *f* caisse *f* d'épargne postale; **~stelle** *f* bureau *m* de poste auxiliaire; **~stempel** *m* cachet *m; Datum n des ~s* date *f* de la poste.

postum [pɔs'tu:m] **I.** *a (nachgeboren, -gelassen)* posthume; **II.** *adv* à titre posthume.

post|wendend ['pɔst-] *adv* par retour du courrier; **P~wertzeichen** *n* timbre-poste *m;* **P~wurfsendung** *f* envoi postal collectif, courrier *m* hors sac, correspondance *f* sans adresse.

poten|t [po'tɛnt] *a physiol* puissant; **P~tial** *n* ‹-s, -e› [-tsi'a:l] *phys allg* potentiel *m;* **~tiell** [-tsi'ɛl] *a (möglich)* potentiel; **P~z** *f* ‹-, -en› [-'tɛnts] *math phys physiol* puissance *f; in der 4.* ~ *(math)* à la 4e puissance.

Potpourri *n* ‹-s, -s› ['pɔtpuri] *mus* pot-pourri *m.*

Präambel *f* ‹-, -n› [prɛ'ambəl] *(Einleitung)* préambule *m.*

Pracht *f* ‹-, ø› [praxt] *(Prunk)* magnificence, somptuosité *f,* luxe *m;* pompe *f;* faste *m; (Glanz)* splendeur *f; es ist e-e wahre* ~*!* c'est magnifique! **~ausgabe** *f (Buch)* édition *f* de luxe.

prächtig ['prɛçtɪç] *a* somptueux, luxueux, magnifique, superbe; splendide; *fam (herrlich)* épatant.

Pracht|kerl *m,* **~mensch** *m* ['praxt-] *fam* maître homme *m,* maîtresse femme *f,* cœur d'or; gaillard *m* superbe; **~stück** *n* pièce *f* magnifique *od* superbe; **p~voll** *a* = *prächtig.*

Prädikat *n* ‹-(e)s, -e› [prɛdi'ka:t] **1.** *gram* prédicat, verbe *m;* **2.** *(Rangbezeichnung)* titre *m;* **3.** *(Schulzensur)* note, mention *f;* **~snomen** *n gram* attribut *m.*

Präfekt *m* ‹-en, -en› [prɛ'fɛkt] préfet *m;* **~ur** *f* ‹-, -en› [-'tu:r] préfecture *f.*

Präferenz *f* ‹-, -en› [prɛfe'rɛnts] préférence *f.*

Präfix *n* ‹-es, -e› [prɛ'fɪks] *gram* préfixe *m.*

Prag *n* [pra:k] Prague *f.*

prägen ['prɛ:gən] *tr* **1.** *(Münzen)* frapper, battre; **2.** *(Wort)* forger, former; **3.** *fig (gestalten)* former.

prägnan|t [prɛ'gnant] *a (Stil: kurz u. bündig)* serré, succinct, concis; dense; **P~z** *f* ‹-, ø› [-'gnants] concision; densité *f.*

Prägung *f* ['prɛ:guŋ] **1.** *(von Münzen)* frappe *f,* monnayage *m;* **2.** *fig (Gestalt)* marque *f;* caractère *m.*

prähistorisch ['prɛ-] *a* préhistorique.

prahl|en ['pra:lən] *itr* se vanter, hâbler, fanfaronner; *mit etw* ~ afficher qc, faire étalage *od* ostentation de qc, se targuer de qc; **P~er** *m* ‹-s, -› vantard, hâbleur, fanfaron, bravache *m;* **P~erei** *f* ‹-, -en› [-'raɪ] vantardise, vanterie, hâblerie, fanfaronnade *f;* **~erisch** *a* vantard, crâne, hâbleur, fanfaron.

Prakt|ik *f* ‹-, -en› ['praktɪk] *meist pl (Kniffe)* trucs, artifices; stratagèmes *m pl;* **p~ikabel** [-ti'ka:bəl] *a* praticable; **~ikant** *m* ‹-en, -en› [-'kant] stagiaire *m;* **~iker** *m* ‹-s, -› ['praktikər] praticien *m;* **~ikum** *n* ‹-s, -ka/-ken› ['praktikum] stage *m;* **p~isch** ['praktɪʃ] **I.** *a* pratique; **II.** *adv* en fait; en vérité; **p~izieren** [-ti'tsi:rən] ‹*ohne ge-*› *tr (ausüben)* pratiquer.

Prälat *m* ‹-en, -en› [prɛ'la:t] *rel* prélat *m.*

Praline *f* ‹-, -n› [pra'li:nə] chocolat *m,* crotte *f* de chocolat.

prall [pral] *a (Segel: voll)* bien tendu; *(Wade: stramm)* rebondi; *(Reifen)* gonflé à bloc; *(derb, kräftig)* dru, ferme; *in der ~en Sonne* en plein soleil; **P~** *m* ‹-(e)s, -e› *(Stoß)* heurt, choc *m;* **~en** *itr* ‹*sein*›: *auf etw ~* heurter qc; s'emboutir contre *od* sur qc.

Prämi|e *f* ‹-, -n› ['prɛ:miə] prime; *(Belohnung)* récompense; *(Zulage)* prime *f* d'encouragement; **p~ieren** [-'mi:rən (-mi'i:rən)] ‹*ohne ge-*› *tr* primer; rêcompenser; accorder un prix à.

prangen ['praŋən] *itr* briller, resplendir.

Pranger *m* ‹-s, -› ['praŋər] *hist* pilori *m; an den ~ stellen (a. fig)* mettre au pilori.

Pranke *f* ‹-, -n› ['praŋkə] griffe; patte *f.*

Präpar|at *n* ‹-(e)s, -e› [prɛpa'ra:t] *chem pharm* préparation *f;* **p~ieren** [-'ri:rən] ‹*ohne ge-*› *tr* **1.** préparer; **2.** *(Tier, Pflanze)* naturaliser.

Präposition *f* ‹-, -en› [prɛpozitsi'o:n] *gram* préposition *f;* **p~al** [-tsio'na:l] *a* prépositionnel.

Prärie *f* ‹-, -n› [prɛ'ri:] *geog* prairie *f.*

Präsen|s *n* ‹-, -tia/-zien› ['prɛ:zɛns, -'zɛntsia, -tsiən] *gram* présent *m;* **p~tieren** [-'ti:rən] ‹*ohne ge-*› *tr* présenter; **~zbibliothek** *f* bibliothèque *f* de consultation sur place.

Präsid|ent *m* ‹-en, -en› [prɛzi'dɛnt] président *m;* **~entschaft** *f* présidence *f;* **p~ieren** [-'di:rən] *itr* présider; **~ium** *n* ‹-s, -dien› [-'zi:dium, -diən] présidence *f; (e-r Partei)* comité *m* directeur.

prasseln ['prasəln] *itr* **1.** ‹*h*› *(Feuer)* crépiter; **2.** ‹*sein*› *(herunter~)* tomber avec fracas; *(Regen)* tomber dru.

prassen ['prasən] *itr (schlemmen)* faire bombance; *fam* faire la noce *od* la bombe.

Präteritum *n* ‹-s, -ta› [prɛ'te:ritum] *gram* prétérit *m.*

Praxis *f* ‹-, -xen› ['praksɪs] **1.** *(ohne pl)* pratique *f;* **2.** *(Arzt~)* cabinet (de consultation); *(Anwalts~)* cabinet *m* (d'affaires), étude *f;* **3.** *(ohne pl) (Kundschaft)* clientèle *f; — in die ~ umsetzen* mettre en pratique.

Präzedenzfall *m* [prɛtse'dɛnts-] **1.** précédent *m;* **2.** *jur* préjugé *m; — e-n ~ schaffen* créer *od* établir un précédent.

präzis|(e) [prɛ'tsi:s, -zə] *a* précis, exact; **~ieren** [-'zi:rən] ‹*ohne ge-*› *tr* préciser; **P~ion** *f* ‹-, ø› [-zi'o:n] précision *f;* **P~ionsinstrument** *n* instrument *m* de précision.

predig|en ['pre:dɪgən] *tr u. itr* prêcher; *itr pej* sermonner; **P~er** *m* ‹-s, -› prédicateur *m;* **P~t** *f* ‹-, -en› [-dɪçt] *allg* prédication *f; (kath.)* sermon; *(evang.)* prêche *m; e-e ~ halten* faire un sermon.

Preis *m* ‹-es, -e› [praɪs, '-zə] **1.** prix *m;* **2.** *(Belohnung)* récompense, prime *f;* **3.** *(Lob)* louange *f,* éloge *m; — um jeden ~* à tout prix, coûte que coûte; *um keinen ~* à aucun prix; *zu e-m angemessenen ~* à juste prix; *zu ermäßigten ~en* à tarif réduit; *zum halben ~* à moitié prix; à demi-tarif; *e-n ~ vereinbaren* convenir d'un prix; *die ~e drücken* gâter le marché *od* le métier, gâcher le métier; *die ~e erhöhen* od *heraufsetzen, senken* od *herabsetzen* augmenter, baisser *od* diminuer les prix; *äußerster ~* prix serré à l'extrême, (tout) dernier prix *m; fester ~* prix *m* fixe; **~abbau** *m* diminution *od* réduction *f* des prix; **~absprache** *f* entente *f* sur les prix; **~angabe** *f* indication *f* de *od* du prix; **~anstieg** *m* hausse *f* des prix; **~aufschlag** *m* majoration *f* (de prix); **~ausschreiben** *n* (mise *f* au) concours *m.*

Preiselbeere *f* ['praɪzəl-] airelle *f* rouge.

preisen ['praɪzən] ‹*pries, gepriesen*› *tr (loben)* louer, vanter, faire l'éloge de, prôner, célébrer, magnifier; *sich glücklich ~* s'estimer heureux.

Preis|erhöhung *f* ['praɪs-] hausse, augmentation *od* élévation *od* majoration *f od* relèvement *m* de(s) prix (*um* de); **~ermäßigung** *f* diminution *od* réduction *f* de(s) prix.

Preis|gabe *f* ['praɪs-] abandon *m; unter ~* en abandonnant (*e-r S* qc); **p~=geben** ‹*gibt, gab preis, preisgegeben*› *tr* abandonner, *(opfern)* sacrifier; **p~gegeben** *a dat* en proie à, à la merci de, au gré de.

preis|gekrönt ['praɪs-] *a* primé, couronné; **P~gericht** *n* jury *m;* **~günstig** *a* (d'un prix) avantageux; **P~index** *m* indice *m* des prix; **P~kontrolle** *f* contrôle *m* des prix; **P~lage** *f: in jeder ~* à tous les prix; *in welcher ~?* dans quels prix? **P~liste** *f* liste *f* des prix, barème, prix-courant, éventail *m;* **P~nachlaß** *m* rabais *m;* remise, réduction *f;* **P~niveau** *n* niveau *m* des prix; **P~rückgang** *m* baisse *f* des prix; **P~schild** *n* étiquette *f* de prix; **P~schwankungen** *f pl* fluctuations *f pl* des prix; **P~senkung** *f* rabaissement *od* abattement *m* des prix; **P~steigerung** *f* renchérissement *m; vgl. Preiserhöhung;* **P~stopp** *m* blocage *m* des prix; **P~träger(in** *f***)** *m* lauréat(e *f*) (récipiendaire); *sport a.* champion(ne *f*) *m;* **P~treiberei** *f* hausse *f* abusive *od* illicite; **P~überwachung** *f* surveillance *f od* contrôle *m* des prix; ~**wert I.** *a* bon marché; **II.** *adv* à bon marché.

Prell|bock *m* ['prɛl-] *loc* butoir, heurtoir *m;* **p~en** *tr* berner *a. fig; fig (betrügen)* frustrer, duper; filouter, escroquer; ~**ung** *f* ‹-, -en› *med* contusion *f.*

Premier *m* ‹-s, -s› [premi'e:] , ~**minister** *m* président du conseil; *(d. brit.)* premier (ministre) *m;* ~**e** *f theat* première *f.*

Presse *f* ‹-, -n› ['prɛsə] **1.** *(Gerät, Maschine)* presse *f;* **2.** *(ohne pl) (d. Zeitungen)* presse *f;* journaux *m pl; e-e gute, schlechte ~ haben* avoir une bonne, mauvaise presse; ~**agentur** *f* agence *f* de presse; ~**ausweis** *m* carte *f* de presse, coupe-file *m;* ~**chef** *m* chef *m* des services de presse.

pressen ['prɛsən] *tr* **1.** presser; **2.** *(zs.drücken)* comprimer; **3.** *(aus~)* pressurer; — *den Saft aus der Zitrone ~* presser un citron; *(an sich ~)* serrer *(an seine Brust* sur sa poitrine).

Presse|freiheit *f* ['prɛsə-] liberté *f* de la presse; ~**konferenz** *f* conférence *f* de presse; ~**meldung** *f,* ~**notiz** *f* information *f* de presse; ~**photograph** *m* reporter(-)photographe *m;* ~**stimmen** *f pl* écho *m* de la presse; ~**zensur** *f* censure *f* de la presse.

pressieren [prɛ'si:rən] ‹*ohne ge-*› *itr fam* presser, être urgent; *das pressiert nicht* ça ne presse pas, rien ne presse.

Preß|kohle *f* ['prɛs-] (charbon *m* en) briquette(s) *f;* ~**luft** *f* air *m* comprimé; ~**luftbohrer** *m* perforateur *m* pneumatique; ~**lufthammer** *m* marteau *m* pneumatique *od* à air comprimé.

Preuß|en *n* ['prɔʏsən] la Prusse; **p~isch** *a* prussien.

prickeln ['prɪkəln] **1.** *tr* picoter; **2.** *itr* titiller; ~**d** *a* titillant; *fig* piquant.

Priem *m* ‹-(e)s, -e› [pri:m] chique *f;* **p~en** *itr* chiquer.

Priester *m* ‹-s, -› ['pri:stər] prêtre *m;* ~**amt** *n* sacerdoce; (saint) ministère *m;* ~**in** *f* prêtresse *f;* ~**seminar** *n* séminaire *m;* ~**tum** *n* ‹-s, ø› sacerdoce *m;* ~**weihe** *f* ordination *f.*

prima ['pri:ma] **I.** *a fam* **1.** *com* de première qualité; **2.** *allg* fameux, sensationnel, épatant; *pop* bath; **II.** *adv* à merveille; — *das geht ~ (fam)* ça va on ne peut mieux; *das ist (ja) ~! (fam)* c'est chouette! *pop* c'est au poil!

primär [pri'mɛ:r] **I.** *a* primaire; **II.** *adv* en premier lieu.

Primas *m* ‹-, -se/-maten› ['pri:mas, -'ma:tən] *rel* primat *m.*

Primat *m* od *n* ‹-(e)s, -e› [pri'ma:t] *(Vorrang)* primauté; *rel* primatie *f.*

Primaten *m pl* [pri'ma:tən] *zoo* primates *m pl.*

Primel *f* ‹-, -n› ['pri:məl] *bot* primevère *f.*

primitiv [primi'ti:f] *a* primitif; **P~ität** *f* ‹-, ø› [-tivi'tɛ:t] primitivité *f.*

Primzahl *f* ['pri:m-] nombre *m* premier.

Prinz *m* ‹-en, -en› [prɪnts] prince *m;* ~**essin** *f* ‹-, -nen› [-'tsɛsɪn] princesse *f;* ~**gemahl** *m* prince *m* consort.

Prinzip *n* ‹-s, -ien/(-e)› [prɪn'tsi:p, -piən] principe *m; aus ~* par principe; *im ~* en principe; **p~iell** [-pi'ɛl] *a* u. *adv* par principe; ~**ienreiter** *m pej* doctrinaire *m.*

Prinzregent *m* ['prɪnts-] prince-régent *m.*

Prior|(in *f*) *m* ‹-s, -en› ['pri:ɔr, -'o:rən] *rel* prieur(e *f*) *m;* ~**ität** *f* ‹-, -en› [-ri'tɛ:t] *(Vorrang)* priorité, préférence *f.*

Prise *f* ‹-, -n› ['pri:zə] **1.** *(kleine Menge)* pincée; *(Tabak)* prise *f;* **2.** *mar* prise *f.*

Prisma *n* ‹-s, -men› ['prɪsma] *math opt* prisme *m.*

Pritsche *f* ‹-, -n› ['prɪtʃə] *(Liege)* couchette *f.*

privat [pri'va:t] **I.** *a* privé, particulier; **II.** *adv* en particulier; par voie privée.

Privat|adresse *f,* ~**anschrift** *f* [pri'va:t-] adresse *f* privée; ~**audienz** *f* audience *f* particulière; ~**besitz** *m* propriété *f* privée; ~**detektiv** *m* détective *m;* ~**klinik** *f* clinique privée, maison *f* de santé; ~**leben** *n* vie *f* privée, privé *m; in jds ~ herumschnüffeln* éplucher la vie de qn; ~**lehrer** *m* précepteur *m;* ~**mann** *m* ‹-(e)s, -männer/-leute› homme privé, particulier *m;* ~**patient** *m* client *m* privé; ~**person** *f* personne *f* privée; ~**recht** *n* droit *m* privé; ~**sache** *f* affaire *f* privée *od* particulière; *das ist ~* c'est l'affaire de chacun; ~**schule** *f* école *f* privée *od* libre; ~**sekretär** *m* secrétaire *m* particulier; ~**unterricht** *m* **1.** leçons *f pl* particulières; **2.** enseignement *m* libre; ~**vermögen** *n* fortune *f* personnelle; ~**weg** *m* chemin *m od* voie *f* privé(e); ~**wirtschaft** *f* économie *od* industrie *f* privée.

Privileg *n* ‹-(e)s, -ien› [privi'le:k, -iən] privilège *m;* **p~ieren** [-le'gi:rən] ‹*ohne ge-*› *tr* privilégier.

pro [pro:] *prp (je)* par; *~ Kopf, Mann* par tête, homme; **P~** *n: das ~ und Kontra* le pour et le contre.

probat [pro'ba:t] *a* éprouvé; *(Mittel)* souverain.

Probe *f* ‹-, -n› ['pro:bə] **1.** épreuve *f; (Versuch)* essai *m;* expérience *f; (Prüfung)* test; examen *m;* **2.** *theat* répétition *f;* **3.** *(Warenprobe, Muster)* spécimen, échantillon *m;* — *auf* od *zur ~* à l'essai; *die ~ bestehen* soutenir *od* supporter l'épreuve; *die ~ machen* faire la preuve (*auf* de); *auf die ~ stellen* mettre à l'épreuve *od* à l'essai; *(die Geduld)* exercer, éprouver; ~**abzug** *m* épreuve *f;* ~**alarm** *m* exercice *m* d'alerte;

~druck *m* ‹-(e)s, -e› *typ* épreuve; impression *f* d'essai; **~fahrt** *f mot* essai *m* sur route; **~heft** *n (Zeitschrift)* spécimen *m;* **p~n** *tr* u. *itr theat* répéter; **~nummer** *f (Zeitung)* (numéro) spécimen *m;* **~seite** *f* page *f* d'essai *od* spécimen; **p~weise** *adv* à titre d'essai; **~zeit** *f* temps *m od* période *f* d'essai *od* d'épreuve; stage *m.*
probieren [pro'bi:rən] ‹*ohne ge-*› *tr* **1.** *(versuchen)* essayer; *(erproben)* éprouver; **2.** *(Speise)* goûter; *(Getränk)* déguster.
Problem *n* ‹-s, -e› [pro'ble:m] problème *m; das ist kein ~ (fam)* il n'y a pas de *od* cela ne pose pas de problème, ce n'est pas gênant; **~atik** *f* ‹-, ø› [-ble'ma:tık] caractère problématique, ensemble *m* des problèmes; **p~atisch** [-'ma:tıʃ] *a* problématique.
Produkt *n* ‹-(e)s, -e› [pro'dukt] produit *m;* **~enhandel** *m* commerce *m* des produits naturels.
Produktion *f* ‹-, -en› [produktsi'o:n] production *f;* **~saufnahme** *f* mise *f* en fabrication; **~sausfall** *m* perte *f* de production; **~skosten** *pl* coût *m od* frais *m pl* de production; **~smittel** *n pl* moyens *m pl* de production; **~srückgang** *m* baisse *f* de (la) production; **~ssteigerung** *f* augmentation *f* de la production.
produktiv [produk'ti:f] *a* productif; **P~ität** *f* ‹-, ø› [-tivi'tɛ:t] productivité *f.*
Produz|ent *m* ‹-en, -en› [produ'tsɛnt], *a. film* producteur *m;* **p~ieren** [-'tsi:rən] ‹*ohne ge-*› **1.** *tr* produire, fabriquer; **2.** *refl: sich ~ (auftreten)* se produire.
profan [pro'fa:n] *a* profane.
Profess|ional *m* ‹-s, -s› [prə'fɛʃənəl] *(Berufssportler)* professionnel *m;* **p~ionell** [profɛsio'nɛl] *a* professionnel; **~or** *m* ‹-s, -en› [-'fɛsɔr, -'so:rən] professeur *m* (d'université); **~ur** *f* ‹-, -en› [-'su:r] chaire *f* (de professeur), professorat *m;* **Profi** *m* ‹-s, -s› ['pro:fi] *sport = Professional.*
Profil *n* ‹-s, -e› [pro'fi:l] profil *m;* coupe *f; (Reifen)* sculpture *f; im ~* de profil; *im ~ darstellen* profiler; **p~ieren** [-fi'li:rən] ‹*ohne ge-*› *tr* profiler; **p~iert** *a* **1.** *tech* profilé; **2.** *fig (Mensch)* marquant; prononcé; **~reifen** *m* pneu *m* sculpté.
Profit *m* ‹-(e)s, -e› [pro'fi:t] profit *m;* **~gier** *f* avidité *od* âpreté *f* au gain; **p~ieren** [-fi'ti:rən] ‹*ohne ge-*› *itr* profiter (*von* de; *an* de, sur); gagner (*an* à); bénéficier (*von* de).
Prognose *f* ‹-, -n› [pro'gno:zə] **1.** *med* pronostic *m;* **2.** *allg* prévision *f.*
Programm *n* ‹-s, -e› [pro'gram] programme *m; das ~ gestalten (radio)* programmer; *Zweites ~ (radio, TV)* deuxième chaîne *f;* **~änderung** *f* changement *m* de programme; **~gestaltung** *f radio* programmation *f;* **p~ieren** [-'mi:rən] ‹*ohne ge-*› *tr tech* programmer; *programmierter Unterricht m* enseignement *m* programmé; **~ierer** *m* ‹-s, -› *tech* programmeur *m;* **~ierung** *f* ‹-, -en› *tech* programmation *f;* **~steuerung** *f* programmation *f;* **~vorschau** *f* aperçu *m* des prochains programmes; *radio TV* prochaines émissions *f pl.*
progressiv [progrɛ'si:f] *a* progressif.
Projekt *n* ‹-(e)s, -e› [pro'jɛkt] projet *m;* **p~ieren** [-'ti:rən] ‹*ohne ge-*› *tr* projeter; **~il** *n* ‹-s, -e› [-'ti:l] *(Geschoß)* projectile *m;* **~ion** *f* ‹-, -en› [-tsi'o:n] projection *f;* **~ionsapparat** *m,* **~ionsgerät** *n* appareil de projection, projecteur *m.*
Projektor *m* ‹-s, -en› [pro'jɛktɔr, -'to:rən] *(Bildwerfer)* projecteur *m;* **projizieren** [-ji'tsi:rən] ‹*ohne ge-*› *tr* projeter.
Proklam|ation *f* ‹-, -en› [proklamatsi'o:n] , **~ierung** *f* ‹-, -en› proclamation *f;* **p~ieren** [-'mi:rən] ‹*ohne ge-*› *tr* proclamer.
Prokur|a *f* ‹-, -ren› [pro'ku:ra] *com* procuration *f;* **~ist** *m* ‹-en, -en› [-ku'rıst] fondé *m* de procuration *od* de pouvoir.
Proletar|iat *n* ‹-s, ø› [proletari'a:t] prolétariat *m;* **~ier** *m* ‹-s, -› [-'ta:riər] prolétaire *m;* **p~isch** [-'ta:rıʃ] *a* prolétaire, prolétarien.
Prolog *m* ‹-s, -e› [pro'lo:k, -gə] prologue *m.*
Promen|ade *f* ‹-, -n› [promə'na:də] **1.** *(Spaziergang)* promenade *f;* **2.** *(Weg) a.* cours *m;* **p~ieren** [-'ni:rən] ‹*ohne ge-*› *itr* ‹*sein*› se promener.
Promille *n* ‹-(s), -› [pro'mılə] pour-mille *m.*
prominen|t [promi'nɛnt] *a* éminent, marquant; en vedette; **P~te** *m f* ‹-n, -n› personnalité (de premier plan), célébrité; *theat film* vedette, étoile *f; sport* as *m;* **P~z** *f* ‹-, ø› [-'nɛnts] *(Personen)* personnalités *f pl.*
Promo|tion *f* ‹-, -en› [promotsi'o:n] promotion *f,* doctorat *m;* **p~vieren** [-'vi:rən] ‹*ohne ge-*› **1.** *tr* recevoir docteur; **2.** *itr* passer son doctorat.
prompt [prɔmpt] *a* prompt; **P~heit** *f* ‹-, ø› promptitude *f.*
Pronomen *n* ‹-s, -mina› [pro'no:mən, -mina] *gram* pronom *m.*
Propag|anda *f* ‹-, ø› [propa'ganda] propagande, publicité *f; ~ machen* faire de la propagande; **~andafeldzug** *m* campagne publicitaire, opération *f* de propagande; **~andist** *m* ‹-en, -en› [-'dıst] propagandiste *m;* **p~andistisch** [-'dıstıʃ] *a* propagateur; **p~ieren** [-'gi:rən] ‹*ohne ge-*› *tr* propager, préconiser; **~ierung** *f* ‹-, ø› propagation, préconisation *f.*

Propan(gas) *n* ‹-s, ø› [pro'pa:n] propane *m.*
Propeller *m* ‹-s, -› [pro'pɛlər] propulseur *m,* hélice *f.*
Prophe|t *m* ‹-en, -en› [pro'fe:t] prophète, vaticinateur *m;* **p~tisch** [-'fe:tɪʃ] *a* prophétique; **p~zeien** [-'tsaɪən] ‹*ohne ge-*› *tr* prophétiser, augurer; *(voraussagen)* prédire, pronostiquer; *itr* vaticiner; prédire l'avenir; **~zeiung** *f* prophétie, vaticination, prédiction *f* (de l'avenir).
Proportion *f* ‹-, -en› [propɔrtsi'o:n] proportion *f;* **p~al** [-tsio'na:l] *a* proportionnel; **p~iert** [-'ni:rt] *a: gut ~* (bien) proportionné.
Propst *m* ‹-es, ¨-e› [pro:pst, 'prø:pstə] *rel (kath.)* prieur; *(evang.)* surintendant *m.*
Prosa *f* ‹-, ø› ['pro:za] prose *f;* **p~isch** [-'za:ɪʃ] *a, a. fig* prosaïque.
prosit ['pro:zɪt] , **prost** [pro:st] *interj* à votre *od* ta santé!
Prospekt *m* ‹-(e)s, -e› [pro'spɛkt] *(Werbeschrift)* prospectus *m.*
Prostitu|ierte *f* ‹-n, -n› [prostitu'i:rtə] prostituée *f;* **~tion** *f* ‹-, ø› [-tutsi'o:n] prostitution *f.*
protegieren [prote'ʒi:rən] ‹*ohne ge-*› *tr* protéger, patronner; *fam* pistonner.
Protein *n* ‹-s, -e› [prote'i:n] *chem* protéine *f.*
Protek|tion *f* ‹-, -en› [protɛktsi'o:n] protection *f; fam* piston *m;* **P~tionismus** *m* ‹-, ø› [-tsio'nɪsmus] *(Schutzzollpolitik)* protectionnisme *m;* **P~torat** *n* ‹-(e)s, -e› [-to'ra:t] *pol* protectorat; *allg* patronage *m.*
Protest *m* ‹-(e)s, -e› [pro'tɛst] **1.** protestation *f;* **2.** *(Wechsel)* protêt *m;* **—** *~ erheben* od *einlegen* élever *od* formuler une protestation, protester; **~ant(in)** *m* ‹-en, -en› (*f* ‹-, -nen›) [-'tant(-)] *rel* protestant(e *f*) *m;* **p~antisch** [-'tantɪʃ] *a* protestant; **~antismus** *m* ‹-, ø› [-'tɪsmus] protestantisme *m;* **p~ieren** [-'ti:rən] ‹*ohne ge-*› *itr* u. *tr (Wechsel)* protester; **~kundgebung** *f* manifestation *f* d'opposition, meeting *m* de protestation; **~note** *f pol* note *f* de protestation; **~rufe** *m pl* clameurs de protestation, protestations *f pl.*
Prothese *f* ‹-, -n› [pro'te:zə] prothèse *f;* membre artificiel; *(Zahn~)* appareil *m.*
Protokoll *n* ‹-s, -e› [proto'kɔl] **1.** *(Niederschrift)* procès-verbal *m;* **2.** *(Etikette) pol* protocole *m;* **—** *das ~ führen* rédiger *od* tenir le procès-verbal; *zu ~ geben* consigner *od* faire inscrire au procès-verbal; **p~arisch** [-'la:rɪʃ] *a* protocolaire; **~führer** *m* rédacteur *m* du procès-verbal; **p~ieren** [-'li:rən] ‹*ohne ge-*› *tr* prendre en procès-verbal.
Proto|n *n* ‹-s, -en› ['pro:tɔn, -'to:nən] *phys* proton *m;* **~plasma** *n biol* protoplasma, protoplasme *m;* **~typ** *m* ‹-(e)s, -en› [proto'ty:p] prototype *m.*
Protz *m* ‹-en/-es, -e(n)› [prɔts] nouveau riche, richard *m;* **p~en** *itr* se donner des airs; *mit etw ~* faire étalage *od* parade de qc; **p~ig** *a* **1.** *(Sache)* voyant, plein d'ostentation, ostentatoire; **2.** *(Person)* bouffi d'orgueil.
Provenzal|e *m* ‹-n, -n› [provɛn'tsa:lə], **~in** *f* ‹-, -nen› Provençal(e *f*) *m;* **p~isch** [-'tsa:lɪʃ] *a* provençal.
Proviant *m* ‹-(e)s, (-e)› [provi'ant] approvisionnement *m,* vivres *m pl,* subsistances; *(Mundvorrat)* provisions *f pl* (de bouche); *mit ~ versehen* approvisionner.
Provinz *f* ‹-, -en› [pro'vɪnts] province *f;* **~ler(in)** *m* ‹-s, -› (*f* ‹-, -nen›) provincial(e *f*) *m;* **~stadt** *f* ville *f* de province; **~zeitung** *f* journal *m* régional.
Provis|ion *f* ‹-, -en› [provizi'o:n] *com* provision, commission; *(Verkaufs~)* guelte *f;* **p~orisch** [-'zo:rɪʃ] *a* provisoire, intérimaire, par intérim; **~orium** *n* ‹-s, -rien› [-'zo:rium, -riən] (solution *f*) provisoire *m.*
Provo|kation *f* ‹-, -en› [provokatsi'o:n] provocation *f;* **p~zieren** ‹*ohne ge-*› *tr* provoquer (*zu* à); **p~zierend** [-'tsi:rənt] *a* provocateur.
Prozedur *f* ‹-, -en› [protse'du:r] procédure *f.*
Prozent *n* ‹-(e)s, -e› [pro'tsɛnt] pour-cent *m; in ~en* en pour-cent; **~satz** *m* pourcentage, taux *m;* **p~ual** [-tu'a:l] *a* pour cent.
Prozeß *m* ‹-sses, -sse› [pro'tsɛs] **1.** *jur* procès *m;* cause *f;* **2.** *tech (Verfahren)* procédé *m,* opération *f;* **3.** *chem* processus *m,* réaction *f;* **—** *e-n ~ führen* conduire *od* poursuivre un procès, plaider une cause; *kurzen ~ machen* trancher court *od* net, ne pas y aller par quatre chemins; **~akten** *f pl* (pièces *f pl,* dossier du) procès *m;* **~gegner** *m* partie *f* adverse.
prozessieren [protsɛ'si:rən] ‹*ohne ge-*› *itr* plaider; *mit jdm ~* faire un procès à qn.
Prozession *f* ‹-, -en› [protsɛsi'o:n] procession *f.*
Prozeß|kosten [pro'tsɛs-] *pl* frais *m pl* de (la) procédure; **~ordnung** *f* (code *m* de) procédure *f;* **~weg** *m: auf dem ~* contentieusement.
prüde ['pry:də] *a* prude; **P~rie** *f* ‹-, -n› [-'ri:] pruderie *f.*
Prüfabzug *m* ['pry:f-] *typ* épreuve *f.*
prüfen ['pry:fən] *tr* **1.** examiner *(a. Menschen);* faire l'examen de; *(genau ~)* scruter, passer en revue; *(untersuchen)* étudier, mettre à l'étude, sonder; **2.** *(besichtigen)* inspecter, contrôler; **3.** *(versuchen)* essayer; **4.** *(nach~)* vérifier; **5.** *(erproben, fig: heimsuchen)* éprouver;

mettre à l'épreuve; **6.** *(testen)* tester; **7.** *(als Sachverständiger)* expertiser; *(bei der Abnahme)* réceptionner; *com* apurer; **8.** *typ* reviser, réviser; **9.** *tech* étalonner; — *einen Schüler mündlich ~* faire passer un examen oral à un élève; *jdn auf Herz und Nieren ~ (fig)* sonder les reins et le cœur de qn, examiner qn sur toutes les coutures; **~d** *a* examinateur; *(forschend)* scrutateur, investigateur; *(fragend)* interrogateur.

Prüfer *m* ‹-s, -› ['pry:fər] examinateur; *(Kontrolleur)* contrôleur, vérificateur; *(Buch~)* réviseur; *tech* essayeur *m.*

Prüf|gerät *n* ['pry:f-] appareil *m* de contrôle; **~lampe** *f* lampe d'essai, lampe-témoin *f;* **~ling** *m* ‹-s, -e› candidat *m;* **~stand** *m* banc *od* poste *m od* plate-forme *f* d'essai(s); **~stein** *m tech* u. *fig* pierre *f* de touche.

Prüfung *f* ‹-, -en› ['pry:fuŋ] **1.** examen *m (a. von Menschen); (Untersuchung)* étude *f,* sondage *m,* investigation *f;* **2.** *(Besichtigung)* inspection *f,* contrôle *m;* **3.** *(Versuch, Probe)* essai *m;* **4.** *(Nach~)* vérification *f;* **5.** *(Erprobung, Heimsuchung)* épreuve *f;* **6.** *(Test)* test *m;* **7.** *com* apurement *m;* — *bei* od *nach näherer* od *genauer ~* après examen approfondi, après plus ample examen; *e-e ~ ablegen* od *machen* subir *od* passer un examen; *e-e ~ bestehen* être reçu à un examen; *in e-r ~ durchfallen* échouer à un examen; *schriftliche, mündliche ~* examen *m* écrit, oral; épreuves *f pl* écrites, orales; **~sausschuß** *m (Schule)* commission *f* d'examen *od* scolaire; *allg* comité *od* jury *m* d'examen; **~sergebnis** *n* résultat *m* de l'examen; **~sfrage** *f* question *f* d'examen; **~sgebühren** *f pl* frais *m pl* d'examen; **~sgegenstand** *m* sujet *m* d'examen; **~skommission** *f* = *Prüfungsausschuß.*

Prügel *m* ‹-s, -› ['pry:gəl] **1.** *(Stock)* bâton, gourdin *m;* **2.** *pl* coups *m pl* de bâton; *Tracht f ~* volée, *fam* rossée, raclée *f;* **~ei** *f* ‹-, -en› [-'laɪ] rixe, bagarre *f;* **~knabe** *m* souffre-douleur *m;* **p~n** *tr* donner des coups de bâton à, battre, corriger, rosser, rouer (de coups); **~strafe** *f* peine *od* punition *f* corporelle.

Prunk *m* ‹-(e)s, ø› [pruŋk] faste *m,* pompe *f,* luxe, apparat *m,* parade, somptuosité *f;* **p~en** *itr* étaler un grand faste; *mit etw ~* faire parade *od* étalage *od* ostentation de qc; **~sucht** *f* amour *m* du faste.

prusten ['pru:stən] *itr* s'ébrouer; *(heftig niesen)* éternuer très fort.

Psalm *m* ‹-s, -en› [psalm] psaume *m.*

pseudonym [psɔʏdo'ny:m] *a* pseudonyme; **P~** *n* ‹-s, -e› pseudonyme; nom *m* de guerre *od* de plume.

pst [pst] *interj* pst! psitt! chut!

Psych|e *f* ‹-, -n› ['psy:çə] *scient* âme *f;* psychisme *m;* **~iater** *m* ‹-s, -› [-çi'a:tər] psychiatre *m;* **~iatrie** *f* ‹-, ø› [-'tri:] psychiatrie *f;* **p~isch** ['psy:çɪʃ] *a* psychique; **~oanalyse** *f* [-ço-] psychanalyse *f;* **p~ogen** [-ço'ge:n] *a med* psychogène; **~ologe** *m* ‹-n, -n› [-ço'lo:gə] psychologue *m;* **~ologie** *f* ‹-, ø› [-lo'gi:] psychologie *f; angewandte, vergleichende ~* psychologie *f* appliquée, comparée; **p~ologisch** [-'lo:gɪʃ] *a* psychologique; **~opath(in)** *m* ‹-en, -en› (*f* ‹-, -nen›) [-'pa:t] psychopathe *m f;* **p~opathisch** [-'pa:tɪʃ] *a* psychopathique; **~ose** *f* ‹-, -n› [-'ço:zə] psychose *f;* **~otherapie** *f* ‹-, ø› [-tera'pi:] psychothérapie *f.*

Pubertät *f* ‹-, ø› [pubɛr'tɛ:t] puberté, maturité *f* sexuelle.

publ|ik [pu'bli:k] *a* public; *~ machen* rendre public, livrer à la publicité; *~ werden (a.)* s'ébruiter; **P~ikation** *f* ‹-, -en› [-blikatsi'o:n] publication *f;* **P~ikum** *n* ‹-s, ø› ['pu:blikum] public *m,* assistance *f; vor das ~ treten* se montrer au public; **P~ikumsgeschmack** *m* goût *m* du public; **~izieren** [-li'tsi:rən] ‹*ohne ge-*› *tr* publier; **P~izist** *m* ‹-en, -en› [-'tsɪst] publiciste *m.*

Pudding *m* ‹-s, -e/-s› ['pʊdɪŋ] crème *f,* entremets *m;* **~form** *f* moule *m* (à crème).

Pudel *m* ‹-s, -› ['pu:dəl] caniche, barbet *m; wie ein begossener ~ dastehen, abziehen* avoir l'air d'un chien battu, s'en aller tout penaud *od* la queue basse; **p~naß** *a* mouillé jusqu'aux os, trempé comme une soupe.

Puder *m* ‹-s, -› ['pu:dər] poudre *f; ~ auflegen* mettre de la poudre; **~dose** *f* poudrier *m,* boîte *f* à poudre; **p~n** *tr* poudrer; **~quaste** *f* houppe à poudre, houpette *f;* **~zucker** *m* sucre *m* en poudre.

Puff [pʊf] **(1)** *m* ‹-(e)s, ¨e/-e› *(Stoß)* coup, choc *m,* bourrade *f;* **(2)** *m* ‹-s, -s› *fam (Bordell)* claque, bordel *m;* **p~en** *tr (stoßen)* donner des bourrades à, pousser; **~er** *m* **1.** *loc* tampon, amortisseur *m;* **2.** *(Küche)* omelette *f* de pommes de terre; **~erstaat** *m,* **~erzone** *f* État *m,* zone *f* tampon.

Pull|i *m* ‹-s, -s› ['pʊli] *(Kurzform von: Pullover)* pull *m;* **~over** *m* ‹-s, -› [pʊ'lo:vər, pʊl'ʔo-] pull-over, chandail *m.*

Puls *m* ‹-es, -e› [pʊls, '-zə] pouls *m;* *(~schlag)* pulsation *f; jdm den ~ fühlen* tâter *od* prendre le pouls à qn; **~ader** *f* artère *f;* **p~en** ['-zən] *itr,* **p~ieren** [-'zi:rən] ‹*ohne ge-*› *itr* battre; avoir des pulsations; **~schlag** *m* battement *m* du pouls, pulsation *f;* **~wärmer** *m* mitaine *f.*

Pult *n* ‹-(e)s, -e› [pʊlt] pupitre *m*.

Pulver *n* ‹-s, -› ['pʊlfər, -vər] **1.** poudre *f;* **2.** *fam (Geld)* galette *f, pop* pognon *m;* — *das ~ nicht erfunden haben (fig)* n'avoir pas inventé la poudre (à canon) *od* le fil à couper le beurre; **~faß** *n* baril *m* à *od* de poudre; *fig* poudrière *f;* **p~ig** [-fərɪç] *a* pulvérulent; **p~isieren** [-veri'zi:rən] ‹*ohne ge-*› *tr* pulvériser; réduire en poudre; **~schnee** *m* (neige) poudreuse *f.*

Puma *m* ‹-s, -s› ['pu:ma] *zoo* puma *m.*

pumm(e)lig ['pʊm(ə)lɪç] *a fam* rondelet, potelé.

Pump *m* ‹-(e)s, ø› [pʊmp] *fam (Borg)* tapage *m; auf ~* à crédit, *fam* à l'œil.

Pumpe *f* ‹-, -n› ['pʊmpə] pompe *f.*

pumpen ['pʊmpən] *tr* **(1)** pomper; **(2)** *fam: 20 Mark von jdm ~* taper qn de 20 marks; *jdm etw ~* prêter qc à qn.

Pump|station *f,* **~werk** *n* ['pʊmp-] station de pompage, usine *f* hydraulique.

Punkt *m* ‹-(e)s, -e› [pʊŋkt] **1.** *math gram typ allg* point *m;* **2.** *(Ort)* endroit *m;* **3.** *(Paragraph, Artikel)* article *m;* **4.** *(Gesprächsgegenstand)* matière *f;* — *~ für ~* point par point; *12 Uhr* à midi précis, (à) midi juste; *in diesem ~* à cet égard; *nach ~en siegen* vaincre aux points; *nun mach aber 'n ~! (fam)* en voilà assez! as-tu fini? *dunkler ~ (fig)* ombre *f; der höchste ~ (geog)* le point culminant; *der springende ~* le point délicat, décisif, le plus important; *strittiger ~* point d'accrochage *od* litigieux; *toter ~ (phys tech fig)* point *m* mort; **p~ieren** [-'ti:rən] ‹*ohne ge-*› *tr* **1.** pointiller, ponctuer, marquer de points; **2.** *med* ponctionner; **p~iert** *a (Linie)* pointillé; **~ion** *f* ‹-, -en› [-tsi'o:n] *med* ponction, paracentèse *f.*

pünktlich ['pʏŋktlɪç] **I.** *a (Mensch)* ponctuel; régulier; **II.** *adv* à l'heure (exacte); **P~keit** *f* ‹-, ø› ponctualité, exactitude; régularité *f.*

Punkt|richter *m* ['pʊŋkt-] *sport* pointeur *m;* **~sieg** *m* victoire *f* aux points; **~sieger** *m sport* vainqueur *m* aux points.

Punsch *m* ‹-(e)s, -e› [pʊnʃ] punch *m.*

Pupille *f* ‹-, -n› [pu'pɪlə] *anat* pupille *f.*

Puppe *f* ‹-, -n› ['pʊpə] **1.** poupée; *(Draht~)* marionnette *f; (mechanisch bewegte ~)* automate *m;* **2.** *zoo* chrysalide *f;* — *mit ~n spielen* jouer à la poupée; **~nhaus** *n,* **~nküche** *f,* **~nstube** *f,* **~nwagen** *m* maison, cuisine, chambre, voiture *f* de poupée; **~nspiel** *n,* **~nspieler** *m,* **~ntheater** *n* jeu, joueur, théâtre *m* de marionnettes.

pur [pu:r] *a (rein)* pur; *(alkohol. Getränk: unvermischt)* sec.

Püree *n* ‹-s, -s› [py're:] purée *f.*

Purpur *m* ‹-s, ø› ['pʊrpʊr] **1.** *(Farbstoff, Stoff)* pourpre *f;* **2.** *(Farbton)* pourpre *m;* **p~farben** *a,* **p~n** *a,* **p~rot** *a* pourpré, purpurin.

Purzel|baum *m* ['pʊrtsəl-] culbute *f; e-n ~ schlagen* faire la *od* une culbute; **p~n** *itr* ‹*sein*› culbuter; *(herunter~)* dégringoler; *pop* débouler.

Puste *f* ‹-, ø› ['pu:stə] *fam (Atem)* souffle *m,* haleine *f.*

Pustel *f* ‹-, -n› ['pʊstəl] *med* pustule *f.*

pusten ['pu:stən] *itr* **1.** souffler; **2.** *(keuchen)* haleter.

Put|e *f* ‹-, -n› ['pu:tə] **1.** dinde *f;* **2.** *fig fam* bécasse *f;* **~enbraten** *m* dinde *f* rôtie; **~er** *m* ‹-s, -› dindon *m;* **p~errot** *a* rouge comme un coq *od* une tomate.

Putsch *m* ‹-(e)s, -e› [pʊtʃ] putch, coup *m* de force; **p~en** *itr* tenter un coup de force; **~ist** *m* ‹-en, -en› [-'tʃɪst] putchiste *m.*

Putte *f* ‹-, -n›, ['pʊtə] *(Kunst)* angelot; amour *m.*

Putz *m* ‹-es, ø› [pʊts] **1.** *(Putzen)* nettoyage *m;* **2.** *(modischer Zierat)* parure *f,* atours *m pl; (Aufmachung)* toilette *f;* **3.** *arch (Verputz)* crépi, enduit *m;* **p~en** *tr* **1.** *(reinigen)* nettoyer; *(blank machen, polieren)* astiquer, polir, lustrer; *(Metall)* fourbir, décaper; *(Schuhe)* cirer; *(Pferd)* panser, étriller; *(Gemüse)* éplucher; *(Kerze)* moucher; *(Brille)* essuyer; **2.** *(schmücken)* parer, orner; *refl* **3.** *sich ~* faire sa toilette; se parer; *sich die Nase ~* se moucher; *sich die Zähne ~* se laver les dents; **~frau** *f* femme *f* de ménage *od* de journée.

putzig ['pʊtsɪç] *a* drôle, cocasse.

Putz|lappen *m* ['pʊts-] chiffon à nettoyer, torchon *m;* **~mittel** *n* produit *m* à nettoyer *od* à polir; **~sucht** *f* coquetterie *f;* **p~süchtig** *a* coquet; **~tuch** *n* chiffon *m;* = *Putzlappen.*

Pygmäe *m* ‹-n, -n› [pʏ'gmɛ:ə] pygmée *m.*

Pyjama *m* ‹-s, -s› [pi'(d)ʒa:ma, py'ja:ma] pyjama *m.*

Pyramid|e *f* ‹-, -n› [pyra'mi:də] *arch math allg* pyramide *f;* **p~enförmig** *a,* **p~al** [-mi'da:l] *a* pyramidal.

Pyrenäen, *die pl* [pyre'nɛ:ən] les Pyrénées *f pl.*

Q

Q, q *n* ‹-, -› [ku:] *(Buchstabe)* Q, q *m*.
Quacksalber *m* ‹-s, -› ['kvakzalbər] *pej* charlatan, médicastre; marchand *m* d'orviétan; **~ei** *f* ‹-, -en› [-'raɪ] charlatanerie *f;* charlatanisme *m*.
Quader *m* ‹-s, -›, *a. f* ‹-, -n› ['kva:dər] **1.** *math* parallélépipède *m* rectangle *od* droit; **2.** = **~stein** *m* pierre *f* de taille.
Quadrant *m* ‹-en, -en› [kva'drant] *math* quadrant, quart *m* de cercle.
Quadrat *n* ‹-(e)s, -e› [kva'dra:t] *math* carré *m; im ~ (math)* au carré; *ins ~ erheben* élever au carré; **q~isch** [-'dra:tɪʃ] *a* quadratique, carré; *~e Gleichung f* équation *f* du second degré; **~kilometer** *n* od *m* kilomètre *m* carré; **~meter** *n* od *m* mètre carré, centiare *m;* **~wurzel** *f* racine *f* carrée; **~zahl** *f* nombre *m* carré; **~zentimeter** *n* od *m* centimètre *m* carré.
quadrieren [kva'dri:rən] ‹*ohne ge-*› *tr* élever au carré *od* à la seconde puissance.
quaken ['kva:kən] *itr (Frosch)* coasser.
Qual *f* ‹-, -en› ['kva:l] tourment *m*, torture *f*, supplice *m*.
quäl|en ['kvɛ:lən] *tr* **1.** tourmenter, torturer, martyriser; **2.** *(plagen)* tracasser; *(keine Ruhe lassen)* hanter; *(belästigen)* molester, harceler, importuner; *refl* **3.** *sich ~* se tourmenter; *(sich abmühen)* se donner (bien) du mal; — *von Schmerzen gequält* accablé de douleur; **~end** *a* torturant; *(nervenaufreibend)* tracassier; **Q~erei** *f* ‹-, -en› [-'raɪ] tourments *m pl*, tortures, vexations; tracasseries *f pl;* **Q~geist** *m* taquin(e *f*) *m;* persécuteur, tracassier, *fam* casse-pieds *m*.
Qual|ifikation *f* ‹-, -en› [kvalifikatsi'o:n] qualification; *(Befähigung)* capacité, aptitude *f;* **q~ifizieren** ‹*ohne ge-*› *tr* qualifier; *qualifizierter Arbeiter* ouvrier qualifié *od* ouvrier professionnel; **~ität** *f* ‹-, -en› [-'tɛ:t] qualité *f; hervorragende ~* qualité *f* supérieure; **q~itativ** [-ta'ti:f] *a* qualitatif; **~itätserzeugnis** *n* produit *m* de (haute) qualité; **~itätsware** *f* marchandise *f* de qualité *od* de (premier) choix.
Qualle *f* ‹-, -n› ['kvalə] *zoo* méduse *f*.

Qualm *m* ‹-(e)s, ø› [kvalm] (épaisse) fumée *f;* **q~en** *itr* fumer, faire beaucoup de fumée; *(Raucher)* fumer comme une cheminée; **q~ig** *a* fumeux, rempli de fumée.
qualvoll ['kva:lfɔl] *a* plein de tourments; *(Schmerzen)* atroce; *(grausam)* cruel.
Quant *n* ‹-s, -en› [kvant] *phys* quantum *m* (*pl* quanta); **~enmechanik** *f* mécanique *f* quantique; **~entheorie** *f* théorie *f* des quanta; **~ität** *f* ‹-, -en› [-ti'tɛ:t] quantité *f;* **q~itativ** [-ta'ti:f] *a* quantitatif; **~um** *n* ‹-s, -ten› ['kvantum] *(Menge)* quantité; *(Anteil)* portion *f*.
Quarantäne *f* ‹-, -n› [kvaran'tɛ:nə] *mar* quarantaine *f; unter ~ stellen* mettre en quarantaine.
Quark *m* ‹-s, ø› [kvark] **1.** fromage *m* blanc; **2.** *fig fam (dummes Zeug)* foutaises, bêtises *f pl*.
Quart [kvart] **(1)** *f* ‹-, -en› = *~e;* **(2)** *n* ‹-s, ø› *(Buchformat)* in-quarto *m;* **~al** *n* ‹-s, -e› [-'ta:l] *(Vierteljahr)* trimestre *m;* **~als-** *(in Zssgen)* trimestriel; **~e** *f* ‹-, -n› *(mus, Fechtkunst)* quarte *f;* **~ett** *n* ‹-(e)s, -e› [-'tɛt] *mus* quatuor *m*.
Quartier *n* ‹-s, -e› [kvar'ti:r] *(Unterkunft)* logement; *mil* cantonnement *m*.
Quarz *m* ‹-es, -e› [kvarts] *min* quartz *m*.
quasi ['kva:zi] *adv* quasi(ment), pour ainsi dire.
quasseln ['kvasəln] *itr fam* radoter, jacasser; jacter.
Quaste *f* ‹-, -n› ['kvastə] *(Troddel)* houppe.
Quatsch *m* ‹-es, ø› [kvatʃ] *fam* radotage, bafouillage; non-sens *m; ~!* zut! **q~en** *tr fam* radoter, bafouiller; *itr: dämlich* od *dumm ~* dégoiser, débloquer, baratiner; **~kopf** *m* radoteur *m*, -euse *f*.
Quecke *f* ‹-, -n› ['kvɛkə] *bot* chiendent *m*.
Quecksilber *n* ['kvɛk-] mercure, vif-argent *m;* **~vergiftung** *f* intoxication *f* mercurielle, hydrargyrisme *m*.

Quell *m* ‹-(e)s, -e› *poet*, **~e** *f* ‹-, -n› ['kvɛl(ə)] source *a. fig;* fontaine *f; aus guter, sicherer ~* de bonne source *od* part, de source sûre; *aus halbamtlicher ~* de source officieuse; *an der ~ sitzen* être à la source (*gen* de); *fam (an d. Futterkrippe)* tenir l'assiette au beurre; **q~en (1)** ‹*quillt, quoll, gequollen*› *itr* ‹*sein*› sourdre, jaillir; *(fließen)* (s'é)couler; *fig* émaner, sortir (*aus* de); **(2)** ‹*quellt, quellte, gequellt*› *tr* ‹*h*› *(weich werden lassen)* faire gonfler; *(Trockengemüse)* réhydrater; **~enangabe** *f* indication des sources, référence *f* (publicitaire); **~enforschung** *f* étude *f* des sources; **~enmaterial** *n* documentation *f.*

quengeln ['kvɛŋəln] *itr fam* geindre; pleurnicher; grincher.

quer [kve:r] *adv* de *od* en travers, en écharpe; ~ *durch* od *über* à *od* au travers de; *sich* ~ *legen, stellen* se mettre en travers; **Q~achse** *f* axe *m* transversal *od* de tangage; **Q~balken** *m* poutre transversale, traverse *f; (kleinerer)* traversine *f;* **Q~e** *f* ‹-, ø› : *jdm in die* ~ *kommen* od *laufen* venir *od* se jeter à la traverse de qn; *fig* contrecarrer qn; **~feldein** *adv* à travers champs; **Q~format** *n (Buch)* format *m* oblong; **~gestreift** *a* rayé en travers; *(Muskel)* strié; **Q~kopf** *m* tête *f* carrée; **~köpfig** *a* qui a l'esprit de travers; **Q~leiste** *f* contre-latte *f;* **Q~schiff** *n arch rel* transept *m,* croisée *f;* **Q~schläger** *m mil* ricochet *m;* **Q~schnitt** *m* coupe *f* transversale *od* en travers, plan *m* transversal; **Q~straße** *f* (rue de) traverse *f;* **Q~streifen** *m* bande *f* transversale; *pl a.* rayure *f* transversale; **Q~strich** *m* barre *f* (transversale); **Q~summe** *f* somme *f* des chiffres (d'un nombre); **Q~treiber** *m* mauvais esprit, gêneur, trublion *m;* **Q~treibereien** *f pl* menées, intrigues *f pl.*

Querulant *m* ‹-en, -en› [kveru'lant] homme chicanier *od* processif, rouspéteur; procédurier *m.*

Quer|verbindung *f* ['kve:r-] jonction *od* liaison transversale; *tele* interconnexion *f;* **~weg** *m* chemin *m* de traverse.

Quetsch|e *f* ‹-, -n› ['kvɛtʃə] *(Presse)* presse *f;* **q~en** *tr* **1.** presser, serrer; **2.** *(zer~)* écraser, broyer; **3.** *med* meurtrir, contusionner; — *sich e-n Finger* ~ s'écraser un doigt; **~falte** *f* pli *m* plat; **~ung** *f med* meurtrissure, contusion, ecchymose *f;* **~wunde** *f* plaie *f* contuse.

quicklebendig ['kvɪkle'bɛndɪç] *a fam* vif comme le salpêtre.

quieken ['kvi:kən] *itr* criailler.

quietsch|en ['kvi:tʃən] *itr* **1.** *(kreischen)* pousser des cris aigus; **2.** *(Reifen)* crier; *(Tür)* grincer; **~vergnügt** *a* gai comme un pinson.

Quint|(e) *f* ‹-, -en› ['kvɪnt(ə)] *(mus, Fechtsport)* quinte *f;* **~essenz** *f* ‹-, -en› ['kvɪntˀ-] quintessence *f;* **~ett** *n* ‹-(e)s, -e› [-'tɛt] *mus* quintette *m.*

Quirl *m* ‹-(e)s, -e› [kvɪrl] **1.** *(Küche)* fouet; moulinet *m;* **2.** *bot* verticille *m;* **q~en** *tr (Küche)* battre.

quitt [kvɪt] *a* quitte; ~ *sein* être quitte; *nun sind wir* ~ nous voilà quitte.

Quitte *f* ‹-, -n› ['kvɪtə] coing *m; wilde* ~ cognasse *f;* **~nbaum** *m* cognassier *m.*

quittieren [kvɪ'ti:rən] ‹*ohne ge-*› *tr (Rechnung)* acquitter; *(Zahlung)* donner acquit *od* quittance de, quittancer.

Quittung *f* ‹-, -en› ['kvɪtʊŋ] **1.** quittance *f,* acquit, reçu, récépissé *m* (de paiement); **2.** *fig (Lohn)* récompense *f;* — *gegen* ~ contre quittance; *e-e* ~ *ausstellen* donner quittance *od* décharge; **~sbuch** *n* livre(t) *od* carnet *m* de quittance.

Quizmaster *m* ‹-s, -› ['kvɪsma:stər] animateur, meneur *m* de jeux radiophoniques *od* télévisés.

Quot|e *f* ‹-, -n› ['kvo:tə] *(Anteil)* quote-part *f,* contingent, taux, pourcentage *m;* **~ient** *m* ‹-en, -en› [-tsi'ɛnt] *math* quotient *m.*

R

R, r *n* ‹-, -› [ɛr] *(Buchstabe)* R, r *m*.
Rabatt *m* ‹-(e)s, -e› [ra'bat] rabais *m*, remise, ristourne *f; (Nachlaß)* réduction *f; (Skonto)* escompte *m; (e-n) ~ geben* od *gewähren* faire *od* accorder un escompte; *(e-n) ~ erhalten* jouir d'une réduction; **r~ieren** [-'ti:rən] ‹*ohne ge-*› *tr (e-n Betrag)* rabattre, faire un rabais de; **~marke** *f* timbre *m* d'escompte.
Rabbi *m* ‹-(s), Rabbinen/(-s)› ['rabi, -'bi:nən] *rel hist* rabbi *m;* **~ner** *m* ‹-s, -› [-'bi:nər] *rel* rabbin *m*.
Rabe *m* ‹-n, -n› ['ra:bə] corbeau *m; weißer ~ (fig)* merle *m* blanc; **~nmutter** *f* marâtre, mère *f* dénaturée; **r~nschwarz** *a* noir comme (du) jais *od* comme un four; **~nvater** *m* père dénaturé, bourreau *m* d'enfant.
rabiat [rabi'a:t] *a (wütend)* furieux, furibond; *(grob)* brutal.
Rache *f* ‹-, ø› ['raxə] vengeance *f; aus ~* par vengeance; *~ nehmen* tirer vengeance (*an jdm* de qn); **~akt** *m* acte *m* de vengeance; **~durst** *m* soif *f od* appétit *m* de vengeance.
Rachen *m* ‹-s, -› ['raxən] **1.** gosier *m*, gorge; *(a. von Raubtieren)* gueule *f;* **2.** *scient* pharynx *m; anat* arrière-bouche *f*.
rächen ['rɛçən] *tr* venger (*jdn* qn, *etw* qc); *sich an jdm für etw ~* se venger sur qn de qc; *das wird sich ~* cela aura des conséquences fâcheuses.
Rachenhöhle *f* ['raxən-] *anat* cavité *f* pharyngée.
Rächer *m* ‹-s, -› ['rɛçər] vengeur *m;* **~in** *f* vengeresse *f*.
Rach|gier *f,* **~sucht** *f* ['rax-] esprit *m* vindicatif *od* de vengeance; **r~gierig** *a* vindicatif.
Rachitis *f* ‹-, ø› [ra'xi:tɪs] *med* rachitisme *m*.
Racker *m* ‹-s, -› ['rakər] *pej* od *fam* polisson(ne *f*); (petit, e) coquin(e *f*); fripon(ne *f*) *m*.
Rad *n* ‹-(e)s, ¨er› [ra:t, 'rɛ:dər] **1.** *allg* roue *f;* **2.** *(Fahrrad)* bicyclette *f; fam* vélo *m; — unter die Räder kommen* se faire écraser; *(fig)* être ruiné, succomber; *ein ~ schlagen (Pfau u. sport)* faire la roue; *das fünfte ~ am Wagen (fig)* la cinquième roue du carrosse *od* de la charrette.
Radar *m* od *n* ‹-s, ø› ['ra:da:r, ra'da:r] *(Funkmessen u. -orten)* radar *m;* **~aufklärung** *f* reconnaissance *f* par radar; **~beobachter** *m* radariste *m;* **~bild** *n* image *f* radar; **~gerät** *n* appareil radar, engin *m* de détection; **~meßgerät** *n* radar *m;* **~schirm** *m* écran *m* radar; **~station** *f* station *f* radar, relais-radar *m;* **~verbindung** *f* liaison *f* par radar.
Radau *m* ‹-s, ø› [ra'dau] *fam (Lärm, Krach)* chahut, tapage; *pop* boucan *m; ~ machen* chahuter; faire du tapage.
Rädchen *n* ‹-s, -› ['rɛ:tçən] petite roue, roulette; *(Sporn-, Lauf~)* molette *f*.
Raddampfer *m* ['ra:t-] bateau *m* à aubes.
radebrechen ['ra:dəbrɛçən] ‹*radebrecht, radebrechte, geradebrecht*› *tr (e-e Sprache)* écorcher, baragouiner.
radeln ['ra:dəln] *itr* ‹*sein*› = *radfahren*.
Rädelsführer *m* ['rɛ:dəls-] meneur, instigateur, boutefeu *m*.
räder|n ['rɛ:dərn] *tr hist* rouer; *wie gerädert sein* être tout moulu; **R~werk** *n* rouage *m*.
rad|=fahren ['ra:t-] ‹*fährt, fuhr Rad, radgefahren*› *itr* ‹*sein*› aller à bicyclette; *fam* pédaler; **R~fahrer** *m* cycliste *m;* **R~(fahr)weg** *m* route *od* piste *f* cyclable.
radier|en [ra'di:rən] ‹*ohne ge-*› *tr* **1.** *(aus~)* effacer; gommer; gratter; **2.** *(Kunst)* gratter *od* graver à l'eau forte; **R~gummi** *m* gomme *f* (à effacer); **R~ung** *f* ‹-, -en› (gravure *od* estampe à l')eau-forte *f*.
Radieschen *n* ‹-s, -› [ra'di:sçən] radis *m*.
radikal [radi'ka:l] *a* radical; *pol a.* extrémiste; **R~e** *m* ‹-, -en› pol radical, extrémiste *m;* **R~enerlaß** *m hist* décret *m* sur les extrémistes; **~isieren** [-kali'zi:rən] ‹*ohne ge-*› *tr* radicaliser; **R~ismus** *m* ‹-, -men› [-'lɪsmus] radicalisme *m*.
Radio *n* ‹-s, -s› ['ra:dio] *(vgl. Rundfunk, Funk)* radio, télégraphie sans fil, T.S.F.; *(Rundfunk)* radiodiffusion *f; im ~* à la radio; *das ~ an-, abstellen* brancher, arrêter *od* couper la radio; *~ hören* écouter la radio; **r~aktiv** *a* radioactif; *~e Abfälle m pl* déchets *m pl* radioactifs; *~e Niederschläge m pl* retombée(s *pl*) *f* radioactive(s); *~e Strahlung f* radiation *f* atomique; *~e Verseuchung f* contamination *f* radioactive; **~aktivität** *f* radioactivité, radiation *f* atomique; **~apparat** *m* poste *m* de radio; *~ mit Plattenspieler* radio-pick-up, radiocombiné *m;* **~gramm** *n* ‹-s, -e› [-'gram] radiogramme *m;* **~loge** *m* radiologue *m;* **~telegraphie** *f* ra-

diotélégraphie *f;* **~telephonie** *f* radiotéléphonie *f;* **~therapie** *f* radiothérapie, curiethérapie *f.*

Radium *n* ‹-s, ø› ['ra:dium] *chem* radium *m.*

Radius *m* ‹-, -dien› ['ra:dius, -diən] *math* u. *fig* rayon *m.*

Rad|ler *m* ‹-s, -› ['ra:dlər] = *Radfahrer;* **~rennbahn** *f* vélodrome *m,* piste *f* cycliste; **~rennen** *n* course *f* cycliste; **~rennfahrer** *m* coureur *m* cycliste; **r~=schlagen** ‹*schlägt, schlug Rad, radgeschlagen*› *itr* faire la roue; **~sport** *m* cyclisme *m;* **~tour** *f* excursion *f* cycliste *od* à bicyclette; **~wandern** *n* cyclotourisme *m;* **~wechsel** *m* changement *m* de *od* d'une roue.

raff|en ['rafən] *tr* **1.** *(Stoff)* relever, retrousser; **2.** *(zs.~)* ramasser; **3.** *film (Zeit)* accélérer; **R~gier** *f* cupidité *f;* **~gierig** *a* avide; cupide.

Raffin|ade *f* ‹-, ø› [rafi'na:də] *(Zucker)* sucre *m* raffiné; **~erie** *f* ‹-, -n› [-nə'ri:] raffinerie *f;* **~esse** *f* ‹-, -n› [-'nɛsə] raffinement *m;* subtilité *f;* **r~ieren** [-'ni:rən] ‹*ohne ge-*› *tr* raffiner; **r~iert** *a, a. fig* raffiné; *fig* subtile, retors, astucieux.

ragen ['ra:gən] *itr* s'élever, se dresser; *über etw ~* dominer qc.

Ragout *n* ‹-s, -s› [ra'gu:] *(Küche)* ragoût; *(von Fleischresten)* salmigondis; *fam* fricot *m.*

Rahe *f* ‹-, -n› ['ra:ə] *mar* vergue *f.*

Rahm *m* ‹-(e)s, ø› [ra:m] *dial* crème *f.*

Rahmen *m* ‹-s, -› ['ra:mən] **1.** cadre; *(Tür, Fenster)* châssis; *(Zimmerei)* bâti *m; tech* forme *f;* **2.** *fig* limites *f pl;* **3.** décor *m;* — *im ~ des Möglichen* dans la mesure du possible; *aus dem ~ fallen (fig)* sortir de l'ordinaire; **r~** *tr* encadrer, monter; **~abkommen** *n pol* convention-type *f;* **~gesetz** *n* loi-cadre *f.*

Rain *m* ‹-(e)s, -e› [raın] *(Ackergrenze)* lisière *f.*

räkeln ['rɛ:kəln] = *rekeln.*

Rakete *f* ‹-, -n› [ra'ke:tə] *tech* fusée; *mil* roquette *f; ferngelenkte* od *-gesteuerte ~* engin *m od* fusée *f* téléguidé(e); *zweistufige ~* fusée *f* à deux étages; *e-e ~ abschießen* lancer une fusée; **~nabschußbasis** *f* rampe *f* de lancement de fusée; **~nantrieb** *m* propulsion *f* par fusée(s), moteur *m* fusée; *mit ~* propulsé par fusée(s); **~nmotor** *m,* **~ntriebwerk** *n* propulseur *m* à réaction; **~nstufe** *f* étage *m* (d'une fusée).

Ramme *f* ‹-, -n› ['ramə] *(Hand~)* mouton *m,* hie, dame, demoiselle *f;* **r~n** *tr* **1.** damer; **2.** *mar aero* éperonner; *mot* accrocher, heurter, tamponner.

Rampe *f* ‹-, -n› ['rampə] *a. theat* rampe *f;* **~nlicht** *n theat* (feux *m pl* de la) rampe *f.*

ramponieren [rampo'ni:rən] ‹*ohne ge-*› *tr fam* amocher; endommager, abîmer.

Ramsch *m* ‹-(e)s, ø› [ramʃ] camelote, (marchandise *f* de) rebut *m;* **~laden** *m* magasin *m* à quatre sous.

ran [ran] *adv fam* = *heran; ~!* vas-y! *pop* amène-toi! *rechts ~!* appuyez à droite!

Rand *m* ‹-(e)s, ¨-er› [rant, 'rɛndər] **1.** bord *m;* bordure; lèvre *f; (erhöhter)* rebord *m; (Kante)* arête *f;* **2.** *(Saum, Wald~)* lisière *f;* **3.** *typ* marge *f;* — *am ~e bemerkt* soit dit en passant; *außer ~ und Band* sorti *od* hors de ses gonds, déchaîné; *mit etw nicht zu ~e kommen (fam)* ne pas venir à bout de qc; *am ~e des Verderbens stehen* être proche de la ruine.

randalieren [randa'li:rən] ‹*ohne ge-*› *itr* faire du chahut *od* du vacarme; chahuter.

Rand|bemerkung *f* ['rant-] note marginale *od* en marge, glose *f* (marginale); **~gebiet** *n* région *f* limitrophe; *pl fig* contrées *f pl* marginales; **r~los** *a (Brille)* à verres nus; **~steller** *m (Schreibmaschine)* margeur *m.*

Rang *m* ‹-(e)s, ¨-e› [raŋ, 'rɛŋə] **1.** rang *m; (Klasse)* classe *f; (Stufe)* échelon *m; (Stand)* condition *f; mil* grade; *fig* standing *m;* **2.** *theat* galerie *f;* — *ersten ~es* de premier ordre, de première classe; *jdm den ~ ablaufen* prendre le pas sur qn; damer le pion à qn; *jdm den ~ streitig machen* disputer la préséance à qn; **~abzeichen** *n* insigne *m od* marque *f* de grade.

Range *m* ‹-n, -n› od *f* ‹-, -n› ['raŋə] *(unartiges Kind)* gosse *m f;* polisson(ne *f*) *m; pop* môme *m.*

Rangfolge *f* ['raŋ-] hiérarchie *f.*

Rangier|bahnhof *m* [rã'ʒi:r-] gare *f* de triage *od* de manœuvre *od* d'évitement; **r~en** ‹*ohne ge-*› **1.** *tr loc* garer, trier, manœuvrer; **2.** *itr allg* avoir tel ou tel rang, prendre rang; **~gleis** *n* voie *f* de triage *od* de manœuvre *od* d'évitement.

Rang|liste *f* ['raŋ-] **1.** *mil* annuaire *m* militaire; **2.** *sport* classement *m;* **~ordnung** *f* ordre de préséance, ordre *m* hiérarchique, hiérarchie *f.*

Ranke *f* ‹-, -n› ['raŋkə] *bot* vrille *f; (der Rebe)* sarment *m.*

Ränke *m pl* ['rɛŋkə] intrigues, manigances, machinations *f pl.*

ranken ['raŋkən] *itr* grimper; *am Boden ~ (bot)* tracer.

Ränkeschmied *m* ['rɛŋkə-] intrigant, machinateur *m* d'intrigue(s).

Ränzel *n a. m* ‹-s, -› ['rɛntsəl] : *sein ~ schnüren* plier bagage.

Ranzen *m* ‹-s, -› ['rantsən] *(Schulranzen)* cartable *m* (d'écolier), sacoche, gibecière *f.*

ranzig ['rantsıç] *a* rance; *~ werden* rancir.

Rappe *m* ‹-n, -n› ['rapə] cheval *m* noir *od* moreau.
Rappel *m* ‹-s, -› ['rapəl] *fam (Wutanfall)* accès *m* (de colère); *(Verrücktheit)* toquade, lubie *f; du hast wohl einen ~? (fam)* qu'est-ce qui te prend? quelle mouche t'a piqué? **r~n** *itr tech* claquer, cliqueter, faire du bruit; *bei dir rappelt's wohl?* tu n'es pas bien?
Rappen *m* ‹-s, -› ['rapən] *(schweiz. Münze)* centime *m.*
Raps *m* ‹-es, (-e)› [raps] *bot* colza *m.*
rar [ra:r] *a* rare; *sich ~ machen* se faire rare; *~ werden* se raréfier; **R~ität** *f* ‹-, -en› [rari'tɛ:t] rareté *f;* (objet *m* de) curiosité *f.*
rasant [ra'zant] *a* **1.** *mil (flach, gestreckt)* rasant, tendu; **2.** *(sehr schnell) fam* à grande vitesse.
rasch [raʃ] **I.** *a* prompt; rapide; **II.** *adv a.* vite.
rascheln ['raʃəln] *itr* froufrouter; faire un léger bruit; **R~** *n* ‹-s, ø› froufrou, friselis *m.*
rasen ['ra:zən] *itr* **1.** ‹*h*› *(vor Wut)* rager, faire rage, être hors de soi; **2.** ‹*sein*› *(schnell fahren) od* prendre le grand galop; aller à toute vitesse, rouler à toute allure.
Rasen *m* ‹-s, -› ['ra:zən] (tapis de) gazon *m; (~fläche)* pelouse *f.*
rasend ['ra:zənt] *a* **1.** enragé, furieux, furibond; **2.** *(Beifall)* frénétique; **3.** *fig fam (~ viel)* fou; — *mit ~er Geschwindigkeit* à une allure folle; *jdn ~ machen* faire enrager *od* mousser qn.
Rasen|fläche *f,* **~platz** *m* ['ra:zən-] pelouse *f;* **~mäher** *m* tondeuse *f* (à gazon); **~sprenger** *m (Gerät)* arroseuse *f.*
Raserei *f* ‹-, ø› [razə'raɪ] **1.** *(Wut)* fureur, furie *f;* **2.** *mot* excès *m* de vitesse, allure *f* excessive.
Rasier|apparat *m* [ra'zi:r-] rasoir *m* mécanique; *elektrischer ~* rasoir *m* électrique; **~creme** *f* crème *f* à raser; **r~en** ‹*ohne ge-*› **1.** *tr* raser, faire la barbe (*jdn* à qn); **2.** *refl: sich ~* se faire la barbe, se raser; *sich ~ lassen* se faire faire la barbe; **~klinge** *f* lame *f* de rasoir; **~messer** *n* rasoir *m;* **~pinsel** *m* blaireau, pinceau *m* à barbe; **~seife** *f* savon *m* à raser *od* à barbe; *Stück n ~* bâton *m* à barbe; **~zeug** *n* trousse *f* à barbe.
Raspel ['raspəl] **(1)** *f* ‹-, -n› râpe *f;* **(2)** *m* ‹-s, ø› râpure *f;* **r~n** *tr* râper.
Rasse *f* ‹-, -n› ['rasə] race *f;* **~hund** *m* chien *m* de race.
Rassel *f* ‹-, -n› ['rasəl] *(Klapper)* crécelle *f;* **~bande** *f* bande *f* bruyante d'enfants; **r~n** *itr* cliqueter, résonner; *mit dem Säbel ~ (fig)* prendre une attitude menaçante; **~n** *n* ‹-s, ø› cliquetis *m.*
Rassen|diskriminierung *f* ['rasən-] discrimination *f* raciale; **~haß** *m* haine *f* raciale; **~kreuzung** *f* croisement de(s) races, métissage *m;* **~trennung** *f* ségrégation *f* raciale *od* des races.
rasserein ['rasə-] *a* de race pure.
rass|ig ['rasɪç] *a fam* racé; *pop* girond; **~isch** *a* racial.
Rast *f* ‹-, -en› [rast] repos *m,* pause, halte *f; (Ruhepause)* relâche *m,* récréation; *mil* grand-halte *f; ohne ~ und Ruh* sans repos ni trêve; **r~en** *itr* faire (une) halte; se reposer; **r~los** *a* sans repos, sans relâche, sans trêve, sans cesse; *(unablässig)* incessant, infatigable; **~losigkeit** *f* ‹-, ø› agitation *f* continuelle *od* incessante; **~platz** *m* halte *f* (de routiers); **~stätte** *f (an der Autobahn)* restaurant d'autoroute, restoroute; relais *m.*
Rasur *f* ‹-, -en› [ra'zu:r] **1.** *(Rasieren)* rasage *m;* **2.** *(ausradierte Stelle)* rature *f.*
Rat *m* ‹-(e)s, Ratschläge/¨-e› [ra:t, 'rɛ:tə] **1.** *(pl: Ratschläge)* conseil, avis *m; (Vorschlag)* suggestion *f;* **2.** *(pl: Räte) (Kollegium)* conseil; *(Person)* conseiller *m;* — *auf m-n ~ (hin)* sur mon conseil; *jds ~ befolgen* suivre le conseil de qn; *jdn um ~ bitten* od *fragen* consulter qn, demander conseil à qn; *jdn zu ~e ziehen* prendre conseil auprès de qn, prendre l'avis de qn; *etw (ein Buch) zu ~e ziehen* consulter qc; *da ist guter ~ teuer* c'est difficile; que faire?
Rate *f* ‹-, -n› ['ra:tə] *com* acompte *m; (Monatsrate)* mensualité *f; in ~n (be)zahlen* payer par *od* en acomptes *od* termes; *auf ~n kaufen* acheter à tempérament.
raten ['ra:tən] ‹*rät, riet, geraten*› *tr* **1.** *(e-n Rat geben)* conseiller; *(empfehlen)* recommander; **2.** *(Rätsel)* deviner.
Ratenzahlung *f* ['ra:tən-] paiement *m* par acomptes *od* termes *od* à tempérament.
Rat|geber *m* ['ra:t-] conseiller *m;* **~haus** *n (e-r Stadt)* hôtel *m* de ville; *(e-s kleineren Ortes)* mairie *f.*
Ratifi|kation *f* ‹-, -en› [ratifikatsi'o:n] , **~zierung** *f* ‹-, -en› [-'tsi:ruŋ] ratification *f;* **r~zieren** [-'tsi:rən] ‹*ohne ge-*› *tr* ratifier.
Ration *f* ‹-, -en› [ratsi'o:n] ration *f; eiserne ~* ration *f od* vivres *m pl* de réserve; **r~al** [-tsio'na:l] *a* rationnel; **r~alisieren** [-nali'zi:rən] ‹*ohne ge-*› *tr* rationaliser; **~alisierung** *f* ‹-, -en› rationalisation *f;* **r~ell** [-'nɛl] *a (vernünftig)* rationnel; *(zweckmäßig)* approprié, fonctionnel; **r~ieren** [-'ni:rən] ‹*ohne ge-*› *tr adm* rationner; **r~iert** *a* soumis au rationnement; **~ierung** *f* ‹-, -en› rationnement *m.*
ratlos ['ra:tlo:s] *a* embarrassé, perplexe, désemparé, déconcerté; **R~igkeit** *f* ‹-, ø› embarras *m,* perplexité *f.*

rätoromanisch [rɛtoroˈmaːnɪʃ] *a* rhétoroman.
rat|sam [ˈraːt-] *a* conseillé, opportun, convenable; *für ~ halten zu* juger *od* croire utile de; **R~schlag** *m* conseil *m;* **~schlagen** ⟨*ratschlagt, ratschlagte, geratschlagt*⟩ *itr* tenir conseil, délibérer.
Rätsel *n* ⟨-s, -⟩ [ˈrɛːtsəl] **1.** énigme *f,* mystère *m;* **2.** *(Aufgabe)* devinette *f;* — *ein ~ aufgeben, lösen* poser, résoudre une devinette; *des ~s Lösung* le mot de l'énigme, le fin mot de l'histoire; **~ecke** *f* coin *m* des chercheurs; **r~haft** *a* énigmatique; **r~n** *itr* deviner; **~raten** *n fig* spéculations *f pl.*
Rats|keller *m* [ˈraːts-] restaurant *m od* brasserie *f* de l'hôtel de ville; **~sitzung** *f,* **~versammlung** *f* (séance *f* du) conseil *m.*
Ratte *f* ⟨-, -n⟩ [ˈratə] rat *m; (weibl. ~)* rate *f;* **~nbekämpfung** *f* dératisation *f;* **~nfalle** *f* ratière *f;* **~ngift** *n a. fig* mort-aux-rats *f.*
rattern [ˈratərn] *itr* pétarader.
Raub *m* ⟨-(e)s, ø⟩ [raup, ˈ-bəs] **1.** rapine *f,* brigandage, vol à main armée; *(Menschenraub)* rapt *m;* **2.** *fig (Beute)* proie *f;* — *auf ~ ausgehen* chercher sa proie; *ein ~ der Flammen werden* devenir la proie des flammes; **~bau** *m allg* exploitation *f* abusive *od* dévastatrice; pillage *m; ~ treiben* exploiter d'une façon abusive (*an etw* qc); **~druck** *m* édition *f* pirate; **r~en** [ˈ-bən] *tr* ravir *(a. Menschen* u. *fig);* voler, dérober; prendre; *ich raube Ihre Zeit* j'abuse de votre temps.
Räuber *m* ⟨-s, -⟩ [ˈrɔʏbər] brigand, bandit, voleur *m;* **~bande** *f* bande *f* de brigands; **~geschichte** *f* histoire *f od* conte de brigands; *fig* conte *m* bleu, histoire *f* rocambolesque; **~höhle** *f* nid de brigands, repaire; *fig* coupe-gorge *m;* **r~isch** *a* rapace; de brigand.
Raub|mord *m* [ˈraup-] vol et assassinat, meurtre *m* aux fins de voler; **~mörder** *m* voleur et assassin *m;* **~ritter** *m* chevalier *m* brigand; **~tier** *n* carnassier, carnivore *m;* **~überfall** *m* attaque *od* agression *f* à main armée; hold-up *m;* **~vogel** *m* oiseau *m* de proie.

Rauch *m* ⟨-(e)s, ø⟩ [raux] fumée *f; in ~ aufgehen (fig)* s'en aller *od* s'évanouir en fumée; **~abzug** *m* conduit(e *f*) *m* de fumée; **~bildung** *f* production *f od* dégagement *m* de fumée; **~bombe** *f* bombe *f* fumigène; **r~en** *itr* u. *tr* fumer; *mir raucht der Kopf* la tête me tourne; *(bitte) nicht ~!* (prière de) ne pas fumer; **~en** *n: ~ verboten!* défense de fumer; **~entwick(e)lung** *f* dégagement *m od* émission *f* de fumée; **~er** *m* ⟨-s, -⟩ fumeur *m; starker ~* grand *od* gros fumeur *m.*
Räucheraal *m* [ˈrɔʏçər-] anguille *f* fumée.
Raucherabteil *n* [ˈrauxər-] *loc* compartiment *m* de fumeurs.
Räucher|kerze *f* [ˈrɔʏçər-] parfum *m od* pastille *f* à brûler; **~stäbchen** *n* bâtonnet *m* odoriférant *od* d'encens; **r~n** *tr (Fleisch, Wurst)* fumer; *(Heringe)* saurer.
Rauch|fahne *f* [ˈraux-] panache *od* ruban *m od* traînée *f* de fumée; **~fleisch** *n* viande *f* fumée; **r~ig** *a* fumeux; **r~los** *a* sans fumée; **~säule** *f* colonne *f* de fumée; **~schwaden** *m (pl)* nuages *m pl* d'incendie; **~verbot** *n* défense *f* de fumer; **~vergiftung** *f* intoxication *f* par la fumée; **~verzehrer** *m* fumivore *m;* **~waren** *f pl* **(1)** tabacs *m pl;* **(2), ~werk** *n (Pelze)* pelleterie *f;* **~wolke** *f* nuage *m* de fumée; *(kleine)* bouffée *f.*
Räud|e *f* ⟨-, -n⟩ [ˈrɔʏdə] *med vet* gale, teigne *f;* **r~ig** *a* galeux, teigneux.
Raufbold *m* ⟨-(e)s, -e⟩ [ˈraufbɔlt, -də] batailleur, spadassin *m.*
Raufe *f* ⟨-, -n⟩ [ˈraufə] *agr* râtelier *m.*
rauf|en, *sich* [ˈraufən] se chamailler, se battre; **R~erei** *f* ⟨-, -en⟩ [-raɪ] rixe *f;* **R~lust** *f* humeur *f* batailleuse *od* querelleuse; **~lustig** *a* batailleur, querelleur.
rauh [rau] *a* **1.** *allg* âpre *a. fig; (Fläche)* raboteux, rugueux; **2.** *bot (borstig)* hispide; **3.** *(Stimme)* rauque; **4.** *(Klima)* rigoureux, rude, inclément; **5.** *(Gegend)* sauvage; **6.** *(Mensch)* rêche, revêche, rébarbatif; *(Ton, Sprache)* dur; *(Sitten)* sauvage, grossier; *e-e ~e Schale haben (fig)* être rêche *od* revêche; **R~bein** *n* rustre, meneur *m* d'ours; **Rauheit** *f* âpreté; rigueur; rudesse; dureté; grossièreté *f;* **~en** *tr* **1.** *(~ machen)* rendre raboteux *od* rugueux; **2.** *(Tuch)* lainer; **R~reif** *m* givre *m,* gelée *f* blanche.
Raum *m* ⟨-(e)s, ¨-e⟩ [raum, ˈrɔʏmə] *a.* **1.** *philos astr* espace *m; (Ausdehnung, Weite)* étendue; *(bestimmter ~, Platz)* place *f; (Spielraum)* jeu *m;* **2.** *(Zimmer)* pièce *f,* local *m;* **3.** *(Gebiet)* région, zone *f;* — *~ bieten für* pouvoir accueillir *od* contenir, offrir de la place pour; *e-n breiten ~ einnehmen* tenir une grande place; *~ und Zeit* l'espace et le temps; **~anzug** *m (Weltraumanzug)* combinaison *f* spatiale **~aufteilung** *f* aménagement *m.*
Räum|boot *n* [ˈrɔʏm-] dragueur *m* de mines; **r~en** *tr* **1.** *(weg~)* ôter, (en)lever; *(Schutt)* déblayer; *(Minen)* déterrer, *mar* draguer; **2.** *(verlassen)* quitter *(Wohnung)* déménager; **3.** *(Ort)* évacuer; *itr* **4.** *com* réaliser son stock, liquider; — *beiseite ~* mettre de côté; *den Saal ~* (faire) évacuer la salle.
Raum|ersparnis *f* [ˈraum-] économie *f* de place; *zwecks ~* pour gagner de la

place; **~fahrer** *m* cosmonaute, astronaute *m;* **~fahrt** *f* (navigation) astronautique; navigation *f* cosmique; **~flug** *m* vol *m* spatial *od* cosmique; *bemannter* ~ vol *m* (spatial) habité; **~forschung** *f* recherche(s *pl*) *f* spatiale(s).
Räumgerät *n* ['rɔʏm-] machine à déblayer; *mar* drague *f.*
Raum|gestaltung *f* ['raum-] décoration *f;* **~inhalt** *m* volume *m;* capacité *f,* cubage *m;* **~lehre** *f* stéréométrie *f.*
räumlich ['rɔʏmlɪç] *a* spatial, dans l'espace; *~es Sehen n* vue *f* stéréoscopique; *~e Tiefe f (film)* relief *m;* **R~keiten** *f pl (Räume)* locaux *m pl.*
Raum|mangel *m* ['raum-] manque *m* de place; **~maß** *n* mesure *f* de volume; **~meter** *n, a. m* mètre cube; *(Holz)* stère *m;* **~pflegerin** *f* femme *f* de ménage *od* de journée.
Räumpflug *m* ['rɔʏm-] bulldozer *m.*
Raumschiff *n* ['raum-] vaisseau spatial, astronef, aéronef *m* interplanétaire.
raumsparend ['raum-] *a* peu encombrant.
Räumung *f* ‹-, -en› ['rɔʏmuŋ] **1.** évacuation *f;* **2.** déblaiement *m;* **3.** *com* liquidation *f;* **~sarbeiten** *f pl* travaux *m pl* de dégagement; **~s(aus)verkauf** *m* liquidation *f* (générale *od* totale); **~sbefehl** *m* arrêté *m* d'expulsion; **~sklage** *f* demande *f* d'expulsion.
raunen ['raunən] *itr* murmurer; chuchoter.
Raupe *f* ‹-, -n› ['raupə] *ent* chenille *f a. tech;* **~nfahrzeug** *n* véhicule *od* engin *m* chenillé *od* à chenille(s); **~nfraß** *m* dégâts *m pl* causés par les chenilles; **~nschlepper** *m* tracteur *m* à chenilles, auto-chenille *f.*
raus [raus] *fam = heraus; ~!* hors d'ici! va-t'en!
Rausch *m* ‹-(e)s, ¨-e› [rauʃ, 'rɔʏʃə] *a. fig* ivresse *f,* enivrement *m; fig* griserie *f; im* ~ en état d'ivresse; *s-n* ~ *ausschlafen* cuver son vin; *e-n* ~ *haben* être ivre *od* gris.
rauschen ['rauʃən] *itr* bruire; *(Wind)* mugir; *(Blätter)* susurrer; *(Stoff)* froufrouter.
Rauschgift *n* ['rauʃgɪft] stupéfiant *m,* drogue *f;* **~handel** *m* trafic *m* des stupéfiants; **~händler** *m* trafiquant *m* de drogues.
raus≈fliegen ['raus-] ‹*flog raus, rausgeflogen*› *itr* ‹*sein*› *fam* sauter.
räuspern, *sich* ['rɔʏspərn] se racler la gorge.
raus≈rücken ['raus-] *tr fam (Geld)* lâcher; *pop* abouler; **~≈schmeißen** ‹*schmiß raus, rausgeschmissen*› *tr pop* sortir, vider, sacquer.
Raute *f* ‹-, -n› ['rautə] losange, rhombe *m.*
Razzia *f* ‹-, -ien/(-s)› ['ratsia, -siən] rafle, razzia *f.*
Reag|ens *n* ‹-, -genzien› [re'a:gɛns/rea'gɛns, -'gɛntsiən], **~enz** *n* ‹-es, -zien› [-'gɛnts] *chem* réactif *m;* **~enzglas** *n* éprouvette *f,* tube *m* (à essai); **r~ieren** [-'gi:rən] ‹*ohne ge-*› *itr* **1.** *chem* agir; **2.** *allg* réagir, être sensible (*auf* à).
Reaktion *f* ‹-, -en› [reaktsi'o:n] réaction *f;* **r~är** [-tsio'nɛ:r] *a pol* réactionnaire; **~sfähigkeit** *f psych* pouvoir *m* de réaction; *physiol* réactivité *f.*
Reaktor *m* ‹-s, -en› [re'aktɔr, -'to:rən] *phys* réacteur *m,* pile *f* (atomique).
real [re'a:l] *a (wirklich)* réel, effectif, concret; **R~einkommen** *n* revenu *od* produit *m* réel; **~isierbar** [-'zi:r-] *a* réalisable; **~isieren** ‹*ohne ge-*› *tr* réaliser; **R~isierung** *f* ‹-, ø› réalisation *f;* **~istisch** [-'lɪstɪʃ] *a* réaliste; **R~ität** *f* ‹-, -en› [-li'tɛ:t] réalité *f;* **R~lohn** *m* salaire *m* réel.
Rebe *f* ‹-, -n› ['re:bə] *(Weinstock)* (cep *m* de) vigne *f.*
Rebell *m* ‹-en, -en› [re'bɛl] rebelle, révolté *m;* **r~ieren** [-'li:rən] ‹*ohne ge-*› *itr* se rebeller, se révolter; **~ion** *f* ‹-, -en› [-li'o:n] rébellion, révolte *f;* **r~isch** [-'bɛlɪʃ] *a* rebelle.
Rebhuhn *n* ['rɛp-] perdrix *f.*
Reb|laus ['re:p-] *f* phylloxéra *m; von der* ~ *befallen* phylloxéré; **~messer** *n* serpette *f;* **~stock** *m* (pied *m* de) vigne *f,* cep *m* (de vigne).
rechen ['rɛçən] *tr (harken)* ratisser; **R~** *m (Harke)* râteau *m.*
Rechen|aufgabe *f* ['rɛçən-] problème (d'arithmétique), devoir *m* de calcul; **~buch** *n* livre *m* d'arithmétique; **~fehler** *m* erreur *od* faute *f* de calcul; mécompte *m;* **~maschine** *f* machine à calcul(er); calculatrice *f; elektronische* ~ calculatrice *f* électronique; **~schaft** *f* ‹-, ø› raison *f; (Bericht)* compte *m* rendu; *über etw* ~ *ablegen* rendre compte de qc; *jdn zur* ~ *ziehen* demander compte *od* des explications à qn; **~schaftsbericht** *m* compte rendu, rapport *m* de gestion; **~schieber** *m* règle à calcul *od* logarithmique, échelle *f* logarithmique.
Recherchen *f pl* [re'ʃɛrʃən, rə-] *(Nachforschungen)* recherches *f pl.*
rechn|en ['rɛçnən] *tr* **1.** calculer, compter, faire le compte de; **2.** *(ansehen als)* ranger (*zu, unter* parmi), compter au nombre, mettre au nombre *od* rang (*zu, unter* de); *itr* **3.** compter, tabler (*mit, auf* sur); *(gefaßt sein auf)* s'attendre (*mit etw* à qc); *mit e-m Erfolg* ~ escompter un succès; *mit jdm* od *etw* ~ compter *od* parier sur qn *od* qc; *mit dem Schlimmsten* ~ envisager le pire; *es muß damit gerechnet werden, daß*

... il faut s'attendre à ce que ...; **R~en** *n* calcul *m;* **~erisch I.** *a* arithmétique; **II.** *adv* par des calculs, par voie de calcul.

Rechnung *f* ‹-, -en› ['rɛçnʊŋ] **1.** *(Rechnen)* calcul; *(Berechnung)* compte *m;* **2.** *(Kostenforderung)* compte *m,* note, facture *f,* mémoire *m; (in e-r Gaststätte)* addition *f;* — *auf eigene ~* pour son propre compte; *auf eigene ~ und Gefahr* à ses risques et périls; *e-e ~ ausstellen* dresser *od* établir *od* faire un compte *od* une facture; *e-e ~ begleichen* apurer un compte, régler un mémoire; *(dabei) auf s-e ~ kommen* (y) trouver son compte; *jdm e-n Strich durch die ~ machen (fig)* traverser les desseins de qn; *die ~ ohne den Wirt machen (fig)* compter sans l'hôte *od* sans son hôte; se tromper dans ses prévisions; *jdm etw in ~ stellen* porter qc au *od* sur le compte de qn; *e-r Sache ~ tragen* tenir compte de qc; *die ~ geht auf* le compte est bon; *s-e ~ ging nicht auf (fig)* il s'est trompé dans ses calculs; **~sführer** *m* (agent) comptable; *mil* sous-officier *m* comptable; **~sführung** *f* comptabilité, gestion *f* comptable; **~sjahr** *n* exercice *m* (financier), année *f* fiscale.

recht [rɛçt] **I.** *a* **1.** *(Seite, Winkel)* droit; **2.** *(richtig)* juste; *(wahr, echt)* vrai, véritable; *(~mäßig)* légitime; **3.** *(geeignet)* convenable, opportun; **II.** *adv (sehr)* bien, très; fort; *(ziemlich)* assez, passablement; *(gehörig)* comme il faut; *(richtig)* juste; — *am ~en Ort* au bon endroit; *ganz ~ (adv)* tout juste; très bien! *gerade ~ (adv)* à point (nommé); *zur ~en Zeit* à temps; en temps utile; à point (nommé); à propos; *~ und schlecht* tant bien que mal; *~ behalten* avoir finalement raison, finir par avoir raison, l'emporter; *jdm (nicht) ~ geben* donner raison (tort) à qn; *~ haben* avoir raison; *an den R~en kommen* trouver son homme *od* à qui parler; *es jdm ~ machen* satisfaire qn; *es jedem ~ machen wollen (a.)* ménager la chèvre et le chou; *nach dem R~en sehen* avoir l'œil, veiller au bon ordre, faire un *od* des contrôle(s); *nicht ~ wissen* ne pas savoir au juste; *das ist mir (ganz* od *durchaus) ~* je (le) veux bien, cela me va *od* me convient; cela m'arrange tout à fait; *das ist mir gerade ~* je ne demande pas mieux; *mir ist alles ~* je m'accommode de tout; *das geschieht dir (ganz) ~* tu ne l'as pas volé *(fam); dir ist nichts ~ zu machen* tu fais le difficile; *wenn es Ihnen ~ ist* si cela vous arrange *od* vous convient; *das ist nur ~ und billig* cela va de droit, ce n'est que justice; *nun erst ~!* maintenant plus que jamais; *nun erst ~ nicht!* maintenant encore moins! *so ist's ~! ~ so!* c'est bien! à la bonne heure! *was dem einen ~ ist, ist dem andern billig (prov)* il ne doit pas y avoir deux poids et deux mesures; *der ~e Mann* l'homme *m* qu'il faut *od* de la situation; *die ~e Seite (Stoff)* l'endroit *m; typ* le recto.

Recht *n* ‹-(e)s, -e› [rɛçt] **1.** *allg* u. *jur* droit *m;* **2.** *(Berechtigung)* raison *f;* **3.** *(Gerechtigkeit)* justice *f;* **4.** *(Gesamtheit der Gesetze)* législation; *pl (Wissenschaft)* jurisprudence *f;* **5.** *(Befugnis)* autorisation *f;* — *mit ~* avec raison; de droit, à bon droit, à juste titre; *mit um so größerem ~* à plus forte raison; *mit vollem ~* de plein droit, par droit et raison, à juste titre; *von ~s wegen* de droit, à bon droit; *ein ~ auf etw haben* avoir droit à qc; *sein ~ geltend machen* poursuivre son droit; *im ~ sein* être dans son droit; *~ sprechen* rendre la justice; *die ~e studieren* étudier le droit; *alle ~e vorbehalten* tous droits réservés; *und das* od *zwar mit ~!* et pour cause! *gleiches ~ für alle!* même droit pour tous! *bürgerliches, gemeines, kanonisches, öffentliches ~* droit *m* civil, commun, canon(ique), public; *das deutsche ~* la législation allemande; *die politischen, verfassungsmäßigen ~e* les libertés *f pl* publiques, constitutionnelles; *~ auf Arbeit* droit *m* au travail; *~ der freien Meinungsäußerung* libre discussion *f; das ~ des Stärkeren* la raison *od* le droit *od* la loi du plus fort.

Rechte *f* ‹-n, -n› ['rɛçtə] *(rechte Hand* u. *pol)* la droite; *zur ~* à droite; *äußerste ~ (pol)* extrême droite *f.*

Recht|eck *n* ['rɛçt-] rectangle *m;* **r~eckig** *a* rectangulaire; **r~en** *itr (streiten)* contester, disputer; **r~fertigen 1.** *tr* justifier; **2.** *refl: sich ~* se disculper (*wegen* de); **~fertigung** *f* ‹-, -en› justification; disculpation, apologie *f;* **r~gläubig** *a rel* orthodoxe; **~gläubigkeit** *f* orthodoxie *f;* **~haberei** *f* ‹-, ø› ergotage, ergotement *m,* ergoterie *f;* **r~haberisch** *a* ergoteur; **r~lich** *a* **1.** juridique; légal; **2.** *(redlich)* loyal, équitable, probe; **r~los** *a* mis hors la loi, sans droits; **~losigkeit** *f* ‹-, ø› mise hors la loi; proscription *f;* **r~mäßig** *a* légitime; légal; *für ~ erklären* légitimer; légaliser; **~mäßigkeit** *f* ‹-, ø› légitimité; légalité *f.*

rechts [rɛçts] *adv* à droite; sur la droite; *nach, von ~* à, de droite; *~ neben dem* od *vom Hause* à droite de la maison; *~ gehen* od *fahren* prendre *od* tenir la *od* sa droite; **R~abbieger** *m (Verkehr)* véhicule *m od* celui qui tourne à droite!

Rechts|abteilung *f* ['rɛçts-] section *f od* service *m* juridique; **~anwalt** *m (plädierender)* avocat; *(nicht plädierender)* avoué *m;* **~auskunft** *f* renseignements *m pl* juridiques.

Rechtsaußen *m* ‹-, -› [rɛçts'ʔausən] *sport* ailier *m* droit.

Rechts|beistand *m* ['rɛçts-] **1.** *(Tätigkeit)* conseil *m* juridique; **2.** *(Person)* avocat *m* conseil; **~belehrung** *f* instruction *f* judiciaire; **~berater** *m* conseiller juridique; *(Syndikus)* syndic *m;* **~brecher** *m* violateur *m* des lois; **~bruch** *m* violation *f* du droit.

recht|schaffen ['rɛçt-] *a* droit, honnête, probe, intègre; **R~schaffenheit** *f* ‹-, ø› droiture, honnêteté, probité, intégrité *f;* **R~schreibfehler** *m* faute *f* d'orthographe; **R~schreibung** *f* orthographe *f.*

rechts|fähig ['rɛçts-] *a* ayant la capacité juridique; ~ *sein* jouir des droits civils; **R~fähigkeit** *f* ‹-, ø› capacité juridique; jouissance *f* des droits civils; **R~fall** *m* cas *m* litigieux, cause *f;* **~gültig** *a* valide, valable, authentique, légal; *in ~er Form* sous forme légale; **R~gültigkeit** *f* ‹-, ø› validité; authenticité, légalité *f;* **R~gutachten** *n* expertise *f* juridique, avis *m* de droit.

Rechtshänd|er *m* ‹-s, -› ['rɛçts-] droitier *m;* **r~ig** *a* droitier.

Rechtshilfe *f* ['rɛçts-] assistance *od* entraide *f* judiciaire.

Rechtsinnen *m* ‹-, -› [rɛçts'ɪnən] *sport* inter *m* droit.

Rechts|kraft *f* ‹-, ø› ['rɛçts-] : ~ *erlangen* acquérir l'autorité de la chose jugée; ~ *haben* avoir force de loi; **r~kräftig** *a* passé en loi; *(Urteil)* définitif, exécutoire; **r~kundig** *a* qui connaît le droit; **~lage** *f* situation *f* juridique *od* légale; **~mittel(belehrung** *f***)** *n pl* (indication *f* des) voies *f pl* de recours; **~nachfolger** *m* ayant cause, successeur *m* au droit.

Rechtspartei *f* ['rɛçts-] parti *m* de droite; *die ~en pl (a.)* la droite.

Rechtspflege *f* ['rɛçts-] administration de la justice, juridiction *f.*

Rechtsprechung *f* ['rɛçt-] jurisprudence *f.*

rechts|radikal ['rɛçts-] *a pol* d'extrême droite; **~rheinisch** *a* de la rive droite du Rhin; **R~ruck** *m pol* coup *m* de barre à droite; **R~rutsch** *m pol* glissement *m* à droite.

Rechts|schutz *m* ['rɛçts-] protection *f* légale *od* juridique; **~staat** *m* État *m* constitutionnel *od* légal; **~stellung** *f* statut *m od* situation *od* condition *f* juridique; **~streit** *m* litige *m;* **~verdreher** *m* avocassier, robin, chicaneur *m.*

Rechtsverkehr *m* ['rɛçts-] circulation *f* à droite.

Rechts|verletzung *f* ['rɛçts-] violation *od* lésion de droit, infraction *f* à la loi; **~weg** *m* voie *f* judiciaire *od* légale *od* de droit; *auf dem ~e* par voie de droit *od* de justice, par la voie judiciaire; *unter Ausschluß des ~s* sans la possibilité d'un recours aux tribunaux; **~wissenschaft** *f* (science *f* du) droit *m,* jurisprudence *f.*

recht|wink(e)lig ['rɛçt-] *a* rectangulaire, rectangle; **r~zeitig I.** *a* opportun; **II.** *adv* à temps, en temps utile.

Reck *n* ‹-(e)s, -e› [rɛk] *sport* barre *f* fixe; **r~en** *tr (die Glieder)* étendre, étirer; *(den Hals)* allonger.

Redakt|eur *m* ‹-s, -e› [redak'tø:r] rédacteur *m;* **~ion** *f* ‹-, -en› [-ktsi'o:n] rédaction *f;* **r~ionell** [-tsio'nɛl] *a* rédactionnel.

Rede *f* ‹-, -n› ['re:də] **1.** *(Äußerung)* paroles *f pl,* propos *m pl; (Unterhaltung)* entretien *m,* conversation *f;* **2.** *(Ansprache)* allocution, harangue *f; (längere)* discours *a. gram; (kurze a.)* speech *m;* — *e-e ~ halten* faire *od* prononcer un discours; *jdm ~ (und Antwort) stehen* rendre raison à qn; se justifier devant qn; *jdn wegen etw zur ~ stellen* demander des explications à qn sur qc; *es ist die ~ von* ... il est question de ...; *die ~ kam auf* ... la conversation tomba sur ...; *davon kann nicht die ~ sein* cela est hors de question; *das ist nicht der ~ wert* cela ne vaut pas la peine *od* c'est inutile d'en parler; *der langen ~ kurzer Sinn,* ... tranchons le mot, ...; *direkte, indirekte ~ (gram)* discours *m* direct, indirect; **~fluß** *m* flot *od* flux *m* de paroles; **~freiheit** *f* ‹-, ø› liberté *f* de parole; **r~gewandt** *a* habile à parler, disert, éloquent; ~ *sein* avoir la parole facile; **~gewandtheit** *f* ‹-, ø› facilité *f* de parole *od* d'élocution.

rede|n ['re:dən] *itr* **1.** parler (*über, von* de); *(ausführlich)* discourir; **2.** *(e-e Rede halten)* prononcer un discours; — *mit sich ~ lassen (fig)* n'être pas intransigeant; entendre raison; *Sie haben gut ~* vous en parlez bien à votre aise; *darüber läßt sich ~* on peut s'entendre là-dessus; il y a du pour et du contre; *~ wir nicht (weiter) darüber!* restons-en là! **R~n** *n* ‹-s, ø› dire *m,* parole *f*; *s-m ~ nach* à l'entendre; *~ ist Silber, Schweigen ist Gold (prov)* la parole est d'argent, le silence est d'or; **R~nsart** *f* locution, tournure; façon *od* manière *f* de parler; **R~schwall** *m* déluge de paroles, verbiage *m,* verbosité *f;* **R~wendung** *f* tournure, locution, phrase *f* toute faite.

redigieren [redi'gi:rən] ‹*ohne ge-*› *tr* rédiger.

redlich ['re:tlɪç] *a* honnête, probe, loyal, sincère, de bonne foi, intègre; *sich ~ bemühen* faire des efforts sincères; **R~keit** *f* ‹-, ø› honnêteté, probité, droiture, loyauté, sincérité, bonne foi *f.*

Redner *m* ‹-s, -› ['re:dnər] orateur; *(Vortragender)* conférencier *m;* **r~isch** *a* oratoire; **~pult** *n* chaire *f.*

redselig ['re:t-] *a* loquace, causeur, verbeux; **R~keit** *f* ‹-, ø› loquacité; verbosité *f.*
reduzier|bar [redu'tsi:r-] *a* réductible; **~en** ‹*ohne ge-*› *tr* réduire; diminuer.
Reed|e *f* ‹-, -n› ['re:də] *mar* rade *f; auf der ~ liegen* être en rade; **~er** *m* ‹-s, -› armateur; *(Verfrachter)* fréteur *m;* **~erei** *f* ‹-, -en› [-'raɪ] armement *m.*
reell [re'ɛl] *a* **1.** *(ehrlich, redlich)* sincère, honnête, loyal; **2.** *(Firma)* respectable, solide; **3.** *(Angebot)* raisonnable.
Refer|at *n* ‹-(e)s, -e› [refe'ra:t] **1.** *(Bericht)* rapport, compte rendu, exposé *m;* **2.** *(Dienststelle)* bureau, service *m;* **~endar** *m* ‹-s, -e› [-rɛn'da:r] stagiaire *m;* **~ent** *m* ‹-en, -en› [-'rɛnt] rapporteur; conseiller *m* (rapporteur); **~enzen** *f pl* [-'rɛntsən] *(Empfehlungen)* références, recommandations *f pl;* **r~ieren** [-'ri:rən] ‹*ohne ge-*› *itr* faire un rapport *od* un exposé (*über etw* de qc); exposer, rendre compte (*über etw* de qc).
reflektieren [reflɛk'ti:rən] ‹*ohne ge-*› **1.** *tr (zurückstrahlen)* refléter, réfléchir, réverbérer; **2.** *itr: auf etw ~* s'intéresser à qc, avoir des visées sur qc.
Reflex *m* ‹-es, -e› [re'flɛks] *phys* reflet; *physiol* réflexe *m;* **~ion** *f* ‹-, -en› [-si'o:n] *phys* u. *fig (Nachdenken)* réflexion *f;* **r~iv** [-'ksi:f] *a gram* réfléchi; *~es Verb n* verbe *m* pronominal.
Reform *f* ‹-, -en› [re'fɔrm] réforme, réorganisation *f;* **~ation,** *die* [-matsi'o:n] *rel hist* la Réforme; **~ator** *m* ‹-s, -en› [-'ma:tɔr, -'to:rən] réformateur *m;* **~haus** *n* magasin *m* d'alimentation diététique; **r~ieren** [-'mi:rən] ‹*ohne ge-*› *tr* réformer; **r~iert** *a rel* réformé; **~maßnahmen** *f pl* réformes *f pl.*
Regal *n* ‹-s, -e› [re'ga:l] *(Wand- od Schrankbrett)* étagère *f; (bes. für Bücher)* rayon; *(Fächergestell)* rayonnage *m,* étagère *f; (Büchergestell)* rayons *m pl* (de bibliothèque).
Regatta *f* ‹-, -tten› [re'gata, -tən] régate *f.*
rege ['re:gə] *a* **1.** *(geschäftig)* actif; *(lebhaft)* vif, éveillé, alerte; *(flink)* agile; **2.** *(Verkehr)* animé, intense.
Regel *f* ‹-, -n› ['re:gəl] **1.** règle *f; (Vorschrift)* règlement; *(Grundsatz)* principe *m; (Norm)* norme *f;* **2.** *physiol* règles, menstrues *f pl;* — *in der ~* en règle générale; *(gewöhnlich)* ordinairement, normalement, d'habitude; *nach allen ~n der Kunst (a. iron)* dans toutes les règles de l'art; *die ~ haben (med)* avoir ses règles; *Ausnahmen bestätigen die ~ (prov)* l'exception confirme la règle; **r~los** *a* sans règle(s); irrégulier; **r~mäßig** *a* régulier; *(geregelt)* réglé; *in ~en Abständen (zeitl.)* périodiquement; **~mäßigkeit** *f* ‹-. ø› régularité *f;* **r~n** *tr* **1.** régler, mettre en règle *od* en ordre; *(in Ordnung bringen)* régulariser; *(Angelegenheit)* accommoder, mettre au point; **2.** *(durch Verordnung)* réglementer, régir; *(festlegen)* fixer; **r~recht I.** *a* **1.** conforme aux règles; **2.** *(wirklich)* vrai, véritable; **II.** *adv* **1.** en règle, dans *od* selon *od* suivant les règles; **2.** *fam* complètement; — *ein ~er Reinfall* un véritable attrape-nigaud; **~ung** *f* ‹-, -en› règlement *m; adm* réglementation *f.*
regen ['re:gən] **1.** *tr* remuer; **2.** *refl: sich ~* se remuer, bouger, s'agiter.
Regen *m* ‹-s, -› ['re:gən] pluie *f; bei ~* par temps de pluie; *im ~* sous la pluie; *vom ~ in die Traufe kommen (fig)* tomber de mal en pis; *auf ~ folgt Sonnenschein (prov)* après la pluie le beau temps; **r~arm** *a* sec; **~bö** *f* grain *m* (de pluie); **~bogen** *m* arc-en-ciel *m;* **~bogenfarben** *f pl* couleurs de l'arc-en-ciel; irisations *f pl;* **~bogenhaut** *f anat* iris *m;* **~fälle** *m pl* chutes *f pl* de pluie; **~mantel** *m* imperméable, manteau *m* de pluie; **~menge** *f* pluie *f* tombée; pluviosité *f;* **~messer** *m* pluviomètre *m;* **r~reich** *a* pluvieux.
Regensburg *n* ['re:gənsburk] Ratisbonne *f.*
Regen|schauer *m* ['re:gən-] averse (de pluie), ondée, giboulée *f;* **~schirm** *m* parapluie *m.*
Regent(in *f***)** *m* ‹-en, -en› [re'gɛnt(-)] *(Verweser)* régent(e *f*) *m.*
Regen|tag *m* ['re:gən-] jour *m* de pluie; **~tropfen** *m* goutte *f* de pluie.
Regentschaft *f* ‹-, -en› [re'gɛntʃaft] régence *f.*
Regen|wasser *n* ['re:gən-] eau *f* pluviale, eaux *f pl* de pluie; **~wetter** *n* temps *m* pluvieux *od* de pluie; **~wolke** *f* nuage *m* de pluie; **~wurm** *m* ver de terre; *scient* lombric *m;* **~zeit** *f* saison *f* pluviale *od* des pluies; *(in den Tropen)* hivernage *m.*
Regie *f* ‹-, -n› [re'ʒi:] **1.** *adm* régie *f;* **2.** *theat film* mise *f* en scène.
regieren [re'gi:rən] ‹*ohne ge-*› *tr* **1.** *(verwalten)* gouverner, diriger; *(herrschen über)* régner (*etw* sur qc); **2.** *gram* régir, gouverner.
Regierung *f* ‹-, -en› [re'gi:ruŋ] *(Tätigkeit* u. *Einrichtung)* gouvernement; *(~, ~szeit) e-s Fürsten)* règne *m; an der, die ~* au gouvernement; *unter der ~ (gen)* sous le règne (de); *e-e ~ bilden, stürzen* former, renverser un gouvernement; **~santritt** *m* avènement *m* au pouvoir *od* au trône; **~sbezirk** *m allg* circonscription *f* administrative; *(in Frankr.)* département *m;* **~sbildung** *f* formation *f* du cabinet; **~schef** *m* chef *m* de *od* du gouvernement; **~serklärung** *f* déclaration *f* gouvernementale *od* ministérielle; **~sform** *f* forme *f od* mode

de gouvernement, régime, système *m; monarchische, republikanische, parlamentarische ~* gouvernement *od* régime *m* monarchique, républicain, représentatif; **~skrise** *f* crise *f* gouvernementale *od* ministérielle; **~spartei** *f* parti *m* gouvernant *od* gouvernemental; **~spräsident** *m (in Frankr.)* préfet *m;* **~srat** *m (etwa)* conseiller *m* d'État; **~ssprecher** *m* porte-parole *m* du gouvernement; **~sumbildung** *f* remaniement *m* ministériel; **~swechsel** *m* changement *m* de gouvernement.

Regime *n* ‹-(s), - [-mə]/(-s)› [re'ʒi:m] *pol* régime *m.*

Regiment *n* [regi'mɛnt] **1.** *allg* ‹-(e)s, -e› *(Führung)* direction *f,* gouvernement *m;* **2.** *mil* ‹-(e)s, -er› régiment *m.*

Region *f* ‹-, -en› [regi'o:n] région *f; in höheren ~en schweben (fig)* être dans les nuages; **r~al** [-gio'na:l] *a* régional.

Regisseur *m* ‹-s, -e› [reʒi'sø:r] *theat* metteur en scène; *film* réalisateur *m.*

Regist|er *n* ‹-s, -› [re'gɪstər] registre *m (a. mus: Orgel); (Liste)* liste *f,* rôle; *(Buch)* index *m,* table *f* alphabétique; **~ratur** *f* ‹-, -en› [-'tu:r] **1.** *(Tätigkeit)* enregistrement *m;* **2.** *(Einrichtung)* fichier *m,* greffe *f;* bureau *m* du courrier; **r~rieren** ‹*ohne ge-*› *tr* enregistrer; **~rierkasse** *f* caisse *f* enregistreuse; **~rierung** *f* ‹-, -en› enregistrement *m.*

Regler *m* ‹-s, -› ['re:glər] *tech* régulateur, appareil *m* de réglage.

reglos ['re:klo:s] *a* immobile, inerte; **R~igkeit** *f* ‹-, ø› immobilité *f.*

regn|en ['re:gnən] *itr* pleuvoir; *es regnet (a.)* il tombe de la pluie *od* de l'eau; *es regnet in Strömen* il pleut à verse, la pluie tombe à torrents; **~erisch** *a* pluvieux.

Regreß *m* ‹-sses, -sse› [re'grɛs] *(Rückgriff)* recours *m.*

Regress|ion *f* ‹-, -en› [regrɛsi'o:n] régression *f;* **r~iv** [-'si:f] *a (rückläufig)* régressif.

Regreßpflicht *f* [re'grɛs-] responsabilité *f* civile; **r~ig** *a* civilement responsable.

regsam ['re:kza:m] *a* mobile, actif; *(lebhaft)* vif; **R~keit** *f* ‹-, ø› mobilité, activité; vivacité *f.*

regul|är [regu'lɛ:r] *a* régulier; **~ieren** [-'li:rən] ‹*ohne ge-*› *tr* régler; *fin* régulariser; *tech* ajuster; **R~ierung** *f* ‹-, -en› réglage *m,* régulation *f,* ajustage *m,* mise *f* au point.

Regung *f* ‹-, -en› ['re:gʊŋ] **1.** mouvement *m;* **2.** *(Gefühlsregung)* sentiment *m* naissant, émotion *f;* **r~slos** *a = reglos.*

Reh *n* ‹-(e)s, -e› [re:] *(als Art)* chevreuil *m; (Ricke)* chevrette *f.*

Rehabilit|ation *f* ‹-, (-en)› [rehabilitatsi'o:n] , **~ierung** *f* ‹-, (-en)› *allg* réhabilitation; *med* rééducation *f;* **r~ieren** [-'ti:rən] ‹*ohne ge-*› *tr* réhabiliter.

Reh|bock *m* ['re:-] chevreuil *m;* **~braten** *m* rôti de chevreuil, chevreuil *m* rôti; **~keule** *f* cuissot *m* de chevreuil; **~kitz** *n* chevrillard, faon *m;* **~rücken** *m* selle *f* de chevreuil.

Reib|e *f* ‹-, -n› ['raɪbə] , **~eisen** *n* ['raɪp-] râpe *f;* **r~en** ‹*rieb, gerieben*› *tr* **1.** frotter; *(ab~)* frictionner; **2.** *(zer~)* broyer; *(raspeln)* râper; **~ereien** *f pl* [-'raɪən] *fig* frottements *m pl,* frictions *f pl.*

Reibung *f* ‹-, -en› ['raɪbʊŋ] *a. fig* frottement *m,* friction *f;* **~selektrizität** *f* électricité par frottement, tribo-électricité *f;* **~sfläche** *f* **1.** surface *f* frottante *od* de friction; **2.** *fig* point *m* de friction; **r~slos** *a* u. *adv* **1.** sans frottement; **2.** *fig* sans accroc(s), sans à-coup(s), sans heurt(s), sans anicroches, sans histoires; comme sur des roulettes *fam.*

Reich *n* ‹-(e)s, -e› [raɪç] **1.** *(großes, bes. Kaiserreich u. fig)* empire; *(Königreich u. fig)* royaume *m;* **2.** *fig* règne, domaine *m;* — *das Deutsche ~ (1871–1945)* l'Empire allemand, le Reich; *das ~ Gottes* le royaume de Dieu.

reich [raɪç] *a* riche (*an* de, en) *a. fig; fig* abondant, fécond, fertile; *in ~em Maße* abondamment, à profusion; *~ werden* faire fortune; *e-e ~e Auswahl* un vaste choix, un grand assortiment (*an* de).

reichen ['raɪçən] *tr* **1.** *(hinhalten, geben)* tendre, passer, donner, offrir (*jdm etw* qc à qn); *itr* **2.** *(gehen, sich erstrecken)* aller (*bis zu* jusqu'à); aboutir (*bis zu* à); *(sich ausdehnen)* s'étendre; *(nach oben)* monter, s'élever; *(nach unten)* descendre (*bis zu* jusqu'à); *(Kleid)* s'arrêter (*bis an* à); *(Schußwaffe)* porter (*bis zu* jusqu'à); **3.** *(genügen)* suffire; — *lange ~ (Vorrat)* mener loin; *weit ~* porter loin; *so weit der Blick reicht* à perte de vue; *das reicht* cela suffit, c'est assez; *mir reicht's (fam)* j'en ai assez, j'en ai jusque là.

reich|haltig ['raɪç-] *a* riche; abondant; *(abwechslungsreich)* varié; **R~haltigkeit** *f* ‹-, ø› richesse, abondance; variété *f;* **~lich I.** *a* copieux, abondant, plantureux; **II.** *adv* largement, à profusion; *fam* un peu beaucoup; *(geben)* à pleine(s) main(s); — *~ vorhanden sein* abonder.

Reichsstadt ['raɪçs-] *f: freie ~ (hist)* ville *f* impériale.

Reichtum *m* ‹-s, ¨er› ['raɪçtu:m] richesse; *(großer)* opulence; *(Überfluß)* abondance *f.*

Reichweite *f* ['raɪç-] portée *f; (Aktionsradius)* rayon *m* d'action; *außer ~* hors d'atteinte; *in ~* à portée (*gen* de).

Reif *m* [raɪf] **(1)** ‹-(e)s, ø› *mete* gelée *f* blanche, givre, frimas *m;* **(2)** ‹-(e)s, -e›

(Ring) anneau; *(Arm~)* bracelet; *(Stirn~)* diadème *m.*

reif [raɪf] *a* **1.** mûr; **2.** *(mannbar, heiratsfähig)* pubère; — *in ~erem Alter, in ~eren Jahren* entre deux âges; *~ werden* mûrir; **R~e** *f* ‹-, ø› **1.** maturité *f;* **2.** *(Geschlechts~)* puberté *f.*

reifen ['raɪfən] **(1)** *itr* ‹*sein*› **1.** mûrir, venir à maturité; **2.** *(mannbar werden)* atteindre l'âge de la puberté; **3.** *bot* aboutir; **(2)** *itr: es hat gereift* il y a (eu) de la gelée blanche, il est blanc gelé.

Reifen *m* ‹-s, -› ['raɪfən] **1.** *(Faß)* cercle *m;* **2.** *(Spielzeug)* cerceau *m;* **3.** *(Gummireifen)* pneu(matique) *m;* **~decke** *f mot (Fahrrad)* enveloppe *f;* **~heber** *m* démonte-pneu *m;* **~panne** *f fam,* **~schaden** *m* crevaison *f,* pneu *m* crevé; **~wechsel** *m mot* changement *m* de pneu(s).

Reife|prüfung *f* ['raɪfə-] baccalauréat *m;* **~zeugnis** *n* diplôme *m* de bachelier.

reiflich ['raɪflɪç] **I.** *a* mûr; *nach ~er Überlegung* après mûre réflexion, réflexion faite, après avoir mûrement réfléchi; **II.** *adv: es sich ~ überlegen* y réfléchir mûrement.

Reigen *m* ‹-s, -› ['raɪgən] ronde; danse *f; den ~ eröffnen (fig)* ouvrir *od* mener la danse.

Reihe *f* ‹-, -n› ['raɪə] **1.** rangée; *mil* file, colonne; *(Zimmer)* suite, enfilade *f;* **2.** *(Folge)* suite, série; succession; *(Buchhandel)* collection; *math* progression; *mus* série *f;* **3.** *(zeitliche Folge)* tour *m;* — *e-e (ganze) ~ (fam)* une ribambelle; tout une série (*von* de); *e-e (lange) ~* une procession; *e-e ~ (von)* plusieurs; *außer der ~* avant mon, ton *etc* tour; par faveur; *in einer ~* à la ligne, à la *od* en file, en rang d'oignons; *der ~ nach* l'un après l'autre; chacun son tour, à tour de rôle, tour à tour; *aus der ~ tanzen (fig)* ne pas faire comme les autres; *ich bin an der ~* c'est mon tour, c'est à moi; *wer ist an der ~?* à qui le tour? *arithmetische, geometrische ~* progression *f* arithmétique, géométrique; **r~n** *tr* ranger; mettre en rang(s); **~nfolge** *f* ordre *m* (de priorité); suite, succession *f; in alphabetischer, chronologischer od zeitlicher ~* par ordre alphabétique, chronologique od de date; **~nhaus** *n* habitation *f* individuelle en bande continue; **~nschaltung** *f el* accouplement *od* couplage *od* montage *m od* mise *f* en série; **r~nweise** *adv* par rangs, par files, par séries.

Reiher *m* ‹-s, -› ['raɪər] *orn* héron *m.*

reihum [raɪ'ʔum] *adv = der Reihe nach.*

Reim *m* ‹-(e)s, -e› [raɪm] rime *f; ich kann mir keinen ~ darauf machen (fig)* je n'y comprends rien; **r~en** *tr u. itr* rimer; *sich ~* rimer (*auf* avec).

rein [raɪn] **I.** *a* **1.** *allg* u. *fig* pur; *chem* à l'état pur; *(Alkohol)* absolu; **2.** *(makellos)* parfait, sans défaut; *(unschuldig)* pur, innocent, sans faute; **3.** *(sauber)* net, propre; **4.** *mus (Ton)* net; **5.** *com (Gewinn)* net; **II.** *adv fam (gänzlich)* nettement, parfaitement, complètement, tout; — *~ zufällig* par pur accident; *ins ~e bringen* mettre au net *od* à jour; *mit sich (selbst) ins ~e kommen (über)* se réconcilier avec soi; *ins ~e schreiben* écrire au propre, recopier; *chemisch ~* chimiquement pur.

'rein ['raɪn] *fam = herein.*

Rein|(e)machefrau *f* ['raɪn(ə)-] femme *f* de ménage *od* de journée; **~(e)machen** *n* nettoyage, nettoiement *m;* **~erlös** *m,* **~ertrag** *m* produit *m* net.

Reinfall *m* ['raɪn-] *fam* déception *f; theat* four *m;* **rein≈fallen** ‹*fällt, fiel rein, reingefallen*› *itr* ‹*sein*› *(fig)* se mettre dedans, être mis dedans, tomber dans le panneau.

Rein|gewinn *m* ['raɪn-] bénéfice *m* net; **~heit** *f* ‹-, ø› **1.** pureté; netteté; propreté *f;* **2.** *(Unschuld)* innocence, virginité *f;* **r~igen** *tr* nettoyer; *(von Schmutz)* décrasser; décrotter; *(von Flecken)* détacher; *(ausfegen, ausschlämmen)* curer; *tech* purger; *tech rel fig* purifier; *med* nettoyer, déterger; *(Blut, Säfte)* dépurer; *chemisch ~* nettoyer à sec; **~igung** *f* ‹-, -en› nettoyage, nettoiement; décrassage; détachage; curage *m; a. fig* purification, épuration; *rel* lustration *f; chemische ~* nettoyage à sec; dégraissage *m;* **~igungsanstalt** *f (chemische ~)* teinturerie *f;* **~igungsmittel** *n* produit *m* pour nettoyer.

rein≈legen ['raɪn-] *tr fam: jdn ~* mettre qn dedans; attraper qn.

rein|lich ['raɪnlɪç] **I.** *a, a. fig* propre, net; **II.** *adv fig* nettement; **R~lichkeit** *f* ‹-, ø› propreté, netteté *f;* **~rassig** *a* (de) pure race, (de) pur sang; *nicht ~ (Hund)* mâtiné; **R~schrift** *f* **1.** *(Tätigkeit)* mise *f* au propre; **2.** *(Ergebnis)* copie *f* définitive; **~waschen,** *sich* ‹*wäscht, wasch rein, reingewaschen*› *(fig)* se blanchir, se disculper.

Reis **(1)** *m* ‹-es, (-e)› [raɪs, '-zəs] *bot (Küche)* riz *m; Huhn n auf* od *in ~* poule *f* au riz; *polierter ~* riz *m* glacé; **(2)** *n* ‹-es, -er› ['raɪs, -zər] **1.** *(Zweiglein)* brindille *f,* rameau *m;* **2.** *(Pfropf~)* greffe *f; (Schößling)* rejet(on) *m.*

Reis|bau *m* ‹-(e)s, ø› ['raɪz-] riziculture *f;* **~brei** *m* riz *m* au lait.

Reise *f* ‹-, -n› ['raɪzə] voyage; tour *m; auf ~n* en voyage; *auf die ~* od *auf ~n gehen* aller *od* partir en voyage; *e-e ~ wert sein* valoir le voyage; *glückliche ~!* bon voyage! *~ um die Welt* tour *m* du monde; **~andenken** *n* souvenir *m;* **~apotheke** *f* nécessaire *m* de pharmacie; **~(auto)bus** *m* (auto)car (d'excursion), touring-car *m;* **~bedarf** *m* provisions *f pl* de route; **~bekanntschaft** *f* connaissance *f* de voyage; **~beschreibung** *f* récit *m od* narration *f* de voyage; **~büro** *n* agence *f od* bureau *m* de tourisme *od* de voyage; **r~fertig** *a* prêt à partir; **~fieber** *n* fièvre *f* du départ; **~führer** *m* guide *m;* **~gefährte** *m* compagnon *m* de voyage; **~gepäck** *n* bagages *m pl* accompagnés; **~gesellschaft** *f* caravane *f;* **~kosten** *pl* frais *m pl* de voyage *od* de déplacement; **~krankheit** *f* mal *m* du voyage; **~leiter** *m* responsable *m* de *od* du groupe.

reisen ['raɪzən] *itr ⟨sein⟩* voyager, faire un *od* des voyages; *nach ... ~* aller, se rendre à ...; faire route, partir pour ...; *gern ~* aimer (à) voyager, aimer les voyages; **R~de** ⟨-n, -n⟩ **1.** *m f* voyageur *m,* -euse *f;* touriste *m f;* **2.** *(nur m) com* commis *m* voyageur.

Reise|necessaire *n* ['raɪzə-] nécessaire *m od* trousse *f* (de voyage *od* de toilette); **~paß** *m* passeport *m;* **~pläne** *m pl* projets *m pl* de voyage; **~scheck** *m* chèque *m* touriste *od* de voyage; **~schreibmaschine** *f* machine *f* à écrire portative; **~tasche** *f* sac *m* de voyage; *(große)* fourre-tout *m;* **~verkehr** *m* circulation *f* des voyageurs; **~ziel** *n* destination *f.*

Reisfeld *n* ['raɪz-] rizière *f.*

Reisig *n* ⟨-s, ø⟩ [-raɪzɪç] ramée *f,* branchages *m pl,* broutilles *f pl,* petit *od* menu bois *m;* **~besen** *m* balai *m* de bouleau; **~bündel** *n* fagot *m,* javelle, bourrée *f.*

Reiß|aus [raɪs'ʔaus] *: ~ nehmen* prendre la fuite *od* le large, détaler, déguerpir; **~brett** *n* planche *f* à dessin *od* à dessiner; **~brettstift** *m* punaise *f.*

reiß|en *⟨riß, gerissen⟩* ['raɪsən] **1.** *tr ⟨h⟩* tirer avec force; *(zerren)* tirailler; *(ab~)* arracher; *(zer~)* déchirer; **2.** *itr ⟨sein⟩* se rompre, se déchirer; se casser; *(bersten)* se fendre, se crevasser; — *an sich ~* tirer à soi, agripper; accaparer; *fig* s'emparer de, se saisir de, usurper; *mit sich ~* entraîner; *sich um etw ~* s'arracher, *od* se disputer qc; *ich reiße mich nicht darum* cela ne m'enthousiasme guère, je ne me battrais pas pour cela; **~end** *a* **1.** *(Tier)* féroce; **2.** *(Wasser)* torrentiel, impétueux; — *(Ware) ~ (ab)gehen* s'enlever; **R~er** *m* ⟨-s, -⟩ *(Verkaufsschlager)* marchandise *f* qu'on s'arrache; *(Buch, theat)* livre *m,* pièce *f* à succès; **~erisch** *a (Reklame, Titel)* tape-à-l'œil.

Reiß|feder *f* ['raɪs-] tire-ligne *m;* **r~fest** *a* résistant à la déchirure; indéchirable; **~nagel** *m* punaise *f;* **~schiene** *f* (équerre *f* en) T, té *m;* **~verschluß** *m* fermeture *f* éclair *od* à glissière; **~zahn** *m* (dent) canine *f;* **~zeug(etui)** *n* (boîte à *od* de *od* pochette *f* de) compas *m pl;* **~zwecke** *f* punaise *f.*

Reitbahn *f* ['raɪt-] manège *m.*

reiten *⟨reitet, ritt, geritten⟩* ['raɪtən] **1.** *itr ⟨sein⟩* aller *od* être *od* monter à cheval, être en selle, chevaucher; **2.** *tr ⟨h⟩* monter (*ein Pferd* un cheval).

Reiter *m* ⟨-s, -⟩ ['raɪtər] **1.** cavalier *m a. mil;* **2.** *(Kartei)* onglet *m;* **~ei** *f* ⟨-, (-en)⟩ [-'raɪ] *mil* cavalerie *f;* **~in** *f* ⟨-, -nen⟩ cavalière; amazone *f;* **~standbild** *n* statue *f* équestre.

Reit|halle *f* ['raɪt-] manège *m* couvert; **~hose** *f* culotte *f* de cheval; **~kostüm** *n* costume *m* de cheval; *(für Damen)* amazone *f;* **~kunst** *f* équitation *f;* manège *m;* **~peitsche** *f* cravache *f;* **~pferd** *n* cheval *m* de selle; monture *f;* manège *m;* **~sport** *m* équitation *f,* hippisme *m;* **~stiefel** *m pl* bottes *f pl* à l'écuyère; **~tier** *n* monture *f;* **~weg** *m* (piste) cavalière *f.*

Reiz *m* ⟨-es, -e⟩ [raɪts] **1.** *physiol* excitation *f;* **2.** *med* irritation *f;* **3.** *(Anreiz)* stimulant; *allg* attrait, charme, appât *m;* — *der ~ der Neuheit* le charme de la nouveauté; **r~bar** *a* **1.** *physiol* excitable, irritable; **2.** *allg* susceptible; *(jähzornig)* irascible; **~barkeit** *f* ⟨-, ø⟩ excitabilité, irritabilité; susceptibilité; irascibilité *f;* **r~en** *tr* **1.** *(erregen)* exciter, irriter, agacer, piquer; **2.** *(herausfordern)* provoquer; *(ärgern)* offusquer, mettre en colère, monter la tête à; **3.** *(anregen)* stimuler; **4.** *(locken)* attirer, charmer, tenter; *itr* **5.** *(Kartenspiel)* faire une enchère; — *jds Neugier, Phantasie ~* piquer la curiosité *od* l'imagination de qn; *das reizt mich* la main *od* les doigts me démange(nt); *das reizt mich nicht* cela ne me dit rien (qui vaille); je ne suis pas très chaud *(fam);* **r~end** *a (entzückend)* charmant, ravissant; *(niedlich)* mignon, joli; *das ist ja ~! (fam iron)* c'est magnifique *od* gentil *od* du joli! **r~los** *a* sans attrait, sans charme; disgracieux; **~schwelle** *f physiol* seuil *m* d'excitation; **~ung** *f* ⟨-, -en⟩ *med* irritation *f;* **r~voll** *a* plein de charme *od* d'attrait; ravissant, attrayant.

rekapitulieren [rekapitu'li:rən] ⟨*ohne ge-*⟩ *tr* récapituler.

rekeln, *sich* ['re:kəln] s'étirer; se vautrer.

Reklamation *f* ⟨-, -en⟩ [reklamatsi'o:n] réclamation *f.*

Reklame *f* ⟨-, -n⟩ [re'kla:mə] réclame, publicité *f;* *~ machen* faire de la réclame *od* de la publicité; **~rummel** *m* battage *m;* **~schild** *n* enseigne *f* publicitaire; *(an der Landstraße)* panneau *m* routier; **~trick** *m* ruse *f* publicitaire.

reklamieren [rekla'mi:rən] ⟨*ohne ge-*⟩ *tr* réclamer.

rekonstru|ieren [rekɔnstru'i:rən] ⟨*ohne ge-*⟩ *tr* reconstruire, reconstituer;

R~ktion *f* ⟨-, -en⟩ reconstruction; *fig* reconstitution *f*.

Rekonvaleszen|t *m* ⟨-en, -en⟩ [rekɔnvalɛs'tsɛnt] convalescent *m;* **~z** *f* ⟨-, ø⟩ [-'tsɛnts] convalescence *f*.

Rekord *m* ⟨-(e)s, -e⟩ [re'kɔrt, -də] record *m; e-n ~ aufstellen, brechen, halten* établir, battre, détenir un record; **~ernte** *f* récolte *f* record; **~inhaber(in** *f***)** *m* détenteur, -trice *m, f* d'un *od* du record; recordman *m,* recordwoman *f;* **~zeit** *f* temps *m* record.

Rekrut *m* ⟨-en, -en⟩ [re'kru:t] *mil* recrue *f,* conscrit *m;* **~enausbildung** *f* instruction *f* des recrues; **~enjahrgang** *m* classe *f;* **r~ieren,** *sich* [-kru'ti:rən] ⟨*ohne ge-*⟩ se recruter *a. fig (aus* dans); **~ierung** *f* ⟨-, -en⟩ recrutement *m*.

Rektor *m* ⟨-s, -en⟩ ['rɛktɔr, -'to:rən] **1.** *(Schulleiter)* directeur *m;* **2.** *(Univ.)* recteur *m;* **~at** *n* ⟨-(e)s, -e⟩ [-to'ra:t] *(Univ.)* rectorat *m*.

Relais *n* ⟨-, -⟩ [rə'lɛ:] , *gen* [-'lɛ:(s)] , *pl* [-'lɛ:s] *el radio* relais *m;* **~sender** *m radio* émetteur-relais *m;* **~station** *f* station *f* relais, relais *m* (hertzien).

relativ [rela'ti:f] *a* relatif; **R~ität** *f* ⟨-, ø⟩ [-tivi'tɛ:t] relativité *f;* **R~itätstheorie** *f:* théorie *f* de la relativité; **R~pronomen** *n* pronom *m* relatif; **R~satz** *m* proposition *f* relative.

relevan|t [rele'vant] *a* **1.** *(bedeutend)* important, significatif; **2.** *(belangvoll)* pertinent; **R~z** *f* ⟨-, -en⟩ [-'vants] **1.** importance *f;* **2.** pertinence *f*.

Relief *n* ⟨-s, -s/-e⟩ [reli'ɛf] relief *m*.

Religion *f* ⟨-, -en⟩ [religi'o:n] religion; *(als Schulfach)* instruction *f* religieuse; **~sbekenntnis** *n* confession *f;* **~sfreiheit** *f* liberté *f* religieuse *od* de culte; **~sgemeinschaft** *f* communauté *f* religieuse; **~sgeschichte** *f* histoire *f* des religions; **~skrieg** *m* guerre *f* de religion; **r~slos** *a (innerlich)* irréligieux; *(äußerlich)* sans confession; **~sstifter** *m* fondateur *m* d'une religion.

religi|ös [religi'ø:s] *a* religieux; *(fromm)* pieux; *~e Kunst f* art *m* sacré; **R~osität** *f* ⟨-, ø⟩ [-giozi'tɛ:t] religiosité; *(Frömmigkeit)* piété *f*.

Reling *f* ⟨-, -s/(-e)⟩ ['re:lıŋ] *mar* bastingage *m*.

Reliquie *f* ⟨-, -n⟩ [rɛ'li:kviə] relique *f;* **~nkult** *m* culte *m* des reliques; **~nschrein** *m* reliquaire *m,* châsse *f*.

remis [rə'mi:] *a (unentschieden)* nul; **R~** *n* ⟨-, -/-en⟩ [rə'mi:, -'mi:zən] nullité, partie *f* nulle.

Remittende *f* ⟨-, -n⟩ [remı'tɛndə] *(Buchhandel)* retour (en librairie), (exemplaire) invendu *m; pl (Zeitungen)* bouillons *m pl*.

Remoulade(nsoße) *f* ⟨-, -n⟩ [remu'la:də] rémoulade *f*.

Ren *n* ⟨-s, -s/-e⟩ [rɛn] *zoo* renne *m*.

Renaissance *f* ⟨-, -n⟩ [rənɛ'sã:s] *hist (Kunst) u. fig* renaissance *f*.

Rendezvous *n* ⟨-, -⟩ [rãde'vu:], *gen* [-'vu:s], *pl* [-'vu:s] rendez-vous *m*.

Rendite *f* ⟨-, -n⟩ [rɛn'di:tə] *fin* taux *m* de capitalisation.

Reneklode *f* ⟨-, -n⟩ [rɛ:nə'klo:də] *bot* reine-claude *f*.

renitent [reni'tɛnt] *a (widerspenstig)* récalcitrant, réfractaire; insoumis.

Renn|bahn *f* ['rɛn-] piste *f;* champ *m* de course; *(Aschenbahn)* (piste) cendrée *f; (Pferde~)* hippodrome; turf; *(Rad~)* vélodrome; *(Auto~)* autodrome *m;* **r~en** ⟨*rannte, gerannt*⟩ *itr* ⟨*sein*⟩ courir; *gegen etw ~*se cogner *od* se heurter contre qc; *jdn über den Haufen ~* renverser qn en courant; **~en** *n* course *f; das ~ aufgeben (fig)* abandonner la partie; *gut im ~ liegen (fig)* être en bonne position; *das ~ machen* gagner la course; *a. fig* l'emporter; **~er** *m* ⟨-s, -⟩ **1.** coureur *m;* **2.** *(Pferd)* cheval *m* de course; **3.** article *m* qui se vend bien; **~fahrer** *m* coureur *m* (cycliste, automobile); **~pferd** *n* cheval *m* de course; **~platz** *m* champ de course; *(Pferde~)* turf *m;* **~rad** *n* bicyclette *f* de course; **~reiter** *m (berufsmäßiger)* jockey *m;* **~schuhe** *m pl sport* souliers *m pl od* chaussures *f pl* à pointes; **~sport** *m* course *f; (Pferde~)* turf *m;* **~strecke** *f* parcours *m od* piste *f* (de course); circuit *m; (Straße)* piste *f* (routière); **~wagen** *m* voiture *f* de course.

Renomm|ee *n* ⟨-s, -s⟩ [renɔ'me:] renommée *f;* renom *m,* réputation *f; ein gutes ~ haben* jouir d'une bonne *od* d'une grande renommée; **r~ieren** [-'mi:rən] ⟨*ohne ge-*⟩ *itr* crâner, fanfaronner, se vanter; **r~iert** *a* renommé.

renovier|en [reno'vi:rən] ⟨*ohne ge-*⟩ *tr* remettre à neuf; **R~ung** *f* ⟨-, -en⟩ remise *f* à neuf.

rentab|el [rɛn'ta:bəl] *a* rentable, profitable, lucratif, d'un *od* de bon rapport; **R~ilität** *f* ⟨-, ø⟩ [-tabili'tɛ:t] rentabilité, productivité *f* financière.

Rente *f* ⟨-, -n⟩ ['rɛntə] **1.** rente, annuité *f;* **2.** *(Altersrente)* pension *f;* **~nanstalt** *f* caisse *f* de rente(s); **~nempfänger** *m* retraité *m* du régime generale; **~nversicherung** *f* assurance de rente(s); assurance-rentes *f*.

rentieren, *sich* [rɛn'ti:rən] ⟨*ohne ge-*⟩ être rentable, donner un rendement, rapporter; *fam* payer; *das rentiert sich nicht (fig fam)* ça ne vaut pas la peine; ça ne paie pas.

Rentner *m* ⟨-s, -⟩ ['rɛntnər] **1.** rentier *m;* **2.** *(Alters~)* retraité *m*.

repar|abel [repa'ra:bəl] *a* réparable; **R~ation** *f* ⟨-, -en⟩ [-ratsi'o:n] *(Wiederherstellung)* réparation *f; pl pol* réparations *f pl;* **R~atur** *f* ⟨-, -en⟩ [-'tu:r] réparation, remise *f* en état; *mot a.* dépannage *m; in* ~ en réparation; **~aturbedürftig** *a:* ~ *sein* avoir besoin d'être réparé; **R~aturkosten** *pl* frais *m pl* de réparation; **R~aturwerkstatt** *f* atelier de réparation(s) *od* d'entretien; *mot* service de dépannage, garage *m;* **~ieren** [-'ri:rən] ‹*ohne ge-*› *tr* réparer, remettre en état; *mot* dépanner.

repatriier|en [repatri'i:rən] ‹*ohne ge-*› *tr* rapatrier; **R~ung** *f* ‹-, -en› rapatriement *m.*

Repertoire *n* ‹-s, -s› [repɛrto'a:r] *theat* répertoire *m.*

repetieren [repe'ti:rən] ‹*ohne ge-*› *tr* *(wiederholen)* répéter.

Report *m* ‹-(e)s, -e› [re'pɔrt] *fin* report *m.*

Report|age *f* ‹-, -n› [repɔr'ta:ʒə] reportage *m;* **~er** *m* ‹-s, -› [-'pɔrtər] reporter *m.*

Repräsent|ant *m* ‹-en, -en› [reprɛzɛn'tant] représentant *m;* **~ation** *f* ‹-, (-en)› [-tatsi'o:n] représentation *f;* **r~ativ** [-'ti:f] *a* représentatif; **r~ieren** [-'ti:rən] ‹*ohne ge-*› *tr* u. *itr* représenter.

Repressalie *f* ‹-, -n› [reprɛ'sa:liə] représailles *f pl,* (mesure de) rétorsion *f.*

Reprodu|ktion *f* ‹-, -en› [reproduktsi'o:n] *(bes. typ)* reproduction *f;* **r~zieren** [-'tsi:rən] ‹*ohne ge-*› *tr* reproduire.

Reptil *n* ‹-s, -ien/-e› [rɛp'ti:l, -liən] *zoo* reptile *m.*

Republik *f* ‹-, -en› [repu'bli:k] république *f; die Deutsche Demokratische* ~ la République démocratique allemande; **~aner** *m* ‹-s, -› [-bli'ka:nər] républicain *m;* **r~anisch** [-'ka:nɪʃ] *a* républicain.

Requiem *n* ‹-s, -s› ['re:kviɛm] (messe *f* de) requiem *m.*

requi|rieren [rekvi'ri:rən] ‹*ohne ge-*› *tr* réquisitionner; **R~siten** *n pl* [rekvi'zi:tən] *theat* accessoires *m pl;* **R~siteur** *m* ‹-s, -e› [-zi'tø:r] *theat* accessoiriste *m.*

Reserv|at *n* ‹-(e)s, -e› [rezɛr'va:t] réserve *f;* **~e** *f* ‹-, -n› [-'zɛrvə] réserve *f; (Rücklage)* en-cas *m; (in Zssgen: Ersatz-)* de rechange; *in ~ haben* od *halten* avoir *od* garder en réserve; **~eoffizier** *m* officier *m* de réserve; **~erad** *n mot* roue *f* de rechange; **~etank** *m mot* nourrice *f,* bidon *m* de réserve; **r~ieren** [-'vi:rən] ‹*ohne ge-*› *tr* réserver; *(Platz)* retenir; **r~iert** *a, a. fig (zurückhaltend)* réservé; **~iertheit** *f* ‹-, ø› attitude *f* réservée; *fam* quant-à-soi *m;* **~ist** *m* ‹-en, -en› [-'vɪst] *mil* réserviste *m;* **~oir** *n* ‹-s, -e› réservoir *m.*

Resid|ent *m* ‹-en, -en› [rezi'dɛnt] *pol* résident *m;* **~enz(stadt)** *f* ‹-, -en› [-'dɛnts] résidence *f;* **r~ieren** [-'di:rən] ‹*ohne ge-*› *itr* résider.

Resign|ation *f* ‹-, ø› [rezɪgnatsi'o:n] résignation *f;* **r~ieren** ‹*ohne ge-*› [-'ni:rən] *itr* se résigner, se faire une raison; **r~iert I.** *a* résigné; **II.** *adv* avec résignation.

resolut [rezo'lu:t] *a (entschlossen, willensstark)* décidé, déterminé, résolu; **R~ion** *f* ‹-, -en› [-lutsi'o:n] *(Entschließung)* résolution *f.*

Resonanz *f* ‹-, -en› [rezo'nants] *phys, a. fig* résonance *f.*

Respekt *m* ‹-(e)s, ø› [re'spɛkt, rɛs'pɛkt] respect *m* (*vor* pour), crainte *f* (*vor* de); *sich ~ verschaffen* se faire respecter *od* craindre; **r~abel** [-'ta:bəl] *a* respectable; **r~ieren** [-'ti:rən] ‹*ohne ge-*› *tr* respecter; craindre; **r~ive** [-'ti:və] *adv (beziehungsweise)* respectivement; **r~los** *a* irrespectueux, irrévérencieux, irrévérent, sans respect; **~losigkeit** *f* ‹-, -en› irrespect *m,* irrévérence *f,* manque *m* de respect; **~sperson** *f* personnage *m od* personne *f* respectable; **r~voll** *a* respectueux, plein de respect.

Respirator *m* ‹-s, -en› [rɛspi'ra:tɔr] *med* appareil *m* de réanimation.

Ressort *n* ‹-s, -s› [rɛ'so:r] *(Geschäftsbereich)* ressort, département *m,* compétence *f; (e-s Ministers)* portefeuille *m.*

Rest *m* ‹-(e)s, -e› [rɛst] **1.** reste *a. math; (Überschuß)* surplus; *(Überbleibsel)* vestige; *(Flüssigkeit in e-m Gefäß)* fond; *(Rückstand)* résidu *m;* **2.** *(pl a. ~er) (Stoffrest)* coupon *m;* **3.** *(Restbetrag)* restant, reliquat; *fin (Saldo)* solde *m;* **4.** *pl (e-r Mahlzeit)* reliefs *m pl;* reste(s) *m (pl);* **~auflage** *f* reste *m* (d'un tirage); *pl* surplus *m* d'éditeurs.

Restaur|ant *n* ‹-s, -s› [rɛsto'rã:] restaurant *m;* brasserie *f;* **~ateur** *m* ‹-s, -e› [-ra'tø:r] *(Speisewirt)* restaurateur *m;* **~ator** *m* ‹-s, -en› [-'ra:tɔr, -'to:rən] *(Wiederhersteller von Kunstwerken)* restaurateur *m;* **r~ieren** [-'ri:rən] ‹*ohne ge-*› *tr (wiederherstellen)* restaurer.

Rest|bestand *m* ['rɛst-] reste, reliquat *m;* **~betrag** *m* restant, reliquat *m;* **r~lich** *a* restant, de reste; *(zurückbleibend)* résiduel; **r~los I.** *a* entier, complet, total, intégral; **II.** *adv fam a.* parfaitement; **~posten** *m con m* reste *m.*

Result|at *n* ‹-(e)s, -e› [rezul'ta:t] résultat *m;* **r~ieren** [-'ti:rən] ‹*ohne ge-*› *itr* résulter.

Retorte *f* ‹-, -n› [re'tɔrtə] *chem* cornue *f,* alambic *m.*

rett|en ['rɛtən] *tr* sauver; *(befreien)* délivrer; *rette sich, wer kann!* sauve qui peut! **~end** *a* sauveur; salvatrice *(nur im weiblichen üblich);* **R~er** *m* ‹-s, -› *allg* sauveur; *(Lebensretter)* sauveteur *m.*

Rettich *m* ‹-s, -e› ['rɛtɪç] radis noir; *pop* raifort *m.*

Rettung *f* ‹-, -en› ['rɛtʊŋ] sauvetage *m; (Befreiung)* délivrance *f; letzte ~* planche *f* de salut; **~saktion** *f* opération *f* de sauvetage; **~sboot** *n* bateau *od* canot *m* de sauvetage; **~sdienst** *m* service *m* de secours *od* de sauvetage; **r~slos** *adv* sans retour, sans remède, irrémédiablement; **~sring** *m* ceinture *od* bouée *f* de sauvetage.

Retusch|e *f* ⟨-, -n⟩ [re'tuʃə, -'tu:ʃə] *a. phot* retouche *f;* **r~ieren** [-tu'ʃi:rən] ⟨*ohne ge-*⟩ *tr* retoucher.

Reu|e *f* ⟨-, ø⟩ ['rɔʏə] **1.** repentir (*über* de); *(Bedauern)* regret *m* (*über* de); **2.** *rel* pénitence *f;* **r~en** *tr impers: es reut mich* je le regrette; **r~ig** *a,* **r~mütig** *a* repentant; pénitent; **~kauf** *m* dédit *m.*

Reuse *f* ⟨-, -n⟩ ['rɔʏzə] *(Fisch~)* nasse *f.*

Revanch|e *f* ⟨-, -n⟩ [re'vã:ʃ(ə)] revanche *f;* **~epartie** *f,* **~espiel** *n* (partie *f od* match *m* de) revanche *f;* **r~ieren,** *sich* [-'ʃi:rən] ⟨*ohne ge-*⟩ **1.** prendre sa revanche (*bei jdm für etw* sur qn de qc); **2.** *(a. im positiven Sinne)* rendre la pareille (*bei jdm* à qn).

revidieren [revi'di:rən] ⟨*ohne ge-*⟩ *tr* réviser, revoir, vérifier.

Revier *n* ⟨-s, -e⟩ [re'vi:r] **1.** *allg (Bezirk)* district, canton, secteur *m;* **2.** *(Forst~)* district *m,* garderie *f; (Jagd~)* chasse *f;* **3.** *(Polizei~)* commissariat *m* (de police); **~förster** *m* garde *m* forestier.

Revision *f* ⟨-, -en⟩ [revizi'o:n] **1.** révision, vérification; visite *f;* **2.** *jur* pourvoi *m* en révision *od* cassation; **3.** *typ* révision, tierce *f;* — *~ einlegen* se pourvoir en révision *od* en cassation.

Revisor *m* ⟨-s, -en⟩ [re'vi:zɔr, -'zo:rən] réviseur *a. typ.*

Revolt|e *f* ⟨-, -n⟩ [re'vɔltə] révolte, insurrection, mutinerie *f;* **r~ieren** [-'ti:rən] ⟨*ohne ge-*⟩ *itr* se révolter, s'élever (*gegen* contre).

Revolution *f* ⟨-, -en⟩ [revolutsi'o:n] révolution *f;* **r~är** [-tsio'nɛ:r] *a* révolutionnaire.

Revolver *m* ⟨-s, -⟩ [re'vɔlvər] revolver *m;* **~drehbank** *f* tour *m* revolver.

Revue *f* ⟨-, -n⟩ [rə-, re'vy:] **1.** *(Zeitschrift)* revue *f;* **2.** *theat* revue *f* à grand spectacle.

Rezens|ent *m* ⟨-en, -en⟩ [retsɛn'zɛnt] critique *m* (littéraire); **r~ieren** [-'zi:rən] ⟨*ohne ge-*⟩ *tr* faire un *od* le compte rendu de, analyser; **~ion** *f* ⟨-, -en⟩ [-zi'o:n] compte *m* rendu, critique *f* (littéraire).

Rezept *n* ⟨-(e)s, -e⟩ [re'tsɛpt] **1.** *(Küche)* recette *f;* **2.** *med* ordonnance *f;* **3.** *fig allg* formule, recette *f.*

reziprok [retsi'pro:k] *a (gegenseitig)* réciproque.

rezitieren [retsi'ti:rən] ⟨*ohne ge-*⟩ *tr* réciter.

R-Gespräch *n* ⟨-s, -e⟩ ['ɛr-] *tele* communication *f* en P.C.V.

Rhabarber *m* ⟨-s, ø⟩ [ra'barbər] *bot* rhubarbe *f.*

Rhein, *der* [raɪn] le Rhin; *jenseits des ~s* outre-Rhin; **r~isch** *a,* **r~ländisch** *a* rhénan; **~land,** *das* la Rhénanie; **~land-Pfalz** *n* la Rhénanie-Palatinat; **~länder(in** *f***)** *m* Rhénan(e *f*) *m;* **~seitenkanal,** *der* le canal d'Alsace.

Rhetor|ik *f* ⟨-, ø⟩ [re'to:rɪk] rhétorique *f;* **r~isch** [-'to:rɪʃ] *a* rhétorique; *~e Frage f* interrogation *f* oratoire *od* rhétorique.

Rheuma *n* ⟨-s, ø⟩ ['rɔʏma], **~tismus** *m* ⟨-, -men⟩ [-'tɪsmus] rhumatisme *m.*

Rhinozeros *n* ⟨-/-ses, -se⟩ [ri'no:tserɔs] *zoo* rhinocéros *m.*

Rhombus *m* ⟨-, -ben⟩ ['rɔmbus] *math* rhombe, losange *m.*

Rhone, *die* ['ro:nə] le Rhône; *(in Zssgen a.)* rhodanien *a.*

Rhönrad *n* ['rø:n-] *sport* roue *f* vivante.

rhythm|isch ['rʏtmɪʃ] *a* rythmique, cadencé; **R~us** *m* ⟨-, -men⟩ ['rʏtmus, -mən] rythme *m,* cadence *f.*

Richtantenne *f* ['rɪçt-] antenne *f* dirigée *od* directionnelle.

richten ['rɪçtən] *tr* **1.** *(aus~, bes. Waffe)* pointer (*auf* sur, vers); *(Fernglas, die Augen)* braquer (*auf* sur); *(lenken)* diriger, porter, tourner (*auf* vers), axer (*nach* sur); **2.** *(Worte)* adresser (*an* à); *(Aufmerksamkeit)* appliquer (*auf* à); *(Blick)* porter *od* fixer (*auf* sur); **3.** *(auf~)* (re)dresser, ériger, élever; *(gerademachen)* aligner; **4.** *(regeln)* régler, ordonner; *(in Ordnung bringen)* mettre en ordre, ajuster; *(herrichten)* mettre en œuvre, préparer, arranger, disposer; **5.** *jur* juger; **6.** *(hinrichten)* exécuter, supplicier; *refl* **7.** *sich ~ nach* s'orienter vers, se régler sur; suivre; se mettre à l'unisson de, se conformer à; *gram* s'accorder avec; *sich nach jdm ~* se régler sur qn, prendre exemple sur qn.

Richter *m* ⟨-s, -⟩ ['rɪçtər] juge, magistrat *m; vor den ~ bringen* traduire en justice, porter devant le tribunal; **~amt** *n,* **~kollegium** *n* judicature, magistrature *f;* **r~lich** *a* judiciaire; *~e Entscheidung f* décision *f* judiciaire; *~e Gewalt f* pouvoir *m* judiciaire *od* de juridiction; **~stuhl** *m* tribunal, siège *m.*

Richtfunk *m* ['rɪçt-] câble *od* faisceau *m* hertzien; radio *f* relais.

richtig ['rɪçtɪç] *a* juste, correct, exact; *(Weg)* bon; *(echt)* véritable, vrai, authentique; *im ~en Augenblick* au bon moment, à point nommé; *~ gehen (Uhr)* être à l'heure; *es für ~ halten* juger bon; *auf dem ~en Wege sein* être sur le bon chemin; *nicht ganz ~ im Kopf sein* avoir la tête *od* le timbre fêlé(e); *das ist genau das R~e für mich* c'est justement ce qu'il me faut *od* mon affaire; *sehr ~!* parfaitement! exactement! *(das ist) ~!* c'est cela! *od fam* ça! c'est exact; vous y êtes! *der ~e Mann* l'homme qu'il faut; **~gehend** *a* **1.** *(Uhr)* exact; **2.** *fam (echt)* vrai, véritable; **R~keit** *f* ⟨-, ø⟩

justesse, exactitude; *(e-r Aussage)* véracité; *(e-r Übersetzung)* fidélité *f; für die ~ (der Abschrift)* pour copie conforme; *jur* pour ampliation; *s-e ~ haben* être juste *od* exact *od* vrai; **~=stellen** *tr* mettre au point, rectifier, corriger; **R~stellung** *f* mise au point, rectification *f; e-r ~ bedürfen* exiger une mise au point.

Richt|linien *f pl* ['rɪçt-] lignes de conduite; idées *od* lignes *f pl* directrices *od* générales, principes *m pl* directeurs; *allgemeine ~ (pol)* politique *f* de base; **~preis** *m* prix indicatif (d'orientation, de base) *od* normal, prix(-)pilote *m;* **~punkt** *m mil* point *m* de mire *od* de repère; **~schnur** *f* **1.** *(Meßinstrument)* cordeau *m;* **2.** *fig* ligne *od* règle de conduite, gouverne *f;* **~strahl** *m radio TV* faisceau *m* (dirigé); **~strahler** *m radio* poste (émetteur) à ondes dirigées; *TV* faisceau *m.*

Richtung *f* ‹-, -en› ['rɪçtʊŋ] **1.** direction *f,* sens *m;* **2.** *fig* orientation, tendance *f;* — *aus ~ ... (loc)* en provenance de ...; *in allen ~en* dans toutes les directions, en tous sens, de toute(s) part(s); *in entgegengesetzter* od *umgekehrter ~* en sens contraire *od* inverse; **r~weisend** *a fig* directeur, pilote.

Ricke *f* ‹-, -n› ['rɪkə] *zoo* chevrette *f.*

riech|en ‹*roch, gerochen*› ['ri:çən] *tr* **1.** sentir; **2.** *fig (ahnen)* deviner; *itr* **3.** sentir (*nach etw* qc); avoir une odeur (*nach etw* de qc); — *angebrannt ~* sentir le brûlé; *jdn nicht ~ können (fig)* ne pouvoir sentir *od* souffrir qn *od* voir qn en peinture; **R~er** *m* ‹-s, -› *(Nase): e-n guten ~ haben (fam)* avoir du flair.

Riege *f* ‹-, -n› ['ri:gə] *(Turner)* section *f.*

Riegel *m* ‹-s, -› ['ri:gəl] **1.** *(Tür)* verrou *m; (Schub~, Dreh~)* targette *f; (am Türschloß)* pêne *m;* **2.** *(Seife)* barre, brique *f,* pain; *(Schokolade)* bâton *m,* bille *f;* **3.** *(Kleidung)* bride *f;* — *e-n ~ vorschieben vor ... (fig)* mettre obstacle à, empêcher.

Riemen *m* ‹-s, -› ['ri:mən] **1.** courroie; *(langer, schmaler)* lanière *f;* **2.** *(Ruder)* rame *f;* — *den ~ enger schnallen (fig)* se serrer la ceinture.

Ries *n* ‹-es, -e› [ri:s, '-zə] *(Papiermaß)* rame *f.*

Riese *m* ‹-n, -n› ['ri:zə] géant, colosse *m.*

Riesel|felder *n pl* ['ri:zəl-] champs *m pl* d'épandage *od* d'irrigation; **r~n** *itr* ‹*sein*› ruisseler; (s'é)couler; *fam* dégouliner.

Riesen|arbeit *f* ['ri:zən-] travail *m* de géant *od* gigantesque *od* colossal *od* d'Hercule; **r~groß** *a,* **r~haft** *a* gigantesque, colossal; **~kraft** *f* force *f* herculéenne; **~rad** *n* grande roue *f;* **~schlange** *f* boa *m;* **~schritt** *m: mit ~en* à pas de géant.

riesig ['ri:zɪç] *a* **1.** gigantesque, colossal, herculéen; géant, monstre; **2.** *fam* énorme, immense, formidable.

Riff *n* ‹-(e)s, -e› [rɪf] *(Klippe)* récif *m.*

rigoros [rigo'ro:s] *a (streng)* rigoureux, sévère, dur; **R~um** *n* ‹-s, -sa› épreuves *f pl* orales de l'examen de doctorat.

Rikscha *f* ‹-, -s› ['rɪkʃa] pousse-pousse *m.*

Rille *f* ‹-, -n› ['rɪlə] rainure; gorge; *(flache)* raie; *arch* cannelure *f; (Schallplatte)* sillon *m;* **r~n** *tr* canneler, strier.

Rind *n* ‹-(e)s, -er› [rɪnt, '-dər] *(Art)* bœuf, bovin; *(junger Ochse)* bouvillon *m; (junge Kuh)* génisse *f.*

Rinde *f* ‹-, -n› ['rɪndə] *(Baum, Gehirn)* écorce; *(Brot, Käse)* croûte *f.*

Rinder|braten *m* ['rɪndər-] rôti de bœuf; bœuf *m* rôti; **~filet** *n* filet de bœuf, tournedos *m;* **~rasse** *f* race *f* bovine; **~zucht** *f* élevage *m* des bœufs.

Rind|fleisch *n* ['rɪnt-] (viande *f* de) bœuf *m;* **~(s)leder** *n* (cuir de) bœuf *m od* (de) vache *f;* **~vieh** *n* **1.** bovins *m pl;* **2.** *fam (Schimpfwort)* brute *f,* animal, butor, imbécile *m.*

Ring *m* ‹-(e)s, -e› [rɪŋ] **1.** *allg* anneau *m; (Schmuck~)* bague; *(Siegel~)* chevalière; *(Ehe~)* alliance *f; (Servietten~)* rond *m;* **2.** *tech* anneau, cerceau *m,* virole, frette, bague *f,* cercle *m; (Dichtungs~)* rondelle *f;* **3.** *(Turngerät)* anneaux *m pl;* **4.** *(Box~)* ring *m;* **5.** *(um die Augen, e-e Wunde, e-n entfernten Fleck)* cerne *m;* **6.** *fig (Menschengruppe)* cercle *m;* **7.** *com* cartel, trust, pool; *adm* syndicat *m;* — *~e um die Augen haben* avoir les yeux cernés *od* battus; **~buch** *n* livre *m* à feuilles mobiles.

Ringel *m* ‹-s, -› ['rɪŋəl] rond *m,* volute *f;* **~blume** *f* souci *m;* **~locke** *f (Haar)* anglaise *f;* **r~n 1.** *tr* anneler, boucler; **2.** *refl: sich ~ (Haar)* boucler; *(Schlange)* se lover; **~natter** *f zoo* couleuvre *f* à collier.

ringen ['rɪŋən] ‹*rang, gerungen*› *itr* lutter; être aux prises; se débattre; *die Hände ~* se tordre les mains.

Ring|finger *m* ['rɪŋ-] annulaire *m;* **r~förmig** *a* annulaire, circulaire; **~heft** *n* cahier *m* à feuilles mobiles.

Ring|kampf *m* ['rɪŋ-] (match *m* de) lutte *f;* **~kämpfer** *m* lutteur *m.*

Ringrichter *m* ['rɪŋ-] *(Boxen)* juge *od* arbitre *m* du ring.

rings [rɪŋs] *adv: ~ um ... herum* à l'entour de ...; **~(her)um** *adv* alentour, (tout) autour, de tous côtés, à la ronde.

Ringstraße *f* ['rɪŋ-] voie *f* de ceinture.

Rinn|e *f* ‹-, -n› ['rɪnə] **1.** *(Rinnstein)* caniveau; conduit *m; (Abzugsgraben)* rigole; *(Dach~)* gouttière *f;* **2.** *mar (Fahrt~)* passe *f,* chenal *m;* **r~en** ‹*rann, geronnen*› *itr* **1.** ‹*sein*› *(Flüssigkeit)* couler, ruisseler; *(a. Sand etc)* s'écouler; *(Zeit)* s'écouler, filer; **2.** ‹*h*› *(Gefäß)* avoir une fuite; **~sal** *n* ‹-(e)s, -e› [-za:l] petit cours d'eau, ruisselet *m;* **~stein** *m* caniveau.

Ripp|chen *n* ‹-s, -› ['rɪp-] *(Küche)* côtelette *f;* **~e** *f* ‹-, -n› **1.** *anat* côte *f;* **2.** *(Schokolade)* barre; *arch* branche; *(Heizkörper)* ailette; *aero (Flügel~)* nervure *f;* **~enbruch** *m med* fracture *f* de côte(s); **~enfell** *n anat* plèvre *f;* **~enfellentzündung** *f* pleurésie *f;* **~enstoß** *m* coup *m* dans le flanc, bourrade *f.*

Rips *m* ‹-es, -e› [rɪps] *(Textil)* reps *m.*

Risiko *n* ‹-s, -s/-ken› ['ri:ziko, -kən] risque *m; ein ~ eingehen* od *auf sich nehmen* courir *od* prendre un risque.

risk|ant [rɪs'kant] *a* risqué, hasardé, hasardeux; **~ieren** [-'ki:rən] ‹*ohne ge-*› *tr* risquer.

Riß *m* ‹-sses, -sse› [rɪs] **1.** *(in Stoff, Papier)* déchirure *f; (durch Hängenbleiben)* accroc *m; (Schrunde)* gerçure; *(Sprung in Glas u. Porzellan)* fissure, fêlure; *(in Mauerwerk)* lézarde *f; (in Metall)* crique; *(Spalt)* fente, crevasse; *(Bruch, a. fig)* rupture; *(Spaltung)* scission *f;* **2.** *(in einer Freundschaft)* ombre, lézarde, fêlure *f;* **3.** *(Zeichnung)* tracé *m,* épure *f.*

rissig ['rɪsɪç] *a (Haut)* gercé; *(Erde)* crevassé; *(Glas, Porzellan)* fendillé, craquelé; *(Mauerwerk)* lézardé; *~ werden* se gercer; se crevasser, se fendiller, se fissurer, se fêler; se lézarder.

Rist *m* ‹-es, -e› [rɪst] *(Fußrücken)* cou-de-pied; *(Handgelenk)* poignet *m.*

Ritt *m* ‹-(e)s, -e› [rɪt] chevauchée; course à cheval, cavalcade *f.*

Ritter *m* ‹-s, -› ['rɪtər] chevalier *m;* **~gut** *n* domaine *m od* terre *od* propriété *f* seigneurial(e); **~kreuz** *n (Orden)* croix *f* de Chevalier; **r~lich** *a* chevaleresque; *fig* courtois, galant; **~lichkeit** *f* ‹-, ø› caractère *od* esprit *m* chevaleresque; courtoisie *f;* **~tum** *n* ‹-(e)s, ø› chevalerie *f.*

rittlings ['rɪtlɪŋs] *adv* à cheval, à califourchon.

Rit|ual *n* ‹-s, -e/-ien› [ritu'a:l, -liən] rituel *m;* **r~uell** [-'ɛl] *a* rituel; **~us** *m* ‹-, -ten› ['ri:tus] rite *m.*

Ritz *m* ‹-es, -e›, **~e** *f* ‹-, -n› ['rɪts(ə)] petite fente, fissure *f;* **r~en** *tr* rayer.

Rival|e *m* ‹-n, -n› [ri'valə], **~in** *f* ‹-, -nen› rival(e *f*) *m;* **r~isieren** [-li'zi:rən] ‹*ohne ge-*› *itr* rivaliser; **r~isierend** *a* rival; **~ität** *f* ‹-, -en› [-li'tɛ:t] rivalité *f.*

Riviera [rivi'e:ra]: *die (italienische) ~* la Riviera; *die (französische) ~* la Côte d'Azur.

Rizinus *m* ‹-, -/-se› ['ri:tsinus-, -sə] *bot* ricin *m.*

Roastbeef *n* ‹-s, -s› ['ro:stbi:f] rosbif *m.*

Robbe *f* ‹-, -n› ['rɔbə]; *zoo* phoque *m pl* *(Ordnung)* pinnipèdes *m pl;* **r~n** *itr* ‹*sein*› se traîner en rampant.

Robe *f* ‹-, -n› ['ro:bə] *(Amtstracht)* robe *f.*

Roboter *m* ‹-s, -› ['rɔbɔtər] robot, automate *m.*

robust [ro'bʊst] *a* robuste; **R~heit** *f* ‹-, ø› robustesse *f.*

röcheln ['rœçəln] *itr* râler.

Rochen *m* ‹-s, -› ['rɔxən] *zoo* raie *f.*

Rock *m* ‹-(e)s, ¨-e› [rɔk, 'rœkə] **1.** *(Damen~)* jupe *f;* **2.** *(Herrenjacke)* habit *m; mil (Waffen~)* tunique *f.*

Rodel *m* ‹-s, -› ['ro:dəl] luge *f,* toboggan *m;* **~bahn** *f* piste *f* de luge; **r~n** *itr* ‹*sein* od *h*› faire de la luge.

roden ['ro:dən] *tr* **1.** *(Wald)* défricher, essarter; **2.** *(Kartoffeln, Rüben)* arracher.

Rogen *m* ‹-s, -› ['ro:gən] œufs *m pl* de poisson.

Roggen *m* ‹-s, (-)› ['rɔgən] seigle *m.*

roh [ro:] *a* **1.** *(ungekocht, ungebraten)* cru, pas cuit; **2.** *(unbearbeitet)* (é)cru, brut, fruste, vert, non affiné, non travaillé; **3.** *(brutal)* brutal, rude; *(grob)* grossier; *(ungebildet)* inculte, fruste; — *~es Ei n, ~er Schinken m* œuf, jambon *m* cru.

Roh|bau *m* ['ro:-] gros œuvre *m,* grosse maçonnerie *f;* **~baumwolle** *f* coton *m* brut; **~eisen** *n* fonte *f* brute.

Roheit *f* ‹-, -en› ['ro:haɪt] brutalité, rudesse; *(Grobheit)* grossièreté; *(Grausamkeit)* cruauté *f.*

Roh|erz *n* ['ro:-] minerai *m* brut; **~gummi** *n* caoutchouc *m* brut; **~kost** *f* régime *m* végétarien; crudités *f pl;* **~ling** *m* ‹-s, -e› *(Mensch)* brute *f,* pandour *m;* **~material** *n* matière *f* brute *od* première, matériaux *m pl* bruts; **~metall** *n* métal *m* brut *od* cru; **~öl** *n* pétrole *m od* huile *f* brut(e).

Rohr *n* ‹-(e)s, -e› [ro:r] **1.** *bot* roseau, jonc *m; (größere Arten)* canne *f;* **2.** *tech* tuyau, tube *m;* **3.** *mil (Feuerwaffe)* canon *m;* **~bruch** *m* bris *m* de tuyau, rupture *f* de *od* d'une *od* de la conduite; **~dommel** *f orn* butor *m.*

Röhre *f* ‹-, -n› ['rø:rə] **1.** tube, tuyau, conduit *m;* **2.** *radio* lampe *f.*

röhren ['rø:rən] *itr (Hirsch)* bramer.

Rohr|leger *m* ['ro:r-] poseur *m* de tuyaux *od* de conduites; **~leitung** *f:* tuyauterie, conduite *f; (Pipeline)* pipe-line *m;* **~matte** *f* natte *f* de jonc; **~möbel** *n pl* meubles *m pl* en rotin; **~netz** *n* tuyauterie; canalisation *f;* **~post** *f* poste *f* pneumatique; **~spatz** *m: wie ein ~ schimpfen* rouspéter sans cesse; **~stock** *m* canne *f; (Schule)* bâton *m;* **~stuhl** *m* chaise *f* cannée; **~zucker** *m* sucre *m* de canne.

Roh|seide *f* ['ro:-] soie *f* écrue *od* grège; **~stoff** *m* matière *f* première; **~stoff-**

knappheit *f,* **~stoffmangel** *m* pénurie *f* de matières premières; **~wolle** *f* laine *f* crue; **~zucker** *m* sucre *m* brut *od* roux, cassonade *f.*
Rokoko *n* ‹-(s), ø› ['rɔkoko, ro'kɔko] (style) Louis XV *m.*
Rollbahn *f* ['rɔl-] **1.** *aero* piste *f* de roulement; **2.** *mil* itinéraire *m* routier.
Rolle *f* ‹-, -n› ['rɔlə] **1.** *allg, a. tech* u. *sport* rouleau *m;* bobine; *(unter Möbeln)* roulette, rotule *f; tech (Lauf~)* galet *m; (Block~)* poulie; *(Wäsche~)* calandre; *(Draht~)* couronne *f;* **2.** *theat* u. *fig* rôle *m; aus der ~ fallen (fig)* sortir de son rôle; *e-e ~ spielen* jouer un rôle; *fig (wichtig sein)* faire figure, entrer en ligne de compte; *das spielt keine (große) ~* cela n'a pas d'importance; peu importe.
rollen ['rɔlən] **1.** *tr ‹h›* rouler; *(zs.-, einrollen)* enrouler; *(Wäsche)* calandrer; **2.** *itr ‹sein›* rouler; — *mit den Augen ~* rouler des yeux.
Rollen|besetzung *f,* **~verteilung** *f* ['rɔlən-] *theat* distribution *f* des rôles; **~verhalten** *n (Soziologie)* comportement *m* de groupe.
Roller *m* ‹-s, -› ['rɔlər] *(Spielzeug)* trottinette, patinette *f; (Motorroller)* scooter *m.*
Roll|feld *n* ['rɔl-] **1.** *aero* aire *f* d'atterrissage et de décollage; **2.** *mil* aire *f* de manœuvre *od* de mouvement; **~film** *m* bobine *f* de pellicules *od* de film; **~fuhrdienst** *m* camionnage *m;* **~geld** *n* (frais *m pl* de) camionnage, factage *m;* **~handtuch** *n* essuie-main *m* à rouleau, touaille *f;* **~kragen(pullover)** *m* (pullover à) col *m* roulé; **~(l)aden** *m* volet roulant; rideau *m* de fer; **~mops** *m* hareng *m* roulé.
Rollo *n* ‹-s, -s› ['rɔlo, rɔ'lo:] = *Rouleau.*
Roll|schinken *m* ['rɔl-] jambon *m* roulé; **~schrank** *m* classeur *m* à rideau; **~schuh** *m* patin *m* à roulettes; **~schuhlaufen** *n* patinage *m* à roulettes; **~stuhl** *m* fauteuil *m* roulant *od* à roulettes; **~treppe** *f* escalier *m* roulant *od* mécanique; **~wagen** *m* chariot, fardier *m.*
Rom *n* [ro:m] Rome *f.*
Roman *m* ‹-s, -e› [ro'ma:n] roman *m.*
Romanen [ro'ma:nən] , *die pl* les Latins *m pl.*
romanhaft [ro'ma:n-] *a* romanesque.
Roman|ik *f* ‹-, ø› [ro'ma:nɪk] *(bildende Kunst)* roman *m;* **r~isch** *a (Sprache, Volk)* latin; *(Kunst)* roman; **~istik** *f* ‹-, ø› [-'nɪstɪk] étude *f* des langues latines.
Romanschriftsteller(in *f***)** *m* [ro'ma:n-] romancier *m,* -ière *f.*
Romant|ik *f* ‹-, ø› [ro'mantɪk] **1.** *(Kunst)* romantisme *m;* **2.** *fig* romanesque *m;* **r~isch** [-'mantɪʃ] *a* **1.** romantique; **2.** *(malerisch)* pittoresque.
Romanze *f* ‹-, -n› [ro'mantsə] romance *f.*
Röm|er(in) *m* ‹-s, -› (*f* ‹-, -nen›) ['rø:mər] Romain(e *f*) *m;* **r~isch** *a* romain.
röntgen ['rœntgən] *tr* radiographier; *(durchleuchten)* radioscopier; **R~** *n* ‹-s, ø› radiographie *f;* **R~apparat** *m* appareil *m* de radiographie; **R~aufnahme** *f* radiographie *f; e-e ~ machen* prendre une radio(graphie); **R~bild** *n* radiographie *f;* **R~ologie** *f* ‹-, ø› [-lo'gi:] radiologie *f;* **r~ologisch** [-'lo:gɪʃ] *a* radiologique; **R~strahlen** *m pl* rayons *m pl* X; **R~therapie** *f* radiothérapie *f;* **R~untersuchung** *f* examen radiographique *od* aux rayons X; *(Durchleuchtung)* examen *m* radioscopique.
rosa ['ro:za] *a* rose.
Rose *f* ‹-, -n› ['ro:zə] **1.** *bot arch* rose *f;* **2.** *(Strauch)* rosier *m;* — *keine ~ ohne Dornen (prov)* il n'y a pas de roses sans épines.
Rosen|garten *m* ['ro:zən-] roseraie *f;* **~knospe** *f* bouton *m* de rose; **~kohl** *m* chou *m* de Bruxelles; **~kranz** *m rel* chapelet, rosaire *m; den ~ beten* dire *od* réciter *od* égrener son chapelet; **~montag** *m* Lundi *m* gras; **r~rot** *a* rose; **~stock** *m,* **~strauch** *m* rosier *m;* **~zucht** *f* culture *f* des rosiers.
Rosette *f* ‹-, -n› [ro'zɛtə] **1.** *arch* rosace *f;* **2.** *(Schleifen~)* rosette *f.*
rosig ['ro:zɪç] *a* **1.** rose; *(zartrosa)* rosé; **2.** *fig* rassurant; — *alles in ~em Licht sehen (fig)* voir tout en rose.
Rosine *f* ‹-, -n› [ro'zi:nə] raisin *m* sec; *die ~n aus dem Kuchen picken (fig fam)* extraire la moelle de l'os, prendre le meilleur pour soi.
Rosmarin *m* ‹-s, ø› [rɔsma'ri:n, 'ro:smari:n] *bot* romarin *m.*
Roß *n* ‹-sses, -sse› [rɔs] **1.** cheval; *poet* coursier *m;* **2.** *fam a.* imbécile, sot *m;* — *sich aufs hohe ~ setzen (fig)* monter sur ses grands chevaux; le prendre de haut; **~haar** *n* crin *m;* **~kastanie** *f* **1.** *(Frucht)* marron *m* d'Inde; **2.** *(Baum)* marronnier *m* d'Inde; **~kur** *f fig* remède *m* de cheval.
Rost [rɔst] **(1)** *m* ‹-(e)s, -e› *(Gitter)* grille *f; (Brat~, tech)* gril *m; vom ~ (Küche)* grillé; *auf dem ~ braten* faire cuire sur le gril, griller; **(2)** *m* ‹-es, ø› *(Eisenoxyd)* rouille *f.*
Rostbraten *m* ['rɔst-] grillade *f.*
rostbraun ['rɔst-] *a* (brun) rouille, rubigineux.
Röst|brot *n* ['rø:st-] pain grillé, toast *m;* **r~en** *tr (Fleisch, Kastanien, Brot)* griller; *(Mehl)* faire roussir; *(Kaffee)* griller, torréfier; *(Flachs)* rouir.
rost|en [rɔstən] *itr* (se) rouiller; *scient* s'oxyder; **~frei** *a* **1.** sans rouille; **2.** *(nichtrostend)* inoxydable, non-corrosif, antirouille; **~ig** *a* rouillé.

Röstkartoffeln *f pl* ['rø:st-] pommes *f pl* (de terre) sautées.
Rostschutz *m* ['rɔst-] protection *f* contre la rouille; **~mittel** *n* (enduit) antirouille *m*.
rot [ro:t] *a* rouge; *(Haar)* roux; *(Gesicht)* rubicond; *~ werden (a. im Gesicht)* rougir, devenir rouge; *bis über die Ohren ~ werden* rougir jusqu'au blanc des yeux; *der ~e Faden (fig)* le fil conducteur; *das R~e Kreuz* la Croix-Rouge; *das R~e Meer* la mer Rouge; **R~** *n* ⟨-s, -/(-s)⟩ rouge *m*.
Rotation *f* ⟨-, -en⟩ [rotatsi'o:n] rotation *f;* **~sdruck** *m typ* impression *f* par *od* sur (machine) rotative.
rot|blond ['ro:t-] *a* blond roux; **~braun** *a* rouge tirant sur le brun; *(Haar)* auburn *inv;* **R~dorn** *m bot* épine *f* rouge.
Röte *f* ⟨-, ø⟩ ['rø:tə] rougeur; *(d. Haares)* rousseur *f;* **~l** *m* ⟨-s, -⟩ *min* sanguine *f;* **~ln** *pl med* rubéole, roséole, *(Masern)* rougeole *f;* **r~n** *tr* rougir; *(die Wangen a.)* colorer; *sich ~* rougir, devenir rouge.
rot|glühend ['ro:t-] *a* (chauffé au) rouge; **~haarig** *a* roux, rousseau, aux cheveux roux; **R~haut** *f (Indianer)* Peau-Rouge *m*.
rotieren [roti:rən] ⟨*ohne ge-*⟩ *itr* **1.** tourner (sur soi-même *od* sur son axe); **2.** *typ a.* rouler; **~d** *a* rotatoire, rotatif.
Rot|käppchen *n* ['ro:t-] le petit Chaperon rouge; **~kehlchen** *n orn* rouge-gorge *m*, rubiette *f;* **~kohl** *m*, **~kraut** *n* chou *m* rouge; **~lauf** *m med* érysipèle, érésipèle *m*.
rötlich ['rø:tlıç] *a* rougeâtre, tirant sur le rouge; *(Haar)* roussâtre.
Rot|schwänzchen *n* ['ro:t-] rouge-queue *m;* **~stift** *m* crayon *m* rouge, sanguine *f*.
Rotte *f* ⟨-, -n⟩ ['rɔtə] **1.** *mil* troupe *f*, peloton *m;* file *f;* **2.** *allg* bande *f;* **3.** *(Arbeiter)* équipe *f*.
Rötung *f* ⟨-, -en⟩ ['rø:tuŋ] *(der Haut)* rougeur *f*.
rot|violett ['ro:t-] *a* rouge violacé; **R~wein** *m* vin *m* rouge; **R~wild** *n* bêtes *f pl* fauves.
Rotz *m* ⟨-es, -e⟩ [rɔts] *pop (Nasenschleim)* morve *f;* **r~ig** *a* morveux.
Rouge *n* ⟨-s, -s⟩ [ru:ʒ] *(rote Schminke)* rouge *m; ~ auflegen* (se) mettre du rouge.
Roulade *f* ⟨-, -n⟩ [ru'la:də] *(Küche)* roulade *f*.
Rouleau *n* ⟨-s, -s⟩ [ru'lo:] store *m*.
Roulett *n* ⟨-(e)s, -e/-s⟩ [ru'lɛt] *(Spiel)* roulette *f*.
Route *f* ⟨-, -n⟩ ['ru:tə] *(Reiseweg)* itinéraire, parcours *m*.
Routin|e *f* ⟨-, ø⟩ [ru'ti:nə] **1.** *(Gewandtheit, Fertigkeit)* savoir-faire *m;* **2.** *pej* routine *f;* **r~iert** [-'ni:rt] *a* **1.** routinier; **2.** chevronné, rompu aux affaires.
Rowdy *m* ⟨-s, -s/(-dies)⟩ ['raudi] voyou, apache *m*.
Royalist *m* ⟨-en, -en⟩ [roaja'lıst] royaliste *m*.
Rübe *f* ⟨-, -n⟩ ['ry:bə] rave *f; rote ~* betterave *f* (rouge); *weiße ~* navet *m*.
Rubel *m* ⟨-s, -⟩ ['ru:bəl] *(Währungseinheit)* rouble *m*.
Rüben|feld *n* ['ry:bən-] champ *m* de betteraves, ravière *f;* **~zucker** *m* sucre *m* de betterave.
Rubin *m* ⟨-s, -e⟩ [ru'bi:n] *min* rubis *m*.
Rubrik *f* ⟨-, -en⟩ [ru'bri:k] rubrique *f*.
ruch|bar ['ru:xba:r] *a* public, notoire; *~ werden* s'ébruiter; **~los** *a* infâme, scélérat; **R~losigkeit** *f* ⟨-, ø⟩ infamie, scélératesse *f*.
Ruck *m* ⟨-(e)s, -e⟩ [ruk] saccade *f*, à-coup *m; mit e-m ~* d'un (seul) coup; *sich e-n ~ geben (fig)* faire un effort; **r~artig I.** *a* saccadé; **II.** *adv* d'un (seul) coup.
rückbezüglich ['rʏk-] *a gram* réfléchi.
Rückbildung *f* ['rʏk-] *biol* régression *f*.
Rückblick *m* ['rʏk-] coup d'œil *od* regard *m* en arrière; *fig* rétrospective *f*.
rücken ['rʏkən] **1.** *tr* ⟨*h*⟩ pousser, déplacer; remuer; **2.** *itr* ⟨*sein*⟩ se porter (*vorwärts* en avant, *rückwärts* en arrière); *(näher)* (s')approcher.
Rücken *m* ⟨-s, -⟩ ['rʏkən] **1.** *a. fig* dos *m;* **2.** *(Küche: vom Schwein)* échine; *(Hammel)* selle *f; (Hase)* râble *m;* **3.** *(Berg~)* croupe *f;* **4.** *mil* arrières *m pl;* **—** *~ an ~* dos à dos; *auf dem ~* sur *od* dans le dos; *(Hände)* derrière le dos; *hinter jds ~ (a. fig)* derrière le dos de qn; *jdm in den ~ fallen* attaquer qn dans le dos *od* par derrière; *sich den ~ freihalten (fig)* se ménager une retraite; *jdm den ~ zukehren* od *zuwenden* tourner *od* présenter le dos à qn; **~deckung** *f mil* couverture *f* de l'arrière; **~lehne** *f* dossier *m; verstellbare ~* dossier *m* rabattable; **~mark** *n anat* moelle *f* épinière; **~schmerzen** *m pl* douleurs *f pl* dans le dos *od* dorsales; **~schwimmen** *n* nage *f* sur le dos; **~wind** *m* vent *m* arrière.
Rückfahr|karte *f*, **~schein** *m* ['rʏk-] billet *m* d'aller et retour *od* de retour.
Rückfahrt *f* ['rʏk-] retour *m; auf der ~* au retour, en revenant.
Rück|fall *m* ['rʏk-] **1.** *jur* récidive *f;* **2.** *med u. allg* rechute *f;* **r~fällig** *a jur* récidiviste; *~ werden* récidiver; *(Kranker)* rechuter; **~fällige** *m f* ⟨-n, -n⟩ *jur* récidiviste *m f*.
Rückfenster *n* ['rʏk-] *mot* vitre *f* arrière.
Rückflug *m* ['rʏk-] vol *m* (de) retour.
Rückfrage *f* ['rʏk-] demande *f* de précisions *od* d'instructions complémentaires; **rück=fragen** *(nur inf u. pp üb-*

lich) itr demander des précisions (*bei jdm* à qn).
Rückgabe *f* ['rʏk-] reddition; restitution; rétrocession *f; (von leeren Flaschen* od *Gläsern)* retour *m.*
Rück|gang *m* ['rʏk-] *(Nachlassen)* diminution; régression; *com fin* baisse *f;* **r~gängig** *a:* ~ *machen (Maßnahme)* annuler, résilier; *(Kauf, Geschäft)* annuler; *(Entscheidung)* revenir sur.
Rückgewinnung *f* ['rʏk-] récupération *f.*
Rückgrat *n* ['rʏk-] *anat* échine, épine dorsale, colonne *f* vertébrale; ~ *haben (fig)* ne pas plier l'échine, avoir les reins solides.
Rückgriff *m* ['rʏk-] *jur* recours *m.*
Rückhalt *m* ⟨-(e)s, ø⟩ ['rʏk-] **1.** soutien, appui *m;* **2.** *fin* réserve *f,* assises *f pl;* **r~los I.** *a* u. *adv* sans réserve; sans arrière-pensée; **II.** *adv* franchement.
Rückkauf *m* ['rʏk-] rachat; réméré *m;* **~srecht** *n* droit *m* de réemption *od* de rachat *od* de réméré.
Rückkehr *f* ⟨-, ø⟩ ['rʏk-] retour *m,* rentrée *f; bei meiner* ~ à mon retour, en rentrant.
Rücklage *f* ['rʏk-] *allg* réserve *f,* en-cas *m.*
rückläufig ['rʏk-] *a* rétrograde, régressif; *~e Bewegung f* rétrogradation; régression *f.*
Rücklicht *n* ⟨-(e)s, -er⟩ ['rʏk-] *mot* feu *m* (rouge) arrière.
rücklings ['rʏk-] *adv (liegen)* sur le dos; *(fallen)* à la renverse; *(von hinten)* par derrière.
Rückmarsch *m* ['rʏk-] marche rétrograde; *mil* retraite *f.*
Rückporto *n* ['rʏk-] port *m* de retour.
Rückreise *f* ['rʏk-] (voyage de) retour *m; auf der* ~ au retour; *auf der* ~ *sein* être sur le retour.
Rucksack *m* ['rʊk-] sac *m* à dos *od* tyrolien.
Rückschau *f* ['rʏk-] (revue) rétrospective *f;* **r~end** *adv* rétrospectivement.
Rückschlag *m* ['rʏk-] **1.** réaction *f;* **2.** *(Fehlschlag)* échec, revers *m.*
Rückschluß *m* ['rʏk-] conclusion, déduction *f; aus etw den* ~ *ziehen* tirer la conclusion *od* conclure de qc.
Rückschritt *m* ['rʏk-] pas *m* en arrière; *pol* réaction *f.*
Rückseite *f* ['rʏk-] *(hintere Seite)* derrière, dos; *(untere Seite)* revers *a. fig; (e-s Stoffes)* envers; *typ* verso *m; auf der* ~ *(gen)* au dos (de); *siehe* ~ voir au verso.
Rücksicht *f* ⟨-, -en⟩ ['rʏk-] considération *f,* égards *m pl; mit* ~ *auf* en tenant compte de, en considération de, eu égard à, par considération pour; *ohne* ~ *auf* sans égard pour; ~ *nehmen auf* tenir compte de, avoir égard à, prendre garde à; *(schonen)* ménager; **~nahme** *f* ⟨-, ø⟩ ménagement *m;* **r~slos I.** *a* u. *adv* sans égards (*gegen* pour); sans ménagement; **II.** *a* brutal; **~slosigkeit** *f* ⟨-, -en⟩ manque *m* d'égards; brutalité *f;* **r~svoll I.** *a* plein d'égards (*gegen* pour); attentionné; **II.** *adv* avec ménagements.
Rücksitz *m* ['rʏk-] **1.** *(Wagen)* banquette *f* arrière, fond *m;* **2.** *(Motorrad)* tan-sad *m.*
Rückspiegel *m* ['rʏk-] (miroir) rétroviseur *m.*
Rückspiel *n* ['rʏk-] *sport* match *m* retour.
Rücksprache *f* ['rʏk-] consultation *f,* entretien *m,* pourparlers *m pl; nach* ~ *mit* après consultation de.
Rückstand *m* ['rʏk-] **1.** *chem* résidu; reste *m;* **2.** *com* arriéré *m;* **3.** *allg* retard *m; im* ~ *sein* être en retard (*mit* pour).
rückständig ['rʏk-] *a* **1.** *fin (Zahlung)* arriéré, en retard; *(Schuldner)* retardataire; **2.** *fig* arriéré, rétrograde; **R~keit** *f* ⟨-, ø⟩ mentalité *f* arriérée.
Rückstoß *m* ['rʏk-] coup en arrière, recul *m; phys* répercussion; *mot* réaction *f;* **r~frei** *a (Waffe)* sans recul.
Rückstrahler *m* ['rʏk-] cataphote, catadioptre *m.*
Rücktaste *f* ['rʏk-] touche *f* de rappel.
Rücktritt *m* ['rʏk-] **1.** *(vom Amt)* démission; retraite *f;* **2.** *(vom Vertrag)* résiliation *f;* — *s-n* ~ *erklären* donner sa démission, démissionner; **~bremse** *f* (frein à) rétropédalage *m;* **~sgesuch** *n* demande *f* de retraite *od* de, démission.
Rückübersetzung *f* ['rʏk-] retraduction *f.*
rück=vergüt|en ['rʏk-] ⟨*ohne ge-*⟩ *(nur inf. u. pp üblich) tr* rembourser; **R~ung** *f* **1.** *(Storno)* ristourne *f;* **2.** *(Rückerstattung)* remboursement *m.*
rückversicher|n, *sich* ['rʏk-] ⟨*ohne ge-*⟩ se réassurer; **R~ung** *f* réassurance, contre-assurance *f.*
Rückwand *f* ['rʏk-] paroi *f* arrière.
rückwärt|ig *a* ['rʏk-] arrière; **~s** *adv* en arrière, à reculons; ~ *fahren (itr)* faire marche arrière; **R~sgang** *m mot* marche *f* arrière.
Rückweg *m* ['rʏk-] retour *m; auf dem* ~ sur le retour, en retournant; *jdm den* ~ *abschneiden* couper la retraite à qn.
ruckweise ['rʊk-] *adv* par saccades, par à-coups.
rückwirk|end ['rʏk-] *a* **1.** *adm* rétroactif; **2.** *phys* réactif; **R~ung** *f* réaction, répercussion *f.*
rückzahl|bar ['rʏk-] *a* remboursable; **R~ung** *f* remboursement *m.*
Rückzieher *m* ['rʏk-] *(Fußball)* retourné *m; fam: e-n* ~ *machen* se rétracter, se dédire.
Rückzug *m* ['rʏk-] *mil* retraite *f; (plan-*

mäßiger) repli *m; den ~ antreten, zum ~ blasen (fig)* battre en retraite.

Rüde *m* ‹-n, -n› ['ry:də] *(männl. Hund, Wolf, Fuchs)* mâle *m.*

rüde ['ry:də] *a* rude, brutal.

Rudel *n* ‹-s, -› ['ru:dəl] *(Hochwild)* harde; *(Wölfe)* bande; *(Menschen)* bande, troupe *f.*

Ruder *n* ‹-s, -› ['ru:dər] **1.** rame *f,* aviron *m;* **2.** *(Steuer~, a. aero)* gouvernail *m; aero* commandes *f pl;* — *das ~ fest in der Hand haben (fig)* tenir la barre; **~boot** *n* bateau *od* canot *m od* barque *f* à rames; **~er** *m* ‹-s, -› rameur; *mar* nageur *m;* **r~n** *itr* ramer; *sport* faire de l'aviron; *kräftig ~* faire force de rames; **~regatta** *f* régate *f* de canoë; **~sport** *m* aviron, canotage *m.*

Rudiment *n* ‹-(e)s, -e› [rudi'mɛnt] rudiment *m;* **r~är** [-'tɛ:r] *a* rudimentaire.

Ruf *m* ‹-(e)s, -e› [ru:f] **1.** *allg* cri *m;* **2.** *(Anruf, bes. tele)* appel *m;* **3.** *(ohne pl) tele (Nummer)* numéro *m* (de téléphone); **4.** *(ohne pl) (guter ~)* réputation; renommée *f,* renom *m;* **5.** *(Berufung)* nomination; vocation *f;* — *e-n ~ (als Professor) erhalten* recevoir une offre de nomination (*an e-e Univ.* à une université); *e-n guten (schlechten) ~ haben* jouir d'une bonne (mauvaise) réputation; *er ist besser als sein ~* il vaut mieux que son nom; **r~en** ‹*rief, gerufen*› **1.** *tr* appeler; **2.** *itr* crier; — *nach jdm ~* appeler qn; *wie gerufen kommen* venir *od* arriver à point nommé *od* à propos.

Rüffel *m* ‹-s, -› ['rʏfəl] réprimande, semonce *f.*

Ruf|name *m* ['ru:f-] prénom *m* usuel; **~nummer** *f tele* numéro *m* d'appel *od* de téléphone; **~weite** *f: in, außer ~* à, hors de portée de (la) voix.

Rüge *f* ‹-, -n› ['ry:gə] blâme *m;* réprimande *f;* **r~n** *tr* blâmer, réprimander.

Ruhe *f* ‹-, ø› ['ru:ə] **1.** *(Unbewegtheit)* repos *m a. phys; (Stille)* calme; *(Schweigen)* silence *m;* **2.** *(innere~)* calme *m;* tranquillité, sérénité *f;* **3.** *(Erholung)* repos *m,* détente *f,* délassement *m;* — *in (aller) ~* tranquillement, sans se presser, en prenant son temps; *~ bewahren* garder son calme, rester calme; *nicht aus der ~ zu bringen sein* ne jamais perdre son sang-froid; *nicht* od *keinen Augenblick zur ~ kommen* n'avoir pas le loisir de respirer; *in ~ lassen* laisser tranquille *od* en paix; *jdm keine* od *jdn nicht in ~ lassen* ne pas laisser de repos *od* de répit à qn; *sich zur ~ setzen (Selbständiger)* se retirer des affaires; *(Unselbständiger)* prendre sa retraite; *~!* paix (donc)! *angenehme ~!* bonne nuit! *immer mit der ~!* doucement! tout doux! du calme! *laß mich in ~!* laisse-moi tranquille *od* en paix! **r~bedürftig** *a: ~ sein* avoir besoin de repos; **~gehalt** *n* pension *f* de retraite *od* d'ancienneté; **r~los** *a* sans repos, toujours en mouvement; *(unruhig)* inquiet, agité; **~losigkeit** *f* ‹-, ø› inquiétude, agitation *f* (continuelle); **~n** *itr* **1.** *(unbewegt sein)* reposer, être tranquille; **2.** *(liegen, getragen werden)* reposer (*auf* sur); **3.** *(Blick)* être fixé (*auf* sur); *(Verdacht)* peser (*auf* sur); **4.** *(sich ausruhen)* se reposer, se détendre, se délasser; **5.** *(begraben sein)* reposer; **6.** *(Arbeit)* avoir cessé, avoir été arrêté *od* suspendu; *(Angelegenheit)* être en sommeil; — *nicht eher ~, als bis ...* n'avoir (pas) de repos *od* cesse que ... ne *subj; ~ lassen* laisser reposer *od* dormir; *(Blick)* arrêter (*auf* sur); *hier ruht (Toter)* ci-gît; **~pause** *f* temps *m* de repos, pause *f;* **~stand** *m* retraite *f; im ~* en retraite; *in den ~ treten* prendre sa retraite; **~stellung** *f* position *f* de repos *od tech* d'arrêt; *in ~* en repos; **~störung** *f* perturbation *f* (de l'ordre public); *nächtliche ~* tapage *m* nocturne; **~tag** *m* jour de repos; *(Geschäft)* repos *m* hebdomadaire.

ruhig ['ru:ɪç] *a* **1.** *(still, a. Mensch)* tranquille, silencieux; **2.** *(friedlich)* calme, paisible; *(heiter)* serein; **3.** *(beruhigt)* rassuré; *(gelassen, gesetzt)* calme, pondéré; — *~ bleiben* rester calme, garder son calme; *sich ~ verhalten* se tenir tranquille; *das können Sie ~ machen! (fam)* vous pouvez bien le faire! *du könntest ~ (mal) ... (fam)* tu pourrais bien ...

Ruhm *m* ‹-(e)s, ø› [ru:m] gloire *f.*

rühm|en ['ry:mən] *tr (preisen)* glorifier, magnifier, vanter; rendre gloire à, chanter la gloire de; *(loben)* lou(ang)er; faire l'éloge de; *sich e-r S ~* se faire gloire *od* se glorifier de qc; **~lich** *a* glorieux; digne d'éloges.

ruhm|los ['ru:m-] *a* sans gloire; obscur; **~reich** *a* glorieux; **~voll** *a* glorieux.

Ruhr *f* ‹-, (-en)› [ru:r] *med* dysenterie *f.*

Rühr|apparat *m* ['ry:r-] *tech* mélangeur, malaxeur *m;* **~ei** *n* œufs *m pl* brouillés; *~ mit Schinken* œufs *m pl* au jambon; **r~en** *tr* **1.** *(umrühren)* agiter, brouiller; gâcher; *(Teig)* pétrir; **2.** *(bewegen)* remuer, mouvoir; **3.** *(ergreifen, erregen)* émouvoir; *(rührselig machen)* toucher, attendrir; — *an etw ~ (itr)* toucher à qc; *(im Gespräch)* faire mention de qc; *daher ~, daß ...* provenir de ce que ...; *sich nicht ~* ne pas bouger; *fig* ne pas faire un geste; **r~end** *a* touchant, émouvant, attendrissant; **r~ig** *a* actif, dynamique; *(immer in Bewegung)* remuant; *(fleißig)* assidu, appliqué; **~igkeit** *f* ‹-, ø› activité *f,* dynamisme *m;* assiduité, application *f;* **r~selig** *a* larmoyant, sentimental; **~seligkeit** *f* sentimentalité *f;*

~ung *f* ‹-, ø› attendrissement *m*, émotion *f*.

Ruin *m* ‹-s, ø› [ru'i:n] *(Untergang)* ruine, perte *f*, déclin *m*, déconfiture *f*; **~e** *f* ‹-, -n› ruine; *fig a.* épave *f*; **r~ieren** [-i'ni:rən] ‹*ohne ge-*› *tr* **1.** *(Sache)* démolir, esquinter; **2.** *(Person)* ruiner; **r~iert** *a (Person a.)* achevé; *(Geschäft)* coulé.

rülpsen ['rʏlpsən] *itr pop* roter.

Rum *m* ‹-s, -s› [rum] rhum, tafia *m*.

rum [rum] *fam* = *herum*.

Rumän|e *m* ‹-n, -n› [ru'mɛ:nə], **~in** *f* ‹-, -nen› Roumain(e *f*) *m*; **~ien** *n* ‹-s, ø› [-'mɛ:niən] la Roumanie; **r~isch** [-'mɛ:nɪʃ] *a* roumain; *(das) R~(e)* le roumain.

Rummel *m* ‹-s, ø› ['ruməl] *fam (lärmender Betrieb)* foire, kermesse; animation *f*; *fam fig* cirque; bruit, vacarme, tapage, brouhaha *m*; **~platz** *m fam* parc *m* d'attractions.

Rumor *m* ‹-s, ø› [ru'mo:r] *fam (Lärm)* rumeur *f*, vacarme, tapage *m*; **r~en** ‹*ohne ge-*› *itr* faire du bruit *od* du tapage.

Rumpel|kammer *f* ['rumpəl-] (cabinet de) débarras, fourre-tout *m*; **r~n** *itr* **1.** faire du tapage; **2.** *(Wagen)* cahoter.

Rumpf *m* ‹-(e)s, ⸚e› [rumpf, 'rʏmpfə] **1.** *anat* tronc *m*; *zoo* carcasse *f*; **2.** *mar* coque, carcasse *f*; *aero* fuselage *m*.

Rumpsteak *n* ‹-s, -s› ['rumpste:k] *(Küche)* rumsteck, romsteck *m*.

rund [runt] *a* **1.** rond; arrondi; *(kreisförmig)* circulaire; *(Gesicht)* rond, plein; **2.** *fig (Zahl)* rond; — *adv* u. ~ *gerechnet* en chiffres ronds; ~ *100* à peu près *od* environ cent, une centaine; **R~** *n* ‹-(e)s, -e› rond; *(Kreis)* cercle *m*.

Rund|bau *m* ['runt-] *arch* rotonde *f*; **~blick** *m* tour d'horizon; panorama *m*; **~bogen** *m arch* arc *m* (en) plein cintre; **~brief** *m* (lettre) circulaire *f*.

Runde *f* ‹-, -n› ['rundə] **1.** ronde *f a. mil*; *(Rennstrecke)* tour *m*; **2.** *(Lage: Bier etc)* tournée *f*; **3.** *(Gesellschaft)* cercle *m*; **4.** *sport* round *m*, reprise *f*; — *in der* ~ à la ronde; *(im Kreis)* en rond; *eine* ~ *spendieren* offrir *od* payer une tournée; *die* ~ *machen* faire la ronde; *(Sache)* circuler de bouche à oreille.

runden ['rundən] **1.** *tr* arrondir; **2.** *refl*: *sich* ~ s'arrondir.

rund|erneuern ['runt-] *tr mot (Reifen)* rechaper; **R~fahrt** *f* circuit *m*; *(Stadt~)* visite *f* commentée (d'une *od* de la ville); **R~flug** *m* circuit *m* aérien; **R~frage** *f* enquête *f*.

Rundfunk *m* ['runt-] radio(diffusion), télégraphie sans fil, T.S.F., radiophonie *f*; *im* ~, *über den* ~ à la radio; *durch den* ~ par la voie des ondes; *über den* ~ *verbreiten* radiodiffuser; **~amateur** *m* amateur de T.S.F.; sans-filiste *m*; **~bearbeitung** *f* adaptation *f*; **~empfang** *m* réception *f* d'émissions radiophoniques; **~empfänger** *m* récepteur radiophonique *od* de T.S.F., poste *m* récepteur; **~gebühren** *f pl* redevance *od* taxe *f* radiophonique; **~gerät** *n* récepteur radio(phonique) *od* de T.S.F., appareil *m* de T.S.F., radio *f*; **~hörer** *m* auditeur *m* de radio *od* de T.S.F.; **~netz** *n* réseau *m* radiophonique; **~programm** *n* programme *m* radiophonique *od* des émissions de T.S.F.; **~sender** *m* (poste) émetteur, émetteur *m* de T.S.F.; **~sendung** *f* émission *f* radiophonique *od* radiodiffusée *od* de radio; **~station** *f* station *f* émettrice *od* d'émission(s) *od* de radiodiffusion *od* de T.S.F.; **~teilnehmer** *m* abonné *m* de la T.S.F.; **~übertragung** *f* transmission *od* diffusion radiophonique; radiodiffusion *f*; **~werbung** *f* publicité *f* radiophonique.

Rund|gang *m* ['runt-] tour *m*; *bes. mil* ronde *f*; **r~heraus** *adv (offen, freimütig)* franchement; tout net; **r~herum** *adv* tout autour; à la ronde; **r~lich** *a* arrondi, rondelet; *(Mensch)* potelé; **~reise** *f* circuit; périple *m*; tour(née *f*) *m*; **~reisefahrkarte** *f* billet *m* circulaire; **~schreiben** *n* lettre circulaire *od* collective, circulaire *f*; **r~umher** *adv* à la ronde; **~ung** *f* ‹-, -en› rond, arrondi *m*; rondeur, rotondité *f*; **~verkehr** *m* (circulation *f* à) sens *m* giratoire; **r~weg** *adv* nettement, (tout) net, carrément, bel et bien.

Runen *f pl* ['ru:nən] runes *f pl*; **~schrift** *f* caractères *m pl* runiques.

Runkelrübe *f* ['ruŋkəl-] betterave *f* fourragère.

Runz|el *f* ‹-, -n› ['runtsəl] ride *f*; **r~(e)lig** *a* ridé; ~ *werden* se rider; **r~eln** *tr*: *die Stirn* ~ froncer les sourcils.

Rüpel *m* ‹-s, -› ['ry:pəl] grossier, malotru, mufle *m*; **~ei** *f* [-'laɪ] grossièreté, muflerie *f*; **r~haft** *a* grossier, malotru.

rupfen ['rupfən] *tr* **1.** *(herausreißen)* arracher; *(Geflügel)* plumer; **2.** *fig fam (das Geld aus der Tasche ziehen)* plumer, tondre.

ruppig ['rupɪç] *a* **1.** *(struppig)* ébouriffé; *(zerlumpt, schäbig)* déguenillé, loqueteux, râpé; **2.** *(rüpelhaft)* grossier, malotru.

Rüsche *f* ‹-, -n› ['ry:ʃə] *(am Kleid)* ruche *f*.

Ruß *m* ‹-es, ø› [ru:s, '-ə] suie *f*.

Russ|e *m* ‹-n -n› ['rusə], **~in** *f* ‹-, -nen› Russe *m f*.

Rüssel *m* ‹-s, -› ['rʏsəl] *(Elefant u. niedere Tiere)* trompe *f*; *(Schweine)* groin; *(Wildschwein)* boutoir *m*.

ruß|en ['ru:sən] *itr* faire de la suie, fumer; **~ig** *a* couvert de suie, fuligineux.

russisch ['rusɪʃ] *a* russe, de Russie; *(das) R~(e)* le russe; *~e Eier n pl* œufs *m pl* à la russe.

Rußland *n* ['rus-] la Russie.
rüsten ['rʏstən] **1.** *tr (herrichten)* préparer; **2.** *itr (aufrüsten)* s'armer; **—** *sich zu etw ~* se préparer à qc.
Rüster *f* ‹-, -n› ['ry:stər] *bot (Ulme)* orme *m.*
rüstig ['rʏstɪç] *a* vigoureux, robuste; *(noch ~)* vert; *noch ~ sein (für sein Alter)* porter bien son âge; **R~keit** *f* ‹-, ø› vigueur, robustesse; verdeur *f.*
Rüstung *f* ‹-, -en› ['rʏstʊŋ] **1.** *(Auf~)* armement *m;* **2.** *hist (Harnisch)* armure *f;* **~sindustrie** *f* industrie *f* d'armement *od* de guerre; **~skontrolle** *f* contrôle *m* des armements.
Rute *f* ‹-, -n› ['ru:tə] **1.** verge *f a. anat;* **2.** *(Schwanz von Hund, Wolf, Fuchs)* queue *f;* **~ngänger** *m* radiesthésiste; sourcier *m.*
Rutsch *m* ‹-(e)s, -e› [rʊtʃ] glissement *m; guten ~ (ins neue Jahr)! (fam)* bonne année! **~bahn** *f (zum Schlittern)* glissoire *f; (Gestell)* toboggan *m;* **~e** *f* ‹-, -n› *(Holz~)* glissoir *m;* **r~en** *itr ‹sein›* glisser; *mot (Reifen)* déraper; chasser; *(Berg)* s'ébouler; *fam (Essen)* passer, descendre; **~en** *n: ins ~ kommen* commencer à glisser; **r~fest** *a mot* antidérapant.
rütteln ['rʏtəln] **1.** *tr (schütteln)* secouer; *(erschüttern)* ébranler; *(bewegen)* agiter; **2.** *itr (Wagen)* cahoter; **—** *an etw nicht ~ (fig)* ne rien changer, ne pas toucher à qc.

S

S, s *n* ‹-, -› [ɛs] *(Buchstabe)* S, s *m.*
Saal *m* ‹-(e)s, Säle› [za:l, 'zɛ:lə] salle *f; (kleiner)* salon *m; (langer)* galerie *f; (Halle)* hall *m.*
Saar, *die* [za:r] *(Fluß u. Land),* **~land,** *das* la Sarre.
Saat *f* ‹-, -en› [za:t] **1.** *(Aus~)* semaille(s *pl*) *f;* **2.** *(Same) a. fig* semence *f;* **3.** *(junge ~)* semis *m;* **~gut** *n* semences *f pl.*
Sabbat *m* ‹-s, -e› ['zabat] *rel* sabbat *m.*
Säbel *m* ‹-s, -› ['zɛ:bəl] sabre *m; mit dem ~ rasseln (fig)* agiter le spectre de la guerre.
Sabot|age *f* ‹-, -n› [zabo'ta:ʒə] sabotage *m;* **~eur** *m* ‹-s, -e› [-'tø:r] saboteur *m;* **s~ieren** [-'ti:rən] ‹*ohne ge-*› *tr* saboter.
Sach|bearbeiter *m* ['zax-] *adm* employé *m* compétent; **~beschädigung** *f* dommage *m* matériel, détérioration, déprédation *f;* **s~dienlich** *a* pertinent; utile, pratique.
Sache *f* ‹-, -n› ['zaxə] **1.** *(realer Gegenstand)* chose *f;* **2.** *fig* objet *m,* matière *f; (Angelegenheit)* affaire, *jur* cause *f;* **3.** *pl (persönlicher Besitz, bes. Kleider)* effets, vêtements; *(Gepäck)* bagages; *(Güter)* biens *m pl;* — *in ~n ... (adm jur)* dans l'affaire ...; *in eigener ~* en son propre nom; *zur ~ (jur) (vernehmen)* sur les faits *od* le fond; *bei der ~ bleiben (fig)* ne pas s'écarter du sujet; *nicht zur ~ gehören* n'avoir rien à faire à l'affaire; *zur ~ kommen* en venir au fait *od* au sujet, entrer en matière; *wieder zur ~ kommen* revenir au fait *od* au sujet *od* à ses moutons; *gemeinsame ~ machen* faire cause commune (*mit jdm* avec qn); *s-e ~ gut machen* jouer bien son jeu; *s-e (Sieben)~n packen* plier bagage, prendre ses cliques et ses claques; *jds ~ sein* être l'affaire de qn; appartenir à qn (*zu* ... de ...); *nicht (ganz) bei der ~ sein* être distrait *od* dans la lune *od* dans les nuages; *s-r ~ sicher sein* être sûr de son fait; *etw von der ~ verstehen* être du métier; *das ist nicht meine ~* ce n'est pas mon affaire, cela ne me regarde pas; *es ist Ihre ~ zu ...* c'est à vous de ..., il vous appartient de ...; *das ist eine abgekartete ~* c'est un coup monté; *das ist e-e ~ für sich* c'est un fait à part; *das ist nicht jedermanns ~* ce n'est pas l'affaire de tout le monde; *das tut nichts zur ~* cela ne fait rien à l'affaire; *zur ~!* au fait! au sujet! à la question! *die gute ~ (fig)* la bonne cause.
Sach|gebiet *n* ['zax-] catégorie *f,* domaine *m;* matière *f;* **s~gemäß** *a* approprié, adéquat; **~kenner** *m* expert *m;* **~kenntnis** *f* connaissance *f* des choses *od* professionnelle, compétence *f;* **s~kundig** *a* expert; compétent; **~lage** *f* état *m* des choses *od* de cause; faits *m pl,* circonstances *f pl,* situation *f.*
sächlich ['zɛçlıç] *a gram* neutre.
sach|lich ['zax-] **I.** *a* **1.** conforme aux faits, concret, positif; pratique, matériel; **2.** objectif; **3.** *(Stil: nüchtern)* sobre, dépouillé; **II.** *adv a.* sans passion, avec souci d'objectivité; — *~ bleiben* od *sein* s'en tenir aux faits; **~lichkeit** *f* ‹-, ø› **1.** conformité *f* aux faits; **2.** objectivité *f;* **3.** sobriété *f;* **~register** *n* index, répertoire *m;* **~schaden** *m* dommage *m od* dégâts *m pl* matériel(s).
Sachse *m* ‹-n, -n› ['zaksə] , **Sächsin** *f* Saxon(ne *f*) *m;* **~n** *n* la Saxe; **sächsisch** ['zɛksıʃ] *a* saxon, de Saxe.
Sachspende *f* ['zax-] don *m* en nature.
sacht [zaxt] *a (leise)* bas, léger, faible; **~(e)** *adv (leise, behutsam)* doucement.
Sach|verhalt *m* ['zax-] état des choses, fait *m* matériel; *der wahre ~* la vérité des faits; **~verständige** *m* ‹-n, -n› expert *m; amtlich bestellter ~* commissaire-expert *m;* **~verständigengutachten** *n* expertise *f.*
Sack *m* ‹-(e)s, ⸚e› [zak, 'zɛkə] sac *m; (Tasche, Beutel, a. med)* poche *f; mit ~ und Pack* avec armes et bagages; **~bahnhof** *m* gare *f* en cul-de-sac.
Säckchen *n* ‹-s, -n› ['zɛkçən] petit sac, sachet *m.*
Sack|gasse *f* ['zak-] impasse *f,* cul-de-sac *m; in e-e ~ geraten (fig)* s'engager dans une impasse; **~hüpfen** *n (Spiel)* course *f* en sac; **~leinen** *n* toile à sacs *od* d'emballage, grosse toile *f;* **~voll** *m* sachée *f.*
Sad|ismus *m* ‹-, ø› [za'dısmus] sadisme *m;* **~ist** *m* ‹-en, -en› [-'dıst] sadiste *m;* **s~istisch** [-'dıstıʃ] *a* sadique.
säen ['zɛ:ən] *tr a. fig* semer.
Safe *m, a. n* ‹-s, -s› [ze:f, sɛıf] coffre-fort *m.*
Saffian *m* ‹-s, ø› ['zafia(:)n] *(~leder)* maroquin *m.*
Safran *m* ‹-s, -e› ['zafra(:)n] *bot (Farbe)* safran *m.*
Saft *m* ‹-(e)s, ⸚e› [zaft, 'zɛftə] **1.** *allg bot physiol fig* suc *m; bot* sève *f;* **2.** *(Frucht~)* jus; *pharm* sirop *m;* **3.** *pl physiol* humeurs *f pl;* **s~ig** *a* **1.** succu-

lent; juteux; *(Obst)* fondant; **2.** *fig (derb)* savoureux, vert, salé, *fam* corsé.

Sage *f* ‹-, -n› ['za:gə] légende *f; (Götter-, Helden~)* mythe *m; es geht die ~* le bruit court.

Säge *f* ‹-, -n› ['zɛ:gə] scie; *(Fuchsschwanz)* égoïne *f; (Baum~)* passe-partout *m;* **~blatt** *n* lame *f* de scie; **~bock** *m* chevalet (de scieur), baudet *m;* **~fisch** *m zoo* poisson-scie *m,* scie *f;* **~mehl** *n* sciure *f* (de bois), bran *m* de scie.

sagen ['za:gən] *tr (mitteilen; befehlen; bedeuten)* dire; *besser gesagt* ... pour mieux dire ..., disons mieux ...; *genauer gesagt* plus précisément; *unter uns gesagt* soit dit entre nous; *wie (soeben) gesagt* comme je l'ai dit, comme je viens de dire; *ohne ein Wort zu ~* sans mot dire; *es ~ (aussprechen)* lâcher le mot; *nichts zu ~ haben* n'avoir rien à dire *od* pas d'ordres à donner; *viel (dazu) zu ~ haben* (y) avoir à dire; *sich nichts ~ lassen* ne vouloir écouter personne; ne pas entendre raison; *es sich nicht zweimal ~ lassen* ne pas se le faire répéter deux fois, ne pas se faire prier; *sich etw gesagt sein lassen* se tenir qc pour dit; *sich ~ lassen müssen, daß* ... s'entendre dire que ...; *damit ~ wollen, daß* vouloir dire par là que, entendre par là que; *wenn ich so ~ darf* si j'ose parler *od* m'exprimer ainsi; si j'ose dire; si je puis m'exprimer ainsi; *Sie haben mir nichts zu ~* je n'ai pas à recevoir d'ordres *od* d'ordres à recevoir de vous; *das* od *so etwas sagt man nicht* ce n'est pas de mise; *damit ist alles gesagt* c'est tout dire, cela dit tout; *das ist leicht gesagt* c'est vite dit; *damit ist nicht gesagt, daß* ... cela ne veut pas dire, cela n'implique pas que *subj; das hat nichts zu ~* cela ne compte pas, ce n'est rien, cela ne fait rien, cela n'a pas d'importance, il n'y a pas de mal; *dagegen ist nichts zu* od *läßt sich nichts ~* il n'y a rien à dire à cela, il n'y a pas à dire; c'est sans réplique, il n'y a pas de réplique à cela; *gesagt, getan* aussitôt dit, aussitôt fait; *was ~ Sie dazu?* qu'en dites-vous? *was wollen Sie damit ~?* que voulez-vous dire *od* qu'entendez-vous par là? *was hat das zu ~?* qu'importe? *~ Sie mal!* dites donc! *~ Sie nur nicht, daß* ... n'allez pas dire que ...; *was Sie nicht (alles) ~! (iron)* vous en dites de belles *od* de toutes les couleurs!

sägen ['zɛ:gən] *tr* scier.

sagenhaft ['za:gən-] *a* **1.** légendaire; mythique; **2.** *fam (übertreibend)* fabuleux.

Säge|späne *m pl* ['zɛ:gə-] = *Sägemehl;* **~werk** *n* scierie *f.*

Sago *m, a. n* ‹-s, ø› ['za:go] sagou; *(im weiteren Sinne)* tapioca *m.*

Sahara, *die* ['za:hara, za'ha:ra] *geog* le Sahara.

Sahne *f* ‹-, ø› ['za:nə] crème *f; die ~ abschöpfen von (a. fig)* écrémer; **sahnig** *a* crémeux.

Saison *f* ‹-, -s› [zɛ'zõ(:)] *(Hauptgeschäftszeit)* saison *f;* **~arbeiter** *m* travailleur *od* ouvrier *m* saisonnier; **s~bedingt** *a* saisonnier.

Saite *f* ‹-, -n› ['zaɪtə] *mus* corde *f; andere ~n aufziehen (fig)* changer de ton; **~ninstrument** *n* instrument *m* à cordes.

Sakko *m* ‹-s, -s› ['zako] veston *m.*

sakr|al [za'kra:l] *a rel, a. mus* sacré, saint; **S~ament** *n* ‹-(e)s, -e› [-kra'mɛnt] sacrement *m;* **S~istei** *f* ‹-, -en› [-krɪs'taɪ] sacristie *f.*

Salamander *m* ‹-s, -› [zala'mandər] *zoo* salamandre *f.*

Salami *f* ‹-, -(s)› [za'la:mi] *(Wurst)* salami *m.*

Salat *m* ‹-(e)s, -e› [za'la:t] salade; *(Kopf~)* laitue *f; da haben wir den ~! (fam)* c'est le bouquet! nous voilà dans de beaux draps! *gemischter ~* salades *f pl* variées; **~besteck** *n* couvert *m* à salade; **~schüssel** *f* saladier *m.*

Salb|e *f* ‹-, -n› ['zalbə] onguent *m; med* pommade *f,* liniment *m;* **s~en** *tr* oindre; *rel hist* sacrer (*zum König* roi); *(Toten)* embaumer; **~ung** *f* ‹-, -en› *a. fig* onction *f; hist rel* sacre *m;* **s~ungsvoll** *a pej* onctueux, mielleux, cérémonieux.

sald|ieren [zal'di:rən] ‹*ohne ge-*› *tr fin* solder; **S~o** *m* ‹-s, -den/-s/-di› ['zaldo] *fin* solde, reliquat *m.*

Saline *f* ‹-, -n› [za'li:nə] saline *f.*

Salm *m* ‹-(e)s, -e› [zalm] *zoo* saumon *m.*

Salmiak *m* ‹-s, ø› [zalmi'ak, 'zal-] *chem* sel *m* ammoniac; **~geist** *m* ammoniaque *f.*

Salmonellen *f pl* [zalmo'nɛlən] salmonellas *f pl.*

Salon *m* ‹-s, -s› [za'lõ:, -'lo:n] salon *m;* **s~fähig** *a* présentable (en société); **~löwe** *m* salonnard *m;* **~wagen** *m loc* wagon-salon *m,* voiture-salon *f.*

salopp [za'lɔp] *a* **1.** *(Kleidung)* négligé; **2.** *(Mensch)* négligent; désinvolte; nonchalant.

Salpeter *m* ‹-s, ø› [zal'pe:tər] *chem* salpêtre *m;* **~säure** *f* acide *m* nitrique *od* azotique.

Salto *m* ‹-s, -s/-ti› ['zalto, '-ti] saut *m;* **~mortale** *m* saut *m* périlleux.

Salut *m* ‹-(e)s, -e› [za'lu:t] *mil (Ehrengruß)* salut *m;* **s~ieren** [-lu'ti:rən] ‹*ohne ge-*› *tr* u. *itr* saluer (*vor jdm* qn).

Salve *f* ‹-, -n› ['zalvə] *mil (allg a.)* salve, volée *f.*

Salz *n* ‹-es, -e› [zalts] sel *m;* **~bergwerk** *n* mine de sel (gemme), saline *f;* **s~en** ‹*salzte, gesalzen*› *tr* saler; **~faß** *n* saloir *m; (kleines)* salière *f;* **~gehalt** *m* salinité, salure *f;* **s~haltig** *a* salifère; **~hering** *m* hareng *m* sec *od* salé; **s~ig** *a* salé, salin; **~kartoffeln** *f pl* pommes *f pl* de terre à l'anglaise; **~lake** *f* saumure *f;* **~säure** *f* acide chlorhydrique, esprit-de-sel *m;* **~see** *m* lac *m* salé; **~stange** *f* bâtonnet *m* salé; **~streuer** *m* salière *f;* **~wasser** *n* eau *f* salée.

Sämaschine *f* ['zɛ:-] machine *f* à semer, semoir *m.*

Samen *m* ‹-s, -› ['za:mən] **1.** *bot, a. fig* graine *f;* **2.** *physiol (männlicher ~)* sperme *m;* **3.** *(Saatgut)* semence *f;* **~erguß** *m physiol* éjaculation *f;* **~handlung** *f* graineterie *f;* **~korn** *n* graine *f.*

Sämereien *f pl* [zɛ:mə'raɪən] semences, graines *f pl.*

sämig ['zɛ:mɪç] *a (Suppe)* velouté.

Sämischleder *n* ['zɛ:mɪʃ-] peau *f* de chamois.

Sammel|anschluß *m* ['zaməl-] *tele* raccordement *m* collectif; **~becken** *n* bassin *od* réservoir collecteur; *fig* centre *m* de ralliement; **~begriff** *m* notion *f* collective; terme *m* générique; **~bestellung** *f com* commande *f* collective; **~büchse** *f* boîte *f* à collectes; **~fahrkarte** *f,* **~fahrschein** *m* billet *m* collectif *od* de groupe; **~mappe** *f* carton-emboîtage *m.*

sammeln ['zaməln] *tr* **1.** *(zs.bringen)* (r)assembler, réunir, grouper, ramasser; *(anhäufen)* (r)amasser, accumuler *(a. Kenntnisse);* empiler; *(ein~, pflücken)* (re)cueillir, récolter; *(Übriggebliebenes)* glaner; **2.** *(Spenden)* collecter, quêter, faire la quête *od* la collecte de; **3.** *(aus Liebhaberei)* collectionner; **4.** *mil* rassembler, rallier; **5.** *(Erfahrungen)* acquérir, faire; *refl: sich ~* **6.** *(Sachen)* s'accumuler, s'amasser, s'empiler; *(Personen)* s'assembler, se rassembler, se réunir; **7.** *fig* se recueillir; se concentrer; *(in sich gehen)* se replier sur soi; **S~** *n* **1.** cueillette, récolte *f;* **2.** collectionnement *m;* **3.** *mil* rassemblement, ralliement *m.*

Sammel|punkt *m* ['zaməl-] point *m* de rassemblement *od* de ralliement; **~surium** *n* ‹-s, -rien› [-'zu:rium, -riən] ramassis, salmigondis *m,* macédoine *f;* **~transport** *m* transport *m* (en) commun *od* groupé.

Samml|er *m* ‹-s, -› ['zamlər] **1.** *(Liebhaber)* collectionneur *m;* **2.** *(Spenden~)* quêteur *m;* **3.** *tech* ramasseur; *el* collecteur; *(Akku)* accumulateur *m;* **~ung** *f* ‹-, -en› **1.** *(von Spenden)* collecte, quête *f;* **2.** *(Kunst~ u. ä.)* collection *f;* *(Text~)* recueil *m;* **3.** *fig (Andacht)* recueillement *m,* récollection; concentration *f.*

Samstag *m* ['zamsta:k] samedi *m.*

samt [zamt] *prp dat* avec, y compris; accompagné de; *adv: ~ und sonders* sans exception; tous ensemble, *(fam)* comme un seul homme.

Samt *m* ‹-(e)s, -e› [zamt] *(Stoff)* velours *m; in ~ und Seide (fig)* en grande tenue; **~handschuh** *m: jdn mit ~en anfassen (fig)* prendre qn avec des gants.

sämtlich ['zɛmtlɪç] *adv (vollzählig)* tous (ensemble), au complet; **~e** *a pl (alle)* tous les.

Sanatorium *n* ‹-s, -rien› [zana'to:rium, -riən] maison *f* de repos, préventorium; *(für Lungenkranke)* sana(torium) *m.*

Sand *m* ‹-(e)s, -e› [zant, '-də] sable; *(feiner)* sablon *m; auf ~ bauen (fig)* bâtir sur le sable; *jdm ~ in die Augen streuen (fig)* jeter de la poudre aux yeux de qn; *im ~e verlaufen (fig)* se perdre dans le sable, finir en queue de poisson.

Sandal|e *f* ‹-, -n› [zan'da:lə] sandale *f;* **~ette** *f* ‹-, -n› [-da'lɛtə] sandalette *f,* pied-nu *m.*

Sand|bank *f* ['zant-] banc *m* de sable; **~floh** *m* chique *f;* **~grube** *f* carrière de sable, sablière; *(für feinen Sand)* sablonnière *f;* **s~ig** *a* sableux, sablonneux; **~kasten** *m* sablière; *mil (für Lehrzwecke)* boîte *f od* bac *m* à sable; **~korn** *n* grain *m* de sable; **~mann** *m* ‹-(e)s, ø› *(Märchengestalt)* marchand *m* de sable; **~papier** *n* papier *m* de verre; **~sack** *m* **1.** sac *m* de sable; **2.** *sport* punching-ball *m;* **~stein** *m* (pierre *f* de) grès *m;* **~strahlgebläse** *n* sableuse *f* (pour décapage); *Reinigung f mit ~* sablage *m;* **~sturm** *m* tempête *f* de sable, simoun *m;* **~uhr** *f* sablier *m.*

sanft [zanft] **I.** *a* **1.** *(weich)* doux, mou; **2.** *(leicht, sacht)* léger; *(angenehm)* amène; **3.** *(~mütig)* doux, placide; *(zärtlich)* tendre; **4.** *(ruhig, still)* calme, paisible; **II.** *adv: (ganz) ~* (tout) doucement.

Sänfte *f* ‹-, -n› ['zɛnftə] chaise *f* à porteurs.

Sanft|mut *f* ‹-, ø› ['zanft-] douceur, placidité, mansuétude *f;* **s~mütig** *a* doux, placide.

Sänger *m* ‹-s, -› ['zɛŋər] chanteur; *fig poet (Dichter)* chantre; *(Chor~)* choriste; *(Vereins~)* orphéoniste *m;* **~in** *f* ‹-, -nen› *allg* chanteuse; *(Opern-, Konzert~)* cantatrice *f.*

sang- und klanglos ['zaŋ-] *adv: ~ abziehen, verschwinden* partir, s'en aller sans tambour ni trompette.

sanier|en [za'ni:rən] ‹*ohne ge-*› *tr med* u. *fin* assainir; *med* désinfecter; *fin* redresser, remettre sur pied *od* en ordre, réorganiser, restructurer; **S~ung** *f* ‹-, ø› assainissement; redressement *od* rétablissement *m* financier *od* des finances.

sanitä|r [zani'tɛ:r] *a* sanitaire; *~e Einrichtungen f pl* installations *f pl* sanitaires; **S~ter** *m* ‹-s, -› [-'tɛ:tər] infirmier *m.*

Sanitäts|wagen *m* [zaniˈtɛ:ts-] ambulance *f;* **~wesen** *n* service *m* de santé.
Sanktion *f* ‹-, -en› [zaŋktsiˈo:n] *pol* sanction *f;* **s~ieren** [-tsioˈni:rən] ‹*ohne ge-*› *tr* sanctionner, confirmer; *fig a.* consacrer; **~ierung** *f* ‹-, ø› sanctionnement *m.*
Saphir *m* ‹-s, -e› [ˈza:fɪr, zaˈfi:r] *min* saphir *m.*
Sard|elle *f* ‹-, -n› [zarˈdɛlə] anchois *m;* **~ine** *f* ‹-, -n› [-ˈdi:nə] sardine *f.*
Sardin|ien *n* [zarˈdi:niən] la Sardaigne; **~ier(in)** *m* ‹-s, -› (*f* ‹-, -nen›) [-ˈdi:niər] Sarde *m f;* **s~isch** [-ˈdi:nɪʃ] *a* sarde.
Sarg *m* ‹-(e)s, ⸚e› [zark, ˈzɛrgə] cercueil *m,* bière *f.*
Sarkas|mus *m* ‹-, (-men)› [zarˈkasmus] sarcasme *m;* **s~tisch** [-ˈkastɪʃ] *a* sarcastique.
Sarkophag *m* ‹-s, -e› [zarkoˈfa:k, -gə] sarcophage *m.*
Satan *m* ‹-s, -e› [ˈza:tan] Satan *m;* **s~isch** [-ˈta:nɪʃ] *a* satanique.
Satellit *m* ‹-en, -en› [zatɛˈli:t] *astr tech pol* satellite *m;* **~enstaat** *m* État *m* satellite.
Satin *m* ‹-s, -s› [saˈtɛ̃:] *(Textil)* satin *m.*
Satir|e *f* ‹-, -n› [zaˈti:rə] satire *f;* **s~isch** [-ˈti:rɪʃ] *a* satirique.
satt [zat] *a* **1.** rassasié; **2.** *(gesättigt)* saturé; **3.** *(Farbe)* chargé, foncé; **4.** *fig pred (überdrüssig)* repu, saturé, las; — *sich ~ essen* manger à sa faim *od* son content; *etw ~ haben, e-r S ~ sein (fig)* avoir assez de qc, être rassasié *od* saturé *od* repu de qc; *sich an etw nicht ~ sehen können* ne pas se rassasier de regarder qc; *~ sein* n'avoir plus faim.
Sattel *m* ‹-s, ⸚› [ˈzatəl, ˈzɛtəl] **1.** selle *f;* **2.** *geog* croupe *f;* — *aus dem ~ heben* désarçonner, démonter; *jdn in den ~ heben (fig)* mettre à qn le pied à l'étrier; *fest im ~ sitzen (fig)* être ferme sur ses étriers *od* bien en selle; **~dach** *n* toit *m* en bâtière; **s~fest** *a: in etw ~ sein* être ferré sur qc *od* versé dans qc; **s~n** *tr* seller; *(Packtier)* bâter; **~schlepper** *m* tracteur *m* de semi-remorque; **~tasche** *f* sacoche *f.*
Sattheit *f* ‹-, ø› [ˈzathaɪt] satiété *f.*
sättig|en [ˈzɛtɪgən] *tr* **1.** rassasier; **2.** *chem fig* saturer; **~end** *a* rassasiant; **S~ung** *f* ‹-, ø› **1.** rassasiement *m;* satiété *f;* **2.** *chem* saturation *f.*
Sattler *m* ‹-s, -› [ˈzatlər] sellier, bourrelier *m; ~ und Polsterer* bourrelier-sellier *m.*
Satz *m* ‹-es, ⸚e› [zats, ˈzɛtsə] **1.** *gram* phrase, proposition *f;* **2.** *(aufgestellter ~)* thèse *f; (Lehr~, philos)* principe; *math* théorème; *(Grund~)* axiome *m;* **3.** *mus* mouvement *m;* **4.** *(Tennis)* partie *f,* set *m;* **5.** *(Quote)* taux; *(Gebühren~)* tarif *m;* **6.** *(~ zs.gehöriger Dinge)* série *f,* jeu *m,* garniture *f; com* assortiment; *mot (Reifen)* train *m;* **7.** *typ* composition *f;* **8.** *(Sprung)* bond, saut *m,* enjambée *f;* **9.** *(Boden~)* fond, résidu, dépôt, sédiment *m; (bes. Wein)* lie *f; (Kaffee~)* marc *m;* **~aussage** *f gram* verbe *m;* **~bau** *m* agencement *m;* structure *od* construction *f* de la phrase; **~gegenstand** *m gram* sujet *m;* **~lehre** *f gram* syntaxe *f;* **~spiegel** *m typ* surface *f* d'impression; **~teil** *m gram* partie *f* de (la) phrase; **~ung** *f* ‹-, -en› règlement; statut *m;* **s~ungsgemäß I.** *a* statutaire; **II.** *adv* conformément aux statuts; **~zeichen** *n* signe *m* de ponctuation.
Sau *f* ‹-, ⸚e› [zau, ˈzɔʏə] **1.** *(weibl. Schwein)* truie *f;* **2.** *(pl -en) (Wild~)* laie *f;* **3.** *allg (Schwein), fig vulg (Mensch)* cochon *m.*
sauber [ˈzaubər] *a* **1.** propre, net; *(Wäsche a.)* blanc; **2.** *(sorgfältig)* soigneux; *(genau)* exact; **3.** *(hübsch)* joli; **4.** *(tadelfrei)* droit, intègre; **S~keit** *f* ‹-, ø› **1.** propreté, netteté; blancheur *f;* **2.** exactitude *f;* **3.** droiture, intégrité *f.*
säuber|lich [ˈzɔʏbərlɪç] *adv (sorgfältig)* soigneusement, exactement; **~n** *tr* nettoyer *a. mil (vom Feind)* curer; *fig pol* épurer; **S~ung** *f* ‹-, (-en)› nettoiement; *a. mil* nettoyage *m; pol* épuration *f.*
Sau|bohne *f* [ˈzau-] fève *f;* **s~dumm** *a fam* bête comme ses pieds.
sauer [ˈzauər] *a* **1.** aigre, sur, acide; *(bes. Wein)* vert; *(Milch)* tourné; *agr (Boden)* salé; **2.** *fig (Arbeit)* amer, dur, pénible, désagréable; — *~ werden* devenir aigre, surir; *(Milch)* tourner; *fig* s'aigrir; *saure Gurke f* cornichon *m* au vinaigre; *in den sauren Apfel beißen (fig)* avaler la pilule; **S~braten** *m* viande *f* marinée; **S~brunnen** *m* eau *f* minérale.
Sauerei *f* [zauəˈraɪ] *pop* cochonnerie, saloperie *f.*
Sauer|kirsche *f* [ˈzauər-] griotte *f;* **~kraut** *n* choucroute *f; ~ mit Speck* od *Würstchen* choucroute *f* garnie.
säuerlich [ˈzɔʏərlɪç] *a* aigrelet, acidulé.
Sauermilch *f* [ˈzauər-] *(Dickmilch)* (lait) caillé *m.*
säuern [ˈzɔʏərn] *tr (sauer machen)* rendre aigre, aigrir.
Sauerstoff *m* [ˈzauər-] oxygène *m;* **~apparat** *m* appareil *m* à oxygène; **~gehalt** *m* teneur *f* en oxygène; **~gerät** *n med* appareil à oxygène, inhalateur *m* d'oxygène; **~mangel** *m* manque *m* d'oxygène; **~maske** *f* masque *m* à oxygène; **~zelt** *n med* tente *f* à oxygène.
sauer|süß [ˈzauər-] *a, a. fig* aigre-doux; **S~teig** *m* levain *m.*
saufen [ˈzaufən] ‹*säuft, soff, gesoffen*› *tr* u. *itr (Tier)* boire; *itr (Tier)* s'abreuver; *pop (Mensch)* picoler, pinter, chopiner.

Säufer *m* ⟨-s, -⟩ ['zɔʏfər] poivrot, ivrogne, soûlard, riboteur, noceur *m.*
Sauferei *f* [zaufə'raɪ] beuverie, soûlerie *f.*
Saug|apparat *m* ['zauk-] appareil d'aspiration, aspirateur *m;* **s~en** ['zaugən] *tr* **1.** ⟨*sog* od *saugte, gesogen* od *gesaugt*⟩ *(Säugling, Tierjunges)* téter; *(lutschen)* sucer; *fam* suçoter; **2.** ⟨*saugte, gesaugt*⟩ *tech* aspirer.
säug|en ['zɔʏgən] *tr* allaiter, nourrir; donner le sein à; **S~etier** *n* mammifère *m.*
saug|fähig ['zauk-] *a* absorbant; **S~flasche** *f* biberon *m;* **S~heber** *m* siphon *m.*
Säugling *m* ⟨-s, -e⟩ ['zɔʏklɪŋ] nourrisson *m;* **~sheim** *n* pouponnière *f;* **~spflege** *f* puériculture *f;* **~ssterblichkeit** *f* mortalité *f* infantile.
Saugpumpe *f* ['zauk-] pompe *f* aspirante.
Säule *f* ⟨-, -n⟩ ['zɔʏlə] *arch* u. *fig* colonne; *phys el* pile *f;* **~ngang** *m* colonnade *f,* portique *m;* **~nhalle** *f* salle *f* hypostyle.
Saum *m* ⟨-(e)s, ¨-e⟩ [zaum, 'zɔʏmə] **1.** *(Besatz)* ourlet *m a. fig;* **2.** *fig (Rand)* bord *m,* bordure; *(Waldes~)* lisière, orée *f.*
saumäßig ['zau-] **I.** *a pop* de cochon, pourri; **II.** *adv* comme un cochon.
säumen ['zɔʏmən] **(1)** *tr (einfassen)* border; *(Stoff)* ourler; **(2)** *itr (zaudern)* tarder, hésiter.
säumig ['zɔʏmɪç] *a (langsam)* lent; *(nachlässig)* négligent; *com* retardataire; *jur* défaillant; *~er Zahler m* défaillant *m.*
Saum|pfad *m* ['zaum-] sentier *m* muletier; **~tier** *n* bête *f* de somme.
Sauna *f* ⟨-, -s/-nen⟩ ['zauna] sauna *m.*
Säure *f* ⟨-, -n⟩ ['zɔʏrə] **1.** aigreur, acidité *f;* **2.** *chem* acide *m; (Wein)* verdeur *f,* vert *m.*
Sauregurkenzeit *f* [zaurə'gurkən-] *com hum* morte-saison, accalmie *f.*
Saus *m* [zaus] : *in ~ und Braus leben* mener joyeuse vie *od* la vie à grandes guides.
säuseln ['zɔʏzəln] *itr* susurrer, murmurer.
sausen ['zauzən] *itr* **1.** ⟨*sein*⟩ *(Gegenstand durch die Luft)* fendre l'air; *(mit Geräusch)* siffler; *(Fahrzeug)* filer à toute allure, foncer; *(Mensch, fam)* dévaler, se précipiter; **2.** ⟨*h*⟩ *(Ohren)* siffler, bourdonner, tinter.
Sau|stall *m* ['zau-] porcherie *a. fig; fig* étable à pourceaux, vraie écurie *f;* **~wetter** *n* temps *m* de cochon *od* de chien *od* pourri; **s~wohl** *a pop: sich ~ fühlen* se sentir bien dans sa peau.
Savanne *f* ⟨-, -n⟩ [za'vanə] *geog* savane *f.*
Savoyen *n* [za'vɔʏən] la Savoie.
Saxophon *n* ⟨-s, -e⟩ [zakso'fo:n] saxophone; *fam* saxo *m;* **~ist** *m* ⟨-en, -en⟩ [-fo'nɪst] saxophoniste *m.*
Schabe *f* ⟨-, -n⟩ ['ʃa:bə] *ent* blatte *f; (Küchen~)* cafard, cancrelat *m.*
schaben ['ʃa:bən] *tr* racler; *(ab~)* gratter; *(raspeln)* râper.
Schabernack *m* ⟨-(e)s, -e⟩ ['ʃa:bərnak] niche *f,* tour *m; jdm e-n ~ spielen* faire une niche, jouer un tour à qn.
schäbig ['ʃɛ:bɪç] *a* **1.** *(fadenscheinig)* râpé, élimé, usé; *(armselig)* misérable; **2.** *fig (Charakter)* mesquin, rapiat, sordide.
Schablone *f* ⟨-, -n⟩ [ʃa'blo:nə] **1.** patron; pochoir *m;* **2.** *fig (Abklatsch)* poncif *m; (Schema)* routine *f.*
Schach *n* ⟨-s, -s⟩ [ʃax] (jeu *m* d')échecs *m pl; in ~ halten (fig)* tenir en échec *od* en respect; *~ spielen* jouer aux échecs; *~ (dem König)!* échec (au roi)! **~brett** *n* échiquier *m;* **~figur** *f* pièce *f* d'échecs; *fig* pion *m;* **s~matt** [-'mat] *a* **1.** échec et mat; **2.** *fig fam (erschöpft)* fourbu, épuisé; **~partie** *f* partie *f od* match *m* d'échecs; **~spiel** *n* jeu *m* d'échecs; **~spieler** *m* joueur *m* d'échecs.
Schacht *m* ⟨-(e)s, ¨-e⟩ [ʃaxt, 'ʃɛçtə] **1.** *mines* puits *m* (de mine), fosse; *(Bergwerk)* mine *f;* **2.** *(Lüftungs~)* cheminée; *(Fahrstuhl~)* cage *f; (Einsteig~)* trou d'homme, regard *m.*
Schachtel *f* ⟨-, -n⟩ ['ʃaxtəl] boîte *f, (Papp~)* carton *m; alte ~ (fig fam)* (vieux) tableau *m;* **~halm** *m* prèle *f.*
Schachzug *m* ['ʃax-] *a. fig* coup *m.*
schade ['ʃa:də] *a* dommage; *zu ~ für* trop bon pour; *es ist ~* c'est dommage (*um jdn, etw* pour qn, qc; *daß* que *subj*); *wie ~!* quel dommage!
Schädel *m* ⟨-s, -⟩ ['ʃɛ:dəl] crâne *m;* **~bruch** *m* fracture *f* du crâne; **~decke** *f* calotte *f* crânienne *od* du crâne.
schaden ['ʃa:dən] *itr* nuire, porter préjudice, causer du dommage (*jdm, e-r S* à qn, à qc); *(dem Ansehen)* porter atteinte à; *das schadet nichts* il n'y a pas de mal, cela ne fait rien; ça ne gâte rien; *das könnte nicht ~* cela ne ferait pas de mal.
Schaden *m* ⟨-s, ¨-⟩ ['ʃa:-, 'ʃɛ:dən] **1.** dommage; mal *m;* avarie *f; (großer, schwerer ~)* sinistre, ravage(s *pl*) *m; (angerichteter ~)* méfaits *m pl; (Schadhaftigkeit)* dégradation *f;* **2.** *(Nachteil)* détriment, préjudice *m; (Verlust)* perte *f;* **3.** *(angeborener Fehler)* lésion *f; (Verletzung)* atteinte, blessure *f;* — *zu jds ~* au détriment de qn; *~ anrichten* od *verursachen* causer du dommage *od* du dégât *od* des dégâts; *für den ~ haften* être responsable du dommage; *zu ~ kommen, ~ leiden* od *nehmen* se faire du mal; éprouver *od* subir du dommage;

durch ~ klug werden apprendre à ses dépens; *den ~ wiedergutmachen* réparer les dommages; *jdm ~ zufügen* causer *od* porter préjudice à qn; *es soll Ihr ~ nicht sein* vous n'aurez pas à le regretter; *der ~ an dem (der) ... ist behoben* le (la) ... marche de nouveau; **~anmeldung** *f* déclaration *f* du sinistre; **~ersatz** *m* dédommagement *m*, indemnité *f*, dommages et intérêts, dommages-intérêts *m pl*; *~ beanspruchen* réclamer une indemnité; *jdm ~leisten* dédommager qn; **~freude** *f* malin plaisir *m*, joie *f* maligne; **s~froh** *a*: *~ sein* se réjouir du malheur d'autrui.

schadhaft ['ʃa:thaft] *a* défectueux; **S~igkeit** *f* ⟨-, ø⟩ défectuosité *f*, état *m* défectueux.

schäd|igen ['ʃɛ:dɪgən] *tr* porter atteinte (*jdn* à qn), trahir les intérêts (*jdn* de qn); **S~igung** *f* ⟨-, -en⟩ **1.** atteinte *f* (*gen* à); **2.** *med* lésion *f*; **~lich** ['-tlɪç] *a* nuisible; *(gesundheitlich)* nocif; malfaisant; **S~lichkeit** *f* ⟨-, ø⟩ nuisibilité, nocivité *f*; **S~ling** *m* ⟨-s, -e⟩ ['-tlɪŋ] *allg* parasite; *(Tier)* (animal) nuisible *m*; **S~lingsbekämpfung** *f* destruction des parasites, lutte *f* contre la vermine.

schadlos ['ʃa:tlo:s] *adv*: *sich an etw ~ halten* se dédommager *od* se rattraper sur qc, s'indemniser de qc.

Schaf *n* ⟨-(e)s, -e⟩ [ʃa:f] **1.** *(Art)* mouton *m*; *(Mutter~)* brebis *f*; **2.** *fig pej* âne, cornichon, idiot, benêt, imbécile *m*; *schwarzes ~ (fig)* fléau *m*, honte *f*; **~bock** *m* bélier *m*.

Schäf|chen *n* ⟨-s, -⟩ ['ʃɛ:fçən] agneau *m*; *sein ~ ins trockene bringen (fig)* faire sa pelote; **~chenwolken** *f pl* nuages *m pl* moutonnés; **~er** *m* ⟨-s, -⟩ berger *m*; **~erhund** *m* (chien de) berger *m*; **~erhütte** *f* cabane *f* de berger; **~erstündchen** *n* heure *f* du berger.

Schaffell *n* ['ʃa:f-] peau de mouton; toison *f*.

schaffen ['ʃafən] **(1)** ⟨*schafft, schuf, geschaffen*⟩ *tr* **1.** *(er~)* créer; *(hervorbringen)* produire; engendrer, faire naître, mettre au monde, donner le jour à; *(ins Leben rufen)* appeler à la vie, constituer; **2.** *(Abhilfe, Ordnung, Rat)* (r)établir, trouver; — *wie ge~ für* taillé pour; **(2)** ⟨*schaffte, geschafft*⟩ **1.** *itr (arbeiten)* travailler, besogner; **2.** *tr (vollbringen)* accomplir, venir à bout de; *(bewältigen, mit Zahlenangabe)* faire; — *es ~* réussir, arriver, y parvenir, faire son chemin; *beiseite ~* mettre de côté; *sich zu ~ machen mit* s'affairer à; *jdm (sehr* od *viel) zu ~ machen* donner du mal à qn; *damit habe ich nichts zu ~* cela ne me regarde pas; *so, das wäre geschafft!* ça y est.

Schaffens|drang *m* ['ʃafəns-] élan *m* créateur; **~kraft** *f* force *f* créatrice.

Schaffner(in) *m* ⟨-s, -⟩ (*f* ⟨-, -nen⟩) ['ʃafnər] *loc* contrôleur *m*, -euse *f*; *(Straßenbahn, Autobus)* receveur *m*, -euse *f*.

Schaf|herde *f* ['ʃa:f-] troupeau *m* de moutons; **~leder** *n* basane *f*.

Schafott *n* ⟨-(e)s, -e⟩ [ʃa'fɔt] échafaud *m*.

Schaf|schur *f* ['ʃa:f-] tonte *f* des moutons; **~(s)kopf** *m fig pej* sot en trois lettres, cornichon *m*; **~stall** *m* bergerie *f*.

Schaft *m* ⟨-(e)s, ¨-e⟩ [ʃaft, 'ʃɛftə] **1.** *(Stiel)* manche, bâton *m*; **2.** *(Baum, Säule, Waffe)* fût *m*; *(Fahne)* hampe *f*; **3.** *(Stiefel)* tige *f*; **~stiefel** *m pl* bottes *f pl* à tige.

Schafzucht *f* ['ʃa:f-] élevage *m* de moutons.

Schah *m* ⟨-s, -s⟩ [ʃa:] (s)chah *m*.

Schakal *m* ⟨-s, -e⟩ [ʃa'ka:l, 'ʃa:ka:l] *zoo* chacal *m*.

Schäker *m* ⟨-s, -⟩ ['ʃɛ:kər] badin; flirteur *m*; **s~n** *itr* badiner, batifoler, folâtrer; flirter.

schal [ʃa:l] *a (abgestanden)* éventé; *a. fig* fade, insipide; *~ werden* s'éventer.

Schal *m* ⟨-s, -e/-s⟩ [ʃa:l] *(Halstuch)* cache-nez; fichu; *(aus Seide)* foulard; *(Umschlagetuch)* châle *m*.

Schälchen *n* ⟨-s, -⟩ ['ʃɛ:lçən] petit(e) bol, ravier *m od* coupe *od* jatte *f*.

Schale *f* ⟨-, -n⟩ ['ʃa:lə] **1.** *(Gefäß)* coupe *f*, bol *m*, jatte *f*; *(Schüssel)* plat *m*; écuelle; *allg* cuvette *f*; *(Waag~)* plateau *m*; **2.** *(Obst~)* peau, pelure, écorce; *(Kartoffel~)* épluchure; *(Hülsenfrüchte)* cosse, gousse *f*; *(Zitronen-* u. *Orangen~)* zeste *m*; *(Nuß-, Mandel~)* écale; *(Nuß-, Eier~)* coquille *f*; **3.** *zoo* écaille; *(Schildkröte)* carapace; *(Muschel~)* coquille *f*; **4.** *tech (Guß~)* coquille *f*; **5.** *fig (das Äußere)* surface *f*, dehors *m pl*; — *sich in ~ schmeißen (fam)* se mettre sur son trente-et-un.

schälen ['ʃɛ:lən] *tr (Obst)* peler; *(Kartoffeln)* éplucher; *(enthülsen)* écosser; *(Reis, Baum)* décortiquer; *(Nüsse)* ébrouer; *(Baum)* écorcer; *(Eier)* éplucher; *sich ~ (Baum)* s'écorcer, se décortiquer; *(Haut)* peler.

Schalk *m* ⟨-(e)s, -e/¨-e⟩ [ʃalk, 'ʃɛlkə] espiègle, farceur *m*; *er hat den ~ im Nacken* c'est un pince-sans-rire; **s~haft** *a* espiègle; goguenard, narquois.

Schall *m* ⟨-(e)s, (-e/¨-e)⟩ [ʃal, 'ʃɛlə] **1.** son *m*; **2.** *(Geräusch)* bruit; *(Knall)* éclat; *(Klang)* timbre *m*; **~dämpfer** *m* amortisseur *od* modérateur de son; *mot* (pot) silencieux *m*; *(Waffe)* silencieux *m*; **s~dicht** *a* insonore, isophone; *~ machen* insonoriser; **~dose** *f* boîte *f* de résonance; phonocapteur *m*; **s~en** *itr* (ré)sonner, retentir; **s~end** *a* résonnant, retentissant; *~es Gelächter n* rire bruyant, éclat *m* de rire; **~geschwindigkeit** *f* vitesse *f* sonique *od* du son; **~isolierung** *f* isolation phonique, insonorisation *f;* **~(l)loch** *n* **1.** *mus (Saiteninstrument)* ouïe *f;* **2.** *(Glockenturm)* baie *f* de clocher; **~mauer** *f* mur *m* du son *od* sonique; *die ~ durchbrechen* franchir le mur du son; **~messer** *m* phonomètre, sonomètre *m;* **~platte** *f* disque *m; auf ~ aufnehmen* enregistrer sur disque; **~plattensammlung** *f* collection *f* de disques, discothèque *f;* **~welle** *f* onde *f* sonore.

Schalt|anlage *f* ['ʃalt-] *el* installation *f* de distribution; **~brett** *n* tableau *m* de distribution *od* de commande; **s~en** *itr* **1.** *(verfügen)* disposer (*mit etw* de qc); **2.** *fam (kapieren)* comprendre; *tr* **3.** *el* connecter, brancher; **4.** *mot* embrayer, passer; — *e-n anderen Gang ~ (mot)* changer de vitesse; *parallel ~* brancher en parallèle (*mit* à); *nach Belieben ~ und walten* faire à sa guise *od* selon son bon plaisir; **~er** *m* ‹-s, -› **1.** *el* commutateur, coupleur, contacteur, interrupteur *m;* **2.** *(Schiebefenster)* guichet *m;* **~erbeamte** *m* ‹-n, -n› employé du guichet, guichetier *m;* **~erhalle** *f* hall *m* des guichets; **~erstunden** *f pl* heures *f pl* d'ouverture (des guichets); **~hebel** *m allg* levier de commande; *el* levier d'interrupteur; *mot* levier *m* de changement de vitesse; **~jahr** *n* année *f* bissextile; **~plan** *m* schéma *m* des connexions; **~tafel** *f* = *Schaltbrett;* **~tag** *m* jour *m* intercalaire; **~ung** *f* ‹-, -en› **1.** *el* mise *f* en circuit, branchement, couplage, assemblage, montage *m;* **2.** *mot* changement *m* de vitesse.

Schaluppe *f* ‹-, -n› [ʃa'lʊpə] *mar* chaloupe *f.*

Scham *f* ‹-, ø› [ʃa:m] **1.** honte *f;* **2.** *(~haftigkeit)* pudeur *f;* **3.** = *Schamteile;* — *ich möchte vor ~ in die Erde versinken* je voudrais être à cent pieds sous terre; **~bein** *n anat* pubis *m.*

schämen, sich ['ʃɛ:mən] avoir honte, être honteux (*e-r S* de qc); *(pfui) schäm dich!* tu devrais avoir honte.

Scham|gefühl *n* ['ʃa:m-] pudeur *f;* **~gegend** *f anat* région *f* pubienne; **~haare** *n pl* poils *m pl* du pubis; **s~haft** *a* pudique, pudibond, prude; **~haftigkeit** *f* ‹-, ø› pudeur, pudicité; pudibonderie *f;* **~lippe** *f* lèvre *f* de la vulve; **s~los** *a* **1.** sans pudeur, sans vergogne; *(unverschämt)* éhonté, effronté; **2.** *(unzüchtig)* impudique; **s~rot** *a: ~ werden* rougir de honte; **~teile** *pl* parties *f pl* (honteuses *od* sexuelles).

Schande *f* ‹-, ø› ['ʃandə] honte *f,* déshonneur *m,* infamie, ignominie *f;* opprobre *m; ich muß zu m-r (großen) ~ gestehen* j'avoue à ma (grande) honte; *das* od *es ist (wirklich) e-e ~!* c'est une honte, c'est abominable.

schänden ['ʃɛndən] *tr* **1.** *(entehren)* déshonorer; *(besudeln)* salir, souiller; flétrir; **2.** *(entstellen)* mutiler, défigurer; abîmer; **3.** *(entweihen)* profaner, polluer; **4.** *(vergewaltigen)* violer, violenter, outrager.

Schandfleck *m* ['ʃant-] opprobre *m,* souillure, flétrissure, tare *f.*

schändlich ['ʃɛntlɪç] *a* honteux, infâme, ignominieux, ignoble; scandaleux; **S~keit** *f* ‹-, (-en)› infamie, ignominie, vilenie, turpitude *f.*

Schandtat *f* [ʃant-] infamie, vilenie, turpitude *f.*

Schändung *f* ‹-, -en› ['ʃɛndʊŋ] **1.** *(Entstellung)* mutilation, défiguration *f;* **2.** *(Entweihung)* dégradation, profanation, pollution *f;* **3.** *(Vergewaltigung)* viol *m.*

Schank|tisch *m* ['ʃaŋk-] comptoir; *fam* zinc *m;* **~wirt** *m* débitant (de boissons), marchand de vin; cabaretier *m;* **~wirtschaft** *f* débit *m* de boissons.

Schanze *f* ‹-, -n› ['ʃantsə] **1.** *mil* retranchement, fortin *m,* redoute *f;* **2.** *(ohne pl): sein Leben in die ~ schlagen* risquer sa vie.

Schar *f* ‹-, -en› [ʃa:r] **1.** bande, troupe, meute *f;* **2.** *pl (Massen)* masse, foule, légion *f; in ~en* en masse, en foule; **s~en** *tr* grouper, rassembler (*um* autour de); *sich um jdn ~* faire *od* former (un) cercle, former bloc autour de qn; **s~enweise** *adv* en *od* par bandes *od* troupes; en masse(s).

scharf [ʃarf] ‹*schärfer, schärfst*› *a* **1.** *(Schneide, Kante)* aiguisé, affilé, acéré, tranchant, coupant, vif; *(Spitze)* aigu; **2.** *(Speise)* âcre, âpre, piquant, fort; *chem* mordant; *(Geruch)* âcre, piquant, pénétrant; **3.** *(Wind)* cinglant, vif; *(Ton, Stimme)* aigu, strident; **4.** *(Gehör)* subtil, fin; *(Blick, Auge)* perçant; **5.** *(Bild, Foto)* net, précis; *(Umrisse, Gesichtszüge)* marqué, accentué, accusé; **6.** *(Kurve)* prononcé; **7.** *sport (Ball)* dur; **8.** *fig (Verstand)* sagace, pénétrant, vif; **9.** *(Worte, Kritik)* mordant, cinglant, caustique, sévère; *(Tadel a.)* vert; *(Zucht, Disziplin)* sévère; *(Be-, Überwachung)* minutieux; *(Konkurrenz)* serré; **10.** *mil (Munition)* chargé à balle; *(Handgranate)* amorcé; *(Bombe)* armé; — *~ aufpassen* faire bien attention; *~ laden* charger à balles; *~ machen (Geschoß)* amorcer; *(Zünder)* armer; *~ nachdenken* se concentrer; *auf etw ~ sein (fam)* être très amateur *od* friand de qc; **S~blick** *m* ‹-(e)s, ø› perspicacité, clairvoyance *f.*

Schärfe *f* ‹-, -n› ['ʃɛrfə] **1.** *(Schneide)* tranchant *m;* **2.** *(Sinnesorgan, Instrument)* acuité *f;* **3.** *(Bild, Umrisse)* netteté, précision *f;* **4.** *fig (Verstand)* acuité, subtilité, lucidité *f;* **s~n** *tr* **1.** aiguiser, affûter; **2.** *(die Sinne)* aviver; *(den Verstand)* aiguiser.

Scharf|macher *m* ['ʃarf-] agitateur, provocateur, instigateur, fomentateur; démagogue *m;* **~richter** *m* exécuteur *m* (des hautes œuvres); **~schütze** *m* tireur *m* d'élite; **s~sichtig** *a fig* perspicace, pénétrant; **~sinn** *m* sagacité, subtilité, finesse, pénétration; perspicacité, lucidité *f;* **s~sinnig** *a* sagace, subtil, perspicace.

Scharlach *m* ['ʃarlax] **1.** ‹-s, -e› *(~farbe)* écarlate *f;* **2.** ‹-s, ø› *med (~fieber)* scarlatine *f.*

Scharlatan *m* ‹-s, -e› ['ʃarlatan, -'ta:n] charlatan *m.*

Scharmützel *n* ‹-s, -› [ʃar'mʏtsəl] escarmouche *f.*

Scharnier *n* ‹-s, -e› [ʃar'ni:r] charnière *f.*

scharren ['ʃarən] *itr* racler; *(bes. Huhn)* gratter; *(mit den Füßen ~)* frotter ses pieds par terre.

Schart|e *f* ‹-, -n› ['ʃartə] brèche, dent *f; e-e ~ auswetzen (fig)* prendre une revanche, réparer un échec; **s~ig** *a* ébréché; *~ werden* s'ébrécher.

scharwenzeln [ʃar'vɛntsəln] ‹*ohne ge-*› *itr* ‹*h* od *sein*› s'empresser.

Schatten *m* ‹-s, -› ['ʃatən] **1.** ombre *f a. fig; (schattiges Laubwerk)* ombrage; *fig (Verdacht)* soupçon *m;* **2.** *(Geist, Gespenst)* ombre *f,* fantôme, spectre *m;* — *im ~* à l'ombre *a. fig* (*gen* de); *jdn in den ~ stellen (fig)* éclipser, effacer qn; faire ombre, faire *od* donner *od* porter ombrage à qn; **~dasein** *n: ein ~ führen* vivre dans l'ombre; **s~haft** *a fig* fantomatique, vague, imprécis; **~kabinett** *n pol* cabinet *m* fantôme; **~seite** *f* **1.** côté *m* de l'ombre; **2.** *fig* revers de la médaille, mauvais côté *m.*

schatt|ieren [ʃa'ti:rən] ‹*ohne ge-*› *tr (Kunst)* ombrer; **~ig** *a* ombragé; ombreux.

Schatulle *f* ‹-, -n› [ʃa'tulə] cassette *f.*

Schatz *m* ‹-es, ¨-e› [ʃats, 'ʃɛtsə] **1.** *a. fig* trésor *m;* **2.** *fam (Geliebter)* bijou *m;* chéri(e *f*) *m; mein ~!* mon cœur! mon, ma chéri(e)! **~amt** *n* trésorerie *f; das ~* le Trésor; **~anweisung** *f* certificat de trésorerie; bon *m* du Trésor.

schätz|en ['ʃɛtsən] *tr* **1.** *(ab~)* évaluer, estimer, classer; *fin* coter, taxer; **2.** *(hoch~)* apprécier, priser; estimer; — *sich glücklich ~* s'estimer heureux; *zu ~ wissen* apprécier, être sensible à; *wie alt ~ Sie mich?* quel âge me donnez-vous? **~enswert** *a* estimable, appréciable; **S~er** *m* ‹-s, -› taxateur, (commissaire)-priseur *m.*

Schatz|gräber *m* ['ʃats-] chercheur *m* de trésors; **~kammer** *f* chambre du trésor, trésorerie *f;* **~kästchen** *n,* **~kästlein** *n* coffret (aux trésors), écrin *m;* **~meister** *m* trésorier *m.*

Schätzung *f* ‹-, -en› ['ʃɛtsuŋ] évaluation, estimation, mise à prix; classification; cotisation, taxation; appréciation *f;* **s~sweise** *adv* approximativement.

Schau *f* ‹-, -en› [ʃau] vue (d'ensemble); *(Ausstellung)* exposition *f,* étalage *m,* montre; *theat* revue; *mil* parade *f; etw zur ~ stellen* faire montre *od* étalage de qc; étaler, exhiber qc; *etw zur ~ tragen* faire étalage de qc; étaler, afficher, arborer qc; **~bude** *f* baraque *f* foraine.

Schauder *m* ‹-s, -› ['ʃaudər] frisson, frémissement, tressaillement *m; (Grausen)* horreur, horripilation *f;* **s~haft** *a* horrible, affreux, épouvantable, atroce; **s~n** *itr* frissonner, frémir, tressaillir, avoir horreur (*vor* de); *impers: mich schaudert = ich schaudere; ihn schaudert bei dem Gedanken an ...* il frémit en songeant à ...; **s~nd** *a* horrifié.

schauen ['ʃauən] **1.** *itr* regarder; **2.** *tr* voir; — *tief in etw ~* plonger ses regards dans qc.

Schauer *m* ‹-s, -› ['ʃauər] **1.** *(Regen~)* averse, ondée; *(bes. mit Hagel gemischt)* giboulée; *(Schnee~)* chute *f;* **2.** *(Schreck)* horreur *f;* frisson *m;* **s~lich** *a* horrible, macabre, lugubre.

Schaufel *f* ‹-, -n› ['ʃaufəl] **1.** *allg* pelle; *(Rad~)* palette, ailette, aube *f;* **2.** *(~geweih)* bois *m* palmé; **s~n** *itr* **1.** pelleter, travailler à la pelle; *tr* **2.** *(Schnee etc)* enlever (avec une pelle); **3.** *(Loch, Grab)* creuser; **~rad** *n* roue *f* à aubes *od* à palettes *od* à augets

Schau|fenster *n* ['ʃau-] vitrine, devanture *f;* étalage *m;* **~geschäft** *n* industrie *f* du spectacle, *(fam)* show-business *m;* **~kasten** *m* vitrine *f.*

Schaukel *f* ‹-, -n› ['ʃaukəl] *(~brett)* balançoire, bascule *f; (Strick~)* escarpolette *f;* **s~n** **1.** *tr* balancer, bercer, basculer; **2.** *itr* se balancer; *(schwanken)* osciller, vaciller, chanceler; **~pferd** *n* cheval *m* à bascule; **~stuhl** *m* chaise *f od* fauteuil à bascule, rocking-chair *m.*

Schaulust *f* ['ʃau-] curiosité *f;* **s~ig** *a* curieux.

Schaum *m* ‹-(e)s, ¨-e› [ʃaum, 'ʃɔʏmə] *(grober)* écume; *(feiner)* mousse *f.*

schäumen ['ʃɔʏmən] *itr* écumer, bouillonner; mousser; *(Sekt)* pétiller; *(Wellen)* moutonner; *vor Wut ~* écumer de rage; **~d** *a* écumant; mousseux.

Schaum|gummi *n* od *m* ['ʃaum-] caoutchouc mousse, crêpe *m* (de latex); **s~ig** *a* écumeux; mousseux; **~kelle** *f,* **~löffel** *m* écumoire *f;* **~schläger** *m* **1.** *(Küchengerät)* fouet (à œuf), moussoir *m;* **2.** *fig (Prahler)* blagueur; charlatan *m;* **~wein** *m* (vin) mousseux *m.*

Schau|packung *f* ['ʃau-] emballage *m* factice *od* de décoration, présentation *f*

factice; **~platz** *m theat* lieu *m*, scène *f a. fig;* théâtre *m;* **~prozeß** *m* procès-démonstration, procès-simulacre *m.*
schaurig ['ʃaurıç] *a* lugubre, macabre.
Schauspiel *n* ['ʃauʃpi:l] **1.** *allg* u. *fig* spectacle *m;* **2.** *(als Literaturgattung)* drame *m;* **~er** *m* acteur; *a. fig* comédien *m;* **~erei** *f (Verstellung)* dissimulation, hypocrisie *f;* **~erin** *f* actrice; comédienne *f;* **s~ern** *itr* **1.** faire du théâtre; **2.** *(sich verstellen)* jouer la comédie; **~haus** *n* salle *f* de spectacle; théâtre *m.*
Schausteller *m* ['ʃau-] montreur, forain *m.*
Scheck *m* ‹-s, -s/(-e)› [ʃɛk] chèque *m* (*über* de); *e-n ~ ausstellen, einlösen* émettre *od* tirer, toucher un chèque; **~buch** *n*, **~heft** *n* carnet de chèques, chéquier *m.*
scheckig ['ʃɛkıç] *a* tacheté; bigarré, bariolé, panaché.
scheel [ʃe:l] **I.** *a (Blick: schief)* oblique, torve; **II.** *adv: ~ ansehen* regarder de travers.
Scheffel *m* ‹-s, -› ['ʃɛfəl] *hist* boisseau *m; sein Licht nicht unter den ~ stellen (fig)* ne pas faire le modeste; savoir se mettre en valeur; **s~n** *tr fig (Geld)* amasser.
Scheibe *f* ‹-, -n› ['ʃaıbə] **1.** *(runde)* disque *m; tech (Unterleg~)* rondelle *f; (Töpfer~)* tour; *(Schieß~)* carton *m; (Ziel~)* cible *f;* **2.** *(viereckige Fenster~)* carreau *m, (beliebiger Form)* vitre; *mot* glace *f;* **3.** *(Brot)* tranche; *(Wurst, Zitrone)* rondelle *f; in ~n schneiden* couper en *od* par tranches; **~nbremse** *f mot* frein *m* à disque(s); **~ngardine** *f* brise-bise *m;* **~nschießen** *n* tir *m* à la cible; **~nwaschanlage** *f mot* lave-glaces *m;* **~nwischer** *m mot* essuie-glace *m.*
Scheich *m* ‹-s, -e/-s› [ʃaıç] cheik *m.*
Scheide *f* ‹-, -n› ['ʃaıdə] **1.** *(Trennungslinie)* ligne *f* de partage *od* de séparation; **2.** *(e-r Hieb- u. Stichwaffe)* fourreau *m*, gaine *f;* **3.** *anat* vagin *m.*
Scheidemünze *f* ['ʃaıdə] (petite) monnaie *f*, billon *m.*
scheiden ['ʃaıdən] ‹*scheidet, schied, geschieden*› *tr* **1.** *tr* ‹*h*› *(trennen)* séparer, partager, diviser; *(Begriffe)* distinguer, separer; *(Ehe)* dissoudre; **2.** *itr* ‹*sein*› *(Abschied nehmen)* partir; — *von jdm ~* quitter qn; *sich ~ lassen* divorcer (*von jdm* d'avec qn).
Scheide|wand *f* ['ʃaıdə-] cloison; paroi *f;* mur *m* de refend; **~wasser** *n chem* eau-forte *f;* **~weg** *m* carrefour *m.*
Scheidung *f* ‹-, -en› ['ʃaıduŋ] *(Ehe~)* divorce *m;* **~sgrund** *m* cause *f* de divorce; **~sklage** *f* action *od* demande *od* plainte *f* en divorce; **~sprozeß** *m* procès *m od* instance *f* en divorce.
Schein *m* ‹-(e)s, -e› [ʃaın] **1.** *(Zettel)* fiche; *(Bescheinigung)* attestation *f*, certificat, *(standesamtliche)* acte; *(Erlaubnis~)* permis; *(Empfangs~)* récépissé; *(Gepäck~)* bulletin *m;* **2.** *(Fahr-, Geld~)* billet; *(Geld~, pop)* fafiot, faffe *m;* **3.** *(ohne pl) (Licht~)* lueur, lumière; clarté *f; (Glanz)* éclat, brillant *m;* **4.** *(ohne pl) (An~)* semblant *m*, apparence, illusion *f; (Aussehen)* air *m*, dehors *m pl;* **5.** *(ohne pl) (schwacher ~, Spur)* ombre *f;* — *(nur) zum ~* par manière d'acquit; pour la forme *od* la montre *od* la frime; *den ~ wahren,* sauv(egard)er les apparences; *der ~ trügt (prov)* les apparences sont trompeuses; **~angriff** *m* attaque simulée, fausse attaque *f;* **s~bar I.** *a (nicht wirklich)* apparent; spécieux; *(Bild)* virtuel; **II.** *adv* en apparence; **s~en** ['ʃaınən] ‹*schien, geschienen*› *itr* **1.** luire, briller, rayonner; **2.** *(den Anschein haben)* sembler, paraître, avoir l'air (*zu* de); — *der Mond scheint* il fait clair de lune; *die Sonne scheint* il fait du soleil; *impers: wie mir scheint* à ce qu'il me semble, à ce qu'il paraît; *es scheint so, so scheint es, so scheint mir* ce *od fam* ça me semble; *es scheint nur so* ce n'est qu'apparence; **s~heilig** *a* hypocrite, papelard, cagot; **~tod** *m* mort *f* apparente; **s~tot** *a* mort en apparence; **~werfer** *m allg* projecteur; *mot* phare *m; ~ mit Fernlicht, mit abgeblendetem Licht* phare *m* route, code; **~werferlicht** *n* feu *m* des projecteurs.
Scheiße ‹-, ø› *f* ['ʃaısə] *vulg* merde *f; ~!* merde (alors)! **s~n** ['ʃaısən] ‹*schiß, geschissen*› *itr vulg* chier.
Scheit *n* ‹-(e)s, -e› [ʃaıt] bûche *f.*
Scheitel *m* ‹-s, -› ['ʃaıtəl] **1.** *allg* sommet *m;* **2.** *(im Haar)* raie *f; e-n ~ ziehen* tracer une raie; *vom ~ bis zur Sohle* de pied en cap, *(fig)* jusqu'au bout des ongles; **s~n** *tr: die Haare ~* faire la raie; **~punkt** *m* point culminant *a. fig; (Gestirn)* zénith *m;* **~winkel** *m pl* angles *m pl* opposés par le sommet.
Scheiterhaufen *m* ['ʃaıtər-] bûcher *m.*
scheitern ['ʃaıtərn] *itr* ‹*sein*› **1.** *mar* u. *fig* échouer, faire naufrage; **2.** *fig* avorter, aller à l'échec; **S~** *n* **1.** *mar* u. *fig* naufrage *m;* **2.** *nur fig* échec *m; zum ~ bringen* faire échouer; *zum ~ verurteilt* voué à l'échec.
Schelle *f* ‹-, -n› ['ʃɛlə] *(Glöckchen)* clochette *f*, grelot *m;* **s~n** *itr (klingeln)* tirer la sonnette; sonner; *es schellt* on sonne.
Schellfisch *m* ['ʃɛl-] églefin, aiglefin, aigrefin *m*, morue *f* noire.
Schelm *m* ‹-(e)s, -e› [ʃɛlm] fripon, coquin; *(Schalk)* espiègle, farceur *m;* **~enstreich** *m*, **~enstück** *n* friponnerie; coquinerie, fourberie *f;* **s~isch** *a* espiègle, lutin, mutin.
Schelte *f* ‹-, -n› ['ʃɛltə] gronderie, répri-

mande *f;* **s~n** ⟨*schilt, schalt, gescholten*⟩ *tr* gronder, réprimander.

Schema *n* ⟨-s, -s/-mata/(-men)⟩ ['ʃe:ma(s), '-mata, ('-mən)] schéma, schème *m; nach ~ F* uniformément; comme tout le monde; **s~tisch** [-'ma:tɪʃ] *a* schématique.

Schemel *m* ⟨-s, -⟩ ['ʃe:məl] escabeau *m,* sellette *f.*

Schenke *f* ⟨-, -n⟩ ['ʃɛŋkə] cabaret, estaminet *m.*

Schenkel *m* ⟨-s, -⟩ ['ʃɛŋkəl] **1.** *anat* cuisse *f;* **2.** *(Zirkel)* branche *f; math (Winkel)* côté *m;* **~knochen** *m* fémur *m.*

schenk|en ['ʃɛŋkən] *tr* **1.** donner; offrir; faire cadeau *od* présent (*jdm etw* de qc à qn); **2.** *(erlassen)* dispenser (*jdm etw* qn de qc); faire grâce (*jdm etw* de qc à qn); **3.** *(ein~)* verser (à boire); — *e-r S Aufmerksamkeit* od *Beachtung ~* faire attention, apporter de l'attention, prêter attention à qc; **S~ung** *f* ⟨-, -en⟩ donation *f,* don *m; (gemeinnützige)* dotation *f.*

Scherbe *f* ⟨-, -n⟩ ['ʃɛrbə] tesson, morceau *m; in (tausend) ~n* en miettes; *in ~n gehen* se casser *od* se briser en morceaux.

Schere *f* ⟨-, -n⟩ ['ʃe:rə] **1.** (paire *f* de) ciseaux *m pl; (Blech~)* cisailles *f pl;* **2.** *zoo (Krebs)* pince *f.*

scheren ['ʃe:rən] **(1)** ⟨*schor, geschoren*⟩ *tr (a. Schafe)* tondre; *(Haare a.)* couper; **(2)** ⟨*scherte, geschert*⟩ *tr impers: was schert mich das!* je m'en fiche! *scher dich zum Teufel!* va-t'en au diable! *scher dich um deinen Kram!* occupe-toi de tes oignons.

Scheren|fernrohr *n* ['ʃe:rən-] jumelle(s *pl*) périscopique(s), lunette *f* binoculaire; **~schleifer** *m* rémouleur, repasseur *m* de ciseaux; **~schnitt** *m* silhouette *f.*

Schererei(en *pl***)** *f* [ʃe:rə'raɪ] ennuis *m pl,* tracas(series *f pl*) *m; jdm ~en machen* donner du tracas à qn.

Scherz *m* ⟨-es, -e⟩ [ʃɛrts] plaisanterie *f,* badinage *m,* boutade, blague; *pop* rigolade *f; (Witz)* mot *m* pour rire; *aus* od *im* od *zum ~* par plaisanterie, pour plaisanter, pour rire; *~ beiseite!* plaisanterie *od* raillerie à part! *pop* blague à part! *schlechter* od *übler ~* mauvaise plaisanterie *f;* **~artikel** *m* attrape *f;* **s~en** *itr* plaisanter, badiner; *pop* rigoler; **s~haft** *a* plaisant, railleur, badin, facétieux.

scheu [ʃɔʏ] *a* timide, craintif, effarouché; *(menschen~)* farouche, sauvage; *(Blick)* hagard; *(Pferd)* ombrageux; *~ werden* s'effaroucher; **S~** *f* ⟨-, ø⟩ timidité *f.*

scheuchen ['ʃɔʏçən] *tr* effaroucher; chasser.

scheuen ['ʃɔʏən] **1.** *tr (fürchten)* craindre, appréhender, redouter; **2.** *itr (zurückschrecken)* reculer (*vor* devant); *(Pferd)* s'effaroucher, s'emballer, prendre le mors aux dents; **3.** *refl: sich ~* avoir peur (*vor* de; *zu tun* de faire), hésiter (*vor* devant; *zu tun* à faire).

Scheuer|bürste *f* ['ʃɔʏər-] brosse *f* en chiendent; **~lappen** *m* serpillière *f;* **s~n** *tr* **1.** *allg (reiben)* frotter; **2.** *(reinigen)* (r)écurer, laver; *(Boden)* frotter; — *sich wund ~* s'écorcher.

Scheuklappe *f* ['ʃɔʏ-] *a. fig* œillère *f.*

Scheune *f* ⟨-, -n⟩ ['ʃɔʏnə] grange *f.*

Scheusal *n* ⟨-s, -e⟩ ['ʃɔʏza:l] monstre; *(übertreibend)* vilain *m; fam* horreur *f.*

scheußlich ['ʃɔʏslɪç] *a (a. übertreibend)* hideux, atroce, abominable, monstrueux; *(schrecklich, entsetzlich)* horrible, épouvantable; *fam* vilain; **S~keit** *f* ⟨-, -en⟩ hideur, atrocité, monstruosité *f.*

Schi *m* ⟨-s, -er/(-)⟩ [ʃi:] ski *m; auf ~ern* à skis; *~ fahren* od *laufen* faire du ski, skier, aller à skis; **~ausrüstung** *f* équipement *m* de ski.

Schicht *f* ⟨-, -en⟩ [ʃɪçt] **1.** *allg* couche; *geol* assise, strate *f; phot* surface *f;* **2.** *(Gesellschafts~)* couche sociale, classe *f;* **3.** *(Arbeits~)* journée *f* (de travail); **4.** *(Arbeiter pl e-r ~)* équipe *f;* **~arbeit** *f* travail *m* par équipe(s); **s~en** *tr* disposer *od* ranger par couches; *(Holz)* empiler; **~wechsel** *m* relève *f* (des équipes); **s~weise** *adv* par couches; **~wolke** *f* stratus *m.*

schick [ʃɪk] *a* chic *inv; (piekfein)* pimpant; *pop* rupin; **S~** *m* ⟨-(e)s, ø⟩ chic *m.*

schicken ['ʃɪkən] *tr* **1.** *allg* envoyer; *(Sache)* faire parvenir; expédier, adresser; *nach jdm ~* envoyer chercher, faire venir, faire appeler qn; *refl* **2.** *sich in etw ~ (fügen)* se soumettre, se résigner à qc; s'accommoder, s'adapter, se faire à qc; **3.** *sich ~ (impers: sich geziemen)* seoir, convenir, être convenable *od* séant, se faire.

schicklich ['ʃɪklɪç] *a* convenable, bienséant, décent; **S~keit** *f* ⟨-, ø⟩ convenance, bienséance, décence *f;* décorum *m.*

Schicksal *n* ⟨-s, -e⟩ ['ʃɪkza:l] **1.** destinée *f,* destin, sort *m,* fortune *f;* **2.** *(Fatum)* fatalité *f;* — *jdn s-m ~ überlassen* abandonner qn à son sort; **s~haft** *a* fatal, fatidique; **~sschlag** *m* coup du sort, revers de fortune, retour *m* de la fortune; *pl a.* vicissitudes *f pl.*

Schieb|edach *n* ['ʃi:bə-] toit *m* coulissant *od (mot)* ouvrant; **~efenster** *n* fenêtre *od* châsse à coulisse(s); *(vertikal verstellbares)* fenêtre à guillotine; *(an e-m Wagen)* glace *f* coulissante; **s~en** ⟨*schob, geschoben*⟩ **1.** *tr* pousser, faire glisser; **2.** *itr com pej* trafiquer; — *jdm etw in die Schuhe ~ fig (fam)* faire porter à qn le chapeau pour qc; *auf die lange Bank ~* faire traîner en longueur; **~er** *m* ⟨-s, -⟩ **1.** *tech* coulisse *f,* coulisseau, glisseur, curseur, tiroir *m;* **2.** *(für*

Bettlägerige) bassin *m* hygiénique *od* de lit; **3.** *com pej* trafiquant, profiteur, mercanti, fricoteur *m;* **~etür** *f* porte *f* coulissante *od* à coulisse *od* glissante *od* à glissière *od* roulante; **~ewand** *f* cloison *f* à coulisse *od* extensible; **~ung** *f* ‹-, -en› tripotage; passe-droit *m,* triche *f.*

Schieds|gericht *n* ['ʃi:ts-] tribunal *m* arbitral *od* d'arbitrage; **s~gerichtlich** *a* arbitral; *~es Urteil n* sentence *f* arbitrale; **~gerichtshof** *m: Haager ~* Cour *f* d'arbitrage de la Haye; **~richter** *m* arbitre; *sport* (juge-)arbitre *m;* **~spruch** *m* arbitrage *m,* sentence *od* décision *f od* jugement *m* arbitral(e).

schief [ʃi:f] *a* **1.** oblique; *a. adv* en biais, de travers, de guingois; *(geneigt)* incliné, penché; **2.** *fig* faux, erroné; *a. adv* de travers; — *~ ansehen (fig)* regarder de travers; *auf die ~e Ebene geraten (fig)* s'écarter du bon chemin; *~e Ebene f* plan *m* incliné.

Schiefer *m* ‹-s, -› ['ʃi:fər] *min (in Platten spaltbares Gestein)* schiste *m; (Ton~)* ardoise *f;* **~bruch** *m* ardoisière *f;* **~tafel** *f (zum Schreiben)* ardoise *f.*

schief|=gehen ['ʃi:f-] ‹*ging schief, schiefgegangen*› *itr* ‹*sein*› *fam* aller *od* marcher *od* tourner mal, se gâter, finir en queue de poisson; **~=lachen,** *sich* se tordre de rire; **~=treten** ‹*tritt, trat schief, schiefgetreten*› *tr (Schuhabsatz)* éculer.

schielen ['ʃi:lən] *itr* **1.** loucher, bigler; **2.** *fig* lorgner, guigner (*nach etw* qc); **S~** *n* louchement; *scient* strabisme *m.*

Schienbein *n* ['ʃi:n-] tibia *m.*

Schiene *f* ‹-, -n› ['ʃi:nə] **1.** *med* éclisse, attelle; gouttière *f;* **2.** *tech* bande, barre *a. el;* rampe *f;* **3.** *(loc, Straßenbahn)* rail *m;* **s~n** *tr* **1.** *med* éclisser; **2.** *tech* bander; **~nbus** *m (Triebwagen)* autorail *m,* micheline, automotrice *f;* **~nfahrzeug** *n* véhicule *m* sur rails; **~nnetz** *n* réseau *m* ferroviaire *od* de chemin de fer; **~nstrang** *m* file de rail(s), voie *f* ferrée; **~nverkehr** *m* trafic *m* ferroviaire; **~nweg** *m* voie *f* ferrée; *auf dem ~* par (voie) fer(rée).

Schieß|baumwolle *f* ['ʃi:s-] coton-poudre, fulmicoton *m,* nitrocellulose *f;* **~bude** *f* stand *m od* baraque *f* de tir; tir *m* forain; **~budenfigur** *f* poupée; *fig* caricature *f; wie eine ~ aussehen* avoir l'air grotesque.

schießen ['ʃi:sən] ‹*schoß, geschossen*› *tr* **1.** tirer; *(Pfeil)* lancer; décocher; darder; *(Rakete)* envoyer; **2.** *(Wild)* tuer, abattre; **3.** *(Fußball)* shooter; *itr* **4.** ‹*h*› tirer des coups de feu, faire feu; **5.** ‹*sein*› *(los~)* s'élancer, se précipiter; *(Raubvogel)* fondre (*auf* sur); *(heraus~)* jaillir (*aus* de); — *aus dem Boden ~* sortir de terre; *scharf ~* tirer à balle(s); *tot~* abattre; *schieß mal los! (fam)* allons, vas-y! démarre! **S~** *n* tir; lancement *m; das ist (ja) zum ~! (pop)* c'est roulant *od* tordant *od* marrant.

Schießerei *f* ‹-, -en› [ʃi:sə'raɪ] échange *m* de coups de feu, fusillade *f.*

Schieß|hund *m* ['ʃi:s-] *: wie ein ~ aufpassen* être aux aguets *od* sur ses gardes; **~platz** *m* champ *m* de tir; **~pulver** *n* poudre *f* (à canon *od* de projection); **~scharte** *f* créneau *m,* meurtrière, embrasure, barbacane *f;* **~sport** *m* tir *m;* **~stand** *m* stand (de tir), tir *m.*

Schifahr|en *n* ['ʃi:-] ski *m;* **~er(in** *f***)** *m* skieur, euse *m f.*

Schiff *n* ‹-(e)s, -e› [ʃɪf] **1.** navire, bateau, bâtiment, vaisseau *m, a. arch;* **2.** *arch (Kirchen~)* nef *f;* — *auf dem ~* à bord; *mit dem ~ fahren* aller en bateau.

Schiffahrt *f* ['ʃɪf-] navigation *f;* **~slinie** *f* ligne *f* de navigation; **~sweg** *m* route de navigation, voie *f* navigable *od* maritime.

schiff|bar ['ʃɪf-] *a* navigable; *~ machen* rendre navigable, canaliser; **S~bau** *m* construction *f* navale; **S~bruch** *m, a. fig* naufrage *m; ~ erleiden (a. fig)* faire naufrage; *fig* échouer, sombrer; **~brüchig** *a* naufragé; **S~brüchige** *m f* naufragé(e *f*) *m;* **S~brücke** *f* pont *m* flottant *od* de bateaux; **S~chen** *n tech (Nähmaschine)* navette *f.*

Schiffer *m* ‹-s, -› ['ʃɪfər] *(Seemann)* marin, matelot; *(Seefahrer)* navigateur; *(Binnen~)* marinier, batelier *m;* **~klavier** *n fam* accordéon *m.*

Schiffs|agentur *f* ['ʃɪfs-] agence *f* maritime; **~arzt** *m* médecin *m* de bord; **~hebewerk** *n* élévateur *m* pour bateaux; **~junge** *m* mousse *m;* **~koch** *m* cuisinier de bord; coq *m;* **~küche** *f* cuisine de bord, coquerie, cambuse *f;* **~ladung** *f* cargaison; batelée *f;* **~papiere** *n pl* papiers *m pl* de bord; **~rumpf** *m* coque, carcasse *f;* **~schraube** *f* hélice *f* (de navire); **~verkehr** *m* mouvement *od* trafic *m (auf See)* maritime, *(auf Flüssen)* fluvial; **~zwieback** *m* biscuit *m* de mer.

Schi|gelände *n* ['ʃi:-] champ *m* de ski; **~hose** *f* pantalon de ski, fuseau *m;* **~hütte** *f* refuge (de montagne), chalet *m.*

Schikan|e *f* ‹-, -n› [ʃi'ka:nə] chicane, vexation, tracasserie *f;* **s~ieren** [-ka'ni:rən] ‹*ohne ge-*› *tr* chicaner, vexer, tracasser.

Schild [ʃɪlt, '-də(r)] **(1)** *m* ‹-(e)s, -e› **1.** *hist mil* bouclier, pavois *m;* **2.** *(Wappen~)* écu(sson) *m;* **(2)** *n* ‹-(e)s, -er› *(Hinweis~)* écriteau, panneau *m; (Laden~)* enseigne; *mot (Nummern~)* plaque *f; (kleines ~)* panonceau *m; (Etikett)* étiquette *f;* — *etw im ~e führen* projeter un mauvais coup; machiner, mijoter, manigancer qc; **~bürger-**

streich *m* nigauderie, balourdise *f;* **~drüse** *f* (corps *m od* glande) thyroïde *f.*
schilder|n ['ʃɪldərn] *tr* (dé)peindre, retracer; *(beschreiben)* décrire; *(darstellen)* représenter; **S~ung** *f* ‹-, -en› description, peinture; *(Darstellung)* représentation; *(~ e-s Vorgangs)* narration *f.*
Schild|krot *n* ‹-(e)s, ø› , **~patt** *n* ‹-(e)s, ø› ['ʃɪlt-] écaille *f;* **~kröte** *f* tortue *f.*
Schilehrer *m* ['ʃi:-] moniteur *od* professeur *m* de ski.
Schilf *n* ‹-(e)s, -e› [ʃɪlf] roseau, jonc *m.*
Schilift *m* ['ʃi:-] téléski, (re)monte-pente *m.*
schillern ['ʃɪlərn] *itr* chatoyer, miroiter, s'iriser; **~d** *a* chatoyant, miroitant, changeant; *(in den Regenbogenfarben)* irisé, iridescent.
Schimäre *f* ‹-, -n› [ʃi'mɛ:rə] chimère *f.*
Schimmel ['ʃɪməl] **(1)** *m* ‹-s, ø› *bot* moisi *m,* moisissure *f;* **(2)** *m* ‹-s, -› *zoo* cheval *m* blanc.
schimm|(e)lig ['ʃɪm(ə)lɪg] *a* moisi, chanci; **~eln** *itr* moisir; **S~elpilz** *m* moisissure *f.*
Schimmer *m* ‹-s, ø› ['ʃɪmər] lueur *f,* reflets *m pl; (Glanz)* éclat *m; keinen blassen ~ haben* n'avoir pas la moindre idée (*von* de); **s~n** *itr* jeter une (faible) lueur; (re)luire; *(glänzen)* briller; **s~nd** *a* luisant; éclatant.
Schimpanse *m* ‹-n, -n› [ʃɪm'panzə] *zoo* chimpanzé *m.*
Schimpf *m* ‹-(e)s, -e› [ʃɪmpf] **1.** affront, outrage *m,* injure, insulte; avanie *f;* **2.** *(ohne pl) (Schande)* ignominie *f; (Schandfleck)* opprobre *m;* — *mit ~ und Schande* ignominieusement, honteusement; **s~en 1.** *itr* gronder; *pop* rouspéter; *auf jdn, etw ~* invectiver, déblatérer, maugréer, pester contre qn, qc; **2.** *tr* traiter, qualifier (*jdn etw* qn de qc); **s~lich** *a* ignominieux, injurieux, honteux; **~name** *m* nom *m* injurieux; **~wort** *n* ‹-(e)s, -e/¨-er› gros mot *m,* injure *f.*
Schindel *f* ‹-, -n› ['ʃɪndəl] bardeau, tavaillon *m.*
schind|en ['ʃɪndən] ‹*schindet, schund, geschunden*› *tr* **1.** *(häuten)* équarrir; écorcher; **2.** *fig (abhetzen, quälen)* harasser, tracasser; maltraiter; *refl* **3.** *sich ~* s'éreinter, s'esquinter, s'échiner; se donner beaucoup de mal; **S~er** *m* ‹-s, -› *fig* écorcheur, exploiteur *m;* **S~erei** *f* ‹-, -en› [-'raɪ] *fig* tracasserie *f,* éreintement *m,* exploitation; *(schwere Arbeit)* corvée *f;* **S~luder** *n* charogne *f; mit jdm ~ treiben* traiter qn honteusement.
Schinken *m* ‹-s, -› ['ʃɪŋkən] **1.** jambon *m;* **2.** *fam pej (Gemälde)* croûte *f,* navet *m;* **3.** *(dickes Buch)* gros bouquin *m;* **~brötchen** *n* sandwich *m* au jambon; **~wurst** *f* saucisson *m* au jambon.
Schippe *f* ‹-, -n› ['ʃɪpə] pelle *f; jdn auf die ~ nehmen (fam)* mettre qn en boîte; **s~n** *itr* travailler à la pelle.
Schirm *m* ‹-(e)s, -e› [ʃɪrm] **1.** *(Regen~)* parapluie *m; (Sonnen~)* ombrelle *f; (Garten~)* parasol *m;* **2.** *(Mützen~)* visière *f;* **3.** *(Wand-, Ofen-, Kamin-, Licht~)* écran *m;* **4.** *(Schutz)* protection, égide *f;* **~herr** *m* protecteur, patron *m;* **~herrin** *f* protectrice, dame *f* patronnesse; **~herrschaft** *f* patronage *m; unter jds ~* sous l'égide *od* les auspices *od* le patronage de qn; **~mütze** *f* casquette *f; mil (a. Polizei, Post)* képi *m;* **~ständer** *m* porte-parapluies *m.*
Schisma *n* ‹-s, -men/-mata› ['ʃɪsma, '-mən, '-mata-] *rel* schisme *m.*
Schisport *m* ['ʃi:-] ski *m.*
Schiß *m* [ʃɪs] : *~ (vulg: Angst) haben* avoir la trouille *od* les jetons.
Schi|stock *m* ['ʃi:-] bâton *m* de ski; **~unterricht** *m* leçon(s *pl*) *f* de ski.
Schlacht *f* ‹-, -en› [ʃlaxt] bataille; action *f; e-e ~ liefern* od *schlagen* livrer (une) bataille (*jdm* à qn); *die ~ bei* od *an ...* la bataille de ...; **s~en** *tr* tuer, abattre; *(abstechen)* saigner; **~enbummler** *m sport* supporter *m* d'une équipe en déplacement; **~er** *m* ‹-s, -› boucher; *(Wurstmacher)* charcutier *m;* **~erei** *f* ‹-, -en› [-'raɪ], **~erladen** *m* boucherie; charcuterie *f;* **~feld** *n* champ *m* de bataille; **~getümmel** *n,* **~gewühl** *n* mêlée *f;* **~hof** *m* abattoir *m;* **~plan** *m, a. fig* plan *m* de bataille; **~platte** *f* assortiment *m* de charcuterie; **~ruf** *m* cri *m* de guerre; **~schiff** *n* cuirassé *m* d'escadre; **~ung** *f* ‹-, ø› abattage *m;* **~vieh** *n* animaux *m pl od* bêtes *f pl* d'abattoir *od* de boucherie.
Schlacke *f* ‹-, -n› ['ʃlakə] **1.** *metal* scorie, crasse *f,* laitier; mâchefer *m,* écume *f;* **2.** *fig* impureté *f.*
Schlaf *m* ‹-(e)s, ø› [ʃla:f] sommeil; *(kurzer)* somme *m; im ~* en dormant; *fig (etw können)* sur le bout du doigt; *e-n festen (leichten) ~ haben* avoir le sommeil profond (léger); *jdn aus dem ~ reißen* arracher qn au sommeil; *den ~ des Gerechten schlafen* dormir du sommeil du juste *od* comme un bienheureux; **~anzug** *m* pyjama *m.*
Schläfchen *n* ‹-s, -› ['ʃlɛ:fçən] (petit) somme *m.*
Schlafcouch *f* ['ʃla:f-] canapé-lit *m.*
Schläfe *f* ‹-, -n› ['ʃlɛ:fə] tempe *f; mit grauen ~n* aux tempes grises.

schlafen ['ʃla:fən] ‹*schläft, schlief, geschlafen*› *itr* **1.** dormir; *(schlummern)* sommeiller; **2.** *(übernachten)* coucher; — *gut, schlecht ~* bien, mal dormir; *~ gehen* aller se coucher, aller *od* se mettre au lit; *~ Sie wohl!* dormez bien!

Schläfenbein *n* ['ʃlɛ:fən-] os *m* temporal.

Schlafengehen *n* ['ʃla:fən-]: *vor dem* ~ avant de se coucher.

Schläfer(in) *m* ‹-s, -› (*f* ‹-, -nen›) ['ʃlɛfər(ɪn)] dormeur *m*, -euse *f*.

schlaff [ʃlaf] *a* **1.** flasque, lâche, relâché; *(weich)* mou; **2.** *fig* veule, aveuli, avachi; inerte, atone; — ~ *werden* se relâcher; *a. fig* s'amollir; *fig* s'aveulir, s'avachir; **S~heit** *f* ‹-, ø› **1.** laxité; *a. fig* mollesse *f*; **2.** *fig* veulerie; inertie *f*.

Schlaf|krankheit *f* ['ʃla:f-] maladie *f* du sommeil; **s~los** *a* sans sommeil; *~e Nacht f* nuit *f* blanche; **~losigkeit** *f* ‹-, ø› insomnie *f*; **~mittel** *n* somnifère, soporifique *m*; **~mütze** *f* **1.** bonnet *m* de nuit; **2.** *fig (Mensch)* bonnet *m* de coton.

schläfrig ['ʃlɛ:frɪg] *a* pris de sommeil, somnolent; ~ *sein* avoir sommeil; **S~keit** *f* ‹-, ø› somnolence *f*.

Schlaf|rock *m* ['ʃla:f-] robe *f* de chambre; **~saal** *m* dortoir *m*; **~sack** *m* sac *m* de couchage; **~stelle** *f* couche *f*; *(Nachtquartier)* gîte *m*; **~tablette** *f* somnifère *m*; **s~trunken** *a* ivre de sommeil, somnolent; **~wagen** *m loc* wagon-lit *m*, voiture-lit *f*; **~wandler** *m* ‹-s, -› somnambule *m*; **~zimmer** *n* chambre *f* à coucher.

Schlag *m* ‹-(e)s, ⸚e› [ʃla:k, 'ʃlɛ:gə] **1.** *allg. a. fig* coup *m*; *(mit d. Hand)* tape *f*; *(heftiger)* horion *m*; **2.** *pl (Prügel) fam* rossée *f*; *(Holz: Ein~)* coupe; *agr* sole *f*; **3.** *(~ Essen) pop* rab(iot) *m*; **4.** *(Wagentür)* portière *f*; **5.** *fig (plötzlicher Schaden)* coup *m* d'arrêt, atteinte *f*; *(Schicksals~)* coup *m* (du sort); **6.** *physiol (Herz~)* battement *m*; *(Puls~)* pulsation *f*; **7.** *med (~anfall)* apoplexie, attaque *f*, *fam* coup de sang; *(Hitz~)* coup *m* de chaleur; **8.** *(elektr. ~)* secousse *od* commotion *f* (électrique); **9.** *(Blitz-, Donner~)* coup *m* (de foudre, de tonnerre); **10.** *(e-s Singvogels)* chant *m*, roulade *f*; **11.** *(Art, Wesen)* trempe, espèce, race *f*, *fam* acabit, calibre *m*; — *auf einen* ~ d'un seul coup *od* jet; *mit einem* ~ tout d'un coup; ~ *8 Uhr* à 8 heures sonnantes *od* juste *od* pile; *jdm e-n* ~ *versetzen* donner *od* asséner *od* administrer un coup à qn; *mich soll der* ~ *treffen, wenn* ... je veux mourir si ...; *harter, schwerer* ~ *(fig)* coup *m* de massue; ~ *ins Wasser (fig)* coup *m* d'épée dans l'eau; **~ader** *f* artère *f*; **~anfall** *m* attaque *f* (d'apoplexie), *fam* coup *m* de sang; *e-n* ~ *bekommen* od *erleiden* être frappé d'apoplexie; **s~artig** *a* brusque, soudain, subit, instantané; *adv a.* d'un seul coup; **~ball** *m* éteuf *m*; **~baum** *m* barrière *f*.

schlagen ['ʃla:gən] ‹*schlägt, schlug, geschlagen*› *tr* **1.** battre *(a. den Takt)*, frapper *(a. Münzen)*; *(klopfen)* taper; enfoncer; **2.** *(besiegen)* battre; *(Feind)* vaincre, défaire; *(Schlacht)* livrer; **3.** *(Holz)* couper, abattre; *itr* **4.** *(Herz, Puls)* battre; **5.** *(Uhr)* sonner; **6.** *(Vogel)* chanter; *(Wachtel)* carcailler; **7.** *nach jdm, e-r S* ~ porter un coup à qn, qc; **8.** *fig (arten)* tenir de, ressembler (*nach* à); tirer (*nach* sur); — *um sich* ~ donner des coups dans tous les sens; *sich* ~ se battre (*mit jdm* contre qn); se colleter; *in die Flucht* ~ mettre en fuite *od* déroute; *e-n Nagel in die Wand* ~ enfoncer un clou dans le mur; *ich gebe mich ge~* je m'avoue vaincu *od* battu; *es hat 12 ge~* midi a *od* est sonné; *meine Stunde hat ge~* mon heure a sonné *od* est venue; *e-e ge~e Stunde* une heure d'horloge; **~d** *a* frappant; *(überzeugend)* convaincant; *(Beweis)* concluant; *~es Wetter n* mines (coup de) grisou *m*.

Schlager *m* ‹-s, -› ['ʃla:gər] **1.** *mus* air *m* en vogue; *pej* rengaine, scie *f*, tube *m*; **2.** *com* succès *m*.

Schläger *m* ‹-s, -› ['ʃlɛ:gər] **1.** *(Raufbold)* querelleur, bagarreur; bretteur, spadassin *m*; **2.** *(Fechtwaffe)* rapière *f*; **3.** *sport* club *m*; crosse; raquette *f*; **~ei** *f* ‹-, -en› [-'raɪ] bagarre, rixe, mêlée *f*.

schlag|fertig ['ʃla:k-] **I.** *a* prompt à la répartie *od* à la riposte; **II.** *adv* du tac au tac; **S~fertigkeit** *f* ‹-, ø› esprit d'à-propos, don *m* de repartie; **S~instrumente** *n pl mus* instruments *m pl* de percussion; **S~kraft** *f* **1.** *mil* puissance *f* de choc; **2.** *fig* vigueur *f*; **~kräftig** *a* **1.** puissant; *mil* combatif; **2.** *(Argument)* concluant; **S~licht** *n* ‹-(e)s, -er› *a. fig* trait *m* de lumière; *pl a.* pleines lumières *f pl*; **S~loch** *n (Straße)* nid-de-poule *m*, flache *f*; **S~sahne** *f* crème *f* fouettée *od* Chantilly; **S~seite** *f mar:* ~ *haben* donner de la bande; **S~werk** *n (Uhr)* sonnerie *f*; **S~wetter** *n mines* grisou *m*; **S~wetterexplosion** *f* coup *m* de grisou; **S~wort** *n* ‹-(e)s, -e/(⸚er)› **1.** slogan; **2.** *(Katalog)* mot-souche *m*; **S~wortkatalog** *m* catalogue-matières *m* alphabétique; **S~zeile** *f* manchette *f*, gros titre *m*; **S~zeug** *n mus* batterie *f* (de jazz); **S~zeugspieler** *m* batteur *m*.

Schlamm *m* ‹-(e)s, (-e/⸚e)› [ʃlam, ('ʃlɛmə)] limon *m*; *(Schlick)* vase; *(Morast)* bourbe; *(Schmutz)* fange, boue *f*; **~bad** *n* bain *m* de boue; **s~ig** *a* limoneux; vaseux; bourbeux, fangeux, boueux.

Schlamp|e *f* ‹-, -n› ['ʃlampə] *fam* souillon *f*; *pop* salope *f*; **s~en** *itr fam (unordentlich sein* od *arbeiten)* être débraillé; bousiller; *pop* saloper; **~er** *m* ‹-s, -› gâcheur *m*; **~erei** *f* ‹-, -en› [-'raɪ] désordre *m*; incurie, négligence *f*; **s~ig** **I.** *a (unordentlich)* négligé, malpropre,

débraillé; *(Arbeit)* bâclé, bousillé; **II.** *adv* à la va-vite.
Schlange *f* ‹-, -n› ['ʃlaŋə] **1.** serpent *m; fig a.* vipère *f;* **2.** *(Menschenreihe)* queue; *(Auto~)* file *f; ~ stehen* faire la queue.
schlängeln, *sich* ['ʃlɛŋəln] serpenter, aller en serpentant.
Schlangen|biß *m* ['ʃlaŋən-] morsure *f* de serpent; **~linie** *f* ligne *f* sinueuse *od* serpentine; *typ* filet *m* tremblé; **~mensch** *m* contorsionniste, homme *m* serpent.
schlank [ʃlaŋk] *a* élancé, svelte; mince; *(Taille)* fin; *~(er) werden* maigrir; **S~heit** *f* ‹-, ø› sveltesse *f;* **S~heitskur** *f* cure *f* amaigrissante *od* d'amaigrissement; **~weg** ['-vɛk] *adv* carrément, rondement, sans façons.
schlapp [ʃlap] *a fam (schlaff)* flasque, lâche, mou; avachi, relaché; *(müde)* flapi, éreinté; **S~e** *f* ‹-, -n› *fam (kleine Niederlage)* tape; *f; e-e ~ einstecken* boire un bouillon; **~≈machen** *itr fam* flancher, renoncer, abandonner; **S~schwanz** *m fam pej* nouille, chiffe molle, andouille *f.*
Schlaraffen|land *n* [ʃla'rafən-] pays *m* de cocagne; **~leben** *n* vie *f* de château.
schlau [ʃlau] *a (klug)* prudent, fin(aud); *(listig)* rusé, astucieux, plein d'astuce; *(verschlagen)* cauteleux; *(pfiffig)* malin, futé, retors; *ich werde nicht ~ daraus* je n'y comprends rien.
Schlauch *m* ‹-(e)s, ⸚e› [ʃlaux, 'ʃlɔʏçə] **1.** tuyau (flexible), boyau *m;* **2.** *(mot, Fahrrad)* chambre *f* à air; **~boot** *n* canot *od* radeau *m* pneumatique.
Schlaufe *f* ‹-, -n› ['ʃlaufə] passant *m.*
Schlau|berger *m* ['ʃlau-] *fam,* **~meier** *m fam* finaud, fin matois *od* rusé (compère) *m;* **~heit** *f* ‹-, ø› prudence, finesse, subtilité; ruse, astuce *f.*

schlecht [ʃlɛçt] **I.** *a allg* **1.** mauvais; *(mäßig)* médiocre; *(armselig)* piètre; **2.** *(verdorben)* gâté, pourri; *(Luft)* vicié; **3.** *(Zeiten)* dur, difficile; **4.** *(bösartig)* méchant, malfaisant; *(gemein)* véreux, pervers; **5.** *(Scherz)* de mauvais goût *od* aloi; **II.** *adv* mal; — *nicht ~ (fam)* pas mal; *immer ~er* de mal en pis; *~ aussehen (Person)* avoir mauvaise mine *od* les traits tirés; *~ von jdm reden* parler de qn en mauvais termes; *~ stehen (Sache) (fig)* aller mal; *~ werden (sich zersetzen)* se corrompre, se gâter; *~er werden* empirer, se détériorer; *es geht mir ~* je vais mal; *mir ist ~* j'ai mal au cœur; **~erdings** *adv* tout simplement, tout bonnement, purement et simplement; absolument; **~gelaunt** *a* de mauvaise humeur, maussade, *fam* mal luné; **S~heit** *f,* **S~igkeit** *f* ‹-, ø› *(Bosheit)* méchanceté; *(Gemeinheit)* vilenie, bassesse *f;* **~≈machen** *tr: jdn ~* dire du mal de qn, médire de qn.
schleck|en ['ʃlɛkən] *tr* manger par gourmandise; **S~er** *m* ‹-s, -›, **S~ermaul** *n* gourmand(e *f*) *m.*
Schleh|dorn *m* ['ʃle:-] prunellier *m,* épine *f* noire; **~e** *f* ‹-, -n› *(Frucht)* prunelle *f.*
schleich|en ['ʃlaɪçən] ‹*schlich, geschlichen*› *itr* ‹*sein*› aller *od* marcher à pas de loup *od* furtivement; se glisser, se faufiler; **~end** *a* **1.** furtif; **2.** *(Gift)* lent; *(Krankheit)* lent, insidieux; *~e Inflation* inflation rampante; **S~handel** *m* commerce *od* trafic clandestin, commerce *m* interlope; **S~weg** *m* chemin *m od* voie détourné(e); *fig a.* voie *f* tortueuse; *auf ~en* par des détours *od* menées.
Schleie *f* ‹-, -n› ['ʃlaɪə] *(Fisch)* tanche *f.*
Schleier *m* ‹-s, -› ['ʃlaɪər] *a. fig* voile *m;* gaze; *(am Hut)* voilette *f; den ~ lüften (bes. fig)* lever le voile; **~eule** *f* effraie *f;* **s~haft** *a fam (rätselhaft)* mystérieux, énigmatique; *(unbegreiflich)* incompréhensible.
Schleife *f* ‹-, -n› ['ʃlaɪfə] **1.** nœud *m,* boucle *f; (Schlinge)* lacet *m;* **2.** *(Kurve)* virage, tournant, lacet; *(Fluß)* méandre *m,* boucle *f.*
schleifen ['ʃlaɪfən] **(1)** ‹*schliff, geschliffen*› *tr* **1.** *(schärfen)* meuler, aiguiser, affiler, affûter; **2.** *(Glas)* polir; *(Diamant)* tailler; *tech* rectifier, dresser; **(2)** ‹*schleifte, geschleift*› *tr* **1.** *(auf dem Boden)* traîner; **2.** *mil (Festungsanlagen)* raser, démanteler.
Schleif|lack *m* ['ʃlaɪf-] vernis *m* à polir; **~stein** *m* pierre à aiguiser; meule *f;* affiloir(e *f*) *m.*
Schleim *m* ‹-(e)s, -e› [ʃlaɪm] *physiol* mucus *m;* mucosité; *(Nasen-, Rachen-, Magen-~)* pituite *f; bot* mucilage *m; med (zäher ~)* glaire; *(Schnecke)* bave *f;* **~haut** *f* muqueuse *f;* **s~ig** *a* muqueux; pituiteux; mucilagineux; glaireux.
schlemm|en ['ʃlɛmən] *itr (üppig essen)* ripailler, faire ripaille *od* bombance; **S~er** *m* ‹-s, -› ripailleur, gourmand, débauché *m;* **S~erei** *f* ‹-, -en› [-'rai], **S~erleben** *n,* ‹-s, ø› ripaille, bombance, débauche *f.*
schlend|ern ['ʃlɛndərn] *itr* ‹*sein*› flâner; *fam* se balader; **S~rian** *m* ‹-(e)s, ø› ['-dria:n] ornière *f* (de la routine), train-train *m; im alten ~ weitermachen* continuer son petit train-train, suivre son petit bonhomme de chemin.
schlenkern ['ʃlɛŋkərn] *tr* od *itr* agiter, brandiller (*etw* od *mit etw* qc); *mit den Armen* od *die Arme ~* aller les bras ballants.
Schlepp|e *f* ‹-, -n› ['ʃlɛpə] *(am Kleid)* traîne; queue *f;* **s~en** *tr, a. fig* **1.** traîner; **2.** *mar loc mot* remorquer; *mar* haler, touer; **s~end** *a, a. fig* traînant;

fig languissant; **~er** *m* ⟨-s, -⟩ *mot* tracteur; *mar* remorqueur *m;* **~kahn** *m* péniche *f,* chaland *m,* remorque *f;* **~netz** *n* chalut *m,* drague, drège, dreige *f,* traîneau *m,* seine *f;* **~schiffahrt** *f* remorquage, halage, touage *m;* **~tau** *n* câble *m* de remorquage; *aero (Ballon)* guiderope *m; in jds ~ (fig)* à la remorque de qn.

Schles|ien *n* [ˈʃleːziən] la Silésie; **~ier(in)** *m* ⟨-s, -⟩ (*f* ⟨-, -nen⟩) [-ziər] Silésien(ne *f*) *m;* **s~isch** [ˈʃleːzɪʃ] *a* silésien.

Schleuder *f* ⟨-, -n⟩ [ˈʃlɔʏdər] **1.** fronde; catapulte *f;* **2.** *tech* toupie *f* (mécanique); **3.** *(Trocken~)* essoreuse *f; (Milch~)* centrifugeur *m,* -euse *f;* **~ball** *m* ballon *m* à lanière; **~gefahr** *f: ~! (Warnung)* route glissante! **~honig** *m* miel *m* coulé *od* d'extracteur; **s~n** *tr* **1.** lancer, catapulter; projeter; **2.** *(Wäsche)* essorer; *(Milch)* centrifuger; **3.** *fig (Bann)* fulminer; *itr* ⟨*h* od *sein*⟩ **4.** *mot* déraper, chasser, faire une embardée; **~preis** *m* prix *m* sacrifié; **~sitz** *m aero* siège *m* éjectable.

schleunig [ˈʃlɔʏnɪç] *a* prompt, rapide, précipité; **~st** *adv* au plus vite, dans les plus brefs délais.

Schleuse *f* ⟨-, -n⟩ [ˈʃlɔʏzə] écluse *f;* **s~n** *tr* écluser, sasser; *fig* manœuvrer; **~nkammer** *f* sas *m,* chambre *f* d'écluse; **~ntor** *n* porte *f* d'écluse; **~nwärter** *m* éclusier *m.*

Schlich *m* ⟨-(e)s, -e⟩ [ʃlɪç] *meist pl* trucs *m pl,* manigances, menées, manœuvres *f pl, hinter jds ~e kommen* découvrir *od* démasquer les menées *od* éventer les ruses de qn.

schlicht [ʃlɪçt] *a* **1.** *(einfach)* simple; *(bescheiden)* modeste; *(nüchtern, trokken)* sobre; **2.** *(flach, glatt)* plat, lisse; **3.** *(einfarben)* uni; — *~ und einfach (adv)* (tout) simplement; **~en** *tr fig (regeln, ordnen)* arranger; *(Streit)* aplanir, accommoder (à l'amiable); arbitrer; **S~er** *m* ⟨-s, -⟩ médiateur, conciliateur, arbitre *m;* **S~heit** *f* ⟨-, ø⟩ simplicité; modestie; sobriété *f;* **S~ung** *f* ⟨-, -en⟩ arrangement, accommodement *m,* conciliation *f,* arbitrage *m;* **S~ungsverfahren** *n* procédure *f* de conciliation.

Schlick *m* ⟨-(e)s, -e⟩ [ʃlɪk] *dial (Schlamm)* limon *m;* vase *f* (de mer).

Schließe *f* ⟨-, -n⟩ [ˈʃliːsə] fermeture, clavette *f.*

schließen [ˈʃliːsən] ⟨*schloß, geschlossen*⟩ *tr* **1.** *(zumachen)* fermer; **2.** *(füllen: Lücke)* combler, colmater; **3.** *fig (beenden); (Rede, Schrift)* terminer, finir, achever; *(Debatte)* clore; *(Sitzung)* clore, lever; *(ab~) (Konto)* arrêter; **4.** *(Vertrag)* conclure, passer; **5.** *(folgern)* conclure, déduire, inférer (*aus etw* de qc); *itr* **6.** *(zugehen)* fermer; *(aufhören, enden)* finir; (se) terminer, s'achever (*mit* sur); *refl* **7.** *sich ~ (Lücke)* se fermer; — *von sich auf andere ~* juger d'autrui par soi-même; *auf etw ~ lassen* indiquer, pronostiquer qc; *daraus ist zu* od *läßt sich ~, daß ...* on peut en conclure, il en résulte que ...

Schließer *m* ⟨-s, -⟩ [ˈʃliːsər] *(Gefängnis)* geôlier, guichetier, porte-clefs; *(Wach- u. Schließgesellschaft)* garde-vigile *m.*

Schließfach *n* [ˈʃliːs-] *(Bank)* compartiment *m* de coffre-fort, *(Post)* boîte *f* postale; *loc* compartiment *m* de consigne automatique.

schließlich [ˈʃliːslɪç] *adv* enfin, à la fin, finalement, en définitive; *fam* après tout, au bout du *od* en fin de compte; *(an letzter Stelle)* en dernier (lieu); *~ etw tun* finir par faire qc; *~ doch* malgré tout.

Schließmuskel *m* [ˈʃliːs-] muscle orbiculaire, (muscle) constricteur, sphincter *m.*

Schließung *f* ⟨-, -en⟩ [ˈʃliːsʊŋ] **1.** *(Laden, Museum, Schalter)* fermeture *f;* **2.** *(Sitzung)* clôture *f;* **3.** *(Vertrag, Ehe)* conclusion *f.*

Schliff *m* ⟨-(e)s, -e⟩ [ʃlɪf] **1.** *tech* poli(ssage), meulage *m, (Edelstein)* taille *f;* **2.** *fig fam (Lebensart)* savoir-vivre *m,* politesse *f;* **3.** *mil fam* dressage *m;* — *e-r S den letzten ~ geben (fam)* donner le coup de fion à qc *pop,* mettre la dernière touche à qc; perler *od* fignoler qc.

schlimm [ʃlɪm] **I.** *a* **1.** *(schlecht, übel)* mauvais; *(schwer, ernst)* grave; *(unheilvoll)* funeste, fatal; *(ärgerlich)* fâcheux; **2.** *(charakterlich schlecht, böse)* méchant, vicieux; **II.** *adv* mal; — *das S~e* le mal; *das ist nicht ~* il n'y a pas de mal, ce n'est rien *od* pas une affaire; *das ist halb so ~* ce n'est qu'un demi--mal, ce n'est pas la mer à boire; **~er** *(Komparativ von: ~)* **I.** *a* pire; **II.** *adv* pis; — *~ werden* empirer, s'aggraver; *immer ~ werden* aller de mal *od* de pis en pis; *was noch ~ ist* qui pis est; **~ste(r, s)** *(Superlativ von: ~)* **I.** *a* le, la pire; **II.** *adv* le pis; — *im ~n Fall = ~nfalls; das S~ annehmen* prendre *od* mettre les choses au pis; *aufs S~ gefaßt sein* s'attendre au pire; **~stenfalls** *adv* au pis aller, au pire, à la rigueur.

Schlinge *f* ⟨-, -n⟩ [ˈʃlɪŋə] **1.** *(Schlaufe)* nœud coulant; *med* écharpe *f;* **2.** *(Jagd)* lacs, lacet, collet *m;* — *sich* od *s-n Kopf aus der ~ ziehen (fig)* tirer son épingle du jeu, se tirer d'affaire.

Schlingel *m* ⟨-s, -⟩ [ˈʃlɪŋəl] polisson, galopin *m.*

schlingen [ˈʃlɪŋən] ⟨*schlang, geschlungen*⟩ **(1) 1.** *tr (winden)* enlacer, enrouler; **2.** *refl: sich ~* s'enrouler, s'entortiller (*um* autour de); *(Pflanze)* grimper (*um* à); **(2)** *tr* u. *itr (schlucken)* avaler.

schlingern ['ʃlɪŋərn] *itr mar* rouler; **S~** *n* roulis *m.*
Schlingpflanze *f* ['ʃlɪŋ-] plante *f* grimpante.
Schlips *m* [ʃlɪps] ‹-es, -e› cravate *f*, nœud *m* papillon; *jdm auf den ~ treten (fig)* vexer, froisser, blesser qn.
Schlitt|en *m* ‹-s, -› ['ʃlɪtən] **1.** *(Rodel~)* luge *f; (Sportrodel)* toboggan; *(Pferde~)* traîneau *m;* **2.** *tech* support; *(Schreibmaschine)* chariot; *(MG)* traîneau, affût *m;* — *~ fahren* faire du traîneau; **~enfahrt** *f* promenade *f* en traîneau; **s~ern** *itr ‹sein* od *h›* glisser, faire des glissades; **~schuh** *m* patin *m; ~ laufen* patiner; **~schuhbahn** *f* patinoire *f;* **~schuhlaufen** *n* patinage *m;* **~schuhläufer** *m* patineur *m.*
Schlitz *m* ‹-es, -e› [ʃlɪts] **1.** *(Ritze, Spalt)* fente, fissure; *(Einschnitt)* taillade; *tech* entaille, lumière *f;* **2.** *(Hosen~)* braguette *f;* **~augen** *n pl (~ haben* avoir les*)* yeux *m pl* bridés; **s~en** *tr* fendre, fissurer; *(aufschneiden)* taillader, entailler; **~ohr** *n fig (fam)* filou, fripon, finaud, rusé compère *m.*
schlohweiß ['ʃlo:'vaɪs] *a (Haar)* blanc comme neige.
Schloß *n* ‹-sses, ⸚sser› [ʃlɔs, 'ʃlœsər] **1.** *(Gebäude)* château; *(Palast)* palais *m;* **2.** *(Verschluß)* serrure *f; (Vorhänge~)* cadenas *m;* **3.** *(Gewehr~)* culasse *f* mobile; **4.** *(Koppel~)* plaque du ceinturon; *(am Armband)* attache *f;* — *ins ~ fallen* encliqueter; *hinter ~ und Riegel setzen, sitzen* mettre, être sous les verrous.
Schloße *f* ‹-, -n› ['ʃlo:sə] *(Hagelkorn)* grêlon *m.*
Schlosser *m* ‹-s, -› ['ʃlɔsər] serrurier; **~ei** *f* ‹-, -en› [-'raɪ] serrurerie *f.*
Schloß|herr(in *f***)** *m* ['ʃlɔs-] châtelain(e *f*) *m;* **~hund** *m: wie ein ~ heulen (fam)* pleurer comme un veau *od* comme une Madeleine *od* à chaudes larmes.
Schlot *m* ‹-(e)s, -e/(⸚e)› [ʃlo:t, 'ʃlø:tə] cheminée *f* (d'usine).
schlott|(e)rig ['ʃlɔt(ə)rɪç] *a* dégingandé, flageolant, branlant; *(Kleidung)* flottant; *(Gang)* mal assuré; **~ern** *itr* flageoler, branler; *(zittern)* trembler; *(Kleidung)* flotter.
Schlucht *f* ‹-, -en› [ʃluxt] gorge *f*, ravin, *m.*
schluchz|en ['ʃluxtsən] *itr* sangloter; **S~en** *n* sanglots *m pl;* **S~er** *m* ‹-s, -› sanglot *m.*
Schluck *m* ‹-(e)s, -e/(⸚e)› [ʃluk, 'ʃlʏkə] gorgée *f; fam* coup *m; tüchtiger ~* grande gorgée *f;* **~auf** *m* ‹-s, ø› hoquet *m;* **s~en** *tr* avaler; déglutir; *fig fam (an sich reißen)* avaler; *(Beleidigung)* boire; **~er** *m* ‹-s, -›: *armer ~* pauvre hère *od* diable *od* bougre *m;* **~impfung** *f* vaccination *f* par ingestion *od* par voie buccale; **s~weise** *adv* par gorgées.
schludern ['ʃlu:dərn] *itr* bousiller, bâcler.
Schlummer *m* ‹-s, ø› ['ʃlumər] sommeil (léger); (petit) somme *m;* **s~n** *itr* sommeiller; être assoupi; **s~nd** *a fig (verborgen)* caché.
Schlund *m* ‹-(e)s, ⸚e› [ʃlunt, 'ʃlʏndə] **1.** gosier *m;* gorge *f;* **2.** *(Abgrund)* gouffre, abîme *m.*
schlüpf|en ['ʃlʏpfən] *itr ‹sein›* se glisser, filer, se couler; *aus dem Ei ~* éclore; **S~er** *m* ‹-s, -› *(Damenunterhose)* culotte *f*, slip *m.*
Schlupf|loch *n*, **~winkel** *m* ['ʃlupf-] recoin, repaire, refuge *m; (Versteck)* cachette *f.*
schlüpfrig ['ʃlʏpfrɪç] *a* **1.** glissant; **2.** *fig (lasziv)* lascif, égrillard, grivois.
Schlupfwespe *f* ['ʃlupf-] pimple, ichneumon *m.*
schlurfen *itr ‹sein›* ['ʃlurfən] traîner les pieds.
schlürfen ['ʃlʏrfən] **1.** *tr* humer; *(langsam u. mit Genuß)* siroter; **2.** *itr* boire *od* manger bruyamment.
Schluß *m* ‹-sses, ⸚sse› [ʃlus, 'ʃlʏsə] *(Ende)* fin; *(Schließung)* fermeture; *(e-r Debatte, Sitzung)* clôture *f;* = *Schlußfolgerung; am ~ (gen)* à l'issue (de); *zum ~* finalement; pour terminer *od* conclure *od* finir; *zu dem ~ gelangen* od *kommen, daß ...* en venir à la conclusion que ...; *~ machen* finir; *mit jdm, etw ~ machen* en finir avec qn, qc; *~!* fini! terminé! *~ damit!* brisons-là(-dessus)! *~ jetzt!* assez! finissez! **~abrechnung** *f* décompte *od* règlement *m* final *od* définitif; **~bemerkung** *f* remarque finale; conclusion *f.*
Schlüssel *m* ‹-s, -› ['ʃlʏsəl] **1.** *a. mus fig* clé, clef *f;* **2.** *(e-r Geheimschrift)* chiffre, code *m;* **3.** *(Verteilungs~)* barème *m;* — *den ~ steckenlassen* laisser la clé sur la porte; **~bein** *n anat* clavicule *f;* **~blume** *f* primevère *f;* **~bund** *m* od *n* trousseau *m* (de clés); **s~fertig** *a (Haus)* clés en main; **~gewalt** *f rel* u. *jur (d. Ehefrau)* pouvoir *m* des clés; **~industrie** *f* industrie-clé *f;* **~loch** *n* trou *m* de la serrure; **~stellung** *f* position-clé *f*, poste-clé *m.*
Schluß|folgerung *f* ['ʃlus-] conclusion; déduction; induction *f;* **~formel** *f* formule *f* finale.
schlüssig ['ʃlʏsɪç] *a (Beweis)* concluant, décisif, formel; *sich ~ werden* prendre un parti, se résoudre.
Schluß|licht *n* ‹-(e)s, -er› ['ʃlus-] *mot loc* feu *m* (rouge) arrière; **~punkt** *m* point *m* final; *e-n ~ hinter etw setzen* mettre un point final à qc; **~runde** *f sport* tour *m* final, finale *f; (Boxen)* round *m* final; **~sprung** *m* saut *m* à pieds joints; **~strich** *m: e-n ~ ziehen (fig)* tirer un trait; **~verkauf** *m* vente *f* de fin de saison; **~wort** *n* ‹-(e)s, -e›

dernière parole *f; (Nachwort)* épilogue *m.*

Schmach *f* ‹-, ø› [ʃma:x] honte, ignominie, infamie *f; (Beleidigung)* affront, outrage *m; (Demütigung)* humiliation *f; (Entwürdigung)* avilissement *m.*

schmachten *f* ['ʃmaxtən] *itr (hungern)* être affamé; *(dursten)* être assoiffé; *fig* se consumer (*nach* de), languir, soupirer, haleter (*nach* après); **~d** *a* langoureux.

schmächtig ['ʃmɛçtɪç] *a* mince, fluet, grêle.

schmachvoll ['ʃma:x-] *a* honteux, ignominieux, infâme.

schmackhaft ['ʃmakhaft] *a* savoureux, de bon goût; *(lecker)* délicat; *jdm etw ~ machen* rendre qc attrayant à qn.

schmäh|en ['ʃmɛ:ən] *tr* injurier, insulter, invectiver, outrager; *(herabwürdigen)* avilir; **~lich** *a* ignominieux, déshonorant, honteux; *adv a.* outrageusement; **S~ung** *f* ‹-, -en› injure, insulte, invective *f,* outrage; avilissement *m.*

schmal [ʃma:l] ‹*schmaler/schmäler*› *a* **1.** *allg* étroit; *(dünn, schlank)* mince, effilé, grêle; élancé; *(Gesicht)* fin; **2.** *fig (klein, gering)* maigre, pauvre.

schmäler|n ['ʃmɛ:lərn] *tr (schmäler machen)* rétrécir; *(verringern)* amoindrir, diminuer; réduire; *jur (beeinträchtigen)* déroger à, porter atteinte à; **S~ung** *f* ‹-, ø› rétrécissement; amoindrissement *m,* diminution; réduction; dérogation *f.*

Schmal|film(kamera *f*) *m* ['ʃma:l-] (caméra *f* à) film *m* de format réduit; **S~spur(bahn)** *f* chemin *m* de fer *od* ligne à) voie *f* étroite.

Schmalz *n* ‹-es, -e› [ʃmalts] graisse *f; (Schweine~)* saindoux *m.*

schmälzen ['ʃmɛltsən] *tr* graisser.

schmalzig ['ʃmaltsɪç] *a fig fam pej (gefühlvoll)* sentimental.

schmarotz|en [ʃma'rɔtsən] ‹*ohne ge-*› *itr* vivre en parasite; faire le pique-assiette; *fig* écornifler (*bei jdm* qn); **S~er** *m* ‹-s, -› *biol allg* parasite; *fig* pique-assiette, piqueur d'assiettes, *fam* resquilleur, écornifleur *m.*

Schmarre *f* ‹-, -n› ['ʃmarə] *fam (Narbe e-r Hiebwunde)* balafre, estafilade *f.*

Schmarren *m* ‹-s, -› ['ʃmarən] *dial* **1.** *(Mehlspeise)* galette *f;* **2.** *fig fam pej (Buch)* navet *m;*

schmatzen ['ʃmatsən] *itr* bécoter; *(laut essen)* manger bruyamment.

Schmaus *m* ‹-es, ¨-se› [ʃmaus, 'ʃmɔʏzə] régal, festin *m;* **s~en** *itr* faire bonne chère, faire ripaille, se régaler, festoyer; banqueter.

schmecken ['ʃmɛkən] **1.** *tr* goûter; *(kosten, versuchen)* déguster *(a. Wein),* essayer; **2.** *itr* avoir un goût (*nach etw* de qc); *a. fig* sentir (*nach etw* qc); — *jdm ~* être du *od* au goût de qn; *gut ~* être de *od* avoir bon goût, être bon (à manger, à boire); *nach nichts ~* n'avoir pas de goût, être insipide; *es sich ~ lassen* se régaler, se payer un bon dîner; *das schmeckt mir gut, ausgezeichnet* je trouve cela bon, excellent; *schmeckt's? (fam)* c'est bon? *wie schmeckt Ihnen ... ?* comment trouvez-vous ... ?

Schmeich|elei *f* ‹-, -en› [ʃmaɪçə'laɪ] flatterie; *(niedrige ~)* adulation, flagornerie; *(galante ~)* fleurette; *(Schmuserei)* câlinerie *f;* **s~elhaft** ['ʃmaɪçəl-] *a* flatteur; **s~eln** *itr* flatter; *pej* aduler, flagorner (*jdm* qn); *mit jdm (zärtlich sein)* câliner, cajoler qn; **~ler** *m* ‹-s, -› flatteur; *pej* adulateur, flagorneur; *(Schmuser)* cajoleur *m;* **s~lerisch** *a* flatteur; câlin.

schmeißen ['ʃmaɪsən] ‹*schmiß, geschmissen*› *tr fam* flanquer, lancer, ficher; *pop* foutre; *die Sache, (pop) den Laden ~* en venir à bout, arranger *od* goupiller l'affaire.

Schmeißfliege *f* ['ʃmaɪs-] mouche *f* bleue *od* à viande.

Schmelz *m* ‹-es, -e› [ʃmɛlts] **1.** *tech* émail *m (a. Zahn~);* **2.** *(Glanz, a. von Farben)* éclat *m;* **3.** *(Klang)* timbre *m;* **4.** *(Frische)* fleur *f; (Zauber, Reiz)* charme *m;* **s~bar** *a* fusible; liquéfiable; **~e** *f* ‹-, -n› *(allg. bes. Schnee)* fonte; *tech* fusion *f;* **s~en** ‹*schmilzt, schmolz, geschmolzen*› **1.** *tr* ‹*h*› faire fondre, *a. fig* fondre; *tech* fuser; **2.** *itr* ‹*sein*› fondre, se liquéfier; *tech* fuser; **~hütte** *f* fonderie *f;* **~käse** *m* fromage *m* fondu; **~ofen** *m* four *m* de fusion; **~punkt** *m phys* point *m* de fusion; **~tiegel** *m, a. fig* creuset *m;* **~wasser** *n* eaux *f pl* de fonte des neiges.

Schmerbauch *m* ['ʃme:r-] *fam* bedaine, brioche *f.*

Schmerz *m* ‹-es, -en› [ʃmɛrts] douleur, peine *f,* mal *m; (Kummer)* affliction *f,* chagrin *m,* peine *f; von ~en gequält* accablé de douleur(s); **s~en 1.** *itr med* causer de la douleur, faire (du) mal; **2.** *tr fig* affecter (douloureusement), peiner, chagriner, navrer; **~ensgeld** *n* indemnité *f* pour blessures; **~ensschrei** *m* cri *m* de douleur; **s~haft** *a* douloureux, endolori; **s~lich** *a fig* douloureux, affligeant, pénible; **s~los** *a* indolore, sans douleur; **s~stillend** *a pharm* calmant, sédatif; *scient* analgésique; *~es Mittel n* calmant, sédatif; *scient* analgésique *m.*

Schmetterling *m* ‹-s, -e› ['ʃmɛtərlɪŋ] papillon *m.*

schmettern ['ʃmɛtərn] *tr* **1.** flanquer *od* lancer violemment *od* avec violence; *sport (Ball)* smasher; **2.** *(Lied)* lancer; — *zu Boden ~* terrasser, foudroyer.

Schmied *m* ‹-(e)s, -e› [ʃmi:t, '-də(s)] forgeron; *(Huf~)* maréchal ferrant; *(Arbeiter)* forgeur *m;* **s~bar** *a* forgeable, malléable; **~e** *f* ‹-, -n› forge *f*; **~eeisen** *n* fer *m* forgé; **s~eeisern** *a* de *od* en fer forgé; **s~en** *tr* forger *a. fig; (bearbeiten)* travailler; *kalt* ~ battre à froid; *e-n Plan* ~ former un projet; *Ränke* ~ ourdir des intrigues, intriguer, comploter, cabaler.

schmiegen ['ʃmi:gən] *tr (drücken)* serrer; *sich* ~ se serrer, se blottir (*an* contre).

Schmiere *f* ‹-, -n› ['ʃmi:rə] **1.** graisse *f*, enduit, lubrifiant; *(Wagen~)* cambouis *m*; **2.** *theat* boui-boui, théâtre *m* forain, troupe *f* de cabotins; **3.** *(Schmiergeld)* pot-de-vin *m*; **4.** *fam* rossée, raclée *f*; **5.** *arg (Wache): ~ stehen (bei e-r Straftat)* faire le guet.

schmier|en ['ʃmi:rən] *tr* **1.** *tech (mit Schmiere)* graisser, lubrifier; *(mit Öl)* huiler; **2.** *(Brot)* tartiner; **3.** *pej (Malerei)* barbouiller, peinturlurer; *(Schrift)* gribouiller; **4.** *fig fam (bestechen)* graisser la patte *od* la main à; **5.** *fam (streichen)* étendre (*auf* sur); *Butter auf das Brot* ~ beurrer une tartine; *itr* **6.** *(Tinte, Feder)* baver; — *jdm eine ~ (fam: ohrfeigen)* flanquer une gifle à qn; *es geht wie geschmiert (fam)* ça va comme sur des roulettes; **S~erei** *f* ‹-, -en› [-'raı] *(Sudelei)* gribouillage; barbouillage *m*; **S~fink** *m* gribouilleur, barbouilleur; souillon *m*; **S~gelder** *n pl* dessous-de-table, pot-de-vin *m*; **~ig** *a* graisseux; **S~mittel** *n* produit de graissage, lubrifiant *m*; **S~öl** *n* huile *f* lubrifiante *od* de graissage; **S~seife** *f* savon *m* mou.

Schminke *f* ‹-, -n› ['ʃmıŋkə] fard *m*; ~ *auflegen* od *auftragen* (se) mettre du fard *od* du rouge, se maquiller; *rote* ~ rouge *m*.

Schmirgel *m* ‹-s, ø› ['ʃmırgəl] émeri *m*; **s~n** *tr* frotter *od* polir à l'émeri; **~papier** *n* papier-émeri *m*.

Schmiß *m* ‹-sses, -sse› [ʃmıs, '-sə] **1.** *(Mensurnarbe)* balafre, estafilade *f*; **2.** *fig fam (Schwung)* allant, entrain, élan *m*, verve *f*; **schmissig** *a fam (schwungvoll, mitreißend)* enlevé, plein d'entrain *od* de verve *od* d'élan.

Schmöker *m* ‹-s, -› ['ʃmø:kər] *fam (altes Buch)* bouquin; *(schlechter Roman)* roman *m* à quatre sous; **s~n** *itr fam (in Büchern stöbern)* bouquiner.

schmollen ['ʃmɔlən] *itr* bouder (*mit jdm* qn); faire la moue *od* la lippe *od* la tête.

Schmor|braten *m* ['ʃmo:r-] bœuf *m* en daube; **s~en 1.** *tr* dauber, étuver, braiser; *a. itr* cuire à l'étuvée; **2.** *itr fig (Mensch in der Sonne)* cuire, rôtir; **~topf** *m* daubière, cocotte *f*.

schmuck [ʃmuk] *a* coquet, pimpant; beau.

Schmuck *m* ‹-(e)s, (-e)› [ʃmuk] **1.** parure *f*; bijoux *m pl*; **2.** *(Verzierung)* ornement; *(Zierat)* décor *m*, décoration *f*.

schmücken ['ʃmʏkən] *tr* parer, orner (*mit* de).

Schmuck|kästchen *n* ['ʃmuk-] **1.** boîte *f od* coffret à bijoux, écrin, baguier *m*; **2.** *fig (Raum)* bijou *m*; **s~los** *a* sans ornement, nu, simple; **~losigkeit** *f* ‹-, ø› manque *m* d'ornements; simplicité; *fig* sobriété *f*; **~stück** *n* parure *f*, joyau *m*; **~waren** *f pl* bijouterie; joaillerie *f*; **~warenindustrie** *f* industrie *f* bijoutière.

Schmugg|el *m* ‹-s, ø› ['ʃmugəl] contrebande; fraude *f*; **s~eln** *itr* faire de la contrebande; **~elware** *f* marchandises *f pl* de contrebande; **~ler** *m* ‹-s, -› contrebandier, fraudeur *m*.

schmunzeln ['ʃmuntsəln] *itr* sourire (d'un air complaisant *od* entendu).

schmusen ['ʃmu:zən] *itr* câliner, cajoler (*mit jdm* qn).

Schmutz *m* ‹-es, ø› [ʃmuts] boue, ordure, saleté *f*, immondices *f pl*; *(~fleck)* salissure, souillure; *(~schicht)* crasse; *(Straßen~)* boue, crotte; *(Kot)* fange; *(Müll)* gadoue; *in den ~ ziehen (fig)* traîner dans la boue; **s~en** *itr* tacher, faire des taches; **~fink** *m* souillon *m*, sagouin(e *f*) *m*; **~fleck** *m* tache de boue, souillure, salissure *f*; **s~ig** *a* **1.** sale, boueux, immonde; *(unsauber)* malpropre; *(bespritzt)* crotté; *(schmierig)* crasseux; *(kotig, schlammig)* fangeux; **2.** *fig* sordide; ordurier, obscène; **3.** *(filzig, geizig)* pingre; — ~ *werden* se salir; **~titel** *m typ* faux-titre, titre *m* bâtard, fausse page *f*; **~- und Schundliteratur** *f* mauvais livres *m pl*; littérature de bas étage; pornographie *f*.

Schnabel *m* ‹-s, ⸚› ['ʃna:-, 'ʃnɛ:bəl] *a. fig pop (vom Menschen)* bec *m*; *ich spreche, wie mir der ~ gewachsen ist* je parle comme j'en ai l'habitude; *halt den ~! (pop)* ferme-la! tais-toi! **~tier** *n* ornithorynque *m*.

Schnake *f* ‹-, -n› ['ʃna:kə] *ent (Bach~)* tipule *f*.

Schnalle *f* ‹-, -n› ['ʃnalə] boucle, brochette *f*; **s~n** *tr* boucler; *enger* ~ serrer.

schnalzen ['ʃnaltsən] *itr: mit der Zunge* ~ faire claquer sa langue.

schnapp|en ['ʃnapən] *tr* ‹*h*› **1.** happer, gober; **2.** *fig fam (erwischen)* mettre la main sur, coincer, choper; pincer; *itr* ‹*sein*› **3.** *(Schloß)* claquer; *(Feder)* faire ressort; — *sich ~ lassen (fam)* se faire coincer *od* pincer; **S~schloß** *n* serrure *f* à ressort; **S~schuß** *m* photo-surprise *f*, instantané *m*.

Schnaps *m* ‹-es, ⸚e› [ʃnaps, 'ʃnɛpsə] eau-de-vie *f*; *(einzelnes Glas)* petit verre *m*, *fam* goutte *f*; **~brennerei** *f* distillerie *f*; **~idee** *f* idée *f* saugrenue.

schnarchen ['ʃnarçən] *itr* ronfler.

schnarren ['ʃarən] *itr* grincer; *(mit der Stimme)* nasiller; **~d** *a (Stimme)* nasillard.
schnattern ['ʃnatərn] *itr (Gans)* criailler, siffler; *(Ente)* cancaner, nasiller, faire coin-coin; *fig fam pej (Mensch)* caqueter, babiller, bavarder.
schnauben ['ʃnaubən] *itr (Pferd)* s'ébrouer, renâcler; *(Mensch)* haleter, respirer *od* souffler bruyamment.
schnaufen ['ʃnaufən] *itr* respirer fort *od* bruyamment; souffler; haleter.
Schnauz|bart *m* ['ʃnauts-] *fam pej* moustache *f;* **~e** *f* ‹-, -n› **1.** museau; *(Schwein)* groin *m; pop (Mensch)* gueule *f;* **2.** *fig (Kanne)* bec *m;* — *frei nach ~ (pop)* au pifomètre, au petit bonheur; *die ~ voll haben (pop)* en avoir plein le dos *od* plein les bottes; *(halt die) ~!* (ferme) ta gueule! **s~en** *itr pop* gueuler.
Schnecke *f* ‹-, -n› ['ʃnɛkə] **1.** *(Nackt~)* limace *f;* *(~ mit Haus)* colimaçon; *(Schnirkel~)* limaçon, *(bes. eßbare)* escargot *m;* **2.** *anat (Ohr)* limaçon *m;* **3.** *tech* vis *f* sans fin.
Schnecken|antrieb *m* ['ʃnɛkən-] commande *f* par vis sans fin; **s~förmig** *a* en limaçon, en spirale, en volute; **~haus** *n* coquille *f* (d'escargot).
Schnee *m* ‹-s, ø› [ʃne:] neige *f;* *zu ~ schlagen (Küche)* battre en neige; *ewiger ~* neiges *f pl* éternelles *od* perpétuelles; **~ball** *m* **1.** boule *f* de neige; **2.** *bot* viorne *f;* **~ballschlacht** *f* bataille *f* (à coups) de boules de neige; **~besen** *m (Küche)* fouet *m* (à œufs); **~fall** *m* chute *f* de neige; **~flocke** *f* flocon *m* de neige; **~gestöber** *n* rafale *f od* tourbillon *m od* tourmente *f* de neige; **~glätte** *f* glissance *f* due à la neige; **~glöckchen** *n bot* perce-neige *f;* **~grenze** *f geog* limite *f* des neiges; **~kette** *f* chaîne *f* antidérapante; **~mann** *m* ‹-(e)s, ⸚er› bonhomme *m* de neige; **~matsch** *m* neige *f* à demi fondue; **~pflug** *m* chasse-neige *m;* **~schauer** *m* averse *f* de neige; **~schaufel** *f,* **~schippe** *f* pelle *f* à neige; **~schmelze** *f* fonte *f* des neiges; **~schuh** *m* = *Schi;* **~sturm** *m* tempête *f* de neige; **~treiben** *n* = *Schneegestöber;* **~verwehung** *f* amas *m* de neige, congère *f;* **s~weiß** *a* blanc comme (la) neige; **~zaun** *m* pare-neige *m.*
Schneid *m* ‹-(e)s, ø› [ʃnaɪd] cran, allant, mordant; *fam* nerf *m.*
Schneid|brenner *m* ['ʃnait-] chalumeau *m* oxhydrique *od* découpeur; **~e** *f* ‹-, -n› [-də] **1.** coupant, tranchant, taillant, fil *m;* **2.** *tech* tranchée, laie *f;* **3.** *(Waage)* couteau; *(Berggrat)* arête, crête *f* de montagne; — *auf des Messers ~ stehen (fig)* ne tenir qu'à un fil.
schneiden ['ʃnaɪdən] ‹*schneidet, schnitt, geschnitten*› *tr* **1.** couper, tailler; *(ab~)* découper, trancher; *(scheren)* tondre; *(Metall)* refendre; *(Gewinde)* fileter; **2.** *film* monter; **3.** *med* opérer; *(kastrieren)* castrer, châtrer; **4.** *mot (scharf überholen)* faire une queue de poisson à; **5.** *fig (nicht beachten)* ignorer; *itr* **6.** couper, être coupant; *refl* **7.** *sich ~* se couper *a. math (Linien);* **~d** *a fig (Kälte)* vif, piquant, mordant; *(Wind)* cinglant; *(Worte, Ton)* tranchant, cinglant.
Schneider *m* ‹-s, -› ['ʃnaɪdər] tailleur *m;* **~ei** *f* ‹-, -en› [-'raɪ] **1.** *(ohne pl) (Handwerk)* métier *m* de tailleur; *(Damen~)* couture *f;* **2.** *(Werkstatt)* atelier *m* de tailleur *od (Damen~)* de couture; **~in** *f* ‹-, -nen› couturière *f;* **s~n** **1.** *itr* faire de la couture; **2.** *tr* faire, coudre; **~puppe** *f* mannequin *m.*
Schneidezahn *m* ['ʃnaɪdə-] (dent) incisive *f.*
schneidig ['ʃnaɪdɪç] *a* plein d'allant.
schneien ['ʃnaɪən] *itr impers* neiger; *es schneit (a.)* il tombe de la neige *od* il neige.
Schneise *f* ‹-, -n› ['ʃnaɪzə] **1.** *(Wald)* laie, percée, trouée *f;* coupe-feu *m;* **2.** *aero* couloir *m.*
schnell [ʃnɛl] *a* vite *a. adv,* rapide; *(flink)* prompt; *möglichst ~, so ~ wie möglich, auf dem ~sten Weg* au plus vite, le plus vite possible, aussi vite que possible; *~er gehen* allonger le pas; *~ machen (fam: sich beeilen)* se dépêcher, se hâter, se presser; *~, ~!* vite, vite! dépêche-toi! dépêchez-vous!
Schnell|bahn *f* ['ʃnɛl-] ligne *f* à service rapide; **~boot** *n mar* vedette *f* rapide.
schnellen ['ʃnɛlən] **1.** *itr* ‹*sein*› faire ressort *od* un bond, bondir; **2.** *tr* ‹*h*› décocher, lancer, darder; — *in die Höhe ~* faire un bond; *fig (Preise)* augmenter de façon vertigineuse.
Schnell|feuerwaffe *f* ['ʃnɛl-] pièce *f,* fusil *m,* arme *f* à tir rapide; **~gaststätte** *f* snack-bar *m.*
Schnelligkeit *f* ‹-, ø› ['ʃnɛlɪçkaɪt] vitesse, rapidité, célérité, vélocité; promptitude *f.*
Schnell|imbiß *m* ['ʃnɛl-] snack-bar; casse-croûte *m inv;* **~kochtopf** *m* marmite autoclave *od* à pression, cocotte *f* minute; **~(l)äufer** *m* coureur; sprinter *m;* **s~(l)ebig** *a (Zeit)* où règne la vitesse.
schnellstens ['ʃnɛlstəns] *adv* dans les plus brefs délais, au plus tôt, en vitesse; = *möglichst schnell.*
Schnell|straße ['ʃnɛl-] route *f* rapide *od* express; **s~trocknend** *a* siccatif; **~verfahren** *n* **1.** *tech* méthode *f* rapide; **2.** *jur* procédure *f* accélérée *od* des flagrants; **~waage** *f* (balance *od* bascule) romaine *f,* peson *m;* **~zug** *m* (train) rapide *m.*
Schnepfe *f* ‹-, -n› ['ʃnɛpfə] bécasse *f.*

schneuzen, *sich* ['ʃnɔʏtsən] se moucher.
Schnippchen *n* ‹-s, -› ['ʃnɪpçən] *: jdm ein ~ schlagen* jouer un tour à qn, se jouer de qn.
Schnipp|el *m* od *n* ‹-s, -› ['ʃnɪpəl] petit morceau *m;* rognure *f;* **s~eln** *itr* tailler et rogner; **s~isch** *a* pincé; mutin.
Schnitt *m* ‹-(e)s, -e› [ʃnɪt] **1.** *(Vorgang)* coupe *f;* **2.** *(Ergebnis)* coupe, taille; *(Ein~)* entaille, encoche, taillade; *(~wunde)* coupure; *(größere)* entaille; *(Chirurgie)* incision *f;* **3.** *(Schneiderei: Zu~)* coupe, façon *f;* **4.** *(~muster)* patron *m; (Buch)* tranche *f; film* découpage *m;* **5.** *agr* coupe, récolte; *(der Bäume)* taille *f;* **6.** *math* intersection *f;* — *im ~* en moyenne; **~blumen** *f pl* fleurs *f pl* coupées; **~bohnen** *f pl* haricots *m pl* verts; **~e** *f* ‹-, -n› tranche; *(belegtes Brot)* tartine *f;* **~er** *m* ‹-s, -› moissonneur, faucheur *m;* **s~fest** *a (Tomate)* ferme; **~fläche** *f* (surface de la) coupe, section *f;* **~holz** *n* bois *m* débité *od* de sciage; **s~ig** *a (rassig, schick, bes. von e-m Auto)* racé, chic, élégant; **~lauch** *m* civ(ett)e, ciboulette *f;* **~muster** *n* patron *m* (de couture); **~punkt** *m* **1.** *math* point *m* d'intersection; **2.** *fig* (point *m* de) rencontre *f,* carrefour *m;* **~wunde** *f* coupure; *(größere)* entaille *f.*
Schnitz|el *n* ‹-s, -› ~'ʃnɪtsəl] **1.** rognure *f,* morceau; *(Papier)* bout *m* de papier; **2.** *(Küche)* escalope *f;* **~eljagd** *f* rallye-paper, rallie-papier *m;* **s~en** *tr* tailler *od* sculpter (sur bois); **~er** *m* ‹-s, -› **1.** *(Holz~)* sculpteur *m* (sur bois); **2.** *fig fam (Fehler)* gaffe, bévue; *(sprachlicher)* écart *m* de langage, incartade *f;* **~erei** *f* ‹-, -en› [-'raɪ] sculpture *f* sur bois.
schnöd(e) [ʃnø:t, '-də] **I.** *a (erbärmlich)* indigne, odieux, méprisable; *(gemein)* vil; **II.** *adv* de façon indigne.
Schnorchel *m* ‹-s, -› ['ʃnɔrçəl] *mar sport* schnorchel *m.*
Schnörkel *m* ‹-s, -› ['ʃnœrkəl] *allg (Verzierung)* fioriture, enjolivure *f;* ornement baroque; *(Schrift)* entrelacs *m.*
schnüffeln ['ʃnʏfəln] *itr* **1.** *(Tier)* renâcler; *(Mensch)* renifler; **2.** *fig* fureter, fouiner.
Schnuller *m* ‹-s, -› ['ʃnulər] tétine *f.*
Schnulze *f* ‹-, -n› ['ʃnultsə] chanson *f* de charme.
schnupf|en ['ʃnupfən] *tr (Tabak)* priser; *itr* prendre du tabac; *sich ~* se moucher; **S~en** *m* ‹-s, -› rhume de cerveau; *scient* coryza *m; den ~ haben (a.)* être enrhumé; **S~tabak** *m* tabac *m* à priser.
schnuppe ['ʃnupə] *a fam: das ist mir ~* je m'en moque (pas mal), je m'en fiche; *pop* je m'en fous.
schnuppern ['ʃnupərn] *itr (Hund)* flairer; *fig (Mensch)* renifler.
Schnur *f* ‹-, ⸚e› [ʃnu:r, 'ʃny:rə] corde *f,* cordon; lacet; *(Absteck~)* cordeau *m; (Bindfaden)* ficelle *f; (e-r Perlenkette)* fil *m.*
Schnür|band *n* ['ʃny:r-] lacet *m;* **~chen** *n: wie am ~ hersagen* réciter d'affilée; *wie am ~ können* savoir sur le bout du doigt; *das geht wie am ~* cela va comme sur des roulettes; **s~en** *tr* lacer, ficeler.
schnurgerade ['ʃnu:r-] *a* tiré au cordeau, tout droit.
Schnür|senkel *m* ['ʃnʏ:r-] lacet *m;* **~stiefel** *m* bottine *f* (à lacets), brodequin *m.*
schnurstracks ['ʃnu:r'ʃtraks] *adv* tout droit; *(sofort)* immédiatement; sur-le--champ.
Schnurr|bart *m* ['ʃnur-] moustache *f;* **s~bärtig** *a* moustachu; **s~en** *itr (Katze)* ronronner; *(Spinnrad)* ronfler; **~haare** *n pl zoo* vibrisses *f pl,* poils *m pl* tactiles; *(Katze)* barbe *f;* **s~ig** *a* drôle, cocasse; burlesque.
Schober *m* ‹-s, -› ['ʃo:bər] *(Heuschuppen)* grange; *(Heuhaufen)* meule *f* (de foin).
Schock [ʃɔk] **(1)** *n* ‹-(e)s, -e› **1.** soixantaine *f;* **2.** *fig fam (Menge)* quantité *f,* tas *m;* **(2)** *m* ‹-(e)s, -s/(-e)› *med* choc; *a. fig* soubresaut *m; fig* secousse *f,* ébranlement *m;* **s~ieren** ‹*ohne ge-*› [-'ki:rən] *tr* choquer; scandaliser.
Schöffe *m* ‹-n, -n› ['ʃœfə] échevin *m;* **~ngericht** *n* jury.
Schokolade *f* ‹-, -n› [ʃoko'la:də] chocolat *m.*
Scholle *f* ‹-, -n› ['ʃɔlə] **1.** *(Erd~)* motte de terre; *a. fig* glèbe *f;* **2.** *geol* lambeau, segment *m;* **3.** *(Fisch)* poisson *m* plat, plie, sole *f.*
schon [ʃo:n] *adv* **1.** *(zeitl., a. örtl.)* déjà; *~ von weitem sah ich ihn kommen* je le voyais déjà venir de loin; **2.** *(mit nachfolgender Zeitbestimmung)* dès; *~ damals* dès lors; *~ jetzt* dès maintenant; d'ores et déjà; *~ als Kind* dès mon *etc* enfance, tout enfant; *~es ist ~ lange her* il y a (déjà) longtemps; **3.** *(gewiß, doch, wohl)* bien (sûr), certainement, sans doute; — *~ oft* maintes (et maintes) fois; *~ wegen ...* ne serait-ce que pour ...; *ich weiß ~* je sais bien; *er wird ~ kommen* il viendra bien; *es wird ~ gehen* ça ira; *das mag ~ sein* cela *od* ça se peut; *mach ~! (fam: eil dich!)* dépêche-toi! *wenn ~, denn ~!* s'il le faut, allons-y! *~ gut!* ça va (bien); c'est bon; ça suffit; *~ recht!* je veux bien; soit! d'accord! oui, oui! *~ wieder* encore; **4.** *(mit nachfolgendem Art. u. s)* le, la seul(e) *od* simple ..., rien que le, la ...; *~ der Gedanke daß ...* rien que de penser que ...
schön [ʃø:n] **I.** *a* beau; bien fait; *(hübsch)* joli; *(angenehm)* agréable; *iron* honnête; **II.** *adv* bien; *interj* bon!

bien! soit! d'accord! *iron* parfait! — *aufhören, wenn es am ~sten ist* rester sur la bonne bouche; ~ *malen, schreiben, singen (etc)* peindre, écrire, chanter *etc* bien; ~ *werden (Wetter)* se mettre au beau; *ich lasse ~ grüßen* bien des choses de ma part; *das werde ich ~ seinlassen* je m'en garderai bien; *es ist ~(es Wetter)* il fait beau (temps) *od* bon; *das ist ~ von dir* c'est bien de ta part; *das ist alles ganz ~* od ~ *und gut, aber ...* tout cela est bel et bon *od* bien, mais ...; *das wäre noch ~er! (iron)* encore mieux! ah, par exemple! point de cela! *da haben wir uns was S~es eingebrockt! (fam)* nous nous sommes embarqués dans une belle affaire! *da haben Sie was S~es angerichtet!* vous avez fait là de la belle besogne *od* du beau travail! voilà un bel exploit! *bitte ~!* s'il vous plaît; *danke ~! ~en Dank!* merci beaucoup! merci bien! *das ist (ja) e-e ~e Geschichte!* en voilà une affaire! voilà un bel exploit! *etwas S~es (a.)* du gâteau; ~ *artig* od *brav* bien sage; *e-e ~e Summe* une belle somme d'argent; *~e (leere) Worte n pl* de belles paroles.

Schon|bezug *m* ['ʃo:n-] *a. mot* housse *f;* **s~en 1.** *tr* ménager, épargner; *(~d umgehen mit)* prendre soin de, soigner; *(rücksichtsvoll behandeln)* ménager, avoir des égards pour; **2.** *refl: sich ~* se ménager, ménager sa santé; **s~end I.** *a* plein d'égards; **II.** *adv* avec ménagements; — ~ *behandeln* ménager.

Schoner *m* ‹-s,-› ['ʃo:nər] **(1)** *mar* goélette *f,* schooner *m;* **(2)** *(Decke)* housse *f.*

schön|färben['ʃø:n-] *tr fig* peindre en rose; **S~geist** *m (Person),* bel esprit *m;* **~geistig** *a* de bel esprit.

Schönheit *f* ‹-, -en› ['ʃønhaɪt] **1.** beauté *f;* **2.** *(schöne Frau)* beauté, belle *f;* **~schirurgie** *f* chirurgie *f* esthétique; **~sfehler** *m* (petit) défaut *m* d'aspect; **~spflästerchen** *n* grain *m* de beauté, mouche *f;* **~ssinn** *m* sens du beau, goût *m.*

Schonkost *f* ['ʃo:n-] régime *m.*

schön|=machen ['ʃø:n-] **1.** *itr (Hund)* faire le beau; **2.** *refl: sich ~* se parer, s'endimancher; **~=schreiben** ‹*schrieb schön, schöngeschrieben*› *itr* calligraphier; **S~schrift** *f* calligraphie *f;* **~=tun** ‹*tut, tat schön, schöngetan*› minauder, faire le précieux (la précieuse) *od* le galant (la galante).

Schon|ung *f* ‹-, -en› ['ʃo:nuŋ] **1.** *(ohne pl)* ménagement *m;* égards *m pl* (*gen* pour); **2.** *(Wald)* bois *m* en défen(d)s, jeune plantation *f;* **s~ungslos** *a* sans ménagements; sans merci, impitoyable; **~zeit** *f* temps *m od* chasse *f* prohibé(e).

Schopf *m* ‹-(e)s, ⸚e› [ʃɔpf, 'ʃœpfə] *(Haarbüschel)* touffe *f* (de cheveux), toupet *m,* houppe *f.*

schöpf|en ['ʃœpfən] *tr* puiser (*aus* à, dans); *leer, voll ~* vider, remplir; **S~er** *m* ‹-s, -› *(Erschaffer)* créateur; auteur *m;* **~erisch** *a* créateur, producteur; **S~kelle** *f,* **S~löffel** *m* louche *f,* pucheux *m;* **~rad** *n* roue *f* à godets; **S~ung** *f* ‹-, (-en)› création *f;* **S~ungsgeschichte** *f (Bibel)* Genèse *f;* **S~werk** *n* noria *f.*

Schoppen *m* ‹-s, -› ['ʃɔpən] chop(in)e *f.*

Schorf *m* ‹-(e)s, -e› [ʃɔrf] escarre, croûte *f.*

Schornstein *m* ‹-(e)s, -e› ['ʃɔrnʃtaɪn] cheminée *f; (Lokomotive)* tuyau *m;* **~aufsatz** *m* mitre *od* couronne *f* de cheminée; **~feger** *m* ramoneur *m.*

Schoß *m* ‹-es, ⸚e› [ʃo:s, 'ʃø:sə] **1.** *fig* giron, sein; *(der Kirche a.)* bercail *m; (der Erde)* entrailles *f pl,* ventre *m;* **2.** *(Rock~)* basque *f,* pan *m;* — *auf jds ~* sur les genoux de qn; *das ist ihm in den ~ gefallen (fig)* cela lui est tombé du ciel; **~hund** *m* chien de manchon, bichon *m.*

Schößling *m* ‹-s, -e› ['ʃœslɪŋ] pousse *f,* jet, rejet(on) *m.*

Schote *f* ['ʃo:tə] ‹-, -n› *bot (Hülse)* cosse, gousse; *scient* silique *f.*

Schott [ʃɔt] *m* **(1)** ‹-s, -s› *(Salzsumpf)* chott *m;* **(2)** *n* ‹-(e)s, -e› *mar* cloison *f* (étanche).

Schott|e *m* ‹-n, -n› ['ʃɔtə], **~in** *f* ‹-, -nen› Écossais(e *f) m;* **~enmuster** *n* écossais *m.*

Schotter *m* ‹-s, -› ['ʃɔtər] cailloutis *m,* pierraille *f;* pierres *f pl* concassées; **s~n** *tr (Straße)* empierrer.

schott|isch ['ʃɔtɪʃ] *a* écossais; d'Écosse; **S~land** *n* l'Écosse *f.*

schraff|ieren [ʃra'fi:rən] ‹*ohne ge-*› *tr* hach(ur)er; **S~ierung** *f,* **S~ur** *f* ‹-, -en› [-'fu:r] (dessin *m* en) hachure(s *pl*) *f.*

schräg [ʃrɛ:k] **I.** *a* oblique; diagonal; en biais, de *od* en biseau; *(schief, geneigt)* incliné; **II.** *adv* obliquement; diagonalement, en diagonale; de travers, de *od* en biais, en biseau, en écharpe; *(geneigt)* en talus; ~ *gegenüber* de l'autre côté, un peu plus loin; **S~schrift** *f* écriture *f* penchée; **S~strich** *m* barre *f* oblique *od* de fraction.

Schramm|e *f* ‹-, -n› ['ʃramə] *allg* rayure; *(in der Haut)* éraflure, égratignure *f;* **s~en** *tr* rayer; érafler, égratigner.

Schrank *m* ‹-(e)s, ⸚e› [ʃraŋk, 'ʃrɛŋkə] *allg* armoire; *(Kleider~)* garde-robe *f; (Fächer~)* cabinet; *(Wand~)* placard; *(Geschirr~)* buffet *m; (Bücher~)* bibliothèque; *(Büro~)* armoire-classeur *f.*

Schranke *f* ‹-, -n› ['ʃraŋkə] **1.** barrière; *(bes. Gerichts~)* barre *f;* **2.** *fig* borne, limite *f;* **3.** *pl (Turnierplatz)* lice *f,* champ *m* clos; — *in die ~n fordern (fig)* provoquer; *in ~n halten (fig)* tenir dans les bornes; *jdm ~n setzen (fig)* imposer des limites à qn; *jdn in s-e ~n weisen (fig)* remettre qn à sa place; **s~nlos** *a* illimité, sans limites *od* bornes; *(ungezügelt)* sans frein, effréné, déréglé; **~nwärter** *m* garde-barrière, garde-voie *m.*

Schrankkoffer *m* ['ʃraŋk-] malle-armoire *f,* coffre-armoire *m.*

Schrapnell *n* ⟨-s, -e/-s⟩ [ʃrap'nɛl] *mil* shrapnel *m.*

Schraub|deckel *m* ['ʃraup-] couvercle *m* fileté; **~e** *f* ⟨-, -n⟩ [-bə] **1.** vis *f;* **2.** *mar aero* hélice *f;* — *e-e ~ (fest) anziehen* serrer une vis (à fond); *~ ohne Ende* vis *f* sans fin; **s~en** *tr* visser; *fester ~* serrer; **~endampfer** *m* vapeur *m* à hélice; **~engewinde** *n* filet *m* de vis; **~enkopf** *m* tête *f* de vis; **~enmutter** *f* écrou *m;* **~enschlüssel** *m* clé *f* à écrous; **~enzieher** *m* tournevis *m;* **~stock** *m* étau *m;* **~zwinge** *f* serre-joint(s) *m.*

Schrebergarten *m* ['ʃre:bər-] jardin *m* ouvrier.

Schreck *m* ⟨-(e)s, -e(n)⟩ [ʃrɛk] effroi *m,* frayeur *f;* = *~en; e-n ~ bekommen* s'effrayer, s'épouvanter; *jdm e-n ~ einjagen* faire peur à qn, effrayer qn; **~en** *m* ⟨-s, -⟩ effroi *m,* frayeur, terreur; *(Entsetzen)* épouvante, horreur *f; mit dem ~ davonkommen* en être quitte pour la peur; *in ~ versetzen* effrayer; **s~en** *tr* effrayer, effaroucher, épouvanter; **s~enerregend** *a* effrayant, terrifiant; **~gespenst** *n* cauchemar, épouvantail, croque-mitaine *m;* **s~haft** *a* impressionnable; peureux, craintif; **s~lich I.** *a* terrible, horrible, effroyable; *(entsetzlich)* épouvantable, affreux; **II.** *adv fam* terriblement, rudement, diablement; *(maßlos)* outrageusement; — *wie ~!* quelle horreur! **~schuß** *m* coup *m* blanc *od* tiré en l'air; **~sekunde** *f* temps *m* de réaction.

Schrei *m* ⟨-(e)s, -e⟩ [ʃraɪ] cri; *(Hahn)* chant *m; e-n ~ ausstoßen* pousser *od* jeter un cri; *der letzte ~ (Mode)* le dernier cri.

Schreibblock *m* ['ʃraɪb-] bloc-notes.

schreiben ['ʃraɪbən] ⟨*schrieb, geschrieben*⟩ *tr* **1.** écrire; **2.** *(auf~)* noter, mettre par écrit; *adm com a.* porter; *(Rechnung)* dresser, faire; *(Rezept)* formuler; *(verfassen)* écrire, composer; — *auf der (Schreib-)Maschine ~* écrire *od* taper à la machine, dactylographier; *ins reine ~* écrire au propre, mettre au net; *man schrieb das Jahr 1429* c'était l'an 1429; *wie ~ Sie sich?* comment s'écrit votre nom? **S~** *n (Brief)* lettre *f, com* courrier *m; (Schriftstück)* pièce *f,* écrit, document *m; Ihr geehrtes ~* votre honorée.

Schreib|er *m* ⟨-s, -⟩ ['ʃraɪbər] **1.** *(Beruf)* employé aux écritures; secrétaire; *pej* scribe; *(Ab~)* copiste; *(Gerichts~)* greffier *m;* **2.** *(Verfasser)* auteur; *(Graphologie)* scripteur *m;* **3.** *tech* (appareil) enregistreur *m;* **s~faul** *a* trop paresseux pour écrire; **~fehler** *m* erreur *od* faute *f* d'écriture *od* de plume; **~heft** *n* cahier *m;* **~kraft** *f (Person)* dactylo(graphe) *m f;* **~mappe** *f* sous-main *m;* **~maschine** *f* machine *f* à écrire; **~papier** *n* papier *m* à écrire; **~pult** *n* bureau-pupitre *m;* **~schrank** *m* secrétaire *m;* **~tisch** *m* bureau *m;* **~ung** *f* graphie *f,* graphisme, orthographe *m;* **~unterlage** *f* sous-main *m;* **~warenhändler** *m* papetier *m;* **~waren(handlung** *f***)** *f pl* papeterie *f;* **~zeug** *n* écritoire *m.*

schrei|en ['ʃraɪən] ⟨*schrie, geschrien*⟩ **1.** *itr* crier, pousser *od* jeter des cris, vociférer; *fam* brailler; *(dauernd)* criailler; *(herum~, pop)* gueuler; **2.** *tr (hinaus~)* clamer; — *nach etw ~* réclamer qc à grands cris; *sich heiser ~* s'égosiller; *zum Himmel ~ (fig)* être révoltant; **~end** *a* **1.** criant; **2.** *(Farbe)* criard, tapageur; — *eine ~e Ungerechtigkeit* une injustice criante; **S~hals** *m* criard, braillard; *pop* gueulard *m.*

Schrein *m* ⟨-(e)s, -e⟩ [ʃraɪn] *(Reliquien~)* châsse *f; (Sarg)* cercueil *m;* **~er** *m* ⟨-s, -⟩ menuisier; *(Kunst~)* ébéniste *m;* **~erei** *f* ⟨-, -en⟩ [-'raɪ] menuiserie; ébénisterie *f;* **s~ern** *itr* menuiser, faire de la menuiserie *od* de l'ébénisterie.

schreiten ['ʃraɪtən] ⟨*schreitet, schritt, geschritten*⟩ *itr* ⟨*sein*⟩ **1.** marcher; *(gemessen)* marcher à pas comptés; **2.** *fig (übergehen)* passer *od* procéder (*zu etw* à qc); — *über etw ~* franchir qc; *vorwärts ~* avancer.

Schrift *f* ⟨-, -en⟩ [ʃrɪft] **1.** *allg* écriture; *(Hand~ a.)* main; *(~system)* graphie *f;* **2.** *typ* caractères *m pl,* lettres *f pl;* **3.** *(Literaturwerk)* écrit *m,* œuvre *f; (kleine ~)* opuscule; *(Abhandlung)* traité *m; die Heilige ~* l'Écriture sainte, les saintes Écritures; **~deutsch** *n* allemand *m* littéraire; **~enreihe** *f (Buchhandel)* collection *f;* **~führer** *m* secrétaire *m;* **~gießerei** *f* fonderie *f* de caractères; **~leiter** *m (e-r Zeitung)* rédacteur *m* en chef; **~leitung** *f* rédaction *f;* **s~lich I.** *a* écrit; **II.** *adv* par écrit; *~ festhalten* od *niederlegen* mettre par écrit, consigner; **~probe** *f* épreuve *f od* spécimen *m* d'écriture; **~sachverständige** *m* expert en écritures, graphologue *m;* **~satz** *m* **1.** *typ* composition *f;* **2.** *adm jur* écriture *f,* mémoire *m;* **~setzer** *m typ* compositeur *m;* **~sprache** *f* langue *f* littéraire *od* écrite; **~steller** *m* écrivain, homme *m* de lettres *od* de plume; *pl a.* gens *m pl* de lettres; **~stellerin** *f* femme de lettres, femme *f* auteur; **~stellername** *m* nom *m* de plume; **~stück** *n* écrit *m*, pièce *f*; acte; document; papier *m*; *amtliches* ~ pièce *f* officielle; **~tum** *n* ‹-s, ø› lettres *f pl*; littérature *f*; **~wechsel** *m* correspondance *f*, échange *m* de lettres.

schrill [ʃrɪl] *a* aigu, strident, perçant.

Schritt *m* ‹-(e)s, -e› [ʃrɪt] **1.** pas *m*; *(großer)* enjambée *f*; **2.** *(Gangart)* allure *f*; **3.** *(Hose)* entrejambes *m*; **4.** *fig* pas *m*, démarche *f*; *pl (Tanz)* évolutions; *fig* démarches *f pl*; — ~ *für* ~ pas à pas, pied à pied; *fig a.* de point en point; *gemessenen ~es* à pas comptés; *drei ~e von* à quatre pas de; *(im)* ~ *fahren, reiten* aller *od* avancer au pas; *jdm auf ~ und Tritt folgen* s'attacher *od* être attaché aux pas de qn, marcher sur les pas de qn; *mitea.* ~ *halten* marcher au même pas; *mit der Zeit ~ halten (a.)* être à la page; *s-e ~e lenken nach* diriger *od* porter ses pas vers, s'acheminer vers; *große ~e machen* marcher à grands pas *od* à grandes enjambées; *den ersten ~ tun (fig)* faire le premier pas; *e-n großen ~ vorwärts tun (a. fig)* faire un grand pas en avant; *~e unternehmen* faire des démarches; **~macher** *m* **1.** *sport* entraîneur *m*; **2.** *fig (Bahnbrecher)* pionnier *m*; **s~weise** *adv* pas à pas, graduellement, par étapes.

schroff [ʃrɔf] **I.** *a* **1.** *(steil)* escarpé; *a. fig* raide, abrupt; **2.** *fig (barsch)* brusque, rude; **II.** *adv a.* avec raideur.

schröpfen [ˈʃrœpfən] *tr* **1.** *med* scarifier; appliquer des ventouses à; **2.** *fig* plumer, saigner, écorcher, gruger.

Schrot *m* od *n* ‹-(e)s, -e› [ʃroːt] **1.** *agr* gruau; *fin* poids *m* de l'alliage; **2.** *(Flinten~)* menu plomb, plomb *m* de chasse, grenaille, dragée *f*; — *ein Mann von altem ~ und Korn* un homme comme on n'en fait plus *od* de la vieille roche *od* de l'ancienne roche; **~brot** *n* pain *m* complet; **s~en** *tr (Getreide grob zerkleinern)* égruger; *allg* broyer, concasser.

Schrott *m* ‹-(e)s, -e› [ʃrɔt] ferraille, mitraille *f*, déchet *m* de métal; **~händler** *m* marchand *m* de ferraille; **~platz** *m* parc *m* à ferraille; **~wert** *m* valeur *f* résiduelle *od* de récupération.

schrubb|en [ˈʃrubən] *tr* frotter (avec un balai-brosse); **S~er** *m* ‹-s, -› balai-brosse *m*.

Schrull|e *f* ‹-, -n› [ˈʃrulə] caprice *m*, lubie *f*, tic *m*; **s~ig** *a* lunatique, fantasque, bizarre.

schrumpf|en [ˈʃrumpfən] *itr* ‹*sein*› se rétrécir, se contracter; se réduire, se resserrer; *(verkümmern)* se rabougrir; **S~ung** *f* ‹-, -en› rétrécissement *m*.

Schub *m* ‹-(e)s, ¨-e› [ʃuːp, ˈʃyːbə] **1.** poussée *f a. arch*; **2.** *(Brot, a. fig)* fournée *f*; **3.** *(Rakete)* poussée, impulsion *f*; **~karre(n** *m***)** *f* brouette *f*; **~kraft** *f aero* (puissance de) poussée *f*; **~lade** *f* tiroir *m*.

Schubs *m* ‹-es, -e› [ʃups] *dial (Stoß)* poussée *f*; **s~en** *tr* pousser; bousculer.

schüchtern [ˈʃʏçtərn] *a* timide; **S~heit** *f* ‹-, ø› timidité *f*.

Schuft *m* ‹-(e)s, -e› [ʃuft] coquin *m*, canaille, crapule *f*; gredin *m*; **s~en** *itr fam (schwer arbeiten)* travailler à bloc *od* comme un damné; *(fam)* bosser; *pop* boulonner, trimer; **~erei** *f* [-ˈraɪ] *fam (schwere Arbeit)* travail *m* de forçat, corvée *f*; **s~ig** *a* coquin; vil, bas; *pop* vache; **~igkeit** *f* ‹-, ø› canaillerie, gredinerie *f*.

Schuh *m* ‹-(e)s, -e› [ʃuː] **1.** chaussure *f*, soulier *m*; **2.** *tech* sabot, patin *m*; — *die ~e an-, ausziehen* mettre, ôter ses chaussures; *jdm etw in die ~e schieben (fig)* mettre qc sur le dos *od* le compte de qn; *ich weiß, wo Sie der ~ drückt (fig)* je sais où le bât vous blesse; **~anzieher** *m* chausse-pied *m*; **~band** *n* ‹-(e)s, ¨-er› lacet *m*; **~bürste** *f* brosse *f* à chaussures; **~geschäft** *n* magasin *m* de chaussures; **~größe** *f* pointure *f*; ~ *40 haben* chausser du 40; *welche ~ haben Sie?* quelle pointure faites-vous? **~krem** *f* cirage *m*; **~macher** *m* cordonnier *m*; **~macherei** *f* cordonnerie *f*; **~nummer** *f* = *Schuhgröße*; **~putzer** *m* cireur *m* (de chaussures); **~sohle** *f* semelle *f*; **~spanner** *m* embauchoir *m*.

Schukostecker *m* [ˈʃuːko-] *el* fiche *f* de sécurité.

Schul|alter *n* [ˈʃuːl-] âge *m* scolaire; **~arbeit** *f* devoir *m*; **~arzt** *m* médecin *m* scolaire *od* (chargé de l'inspection) des écoles; **~aufgabe** *f* devoir *m*; **~ausflug** *m* excursion *f* scolaire; **~bank** *f* banc *m* d'école; *die ~ drücken* aller à l'école, aller *od* être en classe; **~beispiel** *n* exemple *m* typique; **~besuch** *m* fréquentation *f* scolaire *od* de l'école; **~bildung** *f* éducation *od* formation *f* scolaire; *e-e gute ~ haben* avoir fait de bonnes études; **~buch** *n* livre *m* scolaire *od* de classe *od* classique.

Schuld *f* ‹-, -en› [ʃult, ˈ-dən] **1.** *fin* dette *f a. fig*; *pl (nur: fin)* dettes *f pl*; **2.** *(ohne pl) (Fehler)* faute *f*; *(Unrecht)* tort *m*; *jur* culpabilité *f*; — *durch meine ~* par ma faute; *ohne meine ~* sans qu'il y ait faute de ma part; *s-e ~ eingestehen* avouer sa faute, dire *od* faire son mea-culpa; *s-e ~en bezahlen* payer ses dettes; *jdm s~ geben* attribuer la faute à qn; *~en machen* faire *od* contracter des dettes; *die ~ auf sich nehmen* en prendre la responsabilité, s'imputer la faute; *an etw s~ sein* être la cause *od* responsable de qc; *bis an den Hals in ~en stecken* être accablé *od* criblé *od* perdu de dettes; *in jds ~ stehen* avoir des dettes, *fig* une dette de reconnaissance envers qn; *jdm die ~ an etw zuschieben* imputer à qn la faute de qc; *das ist meine ~* c'est (de) ma faute; **s~bewußt** *a* qui se sent coupable; *lit* conscient de sa culpabilité; **s~en** *tr* devoir (*jdm etw* qc à qn); être redevable (*jdm etw* à qn de qc); **~enerlaß** *m* remise *f* de dette; **s~enfrei** *a* exempt *od* quitte de dettes; *(Grundstück)* franc d'hypothèques; **~entilgung** *f* amortissement *m* (des dettes); **~forderung** *f* créance *f;* **~frage** *f* question *f* de culpabilité *od* de responsabilités; **~gefühl** *n* sentiment *m* de culpabilité; **s~haft** *a* coupable; fautif; **s~ig** *a* **1.** coupable; fautif; **2.** *(gebührend)* dû; — *sich ~ bekennen* s'avouer *od* plaider coupable, dire *od* faire son mea-culpa; *die Antwort nicht ~ bleiben* être prompt à la riposte; riposter du tac au tac; *sich ~ fühlen* se sentir coupable *od* en défaut; *~ sein* être en faute; *jdm etw* être redevable de qc à qn; devoir qc à qn, être en reste de qc avec qn; *~ sprechen* déclarer coupable; *ich bin es ihm ~ zu ...* je lui dois de ...; *was bin ich Ihnen ~?* combien vous dois-je? **~ige** *m f* coupable *m f;* **~igkeit** *f* ‹-, ø› devoir *m;* obligation *f; er hat nur s-e ~ getan* il n'a fait que son devoir; **s~los** *a* non coupable; innocent; *~ geschieden* divorcé à son avantage; **~losigkeit** *f* ‹-, ø› innocence *f;* **~ner** *m* ‹-s, -› ['-dnər] débiteur *m;* **~schein** *m* reconnaissance *f* de dette, titre *m* de créance.

Schule *f* ‹-, -n› ['ʃu:lə] **1.** *(Gebäude u. Unterricht)* école *f;* **2.** *(Unterricht)* classe *f;* **3.** *(Richtung in Kunst u. Wissenschaft)* école *f;* **4.** *(Lehrgang, System)* méthode *f;* **5.** *(Schwarm Fische)* banc *m;* — *zur ~ gehen* aller à l'école; *(Schüler sein)* être en classe; *~ haben* avoir classe; *in die* od *zur ~ kommen* entrer à l'école; *~ machen (fig)* faire école; *aus der ~ plaudern (fig)* commettre une indiscrétion; *die ~ schwänzen* faire l'école buissonnière; *heute ist keine ~* il n'y a pas classe aujourd'hui; *Hohe ~ (Reiten)* haute école *f; höhere ~* école *f* secondaire.

schulen ['ʃu:lən] *tr* instruire, entraîner.

Schüler|(in) *m* ‹-s, -› (*f* ‹-, -nen›) ['ʃy:lər] *allg* élève *m f; (e-r Schule, bes. im schulpflichtigen Alter)* écolier *m*, -ière *f; (e-s städt. Gymnasiums)* collégien(ne *f*); *(e-s staatl. Gymnasiums)* lycéen(ne *f*); *(e-r École normale (Lehrerseminar)* normalien(ne *f*) *m; (Jünger)* disciple *m;* **~austausch** *m* échange *m* scolaire *od* d'élèves; **~schaft** *f* élèves; collégiens; lycéens *m pl;* **~zeitung** *f* journal *m* des élèves.

Schul|fach *n* ['ʃu:l-] matière *f* (enseignée); **~ferien** *pl* vacances *f pl* scolaires; **~fernsehen** *n* télévision *f* scolaire; **~flugzeug** *n* avion-école, avion *m* d'instruction *od* d'entraînement; **s~frei** *a: ~ haben* avoir congé, être en congé; *~er Tag m* jour *m* de congé; **~freund** *m* ami *m* de collège; **~funk** *m* radio *f* scolaire; **~geld** *n* droits *m pl* de scolarité; **~heft** *n* cahier *m* de classe *od* d'écolier; **~hof** *m* cour *f* (de l'école *od* de récréation), préau *m;* **s~isch** *a* scolaire; **~jahr** *n* année *f* scolaire; **~kamerad** *m* camarade *m* d'école; **~kenntnisse** *f pl* connaissances *f pl* scolaires; **~kind** *n* écolier, ère *m f;* **~klasse** *f* (*Raum:* salle de) classe *f;* **~leiter** *m* directeur *m* d'école; **~mappe** *f* serviette *f;* **~medizin** *f* médecine *f* officielle; **s~meisterlich** *a (pedantisch)* pédant(esque); *(hochtrabend)* sentencieux; **s~meistern** *tr* régenter; *itr* faire la police; **~pflicht** *f* enseignement *m od* instruction obligatoire; obligation *f* scolaire; **s~pflichtig** *a: im ~en Alter* d'âge scolaire; **~rat** *m* inspecteur *m* de l'enseignement primaire; **~reform** *f* réforme *f* de l'enseignement *od* des études; **~schiff** *n* vaisseau-école, navire-école *m;* **~speisung** *f* cuisine *f* scolaire; **~stunde** *f* leçon, classe *f;* **~tasche** *f* cartable *m.*

Schulter *f* ‹-, -n› ['ʃultər] épaule *f; ~ an ~* coude à coude, côte à côte; *jdn über die ~ ansehen* regarder qn par-dessus l'épaule *od* du haut de sa grandeur; *jdm auf die ~ klopfen* donner une tape *od* des coups sur l'épaule à qn; *etw auf die leichte ~ nehmen (fig)* prendre qc à la légère *od* par-dessus la jambe; *jdm die kalte ~ zeigen* tourner le dos, être en froid avec qn; **~blatt** *n* omoplate *f;* **~breite** *f* largeur des épaules *od* du dos, carrure *f;* **~klappe** *f mil* patte *f* d'épaule; **s~n** *tr* mettre sur l'épaule, épauler; *geschultert tragen (Gewehr)* porter sur l'épaule; **~riemen** *m* bretelle *f,* baudrier *m,* bandoulière *f;* **~stück** *n mil (e-s Offiziers)* épaulette *f.*

Schul|ung *f* ‹-, -en› ['ʃu:luŋ] instruction *f,* entraînement *m,* formation *f;* **~unterricht** *m* enseignement *m* scolaire, instruction *f* publique; **~weisheit** *f* connaissances *f pl* livresques; scolaires; **~wörterbuch** *n* dictionnaire *m* à l'usage des écoles; **~zeit** *f* années *f pl* de scolarité; **~zeugnis** *n* certificat *m* d'études.

schumm(e)rig ['ʃum(ə)rıç] *a* créspusculaire.

Schund *m* ‹-(e)s, ø› [ʃunt, '-dəs] rebut *m,* camelote, pacotille *f.*

schunkeln ['ʃuŋkəln] *itr (schaukeln)* se balancer.

Schuppe *f* ‹-, -n› ['ʃupə] **1.** écaille, squame *f;* **2.** *(Kopf~)* pellicule *f;* — *es fiel mir wie ~n von den Augen* les écailles me sont tombées des yeux, mes yeux se dessillèrent.

Schuppen *m* ‹-s, -› ['ʃupən] hangar *m*, remise *f*, appentis *m*; *in den ~ stellen* remiser.

schupp|en ['ʃupən] *tr (die Schuppen entfernen von)* écailler; *sich ~* se desquamer; **S~entier** *n* pangolin *m*; **~ig** ['ʃupɪç] *a* écailleux, squameux; couvert d'écailles.

Schur *f* ‹-, -en› [ʃu:r] *(Scheren der Schafe)* tonte *f*.

Schür|eisen *n* ['ʃy:r-] pique-feu, tisonnier, attisoir, ringard, crochet *m* à feu; **s~en** *tr* tisonner; *a. fig* attiser, activer; *fig* fomenter, exciter.

schürf|en ['ʃʏrfən] **1.** *tr (die Haut)* écorcher; *(den Boden)* érafler; **2.** *itr mines* prospecter (*nach etw* qc); fouiller; **S~ung** *f* ‹-, -en› prospection *f*.

Schürhaken *m* ['ʃy:r-] = *Schüreisen.*

Schurke *m* ‹-n, -n› ['ʃurkə] fourbe *m*, crapule *f*, coquin, fripon *m*; **~nstreich** *m* tour *m* de coquin.

Schurwolle *f* ['ʃu:r-] laine *f* vierge; *reine ~* pure laine vierge.

Schurz *m* ‹-es, -e› [ʃurts] *(Lenden~)* pagne *m*; = *Schürze.*

Schürze *f* ‹-, -n› ['ʃʏrtsə] tablier *m*; **s~n** *tr* **1.** *(aufbinden)* (re)trousser, relever; **2.** *(schlingen)* nouer; *(Knoten)* faire; **~njäger** *m* coureur (de filles *od* de jupons), homme à femmes, dragueur *m*.

Schuß *m* ‹-sses, ⸚sse› [ʃus, 'ʃʏsə] **1.** coup (de feu); *(Gewehr-, Kanonen~)* coup *m* (de fusil, de canon); *(Ladung)* charge *f*; **2.** *(Fußball)* tir, shoot *m*; **3.** *(Weberei)* trame *f*; **4.** *(Getränkezusatz)* coup, doigt *m*; **5.** *(plötzliches, schnelles Wachstum)* pousse *f*; — *weit vom ~ (fig)* loin du danger *od* du but; *e-n ~ abgeben* tirer un coup; *er ist keinen ~ Pulver wert* il ne vaut pas la corde pour le pendre; *gut in ~ (fam)* en bon état; **s~bereit** *a* prêt à tirer *od* à faire feu.

Schüssel *f* ‹-, -n› ['ʃʏsəl] plat *m*; *(Napf)* écuelle; *(randlose)* jatte; *(tiefe)* terrine *f*; **~wärmer** *m* chauffe-plats *m*.

Schuß|fahrt *f* ['ʃus-] *(Schi)* descente *f* schuss; **~linie** *f* ligne *f* de tir *od* de site; **~richtung** *f* axe *od* sens *m* de tir; **~waffe** *f* arme *f* à feu; **~weite** *f* portée *f*; *außer ~* hors de portée *od fig* d'atteinte; *in ~* à portée; **~wunde** *f* blessure *f* par balle *od* par arme à feu.

Schuster *m* ‹-s, -› ['ʃu:stər] *(meist pej für: Schuhmacher)* cordonnier; *(Flick~)* savetier *m*; *~, bleib bei deinem Leisten!* (à) chacun son métier! **s~n 1.** *itr* faire le métier de cordonnier; réparer *od* raccommoder les chaussures; **2.** *tr fig fam (verfertigen)* bâcler, saboter.

Schutt *m* ‹-(e)s, ø› [ʃut] **1.** *(Geröll; Trümmer)* débris *m pl*; **2.** *(Geröll, Abraum)* éboulis *m*; *(Bau~)* décombres, déblais; *(Bau~, bes. Gips~)* gravats, gravois *m pl*; — *in ~ und Asche legen* réduire en cendres; **~abladen** *n*: *~ verboten!* défense de déposer des ordures; **~abladeplatz** *m* dépôt *m* d'ordures, décharge *f* (publique).

Schütt|elfrost *m* ['ʃʏtəl-] frissons *m pl* (de fièvre); **s~eln** *tr* secouer, agiter, remuer, branler; *den Kopf ~* hocher la tête; *etw aus dem Ärmel ~* improviser *od* faire obtenir qc sans difficulté *od* en un tournemain; *jdm die Hand ~* serrer la main à qn; *vor Gebrauch ~* agiter avant l'emploi *od* de s'en servir; **s~en** *tr (gießen, ver~)* verser; *(ausstreuen)* répandre; *(auf~)* jeter; *es schüttet (regnet stark)* il pleut à verse; **s~er** *a (gelichtet)* clairsemé.

Schutt|halde *f* ['ʃut-] éboulis, crassier *m*; **~haufen** *m* tas *m* de décombres.

Schutz *m* ‹-es, ø› [ʃuts] **1.** protection, (sauve)garde, tutelle; *(~herrschaft)* égide *f*, patronage *m*; **2.** *(Verteidigung)* défense; *(Erhaltung)* garantie, préservation *f*; **3.** *(Zuflucht)* abri, refuge, asile *m*; — *im ~e der Nacht* od *Dunkelheit* à la faveur de la nuit; *jdn in ~ nehmen* défendre qn; *~ suchen* se réfugier (*bei* chez *od* auprès de); chercher abri (*vor* contre); **~anzug** *m* vêtement *m* de protection; **s~bedürftig** *a* qui a besoin de protection; **~blech** *n (am Fahrrad)* garde-boue *m*; **~brille** *f* lunettes *f pl* protectrices; **~dach** *n* auvent, abri *m*.

Schütze *m* ‹-n, -n› ['ʃʏtsə] *(Schießender)* tireur; *der ~ (astr)* le Sagittaire.

schützen ['ʃʏtsən] *tr* protéger (*vor* de, contre); prémunir (*vor* contre); préserver, abriter, garantir (*vor* de); sauvegarder; *gesetzlich geschützt* protégé par la loi; **~d** *a* protecteur.

Schützenfest *n* ['ʃʏtsən-] fête *f od* concours *m* de tir.

Schutzengel *m* ['ʃuts-] ange *m* gardien.

Schützen|graben *m* ['ʃʏtsən-] tranchée *f* (de tir); **~kette** *f* ligne *f* de tirailleurs; **~könig** *m* roi *m* de la fête de tir; **~loch** *n mil* trou *m* individuel.

Schutz|färbung *f* ['ʃuts-] *zoo* mimétisme *m*; **~frist** *f (für geistiges Eigentum)* délai *m* de protection; **~gebiet** *n pol* protectorat *m*; **~gebühr** *f* taxe *f* autorisée; **~gitter** *n* grillage *od* treillis *m* de protection; grille *f* protectrice; **~haft** *f* détention *f* par mesure de sécurité; **~heilige** *m f* patron(ne *f*) *m*; **~herr** *m* protecteur, patron *m*; **~herrschaft** *f pol* protectorat; *adm* patronage *m*; **~hülle** *f* enveloppe *f* protectrice, emballage *m* de protection; housse *f*; *(Buch)* couvre-livre *m*; **~hütte** *f* abri, refuge *m*.

Schützling *m* ‹-s, -e› ['ʃʏtslɪŋ] protégé(e *f*) *m*.

schutz|los ['ʃuts-] *a* sans protection,

sans abri; **S~macht** *f* puissance *f* protectrice *od* tutélaire; **S~mann** *m* ‹-(e)s, -männer/-leute› agent de police; *(vx)* sergent *m* de ville; **S~marke** *f com* marque *f* déposée; **S~maßnahme** *f* mesure *f* de protection *od* de sauvegarde; **S~mittel** *n* produit protecteur; (moyen *m* de) prémunition *f*, préservateur; *med* préservatif *m;* **S~polizei** *f* police (municipale), sûreté *f;* **S~raum** *m (Luft~)* abri *m* (antiaérien); **S~umschlag** *m* couverture de protection; *(e-s Buches)* jaquette *f; in ~* sous jaquette; **S~wall** *m* rempart *m;* **S~zoll** *m* droit *m* protecteur; **S~zollpolitik** *f*, **S~zollsystem** *n* protectionnisme *m*.

Schwabe *m* ‹-n, -n› ['ʃva:bə] Souabe *m;* **~n** *n* la Souabe; **~nstreich** *m* sottise, balourdise *f;* **schwäbisch** *a* souabe, de Souabe.

schwach [ʃvax] ‹*schwächer, schwächst*› *a* **1.** *allg* faible *a. fig;* **2.** *(Körper a.)* chétif, frêle; *(kränklich)* débile; *(Gesundheit)* fragile, délicat, précaire; *(Puls)* faible; *(Gedächtnis)* infidèle; **3.** *(Getränk: dünn) a.* léger; **4.** *(Jahrgang)* creux; **5.** (machtlos) impuissant; — *schwächer werden* s'affaiblir, s'amortir; *(Licht a.)* se dégrader; *die wirtschaftlich S~en m pl* les économiquement faibles *m pl; die ~e Stelle (fig)* le point faible, le défaut de la cuirasse.

Schwäche *f* ‹-, -n› ['ʃvɛçə] *(vgl. schwach)* **1.** faiblesse *f;* **2.** débilité; *a. fig* fragilité, infirmité *f;* **3.** *(Machtlosigkeit)* impuissance *f;* **4.** *(Vorliebe) eine ~ haben für (fam)* avoir un faible pour; **~anfall** *m* défaillance *f;* **s~n** *tr* **1.** affaiblir, débiliter, exténuer; aveulir; **2.** *(ab~, vermindern)* amoindrir, diminuer, réduire.

Schwach|heit *f* ‹-, -en› ['ʃvax-] faiblesse *f fig;* **~kopf** *m* esprit faible, imbécile *m*.

schwäch|lich ['ʃvɛçlıç] *a* faible, chétif, frêle; *(kränklich)* débile, malingre; *(Kind: zurückgeblieben)* déficient; *fam* faiblard; **S~lichkeit** *f* ‹-, ø› faiblesse, débilité *f;* **S~ling** *m* ‹-s, -e› *pej* faible, gringalet, homme *m* débile *od* sans énergie *od* sans caractère.

Schwach|sinn *m* ['ʃvax-] débilité (mentale), imbécillité *f;* **s~sinnig** *a* faible d'esprit, mentalement diminué, imbécile; **~sinnige** *m f* ‹-n, -n› faible *m f* d'esprit, diminué(e *f*) *m* mental(e); imbécile *m f;* **~strom** *m* ‹-(e)s, ø› *el* courant *m* à basse tension *od* faible *od* lumière.

Schwächung *f* ‹-, -en› ['ʃvɛçuŋ] **1.** affaiblissement *m*, débilitation, exténuation *f*, aveulissement *m;* **2.** amoindrissement *m*, diminution; atténuation *f*.

Schwadron *f* ‹-, -en› [ʃva'dro:n] *mil hist* escadron *m*.

Schwager *m* ‹-s, ¨-› ['ʃva:-, 'ʃvɛ:gər] beau-frère *m*.

Schwägerin *f* ‹-, -nen› ['ʃvɛ:gərın] belle-sœur *f*.

Schwalbe *f* ‹-, -n› ['ʃvalbə] hirondelle *f; e-e ~ macht noch keinen Sommer* une hirondelle ne fait pas le printemps; **~nnest** *n* nid *m* d'hirondelle.

Schwall *m* ‹-(e)s, -e› [ʃval] *(Woge, Guß)* vague *f; a. fig (Wort~)* flot *m*.

Schwamm *m* ‹-(e)s, ¨-e› [ʃvam, 'ʃvɛmə] **1.** *(zoo* u. *Gebrauchsgegenstand)* éponge *f;* **2.** *(Feuer~)* amadou *m;* **3.** *dial (Pilz)* champignon *m;* **4.** *med (Geschwulst)* fongus *m;* **— ~** *drüber! (fig)* passons l'éponge là-dessus! tirons le rideau! **s~ig** *a* spongieux; *(weich)* cotonneux.

Schwan *m* ‹-(e)s, ¨-e› [ʃva:n, 'ʃvɛ:nə] *orn* cygne *m*.

schwanen ['ʃva:nən] *itr impers: mir schwant, daß* j'ai un vague pressentiment que; *mir schwant nichts Gutes* je ne présage *od* je n'augure rien de bon.

schwanger ['ʃvaŋər] *a* enceinte, grosse; en état de grossesse; *~ werden* devenir enceinte, concevoir; **S~e** *f* ‹-n, -n› femme *f* enceinte.

schwängern ['ʃvɛŋərn] *tr* rendre enceinte, engrosser, féconder; *geschwängert pp fig* imprégné, saturé (*mit* de).

Schwangerschaft *f* ‹-, -en› ['ʃvaŋərʃaft] grossesse; maternité *f;* **~sbeihilfe** *f* allocation *f* prénatale; **~sunterbrechung** *f* interruption *f* de grossesse; **~sverhütung** *f* contraception *f*.

Schwank *m* ‹-(e)s, ¨-e› [ʃvaŋk, 'ʃvɛŋkə] **1.** *(Spaß)* bouffonnerie, facétie *f;* **2.** *theat* facétie, farce *f*.

schwank|en ['ʃvaŋkən] *itr* **1.** chanceler, branler, balancer, vaciller, osciller; **2.** *fig (Sache, a. Preise)* fluctuer, varier; **3.** *(unentschlossen sein)* chanceler, être indécis; *(zögern)* hésiter; **S~en** *n* **1.** chancellement, branlement, balancement, vacillement *m*, oscillation *f;* **2.** fluctuation, variation *f;* **3.** *(d. Preise, a.)* incertitude; indécision, irrésolution; hésitation *f;* **~end** *a* **1.** chancelant, branlant, vacillant; **2.** *fig* fluctuant; *(wechselnd)* variable; *(unsicher)* incertain; **3.** *(unentschlossen)* indécis, irrésolu; *(zögernd)* hésitant; **S~ung** *f* ‹-, -en› *fig* fluctuation, oscillation, variation.

Schwanz *m* ‹-es, ¨-e› [ʃvants, 'ʃvɛntsə] queue *f a. fig; mit dem ~ wedeln* agiter *od* remuer la queue.

schwänz|eln ['ʃvɛntsəln] *itr (schöntun)* se pavaner, faire le beau; **~en** *tr (fernbleiben von)* sécher *pop; die Schule ~* faire l'école buissonnière.

Schwarm *m* ‹-(e)s, ¨-e› [ʃvarm, 'ʃvɛrmə] *ent (Hautflügler), a. fig* essaim; *(Heuschrecken)* vol *m*, nuée; *orn* volée *f; (Fische)* banc *m; (Menschen)* bande, troupe, foule, nuée, ribambelle *f; das ist* *mein* ~ j'en ai le béguin, j'en suis entiché.

schwärm|en ['ʃvɛrmən] *itr* **1.** ‹*sein*› *ent* essaimer, jeter (un essaim); *mil* se déployer en tirailleurs; **2.** ‹*h*› *fig (begeistert sein)* être enthousiasmé *od* passionné *od* emballé (*für* pour); être engoué *od* entiché, avoir le béguin (*für* de); **S~er** *m* ‹-s, -› **1.** enthousiaste, exalté *m;* **2.** *ent* sphinx *m;* **3.** *(Feuerwerk)* fusée *f* courante, serpenteau *m;* **S~erei** *f* ‹-, -en› [-'raɪ] enthousiasme *m*, exaltation *f;* engouement, emballement, raffolement, entichement *m;* **~erisch** *a* enthousiaste, romanesque; exalté.

Schwarte *f* ‹-, -n› ['ʃva:rtə] **1.** *(dicke Haut)* couenne *f;* **2.** *fam pej (altes Buch)* vieux bouquin *m.*

schwarz [ʃvarts] **I.** *a* **1.** noir; **2.** *fig (dunkel, trübe) a.* sombre, triste; *(böse, teuflisch)* infernal; **II.** *adv fig (heimlich, unerlaubt, unberechtigt)* clandestinement, en fraude; sans billet, sans permis; — *in S~ (Trauer)* en noir, vêtu de noir; ~ *auf weiß* noir sur blanc, par écrit; ~ *werden* se noircir; *es wurde mir ~ vor den Augen* j'en ai vu trente-six *od* mille chandelles; *das S~e Brett* le tableau d'affichage; *die ~e Liste* la liste noire; *das S~e Meer* la mer Noire; *~er Tag m (fig)* jour *m* funeste *od* néfaste *od* de malheur; **S~afrika** *n* l'Afrique *f* Noire; **~afrikanisch** *a* d'Afrique noire, négro-africain; **S~arbeit** *f* travail *m* noir *od* illicite *od* non déclaré; **~braun** *a* tête-de-nègre; **S~brot** *n* pain *m* noir *od* bis; **S~e** *m f (Neger(in))* noir(e *f*) *m.*

Schwärze *f* ‹-, (-n)› ['ʃvɛrtsə] noir *m*, noirceur; *(schwarzer Fleck)* noircissure *f; (Farbstoff)* noir *m;* **s~n** *tr* noircir; *(mit Kohle)* charbonner; *typ* encrer.

schwarz|fahren ['ʃvarts-] ‹*fährt, fuhr schwarz, schwarzgefahren*› *itr* ‹*sein*› *loc* voyager sans billet; *fam* resquiller; **~haarig** *a* aux cheveux noirs; **S~handel** *m* commerce clandestin *od* illicite, marché *m* noir; **S~händler** *m* marchand interlope, trafiquant *m* du marché noir; **S~hörer** *m radio* écouteur *od* auditeur clandestin, parasite; *fam* resquilleur *m;* **S~künstler** *m* magicien, nécromancien *m.*

schwärzlich ['ʃvɛrtslɪç] *a* noirâtre; tirant sur le noir.

Schwarz|markt *m* ['ʃvarts-] marché *m* noir; **s~=sehen** ‹*sieht, sah schwarz, schwarzgesehen*› *itr* **1.** *(Pessimist sein)* voir tout en noir, être pessimiste; **2.** *TV fam* resquiller; — *ich sehe schwarz* je ne suis pas très optimiste; **~seher** *m* **1.** mauvais esprit, pessimiste *m;* **2.** *TV fam* resquilleur *m;* **~sender** *m* émetteur *m* clandestin; radio *f* pirate; **~wald,** *der* la Forêt-Noire; **s~weiß** *a* (en) noir et blanc; **~weißfoto(grafie** *f*) *n* photo(graphie) *f* (en) noir et blanc; **~wild** *n* sangliers *m pl;* **~wurzel** *f bot* salsifis *m* (noir), scorsonère *f.*

Schwatz *m* ‹-es, -e› [ʃvats] *fam (Geplauder)* causette, bavette *f;* **s~en** *itr* bavarder, babiller, jaser, jaboter.

Schwätzer(in) *m* ‹-s, -› (*f* ‹-, -nen›) ['ʃvɛtsər(ɪn)] bavard(e *f*) *m;* jaseur *m*, -euse *f.*

schwatzhaft ['ʃvatshaft] *a (geschwätzig)* bavard, verbeux; loquace; *(indiskret)* indiscret; **S~igkeit** *f* ‹-, ø› loquacité, verbosité; indiscrétion *f.*

Schwebe *f* ‹-, ø› ['ʃve:bə] *(Gleichgewicht)* balance *f; in der ~* en balance, suspendu; *fig* en suspens, dans l'incertitude, sans solution, pendant; **~bahn** *f* chemin *m* de fer aérien *od* suspendu; **~balken** *m (Turngerät)* poutre *f;* **~bühne** *f tech* échafaudage *m* volant; **s~n** *itr* **1.** *orn, ent, aero, fig* planer; **2.** *fig (in der ~e sein)* être pendant *od* en suspens; — *in Gefahr ~* être en danger; *es schwebt mir vor Augen* je l'ai devant les yeux; **s~nd** *a* **1.** planant; **2.** *fig* pendant, en suspens.

Schwed|e *m* ‹-n, -n› ['ʃve:də], **~in** *f* ‹-, -nen› Suédois(e *f*) *m;* **~en** *n* la Suède; **s~isch** *a* suédois, de Suède; *(das) S~(e) n* le suédois.

Schwefel *m* ‹-s, ø› ['ʃve:fəl] soufre *m;* **s~haltig** *a* sulfureux; **s~n** *tr* soufrer; *(Faß)* mécher; **~quelle** *f* source *f* sulfureuse; *pl a.* eaux *f pl* sulfureuses; **~säure** *f* acide *m* sulfurique; **~wasserstoff** *m* acide sulfhydrique, hydrogène *m* sulfuré.

Schweif *m* ‹-(e)s, -e› [ʃvaɪf] *lit poet (Schwanz)* queue *f, a. astr (e-s Kometen).*

schweifen ['ʃvaɪfən] *itr* ‹*sein*› *(wandern, irren)* vagabonder, divaguer; *(Tier)* errer, vaguer; *fig (Gedanken)* vaguer, vagabonder; ~ *lassen (Blick)* promener; *(Gedanken)* laisser errer.

Schweig|egeld *n* ['ʃvaɪgə-] prix du silence; *pej* pot-de-vin *m;* **~emarsch** *m* marche *od* manifestation *f* silencieuse; **~eminute** *f* minute *f* de silence *od* de recueillement; **s~en** ‹*schwieg, geschwiegen*› *itr* se taire (*von* od *über* sur); observer *od* garder le silence (*von* od *über* sur); *ganz zu ~ von . . .* sans parler de . . ., sans compter . . .; ~ *können* être maître de sa langue; *die Waffen ~* les armes se sont tues; **~en** *n* silence, mutisme *m; das ~ brechen* rompre le silence; *jdn zum ~ bringen* réduire qn au silence, faire taire qn; *a.* museler qn; *sich in ~ hüllen* se renfermer dans le silence; **s~end I.** *a* silencieux; **II.** *adv* silencieusement, en silence; **~epflicht** *f: ärztliche ~* secret *m* médical; **s~sam** ['-kza:m] *a* silencieux, taciturne; *(ver-*

schwiegen) discret; **~samkeit** *f* ‹-, ø› taciturnité *f;* mutisme, silence *m.*

Schwein *n* ‹-(e)s, -e› [ʃvaɪn] **1.** *a. fig vulg pej* cochon *m;* **2.** *(bes. Fleisch)* porc *m;* **3.** *fig pej* goret, saligaud *m;* **4.** *fig pop (Glück)* veine, chance *f;* — *kein ~ (vulg: niemand)* personne; *~ haben (fam)* avoir de la veine, être verni; **~ebestand** *m* cheptel *m* porcin; **~ebraten** *m* rôti *m* de porc; **~efett** *n* graisse *f* de porc; *(ausgelassen)* saindoux *m;* **~efleisch** *n* (viande *f* de) porc *m;* **~efutter** *n* **1.** nourriture *f* pour cochons *od* porcs; **2.** *fig* mangeaille *f,* rata *m;* **~ehund** *m pop* (peau de) vache *f;* **~erei** *f* ‹-, -en› [-'raɪ] *pop (Unsauberkeit)* cochonnerie, saleté; *(Übelstand)* crasse, rosserie, saloperie; *(Zote)* saloperie, obscénité *f;* **~eschmalz** *n* saindoux *m;* **~estall** *m* **1.** étable *f* à porcs; **2.** *fig pej* étable à pourceaux, bauge *f; das ist (ja) ein ~!* c'est une vraie écurie! **~sborste** *f* soie *f* de porc *od* de sanglier; **~sleder** *n* peau *f od* cuir *m* de porc.

Schweiß *m* ‹-es, (-e)› [ʃvaɪs] **1.** sueur; transpiration; *(leichter)* moiteur; *(Pferd)* écume *f;* **2.** *(an Gefäßen, Wänden, Scheiben)* buée *f;* — *im ~e seines Angesichts (fig)* à la sueur de son front; *der ~ trat mir auf die Stirn* la sueur perla sur mon front; *wie in ~ gebadet* baigné *od* trempé de sueur, en nage, tout en sueur *od* en eau; **~ausbruch** *m physiol* sueurs *f pl;* **s~bedeckt** *a* couvert de sueur; **~brenner** *m tech* chalumeau *m* oxhydrique; **~drüse** *f anat* glande *f* sudoripare; **s~en** *tr tech* souder; **~en** *n* soudage *m,* soudure *f;* **~füße** *m pl: ~ haben* transpirer des pieds; **~stelle** *f tech* soudure *f;* **s~treibend** *a pharm* sudorifique; *~es Mittel n* sudorifique *m;* **s~triefend** *a* ruisselant de sueur; **~tropfen** *m* goutte *f* de sueur.

Schweiz, *die* [ʃvaɪts] la Suisse; *die deutsche, französische ~* la Suisse alémanique, romande; **~er I.** *m* ‹-s, -› **1.** Suisse *m;* **2.** *(Türhüter)* suisse *m;* **3.** *(Melker)* vacher *m;* **II.** *a* suisse, de Suisse; *~ Käse m* (fromage de) gruyère *m;* **~erin** *f* ‹-, -nen› Suissesse *f;* **s~erisch** *a* suisse, de Suisse; helvétique.

schwelen ['ʃveːlən] **1.** *itr* brûler sans flamme, se consumer lentement; *a. fig* couver; **2.** *tr tech* (faire) brûler lentement.

schwelg|en ['ʃvɛlgən] *itr (prassen)* faire bombance *od* ripaille; *in etw ~* nager dans qc; *fig* s'enivrer, se griser de qc; **S~erei** *f* ‹-, -en› [-'raɪ] goguette, débauche, orgie *f;* **~erisch** *a* voluptueux.

Schwelle *f* ‹-, -n› ['ʃvɛlə] **1.** *(Tür~)* seuil *a. fig* u. *psych;* pas *m* (de porte); **2.** *loc* traverse, bille *f;*

schwell|en ['ʃvɛlən] **1.** ‹*schwillt, schwoll, geschwollen*› *itr* ‹*sein*› s'enfler, (se) gonfler; *(die Brust)* se dilater; *med* se tuméfier; *(Gewässer)* croître, être en crue; **2.** ‹*schwellte, geschwellt*› *tr* ‹*h*› (faire) enfler *od* gonfler; dilater; — *ihm schwillt der Kamm (fig)* il a la tête enflée; *(fam)* il ne se sent plus; **S~körper** *m anat* corps *m* érectile; **S~ung** *f* ‹-, -en› gonflement *m;* enflure; *med* tuméfaction *f.*

Schwemm|e *f* ‹-, -n› ['ʃvɛmə] *(fürs Vieh)* abreuvoir, gué *m;* **s~en** *tr (spülen)* rincer *od* laver à grande eau; **~land** *n* terrains *m pl* alluviaux *od* d'alluvions.

Schwengel *m* ‹-s, -› ['ʃvɛŋəl] **1.** *(Pumpe)* balancier, bras *m;* **2.** *(Glocke)* battant *m.*

schwenk|bar ['ʃvɛŋk-] *a* orientable, tournant, basculant, pivotant, à pivot, articulé; **~en** *tr* ‹*h*› **1.** *(hin u. her bewegen, bes. Hut, Taschentuch, Fahne)* agiter; *(schwingen)* brandir; **2.** *(Küche)* faire sauter; **3.** *tech (drehen)* tourner, pivoter, orienter; *itr* ‹*sein*› **4.** basculer, changer *od* faire un changement de direction, tourner; *mil* converser; **5.** *fig* opérer un revirement; **S~ung** *f* ‹-, -en› **1.** *mil* changement *m* de direction, conversion *f;* **2.** *a. fig* volte-face *f; fig* changement d'opinion; revirement *m.*

schwer [ʃveːr] **I.** *a* **1.** *(von großem Gewicht)* lourd, pesant; *(Last)* pondéreux; **2.** *(massig)* massif; *(plump, ~fällig)* massif, lourdaud, engourdi; **3.** *agr (Boden)* gras; **4.** *(~ verdaulich)* lourd, difficile à digérer, d'une digestion difficile, indigeste; **5.** *(zu Kopf steigend)* fort, corsé, profond, capiteux; *(Tabak)* fort; *(Zunge)* épais; **6.** *(Krankheit)* grave; *(Strafe)* sévère, rigoureux; **7.** *(schwierig)* difficile, ardu; *(beschwerlich)* dur, pénible, malaisé; *(ermüdend)* fatigant; **8.** *(bedeutend, groß)* gros, grand, important; **II.** *adv* **1.** *(mühselig)* durement, laborieusement, péniblement; **2.** *(streng)* sévèrement, rigoureusement; *(ernstlich)* gravement, serieusement; **3.** *fam (sehr)* très, fort; *(viel)* beaucoup (de); — *~ arbeiten* travailler dur; *~ aufgehen (Tür, Behälter)* être dur à ouvrir; *S~es durchmachen* passer par de rudes épreuves; *es (sehr) ~ haben* avoir (bien) du mal; en voir de dures; *pop* en baver; *es jdm, jdm das Leben ~ machen* rendre *od* mener la vie dure à qn; *zwei Zentner ~ sein* peser 1 quintal; *das ist nicht (so) ~ (a.)* ce n'est pas malin *od* le diable; *~er Fehler m* faute *f* grave; *~e Sünde f* gros péché *m; ~es Verbrechen n* grand crime *m;* **S~arbeit** *f* travail *m* pénible; **S~arbeiter** *m* travailleur *m* de force; **S~athletik** *f (Gewichtheben)* haltérophilie *f,* poids et haltères *pl;* **S~beschädigte** *m* grand mutilé *m;* **~bewaffnet** *a* armé jusqu'aux dents;

mil muni d'armement lourd; **S~e** *f* ‹-, ø› **1.** *(Gewicht)* poids *m,* pesanteur; *phys* gravité *f; med (in d. Beinen)* lourdeurs *f pl;* **2.** *fig (Wichtigkeit, Ernst, a. e-r Krankheit)* gravité; *(e-r Strafe)* sévérité, rigueur; *(e-s Verbrechens)* atrocité *f;* **~elos** *a* sans poids *od* pesanteur; **S~elosigkeit** *f* ‹-, ø› apesanteur, non-pesanteur, agravité, impondérabilité *f;* **S~enöter** *m* ‹-s, -› [-nø:tər] coureur, homme à femmes; galant *m;* **~≈fallen** ‹*fällt, fiel schwer, schwergefallen*› *itr impers* ‹*sein*› *: jdm ~* donner beaucoup de peine, être pénible, coûter à qn; *es fällt mir ~ zu ...* j'ai du mal à ... ; **~fällig** *a* (d'esprit) lourd, lourdaud, pesant, épais, engourdi; *(Stil)* lourd; **S~fälligkeit** *f* ‹-, ø› lourdeur, pesanteur, épaisseur *f;* **S~gewicht** *n* **1.** *sport* poids *m* lourd; **2.** *fig (Nachdruck): das ~ liegt auf ...* l'accent est mis sur ...; **S~gewichtler** *m* ‹-s, -› *sport* poids *m* lourd; **~hörig** *a* dur d'oreille; *~ sein (a.)* avoir l'oreille dure, entendre dur; **S~hörigkeit** *f* ‹-, ø› dureté *f* d'oreille; **S~industrie** *f* industrie *f* lourde *od* métallurgique; **S~kraft** *f* ‹-, ø› *phys* gravitation, (force de) pesanteur *f;* **S~kriegsbeschädigte** *m* grand mutilé *m* de guerre; **~lich** *adv* difficilement, avec *od* à peine; **S~mut** *f* ‹-, ø› humeur sombre, tristesse, mélancolie; *bes. med* hypocondrie *f;* **~mütig** *a* sombre, triste, mélancolique; hypocondriaque; **~≈nehmen** ‹*nimmt, nahm schwer, schwergenommen*› *tr* prendre au sérieux; *nehmen Sie es nicht so ~!* ne vous en faites pas; **S~punkt** *m* **1.** *phys* centre *m* de gravité *a. fig;* **2.** *fig* point capital; élément *m* central *od* essentiel; **~reich** *a fam* richissime.

Schwert *n* ‹-(e)s, -er› [ʃve:rt] épée *f; lit u. fig* glaive *m;* **~lilie** *f* iris *m.*

Schwer|verbrecher *m* ['ʃve:r-] grand criminel *m;* **s~verdaulich** *a* indigeste, d'une digestion difficile; **s~verletzt** *a* grièvement blessé; **s~wiegend** *a (entscheidend)* grave.

Schwester *f* ‹-, -n› ['ʃvɛstər] **1.** *a. rel* sœur *f;* **2.** *(Kranken~)* infirmière; *rel* religieuse *f.*

Schwieger|eltern *pl* ['ʃvi:gər-] beaux-parents *m pl;* **~mutter** *f* belle-mère *f;* **~sohn** *m* gendre, beau-fils *m;* **~tochter** *f* belle-fille, bru *f;* **~vater** *m* beau-père *m.*

Schwiel|e *f* ‹-, -n› ['ʃvi:lə] durillon, cal *m,* callosité *f;* **s~ig** *a* calleux.

schwierig ['ʃvi:rıç] *a* **1.** *(schwer zu tun)* difficile; *fam* difficultueux *(mühevoll)* pénible, ardu; *(lästig)* malaisé; *(heikel)* délicat; *(strittig)* épineux; **2.** *(Mensch)* difficile; *(anspruchsvoll)* exigeant; **S~keit** *f* ‹-, -en› difficulté *f, pl a.* embarras, ennui(s *pl*) *m; (Hindernisse)* obstacles *m pl; ~en bereiten od machen* faire *od* élever *od* soulever *od* entraîner des difficultés; *auf ~en stoßen* se cogner *od* se heurter à *od* rencontrer des difficultés *od* des obstacles, trouver des pierres sur son chemin.

Schwimm|bad *f* ['ʃvım-] établissement *m* de) bains *m pl,* piscine *f;* **~bagger** *m* bateau *m* dragueur, drague *f;* **~bassin** *n,* **~becken** *n* piscine *f;* **~dock** *n* dock *od* bassin *m* (de radoub) flottant; **s~en** ‹*schwamm, geschwommen*› *itr* ‹*sein*› **1.** nager; **2.** *(treiben)* flotter, voguer; **3.** *fig (unsicher sein)* flotter, nager; — *über e-n Fluß ~* traverser une rivière à la nage; *auf dem Rücken, auf der Seite ~* nager sur le dos, à l'indienne; *~ gehen* aller se baigner;**~en** *n* nage, natation *f;* **s~end I.** *a* flottant; **II.** *adv* à la nage; **~er** *m* ‹-s, -› **1.** *(Mensch)* nageur *m;* **2.** *tech* flotteur *m;* **~gürtel** *m* ceinture *f* de natation; **~haut** *f zoo (zwischen den Zehen)* palmure *f;* **~lehrer** *m* moniteur *m* de natation; **~sport** *m* natation *f;* **~weste** *f* gilet *m od* jaquette *f* de sauvetage.

Schwindel *m* ‹-s, -› ['ʃvındəl] **1.** *med* vertige, étourdissement, éblouissement *m;* **2.** *fig (Lüge)* mensonge(s *pl*) *m,* boniments *m pl; (Bluff, Irreführung)* bluff *m,* blague *f,* bobard, truquage *m;* fumisterie, duperie *f; (propagandistischer)* bourrage *m* de crâne; *(Betrug)* imposture, supercherie *f; den ~ kennen* connaître le truc; **~anfall** *m* accès de vertige, étourdissement *m; e-n ~ haben* être pris d'un vertige; **s~erregend** *a* vertigineux; **s~frei** *a* exempt de vertige, (qui n'est) pas sujet au vertige; **s~ig** *a* pris de vertige; *(der Anlage nach)* sujet au vertige; **s~n** *itr (lügen)* mentir; *(bluffen)* bluffer, *fam* blaguer; *impers: mir schwindelt* j'ai le vertige, la tête me tourne; **s~nd** *a* vertigineux.

schwinden ['ʃvındən] ‹*schwindet, schwand, geschwunden*› *itr* ‹*sein*› **1.** *(kleiner* od *geringer werden, zs.schrumpfen, abnehmen)* s'amoindrir, décroître, diminuer (progressivement), se réduire; *(schwächer werden, nachlassen, a.)* s'atténuer; **2.** *(dahin~, vergehen)* dépérir, passer, s'effacer, s'éclipser, disparaître, cesser d'être; *(sich verlieren, bes. Ton)* se perdre, s'évanouir, mourir; **S~** *n: im ~ begriffen* en voie de déclin.

Schwindler *m* ‹-s, -› ['ʃvındlər] *(Lügner)* menteur; *(Bluffer)* bluffeur; bourreur de crâne; *(Betrüger)* dupeur, trompeur; escroc; *(Hochstapler)* aigrefin, chevalier d'industrie, imposteur *m.*

Schwind|sucht *f* ‹-, ø› ['ʃvınt-] phtisie, consomption *f;* **s~süchtig** *a* phtisique, poitrinaire.

Schwing|e *f* ‹-, -n› ['ʃvıŋə] *poet (Vogel-*

flügel) u. *fig* aile *f;* **s~en** ⟨*schwang, geschwungen*⟩ *tr* **1.** brandir, agiter; **2.** *(Getreide)* vanner; *(Hanf, Flachs)* t(e)iller; *itr* **3.** osciller, basculer; **4.** *(Saite)* vibrer; **~ung** *f* ⟨-, -en⟩ oscillation *f*, mouvement *m* oscillatoire *od* de va-et-vient; vibration *f; in ~en versetzen* faire osciller *od* vibrer; mettre en branle.

Schwips *m* ⟨-es, -e⟩ [ʃvɪps] *kleiner ~* *(fam)* griserie, pointe *f* de vin; *e-n ~ haben* être pompette *od* éméché.

schwirren ['ʃvɪrən] *itr* ⟨*sein*⟩ *(surren)* bruire, frémir, siffler; *(Insekt)* bourdonner.

Schwitz|bad *n* ['ʃvɪts-] bain *m* de vapeur; **s~en** *itr* **1.** suer, transpirer; **2.** *(glatte Fläche)* suinter, ressuer, être couvert de buée; — *sehr* od *stark ~* être en sueur *od* en nage; **~en** *n* transpiration; *med* sudation *f.*

schwören ['ʃvø:rən] ⟨*schwor, geschworen*⟩ **1.** *itr* jurer (*bei* par); prêter serment; **2.** *tr* jurer, affirmer *od* promettre sous la foi du *od* par serment; — *auf jdn* od *etw (fam)* ne jurer que par qn *od* qc; *jdm Treue ~* jurer fidélité à qn; *hoch und heilig ~* jurer ses grands dieux; *ich möchte darauf ~, daß* ... je jurerais que ...

schwul [ʃvu:l] *a pop* homosexuel.

schwül [ʃvy:l] *a* lourd, étouffant, suffocant, accablant; *es ist ~* il fait lourd; **S~e** *f* ⟨-, ø⟩ lourdeur, chaleur *f* étouffante *od* accablante.

Schwulst *m* ⟨-(e)s, ¨-e⟩ [ʃvʊlst, 'ʃvʏlstə] *(Stil: Aufgeblasenheit)* enflure, boursouflure *f.*

schwülstig ['ʃvʏlstɪç] *a* enflé, boursouflé, bouffi, ampoulé, emphatique.

Schwund *m* ⟨-(e)s, ø⟩ [ʃvʊnt, '-dəs] **1.** *(Schrumpfung)* rétrécissement *m; (Abnahme)* diminution *f;* **2.** *(Verfall)* dépérissement *m; med* atrophie *f;* **3.** *tele radio* évanouissement; *radio* fading *m;* **4.** *com* déchet *m* de route.

Schwung *m* ⟨-(e)s, ¨-e⟩ [ʃvʊŋ, 'ʃvʏŋə] **1.** élan *m*, lancée *f; (Bewegung)* branle; *(Skiläufer)* virage *m*, boucle *f;* **2.** *(ohne pl) fig* élan, allant, envol(ée *f*), entrain *m*, fougue, verve *f;* **3.** *(fam) (Briefe)* masse *f*, tas *m;* — *in ~* en train, en verve; *jdn in ~ bringen* mettre qn en train; *etw in ~ bringen* mettre qc en branle; *fig* donner un essor à qc; *in ~ kommen* se mettre en branle; *fig* prendre son essor, démarrer; **~feder** *f orn* penne, rémige, tectrice *f;* **s~haft** *a (Handel)* florissant; **~rad** *n* volant *m;* **s~voll** *a* plein d'élan *od* d'entrain *od* de verve; *(Musik a.)* plein de brio.

Schwur *m* ⟨-(e)s, ¨-e⟩ [ʃvu:r, 'ʃvy:rə] serment; *(Gelübde)* vœu *m; e-n ~ tun* faire un serment; **~gericht** *n* cour *f* d'assises; jury *m* criminel.

sechs [zɛks] *(Zahlwort)* six; **S~** *f* ⟨-, -en⟩ six *m;* **S~eck** *n* hexagone *m;* **~fach** *a* sextuple; **~hundert** *a* six cent(s); **~jährig** *a* (âgé) de six ans; **~mal** *adv* six fois; **S~tagerennen** *n* course *f* de six jours, six-jours *m pl;* **~te** *a* sixième; **S~tel** *n* ⟨-s, -⟩ sixième *m;* **~tens** *adv* sixièmement.

sechzehn ['zɛç-] *Zahlw.* seize; **~te** *a* seizième; **S~tel** *n* ⟨-s, -⟩ seizième *m;* **S~telnote** *f mus* double croche *f;* **S~telpause** *f mus* quart *m* de soupir.

sechzig ['zɛçtsɪç] soixante; *etwa ~* (...) une soixantaine (de); **S~** *f* ⟨-, ø⟩ soixante *m;* **S~er** *m* ⟨-s, -⟩ sexagénaire *m;* **~jährig** *a* sexagénaire; **~ste** *a* soixantième; **S~stel** *n* ⟨-s, -⟩ soixantième *m.*

See [ze:] **1.** *m* ⟨-s, -n⟩ *(Land~)* lac *m;* **2.** *f* ⟨-, ø; Sturzwelle: -n⟩ mer *f*, océan *m; an der ~* au bord de la mer; *auf ~* en *od* sur mer; *auf hoher, offener ~* en haute, pleine mer; *an die ~ gehen* od *reisen* aller à la mer; *in ~ gehen* od *stechen* prendre la mer, appareiller; *bewegte ~* mer *f* agitée; *glatte* od *ruhige ~* mer *f* calme; *schwere ~* mer *f* énorme; *spiegelglatte ~* mer *f* d'huile; **~adler** *m* orfraie, huard, pygargue *m;* **~bad** *n* bain *m* de mer; *(Ort)* station *f* balnéaire; **~bär** *m: (alter) ~ (fig: Seemann)* loup *m* de mer; **~beben** *n* raz-de-marée *m;* **~fahrer** *m* marin, navigateur *m;* **~fahrt** *f* navigation (maritime); *(einzelne)* promenade *f od* voyage *m* en mer; **~fisch** *m* poisson *m* de mer; *pl com* marée *f;* **~flieger** *m* aviateur *m* maritime; **~frachtbrief** *m* connaissement *m;* **~gang** *m* mouvement *m* de la mer; *hoher ~* grosse mer, mer *f* forte; **~gefecht** *n* combat *m* naval; **~gras** *n* zostère *f; com* crin *m* végétal; **s~grün** *a* vert de mer *od* d'eau, céladon *inv;* **~hafen** *m* port *m* de mer; **~handel** *m* commerce *m* maritime; **~herrschaft** *f* empire *m od* maîtrise des mers, suprématie *f* maritime; **~hund** *m* phoque, veau *m* marin; **~igel** *m* oursin *m;* **~karte** *f* carte *f* marine *od* nautique; **~klima** *n* climat *m* maritime; **s~krank** *a: ~ sein* avoir le mal de mer; **~krankheit** *f* mal *m* de mer; **~krieg** *m* guerre *f* navale *od* maritime; **~kuh** *f* vache *f* marine, dugong, lamantin *m;* **~lachs** *m zoo* colin *m.*

Seele *f* ⟨-, -n⟩ ['ze:lə] **1.** *(a. e-r Geige, e-s Schußwaffenrohrs, fig)* âme *f;* **2.** *fig (Gefühl)* cœur, sentiment *m;* **3.** *(e-s Unternehmens)* âme *f*, animateur *m;* — *mit ganzer ~* de toute mon, ton *etc* âme; *jdm etw auf die ~ binden (fam)* mettre qc sur la conscience de qn; *das ist mir aus der ~ gesprochen* je ne saurais mieux dire; *es war keine lebende ~ zu sehen* il n'y avait âme qui vive *od fam* pas un chat; *er (sie) ist eine ~ von einem Menschen* c'est la crème des hommes; *e-e treue* ~ une bonne âme, un cœur d'or, une bonne pâte d'homme.

seelen|gut ['ze:lən-] *a* foncièrement bon; **S~heilkunde** *f* psychothérapie *f;* **S~kunde** *f* psychologie *f;* **S~leben** *n* psychisme *m scient;* **S~messe** *f* messe *f* des morts *od* des trépassés *od* de requiem; **S~ruhe** *f* tranquillité *f* d'âme; *in aller ~ (fam a.)* sans se démonter; **~vergnügt** *a fam* gai comme un pinson; **S~wanderung** *f* métempsycose, transmigration *f* des âmes.

Seeleute ['ze:-] *(pl von: ~mann)* gens *m pl* de mer.

seelisch ['ze:lɪʃ] *a* psychique; de l'âme; moral; *~ bedingt* psychogène.

Seelöwe *m* ['ze:-] *zoo* lion *m* marin *od* de mer, otarie *f* (à crinière).

Seelsorge *f* ['ze:l-] charge *f* d'âmes, gouvernement *m* des âmes, direction *f* de conscience; **~r** *m* directeur de conscience, père *m* spirituel.

See|luft *f* ['ze:-] air *m* marin *od* maritime *od* de la mer; **~macht** *f* puissance *f* maritime *od* navale; **~mann** *m* ‹-(e)s, -leute› marin, matelot *m;* **~mannsgarn** *n: ~ spinnen* débiter une *od* des histoire(s); **~meile** *f* mille *m* marin; **~not** *f* détresse *f* (en mer); *in ~ (befindlich)* en perdition, en péril; **~notruf** *m (SOS)* appel *m* de détresse; **~nplatte** *f geog* plateau *m* parsemé de petits lacs; **~pferdchen** *n (Fisch)* hippocampe *m;* **~räuber** *m* pirate, corsaire, flibustier, forban; écumeur *m* de(s) mer(s); **~räuberei** *f* piraterie *f;* **~räuberschiff** *n* corsaire *m;* **~recht** *n* droit *m* maritime; **~reise** *f* voyage *m* sur mer; **~rose** *f bot* nénuphar *m; zoo* anémone de mer, actinie *f;* **~schaden** *m* avarie *f*, sinistre *m* en mer; **~schiffahrt** *f* navigation maritime, marine *f;* **~schlacht** *f* bataille *f* navale; **~schlange** *f* serpent *m* de mer; hydre *f;* **~stern** *m zoo* étoile de mer, astérie *f;* **~streitkräfte** *f pl* forces *f pl* navales, marine *f;* **s~tüchtig** *a (Schiff)* navigable, en état de prendre *od* tenir la mer; *~ sein* tenir la mer; **~vögel** *m pl* oiseaux *m pl* de mer; **~warte** *f* observatoire *m* maritime; **~weg** *m* route *od* voie *f od* parcours *m* maritime; *auf dem ~e* par voie maritime, par mer; **~wind** *m* vent *m* de mer *od* du large; **~zunge** *f (Fisch)* sole *f*.

Segel *n* ‹-s, -ø› ['ze:gəl] voile, toile *f; mit vollen ~n (a. fig)* à pleines *od* toutes voiles; *jdm den Wind aus den ~n nehmen (fig)* couper l'herbe sous le pied de qn, paralyser qn; *die ~ setzen* mettre les voiles; *die ~ streichen* amener les voiles; *fig fam* baisser pavillon; *vor jdm (fig)* mettre bas le pavillon devant qn; **~boot** *n* bateau *m* à voiles; **~fliegen** *n*, **~fliegerei** *f*, **~flug** *m* vol *m* à voile; **~flugzeug** *n* planeur *m;* **~jacht** *f* yacht *m* à voile(s); **~klub** *m* yachting-club *m;* **s~n** *itr* ‹*sein*› **1.** faire voile *od* route (*nach* pour *od* vers); **2.** *(zur See fahren)* naviguer; **3.** *sport* faire de la voile *od* du yachting; — *gegen den Wind ~* aller contre le vent, avoir le vent debout; *mit dem Wind ~* aller selon le vent; *vor dem Wind ~* faire vent arrière; **~regatta** *f* régate *f* de voiliers; **~schiff** *n* voilier, bateau *od* navire *m* à voiles; **~sport** *m* yachting *m;* **~tuch** *n* toile *f* à voile(s), canevas *m*.

Segen *m* ‹-s, -› ['ze:gən] **1.** *(gesprochener)* bénédiction *f; (Gebet vor Tisch)* bénédicité *m;* **2.** *(göttl. Gnade, ~ d. Himmels)* grâce *od* faveur (divine), baraka *f;* — *jdm, e-r S s-n ~ geben (fam)* se déclarer *od* être d'accord avec qn, qc; **s~bringend** *a* heureux; **s~sreich** *a* **1.** *(gesegnet)* béni; **2.** *(wohltätig)* bienfaisant.

Segler *m* ‹-s, -› ['ze:glər] **1.** *(Segelschiff)* voilier *m;* **2.** *sport (Person)* yachtman *m*.

Segment *n* ‹-(e)s, -e› [zɛ'gmɛnt] *math* segment *m*.

segn|en ['ze:gnən] *tr* bénir, donner la bénédiction à; *mit etw gesegnet sein* être doté *od* comblé de qc; **S~ung** *f* ‹-, -en› **1.** bénédiction *f;* **2.** *(Wohltat)* bienfait *m*.

sehen ['ze:ən] ‹*sieht, sah, gesehen*› *tr* **1.** *allg* voir *a. fig;* **2.** *(anschauen)* regarder; **3.** *(wahrnehmen)* (s')apercevoir (de), remarquer, observer; *(erkennen)* reconnaître; **4.** *(ein~)* voir, saisir, comprendre; **5.** *(erleben)* vivre, connaître; **6.** *(im Auge haben)* voir, avoir en vue; *itr* **7.** voir; *gut, schlecht ~* avoir une bonne, mauvaise vue; **8.** *(schauen)* avoir les yeux fixés (*auf* sur); **9.** *(sich kümmern um)* veiller (*nach* à), prendre soin (*nach* de); *(sich bemühen)* tâcher (*daß* ... de *inf*); — *jdm ins Gesicht ~* regarder qn en face; *gern, ungern ~* voir d'un bon, mauvais œil; *jdn kommen ~* voir venir qn; *sich nicht satt ~ können an* ne pas se lasser de regarder; *in die Zukunft ~* prévoir l'avenir; *~ lassen* laisser *od* faire voir, *a.* laisser à découvert; montrer; *sich ~ lassen* se faire voir, se montrer, faire acte de présence; *sich ~ lassen können* pouvoir se montrer, être présentable; *gern ge~ sein (fig)* être bien vu (*bei jdm* de qn); *ich muß mal ~* je demande à voir; *da siehst du* tu vois maintenant; *Sie haben sich lange nicht ~ lassen* on ne vous a pas vu depuis longtemps; *das sieht man* cela se voit; il y paraît; *wie man sieht* à ce qu'on voit; évidemment; *das sehe ich kommen!* je vois le moment où cela arrive; *das möchte ich doch mal ~!* je voudrais bien voir cela; *wir werden ja ~!* on verra bien; *wir wollen mal ~!*

(fam) allons voir! *das wollen wir (doch einmal) ~!* c'est ce qu'il faudra voir! *sieh (mal)!* tiens! *sieh mal (einer) an!* tiens, tiens! voyez-moi cela! à la bonne heure! *siehe oben* voir ci-dessus; *sieht man Sie auch mal wieder!* quelle surprise de vous voir! *wenn man ihn (so) sieht* à le voir; **S~** *n* vue, vision *f; (jdn) vom ~ (kennen)* (connaître qn) de vue; **~swert** *a* curieux, remarquable, intéressant; **S~swürdigkeit** *f* curiosité *f.*

Seher|(in) *m* ‹-s, -› (*f* ‹-, -nen›) ['ze:ər] voyant(e *f*) *m;* visionnaire *m f;* prophète *m,* prophétesse *f;* **~blick** *m* regard *m* prophétique; **~gabe** *f* instinct *m* divinateur, seconde *od* double vue *f.*

Seh|fehler *m* ['ze:-] *(Zustand)* défaut *m* visuel *od* de vision; **~kraft** *f* faculté(s *pl*) *f* visuelle(s).

Sehne *f* ‹-, -n› ['ze:nə] **1.** *anat* tendon *m;* **2.** *math* corde *f.*

sehnen, *sich* ['ze:nən] aspirer (*nach* à), soupirer (*nach* après), avoir la nostalgie (*nach* de), regretter (*nach* acc); *ich sehne mich danach zu ..., daß ...* je languis, il me tarde de ... *od* que *subj.*

Sehnerv *m* ['ze:-] nerf *m* optique.

sehnig ['ze:nıç] *a* **1.** tendineux; **2.** *fig (nervig, kraftvoll)* nerveux.

sehn|lich ['ze:nlıç] *a* ardent; impatient; *adv u.* **~lichst** *adv* ardemment, avec ferveur; impatiemment; **S~sucht** *f* ‹-, ¨-e› langueur, ardeur; aspiration (*nach* à), nostalgie *f (nach* de*);* désir *m* ardent (*nach* de); *mit ~* avec impatience; *vor ~ nach jdm, nach etw vergehen (a.)* mourir d'envie de qn, de qc; **~süchtig** *a,* **~suchtsvoll** *a* langoureux, nostalgique; plein *od* consumé de désir.

sehr [ze:r] *adv (bei a u. adv)* très, fort, bien; *lit* du dernier; *(bei v)* fort, beaucoup, grandement, vivement; *wie ~* combien; *wie ~ auch* si fort ... que; *zu ~* trop; *~ bald* sous peu, bientôt; *~ viel* beaucoup; *(vor s)* bien de *mit best. Art.; so ~* tant, tellement; *so ~ auch* tout ... que; *so~ du auch suchst* tu as beau chercher; *sich ~ freuen* se réjouir vivement; *bitte ~!* s'il vous plaît, je vous en prie.

Seh|schärfe *f* ['ze:-] acuité *f* visuelle; **~vermögen** *n* capacité *od* faculté(s *pl*) *od* aptitude *f* visuelle(s); **~weite** *f* distance *f* visuelle; **~winkel** *m* angle *m* visuel.

seicht [zaıçt] *a* **1.** *(Wasser)* peu profond, bas; **2.** *fig* plat, superficiel, fade, insipide.

Seide *f* ‹-, -n› ['zaıdə] soie *f; reine ~* pure soie *f.*

Seidel *n* ‹-s, -› ['zaıdəl] *(Bierglas)* chope *f.*

Seidelbast *m* ['zaıdəl-] *bot* sainbois *m.*

seiden ['zaıdən] *a* de *od* en soie; **S~industrie** *f* industrie *f* de la soie *od* soyère; **S~raupe** *f* ver à soie; *dial* magnan *m;* **S~raupenzucht** *f* sériciculture, magnanerie *f;* **S~waren** *f pl* soieries *f pl;* **~weich** *a,* **seidig** *a* soyeux.

Seife *f* ‹-, -n› ['zaıfə] savon *m; (Toiletten~)* savonnette *f; Stück n, Riegel m ~* pain *m* de savon; **s~n** *tr* savonner; **~nblase** *f* bulle de savon *a. fig; fig a.* fumée *f;* **~nfabrik** *f* savonnerie *f;* **~nlauge** *f* lessive *f;* **~npulver** *n* poudre *f* de savon; **~nschale** *f* porte-savon *m;* **~nspender** *m (Gerät)* distributeur *m* de savon; **~nwasser** *n* eau *f* savonneuse *od* de savon.

seihen ['zaıən] *tr (durch ein Siebtuch filtern)* passer (à l'étamine), filtrer; *(Flüssigkeit)* couler.

Seil *n* ‹-(e)s, -e› [zaıl] corde *f,* cordage; *(starkes)* câble *m;* **~bahn** *f* (chemin de fer) funiculaire *m;* **~er** *m* ‹-s, -› cordier *m;* **~erwaren** *f pl* cordages *m pl,* corderie *f;* **~fähre** *f* traille *f;* **~hüpfen** *n* saut *m* à la corde; **~schaft** *f (Bergsteiger)* cordée *f;* **~schwebebahn** *f* téléphérique, téléférique *m;* **~tänzer** *m* danseur de corde, funambule *m.*

sein [zaın] **(1)** ‹*ist, war, gewesen*› *v itr* ‹*sein*› être; *(existieren)* exister; *(sich befinden)* se trouver; *(stattfinden)* avoir lieu; *20 Jahre alt ~* avoir 20 ans; *hinter jdm her ~* être aux trousses *od* sur le dos de qn; *ich bin es* od *bin's* c'est moi; *hier, da bin ich* me voici, me voilà; *mir ist kalt* j'ai froid; *mir ist, als ob ...* j'ai le sentiment *od* l'impression que ...; *das ist (d. i.)* c'est-à-dire; *das mag* od *kann ~* c'est possible; cela se peut; *das ist nichts für Sie* cela ne vous vaut rien; *es ist lange her* il y a longtemps; *es ist kalt, warm* il fait froid, chaud; *es waren viele Menschen da* il y avait beaucoup de monde; *es ist schön(es Wetter)* il fait beau (temps); *es ist Winter* c'est l'hiver; *so ist's* od *ist es* il en est ainsi; c'est cela; vous y êtes; vous l'avez dit; *2 und 2 ist 4* 2 et 2 font 4; *als wenn* od *wie wenn* od *als ob nichts (geschehen) wäre* comme si de rien n'était; *beinahe wäre ich ...* j'ai failli *inf; da dies* od *dem so ist* cela étant; *sei es ..., sei es ... soit ..., soit ...; es sei denn (, daß ...)* à moins de *od* que ... ne *subj,* si ce n'est que *subj; es könnte sehr wohl ~, daß ...* il pourrait bien se faire que ...; *wenn das* od *dem so ist* s'il en est ainsi; *wie dem auch sei* quoi qu'il en soit; de toute façon; *sind Sie es?* est-ce (bien) vous? c'est vous? *was ist (mit) Ihnen?* qu'avez-vous? qu'est-ce que vous avez? qu'est-ce qui vous prend? *was ist das?* qu'est-ce que c'est (que cela)? qu'est-ce? *wer ist das?* qui est-ce? *wie wäre es, wenn ...?* que diriez-vous si ...?; *laß es ~!* laisse-le! *laß es gut ~!* ne t'en fais pas! *das ist es ja* *gerade!* voilà justement pourquoi; *das wäre was! (fam)* parlez-moi de ça! *es sei!* soit! passe! *so sei es!* ainsi soit-il! *sei es auch noch so wenig* tant soit peu; *das ist noch gar nichts! (fam)* tout ça n'est encore rien; **S~** *n* ‹-s, ø› être *m; (Da~)* existence; *(Wesen)* essence *f.*

sein [zaɪn] **(2)** *pron* son, sa; *pl* ses; *(bes. bei Sachen a.)* en; *mein und ~ Vater* mon père et le sien; *der, die das S~e* le sien, la sienne; *die S~en (pl)* les siens, siennes; *das S~e tun* faire son possible; *jedem das S~e (prov)* à chacun son dû *od* son compte; **~erseits** *adv* de son côté, de sa part; **~erzeit** *adv* en son temps, autrefois, jadis; **~esgleichen** *pron* son égal, ses égaux; son, ses pareil(s); son, ses semblable(s); *unter ~* entre égaux; *als* od *wie ~ behandeln* traiter d'égal à égal *od* sur un pied d'égalité; traiter de pair à compagnon; *nicht ~ haben, ~ suchen* n'avoir point d'égal, être sans égal, ne pas avoir son pareil, être hors de pair; **~ethalben** *adv,* **~etwegen** *adv, um* **~etwillen** *adv* à cause *od* pour l'amour de lui (par égard) pour lui; **S~ige,** *der, die, das = der, die, das Seine; die ~n = die Seinen.*

seit [zaɪt] **I.** *prp* depuis, dès, à partir de; *ich warte ~ einer Stunde* il y a une heure que j'attends; **II.** *conj* depuis que; **~dem I.** *adv* dès lors; depuis (ce temps-là); **II.** *conj* depuis que.

Seite *f* ‹-, -n› ['zaɪtə] **1.** *allg* côté *m a. math (Vieleck);* **2.** *math (Vielflächner)* face *f;* **3.** *(Flanke)* flanc *m; mar* bande *f;* **4.** *(Buch)* page *f;* **5.** *math (Gleichung)* membre *m;* **6.** *(Partei)* parti, camp *m,* cause *f;* **7.** *fig (Gesichtswinkel)* aspect *m;* **— ~** *an* **~** côte à côte; *auf allen ~n* de tous (les) côtés, de chaque côté; *auf der anderen ~* de l'autre côté, du côté opposé; *auf die andere ~* de l'autre côté; *auf beiden ~n* des deux côtés *od* parts, de chaque côté, de part et d'autre; *auf meine(r) ~* de mon côté; *nach allen ~n* de toute(s) part(s), dans toutes les *od* en toutes directions, en tous sens; *nach dieser ~* de ce côté; *von der ~* de côté, de travers, de profil; *mil* de flanc; *von s~n (gen)* de la part (de); *von allen ~n* de tous (les) côtés; *fig* sous toutes les faces; *von beiden ~n* des deux côtés *od* parts, de part et d'autre; *etw von allen ~n betrachten (fig)* considérer *od* envisager qc sous tous les aspects; *jdn auf s-e ~ bringen* gagner qn à sa cause, engager qn dans son parti, mettre qn de son bord; *auf die* od *zur ~ gehen* od *treten* od *fahren* faire place, se ranger, s'effacer; *auf die andere ~ gehen* passer de l'autre côté; *jdm nicht von der ~ gehen* od *weichen* ne pas quitter qn d'un pas; être toujours aux côtés de qn; *auf die ~ legen* mettre de côté *od* à part; *fig (sparen)* mettre de côté *od* en réserve; *zur ~ legen (weglegen)* mettre de côté *od* à part; *auf jds ~ stehen (fig)* être du côté *od* parti de qn; *jdm zur ~ stehen (fig)* assister, seconder qn, prêter son appui à qn; *sich von s-r besten ~ zeigen* se montrer *od* paraître à son avantage; se montrer sous son meilleur jour; *jedes Ding hat zwei ~n (prov)* toute médaille a son revers; *linke ~ (Textil)* envers; *typ* verso *m; rechte ~ (Textil)* endroit; *typ* recto *m.*

Seiten|altar *m* ['zaɪtən-] autel *m* latéral; **~ansicht** *f* vue *f* latérale *od* de côté, (dessin de) profil *m;* **~blick** *m* regard *m* de côté *od* de travers *od* oblique; œillade *f;* **~eingang** *m* entrée *f* latérale; **~flügel** *m,* **~gebäude** *n arch* aile *f;* **~gang** *m* contre-allée, galerie *f* latérale; *loc* couloir *m* latéral; **~gewehr** *n* baïonnette *f;* **~hieb** *m fig* coup *m* de bec, boutade *f;* **s~lang** *a* (long) de plusieurs pages; *fig* interminable; **~licht** *n* ‹-(e)s, -er› *m mot* feu *m* de position; **~linie** *f* **1.** *(Genealogie)* ligne collatérale; **2.** *loc* ligne secondaire; **3.** *sport* ligne *f* de touche; **s~s** *prp gen* de la part de; **~schiff** *n arch rel* bas-côté *m,* nef *f* (col)latérale; **~sprung** *m* écart *m; fig* escapade, frasque, *fam* fugue *f; ~sprünge machen* avoir des aventures; **~stechen** *n med* point *m* de côté; **~straße** *f* rue (col)latérale; *(Querstraße)* (rue de) traverse *f;* **~streifen** *m (Straße)* accotement, bas-côté *m;* **~wind** *m* vent de côté; *mar* vent *m* largue.

seither [zaɪt'he:r] *adv = seitdem (adv).*

seit|lich ['zaɪtlɪç] **I.** *a* (col)latéral; situé sur le *od* à côté; **II.** *adv* latéralement; **~wärts** *adv* sur *od* vers le côté; latéralement.

Sekret *n* ‹-(e)s, -e› [ze'kre:t] *(Absonderung)* sécrétion *f.*

Sekret|är *m* ‹-s, -e› [zekre'tɛ:r] *(Schreiber; Schreibschrank)* secrétaire *m;* **~ariat** *n* ‹-(e)s, -e› [-tari'a:t] secrétariat *m.*

Sekt *m* ‹-(e)s, -e› [zɛkt] (vin) mousseux; *(Champagner)* champagne *m;* **~flasche** *f* bouteille *f* à champagne; **~glas** *n* flûte (à champagne), *(Schale)* coupe *f* à champagne; **~kühler** *m* seau à glace *od* à champagne, frappe-champagne *m.*

Sekund|ant *m* ‹-en, -en› [zekun'dant] *(Beistand im Zweikampf)* second, témoin *m;* **s~är** [-'dɛ:r] *a* secondaire; **~e** *f* ‹-, -n› [-'kundə] seconde *f;* **~enzeiger** *m* aiguille des secondes; (aiguille) trotteuse *f;* **s~ieren** [-'di:rən] ‹*ohne ge-*› *itr (als Sekundant dienen)* servir de second (*jdm* à qn); *allg (helfen)* seconder (*jdm* qn).

selb|e ['zɛlbə] *a* même; *im ~n Augen-*

blick au même moment; **~er** *adv fam* = *selbst.*

selbst [zɛlpst] **I.** *pron* moi-même, toi-même *etc;* en personne; *er ist die Güte ~* c'est la bonté même *od* en personne *od* la crème des hommes; *von ~* de soi-même, tout seul, de son (propre) chef, spontanément, automatiquement; *wie von ~* aisément, tout naturellement, tout seul; **II.** *adv (sogar)* même; *~ für Geld* même pour de l'argent; *~ wenn* même si, quand bien même, lors même que; *das versteht sich von ~* cela va de soi *od* sans dire; *~ ist der Mann (prov)* ne compte que sur toi (seul).

Selbstachtung *f* ['zɛlpst-] amour-propre, respect *m* de soi, estime *f* de soi-même.

selbständig ['zɛlpʃtɛndɪç] *a* **1.** *(unabhängig) allg* indépendant; *bes pol* autonome; **2.** *com* établi à son compte; — *~ handeln* faire acte d'indépendance; *sich ~ machen* se rendre indépendant; *com* s'établir à son (propre) compte; **S~keit** *f* ‹-, ø› indépendance; autonomie *f.*

Selbst|auslöser *m* ['zɛlpst-] *phot* déclencheur *od* déclic *m* automatique; **~bedienung** *f com* libre service; self-service *m;* **~bedienungsgeschäft** *n,* **~bedienungsladen** *m* magasin à libre service *od* de self-service, libre service *m;* **~bedienungsrestaurant** *n* restaurant *m* à libre service; **~befriedigung** *f* masturbation *f,* onanisme *m;* **~befruchtung** *f biol* autofécondation *f;* **~beherrschung** *f* maîtrise *f* de soi (-même), empire *m* sur soi-même; **~bestimmung** *f pol* autodétermination *f;* **~bestimmungsrecht** *n* droit *m* de libre disposition; *das ~ der Völker* le droit des peuples à disposer d'eux-mêmes; **~betrug** *m* illusion *f* que l'on se fait *od* donne à soi-même; **s~bewußt** *a* conscient de soi-même *od* de sa (propre) valeur; **~bewußtsein** *n* conscience *f* de soi *od* du moi, sentiment *m* de sa propre valeur; **~bildnis** *n* portrait de moi-même, toi-même *etc;* autoportrait *m;* **~binder** *m* cravate *f* (à nouer); **~erhaltung** *f* conservation *f* de soi-même; **~erhaltungstrieb** *m* instinct *m* de (la) conservation; **~erkenntnis** *f* connaissance *f* de soi-même; **~fahr...** *(in Zssgen)* automoteur, automobile; **s~gefällig** *a* satisfait de soi-même, content de sa personne; **s-gemacht** *a* fait à la maison, de ménage; **~gespräch** *n* monologue, soliloque *m; ein ~* od *~e führen* monologuer; parler tout seul; **s~herrlich** *a* arbitraire, autoritaire, souverain; **~hilfe** *f* **1.** effort *m* personnel; **2.** *(Notwehr)* légitime défense *f; zur ~ greifen* se faire justice (à soi-même); **~kostenpreis** *m* prix coûtant *od* de revient *od* de facture, premier coût *m; zum ~* au prix coûtant; **~kritik** *f* critique de soi, autocritique *f;* **~laut** *m gram* voyelle *f;* **s~los** *a* désintéressé; altruiste; plein d'abnégation; **~losigkeit** *f* ‹-, ø› désintéressement; altruisme *m;* **~mord** *m* suicide *m; ~ begehen* se suicider, se tuer; **~mörder** *m* suicidé *m;* **~mordversuch** *m* tentative *f* de suicide; *e-n ~ machen* tenter de se suicider, attenter à ses jours; **~porträt** *n* = *Selbstbildnis;* **s~redend** *adv* naturellement, évidemment, bien entendu; **~schutz** *m (ziviler Luftschutz)* protection civile, auto-protection *f;* **s~sicher** *a* sûr de soi, plein d'assurance; *(Haltung)* assuré; *~ auftreten* avoir l'air sûr de soi; **~studium** *n* études *f pl* sans professeur *od* en autodidacte; **~sucht** *f* ‹-, ø› égoïsme *m;* **s~süchtig** *a* égoïste; **s~tätig** *a tech* automatique; **~täuschung** *f* illusion *f;* **~überwindung** *f* effort *m* sur soi; **~verlag** *m: im ~* chez l'auteur; *s-e Werke im ~ erscheinen lassen* s'éditer; **~verleugnung** *f* abnégation *f,* renoncement *m* à soi-même; **s~verschuldet** *a* par sa (propre) faute; **~versorger** *m* réservataire *m;* **s~verständlich I.** *a* naturel, évident; **II.** *adv* naturellement, évidemment; — *das ist ~* cela s'entend, cela va sans dire *od* de soi; *~!* bien entendu! **~verständlichkeit** *f* évidence *f;* **~vertrauen** *n* confiance en soi, assurance *f;* **~verwaltung** *f* autonomie *f* (administrative); **~zweck** *m* fin *f* en soi, but *m* absolu.

Selen *n* ‹-s, ø› [ze'le:n] *chem* sélénium *m.*

selig ['ze:lɪç] *a* **1.** *rel* bienheureux; **2.** *(jüngstverstorben)* feu *(a. vor dem Artikel; dann inv);* **3.** *fam (übertreibend)* ravi, comblé, heureux; *iron* béat; — *~en Angedenkens* de bienheureuse mémoire; *Gott habe ihn ~!* Dieu ait son âme! **S~keit** *f* ‹-, ø› *rel* béatitude; *allg* félicité *f; die ewige ~* le repos éternel; **~=sprechen** ‹*spricht, sprach selig, seliggesprochen*› *tr rel* béatifier; **S~sprechung** *f* ‹-, -en› béatification *f.*

Sellerie *m* ‹-s, (-s)› od *f* ‹-, -/(-en)› ['zɛləri, (-'ri:ən)] *bot* céleri *m.*

selt|en ['zɛltən] *a* **1.** rare; **2.** *(ausgefallen, einzigartig)* extraordinaire; *(sonderbar)* singulier, curieux; — *sehr* od *höchst ~ (a)* rarissime; **S~enheit** *f* ‹-, -en› **1.** *(ohne pl) (Begriff)* rareté; singularité *f;* **2.** *(Sache)* rareté, chose rare *od* curieuse; curiosité *f;* **S~enheitswert** *m: ~ (haben* avoir une*)* valeur *f* de rareté; **~sam** *a* étrange, singulier; curieux; bizarre, fantasque; **S~samkeit** *f* ‹-, -en› étrangeté, singularité; curiosité; bizarrerie *f.*

Semester *n* ‹-s, -› [ze'mɛstər] *(Univ.)* semestre *m*.
Semikolon *n* ‹-s, -s/-kola› [zemi'ko:lɔn, -la] point-virgule *m*.
Seminar *n* ‹-s, -e› [zemi'na:r] **1.** *(Priester~)* séminaire *m*; **2.** *(Univ.-Institut)* séminaire, institut *m* (d'études); **3.** *(Übung)* cours *m* (pratique), (séance *f* de) travaux *m pl* dirigés.
Semit *m* ‹-en, -en› [ze'mi:t] Sémite *m*; **s~isch** [ze'mi:tɪʃ] *a* sémitique.
Semmel *f* ‹-, -n› ['zɛməl] petit pain *m*; *wie warme ~n weggehen* s'enlever *od* se vendre comme des petits pains.
Senat *m* ‹-(e)s, -e› [ze'na:t] sénat *m*; **~or** *m* ‹-s, -en› [-'na:tɔr, -'to:rən] sénateur *m*.
Send|bote *m* ['zɛnt-] *lit* émissaire, messager *m*; **~brief** *m* = *Sendschreiben*; **~eanlage** *f* ['-də-] *radio* poste *m* émetteur *od* d'émission; **~eantenne** *f* antenne *f* émettrice *od* d'émission; **~efolge** *f* ordre *od* programme *od* horaire *m* des émissions; **~egerät** *n* appareil *m* émetteur *od* de transmission; **s~en 1.** ‹*sandte, gesandt*› *tr (schicken)* envoyer, faire parvenir; *(ab~)* expédier; **2.** ‹*sendete, gesendet*› *tele* transmettre; *radio* (radio)diffuser, distribuer, mettre en ondes, émettre, transmettre; **~epause** *f* temps mort, intervalle *m*; **~er** *m* ‹-s, -› **1.** *(Person)* envoyeur, expéditeur *m*; **2.** *tele* transmetteur; *radio* poste *m* émetteur *od* d'émission *od* de radiodiffusion *od* de T.S.F.; **~eraum** *m radio* studio *m*; **~ereihe** *f radio* série *f* d'émissions; **~esaal** *m radio* auditorium *m*; **~ezeichen** *n* indicatif, signal *m*; **~ezeit** *f* heure d'émission, tranche *f* horaire; **~schreiben** *n* missive, épître *f*; **~ung** *f* ‹-, -en› **1.** envoi *m (auch Gegenstand)*; expédition *f*; **2.** *(Auftrag)* mission *f*; **3.** *tele radio* transmission; *radio* émission, diffusion *f* (radiophonique *od* par T.S.F.).
Senf *m* ‹-(e)s, -e› [zɛnf] *(bot, Küche)* moutarde *f*; *s-n ~ dazugeben (fig fam)* y mettre son grain de sel; **~gas** *n (Kampfstoff)* ypérite *f*, gaz *m* moutarde.
sengen ['zɛŋən] **1.** *tr* flamber, roussir; **2.** *itr (Sonne)* brûler; *— ~ und brennen* mettre tout à feu et à sang; **~d** *a* brûlant.
senil [ze'ni:l] *a (greisenhaft)* sénile.
senior ['ze:niɔr] *a: Herr X ~* M. X. père; **S~** *m* ‹-s, -en› [-ni'o:rən] ancien; *sport* senior *m*.
Senk|blei *n* ['zɛŋk-] (fil à) plomb *m*, sonde *f*; **~e** *f* ‹-, -n› *geog* dépression *f* (de terrain); **s~en** *tr* **1.** *(a. den Kopf, den Blick, die Stimme)* baisser; *(Kopf, Fahne)* incliner; *(niedriger machen)* abaisser; *(hinablassen)* descendre; **2.** *(Preis)* baisser, diminuer, réduire; *refl* **3.** *sich ~* s'abaisser; *(Boden)* s'affaisser, se tasser, céder; *arch* s'affaisser, prendre coup; *(d. Nacht)* tomber; **~fuß** *m* pied à voûte affaissée; affaissement *m* plantaire; **s~recht I.** *a* vertical; perpendiculaire, à plomb, à pic, d'aplomb; **II.** *adv aero* à la verticale, en chandelle; **~rechte** *f math* verticale *f*; **~rechtstart(er)** *m* (avion à) décollage *m* vertical; **~ung** *f* ‹-, -en› **1.** *allg* abaissement; *(Boden)* affaissement, tassement *m*; **2.** *(Senke)* dépression *f*; **3.** *(Gefälle)* inclinaison *f*; **4.** *(Preis)* diminution, réduction *f*.
Senn *m* ‹-(e)s, -e›, **~e** *m* ‹-n, -n› ['zɛn(ə)] *dial (Alpenhirt)* vacher *m*; **~erin** *f* vachère *f*; **~hütte** *f* chalet de vacher; *(in der Auvergne)* buron *m*.
Sensation *f* ‹-, -en› [zɛnzatsi'o:n] sensation *f*; **s~ell** [-tsio'nɛl] *a* sensationnel, à sensation; **~slust** *f* goût *m* de la sensation *od* du sensationnel; **~sprozeß** *m* procès *m* sensationnel, cause *f* célèbre.
Sense *f* ‹-, -n› ['zɛnzə] faux *f*.
sens|ibel [zɛn'zi:bəl] *a (empfindsam)* sensible; **S~ibilität** *f* ‹-, ø› [-zibili'tɛ:t] sensibilité *f*; **~orisch** [-'zo:rɪʃ] *a anat physiol (Sinnes-)* sensoriel.
sentimental [zɛntimɛn'ta:l] *a* sentimental; **S~ität** *f* ‹-, -en› [-tali'tɛ:t] sentimentalité *f*.
separat [zepa'ra:t] *a* séparé, particulier, à part; *~es Zimmer n* pièce *f* isolée; **S~eingang** *m* entrée *f* particulière; **S~ismus** *m* ‹-, ø› [-ra'tɪsmus] *pol* séparatisme *m*.
September *m* ‹-(s), -› [zɛp'tɛmbər] septembre *m*.
Serb|e *m* ‹-n, -n› ['zɛrbə], **~in** *f* ‹-, -nen› Serbe *m f*; **~ien** *n* [-biən] la Serbie; **s~isch** *a* serbe; **S~okroatisch(e,** *das*) [zɛrbokro'a:tɪʃ(ə)] le serbo-croate.
Serenade *f* ‹-, -n› [zere'na:də] *mus* sérénade *f*.
Serie *f* ‹-, -n› ['ze:riə] *(Folge)* série, suite; *(geschlossene Folge, Satz)* série *f*, jeu *m*; **~nausstattung** *f mot* équipement *m* de série; **~ll** [-'rjɛl] *a mus* sériel; **s~nmäßig I.** *a* de *od* en série; **II.** *adv* en série; **~nproduktion** *f* production *f* en série; **~nschaltung** *f el* montage *od* couplage *f* de série; **~nwagen** *m* voiture *f* de série; **s~nweise** *adv* en série.
seriös [zeri'ø:s] *a* sérieux; *(gediegen)* solide.
Serpentine *f* ‹-, -n› [zɛrpɛn'ti:nə] *(Straßenwindung)* serpentin *m*.
Serum *n* ‹-s, -ren/-ra› ['ze:rum, '-ra] *physiol med* sérum *m*.
Serv|ice (1) *n* ‹-/-s, -› [zɛr'vi:s] *(Eß-, Kaffee-, Tee~)* service; *(Likör~)* cabaret *m*; **(2)** *m* od *n* ‹-, -s› ['zø:rvɪs, 'zœrvɪs, zɛr'vi:s] *(Kundendienst)* service *m*, service *m* après-vente; **s~ieren** [-'vi:rən] ‹*ohne ge-*› **1.** *tr* servir; **2.** *itr* servir à table; **~iererin** *f* ‹-, -nen› *(Kellnerin)* serveuse

f; **~iertisch** *m* desserte *f;* **~ierwagen** *m* desserte *f* roulante; **~iette** *f* ‹-, -n› [-vi'ɛtə] serviette *f* (de table); **~iettenring** *m* rond *m* de serviette; **~iettentasche** *f* enveloppe-serviette *f;* **s~il** [-'vi:l] *a (unterwürfig, kriecherisch)* servile.

Servomotor *m* ['zɛrvo-] servomoteur, moteur *m* auxiliaire.

Sessel *m* ‹-s, -› ['zɛsəl] fauteuil *m;* **~lift** *m* télésiège *m;* **~schoner** *m* housse *f* de fauteuil.

seßhaft ['zɛshaft] *a (Mensch)* **1.** sédentaire; **2.** domicilié, établi (*in* à); — *~ werden* s'établir.

setzen ['zɛtsən] *tr* **1.** *(Person)* asseoir; placer *a. fig;* **2.** *(über e-n Fluß)* faire passer; **3.** *(Sache, a. fig)* poser, mettre; **4.** *(Ofen)* poser, installer; *(Mast)* monter; **5.** *(Pflanze)* planter; **6.** *typ* composer; **7.** *(im Spiel)* miser; **8.** *(Hoffnung)* placer, mettre (*auf etw* sur qc); *itr* **9.** franchir d'un bond, sauter (*über etw* qc); *(über e-n Fluß)* traverser (une rivière); **10.** *fig (bauen auf)* tabler (*auf* sur); *refl: sich ~* **11.** *(Mensch)* s'asseoir (*zu jdm* auprès de qn); se placer, se mettre *a. fig; (Vogel)* (se) percher; **12.** *(Küche)* s'affaisser, retomber; **13.** *(Erde, Mauer)* se tasser, prendre coup; **14.** *chem* se déposer, se précipiter; — *Himmel und Erde in Bewegung ~* remuer ciel et terre; *jdm e-e Frist ~* fixer un délai à qn; *~ Sie sich!* asseyez-vous! *~ Sie sich bitte!* asseyez-vous, je vous prie; veuillez vous asseoir; prenez place.

Setzer *m* ‹-s, -› ['zɛtsər] *typ* compositeur *m;* **~ei** *f* ‹-, -en› [-'raɪ] atelier *m* de composition.

Setz|fehler *m* ['zɛts-] *typ* faute *f* de composition; **~kasten** *m typ* casse *f;* **~ling** *m* ‹-s, -e› **1.** *agr (junge Pflanze)* plant *m,* bouture *f;* **2.** *(Fischzucht: junger Fisch)* alevin *m;* **~maschine** *f typ* machine *f* à composer.

Seuche *f* ‹-, -n› ['zɔʏçə] épidémie; *(Tier~)* épizootie; *fig* peste *f;* **~ngebiet** *n* région *f* contaminée; **~nherd** *m* foyer *m* de la contagion *od* de l'épidémie.

seufz|en ['zɔʏftsən] *itr* soupirer (*nach* après); *(stöhnen)* gémir (*über* de, sur); **S~er** *m* ‹-s, -› soupir; gémissement *m; e-n ~ ausstoßen* pousser un soupir.

Sex *m* ‹-(es), ø› [zɛks] sexe *m;* érotisme *f; die ~welle* la vague d'érotisme.

Sext|ant *m* ‹-en, -en› [zɛks'tant] *(Winkelmeßgerät)* sextant *m;* **~e** *f* ‹-, -n› *mus* sixte *f.*

Sexu|alhormon *n* [zɛksu'a:l-] hormone *f* sexuelle; **~alität** *f* ‹-, ø› [-li'tɛ:t] sexualité *f;* **~alerziehung** *f,* **~alpädagogik** *f* éducation *f* sexuelle; **~alverbrechen** *n* crime *m* sexuel; **~alwissenschaft** *f* sexologie *f;* **s~ell** [-ksu'ɛl] *a* sexuel.

sezieren [ze'tsi:rən] ‹*ohne ge-*› *tr* disséquer, faire l'anatomie de, anatomiser.

Sherry *m* ‹-s, -s› ['ʃɛri] *(Wein)* sherry, xérès *m.*

Shorts *pl* [ʃɔ:rts] short *m.*

Siam *n* ['zi:am] *(alter Name von Thailand)* le Siam; **s~esisch** [-'me:zɪʃ] *a* siamois; *~e Zwillinge m pl* frères *m pl od* sœurs *f pl* siamois(es).

Sibir|ien *n* [zi'bi:riən] la Sibérie; **s~isch** [-'bi:rɪʃ] *a* sibérien, de (la) Sibérie.

sich [zɪç] *(dat u. acc des Reflexivpron) (mit v verbunden)* se; *(unverbunden, unbestimmt)* soi, *(bestimmt)* lui, elle, *pl* eux, elles; *(Höflichkeitsform, mit v verbunden u. unverbunden)* vous; *~ selbst* soi-même; lui-même *etc; an ~* en soi; *an und für ~* en lui-même, en elle-même; *bei ~ (am Körper)* sur soi; *(in greifbarer Nähe)* avec soi; *für ~* à part (soi); *von ~ aus* par soi-même, de son propre chef; *etwas auf ~ haben (fig)* avoir de l'importance; *wieder zu ~ kommen* revenir à soi.

Sichel *f* ‹-, -n› ['zɪçəl] faucille *f;* **s~förmig** *a* en (forme de) croissant.

sicher ['zɪçər] **I.** *a* **1.** *(geschützt)* sûr, en sécurité; à l'abri (*vor* de); **2.** *(zuverlässig)* sûr, à toute épreuve, sans faute; *(verläßlich)* éprouvé, de confiance; *(fest)* solide, stable, ferme; **3.** *(Auftreten, Hand Blick)* assuré; **4.** *(gewiß)* sûr, certain; **II.** *adv (gewiß)* sûrement; à coup sûr assurément, *(wahrscheinlich)* certainement, sans doute; — *e-r S ~ sein, etw ~ wissen* être sûr de qc; *s-r S ~ sein* être sûr de son fait; *s-s Lebens nicht ~ sein* craindre pour sa vie; risquer sa vie; *~ ist, daß . . .* ce qui est certain, c'est que . . .; le fait est que . . .; il est de fait que . . .; *~ ist ~* deux précautions valent mieux qu'une; **~=gehen** ‹*ging sicher, sichergegangen*› *itr* ‹*sein*› s'assurer; *um ganz sicherzugehen* pour être plus sûr, pour plus de sûreté.

Sicherheit *f* ‹-, -en› ['zɪçərhaɪt] **1.** *(Geschütztheit)* sûreté, sécurité *f; (Schutz)* abri *m;* **2.** *(Zuverlässigkeit)* sûreté; *(Festigkeit)* solidité, stabilité, fermeté *f;* **3.** *(Selbst~)* assurance *f,* aplomb *m;* **4.** *(Gewißheit)* certitude *f;* **5.** *fin* sûreté, garantie, caution *f;* — *gegen ~* contre garantie, sur gage, sur nantissement; *mit ~* à coup sûr, sûrement, assurément; *in ~ bringen* mettre en sûreté *od* à l'abri *od* à couvert; *jdm e-e ~ geben* od *leisten* donner *od* fournir *od* verser une caution à qn, nantir qn; *sich in ~ wiegen* se croire en sécurité; *das kann ich nicht mit ~ sagen* je ne peux l'affirmer avec certitude; *es ist mit ~ anzunehmen, daß . . .* on peut être certain que . . .; *~ im Verkehr* sécurité *f* du trafic.

Sicherheits|abkommen *n* ['zɪçərhaɪts-]

pol pacte *m* de sûreté; **~abstand** *m* *(im Verkehr)* distance *f* de sécurité; **~bindung** *f (Ski)* fixation *f* de sécurité; **~glas** *n* verre *m* de sécurité; **~gurt** *m* *mot* ceinture *f* de sécurité; **s~halber** *adv* pour des raisons de sécurité, pour plus de sûreté; **~kette** *f (an e-r Tür)* chaîne *f* de sûreté; **~nadel** *f* épingle *f* de sûreté *od* de nourrice; **~rat** *m* *(Welt~)* Conseil *m* de sécurité; **~schloß** *n* serrure *f* de sûreté *od* de sécurité; **~ventil** *n* soupape *f* de sûreté.

sicher|lich ['zɪçər-] *adv = sicher (adv);* **~n** *tr* **1.** *(schützen)* protéger, prémunir, *bes. mil* mettre à l'abri (*gegen* contre); préserver (*gegen* de); sauvegarder; *mil (decken)* couvrir; **2.** *allg* assurer, garantir, mettre en sûreté *od* sécurité; **3.** *(verschaffen)* assurer, procurer *(jdm etw* qc à qn); **4.** *(befestigen)* affermir, consolider; **5.** *tech* arrêter, bloquer, goupiller; *(Schußwaffe)* mettre au cran d'arrêt; *itr* **6.** *(Wild)* prendre le vent; *refl* **7.** *sich ~ (fin)* se garantir, prendre des garanties, se nantir; **~=stellen** *tr* **1.** mettre à l'abri *od* en sécurité; assurer, sauvegarder, mettre en sûreté; **2.** *(gestohlene Ware)* récupérer.

Sicherung *f* ‹-, -en› ['zɪçərʊŋ] **1.** *(Schutz)* protection, prémunition; préservation; sauvegarde; *mil (Deckung)* couverture; *mar* escorte *f;* **2.** *allg* mise en sécurité, garantie *f;* **3.** *fin* garantie, caution *f;* **4.** *(Festigung)* consolidation *f;* **5.** *tech* arrêt *od* cran *m od* goupille *f* de sûreté; **6** *(Schußwaffe: Vorgang)* mise *f* à la sûreté; **7.** *(Gewehrteil)* cran d'arrêt *od* de repos, verrou *m* de sûreté; **8.** *el* plomb (fusible), fusible, coupe-circuit; *(automatische)* disjoncteur *m.*

Sicht *f* ‹-, ø› [zɪçt] **1.** *(Sehen; fig: Sehweise) a. fin* vue *f;* **2.** *(Möglichkeit zu sehen od gesehen zu werden)* visibilité *f;* — *auf kurze ~ (fin)* à court terme; *auf lange ~ (fin)* à long terme, à longue échéance; *fig* à longue vue, de longue haleine; *aus der ~ (gen)* dans la perspective (de); sous l'angle (de); *außer ~* hors de vue; *bei ~ (Wechsel)* à vue, à présentation; *in ~* en vue; *in der ~ (gen)* dans la vue (de); *30 Tage nach ~* à 30 jours de vue; *gute, schlechte ~* bonne, mauvaise vue; **s~bar** *a* **1.** visible; *(wahrnehmbar)* perceptible, discernable, sensible; **2.** *(fig: offensichtlich)* visible, évident, apparent, ostensible, manifeste; — *~ werden (a.)* apparaître; **~barkeit** *f* ‹-, ø› visibilité, perceptibilité; évidence *f;* **s~en** *tr* **1.** *(erblicken)* voir, apercevoir, discerner; *(entdecken)* découvrir, déceler; *(ausfindig machen)* repérer; **2.** *(durchsehen, prüfen)* examiner, trier, tamiser, cribler, passer au crible, bluter; **s~lich** *a (offenkundig)* évident, apparent, ostensible, manifeste; *adv* manifestement, visiblement; **~ung** *f* ‹-, ø› **1.** *(Erblicken)* vue; *(Entdeckung)* découverte *f;* **2.** *(Durchsicht)* tri, tamisage, criblage *m;* **~verhältnisse** *n pl* (conditions *f pl* de) visibilité *f;* **~vermerk** *m* **1.** visa *m;* **2.** *adm (am Rand)* émargement *m;* — *mit ~ versehen* viser; **~weite** *f* portée *f* de vue; *außer ~* hors de vue; *in ~* à portée de vue.

sickern ['zɪkərn] *itr ‹sein›* suinter, filtrer, s'écouler goutte à goutte.

sie [zi:] *pron f sing* elle; *acc (mit v verbunden)* la; *(unverbunden)* elle; *m f pl (verbunden)* ils, elles; *(unverbunden)* eux, elles; *acc (verbunden)* les; *(unverbunden)* eux, elles; **S~** *(Höflichkeitsform)* vous; *jdn mit ~ anreden* dire vous à qn, voussoyer qn; *vgl. siezen.*

Sieb *n* ‹-(e)s, -e› [zi:p, '-bə] *(feines)* tamis; *(grobes)* sas, crible *m; tech a.* crépine; *(Küche)* passoire *f; durchlöchert wie ein ~* percé comme une écumoire; **~druck** *m* sérigraphie *f;* **s~en** *tr* **1.** tamiser, passer au tamis; sasser, cribler, passer au crible; **2.** *fig (sichten)* trier; *(Nachrichten)* filtrer.

sieben ['zi:bən] *(Zahlwort)* sept; **S~** *f* ‹-, -› sept *m;* **S~bürgen** *n* [-'bʏrgən] *geog* la Transylvanie; **~fach** *a,* **~fältig** *a* septuple; **S~gestirn,** *das astr* la Pléiade; **~hundert** sept cent(s); **~jährig** *a* **1.** *(sieben Jahre alt)* de sept ans; **2.** *(sieben Jahre dauernd)* septennal; **~mal** *adv* sept fois; **S~meilenstiefel** *m pl* bottes *f pl* de sept lieues; *mit ~n* à pas de géant; **S~sachen** *pl: s-e ~ (fam)* tout son saint(-)crépin *od* saint (-)frusquin; **S~schläfer** *m zoo* loir *m;* **~tausend** sept mille.

siebt|e ['zi:ptə] *a* septième; **S~el** *n* ‹-s, -› septième *m;* **~ens** *adv* septièmement.

siebzehn ['zi:p-] *(Zahlwort)* dix-sept; **~te** *a* dix-septième; **S~tel** *n* ‹-s, -› dix-septième *m.*

siebzig ['zi:ptsɪç] *(Zahlwort)* soixante-dix; **S~er(in)** *m* ‹-s, -› *(f* ‹-, -nen›) septuagénaire *m f;* **~jährig** *a* septuagénaire, de soixante-dix ans; **~ste** *a* soixante-dixième.

siedeln ['zi:dəln] *itr (einzelner)* s'établir, se fixer; *(Gruppe)* établir une colonie *od* un lotissement.

sied|en ['zi:dən] ‹*sott* od *siedete, gesotten* od *gesiedet*› **1.** *tr* faire bouillir; *(Küche)* faire cuire; **2.** *itr* bouillir; *(aufwallen)* bouillonner; — *zum S~ bringen* faire bouillir; **~end** *a (a.)* en ébullition; **S~epunkt** *m* point *m* d'ébullition; **S~esalz** *n* sel *m* marin *od* de saline.

Sied|ler *m* ‹-s, -› ['zi:dlər] colon *m;* **~lung** *f* [-dlʊŋ] *geog (Wohn~)* habitat *m; (Kolonie)* colonie *f,* lotissement *m,* cité *f; (Stadtrand~)* village *m; geschlossene ~ (geog)* habitat *m* concentré.

Sieg *m* ‹-(e)s, -e› [zi:k, '-gə] victoire *f; fig a.* triomphe *m; den ~ davontragen* od *erringen* remporter la victoire *od poet* la palme; l'emporter.

Siegel *n* ‹-s, -› ['zi:gəl] *(amtlich)* sceau; *(gerichtlich)* scellé(s *pl*); *(privat)* cachet *m;* **~lack** *m: (Stange f)* ~ (bâton *m* de) cire *f* à cacheter; **s~n** *tr* sceller; cacheter; apposer un *od* le sceau *od* les scellés *od* le cachet à; **~ring** *m* chevalière *f.*

sieg|en ['zi:gən] *itr* vaincre (*über jdn* qn); l'emporter (*über jdn* sur qn); *sport* gagner; *fig* triompher (*über* de); **S~er** *m* ‹-s, -› vainqueur (*über* de); triomphateur; *(in e-m Wettbewerb)* lauréat; *(im Spiel)* gagnant *m; als ~ hervorgehen* sortir vainqueur (*aus* de); **S~erliste** *f* palmarès *m;* **~esbewußt** *a,* **~esgewiß** *a* sûr de la victoire, sûr de triompher; **S~eszug** *m a. fig* marche *f* triomphale, triomphe *m;* **~reich** *a* victorieux (*über* de); triomphant, triomphateur.

Siesta *f* ‹-, -ten/-s› [zi'ɛsta] *(Mittagsruhe)* sieste *f.*

siezen ['zi:tsən] *tr* vouvoyer, voussoyer.

Signal *n* ‹-s, -e› [zɪ'gna:l] **1.** signal *m;* **2.** *(Wirtschaft)* indicateur *m* (économique); — *das ~ zu etw geben* donner le signal de qc; *ein ~ überfahren* brûler un signal; **~anlage** *f* dispositif *m* de signalisation; *(an e-r Baustelle)* signalisation *f* (de chantier); **~flagge** *f* fanion des signalisation, pavillon *m* de signaux; **~geber** *m (Mensch u. Gerät)* signalisateur *m;* **~horn** *n* corne *f* d'appel, clairon, bugle *m;* **s~isieren** [-gnali'zi:rən] ‹*ohne ge-*› *tr* signaler; **~isierung** *f* ‹-, ø› signalisation *f;* **~lampe** *f* lampe *f* de signalisation *od* d'alarme; **~licht** *n* ‹-(e)s, -er› feu *m* (de signal).

Sign|atur *f* ‹-, -en› [zɪgna'tu:r] **1.** *(Unterschrift, Namenszug, Künstlerzeichen)* signature *f;* **2.** *(Kartenzeichen)* signe *m;* **3.** *(Bibliothek: Buchnummer)* cote *f;* **s~ieren** [-'gni:rən] ‹*ohne ge-*› *tr (mit e-r Signatur versehen)* signer.

Silbe *f* ‹-, -n› ['zɪlbə] syllabe *f; kurze, lange ~* (syllabe) brève, longue *f; (un)betonte ~* syllabe (non) accentuée; **~ntrennung** *f* division *f* en syllabes.

Silber *n* ‹-s, ø› ['zɪlbər] **1.** *(Metall)* argent *m;* **2.** *(Gerät)* argenterie *f;* — *aus ~* d'argent, en argent; **~fischchen** *n ent* lépisme *m;* **~fuchs** *m* renard *m* argenté; **~gehalt** *m* titre *m* d'argent; **s~hell** *a* argenté; *(Klang)* argentin; **~hochzeit** *f* noces *f pl* d'argent; **silb(e)rig** *a* argenté; **~medaille** *f,* **~münze** *f* médaille, monnaie *f* d'argent; **s~n** *a* **1.** *(aus Silber)* en argent, d'argent; **2.** *(silberig)* argenté; **~papier** *n (Stanniol)* papier *m* d'argent *od* d'étain *od* d'aluminium; **~waren** *f pl* argenterie *f;* **s~weiß** *a* argenté.

Silhouette *f* ‹-, -n› [zilu'ɛtə] silhouette *f.*

Sili|cium *n,* **~zium** *n* ‹-s, ø› [zi'li:tsium] *chem* silicium *m.*

Silo *m, a. n* ‹-s, -s› ['zi:lo] *(Großspeicher)* silo *m; im ~ einlagern* ensiler.

Silvester *n* ‹-s, -› [zɪl'vɛstər] *(31. Dez.)* la Saint-Sylvestre; veille *f* du jour de l'an.

Similistein *m* ['zi:mili] *(unechter Edelstein)* pierre fausse, similipierre *f.*

simpel ['zɪmpəl] *a (einfältig)* simple, niais, nigaud; **S~** *m* niais, nigaud; benêt *m.*

Sims *m* od *n* ‹-es, -e› [zɪms, '-zə] moulure, corniche, cimaise *f;* rebord *m;* tablette *f.*

Simul|ant *m* ‹-en, -en› [zimu'lant] simulateur *m;* **s~ieren** [-'li:rən] ‹*ohne ge-*› **1.** *tr* simuler; feindre; **2.** *itr, a. fam (grübeln)* se creuser la cervelle.

simultan [zimul'ta:n] *a (gleichzeitig, gemeinsam)* simultané; **S~dolmetschen** *n* interprétation *f* simultanée.

Sinfon|ie *f* ‹-, -n› [zɪnfo'ni:(ən)] *mus* symphonie *f;* **~iekonzert** *n,* **~ieorchester** *n* concert, orchestre *m* symphonique; **s~isch** [-'fo:nɪʃ] *a* symphonique.

sing|en ['zɪŋən] ‹*sang, gesungen*› *tr* chanter; **S~en** *n* chant *m;* **S~sang** *m* ‹-(e)s, ø› chant *m* monotone, mélopée *f;* **S~spiel** *n* vaudeville *m.*

Singular *m* ‹-s, -e› ['zɪŋgula:r, --'-] *gram* singulier *m.*

Singvogel *m* ['zɪŋ-] oiseau *m* chanteur.

sinken ['zɪŋkən] ‹*sank, gesunken*› *itr* ‹*sein*› **1.** *(langsam fallen)* (s'a)baisser, descendre *(a. Fallschirm),* tomber; *(ein~)* s'enfoncer; *(in den Sand)* s'enliser; **2.** *(im Wasser untergehen)* couler à fond, sombrer; **3.** *fig (niedriger werden: Temperatur, Preise)* baisser; *(schwächer werden, nachlassen)* diminuer, décroître; — *in Schutt und Asche ~* être réduit en cendres; *ich hätte vor Scham in die Erde ~ mögen* c'était à mourir de honte; *die Sonne sinkt* le soleil baisse.

Sinn *m* ‹-(e)s, -e› [zɪn] **1.** *(Geist)* sens, (état d')esprit *m;* **2.** *(Denken)* pensée *f;* **3.** *(Gemüt)* âme *f,* cœur *m;* **4.** *(Charakter)* caractère *m;* **5.** *(Anlage, Neigung)* sens, sentiment, goût, penchant, intérêt *m;* **6.** *(Richtung)* sens *m,* direction *f;* **7.** *philos (Zweck)* raison *f; physiol* sens; *(Bedeutung)* sens *m,* signification, acception *f;* — *in jds ~e* dans le sens de qn; *im besten ~e des Wortes* au meilleur sens du terme; *im eigentlichen, bildlichen ~e* au sens propre, figuré; *im engeren, weiteren ~e* au sens étroit, large; *im entgegengesetzten ~e* en sens contraire, à contresens; *in gewissem ~e* pour ainsi dire; *im wahrsten, im vollen ~e des Wortes* dans toute l'acception *od* la force du terme; *im ~e des Gesetzes* dans l'esprit de la loi; *von ~en* hors de sens; *jdm nicht aus dem ~ gehen* od *wollen* ne pas sortir de l'esprit de qn, intriguer qn; *~ haben für...* avoir le sens de ...; avoir le goût de ... *od* du goût pour ...;*weder ~ noch Verstand haben* n'avoir ni rime ni raison; *etw im ~e haben* avoir qc en tête, méditer qc; *jdm in den ~ kommen* venir à la pensée *od* à l'idée *od* à l'esprit de qn, passer par la tête de qn; *sich etw aus dem ~ schlagen* s'ôter qc de l'esprit; *anderen ~es werden* changer d'avis, se raviser; *das geht mir nicht aus dem ~* cela ne me sort pas de l'idée; *das hat keinen ~* cela n'a pas de sens, cela ne tient pas debout; **~bild** *n* symbole *(für etw* de qc); emblème *m;* **s~bildlich** *a* symbolique; allégorique; *~ darstellen* symboliser; **s~en** ‹*sann, gesonnen*› *itr* **1.** *(nachdenken)* méditer (*über etw* sur qc); réfléchir (*über etw.* à qc); **2.** *(planen)* méditer (*auf etw* qc); — *auf Mittel und Wege ~* aviser aux moyens; **~en** *n* méditations, réflexions, pensées; rêveries *f pl; sein ganzes ~ und Trachten* toutes ses pensées; **~enlust** *f* volupté, sensualité *f;* **s~entstellend** *a* qui défigure le sens; **~enwelt** *f (sinnlich wahrnehmbare Welt)* monde *m* sensible; **~esänderung** *f* changement *m* d'avis *od* d'opinion, volte-face *f;* **~eseindrücke** *m pl* impressions *f pl* sensorielles; **~esorgan** *n* organe *m* sensoriel; *pl a.* organes *m pl* des sens; **~eswahrnehmung** *f* perception (sensorielle), sensation *f;* **s~fällig** *a* évident; *jdm etw ~ vor Augen führen (fig a.)* faire toucher qc du doigt à qn; **s~gemäß I.** *a* d'après *od* selon le sens *a. adv;* analogique; **II.** *adv* par analogie; **s~ieren** [-'ni:rən] ‹*ohne ge-*› *itr fam* rêv(ass)er, songer, méditer; **s~ig** *a* **1.** *(Mensch) (nachdenklich)* pensif, méditatif, rêveur; **2.** *(Sache) (vernünftig)* sensé, raisonnable; judicieux, ingénieux; **3.** *(Mensch) (bedächtig, umsichtig)* réfléchi; — *ein ~er Einfall (hum)* une excellente idée; **s~lich** *a* **1.** *physiol (die Sinnesorgane betreffend)* sensoriel; **2.** *(zur Sinnenlust neigend)* sensuel, charnel, voluptueux; **3.** *(körperlich, materiell)* physique, matériel; — *~e Wahrnehmung f* perception *f* sensible; **~lichkeit** *f* ‹-, ø› *(Sinnenlust)* sensualité, volupté *f;* **s~los** *a* **1.** *(unsinnig)* vide de sens, insensé, stupide; *(widersinnig)* absurde, fou, idiot; **2.** *(vergeblich)* vain, inutile; — *~ betrunken* ivre mort; **~losigkeit** *f* ‹-, ø› non-sens *m;* absurdité, folie *f;* **s~reich** *a* **1.** *(klug erdacht u. ausgeführt)* ingénieux; *(klug)* judicieux; **2.** *(geistreich)* spirituel; **s~verwandt** *a* synonyme; **s~voll** *a* plein de sens, significatif; *(vernünftig)* raisonnable; *(zweckmäßig)* rationnel; **s~widrig** *a* absurde.

Sintflut *f* ‹-, ø› ['zɪnt-] déluge *m; nach mir die ~!* après moi le déluge!

Sipp|e *f* ‹-, -n› ['zɪpə] clan *m; (Verwandtschaft)* parenté *f;* **~schaft** *f fam pej* clique, coterie, séquelle, smala(h) *f.*

Sirene *f* ‹-, -n› [zi're:nə] sirène *f;* **~ngeheul** *n* hurlement *m* de la sirène.

Sirup *m* ‹-s, -e› ['zi:rup] *(Zucker- u. gesüßter Fruchtsaft)* sirop *m.*

Sisyphusarbeit *f* ['zi:zyfus-] rocher de Sisyphe; collier *m* de misère.

Sitt|e *m* ‹-, -n› ['zɪtə] **1.** coutume *f; (Brauch)* usage *m,* pratique; *(Gewohnheit)* habitude *f;* **2.** *pl a.* mœurs *f pl;* — *nach alter ~* selon le vieil usage; *gegen die guten ~n verstoßen* manquer aux convenances;*~n und Gebräuche pl* us et coutumes *pl;* **~engeschichte** *f* histoire *f* des mœurs; **~enlehre** *f* éthique, morale *f;* **s~enlos** *a* sans *od* de mauvaises mœurs; *(unmoralisch)* immoral; **~enlosigkeit** *f* liberté des mœurs, immoralité *f;* **~enpolizei** *f* police *f* des mœurs; **s~enstreng** *a* (de mœurs) austère(s), puritain; **~enverderbnis** *f,* **~enverfall** *m* dépravation (des mœurs); décadence, corruption *f.*

Sittich *m* ‹-s, -e› ['zɪtɪç] *orn* perruche *f.*

sitt|lich *a* ['zɪtlɪç] moral; **S~lichkeit** *f* ‹-, ø› moralité *f;* (bonnes) mœurs *f pl;* **S~lichkeitsverbrechen** *n* crime *m* sexuel; **~sam** *a* vertueux, modeste; honnête, sage; pudique; *(Kleidung)* décent; **S~samkeit** *f* ‹-, ø› modestie, honnêteté, décence, réserve, pudeur *f.*

Situation *f* ‹-, -en› [zituatsi'o:n] situation *f,* état *m* de choses.

Sitz *m* ‹-es, -e› [zɪts] **1.** *(Gegenstand, Vorrichtung)* siège; *bes. theat* fauteuil *m;* **2.** *(fig: e-r Firma, e-s Vereins, e-r Regierung; parl: e-s Abgeordneten)* siège; *com a.* siège *m* social; — *im ~* en position assise; *s-n ~ haben (com, adm)* siéger (*in* à); **~bad** *n* bain de siège, demi-bain *m.*

sitzen ‹*saß, gesessen*› ['zɪtsən] *itr* **1.** être assis; *(s-n Platz haben)* être placé; *(e-n Sitzplatz haben)* avoir une place (assise); **2.** *(für ein Bild ~)* poser; **3.** *fam (im Gefängnis)* faire de la prison; **4.** *(Vogel)* être perché; **5.** *(fest~)* tenir; **6.** *fig (Übel)* résider; **7.** *(Kleidung: passen)* aller; **8.** *(s-n Zweck erfüllen)* avoir porté; — *wie angegossen ~* aller comme un gant; *~ bleiben* rester assis; *e-n ~ haben (fam: betrunken sein)* avoir sa cuite; *bleiben Sie ~!* restez assis; *das sitzt! (fam)* c'est bien tourné *od* bien envoyé; **~≈bleiben** ‹*blieb sitzen, sitzengeblieben*› *itr* ‹*sein*› **1.** rester assis; **2.** *(beim Tanz)* faire tapisserie; **3.** *(keinen Mann kriegen)* rester vieille fille, coiffer sainte Catherine; **4.** *(Schule)* redoubler (la classe); **5.** *com* ne pas trouver preneur (*auf etw* à qc); **~d** *a* (en position) assis(e); *~e Lebensweise f* vie *f* sédentaire; **~≈lassen** ‹*läßt, ließ sitzen, hat sitzenlassen*› *tr fam* laisser en plan, planter là; *fam (Mädchen nicht heiraten)* plaquer; *etw auf sich ~ (fig)* avaler *od* dévorer qc.

Sitz|gelegenheit *f* ['zɪts-] place *f; (Gegenstand)* siège *m;* **~kissen** *n* rond-de-cuir; *(orientalisches)* pouf *m;* **~platz** *m* place *f* assise.

Sitzung *f* ‹-, -en› ['zɪtsʊŋ] **1.** séance; *jur* audience *f;* **2.** *(Kunst)* séance, pose *f;* — *e-e ~ abhalten* tenir une séance, siéger; *die ~ ist geschlossen* la séance est levée; **~sbericht** *m* rapport *od* compte *m* rendu de séance; **~ssaal** *m* salle de séances *od* de réunion; *jur* salle d'audience, (salle *f* du) tribunal *m.*

Sitzverteilung *f* ['zɪts-] *parl* (répartition *f* des) sièges *m pl.*

Sizilien [zi'tsi:liən] *n* la Sicile.

Skal|a *f* ‹-, -len/-s› ['ska:la] **1.** *(Maßeinteilung)* échelle *f* (graduée); **2.** *(bes. Tonleiter)* gamme *f;* **3.** *(Scheiben~)* cadran *m* (gradué); **4.** *(Stufenfolge)* barème, éventail *m;* **~eneinteilung** *f* graduation *f.*

Skalp *m* ‹-s, -e› [skalp] *(Haarschopf mit Kopfhaut)* scalp *m.*

Skalpell *n* ‹-s, -e› [skal'pɛl] *med* scalpel *m.*

skalpieren [skal'pi:rən] ‹*ohne ge-*› *tr* scalper.

Skandal *m* ‹-s, -e› [skan'da:l] *(Ärgernis)* scandale *m; e-n ~ heraufbeschwören* faire un éclat; **s~ös** [-da'lø:s] *a (anstößig)* scandaleux; *(unerhört)* inouï, révoltant.

Skandinav|ien *n* [skandi'na:viən] la Scandinavie; **s~isch** [-'na:vɪʃ] *a* scandinave.

Skat *m* ‹-(e)s, -e/-s› [ska:t] *(Kartenspiel)* skat; écarté *m.*

Skelett *n* ‹-(e)s, -e› [ske'lɛt] squelette *m.*

Skep|sis *f* ‹-, ø› ['skɛpsɪs] scepticisme *m;* **~tiker** *m* ‹-s, -› ['skɛptikər] sceptique *m;* **s~tisch** ['skɛptɪʃ] *a* sceptique.

Skizz|e *f* ‹-, -n› ['skɪtsə] *(Kunst)* esquisse *f; (Entwurf)* croquis *m,* maquette, ébauche *f;* **s~enhaft** *a* esquissé, ébauché; **s~ieren** [-'tsi:rən] ‹*ohne ge-*› *tr* esquisser, ébaucher.

Sklav|e *m* ‹-n, -n› ['skla:ve, 'skla:fə] esclave *m;* **~erei** *f* ‹-, ø› [-'raɪ] esclavage *m;* **s~isch I.** *a* **1.** d'esclave; servile; **2.** *(peinlich genau, pedantisch)* méticuleux; **II.** *adv* méticuleusement.

Sklerose *f* ‹-, -n› [skle'ro:zə] *med* sclérose *f; multiple ~* sclérose *f* en plaques.

skont|ieren [skɔn'ti:rən] ‹*ohne ge-*› *tr fin* escompter; **S~o** *m* od *n* ‹-s, -s/-ti› ['skɔnto] escompte *m.*

Skorbut *m* ‹-(e)s, ø› [skɔr'bu:t] *med* scorbut *m.*

Skorpion *m* ‹-s, -e› [skɔrpi'o:n] *zoo* scorpion *m.*

Skrupel *m* ‹-s, -› ['skru:pəl] *(Bedenken)* scrupule *m;* **s~los** *a* sans scrupules, sans aucun scrupule; **~losigkeit** *f* ‹-, ø› manque *m* de scrupules *od* de conscience, déloyauté *f.*

Skulptur *f* ‹-, -en› [skulp'tu:r] *(Kunst u. Werk)* sculpture *f.*

Skunk *m* ‹-s, -s/-e› [skunk] *zoo (Stinktier)* mouffette *f; meist pl (~s) (Pelz)* sconse, skons, scons, skuns, skunks *m.*

Slalom *m* ‹-s, -s› ['sla:lɔm] *(Schi)* slalom *m.*

Slaw|e *m* ‹-n, -n› ['sla:və] Slave *m;* **~entum** *n* ‹-s, ø› slavisme *m;* **s~isch** *a* slave.

Slowak|e *m* ‹-n, -n› [slo'va:kə] , **~in** *f* ‹-, -nen› Slovaque *m f;* **~ei,** *die* [-'kaɪ] la Slovaquie; **s~isch** [-'va:kɪʃ] *a* slovaque.

Slowen|e *m* ‹-n, -n› [slo've:nə] , **~in** *f* ‹-, -nen› Slovène *m f;* **~ien** *n* [-'ve:niən] la Slovénie; **s~isch** [-'ve:nɪʃ] *a* slovène.

Slums *pl* [slams] *(Elendsviertel)* quartier *m* insalubre.

Smaragd *m* ‹-(e)s, -e› [sma'rakt, -də] *min* émeraude *f.*

Smoking *m* ‹-s, -s› ['smo:kɪŋ] smoking *m.*

Snob *m* ‹-s, -s› [snɔp] snob *m;* **~ismus** *m* ‹-, -men› [-'bɪsmus] snobisme *m;* **s~istisch** [-'bɪstɪʃ] *a* snob *inv.*

so [zo:] **I. 1.** *(adv d. Art u. Weise)* si, ainsi, comme cela *od* ça, de cette manière, de la sorte, autant; *(am Satzanfang)* voici comment; c'est ainsi (par exemple) que; *~ ein(e)* un(e) tel(le) *od* pareil(le); *~ ein Esel!* quel imbécile! *~ etwas* une chose pareille, pareille chose; *~ etwas wie* une espèce de; *~ etwas sagt man nicht* cela ne se dit pas; *~ manche(r, s)* ... tant de ...; *und zwar ~* et voici comment; *~ oder ~* d'une façon ou d'une autre, de manière ou d'autre; force; gré, mal gré; de gré ou de force, vaille que vaille! *bald ~, bald ~* tantôt d'une façon, tantôt d'une autre; *und ~ fort* od *weiter* et ainsi de suite; *wie ..., ~ ...* tel ..., tel ...; *wie du mir, ~ ich dir* je te rends la monnaie de ta pièce; *~(,) daß* de façon (à ce) que; de manière que *od* à *inf,* de (telle) sorte que, si bien que; *du tust nur ~* ce n'est qu'un faux semblant; *~ lauteten s-e Worte* telles furent ses paroles; *das ist ~* il en est ainsi; *wenn dem ~ ist* s'il en est ainsi; *~ liegen die Dinge* voilà où en est l'affaire; *~ ist das Leben nun mal* c'est la vie; *nicht ~!* pas de ça! *recht ~!* à la bonne heure! *~ siehst du aus!* penses-tu! *~ mußte es kommen!* voilà ce que j'ai dit! **2.** *(adv d.*

Maßes) (bei a u. adv) si, aussi, tellement; ~ ... *wie* aussi ... que; ~ ..., *daß* si ... que; *nicht* ~ ... *wie* pas (aus)si ... que; *(bei adv u. v)* tant; ~ ... *auch* si ... que; *um* ~ *besser (adv)* d'autant mieux; *um* ~ *besser!* tant mieux! ~ *etwa* od *ungefähr* environ, à peu près; ~ *gut wie* ou peu s'en faut *(nachgestellt); (gewissermaßen)* pour ainsi dire; *(beinahe)* presque; ~ *gut wie (gar) nichts* presque rien; ~ *(und* ~*) oft* maintes (et maintes) fois, à maintes reprises; ~ *schon* sans cela; ~ *sehr* tant, tellement; ~ *sehr, daß* ... tant *od* tellement *od* à ce point *od* à tel point que ...; ~ *viel* tant; ~ *viel ist gewiß, daß* ... ce qu'il y a de certain, c'est que ...; ~ *weit gehen zu* ... aller jusqu'à ...; *es (nicht)* ~ *weit kommen lassen* (ne pas) laisser les choses en venir là; ~ *ziemlich* à peu près; **3.** *(adv d. Zeit): kaum war ich gegangen,* ~ *regnete es* à peine m'en étais-je allé qu'il commença à pleuvoir; **II.** *conj (also, folglich)* ainsi, donc; *(denn)* alors; *suchet,* ~ *werdet ihr finden* cherchez et vous trouverez; ~ *Gott will* plaise *od* plût à Dieu; **III.** *interj* bon! voilà! c'est ça! ~, *da bin ich wieder!* me revoilà! ~ *höre doch!* mais écoute donc! ~? vrai(ment)? en effet? vous croyez? ~, ~! tiens, tiens! *ach* ~! ah bon! ~ *was!* en voilà des façons!

sobald [zo'balt] *conj* (aus)sitôt *od* dès (l'instant) *od* du moment que *subj.*

Socke *f* ‹-, -n› ['zɔkə] chaussette *f; sich auf die* ~*n machen (fam)* filer, décamper.

Sockel *m* ‹-s, -› ['zɔkəl] **1.** socle, piédestal *m;* **2.** *(Unterbau)* soubassement *m.*

Soda *f* ‹-, ø› od *n* ‹-s, ø› ['zo:da] **1.** *chem* soude *f;* **2.** *mit* ~ *(~wasser) (Getränk)* à l'eau; ~**wasser** *n* eau *f* gazeuse *od* de Seltz.

Sodbrennen *n* ['zo:t-] aigreurs *f pl.*

Sodomie *f* ‹-, -n› [zodo'mi:] *jur* bestialité *f.*

soeben [zo'ʔe:bən] *adv (vor e-m Augenblick, gerade)* à l'instant (même), justement; ~ *etw getan haben* venir de faire qc.

Sofa *n* ‹-s, -s› ['zo:fa] sofa, canapé *m;* ~**kissen** *n* coussin *m* (de divan).

sofern [zo'fɛrn] *conj (wenn, falls)* si, si tant est que; si du moins; au cas où *(konditional);* ~ *nicht* à moins que, sauf lorsque.

sofort [zo'fɔrt] *adv* tout de suite, immédiatement, sur-le-champ, à l'instant, d'emblée; ~ *zur Sache kommen* aller droit au fait; *(ich komme)* ~! j'arrive! ~**ig** *a* immédiat, prompt; **S~maßnahme** *f* mesure *f* immédiate *od* d'urgence.

Sog *m* ‹-(e)s, -e› [zo:k, '-gə(s)] *allg* aspiration *f.*

sogar [zo'ga:r] *adv* même; *ja* ~ voire même; et qui plus est; ~ *wenn* quand bien même; ~ *etw tun* aller jusqu'à faire qc.

sogenannte ['zo:-] *a* soi-disant *inv; (mit weiterem Attribut)* dit; *der* ~ *gotische Stil* le style dit gothique; *(angeblich)* prétendu, *fam* entre guillemets.

sogleich [zo'glaıç] *adv* = *sofort.*

Sohle *f* ‹-, -n› ['zo:lə] **1.** *(Fuß~)* plante; *(Schuh~)* semelle *f;* **2.** *(Tal~, geol)* fond *m; mines* sole *f,* étage, niveau, horizon *m;* **s~n** *tr* mettre une semelle à.

Sohn *m* ‹-(e)s, ⸚e› [zo:n, 'zø:nə] fils *m; der verlorene* ~ *(Bibel u. allg)* l'enfant prodigue.

Soja *f* ‹-, -jen› ['zo:ja, '-jən] *bot* soya, soja *m;* ~**bohne** *f,* ~**mehl** *n* graine, farine *f* de soya.

solange [zo'laŋə] *conj* aussi longtemps que, tant que.

solch [zɔlç] *pron:* ~ *(ein, e), ein* ~*er, e-e* ~*e, ein* ~*es* un tel, une telle; pareil, le; *ein* ~*er Mensch* un tel homme, pareil homme, un homme pareil; *fam* un homme comme ça; *als* ~*er* comme tel, en tant que tel; *ich habe* ~*e Angst,* ~*en Hunger* j'ai tellement peur, faim; *es gibt* ~*e und* ~*e (fam)* il y en a de toutes sortes.

Sold *m* ‹-(e)s, -e› [zɔlt, '-də] *mil (Löhnung)* solde, paie *od* paye *f,* prêt *m.*

Soldat *m* ‹-en, -en› [zɔl'da:t] soldat, militaire; *fam* troupier; *(als Dienstgrad)* (soldat de) 2. classe *m; gemeiner, einfacher* ~ simple soldat, soldat *m* de deuxième classe; ~ *auf Zeit* soldat *m* engagé; ~**enfriedhof** *m* cimetière *m* militaire *od* de guerre; ~**eska** *f* ‹-, -ken› [-da'tɛska] soldatesque *f;* **s~isch** [-'datıʃ] *a* de *od* du soldat; militaire; soldatesque; martial.

Söldner *m* ‹-s, -› ['zœldnər] mercenaire *m.*

Sole *f* ‹-, -n› ['zo:lə] eau saline; *(Salzwasser)* eau salée; *(Salzlake)* saumure *f.*

solid|arisch [zoli'da:rıʃ] *a* solidaire (*mit* de); *sich* ~ *erklären* se solidariser (*mit* avec); **S~arität** *f* ‹-, ø› [-ri'tɛ:t] solidarité *f;* ~**(e)** [-'li:t, -də] *a* **1.** *(fest, haltbar)* solide; **2.** *fin (zuverlässig)* sûr, sérieux; *(Mensch)* solvable; **3.** *(Mensch: ordentlich, mäßig)* rangé; — *über* ~*e Kenntnisse verfügen* avoir du fond; ~*e Firma f* maison *f* de confiance; ~*e gearbeitet* fait à profit (de ménage); **S~ität** *f* ‹-, ø› [di'tɛ:t] solidité *f.*

Solist(in) *m* ‹-en, -en› (*f* ‹-, -nen›) [zo'lıst] *mus* soliste *m f.*

Soll *n* ‹-(s), -(s)› [zɔl] **1.** *com* doit *m;* **2.** *adm* norme *f;* — *sein* ~ *erfüllen* satisfaire à ses obligations; ~ *und Haben* doit et avoir.

sollen ['zɔlən] ‹*soll, sollte, gesollt*› *itr (die Pflicht haben zu)* devoir; *(Befehl:) du sollst kommen* tu viendras; *(Ungewiß-*

heit:) er soll gesagt haben il aurait dit; *er soll reich sein* on le dit riche; *(Möglichkeit:) sollte er gekommen sein?* serait-il venu? est-ce possible qu'il soit venu? *(Wunsch:) man sollte weniger essen* il faudrait manger moins; *du sollst nicht töten* tu ne tueras point; *Sie ~ wissen ...* je veux que vous sachiez ..., sachez ...; *sollten Sie ihn (zufällig) treffen ...* si par hasard vous le rencontrez ...; *das ~ sie unter sich ab-* od *ausmachen* qu'ils se débrouillent entre eux! *man sollte meinen ...* on dirait ...; *wenn es regnen sollte* s'il venait à pleuvoir; *soll ich kommen?* veux-tu, voulez-vous que je vienne? *was soll ich tun* od *machen?* que (dois-je) faire? que voulez-vous que je fasse? *was soll ich Ihnen sagen?* que vous dirai-je? *was soll das?* qu'est-ce que ça signifie? à quoi bon? *was soll das heißen?* qu'est que cela veut dire?

solo ['zo:lo] *adv fam (allein)* seul; **S~** *n* ‹-s, -s/-li› *(mus, Tanz)* solo *m.*

solven|t [zɔl'vɛnt] *a (zahlungsfähig)* solvable; **S~z** *f* ‹-, -en› [-'vɛnts] solvabilité *f.*

somit [so'mɪt] *adv* ainsi, donc, par conséquent.

Sommer *m* ‹-s, -› ['zɔmər] été *m; im ~* en été; *mitten im ~* en plein été, au fort de l'été; *verregneter ~* été *m* pourri; **~frische** *f* villégiature *f;* **~halbjahr** *n* semestre *m* d'été; **s~lich** *a* estival, d'été, de l'été; **~schlußverkauf** *m* soldes *m pl* de fin d'été; **~sonnenwende** *f* solstice *m* d'été; **~sprossen** *f pl* taches *f pl* de rousseur *od fam* de son; **~zeit** *f adm* heure *f* d'été.

Sonate *f* ‹-, -n› [zo'na:tə] *mus* sonate *f.*

Sonde *f* ‹-, -n› ['zɔndə] *med mines* sonde *f.*

Sonder|anfertigung *f* ['zɔndər-] **1.** *(Tätigkeit)* fabrication *f* par pièces *od* hors série; **2.** *(Stück)* exemplaire *m* spécial; **~angebot** *n com* offre *f* spéciale; **~ausführung** *f* exécution *f* spéciale; **~ausgabe** *f* **1.** *(Buch)* édition *f* spéciale; **2.** *fin* extra *m; pl fin* dépenses *f pl* extraordinaires *od* particulières; **s~bar** ['zɔndər-] *a* étrange, singulier; bizarre, baroque; *(merkwürdig)* curieux; *~!* (chose) étrange! **s~barerweise** *adv* chose étrange; **~beilage** *f (Zeitung)* supplément *m* spécial; **~bericht** *m* rapport *m* spécial; **~einnahmen** *f pl* revenus *m pl* accidentels; **~fall** *m* cas *m* exceptionnel; **~genehmigung** *f* autorisation *f* spéciale; **s~gleichen** *a inv (nachgestellt)* sans pareil; **~interessen** *n pl* intérêts *m pl* particuliers; **~ling** *m* ‹-s, -e› original, drôle *m* (d'homme *od* d'individu); **~marke** *f (Briefmarke)* timbre *m* spécial; **s~n I.** *conj* mais (au contraire); *nicht nur ..., ~ auch ...* non seulement ..., mais encore ...; **II.** *tr* séparer, disjoindre; **~nummer** *f (Zeitung, Zeitschrift)* numéro *m* hors-série *od* spécial; édition *f* spéciale; **~regelung** *f* règlement *m* spécial; **~schule** *f* école *f* pour enfants retardés *od* arriérés; **~stellung** *f* position *f* privilégiée; *e-e ~ einnehmen (Person)* jouir d'une position privilégiée; *(Sache)* occuper une place à part; **~ziehungsrechte** *n pl* droits *m* de tirage spéciaux.

sondier|en [-'di:rən] ‹*ohne ge-*› *tr* sonder; **S~ung** *f* ‹-, -en› sondage *m.*

Sonett *n* ‹-(e)s, -e› [zo'nɛt] *(Gedichtform)* sonnet *m.*

Sonnabend *m* ‹-s, -e› ['zɔnˀa:bənt] samedi *m.*

Sonne *f* ‹-, -n› ['zɔnə] soleil *m; an* od *in der ~ (im ~nschein)* au soleil; *die ~ scheint* il fait (du) soleil; *die auf-, untergehende ~* le soleil levant, couchant.

sonnen ['zɔnən] *tr* exposer au soleil, insoler; *sich ~* s'exposer *od* se chauffer *od* se prélasser au soleil, prendre un bain de soleil.

Sonnen|aufgang *m* ['zɔnən-] lever *m* du soleil; **~bad** *n* bain *m* de soleil; **s~beschienen** *a* ensoleillé; **~blume** *f* tournesol, hélianthe; *fam* soleil *m;* **~brand** *m med* coup *m* de soleil; **~brille** *f* lunettes *f pl* de soleil; **~dach** *n* marquise *f;* **~einstrahlung** *f* insolation *f;* **~energie** *f* énergie solaire; **~finsternis** *f* éclipse *f* solaire *od* de soleil; **~fleck** *m astr* tache *f* solaire; **~heizung** *f* chauffage *m* solaire; **~könig, der (Ludwig XIV.)** le roi-soleil; **~kraftwerk** *n* centrale *f* solaire; **~licht** *n* ‹-(e)s, -ø› lumière *f* du soleil *od* solaire; **~schein** *m* (clarté *od* lumière *f* du) soleil *m; im ~* au soleil; **~schirm** *m* ombrelle *f,* parasol *m;* **~seite** *f* côté exposé au soleil; *fig* beau côté *m;* **~stich** *m med* coup *m* de soleil, insolation *f;* **~strahl** *m* rayon *m* de *od* du soleil; **~system** *n astr* système *m* solaire; **~uhr** *f* cadran solaire, gnomon *m;* **~untergang** *m* coucher *m* du soleil; *bei ~* au coucher du soleil; **~wende** *f* solstice *m.*

sonnig ['zɔnɪç] *a* ensoleillé; *fig* radieux, riant.

Sonn|tag *m* ['zɔn-] dimanche *m; am ~* le dimanche; *jeden ~* tous les dimanches; **s~täglich** *a* dominical; **s~tags** *adv* le dimanche; *sonn- und feiertags* (les) dimanches et jours de fête.

Sonntags|dienst *m* ['zɔnta:ks-] *: ~ haben* être de service (de dimanche); *~ (Hinweis)* médecin *m (Arzt) od* pharmacie *f (Apotheke)* de service; **~fahrer** *m* conducteur *od* chauffeur du dimanche; *pej* chauffard *m;* **~staat** *m* habits *od* vêtements *m pl od* toilette *f* du dimanche *od* de fête.

sonst [zɔnst] *adv* **1.** *(andernfalls)* sinon, autrement, sans quoi, faute de quoi, sans cela; ou alors; **2.** *(außerdem)* en outre, à part cela; **3.** *(gewöhnlich)* d'habitude, d'ordinaire, à l'ordinaire; *fam* normalement; **4.** *(früher)* autrefois, en d'autres temps, jadis; — *wenn es ~ nichts ist* si ce n'est que cela; *und was ~?* et puis? *~ noch etwas?* et avec ça? *~ niemand* (ne ....) personne d'autre; *~ nichts* (ne ...) rien d'autre *od* de plus; *~ nirgends* (ne ...) nulle part ailleurs; **~ige(r, s)** *a* autre; accessoire; *(irgendwelche)* quelconque(s); n'importe le(s)quel(s); *bes. adm* diverse(s); de toute nature.

sooft [zoˈʔɔft] *conj* toutes les fois que.

Sopran *m* ⟨-s, -e⟩ [zoˈpra:n] *mus* soprano *m.*

Sorg|e *f* ⟨-, -n⟩ [ˈzɔrgə] **1.** souci *m; (innere Unruhe)* inquiétude, préoccupation *f;* **2.** *(~falt, Eifer)* soin(s *pl*) *m,* sollicitude *f;* — *sich ~n machen* se faire du *od* des souci(s) (*um etw* à propos de qc), se faire du mauvais sang *od* de la bile (*wegen etw* pour qc), s'inquiéter (*um etw* de qc); *fam* s'en faire; *um jdn* se faire du souci pour qn; *sich keine ~n machen* ne pas se faire de soucis, ne s'inquiéter de rien; *das ist meine geringste ~* c'est le moindre *od fam* le cadet de mes soucis; *lassen Sie das meine ~ sein!* j'en fais mon affaire; *seien Sie ohne ~! keine ~!* ne vous inquiétez pas; *fam* ne vous en faites pas; **s~en** *itr* **1.** avoir *od* prendre soin (*für* de); pourvoir (*für* à); se charger (*für* de); **2.** veiller (*dafür, daß* à ce que *subj*); *refl* **3.** *sich ~* se soucier, s'inquiéter, se tourmenter, être en peine (*um* de); être inquiet (*um* pour); — *für jdn zu ~ haben* avoir qn à sa charge; *ich werde dafür ~* j'y veillerai; *dafür ist gesorgt* on y a pourvu; **s~enfrei** *a* sans souci; **~enkind** *n* enfant qui cause beaucoup de soucis; *fig* (grand) souci *m;* **s~envoll** *a* soucieux, accablé *od (Leben)* plein de soucis; **~falt** *f* ⟨-, ø⟩ [ˈzɔrk-] soin *m,* sollicitude, diligence, attention; *(Gründlichkeit)* minutie, exactitude *f; (Gewissenhaftigkeit)* scrupules *m pl;* **s~fältig** *a* soigneux, diligent, attentif; *(gründlich)* minutieux, exact; *(gewissenhaft)* scrupuleux, méticuleux; *(Arbeit)* soigné; **s~los** *a* **1.** insouciant, sans soucis; **2.** *(nachlässig)* négligent; *(leichtsinnig)* nonchalant, léger; **~losigkeit** *f* ⟨-, ø⟩ **1.** insouciance *f,* sans-souci *m;* **2.** négligence, incurie; nonchalance, légèreté *f;* **s~sam** *a (~fältig)* soigneux; *(umsichtig)* attentif, attentionné, circonspect; *(behutsam, vorsichtig)* précautionneux.

Sort|e *f* ⟨-, -n⟩ [ˈzɔrtə] sorte; *(Marke)* marque; *(Art)* espèce *f (a. Geld),* genre, type *m; (Qualität)* qualité; *bot* variété *f; (Wein)* cru *m; pl (Geld)* espèces monnayées, monnaies *f pl* étrangères; *von allen ~n* de toutes sortes; **s~ieren** [-ˈti:rən] ⟨*ohne ge-*⟩ *tr* trier; *(nach Sorten zs.stellen)* assortir; *(ordnen)* classer, ranger; **~ierer(in)** *m* ⟨-s, -⟩ (*f* ⟨-, -nen⟩) trieur *m,* -euse *f;* **~iermaschine** *f* trieuse *f;* **~iment** *n* ⟨-(e)s, -e⟩ [-tiˈmɛnt] *com* assortiment *m; (Buchhandel)* (livres *m pl* d')assortiment *m.*

sosehr [zoˈze:r] *conj* quel(le) que soit *subj.*

soso [zoˈzo:] **I.** *adv fam: (so lala)* (comme ci) comme ça, couci-couça; tel quel; tant bien que mal; **II.** *interj* ah ah!

Soße *f* ⟨-, -n⟩ [ˈzo:sə] sauce *f.*

Souffl|eur *m* ⟨-s, -e⟩ [zuˈflø:r] , **~euse** *f* ⟨-, -n⟩ [-ˈflø:zə] *theat* souffleur *m,* -euse *f;* **~eurkasten** *m* trou *m* du souffleur; **s~ieren** [-ˈfli:rən] ⟨*ohne ge-*⟩ *tr (einblasen)* souffler (*jdm etw* qc à qn).

soundso [ˈzo:ʔuntˈzo:] *adv (unbestimmt wie)* n'importe comment; *Herr S~* M. Un tel, M. Chose, M. Machin; *Frau S~* Madame Une telle.

Soutane *f* ⟨-, -n⟩ [zuˈta:nə] *rel* soutane *f.*

Souterrain *n* ⟨-s, -s⟩ [zutɛˈrɛ̃:, ˈzu:tɛrɛ̃] *arch* sous-sol *m.*

souverän [zuvəˈrɛ:n] *a pol* souverain; **S~ität** *f* ⟨-, ø⟩ [-rɛniˈtɛ:t] souveraineté *f.*

soviel [zoˈfi:l] **I.** *adv* tant; *~ wie* od *als* autant que; *noch einmal* od *doppelt, dreimal ~* deux, trois fois autant; *~ ist sicher* od *steht fest, daß* ce qui est certain, c'est que; **II.** *conj* autant que *subj; ~ ich weiß* (autant) que je sache; à ce que je sais.

soweit [zoˈvaɪt] **I.** *adv* jusqu'à un certain point; *~ wie* od *als* autant que; *~ erforderlich* si besoin est, en cas de besoin; *bist du ~?* es-tu prêt? *es ist ~* ça y est; *~ sind wir noch nicht* nous n'en sommes pas encore là; **II.** *conj* autant que *subj; ~ ich mich erinnere* autant qu'il m'en souvienne; *~ es mir meine Mittel erlauben* dans la mesure de mes moyens.

sowenig [zoˈve:nɪç] **I.** *adv* tout aussi peu que, pas plus que; *~ wie möglich* aussi peu que possible; *ich weiß es ~ wie du* je n'en sais pas plus que toi; **II.** *conj* pour le peu que *subj.*

sowie [zoˈvi:] *conj = sobald;* **~so** [-viˈzo:] *adv* de toute(s) façon(s) *od* manière(s), d'une façon comme de l'autre, en tout cas.

Sowjet *m* ⟨-s, -s⟩ [zɔˈvjɛt, ˈzɔ-] soviet *m; die ~s pl* les Soviétiques *m pl;* **s~isch** [-ˈvjɛ:tɪʃ] *a* soviétique; **~union,** *die* l'Union *f* soviétique.

sowohl [zoˈvo:l] *conj: ~ ... als* od *wie (auch)* non seulement ..., mais encore; aussi bien ... que; et ... et.

sozial [zotsiˈa:l] *a* **1.** social; **2.** *(öffentlich)* public; *~e Einrichtungen f pl* avantages *m pl* sociaux; **S~amt** *n* assistance *f* publique; **S~demokrat** *m* social-

-démocrate *m;* **~demokratisch** *a* social-démocrate; **S~isierung** *f* ‹-, ø› socialisation *f;* **S~ismus** *m* ‹-, ø› [-'lɪsmus] socialisme *m;* **S~ist** *m* ‹-en, -en› [-'lɪst] socialiste *m;* **~istisch** [-'lɪstɪʃ] *a* socialiste; **S~partner** *m pl* partenaires *m pl* sociaux; **S~politik** *f* politique *f* sociale; **S~produkt** *n* produit *m* national; **S~versicherung** *f* assurance *f* sociale.

Soziologie *f* ‹-, ø› [zotsiolo'gi:] sociologie *f.*

Sozius *m* ‹-, -se› ['zo:tsius, -ə] **1.** *(Genosse)* compagnon; *com (Teilhaber)* associé *m;* **2.** *mot (Beifahrer)* occupant *m* du siège arrière; **~sitz** *m* siège arrière, tan-sad *m.*

sozusagen [zotsu'za:gən] *adv* pour ainsi dire.

Spachtel *m* ‹-s, -› od *f* ‹-, -n› ['ʃpaxtəl] spatule *f;* couteau *m* à reboucher; amassette *f; med* abaisse-langue *m;* **s~n** *tr* spatuler; reboucher avec le couteau.

Spagat *m* od *n* ‹-(e)s, -e› [ʃpa'ga:t] *sport* grand écart *m.*

späh|en ['ʃpɛ:ən] *itr* guetter *a. mil;* être aux aguets, avoir l'œil au guet; épier, espionner (*nach etw* qc); **S~er** *m* ‹-s, -› guetteur *m;* **S~trupp** *m* patrouille *f* de reconnaissance.

Spalier *n* ‹-s, -e› [ʃpa'li:r] *agr* espalier *m; (Wein~)* treille *f;* ~ *bilden* od *stehen (fig)* faire *od* former la haie.

Spalt *m* ‹-(e)s, -e› [ʃpalt] **1.** fente, crevasse *f;* **2.** *(Sprung)* fêlure; *(Mauerriß)* fissure, lézarde; *geol* faille *f;* **3.** *(Fenster-, Türöffnung)* ouverture *f;* **s~bar** *a* fissile, fissible, fissionnable; *~es Material n (phys)* matière *f* fissile; **~barkeit** *f* fissilité *f;* **~e** *f* ‹-, -n› **1.** fente, crevasse *f;* **2.** *typ* colonne *f;* **s~en** ‹*gespaltet* od *gespalten*› *tr* **1.** fendre, scinder, fissurer; **2.** *bes. fig* diviser, dissocier; **3.** *min* cliver; *chem* décomposer; *(Atom)* fissionner, désintégrer; *refl: sich* ~ **4.** se fendre, se crevasser, se scinder; **5.** *fig* se diviser, se dissocier; **~ung** *f* ‹-, -en› **1.** fission *f (a. d. Atomkerns);* **2.** *chem* décomposition *f;* **3.** *med psych* dédoublement *m;* **4.** *fig* division, dissociation; *bes. pol* scission; *rel (Glaubens~)* dissidence *f; (Kirchen~)* schisme *m.*

Span *m* ‹-(e)s, ⸚e› [ʃpa:n, 'ʃpɛ:nə] copeau; *(auch von Metall)* éclat *m.*

Spanferkel *n* ['ʃpa:n-] cochon *m* de lait.

Spange *f* ‹-, -n› ['ʃpaŋə] agrafe, boucle; *(Haar- u. Schmuck~)* barrette *f.*

Span|ien *n* ['ʃpa:niən] l'Espagne *f;* **~ier(in)** *m* ‹-s, -› (*f* ‹-, -nen›) ['-niər] Espagnol(e *f*) *m;* **s~isch** ['ʃpa:nɪʃ] *a* espagnol; *(das) S~(e) n* (l')espagnol *m; das kommt mir ~ vor (fig fam)* ça me paraît étrange; *~e Wand f* paravent *m.*

Spann *m* ‹-(e)s, -e› [ʃpan] *anat* cou-de-pied, dos *m* du pied.

Spann|beton *m* ['ʃpan-] béton *m* précontraint; **~e** *f* ‹-, -n› **1.** *(altes Maß: gespreizte Hand)* empan *m;* **2.** *(Abstand)* écart *m;* **3.** *(Handels~)* marge *f;* **s~en** *tr* **1.** (é)tendre, (é)tirer; *(Feder, Bogen)* bander; *(straffen)* raidir; **2.** *(ein~, einklemmen)* serrer; **3.** *(Schußwaffe)* armer; *itr* **4.** *(straff sitzen, von e-m Kleidungsstück)* serrer, tirer, être trop juste; gêner; — *vor den Wagen* ~ atteler à la voiture; **s~end** *a (Erzählung)* captivant, palpitant, passionnant; **~er** *m* ‹-s, -› **1.** *(~vorrichtung, a. Hosen~)* tendeur; *tech* raidisseur; *(Schuh~)* embauchoir; *(Zeitungs~)* porte-journal *m;* **2.** *ent* phalène *f;* **~kraft** *f* **1.** élasticité, force élastique; *phys* tension; *physiol* tonicité *f;* **2.** *psych* ressort *m;* **~ung** *f* ‹-, -en› **1.** tension *f, a. el u. fig; el* voltage; potentiel *m;* **2.** *fig* tension, attention soutenue; impatience *f,* vif intérêt *m,* curiosité *f* extrême; *film* suspense *m;* — *unter* ~ *(el)* sous tension, vif; *die ~ erhöhen (fig)* augmenter la curiosité *od* l'impatience; **~ungsmesser** *m el* voltmètre *m;* **~weite** *f (Flügel* u. *fig)* envergure; *(Brücke)* portée, travée, ouverture *f.*

Spar|buch *n* ['ʃpa:r-] livret *m* d'épargne; **~büchse** *f* tirelire *f;* **~einlage** *f* dépôt *m* d'éparge; **s~en** *tr* **1.** *allg* épargner, économiser (*an* sur); *(aufheben, zurücklegen)* mettre de côté; **2.** *(zurückhalten, schonen)* épargner, ménager; *itr* **3.** faire *od* réaliser des économies; thésauriser; — *mit etw* ~ être économe de qc; ~ *Sie sich die Mühe zu ...* ne prenez pas la peine de ...; **~er** *m* ‹-s, -› épargnant *m; die kleinen* ~ la petite épargne.

Spargel *m* ‹-s, -› ['ʃpargəl] *bot* asperge *f; (Küche)* asperges *f pl;* **~spitzen** *f pl (Küche)* pointes *f pl* d'asperge(s).

Spar|guthaben *n* ['ʃpa:r-] compte *m* d'épargne; **~kasse** *f* caisse *f* d'épargne; **~konto** *n* compte *m* d'épargne.

spärlich ['ʃpɛ:rlɪç] *a* **1.** *(dünngesät)* rare, clairsemé; **2.** *(ärmlich, dürftig)* maigre, pauvre, chiche; modeste; *(unzureichend)* insuffisant; *(Geldmittel)* réduit; *pl (wenige) a.* peu de ...

Sparmaßnahme *f* ['ʃpa:r-] mesure *f* d'économie.

Sparren *m* ‹-s, -› ['ʃparən] *(Dach~)* chevron *m.*

sparsam ['ʃpa:r-] **I.** *a* **1.** *(Mensch)* économe, ménager, regardant; **2.** *(Sache im Verbrauch)* économique; **II.** *adv* économiquement, avec économie; *mit etw ~ umgehen* être économe de qc, ménager qc; **S~keit** *f* ‹-, ø› économie *f; übertriebene* ~ parcimonie, économie *f* de bouts de chandelle.

Sparte *f* ‹-, -n› ['ʃpartə] *(Abteilung)* section *f; (Gebiet)* secteur, domaine *m;*

(Fach, Wissens-, Geschäftszweig) branche, spécialité *f; com* rayon *m.*

Spaß *m* ‹-es, ¨-e› [ʃpa:s, 'ʃpɛ:sə] **1.** *(ohne pl) (Vergnügen)* plaisir, amusement, divertissement; *(Schäkerei)* badinage *m;* **2.** *(Scherz)* plaisanterie, raillerie, *pop* rigolade *f;* — *aus* od *zum* ~ par plaisanterie, pour plaisanter, pour s'amuser, pour rire; ~ *machen (Mensch: scherzen)* plaisanter; *pop* rigoler; *(schäkern)* badiner; *(Sache: angenehm sein)* faire plaisir (*jdm* à qn); amuser (*jdm* qn); *jdm den* ~ *verderben* gâter *od* gâcher le plaisir à qn *od* de qn; ~ *verstehen* od *vertragen* comprendre *od* entendre *od* goûter la plaisanterie, entendre (la) raillerie; *viel* ~! amuse-toi *bzw* amusez-vous bien! ~ *beiseite!* plaisanterie *od* blague à part! trêve de plaisanterie! *schlechter* ~ mauvaise plaisanterie *f;* **s~en** *itr (scherzen)* plaisanter, railler, se moquer; *fam* blaguer; *pop* rigoler; *nicht mit sich* ~ *lassen* ne pas entendre raillerie; *damit ist nicht zu* ~ on ne plaisante *od* badine pas avec cela; **s~eshalber** *adv* = *aus* od *zum Spaß;* **s~haft** *a,* **s~ig** *a* plaisant, amusant; divertissant; *pop* rigolo; *(drollig)* drôle, facétieux; **~macher** *m,* **~vogel** *m* plaisant, amuseur, facétieux, farceur, blagueur, rigoleur *m;* **~verderber** *m* gâcheur, trouble-fête *m.*

Spat *m* ‹-(e)s, -e/¨-e› [ʃpa:t, 'ʃpɛ:tə] *min* spath *m.*

spät [ʃpɛ:t] **I.** *a attr* tardif, avancé; **II.** *adv* tard; — *zu* ~ trop tard; *am ~en Abend* tard le soir *od* dans la soirée; *bis in die ~e Nacht (hinein)* jusqu'à une heure avancée de la nuit; *jdn fragen, wie* ~ *es ist* demander l'heure à qn; *zu* ~ *kommen* être en retard; *es ist schon* ~ il est déjà tard, l'heure est avancée; *es wird* ~ il se fait tard; *wie* ~ *ist es?* quelle heure est-il?

Spatel *m* ‹-s, -› od *f* ‹-, -n› ['ʃpa:təl] = *Spachtel.*

Spaten *m* ‹-s, -› ['ʃpa:tən] bêche *f.*

spät|er *a* ['ʃpɛ:tər] postérieur, ultérieur (*als* à); *(zukünftig)* futur, à venir; *adv* plus tard; *nicht* ~ *als* au plus tard (*um 3 Uhr* à 3 heures); *einige Zeit* ~ à quelque temps de là; *bis* ~! à tantôt! **~estens** *adv* au plus tard; **S~herbst** *m* arrière-automne *m;* **S~obst** *n* fruits *m pl* tardifs; **~reif** *a* tardif; **S~schicht** *f:* ~ *haben* être de l'après-midi; **S~sommer** *m* *(Altweibersommer)* été *m* de la saint-Martin.

Spatz *m* ‹-en/(-es), -en› [ʃpats] moineau *m; die ~en pfeifen es von den Dächern* on le crie sur les toits, c'est un secret de Polichinelle; *ein* ~ *in der Hand ist besser als e-e Taube auf dem Dach (prov)* un «tiens» vaut mieux que deux «tu l'auras».

Spätzündung *f* ['ʃpɛ:t-] *mot* allumage *m* retardé.

spazier|en=fahren [ʃpa'tsi:rən] ‹*fährt, fuhr spazieren, spazierengefahren*› *itr* ‹*sein*› se promener (*mit dem Rad* à bicyclette, *mit dem Wagen* en voiture); **~en=führen** *tr* promener; **~en=gehen** ‹*ging spazieren, spazierengegangen*› *itr* ‹*sein*› (aller) se promener, faire une promenade, prendre l'air; **S~fahrt** *f* promenade *f* à bicyclette, en voiture *od* en auto; **S~gang** *m* promenade *f;* **S~gänger** *m* promeneur *m;* **S~stock** *m* canne *f.*

Specht *m* ‹-(e)s, -e› [ʃpɛçt] *orn* pic *m.*

Speck *m* ‹-(e)s, -e› [ʃpɛk] lard *m; Stück n* ~ lardon *m; durchwachsener* ~ petit lard, lard *m* maigre; **s~ig** *a (fettig)* graisseux; **~seite** *f* bande *f* (de lard); **~stein** *m min* pierre *f* de lard.

sped|ieren [ʃpe'di:rən] ‹*ohne ge-*› *tr (verfrachten)* expédier; *(befördern)* envoyer; **S~iteur** *m* ‹-s, -e› [-di'tø:r] expéditeur, transporteur (routier), entrepreneur *m* de transports *od* de déménagements; **S~ition** *f* ‹-, -en› [-tsi'o:n] expédition *f;* transport, camionnage, factage, roulage *m;* **S~itionsfirma** *f* entreprise de transports *od* de déménagement, maison *f* de transit.

Speer *m* ‹-(e)s, -e› [ʃpe:r] lance *f;* *(Wurfspieß)* épieu; *bes. sport* javelot *m;* **~werfen** *n* lancement *m* du javelot.

Speiche *f* ‹-, -n› ['ʃpaiçə] **1.** rayon, rai *m;* **2.** *anat* radius *m.*

Speichel *m* ‹-s, ø› ['ʃpaiçəl] salive *f;* ~ *absondern* saliver; **~drüse** *f* glande *f* salivaire.

Speicher *m* ‹-s, -› ['ʃpaiçər] **1.** *(Dachboden, Getreide~)* grenier; *(Groß~)* silo; *(Lagerraum)* magasin, entrepôt *m;* **2.** *(Computer)* mémoire *f;* **s~n** *tr* **1.** stokker; ensiler; emmagasiner, entreposer; **2.** *(Elektronik)* enregistrer; **~ung** *f* **1.** stockage; ensilage; emmagasinage *m;* **2.** *(Elektronik)* mise *f* en mémoire.

speien ['ʃpaiən] ‹*spie, gespie(e)n*› *itr, tr* cracher, expectorer.

Speis *m* ‹-es, ø› [ʃpais, '-zəs] *(Mörtel)* mortier *m.*

Speise *f* ‹-, -n› ['ʃpaizə] *(Nahrung)* nourriture *f;* *(Nahrungsmittel)* aliment; *(Gericht)* mets, plat; *(Süß~)* entremets; *(Nachtisch)* dessert *m;* **~eis** *n* glaces *f pl* alimentaires; **~kammer** *f* garde-manger *m;* **~karte** *f* carte *f,* menu *m;* **s~n 1.** *tr (ernähren)* nourrir; *(zu essen geben)* donner à manger (*jdn* à qn); *bes. tech* alimenter; **2.** *itr (essen)* manger, prendre un *od* le repas; **~naufzug** *m* monte-plats *m;* **~nfolge** *f* menu *m;* **~röhre** *f anat* tube digestif, œsophage *m;* **~schrank** *m* garde-manger *m;* **~wagen** *m loc* wagon-restaurant *m,* voiture-restaurant *f.*

Speisung *f* ⟨-, (-en)⟩ ['ʃpaɪzʊŋ] *a. tech* alimentation *f.*
Spektakel ⟨-s, -⟩ [ʃpɛk'ta:kəl] **1.** *m fam (Krach, Lärm)* chahut, chambard, tintamarre, vacarme, tapage *m; ~ machen* faire du vacarme *od* tapage, chahuter; **2.** *n* spectacle *m.*
Spektr|alanalyse *f* [s(ʃ)pɛk'tra:l-] *phys* analyse *f* spectrale; **~alfarben** *f pl* couleurs *f pl* du spectre; **~um** *n* ⟨-s, -tren/-tra⟩ ['ʃpektrum] spectre *m* (lumineux).
Spekul|ant *m* ⟨-en, -en⟩ [ʃpeku'lant] spéculateur; *(Börsen~)* agioteur *m;* **~ation** *f* ⟨-, -en⟩ [-latsi'o:n] *allg* spéculation *f; fin* agiotage *m;* **s~ativ** [-la'ti:f] *a* spéculatif; **s~ieren** [-'li:rən] ⟨*ohne ge-*⟩ *itr* spéculer (*auf* sur); *(an der Börse) a.* agioter.
Spelunke *f* ⟨-, -n⟩ [ʃpe'lʊŋkə] *pej (finsteres Loch)* bouge; *(Schlupfwinkel)* repaire; *(Winkelkneipe)* caboulot; *(Spielhölle)* tripot *m.*
Spelz *m* ⟨-(e)s, -e⟩ [ʃpɛlts] *(Getreideart)* épeautre *m;* **~e** *f* ⟨-, -n⟩ *(Teil der Ähre)* glume *f.*
spend|abel [ʃpɛn'da:bəl] *a fam (freigebig)* large, généreux, libéral; **S~e** *f* ⟨-, -n⟩ ['ʃpɛndə] *(Geschenk)* don *m; (Almosen)* aumône, obole *f;* **~en** *tr* faire don de, donner; *(austeilen)* distribuer; *fig (Lob)* prodiguer; *(Trost)* dispenser; **S~er** *m* ⟨-s, -⟩ **1.** donneur, donateur; *(Wohltäter)* bienfaiteur *m;* **2.** *(Austeiler, a. Vorrichtung)* distributeur *m;* **~ieren** [-'di:rən] ⟨*ohne ge-*⟩ *tr (ausgeben)* offrir; *(bezahlen)* payer.
Spengler *m* ⟨-s, -⟩ ['ʃpɛŋlər] = *Klempner.*
Sperber *m* ⟨-s, -⟩ ['ʃpɛrbər] *orn* épervier *m.*
Sperling *m* ⟨-s, -e⟩ ['ʃpɛrlɪŋ] *orn* moineau *m.*
sperrangelweit ['ʃpɛr'ʔaŋəl'vaɪt] *adv: ~ offen* (tout) grand ouvert.
Sperr|e *f* ⟨-, -n⟩ ['ʃpɛrə] **1.** *(Straßen~)* barrière, traverse *f;* **2.** *(bes. Tal~)* barrage *m;* **3.** *(Barrikade)* barricade *f;* **4.** *mil* obstacle *m* (artificiel); **5.** *loc* (portillon *od* tourniquet de) contrôle *m;* **s~en** *tr* **1.** *(ver~)* barrer, barricader, bloquer, obstruer; *(schließen)* fermer (l'entrée, l'accès de); *(für den Verkehr)* interdire (à la circulation); **2.** *tech* enrayer; *(elektr. Strom, Gas, Wasser)* couper, interrompre; **3.** *typ* espacer; **4.** *(Flug)* annuler; **5.** *(verbieten)* interdire, défendre, prohiber; *(aufheben, bes. Urlaub)* supprimer; **6.** *(Konto)* bloquer, immobiliser; *(Scheck, Wechsel)* faire opposition au paiement de; *(Bezüge)* interdire le paiement de; *(Gehalt)* suspendre; *(Kredit)* bloquer; *refl* **7.** *sich ~ (sich sträuben)* se raidir; s'opposer (*gegen* à); **~feuer** *n mil* feu de barrage, tir *m* de barrage *od* d'arrêt; **~gebiet** *n* zone *f* interdite; **~gürtel** *m* cordon *m* sanitaire; **~gut** *n* marchandises *f pl* encombrantes; *(als Aufschrift)* encombrant; **~guthaben** *n fin* compte *od* avoir *m* bloqué; **~holz** *n* (bois) contre-plaqué *m;* **s~ig** *a* encombrant; **~kette** *f* chaîne de barrage; *(an e-r Wohnungstür)* chaîne *f* de sûreté; **~konto** *n* compte *m* bloqué; **~sitz** *m theat* stalle *f; (im Parkett)* fauteuil *m* d'orchestre; **~stunde** *f mil (Zapfenstreich)* couvre-feu *m; (Ausgehverbot)* heure d'interdiction; *(Polizeistunde)* heure *f* de clôture; **~ung** *f* ⟨-, -en⟩ **1.** *(Ver~)* barrage, blocage *m,* obstruction; *(Schließung)* fermeture *f;* **2.** *tech* arrêt *m;* **3.** *fin* blocage *m;* opposition, interdiction; *(d. Gehaltes)* suspension *f.*
Spesen *pl* ['ʃpe:zən] *com* frais *m pl,* dépenses *f pl,* débours *m pl.*
Speyer *n* ['spaɪər] *geog* Spire *f.*
Spezi|algebiet *n* [ʃpetsi'a:l-] spécialité *f;* **s~alisieren** [-tsiali'zi:rən] ⟨*ohne ge-*⟩ *tr* spécialiser; *sich ~* se spécialiser (*auf* dans); **~alisierung** *f* ⟨-, -en⟩ spécialisation *f;* **~alist** *m* ⟨-en, -en⟩ [-'lɪst] spécialiste *m;* **~alität** *f* ⟨-, -en⟩ [-li'tɛ:t] spécialité *f;* **s~ell** [-tsi'ɛl] *a* spécial, particulier; **s~fisch** [-'tsi:fɪʃ] *a, a. phys* spécifique; **s~fizieren** [-fi'tsi:rən] ⟨*ohne ge-*⟩ *tr* spécifier.
Sphär|e *f* ⟨-, -n⟩ ['sfɛ:rə] *(Himmelsgewölbe; fig: Kreis, Bereich)* sphère *f;* **s~isch** ['sfɛ:rɪʃ] *a math* sphérique.
Sphinx *f* ⟨-, -e⟩ *a. m* ⟨-, -e/Sphingen⟩ [sfɪŋks, '-ɪŋən] *(Mythologie u. fig)* sphinx *m.*
spick|en ['spɪkən] **1.** *tr (Küche)* (entre-)larder, barder; **2.** *itr fam (Schule: unerlaubt abschreiben)* copier, *fam* pomper; **S~zettel** *m fam (Schule)* pompe *f.*
Spiegel *m* ⟨-s, -⟩ ['ʃpi:gəl] **1.** glace *f; (bes. Hand~ u. fig)* miroir; *(Pfeiler~)* trumeau *m; (großer Dreh~)* psyché *f; med* spéculum *m;* **2.** *mil (Kragen~)* écusson *m;* **3.** *(Oberfläche e-r Flüssigkeit)* niveau *m; — das kann er sich hinter den ~ stecken!* il ne s'en vantera pas! **~bild** *n* image *f* reflétée par *od* dans un miroir; *fig* reflet *m;* **s~blank** *a: ~ sein* briller comme un miroir; **~ei** *n* œuf *m* sur le plat *od* au miroir; **~fechterei** *f* simagrée *f;* simulacre *m;* **s~glatt** *a* poli comme un miroir; **s~n** *tr* **1.** *(zurückstrahlen)* refléter, réfléchir; *itr* **2.** *(schillern)* miroiter, jeter des reflets variés; *refl: sich ~* **3.** se mirer; se regarder dans une glace; **4.** *(sich wider~)* se refléter (*in* dans); *fig (zutage treten)* se lire; **~schrift** *f* écriture *f* spéculaire *od* renversée *od* en miroir; **~ung** *f* ⟨-, -en⟩ *(Rückstrahlung)* réflexion *f,* réfléchissement; *(Reflex)* reflet; *(Spiegelglanz)* miroitement *m.*

Spiel *n* ‹-(e)s, -e› [ʃpi:l] **1.** *allg* jeu *m; (Partie)* partie *f; (Wettkampf)* match; *theat* spectacle *m;* **2.** *(ohne pl) mus (Anschlag)* toucher *m; (Vortrag)* exécution *f;* **3.** *(Bewegung)* jeu, mouvement *m; — ein ~ gewinnen, verlieren* gagner, perdre une partie; *gewonnenes ~ haben* avoir partie gagnée *od* gain de cause; *leichtes ~ haben* avoir beau jeu (*mit jdm* avec qn); *aus dem ~ lassen (fig)* ne pas faire entrer en jeu, laisser hors de cause; *aufs ~ setzen* mettre en jeu *od* en péril; exposer, risquer, hasarder, aventurer; *(s-n Ruf, s-e Zukunft)* compromettre; *ein falsches, offenes ~ spielen* jouer double, franc jeu; *auf dem ~ stehen* être en jeu; *mit etw sein ~ treiben* se faire un jeu de qc; *das ~ verderben (fig)* gâter *od fam* gâcher le métier; *das ~ ist aus (fig)* les jeux sont faits; *wie steht das ~? (sport)* où en est le match? *~ Karten (Satz)* jeu *m* de cartes; **~art** *f* **1.** *bot* variété *f;* **2.** *fig* nuance *f;* **~automat** *m* machine *f* à sous; **~ball** *m fig* jouet *m;* **~bank** *f* maison *f* de jeu, casino *m.*

spielen ['ʃpi:lən] *itr* **1.** *allg* jouer *a. theat mus sport* (*mit jdm* avec qn); **2.** *(stattfinden, sich ereignen)* se jouer, se dérouler, se passer, avoir lieu; avoir pour scène *od* pour théâtre (*in etw* qc); **3.** *(Farbe)* tirer (*ins* sur le); **4.** *(ein Spiel)* jouer (à un jeu); **5.** *(ein Instrument)* d'un instrument; **6.** *theat (Rolle, Stück)* jouer; **7.** *film (zeigen)* passer; **8.** *(mimen, vortäuschen)* jouer, feindre, simuler; se donner, se faire passer pour; *— um 100 Mark ~* jouer 100 marks; *mit dem Feuer ~ (fig)* jouer avec le feu; *hoch ~* jouer gros (jeu); *niedrig ~* jouer petit jeu; *verrückt ~ (fam)* simuler la folie; *das Stück spielt in Spanien (a.)* la scène est en Espagne; **~d** *adv (mühelos)* comme en jouant; par-dessous la jambe.

Spiel|er *m* ‹-s, -› ['ʃpi:lər] **1.** joueur *m;* **2.** *sport (e-r Mannschaft)* équipier *m;* **3.** *(Schau~)* acteur *m;* **~erei** *f* ‹-, -en› [-'raɪ] **1.** jeu, amusement; *(Tändelei, Schäkerei)* badinage; *(Kinderei)* enfantillage *m;* **2.** *fig (Kleinigkeit)* bagatelle *f;* **s~erisch** *a* **1.** qui aime jouer, joueur; **2.** *fig (leicht)* léger; **~feld** *n sport* terrain; *(Tennis)* court *m;* **~film** *m* grand film *m;* **~kamerad(in *f*)** *m* camarade *m f* de jeu; **~karte** *f* carte *f* à jouer; **~leiter** *m theat* régisseur; *a. film* metteur en scène; *film* réalisateur *m;* **~mann** *m* ‹-(e)s, -leute› *mus (Musikant)* ménétrier; *m; pl mil* tambours et clairons *m pl;* **~marke** *f* jeton *m;* **~plan** *m* **1.** *theat* répertoire *m;* **2.** *(für e-e bestimmte Zeit)* (programme *m* des) spectacles *m pl; — sich auf dem ~ halten* demeurer au théâtre; **~platz** *m (für Kinder)* terrain *m* de jeux; **~raum** *m* **1.** *tech* jeu *m,* chasse, tolérance *f;* **2.** *fig (Bewegungsfreiheit)* marge, latitude *f;* **~regel** *f* règle *f* du jeu; **~sachen** *f pl* jouets, joujoux *m pl;* **~schuld** *f* dette *f* de jeu; **~uhr** *f* pendule *f* à carillon; **~verbot** *n sport* suspension *f;* **~verderber** *m* trouble-fête, rabat-joie, *pop* gâcheur *m;* **~waren** *f pl* jouets *m pl;* **~zeit** *f* **1.** *theat* saison *f* (théâtrale); **2.** *sport* durée *f* du match; **~zeug** *n* ‹-(e)s, -e› jouets *m pl.*

Spieß *m* ‹-es, -e› [ʃpi:s, '-ə] **1.** *(Pike)* pique *f; (Wurf~)* javelot; *(Jagd~)* épieu *m;* **2.** *(Brat~)* broche *f; — am ~ braten* faire cuire à la broche; *er schreit wie am ~* il crie comme un écorché; *den ~ umdrehen* od *umkehren (fig)* passer à l'offensive; prendre sa revanche; **~bürger** *m pej* petit bourgeois, épicier; philistin, béotien *m;* **s~bürgerlich** *a* bourgeois, prudhommesque; philistin, béotien; terre-à-terre; **s~en** *tr (auf~)* embrocher, enferrer; **~er** *m* ‹-s, -› *fig = Spießbürger;* **~geselle** *m* complice *m;* **s~ig** *a = spießbürgerlich;* **~ruten** *f pl: ~ laufen* passer par les verges *od* les baguettes; *fig* passer entre deux haies de curieux.

Spikesreifen *m* ['spaɪks-] pneu *m* clouté.

Spinat *m* ‹-(e)s, -e› [ʃpi'na:t] *bot* épinard *m; (Küche)* épinards *m pl.*

Spind *m, a. n* ‹-(e)s, -e› [ʃpɪnt, '-də] *(Schrank)* armoire *f.*

Spindel *f* ‹-, -n› ['ʃpɪndəl] fuseau *m; tech* tige *f;* **s~dürr** *a* maigre comme un clou *od* un hareng.

Spinett *n* ‹-(e)s, -e› [ʃpi'nɛt] *mus* épinette *f.*

Spinn|e *f* ‹-, -n› ['ʃpɪnə] *zoo* araignée *f;* **s~efeind** *a: sich ~ sein* être à couteau(x) tiré(s); **s~en** ‹*spann, gesponnen*› *tr* **1.** *(zoo u. Textil)* filer; **2.** *fig (anzetteln)* tramer; *(aushecken, ersinnen)* ourdir; *itr* **3.** *(Katze)* ronronner; **4.** *pop (verrückt sein)* avoir une araignée au plafond *od* le timbre fêlé; **~(en)gewebe** *n,* **~ennetz** *n* toile *f* d'araignée; **~er** *m* ‹-s, -› **1.** *ent* bombyx *m;* **2.** *(Arbeiter)* fileur *m;* **3.** *fig fam* farceur, songe-creux *m;* **~erei** *f* ‹-, -en› [-'raɪ] *(Gewerbe u. Werk)* filature *f;* **~erin** *f* ‹-, -nen› fileuse *f;* **~maschine** *f* métier *m* à filer, jenny *f;* **~rad** *n* rouet *m;* **~rocken** *m* quenouille *f;* **~stoff** *m* (matière *f*) textile *m.*

spintisieren [ʃpɪnti'zi:rən] ‹*ohne ge-*› *itr fam (grübeln)* chercher le fin du fin.

Spion *m* ‹-s, -e› [ʃpi'o:n] **1.** espion, mouchard *m;* **2.** *(Fensterspiegel)* espion *m;* **~age** *f* ‹-, ø› [-o'na:ʒə] espionnage *m;* **~ageabwehr** *f* contre-espionnage *m;* **s~ieren** [-o'ni:rən] ‹*ohne ge-*› *itr* espionner, moucharder; **~in** *f* ‹-, -nen› espionne; moucharde *f*.

Spiral|e *f* ‹-, -n› [ʃpiˈraːlə] spirale, volute *f*; **~feder** *f* ressort *m* spiral *od* à boudin; **~nebel** *m astr* nébuleuse *f* spirale.

Spirit|ismus *m* ‹-, ø› [ʃ(s)piriˈtɪsmus] spiritisme *m*; **~ist** *m* ‹-en, -en› [-ˈtɪst], **s~istisch** [-ˈtɪstɪʃ] *a* spirite *(m)*; **~uosen** *pl* [-tuˈoːzən] spiritueux *m pl*; **~us** *m* ‹-, -se› [ˈʃpiːritus] *(Weingeist)* esprit de vin, alcool; *(Brenn~)* alcool *m* à brûler; **~usbrenner** *m*, **~uskocher** *m*, **~uslampe** *f* brûleur, réchaud *m*, lampe *f* à alcool.

spitz [ʃpɪts] *a* **1.** pointu, en pointe; *(Nadel)* à pointe fine; *(Winkel)* aigu; **2.** *(Gesicht)* effilé; **3.** *fig (Worte: scharf, beißend)* aigu, aigre, acéré, mordant, perçant; *(boshaft)* méchant; — *eine ~e Zunge (fig)* une langue bien affilée; *~ zulaufen* s'effiler; finir en pointe; **S~** *m* ‹-es, -e› *(Hunderasse)* loulou *m*; **S~bart** *m* barbe *f* en pointe, bouc *m*; **S~bogen** *m arch* (arc *m* en) ogive *f*; **S~bube** *m* filou, fripon, coquin, garnement, voyou *m*; **~bübisch** *a (bes. verniedlichend)* fripon, coquin.

Spitze *f* ‹-, -n› [ˈʃpɪtsə] **1.** *allg, a. fig* pointe *f*; *(Ende e-s längl. Gegenstandes)* bout *m*; **2.** *(Berg~)* pic *m*, aiguille *f*; *(Gipfel* u. *math)* sommet *m*; **3.** *fig (Kopf, führende Stelle)* tête *f a. mil*; **4.** *(Textil)* dentelle *f*, point *m*; — *an der ~ (gen)* à la *od* en tête (de); *die ~ e-r S abbrechen* épointer qc; *sich an die ~ e-r S setzen* se mettre à *od* prendre la tête de qc; *an der ~ stehen* tenir le premier rang; *etw auf die ~ treiben (fig)* pousser qc à l'extrême *od* à son point extrême *od* à bout.

Spitz|el *m* ‹-s, -› [ˈʃpɪtsəl] *(Zuträger)* mouchard; *(Polizei~)* indicateur *m*; **s~eln** *itr* moucharder, espionner; **s~en** *tr allg* tailler en pointe, affiler; *(Bleistift)* tailler, aiguiser, affûter; *die Lippen* od *den Mund ~* faire la petite bouche *od* la bouche en cœur.

Spitzen|erzeugnis *n* [ˈʃpɪtsən-] produit *m* de qualité; **~geschwindigkeit** *f* vitesse *f* de pointe; **~kandidat** *m pol* (candidat *m*) tête de liste; tête *f* de file; **~klasse** *f* première qualité *f*; **~kleid** *n* robe *f* en *od* de dentelle; **~lohn** *m* salaire *m* maximum *od* maximal; **~reiter** *m fig sport: ~ sein* être en tête.

spitz|findig [ˈʃpɪts-] *a* subtil; *(haarspalterisch)* pointilleux, vétilleux, tatillon; **S~findigkeit** *f* subtilité, argutie, finasserie *f*; **S~hacke** *f* pioche *f*, pic *m*; **~ig** *a* en pointe; effilé; **~=kriegen** *tr fam (herausbekommen)* avoir le fin mot (*etw* de qc); **S~maus** *f* musaraigne *f*; **S~name** *m* sobriquet, surnom, nom *m* de guerre; **~wink(e)lig** *a math* acutangle.

Spleen *m* ‹-s, -e/-s› [ʃ-, spliːn] excentricité, bizarrerie *f*.

Splitt *m* ‹-(e)s, -e› [ʃplɪt] *(Steinschlag für d. Straßenbau)* pierres *f pl* concassées, pierraille *f*, gravillon *m*.

Splitter *m* ‹-s, -› [ˈʃplɪtər] éclat *m*; *(Holz~)* écharde; *(Knochen~)* esquille; *(Diamant~)* paillette *f*; **s~(faser)nackt** *a* nu comme un ver *od* la main; **~gruppe** *f pol* fraction *f* minoritaire; groupuscule *m*; **s~n** *itr* ‹*sein*› éclater; voler en éclats; **~partei** *f* petit parti *m*; **s~sicher** *a* à l'abri des éclats.

spontan [ʃ-, spɔnˈtaːn] *a* spontané.

sporadisch [ʃ-, spoˈraːdɪʃ] *a (vereinzelt)* sporadique.

Spore *f* ‹-, -n› [ˈʃpoːrə] *bot* spore *f*.

Sporn *m* ‹-(e)s, Sporen› [ˈʃpɔrn, ˈʃpoːrən] **1.** éperon *m*; **2.** *orn* ergot *m*; **3.** *fig (An~)* aiguillon, stimulant *m*; — *sich die Sporen verdienen (fig)* gagner ses galons; **s~en** *tr* éperonner; **s~streichs** *adv* à toute bride, à bride abattue, immédiatement.

Sport *m* ‹-(e)s, (-e)› [ʃpɔrt] sport *m*; *~ treiben* faire du sport; **~abzeichen** *n* insigne *m* sportif; **~anzug** *m* tenue *f* de sport; **~art** *f* sport *m*; **~arzt** *m* médecin sportif; *(bei Veranstaltungen)* médecin *m* soigneur; **~beilage** *f (Zeitung)* supplément *m* sportif; **~bericht** *m* reportage *m* sportif; **~funk** *m* émissions *f pl* sportives; **~geschäft** *n* magasin *m* d'articles de sport; **~lehrer** *m* moniteur; *(im Schuldienst)* professeur *m* de sport *od* d'éducation physique; **~ler(in)** *m* ‹-s, -› (*f* ‹-, -nen›) sportif *m*, -ive *f*; **s~lich** *a* sportif; **~medizin** *f* médecine *f* sportive; **~nachrichten** *f pl* nouvelles *f pl* sportives; **~platz** *m* (place *f od*) terrain *m* de sport; **~trikot** *n* maillot *m* de sport; **~veranstaltung** *f* manifestation *od* rencontre *f* sportive; **~verein** *m* association, société *f* sportive; **~wagen** *m* **1.** voiture *f* de sport; **2.** *(für Kinder)* poussette *f*; **~zeitung** *f* journal *m* sportif.

Spott *m* ‹-(e)s, ø› [ʃpɔt] moquerie, raillerie, dérision *f*; *(feiner)* persiflage; *(beißender)* sarcasme *m*; *fam* gouaill(eri)e *f*; *zum ~* par dérision; *s-n ~ treiben mit* tourner en ridicule; **~bild** *n* caricature, charge *f*; **s~billig** *a* d'un prix dérisoire, très bon marché.

Spöttel|ei *f* ‹-, -en› [ʃpœtəˈlaɪ] persiflage *m*; moquerie, raillerie *f*; **s~n** [ˈʃpœtəln] *itr* persifler *(über etw* qc*)*; se moquer *(über etw* de qc*)*; railler *(über etw* qc*)*.

spotten [ˈʃpɔtən] *itr* se moquer, railler; *(über Heiliges)* blasphémer; *jeder Beschreibung ~* défier toute description.

Spötter *m* ‹-s, -› [ˈʃpœtər] moqueur, railleur; persifleur; *(auf höherer Ebene)* ironiste; *rel* blasphémateur *m*.

spöttisch [ˈʃpœtɪʃ] *a* moqueur, railleur.

Spottpreis *m* ['ʃpɔt-] prix *m* sacrifié; *zu e-m ~ = spottbillig (adv).*
sprachbegab|t ['ʃpra:x-] *a* doué pour les langues; **S~ung** *f* don *m* des langues.
Sprache *f* ‹-, -n› ['ʃpra:xə] **1.** *(ohne pl) (Sprechfähigkeit)* faculté de parler, parole *f; (Ausdrucksweise)* langage; *(Sprechweise)* parler, accent *m;* **2.** *(Ausdrucksmittel; Bedeutungssystem)* langue *f;* idiome *m;* — *zur ~ bringen* mettre en discussion *od* sur le tapis; *mit der ~ herausrücken* s'expliquer; *pop* accoucher; *nicht mit der ~ heraus wollen* tourner autour du pot; *zur ~ kommen* venir sur le tapis, être discuté; *alte, neuere ~n* langues *f pl* anciennes, modernes; *fremde ~* langue *f* étrangère; *lebende, tote ~* langue *f* vivante, morte.
Sprach|ebene *f* ['ʃpra:x-] niveau *m* de langue; **~enkampf** *m* conflit *m* linguistique; **~fehler** *m* défaut *m* d'élocution; incorrection, faute *f* de langue, solécisme *m;* **~führer** *m (Buch)* manuel *m* de conversation; **~gebrauch** *m* usage *m; allgemeiner ~* langue *f* courante; **~grenze** *f* frontière *f* linguistique; **~kenntnisse** *f pl* connaissance *f* des langues; *mit deutschen ~n* ayant des connaissances d'allemand; **s~kundig** *a* qui connaît une *od* plusieurs langue(s); *(vielsprachig)* polyglotte; **~labor** *n* laboratoire *m* de langues; **~lehre** *f* grammaire *f;* **~lehrer** *m* professeur *m* de langue(s); **s~lich** *a* linguistique; de langue; *~e Schwierigkeiten f pl* difficultés *f pl* de langue; **s~los** *a pred: ~ sein* être interloqué *od* déconfit *od* interdit; **~rohr** *n* porte-voix; *fig: sich zum ~ e-r S machen* se faire l'interprète de qc; **~störung** *f med* trouble *m* de la parole *od* du langage; **~studium** *n* étude *f* des langues; **~wissenschaft** *f* linguistique; philologie *f.*
sprechen ['ʃprɛçən] ‹*spricht, sprach, gesprochen*› **1.** *itr* parler *(mit jdm* à qn, *über etw* de qc*);* **2.** *tr (sagen, ein Gebet od Gedicht ~)* dire, réciter; *(aus~)* prononcer; **3.** *refl: sich* od *ea. ~* se parler, converser, s'entretenir, causer; — *für jdn ~* parler en faveur de qn; *für sich (selbst) ~ (Sache)* se présenter de soi--même; *deutsch (Deutsch), französisch (Französisch) ~* parler allemand, français; *gut über jdn, über etw ~* dire du bien, parler en bien de qn, de qc; *laut, leise ~* parler haut, bas; *über den Rundfunk ~* parler à la radio; *kein Wort ~* ne dire mot; *jdn zum S~ bringen* délier *od* dénouer la langue à qn; *auf etw zu ~ kommen* en venir à parler de qc; *gut, schlecht auf jdn zu ~ sein* vouloir du bien, en vouloir à qn; *nicht* od *für niemanden zu ~ sein* n'y être pour *od* ne recevoir personne; *ich möchte Sie ~* je désire vous parler; *das spricht für sich* cela parle de soi *od* tout seul; *alle Anzeichen ~ dafür, daß ...* tout porte à croire que ...; *kann ich Herrn X. ~? ist Herr X. zu ~?* pourrais--je parler à *od* voir M. X.? peut-on voir M. X.? *wir ~ uns noch!* nous nous reverrons *od* retrouverons! *~ wir nicht mehr darüber!* n'en parlons plus! **~d** *a, a. fig* parlant; *fig (vielsagend)* éloquent, expressif, évocateur; *(Ähnlichkeit)* frappant.
Sprech|er *m* ‹-s, -› ['ʃprɛçər] *allg* parleur; *(Redner)* orateur; *(Wortführer)* porte-parole; *radio (Ansager)* speaker *m; (Sprachwissenschaft)* locuteur *m;* **~erin** *f radio* speakerine *f;* **~erziehung** *f* orthophonie; éducation *f* des organes de la phonation; **~funk** *m* (radiotélé)phonie *f;* **~stunde** *f (Arzt)* consultations *f pl; (sonst als Ankündigung)* reçoit *(freitags von 10 bis 11 Uhr* le vendredi de 10 à 11 heures*); allg* audience; **~stundenhilfe** *f* assistante *f* (médicale); **~übung** *f* exercice *m* d'élocution *od* de conversation; **~weise** *f* langage *m;* (manière *f* de) parler *m,* élocution *f;* **~zimmer** *n allg* parloir; *(Anwalt)* cabinet *m; (Notar)* étude *f; (Arzt)* cabinet *m* (de consultation).
spreizen ['ʃpraɪtsən] **1.** *tr* écarter; **2.** *refl: sich ~ (fig: sich aufblähen)* se pavaner, se rengorger.
Spreng|bombe *f* ['ʃprɛŋ-] bombe *f* explosive; **s~en** *tr* **1.** *(aufbrechen, zerreißen)* enfoncer, faire éclater *od* sauter; *(Fesseln, Ketten)* briser; *(in die Luft ~)* faire sauter; dynamiter; **2.** *(Versammlung, Kundgebung)* disperser; **3.** *(Bank)* faire sauter; **4.** *(Wasser)* répandre; *(Straße, Rasen)* asperger, arroser; *(Wäsche)* humecter, mouiller; *itr* ‹*sein*› **5.** *(Reiter)* galoper, aller au galop; bondir; **~kommando** *n mil* détachement *m* de destruction; **~kopf** *m mil* ogive *f* explosive; *atomarer* od *nuklearer ~* ogive *od* tête *f* (thermo)nucléaire; **~körper** *m* (engin *od* corps) explosif; détonateur *m;* **~kraft** *f* force *f* explosive; **~ladung** *f* charge *f* explosive; **~stoff** *m* matière *f* explosive *od* détonante; explosif; *(knetbarer)* plastic *m;* **~stoffattentat** *n* attentat à l'explosif *od* au plastic, plastiquage *m; ein ~ verüben auf* plastiquer; **~stofflager** *n* dépôt *m* d'explosifs; dynamitière *f;* **~ung** *f* ‹-, -en› destruction *f* par un explosif; *(mit Dynamit, a. fig)* dynamitage *m;* **~wagen** *m* voiture *f od* car *od* tonneau *m* d'arrosage; (voiture) arroseuse *f;* arroseur *m;* **~wirkung** *f* effet *m* explosif *od* brisant *od* d'éclatement.

Spreu *f* ‹-, ø› [ʃprɔʏ] balle *f; die ~ vom Weizen sondern (fig)* séparer le bon grain de l'ivraie.

Sprich|wort *n* ['ʃprɪç-] proverbe *m;* **s~wörtlich** *a* proverbial.

sprießen ['ʃpri:sən] ⟨*sproß, gesprossen*⟩ *itr* ⟨*sein*⟩ poindre, sortir de terre.

Spring|brunnen *m* ['ʃprɪŋ-] *m (Fontäne)* jet *m* d'eau; **s~en** ⟨*sprang, gesprungen*⟩ *itr* ⟨*sein*⟩ **1.** sauter, faire un saut; *(in die Höhe ~, auf~)* bondir, faire un bond; *(Schwimmsport)* plonger, piquer un plongeon; **2.** *(männl. Tier)* saillir; **3.** *(spritzen)* jaillir, gicler; **4.** *(platzen)* sauter, éclater, voler en éclats; *(e-n Sprung bekommen)* crever, se fendre, se fêler; — *in die Augen ~ (fig)* sauter aux yeux; *über e-n Graben ~* franchir un fossé en sautant; *zur Seite ~* faire un bond de côté *od* un écart; *~ lassen* faire sauter; *fam (Flasche Wein)* dépuceler; *(Geld)* faire valser; **s~end** *a: der ~e Punkt* le point saillant *od* essentiel *od* délicat; **~er** *m* ⟨-s, -⟩ sauteur; **1.** *(Schwimmer)* plongeur *m;* **2.** *(Schach)* cavalier *m;* **~flut** *f* marée *f* de vive eau.

Sprit *m* ⟨-(e)s, -e⟩ [ʃprit] *(Kurzform von: Spiritus)* **1.** alcool *m;* **2.** *fam (Benzin)* essence *f.*

Spritz|e *f* ⟨-, -n⟩ ['ʃprɪtsə] **1.** *(Garten~)* arroseur *m; (Feuer~)* pompe à incendie; *med (Gerät)* seringue, canule *f;* **2.** *(Einspritzung)* piqûre, injection *f;* — *jdm e-e ~ geben* faire une piqûre à qn; **s~en** *tr* ⟨*h*⟩ **1.** *(Straße, Rasen sprengen)* asperger, arroser; **2.** *(spritzlackieren)* peindre au pistolet; *itr* ⟨*sein*⟩ **3.** *(Flüssigkeit)* jaillir, gicler; *(Schreibfeder)* cracher; **4.** *fam (sich schnell bewegen)* filer; **~enhaus** *n* dépôt *m* des pompes à incendie; **~er** *m* ⟨-s, -⟩ éclaboussure *f;* **s~ig** *a (Wein* u. *fig)* pétillant; **~kuchen** *m* échaudé *m;* **s~lackieren** *tr* ⟨*spritzlackiert*⟩ *(nur inf u. pp)* peindre au pistolet; **~pistole** *f* pistolet pulvérisateur; bidon-pistolet *m;* **~tour** *f fam* petit tour *m,* petite excursion; *fam* virée *f.*

spröd|e ['ʃprø:də] *a* **1.** *(brüchig)* cassant, fragile; *(hart)* dur; *(trocken)* sec; *(Haut)* qui gerce (facilement); **2.** *fig (Materie)* aride, difficile, qui ne se prête pas; **3.** *(Mensch: wenig umgänglich, rauh)* cassant, raide, rêche, revêche; *(prüde)* farouche, prude, bégueule; **S~igkeit** *f* ⟨-, ø⟩ **1.** fragilité *f;* **2.** *fig* aridité *f;* **3.** raideur; pruderie *f.*

Sproß *m* ⟨-sses, -sse⟩ [ʃprɔs] **1.** *bot* pousse *f,* scion, surgeon *m;* **2.** *a. fig (Abkömmling)* rejeton *m.*

Sprossl|e *f* ⟨-, -n⟩ ['ʃprɔsə] *(Querholz d. Leiter, a. fig: Stufe)* échelon *m; (Leiter)* ranche *f;* **s~en** *itr* ⟨*sein*⟩ poindre; bourgeonner; pousser; **~enwand** *f sport* échelle *f* à dos.

Sprößling *m* ⟨-s, -e⟩ ['ʃprœslɪŋ] *bes. fig (Sohn)* rejeton *m.*

Sprotte *f* ⟨-, -n⟩ ['ʃprɔtə] sprat, harenguet *m.*

Spruch *m* ⟨-(e)s, ⸚e⟩ [ʃprux, 'ʃprʏçə] **1.** *(Rede)* paroles *f pl; (Aus~)* dit *m;* **2.** *(Sinn~)* adage *m,* sentence, maxime; réflexion, pensée *f;* aphorisme, apophtegme; *(Bibel~)* verset *m;* **3.** *jur (Urteil)* sentence *f,* arrêt, verdict; *(Schieds~)* arbitrage; *(Orakel~)* oracle *m;* **4.** *(Funk~)* message *m;* **~band** *n* banderole *f,* calicot *m; (Kunst)* rouleau *m;* **s~reif** **1.** *a jur* en état d'être jugé; **2.** *allg (bes. verneint)* arrivé à maturité.

Sprudel *m* ⟨-s, -⟩ ['ʃpru:dəl] **1.** bouillonnement, jaillissement *m;* **2.** *(moussierendes Getränk)* eau *f* gazeuse; **s~n** *itr* ⟨*sein* od *h*⟩ **1.** bouillonner; **2.** *(Quelle)* sourdre; *(hervor~)* jaillir.

sprüh|en ['ʃpry:ən] *itr* ⟨*sein*⟩ **1.** *(Tropfen, Funken)* jaillir; *(nieseln)* bruiner; **2.** *fig (Geist)* pétiller, étinceler; *tr* **3.** *(Funken)* projeter, lancer; *(fein verteilen)* vaporiser; **S~regen** *m* pluie fine, bruine *f.*

Sprung *m* ⟨-(e)s, ⸚e⟩ [ʃprʊŋ, 'ʃprʏŋə] **1.** saut; *(Satz)* bond; *(Schwung)* élan; *(Aufspringen)* soubresaut, sursaut *m;* *(Luft~)* gambade, cabriole *f; (Kopf~ beim Schwimmen)* plongeon *m;* **2.** *(Riß in Glas od Porzellan)* fêlure, fissure; *(in Metall)* cassure; *(in Stahl)* crique *f;* — *auf e-n ~ (im Vorbeigehen)* en passant; *e-n ~ bekommen* se fêler, se fissurer; *e-n ~ haben* être fêlé; *jdm auf die Sprünge helfen* mettre qn sur la voie; *es ist nur ein ~ bis dorthin* c'est à deux pas d'ici; *keine großen Sprünge machen können (fig)* ne pas pouvoir aller (bien) loin; *auf dem ~ sein, etw zu tun* être sur le point de à faire qc; **s~bereit** *a* prêt à sauter; *fig* prêt à partir; **~brett** *n a. fig* tremplin *m;* **~feder** *f* ressort *m* (élastique); **~federmatratze** *f* matelas *m* à ressorts *od* à spirales; **~grube** *f sport* fosse *f* de saut; **s~haft** *a (unzs.hängend)* incohérent; *(unbeständig)* inconstant; **~haftigkeit** *f* incohérence; inconstance, versatilité *f;* **~schanze** *f (Schi)* tremplin (de ski), sautoir *m;* **~tuch** *n* toile *f* de sauvetage; **~turm** *m (Schwimmsport)* plongeoir, pylône *m,* plateforme *f.*

Spuck|e *f* ⟨-, ø⟩ ['ʃpʊkə] salive *f; da bleibt mir die ~ weg (pop)* ça me la coupe, ça me coupe la chique; *fam* ça me renverse; **s~en** *itr* u. *tr* cracher; *große Bogen* od *große Töne ~ (fig fam)* se gargariser de grands mots, *fam* la ramener; **~napf** *m* crachoir *m.*

Spuk *m* ⟨-(e)s,(-e)⟩ [ʃpu:k] apparition *f* de fantômes; **s~en** *itr* revenir; hanter (*in etw* qc); *fig fam (herumgeistern, lebendig sein)* hanter (*im Kopf* l'esprit); *impers: es spukt* il y a des revenants; *in dem Hause spukt es* la maison est hantée.

Spülbecken *m* ['ʃpy:l-] *n* lavoir; *(Ausguß)* évier *m; (WC)* cuvette *f.*
Spule *f* ‹-, -n› ['ʃpu:lə] bobine *f;* **s~n** *tr* bobiner.
spül|en ['ʃpy:lən] *tr* rincer; *(Geschirr)* laver; *an Land* ~ jeter sur le rivage; **S~lappen** *m* torchon *m;* **S~stein** *m (Ausguß)* évier *m;* **S~ung** *f med* irrigation, injection *f;* **S~wasser** *n* rinçure; eau *f* de vaisselle; eaux *f pl* usées *od* ménagères.
Spulwurm *m* ['ʃpu:l-] *zoo* ver *m* des enfants.
Spund *m* ‹-(e)s, ⸚e› [ʃpunt, 'ʃpʏndə] *(am Faß)* bonde *f;* **~loch** *n* (trou *m* de la) bonde *f;* **~zapfen** *m* bondon *m.*
Spur *f* ‹-, -en› [ʃpu:r] **1.** *(allg* u. *Fuß~)* trace, piste *f,* vestige *m; (Jagd a.)* connaissance; *(Wagen~, Fahrrinne)* ornière, voie; *(Abdruck)* empreinte *f,* stigmate *m,* marque *f;* **2.** *(Anzeichen)* indice; *(Überrest)* reste *m; fig* trace *f,* vestige, sillon, sillage *m (kleine Menge);* **3.** *loc (Abstand zwischen den Schienen)* écartement *m;* — *jdn auf e-e falsche ~ bringen (a. fig)* mettre qn sur une fausse piste; *fig* donner le change à qn; *jdn auf die richtige ~ bringen (fig)* mettre qn sur la voie; *e-e ~ verfolgen* suivre une trace; *jds ~ folgen (fig)* marcher sur les traces de qn; *an* od *auf* od *in etw ~en hinterlassen* marquer qc; *jdm auf der ~ sein (fig)* être à la piste *od* sur les traces de qn; *die ~n sichern* relever les empreintes; *vom Täter fehlt jede ~* on n'a aucune trace du malfaiteur, le malfaiteur n'a laissé aucune trace; *keine ~, nicht die leiseste ~ (fig)* pas l'ombre, pas l'idée (*von* de).
spür|bar ['ʃpy:r-] *a* sensible, perceptible; **~en** *tr (wittern)* flairer; *(empfinden)* sentir, (se) ressentir (de), éprouver; *(wahrnehmen)* s'apercevoir de, remarquer; *zu ~ sein* se faire sentir.
Spurenelement *n* ['ʃpu:rən-] *chem biol* oligo-élément *m.*
Spürhund *m* ['ʃpy:r-] chien quêteur; limier; *fig* furet *m.*
spurlos ['ʃpu:r-] *adv: ~ verschwunden* disparu sans laisser de traces.
Spür|nase *f* ['ʃpy:r-] *: e-e ~ haben* avoir du nez *od* du flair; **~sinn** *m* flair *m;* sagacité *f.*
Spurweite *f* ['ʃpu:r-] *loc* (largeur de la) voie *f,* écartement des voies, entre-rail *m.*
sputen, *sich* ['ʃpu:tən] se dépêcher, se hâter.
Staat *m* ‹-(e)s, -en› [ʃta:t] **1.** État *m; (Gemeinwesen)* chose publique, république *f;* **2.** *fig* cité; *ent* société *f;* **3.** *fam (Prunk)* luxe *m;* parade *f;* **4.** *(ohne pl) (Festgewand)* grande toilette *f,* tralala *m;* — *mit etw ~ machen* faire parade de qc; **s~enbildend** *a: ~e Insekten n pl* insectes *m pl* sociaux; **~enbund** *m* confédération *f* d'États; **s~enlos** *a* apatride; sans nationalité; **~enlose** *m* ‹-n, -n› apatride *m;* **s~lich** *a* de l'État; étatique; national; *(dem Staat gehörig)* domanial; *unter ~er Aufsicht* contrôlé par l'État; *~ anerkannt* reconnu par l'État; *~ geprüft* diplômé.
Staats|akt *m* ['ʃta:ts-] acte *m* de puissance publique; **~aktion** *f: e-e ~ aus etw machen (fam)* faire une affaire d'État de qc; **~angehörige** *m f* ressortissant; *(Untertan)* sujet *m;* **~angehörigkeit** *f* nationalité *f;* **~anleihe** *f* emprunt *m* d'État *od* gouvernemental *od* national *od* public; **~anwalt** *m allg* partie *f* publique; procureur *m;* **~anwaltschaft** *f* (magistrature *f* du) parquet, ministère *m* public; **~beamte** *m* fonctionnaire *m* (de l'État); **~begräbnis** *n* funérailles *od* obsèques *f pl* nationales; **~besuch** *m* visite *f* d'État, séjour *m* officiel; **~bürger** *m* citoyen *m;* **s~bürgerlich** *a* civique; *die ~en Rechte n pl* les droits *m pl* civiques; **~chef** *m* chef *m* d'État *od* de l'État; **~dienst** *m* service *m* de l'État *od* public; fonction publique; magistrature *f; im ~ stehen* être fonctionnaire (de l'État); **~eigentum** *n* propriété *f* nationale *od* publique *od* de l'État; **~examen** *n* examen *m* d'État; *(bestandenes)* licence *f;* **~feind** *m* ennemi *m* public; **~form** *f* forme *f* de gouvernement, régime *m;* **~gebiet** *n* territoire *m* de l'État *od* national; **~geheimnis** *n* secret *m* d'État; **~gewalt** *f* pouvoir d'État, pouvoir *m od* puissance de l'État, autorité *f* publique; **~haushalt** *m* budget *m* de l'État; **~kasse** *f* trésor public, fisc *m;* **~kirche** *f* Église *f* nationale; **~kosten** *pl: auf ~* aux frais de l'État; **~mann** *m* ‹-(e)s, -männer› homme d'État, (homme) politique *m;* **s~männisch** *a* d'homme d'État; **~minister** *m* ministre *m* d'État; **~oberhaupt** *n* chef d'État *od* de l'État; souverain *m;* **~präsident** *m* président *m* de la République; **~räson** *f* raison *f* d'État; **~rat** *m* **1.** *(Körperschaft)* conseil *m* d'État; **2.** *(Person)* conseiller *m* d'État; **~recht** *n* droit *m* public; **s~rechtlich** *a* de droit public; **~schuld** *f* dette *f* publique *od* de l'État; **~sekretär** *m* secrétaire *m* d'État (*für* à); **~sicherheitsdienst** *m* services *m pl* de contre-espionnage; **~streich** *m* coup *m* d'État; **~trauer** *f* deuil *m* national; **~vertrag** *m* convention *f,* traité *m;* **~volk,** *das* les citoyens *m pl.*
Stab *m* ‹-(e)s, ⸚e› [ʃta:p, 'ʃtɛ:bə] **1.** bâton *m; (dünner)* baguette *f; (kurzer)* bâtonnet; *(beim Stafettenlauf)* témoin *m; (langer, bes. beim ~hochsprung)* perche; *(Eisen~)* barre *f,* barreau; *(Flucht~)* piquet *m;* **2.** *fig mil (Füh-*

rungsgruppe) état-major; *allg (Mitarbeiter~)* groupe *m* (de travail); équipe *f* de direction; — *über jdn den ~ brechen (fig)* condamner qn; jeter la pierre à qn, faire le procès de qn; **~hochsprung** *m* saut *m* à la perche.

stabil [ʃ(s)ta'bi:l] *a* stable *a. Preise;* solide, ferme; **~isieren** [-'zi:rən] ‹*ohne ge-*› *tr* stabiliser; consolider; **S~isierung** *f* ‹-, ø› stabilisation *f;* **S~ität** *f* ‹-, ø› [-'tɛ:t] stabilité; *(Maschine)* robustesse *f.*

Stab|reim *m* ['ʃta:p-] allitération *f;* **~sarzt** *m* médecin *m* capitaine; **~schef** *m* chef *m* d'état-major; **~soffizier** *m* officier *m* supérieur; **~squartier** *n* quartier *m* général; **~wechsel** *m* *sport* transmission *f* du témoin.

Stachel *m* ‹-s, -n› ['ʃtaxəl] **1.** *bot* aiguillon; *bot zoo* piquant; *zoo (Gift~)* dard *m;* **2.** *allg* pointe *f; fig* aiguillon *m,* pointe *f;* **~beere** *f* groseille *f* à maquereau; **~beerstrauch** *m* groseillier *m* à maquereau; **~draht** *m* (fil de fer) barbelé *m;* **~drahtverhau** *m* (réseau *m* de) barbelés *m pl;* **~drahtzaun** *m* clôture *f* en (fil de fer) barbelé; **stach(e)lig** *a* aiguillonné; hérissé de piquants; **s~n** *tr (stechen)* aiguillonner; piquer; **~schwein** *n* porc-épic *m.*

Stadion *n* ‹-s, -dien› ['ʃta:diɔn, '-diən] *sport* stade *m.*

Stadium *n* ‹-s, -dien› ['ʃtadium, '-diən] stade; *(Zustand)* état; *(Stufe)* degré *m; (Abschnitt)* phase, *bes. med* période *f.*

Stadt *f* ‹-, ⸚e› [ʃtat, 'ʃtɛ:tə] ville; cité; *(~verwaltung)* municipalité *f; in der ~* dans la ville; *(Gegensatz: auf dem Lande)* à la ville; *(Gegensatz: zu Hause)* en ville; *in ~ und Land* à la ville comme à la campagne; **s~bekannt** *a* de notoriété publique; *das ist ~* cela court les rues; **~bezirk** *m* arrondissement *m;* **~bibliothek** *f,* **~bücherei** *f* bibliothèque *f* municipale; **~bild** *n* physionomie *f* d'une *od* de la ville; paysage *m* urbain.

Städt|chen *n* ‹-s, -› ['ʃtɛ:tçən] petite ville; **~ebau** *m* ‹-(e)s, ø› urbanisme *m;* **s~ebaulich** *a* urbanistique; **~er** *m* ‹-s, -› citadin *m; pl a.* gens *pl* de la ville.

Stadt|gebiet *n* ['ʃtat-] territoire *m* de la ville; banlieue *f;* **~gespräch** *n tele* communication *f* urbaine; *das ist ~ (in aller Munde)* toute la ville en parle.

städtisch ['ʃtɛ:tɪʃ] *a* urbain; de la ville; *adm* municipal.

Stadt|kern *m* ['ʃtat-] noyau urbain; centre *m* (de la ville); **~kommandant** *m mil* commandant *m* de place; **~mauer** *f* (mur *m* d')enceinte *f;* **~mitte** *f* centre *m* (de la ville); **~plan** *m* plan *m* de ville; **~planer** *m* urbaniste *m;* **~planung** *f* aménagement urbain, urbanisme *m;* **~rand** *m* banlieue *f;* **~randsiedlung** *f* cité *f* de banlieue; **~rat** *m* ‹-(e)s, ⸚e› **1.** *(Körperschaft)* conseil municipal; **2.** *(Person)* conseiller municipal, édile *m;* **~rundfahrt** *f* tour *m* de *od* visite *f* de la ville; **~staat** *m* cité d'État; ville *f* souveraine *od* indépendante; **~teil** *m* quartier *m;* **~tor** *n* porte *f* de la ville; **~väter,** *die m pl* les édiles *m pl;* la municipalité; **~verwaltung** *f* administration municipale; municipalité *f;* **~viertel** *n* = *Stadtteil;* **~zentrum** *n* = *Stadtmitte.*

Staffage *f* ‹-, -n› [ʃta'fa:ʒə] accessoires *f pl,* décor *m.*

Staffel *f* ‹-, -n› ['ʃtafəl] **1.** *(Stufe)* marche *f;* degré; gradin; *a. mil* u. *fig* échelon *m;* **2.** *aero mil* escadrille *f;* **3.** *sport* relais *m;* **~ei** *f* ‹-, -en› [-'laɪ] chevalet *m;* **~lauf** *m* course *f* de relais; **s~n** *tr* échelonner, disposer par échelons; *fig* graduer; **~ung** *f* ‹-, -en› échelonnement *m,* graduation *f,* décalage, étalement *m.*

Stagn|ation *f* ‹-, -en› [ʃ-, stagnatsi'o:n] stagnation *f;* **s~ieren** [-'gni:rən] ‹*ohne ge-*› *itr (Wasser)* croupir; stagner, être stagnant; *fig* languir; plafonner.

Stahl *m* ‹-(e)s, ⸚e/(-e)› [ʃta:l, 'ʃtɛ:lə] acier; *(Wetz~)* fusil; *fig a.* fer *m;* **~beton** *m* béton *m* armé; **~betonbau** *m* construction *f* en béton armé; **~bürste** *f* brosse *f* métallique.

stähl|en ['ʃtɛ:lən] *tr* aciérer; *fig* endurcir; **~ern** *a* d'acier, en acier; *fig* de fer.

Stahl|feder *f* ['ʃta:l-] *(zum Schreiben)* plume *f* d'acier; **s~hart** *a* d'acier; **~helm** *m* casque *m* d'acier; **~rohrmöbel** *n pl* meubles *m pl* tubulaires; **~schrank** *m* coffre-fort *m;* **~stich** *m* gravure *f* sur acier; **~träger** *m* poutrelle *f* d'acier; **~waren(handlung** *f***)** *f pl* coutellerie *f;* **~werk** *n* aciérie *f.*

Stake *f* ‹-, -n› ['ʃta:kə] *(Stange)* perche *f;* **s~n** *tr (Boot)* conduire *od* manœuvrer à la perche.

Staket *n* ‹-(e)s, -e› [ʃta'ke:t] estacade, palissade *f,* lattis *m;* clôture *f* à claire-voie.

Stall *m* ‹-(e)s, ⸚e› [ʃtal, 'ʃtɛlə] **1.** *allg* étable; *(Pferde~)* écurie; *(Kuh~)* vacherie; *(Schaf~)* bergerie; *(Schweine~)* porcherie *f;* **2.** *fig pej (schlechte Wohnung)* écurie *f,* taudis *m;* **~hase** *m* lapin *m;* **~knecht** *m* valet d'écurie, palefrenier *m;* **~(l)aterne** *f* lanterne *f* d'écurie; **~magd** *f* vachère *f;* **~ung** *f* ‹-, -en› *meist pl* écuries *f pl;* **~voll** *m: ein ~ Kinder (pop)* une tripotée d'enfants.

Stamm *m* ‹-(e)s, ⸚e› [ʃtam, 'ʃtɛmə] **1.** *(Baum~)* tronc, fût *m,* tige *f* (aérienne); **2.** *fig (Geschlecht, Familie)* souche, lignée, race, famille; *(Volks~)* tribu *f; biol* embranchement *m;* **3.** *(~personal)* cadre *m;* **4.** *(~kunden, ~gäste)* habitués *m pl;* **5.** *gram* racine *f,* radical *m;* **~aktie** *f fin* action *f* ordinaire; **~baum** *m* arbre généalogique; *(e-s Zuchttieres)* pedigree *m;* **~buch** *n* album; *(Familien~)* livret *m* de famille.

stammeln ['ʃtaməln] **1.** *tr* bégayer, balbutier; **2.** *itr (undeutlich sprechen)* bredouiller.

stamm|en ['ʃtamən] *itr* **1.** *(ab~)* descendre, provenir, sortir, être issu, tirer son origine (*von* de); **2.** *(örtl.)* être originaire (*aus* de), *(Sache)* provenir (*aus* de); **3.** *(zeitl.)* dater (*aus* de); **S~form** *f gram* forme *f* radicale; temps *m* primitif; **S~gast** *m* hôte attitré, habitué *m;* **S~halter** fils *m* aîné; **S~haus** *n com* maison *f* mère.

stämmig ['ʃtɛmɪç] *a* trapu, robuste; fort; *fam* costaud.

Stamm|kapital *n* ['ʃtam-] capital initial, fonds *m* (social); **~kneipe** *f,* **~lokal** *n fam* (mon, ton *etc*) bistrot, café *m* qu'on fréquente en habitué; **~kunde** *m* client *m* attitré; **~kundschaft** *f* clientèle *f* attitrée; **~personal** *n* personnel *m* stable; **~platz** *m* place *f* d'habitué; **~rolle** *f* (registre *m*) matricule *f;* **~tisch** *m* table *f* des habitués; **~vater** *m* aïeul *m;* **s~verwandt** *a* de la même famille *od* race.

stampf|en ['ʃtampfən] *tr* **1.** pilonner, damer; *(fest~)* fouler, tasser; *(zer~)* piler, broyer, concasser; bocarder; *itr* **2.** *(mit den Füßen ~)* piétiner, trépigner; *(stapfen)* marcher à pas lourds; **3.** *(Schiff)* tanguer; — *aus dem Boden ~ (fig)* faire sortir du sol; **S~er** *m* ‹-s, -› *(Gerät)* pilon *m,* dame *f;* fouloir; broyeur *m.*

Stand *m* ‹-(e)s, ⸚e› [ʃtant, 'ʃtɛndə] **1.** *(Stehen)* station *f;* **2.** *(Stellung)* position *f;* **3.** *(Lage)* situation; *(Zu~)* condition *f,* état, *(gegenwärtiger)* état actuel; *(Ebene, Höhe; fig)* niveau, degré; *(Wasser)* niveau *m; (Barometer)* hauteur *f; sport (des Spieles)* score *m; com (der Preise)* cote *f,* cours *m pl;* **4.** *pol* état *m,* classe; *(Rang)* rang *m,* condition *f,* standing *m; (Beruf)* profession *f,* métier *m;* **5.** *(~ort)* poste *m,* place *f,* emplacement *m; a. zoo bot* station *f; (Verkaufs~)* éventaire *m; (Messe~)* stand *m;* — *auf den neuesten ~ bringen* mettre à jour; *den höchsten ~ erreichen* culminer; *e-n schweren ~ haben* être dans une situation difficile; avoir bien du mal (*bei, mit* avec); *gut im ~e sein* être en bon état *od (Mensch)* en bonne santé; *der gegenwärtige ~ der Technik, des Wissens* l'état de la technique, des connaissances actuelles; *der ~ der Arbeiten* l'état *m* (d'avancement) des travaux.

Standard *m* ‹-s, -s› ['ʃ(s)tandart] **1.** *(Richtschnur)* standard *m; (Norm)* norme *f;* **2.** *(Normalmaß)* étalon *m;* **~ausführung** *f com* présentation *f* standard; **~werk** *n (wissenschaftl.)* ouvrage *m* de référence.

Standarte *f* ‹-, -n› [ʃtan'dartə] *mil* étendard *m.*

Standbild *n* ['ʃtant-] statue *f; jdm ein ~ errichten* élever une statue à qn; *hum* statufier qn.

Ständ|chen *n* ‹-s, -› ['ʃtɛntçən] *mus (Abend~)* sérénade; *(Morgen~)* aubade *f; jdm ein ~ bringen* donner une sérénade *od* une aubade à qn; **~er** *m* ‹-s, -› ['-dər] montant, pied; support *m.*

Standes|amt *n* ['ʃtandəs-] bureau *m* de l'état civil; **s~amtlich** *a* par (l'officier de) l'état civil; *~e Trauung f* mariage *m* civil; **~beamte** *m* officier *m* d'état civil; **s~gemäß** *a* conforme à son état *od* rang; **~register** *n* registre *m* de l'état civil.

stand|fest ['ʃtant-] *a* stable, fixe; solide; **S~festigkeit** *f* ‹-, ø› stabilité; solidité *f;* **S~gericht** *n* conseil *m* de guerre; cour *f* martiale; **~haft I.** *a* constant; *(fest)* ferme; *(beharrlich)* persévérant; **II.** *adv* de pied ferme; *~ bleiben* tenir ferme *od* bon; **S~haftigkeit** *f* ‹-, ø› constance; fermeté; persévérance *f;* **~≠halten** *itr ‹hält, hielt stand, standgehalten›* tenir (bon *od* ferme); tenir tête, résister (*e-r S* à qc).

ständig ['ʃtɛndɪç] **I.** *a* **1.** permanent, perpétuel, continuel; incessant, ininterrompu; **2.** *(fest)* fixe, stable; **II.** *adv* perpétuellement, continuellement, sans cesse.

Stand|licht *n* ['ʃtant-] feu(x *pl*) *m* de position *od* de stationnement; *das ~ einschalten* mettre en veilleuse; **~ort** *m* **1.** lieu de stationnement, poste *m,* place *f,* emplacement *m;* **2.** *a. zoo bot* station *f; bot* habitat *m;* **3.** *mil* garnison *f;* **4.** *mar aero* position *f;* **5.** *fig* position *f; den ~ angeben, feststellen (mar aero)* signaler, déterminer la position; **~pauke** *f fam (Strafrede)* gronderie *f,* sermon *m; jdm e-e ~ halten* passer un savon à qn, sermonner qn; **~punkt** *m bes. fig* point *m* de vue; *fig* manière de voir, optique *f; auf dem ~ stehen, daß ...* être d'avis que ...; **~recht** *n mil* loi *f* martiale; *das ~ verhängen* décréter la loi martiale; **s~rechtlich** *adv: ~ erschießen* exécuter militairement, passer par les armes; **~uhr** *f* horloge *f* de parquet.

Stange *f* ‹-, -n› ['ʃtaŋə] **1.** perche, gaule, verge; *(aus Metall)* barre *f; (aufgerichtet)* poteau *m; (Bohnen~)* rame *f; (Bohnen~, Hopfen~)* paisseau; *(Hühner~)* perchoir, juchoir *m; tech* tige; *(Pleuel~)* bielle; *(Geweih)* branche *f;* **2.** *com (Ware in ~nform, z. B. Siegellack)* bâton; *(Eis zum Kühlen)* pain *m; (Brot)* baguette; *(Zigaretten)* cartouche *f,* étui *m;* — *von der ~ (fam: Kleidung)* au décrochez-moi-çà; *bei der ~ bleiben (fig fam)* tenir bon *od* ferme, ne pas lâcher

pied; *e-e ~ Geld kosten (fam)* coûter un argent fou *od* les yeux de la tête.
stänkern ['ʃtɛŋkərn] *itr fam* chercher querelle *od* noise; *pop* rouspéter.
Stanniol *n* ‹-s, -e› [ʃ(s)tani'o:l] papier *m od* feuille *f* d'étain, tain *m*.
Stanze *f* ‹-, -n› ['ʃtantsə] **1.** *tech* (presse à) estampe(r); matrice *f*; **2.** *(Loch~)* poinçonneuse *f*; **s~n** *tr* **1.** estamper; *(aus~)* découper; **2.** *(lochen)* poinçonner.
Stapel *m* ‹-s, -› ['ʃta:pəl] **1.** *mar (Dock)* cale *f*; **2.** *(Warenlager)* entrepôt, dépôt *m*; **3.** *(geschichteter Haufen, Stoß)* pile *f*, tas *m*; — *vom ~ laufen (mar)* être lancé *od* mis à l'eau; **~lauf** *m mar* lancement *m*, mise *f* à l'eau; **s~n** *tr* **1.** *(lagern)* emmagasiner, stocker; **2.** *(aufschichten)* empiler, entasser.
stapfen ['ʃtapfən] *itr ‹sein›* marcher d'un pas lourd.
Star [ʃta:r] **(1)** *m* ‹-(e)s, -e› *orn* étourneau, sansonnet *m*; **(2)** *m* ‹-(e)s, -e› *med (grauer ~)* cataracte *f*; *grüner ~* glaucome *m*; *schwarzer ~* amaurose *f*; **(3)** *m* ‹-s, -s› *film* vedette, étoile, star *f*.
Star(en)kasten *m* ['ʃta:r(ən)-] nichoir m.
stark [ʃtark] **I.** *a* **1.** *allg* fort *a. fig*; *(kräftig)* vigoureux, robuste; *(kraftvoll)* énergique; **2.** *(heftig)* violent; **3.** *(mächtig)* puissant *(a. von e-m Motor)*; *(intensiv, z. B. Verkehr)* intense; *(groß, beträchlich)* grand, considérable; *med* fort; *(tüchtig, beschlagen)* fort, calé; **4.** *(dick, von e-m Menschen)* fort, gros, corpulent; *(Buch, Band: umfangreich)* volumineux; *(dick, von e-r Schicht)* épais; **5.** *(fest)* solide, résistant; **6.** *(alkohol. Getränk, Kaffee, Tabak)* fort; **II.** *adv (bei v)* fort; *(beträchtlich)* fortement, grandement; *(bei a)* très, bien; — *zehn Mann ~* (au nombre) de 10 hommes; *500 Seiten ~ (Buch)* de 500 pages; *zehn Zentimeter ~* épais de 10 centimètres; *sich ~ genug fühlen, etw zu tun* se sentir assez fort pour *od* la force de faire qc; *~ machen* rendre fort, fortifier; *das ist (ein) ~(es Stück) fig* c'est (un peu) fort; c'est un peu raide; *~er Esser, Trinker m* gros mangeur, fort *od* grand buveur *m*; *~er Frost m* forte gelée; *~es Gefälle n (Straße)* descente rapide; *loc* forte pente *f*; *der ~e Mann (pol)* l'homme *m* fort; *~er Schnupfen m* gros rhume *m*; *~ verschuldet* criblé *od* couvert de dettes.
Stärke *f* ‹-, -n› ['ʃtɛrkə] **1.** *allg* force; *(Kraft)* vigueur, robustesse; *(Energie)* énergie *f*; **2.** *(Macht)* puissance *f*; **3.** *(Intensität)* intensité *f*; **4.** *(Zahl)* force *f* numérique, nombre; *mil* effectif *m*; **5.** *(Tüchtigkeit, Beschlagenheit)* fort *m*; **6.** *(Buch: Umfang)* volume *m*; *(Schicht: Dicke)* épaisseur *f*; **7.** *(Festigkeit)* solidité, résistance *f*; **8.** *(~mehl)* fécule *f*, amidon; *(Wäsche~)* empois *m* (d'amidon); **s~n** *tr* **1.** *allg* fortifier; *(kräftigen)* revigorer; *med* tonifier, soutenir; *(seelisch)* réconforter; **2.** *(Wäsche)* amidonner, empeser; *refl* **3.** *sich ~* se restaurer, se refaire; *(seelisch, fam)* se remonter; **s~nd** *a* fortifiant; *med* reconstituant, tonique; *fam* remontant; **~regler** *m radio* bouton *m* de puissance.
Starkstrom *m* ['ʃtark-] *el* courant à haute tension, courant *m* force; **~leitung** *f* ligne *f* à haute tension.
Stärkung *f* ['ʃtɛrkuŋ] ‹-, -en› renforcement, raffermissement *m*, consolidation *f*; *(Trost)* réconfort *m*; **~smittel** *n* fortifiant, reconstituant, tonique *m*.
starr [ʃtar] *a* **1.** raide; *scient tech* rigide; *(unbeweglich)* immobile; *(steif)* (en-)gourd(i); *(steifgefroren)* figé *od* transi (de froid), glacé; **2.** *(Blick)* fixe; *(wie versteinert)* pétrifié (*vor Schrecken* de terreur); *(vor Staunen)* stupéfait; **3.** *(unbeugsam)* inflexible; *(streng)* rigoureux, rigide; **S~e** *f* ‹-, ø› raideur, rigidité; immobilité *f*; **~en** *itr* **1.** *(ragen)* se dresser, s'élever; **2.** *(bedeckt sein)* être couvert *od* hérissé (*vor* od *von* de); **3.** *(unverwandt blicken)* regarder fixement (*auf etw* qc); — *vor Schmutz ~* être couvert de boue *od* de crasse; **S~heit** *f* ‹-, ø› = *Starre*; *(Unbeugsamkeit)* inflexibilité; *(Strenge)* rigueur *f*; = *Starrsinn*; **S~krampf** *m med* tétanos *m*; **S~sinn** *m* entêtement *m*, obstination, opiniâtreté *f*; **~sinnig** *a* entêté, obstiné, opiniâtre.
Start *m* ‹-(e)s, -s/(-e)› [ʃtart] *(Ablauf, -sprung, -fahrt, -flug)* (point de) départ; *mot* démarrage; *aero* décollage, envol; *(Rakete, Raumschiff)* lancement; *fig* démarrage *m*, mise *f* en route; *~ frei!* départ autorisé! **~bahn** *f aero* piste de décollage; voie *f* de départ; *(Flugzeugträger)* pont *m* d'envol; **s~bereit** *a allg* prêt à partir *od sport* au départ *od mot* à démarrer; *aero* prêt à décoller, en état de vol; **s~en** **1.** *itr ‹sein› allg* partir; *sport* prendre le départ; *mot* démarrer; *aero* décoller, s'envoler; **2.** *tr ‹h› (Rakete, Raumschiff)* lancer; *fig (in Gang setzen)* mettre en route; **~erlaubnis** *f* autorisation *f* de départ; **~schuß** *m sport* coup *m* de départ; **~signal** *n*; **~zeichen** *n sport* signal *m* de *od* du départ.
Statik *f* ‹-, ø› ['ʃ-, 'sta:tɪk] *phys* statique *f*.
Station *f* ‹-, -en› [ʃtatsi'o:n] **1.** *allg* station; *loc a.* gare *f*; **2.** *(Krankenhaus)* service *m*; — *~ machen (haltmachen)* s'arrêter, séjourner; **s~är** [-tsio'nɛ:r] *a* stationnaire; *(Anlage)* fixe; *~e Behandlung f (als Krankenhauspatient)* traitement *m* clinique; **s~ieren** [-'ni:rən] *‹ohne ge-› tr* stationner; **~sarzt** *m*

médecin *m* du service; **~svorsteher** *m loc* chef *m* de gare *od* de station *od* de section.
statisch ['ʃ-, 'sta:tɪʃ] *a* statique.
Statist|(in) *m* ‹-en, -en› (*f* ‹-, -nen›) [ʃta'tɪst] figurant(e *f*) *m;* comparse *m f;* **~ik** *f* ‹-, -en› [-'tɪstɪk] statistique *f;* **s~isch** [-'tɪstɪʃ] *a* (de) statistique.
Stativ *n* ‹-s, -e› [ʃta'ti:f, -və] support; *bes. phot* (tré)pied *m.*
statt [ʃtat] *prp gen* au lieu de, à la place de; en guise de; ~ *zu ... (mit inf)* au lieu de ...; ~ *daß* au lieu que; ~ *dessen* au lieu de cela; **S~** *f* ‹-, ø› *(nur in Wendungen): an meiner* ~ à ma place.
Stätte *f* ‹-, -n› ['ʃtɛtə] lieu, endroit *m,* place *f.*
statt|=finden ['ʃtat-] ‹*findet, fand statt, stattgefunden*› *itr* avoir lieu; *(Veranstaltung)* se tenir; **~=geben** ‹*gibt, gab statt, stattgegeben*› *itr* donner suite (*e-r S* à qc), accorder, agréer (*e-r S* qc); *(e-m Gesuch)* faire droit (*e-r S* à qc), admettre (*e-r S* qc); **~haft** *a (zulässig)* admissible; *(erlaubt)* permis; *jur* recevable; **S~halter** *m* gouverneur *m;* **~lich** *a (ansehnlich)* de belle apparence; *(prächtig)* somptueux, superbe; *(imposant)* imposant; *(Summe)* considérable; *(Mensch, Tier)* étoffé; *(Bauch)* rondelet.
Statue *f* ‹-, -n› ['ʃ-, 'sta:tuə] statue *f;* **~tte** *f* ‹-, -n› [ʃ-, statu'ɛtə] statuette; figurine *f.*
Statur *f* ‹-, -en› [ʃta'tu:r] stature, taille *f.*
Status *m* ‹-, -› ['ʃ(s)ta:tus] *jur adm* état *m* (juridique); ~ **quo** *m* ‹--, ø› [-'kvo:] statu quo *m.*
Statut *n* ‹-(e)s, -en› [ʃ(s)ta'tu:t] statut; règlement *m; pl a.* charte *f.*
Stau *m* ‹-(e)s, -e› [ʃtau] *(~ung)* refoulement; *(Stillstand)* étale *m.*
Staub *m* ‹-(e)s, ø›, *tech* ‹-(e)s, -e/¨e› [ʃtaup, '-bə, 'ʃtɔʏbə] poussière; *(Puder, Pulver)* poudre *f; (Blüten~)* pollen *m; (viel)* ~ *aufwirbeln (fig)* soulever, faire de la poussière, faire beaucoup de *od* grand bruit; *sich aus dem ~e machen (fam)* filer, détaler, décamper, ficher *od pop* foutre le camp; **~beutel** *m bot* anthère *f.*
Staubecken *n* ['ʃtau-] (bassin *m* de) retenue *f,* barrage-réservoir, réservoir *m* d'eau.
staub|en ['ʃtauben] *itr* faire de la poussière, poudroyer; **S~faden** *m bot* filet *m;* **S~fänger** *m* nid à poussière; ramasse-poussière *m;* **S~flocke** *f* mouton *m fam;* **S~gefäß** *n bot* étamine *f;* **~ig** *a* poussiéreux, poudreux, couvert de poussière; **S~kamm** *m* peigne *m* fin; **S~korn** *n* ‹-s, ¨er› grain *m* de poussière; **S~sauger** *m* aspirateur *m;* **S~tuch** *n* ‹-(e)s, ¨er› chiffon à épousseter; essuie-meubles *m;* **S~wolke** *f* nuage *m* de poussière.
stauch|en ['ʃtauxən] *tr* **1.** *(stoßen)* cogner; *(drücken)* presser; **2.** *(ausschimpfen)* réprimander, chapitrer, gourmander; **S~ung** *f* ‹-, -en› refoulement *m.*
Staudamm *m* ['ʃtau-] barrage *m.*
Staude *f* ‹-, -n› ['ʃtaudə] arbuste, arbrisseau *m.*
stau|en ['ʃtauən] **1.** *tr (Wasser)* arrêter, refouler; *(eindeichen)* endiguer; *(a. Verkehrsteilnehmer)* contenir; **2.** *refl: sich* ~ *(allg)* s'amasser; *(Verkehr, Volksmenge)* s'entasser, s'empiler; *(Verkehr)* former un bouchon; *med (Blut)* se congestionner; **S~mauer** *f* mur *m* de barrage, digue *f.*
staunen ['ʃtaunən] *itr* s'étonner, être étonné (*über* de); *(sich verwundern)* s'émerveiller (*über* de); *(überrascht sein)* être surpris (*über* de); *(verblüfft sein)* être ébahi; *da werden Sie ~! (a. fam)* vous n'en reviendrez pas! **S~** *n* étonnement; émerveillement; ébahissement *m; aus dem ~ nicht herauskommen* aller de surprise en surprise.
Staupe *f* ‹-, -n› ['ʃtaupə] **1.** *vet* morve *f* des chiens; **2.** *hist* fustigation *f.*
Stau|see *m* ['ʃtau-] lac *m* de retenue *od* d'accumulation; **~stufe** *f* bief *m;* **~ung** *f* ‹-, -en› **1.** *(Wasser)* refoulement *m;* **2.** *(a. Postsendungen)* accumulation *f; (Menschen)* entassement; *(Verkehr)* embouteillage, encombrement, *fam* bouchon *m;* **3.** *allg (Stockung)* stagnation; *med* congestion *f;* **~werk** *n* barrage *m.*
Stearin *n* ‹-s, -e› [ʃ-, stea'ri:n] *chem* stéarine *f.*
Stech|apfel *m* ['ʃtɛç-] *bot* datura *m;* **~becken** *n (für Kranke)* bassin *m* de lit *od* pour malades *od* hygiénique; **s~en** ‹*sticht, stach, gestochen*› *tr* **1.** piquer; **2.** *(Schlachttier)* saigner; **3.** *(Spargel, a. Spielkarte)* couper; *(Rasen)* lever; *(Torf)* extraire; *(Wein)* tirer; **4.** *typ (Graphik)* graver (*in Kupfer, Stahl* sur cuivre, acier); *itr* **5.** *med* lanciner; **6.** *(Sonne)* darder des rayons ardents, *fam* taper; — *sich in den Finger* ~ se piquer le doigt; **~en** *n med (Seiten~)* point *m* de côté; **s~end** *a* **1.** piquant; **2.** *(Schmerz)* lancinant, cuisant; *(Geruch)* âcre, pénétrant; *(Blick)* perçant; *(Sonne)* brûlant, ardent; **~ginster** *m bot* ajonc; *m;* **~heber** *m* pipette *f;* tâte-vin *m;* **~mücke** *f* moustique *m;* **~palme** *f* houx *m;* **~uhr** *f* horloge *f* de contrôle *od* de pointage; **~zirkel** *m* compas *m* à pointes sèches.
Steck|brief *m* ['ʃtɛk-] (lettre *f* de) signalement *m;* **~dose** *f* prise *f* de courant!
Stecken *m* ‹-s, -› ['ʃtɛkən] *(Stock)* bâton *m; Dreck am ~ haben fig* avoir qc sur la conscience.
stecken ['ʃtɛkən] **1.** *tr (hineintun)* mettre; *(in die Tasche a.)* fourrer *fam;*

(hineindrücken) ficher, enfoncer, plonger; *(Schlüssel)* introduire; *(mit e-m Ende senkrecht in den Boden ~; Steckling: pflanzen)* planter; *(Ring auf den Finger)* passer (*auf* à); *fig (Geld in ein Unternehmen)* investir, engager (*in* dans); **2.** *itr* ‹*steckte* od *stak, gesteckt*› être fiché *od* enfoncé *od* logé *od* planté; *allg (sich befinden)* être, se trouver, *fam* être fourré *od* caché; — *der Schreck steckt mir noch in allen Gliedern* j'en tremble encore de tous mes membres; *der Schlüssel steckt (in der Tür)* la clef est sur la porte; *es steckt etwas dahinter (fig)* il y a qc là-dessous, il y a anguille sous roche; *wo steckst du denn?* où es-tu donc? **~=bleiben** ‹*blieb stecken, steckengeblieben*› *itr* ‹*sein*› **1.** *(nicht wieder herauskönnen)* rester enfoncé; *(im Dreck)* s'enfoncer, s'enliser, s'embourber; *fig allg* rester en panne; **2.** *(in der Rede)* rester *od* demeurer (tout) court; **~=lassen** ‹*läßt, ließ stekken, stecken(ge)lassen*› *tr* laisser (*in der Tasche* dans la poche); *(Schlüssel)* laisser sur la porte.

Steckenpferd *n* ['ʃtɛkən-] *fam* dada *a. fig; fig* cheval de bataille.

Steck|er *m* ‹-s, -› ['ʃtɛkər] *el* fiche *f* (de contact *od* de prise (de courant)); **~kontakt** *m* prise *f* de courant; **~nadel** *f* épingle *f; wie e-e ~ suchen* chercher par terre et mer; **~rübe** *f* chou-navet, rutabaga *m.*

Steg *m* ‹-(e)s, -e› [ʃte:k, '-gə] **1.** *(Pfad)* sentier *m; (Fußgängerbrücke)* passerelle; *tech* traverse *f;* **2.** *(Saiteninstrument)* chevalet *m;* **3.** *(Hose)* sous-pied *m;* **~reif** *m: aus dem ~* impromptu *a;* à l'improviste, au pied levé; à livre ouvert; *aus dem ~ sprechen* improviser.

Steh|aufmännchen *n* ['ʃte:ˀaufˌmɛnçən] poussah, ramponneau *m;* **~bierhalle** *f* débit *m* de bière, buvette *f.*

stehen ['ʃte:ən] ‹*stand, gestanden*› *itr* **1.** être *od* se tenir debout; se dresser, s'élever; **2.** *allg (sein)* être; *(sich befinden)* se trouver; *gram* se mettre *od* placer; *(Fahrzeug: halten)* stationner; **3.** *(Uhr: nicht gehen)* être arrêté; **4.** *(nicht weichen)* tenir ferme *od* bon; **5.** *(gut passen zu* od *kleiden)* aller (bien), seoir; convenir; *(Hut, Frisur)* coiffer; *(Schuhe)* chausser; *(Handschuhe)* ganter; — *~ auf (Zeiger)* marquer; *(Thermometer)* indiquer; *pop (Mensch: sehr gern mögen)* aimer; *(auf e-e Person bezogen)* être entiché de; *~ für (ersetzen)* remplacer, représenter; *(ein~ für)* répondre de; *hinter jdm ~ (fig)* être derrière qn; *über e-r S ~ (fig)* dominer qc, planer sur qc; *zu jdm ~ (halten)* prendre le parti de qn; *zu e-r S ~* prendre parti, être pour qc; *sich gut mit jdm ~* être bien *od* en bons termes avec qn; *unter jds Leitung ~* être sous la direction de qn; *unter Wasser ~* être inondé *od* submergé; *~ bleiben* rester debout; *~ lassen* laisser debout; *ich weiß nicht (mehr), wo mir der Kopf steht* je ne sais plus où donner de la tête; *die Sache steht und fällt damit* c'est la clé de voûte; *das Spiel steht 1:1* le match en est à un but partout; *darauf steht (die Todesstrafe)* c'est défendu sous (peine de mort); *Tränen standen ihm in den Augen* il avait les larmes aux yeux; *das steht Ihnen gut* cela vous va bien; *es steht mir frei, es zu tun* je suis libre de le faire; *es steht mir bis oben (fig fam)* j'en ai une indigestion; *pop* j'en ai marre *od* jusque-là *od pop* ras-le-bol; *davon steht nichts im Brief* la lettre n'en dit rien; *so steht es mit ...* il en est ainsi de ...; *alles, was in meinen Kräften steht* tout ce qui est en mon pouvoir; *wie steht's?* comment cela va-t-il? *fam* comment ça va? *wie steht's mit ihm?* comment va-t-il? comment vont ses affaires? **S~** *n* station *od* position *f* debout; *im ~* debout; *zum ~ bringen* (réussir à) arrêter; *zum ~ kommen* s'arrêter; **~=bleiben** ‹*blieb stehen, stehengeblieben*› *itr* ‹*sein*› **1.** s'arrêter, s'immobiliser, rester en place; **2.** *fig* en rester là; **3.** *(bei e-r Zerstörung)* subsister; — *wo sind* od *waren wir stehengeblieben?* où en sommes-nous restés? **~d** *a* **1.** *(aufrecht)* debout; **2.** *(nicht in Bewegung* od *Betrieb)* arrêté; *(fest, unbeweglich)* fixe, immobile; **3.** *(Gewässer)* stagnant, dormant, mort; *(Meer zwischen Ebbe u. Flut)* étale; **~=lassen** ‹*läßt, ließ stehen, stehen(ge)lassen*› *tr* **1.** *allg* laisser; **2.** *(vergessen)* oublier; **3.** *(Menschen)* planter là; *fam* plaquer; **4.** *(nicht anrühren)* ne pas toucher (à).

Steh|kragen *m* ['ʃte:-] col *m* montant *od* roulé; **~lampe** *f* lampe *f* à pied; lampadaire *m;* **~leiter** *f* échelle *f* double.

stehlen ['ʃte:lən] ‹*stiehlt, stahl, gestohlen*› *tr* voler, dérober; *jdm die Zeit ~* faire perdre son temps à qn; *der kann mir gestohlen bleiben!* qu'il aille au diable! qu'il aille se faire pendre!

Steh|platz *m* ['ʃte:-] place *f* debout; **~satz** *m typ* composition *f* conservée.

Steiermark, *die* ['ʃtaɪər-] la Styrie.

steif [ʃtaɪf] **I.** *a* **1.** raide, rigide; *(starr)* fixe; **2.** *(dick, dickflüssig)* épais, consistant; **3.** *(~gefroren)* (en)gourd(i), transi; *med (Gelenk)* ankylosé; **4.** *(schwerfällig, unbeholfen)* tout d'une pièce, gauche; *(unnatürlich, gezwungen)* compassé, contraint; *(förmlich)* cérémonieux; *(geschraubt, affektiert)* guindé; **II.** *adv a.* avec raideur; — *~ und fest behaupten* déclarer *od* affirmer catégoriquement; soutenir mordicus; *~ und fest glauben* croire dur comme fer; ~

werden se raidir; *(erstarren)* s'engourdir; *med* s'ankyloser; **~en** *tr (Wand)* raidir; *(Stoff)* apprêter; **S~heit** *f* ‹-, ø› **1.** raideur, rigidité *f;* **2.** *med* ankylose *f;* **3.** *fig* gaucherie, contrainte *f.*

Steig *m* ‹-(e)s, -e› [ʃtaɪk, '-gə] *(steiler Pfad)* raidillon, sentier *m* escarpé; **~e** *f* ‹-, -n› *(steile Straße)* route *f* escarpée; **~eisen** *n* crampon, grappin, fer *m* à grimper; **s~en** ‹*stieg, gestiegen*› *itr* ‹*sein*› **1.** monter; *(klettern)* grimper; *auf etw ~* gravir, escalader qc; *über etw ~* franchir qc; **2.** *(in die Höhe)* s'élever; *aero* prendre de la hauteur *od* de l'altitude; **3.** *(Flut)* monter; **4.** *fig (a. Preise)* monter, hausser; *(zunehmen)* s'accroître, augmenter; *com a.* être en hausse; — *in jds Achtung ~* monter dans l'estime de qn; *aufs, vom Pferd ~* monter à, descendre de cheval; *aus dem, in den Wagen ~* descendre de, monter en voiture; *~ lassen (Drachen)* faire partir, lancer; **~en** *n* **1.** montée, ascension *f;* **2.** *(Fluß)* crue *f;* **3.** *(Zunahme)* accroissement *m; com fin* hausse *f;* **s~end** *a* **1.** *(zunehmend)* montant; croissant; *fig* grandissant; progressif; **2.** *com fin* haussier, en hausse; **~er** *m* ‹-s, -› *mines* porion, maître-mineur *m;* **s~ern** *tr* **1.** *(erhöhen)* accroître, élever, hausser, faire monter; *(vermehren)* augmenter; *(verstärken)* rehausser, renforcer, intensifier; **2.** *gram* mettre au comparatif et au superlatif; *itr* **3.** *com (Auktion)* enchérir; **~erung** *f* ‹-, -en› **1.** accroissement *m,* élévation; augmentation *f;* développement, rehaussement, renforcement *m,* intensification *f;* **2.** *gram* comparaison *f;* **3.** *com fin* majoration; hausse *f;* — *allmähliche ~* gradation *f;* **~ung** *f* ‹-, -en› *(Straße)* montée, rampe; *(Berghang)* pente, côte *f.*

steil [ʃtaɪl] *a* raide, ardu; escarpé; *(schroff, jäh)* abrupt; *(senkrecht)* à pic; **S~hang** *m* pente *f* escarpée; **S~heit** *f* ‹-, ø› **1.** raideur *f,* escarpement *m;* **2.** *(Häufigkeitskurve)* asymétrie *f* de la courbe; **S~küste** *f* falaise, côte *f* escarpée; **S~ufer** *n* berge *f.*

Stein *m* ‹-(e)s, -e› [ʃtaɪn] **1.** pierre *f; (Fels)* roc, rocher; *(Kiesel)* caillou, *(glatter)* galet *m;* **2.** *(Edel~)* pierre *f* (précieuse); *(Uhr)* rubis *m;* **3.** *med* pierre *f,* calcul *m,* concrétion *f;* **4.** *(Brettspiel)* pièce *f;* — *von ~ (fig)* de pierre *od* marbre, froid comme un marbre; *den ~ ins Rollen bringen (fig)* mettre l'affaire en branle; *bei jdm e-n ~ im Brett haben* être dans les bonnes grâces, avoir toutes les faveurs de qn; *keinen ~ auf dem ander(e)n lassen* ne pas laisser pierre sur pierre; *mir fällt ein ~ vom Herzen* cela m'ôte un (grand) poids; *es friert ~ und Bein* il gèle à pierre fendre; *echter, falscher ~* pierre *f* fine, fausse; *unechter ~* similipierre *f; ~ des Anstoßes* pierre *f* d'achoppement; **~adler** *m* aigle *m* fauve *od* doré *od* royal; **s~alt** *a* extrêmement vieux; **~bock** *m zoo* bouquetin; *astr* Capricorne *m;* **~bruch** *m* carrière *f;* **~butt** *m (Fisch)* turbot *m;* **s~ern** *a* de *od* en pierre; **~gut** *n* faïence *f,* grès *m* (cérame); *(Geschirr)* poterie *f* de grès; **s~hart** *a* dur comme pierre, adamantin; **~hauer** *m* tailleur *m* de pierres; **s~ig** *a* pierreux, caillouteux; *(felsig)* rocailleux; **s~igen** *tr* lapider; **~igung** *f* lapidation *f;* **~kohle** *f* houille *f;* **~kohlenbergwerk** *n* mine de houille, houillère *f;* **~marder** *m* fouine *f;* **~metz** *m* tailleur *m* de pierres; **~obst** *n* fruits *m pl* à noyau; **~pilz** *m* bolet (comestible), cèpe *m;* **s~reich** *a fam* richissime; **~salz** *n* sel *m* gemme; **~sarg** *m* sarcophage *m;* **~schlag** *m* chute *f* de pierres; **~zeit** *f hist* âge *m* de pierre; *ältere, mittlere, jüngere ~* paléolithique, mésolithique, néolithique *m.*

Steiß *m* ‹-es, -e› [ʃtaɪs] postérieur, derrière *m;* **~bein** *n anat* coccyx; *fam* croupion *m.*

Stelldichein *n* ‹-(s), -(s)› ['ʃtɛldɪçˀaɪn] rendez-vous *m* (amoureux).

Stelle *f* ‹-, -n› ['ʃtɛlə] **1.** *(Platz, Ort)* place *f,* endroit, lieu, emplacement; *(in e-m Buch)* passage *m;* **2.** *math* chiffre *m;* **3.** *(Dienst~)* bureau, office, service *m; (Behörde)* autorité *f;* **4.** *(Arbeitsplatz, Posten)* place *f,* poste, emploi *m;* charge *f; (vgl. Stellung);* **5.** *tele* station *f;* — *an ~ (gen)* à la place (de), au lieu (de), en guise (de); *an deiner ~* à ta place; *auf der ~ (sofort)* sur-le-champ, tout de suite; *von der ~ bringen* déplacer, enlever; *nicht von der ~ kommen (a. fig)* ne pas avancer; *fig* piétiner; *zur ~ sein* être présent; *an jds ~ treten* prendre la place de qn; remplacer qn; *jds ~ vertreten* tenir lieu de qn; *zur ~!* présent! *offene ~* emploi *m* vacant, vacance *f; offene ~n (Zeitungsrubrik)* offres *f pl* d'emploi; *schwache ~ (fig) (a.)* défaut *m* de la cuirasse.

stellen ['ʃtɛlən] *tr* **1.** poser, placer, *a. fig* mettre; **2.** *(Falle)* dresser, tendre; **3.** *tech (ein~)* régler, *(genau)* mettre au point; *(Uhr)* mettre à l'heure, *~ nach* régler sur; *(Signal)* commander; **4.** *(Horoskop)* tirer; **5.** *(fest~)* fixer; **6.** *(bereit~)* fournir, procurer; *(Zeugen)* produire; **7.** *(Verbrecher, Wild)* arrêter; **8.** *(Frage, Bedingung)* poser; *(Termin, Frist)* fixer; *refl: sich ~* **9.** *(zur Haft)* se constituer prisonnier; *(dem Gericht)* se livrer (à la justice); **10.** *(so tun)* faire (*krank, taub, tot* le malade, le sourd, le mort); *als ob man täte* faire semblant de faire; — *sich mit jdm gut ~* se mettre bien avec qn; *kalt* ~ *(Getränk, Speise)* mettre au frais; *wie* ~ *Sie sich dazu?* qu'en pensez-vous? *auf sich (allein* od *selbst) gestellt* réduit à ses propres moyens, sans appui.

Stellen|angebot *n*['ʃtɛlən-] offre *f* d'emploi; **~ausschreibung** *f* mise *f* au concours d'un poste; avis *m* de vacance d'un poste; **~gesuch** *n* demande *f* d'emploi; **s~weise** *adv* par endroits; **~wert** *m (Soziologie)* importance relative, signification *f*.

Stellmacher *m* ['ʃtɛl-] charron *m;* **~ei** *f* charronnerie *f*.

Stellung *f* ‹-, -en› ['ʃtɛlʊŋ] **1.** position *a. mil; bes. gram* place *f; (Anordnung)* arrangement *m*, disposition, répartition *f; (Geschütz~)* emplacement; *(Raketen~ a.)* site *m;* **2.** *(Körperhaltung)* pose, posture, attitude *f;* **3.** *(Stelle, An~)* situation, position *f;* emploi *m*, charge *f; (gesellschaftl. ~, Rang)* rang *m;* **4.** *(Rechts~)* condition (juridique); *allg (Lage)* situation *f;* — *in* ~ *gehen, sein (Hausangestellte)* se mettre, être en condition; *die* ~ *halten (mil)* tenir la position; *(fig fam)* garder la place; ~ *nehmen zu* prendre position à l'égard de; *gesellschaftliche* ~ position *f* sociale; ~ *von Sicherheiten (Kredit)* constitution *f* de sûretés; *(markt)beherrschende* ~ position *f* dominante (sur le marché); **~nahme** *f* prise *f* de position; *mit der Bitte um* ~ pour avis; **~sbefehl** *m mil* ordre *m* d'appel *od* de convocation; **~skrieg** *m* guerre *f* de position(s) *od* de tranchées; **s~slos** *a* sans place, sans emploi, sans engagement; **~(s)suchende** *m* demandeur *m* d'emploi.

stell|vertretend ['ʃtɛl-] *a* remplaçant, suppléant; représentant; adjoint; vice-; **S~vertreter** *m* remplaçant, suppléant; représentant; adjoint, substitut; *rel* vicaire *m;* **S~vertretung** *f* remplacement *m*, suppléance; représentation *f;* **S~werk** *n loc* poste *m od* cabine *f* d'aiguillage *od* de manœuvre.

Stelz|e *f* ‹-, -n› ['ʃtɛltsə] échasse *f; auf ~n gehen, ~n laufen,* **s~en** *itr ‹sein› meist iron* marcher avec des échasses; *(fig)* avoir une démarche raide, guindée; **~vögel** *m pl* échassiers *m pl*.

Stemm|eisen *n* ['ʃtɛm-] bec d'âne, bédane *m;* **s~en** *tr* appuyer; *sich* ~ s'appuyer (*gegen, auf etw* contre, sur qc); *sich gegen etw* ~ *(fig)* se raidir contre qc; tenir tête, s'opposer, résister à qc.

Stempel *m* ‹-s, -› ['ʃtɛmpəl] **1.** *(Gerät u. Ergebnis)* tampon *m; (Ergebnis)* estampille; *(auf Metall)* marque *f; (Edelmetall)* contrôle; *(Siegel)* sceau, *(kleiner ~)* cachet *m; (Präge~)* estampe *f; (Münz~)* coin; *(Punze)* poinçon *m;* **2.** *tech* piston, pilon; *mines* étançon, étai *m;* **3.** *fig* marque, empreinte *f; e-r S s-n* ~ *aufdrücken* marquer qc de son empreinte *od* estampille, mettre le sceau sur qc; **~farbe** *f* encre *f* à tampon(s); **~kissen** *n* tampon *m* (encreur); **s~n** *tr* **1.** timbrer, estampiller; *(Post entwerten)* oblitérer; **2.** *(prägen)* estamper; *(punzen)* poinçonner; *(Edelmetall)* contrôler; **3.** *fig* marquer, empreindre; **4.** *itr, a.* ~ *gehen (fam: arbeitslos sein)* chômer.

Stengel *m* ‹-s, -› ['ʃtɛŋəl] tige *f*, pied *m*.

Steno|gramm *n* ‹-s, -e› [ʃteno'gram] sténogramme *m; ein* ~ *aufnehmen* prendre un sténogramme; **~grammblock** *m* bloc *m* à sténogrammes; **~graph(in)** *m* ‹-en, -en› (*f* ‹-, -nen›) [-'gra:f] sténographe *m f;* **~graphie** *f* ‹-, -n› [-gra'fi:] sténographie *f;* **s~graphieren** [-'fi:rən] ‹*ohne ge-*› *tr u. itr* sténographier; prendre en sténo; **s~graphisch** [-'gra:fɪʃ] *a* sténographique; **~typist(in** *f***)** *m* ‹-en, -en› [-ty'pɪst] sténodactylo(graphe) *m f*.

Stephan *m* ['ʃtɛfan] Etienne *m*.

Steppdecke *f* ['ʃtɛp-] courtepointe *f*, couvre-pied(s) *m*.

Steppe *f* ‹-, -n› ['ʃtɛpə] *geog* steppe *f*.

steppen ['ʃtɛpən] *tr* piquer.

Sterb|ebett *n* ['ʃtɛrbə-] : *auf dem* ~ avant de mourir; **~efall** *m* (cas de) décès *m;* **~egeld** *n* indemnité *f* funéraire, capital-décès *m;* **~ekasse** *f* caisse *f* de décès; **s~en** ‹*stirbt, starb, gestorben*› *itr* ‹*sein*› mourir (*an, vor* de); expirer, rendre l'âme; *(ver~)* décéder; *(verscheiden)* trépasser; **~en** *n* mort *f; im* ~ *liegen* être à l'article de la mort *od* à l'agonie *od* moribond; **~ende** *m f* mourant, moribond *m;* **~enswörtchen** *n: kein* ~ *sagen* ne pas dire un traître mot *od* un pauvre mot, ne (pas) souffler mot, ne pas desserrer les dents; **~eregister** *n* registre *m* mortuaire *od* des décès; **~esakramente** *n pl rel* derniers sacrements *m pl;* **~eurkunde** *f* acte *m* de décès; **s~lich** [-plɪç] *a* mortel; *die ~en Reste m pl, die ~e Hülle f* les restes *m pl* (mortels), la dépouille mortelle; **~liche** *m f* mortel *m; die ~n (pl poet)* les humains *m pl; der gewöhnliche* ~ le commun des mortels; **~lichkeit** *f* ‹-, ø› mortalité *f;* **~lichkeitsziffer** *f* (taux *m* de) mortalité *f*.

Stereo|aufnahme *f* ['s(ʃ)tereo-] *(Schallplatte)* enregistrement *m* stéréophonique; **~metrie** *f* ‹-, ø› [-me'tri:] stéréométrie *f;* **s~phon** [-'fo:n] *a radio* stéréophone; **~skop** *n* ‹-s, -e› [-'sko:p] stéréoscope *m;* **s~typ** [-'ty:p] *a fig* stéréotypé.

steril [ʃ(s)te'ri:l] *a* stérile; **S~isation** *f* ‹-, -en› [-rilizatsi'o:n] , **S~isierung** *f* ‹-, -en› stérilisation *f;* **~isieren** [-'zi:rən] ‹*ohne ge-*› *tr* stériliser; **S~ität** *f* ‹-, ø› [-li'tɛ:t] stérilité *f*.

Stern *m* ‹-(e)s, -e› [ʃtɛrn] **1.** *astr* étoile *f*,

a. fig; **2.** *(Gestirn)* astre *m;* **3.** *(Zier~, mil: Rangabzeichen, Ordens~)* étoile *f; typ* astérisque *m; (Straßenkreuzung)* étoile *f,* rond-point *m;* **4.** *(Filmgröße)* étoile, vedette, star *f; — unter e-m glücklichen* od *günstigen ~ geboren sein (fig)* être né sous une bonne étoile; **~bild** *n* constellation *f;* **~enbanner** *n* bannière *f* étoilée; **~(en)himmel** *m* ciel *m od* voûte *f* étoilé(e); firmament *m;* **~fahrt** *f sport* rally *m;* **s~hagelvoll** *a pop* plein comme une barrique; ivre mort, soûl comme une bourrique; **~haufen** *m* nuée *f* stellaire; **~karte** *f* carte *f* céleste; planisphère *m* céleste, mappemonde *f* (céleste); **s~klar** *a = stern(en)hell; es ist (e-e) ~(e Nacht)* il fait clair d'étoile; **~kunde** *f* astronomie *f;* **~schnuppe** *f* étoile *f* filante; **~stunde** *f fig poet* heure *f* décisive *od* de chance; **~warte** *f* observatoire *m.*

Sterz *m* ‹-es, -e› [ʃtɛrts] **1.** *(Schwanz)* queue *f;* **2.** *orn (Schwanzwurzel)* croupion *m;* **3.** *(Pflug)* mancheron *m.*

stet [ʃteːt] *a* constant, permanent; **~ig** *a* fixe, ferme; constant, permanent, continu(el); *(regelmäßig)* régulier; *math* continu; **S~igkeit** *f* ‹-, ø› fermeté; constance, permanence; continuité; régularité *f;* **~s** *adv* constamment, continuellement, en permanence, sans cesse; toujours.

Steuer ['ʃtɔʏər] **(1)** *n* ‹-s, -› *(Boot)* barre *f; mot* volant; *mar aero* gouvernail *m; aero* gouverne *f; sich ans ~ setzen, das ~ übernehmen* prendre le volant; *am ~ sitzen (mot)* tenir le volant; *aero* être aux commandes; **(2)** *f* ‹-, -n› *adm fin* impôt *m; (Abgabe)* contribution *f; — e-e ~ erheben* lever *od* percevoir un impôt; *jdn zur ~ heranziehen* mettre qn à contribution; *~n hinterziehen* soustraire des impôts; *(in)direkte ~n* impôts *m pl od* contributions *f pl* (in)direct(e)s.

Steuer|aufkommen *n* ['ʃtɔʏər-] produit *od* rendement des impôts, rendement *m* fiscal; **~ausgleich** *m* péréquation des impôts, compensation *f* fiscale; **s~begünstigt** *a: ~ sein* bénéficier *od* jouir d'un avantage fiscal; **~berater** *m* conseiller *m* fiscal; **~bescheid** *m* avis *m* d'imposition *od* d'impôt.

Steuerbord *n* ['ʃtɔʏər-] *mar* tribord *m.*

Steuer|erhöhung *f* ['ʃtɔʏər-] majoration *od* aggravation *f* d'impôt; **~erklärung** *f* (feuille de) déclaration d'impôt(s), feuille *f* d'impôt; **~erlaß** *m* détaxe, remise *f* de l'impôt; *jdm e-n ~ gewähren* supprimer la taxe à qn; détaxer qn; **~erleichterung** *f* allégement *m* fiscal; **~flucht** *f* évasion *f* fiscale; **s~frei** *a* exonéré *od* exempt d'impôt(s); **~freibetrag** *m* montant exempt *od* exonéré d'impôts; abattement *m* à la base.

Steuerhebel *m* ['ʃtɔʏər-] *aero* levier *m* de commande *od* de manœuvre.

Steuer|hinterziehung *f* ['ʃtɔʏər-] fraude *f* fiscale; **~last** *f* poids *m* des impôts *od* de la fiscalité, charges *f pl* fiscales; **s~lich** *a* fiscal; *jdn ~ veranlagen* établir l'assiette de l'impôt de qn.

steuer|los ['ʃtɔʏər-] *a mar aero* sans gouvernail; **S~mann** *m* ‹-(e)s, -männer/-leute› *mar* timonier *(a. e-s Luftschiffes); fig* pilote *m.*

Steuermarke *f* ['ʃtɔʏər-] timbre-quittance *m.*

steuern ['ʃtɔʏərn] *tr* **1.** *mot* conduire, guider; *mar* gouverner; *aero* piloter; *tech* manœuvrer, commander, contrôler; **2.** *scient (aufea. abstimmen)* synchroniser; **3.** *fig (lenken)* diriger, guider; *itr* **4.** ‹*sein*› *(fahren)* faire route (*nach* vers); **5.** ‹*h*› *fig (entgegenwirken)* mettre un frein (*e-r S* à qc), rémprimer (*e-r S* qc).

steuer|pflichtig ['ʃtɔʏər-] *a* contribuable, imposable; **S~pflichtige** *m* contribuable *m;* **S~politik** *f* politique *f* fiscale.

Steuerrad *n* ['ʃtɔʏər-] *mot* volant *m; mar* roue *f* du gouvernail.

Steuer|recht *n* ['ʃtɔʏər-] droit *od* régime *m* fiscal; **~reform** *f* réforme *f* fiscale; **~rückerstattung** *f,* **~rückvergütung** *f* remboursement *m od* restitution *f* d'impôt(s) *od* fiscal(e).

Steuerruder *n* ['ʃtɔʏər-] gouvernail *m.*

Steuer|satz *m* ['ʃtɔʏər-] taux *m* d'imposition; **~schuld** *f* dette *f* fiscale; **~senkung** *f* réduction d'impôts *od* des impôts, détaxation *f,* dégrèvement *m.*

Steuerung *f* ‹-, -en› ['ʃtɔʏər-] **1.** *mot* direction; distribution *f; loc* aiguillage *m; mar aero* gouverne *f; aero* pilotage, guidage *m; (selbsttätige)* commande *f;* **2.** *tech* manœuvre *f,* réglage, contrôle *m;* **3.** *mil scient* synchronisation *f.*

Steuer|veranlagung *f* ['ʃtɔʏər-] (établissement *m* de l')assiette de l'impôt, assiette *f;* **~zahler** *m* contribuable, payeur *m* d'impôt.

Steward *m* ‹-s, -s› ['s(ʃ)tjuːərt] *mar aero (Betreuer)* steward; garçon *m* de cabine; **~eß** *f* ‹-, -ssen› [-dɛs, --'-] *aero* hôtesse *f* de l'air *od* de bord.

stibitzen [ʃti'bɪtsən] ‹*ohne ge-*› *tr fam* chaparder, chiper.

Stich *m* ‹-(e)s, -e› [ʃtɪç] **1.** *(mit e-m Dorn, e-m Stachel, e-r Nadel, a. med)* piqûre *f; (mit e-r ~waffe)* coup *m;* **2.** *(Näherei)* point *m;* **3.** *(Graphik)* taille, gravure, estampe *f;* **4.** *fig (ins Herz)* coup *m* (d'épingle *od* de boutoir); **5.** *(~elei, Spitze)* pointe *f;* **6.** *pl med (Seitenstiche)* point *m* de côté; *(stechender Schmerz)* douleur lancinante; **7.** *(Kartenspiel)* levée *f,* pli *m; — e-n ~ haben (Fleisch)* avoir un goût; *(Mensch)* avoir un grain (de folie); *e-n ~ ins Grüne haben* tirer sur le vert; *im ~ lassen* laisser là *od* tomber, lâcher, abandonner, planter là; fausser compagnie à; *mein Gedächtnis läßt mich im* ~ ma mémoire me fait défaut; **~el** *m* ‹-s, -› *(Grab~)* burin, ciselet, poinçon *m;* **~elei** *f* ‹-, -en› [-'laı] piqûre *f,* coup *m* d'épingle, agacerie, taquinerie *f;* **s~eln 1.** *itr (nähen)* coudre; *(sticken)* broder; **2.** *tr fig* donner des coups d'épingle à, lancer des pointes à, agacer, taquiner; brocarder; **~flamme** *f* dard *od* jet *m* de flamme; **s~haltig** *a (Argument)* plausible, valable, probant, solide, soutenable; **~haltigkeit** *f* ‹-, ø› plausibilité, validité, solidité *f; bes. jur* bien-fondé *m;* **~ling** *m* ‹-s, -e› *(Fisch)* épinoche *f;* **~probe** *f* **1.** *(Handlung)* sondage, coup *m* de sonde; **2.** *(Sache)* échantillon *m* pris au hasard *od* dans le tas; **~tag** *m* jour *m* fixé *od* prévu *od* repère, date *f* fixée *od* de base; **~waffe** *f* arme *f* d'estoc; **~wahl** *f* scrutin *m* de ballottage; **~wort** *n* ‹-(e)s, ¨er› **1.** mot *m* de repère; *(im Katalog)* mot-clé *od* mot-vedette *m;* **2.** *theat* ‹-(e)s, -e› réplique *f;* **3.** *(Kennwort)* mot *m* d'ordre *od* de passe; **4.** *pl (~worte)* aide-mémoire *m;* **~wortkatalog** *m* catalogue *m* analytique *od* par mots-clés; **~wunde** *f* blessure *f* perforante; coup *m* de pointe.

stick|en ['ʃtıkən] *tr* broder; **S~erei** *f* ‹-, -en› [-'raı] broderie *f.*

stickig ['ʃtıkıç] *a* étouffant, suffocant.

Stick|muster *n* ['ʃtık-] dessin *m* de broderie; **~nadel** *f* aiguille *f* à broder.

Stickstoff *m* ['ʃtık-] azote, nitrogène *m.*

stieben ['ʃti:bən] ‹*stob* od *stiebte, gestoben* od *gestiebt*› *itr* jaillir, voler.

Stiefbruder *m* ['ʃti:f-] = *Halbbruder.*

Stiefel *m* ‹-s, -› ['ʃti:fəl] **1.** *(Schaft~)* botte; *(Halb~)* bottine *f,* bottillon, brodequin *m;* **2.** *(Humpen)* hanap *m;* **3.** *(e-r Pumpe)* corps *m;* **~knecht** *m* tire-botte *m.*

Stief|kind *n* ['ʃti:f-] **1.** enfant *m* d'un autre lit; **2.** *fig* disgracié *m* (*der Natur, des Glücks* de la nature, de la fortune); **~mutter** *f* belle-mère; *pej* marâtre *f;* **~mütterchen** *n bot* pensée *f;* **~schwester** *f nur* = *Halbschwester;* **~sohn** *m* beau-fils *m;* **~tochter** *f* belle-fille *f;* **~vater** *m* beau-père *m.*

Stiege *f* ‹-, -n› ['ʃti:gə] *(Treppe)* escalier *m.*

Stieglitz *m* ‹-es, -e› ['ʃti:glıts] *orn* chardonneret *m.*

Stiel *m* ‹-(e)s, -e› [ʃti:l] **1.** *(Blume, Blüte, Frucht)* queue *f,* pédoncule *m; (Blatt)* queue *f,* pétiole *m;* **2.** *(Gerät)* manche *m; (Pinsel)* hampe *f;* **~augen** *n pl:* ~ *machen (fig fam)* se rincer l'œil.

stier [ʃti:r] *a (Blick: starr)* fixe.

Stier *m* ‹-(e)s, -e› [ʃti:r] taureau *m.*

stieren ['ʃti:rən] *itr* regarder fixement (*auf* acc).

Stier|kampf *m* ['ʃti:r-] course de taureaux, corrida, tauromachie *f;* **~kämpfer** *m* toréador, toréro *m.*

Stift [ʃtıft] **(1)** *m* ‹-(e)s, -e› *(Nagel)* clou *m* (sans tête); fiche; pointe *f; (Zahnersatz)* pivot *m;* **(2)** *m* ‹-(e)s, -e› *fam (Lehrjunge)* arpète *m;* **(3)** *n* ‹-(e)s, -e/ (-er)› *(fromme ~ung)* fondation; *rel* maison *f* (religieuse), couvent; *(Domkapitel)* chapitre; *(Univ.)* séminaire *m.*

stift|en ['ʃtıftən] *tr* **1.** *(gründen)* fonder; *(errichten)* établir; *(einsetzen)* instituer; **2.** *(schenken)* faire don de; *(beisteuern)* fournir; **3.** *(schaffen, ins Leben rufen, bewirken)* créer, produire, faire; provoquer, susciter; **S~er(in)** *m* ‹-s, -› (*f* ‹-, -nen›) **1.** *(Gründer)* fondateur *m,* -trice *f;* **2.** *(Spender)* donateur *m,* -trice *f;* **3.** *(Urheber)* auteur *m;* **S~ung** *f* ‹-, -en› **1.** fondation *f;* établissement *m;* institution *f;* **2.** *(Schenkung)* donation *f.*

Stiftzahn *m* ['ʃtıft-] dent *f* à pivot.

Stil *m* ‹-(e)s, -e› [ʃ-/sti:l] style *m,* écriture *f; großen ~s* avec faste; **~blüte** *f* fleur de rhétorique; perle; bévue *f* stylistique.

Stilett *n* ‹-s, -e› [ʃ-/sti'lɛt] *(kleiner Dolch)* stylet *m.*

stil|isieren [ʃ-/stili'zi:rən] ‹*ohne ge-*› *tr* styliser; **S~isierung** *f* ‹-, -en› stylisation *f;* **S~istik** *f* ‹-, -en› [-'lıstık], **S~kunde** *f* stylistique *f;* **~istisch** [-'lıstıʃ] *a* stylistique, de style.

still [ʃtıl] *a* **1.** *(ruhig, lautlos)* tranquille, calme; *(schweigend, stumm)* silencieux, muet; **2.** *(reglos, unbewegt)* immobile, sans mouvement; **3.** *(schweigsam)* taciturne; *(zurückhaltend, bescheiden)* modeste; *(friedlich)* paisible; **4.** *(heimlich)* secret; — *interj* chut! tais-toi! taisez-vous! silence! *im ~en* en silence; sans rien dire; *(heimlich)* secrètement; ~ *und leise (adv)* à la sauvette *fam;* ~ *sein, sich ~ verhalten* être *od* se tenir tranquille; se tenir coi; *der S~e Ozean* l'Océan *m* Pacifique, le Pacifique; **S~e** *f* ‹-, ø› tranquillité *f,* calme; *(Schweigen)* silence; *(Ruhe)* repos *m; (Frieden)* paix *f; in aller ~* dans le plus grand silence *od* secret; *(Feier)* dans l'intimité; *es trat ~ ein* il se fit un silence; **~en** *tr* **1.** *(Blut)* arrêter, étancher; **2.** *(Schmerz)* apaiser, calmer; *(Durst)* étancher, apaiser, calmer; *(Hunger)* assouvir, apaiser; *(Verlangen, Sehnsucht, Kummer)* apaiser, calmer; **3.** *(Kind)* donner le sein à, allaiter, nourrir; — *den Durst ~* désaltérer; **~end** *a: ~e Mutter f* mère *f* nourrice *od* qui nourrit (au sein); **~≈halten** ‹*hält, hielt still, stillgehalten*› **1.** *tr (Körperteil)* tenir en repos; **2.** *itr (sich nicht bewegen)* se tenir immobile; **S~(l)eben** *n (Kunst)* nature *f* morte; **~≈(l)egen** *tr* **1.** *(Betrieb)* fermer; **2.** *(Anlage, Maschine)* arrêter; **S~(l)egung** *f* fermeture *f;* arrêt *m;* immobilisation *f;* **~≈(l)iegen**

⟨*lag still, stillgelegen*⟩ *itr* **1.** *(Mensch)* se tenir tranquille; **2.** *(Betrieb)* être fermé; **3.** *tech* être arrêté, chômer.

stillos ['ʃ-/'sti:l-] *a* sans style.

still|≈schweigen ['ʃtɪl-] ⟨*schwieg still, stillgeschwiegen*⟩ *itr* se taire; **S~schweigen** *n* silence *m; ~ bewahren* garder *od* observer le silence; *mit ~ übergehen* passer sous silence; **~schweigend** *a* tacite, implicite, sous-entendu; *~ gehen* s'en aller sans rien dire; **~≈sitzen** ⟨*saß still, stillgesessen*⟩ *itr* rester tranquille, ne pas bouger, demeurer en place; *nicht ~ können* ne pas tenir *od* rester en place; **S~stand** *m* ⟨-(e)s, ø⟩ (temps d')arrêt *m; (Unterbrechung)* interruption, suspension; *(Stokkung)* stagnation *f; zum ~ bringen* arrêter; suspendre; *zum ~ kommen* s'arrêter, être paralysé; être interrompu *od* suspendu; **~≈stehen** ⟨*stand still, stillgestanden*⟩ *itr* **1.** *(stehenbleiben) (a. Zeit)* s'arrêter; s'immobiliser, demeurer en place; **2.** *mil* se mettre au garde-à-vous; **3.** *(nicht in Betrieb sein)* être arrêté, chômer.

Stil|möbel *n pl* ['ʃ-/'sti:l-] meubles *m pl* de style; **s~voll** *a* qui a du style; de bon goût.

Stimm|abgabe *f* ['ʃtɪm-] *parl* vote, suffrage *m;* **~bänder** *n pl anat* cordes *f pl* vocales; **s~berechtigt** *a: ~ sein* avoir droit de vote; **~berechtigte** *m* votant *m;* **~bruch** *m* ⟨-(e)s, ø⟩ = *Stimmwechsel.*

Stimme *f* ⟨-, -n⟩ ['ʃtɪmə] **1.** *(Organ)* voix *f a. fig;* **2.** *mus a.* partie *f;* **3.** *parl* voix *f,* vote, suffrage *m; mit 3 gegen 2 ~n* par 3 voix contre 2; *s-e ~ abgeben* exprimer sa voix, donner son vote; voter (*für* pour, *gegen* contre); *sich der ~ enthalten* s'abstenir de voter; *alle ~n auf sich vereinigen (parl)* recueillir toutes les voix; *abgegebene ~n pl (parl)* votants *m pl; gültige ~n pl* suffrages *m pl* exprimés; *ungültige ~* vote *m* nul *od* blanc; *pl* bulletins *m pl* nuls.

stimmen ['ʃtɪmən] *tr* **1.** *mus* accorder; **2.** *fig (geneigt machen)* disposer; *itr* **3.** *(ab~)* voter; **4.** *(richtig sein)* être correct *od* exact *od* juste *od* vrai; — *ernst ~* rendre grave; *fröhlich, heiter ~* ragaillardir, égayer; *nachdenklich ~* donner à réfléchir; *traurig ~* attrister; *das stimmt* c'est exact *od* juste *od* vrai *od* cela; *das stimmt nicht* ce n'est pas vrai *od* cela; *da stimmt etwas nicht* cela *od* ça ne va pas; *stimmt!* ça y est!

Stimmen|gewirr *n* ['ʃtɪmən-] brouhaha *m;* **~gleichheit** *f* parité *f* de(s) voix; *bei ~* en partage égal des voix; **~mehrheit** *f* majorité *f* des voix *od* votes *od* suffrages.

Stimm|enthaltung *f* ['ʃtɪm-] *parl* abstention *f;* **~gabel** *f* diapason *m;* **s~haft** *a gram* sonore, voisé; **s~los** *a gram* sourd, non-voisé; **~recht** *n* droit *m* de vote; **~ritze** *f anat* glotte *f.*

Stimmung *f* ⟨-, -en⟩ ['ʃtɪmʊŋ] **1.** *(e-s Musikinstrumentes)* accord, accordage *m;* **2.** *(Gemütsverfassung)* état *m* d'âme *od* d'esprit, disposition (de l'âme); humeur; *(e-r Gesellschaft, Atmosphäre)* ambiance, atmosphère *f;* climat; *mil* moral *m;* **3.** *(öffentl. Meinung)* opinion *f* publique; **4.** *(Dichtung, Kunstwerk)* poésie, atmosphère; impression *f,* effet *m;* **5.** *(Börse)* tendance *f;* — *in gedrückter ~* déprimé, abattu; *in gehobener ~* en train; *in guter, schlechter ~* bien, mal disposé; de bonne, de mauvaise humeur; *~ machen, für ~ sorgen* créer *od* mettre de l'ambiance; *nicht in ~ sein* n'être pas dans son assiette; **~sumschwung** *m* changement *m* de l'opinion publique; **s~svoll** *a* qui a de l'atmosphère *od* de la poésie; évocateur, expressif.

Stimm|wechsel *m* ⟨-s, ø⟩ ['ʃtɪm-] mue *f* (de la voix); **~zettel** *m* bulletin *m* (de vote).

stimulieren [ʃ(s)timu'li:rən] ⟨*ohne ge-*⟩ *tr (anreizen)* stimuler.

Stink|bombe *f* ['ʃtɪŋk-] boule *f* puante; **s~en** ['ʃtɪŋkən] ⟨*stank, gestunken*⟩ *itr* puer (*nach etw* qc); sentir mauvais; empester (*nach etw* qc); *~ wie die Pest* puer comme la peste *od* un rat mort *od* une charogne; *es stinkt* cela pue; **s~end** *a* puant; fétide, empesté; infect; **s~faul** *a fam* cossard, flemmard; **s~langweilig** *a pop* rasoir, sciant; **~tier** *n* mouffette *f;* **~wut** *f fam: e-e ~ haben* être en rogne.

Stipendium *n* ⟨-s, -dien⟩ [ʃti'pɛndiʊm, -diən] bourse *f* (d'études).

Stippvisite *f* ['ʃtɪp-] *fam* apparition *f.*

Stirn *f* ⟨-, -en⟩ [ʃtɪrn] front *m, a. fig; jdm die ~ bieten* faire front *od* face, tenir tête à qn, défier qn; *die ~ haben (fig)* avoir le front *od fam* le toupet (*zu* de); *die ~ runzeln* od *in Falten ziehen* froncer le(s) sourcil(s); *hohe, gewölbte, niedrige ~* front *m* haut, bombé, bas; **~band** *n* serre-tête, bandeau *m;* **~bein** *n anat* (os) frontal *m;* **~höhle** *f anat* sinus *m* frontal; **~seite** *f allg* front *m,* face; *arch* façade *f,* frontispice *m.*

stöbern ['ʃtø:bərn] *itr (herumsuchen)* (far)fouiller, fureter (*in etw* dans qc).

stochern ['ʃtɔxərn] *itr: im Feuer ~* tisonner; *in den Zähnen ~* se curer les dents.

Stock *m* ⟨-(e)s, ⸚e⟩ [ʃtɔk, 'ʃtœkə] **1.** *(Stab)* bâton *m; (kleiner, dünner, bes. biegsamer)* baguette; *(Spazier~)* canne *f; (Berg~)* alpenstock *m; (Billard~)* queue *f;* **2.** *bot* pied; *(Wein~)* cep *m;* **3.** *(Opfer~)* tronc *m;* **4.** *(Bienen~)* ruche *f;* **5.** ⟨*pl* ⸚e/-werke⟩ *arch (~werk)* étage *m;* — *im zweiten ~* au second (étage); *am ~ gehen* marcher avec une canne;

s~dumm *a* sot comme un panier, bête comme une cruche *od* un pot.
stocken ['ʃtɔkən] *itr* **1.** *(zum Stillstand kommen)* s'arrêter, s'immobiliser; *(sich verlangsamen)* (se) ralentir; *(Geschäft)* languir; **2.** *(in der Rede)* hésiter, *(stekkenbleiben)* rester court; **S~** *n: ins ~ geraten* od *kommen* (se) ralentir; tarir; languir; hésiter; **~d I.** *a (Rede)* hésitant; **II.** *adv (reden)* avec hésitation.
stock|finster ['ʃtɔk'-] *a: es ist ~* il fait noir comme dans un four; **S~fisch** *m* morue *f* sèche *od* séchée; **S~fleck** *m* tache *f* d'humidité; **S~rose** *f bot* rose *f* trémière; **S~schirm** *m* parapluie-canne *m;* **S~schnupfen** *m* enchifrènement *m;* **~steif** *a* raide comme un piquet *od* un bâton; **S~ung** *f* ‹-, -en› *(Stillstand)* arrêt; *(Verkehrs~)* embouteillage *m; fig* stagnation *f;* **S~werk** *n* étage *m.*
Stoff *m* ‹-(e)s, -e› [ʃtɔf] **1.** *allg* étoffe *f;* **2.** *(Gewebe a.)* tissu, textile *m;* **3.** *(Materie)* matière, substance *f; chem* corps *m;* **4.** *fig (Gegenstand)* matière *(zu* à); substance *f,* sujet, thème *m;* — *~ geben zu etw* alimenter qc; *Stück n ~* métrage de tissu; *(Rest)* coupon *m,* coupe *f;* **~ballen** *m* rouleau *m* d'étoffe; **~breite** *f* lé *m,* laize *f.*
Stoffel *m* ‹-s, -› ['ʃtɔfəl] *fam* lourdaud, balourd *m.*
Stoff|muster *n*['ʃtɔf-] dessin *m;* **~reste** *m pl* recoupe *od* retaille *f* d'étoffe; **~wechsel** *m physiol* métabolisme *m;* **~wechselkrankheit** *f,* **~wechselprodukt** *n* maladie *f,* produit *m* du métabolisme.
stöhnen ['ʃtø:nən] *itr* geindre; gémir *(über* de); **S~** *n* gémissement *m.*
Stollen *m* ‹-s, -› ['ʃtɔlən] *(unterirdischer Gang, a. mines, mil)* galerie *f.*
Stolle *f* ‹-, -n› , **~n** ‹-s, -› ['ʃtɔlə(n)] *(Gebäck)* pain *m* brioché *od* amandé.
stolpern ['ʃtɔlpərn] *itr* ‹*sein*› trébucher *(über* sur); faire un faux pas.
stolz [ʃtɔlts] *a* **1.** fier *(auf* de); *(hochmütig)* orgueilleux, altier, hautain; **2.** *fig (prächtig, imposant)* superbe, magnifique, majestueux, imposant; — *auf etw ~ sein* être fier, se glorifier, se faire gloire, s'enorgueillir de qc; *pej* tirer vanité de qc; **S~** *m* ‹-es, ø› fierté *f; (Hochmut)* orgueil *m;* **~ieren** [-'tsi:rən] ‹*ohne ge-*› *itr* ‹*sein*› faire parade, se pavaner.
Stopf|ei *n* ['ʃtɔpf-] œuf *m* à repriser; **s~en** *tr* **1.** *(stecken)* bourrer (*a. die Pfeife),* fourrer; **2.** *(zu~)* boucher, aveugler; **3.** *(Kleidung, bes. Strümpfe)* repriser, faire des reprises à; *(ausbessern)* ravauder, raccommoder; *(kunst~)* stopper; **4.** *(Gans: nudeln)* gaver; *(sättigen)* rassasier; *itr* **5.** *physiol (den Stuhlgang hindern)* constiper; — *jdm den Mund ~ (fig)* fermer la bouche à qn; **~garn** *n* fil *od* coton *m* à repriser; **~nadel** *f* aiguille *f* à repriser.
Stopp *m* ‹-s, -s› [ʃtɔp] *(Anhalten)* arrêt *m;* **s~** *interj (halt!)* halte! stop!
Stoppel *f* ‹-, -n› ['ʃtɔpəl] chaume *m,* éteule *f; (Bart)* poil *m* raide; **~bart** *m* barbe *f* de plusieurs *od* de huit jours; **~feld** *n* chaume *m;* **stopp(e)lig** *a* couvert de chaumes; *(Bart, Gesicht)* mal rasé.
stopp|en ['ʃtɔpən] *tr* **1.** *(anhalten)* stopper, arrêter; **2.** *(mit der Stoppuhr messen)* chronométrer; *itr* **3.** stopper, s'arrêter; **S~uhr** *f* chronomètre (marqueur), chronographe *m.*
Stöpsel *m* ‹-s, -› ['ʃtœpsəl] bouchon; *allg* tampon *m; el* fiche *f.*
Stör *m* ‹-(e)s, -e› [ʃtø:r] *zoo* esturgeon *m.*
Storch *m* ‹-(e)s, ⸚e› [ʃtɔrç, 'ʃtœrçə] cigogne *f;* **~(en)nest** *n* nid *m* de cigogne.
stör|en ['ʃtørən] *tr* **1.** troubler, déranger; *(belästigen)* gêner, incommoder, importuner; **2.** *mil* harceler; *radio* brouiller; — *störe ich (Sie)?* est-ce que je vous dérange? *lassen Sie sich nicht ~!* ne vous dérangez pas! **~end** *a* gênant; **S~enfried** *m* trouble-fête *m;* **S~geräusch** *n tech* trouble *m,* friture *f; radio* bruit *m* parasite *od* de fond.
storn|ieren [s-/ʃtɔr'ni:rən] ‹*ohne ge-*› *tr com* ristourner; **S~o** *m* u. *n* ‹-s, -ni› ['s-/'ʃtɔrno, -ni] ristourne *f.*
störrisch ['ʃtœrɪʃ] *a* rétif, revêche, rébarbatif; récalcitrant; obstiné, entêté, têtu, opiniâtre; intraitable, indocile.
Stör|sender *m* ['ʃtø:r-] émetteur de brouillage, (poste) brouilleur *m* (*od* perturbateur); **~ung** *f* ‹-, -en› **1.** dérangement *m,* perturbation *f; (Zustand)* trouble, désordre *m; (Belästigung)* gêne *f;* **2.** *(Betriebs-, Verkehrs~)* incident, arrêt *m* (de la circulation); *tech* avarie *f;* **3.** *radio* bruit parasite; *(absichtliche)* brouillage *m;* — *(infolge) technischer ~en pl* (en raison d')ennuis *m pl* mécaniques; *e-e ~ beheben* od *beseitigen* réparer un dérangement; *atmosphärische ~en* perturbations *f pl* atmosphériques; **~ungsdienst** *m;* **~ungsstelle** *f tele* service *m* des dérangements; **s~ungsfrei** *a radio* exempt de parasites.
Stoß *m* ‹-es, ⸚e› [ʃto:s, 'ʃtø:sə] **1.** poussée *f,* coup *m* (de pointe); *(Rippen~)* bourrade *f; (Anstoßen)* heurt *m;* **2.** *(Degen~)* estocade, botte *f;* **3.** *(Kugelstoßen)* lancement *m; (Schwimm~)* brasse *f;* **4.** *(erhaltener ~, Erschütterung)* choc *m,* secousse, saccade, percussion *f; (im Wagen)* cahot *m;* **5.** *fig* coup *m* d'arrêt; **6.** *phys psych* impulsion *f;* **7.** *(Stapel)* pile; *(Bündel)* liasse *f;* — *sich* od *s-m Herzen e-n ~ geben (fig)* faire un effort sur soi; **~band** *n (am*

Hosenrand) faux ourlet *m*, talonnette *f*; **~dämpfer** *m* amortisseur *m* (de chocs).

Stößel *m* ‹-s, -› ['ʃtøsəl] pilon *m*.

stoßen ['ʃto:sən] ‹*stößt, stieß, gestoßen*› *tr* ‹*h*› **1.** pousser; *(an~)* heurter, cogner, choquer; *sport (Kugel)* lancer; *(hinein~)* enfoncer; *(hinaus~)* expulser; **2.** *(zer~)* piler, broyer, concasser; *itr* **3.** heurter, cogner (*gegen etw* qc); donner un *od* des coup(s) de cornes *od* de pied (*an, gegen* contre); **4.** *(Raubvogel)* fondre (*auf* sur); **5.** *fig (begegnen, finden)* tomber (*auf etw* sur qc), rencontrer (*auf etw* qc); *(sich anschließen)* se joindre (*zu* à), se rallier (*zu* à); **6.** *(grenzen)* toucher, confiner, (*an* à), *(Grundstück)* être attenant *od* contigu (*an* à); *refl: sich* ~ **7.** se heurter (*an etw* à qc), se cogner (*an etw* contre *od* à qc), buter (*an etw* contre qc); **8.** se choquer, se scandaliser, s'offusquer, se formaliser de qc; — *auf den Grund* od *Kern e-r S* ~ *(fig)* toucher au fond de qc; *jdn in die Rippen* ~ donner une bourrade à qn; *auf Schwierigkeiten, Widerstand* ~ rencontrer des difficultés, une résistance.

Stoß|gebet *n* ['ʃtɔs-] oraison *f* jaculatoire; **~seufzer** *m* (profond) soupir *m*; **~stange** *f mot* (barre *f* du) pare-chocs *m*; **~trupp** *m mil* troupe *f* de choc; **~verkehr** *m* heures *f pl* de pointe; **s~weise** *adv* par à-coups, par secousses, par saccades; *(Rauch)* par bouffées; **~zahn** *m zoo* défense *f*; **~zeit** *f* heures *f pl* de pointe *od* d'affluence, période *f* de pointe.

stottern ['ʃtɔtərn] *itr* bégayer, bredouiller; *(stammeln)* balbutier; *mot fam* avoir des ratés.

stracks [ʃtraks] *adv (geradeaus)* tout droit; *(sofort)* sur-le-champ.

Straf|anstalt *f* ['ʃtra:f-] établissement *m* pénitentiaire, maison *f* centrale *od* de correction; **~antrag** *m* demande *f* en poursuite criminelle; *(des Staatsanwalts)* réquisitoire *m*; *e-n ~ stellen* porter plainte (pénale); **~anzeige** *f* plainte *f*; *~ erstatten* porter plainte (*gegen jdn* contre qn); **~arbeit** *f (Schule)* devoir supplémentaire, pensum *m*; **~aufschub** *m* sursis *m*; **s~bar** *a* punissable; *jur* passible d'une peine; *sich ~ machen* se rendre coupable; être passible d'une peine; *~e Handlung f* acte *m* delictueux; **~barkeit** *f* culpabilité; pénalité; criminalité *f*; **~e** *f* ‹-, -n› **1.** punition; *(Züchtigung)* correction *f*, châtiment *m*; *jur* peine *f*; **2.** *(Geld~)* amende, pénalité *f*; — *bei ~ (gen)* sous peine (de); *zur ~* pour pénitence; *für* en punition de; *e-e ~ beantragen* requérir une peine; *jdm die ~ erlassen* remettre la punition à qn; *jur* faire grâce de la peine *od* de l'amende à qn; *s-e ~ verbüßen* purger sa peine; *e-e ~ verhängen* infliger une peine; *die gerechte ~* le prêté rendu; **s~en** *tr* punir (*für etw* de qc); mettre en pénitence; *(züchtigen)* corriger, châtier; **~erlaß** *m* remise de peine, libération anticipée, amnistie *f*.

straff [ʃtraf] *a* **1.** raide, rigide; *(gespannt)* tendu; **2.** *fig* rigide, rigoureux; *(knapp)* étroit, strict, concentré; *(streng)* sévère, austère; — *~ anziehen* od *spannen* tendre fortement, bander, raidir.

straffällig ['ʃtra:f-] *a*: *~ werden* encourir une peine.

straff|en ['ʃtrafən] *tr* tendre, bander, raidir; **S~heit** *f* ‹-, ø› **1.** raideur, rigidité; tension *f*; **2.** *fig* rigueur; étroitesse; sévérité, austérité *f*.

straf|frei ['ʃtra:f-] *a* impuni; exempt de (toute) peine; **S~freiheit** *f* exemption de (toute) peine; amnistie *f*; **~gefangene** *m* détenu *m*; **~gericht** *n lit* jugement, châtiment *m*; tribunal *m* pénal; **~gesetz** *n* loi *f* pénale *od* criminelle *od* répressive; **~gesetzbuch** *n* code *m* pénal.

sträf|lich ['ʃtrɛ:flɪç] *a* punissable; *(unverzeihlich)* impardonnable, inexcusable; *~er Leichtsinn m* légèreté *f* coupable; **S~ling** *m* ‹-s, -e› prisonnier, détenu *m*; **S~lingskleidung** *f* tenue *f* de prison.

straf|los ['ʃtra:f-] *a*: *~ ausgehen* rester impuni; **S~maß** *n* peine *f*; **~mündig** *a* qui a (l'âge de) la responsabilité pénale; **S~porto** *n* surtaxe *f*; **S~predigt** *f* sermon *m*; *jdm e-e ~ halten* sermonner qn; **S~prozeß** *m* procès *m* pénal *od* criminel; **S~punkt** *m sport* (point *m* de) pénalité *f*; *pl a.* perte *f* de points; **S~raum** *m sport* surface de réparation, zone *f* de penalty; **S~recht** *n* droit *m od* législation *f* pénal(e) *od* criminel(le); **~rechtlich** *a* pénal, criminel; *~ verfolgen* poursuivre en juridiction pénale *od* criminelle; **S~register** *n* casier judiciaire, sommier *m*; *arg* grimoire *m*; **S~stoß** *m sport* penalty *m*; **S~tat** *f* acte délictueux, délit *m*; **~verschärfend** *a* aggravant; **S~versetzung** *f* déplacement *m* par mesure disciplinaire; **S~vollzug** *m* exécution *f* pénale; **S~zettel** *m* contravention *f*.

Strahl *m* ‹-(e)s, -en› [ʃtra:l] **1.** rayon *a. math*; rai(s); trait *m* (de lumière); **2.** *(Wasser~)* jet, *(dünner)* filet *m*; **3.** *tech* veine *f*; **4.** *(Rakete)* jet *m*; **5.** *radio* onde *f*.

strahlen ['ʃtra:lən] *itr* rayonner *a. fig*; *tech* émettre des rayons; *(sich strahlenförmig ausbreiten)* (s')irradier; *(glänzen)* resplendir, briller; *vor Freude, Glück ~* rayonner *od* être (tout) rayonnant de joie, de bonheur; **S~** *n* rayonnement *m*; **S~belastung** *f med* dose *f* de radiations infligée *od* subie; irradiation; **S~brechung** *f opt* réfraction *f*;

S~bündel *n* faisceau *m* (de rayons) lumineux; **~d** *a* rayonnant; *a fig* resplendissant; *fig* radieux (*vor* de); *f;* **S~schutz** *m* protection *f* contre les radiations *od* les rayonnements; **S~triebwerk** *n tech* réacteur *m.*

Strahler *m* ‹-s, -› ['ʃtra:lər] *allg* radiateur *m.*

Strahlung *f* ‹-, -en› ['ʃtra:luŋ] rayonnement *m; (einzelne)* radiation *f; kosmische ~* rayonnement *m* od rayons *m pl* cosmique(s); **~senergie** *f* énergie *f* rayonnée *od* de rayonnement; **~sintensität** *f* débit *m* d'irradiation; *(radioaktiver Strahlen)* intensité *f* de la radiation; **~swärme** *f* chaleur *f* rayonnante.

Strähn|e *f* ‹-, -n› ['ʃtrɛ:nə] *(Haar)* mèche, touffe *f;* **s~ig** *a (Haar)* en mèches, raide.

stramm [ʃtram] *a* **1.** *(straff, prall)* raide, (bien) tendu; **2.** *(kräftig)* solide, robuste, découplé; **3.** *fig (energisch, fest)* énergique; ferme, décidé (d'allure); — *~e Haltung f* attitude *f* militaire; **~=stehen** *itr* ‹*stand stramm, strammgestanden*› être *od* se mettre au garde-à-vous.

strampeln ['ʃtrampəln] *itr* remuer les jambes *od* les pieds; *fam* gigoter.

Strand *m* ‹-(e)s, ⸚e› [ʃtrant, 'ʃtrɛndə] plage *f,* rivage *m; (Küste)* côte *f; auf den ~ setzen* échouer; **~anzug** *m* ensemble *m od* tenue *f* de plage; **s~en** *itr* ‹*sein*› *a. fig* (s')échouer; faire naufrage, être jeté à la côte; **~gut** *n* épave(s *pl*) *f;* **~korb** *m* guérite *f* (de plage); **~läufer** *m orn* bécasse *f* de mer.

Strang *m* ‹-(e)s, ⸚e› [ʃtraŋ, 'ʃtrɛŋə] **1.** *(Seil)* corde *f;* **2.** *el tele* ligne *f; (Nerven~)* cordon *m* (nerveux); — *über die Stränge schlagen (fig)* faire des frasques; y aller trop fort, exagérer, dépasser les bornes; *zum Tode durch den ~ verurteilen* condamner à la (peine de mort par) pendaison; *am gleichen ~ ziehen (fig)* tirer sur la même corde; être attelé à la même tâche; *wenn alle Stränge reißen* au pis-aller.

strangulieren [ʃtraŋgu'li:rən] ‹*ohne ge-*› *tr (erdrosseln)* étrangler.

Strapaz|e *f* ‹-, -n› [ʃtra'pa:tsə] fatigue *f,* dur effort; *(Arbeit)* labeur, travail *m* éreintant; **s~ieren** [-pa'tsi:rən] ‹*ohne ge-*› *tr* **1.** *(sehr anstrengen)* fatiguer, harasser, éreinter; **2.** *(abnutzen)* user; **s~ierfähig** *a (Kleidung)* résistant à l'usure, solide; **s~iös** [-tsi'ø:s] *a* fatigant, harassant, éreintant, épuisant.

Straßburg *n* ['ʃtra:sburk] Strasbourg *m.*

Straße *f* ‹-, -n› ['ʃtra:sə] **1.** *(bebaute)* rue; *(Land~)* route; *f; arg* trimard *m; (Fahrdamm, -bahn)* chaussée *f;* **2.** *(Meerenge)* détroit *m;* **3.** *fig (Weg, Bahn)* chemin *m,* voie *f;* — *auf der ~* dans la rue; *auf offener ~* en pleine rue; *über die ~ (com: zum Mitnehmen)* à emporter; *auf die ~ gehen (a.fig)* descendre dans la rue; *pop (Dirne)* faire le trottoir; *auf der ~ liegen (fig: Mensch)* être sur le pavé; traîner dans le ruisseau; *auf die ~ setzen (entlassen)* mettre sur le pavé; *(Mieter)* mettre à *od* dans la rue; *~ gesperrt!* rue, route barrée.

Straßen|anzug *m* ['ʃtra:sən-] costume *m* de ville; **~arbeiter** *m* cantonnier *m;* **~bahn** *f* tram(way) *m;* **~bahner** *m fam* traminot *m;* **~bahnlinie** *f,* **~bahnnetz** *n,* ligne *f,* réseau *m* de tramways; **~bau** *m* construction *f* de(s) routes; **~beleuchtung** *f* éclairage *m* de la voie publique; **~decke** *f* revêtement *m* de la chaussée *od* route; **~dirne** *f* prostituée, putain, fille de joie, peripatéticienne; *fam* belle-de-nuit *f;* **~feger** *m* balayeur *m;* **~führung** *f* tracé *m* de la route; **~graben** *m* fossé *m* (de la route); **~händler** *m* marchand ambulant, camelot *m;* **~händlerin** *f* marchande *f* des quatre-saisons; **~junge** *m* gamin, polisson; *pop* voyou *m;* **~kampf** *m* combat *m* de rues; **~karte** *f* carte *f* routière; **~kehrer** *m* = *Straßenfeger;* **~kehrmaschine** *f* balayeuse *f;* **~kreuzer** *m mot fam* familiale *f;* **~kreuzung** *f* croisement *m* (de rues *od* de routes), intersection *f* de routes, carrefour *m,* patte-d'oie *f;* **~lage** *f mot* tenue *f* de route; *e-e gute ~ haben (mot)* tenir bien la route; **~laterne** *f* réverbère *m;* **~netz** *n* réseau *m* routier *od* de routes; **~reinigung** *f* nettoyage *m* des rues; **~sammlung** *f* collecte *od* quête *f* sur la voie publique; **~sänger** *m* chanteur *m* des rues; **~schild** *n* plaque *f* indicatrice *od* de rue; **~sperre** *f* barrage *m* de rue *od* routier; **~transport** *m* transport *m* routier *od* par route *od* par voiture; **~über-, ~unterführung** *f* passage *m* supérieur, inférieur; **~verkehrsordnung** *f* code *m* de la route; **~zustand(sbericht)** *m* (bulletin *m* de l')état des routes.

Strateg|e *m* ‹-n, -n› [ʃ-/stra'te:gə] stratège, stratégiste *m;* **~ie** *f* ‹-, -n› [-te'gi:] stratégie *f;* **s~isch** [-'te:gɪʃ] *a* stratégique.

sträuben, *sich* ['ʃtrɔʏbən] **1.** *(Haare, Federn)* se dresser, se hérisser; **2.** *fig (sich wehren, sich auflehnen)* regimber, se débattre (*gegen etw* contre qc); résister, se refuser (*gegen etw* à qc); *da hilft kein S~* toute résistance est inutile.

Strauch *m* ‹-(e)s, ⸚er› [ʃtraux, 'ʃtrɔʏçər] buisson, arbuste, arbrisseau *m.*

straucheln ['ʃtrauxəln] *itr* ‹*sein*› *a. fig* trébucher, broncher, faire un faux pas.

Strauchwerk *n* ['ʃtraux-] broussailles *f pl.*

Strauß (1) *m* ‹-es, ⸚e› [ʃtraus, 'ʃtrɔʏsə] *(Blumen~)* bouquet *m;* **(2)** *m* ‹-es, -e› [ʃtraus] *orn* autruche *f;* **~enei** *n,* **~enfeder** *f* œuf *m,* plume *f* d'autruche.

Streb|e *f* ‹-, -n› [ˈʃtre:bə] *(Stütze)* étai, étançon; *arch* étrésillon, contre-boutant *m; (Querholz)* entretoise *f;* **~ebogen** *m arch* arc-boutant *m;* **~emauer** *f* contrefort *m;* **s~en** *itr* chercher à *od* s'efforcer d'atteindre (*nach etw* qc); (pré)tendre (*nach etw* à qc); rechercher, viser (*nach etw* qc), aspirer (*nach etw* à qc); **~en** *n* tendance (*nach* à); aspiration (*nach* vers); poursuite, quête *f* (*nach* de); *~ nach Reichtum* poursuite *f* de la richesse; **~epfeiler** *m* contrefort, pilier *m* butant; **~er** *m* ‹-s, -› *pej* arriviste *m;* **~ertum** *n* ‹-s, ø› *pej* arrivisme *m;* **s~sam** *a* assidu; **~samkeit** *f* ‹-, ø› assiduité *f.*

Strecke *f* ‹-, -n› [ˈʃtrɛkə] **1.** *math* ligne *f* droite, segment *m;* **2.** *allg* espace; *(Abschnitt)* tronçon *m,* section, portion, partie *f;* **3.** *(Entfernung)* distance *f; (Stück Weg)* bout *m* de chemin; *(Etappe)* étape; *(nicht unterbrochene ~)* traite *f;* **4.** *(Reiseweg)* itinéraire *m;* route *f; (Fahr-, Flug~)* parcours, trajet, itinéraire *m,* ligne; *aero a.* route *f;* **5.** *loc* voie *f;* **6.** *tele* ligne *f;* **7.** *mines* galerie *f;* — *auf der ~ bleiben (fig)* rester en chemin, demeurer sur place; *zur ~ bringen* abattre, tuer; *fig* vaincre, venir à bout de.

strecken [ˈʃtrɛkən] *tr* **1.** étendre, étirer, allonger; **2.** *(Küche: verdünnen)* étendre, allonger; *(langsamer verbrauchen)* allonger; — *alle viere von sich ~* s'étendre les quatre fers en l'air.

Strecken|abschnitt *m* [ˈʃtrɛkən-] *loc* section *f od* tronçon *m* (de voie); **~arbeiter** *m loc* ouvrier de la ligne, homme *m* d'équipe; **~führung** *f (Straße)* tracé de la route; *loc* tracé *m* de la voie; **~wärter** *m loc* garde-voie, garde-ligne *m;* **s~weise** *adv* par-ci, par-là; par places.

Streck|muskel *m* [ˈʃtrɛk-] (muscle) extenseur *m;* **~ung** *f* ‹-, -en› extension *f, a. med;* étirage; allongement *m;* **~verband** *m med* appareil *m* à extension continue.

Streich *m* ‹-(e)s, -e› [ʃtraiç] **1.** *(Schlag)* coup *m;* **2.** *(Schabernack)* tour, mauvais coup *m;* — *mit einem ~* d'un seul coup; *jdm e-n üblen ~ spielen* faire une méchanceté *od* une chinoiserie *od* un vilain tour, jouer un tour de cochon à qn; *dummer ~* bêtise, sottise *f;* **s~eln** *tr* caresser, cajoler; **s~en** ‹*strich, gestrichen*› *tr* **1.** *(mit der Hand über etw fahren)* passer la main (*über* sur); *(zärtlich)* caresser (*über etw* qc); **2.** *(Saiteninstrument spielen)* jouer *(die Geige* du violon*); (Klinge schärfen)* repasser; **3.** *(auf etw ausbreiten)* étendre; enduire *(etw auf e-m Gegenstand* un objet de qc*); (Küche)* étaler *(aufs Brot* sur le pain*);* **4.** *(mit Farbe)* peindre; *(tünchen)* badigeonner; *(in etw hineintun)* passer (*Mörtel in e-e Fuge* du mortier dans un joint); **5.** *(aus-, durch~)* rayer, barrer, biffer, effacer, annuler; *typ* déléaturer; *(aus-, weglassen)* retrancher, élaguer, supprimer; *itr* ‹*sein*› **6.** *(berühren)* effleurer, frôler, friser, raser (*an etw* qc); **7.** *(umherstreifen)* passer, rôder, vaguer, vagabonder; *orn* tirer; — *frisch gestrichen!* prenez garde à la peinture, peinture fraîche; **~holz** *n* allumette *f;* **~holzschachtel** *f* boîte *f* d'allumettes; **~instrument** *n mus* instrument *m* à archet *od (Saiteninstrument)* cordes; **~käse** *m* crème *f* de fromage; **~orchester** *n,* **~quartett** *n* orchestre, quatuor *m* à cordes; **~ung** *f* ‹-, -en› *(Tilgung)* rayure; *(Liste)* radiation; suppression *f;* **~wurst** *f* pâté *m.*

Streif|band *n* [ˈʃtraif-] *(Banderole)* bandelette; *(Buch: mit Werbetext)* bande *f* (publicitaire); *unter ~* sous bande; **~e** *f (Straßen~)* patrouille *f;* **s~en** *tr* ‹*h*› **1.** *(gleitend berühren)* effleurer, frôler, friser, raser; *(Schluß)* érafler; **2.** *(Ring über den Finger)* passer (*über* à); *(vom Finger ~)* enlever, ôter; *(über den Kopf ~)* rabattre (sur la tête); **3.** *fig (Thema)* effleurer, côtoyer; *itr* ‹*sein*› **4.** *(umher~)* rôder, vaguer, vagabonder, errer; — *nur leicht ~ (Thema)* glisser (*etw* sur qc); **~en** *m* ‹-s, -› raie, bande, rayure; *(Papier-, Stoff~)* bande *f;* **~endienst** *m (Polizei)* service *m* de patrouille; **~enmuster** *n* dessin *m* à rayures; **~enwagen** *m* voiture *f* de police; **~licht** *n* échappée de lumière, lumière *f* frisante; **~schuß** *m* éraflure *f* (par balle); **~zug** *m mil* incursion *f,* raid *m; fig (Abschweifung, Exkurs)* excursion *f.*

Streik *m* ‹-(e)s, -s› [ʃtraik] grève *f; im ~ (befindlich)* en grève; *in den ~ treten* se mettre en grève; *wilder ~* grève *f* spontanée *od* sauvage *od* non contrôlée; **~brecher** *m* briseur de grève, antigréviste *m;* **s~en** *itr* faire grève; **s~end** *a* gréviste; **~ende** *m* gréviste *m;* **~posten** *m* piquet *m* de grève; **~recht** *n* droit *m* de grève.

Streit *m* ‹-(e)s, -e› [ʃtrait] querelle *f,* démêlé *m; (mit Tätlichkeiten)* rixe; *(Wort~)* dispute, discussion, altercation *f; (Meinungs~)* différend *m,* controverse *f; (Rechts~)* litige *m; (~igkeit, ~fall)* contestation *f; (Konflikt)* conflit; *(Kampf)* combat *m,* lutte *f; mit jdm ~ anfangen* od *suchen* chercher querelle *od* dispute *od* noise à qn; *mit jdm in ~ geraten* entrer en conflit avec qn; **s~bar** *a (kriegerisch)* belliqueux; *(angriffslustig)* agressif; **s~en** ‹*streitet, stritt, gestritten*› *itr* **1.** *(uneinig sein)* être en dispute (*mit jdm* avec qn); disputer (*über etw* de qc); *(vor Gericht)* plaider; **2.** *(kämpfen)* combattre, lutter; *refl* **3.** *sich* ~ se quereller; se disputer (*um etw* qc); **~er** *m* ‹-s, -› *(Kämpfer)* combattant, militant; *(Vorkämpfer)* champion *m;* **~fall** *m* différend *m;* contestation *f;* cas *m* litigieux *od* de litige; *im* ~ en cas de litige *od* de désaccord; **~frage** *f* question *f* litigieuse; différend *m;* **s~ig** *a = strittig; jdm etw ~ machen* contester *od* disputer qc à qn; **~kräfte** *f pl mil* forces *f pl* (armées); **s~lustig** *a* querelleur, batailleur; **~macht** *f* force *f;* **~schrift** *f* pamphlet, écrit *m* polémique; **s~süchtig** *a = streitlustig; (boshaft)* chicaneur, chicanier.

streng [ʃtrɛŋ] *a* **1.** sévère, rigoureux; *(sitten~; Sitte)* austère; *(hart)* dur; **2.** *(genau)* strict, exact; **3.** *(rauh)* rude; *(scharf)* âpre; **4.** *(Kälte)* vif, rigoureux; — ~ *befolgen* observer strictement; ~ *überwachen* surveiller étroitement; ~ *verboten!* strictement interdit! ~ *vertraulich* strictement confidentiel; **S~e** *f* ‹-, ø› **1.** sévérité, rigueur, rigidité *f;* **2.** austérité; dureté *f;* **3.** rudesse; âpreté *f;* **~genommen** *adv* à proprement parler.

Streu *f* ‹-, -en› [ʃtrɔʏ] litière *f* (de paille); **~büchse** *f,* **~dose** *f* saupoudreuse *f;* **~bereich** *m (Werbung)* zone *f* de diffusion; **s~en** *tr* répandre, disperser, disséminer, éparpiller; *Blumen auf etw ~* joncher qc de fleurs; *Futter ~* jeter à manger *(den Vögeln* aux oiseaux); *Salz, Zucker auf etw ~* saupoudrer qc de sel, de sucre; **~fahrzeug** *n* véhicule *m* de répandage.

streunen [ˈʃtrɔʏnən] *itr ‹sein› fam (sich herumtreiben)* vagabonder, vaguer, rôder.

Streu|sand *m* [ˈʃtrɔʏ-] sable *m* à étaler; **~ung** *f* ‹-, -en› dispersion; (densité de) diffusion; fuite *f; (Variationsbreite)* éventail *m.*

Strich *m* ‹-(e)s, -e› [ʃtrɪç] **1.** trait *m; (bes. Quer~; ~ an Buchstaben)* barre; *(Linie)* ligne; *(Streifen)* raie, rayure *f;* **2.** *(Verlauf, Richtung)* fil *m;* **3.** *(Pinsel~)* coup *m* de pinceau; **4.** *fam (dünner Mensch)* fantôme *m,* asperge *f;* — *gegen den ~* à contrepoil, à rebrousse-poil, à contre-fil; *a. fig* à *od* au rebours; *fig* à gauche; *nach ~ und Faden (fam)* complètement, dans les règles; *auf den ~ gehen (pop)* faire le trottoir; *e-n ~ ziehen* tirer une barre; *das geht mir gegen den ~ (fam)* cela me répugne, cela me contrarie; *~ drunter!* n'en parlons plus; **s~eln** *tr* hachurer; **~elung** *f* ‹-, -en› hachures *f pl;* **~junge** *m* prostitué *m* homosexuel; **~mädchen** *n = Straßendirne;* **~punkt** *m (Semikolon)* point-virgule *m;* **~vogel** *m* oiseau *m* de passage; **s~weise** *adv* par endroits.

Strick *m* ‹-(e)s, -e› [ʃtrɪk] corde *f; jdm e-n ~ aus etw drehen (fam)* chercher des ennuis à qn pour qc; *wenn alle ~e reißen* au pis-aller, en dernière instance; **s~en** *tr* tricoter; **~garn** *n* fil *m* à tricoter; **~jacke** *f* veste *f* en tricot, cardigan *m;* **~leiter** *f* échelle *f* de corde; **~maschine** *f* machine *f* à tricoter, tricoteuse *f;* **~nadel** *f* aiguille *f* à tricoter; **~waren** *f pl* tricotages, articles *m pl* tricotés; **~weste** *f* gilet *m* tricoté; **~zeug** *n* tricot(age) *m.*

Striegel *m* ‹-s, -› [ˈʃtri:gəl] étrille, brosse *f* à étriller; **s~n** *tr* étriller, panser.

Strieme *f* ‹-, -n›, **~n** *m* ‹-s, -› [ˈʃtri:mə(n)] vergeture, meurtrissure *f.*

strikt [s-/ʃtrɪkt] *a* strict; *(genau)* exact; *(pünktlich)* précis; *(streng)* rigoureux.

Strippe *f* ‹-, -n› [ˈʃtrɪpə] *fam (Schnur)* cordon *m;* ficelle *f.*

strittig [ˈʃtrɪtɪç] *a* contentieux, litigieux, en litige, contesté; *~er Punkt m* point *m* litigieux *od* d'accrochage.

Stroh *n* ‹-(e)s, ø› [ʃtro:] paille *f; (Dach~)* chaume *m; Bund n ~* balle *f* de paille; **s~blond** *a* blondasse; **~blume** *f* immortelle *f;* **~dach** *n* toit *m* de chaume; **~feuer** *n, a. fig* feu de paille; **~halm** *m* brin de paille, fétu *m; (zum Trinken)* paille *f; nach e-m ~ greifen, sich an e-n ~ klammern (fig)* saisir sa dernière planche de salut; **~hut** *m* chapeau *m* de paille; **~mann** *m* ‹-(e)s, ¨-er› *fig* homme de paille, prête-nom *m;* **~sack** *m (Matratze)* paillasse *f;* **~wisch** *m* bouchon *m* de paille; **~witwe(r** *m***)** *f* femme *f* dont le mari, mari *m* dont la femme est provisoirement absent(e) *od* en voyage.

Strolch *m* ‹-(e)s, -e› [ʃtrɔlç] mauvais sujet, apache *m.*

Strom *m* ‹-(e)s, ¨-e› [ʃtro:m, ˈʃtrø:mə] **1.** *geog (großer Fluß)* fleuve *m;* **2.** *(Strömung)* courant, flux; *a. fig* flot; *fig* torrent *m;* **3.** *el* courant (électrique), *fam* jus *m;* — *in Strömen* à (grands) flots; *mit dem ~* au fil de l'eau; *den ~ ab-, einschalten* couper, rétablir le courant; *gegen den, mit dem ~ schwimmen* nager contre le, avec le *od* dans le sens du courant; *unter ~ stehen (el)* être sous tension; *mit ~ versorgen* électrifier; *Ströme von Blut* mers *f pl* de sang; **~abnehmer** *m* appareil de prise de courant, chariot de prise (de courant), trolley, balai *m;* **s~ab(wärts)** *adv (Lage)* en aval; *(Richtung)* avec le courant, à vau-l'eau; **s~auf(wärts)** *adv (Lage)* en amont; *(Richtung)* à contre-courant; **~ausfall** *m* absence *f od* manque *m* de courant, panne *f* de courant *od* d'électricité.

strömen [ˈʃtrø:mən] *itr ‹sein›* couler *od* se répandre à (grands) flots; *(Regen)* tomber à verse *od* à seaux; *(Menschen)* affluer (*nach* à); *in strömendem Regen* sous une pluie torrentielle *od* battante.

Stromer *m* ‹-s, -› ['ʃtro:mər] *fam (Landstreicher)* chemineau, vagabond, clochard *m*.

Strom|erzeugung *f* ['ʃtro:m-] génération électrique; production *f* de courant; **~gebiet** *n* bassin *m* d'un *od* du fleuve; **~kreis** *m* circuit *m* (électrique); **s~linienförmig** *a* aérodynamique, profilé, caréne; *mot* effilé, fuselé; **~netz** *n el* réseau *m* électrique; **~quelle** *f el* source *f* génératrice *od* d'électricité *od* de courant; **~rechnung** *f* note *f* d'électricité; **~schnelle** *f* rapide *m*; **~sperre** *f* suppression d'électricité, coupure *f* de *od* du courant; **~stärke** *f* intensité *f* du courant; **~stoß** *m* décharge *f* électrique, coup *m* de courant.

Strömung *f* ‹-, -en› ['ʃtrø:muŋ] **1.** *(im Wasser)* courant; *(Luftstrom)* courant *m* (atmosphérique); **2.** *fig (Tendenz)* courant *m*.

Strom|verbrauch *m* ['ʃtro:m-] consommation *od* dépense *f* de courant; **~versorgung** *f* alimentation *f* *od* approvisionnement *m* en énergie électrique *od* en courant; **~zähler** *m* compteur *m* électrique.

Strophe *f* ‹-, -n› ['ʃtro:fə] strophe, stance *f*.

strotzen ['ʃtrɔtsən] *itr* regorger, être débordant, foisonner, abonder (*von* de); *vor* od *von Gesundheit, Kraft ~* regorger *od* éclater de santé, de force; **~d** *a* regorgeant, débordant (*von* de).

Strudel *m* ‹-s, -› ['ʃtru:dəl] **1.** remous; *a. fig* tourbillon *m*; **2.** *(Gebäck)* chausson *m*.

Struktur *f* ‹-, -en› [ʃ-/strʊk'tu:r] structure, texture *f*; **~alismus** *m* ‹-, ø› structuralisme *m*; **s~ell** [-tu'rɛl] *a* structural; structurel; **s~ieren** [-'ri:rən] ‹*ohne ge-*› *tr* structurer.

Strumpf *m* ‹-(e)s, ⸚e› [ʃtrʊmpf, 'ʃtrʏmpfə] bas; *nahtloser ~* bas *m* sans couture; **~band** *n* ‹-(e)s, ⸚er› jarretière *f*; **~fabrikant** *m* bonnetier *m*; **~halter** *m* jarretelle *f*; **~hose** *f* collant(s *pl*) *m*; **~waren** *f pl* bonneterie *f*.

Stube *f* ‹-, -n› ['ʃtu:bə] *(heizbares Zimmer)* salle; *(Wohnzimmer)* salle de séjour; *mil (Mannschaftsraum)* chambrée *f*; *gute ~* salon *m*; **~nälteste** *m mil* chef *m* de chambr(é)e; **~narrest** *m* consigne *f* (à la chambre); **~nfliege** *f* mouche *f* commune; **~ngelehrte** *m* homme *m* de cabinet; **~nhocker** *m* pantouflard casanier *m*; **s~nrein** *a (Haustier)* propre.

Stuck *m* ‹-(e)s, ø› [ʃtʊk] *arch* stuc *m*.

Stück *n* ‹-(e)s, -e› [ʃtʏk] **1.** *(Einheit)* pièce *f, a. theat; mus* morceau *m*; **2.** *(Bestand-, Einzel~)* élément; *(Teil)* morceau; lopin *m*; partie *f*; *(Bruch~)* fragment; *(kleines ~)* bout; *(Buchstelle)* passage *m*; **3.** *(Vieh)* tête *f*; **4.** *(Gesichtspunkt)* point *m*; *— aus einem ~* tout d'une pièce *od* d'un bloc, d'une seule pièce, d'un seul bloc; *aus freien ~en* de plein *od* de (son) bon *od* de son propre gré, de sa propre initiative; *in ~e(n)* en morceaux; *... in (tausend) ~e gehen* se briser (en mille morceaux); *auf jdn große ~e halten* faire grand cas de qn; *das ist ein starkes ~!* c'est trop *od* un peu fort; *2 Franc das ~* deux francs la pièce *od fam* chaque; *das beste ~* le morceau de choix; *ein schönes ~ Geld* une jolie somme; *~ Land* parcelle *f* de terrain, lopin *m* de terre; *~ Schokolade, Zucker, Seife* morceau *m* de chocolat, de sucre, de savon; **~arbeit** *f* travail *m* aux pièces *od* à la tâche; **~gut** *n* colis *m* (isolé); **~lohn** *m*: *im ~ arbeiten* travailler à la pièce; **~preis** *m com* prix *m* unitaire; **~werk** *n* ouvrage *m* imparfait *od* incomplet; **~zahl** *f* nombre *m* des pièces.

Student|(in *f***)** *m* ‹-en, -en› [ʃtu'dɛnt] étudiant, e *m f*; *~ der Medizin* étudiant en médecine; **~enfutter** *n* quatre-mendiants *m pl*; **~enheim** *n* maison *f* *od* foyer *m* d'étudiants; cité *f* universitaire; **~enschaft** *f* (confédération *f* des) étudiants *m pl*; **~enwohnheim** *n* = *Studentenheim*; **s~isch** *a* estudiantin; d'étudiant(s), des étudiants.

Studie *f* ‹-, -n› ['ʃtu:diə] *(Kunst)* étude *f*; *pl (Untersuchungen)* études *f pl*; *~n treiben* faire des études; **~nassessor** *m* professeur *m* stagiaire; **~nausgabe** *f (Buch)* volume *m* cartonné sous jaquette; **~ndirektor** *m (e-s staatl. Gymnasiums)* proviseur; *(e-s städt. Gymnasiums)* principal *m*; **s~nhalber** *adv* pour faire des études; **~nrat** *m* professeur *m* (de lycée); **~nreferendar** *m* professeur *m* assistant; **~nreise** *f* voyage *m* d'études.

studier|en [ʃtu'di:rən] ‹*ohne ge-*› *tr* **1.** étudier; faire ses études de; **2.** *allg* étudier, observer; *itr* **3.** étudier, faire des études; *— Jura, Medizin ~* faire son droit, sa médecine; **S~ende** *m f* étudiant(e *f*) *m*; **~t** *a (gelehrt)* savant, lettré.

Studi|o *n* ‹-s, -s› ['ʃtu:dio] **1.** *(Künstleratelier)* atelier *m* d'artiste; **2.** *(Allzweckzimmer; film, TV)* studio *m*; **3.** *radio* auditorium *m*; **~um** *n* ‹-s, -dien› ['ʃtu:dium, -diən] études *f pl* (universitaires).

Stufe *f* ‹-, -n› ['ʃtu:fə] **1.** *(Treppen~)* marche *f*; **2.** *a. fig (Grad)* degré *m*; *fig* échelon; *(Rang~)* grade, rang; *(Ebene fig)* niveau; *geog, tech (a. Raketen~)* étage *m*; *— auf gleicher ~ (sozial)* au même niveau *od* rang; sur un pied d'égalité; de pair (*mit* de); **s~n** *tr* graduer, échelonner; **s~nförmig** *a (in ~n angelegt)* étagé, en gradins; *(Kurve)* en escalier; ~ *ansteigen* s'étager; **~nleiter** *f: soziale od gesellschaftliche ~ (fig)* échelle *f* sociale; **s~nweise** *adv* graduellement, par degrés, par gradation; par échelons.

Stuhl *m* ⟨-(e)s, ¨-e⟩ [ʃtu:l, 'ʃty:lə] **1.** chaise *f; (Sitz)* siège *m;* **2.** *(~gang)* selle *f;* — *jdm e-n ~ anbieten* donner un siège à qn; *sich zwischen zwei Stühle setzen (fig)* s'asseoir *od* se mettre entre deux chaises; *elektrischer ~* chaise *f* électrique; **~bein** *n* pied *m* de chaise; **~gang** *m* selles *f pl,* défécation *f;* **~lehne** *f* dos(sier) *m* de chaise.

Stukkateur *m* ⟨-s, -e⟩ [ʃtuka'tø:r] ornemaniste *m.*

Stulle *f* ⟨-, -n⟩ ['ʃtulə] *dial (Schnitte)* tartine *f.*

Stulpe *f* ⟨-, -n⟩ ['ʃtulpə] revers, parement, retroussis *m.*

stülpen ['ʃtʏlpən] *tr* mettre, planter; *(Hut auf den Kopf)* enfoncer (*auf* sur).

stumm [ʃtum] *a* **1.** muet; *(still)* silencieux; **2.** *gram (nicht gesprochen)* muet.

Stummel *m* ⟨-s, -⟩ ['ʃtuməl] *allg* tronçon, chicot; *(e-s Körpergliedes)* moignon; *(Kerze)* lumignon; *(Zigarre)* bout, fumeron; *(Zigarette)* bout, *fam* mégot *m.*

Stummfilm *m* ['ʃtum-] film *m* muet.

Stümper *m* ⟨-s, -⟩ ['ʃtʏmpər] bousilleur, fagoteur, gâcheur *m;* **~ei** *f* ⟨-, -en⟩ [-'raı] bousillage, fagotage, ouvrage *m* gâché; **s~haft** *a (ungeschickt)* maladroit; *(mißlungen)* bousillé, gâché; **s~n** *tr u. itr fam* bousiller, gâcher; *(pfuschen)* bâcler, massacrer.

stumpf [ʃtumpf] *a* **1.** *(nicht (mehr) scharf)* émoussé, *(nicht (mehr) spitz)* sans pointe; *(abgenutzt)* usé; **2.** *math (Winkel)* obtus; *(Kegel)* tronqué; **3.** *(glanzlos, matt)* mat, terni, sans éclat; *(Blick)* morne; **4.** *fig (unempfindlich)* insensible; *(teilnahmslos)* léthargique, apathique; *(gleichgültig)* indifférent; — ~ *werden* s'émousser, s'épointer; s'user; s'abrutir; **S~** *m* ⟨-(e)s, ¨-e⟩ ['ʃtʏmpfə] tronçon *m; (Baum~)* souche *f; (Baum-, Zahn~)* chicot; *(e-s Körpergliedes)* moignon; *(Kerze)* bout *m; mit ~ und Stiel ausrotten* couper à la racine; **S~heit** *f* ⟨-, ø⟩ *(Unempfindlichkeit)* insensibilité; *(Abgestumpftheit)* hébétude *f,* abrutissement *m; (Teilnahmslosigkeit)* léthargie, apathie; indifférence *f;* **S~sinn** *m* hébétude *f,* abrutissement *m;* stupidité *f;* **~sinnig** *a* hébété, abruti; obtus, stupide; **~wink(e)lig** *a math* obtusangle.

Stunde *f* ⟨-, -n⟩ ['ʃtundə] **1.** heure *f;* **2.** *(Unterrichts~)* leçon, (heure de) classe *f,* cours *m;* **3.** *(Weg~)* heure de chemin, lieue *f;* — *zu später ~* à une heure avancée; *zur ~* à l'heure actuelle, à l'heure qu'il est; *~n geben* donner des leçons; *~n nehmen* prendre des leçons (*bei jdm* avec qn); *meine ~ hat geschlagen* mon heure a sonné *od* est venue; *e-e geschlagene ~* une heure d'horloge; *e-e gute ~* une grande heure; *e-e halbe ~* une demi-heure; *e-e knappe, volle ~* une petite, grande heure;

stunden ['ʃtundən] *tr: jdm e-e Zahlung ~* accorder un délai de paiement à qn.

Stunden|geschwindigkeit *f* ['ʃtundən-] vitesse *f* horaire; **~kilometer** *m* kilomètre-heure *m;* **s~lang I.** *a* qui dure des heures; **II.** *adv* des heures durant *od* entières, durant des heures; **~lohn** *m* salaire *od* gain *m* horaire; **~plan** *m* emploi du temps, horaire *m;* **~schlag** *m; mit dem ~* à l'heure sonnante; **s~weise** *adv* à l'heure, par heure; **~zeiger** *m* aiguille des heures, petite aiguille *f.*

Stünd|lein *n* ['ʃtʏnt-] : *sein letztes ~ hatte geschlagen* sa dernière heure était venue; **s~lich** *a* par heure; *adv* toutes les heures.

Stunk *m* ⟨-s, ø⟩ [ʃtuŋk] *fam (Krach, Zank)* grabuge *m; ~ machen* faire du grabuge *od* un esclandre.

stupid(e) [ʃ-/stu'pi:t, -də] *a* stupide.

Stups *m* ⟨-es, -e⟩ [ʃtups] *fam (Stoß)* rampon(neau) *m;* **s~en** *tr fam* pousser, cogner, heurter; **~nase** *f* nez *m* retroussé.

stur [ʃtu:r] *a fam (dickköpfig)* têtu, entêté; *(stumpfsinnig)* abruti; **S~heit** *f* ⟨-, ø⟩ entêtement; abrutissement *m,* stupidité *f.*

Sturm *m* ⟨-(e)s, ¨-e⟩ [ʃturm, 'ʃtʏrmə] **1.** *mete u. fig* tempête, tourmente *f; (Gewitter, a. fig)* orage, ouragan *m;* **2.** *mil* assaut *m;* **3.** *fig (Toben)* tumulte, déchaînement *m,* explosion *f;* **4.** *sport* attaque *f;* — *gegen etw ~ laufen* donner l'assaut à qc; *warten, bis der ~ vorüber ist (fig)* laisser passer l'orage; *schwerer ~* tempête *f* violente; *~ der Entrüstung* explosion *f* d'indignation; **~angriff** *m* assaut *m,* charge *f.*

stürm|en ['ʃtʏrmən] *itr* **1.** ⟨*h*⟩ *mete* souffler avec violence, faire rage, être déchaîné; *impers: es stürmt* il fait de la tempête; **2.** ⟨*sein*⟩ *fig (Mensch)* s'élancer *od* se précipiter *od* fondre impétueusement *od* fougueusement (*auf* sur); *tr* ⟨*h*⟩ **3.** *mil (angreifen)* assaillir, charger, donner l'assaut à; **4.** *(im Sturm nehmen)* prendre d'assaut; **S~er** *m* ⟨-s, -⟩ *sport* avant *m.*

Sturm|flut *f* ['ʃturm-] marée *f* de tempête, raz *m* de marée; **s~gepeitscht** *a* battu par la tempête.

stürmisch ['ʃtʏrmıʃ] *a* **1.** *mete* u. *fig* tempétueux, orageux; *(See)* démonté, agité, houleux; **2.** *fig* tumultueux, turbulent; impétueux, fougueux; *(heftig)* violent; — *~er Beifall m* applaudissements *m pl* frénétiques; *nicht so ~! (fam)* doucement!

Sturm|schäden *m pl* ['ʃturm-] dégâts *m pl* causés par la tempête; **~vogel** *m* pétrel *m;* **~warnung** *f* avis *od* avertissement *m* de tempête.

Sturz *m* ‹-es, ¨-e› [ʃturts, 'ʃtʏrtsə] **1.** chute *a. fig;* culbute; *fig* dégringolade *f;* **2.** *(Zs.bruch)* écroulement; *(bes. Regierungs~)* effondrement, renversement *m; (Untergang)* ruine *f.*

stürzen ['ʃtʏrtsən] **1.** *itr* ‹*sein*› tomber (lourdement *od* brusquement), faire une chute, s'abattre; *(umgestoßen werden)* être renversé; *(ein~, zs.~)* s'effondrer, s'écrouler; **2.** *tr* jeter (à) bas *od* par terre, mettre à bas, faire tomber; *(umstoßen, umkippen)* renverser, culbuter; *(herab~)* précipiter (*von* de); — *sich in etw ~* se précipiter, *fig* donner tête baissée *od* tête basse dans qc; *sich auf jdn, etw ~* se jeter *od* se précipiter *od* foncer *od* fondre sur qn, qc; *zu Boden ~ (itr)* tomber par terre; *nicht ~!* ne pas renverser *od* culbuter.

Sturz|flug *m* ['ʃturts-] vol *m od* descente *f* en piqué, (vol) piqué *m;* **~helm** *m* casque *m* protecteur *od* de protection *od* de motocycliste; **~see** *f,* **~welle** *f* paquet *m* de mer.

Stute *f* ‹-, -n› ['ʃtu:tə] jument, *poet* cavale *f.*

Stütz|e *f* ‹-, -n› ['ʃtʏtsə] *a* **1.** *fig* appui, soutien, support; *(Baum)* tuteur; *tech* étai, étançon *m;* **2.** *(~ der Hausfrau)* aide *f* (ménagère); — *jdm e-e ~ sein (fig)* être l'appui de qn, servir d'appui à qn; **s~en** *tr* appuyer, soutenir, supporter; *(Baum)* tuteurer; *tech* étayer, étançonner; *sich ~ auf* s'appuyer sur; *fig a.* se baser sur.

stutz|en ['ʃtutsən] **1.** *tr (kürzen, (be)schneiden)* raccourcir, écourter, couper; *(Hecke, Alleebaum)* tailler, tondre, ébarber; *(Haare, Bart)* rafraîchir; *(Ohren, Schwanz, Flügel)* rogner; **2.** *itr (überrascht e-e Bewegung* od *Tätigkeit unterbrechen)* être surpris, s'arrêter court, reculer de surprise; *(zögern)* hésiter; **S~en** *m* ‹-s, -› **1.** *(kurzes Gewehr)* carabine *f,* mousqueton *m;* **2.** *(Wadenstrumpf)* chaussette *f* tyrolienne; **3.** *tech (Ansatzrohr)* raccord *m* (de tuyauterie), tubulure *f,* embout *m;* **~ig** *a: ~ machen* surprendre; donner à réfléchir à; *(argwöhnisch machen)* porter ombrage à; *~ werden* être surpris, prendre ombrage.

Stützpunkt *m* ['ʃtʏts-] *mil* point *m* d'appui, base *f.*

Subjekt *n* ‹-(e)s, -e› [zup'jɛkt] **1.** *gram philos* sujet *m;* **2.** *(Mensch)* individu *m;* — *übles ~* mauvais sujet, sale individu *m;* **s~iv** *a* subjectif; **~ivität** *f* ‹-, ø› [-tivi'tɛ:t] subjectivité *f.*

Subskri|bent *m* ‹-en, -en› [zupskri'bɛnt] *(Vorausbesteller e-s Buches)* souscripteur *m;* **s~bieren** [-'bi:rən] ‹*ohne ge-*› *itr* souscrire (*auf etw* à qc); **~ption** *f* ‹-, -en› [-ptsi'o:n] souscription *f;* **~ptionspreis** *m* liste *f,* prix *m* de souscription.

substan|tiell [zupstantsi'ɛl] *a* substantiel; **S~tiv** *n* ‹-s, -e› [-'ti:f] ['---/--'-] *gram* nom *m;* **S~z** *f* ‹-, -en› [-'stants] *philos allg* substance; *(Materie)* matière *f.*

subtil [zup'ti:l] *a* subtil; **S~ität** *f* ‹-, -en› [-tili'tɛ:t] subtilité *f.*

subtra|hieren [zuptra'hi:rən] ‹*ohne ge-*› *tr (abziehen)* soustraire, faire la soustraction de; **S~ktion** *f* ‹-, -en› [-traktsi'o:n] soustraction *f.*

subtropisch ['zup-, -'--] *a geog* subtropical.

Subvention *f* ‹-, -en› [zupvɛntsi'o:n] *adm* subvention *f;* **s~ieren** [-tsio'ni:rən] *tr* subventionner.

Such|aktion *f* ['zu:x-] recherches *f pl;* **~dienst** *m* service *m* de recherches *od* d'investigation; **~e** *f* ‹-, (-n)› recherche, quête *f; auf der ~ nach* à la recherche de, en quête de; *auf die ~ gehen* se mettre à la recherche *od* en quête (*nach* de); **s~en** *tr* **1.** chercher; *(forschen nach, begehren)* rechercher; *(verlangen, fragen nach)* rechercher, demander (*nach jdm* qn); **2.** *(ver~)* essayer, tâter (*etw zu tun* de faire qc); **3.** *(Minen)* détecter; — *bei jdm Rat ~* demander conseil à qn; *Streit mit jdm ~* chercher querelle à qn; *für sofort gesucht ... (Stellenanzeige)* on demande tout de suite ...; **~er** *m* ‹-s, -› **1.** *(Mensch)* chercheur *m;* **2.** *phot* viseur *m;* **~gerät** *n* détecteur *m.*

Sucht *f* ‹-, ¨-e› [zuxt, 'zʏçtə] **1.** manie, rage, passion *f;* **2.** *(Rauschgift* accoutumance *f.*

süchtig ['zʏçtıç] *a (rauschgift~)* toxicomane; *(Alkohol, Tabak)* esclave (de); **S~e** *m f* toxicomane *m;* **S~keit** *f* ‹-, ø› toxicomanie *f.*

Süd *m* ‹-s, ø› [zy:t] sud, midi *m;* **~afrika** *n* l'Afrique *f* du Sud; **~amerika** *n* l'Amérique *f* du Sud; **s~amerikanisch** *a* sud-américain, de l'Amérique du Sud.

Sudan, *der* [zu'da:n/'zu:dan] le Soudan.

Süd|asien *n* ['zy:t'?] l'Asie *f* du Sud; **s~deutsch** *a* de l'Allemagne du Sud; **~deutsche** *m f* Allemand(e *f*) *m* du Sud; **~deutschland** *n* l'Allemagne *f* du Sud.

Sudel|ei *f* ‹-, -en› [zu:də'laı] *fam (Schmiererei)* barbouillage, gribouillage; *(Pfuscherei)* bousillage *m;* **s~n** *tr* u. *itr fam (schmieren)* barbouiller, gribouiller; *(pfuschen)* bousiller, bâcler, gâcher.

Süd|en *m* ‹-s, ø› ['zy:dən] sud, midi *m; im* ~ au sud; *nach dem* ~ vers le sud; **~frankreich** *n* la France méridionale, le midi de la France, le Midi; **~franzose** *m,* **~französin** *f* Méridional, e *m f; pl a.* gens *m pl* du Midi; **s~französisch** *a* méridional, du midi de la France; **~früchte** *f pl* fruits *m pl* du midi; **~halbkugel** *f* hémisphère *m* austral; **~hang** *m* versant *m* méridional; **s~lich** [-tlıç] **I.** *a* méridional, austral; du sud, du midi; **II.** *prp* au sud (*gen* de); *in ~er Richtung* vers le midi *od* le sud; **~ostasien** *n* l'Asie *f* du-Sud-Est; **~ost(en)** *m* sud-est *m;* **s~östlich I.** *a* sud-est; **II.** *prp* au sud-est (*gen* de); **~pol** *m* pôle *m* sud *od* austral *od* antarctique; **~polarmeer,** *das* l'océan *m* Antarctique; **~see,** *die* l'océan Pacifique, le Pacifique *m;* **~staaten,** *die m pl (der USA)* les États *m pl* du sud; **~staatler** *m (USA)* sudiste *m;* **~tirol** *n* le Tyrol du Sud; **s~wärts** *adv* vers le sud; **~west(en)** *m* sud-ouest *m;* **s~westlich I.** *a* sud-ouest; **II.** *prp* au sud-ouest (*gen* de) **~wind** *m* vent *m* du sud *od* du midi.

Suff *m* ‹-(e)s, ø› [zuf] *pop* ivrognerie *f; sich dem ~ ergeben* s'adonner à la boisson.

süffig ['zʏfıç] *a fam (Wein: gut trinkbar)* moelleux, gouleyant.

sugge|rieren [zuge'ri:rən] ‹*ohne ge-*› *tr* suggérer; **S~stion** *f* ‹-, -en› [-gɛsti'o:n] suggestion *f;* **~stiv** [-'ti:f] *a* suggestif; **S~stivfrage** *f* question *f* orientée.

Suhle *f* ‹-, -n› ['zu:lə] *(Schlammloch)* bauge *f;* **s~n,** *sich* se vautrer.

Sühne *f* ‹-, -n› [zy:nə] *rel* expiation; *allg* réparation; *jur* conciliation *f.*

sukzessiv [zuktsɛ'si:f, -və] *a (allmählich)* successif.

Sulf|at *n* ‹-(e)s, -e› [zul'fa:t] *chem* sulfate *m;* **~id** *n* ‹-(e)s, -e› [-'fi:t/-'fıt, -idə] sulfure *m;* **~it** *n* ‹-s, -e› [-'fi:t/-'fıt] sulfite *m.*

Sultan *m* ‹-s, -e› ['zulta:n] sultan *m;* **~inen** *f pl* [-ta'ni:nən] *(Rosinen)* raisins *m pl* de Smyrne.

Sülze *f* ‹-, -n› ['zʏltsə] fromage *m* de tête.

summ|arisch [zu'ma:rıʃ] *a* sommaire; **S~e** *f* ‹-, -n› ['zumə] somme *f,* total; *fig a.* ensemble *m; e-e runde ~* un compte rond.

summ|en ['zumən] **1.** *itr (Insekt)* bourdonner; **2.** *tr (ein Lied)* fredonner; **S~er** *m* ‹-s, -› *tech* vibrateur *m.*

summier|en [zu'mi:rən] ‹*ohne ge-*› *tr* faire la somme *od* l'addition *od* le total de, additionner, totaliser; *sich ~* s'additionner, s'accumuler; **S~ung** *f* ‹-, ø› addition, accumulation, totalisation *f.*

Sumpf *m* ‹-(e)s, ⸚e› [zumpf, 'zʏmpfə] **1.** marais, marécage, bourbier *m;* **2.** *fig* bas-fonds *m pl;* **~fieber** *n* fièvre *f* paludéenne *od* des marais, paludisme *m;* **~gas** *n* gaz des marais; méthane *m;* **s~ig** *a* marécageux, bourbeux.

Sünd|e *f* ‹-, -n› ['zʏndə] péché *m; e-e ~ begehen* commettre un péché, tomber dans le péché; **~enbock** *m rel u. fig* bouc émissaire; *fig a.* souffre-douleur *m; jdn zum ~ machen* mettre tout sur le dos de qn; **~enfall** *m* chute *f;* **~engeld** *n* argent *m* fou; **~er(in *f*)** *m* ‹-s, -› pécheur *m,* pécheresse *f;* **s~ig** *a* pécheur; **s~igen** *itr* pécher, commettre un péché *od* une faute; *fam (übertreibend)* commettre son péché mignon.

Super|benzin *n* ['zu:pər-] supercarburant; *fam* super *m;* **~intendent** *m rel* surintendant; *(in Frankr.)* inspecteur *m* ecclésiastique; **~lativ** *m* ‹-s, -e› ['zu:-/zupɛrla'ti:f] *gram* superlatif *m;* **~markt** *m* supermarché *m.*

Suppe *f* ‹-, -n› ['zupə] *(als einfache Hauptmahlzeit, Eintopf)* soupe *f; (feinere als Vorgericht)* potage *m; die ~ auslöffeln (fig fam)* payer les pots cassés; *ein Haar in der ~ finden (fig)* trouver qc à redire; *du hast dir die ~ selbst eingebrockt (fig: du bist selbst schuld)* c'est ta (propre) faute; *klare ~* bouillon *m; legierte ~* (potage *m* à la) crème *f;* **~nfleisch** *n* (bœuf pour le) pot-au-feu; *(zubereitet)* pot-au-feu, bœuf *m* bouilli; **~ngrün** *n* ‹-s, *n* herbes *f pl* potagères; **~nhuhn** *n* poule *f* à bouillir; **~nkelle** *f* louche (à potage), cuiller *od* cuillère *f* à pot *od* à puiser; **~nschüssel** *f,* **~nterrine** *f* soupière *f;* **~nteller** *m* assiette *f* creuse *od* à soupe; **~nwürfel** *m* cube *m* à potage.

Surrealis|mus *m* [zʏr-, zurea'lısmus] surréalisme *m;* **s~isch** *a* surréaliste.

surren ['zurən] *itr allg* ronfler; *mot* vrombir.

Surrogat *n* ‹-(e)s, -e› [zuro'ga:t] *(Ersatz)* produit de remplacement, succédané *m.*

suspendieren [zuspɛn'di:rən] ‹*ohne ge-*› *tr (des Amtes entheben)* suspendre (de ses fonctions).

süß [zy:s] *a* **1.** *(von Natur)* doux; *(mit Zucker zubereitet* od *bestreut)* sucré; **2.** *fig (lieblich, angenehm)* doux, suave, agréable, flatteur; *(niedlich, reizend)* joli, mignon, charmant, *fam* jojo; *pej* doucereux; *— träume ~!* fais de beaux rêves; **~en** *tr* sucrer; mettre du sucre dans; *chem pharm* dulcifier; *pharm* édulcorer; **S~holz** *n* réglisse *f; ~ raspeln (fig)* conter fleurette; **S~igkeit** *f meist pl (Schleckereien)* douceurs, sucreries, friandises *f pl;* **S~kirsche** *f* **1.** *(Frucht)* guigne *f;* **2.** *(Baum)* guignier *m;* **~lich** *a* doucereux *a. fig; fig* douceâtre, mielleux; **S~most** *m* cidre *m* doux; **~-sauer** *a* aigre-doux; **S~speise** *f* entremets (sucré); *(Nachtisch)* dessert *m;* **S~stoff** *m* saccharine *f;* **S~waren** *f pl,* **S~warengeschäft** *n,* **S~waren-**

handlung *f* confiserie *f;* **S~wasser** *n* ⟨-s, -⟩ eau *f* douce; **S~wein** *m* vin *m* doux *od* de liqueur.
Symbol *n* ⟨-s, -e⟩ [zʏm'bo:l] symbole *m;* **s~isch** [-'bo:lɪʃ] *a* symbolique; **s~isieren** [-boli'zi:rən] ⟨*ohne ge-*⟩ *tr* symboliser.
Symmetr|ie *f* ⟨-, -n⟩ [zʏme'tri:(ən)] symétrie *f;* **~ieachse** *f* axe *m* de symétrie; **s~isch** [-'me:trɪʃ] *a* symétrique.
Sympath|ie *f* ⟨-, -n⟩ [zʏmpa'ti:] sympathie *f;* **~iekundgebung** *f pol* témoignage *m* de sympathie; **~isant** *m pol* sympathisant *m;* **s~isch** [-'pa:tɪʃ] *a, a. anat* sympathique; **s~isieren** [-pati'zi:rən] ⟨*ohne ge-*⟩ *itr* sympathiser.
Symphonie *f* ⟨-, -n⟩ [zʏmfo'ni:] *etc* = *Sinfonie etc.*
Symptom *n* ⟨-s, -e⟩ [zʏmp'to:m] *a. med* symptôme; *allg a.* signe *m;* **s~atisch** [-to'ma:tɪʃ] *a* symptomatique.
Synagoge *f* ⟨-, -n⟩ [zyna'go:gə] *rel arch* synagogue *f.*
synchron [zʏn'kro:n] *a (gleichzeitig)* synchronique; *(gleichlaufend)* synchrone; **S~isation** *f* ⟨-, -en⟩ [-kronizatsi'o:n], **S~isierung** *f* synchronisation *f; film a.* doublage *m;* **~isieren** [-ni'zi:rən] ⟨*ohne ge-*⟩ *tr* synchroniser; *film a.* doubler.
Syndik|alismus *m* ⟨-, ø⟩ [zʏndika'lɪsmus] *pol* syndicalisme *m;* **~at** *n* ⟨-(e)s, -e⟩ [-'ka:t] *com* syndicat; *(Verkaufskartelle)* cartel, groupe *m;* **~us** *m* ⟨-, -sse/-dizi⟩ ['zʏndikus, '-ditsi] syndic *m.*
Synode *f* ⟨-, -n⟩ [zy'no:də] synode *m.*
synonym [zyno'ny:m] *a (sinnverwandt)* synonym(iqu)e; **S~** *n* ⟨-s, -e⟩ *(sinnverwandtes Wort)* synonyme *m.*
synta|ktisch [zʏn'taktɪʃ] *a gram* syntaxique; **S~x** *f* ⟨-, -en⟩ ['zʏntaks] *(Satzlehre)* syntaxe *f.*
Synthe|se *f* ⟨-, -n⟩ [zʏn'te:zə] synthèse *f;* **s~tisch** [-'te:tɪʃ] *a* synthétique; **~** *herstellen* synthétiser.
Syphilis *f* ⟨-, ø⟩ ['zʏ:fɪlɪs] *med* syphilis; *pop* (grosse) vérole *f.*
Syr|ien ['zy:riən] *n* la Syrie; **s~isch** ['zy:rɪʃ] *a* syrien.
System *n* ⟨-s, -e⟩ [zʏs'te:m] **1.** système *m;* **2.** classification *f;* **3.** régime *m;* **—** *in ein ~ bringen* systématisier; **~atik** *f* ⟨-, -en⟩ [-te'ma:tɪk] systématique; taxonomie, taxinomie *f;* **s~atisch** [-'ma:tɪʃ] *a* systématique, raisonné; **s~atisieren** [-mati'zi:rən] ⟨*ohne ge-*⟩ *tr* systématiser.
Szen|e *f* ⟨-, -n⟩ ['stse:nə] *theat allg* scène; *film* séquence *f; jdm e-e ~ machen (fig)* faire une scène *od* un esclandre à qn; *in ~ setzen (theat u. fig)* mettre en scène; *fig* orchestrer; **~enwechsel** *m* changement *m* de décor; **~erie** *f* ⟨-, -n⟩ [stsenə'ri:] *theat* décors *m pl;* **s~isch** ['stse:nɪʃ] *a* scénique.

T

T, t *n* ‹-, -› [te:] *(Buchstabe)* T, t *m.*

Tabak *m* ‹-s, -e› ['ta(:)bak/ta'bak] tabac *m; ~ kauen, rauchen, schnupfen* chiquer, fumer, priser du tabac; **~geschäft** *n,* **~laden** *m* bureau *od* débit *m* de tabac; **~händler** *m* marchand *od* débitant *m* de tabac; **~sbeutel** *m* blague *f;* **~sdose** *f* tabatière *f;* **~spfeife** *f* pipe *f;* **~steuer** *f* impôt *m* sur le(s) tabac(s); **~waren** *f pl* tabac(s *pl*) *m.*

tabell|arisch [tabɛ'la:rɪʃ] *a,* **T~enform** *f: in ~* sous forme de tableau; **T~e** *f* ‹-, -n› [-'bɛlə] tableau *m,* table *f.*

Tablett *n* ‹-(e)s, -s/(-e)› [ta'blɛt] plateau *m.*

Tablette *f* ‹-, -n› [ta'blɛtə] *pharm* comprimé *m.*

tabu ['ta:bu/ta'bu:] *a pred* tabou; **T~** *n* ‹-s, -s› *rel u. fig* tabou *m.*

Tachometer *n, fam a. m* ‹-s, -› [taxo'me:tər] tachymètre; *mot a.* compteur *m* de vitesse.

Tadel *m* ‹-s, -› ['ta:dəl] **1.** blâme *m,* réprimande, réprobation, admonestation *f;* **2.** *(in der Schule)* mauvaise note *f,* mauvais point *m;* **t~los** *a* irréprochable, impeccable; *(einwandfrei)* sans défaut; *(vollkommen)* parfait; **t~n** *tr* blâmer, réprimander, réprouver, reprendre; **t~nswert** *a* blâmable, répréhensible.

Tafel *f* ‹-, -n› ['ta:fəl] **1.** *(Platte)* plaque *f; (große)* tableau *m; (kleine, a. Schokolade)* tablette; *(dünne)* feuille *f;* **2.** *(Eßtisch)* table *f;* **3.** *(Anschlagbrett)* tableau *m* noir; **4.** *(beschriftete ~, Schild)* écriteau *m;* **5.** *(Buch: Abbildung außer dem Text)* planche *f,* hors-texte *m; (Übersicht, übersichtl. angeordneter Text)* table *f.*

täfeln ['tɛ:fəln] *tr arch* lambrisser; *(nur mit Holztafeln)* boiser.

Tafel|obst *n* ['ta:fəl-] fruits *m pl* de table *od* de dessert; **~runde** *f* tablée; *(e-s Herrschers)* table *f* ronde; **~silber** *n* argenterie *f.*

Täfelung *f* ‹-, -en› ['tɛ:fəlʊŋ] lambrissage *m;* boiserie *f.*

Taft *m* ‹-(e)s, -e› [taft] *(Textil)* taffetas *m.*

Tag *m* ‹-(e)s, -e› [ta:k, '-gə] **1.** *(als Zeiteinheit u. ~eslicht)* jour *m; (in s-m Verlauf mit Bezug auf s-n Inhalt)* journée *f;* **2.** *(~ung, Treffen)* congrès *m;* **3.** *pl, bes. poet (Zeit)* jours *m pl,* temps *m,* époque *f;* — *alle ~e* tous les jours; *jeden zweiten ~* tous les deux jours; *alle acht ~e* tous les huit jours; *am folgenden ~* le lendemain; *am hell(icht)en ~e* en plein jour; *auf s-e alten ~e* sur ses vieux jours; *bei ~e* de jour; *den ganzen ~ (lang* od *über)* (de) toute la journée, tout le long de la journée; *den lieben langen ~* toute la sainte journée; *dieser ~e* ces jours-ci; *an e-m der nächsten ~e, in den nächsten ~en* un de ces jours; *eines (schönen) ~es* un beau jour *od* matin; *in acht ~en* dans huit jours; *heute, Sonntag in acht ~en* d'aujourd'hui en huit, de dimanche en huit; *seit dem ~e, an dem* du jour où; *über ~e (mines)* au jour, à ciel ouvert, en surface; *unter ~e (mines)* au fond; *volle acht ~e* huit jours entiers, une semaine entière; *vom ersten ~e an* dès le *od* du premier jour; *von ~ zu ~* de jour en jour, jour après jour; *von e-m ~ auf den ander(e)n* d'un jour à l'autre; *vor acht ~en* il y a huit jours; *~ für ~* jour à *od* par jour; *~ und Nacht* nuit et jour; *e-n* od *den ~ für etw bestimmen* od *festsetzen* prendre jour *od* date pour qc; *auf bessere ~e hoffen* espérer en l'avenir; *an den ~ kommen* venir au jour, se révéler; *in den ~ hinein leben* vivre au jour le jour, être insoucieux; *etw an den ~ legen* faire preuve de qc, témoigner qc; *jdm guten ~ sagen* dire bonjour à qn; *der ~ bricht an* le jour commence à poindre; *der ~ geht zu Ende* od *neigt sich* le jour baisse; *es ist heller ~* il fait grand jour; *es wird ~* il se fait jour; *das ist wie ~ und Nacht (fam)* c'est comme le jour et la nuit; *guten ~!* bonjour! *man soll den ~ nicht vor dem Abend loben* qui rit vendredi, dimanche pleurera; **t~aus** *adv: ~ tagein* jour après jour, tous les jours, chaque jour; **~(e)bau** *m mines* exploitation *f* à ciel ouvert *od* à jour; **~ebuch** *n* journal (intime); *com* livre-journal *m;* **~(e)dieb** *m* fainéant *m;* **t~ein** *adv s. tagaus;* **~egeld** *n* allocation *od* indemnité *f* journalière; *pl* frais *m pl* de déplacement; **t~elang** *adv* des jours entiers, des journées entières.

tagen ['ta:gən] **(1)** *itr (e-e Tagung abhalten)* siéger, tenir ses assises; **(2)** *impers: es tagt* il se fait jour.

Tages|anbruch *m* ['ta:gəs-] : *bei ~* à la pointe du jour; *vor ~* avant le jour; **~befehl** *m mil* ordre *m* du jour; **~dekke** *f (auf d. Bett)* couvre-lit *m;* **~gericht** *n (e-s Speiselokals)* plat *m* du jour; **~geschehen** *n* actualités *f pl;* **~gespräch** *n* nouvelle *f* du jour; *das ist das ~* tout le monde en parle; **~kurs** *m fin* cours *m od* cote *f* du jour; **~licht** *n* (lumière *f* du) jour *m; ans ~ kommen (fig)* voir le jour; *das ~ scheuen (fam)* craindre la lumière du jour; **~nachrichten** *f pl* nouvelles *f pl* du jour; **~ordnung** *f* ordre *m* du jour; *an der ~ sein (täglich geschehen)* être à l'ordre du jour; *auf die ~ setzen, zur ~ übergehen* mettre *od* inscrire *od* porter, passer à l'ordre du jour; *Punkt 1 der ~* le premier point à l'ordre du jour; **~produktion** *f* production *f* journalière; **~schau** *f TV* journal *m* télévisé; **~umsatz** *m com* chiffre *m* d'affaires journalier; **~zeit** *f* heure *f* du jour; *zu jeder ~* à toute heure du jour; *zu jeder ~- und Nachtzeit* à toute heure; **~zeitung** *f* (journal) quotidien *m.*

tage|weise ['ta:gə-] *adv* par jour; *(arbeiten)* à la journée; **T~werk** *n* journée (de travail); *(Aufgabe)* tâche *f* journalière.

Tag|falter *m* ['ta:k-] *ent* papillon *m* diurne; **t~hell** *a* clair comme le jour; *es ist ~* il fait (grand) jour.

täglich ['tɛ:klɪç] **I.** *a* journalier, quotidien; de chaque jour; *(alltäglich)* de tous les jours; **II.** *adv* journellement, par jour; *(jeden Tag)* chaque jour, tous les jours; — *einmal ~* une fois par jour; *das ~e Brot* le pain quotidien.

tagsüber ['ta:ks-] *adv* pendant la journée, (tout) le jour, de jour.

tagtäglich ['ta:k'-] **I.** *a* quotidien; **II.** *adv* quotidiennement, tous les jours.

Tagundnachtgleiche *f* ‹-, -n› ['ta:k-'---] équinoxe *m.*

Tagung *f* ‹-, -en› ['ta:gʊŋ] *(Treffen, Kongreß)* congrès *m,* assises *f pl; (Versammlung)* assemblée, réunion; *(Sitzung)* session, séance *f.*

Taifun *m* ‹-s, -e› [taɪ'fu:n] *mete* typhon *m.*

Taille *f* ‹-, -n› ['taljə] taille *f; auf ~ (gearbeitet)* ajusté; **~nweite** *f* tour *m* de taille.

Takt *m* [takt] **1.** ‹-(e)s, -e› *mus* mesure; *a. allg (Rhythmus, Tonfall)* cadence *f; mot* temps *m;* **2.** ‹-(e)s, ø› *(Feingefühl)* tact *m,* discrétion *f;* — *im ~* en mesure, en cadence; *im ~ bleiben, den ~ halten* rester en *od* garder la mesure; *aus dem ~ kommen* sortir de la mesure; *den ~ schlagen* battre *od* marquer la mesure.

Takt|ik *f* ‹-, -en› ['taktɪk] *mil u. fig* tactique *f;* **~iker** *m* ‹-s, -› ['taktikər] *mil* tacticien *m;* **t~isch** ['taktɪʃ] *a* tactique; *mil a.* opérationnel.

taktlos ['taktlo:s] *a* sans tact, indiscret; *~ sein, keinen Takt haben* manquer de tact; **T~igkeit** *f* ‹-, -en› manque *m* de tact.

Takt|stock *m* ['takt-] bâton *m* (de chef d'orchestre); **~strich** *m* barre *f* de mesure.

taktvoll ['taktfɔl] *a* plein de tact, discret; *~ sein* avoir du *od* faire preuve de tact.

Tal *n* ‹-(e)s, ⸚er› [ta:l, 'tɛ:lər] vallée *f; (kleines)* vallon; *vx* val *m; über Berg und ~* par monts et par vaux; *zu ~ fahren* descendre (de la montagne); **t~abwärts** *adv* en descendant la vallée; *(auf e-m Wasserlauf)* en aval.

Talar *m* ‹-s, -e› [ta'la:r] *(Amtstracht)* robe *f.*

talaufwärts [ta:l'ˀauf-] *adv* en remontant la vallée; *(auf e-m Wasserlauf)* en amont.

Talent *n* ‹-(e)s, -e› [ta'lɛnt] talent *m;* **t~iert** [-'ti:rt] *a* plein de talent, doué.

Taler *m* ‹-s, -› ['ta:lər] *(alte Münze)* thaler; écu *m.*

Talg *m* ‹-(e)s, (-e)› [talk] *(hartes Fett)* suif *m;* **~drüse** *f anat* glande *f* sébacée; **~licht** *n* chandelle *f.*

Talisman *m* ‹-s, -e› ['ta:lɪsman] talisman, porte-bonheur *m.*

Talkessel *m* ['ta:l-] *geog* cuvette *f.*

Talmi *n* ‹-s, ø› ['talmi] *(vergoldete Legierung)* simili-or; *fig (Unechtes)* simili, toc *m.*

Talmud *m* ‹-(e)s, -e› ['talmu:t, -də] *rel* (le) Talmud.

Tal|senke *f* ['ta:l-] pente *f;* **~sperre** *f* barrage *m;* **t~wärts** *adv* vers la vallée; = *talabwärts.*

Tamburin *n* ‹-s, -e› [tambu'ri:n] *mus* tambourin.

Tand *m* ‹-(e)s, ø› [tant, '-d(ə)s] colifichets, brimborions *m pl; fig* futilités *f pl.*

Tändel|ei *f* ‹-, -en› [tɛndə'laɪ] propos *m pl* frivoles *od* galants, frivolités *f pl; (Flirt)* flirt *m;* **t~n** *itr* ['tɛndəln] *(herumspielen)* s'amuser à des riens, badiner; *(schäkern)* batifoler, folâtrer; *(flirten)* flirter.

Tang *m* ‹-(e)s, -e› [taŋ] *bot* varech, fucus *m.*

Tang|ente *f* ‹-, -n› [taŋ'gɛntə] *math* tangente *f;* **t~ieren** [-'ti:rən] ‹*ohne ge-*› *tr math u. fig* toucher; *fig* concerner.

Tank *m* ‹-s, -s/(-e)› [taŋk] *(Behälter)* réservoir *m,* citerne *f;* **t~en** *itr mot* prendre de l'essence, faire son plein (d'essence), refaire le plein d'essence; *tr: 20 Liter Benzin ~* prendre 20 litres d'essence; **~er** *m* ‹-s, -› *(Tankschiff)* navire *od* bateau citerne, pétrolier *m;* **~erflotte** *f* flotte *f* pétrolière; **~stelle** *f* poste *m od* station d'essence; station-service *f,* garage *m;* **~wagen** *m mot* camion-citerne; *loc* wagon-citerne *m;* **~wart** *m* pompiste *m.*

Tanne *f* ‹-, -n› ['tanə], **~nbaum** *m* sapin *m;* **~nholz** *n* sapin *m;* **~nnadel** *f* aiguille *f* de sapin; **~nzapfen** *m* cône *m* de sapin, pomme *f* de pin.

Tante *f* ‹-, -n› ['tantə] tante *f.*
Tantieme *f* ‹-, -n› [tãti'ɛ:mə] *fin* tantième *m.*
Tanz *m* ‹-es, ⁻e› [tants, 'tɛntsə] **1.** danse *f;* **2.** *(~veranstaltung)* bal *m;* — *zum ~ auffordern, um den nächsten ~ bitten* inviter à danser; **~abend** *m* soirée *f* dansante; **~bar** *f,* **~diele** *f* dancing *m.*
tänzeln ['tɛntsəln] *itr* faire *od* esquisser quelques pas de danse; sautiller; *(Pferd)* caracoler.
tanzen ['tantsən] **1.** *itr* danser; *(schwanken)* se balancer; *(Mücken im Schwarm)* voltiger; **2.** *tr* danser (*e-n Walzer* une valse); — *aus der Reihe ~ (fig fam)* ne pas faire comme les autres *od* comme tout le monde.
Tänzer(in) *m* ‹-s, -› (*f* ‹-, -nen›) ['tɛntsər] danseur *m,* -euse *f.*
Tanz|fläche *f* ['tants-] piste *f* de danse; **~lokal** *n* danse; *fam* bastringue *f;* **~musik** *f,* **~orchester** *n* musique *f,* orchestre *m* de danse; **~saal** *m* salle *f* de danse *od* de bal; **~schule** *f,* **~stunde** *f,* école *f,* cours *m od* leçons *f pl* de danse; **~tee** *m* thé *m od* matinée *f* dansant(e); **~veranstaltung** *f* bal *m.*
Tapet [ta'pe:t] *n: etw aufs ~ bringen (fam: zur Sprache)* mettre qc sur le tapis; **~e** *f* ‹-, -n› papier peint, papier-tenture *m;* **~enmuster** *n* dessin *m* de papier peint; **~entür** *f* porte *f* dérobée.
tapezier|en [tape'tsi:rən] ‹*ohne ge-*› *tr* tapisser, tendre de papier peint; **T~er** *m* ‹-s, -› tapissier (décorateur) *m.*
tapfer ['tapfər] *a* brave, vaillant, valeureux; *(mutig)* courageux; *(kühn)* audacieux, intrépide; *sich ~ schlagen* se battre avec bravoure *od* en brave; **T~keit** *f* ‹-, ø› bravoure, vaillance *f;* courage *m.*
Tapir *m* ‹-s, -e› ['ta:pɪr] *zoo* tapir *m.*
tappen ['tapən] *itr* ‹*sein*› marcher *od* aller à tâtons; *(noch) im dunkeln ~ (fig)* être (encore) dans l'incertitude.
täppisch ['tɛpɪʃ] *a* gauche; lourd; lourdaud.
Tara *f* ‹-, -ren› ['ta:ra] *com* tare *f.*
Tarantel *f* ‹-, -n› [ta'rantəl] *zoo* tarentule *f; wie von der ~ gestochen* piqué de la tarentule.
Tarif *m* ‹-s, -e› [ta'ri:f] tarif *m;* **t~lich** *a* tarifaire; **~lohn** *m* salaire *m* conventionnel; **~partner** *m pl* partenaires *m pl* sociaux; **~verhandlungen** *f pl* négociations *f pl* tarifaires; **~vertrag** *m* contrat *m* collectif, convention *f* collective de travail.
tarn|en ['tarnən] *tr mil u. fig* camoufler; **T~farbe** *f* couleur *od* peinture *f* de camouflage; **T~organisation** *f* organisation *f* camouflée; **T~ung** *f* ‹-, -en› camouflage *m.*
Tasche *f* ‹-, -n› ['taʃə] **1.** *(in e-m Kleidungsstück)* poche *f; (Westen-, Uhren~) a.* gousset *m;* **2.** *(Geld~)* bourse *f;* **3.** *(Hand~)* sac *m* (à main); *(Akten~)* serviette *f; (Schul~)* cartable *m; (Umhänge-, Pack-, Werkzeug-, Sattel~)* sacoche; *(Werkzeug~, Etui)* trousse *f;* — *in die ~ greifen (a. fig: bezahlen)* mettre la main à la poche; *jdm auf der ~ liegen (fig)* être sur le dos, vivre aux crochets de qn; *etw in die ~ stecken* mettre qc dans sa poche, empocher qc.
Taschen|ausgabe *f* ['taʃən-], **~buch** *n* édition *f,* livre *m* de poche; **~dieb** *m* voleur à la tire, pickpocket *m; vor ~en wird gewarnt!* gare *od* prenez garde aux pickpockets! **~geld** *n* argent *m* de poche; **~krebs** *m* (crabe) tourteau *m;* **~lampe** *f* lampe de poche, (lampe) torche *f;* **~messer** *n* canif, couteau *m* de poche; **~tuch** *n* ‹-(e)s, ⁻er› mouchoir *m* (de poche); *sich e-n Knoten ins ~ machen* faire un nœud à son mouchoir; **~uhr** *f* montre; *arg* toquante *f;* **~wörterbuch** *n* dictionnaire *m* de poche.
Tasse *f* ‹-, -n› ['tasə] tasse *f; nicht alle ~n im Schrank haben (fig pop)* être toqué, avoir une araignée au plafond; *aus der ~ trinken* boire à la tasse.
Tast|atur *f* ‹-, -en› [tasta'tu:r] *(des Klaviers, der Schreibmaschine etc)* clavier *m;* **t~bar** ['tast-] *a* palpable, tangible; **~e** *f* ‹-, -n› touche *f; tele* manipulateur *m;* **t~en 1.** *tr* tâter, palper, toucher (du doigt); **2.** *itr* tâtonner; **~er** *m* ‹-s, -› **1.** *el* bouton *m;* **2.** *tele typ (Person)* manipulateur *m;* **~sinn** *m* ‹-(e)s, ø› (sens du) toucher *m.*
Tat *f* ‹-, -en› [ta:t] *(Handlung)* action *f,* acte; fait; *(Heldentat)* exploit; *(Wohltat)* bienfait; *(Untat, Freveltat)* méfait, forfait *m; in der ~* en effet, en vérité; *jdn auf frischer ~ ertappen* prendre qn en flagrant délit *od* sur le fait; *etw in die ~ umsetzen* transformer qc en action; réaliser qc; **~bestand** *m* état *m* de choses *od* de cause; *jur* éléments *m pl* constitutifs; **t~enlos I.** *a* inactif, passif; **II.** *adv: ~ zusehen* regarder sans rien faire.
Tät|er *m* ‹-s, -› ['tɛ:tər] *jur* auteur; *(e-r Straftat)* coupable *m;* **t~ig** *a* actif; *(wirksam)* effectif; *~en Anteil an etw nehmen* prendre une part active à qc; *~ sein (arbeiten)* travailler; *(in e-m Betrieb)* être occupé; **t~igen** *tr* effectuer, réaliser; *ein Geschäft ~* réaliser *od* conclure un marché; **~igkeit** *f* ‹-, -en› activité *f; (e-r Maschine)* fonctionnement *m; s-e ~ einstellen* cesser ses fonctions; *in ~ treten (Mensch)* entrer en fonctions; **~igkeitsform** *f gram* voix *f* active; **~igkeitswort** *n gram* verbe *m.*
Tat|kraft *f* ['ta:t-] énergie, activité, résolution *f,* dynamisme *m;* **t~kräftig** *a* énergique, actif, résolu, dynamique; *jdn ~ unterstützen* prêter main-forte à qn.
tätlich ['tɛ:tlɪç] *a: ~ werden* se livrer à des voies de fait; *~er Angriff m, ~e Be-*

leidigung f, **T~keit** *f* ‹-, -en› *jur* voie *f* de fait; *sich zu ~en hinreißen lassen* se laisser aller à des voies de fait.

Tatort *m* ['ta:t-] *jur* lieu *m* du délit *od* du crime.

tätowieren [tɛto'vi:rən] ‹*ohne ge-*› *tr* tatouer.

Tat|sache *f* ['ta:t-] fait *m*, réalité *f; auf Grund dieser ~* de ce fait; *~ ist, daß ...* c'est un fait que ..., le fait est que ...; *vollendete ~* fait *m* accompli; **t~sächlich I.** *a* effectif, réel, positif; **II.** *adv* vraiment, en *od* de fait.

tätscheln ['tɛ(:)tʃəln] *tr (streicheln)* cajoler.

Tatze *f* ‹-, -n› ['tatsə] patte, griffe *f*.

Tau [tau] **(1)** *m* ‹-(e)s, ø› *mete* rosée *f;* **(2)** *n* ‹-(e)s, -e› *mar (starkes Seil)* cordage, câble *m;* amarre *f*.

taub [taup] *a* **1.** sourd; **2.** *(Blüte, Gestein)* stérile; *(Ähre)* vide; *(Nuß)* creux; *— sich ~ stellen* faire le sourd *od* la sourde oreille; *auf einem Ohr, auf beiden Ohren ~* sourd d'une oreille, des deux oreilles.

Taube *f* ‹-, -n› ['taubə] pigeon *m; poet* colombe *f;* **~nhaus** *n*, **~nschlag** *m* pigeonnier *m;* **~r(ich)** *m*, **Täuber(ich)** *m* ‹-s, -e› ['tau-, 'tɔʏbər(ɪç)] pigeon *m* mâle.

Taub|heit *f* ‹-, ø› **1.** surdité *f;* **2.** *(Blüte, Gestein)* stérilité *f;* **~nessel** *f bot* ortie *f* blanche, rouge; **t~stumm** *a* sourd-muet; **~stummensprache** *f* langage *m* des sourds-muets.

Tauch|bad *n* ['taux-] *tech* barbotage *m;* **t~en 1.** *tr* ‹*h*› plonger, immerger, tremper; **2.** *itr* ‹*sein*› plonger, faire un plongeon; **~en** *n* immersion; plongée *f*, plongeon *m;* **~er** *m* ‹-s, -› **1.** *sport* plongeur; *(mit Ausrüstung)* scaphandrier *m;* **2.** *orn* plongeon *m;* **~eranzug** *m* scaphandre *m;* **~erglocke** *f* cloche *f* à *od* de plongeur, caisson *m* (pneumatique); **~erhelm** *m* casque *m* de scaphandrier; **~erkugel** *f* bathyscaphe *m;* **~sieder** *m* thermoplongeur, chauffe-liquide *m*.

tauen ['tauən] **1.** *itr* ‹*sein*› *(schmelzen)* fondre; **2.** *impers* ‹*h*›: *es taut (es ist Tauwetter)* il dégèle; *(es fällt Tau)* il tombe de la rosée, la rosée tombe.

Tauf|becken *n* ['tauf-] *rel* fonts *m pl* baptismaux; **~e** *f* ‹-, -n› baptême *m; über die ~ halten, aus der ~ heben* tenir sur les fonts baptismaux; **t~en** *tr* **1.** *rel* baptiser; **2.** *hum (mit Wasser verdünnen)* baptiser, mouiller.

tau|feucht ['tau-] *a* humide de rosée; **~frisch** *a fig* frais, fraîche comme une rose.

Tauf|kapelle *f* ['tauf-] baptistère *m;* **~register** *n*, **~schein** *m* registre, extrait *m* de baptême.

taug|en [taugən] *itr* **1.** valoir; **2.** *(passend sein)* être bon *od* propre *od* utile *od* apte, (pouvoir) servir (*zu etw* à qc); convenir (*zu etw* pour qc); *— viel, wenig, etw ~* valoir beaucoup, peu, qc; *nichts ~* ne rien valoir; **T~enichts** *m* ‹-/-es, -e› ['taugənɪçts] vaurien, propre à rien, (mauvais) garnement *m;* **~lich** [-lɪç] *a* apte, propre, utile, convenable, bon (*zu etw* à qc); *(fähig)* capable (*zu etw* à qc); *mil* apte (au service militaire); **T~lichkeit** *f* ‹-, ø› aptitude; capacité *f*.

Taum|el *m* ‹-s, ø› ['tauməl] **1.** *(Schwindel)* vertige; *(Benommenheit)* étourdissement *m;* **2.** *(Rausch)* enivrement *m; fig* ivresse *f;* **t~(e)lig** *a* pris de vertige; chancelant, titubant; **t~eln** *itr* ‹*h* od *sein*› chanceler, tituber; être pris de vertige.

Tausch *m* ‹-(e)s, -e› [tauʃ] échange *m; im ~ gegen* en échange de; **t~en** *tr* échanger, troquer; *itr* faire un échange; *ich möchte nicht mit ihm ~ (fig)* je ne voudrais pas être à sa place.

täuschen ['tɔʏʃən] *tr* tromper; donner le change à, duper, mystifier, abuser; *sich ~* se tromper, faire erreur (*über etw* sur qc, au sujet de qc); s'illusionner, se faire (des) illusion(s); *ich kann mich auch ~* je peux aussi faire erreur; **~d I.** *a* trompeur, illusoire; **II.** *adv: sie sehen sich ~ ähnlich* ils se ressemblent à s'y méprendre.

Tausch|handel *m* ['tauʃ-] (commerce de) troc *m;* **~objekt** *n* objet *m* d'échange.

Täuschung *f* ‹-, -en› ['tɔʏʃʊŋ] **1.** tromperie; duperie, fraude, mystification *f;* **2.** *(Irrtum)* erreur, illusion *f; — optische ~* illusion *f* d'optique; *vorsätzliche ~* escroquerie *f;* **~smanöver** *n* feinte *f;* **~sversuch** *m* tentative *f* de fraude.

tausend ['tauzənt] *(Zahlwort)* mille; *einige, mehrere ~ ...* quelques, plusieurs milliers de ...; *~ und aber ~* des milliers; *~ Dank!* merci mille fois; **T~ (1)** *f* ‹-, -en› mille *m;* **(2)** *n* millier *m; — ~e und aber ~e* des milliers, des mille et des cents; *zu ~en* par milliers; **T~er** *m* ‹-s, -› mille; **~erlei** [-'laɪ] *a* mille (et mille); **~fach** *a u. adv* mille fois autant *od* plus; *adv allg* au centuple; *das T~e* mille fois autant; **T~füß(l)er** *m* ‹-s, -› [-'fy:s(l)ər] *zoo* mille-pattes *m*, scolopendre *f;* **~jährig** *a* millénaire; **~mal** *adv* mille fois; **T~stel** *n* ‹-s, -› millième *m;* **~ste(r, s)** *a* millième.

Tautropfen *m* ['tau-] goutte *od* perle *f* de rosée.

Tauwetter *n* ['tau-] (temps de) dégel *m; es ist ~* le temps est au dégel.

Tauziehen *n* ['tau-] *sport* lutte à la corde; *fig pol* lutte *f* (d'influence); tiraillements *m pl*.

Tax|ameter *m* ‹-s, -› [taksa'me:tər] *(Fahrpreisanzeiger)* taximètre, compteur *m;* **~e** *f* ‹-, -n› ['taksə] **1.** *(Abgabe,*

Gebühr) taxe *f,* taux, tarif *m;* **2.** *(Mietauto),* **~i** *n* ‹-(s), -(s)› ['taksi] taxi *m,* voiture *od* automobile *f* de place; **t~ieren** [ta'ksi:rən] ‹*ohne ge-*› *tr (schätzen)* estimer, évaluer; **~ifahrer** *m* chauffeur *m* de taxi; **~istand** *m* place *f* de voitures *od* d'automobiles; **~preis** *m (bei e-r Auktion)* mise *f* à prix.

Techn|ik *f* ‹-, -en› ['tɛçnɪk] **1.** *(Ingenieurwissenschaft)* technique *f; (Maschinenwesen)* machinisme *m;* **2.** *(Verfahren, Arbeitsweise, Fähigkeit)* technique *f;* **~iker** *m* ‹-s, -› ['tɛçnikər] **1.** technicien, ingénieur *m;* **2.** *(Fachmann)* spécialiste *m;* **~ikum** *n* ‹-s, -ka/-ken› ['tɛçnikum] *(techn. Fachschule)* école *f* professionnelle spécialisée; **t~isch** ['tɛçnɪʃ] *a* technique, mécanique; *aus ~en Gründen* pour des raisons matérielles; *infolge ~er Störungen* en raison d'ennuis mécaniques; *~er Ausdruck m* terme *m* technique; *T~e Hochschule* od *Universität f* école *f* supérieure technique; *~e Störung f* incident *m* technique, panne *f.*

Teddybär *m* ['tɛdi-] ours *m* en peluche.

Tee *m* ‹-s, -s› [te:] **1.** *(~blätter u. daraus bereitetes Getränk)* thé *m;* **2.** *(Aufguß von anderen Pflanzen)* infusion; *(Krankentee)* tisane *f;* — *~ aufbrühen* od *kochen* faire du thé; *~ trinken* prendre du thé; *den ~ ziehen lassen* laisser infuser le thé; **~-Ei** *n* boule *f od* œuf *m* à thé; **~gebäck** *n* (petits) gâteaux secs; **~kanne** *f* théière *f;* **~löffel** *m* cuiller *od* cuillère *f* à thé.

Teer *m* ‹-(e)s, -e› [te:r] goudron *m;* **t~en** *tr* goudronner, bitumer; **~pappe** *f* carton *od* papier *m* goudronné; **~(spritz)maschine** *f* goudronneuse *f.*

Tee|service *n* ['te:-] service *m* à thé; **~sieb** *n* passoire *f* à thé, passe-thé *m;* **~staude** *f,* **~strauch** *m* arbre à thé, théier *m;* **~wagen** *m* table *f* roulante.

Teich *m* ‹-(e)s, -e› [taɪç] étang *m,* pièce *f* d'eau; *(Fischteich)* vivier *m; e-n ~ ablassen* vider un étang.

Teig *m* ‹-(e)s, -e› [taɪk, '-gə] pâte *f; ausgerollter ~* abaisse *f;* **t~ig** *a* pâteux; *(Omelett)* baveux; **~waren** *f pl* pâtes *f pl* alimentaires.

Teil *m* od *n* ‹-(e)s, -e› [taɪl] **1.** partie; part *f;* **2.** *(Anteil)* part, portion *f;* **3.** *(Stück)* morceau *m;* **4.** *(als Einheit)* pièce *f;* — *für mein(en) ~* pour ma part, quant à moi; *zum ~* en partie, partiellement; *zu gleichen ~en* à parts égales; *zum größten ~* pour la plupart; *sich sein ~ denken* avoir son idée à soi; **~abschnitt** *m* secteur *m;* **~ansicht** *f* vue *f* partielle; **t~bar** *a* divisible; **~betrag** *m* montant *m* partiel; **~chen** *n phys (Kern~)* particule *f.*

teilen ['taɪlən] *tr* **1.** *(zer~, zerlegen)* diviser, fractionner, scinder, séparer; *math* diviser; **2.** *(auf-, ver~)* partager (*etw mit jdm* qc avec qn); *(Anteil nehmen an)* prendre part à; partager (*jds Los* le sort de qn); *itr* **3.** *(e-e Aufteilung vornehmen)* faire les parts; *refl* **4.** *sich ~ (ausea.gehen, -fallen)* se défaire, se fendre; *(Weg)* bifurquer.

teil|=haben ['taɪl-] ‹*hat, hatte teil, teilgehabt*› *itr: an etw ~* participer, avoir part à qc; **T~haber** *m com* associé *m; stiller ~* commanditaire, bailleur *m* de fonds; *tätiger ~* commandité *m;* **T~nahme** *f* ‹-, ø› **1.** participation; *(Mitarbeit)* coopération, collaboration *f;* **2.** *(an e-m Verbrechen)* complicité *f;* **3.** *(Mitgefühl)* intérêt *m,* sympathie *f; (Beileid)* sentiments *m pl* de condoléance; **~nahmslos** *a* indifférent, indolent, apathique; **T~nahmslosigkeit** *f* ‹-, ø› indifférence, indolence, apathie *f;* **~=nehmen** ‹*nimmt, nahm teil, teilgenommen*› *itr* participer, prendre part (*an* à); *(an e-r Arbeit)* coopérer, collaborer; *(an e-m Verbrechen)* être complice (*an* de); *an e-m Lehrgang* od *Kurs ~* suivre un cours; **T~nehmer** *m, a. sport* participant; *tele* abonné; *(Verkehrsteilnehmer)* usager *m.*

teils [taɪls] *adv* partiellement, en partie; *~ ..., ~ ...* (en) partie ..., (en) partie ...; *~ blieben sie, ~ gingen sie* les uns restèrent, les autres s'en allèrent.

Teil|sendung *f* ['taɪl-] *com* envoi *m* partiel; **~strecke** *f (d. Straßenbahn)* section *f;* **~stück** *n* section *f.*

Teilung *f* ‹-, -en› ['taɪlʊŋ] **1.** partage *m,* division *f; (Zerstückelung, bes. von Grund u. Boden)* morcellement; *(e-s Landes)* démembrement *m;* **2.** *(Spaltung, bes. scient)* scission *f;* **~sartikel** *m gram* article *m* partitif.

teil|weise ['taɪl-] **I.** *adv* partiellement, en partie; **II.** *a abus* partiel; **T~zahlung** *f* paiement *m* partiel *od* à compte; *auf ~ kaufen* acheter à tempérament.

T-Eisen *n* ['te:-] *tech* (fer en) T *od* té *m.*

Telefon *n* ‹-s, -e› [tele'fo:n] téléphone *m; am ~* au téléphone, à l'écoute; *~ haben* avoir le téléphone; *Sie werden am ~ verlangt* on vous appelle au téléphone; **~anruf** *m* appel; *fam* coup *m* de téléphone *od* de fil; **~anschluß** *m* branchement *m* téléphonique; **~buch** *n* annuaire *m* du téléphone; **~gebühren** *f pl* taxe *f* téléphonique; **~gespräch** *n* conversation *f* téléphonique; **t~ieren** [-fo'ni:rən] ‹*ohne ge-*› *itr* téléphoner; **t~isch** [-'fo:nɪʃ] **I.** *a* téléphonique; **II.** *adv* par téléphone; *jdn ~ erreichen* toucher qn par téléphone; **~ist(in)** *m* ‹-en, -en› (*f* ‹-, -nen›) [-fo'nɪst] téléphoniste, standardiste *m f;* **~leitung** *f,* **~netz** *n* ligne *f,* réseau *m* téléphonique; **~nummer** *f* numéro *m* de téléphone; *e-e ~ wählen* composer *od* former un numéro de téléphone; **~verbindung** *f* communication *f* téléphonique; **~zelle** *f* cabine *f* téléphonique; **~zentrale** *f* central *m* (téléphonique).

telegen [tele'ge:n] *a (für Fernsehaufnahmen bes. geeignet)* télégénique.

Telegraf *m* ‹-en, -en› [tele'gra:f] télégraphe *m;* **~enamt** *n* bureau *m* télégraphique; **~enarbeiter** *m* ouvrier *m* des télégraphes; **~enleitung** *f,* **~ennetz** *n* ligne *f,* réseau *m* télégraphique; **~ie** *f* ‹-, ø› [-gra'fi:] télégraphie *f; drahtlose ~* télégraphie sans fil (T.S.F.), radio(télégraphie) *f;* **t~ieren** [-'fi:rən] ‹*ohne ge-*› *tr u. itr* télégraphier; *itr* envoyer un télégramme *od* une dépêche; **t~isch** [-'gra:fıʃ] **I.** *a* télégraphique; **II.** *adv* par télégramme *od* dépêche; **—** *~ überweisen (Geld)* envoyer par mandat télégraphique; *~e Überweisung f* mandat télégraphique, télégramme-mandat *m.*

Telegramm *n* ‹-s, -e› [tele'gram] télégramme *m,* dépêche *f* (télégraphique); *ein ~ aufgeben* déposer *od* envoyer un télégramme *od* une dépêche; **~anschrift** *f* adresse *f* télégraphique; **~annahme(stelle)** *f* guichet *m* pour télégrammes; **~formular** *n* formule *f* de télégramme; **~stil** *m* style *m* télégraphique.

Telepathie *f* ‹-, ø› [telepa'ti:] télépathie *f.*

Teleskop *n* ‹-s, -e› [tele'sko:p] télescope *m.*

Teller *m* ‹-s, -› ['tɛlər] assiette *f; flacher, tiefer ~* assiette *f* plate, creuse; **~gericht** *n (Essen)* plat *m* garni; **~mine** *f mil* mine *f* plate; **~voll** *m* ‹-, -› assiettée *f;* **~wärmer** *m* chauffe-plat(s) *m.*

Tempel *m* ‹-s, -› ['tɛmpəl] temple *m.*

Tempera|farbe *f* ['tɛmpera-], **~malerei** *f* couleur, peinture *f* à la détrempe.

Temperament *n* ‹-(e)s, -e› [tɛmpera'mɛnt] **1.** tempérament *m;* **2.** *(Lebhaftigkeit)* vivacité; *(Schwung)* verve *f; (Feuer)* feu *m;* **3.** *(Gemütsart)* complexion *f;* **t~voll** *a* **1.** *(lebhaft)* vivace; **2.** *(schwungvoll)* plein de verve; *(feurig)* plein de feu.

Temperatur *f* ‹-, -en› [tɛmpera'tu:r] température *f; ~ haben (med)* avoir *od* faire de la température; *die ~ messen (med)* prendre la température; **~schwankung** *f* variation *od* différence *f* de température.

Tempo *n* ‹-s, -s/-pi› ['tɛmpo, '-pi] **1.** *mus sport* temps, tempo *m;* **2.** *(Geschwindigkeit)* allure, cadence *f, sport* train *m; in hohem ~* à fond de train.

Tendenz *f* ‹-, -en› [tɛn'dɛnts] tendance *f; steigende, fallende* od *sinkende ~* tendance *f* à la hausse, à la baisse; **t~iös** [-tsi'ø:s] *a* tendancieux, de parti pris; **tendieren** [-'di:rən] ‹*ohne ge-*› *itr* avoir une tendance (*zu* vers).

Tenne *f* ‹-, -n› ['tɛnə] *agr* aire *f.*

Tennis *n* ‹-, ø› ['tɛnıs] tennis *m;* **~ball** *m* balle *f* de tennis; **~klub** *m,* **~platz** *m,* **~schläger** *m,* **~spiel** *n* club, court *m,* raquette *f,* match *m* de tennis.

Tenor (1) *m* ‹-s, ø› ['te:nɔr] *(Wortlaut, Sinn)* teneur *f;* **(2)** *m* ‹-s, ¨-e› [te'no:r, -'nø:rə] *(Stimme u. Sänger)* ténor *m.*

Teppich *m* ‹-s, -e› ['tɛpıç] *a. fig* tapis *m;* **~boden** *m* moquette *f;* **~klopfer** *m* tapette *f* à tapis; **~stange** *f* barre *f* pour tapis.

Termin *m* ‹-s, -e› [tɛr'mi:n] **1.** *(festgesetzter Tag)* terme *m,* date *f; fin com* date *f* limite; *(Frist)* délai *m;* **2.** *jur (Verhandlung)* assignation, audience *f;* **—** *e-n ~ anberaumen (jur)* assigner un jour pour les débats; *e-n ~ einhalten* observer un délai; *e-n ~ festsetzen* fixer une date; *e-n ~ versäumen* laisser passer un terme; *äußerster ~* date *f* limite; **~einlage** *f (fin)* dépôt *m* à terme; **t~gemäß** *a* conforme à la date d'échéance *od* à l'échéance; **~kalender** *m* agenda; carnet *m* d'échéances, échéancier *m;* **~ologie** *f* ‹-, -n› [-minolo'gi:] terminologie *f.*

Termite *f* ‹-, -n› [tɛr'mi:tə] termite *m;* fourmi *f* blanche; **~nhügel** *m* termitière *f.*

Terpentin *n* ‹-s, -e› [tɛrpɛn'ti:n] térébenthine *f;* **~öl** *n* essence *f* de térébenthine.

Terrakott|a *f* ‹-, -tten›, **~e** *f* ‹-, -n› [tɛra'kɔta, -tə] *(gebrannter Ton; Gegenstand daraus)* terre *f* cuite.

Terrarium *n* ‹-s, -rien› [tɛ'ra:rium, -riən] terrarium *m.*

Terrasse *f* ‹-, -n› [tɛ'rasə] **1.** terrasse *f;* **2.** *geog* replat *m;* **t~nförmig** *a u. adv* en terrasse(s), en gradins.

Terrier *m* ‹-s, -› ['tɛriər] *(Hunderasse)* fox-terrier *m.*

Terrine *f* ‹-, -n› [tɛ'ri:nə] terrine *f.*

territori|al [tɛritori'a:l] *a* territorial; **T~um** *n* ‹-s, -rien› [-'to:rium, -riən] territoire *m.*

Terror *m* ‹-s, ø› ['tɛrɔr] *(Schrecken)* terreur *f;* **t~isieren** [-rori'zi:rən] ‹*ohne ge-*› *tr* terroriser; **~ist** *m* ‹-en, -en› [-'rıst], **t~istisch** [-'rıstıʃ] *a* terroriste *(m).*

Terz *f* ‹-, -en› [tɛrts] *mus sport* tierce *f;* **~ett** *n* ‹-(e)s, -e› [-'tsɛt] *mus* trio *m.*

Test *m* ‹-(e)s, -s/(-e)› [tɛst] test *m,* épreuve *f* psychologique; *chem tech* têt *m.*

Testament *n* ‹-(e)s, -e› [tɛsta'mɛnt] *jur* testament; *ein ~ machen* faire, un testament; *ohne ~ sterben* mourir *od* décéder intestat; *eigenhändiges ~* testament *m* olographe; *das Alte, Neue ~ (rel)* l'Ancien, le Nouveau Testament; **t~arisch** [-tamɛn'ta:rıʃ] **I.** *a* testamentaire; **II.** *adv* par testament; **~sbestimmung** *f* [-'mɛnts-] disposition *f* testamentaire; ~**seröffnung** *f* ouverture *f* du testament; ~**svollstrecker** *m* exécuteur *m* testamentaire *od* du testament.

Testpilot *m* ['tɛst-] *aero* pilote *m* d'essai.

teuer ['tɔʏər] ‹*teurer, teuerst*› *a* **1.** *(hoch im Preis)* cher, coûteux; **2.** *(lieb)* cher; — ~ *bezahlen* payer cher; *teurer werden* renchérir; *das ist mir zu* ~ c'est trop cher pour moi, ce n'est pas dans mes prix.

Teuf|el *m* ‹-s, -› ['tɔʏfəl] diable, démon *m; der* ~ le diable, Satan *m; jdn zum* ~ *jagen* envoyer qn au diable *od* à tous les diables *od* promener; *den* ~ *an die Wand malen (fig)* tenter le diable; *der* ~ *ist los* le diable est déchaîné; c'est l'enfer; *er hat den* ~ *im Leib, ihn reitet der* ~ il a le diable au corps; *das müßte mit dem* ~ *zugehen* à moins que le diable ne s'en mêle; *zum* ~*!* diable! diantre! *zum* ~ *mit ...!* malédiction sur ...! *hol' dich der* ~*!* que le diable t'emporte! *scher dich zum* ~*!* va-t'en au diable! *armer* ~ *(fig: bedauernswerter Mensch)* pauvre diable *od* hère *od* sire *od* bougre *m;* ~**elskerl** *m* diable *m* d'homme; ~**elskreis** *m* cercle vicieux, cycle *m* infernal; **t~lisch** *a* diabolique, démoniaque. infernal.

Text *m* ‹-(e)s, -e› [tɛkst] *(Wortlaut)* texte; *(Bibelstelle)* passage *m; mus (e-s Liedes)* paroles *f pl; (e-r Oper)* livret; ~**buch** *n (e-r Oper)* livret *m;* ~**dichter** *m,* ~**er** *m* ‹-s, -› *mus* parolier; *(e-r Zeitung)* rédacteur *m.*

Textil|faser *f* [tɛks'ti:l-] fibre *f* textile; ~**ien** *pl* [-'ti:liən] articles *m pl* textiles; ~**industrie** *f* (industrie *f*) textile *m.*

Thailand *n* ['taɪlant] la Thaïlande.

Theater *n* ‹-s, -› [te'a:tər] **1.** *(Bühnenkunst)* théâtre, spectacle *m;* **2.** *(Gebäude)* théâtre *m;* — *ins* ~ *gehen* aller au théâtre *od* au spectacle; ~ *machen (fam: sich heftig widersetzen)* faire des histoires, se récrier; ~ *spielen (fig)* jouer la comédie; *das ist alles nur* ~ *(fig fam: Getue)* ce ne sont que des manières; *pop* c'est du cinéma; ~**aufführung** *f* représentation *f;* ~**besuch** *m* fréquentation *f* du théâtre; ~**besucher** *m* spectateur *m;* ~**direktor** *m* directeur *m* de *od* du théâtre; ~**ferien** *pl* clôture *f* annuelle; ~**karte** *f* billet *m* de théâtre; ~**kasse** *f* caisse *f* (du théâtre); ~**stück** *n* pièce *f* de théâtre; **theatralisch** [-a'tra:lɪʃ] *a* théâtral, scénique; *fig* théâtral, affecté.

Theke *f* ‹-, -n› ['te:kə] *(Schanktisch)* comptoir, bar; *pop* zinc *m; an der* ~ au comptoir.

Thema *n* ‹-s, -men/-mata› ['te:ma, '-mən, '-mata] *allg (Aufgabe, a. mus)* thème; *(Gesprächs~, Abhandlungsgegenstand)* sujet *m; vom* ~ *abbringen* détourner du sujet; *vom* ~ *abkommen* sortir de la question; *das* ~ *wechseln* changer de conversation *od* de propos.

Themse, *die* ['tɛmzə] *geog* la Tamise.

Theolog|e *m* ‹-n, -n› [teo'lo:gə] théologien *m;* ~**ie** *f* ‹-, -n› [-lo'gi:] théologie *f;* **t~isch** [-'lo:gɪʃ] *a* théologique.

theor|etisch [teo're:tɪʃ] **I.** *a* théorique; **II.** *adv a.* en théorie; **T~ie** *f* ‹-, -n› [-'ri:] théorie *f.*

therap|eutisch [tera'pɔʏtɪʃ] *a* thérapeutique; **T~ie** *f* ‹-, -n› [-'pi:] *(Krankenbehandlung)* thérapie *f.*

Therm|albad *n* [tɛr'ma:l-] bain *m* thermal; ~**alquelle** *f* source *f* thermale; eaux *f pl* thermales; ~**odynamik** *f* thermodynamique *f;* ~**ometer** *n* ‹-s, -› [-mo'me:tər] thermomètre *m;* ~**ometerstand** *m* colonne, échelle, hauteur *od* cote *f* thermométrique; ~**osflasche** *f* bouteille *f* thermos; ~**ostat** *m* ‹-(e)s/-en, -e(n)› [-mo'sta:t] thermostat *m.*

These *f* ‹-, -n› ['te:zə] *(Behauptung)* thèse *f.*

Thrombose *f* ‹-, -n› [trɔm'bo:zə] *med* thrombose *f.*

Thron *m* ‹-(e)s, -e› [tro:n] trône *m; den* ~ *besteigen (a. fig)* monter sur le trône; ~**besteigung** *f* avènement *m* (au trône); **t~en** *itr fig* trôner; ~**erbe** *m,* ~**folger** *m* héritier *m* du trône; ~**folge** *f* succession *f* au trône; ~**rede** *f* discours *m* du trône.

Thunfisch *m* ['tu:n-] thon *m.*

Thüring|en *n* ['ty:rɪŋən] la Thuringe; ~**er(in)** *m* ‹-s, -› (*f* ‹-, -nen›) Thuringien(ne *f*) *m;* **t~isch** *a* thuringien.

Thymian *m* ‹-s, -e› ['ty:mia:n] *bot* thym, serpolet *m.*

Tiber, *der* ['ti:bər] *geog* le Tibre.

Tibet ['ti:bɛt/ti'be:t] *geog* le Tibet; ~**aner(in)** *m* ‹-s, -› (*f* ‹-, -nen› [-be'ta:nər] Tibétain(e *f*) *m;* **t~anisch** [-'ta:nɪʃ] *a* tibétain.

Tick *m* ‹-(e)s, -s› [tɪk] *(Schrulle)* grain *m,* manie *f.*

tick|en ['tɪkən] *itr (Uhr)* faire tic tac; **T~en** *n* tic-tac *m;* ~**tack** ['tɪk'tak] *interj* tic tac!

Tide *f* ‹-, -n› ['ti:də] *mar (Flut)* marée *f;* ~**nhub** *m* grandeur *f* de la marée.

tief [ti:f] **I.** *a* **1.** *(Gegensatz: flach; weit nach hinten reichend; fig: Gedanken)* profond; **2.** *(Gegensatz: hoch)* bas; **3.** *mus* grave; **4.** *(Farbe: satt)* profond, foncé; **II.** *adv (~ unten)* bas; — ~ *in etw (a. fig)* au fond de qc; *bis* ~ *in die Nacht hinein* jusque tard dans la nuit; *in ~er Trauer* en grand deuil; ~ *atmen* respirer à fond; ~ *fliegen* voler bas; ~ *gesunken sein (fig)* être tombé bien bas; ~ *ausgeschnitten (Kleid)* très décolleté; **T~** *n* ‹-s, -s› **1.** *mar* chenal *m;* **2.** *mete* zone *f* de basse pression;

T~bau *m* travaux *m pl* souterrains *od* en sous-sol; construction au-dessous du sol; *mines* exploitation *f* au fond; **~bewegt** *a* profondément ému; **T~bunker** *m (Luftschutz)* abri *m* bétonné profond; **T~druck** *m* **1.** ‹-s, -e› *typ* impression *od* gravure en creux, (impression) hélio *f;* **2.** ‹-s, ø› *mete* basse pression *f;* **T~e** *f* ‹-, -n› **1.** *a. fig* profondeur *f;* **2.** *(Hintergrund e-s Bildes)* lointains *m pl; film* relief *m;* **3.** *(Abgrund)* fond, abîme *m;* — *in 10 Meter ~* par dix mètres de fond; **T~ebene** *f geog* plaine *f* basse; **T~enpsychologie** *f* psychologie *f* des profondeurs; **T~enwirkung** *f* effet *m od* action *f* en profondeur; **T~flug** *m* vol *m* à basse altitude *od* rasant; *im ~ (über Land)* en rase-mottes; *(über Wasser)* en rase-flots; **T~gang** *m mar* tirant *m* d'eau; *e-n ~ von 6 Meter(n) haben* tirer *od* jauger six mètres d'eau; **T~garage** *f* garage *m* souterrain; **~gefroren** *a,* **~gekühlt** *a (Lebensmittel)* surgelé; **~greifend** *a,* **~gründig** *a* profond; **T~kühlkost** *f* produits *m pl* surgelés; **T~kühltruhe** *f* congélateur *od* surgélateur *m;* **T~lader** *m* remorque *f* porte-chars; **T~land** *n* ‹-(e)s, -e/-̈er› bas pays *m;* **T~punkt** *m* minimum *m;* **T~schlag** *m (Boxen)* coup *m* bas; **~schürfend** *a fig* profond; **T~see** *f* grands fonds *m pl;* **T~seefauna** *f* faune *f* abyssale; **T~seegraben** *m* abysse *m;* **T~sinn** *m* ‹-(e)s, ø› **1.** profondeur *f* d'esprit; **2.** *(Schwermut)* mélancolie *f;* **~sinnig** *a* **1.** profond, pensif, songeur; **2.** *(schwermütig)* mélancolique; **T~stand** *m* ‹-(e)s, ø› *(d. Wassers)* étiage *m; fig, a. com* (le) plus bas niveau.

Tiegel *m* ‹-s, -› [ˈtiːgəl] **1.** *(Küche)* casserole *f;* *(irdener)* poêlon *m;* **2.** *(Schmelz~)* creuset *m.*

Tier *n* ‹-(e)s, -e› [tiːr] bête *f; bes. scient* animal *m; hohes ~ (fig pop)* grosse légume *f;* gros bonnet *od* manitou *m; wildes ~* bête *f* sauvage; **~art** *f* espèce *f* animale; **~arzt** *m* vétérinaire *m;* **t~ärztlich** *a* vétérinaire; **~bändiger** *m* dompteur *m;* **~chen** *n* petit animal *m,* petite bête, bestiole *f;* **~freund** *m* ami *m* des bêtes; **~garten** *m* jardin *m* d'acclimatation; **~heilkunde** *f* médecine *f* vétérinaire; **t~isch** *a* **1.** animal; **2.** *pej* brutal; — *~er Ernst m* air *m* d'abruti; **~kreis(zeichen** *n***)** *m astr* (signe du) zodiaque *m;* **~kunde** *f* zoologie *f;* **~quälerei** *f* (acte *m* de) cruauté *f* envers les animaux; **~reich** *n* ‹-(e)s, ø› règne *m* animal; **~versuch** *m* expérience *f* faite sur des animaux; **~welt** *f* ‹-, ø› monde *m* animal.

Tiger *m* ‹-s, -› [ˈtiːgər] tigre *m.*

Tilde *f* ‹-, -n› [ˈtɪldə] *(Zeichen)* tilde *m.*

tilg|bar [ˈtɪlk-] *a fin* amortissable; remboursable, rachetable; **~en** [ˈ-gən] *tr fin* amortir, liquider, rembourser, racheter; (s')acquitter (de), s'exonérer de; **T~ung** *f* ‹-, -en› amortissement *m,* liquidation, annulation *f,* effacement; remboursement, rachat; acquittement *m,* exonération *f.*

Tinktur *f* ‹-, -en› [tɪŋkˈtuːr] *pharm* teinture *f.*

Tinte *f* ‹-, -n› [ˈtɪntə] encre *f; mit ~ schreiben* écrire à l'encre; *in der ~ sitzen (fig fam)* être dans le pétrin *od* de beaux draps; **~nfaß** *n* encrier *m;* **~nfisch** *m zoo* seiche *f;* **~nfleck** *m,* **~nklecks** *m* tache *f* d'encre; **~n(radier)gummi** *m* gomme *f* à encre.

Tip *m* ‹-s, -s› [tɪp] *fam (Wink)* tuyau *m; jdm e-n ~ geben* donner un tuyau à qn.

Tippel|bruder *m* [ˈtɪpəl] *fam (Landstreicher)* chemineau; clochard *m;* **t~n** *itr* ‹*sein*› *fam (wandern, zu Fuß gehen)* cheminer.

tippen [ˈtɪpən] **1.** *tr od itr (leicht klopfen): jdn* od *jdm auf die Schulter ~* taper sur l'épaule de qn. **2.** *tr u. itr fam (maschineschreiben)* taper (à la machine), dactylographier; **3.** *itr (wetten)* miser (*auf jdn, etw* sur qn, qc).

Tippfehler *m* [ˈtɪp-] *fam* faute *f* de frappe.

tipptopp [ˈtɪpˈtɔp] *a pred fam* chouette, épatant.

Tippzettel *m* [ˈtɪp-] bulletin-réponse *m.*

Tirol *n* [tiˈroːl] le Tyrol; **~er(in)** *m* ‹-s, -› (*f* ‹-, -nen›) [-ˈroːlər] Tyrolien(ne *f*) *m.*

Tisch *m* ‹-(e)s, -e› [tɪʃ] *(Möbelstück u. Mahlzeiten)* table *f; bei ~* à table, pendant le repas; *den ~ decken* mettre la table *od* le couvert; *unter den ~ fallen lassen (fig fam)* jeter au panier, laisser tomber; *zu ~ laden* inviter à déjeuner *od* à dîner; *reinen ~ machen (fig)* faire table rase (*mit* de); *sich zu ~ setzen* se mettre à table; *sich an den gedeckten ~ setzen (fig)* trouver la nappe mise; *(gnädige Frau,) der ~ ist gedeckt* madame est servie; *der grüne ~ (fig)* le tapis vert; **~bein** *n* pied *m* de table; **~dame** *f,* voisine *f* de table; **~decke** *f* tapis *m* de table; **~ende** *n: oberes, unteres ~* haut, bas bout *m* de table; **~gast** *m* convive *m;* **~gebet** *n (vor dem Essen)* bénédicité *m; (nach dem Essen)* grâces *f pl;* **~gesellschaft** *f* tablée *f;* **~herr** *m* voisin *m* de table; **~karte** *f* carton *m;* **~lampe** *f* lampe *f* de table.

Tischler *m* ‹-s, -› [ˈtɪʃlər] menuisier; *(Möbeltischler)* ébéniste *m;* **~handwerk** *n* menuiserie; ébénisterie *f;* **~leim** *m* colle *f* forte; **t~n** *itr* menuiser.

Tisch|platte *f* [ˈtɪʃ-] dessus *m od* planche *f* de la table; **~rede** *f* discours de banquet, toast *m;* **~tennis** *n* tennis de table, ping-pong *m;* **~tuch** *n* nappe *f;* **~wäsche** *f* linge *m* de table; **~wein** *m* vin *m* ordinaire *od* de table; **~zeit** *f* heure *f* du repas.

Titel *m* ‹-s, -› ['ti:təl] titre *m;* **~bild** *n typ* frontispice *m;* **~blatt** *n typ* (feuille *f* de) titre *m;* **~halter** *m,* **~inhaber** *m sport* tenant *od* détenteur *m* du titre; **~rolle** *f* rôle *m* principal; **~verteidiger** *m sport* personne *f* qui défend son titre.

titulieren [titu'li:rən] ‹*ohne ge-*› *tr (e-n Titel geben)* donner le titre de (*jdn* à qn); *(benennen, anreden)* qualifier de.

Toast *m* ‹-(e)s, -e/-s› [to:st] **1.** *(geröstete Weißbrotscheibe)* toast; pain *m* grillé; **2.** *(Trinkspruch)* toast *m;* **t~en** *itr* **1.** *(Weißbrot rösten)* faire des toasts; **2.** *(e-n Trinkspruch ausbringen)* porter un toast.

tob|en ['to:bən] *itr* **1.** *(Wütender)* être en rage *od* déchaîné, se démener, tempêter, fulminer; **2.** *(Kinder)* faire du tapage; **3.** *(Schlacht)* faire rage; *(Gewitter)* gronder; **T~sucht** *f* ‹-, ø› ['to:p-] folie furieuse, frénésie *f;* **~süchtig** *a* fou furieux, frénétique.

Tochter *f* ‹-, ¨-› ['tɔxtər, 'tœçtər] fille; *fam* demoiselle *f;* **~gesellschaft** *f* société affiliée *od* filiale, filiale *f.*

Tod *m* ‹-(e)s, (-e)› [to:t, '-dəs] mort *f; adm (Ableben)* décès; *poet (Hinscheiden)* trépas *m; bei s-m ~e* à sa mort; *mit dem ~e ringen* être à l'agonie, agoniser; *dem ~ ins Auge sehen* voir la mort de près; *e-s gewaltsamen, e-s natürlichen ~es sterben* mourir de mort violente, de mort naturelle *od* de sa belle mort; *zum ~e verurteilen* condamner à mort *od* à la peine capitale; **t~bringend** *a* mortel, délétère; **t~ernst** *a* très sérieux.

Todes|angst *f* ['to:dəs-] angoisse *f od* affres *f pl* de la mort; *~ängste ausstehen* être dans des angoisses *od* des transes mortelles; **~anzeige** *f* avis *m* de décès; *(briefliche)* (lettre *f* de) faire-part *m;* **~erklärung** *f* déclaration *f* de décès; **~fall** *m* décès *m; im ~e* en cas de mort *od* de décès; **~kampf** *m* agonie *f;* **~kandidat** *m fam* condamné *m;* **t~mutig** *a* ne craignant rien; **~opfer** *n* mort *m;* victime *f;* **~strafe** *f* peine *f* capitale *od* de mort; **~tag** *m* **1.** jour *m* de la mort *od* de décès; **2.** *(Gedenktag)* anniversaire *m* de la mort; **~ursache** *f* cause *f* de la mort; **~urteil** *n* arrêt *m od* sentence de mort, condamnation à mort, sentence *f* capitale; **~verachtung** *f* mépris *m* de la mort; *mit ~* au mépris de la vie.

Tod|feind *m* ['to:t-] ennemi *m* mortel *od* juré; **t~feind** *a: sich ~ sein* être ennemis mortels *od* à couteaux tirés; **t~krank** *a* malade à la mort *od* à mourir.

tödlich ['tø:tlıç] **I.** *a* mortel; à mort; **II.** *adv* mortellement, à mort; *~ verunglücken* se tuer; *~ verletzt* od *verwundet* mortellement blessé.

tod|müde ['to:t-] *a fam* mort de fatigue; **~schick** *a fam* très chic; **~sicher** *a fam* garanti, absolument sûr, sûr et certain; **T~sünde** *f* péché *m* mortel; **~unglücklich** *a* malheureux comme les pierres.

Tohuwabohu *n* ‹-(s), -s› [tohuva'bo:hu] *(Durcheinander)* tohu-bohu, méli-mélo *m; fam* pagaille *f.*

Toilette *f* ‹-, -n› [toa'lɛtə] **1.** *(Körperpflege; Damenkleidung; Frisiertisch; Waschraum)* toilette *f;* **2.** *(Abort) a.* cabinet (d'aisances), W.-C.; *fam* waters *m pl;* — *in großer ~* en (grande) toilette; *~ machen* faire sa toilette; **~nartikel** *m* article *m* de toilette; **~nnecessaire** *n* nécessaire *m* de toilette; **~npapier** *n* papier *m* hygiénique.

toler|ant [tole'rant] *a (duldsam)* tolérant; *(nachsichtig)* indulgent; **T~anz** *f* ‹-, (-en)› [-'rants] tolérance *(a. tech);* indulgence *f;* **~ieren** [-'ri:rən] ‹*ohne ge-*› *tr* tolérer.

toll [tɔl] *a* **1.** fou (furieux *od* à lier); **2.** *vet* enragé; **3.** *fig fam (wild, wüst, schlimm)* fou, insensé, frénétique, extravagant; **4.** *fam* fantastique, sensationnel; — *es zu ~ treiben* y aller trop fort; *bist du ~ (geworden)?* es-tu fou? *ein ~er Bursche* od *Kerl (fam)* un type sensationnel *od* énorme.

Tolle *f* ‹-, -n› ['tɔlə] *fam (Haarschopf)* huppe *f.*

Toll|haus *n* ['tɔl-] asile *m* d'aliénés; *es geht (ja hier) wie im ~ zu* c'est comme dans une maison de fous; **~häusler** *m* aliéné *m;* **~heit** *f* ‹-, -en› folie *f* (furieuse); *(toller Streich)* (coup *m* de) folie *f;* **~kirsche** *f bot* belladone *f;* **t~kühn** *a* téméraire; **~kühnheit** *f* témérité *f;* **~wut** *f vet* rage *f;* **t~wütig** *a* enragé, atteint de la rage.

Tolpatsch *m* ‹-(e)s, -e› ['tɔlpatʃ] brise-tout, brise-fer, balourd, empoté, maladroit *m.*

Tölpel *m* ‹-s, -› ['tœlpəl] balourd, lourdaud, malotru, rustre, vilain *m;* **~ei** *f* ‹-, -en› [-'laı] balourdise *f.*

Tomate *f* ‹-, -n› [to'ma:tə] tomate *f;* **~nmark** *n* concentré *m* de tomates; **~nsuppe** *f* potage *m* à la tomate.

Tombola *f* ‹-, -s/(-len)› ['tɔmbola] *(Verlosung)* tombola *f.*

Ton (1) *m* ‹-(e)s, (-e)› [to:n] *geol* argile, glaise; *(als Werkstoff)* terre *f; gebrannter ~ (Terrakotta)* terre *f* cuite; **(2)** *m* ‹-(e)s, ¨-e› [to:n, 'tø:nə] **1.** *(Laut, a. mus)* son; *(Klang)* son *m,* sonorité *f,* ton, timbre *m;* **2.** *(Redeweise)* ton *m;* **3.** *gram* accent *m* (tonique); — *ohne e-n ~ zu sagen* sans rien *od* mot dire; *den ~ angeben (mus* u. *fig)* donner le ton *od* la note; *fig* lancer la mode, faire la pluie et le beau temps; *e-n anderen ~ anschlagen (fig)* changer de ton *od* de style *od* de gamme; *keinen ~ von sich geben* ne pas souffler mot; *ich brachte keinen ~ heraus* ma voix s'étrangla; *ich verbitte mir diesen ~!* ne le prenez pas sur ce ton-là! *wenn Sie in diesem ~ reden* si vous le prenez sur ce ton; *der ~ macht die Musik (prov)* c'est le ton qui fait la musique *od* la chanson; *der gute ~ (im Benehmen)* le bon ton.

Ton|abnehmer *m* ['to:n-] pick-up *m;* **t~angebend** *a fig* qui donne le ton; **~archiv** *n* archives *f pl* sonores; **~arm** *m* bras *m* (de pick-up); **~art** *f mus* mode *m;* **~aufnahme** *f* prise *f* de son; **~band** *n* bande *f* magnétique *od* sonore; **~bandgerät** *n* magnétophone *m.*

tönen ['tø:nən] **1.** *itr (klingen)* sonner, résonner, retentir; **2.** *tr (in der Farbe abstimmen)* colorier, teinter, teindre.

Tonerde *f* ['to:n-] *chem* alumine *f; essigsaure ~* acétate *m* d'aluminium.

tönern ['tø:nərn] *a* de *od* en terre.

Ton|fall *m* ['to:n-] intonation; *(Rhythmus)* cadence *f;* **~film** *m* film *m* sonore *od* parlant.

Tongefäß *n* ['to:n-] vase *m* de *od* en terre.

Ton|höhe *f* ['to:n-] hauteur *f* du son; **~ingenieur** *m film radio* ingénieur *m* du son; **~kamera** *f film* caméra-son *f.*

Tonkrug *m* ['to:n-] cruche *f* de terre.

Ton|lage *f* ['to:n-] = *Tonhöhe;* **~leiter** *f* gamme *f* (musicale); **t~los** *a* **1.** *(ausdruckslos; gram: unbetont)* atone; **2.** *(Stimme)* blanc, éteint.

Tonn|age *f* ⟨-, -n⟩ [tɔ'na:ʒə] *mar* tonnage *m,* jauge *f;* **~e** *f* ⟨-, -n⟩ ['tɔnə] *(großes Faß)* tonneau *a. mar,* baril, fût *m; (1000 kg)* tonne *f;* **~engewölbe** *n arch* voûte *f* en berceau *od* en plein cintre, tonneau *m.*

Ton|regler *m* ['to:n-] *radio* dispositif *m* de réglage du son; **~spur** *f (e-r Platte, e-s Bandes)* sillon *m;* **~streifen** *m film* bande *f* sonore.

Tonsur *f* ⟨-, -en⟩ [tɔn'zu:r] *rel* tonsure *f.*

Tonträger *m* ['to:n-] *radio* support *m* de son, onde *f* porteuse.

Tönung *f* ['tø:nuŋ] **1.** *(Vorgang)* coloration *f;* **2.** *(Ergebnis)* teinte *f.*

Tonwiedergabe *f* ['to:n-] reproduction *f* sonore *od* des sons.

Topas *m* ⟨-es, -e⟩ [to'pa:s, -zə] *min* topaze *f.*

Topf *m* ⟨-(e)s, ⸚e⟩ [tɔpf, 'tœpfə] pot *m; (Koch~)* marmite *f; in einen ~ werfen (fig)* mettre dans le même sac, jeter dans le même moule.

Töpf|chen *n* ['tœpf-] petit pot; *fam (Nachttopf)* vase *m* de nuit; **~er** *m* ⟨-s, -⟩ potier; céramiste *m;* **~erei** *f* ⟨-, -en⟩ [-'raɪ] **1.** *(Handwerk)* poterie *f;* **2.** *(Werkstatt)* atelier *m* de potier; **~erscheibe** *f* tour *m* de potier; **~erware** *f* poterie, céramique *f.*

Topf|kuchen *m* ['tɔpf-] kouglof *m;* **~lappen** *m* chiffon *m* à plats; **~pflanze** *f* plante *f* en pot.

Topograph|ie *f* ⟨-, -n⟩ [topogra'fi:] topographie *f;* **t~isch** [-'gra:fɪʃ] *a* topographique.

Topologie *f* ⟨-, ø⟩ [topolo'gi:] *math* topologie *f.*

Tor [to:r] **(1)** *n* ⟨-(e)s, -e⟩ **1.** *(große Tür)* porte *f* (cochère); portail *m;* **2.** *sport* but *m;* — *ein ~ schießen* marquer un but; *dir stehen alle ~e offen (fig)* toutes les portes te sont ouvertes; **(2)** *m* ⟨-en, -en⟩ *(törichter Mensch)* sot, insensé, fou *m.*

Toreinfahrt *f* ['to:r-] porte *f* cochère.

Torf *m* ⟨-(e)s, ø⟩ [tɔrf] tourbe *f; ~ stechen* extraire de la tourbe; **~boden** *m* terrain *m* tourbeux; **~gewinnung** *f* extraction *f* de la tourbe; **~mull** *m* poussier *m* de mottes.

Torheit *f* ['to:rhaɪt] sottise, bêtise; folie *f.*

Torhüter *m* ['to:r-] portier *m.*

töricht ['tø:rɪçt] *a* déraisonnable, insensé, sot.

torkeln ['tɔrkəln] *itr* ⟨*sein* od *h*⟩ *fam (taumeln)* tituber, faire des zigzags; *auf die Straße ~* ⟨*sein*⟩ sortir en titubant; *(schwanken)* chanceler.

Torlinie *f* ['to:r-] *sport* ligne *f* de but.

Tornado *m* ⟨-s, -s⟩ [tɔr'na:do] *(Wirbelsturm)* tornade *f.*

Tornister *m* ⟨-s, -⟩ [tɔr'nɪstər] *bes. mil* sac; *(e-s Schülers)* sac (d'écolier), cartable *m*

torped|ieren [tɔrpe'di:rən] ⟨*ohne ge-*⟩ *tr* torpiller; **T~o** *m* ⟨-s, -s⟩ [-'pe:do] *mil* torpille *f;* **T~oboot** *n* torpilleur *m.*

Tor|pfosten *m* ['to:r-] *sport* poteau *m;* **~schluß** *m: noch vor ~ (fig)* juste à temps, à la dernière minute.

Torso *m* ⟨-s, -s/-si⟩ ['tɔrzo, '-zi] **1.** *(Kunst)* torse; **2.** *allg (Bruchstück)* fragment *m.*

Torte *f* ⟨-, -n⟩ ['tɔrtə] *(Butterkrem~)* gâteau *m* (à la crème *(Obst~)* tarte *f* (aux fruits); **~nboden** *m* fond *m* de tarte; **~nform** *f* tôle *f* à tarte; **~nheber** *m* pelle *f* à gâteau; **~nplatte** *f* plat *m* à gâteau.

Tortur *f* ⟨-, -en⟩ [tɔr'tu:r] *(a. fig)* torture *f.*

Tor|wart *m* ['to:r-] *sport* gardien de but, goal *m;* **~weg** *m* = *Toreinfahrt.*

tosen ['to:zən] *itr (Wasser)* bruire, gronder, mugir; déferler; **~d** *a (Beifall)* délirant.

tot [to:t] *a* **1.** mort; *(verstorben)* défunt; *adm* décédé; **2.** *fig (leblos)* inanimé, sans vie; *(regungslos, ausgestorben, öde)* désert, morne; *(unwirksam)* inerte; **3.** *(unproduktiv)* improductif; *fin* qui dort; — *für ~ erklären (adm)* déclarer décédé; *er war auf der Stelle ~* il était mort sur le coup; *mehr ~ als lebendig* plus mort que vif; *wie ~* comme mort; *~er Winkel m* angle *m* mort.

total [to'ta:l] *a* total, global; *(vollständig)* complet, entier; *~ besoffen (fam)* fin soûl; **T~ausverkauf** *m* **1.** liquidation *f* (complète); **2.** *(beim Pferderennen)* pari *m* mutuel; **~itär** [-li'tɛ:r] *a bes. pol* totalitaire; **T~ität** *f* ⟨-, ø⟩ [-li'tɛ:t] totalité *f*, ensemble *m*.

tot|=arbeiten, *sich* ['to:t-] se tuer *od* se crever au travail; **~=ärgern,** *sich* se fâcher (tout) rouge; **T~e** *m f* mort(e *f*); défunt(e *f*); *adm* décédé(e *f*) *m; (in d. Unfallstatistik)* tué *m*.

töten ['tø:tən] *tr* tuer, mettre à mort, faire mourir, donner la mort à, ôter la vie à.

Toten|bett *n* ['to:tən-] lit de mort, lit *m od* couche *f* funèbre; **t~blaß** *a*, **t~bleich** *a* pâle comme *od* plus pâle que la mort, livide; **~ehrung** *f*, **~feier** *f* honneurs funèbres, derniers honneurs *m pl;* cérémonie *f* commémorative; **~glocke** *f* glas *m* (funèbre); **~gräber** *m* fossoyeur; *fig pol* naufrageur *m;* **~hemd** *n* linceul *m;* **~klage** *f* chants *m pl* funèbres; **~kopf** *m* tête *f* de mort; **~schein** *n* acte *od* certificat *m* de décès; **~sonntag** *m (evang. Feiertag)* Fête *f od* Jour *m* des morts; **t~still** *a: es war ~* il régnait un silence de mort; **~stille** *f* silence *m* de mort *od* sépulcral; **~tanz** *m* danse *f* macabre *od* des morts; **~wache** *f* veillée *f* funèbre; *die ~ bei jdm halten* veiller qn.

tot|=fahren ['to:t-] ⟨*fährt, fuhr tot, totgefahren*⟩ *tr* écraser; **~geboren** *a* mort-né; **T~geglaubte** *m*, **T~gesagte** *m* présumé *m od* dit *m* mort; **~=lachen,** *sich* mourir *od* se pâmer de rire.

Toto *m, fam: n* ⟨-s, -s⟩ ['to:to] paris *m pl* de football; **~schein** *m* coupon *m* de paris de football.

tot|=schießen ['to:t-] ⟨*schoß tot, totgeschossen*⟩ *tr* tuer *od* abattre d'un coup de feu, brûler la cervelle à; **T~schlag** *m jur* homicide *m* volontaire, mort *f* d'homme; **~=schlagen** ⟨*schlägt, schlug tot, totgeschlagen*⟩ *tr* assommer; *(töten)* tuer; *die Zeit ~* tuer le temps; **T~schläger** *m* **1.** *(Mörder)* meurtrier *m;* **2.** *(Waffe)* casse-tête *m;* **~=schweigen** ⟨*schwieg tot, totgeschwiegen*⟩ *tr* passer sous silence, étouffer; **~=stellen,** *sich* faire le mort.

Tötung *f* ⟨-, ø⟩ ['tø:tuŋ] mise *f* à mort; *(e-s Menschen)* homicide *m; fahrlässige ~ (jur)* homicide *m* involontaire *od* par imprudence; *vorsätzliche ~* homicide *m* intentionnel *od* prémédité *od* avec préméditation.

Tour *f* ⟨-, -en⟩ [tu:r] **1.** *tech (Umdrehung, Runde)* tour *m;* **2.** *(Rundfahrt)* tournée *f; (Ausflug)* tour; *(Fahrt, Strecke)* parcours *m;* **3.** *(List, Streich)* tour *m;* — *auf vollen ~en* en plein régime *od* rendement; *in einer ~ (ohne Unterbrechung)* sans arrêt, sans cesse; *auf ~en kommen* prendre de la vitesse; **~enzahl** *f tech mot* régime *m*, vitesse *f;* tours *m pl* par minute; **~ismus** *m* ⟨-, ø⟩ [tu'rɪsmus] tourisme *m;* **~ist** *m* ⟨-en, -en⟩ [-'rɪst] touriste; excursionniste *m;* **~istenklasse** *f* classe *f* tourist(iqu)e; **~istik** *f* ⟨-, ø⟩ [-'rɪstɪk] tourisme *m;* **~nee** *f* ⟨-, -s/-n⟩ [-'ne:, -'ne:ən] *(Gastspielreise)* tournée *f*.

Trab *m* ⟨-(e)s, ø⟩ [tra:p] trot *m; im ~* au trot; *jdn auf ~ bringen (fig fam)* mettre qn au pas.

Trabant *m* ⟨-en, -en⟩ [tra'bant] **1.** *hist (Leibwächter)* traban *m;* **2.** *astr* satellite *m;* **~enstadt** *f* cité *od* ville satellite, grand ensemble *m*.

traben ['tra:bən] *itr* ⟨*sein*⟩ trotter, aller au trot.

Tracht *f* ⟨-, -en⟩ [traxt] *(Kleidung)* mise, mode, tenue *f*, costume; *(Volkstracht)* costume *m od* tenue *f* régional(e) *od* de pays *od* folklorique; *~ Prügel* od *Schläge* volée (de coups), raclée *f*.

trachten ['traxtən] *itr* viser, aspirer, tendre (*nach etw* à qc); *jdm nach dem Leben ~* attenter aux jours de qn.

trächtig ['trɛçtɪç] *a f zoo (tragend)* pleine, gravide; *~ sein (a.)* porter.

Tradition *f* ⟨-, -en⟩ [traditsi'o:n] tradition *f;* **t~ell** [-tsio'nɛl] *a* traditionnel.

Trag|bahre *f* ['tra:k-] civière *f*, brancard *m;* **t~bar** *a* **1.** portable, portatif; **2.** *(erträglich)* supportable, tolérable.

träg(e) [trɛ:k, '-gə] *a* **1.** paresseux, fainéant, indolent; mou, lent, lourd; **2.** *phys* inerte.

tragen ['tra:gən] ⟨*trägt, trug, getragen*⟩ *tr* **1.** *(fortschaffen)* porter; *(in e-r bestimmten Lage halten, stützen)* (sup-)porter, (sou)tenir; **2.** *(Kleidungsstück* od *Schmuck an-, Kopfbedeckung* od *Brille aufhaben)* porter; *(die Haare in e-r bestimmten Weise)* avoir; **3.** *(Frucht, Gewinn, Erfolg bringen)* (rap)porter; **4.** *(ertragen, erdulden)* supporter, subir; *itr* **5.** *(halten, nicht zs.brechen; gehen, reichen)* porter; **6.** *(Früchte bringen)* porter des fruits, fructifier; — *sich ~ (Kleidungsstück)* se porter; *e-n Bart ~* porter la barbe; *etw mit Fassung ~* subir qc avec constance; *sich gut ~ (Stoff, a.)* faire bon usage; *sein Haar lang, kurz ~* avoir les cheveux longs, courts; *an etw schwer zu ~ haben* être accablé par qc; *man trägt ... (als modern)* on porte ...; *man kann die Jacke noch ~* le veston est encore mettable; *die Beine wollen mich nicht mehr ~* je ne tiens plus sur mes jambes.

Träger *m* ⟨-s, -⟩ ['trɛgər] **1.** *(Mensch)*

porteur *m; fig (e-s Namens)* qui porte ... ; *(der Staatsgewalt, der Wirtschaft, der Kultur)* représentant; *(e-r Idee)* protagoniste, agent, champion *m;* **2.** *tech* support *a. aero,* montant *m; (Balken)* poutre *f;* **3.** *(an e-m Kleidungsstück)* épaulette, bretelle *f;* **4.** *fig (der Gedanken, der Nachrichtenübermittlung)* véhicule *m;* **5.** *med (e-s Krankheitskeimes)* agent, vecteur *m;* **~rakete** *f* fusée *f* porteuse *od* de lancement; **~schürze** *f* tablier *m* à bretelles.

trag|fähig ['tra:k-] *a* capable de porter; **T~fähigkeit** *f* ‹-, ø› force portative; *(Höchstlast)* limite *m* de charge; *(Nutzlast)* charge *f* utile; **T~fläche** *f aero* surface *f* portante *od* sustentatrice, plan *m* sustentateur, voilure *f.*

Trägheit *f* ‹-, ø› ['trɛ:khaıt] **1.** paresse, fainéantise, indolence; mollesse, lenteur, lourdeur *f;* **2.** *phys* inertie *f;* **~smoment** *n phys* moment *m* d'inertie.

Trag|ik *f* ‹-, ø› ['tra:gık] *(Kunst der Tragödie)* art *m* tragique; *die ~ (allg: das Tragische)* le tragique; **t~ikomisch** ['tra:gi-] *a* tragi-comique; **~ikomödie** *f* tragi-comédie *f;* **t~isch** ['tra:gıʃ] *a* tragique; *~ nehmen* prendre au tragique.

Trag|kraft *f* ['tra:k-] force *f* portante *od* portative; **~last** *f* charge *f; (Gepäck)* bagages *m pl.*

Tragödie *f* ‹-, -n› [tra'gø:diə] *(Trauerspiel; fig: Unglück)* tragédie *f.*

Tragweite *f* ['tra:k-] *fig* portée; *(Bedeutung)* signification, importance *f; sich der ~ s-r Handlungen nicht bewußt sein* agir sans discernement.

Train|er *m* ‹-s, -s› ['trɛ:-/'tre:nər] *sport* entraîneur *m;* **t~ieren** [trɛ-/tre'ni:rən] ‹*ohne ge-*› *tr (itr* s')entraîner (*auf etw* pour qc); **~ing** *n* ‹-s, -s› ['-nıŋ] entraînement *m;* **~ingsanzug** *m* survêtement *m* de sport; **~ingshose** *f,* **~ingsjacke** *f* culotte, veste *f* de survêtement.

Trakt|at *m* od *n* ‹-(e)s, -e› [trak'ta:t] *(Abhandlung)* traité *m;* **t~ieren** [-'ti:rən] ‹*ohne ge-*› *tr fam (behandeln)* traiter.

Traktor *m* ‹-s, -en› ['traktɔr, -'to:rən] *agr* tracteur *m.*

trällern ['trɛlərn] *itr u. tr* chantonner; fredonner.

trampel|n ['trampəln] *itr fam (mit den Füßen treten)* piétiner, trépigner; **T~pfad** *m* piste *f* battue; **T~tier** *n zoo* chameau *m* (à deux bosses).

Tran *m* ‹-(e)s, (-e)› [tra:n] huile de baleine *od* de poisson; *(Leber~)* huile *f* de foie de morue.

tranchier|en *n* [trã'ʃi:rən] ‹*ohne ge-*› *tr (Fleisch: zerschneiden)* découper; **T~messer** *n* couteau *m* à découper.

Träne *f* ‹-, -n› ['trɛ:nə] larme *f; pl a.* pleurs *m pl; mit ~n in den Augen* les larmes aux yeux; *~n lachen* rire aux larmes; *~n vergießen* verser *od* répandre des larmes *od* des pleurs; *den ~n nahe* au bord des larmes; *zu ~n gerührt* ému *od* touché (jusqu')aux larmes; **t~n** *itr* larmoyer; **~ndrüse** *f* glande *f* lacrymale; **~ngas** *n* gaz *m* lacrymogène; **~nsack** *m anat* sac *m* lacrymal.

tranig ['tra:nıç] *a* **1.** qui sent l'huile de poisson *od* lamarée; **2.** *fig fam (Mensch: langweilig)* ennuyeux, lent.

Trank *m* ‹-(e)s, ¨-e› [traŋk, 'trɛŋkə] breuvage *m,* boisson *f.*

Tränke *f* ‹-, -n› ['trɛŋkə] *(Vieh~)* abreuvoir *m;* **t~n** *tr* **1.** faire boire, donner à boire à; **2.** *tech* imbiber, imprégner.

Transaktion *f* [trans--'-] *fin* transaction *f.*

Transatlant|ikflug *m* [trans-'--] vol *m* transatlantique; **~ikverkehr** *m* trafic *m* transatlantique; **t~isch** *a* transatlantique.

Transfer *m* ‹-s, -s› [trans'fe:r] *fin* transfert *m;* **t~ierbar** [-'ri:r-] *a* transférable; **t~ieren** ‹*ohne ge-*› *tr* transférer

Transformator *m* ‹-s, -en› [transfɔr'ma:tɔr, -'to:rən] *el* transformateur; *fam* transfo *m;* **~häuschen** *n,* **~station** *f* station *f od* poste *m* de transformation.

Transistor *m* ‹-s, -en› [tran'zıstɔr, -'to:rən] *el* transistor *m; mit ~* transistorisé.

Transit *m* ‹-s, -e› [tran'zıt/ -'zi:t] *com* transit *m;* **~handel** *m* commerce *m* de transit *od* transitoire; **t~iv** ['tran-/tranzi'ti:f] *a gram* transitif; **~schein** *m* passavant, passe-debout *m;* **~verkehr** *m* trafic *m* de transit; **~zoll** *m* droit *m* de transit.

Transmission *f* ‹-, -en› [trans-] *tech* transmission *f;* **~swelle** *f* arbre *m* de transmission.

transparent [transpa'rɛnt] *a* transparent; **T~** *n* ‹-(e)s, -e› **1.** *(durchscheinendes Bild)* transparent *m;* **2.** *(Spruchband)* banderole *f.*

transpirieren [transpi'ri:rən] ‹*ohne ge-*› *itr* transpirer.

Transplant|ation *f* ‹-, -en› [transplantatsi'o:n] *(Überpflanzung)* greffe *f;* **t~ieren** [-'ti:rən] ‹*ohne ge-*› *tr* greffer.

Transport *m* ‹-(e)s, -e› [trans'pɔrt] transport; *mil* convoi *m;* **t~abel** [-'ta:bəl] *a* transportable; portatif, mobile; **~arbeiter** *m* ouvrier *m* des transports; **~band** *n tech* bande *f* transporteuse; **t~fähig** *a (Kranker)* transportable; **~flugzeug** *n* avion *m* de transport; **t~ieren** [-'ti:rən] ‹*ohne ge-*› *tr* transporter; **~kosten** *pl,* **~mittel** *n pl,* frais, moyens *m pl* de transport; **~schaden** *m* avarie *f* de transport; **~schiff** *n* cargo, chaland *m;* **~versicherung** *f* assurance-transports *f.*

Transvestit *m* [transvɛs'ti:t] ‹-en, -en› travesti *m*.

transzenden|t [transtsɛn'dɛnt] *a philos* transcendant; **~tal** [-'ta:l] *a philos* transcendental; **T~z** *f* ‹-, ø› [-'dɛnts] transcendance *f*.

Trapez *n* ‹-es, -e› [tra'pe:ts] *math sport* trapèze *m*.

Trappe *m* ‹-n, -n› *a. f* ‹-, -n› ['trapə] *orn* outarde *f*.

trappeln ['trapəln] *itr* ‹*sein*› trottiner.

Trapper *m* ‹-s, -› ['trapər] *(nordamerik. Pelzjäger)* trappeur *m*.

Trass|e *f* ‹-, -n› ['trasə] *(im Gelände abgesteckte Linie)* trace *m;* **t~ieren** [-'si:rən] ‹*ohne ge-*› *tr* **1.** *(abstecken)* tracer; **2.** *jdn ~ (fin)* tirer sur qn, émettre (un effet) sur qn.

Tratsch *m* ‹-(e)s, ø› [tra:tʃ] *fam (Klatsch, Gerede)* bavardage, commérage; racontar, potin *m;* **t~en** *itr fam* bavarder, commérer, potiner.

Tratte *f* ‹-, -n› ['tratə] *fin* traite *f*.

Traualtar *m* ['trau-] autel *m* des mariages.

Traube *f* ‹-, -n› ['traubə] *bot u. allg* grappe; *(Weintraube)* grappe *f* (de raisin); *pl (Weintrauben)* raisin(s *pl*) *m;* **t~nförmig** *a* à grappe; **~nzucker** *m chem* glucose *m*.

trauen ['trauən] **1.** *itr: jdm ~ (vertrauen, Glauben schenken)* avoir confiance en qn, faire confiance, se fier à qn; *e-r S ~* avoir confiance dans qc, se fier, ajouter foi à qc; **2.** *tr (verheiraten)* marier, unir; **3.** *refl: sich ~ (es wagen)* oser; — *s-n Augen nicht ~* n'en pas croire ses yeux; *kirchlich ~* bénir, donner la bénédiction nuptiale à; *jdm nicht über den Weg ~ (fam)* se méfier de qn; *sich ~ lassen* se marier, contracter mariage; *ich traue dem Frieden nicht* je me méfie de cette paix.

Trauer *f* ‹-, ø› ['trauər] **1.** *(Traurigkeit)* affliction, désolation, tristesse *f;* **2.** *(um e-n Toten)* deuil *m; um jdn in ~ sein, ~ tragen* être en *od* porter le deuil (*um jdn* de qn); **~binde** *f* brassard *m* de crêpe *od* de deuil; **~brief** *m* faire-part *m* de décès; **~fall** *m* deuil, décès *m;* **~flor** *m* crêpe *f* de deuil; **~gottesdienst** *m* service *m* funèbre; **~haus** *n* maison *f* mortuaire; **~jahr** *n* deuil *m;* **~kleidung** *f* vêtement *m* de deuil; **~kloß** *m fam* pleurnicheur; pauvre type *m;* **~marsch** *m,* **~musik** *f* marche, musique *f* funèbre; **t~n** *itr (traurig sein)* être affligé *od* triste; *um jdn ~* être en deuil de qn; *um etw ~* déplorer la perte de qc; **t~nd** *a* en deuil; **~rand** *m* bordure *f* de deuil, cadre *m* noir; **~spiel** *n theat* u. *fig* tragédie *f;* **~weide** *f bot* saule *m* pleureur.

Traufe *f* ‹-, -n› ['traufə] égout *m; (Dachrinne)* gouttière *f*.

träufeln ['trɔʏfəln] *tr* laisser tomber *od* verser goutte à goutte.

traulich ['traulıç] *a* intime, familier.

Traum *m* ‹-(e)s, ¨-e› [traum, 'trɔʏmə] **1.** rêve, songe *m;* **2.** *fig (sehnlicher Wunsch)* rêve *m;* — *im ~* en rêve; *e-n ~ haben* faire *od* avoir un rêve *od* un songe; *ich denke nicht im ~ daran! das fällt mir nicht im ~ ein!* je n'y songe même pas en rêve, je m'en garderai bien; *mein ~ ist in Erfüllung gegangen* mon rêve s'est réalisé; *der ~ ist aus* ce n'était qu'un rêve *od* qu'une illusion; *fam (es ist aus)* c'est fini; **~deutung** *f* interprétation des songes, oniromancie *f*.

träum|en ['trɔʏmən] *itr* **1.** rêver, songer; faire *od* avoir un rêve *od* un songe; **2.** *fig* rêver (*von etw* qc); songer; — *mit offenen Augen* od *am hellen Tage ~* être perdu dans des rêveries, rêvasser; *das hätte ich mir nicht ~ lassen* je n'osais même pas y songer, j'étais loin de m'y attendre; *~e süß!* fais de beaux rêves; *du ~st wohl!* tu rêves! tu n'y songes pas! **T~er** *m* ‹-s, -› **1.** rêveur *m;* **2.** *fig (Phantast)* songe-creux, visionnaire, utopiste *m;* **T~erei** *f* ‹-, -en› [-'raı] rêverie, songerie *f;* **~erisch** *a* rêveur, songeur.

traum|haft *a* **1.** comme en rêve; fantastique, irréel; **2.** *scient* onirique; **~verloren** *a,* **~versunken** *a* plongé dans la rêverie.

traurig ['traurıç] *a* **1.** *(Mensch) (betrübt)* triste, attristé, affligé, contristé; *(tiefbekümmert, untröstlich)* désolé, navré; **2.** *(schmerzlich)* triste, affligeant, désolant; *(kläglich)* déplorable, lamentable; **3.** *(Mensch u. Sache) (jämmerlich)* misérable, piteux; — *~ machen* od *stimmen* attrister, contrister, affliger; *~ werden* s'attrister, s'affliger; **T~keit** *f* ‹-, ø› tristesse, affliction, désolation *f*.

Trau|ring *m* ['trau-] alliance *f,* anneau *m* (de mariage *od* nuptial); **~schein** *m* acte *od* extrait *m* de mariage.

traut [traut] *a (traulich)* intime; *(gemütlich)* confortable; *(vertraut)* intime; *(lieb)* cher, chéri.

Trau|ung *f* ‹-, -en› ['trauuŋ] mariage *m,* épousailles *f pl; (kirchliche)* bénédiction *f* nuptiale; **~zeuge** *m* témoin *m* de mariage.

treffen ['trɛfən] ‹*trifft, traf, getroffen*› *tr* **1.** toucher, atteindre; **2.** *fig (innerlich)* toucher; **3.** *(betreffen)* toucher, concerner; **4.** *(das richtige Wort, den richtigen Ton)* trouver; **5.** *(bildlich wiedergeben, darstellen)* rendre; réussir; **6.** *(begegnen)* rencontrer; *itr* **7.** porter juste; — *auf jdn ~* tomber sur qn, avoir affaire à qn; *es traf sich, daß ...* il arriva, le hasard voulut que ... ; *e-e Auswahl* od *Wahl ~* faire *od* opérer un choix; *es gut,* *schlecht* ~ tomber bien, mal; *gut, schlecht getroffen sein (auf e-m Bild)* être bien, mal rendu *od* réussi; *Maßnahmen* ~ prendre des mesures; *ins Schwarze* ~ *(a. fig)* faire mouche; *mich trifft keine Schuld* ce n'est pas ma faute; *das trifft sich gut, schlecht* cela tombe bien, mal; **T~** *n* **1.** *(Begegnung)* rencontre *f; (Tagung)* congrès *m,* assises *f pl;* **2.** *mil* rencontre *f,* combat *m;* **~d I.** *a* **1.** juste, exact, précis; *(Ähnlichkeit)* frappant; **2.** *jur* pertinent; **II.** *adv* à propos, pertinemment.

Treffer *m* ⟨-s, -⟩ ['trɛfər] **1.** *(beim Boxen)* coup *m* qui porte *(beim Fechten)* touche *f; (Fußball)* but; *(beim Schießen)* impact *m;* **2.** *(Gewinnlos)* billet *od* numéro *m* gagnant.

treff|lich ['trɛf-] *a (ausgezeichnet)* excellent; *(vollendet, vollkommen)* parfait; **T~punkt** *m* (lieu du) rendez-vous *m.*

Treib|anker *m* ['traɪp-] ancre *f* flottante; **~eis** *n* glaces *f pl* flottantes *od* dérivantes *od* de dérive.

treiben ['traɪbən] ⟨*trieb, getrieben*⟩ *tr* **1.** *(vor sich her jagen)* chasser; *(Vieh)* mener; *(vom Wind)* balayer; **2.** *(in Bewegung setzen* od *halten)* faire marcher *od (Rad)* tourner; *sport (Ball)* dribbler; **3.** *(Menschen antreiben, veranlassen)* pousser (*jdn zu etw* qn à qc); **4.** *(hineinschlagen, -bohren)* enfoncer; *(Tunnel)* creuser, percer; *mines (Stollen)* percer; **5.** *metal* emboutir, repousser, bosseler; **6.** *(Pflanzen: wachsen lassen)* donner; *agr (im Treibhaus)* forcer; **7.** *(betreiben, tun)* faire, exercer, pratiquer; s'occuper de; s'adonner à, se livrer à; *itr* **8.** *(fortbewegt werden)* être chassé; *(auf dem Wasser)* flotter, aller à la dérive, dériver; **9.** *bot (wachsen)* pousser; *(Teig: aufgehen)* lever; *(gären)* fermenter; — *zum Äußersten* od *auf die Spitze* ~ pousser à l'extrême; *jdm das Blut* od *die Schamröte ins Gesicht* ~ faire monter le rouge au visage à qn; *jdn zur Verzweiflung* ~ pousser qn au désespoir; *sich (willenlos)* ~ *lassen (fig)* aller *od* être à la dérive, dériver; *was* ~ *Sie?* que faites-vous dans la vie? **T~** *n fig (der Welt)* train *m; (auf der Straße)* agitation *f;* **~d** *a* en dérive; *die ~e Kraft (fig: Mensch)* le promoteur.

Treiber *m* ⟨-s, -⟩ ['traɪbər] **1.** *(Viehtreiber)* meneur; *(Jagd)* traqueur *m;* **2.** *fig* excitateur, instigateur; *(Antreiber)* oppresseur *m.*

Treib|haus *n* ['traɪp-] serre, forcerie *f;* **~jagd** *f* battue *f;* **~mine** *f* mine *f* dérivante *od* flottante; **~rad** *n* roue *f* motrice; **~riemen** *m tech* courroie *f* de commande *od* de transmission; **~stoff** *m* carburant, combustible *m; (Benzin)* essence *f; (e-r Rakete)* propulsif *m;* **~stofflager** *n* dépôt *m* d'essence; **~stoffversorgung** *f* approvisionnement *m* en essence.

trenn|bar ['trɛn-] *a* séparable; **~en** *tr* **1.** séparer, disjoindre; *(Zs.gehöriges)* dépareiller, déparier, désassortir; **2.** *(abtrennen)* détacher (*von* de); *(Menschen, a.)* désunir; *tele* couper; *refl* **3.** *sich* ~ se séparer *(a. Ehegatten);* se quitter; **T~linie** *f* ligne séparative; *typ* vedette *f;* **~scharf** *a radio* sélectif; **T~schärfe** *f* sélectivité *f;* **T~ung** *f* ⟨-, -en⟩ séparation, disjonction, désunion, rupture; *(e-r Ehe)* dissolution *f; el tele* rupture *f;* **T~ungsentschädigung** *f* indemnité *f* de séparation; **T~ungsstrich** *m* tiret *m;* **T~ungszeichen** *n typ* division *f.*

Treppe *f* ⟨-, -n⟩ ['trɛpə] escalier *m; drei ~n hoch* au troisième (étage); *die* ~ *benutzen* prendre (par) l'escalier; *die* ~ *hinauf-, hinuntergehen* monter, descendre l'escalier; **~nabsatz** *m,* **~ngeländer** *n* palier *m* rampe *f* d'escalier; **~nhaus** *n* cage *f* d'escalier; **~npfeiler** *m* départ *m* de rampe; **~nstufe** *f* marche *f* d'escalier.

Tresor *m* ⟨-s, -e⟩ [tre'zo:r] *(Panzerschrank)* coffre-fort *m; (Stahlkammer)* chambre *f* forte; **~raum** *m* salle *f* des coffres-forts.

Tresse *f* ⟨-, -n⟩ ['trɛsə] *(Borte) bes. mil* galon *m,* soutache *f.*

treten ['tre:tən] ⟨*tritt, trat, getreten*⟩ *tr* ⟨*h*⟩ **1.** *(den Fuß stellen auf)* mettre le pied sur; **2.** *(mit dem Fuß stoßen)* donner un coup de pied à *(in den Hintern* dans le derrière); *(abwechselnd mit beiden Füßen ~)* piétiner, fouler; **3.** *(in Gang setzen* od *halten)* faire marcher; **4.** *(Hahn: e-e Henne)* côcher; **5.** *itr* ⟨*sein*⟩ *(mit e-r adverbialen Bestimmung)* aller, marcher; — *auf etw* ~ marcher, monter sur qc; *unter, vor, hinter etw* ~ se mettre sous, devant, derrière qc; *in etw* ~ entrer, *(mit dem Fuß)* mettre son pied dans qc; *aus etw* ~ sortir de qc; *in e-e Pfütze* ~ marcher dans une flaque; *in den Schmutz* ~ *(fig)* couvrir de boue; *über die Ufer* ~ *(Fluß) treten* déborder; *(bitte)* ~ *Sie näher!* approchez (, s'il vous plaît).

Tretmühle *f* ['tre:t-] treuil à tambour; *fig* bagne, travail *m* monotone.

treu [trɔʏ] *a* fidèle; *(pflicht~)* loyal; *(ergeben)* dévoué; *(aufrichtig)* sincère; *zu ~en Händen (jur)* à titre fiduciaire; *jdm* ~ *sein* être fidèle à qn; **T~bruch** *m* manque *m* de foi; *(Verrat)* trahison; *hist* félonie *f;* **T~e** *f* ⟨-, ø⟩ fidélité; loyauté, bonne foi *f;* dévouement *m; auf T~ und Glauben* en toute bonne foi; *jdm die* ~ *halten* rester fidèle à qn; *eheliche* ~ fidélité *od* foi *f* conjugale; **T~eid** *m* serment *m* de fidélité; **T~hand** ⟨-, ø⟩ tutelle *f;* fidéicommis *m;* **T~händer** *m jur* (agent *od* administrateur) fiduciaire *m;*

T~handgesellschaft *f* société *f* fiduciaire; **~herzig** *a* de bonne foi; confiant, franc, sincère; **T~herzigkeit** *f* ‹-, ø› bonne foi; confiance, sincérité *f;* **~los** *a* infidèle, sans foi; déloyal; *(verräterisch)* traître, perfide; **T~losigkeit** *f* manque *m* de fidélité, mauvaise foi; déloyauté *f.*

Triangel *m* ‹-s, -› ['tri:aŋəl] *mus* triangle *m.*

Tribüne *f* ‹-, -n› [tri'by:nə] tribune, estrade *f.*

Tribut *m* ‹-(e)s, -e› [tri'bu:t] *a. fig* tribut *m; e-r S ~ zollen (fig)* payer tribut à qc; **t~pflichtig** *a* tributaire.

Trichine *f* ‹-, -n› [trɪ'çi:nə] *zoo* trichine *f.*

Trichter *m* ‹-s, -› ['trɪçtər] **1.** entonnoir *m;* **2.** *(Schall~)* pavillon *m;* **3.** *(Granat-, Bomben~)* trou *m;* **t~förmig** *a* en forme d'entonnoir.

Trick *m* ‹-s, -e/-s› [trɪk] **1.** truc, artifice *m,* ficelle *f;* **2.** *com, bes. phot* u. *film* truquage, trucage *m;* **~aufnahme** *f* truquage *m* photographique; **~film** *m* film *m* truqué *od* à truquages, dessins *m pl* animés.

Trieb *m* ‹-(e)s, -e› [tri:p, '-bə] **1.** *biol psych* instinct *m; psych a.* pulsion *f;* **2.** *(Antrieb)* impulsion *f; (Neigung)* penchant *m,* tendance *f;* **3.** *bot* pousse *f,* rejeton, jet *m;* **~feder** *f* **1.** *tech* ressort *m;* **2.** *fig* mobile *m;* **t~haft** *a* instinctif; impulsif; **~haftigkeit** *f* caractère *m* instinctif *od* impulsif, impulsivité *f;* **~kraft** *f phys* force motrice; *psych* force *f* d'impulsion; **~wagen** *m loc* autorail *m,* automotrice *f; fam* micheline *f;* **~werk** *n* appareil moteur, mécanisme *m* (de commande *od* de transmission), mécanique *f.*

triefen *n* ['tri:fən] ‹*triefte* od *troff, getrieft* od *getroffen*› *itr (Flüssigkeit)* tomber goutte à goutte, (dé)goutter; *(nasser Gegenstand)* ruisseler; **t~d** *a* ruisselant.

Trift *f* ‹-, -en› [trɪft] **1.** *(Weide)* pacage, pâturage *m;* **2.** *(Holzflößung)* flottage *m;* **3.** *(Meeresströmung)* courant *m* marin.

triftig ['trɪftɪç] *a (treffend, beweiskräftig)* concluant, plausible, soutenable, valable; fondé, solide.

Trikolore *f* ‹-, -n› [triko'lo:rə] drapeau *m* tricolore.

Trikot [tri'ko:/'trɪko] **1.** *m/(n)* ‹-s, -s› *(Gewebe)* tricot *m;* **2.** *n* ‹-s, -s› *(Kleidungsstück)* tricot, maillot *m;* **~agen** *f pl* [-ko'ta:ʒən] articles *m pl* en tricot.

trillern ['trɪlərn] *itr* faire des trilles.

trink|en ['trɪŋkən] ‹*trank, getrunken*› **1.** *tr u. itr* boire (*aus* dans; *aus der Flasche* à (même) la bouteille); *nur tr (gehobener)* prendre; **2.** *itr fam* lever le coude; *(gern u. viel ~)* (aimer) boire, être un buveur; — *was möchten Sie ~?* qu'est-ce que vous prenez? **T~er** *m* ‹-s, -› buveur; ivrogne *m;* **T~gefäß** *n* récipient *m* à boire; **T~gelage** *n* beuverie *f;* **T~geld** *n* pourboire *m;* **T~halle** *f (in e-m Heilbad)* buvette *f;* **T~halm** *m* paille *f;* **T~kur** *f* cure *f* hydrominérale *od* d'eau minérale; **T~spruch** *m* toast *m; e-n ~ auf jdn ausbringen* porter un toast à qn; **T~wasser** *n* ‹-s, ø› eau *f* potable; *kein ~* eau non potable.

trippeln ['trɪpəln] ‹*sein*› *itr* trottiner.

Tripper *m* ‹-s, -› ['trɪpər] *med* blennorragie, gonorrhée.

Tritt *m* ‹-(e)s, -e› [trɪt] **1.** *(Schritt)* pas *m a. mil;* **2.** *(Fuß~)* coup *m* de pied; **3.** *(Stufe)* marche(pied *m*) *f;* — *jdm e-n ~ geben* od *versetzen* donner *od* envoyer un coup de pied à qn; **~brett** *n* (planche *f* de) marchepied *m;* **~leiter** *f* échelle *f* double.

Triumph *m* ‹-(e)s, -e› [tri'umf] triomphe *m;* **~bogen** *m* arc *m* de triomphe, porte *f* triomphale; **t~ieren** [-'fi:rən] ‹*ohne ge-*› *itr* triompher; **t~ierend I.** *a* triomphant; **II.** *adv* en triomphant, triomphalement, en triomphe; **~zug** *m* entrée *od* marche *f* triomphale.

trocken ['trɔkən] *a* **1.** sec; *bes. geog mete* aride; *(ausgetrocknet)* desséché; **2.** *fig* sec, aride; *(nüchtern)* prosaïque, sobre; **3.** *(langweilig)* ennuyeux; *(Mensch)* fastidieux, insipide; — *im T~en (vor Regen geschützt)* à l'abri; *sein Schäfchen ins ~e bringen (fig fam)* faire sa pelote; *noch nicht ~ hinter den Ohren sein (fig fam)* être encore dans les langes *od* au berceau, être à peine sorti de sa coquille; *auf dem ~en sitzen (fig)* être à sec *od* fauché; *im T~en sitzen* être à l'abri; *~ werden* sécher, se dessécher; *~ aufbewahren!* conserver au sec! à préserver de l'humidité.

Trocken|boden *m* ['trɔkən-] séchoir *m* (à linge); **~dock** *n mar* cale *f* sèche; **~gemüse** *n* légumes *m pl* secs *od* déshydratés; **~gestell** *n* séchoir *m;* **~heit** *f* sécheresse; *a. fig* aridité *f;* **t~legen** *tr (Sumpf)* assécher, mettre à sec; **~milch** *f* lait *m* en poudre; **~obst** *n* fruits *m pl* secs *od* déshydratés; **~platz** *m* séchoir *m* (à linge); **~schleuder** *f (für Wäsche)* essoreuse *f;* **~spiritus** *m* alcool solidifié, méta *m;* **~wäsche** *f* linge *m* séché.

trocknen ['trɔknən] **1.** *tr* ‹*h*› (faire) sécher; dessécher; **2.** *itr* ‹*sein*› sécher, se dessécher; **T~** *n: zum ~ aufhängen (Wäsche)* étendre, mettre à sécher.

Troddel *f* ‹-, -n› ['trɔdəl] gland *m; (Quaste)* houppe *f.*

Trödel *m* ‹-s, ø› ['trø:dəl] friperie *f,* bric-à-brac *m,* vieilles hardes *f pl;* **~ei** *f* ‹-, -en› [-'laɪ] *fam* musardise *f;* **~kram** *m fam = Trödel;* **t~n** *itr fam* musarder, lambiner, baguenauder; **Trödler** *m* ‹-s, -› ['-dlər] **1.** lambin *m;* **2.** *(Althändler)*

fripier, brocanteur, marchand *m* de bric-à-brac.
Trog *m* ‹-(e)s, ¨e› [tro:k, 'trø:gə] auge *f.*
Trommel *f* ‹-, -n› ['trɔməl] **1.** *mus, a. tech* tambour *m;* **2.** *(bes. des Revolvers)* barillet *m;* — *die ~ schlagen* od *rühren* battre le tambour; **~fell** *n anat* tympan *m;* **~feuer** *n mil* feu *m* roulant; **t~n** *itr* **1.** battre du tambour; **2.** *(nervös mit den Fingern)* tambouriner (*auf* sur); **~revolver** *m* revolver *m* à barillet; **~stock** *m* baguette *f* de tambour; **~wirbel** *m* roulement *m* de tambour; **Trommler** *m* tambour *m.*
Trompete *f* ‹-, -n› [trɔm'pe:tə] *mus* trompette *f; ~ blasen* jouer de la trompette; **t~n** ‹*ohne ge-*› *itr* jouer *od* sonner de la trompette; **~r** *m* ‹-s, -› trompette *m.*
Tropen *pl* ['tro:pən] *geol* régions *f pl* (inter)tropicales; pays *m pl* tropicaux; **~helm** *m* casque *m* colonial; **~hygiene** *f* hygiène *f* des pays chauds.
Tropf *m* ‹-(e)s, ¨e› [trɔpf, 'trœpfə] *fam (Dummkopf)* sot, benêt, nigaud, jocrisse *m.*
tröpfeln ['trœpfəln] **1.** *tr* verser goutte à goutte; *med* instiller; **2.** *itr* = *tropfen.*
tropf|en ['trɔpfən] *itr* **1.** (dé)goutter, tomber goutte à goutte; **2.** *(Wasserhahn)* couler; *impers* **3.** *es tropft* cela (dé)goutte; — *der Schweiß tropfte mir von der Stirn* ‹*sein*› mon front ruisselait de sueur; **T~en** *m* ‹-s, -› goutte *f; sein Glas bis auf den letzten ~ leeren* faire rubis sur l'ongle; *das ist ein ~ auf e-n heißen Stein (fig)* c'est une goutte d'eau dans la mer; *ein guter ~ (Wein)* un bon cru; **T~enfänger** *m* pare-goutte *m;* **~enweise** *adv* goutte à goutte; *fig a.* au compte-gouttes; **T~enzähler** *m* compte-gouttes, stilligoutte *m;* **~naß** *a* ruisselant, dégouttant; **T~stein** *m geol (Abtropfstein)* stalactite; *(Auftropfstein)* stalagmite *m;* **T~steinhöhle** *f* grotte *f.*
Trophäe *f* ‹-, -n› [tro'fɛ:ə] trophée *m.*
tropisch ['tro:pɪʃ] *a* tropical.
Troß *m* ‹-sses, -sse› [trɔs] *mil* train; *fig (Gefolge)* cortège *m,* escorte; *pej* séquelle *f.*
Trost *m* ‹-es, ø› [tro:st] consolation *f,* réconfort *m; das ist ein schwacher ~* c'est une faible consolation; *du bist wohl nicht ganz* od *recht bei ~!* tu as perdu la raison! *fam* tu es dingue!
tröst|en ['trø:stən] *tr* consoler (*über etw* de qc); réconforter; essuyer les larmes de; *sich ~* se consoler (*mit etw* avec qc); **T~er** *m* ‹-s, -› consolateur *m;* **~lich** *a* consolant; *(beruhigend)* rassurant.
trost|los ['tro:stlo:s] *a* **1.** *(Mensch)* désolé; inconsolable; **2.** *(Sache, Zustand)* désolant; *(hoffnungslos)* sans espoir; **3.** *(öde, langweilig)* désert, monotone, ennuyeux, triste; **T~losigkeit** *f* ‹-, ø› **1.** désolation *f;* **2.** *(Hoffnungslosigkeit)* désespoir *m;* **3.** *(Öde)* monotonie *f;* **T~pflästerchen** *n,* **T~preis** *m* fiche *f,* prix *m* de consolation; **~reich** *a* réconfortant, consolant; *~e Worte n pl* bonnes paroles *f pl.*
Tröstung *f* ‹-, -en› ['trø:stuŋ] consolations *f pl,* réconfort *m.*
Trott *m* ‹-(e)s, -e› [trɔt] **1.** *(Gangart des Pferdes)* trot *m;* **2.** *fig fam (Schlendrian)* train-train *m; seinen ~, den alten* od *gewohnten ~ gehen* aller son petit train, suivre les chemins battus; **~el** *m* ‹-s, -› *fam* crétin *m,* gourde *f.*
trotten ['trɔtən] *itr* ‹*sein*› trotter.
Trotz *m* ‹-es, ø› [trɔts] *(vorübergehender)* bravade, obstination, opposition; *(dauernde Eigenschaft)* indocilité, insubordination, obstination, mauvaise tête *f; aus ~* par obstination; *jdm, e-r S zum ~* en dépit de qn, de qc; **t~** *prp gen, a. dat* malgré; en dépit de; nonobstant; *(ohne Rücksicht auf)* au mépris de; *~ all(e)dem* malgré tout, avec tout cela; **t~dem** [-de:m] ['--/'-'-] *conj* malgré cela, tout de même, quand même; toujours est-il que; **t~en** *itr* braver, défier (*jdm* qn); tenir tête, faire front (*jdm* à qn); **t~ig** *a* rétif, récalcitrant; **~kopf** *m* mauvais(e) tête *f od* esprit; caractère indocile; obstiné *m.*
trüb(e) [try:p/'-bə] *a* **1.** *(Flüssigkeit)* trouble, brouillé; chargé; *(Glasscheibe, Spiegel)* terne, terni, *(beschlagen)* embué; *(Himmel)* chargé (de nuages), couvert, sombre, gris; *(Wetter)* sombre, couvert; *(Augen)* terne; *(Blick)* brouillé; **2.** *fig (~selig)* sombre, morne.
Trubel *m* ‹-s, ø› ['tru:bəl] **1.** *(Lärm)* brouhaha, charivari *m;* **2.** *(Verwirrung)* confusion *f,* trouble *m.*
trüb|en ['try:bən] *tr* **1.** troubler, brouiller; ternir; **2.** *fig (Stimmung, Freude, Freundschaft)* gâter; *(den Blick, das Urteil)* troubler; *refl* **3.** *sich ~ (Himmel)* se charger, se couvrir, se gâter; **T~sal** *f* ‹-, -e› ['-za:l] affliction; *(Drangsal)* tribulation *f; (Kummer)* chagrin *m; (Elend)* misère *f; ~ blasen* pleurer misère, faire triste mine; **~selig** *a (Stimmung)* sombre, mélancolique; **T~sinn** *m* ‹-(e)s, ø› morosité, tristesse; mélancolie *f;* **~sinnig** *a (Mensch)* morose, triste; mélancolique; **T~ung** *f* ‹-, -en› *(Zustand, a. chem u. med)* (état) trouble *m.*
trudeln ['tru:dəln] *itr* ‹*sein*› *aero* faire la vrille.
Trüffel *f* ‹-, -n› ['trʏfəl] *(Pilz)* truffe *f.*
Trug *m* ‹-(e)s, ø› ['tru:k, '-g(ə)s] *(Täuschung)* tromperie, imposture, supercherie; *(Schein)* illusion *f;* **~bild** *n* illusion *f,* phantasme, fantôme *m.*
trüg|en ['try:gən] ‹*trog, getrogen*› **1.** *itr*

faire illusion; **2.** *tr* induire en erreur, tromper; **~erisch** *a* trompeur, mensonger; fallacieux, illusoire, spécieux.

Trugschluß *m* ['tru:k-] fausse conclusion *f.*

Truhe *f* ‹-, -n› ['tru:ə] bahut, coffre *m.*

Trümmer ['trʏmər] *pl (Bruchstücke)* fragments *m pl; (Ruinen)* ruines *f pl,* débris; *(Schutt)* décombres *m pl; in ~ gehen* tomber en ruines, s'effondrer; **~feld** *n* champ *m* de ruines; **~haufen** *m* monceau *od* amas *m* de décombres.

Trumpf *m* ‹-(e)s, ¨-e› [trumpf, 'trʏmpfə] *a. fig* atout; *~ ausspielen* jouer atout; *alle Trümpfe in der Hand haben (fig)* avoir tous les atouts en main; *~ sein (fig)* faire prime; *was ist ~?* quel est l'atout?

Trunk *m* ‹-(e)s, (¨-e)› [truŋk, ('trʏŋkə)] **1.** *(Schluck)* gorgée *f,* coup *m;* **2.** *(Getränk)* boisson *f;* **3.** *pej (Trinken)* habitude de boire, ivrognerie *f;* **t~en** *a vx poet (betrunken), fig (berauscht)* ivre (*vor* od *von* de); **~enbold** *m* ‹-(e)s, -e› ['-bɔlt, -də] *pej* ivrogne, buveur; **~enheit** *f* ‹-, ø› ivresse *f; ~ am Steuer* conduite *f* en état d'ivresse *od* d'ébriété; **~sucht** *f* ‹-, ø› ivrognerie; *med* dipsomanie *f;* **t~süchtig** *a* ivrogne; *med* dipsomane.

Trupp *m* ‹-s, -s› [trup] groupe, détachement *m; (Arbeiter)* équipe, escouade *f; mil (Gruppe)* peloton, groupe *m.*

Truppe *f* ‹-, -n› ['trupə] *mil* troupe; *(Einheit)* unité *f.*

Truppen|bewegung *f* ['trupən-] mouvement *m* de troupe; **~gattung** *f* arme *f;* **~schau** *f* revue *f* (militaire); **~stärke** *f* effectif *m;* **~teil** *m* corps *m* de troupe; **~übung** *f (Manöver)* manœuvre *f;* **~übungsplatz** *m* camp d'entraînement *od* d'instruction, champ *m* de manœuvres; **~verschiebung** *f* déplacement *m* (de troupes).

Trust *m* ‹-(e)s, -e/-s› [trast, trust] *(Konzern)* trust *m.*

Trut|hahn *m* ['tru:t-] *(Puter)* dindon *m;* **~henne** *f* dinde *f.*

Tschech|e *m* ‹-n, -n› ['tʃɛçə], **~in** *f* Tchèque *m f;* **t~isch** ['tʃɛçɪʃ] *a* tchèque; *(das) T~(e)* (le) tchèque; **~oslowakei,** *die* [-çoslova'kaɪ] la Tchécoslovaquie; **t~oslowakisch** [-'va:kɪʃ] *a* tchécoslovaque.

Tsetsefliege *f* ['tsɛtse-] *ent* tsé-tsé *f.*

Tube *f* ‹-, -n› ['tu:bə] tube *m.*

Tuberkulose *f* ‹-, -n› [tubɛrku'lo:zə] tuberculose *f; offene ~* tuberculose *f* aggravée.

Tuch 1. *n* ‹-(e)s, -e› [tu:x, '-xə] *(Stoff)* drap *m,* étoffe *f* (de laine); **2.** *n* ‹-(e)s, ¨-er› [-, 'ty:çər] *(Stück Stoff)* pièce *f* d'étoffe; *(Kopf-, Hals~)* fichu, foulard, châle *m; (Putzlappen)* chiffon *m; auf jdn wie ein rotes ~ wirken* faire voir rouge à qn; **~ballen** *m* ballot *m;* **~handel** *m* commerce *m* du drap, draperie *f;* **~händler** *m* drapier *m.*

tüchtig ['tʏçtɪç] **I.** *a* **1.** *(gut)* bon, de valeur; *(fähig)* capable, apte; *(talentvoll)* doué; *(erfahren)* versé, *fam* calé; **2.** *fam (groß, stark, gewaltig)* grand, fort, fier, rude, énorme; **3.** *(beachtlich)* respectable; **II.** *adv fam* bien, fort, fièrement, rudement, énormément; — *~ arbeiten* travailler bien; *~ essen* manger comme quatre; *~ zulangen (beim Essen)* avoir un bon coup de fourchette; **T~keit** *f* ‹-, ø› valeur *f,* qualités *f pl;* capacité(s *pl*), aptitude(s *pl*) *f.*

Tück|e *f* ‹-, -n› ['tʏkə] sournoiserie, malignité, malice, méchanceté, perfidie *f; ~ des Objekts, des Schicksals* malignité *f* des choses; **t~isch** *a* sournois, malin, malicieux, méchant, perfide; *(Tier)* vicieux.

tüfteln ['tʏftəln] *itr* subtiliser.

Tugend *f* ‹-, -en› ['tu:gənt, -dən] vertu *f;* **t~haft** *a* vertueux.

Tülle *f* ‹-, -n› ['tʏlə] *(Ausguß e-r Kanne)* bec *m.*

Tulpe *f* ‹-, -n› ['tulpə] tulipe *f.*

tummel|n, *sich* ['tuməln] **1.** *(sich kräftig regen)* s'ébattre, prendre ses ébats, se trémousser, se donner du mouvement; **2.** *(sich beeilen)* se dépêcher, se presser; **T~platz** *m fig* arène, lice *f.*

Tümpel *m* ‹-s, -› ['tʏmpəl] flaque *f; (größerer)* mare *f.*

Tumult *m* ‹-(e)s, -e› [tu'mult] tumulte, vacarme, tapage *m;* bagarre, échauffourée, émeute *f.*

tun [tu:n] ‹*tut, tat, getan*› *tr* **1.** *(machen, ausführen, arbeiten)* faire; *(Wirkung hervorbringen)* faire, produire; *(zufügen)* faire; **2.** *(legen, setzen, stellen, stekken)* mettre; *itr* **3.** *(sich verhalten)* faire; *refl* **4.** *sich ~ (fam: geschehen)* se passer, avoir lieu; — *sein Bestes ~* faire de son mieux; *etwas ~* faire qc, agir; *jdm etwas (zuleide) ~* faire du mal à qn; *Gutes ~* faire le bien; *jdm etw Gutes ~* faire du bien à qn; *nichts ~* ne rien faire; *nichts ~ als (inf)* ne faire rien que *inf; es mit jdm zu ~ bekommen* avoir des ennuis *od* des démêlés avec qn; *es mit jdm, mit e-r S zu ~ haben* avoir affaire à qn, à qc; *mit etw nichts zu ~ haben* n'avoir rien à faire avec qc, n'être pour rien dans qc; *nichts zu ~ haben* n'avoir rien à faire; *viel, wenig zu ~ haben* avoir beaucoup (de choses), peu (de choses) à faire, avoir beaucoup, peu de travail; *so ~ (, als ob)* se donner des apparences; *so ~, als ob ...* faire semblant *od* mine de ...; *Sie täten besser daran zu ...* vous feriez mieux de ...; *Sie täten gut daran zu ...* vous feriez bien de ...; *er tut nur so* il ne fait que semblant; *so etwas tut man nicht* cela ne se fait pas;

das hat nichts damit zu ~ cela n'a rien à faire à cela *od* à y voir; *das tut nichts zur Sache* cela n'a rien à y voir; *es tut sich etwas (fam)* il se trame qc; *tu doch nicht so!* ne fais pas de manières; *tu, was du nicht lassen kannst!* fais ce que tu dois faire!

Tünche *f* ‹-, -n› ['tʏnçə] badigeon, lait *od* enduit de chaux; *fig* vernis, fard *m;* **t~n** *tr* badigeonner, blanchir (à la chaux).

Tundra *f* ‹-, -dren› ['tundra] *geog* toundra *f.*

Tunes|ien [tu'ne:ziən] *n* la Tunisie; **~ier(in)** *m* ‹-s, -› (*f* ‹-, -nen›) [-'ne:ziər] Tunisien(ne *f*) *m;* **t~isch** [-'ne:zɪʃ] *a* tunisien.

Tunke *f* ‹-, -n› ['tuŋkə] sauce *f;* **t~n** *tr (tauchen)* tremper (*in* dans).

tunlich ['tu:nlɪç] *a* **1.** faisable, praticable; **2.** *(angebracht, passend)* indiqué, à propos, opportun; — *tunlichst bald* le plus tôt possible.

Tunnel *m* ‹-s, -/-s› ['tunəl] tunnel; *(Unterführung im Bahnhof)* passage *m* souterrain.

Tüpfel *m* od *n* ‹-s, -› ['tʏpfəl], **~chen** *n* point *m,* moucheture *f;* pois *m;* **t~n** *tr (mit ~n versehen)* pointiller, moucheter.

Tupfen *m* ‹-s, -› ['tupfən] *(kleiner runder Fleck)* pois; *(Punkt)* point *m; mit weißen ~* à pois blancs; **t~** *tr (mit Watte)* tamponner avec de la ouate.

Tür *f* ‹-, -en› [ty:r] porte; *(an e-m Wagen)* portière *f; bei verschlossenen ~en* en secret, à huis clos; *durch die ~, zur ~ hinaus* (od *herein*) par la porte; *zwischen ~ und Angel (fig)* au moment de sortir; en (toute) hâte; *offene ~en einrennen (fig)* enfoncer des portes ouvertes, parler à un convaincu; *mit der ~ ins Haus fallen (fig)* mettre les pieds dans le plat, casser les vitres; *jdm die ~ weisen* mettre qn à la porte; *vor der ~ stehen* être devant la porte; *fig* être imminent; *die ~ hinter jdm zumachen* fermer la porte sur qn; *die ~ zuschlagen* faire claquer la porte; *jdm die ~ vor der Nase zuschlagen* fermer la porte au nez de qn; *die ~ steht offen* la porte est ouverte; *ihm stehen alle ~en offen (fig)* toutes les portes lui sont ouvertes; **~angel** *f* gond *m.*

Turban *m* ‹-s, -e› ['turban] turban *m.*

Turbine *f* ‹-, -n› [tur'bi:nə] *tech* turbine *f;* **~nantrieb** *m* propulsion *f* à turbine.

turbulen|t [turbu'lɛnt] *a* turbulent; **T~z** *f* ‹-, -en› [-'lɛnts] turbulence *f.*

Tür|flügel *m* ['ty:r-] battant *m* (de porte); **~griff** *m* poignée *f* (de porte).

Türk|e *m* ‹-n, -n› ['tʏrkə] Turc *m;* **~ei,** *die* [-'kaɪ] la Turquie; **~in** *f* ‹-, -nen› Turque *f;* **t~isch** *a* turc; *(das) T~(e)* le turc.

Türklinke *f* ['ty:r-] loquet, bec-de-cane *m.*

Turm *m* ‹-(e)s, ⸚e› [turm, 'tʏrmə] **1.** tour *f (a. Schach); (Burg~)* donjon; *(Wacht-, Rathaus~)* beffroi; *(Kirch~)* clocher *m;* **2.** *sport (Sprung~)* plongeoir *m;* **3.** *mil (Panzer~ u. mar)* tourelle *f; mar a.* kiosque *m.*

Türm|chen *n* ‹-s, -› ['tʏrmçən] tourelle *f; (Verzierung)* clocheton *m;* **t~en 1.** *tr (hoch aufschichten)* empiler; *(anhäufen)* entasser, amonceler; **2.** *refl: sich ~* se dresser (jusqu'aux nues); **3.** *itr ‹sein› fam (weglaufen)* filer, ficher le camp.

turm|hoch ['turm-] *a* haut comme une tour; *(riesenhaft)* gigantesque; *(Überlegenheit)* écrasant; **T~uhr** *f* horloge *f.*

Turn|anzug *m* ['turn-] survêtement *m* de gymnastique; **t~en** *itr* faire de la gymnastique; **~en** *n* gymnastique *f;* **~er** *m* ‹-s, -› gymnaste *m;* **~gerät** *n* appareil *m* de gymnastique; **~halle** *f* salle *f* de gymnastique, gymnase *m* (couvert).

Turnier *n* ‹-s, -e› [tur'ni:r] *(hist u. Tennis)* tournoi; *(sonst)* championnat *m,* compétition *f.*

Turn|lehrer(in *f***)** *m* ['turn] maître(sse *f*) *od* professeur de gymnastique, professeur *m* d'éducation physique; **~schuhe** *m pl* chaussures de gymnastique, espadrilles *f pl;* **~unterricht** *m* éducation *f* physique; **~verein** *m* société *f* de gymnastique.

Tür|öffner *m* ['ty:r-] serrure *f* électrique; **~pfosten** *m* montant *m* (de porte); **~rahmen** *m* huisserie *f;* **~schild** *n* plaque *f* de porte.

Tusch *m* ‹-es, -e› [tuʃ] *mus* fanfare *f.*

Tusche *f* ‹-, -n› ['tuʃə] encre *f* de Chine.

Tuschel|ei *f* ‹-, ø› [tuʃə'laɪ] chuchoterie *f;* **t~n** ['tuʃəln] *itr* chuchoter.

Tusch|kasten *m* ['tuʃ-] boîte *f* de couleurs; **~zeichnung** *f* (dessin au) lavis *m.*

Tüte *f* ‹-, -n› ['ty:tə] *(kleine, spitze)* cornet; *(größere)* sac *m* (en papier).

tuten ['tu:tən] *itr* corner; *von T~ und Blasen keine Ahnung haben (fig fam)* s'y entendre comme à ramer des choux.

Twist *m* ‹-es, -e› [tvɪst] fil (de coton), coton *m* filé.

Typ *m* ‹-s, -en› [ty:p] **1.** *allg, psych, tech* type; *tech a.* modèle *m;* **2.** *pop pej (Mensch)* mec; *(den man liebt)* genre, type *m;* **~e** *f* ‹-, -n› **1.** *typ* type, caractère *m* (d'imprimerie); **2.** *tech* type, modèle *m;* **3.** *fam pej* type, numéro *m;* **~enhebel** *m (an d. Schreibmaschine)* tige *f* à caractères.

Typhus *m* ‹-, ø› ['ty:fus] *med* (fièvre) typhoïde *f.*

typ|isch ['ty:pɪʃ] *a* typique, caractéristique; **~ographisch** [-'gra:fɪʃ] *a* typographique; **T~us** *m* ‹-, -pen› ['ty:pus] *all u. psych* type *m.*

Tyrann *m* ‹-en, -en› [ty'ran] tyran *m;* **~ei** *f* ‹-, ø› [-'naɪ] tyrannie *f;* **t~isch** [-'ranɪʃ] *a* tyrannique; **t~isieren** [-ni'zi:rən] ‹*ohne ge-*› *tr* tyranniser.

U

U, u *n* ‹-, -› ['u:] *(Buchstabe)* U, u *m.*
U-Bahn *f* ['u:ba:n] *f (kurz für: Untergrundbahn; vgl. d.) (bes. in Paris) fam* métro *m;* ~**station** *f* station *f* de métro.
übel ['y:bəl] **I.** *a* **1.** *(schlecht)* mauvais; **2.** *(mißlich)* fâcheux; *(unangenehm)* désagréable; **II.** *adv* mal; — ~ *riechen* sentir mauvais; ~ *dran sein* être dans le troisième dessous, avoir du plomb dans l'aile; *mir ist* od *wird* ~ j'ai mal au cœur, je me sens *od* je me trouve mal; *(das ist) (gar) nicht (so)* ~ (c'est) pas mauvais *od* (déjà) pas mal; **Ü~** *n* ‹-s, -› mal *m; das kleinere* ~ le moindre mal; ~**gelaunt** *a* mal disposé, de mauvaise humeur, maussade; *fam* mal luné; **Ü~keit** *f* ‹-, ø› nausée *f,* mal au cœur, soulèvement de cœur, haut-le-cœur *m;* ~**=nehmen** ‹*nimmt, nahm übel, übelgenommen*› *tr* prendre mal *od* en mauvaise part; prendre ombrage, tenir rigueur, se formaliser (*etw* de qc); *nehmen Sie es mir (bitte) nicht* ~! *(a.)* ne vous fâchez pas! ~**riechend** *a* malodorant, puant, fétide, infect; **Ü~stand** *m* mauvais état *m* (de choses), situation *f* fâcheuse, embarras, inconvénient *m;* **Ü~tat** *f* méfait, forfait, crime *m;* **Ü~täter** *m* malfaiteur, criminel *m;* ~**=wollen** ‹*will, wollte übel, übelgewollt*› *itr: jdm* ~ vouloir du mal à qn, être malintentionné, avoir de mauvaises intentions envers qn; ~**wollend** *a* malveillant, malintentionné.
üben ['y:bən] *tr* **1.** *(trainieren)* exercer; *(ein~)* étudier; s'entraîner (*etw* à qc); *bes. mus* travailler, *a. theat* répéter; **2.** *(in Anwendung bringen, zeigen)* pratiquer, montrer; *itr* **3.** s'exercer, s'entraîner, faire des exercices *od* de l'entraînement.
über ['y:bər] **I.** *prp* **1.** *(örtl.)* au-dessus de, sur; *(auf die andere Seite (gen))* au-delà de, par-delà, de l'autre côté de; *(~ ... hinaus, a. fig)* plus loin que, outre; *(~ ... hinweg)* par-dessus; hors de; *(durch, an ... vorbei)* en passant par, via; **2.** *(zeitl.: während)* pendant, durant, tout le long de; *(nach)* dans, au bout de; **3.** *fig (mehr als)* plus de; **4.** *(höher im Rang, besser in der Qualität)* au-dessus de; **5.** *(von, ein Thema betreffend)* de, sur, au sujet de, à propos de, concernant; **6.** *(durch Vermittlung)* par l'intermédiaire de; — *die ganze Zeit* ~ pendant (tout) ce temps; ~ *alles (mehr als alles andere)* au-dessus de tout, par-dessus tout; avant tout; ~ *dem Lesen, Schreiben etc* en lisant, en écrivant; ~ *etw gehen* traverser, franchir qc; ~ *jds Kräfte gehen* être au-dessus des *od* dépasser les forces de qn; ~ *50 (Jahre alt) sein* avoir passé la cinquantaine; ~ *den Rundfunk sprechen* parler à la radio; ~ *etw stehen (fig)* être supérieur à qc; **II.** *adv* **1.** *(übrig)* de reste, restant; *ich hatte nur zwei Mark* ~ il ne me restait que deux marks; **2.** *(genug, satt)* assez; *es* ~ *haben* en avoir assez, *fam* en avoir par-dessus la tête, en avoir marre; — ~ *und* ~ entièrement, complètement, totalement.
überall [y:bər'ʔal] *adv* partout, en tout lieu, en tous lieux; ~**her** [-'he:r] *adv* de partout, de tous (les) côtés, de toutes parts; ~**hin** [-'hɪn] *adv* partout, en tous sens, dans toutes les directions.
überaltert [--'--] *a* vieilli; suranné.
Überangebot *n* ['y:bər-] surplus, excédent *m* (d'offres), surabondance, profusion *f.*
überanstreng|en [--'---] ‹*ohne -ge-*› **1.** *tr* surmener; *(Pferd, Stimme, Muskel)* forcer; **2.** *refl: sich* ~ se surmener, se fatiguer, dépasser ses forces; **Ü~ung** *f* surmenage, excès de travail *od* fatigue, effort exagéré.
überarbeit|en [--'---] ‹*ohne -ge-*› **1.** *tr (Buch etc)* retoucher, remanier, revoir; **2.** *refl: sich* ~ se surmener, travailler trop; ~**et** *a (Mensch)* épuisé de travail, fatigué.
überaus ['---/--'-/'--'-] *adv* très, beaucoup; extrêmement, à l'extrême, excessivement, (jusqu')à l'excès; infiniment.
überbacken [--'--] **I.** *tr* ‹*überbackt, überbackte, überbacken*› *(Küche)* gratiner; **II.** *pp, a* au gratin; **Ü~e** *n* gratin *m.*
überbeanspruchen ['y:bər-] ‹*ohne -ge-*› *tr* surmener *a. tech,* fatiguer; excéder de travail.
Überbein *n* ['y:bər-] *med* exostose *f,* ganglion, kyste *m* synovial.
überbelasten ['y:bər-] ‹*ohne -ge-*› *tr* surcharger.
überbelegt ['y:bər-] *a (Wohnung)* surpeuplé.
überbelichten ['y:bər-] ‹*ohne -ge-*› *tr* surexposer; voiler.
überbetonen ['y:bər-] ‹*ohne -ge-*› *tr* (trop) insister (*etw* sur qc); surfaire.
überbewerten ['y:bər-] ‹*ohne -ge-*› *tr* surévaluer, surestimer.
überbieten [--'--] ‹*überbietet, überbot,*

überboten⟩ *tr* (r)enchérir (*jdn, etw* sur qn, sur qc) *a. fig;* surenchérir; *(Gebot)* couvrir; *fig* dépasser; *(Rekord)* battre; *sich gegenseitig zu ~ suchen* faire assaut (*in etw* de qc).

über=bleib|en ['y:bər-] ⟨*blieb, über, übergeblieben*⟩ *itr* ⟨*sein*⟩ rester, être de reste; **Ü~sel** *n* ⟨-s, -⟩ reste, restant, reliquat *m;* (*Ruine*) ruine *f,* débris *m pl.*

Überblick *m* ['y:bər-] **1.** vue *f* d'ensemble *a. fig; fig* tour d'horizon, aperçu *m;* **2.** *(Zs.fassung)* sommaire, résumé *m;* — *kurzer ~ (fig)* survol *m* (*über* de); **ü~en** [--'--] ⟨*ohne -ge-*⟩ *tr* jeter un coup d'œil (*etw* sur qc); voir de haut, couvrir *od* embrasser d'un coup d'œil, parcourir des yeux; avoir une vue d'ensemble; *fig* faire le point de.

überbring|en [--'--] *tr* ⟨*überbrachte, überbracht*⟩ remettre; **Ü~er** *m* porteur *m; zahlbar an den ~ (fin)* payable au porteur.

überbrück|en [--'--] ⟨*ohne -ge-*⟩ *tr* **1.** bâtir *od* jeter un pont (*e-n Fluß* sur une rivière); **2.** *fig (Schwierigkeit)* surmonter; *(Gegensatz)* concilier; **Ü~ungshilfe** *f* aide *f* transitoire *od* de transition.

überdachen [--'--] ⟨*ohne -ge-*⟩ *tr* couvrir d'un toit.

überdauern [--'--] ⟨*ohne -ge-*⟩ *tr* durer plus longtemps que, survivre à.

überdenken [--'--] ⟨*überdachte, überdacht*⟩ *tr* réfléchir, méditer (*etw* sur qc).

überdies [-'di:s] *adv* de *od* en plus, au surplus, de *od* par surcroît, en outre.

überdimensional ['y:bər-] *a* gigantesque.

überdrehen [--'--] ⟨*ohne -ge-*⟩ *tr* fausser, forcer.

Überdruck *m* ⟨-(e)s, ⸚e⟩ ['y:bər-] *phys* surpression; *tech* surcompression *f.*

Über|druß *m* ⟨-sses, ø⟩ ['y:bərdrus] satiété *f,* dégoût, ennui *m,* lassitude *f; bis zum ~* (jusqu')à satiété; **ü~drüssig** *a* dégoûté, las (*e-r S* de qc); *e-r S ~ werden* se dégoûter, se lasser de qc.

überdurchschnittlich ['y:bər-] *a* au-dessus de *od* qui dépasse(nt) la moyenne.

übereignen [--'--] ⟨*ohne -ge-*⟩ *tr jur* transmettre.

übereil|en [--'--] *tr* ⟨*ohne -ge-*⟩ hâter, précipiter, trop presser; **~t I.** *pp, a* précipité, hâtif; prématuré; inconsidéré, irréfléchi; **II.** *adv* hâtivement, à la hâte, en hâte, avec (trop de) hâte.

übereinander [---'--] *adv* l'un sur l'autre; **~=legen** *tr* mettre l'un sur l'autre, superposer; **~=liegen** ⟨*lag übereinander, übereinandergelegen*⟩ *itr* être superposés.

überein|=kommen [y:bər'ʔaın-] ⟨*kam überein, übereingekommen*⟩ *itr* ⟨*sein*⟩ convenir (*über* de); se mettre *od* tomber d'accord; s'arranger (*über* sur); **Ü~kunft** *f* ⟨-, ⸚e⟩ convention *f,* accord; arrangement *m; nach ~* de gré à gré.

überein=stimm|en [y:bər'ʔaın-] *itr* concorder, être en concordance *od* d'accord, cadrer (*mit* avec); être conforme, répondre, correspondre (*mit* à); **~end** *a* concordant; conforme (*mit* à); **Ü~ung** *f* concordance *f,* accord, unisson *m,* unanimité, harmonie; conformité, convergence *f; in ~ mit* conforme (*adv* conformément) à; *in ~ bringen* accorder, faire concorder, mettre d'accord.

überempfindlich ['y:bər-] *a* hypersensible, hypersensitif.

überessen, *sich* [--'--] ⟨*überißt, überaß, übergessen*⟩ trop manger; manger tout son soûl, s'empiffrer.

'**über=fahr|en** ⟨*fährt, fuhr über, übergefahren*⟩ *itr* ⟨*sein*⟩ passer; traverser, franchir (*über den Fluß* la rivière); faire le trajet; **über'fahren** ⟨*überfährt, überfuhr, überfahren*⟩ *tr* **1.** *(Menschen)* écraser; **2.** *(Signal)* brûler; **Ü~t** *f* ['---] passage *m,* traversée *f,* trajet *m.*

Überfall *m* ['y:bər-] attaque (imprévue), agression; incursion, irruption, invasion *f;* raid, coup *m* de main; *bewaffneter ~* agression *od* attaque *f* à main armée; **ü~en** [--'--] ⟨*überfällt, überfiel, überfallen*⟩ *tr* attaquer par surprise, surprendre; assaillir; envahir; **~kommando** *n* police-secours *f.*

überfällig ['----] *a* en retard; *(Wechsel)* en souffrance.

überfliegen [--'--] ⟨*überfliegt, überflog, überflogen*⟩ *tr* **1.** survoler; **2.** *fig (Text)* jeter un coup d'œil (*etw* sur qc), parcourir des yeux, lire du pouce; **Ü~** *n aero* survol *m.*

über=fließen ['y:bər-] ⟨*fließt, floß über, übergeflossen*⟩ *itr* ⟨*sein*⟩ déborder; *fig* déborder, regorger (*von etw* de qc).

überflügeln [--'--] ⟨*ohne -ge-*⟩ *tr* surpasser, surmonter.

Überfluß *m* ⟨-sses, ø⟩ ['y:bər-] (sur)abondance, profusion, foison, exubérance, pléthore, affluence; *(Reichtum)* richesse, opulence *f,* luxe *m; im ~* en abondance, abondamment; à flots; à profusion, à foison; *zu allem ~* pour comble.

überflüssig ['y:bər-] *a* surabondant, superflu, superfétatoire; inutile, oiseux.

überfluten [--'--] ⟨*ohne -ge-*⟩ *tr* inonder, noyer, submerger.

überfordern [--'--] ⟨*ohne -ge-*⟩ *tr* demander trop (*jdn* à qn) *a. fig; fig* surmener, surcharger.

überfragen [--'--] ⟨*ohne -ge-*⟩ *tr* demander trop (*jdn* à qn).

überfressen, *sich* [--'--] ⟨*überfrißt, überfraß, überfressen*⟩ *(fam)* s'empiffrer.

überführ|en [--'--] ⟨*ohne -ge-*⟩ *tr* **1.** transporter; **2.** *jur* convaincre, confondre;

Ü~ung *f* [--ˈ--] **1.** transport, transfert *m*, translation *f;* **2.** *loc* passage *m* supérieur *od* en dessus; **3.** *jur* conviction *f*.

Überfüll|e *f* [ˈy:bər-] trop-plein *m;* surabondance, profusion, exubérance, pléthore *f;* **ü~t** [--ˈ-] *a* bondé; bourré, gorgé; **~ung** *f* [--ˈ--] encombrement, engorgement *m*, saturation, surcharge *f*.

überfüttern [--ˈ--] ⟨*ohne -ge-*⟩ *tr* suralimenter; gaver, gorger (*mit* de).

Übergabe *f* [ˈy:bər-] remise, transmission; *mil* reddition, capitulation *f*.

Übergang *m* [ˈy:bər-] **1.** passage; *loc* croisement *m;* **2.** *jur* transfert *m*, transmission; *fig* transition *f;* **3.** *(Abstufung)* gradation *f;* — *schienengleicher ~ (loc)* passage *od* croisement à niveau; **~sbestimmung** *f* disposition *od* prescription *f* transitoire; **~smantel** *m* manteau *m* de demi-saison; **~sregelung** *f* régime *m* transitoire; **~szeit** *f* période transitoire *od* de transition; inter-saison *f*.

übergeben [--ˈ--] ⟨*übergibt, übergab, übergeben*⟩ **1.** *tr* remettre, (dé)livrer; transmettre, transférer; *mil* rendre; **2.** *refl: sich ~* vomir, rendre; — *dem Verkehr ~* ouvrir à la circulation.

ˈüber≈gehen ⟨*ging über, übergegangen*⟩ *itr* ⟨*sein*⟩ **1.** passer (*zu, in* à); se transmettre (*auf* à); **2.** *fig (die Tätigkeit ändern)* procéder (zu *etw* à qc); **3.** *(sich wandeln, sich ändern)* se transformer, se changer, tourner, entrer, se convertir (*in* en); — *inea. ~* se (con)fondre; **überˈgehen** ⟨*überging, übergangen*⟩ *tr (auslassen)* omettre, négliger, sauter, oublier.

Übergewicht *n* [ˈy:bər-] **1.** excédent *od* supplément *m* de poids; **2.** *fig* prépondérance; *pol* influence *f* prépondérante.

überglücklich [ˈy:bər-] *a* ravi, enchanté; comblé *od* éperdu de bonheur.

über|≈greifen [ˈy:bər-] ⟨*griff über, übergegriffen*⟩ *itr* mordre (*auf* sur); *(Feuer)* se propager (*auf etw* à qc), gagner (*auf etw* qc); **Ü~griff** *m* empiètement *m*.

Übergröße *f* [ˈy:bər-] *(Kleidung)* grande taille; *(Schuhe)* grande pointure *f*.

überhand≈nehmen [--ˈ---] ⟨*nimmt, nahm überhand, überhandgenommen*⟩ *itr* s'accroître *od* augmenter *od* s'étendre *od* se multiplier excessivement.

Überhang *m* [ˈy:bər-] *com* surplus, excédent *m*.

überhasten [--ˈ--] ⟨*ohne -ge-*⟩ *tr* précipiter.

überhäufen [--ˈ--] ⟨*ohne -ge-*⟩ *tr* surcharger, combler, accabler (*mit* de); *(mit Aufmerksamkeiten)* excéder (*mit* de).

überhaupt [--ˈ-] *adv* **1.** *(letzten Endes)* après tout, somme toute, de toute façon; **2.** *(in Fragen: denn eigentlich)* donc, au juste; **3.** *(am Satzanfang)* de manière générale; plus généralement; — *wenn ~* si toutefois, si tant est (que); *~ nicht* pas du tout, pas le moins du monde, nullement.

überheblich [ybərˈhe:plıç] *a* présomptueux, outrecuidant, arrogant; **Ü~keit** *f* ⟨-, ø⟩ présomption, outrecuidance, arrogance *f*.

überheizen [--ˈ--] ⟨*ohne -ge-*⟩ *tr* trop chauffer, surchauffer.

überhitzen [--ˈ--] ⟨*ohne -ge-*⟩ *tr* surchauffer.

überhöht [--ˈ-] *a (Preis)* excessif.

überhol|en [--ˈ--] ⟨*ohne -ge-*⟩ **1.** *(vorbeigehen, -fahren an)* dépasser, devancer, distancer; *mot* doubler; *sport* sauter; **2.** *tech (nachsehen u. ausbessern)* réviser; remettre à neuf; *gründlich ~ (tech)* faire une révision (complète) (*etw* de qc); **Ü~en** *n mot: ~ verboten!* défense de doubler! **~t** *a (veraltet)* démodé, périmé, suranné.

überhören [--ˈ--] ⟨*ohne -ge-*⟩ *tr* ne pas entendre; *(absichtlich)* ne pas vouloir entendre, faire la sourde oreille à.

überirdisch [ˈy:bər-] *a* supraterrestre; céleste; surnaturel.

überkleben [--ˈ--] ⟨*ohne -ge-*⟩ *tr: etw ~* coller qc sur qc.

über≈kochen [ˈy:bər-] *itr* ⟨*sein*⟩ déborder *od* s'en aller (en bouillant); *(bes. Milch)* se sauver.

überkommen [--ˈ--] **I.** ⟨*überkam, überkommen*⟩ *tr impers: es überkam mich ein Gefühl ...* un sentiment ... s'empara de moi; **II.** *a* traditionnel; conventionnel.

überladen [--ˈ--] **I.** ⟨*überlädt, überlud, überladen*⟩ *tr* surcharger *a. fig*, encombrer (*mit* de); *sich den Magen ~* se bourrer *od* se (sur)charger l'estomac; **II.** *pp, a* surchargé *a. fig, (Stil)* ampoulé.

überlager|n [--ˈ--] ⟨*ohne -ge-*⟩ *tr radio* superposer; **Ü~ung** *f phys* recouvrement *m; radio* superposition, interférence *f*.

Überland|leitung *f* [ˈy:bər-] *el* ligne *f* à haute tension; **~omnibus** *m* autocar *m*.

überlassen [--ˈ--] ⟨*überläßt, überließ, überlassen*⟩ *tr* **1.** donner, livrer, remettre, transmettre; **2.** *(abtreten)* laisser, abandonner; *jur* céder, transmettre, transférer; — *jdn sich selbst, s-m Schicksal ~* abandonner qn à soi-même, à son sort; *das überlasse ich Ihnen* je m'en remets à vous.

überlast|en [--ˈ--] ⟨*ohne -ge-*⟩ *tr* surcharger; *fig* accabler; **Ü~ung** *f* ⟨-, -en⟩ surcharge *f; fig* surmenage *m*.

Überlauf *m* [ˈy:bər-] *tech* trop-plein *m;*

ˈüber≈laufen ⟨*läuft, lief über, übergelaufen*⟩ *itr* ⟨*sein*⟩ **1.** *(Flüssigkeit)* déborder; **2.** *pol* virer de bord, tourner casaque; *zum Feind ~* passer à l'ennemi, déserter; **überˈlaufen I.** ⟨*überläuft, überlief, überlaufen*⟩ **1.** *tr: ~ werden* *(von Patienten* od *Kunden)* être assiégé *od* importuné; **2.** *impers: es überlief mich kalt (dabei)* cela me donna un frisson, cela me fit frissonner; **II.** *pp, a* envahi; importuné; encombré; **Überläufer** ['----] *m* déserteur; *a. pol* transfuge *m.*

überleb|en [--'--] ‹*ohne -ge-*› *itr* survivre (*jdn, etw* à qn, à qc); **Ü~ende** *m f* ‹-n, -n› survivant(e *f*); *(e-r Katastrophe)* rescapé(e *f*) *m;* **~ensgroß** *a (Bild)* plus grand que nature; **~t** *a* démodé, périmé, suranné.

'**über=leg|en** **1.** étendre, mettre *od* poser dessus; **2.** *(züchtigen)* donner une fessée à; **über'legen I.** ‹*ohne -ge-*› *itr* réfléchir, délibérer; *es sich* ~ bien réfléchir; *sich etw gut* od *reiflich* ~ réfléchir mûrement à *od* sur qc; *das wäre zu* ~ cela mérite réflexion; **II.** *a* supérieur (*in etw* en qc); **Ü~enheit** *f* [--'---] ‹-, ø› *(im Wissen* od *Können)* supériorité, maîtrise; *(größere Stärke* od *Macht)* prépondérance, prépotence; suprématie *f; zahlenmäßige* ~ supériorité *f* numérique; **~t** [--'-] **I.** *a* (bien) réfléchi, délibéré; **II.** *adv* délibérément; **Ü~ung** *f* [--'--] ‹-, -en› réflexion, délibération, considération *f; (Gedankengang)* raisonnement *m; nach reiflicher* ~ après mûre considération *od* délibération, après avoir mûrement réfléchi.

über=leit|en ['y:bər-] *itr* passer (*von ... zu* de ... à), lier (*von etw zu etw* qc à qc); *(ein Bindeglied sein)* faire une transition (*zwischen ... und* de ... à); **Ü~ung** *f* transition; liaison *f.*

überliefer|n [--'--] ‹*ohne -ge-*› *tr* transmettre, léguer; **~t** *a* traditionnel; **Ü~ung** *f* tradition *f.*

überlisten [--'--] ‹*ohne -ge-*› *tr* tromper, duper; donner le change (*jdn* à qn).

Übermacht *f* ‹-, ø› ['y:bər-] supériorité (numérique); *(Vorherrschaft)* prépotence; *(Übergewicht)* prépondérance *f; der ~ weichen* céder au nombre.

Über|maß *n* ‹-es, ø› ['y:bər-] excès *m,* exagération *f* (des proportions); *im* ~ à l'excès; outre mesure; à profusion; **ü~mäßig I.** *a* excessif, exagéré, démesuré; immodéré, exorbitant; **II.** *adv* à l'excès, excessivement, démesurément.

Übermensch *m* ['y:bər-] *philos* surhomme *m.*

übermitteln [--'--] ‹*ohne -ge-*› *tr (Nachricht)* transmettre, communiquer, faire savoir; *(Gegenstand)* envoyer, faire parvenir.

übermorgen ['y:bər-] *adv* après-demain.

übermüd|et [--'--] *a* épuisé, *fam* crevé *od* mort de fatigue; **Ü~ung** *f* ‹-, ø› excès de fatigue, épuisement, surmenage *m.*

Über|mut *m* ['y:bər-] **1.** *(Anmaßung)* arrogance, insolence *f;* **2.** *(Ausgelassenheit)* joie bruyante *od* folle, exubérance, pétulance *f;* **ü~mütig** *a* **1.** arrogant, insolent; **2.** joyeux, exubérant, pétulant.

übernächste(r, s) ['y:bər-] *a* troisième; *am ~n Tage* le surlendemain.

übernachten [--'--] ‹*ohne -ge-*› *itr* passer la nuit, coucher, loger pour la nuit; *fam* gîter.

übernächtigt [--'--] *a* défait.

Übernachtung *f* ‹-, -en› [--'--] chambre *f,* nuitage *m; pl* nuits *f pl.*

Übernahme *f* ['y:bər-] **1.** prise *f* en charge *od* de possession; **2.** *(e-s Amtes)* entrée *f* (en charge, en fonction); **3.** *fig* adoption *f.*

übernatürlich ['y:bər-] *a* surnaturel.

übernehmen [--'--] ‹*übernimmt, übernahm, übernommen*› *tr* **1.** prendre (en charge *od* en possession), assumer; **2.** *(Amt)* entrer en charge *od* en fonction de; **3.** *(Aufgabe, Kosten)* se charger (*etw* de qc); **4.** *radio TV (Sendung)* relayer; *refl:* **5.** *sich* ~ trop entreprendre, trop présumer de ses forces; se surmener; s'épuiser à force de travail; forcer la nature.

über=ordnen ['y:bər-] *tr* mettre au-dessus (*jdm* de qn), préposer.

überparteilich ['y:bər-] *a* au-dessus des partis; impartial, neutre.

überprüf|en [--'--] ‹*ohne -ge-*› *tr* examiner, réviser, revoir, vérifier; *(als Sachverständiger)* expertiser; *(kontrollieren)* contrôler, inspecter; **Ü~ung** *f* examen *m,* révision, vérification, mise *f* à jour; contrôle *m,* inspection *f.*

über=quellen ['y:bər-] ‹*quillt, quoll über, übergequollen*› *itr* ‹*sein*› déborder *a. fig.*

überquer|en [--'--] ‹*ohne -ge-*› *tr* traverser, franchir; **Ü~ung** *f* ‹-, -en› traversée *f,* franchissement *m.*

überragen [--'--] ‹*ohne -ge-*› *tr* surmonter; dominer (*um Haupteslänge* d'une tête); dépasser *a. fig; fig* surpasser; **~d** *a fig* (pro)éminent, excellent, supérieur, primordial.

überrasch|en [--'--] ‹*ohne -ge-*› *tr* **1.** surprendre, étonner; **2.** prendre au dépourvu *od* à l'improviste; — *ich war angenehm überrascht* cela m'a été une surprise agréable; **~end I.** *a* surprenant, étonnant; inattendu, inopiné; **II.** *adv* à l'improviste; ~ *kommen* tomber des nues; **~t** *a* surpris, étonné; **Ü~ung** *f* ‹-, -en› surprise *f;* étonnement *m.*

überred|en [--'--] ‹*ohne -ge-*› *tr* persuader (*zu* de); **Ü~ung** *f* ‹-, ø› persuasion *f.*

überreich ['y:bər-] **I.** *a* opulent; abondant; **II.** *adv* abondamment.

überreichen [--'--] ‹*ohne -ge-*› *tr* présenter, remettre.

überreif ['y:bər-] *a (Frucht)* trop mûr, avancé.

überreiz|en [--'--] ⟨*ohne -ge-*⟩ *tr* surexciter; énerver; **Ü~ung** *f* surexcitation *f.*
Überrest *m* ['y:bər-] reste, restant, résidu, *(meist pl)* déchet(s *pl*) *m; pl (Ruine)* ruines *f pl,* débris, vestiges *m pl; die sterblichen ~e* la dépouille mortelle.
überrollen [--'--] ⟨*ohne -ge-*⟩ *tr mil (Panzer)* submerger par surprise.
überrumpeln [--'--] ⟨*ohne -ge-*⟩ *tr* surprendre, prendre à l'improviste *od* au dépourvu; *mil* prendre par surprise, enlever d'un coup de main.
überrunden [--'--] ⟨*ohne -ge-*⟩ *tr sport* doubler.
übersät [--'-] *a* parsemé, émaillé (*mit* de).
übersättigt [--'--] *a (Mensch)* dégoûté.
Überschallgeschwindigkeit *f* ['y:bər-] vitesse *f* supersonique.
überschätz|en [--'--] ⟨*ohne -ge-*⟩ *tr* surestimer, surévaluer, surtaxer; surfaire; **Ü~ung** *f* surestimation, surévaluation *f.*
überschau|bar [--'--] *a* à saisir dans toute son étendue; **~en** [--'--] ⟨*ohne -ge-*⟩ *tr* embrasser du regard; dominer; *fig* saisir *od* comprendre dans toute son étendue.
über=schäumen ['y:bər-] *itr* ⟨*sein*⟩ déborder; **~d** *a fig* exubérant.
überschlafen [--'--] ⟨*überschläft, überschlief, überschlafen*⟩ *tr: es ~ (fam)* prendre conseil de *od* consulter son oreiller.
Überschlag ['y:bər-] *m* **1.** *sport* culbute *f; aero* looping *m,* boucle *f;* **2.** *(ungefähre Berechnung)* calcul *m* approximatif, évaluation (approximative), estimation, supputation *f,* devis *m;* **ü~en** [--'--] **I.** ⟨*überschlägt, überschlug, überschlagen*⟩ *tr* **1.** *(beim Lesen überspringen)* sauter, passer; *(auslassen)* omettre; **2.** *(ungefähr berechnen)* estimer *od* évaluer approximativement, supputer; *refl* **3.** *sich ~* se renverser, culbuter; faire la bascule; *mot* capoter *a. aero,* faire un tonneau; **II.** *pp, a (lauwarm)* tiède, dégourdi; **~srechnung** *f* calcul *m* approché *od* approximatif.
über=schnappen ['y:bər-] *itr* ⟨*sein*⟩ **1.** *tech (Schloß, Feder)* sauter; **2.** *fig fam* devenir fou.
überschneiden, *sich* [--'--] ⟨*überschneidet, überschnitt, überschnitten*⟩ *fig* faire double emploi, chevaucher.
überschreiben [--'--] ⟨*überschrieb, überschrieben*⟩ *tr* **1.** *(mit e-r Überschrift versehen)* intituler; donner un titre à; **2.** *(übertragen)* transcrire; *com* reporter; transférer; *(Wechsel)* endosser; *(gutschreiben)* porter au crédit (*jdm* de qn); *(abtreten)* céder.
überschreiten [--'--] ⟨*überschreitet, überschritt, überschritten*⟩ *tr* **1.** franchir *a. fig,* traverser; enjamber; **2.** *fig (hinausgehen über)* dépasser, excéder; **3.** *(Befugnis)* outrepasser, excéder; *(Gesetz)* enfreindre; contrevenir à; — *die Zeit ~* excéder le temps; *Ü~ der Gleise verboten!* il est défendu *od* interdit de traverser la voie.
Überschrift *f* ['y:bər-] titre, en-tête *m;* rubrique, manchette *f.*
Überschuß *m* ['y:bər-] **1.** excédent, surplus *m;* différence *f* en plus; **2.** *(Gewinn)* boni, bénéfice, gain *m;* **überschüssig** *a* excédentaire, en excédent.
überschütten [--'--] ⟨*ohne -ge-*⟩ *tr* **1.** couvrir (*mit* de), répandre (*etw mit etw* qc sur qc); **2.** *fig* combler, inonder (*mit* de); *(mit Unangenehmem)* accabler, excéder (*mit* de); *mit Fragen ~* presser *od* assaillir de questions.
Überschwang *m* ⟨-(e)s, ø⟩ ['y:bər-] exubérance, exaltation *f.*
überschwemm|en [--'--] ⟨*ohne -ge-*⟩ *tr* inonder, submerger; noyer *a. fig (mit* de); **Ü~ung** *f* ⟨-, -en⟩ inondation, submersion *f;* **Ü~ungsgebiet** *n* région *f* inondée.
überschwenglich ['y:bər-] *a* débordant d'enthousiasme, exubérant, exalté; **Ü~keit** *f* ⟨-, ø⟩ exubérance, exaltation *f.*
Übersee ['y:bər-]*: in, nach ~* outre-mer; *von ~* d'outre-mer; **~dampfer** *m* paquebot, transatlantique, (navire) long-courrier *m;* **~handel** *m* commerce *m* d'outre-mer; **ü~isch** *a* d'outre-mer, transocéanique, transatlantique.
überseh|bar [--'--] *a* qu'on peut embrasser du regard; *fig (geistig erfaßbar)* qu'on peut embrasser; **~en** ⟨*übersieht, übersah, übersehen*⟩ *tr* **1.** embrasser du regard; *fig (geistig erfassen)* embrasser; **2.** *(nicht sehen)* ne pas voir *od* remarquer, sauter; *(nicht beachten)* négliger, omettre.
übersenden [--'--] ⟨*übersendet, übersandte, übersandt*⟩ *tr* envoyer, faire parvenir, transmettre; *com a.* expédier.
'über=setz|en **1.** *tr* ⟨*h*⟩ *(über e-n Fluß)* passer (en bac); faire franchir, conduire sur l'autre rive *od* de l'autre côté; **2.** *itr* ⟨*sein*⟩ passer de l'autre côté; **über'setzen** ⟨*ohne -ge-*⟩ *tr (in e-e andere Sprache)* traduire, interpréter; *(wiedergeben)* rendre; **Ü~er(in)** *m* ⟨-s, -⟩ (*f* ⟨-, -nen⟩) [--'--] traducteur *m,* traductrice *f;* **Ü~ung** *f* ⟨-, -en⟩ [--'--] **1.** *(in e-e andere Sprache)* traduction, interprétation; *(Schule: in die eigene Sprache)* version *f; (Schule: in e-e Fremdsprache)* thème *m;* **2.** *tech* transmission; *(Fahrrad)* multiplication *f,* développement *m;* — *für die Richtigkeit der ~* pour traduction conforme.
Übersicht *f* ['y:bər-] **1.** vue *f* d'ensemble; **2.** *fig (Zs.stellung)* tableau récapitulatif *od* synoptique; *(Zs.fassung)* sommaire, résumé, aperçu, précis, exposé *m;* **ü~lich** *a* **1.** bien disposé, ordonné; net, clair; **2.** *(Gelände)* dégagé.

übersinnlich ['y:bər-] *a* suprasensible, surnaturel, immatériel; transcendant, métaphysique.

überspann|en [--'--] ‹*ohne -ge-*› *tr (zu sehr spannen)* trop tendre; *fig* exagérer; *den Bogen ~ (fig)* trop tirer sur la corde; **~t** *a fig* surexcité, exalté, extravagant, excentrique; **Ü~theit** *f* ‹-, ø› excitation, exaltation, extravagance, excentricité *f.*

überspielen [--'--] ‹*ohne -ge-*› *tr (Schallplatte auf Band)* reproduire.

überspitzt [--'-] *a fig* exagéré.

'**über=springen** ‹*springt, sprang über, übergesprungen*› *itr* ‹*sein*› **1.** *(Funke)* s'amorcer; **2.** *fig* changer *(auf ein anderes Thema* le sujet); **über'springen** ‹*überspringt, übersprang, übersprungen*› *tr* **1.** sauter (par-dessus); franchir; **2.** *fig (e-e Klasse)* sauter; *fig (auslassen)* sauter, omettre.

über=sprudeln ['y:bər-] *itr* ‹*sein*› jaillir; **~d** *a fig* pétillant (*vor* de).

'**über=stehen** ‹*stand über, übergestanden*› *itr (hervorragen)* faire saillie, saillir; **über'stehen** ‹*überstand, überstanden*› *tr (durchmachen)* passer par; *(meistern)* surmonter; *(Krankheit)* en revenir; *(überleben)* survivre (*etw* à qc).

übersteigen [--'--] ‹*überstieg, überstiegen*› *tr* **1.** escalader, franchir, passer par-dessus; **2.** *fig* (dé)passer, surpasser, excéder; *das übersteigt meine Kräfte* cela passe mes forces.

überstimmen [--'--] ‹*ohne -ge-*› *tr parl* mettre en minorité.

Überstunde *f* ['y:bər-] heure *f* supplémentaire; *~n machen* faire des heures *od* du travail supplémentaire(s).

überstürz|en [--'--] ‹*ohne -ge-*› **1.** *tr* précipiter, hâter, brusquer; **2.** *refl: sich ~ (auch von Ereignissen)* se précipiter; — *nichts ~* ne rien brusquer; **~t I.** *a* précipité, hâtif; **II.** *adv* à la hâte.

übertölpeln [--'--] ‹*ohne -ge-*› *tr* duper, attraper; donner le change (*jdn* à qn).

Übertopf *m* ['y:bər-] cache-pot *m.*

Übertrag *m* ['y:bər-] *com* report *m;* **ü~-bar** [--'--] *a* **1.** *med* transmissible, *a. jur* communicable; **2.** *jur* transférable, réversible, cessible, négociable; *nicht ~ (jur)* incommutable; *(auf e-n Namen ausgestellt)* personnel; **ü~en** [--'--] ‹*überträgt, übertrug, übertragen*› *tr* **1.** *med* communiquer, *fam* passer; *(Blut)* transfuser; **2.** *jur* transférer, transmettre, conférer, céder; *(Befugnis)* déléguer; **3.** *com (auf e-e andere Seite)* reporter, transporter; *(abschreiben)* transcrire; **4.** *(durchpausen)* calquer; **5.** *(übersetzen)* traduire; **6.** *tech* transmettre, véhiculer; **7.** *radio* (radio)diffuser; relayer, retransmettre; **8.** *fig (Tierversuchsergebnis auf d. Menschen)* transporter (*auf* chez); *refl:* **9.** *sich ~ (med)* se transmettre, se communiquer (*auf* à); — *~e Bedeutung f* sens *m* figuré; **~ung** *f* ‹-, -en› **1.** *med* transmission; *(Blut)* transfusion *f;* **2.** *jur* transfèrement, transfert *m,* translation, cession *f; (e-s Rechtes)* transport *m; (e-r Befugnis)* délégation *f;* **3.** *(Abschrift)* transcription *f;* **4.** *(Übersetzung)* traduction; *(Schule: in die eigene Sprache)* version *f;* **5.** *tech* transmission, communication *f;* **6.** *radio* (radio)diffusion, (re)transmission, diffusion *f* (radiophonique *od* par T.S.F.).

übertreffen [--'--] ‹*übertrifft, übertraf, übertroffen*› *tr* dépasser, surpasser, l'emporter sur, être supérieur à; *bes. sport* surclasser; *sich selbst ~* se surpasser.

übertreib|en [--'--] ‹*übertrieb, übertrieben*› *tr* exagérer, outrer, grossir, amplifier; dramatiser; **Ü~ung** *f* ‹-, -en› exagération, outrance, amplification *f.*

'**über=tret|en** ‹*tritt, trat über, übergetreten*› *itr* ‹*sein*› **1.** *fig allg* passer, se ranger (*zu* du côté de); **2.** *rel* se convertir, changer de religion; **über'treten** ‹*übertritt, übertrat, übertreten*› *tr* contrevenir à, transgresser, outrepasser, enfreindre; **Ü~ung** *f* ‹-, -en› contravention, transgression, infraction, violation *f.*

übertrieben [--'--] *a* exagéré; disproportionné, excessif, outré; *(Preis) a.* exorbitant.

Übertritt *m* ['---] passage *m; rel* conversion *f.*

übertrumpfen [--'--] ‹*ohne -ge-*› *tr fig* l'emporter (*jdn* sur qn); damer le pion (*jdn* à qn).

übervölker|t [--'--] *a* surpeuplé; **Ü~ung** *f* ‹-, ø› surpeuplement *m.*

übervorteilen [y:bər'fɔr-] ‹*ohne ge-*› *tr* duper, rançonner.

überwältigen [--'---] ‹*ohne -ge-*› *tr* **1.** vaincre, conquérir, accabler, dompter, mater; l'emporter (*jdn* sur qn); **2.** subjuguer, maîtriser; **~d** *a* **1.** *a. fig* écrasant, foudroyant; **2.** *(eindrucksvoll)* grandiose; — *nicht ~ (fam)* pas fameux, pas formidable.

über=wechseln ['y:bər-] *itr* ‹*sein*› *(zur Gegenpartei)* changer de parti, tourner casaque; *~ zu* se ranger du côté de.

überweis|en [--'--] ‹*überwies, überwiesen*› *tr* transmettre *a. fin;* virer (*auf jds Konto* au compte de qn); *(an e-e Dienststelle)* renvoyer (*an* à); **Ü~ung** *f* ‹-, -en› *fin* virement *m.*

überwerfen [--'--] ‹*überwirft, überwarf, überworfen*› *: sich mit jdm ~* se brouiller avec qn.

überwiegen [--'--] ‹*überwog, überwogen*› *itr* dominer, prédominer, avoir la prépondérance *od* la majorité; **~d I.** *a* prépondérant, (pré)dominant; **II.** *adv* principalement; pour la plupart.

überwind|en [--'--] ⟨*überwindet, überwand, überwunden*⟩ **1.** *tr* vaincre, l'emporter sur, triompher de; *fig* surmonter, maîtriser; **2.** *refl: sich ~* remporter une victoire sur soi-même, se dominer; **Ü~ung** *f* victoire *f*, triomphe *m; das hat mich viel ~ gekostet* cela m'a coûté.

überwuchern [--'--] ⟨*ohne -ge-*⟩ *tr* couvrir, envahir

Über|zahl *f* ['y:bər-]: *sich in der ~ befinden* être en surnombre *od* supérieur en nombre; **ü~zählig** *a (Person)* en surnombre; *(Personal)* surnuméraire; *(Sache)* excédentaire, en surplus; *~ sein* être de trop.

überzeug|en [--'--] ⟨*ohne -ge-*⟩ *tr (durch die Tatsachen)* convaincre (*von* de); *(überreden)* persuader (*von* de); *jdn von etw ~* faire croire qc à qn; *sich von etw ~* se convaincre, s'assurer de qc; *sich von jdm ~ lassen* se rendre aux raisons de qn; *~ Sie sich selbst (davon)!* jugez par vous-même; **~end** *a* convaincant; persuasif; **~t** *a* convaincu; *sehr von sich ~ sein* être rempli de soi--même; **Ü~ung** *f* conviction; *(Überredung)* persuasion; *(Zuversicht)* assurance, ferme certitude *f; aus ~* par conviction; *der ~ sein, daß ...* avoir la conviction que ...

'über=zieh|en ⟨*zog über, übergezogen*⟩ *tr (Kleidungsstück)* mettre, enfiler; **über'ziehen** ⟨*überzog, überzogen*⟩ *tr* **1.** *(mit Stoff* od *Leder)* (re)couvrir, revêtir, garnir (*mit* de); **2.** *(Konto)* mettre à découvert; **Ü~er** *m* ⟨-s, -⟩ ['----] pardessus, paletot *m*.

Überzug *m* ['y:bər-] *(Bespannung)* revêtement *m; (Möbel)* housse; *(Kissen)* taie *f*.

üblich ['y:plıç] *a* usuel, d'usage; *(gewöhnlich)* habituel, normal, de mise; *wie ~* comme d'usage *od* de règle; *nicht mehr ~ sein* être hors d'usage; *das ist so ~* c'est l'usage; *es ist ~ zu* il est de règle de; *das ist (hier) so ~* c'est la coutume ici.

U-Boot *n* ['u:bo:t] sous-marin, submersible *m; ~-***Stützpunkt** *m* base *f* de sous-marins.

übrig ['y:brıç] *a attr* restant, de reste; *der, die, das ~e ...* le reste de ...; *das ~e* le reste; *die ~en* les autres; *im ~en* du *od* au reste, au demeurant; *~ haben* avoir de reste; *für jdn nichts ~ haben (fig)* ne pas avoir de sympathie pour qn; *~ sein* être de reste, rester; *das ~e können Sie sich denken* vous devinez le reste; **~=bleiben** ⟨*blieb übrig, übriggeblieben*⟩ *itr* ⟨*sein*⟩ être de reste, rester; *es bleibt nichts anderes ~* il n'y a pas d'autre solution; **~ens** *adv* du *od* au reste, au demeurant; *(nebenbei)* à propos, d'ailleurs; **~=lassen** ⟨*läßt, ließ übrig, übriggelassen*⟩ *tr* laisser (de reste); *zu wünschen ~* laisser à désirer.

Übung *f* ⟨-, -en⟩ ['y:buŋ] exercice *m a. mil; bes. mus* étude *f; (Training)* entraînement *m; (Praxis)* pratique; *mil (Manöver)* manœuvre *f; ~ macht den Meister (prov)* c'est en forgeant qu'on devient forgeron.

Ufer *n* ⟨-s, -⟩ ['u:fər] *allg* bord *m; (Fluß, Binnensee)* rive *f; (Binnensee)* rivage *m; (steiles)* verge *f; an den ~n des Rheins* aux *od* sur les bords du Rhin; *über die ~ treten (Fluß)* déborder, sortir de son lit; **~böschung** *f* berge *f;* **~damm** *m* quai *m;* **u~los** *a fig* sans fin, interminable; **~straße** *f* route *f* riveraine.

Uhr *f* ⟨-, -en⟩ [u:r] *(öffentliche, Turm~)* horloge; *(Wand~)* pendule *f*, cartel *m; (Taschen-, Armband~)* montre *f; tech* chronomètre *m; nach der ~ (arbeiten)* à l'heure d'horloge; *nach meiner ~* à ma montre; *um 8 ~* à huit heures; *um 12 ~ mittags, nachts* à midi, à minuit; *um wieviel ~?* à quelle heure? *die ~ nach-, vorstellen* retarder, avancer l'heure; *meine ~ geht richtig* od *genau* ma montre va juste; *meine ~ geht vor, nach* ma montre avance, retarde (*5 Minuten* de 5 minutes); *meine ~ steht* od *ist stehengeblieben* ma montre est arrêtée; *es ist 2 ~* il est deux heures; *wieviel ~ ist es?* quelle heure est-il? **~engeschäft** *n* horlogerie *f;* **~enindustrie** *f* industrie *f* horlogère; **~kette** *f* chaîne de montre, giletière *f;* **~macher** *m* horloger *m;* **~werk** *n* mécanisme *od* mouvement *m od* rouages *m pl* d'horlogerie; **~zeiger** *m* aiguille *f* (d'horloge *od* de montre); **~zeigersinn** *m: im (entgegengesetzten) ~* dans le sens (en sens inverse) des aiguilles d'une montre; **~zeit** *f* heure *f*.

Uhu *m* ⟨-s, -s⟩ ['u:hu] *orn* grand duc *m*.

Ukrain|e, *die* [u'kraınə/ukra'i:nə] l'Ukraine *f;* **~er(in)** *m* ⟨-s, -⟩ (*f* ⟨-, -nen⟩) Ukrainien(ne *f*) *m;* **u~isch** [-'kraı-/-'i:nıʃ] *a* ukrainien.

Ulk *m* ⟨-(e)s, -e⟩ [ulk] plaisanterie, farce, *fam* blague, *pop* rigolade *f; ~ machen,* **u~en** *itr* plaisanter, faire des farces; *fam* blaguer, faire des blagues; *pop* rigoler; **u~ig** *a* amusant, drôle.

Ulme *f* ⟨-, -n⟩ ['ulmə] orme *m*.

ultim|ativ [ultima'ti:f] *a* ultimatif; **U~atum** *n* ⟨-s, -ten/-s⟩ [-'ma:tum] *pol* ultimatum *m; jdm ein ~ stellen* envoyer *od* signifier un ultimatum à qn.

Ultrakurzwelle *f* ['ultrakurts-, --'---] *radio* onde ultracourte, micro-onde *f;* **~nbereich** *m* cadre *m* micro-capteur; **~nsender** *m* émetteur *m* à modulation de fréquence.

ultra|rot ['ultra-] *a* ultrarouge, infrarou-

ge; **U~schall** *m* ultra-son *m;* **U~-schallwelle** *f phys* onde *f* ultra-sonore; **~violett** *a* ultra-violet.
um [ʊm] **I.** *prp (örtl.: ~ herum)* autour de; *(zeitl.): ~ 5 Uhr* à cinq heures; *~ diese Zeit* vers cette heure-là; *(ungefähr): ~ 2 Mark (herum)* environ deux marks; *(den Unterschied bezeichnend): ~ 2 cm kleiner* plus petit de 2 cm; *~ ein Jahr älter* plus âgé d'un an; *(für): ~ Geld* pour *od* contre de l'argent: *(wegen)* à cause de, pour; *(Ausdrücke) ~ nichts und wieder nichts* pour un rien; *wie steht es ~ ihn?* où en est-il? **II.** *adv (vorbei)* fini, passé, écoulé, révolu; *rechts ~! (mil)* demi-tour à droite! *(~ so): ~ so besser, schlimmer* tant mieux, pis; *~ so mehr, weniger* d'autant plus, moins; *je ..., ~ so ...* plus ..., plus ...; *~ ... willen* pour (l'amour de), par égard à, dans l'intérêt de; *~ ... zu ... (inf)* pour, afin de *inf;* afin que *subj.*
um≈ändern ['ʊm-] *tr* transformer; changer, modifier; *(neu gestalten)* remanier.
um≈arbeiten ['ʊm-] *tr* transformer, refaire, remanier.
umarmen [-'--] ‹*ohne -ge-*› *tr* embrasser, serrer dans ses bras; *(heftig)* éteindre; *(mit feierlichem Kuß)* donner l'accolade à.
Umbau *m* ‹-s, -e/-ten› ['ʊm-] **1.** *arch* transformation *od* modification *od* reconstruction d'un *od* du bâtiment; *(Schiff)* refonte *f;* **2.** *fig adm* réorganisation *f,* remaniement *m;* **'um≈bauen** *tr arch* transformer (*zu* en), reconstruire; **um'bauen** ‹*ohne -ge-*› *tr* entourer de bâtiments.
um≈benennen ['ʊm-] ‹*benannte um, umbenannt*› *tr* débaptiser.
um≈besetzen ['ʊm-] ‹*ohne -ge-*› *tr theat: die Rollen ~* changer la distribution des rôles.
um≈betten ['ʊm-] *tr (Kranken)* changer de lit; *(Toten)* changer de tombeau; *(Fluß)* dériver.
um≈biegen ['ʊm-] ‹*bog um, umgebogen*› *tr* (re)courber.
um≈bilden ['ʊm-] *tr* transformer; *adm* réorganiser; réformer; *(Regierung, Kabinett)* remanier.
'um≈binden ['ʊm-] ‹*bindet, band um, umgebunden*› *tr (Krawatte, Schürze)* mettre.
um≈blättern ['ʊm-] *tr* tourner; *itr* tourner la page *od* la feuille.
um≈blicken, *sich* ['ʊm-] *(nach allen Seiten)* regarder autour de soi; *(zurück)* se retourner.
'um≈brechen ‹*bricht, brach um, umgebrochen*› **1.** *tr* ‹*h*› rompre, casser; **2.** *itr* ‹*sein*› se rompre sous le poids; **um'brechen** ‹*umbricht, umbrach, umbrochen*› *tr typ* mettre en pages.
um≈bringen ['ʊm-] ‹*brachte um, umgebracht*› *tr* faire mourir, mettre à mort, assassiner, égorger; *sich ~ (fig fam: übertreiben)* ne savoir que faire (*vor* de).
Umbruch *m* ['ʊm-] **1.** *pol* bouleversement *m,* révolution *f;* **2.** *typ* mise *f* en pages.
um≈buch|en ['ʊm-] *tr com* transférer, virer, contrepasser; **U~ung** *f* transfert, virement *m.*
um≈denken ['ʊm-] ‹*dachte um, umgedacht*› *itr* changer de perspective, voir les choses autrement.
um≈dreh|en ['ʊm-] *tr* (re)tourner; *sich ~* se retourner (*nach jdm* vers qn); **U~ung** *f phys astr (um die eigene Achse)* rotation; *(um e-n anderen Körper)* révolution *f; tech* tour *m.*
umeinander [--'--] *adv* l'un autour de l'autre; les uns autour des autres.
'um≈fahren ‹*fuhr, fuhr um, umgefahren*› *tr* renverser (avec sa voiture *etc*); **um'fahren** ‹*umfährt, umfuhr, umfahren*› *tr* contourner, faire le tour de; *mar (Kap)* doubler.
um≈fallen ['ʊm-] ‹*fällt, fiel um, umgefallen*› *itr* ‹*sein*› **1.** tomber; **2.** *fig fam (s-e Meinung ändern)* changer d'avis; tourner casaque; **3.** *(nachgeben)* céder, *fam* baisser pavillon.
Umfang ['ʊm-] *m* **1.** *math* circonférence *f,* périmètre; *allg* tour, pourtour, circuit *m;* **2.** *(Ausdehnung)* étendue *f,* volume *m;* **3.** *mus* diapason *m;* **4.** *fig* échelle, ampleur *f; in großem ~* dans une large mesure, sur une grande échelle; **u~-reich** *a* volumineux, étendu, large, vaste, ample.
umfass|en [-'--] ‹*ohne -ge-*› *tr* **1.** *(umschlingen)* enserrer, embrasser; *(umgeben)* entourer; **2.** *(enthalten)* contenir, comporter, comprendre; *(einbegreifen)* impliquer, englober; **3.** *mil (einschließen)* cerner, encercler, envelopper; **~end** *a* **1.** global, d'ensemble; **2.** *(umfangreich)* étendu, large, vaste, ample; — *~e Maßnahmen f pl* mesures *f pl* d'ensemble; **U~ung** *f mil* encerclement, enveloppement *m.*
um≈form|en ['ʊm-] *tr = umbilden;* transformer, convertir *a. el;* **U~er** *m el* transformateur, convertisseur *m;* **U~ung** *f* transformation *f a. el.*
Umfrage *f* ['ʊm-] enquête *f,* sondage *m* (d'opinion publique).
umfried(ig)en [-'-(-)-] ‹*ohne -ge-*› *tr* entourer d'une clôture.
um≈füllen ['ʊm-] *tr* transvaser, dépoter.
Umgang *m* ['ʊm-] **1.** *(Rundgang)* tour *m,* tournée, ronde; *rel* procession *f;* **2.** *arch (Balkon)* galerie *f, rel (Chor~)* déambulatoire *m;* **3.** *fig (Verkehr)* fréquentation *f* (*mit* de), commerce *m; mit jdm ~ haben* fréquenter qn; commercer, avoir commerce avec qn.

umgänglich ['um-] *a (gesellig)* sociable, liant, traitable; *(freundlich)* affable; **U~keit** *f* ‹-, ø› sociabilité *f*, liant *m*, affabilité *f*.

Umgangs|formen *f pl* ['um-] (bonnes) manières *f pl;* **~sprache** *f* langage *m* familier.

umgarnen [-'--] ‹*ohne -ge-*› *tr fig* séduire, enjôler.

umgeb|en [-'--] ‹*umgibt, umgab, umgeben*› *tr* entourer, (en)ceindre; *(Ort)* environner; **U~ung** *f* ‹-, ø› **1.** environs, alentours *m pl;* **2.** *(Umwelt, Lebenskreis)* milieu *m*, ambiance *f; (Gesellschaft)* entourage *m*.

Umgegend *f* ['um-] environs, alentours *m pl*.

um'geh|en ‹*umging, umgangen*› *tr* **1.** *(Ort)* tourner autour de, faire le tour de, contourner; *(Hindernis, Schwierigkeit, den Feind)* tourner; **2.** *(Gesetz)* éluder; *(Schwierigkeit, Pflicht, Einwand)* escamoter; **'um=gehen** ‹*ging um, umgegangen*› *itr* ‹*sein*› **1.** *(Gespenst)* revenir; *in etw ~* hanter qc; **2.** *(Gerücht)* courir; — *mit etw ~* user de qc; manier, manipuler, manœuvrer qc; *mit jdm ~ (behandeln)* traiter qn, en user avec qn; *mit etw sparsam ~* être économe de qc; **~end** ['---] **I.** *a* immédiat; **II.** *adv* immédiatement, tout de suite, sans délai; *(postwendend)* par retour du courrier; **U~ungsstraße** *f* route de contournement *od* d'évitement, voie de ceinture, déviation *f*.

umgekehrt ['um-] **I.** *a* **1.** *(umgedreht)* renversé, retourné; **2.** *fig (entgegengesetzt)* inverse, contraire; **II.** *adv fig* inversement, vice versa; — *in ~er Reihenfolge, Richtung* en ordre, sens inverse; *mit ~em Vorzeichen (math, a. fig)* de signe contraire.

um=gestalten ['um-] ‹*umgestaltet*› *tr* transformer, remodeler; *adm* réorganiser; *(Buch)* remanier, refondre; *(Stadt modernisieren)* urbaniser, aménager.

um=graben ['um-] ‹*gräbt, grub um, umgegraben*› *tr agr* retourner, bêcher.

um=gruppieren ['um-] ‹*ohne -ge-*› *tr* regrouper.

Umhang *m* ['um-] cape, pèlerine *f; (kurzer)* mantelet *m*.

um=häng|en ['um-] *tr* **1.** *(anders(wohin) hängen)* suspendre ailleurs; **2.** *(um den Körper)* mettre *od* jeter sur ses épaules; *(Rucksack)* mettre au dos; *mil (Gewehr)* mettre en bandoulière; **U~etasche** *f* sac *m* à bandoulière, sacoche *f*.

um=hauen ['um-] ‹*haute* od *hieb um, umgehauen*› *tr (Baum)* abattre.

umher [um'he:r] *adv (hier u. da)* par ci, par là; *(bald hierhin, bald dorthin)* çà et là; **~=blicken** *itr* regarder tout autour (de soi); **~=gehen** ‹*ging umher, umhergegangen*› *itr* ‹*sein*› aller çà et là, se promener, déambuler; **~=irren** *itr* ‹*sein*› errer, vagabonder; *plan-* od *ziellos ~* errer comme une âme en peine; **~=ziehen** ‹*zog umher, umhergezogen*› *itr* courir le pays.

umhin=können [um'hın-] ‹*kann, konnte umhin, umhingekonnt*› *itr: nicht ~ zu tun* ne pouvoir s'empêcher *od* se retenir *od* s'abstenir de faire.

umhüllen [-'--] ‹*ohne -ge-*› *tr* envelopper, recouvrir (*mit* de).

Umkehr *f* ‹-, ø› ['um-] **1.** retour *m;* **2.** *fig* retournement *m*, conversion *f;* **u~bar** *a* réversible; **um=kehren** **1.** *tr* ‹*h*› *(umdrehen)* (re)tourner; **2.** *itr* ‹*sein*› (s'en) retourner; *(bes. zu Fuß)* faire marche arrière, revenir *od* retourner sur ses pas, revenir sur son *od* rebrousser chemin, tourner bride.

um=kippen ['um-] **1.** *tr* ‹*h*› (ren)verser, basculer, culbuter; **2.** *itr* ‹*sein*› basculer, culbuter, faire la culbute; *(Wagen)* verser; *(Boot)* chavirer; *mot aero* capoter.

umklammern [-'--] ‹*ohne -ge-*› *tr* embrasser, étreindre; *(Gegner)* enlacer (*mit den Armen* dans ses bras).

um=klappen ['um-] *tr* rabattre.

um=kleid|en, *sich* ['um-] changer de vêtements, se changer; **U~eraum** *m* vestiaire *m*.

um=kommen ['um-] ‹*kam um, umgekommen*› *itr* ‹*sein*› périr, mourir (*vor* de); succomber.

Umkreis *m* ['um-] *math* cercle *m* circonscrit; *im ~* à la ronde; *im ~ von 10 km* dans un rayon de 10 km, à 10 km à la ronde; **umkreisen** [-'--] ‹*ohne -ge-*› *tr* tourner autour de.

um=krempeln ['um-] *tr* **1.** retrousser; **2.** *fig* mettre sens dessus dessous.

um=laden ['um-] ‹*lädt um, lud um, umgeladen*› *tr* transborder.

Umlage *f* ['um-] *(Steuern, Kosten)* répartition; *(Kosten)* cotisation *f*.

umlagern [-'--] ‹*ohne -ge-*› *tr* assiéger, obséder, entourer.

Umlauf *m* ['um-] **1.** circulation *f a. adm fin;* **2.** *phys astr* révolution *f;* **3.** *(Rundschreiben)* (lettre) circulaire *f;* — *in ~ bringen, kommen (Geld)* mettre, entrer en circulation; *im ~ sein (Geld)* circuler; *in ~ setzen (Gerücht)* faire courir; *aus dem ~ ziehen* retirer de la circulation; **~bahn** *f astr* orbite *f; in e-e ~ um die Erde bringen (Satelliten)* placer sur orbite.

Umlaut *m* ['um-] *gram* métaphonie *f*.

um=legen ['um-] *tr* **1.** *(Kleidungsstück)* mettre; **2.** *(Getreide auf dem Halm)* verser; **3.** *fam (umwerfen)* renverser; *pop (zu Boden strecken)* tomber, coucher sur le carreau; *sport* mettre au tapis; *arg (töten)* descendre; **4.** *(anders legen)* disposer *od* arranger autrement;

(Termin) remettre (*auf* à); **5.** *(Steuern, Kosten)* répartir (*auf* entre).
um≈leit|en ['um-] *tr (Verkehr)* dévier, dériver; **U~ung** *f* (voie de) déviation *f*, détour; détournement *m*.
um≈lernen ['um-] *itr (e-n neuen Beruf lernen)* changer de métier; *allg* changer de méthode.
umliegend ['um-] *a* environnant, d'alentour.
ummauern [-'--] ‹*ohne -ge-*› *tr* entourer de murs, emmurer.
umnacht|et [-'--] *a: geistig ~* troublé, aliéné; **U~ung** *f* ‹-, ø› : *(geistige) ~* aliénation *f* (mentale).
um≈packen ['um-] *tr (neu verpacken)* changer d'emballage; *(Koffer)* refaire.
um≈pflügen ['um-] *tr* retourner à la charrue, verser.
um≈räumen ['um-] *tr (Zimmer)* changer la disposition des meubles de.
um≈rechn|en ['um-] *tr fin (Valuta)* changer, convertir; **U~ungskurs** *m* cours *od* taux *m* de change.
'um≈reißen ‹*riß um, umgerissen*› *tr (umstoßen)* renverser; **um'reißen** ‹*umriß, umrissen*› *tr* dessiner *od* tracer les contours de; *fig* esquisser, ébaucher.
um≈rennen ['um-] ‹*rannte um, umgerannt*› *tr* renverser en courant.
umringen [-'--] ‹*ohne -ge-*› *tr* entourer, environner.
Umriß *m* ['um-] contour, tracé *m; fig* esquisse, ébauche *f; im ~ (fig)* en gros.
um≈rühren ['um-] *tr* brasser, remuer, agiter.
um≈satteln ['um-] *itr fig fam (den Beruf wechseln)* changer de profession *od* de métier.
Umsatz *m* ['um-] *com adm* chiffre *m* d'affaires; **~steuer** *f* impôt *m od* taxe *f* sur le chiffre d'affaires.
um≈schalt|en ['um-] *tr* **1.** *el* commuter, renverser, inverser; **2.** *mot* changer de vitesse; **3.** *radio (die Wellenlänge)* changer de longueur d'onde; **U~er** *m* ‹-s, -› *el* commutateur, inverseur *m;* **U~hebel** *m mot* levier *m* de changement de vitesse; **U~taste** *f (Schreibmaschine)* touche *f* de transposition.
Umschau *f* ‹-, ø› ['um-] *(Rundblick)* tour *m* d'horizon; *fig (Überblick)* revue *f; ~ halten* regarder autour de soi; **um≈schauen,** *sich* **1.** *(zurückblicken)* regarder derrière soi; **2.** *(Umschau halten)* regarder autour de soi.
umschiffen [-'--] ‹*ohne -ge-*› *tr (Insel)* contourner; *(Kap)* doubler.
Umschlag *m* ['um-] **1.** *(plötzlicher Wechsel)* changement, revirement, retour *m;* **2.** *(an der Kleidung)* (re)bord, repli, rabat *m;* **3.** *(Buch-, Heft-, Akten~)* couverture; *(Akten~)* chemise; *(Brief~)* enveloppe *f*, pli *m;* **4.** *med* enveloppement *m*, compresse *f;* **5.** *com (Güter~)* rotation *f;* **6.** *(Umladen)* transbordement *m;* **um≈schlagen** ‹*schlägt, schlug um, umgeschlagen*› *tr* ‹*h*› **1.** *(Kragen)* rabattre; *(Ärmel)* retrousser; *(Buchseite)* tourner; **2.** *com (Güter)* transborder; *itr* ‹*sein*› **3.** *(umkippen: Wagen)* verser; *mot* capoter; *(Boot)* chavirer; **4.** *(Wind)* tourner, changer de direction; *(Wetter u. fig)* changer subitement; *ins Gegenteil ~* faire volte-face; **~(e)tuch** *n* châle *m;* **~platz** *m com* place *f* de transbordement.
umschließen [-'--] ‹*umschloß, umschlossen*› *tr* enclore, entourer; *fig* inclure, (r)enfermer.
umschlingen ‹*umschlang, umschlungen*› *tr* enlacer.
um≈schnallen ['um-] *tr* boucler; ceindre, mettre.
'um≈schreiben ‹*schrieb um, umgeschrieben*› *tr* **1.** *(neu schreiben)* récrire, transcrire; **2.** *(Eigentum, Recht, Schuld)* transférer (*auf jdn* à qn); **um'schreiben** ‹*umschrieb, umschrieben*› *tr* **1.** *math* circonscrire; **2.** *fig* paraphraser, périphraser; **3.** *(festlegen)* délimiter.
um≈schulen ['um-] *tr (a. beruflich)* rééduquer, réadapter.
Umschweife *m pl* ['um-]: *ohne ~* sans détours, sans ambages, sans paraphrase.
umschwirren [-'--] ‹*ohne -ge-*› *tr* voleter, bourdonner autour de.
Umschwung *m* ['um-] changement brusque, revirement *m;* révolution *f*.
um≈sehen, *sich* ['um-] ‹*sieht, sah um, umgesehen*› = *sich umschauen; sich nach etw ~* chercher qc.
umseitig ['um-] *a* u. *adv* au verso.
um≈setzen ['um-] *tr* **1.** transposer *a. mus chem;* déplacer; *agr* transplanter; **2.** *typ* recomposer; **3.** *com (Waren)* vendre, écouler, négocier.
Umsicht *f* ['um-] circonspection; *(Vorsicht)* prudence, précaution *f;* **u~ig** *a* circonspect; prudent, précautionneux.
um≈sied|eln ['um-] **1.** *tr* ‹*h*› *(Bevölkerung)* transférer, transplanter; **2.** *itr* ‹*sein*› s'établir *od* s'installer ailleurs; *(auswandern)* émigrer; **U~ler** *m* ‹-s, -› émigrant *m;* **U~lung** *f* transplantation *f*, transfert *m*.
umsonst [um'zɔnst] *adv* **1.** *(gratis)* pour rien, gratuitement, gratis; *fam (für ~)* pour des prunes, à l'œil; **2.** *(vergeblich)* inutilement, vainement, en vain; *ganz* od *völlig ~ (vergeblich)* en pure perte.
umsorgen [-'--] ‹*ohne -ge-*› *tr* entourer de soins.
'um≈spann|en *tr el* transformer; **um'spannen** ‹*ohne -ge-*› *tr* faire le tour de; *fig (geistig)* embrasser; **U~er** *m* ‹-s, -› ['---] *el* transformateur *m;* **U~station** *f*, **U~werk** *n* ['um-] *el* station *f od* poste *m* de transformation.
um≈springen ['um-] ‹*sprang um, umge-*

sprungen› itr ‹sein› (Wind) sauter; *mit jdm (rücksichtslos)* ~ traiter qn (sans égards).

Umstand *m* ['um-] circonstance *f a. jur; (Tatsache)* fait; *(Einzelheit)* détail *m; pl s. Umstände;* **~skleidung** *f* vêtements *m pl* de grossesse; **~swort** *n* adverbe *m.*

Umständ|e *m pl* ['um-] **1.** *(Lage)* circonstances, conditions *f pl;* conjoncture, situation *f;* **2.** *(Förmlichkeiten)* cérémonies, façons, manières *f pl;* — *ohne* ~ sans cérémonies; *unter ~n* le cas échéant; *unter allen ~n* en tout cas, à tout prix, en tout état de cause; *unter diesen ~n* dans ces circonstances; *unter keinen ~n* en aucun cas, à aucun prix, sous aucun prétexte; ~ *machen* faire des façons *od* des manières *od fam* des histoires; *in anderen ~n (schwanger) sein (fam)* être dans une situation intéressante; *das kommt auf die ~ an* cela dépend; *fam* c'est selon; *(machen Sie) keine ~!* pas de manières! trêve de cérémonies! *erschwerende, mildernde ~ (jur)* circonstances *f pl* aggravantes, atténuantes; *die näheren ~* les détails *m pl,* les particularités *f pl;* **u~lich** *a* **1.** *(ausführlich)* circonstancié, détaillé, minutieux; *(weitschweifig)* long, prolixe; **2.** *(verwickelt)* compliqué; *(beschwerlich)* embarrassant; **3.** *(förmlich)* cérémonieux; *(kleinlich)* pédant, vétilleux.

umstehen [-'--] ‹*umstand, umstanden*› *tr* entourer.

um=steig|en ['um-] ‹*stieg um, umgestiegen*› *itr ‹sein›* changer de voiture; *loc* changer (de train); *ohne umzusteigen* sans changement (de train); **U~er** *m (Fahrschein)* correspondance *f.*

'um=stell|en *tr* **1.** changer de place, arranger *od* disposer d'une façon différente; *gram typ* transposer; *bes. math* permuter; **2.** *fig (Betrieb)* réadapter, réorganiser, reconvertir; **3.** *fin* convertir; *refl* **4.** *sich ~ (s-e Meinung, Haltung ändern)* changer d'opinion *od* d'attitude; *(beruflich)* se réadapter; **um'stellen** ‹*ohne -ge-*› *tr* entourer (*mit* de); *(bes. Jagd u. mil)* cerner; **U~ung** *f* ['um-] **1.** *gram* transposition, inversion; *math* permutation *f;* **2.** *(Betriebs~, berufliche ~)* réadaptation, réorganisation, reconversion *f;* **3.** *fin* conversion *f.*

um=stimmen ['um-] *tr fig (Menschen)* faire changer d'humeur *od* d'avis.

um=stoßen ['um-] ‹*stößt, stieß um, umgestoßen*› *tr* renverser *a. fig (Plan); fig (Testament)* invalider.

umstritten [-'--] *a* disputé, controversé, *bes. sport* contesté; en litige.

um=stülpen ['um-] ‹*hat umgestülpt*› *tr* retourner, retrousser.

Umsturz *m* ['um-] *a. fig* chute *f,* renversement, écroulement, bouleversement *m; pol* subversion, révolution *f.*

um=stürz|en ['um-] **1.** *tr ‹h›* mettre à bas, jeter (à) bas *od* par terre; *a. fig* renverser, bouleverser; *pol* démolir; **2.** *itr ‹sein›* tomber à la renverse, s'écrouler; *(Wagen)* verser; *mot* capoter; **~lerisch** *a* subversif, révolutionnaire.

Umtausch *m* ['um-] échange *m; ~ nicht gestattet* les marchandises ne seront pas échangées; **um=tauschen** *tr* échanger (*gegen* contre, pour).

Umtrieb *m* ['um-] **1.** *fam (Bewegung, Leben)* mouvement *m,* activité, agitation *f;* **2.** *pl (Machenschaften)* menées, machinations, intrigues *f pl.*

um=wälz|en ['um-] *tr (Stein)* rouler; **~end** *a fig* bouleversant; **U~ung** *f* ‹-, -en› *fig* bouleversement *m,* révolution *f.*

um=wand|eln ['um-] *tr (ändern, umbilden)* changer, transformer *a. el (in* en); métamorphoser; *scient* transmuter (*in* en); *jur (Strafe)* commuer (*in* en); **U~lung** *f* changement *m,* transformation *a. el,* métamorphose; *scient* transmutation; *tech com* conversion; *jur* commutation *f.*

um=wechseln ['um-] *tr* **1.** *(Geld)* changer; **2.** *(in e-e andere Währung)* convertir.

Umweg *m* ['um-] détour *a. fig; fig* biais, crochet *m; auf ~en (fig)* de *od* en biais, en louvoyant.

Umwelt *f* ['um-] milieu *m,* ambiance *f;* environnement *m;* **~bedingungen** *f pl biol* conditions *f pl* de milieu; **~einflüsse** *m pl* influences *f pl* ambiantes; **~schutz** *m* protection *f* de l'environnement; **~verschmutzung** *f* pollution *f* (de l'environnement).

um=wenden ['um-] ‹*wendet, wandte* od *wendete um, umgewandt* od *umgewendet*› *tr* (re)tourner; *sich ~* se retourner.

umwerben [-'--] ‹*umwirbt, umwarb, umworben*› *tr* courtiser.

um=werfen ['um-] ‹*wirft, warf um, umgeworfen*› *tr* renverser *a. fig (Plan).*

umwickeln [-'--] ‹*ohne -ge-*› *tr* entortiller, envelopper (*mit* de); *mit Stroh ~* empailler.

umzäun|en [-'--] ‹*ohne -ge-*› *tr* enclore, clôturer, entourer d'une clôture; **U~ung** *f* ‹-, -en› clôture *f.*

um=ziehen ['um-] ‹*zog um, umgezogen*› **1.** *itr ‹sein›* déménager, changer de logement; **2.** *refl: sich ~* changer de vêtements, se changer.

umzingeln [-'--] ‹*ohne -ge-*› *tr* encercler, cerner.

Umzug *m* ['um-] **1.** *(Festzug)* cortège *m; rel* procession *f;* **2.** *(Wohnungswechsel)* déménagement *m.*

unabänderlich [--'---/'-----] *a* immuable, irréformable; *(unwiderruflich)* irrévocable.

unabhängig ['un-] *a* indépendant; *parl (Abgeordneter)* non inscrit; *(Staat)* autonome; *gram* absolu; **U~keit** *f* ‹-, ø› indépendance; *(staatliche)* autonomie; *(wirtschaftliche)* autarcie *f.*
unabkömmlich ['un-/--'--] *a* indisponible; *mil* affecté spécial.
unablässig [--'--/'----] **I.** *a* continu(el), incessant, perpétuel; **II.** *adv a.* sans cesse, sans relâche, d'arrache-pied.
unabsehbar [--'--/'----] *a (Folgen)* imprévisible.
unabsichtlich ['un-] **I.** *a* non intentionnel, non prémédité; **II.** *adv* sans intention *od* préméditation, sans le vouloir.
unabweis|bar *a,* **~lich** [--'--/'----] *a* impérieux.
unabwendbar [--'--/'----] *a* inévitable.
unachtsam ['un-] *a* inattentif; *(nachlässig)* négligent; **U~keit** *f* ‹-, ø› inattention; négligence *f; aus ~* par inadvertance, par mégarde, par oubli.
unähnlich ['un-] *a* dissemblable; **U~keit** *f* dissemblance *f.*
unanfechtbar [--'--/'----] *a jur* souverain.
unangebracht ['un-] *a* déplacé, inopportun, mal à *od* hors de propos.
unangefochten ['un-] *a* incontesté.
unangemeldet ['un-] **I.** *a* non annoncé; *fin* non déclaré; **II.** *adv* sans avoir prévenu, à l'improviste.
unangemessen ['un-] *a* inconvenant.
unangenehm ['un-] *a* désagréable, déplaisant; *(lästig)* gênant, embarrassant; *(ärgerlich)* fâcheux; *(peinlich)* pénible; *(garstig)* vilain; *es wäre mir ~, wenn ... (subj)* cela m'ennuyerait de ... *(inf).*
unangetastet ['un-] *a* intact; *etw ~ lassen* ne pas toucher à qc.
unangreifbar [--'--/'----] *a* inattaquable.
unannehm|bar [--'--/'----] *a* inacceptable; **U~lichkeit** *f* désagrément, ennui *m.*
unansehnlich ['un-] *a* insignifiant, d'une apparence défavorable; *(häßlich)* laid.
unanständig ['un-] *a* indécent, inconvenant, malséant, malhonnête, malpropre, polisson, ordurier; **U~keit** *f* indécence, inconvenance, malséance, malhonnêteté, malpropreté, polissonnerie *f.*
unantastbar [--'--/'----] *a* intangible, inviolable.
unappetitlich ['un-] *a* peu appétissant, dégoûtant.
Unart *f* ['un-] mauvaise(s) habitude *od* manières *f (pl); (e-s Kindes)* méchanceté *f;* **u~ig** *a* mal élevé, méchant.
unauffällig ['un-] **I.** *a* qui passe inaperçu; *(bescheiden)* modeste, discret; **II.** *adv* sans être aperçu, incognito; modestement, discrètement.
unauffindbar [--'--/'----] *a* introuvable, indécelable.
unaufgefordert ['un-] **I.** *a* spontané; **II.** *adv a.* de son propre chef *od* mouvement.
unaufhaltsam [--'--/'----] *a* irrésistible.
unaufhörlich [--'--/'----] **I.** *a* incessant, continu(el), perpétuel; **II.** *adv a.* sans cesse, sans répit; du matin au soir.
unauflöslich [--'--/'----] *a* indissoluble.
unaufmerksam ['un-] *a* inattentif; *(zerstreut)* distrait; **U~keit** *f* inattention *f.*
unaufrichtig ['un-] *a* insincère.
unausbleiblich [--'--/'----] *a* immanquable, infaillible, inévitable.
unausgeglichen ['un-] *a (Charakter)* déséquilibré; **U~heit** *f* manque *m* d'équilibre.
unausstehlich [--'--/'----] *a* insupportable, intolérable, odieux; *fam* assommant.
unausweichlich [--'--/'----] *a* inévitable, inéluctable.
unbändig ['un-] *a* pétulant; effréné.
unbarmherzig ['un-] *a* impitoyable; *(unerbittlich)* inexorable; *a. adv* sans pitié.
unbeabsichtigt ['un-] *a* non intentionnel.
unbeachtet ['un-] *a* inaperçu, ignoré.
unbearbeitet ['un-/un-] *a tech* non travaillé, non ouvré, non usiné.
unbeaufsichtigt ['un-] *a* sans surveillance.
unbedenklich ['un-] *a* qui n'offre aucune difficulté *od* aucun inconvénient.
unbedeutend ['un-] *a* insignifiant, sans importance; négligeable; modique, futile.
unbedingt ['un-/--'-] **I.** *a* absolu; *(bedingungslos)* inconditionnel; **II.** *adv (auf jeden Fall)* absolument, en tout cas; — *nicht ~* pas forcément; *~ notwendig* de rigueur.
unbefangen ['un-] *a (unvoreingenommen)* non prévenu, sans préjugé; *(unparteiisch)* impartial, objectif.
unbefriedig|end ['un-] *a* non satisfaisant, insuffisant; **~t** *a* insatisfait, inassouvi; mécontent.
unbefristet ['un-] *a* non limité.
unbefugt ['un-] *a* non autorisé; **U~e** *m f: ~en ist der Zutritt verboten* entrée interdite à toute personne étrangère au service, défense d'entrer sans motif de service.
unbegreiflich [--'--/'----] *a* incompréhensible, inconcevable; *das ist mir ~* je n'y comprends (plus) rien, je m'y perds.
unbegrenzt ['un-/--'-] *a* illimité, sans limites *od* bornes.
unbegründet ['un-] *a* infondé, sans *od* dénué de fondement.
Unbehag|en *n* ['un-] malaise *m,* gêne *f;* **u~lich** [-klıç] *a (ungemütlich)* inconfortable, incommode; *sich ~ fühlen* être

od se sentir mal à l'aise *od* mal à son aise.
unbehelligt [--'--/'----] *a* sans être importuné *od* molesté *od* inquiété.
unbeholfen ['un-] *a* maladroit, gauche; **U~heit** *f* ‹-, ø› maladresse, gaucherie *f.*
unbeirr|bar [--'--/'----] *a* imperturbable; **~t** *adv* sans se laisser déconcerter, tout droit.
unbekannt ['un-] *a* inconnu, ignoré; *das ist mir ~ (a.)* je n'en sais rien, je l'ignore; *es ist Ihnen nicht ~, daß* ... vous n'ignorez pas que ...; **U~e** *m f* inconnu(e *f*) *m.*
unbekleidet ['un-] *a* déshabillé, nu.
unbekümmert [--'--/'----] *a* insouciant, insoucieux (*um* de); **U~heit** *f* ‹-, ø› insouciance *f.*
unbelastet ['un-] *a fig* non grevé (*mit* de); *(Grundstück)* non grevé d'hypothèques.
unbeliebt ['un-] *a* peu aimé, mal vu, impopulaire; *sich ~ machen* s'aliéner les sympathies, se rendre impopulaire; **U~heit** *f* ‹-, ø› impopularité *f.*
unbemannt ['un-] *a (Rakete)* non habité.
unbemerkt ['un-] **I.** *a* inaperçu; **II.** *adv* sans être aperçu.
unbenutz|bar [--'--/'----] *a* inutilisable; **~t** *a* inutilisé, non employé, neuf, vierge.
unbeobachtet ['un-] **I.** *a: ~ bleiben* rester inaperçu; **II.** *adv* sans être remarqué.
unbequem ['un-] *a* **1.** incommode, inconfortable; *(Kleidung)* gênant; **2.** *(lästig)* importun; *(ungelegen)* inopportun; **U~lichkeit** *f* incommodité; gêne *f.*
unberechenbar [--'---/'-----] *a* incalculable.
unberührt ['un-] *a (unversehrt)* intact.
unbeschadet [--'--/'----] *prp gen* sans préjudice de, sous (toute) réserve de.
unbeschädigt ['un-] *a* non endommagé, indemne, intact.
unbescheiden ['un-] *a* immodeste; *(anspruchsvoll)* exigeant; *(anmaßend)* arrogant; *(aufdringlich)* indiscret; **U~heit** *f* ‹-, ø› immodestie; exigence, arrogance, indiscrétion *f.*
unbescholten ['un-] *a* irréprochable, intègre.
unbeschrankt ['un-] *a (Bahnübergang)* non gardé.
unbeschränkt [--'-/'---] *a* illimité, sans restriction; *(Gewalt)* absolu.
unbeschreiblich [--'--/'----] *a* indescriptible.
unbeschrieben ['un-] *a (Papier)* blanc.
unbesehen [--'--/'----] *adv* sans l'avoir vu(e).
unbesonnen ['un-] *a* irréfléchi, inconsidéré; *(gedankenlos)* écervelé; *(leichtsinnig)* léger, étourdi; **U~heit** *f* **1.** irréflexion; légèreté *f;* **2.** *(Handlung)* étourderie *f.*
unbesorgt ['un-] *a* insouciant, sans souci; *seien Sie ~!* soyez tranquille *od* sans inquiétude! rassurez-vous!
unbeständig ['un-] *a* instable, inconstant; *(wechselhaft)* variable; **U~keit** *f* instabilité, inconstance *f.*
unbestechlich [--'--/'----] *a* incorruptible.
unbestimmt ['un-] *a* indéterminé *a. math;* indéfini *a. gram;* imprécis; *auf ~e Zeit* pour un temps indéterminé.
unbestreitbar [--'--/'----] *a* incontestable, indiscutable; **unbestritten** *a* incontesté.
unbetont ['un-] *a gram* non accentué atone.
unbewaffnet ['un-] *a* sans armes, désarmé.
unbeweglich ['un-/un-] *a* **1.** immobile, stationnaire, fixe; **2.** *jur* immeuble; *~es Gut n (jur)* (bien) immeuble *m;* **U~keit** *f* immobilité, fixité *f.*
unbewohn|bar [--'--/'----] *a* inhabitable; **~t** *a* inhabité; *(Land)* désert.
unbewußt ['un-] *a* inconscient *a. psych philos;* **U~e,** *das, psych philos* l'inconscient *m.*
unbezahl|bar [--'--/'----] *a* impayable *a. fig; fig* sans prix; *~ sein (fig)* n'avoir point de prix, être sans prix; **~t** *a* **1.** *(Rechnung)* non réglé; **2.** *(Arbeit)* non salarié.
Unbilden *pl* ['unbıldən]: *die ~ der Witterung* les injures du temps, les intempéries *f pl.*
unblutig ['un-] *a* non sanglant.
unbrauchbar ['un-] *a* inutil(isabl)e, inemployable.
und [unt] *conj* et; *~ (dann)?* et alors? et puis? et après? mais encore? *er kam ~ holte mich* il vint me prendre; *geh ~ hole mir* ... va me chercher ...
Undank *m* ['un-] ingratitude *f; jdm mit ~ lohnen* payer qn d'ingratitude; **u~bar** *a* ingrat (*gegen* envers); **~barkeit** *f* ingratitude *f.*
undatiert ['un-] *a* non daté, sans date.
undefinierbar [---'--/'-----] *a* indéfinissable.
undenkbar [un'dɛŋkba:r] *a* impensable, inconcevable, inimaginable.
undeutlich ['un-] *a* indistinct; *(unbestimmt)* indécis, vague; *(unscharf)* brouillé, flou; *(Schrift)* peu lisible.
undicht ['un-] *a* non étanche; *~e Stelle f* point *m* de fuite.
Unding *n* ‹-(e)s, -e› ['un-] absurdité *f.*
undiszipliniert ['un-] *a* indiscipliné.
unduldsam ['un-] *a* intolérant; **U~keit** *f* ‹-, ø› intolérance *f.*
undurch|dringlich [--'--/'----] *a* impénétrable *a. fig;* **~führbar** *a* inexécutable, irréalisable, impraticable,

infaisable; **~lässig** ['un-] *a* imperméable (*für* à), étanche; **~sichtig** ['un-] *a* **1.** opaque; **2.** *fig* impénétrable, ténébreux; *(Lage)* confus.
uneben ['un-] *a (Boden)* inégal; *(Gelände)* accidenté, mouvementé.
unecht ['un-] *a (nachgemacht)* imité, d'imitation, en imitation, en simili.
unehelich ['un-] *a (Kind)* naturel, illégitime.
Unehr|e *f* ['un-] déshonneur *m; jdm ~ machen* déshonorer qn; **u~enhaft** *a (Verhalten)* déshonorant; **u~lich** *a* malhonnête, déloyal; **~lichkeit** *f* malhonnêteté, improbité, déloyauté *f.*
uneigennützig ['un-] *a* désintéressé, altruiste.
uneingeschränkt ['un-/---'-] *a* illimité; *pol (Gewalt)* absolu.
uneinig ['un-] *a* désuni, divisé, brouillé; **U~keit** *f* désunion *f*, désaccord *m*, division *f.*
uneinnehmbar [--'--/'----] *a mil* imprenable.
uneins ['un-] *a pred = uneinig.*
unempfindlich ['un-] *a* insensible (*gegen* à); apathique; *fig* inaccessible (*gegen* à); *(gefühllos)* impassible, froid; **U~keit** *f* ‹-, ø› insensibilité, apathie; impassibilité, froideur *f.*
unendlich [un'ʔɛntlɪç] *a* infini *a. math; ~ klein* infiniment petit, *math a.* infinitésimal; **U~keit** *f* ‹-, ø› infinité; *(Unermeßlichkeit)* immensité *f.*
unentbehrlich [--'--/'----] *a* indispensable.
unentgeltlich ['un-/un-] **I.** *a* gratuit; **II.** *adv* gratuitement, gratis, à titre gracieux.
unentrinnbar [--'--/'----] *a* inévitable, inéluctable.
unentschieden ['un-] *a* **1.** indécis; **2.** *(in der Schwebe)* en suspens, pendant; **3.** *(Schach)* nulle; *sport* nul; **4.** *(unentschlossen)* irrésolu.
unentschlossen ['un-] *a* irrésolu, indécis; **U~heit** *f* irrésolution, indécision *f.*
unentschuldbar [--'--/'----] *a* inexcusable.
unentwegt [--'-/'---] *adv* sans cesse, sans relâche.
unentwirrbar [--'--/'----] *a* inextricable.
unerbittlich [--'--/'----] *a* inexorable, inflexible; *(erbarmungslos)* impitoyable.
unerfahren ['un-] *a* inexpérimenté (*in* dans); **U~heit** *f* ‹-, ø› inexpérience *f.*
unerfreulich ['un-] *a* peu réjouissant, fâcheux; *(unangenehm)* désagréable.
unergründlich [--'--/'----] *a* insondable, impénétrable, inscrutable.
unerheblich ['un-] *a* peu important, de peu d'importance, insignifiant.
'unerhört *a: ~ bleiben (Bitte)* rester sans réponse; **uner'hört** *a (unglaublich)* inouï, sans nom, scandaleux; *das ist (ja) ~! (a.)* c'est trop fort!
unerkannt ['un-] *adv* sans être reconnu.
unerklärlich [--'--/'----] *a* inexplicable.
unerläßlich [--'--/'----] *a* indispensable, de rigueur.
unerlaubt ['un-] *a* non autorisé, défendu.
unerledigt ['un-] *a* non réglé; en suspens; *(Arbeit, Rechnung)* en souffrance.
unermeßlich [--'--/'----] *a* immense, énorme.
unermüdlich [--'--/'----] *a* infatigable, inlassable.
unerreichbar [--'--/'----] *a, a. fig* inaccessible, hors d'atteinte *od* de portée.
unersättlich [--'--/'----] *a, a. fig* insatiable.
unerschöpflich [--'--/'----] *a* inépuisable, intarissable.
unerschrocken ['un-] *a* intrépide, impavide.
unerschütterlich [--'--/'----] *a* inébranlable *a. fig; fig* imperturbable.
unerschwinglich [--'--/'----] *a* **1.** *(Ware)* hors de prix; **2.** *(Preis)* inabordable, prohibitif.
unersetzlich [--'--/'----] *a* irremplaçable.
unerträglich [--'--/'----] *a* insupportable, intolérable; *fam* assommant.
unerwartet ['un-/--'--] **I.** *a* inattendu, imprévu; *(Glück)* inespéré; **II.** *adv* à l'improviste; *das kommt mir ~* je ne m'y attendais pas.
unerwünscht ['un-] *a* indésirable; *(ungelegen)* importun.
unfähig ['un-] *a* incapable (*zu* de); *(ungeeignet)* inapte (*zu* à), incompétent; impuissant; *bes. jur* inhabile (*zu* à); **U~keit** *f* incapacité; inaptitude, incompétence; impuissance; *jur* inhabilité *f.*
unfair ['unfɛ:r] *a* déloyal, *fam, bes. sport* irrégulier.
Unfall *m* ['un-] accident *m; bei e-m ~ (während e-s ~s)* dans un accident; *(im Falle e-s ~s)* en cas d'accident; *~ auf dem Weg zur oder von der Arbeitsstätte* accident *m* de trajet; *tödlicher ~* accident *m* mortel; **~station** *f* poste *m* de secours; **~verhütung** *f* prévention des accidents, prévoyance *f* contre les accidents; **~versicherung** *f* assurance *f* (contre les) accidents; **~wagen** *m* voiture de secours; ambulance *f.*
unfaß|bar *a*, **~lich** [-'--/'---] *a* inconcevable, incompréhensible.
unfehlbar [-'--/'---] *a* immanquable; *bes. rel* infaillible; *(Mittel)* souverain; **U~keit** *f* ‹-, ø› *rel* infaillibilité *f.*
unfein ['un-] *a fig* peu délicat, sans tact.
unflätig ['un-] *a* ordurier, sale, obscène.

unförmig ['un-] *a* informe, difforme; **U~keit** *f* ‹-, ø› difformité; monstruosité *f.*

unfreiwillig ['un-] *a* involontaire; *a. adv* malgré moi, toi *etc.*
unfreundlich ['un-] *a* **1.** inamical, peu aimable, désobligeant, disgracieux; **2.** *(mürrisch)* maussade *(a. vom Wetter),* morose; **3.** *(barsch)* brusque, revêche.
Unfriede(n) *m* ‹-ns, ø› ['un-] discorde, dissension *f.*
unfruchtbar ['un-] *a, a. fig* infertile, infécond, stérile; **U~keit** *f a. fig* infertilité, infécondité, stérilité *f.*
Unfug *m* ‹-(e)s, ø› ['unfu:k, -g(ə)s] **1.** *(Streich)* mauvais tour *m,* farce *f,* excès *m;* **2.** *fam (Torheit)* bêtise, absurdité *f; (Unsinn)* non-sens *m;* — *grober ~ (jur)* scandale *m.*
Ungar|(in) *m* ‹-n, -n› (*f* ‹-, -nen›) ['uŋgar] Hongrois(e *f*) *m;* **u~isch** ['uŋgarɪʃ] *a* hongrois; *(das) U~(e)* (le) hongrois; **~n** *n* la Hongrie.
ungastlich ['un-] *a* inhospitalier.
ungeachtet ['un-/--'--] *prp gen* malgré, en dépit de, nonobstant.
ungeahnt ['un-/--'-] *a* insoupçonné, inopiné, inespéré.
ungebeten ['un-] *a: ~er Gast m* intrus *m.*
ungebildet ['un-] *a* inculte; sans culture *od* instruction *od* éducation; illettré.
unge|bräuchlich ['un-] *a (Wort)* inusité; **~braucht** *a* inutilisé, neuf, vierge.
ungebührlich ['un-/'----] *a (ungehörig)* inconvenant, indu, incongru.
ungedeckt ['un-] *a fin* à découvert, sans couverture; *(Scheck)* sans provision.
Ungeduld *f* ['un-] *f* impatience *f;* **u~ig** *a* impatient.
ungeeignet ['un-] *a* impropre (*zu* à).
ungefähr ['un-/--'-] **I.** *a (annähernd)* approximatif; **II.** *adv* approximativement, environ, autour de; — *~ 100 Mark (a.)* une centaine de *od* dans les 100 marks.
ungefährlich ['un-] *a (Mensch, Tier)* inoffensif; *(Sache)* anodin; *(Lage, Unternehmen)* sans danger.
ungefällig ['un-] *a (unfreundlich)* peu complaisant, désobligeant.
ungefärbt ['un-] *a* non teint, écru.
ungehalten ['un-] *a (verärgert)* mécontent, irrité, fâché (*über* de); *~ werden* se fâcher (*über* de).
ungeheizt ['un-] *a* non chauffé.
ungeheuer ['un-/--'--] *a* **1.** monstrueux, formidable *a. fam (übertreibend);* **2.** *(gewaltig)* immense, énorme; **U~** *n* ‹-s, -› monstre *m;* **~lich** *a* monstrueux.
ungehindert ['un-] *a: zu jdm ~en Zutritt haben* avoir libre accès à qn.
ungehörig ['un-] *a* inconvenant, incongru, mal à propos, indu; **U~keit** *f* ‹-, -en› inconvenance, incongruité *f.*
ungehorsam ['un-] *a* désobéissant (*gegen* à), indocile; *bes. mil* insubordonné, insoumis; *~ sein (a.)* désobéir; *(Kind)* ne pas écouter; **U~** *m* désobéissance, indocilité; *bes. mil* insubordination, insoumission *f.*
ungeklärt ['un-] *a* non éclairci, obscur; *(Tat)* inexpliqué; *(zweifelhaft)* douteux.
ungekündigt ['un-] *a: in ~er Stellung* sans avoir reçu congé.
ungekünstelt ['un-] *a* sans recherche *od* apprêt *od* affectation.
ungekürzt ['un-] *a (Text, Ausgabe)* intégral.
ungeladen ['un-] *a* **1.** *(Wagen, Gewehr, el)* non chargé; **2.** *(Gast)* non invité.
ungelegen ['un-] **I.** *a* **1.** intempestif, importun, inopportun, mal venu; **2.** *(Zeit)* défavorable; indu; **II.** *adv* mal à *od* hors de propos, à contretemps; — *das kommt mir ~* cela me dérange; **U~heit** *f: jdm ~en machen* importuner qn, donner de l'embarras *od* causer des ennuis à qn.
ungelenk(ig) ['un-] *a* **1.** peu souple, raide; **2.** *(ungeschickt)* maladroit, gauche.
ungelernt ['un-] *a: ~er Arbeiter m* ouvrier non qualifié.
ungelogen ['un-] *adv* à dire vrai.
ungelöst ['un-] *a (Frage)* non résolu, non solutionné.
ungemütlich ['un-] *a* inconfortable; *fam (Wetter)* vilain.
ungenannt ['un-] *a* innommé, anonyme.
ungenau ['un-] *a* inexact, imprécis; **U~igkeit** *f* inexactitude, imprécision *f.*
ungeniert ['un-/--'-] *adv* sans gêne, sans façon(s); **U~heit** *f* sans-gêne *m.*
ungenießbar ['un-/--'--] *a* **1.** *(Speise)* immangeable; *(Getränk)* imbuvable; **2.** *fig* insipide, fastidieux, ennuyeux.
ungenügend ['un-] *a* insuffisant.
ungenutzt ['un-] *a* inutilisé; *~ vorübergehen lassen* laisser passer sans en profiter.
ungeordnet ['un-] *a* non rangé; *a. adv* sans ordre, en désordre.
ungepflegt ['un-] *a* mal soigné, négligé.
ungerade ['un-] *a (Zahl)* impair.
ungerechnet ['un-] *prp acc (ohne)* non compté, sans compter.
ungerecht ['un-] *a* injuste, inique; **U~igkeit** *f* injustice, iniquité *f.*
ungeregelt ['un-] *a (Leben)* déréglé, désordonné.
ungereimt ['un-] *a* **1.** non rimé; **2.** *fig (unsinnig, albern)* inepte, absurde, saugrenu; **U~heit** *f fig* ineptie, absurdité *f.*
ungern ['un-] *adv* à contre-cœur, à regret, à son corps défendant, de mauvais gré, de mauvaise grâce, avec déplaisir *od* répugnance, malgré soi.
ungesagt ['un-] *a: etw ~ lassen* passer qc sous silence.
ungeschehen ['un-] *a: das ist nicht mehr ~ zu machen* c'est irréparable.
ungeschickt ['ungəʃɪkt] *a* maladroit, in-

habile, malhabile, gauche; **U~heit** *f* maladresse, inhabileté, gaucherie *f.*
ungeschlacht ['un-] *a* lourd(aud).
ungeschlechtlich ['un-] *a biol* asexuel.
ungeschliffen ['un-] *a* **1.** *tech (Edelstein)* non taillé, brut; **2.** *fig* impoli, malappris, mal élevé, grossier, fruste, brutal.
ungesehen ['un-] *adv* sans être vu.
ungesellig ['un-] *a* insociable; *(menschenscheu)* sauvage, farouche.
ungesetzlich ['un-] *a* illégal, contraire à la loi; *jur* extra-légal.
ungestört ['un-] *adv a.* en paix, sans être dérangé.
ungestraft ['un-] *adv* impunément.
ungestüm ['un-] **I.** *a* violent, véhément, impétueux, pétulant, turbulent, fougueux; **II.** *adv a.* à corps perdu; **U~** *n* ‹-(e)s, ø› ['ungəʃty:m] violence, véhémence, impétuosité *f.*
ungesund ['un-] *a (Umgebung)* insalubre, nocif; *(Speise, Getränk)* malsain; *fig* malsain, morbide.
ungetrübt ['un-] *a fig (Freude, Glück)* sans mélange, sans nuage, serein.
Ungetüm *n* ‹-(e)s, -e› ['ungəty:m] monstre *m.*
ungewandt ['un-] *a* maladroit, gauche.
ungewiß ['un-] *a* incertain; *(unsicher, heikel)* précaire; *(zweifelhaft)* douteux, problématique; **U~heit** *f* incertitude; précarité *f.*
ungewöhnlich ['un-] *a* **1.** inhabituel, insolite; **2.** *(außerordentlich)* extraordinaire, exceptionnel.
ungewohnt ['un-] *a* inaccoutumé.
ungezählt ['un-] *a fig (zahllos)* innombrable, sans nombre.
Ungeziefer *n* ‹-s, ø› ['ungətsi:fər] vermine *f.*
ungezogen ['un-] *a* mal élevé, malappris; *(unhöflich)* impoli; *(frech)* impertinent; *(Kind)* méchant, pas sage; **U~heit** *f* manque *m* d'éducation; mauvaises manières *f pl;* impolitesse; impertinence; méchanceté *f.*
ungezwungen ['un-] *a (zwangslos)* aisé, dégagé, désinvolte, sans gêne, sans façon; **U~heit** *f fig* aisance (des manières), désinvolture *f,* sans-gêne, sans-façon *m;* décontraction *f.*
Unglaub|e(n) ['un-] *m* **1.** incrédulité *f;* **2.** *rel* incroyance *f;* **u~haft** *a* peu digne de foi, hors de créance, douteux.
ungläubig ['un-] *a* **1.** *allg* incrédule, sceptique; **2.** *rel* incroyant, mécréant; **U~e** *m f* incroyant(e *f*), mécréant(e *f*) *m,* infidèle *m f.*
unglaub|lich [-'--/'---] *a* **1.** incroyable; **2.** *(unerhört)* inouï; **~würdig** ['un-] *a* peu digne de foi; **U~würdigkeit** *f* incrédibilité *f.*
ungleich ['un-] *a* inégal; *(verschieden)* différent; *(unähnlich)* dissemblable; *(nicht zs.passend)* disparate, disproportionné; **~mäßig** *a* inégal, irrégulier, disproportionné; **U~ung** *f math* inégalité *f.*
Unglück *n* ‹-(e)s, -e› ['un-] **1.** *allg* malheur *m;* **2.** *(unglückl. Lage)* mauvaise fortune; *(Mißgeschick)* infortune, adversité, malchance *f;* **3.** *(großes ~)* désastre; *(~sfall)* accident, sinistre *m;* **4.** *(Not, Elend)* calamité *f;* — *vom ~ verfolgt werden* être poursuivi par le mauvais sort; **u~lich** *a* **1.** *allg* malheureux; **2.** *(Mensch)* infortuné, malchanceux; **3.** *(Sache)* malencontreux, funeste, désastreux; — *~ ausgehen* od *enden* finir mal; **u~licherweise** *adv* malheureusement, par malheur; **~sfall** *m* accident, sinistre, malheur *m.*
Ungnade *f* ‹-, ø› ['un-] disgrâce, défaveur *f; in ~ fallen* tomber en disgrâce.
ungnädig ['un-] **I.** *a* peu bienveillant, défavorable; **II.** *adv a.* de mauvaise grâce.
ungültig ['un-] *a (Geld)* non valable; *(Paß)* périmé; *(Stimmzettel)* blanc; *a. sport* nul; *jur* invalide; *für ~ erklären* déclarer nul, annuler; *bes. jur* invalider, infirmer, casser; *~ werden (nach Ablauf e-r Frist)* expirer, arriver à expiration; *(durch Verjährung)* se périmer; *~e Stimme f (parl)* vote *m* en blanc; **U~keit** *f* ‹-, ø› nullité; *bes. jur* invalidité *f.*
Ungunst *f* ['un-] défaveur *f; zu meinem ~en* à mon désavantage.
ungünstig ['un-] *a* défavorable; *(nachteilig)* désavantageux; *(Wind)* contraire.
ungut ['un-] *a: ich habe ein ~es Gefühl dabei* cela ne me dit rien qui vaille; *nichts für ~!* (soit dit) sans vous offenser!
unhaltbar ['un-/-'--] *a* **1.** *mil (Stellung)* intenable; **2.** *fig (Behauptung)* insoutenable.
unhandlich ['un-] *a* peu maniable.
unharmonisch ['un-] *a* inharmonieux.
Unheil *n* ['un-] mal(heur) *m,* calamité *f,* désastre *m; ~ anrichten* od *stiften* causer des malheurs, faire un malheur.
unheilbar ['un-/-'--] *a med* incurable, inguérissable.
unheilvoll ['un-] *a* calamiteux, funeste, sinistre.
unheimlich ['un-] **I.** *a (düster, grausig)* macabre, lugubre, funèbre; *(beängstigend)* inquiétant; **II.** *adv fam (übertreibend)* énormément.
unhöflich ['un-] *a* impoli, incivil, discourtois; **U~keit** *f* impolitesse, incivilité *f.*
Unhold *m* ‹-(e)s, -e› ['unhɔlt, -də] monstre *m.*
unhygienisch ['un-] *a* peu hygiénique, insalubre.
Uniform *f* ‹-, -en› [uni'fɔrm] *mil* uniforme *m,* tenue *f; in ~* en uniforme.

Unikum *n* ‹-s, -ka/-s› ['u:nikum, -ka] **1.** *(Sache)* chose *f* unique; **2.** *fam (komischer Kauz)* original *m.*
uninteressant ['un-] *a* peu intéressant, sans intérêt.
universal [univɛr'za:l] *a* universel; **U~genie** *n* génie *m* universel.
Universität *f* ‹-, -en› [univɛrzi'tɛ:t] université *f; die ~en (a.)* l'enseignement *m* supérieur; *auf der ~* à l'université; **~sprofessor** *m* professeur *m* de faculté *od* de l'enseignement supérieur; **~sstadt** *f* ville *f* universitaire.
Universum *n* ‹-s, ø› [uni'vɛrzum] *(Weltall)* univers *m.*
Unke *f* ‹-, -n› ['uŋkə] *zoo* crapaud *m.*
unkenntlich ['un-] *a* méconnaissable; *~ machen* déguiser, camoufler; **U~lichkeit** *f* ‹-, ø› : *bis zur ~ entstellen* défigurer au point d'être méconnaissable; **U~nis** *f* ‹-, ø› ignorance *f.*
unklar ['un-] *a* **1.** *(undeutlich)* indistinct; **2.** *(verworren)* confus, embrouillé; *(zweideutig)* ambigu, (prêtant à l')équivoque; — *jdn im ~en lassen* laisser qn dans l'incertitude *od* dans le doute *od* dans l'ombre; **U~heit** *f* manque *m* de clarté; obscurité; confusion; ambiguïté *f.*
unklug ['un-] *a* imprudent, déraisonnable.
unkompliziert ['un-] *a* peu compliqué.
unkontrollierbar ['un-/---'--] *a* incontrôlable.
Unkosten *pl* ['un-] frais, dépens *m pl; (Auslagen)* dépenses *f pl,* débours *m pl; jdm s-e ~ erstatten* od *vergüten* rembourser ses frais à qn, couvrir qn de ses frais; *sich in ~ stürzen* se mettre en frais *od* en dépenses.
Unkraut *n* ['un-] mauvaise herbe; *poet* ivraie *f; ~ verdirbt nicht (prov)* mauvaise herbe croît toujours.
unkultiviert ['un-] *a* pas cultivé, inculte.
unkündbar ['un-/-'--] *a (Stellung)* permanent; *(Rente)* perpétuel; *(Schuld)* consolidé.
unlängst ['un-] *adv* naguère, dernièrement, récemment, il y a peu.
unlauter ['un-] *a: ~er Wettbewerb m* concurrence *f* déloyale *od* illicite.
unleserlich ['un-/-'--] *a* illisible, indéchiffrable.
unleugbar ['un-/-'--] *a* indéniable.
unlogisch ['un-] *a* illogique.
unlösbar [-'--/'---] *a (Frage, Rätsel)* insoluble; **~lich** *a chem* insoluble.
Unlust *f* ‹-, ø› ['un-] déplaisir; *(Mißbehagen)* malaise; *(Überdruß)* ennui, dégoût *m; (Abneigung)* aversion, répugnance *f.*
unmanierlich ['un-] **I.** *a* qui n'a pas de bonnes manières; **II.** *adv* sans façon(s).
unmännlich ['un-] *a* peu viril; *(weibisch)* efféminé; *(feige)* lâche.
unmäßig ['un-] *a* immodéré; démesuré, excessif; *(im Genuß)* intempérant.
Unmenge *f* ['un-] masse *od* quantité *f od* nombre *m* énorme (*von* od *an* de).
Unmensch *m* ['un-] *(Rohling)* brute *f; (Scheusal)* monstre; barbare *m;* **u~lich** *a* inhumain, dénaturé; brutal; monstrueux; barbare; **~lichkeit** *f* inhumanité; brutalité, monstruosité; barbarie *f.*
unmerklich [-'--/'---] *a* imperceptible, insensible.
unmißverständlich ['un-/---'--] *a* qui ne laisse pas le moindre doute; catégorique.
unmittelbar ['un-] *a* immédiat, direct; *~ bevorstehend* imminent.
unmodern ['un-] *a* démodé, passé de mode.
unmöglich ['un-/-'--] *a* impossible; *es jdm ~ machen zu ...* mettre qn hors d'état de ...; *das kann ich ~ machen* il m'est impossible de le faire; *man kann von niemendem etw U~es verlangen* à l'impossible nul n'est tenu; **U~keit** *f* impossibilité *f; das ist ein Ding der ~* c'est une chose impossible *od* infaisable.
unmoralisch ['un-] *a* immoral.
unmotiviert ['un-] *a* immotivé, sans motif.
unmündig ['un-] *a* mineur; **U~keit** *f* ‹-, ø› minorité *f.*
unmusikalisch ['un-] *a* pas musicien.
unnachahmlich ['un-/--'--] *a* inimitable, indécalquable; **~giebig** *a* inflexible, intransigeant; rigide; **~sichtig** *a u. adv* sans indulgence, sans rémission, rigoureux (rigoureusement); *(streng)* sévère(ment).
unnahbar [-'--/'---] *a* inaccessible, inabordable.
unnatürlich ['un-] *a* **1.** peu naturel, dénaturé; **2.** *(gezwungen)* forcé, contrait; *(geziert)* affecté, guindé.
unnormal ['un-] *a* anormal.
unnötig ['un-] *a* inutile; *(überflüssig)* superflu; **~erweise** *adv* inutilement.
unnütz ['un-] *a* inutile, qui ne sert à rien.
unordentlich ['un-] *a* **1.** *(Mensch)* désordonné, négligent; *(in der Kleidung)* débraillé; **2.** *(Sache)* en désordre; **U~nung** *f* désordre, dérangement, dérèglement *m; (Durchea.)* confusion *f,* trouble, désarroi *m; in ~* en désordre, en désarroi; *in ~ bringen* mettre en désordre, déranger, dérégler; troubler.
unparteiisch ['un-] *a* impartial.
unpassend ['un-] *a* impropre, mal choisi; *(ungelegen)* inopportun; *(unangebracht)* déplacé; mal à *od* hors de propos; *(ungehörig)* inconvenant, incongru; *(taktlos)* indiscret.
unpassierbar ['un-/--'--] *a (Weg)* impraticable.
unpäßlich ['un-] *a* souffrant, incommodé, indisposé; **U~keit** *f* indisposition *f.*

unpersönlich ['un-] *a* impersonnel.
unpolitisch ['un-] *a* apolitique.
unpopulär ['un-] *a* impopulaire.
unpraktisch ['un-] *a* peu pratique.
unproduktiv ['un-] *a* improductif.
unpünktlich ['un-] *a* non ponctuel, inexact; **U~keit** *f* inexactitude *f.*
unrasiert ['un-] *a* non rasé.
Unrast *f* ‹-, ø› ['unrast] agitation (fébrile); *(innere)* inquiétude *f,* trouble *m.*
Unrat *m* ‹-(e)s, ø› ['unra:t] ordures, immondices *f pl.*
unrecht ['un-] **I.** *a (falsch)* faux; **II.** *adv* mal (à propos); — *an den U~en kommen* se tromper d'adresse, frapper à la mauvaise porte; *~ haben* avoir tort; *jdm ~ tun* faire tort à qn; **U~** *n* ‹-(e)s, ø› tort *m,* injustice *f; zu ~* à tort; *nicht zu ~* non sans raison; *jdn, sich ins ~ setzen* mettre qn, se mettre dans son tort; **~mäßig** *a* illégal, illégitime.
unregelmäßig ['un-] *a* **1.** irrégulier; **2.** *(Leben)* désordonné, déréglé; **U~keit** *f* **1.** irrégularité *f;* **2.** désordre, dérèglement *m.*
unreif ['un-] *a* **1.** *allg* pas mûr *a. fig;* **2.** *(Frucht)* vert; *(Getreide)* en herbe; **3.** *fig* trop jeune; *(unentwickelt)* impubère.
unrein ['un-] *a* impur *a. fig,* malpropre; *ins ~e schreiben* écrire au brouillon.
unrentabel ['un-] *a* non rentable, d'un mauvais rendement (économique).
unrettbar [-'--/'---] *a: ~ verloren* perdu sans remède *od* sans ressource.
unrichtig ['un-] *a* incorrect, inexact, faux.
Unruh *f* ‹-, -en› ['un-] *(der Uhr)* balancier *m;* **~e** *f* **1.** *(Bewegung)* agitation *f,* mouvement *m;* **2.** *(innere ~, Angst)* inquiétude, anxiété; nervosité, fièvre *f;* **3.** *pl pol (Aufruhr)* désordres, troubles *m pl,* émeutes *f pl;* **u~ig** *a* **1.** *(bewegt)* mouvementé; *(See)* agité, houleux; *(Volksmenge)* turbulent, agité; **2.** *(erregt)* inquiet (*über, wegen* de); nerveux, fiévreux.
uns [uns] *pron (mit v verbunden: acc u. dat, unverbunden: acc)* nous; *(unverbunden: dat)* à nous; *von ~ (unsererseits)* de notre part; *du gehörst zu ~* tu es des nôtres; *ein Freund von ~* un de nos amis.
unsagbar *a,* **unsäglich** [-'--] *a* indicible, ineffable, inexprimable.
unsanft ['un-] *a* rude, brusque, brutal.
unsauber ['un-] *a* malpropre, sale.
unschädlich ['un-] *a* inoffensif, anodin; *~ machen* mettre hors d'état de nuire.
unscharf ['un-] *a (Bild, Tonwiedergabe)* brouillé; *phot* flou.
unschätzbar ['un-/-'--] *a* inestimable, inappréciable, sans prix.
unscheinbar ['un-] *a* effacé, simple.
unschicklich ['un-] *a* inconvenant, malséant, indécent.
unschlüssig ['un-] *a (unentschlossen)* irrésolu, indécis; **U~keit** *f* ‹-, ø› irrésolution, indécision.
Unschuld *f* ‹-, ø› ['un-] **1.** innocence; *jur* non-culpabilité *f;* **2.** *(Reinheit)* pureté, candeur; *(Jungfräulichkeit)* virginité *f;* — *s-e ~ beteuern* protester de son innocence; *s-e Hände in ~ waschen* s'en laver les mains; **u~ig** *a* **1.** innocent (*an* de); *jur* non coupable; **2.** *(rein)* pur, candide; *(jungfräulich)* vierge.
unselbständig ['un-] *a* dépendant; *(in d. Arbeit)* qui ne sait pas travailler seul; *~e Arbeit* travail *m* salarié; **U~keit** *f* dépendance *f.*
unselig ['un-] *a* funeste, néfaste, fatal.
uns|er ['unzər] *pron (possessiv)* notre; *pl* nos; *(gen des persönl. pron, lit)* de nous; **~ereiner** *pron,* **~ereins** *pron* nous autres; **U~(e)rige,** *der, die, das* le, la nôtre; *das Unser(ig)e (unser Besitz)* ce qui est à nous; *die Unser(ig)en* les nôtres; **~er(er)seits** *adv* de notre côté *od* part; **~er(e)sgleichen** *pron* nos pareils, nos semblables; **~ertwegen** *adv* à cause de nous, pour nous.
unsicher ['un-] *a* **1.** *(unzuverlässig)* peu sûr; *(ungewiß)* incertain; *(zufallsbedingt)* aléatoire; *(zweifelhaft)* douteux, hypothétique; **2.** *(gefährlich)* précaire; périlleux; **3.** *(zaghaft)* mal assuré; — *sich ~ fühlen* être mal assuré; *~ machen (Menschen)* troubler; *(Ort)* infester; **U~heit** *f* **1.** *(Ungewißheit)* incertitude *f;* **2.** *(Gefährlichkeit)* précarité *f.*
unsichtbar ['un-] *a* invisible.
Unsinn *m* ‹-(e)s, ø› ['un-] non-sens *m;* ineptie, absurdité *f; ~ reden* déraisonner, radoter; *das ist (doch) ~* c'est absurde, cela n'a pas de sens; *~! (fam)* à d'autres! idiotie! **u~ig** *a* insensé, déraisonnable, inepte, absurde, fou.
Unsitt|e *f* ['un-] mauvaise habitude *f;* **u~lich** *a* contraire aux mœurs, immoral, indécent, impudique.
unsterblich ['un-/-'--] *a* immortel; **U~keit** *f* immortalité *f.*
Unstern *m* ‹-(e)s, ø› ['un-] mauvaise étoile *f.*
unstet ['un-] *a* instable, inconstant; *(Blick)* fuyant.
Unstimmigkeit *f* ['un-] discordance *f,* désaccord *m,* mésentente, dissension *f.*
unstreitig ['un-/-'--] *adv* sans contredit.
Unsumme *f* ['un-] somme *f* énorme.
unsymmetrisch ['un-] *a* asymétrique.
unsympathisch ['un-] *a* peu sympathique, antipathique; *er ist mir ~* j'ai de l'antipathie *od* de l'aversion pour *od* contre lui, je l'ai en aversion.
untad(e)lig ['unta:d(ə)lıç/-'-(-)-] *a* irréprochable, sans reproche, irrépréhensible.

Untat *f* ['un-] méfait; *(schwere)* forfait *m.*
untätig ['un-] *a* inactif, passif.
untauglich ['un-] *a* inapte *a. mil,* impropre (*zu* à); *(unfähig)* incapable (*zu* de).
unteilbar [-'--/'---] *a* indivisible; **U~keit** *f* ‹-, ø› indivisibilité *f.*
unten ['untən] *adv* (en) dessous, au-dessous; en bas (*an* de); *~ in* au fond de; *da ~* là-bas; *nach ~* en bas, vers le bas; *von ~ (her)* de dessous, d'en bas; *weiter ~* plus bas; *~ (hin)durch* par-dessous; *siehe ~!* voir ci-dessous *od* plus bas.
unter ['untər] *prp* **1.** *(örtl.)* sous; *(~halb)* au-dessous de; **2.** *(zeitl.)* sous, pendant; **3.** *(zwischen)* entre; **4.** *(inmitten)* parmi, au milieu de; **5.** *(weniger als)* moins de; — *~ anderem* entre autres (choses); *~ Berücksichtigung ...* en tenant compte de ...; *nicht ~ 100 Mark* pas à moins de cent marks; *~ Null (Temperatur)* au-dessous de zéro; *~ uns (gesagt)* (soit dit) entre nous, de vous à moi; *was verstehen Sie ~ ...?* qu'est-ce que vous comprenez par ...?
Unterarm *m* ['untər-] avant-bras *m.*
Unterbau *m* ‹-(e)s, -ten› ['untər-] **1.** *arch* fondement, soubassement, sous-œuvre *m;* **2.** *(Straße, loc)* infrastructure *f.*
unterbelichtet ['untər-] *a phot* sous-exposé.
Unterbeschäftigung *f* ['untər-] sous-emploi *m.*
unterbewußt ['untər-] *a psych* subconscient; *das U~e* le subconscient; **U~sein** *n* subconscience *f.*
unterbieten [--'--] ‹*unterbietet, unterbot, unterboten*› *tr: jdn ~* vendre moins cher que qn; *(Rekord)* battre.
unterbinden [--'--] ‹*unterbindet, unterband, unterbunden*› *tr fig* arrêter, entraver, faire cesser.
unterbleiben [--'--] ‹*unterblieb, unterblieben*› *itr* ‹*sein*› **1.** *(nicht stattfinden)* n'avoir pas lieu; **2.** *(nicht wieder vorkommen)* ne plus se reproduire.
unterbrech|en [--'--] ‹*unterbricht, unterbrach, unterbrochen*› *tr* interrompre *a. el; (aussetzen mit)* discontinuer; *(einstellen)* suspendre; *el* couper; *jdn (in der Rede) ~* couper la parole à qn; **U~ung** *f* ‹-, -en› interruption *a. el;* discontinuation; suspension; *el* coupure *a. tele,* rupture *f; mit ~en* par intervalles, à bâtons rompus; *ohne ~* sans repos, sans relâche, sans discontinuer; tout d'une pièce.
unterbreiten [--'--] ‹*ohne -ge-*› *tr* soumettre, présenter *(jdm etw* qc à qn).
unter=bringen ['untər-] ‹*brachte unter, untergebracht*› *tr* **1.** *(in e-r Wohnung, e-m Hotel)* loger, héberger; **2.** *(in e-r Stellung)* établir, *fam* caser *(a. Tochter).*
unterderhand [---'-] *adv (heimlich)* en sous-main, sous le manteau, en cachette.
unterdes(sen) [-'dɛs(ən)] *adv* pendant ce temps(-là), entre-temps, en attendant.
Unterdruck *m* ‹-(e)s, ⸚e› ['untər-] *phys tech* pression *f* diminuée *od* insuffisante.
unterdrück|en [--'--] ‹*ohne -ge-*› *tr* **1.** *(Menschen)* opprimer; *(Aufstand)* réprimer, étouffer; **2.** *(Gefühl)* réprimer; *(Seufzer)* étouffer; **U~ung** *f* ‹-, ø› **1.** oppression; répression *f;* **2.** étouffement *m.*
untere(r, s) ['untərə] *a* bas, inférieur; d'en bas, de dessous; *die ~n Klassen f pl (Schule)* les classes *f pl* élémentaires.
untereinander [---'--] *adv* entre nous *etc;* mutuellement, réciproquement.
unterentwickelt ['untər-] *a* sous-développé.
unterernähr|t ['untər-] *a* sous-alimenté; **U~ung** *f* ‹-, ø› sous-alimentation *f.*
Unterfranken *n* ['untər-] la Basse-Franconie.
Unterführung *f* [--'--] passage inférieur; *(im Bahnhof)* passage *m* souterrain.
Untergang *m* ‹-(e)s, (⸚e)› ['untər-] **1.** *(e-s Gestirns)* coucher *m;* **2.** *mar* naufrage *m,* perte *f;* **3.** *fig* chute, ruine; *(der Welt)* fin *f; dem* od *s-m ~ entgegengehen* aller *od* courir à sa ruine *od* à sa perte.
Untergebene *m f* [--'---] inférieur(e *f*), subordonné(e *f*) *m,* subalterne *m f.*
unter=gehen ['untər-] ‹*ging unter, untergegangen*› *itr* ‹*sein*› **1.** *(Gestirn)* se coucher; **2.** *mar* couler (bas); être englouti *od* submergé; **3.** *fig* périr, se ruiner; *(im Lärm)* se perdre; — *die ~de Sonne* le soleil couchant.
untergeordnet ['untər-] *a* subordonné, subalterne, inférieur.
Untergeschoß *n* ['untər-] *arch* sous-sol *m.*
Untergestell *n* ['untər-] *mot* châssis *m.*
Untergewicht *n* ['untər-] insuffisance *f od* manque *m* de poids.
'unter=graben ‹*gräbt, grub unter, untergegraben*› *tr agr* enfouir; **unter'graben** ‹*untergräbt, untergrub, untergraben*› *tr a. fig* miner, saper.
Untergrund *m* ['untər-] sous-sol *a. agr; (arch, Straßenbau, loc)* sol d'infrastructure; **~bahn** *f* chemin de fer souterrain; *(bes. in Paris)* métro(politain) *m; s. a.: U-Bahn;* **~bewegung** *f pol* mouvement *m* clandestin.
unterhalb ['---] *prp gen* au-dessous de, en bas de; *(an e-m Fluß)* en aval de.
Unterhalt *m* ‹-(e)s, ø› ['untər-] entretien *m,* subsistance, *f; s-n ~ bestreiten* subvenir à ses besoins; **u~en** [--'--] ‹*unterhält, unterhielt, unterhalten*› *tr* **1.** *(ernähren)* entretenir, soutenir; *jur* alimenter; **2.** *(Bauwerk)* entretenir, tenir en bon état; **3.** *fig (durch Gespräch etc)* entretenir;

(angenehm) divertir, distraire; *refl: sich* ~ **4.** *(mitea. sprechen)* s'entretenir (*über etw* de qc), converser (*über etw* sur qc); **5.** *(sich belustigen)* s'amuser, se divertir (*mit etw* à qc); **u~end** [--'--] *a*, **u~sam** *a* amusant, divertissant; **~sanspruch** *m* droit *m* à l'entretien; **u~sberechtigt** *a* ayant droit à l'entretien; **~skosten** *pl* frais *m pl* d'entretien; **~spflicht** *f* obligation *f* d'entretien *od* alimentaire; **~spflichtige** *m* débiteur *m* alimentaire; **~ung** *f* [--'--] **1.** *(Instandhaltung)* entretien *m;* **2.** *(Gespräch)* entretien *m*, conversation *f;* **3.** *(Vergnügen)* amusement, divertissement *m;* **~ungsbeilage** *f (e-r Zeitung)* feuilleton *m;* **~ungskosten** *pl* frais *m pl od* dépenses *f pl* d'entretien.

unterhandeln [--'--] ‹*ohne -ge-*› *itr* négocier, être en pourparlers; *mil (mit dem Feind)* parlementer; **U~händler** ['----] *m* négociateur, intermédiaire, entremetteur; *mil* parlementaire *m;* **U~handlung** *f* [--'--] négociation *f*, pourparlers *m pl.*

Unterhemd *n* ['untər-] tricot de corps, sous-vêtement *m.*

Unterholz *n* ‹-es, ø› ['untər-] sous-bois, taillis, fourré *m.*

Unterhose *f* ['untər-] caleçon; *(kurze)* slip *m.*

unterirdisch ['untər-] *a* souterrain.

Unterjacke *f* ['untər-] = *Unterhemd.*

unterjochen [--'--] ‹*ohne -ge-*› *tr* mettre sous le joug, subjuguer, asservir, assujettir.

unterkellert [--'--] *a* muni d'une cave.

Unterkiefer *m* ['untər-] maxillaire *m od* mâchoire *f* inférieur(e).

Unterkleidung *f* ['untər-] lingerie *f*, sous-vêtements *m pl.*

unter≈kommen ['untər-] ‹*kam unter, untergekommen*› *itr* ‹*sein*› **1.** *(ein Zimmer finden)* trouver un logement *od* à se loger; **2.** *(Arbeit finden)* trouver une situation *od* un emploi, *fam* se caser.

unter≈kriegen ['untər-] *tr fam: sich nicht ~ lassen* ne pas se laisser démonter.

unterkühl|en [--'--] ‹*ohne -ge-*› *tr phys* surfondre; **U~ung** *f* surfusion *f.*

Unterkunft *f* ‹-, ¨-e› ['untərkunft] abri; stationnement; *(Wohnung)* logis, logement *m.*

Unterlage *f* ['untər-] **1.** fondement *m*, base *f; tech* support, appui; *(Schreib~)* sous-main *m;* **2.** *pl adm (Belegstücke)* pièces *f pl* justificatives, dossier *m*, documentation *f; nach Prüfung der ~n* après vérification des pièces.

Unterlaß *m* ['untər-]*: ohne ~* sans cesse, sans relâche, sans rémission.

unterlass|en [--'--] ‹*unterläßt, unterließ, unterlassen*› *tr (versäumen)* omettre, manquer; *(aus Nachlässigkeit)* négliger; *(nicht tun)* s'abstenir de, se dispenser de, se passer de; **U~ung** *f* omission *f.*

unterlaufen [--'--] **I.** ‹*unterläuft, unterlief, unterlaufen*› *itr* ‹*sein*› *(Fehler: sich einschleichen)* se glisser (*in* dans); **II.** *pp, a: mit Blut ~* ecchymosé, meurtri; *(Auge)* poché.

unter≈legen I. ['untər-] *tr* **1.** mettre dessous; **2.** *fig (e-n Sinn)* donner, attribuer, prêter; **II.** [--'--] *(pp von: unterliegen) a* vaincu; inférieur; **U~e** *m f* [--'---] vaincu(e *f*) *m.*

Unterleib *m* ['untər-] bas-ventre, abdomen *m.*

unterliegen [--'--] ‹*unterliegt, unterlag, unterlegen*› *itr* ‹*sein*› succomber, avoir le dessous.

Unterlippe *f* ['untər-] lèvre *f* inférieure.

untermauern [--'--] ‹*ohne -ge-*› *tr* **1.** *arch* reprendre en sous-œuvre; **2.** *fig (Behauptung)* étayer, consolider (*mit* de).

Untermiete *f* ['untər-] sous-location *f*, sous-bail *m;* **~r** *m* sous-locataire *m.*

unterminieren [untərmi'ni:rən] ‹*ohne -ge-*› *tr a. fig* miner, saper.

unternehm|en [--'--] ‹*unternimmt, unternahm, unternommen*› *tr* entreprendre; *(auf sich nehmen)* se charger de; **U~en** *n* entreprise; *(einzelner Vorgang, bes. mil)* opération *f;* **~end** *a* entreprenant; **U~er** [--'--] *m* entrepreneur, chef d'entreprise; *(Arbeitgeber)* patron *m;* **U~ungsgeist** *m* esprit *m* d'entreprise *od* d'initiative, initiative *f;* **~ungslustig** *a fam* entreprenant.

Unteroffizier *m* ['untər-] sous-officier; *(im engeren Sinn; Infanterie u. Luftwaffe)* sergent; *(Artillerie u. Panzertruppe)* maréchal des logis.

Unterredung *f* ‹-, -en› [--'--] entretien *m*, entrevue; conférence *f*, pourparlers *m pl.*

Unterricht *m* ['untər-] enseignement *m*, instruction; classe *f*, leçons *f pl;* ~ *erteilen* od *geben* donner des leçons, faire la classe *od* l'école; **u~en** [--'--] ‹*ohne -ge-*› *tr* enseigner, instruire; donner des leçons (*jdn* à qn); *jdn von etw ~* informer, instruire, avertir qn de qc renseigner qn sur qc; mettre qn au fait de qc; *sich über etw ~* s'informer de qc, se renseigner sur qc; *in unterrichteten Kreisen* dans les milieux informés; *von (gut)unterrichteter Seite* de bonne source; **~sstunde** *f* leçon, classe *f.*

Unterrock *m* ['untər-] jupon *m.*

untersagen [--'--] ‹*ohne -ge-*› *tr* interdire, défendre, *bes.. jur* prohiber.

Untersatz *m* ['untər-] **1.** *(Stütze)* support, appui *m;* **2.** *(für Geschirr)* dessous *m* de plat.

unterschätzen [--'--] ‹*ohne -ge-*› *tr*

sous-estimer, estimer au-dessous de sa valeur.

unterscheid|en [--ˈ--] ⟨*unterscheidet, unterschied, unterschieden*⟩ distinguer, discerner, différencier; *sich ~ von* se distinguer de; *(verschieden sein von)* différer de; **U~ung** *f* ⟨-, -en⟩ distinction *f*, discernement *m;* différenciation *f.*

ˈ**unter=schieben** ⟨*schob unter, untergeschoben*⟩ *tr* glisser dessous; *a.* **unterˈschieben** ⟨*unterschob, unterschoben*⟩ **1.** *(Kind)* substituer; **2.** *(fälschlich zuschreiben)* attribuer faussement *od* à tort, *jur* supposer.

Unterschied *m* ⟨-(e)s, -e⟩ [ˈuntərʃiːt, -də] différence, distinction *f; mit dem ~, daß* à la différence que; *ohne ~ (gen)* sans distinction (de); *e-n ~ machen zwischen* faire une différence entre; *das ist kein großer ~* il n'y a presque pas de différence; *das ist ein ~ wie Tag und Nacht* c'est le jour et la nuit; *feiner ~* nuance *f;* **u~lich** [ˈ----] *a* différent; *(verschiedenartig)* divers; **u~slos** [ˈ----] *adv* indifféremment, indistinctement, sans distinction; sans choix; *(ausnahmslos)* sans exception.

ˈ**unter=schlag|en** ⟨*schlägt, schlug unter, untergeschlagen*⟩ *tr (Arme, Beine)* croiser; **unterˈschlagen** ⟨*unterschlägt, unterschlug, unterschlagen*⟩ *tr* **1.** soustraire; *(bes. Geld)* détourner; **2.** *(beiseite schaffen, verschwinden lassen)* supprimer; *(verheimlichen)* receler; **U~ung** *f* ⟨-, -en⟩ [--ˈ--] soustraction *f*, détournement *m.*

Unterschlupf *m* ⟨-(e)s, ¨-e⟩ [ˈuntərʃlupf, -ʃlypfə] *(Obdach)* abri, refuge *m; (Versteck)* cach(ett)e *f.*

unterschreiben [--ˈ--] ⟨*unterschrieb, unterschrieben*⟩ *tr* signer, apposer sa signature à.

Unterschrift *f* [ˈuntər-] **1.** signature *f;* **2.** *(Bild~)* légende *f;* — *ohne ~* non signé; *s-e ~ unter etw setzen* mettre *od* apposer sa signature au bas de qc; *eigenhändige ~* signature *f* autographe.

Untersee|boot [ˈuntər-] *n* = *U-Boot;* **u~isch** *a* sous-marin; **~kabel** *n* câble *m* sous-marin.

untersetzt [--ˈ-] *a (stämmig)* trapu, râblé, courtaud, ramassé.

unterspülen [--ˈ--] ⟨*ohne -ge-*⟩ *tr* creuser, ronger.

unterste(r, s) [ˈuntərstə] (le) plus bas!

ˈ**unter=stehen** ⟨*stand unter, untergestanden*⟩ *itr* ⟨*sein* od *h*⟩ *(unter e-m Dach)* être à l'abri; **unterˈstehen** ⟨*unterstand, unterstanden*⟩ **1.** *itr: jdm ~ (a. mil)* être subordonné à qn; relever (de la compétence) de qn; **2.** *refl: sich ~, etw zu tun* oser faire qc, avoir l'audace *od* le front, s'aviser de faire qc.

ˈ**unter=stell|en** *tr* mettre à l'abri; *(Fahrzeug)* remiser, garer; **unterˈstellen** ⟨*ohne -ge-*⟩ *tr* **1.** subordonner (jdm à qn) *a. mil;* **2.** *(unterschieben)* attribuer à tort *od* faussement; **3.** *(annehmen)* supposer, présumer; **U~ung** *f* [--ˈ--] **1.** subordination *f;* **2.** fausse attribution; supposition *f* (malveillante).

unterstreichen [--ˈ--] ⟨*unterstrich, unterstrichen*⟩ *tr* souligner *a. fig.*

Unterstufe *f* [ˈuntər-] *(Schule)* degré *m* inférieur.

unterstütz|en [--ˈ--] ⟨*ohne -ge-*⟩ *tr* **1.** soutenir; *(helfen)* aider, assister, seconder, secourir, épauler; **2.** *(mit Geld a.)* subventionner; **3.** *(Kandidatur)* pousser; **U~ung** *f* [--ˈ--] **1.** soutien, appui *m; (Hilfe)* aide, assistance *f*, secours *m;* **2.** *(finanzielle, bes. staatliche)* allocation, subvention *f;* **U~ungsempfänger** *m* assisté, allocataire *m.*

untersuch|en [--ˈ--] ⟨*ohne -ge-*⟩ *tr* **1.** *(prüfen)* examiner, faire l'examen de; **2.** *(erforschen)* explorer, rechercher; *(studieren)* étudier; *(ergründen)* sonder; **3.** *(nachprüfen)* contrôler, inspecter, vérifier; *(beim Zoll)* visiter; **4.** *jur* enquêter, instruire; **5.** *chem* analyser; **6.** *med* examiner, ausculter; *(Wunde)* sonder; **U~ung** *f* ⟨-, -en⟩ **1.** examen *m a. med;* **2.** exploration, recherche; étude *f;* **3.** sondage; contrôle *m*, inspection, vérification; visite *f;* **4.** *jur* enquête, instruction *f;* **5.** *chem med* analyse *f;* **6.** *med* auscultation *f;* — *bei näherer ~* après examen approfondi, après plus ample examen; *gerichtliche ~* enquête *od* instruction *f* judiciaire; **U~ungsausschuß** *m* comité *m* d'enquête, délégation *f* d'instruction; **U~ungsgefangene** *m* détenu en prévention, prévenu *m;* **U~ungshaft** *f* détention *f* préventive; *in ~* en prévention; **U~ungsrichter** *m* juge *m* d'instruction *od* instructeur *od* enquêteur.

untertan [ˈuntərtaːn] *a pred* sujet; **U~** *m* ⟨-s/(-en), -en⟩ sujet *m.*

untertänig [ˈuntərˈtɛːnɪç] *a* soumis, humble; **U~keit** *f* ⟨-, ø⟩ soumission, sujétion *f.*

Untertasse *f* [ˈuntər-] soucoupe *f; fliegende ~* soucoupe *f* volante.

unter=tauchen [ˈuntər-] *tr* ⟨*h*⟩ **1.** plonger, submerger, immerger; *itr* ⟨*sein*⟩ **2.** plonger; **3.** *fig (verschwinden)* disparaître.

unterteil|en [--ˈ--] ⟨*ohne -ge-*⟩ *tr* subdiviser; **U~ung** *f* [--ˈ--] subdivision *f.*

Untertitel *m* [ˈuntər-] *bes. film* sous-titre *m; mit ~n (film)* sous-titré.

untertunneln [--ˈ--] ⟨*ohne -ge-*⟩ *tr* percer un tunnel sous . . .

unterwärts [ˈuntərvɛrts] *adv* en dessous.

Unterwäsche *f* [ˈuntər-] linge *m* de corps, sous-vêtements, dessous *m pl.*

unterwegs [untərˈveːks] *adv* en chemin,

chemin faisant, en (cours de) route (*nach* pour).
unterweis|en [--'--] ⟨*unterwies, unterwiesen*⟩ *tr* enseigner (*jdn in etw* qc à qn), instruire (*jdn in etw* qn dans qc); **U~ung** *f* enseignement *m*, instruction *f*.
Unterwelt *f* ['untər-] **1.** enfers *m pl;* **2.** *fig (sozial)* bas-fonds *m pl; arg* milieu *m*, pègre *f*.
unterwerf|en [--'--] ⟨*unterwirft, unterwarf, unterworfen*⟩ *tr* **1.** *(ein Volk)* soumettre, assujettir; *(unterjochen)* subjuguer, asservir; **2.** *fig* soumettre (*Bedingungen* à des conditions); **U~ung** *f* ⟨-, ø⟩ soumission *f;* assujettissement *m;* subjugation *f;* asservissement *m*.
unterwürfig [untər'vyrfıç, '----] *a* soumis; *pej (knechtisch)* obséquieux, servile; **U~keit** *f* ⟨-, ø⟩ soumission; obséquiosité, servilité *f*.
unterzeichn|en [--'--] ⟨*ohne -ge-*⟩ *tr* signer, souscrire; **U~er** *m (e-s Vertrages)* signataire *m;* **U~ete** *m f* soussigné(e *f*) *m*, signataire *m f;* **U~ung** *f* signature *f*.
'**unter=ziehen** ⟨*zog unter, untergezogen*⟩ *tr (Kleidungsstück)* mettre dessous; **unter'ziehen** ⟨*unterzog, unterzogen*⟩ *tr* soumettre (*e-r Prüfung* à un examen); *sich e-r S ~* subir qc, se soumettre à qc.
Untiefe *f* ['un-] *(seichte Stelle)* haut--fond, bas-fond *m*, basse *f*.
Untier *n* ['un-] monstre *m*.
untragbar [-'--/'---] *a* insoutenable, insupportable.
untrennbar [-'--/'---] *a* inséparable.
untreu ['un-] *a* infidèle; déloyal; *jdm ~ werden* tromper qn; **U~e** *f* infidélité; déloyauté *f*.
untröstlich [-'--/'---] *a* inconsolable, désolé.
untrüglich [-'--/'---] *a* infaillible.
Untugend *f* ['un-] défaut, vice *m; (schlechte Gewohnheit)* mauvaise habitude *f*.
unüber|brückbar [un?y:bər'--/'-----] *a fig* infranchissable, insurmontable; **~legt** ['un-] **I.** *a (Handeln)* irréfléchi, inconsidéré; **II.** *adv* sans considération, sans délibération; **~sehbar** [---'--/'-----] *a (Menge)* immense; *fig (Folgen)* incalculable; **~setzbar** [---'--/'-----] *a* intraduisible; **~sichtlich** ['un-] *a* confus, brouillé, trop compliqué; **~trefflich** [---'--/'-----] *a* insurpassable; *(unerreichbar)* inégalable, sans égal; **~troffen** ['-----/---'--] *a* inégalé, sans égal; **~windlich** [---'-- /'-----] *a* invincible; *fig* insurmontable.
unumgänglich ['un-] *a* inévitable, indispensable, de rigueur.
unumschränkt [--'-/'---] *a (uneingeschränkt)* illimité; *pol* absolu, souverain.
unumstößlich [--'--/'----] *a* péremptoire; irrévocable.
unumstritten [--'--/'----] *a* incontesté.
unumwunden ['un-] *adv: ~ zugeben* reconnaître carrément *od* sans (la moindre) réserve.
ununterbrochen ['-----/---'--] **I.** *a* ininterrompu, continu(el), suivi; **II.** *adv a.* sans interruption, sans rémission, sans discontinuer, sans désemparer.
unveränder|lich [--'---/'-----] *a* invariable *a. gram,* inchangeable, inaltérable, immuable; **~t** *a* inchangé; tel quel.
unverantwortlich [--'---/'-----] *a* irresponsable.
unverbesserlich [--'---/'-----] *a* incorrigible.
unverbindlich ['----/--'--] **I.** *a* qui n'engage à rien; **II.** *adv* sans engagement *od* obligation.
unverblümt [--'-/'--'-] *adv* carrément, sans fard.
unverdaulich ['----/--'--] *a, a. fig* indigeste.
unverdient ['---/--'-] **I.** *a* non mérité, immérité; **II.** *adv,* **~ermaßen** *adv,* **~erweise** *adv* sans l'avoir mérité.
unverdorben ['un-] *a (Mensch)* non dépravé, intègre, innocent; **U~heit** *f* intégrité, innocence *f*.
unverdrossen ['----/--'--] **I.** *a* infatigable, inlassable; **II.** *adv a.* sans se lasser.
unvereinbar [--'--/'----] *a* incompatible, inconciliable (*mit* avec).
unverfälscht ['---/--'-] *a* non falsifié; *(Wein)* non frelaté; *fig (echt)* pur, naturel.
unverfänglich ['----/--'--] *a* sans arrière-pensée.
unverfroren ['----/--'--] *a fam* effronté, sans gêne.
unvergänglich ['----/--'--] *a* impérissable; *(unsterblich)* immortel; *(ewig)* éternel.
unvergeßlich [--'--/'----] *a* inoubliable.
unvergleichlich [--'--/'----] *a* incomparable, sans *od* hors de comparaison.
unverheiratet ['un-] *a* non marié, célibataire.
unverhofft ['---/--'-] **I.** *a* inespéré; *(unerwartet)* inattendu; **II.** *adv* à l'improviste.
unverkäuflich ['----/--'--] *a* **1.** *(nicht zum Verkauf stehend)* hors vente; **2.** *(nicht gefragt)* invendable.
unverkennbar [--'--/'----] *a* qu'on ne peut méconnaître, à ne pas s'y méprendre, iméconnaissable.
unverlangt ['un-] *a com* qui n'a pas été demandé.
unverletzlich [--'--/'----] *a fig* inviolable.
unvermeid|bar [--'-/'----] *a,* **~lich** [--'--/'----] *a* inévitable, inéluctable; fatal.
unvermindert ['un-] **I.** *a* (tout) entier; **II.** *a. adv* en *od* dans son entier.
unvermischt ['un-] *a* sans mélange, pur.

unvermittelt ['un-] **I.** *a* immédiat, direct; **II.** *adv a.* tout à coup.
unvermutet ['un-] **I.** *a* inopiné, inattendu; **II.** *adv* inopinément, à l'improviste.
Unver|nunft *f* ['un-] déraison *f,* manque *m* de bon sens; absurdité *f;* **u~nünftig** *a* déraisonnable, insensé, absurde.
unveröffentlicht ['un-] *a* inédit.
unverpackt ['un-] *a com* non emballé, sans emballage; en vrac.
unverrichteterdinge ['un-] *adv:* ~ *abziehen* od *zurückkehren* s'en retourner *od* (s'en) revenir bredouille.
unverrückbar [--'--/'----] *adv:* ~ *feststehen* être définitif.
unverschämt ['un-] *a* **1.** impertinent, insolent, effronté; *(schamlos)* impudent, éhonté; **2.** *(Preis)* exorbitant; **U~heit** *f* impertinence, insolence, effronterie; impudence *f; so e-e ~!* quelle impertinence! quelle insolence!
unverschuldet ['----/--'--] *a* immérité; *adv,* **~ermaßen** *adv,* **~erweise** *adv* sans l'avoir mérité.
unversehens ['----/--'--] *adv* inopinément, à l'improviste, au dépourvu.
unversehrt ['---/--'-] *a* intact, entier.
unversiegbar [--'--/'----] *a* intarissable.
unversöhnlich ['----/--'--] *a* irréconciliable, implacable, intransigeant.
Unverstand *m* ['un-] déraison *f.*
unverständlich ['un-] *a* incompréhensible, inintelligible.
unversucht ['---/--'-] *a: nichts ~ lassen* tout essayer, tenter l'impossible, remuer ciel et terre.
unverträglich ['----/--'--] *a (Mensch)* intraitable, insociable; *(streitsüchtig)* querelleur.
unverwandt ['un-] *adv: jdn ~ ansehen* regarder qn fixement, avoir les yeux fixés sur qn.
unverwehrt ['---/--'-] *a: es bleibt Ihnen ~ zu ...* vous êtes libre de ...
unverwundbar [--'--/'----] *a* invulnérable.
unverwüstlich [--'--/'----] *a (Material, Gegenstand)* inusable; *(Gesundheit)* de fer.
unverzagt ['un-] *a* intrépide, courageux.
unverzeihlich [--'--/'----] *a* impardonnable, inexcusable.
unverzollt ['un-] *a* non dédouané.
unverzüglich [--'--/'----] **I.** *a* immédiat; **II.** *adv* immédiatement, sans tarder, sans perdre de temps, tout de suite, au pied levé.
unvoll|endet ['unfɔl(ʔ)ɛndət/--'--] *a* inachevé; **~kommen** ['----/--'--] *a* imparfait, défectueux, défectible; **U~kommenheit** *f* imperfection, défectuosité, défectibilité *f;* **~ständig** ['----/--'--] *a* incomplet; *gram* défectif.
unvorbereitet ['un-] **I.** *a* non préparé, improvisé; **II.** *adv* à l'improviste, sans être préparé.
unvordenklich ['un-] *a: seit ~en Zeiten* de temps immémorial, de toute éternité.
unvoreingenommen ['un-] *a* non prévenu, exempt de préjugés.
unvorhergesehen ['un-] *a* imprévu, inattendu.
unvorschriftsmäßig ['un-] *a, bes. mil* contraire aux règlements.
unvorsichtig ['un-] *a* imprudent, inconsidéré; étourdi; **U~keit** *f* imprudence; inconsidération; étourderie *f; aus ~* par imprudence.
unvorstellbar [--'--/'----] *a* inimaginable.
unvorteilhaft ['un-] *a* désavantageux, défavorable.
unwahr ['un-] *a* pas vrai, faux; **U~heit** *f* contrevérité, fausseté *f; (Lüge)* mensonge *m; die ~ sagen* mentir; **~scheinlich** ['----] *a* invraisemblable, improbable; **U~scheinlichkeit** *f* invraisemblance, improbabilité *f.*
unwegsam ['un-] *a (Gelände)* sans chemin.
unweigerlich [-'---/'----] *adv (ganz sicher)* à coup sûr, sans aucun doute, infailliblement.
unweit ['un-] *prp gen* non loin de.
Unwesen *n* ['un-]: *sein ~ treiben* infester (*an e-m Ort* un lieu).
unwesentlich ['un-] **I.** *a* inessentiel, peu important, accessoire; **II.** *adv* peu; — *das ist ~* cela ne veut rien dire.
Unwetter *n* ['un-] tourmente, tempête *f; (Gewitter)* orage *m.*
unwichtig ['un-] *a* peu important, sans importance, insignifiant.
unwider|legbar [---'--/'-----] *a* irréfutable, irréfragable, irrécusable; **~ruflich** *a* irrévocable; **~sprochen** *a: nicht ~ bleiben* ne pas rester sans contredit *od* sans conteste; **~stehlich** *a* irrésistible.
unwiederbringlich [---'--/'-----] *a* irréparable.
Unwill|e *m* ['un-] *(Unzufriedenheit)* mécontentement *m; (Ärger)* irritation *f,* dépit *m; (Entrüstung)* indignation *f;* **u~ig I.** *a* mécontent; irrité; indigné; **II.** *adv (widerwillig)* à contrecœur, de mauvaise grâce; **u~kommen** *a (unerwünscht)* indésirable; **u~kürlich** ['----/--'--] *a* involontaire, instinctif, spontané; *(mechanisch)* machinal, automatique; *ich mußte ~ lachen* j'ai ri malgré moi, je ne pouvais m'empêcher de rire.
unwirk|lich ['un-] *a* irréel; *(erdacht)* fictif; **U~lichkeit** *f* irréalité *f;* **~sam** *a* **1.** inefficace, sans effet; *med* inactif; **2.** *jur* non valable, non valide.
unwirsch ['un-] *a* morose, maussade.
unwirtlich ['un-] *a (Gegend)* peu accueillant; *(öde)* désert.

unwirtschaftlich ['un-] *a* non rentable, d'un mauvais rendement.
unwissen|d ['un-] *a* ignorant, ignare; **U~heit** *f* ‹-, ø› ignorance *f;* **~tlich** *adv* par ignorance, à mon *etc* insu, sans le savoir.
unwohl ['un-] *a* souffrant, indisposé; *mir ist* ~ je ne suis pas bien *od* dispos, je ne me sens pas bien; **U~sein** *n* malaise *m,* indisposition *f.*
unwürdig ['un-] *a* indigne (*gen* de).
Unzahl *f* ['un-] nombre *m* immense, infinité.
unzähl|bar [-'--/'---] innombrable; **~ige** ['un-] *a pl attr* d'innombrables ...
Unze *f* ‹-, -n› ['untsə] *(Gewicht)* once *f.*
Unzeit *f* ['un-] *: zur* ~ à contretemps, hors de saison; *(ungelegen)* à une heure indue, mal à propos; **u~gemäß** *a* inactuel.
unzerbrechlich [--'--/'----] *a* incassable, infrangible.
unzerstörbar [--'--/'----] *a* indestructible.
unzertrenn|bar *a,* **~lich** [--'--/'----] *a* inséparable.
Unzucht *f* ['un-] impudicité, luxure, lascivité, impureté *f* de mœurs; *gewerbsmäßige* ~ prostitution *f;* **unzüchtig** *a* impudique, luxurieux, lascif.
unzufrieden ['un-] *a* mécontent, insatisfait (*mit* de); **U~heit** *f* mécontentement *m,* insatisfaction *f.*
unzugänglich ['un-] *a* inaccessible *a. fig.*
unzulänglich ['un-] *a* insuffisant; **U~keit** *f* insuffisance *f.*
unzulässig ['un-] *a* inadmissible; *jur* irrecevable.
unzurechnungsfähig ['un-] *a jur* incapable de discerner *od* de discernement; irresponsable; **U~keit** *f* irresponsabilité *f.*
unzureichend ['un-] *a* insuffisant.
unzusammenhängend ['un-] *a* incohérent.
unzustellbar ['un-] *a* **1.** *(Postsache)* en souffrance; **2.** *(als Vermerk)* destinataire inconnu, au rebut; — *falls ~, zurück an Absender* si inconnu à l'adresse, prière de retourner à l'expéditeur.
unzutreffend ['un-] *a* non pertinent; inexact.
unzuverlässig ['un-] *a* **1.** peu sûr, incertain, douteux; **2.** *(Mensch)* sur lequel on ne peut pas compter, auquel on ne peut pas se fier; peu consciencieux.
unzweckmäßig ['un-] *a* impropre, inopportun.
unzweideutig ['un-] *a* non équivoque; *a. adv* sans équivoque, sans ambiguïté.
unzweifelhaft ['un-/-'---] **I.** *a* indubitable; **II.** *adv* sans aucun doute, indubitablement.
üppig ['ʏpɪç] *a* **1.** *(Pflanzenwuchs)* exubérant, luxuriant; *(Haarwuchs)* abondant; *(Mahl)* copieux, plantureux; **2.** *allg (prächtig)* luxueux, riche; *(schwelgerisch)* voluptueux; **Ü~keit** *f* ‹-, ø› **1.** opulence *f;* **2.** somptuosité *f,* luxe *m,* richesse *f.*
Urabstimmung *f* ['u:r-] référendum *m.*
uralt ['u:r-] *a* vieux comme le monde, séculaire.
Uran *n* ‹-, ø› [u'ra:n] *chem* uranium *m;* **~bergwerk** *n* mine *f* d'uranium; **~brenner** *m* pile *f* atomique; **~erz** *n* minerai *m* d'uranium; **~vorkommen** *n* gisement *m* uranifère.
uraufführ|en ['u:r-] *tr* représenter pour la première fois; créer; **U~ung** *f* première (représentation); création *f.*
urbar ['u:rba:r] *a: ~ machen (agr)* défricher, mettre en culture.
Urbild *n* ['u:r-] original, prototype; *scient* archétype *m.*
Ureinwohner *m* ['u:r-] *pl* premiers habitants, aborigènes, autochtones *m pl.*
Urenkel *m* ['u:r-] arrière-petit-fils *m; pl* arrière-petits-enfants *m pl;* **~in** *f* arrière-petite-fille *f.*
urgemütlich ['u:r-] *a: es war ~* nous nous sommes *bzw.* ils se sont fort réjouis *etc.*
Urgeschicht|e *f* ['u:r-] préhistoire *f;* **u~lich** *a* préhistorique.
Urgroß|eltern *pl* ['u:r-] arrière-grands-parents *m pl;* **~mutter** *f* arrière-grand-mère, bisaïeule *f;* **~vater** *m* arrière-grand-père, bisaïeul *m.*
Urheber *m* ['u:r-] auteur; *(Schöpfer)* créateur; *(Anstifter)* instigateur, promoteur *m;* **~recht** *n* droit *m* d'auteur, propriété *f* littéraire (et artistique).
Urin *m* ‹-s, -e› [u'ri:n] urine *f;* **u~ieren** ‹*ohne ge-*› *itr* uriner.
Urkunde *f* ['u:r-] **1.** document, titre *m,* pièce *f* (écrite); *(Diplom)* diplôme, brevet *m;* **2.** *pol* charte *f,* instrument *m;* — *e-e ~ aufsetzen* od *ausstellen* dresser *od* passer un acte, *jur* instrumenter; *amtliche, gerichtliche, notarielle ~* acte *m* authentique, judiciaire, notarié; **~nfälschung** *f* falsification *f* de documents, faux *m* en écriture.
Urlaub *m* ‹-(e)s, -e› ['u:rlaup, -bə] congé *m; (Ferien)* vacances *f pl; mil* permission, *arg* perme *f; in* od *im ~* en vacances; en permission; *in ~ fahren, gehen* partir, entrer en vacances; *~ haben* avoir congé; *~ nehmen* prendre du congé; *im ~ sein* être en congé *od* en vacances *od mil* en permission; **~er** *m* ‹-s, -› [-bər] vacancier; **~sgeld** *n* prime *f* de vacances.
Urmensch *m* [-u:r-] homme *m* primitif; premier homme *m.*
Urne *f* ‹-, -n› ['urnə] urne *f;* **~nfriedhof** *m,* **~nhalle** *f* columbarium, columbaire *m.*
Ursache *f* ['u:r-] cause; *(Grund)* raison

f; (Beweggrund) motif; *(Anlaß)* sujet *m; (alle) ~ haben zu ...* avoir (tout) lieu de ...; *keine ~!* (il n'y a) pas de quoi! *kleine ~n, große Wirkung (prov)* petite cause, grands effets.

ursächlich ['u:rzɛçlıç] *a* causal, *gram* causatif; *~er Zusammenhang m* relation *f* de cause à effet.

Ursprung *m* ['u:r-] origine *f,* principe; *(Anfang)* commencement *m; (Entstehung)* naissance *f; s-n ~ haben in* tirer son origine de, provenir de.

ursprünglich [-'--/'---] **I.** *a* premier, originel; *(erstmalig)* original; **II.** *adv (anfangs)* à l'origine; d'abord.

Urteil *n* ‹-s, -e› ['ur-] **1.** *allg* u. *jur* jugement *m; (richterliches)* sentence *f,* arrêt; *(der Geschworenen)* verdict *m;* **2.** *(Meinung)* opinion *f,* avis *m;* **3.** *(~skraft)* discernement, bon sens *m;* — *nach dem ~ (gen)* selon l'avis (de), au dire (de); *ein ~ annehmen* acquiescer à un jugement; *ein ~ aufheben* annuler *od* infirmer *od* casser un jugement; *sich ein ~ bilden über* se faire *od* se former une opinion sur; *ein ~ fällen* rendre *od* porter un jugement; *das ~ sprechen* rendre le verdict; *sein eigenes ~ sprechen (fig)* prononcer sa propre condamnation; *das ~ verkünden* prononcer le verdict; *das ~ vollstrecken* exécuter la sentence; **u~en** *itr* **1.** *allg u. jur* juger (*über* de); **2.** *(s-e Ansicht äußern)* raisonner (*über* de), porter un jugement (*über* de, sur); — *nach s-n Worten zu ~* à en juger par ses paroles, à l'en croire; *~ Sie selbst!* jugez (par) vous-même! **~sbegründung** *f* attendus *od* motifs *m pl* du jugement; **~skraft** *f* jugement, discernement *m;* **~sspruch** *m* (dispositif *od* prononcé du) jugement *m,* sentence *f,* arrêt; *(der Geschworenen)* verdict *m;* **~sverkündung** *f* prononcé *m* du jugement.

Urgroß|mutter *f* ['u:rˀu:r-] trisaïeule *f;* **~vater** *m* trisaïeul *m.*

Urwald *m* ['u:r-] forêt *f* vierge.

urwüchsig ['u:r-] *a* **1.** naturel, originel, naïf; **2.** *(kraftvoll)* robuste; *(derb)* rustique.

Urzeit *f* ['u:r-] ère *f* primitive *od* archaïque.

Urzeugung *f* ['u:r-] *biol* génération *f* spontanée.

Usurp|ator *m* ‹-s, -en› [uzur'pa:tɔr, -'to:rən] usurpateur *m;* **u~ieren** ‹*ohne ge-*› *tr* usurper.

Usus *m* ‹-, ø› ['u:zus] *(Brauch)* usage *m,* habitude *f.*

Utensilien *pl* [utɛn'zi:liən] ustensiles *m pl.*

Utop|ie *f* ‹-, -n› [uto'pi:, -'pi:ən] utopie *f;* **u~isch** [u'to:pıʃ] *a* utopique.

uzen ['u:tsən] *tr fam (necken)* mettre en boîte, faire marcher, taquiner.

V

V, v *n* ‹-, -› [faʊ] *(Buchstabe)* V, v *m.*
Vagabund *m* ‹-en, -en› [vaga'bʊnt, -dən] vagabond *m.*
vag(e) [va:k, -gə] *a (undeutlich, unbestimmt)* vague.
vakant [va'kant] *a (unbesetzt, frei)* vacant.
Vakuum *n* ‹-s, -kua/-kuen› ['va:kuum, -a/-ən] *phys, a. fig* vide *m.*
Valuta *f* ‹-, -ten› [va'lu:ta, -tən] *fin* **1.** *(Gegenwert)* valeur *f;* **2.** *(Währung)* monnaie *f* étrangère *od* de compte; change *m.*
Vamp *m* ‹-s, -s› [vɛmp] *(gefährliche Frau)* vamp, femme *f* fatale; **~ir** *m* ‹-s, -e› [vam'pi:r] *(Gespenst; zoo; fig: Blutsauger)* vampire *m.*
Vanille *f* ‹-, ø› [va'nɪljə] **1.** *bot* vanillier *m;* **2.** *(Gewürz)* vanille *f;* **~eis** *n,* **~pudding** *m* glace, crème *f* à la vanille.
Vari|ante *f* ‹-, -n› [va'riantə] *(Abweichung; Lesart; Abart)* variante *f;* **~ation** *f* ‹-, -en› [-tsi'o:n] *(Abwandlung)* variation *f;* **~eté(theater)** *n* ‹-s, -s› [-rie'te:] music-hall, théâtre *m* de variétés; **v~ieren** [-ri'i:rən] ‹*ohne ge-*› *tr (abwandeln) u. itr (abweichen)* varier.
Vasall *m* ‹-en, -en› [va'zal] *hist* vassal *m.*
Vase *f* ‹-, -en› ['va:zə] vase *m.*
Vater *m* ‹-s, ⁼› ['fa:-, 'fɛ:tər] **1.** père *m;* **2.** *pl (Vorväter)* aïeux, ancêtres *m pl;* — *er ist ganz der* ~ c'est tout le portrait de son père; **~haus** *n* maison *f* paternelle; **~land** *n* patrie *f;* **~landsliebe** *f* patriotisme, amour *m* de la patrie.
väterlich ['fɛ:tər-] *a* paternel; *~es Erbe n* patrimoine *m; ~e Gewalt f* puissance *f* paternelle; **~erseits** *adv* (du côté) paternel *a.*
vater|los ['fa:tər-] *a* sans père, orphelin de père; **V~mord** *m,* **V~mörder** *m* parricide *m;* **V~schaft** *f* paternité, qualité *f* de père; **V~stadt** *f* ville *f* natale; **V~stelle** *f: bei jdm ~ vertreten* tenir lieu de père à qn; **V~tag** *m* fête *f* des pères; **V~unser** *n* ‹-s, -› ['--'--/--'--] *(Gebet)* Notre-Père *m,* oraison *f* dominicale; *ein ~ beten* dire un Notre-Père.
Vatikan, *der* [vati'ka:n] *rel* le Vatican; **~stadt,** *die* la Cité du Vatican.

Veget|arier *m* ‹-s, -› [vege'ta:riər] végétarien *m;* **v~arisch** [-'ta:rɪʃ] *a* végétarien; **~ation** *f* ‹-, -en› [-tsi'o:n] végétation *f;* **v~ieren** [-ge'ti:rən] ‹*ohne ge-*› *itr (kümmerlich leben)* végéter, vivoter.
Vehikel *n* ‹-s, -› [ve'hi:kəl] *fam (Fahrzeug)* véhicule *m.*
Veilchen *n* ‹-s, -› ['faɪlçən] *bot* violette *f;* **v~blau** *a* violet, violacé.
Vene *f* ‹-, -n› ['ve:nə] *anat* veine *f;* **~nentzündung** *f* phlébite *f.*
Ventil *n* ‹-s, -e› [vɛn'ti:l] valve, soupape *f,* clapet *m;* **~ation** *f* ‹-, -en› [-tilatsi'o:n] ventilation *f;* **~ator** *m* ‹-s, -en› [-'la:tɔr, -'to:rən] ventilateur *m;* **v~ieren** [-'li:rən] ‹*ohne ge-*› *tr* ventiler.
verabfolgen [fɛr'-] ‹*ohne ge-*› *tr (aushändigen)* donner, remettre, délivrer.
verabred|en [fɛr'-] ‹*ohne ge-*› **1.** *tr* convenir (*etw* de qc); **2.** *refl: sich ~* prendre *od* se donner un rendez-vous, prendre jour (*mit jdm* avec qn); — *verabredet sein* avoir un rendez-vous; **V~ung** *f* ‹-, -en› *(sich zu treffen)* rendez-vous *m.*
verabreichen [fɛr'-] ‹*ohne ge-*› *tr* donner, fournir; *(Medikament)* administrer.
verabscheuen [fɛr'-] ‹*ohne ge-*› *tr* détester, exécrer, abominer; avoir en horreur *od* en exécration *od* en abomination.
verabschieden [fɛr'-] ‹*ohne ge-*› *tr* **1.** *(Person)* faire ses adieux à; congédier, licencier, révoquer; **2.** *(Offizier)* réformer, mettre à la réforme; **3.** *parl (Gesetz)* prendre, adopter, voter; *(den Haushalt)* expédier, adopter, voter; *refl* **4.** *sich ~* prendre congé, faire ses adieux.
verachten [fɛr'-] ‹*ohne ge-*› *tr* dédaigner, mépriser, avoir *od* tenir en mépris.
verächtlich [fɛr'ʔɛçtlɪç] **I.** *a* **1.** *(voller Verachtung)* dédaigneux, méprisant; **2.** *(erbärmlich)* méprisable, misérable; **II.** *adv* dédaigneusement, avec dédain.
Verachtung *f* ‹-, ø› [fɛr'-] dédain, mépris *m; jdn mit ~ strafen* accabler qn de (son) mépris.
verallgemeiner|n [fɛr--'--/-'----] ‹*ohne ge-*› *tr* généraliser; **V~ung** *f* ‹-, -en› généralisation *f.*
veralt|en [fɛr'-] ‹*ohne ge-*› *itr* ‹*sein*› vieillir, passer (de mode), tomber en désuétude; **~et** *a* vieilli, démodé, désuet; hors d'usage; *(Wort, Wendung)* vieilli, archaïque, obsolète.
Veranda *f* ‹-, -den› [ve'randa] *arch* véranda *f.*
veränder|lich [fɛr'-] *a* variable *(a. math, gram, mete);* changeant, instable, inconstant; **V~lichkeit** *f* ‹-, ø› variabilité; instabilité, inconstance *f;* **~n** ‹*ohne ge-*› *tr* changer, varier, modifier, altérer; *sich sehr verändert haben* avoir beau-

coup changé; **V~ung** *f* ‹-, -en› changement *m*, variation, modification, altération *f*.

verängstigen [fɛr'-] ‹*ohne ge-*› *tr* intimider; effrayer.

verankern [fɛr'-] ‹*ohne ge-*› *tr* ancrer *a. fig;* amarrer; *fest verankert (pp fig)* bien ancré.

veranlag|en [fɛr'-] ‹*ohne ge-*› *tr: jdn (steuerlich) ~* faire *od* établir l'assiette de l'impôt de qn; **~t** *pp (von Natur)* prédisposé; **V~ung** *f* ‹-, -en› **1.** *(natürliche)* (pré)disposition *f;* **2.** *fin* assiette (de l'impôt), imposition *f*.

veranlass|en [fɛr'ʔanlasən] ‹*ohne ge-*› *tr* **1.** donner lieu *od* sujet à, provoquer, causer, occasionner; **2.** *(Menschen, bestimmen)* décider *od* engager à, faire; *— sich veranlaßt sehen zu ...* se voir obligé de ...; **V~ung** *f* ‹-, ø› **1.** *(Anlaß)* cause *f*, motif, sujet *m;* **2.** *(e-s Menschen)* instigation, impulsion *f; auf jds ~* sous l'impulsion de qn.

veranschaulichen [fɛr'-] ‹*ohne ge-*› *tr* concrétiser, illustrer, donner une idée de.

veranschlagen [fɛr'-] ‹*ohne ge-*› *tr* évaluer, estimer, taxer, faire un devis de; *zu hoch ~* surestimer, surtaxer, surfaire; *zu niedrig ~* sous-estimer.

veranstalt|en [fɛr'-] ‹*ohne ge-*› *tr* organiser, arranger, préparer, faire les préparatifs de; *(Fest)* donner; **V~er** *m* ‹-s, -› organisateur *m;* **V~ung** *f* ‹-, en› **1.** *(ohne pl) (Tätigkeit)* organisation *f*, arrangement *m*, préparation *f;* **2.** *(Ereignis)* manifestation; *(Feier, Fest)* fête *f*.

verantwort|en [fɛr'-] ‹*ohne ge-*› *tr* répondre de; être responsable de; *sich ~* se justifier; *das kann ich nicht ~* je ne peux pas en répondre; **~lich** *a* responsable *(für* de*); jdn für etw ~ machen* rendre qn responsable de qc; **V~lichkeit** *f* ‹-, ø› responsabilité *f;* **V~ung** *f* ‹-, ø› responsabilité *f; auf jds ~* sous la responsabilité de qn; *die ~ für etw tragen, übernehmen* porter, prendre *od* assumer la responsabilité de qc; *jdn zur ~ ziehen* demander des comptes à qn; **~ungsbewußt** *a* conscient de ses responsabilités; **~ungslos** *a* irresponsable.

verarbeiten [fɛr'-] ‹*ohne ge-*› *tr* **1.** usiner, manufacturer, travailler, façonner, ouvrer, traiter; **2.** *(verbrauchen)* utiliser, consommer; **3.** *a. fig (Eindruck)* assimiler; *fig* faire sien.

verargen [fɛr'ʔargən] ‹*ohne ge-*› *tr: jdm etw ~* en vouloir à qn pour qc.

verärger|n [fɛr'-] ‹*ohne ge-*› *tr* fâcher, irriter; offenser; **~t** *a* fâché, irrité; offensé.

verarm|en [fɛr'-] ‹*ohne ge-*› *itr (sein)* s'appauvrir; **V~ung** *f* ‹-, ø› appauvrissement *m*.

verästel|n, *sich* [fɛr'ʔɛstəln] ‹*ohne ge-*› se ramifier; **V~ung** *f* ‹-, -en› ramification *f*.

veräußer|n [fɛr'-] ‹*ohne ge-*› *tr (verkaufen)* aliéner, se défaire de, vendre; **V~ung** *f* ‹-, -en› aliénation, vente *f*.

Verb *n* ‹-s, -en› [vɛrp, '-bən] *gram* verbe *m*.

verballhornen [fɛr'balhɔrnən] ‹*ohne ge-*› *tr* défigurer.

Verband *m* ‹-(e)s, ¨e› [fɛr'-] **1.** *med* pansement, bandage, appareil *m;* **2.** *mil* formation *f*, groupe *m*, grande unité *f;* **3.** *(Vereinigung)* association, société, fédération, union *f*, groupement; *(Gewerkschaft)* syndicat *m; — e-n ~ anlegen, abnehmen, erneuern (med)* appliquer, défaire *od* enlever, renouveler *od* refaire un pansement; **~(s)kasten** *m med* boîte *f* de pansement(s); **~(s)päckchen** *n med* paquet *m* de pansement(s); **~(s)watte** *f* coton *m* hydrophile; **~(s)zeug** *n med* trousse *f* de pansement.

verbann|en [fɛr'-] ‹*ohne ge-*› *tr* bannir, proscrire, exiler; **V~ung** *f* ‹-, ø› bannissement *m*, proscription *f; (Exil)* exil *m*.

verbarrikadieren [fɛr---'--] ‹*ohne ge-*› *tr* barricader.

verbauen [fɛr'-] ‹*ohne ge-*› *tr: die Aussicht ~* boucher *od* barrer la vue.

verbergen [fɛr'-] ‹*verbirgt, verbarg, verborgen*› *tr* cacher, dissimuler; recéler; *scient* occulter.

verbesser|n [fɛr'-] ‹*ohne ge-*› *tr* **1.** améliorer, rendre meilleur; réformer; *(vervollkommnen)* perfectionner; *(verfeinern, a. den Geschmack)* affiner; **2.** *(berichtigen)* rectifier; *(korrigieren)* corriger, amender; *refl* **3.** *sich ~ (beruflich)* améliorer sa situation; **V~ung** *f* ‹-, -en› **1.** amélioration; réforme *f;* perfectionnement *m;* **2.** rectification; correction *f*, amendement *m*.

verbeug|en, *sich* [fɛr'-] ‹*ohne ge-*› s'incliner; faire sa révérence (*vor jdm* à qn); **V~ung** *f* ‹-, -en› révérence, courbette *f*.

verbeulen [fɛr'-] ‹*ohne ge-*› *tr* bosseler, cabosser.

verbiegen [fɛr'-] ‹*verbog, verbogen*› **1.** *tr* contourner, tordre; déformer, fausser; **2.** *refl: sich ~* se déformer; gauchir, se déjeter.

verbieten [fɛr'-] ‹*verbietet, verbot, verboten*› *tr* défendre, interdire, prohiber; *(Buch)* mettre à l'index; *(Zeitung)* suspendre.

verbillig|en [fɛr'-] ‹*ohne ge-*› *tr* diminuer *od* réduire le prix de; **~t** *adv* à prix réduit(s).

verbinden [fɛr'-] ‹*verbindet, verband, verbunden*› *tr* **1.** *med* panser; *(die Augen)* bander (*jdm* à qn); **2.** *(verknüpfen)* (re)lier, joindre, rattacher (*mit* à); **3.** *tech* assembler; **4.** *tele* mettre en communication; **5.** *mit jdm* relier à qn; **6.** *(vereinigen)* relier, joindre, rattacher, associer, allier (*mit* à); — *jdm sehr verbunden sein (fig)* être (très *od* fort) obligé à qn.

verbindlich [fɛr'-] *a (höflich)* obligeant; *(ich) danke ~st, ~sten Dank!* tous mes remerciements! **V~keit** *f* ⟨-, -en⟩ *(Verpflichtung)* obligation *f*, engagement *m*; *e-e ~ eingehen* prendre *od* assumer *od* contracter une obligation.

Verbindung *f* ⟨-, -en⟩ [fɛr'-] **1.** liaison, jonction *f*, rattachement, raccordement *m*, connexion *f*; **2.** *tech* assemblage *m*; **3.** *(Verkehrsverbindung)* desserte; *tele* communication *f*; **4.** *(Beziehung, Zs.hang)* relation *f*, rapport, commerce *m*; *(gedankliche Verknüpfung)* combinaison *f*; **5.** *(Vereinigung)* (ré)union, alliance; *(studentische ~)* corporation *f*; **6.** *chem* combinaison *f*; combiné, composé *m*; — *in ~ bringen mit* mettre en rapport avec; *e-e ~ eingehen (chem)* entrer en combinaison; *die ~ herstellen (tele)* établir la communication; *sich in ~ setzen mit* se mettre en relation *od* en rapport *od* en communication avec; *fam* contacter; *mit jdm in ~ stehen* être en relation, entretenir des relations avec qn; *chemische ~* combinaison *f* chimique; *falsche ~ (tele)* erreur *f* de communication *od* de numéro.

Verbindungs|linie *f* [fɛr'bɪndʊŋs-] ligne *f* de communication *od* de jonction *od* de raccordement; **~mann** *m* ⟨-(e)s, -männer/-leute⟩ agent *od* homme *m* de liaison; **~stück** *n* (pièce *f* de) raccord *m*; pièce *f* intercalaire *od* de jonction; lien *m*; *(Zimmerei)* moise *f*.

verbissen [fɛr'-] **I.** *a (hartnäckig)* acharné; opiniâtre; **II.** *adv* avec acharnement; opiniâtrement; **V~heit** *f* ⟨-, ø⟩ acharnement *m*; opiniâtreté *f*.

verbitten [fɛr'-] ⟨*verbittet, verbat, verbeten*⟩*: sich etw ~* ne pas admettre *od* permettre *od* tolérer *od* laisser passer qc; *das verbitte ich mir!* je vous le défends.

verbitter|n [fɛr'-] ⟨*ohne ge-*⟩ *tr fig* rendre amer, empoisonner, gâter; *(Menschen)* aigrir, ulcérer; **~t** *a* aigri.

verblassen [fɛr'-] ⟨*ohne ge-*⟩ *itr* ⟨*sein*⟩ **1.** *(die Farbe verlieren)* se décolorer, se défraîchir; se faner; **2.** *fig (schwächer werden, nachlassen)* pâlir, s'affaiblir, diminuer.

Verbleib *m* ⟨-(e)s, ø⟩ [fɛr'blaɪp] *(e-s Menschen)* séjour; *(e-r S)* endroit (où se trouve actuellement qc); **v~en** ⟨*verblieb, verblieben*⟩ *itr* ⟨*sein*⟩ *(bleiben)* rester, demeurer; *~ wir dabei!* restons-en là!

verblend|en [fɛr'-] ⟨*ohne ge-*⟩ *tr fig* éblouir, aveugler; **V~ung** *f* ⟨-, ø⟩ *fig* éblouissement, aveuglement *m*.

verblöden [fɛr'-] ⟨*ohne ge-*⟩ *itr* ⟨*sein*⟩ devenir stupide, s'abêtir, s'abrutir.

verblüff|en [fɛr'-] ⟨*ohne ge-*⟩ *tr* déconcerter, décontenancer, ébahir, ahurir; *fam* épater; **~t** *a* ébahi, ahuri; épaté.

verblüh|en [fɛr'-] ⟨*ohne ge-*⟩ *itr* ⟨*sein*⟩ défleurir; se faner; **~t** *a fig* fané, passé.

verbluten [fɛr'-] ⟨*ohne ge-*⟩ *itr* ⟨*sein*⟩ perdre tout son sang.

verbohr|en [fɛr'-] ⟨*ohne ge-*⟩*: sich in etw verbohrt haben* ne pas démordre de qc; **~t** *a (verrückt)* biscornu, fou.

verborgen [fɛr'-] **I.** *tr (verleihen)* prêter; **II.** *a (versteckt)* caché; *im ~en* en cachette, à la dérobée, à l'ombre; **V~heit** *f* ⟨-, ø⟩ clandestinité *f*.

Verbot *n* ⟨-(e)s, -e⟩ [fɛr'bo:t] défense, interdiction, prohibition *f*; **~sschild** *n* panneau *m* d'interdiction.

Verbrauch *m* ⟨-(e)s, ø⟩ [fɛr'-] consommation *f*; **v~en** ⟨*ohne ge-*⟩ *tr* **1.** consommer; **2.** *(erschöpfen)* épuiser; *(abnutzen)* user; **~er** *m* ⟨-s, -⟩ consommateur *m*; **~erverband** *m* organisation *f* de consommateurs; **~sgüter** *n pl* produits *od* articles *od* biens *m pl* de consommation; **v~t** *a (Luft)* confiné; *(Mensch)* usé.

verbrech|en [fɛr'-] ⟨*verbricht, verbrach, verbrochen*⟩ *tr (verüben, begehen)* commettre, perpétrer; *was habe ich (denn) verbrochen?* quel est mon crime? **V~en** *n* ⟨-s, -⟩ crime; *(Missetat)* méfait *m*; **V~er** *m* ⟨-s, -⟩ criminel, délinquant; *(Übeltäter)* malfaiteur *m*; **~erisch** *a* criminel; délictueux.

verbreit|en [fɛr'-] ⟨*ohne ge-*⟩ **1.** *tr (ausbreiten, fig)* répandre, semer; *(bekanntmachen)* diffuser, propager, divulguer; *(Gerücht)* semer, faire courir, rendre public; **2.** *refl: sich ~ (sich auslassen)* s'étendre (*über* sur); **~ern** ⟨*ohne ge-*⟩ *tr (breiter machen)* élargir; **V~erung** *f* ⟨-, -en⟩ élargissement *m*; **~et** *a* répandu; général, universel; **V~ung** *f* ⟨-, ø⟩ diffusion, propagation, divulgation *f*.

verbrenn|en [fɛr'-] ⟨*verbrannte, verbrannt*⟩ **1.** *tr* ⟨*h*⟩ brûler; **2.** *itr* ⟨*sein*⟩ brûler; se consumer; *(Mensch bei e-m Unglück)* périr carbonisé; **3.** *refl: sich ~* se brûler; *sich die Finger ~ (a. fig)* se brûler les doigts; **V~ung** *f* ⟨-, -en⟩ combustion; *(e-r Leiche)* incinération, crémation *f*; **V~ungsmotor** *m* moteur *m* à combustion interne.

verbringen [fɛr'-] ⟨*verbrachte, verbracht*⟩ *tr (e-e Zeit)* passer.

verbrüder|n, *sich* [fɛr'-] ⟨*ohne ge-*⟩ fraterniser (*mit jdm* avec qn); **V~ung** *f* ⟨-, -en⟩ fraternisation *f*.

verbrühen [fɛr'-] ⟨*ohne ge-*⟩ *tr* échauder.

verbuchen [fɛr'-] ⟨*ohne ge-*⟩ *tr* **1.** inscrire *od* porter sur les livres, passer dans les livres; **2.** *fig* enregister.

verbummel|n [fɛr'-] ‹*ohne ge-*› *tr (e-e Zeit)* gaspiller; **~t** *a (Mensch)* raté.
Verbund *m* ‹-(e)s, ø› [fɛr'bʊnt, -də] *tech* assemblage, raccordement *m*.
verbünden, *sich* [fɛr'bʏndən] ‹*ohne ge-*› *sich* s'allier, se liguer, se (con)fédérer.
Verbundenheit ‹-, ø› [fɛr'bʊndənhaɪt] *f* attachement *m;* solidarité *f*.
Verbündete *m* ‹-n, -n› allié(e *f*) *m*. confédéré(e *f*) *m*.
verbürg|en [fɛr'-] ‹*ohne ge-*› *tr: sich ~ für* garantir, se porter garant de, répondre de; **~t** *a* confirmé; authentique.
verbüßen [fɛr'-] ‹*ohne ge-*› *tr (Strafe)* purger.
verchrom|en [fɛr'-] ‹*ohne ge-*› *tr* chromer; **~t** *a* chromé.
Verdacht *m* ‹-(e)s, ø› [fɛr'daxt] soupçon(s *pl*) *m*, suspicion *f; in ~ geraten* se rendre suspect; *jdn in ~ haben* soupçonner qn; *~ schöpfen* commencer à avoir des soupçons (*wegen e-r S* au sujet de qc); *in* od *im ~ stehen zu* ... être soupçonné de ....
verdächtig [fɛr'dɛçtɪç] *a* suspect, sujet à caution, douteux, équivoque, louche; **~en** ‹*ohne ge-*› *tr* soupçonner, suspecter.
verdamm|en [fɛr'-] ‹*ohne ge-*› *tr* damner; *(verfluchen)* maudire; *Gott verdamm' mich!* Dieu me damne! **~enswert** *a* damnable; **~t I.** *a pop* damné, sacré; **II.** *adv* diablement; *~ (noch mal)!* malédiction! diantre! au diable!
verdampf|en [fɛr'-] ‹*ohne ge-*› **1.** *tr* ‹*h*› faire évaporer; **2.** *itr* ‹*sein*› s'évaporer, se vaporiser; **V~ung** *f* ‹-, ø› évaporation, vaporisation *f*.
verdanken [fɛr'-] ‹*ohne ge-*› *tr: jdm etw ~* devoir qc à qn, être redevable de qc à qn.
verdattert [fɛr'datərt] *a fam* = *verdutzt*.
verdau|en [fɛr'daʊən] ‹*ohne ge-*› *tr* digérer; **~lich** *a: leicht ~* digeste; *schwer ~* d'une digestion pénible, indigeste; **V~ung** *f* ‹-, ø› digestion, assimilation *f;* **V~ungsbeschwerden** *f pl* troubles *m pl* digestifs *od* de la digestion.
Verdeck *n* ‹-(e)s, -e› [fɛr'dɛk] **1.** *mar* pont *m;* **2.** *(Autobus)* impériale *f;* **3.** *(PKW)* capote *f; mit aufschlagbarem ~* décapotable; **v~en** ‹*ohne ge-*› *tr (dem Blick entziehen)* cacher, voiler, masquer.
verdenken [fɛr'-] ‹*verdachte, verdacht*› *tr: jdm etw nicht ~ können* ne pas pouvoir tenir rigueur de qc à qn.
verderb|en [fɛr'-] ‹*verdirbt, verdarb, verdorben*› *tr* ‹*h*› **1.** gâter, corrompre, abîmer; *fig* vicier, empoisonner; *(den Spaß)* gâcher; **2.** *(Menschen zugrunde richten)* perdre; **3.** *(sittlich ~)* corrompre, pervertir; *itr* ‹*sein*› **4.** se gâter, se corrompre; s'altérer; — *es mit jdm ~* perdre les bonnes grâces de qn; *es mit niemandem ~ wollen* ménager la chèvre et le chou; **V~en** *n* ‹-s, ø› ruine, perte *f;* **~lich** *a (schädlich)* pernicieux, destructif, destructeur; *(leicht) ~ (Ware)* périssable, altérable.
verdeutlichen [fɛr'-] ‹*ohne ge-*› *tr* rendre clair, élucider; *(erklären)* expliquer.
verdeutschen [fɛr'-] ‹*ohne ge-*› *tr (ins Deutsche übersetzen)* traduire en allemand.
verdicht|en [fɛr'-] ‹*ohne ge-*› *tr tech* comprimer; *phys* condenser; *chem* concentrer; **V~ung** *f* ‹-, ø› **1.** *tech* compression *f;* **2.** *phys* condensation *f;* **3.** *chem* concentration *f*.
verdien|en [fɛr'-] ‹*ohne ge-*› *tr* **1.** *(erarbeiten)* gagner; **2.** *(wert sein)* mériter *(a. e-e Strafe);* être digne de; **V~st (1)** *m* ‹-(e)s, -e› *(Arbeitseinkommen)* gain, profit, bénéfice; prix *m* du travail *od* de la peine; **(2)** *n* ‹-(e)s, -e› *(Wert)* mérite *m; pl a.* services *m pl* rendus; *sich ~e um etw erwerben* bien mériter de qc; **V~stausfall** *m* perte *f* de gain; **~stvoll** *a* plein de mérite, méritant; méritoire; **~t** *a* mérité; *sich um etw ~ machen* bien mériter de qc.
verdolmetschen [fɛr'-] ‹*ohne ge-*› *tr* interpréter.
verdoppel|n [fɛr'-] ‹*ohne ge-*› *tr* doubler; **V~ung** *f* ‹-, -en› redoublement *m; scient* duplication *f*.
verdorben [fɛr'-] *a* **1.** *(Ware)* gâté, pourri, avarié; **2.** *fig (Mensch)* corrompu, dépravé; **3.** *(Magen)* embarrassé.
verdorren [fɛr'-] ‹*ohne ge-*› *itr* ‹*sein*› (se des)sécher.
verdräng|en [fɛr'-] ‹*ohne ge-*› *tr* **1.** déplacer, déloger, repousser; *(verjagen)* chasser, évincer; *(sich an die Stelle setzen)* supplanter; **2.** *(unterdrücken)* supprimer; *psych* refouler; **V~ung** *f* ‹-, ø› **1.** déplacement *m;* **2.** suppression *f; psych* refoulement *m*.
verdreh|en [fɛr'-] ‹*ohne ge-*› *tr* **1.** (dis)tordre, gauchir, fausser, forcer; **2.** *fig (den Sinn entstellen)* (con)tourner, faire une entorse à, faire violence à, forcer, fausser, altérer; **~t** *a fig fam (verwirrt)* confus; *(verrückt)* toqué.
verdreifachen [fɛr'-] ‹*ohne ge-*› *tr* tripler.
verdrieß|en [fɛr'dri:sən] ‹*verdroß, verdrossen*› *tr (ärgern, von Sachen u. impers)* fâcher, donner de l'humeur à, ennuyer, contrarier, chagriner; **~lich** *a* **1.** *(Sache)* fâcheux, ennuyeux, contrariant, fastidieux; **2.** *(Mensch)* fâché, de mauvaise humeur, renfrogné, dépité.
verdrossen [fɛr'drɔsən] *a* fâché, contrarié, renfrogné, dépité; **V~heit** *f* ‹-, ø› lassitude *f*, déplaisir *m;* mauvaise humeur *f*.
verdrücken [fɛr'-] ‹*ohne ge-*› **1.** *tr pop*

(essen) avaler, manger; **2.** *refl: sich ~ (fam)* s'esquiver, filer à l'anglaise, disparaître.

Verdruß *m* ⟨-sses, -sse⟩ [fɛrˈdrus] ennui *m,* contrariété *f,* déplaisir; *(Kummer)* chagrin, dépit *m.*

verduften [fɛrˈ-] ⟨*ohne ge-*⟩ *itr* ⟨*sein*⟩ s'évaporer; se volatiliser.

verdunkel|n [fɛrˈ-] ⟨*ohne ge-*⟩ *tr* **1.** obscurcir, assombrir; **2.** *a. fig* éclipser; **3.** *(Luftschutz)* camoufler; **V~ung** *f* ⟨-, ø⟩ **1.** obscurcissement, assombrissement *m;* **2.** *(Luftschutz)* camouflage; *mil* black-out *m;* **V~ungsgefahr** *f jur* danger *m* d'obscurcissement.

verdünnen [fɛrˈ-] ⟨*ohne ge-*⟩ *tr (mit Wasser)* délayer; *(Wein)* tremper, baptiser; *chem* atténuer, diluer, raréfier.

verdunst|en [fɛrˈ-] ⟨*ohne ge-*⟩ *itr* ⟨*sein*⟩ s'évaporer, se volatiliser; **V~ung** *f* ⟨-, ø⟩ évaporation, vaporisation, volatilisation *f.*

verdursten [fɛrˈ-] ⟨*ohne ge-*⟩ *itr* ⟨*sein*⟩ mourir de soif.

verdüstern, *sich* [fɛrˈ-] ⟨*ohne ge-*⟩ s'assombrir, s'obscurcir.

verdutzt [fɛrˈdutst] *a fam* épaté, ahuri, ébahi.

veredeln [fɛrˈ-] ⟨*ohne ge-*⟩ *tr* **1.** *(Menschen)* ennoblir; **2.** *agr (Obstbaum)* greffer, écussonner; **3.** *metal* affiner.

verehr|en [fɛrˈ-] ⟨*ohne ge-*⟩ *tr* révérer, vénérer; *jdm etw ~ (schenken)* faire présent de qc à qn; **V~er** *m* ⟨-s, -⟩ *(Bewunderer)* admirateur; *(Liebhaber)* soupirant *m;* **V~ung** *f* ⟨-, ø⟩ vénération *f;* **~ungswürdig** *a* vénérable, révérend.

vereid|(ig)en [fɛrˈʔaɪd(ɪg)ən] ⟨*ohne ge-*⟩ *tr* assermenter; **V~(ig)ung** *f* ⟨-, ø⟩ prestation *f* de serment.

Verein *m* ⟨-(e)s, -e⟩ [fɛrˈʔaɪn] association, société, ligue, union *f; (kleinerer)* cercle, club *m; eingetragener ~* association *f* inscrite au registre.

vereinbar [fɛrˈ-] *a* compatible (*mit* avec); conciliable; **~en** ⟨*ohne ge-*⟩ *tr* convenir de, accorder; *das ist nicht damit zu ~* ce n'est pas compatible avec cela; **V~ung** *f* ⟨-, -en⟩ convention *f,* accord *m; nach ~* sur rendez-vous, de gré à gré; *e-e ~ treffen* conclure un accord.

vereinen [fɛrˈʔaɪnən] ⟨*ohne ge-*⟩ *tr* unir; *mit vereinten Kräften* toutes forces réunies; *die Vereinten Nationen* les Nations *f pl* unies.

vereinfach|en [fɛrˈ-] ⟨*ohne ge-*⟩ *tr* simplifier; **V~ung** *f* ⟨-, ø⟩ simplification *f.*

vereinheitlich|en [fɛrˈ-] ⟨*ohne ge-*⟩ *tr* unifier, uniformiser; **V~ung** *f* ⟨-, ø⟩ unification *f.*

vereinig|en [fɛrˈ-] ⟨*ohne ge-*⟩ *tr* **1.** unir, réunir; joindre, grouper; *(in einem Punkt)* concentrer; **2.** *(zs.stellen)* assortir; *(Menschen)* rassembler; associer, allier; *(Gesellschaften)* fusionner; **3.** *tech* assembler, raccorder, mettre bout à bout; **4.** *fig (in Einklang bringen)* concilier; — *sich ~* s'unir, se réunir, se joindre; se rassembler; s'associer, s'allier, se liguer, se confédérer; se coaliser; *das Vereinigte Königreich (Großbritannien u. Nordirland)* le Royaume-Uni; *die Vereinigten Staaten m pl (von Nordamerika)* les Etats-Unis *m pl* (de l'Amérique du Nord); **V~ung** *f* ⟨-, -en⟩ **1.** union, réunion; jonction *f,* groupement *m;* concentration *f;* **2.** rassemblement *m,* association; confédération, coalition; fusion *f;* **3.** *tech* assemblement, raccord *m;* **4.** *fig* conciliation *f.*

vereinsam|en [fɛrˈ-] ⟨*ohne ge-*⟩ *itr* ⟨*sein*⟩ devenir solitaire; s'isoler; **~t** *a* solitaire, esseulé; isolé; **V~ung** *f* ⟨-, ø⟩ isolement *m;* solitude *f.*

vereinzelt [fɛrˈ-] *a* isolé, séparé; solitaire; sporadique.

vereis|en [fɛrˈʔaɪzən] ⟨*ohne ge-*⟩ *itr* ⟨*sein*⟩ se couvrir de glace; geler; *aero* givrer; **~t** *a* couvert de glace, bloqué *od* pris par la glace; glacé, gelé; *(Straße)* verglacé; *aero* givré.

vereiteln [fɛrˈ-] ⟨*ohne ge-*⟩ *tr* faire échouer, faire avorter; empêcher, contrecarrer, déjouer.

vereiter|n [fɛrˈ-] ⟨*ohne ge-*⟩ *itr* ⟨*sein*⟩ suppurer; **V~ung** *f* ⟨-, -en⟩ suppuration *f.*

verenden [fɛrˈ-] ⟨*ohne ge-*⟩ *itr* ⟨*sein*⟩ *(Tier: sterben)* mourir.

verenge(r)n [fɛrˈ-] ⟨*ohne ge-*⟩ *tr* rétrécir, resserrer; *sich ~ (Straße)* devenir plus étroit.

vererb|en [fɛrˈ-] ⟨*ohne ge-*⟩ *tr biol* transmettre (par héritage); *sich ~ (biol)* se transmettre (héréditairement); **V~ung** *f* ⟨-, ø⟩ transmission; *(Erblichkeit)* hérédité *f.*

verewigen [fɛrˈ-] ⟨*ohne ge-*⟩ *tr* éterniser, rendre éternel.

verfahren [fɛrˈ-] **I.** ⟨*verfährt, verfuhr, verfahren*⟩ **1.** *itr* ⟨*sein*⟩ *(vorgehen)* procéder, agir; *mit etw ~* utiliser qc, user de qc; *mit jdm ~* agir envers qn; **2.** *tr* ⟨*h*⟩ *(Geld für Fahrten ausgeben)* dépenser en transports; **3.** *refl: sich ~ (falsch fahren)* s'égarer, se tromper de chemin; **II.** *a (ausweglos)* sur une voie de garage; sans issue; **V~** *n* ⟨-s, -⟩ **1.** *(Vorgehen)* procédé *m,* façon de procéder, manière *f* d'agir, mode *m* d'action; **2.** *(Methode)* méthode *f,* mode *m* opératoire *od* de travail; **3.** *jur* procédure *f; das ~ einstellen (jur)* arrêter la procédure.

Verfall *m* ⟨-(e)s, ø⟩ [fɛrˈ-] **1.** *(e-s Bauwerks)* ruine *f; (vollständiger)* écroulement, délabrement *m;* **2.** *fig* décadence, déchéance *f,* déclin *m,* ruine *f,* dépérissement *m;* **3.** *fin (Fälligwerden)* échéance *f.*

verfallen [fɛrˈ-] **I.** ⟨*verfällt, verfiel, ver-*

fallen› itr ‹sein› **1.** *(Bauwerk)* tomber en ruine(s), se délabrer; **2.** *fig* déchoir; **3.** *(ungültig* od *wertlos werden)* venir à échéance, périmer; — *auf etw ~ (sich etw einfallen lassen)* s'aviser de qc, penser à qc; *dem Laster ~ sein* être esclave du vice, s'adonner au vice; **II.** *a (Gebäude)* en ruine(s), délabré; *(Gesichtszüge)* décomposé; *(nicht mehr gültig)* périmé.

Verfall(s)tag *m* [fɛr'-] *fin* jour *m od* date *f* d'échéance *od* d'expiration.

verfälschen [fɛr'fɛlʃən] *‹ohne ge-› tr* **1.** adultérer; *(Wein)* frelater; **2.** *fig (Gedanken)* altérer.

verfangen [fɛr'-] *‹verfängt, verfing, verfangen› itr (wirken)* faire effet *od* impression; prendre.

verfänglich [fɛr'fɛŋlıç] *a* captieux, insidieux.

verfärben, *sich* [fɛr'-] *‹ohne ge-›* changer de couleur.

verfass|en [fɛr'-] *‹ohne ge-› tr* écrire, composer, rédiger; **V~er** *m* ‹-s, -› auteur *m;* **V~erin** *f* ‹-, -nen› (femme *f*) auteur *m.*

Verfassung *f* ‹-, -en› [fɛr'-] **1.** *(ohne pl) (Zustand)* état; *(Geistesverfassung)* état *m* d'esprit *od* d'âme; disposition *f* (d'esprit), moral *m;* **2.** *pol* constitution *f;* **v~gebend** *a* constituant; *~e Versammlung f* (assemblée) constituante *f;* **~sänderung** *f* changement *m* de constitution; révision *f* constitutionnelle; **v~smäßig** *a* constitutionnel.

verfaulen [fɛr'-] *‹ohne ge-› itr ‹sein›* pourrir, se putréfier.

verfecht|en [fɛr'-] *‹verficht, verfocht, verfochten› tr (eintreten für)* soutenir, plaider, défendre; combattre pour; **V~er** *m* ‹-s, -› défenseur, avocat, champion *m.*

verfehl|en [fɛr'-] *‹ohne ge-› tr (nicht erreichen)* manquer; rater; *das Ziel ~ (a. fig)* manquer le but; *ein ~tes Leben n* une vie ratée; **V~ung** *f* ‹-, -en› *(Vergehen, Delikt)* faute *f;* délit *m.*

verfeinden [fɛr'-] *‹ohne ge-›: sich mit jdm ~* se brouiller, se fâcher avec qn.

verfeinern [fɛr'-] *‹ohne ge-› tr* (r)affiner, améliorer, épurer, polir.

verfemen [fɛr'fe:mən] *‹ohne ge-› tr* proscrire, mettre au ban.

verfertigen [fɛr'-] *‹ohne ge-› tr* faire; construire; *(gewerblich)* confectionner, manufacturer, fabriquer.

verfilm|en [fɛr'-] *‹ohne ge-› tr* filmer, porter à l'écran; **V~ung** *f* ‹-, -en› adaptation *f* cinématographique.

verfilzt [fɛr'-] *a (Haare)* embroussaillé.

verfinstern, *sich* [fɛr'-] *‹ohne ge-›* s'obscurcir.

Verflechtung *f* ‹-, -en› [fɛr'-] *fin com* interdépendance, interpénétration *f.*

verfliegen [fɛr'-] *‹verflog, verflogen› itr ‹sein›* **1.** *fig (die Zeit)* s'envoler, passer vite; **2.** *(Zorn)* se dissiper; *refl:* **3.** *sich ~ (aero)* s'égarer, perdre la direction *od* le cap; se perdre.

verfließen [fɛr'-] *‹verfloß, verflossen› itr ‹sein› fig (Zeit)* passer.

verflixt [fɛr'flıkst] *a fam (verflucht)* fichu, damné; *pop* foutu, sacré; *~ und zugenäht!* nom d'un chien *od* d'une pipe!

verflossen [fɛr'flɔsən] *a (vergangen)* passé.

verfluch|en [fɛr'-] *‹ohne ge-› tr* maudire, damner; **~t** *a* damné; *fam u. pop = verflixt.*

verflüchtigen, *sich* [fɛr'-] *‹ohne ge-› (Flüssigkeit)* se volatiliser, s'évaporer, se vaporiser.

verflüssigen [fɛr'-] *‹ohne ge-› tr (Gas)* liquéfier.

verfolg|en [fɛr'-] *‹ohne ge-› tr* **1.** poursuivre; *(grundsätzlich)* persécuter; *(jagen)* donner la chasse à, pourchasser, traquer, forcer; **2.** *fig (mit d. Augen, mit Interesse)* suivre; — *gerichtlich ~* poursuivre en justice *od* devant les tribunaux; **V~er** *m* ‹-s, -› persécuteur *m;* **V~ung** *f* ‹-, -en› poursuite; *bes. rel pol* persécution *f; die ~ aufnehmen* entamer la poursuite; *strafrechtliche ~* poursuite *f* pénale; **V~ungswahn** *m med* manie *f* de la persécution.

verfrachten [fɛr'-] *‹ohne ge-› tr (verladen)* charger; expédier.

verfrüh|en, *sich* [fɛr'-] *‹ohne ge-›* arriver en avance; **~t I.** *a* prématuré; **II.** *adv* avant le temps.

verfüg|bar [fɛr'-] *a* disponible; **~en 1.** *tr (festsetzen, bestimmen)* disposer, décider, ordonner, décréter, décerner; **2.** *itr* disposer (*über* de); avoir la disposition (*über etw* de qc); **V~ung** *f* ‹-, -en› *(Bestimmung, Erlaß)* disposition, décision, ordonnance *f,* ordre, décret *m; jdm zur ~ stehen* être à la disposition de qn; *jdm etw zur ~ stellen* mettre qc à la disposition de qn; *einstweilige ~* ordonnance *f* de référé; *letztwillige ~* disposition *f* de dernière volonté.

verführ|en [fɛr'-] *‹ohne ge-› tr* **1.** séduire; suborner; **2.** *(verderben)* corrompre, pervertir; **V~er** *m* ‹-s, -› séducteur *m;* **~erisch** *a* **1.** *(Mensch)* séduisant, séducteur; **2.** *(Sache) (verlockend)* attrayant, engageant; **V~ung** *f* ‹-, -en› séduction *f.*

Vergabe *f* [fɛr'-] *adm (von Arbeiten)* adjudication *f.*

vergaffen, *sich* [fɛr'-] *‹ohne ge-› (fam)* se toquer, s'enticher, s'amouracher (*in jdn* de qn).

vergangen [fɛr'-] *a (Zeit)* passé, dernier; **V~heit** *f* ‹-, ø› passé, temps passé *gram (Praeteritum)* prétérit *m.*

vergänglich [fɛr'gɛŋlıç] *a* passager, éphémère, transitoire, fugitif; périssable; inconstant, instable; **V~keit** *f* ‹-, ø› inconstance, instabilité *f.*

vergas|en [fɛr'-] ‹*ohne ge-*› *tr* **1.** *tech* gazéifier; **2.** *(Raum, Gebiet)* infecter de gaz; *(Menschen)* gazer, asphyxier; **V~er** *m* ‹-s, -› *mot* carburateur *m;* **V~ung** *f* ‹-, ø› *tech* gazéification; *mot* carburation *f.*

vergeb|en [fɛr'-] ‹*vergibt, vergab, vergeben*› *tr* **1.** *(verzeihen)* pardonner; *rel (Sünde)* remettre; **2.** *(Amt, Stelle)* conférer; *(Auftrag, Arbeit)* donner, passer; adjuger; — *sich etwas* ~ se compromettre, se manquer à soi-même; **~ens** *adv* en vain, vainement, en pure perte; inutilement; **~lich I.** *a* vain; inutile, infructueux; **II.** *adv* = *vergebens;* **V~ung** *f* ‹-, ø› *(der Sünden)* rémission *f* (des péchés).

vergegenwärtigen [fɛr'ge:gənvɛrtɪgən] ‹*ohne ge-*›: *sich etw* ~ se rappeler, se représenter qc.

vergehen [fɛr'-] ‹*verging, vergangen*› *itr* ‹*sein*› **1.** *(Zeit)* (se) passer, s'écouler; **2.** *allg (dahinschwinden, zu Ende gehen)* s'en aller, passer, se perdre, disparaître; s'éteindre, s'effacer, se dissiper, s'évanouir; *refl:* **3.** *sich* ~ commettre une faute *od* un péché; *sich gegen etw* ~ transgresser, violer qc; pécher contre qc; *sich an jdm* ~ se livrer à des voies de fait sur qn; **V~** *n* ‹-s, -› manquement *m,* faute *f; jur* délit *m,* contravention *f.*

vergelt|en [fɛr'-] ‹*vergilt, vergalt, vergolten*› *tr* **1.** *(zurückgeben, -zahlen)* rendre, payer; **2.** *(belohnen)* rémunérer, récompenser; **V~ung** *f* ‹-, ø› *(Rache)* vengeance; représaille(s *pl*), rétorsion *f,* talion *m;* **V~ungsmaßnahme** *f* (mesure *f* de) représailles *f pl od* de rétorsion *f.*

vergessen [fɛr'gɛsən] ‹*vergißt, vergaß, vergessen*› **1.** *tr* oublier; *(auslassen)* omettre; *(versäumen)* négliger; **2.** *refl: sich* ~ s'oublier; **V~heit** *f* ‹-, ø› oubli *m; in* ~ *geraten* tomber dans l'oubli.

vergeßlich [fɛr'gɛslɪç] *a* oublieux; **V~keit** *f* ‹-, ø› manque *m* de mémoire; distraction *f; aus* ~ par oubli, par distraction.

vergeud|en [fɛr'gɔʏdən] ‹*ohne ge-*› *tr* dissiper, gaspiller, dilapider, prodiguer; **V~ung** *f* ‹-, ø› dissipation *f,* gaspillage *m,* dilapidation *f.*

vergewaltig|en [fɛrgə'valtɪgən] ‹*ohne ge-*› *tr* violer; **V~ung** *f* ‹-, -en› viol *m.*

vergewissern, *sich* [fɛrgə'vɪsərn] ‹*ohne ge-*› s'assurer (*e-r S* de qc).

vergießen [fɛr'-] ‹*vergoß, vergossen*› *tr* verser, répandre.

vergift|en [fɛr'-] ‹*ohne ge-*› *tr* empoisonner; **V~ung** *f* ‹-, -en› empoisonnement *m; scient* intoxication *f.*

vergilbt [fɛr'-] *a* jauni.

Vergißmeinnicht *n* ‹-(e)s, -(e)› [fɛr'gɪsmaɪnnɪçt] *bot* myosotis, ne-m'oubliez-pas *m.*

vergittern [fɛr'-] ‹*ohne ge-*› *tr* grillager, treillisser.

verglasen [fɛr'-] ‹*ohne ge-*› *tr (mit Glasscheiben versehen)* vitrer.

Vergleich *m* ‹-(e)s, -e› [fɛr'-] **1.** comparaison *f;* parallèle *m;* **2.** *(Ausgleich, Versöhnung)* arrangement, accommodement, accord *m,* entente *f;* compromis *m,* conciliation *f;* — *im* ~ *zu* en comparaison de, comparé à; *e-n* ~ *anstellen* od *ziehen* établir une comparaison, faire *od* tracer un parallèle; *e-n* ~ *schließen* conclure un arrangement, passer un accord; **v~bar** *a* comparable; **v~en** ‹*verglich, verglichen*› **1.** *tr* comparer (*mit* à); mettre en regard (*mit* de); *(Texte) a.* collationner; **2.** *refl: sich* ~ *(sich einigen)* s'arranger, tomber d'accord, composer, se concilier (*mit jdm* avec qn); — *das ist (gar) nicht zu* ~ il n'y a pas de comparaison, cela ne se compare pas, cela ne soutient pas la comparaison; **v~sweise** *adv* comparativement, par comparaison.

vergnüg|en, *sich* [fɛr'gny:gən] ‹*ohne ge-*› s'amuser, se divertir, se réjouir; **V~en** *n* ‹-s, -› plaisir, amusement, divertissement *m,* joie *f;* agrément *m; mit* ~ avec plaisir; *zum* ~ pour le *od* son plaisir, par plaisir; *viel* ~*!* beaucoup de plaisir! **~lich** [-klɪç] *a* amusant, plaisant, réjouissant; **~t** *a* joyeux, gai; **V~ung** *f* ‹-, -en› divertissement *m,* distraction *f,* amusement, plaisir *m;* **V~ungsindustrie** *f* industrie *f* des distractions; **V~ungspark** *m* parc *m* d'attractions; **V~ungsreise** *f* voyage *m* d'agrément; **V~ungssteuer** *f* taxe *f od* impôt *m* sur les spectacles; **~ungssüchtig** *a* avide de *od* adonné aux plaisirs.

vergolden [fɛr'-] ‹*ohne ge-*› *tr* dorer.

vergönnen [fɛr'-] ‹*ohne ge-*› *tr: es war mir nicht vergönnt* je n'(en) ai pas eu la chance.

vergöttern [fɛr'-] ‹*ohne ge-*› *tr* idolâtrer, avoir le culte de, adorer, porter aux nues.

vergraben [fɛr'-] ‹*vergräbt, vergrub, vergraben*› *tr* enfouir; *sich in etw* ~ *(fig)* s'enfouir dans qc.

vergrämen [fɛr'-] ‹*ohne ge-*› *tr* chagriner.

vergreifen [fɛr'-] ‹*vergriff, vergriffen*›: *sich an jdm* ~ porter la main sur qn, attenter à la personne de qn.

vergriffen [fɛr'-] *a com (Buch)* épuisé.

vergrößer|n [fɛr'grøsərn] ‹*ohne ge-*› *tr a. phot* agrandir; accroître; *(vermehren)* augmenter; *(erweitern)* amplifier; **V~ung** *f* ‹-, -en› *a. phot* agrandissement *m;* **V~ungsglas** *n* loupe *f.*

Vergünstigung *f* ‹-, -en› [fɛr'-] faveur *f,* privilège, avantage *m.*

vergüt|en [fɛr'-] ‹*ohne ge-*› *tr* **1.** *(bezah-*

len) payer; **2.** *(zurückzahlen)* rembourser; **3.** *(gutschreiben)* porter à l'avoir *od* à l'actif (*jdm* de qn); **V~ung** *f* ⟨-, -en⟩ remboursement *m*, compensation *f*.

verhaft|en [fɛrˈhaftən] ⟨*ohne ge-*⟩ *tr* arrêter, appréhender, mettre aux arrêts *od* en état d'arrestation, s'assurer de la personne de; **V~ung** *f* ⟨-, -en⟩ arrestation *f*, arrêt *m*.

verhagelt [fɛrˈ-] *a* grêlé, détruit *od* dévasté *od* ravagé par la grêle.

verhalten [fɛrˈ-] **I.** ⟨*verhält, verhielt, verhalten*⟩ **1.** *tr (Gefühlsausdruck)* retenir, contenir, réprimer, maîtriser, refouler; *(Atem, Harn)* retenir; **2.** *refl: sich ~ (sich benehmen)* se comporter, se conduire; *(e-e Haltung einnehmen)* prendre une attitude; *(handeln, tun)* agir, faire; — *sich ruhig ~* être tranquille; *das verhält sich so* il en est ainsi; *wie verhält es sich damit?* où en est l'affaire? **II.** *a (unterdrückt)* retenu, supprimé; **V~** *n* ⟨-s, ø⟩ *(Benehmen)* comportement *m*, manière d'agir; *psych* conduite *f*.

Verhältnis *n* ⟨-ses, -se⟩ [fɛrˈhɛltnɪs] **1.** *(Beziehung)* rapport *m*, relation *f*; *(zwischen Menschen)* rapports *m pl*; **2.** *pl (Proportionen)* proportions *f pl*; **3.** *(Umstände, Lebenslage)* circonstances *f pl*, condition(s *pl*), situation *f*; — *im ~ zu* à *od* en raison *od* proportion de, au prorata de; *im ~ von 1 zu 2* dans un rapport de 1 à 2; *in ärmlichen* od *dürftigen ~sen leben* vivre à l'étroit *od* dans la gêne, être dans l'indigence; *in geordneten* od *guten ~sen leben* vivre dans l'aisance, être à son aise; *über s-e ~se leben* vivre au-dessus de ses moyens; **v~mäßig I.** *a* proportionnel; **II.** *adv* proportionellement; *(relativ)* relativement; **~wahlrecht** *n* représentation *f* proportionnelle; **~wort** *n* préposition *f*.

verhand|eln [fɛrˈ-] ⟨*ohne ge-*⟩ *itr (unterhandeln)* débattre (*mit jdm über etw* de qc avec qn); *jur* siéger; **V~lung** *f* débats; pourparlers *m pl*; négociation(s *pl*) *f*; *~en aufnehmen, in ~en eintreten* entamer des pourparlers *od* des négociations; **V~lungsweg** *m: auf dem ~e* par la voie des négociations.

verhäng|en [fɛrˈ-] ⟨*ohne ge-*⟩ *tr* **1.** *(zuhängen)* couvrir (*mit* de); **2.** *(anordnen)* ordonner, prescrire; **V~nis** *n* ⟨-ses, -se⟩ fatalité *f*; malheur *m*; **~nisvoll** *a* fatal, néfaste, funeste.

verharmlosen [fɛrˈ-] ⟨*ohne ge-*⟩ *tr* diminuer la portée (*etw* de qc).

verharren [fɛrˈ-] ⟨*ohne ge-*⟩ *itr* ⟨*sein*⟩ **1.** *(bleiben)* rester, demeurer; **2.** *(bei e-r Meinung, Absicht etc)* persister, persévérer (*bei* dans).

verharsch|en [fɛrˈharʃən] ⟨*ohne ge-*⟩ *itr* ⟨*sein*⟩ *(Schnee)* durcir; **~t** *a* damé, tolé; *(Wunde)* cicatrisé.

verhaßt [fɛrˈhast] *a* haï, détesté; *sich ~ machen* se rendre odieux, se faire détester.

verhätscheln [fɛrˈ-] ⟨*ohne ge-*⟩ *tr (Kind)* choyer, dorloter; *(verwöhnen)* gâter.

Verhau *m* od *n* ⟨-(e)s, -e⟩ [fɛrˈhau] *bes. mil* abattis *m*; **v~en** ⟨*verhaute, verhauen*⟩ [fɛrˈ-] *tr fam (verprügeln)* rosser.

verheben, sich [fɛrˈ-] ⟨*verhob, verhoben*⟩ *med* se donner un tour de reins *od* un effort.

verheeren [fɛrˈhe:rən] ⟨*ohne ge-*⟩ *tr* dévaster, ravager, désoler, mettre à feu et sang; **~d** *a fig* dévastateur.

verhehlen [fɛrˈ-] ⟨*ohne ge-*⟩ *tr (verheimlichen)* cacher, dissimuler, celer.

verheilen [fɛrˈ-] ⟨*ohne ge-*⟩ *itr* ⟨*sein*⟩ (se) guérir; *(vernarben)* se cicatriser.

verheimlichen [fɛrˈ-] ⟨*ohne ge-*⟩ *tr* cacher, dissimuler (*jdm etw* qc à qn).

verheiraten, *sich* [fɛrˈ-] ⟨*ohne ge-*⟩ se marier, contracter mariage (*mit* avec); prendre femme; *sich wieder ~* se remarier.

verheiß|en [fɛrˈ-] ⟨*verhieß, verheißen*⟩ *tr lit* promettre; **V~ung** *f* ⟨-, -en⟩ promesse *f*; **~ungsvoll** *a* prometteur, plein de promesses.

verhelfen [fɛrˈ-] ⟨*verhilft, verhalf, verholfen*⟩ *itr: jdm zu etw ~* aider qn à obtenir qc.

verherrlichen [fɛrˈ-] ⟨*ohne ge-*⟩ *tr* glorifier, magnifier.

verhexen [fɛrˈ-] ⟨*ohne ge-*⟩ *tr* ensorceler; *es ist wie ~t* on dirait que le diable s'en mêle.

verhindern [fɛrˈ-] ⟨*ohne ge-*⟩ *tr* empêcher (*zu tun* de faire).

verhöhnen [fɛrˈ-] ⟨*ohne ge-*⟩ *tr* railler, bafouer, se moquer de.

Verhör *n* ⟨-(e)s, -e⟩ [fɛrˈ-] interrogatoire *m*; **v~en** ⟨*ohne ge-*⟩ **1.** *tr* interroger, faire subir un interrogatoire à; **2.** *refl: sich ~ (etw Falsches hören)* entendre de travers.

verhüllen [fɛrˈ-] ⟨*ohne ge-*⟩ *tr* couvrir, envelopper; *a. fig* voiler, cacher.

verhundertfachen [fɛrˈ-] ⟨*ohne ge-*⟩ *tr* centupler.

verhungern [fɛrˈ-] ⟨*ohne ge-*⟩ *itr* ⟨*sein*⟩ mourir *od fam* crever de faim.

verhunzen [fɛrˈhuntsən] ⟨*ohne ge-*⟩ *tr fam (verderben)* gâcher, gâter.

verhüt|en [fɛrˈ-] ⟨*ohne ge-*⟩ *tr* empêcher, prévenir; **V~ung** *f* ⟨-, ø⟩ empêchement *m*, prévention *f*; **V~ungsmittel** *n* préservatif, inhibiteur *m*.

verhutzelt [fɛrˈhutsəlt] *a* ratatiné.

verirren, *sich* [fɛrˈ-] ⟨*ohne ge-*⟩ s'égarer, se fourvoyer, se perdre, faire fausse route.

verjagen [fɛrˈ-] ⟨*ohne ge-*⟩ *tr* chasser *a. fig*; expulser.

verjähr|en [fɛrˈ-] ⟨*ohne ge-*⟩ *itr* ⟨*sein*⟩ se périmer, être périmé, se prescrire; **~t** *a* périmé; **V~ung** *f* ‹-, ø› prescription, péremption *f.*

verjubeln [fɛr'-] ‹*ohne ge-*› *tr fam (für Vergnügungen ausgeben)* gaspiller *od* dissiper.

verjüngen [fɛr'jʏŋən] ‹*ohne ge-*› **1.** *tr* rajeunir; **2.** *refl: sich ~ (nach oben dünner werden)* se rétrécir.

verkalk|en [fɛr'-] ‹*ohne ge-*› *itr* ‹*sein*› **1.** se calcifier; **2.** *med fam* se scléroser; **~t** *a fig (Mensch)* sclérosé.

verkannt [fɛr'-] *a (Genie)* méconnu.

verkapseln, *sich* [fɛr'-] ‹*ohne ge-*› *(med)* s'enkyster.

Verkauf *m* ‹-(e)s, ¨e› [fɛr'kauf] vente *f; (Absatz)* écoulement, débit *m; zum ~ anbieten* mettre en vente, offrir à la vente.

verkaufen [fɛr'-] ‹*ohne ge-*› *tr* vendre; *(absetzen)* débiter; *fin* réaliser; *gegen bar, auf Kredit, ~* vendre au comptant, à crédit; *zu ~(d)* à vendre.

Verkäuf|er *m* [fɛr'-] vendeur *m;* **~erin** *f* vendeuse *f;* **v~lich** *a* à vendre, vendable; *schwer ~* de vente difficile.

Verkaufspreis *m* [fɛr'-] prix *m* de vente.

Verkehr *m* ‹-(e)s, ø› [fɛr'ke:r] **1.** *(auf dem Lande, zu Wasser u. in der Luft)* circulation *f,* trafic; va-et-vient *m;* **2.** *fin* circulations; opérations *f pl;* **3.** *(persönlicher Umgang)* relations *f pl; (a. Geschlechtsverkehr)* rapports *m pl;* — *den ~ einstellen* suspendre le trafic; *dem ~ übergeben* ouvrir à la circulation; *aus dem ~ ziehen (Zahlungsmittel)* retirer de la circulation; *für den ~ gesperrt* interdit à la circulation.

verkehren [fɛr'-] ‹*ohne ge-*› *itr* **1.** *(Verkehrsmittel)* circuler, aller et venir; *(fahren)* aller; **2.** *(Mensch)* fréquenter (*in e-r Gaststätte* un café, *in e-r Familie* une famille); *mit jdm ~* fréquenter, voir qn; être en relations avec qn; *mitea. ~* se voir.

Verkehrs|ader *f* [fɛr'ke:rs-] artère *f;* **~ampel** *f* feux *m pl;* **~amt** *n* office *m* de tourisme; **~betrieb** *m* entreprise *f* de transports; **~dichte** *f* densité *od* intensité *f* du trafic; **~erziehung** *f* enseignement *m* de la sécurité routière; **~hindernis** *n* obstacle *m od* entrave *f* à la circulation, bouchon *m;* **~insel** *f* îlot *m* de circulation; **~knotenpunkt** *m* nœud *m* du trafic; **~minister** *m* ministre *m* des transports (et communications); **~mittel** *n* moyen *m* de communication *od* de transport; **~polizei** *f* police *f* routière *od* des transports; **~polizist** *m* agent *m* de la circulation; **~regeln** *f pl* réglementation *f* des transports; **~regelung** *f* réglementation *od* régulation *od* organisation *f* de la circulation; **v~reich** *a (Straße)* animé; **v~schwach** *a: ~e Zeit f* heures *f pl* de faible circulation; **~sicherheit** *f* sûreté *od* sécurité *f* routière *od* de la circulation *od* du trafic; **~stockung** *f* embouteillage *m;* **~teilnehmer** *m* usager *m* de la route; **~unfall** *m* accident *m* de (la) circulation *od* de la route; **~verein** *m* syndicat *m* d'initiative; **~wesen** *n* transports *m pl,* circulation *f;* **~zählung** *f* recensement *m* de circulation; **~zeichen** *n* signal *od* panneau *m* de signalisation (routière).

verkehrt [fɛr'ke:rt] **I.** *a* interverti, inversé; *(falsch)* faux; **II.** *adv fig* de travers; — *etw ~ anfangen* prendre qc par le mauvais bout; *~ gehen* od *fahren* se tromper de route; *~ machen* faire de travers.

verkennen [fɛr'-] ‹*verkannte, verkannt*› *tr (unterschätzen)* sous-estimer.

verkitten [fɛr'-] ‹*ohne ge-*› *tr* mastiquer.

verklagen [fɛr'-] ‹*ohne ge-*› *tr* accuser, incriminer; porter plainte, intenter une action (*jdn* contre qn).

verklausulieren [fɛr'klauzu'li:rən] ‹*ohne ge-*› *tr* insérer des clauses dans, adjoindre des clauses à.

verkleid|en [fɛr'-] ‹*ohne ge-*› *tr* **1.** *(Menschen)* travestir, déguiser; **2.** *(Wand)* revêtir, couvrir, garnir; *refl* **3.** *sich ~* se travestir; se déguiser (*als* en); s'habiller (*als* en); **V~ung** *f* ‹-, -en› travestissement, déguisement; revêtement *m.*

verkleinern [fɛr'-] ‹*ohne ge-*› *tr* rapetisser, amoindrir, diminuer; *(im Maßstab)* réduire; *fig* diminuer.

verklingen [fɛr'-] ‹*verklang, verklungen*› *itr* ‹*sein*› expirer, s'évanouir, se perdre, mourir.

verknallen [fɛr'-] ‹*ohne ge-*› *tr fam: sich in jdn ~ (verlieben)* s'amouracher, se toquer de qn; *in jdn verknallt sein* être toqué *od* fou de qn.

Verknappung *f* ‹-, -en› [fɛr'-] pénurie, rareté, raréfaction *f.*

verkneifen [fɛr'-] ‹*verkniff, verkniffen*› *: sich etw ~ (fam)* se faire ceinture pour qc, faire son deuil de qc.

verknoten [fɛr'-] ‹*ohne ge-*› *tr* nouer.

verknüpfen [fɛr'-] ‹*ohne ge-*› *tr a. fig* rattacher, (re)lier; *fig* joindre, unir.

verkohl|en [fɛr'-] ‹*ohne ge-*› **1.** *tr* ‹*h*› *fam: jdn ~ (belügen)* faire marcher qn, mentir à qn; **2.** *itr* ‹*sein*› *(zu Kohle werden)* se carboniser; **~t** *a* carbonisé.

verkommen [fɛr'-] *a* dévoyé, déchu, perdu; *(sittlich)* dépravé, dégradé; **V~heit** *f* ‹-, ø› déchéance (morale), dépravation, dégradation *f.*

verkorken [fɛr'-] ‹*ohne ge-*› *tr* boucher (avec un bouchon), mettre un bouchon à.

verkorksen [fɛr'-] ‹*ohne ge-*› *tr fam = verpfuschen.*

verkörper|n [fɛr'-] ‹*ohne ge-*› *tr* personnifier, incarner; *bes. theat* représenter;

V~ung *f* ‹-, -en› personnification, incarnation; représentation *f.*
verkrach|en, *sich* [fɛr'-] ‹*ohne ge-*› *(in Streit geraten)* se brouiller (*mit jdm* avec qn); **~t** *a (gescheitert)* raté; *~e Existenz f* existence *f* ratée *od* de raté.
verkraften [fɛr'-] ‹*ohne ge-*› *tr fam (fertig werden mit)* digérer, supporter, venir à bout de.
verkrampf|t [fɛr'-] *a* crispé; **V~ung** *f* ‹-, -en› crispation *f.*
verkriechen, *sich* [fɛr'-] ‹*verkroch, verkrochen*› se blottir; se fourrer, se terrer; se cacher.
verkrümeln, *sich* [fɛr'-] ‹*ohne ge-*› *(fam: heimlich weggehen) = sich verdrükken.*
verkrümmen, *sich* [fɛr'-] ‹*ohne ge-*› se déformer, se tordre; *(Wirbelsäule)* dévier.
verkrüppelt [fɛr'-] *a (Baum)* rabougri; *(Mensch)* estropié.
verkrusten [fɛr'-] ‹*ohne ge-*› *itr* ‹*sein*› se couvrir d'une croûte, s'incruster.
verkümmern [fɛr'-] ‹*ohne ge-*› *itr* ‹*sein*› se rabougrir, mal venir, s'étioler; dépérir; *fig (Fähigkeiten)* s'appauvrir.
verkünd(ig)en [fɛr'-] ‹*ohne ge-*› *tr* **1.** proclamer, annoncer, publier, faire savoir; **2.** *adm (Gesetz)* promulguer; *jur (Urteil)* prononcer.
verkupfern [fɛr'-] ‹*ohne ge-*› *tr* cuivrer.
verkuppeln [fɛr'-] ‹*ohne ge-*› *tr* vendre; *jdn ~* s'entremettre pour marier qn.
verkürzen [fɛr'-] ‹*ohne ge-*› *tr* raccourcir, écourter; *(verringern)* diminuer; *(Zeit)* réduire, abréger.
Verladebahnhof *m* [fɛr'la:də-] gare *f* de chargement.
verladen [fɛr'-] ‹*verlädt, verlud, verladen*› *tr* charger, expédier; *mar mil* embarquer.
Verladerampe *f* [fɛr'-] rampe *f* de chargement; *mar* quai *m* d'embarquement.
Verlag *m* ‹-(e)s, -e› [fɛr'la:k, -gə] maison *f* d'édition; *(Druck und) ~ von X.Y.* X.Y. (libraire-)éditeur.
verlagern [fɛr'-] ‹*ohne ge-*› *tr* déplacer, transférer; *sich ~ (fig: sich verschieben)* se déplacer.
Verlags|katalog *m* [fɛr'-] catalogue *m* d'édition *od* des livres de fonds; **~recht** *n* droit *m* d'édition *od* d'impression; **~zeichen** *n* marque *f* d'éditeur.
verlangen [fɛr'laŋən] ‹*ohne ge-*› **1.** *tr* demander; *(fordern)* exiger, réclamer; **2.** *itr (sich sehnen nach)* désirer; avoir envie de; soupirer après; — *Sie werden am Telefon verlangt* on vous demande au téléphone; **V~** *n* ‹-s, ø› **1.** demande; réclamation *f;* **2.** *(Sehnsucht)* désir *m;* — *auf ~ (gen)* à la demande (de), selon le désir (de).
verlänger|n [fɛr'lɛŋərn] ‹*ohne ge-*› *tr* **1.** *(räuml.)* allonger, rallonger; **2.** *(zeitl., a. e-n Wechsel)* prolonger; *(Ausweis, Paß)* renouveler; *jur* proroger; **V~ung** *f* ‹-, -en› **1.** allongement *m; (Stück)* (r)allonge *f;* **2.** prolongation *f;* renouvellement *m;* prorogation *f;* **V~ungsschnur** *f el* fil *m* de raccord.
verlangsamen [fɛr'-] ‹*ohne ge-*› *tr* ralentir.
Verlaß *m* ‹-sses, ø› [fɛr'las]*: auf ihn ist kein ~* on ne peut se fier à *od* compter sur lui; *darauf ist kein ~* on ne peut pas y compter.
verlassen [fɛr'-] ‹*ohne ge-*› **I.** *tr* **1.** quitter; *(aufgeben)* délaisser, abandonner; **2.** *sich auf jdn, etw ~* se fier à qn, compter sur qn, qc; *~ Sie sich darauf!* fiez-vous-y! comptez-y! **II.** *a* abandonné; *(einsam)* désert; **V~** *n: beim ~ des Hauses* à la sortie, au sortir de la maison; **V~heit** *f* ‹-, ø› (état d')abandon, isolement *m; (Einsamkeit)* solitude *f.*
verläßlich [fɛr'lɛslıç] *a (Mensch: zuverlässig)* sûr, sur qui on peut compter, à qui on peut se fier; *allg* sûr, solide.
Verlaub *m* [fɛr'laup] *: mit ~* avec votre permission.
Verlauf *m* [fɛr'-] **1.** *(Hergang)* cours, déroulement; *(Entwicklung)* développement *m; (e-r Krankheit, a.)* évolution *f;* **2.** *(e-r Linie)* tracé *m;* — *im ~ des Abends* au cours de la soirée; *im weiteren ~* par la suite; **v~en** ‹*verläuft, verlief, verlaufen*› *itr* ‹*sein*› *itr* **1.** *(vor sich gehen, ablaufen)* se dérouler, passer; *(sich entwickeln)* se développer; *refl: sich ~* **2.** *(Wasser)* se perdre; **3.** *(Menschenmenge)* se disperser; **4.** *(sich verirren)* s'égarer; — *inea. ~ (Farben)* se fondre.
verlaust [fɛr'-] *a* couvert de poux.
verlaut|baren [fɛr'-] ‹*ohne ge-*› *tr (äußern)* notifier, déclarer; *~ (lassen) (bekanntmachen)* divulguer, rendre public, publier; **V~barung** *f* ‹-, -en› notification, déclaration; divulgation, publication *f;* **~en** ‹*ohne ge-*› *itr impers* ‹*sein*› *es verlautet, daß ...* on dit que ...
verleb|en [fɛr'-] ‹*ohne ge-*› *tr (Zeit verbringen)* passer, vivre; **~t** *a (abgelebt)* usé par la débauche.
verleg|en [fɛr'-] **I.** ‹*ohne ge-*› *tr* **1.** *(an e-e andere Stelle legen)* déplacer; *(Wohnsitz, Betrieb, Behörde)* transporter, déplacer, transférer; *(Truppen)* déplacer; **2.** *(Veranstaltung, Termin verschieben)* remettre, différer; reporter (*von ... auf* de ... à); **3.** *(die Handlung e-r Dichtung ansetzen)* situer (*nach* à, en; *in* à, en); **4.** *(den Weg sperren)* barrer; **5.** *(Buch)* éditer, publier; **II.** *a* gêné, embarrassé, confus; — *um e-e Antwort nie ~ sein* avoir la repartie facile, être prompt à la repartie; **V~enheit** *f* ‹-, ø› gêne *f,* embarras *m,* contrainte, confusion *f; jdn in ~ bringen* mettre qn dans

l'embarras, embarrasser *qn; jdm aus der ~ helfen* tirer qn d'embarras *od* d'affaire; **V~er** *m* ‹-s, -› (libraire-)éditeur *m;* **V~ung** *f* ‹-, ø› déplacement; transport, transfert *m.*

verleiden [fɛr'-] ‹*ohne ge-*› *tr: jdm etw ~* dégoûter qn de qc, faire perdre à qn le goût de qc.

Verleih *m* ‹-(e)s, -e› [fɛr'-] *film* location *f;* **v~en** ‹*verlieh, verliehen*› *tr* **1.** louer, prêter; **2.** *(bewilligen)* accorder, concéder, décerner, octroyer, attribuer; *(Titel)* conférer, donner, investir (*jdm etw* qn de qc); *(Orden, Preis)* conférer; **~ung** *f* ‹-, ø› **1.** louage, prêt *m;* **2.** concession *f,* octroi *m,* attribution; collation, investiture *f.*

verleiten [fɛr'-] ‹*ohne ge-*› *tr (verführen)* séduire; *jdn zu etw ~* entraîner qn à faire qc.

verlernen [fɛr'-] ‹*ohne ge-*› *tr* désapprendre; *(vergessen)* oublier.

verlesen [fɛr'-] ‹*verlies, verlas, verlesen*› *tr* lire (en public).

verletz|bar [fɛr'-] *a* vulnérable; *fig (empfindlich)* susceptible; **~en** ‹*ohne ge-*› *tr* blesser *a. fig; (beschädigen)* endommager; *bes. fig* léser; *(beleidigen)* offenser; *s-e Pflicht ~* manquer à *od* trahir son devoir; **~end** *a (beleidigend)* blessant, offensant; **V~te** *m f* ‹-n, -n› blessé(e *f*) *m;* **V~ung** *f* ‹-, -en› **1.** blessure; *a. fig* lésion *f;* **2.** *fig* offense, violation, atteinte *f.*

verleugnen [fɛr'-] ‹*ohne ge-*› *tr* (re)nier, démentir; *(nicht anerkennen)* désavouer.

verleumd|en [fɛr'lɔʏmdən] ‹*ohne ge-*› *tr* calomnier, médire de, diffamer, décrier, dénigrer; **V~er** *m* ‹-s, -› calomniateur, diffamateur, détracteur, dénigreur *m;* **~erisch** *a* calomniateur, calomnieux, médisant, diffamatoire; **V~ung** *f* ‹-, -en› calomnie, médisance, diffamation *f,* dénigrement *m.*

verlieb|en, *sich* [fɛr'-] ‹*ohne ge-*› s'éprendre, devenir amoureux (*in jdn* de qn); **~t** *a* amoureux, épris; *in jdn ~ sein* être amoureux de qn.

verlier|en [fɛr'li:rən] ‹*verlor, verloren*› *tr* **1.** perdre; *refl: sich ~* **2.** *(verlorengehen)* se perdre, s'égarer; **3.** *(Menschenmenge)* se disperser; *(verschwinden)* disparaître; **4.** *(dahinschwinden)* cesser, passer, s'effacer; — *jdn aus den Augen ~ (a. fig)* perdre qn de vue; *den Kopf (fig), den Mut, den Verstand ~* perdre la tête, courage, la raison; **V~er** *m* ‹-s, -› perdant *m; guter ~* beau joueur *m.*

Verlies *n* ‹-es, -e› [fer'li:s, -zə] cachot *m,* oubliettes *f pl.*

verlob|en, *sich* [fɛr'lo:bən] ‹*ohne ge-*› se fiancer; **~t** *a* fiancé; *fam* promis; **V~te** *m f* ‹-n, -n› fiancé(e *f*); *fam* promis(e *f*) *m;* **V~ung** *f* ‹-, -en› fiançailles *f pl,* promesse *f* de mariage; *die ~ auflösen* rompre les fiançailles.

verlocken [fɛr'-] ‹*ohne ge-*› *tr* allécher, attirer, tenter, séduire; **~d** *a* tentant, séduisant.

verlogen [fɛr'lo:gən] *a* mensonger, menteur.

verloren [fɛr'lo:rən] *pp von: verlieren u. a* perdu; *etw ~ geben* considérer qc comme perdu, désespérer de qc; *es ist alles ~* tout est fini.

verlos|en [fɛr'lo:zən] ‹*ohne ge-*› *tr* tirer au sort, mettre en loterie; **V~ung** *f* ‹-, -en› tirage *m* (de loterie), mise *f* en loterie.

verlotter|n [fɛr'lɔtərn] ‹*ohne ge-*› *itr* ‹*sein*› *fam (verkommen)* mal tourner; **~t** *a* dévoyé, déchu.

Verlust *m* ‹-es, -e› [fɛr'lust] **1.** perte *f;* **2.** *fin* déficit *m; jur* déchéance *f;* — *e-n ~ erleiden* faire *od* subir *od* éprouver *od* essuyer une perte; **~anzeige** *f* avis *m od* déclaration *f* de perte; **~geschäft** *n* opération *od* transaction *f* à perte; **v~ig** *a: e-r S ~ gehen* perdre qc; être privé de qc; **v~reich** *a* coûteux; *mil* sanglant.

vermachen [fɛr'-] ‹*ohne ge-*› *tr: jdm etw ~* léguer, donner *od* laisser qc à qn par testament.

Vermächtnis *n* ‹-ses, -se› [fɛr'mɛçtnɪs] legs *m.*

vermähl|en, *sich* [fer'mɛ:lən] ‹*ohne ge-*› se marier; *sich mit jdm ~* épouser qn, se marier avec qn; **~t** *a* marié; **V~ung** *f* ‹-, -en› épousailles *f pl,* mariage *m.*

vermehr|en [fɛr'-] ‹*ohne ge-*› **1.** *tr* augmenter, accroître; multiplier; **2.** *refl: sich ~* augmenter, (s'ac)croître, se multiplier; *biol* se propager; *sich schnell* od *stark ~* pulluler, foisonner; **V~ung** *f* augmentation *f,* accroissement *m,* multiplication; *biol* propagation *f.*

vermeiden [fɛr'-] ‹*vermeidet, vermied, vermieden*› *tr* éviter; éluder, esquiver; *das läßt sich nicht ~* c'est inévitable, il n'y a rien à faire.

vermeintlich [fɛr'-] *a* supposé, présumé *(a. jur (Vater)),* prétendu, soi-disant.

Vermerk *m* ‹-(e)s, -e› [fɛr'mɛrk] note, remarque, mention *f;* **v~en** ‹*ohne ge-*› *tr* noter, remarquer, mentionner.

vermess|en [fɛr'-] **I.** ‹*vermißt, vermaß, vermessen*› **1.** *tr* mesurer; arpenter, toiser; **2.** *refl: sich ~ (sich erkühnen)* oser (*etw zu tun* faire qc); avoir l'audace *od* l'aplomb (*etw zu tun* de faire qc); **II.** *a* **1.** *(kühn)* audacieux, téméraire; **2.** *(anmaßend)* présomptueux, prétentieux; *(gewagt)* osé; **V~enheit** *f* ‹-, ø› **1.** audace, témérité *f;* **2.** présomption, prétention *f;* **V~ung** *f* ‹-, -en› relevé *m* (des cotes *od* topographique), mensuration *f;*

arpentage *m;* **V~ungsingenieur** *m* ingénieur *m* du service topographique.

vermiet|en [fɛr'-] ‹*ohne ge-*› *tr* louer, donner à bail *od* en location; *(Zimmer) zu* ~ (chambre) à louer; **V~er(in** *f***)** *m* loueur *m,* -euse *f.*

vermindern [fɛr'-] ‹*ohne ge-*› *tr* diminuer, amoindrir; *(Kosten etc herabsetzen)* réduire, abaisser; *(abschwächen)* atténuer.

vermisch|en [fɛr'-] ‹*ohne ge-*› *tr* (entre)mêler, mélanger; *sich* ~ *(Rassen)* se mêler, se croiser (*mit* avec); **v~t** *a:* ~*e Schriften f pl,* **V~tes** *n* miscellanées *f pl,* mélanges *m pl* (littéraires).

vermi|ssen [fɛr'-] ‹*ohne ge-*› *tr* **1.** *(als fehlend feststellen)* ne pas *od* plus retrouver, remarquer l'absence de; **2.** *(das Fehlen od die Abwesenheit bedauern)* regretter; — *ich vermisse dich sehr* tu me manques beaucoup; **~ßt** *a mil* disparu; **V~ßte** *m* ‹-n, -n› *mil* disparu *m.*

vermitt|eln [fɛr'-] ‹*ohne ge-*› *tr* **1.** *(beschaffen)* procurer; **2.** *(Zs.kunft in die Wege leiten)* arranger; *(Vertrag zustande bringen)* négocier; *itr* **3.** s'entremettre, s'interposer, intercéder; servir d'intermédiaire *od* de médiateur; — *ein Gespräch* ~ *(tele)* établir une liaison téléphonique; **V~ler** *m* ‹-s, -› intermédiaire, médiateur *m;* **V~lung** *f* ‹-, -en› **1.** entremise, médiation, intervention *f* médiatrice; **2.** *tele* intermédiaire, central téléphonique *od* du téléphone, bureau *m* central; — *durch jds* ~ par l'entremise, par l'intermédiaire, grâce aux bons offices de qn.

vermodern [fɛr'-] ‹*ohne ge-*› *itr* ‹*sein*› pourrir, se décomposer.

vermög|e [fɛr'mø:gə] *prp gen* en vertu de, grâce à; **~en** ‹ *vermag, vermochte, vermocht*› *tr (können)* pouvoir (faire), être capable *od* à même *od* en état de; **V~en** *n* ‹-s, -› **1.** *(ohne pl) (Fähigkeit)* capacité, faculté *f;* pouvoir *m,* puissance *f;* **2.** *(großer Besitz)* fortune *f,* bien(s *pl*) *m;* — *nach bestem* ~ au mieux; ~, *kein* ~ *haben* avoir de la fortune, ne pas avoir de *od* être sans fortune; *(un)bewegliches* ~ biens *m pl* (im)mobiliers *od* (im)meubles; **~end** *a (reich)* fortuné, aisé, riche.

Vermögens|verhältnisse *n pl* [fɛr'mø:gəns-] situation *f od* état *m* de fortune; **~steuer** *f* impôt *m* sur la fortune; **~verwalter** *m,* **~verwaltung** *f* administrateur *od* gérant *m,* gestion *f* de biens.

vermut|en [fɛr'-] ‹*ohne ge-*› *tr* supposer, présumer, soupçonner, conjecturer, prévoir, s'attendre à, croire; ~ *lassen* donner à *od* lieu de croire, laisser supposer; **~lich** *a* probable, vraisemblable; *adv a.* selon toute apparence; **V~ung** *f* ‹-, -en› supposition *f,* soupçons *m pl,* conjecture *f.*

vernachlässig|en [fɛr'-] ‹*ohne ge-*› *tr* négliger; prendre peu de soin de; **V~ung** *f* ‹-, -en› négligence *f,* manque *m* de soin.

vernageln [fɛr'-] ‹*ohne ge-*› *tr* clouer.

vernarb|en [fɛr-] ‹*ohne ge-*› *itr* ‹*sein*› se cicatriser; **V~ung** *f* ‹-, ø› cicatrisation *f.*

vernarren [fɛr'-] ‹*ohne ge-*›: *sich in jdn* ~ s'enticher, s'engouer, se coiffeur, se toquer, s'amouracher de qn; *in jdn vernarrt sein* être fou, raffoler de qn.

vernehm|en [fɛr'-] ‹*vernimmt, vernahm, vernommen*› *tr* **1.** *(hören, wahrnehmen)* entendre, percevoir, distinguer; **2.** *(hören, erfahren)* entendre dire, apprendre, ouïr dire; **3.** *jur (Angeklagten, Zeugen)* interroger, entendre, faire déposer; **V~en** *n* ‹-s, ø› perception *f; dem* ~ *nach* à ce qu'on dit; **~lich** *a (klar, deutlich)* clair, intelligible; **V~ung** *f* ‹-, -en› *jur (e-s Angeklagten)* interrogatoire *m; (e-s Zeugen)* audition *f;* ~ *zur Person, zur Sache* interrogatoire *m* d'identité *od* de forme, de fond.

verneig|en, *sich* [fɛr'-] ‹*ohne ge-*› s'incliner, faire la révérence; **V~ung** *f* inclination, révérence *f.*

verneín|en [fɛr'naınən] ‹*ohne ge-*› *tr (Frage)* répondre (que) non *od* par la négative à, donner une réponse négative à; *(in Abrede stellen)* nier; **~end** *a* négatif; *gram* privatif; **V~ung** *f* ‹-, -en› *(e-r Frage)* réponse négative; *allg* négation *f.*

vernicht|en [fɛr'nıçtən] ‹*ohne ge-*› *tr* anéantir, réduire à néant *od* à rien, annihiler; *(zerstören)* détruire, démolir, écraser, ruiner; *mil* anéantir; *(Unkraut)* extirper; **~end** *a* écrasant, foudroyant; ~ *schlagen (sport)* écraser; **V~ung** *f* ‹-, ø› anéantissement *m a. mil;* annihilation; destruction, démolition *f,* écrasement *m;* extirpation *f.*

vernickel|n [fɛr'-] ‹*ohne ge-*› *tr* nickeler; **~t** *a* nickelé.

vernieten [fɛr'-] ‹*ohne ge-*› *tr* river.

Vernunft *f* ‹-, ø› [fɛr'nunft] raison *f; (gesunder Menschenverstand)* bon sens *m;* ~ *annehmen* entendre raison, se mettre à la raison; *jdn zur* ~ *bringen* mettre *od* réduire qn à la raison.

vernünftig [fɛr'nʏnftıç] *a* raisonnable; sensé; *(verständig)* judicieux, sage; ~ *reden* parler raison.

veröd|en [fɛr'-] ‹*ohne ge-*› *itr* ‹*sein*› devenir désert; se dépeupler; **~et** *a* désert, désolé; dépeuplé.

veröffentlich|en [fɛr'-] ‹*ohne ge-*› *tr* publier; **V~ung** *f* ‹-, -en› publication *f.*

verordn|en [fɛr'-] ‹*ohne ge-*› *tr adm* décréter, ordonner, disposer; *med* prescrire; **V~ung** *f* ‹-, -en› *adm* décret *m,*

ordonnance, disposition (officielle); *med* prescription (médicale), ordonnance *f.*
verpachten [fɛr'-] ⟨*ohne ge-*⟩ *tr* donner à bail *od* à ferme, affermer.
verpack|en [fɛr'-] ⟨*ohne ge-*⟩ *tr* emballer, empaqueter; **V~ung** *f (Vorgang)* paquetage; *(a. Material)* emballage *m.*
verpassen [fɛr'-] ⟨*ohne ge-*⟩ *tr* **1.** *(versäumen)* manquer, laisser échapper, rater; **2.** *fam (anpassen u. zuteilen)* donner, distribuer; *fam (Schlag)* allonger, administrer; — *verpaßte Gelegenheit f* occasion *f* manquée.
verpatzen [fɛr'-] ⟨*ohne ge-*⟩ *tr fam (verderben)* gâcher, saloper, bousiller, louper.
verpesten [fɛr'-] ⟨*ohne ge-*⟩ *tr* empester, infecter.
verpetzen [fɛr'-] ⟨*ohne ge-*⟩ *tr fam (verraten)* débiner; *arg (Schule)* cafarder.
verpfänden [fɛr'-] ⟨*ohne ge-*⟩ *tr* mettre *od* donner en gage, engager.
verpfeifen [fɛr'-] ⟨*verpfiff, verpfiffen*⟩ *tr fam (verraten)* débiner.
verpflanz|en [fɛr'-] ⟨*ohne ge-*⟩ *tr* transplanter; **V~ung** *f* transplantation *f.*
verpfleg|en [fɛr'-] ⟨*ohne ge-*⟩ *tr* **1.** nourrir, entretenir; **2.** *adm* approvisionner, ravitailler; **V~ung** *f* ⟨-, ø⟩ **1.** approvisionnement, ravitaillement *m;* **2.** *(Lebensmittel)* nourriture, subsistance(s *pl*) *f.*
verpflicht|en [fɛr'-] ⟨*ohne ge-*⟩ *tr* obliger, engager (*jdn zu etw* qn à qc); *sich zu etw ~* s'engager à qc; **~et** *a* obligé (*zu* à); **V~ung** *f* ⟨-, -en⟩ obligation *f,* engagement; devoir *m,* charge *f; s-n ~en nachkommen* remplir *od* observer *od* respecter ses engagements, faire honneur à ses engagements; *vertragliche ~* engagement *m* contractuel.
verpfuschen [fɛr'-] ⟨*ohne ge-*⟩ *tr fam* gâter, massacrer.
verplappern, *sich* [fɛr'-] ⟨*ohne ge-*⟩ *(fam)* se trahir en bavardant.
verplaudern [fɛr'-] ⟨*ohne ge-*⟩ *tr (plaudernd verbringen)* passer en causant *od* en bavardant.
verpönt [fɛr'pø:nt] *a: ~ sein* être généralement réprouvé, être mal vu.
verprassen [fɛr'-] ⟨*ohne ge-*⟩ *tr* dissiper, gaspiller, jeter par la fenêtre.
verproviantieren [fɛr---'--] ⟨*ohne ge-*⟩ *tr* approvisionner.
verprügeln [fɛr'-] ⟨*ohne ge-*⟩ *tr* battre, rouer de coups.
verpuffen [fɛr'-] ⟨*ohne ge-*⟩ *itr* ⟨*sein*⟩ *a. fig* se perdre en fumée.
verpuppen, *sich* [fɛr'-] ⟨*ohne ge-*⟩ *(ent)* se changer en chysalide *od* en nymphe.
Verputz *m* ⟨-es, ø⟩ [fɛr'-] *arch* enduit; *(rauher)* crépi, hourdis, hourdage *m;* **v~en** ⟨*ohne ge-*⟩ *tr* **1.** *arch* enduire; *(rauh)* crépir, hourder; **2.** *fam (aufessen)* avaler, manger.
verquollen [fɛr'-] *a* gonflé.
verrammeln [fɛr'-] ⟨*ohne ge-*⟩ *tr* barricader, bloquer.
verrannt [fɛr'-] *a (verbissen)* obstiné; *(vernarrt)* fou (*in* de).
Verrat *m* ⟨-(e)s, ø⟩ [fɛr'ra:t] trahison, traîtrise *f; ~ begehen* od *üben* commettre une trahison; **v~en** ⟨*verrät, verriet, verraten*⟩ **1.** *tr* trahir *a. fig; (Geheimnis)* livrer; **2.** *refl: sich ~* se trahir; — *wir sind ~ und verkauft (fam)* on nous a vendus.
Verräter *m* ⟨-s, -⟩ [fɛr'rɛ:tər] traître *m;* **v~isch** *a* **1.** traître; *(heimtückisch)* perfide; **2.** *fig (etw erkennen lassend)* qui trahit ..., qui révèle ...
verrauchen [fɛr'-] ⟨*ohne ge-*⟩ *itr* ⟨*sein*⟩ *(Zorn) = verfliegen.*
verräuchert [fɛr'-] *a (rauchgeschwärzt)* enfumé, noirci par la fumée.
verrechn|en [fɛr'-] ⟨*ohne ge-*⟩ **1.** *tr com* passer en *od* porter au compte, décompter; *fin* compenser; **2.** *refl: sich ~* faire une erreur (de compte); *a. fig* se tromper dans ses calculs; *fig* être loin du compte; **V~ung** *f: nur zur ~* par virement exclusivement; **V~ungsscheck** *m* chèque *m* barré.
verrecken [fɛr'-] ⟨*ohne ge-*⟩ *itr* ⟨*sein*⟩ *vulg* crever.
verregnet [fɛr'-] gâté *od* abîmé par la pluie.
verreiben [fɛr'-] *tr* broyer.
verreisen [fɛr'-] ⟨*ohne ge-*⟩ *itr* ⟨*sein*⟩ partir en voyage; *verreist (sein)* (être) en voyage.
verreißen [fɛr'-] ⟨*verriß, verrissen*⟩ *tr (heftig tadeln)* critiquer sévèrement, démolir.
verrenken [fɛr'-] ⟨*ohne ge-*⟩*: sich den Arm ~* se tordre le bras; *sich den Fuß ~* se faire une entorse.
verrichten [fɛr'-] ⟨*ohne ge-*⟩ *tr (Arbeit)* exécuter, faire; accomplir; *s-n Dienst ~* remplir ses fonctions.
verriegeln [fɛr'-] ⟨*ohne ge-*⟩ *tr* verrouiller, fermer au verrou.
verringer|n [fɛr'-] ⟨*ohne ge-*⟩ *tr* diminuer, amoindrir, réduire, abaisser; **V~ung** *f* ⟨-, -en⟩ diminution *f,* amoindrissement *m,* réduction *f,* abaissement *m.*
verrinnen [fɛr'-] ⟨*verrann, verronnen*⟩ *itr* ⟨*sein*⟩ **1.** *(Flüssigkeit)* s'écouler; **2.** *fig (Zeit)* s'écouler, (se) passer.
verroh|en [fɛr'-] ⟨*ohne ge-*⟩ *itr* ⟨*sein*⟩ s'abrutir, tourner à la brute; devenir grossier; **V~ung** *f* ⟨-, ø⟩ abrutissement *m.*
verrost|en [fɛr'-] ⟨*ohne ge-*⟩ *itr* ⟨*sein*⟩ se rouiller; **~et** *a* rouillé.
verrott|en [fɛr'-] ⟨*ohne ge-*⟩ *itr* ⟨*sein*⟩ *(verfaulen, zergehen)* pourrir, se décomposer; **~et** *a* pourri.
verrucht [fɛr'-] *a* infâme, scélérat; *(gottlos)* impie; *(verflucht)* maudit.
verrück|en [fɛr'-] ⟨*ohne ge-*⟩ *tr (verschie-*

ben) déplacer, déranger; **~t** *a (wahnsinnig)* fou, insensé, dément, dérangé, détraqué; *fam* dingue, toqué, timbré, sonné; *wie ~, wie ein V~er* comme un fou; *nach etw ~ sein (fam)* être fou de qc.

Verruf [fɛr'-] *m: in ~ bringen* compromettre la réputation de, discréditer, jeter le discrédit sur, déconsidérer; *in ~ kommen* tomber en discrédit *od* dans la déconsidération; être discrédité; **v~en** *a* déconsidéré, décrié, mal famé.

verrußt [fɛr'ru:st] *a* encrassé.

Vers *m* ‹-es, -e› [fɛrs, '-zə] vers *m; ~e machen* od *schmieden* faire des vers, rimer; *pej* rimailler; *sich auf etw keinen ~ machen können (etw nicht verstehen)* ne pas voir à quoi rime qc.

versag|en [fɛr'-] ‹*ohne ge-*› **1.** *tr (nicht gewähren)* refuser; **2.** *itr (nicht funktionieren)* refuser de fonctionner; — *sich etw nicht ~ können* ne pouvoir se refuser qc; *die Stimme versagte mir* la voix me manqua; **V~en** *n* ‹-s, ø› défaillance, panne *f; menschliches ~* défaillance *f* humaine; **V~er** *m* ‹-s, -› *(Mensch; Versagen einer Schußwaffe)* raté *m.*

versalzen [fɛr'-] ‹*versalzt* od *versalzen*› *tr* trop saler.

versamm|eln [fɛr'-] ‹*ohne ge-*› *tr* assembler, rassembler, réunir; *(zs.rufen)* convoquer; *sich ~* s'assembler, se rassembler, se réunir; **V~lung** *f* **1.** *(Vorgang)* rassemblement *m,* réunion, séance *f;* **2.** *(die Versammelten)* assemblée *f;* — *e-e ~ abhalten* tenir une réunion *od* une assemblée; *gesetz-, verfassunggebende ~* assemblée *f* législative, constituante.

Versand *m* ‹-(e)s, ø› [fɛr'zant(s), -dəs] *com* envoi *m,* expédition; *(Lieferung)* livraison *f;* **~abteilung** *f* service *m* d'expédition.

versanden [fɛr'-] ‹*ohne ge-*› *itr* ‹*sein*› s'ensabler.

Versand|geschäft *n* [fɛr'zant-] maison *f* de vente par correspondance; **~kosten** *pl* frais *m pl* d'envoi *od* d'expédition.

versaufen [fɛr'-] ‹*versäuft, versoff, versoffen*› **1.** *pop (Geld)* dépenser à boire; **2.** *itr* ‹*sein*› *pop (ertrinken)* se noyer.

versäum|en [fɛr'-] ‹*ohne ge-*› *tr (verpassen)* laisser échapper *od* passer, manquer; *(auslassen)* omettre, négliger; *(vergessen)* oublier; *(Zug, Straßenbahn etc)* manquer, *fam* rater, louper; *nicht ~, etw zu tun* ne pas manquer de faire qc; **V~nis** *n* ‹-ses, -se› manquement *m,* omission, négligence, incurie *f;* oubli *m.*

verschachern [fɛr'-] ‹*ohne ge-*› *tr pej (verkaufen)* bazarder.

verschaffen [fɛr'-] ‹*ohne ge-*› *tr* procurer; *sich etw ~* se procurer qc.

verschal|en [fɛr'-] ‹*ohne ge-*› *tr (mit Brettern verschlagen)* coffrer; **V~ung** *f* ‹-, -en› coffrage *m.*

verschämt [fɛr'-] *a* honteux; *(schamhaft)* gêné, pudibond.

verschandeln [fɛr'-] ‹*ohne ge-*› *tr* détruire la beauté de.

verschanzen, *sich* [fɛr'-] ‹*ohne ge-*› *mil* se retrancher *a. fig; fig* se cantonner (*hinter e-r Ausrede* derrière un prétexte).

verschärfen, *sich* [fɛr'-] ‹*ohne ge-*› s'aggraver.

verscharren [fɛr'-] ‹*ohne ge-*› *tr* enfouir.

verscheiden [fɛr'-] ‹*verscheidet, verschied, verschieden*› *itr* ‹*sein*› *lit (sterben)* trépasser, rendre l'âme, expirer.

verschenken [fɛr'-] ‹*ohne ge-*› *tr* donner (en cadeau), faire don *od* cadeau de.

verscherzen [fɛr'-] ‹*ohne ge-*› *tr u. sich ~ (durch Leichtsinn verlieren)* perdre par sa faute.

verscheuchen [fɛr'-] ‹*ohne ge-*› *tr* effaroucher; *a. fig* chasser.

verscheuern [fɛr'-] ‹*ohne ge-*› *tr pop (verkaufen)* bazarder.

verschicken [fɛr'-] ‹*ohne ge-*› *tr* expédier, envoyer; *(Menschen)* déplacer.

verschieb|bar [fɛr'-] *a* coulissant, à coulisse; **V~ebahnhof** *m* gare *f* de triage *od* de manœuvre; **~en** ‹*verschob, verschoben*› *tr* **1.** décaler; déplacer *a. mil; tech* faire coulisser; *loc* manœuvrer; **2.** *com pej* faire le trafic clandestin de; **3.** *fig (zeitlich: aufschieben)* différer, ajourner, reculer, retarder, atermoyer; remettre (*auf später* à plus tard).

verschieden [fɛr'-] *a* **1.** différent, distinct, dissemblable; **2.** *(mannigfach)* divers, varié; — *~ sein (a.)* différer; varier; **~artig** *a* **1.** disparate, hétérogène, hétéroclite; **2.** *(mannigfach)* divers, varié; **~es** *a (manches)* maintes choses *f pl;* **V~es** *n* choses *od* questions *f pl* diverses; **V~heit** *f* ‹-, -en› **1.** dissemblance *f;* **2.** *(Verschiedenartigkeit)* diversité; *(Unterschied)* différence *f;* **~tlich** *adv (mehrmals)* à diverses *od* maintes reprises, plusieurs fois.

verschießen [fɛr'-] ‹*verschoß, verschossen*› **1.** *tr* ‹*h*› *(ab-, wegschießen)* tirer; **2.** *itr* ‹*sein*› *(verbleichen)* déteindre, se décolorer, se faner, passer.

verschiffen [fɛr'-] ‹*ohne ge-*› *tr* **1.** *(einschiffen)* charger à bord, embarquer; **2.** *(zu Schiff transportieren)* expédier *od* transporter par eau.

verschimmeln [fɛr'-] ‹*ohne ge-*› *itr* ‹*sein*› moisir.

verschlafen [fɛr'-] **I.** ‹*ohne ge-*› *tr* **1.** *(Zeit schlafend verbringen)* passer à dormir; **2.** *(schlafend versäumen)* se réveiller trop tard pour; *itr* **3.** *(zu lange schlafen)* se réveiller trop tard; **II.** *a* mal (r)éveillé.

Verschlag *m* ‹-(e)s, ¨e› [fɛr'-] réduit, cagibi; débarras *m;* **v~en** **I.** ‹*verschlägt,* *verschlug, verschlagen⟩ tr (Buchseite)* perdre; *~ werden (geraten, zufällig kommen)* être jeté; *das verschlug mir die Sprache* j'en suis resté stupéfait *od* ébahi; **II.** *a* **1.** *(schlau, listig)* astucieux, rusé, malin, roué; **2.** *(lauwarm)* tiédi, tiède; **~enheit** *f* ⟨-, ø⟩ *(Schlauheit, List)* astuce, ruse, malice *f.*

verschlechter|n [fɛrˈ-] ⟨*ohne ge-*⟩ *tr* empirer, rendre pire; détériorer, dégrader, altérer; *sich ~* empirer; **V~ung** *f* ⟨-, ø⟩ détérioration, dégradation, altération *f.*

verschleiern [fɛrˈ-] ⟨*ohne ge-*⟩ *tr* voiler *a. fig; fig* masquer, déguiser; dissimuler, cacher.

Verschleiß *m* ⟨-ßes, -ße⟩ [fɛrˈ-] *(Abnutzung)* usure *f.*

verschlepp|en [fɛrˈ-] ⟨*ohne ge-*⟩ *tr* **1.** *(Gegenstand)* traîner, déplacer, emporter; *(Menschen)* déporter; **2.** *(Seuche)* véhiculer; **3.** *(zeitlich in die Länge ziehen)* faire traîner en longueur; **V~ung** *f* ⟨-, -en⟩ *(Verzögerung)* retardement *m; adm jur pol* obstruction *f.*

verschleudern [fɛrˈ-] ⟨*ohne ge-*⟩ *tr fig (unter Preis verkaufen)* vendre à vil prix *od* à perte.

verschließ|bar [fɛrˈ-] *a* qui ferme à clé; **~en** ⟨*verschloß, verschlossen*⟩ *tr (zuschließen)* fermer (à clé), clore; *sich gegen etw ~* se fermer à qc.

verschlimmern [fɛrˈʃlɪmərn] ⟨*ohne ge-*⟩ **1.** *tr* rendre pire, empirer; *a. med* aggraver; **2.** *refl: sich ~* empirer, se détériorer; *a. med* s'aggraver.

verschlingen [fɛrˈ-] ⟨*verschlang, verschlungen*⟩ *tr (verschlucken)* dévorer, engloutir, avaler (goulûment); *fig (Buch)* dévorer.

verschlissen [fɛrˈ-] *a* usé, effil(och)é.

verschlossen [fɛrˈ-] *a fig (Mensch)* taciturne, renfermé, réservé.

verschlucken [fɛrˈ-] ⟨*ohne ge-*⟩ **1.** *tr* avaler, gober; **2.** *refl: sich ~* avaler de travers.

Verschluß *m* ⟨-sses, ¨-sse⟩ [fɛrˈʃlus] **1.** fermeture *f;* **2.** *tech phot* obturateur *m;* — *unter ~* sous clé; *unter ~ halten* garder *od* tenir sous clé.

verschlüsseln [fɛrˈ-] ⟨*ohne ge-*⟩ *tr (chiffrieren)* chiffrer; coder.

verschmachten [fɛrˈ-] ⟨*ohne ge-*⟩ *itr* ⟨*sein*⟩ **1.** *(verdursten)* mourir de soif; **2.** *fig (sich vor Sehnsucht verzehren)* languir, se consumer.

verschmähen [fɛrˈ-] ⟨*ohne ge-*⟩ *tr* dédaigner; *(nicht haben wollen)* ne pas vouloir (de), refuser.

verschmelzen [fɛrˈ-] ⟨*verschmilzt, verschmolz, verschmolzen*⟩ *itr* ⟨*sein*⟩ *fig* (se) fusionner, s'amalgamer, s'identifier.

verschmerzen [fɛrˈ-] ⟨*ohne ge-*⟩ *tr* faire son deuil de, prendre son parti de, se consoler de.

verschmieren [fɛrˈ-] ⟨*ohne ge-*⟩ *tr* **1.** *(frische Schrift)* abîmer; **2.** *(zuschmieren)* boucher (*mit* avec).

verschmitzt [fɛrˈ-] *a (schlau, gerissen)* futé, madré, roué, retors, astucieux.

verschmutz|en [fɛrˈ-] ⟨*ohne ge-*⟩ **1.** *tr* ⟨*h*⟩ salir, maculer, souiller, graisser, encrasser; **2.** *itr* ⟨*sein*⟩ s'encrasser; **~t** *a* sali, encrassé, souillé; **V~ung** *f* ⟨-, ø⟩ salissement; encrassement *m.*

verschnaufen, *sich* [fɛrˈ-] ⟨*ohne ge-*⟩ reprendre haleine.

verschneit [fɛrˈ-] *a* (en)neigé, couvert de neige; neigeux.

verschnörkelt [fɛrˈ-] *a* tarabiscoté.

verschnupft [fɛrˈ-] *a* enrhumé; *fig (verärgert)* fâché, vexé, pincé.

verschnüren [fɛrˈ-] ⟨*ohne ge-*⟩ *tr* ficeler, lacer.

verschollen [fɛrˈ-] *a* **1.** disparu; **2.** *jur* absent.

verschonen [fɛrˈ-] ⟨*ohne ge-*⟩ *tr* épargner, ménager; *jdn mit etw ~* épargner qc à qn.

verschönern [fɛrˈ-] ⟨*ohne ge-*⟩ *tr* embellir.

verschossen [fɛrˈ-] *a (verblichen)* décoloré; *(Farbe)* fané, éteint.

verschreiben [fɛrˈ-] ⟨*verschrieb, verschreiben*⟩ **1.** *tr med (verordnen)* prescrire, ordonner; **2.** *refl: sich ~ (falsch schreiben)* mal orthographier.

verschrie(e)n [fɛrˈ-] *a: als ... ~ sein (pej)* avoir la mauvaise réputation de ...

verschroben [fɛrˈ-] *a (Mensch)* tordu, biscornu, mal fait.

verschrotten [fɛrˈ-] ⟨*ohne ge-*⟩ *tr* jeter *od* mettre à la ferraille, ferrailler.

verschüchtert [fɛrˈ-] *a* effarouché, intimidé.

verschuld|en [fɛrˈ-] ⟨*ohne ge-*⟩ *tr (schuldhaft verursachen)* commettre; être responsable de; **V~en** *n* ⟨-,s, ø⟩ faute, culpabilité *f; ohne mein ~* sans qu'il y ait de ma faute; **~et** *a* endetté; **V~ung** *f* ⟨-, ø⟩ endettement *m.*

verschütt|en [fɛrˈ-] ⟨*ohne ge-*⟩ *tr (ausschütten)* (ren)verser, répandre; **~et** *a* enseveli, pris sous un éboulement.

verschwägert [fɛrˈ-] *a* parent par alliance, apparenté.

verschweigen [fɛrˈ-] ⟨*verschwieg, verschwiegen*⟩ *tr* taire, se taire de, passer sous silence.

verschwend|en [fɛrˈ-] ⟨*ohne ge-*⟩ *tr* gaspiller, dissiper, prodiguer, dilapider; **V~er** *m* ⟨-s, -⟩ dépensier, dissipateur, prodigue, dilapidateur *m* percé; **~erisch** *a* dépensier, prodigue, dissipateur; **V~ung** *f* ⟨-, ø⟩ gaspillage *m,* dissipation, dilapidation *f;* **V~ungssucht** *f* prodigalité *f.*

verschwiegen [fɛrˈ-] *a* discret, (qui sait garder le) secret; *(zurückhaltend)* réservé; **V~heit** *f* ⟨-, ø⟩ discrétion;

réserve *f; unter dem Siegel der ~* sous le sceau du secret.

verschwimmen [fɛr'-] ⟨*verschwamm, verschwommen*⟩ *itr* ⟨*sein*⟩ *(undeutlich werden)* se fondre, se noyer, se perdre.

verschwinden [fɛr'-] ⟨*verschwindet, verschwand, verschwunden*⟩ *itr* ⟨*sein*⟩ **1.** disparaître, se perdre; *(unsichtbar werden)* s'éclipser, s'éteindre; **2.** *fam (sich entfernen)* disparaître, s'éclipser, se subtiliser; **V~** *n* ⟨-s, ø⟩ disparition; extinction *f; im ~ (begriffen)* en voie d'extinction; **~d** *adv fam: ~ klein, wenig* extrêmement petit, peu.

verschwitzen [fɛr'-] ⟨*ohne ge-*⟩ *tr* **1.** *(Kleidungsstück)* tremper de sueur; **2.** *fig fam (vergessen)* oublier.

verschwommen [fɛr'-] *a* nébuleux, vague, flou, diffus, indécis, imprécis; estompé.

verschwör|en, *sich* [fɛr'-] ⟨*verschwor, verschworen*⟩ se conjurer, conspirer, comploter, se liguer; *alles hat sich gegen mich verschworen (fig)* tout s'est ligué contre moi; **V~er** *m* ⟨-s, -⟩ conjurateur, conspirateur *m;* **V~ung** *f* ⟨-, -en⟩ conjuration, conspiration *f,* complot *m.*

versehen [fɛr'-] ⟨*versieht, versah, versehen*⟩ *tr* **1.** *(ausrüsten, ausstatten)* pourvoir, munir, garnir, assortir (*mit etw* de qc); *sich mit etw ~* faire provision de qc; **2.** *(Amt: ausüben, versorgen)* exercer, remplir; *refl* **3.** *sich ~* commettre une bévue, se méprendre; *ehe man sich's versieht* sans qu'on s'y attende le moins du monde; **V~** *n* ⟨-s, -⟩ *(kleiner Fehler)* bévue, méprise, (petite) erreur *od* faute; *(Unaufmerksamkeit)* inadvertance; *(Nachlässigkeit)* négligence *f; aus ~,* **~tlich** *adv* par mégarde, par méprise, par erreur, par inadvertance, par négligence.

Versehrte *m* ⟨-n, -n⟩ [fɛr'ze:rtə] *adm (Kriegsversehrter)* mutilé (de (la) guerre), invalide *m;* **~nrente** *f* pension *f* d'invalidité.

versenden [fɛr'-] ⟨*versendet, versandte, versandt*⟩ *tr* expédier, envoyer.

versengen [fɛr'-] ⟨*ohne ge-*⟩ *tr (anbrennen)* flamber *od* griller *od* brûler (légèrement), roussir.

versenk|en [fɛr'-] *tr* submerger, immerger, plonger; *(Schiff)* couler (à fond *od* bas); *tech* descendre, enfoncer; **V~ung** *f* ⟨-, ø⟩ submersion, immersion *f.*

versessen [fɛr'-] *a (erpicht): ~ auf* fou, engoué, enragé de, acharné à.

versetz|en [fɛr'-] ⟨*ohne ge-*⟩ *tr* **1.** *(an e-e andere Stelle setzen)* changer de place, déplacer, transposer, transférer; *(umpflanzen)* transplanter; *(junge Pflanzen)* repiquer; *(Wort, Buchstaben)* transposer; *(Beamten)* muter, changer d'affectation; *(Schüler)* faire passer dans la classe supérieure; **2.** *(Menschen in e-e Lage)* mettre; **3.** *(mischen)* mélanger (*mit* de); *(alkoholisches Getränk)* couper (*mit* de); **4.** *(Schlag etc geben)* donner, porter, appliquer, administrer; **5.** *(als Pfand geben)* mettre en gage *od* au mont-de-piété, engager; **6.** *(antworten)* répliquer, repartir, répondre; **7.** *fam (vergeblich warten lassen)* poser un lapin à; — *versetzt werden (Schule)* passer (dans la classe supérieure); *sich (in Gedanken) in, nach ... ~* se transporter dans, à ...; **V~ung** *f* ⟨-, -en⟩ changement de place, déplacement *m,* transposition *f,* transfert *m; (e-r Pflanze)* transplantation *f;* repiquage *m; (e-s Beamten)* mutation *f; (e-s Schülers)* passage *m.*

verseuch|en [fɛr'-] ⟨*ohne ge-*⟩ *tr med* infecter, contaminer; *(radioaktiv)* polluer; *fig* infester; **V~ung** *f* ⟨-, -en⟩ infection, contamination *f; radioaktive ~* contamination *od* pollution *f* atomique *od* radioactive.

Versfuß *m* ['fɛrs-] pied *m.*

Versicher|er *m* ⟨-s, -⟩ [fɛr'-] assureur *m;* **v~n** ⟨*ohne ge-*⟩ *tr* **1.** *fin* assurer (*gegen etw* contre qc); **2.** *(beteuern)* assurer, affirmer, garantir; *das versichere ich Ihnen* je vous l'assure; **~te** *m f* ⟨-n, -n⟩ assuré(e *f*) *m;* **~ung** *f* ⟨-, -en⟩ *fin (a. Beteuerung)* assurance *f (gegen* contre); *e-e ~ abschließen* contracter une assurance; *eidesstattliche ~* attestation *f* sous serment.

Versicherungs|betrug *m* [fɛr'zɪçərʊŋs-] escroquerie *f* à l'assurance; **~fall** *m* sinistre *m; Eintreten n des ~es* réalisation *f* du sinistre; **~gesellschaft** *f* société *od* compagnie *f* d'assurance(s); **~mathematiker** *m* actuaire *m;* **~prämie** *f* prime *f* d'assurance; **~summe** *f* somme *f* assurée, montant *m* de l'assurance.

versickern [fɛr'-] ⟨*ohne ge-*⟩ *itr* ⟨*sein*⟩ être absorbé.

versiegeln [fɛr'-] ⟨*ohne ge-*⟩ *tr* sceller, cacheter, mettre sous scellé.

versiegen [fɛr'-] ⟨*ohne ge-*⟩ *itr* ⟨*sein*⟩ *(austrocknen, fig: aufhören)* tarir; *fig* cesser.

versilbern [fɛr'-] *tr* **1.** *tech* argenter; **2.** *fig fam (zu Geld machen)* réaliser.

versinken [fɛr'-] ⟨*versank, versunken*⟩ *itr* ⟨*sein*⟩ **1.** (s')enfoncer: couler (bas *od* à fond), être englouti *od* submergé; **2.** *fig* se perdre (*in* dans).

versinnbildlichen [fɛr'-] ⟨*ohne ge-*⟩ *tr* symboliser.

versklav|en [fɛr'-] ⟨*ohne ge-*⟩ *tr* asservir, réduire en esclavage; **V~ung** *f* ⟨-, ø⟩ asservissement *m.*

Versmaß *n* ['fɛrs-] mètre *m.*

versoffen [fɛr'-] *a pop* soûlard.

versöhn|en [fɛr'-] ⟨*ohne ge-*⟩ **1.** *tr* réconcilier (*mit* avec); **2.** *refl: sich ~* se réconcilier, faire la *od* sa paix; **~lich** *a* conciliant, accommodant; **V~ung** *f* ‹-, -en› réconciliation *f.*

versonnen [fɛr'-] *a* rêveur, songeur; pensif, méditatif.

versorg|en [fɛr'-] ‹*ohne ge-*› *tr* **1.** *(besorgen, versehen)* prendre soin de, s'occuper de; faire; **2.** *jdn mit etw* ~ pourvoir, munir qn de qc, fournir qc à qn; approvisionner qn en qc; **V~ung** *f* ‹-, ø› approvisionnement, ravitaillement *m;* **~ungsberechtigt** *a* ayant droit à une pension *od* à une retraite; **V~ungslage** *f* état *m* d'approvisionnement.

verspät|en, *sich* [fɛr'-] ‹*ohne ge-*› s'attarder, se mettre *od* être en retard (*um* de); **~et** *a* en retard; **V~ung** *f* ‹-, -en› retard(ement) *m;* ~ *haben (loc)* avoir du retard; *3 Minuten* ~ *(haben)* (avoir) trois minutes de retard.

verspeisen [fɛr'-] ‹*ohne ge-*› *tr* manger, consomme.

versperren [fɛr'-] ‹*ohne ge-*› *tr* barrer, bloquer, barricader, encombrer, obstruer; *jdm den Weg* ~ barrer la route à qn.

verspielen [fɛr'-] ‹*ohne ge-*› *tr (beim Spiel verlieren)* perdre au jeu.

verspotten [fɛr'-] ‹*ohne ge-*› *tr* se moquer de, railler, persifler.

versprech|en [fɛr'-] ‹*verspricht, versprach, versprochen*› **1.** *tr* promettre *a. fig; etw zu tun* s'engager à faire qc; **2.** *refl: sich* ~ *(sich beim Sprechen versehen)* commettre un lapsus (linguae); — *davon verspreche ich mir nichts, nicht viel* je ne compte pas *od* pas beaucoup là-dessus; *ich habe mich versprochen (versehen)* la langue m'a fourché; *das Wetter verspricht schön* od *gut zu werden* le temps s'annonce beau; **V~en** *n* ‹-s, -› promesse *f; sein* ~ *halten* tenir sa promesse; **V~ung** *f* ‹-, -en› promesse *f; jdn mit leeren ~en hinhalten* bercer qn de (vaines *od* belles) promesses.

verspüren [fɛr'-] ‹*ohne ge-*› *tr* (res)sentir.

verstaatlich|en [fɛr'-] ‹*ohne ge-*› *tr* étatiser, nationaliser, socialiser *(kirchliche Einrichtung)* laïciser; **V~ung** *f* ‹-, -en› étatisation; nationalisation, socialisation; laïcisation *f.*

Verstand *m* ‹-(e)s, ø› [fɛr'-] *(Denkfähigkeit)* entendement, intellect *m,* intelligence *f; (Urteilsfähigkeit)* discernement, jugement *m; (Vernunft)* raison *f; (gesunder Menschenverstand)* bon sens *m; bei vollem ~e sein* avoir toute sa raison *od* toute sa lucidité; *den* ~ *verlieren* perdre la raison; **v~esmäßig** *a* rationnel, logique; **~esmensch** *m* intellectuel, cérébral *m.*

verständ|ig [fɛr'-] *a (einsichtig)* sensé, compréhensif; *(vernünftig)* raisonnable; *(klug)* intelligent; **~igen 1.** *tr jdn von* od *über etw* ~ *(jdm etw mitteilen)* informer, prévenir qn de qc, mettre qn au fait *od* au courant de qc; **2.** *refl: sich* ~ *(sich einigen)* s'entendre, s'arranger, se mettre *od* tomber d'accord (*mit jdm* avec qn, *über etw* sur qc); **V~igung** *f* ‹-, ø› **1.** *(Einigung)* entente *f,* arrangement, accord *m;* **2.** *(gegenseitiges Verstehen): die* ~ *war schwierig, e-e* ~ *war unmöglich* il était difficile, impossible de se faire comprendre; **~lich** *a* intelligible, compréhensible; *jdm etw* ~ *machen* faire comprendre qc à qn; *sich* ~ *machen* se faire comprendre; *leicht, schwer* ~ facile, difficile à comprendre; **V~lichkeit** *f* ‹-, ø› *(Klarheit)* intelligibilité, clarté *f;* **V~nis** *n* ‹-ses, (-se)› compréhension *f,* sens *m,* intelligence *f;* ~ *für etw haben* comprendre qc; **~nislos** *a* incompréhensif, sans compréhension; **V~nislosigkeit** *f* ‹-, ø› manque *m od* absence *f* de compréhension; **~nisvoll** *a* plein de compréhension, compréhensif.

verstärk|en [fɛr'-] ‹*ohne ge-*› *tr* **1.** rendre plus fort, fortifier, renforcer, redoubler; **2.** *(vergrößern, vermehren)* augmenter; *radio* amplifier; *refl* **3.** *sich* ~ augmenter, s'accroître; **V~er** *m* ‹-s, -› *tele radio* amplificateur *m;* **V~ung** *f* **1.** fortification *f,* renforcement, redoublement *m;* **2.** augmentation *f,* accroissement *m; tech* amplification *f;* **3.** *mil* renfort *m.*

verstaubt [fɛr'-] *a* **1.** couvert de poussière, poussiéreux; **2.** *fig (veraltet)* démodé.

verstauchen [fɛr'-] ‹*ohne ge-*› *tr: sich den Fuß* ~ se fouler le pied, se faire une entorse.

verstauen [fɛr'-] ‹*ohne ge-*› *tr mar* arrimer; *(unterbringen)* caser, placer.

Versteck *n* ‹-(e)s, -e› [fɛr'ʃtɛk] cachette, cache *f,* réduit *m;* ~ *spielen* jouer à cache-cache; **v~en** ‹*ohne ge-*› *tr* cacher, dissimuler; **v~t** *a fig* caché; *(geheim)* secret; *(verschleiert)* voilé; *(nur angedeutet)* discret.

verstehen [fɛr'-] ‹*verstand, verstanden*› *tr* **1.** *(deutlich genug hören)* comprendre, entendre; **2.** *(begreifen)* comprendre, saisir, concevoir; **3.** *(gelernt haben, können)* savoir, (s')entendre (à); — *sich mit jdm* ~ s'entendre avec qn, vivre en bonne entente avec qn; *sich auf etw* ~ *(etw können)* s'entendre à qc; *sich zu etw* ~ *(hergeben)* donner son consentement, se prêter, acquiescer à qc; *sich gut, schlecht* ~ *(vertragen) a.* être bien, mal ensemble; *zu* ~ *geben* laisser *od* faire entendre, donner à *od* laisser entendre; *das verstehe ich nicht (a.)* je n'y comprends rien; *fam* ça m'échappe; *darunter verstehe ich* ... j'entends par là ...; *Sie* ~ *mich falsch* vous me comprenez mal, vous vous méprenez sur ce que je dis *od* sur mes paroles; *davon* ~

Sie nichts vous n'y comprenez *od* connaissez rien; *das versteht sich (von selbst)* cela va sans dire *od* de soi; *es versteht sich von selbst, daß ...* il est bien entendu que ...; ~ *Sie mich recht!* comprenez-moi *od* entendez-moi bien.

versteifen [fɛr'-] ⟨*ohne ge-*⟩: *sich auf etw* ~ s'obstiner à qc.

versteig|en [fɛr'-] ⟨*verstieg, verstiegen*⟩: *sich zu etw* ~ *(fig)* aller, élever ses prétentions jusqu'à qc; **V~erer** *m* ⟨-s, -⟩ commissaire-priseur *m;* **~ern** *tr* vendre aux enchères *od* à l'encan; **V~erung** *f* vente *f* aux enchères.

versteiner|n [fɛr'-] ⟨*ohne ge-*⟩ *itr* ⟨*sein*⟩ *(zu Stein werden)* se pétrifier; **~t** *a geol,* fossilisé; **V~ung** *f* ⟨-, -en⟩ *geol (Gegenstand)* fossile *m.*

verstell|bar [fɛr'-] *a* réglable, ajustable; **~en** ⟨*ohne ge-*⟩ *tr* **1.** *(versperren)* barrer, obstruer; **2.** *(Stimme, Handschrift unkenntlich machen)* déguiser, contrefaire, rendre méconnaissable; *refl* **3.** *sich* ~ se déguiser, se masquer, se rendre méconnaissable; **V~ung** *f* déguisement *m,* (dis)simulation, feinte *f,* faux-semblant *m.*

versteppen [fɛr'-] ⟨*ohne ge-*⟩ *itr* ⟨*sein*⟩ *geog* revêtir un caractère de steppe.

versteuern [fɛr'-] ⟨*ohne ge-*⟩ *tr* payer *od* acquitter les impôts pour.

verstiegen [fɛr'-] *a* extravagant; *pej* prétentieux.

verstimmt [fɛr'-] *a mus* **1.** désaccordé; **2.** *fig (Mensch)* contrarié, fâché.

verstockt [fɛr'-] *a (seelisch verhärtet)* endurci, entêté, buté; **V~heit** *f* ⟨-, ø⟩ endurcissement, entêtement *m.*

verstohlen [fɛr'-] **I.** *a (bes. Blick)* furtif, dérobé, clandestin, secret; **II.** *adv* furtivement, clandestinement, à la dérobée.

verstopf|en [fɛr'-] ⟨*ohne ge-*⟩ *tr* boucher, tamponner; *tech* colmater; *mar (Leck)* calfater, aveugler; *(Straße)* embouteiller; *med* constiper; **~t** *a (Straße)* embouteillé, encombré; **V~ung** *f* ⟨-, ø⟩ bouchage; colmatage *f; (e-r Straße)* embouteillage *m; med* constipation *f.*

verstorben [fɛr'-] *a* décédé, défunt; *der V~e* le défunt.

verstört [fɛr'-] *a* effaré, hagard; troublé.

Verstoß *m* [fɛr'ʃto:s] infraction *f,* manquement *m* (*gegen* à); faute, bévue *f;* **v~en** ⟨*verstößt, verstieß, verstoßen*⟩ **1.** *tr (wegjagen)* repousser, chasser; **2.** *itr (verletzen)* manquer, déroger, contrevenir (*gegen* à); enfreindre, violer (*gegen etw* qc); *gegen die Regeln* ~ commettre une infraction au règlement.

verstreichen [fɛr'-] ⟨*verstrich, verstrichen*⟩ **1.** *tr* ⟨*h*⟩ *(zustreichen)* boucher; **2.** *itr* ⟨*sein*⟩ *(Zeit: vergehen)* passer, s'écouler; *(Frist)* expirer; — ~ *lassen (Zeit)* laisser écouler; *(Frist)* laisser expirer.

verstreuen [fɛr'-] ⟨*ohne ge-*⟩ *tr* disperser, éparpiller.

verstricken [fɛr'-] ⟨*ohne ge-*⟩ *tr: jdn in etw (fig)* mêler qn à qc; impliquer qn dans qc; *sich in etw* ~ s'empêtrer dans qc.

verströmen [fɛr'-] ⟨*ohne ge-*⟩ **1.** *tr* ⟨*h*⟩ répandre; **2.** *itr* ⟨*sein*⟩ se répandre.

verstümmel|n [fɛr'-] ⟨*ohne ge-*⟩ *tr* mutiler *a. fig;* estropier; *fig* tronquer; **V~ung** *f* ⟨-, -en⟩ mutilation *f.*

verstummen [fɛr'-] ⟨*ohne ge-*⟩ *itr* ⟨*sein*⟩ se taire.

Versuch *m* ⟨-(e)s, -e⟩ [fɛr'zu:x] **1.** essai *m,* épreuve, tentative *f;* **2.** *(wissenschaftlicher)* expérience *f;* *~e machen* expérimenter; **v~en** ⟨*ohne ge-*⟩ *tr* **1.** essayer, tenter (*etw zu tun* de faire qc); **2.** *(Speise, Getränk)* goûter; **3.** *(in Versuchung führen)* tenter; — ~ *Sie's mal!* essayez pour voir! **~er** *m* ⟨-s, -⟩ *a. rel* tentateur *m.*

Versuchs|anordnung *f* [fɛr'zu:xs-] préparation *f* de l'expérience; **~ballon** *m a. fig* ballon d'essai; *mete* ballon-sonde *m;* **~kaninchen** *n fig* cobaye *m;* **~person** *f* sujet expérimental, témoin *m;* **~tier** *n* animal expérimental, sujet *m;* **v~weise** *adv* à titre d'essai.

Versuchung *f* ⟨-, -en⟩ [fɛr'-] tentation *f;* *in ~ führen* induire en tentation; *in ~ kommen* être tenté (*etw zu tun* de faire qc); *der ~ nachgeben, widerstehen* succomber *od* céder, résister à la tentation.

versumpfen [fɛr'-] ⟨*ohne ge-*⟩ *itr* ⟨*sein*⟩ **1.** *geog* se changer en marais; **2.** *fig fam* se livrer à la débauche.

versündigen, *sich* [fɛr'-] ⟨*ohne ge-*⟩ pécher; *sich an jdm, etw* trahir qn, qc.

versunken [fɛr'-] *a fig* plongé (*in* dans); absorbé (*in* par).

versüßen [fɛr'-] ⟨*ohne ge-*⟩ *tr fig* adoucir; *jdm das Leben* ~ rendre la vie douce à qn.

vertag|en [fɛr'-] ⟨*ohne ge-*⟩ *tr* ajourner, proroger; *(aufschieben)* remettre; **V~ung** *f* ajournement *m,* prorogation; remise *f.*

vertauschen [fɛr'-] ⟨*ohne ge-*⟩ *tr* **1.** *(austauschen)* échanger; substituer, permuter; **2.** *(verwechseln)* confondre; — *die Rollen* ~ intervertir les rôles.

verteidig|en [fɛr'-] ⟨*ohne ge-*⟩ **1.** *tr* défendre; *fig a.* soutenir; *jur* plaider (*jdn, etw* pour qn, pour qc); **2.** *refl: sich* ~ se défendre; *(sich rechtfertigen)* se justifier; **V~er** *m* ⟨-s, -⟩ **1.** défenseur; *jur* avocat *m;* **2.** *sport* arrière *m;* **V~ung** *f* ⟨-, ø⟩ défense; défensive; *jur* plaidoirie *f;* *in der ~* sur la défensive; *jdn in die ~ drängen* acculer qn à la défensive; **V~ungskrieg** *m* guerre *f* défensive; **V~ungsminister(ium** *n***)** *m* minist(è)re *m* de la défense (nationale); **V~ungsrede** *f jur* plaidoyer *m.*

verteil|en [fɛr'-] ‹*ohne ge-*› *tr a. el* distribuer, répartir; partager, étaler, diffuser; *sich ~* se partager (*auf* entre); **V~er** *m* ‹-s, -› *adm tech* distributeur; *tech el tele* répartiteur *m; (auf e-m Schriftstück)* distribution *f;* **V~ung** *f a. el* distribution, répartition *f;* partage, étalement *m,* diffusion *f.*

verteuern [fɛr'-] ‹*ohne ge-*› *tr* (r)enchérir; rendre plus cher.

vertief|en [fɛr'-] ‹*ohne ge-*› **1.** *tr a. fig* approfondir; rendre plus profond; **2.** *refl: sich in etw ~ (versenken)* se plonger, s'enfoncer dans qc; **~t** *a fig* approfondi; *in etw ~* plongé dans, absorbé par qc; **V~ung** *f* ‹-, -en› *(Hohlraum)* creux *m;* cavité *f.*

vertikal [vɛrti'ka:l] *a (senkrecht)* vertical.

vertilgen [fɛr'tɪlgən] ‹*ohne ge-*› *tr* **1.** extirper, exterminer; **2.** *fam (aufessen)* faire disparaître, avaler.

vertippen, *sich* [fɛr'-] ‹*ohne ge-*› *(fam: beim Schreiben)* faire une faute (en tapant).

vertonen [fɛr'-] ‹*ohne ge-*› *tr (in Musik setzen)* mettre en musique, sonoriser; composer.

Vertrag *m* ‹-(e)s, ¨-e› [fɛr'tra:k, -'trɛ:gə] contrat; *pol* traité, pacte; *(Abkommen)* accord *m,* convention *f; e-n ~ (ab)schließen, brechen* passer *od* conclure, violer un contrat *od* un traité.

vertragen [fɛr'-] ‹*verträgt, vertrug, vertragen*› **1.** *tr (ertragen, aushalten)* endurer, supporter; **2.** *refl: sich ~* se supporter; s'accorder (*mit jdm* avec qn); — *sich gut, schlecht ~* être *od* se mettre bien, mal ensemble; faire bon, mauvais ménage; *sich nicht ~ (Sachen)* jurer ensemble; *nicht viel ~ (gesundheitlich)* être d'une santé délicate.

vertraglich [fɛr'-] **I.** *a* contractuel; conventionnel; **II.** *adv* par contrat; — *~e Vereinbarung, Verpflichtung f* accord *m,* obligation *f* contractuel(le); *~ verpflichtet* tenu par contrat.

verträglich [fɛr'trɛ:klɪç] *a (Mensch)* conciliant, accommodant.

Vertrags|abschluß *m* [fɛr'tra:ks-] conclusion *od* passation *f* d'un *od* du contrat *od* traité; **~bruch** *m* rupture d'un contrat; violation *f* d'un traité; **~mächte,** *die f pl (pol)* les puissances *f pl* contractantes; **~partner** *m* contractant *m;* **v~widrig** *a* contraire au contrat.

vertrauen [fɛr'-] ‹*ohne ge-*› *itr* avoir confiance (*jdm, auf jdn* en qn; *auf etw od* dans qc); se fier, faire crédit (*jdm* à qn); **V~** *n* ‹-s, ø› confiance *f,* crédit *m; im ~* en confidence, confidentiellement; *jdm das ~ aussprechen (parl)* voter la confiance à qn; *~ erwecken* inspirer confiance; *jds ~ genießen* avoir la *od* jouir de la confiance de qn; *~ zu jdm, zu etw haben* avoir confiance en qn, en *od* dans qc; *jdn ins ~ ziehen* mettre qn dans la confidence; **~erweckend** *a* qui inspire de la confiance.

Vertrauens|arzt *m* [fɛr'trauəns-] médecin de confiance, médecin-conseil *m;* **~frage** *f parl* question *f* de confiance; **~mann** *m* ‹-(e)s, -männer/-leute› homme de confiance; *(in e-m Betrieb)* délégué *m* du personnel; **~sache** *f: das ist ~* c'est une question de confiance; **v~selig** *a* crédule, trop confiant; **~stellung** *f* position *od* place *f* de confiance; **v~voll** *a* plein de confiance, confiant; *sich ~ an jdn wenden* s'adresser en confiance à qn; **~votum** *n parl* vote *m* de confiance; **v~würdig** *a* digne de confiance, sûr.

vertraulich [fɛr'-] *a* confidentiel; *~e Mitteilung f* confidence *f.*

verträumt [fɛr'-] *a* rêveur.

vertraut [fɛr'-] *a* familier, intime; *jdn mit etw ~ machen* familiariser qn avec qc; *sich mit etw ~ machen,* se mettre au courant *od* au fait de qc; **V~e** *m f* ‹-n, -n› confident(e *f*); familier *m.*

vertreiben [fɛr'-] ‹*vertrieb, vertrieben*› *tr* **1.** chasser *(a. Schnupfen, Hunger, Schlaf, Sorgen); (aus e-r Wohnung, Stellung)* expulser, déloger; *(jur: aus s-m Besitz)* évincer; *(Krankheitssymptom)* supprimer; *(Fieber, a.)* couper; **2.** *com (Ware)* débiter, vendre; — *sich die Zeit ~* faire passer le temps; passer son temps (*mit* à).

vertret|bar [fɛr'-] *a (zu rechtfertigen)* soutenable, justifiable; **~en** ‹*vertritt, vertrat, vertreten*› *tr* **1.** *(eintreten, sich einsetzen für)* soutenir, défendre; *jur (als Anwalt)* plaider la cause de, défendre; **2.** *(an die Stelle treten, ersetzen)* remplacer; suppléer; *(Behörde, Verein, Firma)* représenter; *vertreten sein durch* être représenté par; **V~er** *m* ‹-s, -› **1.** *(Stellvertreter)* remplaçant, suppléant *m;* **2.** *jur (Verteidiger)* défenseur *m;* **3.** *(e-r Behörde etc)* représentant; *com a.* agent; *(Angehöriger e-r Gruppe, a. pej)* représentant *m; gesetzlicher ~* représentant *m* légal; **V~ung** *f* ‹-, -en› **1.** remplacement *m,* suppléance *f;* **2.** représentation *f;* **3.** *com* agence *f;* — *in ~* par délégation; *in jds ~* suppléant qn; *der Bürgermeister i.V.* pour le maire; *diplomatische, konsularische ~* représentation *f* diplomatique, consulaire (*bei* auprès de); *ständige ~* mission *f* permanente.

Vertrieb *m* [fɛr'-] *com (Verkauf)* écoulement, débit *m,* distribution, vente *f;* **~sabteilung** *f* rayon *m* de vente; **~sleiter** *m* chef *m* de vente.

vertrocknen [fɛr'-] ‹*ohne ge-*› *itr* ‹*sein*› se dessécher, sécher.

vertrödeln [fɛr'-] ⟨*ohne ge-*⟩ *tr (Zeit)* gaspiller.
vertrösten [fɛr'-] ⟨*ohne ge-*⟩ *tr* faire prendre patience à, remettre à plus tard.
vertrottelt [fɛr'-] *a* gaga.
vertuschen [fɛr'-] ⟨*ohne ge-*⟩ *tr fam (verheimlichen)* cacher; camoufler, masquer, maquiller; dissimuler; étouffer.
verübeln [fɛr'-] ⟨*ohne ge-*⟩ *tr: jdm etw ~* en vouloir *od* garder rancune de qc à qn.
verüben [fɛr'-] ⟨*ohne ge-*⟩ *tr (Verbrechen)* commettre, perpétrer.
verulken [fɛr'-] ⟨*ohne ge-*⟩ *tr* railler; se moquer de.
verunglücken [fɛr'-] ⟨*ohne ge-*⟩ *itr* ⟨*sein*⟩ avoir un accident; *tödlich ~* périr dans un *od* mourir d'un accident.
verunreinig|en [fɛr'-] ⟨*ohne ge-*⟩ *tr* salir, souiller; polluer; **V~ung** *f* souillure; pollution *f.*
verunstalten [fɛr'-] ⟨*ohne ge-*⟩ *tr* défigurer, déformer.
veruntreu|en [fɛr'-] ⟨*ohne ge-*⟩ *tr (Geld unterschlagen)* détourner, divertir; **V~ung** *f* ⟨-, -en⟩ détournement *m,* malversation *f.*
verunzieren [fɛr'-] ⟨*ohne ge-*⟩ *tr* déparer, enlaidir.
verursachen [fɛr'-] ⟨*ohne ge-*⟩ *tr* causer, occasionner, provoquer; être la cause de.
verurteil|en [fɛr'-] ⟨*ohne ge-*⟩ *tr* **1.** *jur* condamner (*zu* à); **2.** *allg (mißbilligen)* condamner; **V~ung** *f* ⟨-, -en⟩ *jur* condamnation *f.*
verviel|fachen [fɛr'-] ⟨*ohne ge-*⟩ *tr* multiplier; **~fältigen** ⟨*ohne ge-*⟩ *tr (Text)* polycopier, ronéotyper; **V~fältiger** *m* ⟨-s, -⟩ duplicateur *m;* **V~fältigung** *f* ⟨-, -en⟩ polycopie, ronéotypie; *(Wiedergabe)* reproduction *f;* **V~fältigungsapparat** *m* machine *f* à polycopier.
vervierfachen [fɛr'-] ⟨*ohne ge-*⟩ *tr* quadrupler.
vervoll|kommnen [fɛr'-] ⟨*ohne ge-*⟩ *tr* perfectionner; **V~kommnung** *f* ⟨-, ø⟩ perfectionnement *m;* **~ständigen** ⟨*ohne ge-*⟩ *tr* compléter.
verwahr|en [fɛr'-] ⟨*ohne ge-*⟩ **1.** *tr (sicher aufbewahren)* avoir *od* tenir en bonne garde; garder; **2.** *refl: sich gegen etw ~* protester, s'inscrire en faux contre qc; **~lost** *a* (laissé) à l'abandon, négligé, mal soigné; **V~losung** *f* ⟨-, ø⟩ abandon *m;* **V~ung** *f: gegen etw ~ einlegen (Einspruch erheben)* faire une protestation contre qc; *in ~ nehmen* prendre en garde *od* en dépôt.
verwaist [fɛr'-] *a* orphelin; *fig* abandonné, délaissé, seul.
verwalt|en [fɛr'-] ⟨*ohne ge-*⟩ *tr* administrer, gérer; gouverner, régir; **V~er** *m* ⟨-s, -⟩ administrateur, gérant, intendant; *(Gutsverwalter)* régisseur *m;* **V~ung** *f* ⟨-, -en⟩ administration, gérance, gestion *f;* gouvernement *m;* régie *f.*
Verwaltungs|beamter *m* [fɛr'valtuŋs-] fonctionnaire administratif, employé d'administration, officier *m* civil; **~bezirk** *m* circonscription *f* administrative; **~gericht** *n* tribunal *m* administratif; **~zentrum** *n (e-r Stadt)* centre *m* administratif.
verwand|eln [fɛr'-] ⟨*ohne ge-*⟩ *tr* changer, transformer, convertir, métamorphoser (*in* en); *sich ~* se changer, se transformer, se métamorphoser, se muer (*in* en); **V~lung** *f* **1.** changement *m,* transformation, conversion, métamorphose, commutation *f;* **2.** *theat (Dekorationswechsel)* tableau *m.*
verwandt [fɛr'vant] *a* **1.** apparenté *a. fig;* **2.** *fig* analogue; **— ~** *sein (a.)* être parents; **V~e** *m f* ⟨-n, -n⟩ parent(e *f*) *m; ~ pl* des parents *m pl; die ~n pl* la parenté, la famille; *er ist ein ~r von mir* od *mein ~r* c'est un parent à moi, nous sommes parents; *entfernter, naher ~r* parent éloigné, proche parent *m;* **V~schaft** *f* **1.** *(~sverhältnis* u. *Verwandte)* parenté *f;* **2.** *fig* affinité *f.*
verwarn|en [fɛr'-] ⟨*ohne ge-*⟩ *tr a sport* avertir, donner un avertissement à; *(ermahnen)* admonester; **V~ung** *f a sport* avertissement *m; jur* peine comminatoire; *(Ermahnung)* admonestation *f; gebührenpflichtige ~* avertissement *m* taxé.
verwaschen [fɛr'-] *a* délavé, déteint, décoloré, effacé.
verwässert [fɛr'-] *a fig* délayé, fade.
verwechs|eln [fɛr'-] ⟨*ohne ge-*⟩ *tr* confondre; *jdn mit e-m ander(e)n ~* prendre qn pour un autre; *sich zum V~ ähnlich sehen* se ressembler à s'y méprendre; **V~(e)lung** *f* ⟨-, -en⟩ confusion *f;* quiproquo *m.*
verwegen [fɛr'-] *a* téméraire, audacieux, hardi; **V~heit** *f* ⟨-, ø⟩ témérité, audace, hardiesse *f.*
verwehen [fɛr'-] ⟨*ohne ge-*⟩ *tr* **1.** *(wegwehen)* emporter; **2.** *(zerstreuen)* dissiper; **3.** *(zuwehen)* couvrir (*mit Schnee* de neige).
verwehren [fɛr'-] ⟨*ohne ge-*⟩ *tr (verbieten)* défendre (*jdm etw* qc à qn).
Verwehung *f* ⟨-, -en⟩ [fɛr'-] *(Schnee~)* amas *m* de neige.
verweichlichen [fɛr'-] ⟨*ohne ge-*⟩ *tr* amollir, efféminer.
verweiger|n [fɛr'-] ⟨*ohne ge-*⟩ *tr* refuser, dénier (*jdm etw* qc à qn); **V~ung** *f* refus *m.*
verweilen [fɛr'-] ⟨*ohne ge-*⟩ *itr (bleiben)* demeurer, rester; *(sich aufhalten, sich befinden)* séjourner.
verweint [fɛr'-] *a: ~e Augen n pl* yeux *m pl* gonflés *od* rougis par les larmes.

Verweis *m* ‹-es, -e› [fɛrˈvaɪs, -zə] **1.** *(Tadel)* réprimande, remontrance, semonce, mercuriale *f*, rappel à l'ordre, blâme *m;* **2.** *(Hinweis)* renvoi *m*, référence *f;* — *jdm e-n ~ erteilen* réprimander qn, rappeler qn à l'ordre; **v~en** ‹*verwies, verwiesen*› *tr* **1.** *(tadeln)* réprimander, tancer; **2.** *(hinweisen)* renvoyer (*auf etw* à qc); **3.** *(zuständigkeitshalber schicken)* renvoyer (*an* à); — *von der Schule ~* renvoyer de l'école; **~ungszeichen** *n* signe *od* guidon *m* de renvoi.

verwelken [fɛrˈ-] ‹*ohne ge-*› *itr* ‹*sein*› se faner, se flétrir.

verwend|bar [fɛrˈ-] *a* utilisable; applicable (*zu* à); *vielseitig ~* utilisable à plusieurs fins; **~en** ‹*verwendet, verwendete* od *verwandt, verwandte*› **1.** *tr (gebrauchen, a. Küche)* employer, utiliser; appliquer; *(Zeit)* employer, faire emploi de, consacrer (*zu* à); *(Geld)* mettre, dépenser (*zu* à); **2.** *refl: sich ~ (sich einsetzen)* s'entremettre, intervenir, intercéder (*für jdn* en faveur de qn); **V~ung** *f* ‹-, ø› **1.** *(Gebrauch)* emploi *m*, utilisation; application *f;* **2.** *(Fürsprache)* entremise, intervention, intercession *f;* — *zur besonderen ~* à des fins spéciales; *für etw keine ~ haben* ne pas avoir l'emploi, n'avoir que faire de qc; **V~ungszweck** *m* but *m od* fin *f* d'utilisation.

verwerf|en [fɛrˈ-] ‹*verwirft, verwarf, verworfen*› **1.** *tr (ablehnen)* rejeter, repousser, décliner, écarter; réprouver, répudier; **2.** *refl: sich ~ (sich verbiegen)* se déjeter, gauchir, travailler; **~lich** *a* condamnable, abject.

verwer|ten [fɛrˈ-] ‹*ohne ge-*› *tr* faire valoir, mettre en valeur *od* à profit, exploiter, utiliser; **V~ung** *f* ‹-, ø› mise en valeur *od* à profit, exploitation, utilisation *f*.

verwes|en [fɛrˈ-] ‹*ohne ge-*› *itr* ‹*sein*› *(verfaulen)* se décomposer, se putréfier; **V~ung** *f* ‹-, ø› décomposition, putréfaction *f*.

verwickel|n [fɛrˈ-] ‹*ohne ge-*› *tr: in etw verwickelt sein* être mêlé à *od* impliqué dans qc; **~t** *a (kompliziert, schwierig)* compliqué, complexe; difficile.

verwildern [fɛrˈ-] ‹*ohne ge-*› *itr* ‹*sein*› *(Haustier)* retourner à l'état sauvage; *(Garten, Acker)* être négligé *od* laissé à l'abandon.

verwinden [fɛrˈ-] ‹*verwindet, verwand, verwunden*› *tr: etw nicht ~ können* ne pas se consoler *od* se remettre de qc.

verwirken [fɛrˈ-] ‹*ohne ge-*› *tr: sein Leben verwirkt haben* avoir encouru la peine de mort.

verwirklich|en [fɛrˈ-] ‹*ohne ge-*› *tr* réaliser; **V~ung** *f* ‹-, ø› réalisation *f*.

verwirr|en [fɛrˈ-] ‹*ohne ge-*› *tr a. fig* embrouiller, emmêler; *fig (durchea.bringen)* confondre; *(Menschen: verwirrt machen)* troubler; déconcerter, décontenancer; **~t** *a* **1.** embrouillé *a. fig;* en désordre, en désarroi; *fig* confus; **2.** *(Mensch)* confus; déconcerté, décontenancé, désorienté; **V~ung** *f* ‹-, -en› **1.** désordre, désarroi, trouble *m;* **2.** *fig* embarras *m*, confusion *f;* — *~ stiften* faire du désordre *od* de l'embarras.

verwischen [fɛrˈ-] ‹*ohne ge-*› *tr* brouiller.

verwitter|n [fɛrˈ-] ‹*ohne ge-*› *itr* ‹*sein*› être rongé par le temps, se décomposer à l'air, s'effriter; **~t** *a* effrité, décomposé.

verwitwet [fɛrˈ-] *a* veuf, veuve.

verwöhn|en [fɛrˈ-] ‹*ohne ge-*› *tr* gâter; *(verzärteln)* choyer, dorloter; **~t** *a* gâté.

Verworfenheit *f* ‹-, ø› [fɛrˈ-] dépravation, bassesse *f*.

verworren [fɛrˈ-] *a* confus, embrouillé.

verwund|bar [fɛrˈ-] *a* vulnérable; **~en** ‹*ohne ge-*› *tr* blesser.

verwunder|lich [fɛrˈ-] *a: das ist nicht ~* ce n'est pas étonnant; **~n,** *sich* ‹*ohne ge-*› s'étonner, s'émerveiller; **V~ung** *f* ‹-, ø› étonnement, émerveillement *m*, surprise *f*.

verwund|et [fɛrˈ-] *a* blessé; *leicht, schwer ~* blessé légèrement, grièvement; **V~ete** *m f* ‹-n, -n› blessé(e *f*) *m;* **V~ung** *f* ‹-, -en› blessure *f*.

verwunschen [fɛrˈ-] *a* enchanté.

verwünsch|en [fɛrˈ-] ‹*ohne ge-*› *tr (verfluchen)* maudire, souhaiter *od* envoyer au diable; **~t** *a* maudit, damné.

verwurzelt [fɛrˈ-] *a, a. fig* enraciné; *in etw fest ~ sein* être solidement enraciné, avoir de profondes racines dans qc.

verwüst|en [fɛrˈ-] ‹*ohne ge-*› *tr* dévaster, ravager, désoler; **V~ung** *f* ‹-, -en› dévastation *f*, ravage *m*.

verzählen, *sich* [fɛrˈ-] ‹*ohne ge-*› se tromper (en comptant).

verzaubern [fɛrˈ-] ‹*ohne ge-*› *tr* ensorceler, enchanter.

verzehnfachen [fɛrˈ-] ‹*ohne ge-*› *tr* décupler.

Verzehr *m* ‹-(e)s, ø› [fɛrˈtseːr] *(Verbrauch, Zeche)* consommation *f;* **v~en** ‹*ohne ge-*› *tr* consommer, manger (et boire).

verzeichn|en [fɛrˈ-] ‹*ohne ge-*› *tr* **1.** *(falsch zeichnen)* dessiner mal; *fig (in e-m Literaturwerk)* mal peindre *od* décrire; **2.** *(zs.stellend aufschreiben)* inscrire, noter, faire le relevé de, enregistrer; *es sind drei Unglücksfälle zu ~* trois accidents ont été enregistrés; **V~is** *n* ‹-ses, -se› relevé, registre *m*, liste *f*, état, catalogue, index *m*, table *f*, tableau *m; alphabetisches ~ (in e-m Buch)* table *f* alphabétique.

verzeih|en [fɛrˈ-] ‹*verzieh, verziehen*› *tr* pardonner (*jdm etw* qc à qn); *(entschul-*

digen) excuser; *jdm etw nicht ~ können* en vouloir, tenir rigueur à qn de qc; **~lich** *a* pardonnable; excusable; **V~ung** *f* ‹-, ø› pardon *m; jdn um ~ bitten* demander pardon à qn; *(ich bitte um) ~!* (je vous demande) pardon!

verzerr|en [fɛr'-] ‹*ohne ge-*› *tr* (dis)tordre, déformer; **V~ung** *f* ‹-, -en› contorsion, déformation; *tele radio* déformation (acoustique), distorsion *f.*

verzetteln [fɛr'-] ‹*ohne ge-*› *tr (s-e Kräfte, s-e Bemühungen)* disperser; *sich ~ (fig: sich zersplittern)* se disperser, disperser ses forces.

Verzicht *m* ‹-(e)s, -e› [fɛr'tsɪçt] renoncement *m,* renonciation *f,* désistement *m;* résignation *f;* **v~en** ‹*ohne ge-*› *itr: auf etw ~* renoncer à qc, se désister de qc, faire abnégation de qc; *sport* déclarer forfait.

verziehen [fɛr'-] ‹*verzog, verzogen*› *tr* **1.** *agr (junge Pflanzen)* démarier, éclaircir; **2.** *(Kind)* gâter, mal élever; *itr* ‹*sein*› **3.** *(fort-, umziehen)* déménager; *refl: sich ~* **4.** *(Holz)* se déjeter, gauchir, travailler; **5.** *(allmählich verschwinden)* disparaître; *(Gewitter, Wolken, Nebel)* se dissiper; — *unbekannt verzogen* parti sans laisser d'adresse.

verzier|en [fɛr'-] ‹*ohne ge-*› *tr* orner, ornementer, décorer, parer; **V~ung** *f* ‹-, -en› ornement *m,* ornementation *f,* décor *m,* décoration, parure *f.*

verzinsen [fɛr'-] ‹*ohne ge-*› **1.** *tr* payer des intérêts pour *od* les intérêts de; **2.** *refl: sich ~* rapporter des intérêts, rendre.

verzogen [fɛr'-] *a (Kind)* gâté.

verzöger|n [fɛr'-] ‹*ohne ge-*› **1.** *tr (verlangsamen)* ralentir, retarder; *(in die Länge ziehen, hinausschieben)* traîner, différer; **2.** *refl: sich ~* traîner en longueur, se faire attendre; **V~ung** *f* ‹-, -en› ralentissement, retard(ement) *m;* délai *m.*

verzollen [fɛr'-] ‹*ohne ge-*› *tr* payer les droits de douane *od* la douane pour, dédouaner; *haben Sie etwas zu ~?* avez-vous qc à déclarer?.

Verzug *m* ‹-(e)s, ø› [fɛr'tsu:k] *(Verzögerung, Verspätung)* délai, retard *m; in ~ geraten, sein (mit e-r Zahlung)* se mettre, être en demeure; *Gefahr ist im ~* il y a péril en la demeure.

verzweif|eln [fɛr'-] ‹*ohne ge-*› *itr* ‹*sein*› (se) désespérer (*an etw* de qc); *es ist zum V~!* c'est à désespérer; **~elt** *a (Mensch u. Sache)* désespéré; **V~lung** *f* ‹-, ø› désespoir *m; jdn zur ~ bringen* mettre *od* réduire qn au désespoir.

verzweig|en, *sich* [fɛr'-] ‹*ohne ge-*› se ramifier; **V~ung** *f* ‹-, -en› ramification *f.*

verzwickt [fɛr'-] *a* compliqué; inextricable.

Vesper ['fɛspər] **(1)** *f* ‹-, -n› *rel* vêpres *f pl;* **(2)** *n* ‹-s, -› *(~brot)* goûter *m;* **v~n** ‹*ohne ge-*› *itr (e-n Nachmittagsimbiß einnehmen)* goûter; *pop* casser la croûte.

Veteran *m* ‹-en, -en› [vete'ra:n] vétéran *m.*

Veto *n* ‹-s, -s› ['ve:to] *(Einspruch)* veto *m;* **~recht** *n pol* droit *m* de veto.

Vetter *m* ‹-s, -n› ['fɛtər] cousin *m; ~ 1., 2. Grades* cousin *m* germain, issu de germains; **~nwirtschaft** *f pej* népotisme *m.*

Viadukt *m* ‹-(e)s, -e› [via'dukt] viaduc *m.*

vibrieren [vi'bri:rən] ‹*ohne ge-*› *itr* vibrer, osciller.

Vieh *n* ‹-(e)s, ø› [fi:] bétail *m;* bestiaux *m pl;* **~bestand** *m* cheptel *m;* **~futter** *n* fourrage *m;* **~handel** *m* commerce *m* de bétail; **~händler** *m* marchand *m* de bestiaux; **~herde** *f* troupeau *m;* **v~isch** *a* bestial, brutal; **~zucht** *f* élevage *m;* **~züchter** *m* éleveur *m.*

viel [fi:l] **I.** *a* beaucoup (de); quantité (de); *ein bißchen ~* un peu trop; *ziemlich ~* assez (de), pas mal (de); *sehr ~* beaucoup (de); bien du, de la, des; *so ~* tant; *wie ~e* ... combien de ...; *zu ~* trop; *~ zuviel* beaucoup trop; *durch ~es Lesen* à force de lire; *~ kosten* coûter beaucoup; *~ zu tun haben* avoir beaucoup *od* fort à faire; *danach frage ich nicht ~ (fig)* cela ne m'intéresse pas beaucoup; *es fehlt ~ daran* il s'en faut de beaucoup; *es fehlte nicht ~ (daran)* il s'en fallut de peu; *das will ~ heißen* ce n'est pas rien, cela en dit long; *das ist ein bißchen ~ (auf einmal) fam* c'est un peu beaucoup (à la fois); *~(e) hundert Bücher* des centaines et des centaines de livres; **II.** *adv* beaucoup; *~ reisen* voyager beaucoup; *~ besser, größer, zu klein* beaucoup mieux, plus grand, trop petit; **~beschäftigt** *a* très occupé *od* affairé; **~deutig** *a* équivoque, ambigu; **V~eck** *n math* polygone *m;* **V~ehe** *f* polygamie *f;* **~erlei** ['--'laɪ] *a* divers; de toutes sortes, toutes sortes de; **~fach I.** *a* multiple; **II.** *adv (häufig)* maintes fois, souvent; **V~falt** *f* ‹-, ø› multiplicité; diversité *f;* **~fältig** *n* multiple; divers; **V~fraß** *m* **1.** *zoo* glouton *m;* **2.** *fig (Mensch) a.* goinfre *m;* **~leicht** [fi'laɪçt] *adv* peut-être, par hasard; **~mal(s)** *adv (oft)* souvent, bien des fois; **~mehr** *adv* plutôt, bien plus; *(im Gegenteil)* au contraire; **~sagend** *a* qui en dit long, significatif, expressif, évocateur; *(Blick)* parlant; **~seitig** *a* **1.** varié; **2.** *(Mensch)* aux talents multiples; très cultivé; — *auf ~en Wunsch* selon le désir de nombreux auditeurs; **~verheißend** *a,* **~versprechend** *a* prometteur; **V~zahl** *f* multiplicité *f;* **~zellig** *a biol* multicellulaire.

vier [fi:r] *(Zahlwort)* quatre; *auf allen ~en* à quatre pattes; *zu ~en* od *~t* à quatre; **V~** *f* ‹-, -en› quatre *m;* **V~beiner** *m* ‹-s, -› *(Tier)* quadrupède *m;* **V~eck** *n* quadrilatère; *(Quadrat)* carré *m;* **~eckig** *a* quadrangulaire; *(quadratisch)* carré; **V~er** *m* ‹-s, -› = *Vier;* **~erlei** ['-laɪ] *a* de quatre sortes *od* espèces; **~fach** *a* quadruple; **V~flächner** *m* ‹-s, -› *math* tétraèdre *m;* **v~händig** *a* u. *adv mus* à quatre mains; **~hundert** *(Zahlwort)* quatre cent(s); **V~jahresplan** *m pol* plan *m* quadriennal *od* de quatre ans; **~jährig** *a* (âgé) de quatre ans; **~kantig** *a* à quatre pans; **V~linge** *m pl* quadruplés *m pl;* **V~mächteabkommen** *n* [fi:r'mɛçtə-] *pol* convention *f* quadripartite; **~mal** *adv* quatre fois; **~malig** *a* quadruple, fait *od* répété quatre fois; **~motorig** *a aero* quadrimoteur; *~es Flugzeug n* quadrimoteur *m;* **~räd(e)rig** *a* à quatre roues; **~spännig** *a* à quatre chevaux; **V~taktmotor** *m mot* moteur *m* à quatre temps.

Viertel *n* ‹-s, -› ['firtəl] **1.** quart *m;* **2.** *(Stadt-, Mondviertel)* quartier *m;* — *ein ~ vor zwei* deux heures moins le quart; *ein ~ nach zwei* deux heures un quart; **~jahr** *n* [firtəl'ja:r] trois mois *m pl,* trimestre *m;* **v~jährlich I.** *a (alle Vierteljahre wiederkehrend)* trimestriel; **II.** *adv* tous les trois mois, par trimestre; **~jahrsschrift** *f* revue *f* trimestrielle; **~liter** *m/n* quart *m* de litre; **~note** *f mus* noire *f;* **~pause** *f mus* soupir *m;* **~stunde** *f* quart *m* d'heure.

vier|tens ['fi:rtəns] *adv* quatrièmement; **~te(r, s)** ['fi:rtə-] *a* quatrième.

Vierung *f* ‹-, -en› ['fi:ruŋ] *arch* intersection de la nef, croisée *f* (de transept).

Vierwaldstätter See, *der* [fi:r'valt-ʃtɛtər ze:] le lac des Quatre-Cantons.

vierzehn ['firtse:n] *(Zahlwort)* quatorze; *~ Tage m pl* quinze jours *m pl; heute, morgen, Montag in ~ Tagen* (d')aujourd'hui, (de) demain, (de) lundi en quinze; **~tägig** *a* bihebdomadaire; **~te(r, s)** *a* quatorzième.

vierzig ['fɪrtsɪç] *(Zahlwort)* quarante; **V~stel** *n* quarantième *m;* **~ste(r, s)** *a* quarantième; **V~stundenwoche** *f* semaine *f* de quarante heures.

Vierzimmerwohnung *f* [fi:r'tsɪmər-] quatre pièces *m.*

Vikar *m* ‹-s, -e› [vi'ka:r] *rel* vicaire *m.*

Vill|a *f* ‹-, -llen› ['vɪla] villa *f;* **~enviertel** *n* quartier *m* résidentiel (de villas).

violett [vio'lɛt] *a* violet; violacé.

Viol|ine *f* ‹-, -n› [vio'li:nə] *(Geige)* violon *m;* **~inist** *m* ‹-en, -en› [-li'nɪst] violoniste *m;* **~inkonzert** *n* [-'li:n-] **1.** récital *m* de violon; **2.** *(Werk)* concerto *m* pour violon; **~inschlüssel** *m mus* clé *f* de sol; **~oncell(o)** *n* ‹-s, -e› [-lɔn'tʃɛl(o)] *(Kniegeige)* violoncelle *m.*

Viper *f* ‹-, -n› ['vi:pər] *zoo* vipère *f.*

virtuos [vɪrtu'o:s] *a (meisterhaft)* de maître.

Virus *n, a. m* ‹-, -ren› ['vi:rus] *(Krankheitserreger)* virus *m.*

Visier *n* ‹-s, -e› [vi'zi:r] **1.** *(am Helm)* visière *f;* **2.** *(am Gewehr)* hausse *f; (am Geschütz)* cran *m* de mire.

Vision *f* ‹-, -en› [vizi'o:n] vision *f;* **v~är** [-sio'nɛ:r] *a (seherisch)* visionnaire.

Visit|ation *f* ‹-, -en› [vizitatsi'o:n] *(Besichtigung, Untersuchung)* visite, inspection *f;* **~e** *f* ‹-, -n› [-'zi:tə] *med* visite *f* médicale; **~enkarte** *f* carte *f* (de visite); **v~ieren** [-zi'ti:rən] ‹*ohne ge-*› *tr (unter-, durchsuchen)* visiter, faire la révision *od* inspection de, fouiller.

visuell [vizu'ɛl] *a (Seh-)* visuel.

Visum *n* ‹-s, -sa/-sen› ['vi:zum, '-zen/'-za] *adm* visa *m.*

vital [vi'ta:l] *a biol* u. *fig (lebenswichtig)* vital; **V~ität** *f* ‹-, ø› [-li'tɛ:t] *(Lebenskraft)* vitalité *f.*

Vitamin *n* ‹-s/(-), -e› [vita'mi:n] vitamine *f; des Vitamin(s) C* de la vitamine C; **~mangel** *m* avitaminose *f;* **v~reich** *a* riche en vitamines.

Vitrine *f* ‹-, -n› [vi'tri:nə] vitrine *f.*

Vitriol *n* ‹-s, -e› [vitri'o:l] *chem* vitriol *m.*

Vize|kanzler *m* ['fi:-/'vi:tsə-] vice-chancelier *m;* **~könig** *m* vice-roi *m;* **~konsul** *m* vice-consul *m;* **~präsident** *m* vice-président *m.*

Vogel *m* ‹-s, ¨-› ['fo:gəl] oiseau *m; den ~ abschießen (fig)* décrocher la timbale; *e-n ~ haben (fam: verrückt sein)* avoir une araignée au plafond, avoir le timbre fêlé; **~bauer** *n, a. m* cage; volière *f;* **~beerbaum** *m* sorbier *m;* **~beere** *f* sorbe *f;* **v~frei** *a* hors la loi; **~futter** *n* graines *f pl* pour les oiseaux; **~haus** *n* volière *f;* **~kirsche** *f* **1.** *bot (Baum)* merisier *m;* **2.** *(Frucht)* merise *f;* **~nest** *n* nid *m* d'oiseau; **~schau** *f: aus der ~* à vol d'oiseau; **~scheuche** *f* épouvantail *m;* **~-Strauß-Politik** *f* politique *f* de l'autruche; **~zug** *m* passage *m* des oiseaux.

Vogesen, *die* [vo'ge:zən] *pl geog* les Vosges *f pl.*

Vokab|el *f* ‹-, -n› [vo'ka:bəl] *(Wort)* vocable, mot *m;* **~ular** *n* ‹-s, -e› [-kabu'la:r] vocabulaire *m.*

Vokal *m* ‹-s, -e› [vo'ka:l] *gram* voyelle *f;* **v~isch** [-ka:lɪʃ] *a* vocal; **~musik** *f* musique *f* vocale.

Volk *n* ‹-(e)s, ¨-er› [fɔlk, 'fœlkər] **1.** *(Nation)* peuple *m,* nation *f;* **2.** *(die unteren Klassen)* peuple, commun, vulgaire *m;* **3.** *fam (~smenge)* foule, masse *f;* **4.** *(Leute)* gens *pl;* — *aus dem ~e (von geringer Herkunft)* du peuple; *die Stimme des ~es* la voix du peuple *od* publique.

Völker|bund ['fœlkər-] *m hist* Société *f* des Nations; **~kunde** *f* ethnologie *f;* **~mord** *m* génocide *m;* **~recht** *n* droit *m* international *od* des gens; **v~rechtlich** *a* de droit international; **~wanderung,** *die (hist)* la migration des peuples, les grandes invasions *f pl.*

Volks|abstimmung *f* ['fɔlks-] *pol* plébiscite, référendum *m;* **~befragung** *f* consultation *f* (populaire); **~belustigung** *f* réjouissance *f* publique; **~demokratie** *f pol* démocratie *f* populaire; **v~eigen** *a* socialisé; nationalisé; **~einkommen** *n* revenu *m* national; **~entscheid** *m pol* référendum, plébiscite *m;* **~fest** *n* fête folklorique; kermesse *f;* **~gesundheit** *f* santé *f* publique; **~glaube** *m* croyance *f* populaire; **~gruppe** *f* communauté *f* nationale; **~hochschule** *f* université *f* populaire; **~kunde** *f* folklore *m;* **~kunst** *f* art *m* populaire *od* folklorique; **~lied** *n* chanson *f* populaire *od* folklorique; **~märchen** *n* conte *m* populaire; **~menge** *f* masse(s *pl*) *f* populaire(s); **~republik** *f* république *f* populaire; **~schicht** *f* couche *f* sociale; **~stamm** *m* peuplade, tribu *f;* **~tanz** *m* danse *f* populaire *od* folklorique; **~tracht** *f* costume *m* régional *od* de pays; **~tum** *n* ⟨-s, ø⟩ nationalité *f,* caractère *m* national; **v~tümlich** *a* populaire; **~vermögen** *n* fortune *f* nationale; **~versammlung** *f* réunion *f* populaire; **~vertreter** *m* représentant *od* mandataire *m* du peuple; **~vertretung** *f* représentation *f* nationale *od* du peuple; **~wirt** *m* économiste *m;* **~wirtschaft** *f* économie *f* politique; **v~wirtschaftlich** *a* économique; **~zählung** *f* recensement *m* de la population.

voll [fɔl] **I.** *a* **1.** *(gefüllt)* plein, rempli, comble; *~(er) Wein, Geld, Äpfel, Menschen, Liebe, Sorgen* plein de vin, d'argent, de pommes, d'hommes, d'amour, de soucis; **2.** *(füllig, rundlich)* rempli, rond, bien en chair; *(Mond; Töne)* plein; **3.** *(~ständig, ganz)* plein, entier, tout; bon; **II.** *adv (ganz)* pleinement, entièrement; — *~ und ganz* pleinement, entièrement; *den ~en Preis bezahlen (Fahr-, Eintrittspreis)* payer plein tarif; *(in e-m Geschäft)* payer le prix ordinaire; *jdn nicht für ~ nehmen* ne pas prendre qn au sérieux; *den Mund ~ nehmen* prendre une grande bouchée; *fig fam (prahlen)* hausser la chanterelle; *aus dem ~en schöpfen (fig)* dépenser sans compter; *alle Hände ~ zu tun haben* avoir beaucoup de besogne sur les bras; *gerammelt* od *gerappelt* od *gepfropft* od *gestopft ~ (Raum)* plein à craquer; *(Bus)* bondé; *gestrichen ~* plein à ras bords; *~e zwei Jahre n pl* deux ans *m pl* entiers; *~e drei Stunden f pl a.* trois heures *f pl* d'horloge; **~auf** ['--/-'-] *adv* largement, abondamment; **~automatisch** *a* entièrement automatique; **V~bad** *n* grand bain *m;* **V~bart** *m* grande barbe *f; e-n ~ tragen* porter toute sa barbe; **V~beschäftigung** *f* plein emploi *m;* **V~besitz** *m: im ~ s-r Kräfte* dans la plénitude de ses forces; **V~blut(pferd)** *n* (cheval) pur sang *m;* **~bringen** [-'--] ⟨*vollbringt, vollbrachte, vollbracht*⟩ *tr* accomplir, achever, venir à bout de; consommer; **V~dampf** *m: mit ~ (fig)* à toute vapeur *od* vitesse; **~enden** [fɔl'ʔɛndən/fɔ'lɛndən] ⟨*ohne ge-*⟩ *tr* accomplir, achever; parfaire, mettre à bonne fin; consommer; **~endet** *a* parfait, accompli; **~ends** ['fɔlɛnts] *adv* entièrement, complètement, tout à fait; **V~endung** *f* [-'--] **1.** accomplissement, achèvement *m,* consommation, finition *f;* **2.** *(Zustand)* perfection *f;* — *mit der* od *nach ~ des 80. Lebensjahres* à 80 ans révolus; **~er:** *~ Wein etc = voll.*

Völlerei *f* ⟨-, -en⟩ [fœlə'raɪ] débauche *f.*

voll|=führen [fɔl'--] ⟨*ohne ge-*⟩ *tr* **1.** *(vollbringen)* accomplir, achever, consommer; **2.** *(ausführen)* exécuter, s'acquitter de; *(machen)* faire; *(verwirklichen)* réaliser; **V~gas** *n mot* plein gaz *m; mit ~* à plein régime, à pleins gaz; **~gefressen** *a fam* plein comme un œuf; **V~gefühl** *n: im ~ s-r Kräfte* pleinement conscient de sa force; **~gepfropft** *a,* **~gestopft** *a* bourré; *(Raum)* bondé; **~gültig** *a* pleinement valable; irrécusable.

völlig ['fœlɪç] **I.** *a* complet, entier, total; **II.** *adv* complètement, entièrement, parfaitement, tout à fait.

voll|jährig ['fɔl-] *a jur* majeur; *für ~ erklären* émanciper; **V~jährigkeit** *f* ⟨-, ø⟩ majorité *f;* **~kommen** [-'--/'---] **I.** *a* **1.** parfait *a. math;* **2.** accompli, consommé, achevé; *(~ständig)* complet; *(völlig)* absolu; **II.** *adv* parfaitement, complètement; **V~kommenheit** *f* ⟨-, ø⟩ perfection *f;* **V~kornbrot** *n* pain *m* complet; **~=(l)aufen** ⟨*läuft, lief voll, vollgelaufen*⟩ *itr* ⟨*sein*⟩ *(Gefäß, Behälter)* se remplir; **~=machen** *tr (füllen)* remplir; *(Maß)* combler; *(vervollständigen, ergänzen)* compléter, parfaire; *um das Unglück vollzumachen* pour comble de malheur; **V~macht** *f* ⟨-, -en⟩ *jur* (plein(s)) pouvoir(s *pl*) *m,* procuration *f; jdm (e-e) ~ erteilen* donner procuration *od* pouvoir à qn; *~ haben* avoir plein(s) pouvoir(s) *od* carte blanche; **V~milch** *f* lait *m* entier; **V~mitglied** *n* membre *m* de plein droit; **V~mond** *m* pleine lune *f;* **V~pension** *f (Tourismus)* pension *f* complète; **~schlank** *a* rondelet, replet; **~ständig I.** *a* complet, total, entier, intégral; **II.** *adv* complètement, totalement, entièrement; **V~ständigkeit** *f* intégralité, intégrité *f;* **~=stopfen** *tr* bourrer; *fam (mit Speisen)* empiffrer; **~strecken** ⟨*ohne ge-*⟩ *jur* exécuter; *das Todesurteil an jdm ~* exécuter qn; **V~streckung** *f* [-ˈ--] exécution *f;* **V~streckungsbefehl** *m* mandat *m* exécutoire *od* d'exécution; **~≈tanken** *itr mot* faire le plein (d'essence); **V~treffer** *m (mit e-r Handfeuerwaffe)* coup qui fait mouche; *(mit e-m Geschütz)* coup *m* au but; **V~versammlung** *f parl* réunion *od* assemblée *f* plénière; **V~waise** *f* orphelin *m* de père et de mère; **~wertig** *a: ein ~er Ersatz* un produit de remplacement de pleine valeur; **~zählig** *a* (au) complet; **~ziehen** ⟨*vollzog, vollzogen*⟩ *tr jur adm* exécuter, accomplir; *die Ehe ~* consommer le mariage; **V~ziehung** *f* [-ˈ--], **V~zug** *m* ⟨-(e)s, ø⟩ [-ˈ-] exécution *f,* accomplissement *m; (e-r Ehe)* consommation *f.*

Volontär *m* ⟨-s, -e⟩ [volɔnˈtɛːr] volontaire; *adm (Anwärter)* stagiaire *m.*

Volt *n* ⟨-/-(e)s, -⟩ [vɔlt] *el* volt *m;* **~meter** *n* ⟨-s, -⟩ *el* voltmètre *m.*

Volumen *n* ⟨-s, -/-mina⟩ [voˈluːmən, -mina] *(Rauminhalt)* volume *m.*

vom [fɔm] = *von dem; (beim Datum)* à la *od* en date du.

von [fɔn] *prp* **1.** *(räuml.)* de; *~ ihm* de lui; *vom Bahnhof (her)* de la gare; *~ Berlin (a. = aus B.)* de Berlin; *~ Bismarck (Adelsprädikat)* de Bismarck; *vom Fenster aus* de la fenêtre; *~ vorn, hinten, oben, unten, hier, dort, drüben, rechts, links* de devant, de derrière, d'en haut, d'en bas, d'ici, de là, d'au-delà, de droite, de gauche; *~ wo(her)?* d'où? *~ fern* de loin; *~ Land zu Land* de pays en pays; *~ nahem* de près; *~ beiden Seiten* des deux côtés; *~ weitem* de loin; **2.** *(zeitlich): ~ heute ab* od *an* à partir d'aujourd'hui; *e-e Zeitung ~ gestern* un journal d'hier; *~ jetzt* od *nun an* désormais, dorénavant; *~ klein auf* depuis l'enfance; *~ neuem* de nouveau; *~ vornherein* dès le début; **3.** *(Eigenschaft)* de; *~ Gold, Eisen, Holz* de *od* en or, fer, bois; *~ großer Güte, Klugheit* d'une grande bonté, intelligence; *~ Format* od *Rang* de classe, de qualité; *was sind Sie ~ Beruf?* quelle est votre profession? *ein Mann ~ 50 Jahren* un homme de 50 ans; **4.** *(Teil)* de; *~ dem Brot, ~ den Äpfeln* du pain, des pommes; *einer ~ meinen Freunden* un de mes amis; *neun ~ zehn Lesern* neuf lecteurs sur dix; *ich bin vom Fach* je suis du métier; **5.** *(Herkunft)* de; *eine Komödie ~ Molière* une comédie de Molière; *~ jdm, ~ etw herrühren* venir de qn, de qc; *~ jdm abhängen* dépendre de qn; *~ seiten (gen)* de la part (de); *~ mir aus* de ma part; **6.** *(zur Bildung des Genitivs)* de; *der Bahnhof ~ Köln* la gare de Cologne; *der Tod ~ 20 Menschen* la mort de 20 personnes; *die Anwendung ~ Gewalt* l'emploi de la force; **~einander** *adv* l'un de l'autre; **~statten** [fɔnˈʃtatən] *adv: ~ gehen* marcher; avancer.

vor [foːr] *prp* **1.** *(räumlich)* devant; *~ dem Haus(e) stehen* être *od* se trouver devant la maison; *~ e-n Wagen spannen* atteler à une voiture; *~ sich hin reden* parler tout seul; **2.** *(zeitlich)* avant; *~ dem Winter, der Sitzung, dem Tode, 1914* avant l'hiver, la séance, la mort, 1914; *(vom Zeitpunkt des Sprechens zurückgerechnet)* il y a; *~ zwei Stunden, fünf Tagen, zehn Jahren* il y a deux heures, cinq jours, dix ans; **3.** *(Rangfolge)* avant; *~ allem* avant tout, surtout; **4.** *(Ursache)* de; *~ Kälte, Hunger, Angst* de froid, de faim, de peur; **5.** *(Abwehr) Angst ~ etw haben* avoir peur de qc; *sich ~ etw hüten* se garder de qc; *Schutz ~ dem Regen suchen* chercher un abri contre la pluie.

Vorabend *m* [ˈfoːr-] veille *f.*

Vorahnung *f* [ˈfoːr-] pressentiment *m.*

voran [foˈran] *adv* **1.** *(vor den ander(e)n)* devant, à la *od* en tête; **2.** *(weiter, vorwärts)* en avant; **~≈gehen** ⟨*ging voran, vorangegangen*⟩ *itr* ⟨*sein*⟩ *(als erster gehen)* marcher devant *od* en tête; *jdm ~* marcher devant qn; *gehen Sie voran!* passez d'abord; **~≈kommen** ⟨*kam voran, vorangekommen*⟩ *itr* ⟨*sein*⟩ *a. fig* avancer.

Voranmeldung *f* [ˈfoːrʔan-] *tele* préavis *m.*

Voranschlag *m* [ˈfoːrʔan-] = *Kostenvoranschlag.*

Voranzeige *f* [ˈfoːrʔan-] avis *m* préalable.

Vorarbeit *f* [ˈfoːr-] travail *m* préalable *od* préparatoire, ébauche *f;* **vor≈arbeiten** *itr (im voraus arbeiten)* se mettre en avance (pour son travail); **~er** *m* contremaître, chef *m* d'équipe.

voraus [foˈraus] *adv (vor den andern)* en tête, devant; *(nach vorn, vorwärts)* en avant; *im ~* d'avance, à l'avance, en *od* par avance, par anticipation; *jdm ~ sein (fig)* être en avance, avoir de l'avance sur qn; **~≈eilen** ⟨*sein*⟩ *itr* prendre *od* gagner le(s) devant(s); **~gegangen** *a* précédent; **~≈gehen** ⟨*ging voraus, vorausgegangen*⟩ *itr* ⟨*sein*⟩ = *vorauseilen; e-r S (zeitl.) vorausgegangen sein* avoir précédé qc; **~≈haben** ⟨*hat, hatte voraus, vorausgehabt*⟩ *itr: jdm etw ~* avoir de l'avance sur qn; avoir sur qn l'avantage de qc; *er hat mir viel voraus* il me dépasse de loin; **~≈sagen** *tr* dire (d'avance), prédire, pronostiquer; **~schauend** *a* prévoyant; **~≈schicken** *tr (Menschen)* envoyer en avant; *s-r Rede einige Bemerkungen ~* faire précéder son discours de quelques remarques; **~≈sehen** ⟨*sieht, sah voraus, vorausgesehen*⟩ *tr* prévoir; **~≈setzen** *tr* présumer, supposer; *vorausgesetzt, daß ...* à condition que *subj;* **V~setzung** *f* ⟨-, -en⟩ **1.** *(Annahme)* supposition, hypothèse *f;* **2.** *(Bedingung)* condition *f; unter der ~, daß ...* à condition que *subj;* **V~sicht** *f* ⟨-, ø⟩ prévision, prévoyance *f; in weiser ~* prudemment; *aller ~ nach* très probablement; **~sichtlich I.** *a* probable; **II.** *adv* probablement.

Vorbau *m* ['fo:r-] *arch* avant-corps *m,* partie *f* saillante.

Vorbedacht ['fo:r-] *m: mit ~* avec préméditation, de propos délibéré.

Vorbedeutung *f* ['fo:r-] présage, augure *m.*

Vorbehalt *m* ⟨-(e)s, -e⟩ ['fo:r-] réserve, restriction *f; ohne ~* sans restriction; *unter dem ~ (gen)* sous la réserve (de); **vor≈behalten** ⟨*behält, behielt vor, vorbehalten*⟩ *tr: sich etw ~* se réserver qc; *sich ~, etw zu tun* se réserver de faire qc; **v~lich** *prp gen, adm* sous la réserve (de); **v~los** *a* sans réserve *od* restriction.

vorbei [fɔr'-/fo:r'baɪ] *adv* **1.** *(räuml.): an ... ~* le long de, par dehors; *lassen Sie mich ~!* laissez-moi passer; **2.** *(zeitl.)* passé, fini; *es ist ~* c'est fini, c'en est fait; **~≈benehmen,** *sich* ⟨*benimmt, benahm vorbei, vorbeibenommen*⟩ *(fam)* faire un faux pas; **~≈fahren** ⟨*fährt, fuhr vorbei, vorbeigefahren*⟩ *itr* ⟨*sein*⟩ passer (*an* près de, devant); **~≈gehen** ⟨*ging vorbei, vorbeigegangen*⟩ *itr* ⟨*sein*⟩ **1.** passer (sans s'arrêter); **2.** *(Wurf, Schuß: nicht treffen)* manquer (le but); **~≈kommen** ⟨*kam vorbei, vorbeigekommen*⟩ *itr* ⟨*sein*⟩ passer; *bei jdm ~ (e-n kurzen Besuch machen)* passer chez qn; **~≈lassen** ⟨*läßt, ließ vorbei, vorbeigelassen*⟩ *tr* laisser passer, livrer passage à; **V~marsch** *m mil* défilé *m;* **~≈marschieren** ⟨*ohne ge-*⟩ *itr* ⟨*sein*⟩ *mil* défiler (*an* devant); **~≈reden** *itr: aneinander ~* ne pas tenir le même langage.

Vorbemerkung *f* ['fo:r] remarque *f* préalable *od* préliminaire, avertissement *m.*

vor≈bereit|en ['fo:r] ⟨*ohne -ge-*⟩ *tr* préparer; *sich auf etw ~* se préparer à qc; **~end** *a* préparatoire; **V~ung** *f* ⟨-, -en⟩ préparation *f,* préparatif *m; in ~* en voie de préparation; *~en treffen* faire des préparatifs.

vor≈bestell|en ['fo:r-] ⟨*ohne -ge-*⟩ *tr com* commander d'avance; *(Zimmer, Eintritts-, Fahrkarte)* retenir; **~t** *a (Zimmer, Platz)* réservé; **V~ung** *f* réservation *f.*

vorbestraft ['fo:r-] *a jur* qui a un casier judiciaire; *nicht ~* sans antécédents judiciaires; **V~e** *m f* ⟨-n, -n⟩ repris *m* de justice.

vor≈beug|en ['fo:r-] **1.** *itr* prendre des précautions; *e-r S ~* prévenir qc, prendre des précautions contre qc; **2.** *refl: sich ~ (sich vornüber neigen)* se pencher en avant; **~end** *a med* préventif, prophylactique; **V~ung** *f* précaution *f.*

Vorbild *n* ['fo:r-] *(Muster)* modèle; *fig* exemple; *(Ideal)* idéal *m; sich jdn zum ~ nehmen* prendre qn pour modèle.

Vorbildung *f* ['fo:r-] préparation *f.*

vor≈binden ['fo:r-] ⟨*bindet, band vor, vorgebunden*⟩ *tr (Schürze)* mettre.

Vorbote *m* ['fo:r-] *fig (Sache)* présage, signe *m* précurseur.

vor≈bringen ['fo:r-] ⟨*brachte vor, vorgebracht*⟩ *tr* mettre en avant *od* sur le tapis, avancer, apporter.

vorchristlich ['fo:r-] *a* d'avant Jésus-Christ.

Vordach *n* ['fo:r-] avant-toit *m.*

vor≈datieren ['fo:r-] ⟨*ohne -ge-*⟩ *tr* antidater.

Vorder|achse *f* ['fɔrdər-] essieu *m* avant; **~ansicht** *f* vue *f* de face; **~asien** *n* l'Asie *f* occidentale, le Proche-Orient; **~bein** *n zoo* patte *f* de devant; **~deck** *n mar* gaillard *m* d'avant; **v~e(r, s)** *a* de devant, antérieur; *der V~e Orient* le Proche-Orient; **~front** *f arch* façade *f;* **~grund** *m* premier plan *m; in den ~ rücken* od *stellen (fig)* mettre au premier plan *od* en vedette; *im ~ stehen* être au premier plan; **v~gründig** *a fig* de premier plan; **~indien** *n* l'Inde *f;* **v~lastig** *a aero* lourd de l'avant; **~mann** *m* ⟨-(e)s, -männer⟩ homme qui précède; chef *m* de file; **~rad** *n* roue avant; *(des Fahrrades)* roue *f* directrice; **~seite** *f* face *f,* front *m; arch* façade *f; typ* recto; *(Münze)* avers *m; auf der ~ (typ)* au recto; **~sitz** *m* siège *m* avant *od* de devant; **v~ste,** *der, die, das* le premier, la première; **~teil** *n od m* partie *f* de devant; *(e-s Tieres)* avant-train *m.*

vor≈drängen, *sich* ['fo:r-] **1.** avancer en jouant des coudes; **2.** *fig* se mettre en avant *od* en évidence.

vor≈dring|en ['fo:r-] ⟨*drang vor, vorgedrungen*⟩ *itr* ⟨*sein*⟩ *mil, a fig* avancer, progresser; **~lich** *a* (très) urgent.

Vordruck *m* ⟨-(e)s, -e⟩ ['fo:r-] formule *f* imprimée, imprimé, formulaire *m.*

vorehelich ['fo:r-] *a* prénuptial.

voreilig ['fo:r-] *a* précipité; anticipé; *(unüberlegt)* inconsidéré.

voreinander ['fo:r-] *adv* l'un devant l'autre; *fig: keine Geheimnisse ~ haben* ne pas avoir de secrets l'un pour l'autre.

voreingenommen ['fo:rʔaɪn-] *a* prévenu (*für* pour, *gegen* contre); plein de préjugés.

vor≈enthalten ['fo:r-] ⟨*enthält, enthielt*

vor, vorenthalten› *tr jur* détenir (injustement); *jdm etw* ~ priver qn de qc.
Vorentscheidung *f* ['fo:r-] **1.** décision *f* préliminaire; **2.** *sport* demi-finale *f.*
Vorentwarnung *f* ['fo:r-] *(Luftschutz)* fin *f* du danger immédiat.
vorerst ['fo:rʔe:rst/-'-] *adv (vorläufig, zunächst)* pour le moment, pour l'instant.
Vorfahr *m* ‹-en, -en› ['fo:r-] ancêtre *m; pl* ancêtres, aïeux, ascendants *m pl.*
vor≈fahr|en ['fo:r-] ‹*fährt, fuhr vor, vorgefahren*› *itr* ‹*sein*› **1.** *(ein Stück weiter fahren)* avancer; **2.** *(als erster fahren)* passer le premier; **3.** *(vor e-m Haus)* arrêter sa voiture (devant une maison); **V~t** *f* priorité *f* (aux croisements); passage *m* protégé; *ich habe* ~ j'ai priorité, la priorité me revient; *rechts hat* ~ priorité *f* à droite; **V~t(s)straße** *f* route *od* voie *f* prioritaire *od* à priorité.
Vorfall *m* ['fo:r-] *(Begebenheit)* cas *m,* affaire *f;* événement, incident *m;* **vor≈fallen** ‹*fällt, fiel vor, vorgefallen*› *itr* ‹*sein*› *(geschehen)* se passer, arriver, se produire.
vor≈finden ['fo:r-] ‹*findet, fand vor, vorgefunden*› *tr* trouver, rencontrer.
Vorfreude *f* ['fo:r-] joie *f* anticipée.
Vorfrühling *m* ['fo:r-] printemps *m* précoce.
vor≈fühlen ['fo:r-] *itr* sonder *od* tâter le terrain.
vor≈führ|en ['fo:r-] *tr* **1.** *jur (vor den Richter bringen)* amener devant le juge; **2.** *(zur Schau stellen, zeigen)* présenter; *(Gerät)* démontrer; *film* faire passer; **V~raum** *m film* salle *od* cabine *f* de projection; **V~ung** *f (Schaustellung; Modenschau)* présentation; *film* production; *(e-s Gerätes)* démonstration *f.*
Vorgabe *f* ['fo:r-] *sport* avantage *m.*
Vorgang *m* ['fo:r-] processus *m.*
Vorgänger *m* ‹-s, -› ['fo:r-] prédécesseur *m.*
Vorgarten ['fo:r-] *m* jardin *m* de devant.
vor≈geben ['fo:r-] ‹*gibt, gab vor, vorgegeben*› *tr* **1.** *(vorschützen)* prétexter, donner pour excuse; **2.** *sport* rendre.
Vorgebirge *n* ['fo:r-] contrefort; *(auf e-r Halbinsel)* promontoire *m.*
vorgefaßt ['fo:r-] *a: ~e Meinung f* opinion *f* préconçue *od* préétablie.
vorgefertigt ['fo:r-] *a tech* préfabriqué.
Vorgefühl *n* ['fo:r-] pressentiment *m; psych* précognition, prémonition *f.*
vor≈gehen ['fo:r-] *itr* ‹*ging vor, vorgegangen*› **1.** *(vorrücken, a. mil)* avancer (*auf* sur); **2.** *fig (etwas unternehmen)* agir, prendre des mesures (*gegen* contre); **3.** = *vorausgehen;* **4.** *fig (den Vortritt haben)* passer le premier; **5.** *(Uhr)* avancer; **6.** *fig (wichtiger sein)* avoir la priorité; **7.** *(geschehen)* se passer, se produire; — *gerichtlich gegen jdn* ~ recourir à la justice *od* intenter une action en justice contre qn; **V~** *n (Handeln, Handlungsweise)* action *f,* agissements *m pl,* procédé *m.*
vorgerückt ['fo:r-] *a (Zeit)* avancé; *in ~er Stunde* à une heure avancée.
Vorgeschichte *f* ['fo:r-] *(Wissenschaft)* préhistoire *f; (e-s Ereignisses)* antécédents *m pl.*
Vorgeschmack *m* ['fo:r-] avant-goût *m.*
vorgesehen ['fo:r-] *a (geplant)* prévu.
Vorgesetzte *m f* ‹-n, -n› ['fo:r-] supérieur *m.*
vorgest|ern ['fo:r-] *adv* avant-hier; ~ *abend* avant-hier soir; **~rig** *a* d'avant-hier, de l'avant-veille; *der ~e Tag* l'avant-veille *f.*
vor|≈greifen ['fo:r-] ‹*griff vor, vorgegriffen*› *itr* anticiper (*e-r S* (sur) qc); **V~griff** *m* anticipation *f.*
vor≈haben ['fo:r-] ‹*hat, hatte vor, vorgehabt*› *tr* **1.** *(Schürze)* porter; **2.** *(beabsichtigen)* projeter (*etw* qc); ~, *etw zu tun* projeter, avoir l'intention *od* le dessein de faire qc; compter faire qc; penser (à) faire qc; *etwas* ~ avoir des projets; être occupé; *was haben Sie (für) heute abend vor?* qu'est-ce que vous comptez *od* pensez faire ce soir? **V~** *n* ‹-s, -› *(Plan, Absicht)* projet, dessein *m,* intention *f,* plan *m.*
Vorhalle *f* ['fo:r-] **1.** *arch* porche *m;* **2.** *(e-r Kirche, e-s Tempels)* parvis *m.*
vorhalt|en ['fo:r-] ‹*hält, hielt vor, vorgehalten*› *tr* **1.** tenir, tendre; **2.** *fig (vorwerfen)* reprocher; **V~ungen** *f pl (ernste Ermahnungen)* remontrances, admonestations *f pl,* reproches *m pl.*
Vorhand *f* ‹-, ø› ['fo:r-] **1.** *sport* coup *m* droit; **2.** *(Pferd)* avant-main *f;* — *die* ~ *haben (beim Kartenspiel)* avoir la main; **v~en** [fo:r'handən] *a (da, anwesend)* présent; *(existierend)* existant; *(verfügbar)* disponible; ~ *sein (a.)* exister; **~ensein** *n* présence; existence; disponibilité *f.*
Vorhang *m* ['fo:r-] *a. theat* rideau *m; den* ~ *auf-, zuziehen* ouvrir, fermer le rideau (en tirant); *den* ~ *hochziehen, herunterlassen* remonter, baisser le rideau; *eiserner* ~ *(theat* u. *pol: Eiserner ~)* rideau *m* de fer.
vor≈hänge|n ['fo:r-] *tr* (sus)pendre devant; **V~schloß** *n* cadenas *m.*
Vorhaut *f* ['fo:r-] *anat* prépuce *m.*
vorher [fo:r'he:r] *adv* ['--], *pref* [-'-] (au-par)avant, antérieurement, précédemment; *(schon ~)* d'avance, à l'avance, en *od* par avance; *am Abend* ~ la veille au soir; *am Tage* ~ la veille; *kurz, unmittelbar* ~ peu de temps, immédiatement avant; *wie* ~ comme avant; **~bestimmt** *a rel* prédestiné; **V~bestimmung** *f rel* prédestination *f;* **~≈gehen**

⟨ging vorher, vorhergegangen⟩ itr ⟨sein⟩ précéder; **~gehend** *a*, **~ig** *a* précédent, antérieur.

Vorherrsch|aft *f* ['fo:r-] prédominance, prépondérance *f;* **vor≈herrschen** *itr* prédominer, prévaloir; **v~end** *a* prédominant.

Vorher|sage [for'he:r-] *f* prédiction, prévision *f*, pronostic *m;* **v~≈sagen** *tr* prédire; **v~≈sehen** *⟨sieht, sah vorher, vorhergesehen⟩ tr* prévoir.

vorhin [fo:r'hın/'--] *adv* il y a peu de temps, il n'y a pas longtemps; tantôt.

Vorhof *m* ['fo:r-] avant-cour *f; (e-s Heiligtums)* parvis *m.*

Vorhut *f* ['fo:r-] *mil* avant-garde *f.*

vorige(r, s) ['fo:rıgə-] *a* précédent, antérieur; *~s Jahr* l'an passé, l'année dernière; *das ~ Mal* la dernière fois.

Vor|jahr *n* ['fo:r-] année *f* précédente, an *m* dernier; **v~jährig** *a* de l'année précédente *od* l'an dernier.

Vorkämpfer *m* ['fo:r-] *fig* champion, pionnier *m; pl* avant-garde *f.*

Vorkauf *m* ['fo:r-] préemption *f;* **~srecht** *n* droit *m* de préemption, option *f.*

Vorkehrung *f* ⟨-, -en⟩ ['fo:r-] disposition, mesure *f*, préparatif *m; ~en treffen* prendre des dispositions *od* des mesures.

Vorkenntnisse *f pl* ['fo:r-] connaissances préalables, notions *f pl* préliminaires.

vor≈knöpfen ['fo:r-] *tr: sich jdn ~ (fam) = jdn vornehmen.*

vor≈komm|en ['fo:r-] *⟨kam vor, vorgekommen⟩ itr ⟨sein⟩* **1.** *(nach vorn kommen)* avancer; sortir des rangs; **2.** *(geschehen)* arriver, se produire, se passer, se voir; **3.** *(vorhanden sein, sich finden)* se trouver; **4.** *(erscheinen)* paraître, sembler; *Sie kommen mir bekannt vor* votre visage ne m'est pas inconnu; *das kommt dir nur so vor* c'est une fausse impression de ta part; **V~en** *n* ⟨-s, ø⟩ *bot* habitat; *geol* gisement *m;* **V~nis** *n* ⟨-sses, -sse⟩ événement *m.*

Vorkriegs . . . ['fo:r-] *(in Zssgen)* d'avant-guerre; **~zeit** *f* avant-guerre *m.*

vor≈lad|en ['fo:r-] *⟨lädt, lud vor, vorgeladen⟩ tr jur* citer, assigner; **V~ung** *f jur* citation, assignation *f.*

Vorlage *f* ['fo:r-] **1.** *(Muster)* modèle *m;* **2.** *(Gesetzesvorlage)* projet *m* (de loi); **3.** *(beim Fußball)* passe *f* en bonne position.

vor≈lassen ['fo:r-] *⟨läßt, ließ vor, vorgelassen⟩ tr* **1.** *(den Vortritt lassen)* laisser passer (le premier); **2.** *(Zutritt gewähren)* admettre, laisser entrer.

Vorläuf|er *m* ['fo:r-] précurseur *m;* **v~ig** **I.** *a* provisoire; **II.** *adv* provisoirement, pour l'instant *od* le moment, en attendant.

vorlaut ['fo:rlaut] *a* présomptueux, impertinent.

Vorleben *n* ['fo:r-] *jur* antécédents *m pl.*

vor≈legen ['fo:r-] *tr* **1.** mettre devant; **2.** *com (Ware anbieten)* présenter, montrer, servir, offrir; **3.** *(Schriftstück)* présenter; *adm jur* administrer, produire; *fig (Frage, Plan)* soumettre, proposer; *parl (Gesetzentwurf)* soumettre, présenter.

vor≈les|en ['fo:r-] *⟨liest, las vor, vorgelesen⟩ tr* lire (à haute voix); **V~ung** *f* conférence *f;* cours *m* (d'université); *e-e ~ halten, hören* faire, suivre un cours; **V~ungsverzeichnis** *n* programme *m* des cours.

vorletzte(r, s) ['fo:r-] *a* avant-dernier.

Vorlieb|e *f* ['fo:r-] prédilection, préférence *f; e-e ~ haben für* avoir une préférence *od* prédilection pour, préférer; **v~nehmen** *⟨nimmt, nahm vorlieb, vorliebgenommen⟩ itr* se contenter (*mit etw* de qc).

vor≈liegen ['fo:r-] *⟨lag vor, vorgelegen⟩ itr (vorhanden sein)* être présent, exister; *im ~den Fall* dans le cas présent, en l'occurrence; *es liegt nichts vor* il n'y a rien (à faire); *es liegt nichts gegen ihn vor* il n'y a rien à lui reprocher.

vor≈lügen ['fo:r-] *tr: jdm etw ~* dire un *od* des mensonge(s) à qn.

vor≈machen ['fo:r-] *tr:* **1.** *es jdm ~ (zeigen, wie man es macht)* montrer à qn comment s'y prendre; **2.** *jdm etwas ~ (vorlügen)* en faire accroire, en imposer à qn; *sich (selbst) etwas ~* s'illusionner, se leurrer d'illusions.

Vormacht *f* ['fo:r-] *pol* puissance *f* prédominante; **~stellung** *f pol* hégémonie, prépondérance, position *f* dominante.

vormals ['fo:rma:ls] *adv* précédemment, antérieurement, auparavant; *(voreinst)* autrefois, jadis.

Vormarsch *m* ['fo:r-] *mil* marche *f* avant.

vor≈merken ['fo:r-] prendre note de, noter; *sich ~ lassen* se faire inscrire.

Vormittag *m* ['fo:r-] matinée *f; im Laufe des ~s,* **v~s** *adv* dans la matinée.

Vormonat *m* ['fo:r-] mois *m* précédent.

Vormund *m* ⟨-(e)s, -e/¨er⟩ ['fo:r-] tuteur; *(bes. e-s Entmündigten)* curateur *m;* **~schaft** *f* ⟨-, ø⟩ tutelle; curatelle *f.*

vorn [fɔrn] *adv (davor)* (par) devant; *(am Kopfende, Anfang)* à la tête; *~ an, in* en tête de; *nach ~* en avant; *von ~* par devant, de front, de face; *von ~ bis hinten* d'un bout à l'autre, de bout en bout; *(wieder) von ~ anfangen* (re)commencer par le début. **~e** *adv fam = ~.*

Vorname *m* ['fo:r-] prénom; *fam* petit nom *m.*

vornehm ['fo:rne:m] *a* **1.** distingué, de

distinction, de qualité; **2.** *(von ~er Erscheinung)* aristocratique; *(von ~er Gesinnung)* noble; — *~ tun* se donner de grands airs.

vor≈nehmen ['fo:r-] ‹*nimmt, nahm vor, vorgenommen*› *tr* **1.** *(in Angriff nehmen, sich beschäftigen mit)* attaquer, se mettre à, entreprendre, s'occuper de; **2.** *(jdm die Meinung sagen, jdn zurechtweisen)* faire la leçon *od* une remontrance à, admonester; *refl* **3.** *sich etw ~* projeter qc, former le projet de qc; *sich ~, etw zu tun* se promettre *od* se proposer de faire qc.

vornehmlich ['fo:r-] *adv (besonders)* principalement, particulièrement.

vornherein ['---/--'-] *adv: von ~* dès le début, de prime abord.

Vorort *m* ‹-(e)s, -e› ['fo:r-] faubourg *m; die ~e pl, a.* la banlieue; **~(s)bewohner** *m* banlieusard *m;* **~(s)verkehr** *m loc* trafic suburbain, service *m* de banlieue.

Vorplatz *m* ['fo:r-] *(e-s Gebäudes)* parvis; *(in e-m Hause)* vestibule *m.*

Vorposten *m* ['fo:r-] *mil* avant-poste *m; auf ~ stehen* être aux avant-postes.

Vorrang *m* ‹-(e)s, ø› ['fo:r-] *: den ~ haben (wichtiger, dringender sein)* jouir de la préférence; *jdm den ~ lassen* céder le pas à qn; **~stellung** *f* préséance, prééminence *f.*

Vorrat *m* ‹-(e)s, ⸚e› ['fo:r-] provision(s *pl*), réserve(s *pl*) *f; bes. com* stock *m; auf ~* en réserve; *solange der ~ reicht* jusqu'à épuisement du stock.

vorrätig ['fo:r-] *a* en provision, en stock; en magasin; *etw ~ haben (com)* avoir qc en stock *od* en magasin, suivre qc.

Vorratslager *n* ['fo:r-] magasin *m* d'approvisionnement.

Vorraum *m* ['fo:r-] antichambre *f.*

vor≈rechnen ['fo:r-] *tr* énumérer; *jdm etw ~* faire le compte de qc à qn.

Vorrecht *n* ['fo:r-] privilège *m,* prérogative *f.*

Vorrede *f* ['fo:r-] *(zu e-m Buch)* avant-propos *m,* préface *f,* avertissement *m.*

Vorrichtung *f* ['fo:r-] dispositif; mécanisme *m.*

vor≈rücken ['fo:r-] *itr* ‹*sein*› avancer, se porter en avant.

Vorrunde *f* ['fo:r-] *sport* premier tour *m.*

vor≈sagen ['fo:r-] *tr* souffler *(jdm etw* qc à qn).

Vorsaison *f* ['fo:r-] avant-saison *f.*

Vorsatz *m* ['fo:r-] projet, dessein *m,* intention, résolution *f; e-n ~ fassen* prendre une résolution; **~blatt** *n (e-s Buches)* (feuille de) garde *f.*

vorsätzlich ['fo:r-] **I.** *a (bes. jur, z. B. Tötung)* volontaire, intentionnel, prémédité; **II.** *adv* exprès, à dessein, de propos délibéré; *jur* intentionnellement, avec préméditation.

Vorschau *f* ['fo:r-] aperçu *m.*

Vorschein *m* ['fo:r-] *: zum ~ kommen* apparaître, se faire jour.

vor≈schieben ['fo:r-] ‹*schob vor, vorgeschoben*› *tr* avancer; *den Riegel ~* pousser le verrou; *e-r S e-n Riegel ~ (fig)* mettre un terme à qc.

vor≈schießen ['fo:r-] ‹*schoß vor, vorgeschossen*› *tr fam (Geld)* avancer.

Vorschlag *m* ['fo:r-] *(Anraten, Angebot)* proposition; *(Anregung)* suggestion; *(Empfehlung)* recommandation *f; auf meinen ~* sur ma proposition; **vor≈schlagen** ‹*schlägt, schlug vor, vorgeschlagen*› *tr* proposer (*zu* pour); suggérer; recommander.

Vorschlußrunde *f* ['fo:r-] *sport* demi-finale *f.*

vorschnell ['fo:r-] *a* précipité, inconsidéré.

vor≈schreiben ['fo:r-] ‹*schrieb vor, vorgeschrieben*› *tr* **1.** *(zum Nachschreiben)* écrire *od* tracer en modèle; **2.** *(befehlen)* prescrire, ordonner, commander.

Vorschrift *f* ['fo:r-] prescription; *(Anweisung)* instruction *f; (Befehl)* ordre; *adm mil* règlement *m; med* ordonnance *f;* **v~smäßig I.** *a* conforme aux prescriptions *od* aux instructions *od* au règlement; **II.** *adv a.* en règle, en bonne et due forme.

Vorschub *m* ['fo:r-] *: jdm, e-r S ~ leisten (begünstigen)* aider, assister qn; favoriser qc.

Vorschule *f* ['fo:r-] école *f* préparatoire.

Vorschuß *m* ['fo:r-] avance *f;* arrhes *f pl; jdm e-n ~ geben* od *zahlen* faire une avance à qn.

vor≈schützen ['fo:r-] *tr* prétexter, donner comme prétexte; prendre pour excuse.

vor≈schweben ['fo:r-] *itr: es schwebt mir etw vor* j'ai une vague idée de qc.

vor≈seh|en ['fo:r-] ‹*sieht, sah vor, vorgesehen*› **1.** *tr (planen)* prévoir; **2.** *refl: sich ~* prendre garde, se mettre sur ses gardes, être *od* se tenir sur ses gardes; **V~ung,** *die* ‹-, ø› la Providence (divine).

vor≈setzen ['fo:r-] *tr: jdm etw (zu essen* od *zu trinken) ~* servir qc à qn.

Vorsicht *f* ‹-, ø› ['fo:r-] précaution, circonspection, prudence *f; ~!* attention! prenez garde! *~ ist besser als Nachsicht (prov)* prudence est mère de sûreté; **v~ig I.** *a* circonspect, prudent; **II.** *adv* avec précaution *od* circonspection, prudemment; — *~ zu Werke gehen* user de précautions, jouer serré; **v~shalber** *adv* par précaution, par (mesure de) prudence; **~smaßnahme** *f* mesure *f* de précaution; *~n treffen* prendre des *od* ses précautions.

Vorsilbe *f* ['fo:r-] *gram* préfixe *m.*

vor=singen ['fo:r-] ⟨*sang vor, vorgesungen*⟩ *tr* chanter.
vorsintflutlich ['fo:r-] *a fig (altmodisch)* antédiluvien.
Vorsitz *m* ⟨-es, ø⟩ ['fo:r-] *: unter dem ~ (gen)* sous la présidence (de); *den ~ führen* od *haben* exercer *od* avoir la présidence, présider; **~ende** *m f* ⟨-n, -n⟩ président(e *f*) *m.*
Vorsorg|e *f* ['fo:r-] prévoyance *f;* **vor=sorgen** *itr* prendre ses précautions *od* les précautions nécessaires; **v~lich I.** *a* prévoyant; **II.** *adv* par précaution.
Vorspann *m* ⟨-(e)s, -e⟩ ['fo:r-] **1.** *(zusätzl. Zugpferde)* chevaux *m pl* de renfort; **2.** *film* générique *m;* **3.** *radio* distribution *f.*
Vorspeise *f* ['fo:r-] entrée *f,* hors-d'œuvre *m.*
Vorspieg(e)lung *f* ['fo:r-] *: ~ falscher Tatsachen* récit *od* propos *m* mensonger.
Vorspiel *n* ['fo:r-] *theat* prologue; *mus* prélude *m,* ouverture *f;* **vor=spielen** *tr: jdm etw ~ (theat* u. *mus)* jouer qc à qn.
vor=sprechen ['fo:r-] ⟨*spricht, sprach vor, vorgesprochen*⟩ *tr:* **1.** *jdm etw ~* dire *od* prononcer qc à qn (pour le faire répéter); **2.** *bei jdm ~ (e-n kurzen Besuch machen)* se présenter chez qn *od* à la porte de qn.
vor=springen ['fo:r-] ⟨*sprang vor, vorgesprungen*⟩ *itr* ⟨*sein*⟩ *(hervorragen)* faire saillie; **~d** *a* saillant, proéminent.
Vorsprung *m* ['fo:r-] **1.** *arch* saillie *f;* **2.** *fig* avance *f; e-n großen ~ haben* avoir une grande avance (*vor jdm* sur qn).
Vorstand *m* ['fo:r-] **1.** comité *m* directeur *od* de direction; **2.** *(Vorsitzender)* président *m.*
vor=steh|en ['fo:r-] ⟨*stand vor, vorgestanden*⟩ *itr* **1.** *(hervorragen, vorspringen)* saillir, faire saillie; **2.** *e-r S ~ (fig: an ihrer Spitze stehen)* être à la tête *od* le chef de, présider à; **~end** *a* **1.** saillant, proéminent; **2.** *(in e-m Text vorausgehend)* précédent; **V~er** *m* ⟨-s, -⟩ *(Leiter, Direktor)* président, directeur, chef *m;* **V~erdrüse** *f anat* prostate *f.*
vor=stell|en ['fo:r-] *tr* **1.** *(Zeiger, Uhr vorrücken)* avancer; **2.** *jdn jdm ~ (mit ihm bekannt machen)* présenter qn à qn; **3.** *(personifizieren, verkörpern)* personnifier; *(Kunst: darstellen, bedeuten)* représenter, signifier; **4.** *sich etw ~ (sich ein Bild, e-n Begriff von etw machen)* se représenter, (s')imaginer, se figurer, concevoir qc, se faire une idée de qc; **5.** *etwas ~ (Eindruck machen)* présenter bien, faire figure, avoir de la prestance; — *das kann ich mir ~* je m'en doute; *das kann ich mir nicht ~* cela me paraît impossible, cela passe mon imagination; *stellen Sie sich (das* od *mal) vor!* pensez donc! jugez! **~ig** *a: ~ werden* faire des représentations; **V~ung** *f* **1.** *theat* représentation; *a. film* séance *f;* **2.** *(Denken, bes. in Bildern)* imagination; *(Bild, Begriff)* idée *f;* **3.** *pl (Vorhaltungen)* remontrances, réprimandes *f pl;* — *e-e ~ von etw haben* avoir une idée de qc; *sich von etw e-e ~ machen* se faire une idée de qc; *keine ~! (theat)* relâche! **V~ungskraft** *f,* **V~ungsvermögen** *n* imagination *f.*
Vorstoß *m* ['fo:r-] avance; *mil a.* attaque *f;* **vor=stoßen** ⟨*stößt, stieß vor, vorgestoßen*⟩ *itr* ⟨*sein*⟩ avancer, se porter en avant; *mil* avancer (en combattant), attaquer.
Vorstrafe *f* ['fo:r-] *jur* punition *od* peine *f* antécédente, *pl* antécédents *m pl.*
Vorstufe *f* ['fo:r-] premier degré.
Vortag *m* ['fo:r-] jour *m* précédent; *(Vorabend)* veille *f.*
vor=täuschen ['fo:r-] *tr* feindre, simuler.
Vorteil *m* ['fɔr:-] **1.** avantage *m;* **2.** *(Gewinn, Nutzen)* profit, intérêt *m;* — *zu jds ~* en faveur de qn; *auf s-n ~ bedacht sein* considérer ses (propres) intérêts; *~e bieten* od *bringen* présenter des avantages; *im ~ sein* avoir l'avantage, tenir le bon bout; **v~haft** *a* avantageux, profitable.
Vortrag *m* ⟨-(e)s, ¨-e⟩ ['fo:r-] **1.** *(Rede, Vorlesung)* conférence *f;* **2.** *(Bericht)* rapport *m;* **3.** *(e-s Gedichtes)* récitation, déclamation; *mus* exécution *f;* **4.** *(~sart)* élocution, diction *f,* débit *m;* — *e-n ~ halten* faire *od* donner une conférence; **vor=tragen** ⟨*trägt, trug vor, vorgetragen*⟩ *tr* **1.** *(Gedicht aufsagen)* réciter, déclamer; **2.** *com* reporter; **~ende** *m f* ⟨-n, -n⟩ *(Redner)* conférencier *m.*
vortrefflich ['fo:r-] *a* excellent, exquis, parfait, supérieur, de premier ordre; **V~keit** *f* ⟨-, ø⟩ excellence, supériorité *f.*
vor=treten ['fo:r-] ⟨*tritt, trat vor, vorgetreten*⟩ *itr* ⟨*sein*⟩ (s')avancer; *(aus dem Glied)* sortir des rangs; *einen Schritt ~* faire un pas en avant.
Vortritt *m* ['fo:r-] *: jdm den ~ lassen* céder le pas à qn.
vorüber [vo'ry:bər] *adv* **1.** *(örtl.) an etw ~* devant qc, auprès de qc, à côté de qc; **2.** *(zeitl.)* passé; **~=gehen** ⟨*ging vorüber, vorübergegangen*⟩ *itr* ⟨*sein*⟩ **1.** *an jdm, etw ~* passer devant *od* auprès de *od* à côté de qn, qc; **2.** *(zeitl.)* passer; **~gehend** *a* passager, transitoire, temporaire, éphémère.
Vorübung *f* ['fo:r-] exercice *m* préparatoire.
Voruntersuchung *f* ['fo:r-] *jur* instruction *f* préalable *od* préliminaire *od* préparatoire.

Vorurteil *n* ['fo:r-] préjugé *m,* prévention *f; ~e haben* être plein de préjugés;

v~sfrei *a,* **v~slos** *a* sans préjugés, exempt de préjugés.

Vorvergangenheit *f* ['fo:r-] *gram* plus-que-parfait *m.*

Vorverhandlung *f* ['fo:r-] prénégociation *f.*

Vorverkauf *m* ['fo:r-] *theat* location *f.*

vor=verlegen ['fo:r-] ‹*ohne ge-*› *tr (Veranstaltung)* avancer.

vor=wagen, *sich* ['fo:r-] oser avancer; *sich zu weit* ~ s'aventurer trop loin, s'engager trop avant.

Vorwahl *f* ['fo:r-] **1.** *pol* scrutin *m* éliminatoire; **2.** *tele* présélection *f.*

Vorwählnummer *f* ['fo:r-] *tele* indicatif *m* (téléphonique).

Vorwand *m* ‹-(e)s, ¨-e› ['fo:r-] *m* prétexte *m,* allégation *f; (Ausrede)* subterfuge *m,* échappatoire *f; unter dem ~ daß ...* sous prétexte que *subj; etw zum ~ nehmen* prendre prétexte de qc.

Vorwarnung *f* ['fo:r-] *(Luftschutz)* (état *m* d')alerte *f* préventive.

vorwärts ['fo:r-/'fɔrvɛrts] *adv* en avant; *~!* en avant! allons! partons! **~=kommen** ‹*kam vorwärts, vorwärtsgekommen*› *itr* ‹*sein*› *fig (vorankommen)* avancer, progresser, faire des progrès.

vorweg [fo:r'vɛk] *adv (im voraus)* d'avance, à l'avance; **V~nahme** *f* anticipation *f;* **~=nehmen** ‹*nimmt, nahm vorweg, vorweggenommen*› *tr* anticiper.

vor=weisen ['fo:rvaɪzən] ‹*wies vor, vorgewiesen*› *tr (vorzeigen)* montrer; faire voir, produire; *fam* exhiber.

vor=werfen ['fo:r-] ‹*wirft, warf vor, vorgeworfen*› *tr* **1.** *(zum Fressen hinwerfen)* jeter (à manger); **2.** *jdm etw ~ (tadelnd vorhalten)* reprocher qc à qn, s'en prendre à qn de qc.

vorwiegend ['fo:r-] *adv* pour la plupart, généralement.

vorwitzig ['fo:r-] *a* hardi, téméraire.

Vorwort *n* ‹-(e)s, -e› ['fo:r-] *(e-s Buches)* préface *f,* avant-propos; *(kurzes)* avertissement, avis *m* au lecteur.

Vorwurf *m* ['fo:r-] reproche; *(Tadel)* blâme *m,* réprobation *f; jdm e-n ~ machen* faire un reproche à qn (*aus etw* de qc); **v~svoll** *a* plein de reproche(s).

Vorzeichen *n* ['fo:r-] **1.** signe *m* (avant-coureur), indice, présage *m;* **2.** *math mus* signe *m.*

vor=zeigen ['fo:r-] *tr* montrer, faire voir, produire; *(bes. Wechsel)* présenter.

Vorzeit *f* ['fo:r-] *: in grauer ~* dans la nuit des temps, dans les temps les plus reculés; **v~ig I.** *a* prématuré, anticipé; **II.** *adv* avant le temps *od* l'heure.

vor=ziehen ['fo:r-] ‹*zog vor, vorgezogen*› *tr* **1.** *(nach vorn ziehen)* tirer en avant, avancer; **2.** *fig* préférer, donner la préférence à, aimer mieux.

Vorzimmer *n* ['fo:r-] antichambre *f.*

Vorzug *m* ['fo:r-] *(gute Seite)* qualité *f; jdm den ~ geben* accorder *od* donner la préférence à qn.

vorzüglich ['fo:r-] *a* excellent, exquis, supérieur, remarquable, insigne, de première qualité.

Vorzugs|preis *m* ['fo:r-] prix *m* de faveur *od* préférentiel; **v~weise** *adv* de préférence.

Votum *n* ‹-s, -ten/-ta› ['vo:tum, '-tən/ '-ta] *pol (Stimme)* vote, suffrage *m.*

vulgär [vʊl'gɛ:r] *a* vulgaire.

Vulkan *m* ‹-s, -e› [vʊl'ka:n] *geog* u. *fig* volcan *m; erloschener, untätiger, tätiger ~* volcan *m* éteint, sommeillant, en éruption; **~ausbruch** *m* éruption *f* volcanique; **~fiber** *f* fibre *f* vulcanisée; **v~isch** [-'ka:nɪʃ] *a* volcanique; **v~isieren** ‹*ohne ge-*› *tr tech* vulcaniser.

W

W, w *n* ‹-, -› [ve:] *(Buchstabe)* W, w *m.*
Waag|e *f* ‹-, -n› ['va:gə] balance; *(Brükken~)* bascule *f; (Wasser~)* niveau *m; sich die ~ halten (fig)* se contrebalancer, se faire équilibre, être équivalents; *das Zünglein an der ~ (fig)* l'arbitre *m;* **~ebalken** *m* fléau *m* de la balance; **w~(e)recht** *a* horizontal, de niveau; **~schale** *f* plateau *m* de (la) balance; *in die ~ werfen (fig)* jeter dans la balance, faire valoir.
wabb(e)lig ['vab(ə)lıç] *a fam* mou, flasque.
Wabe *f* ‹-, -n› ['va:bə] **1.** *(Zellenwand im Bienenstock)* rayon *m,* gaufre *f;* **2.** *(mit Honig)* gâteau *m;* **~nhonig** *m* miel *m* en rayons.
wach [vax] *a* éveillé *a. fig;* réveillé; *~ bleiben* veiller; *~ liegen* ne pas trouver le sommeil; *~ machen* (r)éveiller; *~ werden* s'éveiller, se réveiller; **W~ablösung** *f mil* relève *f* de la garde; **W~e** *f* ‹-, -n› **1.** *allg* u. *mil* garde; *mil* faction *f; mar* quart *m; (im Mastkorb)* vigie; *(Nachtwache)* veille; *(Krankenwache)* veillée *f;* **2.** *(Polizeiwache)* poste *m* (de police); — *die ~ ablösen* relever la garde; *~ haben* od *schieben, auf ~ sein* être de garde *od* de faction; *mar* être de quart *od (im Mastkorb)* en vigie; *~ halten* être au *od* faire le guet; **~en** *itr* veiller (*bei jdm* auprès de qn); *über jdn, über etw ~* veiller sur qn, sur qc; surveiller qn, qc; **W~hund** *m* chien *m* de garde.
Wacholder(baum, ~strauch) *m* ‹-s,-› [va'xɔldər(-)] genévrier.
wach=rufen ['vax-] ‹*rief wach, wachgerufen*› *tr fig* (r)éveiller; *(Erinnerung)* évoquer, rappeler.
Wachs *n* ‹-es, -e› [vaks] cire *f.*
wachsam ['vax-] *a* vigilant, attentif; *attr a.* sur ses gardes; **W~keit** *f* ‹-, ø› vigilance, attention *f.*
wachsbleich ['vaks'-] *a* cireux.
wachsen ['vaksən] **(1)** ‹*wachst, wachste, gewachst*› *tr (mit Wachs einreiben)* cirer, enduire de cire; *(bohnern)* encaustiquer; **(2)** ‹*wächst, wuchs, gewachsen*› *itr* ‹*sein*› **1.** *allg* croître; *physiol (größer werden, bes. von Menschen)* grandir; *(Pflanze)* pousser; **2.** *fig (zunehmen)* augmenter, s'accroître, être en progression; *(sich entwickeln)* se développer; *(gedeihen)* prospérer; *(sich ausdehnen)* s'étendre; *(Familie)* s'agrandir; — *mit ~der Geschwindigkeit* en prenant de la vitesse, de plus en plus vite; *tüchtig ~ (fam)* pousser comme un champignon; *jdm gewachsen sein* être de taille à se mesurer avec an; *e-r S gewachsen sein* être à la hauteur de qc; *(Haare, Bart) ~ lassen* laisser pousser; *gut gewachsen* bien fait; **~d** *a* croissant, grandissant; *fig (zunehmend)* progressif.
Wachs|figurenkabinett *n* ['vaks-] musée de figures de cire; **~kerze** *f* bougie *f* de *od* en cire; **~stock** *m* rat-de--cave *m;* **~tuch** *n* toile *f* cirée.
Wachstum *n* ‹-s, ø› ['vakstu:m] **1.** *allg* croissance *f;* **2.** *bot* végétation, pousse *f;* **3.** *(Wein)* cru *m;* production *f;* **4.** *fig (Zunahme)* augmentation *f,* accroissement, développement *m;* **w~sfördernd** *a* favorable à la croissance; **w~shemmend** *a* défavorable à la croissance.
Wächter *m* ‹-s, -› ['vɛçtər] *(Museum, Park)* garde, gardien, veilleur *m.*
Wacht|meister *m* ['vaxt-] *mil* adjudant; *(Polizei~)* sergent *m* (de ville); **~parade** *f mil* parade *f* de la garde montante; **~posten** *m* poste, factionnaire *m.*
Wachtraum *m* ['vax-] rêve *m* éveillé.
Wachtturm *m* ['vaxt-] tour *f* de garde *od* de guet; *(Beobachtungsstand aus Holz)* mirador *m.*
Wach- und Schließgesellschaft *f* [vax? unt 'ʃli:s-] société *f* de surveillance d'immeubles.
wack|(e)lig ['vak(ə)lıç] *a* branlant, vacillant; *(Möbel)* boiteux; **W~elkontakt** *m el* contact intermittent, trembleur *m;* faux contact *m;* **~eln** *itr* **1.** branler vaciller, trembler; **2.** *(Möbel)* être boiteux; **3.** *(wacklig gehen)* chanceler; — *mit dem Kopf ~* dodeliner de la *od* branler la tête.
wacker ['vakər] **I.** *a* **1.** *(rechtschaffen, brav)* honnête, loyal, probe; **2.** *(tapfer)* brave, courageux, vaillant; **II.** *adv* bravement; *(tüchtig)* comme il faut; *sich ~ halten* se conduire en brave.
Wade *f* ‹-, -n› ['va:də] *anat* mollet; gras *m* de la jambe; **~nbein** *n anat* péroné *m;* **~nkrampf** *m* crampe *f* de la jambe.
Waffe *f* ‹-, -n› ['vafə] arme *f; in* od *unter ~n* sous les armes; *zu den ~n greifen* prendre les armes; *die ~n niederlegen* od *strecken* mettre bas *od* rendre *od* déposer les armes; *zu den ~n rufen* appeler aux armes; *jdn mit s-n eigenen ~n schlagen (fig)* battre qn avec ses propres armes.

Waffel *f* ‹-, -n› ['vafəl] *(aus dem Waffeleisen)* gaufre; *(kleine)* gaufrette *f;* **~eisen** *n* gaufrier *m.*

Waffen|besitz *m* ['vafən-] *(unerlaubter)* détention *f* (illégale) d'armes; **w~fähig** *a: im ~en Alter* en âge de porter les armes; **~gang** *m* passe *f* d'armes; **~gattung** *f* arme *f; die drei ~en* les trois armes; **~gewalt** *f: mit ~* par la force des armes; **~handel** *m* trafic *m* d'armes; **~händler** *m* armurier; trafiquant *m* d'armes; **~handlung** *f* armurerie *f;* **~hilfe** *f* assistance *f* militaire; **~lager** *n* dépôt *m* d'armes; **w~los** *a* sans armes, désarmé; **~meister** *m mil* (chef) armurier *m;* **~ruhe** *f* suspension d'armes; *(längere)* trêve *f;* **~schein** *m* permis *m od* autorisation *f* de port d'armes; **~stillstand** *m* armistice *m;* **~stillstandsbedingungen** *f pl* clauses *f pl* de l'armistice; **~stillstandsverhandlungen** *f pl* pourparlers *m pl* d'armistice.

waffnen, *sich* ['vafnən] s'armer (*mit* de).

Wag|ehals *m* ['va:gə-] risque-tout; *fam* casse-cou *m;* **w~(e)halsig** ['va:k-] *a* **1.** *(Mensch)* téméraire; aventureux; **2.** *(Unternehmen)* hasardeux; **~emut** *m* hardiesse, audace *f;* goût du risque; esprit *m* d'entreprise; **w~emutig** *a* hardi, audacieux; **w~en** *tr* **1.** oser (*etw zu tun* faire qc); avoir l'audace (*etw zu tun* de faire qc); **2.** *(aufs Spiel setzen)* risquer, mettre en jeu; *(unbesonnen)* hasarder, aventurer; — *sich nicht aus dem Haus ~* ne pas se risquer hors de chez soi; *frisch gewagt ist halb gewonnen (prov)* affaire bien engagée est à moitié gagnée.

Wagen *m* ‹-s, -› ['va:gən] **1.** *(Pferdewagen* u. *mot)* voiture *f;* **2.** *mot* auto(mobile); *mot arg* bagnole *f;* **3.** *loc* wagon *m,* voiture *f;* **4.** *(Lastwagen)* chariot; *mot* camion *m;* **5.** *(Fahrzeug)* véhicule *m;* **6.** *(d. Schreibmaschine)* chariot *m;* **~fenster** *n* glace *f;* **~führer** *m (e-s öffentl. Verkehrsmittels)* conducteur; *(e-s elektrischen Fahrzeuges a.)* wattman *m;* **~heber** *m mot* cric *m;* **~innere** *n* intérieur *m* de la voiture; **~kolonne** *f* convoi *m* (de voiture); **~ladung** *f* voiturée; charge d'un *od* du camion; *loc* wagonnée *f;* **~papiere** *n pl* papiers *m pl* de bord; **~park** *m loc* parc de wagons, matériel roulant; *mot* parc *m* autos *od* de voitures; **~pflege** *f mot* entretien *m* des voitures; **~rad** *n* roue *f* de voiture; **~tür** *f* portière *f.*

Waggon *m* ‹-s, -s› [va'gõ:] *loc* wagon *m;* **~ladung** *f* wagonnée *f.*

Wagner *m* ‹-s, -› ['va:gnər] *(Stellmacher)* charron *m.*

Wagnis *n* ‹-ses, -se› ['va:knıs] risque *m.*

Wahl *f* ‹-, -en› [va:l] **1.** choix *m; (Auswahl)* sélection; option; *(~ zwischen zwei Möglichkeiten)* alternative *f;* **2.** *pol* élection *f; (Abstimmung)* scrutin *m;* — *nach ~* au choix; *keine ~ haben* n'avoir pas le choix; ... *zur ~ haben* avoir le choix entre ...; *jdn vor die ~ stellen* obliger qn à choisir; *s-e ~ treffen* faire son choix; *wer die ~ hat, hat die Qual (prov)* on n'a que l'embarras du choix; *erste ~ (com)* premier choix *m; ~ durch Handaufheben, durch Zuruf* vote *m* à main levée, par acclamation.

Wahl|alter *n* ['va:l-] majorité *f* électorale; **~aufruf** *m* manifeste *m* électoral; **~ausschuß** *m* commission *f* électorale.

wählbar ['vɛ:l-] *a* éligible; *nicht ~* inéligible; **W~keit** *f* ‹-, ø› éligibilité *f.*

wahl|berechtigt ['va:l-] *a* inscrit; **W~berechtigte** *m* électeur *m* inscrit; **W~beteiligung** *f* participation électorale *od* au vote, fréquentation *f* des urnes; **W~bezirk** *m* circonscription *f* électorale.

wähl|en ['vɛ:lən] *tr* **1.** *allg* choisir; *(auswählen)* élire; *(sich entscheiden für)* opter pour, prendre; *(Beruf)* embrasser; *(Menschen zu e-m Amt)* élire, porter, prendre (*zu* pour); **2.** *pol (stimmen)* voter (*für* pour); opter pour; **3.** *tele (Nummer)* faire, composer; *itr* **4.** *pol* voter; *nicht ~* s'abstenir (de voter); **W~er** *m* ‹-s, -› électeur, votant *m.*

Wahl|erfolg *m* ['va:l-] succès *m* électoral; **~ergebnis** *n* résultat *m* électoral *od* de l'élection *od* du vote.

Wählerliste *f* ['vɛ:lər-] liste *f* électorale.

Wahl|fach *n* ['va:l-] *(Schule)* matière *f* facultative *od* à option; **w~frei** *a (Schulfach)* facultatif; **~gang** *m* tour *m* de scrutin; *im ersten ~* au premier tour (de scrutin); **~heimat** *f* terre *od* patrie *f* d'élection; **~kampf** *m* lutte *od* bataille *od* compétition *f* électorale; **~kreis** *m* circonscription *f* électorale; **~lokal** *n* bureau *m* de vote; **w~los** *a.* u. *adv* sans discernement; *~ herausgreifen* prendre au hasard *od* au petit bonheur; **~mann** *m* grand électeur *m;* **~niederlage** *f* défaite *f* électorale; **~pflicht** *f* vote *m* obligatoire; **~plakat** *n* affiche *f* électorale; **~propaganda** *f* propagande *f* électorale; **~recht** *n* droit *m* de vote *od* de suffrage; *von s-m ~ Gebrauch machen, sein ~ ausüben* exercer son droit de vote; *allgemeines ~* suffrage *m* universel; *passives ~* éligibilité *f;* **~rede** *f,* **~redner** *m* discours, orateur *m* électoral; **~sieg** *m* victoire *f* électorale; **~spruch** *m* devise, maxime *f;* **~system** *n* système électoral; mode *m* de scrutin; **~urne** *f* urne *f* électorale; **~versammlung** *f* réunion *od* assemblée *f* électorale; **w~weise** *adv* facultativement; **~zettel** *m* bulletin *m* de vote.

Wahn *m* ‹-(e)s, ø› [va:n] folie; *(~vorstellung)* illusion, chimère; idée *f* fausse; *(Verirrung)* égarement *m*, aberration *f*; *(Verblendung)* aveuglement; *(Fieberwahn)* délire *m*; *in e-m ~ befangen sein* vivre dans l'illusion.

wähnen ['vɛ:nən] *tr* croire (à tort); s'imaginer, se figurer.

Wahnsinn *m* ['va:nzɪn] folie, démence *f*, délire, égarement *m*; *med* aliénation *f* mentale, dérangement *m* cérébral; *(fam, übertreibend)* folie, démence *f*; *das ist heller ~* c'est de la folie pure; *das ist ja ~!* mais c'est insensé; **w~ig I.** *a (a. fig, übertreibend)* fou, insensé; *med* dément, aliéné, maniaque; *(fam, übertreibend)* démentiel; **II.** *adv (fam, übertreibend)* follement, terriblement; — *jdn ~ machen (fam, übertreibend)* faire perdre la raison à qn, rendre qn fou; *~ werden* perdre la raison, devenir fou; *~e Schmerzen m pl* douleurs *f pl* effroyables.

wahr [va:r] *a* **1.** vrai; *(~heitsgetreu)* véridique; **2.** *(wirklich)* véritable; *(echt)* authentique; — *etw ~ machen* réaliser qc; *~ werden* se réaliser; *sein ~es Gesicht zeigen* jeter le masque; *daran ist kein ~es Wort* il n'y a pas un mot de vrai là-dedans; *es wird schon (et)was W~es d(a)ran sein* il y a sûrement du vrai là-dedans; *nicht ~?* n'est-ce pas? *fam* pas vrai? hein? *~er Freund m* ami *m* véritable; *~e Geschichte f* histoire *f* vécue; **W~e,** *das* le vrai, la vérité.

wahren ['va:rən] *tr* **1.** *(bewahren, erhalten)* garder, conserver; **2.** *(behaupten, aufrechterhalten)* maintenir, défendre; — *s-e Interessen ~* défendre ses intérêts; *den Schein ~* sauve(garde)r l'apparence.

währen ['vɛ:rən] *itr (dauern)* durer; **~d I.** *prp* pendant, durant; **II.** *conj* **1.** *(zeitl.)* pendant que; **2.** *(gegensätzl.)* tandis que, alors que; **~ddem** [-'de:m] *adv*, **~ddes(sen)** [-'dɛs(ən)] *adv* pendant ce temps, en attendant.

wahrhaben ['va:r-] *tr: nicht ~ wollen, daß ...* ne pas vouloir admettre que ...

wahrhaft ['va:rhaft] **I.** *a* **1.** *(wahrheitsliebend)* véridique; **2.** *(aufrichtig)* sincère; **II.** *adv (bei a: wirklich)* vraiment; **~ig** *adv (wirklich)* vraiment; *~!* vraiment! vérité! ma foi! **W~igkeit** *f* ‹-, ø› *(Wahrheitsliebe, Aufrichtigkeit)* sincérité; *(Wahrheit)* vér(ac)ité; *(Glaubwürdigkeit)* authenticité *f*.

Wahrheit *f* ‹-, -en› ['va:rhaɪt] vérité *f*; *die ~ (das Wahre, a.)* le vrai; *in ~* en vérité; en réalité; *(um) die ~ zu sagen* à dire vrai, à vrai dire; *bei der ~ bleiben* s'en tenir à la vérité; *die ~ sagen* dire vrai; *ich muß Ihnen die ~ sagen* je vous dois la vérité; *das ist die reine* od *nackte ~* c'est la pure vérité *od* la vérité pure *od* toute nue; **w~sgemäß** *a*, **w~sgetreu I.** *a* conforme à la vérité, véridique, fidèle; **II.** *adv* fidèlement.

wahrnehm|bar ['va:r-] *a* perceptible, apercevable, sensible; *(sichtbar)* visible; *nicht ~* imperceptible; **~en** ‹*nimmt, nahm wahr, wahrgenommen*› *tr* **1.** *(bemerken)* (a)percevoir, s'apercevoir de, remarquer; **2.** *(nutzen, Gebrauch machen von)* profiter de; — *die Gelegenheit ~* profiter de l'occasion; *jds Geschäfte ~* remplacer qn; *jds Interessen ~* parler au nom de qn, représenter qn; **W~ung** *f* ‹-, -en› **1.** (a)perception *f*; **2.** *(der Interessen)* défense, sauvegarde *f*.

wahr=sag|en ['va:r-] *itr* prédire l'avenir, dire la bonne aventure, vaticiner; *sich ~ lassen* se faire dire la bonne aventure; **W~erei** *f* ‹-, ø› [-'raɪ] divination *f*; **W~erin** *f* ‹-, -nen› diseuse *f* de bonne aventure.

wahrscheinlich [va:r'ʃaɪnlɪç/'---] **I.** *a* vraisemblable, probable; **II.** *adv a.* sans doute; **W~keit** *f* ‹-, -en› vraisemblance, probabilité *f*; *aller ~ nach* selon toute(s) probabilité(s); **W~keitsrechnung** *f math* calcul *m* des probabilités.

Wahrung *f* ‹-, ø› ['va:rʊŋ] *(von Interessen etc)* défense, sauvegarde *f*.

Währung *f* ‹-, -en› ['vɛ:rʊŋ] étalon *m*, monnaie, valeur *f od* système *m* monétaire.

Währungs|abkommen *n* ['vɛ:rʊŋs-] accord *m* monétaire; **~ausgleich(sfonds)** *m* (fonds *m* d')égalisation *f* des changes; **~einheit** *f* unité *f* monétaire; **~gebiet** *n* zone *f* monétaire; **~reform** *f* réforme, *f* monétaire; **~system** *n*, stabilité *f*, système *od* régime *m* monétaire; **~verfall** *m* dépréciation *f* monétaire.

Wahrzeichen *n* ['va:-r-] *(e-r Stadt)* emblème *m*.

Waise *f* ‹-, -n› ['vaɪzə] orphelin, e *m f*; **~nhaus** *n* orphelinat *m*; **~nkind** *n* orphelin *m*.

Wal *m* ‹-(e)s, -e› [va:l] *zoo* baleine *f*; *pl (als Ordnung)* cétacés *m pl*.

Wald *m* ‹-(e)s, ¨er› [valt, 'vɛldər] forêt *f*; *(kleiner)* bois *m*; *er sieht den ~ vor lauter Bäumen nicht* les arbres lui cachent la forêt; **~arbeiter** *m* ouvrier *m* forestier; **~brand** *m* incendie *m* de forêt; **~erdbeere** *f* **1.** *(Pflanze)* fraisier *m* sauvage *od* des bois; **2.** *(Frucht)* fraise *f* des bois; **~gebiet** *n* région *f* forestière; **~horn** *n mus* cor *m* de chasse; **~hüter** *m* garde *m* forestier; **w~ig** ['-dɪç] *a* boisé; **~lauf** *m sport* course *f* en forêt; **~meister** *m bot* aspérule *f* (odorante); *pop* petit muguet *m*; **~rand** *m* lisière *od* orée *f* du bois; **w~reich** *a* riche en forêts; très boisé; **~ung** *f* ‹-, -en› [-dʊŋ] forêt *f*, bois *m*; **~weg** *m* chemin *m* forestier; **~wiese** *f* clairière *f*; **~wirt-**

schaft *f* économie *od* exploitation forestière, sylviculture *f*.
Wales *n* [we:ls] *geog* le pays de Galles.
Wal|fang *m* ['va:l-] pêche *f* à la baleine; **~fänger** *m* *(Mensch* u. *Boot)* baleinier *m;* **~fisch** *m* ['val-] *pop* = *Wal.*
Walis|er *m* ‹-s, -› [va'li:zər] Gallois *m;* **w~isch** [-'li:zɪʃ] *a* gallois.
Wall *m* ‹-(e)s, ⸚e› [val, 'vɛlə] rempart *a. mil* u. *fig; (Damm)* remblai *m,* levée *f.*
Wallach *m* ‹-(e)s, -e› ['valax] (cheval) hongre *m.*
wall|en ['valən] *itr (sprudeln)* bouillonner; *(wogen)* ondoyer, onduler; *fig (Blut in den Adern)* bouillir; **W~fahrt** *f* pèlerinage *m;* **W~fahrtskirche** *f* église *f* de pèlerinage; **W~fahrtsort** *m* lieu *m* de pèlerinage.
Wallis *das,* ['valɪs] *geog* le Valais.
Wallon|e *m* ‹-n, -n› [va'lo:nə], **~in** *f* ‹-, -nen› Wallon(ne *f*) *m;* **w~isch** [-'lo:nɪʃ] *a* wallon.
Wallung *f* ‹-, -en› ['valuŋ] *a. fig* bouillonnement *m,* effervescence *f; in ~ bringen (fig)* faire bouillir, mettre en effervescence.
Walnuß *f* ['val-] noix *f.*
Walroß *n* ['val-] *zoo* morse *m; pop* vache *f* marine.
walten ['valtən] *itr* **1.** *(herrschen)* régner (*über* sur); **2.** *(tätig sein, wirken)* agir.
Walz|blech *n* ['valts-] tôle *f* laminée; **~e** *f* ‹-, -n› *allg* u. *tech* cylindre; *tech agr* rouleau *m; auf der ~ sein (fam: wandern)* rouler sa bosse.
walzen ['valtsən-] **(1)** *tr* cylindrer, passer au rouleau; *metal* laminer; **(2)** *itr (Walzer tanzen)* valser.
wälzen ['vɛltsən] *tr* **1.** rouler; **2.** *fig (Bücher)* compulser; **3.** *(Probleme)* ruminer; *refl* **4.** *sich ~* se rouler, *pej* se vautrer (*in* dans).
walzen|förmig ['valtsən-] *a* cylindrique; **W~straße** *f tech* (train de) laminoir *m.*
Walzer *m* ‹-s, -› ['valtsər] *(Tanz)* valse *f.*
Wälzer *m* ‹-s, -› ['vɛltsɛr] *fam (großes Buch)* gros bouquin *m.*
Walzwerk *n* ['valts-] usine *f* de laminage, laminoir *m,* tôlerie *f.*
Wams *n* ‹-es, ⸚er› [vams, 'vɛmzər] *hist (Jacke)* pourpoint *m.*

Wand *f* ‹-, ⸚e› [vant, 'vɛndə] **1.** mur *m; (dicke)* muraille *f;* **2.** *(Innen~; ~fläche; Fels~)* paroi; *(Scheide~)* cloison *f;* — *in meinen vier Wänden* chez moi; *jdn an die ~ drücken (fig) (in den Hintergrund drängen)* éclipser, écraser qn; *(nicht zu Wort kommen lassen)* brimer, brider qn; *jdn an die ~ stellen (erschießen)* coller *od* mettre qn au mur; *die Wände haben Ohren (prov)* les murs ont des oreilles; *spanische ~* paravent *m.*

Wandalismus *m* ‹-, ø› [vanda'lɪsmus] *(Zerstörungswut)* vandalisme *m.*
Wand|arm *m* ['vant-] applique *f;* **~behang** *m* tenture, tapisserie *f;* **~bekleidung** *f* revêtement, *(a. Täfelung)* lambris *m;* **~brett** *n* console *f.*
Wandel *m* ‹-s, ø› ['vandəl] **1.** *(Änderung)* changement *m,* mutation *f;* modifications, variations *f pl;* **2.** *(Lebenswandel)* conduite *f,* comportement *m,* vie; manière *f* de vivre; — *es trat ein ~ ein* il y eut un changement; **w~bar** *a* changeant; *(veränderlich)* variable; *(unbeständig)* instable, inconstant, versatile; **~gang** *m,* **~halle** *f* promenoir; *theat* foyer *m; jur* salle *f* des pas perdus; **w~n 1.** *itr* ‹*sein*› *lit poet (gehen)* aller (son chemin), marcher, cheminer, déambuler; **2.** *refl: sich ~ (sich verändern)* changer, se transformer, faire peau neuve.
Wander|arbeiter *m* ['vandər-] travailleur *m* migrant; **~ausstellung** *f* exposition *f* itinérante; **~bühne** *f* théâtre *m* ambulant; **~düne** *f* dune *f* mouvante; **~er** *m* ‹-s, -› marcheur, excursionniste *m;* **~karte** *f* carte *f* routière; **w~n** *itr* ‹*sein*› aller à pied, marcher, cheminer, se promener, voyager (à pied); *(e-n Ausflug machen)* faire une excursion; *(umherschweifen)* vagabonder, errer; *(Gedanken)* se promener, errer; *(s-e Lage verändern)* se déplacer; *s-e Blicke ~ lassen* promener ses regards; **~niere** *f med* rein *m* flottant *od* mobile; **~pokal** *m sport* coupe *f* challenge; **~preis** *m sport* challenge *m;* **~schaft** *f* ‹-, ø› voyage (à pied); *(der Handwerksburschen)* tour *m* (de compagnon); *auf der ~* en voyage; faisant son tour; *auf die ~ gehen* faire son tour; **~smann** *m* ‹-(e)s, -leute› marcheur *m;* **~ung** *f* ‹-, -en› excursion, promenade *f* (à pied), voyage (à pied), tour *m;* **~vogel** *m (Pfadfinder)* scout, éclaireur *m;* **~weg** *m* chemin *m* touristique.
Wandgemälde *n* ['vant-] peinture *f* murale.
Wandlung *f* ‹-, -en› ['vandluŋ] changement *m,* transformation *f.*
Wand|schmuck *m* ['vant-] décor *m* mural; **~schrank** *m* placard *m;* **~spiegel** *m* trumeau *m;* **~tafel** *f* tableau *m* noir; **~uhr** *f* pendule *f.*
Wange *f* ‹-, -n› ['vaŋə] *a* **1.** *anat* joue *f;* **2.** *tech (Seitenwand)* jumelle *f.*

Wank|elmut *m* ['vaŋkəl-] inconstance, versatilité, vacillation; indécision, irrésolution *f;* **w~elmütig** *a* **1.** *(unbeständig)* inconstant, versatile, vacillant; **2.** *(unentschlossen)* indécis, irrésolu; **w~en** *itr* **1.** ‹*h*› branler; *a. fig* chanceler, vaciller; **2.** ‹*sein*› *(durch etw ~)* parcourir d'un pas hésitant; **3.** ‹*h*› *fig* fléchir;

~en *n: zum ~ bringen* ébranler; *ins ~ geraten (a. mil)* être ébranlé.
wann [van] **I.** *adv* quand? à quelle heure? à quel moment? *bis ~?* jusqu'à quand? *seit ~?* depuis quand? *~ auch immer* n'importe quand; **II.** *conj* quand.
Wanne *f* ‹-, -n› ['vanə] **1.** cuve *f; (Wasch~)* baquet *m; a. tech* bassine *f;* **2.** *(Bade~)* baignoire *f,* tub *m;* **~nbad** *n* bain (dans une baignoire), tub *m.*
Wanst *m* ‹-es, ¨-e› [vanst, 'vɛnstə] *pop* bedaine *f,* bedon *m,* brioche *f fam.*
Wanze *f* ‹-, -n› ['vantsə] *ent (a. Abhörgerät)* punaise *f.*
Wappen *n* ‹-s, -› ['vapən] armes, armoiries *f pl,* blason *m;* **~kunde** *f* science *f* héraldique, blason *m;* **~schild** *m* écu(sson), blason *m.*
wappnen ['vapnən] *: sich gegen etw ~ (fig)* s'armer, contre qc; *sich mit Geduld ~* s'armer de patience.
Ware *f* ‹-, -n› ['va:rə] marchandise *f,* article *m; in ~n bezahlen* payer en nature; *e-e ~ führen* avoir *od* suivre un article.
Waren|angebot *n* ['va:rən-] offre *f* de marchandises; **~automat** *m* distributeur *m* automatique; **~bestand** *m* stock *m;* **~gattung** *f* sorte *od* espèce *f* de marchandises; **~haus** *n* grand magasin, bazar *m;* **~katalog** *m* liste *f* de(s) marchandises, catalogue *m;* **~lager** *n (Raum)* dépôt de marchandises, entrepôt, magasin; *(Vorrat)* stock, fonds *m* de marchandises; **~probe** *f* échantillon, spécimen *m;* **~zeichen** *n* marque *f* de fabrique; *eingetragenes ~* nom *m od* marque *f* déposé(e).
warm [varm] *a ‹wärmer, wärmst›* **1.** *(a. von Farben u. Tönen)* chaud; **2.** *fig (~herzig)* chaleureux; — *~* od *etw W~es essen* faire un repas chaud; manger chaud; *~ halten (Kleidung)* tenir chaud; *sich ~ laufen* s'échauffer en courant; *~ machen (erwärmen)* chauffer; *~ stellen (Speise)* mettre au chaud; *bei* od *mit jdm nicht ~ (fig fam: vertraut) werden* ne pas sympathiser avec qn; *mir ist ~* j'ai chaud; *mir wurde ~ ums Herz* je m'animais, je m'enflammais; *es ist ~* il fait chaud; *~e Kleidung f* vêtements *m pl* chauds; **~blütig** *a zoo* à sang chaud.
Wärme *f* ‹-, (-n)› ['vɛrmə] chaleur *f a. fig;* chaud; *phys* calorique *m; ~ abgeben, ausstrahlen* dégager, répandre de la chaleur; *~ erzeugen* produire de la chaleur; *18° ~* 18 (degrés) au-dessus (de zéro); **w~empfindlich** *a* sensible à la chaleur; **~energie** *f* énergie *f* calorifique; **~grad** *m* degré *m* de chaleur, température *f;* **~isolierung** *f* calorifugeage *m;* isolation *f* thermique; **~lehre** *f phys* thermologie *f;* **~leiter** *m phys* conducteur *m* de la chaleur.
wärmen ['vɛrmən] **1.** *tr* (ré)chauffer; **2.** *refl: sich ~* se réchauffer.
Wärme|quelle ['vɛrmə-] *f* source *f* de chaleur; **~regler** *m* thermostat *m;* **~strahlung** *f* radiation *f* thermique, rayonnement *m* calorifique.
Wärmflasche *f* ['vɛrm-] bouillotte *f.*
warm|≈halten ['varm-] *‹hält, hielt warm, warmgehalten› tr fig: sich jdn ~ (sich jds Gunst erhalten)* cultiver les bonnes grâces de qn; **W~haus** *n (Treibhaus)* serre *f* (chaude); **~herzig** *a* chaleureux, cordial; **W~luft** *f* air *m* chaud; **W~wasserbereiter** *m* chauffe-eau *m;* **W~wasserheizung** *f* chauffage *m* à eau chaude; **W~wasserspeicher** *m* distributeur *m* d'eau chaude.
Warn|anlage *f* ['varn-] dispositif *m* d'avertissement *od* d'alarme; **w~en** *tr* avertir, prévenir (*vor etw* de qc); mettre en garde (*vor jdm* contre qn); donner l'éveil (*jdn* à qn); *s-e ~de Stimme erheben (lit)* lancer un avertissement prophétique; **~er** *m* ‹-s, -› *(Mensch)* avertisseur *m;* **~licht** *n* lampe *f* (rouge) d'avertissement; *loc* signal *m* lumineux d'avertissement; **~meldung** *f mete* message *m* d'avertissement; **~ruf** *m* cri *m* d'alarme; **~schild** *n* panneau *m* de signalisation spécial *od* exceptionnel; signal *m* de danger (sur la route); **~schuß** *m (Polizei)* coup *m* d'avertissement *od* à blanc; **~signal** *n* signal d'avertissement *od* de danger, avertisseur *m;* **~streik** *m* grève *f* d'avertissement; **~ung** *f* avertissement, avis *m; sport* avertissement; *(heilsame ~, Lehre)* leçon; *(Verweis)* remontrance, semonce *f; ohne vorherige ~* sans avis préalable; sans crier gare; *ohne ~ (schießen)* (tirer) sans sommations; *jdm e-e ~ erteilen* avertir qn; donner un avertissement à qn; *das soll mir e-e ~ sein!* cela me servira de leçon; *lassen Sie sich das zur ~ dienen* od *e-e ~ sein!* que cela vous serve de leçon! tenez-vous cela pour dit! **~zeichen** *n* signal *m* d'avertissement *od* de danger.
Warschau *n* ['varʃau] *geog* Varsovie *f.*
Warte *f* ‹-, -n› ['vartə]*: von hoher ~ aus (fig)* d'un point de vue élevé.
Warte|geld *n* ['vartə] *(e-s Beamten)* traitement *m* de disponibilité; *bes. mil* demi-solde *f;* **~halle** *f* hall d'attente, abri *m.*
warten ['vartən] **1.** *itr* attendre *(darauf, daß* que *subj);* **2.** *tr (Kind betreuen)* garder, s'occuper de; *(Kranken pflegen)* soigner, prendre soin de; *(Maschine überwachen)* entretenir, réviser, surveiller; — *auf jdn, etw ~* attendre qn, qc; *mit etw ~* différer, ajourner qc; *jdn ~ lassen* faire attendre *od fam* poireauter qn; *auf sich ~ lassen* se faire attendre *od* désirer; *nicht auf sich ~ lassen*

ne pas se faire attendre, ne pas tarder; *lange auf sich ~ lassen* être long à venir, tarder à arriver; *warte nur! (drohend)* attends un peu! gare! *da kannst du lange ~!* tu peux toujours attendre; **W~** *n* attente *f; nach langem ~* après avoir longtemps attendu.

Wärter *m* ‹-s, -› ['vɛrtər] garde, gardien; *(Kranken~)* garde-malade, infirmier; *loc (Schranken~)* garde-barrière *m.*

Warteraum *m* ['vartə-] *loc* salle *f* d'attente.

Wärterin *f* ‹-, -nen› ['vɛrtərɪn] gard(ienn)e; *(Kranken~)* garde-malade, infirmière *f.*

Warte|saal *m* ['vartə-] *loc* salle *f* d'attente; *(Bahnhofswirtschaft)* buffet *m; (kleiner)* buvette *f;* **~zeit** *f* temps d'attente; *tele* délai *m* d'attente; **~zimmer** *n* salon *m* d'attente, antichambre *f.*

Wartung *f* ‹-, ø› ['vartuŋ] *(Pflege von Mensch* od *Tier)* soins *m pl,* entretien; *tech* entretien *m,* surveillance *f.*

warum [va'rum] *adv* pourquoi, pour quelle raison, pour quelle cause; à quel propos; *(in rhetorischen Fragen a.)* que; *~ nicht?* pourquoi pas?

Warze *f* ‹-, -n› ['vartsə] *med* verrue *f;* **~nhof** *m anat* aréole *f.*

was [vas] *pron* **1.** *(Fragepron)* qu'est-ce qui; *acc* qu'est-ce que, que; *~ (für ein)* quel, le; *(nicht mit v od s verbunden)* quoi; *~ ist geschehen?* qu'est-ce qui est arrivé? *~ willst du?* qu'est-ce que tu veux? que veux-tu? *~ habe ich gelacht!* que j'ai ri! qu'est-ce que j'ai pu rire! *~ Sie nicht sagen!* que dites-vous là! pas possible! *~ ist Ihr Beruf?* quelle est votre profession? *~ für ein Unsinn!* quel non-sens! *~ (denn)?* quoi (donc)? *~!* eh quoi! hein! pas possible! par exemple! *ach ~!* allons donc! *fam* zut! *zu ~ (wozu)?* à quoi bon? **2.** *(Relativpron, auf ein meist wegfallendes* das *bezogen)* ce qui; *acc* ce que; *niemand weiß, ~ kommen wird* personne ne sait ce qui arrivera; *ich weiß, ~ Sie sagen wollen* je sais ce que vous voulez dire; *nicht wissen, ~ man tun soll* ne savoir quoi faire; *nichts, ~ du sagst, stimmt* rien de ce que tu dis n'est vrai; *~ du auch (immer) sagen magst* quoi que tu en dises; *er läuft, ~ er kann* il court tant qu'il peut; *koste es, ~ es wolle!* coûte que coûte! *~ mich betrifft* quant à moi, en ce qui me concerne; *~ (noch) mehr, ~ schlimmer ist* qui plus, pis est; **3.** *(unbestimmtes pron, meist mehr umgangssprachlich für:* etwas*)* quelque chose; *ich will Ihnen ~ sagen* je vais vous dire quelque chose; *das ist ~ anderes* c'est autre chose; *das ist immerhin ~* c'est autant de gagné; *fam* c'est toujours ça; *haben Sie ~ zum Schreiben?* avez-vous quelque chose pour écrire? *hat man so ~ schon gesehen?* a-t-on jamais vu chose pareille? *das ist so sicher wie nur ~!* c'est sûr et certain; *wissen Sie ~!* écoutez! *das wäre ~!* c'est une idée! *nein, so ~!* c'est incroyable.

Wasch|automat *m* ['vaʃ-] machine *f* à laver automatique; **w~bar** *a* lavable; **~bär** *m zoo* raton *m* laveur; **~becken** *n* lavabo *m.*

Wäsche *f* ‹-, -n› ['vɛʃə] **1.** *(Leib-, Bett-, Tischwäsche)* linge *m; (Leibwäsche a.)* lingerie *f; (weiße ~)* blanc *m;* **2.** *das Waschen, a. tech mines* lavage *m; (große ~)* lessive *f; — bei* od *in der ~* au lavage; *saubere* od *frische ~ anziehen* mettre du linge propre; *die ~ aufhängen fam* étendre le linge; *in die ~ geben* faire laver; *~ zum Wechseln* (linge de) rechange *m;* **~beutel** *m* sac *m* à linge.

waschecht ['vaʃ-] *a* **1.** résistant au lavage, grand teint; **2.** *fig (Mensch)* cent pour cent, pur sang.

Wäsche|fach *n* ['vɛʃə-] *(in e-m Schrank)* étagère *f* à linge; **~geschäft** *n* magasin *m* de blanc; **~klammer** *f* pince *od* épingle *f* à linge; **~leine** *f* corde *f* à linge; **~mangel** *f* calandre *f* à linge.

waschen ['vaʃən] ‹*wäscht, wusch, gewaschen*› **1.** *tr* laver *a. tech;* débarbouiller; **2.** *itr (Wäsche ~)* faire la lessive; **3.** *refl: sich ~* se laver, faire sa toilette; — *(s-e Wäsche) ~ lassen* se faire blanchir; *mit allen Wassern gewaschen sein (fig)* connaître tous les trucs *od* toutes les ficelles.

Wäscherei *f* ‹-, -en›, [vɛʃə'raɪ] *f* blanchisserie *f; tech* lavage *m.*

Wäsche|schrank *m* ['vɛʃə-] armoire *f* à linge *od* de rangement; **~ständer** *m (zum Trocknen)* séchoir *m;* **~zeichen** *n* marque *f* du linge.

Wasch|handschuh *m* ['vaʃ-] gant *m* de toilette; **~küche** *f* **1.** buanderie *f;* **2.** *arg aero (dichter Nebel)* purée *f* de pois; **~lappen** *m* **1.** gant *m* de toilette; **2.** *fig fam (Mensch)* poule mouillée, femmelette, lavette *f; pop* nouille, andouille *f;* **~maschine** *f* machine à laver, laveuse *f; ~ mit Schleuder* laveuse-essoreuse *f;* **~mittel** *n* produit *m* de lavage; **~raum** *m* salle *f* d'eau, lavabos *m pl;* **~schüssel** *f* cuvette *f;* **~tisch** *m* table *f* de toilette, lavabo *m;* **~ung** *f* ‹-, -en› *rel* ablution *f;* **~wanne** *f* bac *od* baquet à lessive, cuveau, cuvier *m;* **~weib** *n fam pej* bavarde, pie, jacasse *f;* **~zeug** *n* objets *m pl* de toilette.

Wasser *n* ‹-s, -› ['vasər] eau; *pop* flotte *f;* ‹-s, ⁻› *(Mineral-, Spül-, Abwasser)* eau *f; auf dem ~* sur l'eau; *bei ~ und Brot* au pain et à l'eau; *unter ~ (im ~)* sous l'eau, entre deux eaux; *(überflutet)* inondé, submergé; en immersion; *zu ~*

und zu Lande par terre et par mer, sur terre et sur mer; *ins ~ fallen (a. fig)* tomber à l'eau; *fig (sich nicht verwirklichen)* s'en aller en fumée; *~ führen (Fluß)* charrier de l'eau; *sich über ~ halten* surnager; *fig* se tenir à flot; joindre les deux bouts; *~ lassen (physiol)* uriner; *jdm nicht das ~ reichen können (fig)* ne pas arriver à la cheville de qn; *~ schlucken (beim Baden)* boire une tasse *od* un bouillon *fam; unter ~ setzen* inonder, submerger; *ins ~ springen (zum Schwimmen)* sauter à l'eau, plonger; *(um sich das Leben zu nehmen)* se jeter à l'eau; *bis dahin fließt noch viel ~ ins Meer* d'ici là il passera beaucoup d'eau sous le ponts; *das ist ~ auf s-e Mühle (fig)* c'est du beurre dans ses épinards, c'est de l'eau à son moulin; *das ~ läuft mir im Munde zusammen* l'eau me vient à la bouche; *das ~ steht ihm bis zum* od *an den Hals (fig)* il est pris à la gorge; il se bat le dos au mur; *fließendes ~* eau *f* courante *od fam* de robinet; *hartes, weiches ~* eau *f* dure, non calcaire; *Kölnisch ~* eau *f* de Cologne; *ein Schlag ins ~ (fig)* un coup d'épée dans l'eau; *schweres ~ (chem)* eau *f* lourde; *stehendes ~* eau *f* dormante *od* morte *od* stagnante; **~anschluß** *m* bouche *od* prise *f* d'eau; **w~arm** *a (Land)* aride; **~bad** *n tech, chem* bain-marie *m;* **~ball** *m (Spiel)* water-polo; *(Ball)* ballon *m* de water-polo; **~bekken** *n* bassin *m; (in e-m Garten)* pièce *f* d'eau; **~behälter** *m* réservoir *m* d'eau; **~burg** *f* château *m* fort entouré d'eau; **~dampf** *m* vapeur *f* d'eau; **w~dicht** *a* imperméable; *bes. mar* étanche (à l'eau); **w~durchlässig** *a* perméable (à l'eau); **~eimer** *m* seau *m;* **~entnahme** *f* prise *f* d'eau; **~fall** *m* chute d'eau, cascade, cataracte *f; (in e-m Fluß)* saut *m;* **~farbe** *f* couleur *f* à l'eau; **~fleck** *m* mouillure *f;* **~floh** *m ent* puce *f* d'eau; **~flugzeug** *n* hydravion *m;* **~glas** *n* **1.** *(Trinkglas)* verre *m* à eau; **2.** *chem* verre *m* liquide *od* soluble; **3.** *scient* silicate *m* de potassium; — *ein Sturm im ~ (fig)* une tempête *f* dans un verre d'eau; **~graben** *m* fossé *m* (rempli d'eau); *agr* rigole, saignée; *(e-r Befestigungsanlage)* douve *f;* **~hahn** *m* robinet *m* à eau; prise *f* d'eau; **~hose** *f mete* trombe *f* d'eau; **~huhn** *n orn* poule d'eau, foulque *f.*

wässerig ['vɛsərɪç] *a* aqueux; *(feucht)* humide; *(mit Wasser verdünnt)* coupé d'eau, délayé; *med* séreux; *fig* fade, insipide.

Wasser|kessel *m* ['vasər-] bouilloire; *tech* chaudière *f;* **~kraft** *f* force *od* énergie *od* puissance hydraulique, houille *f* blanche; *scient* hydraulicité; **~kraftwerk** *n* centrale *od* station *od* usine *f* hydro-électrique *od* hydraulique; **~kühlung** *f* refroidissement *m* par eau; **~kunst** *f (~werk)* château *m* d'eau; *pl (in e-m Park)* jeux *m pl* d'eau, grandes eaux *f pl;* **~lache** *f* flaque *f* d'eau; **~lauf** *m* cours *m* d'eau; **~leitung** *f* conduite d'eau; *(im Haus)* distribution *f* d'eau; *(~anschluß, -hahn)* robinet *m* (à eau); **~linie** *f mar* ligne *f* de flottaison; **w~los** *a* sans eau; aride, sec; **w~löslich** *a* soluble dans l'eau; **~mangel** *m* manque *m od* pénurie *f* d'eau; **~mann** *m* ⟨-(e)s, ø⟩ *astr* Verseau *m;* **~massen** *f pl* eaux *f pl;* **~melone** *f bot* melon *m* d'eau, pastèque *f;* **~messer** *m (Gerät)* compteur *m* d'eau; **~mühle** *f* moulin *m* à eau; **w~n** *itr* ⟨*h* od *sein*⟩ *aero* amerrir.

wässern ['vɛsərn] *tr (befeuchten)* humecter; *(gesalzenes Fleisch, gesalzenen Fisch in Wasser legen)* dessaler; *phot* laver.

Wasser|pfeife *f* ['vasər-] pipe *f* à réservoir d'eau, narguilé *m;* **~pflanze** *f* plante *f* aquatique; **~polizei** *f* police *f* fluviale *(im Binnenland) od* maritime *(an der Küste);* **~rad** *n tech* roue *f* hydraulique; **~ratte** *f* **1.** *zoo* rat *m* d'eau; **2.** *hum (Seemann)* loup *m* de mer; **3.** *(eifriger Schwimmer)* poisson *m;* **w~reich** *a (Gebiet)* bien arrosé; **~reservoir** *n* réservoir *m* d'eau; **~rohr** *n* tuyau *m od* conduite *f* d'eau; **~schaden** *m* dégâts *m pl* causés par l'eau; **~scheide** *f geog* ligne *f* de partage des eaux; **w~scheu** *a* hydrophobe; *~ sein* avoir peur de l'eau; **~schi** *m* ski *m* nautique; **~speier** *m arch* gargouille *f;* **~spiegel** *m (Wasseroberfläche)* surface *f* de l'eau; plan *od* niveau *m* d'eau; **~spiele** *n pl (in e-m Park)* jeux *m pl* d'eau; **~sport** *m* sport nautique, nautisme *m;* **~spülung** *f (des WC)* chasse *f* d'eau; **~stand** *m a. tech* niveau *m* d'eau; **~stoff** *m chem* hydrogène *m;* **~stoffbombe** *f* bombe *f* à hydrogène *od* thermonucléaire *od* H; **~stoffsuperoxyd** *n chem* eau *f* oxygénée; **~strahl** *m* jet d'eau; *(dünner)* filet *m* d'eau; **~straße** *f* voie *f* d'eau *od* navigable; **~sucht** *f med* hydropisie *f;* **~tropfen** *m* goutte *f* d'eau; **~turm** *m* château *m* d'eau; **~uhr** *f* **1.** *hist* clepsydre *f;* **2.** *(Wassermesser)* compteur *m* à eau; **~ung** *f* ⟨-, -en⟩ *aero* amerrissage *m;* **~verbrauch** *m* consommation *f* d'eau; **~verdrängung** *f mar* déplacement *m;* **~verunreinigung** *f* pollution *f* des eaux; **~vögel** *m pl* oiseaux *m pl* aquatiques; *(Jagd)* gibier *m* d'eau, sauvagine *f;* **~waage** *f* niveau *m* à bulle d'air; *scient* balance *f* hydrostatique; **~weg** *m* voie *f* d'eau *od* navigable; *auf dem ~e* par (voie d')eau; **~welle** *f (im Haar)* mise *f* en plis; **~werk** *n* usine hydraulique *od* de distribution d'eau; *(Pumpstation)* station *f* de

pompage; **~zeichen** *n (im Papier)* filigrane *m*.
waten ['va:tən] *itr⟨sein⟩* patauger; *durch e-n Fluß ~* passer une rivière à gué.
watscheln ['va:tʃəln] *itr ⟨sein⟩ fam* (se) dandiner, marcher comme un canard.
Watt [vat] **(1)** *n* ⟨-(e)s, -en⟩ *geog* bas-fond haut-fond *m;* laisse *f;* **(2)** *n* ⟨-s, -⟩ *el* watt *m*.
Watte *f* ⟨-, -n⟩ ['vatə] ouate *f; med* coton *m* hydrophile; **~bausch** *m* tampon *m* d'ouate.
Wattenmeer *n* ['vatən-] lagunes *f pl*.
wattieren [va'ti:rən] ⟨*ohne ge-*⟩ *tr (mit Watte füttern)* ouater; *(Kleidung)* ouat(in)er, doubler d'ouate.
Watt|meter *n* ['vat-] *(Meßgerät)* wattmètre *m;* **~stunde** *f* watt-heure *m*.
web|en ['ve:bən] *tr* tisser; **W~er** *m* ⟨-s, -⟩ tisserand, tisseur *m;* **W~erei** *f* ⟨-, -en⟩ [-'raı] (usine *f* de) tissage; *mechanische ~* tissage *m* mécanique; **W~ervogel** *m orn* tisserin *m;* **W~fehler** *m* défaut *m* de tissage; **W~stuhl** *m* métier *m* à tisser; **W~waren** *f pl* tissus, textiles *m pl*.
Wechsel *m* ⟨-s, -⟩ ['vɛksəl] **1.** *(Veränderung)* changement; *(plötzlicher)* renversement, revirement, retournement *m*, vicissitude; *(Umkehr)* révolution; *(von Tag u. Nacht)* alternance *f; (der Jahreszeiten)* retour *m;* **2.** *fin* lettre de change, traite *f*, effet; *(Monatsgeld e-s Studenten)* argent *m* mensuel; *fam* mois *m;* — *e-n ~ ausstellen* émettre une traite; *e-n ~ einlösen* faire honneur à *od* acquitter *od* payer un effet; *e-n ~ protestieren* faire protester une lettre de change; *fälliger ~* traite *f* à échéance; *gezogener ~* lettre de change, traite *f*, effet *m* (de commerce); *auf den Inhaber lautender, ~* effet *m* au porteur; **~bad** *n med* douche *f* écossaise; **~beziehung** *f* corrélation, interaction, réciprocité *f;* **~bürgschaft** *f* aval *m;* **~fälle** *m pl* vicissitudes *f pl; die ~ des Lebens* les retours *m pl* de la fortune; **~fieber** *n med* fièvre *f* intermittente; **~geld** *n* monnaie *f* (de change *od* d'appoint *od* divisionnaire); **w~haft** *a* changeant; *(unbeständig, bes. mete)* variable, instable; *mete a.* hésitant; **~kurs** *m* cours *m* du change; **~jahre** *n pl physiol* âge critique, retour *m* d'âge, ménopause *f;* **~kurs** *m* cours *m* de *od* du change; **w~n** *tr* **1.** *(ablegen* od *aufgeben u. etw anderes, bes. Frisches nehmen)* changer (*etw* de qc); *(Verbrauchtes erneuern)* changer (*etw* qc); **2.** *(Geld umtauschen)* changer; **3.** *fig (Blicke, Worte, Briefe, Kugeln: austauschen)* échanger; *itr* **4.** changer (*mit etw* de qc); *(abwechseln)* alterner (*mit jdm, mit etw* avec qn, avec qc); **5.** se suivre; *(sich ablösen)* se remplacer, se relayer, se succéder; **6.** *(Geld)* faire de la monnaie, *(herausgeben)* rendre la monnaie; **7.** *(Wild)* passer; — *den Besitzer ~* changer de main, passer en d'autres mains; *die Farbe ~* changer de couleur; *den Gang ~ (mot)* changer de vitesse; *die Wäsche, die Kleider ~ (a.)* se changer; *die Wohnung ~ (a.)* déménager; *ich kann nicht ~ (Geld herausgeben)* je n'ai pas de monnaie; *Wäsche f zum W~* linge *m* de rechange; **w~nd** *a* changeant, variable; *mit ~em Erfolg* avec des fortunes diverses; **~rahmen** *m* passe-partout *m;* **w~seitig** *a* réciproque; mutuel; **~seitigkeit** *f* ⟨-, ø⟩ réciprocité; mutualité *f;* **~strom** *m el* courant *m* alternatif; **~stube** *f* bureau *m* de change; **w~voll** *a* sujet à des vicissitudes; mouvementé, accidenté; **w~weise** *adv* **1.** *(abwechselnd)* alternativement, tour à tour; **2.** *(gegenseitig)* réciproquement, mutuellement; **~winkel** *m math* angle *m* alterne; **~wirkung** *f* action réciproque, interaction *f*.
Wechsler *m* ⟨-s, -⟩ ['vɛkslər] changeur, cambiste *m*.
weck|en ['vɛkən] *tr* **1.** réveiller; *a. fig* éveiller; **2.** *fig (hervorrufen, bewirken)* provoquer, susciter, faire naître; **W~en** *n* réveil *m; mil a.* diane *f;* **W~er** *m* ⟨-s, -⟩ *(Uhr)* réveil(le-matin) *m; tele* sonnerie *f; jdm auf den ~ fallen (fig pop)* taper sur les nerfs à qn.
Wedel *m* ⟨-s, -⟩ ['ve:dəl] plumeau *m;* **w~n** *(beim Skilaufen)* godiller; *mit dem Schwanz ~* remuer *od* agiter la queue.
weder ['ve:dər] *conj: ~ ... noch ...* ni ... ni ...; *~ mein Bruder noch ich haben es gesagt* ni mon frère ni moi ne l'avons dit.
Weg *m* ⟨-(e)s, -e⟩ [ve:k, '-gə] **1.** chemin *m* (*nach, zu* de); voie; *(Landstraße)* route *f; (Pfad)* sentier *m; (Trampelpfad)* piste *f; (Durchgang)* passage *m; (zwischen Bäumen* od *Mauern)* allée *f;* **2.** *(Strecke)* parcours, trajet; *(Reiseweg)* itinéraire *m;* **3.** *fig* chemin *m*, voie *f; (Mittel)* moyen *m; (Methode)* méthode; *(Art u. Weise)* manière, façon *f;* **4.** *(Gang, Besorgung)* course *f;* **5.** *(Lebensweg)* carrière, vie *f;* — *am ~e* sur le chemin, au bord du chemin; *auf dem ~e (unterwegs)* en chemin, chemin faisant; *auf dem ~e (auf der Reise) nach Paris* en route pour Paris, en allant à Paris; *auf diesem ~ (fig)* par ce moyen, de la sorte; *auf dem ganzen ~* durant toute la route, tout le long du chemin; *auf halbem ~e* à moitié chemin, à mi-chemin; *auf dem kürzesten* od *schnellsten ~e* par la voie la plus courte *od* la plus rapide; *auf dem rechten ~* dans le droit *od* bon chemin; *e-n ~ einschlagen* prendre *od* suivre *od* enfiler un chemin; *jdm auf halbem ~e entgegenkommen*

(fig) faire la moitié du chemin; *s-r ~e gehen (fig)* aller de son côté; *jdm aus dem ~ gehen* laisser le passage à qn, laisser passer qn; *fig* éviter (la rencontre de) qn; *e-r S aus dem ~e gehen* éluder qc; *jdm etw in den ~ legen* créer des difficultés à qn; *etw in die ~e leiten* mettre qc en route; *sich auf den ~ machen* se mettre en route, s'acheminer (*nach* vers); *aus dem ~e räumen (Schwierigkeit)* écarter; *(Menschen)* se défaire, se débarrasser de, tuer; *auf dem besten ~e sein (fig)* avoir le pied à l'étrier; *auf dem richtigen ~e sein (fig)* avoir le filon *fam; jdm im ~e (lästig) sein* gêner qn; *jdm im ~e stehen* être sur le chemin de qn; *fig* faire obstacle à qn; *gehen Sie mir aus dem ~e!* ôtez-vous de là! *ein (gutes) Stück ~s* un (bon) bout de chemin; *fam* une trotte; *der ~ zum Erfolg, zum Ruhm* le chemin *od* la route du succès, de la gloire.

weg [vɛk] *adv (nicht da)* pas là; *(abwesend)* absent; *(weggegangen)* parti; *(verschwunden)* disparu; *(verloren)* perdu; *(verlegt, nicht zu finden)* égaré; *frei ~* franchement; *weit ~* (au) loin; *ganz ~ sein (fig fam: hingerissen)* être emballé; ne pas se sentir (*vor Freude* de joie); *der Schlüssel ist ~* on a perdu la clé; *~ war er* il s'en fut; le voilà parti; *~ (da)!* gare! ôtez-vous (ôte-toi) de là! *~ damit!* enlevez (enlève) cela! faites (fais) disparaître cela! **~=bleiben** ‹*blieb weg, weggeblieben*› *itr* ‹*sein*› **1.** *fam (nicht kommen)* ne pas venir; *(nicht teilnehmen)* ne pas assister (*von* à); *(nicht mehr kommen)* ne plus venir; **2.** *(Textstelle: ausgelassen werden)* être omis; *lange ~* tarder à revenir; **~=bringen** ‹*brachte weg, weggebracht*› *tr (Flecken)* ôter, enlever; *(Menschen* od *größeres Tier)* emmener; *(Sache)* emporter.

Wegelagerer *m* ['ve:gə-] voleur de grands chemins.

wegen ['ve:gən] *prp gen, fam: dat* **1.** à cause de, en raison de, pour; *(infolge)* par suite de; **2.** *(mit Rücksicht auf)* en considération de, eu égard à; — *~ Todesfalles geschlossen* fermé pour cause de décès.

Wegerich *m* ‹-s, -e› ['ve:gərıç] *bot* plantain *m*.

weg|=essen ['vɛk-] ‹*ißt, aß weg, weggegessen*› *tr fam: alles ~* manger le tout, ne rien laisser (à manger); **~=fahren** ‹*fährt, fuhr weg, weggefahren*› *ihr* ‹*sein*› partir; **~=fallen** ‹*fällt, fiel weg, weggefallen*› *itr* ‹*sein*› *(aufgehoben werden)* être supprimé *od* aboli; *(Textstelle: gestrichen werden)* être supprimé; **~=fegen** *tr a. fig* balayer; **~=fliegen** ‹*fliegt, flog weg, weggeflogen*› *itr* ‹*sein*› s'envoler, partir; **~=führen** *tr* emmener; **W~gang** *m* départ *m*, sortie *f*; *beim ~* au départ; **~=geben** ‹*gibt, gab weg, weggegeben*› *tr (Sache)* se défaire de, se débarrasser de; **~=gehen** ‹*ging weg, weggegangen*› *itr* ‹*sein*› **1.** s'en aller, partir; **2.** *(Ware: verkauft werden)* se vendre, s'enlever; — *geh mir weg damit!* je n'en veux rien savoir; **~=gießen** ‹*goß weg, weggegossen*› *tr* jeter; **~=haben** ‹*hat, hatte weg, weggehabt*› *tr fam: e-e Krankheit hat man schnell weg* une maladie se prend facilement; **~=hängen** *tr* **1.** *(an s-n Platz)* ranger; **2.** *(anderswohin)* pendre ailleurs; **~=holen** *tr (Menschen, größeres Tier)* emmener; *(Sache)* emporter; **~=jagen** *tr* chasser; **~=kommen** ‹*kam weg, weggekommen*› *itr* ‹*sein*› **1.** pouvoir s'en aller *od* partir; **2.** *(abhanden kommen)* s'égarer, se perdre; — *über etw ~ (sich mit etw abfinden)* se faire, se résigner à qc; *gut ~* bien s'en tirer, être quitte à bon marché *od* à bon compte; *schlecht dabei ~* ne pas s'en tirer à son avantage; *mach, daß du wegkommst! (fam)* disparais, fiche-moi le camp! **~=lassen** ‹*läßt, ließ weg, weggelassen*› *tr* **1.** *(Menschen gehen lassen)* laisser partir; **2.** *(Sache nicht verwenden; Textstelle, Wort: auslassen)* omettre; *(unterdrücken, streichen)* supprimer, retrancher; *math* négliger; **~=laufen** ‹*läuft, lief weg, weggelaufen*› *itr* s'enfuir, se sauver, décamper; *das läuft dir nicht weg (fig fam)* ça peut attendre, ça ne s'envolera pas; **~=legen** *tr (zur Seite legen)* mettre de côté; *(wegräumen)* ranger.

weglos ['ve:k-] *a* sans chemin.

weg|=müssen ['vɛk-] ‹*muß, mußte weg, weggemußt*› *itr* devoir partir; **~=nehmen** ‹*nimmt, nahm weg, weggenommen*› *tr* prendre, ôter, enlever; *(entwenden)* dérober.

Wegrand *m* ['ve:k-] bord *m* du chemin.

weg|=räumen ['vɛk-] *tr (wegschaffen)* enlever, ôter; *(benutzte Sachen)* ranger; *(Geschirr)* desservir; **~=schaffen** *tr* emporter, enlever, ôter, faire disparaître; *math* éliminer; **~=scheren:** *scher dich ~!* va-t'en! oust(e)! à la gare! **~=schicken** *tr (Menschen)* envoyer; *(Sendung, Fracht)* expédier; **~=schieben** ‹*schob weg, weggeschoben*› *tr* écarter (en poussant), repousser; **~=schleichen** ‹*schlich weg, weggeschlichen*› *itr* ‹*sein*› u. *sich ~* s'en aller à pas de loup, partir à la dérobée *od* furtivement; **~=schleppen** *tr* emporter (à peine); *alles ~* faire une rafle; **~=schließen** ‹*schloß weg, weggeschlossen*› *tr* mettre sous clé, serrer; **~=schmeißen** ‹*schmiß weg, weggeschmissen*› *tr pop* jeter; ficher *od* foutre en l'air; **~=schnappen** *tr: jdm etw (vor der Nase) ~ (fam)* souffler qc à qn; **~=schütten** *tr* jeter: **~=sehen** ‹*sieht, sah weg, weggesehen*› *itr* détourner les yeux; *über etw ~ (fig)* fermer les yeux, passer sur qc; **~=setzen 1.** *tr* mettre de côté; *(wegräumen)* ranger; **2.** *refl: sich ~ (anderswohin)* changer de place; **~=stellen** *tr* mettre de côté; *(wegräumen)* ranger; **~=stoßen** ‹*stößt, stieß weg, weggestoßen*› *tr* repousser.

Weg|strecke *f* ['ve:k-] traite *f*, parcours, trajet *m; fam* trotte *f; schlechte ~!* chaussée déformée *od* mauvaise; **~stunde** *f* heure de chemin *od* de marche; *(Meile)* lieue *f*.

weg|=tragen ['vɛk-] ‹*trägt, trug weg, weggetragen*› *tr* emporter; **~=treten** ‹*tritt, trat weg, weggetreten*› *itr* ‹*sein*› *mil (angetretene Mannschaft)* rompre les rangs; **~=tun** ‹*tut, tat weg, weggetan*› *tr (wegnehmen)* enlever; *(wegwerfen)* jeter, faire disparaître.

Weg|warte *f* ['ve:k-] *bot* = *Wegerich;* **~weiser** *m* poteau *m* indicateur.

weg|=werfen ['vɛk-] ‹*wirft, warf weg, weggeworfen*› **1.** *tr* jeter; **2.** *refl: sich ~ (fig)* s'abaisser, se dégrader, s'avilir; — *das ist weggeworfenes Geld (fam)* c'est de l'argent jeté par les fenêtres; **~werfend** *a (Geste)* dédaigneux, méprisant; **~=wischen** *tr* enlever.

weh (*a.* **~e**) ['ve:(ə)] *a* douloureux; qui fait mal; *~ tun* faire mal; *(bes. seelisch)* faire de la peine (*jdm* à qn); *sich ~ tun* se faire mal; *(sich verletzen)* se blesser; *wo tut es dir ~?* où as-tu mal? *~(e) dir!* malheur à toi! **W~** *n* ‹-(e)s, -e› *(Schmerz)* douleur, peine *f; (Leiden)* mal *m;* **W~en** *f pl physiol (Geburts~)* douleurs *f pl* (de l'accouchement *od* de l'enfantement), mal d'enfant, travail *m; in den ~ liegen* être dans les douleurs.

wehen ['ve:ən] **1.** *itr (Wind; fig: der Geist)* souffler; *(Fahne)* flotter (au vent); **2.** *tr (wehend treiben)* emporter, chasser.

weh|=klagen ['ve:-] *itr* se plaindre, se lamenter, gémir; **~leidig** *a (empfindlich, zimperlich)* douillet; dolent; **W~mut** *f* ‹-, ø› mélancolie, tristesse *f;* **~mütig** *a* mélancolique, triste.

Wehr (1) *f* ‹-, -en› [ve:r] *(Verteidigung): sich zur ~ setzen* se défendre, se mettre en défense (*gegen* contre); **(2)** *n* ‹-(e)s, -e› *(Stauwerk)* barrage *m; (Damm)* digue *f*.

Wehr|beauftragte *m* ['ve:r-] *(in Deutschland)* délégué *m* à la défense; **~beitrag** *m* contribution *f* pour la défense; **~bereich** *m* région *f* militaire; **~dienst** *m* service *m* militaire; *s-n ~ ableisten* faire son service militaire; *vom ~ befreit* exempt du service militaire; **~dienstverweigerer** *m* objecteur de conscience, non-violent *m;* **~dienstverweigerung** *f* objection *f* de conscience; **w~en 1.** *tr jdm ~, etw zu tun (jdn an etw hindern)* empêcher qn de faire qc; **2.** *itr: e-r S ~ (entgegenwirken)* s'opposer, obvier, faire *od* mettre obstacle à qc; **3.** *refl: sich ~* se défendre (*gegen jdn* contre qn); résister, faire face (*gegen jdn* à qn); **~ersatzamt** *n* bureau *m* de recrutement (et des réserves); **w~fähig** *a* en âge *od* en état de porter les armes; **w~haft** *a* en état de se défendre, valide; *~ machen* armer; **w~los** *a* sans défense, sans armes; *~ sein* être hors de défense; **~macht** *f* ‹-, ø› *(die gesamten Streitkräfte e-s Staates)* forces *f pl* armées; **~pflicht** *f* obligation militaire, conscription *f; die allgemeine ~* le service militaire obligatoire; **w~pflichtig** *a* astreint au service militaire, mobilisable; *im ~en Alter* en âge militaire; **~pflichtige** *m* ‹-n, -n› mobilisable *m;* **w~tauglich** *a* apte au service militaire.

Weib *n* ‹-(e)s, -er› [vaɪp, '-bər] femme; *(Gattin a.)* épouse *f; pej* = *~sbild;* **~chen** *n* petite femme; *zoo* femelle *f*.

Weiber|feind *f* ['vaɪbər-] misogyne *m;* **~geschwätz** *n* commérage *m;* **~held** *m pej* homme à femmes, coureur *m*.

weib|isch ['vaɪbɪʃ] **I.** *a pej* efféminé; **II.** *adv* comme une femme; **~lich** [-plɪç] *a* féminin *a. gram m;* de femme; *zoo bot* femelle; **W~lichkeit** *f* ‹-, ø› nature féminine *od* de la femme, féminité *f;* **W~sbild** *n pej pop* garce, donzelle *f*.

weich [vaɪç] *a* **1.** mou; *pej* ramolli; *(Obst)* fondant; *(überreif, teigig)* blet; *(Fleisch: zart)* tendre; *(Haar)* soyeux; *(Gewebe)* moelleux, doux; *(Bett)* moelleux, douillet; *(bieg-, schmiegsam)* souple; **2.** *fig (zart)* tendre, délicat; *(empfindsam)* sensible; *(sanft, milde)* doux; *(nachgiebig)* souple, pliant; *(einschmeichelnd)* doux, suave; — *~ machen* (r)amollir; *(einweichen)* (dé)tremper; *fig fam (nachgiebig machen)* amener à céder; *~ werden* (s'a)mollir, se ramollir; *fig fam* s'attendrir; *(nachgeben)* céder.

Weichbild *n* ['vaɪç-] *(Stadtgebiet)* enceinte *f*, territoire *m* (de la cité *od* ville); *(Gemarkung, Feldmark)* banlieue *f*.

Weiche *f* ‹-, -n› ['vaɪçə] **(1)** *anat* flanc *m;* **(2)** *loc* aiguillage *m; die ~ stellen* aiguiller (*für e-n Zug* un train).

weichen ['vaɪçən] **(1)** ‹*weicht, weichte, geweicht*› **1.** *tr (weich machen)* (r)amollir; (dé)tremper; **2.** *itr* ‹*sein*› *(weich werden)* (s'a)mollir, se ramollir; **(2)** ‹*weicht, wich, gewichen*› *itr* ‹*sein*› *(zurückweichen)* reculer (*vor* devant); *(sich entfernen)* s'eloigner, s'écarter; *(sich zurückziehen)* se retirer; *fig (nachgeben)* céder (*jdm, e-r S* à qn, à qc); *(Platz machen)* faire place (*dat* à); *der Gewalt ~* céder à la violence; *nicht von jds Seite ~* ne pas quitter qn d'une semelle; *nicht von der Stelle ~* ne pas quitter sa place, ne pas bouger.

Weichensteller *m* ['vaıçən-] aiguilleur *m.*

weich|gekocht ['vaıç-] *a (Ei)* à la coque, mollet; **~herzig** *a* doux; *(zärtlich)* tendre; *(empfindsam)* sensible; **W~herzigkeit** *f* douceur; tendresse; sensibilité *f;* **W~holz** *n* bois *m* tendre; **W~käse** *m* fromage *m* à pâte molle; **~lich** *a (Speisen)* mou; *(Mensch)* mou, mollasse, flasque; *(schlaff)* sans fermeté; *(verzärtelt)* délicat, douillet; efféminé; **W~lichkeit** *f* ‹-, ø› mollesse; délicatesse *f;* **W~ling** *m* ‹-s, -e› douillet; efféminé *m;* **W~metall** *n* métal *m* doux.

Weichsel, *die* ['vaıksəl] *geog* la Vistule.

Weich|teile *m pl* ['vaıç-] *anat* parties *f pl* molles *od* charnues; **~tiere** *n pl zoo* mollusques *m pl.*

Weide *f* ‹-, -n› ['vaıdə] **(1)** *(Baum)* saule; *(Korbweide)* osier *m;* **(2)** pâturage *m;* **~land** *n* pâturages *m pl;* **w~n 1.** *tr (Vieh)* mener *od* faire paître, pacager; **2.** *refl: sich an etw ~* se repaître *od* se délecter de qc; **~ngebüsch** *n* saulaie, oseraie *f;* **~ngeflecht** *n* osier *m,* claie *f; (Viehweide)* pâturage *m,* pâture *f,* pacage, herbage *m.*

weid|lich ['vaıt-] *adv (tüchtig, sehr)* largement, amplement, copieusement; beaucoup; **W~mann** *m* ‹-(e)s, ⸚er› *(Jäger)* chasseur *m;* **~männisch** *a* de chasseur; *adv* selon les règles de la chasse; **W~mannsheil** *n:* **~**! bonne chasse! **W~messer** *n* couteau *m* de chasse.

weiger|n, *sich* ['vaıgərn] refuser (*etw zu tun* de faire qc); se refuser (*etw zu tun* à faire qc); **W~ung** *f* ‹-, -en› refus *m.*

Weih *m* ‹-(e)s, -e› , **~e** *f* ‹-, -n› ['vaı(ə)] *orn* milan *m.*

Weih|bischof *m* ['vaı-] (évêque) suffragant; coadjuteur *m;* **~e** *f* ‹-, -n› **1.** *rel (e-r Kirche, e-s Altars)* consécration *f;* **2.** *(Priesterweihe)* ordination *f; (Bischofs-, Königsweihe)* sacre *m;* **3.** *fig (Heiligkeit)* caractère *m* solennel, solennité *f; — die ~n pl (rel)* les ordres *m pl; die ~n empfangen* od *erhalten* être ordonné prêtre; **w~en** *tr* **1.** *(Kirche etc, Hostie)* consacrer; **2.** ordonner (*zum Priester* prêtre); sacrer (*zum Bischof* évêque); **3.** *fig (widmen)* vouer.

Weiher *m* ‹-s, -› ['vaıər] *(Teich)* étang *m.*

weih|evoll ['vaıə-] *a* solennel; **W~gabe** *f* offrande *f.*

Weihnacht|(en *n* ‹-, ø›**)** *f* ‹-, ø› ['vaınaxt] (fête *f* de) Noël *m; (zu) ~* à (la) Noël; *fröhliche ~!* joyeux Noël! **w~lich** *a* de Noël; propre à Noël.

Weihnachts|abend *m* ['vaınaxts-] veille *f* de Noël; **~baum** *m* arbre *od* sapin *m* de Noël; **~feier** *f* célébration *f* de la fête de Noël; **~fest** *n* fête *f* de Noël; **~geschenk** *n* cadeau *m* de Noël, étrenne *f;* **~gratifikation** *f* prime *f* de Noël; **~lied** *n* noël *m;* **~mann** *m* ‹-(e)s, ⸚er› père *m* Noël; **~markt** *m* foire *f* de Noël.

Weih|rauch *m* ['vaı-] encens *m;* **~rauchfaß** *n* encensoir *m;* **~wasser** *n* eau *f* bénite; *mit ~ besprengen* asperger d'eau bénite.

weil [vaıl] *conj* parce que; *(mit e-m v in der Vergangenheit)* pour *(mit inf des Perfekts); (da)* comme; *(da ja)* puisque; *(in Anbetracht dessen, daß)* vu que, étant donné que.

Weil|chen *n* ‹-s, -› ['vaılçən] (petit) moment, instant *m;* **~e** *f* ‹-, ø› (laps de) temps; *(übertreibend: Augenblick)* moment, instant *m; e-e ganze ~* un long moment; assez longtemps; *e-e kleine ~* un (petit) moment, un instant; *nach e-r ~* après un certain temps, peu de temps après, un peu plus tard; *vor e-r ~* il n'y a pas longtemps; *vor e-r ganzen ~* il y a bien *od* déjà longtemps.

Weiler *m* ‹-s, -› ['vaılər] *(kleines Dorf)* hameau *m.*

Wein *m* ‹-(e)s, -e› [vain] **1.** *(Pflanze)* vigne *f;* **2.** *(Getränk)* vin *m;* **—** *~ bauen* cultiver la vigne; *jdm reinen ~ einschenken (fig)* dire son fait *od* ses vérités, parler sans fard à qn; *der ~ ist mir zu Kopf gestiegen* le vin m'est monté à la tête; *offener ~* vin *m* en carafe; *wilder ~ (bot)* vigne *f* vierge; **~bau** *m* ‹-(e)s, ø› culture de la vigne, viticulture, industrie *f* viticole *od* vinicole; **~baugebiet** *n* région *f* viticole *od* vinicole *od* vignoble; vignoble *m;* **~beere** *f* grain *m* de raisin; **~berg** *m* vignoble *m,* vigne *f;* **~bergschnecke** *f* escargot *m* de Bourgogne; **~brand** *m* eau-de-vie de vin, fine(-champagne) *f;* **~brandbohne** *f* chocolat *m* à la liqueur *od* au cognac.

wein|en ['vaınən] *itr* pleurer (*um jdn* qn); verser *od* répandre des larmes; *dem W~ nahe sein* avoir la larme à l'œil, être au bord des larmes; **~erlich** *a* pleureur, pleurard, pleurnicheur, pleurnichard; larmoyant.

Wein|faß *n* ['vaın-] tonneau à vin, fût *m;* **~flasche** *f* bouteille *f* à vin; **~garten** *m* vigne *f,* vignoble *m;* **~gärtner** *m* vigneron *m;* **~glas** *n* verre *m* à vin; **~gut** *n* domaine viticole, vignoble *m;* **~handel** *m* commerce *od* négoce *m* du vin; **~händler** *m (Kleinhändler)* marchand de vins; *(Großhändler)* négociant *m* en vins; **~jahr** *n: gutes ~* bonne année *f* pour le vin; **~karte** *f* carte *f* des vins; **~keller** *m* cave *f* à vin(s), cellier *m;* **~lese** *f* vendange, vinée *f; (Zeit f der) ~* vendanges *f pl;* **~probe** *f (Handlung)* dégustation *f; (Kostprobe)* échantillon *m* de vin; **~ranke** *f* pampre, sarment *m;* **w~rot** *a* rouge vineux, bordeaux; **~sorte** *f* cru *m;* **~stein** *m chem* tartre *m;* **~stock** *m* ‹-(e)s, ¨-e› (cep *od* pied *m* de) vigne *f;* **~stube** *f* taverne *f;* **~traube** *f* grappe *f* de raisin; raisin *m* de vigne.

Weise *f* ‹-, -n› ['vaɪzə] **1.** *(Art)* manière, façon *f;* **2.** *mus (Singweise)* air *m*, mélodie *f;* — *auf diese* od *in dieser* ~ de cette manière *od* façon, de la sorte, comme cela; *in keiner* ~ (ne ...) en aucune manière, (ne ...) nullement; *auf meine (etc)* ~ à ma manière *od* guise; *auf welche ~?* de quelle manière *od* façon? *in der ~, daß* ... de manière *od* de façon *od* de sorte que ... *subj; in gewohnter* ~ comme d'habitude.

weise ['vaɪzə] *a sage; (klug)* prudent, avisé; **W~** *m* ‹-n, -n› sage *m; die ~n aus dem Morgenlande* les trois mages *m pl.*

weisen ['vaɪzən] ‹*wies, gewiesen*› *tr (zeigen)* montrer, faire voir (*jdm etw* qc à qn); *itr: auf etw ~ (Uhr, Magnetnadel)* marquer qc; *etw von der Hand* od *von sich* ~ rejeter, repousser qc; *etw von sich* ~ rejeter, décliner qc.

Weis|heit *f* ‹-, -en› ['vaɪshaɪt] sagesse; *(Klugheit)* prudence *f; (Wissen, Kenntnisse)* savoir *m*, connaissances *f pl; die ~ (nicht) mit Löffeln gegessen haben (fam)* (ne pas) avoir la science infuse; *mit s-r ~ zu Ende sein (fam)* être au bout de son latin; *das ist nicht der ~ letzter Schluß* ce n'est pas le point final; *behalte deine ~ für dich! (fam)* occupe-toi de tes affaires! **~heitszahn** *m* dent *f* de sagesse; **w~≈machen** *tr fam: jdm ~, daß* ... faire croire à qn que ...; *jdm (et)was ~* en faire accroire, la bailler belle, en conter (de belles) à qn; *machen Sie das anderen weis!* à d'autres! allons donc!

weiß [vaɪs] *a* blanc; *(sauber)* propre; *~ (an)streichen* od *tünchen* blanchir, badigeonner; **W~** *n* ‹-(es), -› blanc *m*, blancheur, couleur *f* blanche.

weissag|en ['vaɪs-] *tr* prédire, présager, prophétiser; *itr* (*dat* à) (pré)dire l'avenir, faire des prédictions, prophétiser; **W~sagung** *f* divination, prédiction, prophétie *f.*

Weiß|bier *n* ['vaɪs-] bière *f* blanche; **~blech** *n* fer-blanc *m;* **~brot** *n* pain *m* blanc; **~dorn** *m* ‹-(e)s, -e› *bot* aubépine *f;* **~e** *m f* ‹-n, -n› *(Angehörige(r) der weißen Rasse)* blanc *m*, blanche *f;* **w~en** ‹*weißte, geweißt*› *tr (weiß tünchen)* blanchir, badigeonner; **~fisch** *m* poisson *m* blanc; **w~gekleidet** *a* vêtu de blanc; **w~glühend** *a* incandescent; **~glut** *f* ‹-, ø› rouge *m* blanc, incandescence *f; jdn (bis) zur ~ reizen (fig)* chauffer qn à blanc, échauffer les oreilles *od* la bile à qn; **~gold** *n* or *m* blanc; **w~haarig** *a* aux cheveux blancs; **~kohl** *m*, **~kraut** *n* chou *m* blanc *od* cabus *od* pommé; **w~lich** *a* blanchâtre; **~mehl** *n* farine *f* blanche; **~näherin** *f* lingère *f;* **~russe** *m* Russe-Blanc, Biélorussien *m;* **w~russisch** *a* russe-blanc, blanc-russ(i)e(n), biélorussien; **~rußland** *n* la Russie Blanche, la Biélorussie; **~waren** *f pl* blanc *m*, lingerie *f;* **~wein** *m* vin *m* blanc; **~wurst** *f* boudin *m* blanc.

Weisung *f* ‹-, -en› ['vaɪzʊŋ] *(Befehl)* ordre *m; (Auftrag)* injonction *f; (Vorschrift)* précepte *m; (Anweisung)* directive, instruction *f;* **w~sgemäß** *adv* selon les instructions données.

weit [vaɪt] **I.** *a* **1.** *(ausgedehnt)* étendu, vaste; *(geräumig)* spacieux; *(Kleidungsstück)* ample; *(Öffnung, verbindender Hohlraum; typ: Satz)* large; **2.** *(entfernt)* éloigné, lointain; **3.** *(Weg)* long; *(Reise)* grand; **II.** *adv* **1.** *(offen, öffnen)* largement, (en) grand; **2.** *(fern, in die Ferne)* loin (*von* de); **3.** *(bei Zahlen-* u. *Mengenangaben, zur Verstärkung: ein gutes Stück, viel, beträchtlich)* bien, (de) beaucoup; — *bei ~em* de beaucoup; *bei ~em nicht so (gut)* moins (bon), à beaucoup près, tant s'en faut; *im ~eren Sinne* au sens large; *im ~esten Sinne des Wortes* au sens le plus large du terme; *in ~er Ferne* tout au loin; très loin; *so ~* jusqu'à ce point; *von ~em* de loin; à distance; *~ und breit* à la ronde, tout alentour; *~ weg* loin (d'ici); au loin; *es ~ bringen (fig)* réussir, aller loin, faire son chemin; *so ~ gehen, etw zu tun* s'avancer jusqu'à faire qc; *~ (in der Welt) herumkommen* voir du pays; *fam* rouler sa bosse; *nicht ~ mit etw kommen (fig)* ne pas aller loin avec qc; *es nicht so ~ kommen lassen (fig)* ne pas devoir attendre (*daß* que); *~ davon entfernt sein, etw zu tun* être loin *od* à mille lieues de faire qc; *~ über die Fünfzig sein* avoir largement dépassé la cinquantaine; *bei ~em nicht vollständig sein* être loin d'être complet; *s-r Zeit ~ voraus sein* être en avance *od* avoir de l'avance sur son temps; *das W~e suchen* prendre le large *od* la clé des champs; *ich bin noch nicht so ~* je n'en suis pas encore là; je n'ai pas encore terminé; *das geht zu ~* c'est trop fort, c'en est trop, cela passe les bornes; *das ist ~ hergeholt* c'est tiré par les cheveux; *wie ~ bist du?* où en es-tu? *bist du so ~?* es-tu prêt? *wie ~ sind Sie gekommen?* jusqu'où êtes-vous venu? *fig (mit e-r Arbeit* od *Lektüre)* où en êtes-vous (arrivé)? *wie ~ ist es bis* od *nach Paris?* combien y a-t-il jusqu'à Paris? *ist es ~ von hier?* est-ce loin d'ici? *~ gefehlt!* (bien) loin de là! beaucoup s'en faut! ce n'est pas ça du tout! *~ geöffnet* od *offen* grand ouvert; *~ verbreitet* très répandu; *die ~e Welt* le vaste monde;

~aus *adv* bien, (de) beaucoup; **W~blick** *m* ‹-(e)s, ø› envergure *f;* **~blickend** *a* de grande envergure; **W~e** *f* ‹-, -n› **1.** *(Ausdehnung)* étendue; *(Geräumigkeit)* ampleur *f;* **2.** *(e-s Kleidungsstücks)* ampleur, largeur *f; (Brust~ etc)* tour; *(innerer Durchmesser)* calibre *m;* **3.** *tech (e-s Rohres)* diamètre *m* intérieur; *(Ferne)* loin *m;* **4.** *fig (des geistigen Horizontes)* largeur; *(des Geistes)* envergure *f;* **~en 1.** *tr (dehnen, ausweiten)* étendre; dilater, élargir; *(Schuhe)* forcer; *(ausbauchen)* évaser; *fig (den geistigen Horizont)* élargir; **2.** *refl: sich ~* s'étendre, s'évaser; *a. fig* s'élargir

weiter ['vaɪtər] **I.** *a (Komparativ von: weit); (zusätzlich, neu)* ultérieur, additionnel, nouveau, autre; *das od alles W~e* la suite, le reste; **II.** *adv* plus loin; *a. fig* plus en avant; *fig* plus avancé; *(außerdem, sonst)* de plus, en outre; encore; *(vor e-m Ortsadverb)* plus; — *bis auf ~es* jusqu'à nouvel ordre *od* avis, jusqu'à plus ample information; *(inzwischen)* en attendant; *nichts ~, ~ nichts* rien de plus, rien d'autre; *ohne ~es, ohne ~e Umstände* tout simplement, sans façon(s), sans plus (de façon); *und so ~ (usw.)* et ainsi de suite, et cætera (etc.); *~ oben* plus en haut; *(in e-m Text)* ci-dessus; *~ unten* plus en bas; *(in e-m Text)* ci-dessous, ci-après; *~ weg* plus loin; plus éloigné; *nicht mehr ~ wissen* être au bout de son latin; *ich habe ~ nichts zu sagen* il ne me reste rien à dire, je n'ai rien à ajouter; *ich kann nicht mehr ~* je n'en peux plus; *das hat ~ nichts zu sagen* cela ne veut rien dire; *es geht noch ~* ce n'est pas fini *od* tout; *wenn es ~ nichts ist* si ce n'est que cela; *~ nichts?* rien que cela? ce n'est que cela? c'est tout? *~!* allez! continuez! *hören Sie ~!* ce n'est pas tout; *nichts ~!* fini! voilà tout! *nur ~!* continuez! allez toujours! **~≈arbeiten** *itr* continuer à travailler; continuer le travail; **~≈bringen** ‹*brachte weiter, weitergebracht*› *tr (Fortschritte machen lassen)* faire avancer; **~≈empfehlen** ‹*empfiehlt, empfahl weiter, weiterempfohlen*› *tr* recommander; **~≈entwickeln,** *sich* se développer; se perfectionner; **~≈fahren** ‹*fährt, fuhr weiter, weitergefahren*› *itr* ‹*sein*› continuer la *od* sa course; *~!* circulez! **W~gabe** *f (e-s Befehls, e-r Nachricht)* transmission *f;* **~≈geben** ‹*gibt, gab weiter, weitergegeben*› *tr (weiterreichen)* faire passer; *(Befehl, Nachricht)* transmettre; **~≈gehen** ‹*ging weiter, weitergegangen*› *itr* ‹*sein*› continuer son chemin, avancer, ne pas s'arrêter; *fig (s-n Fortgang nehmen)* continuer (se) poursuivre; *~!* circulez! *das Leben geht weiter* la vie continue; *so kann es nicht ~* ça ne peut plus durer ainsi; **~hin** *adv (auch in Zukunft)* à l'avenir; **~≈kommen** ‹*kam weiter, weitergekommen*› *itr* ‹*sein*› avancer *a. fig; fig* faire des progrès, progresser; *so kommen wir nicht weiter (fig)* nous n'aboutirons à rien de cette façon-là; **W~leben** *n (nach dem Tode)* survie *f;* **~≈machen** *tr* u. *itr* continuer; **~≈reichen** *tr (Gegenstand, bes. unter Tischgenossen)* faire passer; **~≈sagen** *tr* redire, répéter; *bitte ~!* qu'on se le dise! **~≈ziehen** ‹*zieht, zog weiter, weitergezogen*› *itr* ‹*sein*› continuer sa marche *od* son chemin.

weit|gehend ['vaɪt-] **I.** *a fig* étendu, large, ample, vaste, grand; *(beträchtlich)* considérable; *(bedeutend)* important; **II.** *adv* largement, dans une large mesure; **~gereist** *a* qui a beaucoup voyagé; *~er Mann m* grand voyageur *m;* **~her** *adv (aus großer Ferne)* de loin; **~herzig** *a* large; laxiste; *(großzügig)* généreux, libéral; *(duldsam)* tolérant; **~hin** *adv* **1.** *(bis in weite Ferne)* jusque très loin; *(in weitem Umkreis)* tout alentour; **2.** *fig (in großem Umfang, großenteils)* en grande partie, largement; — *~ sichtbar* visible de loin; **~läufig I.** *a* **1.** *(ausgedehnt)* étendu, vaste; *(weit ausea. liegend)* espacé, à grands intervalles; **2.** *(ausführlich)* détaillé, circonstancié; **II.** *adv (ausführlich)* tout au long, en détail; — *~ mitea. verwandt sein* être parents éloignés; **W~läufigkeit** *f* **1.** (vaste) étendue *f;* espacement *m;* **2.** *(Ausführlichkeit)* longueur *f;* **~maschig** *a* à larges mailles, lâche; **~reichend** *a* de grande portée; *(umfassend)* étendu; vaste; *(groß, bedeutend)* considérable, important; **~schweifig** *a (Stil: langatmig)* (trop) long, diffus, prolixe, verbeux; **W~schweifigkeit** *f* ‹-, ø› (trop grande) longueur, diffusion, prolixité, verbosité, redondance *f;* **~sichtig** *a med (alterssichtig)* presbyte; **W~sprung** *m sport* saut *m* en longueur; **~verbreitet** *a* très répandu; *(allgemein)* général, commun; **W~winkelobjektiv** *n phot* objectif *m* grand-angulaire.

Weizen *m* ‹-s, -› ['vaɪtsən] froment; *(Korn, Getreide)* blé *m;* **~grieß** *m* semoule *f* (de blé); **~korn** *n* grain *m* de blé; **~mehl** *n* farine *f* de blé.

welch [vɛlç] *pron (was für ein ...!)* quel, quelle; *~ ein Glück!* quel bonheur! **~e(r, s) 1.** *(Fragepron; substantivisch)* lequel, laquelle? *~s (von diesen Häusern)?* laquelle (de ces maisons)? *(adjektivisch)* quel? quelle? *~s Haus?* quelle maison? *~s ist der Unterschied zwischen ...?* quelle est la différence entre ...? **2.** *(Relativpron)* qui; *acc* que; lequel, laquelle; **3.** *~s n, ~ n pl (unbestimmtes pron, fam: etwas, einige): ich* *habe noch ~s,* ~ j'en ai encore; *~s auch immer ... sein mag, mögen* quel(s) que soi(en)t ...

welk [vɛlk] *a* fané; *(verdorrt)* flétri; *fig (schlaff)* flasque; *~e(s) Blatt n* feuille *f* morte; **~en** *itr ‹sein›* se faner; se flétrir.

Well|blech *n* ['vɛl-] tôle *f* ondulée; **~blechhütte** *f* cabane *f* en tôle ondulée; **~e** *f* ‹-, -n› **1.** *(Woge)* onde *f a. phys* u. *radio;* **2.** *(Woge)* vague, lame *f; (große ~)* flot *m;* **3.** *(~ im Haar)* cran *m;* **4.** *mil (Angriffswelle)* vague *f;* **5.** *tech* arbre, axe, essieu *m;* — *~n schlagen* faire *od* rouler des vagues; *elektromagnetische ~n pl* ondes *f pl* électr(omagnét)iques *od* hertziennes; *e-e ~ der Begeisterung* une vague d'enthousiasme; **w~en** *tr (bes. die Haare)* onduler.

Wellen|bereich *m* ['vɛlən-] *radio* gamme d'ondes, bande *f* de fréquence; **~berg** *m* crête d'une *od* de la lame; *phys* crête *f* d'onde; **~bewegung** *f* mouvement *m* ondulatoire, ondulation *f;* **~brecher** *m* brise-lames *m;* **~länge** *f phys, radio* longueur *f* d'onde; **~linie** *f* ligne ondulée, ondulation *f;* **~reiten** *n sport (mit Boot)* aquaplane; *(ohne Boot)* surf *m;* **~schlag** *m* choc des vagues, coup *m* de mer; **~sittich** *m orn* perruche *f* ondulée; *pl a.* inséparables *m pl* od *f pl;* **~tal** *n mar* creux *m* des vagues.

well|ig ['vɛlıç] *a* ond(ul)é; *(Haar)* onduleux; *(Gelände: uneben)* vallonné, mouvementé, accidenté, mamelonné; **W~pappe** *f* carton *m* ondulé.

Wels *m* ‹-es, -e› [vɛls, '-zə] *zoo* silure, poisson-chat *m.*

Welt *f* ‹-, -en› [vɛlt] **1.** *a. fig (Bereich, Reich)* monde *m; (Erde)* terre *f; (~kugel)* globe (terrestre); *(~all)* univers, cosmos *m;* **2.** *die ~ (fig: die Leute)* les gens *pl; (die Öffentlichkeit)* le public; *(die Gesellschaft)* la société; **3.** *rel* le siècle; — *auf der ~* au monde; *bis ans Ende der ~* jusqu'au bout du monde; *in dieser ~* en ce bas monde; *in der ganzen ~* dans le monde entier; *nicht um alles in der ~* pour rien au monde; *vor aller ~* aux yeux de tout le monde; *zur ~ bringen, in die ~ setzen* mettre au monde, donner le jour à; *in der ~ herumgekommen sein* avoir beaucoup roulé sa bosse *fam; auf die* od *zur ~ kommen* venir au monde, voir le jour; *aus der ~ schaffen* faire table rase de, en finir avec; *das ist der Lauf der ~* ainsi va le monde; *alle ~* tous les gens, tout le monde; *die Alte ~* l'ancien monde; *die dritte ~* le Tiers-Monde, les pays *m pl* en voie de développement; *die freie ~ (pol)* le monde libre; *die ganze ~* le monde entier; *die Neue ~ (Amerika)* le nouveau monde; *die weite ~* le vaste monde; **~all** *n* univers, cosmos *m;* **~anschauung** *f* vision du monde, philosophie, idéologie *f;* **~ausstellung** exposition *f* universelle *od* mondiale; **~bank,** *die* la Banque *f* mondiale (Banque Internationale pour la Reconstruction et le Développement); **w~berühmt** *a* mondialement célèbre; **~bevölkerung** *f* population *f* mondiale; **~bild** *n* cosmologie *f;* **~bummler** *m* globe-trotter *m;* **~bürger** *m* citoyen du monde, cosmopolite *m;* **~bürgertum** *n* cosmopolitisme, mondialisme *m;* **~erfolg** *m* succès *m* mondial; **w~fremd** *a* étranger au monde; *(unerfahren)* sans expérience du monde, inexpérimenté; *(naiv)* naïf, ingénu; **~geistliche** *m* prêtre *m* séculier; **~geistlichkeit** *f* clergé *m* séculier; **~geltung** *f* renom *od* prestige *m od* influence *f* mondial(e); **~geschichte** *f* histoire *f* universelle; **~gesundheitsorganisation** *f* Organisation *f* mondiale de la santé (O.M.S.); **~handel** *m* commerce *m* mondial; **~herrschaft** *f* domination du monde, hégémonie *f* mondiale; **~karte** *f geog* mappemonde *f,* planisphère *m* (terrestre); **~krieg** *m* guerre *f* mondiale; *der Erste, Zweite ~* la Première, Seconde Guerre mondiale; **w~lich** *a* **1.** *(nicht kirchlich)* séculier; laïc, laïque; **2.** *(Macht)* temporel; *bes. mus* profane; **~literatur** *f* littérature *f* mondiale *od* universelle; **~macht** *f pol* puissance *f* mondiale; **~mann** *m* ‹-(e)s, ⸚er› homme du monde, mondain *m;* **w~männisch** *a* d'homme du monde, mondain; **~markt** *m* ‹-(e)s, ø› marché *m* mondial; **~meer** *n* océan *m;* **~meister** *m sport* champion *m* du monde; **~meisterschaft** *f sport* championnat *m* du monde; **~politik** *f* politique *f* mondiale; **~priester** *m* prêtre *m* séculier; **~raum** *m* ‹-(e)s, ø› espace *m* cosmique *od* interstellaire; **~raumfahrer** *m* astronaute *m;* **~raumfahrt** *f* vol *m* spatial; **~raumforschung** *f* recherches *f pl* spatiales; **~raumrakete** *f* engin *m* spatial; **~raumschiff** *n* aéronef *m;* **~raumstation** *f* station *f* spatiale *od* cosmique; **~reich** *n* empire *m;* **~reise** *f* tour *m* du monde; *e-e ~ machen* faire le tour du monde; **~rekord** *m* record *m* du monde; **~rekordinhaber** *m* détenteur *m* du record du monde; **~religion** *f* religion *f* mondiale; **~schmerz** *m* ‹-es, ø› pessimisme *m* (sentimental), mal *m* du siècle; **~sicherheitsrat** *m* Conseil *m* de sécurité; **~sprache** *f* langue *f* universelle; **~stadt** *f* très grande ville; métropole, grande capitale *f;* **~teil** *m* partie *f* du monde; *(Erdteil)* continent *m;* **w~umspannend** *a* universel, mondial; **~untergang** *m* fin *f* du monde; **~verbesserer** *m* utopiste, réformateur du monde; *fam iron* redresseur *m* de torts; **w~weit** *a* mondial, universel; **~wirtschaft** *f* ‹-, ø› économie *f* mondiale; **~wunder** *n* merveille *f* du monde; *die Sieben ~* les sept merveilles du monde; **~zeit** *f (Westeuropäische Zeit)* temps *m* universel.

wem [ve:m] *pron dat* à qui? *mit ~?* avec qui? *von ~?* de qui?

wen [ve:n] *pron acc* qui (est-ce que)? *an ~?* à qui? *für ~?* pour qui?

Wend|e *f* ‹-, -n› ['vɛndə] **1.** *(Drehung, a. sport)* tour *m;* **2.** *fig (~punkt)* tournant *m; (plötzl. Umschwung)* péripétie *f;* **~ekreis** *m* **1.** *geog* tropique *m;* **2.** *mot* rayon *m* de braquage; — *der ~ des Krebses, des Steinbocks (geog)* le tropique du Cancer, du Capricorne; **~eltreppe** *f* escalier *m* tournant *od* en colimaçon *od* en hélice *od* en vis; **w~en** ‹*wendet, wendete* od *wandte, gewendet* od *gewandt*› *tr* **1.** *(umdrehen)* tourner; *(Heu; Kleid) (nur: wendete, gewendet)* retourner; **2.** *(in e-e andere Richtung bringen; richten)* diriger (*nach* vers); **3.** *(Geld, Mühe) an etw* mettre à qc; *(s-e Kraft, s-e Zeit)* consacrer à qc; **4.** *itr (Fahrzeug: umkehren)* virer; *(Schiff)* virer de bord; *refl: sich ~* **5.** *(sich umdrehen)* se (re)tourner; *zu jdm* se tourner vers qn; *von jdm* se détourner de qn; *(Richtung nehmen)* se diriger (*nach* vers); **6.** *fig (sich ändern)* changer; — *sich an jdn ~* s'adresser à qn, faire appel à qn; *sich zum Guten, zum Bösen ~* bien, mal tourner; *bitte ~!* tournez, s'il vous plaît! voir au verso; **~en** *n mot* virage *m;* **~eplatz** *m (für Wagen)* espace *m* pour tourner; **~epunkt** *m* **1.** *math* point *m* d'inflexion; **2.** *fig* tournant *m; (plötzl. Umschwung)* péripétie; *(Neubeginn in e-m geschichtl. Ablauf)* ère *f* nouvelle; *e-n ~ bedeuten* marquer un tournant; **w~ig** *a* **1.** *mar, mot, aero* maniable, facile à manœuvrer, manœuvrable; **2.** *fig (gewandt)* agile, leste, souple, délié; *fam (der sich zu helfen weiß)* débrouillard; **~igkeit** *f* ‹-, ø› **1.** maniabilité, manœuvrabilité *f;* **2.** *fig* agilité, souplesse *f;* **~ung** *f* ‹-, -en› **1.** *(Drehung)* tour, virage *m; (rasche ~)* volte; *(Kehrtwendung)* volte-face *f; mil* changement de front; *mar* virement *m* de bord; **2.** *fig (Umschwung)* revirement, retour *m* de fortune; **3.** *(Redewendung)* manière de parler, tournure, locution *f;* — *e-e ~ machen* faire un tour, tourner; *(Reiter, Fechter)* volter; *(Schiff)* virer de bord; *e-e gute, schlimme ~ nehmen* tourner bien, mal; prendre une bonne, mauvaise tournure; *stehende ~ (Redewendung)* expression toute faite, tournure *f* figée; *~ zum Besseren* changement *m* en mieux; *~ um 90°* virage *m* à angle droit.

wenig ['ve:nɪç] *adv* peu (de); *(nicht viel)* pas beaucoup (de); *ein ~* un peu (de); quelque peu (de); *ein (ganz) klein ~* un (tout) petit peu, un tantinet, un tant soit peu; *fam* une idée; *zu ~* trop peu; *so ~ ... auch (conj)* si peu ... que; *~e (...) a pl (ein paar)* peu (de), quelques; *s pl (~e Menschen)* peu d'hommes *od* de gens; *nur ~e Schritte von hier* à quelques *od* à deux pas d'ici; *in* od *mit ~en Worten* en peu de *od* en deux mots; *es fehlt ~ daran, daß ...* il s'en faut de peu que ... *subj;* **~er** *adv* moins (*als* que; *(vor Zahlen)* de); *für ~ als ...* à moins de; *immer ~* de moins en moins; *je ~ ..., desto ~ ...* moins ..., moins; *mehr oder ~* plus ou moins; *fam* peu ou prou; *nicht ~ als* pas moins que *od (vor Zahlen)* de; *nichts ~ als* rien moins que; *um so ~* d'autant moins; *viel ~* bien moins; *~ denn je* moins que jamais; *~ werden* diminuer; *10 ~ 3 ist* 7 10 moins 3 font 7; **~ste** *a: das ~* le moins, le minimum; *die ~n* peu de gens seulement; *am ~n* le moins; **~stens** *adv (einschränkend)* du moins; *(bei e-r Mengenangabe)* au moins, pour le moins, au minimum.

wenn [vɛn] *conj* **1.** *(bedingend: falls)* si; **2.** *(zeitl.: jedesmal ~)* quand; *(zeitl.: dann ~)* lorsque; — *auch* od *selbst ~* même si, quand (bien) même; *außer ~* excepté si, sauf si; à moins que ... ne *subj; immer ~* toutes les fois que; *jedesmal ~* chaque fois que, toutes les fois que; *wie ~* comme si; *~ ... einmal* une fois que; *~ ... je(mals)* si jamais; *~ ... nicht* à moins de *inf od* que *subj; ~ nicht ..., so doch ...* sinon ..., du moins ...; *~ ... nur* si ... seulement; pourvu que *subj; ~ ... nur (im geringsten)* pour peu que, si peu que *subj; ~ ... überhaupt* si tant est que *subj; ~ ... wenigstens* si ... encore; *~ er auch noch so arm ist* si pauvre qu'il soit; *~ man ihn sieht, könnte man glauben ...* à le voir, on croirait ...; *~ es so ist, daß ...* si tant est que ...; *es ist nicht gut, ~* cela ne vaut rien de *inf; ~ er doch käme!* si seulement il venait!; *~ er nur nicht zu spät kommt!* pourvu qu'il ne vienne pas trop tard; *na ~ schon! (fam)* qu'importe! et puis alors? **W~** *n* ‹-, -› si *m; das (viele) ~ und Aber* les si et les mais; **~gleich** [-'-] *conj,* **~schon** ['--] *conj* quoique, bien que, encore que *subj.*

wer [ve:r] *(Fragepron)* qui (est-ce qui)? *~ von beiden?* lequel des deux? *~ von uns?* qui *od* lequel d'entre nous? *(Relativpron)* (celui) qui; *(unbestimmtes pron, fam: jemand)* quelqu'un; *~ auch immer* quiconque; *~ es auch (immer) sei(n möge)* qui que ce soit; *mag kommen, ~ will* vienne qui voudra; *~ ist da?* qui est là? *tele* qui est à l'appareil? *~ da?* qui va là qui vive? *~ sonst?* qui d'autre?

Werbe|abteilung *f* ['vɛrbə-] département *m od* section *f od* service *m* de la publicité *od* de la propagande; **~agentur** *f* agence *f* de publicité; **~aktion** *f* opération *f* publicitaire; **~fernsehen** *n* publicité *f* télévisée; **~film** *m* film *m* publicitaire *od* de propagande; **~fläche** *f* panneau *m* d'affichage; **~funk** *m* publicité radiophonique *od* parlée, émission *f* publicitaire; **~kampagne** *f* campagne *f* publicitaire; **~kosten** *pl* frais *m pl* de publicité; **~leiter** *m* chef *m* de la publicité; **~material** *n* matériel *m* de publicité, documentation *f.*

werb|en ['vɛrbən] ‹*wirbt, warb, geworben*› **1.** *tr (Soldaten)* enrôler, recruter, *hist* racoler; *(Arbeitskräfte)* embaucher, engager; *(Mitglieder, Kunden)* (re)chercher; **2.** *itr* faire de la publicité *od* de la réclame *od pol* de la propagande (*für etw* pour qc); — *um etw, um jds Gunst ~* rechercher, briguer qc, la faveur de qn; *um ein Mädchen ~* demander une jeune fille en mariage; **W~er** *m* ‹-s, -› **1.** *mil* enrôleur, recruteur, *hist* racoleur *m;* **2.** *(Freier)* prétendant, soupirant *m.*

Werbe|schrift *f* ['vɛrbə-] brochure *f* publicitaire *od* de propagande, prospectus *m;* **~spruch** *m* slogan *m* publicitaire *od* de propagande; **~trommel** *f: die ~ rühren (fig)* battre la grosse caisse.

Werbung *f* ‹-, -en› ['vɛrbuŋ] **1.** *mil* enrôlement, recrutement, *hist* racolage *m; (von Arbeitskräften)* embauch(ag)e *f (m);* **2.** *com* publicité, réclame; *bes. pol* propagande *f;*

Werdegang *m* ‹-s, ø› ['ve:rdə-] *(Entwicklung)* développement *m,* évolution *f; (berufl. ~, Laufbahn)* carrière *f.*

werden ['ve:rdən] ‹*wird, wurde, geworden*› *itr* ‹*sein*› **1.** devenir; commencer à être; *(entstehen)* naître; **2.** *(sich entwickeln)* se développer; *(sich gut entwikkeln, gelingen)* réussir; **3.** *(e-n Beruf ergreifen)* se faire; *(zu etw ernannt* od *befördert ~)* passer; **4.** *(als Hilfsv beim Passiv)* être; — *aus dir wird nie etw ~* tu ne seras jamais rien; *das wird schon ~* cela viendra; *das muß anders ~* il faut que ça change; *es wird Frühling, Winter* le printemps, l'hiver vient *od* approche; *es wird gesagt* on dit; *es wird morgen ein Jahr, daß ...* il y aura demain un an que ...; *es ist nichts daraus geworden* l'affaire a manqué; *was ist aus ihm geworden?* qu'est-il devenu? *was soll (nur) daraus ~?* qu'en adviendra-t-il? *wird's bald?* c'est pour bientôt? eh bien, c'est pour quand? *~de Mutter f* future mère *f;* **W~** *n* **1.** *(Entstehen)* naissance, genèse *f;* **2.** *(Entwicklung)* formation *f,* développement *m;* — *im ~* en devenir, en (voie de) formation, en train; *das ~ und Vergehen* les changements *m pl* perpétuels.

werfen ['vɛrfən] ‹*wirft, warf, geworfen*› *tr* **1.** jeter (*nach jdm* sur qn); *(schleudern, Bomben abwerfen)* lancer; *(Spieß, Strahlen, Blicke)* darder; **2.** *(Wellen, Falten)* faire; *(Licht, Schatten)* projeter; **3.** *zoo (Junge)* faire; *itr* **4.** jeter, lancer (*mit etw* qc; *nach jdm, nach etw* à qn, à qc); **5.** *(Junge)* mettre bas; *refl: sich ~* **6.** *(sich stürzen)* se jeter, se lancer, s'élancer (*auf jdn, auf etw* sur qn, sur qc); *fig (sich mit Eifer an etw machen)* se lancer (*auf etw* dans qc); **7.** *tech (Holz, Mauer)* se déjeter, travailler, jouer, prendre du jeu; — *nicht ~! (auf e-r Kiste)* ne pas renverser!

Werft *f* ‹-, -en› [vɛrft] *mar* chantier *m* (de construction) naval(e); **~arbeiter** *m* ouvrier *m* de chantier naval.

Werg *n* ‹-(e)s, ø› [vɛrk, -g(ə)s] étoupe, filasse *f; mit ~ abdichten, verstopfen* étouper.

Werk *n* ‹-(e)s, -e› [vɛrk] **1.** *(Arbeit)* travail *m,* besogne *f,* ouvrage *m;* **2.** *(Tat)* acte *m,* action *f; (Leistung)* ouvrage *m,* œuvre *f;* **3.** *(Erzeugnis)* ouvrage, produit; *(musikal., literar., künstler. ~)* œuvre *f; (Gesamtwerk e-s Künstlers)* œuvre *m; pl (e-s Dichters, Schriftstellers)* œuvres *f pl;* **4.** *(Unternehmen)* entreprise *f,* établissements *m pl; (Fabrik)* usine *f,* ateliers *m pl;* **5.** *tech (Triebwerk)* mécanisme; *(der Uhr)* mouvement, rouage *m; mil* ouvrage *m;* — *ab ~ (com)* pris à l'usine, départ usine; *ans ~ gehen, sich ans ~ machen* se mettre à l'ouvrage *od* à l'œuvre *od* au travail *od* à la besogne; *zu ~e gehen* procéder; *etw ins ~ setzen* mettre qc en œuvre, réaliser qc; *ein gutes ~ tun* faire œuvre pie *od* une bonne action; *ans ~!* à l'œuvre! *ausgewählte ~e pl (e-s Verfassers)* œuvres *f pl* choisies; *gute ~e pl (rel)* bonnes œuvres *f pl; sämtliche ~e (e-s Verfassers)* œuvres *f pl* complètes; **~bank** *f* ‹-, ¨-e› établi *m;* **w~en** *itr (arbeiten)* travailler, œuvrer; *(sich zu schaffen machen)* s'occuper, s'affairer; **~meister** *m* chef d'atelier *od* d'équipe; contre-maître *m;* **~(s)angehörige(r)** *m* employé *m* de l'entreprise; **~schutz** *m* protection *f* d'entreprise *od* de l'entreprise; **w~(s)eigen** *a* appartenant à l'entreprise; **~(s)halle** *f* atelier *m;* **~(s)kantine** *f* cantine *f* d'entreprise; **~(s)leiter** *m* directeur *m* de l'entreprise; **~(s)leitung** *f* direction *f* de l'entreprise; **~(s)spionage** *f* espionnage *m* industriel; **~statt** *f,* **~stätte** *f* atelier *m; mechanische ~* atelier *m* (de construction) mécanique; **~stoff** *m* matière *f* ouvrable, matériel, matériau *m;* **~stück** *n (vor der Bearbeitung)* pièce à usiner; *(während der Bearbeitung)* pièce en cours d'usinage; *(nach der Bearbeitung)* pièce *f* usinée; **~student** *m* étudiant *m* salarié *od* qui travaille pour payer ses études; **~(s)wohnung** *f* logement *m* de l'entreprise; **~tag** *m* jour *m* ouvrable *od* de semaine; *an ~en,* **w~tags** *adv* les jours ouvrables, en semaine; *nur an Werktagen, nur werktags* la semaine seulement; **w~tätig** *a: ~e Bevölkerung f* population *f* active; **~tätige** *m* ouvrier, travailleur *m; die Werktätigen pl* la classe ouvrière; **~unterricht** *m (in der Schule)* travaux *m pl* manuels.

Werkzeug *n* ‹-(e)s, -e› ['vɛrk-] **1.** outil; *(Instrument, a. fig)* instrument; *fig* organe; *(als Sammelname)* outillage *m;* **2.** *com* grande quincaillerie *f;* **~kasten** *m* boîte *od* caisse *f od* coffre *m* à outils; **~macher** *m* outilleur *m;* **~maschine** *f* machine-outil *f;* **~schuppen** *m* resserre *f* à outils; **~tasche** *f* sac *m od* trousse à outils; *(am Fahrrad)* sacoche *f.*

Wermut *m* ‹-(e)s, ø› ['ve:r-] **1.** *bot* absinthe *f;* **2.** *fig (Bitterkeit)* amertume *f;* **3.** *(Wein)* vermout(h) *m; — ein Tropfen ~ (fig)* une goutte d'amertume.

Wert *m* ‹-(e)s, -e› [ve:rt] *a* **1.** *philos, math, fin, com, mus* valeur *f;* **2.** *(Preis)* prix *m;* **3.** *pl (Sach-, Vermögenswerte)* valeurs; *(~papiere)* valeurs *f pl,* effets, titres *m pl; — im ~ von* d'une valeur de, au prix de; *von geringem ~* de peu de valeur *od* prix; *von (großem* od *hohem) ~* de (grande) valeur, de prix; *e-r S großen ~ beimessen* attacher grand prix à qc; *keinen ~ haben* ne pas avoir de valeur; *~ auf etw legen* attacher de la valeur, accorder de l'importance, tenir à qc; *keinen ~ auf etw legen* ne faire aucun cas de qc, n'accorder aucune valeur *od* aucun prix à qc; *im ~ sinken, an ~ verlieren* perdre de sa valeur, se déprécier, s'avilir; *im ~ steigen, an ~ gewinnen* augmenter de valeur, valoir plus; *das behält immer s-n ~* cela vaut toujours son prix.

wert [ve:rt] *a* cher *(a. in der Briefanrede); (achtbar)* respectable; *(kostbar)* précieux; *(würdig)* digne (*e-r S* de qc); *10 Mark ~ sein* valoir 10 marks; *mehr ~ sein* valoir mieux (*als* que); *etw nicht ~ sein (Mensch)* ne pas mériter qc; *nicht viel ~ sein* ne pas valoir grand-chose; *das ist schon viel ~* od *(fam) was ~* c'est déjà un point acquis *od* quelque chose; **W~angabe** *f* déclaration de valeur; *(angegebener ~)* valeur *f* déclarée; **W~arbeit** *f* travail *m* qualifié; **~beständig** *a* (de valeur) stable; **~en** *tr (abschätzen)* estimer, taxer, évaluer; *(hochschätzen)* apprécier, priser; *sport (einstufen)* pointer, classer; **W~gegenstand** *m* objet *m* de valeur *od* de prix; **W~igkeit** *f* ‹-, ø› *chem* valence *f;* **~los** *a* sans valeur; *fig (nichtig)* futile; **W~maßstab** *m,* **W~messer** *m* mesure *f od* étalon *m* de valeur; **W~minderung** *f* diminution de, perte, de *od* en valeur, dévalorisation, dépréciation; moins-value *f;* **W~papier** *n fin* valeur *f,* effet, titre *m; pl a.* portefeuille *m; festverzinsliche ~e* valeurs *f pl* à revenu fixe; **W~sache** *f = Wertgegenstand;* **W~schätzung** *f* estime, considération *f;* **W~steigerung** *f* augmentation de valeur, plus-value *f;* **W~ung** *f* ‹-, -en› estimation, taxation, évaluation *f; sport* pointage, classement *m;* **W~urteil** *n* jugement *m* de valeur; **~voll** *a* de valeur, de prix; précieux.

Wesen *n* ‹-s, -› ['ve:zən] **1.** *(Art, Charakter)* nature *f,* naturel, caractère *m;* **2.** *(Lebewesen, Geschöpf)* être *m,* créature; *(Mensch a.)* personne *f;* **3.** *(innere Natur)* essence, nature; *philos* spécificité *f; — s-m ~ nach* de par sa nature; *ein einnehmendes ~ haben* avoir l'air avenant; *viel ~s (Aufhebens) von etw machen* faire grand cas *od* bruit de qc; *es war kein lebendes ~ zu sehen* il n'y avait pas âme qui vive; **w~haft** *a (charakteristisch, typisch)* caractéristique, typique; **w~los** *a (unwirklich, nichtseiend)* irréel, sans réalité, inexistant; **~sart** *f* manière d'être, nature *f,* caractère *m;* **w~sfremd** *a: jdm, e-r S ~* étranger à la nature de qn, qc; *ea. ~* étrangers à la nature l'un de l'autre; **w~sgleich** *a* de même nature; **~szug** *m* trait *m* caractéristique; **w~tlich I.** *a* essentiel; intrinsèque; *(grundlegend)* fondamental, constitutif; *(hauptsächlich)* principal; *(bedeutend)* considérable, important; *(gehaltvoll)* substantiel; *(sehr merklich)* sensible; *das W~e* l'essentiel *m,* la chose principale; **II.** *adv (sehr viel, beim Komparativ)* bien, beaucoup; *im ~en* essentiellement, pour l'essentiel, en substance, dans le fond.

wes|halb [-'-/'--] *adv,* **~wegen** [-'--] *adv* pourquoi, pour quelle raison *od* cause.

Wespe *f* ‹-, -n› ['vɛspə] *ent* guêpe *f;* **~nnest** *n* guêpier, nid *m* de guêpes.

wessen ['vɛsən] *(Genitiv des Fragepron: wer)* de qui; *~ Buch ist das? (wem gehört dies(es) Buch?)* à qui est ce livre? *~ Schuld ist es?* à qui la faute?

West *m* ‹-(e)s, (-e)› [vɛst] *(Himmelsrichtung, Wind)* ouest *m;* **~afrika** *n* l'Afrique *f* occidentale; **~-Berlin** *n* Berlin-Ouest *m;* **w~deutsch** *a* ouest-allemand; **~deutschland** *n* l'Allemagne *f* occidentale.

Weste *f* ‹-, -n› ['vɛstə] gilet *m; e-e weiße* od *reine ~ haben (fig)* avoir les mains nettes.

Westen *m* ['vɛstən] ‹-s, ø› **1.** *(Himmelsrichtung)* ouest *m;* **2.** *der ~ (das Abendland)* l'Occident; *pol* l'Ouest *m.*

Westentasche *f* ['vɛstən-] poche *f* de gilet, gousset *m; etw wie s-e ~ kennen* connaître qc comme (le fond de) sa poche.

West|europa ['vɛst-] *n* l'Europe *f* occidentale; **w~europäisch** *a* ouest-européen; *die W~e Union (WEU)* l'Union *f* de l'Europe Occidentale (U.E.O.); **~fale** *m* ‹-n, -n› [vɛst'fa:lə], **~fälin** *f* ‹-, -nen› Westphalien(ne *f*) *m;* **~falen** *n* [-'fa:lən] la Westphalie; **w~fälisch** [-'fɛ:lɪʃ] *a* westphalien; **~goten** *m pl hist* Visigoths *m pl;* **~indien** *n geog* les Indes *f pl* occidentales; **w~lich** *a* occidental, de l'ouest, d'ouest; *~ von* à l'ouest de; **~mächte,** *die f pl* les puissances *f pl* occidentales, les Occidentaux *m pl;* **w~römisch** *a: das ~e Reich (hist)* l'Empire *m* romain d'Occident; **~seite** *f* côté *m* ouest; **w~wärts** *adv* vers l'ouest; **~wind** *m* vent *m* d'ouest.

wett [vɛt] *a: ~ (quitt) sein* être quitte; **W~bewerb** *m* ‹-(e)s, -e› **1.** *allg* concurrence *f;* **2.** *(Veranstaltung)* concours *m, sport a.* compétition *f;* — *freier ~ (als System)* régime *m* de libre concurrence; *unlauterer ~* concurrence *f* déloyale *od* illicite; **~bewerbsfähig** *a com (Erzeugnis, Preis)* concurrentiel; **W~bewerbsfähigkeit** *f* compétitivité; **W~e** *f* ‹-, -n› pari *m,* gageure *f; um die ~* à l'envi; *fam* à qui mieux mieux; *e-e ~ eingehen* faire un pari, parier; *was gilt die ~?* que pariez-vous? **W~eifer** *m* émulation *f,* esprit *m* de compétition, rivalité *f;* **~eifern** *itr: mit jdm in etw ~* rivaliser de qc avec qn; **~en** *itr* parier, gager (*mit jdm* avec qn, *um etw* qc); *itr: ich möchte ~, daß ...* je parierais que ...; *(wollen wir) ~?* on parie?

Wetter ['vɛtər] *n* ‹-s, -› **1.** temps *m* (qu'il fait); **2.** *(Unwetter)* tempête *f,* orage *m;* **3.** *mines (Grubenwetter)* air *m;* — *bei diesem ~* par le temps qu'il fait; *bei schönem, schlechtem ~* par beau, mauvais temps; *über das ~ reden* parler de la pluie et du beau temps; *es ist schönes, schlechtes ~* il fait beau, mauvais; *wie ist das ~?* quel temps fait-il? *schlagende ~ pl (mines)* grisou *m; schweres ~ (mar)* gros temps *m;* **~aussichten** *f pl* prévisions *f pl* météorologiques, temps *m* probable; **~bericht** *m* bulletin *m* météorologique; **w~beständig** *a* résistant aux intempéries; **~dienst** *m* service *m* météorologique; **~fahne** *f a. fig (Mensch)* girouette *f; fam* sauteur *m;* **w~fest** *a = wetterbeständig;* **~hahn** *m* girouette *f* (en forme de coq); **~karte** *f* carte *f* météorologique; **~kunde** *f* météorologie *f;* **~lage** *f* situation *f* météorologique *od* atmosphérique; **w~leuchten** *itr impers: es wetterleuchtet* il fait *od* il y a des éclairs de chaleur; **~leuchten** *n* éclairs *m pl* de chaleur, fulguration *f;* **w~n 1.** *impers: es wettert (es stürmt; es blitzt u. donnert)* il fait de l'orage; **2.** *itr (fig: Mensch)* tempêter, fulminer, tonner, pester (*gegen* contre); **~scheide** *f geog* limite *f* météorologique; **~seite** *f* côté *m* exposé aux intempéries; **~umschlag** *m* changement *m* (brusque) de temps; **~vorhersage** *f* prévisions *f pl* météorologiques, prévision *f* du temps; *langfristige ~* prévision *f* (météorologique) à longue échéance; **~warte** *f* observatoire *m od* station *f od* poste *m* météorologique; **w~wendisch** *a (Mensch: wechselhaft)* changeant, versatile, inconstant; *(launisch)* lunatique; **~wolke** *f* nuage *m* orageux.

Wett|kampf ['vɛt-] *m* combat *m,* lutte *f; sport* concours *m,* compétition, épreuve *f; (um e-e Meisterschaft)* championnat; *(zwischen zwei Mannschaften)* match *m;* **~kämpfer** *m* lutteur; *sport* concurrent, compétiteur *m;* **~lauf** *m sport* course *f* à pied *od* de vitesse; **~läufer** *m* coureur *m;* **w~=machen** *tr (ausgleichen)* compenser; *(wieder aufholen)* rattraper; *(wiedergutmachen)* réparer; **~rennen** *n = Wettlauf;* **~rüsten** *n* course *f* aux armements; **~streit** *m* concours *m,* concurrence, lutte; rivalité *f.*

wetz|en ['vɛtsən] **1.** *tr* ‹h› *(schärfen)* aiguiser, affiler, affûter; **2.** *itr* ‹sein› *fam (rennen)* filer; *pop* tricoter; **W~stein** *m* pierre *f* à aiguiser.

Wichs|bürste ['vɪks-] *f* brosse *f* à cirer *od* à reluire; **~e** *f* ‹-, -n› **1.** *(Schuhcreme)* cirage *m;* **2.** *fig fam (Schläge)* volée (de coups); *pop* frottée, raclée, rossée *f;* **w~en** *tr* **1.** *(Ledersachen)* cirer; *(Fußboden: bohnern)* encaustiquer; **2.** *fig fam (prügeln)* rosser, rouer de coups.

Wicht *m* ‹-(e)s, -e› [vɪçt] **1.** *(Wesen, Kreatur)* créature *f;* **2.** *(Zwerg, Kobold)* nain, gnome, lutin; *(Knirps)* bout d'homme, nabot; *fam* mioche *m;* — *armer ~* pauvre hère *od* diable *m; elender ~* misérable *m;* **~elmännchen** *n* lutin *m.*

wichtig ['vɪçtɪç] *a* important; *(bedeutend)* considérable, grave; *(wesentlich)* essentiel; *sich ~ machen, ~ tun* faire l'important, se donner des airs d'importance, faire la mouche du coche *od* le fanfaron; se vanter; fanfaronner, crâner; **W~keit** *f* ‹-, ø› importance; *(Tragweite)* conséquence *f; von größter* od *höchster ~* de la plus haute importance; **W~tuer** *m* ‹-s, -› mouche *f* du coche; homme qui fait l'important *od* se donne de grands airs; fanfaron, vantard, crâneur; *fam* esbroufeur, m'as-tu-vu *m; ein ~ sein* faire l'important; **W~tuerei** *f* ‹-, ø› airs d'importance, grands airs *m pl,* air *m* important.

Wickel *m* ‹-s, -› ['vɪkəl] **1.** *(Knäuel)* pelote *f*, peloton *m*; **2.** *(Lockenwickel)* papillote *f*; **3.** *(Windel)* lange, maillot *m*; **4.** *med* enveloppement *m*; — *jdn am* od *beim* ~ *kriegen* od *nehmen (fam)* saisir qn au collet, empoigner qn; **w~n** *tr* **1.** rouler (*um* autour de); *(Garn)* pelot(onn)er; *(die Haare)* papilloter; *(Draht)* enrouler, (em)bobiner; **2.** *(Säugling)* langer, emmailloter; **3.** *med* envelopper; — *in etw* ~ envelopper dans qc.

Widder *m* ‹-s, -› ['vɪdər] bélier *m*.

wider ['vi:dər] *prp acc (gegen)* contre.

widerfahren ‹*widerfährt, widerfuhr, widerfahren*› [-'fa:rən] *itr* ‹*sein*› arriver, advenir (*jdm* à qn); *jdm Gerechtigkeit* ~ *lassen* rendre justice à qn.

Widerhaken *m* ['vi:dər-] croc, crochet *m*.

Widerhall *m* ['vi:dɛr-] *a. fig* écho, rentissement *m*; *fig* résonance *f*; **wider=hallen** *itr* faire écho, retentir.

Widerlager *n* ['vi:dər-] *arch* butée, culée *f*.

widerlegen ‹*ohne -ge-*› [-'le:gən] *tr* réfuter; *(Gesagtes)* démentir.

widerlich ['vi:dərlɪç] *a* rebutant, repoussant, répugnant, dégoûtant, écœurant.

widerrechtlich ['vi:dər-] **I.** *a (ungesetzlich)* illégal. illicite; **II.** *adv a.* au mépris de la loi, sans motif légal.

Widerrede *f* ['vi:dər-]: *ohne* ~ sans contredit, sans contestation; *keine* ~ *dulden* ne pas souffrir de contradiction; *keine* ~*!* tenez-vous cela pour dit!

Widerruf *m* ['vi:dər-] révocation, rétractation *f*; dédit, désaveu; démenti *m*; *bis auf* ~ jusqu'à révocation *od* nouvel ordre; **w~en** ‹*widerrief, widerrufen*› *tr* révoquer, rétracter; se dédire de, désavouer; démentir.

Widersacher *m* ‹-s, -› ['vi:dərzaxər] adversaire, antagoniste; *(Feind)* ennemi *m*.

Widerschein *m* ['vi:dər-] reflet *m*.

widersetzen, *sich* [-'zɛtsən] ‹*ohne -ge-*› résister, faire résistance (*dat* à); aller à l'encontre (*e-r S* de qc); *(Widerstand leisten)* s'opposer (*dat* à); *(sich auflehnen)* regimber (*dat* contre); *(sich empören)* se rebeller, se révolter (*dat* contre).

Widersinn *m* ['vi:dər-] contresens *m*; **w~ig** *a* absurde, paradoxal.

widerspenstig ['vi:dər-] *a* récalcitrant, réfractaire, rétif; rebelle; *(eigensinnig)* obstiné, opiniâtre, indocile; **W~keit** *f* ‹-, ø› humeur récalcitrante; indocilité; obstination, opiniâtreté, indocilité *f*.

wider=spiegeln ['vi:dər-] **1.** *tr* refléter, réfléchir; **2.** *refl: sich* ~ se refléter, se réfléchir.

widersprechen [-'ʃprɛçən] ‹*widerspricht, widersprach, widersprochen*› *itr* répliquer (*jdm* à qn); contredire, démentir (*jdm* qn); **~d** *a* contradictoire.

Widerspruch *m* ['vi:dər-] **1.** réplique, contradiction; *(Einwand)* opposition; *(Einspruch)* protestation *f*; **2.** *(Gegensatz)* contradiction *f*; — *im* ~ *zu etw sein* od *stehen* être en contradiction *od* contraire à *od* incompatible avec qc; *sich in Widersprüche verwickeln* s'embrouiller *od* s'empêtrer dans des contradictions; **~sgeist** *m* ‹-(e)s, (-er)› esprit de contradiction; **widersprüchlich** *a* contradictoire.

Widerstand *m* ['vi:dər-] **1.** *a. phys el mil* résistance (*gegen* à); *bes. pol* opposition *f* (*gegen* à); **2.** *(mit aero: Luftwiderstand)* traînée *f*; — *ohne* ~ *(zu leisten)* sans (offrir de la) résistance; *den* ~ *brechen* briser la résistance; *auf* ~ *stoßen* rencontrer une résistance; *den Weg des geringsten ~es gehen* choisir la voie de la moindre résistance; ~ *leisten* opposer une résistance, résister, tenir tête (*jdm, e-r S* à qn, à qc); *bewaffneten* ~ *leisten* se défendre les armes à la main; *bewaffneter* ~ résistance *f* armée; *passiver* ~ résistance *f* passive; **~sbewegung** *f* mouvement *m* de résistance; **w~sfähig** *a* résistant, de résistance; **~sfähigkeit** *f* (capacité de) résistance *f*. **~skraft** *f* force *f* de résistance; **w~slos I.** *a* passif, soumis; **II.** *adv* sans résistance, sans coup férir.

widerstehen [-'ʃte:ən] ‹*widerstand, widerstanden*› *itr a. fig* résister (*dat* à); *jdm* ~ *(widerlich sein)* répugner (*jdm* à qn); dégoûter, écœurer (*jdm* qn); *der Versuchung nicht* ~ *können* succomber à la tentation; *da kann ich nicht* ~ c'est plus fort que moi.

widerstreben [-'ʃtre:bən] ‹*ohne -ge-*› *itr* résister, s'opposer (*dat* à), lutter (*dat* contre); *jdm* ~ *(fig: gegen den Strich gehen)* répugner à qn; *es widerstrebt mir, darüber zu sprechen* il me répugne d'en *od* je répugne *od* j'ai peine à en parler; **W~** *n* **1.** résistance, opposition *f*; **2.** *(Widerwille)* répugnance, aversion *f*; *mit* ~, **~d** *adv* à son corps défendant; *(widerwillig)* avec répugnance, à contrecœur.

Widerstreit *m* ['vi:dər-] *(der Meinungen, der Interessen)* conflit, antagonisme *m*; **w~end** *a* antagonique; *(widersprüchlich)* contradictoire; *(entgegengesetzt)* opposé; *(ausea.gehend)* divergent.

widerwärtig ['vi:dər-] *a (unangenehm)* désagréable; *(ärgerlich)* fâcheux; *(abstoßend)* répugnant, rebutant, repoussant; *(ekelhaft)* dégoûtant, écœurant; *(Mensch a.)* antipathique; **W~keit** *f* ‹-, -en› **1.** *(ohne pl)* caractère désagréable *od* fâcheux; **2.** *(Unannehmlichkeit)* désagrément *m*, contrariété *f*; *(Verdruß)* ennui, déboire *m*; *pl (Schererei-*

en) ennuis, déboires *m pl,* tribulations, traverses *f pl.*

Widerwill|e *m* ['vi:dər] répugnance, aversion, antipathie *f; (Ekel)* dégoût *m* (*gegen* pour); *mit ~n = widerwillig adv; ~n gegen etw empfinden, e-n ~n gegen etw empfinden, e-n ~n gegen etw haben* répugner à qc; **w~ig** *adv* avec répugnance *od* aversion, à contrecœur, à regret; malgré soi.

widm|en ['vɪtmən] *tr (weihen, a. fig)* vouer; *(Buch)* dédier; *(opfern)* consacrer, donner; *sich e-r S ~* se vouer *od* s'adonner *od* se consacrer à qc; **W~ung** *f* ‹-, -en› *(e-s Buches)* dédicace *f; (gedruckte) ~ (an e-e hochgestellte Persönlichkeit)* dédicace, épître *f* dédicatoire.

widrig ['vi:drɪç] *a (a. Wind)* contraire; *(Geschick)* contraire, adverse.

wie [vi:] **I.** *adv* **1.** *(fragend beim v: auf welche Weise)* comment? *~ machen Sie das?* comment faites-vous cela? *~ geht es Ihnen?* comment allez-vous? *~ heißen Sie? ~ ist Ihr Name?* comment vous appelez-vous? quel est votre nom? *~ meinen Sie das?* qu'entendez-vous par là? *~ bitte?* pardon? vous dites? plaît-il? *fam* hein? comment? **2.** *(fragend bei e-m adv)* combien? *~ lange?* combien de temps? *~ oft?* combien de fois? *~ spät ist es?* quelle heure est-il? *~ weit ist es bis dahin?* combien y a-t-il jusque là? *~ weit sind Sie (mit Ihrer Arbeit)?* où en êtes-vous? **3.** *(fragend bei e-m a): ~ groß, lang, breit, hoch ist ...?* quelle est la grandeur, la longueur, la largeur, la hauteur de ...? *~ groß sind Sie?* quelle est votre taille? *~ alt sind Sie?* quel est votre âge? **4.** *(ausrufend)* comment! eh quoi! *(bei e-m v)* comme; *~ Sie das sagen!* comme vous le dites! *(bei e-m adv)* que; *~ oft habe ich das gesagt!* que de fois ai-je dit cela! *~ glücklich ich bin!* que je suis heureux! *stolz ~ er ist!* fier comme il est! *~ groß war mein Erstaunen!* quelle fut ma surprise! *~ gut das ist!* que c'est bon! *~ schade!* quel dommage! **II.** *conj* **1.** *(vergleichend; Satzteile verbindend)* comme, tel que; *stumm ~ ein Fisch* muet comme une carpe; *so groß ~ ich* aussi grand que moi; *nicht so groß ~ ich* pas si grand que moi; *ein Mann ~ er* un homme comme lui *od* tel que lui; *er sieht ~ ein Künstler aus* il a l'air d'un artiste; *~ viele ...?* combien de ...? **2.** *(e-n Nebensatz einleitend; der Art u. Weise)* comme; *~ ich gehört habe* comme j'ai entendu dire; *~ Sie sehen* comme vous (le) voyez; *ich sah, ~ er über die Straße ging* je le vis traverser la rue; *~ die Dinge liegen* dans l'état actuel des choses; **3.** *(in gekürzten Sätzen) ~ gesagt* comme je l'ai déjà dit; *~ gewöhnlich* comme d'habitude; **4.** *(konzessiv:) ~ dem auch sei* quoi qu'il en soit; **5.** *(zeitl.)* comme, au moment où; *~ ich eintrete* au moment où j'entre; *(bei gleichem Subjekt)* en entrant; — *~ du mir, so ich dir (prov)* à bon chat bon rat; *~ gewonnen, so zerronnen (prov)* ce qui vient de la flûte s'en va par le tambour; **W~,** *das* ‹-, -› le comment; la manière; le moyen; *auf das ~ kommt es an* tout est dans la manière.

Wiedehopf *m* ‹-(e)s, -e› ['vi:dəhɔpf] *orn* huppe *f.*

wieder ['vi:dər] *adv* de *od* à nouveau, encore (une fois), une nouvelle fois; *(wird gegebenenfalls durch die Zeitwort-Vorsilben* re *u.* ré *wiedergegeben); immer ~* toujours, continuellement; *nie ~* jamais plus; ne ... plus jamais; *für nichts und ~ nichts* absolument pour rien; *fam* pour des prunes; *~ anfangen (itr)* recommencer; *sich ~ anziehen* se rhabiller; *~ aufbauen (tr)* rebâtir, reconstruire; *~ aufheben (tr; vom Boden)* ramasser; *~ aufrüsten (tr* u. *itr)* réarmer; *~ aufwachen* od *erwachen (itr)* se réveiller; *~ aufwärmen (tr)* réchauffer; *~ ausgraben (tr, Leiche)* exhumer; *~ einschalten (tr, tech mot)* remettre; *(el)* remettre en circuit; *(Licht)* rallumer; *(radio)* remettre; *~ einschlafen (itr)* se rendormir; *~ ergreifen (tr; Flüchtigen)* rattraper, reprendre; *~ gesund werden (itr)* se rétablir; *~ instand setzen (tr)* réparer; *~ umkehren (itr)* retourner sur ses pas; *sich ~ verheiraten* se remarier, reprendre femme; *ich bin gleich ~ da* je reviens (tout) de suite; *sind Sie schon ~ da?* êtes-vous déjà revenu *od* de retour? *da bin ich ~!* me voilà de retour! *fam* me revoici, me revoilà!

Wiederaufbau *m* ‹-(e)s, ø› [-'auf-] **1.** reconstruction *f;* **2.** *fig* redressement, relèvement *m;* **wieder≈aufbauen** ‹*baut wieder auf*› *tr fig* redresser, relever.

Wiederaufbereitung [-'auf-] *f tech* retraitement.

Wiederaufforstung *f* [-'auf-] reboisement *m.*

Wiederaufnahme *f* [-'auf-] reprise *f; die ~ der Arbeit* la reprise du travail; *~ der diplomatischen Beziehungen* reprise *f* des relations diplomatiques.

wieder≈aufnehmen [-'auf-] ‹*nimmt, nahm wieder auf, wiederaufgenommen*› *tr (Tätigkeit etc)* reprendre.

Wiederaufrüstung *f* [-'auf-] réarmement *m*

Wiederaufschwung *m* [-'auf-] *(Wirtschaft)* reprise *f;* redressement *m.*

wieder≈bekommen ['vi:dər-] ‹*bekam wieder, wiederbekommen*› *tr (zurückbekommen)* rentrer en possession de, recouvrer, récupérer; *(nur inf)* ravoir.

wieder=beleb|en ['vi:dər-] ‹*ohne -ge-*› *tr* réanimer, rappeler à la vie; *a. fig* raviver, revivifier, relancer, ranimer; *med* ressusciter; **W~ung** *f* réanimation; *a. fig* revivification; *com* relance *f;* **W~ungsversuch** *m* tentative *f* de réanimation; *~e waren bei ihm, ihr erfolglos* il (elle) n'a pu être ranimé(e).

Wiederbeschaffung *f* ['vi:dər-] remplacement *m,* restitution *f.*

wieder=bringen ['vi:dər-] ‹*brachte wieder, wiedergebracht*› *tr (zurückbringen; Sache)* rapporter; *(Menschen, größeres Tier)* ramener.

wieder=einsetzen [-'aın-] ‹*setzt wieder ein*› *tr (in ein Amt, in Rechte)* rétablir, réinstaller, réintégrer (*in* dans); *(Fürsten, Dynastie)* restaurer; *jdn in s-e Rechte ~* remettre qn dans ses droits, réhabiliter qn.

wieder=erkennen ['vi:dər-] ‹*erkannte wieder, wiedererkannt*› *tr* reconnaître (*an* à); *nicht wiederzuerkennen sein* être méconnaissable.

wieder=erlangen ['vi:dər-] ‹*ohne -ge-*› *tr jur* recouvrer; *a. med* récupérer.

wieder=eröffn|en ['vi:dər-] ‹*ohne -ge-*› *tr (Debatte, theat)* rouvrir; **W~ung** *f* réouverture *f.*

wieder=erzählen ['vi:dər-] ‹*ohne -ge-*› *tr* répéter, se faire l'écho de; *jdm etw ~* redire, rapporter qc à qn.

wieder=finden ['vi:dər-] ‹*findet, fand wieder, wiedergefunden*› *tr* retrouver.

Wiedergabe *f* ['vi:dər-] *(Kunst, typ)* reproduction; *mus* excécution, interprétation; *tech* répétition *f; (natur)getreue ~* reproduction *f* fidèle; **wieder=geben** ‹*gibt, gab wieder, wiedergegeben*› *tr* **1.** *(zurückgeben)* rendre, restituer, redonner; **2.** *fig (in Wort u. Bild)* reproduire; *mus* exécuter, interpréter; *(übersetzen)* rendre, traduire.

wieder=gewinnen ['vi:dər-] ‹*gewannn wieder, wiedergewonnen*› *tr* regagner, recouvrer, rattraper; récupérer.

wieder=gutmach|en [vi:dər'gu:tmaxən] ‹*macht wieder gut*› *tr* réparer; *(ausgleichen)* compenser; *(Unrecht)* redresser; *nicht wiedergutzumachen(d)* irréparable; **W~ung** *f* ‹-, -en› réparation, indemnisation; compensation *f.*

wieder=herstell|en [--'---] ‹*stellt wieder her*› rétablir *a. med u. fig;* reconstituer; *(auffrischen)* restaurer, rénover; *jur (in den vorigen Stand setzen)* restituer; *den Frieden ~* ramener la paix; **W~ung** *f* rétablissement *m a. med u. fig;* reconstitution; restauration, rénovation; *jur* restitution *f.*

wiederhol|bar [vi:dər'ho:l-] *a* réitérable; **'wieder=holen** *tr* aller rechercher *od* reprendre; **wieder'holen** ‹*ohne -ge-*› *tr* **1.** répéter, réitérer; *(Worte)* redire; *(erneuern; sport: Sieg)* renouveler; **2.** *(Aufgabe, Gelerntes)* repasser, reviser, réviser; *(zs.fassend)* résumer, récapituler; *refl* **3.** *sich ~* se répéter; *(Ereignis)* se reproduire; — *e-e Frage ~* reposer une question; *e-e Klasse ~ (Schule)* redoubler une classe; **~t** [--'-] **I.** *a* répété, réitéré; **II.** *adv u.: zu ~en Malen* à plusieurs reprises, maintes fois; **W~ung** *f* [--'--] **1.** répétition, réitération *f;* renouvellement *m;* revision, révision *f;* **2.** *(Tätigkeit u. Ergebnis)* récapitulation *f; (Ergebnis)* résumé *m;* **3.** *theat mus* reprise; *radio (e-r Sendung)* retransmission *f;* **W~ungsfall** *m jur: im ~e* en cas de récidive; **W~ungstäter** *m jur* recidiviste *m.*

Wiederhören *n* ['vi:dər-] *: auf ~! (tele)* au revoir! *radio* à la prochaine!

Wiederinstandsetzung *f* [-'ʃtant-] réparation, remise en état, réfection *f.*

wieder=käu|en ['vi:dər-] *tr* u. *itr, a. fig* ruminer, remâcher; *fig fam* rabâcher, ressasser; **W~er** *m* ‹-s, -› *pl zoo* ruminants *m pl.*

Wiederkehr *f* ‹-, ø› ['vi:dər-] retour *m; regelmäßige ~* périodicité *f;* **wieder=kehren** *itr* ‹*sein*› **1.** revenir; *(nach Hause)* rentrer; **2.** *fig (sich wiederholen)* se répéter, se reproduire; *die Gelegenheit kehrt nicht wieder* l'occasion ne se présentera plus; **w~end** *a: regelmäßig ~* périodique.

wieder=kommen ['vi:dər-] ‹*kam wieder, wiedergekommen*› *itr* revenir; *(zurückkehren)* rentrer; *ich komme gleich wieder* je reviens tout de suite *od* à l'instant.

wieder=sehen ['vi:dər-] ‹*sieht, sah wieder, wiedergesehen*› *tr* revoir; **W~** *n* revoir *m; auf ~!* au revoir! *auf baldiges ~!* à bientôt! à tantôt!

wiederum ['vi:dərum] *adv* **1.** *(aufs neue)* de nouveau; **2.** *(andererseits)* d'autre part; *(dagegen)* par contre; *dieser ~ ...* celui-ci à son tour ...

wieder=vereinig|en ['vi:dər-] ‹*ohne -ge-*› *tr* réunir; *pol* réunifier; **W~ung** *f* réunion; *pol* réunification *f.*

Wiederverheiratung *f* ['vi:dər-] remariage *m.*

Wiederverkäufer *m* ['vi:dər-] revendeur *m.*

wieder=verwenden ['vi:dər-] ‹*ohne -ge-*› *tr* remployer.

Wiederverwertung *f* ['vi:dər-] récupération *f.*

Wiederwahl *f* ['vi:dər-] réélection *f.*

Wiege *f* ‹-, -n› ['vi:gə] *(a. fig: Ursprungsort)* berceau *m; von der ~ bis zur Bahre* du berceau à la tombe; *s-e ~ stand in Köln* il est né à Cologne; **~messer** *n* hachoir; *(für Gemüse)* hache-légumes *m.*

wiegen ['vi:gən] **(1)** ‹*wiegte, gewiegt*› *tr* **1.** *(sanft schaukeln, bes. Kind)* bercer;

balancer; **2.** *(Küche: fein schneiden)* hacher; — *sich in Hoffnungen* ~ se bercer d'espoirs; *sich in Sicherheit* ~ se croire en sûreté; *in den Schlaf* ~ bercer, endormir en berçant; **(2)** ‹*wog, gewogen*› **1.** *itr (ein Gewicht haben)* peser, avoir un poids de; **2.** *tr* peser; *(auf der Goldwaage)* trébucher; — *gut (reichlich)* ~ peser bon poids; *knapp* ~ peser juste; *schwer* ~ *(fig)* avoir *od* peser du poids.

Wiegen|druck *m* ‹-(e)s, -e› ['vi:gən-] *typ (Inkunabel)* incunable *m;* **~lied** *n* berceuse *f.*

wiehern ['vi:ərn] *itr* hennir; *fig fam (laut lachen)* rire bruyamment *od* aux éclats.

Wien [vi:n] *n geog* Vienne *f;* **~er** = *wienerisch;* ~ *Schnitzel n* escalope *f* viennoise; **~er(in)** *m* ‹-s, -› (*f* ‹-, -nen›) Viennois(e *f*) *m;* **w~erisch** ['vi:nərɪʃ] *a* viennois, de Vienne.

Wiese *f* ‹-, -n› ['vi:zə] pré *m;* (*~nland)* prairie *f.*

Wiesel *n* ‹-s, -› ['vi:zəl] *zoo* belette *f; flink wie ein* ~ vif comme un écureuil.

wieso [vi:'zo:] *adv (fragend)* comment (cela)? pourquoi? *pop* comme quoi? *(e-n indirekten Fragesatz einleitend)* comment, pourquoi; ~ *denn?* comment donc?

wieviel [-'-/'--] *adv (fragend)* combien (de)? *(ausrufend, a.)* que (de) ...! ~ *angenehmer wäre es?* que *od* comme ce serait plus agréable! ~ *Uhr ist es?* quelle heure est-il? **~mal** *adv* combien de fois? **~te** *a: der, die* ~ quel, le; *der* ~ *sind Sie?* quelle place avez-vous? *den ~n haben wir (heute)? (fam)* le combien *od* quel jour sommes-nous?

wild [vɪlt] *a* **1.** *(in der Natur lebend* od *vorkommend; Gegend: vom Menschen unberührt)* sauvage; *(ungezähmt, scheu)* farouche; **2.** *(ungepflegt)* inculte, désordonné, peu soigné; *(roh)* grossier, barbare, non civilisé; **3.** *(blutgierig; grimmig)* féroce; **4.** *(heftig, leidenschaftlich)* violent, fougueux; *(ungestüm, tobend)* impétueux, tumultueux, turbulent; *(zügellos, entfesselt)* effréné, déchaîné; **5.** *(toll)* extravagant, insensé, fou; *(wütend)* enragé, furieux; — ~ *machen (Tier)* effaroucher; *(Menschen wütend machen)* faire enrager, mettre en colère; *auf etw* ~ *(versessen) sein (fam)* être acharné à qc, être enragé *od* fou de qc; ~ *wachsen* pousser à l'état sauvage; *(ist wildgewachsen);* ~ *werden (sich aufregen)* s'irriter, s'emporter; enrager; *(a. Pferd)* s'emballer; *~e Ehe f* union *f* libre; *~e Flucht f* fuite *f* précipitée *od* éperdue; **W~** *n* ‹-(e)s, ø› *(Jagdtiere)* gibier *m;* = *Wildbret: Stück* ~ pièce *f* de gibier; **W~bach** *m* torrent *m;* **W~bret** *n* ‹-s, ø› ['-brɛt] gibier *m,* venaison *f;* **W~dieb** *m* braconnier *m;* **W~ente** *f* canard *m* sauvage; **W~e** *m* ‹-n, -n› *(Kulturloser)* sauvage *m; wie ein ~er* comme un fou; **W~erer** *m* ‹-s, -› braconnier *m;* **~ern** *itr* braconner; *~der Hund m* chien *m* errant; **W~fang** *m fig (Junge)* petit diable, diablotin *m; (Mädchen)* petite diablesse *f;* **~fremd** *a* tout à fait étranger; parfaitement inconnu; **W~heit** *f* ‹-, ø› **1.** nature *f od* état *m* sauvage; **2.** sauvagerie; barbarie; férocité *f;* **3.** violence, fougue; impétuosité; turbulence; rage, fureur *f;* **W~katze** *f* chat *m* sauvage; **W~leder** *n* (peau *f* de) daim *od* (de) chamois *m;* **W~nis** *f* ‹-, -se› contrée *f* déserte *od* sauvage; désert *m;* **W~park** *m* parc *m* giboyeux; **~reich** *a* giboyeux; **W~schwein** *n* sanglier *m;* **~wachsend** *a bot* sauvage, agreste; **W~wechsel** *m* passée *f* de gibier; **W~westfilm** *m* western *m.*

Wilhelm *m* ['vɪlhɛlm] Guillaume *m.*

Wille *m* ‹-ns, (-n)› ['vɪlə] volonté *f; (Wollen)* vouloir *m; (Absicht)* intention *f,* dessein; *(Wunsch)* désir; *(Belieben)* gré *m; aus freiem ~n* de bon *od* plein gré, de son propre chef; *beim besten ~n* avec la meilleure volonté (du monde); *gegen* od *wider meinen ~n* contre ma volonté *od* mon gré, malgré moi; *wider ~n* malgré moi *etc,* à mon *etc* corps défendant; *s-n ~n durchsetzen* arriver *od* parvenir à ses fins; *jdm s-n ~n lassen* laisser faire qn à sa guise; *jdm zu ~n sein* faire les volontés de qn; *(s-n) guten ~n zeigen* y mettre de la *od* faire acte de bonne volonté; *du sollst deinen ~n haben* ce sera comme tu voudras; *wo ein ~ ist, ist auch ein Weg (prov)* vouloir, c'est pouvoir; *freier ~ (philos)* libre arbitre *m; guter, böser* ~ bonne, mauvaise volonté *f; der Letzte ~ (jur)* les dernières volontés *f pl,* la volonté dernière; **w~n:** *um ... ~ (prp gen)* à cause de: *um des lieben Friedens* ~ pour avoir la paix; *ums Himmels ~!* au nom du ciel! pour l'amour de Dieu! **w~nlos** *a* sans volonté; *(unentschlossen)* irrésolu, indécis; *(wankelmütig)* flottant; *(gefügig)* docile; *~e(s) Werkzeug n* instrument *m* docile; **w~ns** *a: ~ sein, etw zu tun* avoir l'intention de faire qc; **~nsfreiheit** *f philos* libre arbitre *m;* **w~ntlich** *adv* à dessein, exprès, délibérément, intentionnellement.

will|fahren [vɪl'fa:rən, 'vɪl-] ‹*willfahrte, gewillfahrt* od *willfahrt*› *itr* acquiescer (*jdm* à qn); **~fährig** ['---/-'--] *a (nachgiebig)* déférent; *(gefällig)* accommodant, obligeant, complaisant; **~ig I.** *a* de bonne volonté; *(folgsam)* obéissant, docile; *(geneigt)* (bien) disposé (*etw zu tun* à faire qc); **II.** *adv* de bonne volonté *od* grâce, de bon cœur, volontiers; **~kommen** [-'--] *a (Person)* bienvenu; *(Sache)* (qui vient) à propos, agréable; *jdn ~ heißen* souhaiter la bienvenue à qn; *das ist mir sehr ~* cela m'arrive à propos *od* cela fait bien mes affaires; *seien Sie ~!* soyez le bienvenu! **W~kür** *f* ‹-, ø› ['--] arbitraire; *(Belieben)* bon plaisir, gré *m; jds ~ überlassen* od *preisgeben sein* être à la merci de qn; **~kürlich** ['---] **I.** *a* arbitraire; **II.** *adv* arbitrairement.

wimmeln ['vɪməln] *itr (Lebewesen)* pulluler; *(Ort von Lebewesen)* grouiller, fourmiller (*von* de); pulluler; *hier wimmelt es von Ameisen* ici les fourmis pullulent.

wimmern ['vɪmərn] *itr* vagir; gémir, geindre.

Wimpel *m* ‹-s, -› ['vɪmpəl] fanion *m*, banderole *f*.

Wimper *f* ‹-, -n› ['vɪmpər] *anat, bot* cil *m; ohne mit der ~ zu zucken (fig)* sans sourciller; **~ntusche** *f* fard *m* à paupières.

Wind *m* ‹-(e)s, -e› [vɪnt, '-də] **1.** vent *m;* **2.** *physiol (Blähung)* vent, pet *m*, flatulence *f; — bei ~ und Wetter* par tous les temps; *wie der ~ (blitzschnell)* comme l'éclair *od* un éclair; *~ von etw bekommen (fig)* avoir vent de qc; *günstigen ~* od *den ~ im Rücken haben* avoir un vent favorable *od* vent arrière; *den ~ gegen sich haben* avoir vent debout; *~ machen (fig fam: wichtig tun)* faire du vent *od* de l'esbroufe; *das ist alles in den ~ geredet* autant en emporte le vent; *etw in den ~ schlagen (fig)* jeter qc au vent, se jouer *od* se moquer *od* faire fi de qc; *in alle ~e zerstreuen* semer à tous vents, disperser aux quatre points cardinaux *od* aux quatre coins du monde; *der ~ flaut ab* le vent mollit; *der ~ frischt auf* le vent fraîchit; *der ~ kommt von Osten* nous avons du vent d'est; *der ~ legt sich* le vent tombe; *der ~ springt um* le vent tourne; *böiger ~* vent *m* à rafales; *frischer ~ (fig)* vent *m* froid; *steifer ~ (mar)* grand frais *m; widriger ~* vent *m* contraire *od* debout; **~beutel** *m* **1.** *(Gebäck)* chou *m* (à la crème); **2.** *fig (Mensch)* évaporé, écervelé; fanfaron, hâbleur *m;* **~bruch** *m (im Wald)* chablis *m*.

Winde *f* ‹-, -n› ['vɪndə] **1.** *tech* cric, vérin, treuil, guindal; *mar* cabestan, *(kleinere)* guindeau; *(Garnwinde)* dévidoir *m;* **2.** *bot* liseron, volubilis *m*.

Windel *f* ‹-, -n› ['vɪndəl] lange *m*, couche *f; a. pl* maillot *m;* **w~weich** *a fig: jdn ~ prügeln* od *schlagen* battre qn comme plâtre.

winden ['vɪndən] **(1)** ‹*windet, wand, gewunden*› **1.** *tr* tordre; *(mehrfach)* tortiller; *(Kränze)* faire, tresser; *(Garn: abhaspeln)* dévider; *jdm etw aus den Händen ~* arracher qc des mains de qn; **2.** *refl: sich ~* se tordre (*vor Schmerz* de douleur); *(hin u. her)* se tortiller; *fig* tortiller; *(Fluß, Weg)* serpenter; décrire des méandres (*durch* par); *— sich um etw ~* enlacer qc; s'enrouler autour de qc; *fig (e-r S auszuweichen suchen)* chercher à éluder qc; *ein Band um etw ~* envelopper qc d'un ruban; *Blumen zu e-m Kranz ~* tresser une couronne de fleurs; **(2)** ‹*windet, windete, gewindet*› *impers: es windet (ist windig)* il fait du vent.

Wind|eseile *f* ['vɪndəs-] *in* od *mit ~* comme le vent, à tire d'aile(s), comme une traînée de poudre; **~fahne** *f* girouette *f;* **~fang** *m (e-r Außentür)* tambour *m;* **w~geschützt** *a* à l'abri du vent; **~hauch** *m* souffle *m* de vent; **~hose** *f mete* trombe *f*, tourbillon *m* de vent; tornade *f;* **~hund** *m* **1.** *zoo* lévrier *m;* **2.** *fig fam (leichtfertiger Mensch)* écervelé, étourneau *m*, tête *f* en l'air; **w~ig** ['-dɪç] *a* **1.** venteux; *(Ort)* éventé, exposé au vent; **2.** *fig (Mensch: unzuverlässig)* peu solide, évaporé; *(Worte: leer, nichtig)* vide, creux; *(unsicher, heikel)* dangereux, précaire; *— es ist ~* il fait du vent; **~jacke** *f* anorak *m;* **~kanal** *m tech* soufflerie *f*, tunnel aérodynamique; *(der Orgel)* porte-vent *m;* **~licht** *n (Sturmlaterne)* lampe *f* tempête; **~messer** *m* anémomètre *m;* **~mühle** *f* moulin *m* à vent; **~pocken** *pl med* varicelle *f;* **~rad** *n* (roue) éolienne *f;* **~richtung** *f* direction *f* du vent; **~rose** *f mete* rose *f* des vents; **~schatten** *m mar* côté *m* abrité du vent; *im ~* à l'abri du vent; **w~schief** *a fam (verzogen)* déjeté, gauchi, déformé; **~schutz** *m* abri contre le vent, abrivent *m;* **~schutzscheibe** *f mot* pare-brise *m;* **~seite** *f* côté du *od* exposé au vent; *mar* lof *m;* **~stärke** *f* force *f* du vent; **w~still** *a* calme; *es ist ~* il fait un temps calme; **~stille** *f* calme *m; bei ~* par vent nul; **~stoß** *m* coup *m* de vent; rafale, bourrasque *f*.

Windung *f* ‹-, -en› ['vɪndʊŋ] *(Krümmung)* (re)tour, repli *m*, sinuosité *f; (e-s Flusses)* méandre *m; pl (e-s Flusses, e-r Straße)* détours *m pl*.

Wink *m* ‹-(e)s, -e› [vɪŋk] **1.** signe; *(Geste)* geste *m;* **2.** *fig (Hinweis)* indication *f*, avertissement, avis; *fam (Tip)* tuyau *m; — jdm e-n ~ geben* faire signe à qn (*mit den Augen* du regard); *fig* avertir qn, donner l'éveil à qn; *leiser, zarter ~* allusion *f* discrète, délicate; *~ mit dem Zaunpfahl (fam)* allusion *f* transparente *od* claire et nette; *praktische ~e pl* indications *f pl* pratiques.

Winkel *m* ‹-s, -› ['vɪŋkəl] **1.** *(Ecke)* coin; *bes. math* angle *m;* **2.** *mil (Gradabzeichen)* chevron *m;* **3.** *tech (~maß)* équerre *f* (métallique); **4.** *(dunkler, stiller ~)* (re)coin, réduit; *(versteckter ~,*

Schlupfwinkel) recoin *m;* — *spitzer, rechter, stumpfer* ~ angle *m* aigu, droit, obtus; ~**advokat** *m pej* avocat marron, avocaillon *m;* ~**eisen** *n tech (Profileisen)* équerre de *od* en fer, cornière *f;* ~**funktion** *f math* fonction *f* circulaire *od* trigonométrique; ~**halbierende** *f math* bissectrice *f;* **wink(e)lig** *a* anguleux; ~**maß** *n tech* équerre *f* (métallique); ~**messer** *m math (Gerät)* rapporteur *m;* ~**züge** *m pl* détours *m pl,* tergiversations *f pl,* subterfuges, faux-fuyants, biais *m pl;* ~ *machen* prendre des détours, chercher des faux-fuyants, tergiverser, biaiser, louvoyer.

wink|en ['vɪŋkən] *itr* **1.** faire (des) signe(s) (*jdm* à qn; *mit etw* de qc); *(mit den Augen)* cligner de l'œil (*jdm* à qn); *mot* signaler; **2.** *fig (in Aussicht stehen)* attendre (*jdm* qn); s'offrir (*jdm* à qn); — *ihm winkt eine hohe Belohnung* une forte récompense l'attend; *mit dem Taschentuch* ~ agiter le mouchoir; **W~er** *m* ⟨-s, -⟩ *mot (Fahrtrichtungsanzeiger)* clignotant; indicateur *m* de direction.

winseln ['vɪnzəln] *itr* gémir; *(jammern)* geindre; pousser des cris plaintifs.

Winter *m* ⟨-s, -⟩ ['vɪntər] hiver *m; im* ~ en hiver; *mitten im* ~ au milieu *od* au cœur de l'hiver, en plein hiver, au plus fort de l'hiver; *den* ~ *über* durant l'hiver; *strenger* ~ hiver *m* rigoureux; ~**fahrplan** *m,* ~**flugplan** *m* horaire *od* service *m* d'hiver; ~**garten** *m* jardin *m* d'hiver; ~**getreide** *n* blé d'hiver, semis *m* d'automne; ~**halbjahr** *n (Schule)* semestre *m* d'hiver; **w~hart** *a bot* hiémal; ~**kleidung** *f* vêtements *m pl* d'hiver; ~**landschaft** *f* paysage *m* d'hiver; **w~lich** *a* d'hiver, hivernal; ~**mantel** *m* manteau *m* d'hiver; ~**reifen** *m pl mot* pneus *m pl* pour la neige; ~**schlaf** *m zoo* sommeil *m* hibernal, hibernation *f; (den)* ~ *halten* hiberner; ~**schlußverkauf** *m* soldes *m pl* d'hiver; ~**sonnenwende** *f* solstice *m* d'hiver; ~**spiele** *n pl: Olympische* ~ jeux *m pl* Olympiques d'hiver; ~**sport** *m* sports *m pl* d'hiver; ~**(s)zeit** *f:* hiver *m; zur* ~ en hiver; ~**vorrat** *m* provisions *f pl* pour l'hiver.

Winzer *m* ⟨-s, -⟩ ['vɪntsər] vigneron; viticulteur *m.*

winzig ['vɪntsɪç] *a* tout *od* très petit, minuscule; exigu, infime, minime.

Wipfel *m* ⟨-s, -⟩ ['vɪpfəl] *(e-s Baumes)* cime, tête *f.*

Wippe *f* ⟨-, -n⟩ ['vɪpə] *(Schaukelbrett)* balançoire, bascule *f;* **w~n 1.** *itr* basculer, se balancer; **2.** *tr* faire basculer, balancer.

wir [vi:r] *pron* nous; *(betont)* nous autres; ~ *beide* nous deux; ~ *Deutschen pl* nous autres Allemands; ~ *selbst* nous-mêmes; ~ *sind es* c'est nous.

Wirbel *m* ⟨-s, -⟩ ['vɪrbəl] **1.** *(schnelle Kreisbewegung)* tournoiement, tourbillonnement; *a. fig* tourbillon; *(Strudel)* tourbillon, tournant, remous; *(Haarwirbel)* épi *m* (de cheveux); **2.** *anat (~knochen)* vertèbre *f;* **3.** *(Saitenspanner)* cheville, clé *f;* **4.** *(Trommelwirbel)* roulement *m* (de tambour); **w~los** *a zoo* invertébré; *~e Tiere n pl* invertébrés *m pl;* **w~n** *itr* **1.** ⟨*sein*⟩ tournoyer, tourbillonner; **1.** ⟨*h*⟩ *(Trommel)* rouler; ~**säule** *f anat* colonne vertébrale, épine *f* dorsale; ~**sturm** *m* cyclone *m,* tornade *f; (Taifun)* typhon *m;* ~**tiere** *n pl* vertébrés *m pl;* ~**wind** *m* tourbillon *m;* rafale *f.*

wirk|en ['vɪrkən] *tr* **1.** *(herstellen, bes. Textilien)* faire, produire, fabriquer; *(weben)* tisser; **2.** *fig (tun, herbeiführen, erzielen)* faire, produire, avoir comme résultat; *itr* **3.** *(tätig sein, bes. beruflich)* travailler; **4.** *(e-e Wirkung erzielen, Einfluß haben)* agir, opérer, avoir *od* faire *od* produire de l'effet, avoir de l'influence, influer (*auf* sur); être efficace; **5.** *(Eindruck machen)* faire de l'impression; — ~ *als* exercer le métier *od* la fonction de, être; *auf jdn* ~ faire de l'impression sur qn, impressionner qn; *wie etw* ~ faire l'effet de qc; *beruhigend* ~ être calmant; calmer; *gut, schlecht* ~ faire *od* produire bon, mauvais effet; **W~en** *n* activité, action *f;* ~**lich I.** *a* **1.** réel, actuel, positif, effectif; **2.** *(echt)* vrai, véritable, authentique; **II.** *adv* réellement, effectivement, en effet; vraiment, en vérité, de fait, pour de bon, tout de bon; — *das ist* ~ *nett von Ihnen* c'est vraiment gentil à vous *od* de votre part; *~?* vraiment? pour de bon? allons! *fam* sans blague? *ist das* ~ *wahr?* est-ce bien vrai? **W~lichkeit** *f* ⟨-, ø⟩ réalité *f; (Tatsache)* fait *m; in* ~ en réalité, en vérité, de fait; ~ *werden* se réaliser, entrer dans les faits; *die rauhe* ~ la dure réalité; **W~lichkeitssinn** *m* ⟨-(e)s, ø⟩ sens des réalités, réalisme *m;* ~**sam I.** *a* **1.** *a. med, pharm* efficace, agissant; *(wirkend)* actif, opérant; **2.** *jur (gültig)* valable; *(rechtswirksam)* valide; **II.** *adv* efficacement; — ~ *werden* prendre effet; *jur* entrer en vigueur; **W~samkeit** *f* ⟨-, ø⟩ **1.** *(e-s Mittels)* efficacité *f,* effet *m;* activité *f;* **2.** *jur (Gültigkeit)* validité; *(Rechtswirksamkeit)* validité *f od* effet *m* en droit.

Wirkung *f* ⟨-, -en⟩ ['vɪrkuŋ] **1.** *(Tätigkeit, Einwirkung; a. chem, tech)* action; *(Wirksamkeit)* efficacité *f;* **2.** *(Folge)* suite, conséquence *f; (Ergebnis, a. phys)* effet; résultat *m;* **3.** *(Eindruck)* impression; *(Einfluß)* influence *f;* — *mit* ~ *vom (1. April)* avec effet du (1er avril); *mit sofortiger* ~ avec effet immédiat; *auf etw e-e* ~ *haben* faire *od* produire de l'effet sur qc; *keine ~ haben, ohne ~ bleiben* n'avoir aucun *od* rester sans effet, *fam* faire long feu; *zur ~ kommen* prendre effet; *s-e ~ tun* avoir *od* faire *od* produire son effet; *(Heilmittel a.)* opérer; *s-e ~ verfehlen* manquer son effet; *s-e ~ verlieren (pharm)* devenir inopérant; *keine ~ ohne Ursache (prov)* il n'y a pas d'effet sans cause; *~ und Gegenwirkung* action et réaction; **~sgrad** *m* degré d'efficacité; *phys, tech* rendement *m;* **~skreis** *m* rayon *m* d'action, sphère *f* d'activité; **w~slos** *a* sans effet, inefficace; inopérant; **~slosigkeit** *f* ‹-, ø› inefficacité *f;* **w~svoll** *a* efficace; *~ sein* faire (de l')effet; **~sweise** *f* mode *m* d'action *od* de fonctionnement.

Wirkwaren *f pl* ['vɪrk-] bonneterie *f.*

wirr [vɪr] *a* **1.** *a. fig* confus, troublé, embrouillé, emmêlé, chaotique; **2.** *(Haare)* ébouriffé, en désordre; — *~es Zeug reden* déraisonner, *ganz ~ im Kopf sein* avoir la tête tout à l'envers, être détraqué; **W~en** *pl pol* troubles, désordres *m pl,* chaos *m;* **W~kopf** *m pej* esprit confus, brouillon *m;* **W~warr** *m* ‹-s, ø› ['-var] pêle-mêle, chaos; *fam* tohu-bohu *m.*

Wirsing(kohl) *m* ‹-s, ø› ['vɪrzɪŋ] chou *m* de Milan.

Wirt *m* ‹-(e)s, -e› [vɪrt] **1.** *(Gastgeber)* hôte; *lit* amphitryon *m;* **2.** *(Zimmerwirt)* logeur; *(Hauswirt)* propriétaire *m;* **3.** *(Hotelbesitzer, Gastwirt)* hôtelier, patron de l'hôtel; aubergiste; *(Schankwirt)* cafetier, cabaretier; *(Speisewirt)* restaurateur *m;* **4.** *biol (e-s Parasiten)* hôte *m;* **~in** *f* **1.** hôtesse *f;* **2.** logeuse; propriétaire *f;* **3.** hôtelière, patronne de l'hôtel; aubergiste; patronne *f* du café *od* du restaurant.

Wirtschaft *f* ‹-, -en› ['vɪrtʃaft] **1.** *(Hauswirtschaft)* (soins *m pl* du) ménage *m;* tenue *od* direction *f* d'une *od* de la maison; **2.** *(Gasthaus)* auberge *f; (Gastwirtschaft)* café; *(Speiselokal)* restaurant *m,* brasserie *f;* **3.** *(Volkswirtschaft)* économie *f* (politique); **4.** *fam pej (Unordnung)* remue-ménage *m;* — *die ~ (den Haushalt) führen* tenir le ménage *od* la maison; *freie ~* économie *f* libérale; *gelenkte ~* économie *f* dirigée *od* contrôlée par l'État; dirigisme *m;* **w~en** *itr* **1.** *(haushalten)* tenir *od* faire un *od* le *od* son ménage, tenir *od* gouverner une *od* la *od* sa maison; **2.** *fig (einteilen, mit Geld umgehen)* gérer ses affaires; — *sparsam ~* gérer ses affaires économiquement; *aus dem vollen ~* ne pas regarder à la dépense, mener grand train; **~erin** *f* ‹-, -nen› **1.** *(Haushälterin)* ménagère, gouvernante *f;* **2.** *(Verwalterin)* régisseur *m,* gérante, intendante *f;* **~ler** *m* ‹-s, -› *(Volkswirt)* économiste *m;* **w~lich I.** *a* **1.** économique; *(finanziell)* pécuniaire, financier; **2.** *(rationell)* rationnel; *(lohnend)* rentable; *(Mensch: sparsam)* économe; **II.** *adv* avec économie; — *die ~ Schwachen* les économiquement faibles *m pl; ~e Verhältnisse n pl (in e-m Lande)* situation économique; *(e-s Menschen)* situation *f* pécuniaire; **~lichkeit** *f* ‹-, ø› *(Rentabilität)* rentabilité *f,* rendement *m* économique.

Wirtschafts|abkommen *n* ['vɪrtʃafts-] accord *m* économique; **~berater** *m* conseiller *m* économique; **~bericht** *m* rapport *m* économique; **~beziehungen** *f pl* relations *f pl* économiques; **~entwicklung** *f* développement *m od* évolution *f* économique; **~experte** *m* expert *m* économique; **~form** *f* système *m* économique; **~gebäude** *n pl* communs *m pl;* **~geld** *n* argent *m* du ménage; **~geographie** *f* géographie *f* économique; **~hilfe** *f* aide *f* économique; **~jahr** *n* exercice *m;* **~krise** *f* crise *f* économique; **~lage** *f* situation *f* économique; **~leben** *n* vie *od* activité *f* économique; **~macht** *f* puissance *f* économique; **~minister** *m* ministre *m* des affaires économiques; **~ministerium** *n* ministère *m* de l'économie (publique); **~planung** *f* planification *f* économique; **~politik** *f* politique *f* économique; **~prüfer** *m* commissaire aux comptes; expert *m* comptable; **~sanktionen** *f pl* sanctions *f pl* économiques; **~teil** *m (e-r Zeitung)* page *od* rubrique *f* économique; **~wissenschaft** *f* science *f* économique; **~wunder** *n* miracle *m* économique; **~zweig** *m* branche *f* économique *od* d'activité.

Wirts|haus *n* ['vɪrts-] *(Gasthaus)* auberge *f; (Gastwirtschaft, Gaststätte)* café; *pop* bistrot *m;* **~leute** *pl* logeurs; propriétaires *m pl.*

Wisch *m* ‹-(e)s, -e› [vɪʃ] *pej (Zettel; Schreiben)* chiffon *m* de papier, paperasse *f;* **w~en** *tr* **1.** essuyer; *(mit e-m Lappen)* torch(onn)er; *(reiben)* frotter; **2.** *(Kunst)* estomper; — *sich den Schweiß von der Stirn ~* s'essuyer la sueur sur le front; **~lappen** *m,* **~tuch** *n* torchon; *(Staubtuch)* chiffon *m* à épousseter; *(Scheuertuch)* serpillière *f.*

Wisent *m* ‹-s, -e› ['vi:zɛnt] *zoo* bison *m.*

Wismut *n* ‹-(e)s, ø› ['vɪsmu:t] *chem* bismuth *m.*

wispern ['vɪspərn] *tr* u. *itr (flüstern)* chuchoter, murmurer, susurrer.

Wißbegier|(de) *f* ['vɪs-] désir *m* de savoir, soif de s'instruire; *(Neugier)* curiosité *f;* **w~ig** *a* désireux *od* avide de savoir *od* de s'instruire *od* d'apprendre; *(neugierig)* curieux.

wissen ['vɪsən] ‹*weiß, wußte, gewußt*› *tr* u. *itr* savoir *(von, über* de*); von* od *um etw ~* avoir connaissance *od* être instruit de qc; *(kennen)* connaître; *ohne es zu* ~ sans le savoir, inconsciemment; *soviel ich weiß* à ce que je sais, (autant) que je sache, à ma connaissance; *etw genau* ~ n'être pas sans savoir qc; *etw nicht* ~ ignorer qc; être ignorant de qc; *nicht recht* ~ ne pas savoir au juste; *nicht* ~, *was man mit jdm, e-r S anfangen soll* ne savoir que faire de qn, qc; *nicht* ~, *was man sagen soll* ne savoir que dire; *nicht* ~, *wie es weitergehen soll* ne pas voir d'issue; *nicht* ~, *woran man ist* ne savoir où on en est *od* à quoi s'en tenir; *sich keinen Rat* ~, *nicht aus noch ein* od *weder ein noch aus* ~ ne savoir que faire *od* comment s'en tirer *od* où donner de la tête *od* à quel saint se vouer; *etw zu schätzen* ~ savoir apprécier qc; *alles besser* ~ *wollen* vouloir savoir mieux que tout le monde, trancher sur tout; *von etw nichts* ~ *wollen* ne pas vouloir entendre parler de qc; *ich weiß schon* je sais bien; ne m'en parlez pas! *ich möchte gern* ~, *ich wüßte gern* je voudrais bien savoir; *davon will ich nichts* ~ je ne veux pas en entendre parler; *Sie müssen* ~, *daß...* sachez que ...; *man kann nie* ~ on ne peut jamais savoir; sait-on jamais? *gut, daß ich es weiß* c'est bon à savoir; *nicht, daß ich wüßte* pas que je sache; *weißt du was?* sais-tu? *woher* ~ *Sie das?* d'où le tenez-vous? *was weiß ich!* qu'est-ce que j'en sais! **W~** *n* ⟨-s, ø⟩ savoir *m; (Kenntnisse)* connaissances *f pl,* instruction *f; meines ~s* à ma connaissance, à ce que je sais, (autant) que je sache; *mit meinem* ~ avec mon assentiment; *nach bestem* ~ *und Gewissen* en toute conscience *od* honnêteté; *ohne mein* ~ à mon insu; *wider besseres* ~ tout en sachant le contraire, avec mauvaise foi; ~ *ist Macht (prov)* savoir, c'est pouvoir; **W~schaft** *f* ⟨-, -en⟩ science *f; die exakten ~en* les sciences *f pl* exactes; *reine* ~ science *f* pure; **W~schaftler** *m* ⟨-s, -⟩ homme de science, scientifique; *(Gelehrter)* savant, érudit; *(Forscher)* chercheur *m;* **~schaftlich** *a* scientifique; *(gelehrt)* savant; ~ *geschult* formé aux méthodes scientifiques; **W~sdrang** *m* ⟨-(e)s, ø⟩, **W~sdurst** *m* ⟨-(e)s, ø⟩ désir *m od* soif de savoir *od* de s'instruire; *(Neugier)* curiosité *f;* **W~sgebiet** *n* branche *f* de la science; **W~slücke** *f* lacune *f;* **~swert** *a* intéressant, curieux; **~tlich** *adv* sciemment, en connaissance de cause.

witter|n ['vɪtərn] **1.** *tr (nach dem Geruch bemerken, a. fig),* flairer, éventer; *fig (spüren, ahnen)* avoir vent de, subodorer, se douter de; **2.** *itr (Wild)* prendre le vent; — *e-e Gefahr, Unheil, Verrat* ~ flairer un danger, un malheur, la trahison; **W~ung** *f* ⟨-, ø⟩ **1.** *(Geruchssinn, bes. des Hundes)* flair; *(Geruchsspur des Wildes)* vent *m;* **2.** *(Wetter)* temps *m* (qu'il fait); *bei jeder* ~ par tous les temps; **W~ungsverhältnisse** *n pl* conditions *f pl* atmosphériques.

Witw|e *f* ⟨-, -n⟩ ['vɪtvə] veuve *f;* **~enrente** *f* rente *f* de veuve; **~er** *m* ⟨-s, -⟩ veuf *m.*

Witz *m* ⟨-es, -e⟩ [vɪts] **1.** *(ohne pl) (Geist, Verstand)* (vivacité *f* d')esprit; intellect *m; (Schlauheit)* ingéniosité *f;* **2.** *(witziger Einfall)* saillie, boutade *f; (~wort)* mot d'esprit, bon mot, mot *m* pour rire; pointe *f; (Wortspiel)* jeu de mots, calembour *m; (Scherz)* plaisanterie *f;* — *~e machen* faire des mots (d'esprit) *od* des bons mots; *das ist der ganze* ~ *(fam: darauf kommt es an)* voilà tout; *mach keine ~e!* ne raconte pas d'histoires! sans blague! **~blatt** *n* journal *m* humoristique *od* satirique; **~bold** *m* ⟨-(e)s, -e⟩ ['-bɔlt, -də] plaisant, amuseur, farceur; *fam* blagueur *m;* **w~eln** *itr* faire de l'esprit; **w~ig** *a (geistreich)* plein d'esprit, spirituel; *(Äußerung)* plaisant, amusant, piquant; **w~los** *a* sans esprit, sans sel, peu spirituel, insipide; *(Sache) (fam)* sans intérêt.

wo [vo:] **I.** *adv (fragend, a. indirekt)* où; en quel endroit *od* lieu; ~ *bist du?* où es-tu? *ich weiß nicht,* ~ *er ist* je ne sais pas où il est; ~ *fehlt's? (was haben Sie?)* qu'avez-vous? ~ *denn?* où ça? *(ausrufend) ach* od *i* ~! *(~ denkst du hin!)* penses-tu! oh que non! *(unbestimmt, fam: irgendwo)* quelque part; *(relativ)* où: *dort, überall,* ~ là, partout où; ~ *auch immer* n'importe où; *(zeitl.)* où que; *am Tage,* ~ *(zeitl.)* jour où; *gestern,* ~ hier que; **II.** *conj (verneint):* ~ *nicht* sinon; **~anders** [-'--] *adv* ailleurs; *mit den Gedanken (ganz)* ~ *sein* être à cent lieues d'ici *od* de là; **~bei** [-'-] *adv (fragend, a. indirekt)* à (l'occasion de) quoi.

Woche *f* ⟨-, -n⟩ ['vɔxə] semaine *f; die* od *in der* ~ *(wöchentlich)* la *od* par semaine; *in drei ~n (in e-m Zeitraum von drei ~n)* en trois semaines; *(heute) in drei ~n* dans trois semaines; *letzte* od *vergangene* ~ la semaine dernière *od* passée; *nächste* ~ la semaine prochaine; *vor drei ~n* il y a trois semaines; *zweimal die* ~ deux fois par semaine; *jede zweite* ~ tous les quinze jours.

Wochen|bericht *m* ['vɔxən-] rapport *od* bulletin *m* hebdomadaire; **~bett** *n* couches *f pl; im* ~ *liegen* être en couches; **~blatt** *n (Zeitung)* (journal) hebdomadaire *m;* **~ende** *n* week-end *m,* fin *f* de semaine; *am* od *übers* ~ en fin de semaine, en week-end; **~endhaus** *n* résidence *f* secondaire; **~karte** *f loc* carte *f* (d'abonnement) hebdomadaire;

w~lang I. *a* qui dure(nt) des semaines entières; **II.** *adv* des semaines entières; **~lohn** *m* salaire *m* hebdomadaire; **~markt** *m* marché *m* de la semaine; **~schau** *f film* actualités *f pl;* **~tag** *m* jour de semaine; *(Werktag)* jour *m* ouvrable; **w~tags** *adv* en semaine, les jours ouvrables.

wöchentlich ['vœçəntlıç] **I.** *a* hebdomadaire; **II.** *adv* par *od* chaque semaine; *dreimal* ~ trois fois par semaine.

Wöchnerin *f* ‹-, -nen› ['vœçnərın] accouchée *f.*

wo|durch [vo:'durç] *adv* **1.** *(fragend, a. indirekt)* par quoi, par quel moyen; *(relativ)* par où; **2.** *(durch den, die, das)* par lequel, laquelle; **~für** [-'-] *adv (fragend, a. indirekt)* pour quoi, à quelle fin; *(relativ: für den, die, das)* pour lequel, laquelle; ~ *halten Sie mich?* pour qui me prenez-vous? ~ *ist das gut?* pour quoi est-ce bon? à quoi cela sert-il?

Woge *f* ‹-, -n› ['vo:gə] vague, onde *a. fig;* lame *f,* flot *m; Öl auf die ~n gießen (fig)* calmer *od* apaiser la situation.

wogegen [vo:'ge:gən] **I.** *adv (fragend, a. indirekt)* contre quoi; *(relativ: gegen den, die, das)* contre lequel, laquelle; *(durch Tausch)* en échange duquel, de laquelle; **II.** *conj (gegensätzl.: während)* tandis que.

wogen ['vo:gən] *itr* **1.** *(Wellen schlagen)* rouler des vagues, être agité *od* houleux, déferler; **2.** *(Kornfeld)* ondoyer, onduler.

wo|her [vo:'he:r] *adv (fragend, a. indirekt)* d'où; de quel endroit *od* côté; ~ *kommt es, daß ...?* comment se fait-il que ...?; *(auf welche Weise)* comment; ~ *soll ich das wissen?* comment le saurais-je? *(unbestimmt, fam: irgendwoher)* de quelque part; *(relativ)* d'où; **~hin** [-'-] *adv (fragend, a. indirekt)* où; *(relativ)* où; ~ ... *auch (immer)* de quelque côté que.

wohl [vo:l] **I.** *a pred (gesund)* bien (portant), en bonne santé; **II.** *a (mit unpersönl. Form von: sein)* u. *adv (angenehm, gut)* bien; **III.** *adv* **1.** *(durchaus, sicherlich)* certainement; *(wahrscheinlich)* sans doute, probablement; *(vielleicht)* peut-être; *(allerdings, zwar)* certes, bien sûr, il est vrai; **2.** *(gegen, an, ungefähr)* environ, à peu près; **IV.** *interj (nun ~!)* eh bien! allons; *(sei es!)* soit! — ~ *dem, der ...* (bien)heureux celui qui ...; ~ *oder übel* bon gré, mal gré; de gré ou de force; *sich ~ fühlen* se sentir bien *od* en bonne santé *od* à l'aise; *sich nicht ~ fühlen* se sentir mal, ne pas se sentir à l'aise; *sich's ~ sein lassen* se donner du bon temps; *mir ist (nicht) ~* je (ne) me sens (pas) bien; *mir ist jetzt ~er* je me sens mieux maintenant; *ich fühle mich hier (sehr) ~* je suis (très) bien ici; *ich weiß das ~* je le sais (très) bien; *er wird ~ krank sein* il semble qu'il est *od* soit malade; *das mag ~ sein* c'est bien possible; *das tut ~* cela fait du bien; *ob er ~ schreiben wird?* je me demande s'il écrira; *leben Sie ~!* adieu! ~ *bekomm's!* grand bien vous fasse! **W~** *n* ‹-(e)s, ø› bien; *(~befinden)* bien-être *m; (Gesundheit)* santé; *(Gedeihen, Glück)* prospérité *f,* bonheur; *(Heil)* salut; *(Nutzen)* intérêt *m; auf jds ~ trinken* boire à la santé de qn; *auf Ihr ~! zum ~!* à votre santé! (*auf das Ihre!* à la vôtre!); **~auf** [-'ʔauf/ -'lauf] *a (gesund)* bien portant; ~ *sein (a.)* se porter bien, être en bonne santé; **W~befinden** *n* bien-être *m,* bonne santé, prospérité *f; med* euphorie *f;* **W~behagen** *n* (sentiment de) bien-être *m,* (sentiment *m* d') aise *f;* **~behalten** *a (Mensch)* sain et sauf; **~bekannt** *a* bien connu; familier; **~durchdacht** *a (Plan)* réfléchi, mûr.

Wohl|ergehen *n* ['vo:l-] bien-être *m,* santé, prospérité *f;* **w~erzogen** *a* bien élevé; **~fahrt** *f* ‹-, ø› **1.** *(Wohl, Heil)* salut *m;* **2.** *(Fürsorge)* prévoyance *od* aide *f* sociale; **~fahrtsstaat** *m* État-providence *m;* **~fahrtsunterstützung** *f* allocation *f* du bureau d'assistance sociale; **~gefallen** *n* plaisir *m,* complaisance *f; (Zufriedenheit)* contentement *m,* satisfaction *f; sich in ~ auflösen* se terminer à la satisfaction générale; *fam iron* s'en aller en fumée; **w~gefällig** *a* **1.** agréable, gracieux; **2.** *(zufrieden)* content, satisfait; **~gefühl** *n* sentiment *m* de bien-être; **w~gemeint** *a (Rat)* bien intentionné; *(freundschaftlich)* amical; **w~gemerkt** *interj* bien entendu! attention! **w~genährt** *a* bien nourri; **~geruch** *m* bonne odeur, senteur *f,* parfum *m;* **~geschmack** *m* bon goût *m,* saveur *f* agréable; **w~gesinnt** *a* bien intentionné *od* pensant; *(freundschaftlich)* amical; **w~habend** *a* aisé, à l'aise; fortuné; **w~ig** *a (Wärme, Ruhe)* bienfaisant, agréable; *(Gefühl)* agréable; **~klang** *m,* sonorité, harmonie; *gram* euphonie *f;* **w~riechend** *a* qui sent bon; parfumé, odor(ifér)ant; **w~schmeckend** *a* savoureux, qui a bon goût; **~sein** *n: zum ~!* à votre santé! **~stand** *m* ‹-(e)s, ø› aisance *f,* bien-être *m; (Reichtum)* prospérité, richesse, opulence *f;* **~tat** *f* bienfait *m; das ist e-e ~ (fam: das tut gut)* ça (vous) fait du bien; **~täter(in *f*)** *m* bienfaiteur, -trice *m, f;* **w~tätig** *a* bienfaisant; *(mildtätig)* charitable (*gegen* envers); *zu ~en Zwecken* à des fins charitables; **~tätigkeit** *f* ‹-, ø› bienfaisance; *(Mildtätigkeit)* charité *f; der ~ sind keine Grenzen gesetzt* à votre bon cœur; **~tätigkeitsveranstaltung** *f* fête *f* de bienfaisance; **w~tuend** *a* bienfaisant, bénéfique, qui fait du bien; *(bei Schmerzen)* qui soulage; *(angenehm)* agréable; **w~=tun** ‹*tut, tat wohl, wohlgetan*› *itr* faire du bien (*jdm* à qn); *(bei Schmerzen)* soulager (*jdm* qn); **w~überlegt** *a* bien réfléchi; ~ *vorgehen* procéder avec circonspection; **w~verdient** *a* bien mérité, juste; *das ist dein ~er Lohn (iron)* c'est bien fait pour toi; **w~verstanden** *a: ~!* bien entendu! **w~=wollen** ‹*will, wollte wohl, wohlgewollt*› *itr: jdm* ~ vouloir du bien à qn; **~wollen** *n* ‹-s, ø› bienveillance; *(Gunst)* faveur *f*, bonnes grâces *f pl;* **w~wollend I.** *a* bienveillant; *(gewogen)* favorable; *(freundlich)* aimable, amical, affable; **II.** *adv* avec bienveillance; — *~e Neutralität f (pol)* neutralité *f* bienveillante.

Wohn|anhänger *m* ['vo:n-] *mot* roulotte, caravane, remorque-camping *f;* **~block** *m* ‹-s, -s› grand ensemble, building *m;* **w~en** *itr* **1.** habiter, demeurer (*bei* chez); *fam* rester; *(Unterkunft haben, übernachten)* loger, être logé; **2.** *(s-n Wohnsitz haben)* être domicilié, avoir son domicile; résider; — *zur Miete* ~ être locataire; *ich weiß nicht, wo er wohnt* je ne sais pas où il habite *od* son adresse; **~fläche** *f* surface *f* habitable *od* d'habitation; **~gebiet** *n* zone *f* résidentielle; **~gemeinschaft** *f* **1.** ménage *m;* **2.** *(gemeinschaftliches Wohnen)* commune *f;* **~haus** *n* maison *f* d'habitation; **~heim** *n* foyer *m;* **~küche** *f* chambre-cuisine *f;* **~kultur** *f* art *m* de la maison; **~lage** *f* site *m; in günstiger* ~ bien situé; **w~lich** *a* comfortable, commode; **~ort** *m* (lieu de) domicile *m*, résidence *f;* **~recht** *n* droit *m* de domicile *od* de séjour; **~sitz** *m* domicile *m*, résidence *f; ohne festen* ~ sans domicile fixe; *den* ~ *wechseln* changer de domicile *od* de résidence; *ständiger* ~ domicile *m* légal; *zweiter* ~ résidence *f* secondaire.

Wohnung *f* ‹-, -en› ['vo:nʊŋ] **1.** *allg* habitat(ion *f*); *(Unterkunft)* logis; *(kleinere ~)* logement; *(große, Etagenwohnung)* appartement *m;* **2.** *(Wohnsitz)* domicile *m*, résidence; *lit poet* demeure *f;* — *e-e eigene ~ haben* être dans ses meubles; *die ~ wechseln* déménager, changer de logement.

Wohnungs|bau *m* ‹-(e)s, ø› ['vo:nʊŋs-] construction *f* de logements *od* d'habitations; *sozialer* ~ construction *f* de logements sociaux; **~baudarlehen** *n* prêt *m* à la construction de logements; **~eigentümer** *m* copropriétaire *m;* **~einrichtung** *f* mobilier *m;* **~geld** *n* indemnité *f* de logement; **~inhaber** *m* **1.** propriétaire *m* d'appartement *od* de l'appartement; **2.** *(Vermieter)* logeur *m;* **3.** *(Mieter)* locataire *m;* **~nachweis** *m* agence *f* de location; **~not** *f* crise *f* du logement *od* de l'habitat; **~suche** *f: auf der ~* à la recherche d'un logement; **~tür** *f* porte *f* d'appartement; **~wechsel** *m* changement *m* de domicile.

Wohn|viertel *n* ['vo:n-] quartier *m* d'habitation; **~wagen** *m* roulotte; *mot* caravane, voiture-camping *f;* **~zimmer** *n* salon *m*, salle *od* pièce *f* de séjour, living-room *m*.

wölb|en ['vœlbən] **1.** *tr arch* voûter, cintrer; *(Straße)* donner du profil à; *allg* cambrer; **2.** *refl: sich ~* se voûter, former une voûte; **W~ung** *f* ‹-, -en› *allg* cambrure *f*, bombement *m; arch* voussure, voûte *f*, cintre; *(e-r Straße)* profil *m*.

Wolf *m* ‹-(e)s, ⸚e› [vɔlf, 'vœlfə] **1.** *zoo* loup *m;* **2.** *med* écorchure, excoriation *f;* **3.** *(Fleischwolf)* hachoir *m* à viande; — *ein Rudel Wölfe* une bande de loups; *ein ~ im Schafspelz* un loup habillé en berger.

Wölfin *f* ‹-, -nen› ['vœlfɪn] louve *f*.

Wolfram *n* ‹-s, ø› ['vɔlfram] *chem* tungstène *m*.

Wolfshunger *m* ['vɔlfs-] *e-n ~ haben* avoir une faim de loup.

Wolke *f* ‹-, -n› ['vɔlkə] *(a. Rauch-, Staubwolke u. fig)* nuage *m; (dicke, dichte, bes. Wetter~)* nuée; *poet* nue *f; wie aus allen ~n gefallen sein* tomber des nues, être ébahi; **~nbruch** *m* pluie *f* torrentielle *od* diluvienne *od* d'abat; **~ndecke** *f* ‹-, ø› couverture *f* nuageuse, plafond *m* nuageux, base *f* des nuages; *geschlossene ~* base des nuages continue, couche *f* continue de nuages; **~nkratzer** *m arch* gratte-ciel *m;* **w~nlos** *a* sans nuages; **~nschicht** *f* couche *f* de nuages; **wolkig** *a* nuageux.

Woll|decke *f* ['vɔl-] couverture *f* de laine; **~e** *f* ‹-, -n› laine *f; (Wollstoff)* lainage *m; sich in der ~ haben (fig fam)* se crêper le chignon, se manger *od* se bouffer le nez.

wollen ['vɔlən] **I.** *a* de *od* en laine; **II.** ‹*will, wollte, gewollt*› *tr u. itr* **1.** vouloir (*etw tun* faire qc; *daß* que *subj*); *(wünschen)* désirer (*etw tun* faire qc; *daß* que *subj*); **2.** *(beabsichtigen)* avoir l'intention, se proposer (*etw tun* de faire qc); penser, compter (*etw tun* faire qc); **3.** *(fordern)* demander, exiger (*daß* que *subj*); **4.** *(behaupten: mit inf des Perfekts)* prétendre (*etw getan haben* avoir fait qc); — *er will dich gestern gesehen haben* il prétend t'avoir vu hier; *(machen Sie es,) wie Sie ~* comme vous voudrez, comme il vous plaira; *wenn Sie (es) so ~* si vous voulez cela comme ça; *gerade etw tun ~* aller faire *od* être sur le point de faire qc; *lieber ~* aimer mieux, préférer (*etw tun* faire qc); *nur (arbeiten) ~* ne demander qu'à (travailler); *ich will es nicht gehört, gesehen* *haben* faites comme si je n'avais rien entendu, vu; *ich will nichts davon wissen* je ne veux pas en entendre parler, cela ne m'intéresse *od* ne me regarde pas; *ich wollte, es wäre Sonntag* je voudrais que ce soit dimanche; *was ich noch sagen wollte* à propos; *wir ~ gehen* partons; *Sie mögen ~ oder nicht* bon gré, mal gré; *er macht nur, was er will* il n'en fait qu'à sa tête; *das will nichts heißen* cela ne veut rien dire; *es will mir scheinen* j'ai l'impression, je suis tenté de croire; *das will überlegt sein* il faut bien (y) réfléchir, cela demande réfléxion; *was ~ Sie (denn) von mir?* que me voulez-vous? *wo ~ Sie hin?* où voulez-vous aller? *worauf ~ Sie hinaus? was ~ Sie denn (eigentlich)?* où voulez-vous en venir? *zu wem ~ Sie?* qui voulez-vous voir? qui cherchez-vous? *das will ich hoffen!* j'espère bien; *das will ich meinen!* ah, mais oui! *das ~ wir mal sehen!* je voudrais bien voir! **W~** *n* vouloir *m*, volonté; *philos a.* volition *f.*

wollig ['vɔlɪç] *a* laineux; *(flaumig)* cotonneux; *(Haare)* crépu.

Woll|industrie *f* ['vɔl-] industrie *f* lainière; **~jacke** *f* cardigan *m;* **~kleid** *n* robe *f* de lainage; **~knäuel** *m* od *n* pelote *f* de laine; **~sachen** *f pl* lainages *m pl;* **~spinnerei** *f* filature *f* de laine; **~stoff** *m* étoffe *f* de laine, lainage *m.*

Wol|lust *f* ‹-, ¨-e› ['vɔl(l)ust] volupté *f;* **w~lüstig** *a* voluptueux.

Woll|waren *f pl* ['vɔl-] articles de laine, lainages *m pl,* lainerie *f;* **~weberei** *f* tissage *m* de la laine; **~weste** *f* gilet en laine; *(Wolljacke)* cardigan *m.*

wo|mit [voː'mɪt] *adv* **1.** *(fragend, a. indirekt)* avec *od* à *od* par quoi; **2.** *(relativ: mit dem, der)* avec *od* à *od* par lequel, laquelle; — *~ kann ich Ihnen dienen?* qu'y a-t-il pour votre service? en quoi puis-je vous être utile? *~ soll ich anfangen?* par quel bout voulez-vous que je commence? **~möglich** [-'--] *adv* **1.** si possible; **2.** *(vielleicht)* peut-être; **~nach** [-'-] *adv* **1.** *(fragend, a. indirekt)* après *od* d'après *od* selon *od* sur quoi; **2.** *(relativ: nach dem, der)* après *od* d'après *od* selon *od* sur lequel, laquelle; — *~ schmeckt das?* quel goût cela a-t-il?

Wonne *f* ‹-, -n› ['vɔnə] délice(s *f pl*) *m; (Entzücken)* ravissement *m; (Freude)* joie *f; (Glück)* bonheur *m;* **w~voll** *a,* **wonnig** *a* délicieux, ravissant.

wor|an [vo'ran] *adv* **1.** *(fragend, a. indirekt)* à quoi; **2.** *(relativ: an dem, der)* auquel, à laquelle; — *ich weiß, ~ das liegt* je sais à quoi cela tient; *nun weiß ich (wenigstens), ~ ich bin* me voilà fixé; *~ erinnert Sie das?* qu'est-ce que cela vous rappelle? *~ liegt das?* à quoi cela tient-il? quelle en est la cause? **~auf** [-'rauf] *adv* **1.** *(fragend, a. indirekt)* sur quoi; **2.** *(zeitl. = darauf);* après quoi; **3.** *(relativ: auf dem, der)* sur lequel, laquelle; — *~ warten Sie?* qu'attendez-vous? **~aus** [-'raus] *adv* **1.** *(fragend, a. indirekt)* (hors) de quoi, d'où; de *od* en quoi; **2.** *(relativ: aus dem, der)* duquel, de laquelle; dont; — *~ schließen Sie das?* d'où déduisez-vous cela? *~ ist dieser Löffel?* en quoi est cette cuiller? **~in** [-'rɪn] *adv* **1.** *(fragend, a. indirekt)* dans *od* en quoi; où? **2.** *(relativ: in dem, der)* dans lequel, laquelle; — *~ besteht* od *liegt der Unterschied?* en quoi consiste la différence? qu'est-ce qui fait la différence?

Wort *n* ‹-(e)s, ¨-er *od* -e› [vɔrt, 'vœrtər] **1.** *(als grammatischer Begriff u. Baustein d. Sprache, pl Wörter)* mot, vocable; *(Ausdruck)* terme *m,* expression *f;* **2.** *(Äußerung, Rede, meist im pl: ~e)* parole(s *pl*) *f;* mot(s *pl*) *m;* propos *m pl; (Versprechen, Zusage)* parole *f* (donnée); *(Ausspruch)* mot *m,* sentence *f; (Sprichwort)* dicton; adage, proverbe *m;* — *bei diesen ~en* à ces mots; *~ für ~* mot pour *od* à mot; *in ~en (fin: ausgeschrieben)* en (toutes) lettres; *mit anderen ~en* en d'autres termes *od* mots, autrement dit; *mit diesen ~en* ce disant; *mit wenigen ~en* en peu de mots; *nach s-n (eigenen) ~en* d'après *od* selon ses (propres) dires; *ohne ein ~ zu sagen* sans mot dire, sans rien dire; *jdn mit (leeren) ~en abspeisen* payer qn de belles paroles; *ums ~ bitten (a. parl)* demander la parole; *sein ~ brechen* manquer à *od* fausser sa parole; *ein gutes ~ für jdn einlegen* parler *od* intervenir, intercéder en faveur de qn; rompre une lance pour qn; *das ~ ergreifen (a. parl)* prendre la parole; *jdm das ~ erteilen* donner la parole à qn; *jdm ins ~ fallen* couper la parole à qn, interrompre qn; *in ~e fassen (ausdrükken)* exprimer; *das große ~ führen* avoir le verbe haut; *jdm sein ~ geben* donner sa parole à qn; *aufs ~ gehorchen* od *hören* obéir à la lettre *od* au doigt et à l'œil; *jdm aufs ~ glauben* croire qn sur parole; *das ~ haben (a. parl)* avoir la parole; *jds ~ haben* avoir la parole de qn; *das letzte ~ haben* avoir le dernier mot; *sein ~ halten* tenir parole, faire honneur à sa parole; *kein ~ herausbringen* avoir la gorge serrée; *zu ~(e) kommen* avoir la parole; *nicht zu ~(e) kommen* ne pas arriver à placer un mot; *jdn nicht zu ~ kommen lassen* ne pas laisser parler qn; *seine ~e auf die Goldwaage legen* peser ses paroles; *große ~e machen* dire de grands mots; *viele ~e machen* faire de grands discours; *sich zu ~ melden (a. parl)* demander la parole; *jdn beim ~ nehmen* prendre qn au mot; *mit jdm ein ernstes ~ reden* dire un mot, dire deux *od* quatre mots à qn; *kein ~ sagen* ne pas dire *od* souffler mot; *jdm das ~ im Munde umdrehen* déformer les paroles de qn; *kein ~ verstehen* ne pas comprendre un mot; *sein eigenes ~ nicht verstehen (vor Lärm)* ne pas s'entendre; *darüber brauchen wir kein ~ zu verlieren* ce n'est pas la peine d'en parler; *Sie nehmen mir das ~ aus dem Munde* j'allais (vous) le dire, c'est ce que j'allais dire; *es war mit keinem ~ davon die Rede* il n'en a absolument pas été question; *es ist kein wahres ~ daran* il n'y a pas un mot de vrai là-dedans; *das ~ ist gefallen* od *heraus* le mot est parti; *ein ~ gab das andere* un mot amena *od* entraîna l'autre; *hat man da ~e? (fam)* a-t-on jamais vu pareille chose? *auf mein ~!* ma parole! parole d'honneur! *kein ~ mehr!* pas un mot de plus! *geflügeltes ~* locution *od* citation *f* courante; *das ~ Gottes* la parole de Dieu; **~art** *f gram* espèce de mot; partie *f* du discours; **~bruch** *m* manque de parole, manquement *m* à la parole donnée; **w~brüchig** *a* qui manque *od* a manqué à sa parole; *~ werden* manquer à sa parole.

Wört|chen *n* ‹-s, -› ['vœrtçən] *m: ein ~ mitzureden haben* avoir son mot à dire, avoir voix au chapitre; **~erbuch** *n* dictionnaire; *fam* dico *m;* **~erverzeichnis** *n* liste *f* de(s) mots, vocabulaire, glossaire *m*, nomenclature *f*, index *m*.

Wort|führer *m* ['vɔrt-] porte-parole; *fig (Sprecher, Vertreter) a.* organe *m;* **~gefecht** *n* joute *f* oratoire; **w~getreu I.** *a (wörtlich)* littéral, fidèle; **II.** *adv* littéralement, à la lettre, au pied de la lettre; **w~karg** *a* économe *od* avare de paroles; *(schweigsam)* taciturne; **~klauber** *m* éplucheur *m* de mots; **~klauberei** *f* chicane sur les mots; critique *f* vétilleuse; **~laut** *m* texte *m; (Inhalt e-s Schriftstücks)* teneur *f; jur* termes *m pl; (e-s Urteils)* libellé *m; der amtliche ~* le texte authentique.

wörtlich ['vœrtlıç] **I.** *a* littéral, textuel; **II.** *adv a.* à la *od* au pied de la lettre, mot pour *od* à mot; *etw ~ nehmen* prendre qc au pied de la lettre.

wort|los ['vɔrt-] **I.** *a (stumm)* muet; **II.** *adv* sans mot dire, sans rien dire; **W~meldung** *f: ~en liegen nicht vor (parl)* personne n'a demandé la parole; **W~schatz** *m* ‹-es, (¨e)› *(e-r Sprache)* vocabulaire, lexique *m;* **W~schwall** *m* ‹-(e)s, ø› flot *m od* avalanche *f* de paroles; **W~spiel** *n* jeu de mots, calembour *m;* **W~stellung** *f gram (im Satz)* ordre *m* des mots; **W~wechsel** *m* altercation; empoignade *f;* **~wörtlich** *adv (~ für ~)* mot pour *od* à mot.

wor|über [voː'ryːbər] *adv* **1.** *(fragend, a. indirekt)* sur quoi; au-dessus de quoi; **2.** *(relativ: über den, die das)* sur lequel, laquelle; — *~ lachen Sie?* de quoi riez-vous? **~um** [-'rum] *adv* **1.** *(fragend, a. indirekt: um was)* de quoi; **2.** *(relativ: um den, die, das)* pour lequel, laquelle; — *~ handelt es sich?* de quoi s'agit-il? **~unter** [-'runtər] *adv* **1.** *(fragend, a. indirekt)* sous quoi; au-dessous de quoi; **2.** *(relativ: unter dem, der)* sous lequel, laquelle; *(unter denen)* parmi lesquels, lesquelles.

wo|von [-'-] *adv* **1.** *(fragend, a. indirekt)* de quoi; **2.** *(relativ: von dem, der)* dont; — *~ sprechen Sie?* de quoi parlez-vous? **~zu** [-'-] *adv* **1.** *(fragend)* à quoi (bon)? *(a. indirekt)* pourquoi, pour quelle raison, à quel propos *od* dessein; **2.** *(relativ: zu dem, der)* auquel, à laquelle; pour lequel, laquelle; — *~ ist das gut? ~ soll das gut sein?* à quoi bon (cela)?

Wrack *n* ‹-(e)s, -s/(-e)› [vrak] *mar* u. *fig* épave *f*.

wringen ['vrıŋən] ‹*wrang, gewrungen*› *tr (Wäsche)* tordre, essorer.

Wucher *m* ‹-s, ø› ['vuːxər] usure *f; (Börsen~)* agiotage *m;* **~er** *m* ‹-s, -› usurier, fesse-mathieu *m;* **~geschäft** *n* marché *m* usuraire; **w~isch** *a* usuraire; **w~n** *itr* **1.** ‹*sein*› *bot (üppig wachsen)* u. *fig* pulluler, foisonner; *med* proliférer, former des végétations; **2.** ‹*h*› *com (Wucher treiben)* faire l'usure; — *mit s-m Pfunde ~ (fig)* faire valoir son talent; **~preis** *m* prix *m* usuraire; **~ung** *f* ‹-, -en› *med* **1.** *(Vorgang)* prolifération *f;* **2.** *(Gebilde)* végétations *f pl;* **~zinsen** *pl* intérêts *m pl* usuraires.

Wuchs *m* ‹-es, ø› [vuːks] **1.** *(Wachstum)* croissance; *bot* pousse, végétation *f;* **2.** *(Körperwuchs, Gestalt)* taille, stature *f*.

Wucht *f* ‹-, ø› [vuxt] **1.** *(Anprall, Druck)* pression *f;* **2.** *fam (große Menge)* tas *m*, flopée *f;* **3.** *pop (Prügel)* fessée, rossée *f;* — *mit voller ~* de toute sa force *od* masse, de tout son poids; **w~en 1.** *tr fam (heben)* lever; **2.** *itr fam (schwer arbeiten)* bosser, boulonner, trimer, turbiner; **w~ig** *a* **1.** *(massig, schwer)* massif, pesant, lourd; **2.** *(kraftvoll, a. von e-m Menschen)* vigoureux, énergique.

Wühl|arbeit *f* ['vyːl-] *fig, bes. pol* agitation *f od* activités *f pl* subversive(s); **w~en** *itr* **1.** fouiller (*in etw* qc); *(Tier)* fouir (*in etw* qc); **2.** *fig, bes. pol* faire de l'agitation subversive; — *im Gelde ~ (fig)* rouler sur l'or; **~maus** *f zoo* rat, fouisseur, campagnol *m*.

Wulst *m* ‹-(e)s, ¨e› od *f* ‹-, ¨e› [vulst, 'vʏlste] *(Verdickung)* renflement, bourrelet; *mot (am Reifen)* talon *m;* **w~ig** *a* **1.** renflé; **2.** *(Lippen)* épais, retroussé.

wund [vunt] *a (~ gerieben, ~ gescheuert)* échorché, meurtri; excorié; *(Tier: verletzt)* blessé; *sich die Füße ~ laufen* s'écorcher les pieds (en marchant); *~e Stelle f* écorchure, meurtrissure; excoriation *f;* **W~arzt** *m* chirurgien *m;* chirurgical; **W~e** *f* ‹-, -n› ['-də] *a. fig* blessure, plaie *f; e-e alte ~ (wieder) aufreißen (fig)* rouvrir une plaie; *e-e ~ auswaschen, verbinden* laver, panser une blessure; *tiefe ~en schlagen (fig)* infliger des plaies profondes (*dat* à); *die ~ heilt, vernarbt* la blessure se ferme, se cicatrise; *offene ~* plaie *f* ouverte.

Wunder *n* ‹-s, -› ['vundər] **1.** *(die Naturgesetze durchbrechendes Ereignis)* prodige; *(bes. rel, a. = Wundertat)* miracle *m;* **2.** *(wunderbare, ungewöhnliche Erscheinung* od *Sache)* merveille *f; (ungewöhnliche Sache* od *Person)* prodige *m; — wie durch ein ~* par miracle, par le plus grand des hasards; *w~(s) was denken* s'imaginer des choses extraordinaires; s'attendre à merveille; *sich w~(s) was einbilden* s'imaginer Dieu sait quoi; *an ein ~ grenzen* tenir du prodige *od* du miracle; *~ wirken (fig: schnell u. gut wirken)* faire (des) merveille(s); *er glaubt, w~(s) was getan zu haben* il s'imagine avoir fait des merveilles; *er denkt w~(s) wie schlau zu sein* il se croit un prodige d'astuce; *das ist ein wahres ~* c'est une merveille; *es ist ein ~, daß ich noch lebe* c'est merveille que je vive encore; *du wirst noch dein blaues ~ erleben!* tu en verras de belles; *(das ist) kein ~!* (ce n'est) pas étonnant! *kein ~, daß er jetzt krank ist!* quoi *od* rien d'étonnant à ce qu'il soit malade maintenant! **w~bar I.** *a* **1.** prodigieux, miraculeux; **2.** merveilleux, phénoménal; *fam (übertreibend)* mirobolant, mirifique, magnifique, splendide; **II.** *adv a.* à merveille; *— ans W~e grenzen* tenir du prodige *od* de la merveille; **~glaube** *m* croyance *f* aux miracles; **~kind** *n* enfant *m* prodige; **w~lich** *a (sonderbar)* singulier, étrange, bizarre; *(grillenhaft)* drôle, lunatique, capricieux; **~mittel** *n* remède *m* miraculeux; *(Allheilmittel)* panacée *f;* **w~n,** *sich* s'étonner, être surpris (*über* de); *das wundert mich* cela m'étonne; *sich nicht genug über etw ~ können* ne pas revenir de qc; *das wundert mich (gar) nicht!* cela ne m'étonne pas (le moins du monde); **w~schön I.** *a* merveilleux, d'une beauté merveilleuse; **II.** *adv* à merveille; *es war ~* c'était merveilleux; **w~voll I.** *a* merveilleux, prodigieux; *(bewundernswert)* admirable; **II.** *adv a.* à ravir.

Wund|fieber *n* ['vunt-] fièvre *f* traumatique *od* infectueuse; **~heilung** *f* cicatrisation *f;* **w~liegen,** *sich* ‹*lag wund, wundgelegen*› s'écorcher (à force d'être couché); **~salbe** *f* onguent *m* vulnéraire; **~starrkrampf** *m* tétanos *m.*

Wunsch *m* ‹-(e)s, ⸚e› [vunʃ, 'vʏnʃə] **1.** *(Begehren, Verlangen)* désir *m* (*nach* de); **2.** *(allg u. bes. Glückwunsch)* souhait, vœu *m; — auf ~* sur demande; *auf jds ~* à la demande de qn; *mit den besten Wünschen (für Ihr Wohlergehen)* (avec mes *od* nos) meilleurs vœux *od* souhaits (pour votre prospérité); *nach ~* à souhait, à volonté; *e-n ~ erfüllen* exaucer un souhait; *den ~ haben* éprouver le désir (*etw zu tun* de faire qc); *das ist mein sehnlichster ~* je ne désire que cela; *es geht alles nach ~* tout marche à souhait; *haben Sie (sonst) noch e-n ~? (com)* et avec cela, monsieur *etc? ein frommer ~* un vœu pieu; **~bild** *n* idéal *m.*

Wünsch|elrute *f* ['vʏnʃəl-] baguette *f* divinatoire *od* de sourcier; **w~en** [-ʃən] *tr* **1.** *(begehren)* désirer (*sich etw* qc; *etw zu tun* faire qc; *daß ...* que *subj*); **2.** *(auch für andere)* souhaiter (*etw zu tun* de faire qc; *daß ...* que *subj*); *(Lust haben)* avoir envie (*etw zu tun* de faire qc); *— wie Sie ~* comme vous voudrez; à votre guise *od* gré; *ich wünsche Ihnen ein glückliches neues Jahr* je vous souhaite une bonne année; *das läßt (viel) zu ~ übrig* cela laisse (beaucoup) à désirer; *es wäre zu ~, daß ...* il serait souhaitable *od* à souhaiter que *subj;* **w~enswert** *a* désirable, souhaitable.

wunsch|gemäß ['vunʃ-] *adv* selon le désir (de qn); selon votre *etc* désir; à souhait; **W~konzert** *n radio* concert *m* des auditeurs; **~los** *a* sans désir; *~ glücklich* complètement satisfait; **W~traum** *m* beau rêve *m,* chimère *f;* **W~vorstellung** *f (Psychologie)* phantasme *od* fantasme *m;* **W~zettel** *m* (liste *f* des) desiderata *m pl; (e-s Kindes für Weihnachten)* lettre *f* au Père Noël.

Würd|e *f* ‹-, -n› ['vʏrdə] **1.** *(ohne pl)* dignité; *(Hoheit)* noblesse; *(Erhabenheit)* majesté; *(Ernst, Gewichtigkeit)* gravité *f;* **2.** *(Amt)* dignité *f,* honneur *m; (Rang)* rang *m; — ich hielt es für unter meiner ~ zu (inf)* je considérais indigne de moi de *inf;* **w~elos** *a* sans dignité, indigne; **~enträger** *m* dignitaire *m;* **w~evoll I.** *a* plein de dignité, digne; *(hoheitsvoll)* noble, majestueux; **II.** *adv* avec dignité; **w~ig I.** *a* digne (*e-r S* de qc); *(ehrwürdig)* respectable, vénérable; **II.** *adv a.* avec dignité; *— jdn e-r S für ~ halten* juger qn digne de qc; *e-r S ~ sein (a.)* mériter qc; **w~igen** *tr* **1.** *(schätzen)* estimer, apprécier; **2.** *(achten)* respecter, rendre hommage à; *— jdn keines*

Blickes ~ ne pas honorer qn d'un regard; *jds Verdienste* ~ reconnaître les mérites de qn; ~**igung** *f* ‹-, -en› estime, estimation, appréciation *f*, éloge *m*.

Wurf *m* ‹-(e)s, ⸚e› [vurf, 'vʏrfə] **1.** jet; *a. sport* lancement; *(beim Würfelspiel)* coup *m* (de dés); **2.** *fig (Unternehmen)* coup *m*; *phys, tech* projection *f*; **3.** *(gleichzeitig geworfene Jungtiere)* portée *f*; — *ein glücklicher* ~ *(bes. fig)* un coup de veine; ~**bahn** *f* trajectoire *f*.

Würfel *m* ‹-s, -› ['vʏrfəl] **1.** *(Spielwürfel)* dé *m* (à jouer); **2.** *(Zucker)* morceau; *(Brüh-, Suppenwürfel)* cube; *(Muster, Karo)* carreau *m*; **3.** *math* cube, *scient* hexaèdre *m*; — ~ *spielen* jouer aux dés; *der* ~ *ist* od *die* ~ *sind gefallen (fig)* les dés sont jetés, le sort en est jeté; ~**becher** *m* cornet *od* gobelet *m* à dés; **w~n** *itr (mit dem Würfel spielen)* jouer aux dés (*um etw* pour qc); *(e-n Wurf mit dem Würfel tun)* faire un coup de dés; *e-e Sechs* ~ jouer le six; ~**spiel** *n* jeu *m* de dés; ~**zucker** *m* sucre *m* en morceaux.

Wurf|geschoß *n* ['vurf-] projectile *m*; ~**hammer** *m sport* marteau *m*; ~**sendung** *f (Post~)* envoi *m* (postal) collectif; ~**spieß** *m hist* javelot, dard *m*.

würgen ['vʏrgən] *tr* **1.** *(am Halse)* prendre *od* saisir *od* serrer à la gorge; **2.** *(Bissen: jdm in der Kehle steckenbleiben)* (faillir) étrangler *od* étouffer; *itr* **3.** *(nicht hinunterschlucken u. nicht ausspeien können)* faire des efforts pour avaler (*od* rendre) (*an etw* qc); *(mit Widerwillen essen)* avoir du mal à manger (*an etw* qc); **4.** *fig fam* suer sang et eau (*an e-r Arbeit* pour venir à bout d'un travail).

Wurm ‹-(e)s, ⸚er› [vurm, 'vʏrmər] **(1)** *m zoo* ver *m (a. ungenau als Insektenlarve)*; **(2)** *n fam (armes Kind)* (pauvre) petit(e *f*), pauvret(te *f*) *m*; — *e-n* ~ *haben (Frucht)* être véreux; *Würmer haben (med)* avoir des vers; *jdm die Würmer aus der Nase ziehen (fig fam)* tirer à qn les vers du nez; **w~en** *tr fam: das (bekümmert) mich* cela me ronge le cœur; **w~förmig** *a* vermiforme, vermiculaire; ~**fortsatz** *m anat* appendice *m*; **w~stichig** *a* vermoulu, piqué des vers.

Wurst *f* ‹-, ⸚e› [vurst, 'vʏrstə] *(feste* ~*)* saucisson; *(Streichwurst)* pâté *m*; *(zum Warmessen)* saucisse *f*; *(billige Fleischwurst)* andouille *f*; *(Blutwurst)* boudin *m*; *(als Sammelbegriff)* charcuterie *f*; *das ist mir* ~ *(fam: gleichgültig)* ça m'est égal, je m'en moque *od* fiche (pas mal); *pop* je m'en fous; ~**brot** *n* sandwich *m*.

Würstchen *n* ‹-s, -› ['vʏrstçən] saucisse *f*; *warme* ~ *pl* saucisses *f pl* de Francfort; ~**stand** *m* stand *m* de saucisses.

wurst|eln ['vurstəln] *itr fam (im alten Schlendrian weitermachen)* continuer son petit train-train, suivre son petit bonhomme de chemin; bricoler; **W~fabrik** *f* fabrique *f* de conserves de viande; **W~haut** *f* peau *f* de saucisson *od* de saucisse; **W~igkeit** *f* ‹-, ø› *fam* je-m'en-fichisme *od* je-m'en-foutisme *m*; indifférence *f*; désintéressement *m*; **W~vergiftung** *f* botulisme *m*; **W~waren** *f pl* charcuterie *f*.

Würze *f* ‹-, -n› ['vʏrtsə] *(Aroma, Geschmack)* arôme, parfum *m*, saveur *f*, goût; *fig* sel, piquant *m*, pointe *f*.

Wurzel *f* ‹-, -n› ['vurtsəl] **1.** *a. gram math fig (Zahnwurzel* u. *Ursprung)* racine *f*; *gram a.* radical *m*; **2.** *fig (Ursprung, a.)* source, origine; *(Ursache)* cause *f*; — ~ *schlagen* pousser des racines, prendre racine; *die* ~ *ziehen (math)* extraire la racine (*aus* de); *die* ~ *des Übels* la source du mal; **w~los** *a* sans racine(s); *fig* déraciné; **w~n** *itr bot* avoir ses racines (*in* dans); *fig* avoir sa racine, être enraciné (*in* dans); ~**zeichen** *n math* (signe) radical *m*; ~**ziehen** *n math* extraction *f* des racines.

würz|en ['vʏrtsən] *tr* épicer, *a. fig* assaisonner (*mit* de); aromatiser; relever; *fig* donner de la saveur *od* du sel *od* du piquant (*etw* à qc); corser; **W~en** *n* assaisonnement *m*; **W~fleisch** *n* ragoût *m*; ~**ig** *a* bien assaisonné, savoureux; **W~stoff** *m* condiment *m*.

Wuschel|haar *n*, ~**kopf** ['vuʃəl-] *m fam* cheveux *m pl* en bataille.

Wust *m* ‹-(e)s, ø› [vu:st] désordre, chaos, fouillis *m*.

wüst [vy:st] *a* **1.** *(öde)* désert, désolé; *(leer)* vide; *agr (unbebaut)* sauvage, inculte, en friche; **2.** *(wirr)* confus, chaotique; en désordre; *(unordentlich)* désordonné, déréglé; **3.** *(gemein)* grossier, vilain, méchant; **4.** *(liederlich)* désordonné, dissolu, débauché; **W~e** *f* ‹-, -n› désert *m*; **W~ensand** *m* sable *m* du désert; **W~ling** *m* ‹-s, -e› libertin, débauché; *fam* noceur *m*.

Wut *f* ‹-, ø› [vu:t] *(Gemütszustand)* fureur *(a. fig: der Elemente etc)*; *(~ausbruch)* furie; *(Raserei)* rage, frénésie; *(Zorn)* colère *f*, courroux *m*; *(Leidenschaftlichkeit, Verbissenheit)* passion, manie, rage *f*; *s-e* ~ *an jdm auslassen* passer sa fureur sur qn; ~**anfall** *m*, ~**ausbruch** *m* accès de fureur *od* de rage *od* de colère, emportement; *fam* coup *m* de sang.

wüten ['vy:tən] *itr* **1.** *(Mensch)* être en fureur *od* en furie *od* en rage; rager; **2.** *(Elemente)* faire rage, être déchaîné; *(Epidemie)* sévir, faire des ravages; ~**d** *a* furieux, en fureur, furibond, enragé; ~

machen mettre en fureur, faire enrager; ~ *sein* être furieux *od* enragé (*auf jdn* contre qn); ~ *werden* se mettre *od* entrer en colère, s'emporter, enrager.

wutentbrannt ['vu:t-] *a* enflammé de colère *od* de rage, enragé.

Wüterich *m* ‹-s, -e› ['vy:tərıç] fou furieux *m*.

Wut|geschrei *n* ['vu:t-] cris *m pl* de fureur *od* de rage; **w~schnaubend** *a* écumant de rage.

X

X, x *n* ‹-, -› [ɪks] *(Buchstabe u. unbekannte Größe)* X, x *m; jdm ein X für ein U vormachen (fam: täuschen)* faire prendre à qn des vessies pour des lanternes, faire accroire qc à qn; *die Größe x* la valeur x, l'inconnue *f;* **x-Achse** *f math* abscisse *f.*

Xanthippe *f* ‹-, -n› [ksanˈtɪpə] *(zänkisches Weib)* mégère, femme *f* méchante.

X-Beine [ˈɪks-] *n pl* jambes *f pl* cagneuses; **X-beinig** *a* cagneux.

x-beliebig [ɪks-ˈ--/ˈ--ˈ--] *a* quelconque *(nachgestellt),* n'importe quel *(vorgestellt); ein ~er, jeder ~e* n'importe qui.

x-mal [ˈɪks-] *adv* je ne sais combien de fois.

Xylophon *n* ‹-s, -e› [ksyloˈfo:n] *mus* xylophone *m.*

Y

Y, y *n* ‹-, -› ['ypsilɔn] *(Buchstabe)* Y, y *m.*
y-Achse *f* ‹-, -n› ['ypsilɔn-] *math* ordonnée *f.*
Yak *m* ‹-s, -s› [jak] *zoo (Grunzochse)* ja(c)k *m.*
Yamswurzel *f* [jams-] *bot* igname *f.*

Z

Z, z *n* ‹-, -› [tsɛt] *(Buchstabe)* Z, z *m.*

Zack|e *f* ‹-, -n›, **~en** *m* ‹-s, -› ['tsakə(n)] pointe, dent *f;* **z~ig** *a* **1.** muni *od* garni de pointes *od* de dents, denté; **2.** *fig fam (schneidig)* qui a du cran *od* de l'allant.

zag|en ['tsa:gən] *itr (verzagt sein)* être découragé, manquer de courage *od* de cœur; *(zaudern)* hésiter; **~haft** *a* timide, pusillanime; *(furchtsam, ängstlich)* craintif, peureux; *(zaudernd)* hésitant; **Z~haftigkeit** *f* ‹-, ø› timidité, pusillanimité *f.*

zäh [tsɛ:] *a* **1.** *a. fig* dur; coriace; *(~flüssig)* visqueux; **2.** *fig (hartnäckig)* opiniâtre, obstiné; — *ein ~es Leben haben* avoir la vie dure, avoir l'âme chevillée au corps; *~er Schleim m (med)* glaire *f;* **~flüssig** *a* visqueux, gluant, épais; **Z~igkeit** *f* ‹-, ø› **1.** ténacité, dureté; caractère *m* coriace; viscosité *f;* **2.** *fig* opiniâtreté, obstination *f.*

Zahl *f* ‹-, -en› [tsa:l] nombre; *(Ziffer)* chiffre; *(Nummer)* numéro *m; in großer ~* en grand nombre; *in runden ~en* en chiffres ronds; *ganze ~* (nombre) entier *m; gerade, ungerade ~* nombre *m* pair, impair.

zahlbar ['tsa:l-] *a* payable (*in zwei Monaten* à deux mois); *~ an den Überbringer* payable au porteur.

zahlen ['tsa:lən] *tr* u. *itr* payer; *tr (einzahlen)* verser; *(Schuld)* acquitter; *bar ~* payer (au) comptant; *in Raten ~* payer par traites *od* versements; *im voraus ~* payer d'avance; *bitte ~!* l'addition, s'il vous plaît!

zählen ['tsɛ:lən] *tr* **1.** compter; *(aufzählen)* dénombrer, énumérer; *(statistisch erfassen)* recenser; *(Stimmen)* pointer, dépouiller; **2.** *(sich belaufen auf)* compter; s'élever à, se monter à; *itr* **3.** *(mitzählen, gelten)* compter, prendre rang; — *zu etw ~ (als zugehörig betrachtet werden)* compter, prendre rang parmi qc; *auf jdn ~ (mit jdm rechnen)* compter sur qn.

zahlen|mäßig ['tsa:lən-] *a* numérique; en chiffres; **Z~material** *n* données *f pl* numériques; **Z~schloß** *n tech* serrure *f* à combinaison.

Zahler *m* ‹-s, -› ['tsa:lər] payeur *m; pünktlicher, säumiger ~* bon, mauvais payeur *m.*

Zähler *m* ‹-s, -› ['tsɛ:lər] **1.** *math* numérateur *m;* **2.** *tech (zum Ablesen des Energieverbrauchs)* compteur *m;* **~stand** *m* relevé *m* de compteur.

Zahlkarte *f* ['tsa:l-] mandat *m* de virement postal.

zahllos ['tsa:l-] *a* innombrable, sans nombre.

Zahlmeister ['tsa:l-] *m mil* officier payeur, capitaine trésorier; *mar* commissaire *m.*

zahlreich ['tsa:l-] **I.** *a* nombreux; **II.** *adv* en grand nombre.

Zahltag ['tsa:l-] *m* jour *m* de paie.

Zahlung *f* ‹-, -en› ['tsa:lʊŋ] paiement; *(Einzahlung)* versement; *(e-r Schuld, Gebühr, Steuer)* acquittement *m; gegen ~ e-s Betrages* contre paiement *od* versement d'une somme; *in ~ geben* offrir en paiement; porter en compte (*für* sur); *e-e ~ leisten* faire *od* effectuer un versement; *in ~ nehmen* prendre *od* accepter en paiement, reprendre en compte.

Zählung *f* ‹-, -en› ['tsɛ:lʊŋ] comptage; *(Volkszählung)* recensement; *(Stimmenzählung)* dépouillement (du scrutin), pointage *m.*

Zahlungs|abkommen *n* ['tsa:lʊŋs-] accord *m* de paiement; **~anweisung** *f* mandat *m* de paiement; **~bedingungen** *f pl* conditions *od* modalités *f pl* de paiement; **~befehl** *m* sommation *od* injonction de paiement; *jur* mise *f* en demeure (de payer); **~bilanz** *f: (aktive, passive) ~* balance *f* (favorable, défavorable) des comptes *od* des paiements; **~einstellung** *f* cessation *od* suspension *f* des paiements; **~erinnerung** *f* rappel *m* de compte; **~erleichterungen** *f pl* facilités *f pl* de paiement; **z~fähig** *a* solvable; *(Firma)* solide; **~frist** *f* délai *m* de paiement; **~mittel** *n* moyen *od* instrument *m* de paiement; *gesetzliches ~* monnaie *f* légale; **~schwierigkeit** *f: in ~en geraten* avoir des difficultés de paiement; **z~unfähig** *a* insolvable; **~verkehr** *m* trafic *od* mouvement *od* service *m* des paiements.

Zählwerk *n* ['tsɛ:l-] *(an e-r Registrierkasse)* mécanisme compteur; *el* appareil *m* intégrateur, minuterie *f.*

Zahlwort *n* ‹-(e)s, ¨er› ['tsa:l-] *gram* adjectif *m* numéral.

zahm [tsa:m] *a* **1.** *(gezähmt)* apprivoisé; domestique; **2.** *(sanft, bes. Pferd)* doux; *fig* traitable, docile.

zähm|bar ['tsɛ:mba:r] *a* apprivoisable; *a. fig* domptable; **~en** *tr* **1.** *(durch Dres-*

sur) apprivoiser, *a. fig* dompter; *(zum Haustier machen)* domestiquer; **2.** *fig (Leidenschaft: zügeln)* maîtriser, refréner; **Z~ung** *f* ⟨-, ø⟩ apprivoisement; domptage *m*, domestication *f*.

Zahn *m* ⟨-(e)s, ¨e⟩ [tsa:n, 'tsɛ:nə] *a. tech* dent *f; sich an etw die Zähne ausbeißen (fig)* s'user les dents à qc; *auf die Zähne beißen (fig: sich beherrschen)* se ronger les poings; *Zähne bekommen* faire ses dents; *e-n ~ draufhaben (sport fam)* aller à toute pompe *od* allure; *die Zähne fletschen* montrer les dents *od* crocs; *jdm auf den ~ fühlen (fig)* tâter le pouls à qn, sonder qn, mettre qn à l'épreuve; *Haare auf den Zähnen haben (fig fam)* savoir se défendre, avoir bec et ongles; *mit den Zähnen klappern* claquer des dents, grelotter; *mit den Zähnen knirschen* grincer des dents; *sich die Zähne putzen* se laver les dents; *die Zähne verlieren* perdre ses dents; *jdm die Zähne zeigen (fig)* montrer les dents à qn; *e-n ~ ziehen* extraire *od* arracher une dent; *die Zähne zs.beißen* serrer les dents; *bis an die Zähne bewaffnet* od *gerüstet* armé jusqu'aux dents; *der ~ der Zeit (fig)* les outrages *od* ravages *m pl* du temps, l'injure *f* du temps *od* des ans; **~arzt** *m* (chirurgien-)dentiste *m;* **~ausfall** *m* chute *f* des dents; **~bein** *n anat* dentine *f;* **~bürste** *f* brosse *f* à dents.

Zähne|klappern *n* ['tsɛ:nə-] claquement *m* de dents; **~knirschen** *n* grincement *m* de dents.

zahnen ['tsa:nən] **1.** *itr (Zähne bekommen)* faire ses dents; **2.** *tr (auszacken)* denter; **Z~** *n* dentition *f*.

Zahn|ersatz *m* ['tsa:n-] dents *f pl* artificielles; *(Prothese)* prothèse *f od* appareil *m* dentaire; **~fleisch** *n* gencive *f;* **~füllung** *f* plombage *m* dentaire; **~heilkunde** *f* chirurgie dentaire; odontologie *f;* **~laut** *m gram* dentale *f;* **z~los** *a* sans dents, édenté; **~lücke** *f* brèche *f;* **~nerv** *m* nerf *m* dentaire; **~pasta** *f* (pâte *f*) dentifrice *m;* **~pflege** *f* soins *m pl* dentaires, hygiène *f* dentaire *od* de la bouche; **~rad** *n* roue *f* dentée *od* d'engrenage; **~radbahn** *f loc* chemin *m* de fer à crémaillère; **~schmelz** *m* émail *m;* **~schmerzen** *m pl* mal *m* de dents; *~ haben* avoir mal aux dents; **~stange** *f tech* crémaillère *f;* **~stein** *m* tartre *m;* **~stocher** *m* cure-dents *m;* **~stumpf** *m* chicot *m;* **~techniker** *m* mécanicien *m* dentiste; **~wechsel** *m* seconde dentition *f;* **~wurzel** *f* racine *f* des dents; **~zange** *f* pince *f* de dentiste, davier *m;* **~ziehen** *n* extraction (de dents), avulsion *f*.

Zander *m* ⟨-s, -⟩ ['tsandər] *zoo* sandre *f*.

Zange *f* ⟨-, -n⟩ ['tsaŋə] pince; *(kleine)* pincette; *(Kneifzange)* tenaille(s *pl*) *f; ent* pince, mâchoire *f*.

Zank *m* ⟨-(e)s, ø⟩ [tsaŋk] querelle, dispute, discorde *f*, démêlés; *fam* grabuge *m; (Wortwechsel)* altercation, empoignade *f;* **~apfel** *m fig* pomme *f* de discorde; **z~en 1.** *itr* quereller; **2.** *refl: sich ~* se quereller, se chamailler, se disputer (*um etw* qc).

zänkisch ['tsɛŋkıʃ] *a* querelleur, acariâtre, tracassier.

Zank|sucht *f* ⟨-, ø⟩ ['tsaŋk-] humeur *f* querelleuse, esprit *m* querelleur; **z~süchtig** *a = zänkisch*.

Zäpfchen *n* ⟨-s, -⟩ ['tsɛpfçən] **1.** *anat* luette (du palais), *scient* uvule *f;* **2.** *pharm* suppositoire *m*.

Zapf|en *m* ⟨-s, -⟩ ['tsapfən] *(Stift)* tenon, goujon *m; (Verbindungszapfen)* cheville *f; (Faßzapfen)* bondon; *(Stöpsel)* bouchon, tampon *m; (aus Metall)* goupille *f;* **z~en** *tr (aus e-m Faß laufen lassen)* tirer (au tonneau); **~enstreich** *m mil* couvre-feu *m*, extinction *f* des feux; *den ~ blasen* sonner *od* battre la retraite; **~loch** *n (am Faß)* bonde *f;* **~stelle** *f (für Wasser)* poste *m od* prise *f* d'eau; *(für Benzin)* distributeur *m* d'essence, pompe *f* à essence.

zapp|(e)lig [tsap(e)lıç] *a* remuant, frétillant; *(nervös)* nerveux; **~eln** *itr* remuer, s'agiter, frétiller; *jdn ~ lassen (fig fam)* faire mijoter *od* languir qn.

Zar *m* ⟨-en, -en⟩ [tsa:r] tsar *m;* **~in** *f* tsarine *f*.

zart [tsa:rt] *a* **1.** *(weich)* tendre; *(empfindlich, empfindsam)* délicat; **2.** *(schwächlich)* fragile, frêle, fluet; **3.** *(sanft)* doux; **4.** *(fein)* fin; *(dünn)* mince, ténu, délié; — *im ~en Alter von zwei Jahren* au tendre âge de 2 ans; **~besaitet** *a* sensible, susceptible; **Z~gefühl** *n* délicatesse *f*, tact *m;* **Z~heit** *f* ⟨-, ø⟩ **1.** *(Fleisch, Obst, Gemüse)* tendreté *f;* **2.** *fig* délicatesse; fragilité; douceur; finesse; minceur, ténuité *f*.

zärtlich ['tsɛ:rtlıç] *a* tendre, affectueux; **Z~keit** *f* ⟨-, ø⟩ **1.** tendresse, affection *f;* **2.** *pl (Liebkosungen)* caresses *f pl*.

Zauber *m* ⟨-s, -⟩ ['tsaubər] **1.** sort, sortilège, enchantement *m;* **2.** *a. fig (Reiz)* charme; *fig (Nimbus)* prestige *m;* — *fauler ~ (fam: Unsinn)* non-sens *m;* **~ei** *f* ⟨-, (-en)⟩ [-'raı] magie, sorcellerie *f*, sortilège, enchantement *m;* **~er** *m* ⟨-s, -⟩ enchanteur, magicien; *(Hexer)* sorcier *m; a. = Zauberkünstler;* **z~haft** *a* **1.** enchanté, féerique, magique; **2.** *fig (bezaubernd)* enchanteur; *(wunderbar)* prestigieux, merveilleux; **~kraft** *f* pouvoir *m od* vertu *f* magique; **z~kräftig** *a* magique; **~künste** *f pl* tours *m pl* de magicien; **~künstler** *m* magicien, illusionniste; *(Taschenspieler)* prestidigitateur *m;* **~kunststück** *n* tour *m* de prestidigitation; **z~n 1.** *tr* produire *od* transporter *od* faire disparaître par enchantement; **2.** *itr* exercer *od* pratiquer la magie, user de sortilèges; *(Taschenspieler)* faire des tours de prestidigitation; *~ können* être sorcier (sorcière); **~stab** *m* baguette *f* magique; **~wort** *n* parole *f* magique.

Zauder|er *m* ‹-s, -› ['tsaudərər] esprit indécis *od* irrésolu, temporisateur *m;* **z~n** *itr* hésiter, tarder (*etw zu tun* à faire qc); temporiser.

Zaum *m* ‹-(e)s, ⸚e› [tsaum, 'tsɔʏmə] bride *f, a. fig; im ~e halten (fig)* tenir en bride, brider; mettre un frein à, refréner; *s-e Zunge im ~e halten* tenir sa langue; **zäumen** ['tsɔʏmən] *tr* brider.

Zaun *m* ‹-(e)s, ⸚e› [tsaun, 'tsɔʏnə] clôture; *(Pfahlzaun)* palissade *f; (Lattenzaun)* lattis; *(geflochtener ~)* clayonnage *m; (Drahtzaun)* grillage *m; (Hekke)* haie *f* (vive); **~gast** *m* resquilleur *m fam;* **~könig** *m orn* troglodyte; *(allg. als sehr kleiner Vogel)* roitelet *m (eigentlich: Goldhähnchen);* **~latte** *f* latte *f* de clôture; **~pfahl** *m* palis *m; ein Wink mit dem ~* une allusion claire et nette.

zausen ['tsauzən] *tr: jdm die Haare ~* tirer les cheveux à qn, ébouriffer qn.

Zebra *n* ‹-s, -s› ['tse:bra] *zoo* zèbre *m;* **~streifen** *m pl* **1.** *(des Zebras)* zébrure *f;* **2.** *(Fußgängerüberweg)* passage *m* zébré *od abus* clouté; *mit ~ markieren* zébrer.

Zebu *m* od *n* ‹-s, -s› ['tse:bu] *zoo* zébu, bœuf *m* à bosse.

Zeche *f* ‹-, -n› ['tsɛçə] **(1)** *(Verzehr)* consommation *f; (Rechnung)* écot *m;* addition, note *f; die ~ bezahlen müssen (fig)* payer les pots cassés; **(2)** *(Kohlenbergwerk)* mine de charbon; houillère *f.*

zech|en ['tsɛçən] *itr* boire (copieusement); **Z~er** *m* ‹-s, -› buveur *m;* **Z~gelage** *n* beuverie, libation *f;* **Z~preller** *m* griveleur; *fam* resquilleur *m;* **Z~prellerei** *f* grivèlerie *f.*

Zecke *f* ‹-, -n› ['tsɛkə] *ent* tique *f.*

Zeder *f* ‹-, -n› ['tse:dər], **~nholz** *n* cèdre *m.*

Zehe *f* ‹-, -n› ['tse:ə] **1.** doigt de pied, orteil *m;* **2.** *(Knoblauchzehe)* gousse *f; — große, kleine ~* gros, petit orteil *m;* **~nspitze** *f* pointe *f* du pied *od* des pieds; *auf (den) ~n* sur la pointe des pieds; *sich auf die ~n stellen* se dresser sur la pointe des pieds.

zehn [tse:n] *(Zahlwort)* dix; *(etwa) ~ (...)* une dizaine (de); **Z~er** *m* ‹-s, -› *math* dizaine *f; fam = Zehnpfennigstück;* **~fach** *a* décuple; **Z~kampf** *m sport* décathlon *m;* **~mal** *adv* dix fois, à dix reprises; **Z~markschein** *m* billet *m* de dix marks; **Z~pfennigstück** *n* pièce *f* de dix pfennigs; **~tausend** *(Zahlwort)* dix mille; *die oberen Z~* la haute société; **~te(r, s)** *a* dixième; **Z~te** *m* ‹-n, -n› *hist (Abgabe)* la dîme; **Z~tel** *n* ‹-s, -› dixième *m;* **~tens** *adv* dixièmement.

zehren ['tse:rən] *itr* **1.** *(sich ernähren, leben)* consommer (*von etw* qc); se nourrir (*von etw* de qc); *a. fig* vivre (*von etw* de *od* sur qc); **2.** *(mager machen, gesundheitl. angreifen)* faire maigrir, consumer, ronger, miner (*an jdm* qn).

Zeichen *n* ‹-s, -› ['tsaıçən] **1.** signe; *(vereinbartes)* signal *m; (Kennzeichen)* marque *f,* indice; *(Abzeichen)* insigne; *(Merkzeichen)* repère *m; (Aktenzeichen)* (note de) référence *f;* **2.** *(Vorzeichen)* présage, augure; *(Anzeichen)* indice, *med* symptôme *m;* **3.** *(Beweis)* signe, témoignage *m,* preuve *f; — als, zum ~ (des guten Willens)* en signe, en témoignage, comme preuve (de bonne volonté); *s-s ~s (von Beruf)* de son métier; *das ~ geben* donner le signal (*zu* de); *das ist ein gutes ~* c'est bon signe; *Ihr ~ (adm com)* votre référence; **~block** *m* ‹-(e)s, -s› bloc *m* à dessin; **~brett** *n* planche *f* à dessin; **~dreieck** *n* équerre *f;* **~erklärung** *f* explication des signes; *(auf Landkarten)* légende *f;* **~kunst** *f* (art du) dessin *m;* **~lehrer** *m* professeur *m* de dessin; **~mappe** *f* carton *m* à dessin; **~papier** *n* papier *m* à dessin; **~saal** *m* salle *f* de dessin; **~setzung** *f* ‹-, ø› *gram* ponctuation *f;* **~sprache** *f* langage *m* mimique *od* par signes *od* par gestes; *(Gebärdensprache)* pantomime *f;* **~stift** *m* crayon *m* à dessin; **~tisch** *m* table *f* à dessiner; **~trickfilm** *m* dessins *m pl* animés.

zeichn|en ['tsaıçnən] *tr* **1.** *(mit e-m Stift bildlich darstellen)* dessiner, crayonner; *(skizzieren)* esquisser, ébaucher; *(vorzeichnen; math: e-e Kurve ~)* tracer; **2.** *(mit e-m Zeichen versehen, kennzeichnen)* marquer; *(Akte)* coter; **3.** *(unterzeichnen)* signer, souscrire; **Z~en** *n* dessin *m; technisches ~* dessin *m* industriel; **Z~er** *m* ‹-s, -› dessinateur *m;* **Z~ung** *f* ‹-, -en› **1.** dessin; *(Bleistiftzeichnung)* crayonnage *m; (Skizze)* esquisse, ébauche *f; (Umrißzeichnung)* tracé *m; fig (Darstellung)* description *f;* **2.** *(ohne pl) (Unterschrift)* signature; *fin* souscription *f.*

Zeigefinger *m* ['tsaıgə-] index *m.*

zeigen ['tsaıgən] *tr* **1.** montrer, faire voir; *(vorzeigen)* présenter, produire; *(Urkunde)* exhiber; **2.** *(anzeigen, von e-m Meßinstrument)* indiquer, marquer; **3.** *(zur Schau stellen, com)* étaler; *allg* mettre en vue, faire montre de; **4.** *(an den Tag legen)* laisser *od* faire paraître, faire preuve de, témoigner de, manifester; *(beweisen)* démontrer, prouver;

refl **5.** *sich ~* se montrer, se faire voir, se présenter, se produire, se manifester; se déclarer; (ap)paraître; — *itr: auf etw ~* montrer, indiquer, désigner qc; *impers: es zeigt sich, daß ...* on voit (bien) que ...; *das wird sich bald ~* cela se verra sous peu; *das werde ich dir schon ~!* je te dirai ce que j'ai à te dire; *zeig (doch) mal!* laisse-moi *od* fais voir un peu!

Zeiger *m* ⟨-s, -⟩ ['tsaɪgər] *(der Uhr)* aiguille; *(der Waage a.)* verge *f; tech* index; *(Anzeigegerät)* (appareil) indicateur *m; der ~ schlägt aus* l'aiguille dévie.

Zeigestock *m* ['tsaɪgə-] baguette *f.*

Zeile *f* ⟨-, -n⟩ ['tsaɪlə] **1.** *a. TV* ligne *f;* **2.** *(Reihe)* rangée, file *f;* — *e-e neue ~ anfangen* aller à la ligne; *zwischen den ~n lesen (fig)* lire entre les lignes; *neue ~! (beim Diktat)* à la ligne! **~nabstand** *m* écartement des lignes, interligne *m;* **~nsetzmaschine** *f typ* linotype *f;* **~nzahl** *f* **1.** *typ* lignage *m;* **2.** *TV* définition *f.*

Zeisig *m* ⟨-s, -e⟩ ['tsaɪzɪç, '-zɪgə] *orn* tarin, serin *m.*

Zeit *f* ⟨-, -en⟩ ['tsaɪt] **1.** temps *m, a. gram;* **2.** *(~raum, ~spanne)* période, époque, ère *f,* âge, siècle *m;* **3.** *(~punkt)* moment *m; (bestimmte ~)* heure; *(Datum)* date *f;* **4.** *(Frist)* terme, délai *m;* **5.** *(Jahreszeit, günstige ~)* saison *f;* **6.** *(Muße)* loisir *m;* — *auf ~ (adm com)* à terme; *außer der ~* hors de saison, à contre-saison, à contretemps, à une heure indue, mal à propos; *für alle ~en* pour toujours; *in alten ~en* au temps jadis, autrefois; *in jüngster ~* récemment, dernièrement; *in kurzer ~* en peu de temps, avant *od* sous peu; *im Laufe der ~* avec le temps; *in letzter ~* ces derniers temps; *in nächster ~* (très) prochainement; *in unserer ~* de nos jours; *mit der ~* avec le temps, à la longue; *nach einiger ~* quelque temps après; *seit d(ies)er ~* depuis ce temps-là, dès *od* depuis lors; *seit einiger ~* depuis quelque temps; *die ganze ~ über* pendant tout ce temps; *um diese ~* à cette époque (environ); *um dieselbe* od *die gleiche ~* à la même heure *od* époque; *um welche ~?* à quelle heure? à quelle époque? *von ~ zu ~* de temps en temps, de temps à autre, de loin en loin; *(ab und zu)* par instants; *zur ~* à présent, présentement, en ce moment, à l'heure actuelle, à l'heure qu'il est, actuellement; *zur ~ (gen)* du temps (de), à l'époque (de), lors (de); *zu allen ~en* par tous les temps, à toutes les époques; *zur gleichen ~* en même temps; *zu jeder ~* en tout temps, à toute heure, à tout moment; *zu meiner ~* de mon temps, dans mon jeune temps; *zur rechten ~* à temps, en temps opportun, à l'heure, à propos, à point (nommé); *die ~ abnehmen (sport)* chronométrer (*e-s Laufs* une course); *e-e ~ festsetzen* fixer un terme *od* une date; *mit der ~ gehen* aller avec son temps, être de son époque; *~ gewinnen* gagner du temps; *~ haben* avoir le temps *od* le loisir (*etw zu tun* de faire qc); *(Angelegenheit)* ne pas presser; *keine ~ haben* n'avoir pas le temps, être pressé; *viel ~ in Anspruch nehmen* prendre beaucoup de temps; *jdm ~ lassen* laisser du temps à qn; *sich ~ lassen* od *nehmen* prendre son temps; *Herr s-r ~ sein* être libre de son temps; *auf der Höhe s-r ~ sein* être de son temps; *hinter s-r ~ zurück sein* n'être pas de son temps; *die ~ totschlagen* tuer le temps; *mit jdm e-e ~ verabreden* convenir d'une heure avec qn; *die ~ verbringen* passer le temps (*mit Lesen* à lire); *~ verlieren* perdre du *od* le temps; *es ist höchste ~ zu ...* il est grand temps de ...; *das hat ~ bis morgen* cela peut attendre jusqu'à demain; *die ~ wurde mir lang* je trouvais le temps long; *die ~en ändern sich* les jours se suivent et ne se ressemblent pas; *alles zu seiner ~!* chaque chose en son temps; *du liebe ~!* grand Dieu! bonté divine! *~ ist Geld (prov)* le temps, c'est de l'argent; *die gute alte ~* le bon vieux temps; *die neue ~* les temps *m pl* nouveaux; *schlechte ~en pl* temps *m pl* durs *od* difficiles; **z~** *prp: ~ meines Lebens* (pendant) toute ma vie, de ma vie; **~abschnitt** *m* période, époque *f;* **~abstand** *m* intervalle *m; in regelmäßigen Zeitabständen* périodiquement; **~alter** *n* âge *m,* ère *f,* siècle *m;* **~angabe** *f* date *f;* = *Zeitansage;* **~ansage** *f tele* horloge parlante; *radio TV* indication *f* de l'heure; **~aufnahme** *f phot* pose *f;* **~dauer** *f* durée, période *f;* **~druck** *m* manque *m* de temps; **~einteilung** *f* emploi *m* du temps; **~ersparnis** *f* économie *f od* gain *m* de temps; **~geist** *m* esprit *m* du siècle; **z~gemäß** *a* moderne, actuel; *fam* à la page; **~genosse** *m* contemporain *m;* **z~genössisch** *a* contemporain; **~geschichte** *f* histoire *f* contemporaine; **~gewinn** *m* gain *m* de temps; **z~ig I.** *a (früh am Tage)* matinal; *(früh-, vorzeitig)* précoce; **II.** *adv (früh)* tôt, de bonne heure; **z~igen** *tr (hervorbringen)* produire; *(zur Folge haben)* entraîner; **~karte** *f (Dauerfahrkarte)* (carte *f* d')abonnement *m;* **~lang** *f: e-e ~* (pendant) un certain *od* quelque temps, pour un temps; **z~lebens** *adv* ma *etc* vie durant, durant toute ma *etc* vie; **z~lich** *a* **1.** *a. gram* temporel; **2.** *(weltlich, irdisch)* temporel, séculier, terrestre, de ce monde; *(vergänglich)* périssable; *das Z~e segnen (lit: sterben)* rendre son âme à Dieu, quitter ce monde; **z~los** *a* intemporel; **~lupe** *f: mit der ~* au ralenti; **~lupenaufnahme** *f* ralenti *m*; **~mangel** *m* manque *m* de temps; *aus ~* faute de temps; **~nehmer** *m sport* chronométreur *m;* **~punkt** *m* moment *m;* date, époque *f;* **~rafferaufnahme** *f film* accéléré *m;* **z~raubend** *a* qui prend *od* exige *od* demande beaucoup de temps; **~raum** *m* espace *m* de temps, période *f;* **~rechnung** *f* chronologie *f; vor unserer ~ (vor Christi Geburt)* avant l'ère chrétienne; **~schrift** *f* (publication *f*) périodique *m*, revue *f;* **~signal** *n* signal *m* horaire; **~spanne** *f* laps *m* de temps; **z~sparend** *a* qui fait gagner *od* économiser du temps; **~tafel** *f (in e-m Buch)* table *f* chronologique.

Zeitung *f* ⟨-, -en⟩ ['tsaıtuŋ] journal *m*, gazette *f; e-e ~ abonnieren, abbestellen* s'abonner, se désabonner à un journal.

Zeitungs|artikel *m* ['tsaıtuŋs-] article de journal; **~ausschnitt** *m* coupure *f* de journal; **~austräger** *m* porteur *m* de journeaux; **~bericht** *m* compte-rendu, reportage *m* (de presse); **~berichterstatter** *m* correspondant de journal, reporter *m;* **~kiosk** *m* kiosque *m* à journaux; **~leser** *m* lecteur *m* de journaux *od* d'un journal; **~notiz** *f* entrefilet *m;* **~papier** *n* papier à journaux, papier-journal *m;* **~reklame** *f* publicité *f* dans la presse; **~verkäufer** *m* vendeur *m* de journaux.

Zeit|verlust ['tsaıt-] *m* perte *f* de temps; *ohne ~ (a.)* sans perdre de temps, sans délai; **~vertreib** *m* passe-temps, divertissement, amusement *m; zum ~* pour passer le temps; **z~weilig** *a* temporaire; *(einstweilig)* provisoire; **z~weise** *adv* par instants *od* moments; *(vorübergehend)* temporairement; **~wort** *n* ⟨-(e)s, ¨-er⟩ *gram* verbe *m;* **~zeichen** *n radio* top *m;* **~zünder** *m mil* amorce *od* fusée *f* à retardement.

zelebrieren [tsele'bri:rən] ⟨*ohne ge-*⟩ *tr rel* célébrer.

Zell|e *f* ⟨-, -n⟩ ['tsɛlə] **1.** *(kleiner Raum; biol)* cellule; *(im Bienenstock)* cellule *f*, alvéole *m; tele* cabine *f; (Wahlzelle)* isoloir; *el* élément *m;* **2.** *fig, pol a.* cellule *f*, noyau *m; ~n bilden in, mit ~n durchsetzen* noyauter; **~enbildung** *f pol* noyautage *m;* **~gewebe** *n anat* tissu *m* cellulaire; **~kern** *m biol* noyau cellulaire, *scient* nucléus *m;* **~stoff** *m tech* pâte *f* de bois; **~teilung** *f* division *f* cellulaire.

Zellul|oid *n* ⟨-(e)s, ø⟩ [tsɛlulo'i:t, -'lɔʏt] celluloïd *m;* **~ose** *f* ⟨-, -n⟩ [-'lo:zə] *(Zellstoff)* cellulose; pâte *f* de bois.

Zell|wand *f* ['tsɛl-] membrane *f* cellulaire; **~wolle** *f* fibranne, laine *f* cellulosique.

Zelt *n* ⟨-(e)s, -e⟩ [tsɛlt] tente; *mil* toile, *arg* guitoune *f; ein ~ aufschlagen, abbrechen* monter *od* planter, démonter *od* plier une tente; *s-e ~e abbrechen (fig)* lever le camp; **~bahn** *f* toile *f* de tente; **z~en** *itr* camper, faire du camping; **~en** *n* camping *m;* **~lager** *n* camp *m* (de toile); **~pflock** *m* piquet *m* de tente; **~platz** *m* camp, terrain *m* de camping; **~stange** *f* mât *m* de tente.

Zement *m* ⟨-(e)s, -e⟩ [tse'mɛnt] ciment; *(Zahnfüllung)* cément *m; ~ anrühren* gâcher du ciment; **z~ieren** [-'ti:ren] ⟨*ohne ge-*⟩ *tr a. fig* cimenter; *metal* cémenter.

Zenit *m* ⟨-(e)s, ø⟩ [tse'ni:t] *astr* u. *fig* zénith; *fig (Gipfel)* apogée *m; im ~* au zénith.

zens|ieren [tsɛn'zi:rən] ⟨*ohne ge-*⟩ *tr* **1.** *(der Zensur unterziehen)* censurer; **2.** *(beurteilen)* juger; attribuer une note à; **Z~ur** *f* ⟨-, -en⟩ [-'zu:r] **1.** *(Durchsicht)* censure *f;* **2.** *(Schule: Note)* note, cote *f.*

Zentesimalwaage *f* [tsɛntezi'ma:l-] bascule *f* centésimale.

Zentner *m* ⟨-s, -⟩ ['tsɛntnər] demi-quintal *m*, cinquante kilos *m pl.*

zentral [tsɛn'tra:l] *a* central; **Z~afrika** *n* l'Afrique *f* centrale; **~afrikanisch** *a* centrafricain; **Z~bank** *f* banque *f* centrale; **Z~e** *f* ⟨-, -n⟩ (station) centrale *f; adm* bureau *m* central; *el* centrale *f* (électrique); *tele* central *m* (téléphonique); **Z~heizung** *f* chauffage *m* central; **~isieren** [-li'zi:rən] ⟨*ohne ge-*⟩ *tr* centraliser; **Z~ismus** *m* ⟨-, ø⟩ [-'lismus] centralisme *m;* **Z~verwaltung** *f* administration *f* centrale.

zentri|fugal [tsɛntrifu'ga:l] *a* centrifuge; **Z~fugalkraft** *f* force *f* centrifuge; **Z~fuge** *f* ⟨-, -n⟩ [-'fu:gə] *tech* centrifugeur *m*, centrifugeuse; *(Milchzentrifuge)* écrémeuse *f;* **~petal** [-pe'ta:l] *a* centripète; **Z~petalkraft** *f* force *f* centripète.

Zentrum *n* ⟨-s, -tren⟩ ['tsɛntrum, '-trən] *a. pol* centre *m.*

Zeppelin *m* ⟨-s, -e⟩ ['tsɛpəli:n/--'-] zeppelin, dirigeable *m.*

Zepter *n, a. m* ⟨-s, -⟩ ['tsɛptər] sceptre *m.*

zerbrech|en [tsɛr-] ⟨*zerbricht, zerbrach, zerbrochen*⟩ **1.** *tr* mettre en pièces *od* en morceaux, casser; *a. fig* briser, rompre; **2.** *itr* ⟨*sein*⟩ se casser; *a. fig* se briser, se rompre; **~lich** *a* fragile, cassant; *fig (schwach)* fragile, frêle; *~! (Warnung)* fragile!

zerbröckeln [tsɛr-] ⟨*ohne -ge-*⟩ **1.** *tr (Brot, Gebäck)* émietter, réduire en miettes; *allg* effriter; **2.** *itr* ⟨*sein*⟩ s'émietter; *a. fig* s'effriter.

zerdrücken [tsɛr-] ⟨*ohne -ge-*⟩ *tr* écraser, broyer, fracasser; *(zerquetschen)* meurtrir.

Zeremoni|e *f* ⟨-, -n⟩ [tseremo'ni:, -'mo:-

niə] cérémonie *f;* **z~ell** [-moni'ɛl] *a* cérémonial; **~ell** *n* ⟨-s, -e⟩ cérémonial *m.*
zerfahren [tsɛr-] *a* **1.** *(Weg, Straße)* défoncé; **2.** *fig (Mensch) (zerstreut)* distrait.
Zerfall *m* ⟨-(e)s, ø⟩ [tsɛr-] **1.** *(e-s Bauwerks)* délabrement *m; phys geol* désintégration; *chem* décomposition, dissociation; *geol psych med* désagrégation *f;* **2.** *fig* décomposition, dissociation, décadence, ruine *f;* **z~en I.** ⟨*zerfällt, zerfiel, zerfallen*⟩ *itr* ⟨*sein*⟩ **1.** *(Bauwerk)* se délabrer, tomber en ruine; *allg* s'en aller en lambeaux; **2.** *phys* se désintégrer; *chem* se décomposer, se dissocier; *geol psych med* se désagréger; **3.** *fig (sich auflösen)* se décomposer, se dissocier, tomber en décadence; — *in etw ~ (aus etw bestehen* od *zs.gesetzt sein)* être divisé *od* se diviser en qc; **II.** *pp* u. *a (Bauwerk)* délabré, en ruines.
zerfetzen [tsɛr-] ⟨*ohne -ge-*⟩ *tr* mettre en lambeaux, déchiqueter, déchirer; lacérer, écharper.
zerfleischen [tsɛr-] ⟨*ohne -ge-*⟩ *tr* lacérer, écharper.
zerfressen [tsɛr-] ⟨*zerfrißt, zerfraß, zerfressen*⟩ *tr (zernagen)* ronger; *(Motten, Rost)* manger; *(Säure)* corroder.
zergliedern [tsɛr-] ⟨*ohne -ge-*⟩ *tr anat* u. *fig* faire l'anatomie de, anatomiser, disséquer; *fig, a. gram* analyser.
zerhacken [tsɛr-] ⟨*ohne -ge-*⟩ *tr* couper en morceaux, hacher; *(zerstückeln)* dépecer.
zerhauen [tsɛr-] ⟨*zerhaute, zerhauen*⟩ *tr* couper (en morceaux).
zerkauen [tsɛr-] ⟨*ohne -ge-*⟩ *tr* mâcher.
zerkleinern [tsɛr-] ⟨*ohne -ge-*⟩ *tr* mettre en menus morceaux; *(Holz)* fendre.
zerklüftet [tsɛr-] *a geog* crevassé, fissuré.
zerknirsch|t [tsɛr-] *a* contrit, mortifié, anéanti; **Z~ung** *f* ⟨-, ø⟩ contrition, componction *f,* anéantissement *m.*
zerknittern [tsɛr-] ⟨*ohne -ge-*⟩ *tr,* **zerknüllen** [tsɛr-] ⟨*ohne -ge-*⟩ *tr fam* friper, froisser, chiffonner.
zerkoch|en [tsɛr-] ⟨*ohne -ge-*⟩ *itr* ⟨*sein*⟩ être réduit en bouillie; **~t** *a* en bouillie.
zerkratzen [tsɛr-] ⟨*ohne -ge-*⟩ *tr (aufritzen)* égratigner, érafler, rayer; *(mit den Krallen)* griffer; *jdm das Gesicht ~* dévisager qn.
zerkrümeln [tsɛr-] ⟨*ohne -ge-*⟩ *tr* émietter.
zerlassen [tsɛr-] ⟨*zerläßt, zerließ, zerlassen*⟩ *tr (Küche)* faire fondre.
zerleg|bar [tsɛr-] *a* démontable; *chem* décomposable; *math (teilbar)* divisible; **~en** ⟨*ohne -ge-*⟩ *tr* mettre en pièces détachées; *(Braten)* découper; *anat = zergliedern; chem phys* décomposer; *tech (Maschine)* démonter; *allg (zerteilen)* diviser (*in* en); *fig, a. gram* analyser.
zerlumpt [tsɛr-] *a* déguenillé, en guenilles, en haillons, en loques.
zermalmen [tsɛr-] ⟨*ohne -ge-*⟩ *tr* écraser, broyer.
zermürben [tsɛr-] ⟨*ohne -ge-*⟩ *tr* fatiguer, épuiser.
zernagen [tsɛr-] ⟨*ohne -ge-*⟩ *tr* ronger.
zerpflücken [tsɛr-] ⟨*ohne -ge-*⟩ *tr* **1.** effeuiller, déchirer; **2.** *fig (Text)* éplucher, disséquer.
zerquetschen [tsɛr-] ⟨*ohne -ge-*⟩ *tr* broyer, écraser; *(Obst)* meurtrir.
Zerrbild *n* ['tsɛr-] caricature, charge *f,* portrait-charge *m.*
zerreiben [tsɛr-] ⟨*zerrieb, zerrieben*⟩ *tr* triturer, broyer, pulvériser.
zerreißen [tsɛr-] ⟨*zerriß, zerrissen*⟩ **1.** *tr* déchirer; *(in Stücke reißen)* mettre en pièces *od* en morceaux; *(zerfetzen)* déchiqueter, lacérer; *(Faden, Schnur)* rompre, casser; *(Kette)* briser; **2.** *itr* ⟨*sein*⟩ se déchirer; (se) rompre, casser; se briser.
zerren ['tsɛrən] *tr* tirer (*an* par), tirailler; *itr* tirer (*an etw* sur qc).
zerrinnen [tsɛr-] ⟨*zerrann, zerronnen*⟩ *itr* ⟨*sein*⟩ **1.** *(Flüssiges)* s'écouler; *(Festes)* (se) fondre; **2.** *fig* se dissiper, aller à la mer, *(Geld)* filer (*unter den Fingern* entre les doigts).
zerrissen [tsɛr-] *a, a. fig* déchiré; **Z~heit** *f* ⟨-, ø⟩ *fig* discorde, division, désunion *f.*
Zerrspiegel *m* ['tsɛr-] glace *f* déformante.
zerrütten [tsɛr-] ⟨*ohne -ge-*⟩ *tr (die Gesundheit)* altérer, délabrer, ruiner, ébranler, *fam* détraquer; *(den Geist)* déranger, troubler; *(die Ehe)* troubler, désunir; *(die Gesellschaft, den Staat, die Finanzen)* désorganiser, ruiner.
zersägen [tsɛr-] ⟨*ohne -ge-*⟩ *tr* scier, découper à la scie.
zerschellen [tsɛr-] ⟨*ohne -ge-*⟩ *itr* ⟨*sein*⟩ se briser, voler en éclats.
zerschlagen [tsɛr-] **I.** ⟨*zerschlägt, zerschlug, zerschlagen*⟩ **1.** *tr* mettre en pièces *od* en morceaux, briser, casser, fracasser; **2.** *refl: sich ~ (fig: Hoffnung)* être déçu; *(Plan)* s'effondrer, échouer; *(Geschäft)* manquer; **II.** *a: wie ~* rompu *od* brisé *od* assommé *od* accablé de fatigue.
zerschmettern [tsɛr-] ⟨*ohne -ge-*⟩ *tr* fracasser, écraser, foudroyer.
zerschneiden [tsɛr-] ⟨*zerschneidet, zerschnitt, zerschnitten*⟩ *tr* couper (en morceaux), dépecer, découper; *(durchschneiden)* trancher.
zersetz|en [tsɛr-] ⟨*ohne -ge-*⟩ *tr* **1.** *bes. chem* décomposer, désagréger, désintégrer, dissoudre; **2.** *fig (sittlich,*

politisch) miner, démoraliser; *refl* **3.** *sich* ~ se décomposer, se désagréger, se dissoudre; **~end** *a fig* démoralisant, démoralisateur; **Z~ung** *f* ‹-, ø› **1.** *chem* décomposition, désagrégation, désintégration *f;* **2.** *fig* démoralisation *f.*

zersplittern [tsɛr-] ‹*ohne -ge-*› *tr* **1.** *(Holz)* faire voler en éclats; *(Knochen)* réduire en esquilles; *allg* fragmenter; **2.** *fig (Grundbesitz)* morceler; *pol* fractionner; *(s-e Kräfte, s-e Zeit)* disperser; *itr* ‹*sein*› **3.** voler en éclats, éclater; *refl* **4.** *sich* ~ *(fig)* se disperser, s'éparpiller.

zerspringen [tsɛr-] ‹*zersprang, zersprungen*› *itr* ‹*sein*› se fendre, se rompre, se briser, éclater, crever.

zerstampfen [tsɛr-] ‹*ohne -ge-*› *tr* **1.** broyer, concasser; *(im Mörser)* piler, égruger; **2.** *(den Boden)* fouler aux pieds, piétiner.

zerstäub|en [tsɛr-] ‹*ohne -ge-*› *tr* pulvériser, atomiser; *(Flüssigkeit)* vaporiser; **Z~er** *m* pulvérisateur, atomiseur; vaporisateur; *tech* diffuseur *m,* buse *f.*

zerstör|en [tsɛr-] ‹*ohne -ge-*› *tr allg* détruire, anéantir, réduire à néant; *(Gebäude)* démolir; *(verwüsten)* dévaster, ravager; *fig allg* détruire; *(menschl. Einrichtung)* désorganiser; *(Ehe, Existenz, Leben, Glück, Hoffnung)* ruiner; **~end** *a* destructif, destructeur; **Z~er** *m* destroyer *m;* **Z~ung** *f* destruction *f,* anéantissement *m;* démolition; dévastation *f,* ravage *m; fig* destruction *f;* **Z~ungswut** *f* rage *od* folie *f* de la destruction, vandalisme *m.*

zerstoßen [tsɛr-] ‹*zerstößt, zerstieß, zerstoßen*› *tr* broyer, concasser; *(im Mörser)* piler, égruger.

zerstreu|en [tsɛr-] ‹*ohne -ge-*› *tr* **1.** disperser, disséminer, éparpiller; **2.** *phys opt* diffuser; **3.** *fig (Sorgen, Zweifel, Bedenken)* dissiper, faire disparaître; **4.** *(unterhalten)* distraire, divertir, amuser; *refl: sich* ~ **5.** *(Menschenmenge)* se disperser, se dissiper; **6.** *(sich unterhalten)* se distraire, se divertir, s'amuser; **~t** *a* **1.** dispersé, disséminé, éparpillé; *(vereinzelt)* épars; *(Licht)* diffus; **2.** *fig (geistesabwesend)* distrait, préoccupé; **Z~theit** *f* ‹-, ø› *fig* distraction; *(Unaufmerksamkeit)* inattention, inadvertance *f;* **Z~ung** *f* **1.** dispersion; *phys* diffusion *f;* **2.** *fig* dissipation; distraction *f,* divertissement, amusement *m.*

zerstückeln [tsɛr-] ‹*ohne -ge-*› *tr* mettre en morceaux *od* pièces, dépecer; *(Grundbesitz)* morceler; *pol (Land)* démembrer.

zerteilen [tsɛr-] ‹*ohne -ge-*› *tr* diviser, partager, fractionner, fragmenter; *(zerlegen)* décomposer, disjoindre.

zertrampeln [tsɛr-] ‹*ohne -ge-*› *tr* fouler aux pieds, piétiner.

zertreten [tsɛr-] ‹*zertritt, zertrat, zertreten*› *tr (zertrampeln)* fouler aux pieds; *(Gegenstand, kleines Tier)* écraser (du pied); *(Glut)* éteindre avec les pieds.

zertrümmern [tsɛr-] ‹*ohne -ge-*› *tr* démolir, fracasser, briser, écraser; *(zerstören)* détruire; *(Atom)* désintégrer.

Zerwürfnis *n* ‹-ses, -se› [tsɛrˈvʏrfnɪs] désaccord *m,* désunion, discorde, brouille *f,* différend *m.*

zerzaus|en [tsɛr-] ‹*ohne -ge-*› *tr: jdm das Haar* ~ écheveler, décoiffer qn; **~t** *a (Mensch)* échevelé, ébouriffé.

Zeter [ˈtseːtər] *n:* ~ *und Mordio schreien (fam)* crier au meurtre, pousser les hauts cris; **~geschrei** *n* hauts cris *m pl,* vociférations *f pl,* tollé *m;* **z~n** *itr* vociférer, criailler.

Zettel *m* ‹-s, -› [ˈtsɛtəl] *(Stück Papier)* bout *od* morceau de papier; *(beschriebener)* billet; *(gedruckter)* bulletin *m; (Karteizettel)* fiche; *(Preiszettel)* étiquette *f; (Anschlagzettel)* écriteau *m,* affiche *f,* placard *m;* ~ *anschlagen* poser des affiches; **~ankleben** *n:* ~ *verboten!* défense d'afficher; **~kasten** *m* boîte *f* à fiches; fichier *m.*

Zeug *n* ‹-(e)s, -e› [tsɔʏk, ˈ-gə] **1.** *(Gebrauchsgegenstände, Sachen)* attirail *m;* **2.** *fam (Stoff)* étoffe *f,* drap *m; (Kleidung)* vêtements *m pl;* **3.** *fam pej (Kram)* choses *f pl,* machins *m pl; (Plunder)* fatras *m;* — *was das* ~ *hält (fam)* tant et plus, autant que possible; *jdm etw am* ~ *zu flicken haben (fig)* trouver à redire à qn; critiquer, dénigrer qn; *das* ~ *zu etw haben (fig)* avoir l'étoffe de qc; être capable *od* avoir les moyens de faire qc; *sich ins* ~ *legen (fam)* en mettre un coup; s'atteler sérieusement à la tâche; *dummes* ~ *reden* dire des bêtises *od* des balivernes; *fam* raisonner comme une pantoufle; *dummes* ~*!* des sornettes! bêtises que tout cela!

Zeuge *m* ‹-n, -n› [ˈtsɔʏgə] témoin *m; vor* ~*n* devant témoins; *als* ~ *aussagen* déposer comme témoin, porter témoignage, témoigner.

zeugen [ˈtsɔʏgən] **(1)** *itr (Zeugnis ablegen)* témoigner (*von etw* (de) qc); porter *od* rendre témoignage (*von etw* de qc); **(2)** *tr (Kinder)* engendrer, procréer.

Zeugen|aussage *f* [ˈtsɔʏgən-] déclaration *od* déposition de témoin, déposition *f* testimoniale; **~stand** *m* barre *f* des témoins; **~verhör** *n,* **~vernehmung** *f* audition *f* des témoins.

Zeughaus *n* [ˈtsɔʏg-] *mil* arsenal *m.*

Zeugnis *n* ‹-ses, -se› [ˈtsɔʏknɪs] **1.** *(Bezeugung)* témoignage *m;* **2.** *(schriftl. Bescheinigung)* attestation *f,* certificat; *(nach bestandener Prüfung)* certificat, diplôme; *(Schulzeugnis)* bulletin *m* scolaire, notes *f pl; jdm ein* ~ *ausstellen* délivrer un certificat à qn; **~abschrift** *f* copie *f* de certificat *od* diplôme.

Zeugung *f* ‹-, -en› ['tsɔʏgʊŋ] *physiol* génération, procréation *f*, engendrement *m*; **z~sfähig** *a* apte à procréer; **~sorgane** *n pl* organes *m pl* génitaux *od* de la reproduction; **z~unfähig** *a* impuissant.

Zickzack *m* ‹-(e)s, -e› ['tsɪksak] zigzag *m*; *im ~ gehen* aller *od* marcher en zigzag, zigzaguer.

Ziege *f* ‹-, -n› ['tsi:gə] chèvre *f*; *alte ~ (pop pej)* vieille bique *f*.

Ziegel *m* ‹-s, -› ['tsi:gəl] *(~stein)* brique; *(Dachziegel)* tuile *f*; **~dach** *n* toit *m* en tuiles; **~ei** *f* [-'laɪ] briqueterie; tuilerie *f*; **z~rot** *a* rouge brique; **~stein** *m* brique *f*.

Ziegen|bock *m* ['tsi:gən-] bouc *m*; **~fell** *n* peau *f* de chèvre; **~käse** *m* fromage *m* de chèvre.

Ziehbrunnen *m* ['tsi:-] puits *m* à roue *od* à chaîne *od* à poulie.

ziehen ['tsi:ən] ‹*zog, gezogen*› *tr* **1.** *allg* tirer (*jdn an etw* qn par qc; *jdn an sich* qn à soi); **2.** *(schleppen)* traîner; *mar* remorquer, haler; **3.** *(herausziehen, -nehmen)* sortir; *(wieder herausziehen)* retirer; **4.** *(Wurzel, a. math)* extraire; *(Zahn)* extraire, arracher; **5.** *(Draht, Röhre)* étirer; *(Geschützrohr)* rayer; **6.** *(Mauer)* ériger, élever; *(Graben)* creuser; *(Furche, Linie)* tracer; **7.** *(Pflanzen: züchten)* cultiver, *(Tiere)* élever; *itr* **8.** ‹*h*› *allg* tirer (*an etw* sur qc); **9.** ‹*sein*› *(sich gleichmäßig fortbewegen)* passer, voyager; *(sich begeben)* aller, passer, se rendre; *(weggehen)* s'en aller, partir; *(aus-, umziehen)* déménager; **10.** ‹*h*› *(einziehen, saugen)* boire, sucer; *(Tee)* s'infuser; **11.** ‹*h*› *(Ofen, Pfeife etc: Luftzug haben)* tirer; **12.** ‹*h*› *fig fam (anziehen)* prendre; *(zugkräftig sein)* attirer le public; *(einträglich sein)* rapporter gros; *refl: sich ~* **13.** *(sich strecken, sich dehnen)* s'étirer, prêter; **14.** *(Holz)* se déjeter, gauchir; **15.** *(sich erstrecken)* s'étendre, se prolonger; *impers* **16.** *es zieht* il y a un courant d'air; — *es zieht mich in, nach* je suis attiré par; *auf e-n Faden ~ (Perlen)* enfiler; *Fäden ~* former des *od* venir en fils; *den Kopf aus der Schlinge ~ (fig)* se tirer d'affaire; *aufs Land ~* s'installer à la campagne; *etw nach sich ~* entraîner qc, être suivi de qc; *Nutzen aus etw ~* tirer profit, recueillir du profit de qc; *in die Stadt ~* se loger *od* s'installer en ville; *s-s Weges ~* aller son chemin; *die Wurzel ~ aus (math)* extraire la racine de; *~ lassen (Tee)* laisser infuser; *das zieht bei mir nicht (fam: wirkt nicht auf mich)* ça ne prend pas avec moi.

Ziehharmonika *f* ['tsi:-] accordéon *m*.

Ziehung *f* ‹-, -en› ['tsi:ʊŋ] *(Lotterie)* tirage *m*.

Ziel *n* ‹-(e)s, -e› [tsi:l] **1.** *(beim Schießen)* but *m*; *(~scheibe)* cible *f*; *mil* objectif; *sport* but *m*, arrivée; *(~band)* ligne *f* d'arrivée; *(beim Pferderennen)* poteau *m*; *(Reiseziel)* destination *f*; *(Endpunkt)* point *m* d'arrivée; *(Schranke)* borne *f*; **2.** *com (Termin)* délai *od* terme *m* (de paiement), échéance *f*; **3.** *fig (Zweck)* but, objet *m*; *(Absicht)* fin *f*, visées *f pl*; — *am ~ (s-r Reise) ankommen* arriver à destination; *sein ~ erreichen (fig)* arriver *od* parvenir à ses fins; *zum ~ führen* mener jusqu'au bout; *durchs ~ gehen (sport)* franchir la ligne d'arrivée (*als Erster* le premier); *über das ~ hinausschießen (fig)* dépasser le but, perdre toute mesure; *übers ~ schießen (fig)* dépasser les bornes, exagérer; *sich ein ~ setzen* od *stecken* se fixer *od* se proposer un but; *sein ~ zu hoch stecken* être trop ambitieux; *das ~ verfehlen* manquer le but, donner à côté; *ein ~ verfolgen* poursuivre un but; **~band** *n* ‹-(e)s, ⸚er› *sport* ruban *od* fil *m* d'arrivée; **z~bewußt** *a* qui sait ce qu'il veut, qui va droit au but; **z~en** *itr* viser (*auf etw* qc); *(mit e-m Gewehr)* coucher *od* mettre en joue (*auf jdn* qn); *fig* viser (*auf* à); **~fernrohr** *n* lunette *f* de visée *od* de pointage; **~flug** *m* (vol en) homing *m*; **~genauigkeit** *f* précision *f* de pointage *od* du tir; **~gerät** *n* appareil de visée *od* de pointage; *aero* viseur *m*; **z~los** *a* u. *adv* sans but; **~punkt** *m mil* point *m* de mire; **~scheibe** *f* cible *f*, *a. fig*; *~ des Spottes sein (fig)* être en butte aux railleries; **~setzung** *f* fixation *f* d'un *od* du but.

ziemlich ['tsi:mlɪç] **I.** *a (erheblich, bedeutend)* considérable; *(leidlich)* passable; **II.** *adv (recht)* assez; *(sehr)* considérablement; *(leidlich, einigermaßen)* passablement; — *so ~ (fam: beinahe, fast)* à peu près; *~ viel ...* pas mal de ...

Zier|at *m* ‹-(e)s, -e› ['tsi:ra:t] *(Schmuck)* ornement; *(Verzierungen)* décor(ation *f*), enjolivement *m*, enjolivures *f pl*; **~de** *f* ‹-, -n› ['-də] *fig (Gegenstand des Stolzes)* gloire *f*, honneur *m*; **z~en 1.** *tr (schmücken)* orner, décorer, parer, enjoliver, agrémenter, embellir (*mit* de); **2.** *refl: sich ~* minauder, faire des simagrées *od* la princesse *od* la petite bouche; faire des façons *od* des manières; **~erei** *f* ‹-, (-en)› [-'raɪ] manières *f pl* affectées; affectation, afféterie, minauderie *f*; **~garten** *m* jardin *m* d'agrément *od* de plaisance; **~leiste** *f* **1.** bordure, moulure; *mot* baguette *f*; **2.** *typ* vignette *f*; **z~lich** *a* gracile; *(anmutig)* gracieux; *(niedlich)* mignon, gentil; *(zart)* délicat; *(fein)* fin; **~lichkeit** *f* ‹-, ø› gracilité; grâce; gentillesse; délicatesse; finesse *f;* **~pflanze** *f* plante *f* d'ornement; **~schrift** *f* calligraphie *f;* **~strauch** *m* arbuste *m* d'ornement.

Ziffer *f* ‹-, -n› ['tsɪfər] *(Zahlzeichen)* chiffre; *(Zahl)* nombre; *(Nummer)* numéro *m; (Kennziffer, Aktenzeichen)* cote *f; in ~n* (*schreiben* écrire) en chiffres; *arabische, römische ~* chiffre *m* arabe, romain; **~blatt** *n* cadran *m.*

Zigarette *f* ‹-, -n› [tsiga'rɛtə] cigarette *f; e-e ~ drehen* rouler une cigarette; *~ mit Filtermundstück* cigarette *f* à bout filtre; **~nautomat** *m* distributeur *m* de cigarettes; **~netui** *n* étui à cigarettes, porte-cigarettes *m;* **~npackung** *f* paquet *m* de cigarettes; **~npapier** *n* papier *m* à cigarettes; **~nschachtel** *f* boîte *f* à cigarettes; **~nspitze** *f* porte--cigarette, fume-cigarette *m;* **~nstummel** *m* bout de cigarette; *pop* mégot *m.*

Zigarillo *n* (od *m)* ‹-s, -s› [tsiga'rɪl(j)o] cigarillo *m.*

Zigarre *f* ‹-, -n› [tsi'garə] **1.** cigare *m;* **2.** *fig fam (Rüffel)* attrapade *f,* attrapage, savon *m; jdm e-e ~ verpassen* passer un savon à qn; **~nabschneider** *m* coupe--cigare *m;* **~nkiste** *f* boîte *f* à cigares; **~nspitze** *f* porte-cigare, fume-cigare *m;* **~nstummel** *m* bout de cigare; *pop* mégot *m* de cigare.

Zigeuner|(in) *m* ‹-s, -› (*f* ‹-, -nen›) [tsi'gɔʏnər(ɪn)] bohémien(ne *f*); tzigane; gitan(e *f*); romanichel(le *f*) *m;* **~leben** *n fig* vie *f* de bohème *od* de nomade *od* de vagabond; **~wagen** *m* roulotte *f* de bohémiens.

Zikade *f* ‹-, -n› [tsi'ka:də] *ent* cigale *f.*

Zimmer *n* ‹-s, -› ['tsɪmər] *allg* pièce; *(bes. Schlafzimmer)* chambre; *(großes)* salle *f; (Empfangszimmer)* salon *m; möbliertes ~* chambre *f* meublée, garni *m; separates ~* pièce *f* isolée; **~antenne** *f radio* antenne *f* intérieure; **~arbeit** *f arch* charpenterie *f;* **~decke** *f* plafond *m;* **~flucht** *f* enfilade *f* de pièces; **~handwerk** *n* métier *m* de charpentier, charpenterie *f;* **~lautstärke** *f: auf ~ stellen (radio)* mettre en sourdine; **~mädchen** *n (im Hotel)* femme de chambre; *(im Krankenhaus)* fille *f* de salle; **~mann** *m* ‹-(e)s, -leute› charpentier *m;* **z~n** *tr* charpenter; **~temperatur** *f* température *f* ambiante; **~theater** *n* théâtre *m* de poche; **~vermietung** *f (als Gewerbebetrieb)* hôtel *m* (garni).

zimperlich ['tsɪmpərlɪç] *a* **1.** *(überempfindlich)* hypersensible, hypersensitif; **2.** *(prüde)* prude, bégueule; **Z~keit** *f* ‹-, ø› **1.** hypersensibilité *f;* **2.** pruderie *f.*

Zimt *m* ‹-(e)s, -e› [tsɪmt] cannelle *f.*

Zink *n* ‹-(e)s, ø› [tsɪŋk] zinc *m.*

Zinke *f* ‹-, -n› ['tsɪŋkə] **1.** *(Zacke)* pointe; *(der Gabel)* dent *f,* fourchon *m;* **2.** *(Gaunerzeichen)* marque *f;* **~n** *m* ‹-s, -› *pop (Nase)* pif, blair *m;* **z~n** *tr (Spielkarte: markieren)* biseauter.

zink|haltig ['tsɪŋk-] *a* zincifère; **Z~hütte** *f* zinguerie *f.*

Zinn *n* ‹-(e)s, ø› [tsɪn] étain *m;* **z~ern** *a* d'étain, en étain; **~erz** *n* minerai *m* d'étain; **~geschirr** *n* vaisselle *od* poterie *f* d'étain; **~gießerei** *f* poterie *f* d'étain; **z~haltig** *a* stannifère.

Zinnober *m* ‹-s, -› [tsɪ'no:bər] **1.** *min* cinabre *m;* **2.** *fam (Blödsinn)* non-sens *m;* **z~rot** *a* vermillon.

Zinnsoldat *m* ['tsɪn-] soldat *m* d'étain.

Zins *m* ‹-es, -en› [tsɪns, '-zən] **1.** *(Abgabe)* redevance *f,* tribut, impôt; *(Pacht)* fermage *m;* **2.** *meist pl (fin: Geldertrag)* intérêt(s *pl*) *m; gegen (hohe) ~en* à intérêts (élevés); *~en tragen* produire *od* rapporter des intérêts, porter intérêt; *~en zahlen* bonifier des intérêts; **~ertrag** *m* produit *m* d'intérêts; **~eszins(en** *pl*) *m* intérêt(s *pl*) *m* composé(s); *mit ~ und ~ heimzahlen (fig)* rendre avec usure; **~fuß** *m* taux *m* (d'intérêt); *gesetzlicher ~* taux *m* légal; **z~los** *a* exempt d'intérêts, gratuit; *a. adv* sans intérêts; **~rechnung** *f math* calcul *m* des intérêts *m pl* arriérés; **~tabelle** *f* table *f* d'intérêts *od* des intérêts.

Zionismus *m* ‹-, ø› [tsio'nɪsmus] *pol* sionisme *m.*

Zipfel *m* ‹-s, -› ['tsɪpfəl] **1.** *(e-s Tuches)* coin; *(e-s Kleidungsstückes)* pan *m; (e-s Sackes)* oreille *f; (Wurst-, Ohrzipfel)* bout *m;* **2.** *allg (Spitze)* pointe *f;* **~mütze** *f* bonnet *m* à pointe.

Zirbeldrüse *f* ['tsɪrbəl-] *anat* glande pinéale, *scient* épiphyse *f.*

zirka ['tsɪrka] *adv* environ.

Zirkel *m* ‹-s, -› ['tsɪrkəl] **1.** *(Gerät)* compas *m;* **2.** *(Kreis, bes. fig: von Menschen)* cercle *m;* **~kasten** *m (mit Inhalt)* trousse *f* de compas.

Zirkul|ation *f* ‹-, ø› [tsɪrkulatsi'o:n] *(Umlauf)* circulation *f;* **z~ieren** [-'li:rən] ‹*ohne ge-*› *itr* circuler; *~ lassen (a. fig)* faire circuler, mettre en circulation.

Zirkumflex *m* ‹-es, -e› [tsɪrkum'flɛks] *gram* accent *m* circonflexe.

Zirkus *m* ‹-, -se› ['tsɪrkus, -ə] cirque *m;* **~pferd** *n* cheval *m* de cirque *od* dressé; **~zelt** *n* tente *f* de cirque, chapiteau *m.*

zirpen ['tsɪrpən] *itr (Grille)* chanter; *(Vogel)* pépier.

zisch|eln ['tsɪʃəln] *tr* u. *itr (flüstern)* chuchoter; **~en** *itr (a. um sein Mißfallen zu äußern)* siffler; **Z~laut** *m gram* sifflante, chuintante *f.*

ziselieren [tsizə'li:rən] ‹*ohne ge-*› *tr* ciseler.

Zisterne *f* ‹-, -n› [tsɪs'tɛrnə] citerne *f,* réservoir *m.*

Zitadelle *f* ‹-, -n› [tsita'dɛlə] *mil* citadelle *f.*

Zitat *n* ‹-(e)s, -e› [tsi'ta:t] citation *f.*
Zither *f* ‹-, -n› ['tsıtər] *mus* cithare *f.*
zitieren [tsi'ti:rən] ‹*ohne ge-*› *tr* **1.** *(anführen)* citer; **2.** *jur (vorladen)* citer, assigner, mander; **3.** *(e-n Geist)* évoquer.
Zitron|at *n* ‹-(e)s, -e› [tsitro'na:t] citronnat *m;* **~e** *f* ‹-, -n› [-'tro:nə] **1.** *(Frucht)* citron, limon *m;* **2.** *(Baum)* citronnier, limonier *m;* — *mit ~ (Getränk)* citronné.
Zitronen|presse *f* [tsi'tro:nən-] presse-citron(s) *m;* **~saft** *m* jus *m* de citron; *(Getränk)* citronnade *f;* **~schale** *f* peau *f od* zeste *m* de citron; **~scheibe** *f* tranche *od* rondelle *f* de citron; **~sprudel** *m* limonade *f* gazeuse; **~wasser** *n* citronnade *f.*
Zitrusfrüchte *f pl* ['tsi:trus-] agrumes *m pl.*
zitt|(e)rig ['tsıt(ə)r-] *a* tremblotant; *(Handschrift)* tremblé; **~ern** *itr* **1.** trembler (*vor etw* de qc, *um etw* pour qc); **2.** *(vibrieren)* vibrer; **3.** *(frösteln)* frissonner; *(schaudern)* frémir, tressaillir (*vor* de); — *vor Kälte ~* trembler de froid, grelotter; *am ganzen Körper ~* trembler de tous ses membres; **Z~erpappel** *f bot* tremble *m.*
Zitze *f* ‹-, -n› ['tsıtsə] *(Brustwarze der Säugetiere)* mamelon, tétin *m,* tette *f.*
zivil [tsi'vi:l] *a (bürgerlich)* civil.
Zivil *n* ‹-s, ø› [tsi'vi:l] **1.** *(Bürgerstand)* (les) civils *m pl;* **2.** *(bürgerliche Kleidung)* tenue *f* civile; *in ~* en civil; **~angestellte** *m mil* employé *m* d'administration; **~behörden** *f pl* autorités *f pl* civiles; **~bevölkerung** *f* population *f* civile; **~courage** *f* courage *m* civique; **~gericht** *n* tribunal *m* civil; **~gesetzgebung** *f* législation *f* civile; **~isation** *f* ‹-, ø› [-vilizatsi'o:n] civilisation *f;* **~isationskrankheit** *f* maladie *f* de la civilisation; **z~isatorisch** [-'to:rıʃ] *a* civilisateur; **z~isieren** [-'zi:rən] ‹*ohne ge-*› *tr* civiliser, humaniser; **~ist** *m* ‹-en, -en› [-'lıst] civil, bourgeois; *mil arg* pékin *m;* **~klage** *f jur* action *f* civile; **~kleidung** *f* tenue *f* civile; **~leben** *n: im ~* dans le civil; **~person** *f* (personne *f*) civil(e) *m;* **~prozeß** *m* procès *m od* cause *f* civil(e); **~prozeßordnung** *f* Code *m* de procédure civile; **~recht** *n* droit *m* civil; **z~rechtlich** *a* (de droit) civil.
Zobel *m* ‹-s, -› ['tso:bəl] , **~pelz** *m* sable *m,* zibeline *f.*
zögern ['tsø:gərn] *itr* hésiter, tarder (*etw zu tun* à faire qc); *(abwarten)* temporiser; **Z~** *n* hésitation, réticence; *(Unentschlossenheit)* indécision *f.*
Zögling *m* ‹-s, -e› ['tsø:klıŋ] *(Schüler(in))* élève; *(e-s Internats)* interne, pensionnaire *m f.*
Zölibat *n, a. m* ‹-(e)s, ø› [tsøli'ba:t] *rel* célibat *m.*
Zoll (1) *m* ‹-(e)s, -› [tsɔl] *(Längenmaß)* pouce *m;* **(2)** *m* ‹-(e)s, ¨-e› [tsɔl, 'tsœlə] *(Abgabe)* (droit *m* de) douane *f,* droit; *(Straßen-, Brückenzoll)* péage; *fig (Tribut)* tribut *m; Zölle erheben* percevoir des droits; *den ~ passieren* passer (par) la douane; *~ zahlen* payer les droits de douane; *die Natur fordert ihren ~* la nature réclame son tribut; **~abfertigung** *f* formalités *f pl* de la douane, passage en douane, dédouanement *m;* **~abkommen** *n* accord *m* douanier; **~amt** *n* (bureau *m* de) douane *f;* **~beamte** *m* agent de douane, douanier *m;* **~behörden** *f pl* autorités *f pl* douanières; **z~en** *tr fig (entgegenbringen): jdm Achtung ~* respecter qn; *jdm Beifall ~* applaudir qn; **~erklärung** *f* déclaration *f* en douane; **z~frei** *a exempt de (droits de) douane od* de droits; en franchise de douane; *Gedanken sind ~ (prov)* la pensée est libre; **~gebiet** *n* territoire *m* douanier; **~grenzbezirk** *m* rayon *m* douanier; **~grenze** *f* frontière *od* ligne *f* douanière; **~hoheit** *f* souveraineté *f* douanière; **~inspektor** *m* inspecteur *m* des douanes; **~kontingent** *n* contingent *m* tarifaire; **~kontrolle** *f* contrôle *m* douanier; **z~pflichtig** *a* soumis aux droits de *od* à la douane; **~schranken** *f pl* barrières *f pl* douanières; *Abbau m der ~* désarmement *m* douanier.
Zollstock *m* ['tsɔl-] mètre *m* pliant.
Zoll|tarif *m* ['tsɔl-] tarif *m* douanier; **~verschluß** *m: unter ~* en douane, en entrepôt, entreposé; **~verwaltung** *f* administration *f* des douanes.
Zone *f* ‹-, -n› ['tso:nə] *geog* u. *pol* zone *f; heiße, gemäßigte, kalte ~* zone *f* torride, tempérée, glaciale; **~ngrenze** *f* frontière *f* inter-zones.
Zoo *m* ‹-s, -s› ['tso:] zoo *m;* **~logie** *f* zoologie *f;* **z~logisch** *a* zoologique.
Zopf *m* ‹-(e)s, ¨-e› [tsɔpf, 'tsœpfə] **1.** tresse, natte; *hist (der Männer)* queue *f;* **2.** *(Gebäck)* pain *m* brioché; — *in Zöpfe flechten* tresser, natter; *alter ~ (fig)* vieillerie, pédanterie, chinoiserie *f;* **z~ig** *a (altmodisch)* suranné; *(steif, geschnörkelt)* pédant.
Zorn *m* ‹-(e)s, ø› [tsɔrn] colère *f,* courroux, emportement *m,* irritation; *(Wut)* fureur, rage *f; s-n ~ an jdm auslassen* passer *od* décharger sa colère sur qn; *in ~ geraten* se mettre en colère, s'emporter; **z~ig** *a* en colère, courroucé, emporté, irrité; *(wütend)* furieux, enragé; s'emporter, s'irriter.
Zote *f* ‹-, -n› ['tso:tə] obscénité, saleté, ordure *f;* **~n** *reißen (a.)* dire des obscénités.
Zott|el *f* ‹-, -n› ['tsɔtəl] **1.** *(Haarbüschel)* touffe de cheveux, houppe *f;* **2.** *(Troddel, Quaste)* gland, pompon *m;* **z~(e)lig**

a (ungekämmt, unordentlich) embroussaillé, emmêlé, malpeigné, malpropre; **z~ig** *a* touffu, velu.

zu [tsu:] **I.** *prp dat* **1.** *(örtl. auf die Frage: wo)* à; ~ *Berlin* à Berlin; ~ *Hause* à la maison, chez soi; ~ *ebener Erde* au ras du sol, de plain-pied; ~ *Lande,* ~ *Wasser* sur terre, sur mer; ~*r Linken, Rechten* à gauche, à droite; du côté gauche, du côté droit; *jdm* ~*r Seite* au côté de qn; **2.** *(auf die Frage: wohin)* à; ~*m Bahnhof,* ~*m Markt,* ~*r Schule* à la gare, au marché, à l'école; *von Haus* ~ *Haus* de maison en maison; ~ *Paul,* ~ *Schmidts,* ~*m Bäcker* chez Paul, chez les Schmidt, chez le boulanger; ~*r Tür hinein,* ~*m Fenster hinaus* par la porte, par la fenêtre; ~ *Bett gehen* se coucher; ~ *Boden (lang hin)fallen* tomber par terre; *sich jdm* ~ *Füßen werfen* se jeter aux pieds de qn; ~ *Grabe tragen* porter en terre; *sich* ~ *jdm setzen* s'asseoir à côté de qn; *der Weg* ~*m Hotel* le chemin de l'hôtel; *der Weg* ~*m Erfolg,* ~*r Freiheit* le chemin du succès, de la liberté; **3.** *(in Zeitangaben für die Zukunft, meist)* à; ~ *Mittag,* ~ *Abend* le midi, le soir; ~*r Nacht* avant la nuit; ~ *Weihnachten,* ~ *Ostern,* ~ *Pfingsten* à Noël, à Pâques, à (la) Pentecôte; ~*r Stunde,* ~*r Zeit* en ce moment, actuellement; ~*r Zeit Ludwig XIV.* au *od* du temps de *od* à l'époque de Louis XIV; ~ *allen Zeiten* de *od* en tout temps; ~ *gleicher Zeit* en même temps; ~*r rechten Zeit* à temps; ~ *meiner Zeit* de mon temps; *bis* ~ *s-m Tode* jusqu'à sa mort; ~*m erstenmal od ersten Male* pour la première fois; ~ *Anfang* au début; ~*m Schluß* à la fin, finalement, en conclusion; **4.** *(Mittel der Fortbewegung)* à, en; ~ *Fuß* à pied; ~ *Schiff* en bateau; **5.** *(Zahlenangabe)* à; ~ *dreien,* ~ *dritt* à trois; ~ *Dutzenden, Hunderten* par douzaines, centaines; ~*m Teil* en partie; ~*r Hälfte* à moitié; ~ *einem Drittel* pour un tiers; *2* ~ *1 (sport)* (par) 2 à 1; **6.** *(Verhältnis, Beziehung) im Vergleich* ~ comparé avec; *im Gegensatz* ~ par opposition à; ~ *jdm sagen* dire à qn; *die Liebe* ~*m Vaterland* l'amour *m* de la patrie; *etw* ~ *etw essen, trinken* manger, boire qc avec qc; ~*m neuen Jahr* pour la nouvelle année; **7.** *(Veränderung)* en; ~ *Staub zerfallen* tomber en poussière; ~*m König machen, wählen, krönen* faire, élire, couronner roi; ~*m Hauptmann befördert werden* être promu capitaine; *sich jdn* ~*m Freund,* ~*m Feind machen* se faire un ami, un ennemi de qn; **8.** *(Zweck)* à, pour; ~ *diesem Zweck* à cette fin, à cet effet; ~ *deinem Besten* pour ton bien; ~ *Ehren (gen)* en l'honneur (de); **9.** *(mit verblaßter Bedeutung)* ~ *Besuch* en visite (*bei* chez); ~*r Not* à la rigueur; *(Hotel)* ~*m Goldenen Löwen* (hôtel) du Lion d'or; *(beim inf)* à, de, *bzw. bleibt unübersetzt; um* ~ pour; **II.** *adv* **1.** *(örtl.) auf den Baum* ~ vers l'arbre; *nach Süden* ~ vers le sud; **2.** *(zeitl.) ab und* ~ de temps en temps *od* à autre; **3.** *(vor e-m a od adv)* trop; ~ *groß,* ~ *wenig* trop grand, trop peu; ~ *viel,* ~ *sehr* trop; *gar* ~ *(bescheiden)* par trop (modeste); ~ *(bescheiden), als daß ...* trop (modeste) pour que *subj;* **4.** *(geschlossen)* fermé; *Tür* ~*!* ferme(z) la porte! **III.** *interj fam nur* ~*!* allez-y!

zualler|erst [-ˈ--ˈ-] *adv* en tout premier lieu, avant tout, tout d'abord; **~letzt** [-ˈ--ˈ-] *adv* en tout dernier lieu.

Zubehör *n, a. m* ‹-(e)s, -e› [ˈtsu:bəhø:r] *tech* accessoires *m pl; mit* ~ avec les accessoires; **~teil** *n tech* accessoire *m.*

zu≈beißen [ˈtsu:-] ‹*biß zu, zugebissen*› *itr* mordre; *(bes. von Tieren)* happer.

Zuber *m* ‹-s, -› [ˈtsu:bər] cuve *f,* cuvier *m.*

zu≈bereit|en [ˈtsu:-] ‹*ohne -ge-*› *tr (bes. Küche)* préparer, apprêter, accommoder, cuisiner, faire; **Z~ung** *f* préparation *f.*

zu≈billigen [ˈtsu:-] *tr* accorder.

zu≈binden [ˈtsuˈ-] ‹*bindet, band zu, zugebunden*› *tr* lier, fermer.

zu≈bringen [ˈtsu:-] ‹*brachte zu, zugebracht*› *tr* **1.** *(in die Ehe)* apporter; **2.** *(Zeit)* passer, employer (*mit* à); — *s-e Zeit damit* ~, *etw zu tun* passer son temps à faire qc; *s-e Zeit mit Lesen* ~ passer son temps à lire; *zugebrachtes Vermögen n* apports *m pl.*

Zubringer *m* ‹-s, -› [ˈtsu:-] *tech* dispositif d'alimentation, transporteur; *(am Gewehr)* élévateur *m; (Straße)* route *f* d'accès; **~dienst** *m aero* service *m* d'acheminement (des passagers); **~straße** *f* route d'accès; *(zur Autobahn)* bretelle *f* de raccord; **~verkehr** *m aero* liaison *f* aéroport-ville; services *m pl* affluents (à une ligne).

Zucht *f* ‹-, ø› [tsuxt] **1.** *(Pflanzenzucht)* culture *f; (Tierzucht)* élevage *m;* **2.** *(Tiere e-r* ~*)* race *f;* **3.** *(Manneszucht, strenge Ordnung)* discipline *f;* **4.** *(gutes Benehmen)* manières *f pl,* conduite *f* exemplaire; *(gute Sitten)* bonnes mœurs *f pl; (Ehrbarkeit)* honnêteté; *(Sittsamkeit)* vertu, pudicité, chasteté *f.*

zücht|en [ˈtsʏçtən] *tr (Pflanzen, Perlen)* cultiver; *(Tiere)* élever; **Z~er** *m* ‹-s, -› *(Pflanzen-, Perlenzüchter)* cultivateur; *(Viehzüchter)* éleveur *m.*

Zuchthaus *n* [ˈtsuxt-] pénitencier *m.*

züchtig [ˈtsʏçtıç] *a (sittsam)* modeste, honnête, décent, vertueux; *(keusch)* chaste, pudique.

züchtig|en [ˈtsʏçtıgən] *tr* corriger, châtier; **Z~ung** *f* ‹-, -en› correction *f* châtiment *m.*

zucht|los [ˈtsuxt-] *a* indiscipliné; *(unbot-*

mäßig) insubordonné; *(sittenlos)* sans mœurs; *(Leben)* déréglé, dissolu; **Z~losigkeit** *f* ⟨-, ø⟩ indiscipline; insubordination *f;* dérèglement *m,* dissolution *f;* **Z~perle** *f* perle *f* de culture; **Z~tier** *n: männliches ~* animal *m* géniteur; **Z~vieh** *n* animaux *m pl* reproducteurs; **Z~wahl** *f biol: natürliche ~* sélection *f* naturelle.

zucken ['tsukən] *itr* **1.** *(zs.fahren)* tressaillir, sursauter, faire un sursaut; **2.** *(bes. med)* trépider; *(geschlachtetes Tier)* palpiter; **3.** *(Blitz)* jaillir; **~d** *a* palpitant.

Zucker *m* ⟨-s, (-)⟩ ['tsukər] sucre *m; ~ haben (med fam)* être diabétique; **~dose** *f* sucrier *m;* **~fabrik** *f* raffinerie de sucre, sucrerie *f;* **~guß** *m* glace *f* (de sucre); *mit ~* glacé; **z~haltig** *a* saccharifère, qui contient du sucre; **~hut** *m* pain *m* de sucre; **z~ig** *a* sucré; *scient* saccharin; **z~krank** *a* diabétique, glycosurique; **~krankheit** *f* diabète *m* (sucré); **~lösung** *f* solution *f* de sucre; **z~n** *tr* sucrer; **~rohr** *n bot* canne *f* à sucre; **~rübe** *f bot* betterave *f* à sucre *od* sucrière; **~streuer** *m* sucrier *m* à saupoudrer; **z~süß** *a* sucré *a. fig; fig paj* doux comme (le) miel, mielleux; douceâtre, doucereux; **~zange** *f* pince *f* à sucre.

Zuckung *f* ⟨-, -en⟩ ['tsukuŋ] *med* convulsion *f,* spasme *m.*

zu=decken ['tsu:-] *tr* (re)couvrir (*mit* de); *sich ~* se couvrir.

zudem [tsu'de:m] *adv* en outre, de plus.

zu=drehen ['tsu:-] *tr (Hahn)* fermer; *jdm den Rücken ~* tourner le dos à qn.

zudringlich ['tsu:-] *a* pressant, importun, indiscret; *jdm gegenüber ~ werden* importuner qn; **Z~keit** *f* importunité, indiscrétion *f.*

zu=drücken ['tsu:-] *tr* fermer; *ein Auge bei etw ~ (fig fam)* fermer les yeux sur qc.

zu=eign|en ['tsu:-] *tr* **1.** *(zu eigen geben)* donner, offrir; **2.** *(widmen)* dédier, dédicacer; **Z~ung** *f (Widmung)* dédicace *f.*

zueinander [-'nandər] *adv* l'un à l'autre; *~ passen* aller ensemble.

zu=erkennen ['tsu:-] ⟨*erkannte zu, zuerkannt*⟩ *tr* **1.** *(zugeben, zusprechen)* reconnaître; **2.** *(Besitz: zuerteilen)* adjuger; *(Recht)* attribuer, consentir; *(Preis, Belohnung)* décerner.

zuerst [-'-] *adv* premièrement, en premier lieu; d'abord; *(als erster)* le premier; *~ etw tun* commencer par faire qc.

zu=fahr|en ['tsu:-] ⟨*fährt, fuhr zu, zugefahren*⟩ *itr* ⟨*sein*⟩ se diriger, aller, rouler (*e-r S* od *auf e-e S* vers qc); *fahr zu! (los, weiter!)* va, démarre; **Z~t** *f* accès *m;* **Z~tsstraße** *f* bretelle, route *f* d'accès, chemin *m* de desserte.

Zufall *m* ['tsu:-] hasard; *lit* aléa; *jur* cas *m* fortuit; *(Gelegenheit)* occurrence *f; durch ~* par hasard, par accident; *etw dem ~ überlassen* laisser *od* livrer *od* remettre qc au hasard; au hasard; *das ist (reiner) ~* c'est un (pur) hasard; *der ~ wollte es, daß ...* le hasard a voulu que ...; **zu=fallen** ⟨*fällt, fiel zu, zugefallen*⟩ *itr* ⟨*sein*⟩ **1.** *(Deckel, Tür)* se (re)fermer (brusquement); **2.** *(zuteil werden)* échoir, revenir, être dévolu (*jdm* à qn); — *die Augen fallen mir zu vor Müdigkeit* je tombe de sommeil.

zufällig ['tsu:-] **I.** *a* fortuit, accidentel; *(gelegentlich)* occasionnel, casuel; **II.** *adv* par hasard *(a. iron in Fragen);* accidentellement, fortuitement, par accident, par occasion; *~ etw tun* venir à faire qc.

Zufallstreffer *m* ['tsu:-] raccroc *m.*

zu=fassen ['tsu:-] *itr* **1.** *(sich bedienen)* se servir; **2.** *(die Gelegenheit ergreifen)* saisir l'occasion.

zu=fliegen ['tsu:-] ⟨*flog zu, zugeflogen*⟩ *itr* ⟨*sein*⟩ *(entflogener Vogel)* entrer (*jdm* chez qn); *alle Herzen fliegen ihm zu (fig)* il gagne tous les cœurs.

zu=fließen ['tsu:-] ⟨*floß zu, zugeflossen*⟩ *itr* ⟨*sein*⟩ *(Wasser in ein Bassin, e-n Behälter; fig: zuteil werden)* affluer (*jdm* à qn); *e-m Fonds ~* être affecté à un fonds; *Wasser ~ lassen* amener de l'eau.

Zuflucht *f* ⟨-, ø⟩ ['tsu:-] **1.** *(Tätigkeit)* recours *m;* **2.** *(Ort)* refuge, asile *m;* — *(s-e) ~ nehmen zu* recourir, avoir recours à; *~ suchen, finden* chercher, trouver refuge.

Zufluß *m* ['tsu:-] **1.** *(Nebenfluß)* affluent *m;* **2.** *(von Wasser)* amenée, arrivée *f.*

zu=flüstern ['tsu:-] *tr: jdm etw ~* chuchoter qc à qn, glisser qc à l'oreille de qn.

zufolge [tsu'fɔlgə] *prp (gen, nachgestellt: dat) (gemäß)* d'après, selon, suivant.

zufrieden [tsu'fri:dən] *a* content, satisfait (*mit* de); *mit etw ~ sein* se contenter de qc; *mit etw ~ sein können* pouvoir s'estimer content de qc; **~=geben,** *sich* ⟨*gibt, gab zufrieden, zufriedengegeben*⟩ se contenter (*mit* de); **Z~heit** *f* ⟨-, ø⟩ contentement *m,* satisfaction *f; zur allgemeinen ~* à la satisfaction générale; **~=lassen** ⟨*läßt, ließ zufrieden, zufriedengelassen*⟩ *tr* laisser tranquille *od* en paix; **~=stellen** *tr* contenter, satisfaire; **~stellend** *a* satisfaisant.

zu=frieren ['tsu:-] ⟨*fror zu, zugefroren*⟩ *itr* ⟨*sein*⟩ geler (complètement), se couvrir de glace, prendre.

zu=fügen ['tsu:-] *tr* **1.** *(hinzufügen)* ajouter; **2.** *(Verlust, Niederlage)* infliger; *(Schaden, Schmerz, Leid, Böses)* faire, causer.

Zufuhr *f* ⟨-, -en⟩ ['tsu:fu:r] **1.** *(Waren-*

zufuhr) arrivage, approvisionnement; *(von Lebensmitteln, a. mil)* ravitaillement *m;* **2.** *tech* amenée, adduction, arrivée *f.*

zu=führen ['tsu:-] *tr* **1.** *(Menschen)* (a)mener, conduire (*jdm* à qn); **2.** *tech* amener; **3.** *fin* affecter (*e-m Fonds* à un fonds); — *s-r Bestimmung* ~ amener à destination.

Zug *m* ⟨-(e)s, ¨-e⟩ [tsu:k, 'tsy:gə] **1.** *loc* train *m;* **2.** *(Ziehen)* traction *f;* **3.** *(bei e-m Brettspiel)* coup *m;* **4.** *(ohne pl) fig (Tendenz)* tendance *f; (Neigung)* penchant *m;* **5.** *(Atemzug)* souffle *m; (~ beim Rauchen)* bouffée *f; (Schluck)* coup, trait *m,* gorgée *f;* **6.** *(ohne pl) (Luftzug)* courant d'air, vent *m* coulis; **7.** *(~ e-s Kamins* od *Ofens)* tirage *m;* **8.** *(beim Schreiben)* trait *m* (de plume); **9.** *(Gesichts-, Charakterzug)* trait *m;* **10.** *(Bewegung der Wolken)* passage; *(Vogelzug)* passage *m,* passe, migration; *(Marsch)* marche *f; (Feldzug)* campagne, expédition *f* (militaire); **11.** *(ziehende Vögel)* vol *m,* volée; *(Tiere)* bande *f; (Gespann)* attelage *m; (Menschen)* file, suite *f; (Geleitzug)* cortège; *(Festzug)* défilé *m, rel* procession *f; mil (Einheit)* section *f;* **12.** *(gezogener Lauf der Feuerwaffen)* rayure *f;* — *im ~e (gen)* au cours (de), en fonction (de); *in großen Zügen (zs.fassend)* à grands traits; *mit dem ~ (loc)* par le train; *~ um ~ (fig)* du tac au tac, donnant donnant; *in vollen Zügen genießen (fig)* jouir pleinement de; *zum ~e kommen (fig)* avoir une chance; *(jdm* à qn); *in den letzten Zügen (im Sterben) liegen* être à l'agonie; *den ~ verpassen* manquer *od* rater le train; *Sie sind am ~ (beim Brettspiel)* à vous de jouer.

Zugabe *f* ['tsu:-] supplément, extra *m; (beim Einkauf)* prime *f; als ~* en supplément; *com* en prime; *mus* hors programme.

Zugang *m* ['tsu:-] **1.** *(Zutritt)* accès *m* (*zu* à); **2.** *(Umgegend)* abord(s *pl*) *m,* approche(s *pl*) *f* (*zu* de); **3.** *(Zuwachs)* augmentation *f,* accroissement, surcroît *m;* **4.** *(Hinzugekommener im Krankenhaus, Gefängnis etc)* nouveau venu *m;* **5.** *com (Wareneingang)* entrées *f pl,* arrivage *m; (Neuerwerbung)* nouvelle acquisition *f; pl (Museum)* derniers enrichissements *m pl;* — *~ zu jdm haben* avoir accès auprès de qn; *sich ~ verschaffen zu* se procurer accès à.

zugänglich ['tsu:-] *a, a. fig* accessible, abordable; *fig* d'un abord facile.

Zugbrücke *f* ['tsu:k-] pont-levis *m.*

zu=geben ['tsu:-] ⟨*gibt, gab zu, zugegeben*⟩ *tr* **1.** ajouter; *com* donner en plus *od* en supplément *od* par-dessus le marché; **2.** *fig (einräumen)* admettre, accorder, concéder; *(eingestehen)* avouer; **3.** *mus* jouer hors programme.

zugegen [tsu'ge:gən] *a (anwesend)* présent (*bei* à).

zu=gehen ['tsu:-] ⟨*ging zu, zugegangen*⟩ *itr* ⟨*sein*⟩ *(sich schließen lassen)* (se) fermer; *auf jdn, etw ~* aller, (s')avancer vers qn, vers qc; s'approcher de qn, de qc; *jdm ~ (zugestellt werden)* être envoyé *od* expédié à qn; *dem Ende ~ (bald zu Ende sein)* toucher à sa fin; *auf die 50 ~* aller sur ses 50 ans; *das geht nicht mit rechten Dingen zu* ce n'est pas naturel *od* normal.

zugehörig ['tsu:-] *a (dat)* qui appartient (à), qui fait partie (de); *(passend)* qui va avec; **Z~keit** *f* ⟨-, ø⟩ *(zu e-r Vereinigung etc)* appartenance; *(Mitgliedschaft)* qualité *f* de membre.

zugeknöpft ['tsu:-] *a fig* renfermé, réservé.

Zügel *m* ⟨-s, -⟩ ['tsy:gəl] *a. fig* rêne; *fig a.* bride *f,* frein *m; die ~ fest in der Hand haben (fig)* tenir les rênes; *die ~ locker lassen* od *lockern (a. fig)* lâcher les rênes *od* la bride *od* la main; **z~los** *a fig* débridé, sans frein, effréné; *(Leben)* déréglé, dissolu; **z~n** *tr, a. fig* brider, tenir en bride; *fig* freiner, mettre un frein à, refréner.

Zugeständnis *n* ['tsu:-] concession *f.*

zu=gestehen ['tsu:-] ⟨*gestand zu, zugestanden*⟩ *tr* **1.** *(zugeben)* admettre; **2.** *a. = bewilligen)* accorder, concéder; — *zugestanden ...* admettons ...

zugetan ['tsu:-] *a* attaché (*jdm* à qn).

Zugewinn *m* ['tsu:-] *jur* acquêts *m pl;* **~gemeinschaft** *f* communauté *f* d'acquêts, (régime *m* de la) communauté *f* réduite aux acquêts.

Zug|feder *f* ['tsu:k-] ressort de traction; *(der Uhr)* ressort *m* de barillet; **~folge** *f loc* succession *f* des trains; **~führer** *m loc* conducteur (chef), chef de train; *mil* chef *m* de section.

zu=gießen ['tsu:-] ⟨*goß zu, zugegossen*⟩ *tr (Getränk)* verser; *darf ich Ihnen (noch) Kaffee ~?* puis-je vous verser encore du café?

zugig ['tsu:gıç] *a* exposé aux courants d'air.

Zug|kraft *f* ['tsu:k-] force de traction; *fig* (force d')attraction *f;* **z~kräftig** *a* attractif.

zugleich [tsu'glaıç] *adv* en même temps, à la fois; *(zusammen)* (tout) ensemble.

Zug|luft *f* ['tsu:k-] courant d'air, vent *m* coulis; **~maschine** *f tech* machine *f* tractive; *mot* tracteur *m;* **~mittel** *n fig* attraction *f* (foraine), moyen *m* d'attirer la foule; **~personal** *n loc* personnel *m* du train; **~pferd** *n* cheval *m* de trait *od* de harnais; **~pflaster** *n pharm* vésicatoire *m.*

zu=greifen ['tsu:-] ‹*griff zu, zugegriffen*› *itr* = *zufassen.*

Zugriff ['tsu:-] *m* **1.** *(Ergreifen)* prise *f;* **2.** *tech (EDV)* accès *m;* **3.** *(Beschlagnahme)* saisie *f;* — *sich dem ~ der Polizei entziehen* se soustraire à l'arrestation.

zugrunde [tsu'grundə] *adv: ~ gehen* périr, se perdre, se ruiner, faire naufrage; *~ legen* prendre pour base; *~ liegen (dat)* être à la base de; *~ richten* perdre, ruiner, abîmer, achever.

Zug|tier *n* ['tsu:k-] bête *f* de trait *od* de somme *od* de labour; **~unglück** *n* accident *m* de chemin de fer.

zugunsten [tsu'gunstən] *prp gen* en faveur de, au profit de.

zugute [tsu'gu:tə] *adv: jdm etw ~ halten* tenir compte de qc à qn; porter qc à l'actif de qn; *jdm ~ kommen* profiter à qn, faire le profit de qn; *sich etwas auf etw ~ tun (sich etwas auf etw einbilden)* tirer vanité, se prévaloir de qc.

Zug|verbindung *f* ['tsu:k-] communications *f pl* ferroviaires; **~verkehr** *m* circulation *f* ferroviaire; **~vogel** *m a. fig* oiseau *m* migrateur.

zu=halten ['tsu:-] ‹*hält, hielt zu, zugehalten*› *tr* tenir fermé; *sich die Augen, die Ohren ~* se boucher les yeux, les oreilles.

Zuhälter *m* ['tsu:-] souteneur, proxénète *m.*

Zuhause *n* [tsu'hauzə] chez-soi, home *m.*

zu=heilen ['tsu:-] *itr* ‹*sein*› guérir, se refermer.

Zuhilfenahme *f* [tsu'hılfə-] *: unter ~ (gen)* avec le secours (de); à grand renfort (de).

zu=hör|en ['tsu:-] *itr* écouter (*jdm, e-r S* qn, qc); **Z~er** *m* auditeur *m;* **Z~erschaft** *f* auditeurs *m pl,* auditoire *m,* assistance *f.*

zu=jubeln ['tsu:-] *itr* acclamer, ovationner (*jdm* qn).

zu=kehren ['tsu:-] *tr: jdm das Gesicht, den Rücken ~* tourner son visage vers, le dos à qn.

zu=klappen ['tsu:-] **1.** *tr (Behälter, Dekkel, Buch)* fermer; **2.** *itr* ‹*sein*› se fermer.

zu=kleben ['tsu:-] *tr* coller; *(Briefumschlag)* cacheter, fermer.

zu=knöpfen ['tsu:-] *tr* boutonner.

zu=kommen ['tsu:-] ‹*kam zu, zugekommen*› *itr* ‹*sein*› **1.** s'avancer (*auf jdn, etw* vers qn, qc); s'approcher (*auf jdn, etw* de qn, de qc); **2.** *(gebühren, zustehen)* revenir, être dû (*jdm* à qn); — *jdm geben, was ihm zukommt* donner à qn son dû; *jdm etw ~ lassen (Nachricht)* faire parvenir qc à qn; *(jdn in den Genuß e-r S kommen lassen)* faire obtenir qc à qn; *etw auf sich ~ lassen (passiv erwarten)* laisser venir qc.

zu=korken ['tsu:-] *tr* boucher.

Zukunft *f* ‹-, ø› ['tsu:-] avenir; *(bildhaft)* lendemain; *gram* futur *m; in ~* à l'avenir, désormais, dorénavant; *in naher ~* dans un proche avenir; *(e-e große) ~ haben* avoir de l'avenir, avoir un bel avenir devant soi; *jdm die ~ sagen* dire la bonne aventure à qn.

zukünftig ['tsu:-] **I.** *a* futur, à venir; **II.** *adv* = *in Zukunft.*

Zukunfts|aussichten *f pl* ['tsu:-] perspectives *f pl* d'avenir; **~pläne** *m pl* projets *m pl* d'avenir.

zu=lächeln ['tsu:-] *itr: jdm ~* sourire à qn.

Zulage *f* ['tsu:-] **1.** supplément *m;* **2.** *(Gehalts-, Lohnzulage)* augmentation (de traitement, de salaire); *(zusätzl. Sozialleistung)* allocation; *(Leistungszulage)* prime *f* (d'encouragement).

zu=langen ['tsu:-] *itr (bei Tisch zugreifen)* se servir.

zu=lassen ['tsu:-] ‹*läßt zu, zugelassen*› *tr* **1.** *(geschlossen lassen)* laisser fermé; **2.** *fig (Zugang gewähren)* admettre; *(ermächtigen)* autoriser; *(gestatten)* permettre, tolérer, souffrir; **3.** *(Fahrzeug)* immatriculer.

zulässig ['tsu:-] *a (annehmbar)* admissible; *(statthaft)* permis, licite, de mise.

Zulassung *f* ‹-, -en› ['tsu:lasuŋ] **1.** admission *(zu e-r Prüfung* à un examen); *sport* qualification *f;* **2.** *(Ermächtigung)* autorisation; *(Erlaubnis)* permission *f;* **3.** *(Erlaubnisschein)* permis *m; mot* autorisation de circuler, immatriculation *f;* — *~ als Anwalt* autorisation *f* de plaider; **~snummer** *f (e-s Fahrzeugs)* numéro *m* d'immatriculation.

Zulauf *m* ‹-(e)s, ø› ['tsu:-] *(von Menschen)* affluence *f,* afflux, concours *m; großen* od *starken ~ haben* être très fréquenté *od* couru; **zu=laufen** ‹*läuft, lief zu, zugelaufen*› *itr* ‹*sein*› **1.** courir (*auf jdn, etw* à, vers qn, qc); *(entlaufener Hund)* entrer (*jdm* chez qn); **2.** *(auslaufen, endigen)* se terminer (*spitz* en pointe).

zu=legen ['tsu:-] **1.** *tr (hinzufügen, mehr geben)* ajouter, donner en plus; **2.** *itr (an Tempo)* se dépêcher; — *jdm etw ~ (zum Gehalt)* augmenter le traitement de qn; *sich etw ~* se pourvoir de qc, se procurer, acheter qc; *Geld ~ (aus d. eigenen Tasche)* en être de sa poche *fam.*

zuleide [tsu'laıdə] *adv: jdm etw ~ tun* faire du mal à qn.

zu=leit|en ['tsu:-] *tr* **1.** diriger (*jdm etw* qc vers qn); adresser (*jdm etw* qc à qn); **2.** *tech el* amener (*e-r S* à qc); **Z~ung** *f tech (Tätigkeit)* amenée *f; (Wasserzuleitung)* adduction *f;* **Z~ungsdraht** *m* fil *m* d'amenée; **Z~ungskabel** *n* câble *m* d'amenée.

zuletzt [tsu'lɛtst] *adv* **1.** *(als letzter)* le

dernier; **2.** *(zum letztenmal)* (pour) la dernière fois; **3.** *(am Ende)* à la fin, enfin, finalement, en dernier lieu; — ~ *etw tun* finir par faire qc; *der ~ Gekommene* le dernier venu.

zuliebe [tsu'li:bə] *adv: jdm* ~ pour l'amour de qn; pour faire plaisir à qn.

Zuliefer|er *m* ['tsu:-] ‹-s, -› fournisseur *m;* **~industrie** *f* industrie *f* de sous-traitance.

zum [tsum] = *zu dem.*

zu≈machen ['tsu:-] *tr (schließen)* fermer, clore; *(zuknöpfen)* boutonner; *(Schuhe)* lacer; *(Brief)* cacheter; *die Tür hinter sich ~* fermer la porte sur *od* derrière soi.

zumal [tsu'ma:l] **I.** *adv* surtout, particulièrement, principalement; **II.** *conj* u. ~ *da* d'autant (plus) que.

zu≈mauern ['tsu:-] *tr* murer, maçonner; *(Tür, Fenster)* condamner.

zumeist [tsu'maɪst] *adv* **1.** pour la plupart; **2.** *(zeitl.)* la plupart du temps, le plus souvent.

zu≈messen ['tsu:-] ‹*mißt, maß zu, zugemessen*› *tr* **1.** *(knapp ~)* mesurer (*jdm etw* qc à qn); **2.** *(Strafe)* infliger.

zumindest [tsu'mɪndəst] *adv* du moins, pour le moins; *(mindestens)* au moins.

zumut|bar ['tsumu:t-] *a* raisonnable; **~e** [tsu'mu:tə] *adv: mir war dabei nicht ganz wohl ~* j'étais (assez) mal à l'aise; *mir ist nicht zum Lachen ~* je n'ai pas envie de rire; *wie ist Ihnen ~?* comment vous sentez-vous? **~en** *tr: jdm etw ~* demander qc à qn, exiger qc de qn; *jdm zuviel ~* demander trop à qn; *sich zuviel ~* présumer de ses forces; **Z~ung** *f* ‹-, -en› exigence, prétention; *pej* proposition *f* impudente.

zunächst [tsu'nɛːçst] **I.** *adv* **1.** *(vor allem)* avant tout, en premier lieu; **2.** *(zuerst)* (tout) d'abord, initialement; **II.** *prp dat* tout près de; **Z~liegende,** *das (an das man zuerst denkt)* la première chose qui se présente à l'esprit *od (das zuerst zu tun ist)* à faire.

Zunahme *f* ‹-, -n› ['tsu:na:mə] **1.** accroissement, agrandissement *m,* augmentation; *(Erweiterung)* extension; **2.** *(Verstärkung)* intensification, recrudescence; *(Verschlimmerung)* aggravation *f;* — ~ *der Bevölkerung* accroissement *m* démographique.

Zuname *m* ‹-ns, -n› ['tsu:-] **1.** nom *m* de famille; **2.** *(Beiname)* surnom; *(Spitzname)* sobriquet *m.*

Zünd|batterie *f* ['tsʏnt-] *f mot* batterie *f* d'allumage; **z~en** [-dən] *itr* **1.** *(entflammen)* s'allumer *a. mot;* s'enflammer, s'embraser, prendre feu; *(Blitz)* mettre le feu; **2.** *fig (Worte)* enthousiasmer; **z~end** *a (Rede)* enflammé, enthousiasmant.

Zunder *m* ‹-s, -› ['tsundər] **1.** *(Pilz* u. *Zündmittel)* amadou *m;* **2.** *chem* calamine *f;* **3.** *pop (Prügel)* rossée, fessée *f;* — *wie ~ brennen* brûler comme une allumette.

Zünder ['tsʏndər] *m* ‹-s, -› *mines (für Sprengstoff)* détonateur; *el mot* allumeur, appareil *m* d'allumage; *mil* fusée *f; den ~ (ein)stellen (mil)* régler la fusée.

Zünd|holz *n* ['tsʏnt-] , **~hölzchen** *n* allumette *f;* **~hütchen** *n mil* capsule fulminante, amorce *f;* **~kerze** *f mot* bougie *f* (d'allumage); **~ladung** *f mil* charge d'amorce; *(e-r Mine)* charge *f* d'amorçage; **~schalter** *m* contacteur *od* interrupteur *m* d'allumage; **~schlüssel** *m mot* clé *f* d'allumage *od* de contact; **~schnur** *f* cordeau *m* détonant; mèche, étoupille *f;* **~stoff** *m* matière inflammable; *fig* cause(s *pl*) *f* de conflagration; **~ung** *f* ‹-, -en› **1.** *(e-r Explosivladung)* détonation *f; mines* amorçage *m;* **2.** *mot* allumage *m;* **~vorrichtung** *f* dispositif d'allumage; *(e-r Bombe)* appareil *m* de mise de feu.

zu≈nehmen ['tsu:-] ‹*nimmt, nahm zu, zugenommen*› *itr* **1.** *allg (größer werden, wachsen)* (s'a)grandir, s'accroître; *(d. Mond)* croître; augmenter (*um* de); gagner (*an* en); *(steigen)* monter; **2.** *(Mensch: schwerer, dicker werden)* prendre du poids *od* de l'embonpoint; **3.** *(sich verstärken)* s'intensifier; *(sich verschlimmern)* s'aggraver; **~d** *a* grandissant; croissant; montant; *mit ~em Alter* en vieillissant; *~e Geschwindigkeit f* vitesse *f* accélérée; *~er Mond m* croissant *m.*

zu≈neig|en ['tsu:-] *itr (e-r Ansicht, Partei)* pencher, incliner (*dat* vers); *sich dem Ende ~* tirer *od* toucher à sa fin; **Z~ung** *f* penchant *m,* inclination *f; (Anhänglichkeit)* attachement *m; (Sympathie, Liebe)* sympathie, affection *f (zu jdm* pour qn); *für jdn ~ empfinden* éprouver de l'affection pour qn.

Zunft *f* ‹-, ⸚e› [tsunft, 'tsʏnftə] *(Innung, Gilde)* corps *m* de métier, corporation; *fig pej* clique, coterie; *(Bruderschaft)* confrérie *f.*

zünftig ['tsʏnftɪç] *a* **1.** corporatif; **2.** *(fachgemäß)* du métier; *fam, a. iron* comme il faut.

Zunge *f* ‹-, -n› ['tsuŋə] **1.** *anat (a. lit.: Sprache)* langue *f;* **2.** *(Riegel; Schuh: Lasche)* languette *f;* **3.** *(an der Waage)* aiguille *f;* **4.** *(an Blasinstrumenten)* anche *f;* — *mit der ~ anstoßen (lispeln)* zézayer; *sich auf die ~ beißen (um etw zu verschweigen)* se mordre la langue; *e-e belegte ~ haben* avoir la langue chargée *od* la bouche pâteuse; *e-e scharfe* od *spitze ~ haben (fig)* avoir une langue de vipère; *jdm die ~ herausstrecken* tirer la langue à qn; *auf* *der ~ zergehen (Speise: sehr zart sein)* être très tendre, fondre dans la bouche; *es liegt mir auf der ~* je l'ai sur le bout de la langue; *mir klebt die ~ am Gaumen* j'ai la gorge sèche.

züngeln ['tsʏŋəln] *itr (Schlange)* darder sa langue; *(Flammen)* serpenter; *an etw empor ~* lécher qc.

Zungen|brecher *m* ['tsʊŋən-] *(Wort* od *Satz)* exercice *m* d'assouplissement de la langue; **~spitze** *f* bout *m* de la langue; **~wurst** *f* pâté *m* de langue.

Zünglein *n* ['tsʏŋlaɪn] *(der Waage)* aiguille *f; das ~ an der Waage (fig)* l'arbitre *m; das ~ an der Waage sein (fig)* faire pencher la balance.

zunichte [tsu'nɪçtə] *adv: ~ machen* réduire à néant, anéantir, détruire, ruiner; *(Plan)* faire échouer, déjouer.

zu=nicken ['tsu:-] *itr* faire un signe de tête (*jdm* à qn).

zunutze [tsu'nʊtsə] *adv: sich etw ~ machen* profiter *od* tirer profit de qc, mettre qc à profit, se prévaloir de qc.

zuoberst [tsu'ʔo:bərst] *adv: das Unterste ~ kehren* tout mettre sens dessus dessous.

zu=ordnen ['tsu:-] *tr, a. gram* coordonner.

zu=packen ['tsu:-] *itr* **1.** *(die Gelegenheit ergreifen)* saisir l'occasion; **2.** *(Hand anlegen)* se mettre à l'œuvre, mettre la main à l'œuvre *od* à l'ouvrage.

zupf|en ['tsʊpfən] *tr* **1.** tirer, tirailler; **2.** *(Gewebe)* effiler, éfaufiler, éplucher; **3.** *mus* pincer (*auf* sur); — *jdn am Ärmel, Ohr ~* tirer qn par la manche, par l'oreille; **Z~geige** *f* guitare *f.*

zur [tsu(:)r] = *zu der.*

zu=raten ['tsu:-] ⟨*rät, riet zu, zugeraten*⟩ *itr: jdm ~* conseiller à qn (de faire qc); *auf mein Z~* sur mon conseil.

zu=rechnungsfähig ['tsu:-] *a jur* capable de discerner *od* de discernement; *(verantwortlich)* responsable (de ses actes); *nicht ~ sein* ne pas avoir l'usage de ses facultés mentales; **Z~keit** *f jur* discernement *m,* responsabilité *f* mentale *od* de ses actes; *verminderte ~* responsabilité *f* réduite.

zurecht [tsu'rɛçt] *adv (nur in Zssgen mit Verben); vgl. zu Recht (mit Recht);* **~=finden,** *sich* ⟨*findet, fand zurecht, zurechtgefunden*⟩ trouver son chemin, s'orienter; *fig* savoir comment faire; *sich nicht ~* s'y perdre; **~=kommen** ⟨*kam zurecht, zurechtgekommen*⟩ *itr* ⟨*sein*⟩ *(fertig werden)* venir à bout (*mit etw* de qc); *mit jdm ~* (parvenir à) s'arranger avec qn, s'entendre avec qn; **~=legen** *tr* **1.** *(vorbereiten)* préparer; *(zurechtgelegt haben, bereithalten)* tenir prêt; **2.** *fig (e-e Ausrede)* préparer qc; **~=machen 1.** *tr fam (vor-, zubereiten, a. Küche)* faire, accommoder, apprêter, préparer; **2.** *refl: sich ~* s'arranger, faire un brin de toilette; **~=weisen** ⟨*wies zurecht, zurechtgewiesen*⟩ *tr (tadeln)* blâmer, réprimander, faire des remontrances à; **Z~weisung** *f (Tadel)* blâme *m,* réprimande, remontrance *f.*

zu=reden ['tsu:-] *itr* chercher à persuader (*jdm* qn); *(zuraten)* conseiller (*jdm* qn); *(aufmuntern)* encourager (*jdm* qn); *(ermahnen)* exhorter (*jdm* qn); *jdm gut ~* prier qn avec instance; **Z~** *n* instances *f pl;* conseils; encouragements *m pl;* exhortation(s *pl*) *f; auf mein ~ (hin)* sur mes instances; *bei ihm hilft kein ~* il ne veut pas entendre raison.

zu=reiten ['tsu:-] ⟨*reitet, ritt zu, zugeritten*⟩ *tr (Pferd)* dresser.

zu=richten ['tsu:-] *tr* **1.** *(Fleisch zum Braten)* préparer, accommoder; **2.** *(Holz)* débiter, dégauchir; **3.** *(Leder)* corroyer; *(Stoff)* apprêter; **4.** *tech* ajuster, dresser; — *jdn arg* od *übel ~* mettre qn dans un mauvais état.

zu=riegeln ['tsu:-] *tr* verrouiller, fermer au verrou.

zürnen ['tsʏrnən] *itr* être irrité *od* en colère; *jdm ~* être fâché de *od* contre qn.

Zurschaustellung *f* [tsur'ʃau-] exhibition *f,* étalage *m.*

zurück [tsu'rʏk] *adv* **1.** *(hinten)* en arrière; **2.** *a. fig* en retard; **3.** *fig (~geblieben)* arriéré; **4.** *(~gekehrt)* de retour; — *gleich wieder ~ sein* ne faire qu'aller et venir *od* retour; *hinter s-r Zeit ~ sein* être en retard sur son époque; *ich möchte nach Paris ~* je voudrais (bien) rentrer à Paris; *~!* (en) arrière! reculez! *~ an Absender!* retour à l'expéditeur! *~ zur Natur!* retour à la nature!

zurück=bekommen [tsu'rʏk-] ⟨*bekam zurück, zurückbekommen*⟩ *tr* ravoir *(nur inf),* recouvrer, récupérer, rentrer en possession de; *sein Geld ~* rentrer dans ses fonds; *ich bekomme noch 2 Mark zurück* il me revient encore 2 marks.

zurück=bleiben [tsu'rʏk-] ⟨*blieb zurück, zurückgeblieben*⟩ *itr* ⟨*sein*⟩ **1.** rester en arrière (*hinter* de); **2.** être en retard, retarder (*hinter* sur); **3.** *fig (in der Schule etc)* ne pas suivre; *sport* être distancé; **4.** *(übrigbleiben)* rester; — *hinter den Erwartungen ~* ne pas répondre aux espérances.

zurück=bringen [tsu'rʏk-] ⟨*brachte zurück, zurückgebracht*⟩ *tr* **1.** faire revenir; *(Sache)* rapporter; *(Person)* ramener; **2.** *(in der Entwicklung)* ramener en arrière, faire reculer.

zurück=denken [tsu'rʏk-] ⟨*dachte zurück, zurückgedacht*⟩ *itr* se souvenir (*an etw* de qc); se rappeler (*an etw* qc); *soweit ich ~ kann* du plus loin que je me souvienne.

zurück=drängen [tsu'rʏk-] *tr* repousser, faire reculer; refouler *a. fig; fig (Gefühle) a.* réprimer, contenir.
zurück=erobern [tsu'rʏk-] *tr* reconquérir.
zurück=erstatten [tsu'rʏk-] *tr* restituer, rendre; *(Geld)* rembourser.
zurück=fahren [tsu'rʏk-] ⟨*fährt, fuhr zurück, zurückgefahren*⟩ **1.** *tr* ramener; **2.** *itr* ⟨*sein*⟩ retourner; faire marche arrière.
zurück=fallen [tsu'rʏk-] ⟨*fällt, fiel zurück, zurückgefallen*⟩ *itr* ⟨*sein*⟩ **1.** *fig (in e-n alten Fehler)* retomber, redonner (*in* dans); **2.** *(in s-n Leistungen)* rétrograder; **3.** *(Tadel, Vorwurf)* retomber, rejaillir (*auf jdn* sur qn).
zurück=fließen [tsu'rʏk-] ⟨*fließt, floß zurück, zurückgeflossen*⟩ *itr* ⟨*sein*⟩, **zurück=fluten** *itr* ⟨*sein*⟩ refluer.
zurück=fordern [tsu'rʏk-] *tr* redemander, réclamer; *jur* revendiquer.
zurück=führen [tsu'rʏk-] *tr* **1.** reconduire, ramener; **2.** *fig (ableiten, erklären)* ramener, attribuer (*auf* à); — *sich auf etw ~ lassen* se ramener à qc, remonter à qc.
zurück=geben [tsu'rʏk-] ⟨*gibt, gab zurück, zurückgegeben*⟩ *tr* rendre, redonner, restituer.
zurückgeblieben [tsu'rʏk-] *a (in der Entwicklung)* arriéré, déficient; *geistig ~* arriéré mental.
zurück=gehen [tsu'rʏk-] ⟨*ging zurück, zurückgegangen*⟩ *itr* ⟨*sein*⟩ **1.** retourner, aller en arrière; *(zurückweichen)* reculer, rétrograder; **2.** *fig (niedriger werden, fallen, nachlassen)* régresser, rétrograder; diminuer, décliner, être en baisse *od* en retrait; *(Hochwasser)* baisser; *med (Schwellung)* se dégonfler; *(Fieber)* tomber; *(Krankheit)* régresser; *(Preis)* diminuer; *(Ware im Preis)* baisser; *(die Geschäfte)* baisser, décliner, tomber; — *denselben Weg ~* revenir sur ses pas, rebrousser chemin; *~ lassen (com)* retourner, renvoyer.
zurückgezogen [tsu'rʏk-] *a (Leben)* retiré; solitaire, dans l'ombre; *~ leben* vivre retiré *od* à l'écart *od* dans l'ombre, mener une vie solitaire.
zurück=greifen [tsu'rʏk-] ⟨*griff zurück, zurückgegriffen*⟩ *itr* recourir, avoir recours (*auf* à).
zurück=halt|en [tsu'rʏk-] ⟨*hält, hielt zurück, zurückgehalten*⟩ *tr* **1.** *(a. fig: von e-r Tat)* retenir; *(als Gefangenen)* détenir; *(Geld)* resserrer; *(die Tränen)* retenir, refouler; **2.** *(Gefühl)* contenir, réprimer, refouler; *itr* **3.** *mit etw ~* retenir, cacher, dissimuler qc; *refl* **4.** *sich ~* se retenir; *(sich beherrschen)* se contenir; — *mit s-m Lob nicht ~* ne pas ménager *od* marchander les éloges; *mit s-r Meinung ~* dissimuler sa pensée; *mit s-m Urteil ~* réserver son jugement, faire des réserves; **~end I.** *a* **1.** réservé, discret; *(bescheiden)* retenu, modeste, effacé; **2.** *com* hésitant, dans l'expectative; **II.** *adv a.* avec réserve; **Z~ung** *f* ⟨-, ø⟩ *fig* réserve, discrétion; *(Bescheidenheit)* retenue, modestie *f.*
zurück=holen [tsu'rʏk-] *tr (Sache)* aller rechercher *od* reprendre; *(Menschen)* faire revenir, ramener.
zurück=kehren [tsu'rʏk-] ⟨*sein*⟩ *itr* retourner, revenir (sur ses pas); *(nach Hause)* rentrer (chez soi), revenir à la maison.
zurück=kommen [tsu'rʏk-] ⟨*kam zurück, zurückgekommen*⟩ *itr* ⟨*sein*⟩ revenir; *fam* s'en revenir; *(zurückkehren)* rentrer; *auf etw ~ (wieder zu sprechen kommen)* revenir à qc; *um auf … zurückzukommen* pour en revenir à ….
zurück=lassen [tsu'rʏk-] ⟨*läßt, ließ zurück, zurückgelassen*⟩ *tr* **1.** laisser en arrière; *(liegenlassen)* laisser (là *od* traîner); *(aufgeben, im Stich lassen)* abandonner, délaisser; **2.** *sport (überholen)* distancer, dépasser; — *e-e Nachricht ~ (ehe man weggeht)* laisser un mot.
zurück=legen [tsu'rʏk-] *tr* **1.** *(aufheben)* mettre à part, mettre de côté; *(bes. Geld)* mettre en réserve *od* de côté; **2.** *(e-e Strecke)* parcourir, couvrir, faire.
zurück=liegen [tsu'rʏk-] ⟨*lag zurück, zurückgelegen*⟩ *itr* s'être passé (*zehn Jahre* il y a dix ans).
Zurücknahme *f* ⟨-, -n⟩ [tsu'rʏkna:mə] **1.** *(e-r Ware, e-s Geschenkes)* reprise *f;* **2.** *(e-r Bestellung)* annulation *f,* contrordre *m; (s-s Wortes, e-r Beleidigung)* rétractation *f; (e-s Versprechens)* dédit *m; (e-r Behauptung)* révocation *f; (e-s Antrags, jur: e-r Klage, parl: e-s Gesetzentwurfs)* retrait *m.*
zurück=nehmen [tsu'rʏk-] ⟨*nimmt, nahm zurück, zurückgenommen*⟩ *tr* **1.** *(Ware, Geschenk)* reprendre; **2.** *(Bestellung)* annuler; *(sein Wort, Antrag, jur: Klage, parl: Gesetzentwurf)* retirer; *(sein Wort, Beleidigung)* rétracter; *(Versprechen)* se dédire de; *(Erlaß)* révoquer; **3.** *mil (Front)* retirer; — *sein Wort ~ (a.)* revenir sur sa parole, se dédire, se rétracter.
zurück=prallen [tsu'rʏk-] *itr* ⟨*sein*⟩ **1.** rebondir, rejaillir (*von* sur); être renvoyé; **2.** *fig (Mensch)* reculer (*vor Schreck* d'effroi).
zurück=reisen [tsu'rʏk-] *itr* ⟨*sein*⟩ retourner, rentrer.
zurück=rufen [tsu'rʏk-] ⟨*rief zurück, zurückgerufen*⟩ *tr* rappeler; *jdm etw ins Gedächtnis ~* rappeler qc à qn; *sich etw ins Gedächtnis ~* se rappeler *od* se remémorer qc; *ins Leben ~* rappeler *od* ramener à la vie.

zurück=schalten [tsu'rʏk-] *itr mot* diminuer la vitesse; *auf den 1. Gang ~* repasser en première.
zurück=scheuen [tsu'rʏk-] ⟨*sein*⟩ *itr* reculer (*vor* devant); avoir peur (*vor* de).
zurück=schicken [tsu'rʏk-] *tr* renvoyer (*etw an jdn* qc à qn).
zurück=schieben [tsu'rʏk-] ⟨*schob zurück, zurückgeschoben*⟩ *tr* repousser.
zurück=schlagen [tsu'rʏk-] ⟨*schlägt, schlug zurück, zurückgeschlagen*⟩ *tr* **1.** *(Ball)* renvoyer; **2.** *(den Feind)* repousser, faire reculer; *(Angriff)* repousser; *itr* **3.** *(den Schlag erwidern)* rendre le coup, riposter.
zurück=schnellen [tsu'rʏk-] *itr* ⟨*sein*⟩ rebondir; *(Feder)* se débander.
zurück=schrauben [tsu'rʏk-] *tr fig (herabsetzen, verringern)* réduire, rabattre.
zurück=schrecken [tsu'rʏk-] ⟨*schreckt* od *schrickt, schreckte* od *schrak zurück, zurückgeschreckt* od *-geschrokken*⟩ *itr* ⟨*sein*⟩ reculer (*vor* devant); *vor nichts ~* ne reculer devant rien.
zurück=sehnen [tsu'rʏk-] *: sich nach etw ~* regretter qc.
zurück=senden [tsu'rʏk-] ⟨*sendet, sandte* od *sendete zurück, zurückgesandt* od *-gesendet*⟩ *tr* renvoyer, réexpédier; *com* retourner (à l'expéditeur).
zurück=setzen [tsu'rʏk-] *tr* **1.** mettre en arrière, reculer; **2.** *fig (benachteiligen)* désavantager, défavoriser; *sich zurückgesetzt fühlen* se sentir défavorisé.
zurück=springen [tsu'rʏk-] ⟨*sprang zurück, zurückgesprungen*⟩ *itr* ⟨*sein*⟩ faire un bond *od* un saut en arrière.
zurück=stehen [tsu'rʏk-] ⟨*stand zurück, zurückgestanden*⟩ *itr (nicht gleichwertig sein)* être inférieur (*hinter* à); *hinter jdm ~* le céder *od* céder le pas à qn.
zurück=stellen [tsu'rʏk-] *tr* **1.** *(wieder an s-n Platz)* remettre en place; *(für späteren Gebrauch)* mettre en réserve; **2.** *com (aufheben)* mettre de côté; **3.** *(Uhr)* retarder (*um* de); **4.** *mil* ajourner, mettre en sursis.
zurück=stoßen [tsu'rʏk-] ⟨*stößt, stieß zurück, zurückgestoßen*⟩ *tr, a. fig* repousser, rebuter.
zurück=treiben [tsu'rʏk-] ⟨*trieb zurück, zurückgetrieben*⟩ *tr* repousser, refouler, faire reculer; *(Vieh)* ramener.
zurück=treten [tsu'rʏk-] ⟨*tritt, trat zurück, zurückgetreten*⟩ *itr* ⟨*sein*⟩ **1.** faire un *od* quelques pas en arrière, reculer; *vor jdm* s'effacer devant qn, céder le pas *od* la place à qn; *(Fluß in sein Bett)* rentrer dans son lit; **2.** *fig (verzichten)* renoncer (*von* à); *jur* se désister (*von* de); **3.** *(vom Amt)* prendre sa retraite, donner sa démission, se démettre (de ses fonctions); abdiquer (*von etw* qc), démissionner (*von etw* de qc); **4.** *(von e-m Vertrag)* résilier (un contrat); *(von e-m Kauf)* annuler (un achat); — *e-n Schritt ~* faire un pas en arrière; *die Regierung ist zurückgetreten* le cabinet a démissionné; *~, bitte! (bes. loc)* reculez, S.V.P.
zurück=versetzen [tsu'rʏk-] *tr* **1.** remettre *(in den früheren Zustand* à l'état antérieur); **2.** *(Schüler)* renvoyer dans une classe inférieure; *refl* **3.** *sich ~ (im Geiste)* se reporter (*in* à).
zurück=weichen [tsu'rʏk-] ⟨*wich zurück, zurückgewichen*⟩ *itr* ⟨*sein*⟩ reculer, se retirer, céder; *mil* plier (*vor* devant); se replier, battre en retraite.
zurück=weisen [tsu'rʏk-] ⟨*wies zurück, zurückgewiesen*⟩ *tr (Geschenk)* refuser; *(Bitte, Vorschlag, Beschwerde)* rejeter, repousser; *(Menschen)* renvoyer; *jur (Zeugen)* récuser.
zurück=werfen [tsu'rʏk-] ⟨*wirft, warf zurück, zurückgeworfen*⟩ *tr* **1.** rejeter, renvoyer; *mil (den Feind)* rejeter, repousser, refouler; **2.** *phys (Strahlen)* refléter, réfléchir, réverbérer; *(Schall)* répercuter, renvoyer.
zurück=wirken [tsu'rʏk-] *itr* réagir, se répercuter (*auf* sur).
zurück=zahlen [tsu'rʏk-] *tr* rembourser (*etw* qc; *jdm etw* qn de qc).
zurück=ziehen [tsu'rʏk-] ⟨*zog zurück, zurückgezogen*⟩ **1.** *itr* retirer *(Zusage)* rétracter, reprendre, se dédire de; *(Antrag)* reprendre; *jur (Forderung)* se désister de; *(Klage, Beschwerde)* retirer; *com (Auftrag)* annuler; **2.** *refl: sich ~* se retirer (*von* de); *(in den Ruhestand)* prendre sa retraite; *pol* passer la main; *mil* se replier, battre en retraite, plier bagage; *sich in sich (selbst) ~* se renfermer en soi-même, rentrer dans sa coquille; *sich aus dem Geschäft(sleben), aufs Land ~* se retirer des affaires, à la campagne; *sich von der Politik ~* s'effacer de la vie politique.
Zuruf *m* ['tsu:-] **1.** appel, cri *m;* **2.** *(Beifall)* acclamation *f,* applaudissement *m;* **zu=rufen** ⟨*rief zu, zugerufen*⟩ *tr* crier (*jdm etw* qc à qn).
Zusage *f* ⟨-, -n⟩ ['tsu:-] **1.** *(Zustimmung)* consentement, assentiment *m; (auf e-e Einladung)* acceptation *f;* **2.** *(Versprechen)* promesse, parole *f;* **zu=sagen** *tr* **1.** *(versprechen)* promettre; *jdm sofortige Hilfe ~* promettre à qn une aide immédiate; *itr* **2.** *(sein Einverständnis erklären)* donner sa parole *od* son assentiment, consentir; *(die Einladung annehmen)* accepter l'invitation; *(sich festlegen, sich verpflichten)* s'engager (*etw zu tun* à faire qc); **3.** *(gefallen)* plaire (*jdm* à qn), être du goût (*jdm* de qn); *(passen, recht sein)* convenir (*jdm* à qn); — *jdm etw auf den Kopf ~* dire qc à qn selon sa mine; *diese Wohnung*

sagt mir nicht zu cet appartement ne me dit rien.

zusammen [tsu'tsamən] *adv* ensemble; *(gemeinsam)* conjointement, en commun (*mit* avec); de compagnie, de concert; *(im ganzen)* en tout, au total, en bloc; *alles ~ (die ganze Zeche) bezahlen* payer le tout; *alle ~* tous ensemble.

Zusammen|arbeit *f* [-'za-] collaboration, coopération *f;* **z~=arbeiten** *itr* travailler ensemble; collaborer, coopérer.

zusammen=ballen, *sich* [-'za-] s'entasser, s'amonceler, se conglomérer, s'agglomérer; *fig* se concentrer.

zusammen=binden [-'za-] ‹*bindet, band zs., zs.gebunden*› *tr* lier; *(zu e-m Strauß, e-r Garbe, e-m Bündel)* faire un bouquet, une gerbe, un faisceau (*etw* de qc).

zusammen=brechen [-'za-] ‹*bricht, brach zs., zs.gebrochen*› *itr* ‹*sein*› *(einstürzen) a. fig* (s'é)crouler, s'effondrer, s'affaisser; *(Gebäude)* tomber en ruine; *seelisch ~* faire une dépression; *vor Erschöpfung ~* tomber d'épuisement.

zusammen=bringen [-'za-] ‹*brachte zs., zs.gebracht*› *tr* réunir, rassembler; (r)amasser; *(Geld)* mobiliser, trouver; *(Menschen)* aboucher.

Zusammenbruch *m* [-'za-] **1.** *a. fig* écroulement, effondrement, affaissement *m; fig a.* ruine, débâcle; *com* faillite, banqueroute *f;* **2.** *med* syncope *f.*

zusammen=drängen [-'za-] **1.** *tr* serrer, presser, comprimer; *(zs.pferchen)* entasser; **2.** *refl: sich ~* se serrer (les uns contre les autres), se presser, s'entasser.

zusammen=drücken [-'za-] *tr* comprimer, presser, serrer.

zusammen=fahren [-'za-] ‹*fährt, fuhr zs., zs.gefahren*› *itr* ‹*sein*› *fig (auffahren)* tressaillir, sursauter (*vor Schreck* de frayeur).

zusammen=fallen [-'za-] ‹*fällt, fiel zs., zs.gefallen*› *itr* ‹*sein*› **1.** *(einstürzen), a. fig* (s'é)crouler, s'effondrer, s'affaisser; *(Teig, Omelette)* (re)tomber; **2.** *(sich räuml. decken)* converger; **3.** *(zeitl.)* coïncider (*mit* avec).

zusammen=falten [-'za-] *tr* (re)plier.

zusammen=fass|en [-'za-] *tr* **1.** réunir; *a. mil* concentrer; *(bes. loc: zu e-r Sendung)* grouper; **2.** *fig (Gedanken etc)* rassembler, concentrer; *(Text)* résumer, récapituler; *kurz ~ (Text)* abréger; **~end I.** *a* sommaire, en résumé; **II.** *adv* au total, en résumé, pour résumer; **Z~ung** *f* **1.** réunion; *a. mil* u. *fig* concentration *f;* groupement; *(Sammlung)* rassemblement *m;* **2.** *(zs.gefaßter Text)* résumé, abrégé, sommaire *m,* récapitulation *f.*

zusammen|=fließen [-'za-] ‹*floß zs., zs.geflossen*› *itr* ‹*sein*› *(Flüsse)* confluer, se réunir; **Z~fluß** *m geog* confluent *m.*

zusammen=fügen [-'za-] *tr* joindre, réunir; *(verbinden)* lier; *(zwei gleiche Dinge)* jumeler; *tech* assembler, monter.

zusammen=führen [-'za-] *tr* réunir, rassembler, rapprocher.

zusammen=gehör|en [-'za-] *itr (Sachen)* aller ensemble *od* de pair; *(paarige Gegenstände)* faire la paire; *(Kunstgegenstände)* faire pendant; *(zwei Menschen)* être faits l'un pour l'autre; **Z~igkeit** *f* ‹-, ø› affinité; homogénéité; cohésion *f;* **Z~igkeit(sgefühl** *n***)** *f* solidarité *f.*

zusammengesetzt [-'za-] *a* composé (*aus* de); *(gemischt)* mixte.

zusammengewürfelt [-'za-] *a (verschiedenartig)* hétérogène, hétéroclite; *bunt ~* fait de pièces et de morceaux, bigarré; *(Gesellschaft)* mélangé.

Zusammen|halt *m* ‹-(e)s, ø› [-'za-] **1.** *(Festigkeit e-s Körpers)* consistance; *phys, a. fig* cohésion *f;* **2.** *fig* solidarité *f,* accord *m;* **z~=halten** ‹*hält, hielt zs., zs.gehalten*› *tr* **1.** maintenir (ensemble); **2.** *(Geld)* ménager, économiser; **3.** *(vergleichend nebenea.halten)* rapprocher, mettre en regard; confronter, comparer; *itr* **4.** tenir ensemble, être cohérent; **5.** *fig (Menschen)* être solidaires *od* d'accord; *(ea. helfen)* s'entraider.

Zusammenhang *m* [-'za-] ‹-(e)s, ⸚e› *(innerer)* cohésion; continuité *f; (Verkettung, Verbindung)* enchaînement *m,* liaison, connexion, connexité *f; (Beziehung)* rapport *m,* relation, corrélation (*mit* avec); *(Ordnung, System)* ordre, système; *(innerhalb e-s Textes)* contexte *m; im ~ (im ganzen)* dans l'ensemble; *im ~ mit* en rapport *od* liaison avec; *in diesem ~* dans cet ordre d'idées, dans ce contexte, à ce propos; *in ~ bringen* établir un rapport entre; *aus dem ~ (e-s Textes) reißen* séparer *od* isoler du contexte; *in ~ stehen mit* être en rapport *od* en connexion avec.

zusammen=hängen [-'za-] *itr* **1.** être lié *od* rattaché (*mit* à); **2.** *(in Beziehung stehen)* être en rapport (*mit* avec); **~d** *a* **1.** *(innerlich)* cohérent; *(lückenlos)* continu; **2.** *(verbunden, verknüpft)* lié, connexe; *(Rede)* suivi.

zusammenhang(s)los [-'za-] *a* incohérent, discontinu, décousu, sans suite.

Zusammenklang *m* [-'za-] *mus* consonance *f; mus* u. *fig* accord *m,* harmonie *f.*

zusammen|klappbar [-'za-] *a* (re)pliable, pliant; *~er Sitz, Tisch m* siège *m,* table *f* pliant(e); *~es Verdeck n (mot)* capote *f* pliante *od* rabattable; **~=klappen** *tr* (re)plier; *(Messer, Buch)* (re)fermer.

zusammen=kleben [-'za-] **1.** *tr* coller

ensemble; agglutiner; **2.** *itr* coller ensemble, s'agglutiner.

zusammen=kommen [-ˈza-] ⟨*kam zs., zs.gekommen*⟩ *itr* ⟨*sein*⟩ *(sich treffen)* se rencontrer, se voir; *(sich versammeln)* s'assembler, se réunir; *mit jdm* ~ rencontrer, voir qn; *impers: alles kommt zusammen, um* ... tout se réunit pour ...

Zusammenkunft *f* ⟨-, ¨-e⟩ [-ˈzamənkunft] **1.** entrevue *f; (Verabredung)* rendez-vous *m;* **2.** *(Versammlung)* assemblée, réunion; *(Besprechung)* conférence *f.*

zusammen=läppern, *sich* [-ˈza-] *(fam: sich langsam ansammeln)* s'amasser petit à petit.

zusammen=laufen [-ˈza-] ⟨*läuft, lief zs., zs.gelaufen*⟩ *itr* ⟨*sein*⟩ **1.** *(Menschen)* s'attrouper, se rassembler, s'ameuter; **2.** *(Linien, Straßen etc)* se joindre, se rencontrer; *math* concourir, converger; **3.** *(Farben)* se (con)fondre, s'estomper; — *alle Fäden laufen in s-r Hand zs.* il tient toutes les ficelles.

zusammen|legbar [-ˈza-] *a* pliable, pliant; **~=legen** *tr* **1.** mettre ensemble; **2.** *(zs.falten)* (re)plier; **3.** *(vereinigen)* réunir, joindre, assembler; *com* fusionner; *(zentralisieren)* centraliser, concentrer; *itr* **4.** *(e-e Geldsumme zs. aufbringen)* se cotiser.

zusammen=nähen [-ˈza-] *tr* coudre ensemble, recoudre.

zusammen=nehmen [-ˈza-] ⟨*nimmt, nahm zs., zs.genommen*⟩ **1.** *tr* rassembler, réunir; **2.** *refl: sich* ~ faire un effort sur soi-même, se concentrer; *(sich beherrschen)* se contenir, se ressaisir, se maîtriser; — *alles zs.genommen* à tout prendre, en somme; *s-e Kräfte, Gedanken* ~ recueillir ses forces, ses idées.

zusammen=passen [-ˈza-] *itr* s'adapter l'un à l'autre, s'accorder (ensemble); *(gut ~)* s'harmoniser, aller (bien) ensemble; *(Menschen)* se convenir, être en harmonie; *nicht (recht)* ~ aller mal ensemble, manquer d'harmonie.

zusammen=pferchen [-ˈza-] *tr fig (Menschen)* entasser, parquer.

Zusammen|prall *m* [-ˈza-] **1.** *a. fig* choc, heurt *m; (zweier Fahrzeuge)* collision *f,* télescopage, tamponnement *m;* **2.** *fig* violent conflit *m;* **z~=prallen** *itr* ⟨*sein*⟩ *a. fig* s'entrechoquer, se heurter; *(Fahrzeuge)* entrer en collision, (se) tamponner.

zusammen=raffen [-ˈza-] **1.** *tr* ramasser (rapidement); *fam* rafler; **2.** *refl: sich* ~ *= sich zusammennehmen.*

zusammen=rechnen [-ˈza-] *tr* additionner, faire la somme *od* le total de, totaliser; *alles zs.gerechnet* au total; *fig* à tout prendre, tout compte fait.

zusammen=reimen, *sich* [-ˈza-] s'accorder; *sich etw* ~ *(erklären)* s'expliquer qc.

zusammen=reißen, *sich* [-ˈza-] ⟨*riß zs., zs.gerissen*⟩ *(fam) = sich zusammennehmen.*

zusammen=rollen [-ˈza-] *tr* enrouler.

zusammen=rotten, *sich* [-ˈza-] s'attrouper, s'ameuter.

zusammen=rücken [-ˈza-] *itr* ⟨*sein*⟩ *(Menschen auf e-r Bank)* se rapprocher, se serrer.

zusammen=rufen [-ˈza-] ⟨*rief zs., zs.gerufen*⟩ *tr* convoquer.

zusammen=schießen [-ˈza-] ⟨*schoß zs., zs.geschossen*⟩ *tr* abattre d'un coup de feu *od* à coups de feu.

zusammen=schlagen [-ˈza-] ⟨*schlägt, schlug zs., zs.geschlagen*⟩ **1.** *tr* ⟨*h*⟩ *(Gegenstand)* démolir, casser; *(Menschen)* abattre; **2.** *itr* ⟨*sein*⟩ *(zs.stoßen)* se heurter; — *über jdm* ~ *(Wellen)* se refermer sur qn, ensevelir qn; *die Hände über dem Kopf* ~ lever les bras au ciel.

zusammen=schließen, *sich* [-ˈza-] ⟨*schloß zs., zs.geschlossen*⟩ s'unir, se réunir; *com* s'associer; fusionner; **Z~schluß** *m* (ré)union; fédération; *com* association, fusion, concentration, intégration; *pol (von Staaten)* (ré)union *f.*

zusammen=schrauben [-ˈza-] *tr* visser.

zusammen=schreiben [-ˈza-] ⟨*schrieb zs., zs.geschrieben*⟩ *tr* **1.** *(in einem Wort)* écrire en un mot; **2.** *pej (aus anderen Büchern)* compiler.

zusammen=schrumpfen [-ˈza-] *itr* ⟨*sein*⟩ se ratatiner, (se) rétrécir, se contracter, (se) raccourcir; *fig (abnehmen, dahinschwinden)* diminuer, se réduire.

zusammen=schweißen [-ˈza-] *tr* joindre par soudage; *a. fig (Menschen)* souder.

Zusammensein *n* ⟨-s, ø⟩ [-ˈza-] réunion, entrevue *f.*

zusammen=setz|en [-ˈza-] *tr* **1.** *(nebenea.setzen)* mettre ensemble; *(Menschen)* placer ensemble; **2.** *(zu e-m Ganzen machen)* composer; *tech (zs.fügen)* joindre, abouter, assembler; *(aufstellen, montieren)* assembler, monter; *chem math* combiner; *refl: sich* ~ **3.** s'asseoir ensemble *od* à la même table; **4.** *(zs.gesetzt sein, bestehen)* se composer, être composé (*aus* de); — *zs.gesetztes Wort n (gram)* mot *m* composé; **Z~ung** *f (Aufbau)* composition, constitution, structure *f.*

Zusammenspiel *n* [-ˈza-] *theat* ensemble; *sport* jeu d'équipe; *fig* jeu *m.*

zusammen=stauchen [-ˈza-] *tr fam (ausschimpfen)* passer un savon (*jdm* à qn).

zusammen=stecken [-ˈza-] *tr* mettre ensemble, joindre; *(Stoff mit Nadeln)* assembler avec des épingles.

zusammen=stell|en [-'za-] *tr* **1.** mettre ensemble, réunir; *(in bestimmter Ordnung)* assembler, agencer, assortir, composer, combiner, arranger; **2.** *tech (montieren)* assembler, monter; *loc (Zug)* former; *mil (Truppen)* rassembler; *(Zeitung)* bâtir; *(Programm, Menu)* établir; *(in e-r Liste)* faire une liste de; **3.** *(gruppieren, klassifizieren)* grouper, class(ifi)er; **4.** *(vergleichend)* rapprocher, comparer; **Z~ung** *f* **1.** réunion *f;* assemblage, agencement, assortissement *m,* composition; combinaison *f,* arrangement *m;* **2.** *tech* montage *m; loc* formation *f; mil* rassemblement; établissement *m; (Liste)* liste *f;* **3.** table *f,* tableau; *(Gruppierung)* groupement, classement *m,* classification *f;* **4.** *(Vergleich)* rapprochement *m,* comparaison *f.*

Zusammen|stoß *m* [-'za-] **1.** *a. fig* choc, heurt *m; (von Fahrzeugen; a. fig)* collision *f; loc* tamponnement; *mot* accrochage; *mar aero* abordage *m; mil* rencontre *f,* choc, accrochage *m;* **2.** *fig a.* conflit *m;* **z~=stoßen** ‹*stößt, stieß zs., zs.gestoßen*› *itr* ‹*sein*› *a. fig* s'entrechoquer, se heurter, se rencontrer; *(Fahrzeuge)* s'emboutir; entrer en collision (*mit etw* avec qc); *loc* tamponner, télescoper (*mit etw* qc); se tamponner, se télescoper; *mot (beim Überholen)* accrocher (*mit etw* qc); *mar* aborder (*mit etw* qc); *mil* se rencontrer; entrer en collision (*mit* avec).

zusammen=streichen [-'za-] ‹*strich zs., zs.gestrichen*› *tr (Zeitungsartikel)* sabrer; *(Buch)* faire des coupures à, châtrer; *(Budget)* faire une coupe sombre.

zusammen=tragen [-'za-] ‹*trägt, trug zs., zs.getragen*› *tr* réunir; *fig (sammeln)* recueillir, rassembler, collectionner.

zusammen=treffen [-'za-] ‹*trifft, traf zs., zs.getroffen*› *itr* ‹*sein*› *(sich begegnen)* se rencontrer; *mit jdm* ~ rencontrer qn; **Z~** *n* **1.** *(Begegnung)* rencontre *f;* **2.** *(von Umständen)* concours *m; (Gleichzeitigkeit)* coïncidence *f.*

zusammen|=treten [-'za-] ‹*tritt, trat zs., zs.getreten*› *itr* ‹*sein*› se réunir, s'assembler; **Z~tritt** *m* réunion *f.*

zusammen=trommeln [-'za-] *tr fig fam (Menschen zs.bringen)* ramasser.

zusammen=tun, *sich* [-'za-] ‹*tut, tat zs., zs.getan*› se mettre ensemble, se réunir, s'associer; *com* fusionner.

zusammen=wirken [-'za] *itr (verschiedene Kräfte, Ursachen)* agir ensemble; coopérer; concourir (à un objectif commun); **Z~** *n* action *f* combinée.

zusammen=zählen [-'za] *tr* = *zs.rechnen.*

zusammen=ziehen [-'za] ‹*zog zs., zs.gezogen*› *tr* **1.** *(verkürzend)* rétrécir, raccourcir; *(verengend)* (res)serrer; *physiol* contracter; **2.** *(Truppen)* concentrer, rassembler; **3.** *fig (kürzen)* raccourcir, abréger, réduire; *itr* ‹*sein*› **4.** aller habiter ensemble; *wir sind zs.gezogen* nous faisons ménage commun; *refl* **5.** *sich* ~ (se) rétrécir, se raccourcir; se resserrer; se contracter.

zusammen=zucken [-'za] ‹*sein*› *itr* tressaillir (*vor* de).

Zusatz *m* ['tsu:-] *(Hinzufügung)* addition, adjonction; *(Anmerkung)* note *f* (additionnelle); *(Nachtrag)* supplément, additif; *(zu e-m Brief)* post-scriptum; *(zu e-m Buch)* addenda *m; jur* annexe *f; (zu e-m Testament)* codicille; *(zu e-m Gesetz)* amendement *m;* **~gerät** *n* appareil *m* complémentaire.

zusätzlich ['tsu:-] **I.** *a* additionnel, supplémentaire, complémentaire; *(Leistung, Zahlung)* surérogatoire; **II.** *adv (außerdem)* en outre, de plus, en sus.

zuschanden [tsu'ʃandən] *adv:* ~ *machen (Hoffnung enttäuschen)* décevoir, tromper; anéantir, briser, ruiner; *(Plan: vereiteln)* déjouer, renverser, détruire; ~ *werden (Hoffnung)* être déçu *od* trompé.

zu=schanzen ['tsu:-] *tr fig fam: jdm etw* ~ faire avoir, procurer qc à qn.

zu=schau|en ['tsu:-] *itr* regarder (*jdm, e-r S* qn, qc); **Z~er(in** *f***)** *m* spectateur *m,* spectatrice *f; TV* (télé)spectateur *m,* (télé)spectatrice *f; die* ~ *pl* les spectateurs *m pl,* le public, la galerie; **Z~erraum** *m theat* salle (de spectacle); *(des Kinos)* salle *f* de cinéma; **Z~ertribüne** *f* tribune *f* du public.

zu=schicken ['tsu:-] *tr* = *zusenden.*

zu=schieben ['tsu:-] ‹*schob zu, zugeschoben*› *tr (Schublade)* fermer; *jdm etw* ~ pousser qc vers qn; *fig* se décharger de qc sur qn; *jdm die Schuld an e-r S* ~ attribuer *od* imputer à qn la faute de qc, rejeter la faute de qc sur qn.

zu=schießen ['tsu:-] ‹*schoß zu, zugeschossen*› *tr fig: Geld* ~ fournir un supplément d'argent; *itr (e-n Zuschuß geben)* y contribuer, y mettre du sien; — *auf jdn* ~ ‹*sein*› se précipiter vers qn.

Zuschlag *m* ['tsu:-] **1.** *(bei e-r Ausschreibung, Auktion)* (prononcé *m* d')adjudication *f;* **2.** augmentation *f;* **3.** *(zu e-r Gebühr)* surtaxe *f; loc* supplément *m;* — *den* ~ *erteilen (Auktion)* adjuger, donner le dernier coup de marteau; **zu=schlagen** ‹*schlägt, schlug zu, zugeschlagen*› *tr* **1.** *(Deckel)* rabattre; *(Tür)* (faire) claquer; *(Buch)* (re)fermer brusquement; **2.** *(bei e-r Ausschreibung, Auktion)* adjuger (*jdm etw* qc à qn); *itr* ‹*sein*› **3.** *(Tür)* se fermer brusquement, claquer; — *kräftig* od *tüchtig* ~ frapper *od* cogner dur, ne pas y aller de main morte; **z~frei** *a* exempt de surtaxe; *loc* sans supplément; **z~pflichtig** *a loc* avec supplément; soumis à une surtaxe.

zu=schließen ['tsu:-] ‹*schloß zu, zugeschlossen*› *tr* fermer à clé.

zu=schneiden ['tsu:-] ‹*schneidet, schnitt zu, zugeschnitten*› *tr (Stoff)* découper; *(Kleidungsstück)* couper, tailler; *(Holz)* débiter; *das ist auf ihn zugeschnitten* voilà qui lui convient parfaitement *od* qui est taillé à sa mesure.

Zuschnitt *m* ['tsu:-] coupe, taille, façon; *fig (Gestaltung)* tournure *f*.

zu=schnüren ['tsu:-] *tr* serrer, ficeler; *(Schuhe)* lacer.

zu=schrauben ['tsu:-] *tr* visser, fermer à vis.

zu=schreiben ['tsu:-] ‹*schrieb zu, zugeschrieben*› *tr fig* attribuer qc à qn; *pej jdm etw ~* imputer, prêter qc à qn; mettre qc sur le compte de qn; *das hast du dir selbst zuzuschreiben* tu ne peux t'en prendre qu'à toi-même, c'est ta (propre) faute.

Zuschrift *f* ['tsu:-] communication, lettre *f*.

zuschulden [tsu'ʃʊldən] *adv: sich etw ~ kommen lassen* se rendre coupable de qc; faire *od* commettre une faute.

Zuschuß *m* ['tsu:-] *(Beitrag)* contribution *f; (zusätzliche Zahlung)* (versement) supplément(aire) *m; (Beihilfe)* aide; *(Sozialleistung)* allocation; *(staatliche Wirtschaftshilfe)* subvention *f*.

zu=schütten ['tsu:-] *tr (auffüllen)* combler, remplir, remblayer.

zu=sehen ['tsu:-] ‹*sieht, sah zu, zugesehen*› *itr* **1.** *(aufmerksam)* faire attention, veiller; **2.** *(sich bemühen)* faire en sorte (*daß ...* que *subj*); avoir soin de *inf;* **3.** *(nicht einschreiten)* (regarder et) ne rien faire; — *jdm ~* regarder qn; *e-r S ~* assister à qc, être spectateur *od* témoin de qc; *bei genauerem Z~* en y regardant de plus près; **~ds** *adv* à vue d'œil, visiblement.

zu=senden ['tsu:-] ‹*sendet, sendete* od *sandte zu, zugesendet* od *zugesandt*› *tr* envoyer, faire parvenir.

zu=setzen ['tsu:-] *tr* **1.** *(hinzufügen)* ajouter; **2.** *(Geld bei e-m Geschäft)* perdre, sacrifier; — *itr: jdm mit etw ~* importuner, incommoder qn de qc.

zu=sichern ['tsu:-] *tr* assurer, garantir; *(Belohnung)* promettre.

zu=sperren ['tsu:-] *tr* fermer (à clé), verrouiller.

zu=spielen ['tsu:-] *tr sport (den Ball)* passer.

zu=spitzen ['tsu:-] **1.** *tr* tailler en pointe, aiguiser, effiler; **2.** *refl: sich ~ (Lage: ernst werden)* empirer, s'aggraver, s'envenimer.

zu=sprechen ['tsu:-] ‹*spricht, sprach zu, zugesprochen*› *tr* **1.** *(jur* od *bei e-r Auktion)* adjuger, attribuer (*jdm etw* qc à qn); *e-n Preis ~* décerner un prix; *itr* **2.** *(gut zureden)* exhorter, encourager (*jdm* qn); **3.** *fig (e-r Speise, e-m Getränk)* faire honneur à.

Zuspruch *m* ‹-(e)s, ø› ['tsu:-] **1.** *(Aufmunterung)* exhortation *f*, encouragement *m; (Trost)* consolation; *(geistlicher)* assistance *f;* **2.** *(Beifall)* approbation *f*, applaudissements *m pl; (Anklang, Erfolg)* succès *m; (Andrang)* affluence *f*.

Zustand ['tsu:-] *m* **1.** état *m; (Beschaffenheit)* condition; *(Lage)* situation, position; *(Entwicklungsstufe)* phase *f;* **2.** *pl (Verhältnisse)* circonstances *f pl;* — *in betriebsfähigem ~* en ordre de marche *od* de fonctionnement; *in gutem, schlechtem ~* en bon, mauvais état; *etw in gutem ~ halten* tenir qc en état.

zustande [tsu'ʃtandə] *adv: ~ bringen* venir à bout de, faire aboutir, mettre sur pied, réaliser, exécuter; *~ kommen* se faire, s'organiser, se réaliser, naître; **Z~kommen** *n* réalisation *f*.

zuständig ['tsu:-] *a* compétent; *(befugt)* qualifié, autorisé; *nicht ~ (a.)* incompétent; *~ sein (jur a.)* avoir compétence; *dafür bin ich ~* c'est de mon ressort, cela ressort *od* relève de moi *od* de ma compétence; **Z~keit** *f* ‹-, ø› compétence *f*, ressort *m*.

zustatten [tsu'ʃtatən] *adv: jdm ~ kommen* venir à propos *od* à point pour qn, servir qn, profiter à qn.

zu=stecken ['tsu:-] *tr: jdm etw ~ (fig)* glisser qc à qn, donner qc à qn en cachette *od* discrètement.

zu=stehen ['tsu:-] ‹*stand zu, zugestanden*› *itr (gebühren)* revenir, appartenir (*jdm* à qn); *das steht mir nicht zu* je n'y ai pas droit.

zu=steigen ['tsu:-] ‹*stieg zu, zugestiegen*› *itr* ‹*sein*› monter en cours de route; *noch jem zugestiegen?* quelqu'un est-il monté en cours de route?

Zustell|bezirk *m* ['tsu:-] *(Post)* rayon *m* de distribution; **zu=stellen** *tr* **1.** *(versperren)* barrer, obstruer; *(Fenster, Tür a.)* condamner; **2.** *(übermitteln)* remettre, délivrer (*jdm etw* qc à qn); *(Post)* distribuer; *adm* notifier; *jur* signifier; **~gebühr** *f* factage *m*, taxe *f* de livraison; **~postamt** *n* bureau *m* (de poste) distributeur *od* destinataire; **~ung** *f* remise (à domicile), délivrance, livraison; *(durch die Post)* remise, distribution *f*, factage *m; adm* notification; *jur* signification *f*.

zu=stimm|en ['tsu:-] *itr* consentir, donner son consentement *od* son assentiment *od* son accord; acquiescer (*e-r S* à qc); **~end I.** *a* approbateur, approbatif; **II.** *adv* en signe d'approbation; **Z~ung** *f* consentement, assentiment, accord *m*, approbation *f; agrément m; mit Ihrer ~* avec votre assentiment; *s-e ~ erteilen* donner son autorisation.

zu=stoßen ['tsu:-] ⟨*stößt, stieß zu, zugestoßen*⟩ **1.** *tr (Tür)* fermer en poussant; **2.** *itr* ⟨*sein*⟩ frapper; *fig (Unglück: geschehen)* arriver, survenir; *mir ist ein Unglück zugestoßen* il m'est arrivé un malheur.

Zustrom *m* ⟨-(e)s, ø⟩ ['tsu:-] *(von Menschen)* affluence *f*, afflux *m*.

zu=stürzen ['tsu:-] *itr* ⟨*aux: sein*⟩: *auf jdn ~* se précipiter vers qn, foncer sur qn.

zutage [tsu'ta:gə] *adv: ~ fördern (mines)* extraire; *fig* mettre au jour; *~ kommen, ~ treten* paraître (au grand jour), se faire jour *(offen) ~ liegen* être à jour, être évident *od* manifeste.

Zutaten *f* ['tsu:-] *pl (Speise)* ingrédients *m pl; (Schneiderei)* fourniture *f*.

zuteil [tsu'taıl] *adv: jdm ~ werden* échoir (en partage) *od* revenir à qn; *jdm etw ~ werden lassen* (faire) donner, faire obtenir qc à qn.

zu=teil|en ['tsu:-] *tr* **1.** *(zuweisen)* attribuer; *bes. adm* assigner, impartir; **2.** *(rationieren)* rationner, contingenter; **Z~ung** *f* **1.** attribution; assignation; *(Geldzuteilung)* allocation; adjudication *f*; **2.** *(Ration)* ration *f*.

zutiefst [tsu'ti:fst] *adv* au plus profond, profondément.

zu=tragen ['tsu:-] ⟨*trägt, trug zu, zugetragen*⟩ **1.** *tr (heimlich mitteilen)* rapporter; **2.** *refl: sich ~ (sich ereignen)* arriver, se passer, se produire.

Zuträg|er *m* ['tsu:-] rapporteur; *(Denunziant)* délateur *m*; **z~lich** *a (gesund, heilsam)* salutaire, salubre; *(Speise: bekömmlich)* digest(ibl)e.

zu=trau|en ['tsu:-] *tr: jdm etw ~* croire qn capable de qc; *jdm ~, daß er etw tut* croire qn capable de faire qc; *sich nicht viel ~* se méfier de ses forces; *sich zuviel ~* présumer de ses forces; *das traue ich mir nicht zu* je n'ai pas le courage d'entreprendre cela; **Z~en** *n* confiance *f* (*zu* en); *~ zu jdm haben* avoir confiance en qn; **~lich** *a* confiant; familier.

zu=treffen ['tsu:-] ⟨*trifft, traf zu, zugetroffen*⟩ *itr (stimmen, richtig sein)* être exact *od* juste; *(gelten)* être valable (*für* pour); **~d** *a (richtig)* exact, juste; pertinent.

Zutritt *m* ⟨-(e)s, ø⟩ ['tsu:-] *(Zugang)* accès *m* (*zu etw* à qc, *zu jdm* auprès de qn); *(Eintritt)* entrée *f; sich ~ verschaffen* s'introduire; *jdm den ~ verwehren* refuser sa porte à qn; *Jugendliche unter 16 Jahren haben keinen ~* interdit aux moins de seize ans; *~ verboten!* entrée interdite, défense d'entrer.

zu=tun ['tsu:-] ⟨*tat, tat zu, zugetan*⟩ *tr* **1.** *(hinzufügen)* ajouter; **2.** *(schließen)* fermer; — *die ganze Nacht kein Auge zugetan haben* ne pas avoir fermé l'œil de toute la nuit; **Z~** *n: ohne mein ~* sans mon entremise *od* ma participation *od* mon intervention.

zuungunsten [tsu'ˀun-] *prp gen (zum Nachteil)* au préjudice de.

zuverlässig ['tsu:-] *a (Mensch)* sûr, sur qui on peut compter, sérieux; *(gewissenhaft)* consciencieux; *(vertrauenswürdig)* digne de confiance, fiable; *allg* sûr, solide; *(Bericht: wahrhaft)* véridique; *aus ~er Quelle* de source sûre; **Z~keit** *f* sûreté; solidité; fidélité, fiabilité *f*.

Zuversicht *f* ⟨-, ø⟩ ['tsu:-] assurance; *(Vertrauen)* confiance *f*; **z~lich I.** *a* confiant; **II.** *adv* avec *od* de *od* en confiance.

zuviel [tsu'fi:l] *adv* trop (*gen* de); *einer ~* un de trop; *viel ~* beaucoup trop; *~ (davon) wissen* en savoir trop; *das ist (des Guten) ~* c'en est trop.

zuvor [tsu'fo:r] *adv (vorher)* (au-par)avant; *nie ~* ne ... jamais.

zuvorderst [tsu'fɔrdərst] *adv (ganz vorn)* en tête.

zuvor=kommen [-'fo:r-] ⟨*kam zuvor, zuvorgekommen*⟩ *itr* ⟨*sein*⟩ : *jdm ~* devancer, prévenir qn; *(den Rang ablaufen)* prendre le pas sur qn; **~d** *a* prévenant, obligeant, serviable, attentionné, empressé; **Z~heit** *f* ⟨-, ø⟩ prévenance, obligeance, serviabilité *f*.

Zuwachs *m* ⟨-es, ø⟩ ['tsu:-] surcroît *m* (*an* de); *auf ~ berechnet* fait en prévision de surcroît; **~rate** *f* augmentation *f*, taux *m* de croissance *od* d'accroissement *od* de progression.

zuwege [tsu've:gə] *adv: etw ~ bringen* réussir à faire qc, venir à bout de qc, mener qc à bonne fin.

zuweilen [tsu'vaılən] *adv* quelquefois, parfois, de temps en temps, de loin en loin.

zu=weisen ['tsu:-] ⟨*wies zu, zugewiesen*⟩ *tr (bes. adm: zuteilen)* assigner, impartir; attribuer; *jdm e-n Platz ~* assigner une place à qn.

zu=wend|en ['tsu:-] ⟨*wendet, wendete* od *wandte zu, zugewendet* od *zugewandt*⟩ *tr: jdm etw ~ (zukommen lassen)* faire obtenir qc à qn; *sich e-r S ~ (fig: beginnen)* passer, procéder à qc; *s-e Aufmerksamkeit e-r S ~* porter son attention sur qc; *e-m Kind s-e ganze Liebe ~* reporter toute son affection sur un enfant; **Z~ung** *f (Beihilfe)* aide, subvention *f*.

zuwenig [tsu've:nıç] *adv* trop peu; *3 Franc ~* 3 francs en moins.

zu=werfen ['tsu:-] ⟨*wirft, warf zu, zugeworfen*⟩ *tr (zuschütten)* remplir, combler; *jdm den Ball ~* lancer la balle à qn; *jdm e-n Blick ~* jeter un regard sur qn.

zuwider [tsu'vi:dər] **I.** *prp (nachgestellt) dat* contre, contrairement à, en contradiction avec; **II.** *adv* contraire; — *dem Befehl ~* contrairement à *od* contre l'ordre; *jdm ~ sein* être contraire, répugner à qn; *er ist mir (sehr) ~* je l'ai en aversion *od* en horreur, il me répugne; **~=handeln** *itr* agir contrairement, contrevenir, désobéir (*e-m Befehl, e-m Gesetz* à un ordre, à une loi); **Z~handelnde** *m* contrevenant *m*.

zu=winken ['tsu:-] *itr: jdm ~* faire signe à qn.

zu=ziehen ['tsu:-] ⟨*zog zu, zugezogen*⟩ **1.** *tr (Schlinge, Knoten)* serrer; *(Vorhang)* fermer, tirer; **2.** *refl: sich etw ~* s'attirer qc; *(e-e Krankheit)* contracter, attraper qc.

Zuzug *m* ['tsu:-] **1.** *(Zuziehen)* établissement *m;* **2.** *(Zustrom)* afflux *m,* affluence *f;* **3.** *(Einwanderung)* immigration *f.*

zuzüglich ['tsu:-] **I.** *prp gen* plus; **II.** *adv* en sus.

zwacken ['tsvakən] *tr (zwicken)* pincer; *fig (plagen)* tenailler, tourmenter, harceler.

Zwang *m* ⟨-(e)s, ⸚e⟩ [tsvaŋ, 'tsvɛŋə] contrainte; *(Druck)* pression; *(Gewalt)* force, violence; *(~slage)* gêne; *(Notlage)* nécessité; *(innerer ~)* sujétion *f; sich ~ antun* se contraindre, se faire violence; *sich keinen ~ antun* ne pas se gêner, ne pas être gêné, être sans gêne; *~ anwenden* user de contrainte (*gegen jdn* envers qn).

zwängen ['tsvɛŋən] *tr* presser, serrer; *(hindurch~)* faire passer *od (hinein~)* entrer *od (hinaus~)* sortir de force.

zwanglos ['tsvaŋ-] **I.** *a* aisé, léger, naturel; **II.** *a* u. *adv* sans contrainte, sans gêne, sans façon(s); — *~e Unterhaltung f* conversation *f* à bâtons rompus.

Zwangs|arbeit *f* ['tsvaŋs-] *(gerichtl. Strafe)* travaux *m pl* forcés; *(staatl. Maßnahme)* travail *m* obligatoire; **~handlung** *f psych* impulsion *f* motrice; **~jacke** *f* camisole *f* de force; **~lage** *f* état *m* de contrainte; *(Notlage)* gêne, nécessité *f; aus e-r ~ heraus handeln* avoir la main forcée; **z~läufig I.** *a* obligatoire; *(unvermeidbar)* inévitable; *(Entwicklung)* irréversible; **II.** *adv* forcément, par la force des choses; obligatoirement; nécessairement; **~läufigkeit** *f* ⟨-, ø⟩ nécessité *f;* **~maßnahme** *f* mesure *f* coercitive *od* de coercition *od* de contrainte *od* répressive; **~räumung** *f* évacuation *f* forcée; **~vergleich** *m jur* concordat *m;* judiciaire, composition *f;* **~verkauf** *m* vente *f* forcée; **~versteigerung** *f* (vente *f* aux) enchères *f pl* forcée(s), licitation *f* judiciaire; **~vollstreckung** *f* exécution *f* forcée; **~vorstellung** *f psych* idée fixe, obsession *f;* **z~weise** *adv* par contrainte, de *od* par force, forcément; *jur* par coercition.

zwanzig ['tsvantsɪç] *(Zahlwort)* vingt; *etwa ~(...)* une vingtaine (de); *in den ~er Jahren (e-s Jahrhunderts)* dans les années vingt à trente; **Z~erjahre** *n pl: in den ~n (e-s Menschenlebens) sein* avoir entre vingt et trente ans; **~fach** *a,* **~fältig** *a* vingtuple; **~jährig** *a* de vingt ans; **Z~stel** *n* ⟨-s, -⟩ vingtième *m;* **~ste(r, s)** *a* vingtième.

zwar [tsva:r] *adv (allerdings)* à la vérité; il est vrai, certes, en effet, sans doute; *und ~ (nämlich)* à savoir; *ich reise ab, und ~ (schon) morgen* je partirai, et cela dès demain; *und ~ so* et voici comment.

Zweck *m* ⟨-(e)s, -e⟩ ['tsvɛk] **1.** but, objet *m; (Endzweck)* fin *f; (Absicht)* dessein *m,* intention *f;* **2.** *(Sinn)* sens *m;* **3.** *(Bestimmung)* destination; *(Verwendung)* application; *(Funktion)* fonction *f;* — *zum ~ (gen) = z~s; zu diesem ~* dans ce but, à cette fin, à cette intention, à cet effet; *zu welchem ~?* dans quel but? à quel dessein? à quelle fin? *s-n ~ erfüllen* produire son effet; *das hat keinen ~ (a.)* cela n'a aucun sens; à quoi bon? *das ist nicht der ~ der Sache* ce n'est pas fait pour cela; *Mittel n zum ~* moyen *m* d'arriver au but; **~bau** *m* ⟨-(e)s, -ten⟩ *arch* bâtiment *m* fonctionnel; **z~dienlich** *a* expédient; *(nützlich)* utile; *(angebracht, passend)* opportun, pertinent, convenable.

Zwecke *f* ⟨-, -n⟩ ['tsvɛkə] *(Metallstift)* pointe, semence; *(Heftzwecke)* punaise *f; (Schuhnagel)* clou *m* à chaussures, caboche *f.*

zweck|entfremdet ['tsvɛk-] *a* détourné de son but (primitif); **~los** *a (unnütz)* inutile, vain; *es ist* od *wäre ~, darüber zu reden* c'est indiscutable; **Z~losigkeit** *f* ⟨-, ø⟩ inutilité, vanité *f;* **~mäßig** *a* approprié, adéquat, pratique, utile, fonctionnel, convenable; **Z~mäßigkeit** *f* ⟨-, ø⟩ convenance, rationalité *f;* **~s** *prp gen (zum Zweck)* en vue de, aux fins de; **~widrig** *a* contraire au but, mal approprié, impropre, inadéquat.

zwei [tsvaɪ] *(Zahlwort)* deux; *die Z~ (als Ziffer)* le (chiffre) deux; *in ~ Teile (zerbrochen)* en deux; *zu ~en, zu ~t* (deux) à deux; *fam* en tandem; **~deutig** *a* **1.** à double sens, ambigu, amphibologique; **2.** *a. pej* équivoque; *pej* interlope, louche; — *~e Antwort f (a.)* réponse *f* normande *od* de Normand; **Z~deutigkeit** *f* **1.** ambiguïté, amphibologie *f;* **2.** *a. pej* équivoque *f;* **~dimensional** *a* à deux dimensions; **Z~drittelmehrheit** *f* [-'drɪtəl] *parl: mit ~* à la majorité des deux tiers; **~einhalb** *(Zahlwort)* deux et demi(e); **Z~er** *m* ⟨-s, -⟩ *(Rudersport)* deux sans barreur *m;* **Z~erbob** *m (Rodeln)* bob *m* à deux; **~erlei** ['-'laɪ] *a* de deux sortes, deux sortes de; *das ist ~* ce sont deux choses différentes *fam; (das ist etwas anderes)* ça fait deux; *fam* ce sont deux choses différentes; **~fach** *a u. adv = doppelt.*

Zweifel *m* ‹-s, -› ['tsvaɪfəl] doute *m; (Ungewißheit)* incertitude *f; (Bedenken)* scrupule *m; (Zögern)* hésitation *f; außer (allem) ~* hors de doute; *ohne (jeden) ~* sans aucun doute, à coup sûr, pour sûr, sans conteste, incontestablement; *~ haben* od *hegen* avoir des doutes (*wegen* sur); *über jeden ~ erhaben sein* être hors de doute *od* incontestable; *es besteht nicht der mindeste* od *leiseste ~* il n'y a pas l'ombre d'un doute; **z~haft** *a* **1.** *(fraglich)* douteux, problématique; *(ungewiß)* incertain; **2.** *(verdächtig)* suspect, louche, sujet à caution; **z~los** *adv = ohne (jeden) Zweifel;* **z~n** *itr* douter (*an etw* de qc); *(daran) ~, daß ...* douter que *subj;* **~sfall** *m* cas *m* douteux; *im ~* en cas de doute; **z~sfrei** *adv,* **z~sohne** *adv = ohne (jeden) Zweifel;* **Zweifler** *m* sceptique, incrédule *m.*

Zweig *m* ‹-(e)s, -e› [tsvaɪk, '-gə] *a. fig com* branche *f; fig a.* rameau *m; auf keinen grünen ~ kommen (fig)* ne jamais faire fortune, ne jamais réussir.

zweigeteilt ['tsvaɪ-] *a* biparti(te).

Zweiggeschäft *n* ['tsvaɪk-] maison affiliée, filiale; *(Verkaufsstelle)* succursale *f.*

zweigleisig ['tsvaɪ-] *a: ~e Strecke (loc)* ligne *f* à double voie.

Zweigstelle *f* ['tsvaɪk-] filiale, succursale; agence *f.*

zwei|händig ['tsvaɪ-] *a* à deux mains *a. mus; scient* bimane; **~hundert** *(Zahlwort)* deux cent(s); **~jährig** *a* **1.** (âgé) de deux ans; **2.** *bot adm* biennal; **3.** *(alle zwei Jahre stattfindend)* bisannuel; **Z~kammersystem** *n pol* bicamér(al)isme *m;* **Z~kampf** *m* duel *m;* **~mal** *adv* deux fois; *~ hinterea.* à deux reprises; *den Schlüssel ~ herumdrehen* fermer à double tour; *es sich nicht ~ sagen lassen* ne pas se le faire répéter deux fois; **~malig** *a* deux fois répété, double; **Z~markstück** *n* pièce *f* de deux marks; **~motorig** *a aero* bimoteur; **Z~parteiensystem** *n pol* système bipartite, bipartisme *m;* **Z~pfennigstück** *n* pièce *f* de deux pfennigs; **~polig** *a* bipolaire; **~räd(e)rig** *a* à deux roues; **~reihig** *a (Anzug, Mantel)* croisé; **~schneidig** *a, a. fig* à double tranchant; *das ist ein ~es Schwert (fig)* c'est une arme à double tranchant; **~seitig** *a* **1.** à deux côtés *od* faces; *(Stoff)* double face, réversible; **2.** *(Vertrag)* bilatéral, biparti(te); **~spaltig** *a typ* à deux colonnes; **Z~spänner** *m* voiture *f* à deux chevaux; **~sprachig** *a* bilingue; *(Text a.)* en deux langues; **Z~sprachigkeit** *f* ‹-, ø› bilinguisme *m;* **~spurig** *a loc* à double voie; **~stellig** *a (Zahl)* de deux chiffres; **~stöckig** *a arch,* **~stufig** *a (Rakete)* à deux étages; **~stündig** *a* de deux heures; **~tägig** *a* de deux jours; **Z~takter** *m,* **Z~taktmotor** *m* moteur (à) deux temps, deux-temps *m.*

zweitälteste(r, s) ['tsvaɪt-] *a* second, puîné.

zweitausend ['tsvaɪ'-] *(Zahlwort)* deux mille.

Zweit|ausfertigung ['tsvaɪt-] *f* duplicata, double *m;* **z~beste(r, s)** *a* second; **z~e(r, s)** *a* deuxième; *(von nur zweien)* second; *(anderer, weiterer)* autre; *aus ~r Hand (alt, antiquarisch)* de seconde main; *in ~r Ehe* en secondes noces; *in ~r Linie, an ~r Stelle* en second lieu; *im ~n Stock* au deuxième *od* second (étage); *jeden ~n Tag* tous le deux jours; *das Z~ Gesicht* le don de double vue; *~ Klasse f (loc)* seconde *f; ein ~r Molière* un autre *od* second Molière.

zweiteilig ['tsvaɪ-] *a* en deux parties *od* pièces, à deux corps; *~er Badeanzug m, ~es Kleid n* deux-pièces *m.*

zweitens ['tsvaɪtəns] *adv* deuxièmement, secondement, en second lieu, secundo (2°).

zweit|jüngste(r, s) ['tsvaɪt-] *a* avant-dernier; **~klassig** *a* de second ordre; **~letzte(r, s)** *a* avant-dernier; **~rangig** *a* secondaire; **Z~schrift** *f = Zweitausfertigung;* **Z~wohnung** *f* résidence *f* secondaire.

Zweizimmerwohnung *f* [tsvaɪ'-] (appartement *m* de) deux pièces *m.*

Zwerchfell *n* ['tsvɛrç-] *anat* diaphragme *m.*

Zwerg *m* ‹-(e)s, -e› [tsvɛrk, '-gə] nain, pygmée; *(Liliputaner)* lilliputien *m;* **z~(en)haft** *a* nain, pygméen, lilliputien; **~huhn** *n* poulet *m* nain *od* de Bantam; **~in** *f* naine, lilliputienne *f;* **~obst** *n (Stämmchen)* buisson *m;* **~wuchs** *m biol* nanisme *m.*

Zwetsch(g)e *f* ‹-, -n› ['tsvɛtʃ(g)ə] prune, quetsche *f;* **~nbaum** *m* prunier *m;* **~nmus** *n* confiture *f* de prunes; **~nwasser** *n (Schnaps)* (eau-de-vie de) prune(s), quetsche *f.*

Zwickel *m* ‹-s, -› ['tsvɪkəl] **1.** *(Keileinsatz)* chanteau, coin *m;* **2.** *arch* pendentif, rein *m.*

zwick|en ['tsvɪkən] *tr* **1.** *(kneifen)* pincer; **2.** *fig (plagen)* tenailler, tourmenter, tracasser; **Z~er** *m* ‹-s, -› *opt (Kneifer)* pince-nez, lorgnon, binocle *m;* **Z~mühle** *f fig (schwierige Lage)* dilemme, embarras *m; in e-r ~ sein (fig) fam* être dans de beaux draps *od* dans le pétrin.

Zwieback *m* ‹-(e)s, ¨e/(-e)› ['tsvi:bak] biscotte *f; (Schiffszwieback)* biscuit *m.*

Zwiebel *f* ‹-, -n› ['tsvi:bəl] **1.** *(Gewürzpflanze)* oignon *m;* **2.** *allg (Pflanzenorgan)* bulbe, *a.* oignon *m;* **z~förmig** *a* en forme de bulbe; **z~n** *tr fig fam (quälen)* tarabuster, turlupiner; *(schikanieren)* asticoter, brimer; **~suppe** *f* soupe *f* à l'oignon; **~turm** *m arch* clocher *m* à bulbe.

zwie|fach ['tsvi:-] *a,* **~fältig** *a = doppelt;* **Z~gespräch** *n* dialogue *m,* conversation *f od* entretien (à deux); *(vertrauliches)* tête-à-tête *m;* **Z~licht** *n* ‹-(e)s, ø› ['-lıçt] *(Dämmerlicht)* demi-jour; *(schlechte Beleuchtung)* faux jour *m; im ~* entre chien et loup; **~lichtig** *a fig (schattenhaft)* vague, incertain, douteux; **Z~spalt** *m* ‹-(e)s, (-e, ¨e)› *(Widerspruch)* contradiction; *(Meinungsverschiedenheit)* dissension *f; (Widerstreit)* conflit, trouble *m;* **~spältig** *a* divisé, en désaccord; *(Gefühle)* partagé; **Z~tracht** *f* ‹-, ø› division, désunion, discord(anc)e *f.*

Zwillich *m* ‹-s, -e› ['tsvılıç] *(Textil)* coutil *m.*

Zwilling *m* ‹-s, -e› ['tsvılıŋ] **1.** jumeau *m,* jumelle *f;* **2.** *(Jagdgewehr)* fusil *m* à deux coups; **3.** *die ~e (pl astr)* les Gémeaux *m pl; eineiige ~e pl* jumeaux univitellins, vrais jumeaux *m pl; zweieiige ~e pl* faux jumeaux *m pl;* **~sbruder** *m* frère *m* jumeau; **~skinder** *n pl* enfants *m pl* jumeaux; **~smotor** *m* moteur *m* jumelé; **~sschwester** *f* sœur *f* jumelle.

Zwing|burg *f* ['tsvıŋ-] château *m* fort; citadelle; bastille *f;* **~e** *f* ‹-, -n› **1.** *tech (Metallring)* frette *f,* serre-joint *m,* bride *f* de fixation; **2.** *(Schraubzwinge)* happe *f; (Schraubstock)* étau *m;* **z~en** ‹*zwang, gezwungen*› *tr* **1.** forcer, contraindre, astreindre, obliger (*zu* à); mettre dans la nécessité (*zu* de); **2.** *fam (bewältigen, schaffen)* venir à bout de; — *sich zu etw ~* s'obliger, se forcer, se contraindre à qc, s'efforcer de qc; *etw nur gezwungen tun* ne faire qc qu'à son corps défendant; *ich sehe mich gezwungen (abzureisen)* je me vois contraint (de partir); **z~end** *a* pressant, *jur* coercitif; *(Grund)* impératif; *~e Umstände m pl* nécessité *f;* **~er** *m* ‹-s, -› *(Burggraben)* fossé *m; (Bärenzwinger)* fosse (aux ours); *(Löwenzwinger)* cage *f* (aux lions); *(Hundezwinger)* chenil *m.*

zwinkern ['tsvıŋkərn] *itr: mit den Augen ~* cligner les *od* des yeux.

Zwirn *m* ‹-(e)s, -e› [tsvırn] fil (retors) *m;* **z~en** *tr* (re)tordre; *(Seide)* mouliner; **~sfaden** *m* fil *m.*

zwischen ['tsvıʃən] *prp dat (~ zweien)* entre; *(~ mehreren)* parmi; *(mitten ~)* au milieu de; *~ fünfzig und sechzig* de cinquante à soixante ans; *~ uns* de vous à moi.

Zwischen|abkommen *n* ['tsvıʃən-] accord *m* intérimaire; **~akt** *m theat* entracte *m;* **~bemerkung** *f* parenthèse, remarque *f* intercalée; **~bericht** *m* rapport *m* provisoire; **~bescheid** *m* réponse *f* provisoire; **~bilanz** *f com* bilan *m* intérimaire; **~deck** *n mar* entrepont *m;* **~decke** *f arch* faux plafond *od* plancher *m;* **~ding** *n* intermédiaire *m;* **z~durch** *adv* **1.** *fam* en attendant, entre-temps; **2.** *(ab und zu)* de temps en temps *od* à autre; **~ergebnis** *n* résultat *m* provisoire; **~fall** *m* incident *m; ohne ~* od *Zwischenfälle* sans incident, sans heurts; **~frage** *f: jdm e-e ~ stellen* interrompre qn par une question; **~gericht** *n (Speise)* entremets *m;* **~geschoß** *n arch* entresol *m,* mezzanine *f;* **~glied** *n* membre *m* intermédiaire; **~handel** *m* commerce intermédiaire *od* d'entrepôt, demi-gros *m;* **~händler** *m* intermédiaire; entrepositaire *m;* **z~landen** *itr* ‹*sein*› *mar aero* faire escale; **~landung** *f* escale *f; ohne ~* sans escale; **~lösung** *f* solution *f* provisoire; **~mahlzeit** *f* collation *f; (am Nachmittag)* goûter *m;* **z~menschlich** *a: ~e Beziehungen f pl* rapports *m pl* humains; **~pause** *f (Unterbrechung)* intervalle *m;* **~raum** *m* **1.** *(räuml. u. zeitl.)* intervalle, interstice, entre-deux *m,* distance *f,* espacement *m;* **2.** *(zwischen Zeilen* od *Notenlinien)* interligne *m;* **~ruf** *m* interruption, exclamation *f;* **~runde** *f sport* demi-finale *f;* **~spiel** *n theat* intermède, divertissement; *mus* intermède (musical), interlude *m;* **z~staatlich** *a pol* interétatique; **~station** *f loc* station *f* intermédiaire; **~stück** *n tech* pièce *f* intermédiaire *od* d'espacement *od* intercalaire; **~stufe** *f* degré *m* intermédiaire; **~ton** *m phys mus* son *m* intermédiaire; **~träger** *m* rapporteur *m;* **~wand** *f* cloison, paroi *f;* **~wirt** *m zoo (von Parasiten)* hôte *m* intermédiaire; **~zeit** *f* temps intermédiaire, intervalle, intérim *m; in der ~* entre-temps, en attendant, sur ces entrefaites, par intérim.

Zwist *m* ‹-es, -e› [tsvıst] *(Uneinigkeit)* désaccord *m,* discorde, dissension *f; (Streit)* différend *m,* dispute, querelle *f.*

zwitschern ['tsvıtʃərn] *itr* gazouiller; chanter; *(Schwalbe)* trisser.

Zwitter *m* ‹-s, -› ['tsvıtər] *bot* hybride, androgyne *m;* **~ding** *n* chose *f* bâtarde; **z~haft** *a* hybride; *pej* ambigu.

zwölf [tsvœlf] *(Zahlwort)* douze; *(ein Dutzend)* une douzaine (de); *um ~ Uhr mittags* à midi; *um 12 Uhr nachts* à minuit; *(um) halb ~ (Uhr)* (à) onze heures et demie; *die Z~ (f: Zahl)* le (nombre) douze; **Z~fingerdarm** *m anat* duodénum *m;* **~mal** *adv* douze fois; **~te(r, s)** *a* douzième; *in ~r Stunde (fig: im letzten Augenblick)* au dernier moment; **Z~tel** *n* ‹-s, -› douzième *m;* **~tens** *adv* douzièmement.

Zyankali(um) *n* ‹-s, ø› [tsya:n'ka:li(ʊm)] cyanure *m* de potassium.

zyklisch ['tsy:klɪʃ] *a math* u. *allg (regelmäßig wiederkehrend)* cyclique.

Zyklon *m* ‹-s, -e› [tsy'klo:n] *(Wirbelsturm)* cyclone *m.*

Zyklus *m* ‹-, -klen› ['tsy:-/'tsyklus, '-klən] *(astr, Kreislauf; Folge)* cycle *m.*

Zylinder *m* ‹-s, -› [tsi'lɪndər/tsy'lɪndər] **1.** *math tech mot* cylindre *m;* **2.** *(Hut)* (chapeau) haut de forme *m;* **3.** *(e-r Gaslampe)* verre *m* de lampe; **zylindrisch** [-'lɪndrɪʃ] *a* cylindrique.

Zyn|iker *m* ‹-s, -› ['tsy:nikər] cynique *m;* **z~isch** ['tsy:nɪʃ] *a (schamlos, bissig)* cynique; **~ismus** *m* ‹-, ø› [tsy'nɪsmus] cynisme *m.*

Zypern ['tsy:pərn] *n geog* la Cypre.

Zypresse *f* ‹-, -n› [tsy'prɛsə] *bot* cyprès *m.*

Zahlwörter

1. Grundzahlen

0 null *zéro*
1 einer, eine, eins; ein, eine, ein *un, une*
2 zwei *deux*
3 drei *trois*
4 vier *quatre*
5 fünf *cinq*
6 sechs *six*
7 sieben *sept*
8 acht *huit*
9 neun *neuf*
10 zehn *dix*
11 elf *onze*
12 zwölf *douze*
13 dreizehn *treize*
14 vierzehn *quatorze*
15 fünfzehn *quinze*
16 sechzehn *seize*
17 siebzehn *dix-sept*
18 achtzehn *dix-huit*
19 neunzehn *dix-neuf*
20 zwanzig *vingt*
21 einundzwanzig *vingt et un*
22 zweiundzwanzig *vingt-deux*
23 dreiundzwanzig *vingt-trois*
24 vierundzwanzig *vingt-quatre*
25 fünfundzwanzig *vingt-cinq*
30 dreißig *trente*
31 einunddreißig *trente et un*
32 zweiunddreißig *trente-deux*
33 dreiunddreißig *trente-trois*
40 vierzig *quarante*
41 einundvierzig *quarante et un*
42 zweiundvierzig *quarante-deux*
50 fünfzig *cinquante*
51 einundfünfzig *cinquante et un*
52 zweiundfünfzig *cinquante-deux*
60 sechzig *soixante*
61 einundsechzig *soixante et un*
62 zweiundsechzig *soixante-deux*
70 siebzig *soixante-dix*
71 einundsiebzig *soixante et onze*
72 zweiundsiebzig *soixante-douze*
75 fünfundsiebzig *soixante-quinze*
79 neunundsiebzig *soixante-dix-neuf*
80 achtzig *quatre-vingts*
81 einundachtzig *quatre-vingt-un*
82 zweiundachtzig *quatre-vingt-deux*
85 fünfundachtzig *quatre-vingt-cinq*
90 neunzig *quatre-vingt-dix*
91 einundneunzig *quatre-vingt-onze*
92 zweiundneunzig *quatre-vingt-douze*
99 neunundneunzig *quatre-vingt-dix-neuf*
100 hundert *cent*
101 hundert(und)eins *cent un*
102 hundert(und)zwei *cent deux*
110 hundert(und)zehn *cent dix*
120 hundert(und)zwanzig *cent vingt*
199 hundert(und)neunundneunzig *cent quatre-vingt-dix-neuf*
200 zweihundert *deux cents*
201 zweihundert(und)eins *deux cent un*
222 zweihundert(und)zweiundzwanzig *deux cent vingt-deux*
300 dreihundert *trois cents*
400 vierhundert *quatre cents*
500 fünfhundert *cinq cents*
600 sechshundert *six cents*
700 siebenhundert *sept cents*
800 achthundert *huit cents*
900 neunhundert *neuf cents*
1 000 tausend *mille (1.000)*
1 001 tausend(und)eins *mille un*

1 010 tausend(und)zehn *mille dix*
1 100 tausend(und)einhundert *mille cent*
2 000 zweitausend *deux mille*
10 000 zehntausend *dix mille*
100 000 hunderttausend *cent mille*
1 000 000 eine Million *un million (1.000.000)*
2 000 000 zwei Millionen *deux millions*
2 500 000 zwei Millionen fünfhunderttausend *deux millions cinq cent mille*
1 000 000 000 eine Milliarde *un milliard, un billion*
1 000 000 000 000 eine Billion *un trillion*

2. Ordnungszahlen

1. (der, die, das) erste *(le, la) premier, ère (1er, 1ère)*
2. zweite *second, e; deuxième (2nd, 2nde; 2me)*
3. dritte *troisième (3e)*
4. vierte *quatrième (4e)*
5. fünfte *cinquième*
6. sechste *sixième*
7. siebte *septième*
8. achte *huitième*
9. neunte *neuvième*
10. zehnte *dixième*
11. elfte *onzième*
12. zwölfte *douzième*
13. dreizehnte *treizième*
14. vierzehnte *quatorzième*
15. fünfzehnte *quinzième*
16. sechzehnte *seizième*
17. siebzehnte *dix-septième*
18. achtzehnte *dix-huitième*
19. neunzehnte *dix-neuvième*
20. zwanzigste *vingtième*
21. einundzwanzigste *vingt et unième*
22. zweiundzwanzigste *vingt-deuxième*
23. dreiundzwanzigste *vingt-troisième*
30. dreißigste *trentième*
31. einunddreißigste *trente et unième*
32. zweiunddreißigste *trente-deuxième*
40. vierzigste *quarantième*
50. fünfzigste *cinquantième*
60. sechzigste *soixantième*
70. siebzigste *soixante-dixième*
71. einundsiebzigste *soixante et onzième*
72. zweiundsiebzigste *soixante-douzième*
79. neunundsiebzigste *soixante-dix-neuvième*
80. achtzigste *quatre-vingtième*
81. einundachtzigste *quatre-vingt-unième*
82. zweiundachtzigste *quatre-vingt-deuxième*
90. neunzigste *quatre-vingt-dixième*
91. einundneunzigste *quatre-vingt-onzième*
99. neunundneunzigste *quatre-vingt-dix-neuvième*
100. hundertste *centième*
101. hundertunderste *cent unième*
110. hundertundzehnte *cent dixième*
195. hundertundfünfundneunzigste *cent quatre-vingt-quinzième*
200. zweihundertste *deux(-)centième*
300. dreihunderste *trois(-)centième*
500. fünfhundertste *cinq(-)centième*
1 000. tausendste *millième (1.000)*
2 000. zweitausendste *deux(-)millième*
1 000 000. millionste *millionième*
10 000 000. zehnmillionste *dix(-)millionième*

3. Bruchzahlen

½ ein halb *un demi*
⅓ ein Drittel *un tiers*
¼ ein Viertel *un quart*
⅕ ein Fünftel *un cinquième*
1/10 ein Zehntel *un dixième*
1/100 ein Hundertstel *un centième*
1/1000 ein Tausendstel *un millième*
1/1000 000 ein Millionstel *un millionième*
⅔ zwei Drittel *deux tiers*
¾ drei Viertel *trois quarts*
⅖ zwei Fünftel *deux cinquièmes*
3/10 drei Zehntel *trois dixièmes*
1½ anderthalb *un et demi*
2½ zwei(und)einhalb *deux et demi*
5⅜ fünf drei Achtel *cinq trois huitièmes*
1,1 eins Komma eins *un virgule un*

4. Vervielfältigungszahlen

einfach *simple*
doppelt, zweifach *double*
dreifach *triple*
vierfach *quadruple, quatre fois autant*
fünffach *quintuple, cinq fois autant*
hundertfach *centuple*

Amtliche deutsche Maße und Gewichte

Übersicht über die Stufen des Dezimalsystems

Vorsilbe		Zeichen	Vielfaches der Einheit
Mega	méga	M	1 000 000
Hektokilo	hectokilo	hk	100 000
Myria	myria	ma	10 000
Kilo	kilo	k	1 000
Hekto	hecto	h	100
Deka	déca	da	10
…	…	…	…
Dezi	déci	d	0,1
Zenti	centi	c	0,01
Milli	milli	m	0,001
Dezimilli	décimilli	dm	0,000 1
Zentimilli	centimilli	cm	0,000 01
Mikro	micro	μ	0,000 001

Längenmaße

		Zeichen	Vielfaches der Einheit
Megameter	mégamètre	Mm	1 000 000 m
Myriameter	myriamètre	mam	10 000 m
Seemeile	mille marin	—	1 852 m
Kilometer	kilomètre	km	1 000 m
Hektometer	hectomètre	hm	100 m
Dekameter	décamètre	dam	10 m
Meter	mètre	m	Grundeinheit
Dezimeter	décimètre	dm	0,1 m
Zentimeter	centimètre	cm	0,01 m
Millimeter	millimètre	mm	0,001 m
Mikron, My	micron	µ	0,000 001 m

Flächenmaße

Quadratkilometer	kilomètre carré	km²	1 000 000 m²
Quadrathektometer	hectomètre carré	hm²	} 10 000 m²
Hektar	hectare	ha	
Quadratdekameter	décamètre carré	dam²	} 100 m²
Ar	are	a	
Quadratmeter	mètre carré	m²	1 m²
Quadratdezimeter	décimètre carré	dm²	0,01 m²
Quadratzentimeter	centimètre carré	cm²	0,000 1 m²
Quadratmillimeter	millimètre carré	mm²	0,000 001 m²

Kubik- und Hohlmaße

Kubikmeter	mètre cube	m³	} 1 m³
Ster	stère	st	
Hektoliter	hectolitre	hl	0,1 m³
Dekaliter	décalitre	dal	0,01 m³
Kubikdezimeter	décimètre cube	dm³	} 0,001 m³
Liter	litre	l	
Deziliter	décilitre	dl	0,000 1 m³
Zentiliter	centilitre	cl	0,000 01 m³
Kubikzentimeter	centimètre cube	cm³	} 0,000 001 m³
Milliliter	millilitre	ml	
Kubikmillimeter	millimètre cube	mm³	0,000 000 001 m³

Gewichte

Tonne	tonne	t	1 000 kg
Doppelzentner	quintal	q	100 kg
Kilogramm	kilogramme	kg	1 000 g
Hektogramm	hectogramme	hg	100 g
Dekagramm	décagramme	dag	10 g
Gramm	gramme	g	1 g
Karat	carat	—	0,2 g
Dezigramm	décigramme	dg	0,1 g
Zentigramm	centigramme	cg	0,01 g
Milligramm	milligramme	mg	0,001 g

Abkürzungen — Abréviations

a *Ar* are.
A *Ampere* ampère.
a. *am* sur le, la.
AA *Auswärtiges Amt* ministère des Affaires étrangères.
a. a. O. *am angeführten Ort* à l'endroit cité.
Abb. *Abbildung* illustration.
Abf. *Abfahrt* départ.
Abg. *Abgeordneter* député.
Abk. *Abkürzung* abréviation.
Abs. *Absatz* alinéa; *Absender* expéditeur.
Abschn. *Abschnitt* section.
Abt. *Abteilung* section.
a. d. *an der* sur le, la.
a. D. *außer Dienst* en retraite.
ADAC *Allgemeiner Deutscher Automobil-Club* club automobile allemand.
Adr. *Adresse* adresse.
a. G. *als Gast* acteur, actrice en tournée; *auf Gegenseitigkeit* à titre de réciprocité.
AG *Aktiengesellschaft* société anonyme *od* par actions.
Ah *Amperestunde* ampère-heure.
ahd. *althochdeutsch* ancien haut allemand.
AK *Aktienkapital* capital-actions; *Armeekorps* corps d'armée.
allg. *allgemein* en général.
Anh. *Anhang* appendice.
Ank. *Ankunft* arrivée.
Anm. *Anmerkung* note.
Antw. *Antwort* réponse.
a. o. Prof. *außerordentlicher Professor* professeur sans chaire.
App. *Apparat (tele)* poste.
ARD *Arbeitsgemeinschaft der öffentlich-rechtlichen Rundfunkanstalten der Bundesrepublik Deutschland* 1ère chaîne de télévision allemande.
Art. *Artikel* article.
ASTA *Allgemeiner Studenten-Ausschuß* comité général des étudiants.
A.T. *Altes Testament* Ancien Testament.
at(m), Atm *Atmosphäre* atmosphère.
Aufl. *Auflage* édition.
Ausg. *Ausgabe* édition.
a. Z. *auf Zeit* à terme.

B *Brief (fin)* papier.
b. *bei(m)* chez; près de.
Bat. *Bataillon* bataillon.
Batt(r). *Batterie (mil)* batterie.
Bd. *Band (Buch)* volume.
Bde. *Bände* volumes.
beif. *beifolgend* ci-inclus.
beil. *beiliegend* ci-inclus.
Bem. *Bemerkung* remarque.
bes. *besonders* spécialement.
betr. *betreffend, betreffs* concernant.
Betr. *Betreff* référence.
bez. *bezahlt* payé; *bezüglich* concernant.
Bez. *Bezeichnung* désignation; *Bezirk* district.
Bf. *Bahnhof* gare; *Brief* lettre.
BGB *Bürgerliches Gesetzbuch* Code civil.
BH *(fam) Büstenhalter* soutien-gorge.
Bhf. *Bahnhof* gare.
Bl. *Blatt (Papier)* feuille, feuillet.
BRD *Bundesrepublik Deutschland* République fédérale d'Allemagne.
brosch. *broschiert* broché.
BRT *Bruttoregistertonne* tonneau de jauge brut.
b. w. *bitte wenden!* tournez, s'il vous plaît!
Bz. *Bezirk* district.
bzw. *beziehungsweise* respectivement.

C *Celsius* Celsius; *Coulomb* coulomb; *Curie* curie.
ca. *circa* environ.
cal *Kalorie* calorie.
cand. *Kandidat* candidat.
cbm *Kubikmeter* mètre cube.
ccm *Kubikzentimeter* centimètre cube.
cdm *Kubikdezimeter* décimètre cube.
CDU *Christlich-Demokratische Union* Union chrétienne democrate.
CH *Schweiz (Confederatio Helvetica)* Suisse.
cl *Zentiliter* centilitre.
cm *Zentimeter* centimètre.
Co. *Gesellschaft (Compagnie)* société.
CSU *Christlich-Soziale Union* Union chrétienne sociale.

d. Ä. *der Ältere* le Vieux.
DB *Deutsche Bundesbahn* Chemins de fer allemands.
DBP *Deutsche Bundespost* Poste fédérale allemande.
DDR *Deutsche Demokratische Republik* République démocratique allemande.
desgl. *desgleichen* de même.
DGB *Deutscher Gewerkschaftsbund* Fédération des syndicats allemands.
dgl. *dergleichen* pareil.
d. Gr. *der Große* le Grand.
d. h. *das heißt* c'est-à-dire.
d. i. *das ist* c'est.
DIN *Deutsche Industrie-Norm* norme industrielle allemande.
Dipl.-Ing. *Diplomingenieur* ingénieur diplômé.
d. J. *dieses Jahres* de l'année courante; *der Jüngere* le Jeune.
DJH *Deutsche Jugendherbergen* Auberges allemandes de la jeunesse.
dl *Deziliter* décilitre.
DLRG *Deutsche Lebensrettungs-Gesellschaft* Société allemande de sauvetage.
dm *Dezimeter* décimètre.
DM *Deutsche Mark* mark allemand.
d. M. *dieses Monats* courant.
d. O. *der Obige* le susdit.
Dr. *Doktor* docteur.
Dr.-Ing. *Doktor der Ingenieurwissenschaft* ingénieur docteur.
Dr. jur. *Doktor des Rechts* docteur en droit.
Dr. med. *Doktor der Medizin* docteur en médecine.
Dr. phil. *Doktor der Philosophie* docteur ès lettres.
Dr. rer. nat. *Doktor der Naturwissenschaften* docteur ès sciences.
Dr. rer. pol. *Doktor der Staatswissenschaften* docteur ès sciences politiques.
Dr. theol. *Doktor der Theologie* docteur en théologie.
d. R. *der Reserve* de réserve.
DRK *Deutsches Rotes Kreuz* Croix-Rouge allemande.
dt. *deutsch* allemand.
Dtzd. *Dutzend* douzaine.
d. U. *der Unterzeichnete* le soussigné.
dz *Doppelzentner* quintal métrique.
dz. *derzeit* à présent.
D-Zug *Durchgangs-, Schnellzug* express.

E *Eilzug* rapide.
ebd. *ebenda* au même endroit.
EDV *Elektronische Datenverarbeitung* informatique.
EG *Europäische Gemeinschaft* Communauté européenne.
e.G.m.b.H *eingetragene Genossenschaft mit beschränkter Haftpflicht* société coopérative enregistrée à responsabilité limitée.
e. h. *ehrenhalber* honoris causa.

eigtl. *eigentlich* proprement dit.
einschl. *einschließlich* y compris.
EKG *Elektrokardiogramm* électrocardiogramme.
entw. *entweder* ou.
erg. *ergänze!* complétez.
eV *Elektronenvolt* électron-volt.
E. V. *Eingetragener Verein* société enregistrée.
ev. *evangelisch* protestant.
Ev. *Evangelium* évangile.
evtl. *eventuell* éventuellement.
Ew. *Euer, Euerer* Votre, de Votre.
EWG *Europäische Wirtschaftsgemeinschaft* Communauté économique européenne.
exkl. *exklusive* exclusivement.
Expl. *Exemplar* exemplaire.
Exz. *Exzellenz* Excellence.
EZU *Europäische Zahlungsunion* Union européenne des paiements.

F *Fahrenheit* Fahrenheit.
f. *folgende (Seite)* (page) suivante.
Fa. *Firma* firme.
F.D.P. *Freie Demokratische Partei* parti libéral-démocrate.
ff *sehr fein* exquis; *fortissime* fortissimo.
ff. *folgende (Seiten)* (pages) suivantes.
FKK *Freikörperkultur* naturisme.
fm *Festmeter* stère.
Forts. *Fortsetzung* suite.
fr. *frei* franc de port.
Fr. *Frau* Madame; *Franc, Franken* franc.
frdl. *freundlich* aimable.
Frhr. *Freiherr* baron.
Frl. *Fräulein* Mademoiselle.

g *Gramm* gramme; *(Österreich) Groschen.*
G *Geld* argent; *Gauß* gauss.
geb. *geboren* né; *gebunden (Buch)* relié.
Gebr. *Gebrüder* frères.
gef. *gefallen (mil)* mort.
gefl. *gefällig(st)* aimable (s'il vous plaît).
gegr. *gegründet* fondé.
geh. *geheftet* broché; *geheim* secret.
gen. *genannt* nommé.
Gen. *Genossenschaft* coopérative.
Ges. *Gesellschaft* société; *Gesetz* loi.
gesch. *geschieden* divorcé.
Geschw. *Geschwister* frère(s) et sœur(s); *Geschwindigkeit* vitesse.
ges. gesch. *gesetzlich geschützt* breveté.
gest. *gestorben* décédé.
get. *getauft* baptisé.
gez. *gezeichnet* signé.
ggf. *gegebenenfalls* le cas échéant.
GmbH *Gesellschaft mit beschränkter Haftung* société à responsabilité limitée.

H *Henry (el)* henry.
ha *Hektar* hectare.
Hbf. *Hauptbahnhof* gare centrale.
H-Bombe *Wasserstoffbombe* bombe à hydrogène.
h.c. *ehrenhalber* honoris causa.
hg. = *hrsg.*
Hg. = *Hrsg.*
HGB *Handelsgesetzbuch* code de commerce.
hl *Hektoliter* hectolitre.
hl. *heilig* saint.
HO *Handelsorganisation* organisation commerciale.
Hr(n) *Herr(n)* Monsieur.
hrsg. *herausgegeben* édité.
Hrsg. *Herausgeber* éditeur.

i. *im, in* en.
Ia *prima* de première qualité.
i. A. *im Auftrag(e)* par ordre.
i. allg. *im allgemeinen* en général.
i. Durchschn. *im Durchschnitt* en moyenne.
IG *Industriegewerkschaft* syndicat industriel.

IHK *Industrie- und Handelskammer* Chambre de commerce et d'industrie; *Internationale Handelskammer* Chambre de commerce internationale.
i. J. *im Jahre* en (l'an).
ill. *illustriert* illustré.
Ing. *Ingenieur* ingénieur.
Inh. *Inhaber* propriétaire.
inkl. *inklusive* y compris.
i. R. *im Ruhestand(e)* en retraite.
i. V. *in Vertretung* par délégation.

Jg. *Jahrgang* année.
Jgg. *Jahrgänge* années.
Jh. *Jahrhundert* siècle.
jr, jun. *junior* junior.

Kap. *Kapitel* chapitre.
kart. *kartoniert* cartonné.
kath. *katholisch* catholique.
kcal *große Kalorie (Kilokalorie)* kilocalorie.
Kfz. *Kraftfahrzeug* véhicule automobile.
kg *Kilogramm* kilogramme.
KG *Kommanditgesellschaft* société en commandite.
Kgl. *Königlich* royal.
kHz. *Kilohertz* kilocycle.
k. J. *künftigen Jahres* de l'année prochaine.
Kl. *Klasse* classe.
k. M. *künftigen Monats* du mois prochain.
km *Kilometer* kilomètre.
km/h, km/st *Stundenkilometer* kilomètre-heure.
kn *Knoten (mar)* nœud.
k.o. *knockout* knock-out.
K.o. *Knockout* knock-out.
kp *Kilopond* kilogramme-poids.
Kripo *Kriminalpolizei* police judiciaire.
Kr(s). *Kreis* district.
Kt. *Kanton* canton.
Kto *Konto* compte.
kV *Kilovolt* kilovolt.
kW *Kilowatt* kilowatt.
kWh *Kilowattstunde* kilowatt-heure.
KZ *Konzentrationslager* camp de concentration.

l *Liter* litre.
l. *lies!* lisez; *links* à gauche.
L. *Linné* Linné.
led. *ledig* non marié.
lfd. *laufend* courant; **lfd. M.** *laufenden Monats* du mois courant.
Lic. *Lizentiat* licencié.
l. J. *laufenden Jahres* de l'année courante.
Lkw, LKW *Lastkraftwagen* poids lourd.
lt. *laut (prp)* suivant.
luth. *lutherisch* luthérien.

m *Meter* mètre; *Minute* minute.
M *Mark* mark.
ma. *mittelalterlich* médiéval.
mA *Milliampere* milliampère.
MA. *Mittelalter* Moyen Age.
m. A. n. *meiner Ansicht nach* à mon avis.
m. a. W. *mit ander(e)n Worten* en d'autres termes.
mb *Millibar* millibar.
Md. *Milliarde(n)* milliard(s).
M. d. B., MdB *Mitglied des Bundestages* député du Bundestag.
M. d. L., MdL *Mitglied des Landtages* député du Landtag.
m. E. *meines Erachtens* à mon avis.
MEZ *mitteleuropäische Zeit* heure de l'Europe centrale.
MG *Maschinengewehr* mitrailleuse.
mg *Milligramm* milligramme.
mhd. *mittelhochdeutsch* moyen haut allemand.
MHz *Megahertz* mégacycle.
Mill. *Million(en)* million(s).
min, Min. *Minute* minute.
Mio = *Mill.*

mkg *Meterkilogramm* kilogrammètre.
mm *Millimeter* millimètre.
Mrd. = *Md.*
Ms(kr). *Manuskript* manuscrit.
m/sec *Metersekunde* mètre par seconde.
Mss. *Manuskripte* manuscrits.
m. W. *meines Wissens* à ce que je sais.
MwSt. *Mehrwertsteuer* taxe à la valeur ajoutée.

N *Nord(en)* nord.
Nachf. *Nachfolger* successeur.
nachm. *nachmittags* de l'après-midi.
NATO *Nordatlantikpakt-Organisation* Organisation du traité de l'Atlantique Nord (O.T.A.N.).
n. Br. *nördlicher Breite* latitude nord.
Nchf. = *Nachf.*
n. Chr. (G.) *nach Christus (Christi Geburt)* après Jésus-Christi.
nd. *niederdeutsch* bas-allemand.
N. F. *Neue Folge* série nouvelle.
nhd. *neuhochdeutsch* haut allemand moderne.
n. J. *nächsten Jahres* de l'année prochaine.
nm. = *nachm.*
n. M. *nächsten Monats* du mois prochain.
N. N. *Name unbekannt (nomen nescio)* nom inconnu; **(***a.* **NN)** *Normalnull* zéro normal, niveau moyen de la mer.
No. *Numero* numéro.
NO *Nordost(en)* nord-est.
Nr(n). *Nummer(n)* numéro(s).
NRT *Nettoregistertonne* tonneau de jauge net.
NS *Nachschrift* post-scriptum.
N. T. *Neues Testament* Nouveau Testament.
NW *Nordwest(en)* nord-ouest.

O *Ost(en)* est.
o. B. *ohne Befund* néant.
OB *Oberbürgermeister* maire principal.
od. *oder* ou.
OHG *Offene Handelsgesellschaft* société en nom collectif.
o. J. *ohne Jahr* sans année.
ö. L. *östlicher Länge* longitude est.
o. O. *ohne Ort* sans lieu.
o. O. u. J. *ohne Ort und Jahr* sans lieu ni année.
o. P. *ordentlicher Professor* professeur titulaire.
OP *Operationssaal* salle d'opération.

P *Papier (fin)* papier.
P. *Pastor* curé; pasteur.
p. A. *per Adresse* aux bons soins de.
part., Part. *parterre* au rez-de-chaussée.
Pf *Pfennig* pfennig.
Pfd. *Pfund* livre *f.*
PH *Pädagogische Hochschule* (équivalent approximatif de l') École Normale.
Pkt. *Punkt* point.
Pkw, PKW *Personenkraftwagen* voiture de tourisme.
Postf. *Postfach* boîte postale.
pp(a). *per procura* par procuration.
Pp(bd). *Pappband* (volume) cartonné.
prakt. Arzt *praktischer Arzt* (médecin de) médecine générale.
Prof. *Professor* professeur.
prot. *protestantisch* protestant.
Prov. *Provinz* province.
PS *Pferdestärke* cheval-vapeur; *Postskript* post-scriptum.

qcm *Quadratzentimeter* centimètre carré.

qkm *Quadratkilometer* kilomètre carré.
qm *Quadratmeter* mètre carré.

r *Radius* rayon.
r. *rechts* à droite.
R. = *Regt.*
rd. *rund* rond; environ.
Reg.-Bez. *Regierungsbezirk* département.
Reg(t). *Regiment* régiment.
resp. *respektive* respectivement.
Rgt. = *Regt.*
rm *Raummeter* mètre cube; stère.
Rp. *(Schweiz) Rappen* centime.
RT *Registertonnen* tonneaux de jauge.

s *Sekunde* seconde; *shilling (engl. Währungseinheit).*
S *Süd(en)* sud; *(Österreich)* Schilling.
s. *sieh(e)!* voir.
S. *Seite* page; = *Se.*
s. a. *siehe auch* voir aussi.
Sa. *Summa* total.
s. Br. *südlicher Breite* latitude sud.
Schw. *Schwester* sœur.
s. d. *sieh(e) dies!* s'y référer.
S(e). *Seine (Majestät etc)* Sa (Majesté *etc*).
sec, sek, Sek. *Sekunde* seconde.
sel. *selig* bienheureux; défunt.
sen. *senior* père.
sfr, sFr. *Schweizer Franken* franc suisse.
sm *Seemeile* mille marin.
S. M. *Seine Majestät* Sa Majesté.
SO *Südost(en)* sud-est.
s. o. *sieh(e) oben!* voir plus haut.
sog. *sogenannt* soi-disant, dit.
SPD *Sozialdemokratische Partei Deutschlands* parti social-démocrate d'Allemagne.
Sr. *Seiner (Majestät etc)* de Sa (Majesté *etc*).
st *Stunde* heure.
St. *Sankt* Saint; *Stück* pièce; = *st.*
Std(e). = *st.*
StGB *Strafgesetzbuch* Code pénal.
StPO *Strafprozeßordnung* Code de procédure pénale.
Str. *Straße* rue.
stud. *Student* étudiant.
StVO *Staßenverkehrsordnung* Code de la route.
s. u. *sieh(e) unten* voir plus bas.
svw. *soviel wie* autant que.
SW *Südwest(en)* sud-ouest.
s. Z. *seinerzeit* en son temps, autrefois.

t *Tonne (Gewicht)* tonne.
Tb(c) *Tuberkulose* tuberculose.
TEE *Trans-Europ-Express.*
Tel. *Telefon* téléphone.
Tgb.-Nr. *Tagebuchnummer* numéro du journal.
TH *Technische Hochschule* Ecole supérieure technique.
Tit. *Titel* titre.
Transp. *Transport* transport.
Tsd. *Tausend* mille.
TU *Technische Universität* Ecole supérieure technique.
TÜV *Technischer Überwachungsverein* service de contrôle technique.

U *Unterseeboot* sous-marin.
U-Bahn *Untergrundbahn* métro.
u. *und* et.
u. a. *und andere(s)* et autres (et autre chose); *unter anderem* od *anderen* entre autres.
u. a. m. *und andere(s) mehr* (autre chose) encore.
u. *od* **U. A. w. g.** *um* od *Um Antwort wird gebeten* réponse, s. v. p.
u. d. M. *unter dem Meeresspiegel* au-dessous du niveau de la mer.
ü. d. M. *über dem Meeresspiegel* au-dessus du niveau de la mer.
UdSSR *Union der Sozialistischen Sowjetrepubliken* Union des républiques socialistes soviétiques.

UFO *Unbekanntes Flugobjekt* objet volant non-identifié.
UKW *Ultrakurzwellen* ondes ultracourtes.
Uni *Universität* université.
u. R. *unter Rückerbittung* avec prière de retourner.
urspr. *ursprünglich* à l'origine.
US(A) *Vereinigte Staaten von Amerika (United States of America)* Etats-Unis d'Amérique.
usf. *und so fort* et cætera.
usw. *und so weiter* et cætera.
u. U. *unter Umständen* le cas échéant.
u. ü. V. *unter üblichem Vorbehalt* sous les réserves d'usage.
u. zw. *und zwar* à savoir.

V *Volt* volt; *Volumen* volume.
v. *vom* du, de la; *von* de.
V. *Vers* vers.
VA *Voltampere* voltampère.
v. Chr. (G.) *vor Christus (Christi Geburt)* avant Jésus-Christ.
verh. *verheiratet* marié.
verw. *verwitwet* veuf, veuve.
vgl. *vergleiche* comparez.
v., g., u. *vorgelesen, genehmigt, unterschrieben* lu, approuvé, signé.
v. H. *vom Hundert* pour cent.
VHS *Volkshochschule* université populaire.
v. J. *vorigen Jahres* de l'année passée.
vm. = *vorm. (vormittags).*
v. M. *vorigen Monats* du mois passé.
VN *Vereinte Nationen* Nations Unies.
v. o. *von oben* d'en haut.
vorm. *vormals* auparavant; *vormittags* du matin.
Vors. *Vorsitzender* président.
v. T. *vom Tausend* pour mille.
v. u. *von unten* d'en bas.
VW *Volkswagen.*

W *Watt* watt; *West(en)* ouest.
WEZ *westeuropäische Zeit* heure de l'Europe occidentale.
w. L. *westliche Länge* longitude ouest.
w. o. *wie oben* comme en haut.
Wwe. *Witwe* veuve.

Z. *Zahl* nombre; *Zeile* ligne.
z. B. *zum Beispiel* par exemple.
z. b. V. *zur besonderen Verwendung* à des fins spéciales.
z. d. A. *zu den Akten* à classer.
ZDF *Zweites Deutsches Fernsehen* 2ième chaîne de télévision allemande.
z. H. *zu Händen* à l'attention (de).
Ziff. *Ziffer* chiffre.
ZPO *Zivilprozeßordnung* Code de procédure civile.
z. T. *zum Teil* en partie.
Ztr. *Zentner* demi-quintal.
z. Z. *zur Zeit* à présent.

Inhalt und Aufbau Deutsch-Französisch

Acker *m* ⟨-s, ¨⟩ ['akər, 'ɛkər] champ *m;* **~bau** *m* agriculture *f;* ~ *treiben* cultiver la terre.

Alle deutschen **Stichwörter** sind durch Fettdruck hervorgehoben.

an⸗schau|en *tr* regarder; *(lange)* contempler; **~lich** *a* clair et expressif, évident; ~ *machen (a.)* mettre en évidence.

Die **Tilde** ~ ersetzt das Hauptstichwort oder dessen durch | abgetrennten ersten Teil. In Redewendungen und Beispielen bedeutet die Tilde eine Wiederholung des vorhergehenden fettgedruckten Stichwortes.

beflissen [bə'flɪsən] *a (eifrig)* empressé, assidu, appliqué; **B~heit** *f* ⟨-, ∅⟩ empressement *m,* assiduité, application *f.*

Alkohol *m* ⟨-s, -e⟩ ['alkohɔl/-ho:l] alcool *m;* **a~frei** *a* sans alcool; non-alcoolisé.

Der Wechsel von Klein- zu Großschreibung, bzw. umgekehrt, ist gekennzeichnet.

eichen ['aɪçən] **I.** *tr allg* vérifier; *(Maße u. Gewichte)* étalonner; *(Waage)* ajuster; *(Gefäß)* jauger; **II.** *a* de *od* en chêne.

Römische Ziffern kennzeichnen die verschiedenen Wortarten, denen ein Stichwort angehört.

einsilbig *a* **1.** *gram* monosyllab(iqu)e; **2.** *fig (schweigsam)* taciturne.

Grundlegend verschiedene Bedeutungen eines Stichworts sind durch **arabische Ziffern** differenziert.

Heide ['haɪdə] **(1)** *f* ⟨-, -n⟩ *bot* bruyère; *(Landschaft)* lande(s *pl*); *(Ödland)* garrigue, varenne *f;* **(2)** *m* ⟨-n, -n⟩ *rel* païen *m.*

Arabische Ziffern in runden Klammern unterteilen Homographe.

Harpun|e *f* ⟨-, -n⟩ [har'pu:nə] harpon *m;* **h~ieren** [-'ni:rən] ⟨*ohne ge-*⟩ *tr* harponner.

Die **Lautschrift,** einschließlich der Betonungsakzente, steht in eckigen Klammern hinter dem deutschen Stichwort.

durch'bohren ⟨*ohne ge-*⟩ *tr* perforer, (trans)percer; **'durch⸗bohren** *tr: ein Loch* ~ percer un trou, trouer.

Außer in der Lautschrift steht der **Betonungsakzent** ' auch vor der betonten Silbe derjenigen deutschen Stichwörter, bei denen je nach Betonung die Bedeutung wechselt.

Berg *m* ⟨-(e)s, -e⟩ [bɛrk, '-gə] *allg* montagne *f; (bes. in Namen)* mont *m; (kleiner)* colline *f,* monticule *m; (Steigung)* côte; *mines* gangue *f* stérile; *fig* montagne *f;* tas *m; pl (Gebirge)* montagne *f;* ...

Bei **Substantiven** ist das Geschlecht angegeben; bei mehreren aufeinanderfolgenden Substantiven gleichen Geschlechts steht das Geschlecht hinter dem letzten Substantiv der Reihe.

Cembalo *n* ⟨-s, -i/-s⟩ ['tʃɛmbalo, -li] *mus* clavecin *m.*

Auf die Genusangabe folgen bei deutschen Substantiven Genitiv Singular und Nominativ Plural des Substantivs in ⟨...⟩.